Anders/Gehle

Zivilprozessordnung

Beck'sche Kurz-Kommentare

Band 1

Zivilprozessordnung

mit GVG und anderen Nebengesetzen

Herausgegeben von

Dr. Monika Anders
Präsidentin des Landgerichts Essen a. D.

Dr. Burkhard Gehle
Vorsitzender Richter am Oberlandesgericht Köln a. D.

Bearbeitet von

Dr. Monika Anders
Präsidentin des Landgerichts Essen a. D.

Ulrich Becker
Präsident des Landesjustizprüfungsamtes NRW a. D.

Dr. Kathrin Bünnigmann, LL. M., M. A.
Richterin am Landgericht, Düsseldorf

Dr. Dirk Dunkhase
Richter am Oberlandesgericht Oldenburg

Dr. Burkhard Gehle
Vorsitzender Richter am Oberlandesgericht Köln a. D.

Dr. Susann Göertz
Richterin am Oberlandesgericht Hamm

Dr. Marc Hunke
Vorsitzender Richter am Landgericht Essen

Robert Nober
Richter am Oberlandesgericht Hamm

Dr. Uwe Schmidt
Vorsitzender Richter am Oberlandesgericht Köln

Dr. Carmen Vogt-Beheim
Richterin am Bundesgerichtshof, Karlsruhe

81. Auflage 2023

C.H.BECK

Zitiervorschlag:
Anders/Gehle/Bearbeiter ZPO § … Rn. …

www.beck.de

ISBN 978 3 406 79364 6

Wilhelmstraße 9, 80801 München
Satz, Druck und Bindung: Druckerei C. H. Beck Nördlingen
(Adresse wie Verlag)
Umschlaggestaltung: Fotosatz Amann, Memmingen

CO_2 neutral
chbeck.de/nachhaltig

Gedruckt auf säurefreiem, alterungsbeständigem Papier
(hergestellt aus chlorfrei gebleichtem Zellstoff)

Vorwort

Die neue Auflage verbindet wiederum Altbewährtes

– wie zB die übersichtlichen ABC-Kataloge, die gleichförmig systematisch Kommentierung aller Vorschriften und die Darstellung der die ZPO betreffenden Entscheidungen aller Fachgerichtsbarkeiten –

mit vielen Neuerungen und Ergänzungen in der sich ständig rasant verändernden (Juristen)Welt. Vollständig überarbeitet wurden die Randnummern einschließlich der zahlreichen Binnenverweise, um dem Anwender das schnelle Auffinden seines Rechtsproblems noch besser zu ermöglichen.

In der 81. Auflage haben die zehn Autoren seit der Vorauflage wiederum die zahlreichen, auch europäischen Gesetzesänderungen (Einl. I Rn. 1–5) und die Auswirkungen des Brexit sowie alle grundlegenden neuen Entscheidungen und die neuere Literatur eingearbeitet. Auch die erst vor Kurzem in Fachzeitschriften veröffentlichten Entscheidungen des BVerfG vom 30.6.2022 und des BGH vom 26.7.2022 sind an den maßgeblichen Stellen besprochen worden. In der BVerfG-Entscheidung geht es um Fragen der Freiwilligkeit und Öffentlichkeit der mündlichen Verhandlung als rechtsstaatlicher Mindeststandard bei Schiedsklauseln des Sportverbandes im Fall „Pechstein". Der BGH hat sich mit der analogen Anwendung von § 281 II 4 ZPO bei einer Verweisung innerhalb eines Gerichts auf der Grundlage des § 119 GVG nF (gesetzliche Spezialregelung) beschäftigt.

An vielen Stellen werden ergänzend die erst künftig in Kraft tretenden Gesetzesänderungen unter Berücksichtigung der rechtspolitischen Überlegungen mit einbezogen; zu nennen ist u. a. das am 1.1.2024 in Kraft tretende MoPeG, das zB zu gesellschaftsrechtlichen Beschlussmängelstreitigkeiten in § 256 ZPO und § 1030 ZPO behandelt wird. Auch die Kommentierung zur alternativen Streitschlichtung, u. a. der Mediation, und insbesondere das schiedsgerichtliche Verfahren sind zukunftsorientiert ergänzt worden.

Nach wie vor nehmen die erforderlichen Änderungen der Kommentierung im Zusammenhang mit der fortschreitenden Digitalisierung des Rechtsverkehrs an vielen Stellen einen breiten Raum ein, so bei den §§ 130a–130d ZPO, den §§ 166 ff. ZPO, den §§ 233 ff. ZPO, den §§ 688 ff. ZPO, den §§ 916 ff. ZPO und den §§ 169 ff. GVG sowie des Vollstreckungsrechts, auch im Zusammenhang mit elektronischen Wertpapieren. Besonders bedeutsam sind die seit dem 1.1.2022 geltende aktive Nutzungspflicht für Rechtsanwälte, Behörden und Körperschaften des öffentlichen Rechts iSv § 130d ZPO und die Einfügung von § 130 IV Nr. 4 und 5 ZPO. Der Verordnungsgeber ist ständig bemüht, die Einreichung von elektronischen Dokumenten zu erleichtern (ERVV 2021) sowie die Anzahl und das Volumen dieser Dokumente zu erweitern (ERVB 2022). Auch der BGH (NJW-RR 2022, 1069 Rn. 11) gibt Anwälten Tipps zu ihren Kontrollpflichten bei der Einreichung von elektronischen Dokumenten. Im Zusammenhang mit der Digitalisierung ist die Frage der Künstlichen Intelligenz (KI) einschließlich der Haftungsproblematik und des Versicherungsschutzes (Stichwort „Autonomes Fahren") in vielen Bereichen Gegenstand von Diskussionen, u. a. beim 73. DJT 2022.

Erneut haben sich die Autoren der immer wichtiger werdenden frühzeitigen Strukturierung des Zivilprozesses zur Effizienzsteigerung und den damit verbundenen Reformüberlegungen im Zeitalter der Digitalisierung gewidmet (zB elektronisches relationsmäßiges Basisdokument, Legal tech, Commercial Courts). Der Grundsatz „Da mihi facta, dabo tibi jus" ist sicherlich allen Juristinnen und Juristen schon aus der Ausbildung bekannt. In der Praxis, insbesondere durch zahlreiche neuere Entscheidungen, so zur Substantiierungslast, zur sekundären Darlegungslast, zur Wahrheitspflicht, zur Wechselwirkung der verschiedenen Parteivorträge und zur Hinweispflicht des Gerichts, verbunden mit der Frage des rechtlichen Gehörs, wird deutlich, wie facettenreich und herausfordernd die richtige Anwendung des Beibringungsgrundsatzes und die Fürsorgepflicht des Gerichts in Bezug auf den Sachvortrag der Parteien sind. Grundvoraussetzung für eine gute juristische Leistung in allen juristischen Bereichen ist die richtige Erarbeitung des Sachverhalts, der dann materiell-rechtlich zu prüfen ist. Die Autoren bieten insoweit vielfältige Hilfestellungen, auch aufgrund ihrer besonderen Erfahrungen mit dem relationsmäßigen Denken. Die Relationsmethode hat durch die Digitalisierung und die damit verbundenen Strukturierungsüberlegungen eine Renaissance erfahren.

Die tatsächlichen Änderungen der gesellschaftlichen und weltpolitischen Lage, so durch Corona, den Ukraine-Krieg, die Umwelt- und Energiefragen und nicht zuletzt durch die wirtschaftliche Situation, stellen für alle Juristinnen und Juristen in den verschiedenen Berufen eine große Herausforderung dar. An vielen Stellen werden die damit zusammenhängenden Probleme der ZPO unter Einbeziehung von Rechtsprechung und Literatur dargestellt, so zB bei § 128a ZPO (Videoverhandlung), §§ 166 ff. ZPO, §§ 239 ff. ZPO, §§ 330 ff. ZPO, §§ 606 ff. ZPO, §§ 916 ff. ZPO und §§ 169 ff. GVG. Die Autoren sind weiterhin bestrebt, die wichtigen rechtsstaatlichen Anforderungen an den Zivilprozess und an die außergerichtliche Bearbeitung zivilrechtlicher Fälle kurz und prägnant aufzuzeigen (zB Einl. II Rn. 2 ff., Vor § 128 Rn. 20 ff.).

Nach wie vor sind die Autoren auf ein kritisches Feedback angewiesen, um die Kommentierung ständig überprüfen und zuverlässige Hilfen für die gesamte Praxis und auch Ausbildung geben zu können. Wir danken für die vielen Anregungen und sind für künftige Anregungen und Kritiken, gerne auch digital an kundenservice@beck.de, sehr dankbar. Wir danken auch den Mitarbeiterinnen und Mitarbeitern des Verlages, die bis zum letzten Moment noch aktuelle Nachträge ermöglicht haben.

Köln, im Herbst 2022

Dr. Monika Anders
Dr. Burkhard Gehle

Inhaltsverzeichnis

Einleitung

Zivilprozessordnung

Inhaltsverzeichnis

Inhaltsverzeichnis

Bearbeiterverzeichnis

Einleitung .... Becker

ZPO
§§ 1–11 .... Gehle
§§ 12–34 .... Bünnigmann
§§ 35–40 .... Becker
§§ 41–49 .... Göertz
§§ 50–58 .... Vogt-Beheim
§§ 59–77 .... Bünnigmann
§§ 78–90 .... Becker
§§ 91–92 .... Gehle
§§ 93–102 .... Göertz
§§ 103–113 .... Bünnigmann
§§ 114–127a .... Dunkhase
§§ 128–139 .... Anders
§§ 140–165 .... Bünnigmann
§§ 166–213a .... Vogt-Beheim
§§ 214–252 .... Becker
§§ 253–269 .... Anders
§§ 270–277 .... Hunke
§§ 278–285 .... Anders
§§ 286–294 .... Nober
§§ 295–299a .... Bünnigmann
§§ 300–321a .... Hunke
§ 322 .... Gehle
§§ 323–323b .... Anders
§§ 324, 325 .... Gehle
§ 325a .... Vogt-Beheim
§§ 326, 327 .... Gehle
§ 328 .... Schmidt
§ 329 .... Becker
§§ 330–347 .... Anders
§§ 348–370 .... Göertz
§§ 371–484 .... Gehle
§§ 485–510c .... Bünnigmann
§§ 511–541 .... Göertz
§§ 542–566 .... Nober
§§ 567–591 .... Hunke
§§ 592–605a .... Gehle
§§ 606–687 .... Schmidt
§§ 688–703d .... Becker
§§ 704–723 .... Schmidt
§§ 724–749 .... Gehle
§§ 750–766 .... Vogt-Beheim
§§ 767–792 .... Hunke
§ 793 .... Vogt-Beheim
§§ 794–801 .... Schmidt
§§ 802–802l .... Nober
§§ 803–827 .... Vogt-Beheim
§§ 828–882i .... Nober
§§ 883–915h .... Schmidt
§§ 899–915h .... Nober
§§ 916–945b .... Becker
§§ 946–1024 .... Schmidt
§§ 1025–1066 .... Anders
§§ 1067–1120 .... Schmidt

EGZPO .... Schmidt

GVG
§§ 1–17c .... Vogt-Beheim
§§ 18–168 .... Hunke
§§ 169–201 .... Becker

EGGVG .... Schmidt

Schlussanhang
I.–III. .... Göertz
IV.–V. .... Schmidt
VI. .... Vogt-Beheim

Verzeichnis der ausgeschiedenen Bearbeiter in alphabetischer Reihenfolge

Dr. Jan Albers, weiland Präsident des Hamburgischen Oberverwaltungsgerichts: 31. bis zur 64. Auflage (31. Auflage zusammen mit Prof. Dr. Wolfgang Lauterbach und Dr. Dr. Peter Hartmann, ab der 32. Auflage zusammen mit Dr. Dr. Peter Hartmann)

Dr. Adolf Baumbach, weiland Senatspräsident beim Kammergericht: 1.–17. Auflage

Dr. Dr. Peter Hartmann, Richter am Amtsgericht Lübeck a. D.: 31. bis zur 77. Auflage (31. Auflage zusammen mit Prof. Dr. Wolfgang Lauterbach und Dr. Jan Albers, ab der 32. Auflage bis zur 64. Auflage zusammen mit Dr. Jan Albers)

Professor Dr. Wolfgang Lauterbach, weiland Senatspräsident beim Hanseatischen Oberlandesgericht: 18.–31. Auflage (31. Auflage zusammen mit Dr. Jan Albers und Dr. Dr. Peter Hartmann)

Benutzungshinweise

Aufbau der Kommentierungen zeigt je nach Inhalt der Norm grundsätzlich folgende Ordnung: Systematik/Regelungszweck/Geltungsbereich/Einzelkommentierung zu Begriffen, die in mehreren Absätzen der Norm vorkommen/übrige Einzelkommentierung, geordnet nach Absätzen (I, II, III...) und Sätzen (1, 2, 3...)/Zulässigkeit–Zuständigkeit/Verfahrensablauf/Entscheidung nach Form und Inhalt/Kosten–Streitwert/Verstoßfolgen/Rechtsbehelfe. In der Kommentierung sind wenige Abkürzungen vorhanden und der Telegrammstil wird vermieden. Das erhöht die Lesbarkeit.

Gesetzestexte enthalten sowohl die Absatz- als auch die Satzzahlen in hochgestellten römischen oder arabischen Ziffern zwecks Erleichterung und Präzisierung des Zugriffs. Das gilt auch für die abgedruckten Nebengesetze und VOen.

Schrifttum steht überall dort, wo es einschlägig und im Rahmen dieses Kurzkommentars aktuell ist, zumindest aber in den Schrifttumsübersichten hinter der jeweiligen Vorschrift.

Einleitung I nennt die jetzt eingearbeiteten Gesetze und Verordnungen sowie den Stand der Rechtspolitik. **Einleitung II** enthält wesentliche Hauptprinzipien des Zivilprozessrechts in ausführlicher Darstellung mit neuesten Fundstellen. **Einleitung III** gibt eine kurze Übersicht über das europäische, **Einleitung IV** das sonstige zwischenstaatliche Zivilprozessrecht.

Vorbemerkungen dienen der dogmatischen Zusammenfassung des folgenden Abschnitts wie der Darstellung übergreifender Begriffe oder Konstruktionen.

Gliederungsübersichten („Übersicht") stehen vor umfangreicheren Kommentierungen.

Formulierungshilfen, zB zum Tenor. An vielen Stellen werden sie bei Besonderheiten gegeben und kursiv hervorgehoben.

Systematik ist regelmäßig Gegenstand der jeweiligen Rn. 1. Hier ergibt sich die dogmatische Einordnung und damit auch eine erste Auslegungshilfe (zB Grundsatznorm weit, Ausnahmen eng). Es erfolgen Hinweise auf Ergänzungsvorschriften und Verweise auf Parallelregelungen. Das dient sowohl der wissenschaftlichen als auch der praktischen Arbeit.

Reglungszweck. Hier werden die für die jeweilige Norm maßgeblichen Grundsätze des Prozessrechts, wie Rechtssicherheit, Prozesswirtschaftlichkeit, rechtliches Gehör einschließlich der prozessualen Waffengleichheit, Parteiherrschaft und die sich daraus ergebenden Auslegungskriterien behandelt.

Geltungsbereich mit seiner Unterteilung in sachliche wie personelle Fragen schließt sich als Thema der jeweils nun folgenden Rn. an. Hier klärt sich zB, ob die Vorschrift auch im WEG-Verfahren, beim FamFG, beim ArbGG, bei der VwGO, beim SGG oder beim FGG anwendbar ist. In vielen Fällen werden auch internationale Bezüge aufgezeigt.

ABC-Kataloge befinden sich an weit über 1000 Stellen mit vielen Stichwörtern. Sie fächern die oft ganz außerordentlich umfangreichen aktuellen Stoffmengen auf. Querverweise erleichtern hier den Einstieg. Dadurch wird auch die zum Teil umfangreiche Kasuistik übersichtlich dargestellt. Die alphabetische Reihung macht eine zusätzliche Randnummernzählung grundsätzlich entbehrlich. Bei umfangreichen ABC-Katalogen, die nur eine Randnummer haben, sind zur besseren Orientierung auf jeder neuen Seite bei dem ersten Stichwort die Randnummer in Klammern angegeben.

Digitalisierung: Soweit sich Besonderheiten ergeben, wird sie bei allen maßgeblichen Vorschriften, insbesondere aber bei den einschlägigen Normen, so §§ 130a–130d und § 128a, aktuell und ausführlich behandelt. Das gilt auch für die notwendigen Änderungen in der Prozessführung, so die immer wichtiger werdende Strukturierung des Prozessstoffes, wie sie in dem neuen § 139 I 3 vorgesehen ist.

Relationsmethode: Die Grundlagen dieser Methode werden u. a. in → Einl. I Rn. 5 angesprochen und → Vor § 253 Rn. 65 ff., → § 139 Rn. 22 und → Vor § 284 Rn. 4 ff. besprochen und ihre Besonderheiten jeweils in den verschiedenen zivilprozessualen Bereichen erläutert, wie z. B. zum Haupt- und Hilfsantrag und zum Haupt- und Hilfsvorbringen (→ § 260 Rn. 8–10, → § 255 Rn. 9 und → § 260 Rn. 11). Die Relationsmethode ermöglicht eine schnelle Strukturierung des Sach- und Streitstandes, um frühzeitige Hinweise erteilen, die Ergänzungen der Parteivorträge auf entscheidungserhebliche Tatsachen kanalisieren und notwendige Beweisaufnahmen durchführen zu können. Damit soll schnellstmöglich die Entscheidungsreife herbeigeführt werden. Die E-Akte bietet hierzu sinnvolle technische Unterstützungsmöglichkeiten. Im Zusammenhang mit der Digitalisierung der Justiz wird der Stellenwert der Strukturierung und damit der Relationsmethode vielfach diskutiert. Der Gesetzgeber hat ihn durch die Einfügung von § 139 I 3 ZPO hervorgehoben. Auch für die Parteien und ihre Prozessbevollmächtigten ist die Relationsmethode von großer Bedeutung um abzuschätzen, welche Tatsachen entscheidungserheblich sind, wieweit der Vortrag substantiiert werden muss und welche Beweismittel erforderlich sind. Die Reformüberlegungen im Zeitalter der Digitalisierung zielen u. a. auf ein relationsmäßiges Basisdokument, das die herkömmlichen Schriftsätze der Parteien ersetzen soll.

Zitate aus zahlreichen systematisch ausgewerteten Fachzeitschriften und Entscheidungssammlungen sowie Festschriften und anderen Quellen zeigen jeweils zunächst die Rechtsprechung, dann das maßgebliche Schrifttum auf. Innerhalb der Rechtsprechung besteht der Grundsatz der Hierarchie, auf derselben Stufe derjenige des Alphabets, jeweils zunächst in der ordentlichen Gerichtsbarkeit, dann bei den übrigen alphabetisch geordneten Gerichtsbarkeiten. Die neueste Rechtsprechung wird zuerst zitiert, und zwar immer mit der ersten Seite und gegebenenfalls der einschlägigen Randziffer bzw. Seite, soweit noch keine Randziffer vorhanden ist.

Streitfragen führen zunächst zur Darstellung verschiedenen Meinungen und gegenteiligen Fundstellen; grundsätzlich wird dann mit Argumenten die Meinung der Verfasser in gebotener Kürze dargestellt.

Strukturierung des Prozessstoffes wird im Zeitalter der Digitalisierung immer bedeutender. Die Entwicklungen, insbesondere die rechtspolitischen Diskussionen um ein relationsmäßiges Basisdokument, werden insbesondere iRd § 139 I 3 behandelt (s. Relationsmethode).

Randnummern (Rn.) erleichtern das Auffinden, auch bei Binnenverweisungen und in den Gliederungsübersichten. Um dem Anwender ein noch schnelleres Auffinden seines Problems zu ermöglichen, sind die Randnummern und Binnenverweise vollständig überarbeitet worden. Zu den Randnummern bei den ABC-Katalogen ist unter dem dortigen Stichwort bereits ausgeführt worden.

Ortsnamen bedeuten abgekürzt den Sitz des OLG. Bei anderen Gerichten steht zB LAG, OVG, VG, LG, AG vor dem Ortsnamen.

Inhalts-, Abkürzungs- und Sachverzeichnis erleichtern den Zugriff.

Abkürzungsverzeichnis

aA .... andere Ansicht
AAG .... Aufwendungsausgleichgesetz
Abk. .... Abkommen
ABl. .... Amtsblatt
abl. .... ablehnend
AcP .... Archiv für die civilistische Praxis (Band und Seite)
ADSp .... Allgemeine Deutsche Spediteurbedingungen
aE .... am Ende
AEntG .... Arbeitnehmerentsendegesetz
AEUV .... Vertrag über die Arbeitsweise der Europäischen Union idF der Bekanntmachung vom 9.5.2008, ABl. C 115, 47
aF .... alte Fassung
AG .... Amtsgericht
Ag. .... Antragsgegner/in
AGB .... Allgemeine Geschäftsbedingungen
AGG .... Allgemeines Gleichbehandlungsgesetz
AGH .... Anwaltsgerichtshof
AktG .... Aktiengesetz
allgM .... allgemeine Meinung
AltZertG .... Altersvorsorgeverträge-Zertifizierungsgesetz
aM .... anderer Meinung oder Beurteilung
AMG .... Arzneimittelgesetz
AnfG .... Anfechtungsgesetz
Anh. .... Anhang
Anl. .... Anlage
Anm. .... Anmerkung
AnO .... Anordnung
AnschBew .... Anscheinsbeweis
AnwBl .... Anwaltsblatt (Jahr und Seite)
AO .... Abgabenordnung
ArbG .... Arbeitsgericht
ArbGG .... Arbeitsgerichtsgesetz
ArbNErfG .... Gesetz über Arbeitnehmererfindungen
Art. .... Artikel
Ast. .... Antragsteller/in
AÜG .... Arbeitnehmerüberlassungsgesetz
Aufl. .... Auflage
AUG .... Auslandsunterhaltsgesetz
ausf. .... ausführlich
AusfVO .... Ausführungsverordnung
ausl. .... ausländisch
AuslG .... Ausländergesetz
AV .... Allgemeine Verfügung
AVAG .... Anerkennungs- und Vollstreckungsausführungsgesetz
AVB .... Allgemeine Versicherungsbedingungen
AWG .... Außenwirtschaftsgesetz
AWV .... Außenwirtschaftsverordnung

B .... Bundes-
Bad.-Bad. .... Baden
BAföG .... Bundesausbildungsförderungsgesetz
BAG .... Bundesarbeitsgericht
Bambg .... OLG Bamberg
BAnz. .... Bundesanzeiger
BauGB .... Baugesetzbuch
BauR .... Baurecht (Jahr und Seite)
Bay .... Bayern
BayObLG .... Bayerisches Oberstes Landesgericht (auch Sammlung seiner Entscheidungen in Zivilsachen, Jahr und Seite)
BB .... Betriebs-Berater (Jahr und Seite)
BBG .... Bundesbeamtengesetz
Bd. .... Band
BDSG .... Bundesdatenschutzgesetz
beA .... besonderes elektronisches Anwaltpostfach
beBPo .... besonderes elektronisches Behördenpostfach
Bek. .... Bekanntmachung
Bekl., bekl. .... Beklagter, beklagt
BerGer. .... Berufungsgericht
BergGladb .... Bergisch Gladbach
Beschl. .... Beschluss
BeschW .... Beschwerdewert/Rechtsmittelstreitwert
Bespr. .... Besprechung von
betr. .... betreffend/-e/-er/-es
BetrAVG .... Gesetz zur Verbessserung der betrieblichen Altersversorgung
BetrVG .... Betriebsverfassungsgesetz
BeurkG .... Beurkundungsgesetz
BeW .... Wert der Beschwer, Rechtsmittelstreitwert
BewL .... Beweislast
BewPfl, bewpfl .. Beweispflicht, -pflichtig
BezR .... Bezirksregierung
BFH .... Bundesfinanzhof (auch Entscheidungen des BFH, Band und Seite)
BGB .... Bürgerliches Gesetzbuch
BGBl. .... Bundesgesetzblatt (Teil, Jahr und Seite)
BGG .... Behindertengleichstellungsgesetz
BGH/BGHZ .... Bundesgerichtshof (auch Entscheidungen des BGH in Zivilsachen, Band und Seite)
BGH LM .... Kommentierte BGH-Rechtsprechung Lindemaier/Möhring (seit 2003)
BGH/BPat-GERVV .... Verordnung über den elektronischen Rechtsverkehr beim BGH und BPatG
BGHSt .... Bundesgerichtshof, Entscheidungen in Strafsachen (Band und Seite)
BKGG .... Bundeskindergeldgesetz
BKR .... Zeitschrift für Bank- und Kapitalmarktrecht (Jahr und Seite)
Bl. .... Blatt
BLeistG .... Bundesleistungsgesetz
Bln .... Berlin
Bln-Brbg .... Berlin-Brandenburg
BMJV .... Bundesministerium der Justiz und für Verbraucherschutz
BNotO .... Bundesnotarordnung
BORA .... Berufsordnung für Rechtsanwälte
BPatG .... Bundespatentgericht
BR .... Bundesrat
BRAK-Mitt. ..... Mitteilungen der Bundesrechtsanwaltskammer (Jahr und Seite)
BRAO .... Bundesrechtsanwaltsordnung
Brbg .... Brandenburg
Brem .... OLG Bremen
BRRG .... Beamtenrechtsrahmengesetz
Brschw .... OLG Braunschweig

Brüssel Ia-VO	Verordnung der EG Nr. 1215/2012 über die gerichtliche Zuständigkeit und die Vollstreckung gerichtlicher Entscheidungen in Zivil- und Handelssachen
BSG	Bundessozialgericht
BSHG	Bundessozialhilfegesetz
BStBl.	Bundessteuerblatt (Jahr, Teil und Seite)
BT	Bundestag
BVerfG	Bundesverfassungsgericht (auch Entscheidungen des BVerfGE, Band und Seite)
BVerfGG	Gesetz über das Bundesverfassungsgericht
BVerwG	Bundesverwaltungsgericht (auch Entscheidungen des BVerwG, Band und Seite)
BVG	Bundesversorgungsgesetz
BW	Baden-Württemberg
BZRG	Bundeszentralregistergesetz
bzw.	beziehungsweise
CAS	Court of Arbitration for Sports
Celle	OLG Celle
CETA	Comprehensive Economic and Trade Agreement
cic	culpa in contrahendo (Anspruch)
CIM	Internationales Übereinkommen über den Eisenbahnfrachtverkehr
CIV	Internationales Übereinkommen über den Eisenbahn-Personen- und Gepäckverkehr
CMR	Internationales Übereinkommen über den Beförderungsvertrag im internationalen Straßenverkehr
CISG	United Nations Convention on Contracts for the International Sale of Goods
c./o.	care of (bei Schriftstücken)
DB	Der Betrieb (Jahr und Seite)
DB-PKHG	Durchführungsbestimmungen zur Prozess- und Verfahrenskostenhilfe
DDR	Deutsche Demokratische Republik
DeMailG	De-Mail-Gesetz
DFB-RuVO	Rechts- und Verfahrensordnung des DFB
DG, DGH	Dienstgericht, Dienstgerichtshof
DGVZ	Deutsche Gerichtsvollzieherzeitung (Jahr und Seite)
dh	das heißt
DIS	Deutsche Institution für Schiedsgerichtsbarkeit
Diss.	Dissertation
DJT	Deutscher Juristentag (Jahr)
DNotZ	Deutsche Notar-Zeitschrift (Jahr und Seite)
DRiG	Deutsches Richtergesetz
DRiZ	Deutsche Richterzeitung (Jahr und Seite)
Drs.	Drucksache
Drsd	OLG Dresden
DS	Der Sachverständige (Jahr und Seite)
dsgl.	desgleichen
DS-GVO	Datenschutz-Grundverordnung
DStR	Deutsches Steuerrecht (Jahr und Seite)
Düss	OLG Düsseldorf
DVO	Durchführungsverordnung
DZWiR	Deutsche Zeitschrift für Wirtschafts- und Insolvenzrecht (Jahr und Seite)
eAO	einstweilige Anordnung
eBO	Elektronisches Bürger- und Organisationenpostfach
eEB	Elektronisches Empfangsbekenntnis
eeS	einfache elektronische Signatur
EFG	Entscheidungen der Finanzgerichte (Jahr und Seite)
EFZG	Gesetz über die Zahlung des Arbeitsentgelts an Feiertagen und im Krankheitsfall (Entgeltfortzahlungsgesetz)
EG	Einführungsgesetz
EGGVG	Einführungsgesetz zum Gerichtsverfassungsgesetz
EGH	Entscheidungen des Ehrengerichtshofs der Rechtsanwälte (Band und Seite)
EGMR	Europäischer Gerichtshof für Menschenrechte
EGMRKHG	EGMR-Kostenhilfegesetz
EGV	Vertrag über die Europäische Gemeinschaft
EGVP	Elektronisches Gerichts- und Behördenpostfach
EGZPO	Gesetz, betreffend die Einführung der Zivilprozeßordnung
Einf.	Einführung
Einl.	Einleitung
einstw.	einstweilig
einstw. Verf.	einstweilige Verfügung
elDASV	Verordnung über elektronische Identitäten und Vertrauensdienste (EU)
EMRK	Europäische Menschenrechtskonvention
ENeuOG	Eisenbahnneuordnungsgesetz
ErbbauRG	Gesetz über das Erbbaurecht
Erl.	Erlass
ERUB	Elektronisch-Rechtsverkehr-Bekanntmachung
ERVV	Elektronischer-Rechtsverkehr-Verordnung
EStG	Einkommensteuergesetz
EU	Europäische Union
EuBagatellVO	Verordnung (EG) Nr. 861/2007 des Europäischen Parlaments und des Rates vom 11. Juli 2007 zur Einführung eines europäischen Verfahrens für geringfügige Forderungen
EuVO	Verordnung (EU) 2020/1783 des Europäischen Parlaments und des Rates vom 25. November 2020 über die Zusammenarbeit zwischen den Gerichten der Mitgliedstaaten auf dem Gebiet der Beweisaufnahme in Zivil- oder Handelssachen
EuEheVO	Europäische Eheverfahrensverordnung
EuGH	Gerichtshof der Europäischen Gemeinschaften
EuGRL	Charta der Grundrechte der EU
EuGVVO	siehe Brüssel Ia-VO
EuKoPfVO	Verordnung (EU) Nr. 655/2014 des Europäischen Parlaments und des Rates vom 15. Mai 2014 zur Einführung eines Verfahrens für einen Europäischen Beschluss zur vorläufigen Kontenpfändung im Hinblick auf die Erleichterung der grenzüberschreitenden Eintrei-

	bung von Forderungen in Zivil- und Handelssachen
EuKoPfVODG	Gesetz zur Durchführung der Verordnung (EU) Nr. 655/2014
EuMahnVO	Verordnung (EG) Nr. 1896/2006 des Europäischen Parlaments und des Rates vom 12. Dezember 2006 zur Einführung eines Europäischen Mahnverfahrens
EuProzKRi	Richtlinie 2003/8/EG des Rates vom 27. Januar 2003 zur Verbesserung des Zugangs zum Recht bei Streitsachen mit grenzüberschreitendem Bezug durch Festlegung gemeinsamer Mindestvorschriften für die Prozesskostenhilfe in derartigen Streitsachen
EUR	Euro
EuRAG	Gesetz über die Tätigkeit europäischer Rechtsanwälte in Deutschland
EuSorgeRÜbk	Europäisches Sorgerechtsübereinkommen
EuÜbkHSch	Europäisches Übereinkommen über die internationale Handelsschiedsgerichtsbarkeit
EuUntVO	Europäische Unterhaltsverordnung
EuVTVO	Verordnung (EG) Nr. 805/2004 des Europäischen Parlaments und des Rates vom 21. April 2004 zur Einführung eines europäischen Vollstreckungstitels für unbestrittene Forderungen
EuZustVO	Verordnung (EU) Nr. 2020/1784 des Europäischen Parlaments und des Rates vom 25.11.2020 über die Zustellung gerichtlicher und außergerichtlicher Schriftstücke in Zivil- oder Handelssachen in den Mitgliedstaaten („Zustellung von Schriftstücken") und zur Aufhebung der Verordnung (EG) Nr. 1348/2000 des Rates
EuZW	Europäische Zeitschrift für Wirtschaftsrecht (Jahr und Seite)
EV	Einigungsvertrag
eV	eingetragener Verein
evtl.	eventuell
EWIR	Entscheidungen zum Wirtschaftsrecht (Jahr und Seite)
EWIV	Europäische wirtschaftliche Interessenvereinigung
Fam	Familie
FamFG	Gesetz über das Verfahren in Familiensachen und in den Angelegenheiten der freiwilligen Gerichtsbarkeit
FamG	Familiengericht
FamGKG	Gesetz über Gerichtskosten in Familiensachen
FamRZ	Zeitschrift für das gesamte Familienrecht (Jahr und Seite)
FER	NJW-Entscheidungsdienst Familien- und Erbrecht (Jahr und Seite)
FernUSG	Fernunterrichtsschutzgesetz
ff.	folgende
Ffm	OLG Frankfurt am Main
Ffo	Frankfurt an der Oder
FG	Finanzgericht
FGO	Finanzgerichtsordnung
FinA	Finanzamt
FMStG	Finanzmarktstabilisierungsgesetz
Fn.	Fußnote
FPR	Familie/Partnerschaft/Recht (Jahr – bis 2013 – und Seite)
FS	Festschrift
FuR	Familie und Recht (Jahr und Seite)
Fz.	Fahrzeug
G	Gesetz
GAeR	Gesetz zum Ausbau des elektronischen Rechtsverkehrs mit den Gerichten und weiteren Vorschriften
GBA	Generalbundesanwalt, Grundbuchamt
GBl	Gesetzblatt
GBO	Grundbuchordnung
GbR	Gesellschaft bürgerlichen Rechts
GE	Das Grundeigentum (Jahr und Seite)
Geb.	Gebühr(en)
GebrMG	Gebrauchsmustergesetz
GebW	Gebührenstreitwert
gefa	gemeinsames bundesweites Fachverfahren
gem.	gemäß
GenG	Gesetz betr. die Erwerbs- und Wirtschaftsgenossenschaften
Ges./ges.	Gesellschaft/gesetzlich/-e/-er/-es
GewO	Gewerbeordnung
GewSchG	Gewaltschutzgesetz
Gf.	Geschäftsführer
GG	Grundgesetz für die Bundesrepublik Deutschland
ggf.	gegebenenfalls
ggü.	gegenüber
GKG	Gerichtskostengesetz
Gl.	Gläubiger
GmbHG	Gesetz betr. die Gesellschaften mit beschränkter Haftung
GmbHR	GmbHRundschau – Zeitschrift für Gesellschafts-, Unternehmens- und Steuerrecht (Jahr und Seite)
GmS	Gemeinsamer Senat der obersten Gerichtshöfe des Bundes
GNotKG	Gerichts- und Notarkostengesetz
Gött	Göttingen
GrB	Grundbuch
Grds., grds.	Grundsatz, grundsätzlich
Grdz.	Grundzüge
GrS	Großer Senat
GRUR	Gewerblicher Rechtsschutz und Urheberrecht (Jahr und Seite)
GRUR-RR	Gewerblicher Rechtsschutz und Urheberrecht, Rechtsprechungs-Report (Jahr und Seite)
GüKG	Güterkraftverkehrsgesetz
GV	Gerichtsvollzieher
GVBl	Gesetz- und Verordnungsblatt
GVFV	Gerichtsvollzieherformular-Verordnung
GVG	Gerichtsverfassungsgesetz
GVGA	Geschäftsanweisung für Gerichtsvollzieher
GvKostG	Gerichtsvollzieherkostengesetz
GVO	Gerichtsvollzieherordnung
GVRZ	Zeitschrift für das gesamte Verfahrensrecht (Jahr und Seite)
GVG VO	Verordnung über die einheitliche Regelung der Gerichtsverfassung
GWB	Gesetz gegen Wettbewerbsbeschränkungen

Abkürzungsverzeichnis

GWR	Zeitschrift für Gesellschafts- und Wirtschaftsrecht (Jahr und Seite)
HAG	Heimarbeitsgesetz
Hamm	OLG Hamm
Hann	Hannover
HB	Bremen (Land)
HBewÜbk	Haager Übereinkommen über die Beweisaufnahme im Ausland usw
HdB	Handbuch
Hess	Hessen
HpflG	Haftpflichtgesetz
HGB	Handelsgesetzbuch
HH	Hamburg (Land)
HHG	Häftlingshilfegesetz
hL	herrschende Lehre
hM	herrschende Meinung
Hmb	OLG Hamburg
Hs.	Halbsatz
HUnterhÜbk	Haager Unterhaltsübereinkommen
HZPrAbk	Haager Abkommen über den Zivilprozeß v. 17.7.1905
HZPrÜbk	Haager Übereinkommen über den Zivilprozeß v. 1.3.1954
HZustlÜbk	Haager Übereinkommen über die Zustellung gerichtlicher und außergerichtlicher Schriftstücke usw
i.A.	im Auftrag
i.V.	in Vertretung
ICC	International Chamber of Commerce (Paris)
idF	in der Fassung
idR	in der Regel
iE	im Einzelnen
iErg	im Ergebnis
IFG	Informationsfreiheitsgesetz
IfSG	Infektionsschutzgesetz
inl.	inländisch
insbes.	inbesondere
InsO	Insolvenzordnung
InsVV	Insolvenzrechtliche Vergütungsverordnung
IntErbRVG	Internationales Erbrechtsverfahrensgesetz
IntFamRVG	Internationales Familienrechtsverfahrensgesetz
IPR	Internationales Privatrecht
IPRax	Praxis des Internationalen Privat- und Verfahrensrechts (Jahr und Seite)
IPRG	Gesetz zur Neuregelung des Internationalen Privatrechts
iSd/iSv	im Sinne des/im Sinne von
IT	Informationstechnik
iÜ	im Übrigen
iVm	in Verbindung mit
iZw	im Zweifel
JBeitrG	Justizbeitreibungsgesetz
JBl	Justizblatt
Jena	OLG Jena
jew.	jeweils
JGG	Jugendgerichtsgesetz
JM	Justizminister
JM (mit Jahr und Seite)	Monatszeitschrift Deutscher Anwaltsverein und JURIS
JMBl	Justizministerialblatt
JR	Juristische Rundschau (Jahr und Seite)
JurBüro	Das juristische Büro (Jahr und bis 1991 Spalte, seit 1992 Seite)
JuS	Juristische Schulung (Jahr und Seite)
Just	Die Justiz, Amtsblatt des Justizministeriums Baden-Württemberg (Jahr und Seite)
JVBl	Justizverwaltungsblatt
JVEG	Justizvergütungs- und -entschädigungsgesetz
JZ	Juristenzeitung (Jahr und Seite)
KAGB	Kapitalanlagegesetzbuch
Kap.	Kapitel
KapMuG	Kapitalanleger-Musterverfahrensgesetz
Karlsr	OLG Karlsruhe
Kblz	OLG Koblenz
KfH	Kammer für Handelssachen
KG	Kammergericht, Kommanditgesellschaft
KGaA	Kommanditgesellschaft auf Aktien
KI	Künstliche Intelligenz
KJHG	Gesetz zur Neuordnung des Kinder- und Jugendhilferechts
Kl.	Kläger
KlagRegV	Klageregisterverordnung
Köln	OLG Köln
Komm.	Kommentar
krit.	kritisch
KSchG	Kündigungsschutzgesetz
KSpG	Kohlendioxid-Speicherungsgesetz
KTS	Konkurs-, Treuhand- und Schiedsgerichtswesen, seit 1989 Zeitschrift für Insolvenzrecht (Jahr und Seite)
KV	Kostenverzeichnis (Nr.) Anlage 1 zu § 3 II GKG
KWG	Gesetz über das Kreditwesen
LAG	Landesarbeitsgericht; Lastenausgleichsgesetz
LG	Landgericht
Lit./lit.	Literatur/litera/Buchstabe
LMuR	Lebensmittel und Recht (Jahr und Seite)
LPartG	Lebenspartnerschaftsgesetz
Ls.	Leitsatz
LSG	Landessozialgericht
lt.	laut
LuftfzRG	Gesetz über Rechte an Luftfahrzeugen
LuftVG	Luftverkehrsgesetz
LugÜ	Übereinkommen zwischen EG- und EFTA-Staaten über die gerichtliche Zuständigkeit und die Vollstreckung
LwG	Landwirtschaftsgericht
LwVG	Gesetz über das gerichtliche Verfahren in Landwirtschaftssachen
mablAnm	mit ablehnender Anmerkung
mAnm	mit Anmerkung
Mannh	Mannheim
mat.	materiell/-e
mdl.	mündlich
MDR	Monatsschrift für Deutsches Recht (Jahr und Seite)
MedR	Medizinrecht (Jahr und Seite)
MedSach	Der medizinische Sachverständige (Jahr und Seite)
MFKReV	Musterfeststellungsklagenregister-Verordnung
Mitt.	Mitteilung
mkritAnm	mit kritischer Anmerkung

MMR .... Zeitschrift für IT-Recht und Recht auf Digitalisierung
mtl. .... monatlich
Mü .... OLG München
Münst .... Münster
MV .... Mecklenburg-Vorpommern
mwN .... mit weiteren Nachweisen
mzustAnm .... mit zustimmender Anmerkung

NATO-Truppenstatut .... Abkommen zwischen den Parteien des Nordatlantikvertrags über die Rechtsstellung ihrer Truppen
Naumb .... OLG Naumburg
Nds .... Niedersachsen
Nds. Rpfl. .... Niedersächsische Rechtspflege (Jahr und Seite)
neg. .... negativ
NetzDG .... Netzwerkdurchsetzungsgesetz
nF .... neue Fassung
NJOZ .... Neue Juristische Online Zeitschrift
NJW .... Neue Juristische Wochenschrift (Jahr und Seite)
NJWE-WettbR .... NJW-Entscheidungsdienst Wettbewerbsrecht (Jahr und Seite)
NJW-RR .... NJW-Rechtsprechungs-Report (Jahr und Seite)
NN .... Nihil nomen
NotVPV .... Notarverzeichnis- und Postfach-VO
NRW .... Nordrhein-Westfalen
NStZ .... Neue Zeitschrift für Strafrecht (Jahr und Seite)
NStZ-RR .... NStZ-Rechtsprechungsreport (Jahr und Seite)
NTS .... NATO-Truppenstatut
Nürnb .... OLG Nürnberg
NVwZ .... Neue Zeitschrift für Verwaltungsrecht (Jahr und Seite)
NVwZ-RR .... Rechtsprechungs-Report Verwaltungsrecht (Jahr und Seite)
NZA .... Neue Zeitschrift für Arbeits- und Sozialrecht (Jahr und Seite)
NZA-RR .... Rechtsprechungsreport Arbeits- und Sozialrecht (Jahr und Seite)
NZB .... Nichtzulassungsbeschwerde
NZBau .... Neue Zeitschrift für Baurecht und Vergaberecht (Jahr und Seite)
NZFam .... Neue Zeitschrift für Familienrecht (Jahr und Seite)
NZG .... Neue Zeitschrift für Gesellschaftsrecht (Jahr und Seite)
NZM .... Neue Zeitschrift für Miet- und Wohnungsrecht (Jahr und Seite)
NZV .... Neue Zeitschrift für Verkehrsrecht (Jahr und Seite)

öff. .... öffentlich
OGB .... Gemeinsamer Senat der Obersten Gerichtshöfe des Bundes
OHG .... Offene Handelsgesellschaft
Oldb .... OLG Oldenburg
OLG .... Oberlandesgericht
OLGR .... OLG-Report (Jahr und Seite)
OLGZ .... Entscheidungen der Oberlandesgerichte in Zivilsachen (Jahr und Seite)
OVG .... Oberverwaltungsgericht
OWi .... Ordnungswidrigkeit
OWiG .... Gesetz über Ordnungswidrigkeiten

PAO .... Patentanwaltsordnung
PartGG .... Partnerschaftsgesellschaftsgesetz
PatG .... Patentgericht, Patentgesetz
PDLV .... PostdienstleistungsVO
PflVG .... Pflichtversicherungsgesetz
PfÜB .... Pfändungs- und Überweisungsbeschluss
PKH .... Prozesskostenhilfe
PKHB .... Prozesskostenhilfebekanntmachung
PKHFV .... Prozesskostenhilfeformularverordnung
pos. .... positiv
pp .... und so fort
ProdHaftG .... Gesetz über die Haftung für fehlerhafte Produkte (Produkthaftungsgesetz)
proz. .... prozessual/-e/-er/-es
ProzBev. .... Prozessbevollmächtigter
PStG .... Personenstandsgesetz

qeS .... qualifizierte elektronische Signatur

RA .... Rechtsanwalt
RabelsZ .... Zeitschrift für ausländisches und internationales Privatrecht (Band und Seite)
RAVPV .... Rechtsanwaltsverzeichnis- und -postfachverordnung
RDG .... Rechtsdienstleistungsgesetz
RDGEG .... Einführungsgesetz zum Rechtsdienstleistungsgesetz
Rev. .... Revision
RG .... Reichsgericht
RGBl. .... Reichsgesetzblatt
RhPf .... Rheinland-Pfalz
RhSchiffG .... Rheinschiffahrtsgericht
RIW .... Recht der Internationalen Wirtschaft (Jahr und Seite)
Rn. .... Randnummer
Ros .... OLG Rostock
Rpfl. .... Rechtspfleger
Rpfleger .... Der Deutsche Rechtspfleger (Jahr und Seite)
RPflG .... Rechtspflegergesetz
Rspr. .... Rechtsprechung
r+s .... Recht und Schaden (Jahr und Seite)
RVG .... Rechtsanwaltsvergütungsgesetz
RVGreport .... Gleichnahmige Zeitschrift (Jahr und Seite)

S. .... Satz, Seite, Sache(n), Schuldner
s. .... siehe
Saarbr .... OLG Saarbrücken
SachenRBerG .... Sachenrechtsbereinigungsgesetz
SchiedsVZ .... Zeitschrift für Schiedsverfahren (Jahr und Seite)
SchiffG .... Schiffahrtsgericht
SchlAnh .... Schlussanhang
Schlesw .... OLG Schleswig
SchlHA .... Schleswig-Holsteinische Anzeigen (Jahr und Seite)
SchrAG .... Schriftgutaufbewahrungsgesetz
SchuFV .... Schuldnerverzeichnisführungsverordnung
SchuVAbdrV .... Schuldnerverzeichnisabdruckverordnung
SchuVVO .... Schuldnerverzeichnisverordnung
SE .... Europäische Gesellschaft
SeeGVG .... Seegerichtsvollstreckungsgesetz
SG .... Sozialgericht

Abkürzungsverzeichnis

SGB .... Sozialgesetzbuch (mit Angabe des jeweiligen Buches)
SGG .... Sozialgerichtsgesetz
SH .... Schleswig-Holstein
SL .... Saarland
SN .... Sachsen
sog. .... sogenannt
SorgeRÜbkAG ... Gesetz zur Ausführung des Sorgerechtsübereinkommens
SpuRt .... Zeitschrift für Sport und Recht (Jahr und Seite)
SRV .... Verordnung über das elektronische Schutzschriftenregister
ST .... Sachsen-Anhalt
StA .... Staatsanwalt(schaft)
StAZ .... Das Standesamt (Jahr und Seite)
StGB .... Strafgesetzbuch
Stgt .... OLG Stuttgart
StPO .... Strafprozessordnung
str. .... strittig/streitig
Sv. .... Sachverständige
SVertO .... Schiffahrtsrechtliche Verteilungsordnung
SVG .... Soldatenversorgungsgesetz

TH .... Thüringen
ThUG .... Therapieunterbringungsgesetz
TKG .... Telekommunikationsgesetz
TranspR .... Transportrecht (Jahr und Seite)
TTDSG .... Gesetz über den Datenschutz und den Schutz der Privatsphäre in der Telekommunikation und bei Telemedien
TTIP .... Transatlantic Trade and Investment Partnership
TÜV .... Technischer Überwachungsverein
Tz-BfG .... Gesetz über Teilzeitarbeit und befristete Arbeitsverträge

Üb. .... Überblick, Übersicht
Übk. .... Übereinkommen
UKlaG .... Unterlassungsklagengesetz
UmweltHG ...... Umwelthaftungsgesetz
UmwG .... Umwandlungsgesetz
unstr. .... unstreitig
UnterhVG .... Unterhaltsvorschussgesetz
UNÜ .... UNO-Übereinkommen über die Anerkennung und Vollstreckung ausländischer Schiedssprüche
UrhG .... Urheberrechtsgesetz
UdG .... Urkundsbeamter der Geschäftsstelle
USG .... Unterhaltssicherungsgesetz
UStG .... Umsatzsteuergesetz (Mehrwertsteuer)
usw .... und so weiter
UWG .... Gesetz über den unlauteren Wettbewerb

v. .... von, vom
VAG .... Versicherungsaufsichtsgesetz
vAw .... von Amts wegen
VerbrKrG .... Verbraucherkreditgesetz
VerfBevr .... Verfahrensbevollmächtigter
Verh. .... Verhandlung
VerkFlBerG ...... Verkehrsflächenbereinigungsgesetz
VermG .... Vermögensgesetz
VermVV .... Vermögensverzeichnisverordnung
VersAusglG .... Versorgungsausgleichsgesetz
VerschG .... Verschollenheitsgesetz
VersN .... Versicherungsnehmer
VersR .... Versicherungsrecht (Jahr und Seite)

Vfg. .... Verfügung
VG .... Verwaltungsgericht
VGG .... Verwertungsgesellschaftengesetz
VGH .... Verwaltungsgerichtshof
vgl., Vgl. .... vergleiche, Vergleich
VGrS .... Vereinigte Große Senate
VKH .... Verfahrenskostenhilfe
VMBl .... Ministerialblatt des Bundesministers der Verteidigung (Jahr und Seite)
VO .... Verordnung
VOB .... Verdingungsordnung für Bauleistungen
VOBl .... Verordnungsblatt
Vorb. .... Vorbemerkung
VPR .... Vergabepraxis & Recht (Jahr und Seite)
VSBG .... Verbraucherstreitbeilegungsgesetz
VSchDG .... EU-Verbraucherschutzdurchsetzungsgesetz
VV .... Anlage 1 zu § 2 Abs. 2 RVG Vergütungsverzeichnis (Nr.)
VVaG .... Versicherungsverein auf Gegenseitigkeit
VVG .... Gesetz über den Versicherungsvertrag
VwGO .... Verwaltungsgerichtsordnung
VwVfG .... Verwaltungsverfahrensgesetz
VwVG .... Verwaltungs-Vollstreckungsgesetz
VwZG .... Verwaltungszustellungsgesetz

WEG .... Wohnungseigentumsgesetz
WertAusglG ..... Wertausgleichsgesetz
WG .... Wechselgesetz
WM .... Wertpapiermitteilungen Teil IV (Jahr und Seite)
WoGG .... Wohngeldgesetz
WpHG .... Gesetz über den Wertpapierhandel
WRP .... Wettbewerb in Recht und Praxis (Jahr und Seite)
WSG .... Wehrsoldgesetz
Wü .... Württemberg
WuM .... Wohnungswirtschaft und Mietrecht (Jahr und Seite)

ZAbkNTrSt ..... Zusatzabkommen zum NATO-Truppenstatut
zB .... zum Beispiel
ZfPW .... Zeitschrift für die gesamte Privatrechtswirtschaft (Jahr und Seite)
ZGR .... Zeitschrift für Unternehmens- und Gesellschaftsrecht (Jahr und Seite)
ZIP .... Zeitschrift für Wirtschaftsrecht (Jahr und Seite)
ZK .... Zivilkammer
ZKG .... Zahlungskontengesetz
ZMR .... Zeitschrift für Miet- und Raumrecht (Jahr und Seite)
WpHG .... Gesetz über den Wertpapierhandel
ZPO .... Zivilprozessordnung
ZRHO .... Rechtshilfeordnung in Zivilsachen
ZRP .... Zeitschrift für Rechtspolitik (Jahr und Seite)
ZS .... Zivilsenat
ZSHG .... Zeugenschutz-Harmonisierungsgesetz
ZSW .... Zeitschrift für das gesamte Sachverständigenwesen (Jahr und Seite)
zust. .... zustimmend
ZustErgG .... Zuständigkeitsergänzungsgesetz

ZustVV .... Zustellungsvordruckverordnung
ZustW .... Zuständigkeitsstreitwert
ZVertriebsR ...... Zeitschrift für Vertriebsrecht (Jahr und Seite)
ZVFG .... Zwangsvollstreckungsformular-Verordnung
ZVG .... Zwangsversteigerungsgesetz
Zweibr .... OLG Zweibrücken
ZwV .... Zwangsvollstreckung
ZwVerw .... Zwangsverwaltung
ZZP .... Zeitschrift für Zivilprozess (Band und Seite)

Literaturverzeichnis

Adolphsen EurZivilVerfR	Adolphsen, Europäisches Zivilverfahrensrecht, 2. Aufl. 2015
Adolphsen ZivilProzR	Adolphsen, Zivilprozessrecht, 5. Aufl. 2016
Ahrens Wettbewerbsprozess-HdB	Ahrens, Der Wettbewerbsprozess, 9. Aufl. 2021
Althammer/Roth Zivilprozess	Althammer/Roth, Instrumentalisierung von Zivilprozessen, 1. Aufl. 2018
Anders/Gehle Assessorexamen ZivilR	Anders/Gehle, Das Assessorexamen im Zivilrecht, 15. Aufl. 2022
Anders/Gehle Freie Dienste	Anders/Gehle, Das Recht der freien Dienste, 1. Aufl. 2001
Anders/Gehle Zivilprozess	Anders/Gehle, Antrag und Entscheidung im Zivilprozess, 3. Aufl. 1999
Anders/Gehle/Kunze Streitwert-Lexikon	Anders/Gehle/Kunze, Streitwert-Lexikon, 4. Aufl. 2002
Assmann Fälle ZivilProzR	Assmann, Fälle zum Zivilprozessrecht, 3. Aufl. 2019
Baumfalk ZPO	Baumfalk, ZPO, 18. Aufl. 2013
Baumgärtel/Laumen/Prütting Beweislast-HdB	Baumgärtel/Laumen/Prütting, Handbuch der Beweislast, Band 1, 2, 3, 4. Aufl. 2018
Baur/Stürner/Bruns ZVR	Baur/Stürner/Bruns, Zwangsvollstreckungsrecht, 14. Aufl. 2022
Becht/Lennartz ZivilProz	Becht/Lennartz, Prüfungsschwerpunkte im Zivilprozess, 5. Aufl. 2010
Bechteler/Raue Zivilprozess	Bechteler/Raue, Zivilprozess für Anfänger, 1. Aufl. 2018
Beck/Scheel ZivilProzR	Beck/Scheel, Zivilprozessrecht im Assessorexamen, 4. Aufl. 2016
BeckOK ZPO	Vorwerk/Wolf, BeckOK ZPO, 44. Aufl. 2022 (zitiert als BeckOK ZPO/Bearbeiter)
BeckRichter-HdB	Seitz/Büchel, Beck'sches Richter-Handbuch, 3. Aufl. 2012
Bender/Häcker/Schwarz Tatsachenfeststellung	Bender/Häcker/Schwarz, Tatsachenfeststellung vor Gericht, 5. Aufl. 2021
Bischof ZivilR-Anwaltsklausur	Bischof, Die zivilrechtliche Anwaltsklausur, 1. Aufl. 2001
Braun ZivilProzR	Braun, Lehrbuch des Zivilprozeßrechts, 1. Aufl. 2014
Brödermann/Rosengarten IPR	Brödermann/Rosengarten, Internationales Privat- und Zivilverfahrensrecht (IPR/IZVR), 8. Aufl. 2019
Brox/Walker ZwangsVollstrR	Brox/Walker, Zwangsvollstreckungsrecht, 12. Aufl. 2021
Bunge ZivilProz E/SC	Bunge, Zivilprozess und Zwangsvollstreckung in England und Schottland, 2. Aufl. 2005
Büßer/Tonner Zivilrichterl. Dezernat	Büßer/Tonner, Das zivilrichterliche Dezernat, 4. Aufl. 2021
Callies Prozedurales Recht	Callies, Prozedurales Recht, 1. Aufl. 1999
Cepl/Voß	Cepl/Voß, Prozesskommentar zum Gewerblichen Rechtsschutz, 2. Aufl. 2018 (zitiert als Cepl/Voß/Bearbeiter)
Crückeberg ZivilProzR	Crückeberg, Zivilprozeßrecht, 1. Aufl. 2002
Dallmayer Musterklausur ZivilR	Dallmayer, Zivilrechtliche Musterklausuren für die Assessorprüfung, 8. Aufl. 2019
Dallmayer Zivilsachen	Dallmayer, Die Station in Zivilsachen, 11. Aufl. 2021
Danckwerts/Papenhausen/Scholz/Tavanti WettbProzR	Danckwerts/Papenhausen/Scholz/Tavanti, Wettbewerbsprozessrecht, 2. Aufl. 2022 (zitiert als Danckwerts/Papenhausen/Scholz/Tavanti WettbProzR/Bearbeiter)
Deppen/Heilmann Mietsachen	Deppen/Heilmann, Prozesse in Mietsachen, 1. Aufl. 2008
Dörndorfer	Dörndorfer, Rechtspflegergesetz: RPflG, 3. Aufl. 2020
Drappatz Überführung IntZivilverfR	Drappatz, Die Überführung des internationalen Zivilverfahrensrechts in eine Gemeinschaftskompetenz nach Art. 65 EGV, 1. Aufl. 2002
Dresenkamp/Sachtleber Zivilakte	Dresenkamp/Sachtleber, Zivilakte, 4. Aufl. 2020
Elzer Fälle ZPO	Elzer/Brückmann/Zivier, Die ZPO in Fällen, 2. Aufl. 2013
Eschenbruch/Schürmann/Menne Unterhaltsprozess-HdB	Eschenbruch/Schürmann/Menne, Der Unterhaltsprozess, 7. Aufl. 2019
Esskandari Grundriss ZivilProzR	Esskandari, Grundriss des Zivilprozessrechts, 1. Aufl. 2012
Fenger ZivilProzR	Fenger, Zivilprozeßrecht – Schnell erfaßt, 1. Aufl. 2001
Fischer ZivilVerfR	Fischer, Zivilverfahrens- und Verfassungsrecht, 1. Aufl. 2002
Förschler Zivilprozess	Förschler, Der Zivilprozess, 4. Aufl. 2018
Gaul/Schilken/Becker-Eberhard ZVR	Gaul/Schilken/Becker-Eberhard, Zwangsvollstreckungsrecht, 12. Aufl. 2010
Gehrlein ZivilProzR	Gehrlein, Zivilprozessrecht, 2. Aufl. 2003
Geimer IntZivilProzR	Geimer, Internationales Zivilprozessrecht, 8. Aufl. 2019
Geimer/Schütze EurZivilVerfR	Geimer/Schütze, Europäisches Zivilverfahrensrecht, 4. Aufl. 2020 (zitiert als Geimer/Schütze EurZivilVerfR/Bearbeiter)
Geimer/Schütze EurZivilVerfR	Geimer/Schütze, Europäisches Zivilverfahrensrecht, 3. Aufl. 2010 (zitiert als Geimer/Schütze EurZivilVerfR/Bearbeiter)
Geimer/Schütze Int. Rechtsverkehr	Geimer/Schütze, Internationaler Rechtsverkehr in Zivil- und Handelssachen, 63. Aufl. 2021 (zitiert als Geimer/Schütze Int. Rechtsverkehr/Bearbeiter)

Literaturverzeichnis

Gerold/Schmidt	Gerold/Schmidt, RVG-Kommentar, 25. Aufl. 2021 (zitiert als Gerold/Schmidt/Bearbeiter)
GForm-ZPO	Saenger/Ullrich/Siebert, ZPO, 5. Aufl. 2021
Gleußner ZivilProzR	Gleußner, Zivilprozessrecht, 4. Aufl. 2018
Gloy/Loschelder/Danckwerts WettbR-HdB	Gloy/Loschelder/Danckwerts, Handbuch des Wettbewerbsrecht, 5. Aufl. 2019 (zitiert als Gloy/Loschelder/Danckwerts WettbR-HdB/Bearbeiter)
Gottwald/Greger/Prütting Dogmatische Grundfragen Zivilprozess	Gottwald/Greger/Prütting, Dogmatische Grundfragen des Zivilprozesses im geeinten Europa, 1. Aufl. 2001
Gottwald/Mock	Gottwald/Mock, Zwangsvollstreckung, 7. Aufl. 2015
Graf Lambsdorff WettbVerfR	Graf Lambsdorff, Handbuch des Wettbewerbsverfahrensrechts, 1. Aufl. 2000
Grüneberg	Grüneberg, Bürgerliches Gesetzbuch, 81. Aufl. 2022 (zitiert als Grüneberg/Bearbeiter)
Grunsky/Jacoby ZivilProzR	Grunsky/Jacoby, Zivilprozessrecht, 16. Aufl. 2018
Hahn Anwaltl. Rechtsausführungen	Hahn, Anwaltliche Rechtsausführungen im Zivilprozess, 1. Aufl. 1998
Hassenpflug/Hauptmann/Melchior ZPO	Hassenpflug/Hauptmann/Melchior, ZPO leicht gemacht, 2. Aufl. 2013
Hay IPR	Hay, Internationales Privat- und Zivilverfahrensrecht, 3. Aufl. 2007
Hay/Rösler IPR	Hay/Rösler, Internationales Privat- und Zivilverfahrensrecht, 5. Aufl. 2016
Hemmer/Wüst/Gold Zivilurteil	Hemmer/Wüst/Gold, Das Zivilurteil, 13. Aufl. 2020
Hemmer/Wüst/Tyroller ZivilProzR I	Hemmer/Wüst/Tyroller, Zivilprozessrecht I, 13. Aufl. 2017
Henssler/Strohn	Henssler/Strohn, Gesellschaftsrecht, 5. Aufl. 2021 (zitiert als Henssler/Strohn/Bearbeiter)
Hess EuZivilProzR	Hess, Europäisches Zivilprozessrecht, 2. Aufl. 2020
Heyner/Wasserl ZivilProzR	Heyner/Wasserl, Zivilprozessrecht – Recht in Ausbildung und Praxis bei den Gerichten und Staatsanwaltschaften, 21. Aufl. 2018
Hippler/Wasserl Sachaufklärung	Hippler/Wasserl, Die Sachaufklärung in der Zwangsvollstreckung durch den Gerichtsvollzieher, 3. Aufl. 2016
HK-ZPO	Saenger, Zivilprozessordnung, 9. Aufl. 2021 (zitiert als HK-ZPO/Bearbeiter)
Horsky ZivilProzR	Horsky, Zivilprozessrecht – Grundlagenwissen, 1. Aufl. 2018
Huber Entwicklung transnationaler Modellregeln	Huber, Entwicklung transnationaler Modellregeln für Zivilverfahren, 1. Aufl. 2008
IZVR-HdB	Max-Planck-Institut für ausländisches und internationales Privatrecht, Handbuch des Internationalen Zivilverfahrensrechts, Band 1 Supranationale und internationale Gerichte, 1. Aufl. 1982, Band 3/1: Anerkennung ausländischer Entscheidungen nach autonomem Recht, 1. Aufl. 1984, Band 3/2: Anerkennung nach multilateralen Staatsvertraegen; Anerkennung nach bilateralen Staatsvertraegen, 1. Aufl. 1984
Jacoby ZivilProzR	Jacoby, Zivilprozessrecht, 17. Aufl. 2020
Jauernig/Berger/Kern ZwangsVollstrR	Jauernig/Berger/Kern, Zwangsvollstreckungsrecht, 24. Aufl. 2021
Jauernig/Hess ZivilProzR	Jauernig/Hess, Zivilprozessrecht, 30. Aufl. 2011
Junker IntZivilProzR	Junker, Internationales Zivilprozessrecht, 5. Aufl. 2020
Kammerlohr/Kroiß Anw. Tätigkeit	Kammerlohr/Kroiß, Anwaltliche Tätigkeit im Zivilprozess, 1. Aufl. 2005
Kern/Diehm	Kern/Diehm, Berliner Kommentare ZPO, 2. Aufl. 2020
Kießling	Kießling, Infektionsschutzgesetz: IfSG, 2. Aufl. 2021 (zitiert als Kießling/Bearbeiter)
Kissel/Mayer	Kissel/Mayer, GVG, 10. Aufl. 2021 (zitiert als Kissel/Mayer/Bearbeiter)
Knöringer Assessorklausur ZPO	Knöringer, Die Assessorklausur im Zivilprozess, 18. Aufl. 2020
v. König ZivilProzR	Baronin von König, Zivilprozess- und Kostenrecht, 3. Aufl. 2017
Kramer Berufung	Kramer, Die Berufung in Zivilsachen, 9. Aufl. 2022
Kropholler/v. Hein EurZivilProzR	Kropholler/von Hein, Europäisches Zivilprozessrecht, 9. Aufl. 2011 (zitiert als Kropholler/v. Hein EurZivilProzR/Bearbeiter)
Kunz Rechtsmittelbelehrung	Kunz, Rechtsmittelbelehrung durch die Zivilgerichte, 1. Aufl. 2000
Laumen/Prütting ZivilProzR-Fall	Laumen/Prütting, Der Zivilprozessrechtsfall, 9. Aufl. 2020
Linke/Hau IntZivilVerfR	Linke/Hau, Internationales Zivilverfahrensrecht, 8. Aufl. 2021
Lüke ZivilProzR I	Lüke, Zivilprozessrecht I, 11. Aufl. 2020
Lüke ZivilProzR II	Lüke, Zivilprozessrecht II, 11. Aufl. 2021
Macha ZivilProR	Macha, Zivilprozess- und Zwangsvollstreckungsrecht, 9. Aufl. 2013
Markfort Geistiges Eigentum	Markfort, Geistiges Eigentum im Zivilprozeß, 1. Aufl. 2001
Marschollek Skript ZPO	Marschollek, Skript ZPO, 24. Aufl. 2022
Meller-Hannich ZivilProzR	Meller-Hannich, Zivilprozessrecht, 2. Aufl. 2016
Mock Verfahrens-/Prozessführung	Mock, Verfahrens- und Prozessführung, 2. Aufl. 2012
Möllers Methodenlehre	Möllers, Juristische Methodenlehre, 4. Aufl. 2021
MüKoFamFG	Rauscher, Münchener Kommentar zum FamFG, Band 1, 2, 3. Aufl. 2018 (zitiert als MüKoFamFG/Bearbeiter)

MüKoZPO	Krüger/Rauscher, Münchener Kommentar zur ZPO, Band 1, 2, 3, 6. Aufl. 2020 (zitiert als MüKoZPO/Bearbeiter)
Müller eJustice-HdB	Müller, eJustice – Praxishandbuch, 5. Aufl. 2020
Musielak/Voit	Musielak/Voit, ZPO, 19. Aufl. 2022
Musielak/Voit GK ZPO	Musielak/Voit, Grundkurs ZPO, 15. Aufl. 2020
Nagel/Gottwald IntZivilProzR	Nagel/Gottwald, Internationales Zivilprozessrecht, 8. Aufl. 2020
Oberheim Erfolgreiche Taktik	Oberheim, Erfolgreiche Taktik im Zivilprozess, 8. Aufl. 2019
Ostrowicz/Künzl/Scholz Arbeitsgerichtl. Verfahren-HdB	Ostrowicz/Künzl/Scholz, Handbuch des arbeitsgerichtlichen Verfahrens, 5. Aufl. 2014
Pantle/Kreissl Praxis Zivilprozess	Pantle/Kreissl, Die Praxis des Zivilprozesses, 4. Aufl. 2007
Paulus ZivilProzR	Paulus, Zivilprozessrecht – Erkenntnisverfahren, Zwangsvollstreckung und Europäisches Zivilprozessrecht, 6. Aufl. 2016
Pechstein EUProzR	Pechstein, EU-Prozessrecht – Mit Aufbaumustern und Prüfungsübersichten, 4. Aufl. 2011
Piech Prozeßbetrug	Piech, Der Prozeßbetrug im Zivilprozeß, 1. Aufl. 1998
Piekenbrock/Kienle ZPO	Piekenbrock/Kienle, ZPO-Examinatorium, 2. Aufl. 2016
Pohlmann ZivilProzR	Pohlmann, Zivilprozessrecht, 5. Aufl. 2022
Prütting/Gehrlein	Prütting/Gehrlein, ZPO, 14. Aufl. 2022
Pukall/Kießling Zivilprozess	Pukall/Kießling, Der Zivilprozess in der Praxis, 7. Aufl. 2013
Rauscher EurZivilProzR	Rauscher, Europäisches Zivilprozeßrecht, 1. Aufl. 2003
Rauscher EuZPR/EuIPR	Rauscher, Europäisches Zivilprozess- und Kollisionsrecht, Band 1, 2, 5. Aufl. 2020
Reimer Methodenlehre	Reimer, Juristische Methodenlehre, 2. Aufl. 2019
Reinfeld Neues GeschGehG	Reinfeld, Das neue Gesetz zum Schutz von Geschäftsgeheimnissen, 1. Aufl. 2019
Röhl/Röhl Rechtslehre	Röhl/Röhl, Allgemeine Rechtslehre, 4. Aufl. 2018
Rosenberg/Schwab/Gottwald ZivilProzR	Rosenberg/Schwab/Gottwald, Zivilprozessrecht, 18. Aufl. 2018
v. Sachsen Gessaphe ZwangsVollstrR	von Sachsen Gessaphe, Zwangsvollstreckungsrecht, 1. Aufl. 2014
Saenger/Eberl/Eberl Schiedsverfahren	Saenger/Eberl/Eberl, Schiedsverfahren, 1. Aufl. 2019
Schack IntZivilVerfR	Schack, Internationales Zivilverfahrensrecht, 8. Aufl. 2021
Schack Rspr. IPR	Schack, Höchstrichterliche Rechtsprechung zum Internationalen Privat- und Verfahrensrecht, 2. Aufl. 2000
Schilken GerichtsVerfR	Schilken, Gerichtsverfassungsrecht, 4. Aufl. 2007
Schilken/Brinkmann ZivilProzR	Schilken/Brinkmann, Zivilprozessrecht, 8. Aufl. 2022
Schlosser ZivilProzR I	Schlosser, Zivilprozeßrecht, Band 1: Erkenntnisverfahren, 2. Aufl. 1991
Schlosser ZivilProzR II	Schlosser, Zivilprozeßrecht, Band 2: Zwangsvollstreckungs- und Insolvenzrecht, 1. Aufl. 1984
Schlosser/Hess	Schlosser/Hess, EU-Zivilprozessrecht, 5. Aufl. 2021
Schmidt COVID-19	Schmidt, COVID-19, Rechtsfragen zur Corona-Krise, 3. Aufl. 2021
Schnapp Logik	Schnapp, Logik für Juristen, 7. Aufl. 2016
Schneider/Sattel ZivilProzR	Schneider/Sattel, Zivilprozessrecht für den Fachanwalt im Verkehrsrecht – Besonderheiten der Prozessführung im Verkehrsrecht, 3. Aufl. 2015
Schober Zivilrichter	Schober, Zivilrichter-Leitfaden, 3. Aufl. 2019
Scholz VerwZivilProzR	Scholz, Verwaltungszivilprozessrecht, 1. Aufl. 2013
Schöpflin Beweiserhebung	Schöpflin, Die Beweiserhebung von Amts wegen im Zivilprozeß, 1. Aufl. 1991
Schuschke/Walker/Kessen/Thole	Schuschke/Walker/Kessen/Thole, Vollstreckung und Vorläufiger Rechtsschutz, 7. Aufl. 2020
Schütze Probleme IntZivilProzR	Schütze, Ausgewählte Probleme des internationalen Zivilprozessrechts, 1. Aufl. 2011
Schütze/Thümmel Schiedsgericht	Schütze/Thümmel, Schiedsgericht und Schiedsverfahren, 7. Aufl. 2021
Schwab ZivilProzR	Schwab, Zivilprozessrecht, 5. Aufl. 2016
Schwab/Walter	Schwab/Walter, Schiedsgerichtsbarkeit, 7. Aufl. 2005
Sendmeyer ZivilProzR	Sendmeyer, Zivilprozessrecht, 4. Aufl. 2021
Smid Zivilgerichtliches Verfahren	Smid, Zivilgerichtliches Verfahren, 1. Aufl. 2014
Stackmann ZivilProz Rechtsbehelfe	Stackmann, Rechtsbehelfe im Zivilprozess, 1. Aufl. 2005
Stein/Jonas	Stein/Jonas, Kommentar zur Zivilprozessordnung, Band 1, 2, 3, 4, 5, 6, 8, 9, 10, 11, 23. Aufl. 2014
Steinert/Theede/Knop Zivilprozess	Steinert/Theede/Knop, Zivilprozess, 9. Aufl. 2011
Steinert/Theede/Knop Zwangsvollstreckung- HdB	Steinert/Theede/Knop, Zwangsvollstreckung in das bewegliche Vermögen, 9. Aufl. 2013
Stickelbrock Richterliches Ermessen	Stickelbrock, Inhalt und Grenzen richterlichen Ermessens im Zivilprozess, 1. Aufl. 2002
Stürner Zivilurteile	Stürner, Die Anfechtung von Zivilurteilen, 1. Aufl. 2002

Literaturverzeichnis

Tempel/Graßnack/Koszíol/ Seyderhelm MatZivilProzR	Tempel/Graßnack/Koszíol/Seyderhelm, Materielles Recht im Zivilprozess, 6. Aufl. 2014
Teplitzky Wettbewerbsrechtliche Ansprüche	Teplitzky, Wettbewerbsrechtliche Ansprüche und Verfahren, 12. Aufl. 2018
Theimer/Theimer Mustertexte	Theimer/Theimer, Mustertexte zum Zivilprozess, Band 1, 10. Aufl. 2020
Thomas/Putzo	Thomas/Putzo, ZPO, 43. Aufl. 2022
Toussaint	Toussaint, Kostenrecht, 52. Aufl. 2022
Ulrich Beweisverfahren	Ulrich, Selbstständiges Beweisverfahren mit Sachverständigen, 2. Aufl. 2008 (zitiert als Ulrich Beweisverfahren/Bearbeiter)
Ulrich Der gerichtliche Sachverständige-HdB	Ulrich, Der gerichtliche Sachverständige, 12. Aufl. 2007 (zitiert als Ulrich Der gerichtliche Sachverständige-HdB/Bearbeiter)
van den Hövel Arbeitstechnik	van den Hövel, Richterliche Arbeitstechnik, 6. Aufl. 2021
van den Hövel Tenorierung	van den Hövel, Die Tenorierung im Zivilurteil, 8. Aufl. 2020
Voit/Manteufel BauVerfR-HdB ...	Voit/Manteufel, Handbuch des Bauverfahrensrechts, 1. Aufl. 2018
Wagner Prozeßverträge	Wagner, Prozeßverträge, 1. Aufl. 1998 (zitiert als Wagner Prozeßverträge/Bearbeiter)
Wank Methodenlehre	Wank, Juristische Methodenlehre, 1. Aufl. 2020
Werner/Pastor BauProz	Werner/Pastor, Der Bauprozess, 17. Aufl. 2020
Wieczorek/Schütze	Wieczorek/Schütze, ZPO: Zivilprozessordnung, Band 1, 11, 5. Aufl. 2019
Wrede Geheimverfahren	Wrede, Das Geheimverfahren im Zivilprozess, 1. Aufl. 2013
Zeiss/Schreiber ZivilProzR	Zeiss/Schreiber, Zivilprozeßrecht, 12. Aufl. 2014
Zerres BürgerlR	Zerres, Bürgerliches Recht – Eine Einführung in das Zivilrecht und die Grundzüge des Zivilprozessrechts, 9. Aufl. 2019
Zimmermann Fallrep ZPO	Zimmermann, ZPO-Fallrepetitorium, 11. Aufl. 2019
Zimmermann ZPO	Zimmermann, Zivilprozessordnung: ZPO, 10. Aufl. 2015
Zöller	Zöller, ZPO: Zivilprozessordnung, 34. Aufl. 2022

Einleitung

I. Entwicklung seit der Vorauflage und Rechtspolitik

1. Entwicklung seit der Vorauflage

Schrifttum: Nörr, Ein geschichtlicher Abriss des kontinentaleuropäischen Zivilprozesses in ausgewählten Kapiteln, 2015. Über die Entwicklung bis September 2021 unterrichtet die 80. Auflage.

Zur vorliegenden 81. Auflage sind schwerpunktmäßig folgende Gesetze oder Gesetzesänderungen berücksichtigt worden: 1

Einige Änderungen der **ZPO, der EGZPO und des GVG,** die erst mit Wirkung zum 1.8.2022, zum 1.1.2023 und zum 1.1.2024 gelten, enthalten schon folgende in der Vorauflage angesprochenen Gesetze: 2

- Gesetz zur Modernisierung des Personengesellschaftsrechts (PersonengesellschaftsrechtsmodernisierungsG – MoPeG) vom 10.8.2021, BGBl. I 3436, mit Wirkung zum 1.1.2024 (durch Art. 34 Änderungen des § 50 ZPO, Neufassung der §§ 736, 859 ZPO und Aufhebung des § 735 ZPO; durch Art. 33 Einfügung des § 45 EGZPO).
- Gesetz zur Neuregelung des Berufsrechts der anwaltlichen und steuerberatenden Berufsausübungsgesellschaften sowie zur Änderung weiterer Vorschriften im Bereich der rechtsberatenden Berufe vom 7.7.2021, BGBl. I 2363, mit Wirkung zum 1.8.2022 (durch Art. 8 Änderung des § 172 Nr. 3 GVG; durch Art. 12 Änderung der §§ 4, 6, 8, 9, 27a, 34a EURAG, Vor § 78 ZPO; durch Art. 13 Änderung des § 130a IV Nr. 2 ZPO; durch Art. 14 Änderung des § 2 V Nr. 2 Schutzschriftenregisterverordnung (SVR) zu § 945b ZPO).
- Gesetz zur Reform des Vormundschafts- und Betreuungsrechts vom 4.5.2021, BGBl. I 862, mit Wirkung zum 1.1.2023 (durch Art. 7 Änderung des § 53 ZPO und Einfügung des § 170a ZPO).

Daneben haben noch **folgende neue Gesetze** Auswirkungen auf ZPO und GVG und deren Einführungsgesetze: 3

- Gesetz zur Reform des Vormundschafts- und Betreuungsrechts vom 4.5.2021, BGBl I 882, mit Wirkung vom 1.1.2023 (durch Art. 7 Änderung der §§ 51, 52 ZPO, Neufassung des § 53 ZPO und Einfügung des § 170a ZPO).
- Gesetz zur Regelung des Verkaufs von Sachen mit digitalen Elementen und anderer Aspekte des Kaufvertrags vom 25.6.2021, BGBl I 2133 mit Wirkung vom 1.1.2022 (keine Vorschriften der ZPO und des GVG geändert, aber mittelbare Auswirkung zB der Beweislastumkehr in § 477 BGB).
- Gesetz zur Umsetzung der Digitalisierungsrichtlinie – DiRUG – vom 5.7.2021, BGBl I 3338, mit Wirkung vom 1.8.2022 (keine Vorschriften der ZPO und des GVG geändert, aber mittelbare Auswirkung auf dass zivile Prozessrecht).
- Gesetz zur Fortentwicklung der Strafprozessordnung und zur Änderung weiterer Vorschriften vom 25.6.2021, BGBl I 2099 mit Wirkung vom 1.7.2021 (durch Art. 3 Änderung des § 9 EGGVG; durch Art. 4 Änderung von zahlreichen Vorschriften des GVG; durch Art. 8 Änderung des § 299 III ZPO).
- Gesetz zur Neuregelung des Berufsrechts der anwaltlichen und steuerberatenden Berufsausübungsgesellschaften sowie zur Änderung weiterer Vorschriften im Bereich der rechtsberatenden Berufe vom 7.7.2021, BGBl. I 2363 mit Wirkung zum 1.8.2022 (durch Art. 8 Änderung des § 172 Nr. 3 GVG; durch Art. 12 Änderung der §§ 4, 6, 8, 9, 27a, 34a EURAG, Vor § 78 ZPO; durch Art. 13 Änderung des § 130a IV Nr. 2 ZPO; durch Art. 14 Änderung des § 2 V Nr. 2 Schutzschriftenregisterverordnung (SVR) zu § 945b ZPO).
- Gesetz zur Modernisierung des notariellen Berufsrechts und zur Änderung weiterer Vorschriften vom 25.6.2021, BGBl I 2154 mit Wirkung vom 1.8.2021 (durch Art. 13 Änderung des EURAG, durch Art. 14 Änderung des § 797 ZPO; darüber hinaus Änderungen des DRiG und der BRAO).
- Gesetz über die unternehmerischen Sorgfaltspflichten in Lieferketten vom 16.7.2021, BGBl I 2959, mit Wirkung vom 1.1.2023 (Art. 1 Abschnitt 3 § 11: Besondere Prozessstandschaft für Gewerkschaften und Nichtregierungsorganisationen).
- Gesetz zur Durchführung der Verordnung (EU) 2019/111 über die Zuständigkeit, die Anerkennung und Vollstreckung von Entscheidungen in Ehesachen und in Verfahren betreffend die elterliche Verantwortung und über internationale Kindesentführung sowie zur Änderung sonstiger Vorschriften vom 10.8.2021, BGBl. I 3424 mit Wirkung vom 1.8.2022 (durch Art. 3 Änderung der §§ 1080 I und 1111 I ZPO).
- Gesetz zur Errichtung eines Sondervermögens „Aufbauhilfe 2021" und zur vorübergehenden Aussetzung der Insolvenzantragspflicht wegen Starkregenfällen und Hochwassern im Juli 2021 sowie zur Änderung weiterer Gesetze (Aufbauhilfegesetz 2021) vom 10.9.2021, BGBl. I 4147, mit Wirkung vom 1.12.2021 (durch Art. 5 Neufassung des § 23 EGZPO zum 15.9.2021 und durch Art. 6 Änderung des § 23 EGZPO zum 1.12.2021).
- Gesetz zum Ausbau des elektronischen Rechtsverkehrs mit den Gerichten und zur Änderung weiterer Vorschriften vom 5.10.2021, BGBl. I 4607, in Kraft getreten am 1.1.2022 (durch Art. 1 – 3 Änderung der §§ 91, 130a, 168, 174, 183, 186, 193, 195, 278, 317, 699, 702, 724, 753, 829 ZPO, Neufassung der §§ 175, 176, 192 ZPO, Einfügung des § 278 II 4 ZPO und der §§ 173, 193 ZPO und Aufhebung des bisherigen § 174 ZPO; jeweils Änderung des § 173 ZPO zum 1.1.2023 und zum 1.1.2024).
- Prozesskostenhilfebekanntmachung 2022 (PKHB 2022) vom 17.12.2021, BGBl. I 5239 mit Wirkung vom 1.1.2022 (zu § 115 ZPO).
- Bekanntmachung des BMJV zu den Pfändungsfreigrenzen 2022 nach § 850c ZPO (Pfändungsfreigrenzenbekanntmachung 2022) vom 25.5.2022, BGBl. I 825.
- Gesetz zur Durchführung der EU-Verordnung über grenzüberschreitende Zustellungen und grenzüberschreitende Beweisaufnahmen in Zivil- und Handelssachen sowie zur Änderung sonstiger Vorschriften vom 24.6.2022, BGBl. I 959 mit Wirkung vom 1.7.2022 (durch Art. 1 I Änderung der §§ 183, 829, 845, 1067, 1069, 1071–1075, 1089 ZPO; Neufassung der §§ 363, 1068 ZPO; Einfügung des § 1070 ZPO).

Auch für das **Jahr 2022** waren – wie schon im Jahr 2021 – die zahlreichen Gesetze und Verordnungen zur Bekämpfung oder Eindämmung der Covid-19-Pandemie prägend, die zwar keine direkte Änderungen der ZPO 4 oder des GVG und ihrer Einführungsgesetze beinhalten, aber in der Rechtsanwendung der ZPO besondere Bedeutung haben; eine Auswahl, die sich in der Kommentierung der 81. Auflage wiederfindet, sei hier erwähnt:

– Gesetz zur Stärkung der Impfprävention gegen COVID-19 und zur Änderung weiterer Vorschriften im Zusammenhang mit der COVID-19-Pandemie vom 10.12.2021, BGBl. I 5162, wirksam seit 15.12.2021 (u. a. Art. 20 Sicherung der Funktionsfähigkeit der Kammern im Bereich der BRAO, BNotO; Art. 22 Einschränkung von Grundrechten).
– Gesetz zur Änderung des Infektionsschutzgesetzes und anderer Vorschriften vom 18.3.2022, BGBl I 466, wirksam seit 1.4.2022 (u. a. Art. 4 Einschränkung von Grundrechten).

5 Folgende **Europäische Richtlinien** sind berücksichtigt worden:

– Verordnung (EU) 2020/1783 des Europäischen Parlamentes und des Rates vom 25.11.2020 über die Zusammenarbeit zwischen den Gerichten der Mitgliedstaaten auf dem Gebiet der Beweisaufnahme in Zivil- oder Handelssachen (EuBewVO) mit Wirkung vom 1.7.2022, ABl. 2020 L 405, 1.
– Verordnung (EU) 2020/1784 des Europäischen Parlamentes und des Rates vom 25.11.2020 über die Zustellung gerichtlicher und außergerichtlicher Schriftstücke in Zivil- oder Handelssachen in den Mitgliedstaaten (EuZustVO) mit Wirkung vom 1.7.2022, ABl. L 405, 40 ber. 2022 L 173, 133.

2. Rechtspolitik

Schrifttum: auf der Heiden, Prozessrecht in Zeiten der Corona-Pandemie, NJW 2020, 1023; Baudewin/Scheffer, Die Terminsverlegung – Prozessführung in Zeiten der Corona-Pandemie, NJW 2021, 3495; Bellardita, Das Gesetz zum Ausbau des elektronischen Rechtsverkehrs mit den Gerichten … – eine grundlegende Reform des Zustellungswesens, DGVZ 2022, 4; Fölsch, Neuerungen im Zivilprozess – Entfristung, Spezialisierung, Effizienz, NJW 2020, 801; Müller, E-Justice 2022 – Aktive Nutzungspflicht und neue Übermittlungswege, NJW 2021, 3281; Müller/Windau, Pandemie als Digitalisierungsschub für die Justiz?, DriZ 2021, 332; Rauscher (Hrsg.), Europäisches Zivilprozessrecht und Kollisionsrecht, 5. Aufl. 2020; Schmidt/Saam, Videokonferenzen im Zivilprozess, DRiZ 2020, 216; Siegmund, Die.Pflicht zur elektronischen Kommunikation mit den Gerichten, NJW 2021, 3617, Stamm, Die Digitalisierung der Zwangsvollstreckung – Der Schlüssel zu einer Reform an Haupt und Gliedern, NJW 2021, 2563.

6 Die rechtspolitische Diskussion in Bezug auf den Zivilprozess wird weiterhin geprägt durch die Aktivitäten des Gesetzgebers, → Rn. 2, die Covid-19-Pandemie und ihre Auswirkungen sowie durch den weiteren Ausbau des elektronischen Rechtsverkehrs, der auch in der Gesetzgebung seinen Niederschlag findet.

7 Nachdem Schleswig-Holstein und Baden-Württemberg bereits von der Opt-in-Klausel des § 46e I ArbGG, nämlich der Möglichkeit Gebrauch gemacht hatten, für die Arbeitsgerichtsbarkeit die aktive Nutzungspflicht des Elektronischen Rechtsverkehrs (ERV) vorzuziehen, hat das Land Bremen durch VO vom 8.12.2020 die aktive Nutzungspflicht des ERV in der Arbeitsgerichtsbarkeit beim LAG und ArbG Bremen sowie bei dem Sozialgericht und dem Finanzgericht Bremen auf den 1.1.2021 vorgezogen. Dies war gerade mit Blick auf die Covid-19-Pandemie von Bedeutung, da dort die e-Akte als die führende Akte im home-office bearbeitet werden konnte. Bei der Einführung des besonderen elektronischen Anwaltspostfachs (beA), das für die elektronische Einreichung genutzt werden kann, hatte es in den Vorjahren heftige Kritik aus der Anwaltschaft gegeben, die auch in den Entscheidungen des BGH (NJW 2020, 2194) und des BFH (NJW 2019, 2647) ihre Bestätigung fand. Diese Anfangsschwierigkeiten scheinen nunmehr doch überwunden zu sein; gleichwohl lag die Nutzungsquote Anfang 2021 trotz passiver Nutzungspflicht allgemein und passiver Nutzungspflicht hinsichtlich des Empfangsbekenntnisses jedoch lediglich knapp über 80 %. Seit dem 1.1.2022 ist die aktive Nutzungspflicht kraft Gesetzes an allen deutschen Gerichten eingetreten. Gleichwohl werden die die aktive Nutzung des elektronischen Rechtsverkehrs betreffenden Themen auch weiterhin in der rechtspolitischen Diskussion eine Rolle spielen, wie die schon bisher veröffentlichten und teilweise oben im Schrifttum angegebenen Aufsätze zeigen. U. a. macht die Überschreitung der zulässigen Dateigröße bei Anhängen der über beA zu verschickenden Schriftsätze Schwierigkeiten, Flocke NJW-aktuell 2022, 15. Die Digitalisierung der Justiz ist auch Thema des Koalitionsvertrages von Dezember 2021, in dem neben Legal-Tech und Online-Klagen u. a. weiterhin die Forcierung des Videoeinsatzes im Gerichtsverfahren wichtiger Bestandteil ist, Bernhardt JM 2022, 90 (mit den weiteren Inhalten).

8 Selbst in der Juristenausbildung hat die elektronische Bearbeitung von Examensklausuren inzwischen Einzug gehalten. Nachdem in Bayern und NRW bereits in den Jahren 2015/16 Vorarbeiten zur Einführung eines sog. E-Examens getroffen wurden, die man jedoch in der folgenden Zeit nicht weiterverfolgt hat, haben nunmehr im Oktober 2021 in Sachsen-Anhalt als erstem Bundesland alle Referendarinnen und Referendare von der seit 2019 eingeführten Möglichkeit, die Klausuren am Laptop statt – wie bisher – handschriftlich zu bearbeiten. Inzwischen sollen weitere Bundesländer folgen.

9 Durch das Gesetz zur Regelung der Wertgrenze für die Nichtzulassungsbeschwerde in Zivilsachen, zum Ausbau der Spezialisierung bei den Gerichten sowie zur Änderung weiterer prozessrechtlicher Vorschriften sind weitreichende Änderungen der ZPO und des GVG erfolgt. Zwei dieser Änderungen werden die Gerichte und die Rechtsanwaltschaft auch weiterhin beschäftigen, wie auch der virtuelle Richtertag am 2.2.2021 aus Nürnberg gezeigt hat. Zunächst ist etwas beiläufig in § 139 I der klarstellende Satz 3 „Das Gericht kann durch Maßnahmen der Prozessleitung das Verfahren strukturieren und den Streitstoff abschichten“ angefügt. Auch wenn dieser Zusatz hätte konkreter gefasst werden sollen, läutet er doch eine „Renaissance der Relationsmethode“ ein. Er stellt nämlich einen wichtigen Hinweis zur stärkeren Beachtung von Systematik und relationsmäßigem Denken dar, einem Anliegen, dem sich die Bearbeiter dieses Kommentars besonders verpflichtet fühlen, → ZPO § 130 Rn. 2, → ZPO § 139 Rn. 3. Zur Strukturierung des Parteivortrags hat es schon im Vorfeld des Gesetzes und während des Gesetzgebungsverfahren zahlreiche Vorschläge gegeben, so: Greger NJW 2019, 3429; Vorwerk NJW 2017, 2326; Gaier ZRP 2015, 101. Der hier vertretenen Ansicht kommt der Vorschlag am nächsten, die Parteien anzuhalten, ihren Vortrag zu den entscheidenden Sachfragen strukturiert und zugeordnet – ganz im Sinne der Relationsmethode – in einem Dokument gegenüberzustellen, Köbler AnwBl online 2018, 399; → ZPO § 129 Rn. 6; → § 139 Rn. 42 ff. Das entbindet die Gerichte jedoch nicht davon, den Sachverhalt selbst zu erfassen, relationsmäßig zu werten und sachdienliche Hinweise nach § 139 ZPO zu erteilen. Die Erstellung eines bindenden Basisdokuments nur durch die Parteien (Anwälte) in einem vorgegebenen Relationsschema, wie es die Arbeitsgruppe „Modernisierung des Zivilprozesses“ u. a. auf dem virtuellen Richtertag 2021 vorgestellt hat,

vgl. auch Köbler NJW aktuell 2020, 19, ein Vorgehen, das auch durch Beschluss der Präsidentinnen und Präsidenten des BGH, der OLG, des KG und des BayObLG vom 8.6.2021 eine grundsätzliche Billigung erfahren hat, FD-ZVR 2021, 439564, berücksichtigt nicht hinreichend, dass die Parteien ohne Maßnahmen nach § 139 und die damit verbundene rechtliche Bewertung des Gerichts an den Sachverhalt gebunden wären, → ZPO § 139 Rn. 47. Auf der Herbsttagung 2021 der JuMiKo wurde jedoch der Vorschlag des Basisdokuments nicht zur Prüfung empfohlen, Köbler NJW-aktuell 2022, 19. Die Länder Bayern und Niedersachsen haben gemeinsam mit der Universität Regensburg ein Forschungsprojekt zur Entlastung der Gerichte begonnen, bei dem u. a. auch eine „Strukturierungssoftware für den Parteivortrag" entwickelt werden soll, die ab 2024 an ausgewählten Zivilgerichten beider Länder erprobt werden soll. Unabhängig von diesen Überlegungen sind aber die Grundzüge der Relationsmethode auch vom BGH zwar nicht wörtlich, aber durch Anwendung bestätigt worden, BGH NJW 2019, 607; → ZPO § 139 Rn. 23 (relationsmäßiges Denken; → Vor § 253 Rn. 50 ff.), und vom Ergebnis her auch BGH NZG 2019, 1181.

Darüber hinaus hat die Spezialisierung der Gerichte und die Konzentration dieser Rechtsstreitigkeiten bei bestimmten Gerichten die rechtspolitische Diskussion weiterhin belebt. Die Ermächtigungen der Landesregierungen in §§ 13a, 60 GVG und die Änderungen der §§ 72a, 119a GVG mit Wirkung zum 1.1.2021 sind nicht ausschließlich positiv zu werten. Die Argumente, aufgrund einer zunehmenden Spezialisierung der Anwaltschaft und der Schwierigkeit der einzelnen Rechtsmaterien sei auch eine Spezialisierung der Gerichte notwendig, haben sich seit den zum 1.1.2018 in Kraft getretenen Vorschriften nicht geändert. Ob die häufigere Befassung mit einer bestimmten Materie bei den Gerichten zu einer – wie auch immer zu bemessenden – Qualitätssteigerung führt, so schon BT-Drs. 2018/11437, 51, dürfte seit dem 1.1.2018 wohl kaum seriös evaluiert sein. Gleichwohl wird in der Literatur diese Qualitätssteigerung begrüßt, Musielak/Voit/Wittschier GVG § 72a Rn. 1; Thomas/Putzo/Hüßtege GVG § 72a Rn. 1. Die Bedenken in der Rechtsprechung sind indes nicht weiter beachtet worden. Die schon zum 1.1.2018 neu geschaffenen Sonderzuständigkeiten führen – ebenso wie deren Erweiterung zum 1.1.2021 – durchaus zu verfassungsrechtlichen Fragestellungen. Nach Ansicht des KG ist mit der Schaffung gesetzlicher Sonderzuständigkeiten eine Beschränkung der Befugnisse der Gerichtspräsidien und damit auch ein Eingriff in die richterliche Selbstverwaltung verbunden, KG BeckRS 2019, 15554 = WM 2019, 1595; NJW-RR 2019, 593; vgl. auch Hmb MDR 2018, 1327. Dies wird auch durch die Rechtsprechung des BGH verdeutlicht. Bei einer Auseinandersetzung über die Zuständigkeit nach dem Geschäftsverteilungsplan ist das Präsidium des Gerichts, dem die betreffenden Spruchkörper angehören, als richterliches Selbstverwaltungsorgan gem. § 21e GVG zur Entscheidung berufen, BGH NJW 2000, 80 (81). Beruht aber die Zuständigkeit zumindest eines an dem Kompetenzkonflikt beteiligten Spruchkörpers auf der gesetzlichen Zuständigkeitsregelung des § 119a I GVG, besteht keine Entscheidungskompetenz des Präsidiums, vielmehr ist § 36 I Nr. 6 ZPO entsprechend anzuwenden, BGH BeckRS 2022, 21672 Rn. 17 ff. = WM 2022, 1727; NJW 2003, 3636; vgl. auch BayObLG BeckRS 2020, 22921 Rn. 20 ff. = NZBau 2021, 254. Schließlich sprechen auch Praktikabilitätsfragen für eine restriktive Handhabung der Erweiterung der Spezialisierung. Hierbei ist zwischen § 72a GVG und § 119a GVG zu differenzieren. Während in der Berufungsinstanz eine Spezialisierung – in Maßen – mit den bekannten Argumenten sinnvoll erscheinen mag, kann dies in den erstinstanzlichen Kammern der Landgerichte zu organisatorischen und personalpolitischen Schwierigkeiten führen. Dabei muss der Alltag bei einem Landgericht mit einer hohen personellen Fluktuation und unerwarteten Anforderungen bei der Durchführung von Strafprozessen, die nicht selten Umstrukturierungen im Gericht erfordern, im Interesse der Funktionsfähigkeit des Gerichts bei der Entscheidung des Personaleinsatzes berücksichtigt werden. Schließlich führt auch die Konzentration von Verfahren aufgrund der fliegenden Gerichtsstände – wie z. B. in Wettbewerbs- oder Presseangelegenheiten – nicht unbedingt zu einer Qualitätssteigerung der Rechtsprechung; vielmehr besteht die Gefahr, dass aufgrund der Vielzahl der zu entscheidenden Fälle der Einzelfall nicht mehr seiner Bedeutung entsprechend gewürdigt wird, vgl. Jürgens NJW 2020, 1846 mwN (am Beispiel des fliegenden Gerichtsstands im Presserecht). Insoweit hat jedoch der Gesetzgeber mit dem Gesetz zur Stärkung des fairen Wettbewerbs vom 26.11.2020, eine Zuständigkeitsregelung getroffen, die einen fliegenden Gerichtsstand eindämmt, auch wenn gleichzeitig wieder eine Konzentration der Zuständigkeiten mehrerer LG-Bezirke ermöglicht wird; Möller NJW 2021, 1; Mantz NJW 2021 516 (beim Internetrecht). Eine weitere Konzentration von Zuständigkeiten nach § 1062 V ZPO in Schiedssachen, die durchaus sinnvoll erscheint und in RhPf. schon seit 1998 beim OLG Koblenz besteht, ist seit dem 1.7.2019 in NRW beim OLG Köln eingerichtet und seit dem 1.5.2020 in Bayern wieder beim BayObLG. In NRW ist zum 1.1.2022 die Verordnung über die gerichtliche Zuständigkeit für Streitigkeiten aus den Bereichen der Unternehmenstransaktionen, der Informationstechnologie und Medientechnik sowie der erneuerbarer Energien bei bestimmten LG und OLG konzentriert, die entsprechende Spezialkammern bzw. Spezialsenate eingerichtet haben. Schließlich wird die Bundesratsinitiative zur Schaffung von Commercial Courts die rechtspolitische Diskussion über die Spezialisierung der Gerichte beleben. In dem Gesetzentwurf vom 7.5.2021 (BR-Drs. 218/21) für ein „Gesetz zur Stärkung der Gerichte in Wirtschaftsstreitigkeiten" sind u. a. bei den Landgerichten spezielle Kammern für internationale Handelssachen und bei den Oberlandesgerichte Commercial Courts, die bei internationalem Bezug unter bestimmten Voraussetzungen erstinstanzlich verhandeln können, → GVG § 184 Rn. 3; → GVG § 185 Rn. 8. Diese seit über 13 Jahren geführte Debatte hatte zuvor schon in den Jahren 2010, 2014, 2018 und 2021 zu Entwürfen des Bundesrats geführt, die nicht umgesetzt wurden, Hoffmann ZRP 2022, 108. 10

Die Auswirkungen der Covid-19-Pandemie haben weiterhin verschiedene Aspekte. Auch wenn sich durch das Gesetz zum Ausbau des elektronischen Rechtsverkehrs, → Rn. 2, gewisse Besserungen zeigen, sind Defizite bei der Digitalisierung, die sich sowohl im Ablauf der Gerichtsverhandlungen als auch in der Kommunikation zwischen den Rechtsanwälten und Gerichten ergeben, weiterhin vorhanden. Aber die Akzeptanz für Videoverhandlungen wächst. Pandemiebedingt sind die Zahlen der bereits seit 2001 bestehenden Möglichkeit nach § 128a ZPO, Zivilverhandlungen im Wege der Bild- und Tonübertragung abzuhalten, im Jahr 2021 auf mehr als 50.000 Verhandlungen bundesweit gestiegen, Rebehn DRiZ 2022, 150. Die Diskussion über bessere technische Ausstattung, schnellere Digitalisierung oder sicherere Übertragungswege werden uns aber noch länger begleiten, denn ein Rechtsstaat, der in technischer Hinsicht „hinter dem Mond" lebt, verliert an Akzeptanz, Scholz/Dörr NJW-aktuell 34/2020, 15. Gleichzeitig werden aber auch erste Stimmen laut, die bei Digitalisierung des Zivilprozesses mit Blick auf die Rechtsschutzgleichheit für nicht-digitalaffine Personen von Zugangshürden zu den Gerichten sprechen, → Einl. II Rn. 15. Ein guter Ansatz ist durch ein Vorgehen nach § 128a ZPO, der Verhand- 11 lungen im Wege von Bild- und Tonübertragungen ermöglicht, gegeben. Zwar sind auch diesem Vorgehen tatsächliche und rechtliche Grenzen gesetzt, da sich nicht alle Verhandlungen für eine Videokonferenz eignen, → ZPO § 128a Rn. 16. Insgesamt überwiegen aber die Chancen dieses Verfahrens, Schmidt/Saam DRiZ 2020, 216; Rebehn DRiZ 2020, 202; → ZPO § 128a Rn. 7, 16. Zumindest hat die Covid-19-Pandemie die bisherige „Dunkelnorm" des § 128a ZPO ins helle Licht gerückt, Windau NJW 2020, 5753, und aus seinem Schattendasein befreit und nun technische und praktische Aspekte in den Vordergrund gestellt, Freye/Schnebbe ZD 2020, 502. Für die Akzeptanz des E-Justice-Prozesses könnte die Pandemie ein Türöffner gewesen sein, Müller/Windau DRiZ 2021, 332. Pandemiebedingt erscheint aber die Bereitschaft zur Veränderung so groß wie nie zuvor zu sein, wie auch der virtuelle Richtertag 2021 mit den Themen „Videoverhandlungen" und „beschleunigtes Online-Verfahren" gezeigt hat. Nach dem Justizbarometer 2021 der EU-Kommission liegt die Bundesrepublik Deutschland immerhin bei der Nutzung digitaler Technologien in den Gerichten und Staatsanwaltschaften im oberen Viertel. Dazu zählen etwa die Verfügbarkeit von Videokonferenzlösungen und die Möglichkeit von sicheren Heimarbeitsplätzen von Richtern und anderen Justizbediensteten, Werner DRiZ 2021, 320.

12 Weiterhin zeigt die Covid-19-Pandemie Schwierigkeiten bei der Frage der Saalöffentlichkeit, § 169 GVG, sowohl bei der mündlichen Verhandlung im Gericht als auch bei der Videokonferenz, Schmidt/Saam DRiZ 2020, 216. Der Grundsatz der Gerichtsöffentlichkeit hat jedoch seine Grenzen, soweit gewichtige Interessen wie die Funktionstüchtigkeit der Rechtspflege dem entgegenstehen, BVerfG NJW 2012, 1863; Kulhanek NJW 2020, 1183; → ZPO § 128a Rn. 3, 16 (Öffentlichkeit bei Videokonferenzen); → GVG Vor § 169 Rn. 2, → GVG § 172 Rn. 17. Schließlich wird die bisher wenig beachtete Einfügung des § 176 II GVG, der ein umfassendes Verhüllungsverbot mit Erlaubnisvorbehalt für die mündliche Verhandlung enthält, weiter für Diskussionen sorgen, nicht zuletzt auch wegen der Frage, ob die zunächst nur empfohlenen oder gebotenen, inzwischen sogar vorgeschriebenen Mund-Nase-Atemschutzmasken hierunter fallen; auf der Heiden NJW 2020, 1023; → GVG § 176 Rn. 11.

13 Schließlich sollten auch die Aktivitäten des mit dem Gesetz zur Errichtung der „Stiftung Forum Recht" (Forum-Recht-Gesetz – ForumRG) vom 13.5.2019. BGBl I 731 geschaffenen neuen Forums, den Rechtsstaat als Wert an sich und nicht nur in Abgrenzung von Unrechtserfahrungen zu präsentieren, vgl. Rath DRiZ 2021, 316, ab dem Jahr 2022 auch die Diskussion über den Zivilprozess beleben.

II. Grundlagen und Grundbegriffe

Übersicht

1 GVG und ZPO gehören zur konkurrierenden Gesetzgebung nach Art. 74 Nr. 1 GG. In dem in Art. 125 GG angegebenen Umfang ist dieses Recht Bundesrecht. Rechtsquellen sind: GVG; EGGVG; ZPO, EGZPO, RPflG, DRiG. Vgl. auch die Überschriften des Buchs 1 der ZPO und des GVG. Die Gerichtsbarkeit der deutschen Gerichte in nichtstrafrechtlichen Angelegenheiten besteht auch gegenüber den Mitgliedern der ausländischen Streitkräfte unbeschränkt, SchlAnh. III.

2 Die Grundbegriffe des Prozessrechts sind bei den Kommentierungen → ZPO Vor § 253 Rn. 1 ff., → ZPO Vor § 128 Rn. 1 ff. oder bei → ZPO § 138 Rn. 1 ff. und bei den im Sachverzeichnis zu ermittelnden Stellen der Erläuterungen erörtert. So sind beispielhaft zu finden:

Parteiherrschaft: → ZPO Vor § 128 Rn. 20;

Beibringungsgrundsatz: → ZPO Vor § 128 Rn. 21–25;

Dispositionsgrundsatz: → ZPO Vor § 128 Rn. 26;
Prozesshandlung: → ZPO Vor § 128 Rn. 54 f.;
Relationsmethode: → ZPO Vor § 253 Rn. 50 ff., → ZPO § 139 Rn. 23;
Schlüssigkeit, Erheblichkeit, Beweisbedürftigkeit: → ZPO Vor § 253 Rn. 55 ff.;
Darlegungslast, Substantiierung: → ZPO § 138 Rn. 21 ff.;
Rechtshängigkeit: → ZPO § 253 Rn. 10, → ZPO § 261 Rn. 4 ff.; (Folgen der R.): → ZPO Vor § 253 Rn. 71, 73.

1. Abgrenzung des Zivilprozesses. a) Grundsatz: Durchführung zivilrechtlicher Ansprüche. Der Staat hat die Durchführung und Sicherung zivilrechtlicher Ansprüche zu regeln. Er muss dem Bürger einen Rechtsschutz- oder Justizgewährungsanspruch nach Art. 2 I, 20 III GG ermöglichen. BVerfG BeckRS 2015, 9769 = WM 2015, 1050. Das hieraus folgende allgemeine Prozessgrundrecht auf ein faires Verfahren hat für ein rechtsstaatliches Gerichtsverfahren grundlegende Bedeutung (vgl. Art 6 EMRK, Art. 47 II GRCh). Aus Art. 2 I GG iVm dem Rechtsstaatsprinzip (Art. 20 III GG) leitet sich auch für bürgerlich-rechtliche Streitigkeiten (den Zivilprozess) die Gewährleistung eines wirkungsvollen Rechtsschutzes ab, BVerfG NJW 2021, 915; NJW 2007, 2032; NJW 2003, 1924; NJW 1992, 1673. Die daraus folgende Rechtsschutzgarantie gewährleistet nicht nur, dass überhaupt ein Rechtsweg zu den Gerichten offensteht, sie garantiert vielmehr die Effektivität des Rechtsschutzes, BVerfG NJW 2021, 915. Die Rechtsschutzgewährung durch die Gerichte bedarf allerdings einer normativen Ausgestaltung durch eine Verfahrensordnung, deren Regelungen sich für die Rechtssuchenden auch einschränkend auswirken können, → Rn. 15. So soll zB mit dem Erfordernis des Rechtsschutzbedürfnisses, das eine Einschränkung des Justizgewährungsanspruchs darstellt, verhindert werden, dass die Gerichte als Teil der Staatsgewalt unnütz oder gar unlauter bemüht werden oder ein gesetzlich vorgesehenes Verfahren zur Verfolgung zweckwidriger und insoweit nicht schutzwürdiger Ziele ausgenutzt wird, BGH NJW-RR 2022, 660 Rn. 16; NJW 1978, 2031. 3

Eine Alternative zum Zivilprozess ist das schiedsrichterliche Verfahren nach §§ 1025 ff. Es lässt die Durchsetzung von Ansprüchen aufgrund einer Schiedsvereinbarung nach § 1029 und einer staatlichen Vollstreckbarerklärung nach §§ 1059 ff. zu. Zwar können die Parteien nach § 1042 III das Verfahren weitgehend selbst oder durch Bezugnahme auf eine schiedsrichterliche Verfahrensordnung regeln, jedoch sind auch hier die Grundregeln der Zivilprozessordnung wie Gleichbehandlung und rechtliches Gehör Eckpfeiler auch des schiedsrichterlichen Verfahrens, → Rn. 25; → ZPO § 1042 Rn. 3 ff. 4

Gegensätze zum Zivilprozess sind das Verfahren der freiwilligen Gerichtsbarkeit, der Strafprozess, das Verwaltungsgerichtsverfahren und Verwaltungsmaßnahmen. Die Strafgerichtsbarkeit dient der Durchsetzung des staatlichen Strafanspruchs, die Verwaltungsgerichtsbarkeit schützt – wie auch die übrigen öffentlich-rechtlichen Gerichtsbarkeiten (Finanzgerichtsbarkeit oder Sozialgerichtsbarkeit) – gegen unberechtigte Eingriffe der Staatshoheit. Die freiwillige Gerichtsbarkeit gewährt Hilfe in solchen zivilrechtlichen Angelegenheiten, bei denen es sich teilweise nicht um die zwangsweise Durchführung eines zivilrechtlichen Anspruchs handelt. Nach diesem Verfahren werden aber auch echte Streitsachen behandelt, und zwar im FamFG. 5

Ob eine Streitigkeit öffentlich-rechtlich oder bürgerlich-rechtlich ist, richtet sich – wenn eine ausdrückliche Sonderzuweisung fehlt – nach der Natur des Rechtsverhältnisses, aus dem der Klageanspruch hergeleitet wird, BGH BeckRS 2021, 6377 = NVwZ 2021, 660; NJW 2015, 3718. Dabei kommt es darauf an, ob sich das Klagebegehren bei objektiver Würdigung der vorgetragenen Tatsachen aus einem Sachverhalt ergibt, der von Rechtssätzen des öffentlichen Rechts oder des Zivilrechts geprägt ist, BGH BeckRS 2021, 6377 = NVwZ 2021, 660; NVwZ-RR 2010, 502. Entscheidend ist die wahre Rechtsnatur des geltend gemachten Anspruchs, BGH NJW 2010, 873. Eine Verweisung an das zuständige Gericht des zulässigen Rechtswegs (§ 17a II GVG) ist nicht nur im Erkenntnisverfahren möglich, sondern kommt auch in den ihm vor- oder nachgelagerten Verfahren in Betracht, BGH NJW-RR 2017, 1215 (bei Vollstreckungsverfahren). 6

b) Ausnahmen. Das Gesetz verwischt die Grenzen. Es verweist gelegentlich den durch Hoheitshandlungen Geschädigten auf den Zivilprozess, den „Rechtsweg“, so den Enteigneten wegen der Höhe seines Entschädigungsanspruchs nach Art. 14 III GG und wegen vermögensrechtlicher Ansprüche aus Aufopferung nach § 40 II VwGO. Ein anderes Mal lässt das Gesetz die Entscheidung über zivilrechtliche Ansprüche durch die Verwaltungsgerichte nach § 13 GVG zu, wenn auch § 40 VwGO die Unklarheit zwischen dem Rechtsweg zur ordentlichen und zur Verwaltungsgerichtsbarkeit im Wesentlichen beseitigt hat. Dann wieder findet die Erledigung zivilrechtlicher Ansprüche im Strafverfahren nach §§ 403 ff. StPO statt, jedoch nur begrenzt, BGH NJW 2013, 1163; Foerster, Transfer der Ergebnisse von Strafverfahren im nachfolgenden Zivilverfahren, 2008. Schließlich gehört nach geltendem Recht zur freiwilligen Gerichtsbarkeit jeder Anspruch, den das Gesetz nicht dem Zivil- oder Strafprozess unterwirft, sondern dem FamFG. Andererseits verweist dieses in einem erheblichen Umfang auf die ZPO. 7

Unklar ist auch die Zugehörigkeit einzelner Rechtseinrichtungen zum Prozessrecht oder zum materiellen Recht. Zu den Querverbindungen Berges KTS 1976, 165 (materielles Prozessrecht). Das gilt bei der Beweislast nach Anh. § 286, der Rechtskraft nach §§ 322, 705, dem Prozessvergleich nach Anh. § 307. 8

c) Erkenntnisverfahren. Hierzu Henke ZZP Bd 109, 135 (Grdz. über den Aufbau der ZPO). Der Zivilprozess gliedert sich in das Erkenntnisverfahren und das im 8. Buch der ZPO geregelte Zwangsvollstreckungsverfahren, → Rn. 18. Das Erkenntnisverfahren hat das Ziel, durch ein Urteil nach § 300 den Anspruch festzustellen, ihn in einen erzwingbaren Leistungsanspruch zu verwandeln oder ihn zu gestalten. Das Erkenntnisverfahren kann das ordentliche (gewöhnliche) Verfahren oder ein besonderes auf bestimmte Arten von Ansprüchen zugeschnittenes und besonders geordnetes sein, wie der Urkunden- und Wechselprozess nach §§ 592 ff. 9

d) Vollstreckungsverfahren. Das Zwangsvollstreckungsverfahren nach §§ 704 ff. hat das Ziel der Durchsetzung des dem Kläger nach dem Vollstreckungstitel Zustehenden. Dies setzt nicht notwendig ein Erkenntnisverfahren voraus, denn neben dem Urteil als Ergebnis des Erkenntnisverfahrens bestehen noch zahlreiche andere Vollstreckungstitel, § 794. 10

e) Vorläufiges Verfahren. Das summarische Verfahren hat das Ziel einer einstweiligen Sicherung durch einen Arrest oder eine einstweilige Verfügung nach §§ 916 ff., 935 ff. Grundlage des einstweiligen Rechtsschutzverfahrens ist der Justizgewährungsanspruch, BVerfG NZA 2015, 1403; NJW 1995, 3173. Wer sich gegen 11

Entscheidungen im Verfahren des einstweiligen Rechtsschutzes wendet, kann dabei grundsätzlich auf das Hauptsacheverfahren verwiesen werden, es sei denn, dass gerade die Versagung des einstweiligen Rechtsschutzes gerügt wird, wenn das Hauptsacheverfahren keine ausreichende Abhilfemöglichkeit bietet, BVerfG NZA 2020, 667; NJW 2002, 741. Aus dem Gebot der prozessualen Waffengleichheit ist jedoch der Antragsgegner stets einzubeziehen, BVerfG NJW 2022, 2100 Rn. 9 ff.; GRUR 2022, 429 Rn. 27 = NJW 2022, 1083; BeckRS 2021, 5190 Rn. 22 ff. = WRP 2021, 743; NJW 2021, 615; BeckRS 2020, 13380 = WRP 2020, 1177; NJW 2020, 2021 und 3023; NJW 2018, 3631; NJW 2018, 3634; → Rn. 28 und 37 ff.; → ZPO § 922 Rn. 19; → ZPO § 937 Rn. 7 f.; Vor § 128 Rn. 53 „Einstweilige Verfügung". Die Entscheidungen des BVerfG gerade zur prozessualen Waffengleichheit in sog. Eilverfahren haben für die Fachgerichte Bindungswirkung, BVerfG GRUR 2022, 429 Rn. 33.

2. Ziel und Rechtsnatur des Zivilprozesses

Schrifttum: Bottke, Materielle und formelle Verfahrensgerechtigkeit im demokratischen Rechtsstaat, 1991; Brand, Grenzen zivilprozessualer Wahrheit und Gerechtigkeit, NJW 2017, 3558; Dimaras, Die enge Beziehung des Zivilrechts zum Zivilprozessrecht und der Einfluss der Verfassung auf das Zivilprozessrecht, FS Beys, Athen, 2004, 291; Gilles, Zur Zweckvielfalt zivilprozessualer Verfahrensvielfalt, GD Wolf, 2011, 377; Koch, Mitwirkungsverantwortung im Zivilprozess, 2013; Münch, Eberhard Schilken und seine Lehre zum Prozesszweck, FS Schilken, 2015, 387; Otte, Umfassende Streitentscheidung durch Beachtung von Sachzusammenhängen, 1998; Stürner, Prozeßzweck und Verfassung, FS Baumgärtel, 1990; Tempel/Graßnark/Kosziol/Seyderhelm, Materielles Recht im Zivilprozess, 6. Aufl. 2013.

12 **a) Verwirklichung des materiellen Rechts.** Ziel des Zivilprozesses ist die Verwirklichung und teilweise auch die Gestaltung des materiellen oder sachlichen individuellen Rechts, BVerfG NJW 1982, 1687; BGH NJW 1980, 2355; Zweibr MDR 1992, 998, insbesondere der Grundrechte, BVerfG NJW 1979, 2607. Das geschieht auf der Grundlage der Wahrheit, aber auch des Rechtsfriedens, Ffm NJW-RR 2000, 121. Damit geht das Ziel weiter als die früher vertretene Ansicht, der Prozess werde zum Zweck der maßgeblichen Bestätigung oder Widerlegung einer bestimmten Behauptung geführt.

13 Die Definition der Wahrheit bei einer gerichtlichen Tatsachenfeststellung folgt dem Leitsatz, dass die Wahrheit die Übereinstimmung einer Behauptung mit der Realität ist (sogen. Korrespondenztheorie), Brand NJW 2017, 3558. Das daraus resultierende Problem der Wahrheitsermittlung löst das deutsche Zivilprozessrecht durch die Regelungen der Darlegungs- und Beweislast und zur Beweiserleichterung, wonach jede Partei für die Tatsachenvoraussetzungen einer Norm, die für sie günstig sind, die Darlegungs- und Beweislast trägt, BGH NJW-RR 2010, 1378; NJW 2005, 2395; → ZPO § 138 Rn. 21 ff.

14 Rechtsfrieden und Gerechtigkeit sind die Hauptziele. Dazu muss man sich als Richter wie als sonstiger Beteiligter oft ziemlich bescheiden. Gerecht ist evtl. schon das wenigstens einigermaßen Erträgliche. Schon diesen letzteren Grad von Überzeugung zu gewinnen, erfordert die Besinnung darauf, dass auch ein anderer als der eigene Standpunkt vertretbar sein kann. Wer zu dieser Erkenntnis imstande ist, hat für sich schon viel gewonnen, auch prozessual.

15 **b) Zugang zum Recht und Durchsetzbarkeit.** Das Recht auf Zugang zu einem Gericht ist ein den Garantien in Art. 6 I EMRK innewohnender Aspekt. Die Vorschrift garantiert jedem das Recht, eine Streitigkeit, die sich auf seine zivilrechtlichen Ansprüche iSv Art. 6 I EMRK bezieht, vor ein Gericht zu bringen, EGMR NJOZ 2021, 313 (Anwaltskosten); NJW 2019, 1999 (Zugang zu Verteidiger); NJOZ 2018, 508 (Anwalt im Ermittlungsverfahren); BeckRS 2016, 139528 (Recht auf Streitigkeit über zivilrechtliche Ansprüche). Der Prozess ist natürlich kein Selbstzweck, BVerfG NJW 1982, 1687; BGH NJW 1980, 2355; Kindermann AnwBl 2014, Heft 7 S. M 210. Das Recht auf Zugang zu einem Gericht gilt aber nicht ausnahmslos, sondern kann Einschränkungen unterworfen sein, EGMR NJOZ 2021, 313. Bei dessen normativer Ausgestaltung durch eine Verfahrensordnung kann der Gesetzgeber auch Regelungen treffen, die für ein Rechtsschutzbegehren besondere formelle Voraussetzungen vorsehen, die sich für die Rechtssuchenden einschränkend auswirken, BVerfG NJW 2021, 915; NJW 1988, 1255. Das Prozessrecht darf nicht in einer Weise gehandhabt werden, dass materiellrechtliche Ansprüche schlechterdings nicht durchsetzbar werden, BVerfG NJW 2007, 2032 (Streitwertbemessung im Mahnverfahren); NJW-RR 2000, 946 (Kostenrisiko); BGH NJW-RR 1989, 508; Schmieder ZZP 120, 203 (Bagatellforderung). Der Zugang zu den Gerichten und die Durchsetzbarkeit der geltend gemachten Ansprüche darf nicht in unzumutbarer, aus Sachgründen nicht zu rechtfertigender Weise erschwert werden, BVerfG NJW 2021, 915; NJW 2007, 2032; NJW 1988, 1255; NJW 1987, 2067. Auch die Digitalisierung des Zivilprozesses kann für nicht digitalaffine Personen eine Zugangshürde darstellen, die die Rechtsschutzgleichheit an einen jeweils weitgehend gleichen Zugang zu den Gerichten betreffen könnte, Hoffmann RDi 2022, 76. Dasselbe Ziel hat jedes staatliche Verfahren, zB das der freiwilligen Gerichtsbarkeit, der Strafprozess und die Verwaltungsverfahren. Trotzdem besteht ein erheblicher Unterschied. Über einen privatrechtlichen Anspruch können die Beteiligten regelmäßig frei verfügen. Sie können auf ihn verzichten, sich über ihn vergleichen usw. Diese Möglichkeit darf ihnen auch der Zivilprozess nicht nehmen. Auch im Prozess behält die Partei von den nicht wenigen Fällen des Hineinspielens gewisser öffentlicher Belange abgesehen die Verfügung über ihren Anspruch. Sie kann zB anerkennen oder verzichten. Das bedeutet jedoch nicht, dass der Gesetzgeber staatliche Leistungen nicht von Gebühren abhängig machen darf, wie zB bei streitwertabhängigen Gerichtsgebühren, EGMR NJOZ 2021, 313; BVerfG NJW 1998, 2128. Die dem Einzelnen auferlegte Gebühr darf jedoch nicht außer Verhältnis zu den mit der Gebührenregelung verfolgten Zwecken stehen, BVerfG NJW 2007, 2032; NJW 1989, 1985.

16 **c) Parteimöglichkeiten.** Hierzu Duve/Schoch AnwBl 2017, 240 (Grdz.). Das geltende Prozessrecht räumt der Partei aber auch die Verfügung über das Verfahren in weitem Umfang ein. Es erlaubt zB ein Geständnis, eine Verfügung über Beweismittel, die Herbeiführung eines Versäumnisurteils. Auch sind Prozessverträge mit verpflichtendem oder unmittelbar gestaltendem Inhalt vielfältig zulässig, sofern nicht gesetz- oder sittenwidrig, BGH FamRZ 1982, 784; Baumgärtel ZZP 1987, 133. Solche Verträge sind möglich zB auf die Rücknahme von Klage oder Rechtsmittel, auf die Nichteinlegung eines Rechtsmittels, auf die Unterlassung der Vollstreckung, auf den Verzicht auf einen Urkundenprozess, auf die Beschränkung von Beweismitteln, auf den Verzicht auf eine Aufrechnung. Es gibt auch Parteivereinbarungen über vorgreifliche Rechtsverhältnisse, sogar evtl. im Bereich zwingenden Rechts, solange kein Verstoß gegen Grundsätze des ordre public vorliegt. So können die Parteien die

Erforschung der wirklichen, materiellen Wahrheit häufig praktisch unmöglich machen. Die Wahrheitspflicht des § 138 schützt dagegen nicht ausreichend. Sie haben auch eine Aufgabe zur Mitwirkung an der Aufklärung des Sachverhalts, Gaier NJW 2013, 2871.

d) Parteigrenzen. Regelmäßig erreicht der Zivilprozess nur die Ermittlung der äußeren formellen Wahrheit. Etwas anderes gilt, soweit öffentliche Belange bestehen. Dann entfällt das Verfügungsrecht der Parteien oder tritt zurück. Dementsprechend ermittelt dann das Gericht die materielle Wahrheit von Amts wegen. Im Strafprozess oder Verwaltungsgerichtsverfahren und in Teilen des FamFG-Verfahrens ist der Streitstoff der Verfügung der Beteiligten weitgehend entzogen. Kein Parteiwille, keine Parteihandlung kann dort theoretisch die Erforschung der materiellen Wahrheit beeinträchtigen. Sie geschieht dann von Amts wegen. Das Prozessrecht ist keineswegs bloß ein dienendes Recht. Ein kollektiver Rechtsschutz ist jedoch noch nicht ein nahes allgemeines Ziel des geltenden Zivilprozessrechts. Private Rechtsdurchsetzung ist im Gegensatz zB zum US-amerikanischen Recht noch nicht ein Grundgedanke des deutschen Verfahrensrechts, Roth JZ 2016, 1139. 17

e) Formelle Eingruppierung. Der Zivilprozess gilt als Zweig des öffentlichen Rechts. Ganz abgesehen von der Fragwürdigkeit des Werts der Unterscheidung zwischen öffentlichem und Privatrecht lässt sich der Zivilprozess dem sonstigen öffentlichen Recht nicht zur Seite stellen. Er benötigt von wenigen Ausnahmefällen abgesehen immer den Parteiantrieb. Der Staat scheidet übrigens nicht einmal eine Ehe nach dem FamFG von Amts wegen. 18

3. Leitgedanken des Zivilprozessrechts

Schrifttum: Düwel, Kontrollbefugnisse des BVerfG bei Verfassungsbeschwerden gegen gerichtliche Entscheidungen, Diss. Bln 2000; Fischer, Zivilverfahrens- und Verfassungsrecht, 2002; Fischer, Vollstreckungszugriff als Grundrechtseingriff, 2006; Neuner JZ 2016, 435 (Kontrolle durch das BVerfG); Roth JZ 2015, 443, 495 und 554 (je: Rspr-Grdz.); Sachs, Verfassungsprozessrecht, 2004; Schlaich/Korioth, Das BVerfG, 11. Aufl. 2018; Schumann, Der Einfluß des Grundgesetzes auf die zivilprozessuale Rechtsprechung, FG 50 Jahre Bundesgerichtshof, 2000, III 3; Schumann, Lebendiges Zivilprozessrecht, 2017; Stürner, Prozeßzweck und Verfassung, FS Baumgärtel, 1990, 545; Weller/Althammer (Hrsg), Mindeststandards im europäischen Zivilprozessrecht, 2015.

Die Leitgedanken ergeben sich teils unmittelbar aus dem Gesetz, vor allem natürlich auch aus dem GG. Es beherrscht auch den Prozess, BVerfG DtZ 1993, 85. Es geht einer Landesverfassung vor, VerfGH Brdb NJW 1995, 1018. Leitgedanken ergeben sich ferner aus der Natur des Zivilprozesses als einer Regelung menschlicher Lebensbeziehungen im Rahmen der staatlichen Gemeinschaft. 19

a) Rechtsstaatlichkeit. Art. 19 EUV, mit dem der in Art. 2 EUV proklamierte Wert der Rechtsstaatlichkeit konkretisiert wird, überträgt dem EuGH wie den nationalen Gerichten die Aufgabe, die volle Anwendbarkeit des Unionsrechts in allen Mitgliedstaaten und den gerichtlichen Schutz, der dem Einzelnen aus diesem Recht erwächst, zu gewährleisten, EuGH NJW 2020, 527; NVwZ 2019, 1106; BeckRS 2018, 16206. Insoweit schaffen die einzelnen Mitgliedstaaten die erforderlichen Rechtsbehelfe, damit ein wirksamer gerichtlicher Rechtsschutz, der sich aus der gemeinsamen Verfassungsüberlieferung ergibt, existiert. Hierzu haben sie ein System von Rechtsbehelfen und Verfahren vorzusehen, mit dem in diesen Bereichen eine wirksame gerichtliche Kontrolle gewährleistet ist, EuGH NJW 2020, 527 (530); EuZW 2018, 469. So ist für jedermann der Zugang zu den Gerichten möglich, EGMR NZA 2012, 1243. Deshalb hat vor Gericht ein Ausländer dieselben prozessualen Grundrechte und denselben Anspruch auf ein rechtstaatliches Verfahren wie jeder Deutsche, BVerfG NJW 2013, 2882. Hierzu gehört das Gebot der Rechtsstaatlichkeit des Verfahrens nach Art. 20 III GG, BVerfG WM 2017, 154; Nürnb FamRZ 2005, 730 (Verbot überlanger Prozessdauer); BVerfG FamRZ 2009, 191 (Justizanspruch); ferner BVerfG WM 2015, 119; Winterhoff AnwBl 2008, 227 (je: Justizgewährleistungsanspruch), Art. 47 EuGRL, EuGH ZIP 2011, 144; BVerfG ZMR 2017, 870 (je: effektiver Rechtsschutz), Art. 6 MRK, EGMR NZA 2012, 1243; EurKomm MDR 1995, 1255 und 1256. Die Vorschrift hat zusammen mit Art. 19 IV GG auch Bedeutung zB für die Notwendigkeit einer effektiven Verfahrensförderung durch das Gericht, EuGH NJW 2007, 3555; BVerfG MDR 2014, 1406; LAG Hamm NZA-RR 2017, 620. 20

Aus Art. 2 I GG in Verbindung mit dem Rechtsstaatsprinzip ergibt sich auch für bürgerlich-rechtliche Streitigkeiten die Gewährleistung eines wirkungsvollen Rechtsschutzes, BVerfG NJW-RR 2000, 946; NJW 1992, 1673. Sieht die Prozessordnung ein Rechtsmittel vor, so darf der Zugang hierzu nicht in unzumutbarer, aus Sachgründen nicht mehr zu rechtfertigender Weise erschwert werden, BVerfG NJW 2019, 3137; NJW-RR 2000, 946; NJW 1987, 2067. Das Rechtsstaatsprinzip bietet im deutschen Prozessrecht einen vielfachen Rechtsschutz (Gebot des effektiven Rechtsschutzes): Derselbe Prozess kann folgende Stadien erleben: Zunächst einen zwingenden Vorgang des vorgeschalteten Güteverfahrens zB nach § 15a EGZPO oder ein immerhin in sich schon mehrstufiges Mahnverfahren nach §§ 688 ff. mit Mahnbescheid, Widerspruch, Vollstreckungsbescheid und Einspruch; ein erstinstanzliches Erkenntnisverfahren nach §§ 253 ff. mit etwaigen Zwischenstufen, so der Gerichtsstandsklärung nach §§ 36 f. oder einem Versäumnisverfahren nach §§ 330 ff. nebst Einspruch; eine Aussetzung nach §§ 148 ff. oder eine Unterbrechung nach §§ 239 ff. mit anschließender Aufnahme nach §§ 250 f.; ein Wiedereintritt in die Verhandlung nach § 156; eine Wiedereinsetzung nach §§ 233 ff.; eine Verweisung nach § 281 an ein neues Gericht; zweitinstanzlich Berufung nach §§ 511 ff. oder sofortige Beschwerde nach §§ 567 ff. mit den evtl. vor- oder zwischengeschalteten Zulassungs- oder Nichtzulassungsschritten; dritt-instanzliche Revision nach §§ 542 ff. oder Rechtsbeschwerde nach §§ 574 ff.; das etwaige Anhörungsrügeverfahren nach § 321a; ein Verfahren vor dem EuGH oder BVerfG, auch nach Art. 101 I 2 GG, BVerfG NVwZ 2016, 379 (Verstoß des BGH durch Nichtvorlage) und NVwZ 2018, 321 (Ausnahmebesetzung), oder vor dem EuGH oder vor dem EGMR; ein Wiederaufnahmeverfahren nach §§ 578 ff.; dazu das Kostenfestsetzungsverfahren nach §§ 103 ff.; oft genug das Zwangsvollstreckungsverfahren nach §§ 704 ff. mit seinem Erinnerungs- oder Beschwerdeverfahren nach §§ 766, 793 und seinen Erschwerungen infolge Vollstreckungsabwehrklage nach §§ 767 ff. oder Drittwiderspruchsklage nach §§ 771 ff. oder seinen Rügemöglichkeiten zB nach §§ 721, 765a. Das scheint fast wie ein Luxus zu sein, ist aber vor dem Hintergrund der jüngeren deutschen Geschichte zu betrachten und zu verstehen. 21

b) Rechtliches Gehör, Öffentlichkeit. Hierzu Geisler AnwBl 2010, 149 (Grdz.); Gottwald, Schließt sich die „Arbeitsfalle"? Rechtliches Gehör, Treu und Glauben im Prozess und Urteilsanerkennung, FS Schumann, 2001, 149; Siegmann JZ 2017, 598 (grundrechtsgleiche Verfahrensrechte); Wagner BauR 2016, 586 (Grdz.); 22

Waldner/Prütting/Weth, Der Anspruch auf rechtliches Gehör, 2. Aufl. 2000; Zuck AnwBl 2006, 773: Ferner gehört der Grundsatz der Öffentlichkeit des Verfahrens in den Zusammenhang mit dem rechtlichen Gehör. Dessen Bedeutung reicht im Zivilprozess jedoch nicht an die im Strafprozess heran. Schließlich sind in diesen Zusammenhang die Unmittelbarkeit und die Mündlichkeit anzusprechen.

23 Art. 6 I EMRK garantiert ein Recht auf ein Gericht. Das Recht auf Zugang zu dem Gericht ist Teil dieser Garantie. Es kann eingeschränkt werden, doch darf die Einschränkung das Recht nicht in seinem Wesensgehalt antasten; außerdem muss eine solche Einschränkung ein berechtigtes Ziel verfolgen, EGMR NZA 2012, 1243. Der Gehörsgrundsatz aus Art. 103 I GG, der eine besondere Ausprägung der prozessualen Waffengleichheit ist, → Rn. 37 ff., gebietet als prozessuales Urrecht – so BVerfG NJW 1986, 371 – in einem gerichtlichen Verfahren der Gegenseite grds. vor einer Entscheidung Gehör und damit die Gelegenheit zu gewähren, auf eine bevorstehende gerichtliche Entscheidung Einfluss zu nehmen, BVerfG NJW 2021, 615; NJW 1981, 2111. Die Garantie rechtlichen Gehörs verpflichtet die Gerichte, die Ausführungen der Prozessbeteiligten zur Kenntnis zu nehmen und in Erwägung zu ziehen, BVerfG NJW-RR 2018, 694; NJW 2012, 2262; DVBl 2007, 253; NJW 1997, 2310; BayObLG NZG 2020, 706. Sie verpflichtet das Gericht unter anderem dazu, den wesentlichen Kern des Vorbringens der Partei zu erfassen und – soweit er eine zentrale Frage des jeweiligen Verfahrens betrifft – in den Gründen zu bescheiden, BVerfG NJW-RR 2018, 694; BGH NJW 2020, 1594; NJW-RR 2020, 693; → ZPO Vor § 128 Rn. 43. Von einer Verletzung dieser Pflicht ist auszugehen, wenn die Begründung der Gerichtsentscheidung nur den Schluss zulässt, dass sie auf einer allenfalls den äußeren Wortlaut, nicht aber den Sinn des Parteivortrags erfassenden Wahrnehmung beruht, BGH NJW 2021, 1886 (Abschalteinrichtung bei Dieselmotor); MDR 2020, 56 = BeckRS 2019, 28025. Bleibt ein Angriffs- oder Verteidigungsmittel einer Partei unberücksichtigt, ist das rechtliche Gehör der Partei verletzt, BGH NJW-RR 2020, 60. Darüber hinaus enthält Art. 103 I GG als weitergehende Garantie den Schutz vor Überraschungsentscheidungen, BVerfG NJW 2021, 2581 Rn. 13; NJW 2003, 1924 (1927). Die Gewährung rechtlichen Gehörs gilt wegen Art. 103 I GG vor allem in Verfahren vor dem Richter bis hin zum BVerfG, EGMR NJOZ 2012, 1333. Es geht dabei um die Gelegenheit, sich sachlich zu jedem verfahrensrechtlichen oder entscheidungserheblichen Vorgang zu äußern, BVerfG NJW 2018, 2187; BGH GRUR-RR 2012, 96 (Farbkopie); BVerwG NVwZ-RR 2016, 363; VerfGH Bln WoM 2013, 292; evtl. auch zur rechtlichen Beurteilung, BVerfG NZFam 2018, 677; BGH VersR 2010, 1615; BAG NZA-RR 2010, 290. Es soll darüber hinaus auch vor einer Überraschungsentscheidung schützen, BGH BeckRS 2021, 6259; NJW-RR 2010, 1363. Gerichtliche Hinweispflichten nach § 139 dienen der Vermeidung von Überraschungsentscheidungen und konkretisieren den Anspruch der Partei auf rechtliches Gehör. Rechtliche Hinweise müssen danach unter Berücksichtigung der konkreten Situation der Partei so erteilt werden, dass es dieser auch möglich ist, vor der Entscheidung zu Wort zu kommen, um Einfluss auf das Verfahren und sein Ergebnis nehmen zu können, BGH BeckRS 2021, 6259; VersR 2007, 225; → § 139 Rn. 51 ff., 64 „Überraschungsentscheidung". So muss das Gericht den Parteien auch durch einen Hinweis die Möglichkeit zur Stellungnahme geben, wenn es dem Internet entnommene Tatsachen als offenkundig iSd § 291 ZPO seinem Urteil zugrunde legen will, BGH NJW-RR 2022, 499 Rn. 8.

24 Der Grundsatz rechtlichen Gehörs gilt in gleichem Maße im schriftlichen Verfahren, BVerfG AnwBl 2009, 151. Der Gehörsgrundsatz gilt grds. auch im Eilrechtsverfahren nach §§ 916 ff., 935 ff.; entbehrlich ist eine vorherige Anhörung nur in Ausnahmefällen, BVerfG NJW 2021, 615; NJW 2020, 3024; LG Hmb GRUR-RR 2014, 139; → Rn. 19; → § 937 Rn. 7 f. Voraussetzung der Verweisung auf eine nachträgliche Anhörung ist, dass sonst der Zweck des einstweiligen Verfügungsverfahrens vereitelt würde, BVerfG NJW 2021, 615; NJW 2018, 3631; → § 937 Rn. 7 f. Der Grundsatz rechtlichen Gehörs gilt weiter im Verfahren nach § 495a ZPO, BVerfG NJW 2012, 2262, sowie bei § 80 V VwGO, VGH Kassel NVwZ-RR 2014, 664. Es gilt auch in der Rechtsmittelinstanz nach §§ 511 ff.; BGH MDR 2015, 537; BAG NJW 2008, 2364; Brdb MDR 2018, 298. Es gilt auch insbesondere im Verfahren mit einer Amtsermittlung, BVerfG NJW-RR 1993, 382. Hier tritt neben die Anhörung auch der persönliche Eindruck des entscheidenden Richters, LG Freib. NJW 2020, 2122 (zu § 26 FamFG). In Betreuungsverfahren kann auch in Zeiten der Covid-19-Pandemie nur ausnahmsweise von der Anhörung der Betroffenen bzw von der Verschaffung eines persönlichen Eindrucks abgesehen werden, wenn dies unverhältnismäßig ist, BGH BeckRS 2021, 5298 = FamRZ 2021, 795; NJW 2021, 71.

25 Im schiedsgerichtlichen Verfahren gilt entsprechend der Interessenlage der Parteien grds. nicht der Öffentlichkeitsgrundsatz, sofern dies zwischen den Parteien vereinbart ist; dies gilt jedoch nicht für faktisch aufgezwungene Schiedsvereinbarungen nach § 1066 ZPO. Der Gewährleistungsgehalt des allgemeinen Justizgewährungsanspruchs aus Art. 2 I iVm Art. 20 III GG bedingt, dass das schiedsgerichtliche Verfahren effektiven Rechtsschutz gewährleisten und rechtsstaatlichen Mindeststandards genügen muss, zu denen der Grundsatz der Öffentlichkeit gehört. Die Anforderungen an die normative Ausgestaltung des Schiedsgerichtsverfahrens stehen in Ansehung des Grundsatzes der Öffentlichkeit nicht hinter den aus Art. 6 I EMRK folgenden und durch die Rspr. des EGMR konkretisierten Anforderungen zurück, BVerfG NJW 2022, 2677 Rn. 36 – Fall Claudia Pechstein; → ZPO § 1066 Rn. 13; → GVG § 169 Rn. 2. Der Grundsatz des rechtlichen Gehörs, der zwar in § 1042 nur einfachgesetzlich geregelt ist, zwingend, BGH SchiedsZV 2021, 46 = GRUR 2021, 118; Mü SchiedsVZ 2017, 43; Wilhelmi SchiedsVZ 2020, 30; → ZPO § 1042 Rn. 3 ff. Notwendig ist eine inhaltliche Auseinandersetzung der Schiedsrichter mit dem Parteivortrag; Eine pauschale Behauptung des Schiedsgerichts, es habe den vollständigen Parteivortrag berücksichtigt, genügt nicht, BGH SchiedsVZ 2022, 228 Rn. 23; 2020, 46; Wilhelmi SchiedsVZ 2020, 30; → ZPO § 1054 Rn. 7.

26 Das Gericht muss seine Pflicht von Amts wegen ohne Erkundigungspflicht des Grundrechtsträgers wahrnehmen, BVerfG NJW 2017, 3218. Es muss jedenfalls grundsätzlich den gesamten Akteninhalt und dabei zumindest und vor allem das zentrale Parteivorbringen erkennbar zur Kenntnis nehmen und in Erwägung ziehen, BVerfG NZFam 2018, 677; BGH NJW 2018, 309; Kblz VersR 2015, 1172. Das gilt wenigstens bei einem fristgerechten Vortrag, BGH WM 2010, 1789. Es gilt auch wegen eines erheblichen Beweisangebots, BGH NJW 2017, 1878; OVG Münst NVwZ-RR 2018, 459 (auch zu den Grenzen). Kenntnisnehmen muss das gesamte erkennende Gericht; BAG NJW 2009, 1164. Das gilt auch für das Berufungsgericht, BGH NJW-RR 2009, 787. Das Gericht muss vor allem den erkennbaren Sinn eines Vortrags zur Kenntnis nehmen, BGH BauR 2016, 714. Es muss ferner eine Gelegenheit zur Äußerung auch durch aktive Maßnahmen herbeiführen, BVerfG AnwBl 2013, 666. So kann die Gewährung rechtlichen Gehörs auch in einem notwendigen Hinweis des Gerichts liegen, BGH NJW-RR 2022, 853 Rn. 5 (bei Scheitern eines Übermittlungswegs). Mangels Rechtsmittel- oder

Rechtsbehelfsfähigkeit muss das Gericht notfalls den Prozess zwecks rechtlichen Gehörs nach § 321a fortführen, BVerfG NJW 2007, 2241 und 2243.

Manche, aber nicht jede fehlerhafte Verfahrensweise verletzt den Art. 103 I GG, einerseits BVerfG NJW-RR 2011, 1610; BAG NZA 2010, 1309; andererseits BVerfG NJW 1990, 566, (strenger gegen das Gericht); VerfGH Mü NJW-RR 2001, 353; Oldb NJW-RR 2013, 959. Zur Abgrenzung Zuck NJW 2005, 3753. Allerdings bejaht BVerfG NJW-RR 2011, 1610 die verfassungsrechtliche Überprüfbarkeit erst bei Willkür. Wesentlich strengere Anforderungen stellt aber BVerfG NJW 2004, 3552 (nicht erst Willkür, sondern schon eine offensichtliche Unrichtigkeit verstoße gegen Art. 103 I GG). Das Gericht muss auch das BGG beachten, zB durch die Zulassung der Gebärdensprache, §§ 6, 9 I 2 BGG, oder durch behindertengerechte Vordrucke und Formulare, § 10 BGG, etwa bei § 117. Manche halten die außerordentliche Beschwerde außerhalb von § 321a für ein weiterhin vertretbares Verfahrensrecht, Bloching/Kettinger NJW 2005, 863. 27

c) Gehörsverletzung. Im Übrigen liegt ein Verstoß gegen Art. 2 I, 20 III oder 103 I GG nicht stets schon dann vor, wenn das Gericht ein Vorbringen aus Gründen des materiellen Rechts nicht berücksichtigt hat, BVerfG WM 2015, 1948; BGH NJW-RR 2020, 60; WRP 2008, 956; BFH NJW 2006, 861, oder beim Fehlen einer Rechtsmittelbelehrung außerhalb des FamFG. Ein Verstoß gegen Art. 103 I GG setzt eine gewisse Evidenz der Gehörsverletzung voraus; so verstößt die Nichtberücksichtigung eines Beweisangebots nur gegen das Recht auf Gehör, wenn sie im Prozessrecht keine Stütze mehr findet, BVerfG NJW 1986, 833; 1984, 1026; BGH NJW-RR 2022, 69 Rn. 5; NJW-RR 2021, 986 Rn. 8; NJW 2020, 1740 Rn. 4; NJW-RR 2010, 1217 Rn. 10. Die Nichtberücksichtigung eines erheblichen Beweisangebots verstößt auch dann gegen Art. 103 I GG, wenn die Nichtberücksichtigung des Beweisangebots darauf beruht, dass das Gericht verfahrensfehlerhaft überspannte Anforderungen an den Vortrag der Partei gestellt hat, BGH NJW-RR 2021, 1093 Rn. 16; NJOZ 2017, 1485 Rn. 10; oder auf einer vorweggenommenen Beweiswürdigung beruht, BGH BeckRS 2019, 27039 Rn. 18. Ebenso wird das rechtliche Gehör durch Überraschungsentscheidungen des Gerichts verletzt, BVerfG NJW 2003, 1924 (1927); BGH NJW 2021, 2581 Rn. 13; NJOZ 2021, 1289 Rn. 16; NJW-RR 2010, 1363 Rn. 3; VersR 2007, 225 Rn. 4; → Rn. 31. Ein Verstoß gegen Art. 103 I GG liegt auch dann vor, wenn die Nichtberücksichtigung eines Beweisangebots auf einer vorweggenommenen tatrichterlichen Beweiswürdigung beruht, BGH NJW 2018, 74.Wenn im einstweiligen Verfügungsverfahren der Antrag nicht mehr der vorprozessualen Abmahnung entspricht, ist die Einbeziehung des Gegners (erneut) geboten, BVerfG GRUR 2022, 429 Rn. 32. Ein Verstoß liegt weiterhin dann vor, wenn sich im Einzelfall klar ergibt, dass das Gericht ein rechtzeitiges tatsächliches Vorbringen eines Beteiligten überhaupt nicht zur Kenntnis genommen hat, BVerfG FamRZ 2008, 674; BGH NJW-RR 2021, 720 Rn. 8 f.; NJW-RR 2020, 693 Rn. 5; NJW 2020, 1594 Rn. 6 (beide zur Nichtbeachtung des Kernvorbringens); MDR 2017, 275; Brdb MDR 2018, 298. Das muss der Beschwerdeführer nicht dezidiert darlegen, BVerfG NJW 2015, 3779; BGH NJW-RR 2018, 783. Aufgrund welcher Umstände ein Zeuge Kenntnis von inneren Tatsachen erlangt hat, ist nur darzulegen, wenn dieser Zeuge über innere Vorgänge bei einer anderen Person vernommen werden soll, BGH NJW 2012, 2427. Ein Verstoß liegt ferner dann vor, wenn das Gericht ein Vorbringen bei seiner Entscheidung pflichtwidrig nicht erwogen hat, BVerfG AnwBl 2015, 273; BGH NJW 2018, 2132; VerfGH Bln NJW 2016, 1438. Weiterhin wird der Anspruch auf rechtliches Gehör verletzt, wenn das Gericht eine dem Beteiligten selbst gesetzte Frist zur Äußerung bis zu seiner Entscheidung nicht abwartet, BGH NJW-RR 2020, 248 Rn. 4; NJW 2018, 3316 Rn. 8. Ein Verstoß fehlt jedoch bei einer Entscheidung vor dem selbst gesetzten Fristablauf dann, wenn der Anzuhörende bereits Stellung genommen hat und nicht zu erkennen gegeben hat, er wolle in der restlichen Frist noch weitere Ausführungen machen, BGH VersR 1995, 70. Das Gericht muss jedoch im Urteil nicht zu jedem Gedankensplitter Stellung nehmen, BGH GRUR 2008, 732; BAG NJW 2008, 2363. Weiterhin kann derjenige ein Verstoß gegen Art. 103 I GG nicht im Nichtzulassungsverfahren geltend machen, der es versäumt hat, das Übergehen eines Beweisantrags in erster Instanz in der Berufung zu beanstanden, BGH NJW-RR 2020, 312. 28

Allerdings muss die Partei schon wegen der bloßen Hilfsfunktion (Subsidiarität) der Verfassungsbeschwerde nach § 90 II 1 BVerfGG ihre prozessualen Rechte grundsätzlich auch ausschöpfen, EGMR NZA 2012, 1243; BVerfG NJW 2018, 1533; BGH VersR 2018, 247. Der Rechtsweg ist grundsätzlich dann noch nicht erschöpft, wenn das angerufene Gericht noch nicht entschieden hat, BVerfG NJW 2002, 741, oder wenn das Revisionsgericht zurückverweist, BVerfG NJW 2000, 3198. Das alles gilt auch dann, wenn zur Zeit der Einlegung der Verfassungsbeschwerde die Zulässigkeit eines Rechtsbehelfs in der fachgerichtlichen Rechtsprechung noch nicht geklärt, aber auch nicht höchst zweifelhaft ist, BVerfG NJW-RR 2007, 1684. Es kann aber sogar nötig sein, eine verfassungsrechtliche Grundsatzfrage schon vor dem Fachgericht anzusprechen, BVerfG NJW 2012, 3081. Es kann auch nötig sein, gegen eine unanfechtbare Entscheidung selbst dann eine Gegenvorstellung zu erheben, wenn ihr Erfolg zweifelhaft ist, BVerfG NJW 2005, 3029. Nach einer erfolglosen Nichtzulassungsbeschwerde nach § 544 und auch unabhängig von ihr kann zunächst eine Anhörungsrüge nach § 321a notwendig sein, BVerfG AnwBl 2016, 852, 890; VerfGH Mü NVwZ-RR 2016, 890. Nach einem Eilverfahren nach §§ 916 ff., 935 ff. kann das Hauptsacheverfahren notwendig sein, BVerfG NJW-RR 2007, 1684. 29

Ein eindeutiger Rechtsmittelverzicht zB nach § 515 kann ausreichen, eine stillschweigende Hinnahme der Entscheidung des Erstgerichts nicht, VerfGH Bln NJW-RR 2007, 1720. Eine Dienstaufsichtsbeschwerde muss nicht vorangehen, BVerfG NJW 2004, 2891. 30

Insofern darf man aber auch die Obliegenheit einer Partei nicht überspannen, BVerfG NJW 2005, 1106 (Eilverfahren); BGH NJW 2007, 1456; strenger BVerfG NJW-RR 2007, 1684 (ebenfalls Eilverfahren). Das gilt besonders nach einem Verfahrensfehler des Gerichts, BVerfG NVwZ-RR 2007, 769; BayObLG NJW 1989, 706; VGH Mü NJW 1984, 2454. Das kann zB im Eilverfahren nach einem schweren fachgerichtlichen Grundrechtsverstoß gelten, BVerfG NJW 2017, 2985. Das Gericht darf nicht ein tatsächlich offensichtlich unzulässiges Rechtsmittel anheimgeben, BVerfG NJW 2007, 2242. Daher hängt die Zulässigkeit der Verfassungsbeschwerde auch nicht von einem vorherigen Wiederaufnahmeverfahren nach §§ 578 ff. ab, Gaul FS Schumann, 2001, 131. Andererseits muss zu einem wesentlichen Verfahrensfehler ein besonderes Gewicht einer solchen Grundrechtsverletzung hinzutreten, die den Beschwerdeführer in existentieller Weise trifft, BVerfG FamRZ 2002, 532. Das BVerfG prüft eine etwaige offensichtliche Unzulässigkeit eines sonst nötigen Rechtsbehelfs ohne eine Bindung an das Fachgericht, BVerfG NJW-RR 2008, 75. Es fordert stets ein Rechtsschutzbedürfnis, BVerfG NZG 2016, 471 (dieses verneint es bei einer bloßen Kostenbeschwer). 31

32 Im schiedsrichterlichen Verfahren wird das rechtliche Gehör verletzt, wenn das Schiedsgericht seine Entscheidung auf einen vom Schiedskläger nicht gehaltenen Vortrag stützt und die Abweisung damit begründet, dass ein Sachverhalt nicht nachgewiesen sei, den aber der Schiedskläger garnicht geltend gemacht hat; BGH SchiedsVZ 2020, 46; Wilhelmi SchiedsVZ 2020, 30; → ZPO § 1059 Rn. 28 „Rechtliches Gehör".

33 Kein Verstoß besteht dann, wenn das Gericht den nicht Angehörten dadurch gar nicht benachteiligt.

34 **d) Aktenkenntnis.** Grds besteht eine Pflicht zur Aktenkenntnis, vgl. aber dazu: Farys, Blinde Menschen im Richteramt, 2008. Die persönliche Kenntnisnahme jedes Mitglieds eines Kollegiums vom gesamten Akteninhalt durch unmittelbares Lesen ist zwar theoretisch notwendig. Sie ist aber schon praktisch manchmal kaum möglich und daher oft entbehrlich, BVerfG NJW 1987, 2220; Rudolphi DRiZ 1992, 9. Hinsichtlich einzelner Schriftstücke kann auch die Kenntnis aller Beteiligten erforderlich sein, BGH NJW 1986, 2706 (für ein Amtsermittlungsverfahren). Aber auch Vertrauen zum Richter und eine Prozesswirtschaftlichkeit sind hierbei zu berücksichtigen. In der Verhandlung darf der Richter daher natürlich auch nicht vorübergehend schlafen, BVerwG NJW 2001, 2898; Günther MDR 1990, 875 (ausf.).

35 Wissenschaftliche Hilfskräfte tragen zur Entlastung der Spruchrichter zumindest bei den Bundesgerichten in nicht geringen Zahlen (beim BGH zB rd. 50) bei. Sie haben kein Stimmrecht, dürfen aber nach pflichtgemäßem Ermessen des Vorsitzenden nach § 193 I GVG an einer Beratung teilnehmen und dann wiederum nach dem Ermessen des Vorsitzenden auch mehr tun als bloß zuhören. Gleichwohl entbindet der Einsatz von wissenschaftlichen Mitarbeitern nicht von der Pflicht zur eigenen Aktenkenntnis des Berichterstatters und des Vorsitzenden. Auch außerhalb der Bundesgerichte hat DJT NJW 2014, Heft 40 S. 17 den Einsatz wissenschaftlicher Hilfskräfte empfohlen. Dieser Vorschlag hat sich bisher nicht durchgesetzt. Ein guter Spruchrichter lässt sich jedoch an keinem Gericht die persönliche Aktenkenntnis nehmen.

36 **e) Anhörungsfrist.** Das rechtliche Gehör ist grundsätzlich auch im Verfahren vor dem Rpfl. erforderlich. Es gibt grundsätzlich keinen Anspruch darauf, dass das Gericht vor seiner Entscheidung abschließend mitteilt, wie es die Sache rechtlich beurteile, BayObLG FamRZ 1983, 1261. Vgl. aber § 139. Das Gericht braucht nicht unbedingt eine Frist zu setzen, sondern nur angemessene Zeit hindurch zu warten, Köln Rpfleger 1984, 424. Das Gericht muss den Fristablauf auch beim Schweigen des Anzuhörenden abwarten, BVerwG NJW 1992, 327; Zweibr MDR 2003, 170. Die Frist kann zu kurz sein, BGH VersR 2018, 735. Das Gericht muss aber auch nach §§ 198 ff. GVG in angemessener Zeit entscheiden, (zum alten Recht) BVerfG NJW 2013, 3631. Ein Verstoß zwingt zur Wiedereröffnung der Verhandlung nach § 156 II Nr. 1. Er kann die Verfassungsbeschwerde vor dem Ende des Rechtswegs ausnahmsweise sogleich eröffnen, VerfGH Bln FamRZ 2008, 168; VerfG Brdb NVwZ 2003, 1379. Das gilt auch zB dann, wenn eine Anhörungsrüge nach § 321a offensichtlich aussichtslos wäre, BVerfG NJW 2010, 1588.

f) Waffengleichheit, Gleichbehandlung und Willkürverbot. Hierzu Berger, Bleibt alles anders?, GRUR 2021, 1131; Britz NJW 2014, 346 (Grdz. zu Art. 3 GG); Eslami/Steinrötter ZZP 129, 147; Lindenmeier, Waffen- und Chancengleichheit im deutschen und englischen Zivilprozess, 2004; Schack ZZP 129, 393; Starck (Hrsg.), Recht und Willkür, 2012.

37 Der verfassungsrechtliche Grundsatz prozessualer Waffengleichheit aus Art. 3 I iVm Art. 20 III GG gehört zum verfahrensrechtlichen ordre public; BGH GRUR 2021, 118. Dessen Verletzung stellt grds. eine Verletzung des rechtlichen Gehörs nach Art. 103 I GG dar, → Rn. 23. „Waffengleichheit" als Ausprägung der Rechtsstaatlichkeit und des allgemeinen Gleichheitssatzes ist im Zivilprozess zu verstehen als die verfassungsrechtlich gewährleistete Gleichwertigkeit der prozessualen Stellung der Parteien vor Gericht, das – auch mit Blick auf die grundrechtlich gesicherte Verfahrensgarantie aus Art. 103 I GG – den Prozessparteien im Rahmen der Verfahrensordnung gleichermaßen die Möglichkeit einzuräumen hat, alles für die gerichtliche Entscheidung Erhebliche vorzutragen und alle zur Abwehr des gegnerischen Angriffs erforderlichen prozessualen Verteidigungsmittel selbständig geltend zu machen, so BGH GRUR 2021, 118. Dem steht die Pflicht des Gerichts gegenüber, die Gleichstellung der Parteien durch eine objektive, faire Verhandlungsführung, durch unvoreingenommene Bereitschaft zur Verwertung und Bewertung des gegenseitigen Vorbringens, durch unparteiische Rechtsanwendung und durch korrekte Erfüllung seiner sonstigen prozessualen Obliegenheiten gegenüber den Prozessbeteiligten zu wahren, BVerfG GRUR 2018, 1288; → Rn. 58. So ist es auch im Verfahren auf Erlass einer einstweiligen Verfügung verfassungsrechtlich geboten, den jeweiligen Verfahrensgegner vor Erlass einer Entscheidung in den gleichen Kenntnisstand zu versetzen wie den Antragsteller, BVerfG NJW 2021, 1587; → ZPO § 937 Rn. 9.

38 Zu dieser Thematik gehören ferner folgende Grundsätze: Das Recht auf informationelle Selbstbestimmung als Folge der Art. 1, 2 GG, BVerfG FamRZ 2016, 1041 (Anhörungsrecht); NJW 1997, 311 (zu hoher Wert); EGMR FamRZ 2009, 105; BVerfG MDR 2009, 945 (je: überlange Prozessdauer); BVerfG NJW 2003, 3759 (Rechtskraft); BVerfG WM 2013, 1773 (Schweigepflichtentbindung); BGH FamRZ 2006, 1273 (Zwangsvollstreckung). Es erfasst alle zwangsweisen Erhebungen personenbezogener Daten auch im Zivilprozess und verbietet zB die Auswertung eines heimlichen Blutgruppengutachtens, Celle NJW 2004, 450.

39 Weiter sind in diesem Zusammenhang der allgemeine Gleichheitsgrundsatz und das aus ihm folgende Gebot der Gleichbehandlung nach dem AGG und der Waffengleichheit nach Art. 6 EMRK zu erwähnen, EGMR NJW 2006, 1255 (Gesamtabwägung); BVerfG BeckRS 2020, 13380 = WRP 2020, 1177; NJW 2020, 2021 (je Identität von Abmahnung und Verfügungsantrag); BVerfG NJW 2018, 3631 (keine Abmahnung in Pressesache); BVerfG NJW 2018, 3634 (ohne mündliche Verhandlung im Eilverfahren); Mantz, „Das Recht auf Waffengleichheit und die Praxis im Verfahren der einstweiligen Verfügung" NJW 2019, 953; Baumert MDR 2013, 7; Art. 3 GG, BVerfG JurBüro 2018, 97; BGH BauR 2013, 1148; VerfGH Bln FamRZ 2015, 595; Art. 103 I GG, BGH VersR 2015, 338 und WoM 2015, 145; VerfGH Bln WoM 2015, 146. Eine Gleichbehandlung bezweckt auch eine materielle und nicht nur formelle Gleichstellung, Baumgärtel FS Matscher, Wien, 1993, 30; Gaier NJW 2013, 2871; Vollkommer FS Schwab, 1990, 520; Art. 2 I, 20 III GG, BGH FamRZ 2005, 2063.

40 Weiterhin gehört in diesen Zusammenhang das aus Art. 2 I, 20 III GG folgende Recht auf Gewährleistung eines wirkungsvollen Rechtsschutzes, BVerfG WM 2016, 1435; BGH WoM 2006, 215; Gaier NJW 2013, 2871. Das ist das Recht auf Zugang zum Gericht und auf eine verbindliche Entscheidung aufgrund einer umfassenden tatsächlichen und rechtlichen Prüfung, BVerfG WM 2010, 795.

41 Schließlich ist in diesem Zusammenhang das Willkürverbot nach Art. 3 GG zu nennen, BVerfG NJW 2014, 2489; BGH NJW 2003, 1947; BAG NZA 2010, 779. Das ist das Verbot einer objektiven Unangemessenheit

einer solchen Maßnahme, die unabhängig von einem Schuldvorwurf bei einer verständigen Würdigung der das GG beherrschenden Gedanken objektiv nicht mehr verständlich ist, eine offensichtlich einschlägige Norm nicht beachtet oder den Inhalt einer Norm krass missbraucht, BVerfG NJW 2014, 3213; BGH NJW 2006, 847; VerfGH Stgt NVwZ 2017, 623, ohne eine Begründung zu geben, BVerfG NJW 2005, 409; KG MDR 1999, 439, so dass sich der Schluss aufdrängt, dass sie auf sachfremden Erwägungen beruht, die schlechthin unhaltbar sind, BVerfG NJW 2017, 1734; BGH NJW 2003, 1947; VerfGH Stgt NJW-RR 2017, 832.

Jedoch darf nicht jede Abweichung von einer noch so herrschenden Meinung in die Nähe von Willkür gerückt werden, Schlesw OLGR 2008, 913. Jedenfalls ist eine Entscheidung dann nicht willkürlich, wenn sie sich mit der Rechtslage eingehend auseinandersetzt und wenn sie nicht jedes sachlichen Grundes entbehrt, BVerfG NJW 2001, 1200. **42**

g) Übermaßverbot, Gewissensfreiheit. Ferner ist in diesem Rahmen das Übermaßverbot zu nennen, BGH NJW-RR 2010, 1218; Karlsr NJW 1980, 296. Hierzu zählen auch die Glaubens-, Gewissens- und Bekenntnisfreiheit nach Art. 4 GG, BVerfG NJW 1984, 969. **43**

h) Beibringungsgrundsatz, faires Verfahren, Verhältnismäßigkeit und gesetzlicher Richter. Hierzu Jestaedt/Lepsius (Hrsg.), Verhältnismäßigkeit usw., 2015; Laptew, Das Recht auf ein faires Gerichtsverfahren, 2013 (Bespr. Borisova ZZP 127, 401); Machura, Fairness und Legitimität, 2001; Matscher, Der Begriff des fairen Verfahrens nach Art. 6 EMRK, FS Beys, Athen 2004, 989; Vollkommer, Der Grundsatz der Waffengleichheit im Zivilprozess – eine neue Prozessmaxime?, FS Schwab, 1990, 503. **44**

Zu den Leitgedanken des Zivilprozesses gehören weiterhin der Beibringungsgrundsatz (die Verhandlungsmaxime) und der Zusammenfassungsgrundsatz (die Konzentrationsmaxime). **45**

„Da mihi facta, dabo tibi ius" und „iura novit curia"; zwei Grundsätze des römischen Rechts, die auch heute noch im deutschen Zivilprozess gelten. Hiermit wird der Beibringungsgrundsatz (Verhandlungsgrundsatz) beschrieben, wonach es im Zivilprozess genügt, vor Gericht den Sachverhalt darzustellen, in dem die Partei Tatsachen behauptet (§ 138), während das Gericht anhand des dargelegten und festgestellten Sachverhalts das entsprechende Recht darauf anwendet (subsummiert). Letzteres mag im Einzelfall nur bei Anwendung ausländischen Rechts bei Sachverhalten mit internationalem Bezug nicht gelten. In der ZPO gilt – mit nur wenigen Einschränkungen – der Verhandlungsgrundsatz, obwohl hierfür keine Gesetzesnorm existiert, BVerfG NJW 1995, 40; BGH NJW 2005, 291. **46**

Hierzu zählt auch das aus dem Rechtsstaatsprinzip folgende „Prozessgrundrecht" eines rechtsstaatlichen, fairen Verfahrens nach Art. 6 MRK, EGMR NJW 2018, 527, und nach Art. 2 I, 20 III GG, EGMR NJW 2015, 2095; EuGH NJW 2003, 3539; BVerfG AnwBl 2015, 353; BGH NJW 2015, 3240 und 3455. Die Pflicht des Gerichts, die Gleichstellung der Parteien durch eine objektive, faire Verhandlungsführung, durch unvoreingenommene Bereitschaft zur Verwertung und Bewertung des gegenseitigen Vorbringens durch unparteiische Rechtsanwendung zu wahren, stellt das Gegenstück zum Beibringungsgrundsatz dar, der die Parteien verpflichtet, das für die gerichtliche Entscheidung Erhebliche vorzutragen und alle zur Abwehr des gegnerischen Angriffes erforderlichen prozessualen Verteidigungsmittel selbständig geltend zu machen, BVerfG NJW 2021, 615; GRUR 2018, 1288; BGH GRUR 2021, 118. Die aus dem „allgemeinen Prozessgrundrecht" (Art. 2 I iVm Art. 20 III GG) ableitbaren Gebote eines fairen und effektiven Rechtsschutzes im Zivilprozess fordern eine Prozessgestaltung, wie die Parteien sie erwarten dürfen, BVerfG NJW 2014, 205. Das Gericht darf sich nicht widersprüchlich verhalten, darf aus Fehlern oder Versäumnissen keine Verfahrensnachteile ableiten und ist allgemein zur Rücksichtnahme gegenüber den Verfahrensbeteiligten in ihrer konkreten Situation verpflichtet; BGH NJW 2014, 205. Das gilt zB auch gegenüber dem des Deutschen nicht genügend mächtigen Prozessbeteiligten, BVerfG FamRZ 2010, 183. Das Gericht darf nicht aus einem eigenen oder ihm zurechenbaren Fehler oder Versäumnis einen Verfahrensnachteil für einen Beteiligten ableiten, BVerfG NJW 2014, 205. **47**

Man kann aus dem Grundsatz eines fairen Verfahrens einen Beschleunigungsgrundsatz ableiten, van Els FamRZ 1994, 735, oder das Gebot einen Dolmetscher zu stellen, Kblz MDR 2014, 1225, ferner auch ein Verbot überlanger Verfahrensdauer nach Art. 6 I 1 MRK und §§ 198 ff. GVG (Verhandlung „innerhalb angemessener Frist"), EuGH NVwZ 2007, 1035 (Verfassungsbeschwerde nicht zur Abhilfe geeignet); EGMR FamRZ 2011, 1125 und 1283; BVerfG NJW 2013, 3631 (ausf.) auch nach Art. 19 IV GG; BVerfG VersR 2010, 1617 (Fallfrage, 14 Jahre stets zu lang – StPO). Seine Missachtung kann Haftung für Entschädigung nach §§ 198 ff. GVG auslösen und auch zu einer Beweislasterleichterung führen, vgl. aber BVerwG NJW 2001, 841. Eine Missachtung kann ferner zur sog. Untätigkeitsbeschwerde führen. **48**

Das aus Art. 92 Hs. 1 GG folgende Prinzip der Justizgewährung durch Richter wird durch das aus Art. 101 I 2 GG folgende grundrechtsgleiche Recht auf einen gesetzlichen Richter flankiert. Demnach darf niemand seinem gesetzlichen Richter entzogen werden. Dies ist von den Gerichten zu beachten, BVerfG NVwZ 2018, 321; BGH GRUR-RR 2012, 148; BVerwG NVwZ 2015, 1695 (fehlerhafte Anwendung des Geschäftsverteilungsplans: nur bei Willkür). Auch der EuGH ist gesetzlicher Richter, Thüsing/Pötters/Traut NZA 2010, 930. **49**

Ferner muss das Gericht den Grundsatz der Verhältnismäßigkeit der Mittel beachten, EGMR NJW 2003, 2221, BVerfG NJW 2018, 532, BGH WM 2015, 1950. Das gilt auch in der Zwangsvollstreckung, Hamm MDR 2015, 1405. **50**

Zur unmittelbaren Einwirkung der EMRK und des GG auf den Zivilprozess und zu den Grenzen dieser Einwirkung zB EGMR NJW-RR 2013, 118 und 120; BVerfG NJW 1984, 2147; LG Lüb NJW 1987, 959; Benda/Weber ZZP 96, 285; Heckötter, Die Bedeutung der Europäischen Menschenrechtskonvention und der Rechtsprechung des EGMR für die deutschen Gerichte, 2008; Mellech, Die Rezeption des EMRK sowie der Urteile des EGMR in der französischen und deutschen Rechtsprechung, 2012; Pawlowski, Zum außerordentlichen Rechtsschutz gegen Urteile und Beschlüsse bei Verletzung des Rechts auf Gehör, 1994; Schumann, Menschenrechtskonvention und Zivilprozeß, FS Schwab, 1990, 449; Schumann, Der Einfluss des Grundgesetzes auf die zivilprozessuale Rechtsprechung, FG 50 Jahre Bundesgerichtshof, 2000, III 3. Art. 103 I GG begründet aber keine allgemeine Aufklärungs- und Fragepflicht des Gerichts, BVerfG NJW 1994, 1274; BGH NJW 1983, 867. **51**

Zum Einfluss des Völkerrechts → Rn. 125. **52**

i) Parteipflichten. Die geltende Auffassung, dass der Zivilprozess keinen rein privaten Vorgang darstellt, führt zu einer neuen Anwendung des Begriffs des Prozessrechtsverhältnisses. Diesem folgen die Mitwirkungspflicht **53**

(Verstoß führt zum Versäumnisverfahren), die Förderungspflicht (Verstoß führt zu Kostenfolgen und Zurückweisung von Vorbringen), die Lauterkeitspflicht mit der Wahrhaftigkeitspflicht (Verstoß evtl. auch strafbar), schließlich die Pflicht zur Prozesswirtschaftlichkeit, also zur möglichst zweckmäßigen Handhabung des Verfahrens. Vgl. auch Damrau, Die Entwicklung einzelner Prozessmaximen, 1975.

54 Unabhängig von diesen Prozessmaximen besteht für jede Partei – Kläger oder Beklagte – die Pflicht, den jeweiligen Vortrag zu substantiieren, → ZPO § 138 Rn. 21 ff. und 29 f. Jede Partei muss die für ihren Prozesserfolg erforderlichen Tatsachen darlegen; bloße Behauptungen, schlagwortartige Formulierungen oder Klammerzusätze genügen nicht, BGH NJW-RR 2010, 784. So genügt aber eine Partei bei einem zur Rechtsverteidigung gehaltenen Sachvortrag ihren Substantiierungspflichten, wenn sie Tatsachen vorträgt, die in Verbindung mit einem Rechtssatz geeignet sind, das von der anderen Seite geltend gemachte Recht als nicht bestehend erscheinen zu lassen, BGH NJW-RR 2020, 392; NJW-RR 2016, 1291. Die Anforderungen an die Substantiierung dürfen aber gerade bei technischen Vorgängen, die nur ein Sachverständiger erläutern kann, nicht überspannt werden, BGH NJW 2020, 1740 (Abschaltvorrichtung bei Diesel-Fahrzeugen). Solche zu hohen Anforderungen an die Substantiierungspflicht können eine Verletzung rechtlichen Gehörs darstellen; → Rn. 22 ff., 28.

55 **j) Prozessförderungspflicht des Gerichts.** Hierzu Gaier, Erweiterte Prozessleitung im zivilgerichtlichen Verfahren, NJW 2020, 177; Greger, Der Zivilprozess auf dem Weg in die digitale Sackgasse, NJW 2019, 3429; Unkel, Die Prozessförderungspflicht der Gerichte, 2016. Die Pflicht des Gerichts, den Prozess zu fördern, ergibt sich aus seiner materiellen Prozessleitung nach § 139; → ZPO § 139 Rn. 2. Sie besteht ab Aktenbeginn bis zum Prozessende in jeder Instanz und bei jedem Gerichtsmitglied und allen weiteren gerichtlichen Mitarbeitern als eine ganz wesentliche und beim heutigen Allgemeintempo noch erheblich gesteigerte Form. Sie zwingt dazu, ohne jedes vorwerfbare Zögern alles Zumutbare zu veranlassen, das zum richtigen, aber auch baldigen Fortschritt des Verfahrens sinnvoll oder notwendig scheint. Das beginnt beim Wann der Kenntnisnahme, setzt sich beim Wie des Durchdenkens fort sowie beim Terminieren und Laden oder Benachrichtigen.

56 Hierzu gehört die Klärung, ob und mit welcher Frist Gehör nötig wird, ob auch ein Telefonat statt schriftlichen Kontakts reicht, ob vorsorglich lieber etwas zu viel vorbereitet wird, ob Wesentliches fehlt und Unwesentliches Zeit zu verschwenden droht, ob wirklich eine nochmalige Erörterung unvermeidbar ist, um nur einen kleinen Teil umfassender Förderungsmaßnahmen zu skizzieren.

57 Durch die Neuregelung des § 139 I 3 zum 1.1.2020 ist die Straffung und Effektivierung des Zivilprozesses gestärt und die besondere Rolle des Gerichts zur Förderung des Verfahrens betont worden. Das Gericht soll das Verfahren strukturieren und kann den Streitstoff durch prozessleitende Maßnahmen abschichten. Hierdurch sollen in erster Linie die Voraussetzungen für einen effizienten IT-Einsatz im Verfahrensrecht geschaffen werden, Greger NJW 2019, 3429; hierzu auch kritisch → ZPO § 139 Rn. 40 ff. Begrüßenswert ist es, dass über diesen zukunftsweisenden Zweck der Digitalisierung des Zivilprozesses hinaus durch diese Neuregelung des § 139 I 3 auch die relationsmäßige Denkweise, die teilweise in der Juristenausbildung ein kümmerliches Dasein fristet, gestärkt und zur Pflicht für die – anwaltlich vertretenen – Parteien und für das Gericht werden sollte; → Einl. I Rn. 9. Denn das Verfahren lässt sich im Sinne einer Effizienzsteigerung sinnvoll strukturieren, wenn auf eine frühzeitige und umfassende Bearbeitung nach einer relationsmäßigen Denk- und Arbeitsweise durch das Gericht hingewirkt wird, → ZPO § 139 Rn. 23 ff.; Vor § 253 Rn. 50 ff. (Relationsmethode).

58 **k) Haftungsfolgen.** Hierzu Itzel Verfahrensrechtliche Probleme bei Amts-, Staatshaftungs- und Entscheidungsbelangen, MDR 2015, 1217, Schramm, Richterliche Pflichten und Haftung beim Prozessvergleich der ZPO, 2015; Tremml/Karger/Luber, Der Amtshaftungsprozess, 4. Aufl. 2013; Schlick NJW 2013, 3349 (Grdz.). Ein Schadensersatzanspruch des Unterlegenen gegen den Staat ist denkbar, zB wegen eines offenkundigen Verstoßes gegen EU-Recht, EuGH EuZW 2003, 718, oder gegen das ZAbk NWSt, BGH ZMR 2016, 849, oder wegen allzu massiver „Sammeltermine", Arndt DRiZ 1979, 143, gegen Sachverständige, Zeugen wegen deren Fehlverhaltens, Köndgen JZ 1979, 249, oder wegen eines Prozessvergleichs „auf dringendes Anraten des Gerichts", Dietrich ZZP Bd 120, 443, oder bei Verzögerung, BVerfG NJW 2013, 3631; BGH FPR 2012, 579; Zimmermann FPR 2012, 556. Auch eine zB nach §§ 198 ff. GVG verzögerte Bearbeitung kann also auch eine Staatshaftung zur Folge haben, BGH NJW 2011, 1073; Karlsr FamRZ 2013, 1679; Drsd DRiZ 2012, 97. Sie kann bei einem Verschulden des Richters oder Rpfleger dessen Haftung begründen, Drsd DRiZ 2012, 97; Althammer JZ 2011, 446 (Schmerzensgeldproblem); Scheffer NJW 2010, 425. Jedoch besteht keine Staatshaftung, wenn die staatliche Maßnahme vertretbar war, BGH NJW 2017, 1322 (Beschlagnahme); kritisch Ziehm NJW 2017, 1276. Sie kann ferner eine Verfassungsbeschwerde begründen, BVerfG NJW 2003, 1924; Voßkuhle NJW 2003, 2003. Sogar bei einer zögerlichen Bearbeitung innerhalb eines objektiv zB nach §§ 198 ff. GVG noch vertretbaren Zeitraums kann ein gezieltes Handeln zum Vorteil oder Nachteil einer Partei mit der Verfahrensweise aus sachfremder Erwägung immerhin auch eine Rechtsbeugung nach § 339 StGB sein, BGH NJW 2001, 3275. Die Haftung des Richters selbst richtet sich nach § 839 BGB, Ffm NJW-RR 2007, 283; Hildebrandt/Kaestner BauR 2010, 2017. Vgl. auch Ballon, Verhandlungsprotokoll und Amtshaftung, FS Kerameus, 2009, 47.

59 **l) Fürsorgepflicht.** Hierzu Koch, Einwirkungen des Gemeinschaftsrechts auf das nationale Verfahrensrecht im Falle richterlicher Vertragsverletzung im Zivilprozess, 1994; Peters, Rechtsbehelfe gegen Untätigkeit des Zivilrechtes, FS Schütze, 1999, 661; Voßkuhle, Rechtsschutz gegen den Richter, 1993. Das Gericht darf nie vergessen, dass es „Helfer und Schützer" der Rechtsuchenden ist, besonders der sozial Schwachen, nicht ihr Feind oder ihr Hemmschuh, BVerfG NJW 2006, 1579. Es hat eine prozessuale Fürsorgepflicht nach Art. 19 IV, 20 III GG, BVerfG NJW 2006, 1579; Düss MDR 2004, 830; Gaier NJW 2013, 2872. Sie gilt nicht nur in der mündlichen Verhandlung, sondern in allen Verfahrensarten und -abschnitten. Denn sie ist ein allgemeines Prozessprinzip. Das Gericht verstößt dann gegen seine richtig verstandenen Pflichten, wenn es außerhalb der zwingenden Rangfolge zunächst die Prüfung der Zulässigkeit aus förmlichen Gründen abweist oder zurückverweist, obwohl es sachlich entscheiden könnte und dürfte, Baumgärtel FS Matscher, Wien 1993, 30, und soweit nicht zB Verspätungsvorschriften entgegenstehen, etwa §§ 282, 296. Vor allem die in ihrer Tragweite so wenig gewürdigte Verweisung auf einen zweiten Prozess darf nur im äußersten Notfall geschehen.

60 Die Fürsorgepflicht hat jedoch auch Grenzen, Smid, Rechtsprechung: Zur Unterscheidung von Rechtsfürsorge und Prozeß, 1990. Das Gericht hat jedenfalls außerhalb des Bereichs einer Beratungs-, Verfahrens- oder Prozesskostenhilfe keine weiteren Fürsorgepflichten, denn das wäre weder mit Art. 2 GG noch mit der Parteiherrschaft und dem Beibringungsgrundsatz vereinbar. Der Staat soll jedenfalls als Gericht nicht die Rolle eines allmächtigen Fürsorgers spielen, auch nicht nach Art. 103 I GG, BVerfG NJW 1984, 2147; BGH NJW 1984, 310.

4. Zwingende Vorschriften. „Legum servi sumus, ut liberi esse possumus" (Cicero). Die sog. Mussvorschriften, meist durch die Verwendung des Wortes „muss" erkennbar, sind unbedingt verbindlich. Das Gericht muss sie von Amts wegen beachten. Die Folgen der Verletzung sind verschieden. Es kann eine völlige Unwirksamkeit der betroffenen Rechtshandlung eintreten. Das gilt nur selten, meist bei Prozesshandlungen der Parteien, ausnahmsweise auch bei behördlichen Maßnahmen. Es kann auch eine bloße Anfechtbarkeit vorliegen. Die Wirksamkeit ist auflösend bedingt durch eine behördliche Abänderung. So der Regelfall, der vor allem beim Urteil zu beachten ist, aber auch bei allen Entscheidungen und rechtsbegründenden oder -vernichtenden Maßnahmen einer Behörde. Eine Heilung des Mangels nach §§ 289, 295 ist in weitem Umfang zulässig. **61**

5. Nachgiebige Vorschriften. Das sind solche, die nur mangels anderweiter Bestimmung der Beteiligten gelten. Bei den für das Gericht geltenden Vorschriften finden sich die folgenden Unterarten: **62**

a) Sollvorschriften. Es gibt anweisende Sollvorschriften. Sie sind regelmäßig durch das Wort „soll" erkennbar. Sie binden das Gericht genau wie Mussvorschriften, BayObLG Rpfleger 1981, 76. Indessen bleibt ihre Verletzung durch das Gericht oder eine Partei im Allgemeinen ohne prozessuale Folgen. **63**

b) Kannvorschriften. Hierzu Stickelbrock, Inhalt und Grenzen richterlichen Ermessens im Zivilprozess, 2002. Es gibt ferner Ermessensvorschriften. Sie sind oft durch „kann" erkennbar. Sie stellen die Maßnahmen ins pflichtmäßige Ermessen des Gerichts, BAG DB 1992, 2197. Sie zerfallen in zweierlei Arten: **64**

– Ermessen beim Ob. Es gibt solche Vorschriften, die eine Prozesshandlung in eine pflichtgemäße Abwägung des Gerichts stellen, ob sie ihm zweckmäßig scheint. **65**

Beispiele: Die Vorabentscheidung über den Grund des Anspruchs nach § 304. Hier ist die Nachprüfung der Anwendung des Ermessens in höherer Instanz weitgehend unzulässig. Bei einer nach § 128 IV freistehenden mündlichen Verhandlung ist grundsätzlich wenigstens eine Anhörung des Betroffenen nötig, BVerfGE 34, 1 (7).

– Ermessen beim Wie. Es gibt solche Vorschriften, die das Gericht zu einer Prozesshandlung nötigen, ihm aber in der Art der Ausführung einen Spielraum lassen. **66**

Beispiel: Das Gericht entscheidet nach freier Überzeugung darüber, ob und in welcher Höhe einer Partei ein Schaden entstanden ist.

Es muss den Schaden feststellen. Die einzelnen Erwägungen stehen aber in seinem Ermessen. Hier muss es die sachgemäße Anwendung und die Grenzen des Ermessens in der höheren Instanz eher nachprüfen. Denn eine unsachgemäße Anwendung oder Überschreitung der Grenzen bei Willkür wären verfassungswidrig, BVerfG NJW 1983, 809. Zu Ermessensfehlern Alexy JZ 1986, 701. **67**

Bei einer gerichtlichen Überprüfung von Ermessensgrenzen ist schon wegen Art. 1, 2 GG die Annahme sinnvoll, der Ermessensträger habe die Grundlagen seiner Entscheidung auf Verfahrensfehler und sodann auf Vertretbarkeit und auf ausreichende Ausführlichkeit geprüft und abgewogen. Das gilt jedenfalls mangels konkreter Anhaltspunkte für Verstöße. Dabei reicht eine Nachvollziehbarkeit aus. Vertretbar ist beim Ermessen jede nicht allzu abwegige Meinung. Kein Ermessensverstoß ist auch eine vom Ermessensträger als entscheidungsunerheblich erklärte nachteilige Erwägung zulasten des im Ergebnis insofern ja gar nicht „Benachteiligten". **68**

Die Fassung der Vorschrift gibt immer nur einen Anhalt. Manche Mussvorschrift kleidet sich auch in eine „Soll-Form" und umgekehrt. Es entscheiden stets der Inhalt und Zweck der Vorschrift. **69**

6. Auslegung der Zivilprozessvorschriften

Schrifttum: Adomeit, Gesetzesauslegung in Zeiten abnehmender Gesetzesqualität, 1998; Braun, Deduktion und Invention, 2016; Brehm, Rechtsfortbildungszweck des Zivilprozesses, FS Schumann, 2001, 57; Bumke (Hrsg.), Richterrecht zwischen Gesetzesrecht und Rechtsgestaltung, 2012; Hirsch, Rechtsanwendung, Rechtsfindung, Rechtsschöpfung, 2003; Höpfner, Die systemkonforme Auslegung, 2008; Jauernig, Von der Schwierigkeit der Suche nach dem korrekten Gesetzestext, FS Baumgärtel, 1990; Langenbucher, Die Entwicklung und Auslegung von Richterrecht, 1996; Lembke, Einheit aus Erkenntnis?, 2009; Maultzsch, Streitentscheidung und Normbildung durch den Zivilprozess (rechtsvergleichend), 2010; Neuner, Die Rechtsfindung contra legem, 1992; Pawlowski, Methodenlehre für Juristen, 2. Aufl. 1991; Prütting, Gesetz oder Richterspruch: Ungeschriebene Rechtsbehelfe als Methodenproblem, FS Adomeit, 2008; Rüthers, Die unbegrenzte Auslegung, 8. Aufl. 2017; Schumann, Prozessrecht und Methode, FS Kerameus, 2009, 1209; Rüthers JZ 2008, 446 (krit. Grdz.); Schumann, Eigenständigkeit und Vielfalt der juristischen Hermeneutik, FS Canaris, 2007, 1367; Seifert, Argumentation und Präjudiz, 1996; Struck, Salomonisches Urteil und dogmatische Rechtswissenschaft, FS Schneider, 1997, 1; Tempel/Graßnack/Kosziol/Seyderheim, Materielles Recht im Zivilprozess, 6. Aufl. 2014; Wank, Die Auslegung von Gesetzen, 1997.

a) Gerechtigkeit; Parteiwille. Für die Auslegung von Prozessvorschriften gelten die allgemeinen Regeln, Benda ZZP Bd 98, 377; Dütz DB 1977, 2218. Oberster Grundsatz ist das Rechtsstaatsprinzip der Art. 2 I, 20 I, III GG, BVerfG WM 2017, 154, und die daraus zumindest ableitbare Gerechtigkeit durch eine Gleichheit aller vor dem Gesetz nach Art. 3 GG, BVerfG NJW 2004, 2662; BGH NJW 1989, 530; BSG NJW 1975, 1383. Überhaupt ist die Verfassungsmäßigkeit auch so mancher Verfahrensvorschrift zweifelhaft und daher prüfenswert. Die ZPO ist europarichtlinienkonform auszulegen, BGH NJW 2009, 427, und ebenso verfassungskonform, BVerfG NJW 2005, 658; BGH NJW 2012, 152; Schumann FS Schwab, 1990, 449. Zum grundsätzlichen Verhältnis von GG und ZPO Lorenz NJW 1977, 865. Es sollte aber auch keine Gerechtigkeit um jeden Preis geben, Schmieder ZZP Bd 120, 216. Eine Spezialvorschrift verdient den Vorrang vor einer allgemeineren. Ob eine Regelung spezieller als eine andere ist, ist nach den zB in → Rn. 80, 83 erläuterten Aspekten herauszufinden. **70**

Allgemein anerkannt ist der Rat, eine Grundsatzvorschrift weit auszulegen, dagegen eine Ausnahme von der Regel eng, Karlsr NJW-RR 1987, 1407. Eine solche Auslegung kann durchaus notwendig sein, BGH NJW 1979, 1403 (spätere Entwicklung). Bei der Auslegung einer Prozesshandlung einer Partei geht es um die Klärung des objektiven Erklärungsinhalts, BGH BB 2003, 1356. Dabei ist Maßstab das, was vernünftig ist und der recht verstandenen Interessenlage entspricht, BVerfG NJW 2014, 991; BGH NJW 1994, 1538. Der übereinstimmende Wille der (Vertrags-)Parteien geht dem (Vertrags-)Wortlaut und jeder anderweitigen Interpretation vor, BGH NJW-RR 1988, 265. **71**

72 **b) Zweckmäßigkeit.** Prozessrecht ist Zweckmäßigkeitsrecht, BGH NJW 2000, 3217; BayObLG 1980, 80; Hamm FamRZ 1980, 65. Begriffsjurisprudenz und „Förmelei" sind im Prozess besonders unangebracht. Selbst der Wert von „blockierendem" System (Viehweg, Topik und Jurisprudenz, 3. Aufl. 1965, 45) und (normativer) „spitziger" Dogmatik (Zweigert FS Bötticher, 1969, 447) lässt sich dann bezweifeln, wenn man Rechtswissenschaft nicht nur als Wahrheitssuche (Geisteswissenschaft) sieht, sondern auch als ein von Lebenssituationen bestimmtes Problemdenken mit einer vorwiegend sozialwissenschaftlichen Zielsetzung.

73 Verfahrensrecht darf nie Selbstzweck werden, BGH NJW 2000, 3217; Zweibr MDR 1992, 998. Es darf nicht unter dogmatischer Kruste erstarren, mag Pragmatik statt Dogmatik auch ein ihrerseits wieder verfängliches Dogma sein. Es geht nicht nur um das, was gilt, sondern auch um das, was vernünftig, sinnvoll, zweckmäßig und in diesem Sinn richtig ist, BGH NJW 2018, 232; LG Hmb FamRZ 1994, 403; Schneider AnwBl 2003, 318. Dabei fließen stets auch irrationale Elemente in die Urteilsbildung ein, KG NJW 1976, 1357. „Ein sicheres Judiz und ein empfindliches Gerechtigkeitsgefühl können mehr wert sein als die scharfsinnigste Gesetzesinterpretation und -subsumtion", Bachof FS Baur, 1981, 174. „Kein Recht ohne hörendes Herz", Benedikt XVI am 22.9.11 im Bundestag. „Summus ius summa injuria".

74 Vom gewünschten Ergebnis her auszulegen ist zwar keine an sich schon unstatthafte Methode. Jeder Jurist kann mit ihrer Hilfe fast alles richtigdrehen. Das ist ein Reiz, aber auch eine atemberaubende Versuchung, wie furchtbare historische Beispiele gezeigt haben, etwas solange richtig zu drehen, bis das Gegenteil richtig scheint. Deshalb darf man dieses Argumentieren nie zum alleinigen oder nahezu alleinbeherrschenden Auslegungsprinzip machen.

75 Faktisch ist allerdings das Gesetz dann, wenn einer der Betroffenen das Gericht anruft, nur genau das wert, was das Gericht der höchsten angerufenen Instanz aus ihm herausliest und was nicht. Bleibt alles beim außergerichtlichen Streit, besteht die Gefahr, dass die Auslegung des Mächtigeren maßgeblich ist. Ob das mit dem wahren Sinn einer gesetzlichen Regelung vereinbar ist, kann eine ganz andere Frage bleiben. Recht haben und Recht erhalten ist eben zweierlei.

76 **c) Gesetzesbindung.** Hierzu Hilbert JZ 2013, 130; Rieble NJW 2011, 819 (krit.); Rüthers NJW 2011, 1856 (ebenfalls krit., auch zum BVerfG); Wenzel NJW 2008, 345 (Grdz.). Die Gesetzesbindung als eine Basis richterlicher Wertung hat dabei eine um so zentralere Bedeutung.

77 Der eindeutige Wortlaut eines Gesetzes setzt einer Auslegung Grenzen, BVerfG WM 2017, 155; BGH NJW 2007, 1460; Hirsch JZ 2007, 853. Es ist den Gerichten versagt, eine vom Gesetzgeber bewusst getroffene Entscheidung durch eine vom Wortlaut und Wortsinn nicht mehr gestützte Auslegung zu unterlaufen, BVerfG WM 2017, 154; BGH NJW-RR 1990, 256; LG Karlsr DGVZ 2004, 30. Dabei darf man nicht schon deshalb einen über den klaren Wortlaut hinausgehenden anderen Sinn unterstellen, weil das einem angeblichen praktischen Bedürfnis entspräche.

78 Eine sprachliche Unschärfe des Gesetzgebers kann einen ersichtlichen Sinn seiner Regelung scheinbar verstellen. Dann muss man den Mut zur mindestens entsprechenden Anwendung haben. Es kann die Notwendigkeit einer verfassungskonformen Auslegung zu einer zeitgemäßen Weiterentwicklung führen, BVerfG NJW 2004, 2662. Das gilt ebenso zugunsten einer richtliniengemäßen Auslegung gegen den Wortlaut einer nationalen Vorschrift, Pfeifer NJW 2009, 413. Die Auslegung kann sogar zum Gegenteil eines zumindest scheinbar eindeutigen Wortlauts führen, BVerfG MDR 1999, 1089 (zu §§ 114 ff.); Münzberg DGVZ 1999, 180 (zu Art. 13 GG und § 758a).

79 Zur ständig zunehmenden Direktwirkung von Richtlinien des Gemeinschaftsrechts; Ress, Die Direktwirkung von Richtlinien, FS Arens, 1993, 351; Walter, Neuere Entwicklungen im Internationalen Zivilprozessrecht, FS Lüke, 1997, 921.

80 **d) Sinnermittlung.** Nach den von von Savigny aufgestellten und von Larenz weiterentwickelten traditionellen Auslegungsmethoden ist nach dem Wortlaut und dem historischen Hintergrund der Sinn und Zweck der Vorschrift zu ermitteln.

81 Letztlich entscheidet nicht der Wortlaut, BGH NJW 2009, 2137. Zwar zeigt die ZPO einen oft hohen Grad sprachlicher und systematischer Durcharbeitung, Gottwald FamRZ 1990, 85. Trotzdem gebraucht sie nicht jeden Fachausdruck eindeutig. Das gilt etwa beim Durcheinander von Beschwer und Beschwerdegegenstand, Schneider AnwBl 2003, 318. Problematisch sind auch viele sog. unbestimmte Rechtsbegriffe. Man darf bei ihrer Auslegung also nicht davon ausgehen, dass sie die Begriffe einheitlich verwendet. Entscheidend sind vielmehr auch der Zusammenhang und der Zweck, BGH NJW-RR 1994, 568, sowie die Vereinbarkeit mit der Verfassung (sog. verfassungskonforme Auslegung), BVerfG AnwBl 2015, 353 (Verstoß des BGH); Münzberg DGVZ 1999, 180. Zum Regelungszweck einer jeden Vorschrift gibt dieses Buch in den einleitenden Anmerkungen (meist → Rn. 2 oder 3) möglichst gezielte und manchmal auch kritische Hinweise.

82 Gesamtaspekt ist ein unerreichbares Wunschziel. Einen Baum kann man nicht gleichzeitig rundherum betrachten, sondern nur zugleich von einem Standpunkt aus und daher nur teilweise. Es kommt also auf den Standpunkt an, auf seine Vertretbarkeit. Das ist bei einer rechtlichen Sinnermittlung nicht anders. Deshalb kann kein Standpunkt die alleinige Richtigkeit beanspruchen. Das sollte bei jeder Auslegung bedacht werden. Sie kann ja trotzdem entschieden und überzeugend sein. Bittere historische Erfahrung lehrt: Jeder Vorgang lässt sich durch Auslegung von Normen handwerklich scheinbar ziemlich mühelos genau umgekehrt verstehbar managen. Das sollte man stets mit im Bewusstsein behalten.

83 Maßgeblich ist also statt des damaligen subjektiven Willens des Gesetzgebers der aus jetziger Sicht zu ermittelnde „objektivierte Wille", der Sinn, BGH NVwZ-RR 2005, 149. Das ist die sog. teleologische Reduktion oder Auslegung, BGH FamRZ 2012, 1552; BAG NZA 2010, 1023; BVerwG AnwBl 2015, 532. Anders ausgedrückt: „Was nicht sein darf, das nicht sein kann". Das gilt evtl. selbst bei einem prompt als nur scheinbar entgegenstehend bewerteten, eindeutig anderen Gesetzestext, BVerfG NJW 1985, 425; BGH NJW 1993, 2542; Brdb ZIP 2010, 2320. Das gilt auch gegenüber einer bloß grammatischen, historischen, systematischen Auslegung, Gottwald FamRZ 1990, 85; Herzberg NJW 1990, 2525; Raape/Sturm IPR Bd. I, 6. Aufl. 1977, 132 Nr. 4 (auch dann Teleologie, wenn die ratio legis „nur anklingt"); Wieser JZ 1985, 409 (zum Unterschied zwischen empirischer und normativer Auslegung). Bei einer Regelvorschrift kommt eher eine weite Auslegung in Betracht, bei einer Ausnahmevorschrift meist nur eine enge Auslegung. Auch eine beiläufige Beurteilung, ein sog. obiter dictum, kann bei der Handhabung und Auslegung zu berücksichtigen sein, aM Karlsr

ZIP 2014, 378. Zur Beseitigung einer Vorschrift darf die Auslegung aber nicht führen. Mit der Beweislast hat die Auslegung nichts zu tun, BGH FamRZ 1989, 959.

„Schwarz sei = weiß!" ist eine dem Juristen nicht ganz unbekannte Verlockung. Sie hat ihre in religionsgeschichtlicher wie politisch aus noch nicht allzu lange zurückliegender Zeit erfolgte unselige Praktik. Sie erhielt 2017 in den USA eine kaum fassbare Auferstehung als „alternative Tatsachen". Das alles bleibt in einer Geisteswissenschaft wie der Justiz hoffentlich weiterhin indiskutabel. 84

e) Entstehungsgeschichte. Die Entstehungsgeschichte ist hilfsweise zu berücksichtigen, etwa zwecks zusätzlicher Sinnermittlung, BGH NJW 1991, 3092; LG Hmb GRUR-RR 2014, 112; Wedel, Die Rolle entstehungsgeschichtlicher Argumente in der Rechtsprechung des BGH in Zivilsachen, Diss. Brem. 1988, aber nicht bei eindeutigem Wortlaut, BVerfG NJW 2013, 676; Wedel JurBüro 2013, 177; Wischmeyer JZ 2015, 957 (ausf.). Aufschluss geben insoweit amtliche Begründungen, LG Hmb GRUR-RR 2014, 112. Vgl. auch das Parlamentsarchiv des Deutschen Bundestags. Jedoch eignen sich amtliche Begründungen zur bindenden Auslegung oder zur Ausfüllung einer Gesetzesbestimmung nur begrenzt, Hamm VersR 2013, 604; Kessel DGVZ 2007, 134; es sei denn sie sind eindeutig, Ros NJW-RR 2010, 1154; Mü MDR 1999, 59. 85

Kurz nach Geltungsbeginn kann eine nähere Ermittlung der Gesetzesmotive natürlich hilfreich sein. Eine Vorschrift entwickelt sich meist ganz „von selbst" wegen der unterschiedlichsten Auslegungen durch Anwender, ziemlich unabhängig davon, was ihre Schöpfer sich gedacht hatten. So darf und muss es in einer lebendigen Geisteswissenschaft auch durchaus bleiben. Was beim Erlass des Gesetzes zweckmäßig war und der damaligen Überzeugung entsprach, braucht es später nicht mehr zu sein. Eine veränderte Zeit kann dem Gesetz einen veränderten Inhalt geben. Das ändert allerdings auch nichts daran, dass es nützlich sein kann, sich zumindest bei der Sinnermittlung auch daran zu orientieren, was sich der Gesetzgeber gedacht hat. 86

f) Rechtssicherheit. Hierzu von Arnauld, Rechtssicherheit, 2006; Huber DRiZ 2015, 102; Schmidt, Rechtssicherheit im europäischen Zivilverfahrensrecht, 2015. Vor gewissen Formvorschriften muss die mildeste Handhabung haltmachen. Die Form soll dem Schutz des materiellen Rechts dienen und nicht seiner Vereitelung. Indessen sind hierbei zwei Gesichtspunkte sorgfältig abzuwägen. Es stehen sich gegenüber das materielle Recht der einen Partei und die Belange der Gegenpartei, darüber hinaus aber diejenigen der Allgemeinheit. Rechtssicherheit ist ein wesentlicher Bestandteil des Rechtsstaats, BVerfG NJW-RR 1993, 232; BGH NJW-RR 1993, 131. Sie ist ein unschätzbares Gut. Es verschmerzt sich leichter ein materielles Unrecht als eine solche Rechtsanwendung, die man wegen ihrer Unberechenbarkeit als Willkür empfindet. Darum muss man bei Formvorschriften immer fragen: Wie wirkt eine milde Handhabung auf die Rechtssicherheit? So darf man keinen Fingerbreit von strengster Einhaltung der Rechtsmittelfristen abweichen. Es ist unerträglich, wenn der Prozesssieger trotz eines Rechtskraftzeugnisses nach § 706 nicht wissen kann, ob sein Urteil rechtskräftig ist. Zum Problem BVerfG NJW 1973, 1315. 87

g) Entsprechende Anwendung. Zum Vorhandensein ähnlicher Vorschriften: Heussen NJW 2016, 1500 (krit.): Eine besondere Bedeutung hat die Anwendung der Sinnähnlichkeit, der sog. Analogie, einer „sinngemäße Anwendung" einer Vorschrift. Sie ist nur dann zulässig, wenn der Sachverhalt mit demjenigen vergleichbar ist, den das Gesetz direkt regelt, BGH NJW 1988, 2734; BAG NJW 2010, 2683. Auch Ausnahmevorschriften sind der sinngemäßen Anwendung zugänglich. 88

„Entsprechende Anwendung" kommt in mehreren unterschiedlichen Lagen infrage. Das Gesetz kann sie ausdrücklich anordnen. Ohne solche Anordnung kann die entsprechende Anwendung naheliegen oder sogar geboten sein. Sogar dann, wenn das Gesetz von „Unanwendbarkeit" spricht, kann eine entsprechende Anwendung oder (besser) wenigstens eine „Mitberücksichtigung" des eigentlich Unanwendbaren durchaus sinnvoll sein, etwa zur Lückenfüllung oder bei doch erheblicher Ähnlichkeit. Das gilt erst recht dann, wenn selbst ein „ähnlicher Fall" an sich nach dem ausdrücklichen Gesetzeswortlaut in eine für unanwendbar erklärte Gruppe fällt, etwa bei § 1 II 2 RVG, Toussaint/Toussaint RVG § 1 Rn. 1 ff. Abwägung des Sinnvollen sollte dann die Methode zur Ermittlung einer dogmatisch noch vertretbaren, praktisch am ehesten brauchbaren Entscheidung sein. 89

h) Kein Umkehrschluss. Der Umkehrschluss, das sog. argumentum e contrario, ist eines der gefährlichsten Auslegungsmittel. Er enthält oft einen logischen Fehlschluss. Weil ein Rechtssatz auf einen bestimmten Fall anwendbar ist, ist er keineswegs notwendig auf alle übrigen Fälle unanwendbar. Auch hier entscheidet der Zweck des Gesetzes. Sind mehrere Auslegungen möglich, dann ist die falsch, die zu einem unbilligen und unzweckmäßigen Ergebnis führt. Es spricht eine Vermutung für die Vernunft des Gesetzes. 90

i) Bedeutung von Grundsatzurteilen. Nicht nur bei jeder Auslegung, sondern bei jeder Rechtsprechung gilt wegen der Flut veröffentlichter Entscheidungen und sonstiger juristischer Literatur das Wort Wieackers in FS Bötticher, 1969, 395: „Der deutsche Richter ist … nicht nur nicht verpflichtet, sondern vielleicht nicht einmal unbeschränkt berechtigt, sich durchweg von höchst- oder instanzgerichtlichen Entscheidungen oder gar von wissenschaftlichen Autoritäten leiten zu lassen." Abgesehen von der Bindungswirkung bleibt der Richter schon wegen Art. 97 I GG zur kritischen Überprüfung auch sog. Grundsatzurteile verpflichtet, zumal es letztlich immer um die Entscheidung in einem Einzelfall geht. 91

Vorsicht bei Grundsatzurteilen kann auch deshalb angebracht sein, weil in einigen Fällen innerhalb desselben oder mehrerer oberster Gerichte eine Grundsatzentscheidung scheinbar von einem früher veröffentlichten Grundsatz abweicht. Wenn nicht eindeutig gekennzeichnet ist, dass von der früheren Meinung abgewichen und dies auch begründet wird, ist davon auszugehen, dass sich die Einzelfälle in Nuancen unterscheiden. Diese Unterschiede zu erkennen und herauszuarbeiten, ist Aufgabe des Juristen. Wenn er dies beherrscht, kann er sich im geeigneten Fall auf Grundsatzurteile berufen; anderenfalls hat er den Einzelfall zu beurteilen. 92

Grundsatzurteile enthalten häufig eine gesetzesauslegende Rechtsprechung oder „reines" Richterrecht, die jeweils auch einer Auslegung bedürfen. Hierzu sind zunächst die vier zur Gesetzesauslegung entwickelten Methoden heranzuziehen, → Rn. 80 ff. Zu den weitergehenden Überlegungen einer „Rechtsprechungsauslegungsmethodik" vgl. Lundmark/Herrmann NJW 2020, 28. Grundsatzurteile können auch für Verbraucher und Verbraucherverbände, die sich gegen große Unternehmen zur Wehr setzen, von besonderer Bedeutung sein. Nicht zuletzt deshalb hat der Gesetzgeber mit Wirkung zum 1.1.2014 mit den Regelungen der §§ 555 III, 565 S. 2 die Möglichkeit eines Anerkenntnisses oder einer Rechtsmittelrücknahme in der Revisionsinstanz einge- 93 schränkt. Gleichwohl wird weiterhin die Verhinderung von Grundsatzurteilen durch große Unternehmen beklagt, Klingbeil, Die Flucht aus der Revision, GVRZ 2019, 14.

94 **j) „Herrschende Meinung“.** „Roma locuta, causa finita“. Eine erhebliche praktische Rolle spielt in Entscheidungen oft die sog. „gefestigte“ Rechtsprechung, eine „Auffassung“ des Gerichts, BVerfG NJW 2014, 2477; BGH MDR 2017, 1143, gar eine „einstimmige Auffassung“. Eine gefestigte Rechtsprechung kann die Rechtssicherheit entscheidend fördern. Schon deshalb hat sie ein ganz erhebliches Gewicht, Hirsch ZRP 2004, 30. Sie ist aber dennoch nicht unproblematisch, Zasius DGVZ 1987, 80. Ihr kann auch ein Element rein quantitativer Auf- und Abwertung angehören.

95 Eine herrschende Meinung berechtigt nicht dazu, von eigener kritischer Gedankenarbeit abzusehen, BVerfG NJW 1964, 1020; Herr MDR 1985, 187. Das Gericht hat im Gegensatz zu allen anderen Prozessbeteiligten nicht nur sich im Lauf des Verfahrens eine Haltung zu bilden, sondern es muss am Verfahrens-(abschnitts-)ende in seinem Urteil oder Beschluss seine Überzeugung als Beurteilung im Namen des Volkes verbindlich formulieren.

96 **k) Gesetzeslücke.** „Lücken des Gesetzes“ sind in dem Sinn äußerst zahlreich, dass der Wortlaut den Einzelfall nicht voll deckt. In dem Sinn, dass eine Handhabe für eine vernünftige und zweckmäßige Entscheidung fehle, sind sie nicht oder kaum vorhanden. Es ist sorgfältig zu prüfen, ob überhaupt eine Lücke vorliegt, BVerwG WoM 1997, 504; Hamm Rpfleger 1989, 34; FG Karlsr NZM 2000, 407. Ein „unbestimmter“ Rechtsbegriff ist oft tatsächlich ein „bewusst weit“ gefasster mit Raum zur Ausfüllung in eine weise zurückhaltende Vorschrift.

97 Der Richter darf das Recht in solcher Lage nicht verweigern, Schumann ZZP 81, 79. Er muss solche Lücken rechtsschöpferisch ausfüllen, Schilten JR 1984, 449. Denn ihn binden nach Art. 20 III GG Gesetz und Recht. Recht kann mehr sein als das Gesetz. Richten heißt nicht nur den Willen des Gesetzgebers aussprechen, sondern bei seinem Schweigen die verfassungsgemäßen Rechtswerte erkennen und verwirklichen, BVerfG JZ 1990, 811 (abl. Roellecke); Köln MDR 1975, 498; LG Lübeck MDR 1984, 61. Dabei gilt das Gebot einer verfassungskonformen Auslegung. Es gibt insbesondere auch keine Entscheidung „non liquet“. Nicht das Gesetz versagt, sondern das Gericht, wenn es ein unbilliges Ergebnis mit einer Lücke des Gesetzes begründet.

98 **l) Rechtsfortbildung.** Hierzu Becker/Dück GRUR 2011, 391; Bruns JZ 2014, 162 (Gewaltenteilung); Bumke (Hrsg.), Richterrecht zwischen Gesetzesrecht und Rechtsgestaltung, 2012; Scherer de Mello Aleixo, Verantwortbares Richterrecht, 2014; Wiedemann NJW 2014, 2407 (Grdz.). Zwar darf der Gesetzgeber den Richter keineswegs in die Rolle eines generellen Normsetzers drängen, Dütz ZZP 87, 403. Wohl aber ist eine richterliche Rechtsfortbildung zur Lückenausfüllung zulässig, sofern sie nicht die Verfassung und insbesondere die Art. 2 I, 20 III GG verletzt, BVerfG WM 2017, 154; Hillgruber FamRZ 1996, 124 (enge Grenzen), oder gar Europarecht, BAG NZA 2010, 1023. Eine Rechtsfortbildung hat den Vorrang vor einer früheren Rechtsauffassung. Ein derartiger Vorrang gilt jedoch dann nicht mehr, wenn eine gesetzliche Regelung dicht bevorsteht.

99 Zum Sinn von Rechtsfortbildung und ihren Grenzen beim rechtlichen Gehör: Fischer, Topoi verdeckter Rechtsfortbildung im Zivilrecht, 2007; Foerste JZ 2007, 122 (ausf.); Hillgruber JZ 2008, 745; Klicka, Rechtsfortbildung auf dem Gebiet des Zivilverfahrensrechts durch die verstärkten Senate des Obersten Gerichtshofs, FS Schütze, 1999, 367; Prütting, Prozessuale Aspekte richterlicher Rechtsfortbildung, FS 600-Jahr-Feier der Universität Köln, 1988, 305. Dieser fordert eine saubere Methode, Vorschrift und Zurückhaltung, Mäßigung und Selbstbeschränkung, Berücksichtigung des Prinzips der nur hilfsweisen Anwendung und die Beachtung der sich aus der verfahrensrechtlichen Leistungsfähigkeit ergebenden Grenzen.

100 Praktisch bildet jeder Richter das Recht schon dann fort, wenn er eine Vorschrift oder Regelung den jetzigen sich weiterentwickelnden Verhältnissen bei seiner Auslegung anpasst, etwa zur Elektronik oder zur Unpfändbarkeit ganz neuartiger Rohstoffe oder Gebrauchsgegenstände oder zur Beurteilung von Zumutbarkeit bei Entfernungen oder Zeiträumen.

101 Zur allgemeinen Problematik: unter anderem BVerfG WM 2017, 154; LG Hmb Rpfleger 1980, 485; Borck, Vom Willen des Gesetzgebers, FS Piper, 1996, 61; Everling JZ 2000, 217 (EU); Gaier NJW 2013, 2871 (ausf.); Hergenröder, Zivilprozessuale Grundlagen richterlicher Rechtsfortbildung, 1995; Hesselberger, Entwicklung, Grenzen und Gefahren richterlicher Rechtsfortbildung, in: FS Kellermann, 1991; Kalbe, Des Anwalts Argumente vor Gericht: Grundlage und Beitrag zur richterlichen Rechtsfindung und -fortbildung, FS Trinkner, 1995; Klamaris, Das prozessuale Gewohnheitsrecht, FS Baumgärtel, 1990, 229; Lames, Rechtsfortbildung als Prozeßzweck, 1993; Langenbucher, Die Entwicklung und Auslegung von Richterrecht, 1996; Lieb, Rückwirkung von (neuem) Richterrecht, FS Gaul, 1997.

102 **m) Einfluss anderer Gesetze und Aspekte.** Aus anderen Prozessarten wie zB dem Strafprozess lässt sich außerhalb etwaiger gesetzlicher Bindung für den Zivilprozess wegen der wesentlich anderen Voraussetzungen im Weg sinngemäßer Anwendung kaum etwas gewinnen. Mit dieser Einschränkung ist aber zu beachten, dass die damaligen Reichsjustizgesetze auch heute noch im Kern eine Einheit darstellen. Man kann sie daher ergänzen. Die Übertragung bürgerlich-rechtlicher Vorschriften auf den Prozessweg ist meist unstatthaft. Das Zivilprozessrecht ist im Wesentlichen aus sich selbst heraus auszulegen und fortzubilden.

7. Treu und Glauben

Schrifttum: Gottwald, Schließt sich die „Abseitsfalle“? Rechtliches Gehör, Treu und Glauben im Prozess und Urteilsanerkennung, FS Schumann, 2001, 149; Illmer, Der Arglisteinwand an der Schnittstelle von staatlicher Gerichtsbarkeit und Schiedsgerichtsbarkeit, 2007; Klöpfer, Missbrauch im Europäischen Zivilverfahrensrecht, 2016; Pfister, Die neuere Rechtsprechung zu Treu und Glauben im Zivilprozeß, 1998.

103 **a) Rechtsmissbrauch.** „Wenn das Recht keine gemeinsamen sittlichen Grundlagen mehr hat, verfällt es auch als Recht“, Ratzinger, Gott und die Welt (1996/2004) 677; Wedel ZMR 2017, 299. Treu und Glauben beherrschen das gesamte Recht, EGMR NJW-RR 2012, 1011; BVerfG NJW 1997, 1433 (zur Verfassungsbeschwerde). Sie beherrschen also auch das Zivilprozessrecht, BVerfG NJW 2000, 1709 (Anspruch auf faire Verfahrensführung); BGH NJW 2013, 1369; Köln VersR 2014, 1505. Dieser Rechtsgrundsatz findet manchmal nicht genug Anerkennung. Er bringt aber fruchtbare Ergebnisse. Es ist nicht der Zweck einer staatlichen Einrichtung, der ungerechten oder gewissenlos geführten Sache zum Sieg zu verhelfen, Hmb VersR 1982, 341.

104 Objektiver Verstoß kann theoretisch schon missbräuchlich sein, wenn er doch ganz erheblich gegen das Richtige geht. Es klingt aber im Begriff „Missbrauch“ in der Regel ein subjektives Element mit, ein Vorwurf,

sogar in Richtung einer Gleichgültigkeit, also eines bedingten Vorsatzes, wenn nicht sogar einer bösen Absicht. Schuldlosen Rechtsmissbrauch gibt es wohl nur selten.

Jeder Rechtsmissbrauch verstößt gegen Treu und Glauben, BVerfG NJW-RR 2010, 1216. Das gilt für jeden Rechtsgebrauch zu solchen Zwecken, die zu schützen unter keinem denkbaren Gesichtspunkt gerechtfertigt ist, BGH NJW 2013, 1369; KG FamRZ 2008, 1007. Jeden solchen Verstoß muss das Gericht ohne eine Heilungsmöglichkeit von Amts wegen beachten, BGH BB 2001, 68; Hmb MDR 2013, 1254; Ffm NJW 2009, 1008. Es gibt jedoch keinen allgemeinen Grundsatz, dass nur der ein Recht geltend machen kann, der sich selbst rechtstreu verhalten hat, BayObLG NZM 1999, 85. Jeder Missbrauch kann Schadensersatzpflichten auslösen, zB nach §§ 138, 823 BGB iVm 263 StGB, BGH NJW-RR 1993, 1116; Karlsr GRUR 2005, 315; Klamaris, Die missbräuchliche Rechtsausübung im Zivilprozessrecht, 1980. **105**

b) Beispiele zur Frage eines Rechtsmissbrauchs

Ablehnung: Rechtsmissbrauch ist ein Ablehnungsgesuch nur zwecks Erzwingung einer Terminsverlegung, die das Gericht aus nachvollziehbaren Gründen nach § 227 abgelehnt hat, Ffm NJW 2009, 1008. **106**

Anonymität: → „Falschname".

Anschrift: Rechtsmissbrauch ist ihr bewusstes Verschweigen, BGH FamRZ 2009, 1131.

Arglist: Missbrauch ist auch jede arglistige Prozesshandlung einer Partei, Baumgärtel AcP 169, 181.

Bagatellforderung: Kein Missbrauch liegt schon wegen einer nur geringen Forderungshöhe vor. Denn der Staat behält trotz der Gerichtsbelastungen das Gewaltmonopol, LG Mosbach NJW-RR 2001, 1439; Kirchner Rpfleger 2004, 401.

Beleidigung: Missbrauch ist eine bloß beleidigende Verhaltensweise, BFH NJW 1993, 1352 (keine Klageschrift nach § 253), schon gar außerhalb von § 193 StGB.

Beweisantrag: Rechtsmissbrauch kann auch bei einem Beweisantrag vorliegen, zB bei § 411, Köler VersR 2014, 1504.

Brüssel Ia-VO: Tichy, Die Verhinderung von Rechtsmissbrauch im Prozess am Beispiel der Brüssel I–Verordnung, FS Martiny, 2014.

Falschname: Missbrauch ist ein Sich-Verstecken unter einem falschen Namen oder in einer anonymen Gruppe zB von „Hausbesetzern", Raeschke-Kessler NJW 1981, 663.

Frist: Missbrauch kann ein so spätes Einlegen eines befristeten Rechtsmittels sein, dass der Gegner mit ihm nicht mehr zu rechnen brauchte, Celle GRUR 1980, 946. Aber man darf eine Frist grds. bis zur letzten Sekunde nutzen.

Gebührenerschleichung: Missbrauch ist eine Klage eines Anwalts wegen eines Wettbewerbsverstoßes dann, wenn ihr wahrer Grund nur die Erzielung von Anwaltsgebühren ist, Düss DB 1983, 371; LG Lüneb ZIP 2014, 1538.

Gerichtsstand: Missbrauch ist seine Erschleichung, BGH NJW-RR 2013, 442; KG GRUR-RR 2008, 212; Lüttringhaus ZZP 127, 29 (ausf.). Man darf auch nicht die Tätigkeit des gesetzlich zuständigen Richters durch die Anrufung eines anderen Gerichts mithilfe einer nur scheinbaren Anspruchsgrundlage überspielen, BGH VersR 1984, 78.

Kostenfestsetzung: Missbrauch kann auch bei §§ 103 ff. vorliegen, BGH NJW 2013, 1369; LG Hmb NJW-RR 2013, 1517.

Mehrfachverfolgung: Missbrauch ist das Verschweigen eines schon laufenden Eilverfahrens, KG GRUR-RR 2012, 134. Nicht stets Missbrauch ist eine zeitlich gestaffelte Verfahrensmehrheit, BGH MDR 2014, 365.

Musterprozess: Missbrauch kann evtl. dann vorliegen, wenn sich der Kläger verpflichtet, das Ergebnis eines Musterprozesses abzuwarten. Es kommt aber jeweils auf die Umstände an.

Namenskürzel: Missbrauch ist die Berufung auf eine bloße sog. Paraphe statt einer vollen Unterschrift beim eigenen Anwalt auf dessen Empfangsbekenntnis, Hamm NJW 1989, 3289.

Pfändung: Missbrauch ist die Pfändung eines Geldentschädigungsanspruchs eines Häftlings gegen den Staat, BGH WM 2011, 1141.

Prozesskostenhilfe: Missbrauch ist auch im Prozesskostenhilfeverfahren nach §§ 114 ff. unstatthaft, so zB wenn die Beiordnung eines dritten Anwalts beantragt wird, wenn den beiden zuvor beigeordneten Anwälten jeweils das Mandat entzogen wurde, Kblz FamRZ 1986, 376, oder das Rechtsschutzziel schon vor Beantragung der Beiordnung erreicht ist, OVG Bln-Brdb NVwZ-RR 2014, 120 (jeweils zu § 121).

Rechtsmittelrücknahme: Missbrauch kann die Berufung auf eine offensichtlich irrige Rechtsmittelrücknahme zB nach §§ 516, 565 darstellen, BGH VersR 1977, 574.

Rechtsweg: Missbrauch kann eine Erschleichung des Rechtswegs nach §§ 13 ff. GVG darstellen, KG FamRZ 2008, 1006.

Schiedsreinrede: Der Schiedseinrede kann die Gegeneinrede der Arglist entgegenstehen, zB wenn der Beklagte sie erhebt und für den Kläger keine zumutbare Möglichkeit besteht, im Schiedsverfahren einen Vollstreckungstitel zu erlangen, BGH NJW 1988, 1215.

Schikane: Missbrauch ist jede Schikane nach § 226 BGB.

Sittenwidrigkeit: Missbrauch ist jede Sittenwidrigkeit zB nach §§ 138, 826 BGB.

Trennen: Missbrauch ist ein Trennen nach § 145, um durch ein sofort anschließendes Wiederverbinden eine Verbesserung der Prozesslage zu erreichen, ArbG Düss NJW-RR 1992, 367.

Überhöhte Forderung: Missbrauch ist ihre „unsinnige" Überhöhung. Das gilt schon wegen der Gefahr einer Uneintreibbarkeit des Kostenerstattungsanspruchs des Gegners oder wegen seiner Höhe, Köln MDR 2012, 940.

Ungünstige Erklärung: Kein Missbrauch liegt darin, eine Partei an einer ihr ungünstigen Erklärung festzuhalten, sofern kein Irrtum vorlag, BGH MDR 1987, 1006. Daher kann ein Bestreiten wegen eines vorprozessualen Verhaltens unbeachtlich sein, aM Baumgärtel ZZP 86, 365 (im Verhältnis der Parteien zueinander kein Verbot widersprechenden Verhaltens).

Unschlüssigkeit: Kein Missbrauch ist die Einleitung eines Prozesses ohne eine genaue Kenntnis der materiellrechtlichen Unhaltbarkeit des Klageanspruchs, also außerhalb von § 826 BGB, BGH NJW 2003, 1934.

Verfahrensfremder Zweck: Missbrauch ist jede Prozesshandlung nur zu einem verfahrensfremden Zweck, so zB zu „Magie" und „Tricks", ArbG Düss NJW-RR 1992, 367; Fischer MDR 1993, 838, Schmieder ZZP 120, 210.

Verjährung: Missbrauch kann bei einer Berufung auf den Verzicht des Gegners auf die Einrede einer Verjährung vorliegen. Aber es kommt jeweils auf die Umstände an.

Verschleppung: Missbrauch ist jede bloße Verschleppung, zB eine solche Rüge, die nur einem derartigen Ziel dient.

Verwirkung: Missbrauch ist ein „verwirkter" Vorgang, etwa ein immer neuer Prozesskostenhilfeantrag längst nach einer Ablehnung solcher Hilfe, Naumb FamRZ 2007, 649, oder ein Vorbehalt nach § 600 erst nach fünf Jahren, Ffm MDR 1990, 256, oder evtl. eine materiell-rechtliche Verwirkungseinrede, Düss MDR 1988, 972 (nicht schon stets dann).

Zwangsvollstreckung: Missbrauch ist evtl. ein gegen § 826 BGB verstoßender Vollstreckungsversuch, BGH GRUR-RR 2012, 232, oder ein Verstoß gegen § 242 BGB, BGH WM 2017, 1261, oder eine Vollstreckungsabwehrklage nach § 767, Hamm WM 2015, 675.

107 **c) Keine prozessuale Verwirkung.** Die Verwirkung gilt nur für das materielle Recht. Das Gesetz hat für bestimmte Klagen Fristen zur Klageerhebung vorgesehen, zB § 246 I AktG, § 4 I KSchG, die aber nur das Zeitelement einer Verwirkung beinhalten. Soweit der BGH in Fällen, bei denen es eine solche Klagefrist nicht gibt (Recht der Personengesellschaften), gleichwohl davon spricht, dass im Rahmen einer erhobenen Feststellungsklage die Geltendmachung eines Mangels eines Gesellschafterbeschlusses verwirkt ist, BGH NJW 1999, 3113; NJW 1991, 691, handelt es sich nicht um den Ausschluss der Klagbarkeit, sondern um einen Ausschluss des materiellen Rechts.

108 **d) „Querulantentum".** Hierzu Dinger/Koch, Querulanz in Gericht und Verwaltung, 1992; Engel Rpfleger 1981, 81; Günter DRiZ 1977, 239. Das Verfahrensrecht missbrauchen auch manche unbelehrbaren Personen, die hartnäckig immer wieder dieselben sinnlosen Eingaben machen. Sie sind so manchem Gericht bekannt. Sie missachten das Gericht und dessen Arbeitsweise, Brschw NJW-RR 2014, 251; Kblz MDR 1977, 425. Sie können schon der Form nach unhaltbar sein, Kblz 1987, 433; Hamm NJW 1976, 978. Sie vermehren durch ihr unsoziales Verhalten unnütz die Arbeitslast und tragen zu einer Vergeudung wertvoller Arbeitskraft bei. Im Einzelnen ist manches noch ungeklärt, Baumgärtel ZZP 86, 369. Eine vernünftige Rechtsauffassung erlaubt und verlangt gewohnheitsrechtlich aber, dass der Richter derartige Eingaben nach einer vorherigen sachlichen Bescheidung und Verwarnung als Rechtsmissbrauch künftig unbeachtet zu den Akten nimmt, BVerfGE 11, 1 (5) (Fall der ständigen Ablehnung des gesamten Gerichts); Brdb FamRZ 2001, 1004; LG Stgt NJW 1994, 1077. Die Gerichtsverwaltung sollte zwar allseits beruhigend wirken. Sie sollte sich aber notfalls auch klar und eindeutig vor den Richter stellen und ihre Fürsorgepflicht ganz evtl. auch strafrechtlich konsequent erfüllen.

109 **e) Furchtlose Kritik.** Das Gericht hat stets zu prüfen, ob hinter einer ehrverletzenden Form ein ernstzunehmender Antrag steht, dessen Nichtbearbeitung gegen Art. 103 I GG und den Rechtsschutzanspruch verstoßen könnte, LG Bonn NJW-RR 2014, 1477; Walchshöfer MDR 1975, 12. Man kann zB beim Ablehnungsgesuch nach § 42 zwischen Bösgläubigkeit und einem schuldlos unsachlichen Vortrag unterscheiden, Stgt NJW 1977, 112. Überhaupt darf man einen Querulanten nicht stets abwerten, Maas AnwBl 2015, 68. Querulanz ist weder stets eine Geisteskrankheit noch ein stets die Geschäfts-, Prozess- oder Zurechnungsfähigkeit einschränkender Zustand. Sie ist vielmehr oft hartnäckige Kritik und furchtloser Widerspruch, LG Bonn NJW-RR 2014, 1477. Die Rüge der „Nichtigkeits-Querel" war einst ehrbar, Sangmeister NJW 2009, 3054. Sie kann es übertragen auch heute sein. Freilich kann Querulantentum auch zu selbstverschuldeten und deshalb unbeachtlichen Störungen führen, AG Hann Rpfleger 1990, 174.

110 **8. Einige Begriffe des Zivilprozessrechts.** Hier nur eine Auswahl. Weitere Begriffe zB → ZPO Vor § 139 Rn. 23 ff. und → ZPO Vor § 253 Rn. 50 ff. sowie → ZPO Vor § 704 Rn. 1 ff.

111 **a) Verschulden.** Die ZPO knüpft oft Rechtsfolgen an ein Verschulden. Sie meint damit immer ein rein prozessrechtliches, Herber/Schmuck VersR 1991, 1212. Sie meint also das vorwerfbare, direkt oder bedingt vorsätzliche oder bewusst oder unbewusst einfache oder grob fahrlässige Verabsäumen der für einen gewissenhaften Prozessführenden nötigen Sorgfalt. Insofern ist § 276 BGB entsprechend anwendbar. Für die Frage, ob nun aber einer dieser Verschuldensgrade auch im bestimmten Einzelfall vorliegt, scheidet der allgemeine bürgerlichrechtliche Maßstab weitgehend aus. „Grobes Verschulden" ist die Versäumung jeder prozessualen Sorgfalt, etwa beim Anwalt das Unterlassen einer auf der Hand liegenden Rüge.

112 Ein Verschulden des gesetzlichen Vertreters oder des Prozessbevollmächtigten ist nach §§ 51 II, 85 II ein solches der Partei. Da aber der Bildungsgrad und die Rechtskunde des Schuldigen eine Bedeutung haben, muss man bei der Partei evtl. einen niedrigeren Maßstab anlegen als beim Anwalt. Ein Rechtsirrtum steht dem gewöhnlichen Irrtum gleich. Auch hier kann bei einem Rechtskundigen unentschuldbar sein, was sonst entschuldbar ist.

113 **b) Angriffs- und Verteidigungsmittel.** Hierunter fallen Tatsachenbehauptungen, deren Bestreiten, Einreden, Einwendungen, Beweismittel und Beweiseinreden. Angriffsmittel ist alles tatsächliche und rechtliche Vorbringen zwecks Erfolg des Prozessangriffs, BGH NJW 1980, 1794; LG Hagen NJW-RR 2013, 403. Verteidigungsmittel ist alles tatsächliche und rechtliche Vorbringen, was der Abwehr des Prozessangriffs dient, LG Hagen NJW-RR 2013, 403. Bleibt ein Angriffs- oder Verteidigungsmittel einer Partei unberücksichtigt, weil der Tatrichter es in offenkundig fehlerhafter Anwendung der Präklusionsnorm zu Unrecht zurückgewiesen hat, ist zugleich das rechtliche Gehör der Partei verletzt, BGH NJW-RR 2020, 60; → Rn. 31, 37.

c) Beispiele zur Frage eines Angriffs- oder Verteidigungsmittels

114 **Anschlussberufungsantrag:** Kein Angriffs- oder Verteidigungsmittel, sondern der Angriff selbst ist der Antrag des Anschlussberufungsklägers nach § 524, aM KG JurBüro 2010, 375.

Anschlussrevision: Die Anschlussrevision ist der Angriff selbst und kein Angriffs- oder Verteidigungsmittel.

Anspruchsbegründung: Bei § 697 I gilt dasselbe wie bei der „Klagebegründung".

Aufgliederung, Aufstellung: Kein selbständiges Angriffs- oder Verteidigungsmittel ist zB ein Posten in einer solchen Zusammenstellung nach § 253 II Nr. 2, BGH MDR 1997, 288.

Aufrechnung: Verteidigungsmittel ist eine Aufrechnung, BGH NJW 1984, 1964, oder eine Hilfsaufrechnung.

Beanstandung: Verteidigungsmittel ist eine Beanstandung beliebiger Art, zB eines Gutachtens nach §§ 402 ff., KG MDR 2007, 49; Kblz OLGR 2002, 275; Hmb. MDR 1982, 60.

Behauptung: Angriffs- wie Verteidigungsmittel ist eine Behauptung, LG Hagen NJW-RR 2013, 403.

Berufungsantrag: Kein Angriffsmittel, sondern der Antrag selbst ist der Berufungsantrag nach § 520 III 1 Nr. 1. Das gilt auch dann, wenn er eine notwendige Aufgliederung des Klageantrags nach § 253 II Nr. 2 nachholt, BGH NJW 1997, 870.

Berufungsgrund: Angriffsmittel ist ein Berufungsgrund nach § 513.

Beschränkte Erbenhaftung: Verteidigungsmittel ist zB bei § 780 ihre Geltendmachung, Hamm MDR 2006, 695; Düss FamRZ 2004, 1222.

Beschwerdegrund: Angriffsmittel ist ein Beschwerdegrund zB nach §§ 567 ff.

Bestreiten: Verteidigungsmittel ist ein Bestreiten, BGH JZ 1977, 102; Kblz NJW-RR 2007, 1623; LG Hagen NJW-RR 2013, 403, auch dasjenige mit Nichtwissen.

Beweisantrag: Angriffs- wie Verteidigungsmittel ist ein Beweisantrag beliebiger Art, BGH NJW 2004, 2830; LG Hagen NJW-RR 2013, 403. Das gilt selbst beim „Zeugen N. N.".

Beweiseinrede: Verteidigungsmittel ist eine Beweiseinrede beliebiger Art, zB nach §§ 146, 282 I, BGH NJW 1984, 1964.

Beweismittel: Angriffs- wie Verteidigungsmittel ist ein Beweismittel beliebiger Art nach §§ 373 ff., BGH MDR 2009, 281.

Einrede: Verteidigungsmittel ist eine Einrede beliebiger Art, BGH NJW 2004, 2828; Hamm MDR 2006, 695; LG Hagen NJW-RR 2013, 403, sei sie rechtshemmend oder vernichtend.

Einspruch: Kein Angriffs- oder Verteidigungsmittel, sondern der Angriff oder die Verteidigung selbst sind der Einspruch zB nach §§ 338, 700 oder deren Rücknahme.

Einwendung: Verteidigungsmittel ist eine Einwendung beliebiger Art, sei sie rechtshemmend oder -vernichtend, LG Hagen NJW-RR 2013, 403. Die letztere muss der Einwendende darlegen, BAG NZA 2013, 471.

Ergänzung: Angriffs- oder Verteidigungsmittel ist eine Ergänzung des Tatsachenvortrags ohne eine Klageänderung nach §§ 263, 264, Schneider MDR 1982, 627 (zu § 531).

Fälligkeit: Kein Angriffs- oder Verteidigungsmittel ist die Erörterung einer materiell-rechtlichen Fälligkeit, BGH VersR 2007, 500.

Gutachten: → „Beweismittel". Angriffs- oder Verteidigungsmittel ist auch ein Gutachten nach §§ 402 ff. und dessen Beanstandung, KG MDR 2007, 49.

Klageänderung: Kein Angriffsmittel, sondern ein (geänderter) Angriff selbst ist eine Klageänderung nach §§ 263, 264, 533, BGH NJW 2001, 1211; Ffm NJW-RR 1988, 1556; Karlsr NJW 1979, 879. Das gilt unabhängig von ihrer Zulässigkeit und Schlüssigkeit.

Klageantrag: Kein Angriffsmittel ist der Angriff selbst, also der Klageantrag nach § 253 II Nr. 2, BGH FamRZ 1996, 1071.

Klagebegründung: Angriffsmittel ist die Klagebegründung nach § 253 II Nr. 2, BGH NJW 1995, 1224; Schenkel NJW 2004, 790; Schneider FS Madert, 2006, 211, unabhängig von ihrer Schlüssigkeit. Das gilt auch bei einer Klageerweiterung, s. dort, BGH NJW 1986, 2257; Karlsr NJW 1979, 879.

Klagerücknahme: Kein Angriffs- oder Verteidigungsmittel, sondern das prozessuale Gegenstück eines Angriffs selbst ist eine teilweise oder gänzliche Klagerücknahme nach § 269 oder eine Klagebeschränkung.

Klageerweiterung: Kein Angriffsmittel, sondern ein neuer Angriff ist eine Klageerweiterung nach §§ 263, 264, 533 als eine Art der Klageänderung, s. dort, BGH NJW 2001, 1201; Mü NJW-RR 1995, 740; Butzer NJW 1993, 2649.

Parteiwechsel: Kein Angriffs- oder Verteidigungsmittel ist wie bei einer Klageänderung, s. dort, ein bloßer Parteiwechsel ohne eine Änderung des Sachantrags, BGH NJW 1997, 870; Ros MDR 2005, 1011; Bbg OLGR 2002, 444. Vgl. aber § 533.

Patentanspruch: Angriffsmittel ist eine Neufassung des Patentanspruchs.

Privatgutachten: Kein Angriffs- oder Verteidigungsmittel ist ein solches Gutachten.

Prozessantrag: Kein Angriffs- oder Verteidigungsmittel ist ein bloßer Prozessantrag.

Prozessvoraussetzung: Angriffs- oder Verteidigungsmittel ist eine Prozessvoraussetzung, BGH NJW 2007, 495.

Rechtsausführung: Kein Angriffs- oder Verteidigungsmittel sind Rechtsansichten oder Rechtsausführungen; Ebenso kein Angriffs- oder Verteidigungsmittel ist eine in der ersten Instanz gar nicht erwähnte von Amts wegen prüfbare Anspruchsgrundlage, BGH NJW-RR 2003, 1322.

Rechtsbehelf: Kein Angriffs- oder Verteidigungsmittel ist ein Rechtsbehelf als solcher, Schenkel MDR 2005, 727.

Rechtsmittel: Kein Angriffs- oder Verteidigungsmittel ist ein Rechtsmittel zB nach §§ 511 ff., 524, 542 ff., 567 ff.

Replik: Selbständiges Angriffsmittel ist eine Stellungnahme des Klägers zur Klageerwiderung (sog. Replik) zB nach §§ 275 IV, 276 III, 277 IV.

Revisionsgrund: Angriffsmittel ist ein Revisionsgrund nach §§ 546 ff.

Rüge: Verteidigungsmittel ist eine Rüge unabhängig von ihrer Zulässigkeit und Begründetheit.

Sachantrag: Kein Angriffs- oder Verteidigungsmittel ist der Sachantrag selbst, BGH NJW 1997, 870. Das gilt einschließlich der nach § 253 II Nr. 2 erforderlichen etwaigen Aufgliederung, BGH MDR 1997, 288, oder eines selbständigen Teilanspruchs, BGH NJW 1997, 870.

Schweigepflicht: Angriffs- oder Verteidigungsmittel ist die Entbindung von einer Schweigepflicht, VerfGH Mü BeckRS 1996, 13966.

Selbständiges Beweisverfahren: Angriffsmittel ist ein Antrag nach §§ 485 ff., BGH NJW 2003, 1323; KG Rpfleger 1979, 143; AG Bielef NJW-RR 2000, 1240.

Tatsache: Kein Angriffs- oder Verteidigungsmittel ist eine einzelne Tatsache.

Verjährung: Verteidigungsmittel ist ihre Einrede, BGH NJW 2009, 685; Karlsr NJW 2008, 928; Celle NJW-RR 2006, 1531.

Widerklageantrag: Kein Verteidigungsmittel ist der Gegenangriff selbst, also der Widerklageantrag iVm § 253 II Nr. 2, BGH NJW 2001, 1210; Köln MDR 2004, 962; aM LG Bln MDR 1983, 63 (es komme darauf an, ob zwar die Klage, nicht aber die Widerklage entscheidungsreif sei). Zur „Flucht in die Widerklage" krit. Gounalakis MDR 1997, 216.

Zulässigkeitsrüge: Selbständiges Verteidigungsmittel ist eine Zulässigkeitsrüge nach § 280, § 282 III.

Zurückbehaltungsrecht: Verteidigungsmittel ist die Geltendmachung eines Zurückbehaltungsrechts, Düss VersR 2005, 1737.

Zutritt: Angriffs- oder Verteidigungsmittel ist seine Gestattung oder Versagung zB bei einer Ortsbesichtigung, Mü NJW 1984, 807.

115 **d) Beauftragter oder ersuchter Richter.** Der nach § 361 beauftragte Richter erledigt als Mitglied eines Kollegiums einen ihm von diesem Kollegium erteilten Auftrag, also nicht der gesetzmäßige Einzelrichter nach §§ 348, 348a, 526, 527, 568 oder der gemäß § 10 GVG tätige Referendar. Der nach § 362 ersuchte Richter erledigt als ein außerhalb des ersuchenden Gerichts stehender Richter ein Ersuchen des Gerichts. Die gelegentlich für Richter nach §§ 361, 362 verwendeten Begriffe „verordneter Richter" oder „Richterkommissar" führen nur zur Verwirrung; sie sollten vermieden werden, da das Gesetz sie nicht kennt.

116 **e) Anspruch.** Anspruch im Sinne der ZPO ist der prozessrechtliche Anspruch, also der begehrte Rechtsausspruch, BGH VersR 1978, 59, der Streitgegenstand von einer anderen Seite, also nicht der Anspruch nach § 194 BGB. Derselbe materiell-rechtliche Anspruch kann im Gegenteil der Gegenstand verschiedener prozessualer Ansprüche sein. Prozessual sind zB eine Leistungs-, Feststellungs- und Gestaltungsklage denkbar.

117 **f) Prozessrechtsverhältnis.** → ZPO Vor § 128 Rn. 4 ff.

9. Örtliche Geltung des Zivilprozessrechts

Schrifttum: Grzybek, Prozessuale Grundrechte im Europäischen Gemeinschaftsrecht, 1994; Roth, Die Reichweite der lex-fori-Regel im internationalen Zivilprozessrecht, FS Stree und Wessels, 1993.

118 **a) Deutschland.** Die ZPO gilt in ganz Deutschland. Vor deutschen Gerichten muss grundsätzlich nach deutschem Prozessrecht verhandelt werden (lex fori), BGH NJW 1994, 2549; Hamm FamRZ 1993, 215. Das gilt unabhängig davon, welche Staatsangehörigkeit die Parteien haben, BVerfG NJW 1983, 2766, und welches materielle Recht das Gericht anzuwenden hat, BGH NJW 1981, 175; LAG Mü IPRax 1992, 100; Fastrich ZZP 1997, 423; aM Grunsky ZZP 1989, 254 (stellt auf Zumutbarkeit ab); Kropholler FS Bosch, 1976, 525 (maßgeblich sei, welche Aufgabe die fragliche Vorschrift habe).

119 Jedoch muss das Gericht fremdstaatliches Recht beachten, zB nach §§ 110, 114, 293, 328, 722 ZPO, § 24 EGZPO, oder bei der Klärung, ob eine Rechtshängigkeit im Ausland vorliegt, BGH NJW 1986, 663. Nach deutschem Recht gewähren die deutschen Gerichte Rechtshilfe. Zum Stand des internationalen Zivilprozessrechts Grunsky ZZP 1989, 246. Zum Einfluss des Völkerrechts → Rn. 145.

120 Im früheren Westberlin galt die ZPO infolge des Rechtseinheitsgesetzes vom 9.1.1951, VOBl 1999, KG NJW 1977, 1694, und infolge der Übernahmegesetze als Bundesrecht. Daher war das Gesetz über die Vollstreckung von Entscheidungen auswärtiger Gerichte vom 26.2.1953, GVBl 152, jedenfalls zum Teil nichtig, KG NJW 1979, 881.

b) Frühere Deutsche Demokratische Republik

Schrifttum: Brunner, Einführung in das Recht der DDR, 2. Aufl. 1979; Kellner u. a., Zivilprozeßrecht der DDR, 1980; Lohmann, Gerichtsverfassung und Rechtsschutz in der DDR, 1986.

121 Infolge des Beitritts der DDR nach Art. 23 S. 2 GG zur Bundesrepublik ist nach Art. 3, 8 EV grundsätzlich auch die ZPO der Bundesrepublik sowie die Fülle der Nebengesetze wegen Art. 70 ff. GG auch im Gebiet der früheren DDR sofort und direkt in Kraft getreten, BGH VersR 1992, 1024. Wegen der abändernden Maßgaben EV Anl. I Kap. III Abschn. III Nr. 5a–l, BGBl. 1990 II 885, 889 (927 ff.). Solange die DDR noch bestand, galt im Wesentlichen noch der folgende, nur skizzierte Zustand, auch für solche Fälle, die nach dem Beitritt zur Bundesrepublik noch nach Altrecht zu beurteilen wären: Im Verhältnis zur Bundesrepublik war sie kein Ausland, waren ihre Bewohner keine Ausländer, sondern Deutsche, Art. 16, 116 I GG, und wie Bürger der Bundesrepublik zu behandeln, (zumindest) soweit sie in den Schutzbereich der Bundesrepublik und des GG gerieten, BVerfG NJW 1981, 2047; BGH NJW 1982, 1947; Schlesw SchlHA 1983, 13; OVG Münst JZ 1979, 136.

122 Soweit Prozessrecht zwischen der Bundesrepublik und der DDR noch verschieden war (interlokales Recht), galt § 293 ZPO und im Übrigen ebenfalls der Grundsatz der lex fori, BGH NJW 1982, 1947; Köln DtZ 1991, 28. Für innerdeutsches Kollisionsrecht war das IPR der Bundesrepublik anwendbar, Mü NJW 1986, 387. Die innerdeutsche Rechts- und Amtshilfe war lt. Erlassen der JM des Bundes und der Länder normalisiert worden; eine Beteiligung der Justizverwaltungen war entfallen.

10. Zeitliche Geltung des Zivilprozessrechts

Schrifttum: Heß, Intertemporales Privatrecht, 1998; Lüke, Tempus regit actum – Anmerkungen zur zeitlichen Geltung von Verfahrensrecht, FS Lüke, 1997, 391; Schumann, Intertemporäres Zivilprozessrecht usw., FS Bub, 2007, 549.

123 Spezielles Übergangsrecht befindet sich vor allem in dem vom unten genannten Grundsatz völlig ins Gegenteil abweichenden, vorrangigen spezielleren Art. 111 I FGG-RG, ferner zB in §§ 20 ff. EGZPO, § 7 I MedG sowie in § 62 I WEG, dazu BGH NJW 2009, 598; LG Dortm NJW 2007, 3137; Niedenführ NJW 2008, 1768; aM Bergerhoff NZM 2007, 553; Schmid ZMR 2008, 181. Nach einem Mahnverfahren nach §§ 688 ff. ist der Akteneingang beim Gericht des streitigen Verfahrens maßgebend; Klageänderungen nach §§ 263, 264 oder Widerklagen sind neue Verfahren, Niedenführ NJW 2008, 1768.

124 Mangels solcher spezieller Übergangsvorschiften gilt im Zivilprozess als eine allgemeine grundsätzliche Übergangsregel: Neue Prozessgesetze werden mit ihrem Inkrafttreten auch für anhängige und nicht notwendig auch schon rechtshängige Verfahren wirksam, soweit sie nichts Abweichendes bestimmen, BVerfG NJW 1975, 1013; BGH NJW-RR 2008, 222; Ffm ZIP 2012, 1238. Abgeschlossene prozessuale Tatbestände wie zB ein Anerkenntnis nach § 307 erfasst das neue Gesetz allerdings ausnahmsweise nicht, BGH NJW-RR 2008, 222. Meist enthalten neue Prozessgesetze Übergangsvorschriften. Sie werden in den ersten Jahren seit dem jeweiligen Inkrafttreten in den Vorbemerkungen zu den Kommentierungen der Einzelvorschriften ganz präzise dargestellt. Zu deren Vereinbarkeit mit dem GG grundsätzlich BVerfG NJW-RR 1993, 253. Es kann der sog. Meistbegünstigungsgrundsatz anwendbar sein, BGH NJW 2002, 2106. Bürgerlich-rechtliche Vorschriften der Prozessgesetze sind dann nach dem neuen Prozessgesetz zu beurteilen, wenn es zur Zeit der Verwirklichung ihres Tatbestands gilt, vorausgesetzt, dass das deutsche Recht anwendbar ist.

11. Völkerrecht. Zum Einfluss des Völkerrechts: Glossner, Völkerrecht und Zivilprozeß, FS Trinkner, 1995. Die Klärung von Zweifeln, ob und mit welcher Tragweite eine allgemeine Regel des Völkerrechts gilt, ist dem Bundesverfassungsgericht vorbehalten; eine unterlassene Vorlage an das BVerfG gem. Art. 100 II GG kann, wenn objektiv ernstzunehmende Zweifel vorliegen und die völkerrechtliche Zweifelsfrage entscheidungserheblich ist, eine Verletzung des grundrechtsgleichen Rechts auf den gesetzlichen Richter darstellen; BVerfG NJW 2019, 2761. Objektiv ernstzunehmende Zweifel bestehen schon dann, wenn das Gericht von der Meinung eines Verfassungsorgans, von den Entscheidungen hoher deutscher, ausländischer oder internationaler Gerichte oder von Lehren anerkannter Autoren der Völkerrechtswissenschaft abweichen würde, BVerfG NJW 1968, 1667. Die Subsumtion des Einzelfalls unter die allgemeine Regel des Völkerrechts, deren Existenz und Tragweite geklärt ist, ist wiederum Aufgabe der Fachgerichte, BVerfG NJW 2019, 2761. 125

III. Europäisches Zivilprozessrecht

Schrifttum: Atik EuZW 2004, 686; Rehm FS Heldrich, 2005, 955; Rörig EuZW 2004, 18; Stadler IPRax 2004, 11; Wagner, Aktuelle Entwicklungen in der justiziellen Zusammenarbeit in Zivilsachen, NJW 2020, 1864. Zur mittlerweile direkteren Einwirkung der Europäischen Menschenrechtskonvention → Einl. II Rn. 20, 39 sowie EuGH IPRax 1999, 338; Ehricke IPRax 1999, 311; Matscher FS Henckel, 1995, 13; Matthei, Der Einfluß der Rechtsprechung des Europäischen Gerichtshofes für Menschenrechte auf die ZPO, 2000; Nagel/Bajons, Beweis/Preuve/Evidence, Grundzüge des zivilprozessualen Beweisrechts in Europa, 2003; Prütting, Die Strukturen des Zivilprozesses unter Reformdruck und europäische Konvergenz?, FS Schumann, 2001, 309; Schmidt, Zivilprozess und Europakartellrecht, FS Schumann, 2001, 405; Schumann FS Schwab, 1990, 449; Stürner, Zur Struktur des europäischen Zivilprozesses, FS Schumann, 2001, 491; Thiele, Europäisches Prozessrecht, 2. Aufl. 2014; Tönsfeuerborn, Einflüsse des Diskriminierungsverbots und der Grundfreiheiten der EG auf das nationale Zivilprozessrecht, 2002; Wolf FS Söllner, 2000. Zum Verhältnis des EuGH zu den nationalen Gerichten Rodrìguez Iglesias NJW 2000, 1889 (Grdz.).

1. Systematik. Art. 65 EGV ermöglicht langfristig die Kodifikation eines Europäischen Internationalen Zivilprozessrechts, Drappatz, Die Überführung des internationalen Zivilverfahrensrechts in eine Gemeinschaftskompetenz nach Art. 65 EGV, 2002; Heß NJW 2000, 23. Zu deren Vorbereitung kann die EU bereits jetzt Harmonisierungsmaßnahmen im Bereich der grenzüberschreitenden Zivilrechtspflege erlassen, soweit sie nach Art. 61–69 EGV für das reibungslose Funktionieren des Binnenmarkts erforderlich sind (das ist eine weite Generalklausel). Dazu gehören zB die folgenden Verordnungen, → ZPO Vor § 1067 Rn. 3 ff. 1

a) VO (EU) 2015/848 (Insolvenz-VO). Die VO (EU) Nr. 2015/848 vom 20.5.2015 über Insolvenzverfahren, ABl. L 141, 19 ber. 2016 L 349, b Durchführung: Art. 102 EGInsO idF Art. 1 G v. 14.3.2003, BGBl. 345. 2

b) VO (EU) Nr. 2020/1784 (Zustellungs-VO). → Einl. I Rn. 5; → ZPO Vor § 1067 Rn. 1 ff. 3

c) Brüssel Ia-VO. Vgl. SchlAnh. V C 2. 4

d) VO (EU) Nr. 2020/1783 (Beweisaufnahme-VO). → Einl. I Rn. 5; → ZPO Vor § 1072 Rn. 1. 5

e) VO (EG) Nr. 74/2002. Die VO (EG) Nr. 743/2002 v. 25.4.02 betrifft allgemeine Rahmenregelung der Gemeinschaft für Aktivitäten zur Erleichterung der justiziellen Zusammenarbeit in Zivilsachen, ABl. L 115, 1. Danach sollen insbesondere der Rechtszugang innerhalb der EU und die gegenseitige Anerkennung gerichtlicher Entscheidungen verbessert werden. 6

f) VO (EU) 2019/1111. VO (EU) 2019/1111 des Rates vom 25.6.2019, ABl. I 103/18 **(EU-Ehe-VO „Brüssel IIb")** hat seit dem 1.8.2022 die bisher geltende „Brüssel IIa-VO" abgelöst. Gehört zum FamFG und wird hier nicht näher kommentiert. 7

g) VO (EG) Nr. 805/2004 (Vollstreckungstitel-VO). → ZPO Vor § 1079 Rn. 1. 8

h) EuMVVO, VO (EG) Nr. 1896/2006 (Mahnverfahrens-VO). Diese VO ist in grenzüberschreitenden Rechtssachen in Zivil- und Handelssachen anzuwenden bei in allen europäischen Ländern vorhandenen Massenverfahren, die dem nach deutschem Recht existierenden Mahnverfahren übereinstimmen, → ZPO § 688 Rn. 19; → ZPO Vor § 1087 Rn. 1. 9

i) VO (EG) Nr. 861/2007 (Small-Claims-VO). → ZPO Vor § 1097 Rn. 1. 10

2. Sonstige Rechtsetzungsakte der EU. Von den Verordnungen unterscheiden sich die Richtlinien. Sie brauchen eine Umsetzung durch nationales Recht, Ehricke EuZW 2004, 359. Hierher zählt zB die Richtlinie (EG) Nr. 2003/8 (Prozesskostenhilfe). 11

IV. Sonstiges zwischenstaatliches Zivilprozessrecht

Schrifttum (Auswahl): Geimer/Schütze, Internationaler Rechtsverkehr in Zivil- und Handelssachen, 61. Aufl. 2021; Geimer/Schütze, Europäisches Zivilverfahrensrecht, 4. Aufl. 2020; Geimer, Internationales Zivilprozessrecht, 8. Aufl. 2019; Kropholler/von Hein, Europäisches Zivilprozessrecht, 10. Aufl. 2020; Linke/Hau, Internationales Zivilverfahrensrecht, 8. Aufl. 2021; Nagel/Gottwald, Internationales Zivilprozessrecht, 8. Aufl. 2020; Schack, Internationales Zivilverfahrensrecht, 8. Aufl. 2021; Schlosser/Hess, EU-Zivilprozessrecht, 4. Aufl. 2015.

1. ZPO. Vgl. zunächst § 114 ZPO Anh. II sowie Buch 11 (Justizielle Zusammenarbeit in der EU, §§ 1067 ff.) mit den dort mitabgedruckten Texten. Weitere einschlägige Vorschriften finden sich in der ZPO (§ 110: Sicherheitspflicht, §§ 183 ff.: Zustellung, § 328: Anerkennung ausländischer Urteile, §§ 363, 364: Beweisaufnahme, §§ 722, 723: Zwangsvollstreckung aus ausländischen Urteilen, § 791: Zwangsvollstreckung im Ausland). Doch sind damit die zivilprozessrechtlichen Rechtsbeziehungen zum Ausland nicht annähernd erschöpft. Staatsverträge enthalten vielfach besondere Vorschriften, die der ZPO als Sonderrecht vorgehen. 1

2. Weitere Staatsverträge. Auch sie gelten für ganz Deutschland, dazu Andrae IPRax 1994, 223; Mansel JR 1990, 441; Siehr RabelsZ 1991, 243; SchlAnh. V A, B, VI. 2

a) HZPrÜbk. Vgl. SchlAnh. V A 1. 3

4 **b) HZustlÜbk.** Vgl. Anh. § 183, Anh. § 363.

5 **c) HBewÜbk.** Vgl. § 363 Anh. I–III.

6 **d) Zusatzvereinbarungen.** Zusatzvereinbarungen zur weiteren Erleichterung des Rechtsverkehrs bestanden zuletzt (und bestehen hinsichtlich der nicht durch die neuen Übk. ersetzten Teile) mit zahlreichen Ländern.

7 **e) UNUnterhÜbk.** UN-Übk. über die Geltendmachung von Unterhaltsansprüchen im Ausland v. 20.6.1956, BGBl. 1959 II 150. Daneben tritt das Auslandsunterhaltsgesetz v. 19.12.1986, BGBl. 2563, Anh. § 168 GVG. Wegen des Haager UnterhVollstrÜbk.

8 **f) Sonderverträge.** Sonderverträge, nämlich im Verhältnis zu zahlreichen Ländern.

9 **g) HUnterhÜbk.** Vgl. SchlAnh. V A 2.

10 **h) HAVÜbk.** Das Haager Übereinkommen über die Anerkennung und Vollstreckung von Unterhaltsentscheidungen v. 2.10.73, BGBl. 1986 II 825, ist für die Bundesrepublik (mit Zusatzerklärung) im Verhältnis zu zahlreichen Staaten in Kraft getreten. Es gilt nicht im Verhältnis zu Österreich, Düss FamRZ 2007, 842.

11 **i) EuSorgeRÜbk.** Vgl. SchlAnh. V A 3.

12 **j) Zweiseitige Anerkennungs- und Vollstreckungsabkommen.** Vgl. SchlAnh. V B.

13 **k) AVAG.** Vgl. SchlAnh. V E.

14 **l) UNÜ.** Vgl. bei ZPO § 1061.

15 **m) Schiedsklauseln und Vollstreckung ausländischer Schiedssprüche.** Das Genfer Protokoll über Schiedsklauseln im Handelsverkehr v. 24.9.1923, RGBl. 1925 II 47, und das Genfer Abkommen zur Vollstreckung ausländischer Schiedssprüche v. 26.9.1927, RGBl. 1930 II 1067. Soweit Vertragsstaaten dem UN-Übk. beigetreten sind, sind GenfProt und GenfAbk für diese außer Kraft getreten, Art. 7 II Übk.

16 **n) EuÜbkHSch.** Vgl. SchlAnh. V Rn. 4.

17 **o) Zweiseitige Verträge.** Zweiseitige Verträge über die Anerkennung von Schiedsverträgen und die Vollstreckung von Schiedssprüchen. Vgl. SchlAnh. VI B.

18 **p) EuRAG.** Gesetz über die Tätigkeit europäischer Rechtsanwälte in Deutschland (EuRAG) vom 9.3.2000, BGBl. I 182, ber. 1349, das zuletzt durch Art. 4 Gesetz vom 22.12.2020, BGBl. I 3320 geändert worden ist. Teilweise abgedruckt im Anhang Vor § 78.

19 **q) EuAuskÜbk.** → ZPO § 293 Rn. 18 ff.

20 **r) IntErbRVG.** Vgl. 80. Aufl. 2022, SchlAnh. VII.

Zivilprozessordnung

In der Fassung der Bekanntmachung vom 5.12.2005, BGBl. I 3202, ber. 2006 I 431, 2007 I 1781

FNA 310-4

Zuletzt geändert durch Gesetz vom 24.6.2022 (BGBl. I 959)

Amtliche Inhaltsübersicht

Titel 5 Prozesskosten

Titel 6 Sicherheitsleistung

Titel 7 Prozesskostenhilfe und Prozesskostenvorschuss

Abschnitt 3 Verfahren

Titel 1 Mündliche Verhandlung

Titel 2 Verfahren bei Zustellungen

Untertitel 1 Zustellungen von Amts wegen

Untertitel 2 Zustellungen auf Betreiben der Parteien

Titel 3 Ladungen, Termine und Fristen

Buch 8 Zwangsvollstreckung

Abschnitt 1 Allgemeine Vorschriften

Abschnitt 2 Zwangsvollstreckung wegen Geldforderungen

Titel 1 Allgemeine Vorschriften

Buch 1. Allgemeine Vorschriften

Abschnitt 1. Gerichte

Titel 1. Sachliche Zuständigkeit der Gerichte und Wertvorschriften

Vorbemerkung zu § 1

I. Systematik. Buch 1 enthält das, was für die gesamte ZPO „vor die Klammer gehört". Seine Vorschriften gelten also grundsätzlich unmittelbar in den Büchern 2 bis 11. Davon gibt es in den einzelnen Büchern mehr oder minder erhebliche vorrangige, weil speziellere Abweichungen. Das bedeutet: Zunächst ist an der einschlägigen Spezialstelle des Gesetzes zu prüfen, ob und welche Regelung dort eingreift. Falls dort eine eindeutige Klärung nicht erreicht wird, muss man auf Buch 1 zurückgreifen. Erst wenn auch dort keine Regelung vorliegt, kommt die Verfahrensweise bei einer etwaigen Sinnähnlichkeit anderer Bestimmungen in Betracht. Erst wenn auch dabei kein Ergebnis erzielt werden kann, ist die Verfahrensweise bei einer Gesetzeslücke sinnvoll. Buch 1 hat also in jeder Verfahrenslage eine wesentliche Bedeutung. 1

Entsprechend anwendbar ist Buch 1 nach § 113 I 2 FamFG in Ehesachen nach §§ 121 ff. FamFG und in Familienstreitsachen nach § 112 Nr. 1–3 FamFG sowie grundsätzlich im Verfahren nach dem ZKG gem. dessen § 50 VII. 2

Der **Abschnitt 1** enthält Ergänzungen des GVG für den Zivilprozess. Das zur Entscheidung berufene Gericht einschließlich der Personen der Richter lässt sich nur so bestimmen, dass man die einschlägigen Vorschriften sowohl der ZPO als auch des GVG berücksichtigt, vgl. § 3 EGZPO, §§ 2, 3 EGGVG. Titel 1 enthält Ergänzungen zur sachlichen Zuständigkeit und Wertvorschriften. Die Titel 2 und 3 regeln die örtliche Zuständigkeit, vereinzelt auch die sachliche Zuständigkeit. 3

Unter dem Begriff **Zuständigkeit** im Titel 1 versteht man die Befugnis und die Verpflichtung zu einer Tätigkeit. Die Zuständigkeitsregeln der Zivilprozessordnung legen fest, welches Gericht und welches Rechtspflegeorgan im einzelnen Fall – insbesondere im Rechtsstreit – die Gerichtsbarkeit auszuüben hat. Demgegenüber ergibt die Regelung der Zulässigkeit des ordentlichen Rechtswegs nach § 13 GVG, welche Fälle vor die ordentlichen Gerichte gehören und welche vor die Gerichte anderer Gerichtsbarkeiten, zB vor ein Finanzgericht, ein Verwaltungsgericht, ein Sozialgericht oder ein Arbeitsgericht. 4

II. Regelungszweck. Die in → Rn. 1 beschriebene **Gesetzestechnik** bezweckt eine Vereinfachung, Verkürzung, Vereinheitlichung und damit eine größere Sicherheit bei der Rechtsfindung. Die Zusammenfassung der „allgemeinen Vorschriften" in Buch 1, die für das gesamte Zivilprozessrecht gelten, dient auch der Klarheit des Gesetzeswerks und damit der Rechtssicherheit. 5

Die Verzahnung von GVG und ZPO macht das Ermitteln der gesetzlichen Lösung nicht einfacher. Auch diese Arbeitsweise ist aber ein juristisch alltägliches Arbeitsmittel mit dem Ziel einer Vermeidung von Wiederholungen, also der Vereinfachung und Vereinheitlichung. Dabei dienen die einzelnen Vorschriften sehr unterschiedlichen Zwecken. 6

Die **Zuständigkeitsvorschriften** dienen der Durchsetzung des Gebots des gesetzlichen Richters nach Art. 101 I 2 GG, BVerfG NJW 1997, 1497; BGH NJW 1983, 671. Art. 101 I 2 GG verpflichtet den Gesetzgeber dazu, eine klare und abstrakt-generelle Zuständigkeitsordnung zu schaffen, die für jeden denkbaren Streitfall im Voraus den Richter bezeichnet, der für die Entscheidung zuständig ist, BVerfG NJW 2005, 3410. Damit sollen die Unabhängigkeit der Rechtsprechung gewahrt und das Vertrauen der Rechtsuchenden und der Öffentlichkeit in die Unparteilichkeit und Sachlichkeit der Gerichte gesichert werden, BVerfG NJW 1997, 1497. Dem werden die Vorschriften des Titels 1 gerecht. Sie dienen damit der Rechtssicherheit und der Rechtsstaatlichkeit nach Art. 20 GG. 7

III. Geltungsbereich. §§ 1 ff. gelten in allen Verfahrensarten nach der ZPO, auch im WEG-Verfahren und entsprechend im Bereich des § 113 I 2 FamFG, soweit nicht §§ 33 ff. FamGKG vorgehen. Für die Arbeitsgerichtsbarkeit ist nach § 48 ArbGG ein eigener Rechtsweg eröffnet und damit die Anwendbarkeit der §§ 1 ff. grds. ausgeschlossen. 8

IV. Zuständigkeitsarten

Schrifttum: Ahrens FS Prütting, 2018, 200.

1. Örtliche Zuständigkeit. Sie klärt nach §§ 12 ff. die räumlichen Grenzen, innerhalb derer ein Gericht tätig sein darf und muss. Maßgebend ist der landesrechtlich geregelte Bezirk, in dem das Gericht den Sitz hat, BVerfG NJW 1953, 1177. Der Gerichtsstand ist nach § 12 Tatbestandsmerkmal der örtlichen Zuständigkeit. In § 12 wird mittelbar auch die internationale Zuständigkeit geregelt. Soweit nach dieser Vorschrift ein deutsches Gericht örtlich zuständig ist, wird dessen internationale Zuständigkeit indiziert, BGH NJW 2003, 828; NJW 1997, 657. 9

2. Sachliche Zuständigkeit. Sie klärt die Frage, welches erstinstanzliche Gericht nach der Art der Angelegenheit tätig sein darf und muss. Im Bereich bürgerlicher Rechtsstreitigkeiten nach § 13 GVG gehört die Abgrenzung zwischen dem AG nach §§ 23 ff. GVG oder dem LG nach § 71 GVG einerseits und dem ArbG nach §§ 2 I Nr. 1–3, IV, 3 ArbGG andererseits zum Bereich der Zulässigkeit des Rechtswegs. Das ergibt sich aus §§ 17, 17a, b GVG und aus § 48 I ArbGG, BAG NZA 1992, 954. 10

3. Funktionelle Zuständigkeit. Die geschäftliche oder funktionelle Zuständigkeit klärt nach §§ 21e ff. GVG die Frage, welcher im Gesetz genannte Spruchkörper oder welches sonstige Mitglied eines Gerichts generell eine dort allgemein genannte rechtliche Angelegenheit zu betreuen hat. 11

Hierher gehört zB: Die Abgrenzung zwischen dem Prozessgericht und dem Vollstreckungsgericht nach §§ 764, 802, 828; zwischen dem Kollegium und dem Einzelrichter nach §§ 348, 348a, 526, 527, 568; zwischen dem entscheidenden und dem ersuchten oder beauftragten Richter nach §§ 361, 362, BGH NJW 2015, 2194, oder dem Rechtshilfegericht nach § 157 GVG; zwischen dem Richter und dem Rpfl. nach dem RPflG; zwischen dem Rpfl und dem Urkundsbeamten nach § 153 GVG; zwischen dem Gericht und dem Gerichtsvollzieher nach 12

§ 753; zwischen dem Prozessgericht und dem Familiengericht nach dem FamFG und dem GVG, BGH NJW 1986, 1178; zwischen dem Prozessgericht und dem Arrestgericht nach § 919 oder dem Gericht der einstweiligen Verfügung nach § 937, Hamm OLGZ 1989, 338; zwischen der Zivilkammer und der Kammer für Handelssachen nach §§ 93 ff. GVG, BGH NJW 1986, 1178. Das **WEG-Zentralgericht** nach § 72 II GVG fällt ebenfalls hierunter, BGH NJW 2014, 1879 Rn. 15.

Die wohl hM sieht auch die **instanzielle Zuständigkeit** als Teilbereich der funktionellen Zuständigkeit an, BGH NJW-RR 2004, 1655, Thomas/Putzo/Hüßtege Rn. 2; Prütting/Gehrlein/Beumers § 1 Rn. 2; Zöller/Schultzky § 1 Rn. 6; aM MüKoZPO/Wöstmann § 1 Rn. 10 f. Der Streit hierüber hat in der Praxis keine Relevanz.

13 **4. Geschäftsverteilung.** Die Geschäftsverteilung klärt innerhalb eines Gerichts die Frage, welche der einzelnen gleichartigen Abteilungen, Kammern oder Senate im konkreten Einzelfall und zum fraglichen Zeitpunkt zur Entscheidung berufen ist, BGH NJW 1986, 1178. Diese zwar auf gesetzlichen Regeln des GVG beruhende, aber im Einzelnen für jedes Geschäftsjahr vom Präsidium oder – innerhalb eines Spruchkörpers von diesem selbst – zu beschließende und nur in Ausnahmefällen abänderbare Regelung hat nach der Systematik des Gesetzes zunächst eine innerdienstliche Bedeutung. Jedoch sind die praktischen Auswirkungen gleichwohl erheblich, schon wegen Art. 101 I 2 GG (Gebot des gesetzlichen Richters), Drsd BeckRS 2022, 20012 (Willkür); Labusga/Petit, Die Veröffentlichung gerichtlicher Geschäftsverteilungspläne im Internet, NJW 2022, 300. Deshalb ergibt auch erst die Klärung sämtlicher vorgenannter Fragen eine Antwort darauf, welche Gerichtsperson die gewünschte oder erforderliche Handlung jeweils vorzunehmen hat. Zur entspr. Geltung von § 36 I Nr. 6 bei negativem Kompetenzkonflikt BGH 26.7.2022 – X ARZ 3/22, WM 2022, 1727 = BeckRS 2022, 21672.

14 Die geschäftliche Zuständigkeit ist immer **dem Parteiwillen entzogen.** Die Geschäftsverteilung steht ohnehin schon deshalb nicht der Parteivereinbarung offen, weil es sich nicht um eine Zuständigkeitsfrage handelt. Die Frage, ob die Zivilkammer des LG oder seine Kammer für Handelssachen tätig zu werden hat, ist nach den Regeln der sachlichen Zuständigkeit zu beurteilen, sofern nicht §§ 97 ff. GVG etwas anderes bestimmen. Sondergesetze geben Spezialregeln, zB für Baulandsachen § 217 I 4 BauGB.

15 **5. Ausschließliche sachliche Zuständigkeit.** Eine weitere Unterscheidungsmöglichkeit besteht darin, dass das Gesetz die Zuständigkeit teils zB in §§ 40 II, 802 zwingend vorschreibt, Stgt NJW 1978, 1272 (Vorrang der spezielleren), teils nur hilfsweise regelt und den Parteien im letzteren Fall die Möglichkeit belässt, eine abweichende Vereinbarung oder Prorogation zB nach § 38 zu treffen. Die örtliche und die sachliche Zuständigkeit ist nur dann ausschließlich, wenn das Gesetz das zB in §§ 29a, 40 II, 802 **ausdrücklich** bestimmt.

16 Sie besteht in folgenden Fällen: Bei einer nichtvermögensrechtlichen Streitigkeit; bei § 71 III GVG; in einigen Fällen des sachlichen Zusammenhangs (Anhangsprozesse), zB bei einer Hauptintervention nach § 64; dann, wenn das Gesetz sie zB ausdrücklich angeordnet hat. Eine ausschließliche Zuständigkeit kann insbesondere bei einer Widerklage bestehen, zB § 33 II.

17 **6. Sachliche Zuständigkeit kraft Sachzusammenhangs.** §§ 25, 26, 34, 486, 584, 767 I begründen eine sachliche Zuständigkeit, die an den Sachzusammenhang anknüpft. Eine allgemeine Zuständigkeit kraft Sachzusammenhangs gibt es nicht, BGH NJW 1996, 1411 (1413); sie besteht nach der Rspr. im Anwendungsbereich des § 32 für alle Anspruchsgrundlagen, BGH NJW 2003, 828. Hier ist ausnahmsweise die Annahme der umfassenden Zuständigkeit nicht zuletzt aus praktischen Gründen zu befürworten, weil das angerufene Gericht je nach örtlicher Zuständigkeit ohnehin sachlich zuständig sein könnte. Im Übrigen ist äußerste Zurückhaltung geboten. Die gesetzlichen Regeln über die sachliche Zuständigkeit dienen in besonderer Weise der Klärung und Sicherung des gesetzlichen Richters und damit auch der Durchsetzbarkeit von Rechten. Wegen Sachzusammenhangs im Einzelfall dürfen sie nicht verwässert werden. Wenn nicht, wie im Falle des § 32, der Normzweck es fordert, ist grds. Ablehnung geboten, vgl. auch Musielak/Voit/Heinrich § 1 Rn. 14; Prütting/Gehrlein/Beumers § 1 Rn. 2.

18 Für das Verhältnis der ordentlichen zur freiwilligen Gerichtsbarkeit ist die Sachzusammenhangszuständigkeit abzulehnen, BGH NJW 1987, 442. Obwohl eine gespaltene Zuständigkeit für Rechtsbeziehungen aus einem einheitlichen Lebenssachverhalt unbefriedigend sein mag, liegt dem doch jeweils eine Entscheidung des Gesetzgebers zugrunde, die im Interesse klarer Kompetenzverteilung hinzunehmen ist. Generell ist in der Frage einer Sachzusammenhangszuständigkeit Zurückhaltung geboten, weil die gesetzlichen Vorschriften über die Zuständigkeit im Interesse effektiven Rechtsschutzes nicht verwässert werden dürfen. Allenfalls bei einer Gesetzeslücke könnte der Gedanke herangezogen werden, was indes wegen §§ 12 ff. keine praktische Relevanz hat.

19 **7. Prüfung von Amts wegen, Beweislast, doppeltrelevante Tatsachen.** Die Zuständigkeit ist Prozessvoraussetzung; zum Prüfvorrang dieses Punktes → Vor § 253 Rn. 17. Das Gericht muss ihn von Amts wegen prüfen, aber nicht ermitteln. Vgl. aber auch §§ 513 II, 545 II, 571 II 2, 576 II. Die ZPO nennt den Vorgang, dass man sich zB in §§ 282 III, 296 III auf eine Unzuständigkeit beruft, eine Zulässigkeitsrüge. Beim Fehlen der sachlichen Zuständigkeit kann evtl. nach einem Hinweis nach § 139 mangels Verweisungsmöglichkeit nach § 281 eine Klageabweisung als unzulässig durch Prozessurteil notwendig sein.

20 Die **Beweislast** für das Vorliegen von Tatsachen, aus denen sich im Wege der Amtsprüfung die Zuständigkeit herleitet, trägt die Partei, welche sich auf die str. Zuständigkeit beruft, idR also der Kl., Hamm NJW-RR 2010, 105; KG NJW-RR 2001, 1509. Anders liegt es bei den **doppeltrelevanten Tatsachen,** die für Zulässigkeit und Begründetheit von Bedeutung sind. Hier wird alleine aufgrund substantiierten Vortrags die Zulässigkeit angenommen, um den Weg zu einer Sachentscheidung zu eröffnen, BGH ZIP 2016, 424; NJW 2015, 2424; NJW 2010, 873; NJW-RR 2010, 1554 (internationale Zuständigkeit) Anders/Gehle Assessorexamen ZivilR A Rn. 87; MüKoZPO/Wöstmann § 2 Rn. 26.

21 **V. Vermögensrechtliche und nichtvermögensrechtliche Ansprüche. 1. Grundsatz: Maßgeblichkeit der Rechtsnatur.** Wegen § 708 Nr. 11, ferner wegen § 48 III GKG und damit mittelbar auch für die sachliche Zuständigkeit, vgl. auch § 40 II Nr. 1, § 23a GVG, kann es auch auf die Abgrenzung zwischen einem vermögensrechtlichen und einem nichtvermögensrechtlichen Anspruch ankommen. Für die Frage, ob die eine oder die andere Art von Anspruch vorliegt, ist auf den insoweit allein maßgeblichen, **schlüssigen Tatsachenvortrag** des Klägers auf die Natur des Rechts abzustellen, für das der Kläger einen Schutz verlangt, BGH NJW 1984, 1104; Drsd OLGR 2005, 50: Bei Tatsachen, die sowohl für die Zuständigkeit als auch für die Begründetheit

bedeutsam sind, **qualifizierte Prozessvoraussetzungen, doppeltrelevante Tatsachen** gilt das gleiche, BGH NJW 2010, 873; hier ist nur ausnahmsweise eine Beweiserhebung geboten, KG NJW-RR 2001, 1509; → Vor § 253 Rn. 18. Grds. unerheblich ist, was der Bekl. mit seinem Einwand bezweckt. Es können auch verschiedenartige Ansprüche vorliegen und daher gesondert bewertbar sein, zB der Anspruch auf die Unterlassung einer Ehrenkränkung und der Anspruch auf deren Widerruf, LAG Mainz MDR 2007, 1045; NZA-RR 2007, 541. Beim **Zusammentreffen** beider Arten kann im Einzelfall alleine der höhere Wert maßgeblich sein (Unterlassung und Schmerzensgeld), Köln JurBüro 1994, 491.

Vermögensrechtlich ist ein Anspruch, der entweder auf einer vermögensrechtlichen Beziehung beruht oder wirtschaftlichen Interessen dient, also auf Geld oder Geldeswert geht, BGH NJW 1982, 1525; GRUR 1981, 297; LAG Mainz MDR 2007, 1045; NZA-RR 2007, 541; LAG Mü AnwBl 1987, 287. Das gilt ohne Rücksicht auf seinen Ursprung und Zweck. Deshalb ist ein Unterlassungsanspruch des gewerblichen Rechtsschutzes immer vermögensrechtlich. Der Anspruch kann sich zwar auch auf ein nichtvermögensrechtliches Verhältnis gründen. Er ist aber gleichwohl dann vermögensrechtlich, wenn er eine vermögenswerte Leistung zum Gegenstand hat, Ffm JurBüro 2003, 644. Der Kostenstreit in einer nichtvermögensrechtlichen Sache ist insoweit vermögensrechtlich, als er zur Hauptsache geworden ist. **Nichtvermögensrechtlich** sind Streitigkeiten, in denen die persönlichen Verhältnisse des Klägers den Streitgegenstand prägen, namentlich aus dem Bereich des Persönlichkeitsrechts, wenn nicht das Rechtsschutzbegehren der Wahrung wirtschaftlicher Interessen dienen soll, BGH NJW 1984, 1104. 22

Der Wert ist nach § 3 zu bestimmen; zuletzt kann auf § 23 III RVG zurückgegriffen werden, BGH 5.5.2020 – II ZB 22/19, BeckRS 2020, 12403. Bloße wirtschaftliche Reflexwirkungen sind unbeachtlich, BGH NJW 1986, 3143. Die Bewertung von nichtvermögensrechtlichen Ansprüchen kann mithin nicht auf sichere Grundlagen aufbauen wie bei den vermögensrechtlichen Ansprüchen → § 3 Rn. 7; sie ist vorrangig durch rechtliche Wertungen geprägt, namentlich durch Abstellen auf Umfang und Bedeutung der Sache. Wegen der Einzelheiten wird auf die nachfolgenden Beispiele → Rn. 25 und auf → Anh. § 3 Rn. 1 ff. verwiesen. 23

Maßgeblicher Zeitpunkt ist der Eingang des verfahrenseinleitenden Antrags, s. § 4. Es kommt nicht auf den Schluss der letzten mündlichen Verhandlung an. Jede Instanz rechnet gesondert. Die **praktische Relevanz** der Abgrenzung ist außerhalb des Streitwertrechts gering. 24

2. Beispiele zur Frage eines vermögens- oder nichtvermögensrechtlichen Anspruchs

Ablehnung: Es kommt auf den Charakter des zugehörigen Hauptverfahrens an, insoweit zutreffend Kblz JurBüro 1991, 1509; Prütting/Gehrlein/Beumers § 3 Rn. 31; aA (generell nichtvermögensrechtlich) Köln Rpfleger 1987, 166. 25

Abmahnung: „Arbeitsrecht".

Abstammung: Nichtvermögensrechtlich ist eine Sache nach §§ 169 ff. FamFG, Karlsr FuR 2016, 423; AG Mü BeckRS 2014, 119761.

Änderung des Streitgegenstands: Eine Änderung des Streitgegenstands kann die Rechtsnatur ändern, zB dann, wenn in einer bisher nichtvermögensrechtlichen Sache wegen übereinstimmender wirksamer Erledigungserklärungen beider Parteien die Kosten zur Hauptsache werden.

Arbeitsrecht: Vermögensrechtlich ist ein Freistellungsanspruch, LAG Hamm NZA-RR 2011, 213, LAG Mainz JurBüro 2008, 478; eine mit einer Kündigungsdrohung verbundene Abmahnung, BAG MDR 1982, 694; ein Anspruch auf eine andere Berechnung der Arbeitszeit LAG Stgt JurBüro 2009, 533; das Änderungsschutzverfahren, LAG Bln NZA-RR 1998, 512. **Nichtvermögensrechtlich** sind: Ein Anspruch nach § 99 IV BetrVG, LAG Hann AnwBl 1984, 166; bei Teilhaberechten Beschlussverfahren zwischen dem Arbeitgeber und dem Betriebsrat, BAG JurBüro 2005, 146; LAG Hbg NZA 1993, 42 (Mitbestimmung); LAG Mü AnwBl 1987, 287; ein Streit über die Verkürzung der Arbeitszeit, LAG Mü JurBüro 2004, 85; ein Anspruch auf Teilzeitarbeit, LAG Mainz MDR 2006, 57; ein Urlaubsstreit, LAG Mainz JurBüro 2009, 431. Auch → „Personalakte".

Attest: Seine Herausgabe ist meist nichtvermögensrechtlich, AG Mü JurBüro 2011, 261.

Auskunft. Dazu Abel, Der Gegenstand des Auskunftsanspruchs, FS Pagenberg, 2006. Die Einordnung folgt der Natur des Rechtes oder Anspruchs, dessen Aufklärung oder Durchsetzung die Auskunft dienen soll. Vermögensrechtlich ist der Auskunftsanspruch nach § 1605 BGB, BGH NJW 1982, 1651.

Ausländisches Recht: Seine Anwendung kann wegen des höheren Aufwands zur Erhöhung des Streitwertes führen, Karlsr FamRZ 2007, 751.

Ausschließung: → „Körperschaft".

Betreuervergütung: Der Streit ist vermögensrechtlich, BGH NJW-RR 2012, 1476.

Betriebsrat: „Arbeitsrecht".

Bild: Nichtvermögensrechtlich ist grds. eine Unterlassungsklage wegen der Verletzung des Rechts am eigenen Bild, BGH NJW 1996, 999 (Ausnahme: Wahrung wirtschaftlicher Belange).

Drittwiderspruchsklage: Die Klage nach § 771 ist idR vermögensrechtlich.

Ehe: Nichtvermögensrechtlich sind: Eine Ehesache nach §§ 121 ff. FamFG; die Gestattung des Getrenntlebens; der Schutz des räumlichen Bereichs der Ehe; die Anerkennung einer ausländischen Entscheidung nach § 107 FamFG, BayObLG FamRZ 1999, 604.

Ehre: Grundsätzlich handelt es sich um eine nichtvermögensrechtliche Streitigkeit, wenn es um den reinen sozialen Geltungsanspruch geht und wirtschaftliche Interessen nicht mitwirken, BGH GRUR 2022, 116; NJW 2016, 3380 Rn. 9); BGH NJW 1985, 978, etwa bei einem den Angriff auf die Ehre abwehrenden und auf §§ 823 II BGB, 185, 186 StGB gestützten Unterlassungsanspruch, Saarbr NJOZ 2019, 1255. Das gilt auch für die Lage des Arbeitnehmers, LAG Hamm AnwBl 1984, 156, und selbst dann, wenn es um die Berufsehre des Verletzten geht, solange nicht konkrete wirtschaftliche Nachteile mit geltend gemacht werden, BGH NJW 1991, 847; NJW-RR 1990, 1276; Schlesw JurBüro 2002, 316.

Vermögensrechtlich ist ein Anspruch zB auf einen Widerruf dann, wenn er allein oder auch aus wirtschaftlichen Gründen erfolgt, BGH NJW 1985, 978. Vermögensrechtlich kann ein Rechtsstreit nach dem Inhalt des Klageanspruchs auch dann sein, wenn es dem Kläger nur um die Verteidigung seiner Ehre geht, BGH GRUR 1981, 297.

Erbausschlagung: Vermögensrechtlich ist zB eine Genehmigung dazu, Mü FamRZ 2013, 904.

Erledigung der Hauptsache: Ein nichtvermögensrechtlicher Anspruch wird nicht schon dadurch zu einem vermögensrechtlichen, dass der Kläger einseitig die Erledigung der Hauptsache erklärt, BGH NJW 1982, 767; der Streitgegenstand bleibt derselbe, → § 91a Rn. 209. Nach übereinstimmender Erledigungserklärung ist die Kostenbeschwerde generell vermögensrechtliche Angelegenheit, Köln BeckRS 2013, 8926.

Familiensache: Sie kann beide Anspruchsarten betreffen, Huber SchiedsVZ 2004, 280; Schumacher FamRZ 2004, 1677.

Feststellung: Sie kann beide Anspruchsarten betreffen. Es ist unerheblich, ob es sich um eine Feststellungs- oder um eine Leistungsklage handelt. Auch „Erledigung der Hauptsache".

Gegendarstellung: Nichtvermögensrechtlich ist der Anspruch auf die Veröffentlichung einer Gegendarstellung, BGH NJW 1963, 151, es sei denn, wirtschaftliche Interessen hierbei Gewicht haben, BGH NJW 1976, 1198.

Genossenschaft: → „Körperschaft".

Gewerblicher Rechtsschutz: Vermögensrechtlich ist jeder Unterlassungsanspruch des gewerblichen Rechtsschutzes, Brdb JurBüro 1997, 594.

Grab: Nichtvermögensrechtlich sind: Der Anspruch auf die Beisetzung in einem bestimmten Grab; eine Umbettung.

Grundrecht: Nichtvermögensrechtlich ist eine Verfassungsbeschwerde wegen seiner Verletzung.

Kindschaft: Nichtvermögensrechtlich ist eine Kindschaftssache nach §§ 151 ff. FamFG.

Körperschaft: Vermögensrechtlich ist der Anspruch auf die Ausschließung aus einer Körperschaft, soweit es nicht auch um die Ehre und die allgemeine Achtung geht, sondern um wirtschaftliche Interessen, BGH NJW 2009, 3161; Ffm JurBüro 2003, 644. Nichtvermögensrechtlich ist der Streit um den Ausschluss wegen eines ehrenrührigen Verhaltens, auch Köln MDR 1984, 153.

Kostenstreit: Vermögensrechtlich ist der Kostenstreit in einer nichtvermögensrechtlichen Sache insoweit, als er zur Hauptsache geworden ist, Brdb FamRZ 2011, 1616; anders, wenn die Kostenentscheidung Nebenentscheidung war, Ddf MDR 2012, 1098.

Kreditgefährdung: Vermögensrechtlich ist der Unterlassungsanspruch nach § 824 BGB, LG Bayreuth JurBüro 1975, 1356.

Lebenspartnerschaft: Vermögensrechtlich sind (für (fort-) bestehende Lebenspartnerschaften): Der Anspruch auf Unterhalt, § 5 LPartG; der Vermögensstand nach § 6 LPartG; der Lebenspartnerschaftsvertrag nach § 7 LPartG; eine sonstige vermögensrechtliche Wirkung nach § 8 LPartG; das Erbrecht nach § 10 LPartG; Unterhalt, Haushaltsverteilung und Wohnungszuweisung beim Getrenntleben nach §§ 12–14 LPartG; nachpartnerschaftlicher Unterhalt nach § 16 LPartG; ein Streit über die Wohnung und den Haushalt nach der Aufhebung nach §§ 18, 19 LPartG. Nichtvermögensrechtlich sind: Die Begründung der Lebenspartnerschaft nach § 1 LPartG; Teile der Pflicht zur gemeinsamen Lebensgestaltung nach § 2 LPartG; der Lebenspartnerschaftsname nach § 3 LPartG; Teile der sorgerechtlichen Befugnisse nach § 9 LPartG; Teile der sonstigen Wirkungen nach § 11 LPartG.

Miete: Vermögensrechtlich ist ein mietrechtlicher Unterlassungsanspruch, etwa wegen einer Hundehaltung, LG Mannh ZMR 1992, 546.

Mitbestimmung: → „Arbeitsrecht".

Name: Bei einer Klage aus einem Namensrecht ist zu unterscheiden: Soweit es sich um die wirtschaftliche Verwertung des Namens handelt, ist der Streit vermögensrechtlich, insbesondere wenn ein Schadensersatzanspruch geltend gemacht wird, auch betr. eine Firma, eine Marke und für eine geschäftliche Bezeichnung, BGH WRP 2018, 349. In den übrigen Fällen hat er keinen Vermögenswert, BGH BeckRS 2012, 18291.

Patientenverfügung: Im isolierten Streit nichtvermögensrechtlich.

Persönlichkeitsrecht: Nichtvermögensrechtlich sind: Das Persönlichkeitsrecht; ein Beseitigungsanspruch zum Schutz des Persönlichkeitsrechts, BGH NJW 1982, 767.

Personalakte: Vermögensrechtlich ist der Anspruch auf die Entfernung einer Abmahnung aus der Personalakte, LAG Hamm NZA 1984, 236. Nichtvermögensrechtlich ist der Anspruch auf eine Einsicht in die Personalakte, Köln VersR 1980, 490.

Personensorge: Nichtvermögensrechtlich ist die Übertragung der Personensorge im Verfahren nach § 151 Nr. 1 FamFG. Etwas anderes gilt allerdings im Verfahren nach § 1672 BGB, (zum alten Recht) Schlesw AnwBl 1978, 180.

Politische Partei: Nichtvermögensrechtlich ist ein Streit über die Auflösung des Landesverbandes einer politischen Partei.

Privatklage: Auch ihre Miterledigung im Zivilprozess ändert nichts am nichtvermögensrechtlichen Charakter des Hauptverfahrens, Köln JurBüro 1994, 743.

Regelstreitwert: Die vom BGH und einem Teil der Lit befürwortete Anlehnung an § 52 II GKG und § 23 III 2 RVG, → Anh. § 3 Rn. 126 „Verein", ist mangels Gesetzeslücke problematisch.

Rufschädigung: Vermögensrechtlich ist ein daraus folgender Unterlassungsanspruch, wenn wirtschaftliche Belange berührt sind, LAG Mainz NZA-RR 2010, 432.

Schmerzensgeld: Vermögensrechtlich ist ein Anspruch auf Schmerzensgeld. Das gilt auch dann, wenn die Ehre verletzt wurde, Köln JurBüro 1994, 491.

Stiftung: Vermögensrechtlich ist der Streit um die personelle Besetzung eines Stiftungskuratoriums, Hamm OLGZ 1994, 96.

Tagebuch: Nichtvermögensrechtlich ist der Anspruch auf die Herausgabe eines Tagebuchs.

Telefonbelästigung: Nichtvermögensrechtlich ist ein Anspruch auf die Unterlassung solcher Telefonanrufe, die nur eine Störung und Belästigung des persönlichen Bereichs darstellen, BGH NJW 1985, 809.

Unterhalt: Vermögensrechtlich ist jeder Unterhaltsanspruch zB nach §§ 231 ff. FamFG.

Unterlassung: Der Anspruch kann vermögensrechtlich sein, Schmidt KTS 2004, 246. Für Kl. kommt es auf das Interesse an der Unterbindung weiterer gleichartiger Verstöße an, das maßgeblich durch die Art des Verstoßes, insbesondere seine Gefährlichkeit und Schädlichkeit für die Träger der maßgeblichen Interessen bestimmt wird, BGH GRUR *2013, 301* Rn. 56; 2017, 212 Rn. 8. Der BeW des verurteilten Bekl. bemisst sich nach dessen wirtschaftlichem Interesse an der begehrten Abänderung; er ist idR mit dem Interesse des Kl. identisch; ein höheres Interesse ist in der NZB nur beachtlich, wenn es in den Tatsacheninstanzen bereits subst. dargelegt worden ist, BGH 19.5.2022 – I ZR 120/21, GRUR-RS 2022, 16328; 27.1.2022 – I ZR 77/21, BeckRS

2022, 5862 Rn. 10. Auch → Rn. 11 „Bild“, → Rn. 13 „Ehre“, → Rn. 14 „Kreditgefährdung“, → Rn. 15 „Miete“, → Rn. 16 „Telefonbelästigung“, „Urheberrecht“.

Urheberrecht: Vermögensrechtlich ist ein urheberrechtlicher Unterlassungsanspruch, soweit es sich neben den ideellen Belangen auch um die wirtschaftliche Auswertung des Werks handelt.

Verein: Es entscheidet seine Rechtsnatur, Köln MDR 1984, 153. Vermögensrechtlich ist der Streit um einen Mitgliedsbeitrag. Nichtvermögensrechtlich ist die Zugehörigkeit zu einem Idealverein, Köln MDR 1984, 153, wohl auch ein Streit über eine Vorstandswahl, Ddf AnwBl 1997, 680; LG Saarbr JurBüro 1995, 26. Auch → „Körperschaft“, → „Politische Partei“.

Vermächtnis: Der Anspruch ist idR vermögensrechtlich, Mü FamRZ 2018, 533.

Veröffentlichung: → „Gegendarstellung“.

Vollstreckungsabwehrklage: Die Klage nach § 767 kann beide Anspruchsarten betreffen.

Wettbewerbsrecht: → „Gewerblicher Rechtsschutz“.

Zeugnis: Vermögensrechtlich ist der Anspruch auf Erteilung nach § 74 HGB, auch → „Arbeitsrecht“.

Zeugnisverweigerungsrecht: Maßgeblich ist der Charakter des Hauptprozesses.

Zwangsgeld: Der Streit darüber ist stets vermögensrechtlich, Ddf Rpfleger 2012, 683; BeckRS 2012, 25020.

VI. Geltung für Kosten. Titel 1 betrifft diejenigen Fälle, in denen es für die Zulässigkeit der Klage oder des Rechtsmittels oder für die vorläufige Vollstreckbarkeit nach § 708 Nr. 11 auf den Wert ankommt. Doch ist eine Wertfestsetzung nach dem Titel 1 vorbehaltlich der §§ 47 ff. GKG, §§ 23 ff. RVG auch für die Berechnung der Gerichtsgebühren und der Anwaltsgebühren nach § 62 GKG, § 32 RVG maßgeblich. 26

1 ***Sachliche Zuständigkeit.*** **Die sachliche Zuständigkeit der Gerichte wird durch das Gesetz über die Gerichtsverfassung bestimmt.**

I. Systematik, Regelungszweck. → Vor § 1 Rn. 5. 1

II. Geltungsbereich. Zunächst → Vor § 1 Rn. 8. Zur sachlichen Zuständigkeit → Vor § 1 Rn. 10. Das GVG regelt die sachliche Zuständigkeit nicht abschließend. Die sachliche Zuständigkeit des AG wird in den §§ 23–23d GVG geregelt. Beim LG wird die sachliche Zuständigkeit der Zivilkammer in § 71 GVG geregelt, die der Kammer für Handelssachen in den §§ 94, 95, 72 GVG. Die funktionelle Zuständigkeit der Rechtsmittelgerichte, → Vor § 1 Rn. 11, ergibt sich für das LG aus § 72 GVG, für das OLG aus § 119 GVG und für den BGH aus § 133 GVG. Wenn das Prozessgericht der ersten Instanz zB nach § 767, zuständig ist, ist entweder das AG oder das LG als solches zuständig, nicht etwa ist die Abteilung oder Kammer, die zuvor entschieden hatte. Das kann der Geschäftsverteilungsplan eigenständig regeln. Nach § 113 I FamFG gilt § 1 anders als die folgenden Vorschriften dort entsprechend. 2

III. Rüge der Zuständigkeit. Die erfolgreiche Rüge der Zuständigkeit ist durch § 39 nach rügeloser Einlassung und durch § 513 II aufgrund Beschränkung der Berufungsgründe erheblich eingeschränkt. Näher vgl. → § 39 Rn. 1; § 513 zur bindenden Entscheidung über die Zuständigkeit → § 11 Rn. 1. 3

2 ***Bedeutung des Wertes.*** **Kommt es nach den Vorschriften dieses Gesetzes oder des Gerichtsverfassungsgesetzes auf den Wert des Streitgegenstandes, des Beschwerdegegenstandes, der Beschwer oder der Verurteilung an, so gelten die nachfolgenden Vorschriften.**

I. Systematik. Zunächst → Vor § 1 Rn. 6, 8. Wenn es nach der ZPO oder nach dem GVG auf den Wert ankommt, sind §§ 3–9 anwendbar. Das gilt zB: Für die sachliche Zuständigkeit nach §§ 23 ff. GVG; für den Streitgegenstand nach → Rn. 4; für die Beschwer nach § 511 II, BVerfG NJW 1996, 1531; für die Verurteilung nach § 708. Unerheblich ist die Frage, ob es sich um einen vermögensrechtlichen oder um einen nichtvermögensrechtlichen Anspruch nach → Vor § 1 Rn. 21 handelt. Die Wertvorschriften gelten auch in einem nichtstreitigen Verfahren. Bei § 866 III ist auf §§ 4 und 5 und die hierzu gewonnenen Erkenntnisse zurückzugreifen. Für den Kostenstreitwert sind §§ 3–9 nur im Rahmen des GKG oder des FamGKG oder des RVG anwendbar. Auch das gilt für jede Art von Anspruch und Verfahren. Die richterliche Wertfestsetzung muss der Kostenfestsetzung vorausgehen, Mü Rpfleger 2021, 127. 1

II. Regelungszweck. → Vor § 3 Rn. 4. Die Vorschrift bestimmt den Anwendungsbereich der §§ 3–9. 2

III. Geltungsbereich. → Vor § 1 Rn. 8. § 2 gilt mit Ausnahme von Ehe- und Familiensachen auch im Bereich des § 113 I 2 FamFG, soweit nicht §§ 33 ff. FamGKG Sonderregeln enthalten. 3

IV. Streitgegenstand

Schrifttum: Albrecht, Die Streitsache usw. (rechtsvergleichend), 2013; Althammer ZZP 123, 163; ders., Streitgegenstand und Interesse, 2012; Chen, Die objektiven Grenzen der materiellen Rechtskraft, 2015; Gallner, Streit um den Streitgegenstand, FS Wank, 2014, 117; Haberzettl, Der Streitgegenstand der Vollstreckungsgegenklage, NJOZ 2021, 289; Keukenschrijver GRUR 2014, 127 (Patentnichtigkeitsverfahren); Ma, Die Entwicklung der Streitgegenstandslehre in Deutschland und Europa (rechtsvergleichend), 2013; Schmitt-Gaedke, Streitgegenstand und Antragsfassung im gewerblichen Rechtsschutz; GRUR-Prax 2020, 357; v. Ungern-Sternberg GRUR 2009, 901 und 1009 (je: wettbewerbliche Unterlassung).

1. Prozessualer Anspruch. Der Streitgegenstand bestimmt sich gemäß der ganz herrschenden zweigliedrigen Theorie nach dem prozessualen Anspruch, der anhand des **Klageantrags** und des zur Begründung vorgetragenen Lebenssachverhalts, mithin dem Klagegrund zu bestimmen ist, eingehend BGH NJW 2010, 2210; zum **Klagegrund** gehören alle Tatsachen, die bei einer natürlichen, vom Standpunkt der Parteien ausgehenden, den Sachverhalt seinem Wesen nach erfassenden Betrachtungsweise zu dem Tatsachenkomplex gehören, den der Kläger zur Stützung seines Rechtsschutzbegehrens dem Gericht zu unterbreiten hat, BGH NJW 2021, 928; GRUR-RS 2020, 34118; GRUR 2020, 755 Rn. 25; NJW 2009, 56 Rn. 15; Grüneberg WM 2014, 1110; → § 253 Rn. 26. Es geht um die aufgrund eines bestimmten tatsächlichen Sachverhalts aufgestellte Forderung, über deren Berechtigung gerade der Kläger, BGH GRUR 2018, 535 Rn. 44, BPatG GRUR 2017, 275, Hamm NJW-RR 2017, 1124 Rn. 39, einen Ausspruch des Gerichts begehrt, nicht um die materiellrechtliche Ein- 4 ordnung, BGH ZIP 2015, 1999; BAG NZA 2017, 453; Mü GWR 2016, 144; Saarbr NJW-RR 2010, 326. Das ergibt sich nicht zuletzt aus § 256 II, BGH NJW 2010, 2210.

5 In diesem Zusammenhang ist es unerheblich, ob sich aus demselben Sachverhalt mehrere sachlich-rechtliche Ansprüche ergeben und ob der Kläger aufgrund jenes Sachverhalts auch mehrere Anträge stellt, mehrere Begründungen nennt, BGH NJW 2013, 540 Rn. 15; NJW-RR 2017, 166, oder ob er die Leistung insgesamt nur einmal verlangen könnte, BGH NZG 2021, 1648 Rn. 14. Es obliegt in jedem Falle der Klägerseite, den Streitgegenstand zu bestimmen und hierzu eindeutig vorzutragen, insbesondere auch dann, wenn im laufenden Rechtsstreit ein neuer Streitgegenstand eingeführt werden soll, BGH BeckRS 2022, 4978 = BB 2022, 722.

6 Auch ein **Hilfsantrag** bedeutet nicht stets einen neuen Streitgegenstand, wenn sich die Ansprüche und Anträge bei natürlicher Betrachtungsweise im Kern auf dasselbe Ziel richten, BGH NJW-RR 2013, 1377 (Unterlassung); BAG NZA 2017, 451 Rn. 18; v. Ungern-Sternberg GRUR 2009, 904. Mehrere Sachverhalte führen zu mehreren Streitgegenständen, BAG NJW 2008, 3372.

7 Trotz gleicher Ziele und Anträge können verschiedene Ansprüche vorliegen, BGH NZG 2021, 1648 Rn. 14; NJW-RR 1992, 227 (Klage gegen mehrere Gesellschaftsbeschlüsse), BAG NJW 2003, 1068 (eigenes Recht und Abtretung), Ddf GRUR 1994, 81. Das gilt auch zB bei hintereinander gestaffelten Hilfsanträgen, BGH NJW 1984, 371. Zum verdeckten Hilfsantrag in diesen Fällen Anders/Gehle Assessorexamen ZivilR K Rn. 16.

8 Der Streitgegenstand hat unter anderem in folgenden Fällen eine **Bedeutung:** Es geht um die Frage, ob eine Rechtshängigkeit eingetreten ist, BGH NJW 2001, 3713; es geht um die Frage, ob eine Klagehäufung nach § 260 vorliegt, oder ob eine Klagänderung nach § 263 vorliegt; es geht um die Grenzen des § 301, Mü WM 2016, 260, oder des § 308 I, BGH NJW 2011, 2128 Rn. 23; es ist zu prüfen, ob ein Gericht die Streitfrage bereits nach § 322 rechtskräftig entschieden hat, BGH NJW-RR 2001, 310; es geht um die Verjährung, BGH NJW-RR 1997, 1216.

9 Näher → § 253 Rn. 26.

2. Beispiele zur Frage des Streitgegenstands

10 **Abtretung:** Bei der Frage, ob eine Klage auf eigene oder abgetretene Ansprüche gestützt wird, handelt es sich nicht nur um verschiedene Begründungen, sondern um verschiedene Streitgegenstände, BGH NJW 2019, 1669 Rn. 9; NJW 2008, 2922; BAG NJW 2021, 2758.

Annahmeverzug: Durch den Antrag auf Feststellung des A., wie auch durch einen Antrag oder ein Urteil auf Leistung Zug um Zug, wird die Gegenforderung nicht Streitgegenstand, BGH 11.8.2022 – IX ZR 78/21, BeckRS 2022, 22391; NJW 2000, 2280 (2281, 1b).

Anfechtung und Nichtigkeit: Dieser Unterschied ist nicht zu berücksichtigen, BGH NJW-RR 2011, 1232.

Arbeitsrecht. Dazu Preis/Schneider, Der erweiterte punktuelle Streitgegenstandsbegriff, FS Prütting, 2018, 467. Bestand und Verlängerung eines Arbeitsverhältnisses sind zu berücksichtigende Unterschiede, BAG NZA 2014, 990.

Arzthaftung: Aufklärung und Behandlung sind mehrere Streitgegenstände, Nürnb MDR 2017, 998.

Aufklärung: Jede einzelne Pflichtverletzungsart kann einen gesonderten Streitgegenstand bilden, Karlsr NJW-RR 2012, 1435.

Diesel-Fälle: Ansprüche aus dem Kaufvertrag und aus dem Aufspielen von Software beruhen auf zwei verschiedenen Streitgegenständen, BGH NJW-RR 2022, 1071; BGH BB 2022, 722 = MDR 2022, 785 = BeckRS 2022, 4978.

Einziehungsermächtigung: Wird die Klage zunächst auf Aktivlegitimation gestützt und dann auf Einziehungsermächtigung nach zuvor erfolgter Abtretung, liegt ein identischer Gegenstand vor, BGH NJW 2022, 1959.

Entgegengesetzte Leistung: Identität der Streitgegenstände ist bei der Feststellungsklage auch dann anzunehmen, wenn im zweiten Prozess das „kontradiktorische Gegenteil" begehrt wird, BGH NJW 2003, 3058.

Gesellschaftsrecht: Anspruch aus Auseinandersetzungsrechnung und aus Haftung als Dritter sind zwei Gegenstände, BGH NZG 2021, 1648.

Markenrecht: Zu berücksichtigen ist ein Löschungsanspruch, BGH GRUR 2016, 500 Rn. 12.

Umfang der Rechtsgrundlagen: Ob der Kläger sämtliche denkbaren rechtlichen Anspruchsgrundlagen angegeben und die zugehörigen Umstände schlüssig dargelegt hat, hat keinen Einfluss, BGH NJW-RR 2001, 310.

Umfang des Tatsachenvortrags: Ohne Einfluss ist, ob der Kläger sämtliche Einzeltatsachen vorgetragen hat, NJW 2004, 1252, Hamm NJW-RR 1999, 1589.

Parteirolle: Diese hat keine Auswirkung, BGH NJW 2001, 3713.

Satzung: Eine Änderung kann zu einem neuen Streitgegenstand führen, BGH 6.10.2021 – IV ZR 96/19, BeckRS 2021, 33694 Rn. 20 = WM 2021, 2251.

Unterlassung: Zum Streitgegenstand im Wettbewerbsrecht BGH NJW 2011, 2787 Rn. 14; Gräbig GRUR 2020, 1044 (Presse- und Äußerungsrecht); Kodde GRUR 2015, 38, Meller-Hannich, Streitgegenstand und Vollstreckung bei der Unterlassungsklage, FS Schilken, 2015, 719; Teplitzky GRUR 2011, 1091 (1009). Kl. darf eine konkrete Verletzungsform zum Streitgegenstand machen und mehrere unter verschiedenen Aspekten im Wege der kumulativen Klagehäufung zu jeweils getrennten Klagezielen machen, BGH GRUR 2013, 401 Rn. 24. Zum Streitgegenstand bei Zusammentreffen von wettbewerbsrechtlichem und öffentlich-rechtlichem Unterlassungsanspruch BGH GRUR 2020, 755 Rn. 31.

Wettbewerbsrecht: Der Unterschied zum Kennzeichenrecht ist zu beachten, Hbg GRUR-RR 2014, 201 Rn. 13.

11 **3. Mehrheit von Ansprüchen.** Mehrere selbständige Ansprüche sind nach § 5 zusammenzurechnen.

12 **V. Erschleichen der Zuständigkeit.** Der Gläubiger darf einen sachlich-rechtlichen Anspruch grundsätzlich in zwei oder mehr **Teilansprüche** zerlegen. Er darf sie zB nacheinander geltend machen, etwa um das Kostenrisiko gering zu halten. Er darf eine solche Zerlegung aber nicht vornehmen, soweit er nur durch sie das AG sachlich nach § 23 Nr. 1 GVG zuständig machen kann. Wenn er etwa statt einer an sich mögliche Klage auf eine Zahlung von 5200 EUR vor dem LG im Anwaltszwang nun zwei Klagen mit Anträgen auf die Zahlung von je 2600 EUR vor dem AG ohne Anwaltszwang erhebt, handelt es sich grundsätzlich um eine objektive und bereits damit verbotene Erschleichung der Zuständigkeit.

13 Das gilt auch dann, wenn es im bloßen Kosteninteresse geschieht. Dieses findet eben seine Grenze am Gebot der Prozesswirtschaftlichkeit. Eine derartige Anspruchszerlegung ist also grundsätzlich als ein Verstoß gegen Treu und Glauben unstatthaft, KG FamRZ 1989, 1105, AG Ffm VersR 1978, 878.

Bei einem **Verstoß** dieser Art muss das AG beide Klagen in der Ausübung seiner Befugnis wenn möglich nach § 147 verbinden. Sein grundsätzliches pflichtgemäßes Ermessen nach § 147 ist insofern eingeschränkt. Nach der Verbindung erfolgt ein Hinweis nach § 504 und aufgrund eines etwaigen Verweisungsantrags (Hilfsantrags) eine Verweisung nach §§ 506, 281 an das LG. Andernfalls und dann, wenn der Bekl. die jetzt vorhandene Unzuständigkeit rügt, erfolgt evtl. nach einem Hinweis nach § 139 eine Abweisung als unzulässig. Ein weiterer Ansatz, dem zu begegnen, ist die Kürzung der erstattungsfähigen Kosten, → § 91 Rn. 195. 14

Vorbemerkung zu § 3
Wertfestsetzung

Übersicht

I. Systematik. Der Streitwert hat vielfache Bedeutung. Er ist ein Abgrenzungsmerkmal für die sachliche Zuständigkeit, für die Höhe von Kosten und für die Zulässigkeit eines Rechtsmittels. 1

Richtige Wertermittlung entscheidet also unter anderem darüber, vor welches Gericht ein Streit gehört, was er kostet, ob man eine Entscheidung anfechten kann und ob man Prozesskostenhilfe beanspruchen kann. Ein nicht von dem Kläger brauchbar bestimmt bezifferter Anspruch erhält einen gerichtlich bezifferten Wert mithilfe eines zwar pflichtgemäßen, aber doch meist außerordentlich weiten Ermessens. Dieses verengt sich zwar evtl. infolge fester Rechtsprechungsgewohnheiten. Es kann aber selbst dann noch Abwandlungen oder Erweiterungen aus allen möglichen Erwägungen erhalten, die zudem von Gericht zu Gericht schwanken mögen und sich keineswegs stets mit anfechten lassen. Ein wenig begeisternder, aber faktisch unvermeidbarer Zustand mit erheblichen Unberechenbarkeitsrisiken für alle, die evtl. zahlen müssen. 2

Zeitgemäß ist das Streitwertprinzip unverändert, DJT 2014, 106. Die ganz andere Frage, wie hoch man im Einzelfall einen Streitwert anzusetzen hat, ändert nichts an der Brauchbarkeit eines Ausgangspunkts der Kosten in einem Wert. 3

II. Regelungszweck. In allen Fällen dienen §§ 3–9 der Rechtssicherheit wie der nicht nur kostenmäßigen Gerechtigkeit. Sie sollten daher eher streng ausgelegt werden. Indessen zwingen die unendlichen Variationen im Einzelfall oft auch zu einer gewissen Beweglichkeit bei der Auslegung. 4

III. Geltungsbereich. Zunächst → Vor § 1 Rn. 8, ferner → Rn. 49 ff. 5

IV. Wertarten. 1. Zuständigkeitswert (ZustW). Die Wertfestsetzung erfolgt nach §§ 3–9 dann, wenn der Wert eine Bedeutung für die sachliche Zuständigkeit nach §§ 23 ff., 71 GVG oder für die Zulässigkeit eines Rechtsmittels nach §§ 511 ff. hat. Dem ist bei der Ausübung des richterlichen Ermessens Rechnung zu tragen, BVerfG NJW 1996, 1531, BGH FamRZ 2003, 1268. Die Wertfestsetzung ist generell nur die Regelung einer **Vorfrage,** Kblz NJW-RR 2004, 1222 (Hinweisfunktion); Rechtskraftwirkungen gehen alleine von Entscheidungen aus, welche die Zuständigkeit zum Gegenstand haben, oder Entscheidungen, welche die Folgen des § 513 II nach sich ziehen. Zum Beschwerderecht → Rn. 20. 6

2. Kosten-, Gebührenwert (GebW). § 48 I 1 GKG verweist im Zivilprozess auf alle Wertvorschriften auch außerhalb des GKG, die für die Zuständigkeit des Prozessgerichts oder für die Zulässigkeit eines Rechtsmittels maßgeblich sind. Die wesentlichen Vorschriften dieser Art sind in §§ 3–9 sowie im Anh. nach § 3 dargestellt und kommentiert. Die Wertfestsetzung erfolgt nach § 63 GKG, wenn der Wert eine Grundlage für die Berechnung der Gerichtsgebühren und der Anwaltsgebühren bilden soll. §§ 13, 22 ff. RVG nennen den Wert Gegenstandswert. Trotz einer Festsetzung nach § 63 GKG können die Parteien den Wert zB in einem **Prozessvergleich** abweichend vereinbaren. Eine solche Regelung ist dann allerdings nur für die Berechnung und Verrechnung der außergerichtlichen Gebühren verbindlich. Sie gilt nicht für die Gerichtskosten, Hamm AnwBl 1975, 95. 7

Wenn das Gericht den Wert nach §§ 3–9 festgesetzt hat, ist diese Festsetzung nach § 62 S. 1 GKG auch für die Gebührenberechnung maßgeblich, soweit das GKG keine abweichenden Vorschriften enthält. Das gilt mit Ausnahme vor allem eines Miet- oder Pachtanspruchs, eines vertraglichen Unterhaltsanspruchs, einer Stufenklage nach § 254, einer Widerklage, eines Arrests und einer einstweiligen Anordnung oder Verfügung nach §§ 916 ff., 935 ff. ZPO, §§ 47–53 GKG. Das Gericht darf einen Wert nicht so hoch ansetzen, dass keine **Justizgewährung** nach Art. 2 I, 20 III GG mehr möglich wäre, BVerfG NJW 1997, 311 (unzumutbares Kostenrisiko genügt). 8

Bei **Verweisung** eines Rechtsstreits aufgrund des Streitwertes darf der GebW nicht mehr unterhalb der Wertgrenze festgesetzt werden; dem steht die Bindungswirkung der vom verweisenden Gericht erlassenen Entscheidung entgegen, Köln JurBüro 2009, 314; Mü MDR 1988, 973; Toussaint/Toussaint GKG § 62 Rn. 5. 9

3. Beschwerdewert (BeW). Er stimmt nicht notwendigerweise mit dem Kosten- oder Zuständigkeitswert überein, der sich grds. nach dem Klägerinteresse richtet, → § 3 Rn. 4; demgegenüber ist der Wert der Beschwer für den verurteilten Bekl. eigenständig zu ermitteln, BGH ZWE 2020, 396 Rn. 5 = WuM 2020, 453; NZM 1999, 561. Er muss, wenn nicht eine bezifferte Zahlung zu leisten ist, generell eigenständig festgesetzt werden, → Anh. § 3 Rn. 47 „Berufung"; BGH NJW-RR 2004, 638. Es kommt dabei entscheidend nur auf das unmittelbare Rechtsschutzziel an, nicht auf weitere Ziele, BGH ZEV 2019, 706. 10

V. Festsetzung: Auf Antrag oder von Amts wegen. Die Voraussetzungen einer Wertfestsetzung sind davon abhängig, ob die Wertfestsetzung für die Zuständigkeit oder für die Kostenberechnung erfolgen soll. 11

12 Eine Festsetzung für die sachliche Zuständigkeit nach §§ 23 ff. GVG erfolgt regelmäßig nur dann, wenn die Parteien über die Zuständigkeit oder über die Zulässigkeit des Rechtsmittels streiten. Das Gericht darf dann bereits zu Beginn des Rechtsstreits oder in dessen Verlauf durch einen Beschluss nach § 329 entscheiden, der indes noch unverbindlich ist, Karlsr JurBüro 2007, 363. Es muss die Entscheidung über die Zuständigkeit im Urteil nach § 313 oder in einem Verweisungsbeschluss nach § 281 treffen. Das Gericht kann den Zuständigkeitswert aber auch von Amts wegen festsetzen. Das gilt zB dann, wenn seine sachliche Zuständigkeit nach dem Tatsachenvortrag des Klägers fehlt und daher eine Verweisung nach § 281 in Betracht kommt. Demgegenüber erfolgt eine Festsetzung für die Kosten in folgenden Fällen:

13 **Antrag:** Eine Partei, ihr ProzBev oder die Staatskasse können einen Antrag stellen. Das Gericht hat ihn zurückzuweisen, wenn das Rechtsschutzbedürfnis fehlt, BFH BB 1975, 545, wenn zB der Wert eindeutig feststeht, wie bei einer Forderung auf die Zahlung einer bestimmten Geldsumme. Es ist wegen der gleichlaufenden Möglichkeit einer Festsetzung von Amts wegen an Aufträge nicht gebunden, → § 3 Rn. 7.

14 **Von Amts wegen:** Das Gericht kann nach § 63 I 1 GKG vorläufig oder nach § 63 II 1 GKG endgültig auch eine Wertfestsetzung von Amts wegen vornehmen, etwa um Zweifel des Kostenbeamten zu beheben.

15 **VI. Höhere Instanz.** Sowohl bei einer Wertfestsetzung für die Zuständigkeit oder für die Zulässigkeit eines Rechtsmittels als auch bei einer Wertfestsetzung für die Kosten setzt das höhere Gericht den Wert grundsätzlich nach seinem eigenen pflichtgemäßen Ermessen fest, BGH NZG 2018, 110. Beim **BGH** entscheidet der **Einzelrichter,** BGH GSZ NJW 2021, 3191, Anm Hansens AGS 2021, 471 mit Hinweisen zur Bedeutung für § 1 III RVG, § 80 AsylG.

16 Wenn das für die sachliche Zuständigkeit nach §§ 23 ff. GVG geschehen ist, muss das untere Gericht den Wert bei einer etwa zeitlich nachfolgenden gleichartigen Entscheidung mindestens so hoch festsetzen, dass die Zuständigkeitsgrenze und die Grenze des Beschwerdewerts erreicht werden, → Rn. 7. Das höhere Gericht kann den Kostenwert für die untere Instanz bindend festsetzen. Wenn eine solche Festsetzung nicht vorliegt, ist das untere Gericht insoweit frei. Wenn das untere Gericht seine sachliche Zuständigkeit mit Recht oder zu Unrecht bejaht, bindet dies das Beschwerdegericht. Der Wert liegt dann nicht unterhalb jener Grenze, → Rn. 7.

17 **VII. Verfahren.** Der Antrag auf Wertfestsetzung muss grds. keinen bestimmten Betrag nennen, BGH JurBüro 2021, 145. Das Gericht muss die Parteien grds. anhören. Es hat seinen Wertfestsetzungsbeschluss grds. zu begründen, Ffm GRUR 1989, 934; KG NJW 1975, 743. Die Begründung lässt sich im Abhilfe- oder Nichtabhilfebeschluss nach § 572 I nachholen, Ffm GRUR 1989, 934. Die Begründung kann sich aus dem engen Zusammenhang mit einem Verweisungsbeschluss nach § 281 ergeben, Mü MDR 1988, 973.

18 Eine deutliche Abweichung vom Üblichen braucht eine sorgfältige Begründung, BVerfG NJW 2009, 1197. Das Gericht teilt den Beschluss allen Beteiligten grundsätzlich von Amts wegen nach § 329 II 1 formlos mit, also allen, deren Gebührenschuld oder Gebührenanspruch davon abhängt, KG NJW 1975, 743. Bei § 107 II stellt das Gericht den Beschluss allerdings nach § 329 II 2 förmlich zu. Das Gericht kann seine Wertfestsetzung von Amts wegen ändern, sobald die Rechtslage die Änderung verlangt. Das gilt auch dann, wenn die Sache inzwischen beim Rechtsmittelgericht anhängig ist. Eine solche Änderung ist nach § 63 II GKG allerdings nur innerhalb von sechs Monaten seit der formellen Rechtskraft der Entscheidung in der Hauptsache nach §§ 329, 705 oder nach § 63 III GKG seit einer anderweitigen Erledigung des Verfahrens zulässig. Für den Fall der Klagerücknahme beginnt die Frist nach Schlesw JurBüro 2021, 257 mit eben jener.

19 **Gebühren:** Das Verfahren ist nach § 1 I 1 GKG gerichtsgebührenfrei. Der Anwalt erhält nach § 19 I 2 Nr. 14 RVG ebenfalls keine Gebühr.

20 **VIII. Rechtsbehelfe. 1. Zuständigkeitswert.** Wenn das Gericht den Wert nur für die sachliche Zuständigkeit nach §§ 23 ff. GVG festgesetzt hat, ist gegen einen etwaigen bloßen Wertfestsetzungsbeschluss kein Rechtsmittel statthaft. Denn die Wertfestsetzung für die sachliche Zuständigkeit stellt nur eine vorläufige Entscheidung dar, Ddf JurBüro 2008, 596; Karlsr JurBüro 2007, 363; Stgt JurBüro 2007, 145; NJW-RR 2005, 942; → Rn. 6; aA, wenn in dem Beschluss zugleich eine Festsetzung des Gebührenstreitwertes liegt, Brem NJW-RR 1993, 191. Ein Verweisungsbeschluss ist grundsätzlich unanfechtbar. Im Übrigen ist nur die Entscheidung anfechtbar, durch die das Gericht über seine Zuständigkeit entschieden hat, Stgt JurBüro 2007, 145. Das gilt unabhängig davon, ob das in einem Urteil oder in einem Beschluss geschehen ist.

21 Auch § 495a ändert nichts an der grundsätzlichen Unanfechtbarkeit, Köln NZM 2010, 472; aM LG Mü NJW-RR 2002, 425 (da kein Zuständigkeitswert vorliege). Im laufenden Verfahren bietet § 495a S. 2 hinreichenden Schutz; nach Abschluss der Instanz gilt § 511 II Nr. 1.

22 **2. Kosten-, Gebührenwert.** Schneider NJW 2017, 3764.

23 **a) Vorläufige Wertfestsetzung.** Die vorläufige Wertfestsetzung nach § 63 I GKG ist gem. § 68 I 1 GKG grds. nicht mit Rechtsmitteln angreifbar, Ffm MDR 2012, 733 = BeckRS 2012, 7012; Saarbr FamRZ 2012, 472; Jena MDR 2010, 1211; Toussaint/Toussaint GKG § 63 Rn. 22; Schneider NJW 2017, 3764. Das gilt auch insoweit, als zugleich der Zuständigkeitsstreitwert festgesetzt worden ist, Köln JurBüro 2019, 464 (aber: → Rn. 45), oder der Streitwert der Bemessung einer Sicherheitsleistung nach § 110 zugrunde gelegt wird; zu Verfahren und Rechtsschutz → Rn. 27. Eröffnet ist nach § 67 GKG die Beschwerde gegen die Anordnung einer auf die vorläufige Wertfestsetzung aufbauenden **Vorschussanforderung,** für welche der Streitwert inzidenter geprüft wird, BGH NJW-RR 2016, 188; KG NJW-RR 2004, 864 (§ 65 GKG aF). Die jüngere Rspr. der OLG befürwortet z. T. die Zulässigkeit der Beschwerde, wenn die Tätigkeit des Gerichts von der auf die Wertfestsetzung aufbauenden Einzahlung des Vorschusses abhängig gemacht wird, Brem AGS 2022, 92; auch Brdb AGS 2021, 282; Ffm AGS 2019, 289; Köln AGS 2017, 47. Das verdient alleine deshalb Aufmerksamkeit, weil der Umweg über die Vorschussanforderung hierdurch vermieden und das Verfahren beschleunigt wird.

24 Für den **Rechtsanwalt** ist auch die vorläufige Wertfestsetzung nach **§ 32 II RVG** beschwerdefähig, Zweibr NJOZ 2007, 5395; Brem AnwBl 1988, 71 (selbst bei Zuständigkeitstreitwert); Toussaint/Toussaint RVG § 32 Rn. 13; zu befürworten auch die Auslegung einer an sich nicht statthaften Beschwerde als eine solche des Rechtsanwalts in Kblz MDR 2008, 405. Nach der gegenteiligen, wohl noch hM der Rspr, ist die Zulässigkeit zu verneinen, Drsd NJW-RR 2021, 185 (auch nach Anwaltswechsel); Kblz MDR 2014, 560; NJW-RR 2009, 499; Celle NJW-RR 2011, 223; Karlsr FamRZ 2007, 1670; Hamm FamRZ 2005, 1767; VGH Mannh NVwZ-RR 2006, 855. Nach Brem, JurBüro 2021, 43, besteht keine Beschwerdemöglichkeit gegen die Ablehnung eines

Antrags auf Änderung der Streitwertfestsetzung von Amts wegen. All dies ist mit Blick auf die berechtigten Interessen des Rechtsanwalts aus § 9 RVG abzulehnen, ebenso die vermittelnde Ansicht von Zöller/Herget § 3 Rn. 9, der auf einen fälligen Gebührenanspruch abstellen will, da zu wenig praktikabel. Richten sich die Anwaltsgebühren nicht nach § 32 RVG, sondern nach § 33 RVG, bejaht KG 18.8.2020 – 17 WF 1044/20, BeckRS 2020, 20191, mit Recht einen beschwerdefähigen Anspruch auf Wertfestsetzung.

Für die **Gegenvorstellung** gilt § 32 II RVG mit §§ 68 Abs. 1 S. 3, 63 Abs. 3 S. 2 GKG analog, so dass eine sechsmonatige Frist einzuhalten ist, BGH NZFam 2022, 228; AGS 2021, 379 mit der zutreffenden Anm Hansens, wonach auch nicht beim BGH zugelassene Bevollmächtigte dem Streitwert Augenmerk widmen müssen, zumal sie zur Gegenvorstellung berechtigt sind; BGH 24.3.2020 – XI ZR 311/18, BeckRS 2020, 6744; 5.10.2021 – VIII ZB 80/20; 28.1.2020 – VIII ZR 170/18, BeckRS 2020, 1964; NJW 2017, 739. 25

b) Endgültige Wertfestsetzung. Wenn das Gericht den Kostenstreitwert endgültig festgesetzt hat, ist die Beschwerde nach § 68 I GKG statthaft, für den Anwalt nach §§ 32 f. RVG. Auch für die Entscheidung nach **§ 12 III UWG** ist die Statthaftigkeit der Beschwerde zu bejahen, BGH GRUR-RS 2021, 14956 Rn. 13. 26

c) Verfahrensfragen. aa) Allgemeine Verfahrensvoraussetzungen. Die Ablehnung einer Änderung des Streitwertes nach § 63 III GKG ist zutreffender Auffassung nach für sich nicht beschwerdefähig, weil nur eine Entscheidung vAw betreffend; der Antrag ist indes großzügig in eine Beschwerde nach § 68 GKG umzudeuten, Brem JurBüro 2021, 43. Deren Voraussetzungen müssen naturgemäß vorliegen. 27

Erforderlich ist **eigene Beschwer,** sei es einer Partei, des Anwalts aus eigenem Recht nach § 32 II RVG oder der Staatskasse. Im Verhältnis Anwalt/Partei wird dies bisweilen übersehen, was durch Auslegung zu klären ist. Die Umdeutung der eindeutig im Namen der Partei eingelegten Beschwerde in eine solche aus eigenem anwaltlichem Recht nach § 33 III RVG ist nur bei besonderen Anhaltspunkten möglich, OVG NRW RVGRep 2020, 395, Anm Hansens; Kobl JurBüro 2019, 540; nachvollziehbares Vorgehen des Anwalts sollten indes nicht kleinlich angegangen werden, BGH 14.12.2021 – VIII ZR 91/20, BeckRS 2021, 43491 Rn. 2, mAnm Schneider NJW-Spezial 2022, 92; Stg JurBüro 2013, 307. 28

Die Partei ist in jedem Falle beschwert, wenn die Festsetzung zu hoch war, Ffm NJW-RR 2016, 763; war sie zu niedrig, fehlt die Beschwer in aller Regel, KG AGS 2020, 580; Ffm JurBüro 2020, 38. Ausnahmen mögen gelten, wenn sich aus der Herabsetzung für die Partei eine günstigere Kostenbelastung ergibt oder wenn eine Honorarvereinbarung jenseits der Gebührentabelle getroffen worden ist, Ffm WRP 2020, 1087; aA KG AGS 2016, 226; Köln MDR 2012, 185. Generell sollte ein wirtschaftliches Interesse an der Wertänderung ausreichen; formelle Betrachtung ist verfehlt, vgl Zöller/Herget ZPO § 3 Rn. 10. Eine Beschwer kann auch dann vorliegen, wenn die Wertfestsetzung mangels Anfall von wertabhängigen Kosten nicht veranlasst war, Ffm NJW-RR 2020, 1195, oder wenn der von Seiten eines Anwalts genannte Wert festgesetzt worden ist, LAG Schlesw-Holst NZA-RR 2017, 619; denn die Wertangabe ist angesichts der Festsetzung vAw unverbindlich. Ihre **Sachdienlichkeit** unterliegt keiner Prüfung durch das Gericht, BVerfG NJW 2021, 52. 29

Die bedürftige Partei im **PKH-Verfahren** ist für die Herabsetzung des Wertes beschwerdebefugt, solange die Bewilligung noch aufgehoben werden kann, OVG Bautzen NJW 2021, 3068 (LS), für generelle Geltung Anm Schneider NZFam 2021, 984. 30

Die **Beschwerdefrist** ist in §§ 68 I 3, 63 III 2 GKG geregelt. Sie beläuft sich bei Beendigung durch eine Entscheidung in der Hauptsache auf 6 Monate nach deren Rechtskraft. Für den Fall der **Klagerücknahme** beginnt die Frist nach Schlesw JurBüro 2021, 257 mit eben jener. Bei **Erledigung** nach **§ 91a** beginnt sie mit Eingang der letzten Erklärung, Brdb FamRZ 2007, 1999; VGH Mü AGS 2021, 281 = NJW-Spezial 2021, 381; AGS 2020, 579 = NJW-Spezial 2020, 764 mAnm Schneider; Hartmann/Toussaint/Toussaint GKG § 63 Rn. 83; § 68 GKG Rn. 17. Die erfolglose **Gehörsrüge** gem. § 78a ArbGG steht dem Fristlauf nach BAG NJW 2021, 2757 nicht entgegen. 31

Die **Beschwerdesumme** muss nach § 567 II, § 68 I 1 GKG 200 EUR übersteigen. Dieser Betrag errechnet sich nach dem Unterschiedsbetrag der Gebühren, dh für die Staatskasse muss der Streitwert zu niedrig sein, für die Anwaltsseite nach § 32 II RVG zu niedrig, für eine Partei zu hoch, KG NJW-RR 2018, 1277; Zweibr JurBüro 2015, 580; bei fehlender Beschwer fehlt die Zulässigkeit, Karlsr NJW-RR 2009, 1366. Bei den Anwaltsgebühren ist auf die gesetzliche Vergütung nach § 91 abzustellen, da nur diese notwendig und damit erstattungsfähig ist; Honorarvereinbarungen sind als solche unerheblich, können aber für die Beschwer von Bedeutung sein, s.o.; vgl. auch → § 91 Rn. 163. In der PKH kommt es ebenfalls auf die gesetzlichen Gebühren an, weil sie im Obsiegensfall zu erstatten sind, § 123; aA Rostock MDR 2011, 1260. Einzelheiten bei Toussaint/Toussaint GKG § 68 Rn. 1 ff. 32

Eine **einvernehmliche Wertfestsetzung** steht der Zulässigkeit der Beschwerde auch bei anwaltlicher Vertretung nicht entgegen, Ffm NJW 2013, 3381. 33

Die andere Partei ist im Beschwerdeverfahren kein Gegner, selbst wenn sie widerspricht, VGH Kassel AnwBl 1984, 49. Denn es handelt sich nicht um einen Parteienstreit, sondern um eine Festsetzung zum Zweck der Berechnung der Gerichts- und Anwaltskosten. Dennoch ist rechtliches **Gehör** zu gewähren, soweit wegen einer Kostenbelastung die Interessen eines anderen Verfahrensbeteiligten berührt sind. 34

Das Beschwerdeverfahren kann auch dann noch weiterlaufen, wenn das Urteil in der Sache selbst bereits nach § 705 formell rechtskräftig ist. 35

Das Gericht ist unabhängig vom Antrag berechtigt, die Entscheidung auch **vAw** abzuändern, aA LAG Nürnb NZA-RR 2021, 265 mzustAnm Schneider in AGS 2021, 280 aus Sorge vor einer Abänderung nach unten. Dennoch ist die Abänderung zulässig, weil insoweit auch bei der Erstfestsetzung der Antragsgrundsatz nicht gilt. Maßgeblich ist das richtige Ergebnis. Dieses kann im Beschwerdeverfahren nicht verfehlt werden, weil das Gericht der ersten Instanz den Wert fehlerhaft festgesetzt hat, wenn es selbst ebenfalls nicht an den Antrag gebunden war, vgl. auch → Rn. 45. 36

bb) Entscheidung des LG als Berufungsgericht. Eine Wertfestsetzung des **LG als Berufungsgericht** kann, mag auch der Wortlaut des Gesetzes diesen Instanzenzug nicht vorsehen, nach zutreffender hM zur Gewährleistung effektiven Rechtsschutzes auch dann mit der Beschwerde an das OLG angefochten werden, wenn der Instanzenzug beim LG endet, Hamm NJW-RR 2016, 1343 mit ausführlicher Darstellung des Meinungsstandes. Der **BGH,** der nach § 66 III S. 2 GKG, § 542 I ZPO alleine das „nächsthöhere Gericht" sein könnte, ist nach S. 3 nicht Beschwerdegericht, BGH NJW-RR 2008, 151; die Zuständigkeit des OLG schließt damit eine Gesetzeslücke. Das OLG kann zugleich vAw die Wertfestsetzung des Gerichts der ersten Instanz abändern, 37

OLGRep Celle 2009, 834. Wird dennoch Beschwerde an den BGH eingelegt, gilt **§ 68 III 1 GKG** nicht, BGH NJW 2014, 1597, wie generell bei unstatthaften Beschwerden, BGH NZBau 2003, 36, nicht aber bei bloß unzulässigen, Ffm NJW-RR 2012, 1022; aA Celle NJOZ 2011, 653. Gegen eine Wertfestsetzung des **OLG** ist keine Beschwerde eröffnet, Brem NJW-RR 2018, 1472.

38 **cc) Keine Beschwerde an den BGH.** Gemäß § 68 I 5, § 66 III 3 GKG ist eine **Beschwerde an den BGH** nicht eröffnet. Eine aufgrund fehlerhafter Rechtsmittelbelehrung eingelegte Rechtsbeschwerde wird in eine weitere Beschwerde umgedeutet; die Sache wird an das insoweit zuständige Gericht abgegeben, BGH 19.1.2021 – II ZB 31/20, BeckRS 2021, 1595; NJW 2018, 1606 Rn. 11; NJW-RR 2009, 424 Rn. 15; → Rn. 41.

39 **dd) Umfang der Sachprüfung.** Die Sache ist umfassend zu prüfen; das Ermessen des Ausgangsgerichts geht auf das Beschwerdegericht über. Der Einwand, Gründe würden erkennbar nur auf Wunsch des Rechtsschutzversicherers vorgebracht, ist unerheblich, LAG Schlesw-Holst NZA-RR 2017, 619. Einem **Nachschieben von Gründen** wird Skepsis entgegengebracht, vgl. OVG Lünebg NVwZ-RR 2015, 440. Das ist in rein tatsächlicher Hinsicht zu billigen, im Interesse richtiger Wertfestsetzung aber nicht als förmlicher Ausschluss von Vorbringen zu handhaben, auch → Rn. 45. Ursprünglich falsche Schätzungen können nach Hamm NJW-RR 2022, 144 noch korrigiert werden.

40 Das Verbot der **reformatio in peius** gilt nicht, weil ohnehin vAw abgeändert werden könnte, Saarbr NZG 2013, 341; Celle JurBüro 2010, 88; Ddf MDR 2009, 1187; Prütting/Gehrlein/Beumers ZPO § 3 Rn. 26. Das Ausgangsgericht hat nach §§ 66 III 1, 68 II 7 GKG die Pflicht zur **Abhilfe;** geschieht dies normwidrig nicht, kann das Beschwerdegericht sofort entscheiden, BGH NJW-RR 2017, 707 Rn. 10; Köln NZG 2021, 469 Rn. 8.

41 **ee) Weitere Beschwerde.** Eine **weitere Beschwerde** ist unter den Voraussetzungen des § 68 I 6 GKG zulässig, dh sie geht, wenn das LG als Beschwerdegericht entschieden hat, an das OLG; sie bedarf der Zulassung durch das LG, Ddf JurBüro 2010, 426; Toussaint/Toussaint GKG § 68 Rn. 32. Im Beschwerdeverfahren ergeht eine Kostenentscheidung nach § 97 I nur dann, wenn das Gericht die Beschwerde zurückweist. Wenn die Beschwerde nämlich Erfolg hat, fehlt ein Gegner. Daher ist dann § 91 nicht anwendbar.

42 **ff) Kosten.** Im Beschwerdeverfahren nach § 68 III 1 GKG entsteht **keine Gerichtsgebühr.** Vgl. im Übrigen KV 1811 GKG. Sonstige Kosten trägt grds. die Staatskasse. Einer Wertfestsetzung bedarf es insoweit nicht. Für die anwaltlichen Gebühren ist auf die in Rede stehenden Kosten abzustellen, nicht auf die notwendigen, weil diese erst im Festsetzungsverfahren ermittelt werden, Mü NJW-RR 2020, 760. Näher zum Streitwert der Beschwerde → Anh. § 3 Rn. 104.

43 Vorwerfbar verursachte Kosten namentlich einer **Beweisaufnahme** durch Sachverständigengutachten sowie Kosten einer unbegründeten Beschwerde können nach § 64 S. 2 GKG der Partei auferlegt werden, Zöller/Herget ZPO § 3 Rn. 16; Toussaint/Toussaint § 64 GKG Rn. 16. In dem Zusammenhang wird in der Lit. VGH Mannheim, NVwZ-RR 1991, 670 (noch zu § 26 GKG aF) als vermeintlich aA für eine allgemeine Geltung des Verursachungsprinzips zitiert, → Vor § 91 Rn. 2; die Entscheidung bezieht sich indes auf die Kosten einer unbegründeten Beschwerde, was auch nach § 97 I zutrifft. Nur iÜ muss das Verschuldensprinzip gelten, weil andernfalls das obj. Interesse der Staatskasse an der Wertfestsetzung unberücksichtigt bliebe. In Fortsetzung des § 32 II RVG kann auch ein Anwalt mit Kosten belastet werden.

44 **gg) Rechtsbehelfsbelehrung.** Die Belehrung muss gerade für einen Laien verständlich sein, VGH Mannheim JurBüro 2021, 151.

45 **d) Abänderung von Amts wegen.** Es ist eine von übertriebener Förmlichkeit freie Denkweise angezeigt. Eine Abänderung vAw ist im Interesse der sachlichen Richtigkeit und praxisorientierter Vorgehensweise daher auch bei an sich statthafter, aber **unzulässiger Beschwerde** grds. zulässig, jedenfalls solange sie bei zulässigem Rechtsmittel in der Hauptsache durch das Rechtsmittelgericht vorgenommen werden könnte, Celle JurBüro 2010, 88 (fehlende Beschwer). Zum Teil wird auch für den Fall des statthaften, aber unzulässigen Rechtsmittels in der Hauptsache die Abänderungsbefugnis angenommen, OVG Hamb NVwZ-RR 2014, 704; OVG Lüneburg NVwZ-RR 2010, 904 Rn. 5; LAG Ddf JurBüro 2017, 311. Grds. ablehnend Braunschw NJW 2022, 1892 (mit eingehender Begründung); Köln JurBüro 2019, 464; OVG Hamburg NVwZ-RR 2010, 501 Rn. 14; Zöller/*Herget* § 3 Rn. 16.1. Vorrang hat in jedem Fall das richtige Ergebnis, solange nicht der Mangel der Zulässigkeit zum Zweifel daran führt, ob die berechtigte Partei dieses wirklich anstrebt. Nicht zulässig erscheint es, die Abänderung abzulehnen, wenn das Gericht sie ohne Rücksicht auf die unzulässige Beschwerde in anderem Zusammenhang hätte vornehmen müssen. Auch → Rn. 13.

46 Zum **Einfluss** einer Streitwertberichtigung auf die **Kostengrundentscheidung** → Vor § 91 Rn. 58

47 **3. Rechtsmittelwert.** Das Gericht muss ihn nachvollziehbar begründen, BGH NJW-RR 2014, 124. Im Übrigen obliegt dem Gericht der höheren Instanz die eigenständige Nachprüfung, näher → Anh. § 3 Rn. 47 „Berufung"; → Anh. § 3 Rn. 85 „Nichtzulassungsbeschwerde". **Bewertungsgrundlage** ist nur der unmittelbare Gegenstand der angefochtenen Entscheidung, nicht sonstige Umstände, BGH AGS 2020, 479. Wenn das Berufungsgericht den Wert zB zur Vorbereitung eines Verwerfungsbeschlusses nach § 522 I 3 festgesetzt hat, um darauf hinzuweisen, dass die Berufungssumme des § 511 II Nr. 1 nicht vorliege, ist eine Beschwerde nicht statthaft, nur die Stellungnahme zum Hinweis.

48 Gegen eine Wertfestsetzung des BGH ist in der Frist des § 68 I 3 GKG, § 63 III 2 GKG (analog) die **Gegenvorstellung** zulässig, → Vor § 3 Rn. 25.

49 **IX. Arbeitsgerichtsverfahren.** Brinkmann JurBüro 2010, 177 (Grdz.). In diesem Verfahren erfolgt die Wertfestsetzung nach § 61 I ArbGG im Urteil, und zwar entweder im Tenor nach § 313 I 4 oder in den Entscheidungsgründen nach § 313 III. Dieser Urteilsstreitwert ist für die Wertgrenze von 600 EUR grundsätzlich unanfechtbar und bindend, es sei denn, er sei offensichtlich unrichtig, BAG NZA 2019, 1013 Rn. 22; MDR 2017, 1007 = NJOZ 2017, 1528 Rn. 16. Gleiches gilt, wenn der Wert der Beschwer für den Berufungsführer nicht bereits aus dem Urteil folgt, sondern eigenständig zu ermitteln ist, insbesondere wenn der verurteilte Bekl. sich gegen eine Beschwer wendet, die sich nicht aus dem Interesse des Kl. ergibt, zB bei Verurteilung zur Auskunft, BAG NZA 1994, 1054. Unabhängig davon kann das ArbG den Kostenstreitwert gesondert festsetzen. Der Gebührenstreitwert richtet sich nicht nach dem zuletzt gestellten Antrag, sondern nach dem höchsten Wert der Instanz, der eine Gebühr ausgelöst hat. Das mit der Hauptsache befasste Rechtsmittelgericht kann die

Streitwertfestsetzung nach § 63 III 1 GKG von Amts wegen oder aufgrund eines Antrags ändern. Es kann für das Rechtsmittelverfahren einen eigenen Kostenstreitwert festsetzen.

Gegen die mit dem Urteil verbundene Wertfestsetzung findet nach § 68 GKG unabhängig von einem etwaigen Rechtsmittel in der Hauptsache die Beschwerde statt, BAG NZA 2018, 887. Gegen die Streitwertfestsetzung durch das LAG ist die Gegenvorstellung zulässig. Das LAG kann den Urteilsstreitwert durch einen Beschluss berichtigen. Wenn das Urteil keine Wertfestsetzung enthält, sind §§ 319, 321 anwendbar. 50

X. Finanzgerichtsverfahren. Das GKG gilt hier nach § 1 II Nr. 2; gegen die Wertfestsetzung des Gerichts ist Beschwerde nach § 68 GKG statthaft. 51

XI. Baulandsache. In diesem Verfahren entscheidet über eine Streitwertbeschwerde der Zivilsenat des OLG in der Besetzung mit drei Berufsrichtern. 52

XII. FamFG-Verfahren. Hierzu: Enders FPR 2012, 273, Rieck/Lange NJW 2009, 3335, Schneider NZFam 2014, 211. Die Wertfestsetzung in Familiensachen der §§ 111, 112 FamFG erfolgt nach §§ 53 ff. FamGKG, Toussaint/Zivier FamGKG §§ 53 ff. Wertvorschriften enthalten §§ 33–52 FamGKG. Die Beschwerde gegen die Wertfestsetzung richtet sich nach § 59 FamGKG. Im Bereich des § 113 I 2 FamFG gelten im Übrigen, also hilfsweise, §§ 3 ff. ZPO. 53

In den Nicht-Familiensachen des FamFG gelten wie bisher das GKG oder das GNotKG, Toussaint/Toussaint Kostenrecht; Bormann/Diehn/Sommerfeldt GNotKG. 54

3 ***Wertfestsetzung nach freiem Ermessen.*** **Der Wert wird von dem Gericht nach freiem Ermessen festgesetzt; es kann eine beantragte Beweisaufnahme sowie von Amts wegen die Einnahme des Augenscheins und die Begutachtung durch Sachverständige anordnen.**

Schrifttum: Finke, Streitwerttabelle, 8. Aufl. 2014; Schneider/Herget, Streitwert-Kommentar für Zivilprozess und FamFG-Verfahren, 14. Aufl. 2016.

I. Systematik. Zunächst → Vor § 3 Rn. 1 ff. Wenn speziellere Regelungen – wie insbesondere §§ 4–9 oder §§ 39 ff., 48 ff. GKG – nicht einschlägig sind, kommt § 3 als Auffangnorm für die Wertberechnung zu Anwendung, MüKoZPO/Wöstmann Rn. 1 („lex generalis"); Musielak/Voit/Heinrich Rn. 2, Thomas/Putzo/Hüßtege Rn. 1. Das gilt iÜ nur, soweit nicht der Streitgegenstand, der Beschwerdegegenstand, die Beschwer oder die Verurteilung schon in einer bestimmten Geldsumme bestehen. Die Zahlungsklage ist nicht speziell geregelt; sie unterfällt mit Selbstverständlichkeit § 3, bedarf aber auch keiner besonderen gesetzlichen Vorgaben, weil der Nennwert den Streitwert vorgibt, → Rn. 15. 1

II. Regelungszweck. Die Regelung stellt eine Vereinfachung dar und dient auf diesem Wege der Verfahrensbeschleunigung. Dem Gericht steht bei der Bewertung ein weiter Spielraum zur Verfügung. Die Grenzen liegen darin, dass es nur um einen **Beurteilungsspielraum** geht, MüKoZPO/Wöstmann Rn. 3, der im pflichtgemäßen Ermessen des Gerichts liegt, BGH NJW-RR 2001, 569; Prütting/Gehrlein/Beumers Rn. 1. 2

III. Geltungsbereich. → Vor § 3 Rn. 5. Wegen des FamFG-Verfahrens zunächst → Vor § 3 Rn. 53 f. 3

IV. Ermessen. 1. Entscheidungsrahmen. a) Notwendigkeit einer Wertfestsetzung. Der Ausdruck „freies Ermessen" in § 3 befreit das Gericht nicht von der Pflicht, sich über die Notwendigkeit einer Entscheidung Klarheit zu verschaffen und bei der Wertfestsetzung den richtigen Wert zu ermitteln. Das Gericht hat zunächst einen Handlungsspielraum, wenn es darum geht, ob es überhaupt eine Wertfestsetzung vornehmen will. Wenn es sich zu einer Wertfestsetzung entschließt oder dazu verpflichtet ist, muss es ein **pflichtgemäßes Ermessen** ausüben, das in der Revision darauf überprüft wird, ob es fehlerfrei, dh ohne Missachtung von Tatsachen, der Hinweispflicht oder sonst unter Verletzung des Rechts auf Gehör ausgeübt worden ist, BGH NJW-RR 2018, 1421; NJW-RR 2010, 1081. Überprüfbar ist auch eine Verletzung des Rechts auf **Gehör** bzw. der Hinweispflicht, BGH NJW-RR 2003, 1156; → Rn. 2. Die zweite Tatsachen- oder die Beschwerdeinstanz sind in der Ausübung ihres Ermessens an den Standpunkt des Ausgangsgerichts nicht gebunden. 4

Hat das Ausgangsgericht die erforderliche Schätzung nicht vorgenommen, kann sie auch durch den BGH nachgeholt werden, wenn die tatsächlichen Feststellungen hierfür ausreichen, BGH NJW-RR 2018, 1421 Rn. 8; NJW-RR 2012, 1103 Rn. 17. 5

Das Gericht kann die Wertfestsetzung in der Dezernatsroutine vornehmen, wann immer es zweckmäßig erscheint. Eine **Notwendigkeit** besteht demgegenüber nur bei besonderem Anlass. Dieser kann sich zur Klärung der Zuständigkeit oder Zulässigkeit sowie bei berechtigten Gebühreninteressen der Anwälte ergeben; **Anträge** sind Anlass zur Betätigung des Ermessens, sie sind indes nicht alleine maßgeblich, BGH NJW-RR 2017, 640. 6

b) Entscheidungsgrundlagen. aa) Tatsächliche Ausgangslage. Die Parteien sollen nach § 61 S. 1 GKG, § 253 III Nr. 2 ZPO den Wert bei jedem Antrag angeben, der nicht auf die Zahlung einer bestimmten Geldsumme hinausläuft oder dessen Wert sich nicht aus früheren Anträgen ergibt. Das verweist auf die tragende Grundlage der Wertfestsetzung im Parteivortrag. 7

Anträge der Parteien sind weder Voraussetzung noch zwingender Anlass der Wertfestsetzung; sie sind im Rahmen des Ermessens mit zu berücksichtigen. Tatsächliche **Angaben der Parteien** sind, selbst wenn sie unstreitig bleiben oder gar auf einer Einigung der Parteien beruhen, nicht bindend, sie stellen indes ein wichtiges **Indiz** dar und eignen sich daher im Normalfall als Grundlage der Bewertung, BGH BeckRS 2004, 11571; FamRZ 1991, 547; Rostock NJW-RR 2022, 504. Einverständnis einer Partei kann als Anregung betrachtet werden, es enthält idR keinen Rechtsmittelverzicht, Karlsr JurBüro 2010, 200. Gerade wegen der vielfach üblichen Honorarvereinbarungen, → § 91 Rn. 163, ist die Wertfestsetzung oft nur noch Instrument für die Einsparung von Gerichtskosten und für die Abwälzung von Kosten auf den unterlegenen Gegner; das erfordert generell einen kritischen Blick der Gerichts und eine sorgfältige Aufklärung, BGH NZM 2018, 995; Ffm NJOZ 2019, 960; Ddf NJW 2011, 2979; Hamb OLGReport Celle 2007, 425. Manipulation kann Betrugsversuch sein, Brand/Brand AnwBl 2013, 85. **Skepsis** ist in tatsächlicher Hinsicht insbesondere dann angezeigt, wenn nach Abschluss des Rechtsstreits durch Einflussnahme auf die Wertfestsetzung die eigene Kostenbelastung reduziert werden soll. 8

9 Auch Tatsachen, die erst nach dem Schluss der mündlichen Verhandlung bekannt werden, sind zu berücksichtigen, wenn sie zu dem für die Bewertung maßgeblichen Zeitpunkt vorlagen, Saarbr JurBüro 1998, 363; denn das Bewertungsverfahren, → Vor § 3 Rn. 17, ist vom Hauptsacheverfahren unabhängig.

10 **bb) Rechtliche Voraussetzungen.** Maßgebend sind zunächst gesetzliche Sonderregeln, mithin die §§ 6 bis 9. Für den Gebührenstreitwert treten §§ 39 ff. GKG und §§ 22 ff. RVG als Spezialregelungen hinzu, eingehend Toussaint, Kostenrecht; iÜ Anh § 3. Soweit besondere Regelungen fehlen, hat § 3 die Funktion der Auffangnorm. Von der Notwendigkeit, den vollen Streitwert festzusetzen, gelten **Ausnahmen** zB bei §§ 12 UWG, 144 PatG, §§ 85 II 3, 142 MarkenG, §§ 247, 249 I, 256 VII, 275 IV AktG.

11 Auch bei Geltung alleine des § 3 haben die übrigen Wertvorschriften Leitbildfunktion. Daraus und aus dem Zweck der Norm lassen sich wesentliche Rechtsgrundsätze der Bewertung herleiten.

12 Ausgangspunkt ist das **Angreiferinteresse,** dh bei der Klage dasjenige der Klägerseite, bei einem Rechtsmittel dasjenige des Rechtsmittelführers, BGH NJW 2002, 3477; NJW 1995, 664 mit NJW-RR 1994, 1145 (1150); NJW 1973, 654; Ddf OLGRep Hamm 2005, 651. Die Belange der Gegenseite haben für die Bewertung selbst keine Bedeutung, BGH NJW-RR 2005, 367; NJW-RR 2004, 714; KG ZMR 1993, 346. Nur in tatsächlicher Hinsicht muss das Gericht die Ausführungen des Bekl. mitberücksichtigen, um die Eigenart und die wirtschaftliche Bedeutung der Klage richtig zu erkennen. Im Einzelfall kann die Orientierung am Angreiferinteresse höherrangigen Gesichtspunkten weichen, NJW-RR 1994, 1145 (1150), so zB in den Fällen des § 7. Auch die vom BVerfG und Teilen der fachgerichtlichen Rspr. befürwortete restriktive Auslegung des § 6, → § 6 Rn. 3, stellt eine Abkehr von diesem Grundsatz dar.

13 Maßgeblich ist der eigentliche, eng zu fassende **Gegenstand des Streites,** bei Teilbegehren mithin nur der betr. Teil, BGH WuM 2007, 395; MDR 1998, 179, Anm Schneider, bei Klage auf Zahlung von Zinsen lediglich deren Wert, → Anh. § 3 Rn. 142, nicht auch der Wert der Hauptforderung. Generalpräventive Erwägungen sind unerheblich, Celle MDR 2012, 727; Ffm GRUR 2005, 184. Der prozessuale Aufhänger, etwa in Gestalt einer Leistungs-, einer Feststellungs- oder einer Vollstreckungsabwehrklage, ist ohne Bedeutung, BGH NJW-RR 2006, 1146. Auf weitergehende wirtschaftliche Interessen kommt es nicht an, BGH BeckRS 2012, 2216; NJ 2001, 373; Karlsr VuR 2016, 23; Ffm GRUR 2005, 184, ebenso wenig auf die Gegenleistung, BGH NJW 1982, 1048; → Anh. § 3 Rn. 142 „Zug-um-Zug".

14 Den Parteien ist vor der abschließenden Wertfestsetzung **rechtliches Gehör** zu gewähren, BVerfG NVwZ-RR 2017, 81 (insbes. bei Neufestsetzung). Für die vorläufige Festsetzung reicht es aus, dass dies auf Einwände hin nachgeholt werden kann.

15 **cc) Bewertungsgrundsätze.** Gerichtskosten und Streitwert dürfen nicht so unangemessen hoch festgesetzt werden, dass es dem Bürger praktisch unmöglich gemacht wird, das Gericht anzurufen, dh die Festsetzung darf nicht zur Beseitigung des **Justizgewährungsanspruchs** führen, BVerfG NJW-RR 2000, 946; NJW 1997, 311. Zugunsten der ProzBev. ist andererseits auch Art. 12 I GG im Sinne einer angemessenen **Vergütung** mit zu berücksichtigen, BVerfG AnwBl 2007, 380; Brdb MDR 2010, 39. Diese Erwägungen überlagern die nachfolgenden Lösungsansätze.

16 Ziel ist es, das wahre Interesse zu erfassen. Für Zahlungsansprüche und alle sonstigen, in einem Geldbetrag festzusetzenden Werte gilt das auch § 6 zu entnehmende **Nennwertprinzip,** ohne Rücksicht auf die Werthaltigkeit, BGH NJW-RR 2017, 847; NJW-RR 1988, 444; LAG Hamm MDR 1991, 1203. Auf die evtl. unzulängliche Begründung des Zahlungsantrags kommt es nicht an, Ffm JurBüro 2017, 587 (Schmerzensgeld). Anderes kann gelten, wenn die Feststellung einer Forderung gerade mit Blick auf ihren Wert verlangt wird, BGH NJW 2009, 920 zu § 184 InsO, → Anh. § 3 Rn. 72 „(Feststellung zur Tabelle)". Bei Fantasieforderungen ist eine Herabsetzung zu erwägen, Drsd JurBüro 2004, 141; → Anh. § 3 Rn. 55. Übertriebene Einschätzungen sind nach unten zu korrigieren, BGH MDR 2012, 875.

17 Verallgemeinernd lässt sich hieraus ableiten, dass in den anderen Fällen generell der objektive **Verkehrswert** bzw. das objektive wirtschaftliche Interesse die Bemessungsgrundlage darstellt, BGH MDR 2001, 292; Stgt JurBüro 2007, 144. Damit einher geht das Gebot, das hinter der Klage stehende wirtschaftliche Interesse möglichst richtig zu erfassen, KG NJW 2018, 3466; Saarbr OLGRep Frankfurt 2008, 703. Unerheblich ist daher ein bloßer **Liebhaberwert** oder der Wert nur für den Kläger. Es kommt also nicht nur auf die wirtschaftliche Bedeutung an, die gerade der Kläger seinem Antrag beimisst, BGH WM 1997, 643; FamRZ 1991, 547; Karlsr MDR 2012, 1493; Hbg OLGReport Celle 2007, 425; Saarbr OLGR 2008, 703.

18 **2. Umfang der Sachverhaltsprüfung.** Das Gericht entscheidet in Bewertungsfragen nach dem klaren Wortlaut der Norm grds. aufgrund freier Schätzung. Es braucht keinen Beweis zu erheben, Mü NJW-RR 1992, 1471. Das ergibt sich aus dem Wort „kann" im Gesetzestext. In Zweifelsfällen ist vorrangig eine Glaubhaftmachung nach § 294 zu verlangen, wobei deren Fehlen trotz Aufforderung in die Erwägungen mit einbezogen werden kann, BGH NJW-RR 2001, 569. Auch bei fehlender Glaubhaftmachung muss das Gericht grds. schätzen, für ein Gutachten vAw ist auch insoweit kein Raum, BGH NJW-RR 1998, 573. Die Begutachtung durch Sachverständige ist in der Praxis eine ungewöhnlich seltene Ausnahme.

19 Eine **pauschalierende** Betrachtung kann im Einzelfall tragfähig sein, LSG Schlesw JurBüro 2008, 425. Man kann hilfsweise § 52 II GKG entsprechend anwenden, Brschw JurBüro 1977, 403.

20 **3. Entscheidung.** Der Wert ist generell betragsmäßig und in Euro festzusetzen, da die Gebührentabellen zum GKG und RVG hierauf aufbauen. Eine Festsetzung auf den „Mindestwert" ist vertretbar, aber nicht vorzugswürdig. Gründe sind aus gegebenem Anlass geboten, insbes. wenn die Bewertungsgrundlagen erläuterungsbedürftig sind. Die Entscheidung muss in jedem Fall eine nachvollziehbare Grundlage haben, BVerfG NJW 2009, 1197.

21 Soweit der GebW festgesetzt wird, muss der Bedeutung der Wertfestsetzung für die Kostenentscheidung und die (degressive) Gebührenermittlung nach GKG und RVG Rechnung getragen werden; vgl. etwa → § 92 Rn. 14. Ggf. sind also Einzel- und Gesamtwerte festzusetzen. Die Festsetzung nach Zeitabschnitten ist nur geboten, wenn sie in diesem Rahmen erforderlich ist, vgl. etwa → Anh. § 3 Rn. 21.

22 Zu **Rechtsbehelfen** → Vor § 3 Rn. 20.

Anhang zu § 3
Wertschlüssel

Bei Erforderlichkeit wird zwischen **GebW** (Gebührenstreitwert), **ZustW** (Zuständigkeitsstreitwert) und **BeW** (Wert der Beschwer, Rechtsmittelstreitwert) unterschieden. 1

Abänderungsklage: Maßgeblich sind § 9 ZPO, § 42 GKG, § 51 FamGKG, Nürnb FamRZ 2009, 1620, und zwar die Differenz zwischen dem abzuändernden Vollstreckungstitel und dem jetzt geforderten Betrag, Hbg FamRZ 1982, 322. Bei vertraglichem Unterhalt gilt § 9 ZPO. Rückstände sind nach § 42 III 1 GKG, § 51 II 1 FamGKG zu addieren, Nürnb FamRZ 2009, 1620, nicht aber Mehrleistungen, die in den Abänderungszeitraum fallen, Köln FamRZ 2011, 756. Werte von Klage und Widerklage sind zu addieren, soweit verschiedene Streitgegenstände vorliegen, Hamm JurBüro 1981, 737, namentlich bei gegenläufigen Zielen, Mü FamRZ 2007, 750. Anspruch auf Rückzahlung wegen Überzahlung erhöht den Wert nicht, Köln FamRZ 2010, 1933. Eine Erschwerung der Durchsetzbarkeit ist mit beachtbar, BGH NJW-RR 2012, 1087. 2

Abberufung: → Rn. 62 „Gesellschaft".

Abfindungsbilanz: → Rn. 93 „Rechnungslegung".

Abfindungsvergleich: Maßgeblich ist der Vergleichsgegenstand, „worüber, nicht worauf", Ddf NJW-RR 2008, 1697; JurBüro 1992, 51; Stgt JurBüro 2009, 596, Karlsr JurBüro 2015, 191, aM Ffm Rpfleger 1980, 239 (die Abfindung selbst), nicht maßgeblich nur sprachlich einbezogene, in Wahrheit vorher geklärte Punkte, Schlesw SchlH 1980, 23. IÜ → Rn. 127 „Vergleich".

Abgesonderte Befriedigung → Rn. 73 „Insolvenzverfahren".

Ablehnung Richter, Bedeutung für RVG-GebW und BeW, Schneider MDR 2001, 132 (Grdz.). Vorrangig ist zu prüfen, zu welchem Zweck eine Wertfestsetzung geboten ist, vgl. KV Anl GKG 1812; für Anwalt: § 19 I 2 Nr. 3 RVG, VV 3403, 3500 RVG. 3

Grundsätzlich ist nach hM der Wert der jeweiligen Hauptsache maßgeblich, BVerfG NJW-RR 2017, 832 (von Verfassungs wegen vertretbar); BGH AGS 2010, 541, Anm Hansens RVGReport 2009, 477; Ffm JurBüro 2017, 364; NJW-RR 2007, 776 (BeW); Hamm BeckRS 2015, 16115; Brem MDR 2011, 1134; Ddf MDR 2008, 1060; Kblz NJW-RR 1998, 1222, es sei denn, dass die Befangenheit nach § 42 nur wegen eines einzelnen Anspruchs oder **Bruchteils** des Streitgegenstands besteht, BGH NJW 1968, 796; BayObLG WuM 1997, 70 (WEG); Brdb NJW-RR 2000, 1092; Ffm JurBüro 2017, 364; 2006, 370; aM Kblz Rpfleger 1988, 508 (je abgelehnten Richter 10 % des Werts der Hauptsache; Einfluss dieses Ansatzes offen lassend Brem MDR 2011, 1134), Ffm MDR 2007, 1399 (im Beschwerdeverfahren 25 % der Hauptsache); LAG Köln AnwBl 1996, 644; VGH Kassel JurBüro 1993, 108 (33,3 bis 10 % der Hauptsache); im Verfahren nach § 765a für Ansatz von 50 %: BGH AGS 2010, 541.

Manche halten eine Bewertung nach § 48 II GKG für richtig, da es sich um eine nichtvermögensrechtliche Sache handle, Kblz JurBüro 1980, 1509, Köln Rpfleger 1987, 166, Nürnb MDR 1983, 846. Andere wenden § 48 II GKG auch in einer vermögensrechtlichen Sache an, Köln Rpfleger 1987, 166. Zu folgen ist der hM, da anders als beim Sv der gesamte Streit berührt ist. Für Schiedsrichter entspr. Hamm MDR 1978, 582. Bei Ablehnung im Insolvenzverfahren Quote beachten, BayObLG NJW 1989, 44; näher s. dort. Auch → Rn. 4 „Ablehnung Schiedsrichter".

Ablehnung Sachverständige: Nach § 3 idR Bruchteil der Hauptsache, BGH AGS 2004, 159; Nürnb JurBüro 2021, 593 ($^1/_3$, gerechnet von dem Teil des Streitgegenstands, auf den die Begutachtung sich bezieht); Drsd BeckRS 2020, 12052 ($^1/_3$); JurBüro 1998, 318 (bei § 485: 10 %); Bbg BauR 2000, 773; Ddf MDR 2004, 1083; Mü MDR 2010, 1012; Naumb BauR 2012, 843 (je: 33,3 %). Maßgeblich Interesse daran, dass dieser Sachverständige nicht mitwirke, Brem JurBüro 1976, 1357; Ffm JurBüro 1980, 279. Daher auch Bedeutung des Beweispunkts anzusetzen, aM Kblz NJW-RR 1998, 1222, Mü JurBüro 1980, 1055 (Wert der Hauptsache). Für § 48 II GKG Köln MDR 1976, 322. IÜ wie Ablehnung Richter. 4

Ablehnung Schiedsrichter: Maßgeblich bei § 1036 grundsätzlich der Wert der Hauptsache, Ddf NJW-RR 1994, 1086; Kblz MDR 1989, 71; Hamm JMBlNRW 1978, 87; aM Ffm NJW-RR 1994, 957; VGH Mannh NVwZ-RR 1994, 303; Mü 34 SchH 2/06. IÜ s. Ablehnung Richter und Schiedsrichter → Rn. 96.

Abmahnung: → Rn. 124.

Abmeierung → Rn. 141 „Wohnungseigentum".

Abnahme: Maßgeblich gem. § 3 Interesse des Klägers an der Abnahme, Bbg JurBüro 1994, 361 (evtl. nur 10 % der Gegenleistung), AG Osnabr JurBüro 2001, 144. § 6 ist unanwendbar. Lagerkosten sind beachtbar, Bbg JurBüro 1994, 361. Anspruch auf Kaufpreis und auf Abnahme der Kaufsache sind wirtsch identisch, → § 5 Rn. 7 Abnahme, so dass dieser alleine zählt. Bei einer Bierabnahme ist die Umsatzminderung der Brauerei maßgeblich, Bbg MDR 1977, 935, Brschw JurBüro 1979, 436. BeW des verurteilten Bekl. nach Interesse an ersparten Aufwendungen Saarbr NJOZ 2013, 2021; LG Frankenthal BeckRS 2014, 22257: Werkabnahme. 5

Abrechnung: Maßgeblich ist das wirtschaftliche und evtl. auch das ideelle Interesse an ihrer Erteilung. → Rn. 108 „Stufenklage: – (Rechnungslegung)", → Rn. 141 Wohnungseigentum, → Rn. 144 „Zwangsvollstreckung: a) Erwirkung von Handlungen und Unterlassungen".

Absonderungsrecht: → Rn. 73 „Insolvenz".

Abstammung: Nach § 47 I FamGKG betragen die Regelwerte 2.000 EUR und 1.000 EUR mit Abweichung nach § 47 II FamGKG.

Abstandszahlung: Bei ihr ist der Betrag und nicht das Erfüllungsinteresse maßgebend, LG Münst AnwBl 1978, 147.

Abstraktes Schuldanerkenntnis: → Rn. 7 „Anerkenntnis".

Abtretung: Zweistufige Prüfung: 1. zunächst der Wert der abzutretenden Forderung nach der einschlägigen Norm, namentlich §§ 6–9, §§ 39 ff. GKG, 2. maßgeblich alsdann nach § 3 das (häufig identische) Interesse an der Abtretung, BGH NJW-RR 1997, 1562, das geringer sein kann, da Gegenstand nur die Abtretung, nicht die Erfüllung, Karlsr JurBüro 2006, 201 (Abschlag bei Zweifel an Werthaltigkeit). Bei einer Klage auf Abtretung einer Nachlassforderung gegen einen Miterben muss man eigenen Erbanteil abziehen, BGH MDR 1975, 741, Schneider JurBüro 1977, 433.

Abwehranspruch: → Rn. 33 „Eigentum".

Adoption: Nach Hbg NJW-RR 2020, 261 entspricht es der Billigkeit, die Bewertung nach § 45 I FamGKG auf die Fälle des § 1748 BGB zu übertragen.

Akkreditiv: Maßgeblich ist die Forderung, BGH JurBüro 1992, 537.

Aktie: → Rn. 137 „Wertpapier".

6 **Allgemeine Geschäftsbedingungen:** Unterlassung: Maßgeblich Interesse des Klägers an der Durchsetzung des Anspruchs, § 3, Bunte DB 1980, 486. Bei § 3 UKlaG Interesse der Allgemeinheit an der Ausschaltung der umstrittenen Klausel maßgeblich, hingegen grds. nicht die wirtschaftliche Bedeutung eines Klauselverbots, BGH GRUR 2021, 521; NJW-RR 2020, 1055 Rn. 5; NJW 2019, 1531 Rn. 9; NJW 2018, 1880 Rn. 34; BeckRS 2018, 28293; VersR 2016, 140; NZM 2014, 255; NJW 2013, 875 Rn. 20; NJW-RR 2003, 1694; NJW-RR 2001, 352; Köln NJW-RR 2017, 1502. Das gilt auch für die Beschw, BGH NJW 2019, 1531. Jede Klausel kann Streitgegenstand und getrennt mit je 2.500 EUR zu bewerten sein, BGH WRP 2021, 60 Rn. 7; WM 2019, 2078; NJW 2012, 3023 Rn. 9. Das Vorliegen eines Zulassungsgrundes beeinflusst den Wert für die NZB nicht, BGH MDR 2020, 1526. Diese Grundsätze gelten auch für eine verbraucherschutzgesetzwidrige Praxis im Sinne des § 2 UKlaG, BGH NJW-RR 2022, 782; ZIP 2021, 320 Rn. 8 = BeckRS 2020, 30201. Nur im Ausnahmefall, bei einer über die Zulässigkeit einer bestimmten Praxis nicht nur für die beklagte Partei und ihre Vertragspartner, sondern für die gesamte Branche gegebenen herausragenden Bedeutung, kann eine höhere Bewertung angezeigt sein, BGH ZIP 2021, 320 Rn. 10 = BeckRS 2020, 30201.

Regelwerte gibt es nicht. Höchstwert nach § 48 I 2 GKG 250.000 EUR, Celle NJW 1995, 890. Je angegriffene Klausel kann man 2.500–5.000 EUR festsetzen, BGH WM 2019, 2078; soweit nicht grundlegende Bedeutung für einen ganzen Wirtschaftszweig, BGH NJOZ 2018, 553; WuM 2006, 635; NJW 2013, 875; Mü WuM 1997, 631; Naumb WuM 1995, 547, Köln NJOZ 2015, 864 (2.500 EUR). Liegen mehrere Titel gegen den Bekl. vor, kann der Wert des nachfolgenden Parallelstreits geringer sein, Ffm WRP 1983, 523; Kblz WRP 1985, 45 Köln NJOZ 2015, 864.

Im **Verbandsprozess** nach §§ 1, 4a UKlaG sind GebW und BeW ist das Interesse der Allgemeinheit an der Beseitigung einer gesetzwidrigen AGB-Klausel ebenfalls maßgeblich, wenn Kl. ein Verband iSd § 3 I 1 Nr. 2 UKlaG ist, BGH MDR 2021, 195; BGH GRUR 2021, 521.

Die vorstehenden Grundsätze gelten auch für die **Beschwer** des unterlegenen Bekl., BGH ZIP 2021, 320 Rn. 9 = BeckRS 2020, 30201. Je angegriffener Teilklausel werden als Beschwerdewert idR 2.500 EUR pro angegriffener Klausel festgesetzt, BGH 6.7.2021 – II ZR 119/20, BeckRS 2021, 21031; WRP 2021, 60; NJW 2018, 1880 Rn. 38. Gegen Unterschreitung von 2500 EUR pro Klausel Drsd GRUR-RR 2021, 408. Dies gilt für die Fälle der §§ 1 und 2 UKlaG, BGH NJW 2019, 1531 Rn. 10; VersR 2017, 507. Erfasst sind der GebW. und der BeW., BGH NJW 2019, 3588 Rn. 2. Das Vorliegen eines Zulassungsgrunde beeinflusst der BeW für eine NZB nicht, BGH WRP 2021, 60; MDR 2020, 1526.

Das Interesse kann namentlich bei großer wirtschaftlicher Bedeutung zur Erhöhung auf 10.000 – 25.000 EUR führen, BGH NJW 2019, 3588 Rn. 3; NJW 2019, 1531 Rn. 14; NJW-RR 2003, 1694, ZIP 2014, 98. Nach § 5 UKlaG, § 12 III 1 UWG (§ 12 IV UWG aF) Herabsetzung des GebW möglich, näher → Rn. 65 „Herabsetzung". Die Beschwer ist aus Sicht des jew. Rechtsmittelführers nach einheitlichen Grundsätzen, aber gesondert zu prüfen, BGH NJW 2018, 1880 Rn. 35, NJW-RR 2007, 497: idR nicht über 2.500 - 5.000 EUR. Interesse an der Revision ist kein Bewertungsgesichtspunkt, BGH NJW-RR 1998, 1465. Streiten die Parteien nicht mehr über die Wirksamkeit, sondern nur noch um die Wiederholungsgefahr, ist der Wert niedriger anzusetzen, BGH VersR 2016, 140.

Altenteil: Das Wohnrecht lässt sich nach § 3 schätzen. Bei einer dinglichen Sicherung ist der Betrag der zu sichernden Forderung maßgeblich, § 6. Soweit kein gesetzlicher Unterhalt vorliegt, gilt gebührenrechtlich § 9, LG Freibg AnwBl 1973, 169. Sonst gilt § 51 FamGKG, Toussaint/Zivier FamGKG § 51 Rn. 1 ff.

7 **Anerkenntnis:** Führt grds. nicht zu einer Verringerung des Streitwerts, Ddf JurBüro 1987, 395, Teilanerkenntnis erst ab Erlass des TeilanerkenntnisU, Mü MDR 2017, 120, Nürnb MDR 2005, 120 (nicht aber für Vgl.). Im Beschwerdeverfahren ist das Kosteninteresse zu beachten, Ffm AnwBl 1981, 155. In eine Novation einbezogene Zinsen werden bewertet, KblzJurBüro1999, 197.

Anfechtung: → Rn. 62 „Anfechtung".

Anfechtungsklage: Betrag der betr. Forderungen, begrenzt analog § 6 durch den Wert der Gegenstände, in die vollstreckt werden soll, BGH NZI 2018, 821.

Anmeldung zum Handelsregister: Nach § 3 zählt das Interesse des Kl. an der begehrten Zustimmung zur Eintragung, Karlsr NJW-RR 2007, 1046. Es hängt davon ab, ob diese mit einem Streit um die Rechtsposition selbst einhergeht oder nur formalen Charakter hat, BGH MDR 1979, 736 (im letzteren Fall Bruchteil, 25 %), Bbg JurBüro 1984, 756 (10 %).

Annahmeverzug: Maßgebend ist die Einsparung an Aufwand, BGH WM 2010, 1674, LG Essen MDR 1999, 1226, Naumb OLGR 2000, 368, Festwerte sind untunlich, aM Ffm JurBüro 1991, 410: 50 EUR, Ddf JurBüro 1994, 496: 1 %. Bei Antrag **Zug um Zug** ist der zusätzliche Antrag auf Feststellung des Annahmeverzugs, auch der entspr. Tenor für den BeW des Bekl., wegen wirtschaftlicher Identität nicht werterhöhend, BGH NJW-RR 2020, 1517; 20.6.2017 – XI ZR 109/17, BeckRS 2017, 117143; NJW-RR 2010, 1295; Hbg BeckRS 2018, 34120; Ddf MDR 2009, 57, Naumb NJW-RR 2012, 1213. Bei der Beschränkung eines **Rechtsmittels** auf die Frage des Annahmeverzugs ist dies für die Wertfestsetzung zu berücksichtigten, ggf. ist zu prüfen, ob die Beschränkung missbräuchlich ist, weil alleine Kosten eingespart werden sollen, BGH NJW-RR 2021, 316.

Anschlussrechtsmittel: Man muss zB bei §§ 524, 554 die Streitwerte des Rechtsmittels und des Anschlussrechtsmittels zusammenrechnen, sofern das letztere einen eigenen Streitwert hat. Dasselbe gilt bei einem „Hilfsanschlussrechtsmittel", BGH VersR 1989, 647. Verlust der Wirkung steht dem Wertansatz nicht entgegen, BGH NJW 1979, 878. § 45 II GKG gilt in jedem Fall, BGH MDR 1977, 295.

Anspruchsmehrheit: Sie kann auch bei demselben Verstoß mehrerer Personen vorliegen, auch zB einer juristischen Person und ihres gesetzlichen Vertreters, Hbg MDR 2013, 1240. Man muss addieren, Celle MDR 2015, 912; Hbg MDR 2013, 1240; KG JurBüro 2011, 90.

Anwaltsbeiordnung: Bei §§ 78b, 116 ist das Interesse nach § 3 nach der konkreten Interessenlage zu schätzen, Zöller/Herget Rn. 16.16; aM Mü MDR 2002, 724 (1/3 der Hauptsache); Zweibr JurBüro 1977, 1001 (geplante Hauptsache).

Anwaltsvergleich: → Rn. 127 „Vergleich", → Rn. 132 „Vollstreckbarerklärung".

Anwartschaft: Es ist zweistufig zu prüfen: Zuerst das Vollrecht nach allg. Regeln, zB § 6, darauf aufbauend das Interesse an der Anwartschaft nach § 3 (Prütting/Gehrlein/Beumers § 3 Rn. 44; KG AnwBl 1978, 107 (hinterlegte Sache).

Arbeitsverhältnis: Brinkmann JurBüro 2010, 177 (Grdz.); Meier/Becker, Streitwerte im Arbeitsrecht, 3. Aufl. 2012; Tschöpe/Ziemann/Altenburg, Streitwert und Kosten im Arbeitsrecht, 2013 (Bespr. Jörchel NZA 2013, 772; krit. Vogelsang DRiZ 2013, 341). Vgl. ferner den Streitwertkatalog der Präsidenten der LAG NZA 2014, 745; LAG Nürnb NZA-RR 2014, 212: Anwendung genügt regelmäßig den Ermessensanforderungen, Bade/Jörchel NZA 2013, 809; Willemsen/Schipp/Oberthür NZA 2014, 886. 8

- **(Abfindung):** Maßgeblich ist der Kapitalbetrag, Deller VersR 2013, 434. Im Vergleich neben Regelung zur Beendigung kein Mehrwert, LAG Bln AnwBl 1988, 486, LAG Ddf BeckRS 2011, 70919. 9
- **(Abmahnung):** Bohlen NJW 2017, 777. Der Wert einer Abmahnung kann ein Drittel des Werts eines fiktiven Kündigungsprozesses betragen, LAG Kiel BB 1995, 1596. Meist gilt ein Monatseinkommen, BAG NZA 2007, 831; LAG Bln-Brdb JurBüro 2015, 192; LAG Nürnb JurBüro 2013, 25 (je: bei Wiederholungen je ein Drittel davon). Der Anspruch auf die Entfernung einer Abmahnung aus der Personalakte: ein bis zwei Monatseinkommen, BAG NZA 2007, 831; LAG Erfurt JurBüro 2013, 250; LAG Stgt NZA-RR 2013, 550; bei einer Häufung von Abmahnungen EVTL erheblich höher, LAG Ffm MDR 2000, 1278; LAG Halle JurBüro 2013, 250. Bei mehreren Abmahnungen gilt ein Gesamtwert, LAG Bln-Brdb JurBüro 2015, 192, höchstens ein 3-Monats-Einkommen, LAG Drsd NZA-RR 2013, 268.
- **(Änderungsschutzklage):** § 2 KSchG, BAG JurBüro 2000, 309 (grds. 3-Monatsdifferenz, auch zum Vergleich usw.); LAG Köln JurBüro 2010, 478; LAG Stgt NZA-RR 2010, 47; aM LAG Halle AnwBl 2001, 635; LAG Nürnb JurBüro 2006, 146 (je: § 42 III 1 GKG). Nur 50 % des 3-Monats-Verdienst. Es sind bei einer Änderung nur einzelner Arbeitsbedingungen angemessen, LAG Mainz NZA-RR 2010, 609. Entspr. für Änderungsvereinbarung LAG Köln JurBüro 2016, 422.
- **(Arbeitnehmererfindung):** Bei der Klage auf ihre angemessene Vergütung braucht man den sozialen Zweck des § 38 ArbNEG nicht mitzubeachten, Ddf GRUR-RR 2012, 184, § 3 ist anwendbar auch beim unbezifferten Antrag, BGH MDR 2012, 875:
- **(Arbeitspapiere):** Für eine Ausfüllung und Herausgabe von Arbeitspapieren kann man je Papier 250 EUR ansetzen, LAG Drsd MDR 2001, 960; LAG Ddf AnwBl 1997, 290; LAG Köln MDR 2000, 670.
- **(Arbeitszeit):** Bei einer Klage auf eine Herabsetzung der Arbeitszeit kommen zwei Monatseinkommen in Betracht, LAG Bln JurBüro 2001, 252; LAG Ddf MDR 2002, 1777, oder ein einziges, LAG Stgt NZA-RR 2011, 43, höchstens drei, LAG Ffm MDR 2002, 891; großzügiger LAG Stgt JurBüro 2008, 250 (höchstens 20 000 EUR); LAG Köln JurBüro 2016, 422 (bis 3 Monate).
- **(Auflösungsantrag):** LAG Hamm DB 1989, 2032 (66,6 % des Feststellungsantrags); aM LAG Chemnitz JurBüro 2006, 33 (kein Sonderwert).
- **(Bedingung):** Wie Kündigungsschutz; LAG Köln JurBüro 2008, 424.
- **(Betriebskredit):** LAG Brem AnwBl 1985, 100.
- **(Betriebsratsmitglied):** Der Antrag auf die Ersetzung der Zustimmung zur außerordentlichen Kündigung eines Betriebsratsmitglieds lässt sich mit drei Monatsgehältern bewerten, LAG Brem DB 1985, 396.
- **(Bruttolohn):** Der Antrag auf die Zahlung eines nicht bezifferten Bruttolohns „gemäß BAT II (bestehend aus Grundvergütung, Ortszuschlag, Zulage)" für vier kalendermäßig bestimmte Monate liegt unter dem Viermonatsbetrag, LAG Hamm DB 1981, 2548.
- **(Einstellung):** 3-Monats-Lohn, LAG Bln MDR 2006, 1319.
- **(Entlassungsentschädigung):** Eine Wertzusammenrechnung ist notwendig, soweit der Arbeitnehmer neben der Kündigungsschutzklage eine Entlassungsentschädigung verlangt, LAG Bln MDR 2000, 527, LAG Hamm MDR 1982, 259.
- **(Feststellung):** Es gibt evtl. keine Ermäßigung, LAG Mü JurBüro 1990, 1609, erst recht nicht bei einer verneinenden, Mü NJW-RR 1988, 190, LAG Mü JurBüro 2007, 256.
- **(Freistellung):** Bei einer Freistellung unter einer Fortzahlung des Lohns ist dieser für den Freistellungszeitraum maßgeblich, LAG Bln MDR 2003, 896, LAG Kiel JurBüro 2007, 257, LAG Mainz JurBüro 2008, 478, aM LAG Bln MDR 2002, 59: 10 – 50 %. Beim Freistellungsvergleich kann man 25 % der Vergütung für den Freistellungszeitraum ansetzen, LAG Kiel JurBüro 2007, 257.
- **(Homeoffice):** Streit um Ort der Arbeitsleistung ist mit einem Monatsgehalt zu bewerten, LAG Köln NJW-RR 2021, 1152.
- **(Kündigungsschutz)** Die Dreimonatsgrenze nach § 42 III GKG ist nur der Höchstwert je Kündigung, LAG Erfurt MDR 2001, 538. Innerhalb dieser Grenze muss das Gericht den wahren Streitwert nach § 3 schätzen, BAG BB 1985, 1472; LAG Kiel JurBüro 2001, 197. Das 13. Monatsgehalt ist zu berücksichtigen LAG Köln MDR 1994, 843; **Mehrheit von Kündigungen:** Bei engem zeitlichen Zusammenhang keine Erhöhung, sonst etwa 1 Monatsgehalt pro Kündigung, LAG Berlin MDR 2006, 358; LAG Mainz MDR 2007, 1105; Zintl/Naumann NZA-RR 2014, 1. Wenn Feststellung der Unwirksamkeit einer Kündigung als einer außerordentlichen Kündigung str., nur Zeitraum bis Ablauf der ordentlichen Kündigungsfrist BAG DB 1980, 312. 10

  Str. Zustimmung des **Integrationsamtes** zur fristlosen wie fristgerechten Kündigung ist doppelt anzusetzen, OVG Lüneburg NJW-Spezial 2020, 444.
- **(Leistungs- und Kündigungsschutzanspruch):** Man darf grds. nur bei ihrer Selbständigkeit voneinander zusammenrechnen, LAG Brem AnwBl 2001, 633. Wenn der Arbeitnehmer neben der Kündigungsfeststellungsklage die Erteilung eines Zwischenzeugnisses einklagt, LAG Hbg AnwBl 1985, 98; LAG Hamm AnwBl 1985, 98, oder ein Gehalt für denjenigen Zeitraum fordert, für den der Bestand des Arbeitsverhältnisses streitig war, muss man die Streitwerte zusammenrechnen, LAG Bln AnwBl 1984, 151; LAG Hbg AnwBl 1984, 150; LAG Hann AnwBl 1985, 98; aM LAG Brem AnwBl 1983, 38 (für die ersten 3 Monate seit der Kündigung. Das ist dann zu knapp). Maßgeblich ist der wirtschaftliche Wert des Klageziels, LAG Mainz NZA-RR 2012, 155. **Ein** Monatslohn kann reichen, LAG Kiel NZA-RR 2006, 157; LAG Saarbr NZA-RR 2012, 156. Eine hilfsweise ordentliche Kündigung erhöht den Streitwert nicht, LAG Ddf JurBüro 2012, 365, LAG Drsd NZA-RR 2013, 492.
- **(Lohnabrechnung):** 300 EUR, LAG Mainz JurBüro 2008, 253.

– **(Personalvertretung):** Man kann für das Rechtsbeschwerdeverfahren den Auffangwert von 4000 EUR ansetzen, BVerwG JurBüro 2006, 427.
– **(Sozialplan):** BAG JurBüro 2005, 146: Differenz der str. Volumina.
– **(Tarif):** 3-Monats-Lohn, LAG Kiel JurBüro 2009, 533.
– **(Versetzung):** Nach § 3 zu schätzen, ohne Lohnänderung etwa 250 EUR, LAG Mü AnwBl 1988, 486, auch ein Monatslohn, LAG Hbg JurBüro 2013, 474.
– **(Verweisung):** Nach einer Verweisung vom ArbG an das ordentliche Gericht und überhaupt vor dem letzteren gilt § 3 ZPO oder (jetzt) § 4 GKG, BGH NJW-RR 1986, 676; KG DB 1996, 2275, Mü NJW-RR 1988, 190.
– **(Weisungsrecht):** § 3, zB ein Monatslohn, LAG Drsd DB 1999, 1508.
– **(Weiterbeschäftigung):** Es erfolgt dann keine Zusammenrechnung, wenn neben einem Feststellungsantrag nach § 256 ein Weiterbeschäftigungsantrag vorliegt, BAG DB 1985, 556; LAG Chemnitz JurBüro 1996, 147. Der Wert eines gesondert bewertbaren Beschäftigungsanspruchs lässt sich mit dem doppelten Betrag eines Monatsentgelts bewerten, LAG Ddf AnwBl 1987, 554, evtl. auch geringer, LAG Bln MDR 2004, 598; LAG Hbg MDR 2003, 178; LAG Köln MDR 2002, 1441 (je: evtl. nur ein Monatsbetrag); aM LAG Mainz AnwBl 1983, 36 (Hälfte des Werts des Kündigungsschutzantrags), LAG Hbg MDR 2003, 178 (ein Monatsverdienst). Ein nachvertragliches Beschäftigungsverbot lässt sich mit einem Jahreseinkommen und im Eilverfahren weniger bewerten, LAG Köln NZA-RR 2005, 547. Weiterbeschäftigung nebst Auflösungsvereinbarung führen zu einer Werterhöhung, LAG Köln NZA-RR 2010, 433 (3-Monatsverdienst).
– **(Wiederaufleben):** Bei der Kündigung des nach Ende einer Organstellung wiederaufgelebten Arbeitsverhältnisses ist das letzte Gehalt maßgeblich, Haasler NZA-RR 2012, 562.
– **(Zeugnis, Zwischenzeugnis):** → Rn. 142
– **(Zwangsvollstreckung):** Der Wert ist nicht notwendig mit demjenigen des titulierten Anspruchs identisch, sondern eigenständig zu prüfen, LAG Berlin-Brdb NZA-RR 2021, 499.

11 **Arrest:** Der GebW, § 53 I 1 GKG, ist gem. § 3 nach dem Interesse des Antragstellers an der Sicherstellung schätzen, Brschw NJW-RR 1996, 256, Ddf WettbR 1996, 44, Kblz MDR 1994, 738. Ausgangspunkt ist der Wert des zu sichernden Anspruchs, Brdb JurBüro 2001, 94; Brschw NJW-RR 1996, 256; Köln FamRZ 2001, 432 (Obergrenze!); → § 6 Rn. 4, in nichtvermögensrechtlichen Streitigkeiten nach § 48 II 1 GKG, LG Saarbr JurBüro 1995, 26. Da der Arrest nur vorläufige Klärung bringen kann, ist der Wert indes grds. geringer. Er beträgt je nach den besonderen Gegebenheiten des Falles zB 1/3 oder ½, Ffm NZFam 2018, 333, Brdb FamRZ 2011, 758: 1/3; JurBüro 2001, 94, Celle FamRZ 2011, 759; Karlsr OLGR 1998, 386; Oldb NJW-RR 1996, 946. Das darf nicht schematisch erfolgen, Ddf WettbR 1996, 44. Der Wert des Hauptanspruchs kann bei ausnehmend hohem Sicherungsinteresse erreicht werden; Anteile unter 1/3 sind idR nicht gerechtfertigt, aM Köln GRUR 1988, 726 (15–12,5 %). Beim Notbedarfsanspruch ist meist ein 6-Monats-Betrag angemessen, KG MDR 1988, 154, Nürnb JurBüro 1997, 196.

12 – **(Aufhebung):** §§ 926, 927: Grds. bleibt der urspr Wert. Bei erledigtem oder nachlassendem Interesse des Kl. sinkt er (KG JurBüro 2002, 479).
– **(Ausländischer Antragsgegner):** Ein Arrest in sein ganzes Inlandsvermögen ermöglicht den Hauptsachewert, Drsd AGS 2007, 259; Kblz JurBüro 1992, 191.
– **(Besitz):** Das Sicherungsinteresse des Antragstellers gilt auch im Besitzstreit, Ddf AnwBl 1986, 37.
– **(Einstweilige Verfügung):** → Rn. 35 ff.
– **(Familienstreitsache):** Es gelten die allgemeinen Bewertungsregeln, Mü FamRZ 2011, 747.
– **(Forderungspfändung):** → Rn. 13 „– (Vollziehung)".
– **(Formalität):** Ein geringerer Wert als der nach → Rn. 11 meist übliche kann dann gelten, wenn es nur noch um eine formelle Beseitigung des Arrests geht, KG JurBüro 2002, 479.
– **(Kostenpauschquantum):** → Rn. 13 „– (Unterhalt)".
– **(Kostenwiderspruch):** → Rn. 13 „– (Widerspruch)".
– **(Leistungsverfügung):** → Rn. 11 gilt auch bei einer sog. Leistungsverfügung nach → Vor § 916 Rn. 6 ff., Mü FamRZ 1997, 691.
– **(Markensache):** Bei ihr kommt es auf die Gefährlichkeit der unbefugten Benutzung an, Kblz GRUR 1996, 139. Im Widerspruchs-Beschwerdeverfahren nach §§ 924, 567 setzt BPatG GRUR 1999, 65 für (jetzt) § 33 RVG grds. (jetzt ca.) 10 000 EUR an. Im Markenlöschungsstreit werden für den Regelfall 50.000 EUR angesetzt, BGH 24.1.2022 – ZB 50/21 BeckRS 2022, 1958; WRP 2018, 349.

13 – **(Persönlicher Arrest):** Es sind dieselben Regeln wie beim dinglichen Arrest nach § 916 anwendbar, Zusammentreffen beider führt nicht zur Werterhöhung Kblz JurBüro 1992, 191.
– **(Seeschiff):** Es können 75 % der Arrestforderung ansetzbar sein, Hbg MDR 1991, 1196.
– **(StPO):** Bei einem dinglichen Arrest nach § 111b II, V StPO aF ist GebW für VV 4142 RVG aF nach dem zu sichernden Anspruch zu schätzen. Maßgebend ist das wirtschaftliche Interesse an der Abwehr anhand der konkreten wirtschaftlichen Situation, BGH NJOZ 2019, 154.
– **(Unterhalt):** In einer gesetzlichen Unterhaltssache lässt sich der Wert nach § 51 FamGKG berechnen, bei einer vertraglichen nach § 42 I GKG. Das gilt grds. auch für einen Arrest, Brschw NJW-RR 1996, 256; Köln FamRZ 2001, 432. Die pauschale Ermäßigung auf ½ analog § 41 S. 2 FamGKG ist mangels Gesetzeslücke nicht angezeigt (aM Musielak/Voit/Heinrich Rn. 23 „Arrest"). Das Gericht darf keinen höheren Wert als denjenigen der Hauptsache annehmen, → Rn. 11, Ddf FamRZ 1985, 1156.
– **(Veränderung der Umstände)** → „Aufhebung".
– **(Vollstreckbarkeit):** Fast der Hauptsachewert kann dann gelten, wenn nur ein Arrest eine Vollstreckungsmöglichkeit schafft und genügend Pfändbares erbringt, LG Darmst JurBüro 1976, 1090. Unbeachtlich ist das Problem, einen Vollstreckungsgegenstand zu finden, LG Darmst JurBüro 1976, 1090. Das Sicherungsinteresse des Antragstellers gilt auch dann, wenn der Antragsgegner sonst die Vollstreckung ganz **vereiteln** könnte, Köln ZMR 1995, 258, LG Darmst JurBüro 1976, 1090.
– **(Vollziehung):** Das Interesse des Schuldners entscheidet dann, wenn es um den Vollzug nach §§ 928 ff. geht, KG Rpfleger 1991, 126; Karlsr Rpfleger 1999, 509; Köln JurBüro 1994, 113 (je: Obergrenze: Wert der Anordnung); Köln Rpfleger 1993, 508, aM Ddf JurBüro 2010, 648 (evtl. Hauptsachewert); oder wenn es um die Aufhebung des Vollzugs nach § 934 geht. Eine Forderungspfändung nach § 930 ist unbeachtlich.

– **(Widerspruch):** Im Widerspruchsverfahren nach § 924 ist grds. derselbe Wert wie im Antragsverfahren anzusetzen. Denn das Interesse des Antragstellers bleibt maßgeblich, weil der Widerspruch kein Rechtsmittel ist. Nur bei einem auf die Kostenfrage beschränkten Widerspruch nach ist das Kosteninteresse maßgeblich, BGH NJW 2013, 3104, Karlsr MDR 2007, 1455, Nürnb NJW-RR 2013, 635, ebenso bei Erledigung § 91a, Hbg MDR 1997, 890. Auch → Rn. 12 „– (Markensache)".

Aufgebot: Maßgebend ist bei §§ 433 ff. FamFG das Interesse des Antragstellers, §§ 35 ff., 96 GNotKG, gemessen am Objekt des Aufgebots, Bormann/Diehn/Sommerfeldt/Sommerfeldt KV 15212 Rn. 36. Wegen eines Hypothekenbriefs, eines Grundschuldbriefs oder eines Rentenbriefs nach § 447 FamFG muss man daher grds. vom Beweisinteresse, nicht vom Betrag der Forderung ausgehen. Maßgeblich ist bei einer geplanten Löschung der Nennbetrag nur dann, wenn das Interesse entspr. hoch ist, LG Potsd MDR 2008, 653. Es können aber bei bloßem Beweisinteresse nur 10–20 % des Nennwerts der Hypothek infrage kommen, soweit nicht der Grundstückswert noch geringer ist, LG Bln Rpfleger 1988, 549.

Aufhebung: → Rn. 60 „Gemeinschaft", → Rn. 98 „Schiedsrichterliches Verfahren", → Rn. 131 „Vertragsaufhebung". **14**

Auflassung: entspr. § 6. Es zählt grds. der volle Verkehrswert zum Zeitpunkt der Klageerhebung, § 4 I, BGH NJW-RR 2020, 1456; 13.11.2019 – IV ZR 178/18, BeckRS 2019, 30692; NJW-RR 2001, 518; Rostock JurBüro 2012, 196; Köln MDR 2005, 298; Hamm MDR 2002, 1458; Stgt JurBüro 2002, 424; Mü MDR 1997, 599; Celle OLGR 1999, 200; auch bei Klage gegen nur einen Miterben, Nürnbg MDR 2012, 978; auch bei Rückauflassung, Schlesw Rpfleger 1980, 239.

Belastungen sind grds. nicht abzuziehen, BGH NJW-RR 2001, 518, es sei denn, sie mindern den Verkehrswert, so ausdr. Köln MDR 2005, 298; Ffm NJW-RR 1996, 1471; die aM, Stgt ZMR 2019, 465; Bbg JurBüro 1994, 361; Ffm NJW-RR 1996, 636; KG NJW-RR 2003, 787; Stgt MDR 2009, 1353; Nürnbg NJW-RR 2011, 1007; Hamm MDR 2002, 1458; Zöller/Herget § 3 Rn. 16.92, die nach § 3 wirtschaftliche Gesichtspunkte umfassend berücksichtigen und zB auch Zurückbehaltungsrechte oder Gegenforderungen abziehen und bei nur noch geringen Gegenforderungen auf diese abstellen will, ignoriert das Angreiferprinzip. Sie kann allenfalls zum Zuge kommen, wenn die Wertfestsetzung zu einem die Justizgewährung beeinträchtigenden, unzumutbaren Kostenrisiko führt, vgl. BVerfG NJW 1997, 311; → Vor § 3 Rn. 8; → § 3 Rn. 15.

Fraglich ist daher der Ansatz des vollen Verkehrswertes, wenn nur noch ein geringes wirtschaftliches Interesse in Rede steht, Stgt AGS 2020, 30; MDR 2009, 1353; Hamm BauR 2013, 995; Nürnb NJW-RR 2011, 1007 (jew. Restforderung); Celle BauR 2012, 515. Beim Zusammentreffen einer Auflassung und einer Löschung bereits eingetragener Lasten ist der Grundstückswert der Höchstwert, Köln JurBüro 1988, 1388.

Ist indes ausschließlich die **Eintragung,** dh der Vollzug str., ist der Kaufpreisrest maßgebend, BGH NJW 2002, 684; BauR 2008, 400; Ddf BauR 2015, 723; Karlsr JurBüro 2006, 145. Der Grundstückswert ist auch bei gleichzeitiger Klage auf Löschung eines Grundpfandrechts der Höchstwert, Köln JurBüro 1988, 1388. Eine Addition findet bei Auflassung und Löschung von Belastungen nicht statt, Ddf JurBüro 1994, 496. Für die Rückauflassung gilt auf den Zeitpunkt der Klage, § 4 I, das gleiche.

Auch: → Rn. 68.

Auflassungsvormerkung: § 6. Es gelten für den rechnerischen Ausgangswert die vorstehenden Grds. zur Auflassung entspr. Zur Vormerkung selbst → Rn. 135.

Auflösung: → „Aufhebung"

Aufopferung: Die Entschädigung wegen eines Impfschadens lässt sich nach § 42 I GKG bewerten, aM Zöller/Herget Rn. 16.25: § 9.

Aufrechnung: **15**

– Die Zuständigkeit ist ohne Rücksicht auf § 5 Hs. 2 von der Bewertung der Gegenforderung unabhängig, KG MDR 1999, 438. Besonderheiten gelten nur für den GebW und den BeW, die wegen des Nennwertprinzips, → § 6 Rn. 1, letztlich beide nach § 45 III GKG ermittelt werden, BGH BauR 2019, 1973 Rn. 8; BauR 2018, 555 Rn. 6. Soweit es nach § 45 III GKG um die Rechtskraft geht, gelten die in → § 322 Rn. 144 dargelegten Grundsätze. Der Schwerpunkt liegt in der Praxis bei der Hilfsaufrechnung.

– **(Unstreitige Gegenforderung):** Bei unstreitiger Gegenforderung erfolgt unabhängig von der Natur der Aufrechnung generell keine Werterhöhung, § 45 III GKG, Hbg JurBüro 2009, 645 (auch für die Anwaltsgebühren); Hamm MDR 2000, 296.

– **(Hauptaufrechnung):** Es ist insgesamt nur die Klageforderung maßgeblich, für den GebW § 45 III GKG; das gilt auch bei einer **Vollstreckungsgegenklage,** die ausschließlich auf eine Aufrechnung gestützt wird, Hamb NJW-RR 2014, 1213; Köln FamRZ 1992, 1461, näher → Rn. 133. Unterlegt der Bekl. die Hauptaufrechnung hilfsweise mit weiteren Gegenforderungen, gelten die Grds. der Hilfsaufrechnung, BGH JurBüro 1992, 563. Eine Hilfswiderklage macht die Aufrechnung zur Primäraufrechnung, BGH NJW-RR 1999, 1736.

– **Hilfsaufrechnung** **16**

– **(Grundvoraussetzung):** Wegen der in § 45 III GKG vorgegebenen Bindung der Werterhöhung an eine der Rechtskraft fähige Entscheidung müssen die Voraussetzungen des § 322 II ZPO erfüllt sein, → § 322 Rn. 105, 155. Auch für die **Anwaltsgebühren** gilt insoweit keine Ausnahme, BGH NJW 2009, 231. Nicht hingegen kommt es auf die Frage an, ob die Aufrechnung als prozessuales Verteidigungsmittel im Rechtsstreit erklärt oder ob ihre außergerichtliche Erklärung im Rechtsstreit vorgetragen wird, Mü JurBüro 2017, 636; → § 322 Rn. 120.

– **(Inhalt und Tragweite der Aufrechnungserklärung):** Man muss zwei Fragen voneinander unterscheiden, die wiederum mit der Verfahrenssituation zusammenhängen, in der die Wertfestsetzung vorgenommen wird. Geschieht dies mit Erlass des Urteils, kann sich die Frage ergeben, ob eine Hilfsaufrechnung überhaupt erklärt worden ist. Dies ist, wenn nicht vorrangig den Parteien Gelegenheit zur Stellungnahme zu geben ist, durch (wohlwollende) Auslegung zu klären, BGH NJW 2018, 2269 Rn. 16; → § 322 Rn. 121.

– **(Aufrechnung, keine bloße Verrechnung):** Es muss sich um eine echte Aufrechnung handeln, Hamm JurBüro 2005, 541 (Verzugsschaden), es muss also um einen Anspruch mit einem von der Klageforderung unabhängigen Wert gehen, BGH NZM 2004, 423 (teilw. wirtsch Identität mit Widerklage), KG JurBüro 2000, 419 (bloße Verrechnung), Stgt JurBüro 2012, 363 (vermeintliche Gegenforderung in der Saldenklage enthalten); BAG NJW 2019, 1477 Rn. 18. **17**

Ansprüche des Werkbestellers auf Leistung von Schadensersatz wegen **Mängeln** oder von Mängelbeseitigungskosten stehen der Werklohnforderung aufrechenbar gegenüber, BGH NJW 2011, 1729; NJW 2006, 698; NJW 2005, 2771. Der Abzug einer **Nutzungsentschädigung** von der Schadensersatzforderung ist eine Verrechnung, BGH 10.11.2021 – VII ZR 296/21 BeckRS 2021, 38632 Rn. 7 (auch: Beschwer); MDR 2021, 574; WM 2021, 2262; weitere Beispiele → § 322 Rn. 112.

Es darf nicht nur um eine Einrede oder eine sonstige Einwendung des Bekl. wie eine Mängelrüge gehen, BGH FamRZ 2009, 1664; Stgt NJW 2011, 540; Hamm NJW-RR 2006, 456; Köln VersR 1993, 460, oder nur um ein Zurückbehaltungsrecht, die Einrede des sonstwie nichterfüllten oder schlechterfüllten Vertrags, BGH FamRZ 2009, 1663; Ddf MDR 2001, 113 (jew. in Wahrheit Freistellungsanspruch), einen Rücktritt, eine Minderung, Ddf AnwBl 1984, 612 (aber: § 45 III GKG analog), ein Pfandrecht, soweit der Bekl. ihretwegen keine Widerklage erhoben hat.

Die Einbeziehung der Gegenforderung in ein **Kontokorrent** lässt nur den Saldo streitwertrelevant, Stg JurBüro 2012, 363. Die Kasuistik ist stark von den Umständen des Einzelfalls geprägt; entscheidend ist das wirtschaftliche Ergebnis.

17a – **(Wirtschaftliche Identität der Forderungen):** Insoweit liegt bereits im Ansatz keine werterhöhende Aufrechnung vor, BGH JurBüro 2010, 368; Nürnb NJW-RR 2018, 1338; Schlesw NJOZ 2017, 1725; KG NJW-RR 2015, 319. Das gilt auch hinsichtlich einer Widerklage, deren Gegenstand mit demjenigen der Aufrechnung (teilweise) identisch ist, Mü NJW 2022, 2421.

– **(Rahmen des Einwands):**.Eine Hilfsaufrechnung kann auch neben anderen Einwendungen in einer **Vollstreckungsabwehrklage** nach § 767 erfolgen, BGH NJW 2015, 955; NJW-RR 1995, 508; Ddf MDR 1999, 1092, LG Marbg JurBüro 2002, 533. Der Einwand des **Bürgen,** der Hauptschuldner habe aufgerechnet, genügt mit Blick auf § 322 II nicht, BGH NJW 1973, 146; aM Zöller/Herget § 3 Rn. 16.26; Toussaint/Elzer § 45 GKG Rn. 33; für die dort angenommene Analogie fehlt es an einer planwidrigen Gesetzeslücke; auch → § 322 Rn. 113.

18 – **(Hilfsweise Geltendmachung):** Der Bekl. muss die zur Aufrechnung gestellte Forderung hilfsweise geltend gemacht haben, BGH NZM 2004, 423, Hbg JurBüro 2009, 645. „Hilfsweise" iSd § 45 III GKG wird die Aufrechnung nur erklärt, wenn die Hauptforderung **in der Sache** bestritten wird; ein bloßer Einwand gegen die Zulässigkeit der Klage reicht nicht aus. Man muss also die Hauptforderung in der Sache vorrangig bestritten haben, und sei es nur mit einer einzigen Einwendung, Ddf BauR 2010, 937; Drsd MDR 1999, 119; Karlsr NJW-RR 1999, 223 (internationale Zuständigkeit). In Zweifelsfällen ist den Parteien Gelegenheit zur Stellungnahme zu geben und ggf. auszulegen, → § 322 Rn. 157.

Die hilfsweise Aufrechnung mit einer **unstreitigen** Gegenforderung bleibt verfahrensrechtlich eine Hilfsaufrechnung, Ddf BauR 2010, 938; → § 322 Rn. 156. Sie führt nur nicht zu einer Werterhöhung nach § 45 III GKG, Hamm MDR 2000, 296 (sofortiges Anerkenntnis).

Der **Übergang** auf eine Hauptaufrechnung macht § 45 III GKG unanwendbar, auch wenn vorher hilfsweise aufgerechnet worden ist, Stgt NJW 2011, 540; Hamm JurBüro 2002, 316; aA, Addition bis zum Übergang, Drsd MDR 1999, 119; Zöller/Herget § 3 Rn. 16.26. Etwas anderes gilt allerdings dann, wenn zur Haupt- eine Hilfsaufrechnung mit einer anderen Forderung tritt. Dann erfolgt insoweit nach § 45 III GKG eine Zusammenrechnung mit der Klageforderung, BGH MDR 1992, 307; LG Erfurt JurBüro 1997, 535. Dabei bleibt freilich die erste unbedingte Aufrechnung unberücksichtigt, falls mehrere hilfsweise gestaffelte Gegenforderungen folgen, Köln VersR 1992, 1027.

Unterlegt Bekl. die **Hauptaufrechnung** hilfsweise mit **weiteren Gegenforderungen,** gelten für diese die Grds. der Hilfsaufrechnung, BGH JurBüro 1992, 563; Ffm BeckRS 2014, 10091; Düss BauR 2010, 937. Eine Hilfsaufrechnung liegt nicht vor, wenn der Bekl. sich mit einer Hauptaufrechnung und bei ihrer Unzulässigkeit mit einer Hilfswiderklage wegen der Aufrechnungsforderung verteidigt, BGH NJW-RR 1999, 1736.

Eine Hilfswiderklage macht die Aufrechnung zur Primäraufrechnung, BGH NJW-RR 1999, 1736.

19 – **(Entscheidungsbedürftigkeit):** Die zur Hilfsaufrechnung gestellte Forderung muss entweder von vornherein **streitig** gewesen oder im Lauf des Rechtsstreits streitig geworden sein. Maßgeblich ist der Zeitpunkt der letzten mündlichen Verhandlung,. Es reicht aus, wenn lediglich die Zulässigkeit der Aufrechnung im Streit war, nicht hingegen die Existenz der Gegenforderung, da das Merkmal „streitig" in § 45 III GKG weit auszulegen ist und die Mehrarbeit für den Aufrechnungseinwand berücksichtigt werden soll, Hamm MDR 2000, 296; Zweibr Rpfleger 1985, 328; Saarbr AnwBl 1980, 155. Im Übrigen ist die Abgrenzung zwischen streitiger Zulässigkeit und streitiger Sachfrage bei der Aufrechnung nicht immer einfach möglich, vgl. etwa → § 322 Rn. 123 ff. Eine nach § 322 II wirkende Sachentscheidung muss in jedem Fall ergehen, → Rn. 144.

20 – **(Rechtskraftfähige Sachentscheidung):** Über die streitige Hilfsaufrechnung muss eine der materiellen Rechtskraft nach § 322 II und nicht nur der formellen Rechtskraft nach § 705 fähige Sachentscheidung ergehen, BGH NJW 2009, 231 (auch für die Anwaltsvergütung, aA OLGR Jena 2008, 883, krit. auch Hansens AnwBl 2009, 205); Ddf BauR 2010, 938 (Mängelrüge); Kblz JurBüro 2002, 197 (auch bei fehlender Substantiierung); Ffm JurBüro 1985, 1676 (Aufrechnung gegen Urkunden-Vorbehaltsurteil).

Das gilt auch für **Versäumnisurteile** nach §§ 330, 331. Denn diese sind der materiellen Rechtskraft nach § 322 II fähig, näher zu den Rechtskraftwirkungen → § 322 Rn. 144. Ein **Vorbehaltsurteil** reicht mangels materieller Rechtskraft nicht aus, → § 599 Rn. 16.

Entscheidend ist der durch **Auslegung** zu ermittelnde Inhalt des Urteils, dh das, was das Gericht entscheiden wollte, nicht die „wahre" Rechtslage, BGH NJW-RR 2000, 285; NJW-RR 1997, 1157. Hierbei kommt es noch mehr als im Normalfall auf den Inhalt der Entscheidungsgründe an, → § 322 Rn. 21. Die fehlerhafte Beurteilung einer Aufrechnungslage als Verrechnung steht der Werterhöhung entgegen, BGH NJW 1992, 317. Wird im Urteil eine Hilfsaufrechnung irrtümlich als Hauptaufrechnung behandelt, findet ebenfalls keine Addition statt, KG JurBüro 1986, 416. Muss das Gericht des ersten Rechtszuges den Streitwert festsetzen, befindet die Sache sich aber im Rechtsmittelzug, kann Abwarten sinnvoll sein.

20a Die Sachentscheidung muss das Nichtbestehen der rechtshängigen Klageforderung zur tragenden Grundlage haben. Eine Zurückweisung des tatsächlichen Vorbringens zur Hilfsaufrechnung wegen **Verspätung** nach § 296 reicht ebenfalls, wenn es nicht nur zur Unzulässigkeit der Aufrechnung, sondern zur Verneinung der Forderung führt, weil dann eine Sachentscheidung ergeht, Ffm MDR 1984, 239; näher zu den verschiedenen Auswirkungen von Präklusion bei der Aufrechnung → § 322 Rn. 129. Es reicht nicht aus, dass Bekl. gegenüber einer selbständigen Zinsklage mit der Hilfsaufrechnung gegen die zugrundeliegende, nicht rechtshängige Zahlungsforderung alleine über die **Rückwirkungsfiktion** des § 389 BGB den Zinsanspruch zu Fall bringt; das zeigt der Wortlaut des § 322 II, „Gegenforderung"; aA KG JurBüro 1986, 416; Zöller/Herget § 3 Rn. 16.26; zu denken wäre allenfalls an eine Analogie, die aber mangels Regelungslücke nicht angezeigt ist.

Bei **Unzulässigkeit der Aufrechnung,** sei es aus prozessualen, sei es auch materiell-rechtlichen Gründen, greift § 45 III GKG nicht ein, BGH BauR 2018, 555 (Präklusion); NJW 2015, 955 Rn. 48 (Differenzierung zwischen Zurückweisung des Aufrechnungseinwandes selbst als unzulässig und Zurückweisung von Sachvortrag zur Begründung der Gegenforderung; dazu auch → § 322 Rn. 129); NJW 2001, 3616; NJW 1994, 1538 (Unbestimmtheit); → § 322 Rn. 125. Auch bei Zurückweisung wegen fehlender Gleichartigkeit ist § 45 III GKG nicht anwendbar, BGH MDR 2009, 1251; Drsd JurBüro 2003, 475. Fehlende **Gegenseitigkeit** führt demgegenüber zur Werterhöhung, weil festgestellt wird, dass die Forderung dem Kl. gegenüber nicht besteht, Nürnbg BauR 2001, 961 (keine Aufrechnung gegenüber dem neuen Gläubiger); Ddf MDR 1996, 1299. Als unzulässig und damit ohne die Wirkungen des § 322 II wird die Aufrechnung auch dann zurückgewiesen, wenn der Einwand selbst, nicht der Sachvortrag zur Begründung der Gegenforderung, als verspätet präkludiert ist, näher → § 322 Rn. 129. 20b

– **(Auswirkungen in der Höhe):** 20c

Die Werterhöhung greift nur bis zu der Höhe, zu welcher die Entscheidung über die Gegenforderung nach § 322 II rechtskraftfähig ist, Ddf Rpfleger 1994, 129; MDR 1996, 1299 (auch bei Verneinung der Gegenseitigkeit); Köln JurBüro 1994, 495 (Teilaufrechnung). Sie ist also durch den Betrag der Klageforderung, aber auch nur insoweit begrenzt. Die Bruchteils-Wertfestsetzung für eine Forderung im **Insolvenzverfahren,** → Anh § 3 Rn. 73, begrenzt daher den Streitwert für die Gegenforderung nicht, Schlesw SchlHA 1981, 189.

– **(mehrere Gegenforderungen):** Werden mehrere Gegenforderungen hilfsweise hintereinander aufgerechnet, ist jede vorrangige im Verneinensfalle bis zur Höhe der (ggf. noch offenen) Klageforderung aufrechenbar und damit auch streitwertrelevant, so dass der Gesamtwert die Klageforderung übersteigen kann, BGH NJW 1992, 912; Ddf NJW-RR 1994, 1279; Köln JurBüro 1992, 683. Augenmerk verlangen Fälle, in denen die Klageforderung aufgrund vorrangiger Aufrechnung sich verringert. Für die nächste Aufrechnung ist der verbleibende Betrag die Obergrenze der Wertaddition. Vgl. auch → § 322 Rn. 125. 20d

– **Abstandnahme:** Eine Abstandnahme von der Hilfsaufrechnung macht deren Wert für die betr. Instanz unbeachtlich, BGH NJW-RR 2020, 761; NJW-RR 2018, 700 Rn. 23; MDR 2013, 1376. Zur Abstandnahme von der Prozessaufrechnung → § 322 Rn. 137.

– **Wertfestsetzung nach Anrufung der höheren Instanz** 21

– **(getrennte Bewertung):** Für jeden Rechtszug ist hinsichtlich des GebW grds. eine eigene Bewertung vorzunehmen, BGH Rpfleger 1987, 37 aE, in NJW-RR 1987, 181 nicht abgedr; Brdb ZinsO 2018, 818 = BeckRS 2017, 140653 Rn. 104; Saarbr IV U 527/16, BeckRS 2018, 3021 Rn. 72; KG JurBüro 2010, 85; Stgt NJW-RR 2005, 507.

Ausgangspunkt für die **Beschwer** ist das Ziel des Rechtsmittels, BGH 30.11.2021 – I ZR 10/21, GRUR-RS 2021, 43628. Die zu § 45 III GKG entwickelten Grundsätze gelten insoweit entsprechend, BGH JurBüro 2010, 368. Es kommt mithin darauf an, ob das Rechtsmittel sich alleine auf die Entscheidung über die Klageforderung bezieht oder ob auch die Entscheidung über die Gegenforderung zur Überprüfung gestellt wird; hierfür ist auch die Begründung des Rechtsmittels ausschlaggebend, BGH NJW 2022, 1626 Rn. 7; NJW-RR 2009, 1612 Rn. 3; Ddf MDR 1996, 1299. Ist eine Partei hinsichtlich beider Forderungen beschwert und stellt sie beide zur Überprüfung, erhöht sich der Wert, BGH NJW 1967, 2162.

Wendet Kl. sich gegen ein Urteil, in dem die Klageforderung bejaht, aber wegen der Hilfsaufrechnung abgewiesen wird, ist er nur in letzterer Höhe beschwert, BGH 7.2.1980 – III ZR 172/79, BeckRS 1980, 31070449. Bekl. ist in Höhe einer hilfsweise zur Aufrechnung gestellten Gegenforderung beschwert, wenn das Vordergericht die Gegenforderung rechtskraftfähig verneint hat, BGH BauR 2018, 555; BauR 2018, 145.

Ein bleibendes Problem ist bei abweichender Sachentscheidung in der höheren Instanz die Frage, ob eine dort eigenständig vorzunehmende Wertfestsetzung auf die untere Instanz zurückwirkt. Das lenkt den Blick auf die **Kostenentscheidung,** die mit der Festsetzung des Gebührenwertes nicht durchgehend in Einklang gebracht werden kann. Angesichts der vielfältigen Probleme mit der Wertfestsetzung, die nach § 45 III GKG nun einmal an eine „der Rechtskraft fähige" und nicht an eine rechtskräftige Entscheidung anknüpft, sollte man nicht nach einer Lösung suchen, bei der Wertfestsetzung und Kostenverteilung durchgehen miteinander in Einklang gebracht werden. Man muss damit leben können, dass im Einzelfall eine Kostenbelastung entsteht, die für den Verlierer nach dem Streitwert zu hoch ist, die sich aber letztlich aus dem Grundsatz der Unterliegens- und der Veranlasserhaftung rechtfertigt, → § 92 Rn. 38a.

– **(Bewertung für die Rechtsmittelinstanz):** Für eine Sachentscheidung über die Gegenforderung gelten zunächst dieselben Grundsätze wie im ersten Rechtszug. 21a

Wenn nach Antragstellung eine Sachentscheidung über die Gegenforderung anders als im angefochtenen Urteil nicht ergeht (zB das Berufungsgericht weist die Klage bereits im Hinblick auf die Klageforderung als unbegründet ab, so dass es auf die Hilfsaufrechnung nicht mehr ankommt), ist insoweit der niedrigere Wert festzusetzen, Stgt NJW-RR 2005, 507; Jena OLGR 2002, 53 = BeckRS 2001, 14045; Köln JurBüro 1995, 485; KG JurBüro 1990,387; JurBüro 1985, 913; Mü JurBüro 1990, 1337; Celle JurBüro 1987, 1053; JurBüro 1985, 911; Schlesw. JurBüro 1982, 1863. Dem steht der Wortlaut des § 47 S. 1 GKG nur scheinbar entgegen; auf einen Antrag des Rechtsmittelführers, der eine Entscheidung über die Gegenforderung einbezieht, kann es nicht ankommen, wenn die Voraussetzungen von § 45 III GKG, § 322 II ZPO nicht erfüllt sind. Die vermeintlich aA in BGH NJW 1979, 1208 (LS) = BeckRS 1978, 31118904 galt nur für den Fall des § 47 S. 2 GKG.

– **(Einfluss der abweichenden Sachentscheidung auf die untere Instanz):** Probleme ergeben sich, wenn das Gericht der höheren Instanz hinsichtlich einer Sachentscheidung über die Gegenforderung von der Entscheidung des Vordergerichts abweicht. Dabei sind Verschiedene Fälle voneinander zu unterscheiden: 21b

21c – Sachentscheidung der unteren Instanz über die Gegenforderung mit der Folge einer höheren Bewertung nach § 45 III GKG, 322 II ZPO, davon in der Sache **nach unten abweichende** Entscheidung der höheren Instanz:

Beispiel: Im Urteil des LG wird die Klage aufgrund der Hilfsaufrechnung abgewiesen; im Berufungsurteil wird die Abweisung auf Unschlüssigkeit der Klage gestützt.

Der im Verfahren des voraufgehenden Rechtszuges infolge einer der Rechtskraft fähigen (also nicht notwendig rechtskräftigen) Entscheidung nach § 45 III GKG, § 322 II ZPO erhöhte Wert bleibt von einer Entscheidung der höheren Instanz unberührt, dh der Wert bleibt bestehen, auch wenn dort über die Gegenforderung aus Sachgründen ganz oder teilweise nicht (mehr) entschieden wird, Schlesw BeckRS 2014, 05672; Mü BeckRS 2013, 10251; Ffm NJW-RR 2001, 1653; Mü MDR 1990, 934. Denn die Hilfsaufrechnung hat idR Aufwand verursacht und die Kosten sind nach dem erhöhten Wert angefallen und nicht selten bereits gezahlt; vgl. auch Rechtsausschuss des BT, Drs. 7/3243, 5. Wenn § 45 III GKG nur eine der Rechtskraft fähige und keine rechtskräftige Entscheidung fordert, muss es auch bei einer Abänderung des Urteils dabei bleiben, ganz abgesehen von der Tatsache, dass es vom praktische Standpunkt befremdlich wirkt, dass namentlich von den Anwälten mit Recht eingenommene Gebühren teilweise zurückgezahlt werden müssen. Die vom BGH im Urteil vom 26.11.1984 – VIII ZR 217/83 Rn. 59 (in NJW 1985, 1556 nicht veröffentlicht) obiter dictum geäußerte Gegenmeinung hat sich nicht durchgesetzt, vgl. Mü NJW-RR 2018, 1338 Rn. 6; JurBüro 1990, 1337; Prütting/Gehrlein/Beumers ZPO § 5 Rn. 12; Zöller/Herget ZPO Rn. 16.26; Leichsenring NJW 2013, 2155 (2158); Lappe Rpfleger 1995, 401.

21d – Sachentscheidung der höheren Instanz über die Gegenforderung **in größerem Umfang** als beim Vordergericht:

Beispiel: Das LG weist die Klage ohne Rücksicht auf die Gegenforderung als unbegründet ab; das Berufungsurteil stellt tragend auf den Erfolg der Hilfsaufrechnung ab.

Ergeht in der höheren Instanz eine weiter reichende Sachentscheidung über die Gegenforderung als beim Vordergericht, wirkt sich dies nur für den Streitwert im höheren Rechtszug aus; für die Vorinstanz bleibt die Werterhöhung außer Betracht, BGH 10.7.1986 – I ZR 102/84, Rpfleger 1987, 37 aE, in NJW-RR 1987, 181 nicht abgedr; Saarbr KostRspr. GKG § 19 Nr. 31; BeckRS 2018, 3021 Rn. 72; KG KostRspr. GKG § 19 Nr. 49; Düss NJW 1970, 57; *Schumann* NJW 1982, 1257, 1261 Fn. 34. Die aA von Ffm JurBüro 1981, 248 ist dennoch beachtenswert; denn das Urteil des Vordergerichts wird in dieser Hinsicht abgeändert, so dass es die Voraussetzungen von § 45 III GKG, § 322 II ZPO ebenfalls erfüllt.

21e – **Weitere Vorgänge in der höheren Instanz**

– **(Verwerfung des Rechtsmittels):** zB nach §§ 522 I 2, 552 I 2 reicht als solche für eine Werterhöhung nicht aus, weil darin keine neue Sachentscheidung liegt, KG MDR 1990, 259.

21f – **(Rechtsmittelrücknahme):** Wird in deren Folge zB nach §§ 516, 565 die erstinstanzliche Entscheidung über die Hilfsaufrechnung nach § 705 formell rechtskräftig, erhöht sich der Kostenstreitwert der Rechtsmittelinstanz von Vornherein nicht, wenn der BeW sich nur nach dem Wert der Klageforderung richtet, etwa weil die rechtsmittelführende Partei sich alleine gegen die Sachentscheidung über die Klageforderung wendet, die Sachentscheidung über die Gegenforderung aber hinnimmt, vgl. BGH 30.11.2021 – I ZR 10/21, GRUR-RS 2021, 43628; JurBüro 1979, 358; entspr. für den parallelen Fall der Hilfswiderklage BGH NJW-RR 2009, 1612 Rn. 3; auch Toussaint/*Elzer* GKG § 45 Rn. 44. Macht die Partei auch die verneinende Sachentscheidung über die Gegenforderung zum Gegenstand des Rechtsmittels, gilt zutreffender Auffassung nach § 45 III GKG als Spezialregelung zu § 47 S. 2 GKG, so dass eine Werterhöhung ebenfalls nicht erfolgt, Köln NJOZ 2013, 1767; KG JurBüro 2010, 85; Brdb JurBüro 2006, 595 (LS); Stgt NJW-RR 2005, 507; Schlesw JurBüro 82, 1863; abweichende Ansichten sind vereinzelt geblieben, Toussaint/Elzer GKG § 45 Rn. 44.

21g – **(Klagerücknahme):** Auch bei wirksamer Klagerücknahme im höheren Rechtszug soll nach Mü NJW-RR 2018, 1338 Rn. 6 mit Rücksicht auf den angefallenen Aufwand der erhöhte Wert für die Vorinstanz bestehen bleiben, so auch Prütting/Gehrlein/Beumers ZPO § 5 Rn. 12. Dem ist nicht zu folgen, weil wegen § 269 III 1 eine auch nur „der Rechtskraft fähige Entscheidung" der Vorinstanz jetzt nicht mehr vorliegt.

21h – **(Abstandnahme):** Die Rücknahme der Hilfsaufrechnung, vgl. → § 322 Rn. 137, führt zur Unwirksamkeit der Aufrechnungserklärung, so dass nach einer Auffassung auch für den ersten Rechtszug die Werterhöhung entfällt, Mü BeckRS 2013, 10251; Prütting/Gehrlein/*Beumers* ZPO § 5 Rn. 12. Das begegnet den gleichen Bedenken wie bei einer Sachentscheidung des höheren Gerichts, die den Streitwert in Bezug auf die Hilfsaufrechnung sinken lässt, → Rn. 21c.

22 – **Sonstige Fälle**

– **(Streitgenossen):** Es kommt nur im Verhältnis zu dem Streitgenossen zur Werterhöhung, der die Hilfsaufrechnung erklärt, BGH NJW 1967, 2162. Die aM, KG MDR 2009, 586, krit Anm Schneider NJW-Spezial 2009, 381; Zöller/Herget § 3 Rn. 16.26, ist abzulehnen. Sie knüpft formal daran an, dass der Wortlaut der einschlägigen Vorschrift, § 45 III GKG, erst nach der Entscheidung des BGH geändert worden ist, sie verkennt indes das Angreiferprinzip.

23 – **(Vergleich):** Bei Erledigung des Rechtsstreits durch Vergleich gilt § 45 I–III GKG entsprechend, § 45 IV GKG. Maßgeblich für den Vergleichswert ist der Umfang der einbezogenen Forderungen („Worüber, nicht worauf"), woraus sich ein höherer Wertansatz ergeben kann, → Rn. 127. Nach § 45 III GKG, § 322 II ZPO ist indes für die Verfahrens- und die Anwaltsgebühr der Wert auf denjenigen der Klageforderung begrenzt, Celle BauR 2011, 886; Ddf JurBüro 2010, 423; LAG Bln NZA-RR 2004, 374; nur für die Vergleichsgebühr ist die Gegenforderung mit der ggf. weitergehenden vollen Höhe anzusetzen, KG NJW-RR 2018, 1277. Schließen die Parteien bei laufenden Rechtsstreit einen außergerichtlichen Vergleich, soll nach Karlsr NJW-RR 2013, 638 der Streitwert für den Rechtsstreit nicht erhöht werden; das ist formal richtig, führt aber zu der Frage, ob die Wertfestsetzung damit nicht zufälligen Charakter annimmt und umfassende Vergleichsregelungen unter Einbeziehung weiterer Streitpunkte damit nicht erschwert werden.

24 **Auseinandersetzung:** → Rn. 60 „Gemeinschaft".

Ausgleichsanspruch: → Rn. 41 „Erbrechtlicher Anspruch", → Rn. 67 „Handelsvertreter".

Auskunft: Der ZustW und der GebW hängen vom wirtschaftlichen Interesse des Kl. an der Auskunftserteilung ab, § 3, BGH NJW-RR 2018, 901; NJW-RR 2018, 1265; NZG 2016, 114; NJW 2011, 926; NJW 2011, 2975; NJW 2016, 714 = MDR 2016, 346 (auch bei Abwehr eines Anspruchs); MDR 2016, 348; LAG Mainz NZA-RR 2008, 324. Er beträgt in der Regel einen Bruchteil desjenigen Anspruchs, dessen Geltendmachung die Auskunft erleichtern soll, BGH MMR 2021, 235 (Facebook); NZG 2016, 114; NJW-RR 2007, 1301; Brem JurBüro2021, 372; Saarbr ZEV 2020, 297 Rn. 20; Bbg FamRZ 1997, 40; Brdb JurBüro 2008, 314; aM Rostock JurBüro 2009, 105 (Hauptsache). Dieser Anspruch ist zunächst zu schätzen (s. u. „Schätzung").

Der Bruchteil ist gering, etwa 10 % des zu schätzenden Leistungsanspruchs, wenn die fraglichen Verhältnisse fast bekannt sind, Ffm NJW-RR 2012, 762 oder 10–20 %, Schlesw JurBüro 2002, 80, oder 10–25 %, BGH FamRZ 2006, 619; Hamm FamRZ 2007, 163 (20 %); Zweibr FamRZ 2007, 1112 (20 %), oder 25 %, Ffm MDR 2005, 164; Köln MDR 2012, 919; Rostock NJW-RR 2013, 1016. Es ist auch ein deutlich höheres Interesse möglich, BGH FamRZ 1993, 1189. Das gilt etwa dann, wenn der Kläger einen Zahlungsanspruch ohne die Auskunft voraussichtlich nicht weiter verfolgen kann, BGH NJW-RR 2018, 1265 Rn. 10; NJW-RR 2012, 130 Rn. 14. Dann mag der Wert der Auskunft fast den Wert des Zahlungsanspruchs erreichen, ihn aber nicht übertreffen, Ffm MDR 1987, 508 Bbg JurBüro 1989, 1306. Unbeachtlich ist das Interesse des Bekl., den Hauptanspruch nicht erfüllen zu müssen, BVerfG NJW 1997, 2229; BGH NJW 1995, 2020.

Zu § 61 FamFG vgl. BGH NJW 2020, 1370. Für Bewertung des Anspruchs aus **Art. 15 DS-GVO** mit pauschal 5.000 EUR bei wirtschaftlichem Interesse Köln VuR 2020, 314.

– **(Anspruchsmehrheit):** Es liegen mehrere Gegenstände vor, Mü JurBüro 2004, 376.

– **(Beschwer):** Der Beschwerdewert folgt **beim Kl.** grds. dem GebW BGH NJW-RR 2018, 901; NJW-RR 2018, 1265 Rn. 10; NJW-RR 2018, 1345 (Umfang der Verurteilung durch Auslegung zu klären); NJW 2016, 714; MDR 2016, 348; NJW 1995, 664; Drsd FamRZ 2011, 1681; LG Bochum VersR 2000, 1431; maßgeblich ist auch hier das wirtschaftliche Interesse an der Auskunft, bei Teilerfolg des Kl. zählt in der Berufung die Mehrerwartung, Rostock NJW-RR 2013, 1016.

– **Beim Bekl.** zählt für den BeW alleine das Interesse daran, die Auskunft nicht erteilen zu müssen, BGH NJW-RR 2021, 724 (notwendiger Aufwand von Reisekosten); NJW-RR 2021, 449 (§ 61 I FamFG); BeckRS 2020, 16424 (Gutachterkosten); NJW-RR 2020, 705 (Übersetzungskosten); NJW-RR 2021, 449; NJW-RR 2020, 1137 (jew. Zugewinnausgleich); NJW 2019, 604 (auch: Kopierkosten); NZG 2018, 110 (Auskunft über Treugeber einer Publ.-KG ohne Kosten der Benachrichtigung betroffener Treugeber anzusetzen, Fortf in BeckRS 2018, 17878), NJOZ 2017, 719, 1067, NZFam 2016, 884, NJW-RR 2016, 1287, NJW-RR 2014, 834, NJW-RR 2008, 889, NJW-RR 2009, 793 (Erstellung Bilanz), NJW 2019, 1752; NJW 2011, 3790 (jew. Rechtsverfolgungskosten bei Auskunft über Dritten), NJW-RR 2012, 888 (Steuerveranlagung unerheblich), MDR 2014, 591 (Zeit- und Kostenaufwand), NJW-RR 2014, 1102 (Abwehr von Vollstreckungsmaßnahmen bei behaupteter Unmöglichkeit der Auskunftserteilung), MDR 2016, 45 (Zwangsvollstreckung ohne Einfluss), Köln OLGR 1999, 113 (Buchauszug), Brdb NZM 2009, 52.

Unklarheit des Titels, fehlende Vollstreckungsfähigkeit, kann den BeW erhöhen, da Kosten einer Abwehr unberechtigter Zwangsvollstreckung zu addieren sind, BGH NJW-RR 2022, 433; NJW-RR 2021, 451; NJW-RR 2019, 961; Karlsr FamRZ 2004, 1048. Aufwand vor der Verurteilung ist für die Beschwer nicht maßgeblich, auch wenn er verwertet werden kann, BGH NJW-RR 2020, 189. Ein Interesse an der Verhinderung der mit der Auskunft verfolgten weiteren Ziele ist unbeachtlich, BGH NJW-RR 2020, 189 Rn. 8.

Geheimhaltungsinteressen sind nur im Ausnahmefall, namentlich bei drohendem wirtschaftlichem Nachteil beachtlich, BGH NJW-RR 2018, 1347 (nicht bei Verwertung zu Werbezwecken); NJW 2017, 739; NJW 2011, 2974 Rn. 8; NJW 2005, 3349; NJW-RR 1993, 1313.

Eigene Kosten können in den Grenzen von § 22 JVEG angesetzt werden, BGH BeckRS 2018, 17029; NJW-RR 2015, 1153 (grds. kostenfreie Tätigkeit in der Freizeit); FamRZ 2010, 891; Hamm MDR 2014, 111, solche für Hilfspersonen (namentlich Steuerberater) nur bei Unvermeidbarkeit, BGH 30.7.2020 – III ZR 15/20, GRUR-RS 2020, 19452; MDR 2014, 921, die allerdings bei hohen Werten nahe liegt, NJW 2009, 2218 (Kleinlichkeit fehl am Platz), mangels anderweitiger Anhaltspunkte kommt Orientierung an § 20 JVEG in Betracht, BGH NJOZ 2018, 361; 2017, 1542. Die Erstellung einer Gesellschafterliste ist idR nicht mir mehr als 10 Std. anzusetzen, KG NZG 2018, 1267. Wird mit der Erteilung der Auskunft weder eine berufstypische Leistung erbracht noch einen Verdienstausfall erlitten, liegt Freizeittätigkeit vor, deren Vergütung nicht mit den für die berufliche Tätigkeit maßgeblichen Sätzen zu berechnen ist, BGH BeckRS 2021, 33354 Rn. 14, 24 = MDR 2022, 54; es kommt vielmehr eine Berechnung nach § 20 JVEG in Betracht, Kobl JurBüro 2021, 97.

Berufungen scheitern nach allem nicht selten an der Erwachsenheitssumme, § 511 II Nr. 1! Auch für die NZB des Bekl. ist bei Zuspruch auf den Auskunftsantrag und Zurückverweisung iÜ an das LG nur auf den BeW durch die Verurteilung zur Auskunft abzustellen, BGH NJW 2002, 3477.

Die Beschw des Bekl. ist auch dann nach diesen Grundsätzen zu ermitteln, wenn die Auskunft unter dem Druck der Zwangsvollstreckung bereits erteilt wurde, eine Erledigung aus eben diesem Grunde aber nicht eingetreten ist, BGH BeckRS 2021, 33354 Rn. 14, 24 = MDR 2022, 54; → § 91a Rn. 46 „Zwangsvollstreckung".

Diese Rspr. ist im Lichte des Grundrechts auf **informationelle Selbstbestimmung,** BVerfG NJW 2012, 1419; MedR 2007, 351, problematisch. Hiernach wird die Berufungsbeschwer und erst recht der BeW für die NZB häufig nicht erreicht, weil die Auskunft ohne nennenswerten Aufwand zu erteilen ist. Auf diese Weise kommt es auch in Fällen erheblicher wirtschaftlicher Tragweite zum Erlass nicht rechtsmittelfähiger Urteile, in denen auch die Gehörsrüge, dazu BVerfG NJW 2003, 1924, kaum einmal weiterhilft.

– **(Bilanz):** Der BeW für Bekl folgt allgemein Grundsätzen der Auskunft, BGH 8.6.2021 – II ZR 166/20, BeckRS 2021, 16520; ZIP 2018, 70 Rn. 3.

– **(Datenschutz):** Anspruch nach Art. 15 DSGVO ist pauschal 5.000 EUR zu bewerten, Köln MDR 2019, 1403.

– **(Einsichtnahme in Unterlagen):** Hier gelten die gleichen Grundsätze, → 33.

– **(Kostennachteil):** Er ist die Untergrenze der Beschwer, BGH NJW-RR 2016, 1287 (Kosten wegen unklarer Vollstreckbarkeit); NJW 1994, 1740 (auch bei Teilurteil ohne Kostenentscheidung).

– **(Mietrecht):** → Rn. 77 „Mietverhältnis: Klage auf Auskunft".
– **(Reisekosten):** Sie können den Wert der Beschwer erhöhen, BGH NJW-RR 2021, 724.
– **(Schätzung):** Man muss zunächst schätzen, welchen Wert der Gegenstand der Auskunft hat, BGH NJW 2005, 3349. Grundlage sind die für diesen maßgeblichen Vorschriften, im Regelfall §§ 3 und 6, BGH MDR 1997, 504 (§ 9); Hamm MDR 2013, 1285 (§ 45 FamGKG). Der Kl. ist zu nachvollziehbarem Vortrag gehalten. Die Angabe des erhofften Betrags bietet einen Anhaltspunkt, KG GRUR 1992, 611 (Mittelwert zwischen Vermutung und tats Ergebnis, Markenrecht). Wenn gerade wegen der fehlenden Auskunft die Möglichkeiten gering sind, ist eine überschlägige, realistische Bewertung angezeigt, Ddf AnwBl 1992, 286.
– **(Zeitpunkt):** Maßgeblich ist der Zeitpunkt der Einreichung der Klage, § 4 I ZPO, 40 GKG, Mü MDR 2006, 1134. Der Wert ermäßigt sich nicht, wenn sich aufgrund einer Auskunft ergibt, dass der Leistungsanspruch weniger oder nichts wert ist, Ddf AnwBl 1992, 286, aA KG MDR 1997, 598 (Erkenntnis zum Ende der Instanz). Zutreffender Auffassung nach kann der Wert steigen, wenn sich im Verlauf des Rechtsstreits ein höherer Wert des Leistungsanspruchs herausstellt, Mü MDR 2006, 1134, aA Celle MDR 2003, 55; OLGR Köln 2004, 282 (es bleibt bei § 4 ZPO, § 40 GKG). Bei späterem Übergang von isolierter Auskunftsklage zum Leistungsanspruch geht der Wert der Auskunft wegen wirtsch Identität im Wert des Leistungsantrags unter, Hamm JurBüro 1986, 746.
– **(Zug um Zug):** Auch beim Auskunftsanspruch Zug um Zug ist das Interesse des Klägers maßgeblich, BGH NJW 1993, 3206.
→ Rn. 108, „Stufenklage"

25 **Auslandswährung:** Maßgeblich ist der Umrechnungsbetrag in EUR, Ffm NJW 1991, 643, Ritten NJW 1999, 1215, im Zeitpunkt der Klagerhebung oder der Rechtsmitteleinlegung, eine spätere Kursänderung ist also unbeachtlich, § 4 ZPO, § 40 GKG, BGH JurBüro 2010, 201; Mü FamRZ 1997, 34; Oldb NJW-RR 1999, 942. Für die Zust. gilt ohnehin § 261 III Nr. 2. Nach Ffm NJW 1991, 643 soll bei Währungsverfall letzte mdl Verhandlung maßgeblich sein; zweifelhaft, da keine gesetzliche Grundlage besteht. Auch → Rn. 59 „Geldforderung".

Ausscheiden und Ausschließung: → Rn. 62 „Gesellschaft", → Rn. 126 „Verein".

Aussetzung: Maßgeblich für GebW und BeW ist nach § 3 das Interesse der Parteien an der Aussetzung, nicht der Wert des Hauptverfahrens, BGHZ 22, 283; grds. werden 20 % angesetzt, BGH ZIP 2016, 436 Rn. 19; BGHZ 222, 15 Rn. 37; Hbg MDR 2002, 479; Kblz MDR 2006, 289; Mü BeckRS 2019, 6567 Rn. 14; 2010, 26740; Karlsr NJW-Spezial 2011, 253. Mehr, wenn eine Vorfrage von besonderer Bedeutung zu klären ist, OLGR Hamm 1997, 354; oder aus sonstigen Gründen ein gesteigertes Interesse vorliegt, Nürnb KostRspr Nr. 129: anstehende Strafsache. Im Beschwerdeverfahren gilt das gleiche, aM Ffm NJW-RR 1994, 957 (mind. 33,3 %). Im Musterverfahren kommt es nicht auf den Gesamtumfang an, sondern auf die vom jeweiligen Kl. verfolgten Ansprüche, BGH 6.10.2021 – II ZB 30/19, BeckRS 2021, 35611.

Aussonderung: Maßgeblich ist der Wert des auszusondernden Gegenstands, meist nach § 6.

Auswechslung des Streitgegenstands: → Rn. 74 „Klageänderung".

26 **Bank:** Im Eilverfahren wegen eines Kontos nach §§ 916 ff., 935 ff. kann das regelmäßige Entgelt der Bank maßgeblich sein, LG Lübeck NJW 2001, 82.

Baubeschränkung: Maßgeblich ist § 7.

Bauhandwerkersicherungshypothek: § 6 S. 2 Es kommt auf das Interesse an der Eintragung an, LG Ffm AnwBl 1983, 556, meist also auf die zu sichernde Forderung ohne Nebenforderungen, Stgt NJW-RR 2012, 1418; Ddf MDR 2009, 322; Nürnb MDR 2003, 1382. Bei der Eintragung einer Vormerkung sind davon 25–40 % anzusetzen, da keine ZwV möglich, Bbg JurBüro 1975, 649; Brem JurBüro 1982, 1052; Ffm JurBüro 1977, 719; höher Saarbr JurBüro 1987, 1218 (50 %). Der Wert des Löschungsanspruchs ist nach § 3 mit einem Anteil der urspr. Forderung zu schätzen, BGH GE 2019, 1571; Brem JurBüro 1982, 1052. Hypothek und Werklohn werden wegen wirtsch Identität nicht zusammengerechnet, Drsd JurBüro 2014, 584. Auch → Rn. 37 „Einstweilige Verfügung".

Baulandsache: Die str. Geldentschädigung ist nach § 6 mit dem Betrag anzusetzen. Bei einer vorzeitigen Besitzeinweisung nach § 116 BauGB zählt grds. das Interesse mit 20–50 % des Grundstückswerts, BGH NJW 1974, 320; BeckRS 2011, 02917: jew. 20 %; OVG Münst NVwZ-RR 2004, 712; BauR 2004, 379.

Im Streit um **Enteignung** ist vom Wert des Grundstücks auszugehen, BGH NJW 1968, 153; Mü NVwZ-RR 1993, 109. Die str. Einbeziehung eines Grundstücks wird nicht nach § 6 bewertet, für Analogie Bbg JurBüro 1998, 542. Wenn der Verlust der Fläche im Vordergrund steht. Der Antrag auf gerichtliche Entscheidung gegen den Umlegungsplan ist idR mit 20 % des Werts der eingeworfenen Fläche zu bewerten, BGH NJW 1968, 890; NJW 1969, 1113, Rpfleger 1978, 95 (einschl. baulicher Anlagen und Bepflanzung); OLGR Mü 1993, 187; OLGR Celle 1995, 23; Karlsr NJW-RR 2006, 1250, wird weitere Zuteilung erstrebt, ist der objektive Wert des zusätzlich begehrten Grundbesitzes anzusetzen, Karlsr NJW-RR 2006, 1250. Allgemein ist jede günstigere Regelung mit der Wertdifferenz anzusetzen, Karlsr AnwBl 1974, 377; Bbg JurBüro 1983, 1538; OLGR Celle 1995, 23. Für den Pächter kommt es nach § 41 GKG auf das einjährige Entgelt an, Karlsr JurBüro 2006, 539. Auch → Rn. 40 „Enteignung".

Bausparvertrag: Beschwer des Kl. im Streit um Kündigung ist nach §§ 3, 9 mit dem 3,5fachen des Jahreszinsertrags zu bewerten, BGH NJW 2017, 2343; krit. Maier VuR 2017, 262.

Bauverpflichtung: Nach § 3 geringer Bruchteil der Baukosten, Ffm Rpfleger 1957, 390.

27 **Bedingter Anspruch:** Bei auflösender Bedingung gem. § 3 nach dem Grad der Wahrscheinlichkeit zu schätzen, BGH MDR 1982, 36. Aufschiebende Bedingung wirkt nicht wertmindernd, Musielak/Voit/Heinrich § 3 Rn. 24 „Bedingte Ansprüche". → Rn. 74 „Künftige Leistung".

Beiordnung: Wert der Hauptsache, BGH FamRZ 2010, 1892.

Befangenheit: → Rn. 3, 4 „Ablehnung".

Beförderung: Es ist § 9 beachtbar, BGH DRiZ 2008, 291.

Befreiung: Maßgeblich ist grds. der vom Kläger genannte Geldbetrag der Verbindlichkeit, BGH NJW-RR 1995, 197; NJW-RR 1990, 958; Rostock JurBüro 2009, 197, nicht die geschätzt erwartete Inanspruchnahme, Karlsr OLGR 1998, 16. Indes zählt nur das nach § 3 zu schätzende wirtschaftliche Interesse, wenn Inanspruchnahme in der Zukunft als ausgeschlossen erscheint, BGH NJW-RR 2012, 60: 20 %.

– **(Beschwer):** Stgt bewertet den BeW bei Verurteilung zur Zahlung statt Freistellung mit 10 %, JurBüro 2011, 482.
– **(Bürgschaft):** Beim Streit um eine Befreiung von einer Bürgschaft ist der Schuldbetrag maßgeblich, Karlsr AnwBl 1973, 168. Näher zur Bürgschaft → Rn. 30.
– **(Feststellung):** Beim Streit um eine bloße Feststellung erfolgt eine Ermäßigung, BGH NJW-RR 1990, 985 (20 %), dsgl beim unbezifferten Antrag, KG MDR 1998, 1310; → Rn. 53.
– **(Gesamtschuld):** Beim Streit um die Befreiung eines Gesamtschuldners im Innenverhältnis ist der Wert des übernommenen Anteils maßgeblich, Ddf FamRZ 1994, 57 (Unterhaltsvergleich), Rostock JurBüro 2009, 197, Karlsr FamRZ 2014, 1225.
– **(Hypothek):** Beim Streit um die Befreiung von der persönlichen Haftung für eine Hypothek ist nur der Schuldbetrag maßgeblich, KG JurBüro 1968, 466.
– **(Kosten):** Diejenigen des Vorprozesses sind keine bloßen Nebenforderungen nach § 4, BGH MDR 1976, 649, Brem JurBüro 2003, 83.
– **(Rechtsmittel):** Will Bekl. statt zur Zahlung auf Freistellung verurteilt werden: 10 %, Stgt MDR 2011, 1258.
– **(unbezifferter Antrag):** → „(Feststellung)".
– **(Vorprozess):** → „– (Kosten)".
– **(Wiederkehrende Nutzung usw.):** Mitbeachtlich ist § 9, BGH JurBüro 1975, 325. § 9 ist nicht (entspr.) anwendbar, wenn die Befreiung insgesamt geklärt wird, Mü NZG 2005, 38; für Anwendung bei Versicherungsbeiträgen Karlsr NJW-RR 2016, 1343; OLGR Ffm 2008, 246.
– **(Zinsen):** Die Zinsen desjenigen Anspruchs, von dem der Kläger die Befreiung verlangt, können Nebenforderungen nach § 4 sein, aM Görmer JurBüro 2010, 68. Auch → „(Kosten)".
– **(Zug um Zug):** Die Gegenleistung ist unbeachtlich, Karlsr NJOZ 2015, 678; → Rn. 142.

Befristeter Anspruch: Man muss den Wert nach § 3 schätzen, Köln FamRZ 1989, 417, und zwar nach § 4 im Zeitpunkt der Geltendmachung des Anspruchs. Die Fälligkeit oder der Zeitpunkt des Wegfalls des Anspruchs ist wertmindernd zu berücksichtigen.

Bekanntmachung: Eines Urteils, → Rn. 119.

Belästigung: → Rn. 118.

Beleidigung: → Rn. 32 „Ehre".

Bereicherung: Bei einer Sache ist § 6 maßgeblich, sonst grds. der Betrag der Forderung, § 3. 28

Berichtigung einer Entscheidung: Im Verfahren nach § 319 ist grds. § 3 anwendbar. Es ist also das Interesse des Antragstellers maßgeblich. Es kann von 20 % der Hauptsache (vorübergehende Unterlassung der Vollstreckung) bis zu 100 % reichen (endgültige Beseitigung der Vollstreckbarkeit), Ffm JurBüro 1980, 1893; Zweibr JurBüro 1984, 917; Saarbr JurBüro 1989, 522. Relevanz wegen KV 9000 GKG, VV 3100 RVG nur für Beschwerde.

Berichtigung des Grundbuchs: Maßgebend ist das Interesse des Klägers nach § 3, Köln JurBüro 2014, 537; Saarbr AnwBl 1978, 106. Wert der Klage auf eine Zustimmung zur Berichtigung ist nach dem Berichtigungsinteresse zu schätzen, LG Drsd JurBüro 2000, 83. Er kann den Verkehrswert erreichen, § 6, wenn str. Eigentumsverhältnisse geklärt werden, Köln BeckRS 2011, 22953; KG MDR 2001, 56; BezG Potsdam VersR 1993, 1382. Das gilt auch in Eilverfahren, Köln ZMR 1995, 258. Er kann aber auch erheblich darunter bleiben, etwa bei weitgehender Unstreitigkeit der Verhältnisse, Zweibr JurBüro 1987, 265; LG Bayreuth JurBüro 1979, 1884, str. bei valutierenden dinglichen Lasten, Bbg JurBüro 1977, 1278; LG Köln NJW 1977, 255: Belastungen beachtlich, BGH ZIP 1982, 221; KG MDR 2001, 56; Köln JurBüro 1995, 368: Belastungen unbeachtlich.

Berufung: Maßgeblich ist das Interesse an der Beseitigung der Beschwer, unter Auswertung des gesamten erstinstanzlichen Vortrags, BGH NJW 2011, 615. Diese wird vom Berufungsgericht ohne Bindung an die Wertfestsetzung des Gerichts 1. Instanz in freiem Ermessen, § 3, festgesetzt, BGH VersR 2012, 1272. Für Kl. gelten die allgemeinen Grundsätze, Karlsr MDR 1986, 593 (Ausländersicherheit); Kblz NJW 2011, 2373 (Vorschuss statt endg. Leistung). **Kosten** sind neben der Hauptsache nicht zu berücksichtigen, BGH NJW-RR 2018, 384. Für jeden Bekl. ist eigenständig zu prüfen, BGH NJW-RR 2010, 1081; Köln NJW-RR 1993, 1215 (Zinsberufung); Zahlung eines gesamtschuldnerisch verurteilten **Streitgenossen** lässt die Beschwer des anderen nicht entfallen, BGH NJW-RR 2011, 488. BeW kann höher, BGH GZS NJW 1995, 664; WM 1997, 2049 oder geringer sein als für den Kl., zB → Rn. 24 „Auskunft", oder sich auf den Wert der allein str. Gegenleistung konzentrieren, BGH NJW-RR 1995, 1340; insoweit auch → Rn.. Mindestbeschw. ist die nachteilige Kostenbelastung, BGH NJW 1994, 1740. Nebenforderungen werden nicht eingerechnet, auch nicht die Verzugspauschale nach § 288 V 1 BGB, BAG MDR 2019, 1512. Der Wert für die versehentlich eingelegte, Ffm MDR 1984, 237, oder für die mangels Beschwer unzulässige Berufung, Ddf MDR 2009, 1187, beträgt den Mindestwert.

Wert einer Berufung alleine wegen **Zinsen** ist in die Zukunft zu schätzen, Köln NJW-RR 1993, 1215.

Rücknahme lässt den Wert unberührt, München MDR 2004, 966; Rostock JurBüro 2008, 370. Eingeschränkte Antragstellung innerhalb der Begründungsfrist verringert den GebW, BGH MDR 2013, 1376, wenn sie nicht missbräuchlich alleine der Ersparnis dient, BGH NJW-RR 1998, 355; Köln NJW-Spezial 2018, 349; Hbg MDR 2012, 1379. Umfassende Berufung des Bekl. gegen Teilanerkenntnis- und Schlussurteil ist bei Erledigung des anerkannten Teils vor Ablauf der Begründungsfrist nur mit dem str. Teil zu bewerten, Ffm MDR 2008, 1244.

Die Wertgrenze des § 47 II 1 GKG greift nicht bei Wertänderung des Streitgegenstands, BGH NJW-RR 1998, 1452 und bei dessen Erweiterung, § 47 II 2 GKG. Bei wechselseitigen Berufungen gilt § 45 II GKG, der bei wirtschaftlicher Identität nicht eingreift, BGHZ 7, 152 (wechselseitige Berufung bei Klage gegen zwei Gesamtschuldner und Zuspruch nur gegen einen). → Rn. 7 „Anschlussrechtsmittel", → Rn. 129 „Verlustigkeitsbeschluss".

Beschwerde: → Rn. 104 „Sofortige Beschwerde". 29

Beseitigung: Maßgeblich nach § 3 das Interesse des Kl, BGH NZM 2019, 349 (Beseitigungskosten mangels Wertminderung); NJW 2006, 2639 (Antenne); NJW-RR 2015, 337 (Abrisskosten bei Überbau); Kbl NJOZ 2019, 611 (Einsturzgefahr, Abwehrinteresse und Kosten),BeW des Bekl des Bekl nach dessen Interesse an Vermeidung des Aufwands, NJW 1994, 735, bemessen nach den Kosten einer hyp Ersatzvornahme, BGH NJW-RR 2020, 1004; bei Räumung tritt § 8 hinzu, BGH NZM 2005, 677; → Rn. 92 „Räumung".

Besichtigung: → Rn. 83.

Besitzstreit: Der Wert richtet sich im Prozess nach → § 6 Rn. 4. Eigentum und Besitz werden grds. gleich bewertet, Ddf MDR 2012, 1187. Für den GebW ist § 3 maßgeblich, Stg IBR 2018, 1069 (Gesamtbetrachtung, nicht notwendig Kaufpreis); Brdb MDR 2007, 1225 (Miete/Pacht), Rostock JurBüro 2006, 645, Ffm NZM 2008, 823, Naumb JurBüro 2010, 306, LG Bielef FamRZ 1992, 1095 (1-Jahres-Wert des Mietzinses), Ddf MDR 2012, 1187 (Beseitigungskosten). Intensität der Störung gebietet hohen Wert, Köln JMBlNRW 1976, 71. § 41 I 1 GKG bildet den Höchstwert. Für die Zuständigkeit sind §§ 8, 9 maßgeblich, KG NZM 2006, 720. Bei Klage des Unterpächters gegen Unterverpächter und gegen Eigentümer auf Feststellung seines Pachtrechts bemessen sich ZustW und BeW des Kl. gem. §§ 8, 9 ZPO (3,5-faches), GebW gem. § 41 Abs. 1 GKG (1-faches) des Jahres-Pachtzinses, BGH NJW-RR 2017, 911. Bei der einstweiligen Verfügung richtet sich der Wert nach § 53 I Nr. 1 GKG, Ddf AnwBl 1986, 37; Brdb MDR 2007, 1225.

Bestimmung der Zuständigkeit: → Rn. 143 „Zuständigkeit".

Betagter Anspruch: Maßgeblich ist § 3. IdR voller Nennbetrag. Man darf einen Zwischenzins nicht abziehen, Voormann MDR 1987, 722, aM LAG Köln MDR 1987, 169; KG JurBüro 1989, 1599: Abzinsung. Beschwer des Kl., der nur Urteil auf künftige Leistung erhält, nach Interesse an sofortiger Leistung zu bemessen, des Bekl., der erst künftig leisten will, nach dem Verzögerungsinteresse, BGH WM 1995, 2060; LG Bielefeld AnwBl.80, 256; beides im Wege der Zinsermittlung. → Rn. 50 „Fälligkeit".

Betreuer: Bei seiner Auswahl kann man 3000 EUR ansetzen, BayObLG JurBüro 2004, 140.

Betriebskostenabrechnung: Bei ihrer Überprüfung gilt das Interesse an einer richtigen Abrechnung, BGH NZM 2017, 358, bzw. der geforderte Nachzahlungsbetrag, AG Ddf JurBüro 2009, 256.

Beweisaufnahme: Relevanz für §§ 23, 33 I RVG, weitgehende Identität mit → Rn. 102 „Selbständiges Beweisverfahren". Der Wert richtet sich ohne Abschlag nach dem Gegenstand des Beweises, es zählt das Interesse des Beweisführers, BGH NJW 2004, 3488; Ddf OLGR 2009, 364; Schlesw MDR 2009, 1302. Falls sich die Beweisaufnahme nur auf einen Teil der Klageforderung erstreckt, ist nur dieser Teil maßgeblich, Celle FamRZ 2008, 1197. Das gilt auch bei Streitgenossen nach §§ 59 ff., Celle NJW-RR 2009, 1678; KG NJW-RR 2000, 1622 (auch zur Wertfestsetzung bei Insolvenz).

Beweissicherung: → Rn. 102 „Selbständiges Beweisverfahren".

Bezifferung: Sie ist nach dem Nennwertprinzip grds. verbindlich, LAG Stgt NZA-RR 2015, 98. Werthaltigkeit ist grds. ohne Bedeutung, BGH NJW-RR 1988, 444. Aber → Rn. 73 „Insolvenz" (Quote)

Bezugsverpflichtung, Bierlieferung: Der Wert orientiert sich für den kl. Lieferanten am erwarteten, entgangenen Gewinn, für den dagegen kl. Bezugsverpflichteten an der Kostenersparnis, § 3, BGH NJW-RR 1989, 381; Bbg MDR 1977, 935; JurBüro 1985, 441 (Gedanke des § 9); LG Münst JurBüro 1975, 1621 (Rückkaufswert). Interesse des Lieferanten an langfristiger Bindung und Werbewirkung erfordert einen Aufschlag, Brschw JurBüro 1979, 436.

Buchauszug, -einsicht: → Rn. 24 „Auskunft".

30 **Bürgschaft:** Maßgeblich ist nach § 6 der Betrag der gesicherten oder zu sichernden Forderung ohne Rücksicht auf Werthaltigkeit, Wahrscheinlichkeit der Inanspruchnahme, Betagung oder Bedingung, BGH WuM 2006, 215 (Freigabe der Mieter-Bürgschaft); KG AGS 2001, 253 und Ddf NJW-RR 2016, 1215 (ggf. voller Wert). Bei der Höchstbetragsbürgschaft ist der (noch) nicht valutierte Teil nach der Wahrscheinlichkeit der Inanspruchnahme zu schätzen, Karlsr MDR 1991, 1197. Bei der Klage gegen Hauptschuldner und Bürgen erfolgt wegen wirtsch Identität keine Zusammenrechnung nach § 5, OLGR Stg 1998, 427, dsgl. bei Klage aus der oder gegen die Bürgschaft und zgl auf Herausgabe der Urkunde, Ddf NJW-RR 2016, 1215; Bbg JurBüro 1974, 1437. Für Zinsen und Kosten gilt § 4 I. Bei der Klage des Bürgen gegen den Hauptschuldner sind die vom Bürgen gezahlten Zinsen und Kosten Hauptforderung. Anspruch auf Herausgabe der Bürgschaftsurkunde ist je nach Beweisinteresse und Bedeutung für die Aussicht auf Inanspruchnahme vom Bruchteil bis 100 % zu schätzen, § 3, BGH WuM 2006, 215; NJW-RR 1994, 758; Köln MDR 1994, 101; Drsd BauR 2003, 931; Ddf BauR 2014, 1517; Schlesw NJW-Spezial 2014, 397. Anspruch auf Unterlassung der Inanspruchnahme kann bei Solvenz mit dem Zinsschaden angesetzt werden, Zweibr NJW-Spezial 2019, 109.

Klage nur auf **Herausgabe der Urkunde** ist nach dem Beweisinteresse im Einzelfall zu bewerten, BGH NJW-RR 1994, 758; Drsd BauR 2003, 931. Entsprechendes gilt für die Freigabe einer Bürgschaft, BGH WuM 2006, 215. Wertgrenze ist die Höhe der Hauptforderung, Schlesw NJOZ 2014, 1750.

CD-Raubkopie: Es entscheidet das Interesse des Gestörten, AG Mü GRUR-RR 2008, 263.

Darlehen: Maßgeblich im Streit um den Bestand des Vertrags ist grds. die in Rede stehende Darlehenssumme ohne Nebenforderungen, selbst wenn diese kapitalisiert sind, BGH NJW-RR 2020, 1196; VuR 2015, 306; Mü BeckRS 2016, 02908 (Nettobetrag), Karlsr JurBüro 2016, 257; OLGR 2005, 353, abzüglich eines etwaigen Ablösungsbetrags. Auch Vertragszinsen sind nach § 4 I Hs. 1 nicht anzusetzen, Karlsr JurBüro 2020, 371; anders für die Befreiung von Zinsen Karlsr NJW-RR 2018, 191.

Für **Widerruf** eines Verbraucherdarlehens kommt es bei Klage auf Feststellung, dass der Vertrag sich in ein Abwicklungsschuldverhältnis umgewandelt hat, auf die bis dahin erbrachten Zins- und Tilgungsleistungen an; das gilt auch, wenn der Antrag dahin geht festzustellen, dass künftig keine Zins- und Tilgungsleistungen mehr geschuldet werden, BGH 28.9.2021 – XI ZR 579/20, BeckRS 2021, 31941; 10.1.2017 – XI ZB 17/16, BeckRS 2017, 101347; verlangt der Darlehensnehmer indes die Auszahlung eines von ihm errechneten Saldos, ist der Betrag der Forderung maßgeblich, BGH BKR 2019, 243; BeckRS 2018, 19102; NJW 2016, 2428; Brem NJW-RR 2018, 1472. Begehrt Kl. die Feststellung, dass er die Darlehensvaluta nicht abnehmen muss, zählen nach §§ 3, 9 S. 1 die Zinsen für 3,5 Jahr auf die Darlehensvaluta, BGH 28.9.2021 – XI ZR 579/20, BeckRS 2021, 31941; 7.1.2020 – XI ZR 277/18, BeckRS 2020, 436.

Bei **finanzierten Kapitalanlagegeschäften,** in denen der Kl. wirtschaftlich betrachtet begehrt, so gestellt zu werden, als hätte er das Geschäft nicht getätigt, bemisst sich der Gesamtstreitwert einer Klage nach der Höhe des Nettodarlehensbetrags zuzüglich eines etwaigen aus Eigenmitteln aufgebrachten Betrags; weiteren Anträgen, etwa gerichtet darauf, die beklagte Bank zu einer Rückzahlung von Zins- und Tilgungsleistungen nebst Zinsen zu verurteilen, sie zur Herausgabe von Sicherheiten zu verurteilen oder die Feststellung eines Annahmeverzugs der beklagten Bank mit der Annahme einer klägerseits Zug um Zug zu erbringenden Gegenleistung auszusprechen, kommt kein gesonderter Mehrwert zu; dies gilt unabhängig davon, ob diese Anträge kumulativ zu dem negativen Feststellungsantrag oder unter einer innerprozessualen Bedingung als Hilfsanträge gestellt werden, BGH NJW-RR 2020, 1196; Karlsr NJW-RR 2020, 1198.

Das gilt für positive wie negative **Feststellung,** auf vorgerichtliche Aufrechnung kommt es nicht an, BGH VuR 2018, 464. Köln NJW 2018, 2339 will negative Feststellung, dass ab Kündigung keine Leistungen mehr zu erbringen sind, mit offenen Zins- und Tilgungsansprüchen bewerten.

Bei interner Befreiungsregelung von **Gesamtschuldnern** im Vgl. gilt deren Umfang, Ffm OLGR 2002, 96. Für BeW des Kl. ist der aberkannte Betrag maßgebend, beim Bekl. die Differenz zwischen dem letzten Antrag und dem Tenor, BGH WM 1985, 279. Beim Widerruf oder Streit um Konditionen gilt das Interesse am Unterschied, namentlich Zinsdifferenz, Stgt JurBüro 2015, 475; Zweibr JurBüro 2015, 580; Celle JurBüro 2015, 579; Ddf MDR 2010, 715; aM Karlsr JurBüro 2015, 645. Der BeW des unterlegenen Verbrauchers bemisst sich nach der von ihm beanspruchten Hauptforderung, BGH WM 2016, 454.

Zum Bausparvertrag BGH WM 2017, 804 (3,5-facher Jahreszins). Zur Provision → § 4 Rn. 24.

Datenberichtigung: Für Ansatz von 5.000 EUR Braunschw JurBüro 2021, 148.

DatenschutzgrundVO: Maßgeblich für den Anspruch aus Art. 15 ist das Angreiferinteresse des Kl., Köln CR 2020, 239 = VuR 2020, 314; → Anh. § 3 Rn. 24. Der Anspruch auf Datenauskunft kann mit 500 Euro angesetzt werden, LAG Bad-Württ RVGRep 2020, 467.

Dauervertrag: Maßgeblich ist § 9, BGH WuM 2010, 438, Schlesw OLGR 1998, 347 (Energielieferverträge). Ältere Rspr., die auf § 9 aF beruht, ist überholt.

Dauerwohnrecht: Grds. gilt § 3, bei Nähe zur Miete ist § 9 für ZustW und BeW, BGH NJW-RR 1994, 909; Ffm NJOZ 2006, 3302, und für GebW § 52 GNotKG, OLGR Köln 2006, 704; Brschw NZM 2008, 423; Bormann/Diehn/Sommerfeldt/Diehn GNotKG § 52 Rn. 2; oder § 41 GKG entspr., Ffm NZM 2002, 1046. Der Wert seiner Löschung lässt sich gem. der Wertminderung des Grundstücks nach § 3 berechnen.

DeckungsProzess: → Rn. 130 „Versicherung: a) DeckungsProzess". **31**

Deklaratorisches Schuldanerkenntnis: → Rn. 10 „Anerkenntnis".

Dienstbarkeit: Der Wert lässt sich nach §§ 3, 7 berechnen, BayObLG JurBüro 1995, 27, ähnlich Kblz NJW-RR 2014, 401. Bei Dauernutzung § 9, Nürnbg JurBüro 1967, 829 (Tankstelle); Oldbg Rpfleger 1998, 171 (Windenergie); Oldbg MDR 2011, 536 (Photovoltaik, Einspeisungsvergütung). → Rn. 140 „Wohnrecht"

Dienstvertrag: Maßgeblich ist § 3, soweit es um die Anstellung, die Beendigung usw. geht, BGH NJW-RR 1986, 676. Jedoch gelten für die ZustW § 9 und für den GebW § 42 I, III GKG, soweit das Entgelt umstritten ist, BGH NJW-RR 2006, 213. Die Vorschrift kann auch Ausgangswert bei der Feststellung des Bestehens des Vertrags sein, BGH NJW-RR 1986, 676. § 42 II GKG gilt nur für das arbeitsgerichtliche Verfahren, BGH NJW-RR 1986, 676.

Dingliche Sicherung: Es ist § 6 anwendbar, s. dort.

Domain: Freigabe ist mit dem Interesse des Kl. zu bewerten, § 3, Köln GRUR-RR 2006, 67 (25.000 EUR).

Drittschuldnerprozess: Soweit der Gläubiger den Drittschuldner zB nach §§ 829, 840 II 2 auf eine Zahlung verklagt, ist der Wert dieser Klageforderung maßgeblich, Köln MDR 1991, 899 (nicht: Forderung des Schuldners gegen den Drittschuldner); Köln JurBüro1992, 267; Saarbr JurBüro 1992, 849; LAG Ddf JurBüro 1992, 91; aM Saarbr JurBüro 1989, 849 (Wert der gepfändeten Forderung); aM für Arbeitsrecht LAG Kiel JurBüro 2001, 196; LAG Stgt JurBüro 2002, 196 (36facher Monats-Pfändungsbetrag). Wertprivilegien der eingeklagten Forderung aus der Rechtsbeziehung des Schuldners zum Drittschuldner können beachtlich sein, Köln MDR 1991, 899.

Drittwiderspruchsklage: → Rn. 139 „Widerspruchsklage: a) Widerspruchsklage des Dritten, § 771".

Duldung:

– **(Handlung, allgem):** Maßgeblich ist für den Kl. nach § 3 das Interesse an der Vornahme der Handlung, Köln JurBüro 2019, 138 (Einstellung Gasversorgung, Zielsetzung anhand der Monatsabschläge im zu schätzenden Zeitraum); Ffm MDR 2012, 604 (Einstellung der Gasversorgung, Verbrauch von sechs Monaten), BeW des Bekl. richtet sich nach dessen drohendem Verlust, zB Verdienstausfall, BGH FamRZ 1999, 647 (Begutachtung); BGH NJW-RR 1992, 188; NJW-RR 2010, 1081 (Zutritt zu Grundstück); Kblz AnwBl 2000, 264; Kblz AnwBl 2000, 264 (Ortsbesichtigung, idR gering).

– **(Wegnahme):** Wert des Gegenstandes, BGH NJW 1991, 3221 (nach dem Ausbau); BGH NJW-RR 1991, 1210 (Kurswert von Gold)

– **(Zwangsvollstreckung):** Die Duldung hat nach § 5 neben Verurteilung zu einer Leistung wegen wirtsch Identität keinen Wert. Maßgeblich ist die vollstreckbare Forderung einschl. Zinsen und Kosten oder der Wert des betr. Gegenstands, nach § 6 zählt der geringere, BGH NJW-RR 1999, 1080; KG AnwBl 1979, 229, bei Klage nach AnfG zzgl. Zinsen und Kosten, BGH WM 1982, 435. Beschw bei Duldung der Zwangsvollstr. gegen einen Dritten ist mit dessen Abwehrinteresse nicht identisch, BGH WuM 2021, 655. Auch → Rn. 144 „Zwangsvollstreckung".

Durchsuchung: Bei §§ 758, 758a muss man einen Bruchteil der vollstreckbaren Forderung oder des Werts des pfändbaren Gegenstands ansetzen, Köln MDR 1988, 329 (50 %).

eBay: → Rn. 121. **32**

Ehre: Es liegt idR eine nichtvermögensrechtliche Streitigkeit vor, ZustW und BeW also nach § 3, GebW nach § 48 II–IV GKG zu berechnen, BGH WuM 2006, 396 (aber: fester Wert bei beziffertem Schmerzensgeld), Karlsr VersR 2009, 949 (Unterlassung und Beseitigung bzw. Zahlung einer Vertragsstrafe nicht nach § 5 zu addieren); LG Oldb JurBüro 1995, 369 (Widerruf 50 % höher als Unterlassung); für gleichen Wert OLGR Köln 1999, 220. → Vor § 1 Rn. 17.

Bei mehreren Verstößen muss man addieren, Mü MDR 1993, 286, innerer Zusammenhang steht dem entgegen: OLGR Ffm 1999, 296. Beim Zusammentreffen vermögensrechtlicher und ideeller Wirkungen entscheidet die weitergehende, Karlsr VersR 2009, 949; LAG Mainz MDR 2007, 1045. Festwerte gibt es nicht, BGH WuM 2006, 396 (200 EUR in Bagatellfall); Köln JurBüro 2012, 656 (4.000 EUR für „Winkeladvokat"); Schlesw JurBüro 2002, 316; Karlsr VersR 2009, 948 (hoher Wert für Internet). Ausgangswert können aufgrund (vagen) Anhalts in § 23 III 2 RVG 5.000 EUR sein.

Für die **Beschwer** des abgewiesenen Kl. sind die Breitenwirkung und zugleich die Auswirkungen auf ihn selbst heranzuziehen, BGH GRUR 2022, 116; NJW 2016, 3380 Rn. 10.

Für den Anspruch auf Gegendarstellung gilt Entsprechendes. Unterlassung, Gegendarstellung und Richtigstellung sind verschiedene Angelegenheiten, § 15 II RVG BGH MDR 2016, 110. → Rn. 119 „Unterlassung (Belästigung, Beleidigung)", → Rn. 129 „Veröffentlichungsbefugnis", → Rn. 138 „Widerruf".

33 **Eidesstattliche Versicherung:** Wegen der Festgebühren nach KV 2110 ff. GKG ist in der ZV keine Wertfestsetzung für die Gerichtskosten notwendig. Für die Anwaltsvergütung gilt § 25 I Nr. 4 RVG. Es gelten die Grundsätze für die Bewertung des Auskunftsanspruchs entspr., BGH FamRZ 2018, 608; der Wert ist idR niedriger, Brdb FamRZ 2018, 1255. ZustW, GebW und BeW des Kl. im Klageverfahren wird nach dem Interesse an erweiterter Auskunft mit einem Bruchteil des betr. Gegenstandes bemessen, Celle MDR 2003, 55; Bbg FamRZ 1997, 40 ($^1/_{20}$ bis ¼), vertretbar ist auch ein Bruchteil des Auskunftswertes, Hbg NJW 2017, 835 (50 %); Rostock NJW-RR 2013, 1015. Bei § 883 II gilt § 6, LG Köln JurBüro 1977, 404. Der BeW des Bekl. bei einer Verurteilung richtet sich nach seinem Aufwand an Zeit und Kosten, BGH NJW-RR 2001, 929; NJW-RR 1994, 898 (Heraussuchen von Unterlagen); MDR 2013, 50; Kblz MDR 2015, 355, ohne Ansatz von Anwaltskosten, BGH NJW-RR 2013, 257, anders für BeW des Bekl., wenn er auf anwaltlichen Rat angewiesen ist, BGH NJW-RR 2013, 1033; Brdb NJOZ 2018, 1118 sieht im Einzelfall höheren Aufwand als bei der Auskunft. § 261 III BGB ist zu beachten, BGH NJW 2000, 2113. Bei erstmaliger Verurteilung in der Berufung und Zurückverweisung an die Ausgangsgericht ist der BeW der NZG nur nach dem Interesse an der Abwehr der eidesstattlichen Vers zu bewerten, BGH FamRZ 2018, 1248. Soweit im erfolglosen Beschwerdeverfahren keine Änderung des Streitgegenstands erfolgt, gilt nur die Festgebühr des KV 1811. → Rn. 24 „Auskunft". Die Lage ist der dortigen im Wesentlichen vergleichbar.

Eigentum: Es gilt § 6, Hamm MDR 2002, 1458, → Rn. 14 „Auflassung".

Eigentumsstörung: Bei einer Störung nach § 1004 BGB ist auch für die Beschw nach § 3 Interesse des Kl. maßgeblich, BGH WuM 2022, 177 Rn. 6; WuM 2019, 349 (Schallschutz); NJW-RR 2017, 209 (Notweg); ZMR 2014, 300 (Wertverlust); MDR 2014, 461; GE 2011, 1019; NJW 2006, 2639; Ffm WuM 1986, 19 (Mietminderung); Ddf MDR 1991, 353 (Beseitigungskosten von Sondermüll); Kblz JurBüro 1995, 27 (Wert des Verbots für den Kläger); Naumb JurBüro 2010, 306 (Unterlassungsinteresse). Rechnerischer Ansatz ist die Wertminderung, BGH BeckRS 2020, 21485; GE 2015, 1593. Sie kann am Wert einer beeinträchtigten Grundstücksfläche gemessen werden, BGH NZM 2019, 349 Rn. 7, oder nach den (geringeren) Kosten einer Abwehr oder Beseitigung der Störung, BGH WuM 2011, 296 Rn. 8.

Der Kostenaufwand ist grds. unerheblich, BGH NJW-RR 2005, 224. BeW des Kl. grds. nach der Wertminderung, ausnahmeweise nach den Kosten, die infolge der Störung entstehen, BGH MDR 2018, 1396, 2x. Eine Orientierung an dem anwaltsgebührenrechtlichen Auffangwert des § 23 III 2 RVG kommt nicht in Betracht, BGH 7.7.2022 – V ZB 75/21, BeckRS 2022, 21082; Ausnahme: nichtvermögensrechtliche Streitigkeit, BGH WM 2016, 96 Rn. 13. Nachteile für den Bekl. sind unbeachtlich, Köln JurBüro 1990, 246 (Notweg). Bei einer Beseitigung von Sondermüll sind die Entsorgungskosten maßgebend, Ddf MDR 1991, 353. IÜ gilt § 6, auch wegen eines Eigentumsvorbehalts. Beim Miteigentum muss man den Klägeranteil abziehen, Karlsr Just 1980, 148. Der BeW des Bekl. bemisst sich nach dem Interesse, die Handlung des Kl. nicht dulden zu müssen, BGH NJW-RR 2010, 1081, sie kann den Streitwert übersteigen, BGH NJW 1994, 735 (Kosten einer Ersatzvornahme). Auch → Rn. 118; → Rn. 141 „Wohnungseigentum".

Eigentumsvorbehalt: → § 6 Rn. 16 „Vorbehaltseigentum".

Einrede der Nichterfüllung: → Rn. 58 „Gegenseitiger Vertrag".

Einsichtnahme: Maßgebend für den Kl. ist das wirtschaftliche Interesse, § 3, für den BeW des Bekl. sind es der Zeitaufwand und die Kosten, BGH WM 2011, 1335; BB 2001, 752. Es gelten insoweit die gleichen Grundsätze wie bei der Auskunft, BGH ZInsO 2022, 1054 = BeckRS 2022, 7812; → Rn. 24. Man kann bei Arztunterlagen 10 % der Hauptsache ansetzen, Köln VersR 2010, 693. Auch → Rn. 62 „Gesellschaft".

34 **Einstweilige Anordnung:** § 53 GKG (§ 148 I, II AktG). Ausgangswert ist der denkbare Schaden der AG, LG Mü I BeckRS 2007, 06526. Zur grds. Beschränkung des Wertes auf 10 % und die hiervon ausgehende Berücksichtigung des Interesses der Parteien Köln NZG 2019, 826; ZIP 2010, 1799. § 41 FamGKG. Beim Gewaltschutz nach §§ 210 ff. FamFG können 500 EUR angemessen sein, Saarbr NJW-RR 2008, 746. IdR ½ des Hauptsachewertes mit Abweichungen in beide Richtungen, Brdb JurBüro 2010, 368. Der Hauptsachewert kann erreicht, Ddf NJW 2010, 1385 (voller Kindesunterhalt), Köln FamRZ 2011, 758, darf aber nicht überschritten werden, Köln FamRZ 2001, 432. Für grds. niedrigere Bewertung Celle FamRZ 2011, 757; Stgt FamRZ 2011, 757. Bei Vorschuss nach § 246 I FamFG zählt der Betrag, Ffm MDR 2014, 902; Hbg FamRZ 2015, 526, nach aM ein Bruchteil des Hauptsachewertes, Celle MDR 2013, 1356; FamRZ 2016, 164.

35 **Einstweilige Einstellung der Zwangsvollstreckung:** Grds. ein Bruchteil der Hauptsache, BGH NJW 1991, 2280. Näher → Rn. 145 „Zwangsvollstreckung: (Einstellung, Beschränkung, Aufhebung)".

Einstweilige Verfügung: Bei §§ 935 ff. zählt für den GebW gemäß § 3 ZPO, § 53 I GKG das individuell zu ermittelnde Interesse des Antragstellers an der begehrten Sicherstellung, Ddf NZM 2006, 158 (Mieter-Konkurrenz); Kblz WuM 2008, 37 (Gaslieferung); LG Bonn NZM 2008, 664 (Zinsschaden). Er liegt wegen des vorl. Charakters der eV regelhaft unter dem nach allg. Regeln zu bestimmenden Wert der Hauptsache, Karlsr GRUR-RR 2011, 288. Im Allgemeinen beträgt der Wert 25 %–50 % des Werts der Hauptsache, Brdb JurBüro 2001, 93 u. 94 (Unterhaltsrente); MDR 2007, 1225 (Miete); Ddf MDR 2011, 216 (Miete); Schlesw NJW-RR 2014, 1342 (Grundbucheintragung); Hamm VersR 2011, 1329 (Krankentagegeld); LG Wuppert WuM 2015, 177 (Stromzähler); Kblz JurBüro 2006, 537 (25 % für Grundbuch-Widerspruch). KG WRP 2005, 368 regt wegen § 204 I Nr. 9 BGB $^2/_3$ an. Bei höherer Aussicht auf Vorwegnahme der Hauptsache können $^2/_3$ angemessen sein, Brdb JurBüro 2019, 26. Weniger als 25 % ist idR nicht angemessen.

36 Der Wert kann sich demjenigen der Hauptsache nähern, → Rn. 64, Ffm MDR 1991, 354, Rostock GRUR-RR 2009, 39, zB dann, wenn das Gericht sie durch die einstweilige Verfügung praktisch entscheidet, namentlich bei einer Herausgabe, Karlsr JurBüro 2020, 258; vgl. auch Kblz JurBüro 2009, 429; Stgt MDR 2011, 1316 (Abtransport von Erntegut).

37 – **(Aufhebung):** Im Verfahren nach §§ 927, 936 ist wie im Erlassverfahren, aber nach dem neuen Stand zu bewerten, KG JurBüro 2002, 479 (gesunkener Wert); Ffm AGS 2014, 184 (geringer Wert, wenn nur noch formale Aufhebung.

– **(Bauhandwerkerforderung):** → Rn. 39 „– (Vormerkung)".

– **(Besitzschutz):** LG Köln FamRZ 2016, 2147 bewertet mit ½.

– (Bürgschaft): Die Untersagung der Inanspruchnahme ist mit dem Interesse hieran zu bewerten, bei fehlendem Insolvenzrisiko mit dem Zinsschaden, Zweibr BauR 2019, 1211 = BeckRS 2018, 36149.
– **(Ehrverletzung):** Für Ansatz von 2/3 Brdb JurBüro 2019, 26.
– **(Fristsetzung):**BeW bei Ablehnung wie Hauptsache, Ffm JurBüro 1981, 626.
– **(Gewaltschutzgesetz):** Vgl. §§ 49 ff., 210 ff. FamFG. Bei ihm kann sich der Wert demjenigen einer Hauptsache nach §§ 210 ff. FamFG nähern, LG Flensb NJW-RR 2004, 1509 (wegen Vorwegnahme).
– **(Gewerblicher Rechtsschutz):** → Rn. 63 ff.
– **(Grundbuchwiderspruch):** Maßgebend sind 25 % der Hauptsache, Kblz JurBüro 2006, 537.
– **(Hauptsache, Zwischenzeit):** Wenn der Antragsteller nur eine Regelung bis zur Hauptsachenentscheidung erstrebt, begrenzt sich der Wert auf die Zeit bis dahin, Nürnb JurBüro 1997, 196, auch wenn das Gericht keine derartige Begrenzung vornimmt. Auch → Rn. 39 „Vergleich". 38
– **(Herausgabe):** Maßgebend kann je nach dem Sicherungsinteresse die Hauptsache sein, Kblz MDR 2009, 1075 (endgültige Sicherung). Ein Wertabschlag ist bei Anstreben einer endgültigen Regelung nicht vorzunehmen, Karlsr JurBüro 2020, 202.
– **(Konkurrenzschutz):** → Rn. 65.
– **(Kostenwiderspruch):** Es kommt nur noch auf das Kosteninteresse an, → Rn. 12 „Arrest", Ffm JurBüro 1990, 1332, Nürnbg NJW-RR 2013, 635.
– **(Leistungsverfügung):** Der Wert kann sich der Hauptsache nähern, Ffm MDR 1991, 354, oder ihn ganz erreichen, Mü FamRZ 1997, 691. BeW des Bekl. kann mit dem vollen Wert angesetzt werden, Mü GmbHR 2018, 976 = BeckRS 2018, 13312.
– **(Löschungsbewilligung):** Das Interesse des Antragstellers ist maßgeblich, Köln MDR 1977, 495.
– **(Nichtvermögensrecht):** Man muss von § 48 II 1 GKG ausgehen, LG Saarbr JurBüro 1995, 26 (Vereinsmitgliedschaft).
– **(Nießbrauch, Wohnrecht):** Wenn es um seine Einräumung geht, muss man die voraussichtliche Lebensdauer des Berechtigten schätzen und dann etwa 25 % des sich ergebenden Werts ansetzen, insoweit → Rn. 140 „Wohnrecht".
– **(Räumung):** Grds. ein Bruchteil der Hauptsache nach §§ 3, 6. Der Wert kann sich je nach Durchsetzung des Ast-Interesses der Hauptsache nähern, Celle OLGR 2009, 1024; Ddf JurBüro 2010, 647. 39
– **(Unterhaltsrente):** Relevanz außerhalb der Familiensachen, § 119 II FamFG. Falls der HauptProzess anhängig ist, soweit der Antragsteller nicht ohnehin meist nur eine kürzer bemessene Regelung begehrt, Ddf JurBüro 1982, 285 (100 % für begrenzten Zeitraum).
– **(Unterlassung):** Der Wert kann sich der Hauptsache nähern, → Rn. 36, Köln JurBüro 1995, 486; Mü JurBüro 2009, 484, wenn eV die Dauer der str. Handlung abdeckt. Meist liegt er in der Gesamtabwägung niedriger als der Hauptsachewert, Karlsr GRUR-RR 2011, 288.
– **(Vergleich):** Soweit es zu einem Vergleich auch über die Hauptsache kommt, muss man nach § 5 zusammenrechnen, Hbg MDR 1991, 904; Ddf JurBüro 2005, 310; Kblz MDR 2008, 1068.
– **(Vollstreckbarkeit):** Bei ihr kann sich der Wert demjenigen der Hauptsache nähern, LG Darmst JurBürc 1976, 1090.
– **(Vollzugsverfahren):** Im Verfahren nach §§ 928 ff., 936 gelten dieselben Regeln wie im Erlassverfahren nach §§ 920 ff., 936, LG Darmst JurBüro 1976, 1091. Beachte § 25 RVG.
– **(Vormerkung, Widerspruch):** Bei einer drohenden Zwangsversteigerung oder wenn es um den Verkauf eines Grundstücks geht, kann man die Eintragung einer Vormerkung zur Sicherung für die Bestellung einer Hypothek oder Grundschuld deren Betrag annähern, Bbg JurBüro 1978, 1552 Widerspruch), Schlesw NJW-RR 2014, 1342 (1/3). Hier wäre die Zwangsversteigerung oder der Verkauf ein völliger Rechtsverlust. Wenn es um eine Vormerkung wegen einer Bauhandwerkerhypothek geht, beträgt der Wert etwa 25 %–5C % der Forderung des Handwerkers, Bbg JurBüro 1991, 1690; Brem OLGR 1997, 363; Oldb MDR 1991, 955.
– **(Widerspruchsverfahren):** Im Verfahren nach §§ 924, 936 gelten die Bewertungsregeln ebenso wie im Erlassverfahren; ist der Titel nicht mehr im Streit, ist der Wert geringer KG JurBüro 2002, 479. → Rn. 38 „Kostenwiderspruch"

Eintragungsbewilligung: Man muss von dem einzutragenden Recht ausgehen. Daher gilt zB beim Eigentum § 6, bei einer Grunddienstbarkeit § 7, bei einer Reallast § 9, beim Berichtigungsanspruch. Bei einer nur formalen Klärung kann nach § 3 ein geringerer Wert infrage kommen. Es kann auch der zu zahlende Kaufpreisrest maßgeblich sein, Bbg JurBüro 1996, 85. 40

Einwilligung: → Rn. 71 „Hinterlegung".

Elterliche Sorge: Maßgeblich ist § 45 I Nr. 1, 2 FamGKG, Toussaint/Zivier FamGKG § 45 Rn. 1 ff.

E-Mail: Es entscheidet das Interesse des Gestörten, Hamm NJW-RR 2014, 613; Schlesw GRUR-RR 2009, 160; AG Mülheim GRUR-RR 2012, 95. Das Interesse eines Unternehmers kann deutlich höher sein als dasjenige eines Privatmanns, Kblz JurBüro 2015, 252.

Es kommen im Eilverfahren nach §§ 916 ff., 935 ff. 15.000 EUR infrage, KG JurBüro 2003, 142, oder nur 2.000 Euro; Kblz JurBüro 2006, 645, oder etwa 7.700 EUR, oder etwa 7.500 EUR, KG MDR 2007, 923; aber evtl. auch nur 6.000 EUR, OLGR Celle 2009, 196; Zweibr AnwBl 2005, 796, oder nur 4.000 EUR, Hamm MDR 2014, 561, oder gar nur 2.500 EUR, LG Bln JurBüro 2003, 143, oder nur 500 EUR, AG Mülheim GRUR-RR 2012, 95. Im Internet können 2.000 EUR ausreichen, Naumb JurBüro 2008, 140. Auch das Ausmaß der Störung ist beachtbar, Schlesw GRUR-RR 2009, 160. Es können ggf. nur 100 EUR infrage kommen, Hamm NJW-RR 2014, 613. Bei der Untersagung einer E-Mail-Werbung nach einmaligem Verstoß können 350 EUR ansetzbar sein, KG JurBüro 2002, 371. → Rn. 73 „Internet", → Rn. 104 „SMS-Störung".

Energielieferung: Bei einer Entfernung des Zählers usw. gilt der Jahresstrompreis, Mü MDR 2011, 1268 (Abschlagsjahresbetrag), AG Neuruppin WuM 2005, 596; aM Kblz WuM 2008, 37 (evtl. Kosten anderer Versorgungsarten); Kblz MDR 2012, 996; Schlesw NZM 2009, 680 (je: Interesse des Versorgers); Celle JurBüro 2013, 643; Ddf MDR 2013, 809; LG Wuppert WuM 2015, 177 (je 6-Monatsabschlag, im Eilverfahren davon 2/3); LG Duisb NZM 2007, 896; LG Potsd NZM 2009, 159 (je: Fallfrage); Ffm NJW-RR 2012, 445 (Prozessdauer). Streitwertanpassung § 105 EnWG, siehe Toussaint/Elzer EnWG § 105 Rn. 1 ff. Zu einer Erlösobergrenze nach § 90 EnWG Brdb JurBüro 2010, 203. Eine Einspeisevergütung kann maßgeblich sein, Naumb NVwZ-RR 2014, 448.

Enteignung: Maßgeblich ist der objektive Verkehrswert, § 6, sowohl für die Einleitung des Enteignungsverfahrens als auch für einen Antrag gegen die Enteignung BGH WuM 2000, 32; Ffm JurBüro 1977, 1136. Das gilt auch bei einer Teilfläche und bei einer Rückenteignung, Mü JurBüro 1979, 896. Zinsen sind mit anzusetzen, wenn sie als Entschädigung für entgangene Substanz geltend gemacht werden, BGH MDR 1970, 994. Beim Streit nur um die Höhe der Entschädigung ist nach § 3 der Unterschied zwischen dem festgesetzten und dem begehrten Betrag maßgeblich. Eine etwaige Wertminderung des Restgrundstücks ist unerheblich. Auch → Rn. 26 „Baulandsache".

41 **Erbbaurecht:** Sein Wert lässt sich nach § 3 feststellen, Mü WuM 1995, 193. Er setzt sich zusammen aus dem nach § 9 kapitalisierten Erbbauzins und dem Gebäudewert, Nürnb JurBüro 1992, 52; aM Bbg JurBüro 1992, 429. Im Streit um Bestellung oder Bestand gilt § 6, Saarbr AnwBl 1978, 106; Bbg JurBüro 1992, 629; Bremen AnwBl 1996, 411. Wenn es um eine Erhöhung des Erbbauzinses geht, gilt § 9, Ffm JurBüro 1977, 1132; Mü JurBüro 1977, 1002; Celle NJOZ 2014, 1424, der Wert beträgt also nach § 9 das 3,5fache des Jahres-Differenz. Beim Heimfallrecht ist nicht § 41 II GKG anwendbar, sondern es ist der Verkehrswert ohne Belastungen maßgeblich, Bbg JurBüro 1985, 1705; Nürnb JurBüro 1992, 52 (Kaufpreis als Anhaltspunkt); Brem AnwBl 1996, 411. Auf die Feststellung der Wirksamkeit des Erbbaurechtsvertrags ist § 3 anwendbar, Ddf JurBüro 1995, 485.

Erbrechtlicher Anspruch: Es ist grds. § 3 maßgeblich. Dabei muss man eine wirtschaftliche Betrachtung vornehmen, BGH NJW 1975, 1415; BayObLG JurBüro 1993, 227; Karlsr Rpfleger 1992, 254; Meyer JurBüro 2010, 464.

42 – **(Auseinandersetzungsplan):** Zu bewerten ist nach § 48 I 1 GKG, § 3 ZPO nach dem wirtschaftlichen Interesse des Kl., BGH AGS 2018, 277; NJW 1975, 1415, im Einzelfall nur nach dem Wert der Streitpunkte OLGR Brem 2004, 134. Klage gegen den Plan des Testamentsvollstreckers ist mit einem Bruchteil des Erbteils des Kl. anzusetzen, OLGR Mü 1995, 142: ½.

– **(Ausgleichspflicht):** Bei einer Feststellungsklage nach § 2050 BGB ist das Interesse des Klägers an ihr maßgeblich, § 3.

– **(Auskunft):** Maßgeblich sind nach dem Interesse des Kl. etwa 50 % des mutmaßlichen Nachlasswerts, Kblz JurBüro 2005, 39. Auf den Aufwand des Bekl. kommt es nicht an, BGH ZEV 2015, 413. Die Beschwer des Bekl. kann sehr gering sein, BGH ZEV 2002, 194. → Rn. 24 „Auskunft", → Rn. 43 „– (Nachlassverzeichnis)".

– **(Bankkonto):** Klage eines Miterben auf Zustimmung zur Umwandlung in ein Gemeinschaftskonto bestimmt sich nach dem Interesse hieran, insbes. der erleichterten Verwaltung, BGH ZEV 2013, 511.

– **(Entlassung des Testamentsvollstreckers):** Wert des Nettonachlasses, BGH NJW-RR 2013, 260.

– **(Erbauseinandersetzung):** Maßgeblich ist das Interesse des Klägers an seinem Erbteil bzw. dem Auseinandersetzungsplan, idR also der Wert der Erbquote, BGH ZEV 2016, 573; NJW 1975, 1415; Kblz JurBüro 2011, 30; Celle OLGR 2001, 142 (nach dem Anteil des Bekl., wenn Kl. dessen Anteil verlangt). Bei Klage auf Zustimmung ist das Interesse des Antragstellers an seinem Auseinandersetzungsplan maßgeblich, BGH NJW 1975, 1415; Hbg JurBüro 1994, 364; Kblz JurBüro 2011, 30 (Quote des Kl. bei Klage auf Zustimmung zur Grundstücksveräußerung). Wenn es um die Unzulässigkeit einer Auseinandersetzungsversteigerung geht, ist das Interesse des Klägers am Fortbestand der Erbengemeinschaft maßgeblich, Hamm JurBüro 1977, 1616. Wenn nur die Verteilung einiger Grundstücke streitig ist, ist nur deren Wert maßgeblich. Der Wert eines Prozessvergleichs aufgrund einer Auseinandersetzungsklage richtet sich nach dem wirtschaftlichen Interesse des betreibenden Miterben, Kblz JurBüro 1991, 103.

– **(Erbschein):** Im Einziehungsverfahren ist der Wert des beanspruchten Erbteils maßgeblich, BGH JZ 1977, 137; Mü JurBüro 2020, 533 (keine verfassungsrechtlichen Bedenken); BayObLG FamRZ 2005, 822 (Beschwerde gegen Vorbescheid). Der Geschäftswert für die Einziehung entspricht regelmäßig dem Wert für das Erteilungsverfahren, Hamm NJW-RR 2022, 1148. Die Wertbegünstigungsvorschrift für landwirtschaftliche Betriebe ist anzusetzen, BayObLG JurBüro 1993, 229.BeW betr. Erteilung wird zum Teil nach dem Interesse des Bf. angesetzt, Mü FamRZ 2017, 1967, zum Teil mit einem Bruchteil des Nachlasswertes, Ffm FamRZ 2018, 703; Köln BeckRS 2016, 20359.

– **(Erbunwürdigkeit):** Maßgeblich ist der Anteil des Bekl. am Nachlass, ggf. also dessen voller Wert, nicht der Anteil des Kl., BGH NJW 1970, 197; Kblz MDR 1997, 693; Ffm JurBüro 1971, 540 (maßgeblich ist der Zeitpunkt der Klageerhebung, § 4 I).

– **(Feststellungsklage):** Man kann bei der positiven F. von dem vom Kl. behaupteten Wert seines Anteils 20 % abziehen, BGH ZEV 2011, 656, beim Vorerben 25 %, BGH FamRZ 1989, 958. Bei der verneinenden gilt wie stets der volle Wert, BGH FamRZ 2007, 464, Ffm OLGR 1994, 66.BeW des Bekl. bemisst sich nach dem zugunsten des Kl. festgestellten Anteil, nicht nach demjenigen des Bekl., BGH ZEV 2011, 656. Die Rspr. kann, wenn Anteil des Kl. groß und derjenige des Bekl. klein, zu einer (zu) hohen Belastung des Bekl. führen, Giehring ZEV 2014, 282.

43 – **(Haftungsbeschränkung):** Sie ist erst bei einer Zwangsvollstreckung erheblich und daher im Erkenntnisverfahren noch unbeachtbar.

– **(Löschungsbewilligung):** Ffm JurBüro 1981, 757 bewertet mit dem Anteil des unwilligen Erben; das verstößt gegen das Angreiferprinzip; maßgeblich ist der volle Wert.

– **(Miterbschaft):** Das Interesse des Miterben, also sein Anteil, seine Besserstellung, ist maßgeblich, wenn es sich um die Feststellung seines Erbrechts handelt, BGH NJW 1975, 1415; Bbg JurBüro 1975, 1367, oder wenn es um eine Feststellung der gesetzlichen Erbfolge geht. Freilich muss man dann unstreitige Pflichtteilsansprüche abziehen, BGH MDR 1975, 389. Wenn (nur) ein Miterbe von einem anderen Miterben eine Hinterlegung oder Herausgabe zugunsten des Nachlasses verlangt, muss man die eingeklagte Forderung um den Anteil des Kl. kürzen, Karlsr JurBüro 1992, 418; Köln OLGR 1995, 246.

– Bei der Klage auf **Übertragung** eines Erbanteils ist dieser Anteil maßgebend, Hbg JurBüro 1994, 364. Dasselbe gilt bei der Klage eines Miterben gegen den anderen auf Unterlassung der Eigentumsumschrift, Köln JurBüro 1975, 939. Wenn ein Miterbe die Berichtigung des Grundbuchs dahin verlangt, dass anstelle des beklagten Miterben alle Erben in Erbengemeinschaft eingetragen werden sollen, entscheidet der Grundstückswert abzüglich desjenigen Anteils, der dem Erbteil des bereits eingetragenen Erben entspricht, BayObLG JurBüro 1993, 227. Dasselbe gilt bei der Klage auf die Zustimmung zu einer Löschung, Ffm JurBüro

1981, 775, oder bei der Klage eines Miterben gegen einen anderen Miterben auf eine Mitwirkung bei der Auflassung eines Nachlassgrundstücks, Kblz NJW-Spezial 2010, 701. Denn dem beklagten Miterben verbleibt sein Anteil, folgt auch aus Stgt NJW 1975, 394. Bei einer Klage auf die Aufhebung der Erbengemeinschaft ist das Klägerinteresse maßgeblich, BGH NJW 1975, 1415.

– Macht ein Miterbe eine gegen den Nachlass gerichtete **Forderung** anderen Miterben gegenüber geltend, muss man den seinem Anteil entsprechenden Forderungsteil als außer Streit befindlich ansehen und von der Gesamtforderung abziehen, Karlsr JurBüro 1992, 418. Wenn ein Miterbe eine Klage dahingehend erhebt, dass eine Forderung gegen den Nachlass nicht bestehe, darf man den Wert lediglich nach dem Interesse des Klägers an der Befreiung von der Verbindlichkeit berechnen. Dasselbe gilt bei einer behauptenden Feststellungsklage nach § 256 dahin, dass ein von der Erbengemeinschaft mit einem Dritten abgeschlossener Vertrag wirksam bestehe. Bei der Klage auf eine Feststellung, der Bekl. sei kein Erbe, gilt der volle Erbschaftswert, BGH FamRZ 2007, 464.

– **(Nacherbschaft):** Bei der Zustimmung zur Löschung eines Nacherbenvermerks gilt 10–30 % des Grundstückswerts, Bbg JurBüro 2012, 249. Auch → „– (Vorerbschaft)".

– **(Nachlassgläubiger):** Klage gegen einen Teil der Miterben auf Übertragung eines Erbschaftsgegenstandes hat nach dem Angreiferprinzip den vollen Wert, Nürnbg MDR 2012, 978; aM Zöller/Herget Rn. 16.65.

– **(Nachlassschuldner):** Bei einer Klage des Miterben gegen einen Nachlassschuldner auf eine Leistung an alle Erben ist der Wert der gesamten eingeklagten Leistung, nicht nur der Anteil des Kl. maßgeblich, Schlesw JurBüro 1994, 26 (Arg. § 2039 BGB). Gleiches gilt für die negative Feststellung.

– **(Nachlassverwaltung):** Celle ZEV 2020, 762, setzt nach § 64 II GNotKG den Wert der Forderung an.

– **(Nachlassverzeichnis):** Für die Klage auf Vorlegung und auf Auskunft über den Verbleib von Erbschaftsgegenständen, kommt es auf das Interesse des Klägers an, Schwierigkeiten bei der Ermittlung des Erbschaftsbestands zu überwinden. Näher → Rn. 24, 42 „Auskunft".

– **(Nichtigkeit des Testaments):** Das Interesse des Kl. an dieser Feststellung ist maßgeblich, wie BGH NJW 1970, 197 (Fälschung).

– **(Pflichtteil):** Man bewertet nach § 3, BGH JurBüro 1975, 460. Nicht identische Teilforderungen mit Klage und Widerklage werden addiert, Braunschw NJW-RR 2021, 1453, Anm Schneider NZFam 2021, 843; → Rn. 138. Auch → „– (Miterbschaft)".

– **(Teilungsversteigerung):** Bei der Widerspruchsklage zählt ist der Miteigentumsanteil des widersprechenden Eigentümers, von dem 30 % anzusetzen sind, BGH NZFam 2022, 228. Maßgebend ist das Interesse am Fortbestand nach Hamm JurBüro 1977, 1616. Zur Anwendung des § 26 RVG BGH JurBüro 2020, 487.

– **(Testamentsvollstrecker):** → Rn. 42 „Entlassung", → Rn. 114.

– **(Vermächtnis):** Beim Streit um Herausgabe nur von Miterben gilt der volle Wert, Nürnb MDR 2012, 978.

– **(Vorbehalt beschränkter Erbenhaftung):** § 780 II Keine Beschwer des Kl., wenn der Vorbehalt nur die Rechtslage klarstellt, BGH NJW-RR 2017, 1040; iÜ ist das wirtschaftliche Interesse maßgeblich, BGH NJW 2021, 701.

– **(Vorerbschaft):** Bei der Klage auf Feststellung ist § 3 anwendbar. Der Vorerbe hat auch dann wertmäßig eine schwächere Stellung als der Nacherbe, wenn der Nacherbfall erst mit dem Tod des Vorerben und nicht früher eintritt, BGH FamRZ 1989, 959.

– **(Vorkaufsrecht):** Bei § 2034 BGB gilt der Wert des verkauften Erbteils, LG Bayreuth JurBüro 1980, 1248.

– **(Zustimmung):** Verlangen des nicht befreiten Vorerben betr. Veräußerung: Bruchteil des Objekt-Wertes, BGH NJW-RR 2018, 1358: 20 %; zur Auflassung eines Grundstücks: Verkehrswert, BGH NJW-RR 2020, 1456. → Rn. 42 „– (Feststellung)", → Rn. 60 „Gemeinschaft", → Rn. 114 „Testamentsvollstreckung".

Erfüllung: → Rn. 58 „Gegenseitiger Vertrag". **44**

Erledigungserklärung: Da zwischen der einseitigen (streitigen) und der übereinstimmenden Erledigterklärung erhebliche Unterschiede bestehen (→ § 91a Rn. 1), ist auch bei der Wertfestsetzung eine Unterscheidung geboten. Zwar schafft die Erledigungserklärung selbst zunächst nur einen **Schwebezustand,** → § 91a Rn. 95, indes beeinflusst sie den GebW unmittelbar, namentlich für die Verhandlungsgeb bei vor dem Termin erklärter Erledigung, Karlsr NJW-RR 2013, 444; Köln JurBüro 2014, 143. Nur wenn die Erklärung erstmals im Termin abgegeben wird, fällt die Verhandlungsgebühr nach dem urspr Wert an, Kblz FamRZ 2009, 1857; Ddf JurBüro 2007, 256. **45**

– **(Einseitige Erledigungserklärung):** Hier muss das Gericht eine Entscheidung in der Hauptsache treffen, diese bleibt also Streitgegenstand. Ihre Bewertung folgt, da das ursprüngliche Klageziel (meist wegen Erfüllung) hinfällig geworden ist, grds. dem **Kosteninteresse,** das an die Stelle des Sachinteresses tritt, BGH BeckRS 2018, 9503 (Beschwer); NJW 2015, 3173; NJW 2011, 529; WuM 2008, 35 (Beschw des Bekl.); FamRZ 2010, 1900 (für die Verhandlungsgeb auch dann, wenn wegen Erfüllung kurz vor dem Termin eine vorbereitende Erledigungserklärung nicht mehr möglich war); NJW 2015, 3173; Hamm NJW-RR 1995, 960 (Stufenklage); KG JurBüro 2003, 644; JurBüro 2006, 201; Nürnb JurBüro 2006, 478. **46**

Maßgeblich sind daher zunächst die **Kosten** beider Seiten bis zur **Abgabe** der Erledigungserklärung, BGH MDR 2015, 51; Karlsr NJW-RR 2013, 444; Naumb FamRZ 2002, 680, KG JurBüro 2003, 644. Hierin liegt die maßgebliche Klageänderung, → § 91a Rn. 68, 95. All dies gilt auch bei Säumnis des Bekl., Köln JurBüro 1994, 734; die aA, die generell für Ansatz des urspr Hauptsachewertes eintrat, Hamm FamRZ 2012, 242; OLGR Jena 2008, 845 (in der Berufung); VGH Kassel NVwZ-RR 2007, 428, ist mit der Änderung des Klageantrags auf Feststellung der Erledigung nicht in Einklang zu bringen.

Eine höhere Bewertung ist indes bei einem **weitergehenden Interesse** an der Klärung offener Streitpunkte geboten, wenn diese etwa Grundlage weitergehender Ansprüche sein können, aber auch dann, wenn dieses Interesse mit der Entscheidung über die Erledigungserklärung nur mittelbar berührt wird, z. B. bei einem Rechtfertigungsinteresse; Grundsätzlich bestimmt in solchen Fällen allein der Umfang dieser Ansprüche die Beschwer, BGH NJW-RR 2022, 1023 (Vorkaufsrecht); 8.2.2022 – VIII ZR 37/21, BeckRS 2022, 4379 Rn. 13; NJOZ 2018, 1270; BeckRS 2015, 13131; NJW-RR 2005, 1728 Rn. 7; NJW 1982, 768 (Ehrenschutz); KG BeckRS 2021, 2303; Schlesw SchlHA 1983, 58 (Aufrechnung, § 45 III GKG, § 322 II ZPO); Zöller/Herget ZPO § 3 Rn. 16.67. Tatsachen zur Bewertung solcher Umstände sind innerhalb der Frist zur Begründung der NZB vorzutragen und glaubhaft zu machen, BGH NJW-RR 2022, 1023.

Wertgrenze ist in jedem Fall das Hauptsacheinteresse, BGH MDR 2015, 51; NJW-RR 1990, 1474. Nach Erlass eines Vollstreckungsbescheids will Brdb NJW-RR 2019, 575 zwischen § 63 II GKG (Wert der Hauptforderung) und § 35 RVG (Kosteninteresse) differenzieren.

47 – **(Einseitige Teilerledigungserklärung):** Bei einer einseitigen Teilerledigungserklärung treten zwei Sachanträge nebeneinander, der ursprüngliche, soweit er noch gestellt wird, und der Antrag auf teilweise Feststellung der Erledigung, → § 91a Rn. 252. Man beachte: Wird die Erledigungserklärung in der Verhandlung abgegeben, ist die Verhandlungsgebühr nach dem ursprünglichen, höheren Streitwert angefallen; wird sie vorher abgegeben, entsteht die Gebühr nur nach der Summe der beiden Sachanträge, Brdb AGS 2021, 187.

Beide Anträge bzw. die Anträge, deren Abweisung zum Gegenstand der NZB gemacht werden, sind auch für den BeW des Kl. zu bewerten, der Teilerledigungsantrag idR mit dem Kosteninteresse, das aus den Mehrkosten des erfolglos verfolgten erledigten Teils besteht, dh mit einer **Differenzrechnung,** die ergibt, um welchen Betrag diejenigen Kosten überschritten worden sind, die angefallen wären, wenn der Kläger den Rechtsstreit von Anfang an nur über den nicht erledigten Teil geführt hätte (Differenzmethode), BGH 12.1.2021 – XI ZR 589/19, BeckRS 2021, 1014; BeckRS 2020, 7509; BeckRS 2020, 21485; NJW-RR 2019, 189; AGS 2018, 124; BeckRS 2016, 4105; MDR 2006, 109, NJW-RR 1999, 1385; Karlsr NJW-RR 2013, 444; Nürnbg JurBüro 2006, 478, Schlesw MDR 2008, 353, aA Zöller/Herget § 3 Rn. 16.67 (Quotenmethode); die scheinbar aA von LG Lübeck WuM 2021, 191 kann nur einen Fall der übereinstimmenden Teilerledigung betreffen, → Rn. 49. Die Kostenentscheidung ist darauf zu prüfen, ob und inwieweit gerade aus dem angegriffenen Misserfolg des Erledigungsantrags eine Kostenbelastung folgt. Die Beschwer kann zB entfallen, soweit etwa die belastende Kostenentscheidung auf § 97 II gestützt worden ist, BGH 12.1.2021 – XI ZR 589/19, BeckRS 2021, 1014 Rn. 6, oder der Erledigungsantrag Erfolg hatte, BGH BeckRS 2020, 7509.

Legt Kl. nur gegen **Teilabweisung** Rechtsmittel ein und erklärt zugleich die Erledigung, gilt dies nicht, vielmehr ist für den BeW der Wert des betr. Teils ins Verhältnis zum Gesamtwert zu setzen, für die Quote sind die Kosten zu ermitteln, BGH NJW-RR 2018, 571. Für den BeW des Bekl, der alleine mit einer str: Teilerledigung unterlegen ist, sind die Kosten auszurechnen, BGH NJW-RR 1993, 765. Aufrundung auf den nächsten Gebührensprung ebnet den Streit ein und ist wegen rechnerischer Unwägbarkeiten ohnehin ratsam. Die vollen dem Bekl. auferlegten Kosten sind auch dann anzusetzen, wenn diese Entscheidung falsch ist, BGH NJW-RR 1993, 765. Wird er voll verurteilt, ist zu addieren, Zinsen auf den erledigten Teil bleiben nach § 4 I unbeachtet, BGH BeckRS 2014, 2350; MDR 2012, 738; Celle MDR 1988, 414.

Kosten und Zinsen eines daneben übereinstimmend erledigten Teils bleiben unberücksichtigt, weil der str. Erledigungsantrag eine Hauptforderung betrifft, neben der ein solcher Anspruch Nebenforderung ist, BGH MDR 2012, 738, NJW 2014, 3249 (näher → Rn. 49). Die aA in BGH NJW 2015, 3173 könnte auf einer Verwechslung von einseitiger und übereinstimmender Erledigung beruhen (vgl. die dort zitierten weiteren Entscheidungen des BGH).

– Liegt demgegenüber ein **Teilurteil** vor und wird hiergegen Berufung mit dem Ziel eingelegt, die Erledigung der Hauptsache feststellen zu lassen, ist abweichend von der Differenzmethode der BeW nach dem Kosteninteresse zu bemessen, das sich daraus ergibt, eine Einbeziehung des Teilurteils in die am Ende zu bildende Kostenquote zu verhindern, BGH NJW-RR 2018, 571.

Im Antrag „x EUR abzüglich am … gezahlter x EUR" liegt eine Bestimmung nach § 366 I BGB, dh vorrangige Verrechnung auf aufgelaufene Zinsen, so dass die verbleibende Forderung höher ist, BGH NJW-RR 2016, 759, → § 91a Rn. 104. Ob dies materiell-rechtlich zutrifft, ist für den Streitgegenstand und dessen Bewertung unerheblich und beeinflusst allenfalls die Kostenquote. Für Ansatz aller geltend gemachten Mietforderungen trotz sukzessiver Teilzahlungen Kblz WuM 2006, 45.

48 – **(Übereinstimmende Erledigterklärung):** Ab dem Anschluss des Bekl. ist der Betrag der bisher entstandenen Kosten maßgeblich, begrenzt durch den urspr. Wert, BGH MDR 2015, 51, OLGR Ddf 2007, 321. Das gilt auch dann, wenn die Parteien die Hauptsache durch einen Vergleich erledigen oder wenn die Parteien über eine den beiderseitigen Erledigterklärungen zugrunde liegende Zahlung irrten. Ist das Kosteninteresse höher als der Hauptsachewert, bleibt es bei letzterem, BGH AGS 2022, 376. Noch unklare außergerichtliche Kosten bleiben außer Ansatz, KG MDR 1988, 236. Der BeW ist für § 91a II 2 und für § 567 II getrennt zu ermitteln. Bei Kostenaufhebung gilt für erstere die Hälfte des Hauptsachewertes, BGH MDR 2004, 45.

49 – **(Übereinstimmende Teilerledigterklärung):** Als Wert nach § 43 I GKG ist nur die restliche Hauptforderung maßgeblich, BGH NJW 2013, 2361; Köln JurBüro 2014, 143; Karlsr NJW-RR 2013, 444; Stgt JurBüro 2009, 250. Das gilt auch für die Beschwer; die auf den erledigten Teil entfallenden Kosten werden ihr nicht hinzugerechnet, BGH NJW 2014, 3249. Aufgelaufene **Zinsen und außerger Kosten** auf den erledigten Teil werden hinzugerechnet, weil sie nicht mehr Nebenforderung iSd § 4 I sind, BGH MDR 2012, 738; NJW 2015, 173; Köln JurBüro 2014, 143. Für §§ 91a II 2, 511 II Nr. 1 kommt es auf den Wert des Teils an, in dem der Bf unterlegen wäre. Für § 567 II zählt die Kostenbelastung, BGH MDR 2004, 45. Auch → § 91a Rn. 104, 121. Wenn nach der Teilerledigung noch wertabhängige Gebühren anfallen, ist eine nach Zeitabschnitten **gestaffelte Wertfestsetzung** geboten, andernfalls nicht, Ffm NZFam 2016, 472.

– Beim **Kostenvergleich** nebst übereinstimmenden Resterledigterklärungen kann man zum Vergleichswert diejenigen Kosten hinzurechnen, die die Resterledigung betreffen.

– **(Feststellung des Kosteninteresses):** Eingehend → § 91a Rn. 261. Der Streitwert beläuft sich auf sämtliche bis dahin angefallenen Kosten, diejenigen des Kl., weil er sich für sich festsetzen lassen will, diejenigen des Bekl., weil Kl. sie abwehren will. Wenn Kl. nach Abgabe der Drittschuldnererklärung gem. § 840 die Klage auf Zahlung des bezifferten Schadensersatzes umstellt, gilt ab diesem Zeitpunkt deren Betrag, Drsd JurBüro 2021, 637.

50 **Ermessensantrag:** → Rn. 99 „Schmerzensgeld"; zum Ermessen → § 3 Rn. 4.
Errichtung eines Vermögensverzeichnisses: → Rn. 136 „Vornahme einer Handlung".
Ersatzvornahme: → Rn. 144 „Zwangsvollstreckung: a) Erwirkung einer Handlung oder Unterlassung".
Erwerbsrecht: Maßgeblich ist § 14 III 1 VerkFlBerG v. 26.10.2001, BGBl. 2716: bei Verkehrsflächen der Kaufpreis, iÜ die Hälfte des Verkehrswertes.
Erwerbsverbot: → Rn. 35 ff. „Einstweilige Verfügung" sowie § 6.

Erwirkung einer Handlung: → Rn. 136 „Vornahme einer Handlung“, → Rn. 144 „Zwangsvollstreckung: 51
Erzwingung: → Rn. 87 „Ordnungs- und Zwangsmittel“.
Eventualantrag: → Rn. 71 „Hilfsantrag“.
Eventualwiderklage: → Rn. 138 „Hilfswiderklage“.
Fälligkeit: Maßgebend ist grds. der Wert der geltend gemachten Leistung, Hbg MDR 1982, 335; Schmidt AnwBl 1980, 257; aM Schlesw SchlHA 1983, 142; LG Bielef AnwBl 1980, 256 (Interesse des Bekl. an der Hinauszögerung). Neg. Feststellungsklage gegen die Fälligkeit und BeW des Bekl. bemisst sich nach dem Interesse am Aufschub, BeW des Kl. nach dem Beschleunigungsinteresse, BGH WM 1995, 2060 (Verzinsung). → Rn. 29 „Betagter Anspruch“, → Rn. 74 „Künftige Leistung“ 52
Fernwärme: → Rn. 137 „Wärmelieferungsvertrag“.
Feststellungsklage: 53
– **(Behauptende – positive – Feststellungsklage):** Ausgangspunkt ist die Bewertung des festzustellenden Rechts nach allgemeinen Grundsätzen, namentlich §§ 3, 6, 7, 8, 9 ZPO, §§ 41 ff. GKG, BGH NJW-RR 2020, 703 (Pacht); NZM 2009, 51 (Nichtbeendigung eines MietV); MDR 2010, 355; OLGR Jena 2008, 534; 1009, zu dem nach § 4 maßgeblichen Zeitpunkt, BGH NJW-RR 2016, 433. Bei der Feststellung von **Eigentum** gilt wegen des vorzunehmenden Wertabschlags, → Rn. 54, im Endergebnis § 3, nicht § 6; der zunächst anzusetzende **Ausgangswert** ist indes nach dem Verkehrswert zu ermitteln; so wohl auch Mü JurBüro1983, 1393. Wenn es um die Feststellung eines ziffernmäßig unbestimmten Anspruchs geht, erfolgt zunächst dessen Schätzung nach dem wahren Interesse des Klägers, Köln JurBüro 2009, 257. Zu berücksichtigen sind die Tatsachen bis zum Schluss der mdl Verhandlung, Ffm MDR 1989, 743.
– Es zählt das wirtschaftliche Interesse. Ideelle Belange des Klägers bleiben unberücksichtigt. Für Feststellung der Unwirksamkeit eines Darlehensvertrags ist unter Berücksichtigung der für ihre Bewertung maßgeblichen Vorschriften auf die Hauptforderung abzustellen, BGH WM 2016, 2299. Künftige Schäden sind unter Abwägung des Risikos zu schätzen, BGH NJW 2009, 920; NJW-RR 1991, 509, und ohne die bereits entstandenen anzusetzen, Kblz NJW-RR 2017, 64; Hamm BeckRS 2016, 03771. Die **Klauselerteilungsklage** nach § 731 ist mit dem vollen Wert der Forderung anzusetzen, LG Hildesheim NJW 1964, 1232.
– Grds. wird, auf der Grundlage des nach → Rn. 53 anzusetzenden Ausgangswertes, insbes. wegen der fehlenden Vollstreckbarkeit von Leistungsansprüchen ein etwas geringerer Wert als derjenige des entspr. Leistungsanspruchs angesetzt, mithin ein **Wertabschlag** vorgenommen, BGH NJW-RR 2012, 1107; Karlsr NJW-RR 2020, 254; Ffm JurBüro 1991, 410 (Annahmeverzug, auch → Rn. 7); LAG Stgt NZA-RR 2009, 670 (Feststellung unerlaubter Handlung), meist werden 20 % abgezogen, BGH VersR 2015, 912; KG VersR 2015, 127; LAG Stgt NZA-RR 2015, 98; ausnahmsweise 50 %, BGH NJW-RR 2001, 316 (Beschw); Saarbr OLGR 2005, 603; 40 %, Ffm AnwBl 1982, 436, Abschlag „höher als“ 20 %, LAG Mainz NZA-RR 2008, 159; Celle VersR 2008, 1516 (20 % Ansatz bei Versicherungsvertrag); oder bei einer erst nach Jahrzehnten fälligen Versicherungsleistung, Ffm VersR 2002, 913 (gegenwärtiges, durch Abzinsung zu ermittelndes Interesse). Es kommt auch darauf an, wie hoch das Risiko eines künftigen Schadens und einer tatsächlichen Inanspruchnahme des Bekl. durch den Kläger ist, BGH NJW-RR 2009, 156; Mü BeckRS 2018, 31446; Kblz NJW-RR 2017, 64, bis hin zu einem „Erinnerungswert“ bei unwahrscheinlichem Eintritt, BGH NJW-RR 1991, 509. Spielt die Lebenserwartung eine Rolle, kann ebenfalls ein höherer Abschlag angezeigt sein, BGH 23.2.2022 – IV ZR 282/21, BeckRS (1/3). 54

Alleine wegen unrealistischer Vorstellungen des Kl. ist der Abschlag indes nicht zu erhöhen, Karlsr JurBüro 2013, 138. Bei bloßer Titelergänzung sind 4 % angenommen worden, Köln JurBüro 2009, 257, für Fälle von § 850f II 5 %, Drsd MDR 2008, 50, indes liegt hier neben dem Leistungsantrag wirtschaftliche Identität vor, BGH NJW-RR 2013, 1022. All dies gilt auch bei privilegierten Streitwerten wie etwa nach § 42 II GKG, Jena NJW-Spezial 2008, 573.
– Umgekehrt kann der Wert der Feststellungsklage je nach Interessenlage den **Wert einer Leistungsklage** erreichen, BGH NZM 2009, 51 (BeW bei Feststellung eines Mietvertrages, da Feststellungsklage den Regelfall darstellt); BGH NJW-RR 1999, 362; DRiZ 2008, 291 (Abschlag auch bei leistungsbereitem und -fähigem Schuldner); NJW-RR 2020, 640 (**Nichtigkeit** eines Vertrags), bei beziffertem Feststellungsantrag ist der Betrag maßgeblich, Kblz NJW 2018, 2807 Rn. 19. Er ist jedoch unter keinen Umständen höher als der Ausgangswert, → Rn. 53, BGH NZM 2004, 423. → Rn. 74 „Kaufvertrag“, → Rn. 126 „Vaterschaftsanerkenntnis“, → Rn. 137 „Wandlung“.
– **(Verneinende, negative Feststellungsklage):** Der Wert ist gem. § 3 zu schätzen, Karlsr JurBüro 2020, 371 (Widerruf Darlehen); MDR 2011, 1420. Es gilt grds. der volle Wert der vom Gegner aus dem Rechtsverhältnis abgeleiteten, nach der jeweils einschlägigen, allgemeinen Regel bewerteten Forderung, zB § 9, BGH NJW-RR 2009, 156; KG MDR 2010, 47; aA OLGR Ffm 2009, 255. Denn die Klage soll die Leistungsklage des Gegners ausschließen, BGH FamRZ 2007, 464 (BeW im vollen Nachlasswert bei Ausschluss des Erbrechts, → Rn. 42 „Feststellungsklage“), KG GRUR-RR 2009, 160 (Spiegelbild der Leistungsklage). Das Interesse des Klägers besteht regelmäßig darin, dass er nicht zu leisten braucht, BGH RVGRep 2020, 268 mAnm Hansens; Bbg JurBüro 1990, 1659; Brdb JurBüro 2003, 85. Gänzlich unklare Restforderung kann mit 20 % des Ursprungswertes angesetzt werden, Karlsr JurBüro 2017, 364. Bei neg. Feststellungsklage gegen Unterlassungsanspruch kann zum Schutz kleiner Unternehmen alleine auf deren Interesse abgestellt werden, KGR 2009, 138, aA OLGR Mü 1986, 840. Bei **irrealen (Fantasie-)Forderungen** kann ermäßig werden, Kblz MDR 1996, 103 (offensichtlich aus der Luft gegriffen); Brdb JurBüro 2003, 85; Ddf MDR 2003, 236; Drsd JurBüro 2004, 141. Die Begrenzung nach § 39 II GKG greift ein, wenn sich die Rechtskraft auf Ansprüche jenseits dieser Grenze erstrecken würde, Köln NJW-Spezial 2020, 251. 55

Die reine Verneinung der Klage durch eine Widerklage hat keinen Wert, Karlsr FamRZ 1997, 39; Brdb FamRZ 2004, 963. Bei teilw. Übereinstimmung zählt nur der überschießende Teil, Ddf MDR 2003, 236, JurBüro 2009, 484.

Da im Streit um die Beendigung eines Vertrags neg. und pos Feststellung sich decken (... „nicht beendet ist“ oder „fortbesteht“), sind begriffliche Ansätze alleine nicht tragfähig, BGH NZM 2009, 51. Das Interesse des Kl. ist nach wirtschaftlichen Gesichtspunkten zu bewerten, Ddf AnwBl 1994, 47; Hamm JurBüro 2003, 537 (Kaufpreis für Nichtbestehen einer Erwerbspflicht). Beim **Widerruf** eines **Darlehensvertrags** zählt wegen § 4 das Kapital, nicht die Zinsen, BGH WM 2016, 2299; NJW 2016, 2428; Karls JurBüro 2020, 371; bei der Beendigung ist demgegenüber auf die Zinsen abzustellen, Celle JurBüro 2015, 579, bei günstigem **Anlagevertrag** auf die Verzinsung, BGH NJW 2017, 2343. Bei Widerruf einer **Kfz-Finanzierung** setzen Stgt NJW-RR 2020, 255; Saarbr NJW-RR 2019, 1535 die Summe von Nettodarlehensbetrag und Anzahlung an.

Unerheblich sind eine **Gegenleistung** oder eine **Zug-um-Zug**-Leistung, BGH RVGRep 2020, 268 mAnm Hansens; Hamm AnwBl 2003, 597, oder ein Zweifel an der Zahlungsfähigkeit des Klägers. Gesamtschuld führt nicht zur Werterhöhung, BGH NJW-RR 2004, 638.

Auch → § 9 Rn. 8 „Feststellung".

56 – **(Zusammentreffen einer Feststellungs- und einer Leistungsklage):** Dann muss man nach § 5 prüfen, ob die Feststellung eine selbständige Bedeutung hat, BGH MDR 2011, 1474; Karlsr JurBüro 2007, 648; Bbg VersR 2009, 701; Ffm VersR 2011, 92. Es können aber auch 20 % der Leistungsklage reichen, Oldb MDR 2010, 990 (Feststellung Versicherungsvertrag neben dem Leistungsanspruch), oder sogar nur 5 %, Drsd MDR 2008, 50 (Feststellung der Vorsatztat neben dem Leistungsanspruch). Eine Rückforderung erhöht den Wert der neg. Feststellungsklage nicht, Karlsr FamRZ 1997, 39.

– **(Zwischenfeststellungsklage):** Die Werte von Klage und Zw. sind nicht notwendig identisch, BGH NJW-RR 1992, 698. Es können 70 % des Leistungsanspruchs ausreichen, Mü MDR 2013, 1435. Ggf. muss man vom zusätzlichen Wert das Kostenrisiko abziehen, LG Mü JurBüro 2009, 430 (Widerklage).

Zur **Musterfeststellungsklage** → Rn. 84.

57 – **(Insolvenzfeststellungsklage):** → Rn. 74 „Insolvenzverfahren".

Feststellung des Kosteninteresses: → Rn. 49; → § 91a Rn. 261.

Firma: → Rn. 85 „Name".

Fischereirecht: Man muss § 3 anwenden. Als Anhaltspunkte dienen: Der im gewöhnlichen Geschäftsverkehr erzielbare Kaufpreis; bei einer Feststellung der Jahresertrag; eine Wertminderung des an den Fischgrund angrenzenden Grundstücks (KG OLGZ 1975, 138: entspr. § 7), und ein 20facher Jahresbetrag, der sich bei einer solchen Verpachtung erzielen lässt, die ja nur auf eine vorübergehende Zeit erfolgen würde. § 9 ist nicht anwendbar, BGH MDR 1969, 916.

Forderung: Maßgeblich ist grds. der Nennbetrag. Bei der Klage auf die Erfüllung ist der Wert der Sachforderung entscheidend. Wenn ihre Fälligkeit streitig ist, gilt grds. ihr voller Betrag, → Rn. 52 „Fälligkeit". → Rn. 59 „Geldforderung", → Rn. 99 „Schmerzensgeld".

Franchise: Maßgeblich ist das Interesse des Franchisenehmers an der Fortführung des Vertrags, Stgt JurBüro 2007, 144 (nicht: § 9), oder an seiner Auflösung, Ddf JurBüro 2011, 592.

Freigabe: Bankguthaben, maßgeblich ist der volle Betrag und nicht nur das Interesse an der sofortigen Verfügungsmöglichkeit. § 246a AktG: Es zählt der Hauptsachewert, nach Erledigung des Anfechtungsverfahrens das Kosteninteresse, Stgt AG 2010, 1989, analog für GmbH, Naumbg NZG 2015, 1323. → Rn. 71 „Hinterlegung".

Freistellung: → Rn. 27 „Befreiung".

Fristsetzung: § 255. Es gelten die gleichen Grundsätze wie für die Auskunft, → Rn. 24. Neben dem Leistungsantrag besteht wegen wirtschaftlicher Identität kein eigener Wert. Für BeW und GebW gilt der höhere Einzelwert, BGH NJW-RR 2018, 331 Rn. 15.

58 **Gebrauchsmuster:** → Rn. 63 ff. „Gewerblicher Rechtsschutz".

Gegendarstellung: Maßgeblich ist § 48 II, III GKG. → Rn. 32 „Ehre".

Gegenleistung: → Rn. 142 „Zug um Zug".

Gegenseitiger Vertrag: Bei einem Anspruch auf die Erfüllung des Vertrags gilt der Wert der verlangten Leistung ohne einen Abzug der Gegenleistung, BGH BeckRS 2019, 1782; NJW 1982, 1048; Kblz MDR 1994, 738; LG Kiel WuM 1995, 320, auch bei einer Leistung Zug um Zug, Brdb MDR 2014, 1414, bei Feststellung der Nichtigkeit eines Vertrags, BGH NJW 2020, 2341. Beim Streit um die Art der Erfüllung gilt das Interesse des Klägers nach § 3, BGH MDR 1982, 36. Gegenüber der Einrede der Nichterfüllung bleibt für den BeW des Bekl. die volle Forderung maßgeblich, wenn sie sich gegen die gesamte Klageforderung richtet, BGH MDR 1995, 1162; ist das Ziel lediglich die Zug-um-Zug-Verurteilung, ist der Wert für die Beschwer zu schätzen, BGH BauR 2021, 1011 Rn. 14; NZM 2017, 358 (möglicher Teil-Rückzahlungsanspruch nach Abrechnung). Bei einem Anspruch auf eine Nichtigerklärung ist das Interesse des Klägers am Nichtbestehen maßgeblich, Brschw JurBüro 1983, 434 (neg. Feststellung), Ffm AnwBl 1982, 247 (Preisdifferenz zwischen beurkundetem und mdl Schwarzgeldvertrag), aM Celle AnwBl 1984, 448 (voller Ursprungswert). → Rn. 142 „Zug um Zug".

59 **Gehalt:** Maßgeblich sind § 9 ZPO, § 42 I–III GKG.

Geldforderung: Maßgeblich ist der Betrag der Klageforderung, § 6, **Nennwertprinzip,** → § 6 Rn. 1. Das gilt auch dann, wenn es um die Freigabe eines Guthabens geht. Es kommt dann nicht auf das Interesse an der Freigabe an. Irreale Forderungen können mit dem Mindestwert angesetzt werden, Ddf MDR 2003, 236; Drsd JurBüro 2004, 141. Auch → Rn. 25 „Auslandswährung", → Rn. 52 „Fälligkeit", → Rn. 53 „Feststellungsklage", → Rn. 57 „Forderung", „Freigabe", → Rn. 99 „Schmerzensgeld", → Rn. 115 „Unbezifferter Antrag".

60 **Gemeinschaft:** Bei der Klage auf ihre Aufhebung ist das Interesse des Klägers nach § 3 maßgeblich. Wenn es um ihre Teilung geht, ist der volle Wert des zu Verteilenden maßgeblich, weil der Kl. unabhängig von seinem Anteil die Aufhebung der Gesamtheit verlangt, Brdb JurBüro 1998, 421, anders die hM, BGH 22.6.2009 – II ZR 163/08, BeckRS 2009, 20528; Brdb JurBüro 2020, 419; Ddf JurBüro 2006, 644; Zöller/Herget § 3 Rn. 16.80 (maßgeblich der vom Kl. begehrte Anteil), BGH NJW 1973, 50 (Bruchteil vom Anteil des Klägers am Gesamtgut). Beim Streit nur um die Art der Teilung oder um ihren Zeitpunkt ergibt sich der Wert aus dem herausverlangten Teil, SchlHA 1979, 57. Die Auflassungsklage gegen das Mitglied einer Gemeinschaft ist mit dem Wert des auf dieses entfallenden Bruchteils anzusetzen, KG MDR 2008, 1417. Auch → Rn. 41 „Erbrechtlicher Anspruch", → Rn. 141 „Wohnungseigentum".

Genehmigung: Maßgeblich ist nach § 3 der Wert des zu genehmigenden Vorgangs nach dem Interesse des Kl.

Genossenschaft: Maßgeblich nach § 3 ist der Wert, den der Anteil mit allen Vorteilen der Mitgliedschaft für den Kl. hat. Bei einer Anfechtungsklage ist § 247 I AktG entsprechend anwendbar, Naumb JurBüro 1999, 310. Im Übrigen → Rn. 62 „Gesellschaft"

Gesamtschuldner: → § 5 Rn. 5. Für BeW des Kl. sind die Ansprüche nur insoweit zusammen zu rechnen, als sie nicht identisch sind, BGH NJW 1957, 628. 61
Geschäftsanteil: → Rn. 62 „Gesellschaft".
Geschäftsbedingungen: → Rn. 6 „Allgemeine Geschäftsbedingungen"
Gesellschaftsrecht: 62

– **(Abberufung):** Bei der Abberufung eines Organmitglieds einer Kapitalgesellschaft ist das Interesse der Gesellschaft an seiner Fernhaltung maßgeblich, BGH NJW-RR 1995, 1502. Bei einer Abberufung des Geschäftsführers kann der Anstellungsvertrag bestehen geblieben sein. Daher ist dann nur § 3 anwendbar, nicht → § 9, BGH NZG 2011, 911 (Grenze des BeW im Wert des GesAnteils); GmbHR 2009, 995; Stgt JurBüro 2013, 308. Maßgeblich ist nach der jeweiligen Angriffsrichtung das Interesse an der Beendigung der Organstellung bzw. an der Erhaltung der Leitungsmacht, BGH NJW-RR 1995, 1502. Beim Gesellschafter-Geschäftsführer ist der Wert des Anteils zu berücksichtigen, Drsd BeckRS 2018, 40848, indes kann er nicht höher sein als bei der Ausschließung eines Gesellschafters, BGH NZG 2011, 911; MDR 2009, 815. Für die Kündigung des Dienstvertrags gilt § 9, BGH NZG 2016, 868.
– **(Änderung des GesVertrags):** Freie Bewertung nach § 3, BGH MDR 1995, 319.
– **(Aktienregister):** Streit um Eintragung wird mit 1/10 bis ¼ des Aktienwertes angesetzt, Hamm AG 2008, 671.
– **(Anfechtung):** Bei der Anfechtung eines Beschlusses der Hauptversammlung einer AG muss man nach § 247 I AktG den GebW und BeW aufgrund des gesamten Verhältnisses und des Interesses der Gesellschaft an einer Aufrechterhaltung des Beschlusses festsetzen, BGH NZG 2011, 997 (Beschw); NJW-RR 1999, 910. Für den Anfechtenden kommt es auch auf den Aktienbesitz an, Saarbr ZIP 2013, 999, Rostock AG 2014, 866. Das wirtschaftliche Ziel der Anfechtung ist genau zu erfassen; insbesondere ist bei Anfechtung eines **Squeeze-out** die Erhöhung der Abfindung für sich kein zu berücksichtigender Wert, Köln NZG 2021, 469 Rn. 10; eingehende Anm. Klett/Alfter NZG 2021, 454. Mehrere selbständige Anträge sind zu addieren, BGH NJW-RR 1995, 225; NJW-RR 1999, 910; Naumbg NZG 2015, 1323. § 247 I AktG ist je Instanz zu beachten, BGH MDR 1993, 184. Diese Lösung ist auch bei einer **GmbH** entsprechend anwendbar, BGH NJW-RR 1999, 1485; KG JurBüro 2010, 425; Naumbg NZG 2015, 1323, nicht aber bei einer zweigliedrigen KG, BGH NJW-RR 2002, 823; aA Bremen MDR 2011, 628 (Publikums-KG). Zinsen und Kosten treten hinzu, BGH WM 1982, 435; offen hinsichtlich der Wertgrenze des § 247 I 2 AktG BGH NZG 2009, 1438.
– **(Anpassung):** Das Gericht darf nach § 247 II AktG den Kostenstreitwert der wirtschaftlichen Lage einer Partei anpassen, BGH MDR 1993, 184, und dies für jede Instanz getrennt, Ffm BB 1985, 1360. PKH ist mit wertbildend, Ffm JurBüro 1990, 647. Dasselbe gilt auch bei einer Nichtigkeitsklage nach §§ 249, 256 VII, 275 IV AktG.
– **(Anschriften):**BeW bei Verurteilung zur Mitteilung von Anschriften der Gesellschafter an einen Treugeber bestimmt sich nach den Kosten, BGH II ZR 224/15 (300 EUR).
– **(Anteil):** Maßgeblich ist sein Verkehrswert, KG JurBüro 2010, 426 (1/3 bei einstw. Vfg.).
– **(Auflösung):** Bei der Auflösung ist das Interesse des Klägers maßgeblich, Köln BB 1982, 1384 (OHG); DB 1988, 281 (Abwehr drohender Haftung bei GmbH); Mü JurBüro 2005, 39 (vertragliche Leistung bei stiller Gesellschaft), Janizewski JurBüro 2003, 455 (atypische stille Gesellschaft).
– **(Auskunft):** Es gelten die allgemeinen Grds., → Rn. 24, BGH ZIP 2016, 70; Stgt DB 1992, 1179. BeW bei Auskunft über die Mitgesellschafter idR bis 300 EUR, BGH 26.4.2016 – II ZR 12/15, BeckRS 2016, 09762.
– **(Ausscheiden):** Beim Ausscheiden eines Gesellschafters muss man für den Streit um die Wirksamkeit das Interesse des Klägers beachten, BPatG NJW 1997, 311 (Grenze: unzumutbares Kostenrisiko). → „Eintragung".
– **(Ausschließung):** Bei der Ausschließung eines Gesellschafters kommt es auf das Interesse des Kl. an, BGH BeckRS 2018, 23617; Köln JurBüro 1970, 427; Ffm JurBüro 1985, 1083 (Nachteil des Kl. bei Verbleib des Bekl.). Es besteht idR aus der Summe der zu erwartenden Erträge, BGH NZG 2015, 321. Für die Einziehung gilt entsprechendes, BGH ZInsO 2020, 440 Rn. 4; NJW 2001, 2638; NZG 2009, 518 (Wert des betroffenen Geschäftsanteils); ZIP 2013, 1692; KG JurBüro 2010, 425 (10facher Jahresertrag). Anknüpfungspunkt für den Wert kann die Abfindung sein, BGH GmbHR 2022, 537 = BeckRS 2022, 7430; ZIP 2001, 1734. Bei Ausschließung eines Nichtgesellschafters von der Geschäftsführung kann für GebW und BeW an die Vergütung angeknüpft werden, BGH WM 2015, 380. Für BeW des ausgeschlossenen Gesellschafters ist der Wert seines Anteils maßgeblich, BGH NZG 2014, 400.
– **(Beitritt):** § 9 gilt grds. nicht, wenn Kapital ratenweise einzuzahlen, maßgeblich ist die tats. Einzahlung, Mü NZG 2012, 509.
– **(Beschlussmangel):** → Anfechtung.
– **(Bilanzerstellung):** Für BeW des Bekl. ist der Aufwand maßgeblich, Saarbr NZG 2017, 468.
– **(Dienstvertrag):** Des Geschäftsführers, es gilt § 9, begrenzt durch die Bezugszeit, BGH NZG 2016, 868.
– **(Einsichtnahme):** → „– (Geschäftsunterlagen)".
– **(Eintragung):** Das Ziel einer Eintragung des Ausscheidens ist mit 25 % des Interesses an diesem selbst anzusetzen, BGH Rpfleger 1979, 194.
– **(Einzahlung):** Bei der Einzahlung eines Anteils an die Gesellschaft muss man den Anteilswert des Klägers mitbeachten, BGH NJW 2001, 2638, für die Zahlungsklage gilt § 9, KGR 2008, 758.
– **(Einziehung):** Es gilt der Wert des betroffenen Anteils, BGH NJW 2001, 2638. Der BeW der Gesellschaft bei Aufhebung des Beschlusses bestimmt sich nach dem Verkehrswert des betr. Anteils, BGH IBRRS 2014, 3796 = BeckRS 2014, 13952; IBRRS 2013, 4475 = BeckRS 2013, 18626.
– **(Entlastung):** Bei einer Anfechtungsklage gegen die Entlastung eines Aufsichtsratsvorsitzenden muss man die Interessen des Klägers und die wirtschaftlichen Auswirkungen beachten, Stgt BB 1995, 2442 (Umfang des Aktienbesitzes des Klägers, Größe und wirtschaftliche Bedeutung der beklagten Aktiengesellschaft).
– **(Entnahme):** Bei Klage auf wiederholte Entnahme gilt § 9, Bbg JurBüro 1982, 284 (jetzt 3,5-fach).
– **(Fortbestehen):** Bei einer Feststellung des Fortbestehens des Gesellschaftsvertrags muss man alleine nach dem Interesse des Kl. bewerten, nicht der übrigen Gesellschafter, Köln ZIP 1982, 1006.

– **(Freigabeverfahren):** Es gilt unter Anwendung des § 247 I 2 AktG der Hauptsachewert, Ddf ZIP 2019, 1570, nach Erledigung das Kosteninteresse, Stgt ZIP 2009, 2337. Zu berücksichtigen ist das Schutzbedürfnis der Aktionäre, das nicht durch ein zu hohes Kostenrisiko belastet werden darf. Bei Kapitalerhöhung bleibt der Wert auf 10 % des bisherigen Kapitals gedeckelt, Mü ZIP 2019, 568 Rn. 30.
– **(Geschäftsanteil):** Bei Klage auf Übertragung kommt es auf den Verkehrswert an, BGH JurBüro 2021, 41.
– **(Geschäftsunterlagen):** Man muss den Anspruch auf Einsichtnahme nach dem geschäftlichen Interesse des Kl. bewerten, Ffm DB 1991, 272. → „Auskunft" und → Rn. 24.
– **(Gesellschafterliste):** A. auf Untersagung der Einreichung kann mit einem Bruchteil des betr. Anteilswertes angesetzt werden, Drsd NZG 2019, 513.
– **(Klagezulassung):** § 148 AktG, Zur grds. Beschränkung des Wertes auf 10 % des Grundkapitals und zur Vervielfachung dieses Wertes bei besonders hohem Interesse der Aktionäre Köln NZG 2019, 826; ZIP 2010, 1799.
– **(Leistung an Gesellschaft):** Bei der Klage eines Gesellschafters gegen einen Mitgesellschafter auf eine Leistung an die Gesellschaft ist ihr voller Betrag ohne einen Abzug des Anteils des Klägers maßgeblich, da Ziel die Stärkung der Gesellschaft ist, aM Zöller/Herget § 3 Rn. 16.83.
– **(Nichtigkeit):** → „– (Anfechtung)", → „– (Anpassung)".
– **(Sonderprüfer):** § 79 I GNotKG. Bormann/Diehn/Sommerfeldt/Sommerfeldt GNotKG § 79 Rn. 8 ff.
– **(Spruchverfahren):** Maßgeblich Angaben der Aktionäre, die den Aktienbesitz nachgewiesen haben, zu dessen Umfang, Ddf NZG 2018, 351. Zur Tragweite der Wertfestsetzung betr. § 6 II 3 SpruchG und zur Bestandkraft Ddf NZG 2021, 37. BeW des Kl. bemisst sich nach dessen Interesse, nicht nach § 79 I GNotKG, KG ZIP 2016, 1678. Bei vom LG nicht zugelassener Beschwerde muss der BeW über 600 EUR liegen, BGH NZG 2018, 1394. Bei Beschwerde gegen Zwischenentscheidung ist ein Teil des Hauptsachewertes anzusetzen, Ddf NZG 2019, 749. Zur Mehrvertretung, § 31 RVG, Karlsr JurBüro 2020, 192; Mü NJW-RR 2020, 760.
– **(Squeeze-out):** Der Wert bestimmt sich nach dem Wert der betroffenen Aktien, Ffm AG 2014, 410 = BeckRS 2014, 4650.
– **(Stille Gesellschaft):** Bei ihrer Rückabwicklung kann man die ganze Vertragsleistung ansetzen, Mü JurBüro 2005, 39.
– **(Übertragung):** Es gilt das Klägerinteresse, idR der Verkehrswert des Anteils, BGH BeckRS 2020, 17793; ZIP 2013, 1692 Rn. 2.
– **(Vergütung, Geschäftsleiter):** Bei Klage gegen Beendigung des Dienstverhältnisses, bestimmen sich Streitwert und Beschwer analog § 9. Der Wert wird nicht dadurch erhöht, dass sich die Klage zusätzlich gegen die Beendigung der Organstellung richtet, BGH 21.5.2013 – II ZR 110/12, BeckRS 2013, 10083, BGH 12.4.2016 – II ZR 297/15, BeckRS 2016, 09763.
– **(Vorbehalt):** Bei § 64 GmbHG: Maßgeblich ist die Aussicht auf Durchsetzbarkeit der vorbehaltenen Ansprüche, BGH ZIP 2013, 1251. Neben der Zahlungsklage des Insolvenzverwalters hat der Einwand des Bekl. keinen selbständigen Wert.

Gewaltschutz: Nach § 49 I FamGKG kommen bei § 1 GewSchG 3.000 EUR infrage, bei § 2 GewSchG 6 Monatsmieten, beim Eilantrag 500/1.000 EUR. Anträge nach § 1 und § 2 GewSchG müssen getrennt bewertet und addiert werden, Drsd FamRZ 2006, 803. Für eAO gilt nach § 41 FamGKG der halbe idR der Wert, indes kann bei Herbeiführung des vollen Erfolgs der volle Wert genommen werden, Schlesw FamRZ 2011, 1424; aA Saarbr NJW-RR 2008, 746 (500 EUR). Im Allgemeinen Zivilverfahren ist unabhängig vom FamGKG nach § 3 zu bewerten, mithin deutlich höher, aM Saarbr NJW-RR 2008, 746.

63 **Gewerblicher Rechtsschutz:** § 3 ZPO, § 51 GKG. Der Wert ist nach umfassender Gesamtabwägung in freiem Ermessen zu bestimmen, BGH NJOZ 2013, 1287; Ausgangspunkt ist das Angreiferinteresse; nach § 51 III GKG sind auch die Belange des Bekl. zu berücksichtigen, Ffm JurBüro 2021, 527.

Regelwerte bestehen nicht und sollten auch von der Rspr. nicht entwickelt werden, weil die darin liegende Vereinfachung der Vielfalt der Sachverhalte nicht gerecht wird, Nürnb GRUR 2007, 815; aM Brdb MDR 1997, 1069; Saarbr OLGR 2005, 952 (Verbandsklage); Schlesw OLGR 2008, 628; Zöller/Herget § 3 Rn. 16.85. Maßgeblich ist die aus dem Sachvortrag des Kl. zu gewinnende, obj. Beeinträchtigung seines Rechts, BGH GRUR 1986, 93 (Marktverwirrungsschaden), Köln MDR 1994, 267 (subj. Einschätzungen des Kl. ohne Bedeutung); Brdb MDR 1997, 1069; Zweibr GRUR-RR 2001, 285; KG JurBüro 2006, 645 (verständige Würdigung); Brdb MDR 2010, 39 (auch: angemessene Vergütung der RAe).

Mehrere Ansprüche gegen einen oder mehrere Bekl. sind, von wirtschaftlicher Identität abgesehen, zu addieren, Hbg GRUR-RR 2006, 392, Klagegrund in mehreren Ansprüchen führt zur maßvollen Erhöhung, Köln GRUR-RR 2015, 402. Gegen Aufteilung des Streitwerts im Patentnichtigkeitsverfahren BGH GRUR 2013, 1287.

Für die **Unterlassungsklage** kommt es auf den Angriffsfaktor an. Erforderlich ist eine **Prognose** auf den künftigen Wert für den Kl. und die Gefährdung, BGH GRUR 2014, 206. Geboten ist die Gesamtbetrachtung aller von dem behaupteten Verstoß ausgehenden Nachteile des Kl., namentlich dessen Gefährlichkeit für den Umsatz des Kl., OLGR Saarbr 2005, 952 (Nachteile für Gewinn); BGH WM 1990, 2058; Ffm JurBüro 1992, 489 (jew. Umsatz); Stgt NJW-RR 1987, 429 (Gefährlichkeit); Ffm JurBüro 1983, 1249 (Intensität); Größe des Kreises der betroffenen Verbraucher, Karlsr MDR 2016, 1116; zu sonst Auswirkungen BGH MDR 1990, 986; Oldbg MDR 1991, 955. Bei § 3 UKlaG Interesse der Allgemeinheit an der Ausschaltung der umstrittenen Klausel maßgeblich, BGH VersR 2016, 140; NZM 2014, 255 (hoher Wert bei wirtsch. Bedeutung); NJW-RR 2003, 1694; NJW-RR 2001, 352; Köln NJW-RR 2017, 1502.

Bei der **Verbandsklage** ist vom satzungsgemäß wahrgenommenen Interesse der betroffenen Mitglieder auszugehen, nicht von der Größe des Verbands, BGH MDR 1998, 1237; NJW-RR 1990, 1322; Mü GRUR-RR 2020, 512; Ffm JurBüro 2020, 257; MDR 2012, 185 (höhere Bewertung der Verbandsklage); der wirtschaftlichen Bedeutung des angestrebten Verbots, bestimmte Klauseln zu verwenden oder eine verbraucherschutzgesetzwidrige Praxis zu untersagen, wird bei der Bemessung der Beschwer und des Streitwerts in der Regel keine ausschlaggebende Bedeutung beigemessen BGH BeckRS 2021, 12082 = K & R 2021, 588; GRUR 2017, 212. Bei einer Mehrheit von Klägern ist die Summe der Interessen maßgebend, eine Aufspaltung in Einzelwerte erfolgt nicht, BGH MDR 2013, 1316 (Patentnichtigkeit).

Maßgeblich für den BeW ist das Ziel des Rechtsmittelklägers, BGH GRUR 2005, 972. Sie ist für den unterlegenen Bekl. eigenständig zu prüfen, BGH NJW-RR 2009, 549; MDR 2013, 1478; GRUR 2013, 1271, unabhängig von der Frage, ob die Parteien über ein Unterlassungsgebot selbst streiten oder nur (noch) über einzelne Verstöße, BGH MDR 2013, 1360.

Einzelne Aspekte: 64

– (Abmahnung): Sie kann gegenüber einer Vielzahl von Empfängern iSd § 15 II RVG eine Angelegenheit darstellen; die Einzelstreitwerte werden alsdann mit der Anzahl der Abgemahnten multipliziert, BGH GRUR 2019, 1044; Ffm NJW-RR 2022, 354.
– **(Automatenaufstellung):** § 3, Kblz Rpfleger 1980, 487 (Gesamtinteresse, nicht §§ 41 f. GKG).
– **(eBay):** Beanstandung fehlender Widerrufsbelehrung kann mit dem Verbraucherinteresse bewertet werden, Karlsr JurBüro 2010, 531.
– **(Bundesliga):** Für Verwendung von Logos setzt Ffm JurBüro 2020, 375700.000 Euro an.
– **(Design):** Für die anwaltliche Tätigkeit gem. § 34a V 2 DesignG iVm § 23 III 2 Hs. 1 RVG nach billigem Ermessen, idR 50.000 EUR, BGH GRUR 2020, 1016.
– **(Einstweilige Verfügung):** Ein gerichtliches Verbot erledigt oft den gesamten Streit. Dann nähert sich der Wert nach → Rn. 36 demjenigen der Hauptsache, Stgt MDR 2011, 1316, Mü JurBüro 2009, 484; grds. sollte ein Bruchteil des Hauptsachewertes genommen werden, Hamm AGS 2017, 278 (2/3); für Abschlag von 20 % Hmb WRP 2018, 495.
– **(Gebrauchsmuster):** Im Löschungsverfahren ist § 3 anwendbar, BPatG GRUR-Prax 2017, 291. Für die Gefährlichkeit als Bewertungskriterium ist eine Prognose geboten, BGH GRUR 2014, 206.
– **(Gefährlichkeit):** Mit zu beachten ist die Gefährlichkeit der Verletzungshandlung, Stgt NJW-RR 1987, 429 (Täuschungsmanöver); Karlsr JurBüro 2011, 421. Es ist eine Prognose geboten, BGH GRUR 2014, 206 (Gebrauchsmuster). **Generalprävention** ist unbeachtlich, Celle MDR 2012, 727; Brdb NJW-RR 2014, 227. Eine Unterlassungserklärung, welche die Wiederholungsgefahr herabsetzt, kann streitwertmindernd wirken, Ffm MarkenR 2015, 114.
– **(Herabsetzung, Streitwertbegünstigung):** Im Sinne von § 51 II GKG ist neben § 51 III GKG und § 12 III UWG (§ 12 IV UWG aF) „etwas anderes bestimmt" in §§ 26 GebrMG, 144 PatG, 142 MarkenG, 54 DesignG, 247 II, III AktG. Zur Beschwerdeberechtigung BGH 29.4.2021 – I ZB 49/20, GRUR-RS 2021, 14956 Rn. 13; eingehend Gruber MDR 2016, 310; zur Vereinbarkeit mit dem Unionsrecht GRUR 2018, 585. Maßgeblich sind die Verhältnisse bei Einreichung der Klage, Ffm JurBüro 2021, 527. 65

Die frühere Anknüpfung an das Vorliegen einer „einfachen Sache" iSd § 23a UWG aF ist überholt, alte Rspr. daher zurückhaltend zu verwerten. Bei einem Verband sind die Etatmittel zu berücksichtigen, BGH BeckRS 2016, 12970; Ffm GRUR-Prax 2018, 220. Die gesetzlichen Regelungen sind mit dem grundrechtlichen Gebot wirkungsvollen Rechtsschutzes vereinbar, anhaltend gültig BVerfG NJW 1997, 312. Der Bagatellstreitwert nach § 51 III 2 GKG ist auf Fälle eher unwahrscheinlicher Wettbewerbsverzerrung begrenzt, Stgt BeckRS 2014, 04929; Drsd MD 2015, 110.

§ 12 III UWG (§ 12 IV UWG aF) fordert eine erhebliche Gefährdung der wirtschaftlichen Lage der Partei, Drsd MD 2015, 110. Der Antrag ist wegen Missbrauchs unbeachtlich, wenn auf Abmahnung nicht reagiert wurde OLGR Ffm 2005, 842. Für Anwendung von § 51 III, IV GKG bei Kleinunternehmer Zweibr MDR 2014, 1470.

Nach Abschlusserklärung nicht mehr zulässig, KG MDR 2017, 232 zu § 142 MarkenG.

– **(Kartellrecht):** → Rn. 74 „Kartellsache".
– **(Konkurrenzschutz):** Maßgebend sind 33,3–50 % der Hauptsache, Ddf NZM 2006, 158.
– **(Markenrecht):** Ausgangspunkt ist die Gefährlichkeit der Markenbenutzung, Kblz JurBüro 2010, 531. (geprüft)
– **(Mehrere Beklagte):** Man muss addieren, BGH NJW-RR 2006, 67; Hbg GRUR-RR 2006, 392.
– **(Nichtigkeit):** Im designrechtlichen Nichtigkeitsverfahren entspringen 50.000 EUR idR billigem Ermessen, BGH GRUR 2020, 1016.
– **(Prävention):** Präventive Gesichtspunkte haben auf die Wertfestsetzung keinen Einfluss, Celle GRUR-RR 2012, 270.
– **(Produktionsfähigkeit):** Beachtlich ist der Umstand, dass sich die Produktionsfähigkeit nicht voll ausnutzen lässt, Ffm JurBüro 1976, 368 und JurBüro 1976, 1249.
– **(Prozessarbeit):** Mitbeachtbar ist der Umfang der Arbeit des Gerichts und der ProzBev nach § 81, Brdb MDR 1997, 1070.
– **(Prozessführungsbefugnis): Unbeachtlich** kann ein Streit über diese Befugnis nach → Vor § 50 Rn. 21 sein, Kblz GRUR 1991, 66.
– **(Regelstreitwert):** Er besteht grds. nicht, BGH GRUR 2017, 212; Nürnb GRUR 2007, 815.
– **(Umfang der Verletzung):** Mitbeachtbar ist der Umfang der Verletzungshandlung, Stgt NJW-RR 1987, 429.
– **(Umsatz):** Das Gericht muss eine Umsatzschmälerung des Klägers beachten, Ddf WettbR 1996, 44; Karlsr MDR 1980, 59, ebenso eine Umsatzsteigerung, Nürnb WRP 1982, 551.
– Man darf aber die Umsatzentwicklung **nicht** als die alleinige Berechnungsgrundlage verwerten, BGH NJW 1982, 2775, Ffm GRUR 1992, 549.
– **(Verbandsklage):** Es zählt das Interesse des Mitbewerbers an der Unterlassung, BGH NJW-RR 1998, 1421, unter Berücksichtigung der Zahl der angesprochenen Verbraucher, Karlsr MDR 2016, 1116. Die Bewertung ist tendenziell höher als bei der Klage von Mitbewerbern, Ffm MDR 2012, 185.
– **(Vermarktung):** Es kann die Beeinträchtigung einer Möglichkeit der Vermarktung beachtbar sein, zB bei einem Spitzensportler, Stgt WettbR 1997, 91.
– **(Veröffentlichung):** Maßgeblich ist das Beseitigungsinteresse, BGH GRUR-RS 2021, 41235 = K & R 2022, 194. Dieses geht bisweilen im Interesse am Unterlassungsanspruch voll auf. Es lässt sich daher nicht durchgehend besonders bewerten. Es kann aber bei einer schädigenden Äußerung erheblich über den Unterlassungsanspruch hinausgehen.
– **(Verschulden):** Mitbeachtbar sein kann der Verschuldensgrad, Ffm JurBüro 1983, 1249.

– **(Widerrufsbelehrung):** Der Wert liegt beim Verbraucherband höher als bei einzelnen Mitbewerbern, Ffm GRUR-RR 2012, 95. Im Verfahren der eV kann man 2.000 EUR ansetzen, Naumb JurBüro 2008, 149. Auch → Rn. 118 ff. „Unterlassung".

66 **Grenzklage:** § 3, BGH JurBüro 1968, 797.

Grundbuch: → Rn. 28 „Berichtigung des Grundbuchs", → Rn. 40 „Eintragungsbewilligung".

Grundurteil: Bei einer Entscheidung nach § 304 ist der gesamte Anspruch des Klägers maßgeblich. Das gilt selbst dann, wenn das Gericht später im Betragsverfahren eine geringere Forderung als die begehrte zuerkannt hat, § 4 I, Brschw Rpfleger 1956, 115, Mü 12.12.2006 – 1 U 4336/06, BeckRS 2006, 14949. Als BeW zählt für den Kl. eine neg. Bindungswirkung, BGH NJW-RR 2016, 1150, für den Bekl. der volle Wert des festgestellten Anspruchs, BGH 7.12.2020 – VI ZR 300/18, BeckRS 2020, 36047; NJW 2010, 681; NJW 1998, 686 (Teil-Grundurteil).

Grunddienstbarkeit: Man muss den Wert nach § 7 berechnen, Hamm BeckRS 2018, 33975. Das gilt auch während der Nichtausübung. BeW des Kl. kann mit 50 % der betr. Teilfläche oder mit 5–30 % der Gesamtfläche angesetzt werden, BGH NJW-RR 2014, 1297. Näher s. § 7.

Grundpfandrecht: → § 6.

Grundschuld: § 6. Beim Brief ist § 3 anwendbar, Ffm JurBüro 2003, 537 (Nennwert); hierzu auch → Rn. 69. Näher zu Grundpfandrechten → § 6 Rn. 14, 22.

Grundstück: → Rn. 14 „Auflassung", → Rn. 33 „Eigentum".

67 **Haftpflichtversicherung:** → Rn. 130 „Versicherung".

Handelsregister: → Rn. 7 „Anmeldung zum Handelsregister".

Handelsvertreter: Vgl. zur Bewertung nach § 3 Mü AnwBl 1977, 468; Schneider BB 1976, 1298. Es gilt bei einem unbezifferten Antrag diejenige Summe, die nach dem Tatsachenvortrag des Klägers nach → § 253 Rn. 32 schlüssig wäre. Der Auskunftsanspruch lässt sich mit 20 % der erhofften Zahlung bewerten. Ein zusätzlicher Ausgleichsanspruch nach § 89b HGB ist hinzuzurechnen, LG Bayreuth JurBüro 1977, 1747. Die Feststellungsklage auf Unwirksamkeit einer Kündigung bestimmt sich nach § 3, nicht nach § 42 II GKG, Mü DB 1985, 645; aM Bbg JurBüro 1991, 1693, doch fehlt es für Analogie an der Lücke. Für Streit um außerordentliche Kündigung statt ordentliche zählt die Provisionsdifferenz, Köln OLGR 1996, 128. Behauptet der Kl. ein Arbeitsverhältnis, gilt § 12 VII ArbGG, sonst § 3 LAG Nürnb NZA-RR 2001, 53.

Handlung: → Rn. 136 „Vornahme einer Handlung", → Rn. 145 „Zwangsvollstreckung: – (Erwirkung einer Handlung oder Unterlassung)".

Haupt- und Hilfsantrag: → Rn. 71 „Hilfsantrag".

Hauptintervention: Bei wirtsch Identität mit der verbundenen Hauptsache ist nur ein Wert festzusetzen, iÜ getrennt zu bewerten, Köln JurBüro 2018, 647.

Hauptversammlung: → Rn. 62 „Gesellschaft".

Heimfall: → Rn. 41 „Erbbaurecht".

Heimvertrag: Bei Klage auf Räumung gilt § 41 I GKG, im Streit um eine Kündigung gilt § 41 II GKG analog, Stgt NJW-RR 2005, 1733, § 3 für eV auf Räumung OLGR Celle 2009, 1024.

68 **Herausgabe:** Allgem. § 6. Es gilt grds. der **Verkehrswert** der Sache, auch der Vorbehaltsware, selbst wenn nur noch ein Restbetrag der Kaufpreisforderung aussteht, Ffm AnwBl 1984, 94 oder der Kl. die Sache nur geleast hat, Mü JurBüro 2020, 206; LAG Mainz JurBüro 2009, 140. Belastungen, Pfandrechte sind nicht abzuziehen, BGH NJW-RR 2001, 518; → Rn. 14 „Auflassung". Wenn der Wert jedoch infolge einer Rücknahme oder Wegnahme nachhaltig gesunken ist, muss man diesen Umstand wertmindernd berücksichtigen, BGH NJW 1991, 3221 (eingebaute Sachen). Wendet Bkl. Miete ein, gilt § 41 II 2 GKG, BGH NZM 2016, 892;BeW des Bekl. bemisst sich nach dessen Abwehrinteresse, BGH NJW 1999, 3049; NJW-RR 2002, 573.

– **(Attest):** Maßgeblich ist das Interesse an der Erteilung, AG Mü JurBüro 2011, 261 (§ 48 II GKG).
– **(Behandlungsunterlagen):** Man kann 20 % der beabsichtigten Haftungsklage einsetzen, Nürnb MDR 2010, 1418, Mü MDR 2012, 869.
– (Belege): → Rn. 124 „Urkunde".
– **(Bürgschaftsurkunde):** Das Interesse an der Herausgabe ist nach § 3 zu bewerten, das kann vom Mindestwert bis 100 % der besicherten Forderung reichen, BGH NJW-RR 1994, 758, Ffm IBR 2020, 2709; Köln VersR 1992, 256; Köln MDR 1994, 101 (Risiko unlauterer Inanspruchnahme) Schlesw BauR 2014, 1525; Ddf BauR 2014, 1517; Stgt NJW 2014, 3249. Wenn Kl. die Inanspruchnahme des Bürgen durch Bekl. verhindern will, wird der Wert der Forderung erreicht, Drsd BauR 2003, 931. Der Wert einer Klage auf Herausgabe ist bei gleichzeitiger Zahlungsklage wegen wirtschaftl Identität nicht zu berücksichtigen.
– **(Fristsetzung):** Der Antrag nach § 255 ist nach § 3 mit dem Interesse des Ast zu bewerten. Geht er mit dem Antrag einher, den Bekl. nach ergebnislosem Ablauf zum Schadensersatz zu verurteilen, gilt (entspr. der Stufenklage) nur der Wert des höheren Antrags, LG Köln MDR 1984, 501, mkritAnm Schneider MDR 1984, 853. Entspr. der Auskunft, → Rn. 24, können für die Fristsetzung zB 25 % des Sachwertes angesetzt werden.
– **(Generalschlüssel):** Maßgeblich ist der Wert der gesamten Anlage, LAG Kiel JurBüro 2007, 258; anders für die Rechtsmittelbeschwer BGH NJW-RR 2018, 331 (Kosten des Ersatzschlüssels).
– **(Gold):** Maßgeblich ist der Börsen-Ankaufskurs, BGH NJW-RR 1991, 1210.

69 – **(Grundschuld-, Hypothekenbrief):** Bei seiner Herausgabe muss man denjenigen Wert schätzen, der dem Interesse des Klägers am Besitz der Urkunde entspricht, dieses kann aufgrund der Wertminderung des Grundstücks mit dem Nennwert identisch sein, Brem Rpfleger 1985, 1977, Ffm JurBüro 2003, 537. In anderen Fällen genügt ein Bruchteil.
– **(Haustier):** §§ 3, 6 sind anwendbar, Köln FamRZ 2011, 1326.
– **(Kraftfahrzeugbrief):** Es gilt nach § 3 das Klägerinteresse und weder der Gebührenbetrag für eine Neuanschaffung noch der Wert des Wagens. Letzterer kann aber eine mitentscheidende Bedeutung haben, Saarbr JurBüro 1990, 1661 (idR 10 %); Ddf MDR 1999, 891 (33,3 %); LG Augsburg JurBüro 2001, 143: (50 %). Beim Kfz-Schein kommt es nach § 3 auf das Benutzungsinteresse an.
– (Krankenunterlagen): Mit dem Interesse an dem hinter dem Begehrenden stehenden Anspruch (auf Schadensersatz) zu bewerten, Ffm NJW-Spezial 2017, 732 (20 %); Mü MDR 2012, 869 (10–25 %); Nürnb MedR 2010, 554 (20 %).

– **(Räumung):** → Rn. 92.
– **(Schlüssel):** IdR nur Kosten des Ersatzschlüssels, nur ausnahmsweise der Schließanlage, BGH NJW-RR 2018, 331.
– **(Schuldschein):** § 371 BGB Es können 20–30 % der Forderung reichen, Köln MDR 1997, 204.
– **(Sicherungsgut):** Bei Herausverlangen zur Verwertung zählt der Verkehrswert, Naumbg JurBüro 2011, 29. § 6 kann entspr. anwendbar sein, BGH NJW 1959, 939.
– **(Sparkassenbuch):** Beim Streit um Herausgabe nebst Sicherungskarte ist das eingetragene Guthaben maßgeblich, BGH NJW-RR 1995, 362.
– **Störer:** Wird bei unstr. Eigentum die Herausgabe vom Störer verlangt, kann unter dem Verkehrswert liegende Bewertung angezeigt sein, Ffm MDR 1981, 590.
– **(Unveräußerlichkeit):** Beim Streit um die Herausgabe einer unveräußerlichen Sache gilt § 48 II GKG, Toussaint/Elzer GKG § 48 Rn. 1 ff.
– **(Urkunde allgemein):** Bei ihrer Vorlegung ist das Interesse des Klägers am Erhalt maßgeblich; bei der Vollmachtsurkunde zählt die Missbrauchsgefahr, KG JurBüro 70, 794. Soweit die Urkunde ein Recht verkörpert (zB Inhaberpapier) ist nach § 6 dieser Wert anzusetzen, BGH 29.11.1999 – II ZB 3/99, BeckRS 1999, 30084411; NJW-RR 1995, 362 (voller Wert bei Sparbuch einschl. aufgelaufener Zinsen), bei anderen Urkunden gilt § 3, entscheidend ist die Verwendbarkeit für die Durchsetzung einer Rechtsposition, etwa durch Vorlage oder zu Beweiszwecken, BGH FamRZ 1992, 169; NJW 1989, 2755; Köln MDR 1975, 60 (Durchsetzbarkeit eingeschränkt); Ddf JurBüro 1994, 494 (voller Nennwert bei offener Zahlung); LAG Mainz NZA-RR 2008, 324 (Geschäftspapiere); KG WuM 2011, 316 (Verwaltungsunterlagen Miete). Für die Vorbereitung einer Schadensberechnung Mü MDR 2012, 869. BeW des verurteilten Bekl. richtet sich gem. § 3 nach dem Behaltensinteresse oder der bloßen Vermeidung von Aufwand, BGH NJW 1995, 664; MDR 1999, 1218.
– **(Verdienst-, arbeitsbescheinigung):** Klage auf Erteilung zwecks Antrag auf Insolvenzausfallgeld ist nach dem Beweisinteresse mit einem Bruchteil hiervon anzusetzen, LAG Hamm DB 1985, 1897. Gleiches gilt für die Arbeitsbescheinigung, LAG Hamm DB 1985, 1897. **70**
– **(Versicherungsnachweisheft):** Wie („Verdienstbescheinigung"), LAG Hamm DB 1985, 1897; LAG Köln BB 1998, 543 (kein Regelwert).
– **(Versicherungspolice):** Es kommt nach § 3 auf das Beweisinteresse am Erhalt an, nicht notwendig identisch mit der Versicherungsleistung, BGH NJW-RR 2002, 573; LAG Stgt VersR 2002, 913 (1/3); OLGR Saarbr 2006; 465 (voller Wert, wenn Leistung nur gegen Vorlage).
– **(Verwaltungsunterlagen):** Feste Rspr. gibt es nicht; im Einzelfall kann Orientierung an § 23 III 2 RVG angezeigt sein, LG Ddf JurBüro 2020, 258.
– **(Vollstreckungstitel):** Für seine Herausgabe darf das Gericht nach § 3 frei schätzen, BGH NJW 2004, 2904; Köln NJW-RR 1997, 381 (20–30 % der Forderung). Neben Klage aus § 767 eigener Wert nur bei Interesse von eigenen Gewicht (Gefahr des Missbrauchs). Bei isolierter Herausgabeklage ist BeW des Kl. der Nennbetrag, BGH NJW 2015, 251; → Rn. 133 „Vollstreckungsabwehrklage".
– **(Wertpapier):** Anzusetzen ist der Wert des verbrieften Rechts, zB der Kurswert, zur Zeit des die Instanz einleitenden Antrags, BGH FamRZ 1992, 169; Ddf AnwBl 1994, 47 (jew. Herausgabe eines fälligen, noch nicht bezahlten Wechsels, voller Nennwert): BGH NJW 1989, 2755 (BeW. ist der Kurswert zzt. der letzten mdl Verh.).

Hilfsantrag: Für den GebW gelten § 45 I 2, 3 GKG, § 39 I 2 FamGKG. Es muss ein HilfsA mit eigenem Streitgegenstand vorliegen, keine bloße Hilfsbegründung, Celle OLGR 2001, 47; → § 260 Rn. 11; Anders/Gehle ZivilR J Rn. 10. Voraussetzung für die Wertaddition ist eine **Sachentscheidung** über den HilfsA, Köln JurBüro 1997, 435; OLGR Brdb 1998, 70. Bei Zuspruch auf den HauptA (= Wegfall der Rechtshängigkeit des HilfsA), bei bloßem Prozessurteil über den HilfsA, Nürnbg MDR 1980, 238 (unzulässige Klageänderung); oder wenn die Zulässigkeit des HauptA auch nur fälschlich offen gelassen wird, BGH NJW-RR 1999, 1157, bleibt es beim Wert des HauptA; aA Karlsr JurBüro 2021, 370; Mü OLGR 1997, 153. Addition setzt Möglichkeit kumulativer Geltendmachung voraus, dh bei wirtschaftlicher Identität entfällt sie, BGH BeckRS 2019, 1782; NJW-RR 2003, 713; Zweibr NZG 2015, 322; OLGR Rostock 2008, 170; Köln NJW-RR 2012, 615; Ffm GRUR 2012, 960; krit. Labesius GRUR-RR 2012, 317. Anerkannter Definition nach liegt **wirtschaftliche Identität** vor, wenn die in ein Eventualverhältnis gestellten Ansprüche nicht in der Weise nebeneinander bestehen können, dass – die vom Kläger gesetzte Bedingung fortgedacht – allen stattgegeben werden könnte, sondern dass die Verurteilung gemäß dem einen Antrag notwendigerweise die Abweisung des anderen Antrags nach sich zöge, BGH 10.2.2022 – III ZR 87/21, BeckRS 2022, 4565 Rn. 6; NJW-RR 2003, 713. **71**
– Für die **RA-Geb.** wird vertretbarer Ansicht nach die Addition auch dann befürwortet, wenn keine Entscheidung über den HilfsA ergeht, LAG Nürnbg MDR 2005, 120; Zöller/Herget Rn. 16.73; aM Karlsr OLGR 2007, 985.
– **Ausnahme § 45 I 3 GKG:** Wenn die Anträge einander ausschließen, dh wenn der Zuspruch auf den einen die Abweisung des anderen Antrags bedingt, BGH BeckRS 2019, 1782; MDR 2003, 716, und allg. bei wirtschaftlicher **Identität** der Anträge (häufig!) wird nicht addiert, BGH NJW-RR 2003, 713; NJW-RR 1992, 1404; Ffm NJOZ 2011, 1414; KG FamRZ 2011, 754; Zweibr MDR 2014, 1345, hier zählt – wie bei der Widerklage, → Rn. 138 – der höhere Wert, OLGR Karls 2007, 965; aA LAG Nürnbg MDR 2005, 120. Das gilt auch bei Identität von Zahlungs- und Feststellungsantrag, womit der übliche Abschlag von 20 % entfällt. Die Frage ist für jede Instanz selbständig zu prüfen, Rostock JurBüro 2012, 589. Die Identität wird wegen fehlender Rechtskraftwirkungen verneint für Klage auf Vollstreckbarerklärung eines ausländischen Urteils und HilfsA auf Leistung von Saarbr JurBüro 2021, 593.
– All dies gilt auch für den **verdeckten HilfsA,** BGH NJW 1999, 3564; Ffm JurBüro 2006, 538, und für den Vergleich, Köln JurBüro 1996, 476; LAG Bln NZA-RR 2004, 492; ArbG Nürnb MDR 2004, 907.
– Beim **unechten HilfsA** ist § 45 I 2, 3 GKG direkt nicht anwendbar, indes ist ihm der Gedanke zu entnehmen, dass nur der höchste Wert für die Gebühren angesetzt werden soll; häufig ist ohnehin wirtschaftliche Identität gegeben, LAG Sachsen NZA-RR 2017, 317; LAG Hbg JurBüro 2012, 26; OLGR Jena 1999, 100; LG Köln MDR 1984, 501; nicht eindeutig BGH NJW-RR 2004, 638, für den höheren Wert BGH BeckRS 2018, 9045. Generell gegen die Anwendung von § 45 I 2 GKG KG NJW-RR 2018, 63. Der

prinzipiell gegenteiligen Ansicht von Brschw JurBüro 2020, 77 ist nicht zu folgen, weil der unechte Hilfsantrag eher eine wirtschaftlich identische Leistung zum Gegenstand hat. Die Wertaddition hat daher Ausnahmecharakter. Für die Zuständigkeit gilt das gleiche, so auch Prütting/Gehrlein/Beumers § 5 Rn. 15 f.

– Für den **ZustW** kommt es auf den höheren Wert an, Rostock OLGR 2008, 170, da der HilfsA sofort rechtshängig wird, BGH NJW 2002, 3478. Das LG kann also nach §§ 23 Nr. 1, 71 I GVG auch alleine wegen des HilfsA zuständig sein, da dieser mit Erhebung rechtshängig wird, BGH NJW 2002, 3478; eine Addition befürwortet KG NJW-RR 2018, 63. Für den BeW des Kl. sind bei voller Abweisung der Klage Haupt- und Hilfsantrag zu addieren, BGH NJW 1984, 371. Ausnahme: wirtschaftliche Identität, BGH NJW-RR 2003, 713. Wert des HilfsA fällt bei Zuspruch auf den HauptA für den GebW wieder weg, folgt aus BGH NJW-RR 1999, 1157.

– Für den **BeW** kommt es darauf an, welchen Nachteil der Rechtsmittelführer erlitten hat und inwieweit er ihn bekämpft; die Werte sind zu addieren, BGH NJW 1984, 371. Wird mit dem Rechtsmittel gerügt, dass ein Hilfsantrag übergangen wurde, ist er wertmäßig anzusetzen.

Hilfsaufrechnung: → Rn. 16 „Aufrechnung: Hilfsaufrechnung".

Hilfswiderklage: → Rn. 138 „Widerklage"

Hinterlegung: Beim Streit um ihre Vornahme muss das Gericht den Wert nach dem Klägerinteresse gem. § 3 schätzen. Wenn es um die Einwilligung zur Herausgabe des Hinterlegten geht, ist § 6 anwendbar, KG JurBüro 1978, 427, soweit der Bekl. die Pflicht zur Freigabe bestreite, Nürnbg OLGR 2003, 79. Die aufgelaufenen Zinsen zählen nicht zu den Nebenforderungen nach § 4, BGH MDR 1967, 280, Köln JurBüro 1980, 281, LG Köln ZMR 1996, 145 (Mietkaution). Bei mehreren Berechtigten muss man den Mitberechtigungsanteil abziehen, KG AnwBl 1978, 107, es zählt für jeden nur dessen Anteil, Ffm RPfl 1970, 353. Bei Klage und Widerklage auf Freigabe des selben Gegenstandes findet wegen wirtschaftl Identität keine Wertaddition statt, BGH NJW-RR 2005, 356; Stgt NJW-RR 2009, 864.

Hypothek: Die Anspruch auf Eintragung ist nach § 6 mit dem Forderungsbetrag zu bewerten, begrenzt durch den Nennbetrag der Hypothek. Näher, auch zur Löschung → § 6 Rn. 14, 22. Zur Herausgabe des Briefes → Rn. 69.

72 **Immission:** Maßgeblich ist diejenige Wertminderung, die man wegen der voraussichtlichen Dauer der Störung befürchten muss, Kblz JurBüro 1995, 27 (LKW-Parkplatz); LG Bonn JurBüro 2001, 593 (Haustiere). Bei einer Mehrheit von Klägern findet keine Werterhöhung statt, BGH NJW-RR 1987, 1148. Denn das gestörte Grundstück bleibt dasselbe, Drsd NJOZ 2015, 258.

73 **Insolvenzverfahren:** Im Streit über die **Feststellung einer Forderung** ist die zu erwartende Quote maßgeblich, § 182 InsO, BGH NZI 2020, 830; BauR 2007, 590; NJW-RR 2000, 354 (Ausschöpfung sämtlicher Erkenntnisse geboten, nicht nur Auskunft des Insolvenzverwalters); NJW-RR 2016, 433 (gilt auch für BeW in der Berufung, Zeitpunkt: deren Einlegung); NZI 2007, 175; BAG NZA 2017, 597; eine Erhöhung wegen Absonderungsrechten findet nicht statt, BGH ZInsO 2019, 1748; NJW-Spezial 2016, 599. Bei fehlender Erwartung ist der niedrigste Gebührenwert anzusetzen, BGH BauR 2014, 320. Bei Wiederaufnahme kommt es auf deren Zeitpunkt an, Kblz JurBüro 2010, 201; § 40 GKG wird insoweit verdrängt, LAG Bad-Württ NZA-RR 2012, 378. Ab Beendigung gelten die allg. Vorschriften, BGH NJW-RR 2015, 1318. Weitere Einzelheiten → „Quote"

– **(Absonderung):** Bei einer Klage aufgrund eines Absonderungsrechts gelten die allg. Vorschriften, § 6 ist anwendbar, Ffm KTS 1980, 66; maßgeblich ist der Wert der Forderung ohne Nebenforderungen, Brdb BeckRS 2020, 2079.

– **(Aktenverwertung):** Das Gericht muss evtl. die Insolvenzakten mitauswerten und die gebotenen Auskünfte einholen, BGH BB 1999, 2374.

– **(Aufrechnung):** Eine aufrechenbare Gegenforderung der Masse erhöht den Wert, BGH MDR 2000, 351.

– **(Aussonderung):** Es gilt dasselbe wie bei einer → „– (Absonderung)", Ddf ZInsO 2006, 41.

– **(Berufung):** Es kommt bei der Klage auf Feststellung zur Tabelle auf die Erwartung zum Zeitpunkt der Einlegung der Berufung an, BGH NJW-RR 2016, 433, mzustAnm Fest EWiR 2016, 287.

– **Betriebsfortführung:** Maßgeblich ist der wirtschaftliche Wert der bei Beendigung des Insolvenzverfahrens vorhandenen Insolvenzmasse, Schlesw NJW-RR 2022, 215.

– **(Delikt):** Die Feststellung der Deliktsforderung ist mit dem Interesse an gesteigerter Durchsetzbarkeit nach Ende des Verfahrens zu bewerten, Hamm NZI 2019, 763.

– **(Eröffnungsverfahren):** § 28 I, II InsO. Der **Antrag** des Gl. wird gem. § 58 II GKG nach der Summe der Forderungen bestimmt, derjenige des Schuldners nach der Masse, Saarbr NJW-RR 2015, 764; überholt Drsd MDR 1994, 1253. Die Wertobergrenze des § 39 II GKG ist auch hier maßgeblich, Ffm ZInsO 2014, 959. In unklarer Lage will AG Hannover bei § 58 II bleiben, NZI 2021, 748.

– **(Feststellung zur Tabelle):** Maßgeblich die voraussichtliche Dividende, ohne Nebenforderungen, BGH NJW-RR 2015, 1340; LAG Ffm ZIP 2014, 444, nur bei Realisierbarkeit der volle Forderungswert, Kblz JurBüro 2012, 79, wenn keine Erwartung, der Mindestwert, BGH BauR 2014, 320. Für die Berufung des Kl. kommt es auf den Zeitpunkt der Einlegung an, BGH NJW-RR 2016, 433. Sicherungsrechte bleiben außer Ansatz, BGH NJW-RR 1993, 317. Ab Beendigung des Verf sind allg. Bewertungsregeln maßgeblich, BGH NJW-RR 2015, 1318.

– **(Fortführung des Betriebs):** Uneinheitlich, Mü JurBüro 2012, 660; NZI 2017, 547 (Gesamtumsatz ohne Kosten der Betriebsfortführung, nicht lediglich Überschuss); Drsd NZI 2014, 76 (Abzug der Betriebsausgaben); Stgt JurBüro 2014, 416 (Kostenabzug); für Ansatz der Überschüsse Düss NJW-RR 2020, 319; ZInsO 2015, 1581.

– **(Insolvenzanfechtung):** Es gelten die für den jeweils hergeleiteten Anspruch einschlägigen Regeln.

– **(Insolvenzfeststellungsklage):** → Rn. 56.

– **(Insolvenzplan):** Die Anfechtung der Bestätigung ist nur wesentlicher Schlechterstellung zulässig, idR 10 % gegenüber der Durchführung des Insolvenzverfahrens, BGH ZIP 2014, 1442. Daneben für Analogie zu *§ 511* II Nr. 1 LG Köln ZIP 2021, 1124.

– **(Massegläubiger):** Für seine Klage muss das Gericht den Streitwert nach § 3 bestimmen, nicht nach § 182 InsO.

– **(Postsperre):** Bei einer Beschwerde gegen eine Postsperre gilt § 3, nicht § 58 GKG, Köln ZIP 2000, 1900.
– **(Prozessaufnahme):** Maßgebend ist der Zeitpunkt der Eröffnung des Insolvenzverfahrens, Kblz JurBüro 2010, 201.
– **(Quote):** Für GebW und BeW kommt es bei einer bestrittenen Zahlungsforderung auf die zu erwartende Quote an, BGH NJW-RR 2016, 433. Selbst bei einer voraussichtlichen Quote von 0 EUR muss man für die Feststellung einer Forderung zur Tabelle einen gewissen Wert ansetzen. Denn der Vollstreckungstitel nach § 794 stellt zumindest dann einen Vermögenswert dar, wenn der Schuldner später neu etwas erwirbt. Es empfiehlt sich, den Wert auf mindestens 10 % der Forderung zu bemessen, Ffm KTS 1986, 709; LAG Ffm BB 1990, 44; aM BGH MDR 1993, 287; LAG Hamm MDR 2001, 114; LAG Köln AnwBl 1995, 380 (niedrigste Gebührenstufe). All dies gilt auch für BeW des Kl., BGH NJW-RR 2016, 433. Für den Ausgangswert gelten die allgemeinen Regeln.
– **(Rechtsbeschwerde):** Für Verfahrensunterbrechung können 20 % der Hauptsache maßgeblich sein, BGH NJW-RR 2007, 629.
– **(Restschuldbefreiung):** Begehrt S. die Feststellung, eine in die Tabelle eingestellte Forderung sei erfasst, zählt ein Bruchteil des Nennwertes, BGH NZI 2021, 99. Es ist das wirtschaftliche Interesse maßgeblich, BGH JurBüro 2007, 315; 2003, 253 (Im Rechtsmittel des Gl. Beschwer, nicht dessen Forderung maßgeblich, bei Fehlen jeglichen Anhalts 4.000 EUR). Es kann zB 25 % des Nennwerts betragen, BGH NJW 2009, 920 (Feststellung der vors unerlaubten Handlung), aber auch 4000 EUR, BGH JurBüro 2007, 315 (Rechtsbeschwerde des Gl., § 33 I, § 28 III, § 23 III 2 RVG); Ddf NZI 2008, 252 (Erhalt der Ankündigung, Hilfswert § 23 III 2 RVG), oder den vollen Wert, Hamm OLGR 2007, 229 (bei Feststellung des Vorsatzes).
– **(Sonderinsolvenzverwalter):** Beschränkt sich der Auftrag auf die Prüfung der angemeldeten Forderung, ist nach billigem Ermessen die Befriedigungsquote anzusetzen, BGH ZIP 2020, 1194.
– **(Unerlaubte Handlung):** Bei der Attributklage kann die Feststellung, die Forderung beruhe auf unerlaubter Handlung, je nach Vollstreckungsaussichten nach Restschuldbefreiung gesondert zu bewerten sein, Hamm BeckRS 2016, 10433. Bei zweifelhaften Vollstreckungsaussichten ist ein Abschlag von etwa 75 % angemessen, BGH NZI 2021, 99; NZI 2009, 255. → Hauptstichwort „Unerlaubte Handlung".
– **(Verfahrenswert):** Für Ansatz der verteilbaren Masse abzgl. Kosten Nürnb NZI 2020, 1013.
– **(Widerspruch des Schuldners, § 184):** Wie Feststellung zur Tabelle, nicht nach § 182, BGH NJW 2009, 920.
– **(Zeitpunkt):** Maßgeblich ist der Zeitpunkt der Klagerhebung nach §§ 253, 261, Ffm KTS 1980, 66, oder derjenige der Aufnahme des Verfahrens gegenüber dem Insolvenzverwalter nach § 240 S. 1, BGH KTS 1980, 247; Drsd JurBüro 2007, 531; Kblz JurBüro 2010, 201; OVG Greifsw NVwZ-RR 2004, 799.

Investition: Maßgeblich ist das Interesse des Berechtigten, Ddf Rpfleger 1994, 520, Hamm JurBüro 1994, 555.

Inzidentantrag: § 717. Kosten und Zinsen bleiben außer Ansatz, BGH NJW 1963, 300.

Jagdrecht: Man muss § 3 anwenden, nicht § 9, BGH MDR1969, 916. Bei einer Klage über das Bestehen oder die Beendigung der Jagdpacht ist für die Zuständigkeit und die Beschwer § 8 ZPO, BGHR ZPO § 8 Jagdpacht 1 (inkl. Nebenkosten, insoweit aM Oldb ZMR 1991, 142), und für die Gebühren § 41 GKG anwendbar, Hbg NJW 1965, 2406; LG Saarbr JurBüro 1991, 582 (für Nichtigkeit einjähriger Pachtzins zzgl. Steuer und Beitrag zur Jagdgenossenschaft; Abwehr von Störungen nach § 3, zB 2/3 der Jahrespacht).

Kapitalabfindung: → Rn. 2 „Abfindungsvergleich". 74

KapMuG: § 51a GKG, § 23b RVG; man beachte die unterschiedlichen Bewertungsgrundlagen, auch BGH NZG 2022, 224.

Gemäß § 51a Abs. 2 GKG ist im Rechtsbeschwerdeverfahren von der Summe der in sämtlichen Ausgangsverfahren geltend gemachten Ansprüche auszugehen, soweit diese von den Feststellungszielen des Musterverfahrens betroffen sind. Infolgedessen sind bei der Streitwertbemessung auch die in den Ausgangsverfahren geltend gemachten Ansprüche der Beigeladenen zu berücksichtigen, die zwar dem Rechtsbeschwerdeverfahren nicht beigetreten sind, ihre Klage aber nicht innerhalb der Monatsfrist des § 8 Abs. 3 Nr. 2, § 24 Abs. 2 KapMuG zurückgenommen haben, BGHZ 213, 65 Rn. 117 = BeckRS 2016, 113930; BGHZ 220, 100 Rn. 80 = BeckRS 2018, 32613.

Die Haftung des Musterklägers beschränkt sich auf die ihm zurechenbaren Teile des Gesamtstreitwerts. Maßgeblich sind insoweit die Höhe der im Hauptsacheverfahren geltend gemachten Ansprüche, soweit diese Gegenstand des Musterverfahrens sind, sowie die im Rechtsbeschwerdeverfahren gestellten Anträge, BGH NZG 2021, 562; NJW-RR 2014, 509; NZG 2013, 1976.

Für einen Prozessbevollmächtigten, der mehrere Beteiligte im Rechtsbeschwerde-verfahren vertritt, ist der Gegenstandswert für die Bestimmung der außergerichtlichen Kosten gemäß § 22 Abs. 1 RVG in Höhe der Summe der nach§ 23b RVG zu bestimmenden Streitwerte festzusetzen; das Auftreten einer Person in mehreren Verfahrensrollen reicht für die Addition nicht aus, BGH NZG 2022, 224; BGHZ 220, 100 Rn. 81 = BeckRS 2018, 32613; BGHZ 213, 65 Rn. 118 = BeckRS 2016, 113930; BGH BeckRS 2019, 9927; der Höchstwert nach § 22 II RVG beträgt für einen Musterkläger unabhängig von der Zahl der Ausgangsverfahren 30 Mio. EUR, BGH NZG 2022, 224; BGHZ 216, 37 Rn. 75; ZIP 2018, 578 Rn. 67; WM 2018, 2225 Rn. 156. Die Durchführung aller Rechtsbeschwerden und Beitritte gegen den Musterentscheid bildet nur eine gebührenrechtliche Angelegenheit BGH NZG 2022, 224; WM 2016, 254.

Für eine anteilige Kürzung auf die in der Kostengrundentscheidung ausgesprochene Quote besteht kein Grund, da § 51a GKG bereits die Obergrenze beschreibt BGH NZG 2013, 76. Im Rechtsbeschwerdeverfahren ist vom Gesamtbetrag der in den ausgesetzten Prozessverfahren erhobenen Ansprüche zu deren vollem Streitwert auszugehen, soweit diese Gegenstand des Musterverfahrens sind, BGH JurBüro 2016, 245 = NJOZ 2016, 1228. Dabei sind auch die Ansprüche der Beigeladenen zu berücksichtigen, die zwar nicht beigetreten sind, ihre Klage aber nicht innerhalb von zwei Wochen ab Zustellung des Aussetzungsbeschlusses nach § 7 KapMuG aF zurückgenommen haben, BGH BeckRS 2015, 12755; BeckRS 2015, 14704; WM 2015, 22; 2012, 115. Wenn in einem Teilmusterentscheid nicht über sämtliche Feststellungsziele des Musterverfahrens entschieden oder wenn nicht sämtliche Feststellungsziele des erstinstanzlichen Musterverfahrens Gegenstand des Rechtsbeschwerdeverfahrens werden, ist ausschließlich die Unterrichtung nach § 8 IV KapMuG maßgeblich; § 51a II GKG wird insoweit eingeschränkt, es sei denn, es gehe nur um die Zuständigkeit, BGH

NZG 2021, 562. Bei Mehrvertretung, § 23b RVG, zählt die Summe der persönlichen Streitwerte, BGH JurBüro 2016, 245 = NJOZ 2016, 1228.

Kartellsache: § 50 II GKG. Es gilt § 3, Ddf ZfBR 2019, 96. Maßgebend ist das Interesse an der Änderung der Entscheidung der Kartellbehörde. Indiziell ist auf die Auftragssumme, Brdb JurBüro 2005, 37; Brdb JurBüro 2010, 426(ohne durchlaufende Kosten); Rostock JurBüro 2006, 369, auf den vom Bieter erwarteten Vorteil, Brdb JurBüro 2008, 536, oder den Loswert, BGH MDR 2011, 1206, abzustellen. Optionen sind einzubeziehen, KG JurBüro 2010, 250. Wegen einer Streitwertanpassung § 89a GWB, § 105 EnWG. Der Wert für die Streithilfe entspricht demjenigen der Gerichtsgebühren, Celle NJW 2022, 1631. Wegen einer Beschwerde § 50 GKG Toussaint/Elzer GKG § 50 Rn. 1 ff.

Kaufvertrag: Sein Nichtbestand ist mit dem Preis (=Verkehrswert) bewertbar, Hamm JurBüro 2003, 537; Kblz JurBüro 1994, 738 (nicht mit dem Gewinn des Verkäufers). Bloße Feststellung der Pflicht zu einer schon erfolgten Nacherfüllung ist evtl. nur 1/3 der Kosten eines erfolgten selbständigen Beweisverfahrens nach §§ 485 ff. wert, LG Nürnb-Fürth BauR 2015, 1372. Bei Klage auf Herausgabe kann der Verkehrswert mit dem Kaufpreis angesetzt werden, BGH GE 2016, 1207.

Kaution: Klage auf Nachweis der Anlage ist mit einem 25 % der Kautionssumme zu bewerten, Köln WuM 2010, 96. Auch → Rn. 71 „Hinterlegung"; → Rn. 103 „Sicherheitsleistung"

Kindergeldberechtigung: Für die Beschwer muss ein konkreter Schaden dargelegt werden, Celle NJW-RR 2012, 1351.

Klage und Widerklage: → Rn. 138 „Widerklage".

Klageänderung, -erweiterung: Ab diesem Zeitpunkt gilt der neue Wert. Im Verhältnis zum vorherigen ist nach einer Meinung gem. § 36 III GKG, § 15 II 1 RVG nur der höchste Wert maßgeblich, Ddf NJW-RR 2000, 1594, nach vorzugswürdiger Ansicht jedenfalls für die Anwaltsgebühren der Gesamtwert, Hamm OLGR 2006, 324; Celle OLGR 2008, 630; KG MDR 2008, 173. Das alles gilt auch bei einer unzulässigen Klageänderung, wie jede unzulässige Klage einen Streitwert hat, Köln JurBüro 1970, 803; aM Bbg MDR 2013, 624; Prütting/Gehrlein/Beumers § 3 Rn. 177. Die Gebührenermäßigung nach KV 1222 Nr. 1a GKG greift auch, wenn Rücknahme innerhalb einer vom Gericht gesetzten Frist nach Schluss der mdl. Verh. erklärt wird, Jena NJW 2016, 1600. Für den ZustW sind die Werte einzeln zu prüfen.

Klagenhäufung: § 5.

Klagerücknahme: Beim Antrag nach § 269 III 2 oder 3, IV kommt es auf die bis zur Klagerücknahme entstandenen Kosten an, Stg JurBüro 2021, 198. Beim Streit um die Wirksamkeit der Klagerücknahme oder beim Vergleich mit einer Klagerücknahmepflicht ist der Wert der Hauptsache maßgeblich. Bei der Klageermäßigung zählt die restl Hauptforderung; die Kosten sind unbeachtlich, § 4 I. Auch → Rn. 76 „Mahnverfahren".

Kleinverfahren: Für § 495a sind §§ 3 ff. anwendbar, LG Mainz WuM 2012, 508.

Konkurrentenstreit: Für Anwendung des § 52 I GKG OVG Bremen NVwZ-RR 2021, 88.

Kostenfestsetzung: Maßgeblich ist bei §§ 103 ff. der noch verlangte oder bestrittene Betrag.

Kostenwiderspruch: Es zählt die Summe der bis dahin angefallenen Kosten, Nürnbg NJW-RR 2013, 635.

Kraftfahrzeugbrief: → Rn. 69

Kraftloserklärung: → Rn. 14 „Aufgebot".

Kreditschädigung: Maßgeblich ist § 3, LG Bayreuth JurBüro 1975, 1356.

Kündigung: Str. Zustimmung des Integrationsamtes zur fristlosen wie fristgerechten Kündigung ist doppelt anzusetzen, OVG Lüneburg NJW-Spezial 2020, 444.

Künftige Leistung: Anspruch auf künftige Nutzungsentschädigung ist nach § 48 I GKG, § 3 ZPO festzusetzen, Ffm NZFam 2021, 985 mAnm Schneider = JurBüro 2022, 41 (Wohnung nach Scheidung); Celle NJOZ 2014, 531; Drsd NZM 2013, 237; Stgt JurBüro 2011, 198; die aA, die § 9 anwendet, KG MDR 2006, 957, wird den sehr unterschiedlichen Besonderheiten des Einzelfalls nicht gerecht. → Rn. 29 „Betagter Anspruch", → Rn. 50 „Fälligkeit".

75 **Lagerkosten:** → § 4 Rn. 24 „Kosten".

Leasing: Für den Herausgabeanspruch gelten die Grundsätze der Miete, namentlich § 41 I GKG, wenn das Bestehen des Vertrags str. ist; iÜ ist auf den Zeitwert abzustellen, Hamm NJW-RR 2021, 1007; für generellen Ansatz des Zeitwertes, Mü JurBüro 2020, 206; NJOZ 2019, 427. Sich nicht überlappende Teilgegenstände können nicht wirtschaftlich identisch sein, Mü JurBüro 2021, 481. § 8 kann anwendbar sein nach Ffm JurBüro 77, 1748; Toussaint/Elzer ZPO § 8 Rn. 5. Für Anwendung von § 41 I, II GKG Braunschw AGS 2021, 278.

Lebensversicherung: → Rn. 130 „Versicherung".

Leibrente: § 9.

Leistung: Der Antrag ist auch beim Verstoß des Gerichts gegen § 308 I maßgeblich, BGH NJW 1973, 2206. Bei einer künftigen Leistung nach §§ 257 ff. gilt § 3.

Löschung: Man muss die folgenden Fälle unterscheiden.

– **(Auflassungsvormerkung):** → Rn. 135; → § 6 Rn. 22.
– **(Bewilligung):** → § 6 Rn. 20.
– **(Grundschuld oder Hypothek):** → Rn. 71; → § 6 Rn. 22.
– **(Marke oder Gebrauchsmuster):** → Rn. 76 „Markensache".

Lohn: → Rn. 59 „Gehalt".

76 **Mahnverfahren:** Im Ansatz gilt ohne Bedenken von Verfassungs wegen § 6, BVerfG NJW 2007, 2032. Nach einer teilweisen Rücknahme des Antrags vor Übergang in das streitige Verfahren gilt Anm. (1) zu KV 1210 GKG: Maßgeblich ist der verbleibende Wert; bei Rücknahme nach Eingang der Akten zählt der urspr Wert, Hbg MDR 2001, 295, Rostock MDR 2002, 666, Drsd JurBüro 2004, 378. Ältere Rspr. ist überholt. Details zur (Teil-) Erledigung → Rn. 45. Bei Teilerledigung der Hauptforderung können Zinsansprüche Hauptforderung werden, BGH NJW 1994, 1869; näher → Rn. 47, → Rn. 49.

Materiell-rechtlicher Kostenerstattungsanspruch: Neben der Hauptforderung hat auch der selbständig verfolgte materiell-rechtliche Kostenerstattungsanspruch nach § 4 keinen eigenen Streitwert, BGH NJW-RR 2019, 1511. Allg. → Vor § 91 Rn. 63.

Markensache: § 51 GKG. Löschung und Verletzung sind unterschiedlich zu bewerten, BPatG JurBüro 2012, 309 (25.000: 20.000), Nürnb JurBüro 2007, 364. Bei der Löschung zählen der Markenwert und die Gefährlichkeit der Verletzung, BGH GRUR-RR 2017, 127: 10 Mio. EUR; BGH MarkenR 2015, 248: 500.000 EUR, GRUR 2006, 704, 239; KG GRUR-RR 2013, 272 (je: grds. 50.000 EUR). Bei einer Markenverletzung kann ein kleinerer Wert ansetzbar sein, Nürnb GRUR 2007, 815. Ein Antrag nach § 142 MarkenG kann missbräuchlich sein, Ffm GRUR-RR 2005, 296. Verwendung der Marke als Domain wirkt wertsteigernd, Ffm GRUR-RR 2011, 288. Auch → Rn. 11 „Arrest", → Rn. 121.

Mehrheit von Ansprüchen: → Rn. 7 „Anspruchsmehrheit"; → § 5.

Mehrwertsteuer: → § 4 Rn. 24 „Umsatzsteuer".

Miet- und Pachtverhältnis. Meyer-Abich NJW 2020, 31, Streitwerte und Berufungsbeschwer. 77

Mietverhältnis: Abschluss eines Mietvertrags: Es gilt grds. § 3, dh das Interesse bemisst sich nach der gesamten Laufzeit, indes ist es nach dem Gedanken des § 9 regelmäßig auf die dreieinhalbfache Jahrespacht begrenzt, BGH WuM 2021, 320; Saarbr AGS 2010, 195.

Mietverhältnis: Bestehen oder Dauer: S. § 8 und wegen der Räumung → Rn. 92 „Räumung". 78

– **(Gebrauch):** Ist der MietV unstreitig, kann ein Streit über Gebrauchsrechte nach § 3 bewertet werden, BGH NJW-RR 2020, 136 (Mülltonnen auf Stellplatz).

– **(Feststellung):** LG Bln WuM 2014, 154 nennt für den GebW eine Nettojahresmiete ohne Abschlag, auch bei mehreren Kündigungen.

– **(Option):** Für ein Optionsrecht auf Vertragsverlängerung gelten die Bewertungsgrundsätze entsprechend.

Mietverhältnis: Erhöhung der Miete: Für den GebW ist nach § 41 V 1 Hs. 1 GKG grds. der Jahresbetrag der zusätzlich geforderten Miete maßgebend, BGH AGS 2015, 454 (auch: neg. Feststellungsklage, Widerklage). Die Vorschrift gilt nur bei Wohnräumen. Das stellt § 41 V 1 klar. Beim Gewerberaum gilt statt § 41 V GKG die Vorschrift des § 9. Für den BeW gilt § 9, BGH WuM 2007, 32. Bei kürzerer Restlaufzeit gilt generell dieser Zeitraum. Für die Feststellungsklage auf die Verpflichtung zur Zahlung eines zukünftig erhöhten Mietzinses lehnt KG NJW-RR 2010, 371 die Anwendung von § 41 V 1 GKG ab und wendet §§ 3, 9 an. Für die negative Feststellung stellt LG Berlin auf § 41 V Alt. 1 GKG ab, WuM 2021, 679. 79

Mietverhältnis: Künftige Miete: Hier gilt bei einer unbestimmten Mietdauer § 3 unter Berücksichtigung von § 9, Stgt WuM 1997, 278. § 8 ZPO und § 41 GKG sind unanwendbar. Denn es ist weder das Bestehen noch die Dauer streitig. 80

Mietverhältnis: Mangel der Mietsache Mangelbeseitigung: Es gilt seit dem 1.1.2021 für den GebW § 41 V 1 Fall 2 GKG. Der Wert der Beschwer eines zur Mängelbeseitigung verurteilten Vermieters bemisst sich nicht in Anlehnung an die Kosten, sondern gem. §§ 2, 3, 9 nach dem dreieinhalbfachen Jahresbetrag der aufgrund des Mangels gegebenen Mietminderung, BGH JurBüro 2021, 145; für die Anwaltsgebühren ist gem. § 41 V I Fall 2 GKG der einfache Jahresbetrag der Mietminderung maßgebend, BGH JurBüro 2021, 145. Für die **Vorschussklage** zählt nach hM der Betrag nach § 536a II BGB, Rostock MDR 2020, 126; NZM 2020, 504. 81

Mietverhältnis: Mietminderung: Bei einer Klage des Mieters auf Feststellung einer Minderung der Miete war der GebW nicht analog § 41 V 1 GKG aF mit dem einfachen Jahresbetrag, sondern gem. § 48 I 1 GKG, §§ 3, 9 ZPO mit dem dreieinhalbfachen Jahresbetrag der geltend gemachten Mietminderung zu bemessen, BGH NJW-RR 2017, 204. Seit dem 1.1.2021 gilt § 41 V 1 GKG nF. mit der Einschränkung von S. 2; ein Wertabschlag findet nicht statt, weil die Klage ihrer Natur nach auf negative Feststellung gerichtet ist, → Rn. 55. Die Beschwer des Mieters nach Abweisung einer Klage auf Feststellung einer Mietminderung oder der Beseitigung von Mängeln bemisst sich nach dem 3,5fachen Jahresbetrag der Minderung, BGH WuM 2020, 300.

Mietverhältnis: Modernisierung oder Erhaltung: Hier gilt nach § 41 V 1 GKG der Jahresbetrag der möglichen Mieterhöhung, in Ermangelung dessen die fiktive Mietminderung bei Unterlassen. Der BeW für Kl. betr. Duldung der Modernisierung bemisst sich nach dem 3,5-fachen Jahresbetrag der zu erwartenden Mieterhöhung, BGH WuM 2020, 299; NJW-RR 2019, 333. 82

Mietverhältnis: Nebenkosten, Umfang der Miete: Kernfrage ist, ob und inwieweit eine von Mieterseite geschuldete Leistung im **Synallagma** mit der Überlassung steht, → § 8 Rn. 10.

Mietverhältnis: Sonstige Fälle 83

– **(Abrechnung):** Maßgeblich ist das Mieterinteresse, LG Ffm NZM 2000, 759 (4-Monats-Vorschuss); LG Bonn JurBüro 1992, 117 (1/4 der zu erwartenden Zahlung); die Beschwer des Verurteilten Vermieters richtet sich nach dem Aufwand, BGH NZM 2022, 269 (Heizkosten); NJW-RR 2010, 1579.

– **(Antenne):** Beim Streit um die Anbringung oder Entfernung einer Antenne setzt LG Cottbus NZM 2014, 584 den Betrag von 300 EUR an, nimmt LG Brem WuM 2000, 364, rd. 500 EUR an; LG Ffm JurBüro 2002, 531 stellt auf optische Beeinträchtigung und Beseitigungskosten ab. LG Wuppert WuM 1997, 324 setzt für BeW des Vermieters ca. 1000 EUR an. Köln NZM 2005, 224 setzt für Entfernung den Antennenwert + Wiederherstellungskosten an. Die Beschwer ergibt sich aus dem Wertverlust des Hauses, BGH NJW 2006, 2639.

– **(Austausch von Mietern):** Es zählen die Anteile der auszutauschenden Mieter an der Jahresmiete, BGH 31.5.2022 – VIII ZR 304/21, BeckRS 2022, 13346.

– **(Balkonplane):** Beim Streit um ihre Entfernung setzt LG Hbg WuM 1989, 10 etwa (jetzt) 250 EUR an.

– **(Besichtigung):** Bei einer Besichtigung durch Mietinteressenten gilt § 3. Die Mieterbeschwer liegt meist über 600 EUR, BGH NJW-RR 2007, 1384.

– **(Besitzstörung):** Bei einer solchen durch den Vermieter ist nach § 3 die evtl. nur teilweise Jahresmiete der Ausgangswert, Brdb MDR 2007, 1225 (beim Eilverfahren weniger), Rostock JurBüro 2006, 645.

– **(Carport):** Interesse an der Beseitigung mit 5.000 EUR bewertet. BGH NZM 2021, 822.

– **(Duldung):** BeW eines zur Duldung eines Transparents verurteilten Vermieters richtet sich nach der Minderung des Verkehrswertes, BGH NJW 2019, 2468.

– **(Elektrizität):** Beim Streit um die Stromversorgung kann man 50 % des Jahresentgelts ansetzen, AG Kerpen MDR 1990, 929; auch einen 6-Monats-Abschlag, Hbg NZM 2011, 792.

– **(Entfernung von Gegenständen):** § 3 ist anwendbar, soweit keine Räumung, LG Cottb AGS 2014, 339.

– **(Gas):** Beim Streit um die Gasversorgung kann man das Interesse des Kl. nach den monatlichen Abschlägen für den str. Zeitraum, Köln JurBüro 2019, 138, oder 50 % des Jahresentgelts für eine Elanordnung ansetzen, AG Kerpen MDR 1990, 929.

– **(Gebrauchsstörung):** Es gilt § 41 V GKG entsprechend, BGH NJW-RR 2006, 378.

– **(Haustier):** Beim Streit um eine Haustierhaltung kommt es auf die gedachte Zusatzabnutzung an, LG Hbg WuM 1986, 232. Man muss die Mieterinteressen mitberücksichtigen, LG Bln NZM 2001, 41 ([jetzt ca.]

300 EUR); LG Hbg WuM 1989, 2010; LG Mü NZM 2002, 820 (410 EUR); LG Hann WuM 1989, 567; LG Mannh ZMR 1992, 546 ([jetzt ca.] 600 EUR); LG Brschw WuM 1996, 291 ([jetzt ca.] 1.000 EUR); LG Mü NZM 2002, 734 ([jetzt ca.] 1.500 EUR). AG Rüsselsheim ZMR 1987, 344 schlägt dann monatlich (jetzt ca.) 12,50-17,50 EUR auf. LG Würzb WuM 1988, 157 bewertet den Antrag auf die Entfernung eines Zwergschnauzers nebst einer Unterlassung der Hundehaltung mit (jetzt ca.) 500 EUR je Instanz. LG Bln WuM 2015, 526 setzt grds. höchstens 600 EUR an. LG Hbg ZMR 1992, 506 setzt beim Streit um eine Hauskatze (jetzt ca.) 750 EUR an, LG Hbg MDR 1993, 90 setzt dann (jetzt ca.) 500 EUR) an, LG Bln NZM 2001, 41 setzt bei 2 Katzen (jetzt ca.) 400 EUR an. LG Wiesb WuM 1994, 486, AG Kenzingen WuM 1986, 248 bewerten die Unterlassung der Hundehaltung außergerichtlich meist mit bis zu (jetzt ca.) 1.000 EUR, LG Mü WuM 1992, 495 nimmt selbst beim angeblichen Musterprozess dazu nur (jetzt ca.) 1.000 EUR an; für kranken Kater berechnet LG Mü NJW-RR 2018, 1280, 800 EUR.

– **(Heizung):** Beim Streit um eine ordnungsgemäße Beheizung kann man den Jahresbetrag einer möglichen Mietminderung ansetzen, → Rn. 81. Zur Abrechnung der Kosten → Rn. 83 „Abrechnung".
– **(Kaution):** → „(Mietsicherheit)".
– **(Konkurrenzschutz):** Maßgebend nach §§ 3, 9 ist eine mögliche Minderung oder Schadensersatzforderung, Ddf NZM 2006, 158. Man kann den Gewinnausfall von 42 Monaten ansetzen, BGH NJW 2006, 3061.
– **(Lärm):** Bei der Klage eines Mieters gegen den anderen wegen Lärms kann nach § 3 ZPO iVm § 41 V GKG als Wert der Jahresbetrag einer berechtigten Mietminderung in Betracht kommen, Ffm NJW-RR 2008, 534, → Rn. 81; eingehend Meyer JurBüro 2013, 633.
– **(Mietsicherheit),** eingehend Schneider NZM 2010, 466. Es gelten dieselben Regeln wie bei den Nebenkosten, AG Neumünst WuM 1996, 632; AG Pinneb WuM 1999, 337 (jetzt etwa 300 EUR). Der Nachweis getrennter Anlage mag 25 % der Kaution wert sein, Köln WuM 2010, 96.
– **(Müllcontainer):** Beim Streit darüber, ob man einen Müllcontainer schon am Vorabend der Leerung auf der Straße abstellen darf, setzt LG Köln WuM 1990, 394 den Jahresbetrag einer möglichen Mietminderung an, → Rn. 81.
– **(Nebenkosten):** → § 8 Rn. 10. Auch: → „Rechnungslegung".
– **(Nutzungsentschädigung):** Maßgebend sein kann nach § 3 ZPO, § 48 I GKG ihr Jahresbetrag, Ffm NZFam 2021, 985 mAnm Schneider = JurBüro 2022, 41 (Wohnung nach Scheidung); Celle MDR 2014, 568; KG NJW-RR 2007, 1579; bei bloßer Feststellung 80 %, LG Itzehoe MDR 2011, 1015; für § 35 FamGKG Naumb NZFam 2015, 136. Für die Miteigentümergemeinschaft einer nichtehelichen Lebensgemeinschaft setzt Naumb FamRZ 2018, 1106 nach § 9 ZPO, § 48 I GKG 3,5 Jahre an; das mag im Einzelfall richtig sein, wird aber der jeweiligen Sachlage nicht durchgehend gerecht, da meist ein untypischer Fall vorliegt, dessen besondere Gegebenheiten berücksichtigt werden müssen. Auch bei künftiger Nutzungsentschädigung gilt § 3, Stgt JurBüro 2011, 198; Ddf NZM 2006, 583. Bei einer Nutzungsentschädigung bis zur Räumung nimmt man nach § 3 die geschätzte Restdauer, Hamm AGS 2019, 280.
– **(Pachtausfallschaden):** Er ist mit der 3,5-fachen Jahrespacht zu bemessen, bei Feststellung abzgl. 20 %, Zweibr NJW-RR 2020, 703.
– **(Rechnungslegung):** Betreffen sie Nebenkosten, kann man 25 %–33,3 % des etwaigen Zahlungsanspruchs ansetzen, LG Bonn JurBüro 1992, 117; AG Mü JurBüro 2011, 28 (je: 25 %), LG Ffm NZM 2000, 759; AG Witten NZM 2003, 851; aM LG Freibg WuM 1991, 504; LG Köln WuM 1997, 447 (je: 10 %–20 %); AG Ddf JurBüro 2009, 256 (volle Nachforderung).
– **(Rückbau):** BeW des hierzu verpflichteten Vermieters bestimmt sich nach den Kosten, BGH WuM 2020, 299.
– **(Schneeräumen):** Die Pflicht dazu lässt sich mit 900 EUR bewerten, LG Münst WuM 2007, 69.

84 – **(Umlagen):** → § 8 Rn. 10.
– **(Unfallauslagenwagnis):** Man kann etwa 3.000 EUR ansetzen, LG Trier WuM 2007, 626.
– **(Untervermietung):** Maßgeblich ist die wirtschaftliche Differenz zwischen der angestrebten Untervermietung und der Lage ohne diese, BGH NJW-RR 2020, 262. Beim Streit um eine Zustimmung zu ihr kann man für den GebW den Jahresbetrag des angebotenen Mietzuschlags ansetzen, KG NZM 2006, 519; aA Celle NZM 2000, 190; KG JurBüro 2006, 258 (je: Jahresbetrag der Untermiete); für Ansatz des dreieinhalbfachen Jahresbetrags der zu erwartenden Untermiete nach § 48 I GKG KG NJW-RR 2017, 331. Vorlage des Untermietvertrags ist nach § 3 zu schätzen, BGH NJW-RR 1997, 648.
– **(Verzug):** → „(Zahlungsverzug)".
– **(Vorschuss):** Bei Klage auf Zahlung der Nebenkosten und Widerklage auf Rückzahlung der Vorschüsse werden die sich überlappenden Forderungen wegen wirtschaftlicher Identität nicht addiert, Ddf NZM 2009, 863.
– **(Wasser):** Beim Streit um die Wasserversorgung im Verfahren der einstweiligen Verfügung kann man 50 % des Jahresentgelts ansetzen, AG Kerpen MDR 1990, 929.
– **(Zähler):** Beim Zutritt zu einem Zähler kommt ein 6-Monats-Betrag der Vorauszahlungen als Wert infrage, Brschw NZM 2006, 840; Celle NZM 2010, 639. Bei seiner Wegnahme soll man den Halbjahresabschlag ansetzen, BGH AGS 2021, 561 = BeckRS 2021, 31914; Hbg ZMR 2008, 891.
– **(Zahlung erhöhter Miete):** Wegen der Zustimmung → Rn. 79. Bei der Klage auf die Zahlung einer wirksam erhöhten Miete ist der Jahresbetrag der Erhöhung maßgeblich, LG Hbg WuM 1989, 435.
– **(Zahlungsverzug):** Bei einem ständigen Zahlungsverzug sind für eine Klage nach § 259 20 % der Jahresmiete ansetzbar, AG Kerpen WuM 1991, 439.
– **(Zutritt):** Man kann 1/12 des Hauptsachewerts ansetzen, KG NZM 2010, 739.

85 **Nachbarrecht:** Der Wert einer Klage auf die Beseitigung eines 16m langen Jägerzaunes beträgt (jetzt ca.) 600 EUR, AG Königstein NZM 2001, 112. Nachbarlärm durch viele Tiere lässt sich mit (jetzt ca.) 1500 EUR bewerten, LG Bonn JurBüro 2001, 594. Bei § 920 BGB muss man das Klägerinteresse schätzen. Der Streit um eine Wegenutzungsrecht kann nach der Anzahl der Rügen höher zu bewerten sein, Kbl VPR 2019, 2384.

Nacherbe: → Rn. 41 „Erbrechtlicher Anspruch".
Nachforderung: Bei der Klage nach § 324 ist wegen der Sicherstellung → § 6 Rn. 12 anwendbar.
Nachlassverzeichnis: → Rn. 43 „Erbrechtlicher Anspruch".

Nachverfahren: Maßgeblich ist derjenige Betrag, dessentwegen das Gericht dem Bekl. die Ausführung seiner Rechte vorbehalten hat, Anerkenntnis im Nachverfahren mindert den Wert nicht, Mü MDR 1987, 766. Findet gegen das VorbU Berufung statt und sinkt dort der Streitwert (zB Teilerledigung), hat dies für angefallene Gebühren im Nachverfahren keine Folgen.

Name: Der private Streit ist nach § 48 II, III GKG idR nichtvermögensrechtlich, der geschäftliche vermögensrechtlich. Das gilt insbesondere für die Firma. Maßgeblich ist das Klägerinteresse, Stgt WettbR 1996, 197 (Idealverein).

Nebenintervention: → Rn. 106 „Streithilfe".

Nichterfüllung: → Rn. 58 „Gegenseitiger Vertrag".

Nichtigkeitsklage: § 579 Es zählt der Wert der Verurteilung, deren Aufhebung der Kläger begehrt, BGH AnwBl 1978, 260, ohne Nebenkosten, § 43 I GKG, § 4 I ZPO. Gesellschaftsrecht → Rn. 62.

Nichtvermögensrechtlicher Streit: § 48 II, III GKG Er liegt vor, wenn Kl. im Schwerpunkt nicht (zugleich) auch auf wirtschaftliche Gesichtspunkte abstellt, indem er etwa finanzielle Leistungen verlangt, BGH NJW 2009, 3161. Prägend ist mithin der soziale Geltungsanspruch, BGH NJW 1994, 2614; NJW 1991, 897. Grundsätze für ZustW, GebW und BeW sind gleich, Köln NJW-RR 2002, 1723. Gericht muss ein Ermessen betätigen und im Interesse der Staatskasse den Parteivortrag kritisch prüfen, Ddf NJW 2011, 2979. Tatsachen sind umfassend zu würdigen, iZw § 52 II GKG: 5.000 EUR. Anspruch wird nicht zum vermögensrechtlichen, wenn Kl. für erledigt erklärt, BGH NJW 1982, 767.

Zur Abgrenzung von der vermögensrechtlichen Streitigkeit → Vor § 1 Rn. 15, mit vielen Beispielen.

Nichtzulassungsbeschwerde: BeW hat nur Bedeutung für § 544 II Nr. 1. Maßgeblich ist das Ziel der beabsichtigten Revision, BGH NJW-RR 2020, 525 Rn. 4; WuM 2019, 349 Rn. 4; NJW-RR 2018, 1421 Rn. 5, dh der Bf. muss darlegen, dass er eine Abänderung des Berufungsurteils anstrebt, deren Wert die Wertgrenze übersteigt, BGH WuM 2021, 333 Rn. 4. IdR ist der Wert mit demjenigen der Revision identisch, BGH AGS 2021, 379 = BeckRS 2021, 2290. Bindung an die Festsetzung des Berufungsgerichts oder an den Parteivortrag besteht nicht, BGH VersR 2021, 668 Rn. 5; NJW-RR 2013, 1401. Zur Darlegungslast des Beschwerdeführers BGH NJW-RR 2012, 1107; VersR 2009, 562 (Vorfrage ohne Relevanz). Maßgeblicher Zeitpunkt ist derjenige der letzten mdl Verh. vor dem BerufungsG, BGH NJW-RR 2017, 209 Rn. 9; VersR 2012, 204.

Tatsächl. Grundlagen der Beschw müssen vor Schluss der mdl. Verh. beim BerG vorgebracht werden, Nachbessern vor dem BGH ist nicht zulässig, BGH 2.12.2021 – III ZR 62/21, BeckRS 2021, 41085 Rn. 5; 1.11.2019 – III ZR 14/19, BeckRS 2019, 31310 Rn. 5; MDR 2018, 224; BeckRS 2017, 134026; NJW 2017, 3164; BeckRS 2015, 748; MDR 2013, 926. Insbesondere bleibt es bei dem Wert, den eine Partei selbst vorgetragen bzw. dessen Festsetzung sie hingenommen hat, BGH 21.4.2021 – VII ZR 194/20, NJW-RR 2020, 1258. Gegenvorstellungen, die ersichtlich den Zweck haben, die NZB zu eröffnen, begegnet der BGH mit Skepsis, vgl. BGH 18.3.2021 – V ZR 156/20, BeckRS 2021, 11579 Rn. 11. Str Tatsachen müssen schriftlich glaubhaft gemacht werden; eine Zeugenvernehmung vor dem BGH kommt nicht in Betracht; maßgeblicher Stichtag für die Glaubhaftmachung ist der Ablauf der Begründungsfrist, BGH MDR 2021, 380 Rn. 11.

Beachtlich sind nur die Gegenstände, für die ein Zulassungsgrund vorgetragen wird, BGH MDR 2006, 1361. Ein von § 524 IV erfasster Gegenstand wird nicht mitgerechnet, BGH NJW-RR 2019, 1150. Fehlinterpretation eines Antrags als Hilfswiderklage führt zur Anwendung des § 45 I GKG, BGH NJW-RR 2017, 1407. Eine Klageerweiterung, die nach § 524 IV ihre Wirkungen verloren hat, zählt nicht mit, BGH NJW-RR 2019, 1150. Ansprüche von Streitgenossen werden zusammen gerechnet, BGH MDR 2015, 1149, ebenso die Gegenstände bei **teilweiser Zulassung und teilweiser NZB,** BGH 1.7.2021 – I ZR 120/20, BeckRS 2021, 22173; NJW-RR 2007, 417, bei verurteilten Gesamtschuldnern zählt der Betrag nur einmal, BGH NJW-RR 2004, 638. Wird neben der Revision NZB eingelegt, entsteht kein weiterer Streitwert, BGH NJW 2015, 1253. Bei **Teilrücknahme** bleibt es für die Anwaltsgebühr beim ursprünglichen Wert, BGH JurBüro 2021, 42.

Der BeW bestimmt auch den **GebW,** BGH 7.4.2022 – I ZR 77/21 Rn. 14 = GRUR-RS 2022, 11330; NJW-RR 2006, 378. Eine **Beschwerde** gg. die Festsetzung des GebW findet nicht statt, nur **Gegenvorstellung,** soweit Abänderung vAw zulässig wäre, BGH NJW-RR 2017, 1471.

Endet das Verfahren vor Stellung der Anträge, ist nach § 47 I 2 GKG die formelle Beschwer maßgeblich, BGH AGS 2021, 379 = BeckRS 2021, 2290. Bei Teilrücknahme bleibt es für den Anwalt des Rechtsmittelführers für die Verfahrensgebühr beim ursprünglichen Wert, iÜ ist auf den neuen Wert abzustellen, BGH JurBüro 2021, 42.

Nießbrauch: Der Wert ist nach dem Reinertrag abzüglich der Unkosten für die voraussichtliche Dauer des 86
Nießbrauchs gem. § 3 zu ermitteln, BGH NJW-RR 1988, 395; Celle OLGR 1999, 330, Rostock GE 2013, 1002 (Maßstab Notwegrente). Für Nießbrauch auf Lebenszeit kann § 52 II 3 GNotKG herangezogen werden, BGH NJW-RR 1988, 395; auch Bormann/Diehn/Sommerfeldt/Diehn GNotKG § 52 Rn. 12. Bei einem Einzelgegenstand kann § 6 anwendbar sein, LG Bochum AnwBl 1994, 368. Für den Kostenstreitwert gilt § 41 II GKG („ähnliches Nutzungsverhältnis"), Köln WuM 1985, 125; aM Schlesw SchlHA 1986, 46 (§ 3).

Notanwalt, §§ 78b, c: Maßgeblich ist der Wert der Hauptsache, Brem JurBüro 1977, 91; Zweibr JurBüro 1977, 1001; aM Mü MDR 2002, 724 (33,3 % für Beschwerde).

Notweg: → § 7 Rn. 6.

Nutzungsentschädigung: Bei Abweisung der Klage nach § 826 BGB auf Rückzahlung des Kaufpreises ist die Nutzungsentschädigung für die Beschwer vorab abzuziehen, BGH –10.11.2021 – VII ZR 296/21 BeckRS 2021, 38632 Rn. 7; MDR 2021, 574. Zur Miete → Rn. 83.

Nutzungsvorteile: Es kommt auf das wirtschaftliche Interesse an, wobei der Wert mit der Anzahl der genutzten Gegenstände degressiv steigt, Köln GRUR 2019, 393.

Öffentliche Zustellung: → Rn. 143 „Zustellung". 87

Offenbarung: → Rn. 33 „Eidesstattliche Versicherung".

Ordnungs- und Zwangsmittel: Schneider, Streitwertfestsetzung in Zwangs- und Ordnungsgeldverfahren, NJW 2019, 24. §§ 141, 380, 409, 411 ZPO, § 177 f. GVG Wegen der Festgebühren KV 2111, 2121, 2124 GKG ist eine Wertfestsetzung nur für Anwaltskosten in der Beschwerde erforderlich; eine überflüssige Wertfestsetzung ist in der Beschwerde aufzuheben, Nürnb NJW-RR 2018, 1277. Maßgeblich ist der verhängte Betrag. Bei **§ 888** gilt das (Erzwingungs-) Interesse des Gl an der Abwehr weiterer Verstöße, nicht das Zwangsgeld, OLGR Köln 2005, 259; OLGR Rostock 2009, 75; Saarbr NJW Spezial 2012, 61; Naumbg NJOZ 2014, 1943 (jew. Hauptsachewert); Ffm GRUR 2019, 216; LAG Hbg NZA-RR 2015, 213 (Bruchteil der Hauptsache); im Einzelfall kann der volle Wert der Hauptsache anzusetzen sein, Mü JurBüro 2018, 247; Hamm GRUR-RR 2017, 359; für Ansatz des Zwangsgeldes bei der Beschwer des Schuldners Celle JurBüro 2014, 437. Bei **§ 890** zählt die Intensität des Verstoßes, Karlsr WRP 1992, 198; OLGR Ffm 2004, 121; OLGR Celle 2009, 657; Mü FamRZ 2011, 1686. Grds. ist mit einem Bruchteil, Ffm GRUR 2019, 216, idR mit 30%–50% der Hauptsache zu bewerten, im Einzelfall bis 100%, Mü MDR 1983, 1029 (nicht mehr!). Faktische Wirkungen des Titels können wertmindern wirken, Hbg WRP 1982, 592; Nürnbg MDR 1984, 762.

Bei der Beschwer des Bekl. ist für § 25 II RVG der festgesetzte Betrag die untere Grenze, OLGR Ddf 1995, 139; Ffm JurBüro 1997, 277, iÜ zählen das Interesse an der Abwehr der Maßnahme und die Umstände des Einzelfalls. Für die Androhung gilt entsprechendes, LAG Brem MDR 1989, 672 (50% des Ordnungsgeldes), KGR 2008, 1007 (maßgeblich die zu erwartende Festsetzung), Hamm NJOZ 2014, 1426 (voller Wert).

88 **Pachtverhältnis:** Ein Streit über die rechtliche Einordnung gilt als Bestandsstreit iSd §§ 8 f. ZPO, § 41 GKG, BGH MDR 2010, 355; NJW-RR 2009, 156 (jew.: kein Abschlag bei Feststellungsklage). Bei Klage des Unterpächters gegen Unterverpächter und gegen Eigentümer auf Feststellung seines Pachtrechts bemessen sich ZustW und BeW des Kl. gem. §§ 8, 9 ZPO (3,5-faches), GebW gem. § 41 Abs. 1 GKG (1-faches) des Jahres-Pachtzinses, BGH NJW-RR 2017, 911. IÜ → Rn. 76 ff. „Mietverhältnis".

Patent: § 51 GKG. Übereinstimmende nicht offensichtlich falsche Parteiangaben sind idR zu beachten, BGH MDR 2012, 1429. Maßgeblich ist das Interesse der Allgemeinheit an der Nichtigkeit, das ist im Allgemeinen der gemeine Wert des Patents bei Erhebung der Klage oder Einlegung der Berufung zuzüglich des Betrags der bis dahin entstandenen Schadensersatzforderungen, BPatG JurBüro 1996, 197, GRUR 1987, 287, mehrere Klagen werden grds. gleich bewertet, es sei denn, das Ziel eines Kl. bleibt hinter dem der übrigen deutlich zurück, BGH GRUR 2013, 1287 (§ 33 RVG). Geboten ist eine Gesamtbewertung; eine Aufteilung in kurze Zeitabschnitte ist verfehlt, BGH BeckRS 2016, 109950. Standardessentielle Bedeutung rechtfertigt es für sich gesehen nicht, den Streitwert des Nichtigkeitsverfahrens um mehr als ein Viertel einer Verletzungsklage zu erhöhen, BGH 11.5.2021 – X ZR 23/21, GRUR-RS 2021, 18915; GRUR 2011, 757. Bei Berufung nach Teilerfolg von nur einer Seite ist grds. das Interesse alleine des Berufungsführers maßgeblich; führt die Berufung mit Blick auf einen anhängigen Verletzungsrechtsstreit indes zu einer vollständigen Klärung, bleibt es beim ursprünglichen Wert, BGH 15.6.2021 – X ZR 11/19. Für ein Rechtsbeschwerdeverfahren kann nicht ohne weiteres der Streitwert eines Verletzungsrechtsstreits um ein Patent herangezogen werden, das die Priorität derselben Anmeldung in Anspruch nimmt, BGH 22.3.2022 – X ZB 15/19, GRUR-RS 2022, 7237.

Im Streit um Unterlassung, Auskunft, Schadensersatzpflicht sind die Art und der Umfang der Verletzung maßgeblich, aber auch der Umsatz des Geschädigten, Karlsr BB 1975, 109. Gebührenrechtlich besteht nach §§ 102 II, 121 I, 144 PatG die Möglichkeit, bei einer Gefährdung der wirtschaftlichen Lage einer Partei den Wert niedriger anzusetzen, BGH GRUR 2013, 1287.

Patientenverfügung: Entspr. § 36 III GNotKG 5.000 EUR, Hamm MDR 2006, 1197 (aF).

89 **Persönlichkeitsrecht:** § 48 II, III GKG, → Rn. 99 „Schmerzensgeld".

Pfandrecht: Für gesetzliche und vertragliche Pfandrechte ist § 6 anwendbar, BGH NJW-RR 1995, 362.

Pfändung: Bei der Pfändung einer Forderung oder eines sonstigen Rechts nach § 829 muss man für die Gerichtsgebühren die Festgebühr KV 1811, 2110 GKG beachten. Für die Anwaltsgebühren ist nach § 25 I 1 RVG der Betrag der vollstreckbaren Forderung nebst Zinsen bis zur Antragstellung und Kosten maßgeblich. Wenn der Wert des gepfändeten Rechts niedriger ist, gilt nach § 6 dieser geringere Wert. Str. ist der Wert bei erfolgloser Pfändung. Für Betrag der zu vollstreckenden Forderung Naumbg NJW-RR 2014, 1151; für obj. zu bewertendes Interesse des Gl Karlsr NJW-RR 2011, 501; für Ansatz der Mindestgebühr LG Stgt MDR 2013, 1312. Es erscheint interessengerecht, dem OLG Karlsr zu folgen und den Wert nach § 6 zu begrenzen. Der Mindestwert ist nur bei Nichtexistenz des Gegenstandes berechtigt, Köln Rpfleger 2001, 149 (152). Spätere Fälligkeit führt zu einem Abschlag, LG Hannover MDR 1995, 1075. Beträge mehrerer Forderungen gegenüber mehreren Drittschuldnern sind zu addieren, LG Kblz JurBüro 2010, 49, Ausnahme: wirtsch Identität, BGH JurBüro 2011, 434.

Pflichtteilsanspruch: → Rn. 41 „Erbrechtlicher Anspruch", → Rn. 53 „Feststellungsklage", → Rn. 59 „Geldforderung".

Prämiensparvertrag: Bei Feststellung des Fortbestehens gem. §§ 3, 9 dreieinhalbfacher Jahresbetrag der Zinsen und der Prämien abzüglich eines Feststellungsabschlages von 20%, BGH AGS 2021, 277.

Preisbindung: → Rn. 63 „Gewerblicher Rechtsschutz".

90 **Prozesskostenhilfe:** Für die Gerichtskosten ist kein Wert festzusetzen, Ddf NJOZ 2012, 262. Maßgeblich für die sof Beschwerde ist die Festgebühr KV 1812 GKG, bei Teilerfolg kann das Gericht diese ermäßigen oder Nichterhebung anordnen. Für die Anwaltskosten sind § 23a RVG, VV 3335 RVG, mithin der Hauptsachewert, VGH München JurBüro 2006, 596; VGH Mü NJW 2022, 2558; OVG Münster NJW 2022, 2559. Geht es um Änderung der Raten, ist das Interesse hieran maßgeblich, BGH FamRZ 2012, 1938.

Prozesskostensicherheit: → „Prozessvoraussetzungen".

Prozesstrennung, -verbindung: → Rn. 114 „Trennung", → Rn. 126 „Verbindung".

Prozessvergleich: → Rn. 127 ff. „Vergleich".

Prozessvoraussetzungen: Maßgeblich ist der Wert der Hauptsache, BGH VersR 1991, 122 (Prozesskostensicherheit), Zweibr NJW 1995, 537.

Quittung: Es zählt nach § 3 das Beweisinteresse, → Rn. 69 f. („Urkunde allgemein", „Vollstreckungstitel").

91 **Rangfolge:** Man muss den Wert nach § 3 schätzen.

Ratenzahlung: Nach § 31b RVG sind 20% der Forderung anzusetzen. IÜ ist nach § 3 zu schätzen. Grundlage sind Zins- und Kostenvorteile, Celle JurBüro 1971, 237. Bei Vgl. über die Hauptforderung hat Ratenvereinbarung kein eigenständige Bedeutung, Schlesw NJOZ 2019, 1381 = NJW-Spezial 2019, 92.

92 **Räumung:** Für den ZustW und den BeW gilt → § 8 Rn. 8. BGH WuM 2020, 300 Rn. 2; WuM 2018, 221; NZM 2016, 780 Rn. 1 setzt bei str. Mietverhältnis, das auch beim Einwand des fingierten Mietvertrags vorliegt, nach §§ 8, 9 für BeW die 3,5-fache Jahresmiete an. Für den GebW gilt § 41 II GKG, BGH 14.12.2021 – VIII ZR 91/20, BeckRS 2021, 43491 Rn. 5, mAnm Schneider NJW-Spezial 2022, 92; NZM 2007, 935; Kblz NJW-RR 2014, 197; Stgt JurBüro 2012, 303. Abweichend von § 8 ZPO erfasst § 41 GKG

auch „ähnliche Nutzungsverhältnisse"; abweichend von § 8 ZPO ist für § 41 II GKG ein Streit über den Bestand des Rechtsverhältnisses nicht erforderlich, BGH NJW-RR 1995, 781.

- **(Beseitigung):** Sie kann gesondert bewertbar sein, BGH NJW-RR 2012, 1103 (Addition von Abrisskosten); Rostock MDR 2014, 1138; KG MDR 2013, 430.
- **(Bestandsstreit):** Es kommt nicht darauf an, ob über das Bestehen des Nutzungsverhältnisses insgesamt oder nur in einzelnen Teilen Streit besteht, BGH NJW-RR 1995, 781, ob das Nutzungsverhältnis also in Wahrheit bereits erloschen ist.
- **(Jahresmiete):** Maßgebend ist höchstens die für die Dauer eines Jahres zu entrichtende Miete, wenn sich nicht nach § 41 I GKG ein geringerer Wert ergibt, BGH NJW-RR 1997, 648. Das gilt ohne Rücksicht darauf, auf wie viele Kündigungen der Kläger diesen Räumungsanspruch stützt, Mü NZM 2001, 749.
- **(Mehrheit von Ansprüchen):** Werden der Anspruch auf eine Räumung von Wohnraum und der Anspruch nach §§ 574, 575a II BGB auf eine Fortsetzung des Mietverhältnisses über diesen Wohnraum in demselben Prozess verhandelt, darf man die Werte nach § 41 III GKG nicht zusammenrechnen.
- **(Mehrheit von Nutzungsarten):** Soweit das eine Objekt gemietet, das andere vertragslos genutzt wird, muss man zusammenrechnen, Bbg JurBüro 1988, 516.
- **(Mehrwertsteuer):** → „– (Umsatzsteuer)".
- **(Nebenkosten):** → „– (Umlagen)".
- **(Rückgabe weiterer Teile):** Sie kann zusätzlich bewertbar sein, Ddf WuM 2009, 543.
- **(Rücktritt):** Beim Räumungsanspruch des zurückgetretenen Verkäufers gilt § 6, Nürnb JurBüro 2004, 377.
- **(Staffelmiete):** Maßgeblich ist der höchste Jahresbetrag, BGH NZM 2007, 935 (zust. Gies WuM 2008, 79).
- **(Umlagen):** Eine Nebenkostenpauschale zählt wegen § 41 I 2 GKG zur Miete, BGH WuM 2008, 417; Ddf NZM 2005, 240 (auch bei Untermiete); § 41 I 2 GKG gilt auch hier, BGH NZM 2007, 935; Düss NZM 2010, 600.
- **(Untermiete):** Dem Streitwert für die Räumung kann ein Zuschlag wegen der durch die Untervermietung bedingten Mehraufwendungen zugesetzt werden, BGH NJW-RR 1997, 648.

Räumungsfrist: Im Verfahren nach §§ 721, 794a muss man den Wert nach § 3 nach dem Interesse an der **93** Bewilligung, Verlängerung oder Abkürzung der Frist schätzen. Er beträgt die Miete oder Nutzungsentschädigung für die begehrte Frist, jedoch höchstens für 1 Jahr, errechnet nach §§ 721 V 2, 794a III. Wegen eines Verfahrens nach → § 765a vgl. → Rn. 134 „Vollstreckungsschutz".

Reallast: Maßgeblich für § 1105 I BGB ist § 9, Ffm MDR 1982, 411, OLGR 1993, 47. Bei der Forderung nach einer Rente und deren Absicherung durch eine Reallast erfolgt wegen wirtschaftlicher Identität keine Zusammenrechnung. Für § 1105 II BGB ist § 7 einschlägig, Musielak/Voit/Heinrich § 7 Rn. 6.

Rechnungslegung: Maßgeblich ist nach § 3 das Interesse des Klägers an der Erleichterung der Begründung des Zahlungsanspruchs. IdR ist ein Bruchteil des mutmaßlichen Zahlungsanspruchs ansetzbar, BGH BeckRS 2017, 103454; Schlesw JurBüro 2002, 80; Köln VersR 1976, 1154 (25 %). Der Wert kann denjenigen der Hauptsache fast erreichen, wenn der Kläger für die Geltendmachung des Hauptanspruchs auf die Rechnungslegung angewiesen ist, LG Landau ZMR 1990, 21. Wird keine Leistungsklage angestrebt, zählt der ersparte Aufwand des Kl., OLGR Ddf 1995, 192. Für den BeW des Bekl. gilt das Interesse an der Vermeidung des Aufwands, BGH NJW 2001, 1284 (auch: Fremdkosten), begrenzt durch das Interesse des Kl., Köln JurBüro 1993, 165. Dasselbe gilt bei einem Streit wegen der Erteilung eines Buchauszugs nach § 87c HGB und für die Erteilung einer Abfindungsbilanz, OLGR Mü 1996, 106. Auch → Rn. 24 „Auskunft", → Rn. 108 „Stufenklage".

Rechtsanwaltskosten: Wert für vom Schädiger zu erstattende R. bemisst sich nach der berechtigten Ersatzforderung, BGH NJW 2017, 3588, bei Unfallfahrzeug unter Abzug des Restwertes, BGH NJW 2018, 2417. Zur Qualifizierung als Haupt- oder Nebenforderung BGH NJW 2020, 3174.

Rechtshängigkeit: Bei einem Streit über die Rechtshängigkeit nach → § 261 Rn. 1 ist der volle Wert des Anspruchs maßgebend, Celle JurBüro 2012, 531.

Rechtsmittel: Für den BeW des Kl. gelten die allg. Grundsätze. Maßgeblich ist das mit dem Rechtsmittel verfolgte wirtschaftliche Interesse; bringt z. B. Kl. von vornherein eine Nutzungsentschädigung in Abzug, ist diese auch beim BeW abzuziehen, BGH 23.5.2022 – VIa ZR 205/21, BeckRS 2022, 13342. Für den Bekl. zählt das Abwehrinteresse, BGH NJW 1994, 735 (§ 308 I), BGH GZS NJW 1995, 664 (Auskunft), mindestens das Kosteninteresse, BGH NJW 1994, 1740. Grundlage ist nur die unmittelbar angefochtene Entscheidung, nicht sonstige Umstände, BGH AGS 2020, 479. Bei wechselseitig eingelegte Rechtsmitteln mit dem Ziel der Erhöhung oder Senkung der **Haftungsquote** soll keine Wertaddition erfolgen, Oldb JurBüro 2020, 37. Vgl. auch Klüsener, Der Gegenstandswert bei beschränktem Rechtsmittel, JurBüro2020, 281.

Eine **Klageerweiterung** in der Rechtsmittelinstanz erhöht die für diese maßgebliche Beschwer nicht, BGH FamRZ 2022, 201 (Ls.); NJW-RR 2009, 853 Rn. 8.

Zu den einzelnen Rechtsmitteln → Rn. 7 „Anschlussrechtsmittel", → Rn. 28 „Berufung", → Rn. 85 „Nichtzulassungsbeschwerde", → Rn. 94 „Revision", → Rn. 104 „Sofortige Beschwerde".

Rechtswegverweisung: Im Beschwerdeverfahren nach § 17a IV 2 GVG ist das Interesse des Beschwerdeführers maßgeblich, Karlsr MDR 1994, 415, Köln VersR 1994, 499 (jew. Ersparnis von Anwaltskosten bei Verweisung vom ArbG an das LG); BGH NJW 1998, 909 (20 % der Hauptsache bei Verweisung an das ArbG); Mü BeckRS 2018, 5329; für andere Rechtszweige: BayObLG WuM 1999, 232 (je 20 %–33,3 % des Klageanspruchs); Brdb NVwZ 2011, 640 (25 %); LAG Hamm JurBüro 2007, 425 (30 %); LAG Köln MDR 1993, 915 (100 %); OLGR Köln 1997, 228 (50 % wegen hoher Bedeutung); LG Kassel AGS 2014, 134 (25 %); bei Verweisung an das Arbeitsgericht wird zT wegen § 12a ArbGG auf die Anwaltskosten des Gegners abgestellt, Karlsr MDR 1994, 415. Wenn Interesse des Bf sich auf konkrete Kostenersparnis richtet, sollte man diese ansetzen, andernfalls einen nach Maßgabe des Einzelfalls bemessenen Bruchteil des Hauptsachewertes.

Registeranmeldung: → Rn. 7 „Anmeldung zum Handelsregister".

Rente: Man muss den ZustW nach § 9 berechnen, den Kostenwert nach § 42 I GKG. Beendigung eines Versicherungsvertrags im Rentenvergleich führt zu Mehrwert, Karlsr NJW-RR 2015, 872.

Restitutionsklage: → Rn. 85 „Nichtigkeitsklage". **94**

Revision: Der BeW bemisst sich nach dem Interesse des Rechtsmittelklägers an der Abänderung der Entscheidung des BerGer. Er ist nach §§ 3 ff. zu ermitteln. Entscheidend ist der Zeitpunkt der letzten mündlichen Verhandlung vor dem Berufungsgericht, und zwar nach Maßgabe der dem Parteivorbringen zu diesem Zeitpunkt zugrunde liegenden tatsächlichen Angaben zum Wert. Über die Höhe der Beschwer befindet der BGH selbst, NJW 2022, 194 Rn. 15. Um dem Revisionsgericht diese Prüfung zu ermöglichen, muss der Beschwerdeführer innerhalb laufender Begründungsfrist darlegen und glaubhaft machen, dass er mit der beabsichtigten Revision das Berufungsurteil in einem Umfang, der die Wertgrenze von 20.000 € übersteigt, abändern lassen will; BGH WuM 2021, 333 Rn. 4; 8.2.2022 – VIII ZR 37/21 BeckRS 2022, 4379 Rn. 8.

Zu Einzelheiten → Rn. 85 „Nichtzulassungsbeschwerde“ und → Rn. 28 „Berufung“.

Richterablehnung: → Rn. 3 „Ablehnung Richter“.

Rückauflassung: → § 6 Rn. 4 „Auflassung“.

Rückerstattung: § 717 II, III Der Wert bestimmt sich nach dem erhobenen Anspruch, er kann nicht höher sein als der Wert der voraufgegangenen Verurteilung. Man darf die Zinsen und Kosten nicht hinzurechnen, BGH NJW 1963, 300. Zusätzliche Ansprüche sind gesondert anzusetzen. Auch → Rn. 125 „Urteilsänderung“.

Rückkauf: Im Streit um den Bestand des Rückkaufsrecht zählt nach § 3 das Interesse an der Wiedererlangung, OLGR Köln 1999, 15. Für Herausgabe des Objekts gilt § 6.

Rücknahme der Berufung: → Rn. 28 „Berufung“, es bleibt beim Hauptsachewert.

Rücktritt: Im Streit um das Rücktrittsrecht (§ 437 Nr. 2 Hs. 1 BGB) zählt Interesse an der Beendigung, § 3, Mü JurBüro 1984, 1235; Ddf JurBüro 1986, 433; Hamm MDR 1999, 1225 (Bruchteil des Kaufpreises); AG Bad Hersfeld JurBüro 2010, 365 (10–20 % des Kaufpreises bei Abwehr von Ansprüchen auf entg Gewinn). Für die Feststellungsklage erfolgt kein Abschlag, → Rn. 54 „Verneinende Feststellungsklage“. Bei der Durchführung des Rücktritts gilt der Wert der Forderung oder der Sache, § 6. Auch → Rn. 27 „Befreiung“ sowie bei den einzelnen Rücktrittsgründen.

Sachenrechtsbereinigungsgesetz: Bei § 108 I des G ist der Wert des bebauten Grundstücks maßgeblich, BGH MDR 1999, 1022, es sei denn, das Gebäude ist kein wesentlicher Grundstücksbestandteil, BGH MDR 2001, 292.

Sachverständigenablehnung: → Rn. 4 „Ablehnung Sachverständige“.

95 **Schadensersatz, -schätzung:** → Rn. 53 „Feststellungsklage“, → Rn. 93 Rechtsanwaltskosten → Rn. 99 „Schmerzensgeld“, → Rn. 115 „Unbezifferter Antrag“. Ein Nutzungsvorteil, der im Wege des **Vorteilsausgleichs** von der Ersatzforderung abgezogen werden muss, führt zur entspr. Reduzierung von Streitwert und Beschwer, BGH VersR 2021, 668.

Scheck: → Rn. 59 „Geldforderung“, → Rn. 69 „Herausgabe: – (Urkunde allgemein)“.

Scheidung: → Vor § 3 Rn. 53.

Scheidungsfolgen: → Vor § 3 Rn. 53.

Schiedsrichterablehnung: → Rn. 4 „Ablehnung Schiedsrichter“.

96 **Schiedsrichterliches Verfahren:** Soweit wertabhängige Gebühren entstehen, sind die allgemeinen Regeln anwendbar, Bedeutung für KV 1620 ff. GKG sowie für wertabhängige Honorare.

– **(Aufhebungsantrag):** Im Verfahren nach §§ 1059, 1062 ff. ist der Wert der Abweisung maßgeblich. Man darf einen schon durch das Schiedsgericht abgewiesenen Betrag nicht hinzurechnen, ebenso wenig Kosten und Zinsen, § 4 I, Mü SchiedsVZ 2009, 68.

97 – **(Beschlussverfahren):** Im Verfahren zB nach §§ 1034 II, 1035 III–V, 1037 III, 1038 I, 1041 II, III, 1050 ist das Interesse des Antragstellers an der Maßnahme maßgeblich. Das gilt auch beim Streit um das Erlöschen der Schiedsvereinbarung. Die Nebenverfahren nach § 1062 I Nr. 1–3 sind mit einem Bruchteil der Hauptsache anzusetzen, Ffm SchiedsVZ 2006, 330 (20 %); Mü SchiedsVZ 2007, 280 (330); BB 2012, 265; Kröll SchiedsVZ 2012, 136 (144) mwN (jew. 33,3 %).

– **(Vergütung der Schiedsrichter):** Die Wertfestsetzung durch das Schiedsgericht ist mit Wirkung für den Honoraranspruch zulässig, im Streit um dessen Höhe aber nicht verbindlich, BGH MDR 2012, 739; NJW-RR 2014, 953.

98 – **(Vollstreckbarerklärung):** Im Verfahren nach §§ 1060, 1061 bestimmt sich der Wert nach dem Interesse des Ast., BGH SchiedsVZ 2019, 351. Grds. ist der volle Wert der zu vollstreckenden Forderung maßgeblich, BGH FamRZ 2018, 1104 (Ls.) = BeckRS 2018, 7526; Köln SchiedsVZ 2005, 163; Drsd SchiedsVZ 2006, 166, ohne Zinsen und Kosten, Ffm BeckRS 2018, 15025. Das gilt grds. auch dann, wenn nur ein Teil des Titels vollstreckbar ist. Die Partei kann – auch stillschweigend – ihren Antrag auf einen Teil des Schiedsspruchs beschränken, dann ist als Wert nur dieser Teilbetrag ansetzbar. Ddf Rpfleger 1975, 257; aM Ffm JurBüro 1975, 229, LG Bonn NJW 1976, 1981 (stets nur derjenige Teil des Vergleichs, der dem Antragsteller günstig sei.) Dasselbe gilt bei zwei Ansprüchen, von denen einer abgewiesen wurde und darum nicht vollstreckbar ist. Entscheidung des Schiedsgerichts über eine Widerklage oder eine Hilfsaufrechnung kann sich werterhöhend auswirken, BGH SchiedsVZ 2019, 351; Saarbr JurBüro 2021, 593. → Rn. 4 „Ablehnung Schiedsrichter“.

– **(Wertfestsetzung):** Sie kann grds. durch das Schiedsgericht selbst erfolgen, indes kann der Wert im Honorarstreit bestritten werden, BGH NJW 2012, 1811.

Schifffahrtsrechtliches Verteilungsverfahren: Es ist § 59 GKG anwendbar.

99 **Schmerzensgeld:** Maßgeblich ist zunächst die etwaige präzise Bezifferung des Kl., Ffm JurBüro 2017, 587; KG VersR 2008, 1234 (zust. Jaeger). Bei unbeziffertem Leistungsantrag ist auf den Wert abzustellen, der nach dem Tatsachenvortrag des Klägers angemessen wäre, KG MDR 2010, 888. Ein vom Kl. genannter Mindestbetrag darf nicht unterschritten werden, LG Hbg JurBüro 1992, 699; Mü VersR 1995, 1117; KG MDR 2010, 888. Andererseits ist eine Obergrenze nicht bindend, BGH MDR 1996, 886. Ein bezifferter Antrag auf Schmerzensgeld unterliegt keiner weiteren Bewertung, Ffm JurBüro 2017, 587; KG VersR 2008, 1234.

100 Bei Abweisung einer Schmerzensgeldklage besteht der BeW äußerstenfalls in Höhe des in der Berufungsinstanz verlangten Mindestbetrags. Es ist nicht zulässig, erstmals mit der Revision einen höheren BeW geltend zu machen, BGH NJW-RR 2004, 102; NJW-RR 2004, 863. Näher → Rn. 115 „Unbezifferter Antrag“.

Schufa-Eintragung: Der Widerruf ist idR mit weniger als 600 EUR zu bewerten; auf die Druckwirkung kommt es nicht an, BGH NJW-RR 2016, 1203.

101 **Schuldanerkenntnis:** → Rn. 7 „Anerkenntnis“.

Schuldbefreiung: → Rn. 27 „Befreiung“.

Schuldschein: → Rn. 69 „Herausgabe (Schuldschein)“

SchVG: § 20 SchVG. Der Streitwert für die Anfechtungsklage ist regelmäßig gem. § 48 I 1 GKG, § 3 ZPO nach dem jeweiligen Zahlungsanspruchs aus den Anleihen zu bemessen. Werden zugleich mehrere Beschlüsse angefochten, ist für jeden gesondert festzusetzen und gem. § 5 ZPO, § 39 I GKG ein Gesamtstreitwert zu bilden; letzteres entfällt bei wirtschaftlich identischen Gegenständen; eine Wertaddition bei Klagen gegen den gleichen Beschluss findet in einem Verfahren nicht statt, maßgebend ist gem. § 45 I 3 GKG der Wert der höchsten Klage, BGH 2.6.2021 – XI ZR 417/19, BeckRS 2021, 16263; NZG 2009, 518 Rn. 2.

§ 247 AktG ist anwendbar nach Mü BB 2017, 974; offen gelassen in BGH 2.6.2021 – XI ZR 417/19, BeckRS 2021, 16263 Rn. 6.

Selbständiges Beweisverfahren: Findet das Verfahren während eines Prozesses statt, gilt dessen Streitwert, BGH NJW 2004, 3488; Saarbr BauR 2012, 303; Kblz BauR 2015, 313. Im selbständigen Verfahren gilt das materielle Interesse des Antragstellers, ermittelt nach dem vollen Wert des behaupteten, zu sichernden Anspruchs, dh der **richtige Wert,** BGH NJW 2004, 3488 (keine Quote!); Nürnb r+s 2021, 726 (Unfallversicherung); Mü JurBüro 2020, 145 (für nicht festgestellte Mängel Schätzung); Kblz JurBüro 2018, 474 (nur Tatsachen aus der Antragsschrift zu berücksichtigen); Brdb NJW-Spezial 2020, 141; KG NJW-RR 2017, 703 (ohne Berücksichtigung von Spekulationen oder Musterwirkung); Ddf BauR 2016, 882 (Angebot für Sanierungskosten); Karlsr JurBüro 2016, 368; Ffm NJW 2010, 1822 (Mängelbeseitigungskosten nach Voranschlag); Celle MDR 2010, 1014 (offener Werklohn des Unternehmers); Stgt MDR 2011, 1198 (auch oberhalb der Feststellungen des SV); Saarbr MDR 2012, 733 (Rückabwicklung bei Mängeln); Rostock JurBüro 2008, 369 (Abzug von Sowieso-Kosten). **102**

Besondere Bewertungsregeln bleiben anwendbar, Ddf JurBüro 2007, 426 u. LG Berlin NJW-RR 2012, 844, (jew. § 41 GKG, Miete); Celle FamRZ 2008, 1197 u. Hamm MDR 2014, 179 (jew. Zugewinnausgleich, Ansatz von 50% der str. Differenz). Die Angabe des Ast, § 61 GKG, ist unverbindlich, Celle MDR 2014, 1344.

Wird der Beweis nicht erhoben, ist der Vortrag des Antragstellers maßgeblich, Nürnb r+s 2021, 726.

– **(Streitgenossen):** Es ist ggf. die genau angegebene Beteiligung maßgeblich. Sonst gilt gegenüber jedem der volle Wert, Nürnb MDR 1999, 1522; KG NJW-RR 2000, 1622; Rostock JurBüro 2008, 369; Celle NJW-RR 2009, 1678.

– **Teilantrag:** Bei eindeutigem Teil-Beweisantrag zählt der Teil, OLGR Nürnbg 2003, 111; Celle FamRZ 2008, 1197; Stgt NZBau 2011, 40.

– **Verwaltungsrecht:** Vgl. OVG Münst NVwZ-RR 2007, 826 (auch zu Ausnahmen); aM VGH Mannh NVwZ-RR 1998, 526 (33,3%); VGH Mü NVwZ-RR 2001, 278 (50%) und NJW 2008, 2664 (selbständige Berechnung).

– **Vorsteuerabzug:** Es zählt der Nettobetrag, Ddf NJW-RR 1996, 1469.

– **Zeitpunkt der Bewertung, „richtiger" Wert:** Zu bewerten ist nach dem Hauptsachewert auf den Zeitpunkt bei Antragstellung, § 40 GKG, nach dem Umfang der tatsächlich beantragten und durchgeführten Beweisaufnahme, Mü JurBüro 2020, 145; Bmbg BauR 2019, 298; Brdb BeckRS 2018, 38342; indes sind spätere Erkenntnisse (Gutachten!) mit zu verwerten, Brdbg JurBüro 2007, 315; Stgt MDR 2009, 234; Karlsr MDR 2010, 1418; Kblz JurBüro 2012, 80; Celle MDR 2014, 1344; Kblz BauR 2015, 313. Dies gilt aber nur für Festsetzung eines richtigen Wertes; nicht bestätigte Mängel oder weitergehende Zielsetzung des Ast sind demgegenüber aus anfänglicher Sicht zu schätzen und zu bewerten, BGH NJW 2004, 3488; Mü JurBüro 2020, 145; Stgt NZM 2008, 823 (Festlegung erforderlich); OLGR Ddf 2009, 364; OLGR Rostock 2009, 799. Erkenntnisse jenseits des Antrags sind unbeachtlich, Kblz JurBüro 2018, 474. Es gibt keine rückwirkende Erhöhung alleine aufgrund einer höheren Klageforderung, aA Mü MDR 2002, 357.

– **(Zuständigkeit):** Wertfestsetzung geht mit Verbindung auf das Gericht der Hauptsache über, LG Köln NJW-RR 2013, 924.

Sicherheitsleistung: § 110 Der Wert folgt demjenigen der Klage, BGH VersR 1991, 122; BGHReport 2002, 951; Zweibr NJW 1995, 537,BeW des Verpflichteten entspr. dem Wert der Sicherheitsleistung, Karlsr MDR 1986, 593. **103**

Es ist nach dem Interesse des Ast. ein Bruchteil der Hauptsache (Ausfallgefahr) maßgeblich, Celle NJW 1966, 2414, bis hin zum vollen Betrag bei Gefahr der Uneinbringlichkeit, KG JurBüro 1973, 1083. Bei sofortiger Beschwerde gegen die Unterlassung oder Aufhebung der Anordnung einer Sicherheitsleistung nach § 769 muss man grds. 10% des Werts der Hauptsache ansetzen, Mü Rpfleger 1981, 371. Das Interesse an der Art der Sicherheit, § 108, lässt sich mit 5% ihrer Höhe bewerten, Hbg MDR 1990, 252; LG Bln Rpfleger 1990, 137 (Interesse, die Sicherheit nicht leisten zu müssen = Beschaffungsaufwand); Köln JurBüro 1979, 1701 (Kostendifferenz).

Bei der Klage auf die Rückzahlung einer Kaution muss man die Zinsen einrechnen, LG Köln WuM 1995, 719. BeW durch Verurteilung nur Zug um Zug gegen Sicherheit kann im Interesse an deren Wegfall bestehen, BGH NJW 1999, 723.

Auch → Rn. 32 „Ehesache".

Sicherstellung: Es ist § 6 anwendbar. **104**

Sicherungsanordnung: § 283a, vAw keine Wertfestsetzung, da keine Wertgebühr anfällt.

Sicherungshypothek: → § 6 Rn. 22.

Sicherungsübereignung: → § 6 Rn. 4.

SMS-Störung: → Rn. 122

Sofortige Beschwerde: Eine Bewertung vAw ist nur erforderlich, soweit keine Festgebühr entsteht, Rostock NJW-RR 2014, 320. Die Bewertung erfolgt also bei KV 1220 ff., 1430 f., 1628 f., 1643 f., 1820 ff., 2120, 2122 ff., 2241, 2243, 2360, 2362 f. GKG sowie auf Antrag nach § 33 I RVG. Maßgeblich ist das Interesse des Beschwerdeführers an einer Änderung der angefochtenen Entscheidung, BGH NJW 1989, 2755, Hbg MDR 2012, 1379. Die Wertfestsetzung gehört zur Prüfung der Zulässigkeit der Beschwerde, BGH NJW 1989, 2755. Bei einer Teilabhilfe kann es nur noch auf den Restwert ankommen, KG MDR 2007, 235. Bei der Streitwertbeschwerde zählt die in Rede stehende Kostenersparnis. Dabei ist auf die in Rede stehenden Kosten abzustellen, nicht auf die Wertdifferenz, OVG Sachsen-Anhalt AGS 2021, 138 mAnm Hansens = BeckRS 2021, 948; auf die Notwendigkeit iSd § 91 I 1 kommt es nicht an, weil diese erst im Festsetzungsverfahren geklärt wird, Mü NJW-RR 2020, 760.

Auch → Rn. 3 „Ablehnung des Richters", → Rn. 74 „Kartellsache", → Rn. 87 „Ordnungs- und Zwangsmittel", → Rn. 103 „Sicherheitsleistung".

Stiftung: Der Streit um die Besetzung eines Stiftungskuratoriums ist vermögensrechtlicher Natur und nach § 3 zu bewerten, Hamm OLGZ 1994, 96.

105 **Streitgenossenschaft:** Es findet bei §§ 59 ff. keine Addition statt, soweit es wirtschaftlich um nur einen Gegenstand geht, BGH MDR 2004, 406; Karlsr MDR 1991, 353 (jew. Gesamtschuld); OLGR Ddf 1997, 199 (Schuldner und Bürge); Karlsr MDR 1991, 353; Köln FamRZ 1992, 1461 (Unterlassungs- Vollstreckungsabwehrklagen); Kblz JurBüro 1985, 590 (neg. Feststellungsklage gegen Streitgenossen, auch bei erst späterer Erweiterung der Klage auf den zweiten). Das ist auch dann so, wenn es um eine Verbindung persönlicher und dinglicher Klagen geht oder um mehrere Ansprüche. IÜ ist nach § 5 zu addieren, namentlich bei ehrenrührigen Äußerungen mehrerer, da insoweit keine Gesamtschuld, Mü MDR 1993, 286.BeW mehrerer einfacher Streitgenossen ist zu addieren, BGH NJW 2015, 2816.

106 **Streithilfe:** Der Beitritt hat an sich keine Auswirkungen auf den GebW für die Gerichtskosten, Celle BauR 2011, 1060; Rostock JurBüro 2015, 83. GebW für die Anwaltskosten ist str. Nach Ansicht des BGH ist der Wert der Streithilfe an demjenigen der Hauptsache zu orientieren, wenn der Streithelfer in gleichem Umfang am Rechtsstreit beteiligt ist wie die unterstützte Parten, ohne Rücksicht auf einen Sachantrag, BGH NJW-RR 2016, 831, BGH JurBüro 2013, 477; dem folgend Hamm NJW-RR 2020, 253 Rn. 17; Stg AGS 2019, 416; Rostock JurBüro 2015,83; Köln NJOZ 2012, 2175; Celle NJW-RR 2011, 1296; Hamm r+s 2013, 632 (jedenfalls bei Anschluss an den Antrag). Nach aA ist das individuell zu ermittelnde Interesse des Streithelfers maßgeblich, Mü IBR 2019, 2182; NJW 2017, 3312; Drsd MDR 2018, 893; Ffm NJOZ 2017, 808; Oldb BeckRS 2016, 20869; Rostock JurBüro 2015, 83 (Regressanspruch der Partei gegen den Streithelfer für Anwaltsgebühren); Stgt BauR 2014, 1351 (Höhe des befürchteten Schadensersatzes); Karlsr NJW-RR 2013, 533 (bei eindeutig abgrenzbarem Teilinteresse, was im selbst. Beweisverfahren ausscheiden soll); Brdb BauR 2013, 818 (schon bei bloßer Abgrenzbarkeit eines Teilinteresses); Ddf BauR 2012, 548; Mü BauR 2012, 681; Schmeel MDR 2012, 14; Zöller/Herget § 3 Rn. 16.120. Dem BGH ist zu folgen, weil die Streithilfe auf die Ziele der unterstützten Partei bezogen ist; eigene Interessen betreffen nur das Innenverhältnis, das für die Streitsache nur Randbedeutung hat und im Einzelfall nur aufwendig und nicht immer zuverlässig aufzuklären ist.

Bei ausdrücklicher **Beschränkung des Beitritts** durch Sachvortrag oder Antrag muss es nach allen Ansichten auf diesen Teil ankommen, Karlsr JurBüro 2003, 83, Nürnbg MDR 2006, 1318; OLGR Hamm 2008, 195. Der teilw. befürwortete Wertabschlag, Zöller/Herget § 3 Rn. 16.121; Musielak/Voit/Heinrich Rn. 32, ist wegen des vom Streithelfer verfolgten Ziels nicht angezeigt. Prütting/Gehrlein/Beumers § 3 Rn. 188; das gilt auch für den Zwischenstreit, Mü NJW 2017, 3312.

Das **Rechtsmittel** des Streithelfers ist mit dessen Ziel zu bewerten, Kblz MDR 1983, 59, offen gelassen in BGH NJW-RR 2016, 831. Bei einem Streit nur um die Zulassung des Streithelfers nach § 71 ist sein Interesse am Beitritt maßgeblich, BGH NJW 1953, 745.

Im Vergleich kann für den Streithelfer § 98 gelten, Hamm NJW-RR 2020, 253.

107 **Streitwertbeschwerde:** Maßgeblich ist der Unterschiedsbetrag zwischen dem festgesetzten und dem angestrebten Wert. Die Auslagenpauschale ist unbeachtlich, LG Stade AnwBl 1982, 438. Näher → Rn. 104 Sofortige Beschwerde.

108 **Stufenklage:** Für die Einzelbewertung der mit der Stufenklage erhobenen, dem Leistungsanspruch voraufgehenden Ansprüche vgl. zunächst → Rn. 24 „Auskunft", → Rn. 33 „Eidesstattliche Versicherung", → Rn. 93 „Rechnungslegung". Es gilt § 4 S. 1, Bambg NZFam 2019, 548.

109 – **(Gesamtwert):**

– Für den ZustW sind die Einzelwerte an sich nach § 5 zu addieren, BGH BeckRS 2020, 41561 Rn. 10; indes liegt idR wirtschaftliche Identität vor, so dass es bei höchsten Einzelwert bleibt, KG JurBüro 2019, 313; Hamm JurBüro 1986, 746, generell für Addition Hamm BeckRS 2016, 17600; Brdb MDR 2002, 536. Ersteres wird für den GebW von § 44 GKG vorgegeben, Hamm AnwBl 1981, 69 (auch für einen Wertermittlungsanspruch neben dem Auskunftsanspruch); Celle FamRZ 2011, 1809 (auch für Vgl.), gilt aber auch für den BeW BGH MDR 2002, 107; Schlesw MDR 2014, 494. Im Einzelfall kann der Auskunftsantrag den höchsten Wert haben, Stgt MDR 2013, 242 (Ankündigung bloß eines Teilantrags für die dritte Stufe). Da die Verhandlungsgeb nur für den Wert der jew. verhandelten Stufe anfallen, Köln FamRZ 2005, 1847; Stgt FamRZ 2008, 533, empfiehlt sich vorl. Wertfestsetzung für alle Stufen, Kblz FamRZ 2014, 1224. Die Wertfestsetzung nach § 63 II GKG soll dem Wortlaut der Norm entsprechend erst nach Entscheidung über alle Anträge erfolgten, Karls JurBüro 2020, 529.

Nach Köln NJW-RR 2022, 72 soll die Terminsgebühr bei einer Erörterung nach § 278 II auch dann anfallen, wenn im ersten Verhandlungstermin zwar nur der Antrag der ersten Stufe gestellt, aber auch der Leistungsantrag erörtert wird.

110 – **(Leistungsanspruch):** Der Wert des unbezifferten Leistungsanspruchs ist durch Schätzung zu ermitteln. Rechtliche Grundlage sind die jew. einschlägigen Regeln, namentlich §§ 3, 6, 9, KG AnwBl 1984, 612; BGH NJW 1997, 1016 (§ 9); Hamm MDR 2013, 1285 (§ 45 FamGKG). Der Kl. muss abhängig von seinen Möglichkeiten nachvollziehbar vortragen, Ddf AnwBl 1992, 286. Maßgeblich ist der Instanzbeginn, § 4 S. 1 ZPO, § 40 GKG, Celle JurBüro 2011, 483; Kblz MDR 2017, 488, mAnm Schneider NZFam 2017, 719; NJW-RR 2015, 832; NZFam 2017, 719, Ffm NZFam 2017, 849. Die realistische Erwartung des Kl. für diesen Stichtag ist tragender Ausgangspunkt, Ffm NZFam 2017, 1065; Celle OLGR 2009, 490; Schlesw FamRZ 2013, 240. Gleiches gilt in der Berufung des abgewiesenen Klägers, wobei aufgrund reduzierter Erwartungen die Bewertung des Leistungsanspruchs niedriger ausfallen kann, BGH NJW 1997, 1016, MDR 2002, 107; Schlesw MDR 2014, 494). Kündigt Kl. nur einen **Teilanspruch** an, ist dies für die Bewertung des Leistungsantrags maßgeblich, so dass für den Gesamtwert ggf. der höhere Auskunftsanspruch maßgeblich ist, Stgt NJW-RR 2013, 637. Spätere Ermäßigung ist nach § 4 S. 1 unbeachtlich, Bmbg NZFam 2019, 548.

111 – **(Leistungs- und Stufenklage):** Man muss die Werte eines teilw. bezifferten und eines unbezifferten Antrags zusammenrechnen, da § 44 GKG nur für letzteren gilt, Ffm MDR 1995, 207.

– **(Rechtsmittelbeschwer):** Wird eine Stufenklage wegen Fehlens einer materiell-rechtlichen Grundlage insgesamt abgewiesen, ist alleine der Wert des Leistungsanspruchs maßgeblich, BGH 17.5.2022 – II ZR 100/21 Rn. 10, BeckRS 2022, 13183; NJW 2002, 71; MDR 1992, 1091. Der Wert des Leistungsantrags ist nach § 3 zu schätzen. Das gilt auch dann, wenn im Verfahren des ersten Rechtszuges nur der Auskunftsantrag gestellt worden war, BGH NJW-RR 2021, 257.

– **(Nachträgliche Änderungen):** Beim höchsten Einzelwert bleibt es auch dann, wenn (zB wegen Abweisung der Klage a limine oder Beendigung des Rechtsstreits nach Erledigung der ersten Stufe infolge Zahlung und Erledigungserklärung oder neg. Auskunft) über den Leistungsantrag nicht mehr verhandelt wird, Kblz NJW-RR 2015, 832; Brdb FamRZ 2007, 71; KG MDR 2008, 46; Hamm FamRZ 2010, 1106; Stgt FamRZ 2011, 387 (Verfahrenskostenhilfe); Köln JurBüro 2013, 477; Celle JurBüro 2011, 483 (kein Einfluss von Zahlungen); Kblz MDR 2014, 243. Die aA, die geringere Werte bilden will, KG NJW-RR 1998, 418; NJW-RR 1998, 1615; Stgt FamRZ 2005, 1765; Zweibr JurBüro 2017, 130 (Begrenzung auf den Wert des Auskunftsantrags), scheitert an § 4 ZPO, § 40 GKG. In diesem Fall entstehen die Verhandlungsgebühren nach dem höchsten Wert, Ffm JurBüro 1999, 302; KG MDR 2008, 45, aA Kblz MDR 2014, 243. Wird nach Abweisung der Auskunftsklage in der Berufung die gesamte Klage abgewiesen, ist der Höchstwert maßgeblich, BGH NJW-RR 1992, 1021. 112

– Zutreffender Auffassung nach kann der **Wert steigen,** wenn sich im Verlauf des Rechtsstreits ein höherer Wert des Leistungsanspruchs herausstellt, Mü MDR 2006, 1134, aA Schlesw MDR 2020, 1213; Celle MDR 2003, 55; OLGR Köln 2004, 282 (es bleibt bei § 4 ZPO, § 40 GKG). Allenfalls wenn ein Auffangwert besteht, etwa § 42 III FamGKG, kann dieser hilfsweise angesetzt werden, Jena AGS 2014, 338.

– Wenn der Kläger aufgrund der Auskunft oder Rechnungslegung einen höher bezifferten Antrag auf die Leistung stellt, muss man den Streitwert auch für das übrige Verfahren nach § 40 GKG erhöhen, Bbg FamRZ 1994, 640; Ddf JurBüro 1992, 419; KG MDR 1993, 696.

– Wenn die Klage auf eine Auskunftserteilung und ggf. auf die Leistung der eidesstattlichen Versicherung abzielt, ist für die Wertfestsetzung die Vorstellung des Klägers davon maßgebend, was er durch dieses Verfahren erlangen könnte. Näher → Rn. 24 „Auskunft". Ein in diesem Verfahren nachgeschobener Leistungsanspruch kann niedriger zu bewerten sein; für die unteren Stufen bleibt es bei der anfänglichen Bewertung, OLGR Rostock 2008, 171.

– **(Stufen- und Widerklage):** Die Werte sind nach allg. Regeln zusammenrechnen, Karlsr AnwBl 1984, 203. → Rn. 138 „Widerklage" 113

– **(Verfahren, Wertfestsetzung):** Sie ist grds. erst bei Abschluss des gesamten Verfahrens vorzunehmen, Karlsr JurBüro 2020, 529. Auf Antrag eines Anwalts ist sie – beschwerdefähig – für eine der unteren Stufen getrennt festzusetzen, wenn dort eine Terminsgebühr angefallen ist, Hamm NZFam 2021, 177.

Teilerledigung: → Rn. 48 f.

Teilklage: Maßgeblich ist der geforderte Teilanspruch, § 36 I GKG. Bei einer Widerklage wegen des Rests muss man für den GebW zusammenrechnen, Bbg JurBüro 1979, 252; Schlesw AnwBl 1984, 205 (unterschiedliche Streitgegenstände), überlappende Gegenstände von Teil-Leistungsklage und Feststellungsklage dürfen wegen wirtschaftlicher Identität nur einmal angesetzt werden, Bbg JurBüro1969, 955. 114

Teilleistung: → Rn. 49 (Teilerledigung).

Teilrücknahme: An der Festsetzung des GebW für die Zeit danach besteht ein rechtliches Interesse allenfalls für die RVG-Gebühren, Brem AGS 2022, 92.

Teilstreitwert: Maßgeblich ist § 36 GKG.

Teilungsklage: → Rn. 60 „Gemeinschaft".

Teilungsversteigerung: → Rn. 139 „Widerspruchsklage: – (Teilungsversteigerung)".

Teilurteil: Maßgeblich für die Beschw ist allein die Verurteilung in den betr. Teil, und dies auch dann, wenn (mit Ausnahme Fällen von Willkür) infolge der Aufspaltung die Rechtsmittelsumme nicht erreicht wird und der Erlass wegen Divergenzgefahr unzulässig war, BGH 27.10.2021 – VII ZR 44/18, BeckRS 2021, 37151; NJW 1996, 3216; NJW 1995, 3120; NJW 1977, 1152. Bei Berufung gegen ein Teilurteil und Abweisung der Gesamtklage durch das Rechtsmittelgericht (nach „Heraufziehen" des noch unbeschiedenen Teils) gilt der Gesamtwert, BGH 27.10.2021 – VII ZR 44/18, BeckRS 2021, 37151; KG Rpfleger 1962, 154.

Teilzahlung: → Rn. 49 (Teilerledigung).

Telefaxwerbung: → Rn. 121.

Telekommunikationsgesetz: §§ 3–9 sind auf das außergerichtliche Streitbeilegungsverfahren nach § 145 S. 3 TKG und auf das Vorverfahren nach § 146 S. 3 Hs. 2 TKG entsprechend anwendbar, Kblz OLGR Ffm 2008, 311 (25.000 EUR für Gestattung eines Breitbandkabelnetzes).

Terminsverlegung: Der Wert kann für Anwaltsgeb auf $^{1}/_{10}$ des Hauptsachewertes festgesetzt werden, Nürnbg NJW-Spezial 2013, 57.

Testament: → Rn. 41 „Erbrechtlicher Anspruch".

Testamentsvollstrecker: Maßgeblich ist § 3. Für die Vergütungsklage gelten § 9 ZPO, § 42 I GKG. Beim Streit um das Bestehen und die Reichweite seiner Befugnisse sind 0,5–10 % des Nachlasswertes anzusetzen, BGH NJW-RR 2004, 724, im Streit um die volle Reichweite sind 2 % zu wenig, BGH ZEV 2000, 409. Der Streit um die Beendigung des Amts ist je nach dessen Dauer mit 10–20 % zu bewerten, BayObLG FamRZ 2004, 1304.

Titulierungsinteresse: → Rn. 117 „Unterhalt".

Trennung: Nach Trennung, § 145, ist eine Neubewertung der einzelnen Gegenstände geboten. Vorher entstandene Gebühren bleiben bestehen, § 40 GKG, Dresd MDR 2019, 510. BeW der getrennten Verfahren ist nur bei willkürlicher Trennung zu addieren, BGH NJW 2000, 217; NJW 1995, 3120. Die Beachtung des kumulierten Beschwerdewertes setzt voraus, dass die getrennten Verfahren gemeinsam in die Rechtsmittelinstanz gelangen und der Rechtsmittelführer die kumulierte Beschwer geltend macht, BGH NJW-RR 2020, 1455; MDR 2019, 757.

Überbau: § 7, § 9. 115

Übereignung, Übergabe: § 6, auch → Rn. 68 „Herausgabe".

Überweisung einer Forderung: Maßgeblich ist § 6, also ist der Wert des Pfandrechts die Obergrenze.

Umlegungsverfahren: → Rn. 26 „Baulandsache".

Umweltschutz: Das UmweltHG enthält keine Streitwertregelung. Maßgeblich ist das Interesse des Klägers und nicht das Interesse des Bekl. Je nach der Begründung der Klage ist entweder § 3 dann anwendbar, wenn es um eine Störung des Eigentums oder des Besitzes geht, oder § 48 II GKG dann, wenn der Kläger eine Beeinträchtigung des Persönlichkeitsrechts behaupte.

Unbezifferter Antrag: Maßgeblich nach § 3 oder nach einschlägigen besonderen Regelungen wie § 9 ZPO, §§ 41 ff. GKG ist der realistisch geschätzte Betrag, der sich obj. aus dem Vortrag des Kl. ergibt, BGH MDR 2012, 875, KG MDR 2010, 888. Der vom Kl. bestimmte Mindestbetrag (hierzu BGH NJW 2002, 212) ist die Untergrenze, die vom Gericht auch bei Angabe einer Obergrenze überschritten werden kann, BGH MDR 1996, 886. Beschwer ist nicht gegeben, wenn das Gericht den Mindestbetrag zuerkennt, BGH NZM 2019, 65; NZV 2016, 517. Die Kontroverse um die Frage, ob die Notwendigkeit einer Mindestangabe und die darauf aufbauende Festsetzung eines entspr. Mindestwertes den Kl. mit einem zu hohen Kostenrisiko belasten, Zöller/Herget § 3 Rn. 16.171; Naumbg NJOZ 2014, 52, hat im Lichte des § 92 II Nr. 2 kaum praktische Relevanz. Auch → Rn. 99 „Schmerzensgeld".

Unerlaubte Handlung: Ihre Feststellung zusätzlich zur Zahlungsklage erhöht wegen § 850f II an sich deren Wert, Karlsr JurBüro 2007, 648 (500 EUR), Brdb FamRZ 2012, 1742 (max. 5 %). Dieser ist jedoch unbeachtlich, weil er praktischer Erfahrung nach wegen wirtschaftlicher Identität im Wert des Leistungsantrags untergeht, BGH NJW-RR 2013, 1022; Jena MDR 2010, 1211. → Insolvenzverfahren.

116 **Unfall:** Man muss verschiedenartige Ansprüche zusammenzählen. Wenn der Kläger einen Anspruch mit der Einschränkung stellt, er verlange die Leistung nur, „soweit die Ansprüche nicht auf den Sozialversicherungsträger übergegangen sind", muss man die übergegangenen Ansprüche abziehen.

117 **Unlauterer Wettbewerb:** → Rn. 63 „Gewerblicher Rechtsschutz".

118 **Unterlassung:** § 3 Maßgeblich ist das Interesse an der Beendigung der Störung, BGH GRUR 2014, 206; Kblz WuM 2008, 37; Saarbr MDR 2013, 1244; Hamm MDR 2014, 561, unter Berücksichtigung der Intensität und der Wiederholungsgefahr, BGH, NJW-RR 1990, 1322. Ein Regelstreitwert besteht nicht, Karlsr GRUR-RR 2008, 262. Bei mehreren Kl. wird ein Gesamtwert gebildet, ausgehend vom höchsten Einzelinteresse, zzgl. Interesse weiterer Kl., KG NJW-RR 2000, 285.

Mehrere Anträge führen zu einem Gesamtwert, OLGR Ffm 1999, 295; Anträge gegen mehrere Bekl., auch etwa jur. Person und ges. Vertreter, werden addiert, weil diese keine Gesamtschuldner sind, BGH NZG 2008, 514; Ffm MarkenR 2017, 183; Hamm GRUR-RR 2016, 383; Hmb GRUR-RR 2019, 16 Rn. 33; NJOZ 2013, 2118; KG JurBüro 2011, 90; für lediglich angemessene Erhöhung bei GbR und Gesellschafter Ddf BeckRS 2018, 23621; ein Klagegrund in mehreren Ansprüchen führt zur maßvollen Erhöhung, Köln GRUR-RR 2015, 402. Für mehrere Kläger identischer Anträge reicht ein maßvoller Zuschlag, mit dem das Interesse an der eigenständigen Geltendmachung berücksichtigt wird, Drsd BeckRS 2019, 4668; KG NJW-RR 2000, 285.

Der BeW ist für den unterlegenen Bekl. eigenständig zu prüfen nach seinem Interesse an der Beseitigung des Unterlassungsgebots, dh nach den Kosten der Erfüllung, nicht nach dem drohenden Ordnungsgeld, BGH BeckRS 2018, 29638; BeckRS 2016, 3686; NJW-RR 2009, 549, MDR 2013, 1478, GRUR 2013, 1271, NJW 2015, 787, Hbg MDR 2013, 1240 (Addition für Anträge gegen mehrere Bekl., Differenzierung zwischen Bekl.), unabhängig von der Frage, ob die Parteien über das Unterlassungsgebot selbst streiten oder nur (noch) über einzelne Verstöße, BGH MDR 2013, 1360.

119 – **(AGB):** → Rn. 6 „Allgemeine Geschäftsbedingungen".

– **(Bekanntmachung):** Der Wert des A. auf öffentliche Bekanntmachung ist nach § 3 frei zu schätzen; man muss ihn gem. § 5 neben demjenigen der Unterlassungs- oder Schadensersatzklage besonders berechnen, BGH 4.11.2021 – I ZR 153/20, GRUR-RS 2021, 41235 Rn. 12; NJW 2016, 3380 Rn. 14; Hbg MDR 1977, 142. Ausgangspunkt ist das Interesse an der Beseitigung der Störung, BGH NJW 2002, 3246. Die Kosten der Veröffentlichung sind nicht zu berücksichtigen, zumal sie erst im Verlauf des Verfahrens veranlasst werden, vgl. auch Ffm GRUR 2014, 296.

– **(Belästigung, Beleidigung):** § 48 I, II GKG. Maßgeblich ist das Klägerinteresse am Verbot, LAG Kiel NZA-RR 2004, 208 (mtl. Brutto), LAG Mainz NZA-RR 2010, 432 (§ 48 I GKG), unter Berücksichtigung der tatsächlichen, nicht der abstrakten Breitenwirkung, Dresd ZUM-RD 2019, 144. Das Ausmaß der Rufbeeinträchtigung kann den Streitwert erheblich beeinflussen, OVG Münst NJW 2011, 2824, auch die Anzahl selbständiger Äußerungen, Drsd AGS 2019, 185. Eine störende E-Mail-Werbung und ähnliche Belästigungen wie angegriffene Veröffentlichungen in Facebook sind individuell zu bewerten, BGH NJW 2016, 3380 („deutlich" über 600 EUR bei Mdj.), KG NJW-RR 2022, 357; MDR 2007, 923 (7.500 EUR), Hamm NJW-RR 2014, 613 (50 EUR), Ffm NJOZ 2016, 1711 (500 EUR bei einstw. Vfg.). „Winkeladvokat" kann 4000 EUR Wert haben, Köln JurBüro 2012, 656. Trennungsbedingte Belästigungen lassen sich mit 5000 EUR bewerten, Köln NJW-RR 2002, 1723. Man muss die Streitwerte eines Widerrufs- und eines Unterlassungsanspruchs zusammenrechnen, Ddf AnwBl 1980, 358. Bei Verbindung von Anträgen nach § 48 I, II GKG ist nach § 48 III GKG der höhere maßgebend, Karlsr JurBüro 2009, 430 (Vertragsstrafe), ältere Rspr. ist überholt!

120 – **(Besitz- und Eigentumsstörung):** Maßstab ist das Ausmaß der Störung, nicht die Zuordnung zu Eigentum oder Besitz, Naumbg JurBüro 2010, 306; Ddf MDR 2012, 1187. Rechnerischer Ansatz ist die Wertminderung, BGH BeckRS 2020, 21485; BGH GE 2015, 1593.

– **(Daten):** Unterlassung von Weitergabe, LG Oldb JurBüro 1995, 369 (3.000 EUR); Hamm NJW-RR 2014, 894 (4.000 EUR)

– **(Dienstbarkeit):** Bei einer Abwehrklage gegen eine Dienstbarkeit → § 7 Rn. 1, 6.

– **(Eigentumsstörung):** → Rn. 33.

– **(Ehre):** Es ist eine Gesamtabwägung auch unter Berücksichtigung der Vermögensverhältnisse vorzunehmen, Saarbr AGS 2019, 116. Näher → Rn. 32.

– **(E-Mail):** → Rn. 119 „Belästigung", → Rn. 63 „Gewerblicher Rechtsschutz"

– **(Facebook):** → Rn. 119 „Belästigung"

– **(Foto):** Maßgebend ist der wirtschaftliche Wert des Urheberrechts, Brschw GRUR-RR 2012, 93. → (Überwachung)

– **(Garagenabriss):** Maßgeblich ist das wirtschaftliche Interesse, BGH IBRRS 2018, 3323.

– **(Geräusche):** Maßgeblich die behauptete Beeinträchtigung des betr. Rechtsgutes, Kblz JurBüro 1995, 27 (Grundstück); Drsd BeckRS 2014, 23072 (5.000 EUR); LG Bonn JurBüro 2001, 593 (Haustier).

– **(Gesundheit):** Bringt Werbung eine Gesundheitsgefahr mit sich, ist von einem nicht unerheblichen Wert auszugehen, Celle GRUR-RR 2013, 360.

– **(Gewerblicher Rechtsschutz):** → Rn. 63 ff. 121
– **(Hilfsantrag):** Wird einem einheitlichen Unterlassungsantrag hilfsweise ein weiterer Streitgegenstand zugrunde gelegt, führt dies nach dem Gedanken des § 45 I 2 GKG nur zu einer maßvollen Erhöhung, BGH GRUR 2016, 1300 Rn. 73.
– **(Immission):** Bei der Unterlassung einer Einwirkung (Immission) muss man die Wertminderung des gestörten Grundstücks beachten, Kblz JurBüro 1995, 27 (10.000 EUR); LG Bonn JurBüro 2001, 593 (3.000 EUR bei Haustier). § 7 kann einen Anhalt geben. 122
– **(Immobilienwerbung):** Maßgebend ist ein am Angriffsinteresse bemessener Sockelbetrag zuzüglich eines geringen Anteils vom Wert des Objekts, KG GRUR 1989, 629.
– **(Mietvertrag):** Eine Unterlassungsklage aufgrund eines Mietvertrags lässt sich nicht nach § 41 GKG bewerten, sondern nach § 3, BGH MDR 2007, 202; LG Hann WuM 1985, 128; aM BGH NJW 2006, 3060; LG Mannh WuM 1999, 224 (evtl. § 9). Wegen Tierhaltung → Rn. 83 „Mietverhältnis: – (Sonstige Fälle)".
– **(Pkw-EnVKV):** Orientierung am satzungsmäßig wahrgenommenen Verbraucherschutzinteresse, evtl. erheblich höher als Interesse der Mitbewerber Karlsr GRUR 2016, 424.
– **(Post):** In sozialem Netzwerk. Für Unterlassung der Löschung 500 Euro und für Unterlassung der Sperrung für 30 Tage 2500 EUR, Ffm WRP 2019, 109.
– **(Rechtsmissbrauch):** Beim Streit um eine rechtsmissbräuchliche Nutzung einer Sache gilt das Interesse an deren Unterlassung, BGH FamRZ 1992, 170. Dabei kann der Betrag einer nach § 273 III BGB zu berechnenden Sicherheitsleistung ausreichen, Brem Rpfleger 1985, 78.
– **(Schufa-Eintragung):** BeW des Bekl. idR nicht über 600 EUR, BGH NJW-RR 2016, 1203.
– **(Straftat):** Man darf beim Interesse des Klägers die Strafandrohung mitbeachten, Saarbr MDR 2013, 1244.
– **(SMS-Werbung):** Man kann 2.000 EUR ansetzen, KG JurBüro 2006, 645.
– (Streitgenossen): Identische Ansprüche gegen Geschäftsführer und Gesellschaft sind grds. gleich zu bewerten, Ffm MarkenR 2017, 183.
– **(Telefaxwerbung):** Bei ihr kann man etwa 4.000 EUR ansetzen, AG Siegburg MDR 2002, 849, oder auch 2.500-10.000 EUR, Schmittmann JurBüro 2003, 401 (Grdz.); für 7.500 EUR bei einstw Verf Hamm BeckRS 2012, 4426.
– **(Telefonwerbung):** KG MDR 2010, 839 (30.000 EUR bei Verbraucherschutzverein).
– **(Überwachung):** Bei Überwachung durch Kamera bewertet SächsVerfGH NJW-RR 2020, 768 mit 9.000 EUR.
– **(Urheberrechtsstreit):** → Rn. 124.
– **(Werbeschreiben):** Es können 4.000 EUR angemessen sein, Hamm MDR 2013, 999 (viermal in 6 Monaten an ein Krankenhaus). 123
– **(Widerrufsbelehrung):** Der Wert liegt beim Verbraucherband höher als bei einzelnen Mitbewerbern, Ffm GRUR-RR 2012, 95. Im Verfahren der eV kann man 2.000 EUR ansetzen, Naumb JurBüro 2008, 149.
– **(Wohnraumnutzung):** Die Beschw des Verurteilten kann nach dem Verlust der Vorteile oder dem Aufwand bemessen werden, BGH WuM 2021, 134.
– **(Zwangsvollstreckung):** Bei der Klage auf eine Unterlassung der Zwangsvollstreckung aus einem angeblich erschlichenen Urteil, → Vor § 322 Rn. 32, ist das Abwehrinteresse des klagenden Schuldners mit dem Wert des vollstreckbaren Anspruchs anzusetzen, Köln JurBüro 1992, 251; es gilt § 4, daher bleiben die nach dem Urteil zahlbaren Zinsen und Kosten außer Betracht, Karlsr MDR 1991, 353; Mü BB 1988, 1843; LG Hbg NJW-RR 1990, 624; aM Hbg MDR 1988, 1060. Maßgeblich sein können im Einzelfall 33,3 % des Hauptsachewerts, Celle JurBüro 2009, 442; LAG Hmb NZA-RR 2015, 214 (25–33,3 %).

Unzulässigkeit: → Rn. 134 „Vollstreckungsklausel". 124

Urheberrecht. Lütke, Die neuere Rechtsprechung zu Streitwerten bei der Verletzung von Rechten nach dem UrhG, GRUR-RR 2020, 337. Es ist umfassende Gesamtabwägung geboten, schematische Festsetzung etwa auf das Doppelte einer fiktiven Lizenzgebühr ist verfehlt, BGH NJW 2017, 814 Rn. 25 (Filesharing); GRUR 2016, 1275. Eine wirkungsvolle Abschreckung kann den Streitwert mitbestimmen, Hbg GRUR-RR 2004, 342; Ffm GRUR-RR 2004, 342; KG GRUR 2004, 88 (Nachahmung); Schlesw SchlHA 2009, 362 (3,5fache Lizenzkosten); Hamm NJW-RR 2013, 418 (Produktfotos). Das gilt auch beim Internet-Störer, Brdb NJW-RR 2014, 227 (Lizenzschaden); Hbg GRUR-RR 2007, 375; Hamm NJW-RR 2014, 229 (2.000 EUR bei Filesharing im Eilverfahren); aM Schlesw GRUR-RR 2010, 126. Auch die Angriffsintensität ist beachtbar, Köln GRUR-RR 2010, 176 (nicht Täter, sondern nur Störer). Für eine Vielzahl von Rechtsverletzungen ist nicht schematisch zu addieren, sondern ein Gesamtwert zu bilden, Köln NJOZ 2017, 631. Im Verfahren nach § 101 IX UrhG idR 3.000 EUR, Köln NJW 2009, 238.BeW des unterlegenen Bekl. entspricht idR dem Angreiferinteresse, BGH GRUR 2014, 206 Rn. 15; 2013, 1067 Rn. 12.

§ 97a III 4 UrhG ist unionsrechtskonform, EuGH NJW 2022, 1799. Die Wertbegrenzung nach § 97a III 1–3 UrhG wirkt (nur) beim Gegenstandswert der Anwaltsgebühren, nicht für den ZustW, LG Hbg GRUR-RR 2014, 110, bei einer Abmahnung im nichtgewerblichen Bereich des Abgemahnten (nur 1.000 EUR als grundsätzliche Obergrenze) unter weiteren dort aufgezählten Voraussetzungen persönlicher und sachlicher Art, Hbg GRUR 2014, 109; LG Hbg GRUR-RR 2014, 110 und 112; Hartmann GRUR-RR 2014, 97. Das gilt freilich nach § 97a III 4 UrhG dann nicht, wenn es nach den besonderen Umständen des Einzelfalls unbillig wäre. Damit weicht das Gesetz seine eigene Bemühung um Verringerung nach BGH NJW 2014, 403 evtl. sogar strafbarer (Anwalts-)Abmahnungen zwecks hohen Kostenerstattungsanspruchs im Ergebnis zugunsten einer Generalklausel mit folgendem Ermessen weitgehend wieder auf.

Unbeachtlich sind generalpräventive Gesichtspunkte, Schlesw SchlHA 2009, 362; Celle GRUR 2012, 270; Brdb NJW-RR 2014, 227.

Urkunde: Beim Streit um ihre Feststellung gilt § 3, ebenso beim Streit um ihre Vorlegung zur Einsichtnahme, BGH FamRZ 2010, 968; NJW-RR 1997, 648; Köln MDR 1983, 321 (25 % des Hauptsachewerts). Für die Beschw eines zur Vorlegung Verurteilten können Kosten für die Beschaffung einer Urkunde angesetzt werden, die sich im Besitz eines Dritten befindet, wenn substantiiert dargelegt und glaubhaft gemacht wird, dass der Dritte nicht zur Herausgabe bereit ist und die Unterlagen nicht anderweitig beschafft werden können, BGH NZFam 2022, 123.

Auch → Rn. 69 „Herausgabe: – (Urkunde allgemein)", → Rn. 147 „Zwischenstreit".

Urkundenprozess: → Rn. 85 „Nachverfahren"

125 **Urteilsänderung:** Der Anspruch nach § 717 II führt nicht zu einer Erhöhung des Wertes, wenn der Antragsteller keinen weitergehenden Schaden ersetzt verlangt, LAG Bln DB 1988, 612. Man darf weder Zinsen noch Kosten hinzurechnen, unabhängig davon, in welcher Klageform der Kläger einen Schadensersatz verlangt, Stgt AnwBl 1976, 133. Entsprechendes gilt bei §§ 302 IV, 600 II.

Urteilsberichtigung: → Rn. 28 „Berichtigung einer Entscheidung".

Urteilsergänzung: Bei §§ 321, 716, 721 I 3 ist das Interesse des Antragstellers maßgeblich, Celle NJW 1966, 2414 (Vollstreckungsnachlass); Ffm JurBüro 1980, 1893 (voller Wert bei Herbeiführung der Vollstreckbarkeit); OLGR Köln 2009, 493 (4 % bei Titelergänzung). Bedeutung für VV 3403 RVG.

126 **Valuta:** → Rn. 25 „Auslandswährung".

Veräußerungsverbot: → § 6 Rn. 4 „Veräußerungsverbot".

Verbandsklage: → Rn. 6 „Allgemeine Geschäftsbedingungen", → Rn. 63 „Gewerblicher Rechtsschutz",

Verbindung: → § 5 Rn. 5.

Verein: Bei der Zugehörigkeit zum Verein entscheidet für den ZustW § 3 und für den GebW die Frage, ob eine vermögens- oder eine nichtvermögensrechtliche Streitigkeit vorliegt, § 48 GKG; für Anwendung von § 48 II GKG bei Streit um Aufnahme AG Memmingen 31.8.2020 – 216 952/19, BeckRS 2021, 20267 = NJW-RR 2021, 1560 (unter 5.000 EUR, Stadtbachfischer). Das öffentliche Interesse ist grds. unbeachtlich, LG Saarbr JurBüro 1995, 26. Bei einer Vorstandswahl kann man evtl. 10 000 EUR ansetzen, Ddf AnwBl 1997, 680. Bei einer vermögensrechtlichen Sache ist auch dann § 3 maßgebend. Nichtvermögensrechtlich nach § 48 II, III GKG ist der Streit beim Idealverein, Ddf AnwBl 1997, 680, oder der Streit über die Auflösung des Landesvorstands einer politischen Partei. Beim Zusammentreffen beider Anspruchsarten muss man grds. nach § 5 zusammenrechnen (Ausnahme: § 48 III GKG). Das wirtschaftliche Interesse kann auch beim Idealverein mit zu beachten sein, BGH WM 2016, 96 = BeckRS 2015, 20307; NJW-RR 2010, 1582 (jew. Anlehnung an § 23 III 2 RVG), Ffm JurBüro 2003, 644. Die entsprechende Anwendung von § 23 III 2 RVG durch den BGH, dem folgend Zöller/Herget § 3 Rn. 16.121; Prütting/Gehrlein/Beumers § 3 Rn. 231 erscheint problematisch, da besondere Anhaltspunkte in jedem Fall gegeben sind und daher eine Gesetzeslücke nicht vorliegt; allenfalls hat die Norm, wie auch § 52 II GKG, Leitbildfunktion, → Rn. 6. § 247 I, II AktG gilt nicht analog, BGH MDR 1993, 183; aA Brem MDR 2011, 628. Auch → Rn. 25 „Ausscheiden und Ausschließung".

Verfügungsbeschränkung: → § 6. Bei Verbot einer Verfügung über Geschäftsanteile kommt es auf den Verkehrswert an, BGH BeckRS 2018, 29638.

Vergabeverfahren: → Rn. 74 „Kartellsache".

127 **Vergleich:** Maßgeblich ist der Wert sämtlicher streitigen Ansprüche, die die Parteien in den Vergleich einbezogen haben, über die sie sich also einigen, Hamm BeckRS 2018, 13692; Ffm NJW-RR 2014, 384 (Vorbehalt der Erhöhung ausreichend); NJW-RR 2010, 175; LAG Stgt JurBüro 2011, 258; nicht maßgebend ist das Ergebnis der Einigung („worüber, nicht worauf"), Mü NJW 2019, 3797 (wiederkehrende Leistungen); Rostock NJW-RR 2019, 26 (Krankenversicherung); Hamm NZM 2018, 716 (Abschluss Mietvertrag im Räumungsstreit); Stgt MDR 2009, 1252; Ddf WuM 2009, 543 und Karlsr WuM 2008, 617 (Mietminderung werterhöhend, Umzugskostenbeihilfe im Räumungsstreit nicht, insoweit aA AG Köln NZM 2003, 106, wenn sie der Abgeltung weiterer Ansprüche dient); Ddf JurBüro 2005, 479; NJW-RR 2008, 1697; LAG Köln NZA-RR 2009, 503 (ausf. zu § 42 II GKG und Details des arbeitsgerichtlichen Vgl.); auch bei Prozesskostenhilfe, Nürnb FamRZ 2002, 685 (anders bei eingeschränkter PKH vor Abschluss des Vgl.). Eine Gegenleistung erhöht den Vergleichswert daher nicht, Stuttg JurBüro 2012, 303. Ausgangspunkt sind die für den jew. Gegenstand maßgeblichen Bewertungsgrundsätze, namentlich §§ 3 ff. ZPO, §§ 39 ff. GKG (Ddf MDR 2006, 297).

128 – **(Abfindung):** → Rn. 2.

– **(Anfechtung):** Das Verfahren bildet mit dem urspr eine Einheit, so dass der urspr Wert bleibt, BGH NJW 2013, 470; FamRZ 2007, 630; Prütting/Gehrlein/Beumers § 3 Rn. 235. Es kommt für den BeW auf das verfolgte wirtschaftliche Ziel an, BGH NJW-RR 2017, 1472 (Kostenverteilung).

– **(Arrest, einstweilige Verfügung):** Bei der Einbeziehung eines Eilverfahrens nach §§ 916 ff., 935 ff. muss man zusammenrechnen, Hbg MDR 1991, 904; Ddf JurBüro 2005, 310.

– **(Aufrechnung):** § 45 IV GKG. Einbeziehung der Gegenforderung wirkt werterhöhend, soweit sie streitig war, OLGR Saarbr 2004, 582; Ddf FamRZ 2010, 1934, Wertbegrenzung des § 45 I 2 GKG greift nicht, Köln JurBüro 1994, 496. Auch → „Einbeziehung" und → Rn. 15.

– **(Deklaratorischer Vergleich):** Man muss einen rein rechtsbestätigenden Vergleich wertmäßig weitgehend unberücksichtigt lassen, LAG Stgt DB 1984, 784; LAG Köln MDR 2002, 1441. Geht es indes um die Vollstreckbarkeit, gilt der volle Wert, Oldbg MDR 2012, 868.

– **(Eilverfahren):** Bei Vgl. gemeinsam mit Hauptsache sind die Werte für die Einigungsgebühr zu addieren, Saabr FamRZ 2011, 1973; Kblz JurBüro 2008, 471; Ddf JurBüro2005, 310; die aA, Kblz FamRZ 2017, 392, die darauf abstellt, dass nur der mat. Hauptanspruch verglichen wird, nicht aber der Eilanspruch, erscheint zu formal.

– **(Einbeziehung weiterer Ansprüche, Dritter):** Die Festsetzung erfolgt von Amts wegen, Brdb FamRZ 2017, 1957. Sie kann den nur Wert erhöhen, wenn der betr. Gegenstand str. war, Karlsr MDR 2020, 1082; Mü JurBüro 2020, 142; Rostock NJW-RR 2019, 26; Hamm NJOZ 2019, 668 Rn. 22 (Beendigung eines Versicherungsvertrags); LAG Mainz MDR 2005, 480 (Verzug mit einbezogener, unstreitiger Forderung für Werterhöhung ausreichend), Ddf JurBüro 2005, 310 und Kblz MDR 2008, 1068 (Einbeziehung Eilverfahren); Ffm NJW-RR 2014, 384 (Vorbehalt der Klageerhöhung ausreichend); Nürnbg r+s 2014, 207 und BeckRS 2014, 22540; KG VersR 2015, 128; Karlsr VersR 2015, 1530 (jew. BU-Vers, 20 % des Jahresbeitrags bei Beendigung des Vertrags); Stgt BauR 2019, 703; 2015, 1362 (Regelung von Ausgleichsansprüchen zwischen einer Partei und ihrem Streithelfer), aA für Regelung zwischen den Bekl. Ffm NJW-RR 2009, 1079, insoweit für Werterhöhung betr. Gerichtskosten KG JurBüro 2009, 86; Stgt BeckRS 2015, 6040; BeckRS 2018, 13048 (Innenausgleich Partei/Streithelfer). Der Mehrwert der einbezogenen Gegenstände ist wegen Nr. 1900 Anl. I GKG gesondert festzusetzen. LAG Berlin-Brdbg verlangt für die Einbeziehung, dass die weitere Forderung nicht nur behauptet wird, sondern potentiell Gegenstand eines weiteren Rechtsstreits gewesen wäre, NZA-RR 2020, 435. Die Einbeziehung eines Zeugnisanspruchs bedarf der Darlegung näherer Grundlagen, LAG Berlin-Brdbg NZA-RR 2020, 551.

- **(Gegenleistung):** Eine Gegenleistung erhöht den Vergleichswert nicht, Stuttg JurBüro 2012, 303.
- **(Innenausgleich):** Einbeziehung kann Mehrwert begründen, Stgt BauR 2019, 296.
- **(Klagerücknahme):** Verpflichtung hierzu fällt nicht unter § 31b RVG, da eng auszulegende Spezialvorschrift, Toussaint/Toussaint RVG § 31b Rn. 1. Daher ist sie voll zu bewerten, Köln JurBüro 1970, 803; Prütting/Gehrlein/Beumers § 3 Rn. 234.
- **(Kosten):** Sie bleiben unbeachtet, soweit Nebenforderung, Ddf JurBüro 1984, 1865; KG JurBüro 2007, 33.
- **(Kostenvergleich):** Beim Vergleich nur über die Kosten des Rechtsstreits ist der Betrag aller bisher entstandenen Kosten maßgeblich.
- **(Miete):** Umzugskostenbeihilfe → Rn. 127, neuer MietV Ddf NJW-RR 2008, 1697 (Jahresmiete des alten MietV, der durch neuen ersetzt wird). Der neue MietV bringt keinen Mehrwert, Hamm NZM 2018, 716.
- **(Mehrwert):** → Einbeziehung.
- **(Ratenzahlung):** → Rn. 91.
- **(Regress):** Einbeziehung betr. Streithelfer hat keinen Mehrwert, wenn er sich auf die Hauptforderung bezieht, Stgt MDR 2016, 1052.
- **(Streithelfer):** Die Regelung von Ansprüchen zwischen ihm und einer Partei kann jedenfalls in diesem Verhältnis den Wert erhöhen, Kblz JurBüro 1999, 196; Stgt BauR 2015, 1362; aA Ffm NJW-RR 2009, 1079.
- **(Vertragsbeendigung):** Sie kann einen Mehrwert nach sich ziehen, Hamm NJOZ 2019, 668 Rn. 22 (Versicherung); NZM 2018, 716 (Miete).
- **(Titulierung):** Bbg JurBüro 1992, 628; Nürnb JurBüro 1994, 737 (Interesse an der Titulierung mit 5–10 % angesetzt). Beachte für die Anwaltsgebühren seit dem 1.8.2013 § 31b RVG.
- **(Vorbehalt der Klageerhöhung):** kann bei Vergleich den Wert erhöhen, Ffm BauR 2014, 151.
- **(Werthaltigkeit):** Sie kann die Bewertung des einbezogenen Gegenstands jedenfalls dann beeinflussen, wenn sie (mit) Vgl.-Grundlage ist, Ffm NJW-RR 2010, 177 (nicht ausreichend: aus der Luft gegriffene Forderung); LAG Mainz JurBüro 2010, 529; LAG Stgt JurBüro 2011, 258.
- **(Wirksamkeit):** Beim Streit um die Wirksamkeit des Vergleichs ist bis zu einer etwaigen Einbeziehung weiterer Forderungen der Wert des ursprünglichen Klagantrags maßgeblich, BGH AGS 2020, 284; FamRZ 2007, 630 (Darstellung des Meinungsstands, iÜ offen); BGH MDR 2012, 1436; LAG Ddf MDR 2000, 1099 (auch dann, wenn Vgl. wegen Einbeziehung weiterer Gegenstände höheren Wert hatte); aA Bbg JurBüro 1998, 541; Ffm NJW-RR 2004, 1296 (Wert der im Vgl. versprochenen Leistung, Interesse an der Aufhebung). BeW bei Feststellung der Wirksamkeit des Vgl. bemisst sich nach der daraus erwachsenden Belastung, BGH FamRZ 2007, 630. Bei Teilanfechtung zählt das Interesse, Verlust aus einer Streitwertermäßigung nicht ansatzfähig, BGH NJW-RR 2017, 1472. Ist vom ursprünglichen Regelungsgegenstand ein Teil unstr., ist nur der verbleibende Wert zu schätzen, BGH AGS 2020, 284.
- **(Wirtschaftliche Betrachtung):** Sie ist stets notwendig, Stgt OLGR 2009, 799 (keine Werterhöhung bei wirtsch Identität, Abfindung statt Rente), LAG Köln MDR 2002, 1441.
- **(Zinsen):** Sie bleiben, wenn Nebenforderung, unbeachtet, § 4, Ddf JurBüro 1984, 1865; KG JurBüro 2007, 33.

Verhandlungsschluss: Nach seinem Eintritt nach §§ 136 IV, 296a erhöht sich der Wert nur, soweit ein nachgereichter Antrag zur Wiedereröffnung nach § 156 führt, Ddf MDR 2000, 1457.

Verkehrswert: Maßgeblich ist der obj. Wert, BGH MDR 2001, 292; Stgt JurBüro 2007, 144.

Verlagsrecht: → Rn. 124 „Urheberrecht".

Verlustigkeitsbeschluss: Auch bei §§ 516 III, 565 richtet sich der Wert nach der Hauptsache, nicht den Kosten, Rostock MDR 2007, 1398. **129**

Vermächtnis: → Rn. 43.

Vermessung: Maßgebend ist die Fehlerbeseitigung, Bbg JurBüro 1982, 1720 (Bruchteil des Grundstückswertes).

Vermögensauskunft: § 802c Maßgeblich ist § 25 I Nr. 4 RVG, Nebenforderungen werden einbezogen, Höchstwert 2.000 EUR.

Vermögensrechtliche Streitigkeit: → Vor § 1 Rn. 15.

Veröffentlichungsbefugnis: → Rn. 119 „Bekanntmachung".

Versicherung: **130**

- **(Bestand des Vertrags):** Der reine Bestandsstreit hat für die Bewertung nach §§ 3, 9 die Prämie für 3,5 Jahre zum Ausgang BGH NVersZ 2001, 92 (Kfz); BGH NJW-RR 2008, 1664 (Gebäudeversicherung); BGH VersR 2011, 237 (§ 9); OLGR Köln 2008, 99 (§ 42 III GKG); Hamm MDR 2013, 342; Nürnbg MDR 2015, 1035. Bei kürzerer Laufzeit wegen Kündigungsrecht kann auf die restlichen Prämien abgestellt werden, BGH VersR 2001, 492; Karlsr MDR 2011, 1420 (neg. Feststellungsklage); Hamm MDR 2013, 342. Bei der str. Prämienerhöhung zählt die Differenz, BGH MDR 2004, 1182.
- **(Deckungsprozess):** §§ 3 und 9 ZPO, § 42 I 2 GKG sind anwendbar, BGH NJW 1982, 1399; VersR 2006, 716; VersR 2012, 204; Ffm OLGR 2000, 142; Köln OLGR 2008, 99. Grds. sind die vollen **Verfahrenskosten** anzusetzen, Kosten für Sv.-Beweis nur bei gewisser Wahrscheinlichkeit, Drsd NJW-RR 2020, 283, mAnm Hansens RVGRep 2020, 184. Die positive Feststellungsklage führt zu einem Abschlag von 20 %, BGH NJW-RR 2006, 791; Hamm NJW-RR 2012, 1056. Bei Begrenzung der Versicherungssumme gibt diese in der Feststellungsklage den Höchstwert vor, Hamm JurBüro 1991, 153. Eine **Selbstbeteiligung** ist abzuziehen, BGH NJW-RR 2006, 791 (stellt auf die angestrebte Kostenübernahme ab), eine Vorableistung auf die Geschäftsgebühr nicht, Drsd NJW-RR 2020, 283. In der Haftpflichtversicherung ist die drohende Inanspruchnahme maßgeblich, BGH JurBüro 1982, 1017; Hamm NJW-RR 2012, 1056; Fantasieforderungen sind frei zu bewerten, Ddf VersR 1974, 1034. **Zinsen** aus dem abzudeckenden Sachverhalt sind Hauptforderung, BGH NJW-RR 2015, 1340; MDR 1976, 649. Bei der Deckungsklage eines Autoleasingnehmers aus einer Fahrzeugversicherung muss man hins. der MwSt. auf die Verhältnisse des Leasinggebers abstellen, BGH NJW-RR 1991, 1150.
- **(Freistellung):** Betr. Beitragspflicht wendet OLGRep Ffm 2008, 246 = BeckRS 2008, 3540 die Regelung des § 9 an; für grds. Orientierung an der Leistungsklage Karlsr NJW-RR 2016, 1343.

– **(Leistungsklage):** wird mit dem Forderungsbetrag bewertet, BGH VersR 2009, 562. Bei Klage auf Rückzahlung von Prämien bleiben Nutzungen nach § 4 außer Ansatz, Karlsr NJW-RR 2017, 1445; Celle NJW-RR 2014, 993. Nach Klageerhebung anfallende Leistungen sollen nicht zur Werterhöhung führen, Hamm NJW-RR 2017, 154.
– **(Versicherungsschein):** Im Streit um dessen Inhaberschaft oder Erhalt ist gem. § 3 nach dem Beweisinteresse zu bewerten, LAG Stgt VersR 2002, 913 (33,3 % der Versicherungssumme); Köln VersR 2010, 1243 (300 EUR bei Neuausstellung). Auch → Rn. 69 „Urkunde allgemein"

Einzelne Versicherungszweige:
– **(Berufsunfähigkeit):** Rente und Jahresprämie werden mit einem Bruchteil angesetzt, BGH NJW-RR 2005, 259; NJW-RR 2001, 316 (differenziert nach Art und Ungewissheit der Leistung, 3,5-fache Jahresleistung und Prämie); Nürnbg NJW-RR 2020, 678 (20 % der 3,5-fachen Jahresleistung); Celle VersR 2008, 1515; Bbg VersR 2009, 701 (50 %); KG MDR 2014, 1344; Nürnbg r+s 2014, 207 und BeckRS 2014, 22540; KG VersR 2015, 128; Karlsr VersR 2015, 1530 (jew. 20 % des Jahresbeitrags bei Beendigung des Vertrags); Karlsr NJW-RR 2016, 1343 (Addition der aufgelaufenen Beträge und der künftigen nach § 9). Wird eine Klage auf Leistung aus einer Berufsunfähigkeits-Zusatzversicherung mit einem Feststellungsantrag auf Fortbestehen des Versicherungsvertrages kombiniert, so findet bei der Ermittlung von Streitwert und Beschwer eine eingeschränkte Wertaddition statt. Insoweit ist für den Feststellungsantrag ein Betrag von 20 % der 3,5-fachen Jahresbeiträge von Rentenleistung und Versicherungsprämie zusätzlich zu berücksichtigen, BGH NJW-RR 2012, 165. Bei behauptetem Eintritt eines Versicherungsfalls will LG Landshut, JurBüro 2020, 375, 50 % ansetzen. Bei Forderung der vollen Vers-Leistung will KG NJOZ 2015, 679 iÜ nur sehr eingeschränkt addieren.
– **(Haftpflicht):**BeW für eine Rückstufung ist nach dem erhöhten Prämienaufwand zu schätzen, BGH VersR 2011, 814 = BeckRS 2011, 2768. → Deckungsprozess
– **(Kasko):** Bei Klage auf Zustimmung zur Geltendmachung übergegangener Ansprüche kann die Verhinderung einer Rückstufung das einzige beachtliche Interesse, ein drohender „Malus" mithin unbeachtlich sein, BGH NJW-RR 2019, 1511.
– **(Gebäudeversicherung):** Ein Vergleich über die Neuwertspitze kann mit einem Abschlag (von 50 %) angesetzt werden, wenn unklar ist, ob Kl. die Voraussetzungen herbeigeführt hätte, Karlsr r+s 2020, 210.
– **(Krankentagegeld):** Bei dieser Versicherung ist § 3 anwendbar, BGH NJW-RR 2017, 152 (6 Monate bei unklarer Dauer); Köln BeckRS 2019, 18086 (6 Monate bei unklarem Zeitraum, Feststellung des Vertrags mit 20 % von 6 Monaten Bezugsdauer zu addieren, nicht § 9); JurBüro 2013, 28 (eingeschränkte Wertaddition bei gleichzeitiger Klage auf Feststellung des Vertrags, 20 % des 3,5-fachen Jahresbetrags); MDR 2004, 1182 (Wertdifferenz bei Streit um Beibehaltung des Tarifs); MDR 2000, 850 (50 % der Tagegeldleistung), Rostock NJW-RR 2019, 26; Hamm NJW-RR 2017, 415 (Herabsetzung des KTG: Differenz für 6 Monate./. 20 %), Oldb MDR 2010, 990, OLGR Schlesw 2008, 458 (3,5 Jahresprämien zzgl. 50 % der geforderten Leistung); Saarbr JurBüro 1993, 738 (Prämie auf die Dauer des Vertrags, bei jungem Kl. begrenzt durch § 9). Bei einer ungewissen Dauer kann man ebenfalls 6 Monate zugrundelegen, Karlsr VersR 2007, 416 (abzgl. 20 % bei Feststellungsklage). Hamm NJW-RR 2017, 154, will nach Klageerhebung fällig gewordene Leistungen nicht ansetzen.
– **(Krankenversicherung):** Streit um Bestand mit 3,5-facher Jahresprämie abzgl. 20 % bei Feststellungsklage, BGH r+s 2019, 593; VersR 2012, 336.
– **(Leben):** Bei der Kapitalversicherung können 80 % der Versicherungssumme gelten, BGH NJW-RR 1997, 1562, VersR 2008, 988. Bei Abweisung der Deckungsklage in der Risikolebensversicherung sind 20 % der BeW, BGH NJW-RR 2005, 259. Für Klage auf künftige Beitragsfreistellung gilt § 9, Saarbr OLGR 2008, 246.
– Bei einer Versicherung auf das Todesfall-Risiko ist § 3 anwendbar, BGH NJW-RR 1997, 1562, Hamm NVersZ 2001, 357 (20 % der Versicherungssumme). Man kann § 6 mit heranziehen, Brschw JurBüro 1975, 1099. Es kann das Interesse an der Befreiung von Prämien maßgeblich sein. Zu Einzelfragen BGH NJW-RR 1992, 608 (20 % der Versicherungssumme, Überschüsse nur anteilig). Bei der Feststellung des Fortbestands einer Lebensversicherung können 50 % des Werts einer Leistungsklage ausreichend sein, BGH NJW-RR 2005, 259 (LV mit BUZ). Der Rückkaufwert nach einer Sicherungsabtretung ist bei einer wirtschaftlichen Einheit unbeachtlich, BGH FamRZ 2006, 946. Klage auf Rückzahlung der Prämien wird nach jetzt wohl hM einschließlich **Nutzungen** angesetzt, anders noch Karlsr NJW-RR 2017, 1445 (§ 4); aufgegeben in JurBüro 2019, 424; bei einer Rückforderungsklage nach Widerspruch gem. § 5a VVG sind sie zu berücksichtigen, BGH NJW-RR 2019, 545; Nürnb NJW-RR 2019, 803; Abgrenzung für allg. Nebenforderungen Celle NJW-RR 2019, 807; weiterhin gegen Ansatz Rostock JurBüro 2021, 590.
– **(Rechtsschutz):** Beim Streit über ihr Bestehen kann man 80 % der 3,5fachen Jahresprämie ansetzen, BGH VersR 2012, 204 (zzgl. Deckung für bestimmte Versicherungsfälle).
– **(Unfall):** Bei der Unfallversicherung gelten 10 % der Höchstleistungssumme, Köln NJOZ 2007, 2223; LG Dortm NJW-RR 2007, 1040; nach aA 10 bis 20 % des Leistungsbetrags, LG Drsd VersR 2008, 1256.

131 **Versicherungsagentur:** Sie hat keinen über die Substanz hinausgehenden Wert, Stgt VersR 1994, 753.

Vertagung: Maßgeblich für die RA-GebW ist bei § 227 die Hauptsache, § 3, Ddf JurBüro 1994, 158; nach aA weniger, etwa 33,3 %, Ddf AnwBl 1990, 324. Wegen VV 3105 RVG liegt der volle Wert näher.

Verteilungsverfahren: Maßgeblich ist bei §§ 872 ff. die Verteilungsmasse ohne einen Abzug der Kosten und ohne eine Hinzurechnung von Zinsen, § 43 GKG. Wenn ein Überschuss für den Schuldner verbleibt, ist nach § 6 der verteilte und für die Kosten verwendete Betrag maßgeblich. Für Anwaltskosten gilt § 25 I Nr. 1 RVG. Beim Widerspruch gegen den Teilungsplan ist das Interesse des Klägers daran maßgeblich, dass man seine Forderung vorrangig berücksichtigen werde, Bbg JurBüro 1991, 1691. Beachte auch §§ 54 III, 59 GKG.

Vertrag
– **Abschluss:** Maßgeblich ist nach § 3 Interesse am Abschluss, nicht an der Leistung, Brschw JurBüro 1975, 1099 (Versicherung); Ddf MDR 2010, 716 (Zinsvorteil); Saarbr NJW-Spezial 2010, 123 (MietV 3,5 Jahresmieten). § 41 GKG ist nicht anwendbar.
– **Aufhebung:** Maßgebend ist das Klägerinteresse, Celle AnwBl 1984, 448 (Freistellung von der vertraglichen Pflicht), Hamm NJW-RR 1999, 1403 (Interesse an Rückabwicklung).

– **Entwurf:** Wegen des Gegenstandswerts beim Anwalt gelten § 23 III, VV 2300 ff. RVG iVm zB KV 24100 ff. GNotKG
– **Erfüllung:** → Rn. 58 „Gegenseitiger Vertrag".
– **Nichtigkeit:** Maßgeblich ist das wirtschaftliche Interesse des Kl. ohne Rücksicht auf eine denkbare Gegenleistung, BGH NJW 2020, 2341; NJW-RR 2020, 640.

Vertretbare Handlung: Maßgebend ist bei § 887 das Klägerinteresse, BayObLG JurBüro 2001, 142.

Veruntreuung: Bei Vorwurf der Veruntreuung von Mandantengeldern können 10 000 EUR ansetzbar sein, Schlesw JurBüro 2002, 316.

Verwahrung: → § 6 Rn. 4 „Verwahrung".

Verwalter: § 49a GKG.

Verweisung: → Rn. 143 „Zuständigkeit".

Verzugszinsen: Neben der Hauptforderung muss man Zinsen nach § 4 ZPO, § 43 GKG beurteilen, auch bei einer Kapitalisierung, Mü NJW-RR 2013, 1088, oder bei entgangenen Gewinn, BGH NJW 2013, 3100. § 9 ist nicht anwendbar, BGH NJW 1962, 583. Es kann auch das bloße Fälligkeitsinteresse maßgebend sein. Selbständig geltend gemachter Verzugsschaden in Gestalt von Zinsen oder auch von entgangenem Gewinn ist nach § 3 zu berechnen, nicht nach § 9, Ddf JurBüro 1993, 166.

Vollmacht: Streit um Bestand oder Herausgabe der Urkunde ist nach § 3 zu bewerten. Die Altersvorsorgevollmacht kann mit dem Wert des Vermögens angesetzt werden, Ffm JurBüro 2019, 367, Zweibr FamRZ 2008, 1877; Oldb FamRZ 2006, 499. Auch → Rn. 138 „Widerruf".

Vollstreckbarerklärung: Maßgeblich ist § 3, also zB beim Anwaltsvergleich nach § 796a dessen Wert, Ddf **132**
FamRZ 2000, 1520; Oldb MDR 2012, 868. Für den nicht angefochtenen Teil eines Urteils setzt Ffm AGS 2020, 397 ein Fünftel der Forderung an. Kosten sind nur bei Bezifferung im ausländischen Titel und entspr. Antrag beachtbar, Zweibr JurBüro 1986, 1404. Zinsen im ausländischen Titel sind unbeachtlich, wenn sie auch dort Nebenforderung sind, Mü BeckRS 1997, 01836; Ffm JurBüro 1994, 117. Auch → Rn. 97 „Schiedsrichterliches Verfahren: – (Vollstreckbarerklärung)", → Rn. 144 „Zwangsvollstreckung".

Vollstreckungsabwehrklage: Maßgeblich ist bei § 767 der Umfang der beantragten Ausschließung der **133**
Zwangsvollstreckung, dies insbesondere unabhängig von zwischenzeitlicher Tilgung, BGH NJW-RR 2015, 1471, (KfB, ohne Nebenforderungen, ohne Rücksicht auf die Art des Titels); WuM 2008, 296, MDR 2006, 1064 (auf Umfang des Klageantrags begrenzt, → „Teilerfüllung"); Karlsr NJW-RR 2018, 255 (Antrag auf einstweilige Einstellung ohne zusätzlichen Wert, auch zu Kosten als Hauptforderung), FamRZ 2004, 1226 (vollstreckbare Urkunde), Mü FamRZ 2013, 148 (ohne Rücksicht auf Realisierbarkeit), Hamm NJOZ 2012, 923 (bei Sicherungsgrundschuld Nennbetrag), KG FamRZ 2011, 668. Hinsichtlich des Umfangs des Klageziels ist Auslegung geboten, Mü FamRZ 2013, 147; OLGR Köln 2004, 140. Bei Teilanträgen gilt nur der Teil, BGH NJW-RR 2006, 1146. Besondere Bewertungsregeln wie § 41 GKG gelten auch hier, BGH WuM 2008, 296; Mü FamRZ 2013, 147 (§ 51 FamFG).
– **(Aufrechnung):** Unbeachtet bleibt der die Klage übersteigende Teil, Hbg MDR 2014, 857.
– **(Auskunft, Rechnungslegung):** Es zählt das Interesse an der Abwehr, BGH NJW-RR 2014, 1218. Hbg FamRZ 1989, 770; Köln JurBüro 2007, 488, auch → Rn. 24.
– **(Beschwer):** BeW des unterlegenen Bekl. bemisst sich nach dem verlorenen Forderungsanteil, BGH NJW-RR 2011, 489; NJW-RR 2009, 1431.
– **(Einstweilige Ausschließung):** → „– (Fälligkeit)".
– **(Einstweilige Einstellung):** In der Beschwerdeinstanz nach § 793 gegenüber einer Maßnahme nach § 769 darf man nur einen nach § 3 bemessenen Bruchteil des Werts der Hauptsache ansetzen, KG Rpfleger 1982, 308. Neben der Hauptsacheklage hat der Antrag keinen eigenen Wert, Karlsr NJW-RR 2018, 255; KG BeckRS 2002, 16355.
– **(Fälligkeit):** Es gilt nach § 3 nur der Wert einer einstweiligen Ausschließung, Schlesw SchlHA 1983, 142.
– **(Handlung):** Bei § 767 kann der nötige Zeitaufwand der verlangten Handlung maßgebend sein, Köln JurBüro 2007, 488 (Rechnungslegung, aber allg. verwertbar).
– **(Herausgabe des Titels):** Hier gilt das für die Forderung Gesagte entspr., BGH NJW 2015, 251 (einziger Klageantrag). Bei wirtschaftlicher Identität mit dem Antrag gegen die Forderung keine Werterhöhung, BGH JurBüro 2004, 540. Das ist wegen § 775 Nr. 1 der Regelfall. Bei isolierter Herausgabeklage ist nach § 3 zu schätzen; eine Bewertung mit voller Höhe kann angezeigt sein.
– **(Hinterlegung):** Ihr Betrag gilt nach Abschluss der Zwangsvollstreckung, Ffm JurBüro 2008, 315.
– **(Kosten):** Der Anspruch aus dem Kostenfestsetzungsbeschluss bleibt nach § 4 neben dem Urteil Nebenforderung. Man darf ihn also nicht hinzurechnen, BGH NJW-RR 2015, 1471; Karlsr MDR 1991, 353; KG JurBüro 2009, 486; OLGR Celle 2009, 834. Als Hauptforderung sind sie aber natürlich beachtbar, BGH NJW 1995, 3318; Stgt MDR 2007, 355. Vorgerichtliche Kosten, die nicht der Abwehr der Zwangsvollstreckung dienten, können im Rahmen der Klage als Hauptforderung zu berücksichtigen sein, Karlsr NJW-RR 2018, 255.
– **(Klauselerteilung):** Der Umfang der Ausschließung der Zwangsvollstreckung ist auch bei § 769 maßgeblich, Köln MDR 1980, 852 (voller Wert nur bei Einwand gegen das materielle Recht).
– **(Notarielle Urkunde):** Der Umfang der Ausschließung der Zwangsvollstreckung ist auch bei derjenigen aufgrund einer notariellen Urkunde nach § 794 I Nr. 5 maßgeblich, Ffm JurBüro 2008, 315.
– **(Realisierbarkeit):** → Vermögensverfall.
– **(Teil-Klageziel):** Soweit es nach einer unstreitigen Teilerfüllung um die Unzulässigkeit gleichwohl der Zwangsvollstreckung insgesamt geht, schätzt Kblz VersR 1988, 1304 den Wert der Teilerfüllung nur nach § 3, ähnlich Bbg JurBüro 1984, 1398; Hamm OLGR 1997, 335 (je: voller Wert). Falls der Kläger allerdings nur die Unzulässigkeitserklärung eines Teils des Vollstreckungstitels erreichen will, ist nur jener Teil maßgeblich, BGH NJW-RR 2006, 1146; Ffm JurBüro 2008, 315; Köln OLGR 2004, 140.
– (Titelgegenklage): Analog § 767. Sie ist nach denselben Grundsätzen zu bewerten wie hier, Zöller/Herget § 3 Rn. 16.193.
– **(Unterlassung):** Die auf § 826 gestützte Klage auf Unterlassung der Zwangsvollstreckung, → Vor § 322 Rn. 21, ist mit dem Abwehrinteresse des klagenden Schuldners mit dem Wert des vollstreckbaren Anspruchs anzusetzen, Köln JurBüro 1992, 251, und dies ohne Nebenforderungen wie Zinsen, BGH NJW 1968, 1275; LG Hmb NJW-RR 1990, 624.

– **(Vermögensverfall):** Der Umfang der Ausschließung der Zwangsvollstreckung ist auch beim Vermögensverfall des Kl. maßgeblich, und zwar der Nennbetrag ohne Rücksicht auf die Realisierbarkeit, BGH NJW 2015, 251; NJW-RR 2006, 1146.

– **(Zinsen):** Sie sind nicht anzurechnen, BGH NJW-RR 2015, 1471; KG JurBüro 2009, 486; Karlsr MDR 1991, 353, soweit sie nicht zur Hauptforderung werden, BGH NJW 1995, 3318, Stgt JurBüro 2007, 33, § 4.

134 **Vollstreckungsaussicht:** Sie hat grds. keinen Einfluss, betroffen ist die Werthaltigkeit, dazu → Rn. 5 „Abtretung", → Rn. 30 „Bürgschaft", → Rn. 128 (Vergleich).

Vollstreckungsklausel: Bei einer Klage auf die Erteilung der Klausel nach § 731 ist der Wert desjenigen Anspruchs ohne Zinsen und Kosten maßgeblich, den der Gläubiger beitreiben will, Köln MDR 1980, 852 (ggf. Bruchteil); Ffm JurBüro 1994, 117 und OLGR Köln 1994, 236 (bei ausl. Titel ohne Zinsen, wenn sie dort nur Nebenforderung sind), Zweibr OLGR 1998, 376 (ggf. Aufwand des Gl.). Bei § 768 ist der Umfang der Ausschließung der Zwangsvollstreckung maßgeblich, Köln MDR 1980, 852. Dasselbe gilt bei § 732, LG Aachen JurBüro 1985, 254. Bei § 733 gilt der Wert des zu vollstreckenden Anspruchs, LG Mü JurBüro 1999, 326. Aufgelaufene Forderungen aus ausländischem Unterhaltstitel bleiben unberücksichtigt, BGH JurBüro 2009, 140. All dies gilt auch für Vgl. und Schiedsspruch, Köln RPfleger1969, 247GNotKG Titel in ausländischer Währung gilt der Kurs bei Eingang, BGH MDR 2010, 461. Auch → Rn. 144 „Zwangsvollstreckung".

Vollstreckungsschaden: → Rn. 94 „Rückerstattung".

Vollstreckungsschutz: Während des Rechtsstreits zur Hauptsache gilt kein besonderer Wert. Im Verfahren nach § 765a entsteht nach KV 2112 GKG für die Gerichtskosten eine Festgebühr. Es gibt also keinen Wert für die Gerichtsgebühr, sondern nach § 25 II RVG nur einen Wert für die Anwaltsgebühren festzustellen, LG Münst WuM 1995, 663 (zeitadäquates Nutzungsentgelt); LG Mü I WuM 1996, 235 (Miete, Schutzdauer); Kblz NZM 2005, 360 (Nutzungsentgelt bei kurzem Aufschub). Ausgangspunkt sind die Bewertungsvorschriften, zB § 3 ZPO, § 41 GKG, LG Koblenz JurBüro 1991, 109 (§ 6 bei fakt Aufhebung der ZV); LG Mü II WuM 1994, 220 (20% der Hauptsache); Kblz FamRZ 2005, 1850. Im Verfahren nach § 813b ist der Unterschiedsbetrag zwischen dem gewöhnlichen Verkaufswert und dem geschätzten Versteigerungserlös maßgeblich, § 3, LG Mü II WuM 1994, 220.

Vollstreckungstitel: → Rn. 70

Vorabentscheidung: § 718, § 25 II RVG. Es zählt bei Ermäßigung der Sicherheitsleistung gem. § 3 ein Bruchteil der Differenz, BGH KostRspr § 3 ZPO Nr. 801 ($^1/_{10}$), bei Wegfall die Ersparnis an Kosten, Hamm FamRZ 1994, 248; Ffm JurBüro 1996, 312. Für Gerichtsgebühren ist kein Wert festzusetzen, weil solche nicht anfallen.

135 **Vorbehalt der Klageerhöhung:** → Rn. 128 (Vergleich)

Vorbehaltseigentum: Es gilt → § 6 S. 1, Ffm NJW 1970, 334; Köln JurBüro 1971, 86 (voller Verkehrswert).

Vorbereitender Anspruch: → Rn. 68 „Herausgabe", → Rn. 93 „Rechnungslegung", → Rn. 108 „Stufenklage".

Vorfrage: Sie ist für den Wert unerheblich, BGH VersR 2009, 562, → Rn. 85 „Nichtzulassungsbeschwerde".

Vorkaufsrecht: Wenn es um den Antrag auf die Herausgabe eines solchen Gegenstands geht, der einem Vorkaufsrecht unterliegt, ist § 6 anwendbar (→ Rn. 68 „Herausgabe"). Bei einer Klage nach § 256 auf die Feststellung des Bestehens oder Nichtbestehens des Vorkaufsrechts oder auf die Feststellung, dass man das Vorkaufsrecht rechtzeitig ausgeübt hat, ist § 3 anwendbar. Daher ist das Interesse an der Feststellung maßgeblich, BGH Rpfleger 57, 374 (50% des Werts der Sache); LG Osnabrück JurBüro 1996, 208 (30% bei Vorkaufsrecht des Erbbauberechtigten); bei Aufhebung oder Löschung ist der Anteil nach dem Interesse des Kl. zu schätzen und idR geringer, BGH NZM 2018, 845; BayObLG JurBüro 1996, 267; Naumb OLGR 1999, 336 (jew. 10%).

Vorläufige Vollstreckbarkeit: → § 718 Rn. 134 „Vorabentscheidung".

Vorlegung einer Urkunde: → Rn. 69 „Herausgabe: – (Urkunde allgemein)", → Rn. 124 „Urkunde", → Rn. 147 „– (Zwischenstreit)".

Vormerkung: Für den Anspruch auf Eintragung ist idR nach § 6 der volle Wert des zu sichernden Rechts anzusetzen, Prütting/Gehrlein/Beumers § 3 Rn. 256. Im Einzelfall kann nach § 3 ein geringerer Wert geboten sein, etwa bei der Sicherung eines Rückübertragungsrechts, LG Kassel JurBüro 1997, 156. Bei Löschung zählt nach § 3 das Interesse an der weiteren Verwertung des Grundstücks, regelmäßig ein Bruchteil des Verkehrswertes des Grundstücks, BGH GE 2019, 1571: 25%; AGS 2017, 136 = BeckRS 2017, 102002; NJW 2002, 3180: $^1/_3$; Bbg JurBüro 1990, 1511.

136 **Vornahme einer Handlung:** Bei der Klage ist § 3 anwendbar. Daher gilt das volle Interesse des Klägers, BayObLG NJW-RR 2001, 378 (Herbeiführung von Standsicherheit); Mü NZM 2017, 93, ohne die erforderlichen Kosten, begrenzt durch den etwa erwarteten Hauptanspruch, BGH NJW-RR 1996, 460 (BeW bei mietvertraglichen Konkurrenzschutz). Auch → Rn. 144 „Zwangsvollstreckung: Erwirkung einer Handlung oder Unterlassung".

Vorrecht: → Rn. 73 „Insolvenzverfahren".

Vorschusszahlung: Man darf eine unter einem Vorbehalt erfolgte Vorschusszahlung von der Klageforderung nicht abziehen. Auch → Rn. 114 „Teilzahlung".

Vorzugsklage: § 805. Maßgeblich ist entspr. § 6 der Wert der geringeren vollstreckbaren Forderung ohne Zinsen und Kosten.

137 **Währung:** → Rn. 25 „Auslandswährung".

Wärmelieferungsvertrag: Das Interesse des Klägers ist nach § 3 schätzen, nicht nach § 8, BGH NJW-RR 1989, 381 (Kostenersparnis).

Wahlschuld: Eine Wertaddition nach § 5 erfolgt wegen der Alternativität nicht; andererseits liegt wirtschaftliche Identität ebenfalls nicht vor, aA MüKoZPO/Wöstmann § 5 Rn. 27. Man muss zwei Fallgruppen unterscheiden:

– **(Wahlrecht des Beklagten):** Hier ist die niedrigere Leistung maßgeblich.

– **(Wahlrecht des Klägers):** Maßgebend ist die höhere Leistung, solange der Kläger nicht die niedrigere Leistung wählt.

Beim Streit nur um die Person des Wahlberechtigten ist § 3 maßgeblich, also der etwaige Unterschiedsbetrag.

Wechsel: § 4 II gilt direkt für die dort genannten Nebenforderungen (die wechselrechtlich Hauptforderung sind) und analog für Schecks, nicht aber für den Bürgen, KG OLGE 21, 63. Für die Klage im ordentlichen Streitverfahren gilt § 4 I, für andere Nebenforderungen ebenfalls. → Rn. 59 „Geldforderung". Auch → Rn. 69 „Herausgabe: – (Urkunde allgemein)".

Wegerecht: Anwendbar sind § 3 ZPO, § 47 GKG, Mü BeckRS 2012, 23208: Maßgeblich ist ein Bruchteil des Bodenwerts, Naumbg OLG-NL 2001, 263, bei schuldrechtlichem Wegerecht Orientierung an den Unterhaltskosten und einer Notwegrente, Rostock GE 2013, 1002.

Wegnahme: → Rn. 31 „Duldung der Zwangsvollstreckung".

Weiterbelieferung: Maßgeblich ist das nach § 3 schätzbare wirtschaftliche Interesse des Klägers. Es hängt vom drohenden Gewinnausfall im Klagezeitraum ab.

Weitere vollstreckbare Ausfertigung: → Rn. 134 „Vollstreckungsklausel".

Werkvertrag: Die Abnahme lässt sich mit einem Bruchteil des Lohns bewerten, der Lohn nach seiner Höhe, die Herstellung nach ihrem wirtschaftlichen Wert, die Mängelbeseitigung nach ihren Kosten, BGH NJW-RR 2014, 404 (Kosten der Selbstvornahme), Ddf NJW-RR 1996, 1469 (Beweissicherung, Nettokosten bei Vorsteuerabzugsberechtigung); Hamm NJW-RR 2012, 1164 (Kosten der Nachbesserung). Man kann ein Teilunterliegen des Unternehmers bei einer Verurteilung Zug-um-Zug grds. mit 1,5 der Mangelbeseitigungskosten bewerten, Köln MDR 2008, 621. Keine Erhöhung erfolgt, soweit Klage auf Werklohn und Widerklage auf Herausgabe der Bürgschaftsurkunde, § 648a BGB, wirtschaftlich identisch sind, Brdb BauR 2012, 997 = BeckRS 2012, 11578, Stgt NJW 2014, 3251. Eine Bauhandwerkersicherungshypothek und Werklohn werden nicht addiert, Drsd JurBüro 2014, 584.

Wertangabe: Das Gericht ist nicht gebunden, angesichts zunehmender Honorarvereinbarungen sind Angaben zum Wert betr. die Gerichtskosten kritisch zu würdigen, OLGR Hbg 2007, 425; Ddf NJW 2011, 2979. Sie haben nur Indizwert, BGH FamRZ 1991, 547. Ob man mit Ffm NJW 2020, 1231 Rn. 14 nur bei Offensichtlichkeit davon abweichen soll, erscheint fraglich. Auch → Rn. 5.

Wertpapier: → Rn. 69 „Herausgabe: – (Urkunde allgemein)".

Wertpapiererwerb: Maßgebend ist der Kurswert beim Vertragsabschluss. Wegen einer Beschwerde nach § 48 WpÜG gilt § 50 I 1 GKG. Wegen § 39b VI WpÜG Toussaint/Toussaint GNotKG § 73 Rn. 1 f.

Wertsicherungsklausel: Maßgeblich ist das Klägerinteresse, § 3.

Wettbewerbsrecht: → Rn. 63 „Gewerblicher Rechtsschutz".

Widerklage: § 5 gilt für den **ZustW,** BGH NJW 1994, 3292, Klage und Widerklage sind also getrennt zu 138
betrachten. Beachte § 506 I für den Fall, dass am AG eine nach §§ 23 Nr. 1, 71 I GVG für sich in die Zuständigkeit des LG fallende Widerklage erhoben wird. Ist am LG eine wertmäßig nicht zulässige Klage erhoben, kann eine zulässige Widerklage analog § 506 I die Zuständigkeit des LG auch für die Klage begründen, Prütting/Gehrlein/Beumers § 5 Rn. 24; zur aA MüKoZPO/Wöstmann § 5 Rn. 32. → § 5.

Für den **GebW** gelten § 45 I 1, 3 GKG, § 39 I 1, 3 FamGKG. Es ist eine wirtschaftliche Betrachtung geboten, keine Orientierung am prozessualen Begriff des Streitgegenstands, BGH BeckRS 2010, 11344; NJW 1994, 3292; NJW-RR 2005, 506; NJW-RR 1991, 186: **Identität** der Gegenstände liegt formal dann vor, wenn die Ansprüche aus Klage und Widerklage nicht in der Weise nebeneinander stehen können, dass das Gericht uU beiden stattgeben kann, sondern die Verurteilung nach dem einen Antrag notwendigerweise die Abweisung des anderen Antrags nach sich zieht („Identitätsformel", grundlegend RGZ 145, 164), BGH NJW 2014, 1456 (sich nicht überlappende **Teilgegenstände** sind nicht identisch); Braunschw ErbR 2021, 887, Anm Schneider NZFam 2021, 843; Nürnbg MDR 2020, 126 (Kfz und Brief); Bamb NJOZ 2011, 722. Die bloße Verneinung der Klage ist also von vornherein nicht werterhöhend, BGH NJW-RR 2006, 378; Brdb FamRZ 2004, 962. Eine Zusammenrechnung hat indes nur dort zu erfolgen, wo eine wirtschaftliche **Werthäufung** entsteht und nicht ein wirtschaftlich identisches Interesse betroffen ist, Saarbr JurBüro 2020, 302; Mü AGS 2016, 13 (Leasing); Saarbr NJW-RR 2009, 864. Letzteres ist zB bei wechselseitigen Auskunftsklagen über den selben Sachverhalt der Fall, Prütting/Gehrlein/Beumers § 5 Rn. 26.

Für den BeW werden beide Werte grds. addiert, soweit keine wirtschaftliche Identität vorliegt, BGH AGS 2020, 286 = WuM 2020, 298; MDR 2009, 1134 (Zulassungsgründe getrennt zu prüfen, wenn nur Addition den Beschwerdewert ergibt); NJW 1994, 3292; auch BGH NJW-RR 2017, 1407.

Die unzulässige Widerklage allein gegen einen **Dritten** ist auch bei einer nur hilfsweisen Erhebung unabhängig von § 45 I 2 GKG selbständig bewertbar, Mü MDR 1984, 498. Bei Drittwiderklage gegen den Zedenten der Klageforderung zählt der höhere der beiden Werte, Celle OLGR 2009, 1025. In Schadensersatzprozessen liegen regelmäßig wirtschaftlich identische Gegenstände vor, BGH BKR 2016, 219 = BeckRS 2016, 463.

Hilfswiderklage: § 45 I 2 greift nur, wenn über den HilfsA entschieden wird, Ffm JurBüro 2020, 257; Bbg JurBüro 1994, 112. Erstmalige Entscheidung des Berufungsgerichts erhöht den Wert nur für die 2. Instanz, KG BeckRS 2017, 134766; Rostock JurBüro 2012, 589. Beim Vergleich darf man nur dann zusammenrechnen, wenn er auch die Forderung der Hilfswiderklage einbezogen hat, Ddf MDR 2006, 297; FamRZ 2010, 1934.BeW wird bei Zuspruch auf die Klage und Abweisung der Hilfswiderklage aus der Summe der Werte ermittelt, soweit nicht **wirtschaftl Identität** vorliegt, BGH NJW 2019, 2175. Eine falsche Sachentscheidung ist mit ihrem Inhalt der Wertfestsetzung zugrunde zu legen, BGH NJW-RR 2017, 1407.

Widerruf: Maßgeblich ist § 3, Stgt JurBüro 2015, 475; LG Hbg BeckRS 2015, 07089 und AG Ludwigsb JurBüro 2015, 249. Soweit es um einen nichtvermögensrechtlichen Anspruch geht, gilt § 48 II, III GKG, LG Oldb JurBüro 1995, 369. Der BeW bei Verurteilung zum Widerruf bestimmt sich grds. nach dem Kostenaufwand, BGH ZIP 2016, 1605 (bei Schufa-Auskunft gering).

Für Widerruf eines **Verbraucherdarlehens** kommt es bei Klage auf Feststellung, dass der Vertrag sich in ein Abwicklungsschuldverhältnis umgewandelt hat, auf die bis zum Widerruf erbrachten Zins- und Tilgungsleistungen an, BGH BeckRS 2017, 103883; Karlsr JurBüro 2017, 366; verlangt der Darlehensnehmer indes die Auszahlung eines von ihm errechneten Saldos, ist der Betrag der Forderung maßgeblich, BGH BKR 2019, 243; BeckRS 2018, 19102; BeckRS 2018, 33906; BGH NJW 2016, 2428 (auch zur Beschwer.); Brem NJW-RR 2018, 1472. Das gilt für pos. wie neg. Feststellung, auf vorgerichtliche Aufrechnung kommt es nicht an, BGH VuR 2018, 464. Kosten bleiben außer Ansatz; die Rückforderung einer Vorfälligkeitsentschädigung ist indes Hauptforderung, Zweibr BKR 2017, 297.

Beim verbundenen Darlehensvertrag, zB finanzierte Kapitalanlage, kommt es, der Kläger begehrt, so gestellt zu werden, als hätte er das Finanzierungsgeschäft nicht getätigt, auf den Netto-Darlehensbetrag an, BGH BeckRS 2015, 10627. Antrag auf Freistellung oder neg. Feststellung für die Zukunft bemisst sich nach Zins- und Tilgungsleistungen, Köln NJW 2018, 2339. Für Begrenzung nach § 9 Ffm VuR 2018, 480 = BeckRS 2018, 20112.

Auch → Rn. 32 „Ehre", → Rn. 119 „Unterlassung (Belästigung, Beleidigung)", → Rn. 129 „Veröffentlichungsbefugnis".

139 **Widerspruch:** §§ 899, 927, 1140 BGB Es zählt nach § 3 das Interesse an der zu sichernden Position, Kblz JurBüro 2006, 537 (25 % des Grundstückwertes bei einstw. Verf.).

Widerspruchsklage: Man muss verschiedene Fallgruppen unterscheiden.

– **(Teilungsversteigerung, § 180 ZVG):** Maßgeblich ist nach § 3 das mit einem Bruchteil anzusetzende Interesse, eine Verschleuderung zu verhindern, BGH FamRZ 1991, 547 und WM 1997, 2049 (Gemeinschaft, auch zur Beschwer); Ffm JurBüro 1989, 1305; Bbg JurBüro 1991, 1694; OLGR Celle 1994, 96; Karlsr FamRZ 2004, 1221 (jew. 20 % des Verkehrswertes); LG Bielef FamRZ 2006, 1048 (10 % bei Bruchteilsgemeinschaft). Bei der Auseinandersetzungsversteigerung zählt der Miteigentumsanteil des widersprechenden Miteigentümers, von dem 30 % anzusetzen sind, BGH NZFam 2022, 228. Ein Einstellungsverfahren ist selbständig bewertbar, Schneider MDR 1988, 361. Der Beschwerdewert kann höher sein, BGH WM 1997, 2049 (Interesse an der Beseitigung der Beschwer).

– **(Widerspruchsklage des Dritten, § 771):** Maßgeblich ist die Höhe derjenigen Forderung, für die eine Pfändung erfolgte, und zwar ohne Zinsen und Kosten. Der Wert beträgt jedoch nach § 6 höchstens den Wert des Pfändungsgegenstands, BGH JurBüro 2017, 263; WM 1983, 246, aM Karlsr FamRZ 2004, 1221 (stets § 3, 20 % des Wertes des Objekts). Ausgangswert ist der obj. Verkehrswert, BGH DGVZ 2017, 103; vgl. auch Foerste NJW 2017, 2588. Ein Nießbrauch wirkt sich wertmindernd aus, OLGR Zweibr 1997, 324. Das gilt für jeden Gläubiger besonders, auch für jede Forderung, Mü JurBüro 1989, 848 (Wertaddition). Vorgehende Pfandrechte sind nicht abzuziehen, BGH NJW 1952, 1335. Ausnahmsweise ist § 3 anwendbar, BGH NZFam 2022, 228; WM 1997, 2049 (Teilungsversteigerung, Bruchteil des Grundstückswerts); LG Ffm Rpfleger 1975, 322 (Ausschluss der Berechtigung zur Aufhebung einer Gemeinschaft). Ausgangswert ist der Anteil des Widersprechenden, BGH FamRZ 1991, 547; Karlsr FamRZ 2004, 1221. Bei Freigabe des Objekts vor Einlegen der Berufung entfällt Beschwer, Hamm NJW-RR 1991, 1343.

– **(Widerspruchsklage des Nacherben, § 773):** Bei einer solchen Widerspruchsklage ist der Gesamtwert der Leistung maßgeblich, Schlesw JurBüro 1968, 735; aA Zöller/Herget § 3 Rn. 16.209. Vgl. auch → Rn. 41 „Erbrechtlicher Anspruch".

140 **Wiederaufnahme:** Maßgeblich ist § 3, nach oben begrenzt durch den Wert des nach §§ 578 ff. aufzunehmenden Verfahrens, BGH AnwBl 1978, 260, ohne Zinsen und Kosten, § 43 GKG; für grds. Identität der Werte BFH AGS 2021, 325. Auch → Rn. 85 „Nichtigkeitsklage".

Wiederkehrende Leistung: Vgl. bei den einzelnen Leistungsarten und § 9. Unstr Teile werden mit eingerechnet, also keine Begrenzung auf den str. Spitzenbetrag, BAG NZA-RR 2017, 271. Für Ansprüche auf Schadensersatz gelten keine Besonderheiten aus § 9, Köln JurBüro1992, 698.

Willenserklärung: Beim Streit um ihre Abgabe ist grds. das Interesse des Klägers nach § 3 zu schätzen, BGH AGS 2013, 524 (Umwandlung eines Kontos); NJW 2002, 684 (Vollzug einer Auflassung); KG NJW-RR 1992, 1490 (Zustimmung zur Kündigung eines MietV); Bbg JurBüro 1994, 361 (10 % des Kaufpreises bei Entgegennahme der Auflassung); Ddf JurBüro 1995, 254 (Steuervorteil); Mü OLGR 1995, 72; Kblz MDR 2002, 379 (Grundbuchberichtigung); Saarbr AGS 2010, 195 (Abschluss eines MietV nach §§ 3, 9 ZPO, 48 I 1 GKG); Bbg JurBüro 2012, 249 (10–33 % des Grundstückswerts für Zustimmung zur Löschung des Nacherbenvermerks). Spezielle Bewertungsgrundlagen wie → § 6 können als Ausgangspunkt dienen. Eine solche Willenserklärung, die nach einer Beurkundung der Auflassung weiter der Vollziehung dient, kann 10 %–25 % des Grundstückswerts wert sein, BGH MDR 2002, 295 (§ 3 für Zustimmung zur Auflassung); Jena OLGR 1998, 350 (§ 6 bei Auflassung); Mü AnwBl 1988, 645 (Erklärungen über die Auflassung hinaus, 10 %).

Wohnrecht: Auf das mietähnliche Dauerwohnrecht ist § 41 GKG anwendbar, auf das unentgeltliche § 3, ggf. iVm § 9, BGH MDR 2019, 252; NJW-RR 1994, 909; Saabr BeckRS 2018, 32920; OLGR Naumbg 2001, 131; Ffm NZM 2002, 1046, Köln JurBüro 2006, 477, LG Heidelb AnwBl 1984, 373 (auch: mutmaßliche Dauer) und § 52 GNotKG, OLGR Köln 2006, 704; OLGR Brschw 2008, 803. Bei einer Beschwerde betr. Umfang des Rechts ist § 3 anwendbar, BGH NJW-RR 1994, 909, Köln JurBüro 2006, 477. Auch → Rn. 31 „Dienstbarkeit"

141 **Wohnungseigentum.** Drasdo NZM 2019, 327; Hogenschurz ZMR 2020, 729 (735); NZM 2019, 611 (616); NZM 2018, 733 (738); jew. Streitwert; zur NZB Brückner NJW 2017, 3185.

– **Vorbemerkung**

Das Wohnungseigentumsrecht ist auch hinsichtlich des Streitwertes mit Wirkung zum 1.12.2020 neu gestaltet worden. Der Streitwert wird im Folgenden an erster Stelle nach dem **neuen Recht** kommentiert.

– **Allgemeines zur Rechtslage ab dem 1.12.2020**

Im Zuge der grundlegenden Überarbeitung des WEG mit Wirkung ab dem 1.12.2020 ist die bis dahin für den GebW geltende Regelung des § 49a GKG durch **§ 49 GKG** ersetzt worden. Der wertrechtlichen Spezialregelung unterliegen jetzt nur noch die von **§ 44 I WEG nF** erfassten Beschlussklagen. Die in § 49 GKG mit neuen Werten fortgeschriebene Wertbegrenzung ist abschließend geregelt. Daneben gelten für die von § 49 GKG nicht erfassten Fälle §§ 39–48 GKG.

§ 49 GKG:
Der Streitwert in Verfahren nach § 44 Absatz 1 des Wohnungseigentumsgesetzes ist auf das Interesse aller Wohnungseigentümer an der Entscheidung festzusetzen. Er darf den siebeneinhalbfachen Wert des Interesses des Klägers und der auf seiner Seite Beigetretenen sowie den Verkehrswert ihres Wohnungseigentums nicht übersteigen.

§ 49a GKG aF:
(1) Der Streitwert ist auf 50 Prozent des Interesses der Parteien und aller Beigeladenen an der Entscheidung festzusetzen. Er darf das Interesse des Klägers und der auf seiner Seite Beigetretenen an der Entscheidung nicht unterschreiten und das Fünffache des Wertes ihres Interesses nicht überschreiten. Der Wert darf in keinem Fall den Verkehrswert des Wohnungseigentums des Klägers und der auf seiner Seite Beigetretenen übersteigen.
(2) Richtet sich eine Klage gegen einzelne Wohnungseigentümer, darf der Streitwert das Fünffache des Wertes ihres Interesses sowie des Interesses der auf ihrer Seite Beigetretenen nicht übersteigen. Absatz 1 Satz 3 gilt entsprechend.

Da die nunmehr stark begrenzte Neuregelung des § 49 GKG gilt direkt im Verfahren des ersten Rechtszuges und über § 47 GKG in Rechtsmittelverfahren. Wie § 49a GKG aF hat sie ihren Schwerpunkt in der Anknüpfung an das „Interesse aller Eigentümer" und in der Festlegung von Grenzwerten. Das Merkmal „Interesse" ist durch die Bezugnahme auf alle Eigentümer abweichend von § 49a I GKG aF auf eine breitere Grundlage gestellt worden. Der Bewertungsansatz bleibt jedoch bestehen. Maßgeblich ist in jedem Fall der genaue Inhalt des Beschlusses, man beachte insbesondere den Wortlaut von § 28 WEG. Hiervon ausgehend lassen sich Streitwertfragen im Ansatz nicht mehr notwendig auf der Grundlage der bisherigen Rspr. klären; man kann indes eine Angleichung unternehmen. Der Grenzwert ist auf das 7,5-fache angehoben worden, was den Wegfall der Mehrvertretungsgebühr kompensieren soll.

Über § 48 I 1 GKG sind für die Gebühren in allen anderen Fällen die Wertvorschriften der **ZPO** heranzuziehen. Ein ZustW ist wegen § 43 II WEG, § 23 Nr. 2c GVG nicht festzusetzen. Für den BeW ist nach § 48 GVG generell das Recht der ZPO maßgeblich.

Für die vor dem 1.12.2020 anhängig gewordenen **Altverfahren** bleibt das alte Recht maßgeblich, BGH NJW-RR 2021, 871 Rn. 3 (für § 49a GKG aF, § 48 V WEG); LG Ffm NJW 2021, 643 Rn. 19; LG Mü I ZMR 2020, 977 Rn. 8. Das gilt in **Beschlussklagen** analog § 48 V WEG aF auch für ab dem 1.12.2020 eingelegte Rechtsmittel; denn nach dem Wortlaut bezieht sich § 49 GKG nF alleine auf § 44 WEG nF und damit auf eine Norm, die auf Übergangsfälle noch nicht anwendbar ist; auch ergäben sich bei aA Wertungswidersprüche im Hinblick auf den Wegfall der Mehrvertretungsgebühr und die folgerichtig von 5 auf 7,5 erhöhte Wertdeckelung, BGH NJW-RR 2022, 20 Rn. 19. Ausgesprochen hat der BGH dies bislang nur für die Anfechtungsklage, indes ist nicht erkennbar, aus welchem Grunde für Nichtigkeits- und für Beschlussersetzungsklagen anderes gelten sollte, Toussaint/*Elzer* § 49 GKG Rn. 5; Hinweis auf die Gleichstellung aller Beschlussklagen in BGH JurBüro 2022, 86 Rn. 4.

Für **alle übrigen Fälle** gilt bei Einlegen des Rechtsmittels ab dem 1.12.2020 gem. § 71 I 2 GKG das neue Recht, d. h. für den BeW das nunmehr maßgebliche Streitwertrecht der ZPO, BGH NJW-RR 2022, 20 Rn. 19; JurBüro 2022, 86. In Übergangsfällen, die in erster Instanz noch nach dem alten Recht begonnen haben, gilt lediglich die Wertbegrenzung des § 49aGKG aF über § 47 II 1 GKG weiter.

Wert der Beschwer: Für die Zulässigkeit eines Rechtsmittels ist der Wert des Beschwerdegegenstands maßgebend. Er bemisst sich nach dem Interesse des Rechtsmittelführers an der Abänderung der angefochtenen Entscheidung; er ist nach wirtschaftlichen Gesichtspunkten zu bewerten und bleibt von dem Umstand, dass bei der Bemessung des Streitwerts auch eine Reihe von anderen Kriterien Berücksichtigung finden, unberührt; infolgedessen entsprechen BeW und GebW sich im bisherigen wie im neuen Recht in der Regel nicht, BGH NJW 2022, 2195; NJW-RR 2021, 871 Rn. 3; NJW-RR 2020, 1399; NZM 2017, 635 Rn. 3; NJW-RR 2017, 584 Rn. 2; NJW-RR 2012, 1103. Sind Beiträge oder sonstige bezifferte oder bezifferbare Ansprüche im Streit, gilt in aller Regel der Nennbetrag, ohne Rücksicht auf ein dahinter stehendes wirtschaftliches Interesse, BGH NJW-RR 2021, 527 Rn. 8. Am Vortrag im Berufungsrechtszug muss der Beschwerdeführer sich in der NZB festhalten lassen, BGH WuM 2020, 308; → Rn. 85 „Nichtzulassungsbeschwerde".

- **Beschlussklagen nach neuem Recht, § 49 GKG**
- **(Baumaßnahmen):** Nach dem eindeutigen Wortlaut des § 49 GKG bleibt das Gesamtinteresse auch dann maßgeblich, wenn das Interesse der Klägerseite höher ist.
- **(Feststellung):** Für die Klage auf Feststellung, dass ein Beschluss ergangen sei, gilt § 49 analog, Toussaint/Elzer § 49 GKG Rn. 9.
- **(Jahresabrechnung):** Nach § 28 II 1 wird nur über die Nachschüsse oder die Anpassung der beschlossenen Vorschüsse beschlossen. Hierin liegt nunmehr die Basis der Berechnung.
- **(negative Feststellung):** Der Antrag festzustellen, dass ein Beschluss nicht ergangen ist, wird analog § 49 GKG ohne Abschlag mit dem Wert des str. Beschlusses angesetzt von AG Siegburg ZMR 2021, 693, Toussaint/Elzer § 49 GKG Rn. 9.
- **(Vereinbarung):** § 10 II WEG Insoweit ist § 49 GKG analog anzuwenden, Toussaint/Elzer § 49 Rn. 10.
- **(Verwalter):** Was die Entlastung angeht, ist ein Anlass zu einer Neubewertung nicht ersichtlich.
- **(Wirtschaftsplan):** Da Gegenstand der Beschlussfassung gem. § 28 I 1 WEG die „Vorschüsse zur Kostentragung" bzw. die „Rücklagen" sind, liegt hierin die Berechnungsbasis. An BGH NJW-RR 2017, 913 dürfte daher nicht mehr festzuhalten sein.
- **Sonstige Einzelfälle nach neuem Recht**
  (einstweilen frei)
- **Rechtslage bis zum 30.11.2020 und bleibende Ansätze**

§ 49a GKG aF war Spezialnorm für die in § 43 II Nr. 1–4 WEG aF aufgeführten Streitigkeiten. Die Norm wurde mWv 1.7.2007 eingefügt. Nach dem Wortlaut des § 49a GKG aF ist nicht nur auf das Interesse des Klägers, sondern auf 50% des Interesses aller Wohnungseigentümer und aller Beigeladenen an der Entscheidung abzustellen, Kblz ZMR 2012, 457 = BeckRS 2012, 2556. Für die Wertgrenze des § 49a I 2 GKG aF ist bei mehreren Wohnungen eines Kl. wie auch bei subj. Klagenhäufung die Summe der Einzelinteressen maßgeblich, für § 49a I 3 GKG aF kommt es auf die Summe der Einzelverkehrswerte an, BGH NJW-RR 2019, 462; NJW-RR 2019, 912; voraufgegangene Rspr. überholt! Mü ZMR 2018, 841 sieht in Abs. II eine weitere Begrenzung von Abs. I, keine eigenständige Regelung.

Der BeW wird nach §§ 3 ff. ermittelt, BGH NZM 2012, 838; § 49a GKG gilt insoweit nicht, BGH NZM 2017, 635. Nebenintervenienten, die in der **Berufung** keinen Antrag stellen, bleiben dort unberücksichtigt, LG Stgt NJOZ 2019, 1567.

IÜ gilt § 48 GKG mit den einschlägigen Regelungen von §§ 3 ff. ZPO. Die Wertbegrenzung in § 49a ist abschließend. Gegen jedwede **Wertbegrenzung** außerhalb der in § 49a GKG aufgeführten Fälle LG Hmb ZMR 2019, 69. **Schätzungen** sind nur bei geeigneter Grundlage zulässig, BGH NJW-RR 2019, 912 Rn. 15.

– **Beschlussanfechtung, -ersetzung, Nichtigkeit**
– **(Allgemeines zur Bewertung):** Es kommt im Ansatz generell auf das mit der Anfechtung verfolgte Interesse an; Ausgangspunkt ist damit der Gegenstand des Beschlusses; das Anfechtungsmotiv ist unerheblich, Formmangel reicht, BGH NJW-RR 2019, 462 Rn. 9. Bei mehreren Kl. unterschiedlicher Beteiligung sind deren Interessen zu addieren, BGH NJW-RR 2019, 462 Rn. 9; Hmb ZMR 2019, 205; LG Ffm MDR 2016, 319. Auch die Werte mehrerer Wohnungen einer Partei sind zu addieren, BGH NJW-RR 2019, 462 Rn. 5. Anfechtung und Verpflichtung sind nicht addierbar, LG Hbg ZMR 2014, 382. IÜ vgl. die Einzelstichworte.
– **(Anfechtungsurteil):** Die sich aus dem Urteil ergebende Kostenbelastung ist unbeachtlich, BayObLG WuM 2003, 533.
– **(Abrechnung):** → (Jahresabrechnung)
– **(Beirat):** Das für den BeW maßgebliche wirtschaftliche Interesse des klagenden Wohnungseigentümers, bei Anfechtung der Bestellung des Verwaltungsbeirats ist idR 750 Euro, BGH NZM 2019, 341.
– **(Beschlussersetzung):** Maßgeblich ist eine Gesamtschau des wirtschaftlichen Interesses an der angestrebten Maßnahme, KG GE 2019, 1119. Für Nutzungs- (Vermietungs-) Rechte orientiert sich Mü ZWE 2019, 230 an § 9.
– **(Blankettanfechtung):** Sie führt nicht zu einer Bevorzugung des Anfechtenden, LG Hbg ZMR 2010, 990.
– **(Darlehen):** → „Kreditaufnahme“
– **(Interesse):** Die Interessen der Beteiligten sind zu addieren, BGH NJW-RR 2017, 912 Rn. 7; NJW-RR 2017, 584 Rn. 5, soweit sie nicht, wie etwa bei gegenläufigen Interessen, wirtschaftlich identisch sind, BGH NJW-RR 2018, 1358 Rn. 4.
– **(Jahresabrechnung):** Bei Einwendungen gegen die Abrechnung insgesamt bemisst sich das Interesse der Parteien gemäß § 49a I 1 GKG grundsätzlich nach dem hälftigen Nennbetrag der Abrechnung, bezogen auf die Kosten und Ausgaben und Zahlungen auf die Instandhaltungsrückstellung, LG Ffm GE 2018, 1471; daneben sind die Grenzen des § 49a I 2 und 3, II GKG zu beachten, BGH NJW-RR 2019, 462; NJW-RR 2017, 913; LG Köln ZMR 2020, 686; LG Lüneburg ZMR 2020, ZMR 2020, 685; LG Itzehoe ZMR 2019, 368. Bei **Teilanfechtung** und **Einzelpositionen** ist deren Wert Ausgangspunkt, BGH NJW-RR 2015, 1492, und nach § 49a I 2 GKG mit max. dem fünffachen Interesse zu bewerten, KG GE 2019, 1255; NJW-Spezial 2016, 641. Bei Gesamt- und Einzelanfechtung soll nach Hmb NJW-Spezial 2018, 157 nur von den Einzelwertenauszugehen sein.
Die **Beschwer** des unterlegenen Kl. bemisst sich auch bei Rüge formeller Mängel nach dessen Interesse, BGH NZM 2019, 630; NJW 2014, 3583. Maßgeblich ist grds. der Nennbetrag der str. Positionen, BGH NJW-RR 2017, 913; Kosten bleiben außer Ansatz, BGH 21.4.2016 – V ZA 3/16, BeckRS 2016, 9454.
– **(Kostenunterschied):** Beim Streit um zwei kostenunterschiedliche Möglichkeiten ist Ausgangswert die Differenz, insoweit fortgeltend BayObLG WuM 1998, 313.
– **(Kreditaufnahme):** Die Beschwer des klagenden Wohnungseigentümers beim Ziel, eine bestimmte Art der Finanzierung einer baulichen Maßnahme zu verhindern, bemisst sich nach dessen Anteil an den aufzubringenden Kosten, BGH NZM 2020, 762. Anfechtung ist mit nicht mehr als dem Fünffachen des Anteils des klagenden Eigentümers an der Kreditsumme zu bewerten, Ffm NJW-RR 2019, 1033.
– **(Mehrere Beschlussanfechtungen):** Bei wirtschaftlicher Identität erfolgt keine Wertaddition, LG Stuttg ZMR 2020, 234.
– **(Mehrere Wohnungen):** Bei der Obergrenze des § 49a I 3 WEG sind die Verkehrswerte mehrerer Wohnungseigentumseinheiten desselben Klägers zusammenzurechnen, BGH NJW-RR 2019, 462.
– **(Modernisierung, Sanierung):** Für Anfechtung können die Kosten zu berücksichtigen sein, BGH NJW-RR 2018, 1421; LG München I ZMR 2020, 687. Es können auch 50 % der Herstellungskosten infrage kommen, KG GE 2019, 1255; LG Hbg ZMR 2014, 382.
– **(Negativbeschluss):** Anfechtung und Klage auf Durchführung sind wirtschaftlich identisch, KG GE 2019, 1118 = BeckRS 2019, 16375; Celle ZMR 2010, 627 = BeckRS 2010, 4944.
– **(Wirtschaftsplan):** → „– (Jahresabrechnung)“.
– **Verwalter**
– **(Abberufung):** Bei einer Abberufung des Verwalters und der Kündigung seines Vertrags kann für das Gesamtinteresse sein restliches Vertragshonorar und für das Interesse des klagenden Eigentümers dessen Anteil maßgeblich sein, BGH NJW 2012, 1884; Schlesw NJW-RR 2012, 529; Zweibr JurBüro 2010, 36; Mü NZM 2010, 246; aM Celle NJW 2010, 1154 (halbe Vergütung). Bei gleichzeitig verfolgter Neubestellung ist das überschießende Interesse gesondert zu berücksichtigen, BGH NJW 2016, 3104. Für die Beschwer kommt es auf den Anteil des unterlegenen Eigentümers an, BGH WuM 2018, 246. Sind das Honorar des alten und des neuen Verwalters zu berücksichtigen, zählt bei sich überschneidenden Zeiträumen nur das höhere, BGH WuM 2021, 399; eingehend aA Toussaint/Elzer § 49 GKG Rn. 18 „Verwalter, Abberufung“: Person des Verwalters (in der Bewertung problematisch!). Bei Bestellung auf mehr als 5 Jahre ist die Vorstellung des Verwalters bei Antragstellung mit zu beachten, Kblz ZMR 2014, 135.
– **(Bestellung, Wahl):** Beim Streit um die Bestellung des Verwalters kommt als Wert dessen Vergütung für die str. Zeit infrage, BGH NJW 2016, 3104. Die Rechtsmittelbeschwer bestimmt sich eigenständig nach dem Interesse des Rechtsmittelführers, BGH NJW-RR 2021, 871.
– **(Entlastung):** Ausgangswert ist grds. der in Rede stehende Regressanspruch, mangels Anhaltspunkten können 1.000 EUR angesetzt werden, BGH NJW-RR 2011, 1026. Bei einer Anfechtung der Entlastung des Verwalters können 10 % des Jahresumsatzes der Gemeinschaft maßgeblich sein, Köln NZM 2003, 125. Für die Beschwer des Eigentümers sind selten mehr als 500 EUR anzusetzen, BGH NJW-RR 2017, 1099. Berechenbare Ansprüche und der Wert von 1.000 € für die Entlastung sind zu addieren, BGH WuM 2020, 813 Rn. 7.
– **(Notverwaltung):** Bei ihr kommt das Jahreshonorar infrage, Stgt ZMR 2003, 784.

– **(Schadensersatz):** GebW und BeW bestimmen sich nach dem Anteil des klagenden Eigentümers, BGH NJW-RR 2017, 913.
– **(Zutritt):** Beim Streit um einen Zutritt des V. nennt BayObLG NZM 1998, 39 nur (jetzt) ca. 500 EUR.
– **Einzelthemen in alphabetischer Reihenfolge**
– **(Abmahnung):** Eine der Entziehung, s. dort, vorangehende Abmahnung richtet sich nach dem jeweiligen Interesse. Sie lässt sich mit 33,3 % des Werts der Entziehung ansetzen, LG Brem WuM 1999, 599. Den zugehörigen Beschwerdewert kann man zumindest mit mehr als der Berufungssumme ansetzen, Ddf NJW-RR 2001, 12.
– **(Abmeierung)** → (Entziehung)
– **(Antenne):** Beim Streit um die Entfernung einer Parabolantenne setzt Kblz WuM 2010, 321 als Ausgangswert 600 EUR an und gelangt nach § 49a I 2 GKG zu 3.000 EUR. BeW für Kl. ist der Wertverlust, BGH NJW 2006, 2639.
– **(Aufzug):** Die Beschw bei Klage auf Rückbau bemisst sich am wirtschaftlichen Interesse des Kl. hieran, BGH WuM 2021, 135.
– **(Auskunft):** Beim Auskunftsanspruch können 25 % des dahinterstehenden Anspruchs angemessen sein, LG Erfurt NZM 2000, 519.
– **(Bauliche Veränderung):** Die Beschwer des zur Beseitigung verurteilten Eigentümers liegt im Interesse am Erhalt, mindestens in den Kosten der Ersatzvornahme, BGH WuM 2020, 308; NJW-RR 2019, 1415; beide Gesichtspunkte sind ggf. kumulativ zu berücksichtigen, BGH 19.5.2022 – V ZB 53/21, BeckRS 2022, 13949. Bei der Beseitigungsklage bemisst sich der Streitwert gem. § 49a I 1 GKG aF nach dem (hälftigen) klägerischen Interesse an der Beseitigung und dem (hälftigen) Interesse der Beklagen, keinen Rückbau vornehmen zu müssen; daneben sind die Grenzen des § 49a I 2, 3 GKG aF zu beachten, BGH 28.1.2022 – V ZR 86/21, BeckRS 2022, 5732 Rn. 8; NZM 2020, 762; NJW-RR 2017, 584. Das Interesse an der Verhinderung von Schäden bewertet sich nach dem Anteil des Klägers, LG Mü I ZMR 2020, 977. Der auf erfolgreiche Klage eines zur Beseitigung verurteilten Wohnungseigentümer zur Duldung der Zwangsvollstreckung verurteilte Wohnungseigentümer ist nicht nach dem Interesse des ersteren beschwert, sondern nur nach seinem eigenen Interesse, BGH WuM 2021, 655 = BeckRS 2021, 23761.
– **(Baum):** Beim Streit um einen störenden Baum können als Ausgangswert 1.000 EUR angemessen sein.
– **(Beseitigung):** → (Bauliche Veränderung)
– **(Dachsanierung):** → Beschlussanfechtung (Modernisierung)
– **(Einberufung Versammlung):** Generell gilt das Interesse an der Behandlung eines verlangten Tagesordnungspunkts, bewertet nach dem Anliegen des Kl., nicht dem Wert der zu erlassenden Beschlüsse, LG Ffm ZWE 2016, 292.
– **(Einsichtsrecht):** Das Interesse kann mit 1.000, der BeW des Kl. mit unter 600 Euro angesetzt werden, BGH WuM 2020, 453.
– **(Entziehung):** Bei einer Entziehung des Wohnungseigentums nach § 18 WEG ist Ausgangswert der objektive Verkehrswert, BGH NJW-RR 2014, 452 Rn. 10; NJW 2006, 3428; Köln NZM 2011, 553. Auch → „– (Abmahnung)".
– **(Gemeinschaftseigentum):** Bei einem Streit um die Nutzung des Gemeinschaftseigentums ist Ausgangswert das Interesse der Beteiligten, nicht die Kaufpreisdifferenz, BayObLG NZM 2001, 150.
– **(Gerichtsverfahren):** In ihm gilt als Wert nach (jetzt) § 49a WEG das Interesse aller Beteiligten, BayObLG WuM 2002, 692 (Rechtsmittel). Das gilt für jede Art von WEG-Verfahren, BayObLG WuM 2002, 575.
– **(Hausmeister):** Beim Streit um die Bestellung kommt als Wert die Vergütung infrage, BayObLG NJW-RR 2004, 524. Auch → „Verwalter"
– **(Herausgabe):** Bei einer Klage auf die Herausgabe einer Wohnung ist § 6 anwendbar, also nicht § 41 II 2 GKG. Bei der Herausgabe einer Eigentümerliste gilt nur ein sehr geringer Bruchteil des Hauptsachewerts, LG Ffm WuM 2013, 637.
– **(Hypothek):** Das Interesse an der Löschung wird mit dem Nennbetrag der Forderung angesetzt, LG Mü I ZWE 2021, 180, wofür auch § 6 S. 1 spricht.
– **(Instandhaltung):** Maßgeblich sind ihre Kosten, LG Hbg BauR 2013, 1002.
– **(Nutzung):** Klage auf Unterlassung von Restaurantnutzung mit der Wertminderung der übrigen Einheiten anzusetzen, Mü MDR 2018, 661.
– **(Optischer Gesamteindruck):** Wegen seiner Störung Ddf WuM 2000, 567.
– **(Protokoll):** Bei der Berichtigung eines Versammlungsprotokolls ist statt der Kosten das Interesse maßgeblich, BayObLG WuM 1996, 728; für Ansatz der Berichtigungskosten Ffm NJOZ 2018, 1731.
– **(Rechnungslegung):** Geht es nur hierum, nicht auch um die Vorbereitung einer Leistungsklage, ist alleine der Aufwand auschlaggebend, LG Ffm GE 2019, 396.
– **(Schweigepflicht):** Die Einschränkung, dass eine Einsichtnahme in Unterlagen nur durch eine der Schweigepflicht unterliegende Person erfolgen darf, ist bei der Beschwer nicht mit mehr als 600 EUR anzusetzen, beim Gebw mit 1.000 EUR, BGH WuM 2020, 453.
– **(Sondernutzungsrecht):** Abwehrinteresse ist mit der Verkehrswertminderung der Wo. anzusetzen, Interesse des Kl. mit der Wertsteigerung (ähnlich Notweg), BGH NJW-RR 2019, 207 (Bezugnahme auf BGH NZM 2015, 99); NJW-RR 2017, 584.
– **(Streitgenossen):** Die Einzelwerte sind zu addieren, LG Ffm MDR 2016, 319; aA LG Hbg ZMR 2011, 160 = BeckRS 2011, 2274 (höchstes Einzelinteresse).
– **(Umlage):** Bei Änderung des Umlagenschlüssels ist Ausgangswert die str Ersparnis, Celle NZM 2010, 409.
– **(Unterlassung):** Nutzung zur gewerblichen Zwecken, Wertminderung der übrigen Sondereigentumseinheiten, Mü MDR 2018, 661.
– **(Veräußerung):** Beim Streit um eine Zustimmung zur Veräußerung sind meist 10 %–20 % des Kaufpreises angemessen, Celle NZM 2011, 814; KG NZM 2008, 47; aM Mü NZM 2014, 589 (Kaufpreis). Auch → „– (Kauf)".
– **(Verfahrensfehler):** Alleine hierauf gestützte Rüge der Anfechtung hat auf die Wertfestsetzung keinen Einfluss, → „Beschlussanfechtung" (Allgemeines).

– **(Zahlungsklage):** Nach LG Ffm ist die Streitwertbegrenzung des § 49a I 3 GKG nicht anzuwenden, WuM 2018, 805; → „Allgemeines".
– **(Zustimmung):** Bei derjenigen zur Veräußerung kann man § 41 GKG entsprechend anwenden, BGH NJW-RR 2018, 775 (idR 20 % des Kaufpreises); dsgl. für Beschwer, BGH NJW-RR 2018, 1358; aA Hamm NZM 2015, 828 und Mü WuM 2014, 436 (Verkaufspreis, vom BGH verworfen).
– **(Zwangsversteigerung):** Zustimmung zur Erteilung des Zuschlags idR mit 20 % des Meistgebots zu bewerten, BGH NJW-RR 2019, 272.

142 **Zählerentfernung:** § 3 Grds. zählt das Interesse des klagenden Unternehmers an der Einstellung der Versorgung, Köln JurBüro 2019, 138. Maßgeblich ist der in den nächsten 6 Monaten drohende Schaden des Versorgers, BGH AGS 2021, 561; Oldb MDR 2009, 1407; Schlesw NJW-RR 2010, 141; Celle NZM 2010, 639 u. JurBüro 2013, 643; Kblz MDR 2012, 996; Ddf MDR 2013, 809; Ffm NJW-RR 2012, 445 (jew. für 6 Monate unter Beachtung des Vorschusses); Mü MDR 2011, 1267; Hmb-Bergedorf ZMR 2004, 273 (jew. Jahresbetrag der Abschlagszahlung). Die angenommenen Zeiträume sind Richtwerte, die im Einzelfall anzupassen sind. Bei einer einstw Verf kommt es auf den Zeitraum bis zum Erlass einer Hauptsachenentscheidung an, wobei der Ansatz von 6 Monaten nicht zu beanstanden ist, Köln JurBüro 2019, 138. Zu kurz Zöller/Herget § 3 Rn. 16.217 (je nach Sachlage 2 Monate). Wenn ein Schaden nicht ersichtlich ist, der Wert des Zählers, § 6, AG Königstein NJW-RR 2003, 949. Interesse des Kunden an Verhinderung bemisst sich nach den Kosten der Ersatzbeschaffung, OLGR Kblz 2008, 248.

Zeugnis: Wenn es um die Ausstellung eines Zeugnisses geht, ist § 3 anwendbar, LAG Köln MDR 2004, 1067 (halbes Monatsgehalt bei Zwischenzeugnis). Beim endgültigen qualifizierten Zeugnis kann man je nach dem Umfang des Streites (von vollständig str. Inhalt bis hin zu bloßem Titulierungsinteresse) einen ganzen Monatslohn oder einen Teil davon ansetzen, LAG Kiel JurBüro 2010, 306 (geringe Quote); LAG Köln NZA-RR 2010, 546; LAG Hbg NZA-RR 2011, 152; LAG Nürnb JurBüro 2014, 76 (Bruttomonatsentgelt); LAG Kiel ArbR 2014, 266 (geringe Quote, wenn keine inhaltlichen Vorgaben geäußert werden); NZA-RR 2015, 47 (Monatsgehalt); krit. LAG Stgt NZA 2006, 537 (Fallabwägung, Einfluss auf Aussicht am Arbeitsmarkt). Man kann auch einen Festbetrag ansetzen, LAG Ffm NZA-RR 2003, 660 (250–500 EUR); LAG Hbg JurBüro 2013, 425 (500 EUR); LAG Nürnb MDR 2004, 1387 (300 EUR).

Beim **Zwischenzeugnis** kann man einen halben bis einen ganzen Monatslohn ansetzen, LAG Köln MDR 2004, 1067; LAG Mainz NZA-RR 2005, 327; LAG Stgt JurBüro 2009, 537; Sächs LAG JurBüro 2012, 250K; NZA-RR 2012, 95. Bei einer Zeugnisänderung kommt es auf die erhoffte Verbesserung an, LAG Stgt NZA 2006, 537.

Beim Beendigungsvergleich erhöht sich der Wert durch die Pflicht zu einem qualifizierten Zeugnis nicht, LAG Kiel NZA-RR 2015, 47; LAG Köln NZA-RR 2008, 382. Erteilung und spätere Berichtigung sind zwei Werte, im selber Rechtsstreit aber nur einer, LAG Bln-Brdb JurBüro 2015, 250.

Zeugnisverweigerungsrecht: Maßgeblich bei §§ 383 ff. ist § 3, Jena OLG-NL 2006, 263, nicht § 48 II GKG, so indes BayObLG FamRZ 1986, 1237. Der Ausgangswert ist nach den hierfür maßgeblichen Regeln zu bestimmen. Bei klarer Abgrenzbarkeit eines Teilanspruchs, auf den die Aussage sich bezieht, ist von diesem Teil ein Bruchteil zu nehmen, KG NJW 1968, 1937. Alleine auf das Interesse des Zeugen stellt ab Jena BeckRS 2019, 42850. Festsetzung nicht erforderlich, wenn nur Festgebühr entsteht, KV GKG Nr. 1812, 1826.

Zinsen: Für Zinsen als Hauptforderung sind §§ 3, 4 anwendbar, Naumb JurBüro 2007, 489 (freie Schätzung für künftige Zinsen). Für den Kostenstreitwert gilt § 43 GKG. Soweit Zinsen zur Hauptforderung werden, sind sie zu bewerten, BGH MDR 2021, 574; es gilt § 3, nicht § 9, auch in der Beschwerdeinstanz, BGH BB 1981, 1491 (künftige Zinsen nach freiem Ermessen schätzen), und in der Berufung, Mü BeckRS 2019, 18705. Bei **teilweisem** Wegfall der Hauptforderung werden alleine die hierauf entfallenden Zinsen und sonstigen Nebenforderungen zur Hauptforderung, BGH NJW-RR 2021, 316 (Zinsforderung als Zuvielforderung); NJW 2013, 2123 Rn. 6; Brschw NJW-RR 2020, 317. In der Regel ist der bis 6 Monate nach voraussichtlichem Abschluss der Instanz auflaufende Betrag zu schätzen.

Vgl. zu Einzelfällen → § 4 Rn. 24 „Zinsen".

Zugewinnausgleich: Für bezifferten Antrag gilt § 6, Ddf JurBüro 2006, 644. Fehlen Anhaltspunkte, gilt § 52 II GKG analog, Drsd MDR 2009, 634. Beim vorzeitigen entscheidet das Interesse an ihm, Stgt FamRZ 2009, 1621 (Bewertung mit Zinsinteresse an der Vorverlegung der Fälligkeit), bei unklarer Lage gem. § 42 III FamGKG zu bewerten, Schlesw FamRZ 2012, 897, Köln MDR 2014, 1091. Bei Kl. und Widerkl wird überwiegend die Wertaddition angenommen, Stgt FamRZ 2006, 1055; Celle NJW-RR 2011, 223 Zum selbstd Beweisverf → Rn. 102.

Zug-um-Zug-Leistung: Auf ZustW und GebW hat die Einschränkung keinen Einfluss, BGH NJW 1982, 1048, KGR 1997, 57, wie es auch iÜ auf Einwendungen des Bekl. nicht ankommt, BGH NJW-RR 2004, 714, MDR 2005, 345; denn die Rechtskraftwirkungen des Urteils erstrecken sich nicht auf die Gegenleistung, BGH MDR 2019, 692; Saarbr JurBüro 2020, 597 (selbst wenn Leistung und Gegenleistung in Geld bestehen); eine **Ausnahme** gilt, wenn Streit sich bei unstr. Leistung auf die Gegenleistung beschränkt, KG NJW 2018, 3466, oder wenn die von Kl. angebotene Gegenleistung ohnehin vAw von der geforderten Leistung abzuziehen wäre, etwa wegen Verrechnung oder konkludenter Aufrechnung, BGH NJW 2022, 194 Rn. 19 (Bezifferung nicht notwendig erforderlich, Rn. 21); NJW 2017, 2102; NJW-RR 1994, 1203; Bbg MDR 2019, 1190. Letzteres generell annehmend, wenn Zahlung Zug um Zug gegen Zahlung verlangt wird, Schlesw JurBüro 2021, 257.

Beschwer des unterlegenen Kl. ist unter Berücksichtigung der Gegenleistung zu schätzen, BauR 2021, 1011 Rn. 14; beim „Zug um Zug" eingeschränkt obsiegenden **Kl.** liegt sie im Wert der **Gegenleistung,** begrenzt durch den Wert der Klage, BGH NJW-RR 2010, 492; MDR 2009, 759, bzw. in der durch die Einschränkung bewirkten Erschwernis, gemessen am wirtschaftlichen Interesse, BGH NJW 1999, 723 (Unterhalt), MDR 2010, 1087 (Zeit- und Kostenaufwand), MDR 2012, 1057; LG Dessau-Roßlau BauR 2013, 136. Maßgeblich ist alleine der rechtskraftfähige Inhalt des Urteils, BGH NZM 2007, 499.Der BeW kann den vollen Wert des Leistungsantrags ausmachen, wenn die alleine angegriffene Erbringung der Gegenleistung nicht vollstreckungsfähig umschrieben ist, BGH NJW 1993, 3206. Weitere Erschwernisse bei der Durchsetzung sind berücksichtigungsfähig, BGH NJW-RR 2012, 1087. Muss Zug um Zug eine Forderung abgetreten werden, kommt es nicht auf deren Nennbetrag, sondern auf die wirtschaftliche Belastung des Kl. an, BGH II ZR 244/19, BeckRS 2021, 34689.

Der BeW des unterlegenen **Bekl.** liegt im Wert der Leistung, ohne Abzug der Gegenleistung, dh ein Zurückbehaltungsrecht bleibt ohne Ansatz, BGH NJW-RR 2005, 367; NJW-RR 2004, 714; 1996, 828 (wie bei der Klage). Die hilfsweise Geltendmachung eines Zurückbehaltungsrechts führt nicht zu einer Erhöhung der Beschwer, BGH NJW 2022, 1626 Rn. 8; MDR 1996, 960. Obergrenze ist der Wert der Klage, BGH NJW-RR 2010, 492. Rechtsmittel des Bekl. alleine wegen des **Gegenrechts** ist mit dessen Wert anzusetzen, begrenzt durch den Wert der Klage, BGH NZM 2017, 358 (Überschuss aus Abrechnung); GE 2017, 830; NJW-RR 1995, 706. Auch → Rn. 7 „Annahmeverzug", → Rn. 24 „Auskunft", → Rn. 58 „Gegenseitiger Vertrag", → Rn. 103 „Sicherheitsleistung", → § 6 Rn. 11.

Zurückbehaltungsrecht: Zunächst „Zug-um-Zug-Leistung"; → § 6 Rn. 11.

Zurückverweisung: Wegen der Einheitlichkeit der Instanz ist bei §§ 538, 563 IV der alte Wert maßgeblich.

Zuständigkeit. Dazu Cuypers MDR 2012, 381 (Grdz.). Bei einer abgesonderten Verhandlung über die Zuständigkeit ist der Wert der Hauptsache maßgeblich, BayObLG NJW-RR 2002, 882 (WEG), bei Hilfsverweisungsantrag ist ein Bruchteil vertretbar, Celle JurBüro 2012, 531 (kein Abschlag auf den GebW). Im Verfahren nach §§ 36, 37 können 25 % des Hauptsachewerts angemessen sein, BayObLG JurBüro 1992, 700; Stgt Just 1993, 143 (untere Tabellengrenze), auch 20 %, Hamm NJW-RR 2013, 1341 (Interesse, kein isoliertes Verfahren führen zu müssen). Nach Verweisung an das zuständige Gericht gelten dort für den Streitwert die allg. Regeln, Ffm BeckRS 2017, 133688. **143**

Zustellung: Die Zulassung einer öffentlichen Zustellung nach § 186 lässt sich nach § 3 bewerten, Ffm MDR 1999, 1402 (Teil der Hauptsache, wenn nicht die Ablehnung die Durchsetzung gänzlich verhindert), grds. für vollen Wert Zweibr FamRZ 1983, 630.

Zustimmung: Zur Veräußerung nach dem Wertanteil des Bekl, Ffm NJW-RR 2018, 838. → Rn. 28 „Berichtigung des Grundbuchs", → Rn. 140 „Willenserklärung".

Zutritt: Maßgeblich ist § 3, BGH WuM 2011, 297 (Interesse des Kl., Betreten eines Grundstücks zu verhindern, am (Bagatell-) Aufwand gemessen); Celle JurBüro 2013, 643; LG Wuppert WuM 2015, 177 (jew. kein zusätzlicher Wert neben dem Interesse an Zählerentfernung, dort → Rn. 141).

Zwangsversteigerung: Für die Festgebühr nach KV 2210 GKG bedarf es keiner Wertfestsetzung, für KV 2211 ff. GKG gilt § 54 GKG. Bewertungsgrundlage ist § 74a ZVG, auch beim Beitritt weiterer Beteiligter, LG Paderborn Rpfleger 1989, 168. Für § 54 II GKG zählt generell das Meistgebot, LG Flensburg Rpfleger 1986, 72; LG Mönchengladbach Rpfleger 2003, 148 (auch bei § 114a ZVG analog). In der Beschwerde zählt das wirtschaftliche Interesse des Bf, BGH NJW 2009, 80, Stgt Just 1986, 413 (kl. Bruchteil im einstweiligen Rechtsschutz), betr. Verkehrswert nach § 74a V 3 ZVG die str. Differenz, Celle Rpfleger 1982, 435 (20 %); Ddf JurBüro 2010, 143 (50 %). Entspr. gilt für § 26 RVG. Auch → Rn. 139 „Widerspruchsklage: – (Teilungsversteigerung)", → Rn. 145 „Zwangsvollstreckung: – (Einstellung, Beschränkung, Aufhebung)".

Zwangsverwaltung: Beachte §§ 7 II, 55 GKG, KV 2221 GKG, § 27 RVG. Für Streit um Vergütung des Zwangsverwalters zählt das Vergütungsinteresse, BGH MDR 2007, 983. Für Zahlungsansprüche, bei denen die Höhe der vollstreckbaren Forderungen keine Rolle spielt, ist nach § 47 I 1 GKG, § 9 S. 1 ZPO der dreieinhalbfache Wert des Jahresbetrages monatlicher Zahlungen anzusetzen, BGH WuM 2020, 304.

Zwangsvollstreckung: Vgl. zunächst die Festgebühren KV 2110 ff. im dortigen Geltungsbereich sowie § 25 RVG. Man muss im Übrigen mehrere Fallgruppen unterscheiden. **144**

– **(Einstellung, Beschränkung, Aufhebung, Aufschub):** Bei zB §§ 707, 719, 765a, 769, 771 III, 785, 786 gilt entspr. § 6 der Rest der Schuld aufgrund des Vollstreckungstitels, LG Kblz JurBüro 1991, 109, ohne Zinsen und Kosten. Wenn es um einen bloßen Aufschub geht, ist ein nach § 3 bemessener Bruchteil der Restforderung maßgeblich, etwa 20 % der Hauptsache, BGH NJW 1991, 2280; Kblz JurBüro 1991, 109. Bei einer Zwangsversteigerung ist der Grundstückswert maßgeblich, jedoch durch die Forderungshöhe begrenzt, Stgt Just 1986, 413. Wenn die Zwangsvollstreckung nur wegen der Kosten möglich ist, sind nur die Kosten maßgeblich. Für den Aufschub kommt es auf das wirtschaftliche Interesse an, Ffm AGS 2020, 339. **145**

– **(Erwirkung einer Handlung oder Unterlassung):** Maßgeblich ist der Wert einer Durchführung der Zwangsvollstreckung für den Gläubiger, BayObLG NZM 2002, 489; Rostock JurBüro 2009, 162; LG Bln WuM 1991, 584. Das gilt auch in der Beschwerdeinstanz, BayObLGZ 1988, 440. Man muss diesen Wert in der Regel ebenso hoch wie den Wert der Hauptsache ansetzen, Rostock AGS 2021, 137; JurBüro 2009, 162; Köln JurBüro 1992, 251; LG Bln AnwBl 1994, 425 (vorzuschießender Kostenbetrag); aM Nürnb MDR 1984, 762 (Fallfrage, idR geringerer Wert). Die Höhe eines Zwangsmittels oder Ordnungsmittels ist grds. unerheblich, Köln NJOZ 2005, 2277; Rostock JurBüro 2009, 162; LG Bln AnwBl 1994, 425, wie es auch im Ordnungsmittelverfahren keiner Wertfestsetzung bedarf, Ffm NJW-RR 2020, 1195; für das Abwehrinteresse des Schuldners ist die Höhe des Zwangsgeldes maßgeblich, Celle JurBüro 2014, 438; Der Wert ist unter Umständen höher, nämlich dann, wenn zusätzlich ein Streit darüber besteht, ob der Schuldner das zugrundeliegende Verhalten wiederholen darf, Ddf MDR 1977, 676. In der **Schuldnerbeschwerde** ist die Höhe des Zwangsgeldes Ausgangspunkt der Bewertung, OVG Bautzen 14.8.2020 – 1 E 135/18, BeckRS 2020, 20837.

– **(Geldforderung):** Bei Nichtexistenz ist der Mindestwert anzusetzen, Brdb NJOZ 2017, 630. PfÜB gegen mehrere Drittschuldner führt an sich zur Addition, die aber idR wegen wirtschaftlicher Identität unterbleibt, so dass der höchste Wert maßgeblich ist, BGH NJW-RR 2011, 933. Im Einzelnen § 25 RVG, dazu Toussaint/Toussaint RVG § 25 Rn. 1 ff. § 25 I Nr. 1 RVG greift nur, wenn der Antrag sich auf einen bestimmten Gegenstand bezieht, LG Hbg AnwBl 2006, 499. Bei Nichtexistenz, Köln RPfleger 2001, 149, oder Wertlosigkeit des gepfändeten Gegenstandes, Brdb JurBüro 2017, 99, ist der Mindestwert anzusetzen. Orientierung an der Forderung, so Naumbg NJW-RR 2014, 1151; Prütting/Gehrlein/Beumers § 3 Rn. 286, führt zu einer gemessen am Erfolg der Maßnahme überhöhten Kostenforderung. Maßgeblich bleibt indes die aus anfänglicher Sicht plausible Wertschätzung, Karlsr NJW-RR 2011, 501.

– **(Herausgabe):** Vgl. § 41 II GKG, § 25 I Nr. 2 RVG.

– **(Unzulässigkeit):** → Rn. 133. Bei einer Klage auf die Unzulässigkeit der Zwangsvollstreckung ist die Höhe des gesamten Zahlungsanspruchs maßgeblich. Falls der Kläger die Zwangsvollstreckung nur wegen eines Teils der Ansprüche für unzulässig hält, ist nur der umstrittene Teil maßgeblich.

– **(Vollstreckungsabwehrklage):** → Rn. 133.

146 – **(Vollstreckungsklage, § 722):** Maßgebend ist der Wert desjenigen Anspruchs, den der Gläubiger vollstrecken lassen will.

– **(Zinsen, Kosten):** Man muss sie auch in der Zwangsvollstreckung wie sonst behandeln, § 4 ZPO, § 43 GKG, Ffm JurBüro 1994, 117; Karlsr MDR 1991, 353; Mü BB 1988, 1843; aM Köln DGVZ 1986, 151 (wegen – jetzt – KV 1821, 2110, § 25 I Nr. 1 RVG müsse man die Zinsen im Beschwerdeverfahren hinzurechnen. Aber § 4 gilt uneingeschränkt). Man muss die Prozesskosten hinzurechnen, die Kosten der Zwangsvollstreckung aber nicht.

Zwischenfeststellungsklage: → Rn. 55

147 **Zwischenstreit:** Ausgangspunkt ist der Wert der Hauptsache, § 3; alsdann kommt es auf die Bedeutung des Streites für diese an, Köln MDR 1983, 321 (25 % bei Vorlegung einer Urkunde); Karlsr MDR 1986, 593; Zweibr NJW 1995, 537 (jew. Rechtsmittel betr. Ausländersicherheit, 100 %); KG NJW 1968, 1937 (Bedeutung einer Zeugenaussage). Maßgeblich sind auch die besonderen Bewertungsvorschriften. Es gilt nicht unabhängig davon § 48 I GKG. → Rn. 91 „Prozessvoraussetzungen", → Rn. 124 „Urkunde", → Rn. 143 „Zuständigkeit".

Zwischenzeugnis: → Rn. 142.

4 *Wertberechnung; Nebenforderungen.* **I Für die Wertberechnung ist der Zeitpunkt der Einreichung der Klage, in der Rechtsmittelinstanz der Zeitpunkt der Einlegung des Rechtsmittels, bei der Verurteilung der Zeitpunkt des Schlusses der mündlichen Verhandlung, auf die das Urteil ergeht, entscheidend; Früchte, Nutzungen, Zinsen und Kosten bleiben unberücksichtigt, wenn sie als Nebenforderungen geltend gemacht werden.**

II Bei Ansprüchen aus Wechseln im Sinne des Wechselgesetzes sind Zinsen, Kosten und Provision, die außer der Wechselsumme gefordert werden, als Nebenforderungen anzusehen.

1 **I. Systematik, Regelungszweck, Geltungsbereich, I, II.** Zunächst → Vor § 3 Rn. 1; Schumann NJW 1982, 1257.

2 § 4 I Hs. 1 regelt den für die Wertberechnung maßgeblichen **Zeitpunkt** über den Wortlaut hinaus umfassend nicht nur für den ZustW der Klage, den Urteilsstreitwert und der BeW, sondern für jedes Verfahren, BGH NJW-RR 2006, 1146 (Vollstreckungsabwehrklage), unter Einschluss der Eilverfahren. Regelungsgegenstand ist nur die Wertberechnung selbst, nicht deren Folgen für die Zuständigkeit oder die Zulässigkeit von Rechtsmitteln, die in den jeweils einschlägigen Normen, vgl. etwa § 23 Nr. 1 GVG, §§ 511 II Nr. 1, 544 II Nr. 1 ZPO, geregelt werden, BGH NJW 1983, 1063; MüKoZPO/Wöstmann Rn. 3. Für den GebW vgl. §§ 40, 43, 47 GKG, §§ 23 ff. RVG, Toussaint/Toussaint GKG§ 40 Rn. 1 ff. Zweck der Regelung ist die Schaffung von Sicherheit insbes. bei der Zuständigkeit durch **Vereinfachung und Klarheit;** das kann im Einzelfall zu einer einschränkenden Interpretation von § 4 I Hs. 2 führen, BGH NJW-RR 2019, 545 (Ansatz von Nutzungen); WM 1956, 609; Nürnb NJW-RR 2019, 803.

3 In Familiensachen gilt § 34 I FamGKG.

4 **II. Zeitpunkt für die Wertberechnung, I. 1. Klage.** Es kommt auf die Einreichung der Klage oder Antragsschrift an, also der Zeitpunkt ihres Eingangs beim Gericht, nicht etwa der Zeitpunkt der Zustellung nach §§ 253, 261, Köln JurBüro 2011, 489. Es ist unerheblich, ob das Gericht zuständig war und ob die Klage bei ihrer Einreichung mangelhaft oder ordnungsgemäß war. Nach einem **Mahnverfahren** nach §§ 688 ff. ist wegen § 696 I 4 der Zeitpunkt des Akteneingangs beim Gericht des streitigen Verfahrens maßgeblich, BayObLG BeckRS 2022, 2115 Rn. 18; BeckRS 2021, 29383 Rn. 9; Ffm NJW-RR 1996, 1403. Ab Klageerhebung gilt § 261 III Nr. 2. Bei Erklärung der **Teilerledigung** kommt es für die sachliche Zuständigkeit nicht auf den Eintritt des erledigenden Ereignisses an, sondern auf die Abgabe der entsprechenden prozessualen Erklärung vor Eingang der Akten beim Prozessgericht, BayObLG BeckRS 2021, 29383; Hamm BeckRS 2018, 34276; Mü BeckRS 2016, 15298.

5 Bei Verweisung vom Gericht eines unzulässigen Rechtswegs ist für die Bewertung auf den ersten Eingang abzustellen, als sei er beim nunmehr zuständigen Gericht erfolgt, Ffm NJW-RR 2018, 254 Rn. 16; eingehend Toussaint/Toussaint § 4 GKG Rn. 3 ff.

6 **2. Rechtsmittel.** Für Rechtsmittel ist eine Bewertung auf den Zeitpunkt der Einlegung vorzunehmen, BGH 10.11.2020 – II ZR 243/19, BeckRS 2020, 32177; dies auch im Fall des § 518 S. 1. Im Fall des § 182 InsO kommt es auf die bei Einlegung zu erwartenden Quote an, BGH ZinsO 2016, 1172. Der Wert zum Eingang der Berufung ist eigenständig zu prüfen; auf die Wertfestsetzung des Ausgangsgerichts kommt es nicht an, BGH NZM 2006, 637. Wird eine frühere Nebenforderung zur Hauptforderung, ist sie mit anzusetzen, BGH WuM 2011, 177; sind Zinsen Hauptforderung, sind sie auf einen in der Zukunft liegenden, hypothetischen Erfüllungszeitpunkt der zu verzinsenden Forderung zu schätzen, Köln NJW-RR 1993, 1215. Der Wert kann zwischen der Einreichung der Klage und der Einlegung des Rechtsmittels etwa infolge teilweiser Erfüllung sinken, BGH NJW-RR 2001, 1571. Ein späteres Absinken des Wertes unter die Erwachsenheitssumme hat nur dann Bedeutung, wenn dies dem Berufungsführer zurechenbar ist, BAG NZA 2007, 56; 2004, 1239, nicht aber bei Leistungen alleine zur Abwehr der Zwangsvollstreckung, Hamm NJW 1975, 1843. Die Frage, ob ein eingeschränkter Berufungsantrag die Zulässigkeit berührt, beantwortet sich alleine nach Berufungsrecht, mithin nach § 511 II Nr. 1; für den Bewertungsstichtag kommt es hierauf nicht an, MüKoZPO/Wöstmann Rn. 9.

7 Maßgeblich für die **NZB** nach § 544 ist gemäß dem eindeutigen Wortlaut des § 4 I Hs. 1 der Eingang beim BGH. Dessen gegenteiliger Standpunkt, MDR 2021, 574; GRUR-RS 2020, 34934; NJW-RR 2020, 1258 Rn. 9; MDR 2018, 224 Rn. 5: Zeitpunkt der letzten mündlichen Verhandlung vor dem Berufungsgericht, beruht auf der früheren Rechtslage, vgl. etwa BGH NJW 2000, 1343; NJW 1989, 2755, und wird in der Lit. mit Recht abgelehnt, Zöller/Herget Rn. 4; Prütting/Gehrlein/Beumers Rn. 7. Sie ist vom praktischen Standpunkt hinzunehmen, wie BGH MüKoZPO/Wöstmann Rn. 10.

8 Für die Beschwerde nach § 567 gelten die Regeln der Berufung entsprechend.

3. Verurteilung. Maßgeblich ist der Schluss der letzten mündlichen Verhandlung nach §§ 136 IV, 296a. Wenn keine mündliche Verhandlung stattgefunden hat, ist derjenige Zeitpunkt maßgeblich, der dem Schluss einer mündlichen Verhandlung nach § 128 II 2 gleichsteht. Bei § 495a kommt es auf den vom Gericht gesetzten Schlusszeitpunkt der Prüfungsmöglichkeit an, soweit keine Verhandlung stattfand. 9

4. Prozesskostenhilfe. Maßgeblich ist auch beim Antrag auf Bewilligung für eine künftige Rechtsverfolgung oder -verteidigung der Zeitpunkt des Eingangs des Antrags, so auch Prütting/Gehrlein/Beumers Rn. 3; anders die wohl hM, vgl. MüKoZPO/Wöstmann Rn. 11 mwN. Für die Einlegung eines Rechtsmittels, das vor Entscheidung über den Antrag infolge einer dem Antragsteller nicht zuzurechnenden Wertänderung unzulässig wird, ist der Grundsatz indes einzuschränken. Hier kommt die Bewilligung nur für die Kosten der Einlegung selbst in Betracht, damit nicht das an sich zulässige Bewilligungsverfahren trotz des damit verbundenen Aufwands gänzlich erfolglos bleibt. Für die Durchführung eines unzulässigen Rechtsmittels kann PKH nicht bewilligt werden. 10

III. Wertänderungen. Für den ZustW gilt § 261 III Nr. 2. Für den GebW ist eine bloße Wertänderung ohne Bedeutung. Folgen kann allenfalls eine Änderung des Streitgegenstands haben, etwa durch Ermäßigung, Erweiterung, Verbindung und Trennung. 11

Die Ermäßigung bleibt für die Bewertung nach § 4 I Hs. 1 ohne Folgen. Der bei einer **Erweiterung** neu eingeführte Streitgengestand ist auf den Zeitpunkt der Antragseinreichung zu bewerten, Düss OLGRep Hamm 2009, 338. Das folgt über den Wortlaut der Norm hinaus letztlich aus § 261 II. Eine Änderung des Kurswertes ist in diesen Fällen also zu beachten. Verbindung und Trennung lassen die anfängliche Bewertung unberührt. Auswirkungen auf die Zuständigkeit ergeben sich aus den jeweils einschlägigen Normen, vgl. etwa § 506. Wegen des Kostenstreitwerts wirken sie nur für die Zukunft. 12

Eine Klageerweiterung nach **Schluss der mündlichen Verhandlung** wirkt sich als solche nicht aus, auch wenn die Ablehnung der Wiedereröffnung unzulässig ist oder die Klage insoweit fälschlich als unzulässig abgewiesen wird, Karlsr NJOZ 2007, 2052. 13

IV. Nebenforderung, I. 1. Grundsatz: Keine Berücksichtigung. Petershagen NJW 2018, 1782. Die Vorschrift bezweckt eine praktische, einfache und klare Wertermittlung, da von der Wertfestsetzung die sachliche Zuständigkeit der Gerichte und die Zulässigkeit von Rechtsmitteln abhängt, BGH NJW-RR 2019, 545 Rn. 9. Das ist bei Auslegung und Anwendung zu berücksichtigen, vgl. etwa Rn. 9 „Nutzungen". Die Regelung ist abschließend, BGH AGS 2021, 559. Die Einordnung ist eine Rechtsfrage; sie unterliegt nicht der Parteidisposition, Ffm AGS 2020, 514. 14

Eine Forderung bleibt bei der Wertberechnung dann unberücksichtigt, wenn der Kläger sie objektiv als Nebenforderung geltend macht. Das ist zunächst jeder Anspruch, den dieselbe Partei gegen denselben Gegner neben dem Hauptanspruch erhebt und der von dieser materiell-rechtlich objektiv abhängig ist, BGH NJW 2007, 3289, der also einem geltend gemachten Hauptanspruch untergeordnet ist, BGH NJW 2013, 3100 (ausgerechnete Zinsen als entgangener Gewinn); NJW 2007, 1752; Celle NJW-RR 2013, 188 (Anwaltskosten). Musterbeispiel ist der Zinsanspruch aus § 288 I BGB. Die von Kl. gewählte Begründung des Anspruchs darf angesichts des Regelungszwecks, → Rn. 1, abweichend von Brdb JurBüro 2001, 95; Mü NJW-RR 1994, 1484, keine Bedeutung haben. Bei **ausländischen Titeln** kommt es auf die sich aus diesen ergebende Natur der Forderung an, Ffm JurBüro 1994, 117; → Rn. 24 „Vollstreckungsklage". 15

Auf das prozessuale Vorgehen der Partei, namentlich die Formulierung des Klageantrags etwa durch eine gesonderte Antragstellung oder die **Kapitalisierung** bzw. Bezifferung ausgerechneter Nebenkosten anstelle einer **Verzinsung** kommt es nicht an, BGH 19.12.2016 – IX ZR 60/16, BeckRS 2016, 110511; NJW-RR 2008, 374; NJW-RR 1995, 706; Mü NJW-RR 2013, 1088; Köln FamRZ 2019, 623; VersR 2001, 736. Auch die rechtliche Qualifizierung etwa als Verzugsschaden, ist ohne Bedeutung, aA LG Aachen JurBüro 2007, 146, ebensowenig die Grundlage im prozessualen oder im materiellen Recht, BGH NJW 2007, 3289. Daher kann man nicht generell vom Klageantrag ausgehen, aA MüKoZPO/Wöstmann Rn. 26, in dieser Allgemeinheit BGH NJW-RR 1998, 1284 aber nicht zu entnehmen. Einzelfälle → Rn. 24 „Zinsen". 16

Entscheidend ist die materiell-rechtliche **Abhängigkeit** im Sinne einer Unterordnung, so dass Abwehrkosten, die einer Partei entstanden sind und deren Ersatz mit der Widerklage gefordert wird, den Wert erhöhen, BGH NJW 2007, 1752; Rostock JurBüro 2013, 194. Bei Gleichrangigkeit liegt keine Nebenforderung vor, BGH 19.12.2016 – IX ZR 60/16, BeckRS 2016, 110511. Auf die Parteirolle kommt es nicht an. Ist die Hauptforderung Gegenstand der Berufung einer Partei und wird die hierauf aufbauende Zinsforderung vom Gegner mit der Berufung angegriffen, liegt eine Nebenforderung vor, BGH MDR 2013, 1316; MDR 1976, 649. Kosten, die für die Durchsetzung einer Klageforderung entstanden sind, bleiben außer Ansatz, entstehen sie jedoch bei Ermittlung der Schadenshöhe, zählen sie zusätzlich, BGH GRUR-RR 2013, 448; → Rn. 24 „Sachverständiger". 17

Die Höhe der Nebenforderung ist für ihre Einordnung unerheblich. Sie muss indes ihren **eigenständigen Charakter** behalten, so dass sie nach Saldierung im **Kontokorrent** oder bei Zinszuwachs eines Pfandrechts nicht mehr aus dem Saldo herausgerechnet werden muss, BGH NJW-RR 1995, 362. Auch können Gründe der Vereinfachung gebieten, eine Nebenforderung als Teil der Hauptforderung mit zu berücksichtigen, → Rn. 1; auch: → Rn. 24 „Nutzungen". 18

2. Selbständige Berücksichtigung, Differenzrechnung. Wenn der Kläger die Forderung als eine weitere Hauptforderung geltend macht oder wenn das vorerwähnte Abhängigkeitsverhältnis fehlt, ist ihr Wert demjenigen der Hauptforderung hinzuzurechnen, BGH NJW 2020, 3174 Rn. 6; NJW 2015, 3173; NJW 2014, 3100; NJW-RR 2012, 1087 Rn. 7; NJW-RR 2011, 1285 („emanzipierte" Nebenforderung); Ffm WM 2012, 445. Eine anfängliche Nebenforderung ist hinzuzurechnen, soweit sie infolge Wegfalls der Hauptforderung, etwa durch Teilrücknahme, -anerkenntnisurteil oder -erledigung, zum alleinigen oder weiteren Hauptanspruch wird, BGH NJW 2014, 3100; NJW 2012, 2523; Mü 31.7.2019 – 20 U 624/19, BeckRS 2019, 18705; Ffm MDR 2014, 858; Brdb NZG 2001, 366. 19

Bei **teilweisem** Wegfall der Hauptforderung werden die hierauf entfallenden Zinsen, die Kosten und die sonstigen Nebenforderungen zur Hauptforderung, BGH AGS 2021, 559; NJW 2013, 2123 Rn. 6; NJW 2008, 999; Brschw NJW-RR 2020, 317; LG Saarbr NJW-RR 2018, 1339. Der eigenständig zu berücksichtigende Teil ist im Wege der **Differenzrechnung** zu ermitteln, bei der von den gesamten nach der Klagedarstellung vorprozessual angefallenen Forderung diejenigen (fiktiven) Anteil abzuziehen ist, der entstanden wäre, wenn der 20

Anspruch nur in der Höhe geltend gemacht worden wäre, wie er Gegenstand der Klage geworden ist, BGH NJW 2020, 3174; KG NJW-RR 2008, 879. Die vom LG Saarbr in NJW-RR 2018, 1339 Rn. 22 erörterte Alternative, die auf den nicht (mehr) rechtshängigen Teil entfallenden Kosten getrennt auszurechnen, dazu auch Schneider, DAR 2008, 433; NJW-Spezial 2009, 381, hat der BGH nicht weiterverfolgt. Die Berechnung ist vAw vorzunehmen, BGH AGS 2021, 559.

21 Ob eine Zahlung auf den Hauptanspruch erfolgt ist, richtet sich nach §§ 366, 367 BGB, aM AG Hagen JurBüro 1992, 192, abl. Mümmler. Für die Berechnung der Beschwer sind zur Hauptforderung gewordene Zinsen in die Zukunft bis zur hypothetischen Begleichung der Hauptforderung nach § 3 zu schätzen, BGH NJW 1981, 2360; Köln NJW-RR 1993, 1215.

22 Umgekehrt kann eine Hauptforderung zur Nebenforderung werden, wenn etwa infolge Klageerweiterung objektive Abhängigkeit eintritt, → Rn. 14.

23 **3. Andere Unkosten.** Nur die in § 4 abschließend aufgeführten Nebenforderungen bleiben unberücksichtigt. Alle anderen sind hinzuzurechnen, namentlich Steuern, Lagergelder, Frachtkosten, Vertragsstrafen, Finanzierungskosten und Kosten eines früheren Prozesses; nur Steuern auf Nebenforderungen bleiben außer Ansatz, Prütting/Gehrlein/Beumers Rn. 11.

4. Beispiele

24 **Abmahnkosten:** Sie erhöhen den Wert nicht, solange ein Abhängigkeitsverhältnis zur Hauptforderung besteht, BGH GRUR-Prax 2015, 358 (auch bei neg. Feststellung); beziehen sie sich nicht auf einen verfahrensgegenständlichen Anspruch, sind sie streitwerterhöhend zu berücksichtigen, BGH VersR 2017, 508; GRUR-RR 2013, 448; 2012, 271; Mü JurBüro 2007, 146.

Agio: Die Forderung auf Rückzahlung ist keine Nebenforderung, weil sie nicht von der Hauptforderung abhängig ist, Prütting/Gehrlein/Beumers Rn. 12; mittelbar auch Ffm NJW 2013, 3381.

Aktienrecht: Hinzuzurechnen ist das Bezugsrecht auf junge Aktien neben dem Anspruch auf die Herausgabe der Aktien.

Anfechtungsgesetz: Hinzuzurechnen sind Kosten oder Zinsen in einem Anfechtungsprozess außerhalb eines Insolvenzverfahrens. Denn sie erhöhen die Forderung, BGH WM 1982, 435 (§ 6 analog).

Anlagezinsen: → „entgangener Gewinn".

Anschlussrechtsmittel: Nicht hinzurechnen darf man mit einer Anschlussberufung nach § 524 geforderte Kosten und Zinsen, weil der Charakter der Nebenforderung sich hierdurch nicht ändert, Hamm JurBüro 1988, 1550; auch → Rn. 14. Wegen einer Anschlussrevision nach § 554 BGH NJW 1984, 2952.

Anwaltskosten: Vorprozessuale Rechtsanwaltskosten erhöhen als Nebenforderungen nicht den Streitwert und die Beschwer, solange sie neben dem Hauptanspruch geltend gemacht werden, für dessen Verfolgung Rechtsanwaltskosten angefallen sind, BGH VersR 2019, 633; Celle NJW-RR 2013, 188; Mü JurBüro 2007, 146; aM LG Aachen JurBüro 2007, 146. Die vorprozessualen Anwaltskosten sind aber als Streitwert erhöhender Hauptanspruch zu berücksichtigen, soweit der geltend gemachte Hauptanspruch übereinstimmend für erledigt erklärt worden ist, BGH NJW 2008, 999. Dasselbe gilt bei vorprozessualen Kosten wegen einer Hauptforderung, die nicht mehr Gegenstand des Prozesses ist oder nie geworden ist, BGH VersR 2019, 633; BGH NJW 2014, 3100; BGH FamRZ 2009, 867, die zur Abwehr der Klage anfielen und zur Widerklage wurden, Rostock JurBüro 2013, 194, oder deren Hauptforderung nicht mit Rechtsmittel nicht mehr weiterverfolgt wird, BGH NJW 2013, 2123. Der Anspruch auf **Befreiung** von Anwaltskosten erhöht den Wert nicht, soweit die Kosten für die Hauptforderung entstanden sind; darüber hinausgehende Kosten sind werterhöhend, was durch eine Differenzrechnung zu ermitteln ist, BGH NJW 2020, 3174.

Aufwendung: Eine Aufwendung, die man im Prozess auf die Hauptsache macht, muss man hinzurechnen. Denn es liegen keine Kosten nach I Hs. 2 vor. Das gilt zB: Für Frachtspesen; für Futterkosten; für ein Lagergeld; für Mangelfeststellungskosten, Oldb JurBüro 2007, 314; auch → „Sachverständiger".

Ausländisches Urteil: → „Vollstreckungsklage, § 722".

Außergerichtliche Kosten: Es gelten die Regeln → „Kosten".

Befreiung: Zu klären ist vorrangig der genaue Inhalt des Freistellungsanspruchs, BGH NJW-RR 1990, 958. Hinzuzurechnen sind die Kosten des Vorprozesses, Brem JurBüro 2003, 82. Nicht hinzugerechnet werden Zinsen des Anspruchs, von dem der Kläger eine Befreiung begehrt, es sei denn, der Anspruch sei untrennbar in die Hauptforderung eingegangen, BGH NJW-RR 1995, 362; MDR 76, 649; Karlsr JurBüro 2020, 371. „Anwaltskosten"; eingehend Görmer NJW 1999, 1309; JurBüro2010, 68.

Bezifferung: → „Kapitalisierung".

Bürge: Der Anspruch aus § 767 II BGB ist Nebenforderung, RGZ 56, 256; BGH MDR 1958, 765.

Darlehen: → Anh. § 3 Rn. 30.

Deckungszusage: Kosten für ihre Einholung bleiben neben der Hauptforderung unberücksichtigt, BGH NJW 2014, 3100.

Delikt: Grundlage eines Zinsanspruchs in § 849 BGB nimmt inm nicht den Charakter der Nebenforderung, Naumb 27.2.2020 – 1 U 95/19, BeckRS 2020, 6017 Rn. 38.

Dritter: Hinzuzurechnen sind solche Kosten oder Zinsen eines Dritten, die man mit einem Rückgriff geltend macht, BGH MDR 1976, 649; Brem JurBüro 2003, 82; eingehend Görmer NJW 1999, 1309.

Enteignung: Nicht hinzurechnen darf man eine Enteignungsentschädigung nach § 17 IV LandbeschG oder nach dem BauGB, Zweibr Rpfleger 1987, 156.

Entgangener Gewinn: Der Anspruch auf Ersatz von Kapitalertrag, der nach Art von Zinsen ermittelt wird, ist Nebenforderung, BGH NJW 2013, 3100 (krit. Junglas); NJW 2012, 2447; Ffm NJW 2013, 3381; Brem NZG 2013, 1183; LG Konstanz 15.11.2013 – 5 O 9/13, BeckRS 2016, 10577; aA BGH 30.1.2013 – IX ZR 204/09, BeckRS 2013, 2800; Mü 9.2.2015 – 13 W 180/15, BeckRS 2016, 21310; 5.3.2014 – 13 U 3481/13, BeckRS 2015, 1443; Stg NJW-RR 2011, 714. Andere Anlageschäden, etwa hyp Anlage in Gold, werden nicht als Nebenforderung geltend gemacht, weil sie nicht nach Art von Zinsen ermittelt werden, BGH 26.1.2017 – XI ZR 410/14, BeckRS 2017, 101484; MüKoZPO/Wöstmann Rn. 29.

Erledigung der Hauptsache: Sie kann Zinsen oder vorprozessuale Anwaltskosten zur Hauptsache machen, → Rn. 19.

Erschleichung: Bei einer Klage auf die Unterlassung der Zwangsvollstreckung aus einem erschlichenen Urteil und aus dem zugehörigen Kostenfestsetzungsbeschluss nach § 104 gelten die Regeln → „Kosten" für die festgesetzten Beträge.
Feststellung neben Leistung: Nicht zusammenrechnen darf man bei demselben Gegenstand, BGH NJW-RR 2013, 1022.
Frachtspesen: → „Aufwendung".
Freihalteanspruch: → „Befreiung".
Früchte: Wann sie vorliegen, ergibt sich aus § 99 BGB.
Gebrauchsvorteil: Nicht hinzurechnen darf man den Gebrauchsvorteil, BGH NJW 2006, 1582.
Gewinn: Entgangener Gewinn.
Hinterlegung: Hinzuzurechnen sind bei einer Klage auf die Einwilligung in eine Auszahlung des hinterlegten Betrags die bis zur Einlegung des Rechtsmittels aufgelaufenen Zinsen. Denn es liegt ein einheitliches Verfahren vor. Es handelt sich also nicht um eine bloße Nebenforderung gegenüber dem Bekl. Vielmehr muss der Staat den Betrag verzinsen, BGH NJW-RR 2000, 1015; MDR 1995, 196; Ffm BeckRS 2014, 10091; Köln JurBüro 1980, 281.
Inkassokosten: Es gelten die Regeln → „Kosten".
Kapitalisierung: Zinsen bleiben auch bei einer Bezifferung als Nebenansprüche außer Betracht; hinzuzurechnen sind Zinsen allerdings ausnahmsweise insoweit, als man sie kontokorrentmäßig, → Rn. 14, oder vertraglich zum Kapital zuschlagen darf, Ddf JurBüro 1984, 1865.
Klageerweiterung: → Rn. 11.
Kontokorrent: → Rn. 14.
Kosten: Die unter den prozessualen Kostenerstattungsanspruch, → Vor § 91 Rn. 42, fallenden Kosten sind im vorliegenden Zusammenhang von vornherein unbeachtlich, weil sie erst gar nicht ausgerechnet werden. Relevant sind die selbständig geltend gemachten, im Prozess und vor dem Prozess entstandenen Unkosten zur Durchsetzung des rechtshängigen Hauptanspruchs, BGH VersR 2017, 508; NJW 2007, 3289; KG NJW-RR 2008, 879; LG Bln JurBüro 2005, 427. Sie bleiben nach I Hs. 2 neben der Hauptforderung unberücksichtigt, namentlich der nicht anrechenbare Teil der Geschäftsgebühr nach Ziff. 2300 VV RVG. Gleiches gilt für Schreibkosten, BGH NJW-RR 2019, 1511 Rn. 20. Für den Pauschalansatz von Kosten einer Kontoprüfung offen gelassen in BGH BeckRS 2019, 3506 Rn. 8.

Auch → Rn. 24 „Abmahnkosten"; allg. → Rn. 19, dort auch zur Ermittlung bei nur teilweiser Berücksichtigung. Anders ist es bei Kosten, die eine selbständige Schadensposition darstellen, → „Sachverständiger".

Auch bei der auf § 826 BGB gestützten Klage gegen die Durchsetzung eines Titels bleiben die Kosten unberücksichtigt, BGH NJW 1968, 1275.
Mahnung: → Rn. 24.
Mietsicherheit: Beim Rückzahlungsanspruch sind die in die Endsumme eingerechneten Anlagezinsen aus dem Streitwert nicht herauszurechnen, LG Köln WM 1995, 719. Zur einschränkenden Interpretation von § 4 → Rn. 1.
Novation: Zinsen werden nicht mehr herausgerechnet, wenn sie untrennbar in eine neue Gesamtforderung einbezogen worden sind, Kbl JurBüro 1999, 197; auch → Rn. 1.
Nutzungen: Nicht hinzurechnen darf man nach I Hs. 2 Nutzungen nach § 100 BGB, soweit der Kläger sie als Nebenforderungen geltend macht, BGH NJW 1998, 2354. Der Gedanke der Vereinfachung, → Rn. 1, kann indes eine einschränkende Interpretation gebieten, so zB bei der Rückabwicklung eines Lebensversicherungsvertrages, BGH NJW-RR 2019, 545 Rn. 9; Rostock JurBüro 2021, 590; Nürnb NJW-RR 2019, 803; aA noch Karlsr NJW-RR 2017,1445, aufgegeben in JurBüro 2019, 424; für § 43 GKG auch in Ansehung der Entscheidung des BGH gegen Hinzurechnung Celle NJW-RR 2019, 807.
PfÜB: Die Kosten bleiben im Rechtsstreit gegen den Haftpflichtversicherer des Schädigers außer Ansatz, BGH NJW-RR 2015, 1340.
Protokoll: Für die Kosten eines Protokolls nach §§ 159 ff. gelten die Regeln → „Kosten".
Provision: Sie ist grds. hinzuzurechnen, es sei denn, es lägen ausnahmsweise Kosten vor oder eine Vergütung für Nutzungsdauer oder Stundung, wie etwa bei der Einbeziehung einer Darlehensprovision in die Kreditkosten; sind sie untrennbar in die Kreditsumme eingerechnet, werden sie nicht gesondert ermittelt, BGH NJW 1980, 2074; Zöller/Herget Rn. 11; MüKoZPO/Wöstmann Rn. 20. Die Maklerprovision wird idR auf den Vertragsschluss gezahlt; dann liegt keine Nebenforderung vor.
Rechtsanwaltskosten: „Anwaltskosten"
Rechtsmissbrauch: → „Erschleichung".
Sachverständiger: Die Kosten eines vorgerichtlichen Sachverständigengutachtens sind idR hinzuzurechnen, da sie der Schadensermittlung dienen und damit selbständiger Teil des Schadens sind, BGH NJW 2007, 1752. Anders ist die Lage, wenn ein Gutachten zum Zweck der Anspruchsdurchsetzung eingeholt wird, etwa begleitend zur gerichtlichen Beweisaufnahme, Karlsr NZV 2012, 492.
Schiedsrichterliches Verfahren: Nicht hinzurechnen darf man die im Schiedsspruch zuerkannten Zinsen und Kosten bei einem Antrag auf Vollstreckbarerklärung oder Aufhebung des Schiedsspruchs, Mü SchiedsVZ 2009, 68. Zu unterscheiden ist jedoch der selbständige Kostenschiedsspruch, der beim Streitwert in jedem Fall mitberücksichtigt wird, Kröll SchiedsVZ 2009, 217. Anders auch für im ausländischen Schiedsurteil selbständig bezifferte Kosten BGH Rpfleger 57, 15; Ffm JurBüro 1994, 117; → „Vollstreckungsklage".
Selbständiges Beweisverfahren: Maßgeblich ist grds. der Wert einer künftigen Hauptsache, BGH, NJW 2004, 3488; Karlsr JurBüro2020, 204. Die Kosten sind im Umfang der Einbeziehung Prozesskosten des anschließenden Rechtsstreits; sie bleiben unberücksichtigt, OLGRep Ffm 2009, 931, auch wenn sie in die Hauptforderung eingerechnet werden, Ffm AGS 2020, 514; → Vor § 91 Rn. 94 „Selbständiges Beweisverfahren".
Selbsthilfeverkauf: Für seine Kosten gelten die Regeln → „Kosten".
Steuerrecht: Nicht hinzurechnen darf man einen Steuersäumniszuschlag, BGH NJW 1956, 1562.
Teilungsplan: Zinsen sind Nebenforderung, BGH NJW-RR 1998, 1284.
Umsatzsteuer: Auf Nebenforderungen entfallende Umsatzsteuer bleibt Nebenforderung, BGH NJW 1977, 583; in BGH NJW 2020, 3174 als selbstverständlich behandelt.
Unfallfinanzierung: Es gelten die Regeln → „Kosten".

Unkostenpauschale: Eine Unkostenpauschale ist hinzuzurechnen, BGH NJW 2007, 1752; NJW-RR 2008, 898.

Versicherung: Verlangt ein Versicherungsnehmer nach § 5a VVG aF die bereicherungsrechtliche Rückabwicklung eines Lebensversicherungsvertrags, ist ein Anspruch auf Herausgabe von Nutzungen beim Streitwert zu berücksichtigen, weil andernfalls der Gedanke der Vereinfachung, → Rn. 1, nicht zur Geltung käme, BGH NJW-RR 2019, 545; Nürnb NJW-RR 2019, 803. Die Kosten eines PfÜB bleiben im Rechtsstreit gegen den Haftpflichtversicherer des Schädigers außer Ansatz, BGH NJW-RR 2015, 1340. Die Kosten eines Haftpflichtprozesses sind in der Deckungsklage mit zu berücksichtigen, wenn sie Gegenstand des Deckungsprozesses waren, die Zinsen auf die Hauptforderung und die außergerichtlichen Anwaltskosten des Haftpflichtprozesses hingegen nicht, BGH BeckRS 2021, 5161 = VersR 2021, 668 Rn. 3; BGH 11.1.2017 – IV ZR 354/15, BeckRS 2017, 100588; MüKoZPO/Wöstmann Rn. 27. Kosten für die Einholung der Deckungszusage sind Nebenforderung, BGH NJW 2014, 3100.

Verzugsschaden: Eine Verzugspauschale nach § 288 V 1 BGB erhöht als Nebenforderung den Streitwert nicht, BAG NJW 2019, 2420 Rn. 12; auch → Rn. 14; → „Zinsen".

Verzugszinsen: → „Zinsen".

Vollstreckungsabwehrklage: § 4 gilt auch bei einer Vollstreckungsabwehrklage nach § 767. Die Kosten des Vorprozesses darf man nicht als Nebenforderung hinzurechnen, selbst wenn die Klage sich zugleich gegen den KfB richtet, BGH NJW-RR 2015, 1471. Auch bei der auf **§ 826 BGB** gestützten Klage gegen die Durchsetzung eines Titels bleiben die Kosten unberücksichtigt, BGH NJW 1968, 1275; LG Hmb NJW-RR 1990, 624.

Vollstreckungsklage, § 722: Hinzurechnen muss man die in dem ausländischen Urteil ziffernmäßig allein oder neben der Hauptforderung erscheinenden Kosten. Denn dann liegt keine Nebenforderung vor, Ffm JurBüro 1994, 117. Nicht hinzurechnen darf man die Zinsen nach → „Zinsen" und im Übrigen die Verfahrenskosten.

Vollstreckungskosten: § 4 gilt auch beim Rückgriff gegen den Haftpflichtversicherer, BGH NJW-RR 2015, 1340.

Vollstreckungsschaden: § 4 gilt auch dann, wenn der Kläger nach § 717 II 1 einen Vollstreckungsschaden geltend macht.

Vorbereitungskosten: Die Vorbereitungskosten wirken grds. nicht werterhöhend, BGH GRUR-RR 2013, 448; → § 91 Rn. 21.

Vorprozess: → „Zwangsvollstreckung".

Wiederaufnahme: § 4 gilt auch bei einer Wiederaufnahmeklage nach §§ 578 ff.

Willenserklärung: Ein Zinsanspruch kann auch hinter einer Klage auf deren Abgabe Nebenforderung sein, Hmb JurBüro 1994, 364 = FHZivR 40 Nr. 7261.

Zinsen: Allg. → Rn. 14, → Rn. 19.

– **(Anleger – Zinsgewinn):** → „Entgangener Gewinn".
– **(Anspruchsgrundlage):** Ob es sich um vertragliche oder gesetzliche Zinsen handelt, macht keinen Unterschied, Köln VersR 2001, 736; → Rn. 14.
– **(Auslandsurteil):** Hinzurechnen darf man auch solche Zinsen, die ein ausländisches Gericht zuerkannt hat, soweit es jetzt um eine Klage zwecks Vollstreckbarerklärung zB nach § 722 geht, Ffm JurBüro 1994, 117; → Rn. 14.
– **(Bereicherung):** Als Gegenstand eines einheitlichen Gesamtanspruchs können Zinsen Teil der Hauptforderung sein, BGH NJW-RR 2000, 1015; → Rn. 1.
– **(Bürgschaft):** Bei Inanspruchnahme des Bürgen für Hauptforderung und Zinsen bleiben letztere unberücksichtigt, BGH WM 1956, 889.
– **Deliktsansprüche:** Auch ausgerechnete Zinsen aus Delikt erhöhen den Streitwert nicht, Schlesw JurBüro2021, 257.
– **(Kapitalisierung):** → Rn. 14.
– **(Klageermäßigung):** → Rn. 19.
– **(Kontokorrent):** → Rn. 14.
– **(Künftige Zinsen):** Sie sind auf den hyp Erfüllungszeitpunkt der Hauptforderung zu schätzen, Naumb JurBüro 2007, 489.
– **(Rechtsmittel des Gegners):** Nicht hinzurechnen darf man Zinsen, soweit die Hauptforderung Gegenstand eines gegnerischen Rechtsmittels ist, BGH MDR 2013, 1316.
– **(Stundungszinsen):** Auch hier gilt § 4, BGH NJW 1998, 2060.
– **(Versicherung):** Zinsen bleiben auch im Deckungsprozess unberücksichtigt, Nürnb VersR 1978, 854.
– **(Vorfälligkeit):** Vorfälligkeitszinsen fallen unter § 4, BGH NJW 1998, 2060.

Zwangsvollstreckung: Bei der Duldungsklage sind Zinsen und Kosten mit anzusetzen, offen gelassen in BGH NJW-RR 1999, 1080.

25 **V. Wechselanspruch, II.** Nach Abs. II werden Ansprüche aus Art. 48 f. WG auf Zahlung von Zinsen, Kosten und Provisionen als Nebenforderungen behandelt. Das gilt sowohl im Wechselprozess nach § 602 als auch im ordentlichen Verfahren. Bei einer Klage aus dem Grundgeschäft gilt Abs. I ohnehin. Für andere Ansprüche gilt die Regelung ebenso wenig wie Abs. I Hs. 2, → Rn. 23. Für den Bürgen gelten die allg. Regeln, → Rn. 24.

26 **VI. Scheckanspruch, II.** II gilt im Scheckprozess des § 605a entsprechend.

5 *Mehrere Ansprüche.* Mehrere in einer Klage geltend gemachte Ansprüche werden zusammengerechnet; dies gilt nicht für den Gegenstand der Klage und der Widerklage.

1 **I. Systematik, Hs. 1, 2.** → Vor § 3 Rn. 1. Zunächst gilt die Regelung für den ZustW und den Bagatellwert nach § 495a. § 5 Hs. 1 enthält indes auch für die Gebührenberechnung eine Selbstverständlichkeit. Kostenrechtlich gelten vorrangige Sonderregeln zB nach §§ 41, 44, 45 I 3, 46, 48 II, III GKG, § 23 RVG, §§ 33 ff., 44 FamGKG. Ein bedeutender Unterschied findet sich bei den Regelungen über die Widerklage in § 5 Hs. 2 ZPO und § 45 I 1 GKG, näher → Rn. 8; → Anh § 3 Rn. 138.

II. Regelungszweck, Hs. 1, 2. Die Zusammenrechnung für den Kostenstreitwert erfolgt im Interesse der Kostengerechtigkeit; sie führt aufgrund der Gebührendegression zu niedrigeren Kosten. Bei der nach § 2 ebenfalls erfassten Beschwer werden für einen Rechtsmittelführer, nicht aber für mehrere, die neben- oder gegeneinander vorgehen, auch die Werte mehrerer Gegenstände addiert, BGH NJW-RR 2006, 717; NJW 1981, 578; BAG NZA 2004, 1239. § 5 Hs. 2 soll verhindern, dass Bekl. durch Widerklage nach § 506 die Zuständigkeit eines höheren Gerichts erzwingen kann, BGH NJW 1994, 3292. Er gilt nicht für den Rechtsmittelstreitwert; hier ist bei Verlust von Klage und Widerklage zu addieren, BGH NJW-RR 2017, 1407. Für den GebW beachte § 45 I GKG. 2

III. Geltungsbereich, Hs. 1, 2. Die Vorschrift ist in allen Verfahren der ZPO anwendbar, namentlich im Mahnverfahren und in Eilverfahren, auch in WEG-Sachen und im Arbeitsgerichtsverfahren. In einer Baulandsache kann § 5 entsprechend anwendbar sein, BGH NJW 1989, 1038. Dasselbe gilt nach § 173 S. 1 VwGO im verwaltungsgerichtlichen Verfahren, OVG Lüneb JurBüro 2015, 479. 3

IV. Mehrere Ansprüche, Hs. 1. 1. Grundsatz: Zusammenrechnung. Am Beginn steht die Klärung des **Streitgegenstandes,** → § 2 Rn. 4. Nur bei mehreren stellt sich die Frage nach der Addition, BGH NJW-RR 2016, 506; Ffm JurBüro 2006, 538. Man muss sie grds. zusammenrechnen, BGH NJW-RR 2012, 1103, LAG Hbg JurBüro 2002, 479. Das betrifft sowohl die subjektive Klagehäufung nach §§ 59 ff., BGH NJW-RR 1991, 186, als auch die zulässige objektive Klagehäufung nach § 260, BGH NJW 1981, 578; BAG NZA 2004, 1239; Ffm JurBüro 2006, 538, natürlich erst recht deren Zusammentreffen, Mü MDR 1993, 286. Objektive Klagehäufung führt auch für die **Beschwer** zur Addition, BGH NJW-RR 2006, 717; NJW-RR 2006, 1097, nicht hingegen ist aus wechselseitig eingelegten Rechtsmitteln ein Gesamtwert zu bilden. Auf die Reihenfolge der Geltendmachung kommt es nicht an, so dass auch bei sukzessiver Klagenhäufung zu addieren ist, solange die Ansprüche **nebeneinander** geltend gemacht werden; anders mag für die Gebühren zu entscheiden sein, näher → „Klageänderung". 4

Der Grundsatz der Zusammenrechnung gilt auch bei einer zulässigen **Verbindung,** bloß tatsächlich gleichzeitige Verhandlung reicht demgegenüber nicht, Köln JurBüro 2012, 651; Mü JurBüro 1990, 393; OVG Greifsw JurBüro 2010, 532; VGH Mannh NVwZ-RR 1996, 543. Die Verbindung lässt die vor ihrer Vornahme entstandenen Werte und Kosten unberührt, Köln VersR 1992, 518. Bei wirksamer **Verfahrenstrennung** führt auch die Verbindung im Rechtsmittelzug nicht zu einer Addition des BeW, BGH NJW 2000, 217 (Ausnahme: willkürliche Trennung). 5

Eine Zusammenrechnung setzt eine wirtschaftliche **Werthäufung** voraus, Ddf NJOZ 2022, 635; Saarbr JurBüro 2020, 302; Mü AGS 2016, 13 (Leasing); Saarbr NJW-RR 2009, 864. Bei **wirtschaftlicher Identität** findet eine Addition nicht statt, selbst wenn die Klage gegen mehrere Beklagte auf verschiedene Gründe gestützt wird, BGH WuM 2020, 298; NJW-RR 1991, 186; Stgt JurBüro 2020, 142; Saarbr JurBüro 2020, 302; NJW-RR 2019, 1535; Drsd AGS 2017, 335; BAG NJW 2022, 1637. Entsprechendes gilt für die sich überlappenden Wertanteile bei Teilidentität, BGH NJW-RR 2017, 152. 6

2. Beispiele zur Zusammenrechnung oder deren Unterbleiben

Abänderung: → „Rückforderung".

Abberufung: → „Kündigung". 7

Abnahme: Anspruch auf Abnahme der Gegenleistung ist neben der Klage auf Leistung Zug um Zug nicht anzusetzen, BGH NJW-RR 2020, 1517; die Lage ist ähnlich wie beim Annahmeverzug.

Alternative Klagebegründung: Keine Addition, da Ansprüche, die auf dasselbe wirtschaftliche Interesse ausgerichtet sind, nicht kumulativ bestehen und nicht gleichzeitig zuerkannt werden können. Nürnb NJOZ 2011, 324.

Amtshaftung: Daneben geltend gemachte Anspruch aus enteignungsgleichem Eingriff ist wirtschaftlich identisch, BGH NJW 2010, 681.

Anfechtungsgesetz: Nicht zusammenrechnen darf man einen Anspruch des Anfechtungsgläubigers auf die Zahlung eines Wertersatzes und auf die Duldung der Zwangsvollstreckung über den Rechtsnachfolger, Ffm MDR 1955, 496.

Annahmeverzug: Nicht zusammenrechnen darf man den Leistungsantrag und den Antrag auf die Feststellung des Annahmeverzugs des Bekl. mit Gegenleistung oder Rücknahme, BGH NJW-RR 2010, 1295; Ddf JurBüro 2009, 33; KG MDR 2005, 898; LG Mönchengladb ZMR 1985, 164. Nur im Einzelfall kann die wirtschaftliche Identität fehlen, wenn Kl. ein über die Feststellung der Voraussetzungen von § 756 hinausreichendes Interesse hat, etwa wegen des Gefahrübergangs iSd § 300 BGB.

Anschlussberufung: Zusammenrechnen muss man nach § 524 bei Verschiedenheit der Streitgegenstände, LG Bln JurBüro 1985, 259.

Anspruchshäufung: → Rn. 4.

Anzahlung: Zusammenrechnen muss man bei einer Klage auf Anzahlung und Widerklage auf volle Erfüllung, Celle Nds. Rpfl. 1985, 1.

Auflassung: Dem Wert der Klage wird ein Antrag auf Löschung von Belastungen nicht hinzugerechnet, Köln JurBüro 1988, 1388.

Aufrechnung: → Anh. § 3 Rn. 15.

Auskunftsklage: → „Stufenklage". Der Anspruch aus Art. 15 DS-GVO ist neben einem Leistungsantrag zu addieren, weil er idR der Durchsetzung weitergehender Ansprüche dient, Köln MDR 2020, 1082.

Ausschließungsklage: Und Widerklage auf Feststellung der Unwirksamkeit sind wertidentisch, Ffm JurBüro1985, 1083.

Bauhandwerkersicherungshypothek: Sie zählt nach wohl hM neben dem Werklohnanspruch nicht gesondert, Drsd BauR 2014, 1352; Nürnb MDR 2003, 1382; Stgt BauR 2003, 131; für Addition die aA von Hmb BauR 2021, 1347, insoweit in NZBau 2021, 387 nicht abgedruckt; Ddf MDR 2009, 322; Hamm BauR 2011, 1546. Letzterer Auffassung gebührt der Vorzug, weil das Sicherungsinteresse des Gl. nicht zuletzt aufgrund der mit der Schaffung des Sicherungsmittels in § 650e BGB verbundenen Zielsetzung eigenes wirtschaftliches Gewicht hat, insbesondere durch die mit der Eintragung verbundene Druckposition.

Befreiung: Nicht zusammenrechnen darf man die dingliche und die persönliche Befreiung, BGH FamRZ 2009, 1663.

Bestandsstreitigkeit: Nach LAG Berlin-Brdb ArbRAktuell 2021, 26 besteht Identität mit dem Anspruch auf Annahmeverzugsvergütung.

Betriebsübergang: Weiterbeschäftigungsanspruch zählt gesondert, LAG Kiel JurBüro 2007, 257.

Bürge: Nicht zusammenrechnen darf man die Ansprüche gegenüber dem Hauptschuldner und dem Bürgen. Denn es liegt wirtschaftlich eine Nämlichkeit vor. Dasselbe gilt bei Herausgabe der Urkunde und Widerklage auf Erfüllung, Ddf NJW-RR 2016, 1215; Stgt OLGR 1998, 427 (höherer Wert), bzw. Klage auf Zahlung und Widerklage auf Herausgabe der Bürgschaftsurkunde, die nur bei einem höheren Wert als die Zahlungsklage mit dem Differenzbetrag angesetzt wird, Stgt MDR 1980, 678. Auch → § 6 Rn. 12.

Darlehen: Nicht zusammenrechnen darf man den Anspruch und einen mit der Auszahlung begründeten Gegenanspruch, Karlsr OLGR 2005, 353, oder den Rückkaufwert einer zugehörigen Lebensversicherung, BGH NJW-RR 2006, 997.

Drittwiderspruchsklage: Nicht zusammenrechnen darf man bei § 771.

Duldung: Nicht zusammenrechnen darf man den Anspruch auf die Leistung gegenüber dem einen Schuldner und den Anspruch auf die Duldung der Zwangsvollstreckung demselben gegenüber, Celle OLGR 2002, 11; KG AnwBl 1979, 229 (wirtschaftliche Identität), oder gegenüber dem anderen Schuldner. Denn derselbe Anspruch geht hier in zwei verschiedene Richtungen. Das gilt zB bei einem Anspruch des Anfechtungsgläubigers nach dem AnfG auf die Zahlung eines Wertersatzes und auf die Duldung der Zwangsvollstreckung über den Rechtsnachfolger, „Anfechtungsgesetz".

Eigentumsvorbehalt: → „Kaufpreis".

Eilverfahren: → Rn. 3; zur Einbeziehung in einen Vergleich → Anh. § 3 Rn. 127.

Erbrecht: Nicht zusammenrechnen darf man den Anspruch auf die Herausgabe eines Erbteils und eine Erbunwürdigkeitsklage, BGH NJW 1970, 197.

Feststellung: Eine Zusammenrechnung von **Leistungs- und Feststellungsantrag** hängt vom Einzelfall ab, BGH NJW-RR 2012, 165; Celle NZI 2008, 321; OLGRep Celle 2009, 1025. Bei § 850f II erhöht er sich nicht, Jena MDR 2010, 1211; Stgt NJW-RR 2009, 708. Keine vollständige Zusammenrechnung kommt beim Zusammentreffen eines Leistungsantrags wegen eines behaupteten Versicherungsfalles mit einem Feststellungsantrag auf Fortbestand des Vertrages in Betracht, weil eine wirtschaftliche Teilidentität besteht, BGH NJW-RR 2017, 152. Die Verbindung der Feststellungsklage mit dem Antrag auf **Freigabe** einer Sicherheit führt nicht zur Addition der Streitwerte beider Anträge, Karlsr NJW-RR 2018, 191. Zum Verhältnis von Leistungs- und Zwischenfeststellungsklage BGH NJW-RR 1992, 698.

Fluggast: Anspruch auf Ausgleichszahlung nach Art. 5 Ic, 7 VO (EG) Nr. 261/2004 und Anspruch auf Schadensersatz sind nicht identisch, BGH NJW-RR 2017, 1453.

Freigabe: Zahlungsantrag und Freigabe eines darin enthaltenen Betrags führen nicht zur Addition, OLGRep Ffm 1994, 96; „Feststellung". A. auf Feststellung der Unwirksamkeit eines Darlehensvertrages und auf Freigabe der Sicherheit sind wirtsch identisch, Karlsr NJW-RR 2018, 191.

Freistellung: Sie kann neben sonstigen Regelungsgegenständen eines Vgl. eigenen Wert haben, Ddf FamRZ 1994, 57.

Fristsetzung: § 255. Wegen wirtsch. Identität ist nicht zu addieren. Für BeW und GebW gilt der höhere Einzelwert, BGH NJW-RR 2018, 331 Rn. 15.

Gesamtgläubiger: Nicht zusammenrechnen darf man wegen des Anspruchs mehrerer Gesamtgläubiger auf dieselbe Leistung, Schneider FS Madert, 2006, 212.

Gesamtschuldner: Die einzelnen Ansprüche werden wegen wirtschaftlicher Identität nicht addiert, BGH NJW 2001, 2638; NJW-RR 2004, 638; NJW-RR 1991, 186; → „Streitgenossen".

Gesellschaft: Klage gegen Kündigung und Abberufung sind wirtsch identisch, BGH NZG 2016, 868; „Juristische Person"

Haftungsquote: Bei wechselseitigen Rechtsmitteln findet für die Gebühren eine Addition statt, Oldb JurBüro2020, 37.

Handlung: § 510b. In der Regel ist wegen wirtschaftlicher Identität eine Addition nicht vorzunehmen.

Herausgabe: → „Wertersatz".

Hilfsantrag: Für den ZustW ist nur der höhere Wert maßgeblich. Zusammenrechnen muss man nach § 45 I 2 GKG die Einzelwerte von Haupt- und Hilfsantrag dann, wenn das Gericht über beide entschieden hat. Das ist bei Zuspruch der Fall und bei Abweisung, unabhängig davon, ob diese durch Sachentscheidung als unbegründet oder wegen mangelnder Zulässigkeit erfolgt, Karlsr JurBüro 2021, 370; Ffm GRUR 2012, 960; BFH BeckRS 2013, 96028. Eine Parallele zur Hilfsaufrechnung ist nach dem eindeutigen Wortlaut der Norm in letzterer Hinsicht nicht angezeigt, weil es für den Hilfsantrag an einer dem § 45 III GKG iVm § 322 ZPO vergleichbaren Regelung fehlt. Zu weitgehend allerdings Stgt AGS 2012, 417, wo bei Eintritt der Bedingung auf jedwede Entscheidung verzichtet wird, da gegen den Wortlaut der Norm.

Juristische Person: Für Unterlassungsansprüche gegenüber einer juristischen Person und ihrem gesetzlichen Vertreter wird Addition befürwortet von Hamm GRUR-RR 2016, 384.

Klageänderung, -ermäßigung: Nicht zusammenrechnen darf man im Rahmen des § 5 für die Zuständigkeit, dh für den ZustW, den vor der Klageänderung geltend gemachten Anspruch und den jetzigen. Denn die Ansprüche werden unter diesen Umständen nicht nebeneinander erhoben; Celle MDR 2015, 912; Schlesw SchlHA 2012, 263; Stg MDR 2012, 314; Drsd JurBüro 2007, 315; Ffm JurBüro 1994, 738 (Teilerledigung). Durch Klageermäßigung und nachfolgende -erweiterung kann mithin die wertabhängige Zuständigkeit nicht beeinflusst werden. Das leuchtet ein, weil das Gericht zu keiner Zeit jenseits der maßgeblichen Wertgrenzen tätig wird. Erst wenn der neue aktuelle Streitwert erstmals die Zuständigkeit des LG statt des AG begründet, kommt eine Verweisung in Betracht.

Anders ist nach zutreffender hM bei **§ 39 GKG, §§ 22, 23 I 1 RVG** zu entscheiden, weil der Wortlaut abweichend von § 5 ZPO keine gleichzeitige Geltendmachung fordert, Schlesw NJW-RR 2022, 931 (Aufgabe von Schlesw SchlHA 2012, 263); Naumb JurBüro 2022, 86; Düss NJW-RR 2022, 935; Rostock MDR 2020, 374; Mü NJW-RR 2017, 700; KG MDR 2008, 173; LAG Sachsen AGS 2017, 339; Zöller/*Herget* Rn. 3; *Fölsch* NZM 2016, 500. Immerhin bleibt es auch bei einer vollständigen Rücknahme für die angefallenen Gebühren beim ursprünglichen Wert. Wenn nach → § 92 Rn. 52 die Kostenentscheidung zu ermitteln ist und Anwaltsgebühren auf den zurückgenommenen Teil nur vor der mündlichen Verhandlung entstanden sind, bedarf es wegen der Verhandlungsgebühr einer nach Zeitabschnitten differenzierenden Wertfestsetzung („bis vor der mündlichen Verhandlung: …, ab deren Beginn: …").

Die Gegenmeinung spricht sich in diesen Fällen für eine durchgängige Anwendung des § 5 und damit gegen die Addition der einzelnen Gebührenstreitwerte aus, wenn die betr. Gegenstände lediglich hintereinander, nicht aber gleichzeitig anhängig waren, Stgt MDR 2012, 314; Ddf JurBüro 2010, 648; Ffm NJW-RR 2009, 1078; jedenfalls wenn die Zulässigkeit des Klagewechsels vor Beendigung des Rechtsstreits nicht mehr geklärt worden ist, Karlsr MDR 2016, 1053. Für diese Ansicht kommt es auf den höchsten Einzelwert bzw. die höchste Summe der gleichzeitig anhängigen Gegenstände an. Gerade dieses, nur in sich folgerichtige Ergebnis lässt sich aus der gesetzlichen Regelung nicht herleiten.

Klageerweiterung: → „Streitgenossen".

Kündigung: Nicht zusammenrechnen darf man den Kündigungsschutzantrag mit dem Gehalts- oder Lohnanspruch, LAG Mainz MDR 2007, 1046; mit einem Auflösungsantrag, LAG Chemnitz JurBüro 2006, 33; LAG Nürnb JurBüro 2006, 82, oder mit der Klage auf Annahmeverzugsvergütung, es sei denn, es liege wirtschaftliche Identität vor, BGH AGS 2022, 378 mit eingehender Anm. Hansens. Die daneben beschlossene Abberufung eines Geschäftsführers erhöht den Wert nicht, BGH NZG 2016, 868.

Lebensversicherung: Dient der Anspruch auf den Rückkaufswert lediglich der Durchsetzung des Darlehensanspruchs, ist er nicht zu addieren, BGH NJW-RR 2006, 997.

Mahnverfahren: Zusammenrechnen muss man auch im Mahnverfahren nach §§ 688 ff.

Mehrheit von Ansprüchen: → Rn. 4; → „Juristische Person".

Mehrheit von Klägern: Zusammenrechnen muss man nach → Rn. 4 mehrere in derselben Klage geltend gemachte Ansprüche, nicht aber bei identischen Ansprüchen mit der Anzahl der Kläger multiplizieren.

Miete: Die Regeln zur → „Feststellung" gelten auch hier, BGH NJW-RR 2006, 1004 (für denselben Zeitraum); NZM 2004, 423.

Nichtvermögensrechtlicher Anspruch: Beim Zusammentreffen mit einem vermögensrechtlichen Anspruch kann im Einzelfall alleine der höhere Wert maßgeblich sein (Unterlassung und Schmerzensgeld), Köln JurBüro 1994, 491.

Nichtzulassungsbeschwerde: Der gleichzeitig eingelegten Revision kommt kein eigener Wert zu, BGH NJW 2015, 1253.

Patentverfahren: Bei Verbindung mehrerer Verfahren kann eine Einzelbetrachtung von Angriffen unterschiedlichen Gewichts geboten sein, BPatG GRUR 1992, 690.

Parteiwechsel: Beim Parteiwechsel auf der Beklagtenseite findet eine Addition der Einzelstreitwerte nicht statt, wenn diese wirtschaftlich identisch sind, Mü NJW-RR 2018, 575.

Rückforderung: Nicht zusammenrechnen darf man eine Abänderungsforderung des Schuldners und die Rückforderung des schon Gezahlten, Köln FamRZ 2010, 1933; Hbg FamRZ 1998, 311; JurBüro 1994, 493.

Sicherheitsleistung: § 650f BGB. Hamb NZBau 2021, 387 will $^1/_3$ des Wertes der zu sichernden Forderung addieren; dem ist aus den bei → „Bauhandwerkersicherungshypothek" aufgeführten Gründen auch hier zuzustimmen; aA Stg MDR 2013, 741; Prütting/Gehrlein/Beumers ZPO § 5 Rn. 5.

Sicherungsanspruch: Nicht zusammenrechnen darf man einen Sicherungsanspruch etwa aus einer Pfandklage und eine persönliche Forderung, oder etwa aus einem Werkvertrag nach § 648a BGB und die Werklohnforderung, Drsd BauR 2014, 1352; Stg MDR 2013, 741; KG BauR 2011, 144, oder aus einem Zahlungsanspruch; für Ansatz eines zusätzlichen Interesses von $^1/_3$ Hamm JurBüro 2017, 586.

Streitgenossen: Nicht zusammenrechnen darf man Ansprüche gegen mehrere notwendige Streitgenossen nach § 62 auf dieselbe Leistung, BGH NJW 2015, 2816; Stg NJW-RR 2020, 255; Saarbr NJW-RR 2019, 1535 Rn. 9. Das gilt auch bei einer nachträglichen Klageerweiterung nach §§ 263, 264, Kblz AnwBl 1985, 203. Für die Beschw sind die Ansprüche mehrerer Streitgenossen zu addieren, BGH NJW 2015, 281. Im Übrigen kann man bei verschiedenen Gegenständen wie sonst zusammenrechnen, OVG Münst JurBüro 2002, 532. Auch → Anh. § 3 Rn. 105.

Streithelfer: Bei ihm nach § 66 und bei einer Einheit des Streitgegenstands und der Urteilswirkung erfolgt keine Zusammenrechnung, BGH NJW 2001, 2638.

Stufenklage: → Anh. § 3 Rn. 108.

Teilbetrag: Nicht zusammenrechnen darf man die Feststellung des gesamten Rechtsverhältnisses nach § 256 und einen Anspruch auf die Leistung eines Teilbetrags, BGH NZM 2004, 423.

Teilerledigung: Beim Zusammentreffen einer teilweisen Erledigung oder einer teilweisen Klagerücknahme nach § 269 und einer anschließenden Einführung eines neuen Gegenstands gelten die für die „Klageänderung" geltenden Grundsätze; für Gebührenermittlung aus dem addierten Wert KG MDR 2008, 173; aA Ffm JurBüro 1994, 738.

Unerlaubte Handlung: Der Antrag soll mit den Leistungsantrag wirtsch identisch sein, BGH NJW-RR 2013, 1022; NJW 2009, 920. Dem ist grds. zuzustimmen, weil das Nennwertprinzip, → § 6 Rn. 1, unabhängig von der Durchsetzbarkeit generell zur vollen Bewertung einer Forderung führt. Eigenständiges Gewicht kann dem Antrag daher nur im besonders gelagerten Einzelfall zukommen.

Unterhalt: Bei einer Verbindung der Forderungen auf eine rückwirkende Herabsetzung und auf eine Rückzahlung darf man nicht zusammenrechnen, Hbg JurBüro 1994, 493. Nicht zusammenrechnen darf man seine Verlängerung und seine Abkürzung, Stgt FamRZ 2008, 1205.

Unterlassung: Zusammenrechnen muss man nach → Rn. 4, soweit Unterlassungsschuldner keine Gesamtschuldner sind, Kblz WRP 1985, 45. Der Wert eines Beseitigungsanspruchs wird addiert, Bbg JurBüro 1987, 1831. Das gilt auch bei § 8 UWG gegenüber mehreren selbständigen Konzernmitgliedern, Hbg GRUR-RR 2006, 392. Zu prüfen ist generell die wirtschaftliche Identität, BGH NJW-RR 1987, 1148.

Vaterschaftsklage: Es ist für jedes Kind ein Wert anzusetzen, Hmb FamRZ 2007, 1035.

Vollstreckungsabwehrklage: Nicht zusammenrechnen darf man den Anspruch aus einer Vollstreckungsabwehrklage nach § 767 und den Anspruch auf die Rückgewähr der Leistung oder auf Titelherausgabe, es sei denn, durch letzteres solle einem Missbrauchsrisiko vorgebeugt werden, BGH JurBüro 2004, 540. Ein Einstellungsantrag erhöht den Wert nicht, Karlsr NJW-RR 2018, 255; Ddf JurBüro 2000, 310. Auch → „Zwangsvollstreckung".

Vornahme einer Handlung: Nicht zusammenrechnen darf man den Vornahmeanspruch und den Anspruch auf eine Entschädigung nach § 510b; maßgeblich ist der höhere Wert, BGH NJW-RR 2018, 331.

Vorschuss: Nicht zusammenrechnen darf man seine Forderung und eine Ersatzvornahme nach § 887 I, II, Prütting/Gehrlein/Beumers Rn. 5 „Ersatzvornahme".

Weiterbeschäftigung: Zusammenrechnen darf man mit einer Feststellung des Betriebsübergangs, LAG Kiel JurBüro 2007, 257. Für Einbeziehung eines Hilfsantrags in den Vergleichswert LAG Nürnb NZA-RR 2020, 603.

Wertersatz: Nicht zusammenrechnen darf man: Den Anspruch auf die **Herausgabe** einer Sache und den Anspruch auf die Zahlung einer Geldsumme als eines Wertersatzes bei einer Unmöglichkeit der Herausgabe; den Anspruch des Anfechtungsgläubigers nach dem AnfG auf die Zahlung eines Wertersatzes und auf die Duldung der Zwangsvollstreckung über den Rechtsnachfolger. Vgl. auch: → Anh. § 3 Rn. 71 „unechter Hilfsantrag".

Widerklage: → Anh. § 3 Rn. 138.

Wohnungseigentum: Der Wert einer Klage gegen den Negativbeschluss und der Klage auf Vornahme kann identisch sein, Celle ZMR 2010, 627.

Zug-um-Zug: Das Angebot der Gegenleistung bleibt bei der Wertfestsetzung grds. unberücksichtigt, → § 3 Rn. 13; das gilt auch für die Beschwer. Zu prüfen ist jedoch, ob nicht in dem Angebot eine Verrechnung oder eine Aufrechnung liegt, mit der das klägerische Interesse oder seine Beschwer von Vornherein verringert wird, BGH NJW 2022, 194 Rn. 19; NJW 2017, 2102; NJW-RR 1994, 1203. Nicht zusammenrechnen darf man wegen wirtschaftlicher Identität die Leistung mit einer Forderung auf Abnahme oder auf Feststellung des Annahmeverzugs, Ddf MDR 2009, 57; KG MDR 2005, 898; Karlsr OLGR 2004, 388.

Zwangsvollstreckung: Zusammenrechnen soll man den Anspruch auf die Feststellung der Unzulässigkeit der Zwangsvollstreckung nach §§ 256, 775 und den Anspruch auf die Aushändigung einer löschungsfähigen Quittung oder einer Löschungsbewilligung, da keine wirtschaftliche Identität vorliege, Ddf JurBüro 2000, 310. Der Antrag auf Einstellung wird nur dann hinzugerechnet, wenn er auf einem anderen Sachverhalt beruht, Ddf 4.8.2005 – I-15 W 15/05, BeckRS 2005, 30360914; für generelle Annahme wirtsch Identität auch Karlsr NJW-RR 2018, 255.

8 **V. Klage und Widerklage, Hs. 2.** Zum Zweck der Regelung → Rn. 1. Zu Einzelheiten → Anh. § 3 Rn. 138. In einer Familiensache gilt § 39 FamGKG, Toussaint/Zivier FamGKG § 39 Rn. 1 ff.

6 *Besitz; Sicherstellung; Pfandrecht.* [1]**Der Wert wird bestimmt: durch den Wert einer Sache, wenn es auf deren Besitz, und durch den Betrag einer Forderung, wenn es auf deren Sicherstellung oder ein Pfandrecht ankommt.** [2]**Hat der Gegenstand des Pfandrechts einen geringeren Wert, so ist dieser maßgebend.**

1 **I. Besitzstreit, Eigentumsstreit, S. 1.** § 6 ist eine Grundlage des **Nennwertprinzips** und des Gebots der Orientierung am objektiven Verkehrswert. Erfasst ist dem Wortlaut nach nur der Besitz im Sinne der §§ 854 ff. BGB. Der Fall des § 855 BGB ist nicht erfasst, Ffm AGS 2009, 499. Im Übrigen ist Besitz indes untechnisch gemeint, denn Eigentum ist erst recht erfasst, Köln MDR 2005, 298; Hamm MDR 2002, 1458. Die Norm gilt bei jeder Klageart, KG AnwBl 1978, 107 (Freigabe), LG Drsd JurBüro 2000, 83 (§ 2039 BGB) und grds. für alle **Streitwertarten.** § 6 ist über **§ 48 I 1 GKG** auf den **GebW** anzuwenden, BGH 17.12.2020 – IX ZR 208/18, BeckRS 2020, 38345. Unter Hinweis auf den Grundsatz der Verhältnismäßigkeit einschränkend Zöller/Herget ZPO § 6 Rn. 1; näher → Rn. 3. Allerdings geht § 41 GKG der Regelung in § 6 S. 1 1. Alt. vor; für Ansprüche des Käufers ist § 6 gegenüber § 41 GKG Spezialregelung, Nürnb JurBüro 2004, 377. Die Vorschrift des § 8 stellt gegenüber § 6 die Spezialregelung dar, BGH NJW-RR 2013, 718; NJW-RR 1994, 256. In bestimmten aktienrechtlichen Eilverfahren geht § 53 GKG vor.

2 Erfasst ist jede Klageart und jeder Anspruch, sofern es tragend auf Eigentum oder Besitz einer Sache ankommt und deren endgültige, nicht nur vorläufige Erlangung das Klageziel ist, Hamm MDR 1990, 449. Eigentum bzw. Besitz müssen den eigentlichen Gegenstand des Streites ausmachen. Ist zB das Eigentum unstreitig und wird dem Kl. der Besitz nur wegen eines Pfandrechts vorenthalten, ist es vertretbar, den Wert der Gegenforderung als Streitwert zu nehmen, Ffm MDR 2003, 356.

3 **1. Grundsatz: Sachwert, restriktive Interpretation für den Gebührenstreitwert.** Soweit es auf den Besitz einer Sache oder auf ihr Eigentum ankommt, ist der Wert der Sache maßgeblich. Das gilt nach § 62 S. 1 GKG, § 23 I 1 RVG auch für den GebW. Wegen der sich hierbei häufig ergebenden, hohen, dem wahren wirtschaftlichen Interesse aber nicht durchgehend angemessenen Werte und damit der Kosten ist im Lichte des verfassungsrechtlichen **Justizgewährungsanspruchs** je nach Lage des Einzelfalls durch einschränkende Interpretation eine Korrektur des Gebührenstreitwertes geboten, BVerfG NJW-RR 2000, 946; BGH ZInsO 2018, 134; Köln AGS 2019, 24; iE str., ablehnend MüKoZPO/Wöstmann Rn. 2; Musielak/Voit/Heinrich Rn. 5; differenzierend Prütting/Gehrlein/Beumers Rn. 3. Die Begrenzung des Streitwertes auf den Betrag der Forderung, deren Sicherung der herauszugebende Gegenstand dient, ist als Ausnahmeregelung eng auszulegen und keine Grundlage für die generelle Orientierung an einem „eigentlichen" wirtschaftlichen Interesse des Herausgabeklägers. Kritikpunkt ist die darin liegende, im Einzelfall durchaus erörternswerte Abweichung vom Angreiferinteresse, → § 3 Rn. 12. Die Lösung liegt am ehesten in einer Interpretation des § 6, die eine Anwendung nur für den Fall im Blick hat, in dem die Bewertung sich mit dem bei wirtschaftlich vernünftiger Betrachtung berechtigten Angreiferinteresse deckt. Auf Einzelprobleme wird in den nachfolgenden Beispielen und iÜ bei den einschlägigen Stichworten im Anh. § 3 eingegangen.

2. Beispiele zur Anwendbarkeit

4 **Abnahme:** § 6 ist grds. unanwendbar auf eine Klage des Verkäufers auf die Abnahme der Kaufsache; dann gilt § 3; → Anh. § 3 Rn. 5.

Anwartschaft: → Anh. § 3 Rn. 7.

Arrest, Einstweilige Anordnung oder Verfügung: § 6 ist insoweit anwendbar, als bei einem Antrag auf vorläufige Regelung nach §§ 49 ff. FamFG, §§ 916 ff., 935 ff. der Verkehrswert einer Sache Berechnungsgrundlage ist, wenn der zugrunde liegende Anspruch unter die Norm zu subsumieren ist; weitere Elemente der

Bewertung sind danach den Besonderheiten des Einzelfalls zu entnehmen, OLGR Braunschw 2000, 290 = BeckRS 2014, 5360; OLGR Köln 1999, 336 = BeckRS 1999, 10194 (voller Verkehrswert); LG Köln FamRZ 2016, 2147. Vorrang haben § 53 GKG Toussaint/Toussaint GKG§ 53 Rn. 1 ff. und § 41 FamGKG, Toussaint/Zivier FamGKG§ 41 Rn. 1 ff. Eine Vorwegnahme der Hauptsache rechtfertigt den Ansatz ohne Abschlag, LG Bln GE 2016, 1097. Näher → Anh. § 3 Rn. 11.

Auflassung: § 6 ist anwendbar bei Klage auf Erteilung der Auflassung BGH NJW-RR 2001, 518; Rostock JurBüro 2012, 196, auch bei Rückauflassung, Schlesw Rpfleger 1980, 239. Beim ideellen Grundstücksteil gilt, ausgehend vom Verkehrswert, nach § 3 nur dessen Wert, KG MDR 2008, 1417. Näher zu der Frage, in welchen Grenzen der volle Verkehrswert anzusetzen ist, → Anh. § 3 Rn. 14.

Baulandsache: § 6 ist unanwendbar auf eine Klage auf eine vorzeitige Besitzeinweisung in einer Baulandsache nach dem BauGB. Vielmehr gilt dann § 20 GKG entsprechend und es entscheidet das Interesse des Klägers, meist etwa 33,3 % des Werts der Fläche, Toussaint/Elzer § 6 Rn. 5. Näher → Anh. § 3 Rn. 26.

Besitzeinweisung: „Baulandsache".

Besitzklage: § 6 ist anwendbar auf eine Besitzklage jeder Art, Hamm MDR 2002, 1458; LG Bln Rpfleger 1990, 31. Das gilt auch bei einer Besitzstörung.

Beweisurkunde: „Urkunde":

Drittwiderspruchsklage: → Anh. § 3 Rn. 139.

Eigentumsfeststellung: § 6 ist anwendbar auf eine Klage auf die Feststellung des Eigentums.

Eigentumsvorbehalt: § 6 ist anwendbar auf eine Klage auf Herausgabe einer unter einem Eigentumsvorbehalt gelieferten Sache, Naumb JurBüro 2011, 29. Das gilt auch bei der Feststellung der Wirksamkeit des Eigentumsvorbehalts.

Erbbaurecht: → Anh. § 3 Rn. 41.

Feststellungsklage: Bei der positiven F. ist ein Abschlag vorzunehmen. Bei der negativen F. ist vorrangig zu prüfen, welches Recht verneint wird; § 6 ist nur anwendbar, wenn es in einem unter § 6 fallenden Recht besteht, Köln JurBüro71, 713 (nicht bei Verneinung des Angebots von Aktien). → Anh. § 3 Rn. 53

Grundbuchberichtigung: Die Klage auf Zustimmung ist grds. nach § 6 zu bewerten, wenn Ziel der Erhalt der Rechtsposition ist, BGH 7.4.2022 – IX ZR 51/21, BeckRS 2022, 9717; Prütting/Gehrlein/Beumers ZPO § 6 Rn. 6.

Herausgabe: § 6 ist anwendbar, BGH NJW-RR 2018, 331 (Ersatzschlüssel); Mü MDR 2015, 984 (Leasing); Naumb JurBüro 2011, 29 (Sicherungsgut); aM Hamm MDR 1990, 449 bei Kurzzeit. Wegen Einzelheiten → Anh. § 3 Rn. 68. Bei Miete und Pacht gelten § 8 sowie § 41 GKG. Die Klage auf Feststellung des Eigentums reicht für die Anwendung des § 6 aus, ohne dass zugleich auf Herausgabe geklagt wird.

Hinterlegung: § 6 ist anwendbar auf eine Klage auf die Erteilung einer Einwilligung zur Herausgabe einer hinterlegten Sache, KG AnwBl 1978, 107. Näher → Anh. § 3 Rn. 71.

Miete: § 8.

Räumungsklage: Es gilt § 8, BGH NZM 2005, 677, es sein denn, das Bestehen eines vertraglichen Verhältnisses iSd § 41 I, II GKG habe von vornherein nicht in Rede gestanden; dann gilt § 6, LG Bln GE 2016, 1097.

Sicherungseigentum: Es ist analog § 6 nach dem Sicherungsinteresse zu bewerten, begrenzt durch den Wert der Forderung, BGH NJW 1959, 939; auch Ffm MDR 2003, 356; LG Stgt MDR 1977, 676.

Übergabe: § 6 ist anwendbar auf eine Klage des Käufers auf Übergabe der Kaufsache. Bei einem Rechtsstreit um den Besitz einer Sache ist abweichend von § 6 nicht deren Wert, sondern ein (geringerer) Betrag anzusetzen, dessen Nichtzahlung Ausgangspunkt für den Rechtsstreit ist, KG NJW 2018, 3466; Ddf BauR 2015, 869.

Umlegungsverfahren: § 6 ist unanwendbar auf eine Klage dazu, ob ein Grundstück in ein Umlegungsverfahren kommen soll; es zählt nach § 3 das in Rede stehende Interesse, BGH NJW 1969, 1114.

Urkunde: § 6 ist anwendbar, wenn der Sachwert der Urkunde den Streit prägt, BGH NJW 1989, 2755. Geht es um den Beweiswert, ist auf § 3 abzustellen, Kobl 18.4.2012 – 2 W 183/12, BeckRS 2013, 1371. Auch → Anh. § 3 Rn. 124.

Veräußerungsverbot: § 6 ist anwendbar auf ein gesetzliches oder vertragliches Veräußerungsverbot. Maßgeblich ist nur der Verkehrswert, also nicht das wirtschaftliche Ziel.

Verbotene Eigenmacht: → „Besitzklage".

Verwahrung: Die vorzeitige Rückgabe lässt sich nach § 3 (Zeitinteresse) behandeln, die endgültige nach § 6.

Vorbehaltseigentum: Eigentumsvorbehalt; → Rn. 16.

Vorläufige Regelung: → „Arrest, Einstweilige Anordnung oder Verfügung".

Wertpapier: Es entscheidet sein Kurswert; näher → Anh. § 3 Rn. 69.

Widerspruchsklage: Behauptet der Kläger einer Widerspruchsklage nach § 93 I 3 ZVG, ein mietrechtsähnliches Rechtsverhältnis, richtet sich die Beschwer entweder nach §§ 8, 9, oder nach § 6, BGH NZM 1999, 189.

Zugewinnausgleich: Die beabsichtigte Einbeziehung eines Grundstücks in den Zugewinnausgleich führt nicht zu einer Abweichung vom Verkehrswert, Ffm 7.9.2001 – 4 WF 68/01, BeckRS 2001, 30203625.

3. Verkehrswert. a) Grundlagen der Ermittlung. Maßgebend ist der Wert der Sache, also der objektive **5**
Verkehrswert, BGH NJW-RR 2001, 518; Köln MDR 2005, 298; Mü WM 2018, 1526. Das gilt bei einem Grundstück und bei der Klage auf Feststellung des Eigentums. Maßgebend ist also nicht der Einheitswert, sondern eher der fortgeschriebene **Bodenrichtwert,** BGH NJW-RR 2020, 1456. Bei der Auflassung eines Erbbaurechtsgrundstücks gilt nur der Bodenwert, Bbg JurBüro 1992, 629. Bei einem noch zu vermessenden Teil muss man nach § 3 schätzen. Der Verkehrswert gilt auch dann, wenn es um ein Mietwohngrundstück geht. Dasselbe gilt beim geleasten Gegenstand, LAG Mainz JurBüro 2009, 140 (Firmen-Pkw). Also entscheidet hier nicht der Ertragswert. Beim Einbau gilt der Wert nach der Trennung, BGH NJW 1991, 3221.

Der Kaufpreis ist nicht zwingend maßgeblich, Köln MDR 2005, 299; er erbringt nur idR einen Anscheins- **6**
beweis für die Höhe des Verkehrswerts. Bei einem Edelmetall ist der Ankaufskurs maßgeblich, weil das Angreiferinteresse des Kl. sich danach bestimmt, welchen Preis er bei einer Veräußerung erzielen könnte, BGH NJW-RR 1991, 1210. Bei schwankenden Kursen kommt es auf den Zeitpunkt der Entscheidungsreife oder des Schlusses der letzten Verhandlung an, BGH NJW-RR 1991, 1210; bei festen Werten gilt § 4 I, Mü WM 2018, 1527. Daher muss man zB bei der Rückauflassung eines inzwischen bebauten Grundstücks die Bebauung mitbewerten.

7 **b) Belastungen.** Belastungen, wie etwa mit Grundpfandrechten, sind grds. nicht abzuziehen, BGH NJW-RR 2001, 518; JurBüro 1982, 697; KG MDR 2008, 1417; MDR 2001, 56; Karlsr FamRZ 2004, 43. Etwas anderes dürfte gelten, wenn die Nutzungsmöglichkeit so beschränkt wird, dass der Verkehrswert empfindlich beeinflusst wird, wie etwa bei Baubeschränkungen und Wegerechten, Prütting/Gehrlein/Beumers Rn. 12; auch BGH NJW-RR 2001, 518. Dabei handelt es sich indes um eine Frage der Bewertung als solcher, nicht um eine Rechtsfrage.

8 Ohne Einfluss sind sonstige Grundstücksbelastungen, etwa Nießbrauch oder Wohnrecht, BGH NJW-RR 2001, 518, aA für lebenslangen Nießbrauch Zweibr 7.3.1997 – 7 W 1/97, BeckRS 2014, 171.

9 **c) Gegenleistung.** Eine Gegenleistung bleibt für den ZustW generell und iÜ grundsätzlich außer Betracht, BGH NJW-RR 2005, 367. Ausnahmen für den GebW können sich insbesondere bei der **Auflassung** ergeben, weil hier die Diskrepanz zwischen dem Wert des Grundstücks und dem im Einzelfall nur noch geringen streitigen Interesse groß werden kann, → Anh. § 3 Rn. 14 „Auflassung". Das Problem ist indes allgemeiner Natur. Unbeachtlich ist idR das Angebot der geschuldeten Gegenleistung oder der Einwand, der Schuldner brauche nur Zug um Zug zu erfüllen, Stgt JurBüro 2002, 424; Ausgleichspflicht nach der Saldotheorie führt zu keinem anderen Ergebnis, Nürnbg 20.8.2014 – 8 W 1580/14, BeckRS 2015, 2215. Zur Beschwer → Anh § 3 Rn. 142 „Zug-um-Zug".

10 Bei einem auf die Gegenleistung beschränkten Rechtsmittel ist indes nur diese maßgeblich, BGH NJW-RR 2004, 714; bei Verurteilung etwa Zug um Zug gegen Mängelbeseitigung liegt der Beschwerdewert für den Kläger in den Beseitigungskosten, Ddf MDR 1999, 628; → Anh. § 3 Rn. 28 „Berufung".

4. Beispiele zur Verkehrswertermittlung

11 **Duldung:** „Herausgabe oder Herausnahme".

Gesamthand: Auch wenn der Kläger gegen diejenigen Gesamthandeigentümer vorgeht, die eine Herausgabe verweigern, während die übrigen Gesamthandeigentümer die Herausgabe bewilligen, ist der Verkaufswert der Rechtsfolge maßgeblich, also der Wert des gesamten Grundstücks.

Grundstückswert: Grundlage kann der fortgeschriebene Bodenrichtwert sein, BGH NJW-RR 2020, 1456.

Herausgabe oder Herausnahme: Wenn der Kläger eine Duldung der Entfernung oder nur die Herausgabe einer eingebauten Sache verlangt, muss man den durch die Wegnahme oder Herausgabe verminderten Wert ansetzen, BGH NJW 1991, 3222. Allg. → Anh. § 3 Rn. 69.

Hinterlegung: „Teil der Sache".

Kurswert: Maßgeblich ist der Ankaufkurs, BGH NJW-RR 1991, 1210.

Räumungsfrist: Wenn der Bekl. nur eine kurze Räumungsfrist nach § 721 beantragt, muss man den Wert nach § 3 iVm § 41 II GKG schätzen. Für die Verlängerung gilt § 3, LG Bambg AGS 2020, 484.

Schlüssel: Evtl. gilt der Wert der ganzen Anlage, Ddf OLGR 1993, 79, LAG Kiel JurBüro 2007, 258.

Teil der Sache: Wenn der Kläger nur einen Teil der Sache beansprucht, ist der Wert dieses Teils maßgeblich. Das gilt auch bei einem Hinterlegungsgläubiger, KG AnwBl 1978, 107; Schlesw JurBüro 1976, 239.

Trennung: Es gilt der Wert nach der Trennung, BGH NJW 1991, 3221.

Überbau: Der Wertverlust des beeinträchtigten Grundstücks ist mit dem Wert der betroffenen Fläche anzusetzen, BGH NZM 2007, 300.

Veräußerungspflicht: Ist eine solche in Bezug auf eine Sache im Streit, kommt es auf das Interesse des Kl. an, sie nicht zu veräußert, Oldbg MDR 1996, 101.

Vorbehaltseigentum: Es ist mit dem vollen Wert anzusetzen, Köln JurBüro 1971, 86; Ffm NJW 1970, 334.

Wegnahme: „Herausgabe oder Herausnahme".

Zurückbehaltungsrecht: Wenn in der höheren Instanz nur noch streitig ist, ob der Bekl. aufgrund seines Zurückbehaltungsrechts nur **Zug um Zug** leisten muss, ist der Wert des Zurückbehaltungsrechts maßgeblich, BGH BB 1991, 937; KG JurBüro 2003, 593; Saarbr AnwBl 1979, 154. Diesen Wert begrenzt der volle Wert des Auskunftsanspruchs, BGH BB 1991, 937; iÜ vgl. → Rn. 9.

12 **II. Sicherstellung einer Forderung, S. 1 Alt. 2.** Auch insoweit gilt die Norm grds. für alle Streitwertarten, → Rn. 1. Das Sicherungsmittel muss Gegenstand des Streites sein. Die Zahlungsklage ist von § 6 nicht erfasst; sie bedarf keiner besonderen Regelung und fällt letztlich unter § 3, → § 3 Rn. 1. Erst wenn man um eine bestehende oder noch zu bestellende Sicherheit streitet, etwa um die Freigabe einer Bürgschaft, entscheidet der Betrag der gesicherten oder zu sichernden Forderung ohne Rücksicht auf Betagung oder Bedingung, BGH WuM 2006, 215; → Anh. § 3 Rn. 29. Hier gibt das Gesetz den Wert, der nach S. 1, 1. Alt. an sich mit dem Wert der Sicherheit anzusetzen wäre, im Interesse von Klarheit und Einfachheit normativ vor. Auch wenn es um die Herausgabe einer zur Sicherung übereigneten Sache geht, ist der Wert der Forderung maßgeblich, falls dieser Wert unter demjenigen der Sache selbst liegt, → Rn. 4 „Sicherungseigentum". Für die Feststellungsklage ist nach all dem ein Wertabschlag nicht vorzunehmen, Prütting/Gehrlein/Beumers Rn. 21.

13 S. 2 enthält eine weitere Begrenzung auf den niedrigeren Sachwert.

14 **III. Pfandrecht, S. 1, 2. 1. Geltungsbereich.** § 6 betrifft das Pfandrecht bei beweglichem Vermögen und das Grundstückspfandrecht, mithin jedwede dingliche Sicherheit, Prütting/Gehrlein/Beumers Rn. 14. Das Gesetz verwendet den Ausdruck „Pfandrecht" nicht in dem beschränkten Sinn des BGB. Die Art der Klage ist unerheblich. Es ist auch unerheblich, ob das Pfandrecht vertraglich oder gesetzlich entstand, so dass etwa die Fälle der §§ 233, 562, 583, 592, 647, 704 BGB, §§ 397, 440, 464, 475b HGB mit erfasst sind. „Sicherstellung" einer Forderung und „Pfandrecht" sind sprachlich an sich dahin voneinander abzugrenzen, dass es im ersteren Fall auf die Bestellung einer Sicherheit für eine Forderung ankommt und im zweiten Fall das bereits bestehende Pfandrecht Streitgegenstand ist. Eine grundsätzliche Unterscheidung zwischen den beiden Fällen ist wegen der wirtschaftlichen Gleichwertigkeit nicht angezeigt, → Rn. 17.

15 **Beispiele:**

16 **Absonderung:** § 6 ist anwendbar, Köln OLGReport Hamm 2007, 604.

Anfechtung: Außerhalb der InsO gilt § 6 analog, BGH WM 1982, 435; Zinsen und Kosten sind Nebenforderung iSd § 4 BGH WM 1982, 1443.

Bauhandwerkersicherung: Maßgeblich für die Hauptsacheklage ist die zu sichernde Forderung ohne Nebenforderungen, Stgt NJW-RR 2012, 1418. Näher → Anh. § 3 Rn. 26.

Bürgschaft: § 6 ist anwendbar, → Anh. § 3 Rn. 30.

Hinterlegung: → Anh. § 3 Rn. 71.
Löschung: → Rn. 20.
Pfändung und Überweisung: Der Wert beträgt höchstens die gepfändete Forderung.
Sicherungseigentum: Es gilt § 6 analog, → Rn. 4.
Vorbehaltseigentum: Es gilt nur S. 1, → Rn. 11.
Widerspruchsklage: § 771 Die Regelung des § 6 ist direkt anwendbar, BGH JurBüro 2017, 263. Zinsen und Kosten bleiben unberücksichtigt, BGH WM 1983, 246; → Anh. § 3 Rn. 139.

2. Ausgangswert: Forderung. Die Wertberechnung erfolgt nach dem Betrag der Forderung, Saarbr MDR 2001, 897; → Rn. 1. § 6 S. 2 hat die Funktion einer Obergrenze, dh wenn der Gegenstand des Pfandrechts einen geringeren Wert als den Betrag der Forderung hat, ist nach S. 2 dieser geringere Wert maßgeblich, ohne dass dem ein weitergehender Regelungsgehalt abzugewinnen wäre. 17

Die Regelung des S. 2 gilt dem Wortlaut nach nur für ein bestehendes Pfandrecht. Wenn man das Pfandrecht erst noch bestellen muss, wenn es also um die Sicherstellung geht, gilt die Norm trotz des einschränkenden Wortlauts von S. 2 auch insoweit, wenn der Kläger für die Sicherung der Forderung einen bestimmten Gegenstand bezeichnet hat; denn es besteht angesichts der wirtschaftlich gleichwertigen Ausgangslage kein Anlass, die beiden Fälle unterschiedlich zu behandeln, Prütting/Gehrlein/Beumers Rn. 14; die aA von Zöller/Herget Rn. 9 trägt dem nicht hinreichend Rechnung. 18

Die Forderung ist nach § 4 I zu berechnen, dh Nebenforderungen wie Zinsen bleiben außer Ansatz, obwohl der Gegenstand des Pfandrechts, die Pfandsache, in ihrem Wert auch durch zB auflaufende Zinsen gemindert wird. Es geht hier indes lediglich um den Streitwert, der auch bei einer Zahlungsforderung ohne Nebenforderungen berechnet wird, obwohl das wirtschaftliche Interesse deutlich höher sein kann. Zu beachten ist allerdings, dass Kosten und Zinsen nach dem Vertrag Teil der Hauptforderung sein können, etwa auf einem Spar- oder Kontokorrentkonto, BGH NJW-RR 1995, 362; auch → § 4 Rn. 18 zum eigenständigen Charakter der Nebenforderung. 19

Besteht die Forderung nicht mehr, wird das Sicherungsmittel nach § 3 frei bewertet; praxisrelevanter Fall ist der Streit um die **Löschung** eines akzessorischen Grundpfandrechts, Ddf RPfleger 2020, 67; Brdb BeckRS 2020, 11217; Hmb MDR 1975, 846; Köln MDR 80, 1025; MüKoZPO/Wöstmann Rn. 18: grds. 20 %. Bei der Grundschuld kommt es demgegenüber auf die entfallene Valutierung nicht an, so dass der Nennwert zählt, BGH NJW-RR 2017, 847. Einzelfälle → Rn. 22. 20

Ein **Vorpfandrecht** ist nicht wertmindernd zu berücksichtigen. Denn jede Pfändung ergreift den ganzen Gegenstand. Andernfalls müsste man bei einer Erschöpfung des Werts durch vorangegangene Vorpfandrechte das nachfolgende Vorpfandrecht mit 0 EUR bewerten. 21

3. Beispiele zum Forderungswert

Abtretung: Wenn es um die Abtretung eines Pfandrechts geht, ist der Nennwert und nicht die Valutierung maßgeblich. 22
Auflassungsvormerkung: Für den Anspruch auf Eintragung zählt nach § 6 der volle Wert des zu sichernden Rechts; für den Löschungsanspruch ist nach § 3 auf das Interesse abzustellen, BGH GE 2019, 1571; BGH NJW 2002, 3180 (1/3); näher → Anh. § 3 Rn. 135 „Vormerkung".
Bedingter/Befristeter Anspruch: § 6 ist anwendbar; Bedingung und Befristung sind nur für die Bewertung der Forderung von Bedeutung, → Anh. § 3 Rn. 29.
Duldung der Zwangsvollstreckung: Der Wert der Klage bestimmt sich nach dem Wert der Forderung einschließlich Zinsen und Kosten, begrenzt durch den Wert des Grundstücks, BGH NJW-RR 1999, 1080.
Einstweilige Verfügung: Bei einer einstweiligen Verfügung mit dem Ziel der Eintragung einer Vormerkung zur Sicherung einer Forderung ist von dieser Forderung auszugehen und das Interesse des Antragstellers an der Sicherung nach § 3 zu schätzen. Man muss also ein Bruchteil feststellen, Brem AnwBl 1976, 441 (90 %), LG Frankenth AnwBl 1983, 556 (33,3 %), LG Lpz JurBüro 1995, 26 (25 %–33,3 %).
Grundschuld, Hypothek:
- **(Bewilligung/Eintragung):** Der Anspruch ist nach § 6 mit dem Betrag der Forderung zu bewerten, begrenzt durch den Nennbetrag des Grundpfandrechts als Höchstbetrag, Ddf NZBau 2005, 697. Der Verkehrswert des Grundstücks ist die selbstverständliche Obergrenze.
- **(Löschung allg.):** Ausgangspunkt ist generell der Nennbetrag, begrenzt durch den Wert des Grundstücks, Saarbr MDR 2001, 897; indes wird zwischen akzessorischen und nicht akzessorischen Grundpfandrechten differenziert. Die Beschwer des verurteilten Bekl. beschränkt sich auf die Löschungskosten, BGH 12.3.2013 – II ZR 214/10, BeckRS 2013, 6240.
- **(Löschung einer Hypothek):** und Unterlassung der Zwangsvollstr sind bei akzessorischen Sicherungsmitteln grds. nach § 3 mit einem Bruchteil des Nennbetrags zu schätzen. Ausgangspunkt ist der eingetragene Nennwert, begrenzt durch den Wert des Grundstücks; hiervon ist nach dem Interesse des Kl. ein Anteil zu nehmen, Kblz JurBüro 2009, 430 (Restbetrag der Hypothek); Stgt MDR 2010, 778 (20 % des Nominalwerts); bei Löschung einer Höchstbetragshypothek ist der Höchstbetrag der Forderung maßgeblich, der sich aus dem Grundbuch ergibt, Drsd MDR 2008, 1005. Denn das Grundstück haftet evtl. bis zu dieser Höhe.
- **(Löschung einer Grundschuld):** Bei der Grundschuld zählt ungeachtet der Valutierung der Nennwert, BVerfG NJW 2012, 2947; BGH NJW-RR 2017, 847, zust. Roth MDR 2017, 1153; NJW-Spezial 2016, 380; Hamm 2.5.2016 – 31 W 34/16, BeckRS 2016, 17932; Ddf MDR 2000, 543; abweichende Rspr. ist überholt. Anders für den Sonderfall der Gesamtgläubigerschaft BGH WM 2010, 1476 (40 % des Nominalwerts).

Herausgabe: Bei einer Klage auf die Herausgabe einer Pfandsache ist deren höherer Wert unerheblich. Wenn ein Dritter die Pfandsache herausverlangt und wenn der Besitzer die Sache wegen eines Pfandrechts zurückhält, gilt § 6. Denn der Dritte kann die Sache auslösen.
Mehrere Grundstücke: Bei der Eintragung auch zulasten eines anderen Grundstücks ist § 6 anwendbar.
Rangstreit: Maßgeblich ist nach § 3 das wirtschaftliche Interesse des Kl. und damit einhergehend analog § 6 S. 2 die kleinere der beiden in Betracht kommenden Forderungen. Der Wert des Grundstücks markiert in jedem Fall die Obergrenze. Man kann beim Anspruch auf einen Vorrang § 45 GNotKG entsprechend anwenden, Ffm AnwBl 1982, 111. Vgl. auch Prütting/Gehrlein/Beumers Rn. 20.
Vormerkung: „Auflassungsvormerkung".

7 *Grunddienstbarkeit.* Der Wert einer Grunddienstbarkeit wird durch den Wert, den sie für das herrschende Grundstück hat, und wenn der Betrag, um den sich der Wert des dienenden Grundstücks durch die Dienstbarkeit mindert, größer ist, durch diesen Betrag bestimmt.

1 **I. Systematik, Regelungszweck.** § 7 bezieht sich auf Grunddienstbarkeiten nach § 1018 BGB, nicht auf persönliche Dienstbarkeiten oder auf Reallasten, namentlich Erbbaurecht, § 1090 BGB, Nießbrauch, § 1030 BGB, auch § 9, Reallast, §§ 1105 I, 1106 BGB, und schuldrechtliche Verpflichtungen, Prütting/Gehrlein/Beumers Rn. 4. Denn maßgeblicher Anknüpfungspunkt ist die **Wertverschiebung** von einem Grundstück zum anderen. Das gilt in beide Richtungen der Auslegung, dh für die Anwendung der Norm ist eine Wertverschiebung erforderlich wie ausreichend. Die Begriffe des dienenden und herrschenden Grundstücks ergeben sich aus §§ 1018 ff. BGB; dienend ist das mit der Grunddienstbarkeit belastete Grundstück, das der Benutzung des herrschenden Grundstücks einen Vorteil iSd § 1019 S. 1 BGB bietet.

2 Der Wert wird unabhängig davon festgelegt, wer Klage erhebt, selbst wenn es ein Dritter ist, Musielak/Voit/Heinrich Rn. 1. Auch die Klageart ist ohne Bedeutung, solange die Grunddienstbarkeit zumindest zugleich mit anderen Rechten **Streitgegenstand** ist, dh ihr Bestehen, Erlöschen oder Umfang muss im Streit sein, BGH NZM 2014, 606 Rn. 13; GE 2014, 318 Rn. 6 (neg. Feststellung); Hamm ZfIR 2019, 102 (Löschung); MüKoZPO/Wöstmann Rn. 4. Damit trägt das Gesetz dem Grundsatz der Kostengerechtigkeit Rechnung, da bei Erhebung der Klage häufig nicht klar erkennbar ist, welche Auswirkungen das Urteil haben wird, Prütting/Gehrlein/Beumers Rn. 1; allg. BGH NJW-RR 1994, 1145 (1150).

3 Nicht erfasst sind schuldrechtliche Verpflichtungen, Unterlassungsansprüche, es sei denn, sie würden aus einer Grunddienstbarkeit hergeleitet werden, die Fälle von §§ 1090, 1094, 1105 BGB, Prütting/Gehrlein/Beumers ZPO Rn. 4.

4 **II. Geltungsbereich. 1. Grundsatz.** Die Norm gilt grds. für alle **Streitwertarten,** auch nach § 48 I 1 GKG, § 23 I 1 RVG; nur beim BeW ist alleine auf die Belastung des Rechtsmittelführers abzustellen, BGH 13.1.2022 – V ZR 135/21 BeckRS 2022, 1805 (Für verurteilten Bekl. zählt die Wertminderung, die das Grundstück erleidet, wenn es bei der Verurteilung bleibt.); NZM 2015, 99 Rn. 8 (§ 3 mit § 7 analog); GE 2012, 1314; NJW 1957, 790; MüKoZPO/Wöstmann Rn. 2. Hier findet kein Wertvergleich statt, weil die Beschwer des Rechtsmittelführers von Anfang an feststeht; aA, für Ansatz eines höheren Wertes des Bekl.-Grundstücks Toussaint/Elzer ZPO § 7 Rn. 3. § 7 ist auf Nachbarrechtsbeschränkungen nach §§ 906 ff. BGB dann entsprechend anwendbar, wenn diese Beschränkungen ähnlich wie eine Dienstbarkeit wirken.

5 Beruft Bekl. sich zur **Verteidigung** gegen einen Unterlassungsanspruch auf eine Grunddienstbarkeit, ist abweichend von BGH NJW-RR 1986, 737 die Regelung des § 7 anzuwenden. Das ergibt sich aus dem Gedanken der Wertverschiebung und wäre nicht anders, wenn Bekl. die Grunddienstbarkeit über eine Widerklage feststellen lassen will; aA MüKoZPO/Wöstmann Rn. 7.

2. Beispiele zur Frage des Geltungsbereichs

6 **Abbaurecht:** Für den Wert der Beschwer der die Unterlassung verfolgenden Klägerseite orientiert sich BayObLG JurBüro 1995, 27 an hypothetischem Pachtertrag.

Arrest, einstweilige Verfügung In einem Verfahren nach §§ 916 ff., 935 ff. betr. Grunddienstbarkeit gilt die Regelung nicht, weil die Grunddienstbarkeit selbst hier nicht Streitgegenstand ist, Stein/Jonas/Roth Rn. 8; MüKoZPO/Wöstmann Rn. 8; Prütting/Gehrlein/Beumers Rn. 5.

Beseitigungsklage: Der Wert bestimmt sich für Beseitigung wie für Einräumung nach § 7, Celle OLGR 2006, 534. Bei einem Abwehranspruch ist die Vorschrift nur dann anwendbar, wenn die Störung gerade in der Ausübung einer Dienstbarkeit besteht oder sich gegen eine Dienstbarkeit richtet, Zöller/Herget Rn. 3. Andernfalls ist § 3 anwendbar. In einem bloßen Streit über eine Wiederholungsgefahr ist § 3 anwendbar. „Überbau".

Einstweiliger Rechtsschutz: § 7 ist nicht anwendbar, weil die Wertverschiebung, → Rn. 1, angesichts des vorläufigen Charakters nicht in Rede steht.

Erbbaurecht: § 1090 BGH. § 7 gilt hier nicht, weil es nicht um eine Wertverschiebung, → Rn. 1, geht.

Fischereirecht: § 7 ist anzuwenden, KG OLGZ 1975, 138.

Grenzstreit: Meist unanwendbar ist § 7. Vielmehr gilt grds. § 3, Ffm OLGR 2009, 887 (Verlegung).

Licht- und Fensterrecht: § 7 ist anzuwenden, BGH Rpfleger 1959, 112.

Nießbrauch: Unanwendbar ist § 7 auf einen Nießbrauch nach §§ 1030 ff. BGB, Prütting/Gehrlein/Beumers Rn. 4.

Notwegrecht: Bewertungsgrundlage ist das nach § 3 zu schätzende Interesse des Kl. an der Wertsteigerung des eigenen Grundstücks, BGH NJW-RR 2017, 209; für analoge Anwendung des § 7 BGH GE 2018, 323; GE 2017, 414 (Wert des Fahrtrechts); NZM 2015, 99 Rn. 8; dies unter Berücksichtigung von §§ 3, 9 Köln JurBüro 2011, 262. für Ansatz der Herstellungskosten zuzüglich des 3½-fachen Betrages der jährlichen Notwegrente Kblz JurBüro 2010, 199; dies ausdrücklich ablehnend BGH NZM 2015, 99 Rn. 8; überholt Köln JurBüro 1991, 1386 (§ 9 aF). Beschw des Bekl. wird ohne den Vorteil der Notwegrente ermittelt, BGH GE 2016, 323. Wird das Wegerecht nicht ausgeübt, zählt insoweit die Möglichkeit der Ausübung, BGH NJW-RR 2014, 1297.

Reallast: Anwendbar ist § 7 bei einer solchen nach §§ 1105 I, 1106 BGB, MüKoZPO/Wöstmann Rn. 3, Musielak/Voit/Heinrich Rn. 3, Prütting/Gehrlein/Beumers Rn. 3.

Streitgenossen: Macht nur einer von ihnen das Recht geltend, ist der Streitwert nach dem auf ihn entfallenden Bruchteil anzusetzen, BGH 22.5.2014 – V ZR 314/13, BeckRS 2014, 14138 Rn. 8.

Tankstellenvertrag: Hier gilt § 9.

Überbau: Für die Beseitigungsklage gilt § 3, weil insoweit eine Wertverschiebung zwischen den Grundstücken nicht Anknüpfungspunkt ist, → Rn. 1; auf den Streit um die Überbaurente ist § 7 nicht anwendbar, BGH NJW-RR 1986, 737; iÜ zu weitgehend, → Rn. 4. Das gilt auch für den BeW; der Wert ist nach dem Klägerinteresse zu schätzen, BGH WuM 2011, 432. Für grds. Ansatz des Wertes der überbauten Fläche BGH NZM 2007, 300. Für Anwendung des § 7 Celle OLGR 2006, 534. Wird auf Gestattung eines Überbaus aufgrund Nießbrauchs geklagt, gebührt § 7 der Vorzug, Zöller/Herget Rn. 5. Bei der Beschwer des verurteilten Bekl. zählt die Wertminderung, BGH GE 2015, 1155.

Unterlassung: Klage gegen Beeinträchtigung der Grunddienstbarkeit ist nach § 3 zu bewerten, BGH GE 2015, 1155.
Verlegung: Klage auf örtliche Veränderung der Grunddienstbarkeit wird nach § 3 mit der Verringerung der Beschwernisse bewertet von Ffm OLGRep 2009, 887 = BeckRS 2009, 9945; für § 7 Toussaint/Elzer ZPO § 7 Rn. 6.
Vorkaufsrecht: Unanwendbar ist § 7 beim Vorkaufsrecht, Musielak/Voit/Heinrich Rn. 4.

III. Wertberechnung. Eine schematische Bewertung ist fehl am Platz, Celle OLGR 2006, 534. Man muss den Verkehrswert für das herrschende Grundstück und die Wertminderung beim dienenden Grundstück miteinander vergleichen und beide Werte nach § 3 einschätzen, BGH NJW-RR 2017, 209; alsdann gilt der höhere, BGH MDR 2004, 296 (Ls.) = VIZ 2004, 134; Jena JurBüro 1999, 196 (nur hilfsweise Orientierung an der Notwegrente). Man muss für die Beschwer des Kl. den Wert mit und ohne die Belastung vergleichen, BGH NJW-RR 2014, 1297: Kblz JurBüro 2010, 199 setzt bei Einräumung eines Notwegs die Herstellungskosten und eine 3,5-Jahresrente an. Unerheblich ist, ob das Recht aktuell ausgeübt wird, BGH NJW-RR 2014, 1297. 7

8 *Pacht- oder Mietverhältnis.* **Ist das Bestehen oder die Dauer eines Pacht- oder Mietverhältnisses streitig, so ist der Betrag der auf die gesamte streitige Zeit entfallenden Pacht oder Miete und, wenn der 25fache Betrag des einjährigen Entgelts geringer ist, dieser Betrag für die Wertberechnung entscheidend.**

I. Systematik, Regelungszweck. § 8 ist eine Sondervorschrift gegenüber § 6, BGH NJW-RR 1994, 256, und gegenüber § 9. Sie gilt für die Feststellung der sachlichen **Zuständigkeit** nach §§ 23ff., 71 GVG, soweit nicht § 23 Nr 2a, Nr. 2c GVG oder § 7 eingreifen, und für den **Rechtsmittelwert,** BGH NJW-RR 2006, 1004. Bei ungewisser Dauer gilt insoweit § 9 analog, BGH 14.12.2021 – VIII ZR 91/20, BeckRS 2021, 43491 Rn. 5 mAnm Schneider NJW-Spezial 2022, 92; GE 2019, 596; NZM 2007, 355; NZM 1999, 189; KG NZM 2006, 720. Soweit es um die Gesamtdauer geht, wird § 4 in allen Rechtszügen verdrängt, BGH NJW 1959, 2164. 1

Zweck der Regelung ist die Herstellung von Rechtssicherheit durch Bestimmung eines normativen Streitwerts; sie ist daher einer ausdehnenden Anwendung grds. nicht zugänglich, BGH BeckRS 2014, 6964 Rn. 8; MüKoZPO/Wöstmann Rn. 1; Prütting/Gehrlein/Beumers Rn. 1. **Mietähnliche Nutzungsverhältnisse** sind nicht erfasst, BGH NZM 2005, 157; NZM 1999, 189. Kritik erfährt der insbes. für Gewerbemiete, und -pacht häufig hohe Streitwert, der einen im Gesamtbild der Materie sachlich nicht zu vertretenden Rechtsweg eröffnet, so mit Recht MüKoZPO/Wöstmann Rn. 2. 2

Für die **Gebühren** gilt bei einer mehr als einjährigen Dauer des Miet- oder Pachtverhältnisses § 41 I GKG, BGH 14.12.2021 – VIII ZR 91/20, BeckRS 2021, 43491 (auch bei Begründung mit mehreren Kündigungen); NJW-RR 2006, 1004. Auch im Übrigen enthält die Norm eine Reihe von Bewertungsvorschriften. Die hiernach zu ermittelnden Werte sind aus sozialen Erwägungen bewusst niedrig angesetzt. Mit Rücksicht darauf soll die Regelung erweiternd ausgelegt und auch auf mietähnliche Nutzungsverhältnisse angewendet werden, BGH NJW 1967, 2263; näher Toussaint/Elzer GKG § 41 Rn. 2. 3, 4

II. Geltungsbereich. 1. Streit um Miet- oder Pachtverhältnis. § 8 betrifft einen Streit über das Bestehen oder über die Dauer eines Miet- oder Pachtverhältnisses über eine bewegliche oder unbewegliche Sache; entscheidend ist der Inhalt der Vereinbarung, dh ein Vertrag über die Gebrauchsüberlassung gegen **Entgelt,** BGH NZM 2005, 157; bei unentgeltlich vereinbarter Nutzung ist § 8 nicht anwendbar, vielmehr §§ 3, 9, BGH GE 2019, 316. Der Streit um das Miet- oder Pachtverhältnis muss entscheidend sein, BGH WuM 2004, 352 („Sondervorschrift für Räumungsklagen"), nicht aber notwendig den Streitgegenstand bilden, BGH WuM 2006, 45. **Präjudizieller Charakter** des Streites reicht aus. Das Miet- oder Pachtverhältnis muss selbst streitig sein, BGH NJW-RR 2020, 136; WuM 2017, 174; NZM 2016, 892 Rn. 6 (auf § 8 übertragbar); NZM 2000, 1227. Die Norm findet also auch dann Anwendung, wenn eine (beklagte) Partei sich gegenüber dem dinglichen Herausgabeanspruch mit der Berufung auf ein streitiges Mietverhältnis verteidigt, BGH NZM 2019, 292; NZM 2005, 157; Kobl NJW-RR 2014, 197. Das str. Rechtsverhältnis muss zwischen den **Parteien** bestehen, nicht im Verhältnis zu einem Dritten, BGH NZM 2019, 292; KG NJW-RR 1992, 1490. Die Klageart ist unerheblich, BGH NJW-RR 2016, 506. 5

Die Vorschrift betrifft hingegen nicht den Streit wegen Zahlung von Geld oder sonstiger Leistungen; hier gilt – parallel zu §§ 41, 48 I 1 GKG – § 9, BGH ZMR 2007, 107; NJW-RR 2005, 938; NJW-RR 2002, 1233. 6

Bei **gemischten Verträgen** kommt es auf den Schwerpunkt an, BGH NZM 2004, 460; WM 1996, 1064. 7

2. Beispiele zur Frage der Anwendbarkeit

Besitzeinräumung: § 8 ist, spiegelbildlich zur Räumungsklage, anwendbar, BGH NJW-RR 2013, 718. 8
Beschwer: Für den Wert der Beschwer des Bekl. wird gemäß §§ 8, 9 auf den 3,5-fachen Jahresbetrag der Nettomiete abgestellt, BGH WuM 2020, 300 Rn. 2; NZM 2016, 780 Rn. 1.
Besorgnis der Nichterfüllung: Unanwendbar ist § 8 bei der bloßen Besorgnis einer künftigen Nichterfüllung nach § 259, Bbg JurBüro 1985, 589; Ffm JurBüro 1980, 929.
Bewirtschaftungsart: Unanwendbar ist § 8 bei einem Streit über die Bewirtschaftungsart.
Dritter: Unanwendbar ist § 8, wenn das str. Rechtsverhältnis zu einem Dritten besteht, BGH NZM 2019, 292; KG NJW-RR 1992, 1490.
Feststellung: Anwendbar ist § 8 auch bei der Feststellungsklage, BGH MDR 2016, 122. Ein Abschlag ist nicht vorzunehmen, BGH NZM 2009, 51.
Garage: Anwendbar ist § 8 dann, wenn nach dem Tatsachenvortrag des Klägers streitig ist, ob ein formell getrennt gemieteter Garagenplatz doch dem Kündigungsschutz der zugehörigen Wohnungsmiete mit unterliegt, BGH NZM 2004, 460.
Herausgabe: Entscheidend ist, ob der Streit um das Rechtsverhältnis die Grundlage des Anspruchs betrifft, BGH WuM 2014, 353; → Rn. 5.
Kleingarten: § 8 ist anwendbar, BGH NJW-RR 2016, 506; NZM 2008, 461.

Kündigung: Anwendbar ist § 8 bei einer Feststellung nach § 256, dass ein Mietverhältnis seit einem bestimmten Tag infolge einer fristlosen Kündigung nicht mehr bestehe, BGH NJW-RR 1995, 781 (für die Gebühren gilt auch hier § 41 GKG).

Künftige Leistung: → „Besorgnis der Nichterfüllung".

Leasing: § 8 kann analog anwendbar sein nach Ffm JurBüro 77, 1748; Toussaint/Elzer Rn. 5. Für Anwendung von § 41 I, II GKG Braunschw AGS 2021, 278. → Anh § 3 Rn. 75.

Mietähnlichkeit: Nicht anwendbar ist § 8 bei einem mietrechtsähnlichen Nutzungsverhältnis, BGH NZM 2005, 157; NZM 1999, 189; BayObLG JurBüro 1995, 27; → Rn. 1.

Mieterhöhung: Unanwendbar ist § 8 beim Streit um eine Zustimmung zur Mieterhöhung nach § 41 V GKG, → Rn. 5.

Räumung: Bei einer Räumung ist § 8 maßgeblich, wenn der Streit um die Frage geht, ob das Rechtsverhältnis über den str. Räumungszeitpunkt hinaus fortbestanden hat; das ist auch beim Einwand des fingierten Mietvertrags der Fall, BGH WuM 2018, 221; wenn es demgegenüber nach einem unstreitigen Ende des bisherigen Rechtsverhältnisses nur noch um die Räumung geht (zB wegen Zurückbehaltungsrechten), fehlt es an einer „streitigen Zeit", BGH NJW-RR 2016, 506; NJW-RR 1995, 781; Karlsr WuM 1994, 338; auch für den etwaigen Rechtsmittelwert, BGH NZM 2008, 461. Durch Kündigung des Mieters und vorbehaltlose Räumung entfällt die Beschwer in Bezug auf das Räumungsurteil, BGH WuM 2021, 122.

Untermiete, -pacht: Anwendbar ist § 8 auch bei einem solchen Rechtsverhältnis. Unanwendbar ist er jedoch, wenn der Streit nur um die Zulässigkeit der Untervermietung geht, LG Berlin NZM 2017, 476.

Vollstreckungsabwehrklage: § 8 ist anwendbar, BGH NJW-RR 1992, 190.

Wohnrecht: Anwendbar ist § 8 beim entgeltlichen Wohnrecht, BGH NZM 2019, 292, nicht aber beim unentgeltlichen, → Rn. 5.

Zahlung: Unanwendbar ist § 8 beim bloßen Streit um die Zahlung von Miete oder Pacht, BGH NJW-RR 2002, 1233.

9 **III. Wertberechnung. 1. Gesamte streitige Zeit.** Grundsätzlich ist die in der gesamten streitigen Zeit anfallende **Miete oder Pacht** maßgeblich, bei der Feststellungsklage ohne Abschlag, BGH NJW-RR 2009, 156. Auch bei verschieden hohen Jahresbeträgen kommt es auf die Gesamtsumme an, nicht, wie bei § 41 GKG, auf den höchsten Einzelbetrag, BGH NJW-RR 2006, 16. Miete oder Pacht ist der nach § 535 II BGB oder nach § 581 I 2 BGB geschuldete Betrag, nicht nur die eigentliche Miete oder Pacht, sondern auch eine vertragliche Gegenleistung anderer Art im **Synallagma** mit der Überlassung; sonstige Kosten sind grds. ohne Belang, BGH NJW-RR 1995, 781; WM 1996, 1064. In dieser Hinsicht läuft die Auslegung des § 8 mit der materiellrechtlichen Lage parallel, Grüneberg/Weidenkaff BGB § 535 Rn. 70. Miete können demnach auch öffentliche Abgaben oder Naturalleistungen sein, BGH NJW-RR 2009, 775 710. Entscheidend ist die **Vereinbarung;** auf eine etwa nach Marktpreisen ermittelte „wahre" Miete kommt es nicht an, BGH AGS 2020, 286; WuM 2017, 162 Rn. 4; WuM 2014, 219.

10 Besonderer Betrachtung bedarf, ob und unter welchen näheren Voraussetzungen **Nebenkosten** einzubeziehen sind. Der BGH kennzeichnet die als Miete anzusehenden Gegenleistungen als „verbrauchsunabhängig", BGH NJW-RR 2009, 775 Rn. 10; so ausdrücklich Düss NZM 2003, 24; Zweibr NZM 2001, 420 („nicht unterscheidbar"). Er lehnt die Berücksichtigung von geschuldeten **Vorauszahlungen** bei der Beschwer ab, BGH WuM 2022, 57; NJW-RR 2016, 1235; GE 2016, 650; für Bruttomiete Zöller/Herget ZPO Rn. 6. Da Nebenkosten in der Regel durchlaufende Posten sind, lassen sie sich der nach § 8 maßgeblichen Miete/Pacht bereits sprachlich nicht zuordnen. Sie müssen daher außer Ansatz bleiben. Zur Vermeidung von Unklarheiten ist es indes geboten, für den Fall der **pauschalen Abrechnung** § 41 I 2 GKG heranzuziehen, BGH WuM 2022, 57; NJW-RR 2016, 1235, zutreffender Ansicht nach analog, Prütting/Gehrlein/Beumers Rn. 14; auch Toussaint/Elzer GKG § 41 Rn. 24. Im Übrigen wird hier vertreten, dass getrennt ausgewiesene durchlaufende Posten nicht als „Miete" in die Wertermittlung einzubeziehen sind. Die Zusammenstellung einzelner Nebenkostenpositionen unter → Rn. 15 stellt indes vorsorglich auch abweichende Rspr. dar.

11 **2. Beginn und Ende.** Der **Beginn** des maßgebenden Zeitraums liegt im Allgemeinen im Zeitpunkt der Klagerhebung, wenn eine von Kl. behauptete Kündigung bereits wirksam geworden ist; wenn Kl. nach § 256 die Feststellung begehrt, dass eine fristlose Kündigung wirksam sei, liegt der Beginn im Zeitpunkt der behaupteten Beendigung des Mietverhältnisses; letzteres gilt auch dann, wenn der Zeitpunkt nach der Klageerhebung liegt, BGH NJW-RR 2005, 867. Das gilt auch im **Rechtsmittelzug;** § 4 wird insoweit von § 8 verdrängt, BGH NJW 1959, 2164. Bekl. muss also den für die Anwendung von § 8 maßgeblichen Einwand, → Rn. 5, bereits im Verfahren des ersten Rechtszuges vorgebracht haben; man kann die Beschwer nicht erst durch das Berufungsvorbringen schaffen, BGH NJW-RR 1992, 1359.

12 Das **Ende** des maßgeblichen Zeitraums liegt bei einer bestimmten Vertragsdauer im Zeitpunkt des Ablaufs der für den Mieter am günstigsten berechneten Mietzeit, ist dieser unbestimmt, findet auch insoweit **§ 9 analoge Anwendung,** BGH WuM 2019, 599; AGS 2019, 410; NZM 2007, 355; → Rn. 1. Bei einer Räumungsklage in einem Mietvertrag auf unbestimmte Dauer gilt mithin der 3,5-fache Jahresbetrag der einjährigen Miete/Pacht, BGH WuM 2020, 300; WuM 2020, 738. Entsprechendes gilt für ein lebenslanges Nutzungsrecht, BGH WuM 2014, 428.

13 Bei einer unbestimmten Mietdauer handelt es sich regelmäßig um den nächsten zulässigen Kündigungstag, BGH NJW-RR 2005, 867. Soweit der Mieter einen Mieterschutz beansprucht, dauert die „streitige Zeit" bis zu dem Zeitpunkt, den der Mieter als den für ihn günstigsten in Anspruch nimmt, BGH NJW-RR 2005, 867. Soweit kein Mieterschutz besteht, ergibt sich der Wert aus dem Unterschied der beiderseitigen Berechnung bis zu diesem Tag. Das gilt auch dann, wenn der Gegner den Widerruf der Kündigung einredeweise geltend macht.

14 Bei widerstreitendem Vortrag zur Dauer gilt: Beruft sich der Nutzungsberechtigte auf eine Einschränkung des Kündigungsrechts, dh ein Recht zur Fortsetzung der Nutzung, so dauert die „streitige Zeit" bis zum für ihn günstigsten Beendigungszeitpunkt. Hat er keinen festen Zeitpunkt genannt, ist auf den vermutlichen Willen abzustellen. Mangels Anhaltspunkten von einem ungewissen Nutzungsrecht auszugehen, es gilt also § 9 analog, BGH NZM 2004, 460. Kurz gesagt, es gilt die für eine Partei günstigere, dh längere Zeit, BGH GE 2019, 596; aA MüKoZPO/Wöstmann Rn. 20: kürzere Zeit, bei Berufen auf Kündigungsschutz in der Regel die längere Frist, BGH NJW-RR 2005, 867. Soweit die Beendigung unstreitig ist, etwa beim Streit nur um eine fristlose

Kündigung, zählt die bis zum regulären Ablauf verstreichende Zeit, Kobl NZM 2005, 360. Wenn sich das Mietverhältnis nur durch eine Klage aufheben lässt, ist die Dauer zu schätzen.

3. Beispiele zur Frage der Wertberechnung

Abbruchkosten: Sie sind bei U. auf Räumung und Beseitigung nach § 3 getrennt anzusetzen und zu addieren, BGH NJW-RR 2016, 506; Rostock AGS 2014, 521. 15

Arrest, einstweilige Verfügung: Die Bewertung nach § 8 kann Ausgangswert sein, nach dem sich gem. § 3 der ZustW und der BeW ermitteln lassen. Es kommt auf den zugrunde liegenden Anspruch an. Vgl. auch „Besitz".

Baukostenzuschuss: Er kann zur Miete zählen, wenn er Teil der Gegenleistung ist, BGH NJW 1955, 1633.

Baumentfernung: Nicht zum Zins zählt eine solche Nebenleistung zB anlässlich einer Räumung, BGH NJW-RR 1994, 256.

Beschwer: Für den Wert der Beschwer des Bekl. wird gemäß §§ 8, 9 auf den 3,5-fachen Jahresbetrag der Nettomiete abgestellt, BGH WuM 2020, 300 Rn. 2; NZM 2016, 780 Rn. 1.

Besitz: Wegen der Einräumung gilt grds. § 8, hilfsweise § 9, BGH NJW-RR 2013, 718; KG NZM 2006, 720; in einer Eilsache zB ein 4-Monats-Betrag, Brdb MDR 2007, 1225. Bei Störung gilt § 41 V 1, 2. Hlbs. GKG analog, BGH NJW-RR 2006, 378.

Betriebskosten: → Rn. 9.

Bürgschaft: Maßgeblich für das Interesse an einer Freigabe ist die Bürgschaftssumme, BGH WuM 2006, 215.

Feststellung: Zunächst → Rn. 8. Für die Feststellung einer Mietminderung gelten §§ 3, 9 ZPO, § 48 I GKG ohne Abschlag, BGH NJW-RR 2017, 204.

Feuerversicherungsprämie: Für Übernahme Drsd ZMR 1997, 527.

Garage: Die hier dargestellten Grundsätze gelten auch für die Miete einer Garage, BGH NZM 2007, 500.

Grundsteuer: „– (Öffentliche Abgabe)".

Heizkosten: Nicht zum Zins zählt ihre getrennt abgerechnete Bezahlung, → Rn. 9, Celle NJW 2003, 367; aM LG Hbg JurBüro 1994, 116 (Jahresminderung).

Instandhaltung: Ihre Kosten können zum Zins zählen, BGH NJW 1955, 1633; Drsd ZMR 1997, 527.

Kosten: Kosten der Räumung sind nicht zu berücksichtigen, BGH NJW-RR 2016, 506.

Mehrwertsteuer: Sie ist bei vertraglicher Übernahme durch den Mieter Teil der Miete, BGH NJW-RR 2006, 378; aM Rostock MDR 1994, 628.

Naturalleistung: Sie lässt sich nach § 3 schätzen; grds. → Rn. 9.

Nebenkosten: → Rn. 9.

Nutzungsentschädigung: → Anh § 3 Rn. 83.

Öffentliche Abgabe: Übernahme öffentlicher Abgaben kann Teil der Miete sein, LG Saarbr JurBüro 1997, 197; auch der Grundsteuer.

Trockenboden: Die hier dargestellten Grundsätze gelten auch für die Miete eines Trockenbodens, BGH WuM 2008, 296.

Umlagen: → Rn. 10.

Untermiete: Im Verhältnis zum vermietenden Hauptmieter gelten dieselben Grundsätze wie im Verhältnis Vermieter zum Mieter, KG NZM 2006, 720.

Versicherungsprämie: → Rn. 9 (Nebenkosten).

Zusatzleistung: Nicht zum Zins zählt das Entgelt für eine Zusatzleistung außerhalb der Raumüberlassung, BGH NJW-RR 2000, 1739.

4. 25facher Jahresbetrag. Wenn der 25fache Betrag der einjährigen Miete oder Pacht geringer als die gesamte Streitsumme ist, bildet er den Grenzwert. Der sich errechnende Streitwert muss also zunächst ermittelt werden, um ihn dann dem Grenzwert gegenüber zu stellen, BGH NJW-RR 2005, 867. 16

9 *Wiederkehrende Nutzungen oder Leistungen.* [1]Der Wert des Rechts auf wiederkehrende Nutzungen oder Leistungen wird nach dem dreieinhalbfachen Wert des einjährigen Bezuges berechnet. [2]Bei bestimmter Dauer des Bezugsrechts ist der Gesamtbetrag der künftigen Bezüge maßgebend, wenn er der geringere ist.

I. Systematik, Regelungszweck, Geltungsbereich, S. 1, 2. Die Vorschrift dient durch ihre Festlegung auf einen **normativen** Streitwert der Vereinheitlichung und Vereinfachung und damit der **Rechtssicherheit,** BGH WM 2017, 1525; MüKoZPO/Wöstmann § 9 Rn. 1, Prütting/Gehrlein/Beumers Rn. 1. Die Norm ist daher grds. keine ausdehnenden Anwendung zugänglich, BGH 13.3.2014 – III ZR 295/12, BeckRS 2014, 6964 Rn. 8, beachte aber die Ausnahmen in → Rn. 7 ff. Sie ist – entgegen vereinzelt erhobener Bedenken, Lappe NJW 1993, 2785 – mit dem Grundgesetz vereinbar, Ffm JurBüro 1994, 738. 1

Zu beachten ist das Regel-Ausnahme-Verhältnis von S. 1 und S. 2. Von S. 1 erfasst ist ein Recht, das seiner Natur nach von unbestimmter Dauer ist; S. 2 dient alleine der Begrenzung des Wertes. Die Berücksichtigung konkreter Interessen kommt aufgrund des normativen Charakters nicht in Betracht, BGH 26.3.2015 – III ZR 344/14, BeckRS 2015, 7401; NJW-RR 2011, 588 Rn. 6. 2

Das Gericht muss bei der Streitwertfestsetzung erkennen und zum Ausdruck bringen, dass § 9 grundsätzlich nur für *die sachliche* Zuständigkeit nach §§ 23 ff., 71 GVG und die Zulässigkeit eines Rechtsmittels gilt, BVerfG AnwBl 1996, 643 (für § 8); BGH NZM 2007, 355, § 42 GKG demgegenüber nur für die Gebühren, BGH NJW-RR 1986, 676. § 9 kann insoweit Leitbildfunktion haben, vgl. Köln JurBüro 1996, 589; er gilt für die Gebühren nur, soweit § 42 GKG eine Lücke aufweist. Weitere vorrangige Spezialregelungen für den GebW sind §§ 41 V, 49 GKG, § 41 FamGKG. § 42 III GKG gilt nicht, Hamm NJW-RR 2017, 154. 3

II. Voraussetzungen, S. 1, 2. 1. Recht auf wiederkehrende Nutzungen oder Leistungen. Abzustellen ist zunächst auf die Definition der Nutzungen in § 100 BGB und der Leistung in § 241 I 1 BGB, BGH NJW-RR 2012, 82 Rn. 10. Wiederkehrende Leistungen verstehen sich in eben diesem Sinne. § 9 erfasst nach seinem Sinn und Zweck ein Recht, das seiner Natur nach auf unbestimmte Dauer besteht. Häufig besteht daher eine Parallele mit § 258. 4

5 Ausgangspunkt ist der **Streitgegenstand,** Stgt JurBüro 2007, 144; BAG NZA 2018, 887; → § 2 Rn. 4; für die Beschwer kommt es auf die Verurteilung an, BGH NJW-RR 2012, 82 Rn. 16. Das streitige Recht muss **wiederkehrend** sein. Dabei handelt es sich um Nutzungen und Leistungen, die sich in regelmäßigen oder unregelmäßigen Zeitabschnitten als einheitliche Folgen eines Rechtsverhältnisses ergeben, Köln VersR 2010, 1058. Einmalige Leistungen fallen nicht in den Anwendungsbereich. Auf die Klageart kommt es nicht an, BGH NJW-RR 2019, 333 Rn. 3; → Rn. 7 „Feststellung".

6 Steht der Gesamtumfang der str. Leistung fest oder geht es um die Dauernutzung, liegt daher eine wiederkehrende Leistung nicht vor, Braunschw NZM 2008, 423; Mü OLGR 2001, 220 = BeckRS 2001, 30178600; MüKoZPO/Wöstmann Rn. 6. Im Streit sein muss das **Stammrecht,** BGH NJW-RR 2012, 82 Rn. 10; Ddf JurBüro 1993, 166; einzelne Leistungen oder eine Vielfalt von Rechtsbeziehungen sind nach dem Nenn- oder Sachwertwertprinzip anzusetzen, Köln VersR 2010, 1057; → § 6 Rn. 1. Der Zwischenraum braucht nicht ein Jahr zu umfassen, BGH NJW-RR 2012, 82 Rn. 10, 16. Auszugehen ist von den ersten 12 Monaten nach Klageerhebung, BGH VersR 2017, 1033 Rn. 4. Bei wechselnden Beträgen ist auf den höchsten Einzelwert abzustellen, BGH WM 2017, 1525.

2. Beispiele zur Frage wiederkehrender Nutzungen oder Leistungen, S. 1, 2

7 **Abberufung:** Greift ein Geschäftsführer nur diese an und nicht auch die Kündigung des Dienstvertrags, dort, gilt § 3, BGH NJW-RR 1990, 1123.

Abfindung: Unanwendbar ist § 9 bei einer einmaligen Kapitalabfindung.

Altenteilvertrag: § 9 ist anwendbar, Prütting/Gehrlein/Beumers Rn. 3.

Anfechtung: Man muss die Regeln → Rn. 8 auch bei der Anfechtungsklage beachten, soweit es um eine wiederkehrende Leistung geht.

Arbeitsverhältnis:

Aufopferung: § 9 ist anwendbar, BGH NJW 1953, 104; „Rente".

Bausparvertrag: Anwendbar ist § 9, Karlsr NZG 2017, 120.

Beamtenbeförderung: Entsprechend anwendbar sein kann § 9, BGH NVwZ-RR 2008, 741.

Bedingtes Recht: Unanwendbar ist § 9; es gilt § 3.

Beitrag: Anwendbar auf zukünftige Beitragsbefreiung, BGH 8.7.2020 – IV ZR VII/20, BeckRS 2020, 18311; Mü JurBüro 2000, 416.

Darlehen: Anwendbar kann § 9 auch bei einem Vertrag über mehrere Teilsummen sein, Celle JurBüro 2015, 579. Bei einer Klage auf Zahlung der Darlehensraten gilt § 9 nicht, weil bei Darlehen die Dauer bestimmt ist und daher generell die Gesamtsumme verlangt wird, nicht etwa auf unbestimmte Zeit die wiederkehrende Leistung, Köln OLGR 2000, 78.

Dienstvertrag: Anwendbar ist § 9 auch bei einem Dienstvertrag, BGH NZG 2016, 868 (Ls.); 21.5.2013 – II ZR 110/12, BeckRS 2013, 10083; GmbHR 1994, 244; „Abberufung".

Erbbauzins: Anwendbar ist § 9 beim Erbbauzins, BGH NZM 2012, 473; Ffm JurBüro 1977, 1132; Mü JurBüro 1977, 1002.

Erdgas: Lieferpflicht kommt als Stammrecht in Betracht, BGH NJW-RR 2010, 1582:

Feststellung: § 9 ist auf die Feststellungsklage anwendbar, Karlsr MDR 2014, 247, nach BGH NJW 2000, 3142 nur über § 3, was auf das Ergebnis hingegen keinen Einfluss hat; gleiches gilt bei einer Feststellungsklage, die im Laufe des Rechtsstreits auf einen Leistungsantrag umgestellt wird, Hamm NJW-RR 2017, 154. Üblicherweise werden 20 % in Abzug gebracht, BGH r+s 2019, 593; Karlsr NZG 2017, 120 (Bausparer); Kblz VersR 2005, 1751; MüKoZPO/Wöstmann Rn. 10.

Anwendbar ist § 9 nach hM ohne Abschlag auch auf eine **negative Feststellungsklage,** BGH BeckRS 2020, 18311; NJW-RR 2005, 938; Köln NJW 2018, 2339; KG MDR 2010, 47; Toussaint/Elzer ZPO § 9 Rn. 2; das ist problematisch, weil bei negativer Feststellung keine Ungewissheit über die Dauer der Verpflichtung besteht, sondern jene gerade beseitigt werden soll; ein Abschlag ist daher sachgerecht, Ffm MDR 2009, 353.

Fischereirecht: Unanwendbar ist § 9 beim Fischerei- und Jagdrecht wegen seines Dauercharakters, BGH MDR 1969, 916. Beim Eingriff in ein Fischereirecht soll allerdings die Wertung des § 9 mit zu berücksichtigen sein, BGH 28.10.2015 – III ZB 75/14, BeckRS 2015, 20308.

Franchise: Unanwendbar ist § 9 bei Kündigung eines Franchising-Vertrags, Stgt JurBüro 2007, 144.

Geschäftsführer: Abberufung, Dienstvertrag.

Gesellschaft: Anwendbar ist § 9 bei wiederkehrenden Einlagepflichten, Karlsr MDR 2012, 1482.

Handelsvertreter: Für Anwendung des § 9 auf den Ruhegeldanspruch Ffm MDR 74, 1028. Ablehnend Schneider BB 1976, 1300.

Hausnotruf: BGH 26.3.2015 – III ZR 344/14, BeckRS 2015, 7401.

Heilbehandlung: Eine auf Dauer angelegte Behandlung (Insulin) kann zur Anwendung des § 9 führen, Hamm NJW-RR 2022, 144.

Jagdrecht: Es gilt dasselbe wie beim „Fischereirecht", Hbg NJW 1965, 2406 (Jahrespacht).

Kabelanschlussvertrag: Wird der Beschluss einer WEG über einen Kabelanschluss angefochten, soll das Einzelinteresse entsprechend § 9 auf den 3 ½-fachen Jahreswert beschränkt sein, LG Ffm WuM 2017, 238.

Konkurrenz-Schutz: Im Rahmen der Gewerbemiete ist er nach § 9 mit der Netto-Miete anzusetzen, BGH NJW 2006, 3060.

Leibrente: § 9 ist anwendbar, BGH 5.4.2001 – IX ZR 27/01, BeckRS 2001, 3632.

Lohn: „Dienstvertrag"

Maklervertrag: Anwendbar sein kann § 9 dann, wenn und soweit die Vergütung (Courtage) in aufeinander folgenden Zeitabschnitten zahlbar ist, Köln OLGR 2000, 78 = BeckRS 1999, 30063740.

Miete: → Anh. § 3 Rn. 77.

Modernisierungsmaßnahmen: Anspruch auf Duldung kann nach § 9 bewertet werden, BGH NJW-RR 2019, 333; WuM 2019, 44.

Nachbarrecht: Anwendbar ist § 9 *auf die Pflicht zum jährlichen Heckenrückschnitt,* BGH NJW-RR 2012, 82.

Nießbrauch: Über § 48 I 1 GKG findet § 9 Anwendung, Hamm FamRZ 2008, 1208 unter Bezugnahme auf BGH NJW-RR 2005, 938. Der Streit um Einräumung und Löschung gehört nicht dazu, weil es nicht um die wiederkehrenden Leistungen geht, Celle 8.6.1999 – 4 W 184/99, BeckRS 1999, 16909.

Notwegrente: Anwendbar ist § 9 bei einer solchen Rente, Köln JurBüro 1991, 1386 (zur aF, übertragbar). Der Streit um die Gewährung bemisst sich gem. §§ 3, 7 nach dem Wert für das herrschende Grundstück, BGH NJW-RR 2017, 209.
Nutzungsentschädigung: Der Anspruch auf künftige Nutzungsentschädigungen bis zur Räumung ist nach Erhebung der Räumungsklage schon seiner Natur nach nicht von dauerndem Bestand; § 9 ist deshalb nicht anwendbar, Hamm, AGS 2019, 280 = BeckRS 2019, 7645.
Pacht: Anwendbar ist die Höchstgrenze des § 9 für den Zuständigkeitswert nach § 8, BGH NJW-RR 2017, 911Rn. 7.
Raten: Unanwendbar ist § 9. Denn es besteht von vornherein eine einzige Schuld und daher keine „wiederkehrende", Mü OLGR 2001, 220 = BeckRS 2001, 30178600.
Räumung: Anwendbar ist § 9 bei unbestimmter Mietdauer, BGH NJW-RR 2016, 1235. Maßgeblich ist die 3,5-fache Jahresmiete ohne Rücksicht auf einen höheren Mietwert oder eine Widerklage auf Fortbestand, BGH WuM 2020, 298.
Reallast: § 9 ist bei Streit um Löschung anwendbar, solange das Bezugsrecht besteht, Ffm OLGR 1993, 47.
Regress: Anwendbar ist § 9 bei ihm wegen einer hierher zählenden Forderung, Ddf FamRZ 2004, 1225.
Rente: Anwendbar ist § 9 bei einer laufenden Rente, BAG NZA 2012, 469 Rn. 10; Hamm VersR 2013, 920 = BeckRS 2012, 11707, auch bei Schmerzensgeld, nicht aber für die Kapitalabfindung, Hamm NJW 1966, 162. Aufgelaufene Beträge werden nicht addiert, Hamm NJW-RR 2017, 154. Ein Feststellungsantrag für die Zeit nach dem angenommenen Leistungszeitraum erhöht den Wert nicht, Mü JurBüro 2019, 311.
Stille Gesellschaft: „Gesellschaft".
Störung: § 9 ist anwendbar, wenn S. eine regelmäßig wiederkehrende Störung zu beseitigen hat (Heckenschnitt); BGH NJW-RR 2012, 82 Rn. 10.
Stromlieferung: Beim Streit um die Unterbrechung gilt § 3, Brdb 15.2.2008 – 12 W 56/07, BeckRS 2008, 41805. Die Klage auf Einspeisung gegen Entgelt wird entspr. § 9 bewertet von Schlesw SchlHA 1999, 54.
Tankstellenvertrag: Für Unterlassungsansprüche hat BGH NJW 2006, 3060 § 9 entspr. herangezogen.
Überbaurente: Anwendbar ist § 9 bei einer solchen Rente, Köln JurBüro 1991, 1386 (zur aF).
Unterhalt: Grds ist § 9 anwendbar bei einem Anspruch auf die Befreiung von einer vertraglichen Unterhaltspflicht, BGH FamRZ 1999, 1497, Ddf FamRZ 2004, 1225. Unanwendbar ist § 9 für die Gebühren in folgenden Fällen: Es handelt sich um einen gesetzlichen Unterhaltsanspruch. Dann bedarf es keines Zuständigkeitsstreitwertes; für die Gebühren gilt § 51 FamGKG, Toussaint/Zivier FamGKG. Wenn streitig ist, ob eine vertragliche Verpflichtung vorliegt, die über eine gesetzliche Verpflichtung hinausgeht, gilt § 9 nur für den übersteigenden Betrag, Karlsr JurBüro 2006, 145. Der Anspruch der Eltern auf den Ersatz ihrer vertraglichen Unterhaltsaufwendungen für ein wegen fehlgeschlagener Sterilisation entgegen der Familienplanung geborenes gesundes Kind ist auch für die Kosten entsprechend § 9 bewertbar, § 51 FamGKG ist insoweit unanwendbar, BGH NJW 1981, 1318.
Vereinsbeitrag: Anwendbar ist § 9 bei Vereinsbeitrag, Prütting/Gehrlein/Beumers Rn. 3.
Vergleich: Unanwendbar ist § 9 bei einer Unterhaltssumme aufgrund eines Vergleichs bei einer Scheidung. Dann gilt evtl. § 42 GKG oder § 51 FamGKG.
Versicherung: Anwendbar ist § 9 auf laufende Versicherungsleistungen, BGH VersR 2011, 237; Hamm VersR 2017, 1545; Celle VuR 2007, 158; im Streit um den Bestand wenden BGH r+s 2019, 593; Hamm NVersZ 2000, 168 die Regelung entspr. an.
– **(Beitragsbefreiung):** Anwendbarkeit, BGH NVersZ 2001, 92.
– **(Berufsunfähigkeit):** Anwendbarkeit, BGH NJW-RR 2012, 165; BGH NJW-RR 2000, 1266; Karlsr NJW-RR 2016, 1343. Neben einem Leistungsantrag können für einen Feststellungsantrag 20 % von dessen nach § 9 ermittelten Wert anzusetzen sein, BGH NJW-RR 2012, 165; Hamm VersR 2013, 920.
– **(Krankentagegeld):** Bei einem Rechtsstreit über die Verpflichtung zur Zahlung von Krankentagegeld für einen nicht feststehenden Zeitraum ist § 9 nicht anwendbar, BGH NJW-RR 2017, 152 (in Abgrenzung zu BGH NJOZ 2004, 3503); Karlsr VersR 2007, 416. Ebensowenig betr. Fortbestand des Vertrags, Köln VersR 2020, 1475; Hamm VersR 2020, 184 Den Wert für Feststellung des Fortbestandes bemisst Dresd BeckRS 2021, 27462 nach dem Wert der geschuldeten Leistung und nimmt regelmäßig eine Bezugsdauer von sechs Monaten; neben bezifferter Forderung wird der A. wegen Teilidentität mit 20 % angesetzt.
– **(Krankenversicherung):** Anwendbarkeit, BGH MDR 2012, 26; VersR 2011, 237; Hamm MDR 2013, 342. Neben dem Feststellungsantrag im Streit stehende Ansprüche können mit 50 % die Beschwer erhöhen, BGH NVersZ 2002, 21.
– **(Lebensversicherung):** Anwendbarkeit, BGH NJW-RR 2000, 1266 (BUZ).
– **(Pflegeversicherung):** Anwendbarkeit, BGH VersR 2011, 237.
– **(Unfallversicherung):** Anwendbarkeit, KG VersR 2015, 127.
Versorgungsanspruch: Anwendbar ist § 9, BGH WM 2017, 1525.
Vertragsrente: Anwendbar ist § 9, BGH FamRZ 1995, 729; BAG NJW 2009, 171; Ddf FamRZ 2004, 1226.
Verzugszinsen: Unanwendbar ist § 9 bei bloßen Verzugszinsen mangels Mitbetroffenheit des Stammrechts, Ddf JurBüro 1993, 166.
Winterdienst: Der Streitwert einer Klage auf Feststellung zur Räum- und Streupflicht unterfällt § 9, BGH WuM 2008, 681.
Wohnungseigentum: Entspr. anwendbar ist § 9 auf das Gehalt des Verwalters, BGH NJW-RR 2011, 588.
Wohnrecht: Unanwendbar ist § 9 wegen seines Dauercharakters von vornherein, vgl. aber BGH NJW-RR 1994, 909 (Analogie); Braunschw NZM 2008, 423.
Zinsen: Es gilt dasselbe wie bei „Raten", BGH NJW 1981, 2360, Naumb JurBüro 2007, 489, OVG Bautzen NVwZ-RR 2013, 248, aM Stgt WM 2015, 1147 (§ 9 für den Grenzwert sei mit zu berücksichtigen).

III. Wertberechnung, S. 1, 2. 1. 3,5facher Betrag, S. 1. Die Berechnung nach S. 1 gilt für den Zuständig- 8
keitswert, wenn die Dauer des Bezugsrechts **unbestimmt** ist. Ob der Wegfall ungewiss ist, das bestimmt sich nach § 4 nach dem Zeitpunkt der Einreichung der Klage oder der Einlegung des Rechtsmittels. Der volle Ansatz von 3 ½ Jahren setzt nach hM allerdings voraus, dass das Stammrecht **mindestens 3 ½ Jahre** dauern kann, BGH NJW-RR 2017, 152 Rn. 6 unter Bezugnahme auf BGH NJW 1962, 583; Zweibr NJW-RR 2020, 703 Rn. 18;

Hamm NJOZ 2019, 1632 = AGS 2019, 280; MüKoZPO/Wöstmann Rn. 4; Musielak/Voit/Heinrich Rn. 3. Das mag vor Inkrafttreten der Regelung am 11.1.1993, als noch auf 12 ½ Jahre abgestellt wurde, eher veranlasst gewesen sein, wird aber vom BGH, wie die Bezugnahme auf die alte Entscheidung zeigt, fortgeschrieben. Dennoch ist Rspr. aus der früheren Zeit nur mit Zurückhaltung verwertbar, vgl. etwa Nürnb JurBüro 1992, 50; Brem Rpfleger 1989, 427.

9 Die hM ist unter dem Gesichtspunkt der Rechtssicherheit, → Rn. 1, problematisch, weil sie zwischen die mit 3 ½ Jahren anzusetzende unbestimmte Dauer und die bestimmte Dauer nach S. 2 eine dritte Ebene legt. Sie bedarf daher einer Einschränkung auf Fälle, in denen die geringere Dauer mit praktischer Gewissheit festgestellt werden kann; nicht ganz ohne Berechtigung in dieser Hinsicht strenger Prütting/Gehrlein/Beumers Rn. 1.

10 Maßgeblich ist § 4 S. 1. Auszugehen ist von den ersten 12 Monaten nach Klageerhebung; Einzelbeträge sind zu addieren, BGH NJW-RR 1999, 1080; bei wechselnden Beträgen ist auf den **höchsten str. Einzelwert** abzustellen, BGH WM 2017, 1525; best. in NJOZ 2022, 600 Rn. 3. Man darf die Beträge nicht hinzurechnen, die seit der Einreichung der Klage oder (bei Berufung) seit dem Erlass des Urteils aufgelaufen sind, BGH BeckRS 2020, 18311; NVersZ 1999, 239; NJW 1960, 1459; Hamm NJW-RR 2017, 154. Wohl aber sind die vor diesen Zeitpunkten rückständig gewordenen, eingeklagten Beträge hinzuzurechnen, BGH NJW-RR 1999, 1080. Entsprechendes gilt für die Berufung.

11 **Rückstände** bis zur Klageerhebung werden addiert; danach entstehende fallen unter § 9 und bleiben daher durchgehend unberücksichtigt, BGH 8.7.2020 – IV ZR VII/20, BeckRS 2020, 18311; 13.8.2015 – III ZR 142/14, BeckRS 2015, 14969; Hamm NJW-RR 2017, 154 Rn. 15. Maßgeblich für die Berechnung ist die Erhebung einer Leistungsklage; wird der Leistungsantrag erst nach Erhebung einer Feststellungsklage in den laufenden Rechtsstreit eingeführt, sind die bis dahin angefallenen Rückstände nur dann zu addieren, wenn der Leistungsantrag neben die Feststellungsklage tritt, Hamm NJW-RR 2017, 154 Rn. 18.

12 **2. Geringerer Höchstbetrag bei bestimmter Dauer, S. 2.** Wenn bei einer bestimmten Dauer des Bezugsrechts ein geringerer Höchstbetrag als der 3,5fache Jahresbetrag feststeht, ist dieser geringere Betrag maßgebend, Hamm VersR 2017, 1546. Das gilt etwa dann, wenn ein Rentenanspruch nur noch zwei Jahre andauern wird. Etwas anderes gilt dann, wenn der frühere Wegfall nur wahrscheinlich ist. Wenn es um unregelmäßige Bezüge geht, etwa um eine Baulast, muss man die Berechnung nach dem jährlichen Durchschnitt vornehmen.

10 (weggefallen)

11 *Bindende Entscheidung über Unzuständigkeit.* **Ist die Unzuständigkeit eines Gerichts auf Grund der Vorschriften über die sachliche Zuständigkeit der Gerichte rechtskräftig ausgesprochen, so ist diese Entscheidung für das Gericht bindend, bei dem die Sache später anhängig wird.**

1 **I. Systematik, Regelungszweck.** § 11 ergänzt §§ 281 I 1, 506 I, 696 I 1, 700 III, BGH NJW 1997, 869. Die Vorschrift räumt einen Fall der allseitigen sachlichen Zuständigkeitsverneinung, des **negativen Kompetenzkonflikts,** aus. Sie dient damit der Prozesswirtschaftlichkeit, BGH NJW 1997, 869. Das ist bei der Auslegung der Vorschrift zu beachten. Besteht eine Möglichkeit der Verweisung, geht sie der Abweisung vor. Anwendungsbereich des § 11 sind damit Fälle, in denen eine Verweisungsmöglichkeit nicht besteht oder verkannt wird.

2 Wesentlicher Unterschied zu § 281 ist, dass § 11 nur das erste Gericht nach § 318 vollständig und das zweite nur hinsichtlich der Verneinung, nicht aber hinsichtlich einer Bejahung von dessen Zuständigkeit bindet, die es demzufolge im Übrigen umfassend neu prüfen muss, MüKoZPO/Wöstmann Rn. 5; das zweite Gericht darf also nicht mehr auf die Zuständigkeit des ersten verweisen, iÜ jedoch abweichend vom ersten Urteil jede anderweitige Zuständigkeit annehmen. Die Regelung des § 281 II 4 tritt hinter § 11 zurück, dh eine Zurückverweisung an das erste Gericht, das seine Zuständigkeit bereits rechtskräftig verneint hat, ist wirkungslos, weil andernfalls SuZ des § 11 nicht zu verwirklichen wären, str. MüKoZPO/Wöstmann Rn. 7; Zöller/Schultzky Rn. 4; Musielak/Voit/Heinrich Rn. 5; im Streitfall greift § 36 I Nr. 6 ein.

3 Beachte § 48 I ArbGG, der nicht (mehr) auf § 11 verweist, und § 17a GVG.

4 **II. Geltungsbereich.** Die Vorschrift bezieht sich dem eindeutigen Wortlaut nach nur auf die sachliche Zuständigkeit nach §§ 23 ff., 71 GVG. Für das Verhältnis zwischen ZPO und FamFG (nicht: WEG), BGH NJW 1986, 1994, und die funktionelle Zuständigkeit, Oldb FamRZ 1978, 344, gilt sie entsprechend; vgl. aber auch § 17a GVG Rn. 23. Sie regelt nicht die örtliche Zuständigkeit nach §§ 12 ff., vgl. insgesamt BGH NJW 1997, 869, sowie für die Fälle des § 14 GVG, MüKoZPO/Wöstmann Rn. 2. Die Verneinung der sachlichen Zuständigkeit durch ein Gericht erstreckt sich auf alle Gerichte derselben Stufe, MüKoZPO/Wöstmann Rn. 4; Zöller/Schultzky Rn. 4.

5 Wegen des Verhältnisses zwischen der Zivilkammer und der Kammer für Handelssachen § 102 GVG. Wenn das AG oder das LG den Rechtsstreit an das zuständige Gericht verweist oder ihn dorthin abgibt, bindet diese Entscheidung nach §§ 281, 506, 696, 700 das Gericht, an das die Sache nun gekommen ist. Wenn ein ordentliches Gericht oder ein ArbG die Klage wegen sachlicher Unzuständigkeit abweist, gilt dieselbe Wirkung ohne Rücksicht auf die Begründung der Entscheidung, BAG NZA 2011, 995 Rn. 13; NJW 1991, 1630. Sie gilt auch und gerade dann, wenn das entscheidende Gericht eine ausschließliche Zuständigkeit zB nach § 40 II verkannt hatte; das ist sogar ein praktisch relevanter Fall, weil iÜ die Zuständigkeit nach § 39 nicht selten wirksam vereinbart werden wird. Die Frage der sachlichen Zuständigkeit lässt sich auch aus einem neuen Grund nicht wieder aufgreifen. Demgegenüber bindet die Bezeichnung eines bestimmten Gerichts nicht. Im Verhältnis zu dem Gericht eines anderen Rechtszweigs gilt Entsprechendes.

6 Unanwendbar ist § 11 auf einen **Schiedsspruch** nach § 1054 und für Entscheidungen im **PKH**-Verfahren, BGH, LM § 281 ZPO 1976; BAG NJW 1993, 731; Musielak/Voit/Heinrich Rn. 3.

7 **III. Rechtskraft.** § 11 setzt voraus, dass die Entscheidung zur Unzuständigkeit nach § 705 formell rechtskräftig geworden ist, BGH NJW 1986, 1994; MüKoZPO/Wöstmann Rn. 3. Er gilt nicht nur bei Urteilen,

sondern auch bei einem Beschluss, namentlich im Vollstreckungsverfahren, Mü NJW 1956, 187; Musielak/Voit/Heinrich Rn. 3.

Bei Missachtung sind die Wirkungen des § 11 mit dem jew. zulässigen Rechtsmittel geltend zu machen. 8

Titel 2. Gerichtsstand

Vorbemerkung zu § 12

Schrifttum: Eslami/Steinrötter ZZP 130, 181; Kern ZZP 130, 91; 130, 137; Thürk, Belegenheitsgerichtsstände, 2018.

I. Systematik. Während §§ 23 ff., 71 GVG die erstinstanzliche sachliche Zuständigkeit regeln, bestimmen §§ 12 ff. die örtliche. Diese ergibt sich aus dem allgemeinen Gerichtsstand (§§ 12–19a) und den sich anschließenden besonderen sowie ausschließlichen Gerichtsständen, §§ 20 ff. Die Regelungen in §§ 12 ff. sind nicht abschließend, sondern werden durch weitere Zuständigkeitsvorschriften in der ZPO und sonstigen Gesetzen ergänzt. Ein ausschließlicher Gerichtsstand, wie § 29a, schließt eine Zuständigkeit nach den besonderen und allgemeinen Gerichtsständen aus. Es ist damit vorrangig zu prüfen, ob er gegeben ist. Die Vorschriften zum Gerichtsstand enden mit Regelungen zu Zweifelsfällen, so der Wahl unter mehreren Gerichtsständen, § 35, und der gerichtlichen Bestimmung der Zuständigkeit, § 36. Unter mehreren allgemeinen und besonderen Gerichtsständen hat der Kläger die Wahl, § 36. Gleiches gilt für den selteneren Fall von mehreren ausschließlichen Gerichtsständen. 1

II. Regelungszweck. Die Regelungen sind vor allem Ausdruck des Gebots des gesetzlichen Richters, Art. 101 I 2 GG. Daraus folgt die Notwendigkeit der gesetzlichen Regelung des sachlich und örtlich zuständigen Richters, einer Bestimmung des zuständigen Gerichts durch das Gesetz. 2

Zugleich dienen die Vorschriften auch der Prozesswirtschaftlichkeit und materiellen Gerechtigkeit. So wird ein sachnahes Gericht einen Rechtsstreit fachkundig entscheiden. Zudem stellt der allgemeine Gerichtsstand beim Beklagten einen Ausgleich für das Recht des Klägers dar, der Klageantrag und -gegenstand bestimmt (hierzu MüKoZPO/Patzina Rn. 2 f.). 3

III. Geltungsbereich. §§ 12 ff. gelten grundsätzlich in allen Verfahrensarten nach der ZPO, auch im WEG-Verfahren. Sie gelten wegen § 3 I InsO auch im Insolvenzverfahren, BGH NJW 2002, 960; OLG München NZI 2016, 698; ferner im Bereich einer Beratungshilfe, LG Duisb FamRZ 2015, 1317, und im Bereich des § 113 I 2 FamFG, soweit keine vorrangigen Spezialregeln greifen, zB nach §§ 108 III, 185 III, 232 I, II, 237 II, 262 I 2, 267 I 2, 270 FamFG; sowie §§ 98 ff., 107, 122, 152, 170, 187, 201, 211, 218 FamFG, § 4 ThUG. 4

IV. Begriff des Gerichtsstands. Gerichtsstand ist die Verpflichtung, sein Recht vor einem bestimmten Gericht zu nehmen, BGH 101, 273. Insofern würde der Begriff Gerichtsstand die örtliche, sachliche und alle anderen Arten der Zuständigkeit umfassen. Die Prozessgesetze unterscheiden aber grundsätzlich zwischen der sachlichen Zuständigkeit und dem Gerichtsstand als der örtlichen Zuständigkeit. Allerdings ist die Sprachregelung der ZPO nicht einheitlich. In §§ 34, 40 II, 802 versteht die ZPO unter dem Begriff Gerichtsstand ausnahmsweise die örtliche und die sachliche Zuständigkeit. §§ 12 ff. regeln nur die örtliche Zuständigkeit für die erste Instanz. Die örtliche Zuständigkeit der höheren Instanzen folgt aus derjenigen der ersten Instanz. 5

V. Gerichtsstand und Gerichtsbarkeit. Die Begriffe von Gerichtsstand und Gerichtsbarkeit sind zu unterscheiden. Der Gerichtsstand bestimmt sich nach nationalem Recht, die Gerichtsbarkeit nach dem Territorialitätsprinzip. Der Gerichtsstand iSd der örtlichen Zuständigkeit bewirkt die internationale Zuständigkeit deutscher Gerichte, soweit ein örtlich zuständiges Gericht bestimmt werden kann. Die Gerichtsbarkeit umfasst indes die hoheitliche Befugnis eines Staates, Rechtsprechung auszuüben, MüKoZPO/Patzina Rn. 61. Nach dem Territorialitätsprinzip finden die Zuständigkeitsregelungen nach §§ 12 ff. lediglich Anwendung auf Personen, die sich auf dem Bundesgebiet befinden. Begrenzt wird die Gerichtsbarkeit ferner durch Vorgaben des Völkerrechts, so hinsichtlich Exterritorialer nach §§ 18 ff. GVG, die von der deutschen Gerichtsbarkeit befreit sind. 6

VI. Internationale Zuständigkeit

Schrifttum: Junker, Internationales Zivilprozessrecht, 5. Aufl. 2020; Linke/Hau, Internationales Zivilverfahrensrecht, 8. Aufl. 2021; Nagel/Gottwald, Internationales Zivilprozessrecht, 8. Aufl. 2020; Ost, Doppelrelevante Tatsachen im internationalen Zivilverfahrensrecht, 2002; Pfeiffer, Internationale Zuständigkeit und prozessuale Gerechtigkeit, 1995; Pichler, Internationale Zuständigkeit im Zeitalter globaler Vernetzung, 2008; Ring/Olsen-Ring, Internationales Zivilverfahrensrecht, 2018.

1. Prozessvoraussetzung. Die Regeln zur internationalen Zuständigkeit klären bei Streitigkeiten mit Auslandsbezug die Frage, ob ein deutsches oder ein ausländisches Gericht eine Streitsache entscheidet, BGH WM 2010, 749; BAG NZA-RR 2014, 33; hier geht es also nicht um die Abgrenzung der Zuständigkeit der Gerichte eines Staats untereinander, sondern um die Abgrenzung bei Sachverhalten mit Auslandsbezug von der Zuständigkeit der Gerichte eines anderen Staats. Bei der internationalen Zuständigkeit handelt es sich um eine Prozessvoraussetzung, BAG MDR 2008, 694. Sie ist in Gestalt des deutschen Prozessrechts, zu dem auch unmittelbar geltende unionsrechtliche Normen sowie in inländisches Recht transformierte völkerrechtliche Verträge gehören, zu prüfen, denn: Die internationale Zuständigkeit ist zwar von der örtlichen Zuständigkeit zu unterscheiden, die Regelungen zur örtlichen Zuständigkeit bestimmen allerdings die internationale Zuständigkeit mittelbar: Soweit ein örtlich zuständiges Gericht vorhanden ist, ist die internationale Zuständigkeit dieses Gerichts zu bejahen, BGH NJW 2003, 426 (427); NJW-RR 2007, 1570; NJW 2015, 2339. Die Bestimmungen zur örtlichen Zuständigkeit enthalten mithin eine mittelbare Regelung zur internationalen Zuständigkeit, sodass ihnen eine Doppelfunktion zukommt. 7

Die Verletzung der internationalen Zuständigkeit hat zur Folge, dass man die ausländische Entscheidung nicht in Deutschland zB nach § 722 anerkennen kann, jedenfalls dann nicht, wenn eine ausschließliche internationale Zuständigkeit bestand. Wenn ein ausländisches Gericht die Regeln der internationalen Zuständigkeit verletzt hat, wird seine Entscheidung zwar nicht von einem deutschen Gericht aufgehoben. Die ausländische Entscheidung ist allerdings in Deutschland nicht wirksam. Wenn aber über eine Klage nach Maßgabe des deutschen Rechts nicht ein inländisches Gericht zu entscheiden hätte, sondern ein ausländisches, kann das deutsche Gericht den Prozess nicht an das ausländische Gericht verweisen. Es hat die Klage als unzulässig abzuweisen. 8

9 Im deutschen Recht bestehen nur wenige ausdrückliche Regelungen zur internationalen Zuständigkeit, zB §§ 98 ff. FamFG. In den vorrangig zu prüfenden internationalen Verträgen gilt vor allem vorrangig die Brüssel Ia-VO, dort insb. Art. 24 Brüssel Ia-VO, BGH NJW-RR 2005, 1593 (keine Rückwirkung); BAG NZA-RR 2014, 33 und 47; OLG Karlsr GRUR 2014, 59. Die EuGVVO sieht nicht nur Regelungen für die internationale, sondern im Anwendungsbereich der VO auch für die örtliche Zuständigkeit vor. Vgl. im Übrigen zB Art. 3 des deutsch-schweizerischen Abkommens, ferner zB das Europäische Übk. über Staatenimmunität. Das entscheidende Gericht prüft seine Zuständigkeit aufgrund der nationalen Prozessordnung auch dann, wenn ein internationaler Anerkennungs- und Vollstreckungsvertrag gilt. Der internationale Vertrag betrifft erst das Gericht des Anerkennungsstaats, BGH DB 1977, 719.

10 **2. Anwendbarkeit der Gerichtsstandsregeln.** Da eine bestimmte Regelung der internationalen Zuständigkeit zur Unterscheidung der Zuständigkeit von in- und ausländischen Gerichten in der ZPO nicht besteht, finden die allgemeinen Regeln zur örtlichen Zuständigkeit grds. mittelbar Anwendung, BGH NJW 1991, 3092. Den Gerichtsstandsregeln kommt damit, wie erörtert, → Rn. 6 f., eine Doppelfunktion zu.

11 **3. Prüfung von Amts wegen.** Soweit es sich nur um die örtliche Zuständigkeit handelt, gilt zB § 513 II, auf die internationale Zuständigkeit findet die Vorschrift keine Anwendung. Hinsichtlich der internationalen Zuständigkeit können Berufung und Revision darauf gestützt werden, das vorinstanzliche Gericht habe die Zuständigkeit zu Unrecht angenommen, BGH NJW-RR 2015, 941 (942); OLG Stuttgart GRUR-RR 2002, 85. Bei einer sog. doppelrelevanten Tatsache erfolgt nur die Prüfung, ob bei unterstellter Richtigkeit des Klagevortrags der Rechtsweg zulässig ist, BGH NJW-RR 2008, 517; OLG Kblz NJW-RR 2010, 1004.

12 **4. Prüfungsreihenfolge.** Die internationale Zuständigkeit ist in jedem Verfahrensabschnitt von Amts wegen zu prüfen, BGH NJW-RR 2011, 197. Sind für die Prüfung streitige Tatsachen entscheidend, die zugleich für die Begründetheit der Klage maßgeblich sind, ist – wie auch sonst bei sog. doppelrelevanten Tatsachen – die schlüssige Behauptung ausreichend.

13 **5. Sonderfälle.** Wegen der internationalen Zuständigkeit in einer FamFG-Sache §§ 98 ff. FamFG; in einer Eisenbahnsache Art. 44, 52 CIM, Art. 57 CIV.

14 **VII. Einteilung der Gerichtsstände.** Man teilt die Gerichtsstände grds. wie folgt ein:

15 **1. Gesetzlicher Gerichtsstand.** Er wird durch Gesetz bestimmt. Man findet solche Gerichtsstände in der ZPO nicht nur im Titel 2, sondern vielfach auch in anderen Gesetzen, zB in § 215 I 2 VVG; in §§ 246 III, 275 IV AktG; in § 219 BauGB (Baulandsache); in §§ 61 III, 69 II GmbHG. Zu dieser Gruppe zählen auch die Gerichtsstände in einer Rechtsverordnung aufgrund eines Gesetzes, zB die Gerichtsstände von Energieversorgungsunternehmen aufgrund der AVB.

16 Die gesetzlichen Gerichtsstände lassen sich wiederum einteilen: in allgemeine Gerichtsstände nach §§ 12–18; sie gelten für alle Streitsachen, für die ein ausschließlicher Gerichtsstand fehlt; ferner in besondere Gerichtsstände. Sie gelten nur für bestimmte Streitsachen oder für Gattungen solcher Streitigkeiten. Zur Zuständigkeit kraft Sachzusammenhangs Spellenberg ZZP 1995, 17.

17 **2. Vereinbarter Gerichtsstand.** Er wird vertraglich nach §§ 38–40 begründet.

18 **3. Gerichtlich bestimmter Gerichtsstand.** Er folgt aus gerichtlicher Anordnung nach § 36.

19 **4. Weitere Unterscheidungen.** Im Rahmen der gesetzlichen Gerichtsstände gibt es neben dem allgemeinen und besonderen den ausschließlichen Gerichtsstand. Er wird durch das Gesetz ausdrücklich festgelegt und schließt nach § 12 Hs. 2 grundsätzlich jeden anderen allgemeinen, besonderen oder vereinbarten Gerichtsstand aus. Auch eine abweichende Vereinbarung oder eine rügelose Einlassung zur Begründung eines anderen Gerichtsstands ist nicht möglich, § 40 II 1 Nr. 2, 2. Regelungen zur ausschließlichen Zuständigkeit finden sich ebenfalls im Mahnverfahren nach § 689 II 1 u. 2. Sie gehen auch dann vor, wenn zwei ausschließliche Gerichtsstände konkurrieren, § 689 II 3.

20 **5. Wahlfreier Gerichtsstand.** Unter mehreren nicht ausschließlichen Gerichtsständen kann der Kläger nach § 35 frei wählen. Diese Wahl besteht unbeschränkt, BGH NJW-RR 2014, 886. Sie erfolgt durch Klage oder durch Verweisungsantrag nach § 281, vgl. aber § 261 III Nr. 1.

21 **VIII. Bedeutung im Prozess.** Zweck der Regelung ist neben der Gewährleistung des Rechts auf den gesetzlichen Richter und der Sachnähe des entscheidenden Gerichts eine ausgewogene Lastenverteilung zwischen den Parteien.

22 **1. Prüfungspflicht des Gerichts.** Das Gericht prüft seine örtliche Zuständigkeit als Prozessvoraussetzung in jeder Lage des Prozesses von Amts wegen, LG Hmb GRUR-RR 2014, 111, ohne dass stets eine Amtsermittlung erfolgen würde, OLG Ffm NJW-RR 2013, 512. Der Bekl. kann das Fehlen des Gerichtsstands erstinstanzlich auch nach §§ 282 III, 296 III rügen, in einer höheren Instanz nach §§ 532, 565 nur eingeschränkt. Von diesen Grundsätzen gelten nach § 39 und in den höheren Instanzen nach §§ 513 II, 555 Einschränkungen. Soweit nach § 38 eine Gerichtsstandsvereinbarung zulässig ist und soweit beide Parteien im Termin trotz der nach § 504 erfolgten Belehrung rügelos zur Hauptsache verhandeln, erübrigt sich nach § 39 eine weitere Prüfung.

23 Eine Ausnahme von der Regel zuständigkeitsbegründender rügeloser Einlassung gilt nach § 40 II 2 für streitwertunabhängige Rechtsstreitigkeiten nichtvermögensrechtlicher Art vor den Amtsgerichten und für Fälle ausschließlicher Zuständigkeit. Auch wenn der Bekl. säumig ist, gilt die Behauptung des Klägers hinsichtlich der örtlichen Zuständigkeit nach § 331 I 2 nur eingeschränkt als zugestanden. Sie gilt nicht als zugestanden, soweit die Zuständigkeit aus einer Vereinbarung über den Erfüllungsort oder die Zuständigkeit folgen würde. Treffen schließlich bei einem Streitgegenstand mehrere, verschiedene Zuständigkeiten begründende Anspruchsgrundlagen zusammen, muss man die örtliche Zuständigkeit für jede von ihnen prüfen. Ist das Gericht nur für einen von ihnen zuständig, kann es über die weiteren entscheiden, soweit es sich um einen einheitlichen Sachverhalt handelt, Thomas/Putzo/Hüßtege Rn. 8.

24 Dabei beschränkt sich die Nachprüfung des Gerichts nicht auf die rechtlichen Ausführungen in der Klagebegründung. Entscheidend ist, ob nach den vorgebrachten tatsächlichen Behauptungen ein Gerichtsstand bei dem Gericht begründet ist, BGH WM 2011, 1236. Dabei ist zunächst die Klageschrift maßgeblich. Eine schlüssige, stillschweigende Behauptung kann reichen, BGH 124, 241. Es genügt auch, dass die örtliche Zuständigkeit entweder bei der Klageerhebung nach § 261 III Nr. 2 vorlag, ArbG Kblz NZA-RR 2018, 217, oder bis zum

Schluss der letzten Tatsachenverhandlung nach §§ 136 IV, 296a. Eine Änderung nach Eintritt der Rechtshängigkeit ist nach § 261 III Nr. 2 unbeachtlich. Das Gericht stellt seine örtliche Zuständigkeit im Endurteil nach § 313 oder in einem Zwischenurteil nach §§ 280 II, 303 fest.

2. Gerichtsstand des Beklagten. Ausgangspunkt für die Bestimmung der örtlichen Zuständigkeit ist der allgemeine Gerichtsstand des Beklagten nach § 12. Etwas anderes gilt zB bei einer Klage aufgrund eines kaufmännischen Zurückbehaltungsrechts nach § 371 IV HGB. Eine Duldungsklage ist ein Annex zur Klage gegen den Leistungspflichtigen. Deshalb gilt bei einer Verbindung der Gerichtsstand des Letzteren. Im Mahnverfahren entscheidet nach § 689 II 1 grundsätzlich der Gerichtsstand des Antragstellers. 25

3. Beweislast. Der Kläger muss die örtliche Zuständigkeit des angerufenen Gerichts dann beweisen, wenn der Bekl. diesen Gerichtsstand bestreitet, OLG Ffm ZIP 2013, 279. Das gilt auch bei § 38, OLG Ffm MDR 1975, 232. Soweit die die örtliche Zuständigkeit begründenden Tatsachen, wie häufig, mit solchen Tatsachen zusammenfallen, die auch den sachlich-rechtlichen Anspruch begründen und mit Blick auf die Begründetheit der Klage bestritten werden (sog. doppelrelevante Tatsachen), genügt in diesem Fall die schlüssige Behauptung der Tatsachen durch den Kläger. 26

4. Folgen der Unzuständigkeit. Sobald die örtliche Unzuständigkeit des angerufenen Gerichts feststeht, hat es nach §§ 696, 700 zunächst zu klären, ob entweder von Amts wegen eine Verweisung oder eine Abgabe erfolgen muss oder ob der Kläger und/oder der Bekl. einen Antrag stellen, das Verfahren nach § 281 ZPO, § 48 ArbGG, §§ 17 ff. GVG an das zuständige ordentliche Gericht oder ArbG zu verweisen. Wenn eine Verweisung oder Abgabe nicht von Amts wegen erfolgt (vgl. §§ 696 I, 698, 700 III) und trotz gerichtlichen Hinweises nach § 139 kein Verweisungsantrag gestellt wird, weist das Gericht die Klage grds. durch Prozessurteil als unzulässig ab. 27

Die Einreichung einer Klage bei einem örtlich unzuständigen Gericht wahrt eine Ausschlussfrist, falls dieses Gericht den Rechtsstreit an das zuständige Gericht verweist, BGH BeckRS 2006, 5018. Das gilt selbst im Fall einer ausschließlichen Zuständigkeit. 28

5. Abhängiger Anspruch. Für einen solchen Anspruch gilt der Gerichtsstand des Hauptanspruchs dann, wenn der Kläger einen abhängigen Anspruch im Prozess gegen den Hauptschuldner erhebt. Das kommt zB für einen Anspruch auf Duldung der Zwangsvollstreckung in Betracht. 29

IX. Erschleichung, Missbrauch. Dazu Bork ZIP 2016, 11 (ordre public). 30

1. Verstoß des Klägers. Niemand darf seinem gesetzlichen Richter nach Art. 101 I 2 GG entzogen werden, BGH MDR 1984, 383; BayObLG 2003, 232; OLG Celle NJW-RR 2004, 628. Jede objektive Erschleichung des Gerichtsstands begründet den Einwand der Arglist, BGH 132, 196; KG GRUR-RR 2008, 212. 31

Das Gericht verneint in einem solchen Fall seine Zuständigkeit. Jeder Verstoß gegen Treu und Glauben ist in jeder Lage des Verfahrens auch von Amts wegen zu beachten, BGH NJW-RR 2010, 891 (892 f.). 32

2. Verstoß des Beklagten. Für einen Verstoß des Beklagten sind kaum Prozesssituationen denkbar. 33

12 *Allgemeiner Gerichtsstand; Begriff.* **Das Gericht, bei dem eine Person ihren allgemeinen Gerichtsstand hat, ist für alle gegen sie zu erhebenden Klagen zuständig, sofern nicht für eine Klage ein ausschließlicher Gerichtsstand begründet ist.**

I. Systematik. Folgende Prüfungsreihenfolge des allgemeinen gesetzlichen Gerichtsstands einer natürlichen Person bietet sich an: zunächst §§ 13, 15 (Wohnsitz); anschließend § 16 Hs. 1 (Aufenthaltsort im Inland); sodann § 16 Hs. 2 (letzter Wohnsitz); schließlich §§ 20 ff. (ggf. besonderer Gerichtsstand). Im FamFG bestehen Abweichungen. Wenn nach keiner dieser Möglichkeiten ein Gerichtsstand besteht, ist im Ausland zu klagen. Keine Abweichungen gelten für die Partei kraft Amts, zB beim Insolvenzverwalter. 1

II. Regelungszweck. Der „Vorzug" des Klägers, Klageantrag und zugrundeliegenden Sachverhalt vorzugeben, wird durch den „Vorteil" der Ortsnähe des Beklagten, der keine weite Entfernung zum Gericht zu überwinden hat, ausgeglichen, EuGH NJW 2002, 1409; BGHZ 115, 92. Diese Erleichterung gilt nicht uneingeschränkt, sondern nur, soweit die Vorschrift Anwendung findet, vgl. abweichend zB §§ 24 ff., 32. Auch im Mahnverfahren stellt die ZPO nach § 689 II 1 zunächst auf den Antragsteller ab. Soweit § 12 zumindest als „Auffanggerichtsstand" zum Tragen kommt, kommt ihm prozessökonomische Bedeutung zu. 2

III. Geltungsbereich. 1. Geltung neben „einfachen" besonderen Gerichtsständen. § 12 gilt auch dann, wenn daneben ein besonderer, aber nicht gerade ausschließlicher Gerichtsstand besteht. Ein derart „einfacher" besonderer Gerichtsstand wird durch das Gesetz vorgegeben, um insbesondere eine besondere Sachnähe für einzelne materiell-rechtliche Ansprüche zu ermöglichen, MüKoZPO/Patzina Rn. 4. 3

2. Vorrang ausschließlicher Gerichtsstände. Soweit das Gesetz ausdrücklich einen Gerichtsstand als den ausschließlichen bezeichnet, hat dieser – auch als Form des besonderen Gerichtsstands – den Vorrang vor § 12. Ob es sich um einen (einfachen) besonderen oder ausschließlichen Gerichtsstand handelt, wird also durch die Bezeichnung im Gesetz bestimmt. 4

IV. Beispiele zur Frage einer ausschließlichen Zuständigkeit

Aktiengesellschaft: Bei einer Anfechtung des Beschlusses einer Hauptversammlung oder bei der Nichtigkeitsklage gegen einen solchen Beschluss geben §§ 246 III, 249 I, 275 IV, 278 III AktG ausschließliche Zuständigkeiten. 5

Dinglicher Gerichtsstand: § 24 I.

Energie: § 102 EnWG, OLG Köln NJW-RR 2009, 987.

Fernunterricht: Der allgemeine Gerichtsstand nach § 26 FernUSG ist ein ausschließlicher.

Gebrauchsmuster: § 27 GebrMG.

Genossenschaft: §§ 51 III 3, 109 III, 112 I GenG geben ausschließliche Zuständigkeiten.

Gesellschaft mit beschränkter Haftung: §§ 61 III GmbHG geben ausschließliche Zuständigkeiten.

Haustürgeschäft: § 29c I 2.

Insolvenz: Die in §§ 3 I, 180, 202, 315, 332 I InsO genannten Zuständigkeiten sind ausschließliche.

Kapitalmarkt: § 32b.

Kartellsache: § 87 I GWB.
Mahnverfahren: § 689 II, III enthalten ausschließliche örtliche Zuständigkeiten.
Markensache: § 140 MarkenG.
Miete, Pacht: Ein ausschließlicher Gerichtsstand gilt nach § 29a für die dort genannten Ansprüche.
Patentsache: Die Patentgerichte sind nach § 143 PatG ausschließlich zuständig.
Selbständiges Beweisverfahren: vgl. § 486 I–III.
Sortenschutz: § 38 I SortenSchG.
Streithilfe: § 64.
Umwandlung: § 98 I UmwG.
Umwelteinwirkung: § 32a.
Unlauterer Wettbewerb: § 13 UWG gibt in einer unvollständigen Aufzählung ausschließliche Zuständigkeit, BGH MDR 1985, 911.
Unterlassungsklage: § 6 I UKlaG.
Urheberrecht: § 17 WahrnG.
Verbandsklage: Bei § 6 UKlaG gilt eine ausschließliche Zuständigkeit, dazu in Nordrhein-Westfalen § 1 Nr. 3 Konzentrations-VO – Unterlassungsklagengesetz – vom 2.9.2002 (GV. NRW. S. 446).
Versicherungsrecht: § 215 I 2 VVG, dazu BGH VersR 2017, 779, gibt eine ausschließliche Zuständigkeit; zum Anwendungsbereich MüKoVVG/Looschelders VVG § 215 Rn. 15.
Wiederaufnahme: § 584.
Zurückbehaltungsrecht: § 371 IV HGB (Gerichtsstand des Klägers beim Befriedigungsrecht) ist nicht ausschließlich, Baumbach/Hopt/Hopt HGB § 371 Rn. 5.
Zwangsversteigerung: § 1 I ZVG.
Zwangsvollstreckung: § 764 II enthält eine ausschließliche örtliche und sachliche Zuständigkeit. Das klärt § 802 auch für alle übrigen im Buch 8 angeordneten Gerichtsstände.

13

Allgemeiner Gerichtsstand des Wohnsitzes. **Der allgemeine Gerichtsstand einer Person wird durch den Wohnsitz bestimmt.**

1 **I. Systematik, Regelungszweck.** Mangels Regelung in der ZPO sind die §§ 7 ff. BGB zur Bestimmung des Wohnsitzes einer natürlichen Person heranzuziehen; für juristische Personen vgl. § 17.

2 **II. Geltungsbereich.** Maßgebend ist der inländische Wohnsitz einer natürlichen Person, BGH NJW-RR 2004, 1505; OLG Hamm FamRZ 2005, 1259, und nur dieser, nicht ein ausländischer, BGH NJW 1996, 1412. Der inländische Wohnsitz bildet ihren allgemeinen Gerichtsstand. Das gilt bei jeder Art von Partei, OLG Düss JurBüro 1996, 98, auch zB bei der Partei kraft Amts, etwa beim Insolvenzverwalter, BGH ZVI 2018, 278. Der Wohnsitz ist nicht gleichzusetzen mit der Wohnung nach § 178. Man muss den Wohnsitz nach §§ 7–11 BGB beurteilen, BGH NJW 2002, 960. Danach kommt es auf die ständige Niederlassung an, auf den Mittelpunkt der wirtschaftlichen und gesellschaftlichen Tätigkeit, BGH NJW 2006, 1809. Ort ist dabei die politische Gemeinde, OLG Köln NJW-RR 2003, 864, evtl. der Gerichtsbezirk, zu § 315 InsO BGH FamRZ 2010, 553. Mehrere Wohnsitze können mehrere Gerichtsstände begründen.

III. Beispiele zur Frage eines Wohnsitzes

3 **Auslandsstudium:** Keinen Wohnsitz begründet ein nur vorübergehendes, OLG Ffm FamRZ 2009, 796 (zu Art. 5 Nr. 2 Brüssel Ia-VO; zust. Gottwald).
Briefkastenanschrift: Keinen Wohnsitz begründet eine bloße solche Adresse, BGH 132, 96.
Ehegatte: Er kann einen eigenen Wohnsitz haben.
Frauenhaus: Keinen Wohnsitz begründet ein dreiwöchiger Aufenthalt in einem Frauenhaus, BGH NJW 1995, 1224.
Kein inländischer Wohnsitz: Es gilt § 16. Ein Wohnsitz im Ausland hat nur eine ausschließende Bedeutung, BGH NJW 2008, 3288.
Kind: Es gilt § 11 BGB (abgeleiteter Wohnsitz), BGH NJW-RR 1992, 578.
Kurzaufenthalt: Keinen Wohnsitz begründet er.
Meldeamt: Unerheblich ist die dortige An- oder Abmeldung.
Unterbringung in Justizvollzugsanstalt: Begründet regelmäßig keinen Wohnsitz. Der Haftantritt und der Aufenthalt in der JVA begründen keinen dortigen Wohnsitz, BGH NJW-RR 1996, 1217; OLG Brdbg ZInsO 2020, 380.

4 **IV. Auslandsbezug.** Sowohl für In- als auch Ausländer bestimmt sich der Wohnsitz nach nationalem Recht, BGH FamRZ 1994, 299.

14

(weggefallen)

15

Allgemeiner Gerichtsstand für exterritoriale Deutsche. **I [1]Deutsche, die das Recht der Exterritorialität genießen, sowie die im Ausland beschäftigten deutschen Angehörigen des öffentlichen Dienstes behalten den Gerichtsstand ihres letzten inländischen Wohnsitzes. [2]Wenn sie einen solchen Wohnsitz nicht hatten, haben sie ihren allgemeinen Gerichtsstand beim Amtsgericht Schöneberg in Berlin.**

II Auf Honorarkonsuln ist diese Vorschrift nicht anzuwenden.

1 **I. Systematik, I, II.** § 15 ist eine prozessuale Sondervorschrift. Sie ergänzt §§ 7 ff. BGB und lässt die besonderen Gerichtsstände der §§ 20 ff. und einen etwa bestehenden ausländischen Gerichtsstand unberührt. § 29a ist nur beim inländischen Raum vorrangig anwendbar, BGH NJW 2006, 1810.

II. Regelungszweck, I, II. Die Vorschrift gewährleistet, dass auch bei Fehlen eines Wohnsitzes nach § 13 ausnahmsweise aus für bestimmte deutsche Staatsangehörige, die sich durchgehend im Ausland befinden, ein inländisches Gericht zuständig ist. Die Vereinbarung eines inländischen Gerichtsstands nach § 38 II ist damit nicht erforderlich. 2

III. Geltungsbereich, I, II. Die Vorschrift gilt für folgende deutsche Staatsangehörige, die sich nicht nur vorübergehend im Ausland aufhalten: zunächst nach § 15 I 1 Alt. 1 Deutsche, die das Recht der Exterritorialität genießen. Gemeint sind Deutsche, die im Ausland aufgrund völkerrechtlicher Regelungen Immunität von der Gerichtsbarkeit des Aufenthaltsorts genießen, BeckOK ZPO/Toussaint Rn. 2; insbesondere nach §§ 18 ff. GVG, BGH NJW 2006, 1810. 3

Ferner findet die Regelung nach § 15 I 1 Alt. 2 Anwendung auf einen im Ausland dauerhaft beschäftigten deutschen Angehörigen des öffentlichen Dienstes. Zu den Angehörigen des öffentlichen Dienstes zählen alle Beamte, Angestellte und Arbeiter des Bundes, der Länder, einer sonstigen Körperschaft des öffentlichen Rechts oder einer Anstalt des öffentlichen Rechts, AG Bln-Schöneb FamRZ 2007, 1558. Soweit der Arbeitsplatz im Ausland liegt, ist auch ein befristeter Arbeitsvertrag ausreichend, AG Bln-Schöneb FamRZ 2007, 1558. 4

§ 15 I gilt auch für einen Berufskonsul, nicht aber für einen Honorarkonsul, der nach II ausdrücklich ausgenommen wird. Der Honorarkonsul würde an sich als Ehrenbeamter nach § 20 KonsularG, soweit er deutscher Staatsangehöriger ist, von dem Anwendungsbereich erfasst, § 15 I 1 Alt. 2, wird durch II indes explizit ausgenommen, BeckOK ZPO/Toussaint Rn. 4. Vor der Gerichtsnovelle im Jahr 1974, BGBl I 753, fingierte die Vorschrift nicht nur den Gerichtsstand, sondern den Wohnsitz der genannten Personen als fortbestehend. Da minderjährige Kinder in der Regel nach § 11 BGB ihren Wohnsitz am Wohnsitz der Eltern haben, konnte die Zuständigkeit auf die minderjährigen Kinder erstreckt werden. Auch wenn der Wohnsitz von der Regelung nicht mehr erfasst wird, wird eine – analoge – Anwendung der Vorschrift für die Kinder allgemein angenommen, BeckOK ZPO/Toussaint Rn. 5. 5

IV. Gerichtsstand, I, II. Eine in → Rn. 3 genannte Person behält also nach I 1 den Gerichtsstand ihres letzten Wohnsitzes im Inland auch dann, wenn sie sich im Ausland befindet. Das gilt auch dann, wenn sie den Wohnsitz im Inland aufgegeben hatte. Wenn sie überhaupt keinen inländischen letzten Wohnsitz hatte, hat sie ihren allgemeinen Gerichtsstand nach I 2 beim AG Bln-Schöneberg. Der sachliche Gerichtsstand bleibt beim LG Berlin. 6

16 ***Allgemeiner Gerichtsstand wohnsitzloser Personen.*** **Der allgemeine Gerichtsstand einer Person, die keinen Wohnsitz hat, wird durch den Aufenthaltsort im Inland und, wenn ein solcher nicht bekannt ist, durch den letzten Wohnsitz bestimmt.**

Schrifttum: Kegel, Was ist gewöhnlicher Aufenthalt?, FS Rehbinder, 2002, 699.

I. Systematik, Regelungszweck. Die Vorschrift ergänzt die Regelungen nach §§ 12 f. und schließt eine Lücke zur Bestimmung des Gerichtsstands für wohnsitzlose Personen, auch BGH FamRZ 2010, 205. § 16 dient als Auffangtatbestand zu § 13, sodass eine positive Feststellung, dass der Beklagte keinen Wohnsitz hat, nicht erforderlich ist. Die Vorschrift bestimmt wie auch die weiteren Regelungen zur örtlichen Zuständigkeit doppelfunktional auch die internationale Zuständigkeit, vgl. Art. 4 Abs. 1 Brüssel Ia-VO, auch in Wahlfeststellung zu § 13, OLGR 2006, 208. 1

II. Geltungsbereich. Die Norm ist anwendbar, wenn nach Aufgabe des früheren Wohnsitzes die Begründung eines neuen nicht festzustellen ist, OLGR 2006, 208. Sie ist im Fall eines in- oder ausländischen Aufenthalts, beispielsweise im Fall der Inhaftierung, genauso wie § 20 in Betracht zu ziehen, OLG Brandenburg NZI 2020, 76; nicht aber, wenn die Person einen Wohnsitz im In- oder Ausland hat, BGH ZInsO 2010, 1013. Letzteres beurteilt sich nach ausländischem Recht, Zöller/Schultzky Rn. 4. Die Klage ist dann am Wohnsitz im Ausland zu erheben, falls ein besonderer inländischer Gerichtsstand fehlt. Eine Vorschrift mit einem ausschließlichen Gerichtsstand des Aufenthaltsorts geht vor, zB §§ 14 I 2 UWG, 6 I 2 UKlaG. Sie gilt auch im SGG-Verfahren, BSG NJW 2010, 1165. Wegen des Gerichtsstands des Ehegatten oder sonstigen Angehörigen der Partei gilt § 13. Wegen der Brüssel Ia-VO OLG Saarbr NJW-RR 1993, 191. Wegen § 315 InsO BGH ZEV 2010, 528. 2

III. Inlandsaufenthalt, Hs. 1. Für denjenigen, der überhaupt keinen Wohnsitz hat, enthält § 16 den allgemeinen Gerichtsstand des Aufenthalts. § 16 ist dann anwendbar, wenn unklar ist, ob bei der Aufgabe des letzten Wohnsitzes noch eine Geschäftsfähigkeit bestand, BGH FamRZ 1987, 694. Aufenthalt ist der Daseinsmittelpunkt, Kegel FS Rehbinder, 2002, 699 (706), die tatsächliche gewollte gewöhnliche dauernde (firma habitatio), BGH NJW 1981, 520; OLG Karls FamRZ 2009, 239; oder die vorübergehende Anwesenheit an einem Ort, BGH MDR 1987, 829 (Klinik). Als Anhaltspunkt kann der Ort der Übernachtung gelten, Kegel FS Rehbinder, 2002, 699 (706). Eine Durchfahrt kann ausreichen, auch eine sog. Verschubung des Inhaftierten, BGH WM 2008, 1853. Man muss aber grundsätzlich länger anwesend gewesen sein oder voraussichtlich bleiben, damit ein „gewöhnlicher" Aufenthalt entsteht, meist ca. 6 Monate, Kegel FS Rehbinder, 2002, 699 (706). Eine vorübergehende Unterbrechung beseitigt den auf eine längere Zeit berechneten Aufenthalt indes nicht, BGH MDR 1984, 134. Auch ein Kind kann einen gewöhnlichen Aufenthalt außerhalb des Elternhauses haben, OLG Karlsr NJW-RR 2015, 1415. 3

IV. Hilfsweise: letzter Wohnsitz, Hs. 2. Solange kein neuer inländischer Aufenthalt bekannt ist, bestimmt der letzte Wohnsitz den allgemeinen Gerichtsstand, BGH NJW-RR 1992, 578. „Inland" ist bei § 16 das gesamte Bundesgebiet. Ein nachträgliches Bekanntwerden des Aufenthalts ist unerheblich. 4

V. Beweislast. Der Kläger hat nachzuweisen, dass er ausreichende Ermittlungen geführt hat, zB durch Einholung einer Auskunft durch das Einwohnermeldeamt, die Polizei, BGH NJW-RR 1992, 578. Der Kläger trägt die Beweislast, dass ein Wohnsitz des Bekl. im Inland wie im Ausland fehlt und dass der Bekl. sich im Bezirk des Gerichts aufhält. Für den Gerichtsstand des letzten Wohnsitzes muss der Kläger beweisen, dass ein Wohnsitz des Bekl. im Inland wie im Ausland fehlt und dass auch kein deutscher Aufenthaltsort bekannt ist. Der Bekl. kann dann den Gerichtsstand des § 16 dadurch ausschließen, dass er einen Wohnsitz nachweist. Der Bekl. kann dann 5 die Anwendbarkeit des § 16 entweder wie bei → Rn. 3 oder im Rahmen der sekundären Darlegungslast entkräften, Tatsachen für einen bestehenden Wohnort vorbringen, OLG Hamm OLGR 2006, 208.

17 *Allgemeiner Gerichtsstand juristischer Personen.* **I [1]Der allgemeine Gerichtsstand der Gemeinden, der Korporationen sowie derjenigen Gesellschaften, Genossenschaften oder anderen Vereine und derjenigen Stiftungen, Anstalten und Vermögensmassen, die als solche verklagt werden können, wird durch ihren Sitz bestimmt. [2]Als Sitz gilt, wenn sich nichts anderes ergibt, der Ort, wo die Verwaltung geführt wird.**

II Gewerkschaften haben den allgemeinen Gerichtsstand bei dem Gericht, in dessen Bezirk das Bergwerk liegt, Behörden, wenn sie als solche verklagt werden können, bei dem Gericht ihres Amtssitzes.

III Neben dem durch die Vorschriften dieses Paragraphen bestimmten Gerichtsstand ist ein durch Statut oder in anderer Weise besonders geregelter Gerichtsstand zulässig.

1 **I. Systematik, Regelungszweck, I–III.** § 17 enthält einen allgemeinen Gerichtsstand, OLG Karlsr NJW-RR 2008, 946. Er gilt für jede in- oder ausländische Prozesspartei, die passiv parteifähig ist, ohne eine natürliche Person zu sein. Während §§ 12–16 die natürliche Person betreffen, regeln §§ 17–22 die Rechtslage bei fast allen verbleibenden anderen Rechtssubjekten als Bekl., also mit Ausnahme der in §§ 18, 19, 19a genannten. Sie gilt bis zur Vollbeendigung, also auch noch im Abwicklungsstadium. I 1 enthält keine abschließende Aufzählung. Auch hier ist ein vorrangiger ausschließlicher Gerichtsstand möglich, BGH 88, 335.

2 Es sind der nach den allgemeinen Vorschriften bestimmte Sitz und die Niederlassung nach § 21 zu unterscheiden, BayObLG DB 2002, 1545. III nennt darüber hinaus auch einen sog. Nebensitz. Der Gerichtsstand des § 17 endet erst mit dem Verlust der Parteifähigkeit und nicht schon mit dem Eintritt in das Stadium der Abwicklung.

3 **II. Gemeinden, I.** Die in I Genannten haben einen allgemeinen Gerichtsstand an ihrem Sitz. Das ist nach I 2 und auch im Zweifel derjenige Ort, an dem sich die Verwaltung befindet, BGH NJW 2009, 1610, also die geschäftliche Leitung durch den oder die gesetzlichen Vertreter, BGH 97, 272. Daher bestimmen den Sitz: in erster Linie das Gesetz, die Satzung, OLG Ffm NJW-RR 2008, 634, oder die Verleihung nach §§ 24, 80, 22 BGB, Dütz DB 1977, 2217. Ein Doppelsitz ist möglich, LG Bln WM 1994, 1246. Art 63 Brüssel Ia-VO ist anwendbar, OLG Ffm NJW-RR 2008, 634.

4 **III. Geltungsbereich.** Der Geltungsbereich von I und II wird durch eine Regelung nach III nicht ausgeschlossen, die Regelung nach III gilt ergänzend, → Rn. 7.

5 **IV. Bergrechtliche Gewerkschaft, II.** Es gilt vorrangig das BBergG v. 13.8.1980, BGBl. 1310, zuletzt geändert am 19.6.2020, BGBl. I 1328. Wegen der Pflicht zur Umwandlung der bergrechtlichen Gewerkschaften in GmbH oder AG ist die Regelung überholt, die Gewerkschaften waren mit Ablauf des 1.1.1986 aufgelöst, soweit sie nicht umgewandelt oder verschmolzen waren, § 163 I 1 BBergG.

6 **V. Behörden, II.** Der praktische Anwendungsbereich ist äußerst gering. Es ist kaum ein Fall für eine Behörde denkbar, die nicht als eine selbständige juristische Person unter I fällt, gleichwohl „als solche verklagt werden kann". Eine solche Behörde wäre als ein Vertreter des Fiskus aufzufassen. II ergibt insofern einen Gerichtsstand des Fiskus.

7 **VI. Besondere Regelung, III.** Eine Satzung, ein Statut oder eine behördliche Genehmigung können für die in § 17 genannte Person einen weiteren allgemeinen Gerichtsstand schaffen, BGH NJW 1998, 1322 (offen, ob auch für das Mahnverfahren nach §§ 688 ff.). Dieser weitere Gerichtsstand besteht aber immer nur neben demjenigen aus § 17 und schließt Letzteren nicht aus. Die Anordnung braucht nicht nur verbandsintern erfolgt zu sein. Eine derartige Anordnung für bestimmte Rechtsverhältnisse kann aus § 38 wirken.

VII. Beispiele zur Frage einer Geltung von I, III

8 **Aktiengesellschaft:** I, III gelten für sie, BGH NJW 1998, 1322; auch für die Vor-AG, BGH NJW 2007, 589. Hier ist in erster Linie die Satzung sowie die Eintragung maßgeblich, OLG Brdb NJW-RR 2006, 1193. § 17 gilt für den Passivprozess, § 689 II für den Aktivprozess, BayObLG DB 2002, 1545.

Anstalt: I, III gelten für sie, mag sie öffentlich-rechtlich oder privatrechtlich sein.

Anwaltssozietät: I, III gelten über § 22 auch bei ihr, OLG Köln NJW 2004, 862.

Briefkastenfirma: Bei einer bloßen sog. Briefkastenfirma (Briefkastensitz) begründen I, III keinen Gerichtsstand.

Deutsche Bahn AG: I, III gelten für sie. Ihr Sitz ist Berlin.

Deutsche Post AG: I, III gelten für sie. Sie hat ihren Sitz in Bonn, § 1 II ihrer Satzung (Anh. zu § 7 PostUmwG).

Deutsche Postbank AG: I, III gelten für sie. Ihr Sitz ist Bonn.

Deutsche Telekom AG: I, III gelten für sie. Ihr Sitz ist Bonn.

Europäische Wirtschaftliche Interessenvereinigung: I, II gelten für sie, § 1 EWiV-AusfG.

Fiskus: I–III gelten nicht für den Fiskus. Vgl. für ihn § 18.

Gebietskörperschaft: I, III gelten für sie.

Genossenschaft: I, III gelten neben §§ 6, 12, 87 GenG auch für sie.

Gesellschaft mit beschränkter Haftung: I, III gelten für sie nach § 3 I Nr. 1, § 7 GmbHG Der Sitz ist auch dann maßgeblich, wenn die Verwaltung an einem anderen Ort besteht, OLG Stgt BB 1977, 414, oder die Zweigniederlassung, BGH NJW 1978, 321, oder wenn es um eine Vor-GmbH geht, BGH NJW 1998, 267, oder wenn es um ein Abwicklungsproblem einer gelöschten GmbH geht, OLG Kblz Rpfleger 1989, 251, oder wenn die GmbH ihre Tätigkeit eingestellt hat, BayObLG BB 2003, 2370.

Gesellschaft bürgerlichen Rechts: Die Vorschrift gilt für die BGB-Gesellschaft, BGH NJW 2009, 1611.

Gewerkschaft: I, III gelten für sie (II erfasst eine bergrechtliche), § 10 ArbGG, BGH NJW 1980, 343.

Innung: I, III gelten für sie.

Insolvenzverfahren: § 17 gilt bei § 36, BayObLG BB 2003, 2370.

Juristische Person: I, III gelten grds. bei einer juristischen Person, BayObLG DB 2002, 1545. Der Sitz ergibt sich grds. aus der Registeranmeldung. Die juristische Person kann mehrere Sitze haben.
Kapitalgesellschaft: I, III gelten für sie.
Kommanditgesellschaft: I, III gelten für die KG nach § 161 II HGB.
Nebensitz: Mangels eines solchen gilt § 18, auch für eine auswärtige Abteilung, ArbG Kblz NZA-RR 2018, 217.
Öffentlich-rechtliche Anstalt oder Körperschaft: I, III gelten für sie.
Offene Handelsgesellschaft: I, III gelten für die OHG nach § 124 I HGB. Der Sitz wird durch Gesetz, Verleihung oder Satzung festgelegt, Zöller/Schultzky Rn. 9.
Partnerschaft: I, III gelten für sie nach § 7 II PartGG.
Politische Partei: I, III gelten für sie nach § 3 PartG, LG Berlin 3.8.2012 – 36 O 178/11; nachfolgend BVerfG NVwZ-RR 2020, 665.
Sozialversicherung: I, III gelten für sie.
Stiftung: I, III gelten für sie, öffentlich-rechtlich wie privatrechtlich.
Verein: I, III gelten für den eingetragenen und auch für den nicht rechtsfähigen Verein nach § 50 II, Dütz DB 1977, 2217; MüKoZPO/Patzina Rn. 2; aM Zöller/Schultzky Rn. 9.
Vermögensmasse: I, III kann für sie gelten.
Versicherung: Neben §§ 12 ff. wird dem Versicherungsnehmer durch § 215 I 1 VVG ein zusätzlicher Gerichtsstand an seinem Wohnsitz eröffnet, bei Passivprozessen gegen Versicherungsnehmer gilt Letzterer ausschließlich, § 215 I 2 VVG.
Wohnungseigentümergesellschaft: Es gilt § 43 WEG.
Zweckverband: I, III gelten für ihn.

18 ***Allgemeiner Gerichtsstand des Fiskus.*** **Der allgemeine Gerichtsstand des Fiskus wird durch den Sitz der Behörde bestimmt, die berufen ist, den Fiskus in dem Rechtsstreit zu vertreten.**

I. Systematik. § 18, ergänzt durch § 19, betrifft als eine vorrangige Sondervorschrift im Bereich der juristischen Person als Bekl. den allgemeinen Gerichtsstand des Fiskus, also des Staats als Privatrechtssubjekt, als eines Trägers von Vermögensrechten, nicht von Hoheitsrechten, BVerfG NJW 1983, 26; VG Wiesbaden BeckRS 2008, 38027. Die Regelung nach § 18 findet neben § 17 gleichrangig Anwendung. Neben dem allgemeinen Gerichtsstand nach § 18 sind besondere Gerichtsstände (zB §§ 21, 24, 29, 32) anwendbar, es besteht das Wahlrecht nach § 35. 1

II. Regelungszweck. Der Fiskus ist am Sitz der vertretungsbefugten Behörde zu verklagen. Damit findet der für natürliche und juristische Personen geltende Grundgedanke auch beim Fiskus Anwendung. 2

Zu einer wirksamen Klageerhebung zählt die richtige Bezeichnung des Gegners. Dazu gehört nicht zwingend die Bezeichnung der gesetzlichen Vertretung, Prütting/Gehrlein/Wern Rn. 3; Zöller/Schultzky Rn. 4. Bei § 130 Nr. 1, der Bezeichnung des gesetzlichen Vertreters, handelt es sich um eine Sollvorschrift. Nach §§ 253 IV, 130 Nr. 1 wird die Klagefrist daher auch bei Angabe einer unrichtigen Vertretungsbehörde in der Klage und Weiterleitung an die richtige Vertretungsbehörde innerhalb der Klagefrist gewahrt, OLGZ 1978, 108 [109]; Zöller/Schultzky Rn. 4. Eine behördliche Weiterleitungspflicht dürfte mit Blick auf die mitunter unübersichtlichen Vertretungsregelungen zumindest bei Rechtsmittelfristen zu bejahen sein (BVerfG NJW-RR 1995, 3173 (3175); ferner MüKoZPO/Patzina Rn. 4; aA BayObLGR 1995, 39). Für eine hierdurch entstandene Verzögerung bleibt der Kläger/Antragsteller allerdings ggf. verantwortlich (bei Verschulden keine verjährungsunterbrechende Wirkung BGH MDR 2004, 959; Prütting/Gehrlein/Wern Rn. 3). 3

III. Geltungsbereich. Unter Fiskus sind alle Körperschaften, Stiftungen und Anstalten des öffentlichen Rechts zu verstehen (MüKoZPO/Patzina Rn. 2; Prütting/Gehrlein/Wern Rn. 2; aA BeckOK ZPO/Toussaint Rn. 1). Die gesetzliche Vertretung eines ausländischen Fiskus bestimmt sich nach dem ausländischen Recht. 4

Die Regelung nach § 18 legt selbst die gesetzliche Vertretung nicht fest. Sie ist den bundes- und landesrechtlichen Vorschriften des Verwaltungsrechts (Gesetze, Verordnungen, Satzungen) zu entnehmen. Der Sitz der vertretenden Behörde bestimmt sodann den Gerichtsstand (vgl. OLG Stuttgart BeckRS, 12774). Da die Vertretungsangelegenheiten teilweise unübersichtlich geregelt sind, besteht im Übrigen eine Auskunfts- und Belehrungspflicht der befassten oder übergeordneten Behörde, LG Münster BeckRS 2018, 44787. 5

Wenn sich ein Minister durch Einlassung auf einen Prozess zum gesetzlichen Vertreter nach § 51 bestellt hat, bindet ihn dieses Verhalten. Soweit nicht das Gesetz die Vertretung ausdrücklich regelt, muss man vermuten, dass diejenige Stelle die Vertreterin ist, die dasjenige Vermögen verwaltet, um das es im Rechtsstreit geht. 6

Das Gericht prüft zunächst, ob die gesetzliche Vertretung nach § 51 vorliegt. Es prüft erst anschließend, ob es nach §§ 12 ff. örtlich zuständig ist. Den Sitz muss man nach § 17, der neben § 18 nach allg. Ansicht anwendbar ist, bestimmen (Zöller/Schultzky Rn. 1; Prütting/Gehrlein/Wern Rn. 2; aA Thomas/Putzo/Hüßtege Rn. 1). Wenn der Kläger seine Klage auf mehrere Gründe stützt, prüft das Gericht, ob die Vertretung für jeden dieser Gründe zutrifft. Evtl. sind also mehrere Stellen nebeneinander Vertreter. Ein etwa vorhandener besonderer Gerichtsstand, zB nach § 29 für Dienstbezüge, bleibt vorrangig. 7

IV. Beispiele zur Frage einer Vertretung des Fiskus. Die rechtsgeschäftliche und prozessuale Vertretung folgen evtl. verschiedenen Regelungen. Die Vertretungsbefugnisse sind sowohl beim Bund als auch bei den Ländern, Kreisen und Gemeinden in diversen Vorschriften geregelt (Erlasse iVm Gesetzen oder Verordnungen, Übungen des Verwaltungshandelns, Begriffsbildungen/-auslegungen). 8

Angesichts der behördlichen Belehrungs- und Auskunftspflicht empfiehlt sich, eine Auskunft, ggf. in Schriftform durch die Behördenleitung aufgrund eines förmlichen Antrags, einzuholen. Das Gericht wird über seine Hinweispflicht hinaus grds. nicht von Amts wegen ermitteln. 9

Die nachfolgenden Hinweise bieten nur einen Überblick, ohne Anspruch auf Vollständigkeit. 10

Bund: Ihn vertritt jeder Bundesminister für seinen Geschäftsbereich, Kunz MDR 1989, 592, in Aktiv- und Passivprozessen für sämtliche Rechtsgründe, aus denen der Kläger einen Anspruch geltend macht. Falls man den Rechtsstreit nicht dem Geschäftsbereich eines Ressortministers zuordnen kann, vertritt den Bund der 11

Bundesfinanzminister, im Übrigen: Im Geschäftsbereich des Bundesministers des Innern gilt die AnO über die Vertretung der BRep Deutschland im Geschäftsbereich des Bundesministeriums des Innern sowie über das Verfahren bei der Vertretung v. 16.12.2016 (GMBl 16 Nr. 60, 1187). Im Geschäftsbereich des Bundesministeriums für Verkehr und digitale Infrastruktur gilt die AnO über die Vertretung der BRep Deutschland im Geschäftsbereich des Bundesministeriums für Verkehr und digitale Infrastruktur v. 14.8.2014 (Verkehrsblatt 14, 634). Im Geschäftsbereich des Bundesministeriums der Justiz und für Verbraucherschutz gilt die AnO v. 1.2.13, BGBl. I 167. Vertretungsbefugt ist grds. der Minister, der die Befugnis in den in § 2 Abs. 3 genannten Fällen an die Leiter der Gerichte und Behörden überträgt. Bei Vertretungskonkurrenz vgl. BGH 188, 121.

Im Geschäftsbereich des Bundesministeriums für Verteidigung sind insb. das Bundesamt für das Personalmanagement der Bundeswehr, das Bundesamt für Ausrüstung, Informationstechnik und Nutzung der Bundeswehr und das Bundesamt für Infrastruktur, Umweltschutz und Dienstleistungen der Bundeswehr vertretungsbefugt, AnO zur Übertragung der Vertretungsbefugnis der Bundesrepublik Deutschland auf ressorteigene Behörden in gerichtlichen Prozessen und anderen Verfahren v. 31.8.2018 (GMBl 2018, 1139). Für die Vertretung des Bundes als Drittschuldner gilt die Vertretung des Bundes als Drittschuldner; Mitteilung über Abtretungserklärungen, Pfändungs- und Überweisungs- sowie Insolvenzbeschlüsse an die personalbearbeitenden Dienststellen (GMBl 2015, 1348) nach § 840 wird das Verteidigungsministerium durch eine Reihe unterschiedlicher Dienststellen je nach Art der Bezüge vertreten: durch die für die Wehrsoldzahlung der Soldatin oder des Soldaten zuständige Stelle, das Bundesamt für Infrastruktur, Umweltschutz und Dienstleistungen der Bundeswehr, die zuständige Organisationseinheit des Bundesverwaltungsamtes sowie durch das Service-Center der Generalzolldirektion.

Bundesfiskus: Schmieder ZZP 126, 359.

Deutsche Post: Die rechtsfähige Anstalt des öffentlichen Rechts „Bundesanstalt für Post und Telekommunikation Deutsche Bundespost" kann nach § 3 S. 2 der Satzung (Anlage zu § 8 S. 1 BAPostG) unter ihrem Namen klagen und verklagt werden. Sie wird nach § 4 I BAPostG durch den Präsidenten vertreten. Die Deutsche Post AG, Deutsche Postbank AG und Deutsche Telekom AG werden nach § 7 ihrer Satzung jeweils durch zwei Vorstandsmitglieder oder durch eines in Gemeinschaft mit einem Prokuristen vertreten. Stellvertreter stehen gleich. Im Übrigen gilt für den Gerichtsstand dasselbe wie bei jeder Aktiengesellschaft, vgl. § 17.

Landesfiskus: Hier gilt folgende Regelung:

- **(Baden-Württemberg):** Die Vertretung erfolgt aufgrund Art. 49 II BaWüVerf durch die oberste Landesbehörde innerhalb ihres Geschäftsbereichs, AnO v. 17.1.1955, GBl 8, geändert zuletzt durch AnO vom 25.9.2001 (GBl. 552). Die Vertretungsbefugnis ist zum Teil auf nachgeordnete Behörden übertragen worden.
- **(Bayern):** Die Vertretung erfolgt aufgrund VO v. 4.10.1995, GVBl 733, zuletzt geändert am 22.7.2014, GVBl 286, grundsätzlich durch das Staatsministerium der Finanzen, für Landesentwicklung und Heimat und die Dienststellen des Landesamts für Finanzen mit Sitzen in Ansbach, Augsburg, München, Regensburg und Würzburg als allgemeine Vertretungsbehörden, § 2 I 1 VertrV. In besonderen Fällen aus dem Geschäftsbereich des Justizministeriums wird das Land durch Justizbehörden vertreten, § 4 VertrV.
- **(Berlin):** Die Vertretung erfolgt u. a. aufgrund AZG idF v. 22.7.1996, GVBl 302, 472, zuletzt geändert am 18.12.2018, GVBl 710, sowie Verwaltungsvorschriften, insb. AnO über die Vertretung des Landes Berlin im Geschäftsbereich der Senatsverwaltung für Justiz, Verbraucherschutz und Antidiskriminierung, Bek. v. 1.11.2017, JustVA I B 6.1, ABl 5556; ferner Verwaltungsvorschriften v. 23.1.1990, ABl. 202.
- **(Brandenburg):** Die Vertretung erfolgt aufgrund Art. 89 S. 2 BrdbVerf v. 20.8.1992, GVBl 298, zuletzt geändert am 18.3.2015, GVBl I Nr. 6, grds. durch den zuständigen Minister. Art. 91 I BrdbVerf regelt nur die staatsrechtliche Außenvertretung. Die Übertragung auf nachgeordnete Stellen wird nur jeweils bestimmt, wie für die Geschäftsbereiche von Justizministerium, AnO v. 9.6.1992 (JMBl Nr. 6, 78), zuletzt geändert am 8.6.11, und Finanzministerium, AnO v. 22.8.2017 (ABl. 2017, 835 Nr. 38).
- **(Bremen):** Die Vertretung erfolgt grds. durch den Senat, Art. 118 I 2 BreVerf. Sein Präsident oder dessen Stellvertreter können rechtsverbindliche Erklärungen abgeben, Art. 118 I 3 BreVerf. Innerhalb seines Geschäftsbereichs ist jeder Senator vertretungsbefugt, Art. 120 BreVerf.
- **(Hamburg):** Die Vertretung erfolgt aufgrund Art. 18 II, 42 II HmbVerf v. 6.6.1952 und G v. 30.7.1952, HmBl I 2000a, zuletzt geändert am 30.3.2017, HmbGVBl. 86, AnO v. 19.4.2001, AmtlAnz 1433 (die Anordnung enthält eine Regelung im Einzelnen).
- **(Hessen):** Das Land wird durch den Ministerpräsidenten vertreten, Art. 103 HessVerf. Er hat die Vertretungsbefugnis auf einen Fachminister und auf die diesem unmittelbar unterstellten Behörden übertragen, (Finanzministerium) AnO v. 11.11.2013 (StAnz 1488), zuletzt geändert am 15.4.2016, StAnz. 517, (Justizministerium) AnO v 20.3.2012, StAnz. 411, zuletzt geändert am 19.4.2018 (StAnz 632).
- **(Mecklenburg-Vorpommern):** Die Vertretung erfolgt aufgrund Art. 47 MVVerf v. 23.5.1993, GVBl 372, zuletzt geändert am 14.7.2016, GVBl 573. Sie liegt im Rechtsstreit grds. beim Fachminister. Dieser kann delegieren, VV v. 17.12.2012 (AmtsBl. M-V 2013 S. 3).
- **(Niedersachsen):** Die Vertretung erfolgt aufgrund von Art. 37 NdsVerf nach dem Gemeinsamen Runderlass der Staatskanzlei und sämtlicher Ministerien v. 12.7.2012 (NdsMBl 578) idF v. 15.9.2017. Danach ist jeder Minister in seinem Geschäftsbereich Vertretungsbehörde, beim Zusammentreffen mehrerer Geschäftsbereiche der federführende Minister. In Angelegenheit der Justizverwaltung vertreten u. a. die OLGe, GStA, LSG und LAG, C.1
- **(Nordrhein-Westfalen):** Die Vertretung erfolgt aufgrund Art. 55 II, 57 S. 1 NRWVerf iVm Bek. v. 8.2.1960, GVBl 13. Danach vertritt grds. jeder Minister das Land innerhalb seines Geschäftsbereichs, geregelt für den Geschäftsbereich des Finanzministeriums in Runderl. v. 6.5.2015 (MBl NRW 352), des Justizministeriums in AnO v. 27.7.2011 idF v. 18.6.2013 (JMBl 148), ferner durch Vertretungserl. v. 28.2.2018 (MBl 128).
- **(Rheinland-Pfalz):** Die Vertretung erfolgt aufgrund Art. 101 S. 1 RhPfVerf (Justiz) VO v. 22.8.1997, GVBl 331, zuletzt geändert am 20.7.2013, GVBl 280 und (Finanz) v. 12.11.1988, GVBl 293, idF v. 19.12.2014 sowie (Inneres) v. 7.8.1991, GVBl 334, idF v. 22.9.2017.
- **(Saarland):** Die Vertretung erfolgt nach Art. 95 I Verf durch den Ministerpräsidenten u aufgrund des G Nr. 739 v. 15.11.1960, ABl. 920, zuletzt geändert am 26.1.1994, ABl. 509. Im Bereich der Justizverwaltung

vgl. Bek. v. 24.7.1992, ABl. 1992 841. Grds. ist jeder Minister in seinem Fachbereich vertretungsbefugt, hilfsweise der Ministerpräsident. Die Übertragung auf nachgeordnete Behörden ist statthaft. Im Bereich des Justizministers zählen dazu ua der leitende Oberstaatsanwalt, der Leiter der Gerichtskasse, der Leiter der Vollzugsanstalt, der Bezirksrevisor, zB Erl. v. 4.2.1992, ABl. 309.

– **(Sachsen):** Die Vertretung erfolgt grds. aufgrund VertretungsVO idF der Bek. v. 10.4.2013 (GVBl. 240), zuletzt geändert durch VO v. 9.5.2017 (GVBl. 270). Vertreter im Prozess ist grds. die Oberste Landesbehörde. Vor dem ordentlichen Gericht ist die Vertretung von ihr grds. dem Landesamt für Steuern und Finanzen übertragen.
– **(Sachsen-Anhalt):** Die Vertretung erfolgt aufgrund Art. 69 I SachsAnhVerf v. 16.7.1992, GVBl 600 (Vertretung durch Ministerpräsidenten), und Gem RdErl v. 9.4.2013 (MBl 204) idF v. 11.12.2018. Das Land wird grds. vom Fachminister vertreten. Er kann die Vertretung auf nachgeordnete Behörden übertragen.
– **(Schleswig-Holstein):** Die Vertretung erfolgt aufgrund Art. 30 I Verf, Erl v. 20.7.10 (ABl 526) iVm Bek. v. 8.12.2014 (ABl 932) (GVOBl. 2014, 344). Danach kann der Ministerpräsident die Vertretung übertragen. Das Land wird demgemäß grds. durch den zuständigen Fachminister vertreten. Er kann die Vertretungsbefugnis allgemein oder im Einzelfall weiterübertragen. Im Geschäftsbereich der Landesjustizverwaltung ist im gerichtlichen Verfahren der Generalstaatsanwalt grds. zur Vertretung berufen, § 2 I AllgVfg zur Vertr v. 30.7.18 (Amtsbl SH 1918, 694, SchlHA, 334).
– **(Thüringen):** Die Vertretung erfolgt aufgrund Art. 77, VertrAnO v. 18.12.1990 (GVBl 15); ferner VertrAnO für Justiz v. 25.8.2004 (JMBl 66) idF v. 21.12.2017 (JMBl 2018, 45). Im Bereich des Justizministers sind neben ihm der Generalstaatsanwalt, in der Zwangsvollstreckung der vor dem Erlass des Vollstreckungstitels zuständige Landesvertreter befugt.

19

Mehrere Gerichtsbezirke am Behördensitz. **Ist der Ort, an dem eine Behörde ihren Sitz hat, in mehrere Gerichtsbezirke geteilt, so wird der Bezirk, der im Sinne der §§ 17, 18 als Sitz der Behörde gilt, für die Bundesbehörden von dem Bundesministerium der Justiz und für Verbraucherschutz, im Übrigen von der Landesjustizverwaltung durch allgemeine Anordnung bestimmt.**

I. Systematik, Regelungszweck. Die Vorschrift ist eine Ergänzung zu §§ 17, 18 und schafft Rechtsklarheit in Zweifelsfällen. 1

II. Geltungsbereich. Da von der Möglichkeit, allgemeine Anordnungen iSv § 19 zu erlassen, momentan nicht Gebrauch gemacht wird, ist der Anwendungsbereich der Vorschrift sehr gering, Zöller/Schultzky Rn. 1. § 19 gilt nur für Behörden, nicht für Gemeinden, Körperschaften und andere juristische Personen nach § 17. Nach der Vorschrift ist – soweit, wie derzeit, keine Anordnung erlassen – der tatsächliche Sitz entscheidend, also die Lage des Dienst-Hauptgebäudes. Falls erforderlich, muss man das zuständige Gericht nach § 36 I Nr. 2 bestimmen. § 19 betrifft nur den allgemeinen Gerichtsstand, nicht einen besonderen Gerichtsstand. Bei einem Doppelsitz etwa einzelner Ministerien gilt § 35. 2

19a

Allgemeiner Gerichtsstand des Insolvenzverwalters. **Der allgemeine Gerichtsstand eines Insolvenzverwalters für Klagen, die sich auf die Insolvenzmasse beziehen, wird durch den Sitz des Insolvenzgerichts bestimmt.**

I. Systematik. Die Vorschrift regelt den allgemeinen Gerichtsstand für massebezogene Passivprozesse (Prütting/Gehrlein/Wern Rn. 4) und nicht einen zu §§ 12 ff. hinzutretenden besonderen Gerichtsstand, BGH NJW 2003, 1916; OLG München MDR 2018, 890 (891). Sie tritt also als Spezialvorschrift an die Stelle von §§ 12 ff., KG NJW-RR 2006, 776. Sie bringt indes nicht einen ausschließlichen Gerichtsstand, BayObLG ZIP 2002, 141 (142). Es kann also ein ausschließlicher anderer Gerichtsstand zB nach § 24 oder nach § 29a bestehen. § 38 tritt beim Streit über ein Absonderungsrecht zurück, LG Kleve MDR 2001, 291. Soweit § 19a unanwendbar ist, gelten §§ 12 ff. Wie alle allgemeinen Gerichtsstandsregelungen ist § 19a doppelfunktional und bestimmt daher zugleich die internationale Zuständigkeit (Prütting/Gehrlein/Wern Rn. 6). Brüssel Ia-VO findet keine Anwendung, Art. 1 IIb. 1

II. Regelungszweck. Die Regelung bezweckt Orts- und Sachnähe des Gerichts, BGH NJW 2009, 2217. Die Vorschrift schafft eine Konzentration von Passivprozessen am Sitz des Insolvenzgerichts – eine Klage am Wohnsitz des Insolvenzverwalters ist ausgeschlossen – und dient somit der Prozesswirtschaftlichkeit. Sie ist zusammen mit der InsO am 1.1.1999 in Kraft getreten, Art. 18 Nr. 1 EGInsO (hierzu MüKoZPO/Patzina Rn. 1). 2

III. Geltungsbereich. Die Vorschrift erfasst Klagen gegen den Insolvenzverwalter, die sich auf die Insolvenzmasse beziehen, BGH NJW 2009, 2217. Auch dasjenige, was nicht im engeren Sinn zur Insolvenzmasse gehört, kann sich doch auf sie beziehen (mittelbare Zugehörigkeit). 3

Hierher gehören zB: ein Absonderungsrecht, ein Aussonderungsrecht, §§ 47 f. InsO, BayObLG ZIP 2002, 142; die Geltendmachung einer Masseverbindlichkeit nach §§ 53 ff. InsO. Die Vorschrift gilt ab Eröffnung des Insolvenzverfahrens nach § 27 InsO und grundsätzlich nur bis zu dessen Beendigung nach §§ 200, 207 InsO, oder bis zur Abwahl oder Entlassung nach §§ 57, 59 InsO. Auch das Mahnverfahren nach §§ 688 ff. wird erfasst, ferner der Eilantrag nach §§ 916 ff., 935 ff. Auch eine Wiederaufnahmeklage nach §§ 578 ff. kann hierher zählen, ferner eine Klage im Urkundenprozess nach §§ 592 ff. 4

Zum Anwendungsbereich gehört allerdings nicht die Feststellungsklage bestrittener Insolvenzforderungen, hier besteht eine – inhaltlich mehrheitlich deckungsgleiche – ausschließliche Zuständigkeit nach § 180 I 1 und 2 InsO (Zöller/Schultzky Rn. 6). 5

Die Vorschrift erfasst ausschließlich massebezogene Passivprozesse (→ Rn. 1), hingegen keine Aktivprozesse des Insolvenzverwalters (BGH NJW 2003, 2916), auch nicht im Mahnverfahren (OLG Hamm BeckRS 2008, 9268). 6

7 Die Vorschrift gilt bei Klagen gegen den Insolvenzverwalter, § 56 InsO, BGH NJW 2009, 2216, und den vorläufigen Verwalter nach §§ 22ff. InsO, allerdings nicht gegen den Sachwalter iSv § 270c InsO (Prütting/Gehrlein/Wern Rn. 4).

8 **IV. Gerichtstand: Sitz des Insolvenzgerichts.** Unter den Voraussetzungen → Rn. 1–6 ist allgemeiner Gerichtsstand nach § 12 der Sitz des Insolvenzgerichts, also das Gericht, bei dem das Insolvenzverfahren anhängig ist, BayObLG NJW-RR 2003, 925: ein Amtsgericht, in dessen Bezirk ein Landgericht seinen Sitz hat bzw. ein Amtsgericht nach Bestimmung, § 2 InsO. Dabei wird es sich überwiegend zugleich um den (Wohn-)Sitz des Schuldners handeln, § 3 I 1 InsO iVm §§ 13, 17. Bei unternehmerischer Tätigkeit ist auf den Mittelpunkt der selbständigen wirtschaftlichen Tätigkeit (zB Hauptniederlassung) nach § 3 I 2 InsO, bei Zugehörigkeit des Schuldners zu einer Unternehmensgruppe auf den Gruppen-Gerichtsstand abzustellen, § 3a f. InsO (Zöller/Schultzky Rn. 3). Bei einer im Handelsregister eingetragenen juristischen Person bleibt der eingetragene Sitz auch nach Beendigung der Tätigkeit entscheidend (MüKoZPO/Patzina Rn. 2; aA OLG Schleswig NJW-RR 2000, 349).

19b ***Ausschließlicher Gerichtsstand bei restrukturierungsbezogenen Klagen; Verordnungsermächtigung.*** **(1) Für Klagen, die sich auf Restrukturierungssachen nach dem Unternehmensstabilisierungs- und -restrukturierungsgesetz beziehen, ist ausschließlich das Gericht zuständig, in dessen Bezirk das für die Restrukturierungssache zuständige Restrukturierungsgericht seinen Sitz hat.**

(2) [1]Die Landesregierungen werden ermächtigt, durch Rechtsverordnung die in Absatz 1 genannten Klagen einem Landgericht für die Bezirke mehrerer Oberlandesgerichte zuzuweisen, sofern dies der sachlichen Förderung oder schnelleren Erledigung der Verfahren dienlich ist. [2]Die Landesregierungen können diese Ermächtigung durch Rechtsverordnung auf die Landesjustizverwaltungen übertragen.

1 **I. Systematik.** Die Vorschrift ist zusammen mit § 71 II Nr. 6 GVG zu lesen, sodass das Landgericht zuständig ist, in dessen Bezirk das für die Restrukturierungssache zuständige Restrukturierungsgericht seinen Sitz hat. Das Restrukturierungsgericht ist das Amtsgericht, in dessen Bezirk ein Oberlandesgericht seinen Sitz hat, § 34 I 1 StaRUG. Es ist für den gesamten Bezirk des Oberlandesgerichts ausschließlich zuständig. Die örtliche Zuständigkeit richtet sich nach dem Sitz des Schuldners, § 35 StaRUG.

2 Das in diesem Zusammenhang maßgebliche Unternehmensstabilisierungs- und -restrukturierungsgesetz (StaRUG) regelt ein Restrukturierungsverfahren, ein Verfahren zu einer Unternehmenssanierung. Das Restrukturierungsvorhaben ist nach § 31 I StaRUG bei dem Restrukturierungsgericht nach § 31 I StaRUG anzuzeigen, soweit die Instrumente des Stabilisierungs- und Restrukturierungsrahmens gemäß § 29 StaRUG in Anspruch genommen werden sollen.

3 **II. Regelungszweck.** Die Regelung bezweckt neben der Prozesswirtschaftlichkeit auch die Wahrung des Sachzusammenhangs der Klagen, die sich auf eine Restrukturierungssache beziehen, mit der Restrukturierungssache. Zugleich wird eine Konzentration bei wenigen und auf die Materie spezialisierten Gerichten ermöglicht, Musielak/Voit/Heinrich Rn. 1; BeckOK ZPO/Toussaint Rn. 1.

4 **III. Geltungsbereich.** Der ausschließliche Gerichtsstand nach § 19b geht anderen besonderen Gerichtsständen wie § 32 vor. Erfasst werden sämtliche Ansprüche aus dem StaRUG sowie Folgeansprüche aus dem StaRUG, zB im Rahmen eines Gesamtschuldnerausgleichs, BeckOK ZPO/Toussaint Rn. 3. Wie üblich bei doppelrelevanten Tatsachen genügt auch hier die schlüssige Darlegung der Ansprüche, BeckOK ZPO/Toussaint Rn. 4. Von der Verordnungsermächtigung nach II wurde bisher, die durch G v. 22.12.2020 (BGBl. I 3320) neu eingefügt worden ist, soweit ersichtlich, noch kein Gebrauch gemacht.

20 ***Besonderer Gerichtsstand des Aufenthaltsorts.*** **Wenn Personen an einem Ort unter Verhältnissen, die ihrer Natur nach auf einen Aufenthalt von längerer Dauer hinweisen, insbesondere als Hausgehilfen, Arbeiter, Gewerbegehilfen, Studierende, Schüler oder Lehrlinge sich aufhalten, so ist das Gericht des Aufenthaltsortes für alle Klagen zuständig, die gegen diese Personen wegen vermögensrechtlicher Ansprüche erhoben werden.**

1 **I. Systematik.** Die Vorschrift eröffnet eine Reihe von besonderen Gerichtsständen. Sie treten zu den allgemeinen der §§ 12–19 und weiteren besonderen Gerichtsständen hinzu, unter mehreren hat der Kläger die Wahl, § 35.

2 **II. Regelungszweck.** Die Vorschrift dient der Prozessökonomie. Begründet wird – neben der Zuständigkeit des Wohnsitzes – die Zuständigkeit des Gerichts, an dem sich der Beklagte längere Zeit aufhält. Dieser besondere Gerichtsstand erleichtert dem Kläger die Rechtsverfolgung, indem er eine Person in den beschriebenen Situationen am Ort des längeren Aufenthalts verklagen kann. Es ist naheliegend, dass der Beklagte dort Rechtsverhältnisse, auf die Prozesse folgen können, begründet und das Gericht am Aufenthaltsort eine erhebliche Sachnähe aufweist (Musielak/Voit/Heinrich Rn. 1).

3 **III. Geltungsbereich.** § 20 greift ausschließlich bei vermögensrechtlichen Ansprüchen ein. Die Vorschrift gilt allein für natürliche Personen, aber nicht für juristische Personen.

4 Sie ist nach § 57 II auch anwendbar bei Prozessunfähigen – jedenfalls soweit der Aufenthalt dem Willen der gesetzlichen Vertreter entspricht; auf den Aufenthaltsort der Eltern oder gesetzlichen Vertreter kommt es mangels Anwendbarkeit von § 11 BGB nicht an (MüKoZPO/Patzina Rn. 5).

5 Die Vorschrift ist anwendbar auf **natürliche Personen,** nach § 57 II ist sie auch anzuwenden bei Prozessunfähigen – jedenfalls soweit der Aufenthalt dem Willen der gesetzlichen Vertreter entspricht; auf den Aufenthaltsort der Eltern oder gesetzlichen Vertreter kommt es mangels Anwendbarkeit von § 11 BGB nicht an (MüKoZPO/Patzina Rn. 5). Sie ist anwendbar für In- und Ausländer, die sich länger iSv § 20 im Inland aufhalten, KG JurBüro 2009, 208. Soweit der Beklagte indes innerhalb der EU-Mitgliedstaaten einen Wohnsitz hat, schließt Art. 4 I, 62 Brüssel Ia-VO eine Zuständigkeit nach § 20 aus. Da sich nach dem Wortlaut die Klage

„gegen diese Personen wegen vermögensrechtlicher Ansprüche" richtet, muss sich der vermögensrechtliche Anspruch nicht gegen die Person richten; es kann sich auch um eine negative Feststellungsklage handeln bezüglich eines vermögensrechtlichen Anspruchs, dessen sich der Beklagte berühmt, BeckOK ZPO/Toussaint Rn. 2.

Die **vermögensrechtlichen Ansprüche** erfassen sämtliche aus einem vermögensrechtlichen Rechtsverhältnis hergeleiteten Ansprüche sowie diejenigen, die auf einem nichtvermögensrechtlichen Verhältnis gründen, allerdings selbst eine vermögenswerte Leistung zum Gegenstand haben, BGH NJW 1991, 1833. Gleiches gilt für sonstige Ansprüche, soweit es hierbei in wesentlicher Weise auch um die Wahrung wirtschaftlicher Belange geht, BGH NJW 2000, 656. 6

IV. Aufenthalt. § 20 verlangt solche Verhältnisse, die neben einem vorhandenen Wohnsitz (sonst gilt § 16) einen längeren, wenn auch gelegentlich unterbrochenen Aufenthalt beinhalten, BGH NJW 1997, 1154; OLG Hamm BeckRS 2019, 25138. Dann bleibt die tatsächliche Dauer des Aufenthalts unerheblich, ebenso wie eine etwaige vorübergehende Abwesenheit oder eine Abwesenheit bei Zustellung der Klage. Das Bestehen eines Wohnsitzes ist für den Wahlgerichtsstand nach § 20 Voraussetzung, da anderenfalls § 16 gilt (Prütting/Gehrlein/Bey Rn. 3). Die Beispiele nach I sind nicht enumerativ; weitere Beispiele: Tagungsteilnehmer; Patient im Krankenhaus; ein im Heim Untergebrachter; Insasse einer Justizvollzugsanstalt, BGH NJW 1997, 1154 (nicht aber die Verbüßung von Untersuchungshaft, OLG Hamm BeckRS 2019, 25138); Referendar im Vorbereitungsdienst; Montagearbeit auf einer Großbaustelle, Saisonarbeitsaufenthalt, Bengelsdorf BB 1989, 2394; Kuraufenthalt, Bengelsdorf BB 1989, 2394; Aufenthalt in einem Frauenhaus, OLG Saarbr FamRZ 1990, 1119; OLG Zweibr OLGR 2000, 495. Ein bloßer Aufenthalt an der Arbeitsstätte während der Arbeitsstunden genügt nicht, auch nicht ein von vornherein nur vorübergehender Aufenthalt wie derjenige eines Künstlers oder eines Geschäftsreisenden. 7

21 *Besonderer Gerichtsstand der Niederlassung.*

I Hat jemand zum Betrieb einer Fabrik, einer Handlung oder eines anderen Gewerbes eine Niederlassung, von der aus unmittelbar Geschäfte geschlossen werden, so können gegen ihn alle Klagen, die auf den Geschäftsbetrieb der Niederlassung Bezug haben, bei dem Gericht des Ortes erhoben werden, wo die Niederlassung sich befindet.

II Der Gerichtsstand der Niederlassung ist auch für Klagen gegen Personen begründet, die ein mit Wohn- und Wirtschaftsgebäuden versehenes Gut als Eigentümer, Nutznießer oder Pächter bewirtschaften, soweit diese Klagen die auf die Bewirtschaftung des Gutes sich beziehenden Rechtsverhältnisse betreffen.

Schrifttum: Mueller-Froelich, Der Gerichtsstand der Niederlassung im deutsch-amerikanischen Rechtsverkehr, 2008.

I. Systematik, I, II. § 21 begründet einen besonderen Gerichtsstand und ist eng auszulegen, OLG Hmb WoM 1990, 394. Die Vorschrift ist nachrangig gegenüber Art. 7 Nr. 5 Brüssel Ia-VO. Dieser Gerichtsstand ähnelt demjenigen des Wohnsitzes nach § 13, OLG Hmb WoM 1990, 394. Doch begründet die Niederlassung weder einen Wohnsitz noch einen Nebenwohnsitz, OLG Hmb MDR 1977, 759. Die Vorschrift gibt nicht auch einen Aktiv-Gerichtsstand, BGH NJW 1998, 1322. 1

II. Regelungszweck, I, II. Entsprechend den in → Rn. 5 ff. dargestellten Anforderungen an eine Niederlassung ist es naheliegend, auch prozessual „vor Ort" vorgehen zu dürfen, ohne den (Wohn-)Sitz des Geschäftspartners erkunden zu müssen, BGH NJW 2011, 2057. Die Vorschrift dient der Prozessökonomie und erleichtert die Rechtsverfolgung: Sie ermöglicht dem Kläger, gegen seinen Geschäftspartner an dem Ort vorzugehen, an dem dieser in einer hierfür vorgehaltenen selbstständigen Geschäftsstelle Geschäfte getätigt hat (Prütting/Gehrlein/Bey Rn. 2). 2

III. Geltungsbereich, I, II. Neben § 21 bleiben die allgemeinen und besonderen Gerichtsstände anwendbar, vgl. auch § 35. Die ausschließlichen Gerichtsstände nach → Vor § 12 Rn. 19 haben Vorrang, zB nach § 6 UKlaG, § 14 UWG, § 3 InsO oder nach § 215 VVG, OLG Köln NJW-RR 1993, 1504. Die juristische Person als Antragsteller muss daher nach § 689 II an ihrem Sitz vorgehen, BayObLG DB 2002, 1545. Die Vorschrift gilt unabhängig vom Fehlen der Parteifähigkeit neben dem allgemeinen Gerichtsstand nach §§ 13, 17, BGH 88, 336, neben demjenigen nach § 22, BGH NJW 1975, 2142, oder nach § 32. Sie gibt den besonderen Passiv-Wahlgerichtsstand der Niederlassung gegen eine voll- oder minderjährige, in- oder ausländische natürliche Person wie für eine juristische Person, BGH NJW 1998, 1322, oder sonstige parteifähige Bildungen wie die OHG (Musielak/Voit/Heinrich Rn. 7). 3

§ 21 ist eine doppelfunktionale Regelung und begründet daher in der Regel neben der örtlichen auch die internationale Zuständigkeit. Zu beachten ist Art. 7 EuGVVO, die Vorschrift derogiert § 21 unter Nr. 5: Danach kann ein Unternehmen, das in einem anderen Vertragsstaat seinen Hauptsitz, aber in der Bundesrepublik eine Zweigniederlassung hat, eben dort auch verklagt werden. 4

IV. Gewerbliche Niederlassung, I. I verlangt allein oder neben dem Hauptbetrieb am Sitz eine oder auch mehrere Niederlassungen zum Betrieb eines beliebigen auf Gewinn ausgerichteten Unternehmens, also eines Gewerbes, BGH IPRax 1998, 211, auch eines freien Berufs, BGH 88, 336, also eines Erwerbsunternehmens im weitesten Sinn, zB eines Mobilfunkunternehmens, AG Ffo NJW-RR 2001, 276, oder eines Landwirts. Eine Lehranstalt oder eine Berufsgenossenschaft zählt nicht hierher. Es sind insofern die folgenden Voraussetzungen erforderlich. 5

1. Gewerbemittelpunkt. Das Gewerbe muss an dem Ort der Niederlassung seinen Mittelpunkt haben, wenn auch nur für einen Teil. Der Mittelpunkt einer wirtschaftlichen Arbeit ist grds. an dem Ort, von dem aus Geschäfte gemacht werden, AG Hannover ZIP 2018, 2285. 6

2. Zeitdauer. Die Niederlassung muss für eine gewisse Zeitdauer bestehen, LG Ffm NZV 2016, 227. Allgemein wird verlangt, dass sie „auf Dauer angelegt" ist, OLG Ffm WM 1989, 57; Thomas/Putzo/Hüßtege Rn. 2. Sie darf also nicht nur zB während einer Messe bestehen. 7

8 **3. Äußere Einrichtungen.** Es ist ausreichend, wenn der zurechenbare Schein einer Niederlassung gesetzt wird, BGH NJW 2011, 2056 (2057). Es müssen äußere Einrichtungen vorhanden sein, die auf eine Niederlassung hindeuten, OLG Köln NJW-RR 2015, 1533. Das muss der Kläger beweisen, OLG Hamm VersR 2009, 1345. Eine rechtliche formelle Selbständigkeit ist nicht erforderlich, BGH NJW 1998, 1322.

9 **4. Selbständige Leitung.** Die Niederlassung muss eine im Wesentlichen selbständige Leitung mit dem Recht haben, aus eigener Entschließung unmittelbar Geschäfte abzuschließen, BGH NJW 2011, 2057. Es reicht also nicht aus, dass die Leitung nur nach solchen Weisungen handeln darf, die sie von der Hauptstelle erhält, Verträge ohne eigene Entscheidungsbefugnis nur vermittelt werden, OLG Hamm BeckRS 2019, 34978. Es muss eine Betriebseinrichtung bestehen, Fricke VersR 2001, 933 (nicht im Internet).

10 Es ist nicht erforderlich, dass sich der Bekl. am Ort der Niederlassung aufhält. Es ist unerheblich, welcher Art das Recht des Bekl. an der Niederlassung ist, solange die Niederlassung nur auf seinen Namen läuft. Es entscheidet vielmehr, ob der Bekl. nach außen den Anschein einer selbständigen Handelsniederlassung erweckt, BGH NJW 1987, 3081; OLG Köln NZG 2015, 1449. Wenn dieser Anschein besteht, ist es unerheblich, ob tatsächlich eine innere Abhängigkeit vorhanden ist, solange sie eben nicht nach außen hervortritt, OLG Düss MDR 1978, 930; OLG Mü Rpfleger 1988, 162; LG Ffm GRUR 2009, 15. Wenn der Bekl. eine Niederlassung arglistig vorgespiegelt hat, muss er den Gerichtsstand der Niederlassung nach Treu und Glauben gegen sich gelten lassen (→ Rn. 8).

5. Beispiele zur Frage einer Niederlassung

11 **Agentur:** Sie ist grds. keine Niederlassung, BGH NJW 1987, 3081; OLG Hamm BeckRS 2019, 34978.
Annahmestelle: Diejenige zB einer Reinigung oder Färberei ist keine Niederlassung.
Arbeitsgemeinschaft: Sie kann eine Niederlassung zB von Bauunternehmern sein, BayObLG 1985, 317.
Bankfiliale: Sie kann eine Niederlassung sein.
Datenschutz: Wegen der EU § 44 I BDSG v. 30.6.2017, BGBl. I 2097.
Deutscher Verband: Er ist oft keine Niederlassung des internationalen Verbands, OLG Mü VHR 1996, 96.
Filialdirektion: Sie kann eine Niederlassung sein.
Generalrepräsentanz: Sie kann eine Niederlassung sein, zB bei einer ausländischen Firma, BGH NJW 1987, 3081; OLG Düss NJW-RR 1989, 443.
Handelsregister: Eine dortige Eintragung ist zur Annahme einer Niederlassung nicht erforderlich, OLG Mü VersR 1988, 754; LG Ffm GRUR-RR 2009, 15. Sie wirkt aber grds. gegen einen Eingetragenen, OLG Brdb NJW-RR 2006, 1193.
Homepage: Sie reicht nicht. „Der (technische) Betrieb einer Homepage, über welche Flugbuchungen möglich sind, führt nicht dazu, dass die hierfür verantwortliche Niederlassung auch als Vertragspartner des Reisenden anzusehen ist." LG Ffm NZV 2016, 227.
Klageerhebung: Die Niederlassung muss im Zeitpunkt der Zustellung der Klage bestehen, BayObLG WM 1989, 871.
Künftige Niederlassung: § 21 ist auf sie (noch) unanwendbar, OLG Hamm OLGZ 1991, 80.
Ladengeschäft: Dasjenige einer Fabrik ist eine Niederlassung, OLG Mü OLGR 2001, 254.
Lokalredaktion: Sie kann eine Niederlassung sein, OLG Naumb NJW-RR 2000, 475.
Messestand: Er ist keine Niederlassung, OLG Mü AnwBl 1989, 294.
Ortsgeschäft: Es kann eine Niederlassung sein, zB bei einem Mobilfunkunternehmen, AG Ffo NJW-RR 2001, 276.
Rechtsfähigkeit: Sie ist keine zwingende Voraussetzung, LG Ffm GRUR-RR 2009, 15.
Reisebüro: „Agentur".
Shop: Es kann eine Niederlassung sein, AG Ffo NJW-RR 2001, 277.
Tochtergesellschaft: Eine selbständige kann reichen, OLG Köln NZG 2015, 1439.
Vermittlungsvertretung: „Agentur".
Versicherung: Vgl. § 215 VVG, streng OLG Hamm NZV 2016, 578. Zum Altfall (§ 17) OLG Hamm NJW-RR 2010, 105.
Zweigniederlassung: Sie ist grds. eine Niederlassung, OLG Düss Rpfleger 1997, 32. Davon gilt eine Ausnahme bei § 689 II, BGH NJW 1998, 1322, auch bei einer Versicherungsgesellschaft.

12 **V. Geschäftsbetrieb, I.** Der Gerichtsstand besteht nur für eine solche Klage, die sich gegen den Inhaber richtet und sich auch und direkt auf den Geschäftsbetrieb der Niederlassung bezieht, BGH NJW 2011, 2056, die den Inhaber also zB unter seiner Niederlassung verklagt. Hierzu gehört auch eine unlautere Werbung der Niederlassung oder eine Anstellung für den Geschäftsbetrieb der Niederlassung. Es ist unerheblich, welchen Rechtsgrund der Kläger geltend gemacht, wo er den Vertrag abgeschlossen hat, BGH NJW 1975, 2142, und wo man ihn erfüllen muss. Es reicht nicht aus, dass sich eine herausverlangte Sache in dem Bereich der Niederlassung befindet. Das Geschäft muss von der Niederlassung ausgegangen sein, OLG Hmb WuM 1990, 394; Fricke VersR 2000, 1195. Ein Freiberuf kann reichen, BGH NJW 1984, 740, eine bloße Werbetätigkeit hingegen nicht, BGH NJW 2011, 2057.

13 Es muss sich ferner wegen der Notwendigkeit einer engen Auslegung um eine betriebstypische Angelegenheit handeln, nicht „nur" zB um eine Anmietung von Geschäftsraum, OLG Hmb WoM 1990, 394; aA BeckOK ZPO/Toussaint Rn. 6. Streitgegenstand kann nur ein vermögensrechtlicher Anspruch sein, BGH NJW 1975, 2142. Beim Bezug auf mehrere Niederlassungen gilt § 35, OLG Köln VersR 1993, 1172. Ein besonderer Bezug gerade zu dieser Niederlassung ist nicht erforderlich, aM LG Dortm VersR 2007, 1674.

14 **VI. Landwirtschaftliche Niederlassung, II.** Voraussetzung dieses Gerichtsstands ist zunächst ein Gut mit Wohn- und Wirtschaftsgebäuden; ferner ein Streit wegen der Bewirtschaftung durch den Eigentümer, den Nutznießer oder den Pächter, selbst wenn die Bewirtschaftung tatsächlich durch andere Personen im Namen und auf Rechnung des Bekl. erfolgt. Der Verpächter nimmt keine solche Bewirtschaftung vor, sodass § 21 bei Klagen gegen ihn nicht zur Anwendung kommt.

15 **VII. Beförderungsbedingungen, I, II.** Gerichtsstand für alle Streitigkeiten aus dem Beförderungsverkehr mit Straßenbahnen, Omnibussen, Kraftfahrzeugen im Linienverkehr ist der Sitz des jeweiligen Unternehmens, § 17 VO v. 27.2.1970, BGBl. I 230.

22 *Besonderer Gerichtsstand der Mitgliedschaft.* **Das Gericht, bei dem Gemeinden, Korporationen, Gesellschaften, Genossenschaften oder andere Vereine den allgemeinen Gerichtsstand haben, ist für die Klagen zuständig, die von ihnen oder von dem Insolvenzverwalter gegen die Mitglieder als solche oder von den Mitgliedern in dieser Eigenschaft gegeneinander erhoben werden.**

I. Systematik. § 22 begründet, abweichend von der Regel der §§ 12ff., nicht einen auf den Beklagten bezogenen, sondern einen Klägergerichtsstand. Damit ergänzt er den Passivgerichtsstand des § 17 für die in § 22 genannten Fälle. Als „Besonderer Gerichtsstand der Mitgliedschaft", nicht ausschließlicher, findet § 22 neben den allgemeinen Gerichtsständen der §§ 13–17 Anwendung, OLG Braunschweig ZInsO 2018, 1855. Vorrangig sind Sonderregeln für die Aktiengesellschaft nach §§ 249 I 1; 254 I; 257 AktG, Nichtigkeit der Gesellschaft, § 275 III, IV AktG, ferner bei Anfechtung von Beschlüssen der Generalversammlung, § 51 III GenG, und bei Nichtigkeitsklage der GmbH, § 75 GmbHG, §§ 246ff. AktG sind zu beachten. 1

II. Regelungszweck. Streitigkeiten aus der inneren Rechtsbeziehung einer nach § 50 parteifähigen Gesellschaft sollen am Gesellschaftssitz konzentriert werden, erfasst werden Rechtsbeziehungen der Gesellschaft zu ihren Mitgliedern und der Mitglieder untereinander, BGH NJW 1980, 1471; Gieseke DB 1984, 973. Hiermit sind ein einheitlicher Umgang mit Satzungen/Statuten, einheitliche Regelungen im Bereich der Mitgliedschaft und eine erleichterte Einsichtnahme in Register und Akten verbunden, MüKoZPO/Patzina Rn. 1. 2

III. Geltungsbereich. Der Kreis der Personengesamtheit erfasst alle rechtsfähigen Personenvereinigungen und wird durch § 17 bestimmt, OLG Köln NJW 2004, 862. § 22 gilt für alle Streitigkeiten und daher auch für nichtvermögensrechtliche und zwar doppelfunktional auch hinsichtlich der internationalen Zuständigkeit, soweit der Anwendungsbereich von Brüssel Ia-VO und des LugÜ nicht eröffnet ist. Dort ist neben Art. 7 Brüssel Ia-VO als Erfüllungsgerichtsstand insbesondere Art. 24 Nr. 2 Brüssel Ia-VO zu beachten. Allerdings werden zahlreiche Gebiete des Gesellschaftsrechts von Art. 24 Nr. 2 Brüssel Ia-VO nicht erfasst, wie Klagen der Gesellschafter gegen die Gesellschaft zB auf Auszahlung des Gewinns oder Auskunftserteilung; Klagen der Gesellschaft gegen die Gesellschafter zB auf Einzahlung der Stammeinlage; Klagen der Gesellschafter gegen die Organe. Indes ist Art. 24 Nr. 2 Brüssel Ia-VO als vorrangige Sonderregelung im Anwendungsbereich von Brüssel Ia-VO abschließend, MüKoZPO/Patzina Rn. 11. 3

§ 22 gilt auch bei einer Prospekthaftung, BGHZ 76, 231. 4

IV. Voraussetzungen. Der Gerichtsstand gilt für eine Klage jeder Art, Dütz DB 1977, 2217, unter den folgenden Voraussetzungen. 5

1. Personengesamtheit oder Insolvenzverwalter gegen Mitglied. Es muss sich um eine solche Klage handeln, die die Personengesamtheit oder der Insolvenzverwalter gegen die jetzigen oder früheren Mitglieder als solche erhebt, also gerade aufgrund der Mitgliedschaft, OLG Hmb IPRax 1993, 172, und nicht nur aufgrund zB eines besonderen Vertrags, OLG Mü ZIP 2006, 2403. Voraussetzung ist, dass der Klagegegenstand einen unmittelbaren Bezug zu der durch die Mitgliedschaft begründeten Rechtsbeziehung hat, unabhängig davon, ob die Forderung auf eine Satzung, eine gesonderte Vereinbarung oder gesetzliche Vorschriften Bezug nimmt. Nicht erfasst werden Ansprüche gegen den Gesellschafter aufgrund einer akzessorischen Haftung, § 128 HGB, oder auf Zahlung der Haftsumme, § 171 HGB, BeckOK ZPO/Toussaint Rn. 2. 6

2. Mitglieder gegeneinander. Der Gerichtsstand gilt auch für eine Klage, die ein jetziges oder früheres Mitglied gegen ein anderes erhebt. 7

V. Beispiele zur Frage einer Anwendbarkeit

Abwicklung: § 22 ist – abgesehen von der GmbH – anwendbar, OLG Köln NJW 2004, 862. 8

Aktiengesellschaft: Unanwendbar ist § 22. Es gelten vielmehr §§ 132, 246, 249, 275 AktG.

Anfechtungsklage: Anwendbar ist § 22 auch dann, OLG Ffm ZIP 2015, 841.

Anwaltssozietät: Anwendbar ist § 22, OLG Köln NJW 2004, 862.

Aufsichtsrat: Unanwendbar ist § 22 bei der unerlaubten Handlung eines Aufsichtsratsmitglieds.

Auseinandersetzungsguthaben: Anwendbar ist § 22 bei einem solchen Streit, LG Bonn NJW-RR 2002, 1400.

Ausscheiden: Anwendbar ist § 22 auch gegenüber einem ausgeschiedenen Mitglied, OLG Stuttgart BeckRS 2013, 4339.

Ausschluss: Anwendbar ist § 22 bei einem Verfahren nach § 140 HGB zwischen der Gesellschaft und einem Treuhänder über dessen Ausschluss aus der Gesellschaft, Gieseke DB 1984, 973.

Beitrag: Anwendbar ist § 22 bei der Klage um einen Beitrag, BGH NJW 1980, 343; OLG München BeckRS 2019, 8755; sowohl Mitglieds- als auch Versicherungsbeiträge bei einem Versicherungsverein auf Gegenseitigkeit, BGH NJW 1993, 1273; OLG Celle VersR 1975, 993.

Bereicherung: Anwendbar ist § 22 bei der ungerechtfertigten Bereicherung eines Mitglieds.

BGB-Gesellschaft: Anwendbar ist § 22, BGH 146, 341.

Genossenschaft: Unanwendbar ist § 22. Es gilt vielmehr § 51 III GenG.

Gesamtschuldner: Anwendbar ist § 22 bei einem Streit über eine Ausgleichungspflicht, BayObLG BB 1978, 1685.

Geschäftsführer: Anwendbar ist § 22 dann, wenn der Geschäftsführer auch Gesellschafter ist.

Gewerkschaft: Anwendbar ist § 22 bei der arbeitsrechtlichen nur dann, wenn sie als ein Verein besteht, Schrader MDR 1976, 726. Unter dieser Voraussetzung ist aber die Größe der arbeitsrechtlichen Gewerkschaft unerheblich, BGH NJW 1980, 343.

GmbH: Unanwendbar ist § 22 im Fall der Nichtigkeitsklage und im Fall der Auflösung durch Urteil. Es gelten vielmehr §§ 61 III; 75 GmbHG iVm §§ 246–248 AktG.

Gründung: Anwendbar ist § 22 auch in diesem Stadium (vgl. „Abwicklung"), BGH 76, 235.

Insolvenz: Das MoMiG hat klargestellt, dass auch Klagen des Insolvenzverwalters erfasst werden; zum insolvenzrechtlichen Anfechtungsanspruch OLG Frankfurt a. M. NZI 2015, 619.

Kapitalvertretende Leistung: Anwendbar ist § 22 dann, wenn es um die Zahlung einer sog. kapitalvertretenden Leistung geht, OLG Karlsr BB 1998, 389.

Kommanditgesellschaft: Anwendbar ist § 22 bei Klagen zwischen Gesellschaftern und wegen mittelbarer Beteiligung eines Kapitalgebers an einer Publikums-KG. Dies gilt auch im Fall eines Treugeberkommanditisten, der im Innenverhältnis die Stellung eines unmittelbaren Gesellschafters einnimmt, BayObLG BeckRS 2020, 6065.

Mittelbare Beteiligung: Anwendbar ist § 22 bei Verfahren um die Zustimmung zur Übertragung der mittelbaren Beteiligung des Treugebers, Gieseke DB 1984, 973; aM AG Mü NZG 2016, 1354.

Nichtigkeit von Beschluss: Anwendbar ist § 22 bei einem Streit solcher Art.

Prämie: Anwendbar ist § 22 bei einem Streit um rückständige Prämien, BGH NJW 1980, 343.

Prospekthaftung: Anwendbar ist § 22 bei einem Verfahren um den der Prospekthaftung unterliegenden Personenkreis, BGH NJW 1980, 1471.

Rechtsnachfolge: Anwendbar ist § 22 auch gegenüber dem Rechtsnachfolger eines Mitglieds.

Rückzahlung: Anwendbar ist § 22 auch bei einem solchen Streit; Rückzahlungen von Ausschüttungen, LG Dortmund BeckRS 2010, 22184; Rückgewähr eigenkapitalersetzender Leistungen, OLG Koblenz NZG 2001, 759.

Stille Gesellschaft: Unanwendbar ist § 22.

Treuhand: Anwendbar ist § 22 bei einer Klage des Insolvenzverwalters gegen einen treugebenden Gesellschafter, OLG Karlsr NZG 1998, 349. Ein Treugeber kann als Gesellschafter gelten, BGH ZIP 1985, 1198; BayObLG NZG 2020, 706; aber unanwendbar, wenn sich Forderung nur aus Treuhandvertrag ergibt, AG München BeckRS 2016, 18264. Unanwendbar ist § 22 bei Klagen einer Gesellschaft gegen Treugeber auf Zahlung rückständiger Einlagen, „wenn sich die Zahlungspflicht nur aus dem Treuhandvertrag ergibt, der zwischen dem Treugeber und einem Treuhandkommanditisten geschlossen wurde und die Gesellschaft daher aus abgetretenem Recht vorgeht", AG München NZG 2016, 1354, kritisch auch Röß MDR 2019, 1033 ff.

Vereinspflicht: Anwendbar ist § 22 bei einem Streit um eine Vereinspflicht.

Versicherung: Unanwendbar ist § 22. Es gilt vielmehr § 215 VVG, insb. § 215 I 2 VVG.

Vorstand: Unanwendbar ist § 22 bei der unerlaubten Handlung eines Vorstandsmitglieds.

23 *Besonderer Gerichtsstand des Vermögens und des Gegenstands.*

[1]Für Klagen wegen vermögensrechtlicher Ansprüche gegen eine Person, die im Inland keinen Wohnsitz hat, ist das Gericht zuständig, in dessen Bezirk sich Vermögen derselben oder der mit der Klage in Anspruch genommene Gegenstand befindet. [2]Bei Forderungen gilt als der Ort, wo das Vermögen sich befindet, der Wohnsitz des Schuldners und, wenn für die Forderungen eine Sache zur Sicherheit haftet, auch der Ort, wo die Sache sich befindet.

1 **I. Systematik.** § 23 gibt als „Besonderer Gerichtsstand des Vermögens und des Gegenstands" zwei besondere Wahlgerichtsstände für einen vermögensrechtlichen Anspruch. Die Regelung, ausgestaltet als besonderer Gerichtsstand der durch ausschließliche Gerichtsstände wie § 24; § 14 UWG verdrängt wird, eröffnet dem Kläger im Übrigen die Wahl, § 35, zB §§ 15, 16, 17 III, 20.

2 **II. Regelungszweck.** Bezweckt wird, eine Rechtsverfolgung im Inland gegenüber Personen, die im Inland keinen Wohnsitz haben, bis zur Zwangsvollstreckung nach §§ 704 ff. zu ermöglichen, BGH NJW 1993, 2684. Soweit sich Schuldner im Ausland oder ohne Wohnsitz im Inland aufhalten, wäre anderenfalls die Rechtsverfolgung für die Gläubiger erheblich erschwert. Durch § 23 wird die Zwangsvollstreckung erleichtert, da sie nach § 23 in Vermögen, das im Inland vorhanden ist, betrieben werden kann. Die Verfolgung vermögensrechtlicher Ansprüche am Gerichtsstand des Vermögens und des Gegenstands dient der Verfahrensökonomie, der Sicherung von Sach- und Ortsnähe des befassten Gerichts.

3 **1. Grundsatz: vereinfachte Rechtsverfolgung.** Die Vorschrift vereinfacht die Rechtsverfolgung der vorgenannten Sachverhalte mit Auslandsbezug (Prütting/Gehrlein/Bey Rn. 1). Sie gilt nicht nur für die örtliche Zuständigkeit, sondern auch für die internationale, BGH WM 2011, 70 (nicht bei Zwangsvollstreckung), soweit nicht die Brüssel Ia-VO oder das LugÜ anwendbar sind. Sie findet bei In- und Ausländern Anwendung, BVerfG 64, 18; BGH FamRZ 1992, 1061.

2. Beispiele zur Frage einer Anwendbarkeit

4 **Abdingbarkeit:** Der Gerichtsstand des § 23 ist grds. abdingbar, BGH 94, 158.

Arrest, einstweilige Verfügung: Anwendbar ist § 23 auch im Verfahren nach §§ 916 ff., 935 ff., OLG Ffm MDR 1987, 412.

Fiskus: Wegen des weit gefassten Wortlauts ist § 23 gegenüber einem ausländischen Fiskus als Bekl. anwendbar, Prütting/Gehrlein/Bey Rn. 4; OLG Ffm RIW 1999, 461.

Kein Inlandswohnsitz: Anwendbar ist § 23 beim Fehlen eines inländischen Wohnsitzes nach § 13 oder eines inländischen Sitzes nach § 17, BVerfG 64, 18; LG Ffm Rpfleger 2016, 661.

Juristische Person: Anwendbar ist § 23 auch gegenüber einer juristischen Person als Bekl., BAG NJW 1985, 2911; LAG Ffm IPRax 2001, 463. Ihr Vermögen lässt sich aber nicht mit demjenigen ihres Alleingesellschafters, einer natürlichen Person, gleichsetzen, BGH NJW 1993, 2684.

Zwangsvollstreckung: Anwendbar ist § 23 grds. auch im Verfahren nach §§ 704 ff. Eine internationale Zuständigkeit wird allerdings durch § 23 dann nicht begründet, wenn die Zwangsvollstreckung in Vermögen, das sich im Ausland befindet, erfolgen soll („Territorialitätsprinzip"), BGH WM 2011, 79.

5 **III. Geltungsbereich.** Erfasst werden Klagen wegen vermögensrechtlicher Ansprüche gegen im Inland wohnsitzlose Beklagte. Zuständig ist das Gericht, in dessen Bezirk sich Vermögen derselben (Alt. 1) oder der mit der Klage in Anspruch genommene Gegenstand befindet (Alt. 2).

6 Kläger kann jede in- und ausländische natürliche oder juristische Person sein. Gleiches gilt für den Beklagten, der zudem keinen (Wohn-)Sitz im Inland hat, sodass ein Gerichtsstand nach §§ 13, 17 I ausgeschlossen ist. Im Unterschied zu § 16 wird nicht das vollständige Fehlen eines (Wohn-)Sitzes, sondern allein eines (Wohn-)Sitzes im Inland vorausgesetzt.

7 Soweit im Geltungsbereich der Brüssel Ia-VO und des LugÜ eine Klage gegen eine Person, die ihren Wohnsitz im Hoheitsgebiet eines Vertragsstaates hat, erhoben wird, ist § 23 nach Art. 5 I Brüssel Ia-VO sowie Art. 3 II LugÜ iVm Anhang I nicht anwendbar. Wenn nach der Brüssel Ia-VO die deutsche internationale Zuständigkeit

besteht, ein örtlich zuständiges Gericht hiernach aber nicht bestimmt ist, findet § 23 indes Anwendung, MüKoZPO/Patzina Rn. 24.

Die ohnehin enge Auslegung als „exorbitanter" Gerichtsstand wird durch den erforderlichen „Inlandsbezug" **8**
begrenzt, OLG Hamm NZG 2019, 232, der beispielsweise in wirtschaftlicher Betätigung liegen kann, OLG München MDR 2019, 1089. Der Erschleichung des Gerichtsstands im Rahmen des doppelfunktionalen § 23 kommt wegen der damit verbundenen internationalen Zuständigkeit besondere Bedeutung zu, MüKoZPO/Patzina Rn. 3.

IV. Gerichtsstand des Vermögens, S. 1 Alt. 1. Es muss sich um einen vermögensrechtlichen Anspruch **9**
handeln.

1. Begriff; Rechtshängigkeit. Vermögen ist grundsätzlich jedes Rechtsobjekt, Recht oder jede Sache, mit **10**
einem selbständigen eigenen Vermögenswert, BGH NJW 1997, 325, 326. Örtlich zuständig ist dasjenige Gericht, in dessen Bezirk sich nach der Behauptung des beweispflichtigen Klägers ein Vermögen des Bekl. befindet, BayObLG FamRZ 2020, 41. Maßgeblich ist dabei der Zeitpunkt des Eintritts der Rechtshängigkeit, BGH NJW 1997, 2886; Zöller/Schultzky Rn. 12; aM OLG Mü MDR 2015, 728. Eine spätere Entfernung ist unerheblich, BGH NJW 1996, 2096. Nicht ausreichend ist ein Mahnantrag nach § 690.

2. Beispiele zur Frage des Gerichtsstands des Vermögens, S. 1 Alt. 1

Anwartschaft: Für § 23 reicht eine Anwartschaft grds. aus, BGH NJW-RR 2013, 880. **11**

Aufrechnung: Auch für unstreitige Forderungen des Beklagten gegen den Kläger. Es genügt, wenn eine Aufrechnungslage zum Zeitpunkt der Klageerhebung vorlag. Für § 23 ist es unerheblich, ob eine Aufrechenbarkeit besteht oder ob nach der Klageerhebung eine Aufrechnung erfolgt ist, OLG Düss NJW 1991, 3103, aM Zöller/Schultzky Rn. 8.

Auskunft: Ein Anspruch (zB auf Auskunft) zu bloß immateriellen Zwecken reicht nicht aus.

Ausländer: Die Regeln gelten auch für eine Forderung eines im Ausland wohnenden Ausländers gegenüber einem im Inland wohnenden Deutschen. Das gilt selbst dann, wenn dasjenige ausländische Recht, dem die Forderung untersteht, eine dem § 23 entsprechende Vorschrift nicht kennt.

Bankguthaben: Maßgeblich ist der Sitz der Bank(-filiale) nach § 17, BGH NJW-RR 1988, 173; OLG Ffm BeckRS 2019, 39979.

Befreiung: Für § 23 reicht ein Anspruch auf Schuldbefreiung aus, OLG Hmb VersR 1975, 830.

Befriedigung: Für § 23 ist es unerheblich, ob das Vermögensstück eine Befriedigung ermöglicht, BGH NJW 1997, 326; aM OLG Celle NJW 1999, 3722.

Beschränkte Wirksamkeit: Für § 23 reicht ein beschränkt wirksames Vermögensstück aus.

Besitz: Für § 23 ist nicht erforderlich, dass der Bekl. das Vermögensstück besitzt.

Bezeichnung: Das Vermögensstück ist zu bezeichnen, LG Bonn NJW 1989, 1225; Darlegungen über Art und Umfang einer Ausstattung sind nicht erforderlich, BGH NJW-RR 1991, 425.

Dingliches Recht: Es reicht für § 23 aus, BGH NJW 1990, 992. Es kommen Immobiliarvermögen sowie (beschränkt) dingliche Rechte an Sachen wie Pfändungspfandrecht und Grundschuld in Betracht, BGH NJW 1989, 1154; NJW 1990, 990; NJW-RR 1993, 5.

Eigentumswohnung: Sie genügt für § 23, BGH FamRZ 1992, 1061; NJW-RR 1993, 5.

Erbschaft: Sie reicht für § 23 aus.

Erfüllungsort: Für § 23 ist es unerheblich, wo der Bekl. eine Verbindlichkeit erfüllen muss.

Erwartung: Die bloße Erwartung reicht für § 23 nicht, OLG München IPRax 2016, 267.

Fälligkeit: Für § 23 ist es unerheblich, ob die Fälligkeit streitig ist.

Feststellung: Eine Feststellungsklage reicht für § 23 aus, BGH 69, 45.

Forderung: Für § 23 reicht eine Forderung des Klägers gegen den Bekl. aus, BGH NJW-RR 1988, 173. Eine Forderung des Bekl. gegen den Kläger kann ausreichen, soweit sie der Kläger nicht bestreitet und soweit sie sich nicht mit dem Anspruch des Klägers gegenseitig ausschließt, OLG Saarbr NJW 2000, 671, und soweit sie noch besteht, BGH 120, 346.

Gesellschaft: Der Geschäftsanteil befindet sich sowohl am Sitz der Gesellschaft nach § 17 als auch am Wohnsitz des Gesellschafters nach § 13, OLG Ffm NJW-RR 1996, 187. Die rechtliche Selbständigkeit verschiedener Gesellschaften ist auch im Verhältnis von Konzernmutter und Tochterunternehmen zu beachten und schließt eine Verwischung im Rahmen von § 23 aus, OLG Hamm NZG 2019, 232.

Gewerblicher Rechtsschutz: Wegen eines Schutzrechts zB § 28 GebrMG, § 25 PatG.

Grundschuld: Wenn es um die Herausgabe eines Grundschuldbriefs geht, ist die Zuständigkeit jedenfalls auch dort begründet, wo das Grundstück liegt, BGH DB 1977, 719.

Handelsbuch: Für § 23 kann ein Handelsbuch als Vermögensstück auch dann ausreichen, wenn es schon (teilweise) benutzt ist.

Hinterlegung: Es kann derjenige Ort ausreichen, an dem man die Sache nach § 923 hinterlegt hat, OLG Ffm OLGZ 1983, 100.

Immunität: Nicht ausreichend ist ein der ausländischen Staatsimmunität zugehöriges Vermögensstück, BGH WM 2016, 2141.

Inhaber: Für § 23 beurteilt sich die Frage, ob ein Vermögensstück dem Bekl. im Zeitpunkt der Klageerhebung gehört, nach dem maßgebenden sachlichen Recht.

Inhaberpapier: Ausreichen kann ein solches, OLG Ffm NJW-RR 1996, 187.

Inlandsbezug: Ein hinreichender Inlandsbezug ist insbesondere angesichts der Entstehungsgeschichte der Norm als ungeschriebenes Tatbestandsmerkmal im Erkenntnisverfahren erforderlich. So sollte § 23 Inländern (unabhängig von ihrer Nationalität) die Möglichkeit geben, sonst nicht einzuklagende Ansprüche gegen Ausländer, die im Inland Vermögen haben, verfolgen zu können, (Musielak/Voit/Heinrich Rn. 2 mwN). Ausreichend sind (vgl. Zöller/Schultzky Rn. 13): inländischer Wohn- und Geschäftssitz des Klägers oder dauernder Aufenthalt im Inland (BGH NJW 2013, 386), (auch frühere) deutsche Staatsangehörigkeit des Klägers (BAG NZA 2008, 761) oder des Beklagten (BGH NJW-RR 1993, 5), wirtschaftliche Betätigung des Beklagten im Inland (BAG ZIP 2014, 939; BGH WM 2013, 333), Ursprung der Rechtsbeziehungen im Inland (BGH NJW 1996, 2096).

Konto: Für § 23 reicht ein Konto ohne Guthaben nicht aus, OLG Ffm MDR 1987, 412. Dasselbe gilt für eine Einzelforderung im Kontokorrent vor ihrer Saldierung, OLG Hmb VersR 1994, 748.

Kostenerstattung: Für § 23 reicht ein Recht als Anspruch auf Erstattung von Prozesskosten aufgrund eines Vorprozesses aus. Der zukünftige Anspruch auf Erstattung von Kosten eines schwebenden Prozesses ist ein aufschiebend bedingter, grds. ausreichender Anspruch. Gleiches gilt für den Anspruch auf die Rückzahlung eines Kostenvorschusses.

Mehrheit von Personen: Maßgeblich ist der Sitz des Schuldners nach §§ 13 ff., 17, also der inländische Sitz des Drittschuldners nach § 840, BGH DB 1977, 719; nicht der Erfüllungsort.

Pfändungspfandrecht: Es reicht für § 23 grds. aus, BGH NJW 1990, 992.

Quittung: Für § 23 reicht ein Anspruch auf eine Quittung nicht aus.

Rechnungslegung: Für § 23 genügt ein Anspruch auf eine Rechnungslegung nicht.

Recht: Für § 23 reicht ein Recht als Vermögensstück aus, zB ein dingliches Verwertungsrecht, BGH NJW 1990, 992, wie etwa eine Grundschuld, BGH NJW 1989, 1155 (auch die nicht valutierende), oder eine Forderung. Das Recht an einer Sache befindet sich am Sachort, BGH DB 1977, 719 (wegen eines Grundschuldbriefs); OLG Ffm MDR 1981, 323 (wegen eines Grundstücks).

Sicherung: Für § 23 reichen sowohl die Forderung als auch der Sicherungsgegenstand.

Unpfändbarkeit: § 23 ist auf unpfändbare Gegenstände unanwendbar (BAG NZA-RR 2014, 46).

Unterlassung: § 23 ist anwendbar, Schmidt KTS 2004, 246.

Wert: Für § 23 ist es zwar grds. unerheblich, ob der Wert des Vermögensstücks im angemessenen Verhältnis zum Streitwert steht (Thomas/Putzo/Hüßtege Rn. 6). Dieser Grundsatz findet seine Grenzen bei äußerst geringem Vermögen. So gilt § 23 nicht, wenn die Vollstreckung in den Gegenstand keinen Überschuss über Vollstreckungskosten bewirken kann (BGHReport 2005, 1611).

Wertpapier: Für § 23 befindet sich das Recht aus oder an ihm dort, wo sich die Urkunde befindet, OLG Ffm NJW-RR 1996, 187.

Wohnsitz: Für den Inlandsbezug genügt derjenige des Klägers im Inland, BGH NJW 2013, 386.

Zweigniederlassung: Bei einer inländischen Zweigniederlassung bleibt der (evtl. ausländische) Gesellschaftssitz maßgeblich, OLG Hmb MDR 1977, 759 (vgl. § 21).

12 **V. Gerichtsstand des Klagegegenstands, S. 1 Alt. 2.** Zuständig ist das Gericht, in dessen Bezirk sich der beanspruchte Gegenstand befindet, also jedes Vermögensrecht, nicht nur eine Sache. Bei einer Sache entscheidet ihre Lage, unerheblich vom Besitzer. Eine Inanspruchnahme besteht sowohl bei einer Leistungs- als auch bei einer Feststellungsklage, BGH JZ 1979, 231. Auch der Streit mehrerer Anspruchsteller beinhaltet eine Inanspruchnahme des Streitgegenstands.

23a *(aufgehoben)*

Vorbemerkung zu § 24
Dinglicher Gerichtsstand

1 **I. Systematik, Regelungszweck.** §§ 24–26 bilden innerhalb der besonderen Gerichtsstände eine eigene sachliche Untergruppe mit einem zwingenden und zwei wahlweisen Gerichtsständen.

2 **II. Geltungsbereich.** Der dingliche Gerichtsstand (forum rei sitae) betrifft nur eine solche Klage, die sich auf ein Grundstück oder auf ein grundstücksgleiches Recht bezieht. Er besteht lediglich für bestimmte Arten von Klagen, außer den in §§ 24–26 genannten insbesondere für eine Klage nach § 800 III und für die Grundstückszwangsvollstreckung nach § 1 ZVG. Der Gerichtsstand wirkt nicht über die Grenzen des Gerichtsbezirks hinaus. Wenn ein Grundstück in mehreren Bezirken liegt, ist § 36 I Nr. 4 anzuwenden.

3 **III. Ausschließlichkeit.** Der dingliche Gerichtsstand ist ein ausschließlicher bei § 24, auch bei § 800 III sowie bei § 1 ZVG; auch für einen Exterritorialen, vgl. § 18 GVG (Wiener Übereinkommen), Art. 25 GG. Der dingliche Gerichtsstand ist nicht ausschließlich bei §§ 25 f. und wirkt deshalb auch nicht gegen einen Exterritorialen. Vgl. Art. 24 Nr. 1 Brüssel Ia-VO.

24 *Ausschließlicher dinglicher Gerichtsstand.*

I Für Klagen, durch die das Eigentum, eine dingliche Belastung oder die Freiheit von einer solchen geltend gemacht wird, für Grenzscheidungs-, Teilungs- und Besitzklagen ist, sofern es sich um unbewegliche Sachen handelt, das Gericht ausschließlich zuständig, in dessen Bezirk die Sache belegen ist.

II Bei den eine Grunddienstbarkeit, eine Reallast oder ein Vorkaufsrecht betreffenden Klagen ist die Lage des dienenden oder belasteten Grundstücks entscheidend.

Schrifttum: Wenner, Grundstückseigentum im Ausland – Gerichtsstand im Inland?, FS Jagenburg, 2002, 1013.

1 **I. Systematik, I, II.** In § 24 ist für die örtliche Zuständigkeit die Belegenheit derjenigen Sache im Sinn des BGB maßgeblich, um die oder um deren Belastung es geht.

2 **II. Regelungszweck, I, II.** Eine Ortskenntnis und die Möglichkeit einer zeitnahen Besichtigung des Streitobjekts dienen der Verfahrensökonomie und einer Entscheidung durch das Gericht der Sachnähe.

3 **III. Geltungsbereich, I, II.** Die Regelung erfasst sechs Fälle: zur Geltendmachung des Eigentums; einer dinglichen Belastung; einer Freiheit von dieser; ferner Grenzscheidungsklagen; Teilungsklagen und Besitzklagen. Die Vorschrift findet auch im Eilverfahren nach §§ 916 ff., 935 ff. Anwendung, nicht hingegen bei anderen als den genannten Rechten an Grundstücken wie zB Hypothek und Grundschuld. Sie werden, genauso wie das Zubehör nach §§ 97 f. BGB, nicht der unbeweglichen Sache gleichgestellt, MüKoZPO/Patzina Rn. 5. Unanwendbar ist die Regelung auch bei Geltendmachung schuldrechtlicher Ansprüche, auch soweit Klage auf

Erteilung einer Löschungsbewilligung als Annex, BayObLG BeckRS 2019, 29549; OLG Ffm BeckRS 2018, 5456. § 24 findet bei Auslandslage keine Anwendung und begründet keine ausschließliche Zuständigkeit des Belegenheitsstaates, BGH NJW 1998, 1321. Art. 24 Nr. 1 Brüssel Ia-VO ist vorrangig, EuGH NJW 2000, 2009; Wenner FS Jagenburg, 2002, 1013 (1014). Auch § 262 I FamFG schließt eine Anwendbarkeit von § 24 aus, BGH NJW 2019, 3575.

Erfasst werden folgende Fallgruppen: 4

1. Klage aus Eigentum, I Fall 1. Es handelt sich um solche Klagen, die ein bestehendes (Mit-)Eigentum in der Form zum Gegenstand haben, dass die Entscheidung Rechtskraftwirkung haben wird, so Feststellung des Eigentums, Berichtigung des Grundbuchs. Ferner zählen hierzu Klagen, bei denen das Eigentum die Anspruchsgrundlage darstellt, ohne von einer Rechtskraft erfasst zu werden, so Klagen auf Herausgabe, Beseitigung von Beeinträchtigungen oder auf Unterlassung, Zöller/Schultzky Rn. 8. 5

2. Beispiele zur Frage einer Klage aus Eigentum, I Fall 1

Anfechtung: Unanwendbar ist I Fall 1 auf eine solche Anfechtungsklage, die ein Grundstück betrifft, BGH NJW-RR 2017, 1213. 6

Anwartschaft: Unanwendbar ist I Fall 1 auf die Klage aufgrund der Anwartschaft eines Nacherben nach § 2113 BGB.

Auflassung: Unanwendbar ist I Fall 1 auf die Klage mit dem Ziel einer Übertragung des Eigentums, seiner Auflassung. Das gilt auch bei einer Vormerkung.

Erbschaft: Unanwendbar ist I Fall 1 auf eine Klage nach §§ 2018 ff. BGB. Denn mit ihr verlangt der Kläger das Grundstück als Bestandteil des Nachlasses heraus.

Feststellung: Anwendbar ist I Fall 1 auf eine Feststellungsklage.

Gesellschaftsanteil: Unanwendbar ist I Fall 1 auf ihn.

Grundbuchberichtigung: Anwendbar ist I Fall 1 auf die Klage auf Grundbuchberichtigung.

Herausgabe: Anwendbar ist I Fall 1 auf die Klage auf Herausgabe nach §§ 985 ff. BGB.

Miteigentum: Anwendbar ist I Fall 1 auf eine Klage aufgrund eines Miteigentums.

Nachbarrecht: Anwendbar ist I Fall 1 auf die Klage aufgrund eines Nachbarrechts nach §§ 906 ff. BGB oder nach Landesrecht, § 100 BGB, bei Grenzbepflanzungen, OLG München 7.1.19 – 34 AR 245/18, BeckRS 2019, 3.

Schadensersatz: Anwendbar sein kann I Fall 1 auf die Klage aus Grundeigentum, § 823 BGB.

Störung: Anwendbar ist I Fall 1 auf die Unterlassungsklage, § 1004 BGB, BayObLG 1996, 15.

3. Klage aus dinglicher Belastung, I Fall 2. Die Klage richtet sich gegen den Eigentümer oder einen Dritten. 7

4. Beispiele zur Frage der Klage aus dinglicher Belastung, I Fall 2

Beschränkte persönliche Dienstbarkeit: Anwendbar ist I Fall 2 auf die Klage aufgrund einer beschränkten persönlichen Dienstbarkeit nach §§ 1092 ff. BGB. 8

Duldung: Nicht anwendbar ist I Fall 2 auf die Klage auf Duldung der Zwangsvollstreckung in das Grundstück nach dem Anfechtungsgesetz, BGH NJW-RR 2017, 1213.

Eigentumsbeschränkung: Anwendbar ist I Fall 2 auf die Klage aufgrund einer gesetzlichen Beschränkung des Eigentums.

Erbbaurecht: Anwendbar ist I Fall 2 auf die Klage aufgrund eines Erbbaurechts.

Grundbuchberichtigung: Anwendbar ist I Fall 2 bei der Klage auf Berichtigung, § 894 BGB.

Grunddienstbarkeit: Anwendbar ist I Fall 2 auf die Klage aufgrund einer Grunddienstbarkeit.

Grundschuld: Anwendbar ist I Fall 2 auf die Klage aufgrund einer Grundschuld.

Hypothek: Anwendbar ist I Fall 2 auf die Klage aufgrund einer Hypothek. Das gilt auch bei einem Pfändungspfandrecht an einer Hypothek dann, wenn der Eigentümer Partei ist, oder umgekehrt im Weg einer verneinenden Feststellungsklage, nicht aber sonst. Unanwendbar ist I Fall 2 auf die Klage gegen einen anderen Gläubiger mit dem Ziel der Umschreibung einer eingetragenen Hypothek. Denn dann liegt kein Streit um die Belastung vor.

Nießbrauch: Anwendbar ist I Fall 2 auf die Klage aufgrund eines Nießbrauchs.

Öffentlich-rechtliche Last: Anwendbar ist I Fall 2 auf die Klage aufgrund einer solchen Last.

Reallast: Anwendbar ist I Fall 2 auf die Klage aufgrund einer Reallast nach §§ 1105 ff. BGB.

Rentenschuld: Anwendbar ist I Fall 2 auf die Klage aufgrund einer Rentenschuld.

Vorkaufsrecht: Anwendbar ist I Fall 2 auf die Klage aufgrund eines dinglichen gegen jeden Erwerber wirksamen Vorkaufsrechts nach §§ 1094 ff. BGB oder aufgrund eines derartigen gesetzlichen Vorkaufsrechts zB einer Gemeinde (Ausnahme: Vorkaufsrecht des Miterben nach § 2034 BGB), BGH 60, 293; Zöller/Schultzky Rn. 14.

Vormerkung: Anwendbar ist I Fall 2 auf die Klage aufgrund einer Vormerkung zur Sicherung eines persönlichen Anspruchs oder auf die Klage auf eine Zustimmung zur Löschung einer solchen Vormerkung, soweit eine Wirkung gegenüber einem Dritten infrage steht, §§ 883 II, 888 BGB, BGH 83, 399. Unanwendbar ist I Fall 2 aber bei der Klage gegen den persönlich Verpflichteten, vgl. § 26.

5. Klage auf Freiheit von einer dinglichen Belastung (negatorische Klage), I Fall 3. 9

6. Beispiele zur Frage einer Klage auf Freiheit, I Fall 3

Anfechtung: Anwendbar ist I Fall 3 auf die Klage aufgrund einer Anfechtung, auch einer Insolvenzanfechtung wegen einer Hypothek. 10

Belastung: Anwendbar ist I Fall 3 auf die Klage auf Befreiung von dinglicher Belastung.

Dritter: Unanwendbar ist I Fall 3 auf die Klage gegen einen Dritten wegen seiner Verpflichtung, die Hypothek zur Löschung zu bringen.

Feststellung: Anwendbar ist I Fall 3 auf eine verneinende Feststellungsklage. Unanwendbar ist I Fall 3 auf die Klage auf Feststellung der Unwirksamkeit einer Kündigung.

Löschung: Anwendbar ist I Fall 3 auf eine Löschungsklage, OLG Naumb OLGR 2004, 367.

Übertragung: Unanwendbar ist I Fall 3 auf die Klage des Grundstückseigentümers auf Übertragung einer Grundschuld wegen Wegfalls ihres Sicherungsgrundes.

Umschreibung: Anwendbar ist I Fall 3 auf die Klage auf Umschreibung zB einer Hypothek in eine Eigentümergrundschuld.
Urkunde: Anwendbar ist I Fall 3 auf die Klage auf Aushändigung einer zur Löschung notwendigen Urkunde, zB nach § 1144 BGB.
Vormerkung: Anwendbar ist I Fall 3 auf die Klage auf Befreiung von einer Vormerkung.
Zinsen: Anwendbar ist I Fall 3 auf die Klage auf Verringerung eines Zinsfußes.

11 **7. Grenzscheidungsklage, I Fall 4.** Vgl. §§ 919 f. BGB.

12 **8. Teilungsklage, I Fall 5.** Hierher gehören nur Klagen mit dem Ziel der Teilung eines einzelnen Grundstücks und grundstücksgleicher Rechte, zB nach §§ 749 ff., 1008 ff. BGB, nicht aber: Klage mit dem Ziel der Teilung einer Vermögensmasse oder der Teilung von Erträgen; Klage im Zusammenhang mit der Auseinandersetzung einer Gesamthandgemeinschaft, etwa zwischen Gesellschaftern oder Miterben.

13 **9. Besitzklage, I Fall 6.** Hierher zählen Klagen wegen Entziehung des Besitzes oder Störung im Besitz nach §§ 854 ff. BGB, Löwisch/Beck NZA 2010, 859, ferner aufgrund eines Dienstbarkeitsbesitzes, §§ 1029, 1090 BGB.

14 Nicht erfasst wird eine Klage zwecks Einräumung des Besitzes oder gegen einen Erbschaftsbesitzer.

15 **IV. Streit um unbewegliche Sache, I Fälle 1–6. 1. Begriff.** Der Begriff der unbeweglichen Sache ist nicht derjenige des „unbeweglichen Vermögens" in § 864. Er ist vielmehr dem sachlichen Recht zu entnehmen und umfasst ein inländisches Grundstück und ein solches Recht, das nach dem Bundesrecht oder Landesrecht einem Grundstück gleichsteht. Hierher gehören auch Bruchteile, zB nach § 1008 BGB, §§ 1, 2 WEG.

2. Beispiele zur Frage einer unbeweglichen Sache, I Fälle 1–6

16 **Erbbaurecht:** Unbeweglich ist ein solches Recht nach § 11 ErbbauRG.
Grunddienstbarkeit: Unbeweglich ist eine Grunddienstbarkeit nach § 1018 BGB.
Reallast: Unbeweglich ist eine Reallast nach § 1105 II BGB.
Vorkaufsrecht: Unbeweglich ist ein subjektiv dingliches Vorkaufsrecht nach § 1094 II BGB.
Wesentlicher Bestandteil: Unbeweglich ist ein wesentlicher Bestandteil, §§ 93 ff. BGB.
Wohnungseigentum: Unbeweglich ist ein Recht nach §§ 51, 52 WEG.
Zubehör: Nicht stets unbeweglich ist ein Zubehör eines Grundstücks, §§ 97, 98 BGB, § 865 II 2.

17 **V. Ausschließlichkeit, I.** Der ausschließliche Gerichtsstand des § 24 schließt jeden allgemeinen, besonderen oder vereinbarten Gerichtsstand aus. § 24 gilt für Grundstücke im Inland, auch gegenüber einem Ausländer. Über die Vorfrage des Eigentums kann jedes Gericht ohne Rechtskraftwirkung entscheiden. Örtlich zuständig ist dasjenige Gericht, in dessen Bezirk das Grundstück belegen ist, OLG Celle VersR 1978, 570. Liegt das Grundstück in mehreren Bezirken, ist § 36 I Nr. 4 anwendbar.

18 **VI. Grunddienstbarkeit, Reallast, Vorkaufsrecht, II.** Bei einer Grunddienstbarkeit, Reallast oder einem Vorkaufsrecht bestimmt die Lage des belasteten Grundstücks den Gerichtsstand. Das stellt II ergänzend zu I klar.

25 ***Dinglicher Gerichtsstand des Sachzusammenhanges.*** **In dem dinglichen Gerichtsstand kann mit der Klage aus einer Hypothek, Grundschuld oder Rentenschuld die Schuldklage, mit der Klage auf Umschreibung oder Löschung einer Hypothek, Grundschuld oder Rentenschuld die Klage auf Befreiung von der persönlichen Verbindlichkeit, mit der Klage auf Anerkennung einer Reallast die Klage auf rückständige Leistungen erhoben werden, wenn die verbundenen Klagen gegen denselben Beklagten gerichtet sind.**

1 **I. Systematik, Regelungszweck.** § 25 ermöglicht – ausnahmsweise wegen eines sachlichen Zusammenhangs – eine Klageverbindung nach § 260. Das nach § 24 zuständige Gericht ist auch für die in § 25 genannten persönlichen Klagen örtlich zuständig, soweit die Klagen mit der jeweiligen, in § 25 genannten dinglichen verbunden werden und sich die verbundenen Klagen gegen denselben Beklagten richten. Es handelt sich nicht um einen ausschließlichen Gerichtsstand. Möglich ist er indes nur unter der Voraussetzung, dass alle Erfordernisse einer Verbindung bis auf dasjenige der örtlichen Zuständigkeit für die persönliche Klage vorliegen, dass also vor allem die sachliche Zuständigkeit nach §§ 23 ff., 71 GVG besteht. Es muss in allen Verfahren derselbe Bekl. betroffen sein. Wenn verschiedene Bekl. vorhanden sind, ist § 36 I Nr. 3 anwendbar. Wenn die dingliche Klage unbegründet ist, bleibt die Zuständigkeit für die persönliche Klage bestehen. Vgl. ferner Art. 8 Nr. 4 Brüssel Ia-VO.

2 **II. Geltungsbereich.** „Schuldklage" **(erster Fall)** meint die Klage gegen den persönlichen Schuldner mit dem Ziel einer Leistung oder einer Feststellung und auch die Klage auf Befreiung von der persönlichen Schuld, auch als negative Feststellungsklage.

3 „Klage auf Umschreibung oder Löschung" eines Grundpfandrechts **(zweiter Fall)** meint insbesondere Begehren einer Grundbuchberichtigung nach § 894 BGB wegen Erlöschens des Grundpfandrechts oder dessen Übergangs auf den Eigentümer außerhalb des Grundbuchs, BeckOK ZPO/Toussaint Rn. 3. Sie kann verbunden werden mit einer Klage auf Feststellung des Nichtbestehens der durch das Grundpfandrecht gesicherten Forderung; es geht also nicht um eine „Befreiung" iSv „Beseitigung", sondern von (bereits) „Freisein", so instruktiv BeckOK ZPO/Toussaint Rn. 3–3.2.

4 Schließlich sieht § 25 die Verbindung einer Klage auf Anerkennung einer Reallast mit einer Klage auf rückständige Leistungen vor **(dritter Fall).** Diese Klage meint nicht die (zweckfreie) Feststellung einer bestehenden Reallast, sondern die Geltendmachung der dinglichen Haftung aus der Reallast. Diese dingliche Klage kann mit der Geltendmachung der persönlichen Verpflichtung nach § 1108 I BGB des Eigentümers verbunden werden, BeckOK ZPO/Toussaint Rn. 4.

26 ***Dinglicher Gerichtsstand für persönliche Klagen.*** **In dem dinglichen Gerichtsstand können persönliche Klagen, die gegen den Eigentümer oder Besitzer einer unbeweglichen Sache als solche gerichtet werden, sowie Klagen wegen Beschädigung eines Grundstücks oder hinsichtlich der Entschädigung wegen Enteignung eines Grundstücks erhoben werden.**

I. Systematik, Regelungszweck. § 26 erweitert den dinglichen Gerichtsstand nach § 24 auf bestimmte persönliche Klagen. Im Unterschied zu § 25 wird die Anhängigkeit einer dinglichen Hauptklage nicht vorausgesetzt, nach § 26 können isoliert persönliche Klagen am Gerichtsstand erhoben werden, Musielak/Voit/Heinrich Rn. 1; MüKoZPO/Patzina Rn. 1. 1

Bezweckt werden die Erleichterung der Rechtsverfolgung und die Entscheidung durch ein ortskundiges Gericht, OLG Rostock OLGR 1998, 169; MüKoZPO/Patzina Rn. 1. 2

II. Geltungsbereich. Wenn eine Klage sowohl unter § 26 als auch unter § 24 fällt, geht § 24 als ausschließliche Gerichtsstandsregelung vor. Vorrang kommt auch Art. 24 Nr. 1 Brüssel Ia-VO zu. Bei einer Enteignungsentschädigung kann nach dem Landesrecht eine ausschließliche Zuständigkeit vorliegen nach § 15 Nr. 2 EGZPO, BGH 97, 158. Der Wortlaut gibt drei Fallgruppen vor: Klage gegen den Eigentümer oder Besitzer; Klage wegen Beschädigung; Klage wegen Enteignungsentschädigung. 3

III. Klage gegen den Eigentümer oder Besitzer einer unbeweglichen Sache als solchen. Der Bekl. muss wegen seines Eigentums oder Besitzes zur Zeit der Klageerhebung der richtige Bekl. sein, OLG Stgt NZM 1999, 174. Die Vorschrift ist auch für und gegen Miteigentümer anwendbar, OLG Stgt NZM 1999, 174. Hierher zählen ferner alle Besitzformen und -arten nach §§ 854 ff. BGB, der un- und mittelbare Eigen-/Fremdbesitzer. 4

IV. Beispiele zur Frage einer Klage gegen Eigentümer oder Besitzer, Hs. 1

Anfechtung: Unanwendbar ist Hs. 1 auf die Klage aufgrund einer Anfechtung. 5

Bauhandwerkerhypothek: Anwendbar ist Hs. 1 auf die Klage nach § 648 BGB (OLG Braunschweig, OLGZ 1974, 210; Thomas/Putzo/Hüßtege Rn. 1; Zöller/Schultzky Rn. 2).

Besichtigung: Anwendbar ist Hs. 1 auf die Klage, gerichtet auf Gestattung, § 809 BGB.

Besitzeranspruch: Anwendbar ist Hs. 1 auf die Klage eines Besitzers wegen notwendiger Verwendungen nach §§ 994 ff. BGB.

Einsturz: Anwendbar ist Hs. 1 auf die Klage aufgrund des drohenden Einsturzes eines Gebäudes, § 908 BGB (Musielak/Voit/Heinrich Rn. 4).

Grenzanlage: Anwendbar ist Hs. 1 auf die Klage auf eine Maßnahme nach §§ 921, 922 BGB, OLG Stgt NZM 1999, 174; OLG Rostock OLGR 2009, 753.

Haftpflicht: Unanwendbar ist Hs. 1 auf die Klage aufgrund einer Haftpflicht.

Kostenbeteiligung: Anwendbar ist Hs. 1 auf die Klage nach § 748 BGB auf Kostenbeteiligung, OLG Stgt NZM 1999, 174.

Reallast: Unanwendbar ist Hs. 1 auf die persönliche Haftung nach § 1108 BGB.

Überbau: Anwendbar ist Hs. 1 auf die Klage aufgrund eines Überbaus nach §§ 913, 915 BGB.

Vormerkung: Anwendbar ist Hs. 1 auf die Klage des Berechtigten auf Zustimmung, § 888 BGB.

Wegschaffung: Anwendbar ist Hs. 1 auf die Klage zur Wegschaffung, §§ 867, 1005 BGB.

V. Klage wegen Beschädigung eines Grundstücks, Hs. 2. Die Beschädigung muss der einzige Klagegrund sein. Es ist unerheblich, aus welchem Rechtsgrund die Klage erfolgt und ob es um eine rechtswidrige oder schuldhafte Verhaltensweise geht. Es ist ebenfalls unerheblich, ob der Kläger noch Eigentümer oder Besitzer ist. 6

Beispiele: Klage aufgrund einer unerlaubten Handlung nach §§ 823, 826 BGB; Klage aufgrund des Einsturzes eines benachbarten Gebäudes nach §§ 836, 837 ff. BGB; Klage nach § 867 S. 2 BGB, auch iVm § 1005 BGB; Klage auf Zahlung einer Vergütung nach § 904 S. 2 BGB; Klage auf den Ersatz eines Wild- oder Jagdschadens nach §§ 29 ff. BJagdG; Klage nach §§ 7, 18 StVG. 7

VI. Klage auf eine Entschädigung wegen einer Enteignung, Hs. 3. Vgl. zunächst § 15a EGZPO, BGHZ 97, 155. Hierher zählen zB die Klagen nach § 59 III LBG, § 25 III SchBerG. Außerdem erklären die meisten Landesgesetze den Gerichtsstand für solche Klagen als einen ausschließlichen, BGHZ 97, 155. Hierzu zählt auch ein enteignungsgleicher Eingriff, MüKoZPO/Patzina Rn. 5; Zöller/Schultzky Rn. 4. 8

27 *Besonderer Gerichtsstand der Erbschaft.* **I Klagen, welche die Feststellung des Erbrechts, Ansprüche des Erben gegen einen Erbschaftsbesitzer, Ansprüche aus Vermächtnissen oder sonstigen Verfügungen von Todes wegen, Pflichtteilsansprüche oder die Teilung der Erbschaft zum Gegenstand haben, können vor dem Gericht erhoben werden, bei dem der Erblasser zur Zeit seines Todes den allgemeinen Gerichtsstand gehabt hat.**

II Ist der Erblasser ein Deutscher und hatte er zur Zeit seines Todes im Inland keinen allgemeinen Gerichtsstand, so können die im Absatz 1 bezeichneten Klagen vor dem Gericht erhoben werden, in dessen Bezirk der Erblasser seinen letzten inländischen Wohnsitz hatte; wenn er einen solchen Wohnsitz nicht hatte, so gilt die Vorschrift des § 15 Abs. 1 Satz 2 entsprechend.

Schrifttum: Roth NJW-Spezial 2018, 231.

I. Systematik, I, II. § 27 eröffnet nicht einen allgemeinen Gerichtsstand der Erbschaft (Prütting/Gehrlein/Bey Rn. 1), sondern für bestimmte durch einen Erbfall entstandene und daher erbrechtliche Streitigkeiten den besonderen Wahlgerichtsstand der Erbschaft im Allgemeinen Gerichtsstand des Erblassers nach §§ 12–16. Maßgeblich ist der Zeitpunkt des Todes; ggf. amtliche Feststellung durch Todeserklärung. Es ist nicht erforderlich, dass sich jemals ein Nachlassgegenstand im Bezirk dieses Gerichts befunden hatte. Insofern unterscheidet sich § 27 von § 28. § 215 VVG hat den Vorrang, LG Waldshut-Tiengen VersR 2016, 1333. 1

Durch das Inkrafttreten der insoweit vorrangigen EuErbVO und des IntErbRVG am 17.8.2015 wurde der Anwendungsbereich von § 27 für Erbfälle mit Auslandsbezug erheblich eingeschränkt. Nach Art. 83 I EuErbVO erstreckt sich der zeitliche Anwendungsbereich auf Erbfälle ab dem 17.8.2015. Örtlich findet die VO in allen EU-Staaten mit Ausnahme von Dänemark und Irland, ferner nicht im Vereinigten Königreich Anwendung. International zuständig ist nach Art. 4 EuErbVO das Gericht, in dessen Gebiet der Erblasser im Zeitpunkt seines Todes seinen gewöhnlichen Aufenthalt hatte. Die örtliche Zuständigkeit richtet sich ferner nach § 2 IntErbRVG, der nach § 2 V IntErbRVG die Anwendbarkeit von §§ 27 f. ausschließt (hierzu Wagner/Fenner FamRZ 2015, 2

1668). Damit bleibt § 27 als Bestimmung der internationalen Zuständigkeit nur relevant, soweit Art. 4 EuErbVO nicht greift.

3 **II. Regelungszweck, I, II.** Die Vorschrift dient der Verfahrensökonomie, indem sie Verfahren zur Verfolgung bestimmter erbrechtlicher Ansprüche an einem orts- und sachnahen Gericht bündelt, kritisch zur Sachnähe, BeckOK ZPO/Toussaint Rn. 4. Dabei dürfte die Rechtsverfolgung durch einen einheitlichen, in der Regel rasch festzustellenden Gerichtsstand erleichtert werden und im Fall des § 27 II die Anwendung deutschen Rechts durch ein inländisches Gericht ermöglichen, MüKoZPO/Patzina Rn. 1.

4 **III. Geltungsbereich. 1. Klage auf Feststellung des Erbrechts, I Fall 1. Erbrechtsfeststellung nach Erbfall.** Gegenständlich ist eine Klage grds. nach Eintritt des Erbfalls, die sich auf das Bestehen einer Rechtsnachfolge nach §§ 1922, 2032 BGB, aufgrund eines Erbvertrags nach §§ 2278 ff. BGB, eines Testaments nach § 2087 BGB oder eines Anteils hieran bezieht, Zöller/Schultzky Rn. 4, weitere Beispiele → Rn. 5.

2. Beispiele zur Frage einer Klage nach I Fall 1

5 **Anfechtung:** Anwendbar ist I Fall 1 auf das Recht auf die Anfechtung nach §§ 2078 ff. BGB.

Einzelgegenstand: Unanwendbar ist I Fall 1 auf das Recht an einem einzelnen Nachlassgegenstand, OLG Jena OLGR 2001, 268.

Erbausgleich: Entsprechend anwendbar ist I Fall 1 auf den vorzeitigen nach dem Gesetz v. 16.12.1997, BGBl. I 2968, so schon LG Hmb FamRZ 1994, 403 (anstelle des Todeszeitpunkts tritt Anhängigkeit der Klage).

Erbschaftskauf: Unanwendbar auf schuldrechtliches Recht des Erbschaftskäufers, § 2374 BGB.

Erbunwürdigkeit: Anwendbar auf Streit über Erbunwürdigkeit, § 2342 BGB, KG NJW-RR 1989, 456.

Erbverzicht: Anwendbar ist I Fall 1 auf einen Erbverzicht nach § 2346 BGB.

Feststellung: Ansprüche werden grundsätzlich als Feststellungsklage, § 256, geltend gemacht, OLG Köln ZEV 2018, 88 f. Auch Klage auf Feststellung der Un-/Wirksamkeit einer letztwilligen Verfügung oder Gestaltungsklage, § 2342 BGB, möglich, Zöller/Schultzky Rn. 4.

Fiskus: Anwendbar ist I Fall 1 auf ein Erbrecht des Fiskus nach § 1936 BGB.

Gütergemeinschaft: Unanwendbar ist I Fall 1 auf eine Klage zur Klärung einer fortgesetzten Gütergemeinschaft nach § 1483 I BGB, Zöller/Schultzky Rn. 4.

Nacherbschaft: Anwendbar ist I Fall 1 auf ihre Klärung nach § 2100 BGB.

Nachlasspfleger: Anwendbar sein kann I Fall 1 auf ihn als Kläger.

Rücktritt: Anwendbar auf Rücktritt von Erbvertrag oder gemeinschaftlichem Testament.

Testamentsvollstrecker: Anwendbar sein kann I Fall 1 auf ihn als Kläger.

Widerruf: Anwendbar ist I Fall 1 auf das Recht auf den Widerruf einer erbvertraglichen Erbeinsetzung nach §§ 2253 ff. BGB.

6 **3. Klage des Erben gegen Erbschaftsbesitzer, I Fall 2 (Leistungsklage).** Gemeint ist eine Klage nach §§ 2018, 2030 BGB. Es muss sich um einen Herausgabeanspruch handeln. Er kann sich auch gegen den Erben des Erbschaftsbesitzers richten, OLG Nürnb OLGZ 1981, 116.

4. Beispiele zur Frage einer Klage nach I Fall 2

7 **Auskunft:** Anwendbar ist I Fall 2 auf die Klage auf eine Auskunft (auch gegen Dritte) nach § 2027 I, II BGB, OLG Nürnb OLGZ 1981, 117, oder nach § 2362 BGB; ebenso auf eine Auskunft nach § 2028 BGB, Zöller/Schultzky Rn. 4.

Dritter: Unanwendbar ist eine Einzelklage gegen ihn (zB auch gegen vermeintlichen Vermächtnisnehmer) nach §§ 985, 989 f., 2029 BGB, Erman/Horn Rn. 3.

Erbschaftskauf: Anwendbar ist I Fall 2 auf die Klage gegen Erbschaftskäufer nach § 2030 BGB.

Herausgabe: Unanwendbar ist I Fall 2 auf eine Klage auf Herausgabe eines Erbscheins oder eines Testamentsvollstreckerzeugnisses, ferner nach § 2018 BGB, OLG Nürnb OLGZ 1981, 115, auch nicht Klagen nach §§ 812, 2113, 2287, 2269, 2271 II BGB.

Nachlasspfleger: Anwendbar ist I Fall 2 auf seine Klage.

Stufenklage: Anwendbar sein kann I Fall 2 auf eine Klage nach § 254, OLG Nürnb OLGZ 1981, 116.

8 **5. Klage aus Vermächtnis oder sonstigen Verfügungen von Todes wegen, I Fall 3.** Die Klage hat Ansprüche aufgrund der Anordnungen des Erblassers, die dem Vermächtnisnehmer einen Vermögensvorteil zuwenden, ohne ihn als Erben einzusetzen, zum Gegenstand, §§ 1939, 1941, 2150, 2174, 2279, 2299 BGB. Hierzu zählen auch Ansprüche wegen gesetzlicher Vermächtnisse, §§ 1932, 1969 BGB, sowie auf Feststellung des Nichtbestehens oder der Anfechtung eines Vermächtnisses, Musielak/Voit/Heinrich Rn. 6. Mit den Ansprüchen „aus sonstigen Verfügungen" sind insbesondere diejenigen aus Auflage, §§ 1940, 2192 ff., 2279 BGB, und Schenkung auf den Todesfall, § 2301 BGB, gemeint.

9 **6. Klage wegen Pflichtteils, I Fall 4.** Hierher zählen zB: Anspruch gegen den Erben auf Zahlung, §§ 2303 ff. BGB; der Auskunftsanspruch, § 2314 BGB; der Anspruch auf Ergänzung des Pflichtteils, §§ 2325, 2329 BGB; der Anspruch gegenüber Pflichtteilsberechtigtem wegen dessen Erbunwürdigkeit, § 2345 II BGB.

10 **7. Klage auf Teilung der Erbschaft, I Fall 5. Auseinandersetzung.** Erfasst werden Ansprüche bzgl. der Auseinandersetzung nach §§ 2042 ff. BGB, einschließlich des Ausgleichs nach §§ 2050, 2057a BGB, BGH NJW 1992, 364, oder bei Fortsetzung allgemeiner Gütergemeinschaft nach § 1483 II BGB, Zöller/Schultzky Rn. 7. Allerdings nicht anwendbar bei Auseinandersetzung einer fortgesetzten Gütergemeinschaft, §§ 1495 ff. BGB mit Ausnahme von § 1482 BGB, Zöller/Schultzky Rn. 7.

11 **IV. Kein allgemeiner inländischer Gerichtsstand, II.** II beruhte darauf, dass ein Deutscher nach Art. 24 EGBGB aF nach deutschem Recht beerbt wurde, wenn er seinen Wohnsitz im Ausland hatte, OLG Zweibr OLGZ 1985, 414 (FGG), vgl. auch Art. 25 I EGBGB aF. Eine im Ausland liegende Belegenheit des Nachlasses schließt auch heute eine Bestimmung des Gerichtsstands nach § 27 nicht aus, die Belegenheit ist mithin nicht entscheidend, BeckOK ZPO/Toussaint Rn. 4. Durch die Regelungen nach Art. 4 EuErbVO und § 2 IntErbRVG wird § 27 II obsolet.

28 *Erweiterter Gerichtsstand der Erbschaft.* **In dem Gerichtsstand der Erbschaft können auch Klagen wegen anderer Nachlassverbindlichkeiten erhoben werden, solange sich der Nachlass noch ganz oder teilweise im Bezirk des Gerichts befindet oder die vorhandenen mehreren Erben noch als Gesamtschuldner haften.**

I. Systematik, Regelungszweck. Die Vorschrift, die den Gerichtsstand der Erbschaft zeitlich begrenzt für weitere, in § 27 nicht geregelte Nachlassverbindlichkeiten eröffnet, dient wie § 27 der Verfahrensökonomie und erleichtert die Rechtsverfolgung. 1

II. Geltungsbereich. § 28 eröffnet den besonderen Wahlgerichtsstand der Erbschaft für eine Klage „wegen anderer Nachlassverbindlichkeiten", § 1967 II BGB, wegen jeder anderen als der in § 27 vorrangig geregelten. Erfasst werden mithin sämtliche Erblasserschulden, wie eine zu Lebzeiten begründete Darlehensforderung, OLG Hamm FamRZ 2018, 931; ferner die Erbfallschulden, die nicht unter den Anwendungsbereich von § 27 fallen, also die Erbschaftsverwaltungs- und Nachlasserbenschulden (Ansprüche aus Vermächtnissen oder sonstigen Verfügungen von Todes wegen und um Pflichtteilsansprüche unterfallen § 27), BeckOK ZPO/Toussaint Rn. 3. Maßgebend ist der Vortrag des Klägers, BGH NJW-RR 2008, 1516. 2

Voraussetzung ist, dass sich „der Nachlass noch ganz oder teilweise im Bezirk des Gerichts befindet" oder die „Erben noch als Gesamtschuldner haften", §§ 2058, 421 BGB. Hierbei kommt es nicht auf die mit der Auseinandersetzung der Erbengemeinschaft nach §§ 2032, 2042 BGB entfallende gesamthänderische Bindung, § 2040 BGB, an, sondern allein auf die – auch nach Teilung des Nachlasses grundsätzlich weiterhin bestehende – gesamtschuldnerische Haftung. Die Gesamtschuldnerschaft endet erst mit Eintreten anteiliger Haftung nach §§ 2060, 2061 BGB. Für das Vorliegen der Voraussetzungen einer anteiligen Haftung sind die Erben darlegungs- und beweisbelastet, BayObLG NJW-RR 2006, 15. Für die Haftung der Erben ist indes nicht relevant, ob sich jemals Nachlassgegenstände im Gerichtsbezirk befunden haben, BeckOK ZPO/Toussaint Rn. 6. Entscheidend ist nur, dass die Erben noch als Gesamtschuldner haften, BGH NJW-RR 2008, 1516. 3

Es ist unerheblich, wer gegen wen klagt, ob es sich also um den Erben handelt, OLG Karlsr OLGR 2003, 347, den Testamentsvollstrecker, den Nachlassverwalter, den Erbschaftskäufer oder den Lebensgefährten des Erblassers, OLG Saarbr FamRZ 1979, 797. § 215 VVG ist vorrangig, LG Waldshut-Tiengen VersR 2016, 1333. Hinsichtlich der vorrangigen Art. 4 EuErbVO und § 2 IntErbRVG → § 27 Rn. 1. 4

III. Beispiele zur Frage des Geltungsbereichs

Angehörigen-Unterhalt: Anwendbar ist § 28 auf die Klage auf einen sog. 30-Tage-Unterhalt eines Angehörigen des Erblassers nach § 1969 BGB. 5

Ausschlagung: Anwendbar auf Klagen aufgrund von Kosten bezüglich einer Erbausschlagung.

Beerdigungskosten: Anwendbar auf Klagen wegen der Kosten, OLG Karlsr OLGR 2003, 347.

Erblasserschuld: Anwendbar auf die Klage wegen einer vom Erblasser herrührenden Schuld nach § 1967 BGB, zB zu Lebzeiten begründete Darlehensforderung, OLG Hamm FamRZ 2018, 932.

Erbschaftskauf: Unanwendbar auf die Klage aufgrund eines Erbschaftskaufs, §§ 2371 ff. BGB.

Eröffnungskosten: Anwendbar ist § 28 auf Kosten nach § 348 FamFG, § 24 GNotKG.

Miterbe: Anwendbar ist § 28 für und gegen ihn, OLG Schlesw MDR 2007, 1201.

Nacherbenschuld: Anwendbar ist § 28 auf die Klage aufgrund einer Nacherbenschuld (Abwicklungsanspruch), OLG Schlesw MDR 2007, 1201.

Testamentsvollstrecker: Anwendbar ist § 28 auf die Klage wegen der Verwaltung oder Verfügung eines Testamentsvollstreckers nach § 2205 BGB.

Verwaltungskosten: Anwendbar auf Klagen wegen Kosten infolge der Nachlassverwaltung.

IV. Entfernen des Nachlasses. Wenn der Nachlassgegenstand aus dem Bezirk des Gerichts vor Rechtshängigkeit entfernt wird, entfällt im Grundsatz der Gerichtsstand, vorbehaltlich des Arglisteinwands. 6

V. Verbleib im Gerichtsbezirk. § 28 ist anwendbar, wenn der Nachlass sich ganz/teilweise im Bezirk befindet, → Rn. 2. 7

VI. Gesamtschuldnerische Haftung. § 28 ist ferner anwendbar, wenn noch eine gesamtschuldnerische Haftung der Erben besteht, → Rn. 2. 8

VII. Beweislast. Die Beweislast liegt grds. beim Kläger; wenn es um den Wegfall der Gesamthaftung geht, beim Bekl. 9

29 *Besonderer Gerichtsstand des Erfüllungsorts.* **I Für Streitigkeiten aus einem Vertragsverhältnis und über dessen Bestehen ist das Gericht des Ortes zuständig, an dem die streitige Verpflichtung zu erfüllen ist.**

II Eine Vereinbarung über den Erfüllungsort begründet die Zuständigkeit nur, wenn die Vertragsparteien Kaufleute, juristische Personen des öffentlichen Rechts oder öffentlich-rechtliche Sondervermögen sind.

Schrifttum: Bork NJW 2018, 2985; Dubiel, Der Erfüllungsortbegriff des Vertragsgerichtsstands im deutschen, europäischen und internationalen Zivilprozessrecht, 2010; Fehrenbach ZZP 129, 295 (Grdz.); Hackenberg, Der Erfüllungsort von Leistungspflichten unter Berücksichtigung des Wirkungsortes im deutschen und europäischen Zivilprozeßrecht, 2000; Martiny, Internationale Zuständigkeit für „vertragliche Streitigkeiten", FS Geimer, 2002, 641; Mumuller, Der Gerichtsstand des Erfüllungsortes im Europäischen Zivilprozessrecht, Wien 2007; Rauscher, Erfüllungsgerichtsstand für Zahlungsklagen bei Kauf im Fernabsatz, FS Krüger, 2017, 439; Roth, Probleme um die internationale Zuständigkeit nach § 29 ZPO, FS Schlosser, 2005, 773; Ruzik, Der Erfüllungsgerichtsstand nach § 29 ZPO bei internationalen Flugreisen, NJW 2011, 2019.

I. Systematik, I, II. Der Gerichtsstand des sachlich-rechtlichen Erfüllungsorts, des Vertrags, das forum contractus, ist im Geschäftsverkehr der wichtigste besondere, aber kein ausschließlicher Gerichtsstand (Zöller/Schultzky Rn. 1, der auf den häufigen Gleichlauf mit § 13 wegen § 269 I BGB verweist). Ihm gehen ausschließliche, insbesondere verbraucherschützende Gerichtsstände vor wie §§ 29a, 29c; 215 I 2 VVG, 26 FernUSG. Zu 1 unterscheiden ist zwischen dem gesetzlichen und vertraglichen Erfüllungsort, Zöller/Schultzky Rn. 1. Wegen Art. 7 Nr. 1a, b Brüssel Ia-VO → Rn. 5. Ergänzend gilt § 30.

2 **II. Regelungszweck, I, II.** Der Gerichtsstand des § 29 dient der erhöhten Sachnähe und verbesserten Sachaufklärung durch das Gericht, OLG Mü MDR 2009, 1062. Wegen des Schutzes privater Vertragsparteien ist eine Vereinbarung des Erfüllungsorts nur beschränkt zulässig, II.

3 Die Bestimmung des Erfüllungsorts knüpft an die Hauptpflicht des Schuldners an. Wegen § 269 I BGB, nach dem die Leistung im Zweifel am Wohnort des Schuldners zu erfolgen hat, ist der Erfüllungsort im Zweifel der Wohnort des Beklagten, sodass es häufig zu Überschneidungen mit § 13 kommt (auch für die Zahlungsklage, § 270 IV BGB; Zöller/Schultzky Rn. 1). Örtliche Übereinstimmung zwischen sachlich-rechtlicher Pflicht und prozessualer Obliegenheit ermöglicht zudem eine sachgerechte Lastenverteilung, MüKoZPO/Patzina Rn. 1: § 29 trägt auch einem Vertrag, der die Leistungsfixierung an einem Ort vorsieht, Rechnung. Die Gegenleistung des Schuldners ist dann an diesem einheitlichen Leistungsort vorzunehmen, MüKoZPO/Patzina Rn. 1.

4 **III. Sachlicher Geltungsbereich, I, II. 1. Schuldrechtlicher Anspruch.** Das Erfordernis „aus einem Vertragsverhältnis" ist weit auszulegen und schon erfüllt, wenn die Streitigkeit im Zusammenhang mit einem Vertrag steht oder aus einem Vertragsverhältnis herrührt, BGH NJW 2011, 2056; der Ort, an dem bei zwei Teilflügen der Umsteigevorgang stattfindet, kommt ohne besonderen Bezug des Sachverhalts zum Umstiegsort nicht in Betracht, BGH BeckRS 2022, 19589. Der Gerichtsstand gilt für jede Art von Klage aufgrund eines schuldrechtlichen Vertrags, BGH 132, 109, unabhängig von der Art der Verpflichtung. Die Vorschrift ist deshalb auch bei einer schuldrechtlichen Klage aufgrund eines öffentlich-rechtlichen Vertrags anwendbar, etwa bei einer Klage nach § 1298 BGB. § 29 gilt auch bei einem Vertrag zugunsten eines Dritten nach § 328 BGB, AG Brem NJW-RR 2011, 853, oder bei einem Vertrag aufgrund eines indossablen Papiers. § 29 erfasst auch Klagen gegen den Gesellschafter einer Offenen Handelsgesellschaft aus Gesellschaftsschulden; eine Klage gegen den Kommanditisten einer Kommanditgesellschaft, auch gegen einen vollmachtlosen Vertreter, gerade mit Blick auf die Haftung, als ob seine Vertretungsmacht wirksam gewesen wäre, OLG Hmb MDR 1975, 227; Klage nach § 43 II GmbHG, BGH BB 1992, 726; ebenso für einen auf § 64, 1 GmbHG oder § 130a I, II 1 HGB gestützten Anspruch, BGH NJW-RR 2019, 1181. Klage aufgrund eines Anwaltsvertrags; Klage nach § 743.

2. Beispiele zur Frage des sachlichen Geltungsbereichs, I, II

5 **Anlageberatung:** Anwendbar ist § 29, OLG Hamm BeckRS 2016, 1713; OLG Karlsr VersR 2014, 261.

Beamtenverhältnis: Unanwendbar ist § 29 bei einer Klage aus einem Beamtenverhältnis.

Brüssel Ia-VO: vgl. Art. 7 Nr. 1a, b, EuGH NJW 2000, 721; BAG NJW 2002, 3196.

Dinglicher Vertrag: Unanwendbar ist § 29 bei einer Klage wegen eines Anspruchs aus einem dinglichen Vertrag zB nach §§ 273, 925, 929 BGB.

Einseitige Erklärung: Unanwendbar bei Klagen aufgrund einseitiger Erklärung, zB § 657 BGB.

Erbvertrag: Unanwendbar ist § 29 bei einer Klage aus einem Erbvertrag.

Fluggastrechte: Ausgleichsansprüche nach EuGVVO können sowohl am Ort des vertragsgemäßen Abflugs als auch der Ankunft geltend gemacht werden, beide sind Orte, an denen die Leistungen aus dem Beförderungsvertrag im Luftverkehr überwiegend erbracht werden, BGH NJW 2011, 2056.

Gesetzlicher Anspruch: Unanwendbar ist § 29 bei einer Klage aus einem gesetzlichen Anspruch, BayObLG MDR 1981, 234 (GoA); LG Heidelb FamRZ 2014, 956 (§ 1357 BGB).

Gesetzliche Pflicht: Unanwendbar ist § 29 bei einer Klage aufgrund einer solchen Urkunde, die nur eine gesetzliche Pflicht präzisiert, BayObLG FamRZ 1999, 935; OLG Drsd FamRZ 2000, 543.

Inhaberpapier: Unanwendbar ist § 29 bei Klagen aus einem solchen Papier wegen § 794 BGB.

Internationales Recht: Man kann international-rechtlich bei einem gesetzlichen Erfüllungsort dessen Recht entscheiden lassen, BAG IPRax 2006, 254. Man kann bei einem vertraglichen Erfüllungsort das Recht entscheiden lassen, das auf die Gerichtsstandsvereinbarung anwendbar ist.

Nichtigkeit: Unanwendbar ist § 29 auf Klagen aufgrund eines (vermeintlich) nichtigen Vertrags.

Rückabwicklung: Anwendbar auf Rückabwicklungsverhältnisse nach Rücktritt oder Widerruf.

Schadensersatz: Anwendbar auf Forderung wegen Vertragsverletzung. Der Erfüllungsort folgt dem Erfüllungsort der verletzten Primärpflicht, OLG Hamm BeckRS 2007, 03345.

Schiedsvereinbarung: Unanwendbar bei der Klage aufgrund einer Schiedsvereinbarung.

Ungerechtfertigte Bereicherung: Unanwendbar ist § 29 bei einer Klage aus §§ 812 ff. BGB (Prütting/Gehrlein/Wern Rn. 7; Thomas/Putzo/Hüßtege Rn. 3; aA Zöller/Schultzky Rn. 6a). Etwas anderes gilt dann, wenn es sich um gesetzliche Ansprüche auf vertraglicher Grundlage handelt, der Kläger seinen Anspruch auf Rücktritt oder Anfechtung stützt zwecks gewährleistungs- oder bereicherungsrechtlicher Rückabwicklung. Hier wirkt das Gegenseitigkeitsverhältnis des fehlgeschlagenen Vertrags in das Rückabwicklungsverhältnis hinein, sodass § 29 Ansprüche aus § 812 aufgrund anfechtungsbedingter Nichtigkeit des Vertrags als auch gewährleistungsrechtliche Rückwicklungsansprüche erfasst, OLG Saarbrücken NJW 2005, 906 (907).

Versicherungsrecht: Den Vorrang hat § 215 I VVG, OLG Hamm VersR 2014, 725.

Vertragsähnliche Beziehungen: § 29 findet grundsätzlich Anwendung, insb. im Fall von § 179 I BGB; §§ 311 Abs. 2 u. 3 iVm §§ 241 Abs. 2, 280 BGB, Zöller/Schultzky Rn. 6.

6 **IV. Persönlicher Geltungsbereich, I, II.** I gilt für jeden Kläger. Erfasst werden auch abgeleitet verantwortliche Personen, wie Gesellschafter einer vertragsschließenden Gesellschaft, OLG Hamm BeckRS 2019, 30771. II gilt nur für die dort bezeichneten Vertragsparteien, vgl. § 38 I.

7 **V. Grenzen des Geltungsbereichs I, II.** Die Regelung ist im Fall ausschließlicher Gerichtsstände (vgl. §§ 38, 689 II) nicht anwendbar; wegen der Problematik der Allgemeinen Geschäftsbedingungen → § 38 Rn. 7.

8 **VI. Fälle, I.** Unter § 29 fallen Klagen aller Art aus einem Vertragsverhältnis, so auf Feststellung, Erfüllung, Rückabwicklung – mit Ausnahme der isolierten Bereicherung – sowie Schadensersatz und mit gestaltender Wirkung. Auch die negative Feststellungsklage wird vom Anwendungsbereich erfasst, KG BeckRS 2021, 2365. Maßgebend ist der Schwerpunkt oder Hauptanspruch nach dem Vortrag des Klägers, BayObLG BB 2001, 1923.

9 **1. Feststellung des (Nicht-)Bestehens eines Rechtsverhältnisses.** Hier geht es um eine Vertragswirkung oder um einen Anspruch aufgrund des Vertrags, zB mit Blick auf Zins- und Tilgungsleistungen. Maßgeblich für die Bestimmung des Erfüllungsorts ist die Verpflichtung, also des begründeten Rechtsverhältnisses oder einer

konkreten Vertragspflicht, deren (Nicht-)Bestehen festgestellt werden soll, OLG Celle BeckRS 2020, 6552. Im Fall der negativen Feststellungsklage ist Leistungsort der Ort, an dem der Kläger bei Bestehen des Vertrags seine Leistung zu erbringen hätte. Entscheidend ist dabei regelmäßig die Verpflichtung, deren Nichtbestehen festgestellt werden soll, KG NJW 2020, 1749.

2. Erfüllung eines Vertrags. Hier geht es um (Vertrags-)Erfüllung, einen Anspruch auf Haupt-/Nebenleistung, die Haftung auch aus § 179 BGB (Thomas/Putzo/Hüßtege Rn. 4), ferner auf Abnahme einer Ware, § 433 II, Zahlung etwa einer Vertragsstrafe, Unterlassung, insbesondere bei Schlechterfüllung, BayObLG BB 2001, 1923, oder Leistungsstörung, §§ 280 f.; 311 II, III BGB, OLG Saarbr NJW 2000, 671; ferner Haftung des Gesellschafters für Vertragsschulden nach § 128 HGB, des Kommanditisten, §§ 161, 171 HGB und Haftung des Handelnden nach § 41 I 2 AktG, § 11 GmbHG, § 54 BGB, MüKoZPO/Patzina Rn. 3. 10

3. Gestaltungsurteil. Etwa aufgrund §§ 133, 140 HGB. Hierher zählen auch: Die Bestimmung des Inhalts der Leistung etwa nach §§ 315 III, 317, 318, 343 BGB; die Herabsetzung einer Vertragsstrafe nach § 343 BGB oder eines Maklerlohns nach § 655 BGB; die Herabsetzung einer vereinbarten Anwaltsgebühr. 11

Ferner zählen hierher: ein – vorbehaltener oder gesetzlicher – vertragsmäßiger Rücktritt nach §§ 281, 325, 346, 437 Nr. 2 BGB; ein Anspruch auf Minderung. 12

4. Nichterfüllung oder nicht gehörige Erfüllung. Hierher zählen zB: eine Klage auf den Ersatz eines Schadens wegen Nicht- und Schlechterfüllung, wegen eines Verschuldens während der Vertragsverhandlungen, BayObLG NJW-RR 2002, 1503; OLG Mü NJW 1980, 1531; aM LG Kiel NJW 1989, 841, und wegen Pflichtverletzung als Organ einer AG (OLG München NZG 2017, 235; Thomas/Putzo/Hüßtege Rn. 4). Der Erfüllungsort ist für die Gewährleistungsrechte jeweils gesondert zu bestimmen: Die Bestimmung fällt unterschiedlich aus, je nachdem, ob Rückabwicklungs- und Schadensersatzansprüche oder Minderungsansprüche geltend gemacht werden. 13

VII. Gericht des gesetzlichen Erfüllungsorts, I. Es kommt nach → Rn. 19 auf die jeweilige sachlichrechtliche Leistung an. Mithin kommt es bei dem Gerichtsstand des Erfüllungsorts für die Zuständigkeitsbestimmung auf das materielle Recht an, OLG Frankfurt a.M. BeckRS 2021, 43447. 14

1. Streitige Verpflichtung. Gemeint ist entweder diejenige Verpflichtung des Bekl., die der Kläger in der Klage behauptet, BGH NJW 2001, 1937, oder diejenige Verpflichtung des Klägers, die er mit seiner Klage verneint. Der Erfüllungsort ist für jede Vertragsleistung einzeln zu bestimmen, Womelsdorf MDR 2001, 1161. Die einheitliche Bestimmung des Erfüllungsorts anhand eines Vertragsschwerpunkts wäre nicht mit der Regelung nach § 269 Abs. 1 BGB vereinbar, BGH NJW 2012, 860, 861. Das gilt insbesondere beim gegenseitigen Vertrag, BGH NJW-RR 2007, 778; NJW-RR 2013, 309. Es können damit innerhalb eines Vertragsverhältnisses auch mehrere gleichberechtigte Erfüllungsorte in Betracht kommen. Allerdings lässt sich schon aus der Natur des Schuldverhältnisses häufig ein gemeinsamer Leistungsort für alle Vertragspflichten bestimmen, so beim Ladengeschäft, Bauwerk-, Krankenhausaufnahme- und beim Energie- oder Wasserlieferungsvertrag, BGH NJW-RR 2007, 778. 15

2. Erfüllungsort beim Beklagten. Er ist in aller Regel maßgeblich, BGH NJW 2017, 2758 (2759). Bei der Geldschuld handelt es sich meist um eine qualifizierte Schickschuld, BGH NJW 2017, 1596; aA für Bringschuld, insb. mit Blick auf die RL 2011/7/EU und EuGH NJW 2008, 1935: Meier JuS 2018, 940 (942). Daher ist grds. die Klage auf Kaufpreiszahlung am Wohnort des bekl. Käufers zu erheben, BGH NJW 1993, 1076. Bei Klage nach § 437 Nr. 2 BGB des Käufers auf Rückzahlung des Kaufpreises, Zug um Zug gegen Rückgewähr der Kaufsache, ist einheitlicher Erfüllungsort der Ort, an dem sich der Kaufgegenstand zum Zeitpunkt des Rücktritts vertragsgemäß befindet („Austauschort", „Belegenheitsort"), BayObLG BeckRS 2020, 5678; OLG München BeckRS 2018, 24033. Auch bei Rückabwicklungsansprüchen eines Darlehensvertrags, der mit einem Kaufvertrag ein verbundenes Geschäft darstellt, ist der Ort maßgeblich, an dem sich die veräußerte Sache befindet, OLG Frankfurt BeckRS 2021, 1774. Das gilt auch für Klagen auf Verwendungsersatz, Rückzahlung nach Untergang, Versteigerung oder Rückgabe der Sache an den Verkäufer. Anderenfalls würde der Käufer bei Rückgabe der Sache schlechter gestellt (Musielak/Voit/Heinrich Rn. 28 „Kaufverträge"; Prütting/Gehrlein/Wern Rn. 14 „Kaufvertrag"). 16

3. Maßgeblichkeit der Hauptpflicht. Es entscheidet immer die Hauptverpflichtung, auch wenn der Kläger eine Vertragsstrafe geltend macht, mehrere Hauptansprüche sind selbständig zu prüfen. Eine Verpflichtung zur Zahlung von Frachtkosten Zug um Zug ist eine Nebenleistung. Bei Klage auf Zahlung des Kaufpreises und zugleich auf Abnahme der verkauften Sache entscheidet derjenige Ort, an dem der Schuldner die Zahlungsverpflichtung erfüllen muss, also der (Wohn-)Sitz des Käufers. Bei einer Klage auf Zahlung einer Entschädigung wegen Nicht-/Schlechterfüllung ist nicht der einzelne Anspruch im Streit, sondern die Vertragsverletzung insgesamt. Daher liegt der Erfüllungsort dort, wo der Schuldner die vertragliche Hauptpflicht zu erfüllen hat, BGH NJW-RR 2013, 309. Der Leistungsort ist für die Vertragspflichten jedes Partners zu bestimmen, BGH NJW 1988, 967; OLG Hamm OLGZ 1991, 80. 17

4. Erfüllungsort des Klägers. Der Ort, an dem der Kläger seine Hauptleistungspflicht zu erfüllen hat, ist zB in folgenden Fällen maßgeblich: bei einer Klage mit dem Ziel einer Aufhebung des Vertrags; bei einer negativen Feststellungsklage nach § 256, OLG München BeckRS 2017, 114163; Prütting/Gehrlein/Wern Rn. 13; bei einer Klage auf Feststellung des Bestehens einer begrenzteren Vertragspflicht. 18

5. Bestimmung; Natur des Schuldverhältnisses. Wo man erfüllen muss, folgt dem sachlichen Recht, BGH NJW 2012, 860, zB aus §§ 269, 270 BGB, OLG Düss NJW 1991, 1492. Die Bestimmung kann auf dem Gesetz beruhen, etwa bei § 374 BGB, oder auf einer rechtsgeschäftlichen Vereinbarung. Die Vereinbarung des Erfüllungsorts ist für die Zuständigkeit unter den Voraussetzungen nach II relevant. Vgl. § 39. Mangels Bestimmung entscheiden die Umstände, insbesondere die Natur des Schuldverhältnisses, BGH NJW-RR 2007, 778. Hilfsweise entscheidet der Wohnsitz oder die gewerbliche Niederlassung des Schuldners allein zum Zeitpunkt des Vertragsschlusses nach § 269 II BGB, OLG Hamm OLGZ 1991, 80; BayObLG NJW-RR 1996, 956. Etwas anderes gilt bei einer Vereinbarung nach §§ 697, 700 BGB. 19

6. Beispiele zur Frage des gesetzlichen Erfüllungsorts, I

20 **Anlageberatung:** Maßgeblich ist, wo sie erfolgen soll oder erfolgt ist (zB Geschäftsräume des Beraters, auch soweit telefonisch, Zöller/Schultzky Rn. 25.1; Wohnung des Kunden), BGH BeckRS 2004, 05640; OLG Karlsr VersR 2014, 261; OLG Mü VersR 2009, 1382; OLG Zweibr NJW-RR 2012, 832.

Anwaltsvertrag: Bei einem Streit um den Vergütungsanspruch des Anwalts ist grds. der Wohnort des Mandanten nach §§ 269 I, 270 IV BGB maßgeblich, BGH MDR 2004, 765.

Arbeitsrecht: Maßgeblich ist der wirtschaftliche und technische Mittelpunkt des Arbeitsverhältnisses. Das ist meist derjenige Ort, an dem der Arbeitnehmer seine Arbeitsleistung erbringen muss, BAG NZA 2005, 297; BGH ZIP 1985, 157. Zusätzlich besteht der Gerichtsstand nach § 48 I a 1 ArbGG dort, wo der Arbeitnehmer gewöhnlich seine Arbeit verrichtet oder zuletzt verrichtet hat, hilfsweise nach § 48 I a 2 ArbGG. Hierzu Bergwitz NZA 2008, 443.

– **(Entsendung):** Bei einer weisungsgemäßen ist der Ort der Weisungserteilung maßgeblich, LAG Mainz NZA 1985, 540; AG Pforzheim NZA 1994, 384.

– **(Friedenspflicht):** Beim Eilverfahren wegen einer Friedenspflicht ist derjenige Ort maßgeblich, an dem man sie erfüllen muss, LAG Nürnb NZA-RR 2010, 645.

– **(Reisender):** Bei ihm ist der Schwerpunkt seiner Tätigkeit und nur in diesem Rahmen sein Wohnsitz maßgeblich, BAG NJW-RR 1988, 482; LAG Brem NZA-RR 2004, 323; aM ArbG Bbg NZA 1995, 96, 864. Beim Einfirmenvertreter kann § 29 gelten, LAG Kiel ZVertriebsR 2017, 56.

– **(Teilzeitarbeit):** Während der Freistellungsphase einer solchen Tätigkeit ist der Firmensitz der Bekl. maßgeblich, § 17, ArbG Dortm DB 2002, 2332.

– **(Telearbeit):** Bei einem solchen Vertrag ist der Firmensitz maßgeblich, ArbG Elmshorn NZA-RR 2007, 493.

– **(Tochterunternehmen):** Maßgeblich ist der wirtschaftliche Mittelpunkt des Arbeitsverhältnisses, LAG Düss DB 1984, 1686.

– **(Versorgung):** Bei einer solchen Leistung kann ein anderer als der Arbeitsort maßgeblich sein, BAG NZA 2005, 297.

Arzt: Für seine Honorarklage gibt § 29 I keinen besonderen Erfüllungsort, es bleibt grds. beim Praxisort. Denn dort erfolgt grds. die vertragstypische Leistung, OLG Düss MedR 2005, 410; aM LG Mainz NJW 2003, 1612; Prechtel MDR 2006, 248 (je: evtl. Wohnsitz des Patienten).

Auftrag: Maßgeblich ist der Ort der Ausführung, für die Herausgabepflicht nach § 667 BGB der Wohnsitz des Beauftragten bei Anspruchsentstehung, OLG Stgt OLGR 2007, 635, und für Aufwendungsersatz nach § 670 BGB im Zweifel der Wohnsitz des Auftraggebers, Zöller/Schultzky Rn. 25 „Auftrag, Geschäftsbesorgungsvertrag".

Ausbildungsvertrag: Maßgeblich ist derjenige Ort, an dem die Ausbildung stattfindet, OLG Karlsr NJW-RR 1986, 351, auch der Sitz eines Internats, OLG Hamm NJW-RR 1989, 1530; aM OLG Zweibr OLGR 2009, 209.

Bank: Für die Auszahlung des Sparguthabens, Benachrichtigungspflichten ist der Geschäftssitz der kontoführenden Stelle maßgeblich, BGH NJW 2002, 2703; AG Brdb JurBüro 2017, 434. Für die Verpflichtung des Kontoinhabers aus dem Kontovertrag ist grds. sein Wohnort bei Kontoeröffnung, nicht bei Erfüllung der einzelnen Leistungspflicht entscheidend, OLGR Rostock 2009, 178; Zöller/Schultzky Rn. 25 „Bankgeschäfte". Es kann auch § 29c iVm § 312b BGB anwendbar sein, BGH NJW 2003, 1190; OLG Köln OLGR 2005, 554.

Bauhandwerkerhypothek: Erfüllungsort ihrer Bewilligung ist der Grundstücksort, OLG Köln RIW 1985, 571.

Bürgschaft: Für den Bürgschaftsanspruch ist, soweit nicht anderweitig vertraglich vereinbart, der Wohnsitz des Bürgen maßgeblich, OLG Hamm MDR 2014, 1247; ferner BGH 134, 132.

Darlehen: Für die Klage auf Feststellung des Nichtbestehens oder auf Rückzahlung des Sachdarlehens ist der Wohnsitz des Darlehensnehmers zum Zeitpunkt der angeblichen oder erfolgten Darlehensgewährung nach §§ 269, 270 I, IV BGB maßgeblich, BGH NJW-RR 2005, 582, nicht der Sitz der Bank, LG Kassel NJW-RR 1989, 106. Bei der Gesellschaft bürgerlichen Rechts ist ihr Sitz maßgeblich, OLG Schlesw BB 2004, 463. Für die Pflichten des Darlehensgebers ist sein Sitz maßgebend, OLG Drsd WM 2001, 1856. Der Übergabeort ist unerheblich.

Dienstvertrag: Maßgeblich war grds. der Ort, an dem man die vertragliche Dienstleistung erbringen muss, also der Betriebssitz, BGH ZIP 1985, 157. Nach neuerer Rspr. des BGH besteht insb. bei Verträgen mit Freiberuflern kein gemeinsamer Erfüllungsort, BGH NJW 2009, 148 (149); NJW-RR 2004, 932. Für Dienstbezüge gilt § 269 BGB.

Fernabsatz: Dazu Rauscher FS Krüger, 2017, 439. Erfüllungsort der Rückabwicklung ist der Wohnort des Käufers, LG Kleve NJW-RR 2003, 296; aA Prütting/Gehrlein/Wern Rn. 14 „Fernabsatzvertrag"; auch dann, wenn Ware inzwischen an anderen Ort versandt wurde, LG Kleve NJW-RR 2003, 196.

(Negative) Feststellungsklage: Maßgeblich ist bei § 256 der Erfüllungsort des Klägers.

Flugvertrag: → Rn. 5. Als Erfüllungsort kommt bei einer reinen Flugreise sowohl der Abflug- als auch der Zielort in Betracht, OLG Hamm BeckRS 2017, 101113; Zöller/Schultzky Rn. 25 „Reisevertrag"; BGH BeckRS 2022, 19589. Bei Ausgleichszahlung wegen verspäteten Abflugs eher Abflugort, BGH NJW 2008, 2121.

Frachtvertrag: § 30 ordnet Gerichtsstände dem Ablieferungs- und Übernahmeort zu. Erfüllungsort ist nur für die Pflichten des Frachtführers oder im Straßengüterverkehr des Unternehmers nach § 407 I HGB der Ablieferungsort, für die Bezahlung der Fracht, § 407 II HGB, oder des Beförderungsentgelts der Ort der Niederlassung des Absenders, OLG Drsd RIW 1999, 968. Auch der Empfänger des Frachtguts kann nach § 421 II 1 HGB Frachtschuldner sein. Er haftet dann neben dem Absender als Gesamtschuldner. Insoweit ist für die Pflicht des Empfängers, die Fracht zu bezahlen, der Ablieferungsort der Erfüllungsort. Ohne Frachtbrief tritt indes nur eine eingeschränkte Zahlungspflicht ein, § 421 II 2 HGB. Für einen Streit aus Beförderung vgl. § 30.

Freiberufler: Der Praxissitz *ist nicht* mehr grds. der gemeinsame Erfüllungsort, AG Köln NJW-RR 1995, 185 (Psychologe, -therapeut), → „Dienstvertrag.

Freistellung: Bei einer Verpflichtung zur Freistellung ist derjenige Ort maßgeblich, an dem man die Pflicht erfüllen muss, OLG Oldb FamRZ 1988, 632.

Geldschuld: Es handelt sich um eine qualifizierte Schickschuld, OLG Hamm MDR 2014, 1247. Erfüllungsort ist nicht zwingend der Zahlungsort, § 270 I, IV BGB. Erfüllungsort ist nach §§ 270 IV, 269 I BGB Wohn-/Sitz des Schuldners.

Gesamtschuldner: Im Außenverhältnis muss man den Erfüllungsort bei jedem Gesamtschuldner ermitteln und notfalls nach § 36 I Nr. 3 vorgehen, BayObLG MDR 1998, 180, bei Gesamthandschuld besteht hingegen grds. ein gemeinsamer Erfüllungsort, Prütting/Gehrlein/Wern Rn. 14 „Gesamtschuld". Im Innenverhältnis ist Erfüllungsort für den Ausgleichsanspruch der Wohnsitz des Bekl. zur Zeit des Beginns der Gesamtschuldnerhaftung, OLG Hamm FamRZ 2003, 315.

Gesellschaftsrecht: Bei einer Klage aus einer sog. Organhaftung ist der Gesellschaftssitz maßgeblich, BGH NJW-RR 1992, 801; OLG Mü NZG 2017, 235. Ein BGB-Gesellschafter muss seine Klage gegen den anderen wegen einer Schlechterfüllung am Wohnsitz des Schuldners erheben, BayObLG BB 1996, 2115. Der Erfüllungsort der Verbindlichkeit eines für Gesellschaftsschulden haftenden Gesellschafters stimmt mit demjenigen der Gesellschaftsschuld überein, BayObLG DB 2002, 2318. § 22 bleibt beachtlich, LG Bonn NJW-RR 2002, 1400. Auch beim Auslandsbezug kommt es auf den Schwerpunkt an, OLG Stgt BB 2000, 1212. Beim Auseinandersetzungsanspruch nach § 734 BGB ist der Wohnsitz des verpflichteten Mitgesellschafters beim Ende der Gesellschaft maßgebend, OLG Hamm NJW-RR 2007, 479. Zu § 128 HGB Haas/Keller ZZP 126, 335 (ausf.). Ein Anspruch auf Wiederauffüllung der Insolvenzmasse kann zu § 29 zählen, OLG Mü NZG 2017, 749.

Gewährleistung: Erfüllungsort ist beim Grundstückskauf die Belegenheit des Grundstücks, BGH NJW-RR 2015, 1016.

Gewinnzusage: Bei § 661a BGB ist der Wohnsitz des Empfängers maßgeblich, BGH 165, 183; aA OLG Dresden OLGR 2005, 31.

Girovertrag: Maßgeblich für die Pflicht des Kunden ist der Wohnsitz des Kontoinhabers, BayObLG WM 1989, 871, zur Zeit der Eröffnung des Girovertrags, nicht zur Zeit des Vorgangs, OLG Ffm NJW 2001, 3792. Für die Pflicht der Bank ist grds. deren Sitz maßgeblich, BGHZ 151, 5.

Handelsvertretervertrag: Es besteht nicht schon grds. ein einheitlicher Erfüllungsort für die beiderseitigen Leistungen. Bei Streit um einen Buchauszug und um eine Provision, §§ 87 ff. HGB, ist der Sitz des Unternehmens maßgeblich, BGH NJW 1993, 2754; beim Handelsvertreter sein Wohnsitz, OLG Ffm OLGR 1995, 154, insbesondere, wenn er von dort ausreist, auch wenn er nicht täglich zurückkehrt, BAG DB 1987, 1742. Wegen Brüssel Ia-VO, OLG Düss NJW-RR 2008, 223.

Heilpraktiker: Erfüllungsort für die Verpflichtung aus dem Behandlungsvertrag ist der Ort der Dienstleistung, AG Rottweil NJW-RR 1999, 866.

Internationaler Warenkauf: BGH ZIP 2013, 44 (Anknüpfung an ICC-Hinweise).

Internatsvertrag: Erfüllungsort ist der Internatssitz, OLG Hamm FamRZ 1989, 1199.

Internet: Es gelten grds. die allgemeinen Regeln, für Online-Kaufverträge die des Versendungskaufs (Zöller/Schultzky Rn. 25 „Online-Verträge"). Im Online-Dienst ist für die Verpflichtung des Nutzers sein (Wohn-)Sitz maßgeblich, für die Verpflichtung des Partners der Sitz des Servers, MüKoZPO/Pazina Rn. 61, 73; Stein/Jonas/Roth Rn. 21.

Kaufvertrag: Der Erfüllungsort ist von dem jeweils geltend gemachten Gewährleistungsanspruch abhängig. Beim Rückgewährschuldverhältnis liegt der Erfüllungsort für den Anspruch auf Rückzahlung und auch auf Rückgabe an dem Ort, an dem sich der Kaufgegenstand vertragsgemäß befindet, BayObLG BeckRS 2020, 5678. Dieser Ort ist auch für den Anspruch auf Erstattung von Anwaltskosten maßgeblich, soweit Rückgewähransprüche vorgerichtlich anwaltlich geltend gemachten wurden, BayObLG BeckRS 2020, 5678. Der Erfüllungsort eines Minderungsanspruchs liegt regelmäßig am (Wohn-)Sitz des Verkäufers. Beim Schadensersatz ist der Erfüllungsort der verletzten Primärpflicht maßgeblich, BGH NJW-RR 2013, 309; aM OLG Hamm MDR 1989, 63; Zöller/Schultzky Rn. 25 „Kaufvertrag". Bei einer in Wahrheit nur auf eine Bereicherung oder auf eine unerlaubte Handlung stützbaren Klage fehlt ein Gerichtsstand nach § 29, AG Marbach MDR 1988, 1061. Verzugszinsen begründen für Gesamtschuldner nicht stets einen gemeinsamen Erfüllungsort, BayObLG NJW-RR 1997, 699.

Kommission: § 383 HGB. Man muss den Erfüllungsort bei jedem Partner gesondert ermitteln, OLG Ffm OLGR 1995, 154.

Krankenhaus: Beim stationären Aufenthalt ist für eine Klage aus dem Aufnahmevertrag der Ort des Krankenhauses als Erfüllungsort maßgeblich, BGH NJW 2012, 860. Zur Brüssel Ia-VO, OLG Oldb NJW-RR 2008, 1597.

Leasingvertrag: Es gelten dieselben Regeln wie bei → „Mietvertrag, Pachtvertrag". Beim Streit um eine Leasingrate ist der Wohnsitz des Leasingnehmers beim Vertragsschluss maßgeblich, BGH NJW 1988, 1914. Das gilt auch bei der Rückgabe des Leasingobjekts, LG Lüneb NJW-RR 2002, 1584; aM OLG Düss MDR 2007, 1421.

Leihvertrag: Bei § 604 BGB ist der Sitz des Verleihers maßgeblich, BGH NJW-RR 2002, 1027.

Maklervertrag: Es kommt für die Provision bei § 269 BGB auf den Wohnsitz oder Sitz des Auftraggebers bei Abschluss des Maklervertrags an, BayObLG MDR 1998, 180. Bei der Maklerpflicht (Aufklärungs-, Hinweis- und Kontrollpflichten) ist der Maklersitz maßgebend, OLG Hamm MDR 2012, 307. Unanwendbar ist § 215 VVG (Versicherungsagentur) auf den Versicherungsmakler, LG Duisb NVersZ 2001, 14.

Mietvertrag, Pachtvertrag: Vgl. zunächst bei Raummiete § 29a. Maßgeblich für die Zahlungspflicht ist grds. der (Wohn-)Sitz des Mieters, derjenige Ort, an dem der Mieter oder Pächter die Sache gebrauchen kann, OLG Hamm OLGZ 1991, 80. Wenn der Mieter aber an einem anderen Ort wohnt, mag sein Wohnsitz maßgeblich sein. Die Rückgabe nach § 546 BGB lässt sich als Bringschuld nur am Vermietersitz erfüllen, aM OLG Düss MDR 2007, 1421 (aber die Schlussbesichtigung ist nur am Mietort möglich). Bei einem Beherbergungsvertrag muss der Gast zwar meist am geplanten Ort der Beherbergung zahlen, AG Neuss NJW-RR 1986, 1210 (Ferienhaus). Das gilt aber keineswegs ausnahmslos. Es kann auch der Sitz des Reisebüros maßgeblich sein, BGH NJW-RR 2007, 778. Der Beherbergungsort ist dann für den Gast als Vertragspartner maßgeblich, wenn ihn der Gast gerade zu einer der bereits vereinbarten Leistungen aufsucht, BGH NJW-RR 2007, 777; zT einheitlicher Erfüllungsort am Beherbergungsort bejaht, unabhängig vom tatsächlichen Aufsuchen, LG Münster Mietrecht kompakt 2018, 74.

Mobilfunkvertrag: Es besteht kein einheitlicher Erfüllungsort. Für die Pflicht des Betreibers ist das ganze Mobilfunknetz maßgebend. Für die Pflicht des Kunden ist sein Sitz maßgeblich, OLG Frankfurt BeckRS 2014, 3144; OLG München BeckRS 2017, 114163.

Nacherfüllung: Der Streit unterfällt § 29, BGH 189, 199; Staudinger/Artz NJW 2011, 3126.

Nebenpflicht: Maßgeblich ist derjenige Ort, an dem der Schuldner seine Hauptpflicht erfüllen muss, vgl. auch § 269 III BGB, BGH NJW-RR 2014, 248; EuGH NJW 1987, 1132.

Nichterfüllung: Es gilt der Erfüllungsort, BayObLG BB 2001, 1924.

Prospekthaftung: § 32b; OLG Hamm BeckRS 2016, 1713.

Reisevertrag: §§ 651a ff. BGB: Bei der Klage des Veranstalters auf Zahlung des Reisepreises ist der Wohnsitz des Reisenden maßgeblich. Bei der Klage des Reisenden gilt der Sitz des Reiseveranstalters, MüKoZPO/Patzina Rn. 76. Bei einer Auslandsreise kann man das Wohnsitzgericht des Verbrauchers oder das Hauptstadtgericht, hier Berlin-Schöneberg, als zuständig ansehen, OLG Karlsr MDR 1999, 1401.

Rückabwicklung: Instruktiv bzgl. des Meinungsstands OLG München BeckRS 2018, 24033.

Schickschuld: Maßgeblich ist der Leistungsort, BGH NJW 2002, 2703, also meist der (Wohn-)Sitz des Schuldners.

Schlechterfüllung: Es gilt der Erfüllungsort, BayObLG BB 2001, 1924.

Schuldbeitritt: Bei kumulativer Schuldmitübernahme übernimmt der neue Schuldner die Schuld als eine eigene, die nicht notwendig an demselben Ort zu erfüllen ist wie die ursprüngliche, OLG Schlesw SchlHA 1981, 189. Maßgeblich ist grds. der (Wohn-)Sitz des Beitretenden, OLG Düsseldorf MDR 2015, 394.

Spedition: Maßgeblich ist meist nach ADSp (2017) Nr. 30.2 der Ort der Niederlassung des Spediteurs, OLG Drsd RIW 1999, 969. Auch → „Frachtvertrag“.

Steuerberatervertrag: wie beim Anwaltsvertrag: Sitz des Mandanten, BGH DStR 2007, 1099.

Tarifrecht: Bei Streit über die Friedenspflicht ist der Sitz des Bekl. maßgeblich.

Time-Sharing-Vertrag: Für die Zahlungspflicht ist der Wohnsitz des Schuldners maßgeblich, OLG Naumburg BeckRS 2007, 03119; BayObLG NZM 2002, 796 (auch zur Brüssel Ia-VO).

Übergabe: Erfüllungsort für die Übergabe einer beweglichen Sache ist der Ort, an dem sie sich befindet.

Unterhaltsvertrag: Er reicht trotz einer auch gesetzlichen Pflicht aus, AG Siegburg MDR 1998, 61; aM OLG Drsd FamRZ 2000, 544.

Unterlassung: Maßgeblich ist grds. der Ort, an dem der Schuldner bei der Entstehung des Schuldverhältnisses wohnte, Bengelsdorf DB 1992, 1345. Soweit sogleich nur ein anderer bestimmter Ort für den Verstoß in Betracht kommt, gilt ausnahmsweise dieser, BGH NJW 1985, 562.

Verbraucherschutz: dazu Seibl IPRax 2011, 234. Art. 17 ff. Brüssel Ia-VO benötigen Auslandsbezug.

Verschulden bei Vertragsverhandlungen: Maßgeblich ist die geplante Hauptpflicht, OLG Mü VersR 2009, 1382.

Versicherung: dazu Grote/Schneider BB 2007, 2701. Vgl. zunächst § 215 I VVG, OLG Saarbr NJW 2008, 3579: auch Gerichtsstand des Wohnsitzes des Versicherungsnehmers (Ausnahmen beim Wegzug ins Ausland). Bei der Prämie ist „Leistungsort“ der Wohnsitz des Versicherungsnehmers, § 36 I 1 VVG. Unanwendbar ist § 215 VVG auf eine WEG als Klägerin, LG Potsd VersR 2015, 338.

Versorgungsvertrag: Gemeinsamer Erfüllungsort für die beiderseitigen Verpflichtungen ist derjenige der Abnahme, zB der Energie oder von Wasser, BGH NJW 2003, 3418. Sonderregelungen bestehen in § 22 StromGVV, § 22 GasGVV, § 28 NAV, § 28 NDAV und §§ 20, 102 EnWG.

Versteigerung: Bei derjenigen im Groß- oder Zwischenhandel kann der Ort der Niederlassung des Käufers der Erfüllungsort sein, BGH BB 2003, 176.

Vertragsstrafe: Maßgeblich ist der Erfüllungsort der Hauptpflicht, OLG Mü GRUR-RR 2011, 436.

Verwahrungsvertrag: Maßgeblich ist nach §§ 697, 700 BGB derjenige Ort, an dem sich die Sache befindet, BGH NJW 2005, 988. Auch → „Mietvertrag, Pachtvertrag“.

Vorvertrag: Erfüllungsort ist nicht der Leistungsort des ja noch gar nicht geschlossenen Hauptvertrags, sondern der Ort der Verhandlungen, aM OLG Mü VersR 2009, 1382; Seibl IPRax 2011, 241.

Werkvertrag: Maßgeblich ist für ortsbezogene der Ort der Ausführung, so ist gemeinsamer Erfüllungsort beim Bau(werk-)vertrag der Ort des Bauwerks oder bei der Kfz-Reparatur der Sitz der Werkstatt, BGH NJW-RR 2008, 724 (Belegenheit); OLG Celle MDR 2009, 625. Das ist grds. die Leistung des Unternehmers, OLG Schlesw NJW-RR 1993, 314.

- **(Architekt):** Beim Architektenvertrag ist für das Honorar grds. der (Wohn-)Sitz des Auftraggebers maßgeblich, OLG Köln NJW-RR 1994, 986. Gemeinsamer Erfüllungsort am Ort des Bauwerks besteht, wenn die Leistungen des Architekten insb. sowohl in der Planung als auch in der Bauaufsicht bestehen, ihm sämtliche Leistungen obliegen, BGH NJW 2001, 1936; OLG Frankfurt BauR 2004, 560; LG Gött BauR 2012, 1289. Sollte sich die Leistung in der Planung erschöpfen, ist grds. der Sitz des Architekten entscheidend, LG Heidelberg NJW-RR 2007, 1030.
- **(Bauvertrag):** Beim Bauvertrag liegt der gemeinsame Erfüllungsort grds. am Ort des Bauwerks (BGH NJW 2001, 1936; OLG Hamm BeckRS 2018, 1124; OLG Hamm BauR 2014, 602; aM LG Stralsund BauR 2012, 302). Für VOB-Verträge gilt § 18 Nr. 1 VOB/B nur beim öffentlichen Auftraggeber, OLG Brdb MDR 1997, 1158; großzügiger OLG Ffm NJW-RR 1999, 604; LG Dessau-Roßlau BauR 2008, 567. Auch ein Schadensersatzanspruch kann hierher zählen, KG NZM 2017, 773.
- **(Kfz-Reparatur):** Maßgeblich ist der Sitz der Werkstatt, OLG München DAR 2006, 28.
- **(Montage):** Maßgeblich ist der Aufstellungsort der Anlage, OLG Kblz NJW-RR 1988, 1401; aM LG Kref NJW-RR 2013, 1432.

Wirtschaftsprüfer: Relevant ist der Sitz der zu prüfenden Gesellschaft, LG Bonn BB 2005, 994.

Wohnungseigentum: Das Verhältnis unter den gegenwärtigen oder ausgeschiedenen Eigentümern begründet einen gemeinsamen Leistungsort nach § 29, OLG Stgt ZMR 2000, 336.

Zahlung: Maßgeblich ist wegen dieser Schickschuld grds. der Sitz des Schuldners, BGH NJW 1995, 1547. Das gilt auch beim Schadensersatz, BayObLG NJW 2002, 2888; OLG Ffm OLGR 2005, 568; OLG Schlesw OLGR 2005, 630. Das gilt auch beim Akkreditiv, BGH NJW 1993, 1076. Es kann auch der Ort des verkauften Grundstücks maßgeblich sein, BayObLG MDR 1998, 737; anwendbar auch beim Wechsel oder Scheck, BGH 157, 231. Aber auch zB → „Anwaltsvertrag“.

Zug-um-Zug-Leistung: Der gemeinsame Erfüllungsort richtet sich nach dem Ort, wo die Verpflichtung zu erfüllen ist, der nach dem Vertragsinhalt die größere Bedeutung zukommt (MüKoZPO/Patzina Rn. 96), leicht zu bestimmen zB beim Werk- oder Versorgungsvertrag. Die Pflicht zur Zug-um-Zug-Leistung führt indes in anderen Vertragsgestaltungen für sich allein nicht zu einem einheitlichen Erfüllungsort, sondern ist für jede Verpflichtung gesondert zu bestimmen, BGH NJW 1995, 1546. Ist eine Leistung zurückzubringen, ist Leistungsort der Wohnsitz des Verkäufers, ist sie abzuholen, folgt er aus dem Wohnsitz des Käufers, MüKoZPO/Patzina Rn. 96.

VIII. Vereinbarung des Erfüllungsorts, II. Eine Erfüllungsortvereinbarung nach II ist nur unter bestimmten Voraussetzungen → Rn. 21 f. zulässig. Soweit diese nicht vorliegen, kann die Vereinbarung nur als sog. „wirkungsgeminderte" Vereinbarung mit rein materiell-rechtlichen Wirkungen bewertet werden, so auch OLG München MDR 2009, 1062; Zöller/Schultzky Rn. 26a: auch „tatsächliche" Erfüllungsortvereinbarung. 21

1. Vereinbarung über den Erfüllungsort. Bezüglich des Zustandekommens gelten wie üblich §§ 145 ff. BGB, formlos und konkludent möglich. Es braucht kein beiderseitiges Handelsgeschäft nach §§ 343 ff. HGB vorzuliegen. Wenn die Parteien einen solchen Ort als „Erfüllungsort" vereinbaren, der vom tatsächlichen Leistungsort abweicht, müssen sie dazu Tatsachen vortragen. Dann liegt oft nur eine Gerichtsstandsvereinbarung oder eine Gefahr- oder Kostenklausel vor, OLG Kblz OLGR 2003, 33; OLG Saarbr NJW 2000, 671, oder es liegt lediglich eine Vereinbarung darüber vor, welches Recht gelten soll. 22

Ein einseitiger Vermerk über einen Erfüllungsort auf einer Rechnung kann den Erfüllungsort nur dann begründen, wenn dieser Vermerk Teil eines kaufmännischen Bestätigungsschreibens ist. Nur dann reicht ein Schweigen nach handelsrechtlichen Vorschriften aus. Die AGB-Vorschriften nach §§ 305 ff. BGB sind nur begrenzt anwendbar: Nach § 310 I BGB sind im (häufigen) Fall des beiderseitigen Handelsgeschäfts die Regelungen nach §§ 305 II, III, 308 f. BGB nicht anwendbar. Zu beachten bleibt indes, dass der Kaufmannsbegriff nach II nicht dem Unternehmerbegriff nach §§ 14, 310 I 1 BGB unmittelbar entspricht, Musielak/Voit/Heinrich Rn. 40. 23

2. Begrenzter Personenkreis. Beide Partner müssen im Zeitpunkt der Vereinbarung einer der in II genannten Gruppen angehört haben, „Kaufleute, juristische Personen des öffentlichen Rechts oder öffentlich-rechtliche Sondervermögen", identisch mit dem Personenkreis nach § 38 I (zugelassene Gerichtsstandsvereinbarung). Dann gilt II auch beim Rechtsnachfolger, OLG Köln NJW-RR 1992, 571 (zu § 38). Im Säumnisverfahren gilt das Vorbringen zu II nicht als zugestanden, § 331 I 2, sondern ist klägerseits nachzuweisen, Zöller/Schultzky Rn. 29. 24

Anhang zu § 29
Gerichtsstand beim Fernunterrichtsschutzgesetz

§ 26 FernUSG Gerichtsstand

I Für Streitigkeiten aus einem Fernunterrichtsvertrag oder über das Bestehen eines solchen Vertrags ist das Gericht ausschließlich zuständig, in dessen Bezirk der Teilnehmer seinen allgemeinen Gerichtsstand hat.

II Eine abweichende Vereinbarung ist nur zulässig, wenn sie ausdrücklich und schriftlich

1. nach dem Entstehen der Streitigkeit oder
2. für den Fall geschlossen wird, dass der Teilnehmer nach Vertragsschluss seinen Wohnsitz oder seinen gewöhnlichen Aufenthaltsort aus dem Geltungsbereich dieses Gesetzes verlegt oder sein Wohnsitz oder gewöhnlicher Aufenthaltsort im Zeitpunkt der Klageerhebung nicht bekannt ist.

29a ***Ausschließlicher Gerichtsstand bei Miet- oder Pachträumen.*** **I Für Streitigkeiten über Ansprüche aus Miet- oder Pachtverhältnissen über Räume oder über das Bestehen solcher Verhältnisse ist das Gericht ausschließlich zuständig, in dessen Bezirk sich die Räume befinden.**

II Absatz 1 ist nicht anzuwenden, wenn es sich um Wohnraum der in § 549 Abs. 2 Nr. 1 bis 3 des Bürgerlichen Gesetzbuchs genannten Art handelt.

Schrifttum: Ghassemi-Tabar NZM 2012, 375; Hinz JR 2016, 252.

I. Systematik, I, II. Die Vorschrift ist der vorhergehenden Regelung nach § 29 nachgebildet. Sie schafft indes im Unterschied zum besonderen Gerichtsstand nach § 29 einen ausschließlichen (unabdingbaren, § 40 II 1 Nr. 2) Gerichtsstand, der allerdings nur für die örtliche Zuständigkeit gilt; für die sachliche vgl. § 23 Nr. 1, Nr. 2a GVG. § 533 geht § 29a vor, LG Mannh ZMR 1977, 31. § 24 gilt gleichrangig; § 689 II 1 vorrangig. Auch § 55 SchuldRAnpG hat Vorrang, OLG Brdb NZM 2002, 927. Die Vorschrift gilt grundsätzlich nur für einen inländischen Raum, BGH MDR 1997, 94, kann ausnahmsweise auch beim ausländischen Raum hilfsweise anwendbar sein, OLG Düss ZMR 1990, 144. Wegen der Brüssel Ia-VO, Art. 24 Nr. 1 S. 1 Brüssel Ia-VO, EuGH NJW 1985, 905; OLG Düss RIW 2001, 380. 1

II. Regelungszweck, I, II. Die Vorschrift garantiert hinsichtlich der Wohnräume eine Ortsnähe des Gerichts, schützt den Mieter vor abweichenden Gerichtsstandsvereinbarungen, BGH 157, 222; LG Hmb WoM 2003, 38, und setzt bezüglich der Gewerberäume und Pachtverhältnisse zugleich Praktikabilitätserwägungen um. Das ortsnahe Gericht verfügt über naheliegende Möglichkeiten einer Besichtigung des Streitobjekts. Die Kenntnis des Prozessgerichts von örtlichen Verhältnissen, wie festzustellender ortsüblicher Vergleichsmieten, § 558 II BGB, beinhaltet zugleich besondere Sachkunde. Die Vorschrift ist weit auszulegen, aM OLG Ffm ZIP 2013, 851. Zur Ausschließlichkeit → Rn. 7. 2

III. Geltungsbereich, I, II. Erfasst werden sämtliche Ansprüche, die aus dem Vertragsverhältnis herrühren, vertragliche Primär- wie Sekundäransprüche, wegen vorvertraglicher Pflichtverletzungen, ferner (konkurrierende) gesetzliche Ansprüche, insb. aus Delikt (Zöller/Schultzky Rn. 4, 15). Da sämtliche Räume erfasst werden, kommt es auf die frühere Frage zur Abgrenzung von Wohn- und Gewerberaum, wie bei einem Vertrag mit Gewerbe- und Wohnraumkomponenten zu entscheiden ist, nicht mehr an, MüKoZPO/Patzina Rn. 3. 3

4 **IV. Miet- und Pachtraum, I, II.** Die Vorschrift gilt bei Miete und Pacht nach §§ 549 ff., 578 II BGB, LG Bln ZMR 2016, 30, auch bei Untermiete oder Unterpacht. Sie erfasst in I jeden Raum, LG Mü NZM 2013, 860, und schließt in II nur bestimmte Wohnräume aus. Der Begriff des Raums entspricht demjenigen des BGB, BGH NJW 1981, 1377; LG Mü NZM 2013, 860 und erfasst alle Gebäude und Innenräume von Gebäuden, also sämtliche Wohn- und Geschäftsräume (im Einzelnen → Rn. 6).

5 Ein Wohnraum liegt dann vor, wenn der strittige Raum für den Fall der Entschädigung wegen einer Nichterfüllung im Klagezeitraum, sonst zur Zeit der letzten mündlichen Verhandlung nach §§ 136 IV, 296a zumindest auch als Wohnraum diente, dient oder dienen soll, und zwar dem „Endbenutzer", → Rn. 1. Eine vertragswidrige (Mit- oder Allein-)Benutzung zu gewerblichen Zwecken ändert nichts am Charakter einer Wohnungsmiete, OLG Düss NZM 2007, 799. Dabei kommt es nur auf den jetzigen Tatsachenvortrag des Klägers an, nicht auf denjenigen des Bekl., KG NZM 2008, 837.

V. Beispiele zur Frage einer Anwendbarkeit, I

6 **Abwicklung, Anbahnung:** § 29a ist anwendbar, LG Potsd ZMR 2014, 648.

Altenheimvertrag: einzelfallabhängig, da häufig pflegerische Dienste im Vordergrund stehen werden, LG Essen NZM 2014, 554.

Arbeitsverhältnis: § 29a ist jetzt auf solchen Raum anwendbar, den man im Zusammenhang mit einem Arbeitsverhältnis nutzt, BAG ZMR 2000, 363 (krit. Baron). Der frühere Streit, etwa bei der Werkmietwohnung nach § 576 BGB, BAG MDR 1990, 656, oder bei einer Werkdienstwohnung nach § 576b BGB ist überholt, soweit es sich nicht um einen Wohnraum nach II iVm § 549 II Nr. 1–3 BGB handelt (dann ist I unanwendbar), LG Augsb ZMR 1994, 333.

Arrest, einstweilige Verfügung: § 29a ist anwendbar, KG ZMR 1983, 380.

Auskunft: über Vertragsumstände, § 29a ist anwendbar, OLG Hmb ZMR 1999, 106 (108).

Besitz: § 29a kann auch dann anwendbar sein, wenn der (Haupt-)Mieter oder Pächter keinen unmittelbaren Besitz hat, etwa als Zwischenvermieter.

Bestehen, Nichtbestehen: § 29a gilt gerade auch beim Streit darüber, ob ein Miet- oder Pachtverhältnis bestand oder besteht, I.

Betriebskosten: § 29a ist anwendbar, AG Neuruppin WoM 2011, 565.

Bewegliche Sache: zB Wohnwagen, demontierbares Bürohaus, Schiffsraum, § 29a ist unanwendbar, OLG Düsseldorf WM 1992, 111. Das gilt auch bei ihrem Innenraum.

Dachfläche: Sie kann unter § 29a fallen, LG Mü NJW-RR 2014, 266.

Dritter: § 29a gilt auch beim Vertrag nach § 328 BGB und beim Vertrag mit Schutzwirkung zugunsten Dritter. Das gilt auch dann, wenn ein Dritter nach §§ 414 ff. BGB vertraglich mithaftet. Die Vorschrift bleibt auch nach einem gesetzlichen Forderungsübergang oder einer Abtretung an ihn anwendbar, OLG Karlsr NZM 2003, 576. § 29a ist allerdings dann nicht anwendbar, wenn ein Dritter, der nicht an Vertrag, Anbahnung oder Abwicklung beteiligt ist, klagt oder verklagt wird, der aus Anlass der Abwicklung eines Mietvertrags Vor- oder Nachteile hatte, etwa bei einem Bürgen, BayObLG MDR 1999, 1461, oder beim Geschäftsführer eines gewerblichen Zwischenvermieters, OLG Hmb ZMR 1991, 26, oder wegen eines selbständigen Gewähr- oder Garantievertrags, BGH NJW 2004, 1239. Anwendbarkeit ist hingegen bei einer mehrseitigen Vereinbarung zwischen Alt-, Neumieter und Vermieter sowie den dort durch Legalzession übergegangenen Ansprüchen, § 426 II 1 BGB, zu bejahen, OLG Düsseldorf ZMR 2019, 862.

Eigenbedarf: § 29a ist anwendbar, AG Heidelb WoM 1975, 67.

Eingebrachte Sache: § 29a ist anwendbar.

Einzelpflicht: § 29a kann auch beim Streit über sie anwendbar sein, OLG Karlsr ZMR 1984, 19.

Fabrikgebäude: § 29a ist anwendbar, LG München NZM 2013, 859 (860).

Ferienwohnung: Grds. ist § 29a unanwendbar, vgl. II iVm § 549 II Nr. 1 BGB. § 29a kann nur bei langfristiger Vermietung anwendbar sein, OLG Brandenburg BeckRS 2018, 34918.

Freifläche: § 29a ist unanwendbar.

Garage, Garten: § 29a ist anwendbar.

Gaststätte: § 29a ist anwendbar.

Gebäude: § 29a kann natürlich anwendbar sein.

Gebrauchsüberlassung: § 29a ist anwendbar.

Gerätewagen: § 29a ist unanwendbar, weil Teil einer beweglichen Sache.

Geschäftsraum: § 29a ist anwendbar.

Gesetzlicher Anspruch: § 29a ist wegen des weiten Schutzzwecks nach → Rn. 2 auch bei einem gesetzlichen Anspruch anwendbar, OLG Düss MDR 2006, 327; aM OLG Ffm ZIP 2013, 851.

Gewerbeunternehmen: § 29a ist auch anwendbar bei Vermietung an ein Gewerbeunternehmen, auch im Fall der Untervermietung bei sog. gewerblicher Zwischenvermietung. § 29a ist ferner anwendbar bei einem Streit zwischen dem gewerblichen Zwischenvermieter und seinem Untermieter, LG Köln NZM 1999, 960 (Mietgarantievertrag), jedenfalls soweit dieser Letzteren dort wohnt, wohnen lässt und lassen darf. Auch ein Streit zwischen Hauptvermieter und Untermieter kann hierher gehören, BGH 133, 148; OLG Hmb ZMR 1999, 108.

Haupt-, Untermietvertrag: § 29a ist anwendbar bei einer Tatsache, deren rechtliche Beurteilung ergibt, dass es um eine Miete oder Untermiete auch über einen Raum geht, OLG Mü MDR 1979, 940.

Hausvertrag: § 29a kann anwendbar sein beim Schwerpunkt Miete, BGH NJW 2002, 508.

Heimvertrag: § 29a kann beim Schwerpunkt Miete anwendbar sein, BGH NJW 2002, 508.

Hotelzimmer: § 29a ist unanwendbar auf ein Hotelzimmer als einem nur zum vorübergehenden Gebrauch vermieteten Wohnraum, II, OLG Hmb WoM 1990, 393.

Innenverhältnis: Es kommt darauf an, ob es hier zB um das Gesellschaftsverhältnis oder auch um das Miet- oder Untermietverhältnis geht.

Kaufvertrag: § 29a ist unanwendbar bei einer Mietgarantie innerhalb eines Kaufvertrags, BayObLG NZM 2000, 784.

Kino: § 29a ist anwendbar.

Krankenhaus: Bei einer stationären Behandlung ist der Kliniksitz der Erfüllungsort sowohl für die Arztleistung als auch für das Honorar, BayObLG MDR 2005, 677; OLG Celle MDR 2007, 604.

Laden: § 29a ist anwendbar.
Lagerplatz, Campingplatz: § 29a ist beim Lagerplatz unanwendbar. Gleiches gilt für die Verpachtung einer mit Versorgungsanschlüssen versehenen Campingplatzparzelle ohne Wohnwagen, Zelt o. ä., OLG Hamm NJW-RR 2020, 638 ff.
Lagerraum: § 29a ist anwendbar.
Miete: § 29a ist anwendbar beim Anspruch des Vermieters auf Zahlung der Miete. Denn er geht auf „Erfüllung" auch bei einem inzwischen beendeten Mietverhältnis, streitwertunabhängig. Die Vorschrift gilt ferner beim Streit um eine Mietminderung, BGH WM 1985, 1213.
Mieterhöhung: § 29a ist anwendbar beim Anspruch auf Zustimmung des Mieters zur Mieterhöhung nach § 558 BGB, ArbG Hann DB 1991, 1838; Börstinghaus NJW 2012, 3077.
Mietgarantie: § 29a ist anwendbar, LG Hmb WoM 2003, 38; Burballa NZM 2011, 350; aM BayObLG 2002, 276.
Mietkaution: § 29a erfasst den Streit über Zahlung oder Rückgewähr einer Kaution, OLG Düss WoM 1992, 548. Das gilt auch im Verhältnis zum Erwerber nach §§ 551, 563b II, III BGB.
Mischmiete: § 29a ist auf Mischmiete (Wohnen + Arbeiten) anwendbar, abhängig von der überwiegenden Nutzungsart, BGH NJW 2014, 2865.
Möblierter Raum: § 29a ist unanwendbar auf eine nur vorübergehende Vergabe in der vom Vermieter selbst bewohnten Wohnung, II iVm § 549 II Nr. 2 BGB, OLG Hmb WoM 1990, 393. Deshalb ist die Vorschrift unanwendbar auch auf eine solche eines teilweise oder voll möblierten Wohnraumes für eine nicht dauernd dort wohnende Familie, also etwa an einen auswärtigen Arbeiter oder während eines vorübergehenden auswärtigen Aufenthalts des bisherigen Benutzers, § 549 II Nr. 1 BGB, oder bei einer nur kurzen Mietzeit eines Studenten (anders bei längerer Studienzeit).
Nebenkosten: § 29a ist auch beim Anspruch des Vermieters auf Leistung der Nebenverpflichtungen und auf Zahlung der Nebenkosten anwendbar, auch wegen vergangener aufgrund eines inzwischen beendeten Mietverhältnisses.
Nichtigkeit: § 29a ist anwendbar.
Notunterkunft: § 29a ist meist auf sie nach II iVm § 549 II Nr. 3 BGB unanwendbar.
Pacht: Sie steht der Miete gleich, hierzu BGH MDR 2014, 1017.
Parkhausplatz: § 29a ist unanwendbar, OLG Ffm OLGR 1998, 214.
Pensionsvertrag: § 29a ist beim Schwerpunkt Miete anwendbar, BGH NJW 2005, 2010.
Pfändung, Überweisung: § 29a erfasst auch die Drittschuldnerklage des Gläubigers gegen den Mieter nach §§ 829, 835, OLG Karlsr NJW-RR 2002, 1168.
Pferdebox: § 29a ist bei einer in einem Gebäude anwendbar, AG Menden MDR 2007, 648.
Räumung: I erfasst jede Streitigkeit, also auch alle Arten von Räumungsforderungen. Hierunter fällt auch eine Herausgabe aufgrund von § 985 BGB. Das gilt unabhängig davon, ob ein Mietverhältnis und gerade ein solches zwischen den Parteien bestand, OLG Düss WoM 2007, 712.
Reiseveranstalter: § 29a ist auf den Vertrag nach § 651a BGB unanwendbar, BGH 119, 156.
Renovierungskosten: Nach § 29a sind bei einem Wohnraum wegen § 23 Nr. 2a GVG auch solche Fälle zu behandeln, deren Streitwert 5.000 EUR übersteigt.
Rückzahlung: § 29a erfasst auch die Klage auf Rückzahlung zu Unrecht geleisteter Beträge, BGH 89, 281; BAG WoM 1990, 391; aM OLG Ffm ZIP 2013, 851 (Insolvenzanfechtung).
Schadensersatz: § 29a ist anwendbar auf eine Schadensersatzforderung, OLG Hamm BeckRS 2018, 33972. Das gilt etwa wegen einer unvollständigen Gebrauchsüberlassung oder nicht rechtzeitigen Herausgabe der Mietsache oder wegen eines Schadensersatzanspruchs durch den Geschäftsführer des Vormieters, OLG Hmb WoM 1990, 542. Es gilt insgesamt wegen einer mit der Miete zusammenhängenden Schadensersatzforderung, OLG Köln WoM 2010, 95.
Sozialklausel: § 29a erfasst den Streit über eine Fortsetzung des Mietverhältnisses aufgrund der Sozialklausel der §§ 574 ff. BGB, LG Mannh ZMR 1977, 31.
Sporthalle: § 29a ist anwendbar.
Student: Ein Zimmer im Studentenwohnheim für mehr als ein Semester macht § 29a anwendbar, OLG Hamm ZMR 1986, 235. § 29a ist nach II dann unanwendbar, wenn es um eine nur vorübergehende Vermietung geht, so schon OLG Hmb WoM 1990, 393. Daher kommt es auf die geplante Dauer des Verbleibs an diesem Ort an, nicht auf ihre dann tatsächlich im Verlauf eingetretene Dauer, soweit nicht insofern eine Vertragsänderung eingetreten ist.
Teilzeit-Wohnrecht: Trotz gewisser Ähnlichkeiten des Rechts nach §§ 481 ff. BGB mit einem Miet- oder Pachtrecht ist es aber gesetzlich weitgehend anders bestimmt und unterfällt nicht § 29a.
Unterpacht: Es gilt dasselbe wie bei Untermiete, s. dort.
Verkehrssicherungspflicht: § 29a ist anwendbar, OLG Düsseldorf MDR 2006, 327.
Verschulden bei Vertragsverhandlung: Die Situation fällt nicht unter § 29a. Es liegt noch kein „Miet- oder Pachtverhältnis" vor, LG Frankenth NJW-RR 1997, 335, aM Zöller/Schultzky Rn. 9.
Vertragsabwicklung: § 29a ist in diesem Stadium anwendbar, OLG Brdb OLGR 2002, 507.
Verwendungsersatz: § 29a erfasst die Mieterklage auf Verwendungsersatz nach § 539 I BGB, OLG Düss ZMR 1985, 383.
Vollmachtloser Vertreter: Man kann eine Klage gegen ihn nicht nach § 29a beurteilen. Denn zu ihrer Begründung gehört die Behauptung, es sei gerade kein Mietvertrag zustande gekommen.
Vorkaufsrecht: Das Recht nach § 2b WoBindG und die daraus folgende Mitteilungspflicht des Vermieters über die Drittverkaufsabsicht machen § 29a anwendbar, BayObLG WoM 1992, 352.
Vortragssaal: § 29a ist anwendbar.
Vorübergehender Gebrauch: § 29a ist nach II auf solchen Wohnraum unanwendbar, den man nach § 549 II Nr. 1 BGB nur zum vorübergehenden Gebrauch vermietet, OLG Hmb WoM 1990, 393.
Vorvertrag: Er reicht aus, AG Bln-Schöneb ZMR 2000, 31; Ghasseni-Tabar NZM 2012, 376.
Werkstatt: § 29a ist anwendbar.
Wohncontainer: § 29a ist unanwendbar, weil Teil einer beweglichen Sache.
Wohnheim: § 29a ist meist anwendbar, OLG Hamm NJW-RR 1986, 810.

Wohnungsausstattung: § 29a erfasst die Klage auf Zahlung eines Vorschusses für die Wohnungsausstattung, OLG Düss ZMR 1985, 383.

Zwangsvollstreckung: § 29a ist anwendbar auf eine Klage auf Unterlassung der Vollstreckung, OLG Ffm WoM 1989, 585; LG Hmb WoM 2003, 38. Vgl. aber II iVm § 549 II Nr. 3 BGB.

7 **VI. Ausschließlicher Gerichtsstand, I.** Dasjenige Gericht, in dessen Bezirk sich der Raum befindet, ist nach I örtlich ausschließlich zuständig. Denn dieses Gericht ist insbesondere in der Lage, die örtlichen Verhältnisse zu beurteilen. Eine Verweisung nach § 281 kann daher evtl. unbeachtlich sein, OLG Hamm BeckRS 2018, 33972. Die ausschließliche Zuständigkeit soll auch verhindern, dass der unter Umständen sozial benachteiligte Mieter an einem entfernten Gericht klagen muss. Wenn es sich um einen ausländischen Raum handelt, sind §§ 12 ff. anwendbar. Der Rechtsstreit ist evtl. nach § 538 II 1 Nr. 1 an das Gericht des § 29a zurückzuverweisen. Das gilt auch bei einem Rechtsstreit um einen inländischen Raum nach § 696 V 1.

8 **VII. Ausschließliche sachliche Zuständigkeit des AG, § 23 Nr. 2a GVG.** Nur bei einem Wohnraum gibt § 23 Nr. 2a GVG dem AG der Belegenheit die ausschließliche sachliche Zuständigkeit. Bei Streitigkeiten über Miet- oder andere Verträge, ferner gesetzliche Ansprüche wegen anderer als Wohnräume gilt § 23 Nr. 2a GVG nicht, es gelten §§ 23 Nr. 1, 71 GVG.

29b *(aufgehoben)*

Anhang zu § 29b
Gerichtsstand nach § 43 WEG

1 **I. Systematik.** Nach § 1 WEG ist die Begründung folgender Eigentumsformen möglich: Wohnungseigentum, also Sondereigentum an einer Wohnung; außerdem Teileigentum, also Sondereigentum an nicht zu Wohnzwecken dienenden Räumen eines Gebäudes, in den beiden ersteren Fällen iVm dem Miteigentumsanteil an demjenigen gemeinschaftlichen Eigentum, zu dem es gehört. Die Verwaltung des gemeinschaftlichen Eigentums erfolgt durch die Wohnungseigentümer gemeinschaftlich, § 21 WEG, oder durch einen Verwalter. Das Verfahren in Wohnungseigentumssachen ist geregelt in § 43 ff. WEG, die Zuständigkeit in § 43 WEG, § 23 Nr. 2c GVG. Die Gemeinschaftsordnung kann als eine Prozessvoraussetzung ein außergerichtliches Vorschaltverfahren vorsehen, OLG Ffm NJW-RR 2008, 535. Mangels Vorliegens der allgemeinen Prozessvoraussetzungen erfolgt nach Hinweis eine Abweisung durch Prozessurteil. Vor dem Prozessgericht wegen der Gerichts- und Anwaltskosten gelten §§ 49, 50 WEG, § 49a GKG.

2 **II. Regelungszweck.** Er ist derselbe wie bei §§ 12 ff., 40 II 2.

3 **III. Geltungsbereiche.** Maßgeblich sind Antrag und Tatsachenvortrag des Antragstellers, BayObLG MDR 1984, 942.

4 **1. Streitigkeiten über die Rechte und Pflichten.** Die ausschließliche Zuständigkeit nach II ist begründet bei Streitigkeiten über die Rechte und Pflichten der Wohnungseigentümer untereinander (Nr. 1), zwischen der Gemeinschaft und den Wohnungseigentümern (Nr. 2), und schließlich des Verwalters (Nr. 3).

2. Beispiele zur Frage einer Anwendbarkeit bei Rechten und Pflichten des Wohnungseigentümers:

5 **Aufhebung der Gemeinschaft:** Unanwendbar ist § 43 WEG beim Anspruch auf Aufhebung der Gemeinschaft nach § 17 WEG.

Entziehung: Unanwendbar ist § 43 WEG beim Anspruch auf Entziehung des Wohnungseigentums nach §§ 18, 19 WEG.

Früherer Miteigentümer: Anwendbar ist § 43 WEG auch beim Streit mit einem vor Rechtshängigkeit ausgeschiedenen Mit- oder Wohnungseigentümer, BGH NZM 2002, 1003.

Käufer: Wegen der Rechtsbeziehung zu einem noch nicht eingetragenen Käufer KG NJW-RR 1987, 841.

Konkurrenzverbot: Unanwendbar ist § 43 WEG beim Streit zwischen Miteigentümern um ein zwischen ihnen vereinbartes Konkurrenzverbot, BGH BB 1986, 1676.

Nachbar: Unanwendbar ist § 43 WEG, soweit ein Beteiligter als Nachbar auftritt. Dann gelten §§ 12 ff.

Sondereigentum: Unanwendbar ist § 43 WEG beim Streit um den Umfang eines Sondereigentums, OLG Stgt OLGZ 1986, 36. Dann gelten §§ 12 ff.

Sondernutzungsrecht: Unanwendbar ist § 43 WEG beim Streit um ein solches Recht, BGH NJW 1990, 1113.

Testamentsvollstrecker: § 43 WEG kann beim Anspruch gegen einen Testamentsvollstrecker anwendbar sein, OLG Hmb ZMR 2003, 134.

Unerlaubte Handlung: § 43 WEG kann bei einer unerlaubten Handlung nach §§ 823 ff. BGB im Zusammenhang mit dem Gemeinschaftsverhältnis anwendbar sein, BGH WoM 1991, 418.

Versicherung: Unanwendbar ist § 43 WEG beim Streit mit dem Versicherer des Verwalters oder eines Miteigentümers, BayObLG NJW-RR 1987, 1099.

Vertragspartner: Unanwendbar ist § 43 WEG, soweit ein Beteiligter als Vertragspartner der anderen auftritt, OLG Celle NJW-RR 1989, 143. Dann gelten §§ 12 ff.

6 **3. Rechte und Pflichten des Verwalters.** Es kann sich auch um die Rechte und Pflichten des Verwalters bei der Verwaltung des gemeinschaftlichen Eigentums handeln, auch darum, ob die Verwalterbestellung wirksam ist, KG OLGZ 1976, 267, oder um einen Streit über einen Anspruch aus dem Verwaltervertrag, KG NZM 2006, 61; OLG Mü FGPrax 2006, 109, oder um Abwicklungs- oder sonstige Pflichten des früheren Verwalters, BGH NJW 1980, 2466; OLG Mü NZM 2006, 25. Das gilt aber nicht wegen der Tätigkeit als Baubetreuer vor einer wenigstens tatsächlichen Bindung der Gemeinschaft, BGHZ 65, 267, oder wegen eines Anspruchs gegen den Verwalter wegen Sondereigentums, BayObLG WoM 1989, 533.

7 **4. Verwalterbestellung.** Es kann sich um seine Bestellung in dringenden Fällen handeln.

8 **5. Beschluss der Wohnungseigentümer.** Gegenstand kann die Gültigkeit sowie die Nichtigkeit eines Beschlusses der Wohnungseigentümer sein, §§ 43 II Nr. 4; 44 WEG.

6. Gemeinschaftseigentum. Es kann sich um einen Anspruch aus dem Gemeinschaftseigentum handeln, also nach § 1 V WEG aus demjenigen Grundstück(-steil) sowie aus denjenigen Teilen, Anlagen und Einrichtungen des Gebäudes, die nicht im Sondereigentum der Wohnung oder im Eigentum eines Dritten stehen. Dazu kann auch zB eine Forderung aus einem Bauvertrag zählen, ferner eine solche aus einer Reinigung, Lieferung, Unterhaltung, Reparatur, Versicherung, Pflege. 9

7. Verwaltung. Es kann sich auch um einen Anspruch aus der Verwaltung des Gemeinschaftseigentums handeln, also nach §§ 20 ff. WEG durch den Kläger als Wohnungsverwalter oder dessen Beauftragten. 10

8. Sondereigentum. Es kann sich auch um einen Anspruch gegen das Sondereigentum eines oder mehrerer Wohnungseigentümer handeln, also nach § 5 I–IV WEG um diejenigen Räume, die man verändern, beseitigen oder einfügen kann, ohne dass man dadurch das gemeinschaftliche Eigentum oder ein auf dem Sondereigentum beruhendes Recht eines anderen Wohnungseigentümers übermäßig beeinträchtigt oder die äußere Gestaltung des Gebäudes verändert. Dazu können Forderungen aller Art gehören, seien es schuldrechtliche oder dingliche. 11

IV. Dritter. Erfasst werden alle schuldrechtlichen Klagen derjenigen „Dritten", die nicht wie der Bekl. als Gesamtschuldner oder anteilig jetzige oder frühere Mitglieder einer Wohnungseigentümergemeinschaft sind. Das ergibt sich aus dem insoweit klaren Wortlaut, MüKoZPO/Patzina Rn. 2; Steike NJW 1992, 2401; Thomas/Putzo/Hüßtege Rn. 2; aM Baumgärtel DNotZ 1992, 270; Zöller/Schultzky Rn. 4. 12

Beispiele eines Dritten: Der Mieter, Zwischenvermieter, Untermieter, Architekt, Dienstleister, Versicherer, Handwerker, ein Versorgungsunternehmen, evtl. auch der Verwalter (Fallfrage), Steike NJW 1992, 2401; aM LG Karlsr NJW 1996, 1481. Es kommen nur solche Klagen in Betracht, die sich auf das gemeinschaftliche Eigentum nach § 1 V WEG beziehen, seine Verwaltung nach §§ 20 ff. WEG oder auf das Sondereigentum nach § 5 WEG. Dann ist unerheblich, welches dieser Sachgebiete vorliegt und ob der oder die Bekl. als Gesamtschuldner oder nur anteilig haften sollen, BGH 75, 26. Ein bloßer Schadensersatzanspruch kann aus dem Geltungsbereich entfallen, AG Hmb ZMR 2004, 72. 13

V. Gerichtsstand der Belegenheit. Zuständig ist dasjenige Gericht, in dessen Bezirk das Grundstück liegt. Das gilt unabhängig vom Ort des Grundbuchamts. Der Ort der Störung ist unerheblich. Wenn ein Grundstück in mehreren Bezirken liegt, muss man § 36 I Nr. 4 anwenden. Die Länder können durch VO nach § 72 II 2, 3 GVG ein LG bestimmen. Der Gerichtsstand ist nach § 40 II Nr. 2 ausschließlich. 14

29c *Besonderer Gerichtsstand für Haustürgeschäfte.*

I [1]Für Klagen aus außerhalb von Geschäftsräumen geschlossenen Verträgen (§ 312b des Bürgerlichen Gesetzbuchs) ist das Gericht zuständig, in dessen Bezirk der Verbraucher zur Zeit der Klageerhebung seinen Wohnsitz, in Ermangelung eines solchen seinen gewöhnlichen Aufenthalt hat. [2]Für Klagen gegen den Verbraucher ist dieses Gericht ausschließlich zuständig.

II Verbraucher ist jede natürliche Person, die bei dem Erwerb des Anspruchs oder der Begründung des Rechtsverhältnisses nicht überwiegend im Rahmen ihrer gewerblichen oder selbständigen beruflichen Tätigkeit handelt.

III § 33 Abs. 2 findet auf Widerklagen der anderen Vertragspartei keine Anwendung.

IV Eine von Absatz 1 abweichende Vereinbarung ist zulässig für den Fall, dass der Verbraucher nach Vertragsschluss seinen Wohnsitz oder gewöhnlichen Aufenthalt aus dem Geltungsbereich dieses Gesetzes verlegt oder sein Wohnsitz oder gewöhnlicher Aufenthalt im Zeitpunkt der Klageerhebung nicht bekannt ist.

I. Systematik, I–IV. Die Vorschrift bringt grundsätzlich bei I 1 einen wahlweisen Gerichtstand, OLG Karlsr NJW 2005, 2719, der wegen III nur für Klagen des Unternehmers, nicht des Verbrauchers abdingbar ist, BGH NJW 2015, 169. Die Regelung schafft bei I 2 einen ausschließlichen Gerichtsstand, BGH NJW 2015, 169. § 767 hat den Vorrang (Zöller/Schultzky Rn. 6; Prütting/Gehrlein/Wern Rn. 4). Vgl. ferner Art. 17–19 Brüssel Ia-VO. Auch § 215 geht vor. 1

II. Regelungszweck, I–IV. Die Vorschrift schützt den Verbraucher, vgl. auch §§ 13, 312 ff. BGB; OLG Hamm NJW-RR 2017, 1536. Er soll an einem ihm günstigen Ort klagen und auch nur dort verklagt werden können, BGH NJW 2003, 1190; OLG Hamm NJW-RR 2017, 1536. In prozessualer Hinsicht wird damit die bei Vertragsschluss im Fall von Haustürgeschäften regelmäßig eingeschränkte Entscheidungsfreiheit ausgeglichen, Musielak/Voit/Heinrich Rn. 2. Ein allgemeiner Verbrauchergerichtsstand wird zwar nicht begründet (also zB nicht anwendbar bei §§ 312c, 481–481b BGB), seine Anwendbarkeit erstreckt sich aber auf alle Außergeschäftsraumverträge (Haustürgeschäfte) (Zöller/Schultzky Rn. 4). 2

III. Geltungsbereich: Vertrag außerhalb von Geschäftsraum, I–IV. Es muss sich nach dem Vortrag des Klägers schlüssig um eine solche vertraglich vereinbarte entgeltliche Leistung handeln, zu der ein Anbieter einen Verbraucher im Rahmen eines Haustürgeschäfts geschlossenen Vertrags nach § 312b BGB bestimmt hat. Die Vorschrift ist weit auszulegen. Erfasst werden sämtliche Klagen, deren Gegenstand – unabhängig von der Anspruchsgrundlage – Ansprüche sind, die auf einen außerhalb von Geschäftsräumen geschlossenen Vertrag gründen, OLG Hamm BeckRS 2020, 6680. Für den Anbieter kann auch dessen Vertreter oder Vermittler gehandelt haben, BGH NJW 2003, 1190. Erfasst werden sämtliche Folgeansprüche aus Haustürgeschäften sowie Ansprüche wegen Verschuldens bei Vertragsschluss oder wegen einer in Zusammenhang mit dem Haustürgeschäft begangenen unerlaubten Handlung gegen den Vertragspartner oder Dritten, der in die Vertragsanbahnung eingebunden war, BGH NJW-RR 2011, 1137 f. 3

IV. Beispiele zur Frage des Geltungsbereiches, I–IV

Abtretung: Anwendbar ist § 29c auch nach einer Abtretung. Denn sie hat den Charakter des Geschäfts nicht geändert, aM OLG Mü VersR 2009, 1382 (zust. Seibl IPRax 2011, 241). 4

Anlegerberatung: Anwendbar ist § 29c I 2 auf die Klage eines Fonds gegen einen Anleger als Gesellschafter, Barta NJW 2011, 1768. Unanwendbar ist § 29c auf die Klage eines Fonds-Anlegers gegen einen bloßen Mitverwendungskontrolleur, dessen vertragliche Bindung nicht auf dem Haustürgeschäft beruhte, BGH ZIP

2011, 1075. Soweit Schadensersatzklage im Fall eines im Wege des Haustürgeschäfts getätigten Kapitalanlagenkaufs erhoben wird, kann gemeinsamer Gerichtsstand gegen Verkäufer, Treuhänder und Anlagenvermittler begründet sein, OLG Hamm BeckRS 2020, 6680.

Arbeitsplatz: Anwendbar sein kann § 29c beim Abschluss am Arbeitsplatz.

Bereicherung: Anwendbar ist § 29c auch bei einer Haftung aus §§ 812 ff. BGB, OLG Celle NJW 2004, 2602 (auch gegenüber einem Dritten).

Beurkundung: Unerheblich ist es, ob ein Notar die Erklärung des Kunden beurkundet hat.

Bürgschaft: Ggf. anwendbar beim Vorgang im Zusammenhang mit einem Haustürgeschäft.

Folgeanspruch: Anwendbar sein kann § 29c auch auf einen Folgeanspruch, BGH ZIP 2011, 1075. Aber auch „Anlegerberatung".

Freizeitveranstaltung: Anwendbar ist § 29c beim Abschluss bei einer vom Unternehmer oder von einem Dritten zumindest auch in dessen Interesse durchgeführten Freizeitveranstaltung.

Herausgabe: Anwendbar ist § 29c auch bei einem solchen Anspruch zB aus § 985 BGB im Zusammenhang mit einem Haustürgeschäft.

Schadensersatz: Anwendbar ist § 29c auf eine solche Forderung zB wegen schuldhaften Verstoßes gegen eine Vertragspflicht.

Scheck: Anwendbar ist § 29c bei einer Forderung im Zusammenhang mit einem Haustürgeschäft.

Teilzeit-Wohnrecht: Unanwendbar ist § 29c bei einem Vertrag nach §§ 481 ff. BGB (vgl. § 312 II Nr. 6 BGB).

Unerlaubte Handlung: Anwendbar ist § 29c auch bei einer Haftung aus einer solchen Handlung zB nach §§ 823 ff. BGB, BGH NJW 2003, 1190 (zust. Mankowski ZZP 116, 1122).

Verbraucherdarlehen: Anwendbar beim Vertrag nach §§ 491 ff. BGB (aber: § 312 V BGB).

Verkehrsfläche/-mittel: Anwendbar sein kann § 29c beim Abschluss nach einem überraschenden Ansprechen auf einer öffentlichen Verkehrsfläche, in einem Verkehrsmittel.

Verschulden bei Vertragsschluss: Anwendbar sein kann § 29c auch hier, BGH ZIP 2011, 1075.

Versicherung: Unanwendbar ist § 29c beim Versicherungsvertrag, § 312 VI BGB, § 215 VVG.

Vertrag: Unerheblich ist, ob die Haftung aus Vertrag infrage kommt, BGH NJW 2003, 1190.

Vertragsähnlichkeit: Unerheblich ist, ob die Haftung aus einem vertragsähnlichen Verhalten infrage kommt, BGH NJW 2003, 1190 (zust. Mankowski ZZP 116, 1122).

Widerruf: Unerheblich ist, ob der Kunde ein Widerrufsrecht rechtzeitig und wirksam ausgeübt hat, OLG Ffm OLGR 2005, 568; LG Landshut NJW 2003, 1197; aM OLG Mü VersR 2006, 1517.

Wirtschaftsprüfer: Anwendbar sein kann § 29c auch gegen ihn, BGH VersR 2012, 1453.

Wohnung: Anwendbar sein kann § 29c beim Abschluss in einer Privatwohnung.

Zeitpunkt: Unerheblich ist der Zeitpunkt des Vertragsabschlusses, BGH NJW 2003, 1190.

5 **V. Wohnsitz, Aufenthalt des Kunden, I.** Es genügt, dass die Klage eines der Partner eines Geschäfts nach §§ 312 ff. BGB vorliegt. Es entsteht bei I 2 eine ausschließliche Zuständigkeit. Sie liegt zunächst beim Wohnsitzgericht des Kunden nach §§ 12 ff. dann, wenn er als Bekl. auftritt. Hilfsweise ist der gewöhnliche Aufenthaltsort maßgeblich. Es kommt jeweils auf den Zeitpunkt der Klageerhebung an, also nach §§ 253 I, 261 I, 606 auf ihre Zustellung. Nach einem Mahnverfahren ist die Abgabe an das Streitgericht nach §§ 696 I 1, 700 III maßgeblich. Fehlt ein Wohnsitz oder ein gewöhnlicher Aufenthalt des Verbrauchers, kann man ihn nach § 16 verklagen. § 36 I Nr. 3 ist anwendbar. Der Sitz eines Zessionars reicht nicht.

6 **VI. Verbraucher, II.** Die amtliche Begriffsbestimmung lehnt sich an die in § 13 BGB an. Die Vorschrift findet nicht nur auf die Vertragsparteien, sondern auch bei Klagen des Verbrauchers gegen die Personen, die zur Unterstützung des Unternehmens einbezogen waren, zB Vertreter, Anwendung, OLG Hamm BeckRS 2020, 6680.

7 **VII. Widerklage, III.** § 29c gilt grundsätzlich auch für eine Widerklage. § 33 II ist auf eine Widerklage der anderen Vertragspartei unanwendbar.

8 **VIII. Gerichtsstandsvereinbarung, IV.** Bei einer Klage aus einem Geschäft nach §§ 312 ff. BGB ist als Ausnahme von der Zuständigkeit nach I eine abweichende Gerichtsstandsvereinbarung nur bei I 1 ausnahmsweise zulässig, BGH NJW 2015, 170. Hinsichtlich der inhaltlichen Voraussetzungen besteht Gleichlauf zu § 38 III Nr. 2. Die Rechtsverfolgung durch den Unternehmer soll – als Ausnahme auch zu § 40 II Nr. 2 – nicht erschwert werden (Prütting/Gehrlein/Wern Rn. 6). Eine Abweichung von I ist nach dem Wortlaut nach III ausgeschlossen. Danach ist eine solche Vereinbarung nur dann zulässig, wenn der Verbraucher seinen Wohnsitz oder seinen gewöhnlichen Aufenthaltsort nach dem Vertragsabschluss in das Ausland verlegt. Denn dann kann man dem Unternehmer die Durchführung des Prozesses im Ausland wegen der damit verbundenen Risiken und Schwierigkeiten nicht zumuten. Gleiches gilt, wenn Wohnsitz oder gewöhnlicher Aufenthaltsort des Verbrauchers zum Zeitpunkt der Klageerhebung unbekannt sind.

30 *Gerichtsstand bei Beförderungen.* **I [1]Für Rechtsstreitigkeiten aus einer Güterbeförderung ist auch das Gericht zuständig, in dessen Bezirk der Ort der Übernahme des Gutes oder der für die Ablieferung des Gutes vorgesehene Ort liegt. [2]Eine Klage gegen den ausführenden Frachtführer oder ausführenden Verfrachter kann auch in dem Gerichtsstand des Frachtführers oder Verfrachters erhoben werden. [3]Eine Klage gegen den Frachtführer oder Verfrachter kann auch in dem Gerichtsstand des ausführenden Frachtführers oder ausführenden Verfrachters erhoben werden.**

II [1]Für Rechtsstreitigkeiten wegen einer Beförderung von Fahrgästen und ihrem Gepäck auf Schiffen ist auch das Gericht zuständig, in dessen Bezirk sich der im Beförderungsvertrag bestimmte Abgangs- oder Bestimmungsort befindet. [2]Eine von Satz 1 abweichende Vereinbarung ist unwirksam, wenn sie vor Eintritt des Ereignisses getroffen wird, das den Tod oder die Körperverletzung des Fahrgasts oder den Verlust, die Beschädigung oder die verspätete Aushändigung des Gepäcks verursacht hat.

I. Systematik, Regelungszweck, I, II. Die Nachfolgeregelung zu § 440 HGB aF (Gerichtsstand für Rechtsstreitigkeiten aus einer Beförderung) wurde als besonderer Gerichtsstand ausgestaltet: Das Wort „auch" in I 1 zeigt, dass § 30 den § 29 wie auch sonstige Zuständigkeitsregeln nicht vorrangig verdrängt, sondern ergänzt, um den Kreis der Zuständigkeiten zu erweitern. In inhaltlicher Hinsicht handelt es sich um einen Gerichtsstand des Erfüllungsorts. Die Schaffung eines einheitlichen Gerichtsstands gerade bei Beteiligung mehrerer Personen an einem Transportrechtsverhältnis soll die Anspruchsdurchsetzung erleichtern, MüKoZPO/Patzina Rn. 2. 1

II. Geltungsbereich, I, II. Die Vorschrift bezieht sich auf Güterbeförderung (I) als auch Personenbeförderung (II), Letztere aber beschränkt auf den Transport mit Schiffen (über See/Binnengewässer). 2

Grundlage ist in I ein (zB Fracht-, Umzugs- oder Speditions-)Vertrag, dessen Hauptleistungspflicht in der Beförderung eines Gutes zu einem Bestimmungsort und Ablieferung an den Empfänger besteht, BeckOK ZPO/Toussaint Rn. 2. Bei Beförderungen auf Binnengewässern ist die vorrangige Regelung nach § 3 I 2 iVm § 2 I 1 lit. c BinnSchiffVerfG zu beachten, nach der das Gericht im Fall eines vertraglichen Schadensersatzanspruchs aus einem Unfall (durch ein Schiff oder bei Betrieb eines Schiffs) ausschließlich zuständig ist, in dessen Bezirk sich die anspruchsbegründende Tatsache ereignet hat. Die Vorschrift ist auf sämtliche gesetzliche und vertragliche Ansprüche anwendbar. 3

In II ist ein Personenbeförderungsverhältnis Grundlage, sodass sämtliche Ansprüche nach §§ 536 ff. HGB erfasst werden, BeckOK ZPO/Toussaint Rn. 18. 4

Unter die Regelung in § 30 I, II fallen sämtliche an einem Beförderungsverhältnis beteiligte Personen: Absender, Ablader, Empfänger und Verfrachter, im Fall von I (für eine Klage gegen den ausführenden Frachtführer ist auch sein Gericht oder dasjenige des Verfrachters zuständig). Fahrgast und Beförderer werden von II erfasst, BeckOK ZPO/Toussaint Rn. 7, 19. Mangels abweichender Vereinbarung gilt auch bei Anwendbarkeit der CMR der Erfüllungsort, BGH NJW-RR 2004, 762. Nach dem klaren Wortlaut unterfällt eine Personenbeförderung über Land oder im Luftverkehr nicht der Regelung. Beim Luftgastvertrag gilt § 56 I, II LuftVG; vgl. auch Art. 33 I, 46 MÜ, Art. 28 I WA; zum Abflug- und Ankunftsort, EuGH NJW 2009, 2801; BGH NJW 2011, 2056. 5

30a *Gerichtsstand bei Bergungsansprüchen.* **Für Klagen wegen Ansprüchen aus Bergung von Schiffen oder sonstigen Vermögensgegenständen in einem Gewässer gegen eine Person, die im Inland keinen Gerichtsstand hat, ist das Gericht zuständig, bei dem der Kläger im Inland seinen allgemeinen Gerichtsstand hat.**

I. Systematik. Es handelt sich um einen besonderen nicht ausschließlichen Wahlgerichtsstand. Eine Rechtswahl bleibt nach Art. 8 I 3 EGHGB begrenzt möglich. Einige Sonderregelungen beinhalten einen vorrangigen ausschließlichen Gerichtsstand, vgl. § 3 I 2 BinSchVerfG. Brüssel Ia-VO ist vorrangig. 1

II. Regelungszweck. Die Vorschrift bezweckt zusammen mit der Anpassung an §§ 740 ff. HGB den Schutz des Klägers, Ansprüche aus Bergung durchsetzen zu können. Das gilt insbesondere wegen der häufig in einer solchen Lage komplizierten Bezüge zum internationalen Recht. Dem Kläger soll die Rechtsverfolgung im Inland ermöglicht werden. 2

III. Geltungsbereich. Die Vorschrift gilt in allen Verfahren nach der ZPO und nach den auf sie verweisenden anderen Gesetzen. Im Eilverfahren ist ferner § 618 HGB zu beachten. Die Regelung greift nicht, soweit eine Sondervorschrift besteht, insbesondere § 3 I 2 BinSchVerfG. 3

IV. Bergungsanspruch. Es muss um einen Anspruch aus einer seerechtlichen Bergung nach § 574 ff. HGB gehen: Erfasst werden sowohl vertragliche Ansprüche aus einem Bergungsvertrag nach § 584 HGB als auch gesetzliche nach §§ 576 ff. HGB (Zöller/Schultzky Rn. 3), ferner Ansprüche nach nationalem als auch ausländischem Recht, BeckOK ZPO/Toussaint Rn. 3. Dieser Anspruch richtet sich gegen eine natürliche oder juristische Person, die im Inland keinen Gerichtsstand hat, nicht gleichzusetzen mit einem Wohn-/Sitz. 4

V. Zuständigkeit. Die sachliche Zuständigkeit folgt den allgemeinen Regeln der §§ 23 ff., 71 GVG. Die örtliche Zuständigkeit liegt beim allgemeinen Gerichtsstand des Klägers nach §§ 12 ff. 5

31 *Besonderer Gerichtsstand der Vermögensverwaltung.* **Für Klagen, die aus einer Vermögensverwaltung von dem Geschäftsherrn gegen den Verwalter oder von dem Verwalter gegen den Geschäftsherrn erhoben werden, ist das Gericht des Ortes zuständig, wo die Verwaltung geführt ist.**

I. Systematik. Der besondere nicht ausschließliche Wahlgerichtsstand der Vermögensverwaltung ist nur für einen Anspruch des Geschäftsherrn gegen den Vermögensverwalter oder umgekehrt zulässig, nicht für einen Dritten. Die Rechtsnachfolge zB durch Abtretung einer aus der Vermögensverwaltung herrührenden Forderung lässt hingegen die Zuständigkeit nach § 31 unberührt, OLGR Brandenburg 2006, 455; Prütting/Gehrlein/Bey Rn. 3. 1

II. Regelungszweck. Die Vorschrift dient der Sachnähe und damit der Verfahrensökonomie. Es ist sachgerecht, Verfahren in räumlicher Nähe zum verwalteten Vermögen zu führen, um so ortsnah Beweisaufnahmen durchführen zu können, OLGR Brandenburg 2006, 455 (456). 2

III. Geltungsbereich. Eine Vermögensverwaltung besteht, soweit eine Befugnis zu einem eigenständigen Geschäftsabschluss, der Einziehung der Gegenleistung sowie die Pflicht zur Rechnungslegung vorliegen, Zöller/Schultzky Rn. 1. Die Vermögensverwaltung beruht auf Gesetz (zB elterlicher Sorge), Vertrag oder vertragsähnlichem Verhältnis (zB GoA), Zöller/Schultzky Rn. 1. Sie erfordert eine gewisse Selbständigkeit nach außen und eine Abrechnung nach innen. So beinhaltet ein Vermögensverwaltungsvertrag einen entgeltlichen Dienstvertrag in Form eines Geschäftsbesorgungsvertrags, der den Verwalter zur Verwaltung des Vermögens des Kunden in dessen Interesse verpflichtet, BGH WM 2007, 1586. § 31 erfasst zB: den Anspruch auf Rechnungslegung; den Anspruch auf Herausgabe; den Anspruch auf Entlastung; den Anspruch auf Erstattung von Aufwendungen nach § 3 III 4 VermG, OLG Brdb JurBüro 2006, 606. Die Vorschrift setzt einen Kreis von Geschäften voraus, etwa 3 die Geschäfte des Generalagenten einer Versicherungsgesellschaft. Für eine Verwaltung von Wohnungseigentum vgl. § 43 II Nr. 3 WEG. Ein einfaches Geschäft zB eines einfachen Agenten reicht nicht aus.

4 **IV. Zuständigkeit.** Es ist das Gericht desjenigen Orts örtlich zuständig, an dem die Verwaltung stattfindet. Ihr geschäftlicher Mittelpunkt, der Ort, an dem die Vermögensverwaltung geführt wird, ist entscheidend, unabhängig davon, wo das Vermögen liegt oder wo die Aufsicht erfolgt.

32 *Besonderer Gerichtsstand der unerlaubten Handlung.* **Für Klagen aus unerlaubten Handlungen ist das Gericht zuständig, in dessen Bezirk die Handlung begangen ist.**

Schrifttum: Dölling NJW 2015, 124; Jürgens NJW 2014, 3061; Mankowski, Der Deliktsgerichtsstand am Handlungsort – die unterschätzte Option, FS Geimer, 2017, 429; Reichardt, Internationale Zuständigkeit im Gerichtsstand der unerlaubten Handlung bei Verletzung europäischer Patente, 2006; Stadler, Vertraglicher und deliktischer Gerichtsstand im europäischen Zivilprozessrecht, FS Musielak, 2004, 569; Stadler, Der Deliktische Erfüllungsort als internationaler Gerichtsstand bei reinen Vermögensdelikten, FS Geimer, 2017, 715; Thole, Die zuständigkeitsrechtliche Zuordnung des Handlungsorts unter § 32 ZPO und Art. 7 Nr. 2 Brüssel Ia-VO n. F., FS Schilken, 2015, 523.

1 **I. Systematik.** § 32 gibt den besonderen Gerichtsstand des Tatorts der unerlaubten Handlung (forum delicti commissi). Es handelt sich nicht um einen vorrangigen ausschließlichen Gerichtsstand, KG VersR 2007, 128, wie zB bei § 104a I UrhG, LG Hmb GRUR-RR 2014, 110.

2 Wenn der unmittelbar verletzte Kläger seinen Anspruch sowohl auf den Gesichtspunkt einer unerlaubten Handlung als auch auf denjenigen eines unlauteren Wettbewerbs stützt, gilt § 32 wahlweise neben § 14 II UWG, OLG Mü GRUR 1975, 151; Thomas/Putzo/Hüßtege Rn. 7; der ausschließliche Gerichtsstand nach § 15 II 1 GeschGehG geht vor, OLG Düss BeckRS 2021, 38391.

3 Wenn die vom Kläger behaupteten Tatsachen allenfalls einen Verstoß gegen das UWG ergeben, ist formell lediglich § 14 II 1 UWG anwendbar, OLG Mü BB 1986, 425. Nach § 14 II UWG ist die Gerichtsstandswahl nur für einen nicht unmittelbar verletzten Kläger erschwert oder beseitigt, OLG Düss NJW 1995, 60. Das gilt für die zur Klage nach § 8 III Nr. 2–4 UWG oder nach dem UKlaG befugten Verbände, OLG Düss NJW 1995, 60. Abweichend von § 14 UWG kann in einer solchen Designstreitsache, die auch unter das UWG fällt, das nach dem DesignG zuständige LG zuständig sein, § 53 DesignG, vgl. auch § 141 MarkenG.

4 Im Anwendungsbereich der Brüssel Ia-VO ist nach der vorrangigen Regelung des Art. 7 Nr. 2 Brüssel Ia-VO das Gericht an dem Ort, an dem das schädigende Ereignis eingetreten ist oder einzutreten droht, international und örtlich zuständig; für Gesamtschuldner Art. 8 Nr. 1 Brüssel Ia-VO. Außerhalb des Anwendungsbereichs der Brüssel Ia-VO ist für die Anwendbarkeit von § 32 ein Inlandsbezug nötig, BGH NJW 2013, 2348. Bei Vorliegen der Voraussetzungen und örtlichen Zuständigkeit im Inland ist auch die internationale Zuständigkeit begründet, MüKoZPO/Patzina Rn. 41.

5 Die Ausführungsvorschriften der Länder nach § 35 BJagdG enthalten Sondervorschriften für die Fälle von Wild- oder Jagdschäden. Vgl. ferner § 14 HaftpflG. Sondervorschriften sind vorrangig, zB: §§ 32a, 32b; 104a UrhG; 131 VGG. Gerichtsstände, die § 32a entsprechen, finden sich zB in § 14 HaftpflG, § 20 StVG, § 56 LuftVG und § 94a ArzneiMG, zu den Aufzählungen mit weiteren Nachweisen Zöller/Schultzky Rn. 2.

6 **II. Regelungszweck.** Die Vorschrift dient als Ausnahme vom Wohnsitzprinzip der §§ 12 ff. der Sachnähe und Verfahrensökonomie. Bezweckt werden eine erleichterte Sachaufklärung und Beweiserhebung am Begehungsort, BGH NJW 2001, 2059. Die Abweichung von §§ 12 f. zugunsten des Klägers erklärt sich aus der reduzierten Schutzwürdigkeit des Bekl. aus Delikt (Zöller/Schultzky Rn. 1). So wird dem Kläger nach einer von ihm behaupteten unerlaubten Handlung des Bekl. in der Gerichtszuständigkeit entgegengekommen. Im Rahmen eines geltend gemachten einheitlichen prozessualen Anspruchs sind alle in Betracht kommenden rechtlichen Aspekte von dem Gericht am Gerichtsstand der unerlaubten Handlung zu entscheiden, BGH NJW 2003, 828. Hinsichtlich der internationalen Zuständigkeit besteht wegen der besonders erheblichen Folgen keine derartige Erstreckung auf weitere Ansprüche, BGH NJW-RR 2005, 581.

7 **III. Sachlicher Geltungsbereich.** Erfasst wird jede Klage, der ein materiell-rechtlicher deliktischer Anspruch zugrunde liegt, ob Ersatz-, Unterlassungs- oder Beseitigungsanspruch, ferner Nebenansprüche, zB auf Auskunft, BeckOK ZPO/Toussaint Rn. 5; BGH MDR 1995, 282; KG NJW 1997, 3321 (Unterlassung); OLG Hmb NJW-RR 1995, 1510 (verneinende Feststellung); auch im WEG-Verfahren.

8 **1. Begriff der unerlaubten Handlung.** Der Begriff der unerlaubten Handlung folgt ursprünglich der Ausgestaltung im materiellen Recht, ist indes im prozessualen Bereich heute weiter gefasst: Erfasst wird jeder rechtswidrige Eingriff in eine fremde Rechtssphäre, hierzu eingehend BeckOK ZPO/Toussaint Rn. 1–2.1; OLG Düss NZG 2018, 826. § 32 findet sowohl bei einer Straftat als auch bei einer zivilrechtlichen Haftung Anwendung und unabhängig eines Verschuldens. Dabei kommt es nicht darauf an, ob die Haftung nach dem BGB oder einer vergleichbaren Vorschrift folgt. Gerichtsstand ist sowohl der Handlungs- als auch der Erfolgsort, BGH VersR 2010, 911. Zur Begründung des Gerichtsstands genügt wie üblich eine schlüssige Darlegung des Klägers, BGH NJW 2002, 1425.

2. Beispiele zur Frage einer unerlaubten Handlung

9 **Abgasskandal:** § 32 ist anwendbar und führt zu einer Zuständigkeit des Gerichts am Sitz des Herstellers, am Sitz des Händlers und auch am Wohnsitz des Käufers. Neben dem Wohnsitz des Klägers und dem Sitz des Herstellers kommt also auch der Sitz des Händlers als Erfolgsort in Betracht, wenn der Geschädigte die zum Abschluss des Kaufvertrags führende Erklärung dort abgegeben hat, BayObLG BeckRS 2021, 10899.

Abmahnung: § 32 ist anwendbar, LG Nürnb-Fürth GRUR-RR 2011, 468; aM LG Bln WRP 1979, 823.

Amtshaftung: § 32 ist auf jede Art von Amts- oder Staatshaftung anwendbar, zB nach Art. 34 GG, § 839 BGB, OLG Ffm OLGR 2008, 4.

Anfechtungsklage: § 32 ist anwendbar auf eine Anfechtungsklage wegen arglistiger Täuschung, OLG Düss NJW-RR 2018, 573 (574 f.), nicht aber wegen Insolvenz- und Gläubigeranfechtung nach §§ 129 ff. InsO, §§ 3 ff. AnfG (BGH NJW 1990, 991).

Anwaltswerbung: § 32 ist schon wegen des Wegfalls des früheren Lokalisierungsgebots anwendbar, LG Bln NJW-RR 2001, 1634.
Arzt: § 32 ist auf einen Behandlungsfehler anwendbar, KG MDR 2009, 222.
Aufopferungsanspruch: § 32 ist unanwendbar auf einen solchen Anspruch.
Bankrecht, Börsenrecht: § 32 ist anwendbar, BGH WM 2011, 1029.
Beleidigung: § 32 ist anwendbar.
Bereicherung: § 32 ist anwendbar auf eine Klage mit dem Ziel der Herausgabe einer ungerechtfertigten Bereicherung, BGH WM 2011, 1236. Das gilt, soweit dieser Anspruch an die Stelle eines Schadensersatzanspruchs getreten ist. Der Gerichtsstand kommt nur für den Bereich der „Eingriffskondiktion" in Betracht, für Fälle, die durch die einseitige Inanspruchnahme einer fremden vermögensrechtlichen nutzbaren Rechtsposition geprägt sind, BayObLG BeckRS 2020, 8038.
Besitz: § 32 ist anwendbar auf eine Klage nach §§ 858 ff. BGB, BGHZ 73, 355, oder auf eine Klage nach §§ 989 ff. BGB, Spickhoff ZZP 109, 514. Aber auch → „Dinglicher Anspruch".
Dinglicher Anspruch: § 32 ist unanwendbar auf einen gewöhnlichen dinglichen Anspruch, etwa auf denjenigen aus Eigentum bei fehlerhaftem Besitz.
Enteignungsgleicher Eingriff: § 32 ist anwendbar, OLG Köln VersR 2004, 1059.
Firmenrecht: § 32 ist anwendbar, KG NJW 1997, 3321.
Gefährdungshaftung: § 32 ist auf jede Art von Gefährdungshaftung anwendbar, BGH WM 2011, 1234, zB auf solche nach §§ 7 ff. StVG auch iVm § 115 VVG (ebenso als Direktanspruch), ferner §§ 1 ff., 14 HaftpflG, nach AMG, → „Gewerblicher Rechtsschutz", BGH NJW 1983, 1755; KG NJW 1997, 3321.
Gegendarstellung: § 32 ist anwendbar, → „Schutzgesetz", Prütting/Gehrlein/Wern Rn. 4; Stadler JZ 1994, 642; aA Zöller/Schultzky Rn. 15.
Gesamtschuldner: § 32 ist bei §§ 426, 840 BGB anwendbar, OLG Stgt NJW-RR 2006, 1363.
Geschäftsführung ohne Auftrag: § 32 ist anwendbar auf eine Klage nach § 687 II BGB, OLG Hamm OLGR 2003, 82.
Gesellschaft: Zu § 128 HGB Haas/Keller ZZP 126, 335.
Gewerblicher Rechtsschutz: § 32 ist anwendbar auf eine Schadensersatzforderung wegen der Verletzung eines gewerblichen Schutzrechts, Löwisch/Beck NZA 2010, 859, oder wegen eines unlauteren Wettbewerbs oder Verstoßes nach § 35 GWB, BGH NJW 1980, 1225 (abl. Schlosser), oder nach § 22 II WHG, BGH 80, 3, oder wegen einer Klage gegen ein pharmazeutisches Unternehmen nach §§ 84, 94a AMG, BGH 90, 2316, oder wegen § 15 MarkenG, BGH GRUR 2007, 1202, oder nach Art. 7 Brüssel Ia-VO, BGH NJW 2005, 1435, oder wegen des UrhG nach. Zur Konkurrenz zwischen MarkenG und GMV Strauss GRUR 2011, 401. Aber auch → Rn. 16; → „Abmahnung".
Gewinnversprechen: § 32 ist bei einem solchen aus § 661a BGB unanwendbar, OLG Drsd MDR 2005, 591.
Grundstücksbesitzer: § 32 ist anwendbar auf seine Haftung nach §§ 831, 836 BGB, OLG Kblz RIW 2002, 881.
Insolvenzrecht: § 32 ist anwendbar, BGH 173, 246; OLG Hamm BB 2000, 431, aber → Rn. 9 „Anfechtungsklage".
Internet: § 32 ist anwendbar, soweit ein hinreichender Bezug zum Gerichtsbezirk besteht, zB Wohnort der Parteien, bestimmungsgemäße Wirkungen; allein die technische Abrufbarkeit einer zB diffamierenden Internetseite ist nicht ausreichend: Zöller/Schultzky Rn. 20 „Internetdelikt" mwN; dazu Deister/Degen NJW 2010, 197; BAG NJW 2010, 1753 (krit. Staudinger); OLG Mü GRUR-RR 2013, 389. Es reicht ein Inlandsbezug, BGH NJW 2011, 2059; eine Zugänglichkeit, EuGH NJW 2013, 3628.
Juristische Person: § 32 ist auf eine Haftung ihres Organs anwendbar, zB nach §§ 31, 89 BGB.
Kartellrecht: § 32 ist anwendbar; Schadenseintritt am Sitz des Unternehmens, in dessen Vermögen eingegriffen wurde, BGH GRUR 2019, 213; OLG Hmb OLGR 2008, 35.
Konzernrecht: § 32 ist anwendbar, BGH 122, 123.
Namensrecht: § 32 ist anwendbar, KG NJW 1997, 3321.
Patentrecht: § 32 ist unanwendbar auf einen Anspruch nach §§ 24 V, 33 PatG, Kühnen GRUR 1997, 21.
Persönlichkeitsrecht: § 32 ist anwendbar auf eine Verletzung des Persönlichkeitsrechts, BGH 131, 335; Bach EuZW 2018, 68. Auch → „Urheberrecht".
Produkthaftung: § 32 ist anwendbar auf einen Ersatzanspruch gegen einen Zulieferer, OLG Stgt NJW-RR 2006, 1363.
Rechtsweg: § 32 schafft keine rechtswegüberschreitende Zuständigkeit, OLG Ffm NJW-RR 1995, 319.
Schutzgesetz: § 32 ist iVm § 823 II BGB anwendbar, BGH 132, 106; OLG Naumb OLGR 2005, 235.
Straftat: § 32 ist anwendbar, soweit es um eine mögliche Straftat geht, BGH 132, 110.
Tierhalterhaftung: § 32 ist auf eine Tierhalterhaftung nach §§ 833, 834 BGB anwendbar.
Ungerechtfertigte Bereicherung: → „Bereicherung".
Unlauterer Wettbewerb: Es gilt § 14 UWG.
Unterlassungsklage: § 32 ist anwendbar, OLG Hmb GRUR-RR 2005, 32; KG NJW 1997, 3321.
Urheberrecht: § 32 ist anwendbar auf eine Klage wegen einer Verletzung des Urheberrechts, BGH GRUR 1980, 230; OLG Jena GRUR-RR 2008, 223.
Verbotene Eigenmacht: → „Besitz".
Verein: → „Juristische Person".
Verkehrsunfälle: § 32 ist anwendbar auf Ansprüche nach §§ 823 ff. BGB; vgl. auch Unfallort nach § 20 StVG.
Verrichtungsgehilfe: § 32 ist auf eine Haftung für ihn nach § 831 BGB anwendbar.
Versicherungsfragen: § 32 ist anwendbar auf den Direktanspruch des Geschädigten nach: § 115 I VVG, BGH NJW 1983, 1799, und auf die Rückgriffsklage des Haftpflichtversicherers gegenüber dem Versicherten, nicht aber gegenüber dem Schädiger, OLG Hamm MDR 2013, 1187.
Vertragsanspruch, weitere Anspruchsgrundlagen. → Vor § 128 Rn. 36; ferner Roth FS Schumann, 2001, 355. Soweit der Kläger Tatsachen behauptet, deren rechtliche Würdigung auch eine unerlaubte Handlung ergeben, ergibt sich eine umfassende Entscheidungskompetenz des Gerichts:

Bei Anrufung des Gerichts der unerlaubten Handlung kann dieses auch andere Anspruchsgrundlagen prüfen und darüber entscheiden. Anknüpfungspunkt hierfür ist der mit der Klage geltend gemachte Streitgegenstand.

Bei Darlegung einer unerlaubten Handlung hat das Gericht den Rechtsstreit – insbesondere mit Blick auf die Wertung nach § 17 Abs. 2 GVG – daher unter sämtlichen in Betracht kommenden rechtlichen Aspekten zu prüfen, BGH NJW 2003, 828.

Vertragsstrafe: Ihre Einforderung erfolgt im Allgemeinen vertraglichen Gerichtsstand, nicht zB in demjenigen der §§ 13, 14 UWG, OLG Rostock GRUR-RR 2005, 176.

Verwertungsgesellschaft: § 32 ist unanwendbar auf den Anspruch einer Verwertungsgesellschaft wegen der Verletzung eines von ihr wahrgenommenen Nutzungs- oder Einwilligungsrechts. Denn dann besteht ein ausschließlicher Gerichtsstand nach § 131 VGG. Das gilt auch dann, wenn der Verletzer keine Einwilligung der Verwertungsgesellschaft eingeholt hat. Auch → „Urheberrecht".

Vormund: Seine Haftung nach § 1833 BGB fällt unter § 32, LG Bln FamRZ 2002, 345.

Zwangsvollstreckung: § 32 ist anwendbar auf eine Schadensersatzklage aufgrund einer unberechtigten Zwangsvollstreckung nach §§ 302 IV, 600 II, 717 II und III, BGH WM 2011, 1235, ferner nach 1041 IV, 1065 II 2, auf eine Feststellungsklage nach § 850f II, oder auf eine Schadensersatzklage nach § 945 oder nach § 1065 II 2.

10 **IV. Persönlicher Geltungsbereich.** § 32 gilt für: den Täter, den Teilnehmer, den Mittäter nach § 830 I BGB, BGH NJW 1995, 1226; OLG Hmb MDR 2014, 1411; den Anstifter, den Gehilfen nach § 830 II BGB; einen haftenden Dritten, etwa einen Verein nach § 31 BGB, oder den Geschäftsherrn nach § 831 BGB, BGH ZIP 1989, 830; einen BGB-Mitgesellschafter; den Komplementär einer Kommanditgesellschaft, BayObLG Rpfleger 1980, 156; einen Rechtsnachfolger, auch des Opfers, BGH NJW 1990, 2316. Es ist unerheblich, wer klagt oder Bekl. ist, BGH NJW 1990, 1533 und 2316. Die Vorschrift ist auch bei einer Rückgriffsklage wegen einer unerlaubten Handlung anwendbar, zB bei der Klage des Fiskus gegen einen Beamten oder bei einer Gefährdungshaftung des Kraftfahrzeughaftpflichtversicherers für eine Direktklage gegen ihn nach § 3 PflVG, BGH NJW 1983, 1799; BayObLG NJW 1988, 2184, für seine Klage gegenüber dem Versicherten oder überhaupt bei einer Klage aus einem abgetretenen oder übergegangenen Recht, BGH NJW 1990, 1533. Die Vorschrift gilt auch gegenüber einem Ausländer.

11 **V. Begehungsort. 1. Grundsatz: Verwirklichung eines Tatbestandsmerkmals.** Zuständig ist dasjenige Gericht, in dessen Bezirk die unerlaubte Handlung nach der schlüssigen Darstellung des Klägers erfolgt sein kann, BGH VersR 2010, 911 und WM 2010, 1445. Es genügt, dass ein Tatbestandsmerkmal hier eintrat, BGH WM 2011, 1236. Ausreichend ist sowohl der Handlungsort, OLG Stgt NJW-RR 2006, 1363 (Einbau eines Zulieferteils), als auch der Ort zumindest des ersten Eingriffs in ein Rechtsgut, BGH 132, 111, als auch der Ort des Verletzungserfolgs, OLG Celle MDR 2010, 1485. Handlungs- und Erfolgsort sind gleichermaßen Gerichtsstand der deliktischen Handlung, so dass eine Zuständigkeit wahlweise dort gegeben ist, wo die Verletzungshandlung begangen, und dort, wo in ein geschütztes Rechtsgut eingegriffen wurde, BGH NJW-RR 2008, 516; OLG Hamm BeckRS 2021, 45603. Gerichtsstand ist zudem der Ort des Schadenseintritts, soweit dieser zum Tatbestandsmerkmal der Rechtsgutsverletzung, wie zB bei einem Anspruch nach § 826 BGB, zählt, OLG Hamm BeckRS 2021, 45603.

12 Eine bloße Vorbereitungshandlung reicht grundsätzlich nicht aus. Daher genügt auch nicht eine nur vorstellbare Handlung, OLG Brdb AnwBl 2003, 120. Eine ernsthafte Drohung reicht aber aus, BGH MDR 1995, 282; OLG Hmb GRUR-RR 2005, 32. Evtl. sind also mehrere Tatorte vorhanden. Indessen kann die Werbung am Ort zum Gerichtsstand auch wegen der Durchführung der beworbenen Maßnahme führen, LG Hmb NJW-RR 1993, 173.

13 **2. Fehlen eines Tatorts.** Ein Tatort fehlt dann, wenn der Erfolg einer Verletzungshandlung bereits an einem anderen Ort eintrat und wenn die Auswirkung auf den Betrieb des Geschädigten nur eine weitere Schadensfolge ist, BGH NJW 1980, 1225.

14 Etwas Ähnliches gilt bei einem Wettbewerbsverstoß eines Inländers im Ausland und im umgekehrten Fall. Dann kann der Kläger nach § 35 wählen. § 36 I Nr. 2 ist wegen einer tatsächlichen Ungewissheit unanwendbar.

15 **3. Unerheblichkeit eines „Erfolgs".** Es reicht aus, wenn die vom Kläger vorgetragenen Tatsachen bei ihrer rechtlichen Beurteilung ergeben, dass eine unerlaubte Handlung vorliegen kann, BGH 132, 105; OLG Stgt NJW-RR 2006, 1363. Dann ist es für den Gerichtsstand des § 32 unerheblich, ob der Kläger im Ergebnis Erfolg haben kann, OLG Köln VersR 1998, 1306. Das im Gerichtsstand des § 32 angerufene Gericht hat als eine Vorfrage auch darüber zu entscheiden, ob eine Verletzungshandlung aufgrund einer vertraglichen Vereinbarung rechtmäßig ist, BGH GRUR 1988, 483.

16 Bei einem nachträglichen Bekanntwerden einer gemeinschaftlichen unerlaubten Handlung mag eine Änderung der Wahl des Gerichtsstands nach § 35 möglich sein, KG MDR 2000, 414 (krit. Peglau MDR 2000, 723). Eine besondere Sachnähe ist nicht erforderlich, aM ArbG Nürnb NZA-RR 2008, 204.

17 **4. Unerheblichkeit des Orts der Schadensfolgen.** An demjenigen Ort, an dem lediglich Schadensfolgen eingetreten sind, ist grundsätzlich kein Gerichtsstand nach § 32 vorhanden, BayObLG Rpfleger 2004, 366. Es reicht auch nicht schon aus, dass der Betroffene an dem fraglichen Ort wohnt oder seinen (Wohn-)Sitz nach §§ 13, 17 hat, OLG Mü NJW-RR 1993, 703.

5. Beispiele zur Frage eines Begehungsorts

18 **Anlagebetrug:** Begehungsort ist der Ort der Ausführung der Belastung, BayObLG Rpfleger 2004, 365; OLG Naumb OLGR 2005, 235. Auch → „Untreue".

Arzt: Begehungs- oder „Erfolgs"-Ort ist derjenige der Erstbehandlung, nicht derjenige eines Sekundärschadens, OLG Hamm NJW-RR 2015, 1534.

Beleidigung: Begehungsort ist auch derjenige Ort, wo der Beleidigte die Beleidigung zur Kenntnis nimmt, AG Limbg NJW-RR 2002, 751.

Brief: Begehungsort ist sowohl der Absende- als auch der Zugangsort.

Fernsehen, Rundfunk: Begehungsort ist sowohl der Sitz des Senders als auch jeder Empfangsort, OLG Mü OLGZ 1987, 216. Nicht ausreichend ist der bloße Wohnort oder Aufenthaltsort ohne Empfangsmöglichkeit, BGH 131, 335.

Feststellung: Bei einer verneinenden Feststellungsklage ist dasjenige Gericht zuständig, das für eine Leistungsklage des Bekl. gegen den Kläger zuständig wäre, OLG Köln GRUR 1978, 658. Es ist problematisch, mithilfe einer teleologischen Auslegung bei einer verneinenden Feststellungsklage „valide" Anknüpfungspunkte für die

Zuständigkeit zu fordern, ein Wahlrecht zu verneinen und an das Wohnsitzgericht zu verweisen, OLG Celle BeckRS 2012, 19781; aM AG Mannh NJW-RR 2009, 540.

Gewerblicher Rechtsschutz: Begehungsort ist jeder Ort, an dem oder von dem aus eine Verstoßhandlung erfolgte, OLG Mü GRUR 1990, 677. Bei einem Wettbewerbsverstoß steht einer Anwendung des § 32 die ausschließliche Zuständigkeit des § 14 UWG dann nicht entgegen, wenn der Kläger die Klage auch auf einen Verstoß gegen §§ 823 ff. BGB stützt.

Internet. Dazu Brand NJW 2012, 127 (krit.). Begehungsort ist jeder Ort, an dem das Angebot Dritten nicht bloß zufällig zur Kenntnis kommen kann, BGH MDR 2016, 1277. Die internationale Zuständigkeit folgt dem Presserecht, Bachmann IPRax 1998, 187. Erforderlich ist ein deutlicher Inlandsbezug, BGH WM 2013, 1189. Bei einer kennzeichenmäßigen Wiedergabe ist jedes für einen Kennzeichenstreit zuständige LG anrufbar, LG Hmb GRUR-RR 2002, 267. Zum internationalen Internet BGH GRUR 2011, 558.

Kartellrecht: Begehungsort ist der geplante oder schon vorhandene Behinderungsort, BGH NJW 1980, 1224; OLG Hmb NJW-RR 2008, 31.

Körperverletzung: Begehungsort ist der Tatort, BGH NJW 1990, 1533; OLG Köln NJW-RR 2009, 569, aber auch der Ort des Eintritts einer Verschlechterung oder sonstigen Folge, OLG Köln NJW-RR 2009, 569.

Mehrere Täter: Man muss den Begehungsort bei jedem selbständig klären, BGH NJW 2002, 1425. Allerdings muss sich jeder Täter die Tatbeiträge auch bei Bestimmung der Zuständigkeit zurechnen lassen, sodass ein gemeinsamer Gerichtsstand bei Beteiligung mehrerer Täter begründet wird, so auch bei mehreren Störern, BGH NJW 2012, 148.

Persönlichkeitsrecht. Dazu Bach EuZW 2018, 68. Begehungsort ist neben dem Tatort auch der Wohn- oder Aufenthaltsort des Opfers, BGH NJW 1977, 1590.

Preisbindung: Begehungsort ist auch der Sitz des preisbindenden Unternehmens. Denn der Verstoß stellt einen Eingriff in den eingerichteten und ausgeübten Gewerbebetrieb dieses Unternehmens dar.

Presse: Begehungsort ist jeder Ort, an dem das Druckwerk erscheint und das Exemplar üblicherweise verbreitet wird oder werden soll, BGH NJW 1998, 1128; OLG Düss NJW-RR 2009, 701. Nicht ausreichend ist der bloße Wohn- oder Aufenthaltsort ohne Zugriffsmöglichkeit auf das Produkt, BGH NJW 1977.

Produkthaftung: Begehungsort ist der Herstellungsort und auch der Ort des Schadenseintritts, OLG Stgt NJW-RR 2006, 1363, restriktiver EuGH NJW 2014, 1166; ferner der Ort des Einbaus eines wesentlichen schadensauslösenden Teils, OLG Stgt NJW-RR 2006, 1362; aM OLG Ffm OLGR 1995, 119, auch der Vertriebsort, OLG Stgt NJW-RR 2006, 1365; aM OLG Ffm OLGR 1995, 119.

Telefax: Begehungsort ist neben dem Absendeort auch der Zugangsort.

Telefon: Begehungsort ist neben dem Sprechort auch der Empfangsort, OLG Mü NJW-RR 1994, 190.

Unterlassung: Begehungsort ist derjenige Ort, an dem oder von dem aus eine Äußerung verbreitet wird oder werden soll, BGH MDR 1995, 282. Hierher zählt auch der Ort einer drohenden Vollstreckung, ebenso derjenige des Vollstreckungsschuldners, OLG Köln OLGR 2001, 226. Es kommt darauf an, wo der Bekl. hätte handeln müssen oder wo sich das bedrohte Rechtsgut befindet, BGH MDR 1995, 282; OLG Hmb GRUR-RR 2005, 32. Bei einem lizenzierten Werk ist ein Gerichtsstand daher auch an demjenigen Ort begründet, an dem der Bekl. die Lizenz hätte einholen müssen. Wenn es sich um einen Verstoß gegen das MarkenG und gegen das UWG handelt, ist der Gerichtsstand nach § 141 MarkenG nicht von § 14 UWG abhängig. Dann ist der Gerichtsstand des § 32 auch an demjenigen Ort vorhanden, an dem die bloße Gefahr oder die Wiederholungsgefahr einer solchen Verletzung droht, KG NJW 1997, 3321. Denn dort liegen die Voraussetzungen für eine vorbeugende Unterlassungsklage vor, OLG Hmb GRUR 1987, 403. Das gilt auch bei einer Unterlassung der Zwangsvollstreckung und Herausgabe des Titels, OLG Hamm NJW-RR 1987, 1337. Nicht ausreichend ist ein Rechercheort, LG Hmb NJW 2003, 1952. Auch → „Presse".

Untreue: Begehungsort ist der Ort der Ausführung, BGH NJW-RR 2008, 518.

Urheberrecht: S. zunächst Anh. § 32. Hilfsweise: Begehungsort ist jeder Ort der Verletzungshandlung. Nicht ausreichend ist außerhalb von §§ 104a, 105 UrhG der bloße Wohn- oder Aufenthaltsort des Verletzten oder des Rechtsinhabers, OLG Mü OLGR 2009, 523.

Vervielfältigung: Begehungsort ist nur der Vervielfältigungsort, nicht der Ort der Abrufbarkeit, KG GRUR-RR 2002, 343.

Zwangsvollstreckung: → „Unterlassung".

Anhang zu § 32
Gerichtsstand beim Urheberrechtsgesetz

§ 104a UrhG Gerichtsstand

I [1]Für Klagen wegen Urheberrechtsstreitsachen gegen eine natürliche Person, die nach diesem Gesetz geschützte Werke oder andere nach diesem Gesetz geschützte Schutzgegenstände nicht für ihre gewerbliche oder selbständige berufliche Tätigkeit verwendet, ist das Gericht ausschließlich zuständig, in dessen Bezirk diese Person zur Zeit der Klageerhebung ihren Wohnsitz, in Ermangelung eines solchen ihren gewöhnlichen Aufenthalt hat. [2]Wenn die beklagte Person im Inland weder einen Wohnsitz noch ihren gewöhnlichen Aufenthalt hat, ist das Gericht zuständig, in dessen Bezirk die Handlung begangen ist.

II § 105 bleibt unberührt.

Schrifttum: Hartmann GRUR-RR 2014, 97; Reber/Müller GRUR-Prax 2014, 111.

1 **I. Systematik, I, II.** Es handelt sich um eine von mehreren, vom Grundsatz des § 32 ZPO abweichenden und daher vorrangigen Spezialvorschriften wie zB auch § 63 IV GWB. Als Ausnahmevorschrift wäre I eng auslegbar. Als Spezialregelung wäre aber auch eine weitere Handhabung statthaft.

2 **II. Regelungszweck, I, II.** Grundgedanke des Gesetzgebers war das Bestreben, den in den persönlichen Geltungsbereich fallenden Bekl. nicht in einem „fliegenden Gerichtsstand" nach §§ 32, 35 vor ein auswärtiges Gericht zu zwingen. Die Vorschrift wurde durch Art. 8 des Gesetzes gegen unseriöse Geschäftspraktiken vom 1.10.2013 BGBl. I 3714 aufgenommen. In der Begründung zur Beschlussempfehlung, BT-Drs. 17/14216, 7, heißt es hierzu: „Durch § 32 der ZPO wird eine gerichtliche Zuständigkeit am Ort der unerlaubten Handlung begründet. Dementsprechend können Urheberrechtsverletzungen überall dort verfolgt werden, wo sich auch nur

ein Teil der Verletzungshandlung verwirklicht. Wird die Verletzungshandlung im Internet begangen, ist dies jeder Ort, an dem z. B. eine Homepage abgerufen werden kann. Damit können mehrere Gerichtsstände eröffnet sein, unter denen der Verletzte die Wahl hat. Kläger können daher durch die Wahl des Gerichtsstands zeitlichen und finanziellen Druck auf den Beklagten ausüben, indem sie die Klage bei dem für sie günstigsten Gericht erheben." Insbesondere der von missbräuchlichen Abmahnungen betroffene Verbraucher verdient demnach besonderen Schutz. Soweit indes vor allem nach II iVm § 105 UrhG ein landesrechtlich eingesetztes örtliches Spezialgericht gelegentlich in einiger Entfernung besteht, relativiert sich der Vorteil der Ortsnähe.

3 **III. Sachlicher Geltungsbereich, I, II.** Es geht um eine Urheberrechtsstreitsache nach dem UrhG. Das gilt auch im Eilverfahren nach §§ 916 ff., LG Hmb GRUR NJW-RR 2014, 110 und 112. I 1 nennt sowohl ein Werk und damit indirekt §§ 2–69g UrhG, LG Hmb GRUR-RR 2014, 110, als auch „andere Schutzgegenstände" und damit indirekt alle „Verwandten Schutzrechte" nach §§ 70 ff. UrhG, zB nach § 97 I UrhG, LG Hmb GRUR-RR 2014, 110. Damit ist ein umfassender Bereich der Anwendbarkeit eröffnet. Das führt zu einem bemerkenswert weiten Schutz des Bekl., auch etwa des einzelnen Musikers im Orchester.

4 **IV. Persönlicher Geltungsbereich, I, II.** I 1 setzt das Zusammentreffen dreier Bedingungen voraus.

5 **1. Natürliche Person.** Nur eine natürliche Person erhält als Bekl. Schutz, LG Hmb GRUR-RR 2014, 110, nicht eine juristische Person. Soweit in der Letzteren ein Mitarbeiter infrage kommt, ist § 104a nur dann anwendbar, wenn, sobald und solange auch gerade sein persönliches Verhalten Klagegegenstand ist. Ob er persönlich oder nur das Organ zB seines Arbeitgebers Bekl. sein soll, muss die Auslegung der Klageschrift ergeben. Bei einer Klage gegen beide mag wegen der persönlichen Haftung der natürlichen Person § 104a anwendbar sein, Folge evtl. Notwendigkeit einer Trennung nach § 145 I 1 ZPO.

6 **2. Keine gewerbliche oder selbständige berufliche Tätigkeit.** Das führt zu § 13 BGB, mit seinem Abstellen auf dieselben Abgrenzungsmerkmale wie I 1 unter dem Begriff „Verbraucher" im Gegensatz zum „Unternehmer" nach § 14 I BGB. Es empfiehlt sich die Übernahme der dortigen Kriterien, OLG Hmb GRUR-RR 2014, 109.

7 **3. Verwendung eines Schutzobjekts.** Zu den Voraussetzungen → Rn. 4 und 6 muss hinzutreten, dass der Bekl. einen der nach → Rn. 3 geschützten Gegenstände auch „verwendet" hat, LG Hmb GRUR-RR 2014, 110 und 112. Das mag durch positives Tun oder durch pflichtwidriges Unterlassen oder durch deren Verbindung geschehen sein. Dabei kommt es für die hier allein interessierende örtliche Zuständigkeit im Bereich der Prüfung der Zulässigkeit der Klage noch nicht darauf an, ob das Handeln oder Dulden auch persönlich vorwerfbar war und ob es überhaupt dann auch zur Begründetheit der Klage auf ein solches Verschulden ankommt. Eine bloße nach Art, Ort oder Zeit eingeschränkte Mitverwendung ändert nichts an der „Verwendung".

8 **V. Ausschließliche Zuständigkeit, I.** Sie entsteht in allen nachfolgenden Formen eines Gerichtsstands nach I 1, OLG Hmb GRUR-RR 2014, 109. Die Vorschrift erfasst trotz Fehlens einer direkten Verweisung § 40 II 1 Nr. 2, also das Verbot einer Gerichtsstandsvereinbarung nach §§ 38 ff., und ferner die Unwirksamkeit eines rügelosen Verhandelns des Bekl. zur Hauptsache im Sinn von § 137 I, wie sie sich aus § 40 II 2 ergibt.

9 Das Prorogationsverbot ergreift nach seinem Sinn auch eine derartige Vereinbarung eines Gerichtsstands in Allgemeinen Geschäftsbedingungen oder vergleichbaren schriftlichen oder elektronischen Formen einseitiger oder formell beiderseitiger Art. Etwaige Schiedsvereinbarungen nach §§ 1029 ff. sind beachtlich.

10 **VI. Rangfolge der Zuständigkeit, I 1, 2.** Es gibt drei zwingende Ränge. Stets ist der Zeitpunkt der Klageerhebung maßgeblich, die Klagezustellung nach § 270 und im Eilverfahren nach §§ 916 ff. die Antragseinreichung bei Gericht nach §§ 920, 936. Beim Zusammentreffen von Eilantrag und Klageschrift bleibt es für Letztere beim Zeitpunkt der Klagezustellung.

11 **1. Zunächst: Wohnsitz des Beklagten, I 1 Fall 1.** Er ergibt sich aus § 13.

12 **2. Hilfsweise: Gewöhnlicher Aufenthalt des Beklagten, I 1 Fall 2.** Er kommt nur „in Ermangelung" seines Wohnsitzes infrage. Er ergibt sich aus § 16 (Aufenthaltsort im Inland oder letzter Wohnsitz).

13 **3. Ganz hilfsweise: Handlungsort, I 2.** Er greift nur dann, wenn der Bekl. im Inland weder einen Wohnsitz noch seinen gewöhnlichen Aufenthalt hat. Dann ist dasjenige Gericht zuständig, in dessen Bezirk der Bekl. die mit der Klage beanstandete „Handlung begangen" haben soll.

14 Mehrere derartige Handlungsorte können zu gleichwertigen Gerichtsständen (nur) nach I 2 führen. Im Fall nach I 2 läge eine Mehrzahl ausschließlicher ganz hilfsweiser Gerichtsstände mit der Folge vor, dass der Kläger wählen könnte.

15 Grundsätzliche Kritik an dem Gerichtsstand folgt aus der – für das übrige Deliktsrecht, vgl. § 32, unüblichen – Begünstigung des Beklagten, im Gerichtsbezirk seines Wohnsitzes verklagt zu werden. Grundsätzlich gilt der vermeintliche Verletzer als weniger schutzwürdig (Wandtke/Kefferpütz S. 5).

16 **VII. Landesrecht mit Vorrang, II.** § 105 bleibt unberührt. Das Landesrecht kann also durch Rechtsverordnung Sondergerichtsstände mit Vorrang vor § 104a schaffen. Das gilt wegen des Worts „bleibt" (unberührt) auch für solche Landes-VO, die früher als § 104a in Kraft getreten sind oder ihn später nicht miterwähnen, ohne sich bei ihm auszuschließen. Es gibt folgende LandesVOen:

(AG-/LG-Zuständigkeitskonzentration)

17 **Baden-Württemberg:** VO zuletzt v. 20.11.1998, GBl. 680; für OLG-Bezirk Stuttgart AG/LG Stuttgart; für OLG-Bezirk Karlsruhe AG/LG Mannheim;

Bayern: VO v. 2.2.1988, GVBl. 6; für den OLG Bezirk München LG München I; für die OLG-Bezirke Nürnberg und Bamberg LG Nürnberg-Fürth; AG am Sitz des LG im jeweiligen LG-Bezirk; für AG-Bezirke des LG-Bezirks München II AG München;

Berlin: VO v. 4.12.1972, GVBl. 2301, mit späteren Änderungen; AG Charlottenburg;

Brandenburg: VO v. 3.11.1993, GVBl. II 689, mit späteren Änderungen; AG/LG Potsdam;

Bremen: keine Regelung;

Hamburg: VO v. 1.9.1987 mit späteren Änderungen; AG Hamburg;

Hessen: v. 17.10.1996, GVBl. 466 mit späteren Änderungen: für LG-Bezirke Darmstadt, Frankfurt/M., Gießen, Hanau, Limburg a. d. Lahn und Wiesbaden AG/LG Frankfurt; für LG-Bezirke Fulda, Kassel und Marburg a. d. Lahn AG/LG Kassel;

Mecklenburg-Vorpommern: VO v. 28.3.1994 mit späteren Änderungen; AG/LG Rostock;
Niedersachsen: VO zuletzt v. 22.1.1998, GVBl. 66; für OLG-Bezirk Braunschweig AG/LG Braunschweig; für OLG-Bezirk Celle AG/LG Hannover; für OLG-Bezirk Oldenburg AG/LG Oldenburg;
Nordrhein-Westfalen: VO zuletzt v. 12.8.1996, GVBl. 348; für den OLG-Bezirk Düsseldorf AG/LG Düsseldorf; für den OLG-Bezirk Köln AG/LG Köln; für den OLG-Bezirk Hamm AG/LG Bielefeld und AG/LG Bochum (jeweils LG-Bezirke zugeordnet);
Rheinland-Pfalz: VO zuletzt v. 19.1.1999, GVBl. 18; für OLG-Bezirke Koblenz und Zweibrücken LG Frankenthal; für OLG-Bezirk Koblenz AG Koblenz; für OLG-Bezirk Zweibrücken AG Frankenthal;
Saarland: keine Regelung;
Sachsen: VO v. 14.12.2007, GVBl 600; AG/LG Leipzig;
Sachsen-Anhalt: VO v. 1.9.1992, GVBl 664; für die LG-Bezirke Halle und Dessau AG/LG Halle; für die LG-Bezirke Magdeburg und Stendal AG/LG Magdeburg;
Schleswig-Holstein: LG Flensburg;
Thüringen: VO v. 12.8.1993, GVBl 563, mit späteren Änderungen; AG/LG Erfurt.

32a ***Ausschließlicher Gerichtsstand der Umwelteinwirkung.*** **[1] Für Klagen gegen den Inhaber einer im Anhang 1 des Umwelthaftungsgesetzes genannten Anlage, mit denen der Ersatz eines durch eine Umwelteinwirkung verursachten Schadens geltend gemacht wird, ist das Gericht ausschließlich zuständig, in dessen Bezirk die Umwelteinwirkung von der Anlage ausgegangen ist. [2] Dies gilt nicht, wenn die Anlage im Ausland belegen ist.**

Schrifttum: Landsberg/Lülling, Umwelthaftungsrecht, 1991.

I. Systematik, S. 1, 2. Die Vorschrift bringt in S. 1 in Ergänzung zu § 1 UmweltHG einen ausschließlichen Gerichtsstand, soweit die Anlage im Inland liegt. Andernfalls bleibt es nach S. 2 bei den sonstigen Gerichtsständen. Im Anwendungsbereich der Brüssel Ia-VO findet § 32a wegen Art. 7 Nr. 2 Brüssel Ia-VO keine Anwendung. Im Übrigen ist umstritten, inwieweit § 32a eine internationale Zuständigkeit begründet, hierzu Pfeiffer ZZP 106, 159; Stein/Jonas/Roth Rn. 24. 1

II. Regelungszweck, S. 1, 2. Die Vorschrift stellt auf die Sachnähe des Gerichts ab, Pfeiffer ZZP 106, 160. Das dient der Verfahrensökonomie, der kostengünstigen Sachaufklärung, also insbesondere einer einheitlichen Beweisaufnahme bei mehreren ggf. von der Anlage weit entfernten und verstreut betroffenen Geschädigten, Thomas/Putzo/Hüßtege Rn. 1. 2

Dem Merkmal, Ausgehen der Umwelteinwirkung, kommt die Zuständigkeit bündelnde Wirkung zu. Maßgeblich ist der schadensverursachende Ort der Anlage. Auch – und gerade – wenn die schädigenden Auswirkungen sich erst auf einige Distanz bemerkbar machen, ändert dies nichts am Ansetzen bei dem eigentlich schädigenden Ereignis. Der ausschließliche Gerichtsstand – und damit über den besonderen nach § 32 hinausgehend – verhindert eine Zersplitterung von Gerichtsständen, die aus dem Wohnsitz, der Belegenheit der Sache, der unerlaubten Handlung oder dem Vermögen nach internationalem Zivilprozessrecht folgen könnten, MüKoZPO/Patzina Rn. 1. 3

III. Sachlicher Geltungsbereich, S. 1, 2. Es muss sich gerade um einen Anspruch auf Ersatz „eines durch eine Umwelteinwirkung verursachten Schadens" handeln. Er wird nicht näher materiell-rechtlich begrenzt. Neben Schadensersatzansprüchen aus dem UmweltHG kommen weitere Anspruchsgrundlagen in Betracht, § 18 I UmweltHG („Eine Haftung aufgrund anderer Vorschriften bleibt unberührt."), also ein Anspruch aus Vertrag oder aus Gefährdungshaftung (zB BImSchG, WHG), aus unerlaubter Handlung, auf Auskunft nach § 8 UmweltHG, nicht aber um einen Atomschaden nach § 18 II UmweltHG. Der Anspruch lässt sich durch die Bestimmung der Schadensentstehung nach § 3 I UmweltHG konkretisieren. Gemeint ist damit ein Schaden, der „durch Stoffe, Erschütterungen, Geräusche, Druck, Strahlen, Gase, Dämpfe, Wärme oder sonstige Erscheinungen verursacht wird, die sich in Boden, Luft oder Wasser ausgebreitet haben". Die Verursachung wird nach § 6 I UmweltHG vermutet. Man kann sie nach § 6 II–IV sowie nach § 7 UmweltHG unter den dortigen Voraussetzungen nicht vermuten. 4

IV. Persönlicher Geltungsbereich, S. 1, 2. S. 1 ist nur auf die Klage gegen den Inhaber einer im Anhang 1 des UmweltHG genannten Anlage anwendbar, es sei denn, dass sie nach S. 2 im Ausland liegt. Das UmweltHG bestimmt den Begriff des Inhabers der Anlage nicht. Inhaber meint den Betreiber der Anlage, in den Gesetzesmaterialien werden die Begriffe des Betreibers und Inhabers synonym verwendet (MüKoZPO/Patzina Rn. 5; hierzu auch OVG Münster BeckRS 2014, 59312; Prütting/Gehrlein/Bey Rn. 3; Zöller/Schultzky Rn. 5; vgl. im Abfallrecht für ein weites Verständnis des Erzeugers BVerwG NVwZ 2015, 153). 5

V. Ausschließliche Zuständigkeit, S. 1. Unter den Voraussetzungen → Rn. 1 tritt eine ausschließliche Zuständigkeit kraft Gesetzes ein, vgl. auch § 40 II 1 Hs. 2. 6

VI. Gerichtsstand des Ausgangs der Umwelteinwirkung, S. 1. Für jede Klageart ist dasjenige Gericht örtlich ausschließlich zuständig, „in dessen Bezirk die Umwelteinwirkung von der Anlage ausgegangen ist". Dazu auch → Rn. 2. Die sachliche Zuständigkeit ist wie üblich zu bestimmen. Anlagen sind nach § 3 II UmweltHG nur ortsfeste Einrichtungen wie Betriebsstätten und Lager. Bei der Geltendmachung mehrerer Klagegründe ist das Gericht zur umfassenden Prüfung und Entscheidung berufen, Zöller/Schultzky Rn. 8. 7

Soweit mehrere in verschiedenen Gerichtsbezirken liegende Anlagen als Ausgangspunkte einer oder mehrerer Einwirkungen in Betracht kommen, können mehrere Gerichte örtlich nach § 32a zuständig sein. In diesen Fällen ist trotz der Ausschließlichkeit dieses Gerichtsstands im Ergebnis doch § 35 anwendbar, → § 35 Rn. 1; vgl. auch § 36 I Nr. 3, 4, § 37. 8

32b ***Ausschließlicher Gerichtsstand bei falschen, irreführenden oder unterlassenen öffentlichen Kapitalmarktinformationen.*** **[I] Für Klagen, in denen**

1. ein Schadensersatzanspruch wegen falscher, irreführender oder unterlassener öffentlicher Kapitalmarktinformation,
2. ein Schadensersatzanspruch wegen Verwendung einer falschen oder irreführenden öffentlichen Kapitalmarktinformation oder wegen Unterlassung der gebotenen Aufklärung darüber, dass eine öffentliche Kapitalmarktinformation falsch oder irreführend ist, oder
3. ein Erfüllungsanspruch aus Vertrag, der auf einem Angebot nach dem Wertpapiererwerbs- und Übernahmegesetz beruht,

geltend gemacht wird, ist das Gericht ausschließlich am Sitz des betroffenen Emittenten, des betroffenen Anbieters von sonstigen Vermögensanlagen oder der Zielgesellschaft zuständig, wenn sich dieser Sitz im Inland befindet und die Klage zumindest auch gegen den Emittenten, den Anbieter oder die Zielgesellschaft gerichtet wird.

II [1]Die Landesregierungen werden ermächtigt, durch Rechtsverordnung die in Absatz 1 genannten Klagen einem Landgericht für die Bezirke mehrerer Landgerichte zuzuweisen, sofern dies der sachlichen Förderung oder schnelleren Erledigung der Verfahren dienlich ist. [2]Die Landesregierungen können diese Ermächtigung auf die Landesjustizverwaltungen übertragen.

Schrifttum: Bassen NZG 2017, 613; Götz ZIP 2016, 351; Korth/Kroymann/Suilmann, Der ausschließliche Gerichtsstand bei fehlerhaften öffentlichen Kapitalmarktinformationen, NJW 2016, 1130; Vollkommer EWiR 2018, 127.

1 **I. Systematik, I, II.** Es handelt sich um eine ausschließliche Zuständigkeit, OLG Braunschweig BeckRS 2020, 1924. Bezüglich der systematischen Zuordnung ist die Norm zweigeteilt: § 32b I Nr. 1 u. 2 schließen sich §§ 32, 32a an; § 32b I Nr. 3 steht im Kontext von § 29 und ist von der Haftung für falsche Kapitalmarktinformationen klar abzugrenzen, Zöller/Schultzky Rn. 2. Es reicht, die Klage auch auf § 32b zu stützen, BGH ZIP 2013, 1689. Wegen mehrerer ausschließlich zuständiger Gerichte vgl. OLG Braunschweig ZIP 2018, 348: Für Klagen aufgrund von Investitionen in unterschiedliche Aktien von Emittenten in unterschiedlichen Gerichtsbezirken ist ein Wahlrecht des Klägers ausgeschlossen. Es besteht hier auch nicht die Möglichkeit einer Gerichtsstandsbestimmung nach § 36 I Nr. 3. Sind der Sitz desjenigen, der als Emittent bzw. Anbieter einer sonstigen Vermögensanlage auftritt, und der Sitz der Fondsgesellschaft in unterschiedlichen Gerichtsbezirken, besteht an beiden Orten eine Zuständigkeit nach § 32b, KG MDR 2016, 847.

2 **II. Regelungszweck, I, II.** Dem Grundgedanken eines Musterverfahrens nach § 1 KapMuG als der Vorstufe einer echten Sammelklage folgt eine möglichst auch örtlich konzentrierte Zuständigkeitsregelung in I 1, OLG Brschw NZG 2018, 182; Vollkommer NJW 2007, 3096. Die Vorschrift soll das Verfahren beschleunigen, auch Kosten sparen, OLG Kblz NJW 2006, 3723. Die Ermächtigungen in II 1 ermöglichen die hierfür erforderliche Erfahrungskumulation bei den Gerichten. Die Regelung trägt dem Gedanken, vor Ort beim in Anspruch Genommenen (Emittent, Anbieter von sonstigen Vermögensanlagen, Zielgesellschaft) das Geschehen bestmöglich aufzuklären, umfassend Beweis zu erheben, Rechnung.

3 **III. Geltungsbereich, I, II.** Er ist in I derselbe wie in § 1 I KapMuG, also alle Klagen der in I genannten Art, OLG Nürnb BB 2002, 2213; LG Hildesh BB 2006, 2213. Die in Rede stehenden öffentlichen Kapitalmarktinformationen werden in § 1 II KapMuG legal definiert. Für die Begründung der Zuständigkeit ist erforderlich, dass zumindest auch ein Verantwortlicher nach § 32b I Nr. 1 mitverklagt worden ist, also ein Emittent, Anbieter von sonstigen Vermögensanlagen oder eine Zielgesellschaft; für Emittenten BGH ZIP 2013, 1689, für Organe des Emittenten, LG Stgt WM 2011, 1512, ferner für Emissionsbegleiter, Anbieter sonstiger Vermögensanlagen und Prospektverantwortliche, BGH WM 2017, 232. Man muss den Anbieter nicht mitverklagen, OLG Mü NJW-RR 2007, 1644. Eine Klage nach I Nr. 2 ist aber nur mangels einer solchen Möglichkeit nach I Nr. 1 sinnvoll, OLG Hamm NZG 2017, 584. Beim Auseinanderfallen vom Sitz des Anbieters und des angebotenen Fonds bestehen zwei Gerichtsstände, KG MDR 2016, 847.

4 § 32b gilt evtl. auch im „grauen" Kapitalmarkt, BGH ZIP 2008, 1326. I Nr. 1 erfasst nur Schadensersatzansprüche, VerfG Bbg NJW 2016, 151, aber jegliche, zB spezialgesetzliche aus §§ 97, 98 WpHG oder §§ 21, 22 WpPG, vertragliche und vertragsähnliche sowie deliktische, Aufzählung bei Zöller/Schultzky Rn. 4. Es muss eine falsche, irreführende oder unterlassene Kapitalmarktinformation durch einen für das öffentliche Angebot Verantwortlichen vorliegen, BGH NJW 2016, 1179. Eine vorherige Prospektübergabe ist nicht nötig, OLG Hamm NZG 2015, 957. Beim Sitz in der Brüssel Ia-VO oder dem LugÜ bleibt ein deutsches Gericht zuständig, wenn es international zuständig ist, Schneider BB 2005, 2251. Der Gerichtsstand besteht auch nach einem Vertragsübergang beim Partner fort, BGH WM 2017, 567.

5 Nicht hierin gehört die Klage, die sich isoliert gegen den Berater oder Vermittler richtet. Der Wohn-/Sitz des Beraters oder Vermittlers dürfte für den Kläger in diesen Fällen sachgerechter sein. Die Zuständigkeit am Sitz des Emittenten, Anbieters von sonstigen Vermögensanlagen oder der Zielgesellschaft ist hingegen begründet, wenn einer der Vorgenannten mitverklagt wird, BGH NJW-RR 2017, 693.

6 **IV. Ermächtigungen, II.** Sie sind wie folgt erfolgt: **Bayern:** VO v. 11.6.2012, GVBl 295 (LGe Augsb, Landsh, Mü I, Nürnb-Fürth); **Hessen:** VO v. 11.6.2013, GVBl 386 (LG Ffm); **Nordrhein-Westfalen:** VO v. 16.11.2012, GVBl 617 (LGe Dortm, Düss, Köln); **Sachsen:** VO v 7.3.2016, GVBl 103 (LGe Dresden, Leipzig); **Thüringen:** VO idF v. 8.6.2012, GVBl 236 (LG Gera).

32c ***Ausschließlicher Gerichtsstand bei Musterfeststellungsverfahren.*** **Für Klagen in Musterfeststellungsverfahren nach Buch 6 ist das Gericht des allgemeinen Gerichtsstands des Beklagten ausschließlich zuständig, sofern sich dieser im Inland befindet.**

1 Die eine ausschließliche Zuständigkeit begründende Regelung steht im Zusammenhang mit § 606 und mit der vom Streitwert unabhängigen Regelung über die sachliche Zuständigkeit des OLG in § 119 III GVG. In Ländern

mit mehreren OLG hat der Landesgesetzgeber die Möglichkeit der Konzentration. Hiervon hat NRW mit der Konzentration bei dem OLG Hamm Gebrauch gemacht. Zur Problematik in Bankensachen und zur notwendigen Klärung der gerichtsinternen Zuständigkeit im Geschäftsverteilungsplan Schmidt WM 2018, 1966 (1967).

Unter Einbeziehung von § 12 liegt der Schwerpunkt auf der Begründung eines ausschließlichen Gerichtsstands. Vorausgesetzt ist ein allgemeiner Gerichtsstand der Beklagtenseite im Inland; einschlägig sind insoweit §§ 13 ff., namentlich §§ 13, 17. Ein besonderer Gerichtsstand nach §§ 20 ff., insbesondere nach §§ 29, 32, wird praktisch nicht in Betracht kommen, da es in solchen Fällen an der hierfür erforderlichen Rechtsbeziehung zu der der nach § 606 I 2 klagebefugten Einrichtung mangelt. Vereinbarungen über den Gerichtsstand nach § 38 sowie dessen Begründung durch rügelose Einlassung nach § 39 sind gem. § 40 II S. 1 Nr. 2, S. 2 ohne Wirkungen. 2

Für Beklagte, die im Inland nach §§ 12, 17 keinen allgemeinen Gerichtsstand haben, gilt die Regelung nicht. Eine Niederlassung reicht nicht aus, Zöller/Schultzky Rn. 3. Haben sie ihren Sitz in der EU, bestimmt sich die Zuständigkeit nach Art. 4 ff. Brüssel Ia-VO. Andernfalls besteht keine internationale Zuständigkeit. Gerichtsstandsvereinbarungen und die Begründung des Gerichtsstands durch rügeloses Verhandeln sind indes möglich; zur Musterfeststellungsklage gegen den Insolvenzverwalter, OLG München MDR 2020, 1340. 3

Bei Parteienmehrheit auf der Beklagtenseite greift ggf. § 36 I Nr. 3, II. 4

33 *Besonderer Gerichtsstand der Widerklage.* **I Bei dem Gericht der Klage kann eine Widerklage erhoben werden, wenn der Gegenanspruch mit dem in der Klage geltend gemachten Anspruch oder mit den gegen ihn vorgebrachten Verteidigungsmitteln in Zusammenhang steht.**

II Dies gilt nicht, wenn für eine Klage wegen des Gegenanspruchs die Vereinbarung der Zuständigkeit des Gerichts nach § 40 Abs. 2 unzulässig ist.

Schrifttum: Foerste MDR 2016, 1123; Regenfus BKR 2016, 403;Thöne JR 2017, 53.

I. Systematik, I, II. Der Streit, ob § 33 eine besondere Prozessvoraussetzung, nämlich die Konnexität zur Klage, schafft, BGH NJW NJW 2001, 2094, oder nur einen besonderen Gerichtsstand begründet, Musielak/Voit/Heinrich Rn. 3; Thomas/Putzo/Hüßtege Rn. 1; Zöller/Schultzky Rn. 1, kann wegen des weit verstandenen Sachzusammenhangs zur Klage und der anerkannten Heilungsmöglichkeiten nach § 39 oder § 295 in der Praxis meist dahinstehen, so auch Prütting/Gehlein/Wern Rn. 1; hierzu Anders/Gehle Assessorexamen ZivilR M Rn. 5 f. § 533 hat den Vorrang, ebenso §§ 126, 179 II FamFG. 1

§ 33 gibt jedenfalls keinen besonderen Gerichtsstand für eine Widerklage gegen einen am Prozess bisher nicht beteiligten Dritten, BGH NJW 2011, 460 (zust. Fellner MDR 2011, 147). Die Vorschrift nach § 145 II spricht dafür, dass das Wort „Zusammenhang" in § 33 nur die örtliche Zuständigkeit meint, OLG Zweibr NJW-RR 2000, 590. Wenn ein Zusammenhang in diesem Sinn fehlt, ist eine Widerklage zwar zulässig, aber sie erfolgt bei einem örtlich unzuständigen Gericht. Man muss die Widerklage dann nach § 145 II abtrennen und als eine selbständige Klage behandeln. Diese Vorschrift geht ja von der Zulässigkeit einer solchen Widerklage aus, die der Widerkläger ohne einen rechtlichen Zusammenhang erhoben hat. Ein Streithelfer hat nicht die Stellung einer Partei. Er ist also nicht zu einer Widerklage berechtigt. In Ausnahmefällen ist die sog. isolierte Drittwiderklage indes zulässig, zB im Fall einer Klage des Leasinggebers, soweit der Leasingnehmer Drittwiderklage gegen den Verkäufer richtet aus vom Leasinggeber typischerweise abgetretenen Gewährleistungsrechten: Wenn der Leasinggeber vom Leasingnehmer Zahlung von Raten oder Schadensersatz statt der Leistung verlangt, kann dieser den Verkäufer aus den abgetretenen Rechten in Anspruch nehmen und Rückgewähr des Kaufpreises an den Leasinggeber verlangen, BGH MDR 2021, 283. 2

Wenn der Widerkläger nach §§ 281, 506 einen Verweisungsantrag stellt, wird das Gericht die Widerklage an das für die Widerklage zuständige Gericht verweisen, OLG Zweibr NJW-RR 2000, 590. Wenn kein derartiger Antrag erfolgt, muss das Gericht die Widerklage evtl. nach einem Hinweis wegen Unzuständigkeit des Gerichts durch Prozessurteil abweisen. 3

Eine Widerklage ist nicht schon deshalb unzulässig, weil sie nur zu dem Zweck erfolgt, einen revisionsfähigen Streitwert zu erreichen. Wegen der Brüssel Ia-VO besonders Art. 8 Nr. 3 und Art. 18 III, EuGH NJW 1996, 42. Art 8 Nr. 3 gilt nicht bei einer Aufrechnung, Busse MDR 2001, 731. § 33 enthält keinen ausschließlichen Gerichtsstand kraft Gesetzes. §§ 38 ff. haben Vorrang, BGH NJW 1981, 2644. Außerhalb der Brüssel Ia-VO kann sich eine internationale Zuständigkeit aus § 33 ergeben, BGH NJW-RR 1987, 228; Arnold FS Schütze, 2014, 17. Haben die Parteien sie wirksam abbedungen, ist die Widerklage im Gerichtsstand des § 33 unzulässig, BGH MDR 1985, 911. 4

II. Regelungszweck, I, II. Durch § 33 sollen getrennte Prozesse über zusammenhängende Fragen vermieden werden, BGH 147, 222. Die Vorschrift dient also der Sachnähe und Verfahrensökonomie, OLG Ffm NJW 2010, 3175. Sie begünstigt auch den Angegriffenen und dient damit der Waffengleichheit, Hau ZZP 117, 34; Pfaff ZZP 96, 352. Die zeitlich nachfolgende Erhebung der Widerklage hat zB keinen Ausschluss nach § 296 zur Folge. Sie ist kein Verteidigungsmittel, sondern ein echter Gegenangriff. 5

III. Geltungsbereich, I, II. → Vor § 12 Rn. 4. 6

IV. Zulässigkeit, I. Als echte Klage müssen zur Bejahung der Zulässigkeit die allgemeinen Prozessvoraussetzungen vorliegen, hinzuweisen ist nur auf: 7

1. Zusammenhang mit Klageanspruch. Es muss entweder ein Zusammenhang mit dem Klageanspruch bestehen, BGH MDR 1983, 554; OLG Drsd JurBüro 2011, 544. Eine Gerichtsstandsklausel des Inhalts, dass ein Gericht am Wohnsitz des Verkäufers allein zuständig sein soll, dass der Verkäufer aber auch am Wohnsitz des Käufers klagen kann, kann allerdings den Ausschluss des Gerichtsstands der Widerklage bewirken. 8

2. Zusammenhang mit Verteidigungsmitteln. Oder: Der Widerklageanspruch muss mit einem gegen den Klageanspruch vorgebrachten Verteidigungsmittel in einem Zusammenhang stehen. Das Verteidigungsmittel muss prozessual zulässig sein. Man braucht es aber nicht sachlich-rechtlich zu begründen. 9

3. Fehlen ausschließlicher Zuständigkeit. Für den Widerklageanspruch darf keine vorrangige, weil ausschließliche andere Zuständigkeit bestehen, zB nach § 24. 10

11 **V. Begriff des Zusammenhangs, I.** Es handelt sich nicht um eine allgemeine Prozessvoraussetzung, BGH FamRZ 2018, 683. Mit „Zusammenhang" meint § 33 einen rechtlichen Zusammenhang, ebenso wie in §§ 145, 147, 302, OLG Ffm ZIP 2013, 278. Ein rein tatsächlicher Zusammenhang genügt also nicht. Die Klage oder ein Verteidigungsmittel und die Widerklage müssen daher auf demselben Rechtsverhältnis beruhen oder aufgrund desselben Rechtsverhältnisses sich gegenseitig bedingen, OLG Düss NJW-RR 1991, 369; Stürner NJW 2004, 2482. Ein unmittelbarer wirtschaftlicher Zusammenhang nach § 2 I Nr. 4a ArbGG, also ein Gründen in demselben wirtschaftlichen Verhältnis, enthält regelmäßig auch einen rechtlichen Zusammenhang, OLG Zweibr Rpfleger 1977, 142. Das Verteidigungsmittel muss prozessual und sachlich-rechtlich zulässig sein. Es ist unerheblich, ob es auch begründet ist.

VI. Beispiele zur Frage eines Zusammenhangs, I

12 **Architektenhonorar – Planungsmangel:** Ein Zusammenhang besteht zwischen einem Anspruch auf Architektenhonorar und einem Gegenanspruch wegen eines Planungsmangels, BGH NJW 2001, 2094.

Austauschbarkeit: Ein Zusammenhang besteht zwischen austauschbaren Ansprüchen.

Bereicherung – Kaufpreis: Ein Zusammenhang besteht zwischen einem Anspruch aus ungerechtfertigter Bereicherung und einem Kaufpreisanspruch.

Besitz – Eigentum: Ein Zusammenhang besteht zwischen einer Besitzklage und einer Eigentumsklage, BGH 73, 357; Zöller/Schultzky Rn. 36.

Drittwiderklage: Ein enger Zusammenhang ist nötig, OLG Drsd JurBüro 2011, 544.

Einheitlichkeit: Ein Zusammenhang besteht zwischen einheitlichen Ansprüchen.

Forderung – Aufrechnungsforderung: Ein Zusammenhang besteht zwischen einer Forderung und einer aufrechenbaren Gegenforderung.

Forderung – höhere Gegenforderung: Ein Zusammenhang fehlt zwischen einer Klageforderung und demjenigen Teil einer höheren Gegenforderung, der die Klageforderung übersteigt und deshalb nicht aufrechenbar ist, aM Prütting/Weth ZZP 1998, 153.

Forderung – Zurückbehaltung: Ein Zusammenhang fehlt zwischen einer Klageforderung und der Geltendmachung eines kaufmännischen Zurückbehaltungsrechts nach §§ 369 ff. HGB.

Kauf – Miete: Ein Zusammenhang fehlt zwischen einer Klage aus Miete und einer Widerklage aus Kauf und umgekehrt.

Kaufpreis – Mängelbeseitigung: Ein Zusammenhang besteht zwischen einer Kaufpreisforderung und einem Anspruch auf Mängelbeseitigung oder auf Schadensersatz wegen Nichterfüllung.

Markenverletzung – Markenlöschung: Ein Zusammenhang besteht zwischen einer Klage aufgrund einer Markenverletzung und einer Widerklage auf Löschung dieser Marke.

Gleicher Rechtssatz: Ein Zusammenhang fehlt, soweit eine Übereinstimmung der Klage und einer Widerklage nur insofern besteht, als für beide dieselben Rechtssätze gelten.

Ständige Geschäftsbeziehung: Ein Zusammenhang besteht zwischen gegenseitigen Ansprüchen aus einer ständigen Geschäftsbeziehung, Busse MDR 2001, 730.

Unterhalt – Vorschuss: Ein Zusammenhang besteht zwischen einem Anspruch auf Zahlung von Unterhalt und einem Gegenanspruch auf Feststellung des Fehlens einer Vorschusspflicht, OLG Ffm FamRZ 1993, 1466.

Verschiedenheit der Objekte: Ein Zusammenhang fehlt bei einer Klage wegen eines Objekts A und einer Widerklage wegen eines Objekts B (je: Kauf, Miete, Markenverstoß).

Zusammenfassung: Ein Zusammenhang besteht zwischen zusammengefassten Ansprüchen.

13 **VII. Rügelose Einlassung, I.** Wenn der rechtliche Zusammenhang fehlt und das Gericht auch nicht anderweitig zuständig ist, etwa nach § 35, enthält eine rügelose Einlassung des Klägers auf die Widerklage eine stillschweigende Vereinbarung des Gerichtsstands der Widerklage nach §§ 38, 39 oder § 295 I. Bei der Vereinbarung eines anderen Gerichts als international ausschließlich zuständig kommt es nicht allein auf die rügelose Einlassung nach § 295 vor dem Gericht nach § 33 an, BGH NJW-RR 1987, 228. Soweit auf den vorstehenden Wegen keine Zuständigkeit eintritt, muss das Gericht eine Verweisung nach §§ 139, 281 anregen und die Widerklage notfalls durch ein sog. Prozessurteil als unzulässig abweisen.

14 **VIII. Unzulässigkeit der Widerklage, II.** Wenn eine Vereinbarung der örtlichen Zuständigkeit oder der sachlichen Zuständigkeit für den Gegenanspruch nach § 40 II unzulässig ist, ist § 33 unanwendbar. Dann muss das Gericht die Widerklage nach § 145 abtrennen und den Rechtsstreit insofern nach §§ 281, 506 an das zuständige Gericht verweisen oder die Widerklage als unzulässig abweisen. Wegen des Verhältnisses zwischen der Zivilkammer und der Kammer für Handelssachen vgl. §§ 97–99 GVG. II ist auf die bloße Aufrechnung nicht entsprechend anwendbar, Schreiber ZZP 1990, 408. II ist nach § 215 II VVG auf eine Widerklage des Versicherers unanwendbar.

34 *Besonderer Gerichtsstand des Hauptprozesses.* **Für Klagen der Prozessbevollmächtigten, der Beistände, der Zustellungsbevollmächtigten und der Gerichtsvollzieher wegen Gebühren und Auslagen ist das Gericht des Hauptprozesses zuständig.**

1 **I. Systematik.** § 34 gibt einen besonderen Wahlgerichtsstand, BAG NJW 1998, 1092; OLG Brdb NJW 2004, 780. Das ist eine nicht zwingende, aber oft sachgerechte Sonderregelung. § 11 RVG hat den Vorrang. Wegen der Brüssel Ia-VO Roth ZZP 104, 459.

2 **II. Regelungszweck.** Die Vorschrift dient der Konzentration der Kostenfragen beim Gericht der Hauptsache und insoweit der Verfahrensökonomie, BGHZ 97, 83. Ausnahmsweise kann dies zu einem anderen Rechtszugsystem führen, wenn zB das Hauptsachegericht ein AG ist, der Wert des Kostenstreits aber die Grenze des § 23 Nr. 1 GVG übersteigt.

3 **III. Sachlicher Geltungsbereich.** Die Vorschrift gilt nur für die sachliche Zuständigkeit nach §§ 23 ff., 71 GVG und die örtliche Zuständigkeit nach §§ 12 ff., nicht für den Rechtsweg nach §§ 13 ff. GVG, BAG NJW 1998, 1092. Der Gerichtsstand besteht nur für solche gesetzlichen oder vereinbarten Gebühren und Auslagen, die infolge des Prozesses entstanden sind. Er besteht wegen des Regelungszwecks bei dem Gericht des Hauptprozesses, also bei dem erstinstanzlich mit dem Prozess befassten Gericht, etwa bei einem Familiengericht.

IV. Beispiele zur Frage des sachlichen Geltungsbereichs

Arbeitsgericht: Unanwendbar ist § 34 vor einem solchen Gericht, BAG NJW 1998, 1092; Zöller/Schultzky Rn. 5; aM LAG Hmb MDR 1995, 213. Für das Urteilsverfahren verweist § 46 II ArbGG auf die ZPO und damit auf § 34, BAG NJW 1998, 1092. Für die übrigen Verfahren folgt die Zuständigkeit des ordentlichen Rechtswegs aus §§ 2 ff. ArbGG, BAG NJW 1998, 1092. 4

Arrest, einstweilige Verfügung: Hauptverfahren ist evtl. auch ein Eilverfahren nach §§ 916 ff., 935 ff.

Außergerichtliche Tätigkeit: Kein Hauptverfahren ist dieser Bereich, BGHZ 97, 84 (Scheidungsfolgesache).

Finanzgericht: Unanwendbar ist § 34 dort.

Funktionelle Zuständigkeit: Es ist nicht notwendig dieselbe Abteilung oder Kammer wie im Hauptprozess funktionell zuständig. Daher entscheidet beim Amtsgericht die allgemeine Prozessabteilung auch dann, wenn der Hauptprozess durch die Familienabteilung entschieden wurde, BGH 97, 79. Wieweit noch die Kammer für Handelssachen nach § 34 tätig werden kann, ist (noch) nicht abschließend geklärt: KG FamRZ 1981, 1090; offen bei BGH 97, 81.

Höhere Instanz: Das Erstgericht ist auch wegen der während einer höheren Instanz entstandenen Kosten zuständig.

Insolvenzverfahren: Hauptverfahren ist auch das Verfahren nach §§ 4 ff. InsO.

Mahnverfahren: Hauptprozess ist auch das Mahnverfahren nach §§ 688 ff.

Schiedsrichterliches Verfahren: Hauptverfahren ist auch das zugehörige Verfahren vor dem Gericht, zB nach §§ 1050, 1062 ff. Kein Hauptverfahren ist das übrige Verfahren vor dem Schiedsgericht nach §§ 1025 ff.

Selbständiges Beweisverfahren: Hauptverfahren ist auch das Verfahren nach §§ 485 ff.

Sozialgericht: Unanwendbar ist § 34 dort.

Strafverfahren: Kein Hauptverfahren nach § 34 ist ein Strafverfahren nach der StPO, evtl. iVm dem OWiG.

Verweisung: Eine solche zB nach § 281 ändert die Anwendbarkeit von § 34 nicht.

Zwangsversteigerung: Hauptverfahren ist auch das Verfahren nach §§ 864 ff. iVm dem ZVG.

Zwangsvollstreckung: Hauptverfahren ist auch ein Verfahren nach §§ 704 ff.

V. Persönlicher Geltungsbereich. § 34 gilt zunächst für den ProzBev. Hier zählt zu diesem Begriff jeder, der aufgrund einer prozessualen Vollmacht nach § 80 für eine Partei ein prozessuales Geschäft besorgt hat, zB: der Verkehrsanwalt nach VV 3400 RVG; der Unterbevollmächtigte nach VV 3401 RVG, und zwar auch bei einer Klage gegen denjenigen ProzBev., der ihm die Untervollmacht gab; der Terminanwalt nach VV 3330 RVG. Vgl. aber auch § 11 RVG (Festsetzungsverfahren). § 34 gilt ferner: für den Beistand nach § 90; für den Zustellungsbevollmächtigten § 184. 5

Beim Gerichtsvollzieher findet § 34 keine Anwendung. Der Gerichtsvollzieher ist ein Beamter, und die durch seine Tätigkeit entstandenen Kosten sind solche des Staats. Ihre Beitreibung erfolgt nach § 1 I Nr. 7, 8 I JBeitrG, § 9 I GvKostG, Toussaint JBeitrG, GvKostG. Bei einem Notar entsteht wegen seiner Forderung aufgrund eines Notargeschäfts nach § 19 GNotKG, KV 32011, 32015 GNotKG kein ordentlicher Rechtsweg. 6

Richtiger Bekl. sind stets nur der Vollmachtgeber – Partei wie Hauptbevollmächtigter – und seine Rechtsnachfolger sowie sonstige Personen, die für ihn haften, etwa ein Bürge, nicht aber der Prozessgegner oder ein Dritter. § 34 gilt nur für den Kläger. Zählt dieser zB als Auftraggeber nicht zu den vorgenannten Personen, ist § 34 unanwendbar. 7

35 *Wahl unter mehreren Gerichtsständen.* Unter mehreren zuständigen Gerichten hat der Kläger die Wahl.

Schrifttum: Lüttringhaus ZZP 127 (2014), 41; Möller, Der gesetzliche Richter im Zivilprozess – Anwaltliche Wahl- und Gestaltungsmöglichkeit NJW 2009, 3632; Lund, Der Gerichtsstand der Streitgenossenschaft im europäischen Zivilprozessrecht, 2014; Rücker/Bell, Die teilweise Unzuständigkeit des angerufenen Gerichts, NJW 2021, 821.

I. Systematik. §§ 35–37 regeln die Wahl oder Bestimmung eines Gerichtsstands bei mehreren Möglichkeiten und sind deshalb systematisch im Anschluss an die Gerichtsstände der ZPO (§§ 12 ff.) in Titel 2 geregelt. § 35 bestimmt zunächst das Wahlrecht des Klägers. 1

II. Regelungszweck. Die Vorschrift ist ein Ausfluss des Dispositionsgrundsatzes, → Vor § 128 Rn. 26, und stellt klar, dass der Kläger die Wahl zwischen mehreren zuständigen Gerichten hat. Er kann sich das aus seiner Sicht günstigere Gericht aussuchen, BGH NJW-RR 2014, 886. Ein gesetzlich bestimmter ausschließlicher Gerichtsstand iSv § 40 II 1 Nr. 2 behält indes Vorrang, weil es insoweit nicht mehrere zuständige Gerichte gibt. 2

III. Geltungsbereich. § 35 bezieht sich auf den Fall, dass mehrere Gerichte eines allgemeinen oder besonderen Gerichtsstands zuständig sind, MüKoZPO/Patzina Rn. 2; Musielak/Voit/Heinrich Rn. 2. Die Vorschrift erfasst auch den Fall, dass mehrere Gerichte ausschließlich zuständig sind, BGH NJW 1993, 2810, Thümmel NJW 1986, 558, nicht aber denjenigen, dass ein ausschließlich zuständiges mit einem nicht ausschließlich zuständigen Gericht zusammentrifft, BGH NJW 1993, 2810. Sie gilt ferner im Insolvenzverfahren, Naumb NJW-RR 2002, 1704. Im Mahnverfahren gilt für mehrere Antragsteller § 689 II iVm § 35, so dass sie zwischen den für sie zuständigen Gerichten wählen können, BGH NJW 1978, 321. Die Möglichkeit der Gerichtswahl ist allgemein bei aktiver Streitgenossenschaft eröffnet, wenn die Zuständigkeit an den Klägerwohnsitz anknüpft, so zB bei § 29c, § 797 V oder einer negativen Feststellungsklage nach § 256, BGH NJW 1991, 2910; Mü NJW-RR 2010, 645. 3

IV. Wahlrecht. Der Kläger übt seine Wahl durch Klageerhebung nach §§ 253, 261 (Rechtshängigkeit) aus, Hamm NJW-RR 2020, 638; KG NJW-RR 2020, 1193; oder im Fall eines hilfsweise gestellten Verweisungsantrag durch Stellen eben dieses Antrags, KG BeckRS 2019, 26590 = MDR 2020, 275. Zur Verweisung nach § 281 im Übrigen: → § 281 Rn. 7. Durch Erhebung der Widerklage gem. § 33 kann ebenfalls das Wahlrecht ausgeübt werden, Zweibr NJW-RR 2000, 590. Im Zeitraum zwischen Anhängigkeit und Rechtshängigkeit der Klage ist eine Änderung des Gerichtsstandes regelmäßig noch möglich, BayObLG MDR 1999, 1461. Im Mahnverfahren erfolgt die Wahl durch die gem. § 690 I Nr. 5 gesetzlich vorgeschriebene Angabe eines zuständigen Gerichts im Mahnantrag, BayObLG 2003, 187; Hamm MDR 2012, 800. Eine bindende Wahlrechtsausübung zu den genannten Zeitpunkten liegt aber noch nicht vor, wenn die Zuständigkeitskonkurrenz später eintritt, vgl. Köln NJW-RR 4

2014, oder dem Kläger (schuldlos) erst nachträglich bekannt wird, KG NJW-RR 2001, 62. Die einmal wirksam getroffene Wahl ist für diesen Prozess grundsätzlich endgültig und bindend, BGH NJW 1993, 2810; BayObLG BeckRS 2020, 3163; Ffm BeckRS 2020, 1824 Rn. 12; Hamm NJW-RR 2017, 1023, denn insoweit gilt der Grundsatz der Fortdauer der Zuständigkeit des angerufenen Gerichts gem. § 261 III Nr. 2. Nach einer nach § 35 bindenden Gerichtsstandswahl ist ein gleichwohl vorgenommener Verweisungsbeschluss gem. § 281 I in der Regel wegen willkürlicher Rechtsanwendung nicht bindend, soweit die Zuständigkeit des angerufenen Gerichts gegeben ist, BayObLG BeckRS 2020, 5679; Ffm BeckRS 2020, 1824 Rn. 12; Hamm NJW-RR 2019, 408; → § 281 Rn. 4 „Zuständigkeitsbestimmung". Die Verweisungsmöglichkeit nach § 281 I 1 setzt tatbestandlich die Unzuständigkeit des angerufenen Gerichts voraus, Hamm BeckRS 2011, 26327. Bei der Gerichtsstandwahl ist der Kläger frei; so kann er grds. an jedem Begehungsort (Handlungs-, Erfolgs- oder Schadensort) klagen, KG NJW-RR 2020, 1193; Hamm BeckRS 2019, 38360 Rn. 17; Mü NJW-RR 2019,1396; Düss NJW-RR 2018, 573. Er braucht auch nicht auf Kosten zu achten und den Gerichtsstand wählen, bei dem geringere Kosten entstehen, BGH NJW-RR 2014, 886. Er kann sein Wahlrecht auch ausüben, wenn hierdurch die Rechtsverfolgung des Beklagten erschwert wird oder er selbst Prozesskostenhilfe in Anspruch nehmen will, Hmb BeckRS 2013, 01424; Karlsr NJW 2005, 2718. Die Ausübung der Wahl wird erst durch Rechtsmissbrauch, für den der Beklagte die Darlegungslast trägt, begrenzt, BGH NJW-RR 2014, 886; → Rn. 5 „Rechtsmissbrauch".

V. Beispiele zur Frage eines Wahlrechts

5 **Arrest, einstweilige Verfügung:** Arrestantrag oder Antrag auf Erlass einer einstweiligen Verfügung stellen noch nicht die Ausübung des Wahlrechts in Bezug auf das Hauptsacheverfahren dar, da hierdurch eine Rechtshängigkeit der Hauptsache nicht eintritt, vgl. Karlsr NJW 1973, 1509; krit. Pauli GRUR-Prax 2021, 273; „Forum shopping"

„Forum shopping": Besteht bei einem einstweiligen Verfügungsverfahren das Wahlrecht zwischen mehreren örtlich zuständigen Gericht und der Antragsteller hat ein Gericht durch Stellung des Antrags gewählt, ist es nicht zulässig, nach einem Hinweis des Gerichts dort den Antrag zurückzunehmen und aufgrund des Wahlrechts bei einem anderen Gericht diesen Antrag zu stellen, da für den erneuten Antrag das Rechtsschutzbedürfnis fehlt, Düss GRUR 2019, 438; Mü WRP 2011, 364; Hmb GRUR 2007, 614; Ffm GRUR 2005, 34; Pauli GRUR-Prax 2021, 273; Löffel GRUR-Prax 2018, 536; Teplitzky GRUR 2008, 34; → § 940 Rn. 19 „Gewerblicher Rechtsschutz – (Forum-Shopping)". Die Möglichkeit „testhalber" die Meinung eines Gerichts einzuholen könnte auch gegen die prozessuale Waffengleichheit verstoßen, Düss GRUR 2019, 438.

Gerichtsstandsvereinbarung: Auch bei Vorliegen einer wirksamen Gerichtsstandsvereinbarung iSd § 38 kann der Kläger bindend von seinem Wahlrecht Gebrauch machen, da eine solche Vereinbarung keinen ausschließlichen, sondern nur einen zusätzlichen Gerichtsstand begründet, der zur freien Wahl der klagenden Partei steht, Düss GRUR-RR 2021, 187; Ffm BeckRS 2020, 1824.

Klagerücknahme: Nach Klagerücknahme endet die Bindungswirkung; bei einer neuen Klage entsteht auch das Wahlrecht neu, Musielak/Voit/Heinrich Rn. 3; Zöller/Schultzky Rn. 3.

Klageänderung oder Klageerweiterung: Das Wahlrecht entsteht neu bei Klageänderung gem. § 263, Köln NJW-RR 2014, 319, ebenso wie bei Klageerweiterung gem. §§ 263, 260, Karlsr OLGR 2007, 636.

Klagehäufung: Bei objektiver Klagehäufung kann ein Wahlrecht jedenfalls dann wirksam ausgeübt werden, wenn das Gericht für alle in der Klage verbundenen Anträge (Prozessuale Ansprüche) zuständig ist. Erhebt der Kläger eine Klage mit mehreren Anträgen, für die das Gericht teilweise unzuständig ist, ist die von ihm getroffene Wahl ab Rechtshängigkeit bindend, BayObLG BeckRS 2020, 5679; Hamm NJW-RR 2019, 408; aM LG Ffm NJW-RR 2018, 1216, Zöller/Schultzky Rn. 3. Zur Frage einer anschließenden Verweisung: → § 281 Rn. 4 „Zuständigkeitsbestimmung"; vgl. auch Rücker/Bell NJW 2021, 821.

Kosten: Die Wahlfreiheit besteht – bis zur Grenze des Rechtsmissbrauchs – unabhängig davon, welcher Gerichtsstand die geringsten Kosten für den Gegner verursacht, BGH NJW-RR 2014, 886.

Mahnbescheid: Hat ein Kläger im Mahnbescheidantrag ein zuständiges Abgabegericht benannt, so hat er sein Wahlrecht ausgeübt und ist grds. an die Wahl gebunden, Hamm NJW-RR 2016, 639.

Missbrauch: „Forum shopping".

Mehrere Amtsgerichte einer Gemeinde: Hat eine GmbH, die in ihrer satzungsgemäßen Sitzgemeinde keine aktuelle Geschäftsanschrift unterhält, ihren Satzungssitz in einer Gemeinde, die in mehrere Amtsgerichtsbezirke unterteilt ist, so hat sie an allen Amtsgerichten der Gemeinde einen allgemeinen Gerichtsstand, zwischen denen ein Kläger die Wahl nach § 35 hat, Ffm NJW-RR 2021, 1125 Rn. 11; aA KG NJOZ 2008, 237 (im Fall eines satzungsmäßigen Vereinssitzes „Berlin").

Neue Klage umgekehrten Rubrums: Die Bindungswirkung der Gerichtsstandwahl des Klägers besteht nicht für den ursprünglichen Beklagten als Kläger einer neuen Klage umgekehrten Rubrums fort, Karlsr OLGR 2003, 246.

Prorogation: „Gerichtsstandsvereinbarung"

Rechtsmissbrauch: Die Ausübung des Wahlrechts ist rechtsmissbräuchlich, wenn ein Gerichtsstand aus sachfremden Erwägungen und der Zweckbestimmung der Gerichtsstandsregelung zuwider gewählt wird, Karlsr NJW 2005, 2718; MüKoZPO/Patzina Rn. 3; Musielak/Voit/Heinrich Rn. 4; Prütting/Gehrlein/Bey Rn. 3. Teils ist dies in der Rechtspr. bejaht worden, wenn der Grund für die Wahl die dem Kläger günstigere Rechtsprechung dieses Gerichts sei, Hamm NJW 1987, 138, oder ein Gericht gewählt wird, das möglichst weit vom Sitz des Beklagten entfernt ist, KG GRUR-RR 2008, 212, oder für den Beklagten nur schwer zugänglich ist, Schlesw NJW-RR 2014, 442. Dies dürfte zumindest so allgemein nicht frei von Bedenken sein, Möller NJW 2009, 3632; Prütting/Gehrlein/Bey Rn. 3; Musielak/Voit/Heinrich Rn. 4; aM MüKoZPO/Patzina Rn. 3; Zöller/Schultzky Rn. 4. Im Einzelfall wird jedoch eine andere Wertung geboten sein, Musielak/Voit/Heinrich Rn. 4.

Selbständiges Beweisverfahren: Eine Wahl ist auch beim Verfahren nach §§ 485 ff. statthaft und dann für dieses bindend, BayObLG BeckRS 2020, 12330; Schlesw OLGR 2007, 158, nicht jedoch für ein späteres Hauptsacheverfahren, Jena OLGR 2008, 353.

Teilweise *Zuständigkeit:* *Ist das Gericht* nur für einen Teil der Klageanträge (prozessualen Ansprüche) zuständig, ist der Kläger ab Rechtshängigkeit an die von ihm getroffene Wahl gebunden, BayObLG BeckRS 2020, 5679; Hamm NJW-RR 2019, 408; „Klagehäufung"; aM LG Ffm NJW-RR 2018, 1216; Zöller/Schultzky Rn. 3; ausf. Rücker/Bell NJW 2021, 821.

35a *(aufgehoben)*

36 *Gerichtliche Bestimmung der Zuständigkeit.* **[I] Das zuständige Gericht wird durch das im Rechtszug zunächst höhere Gericht bestimmt:**

1. wenn das an sich zuständige Gericht in einem einzelnen Fall an der Ausübung des Richteramtes rechtlich oder tatsächlich verhindert ist;
2. wenn es mit Rücksicht auf die Grenzen verschiedener Gerichtsbezirke ungewiss ist, welches Gericht für den Rechtsstreit zuständig sei;
3. wenn mehrere Personen, die bei verschiedenen Gerichten ihren allgemeinen Gerichtsstand haben, als Streitgenossen im allgemeinen Gerichtsstand verklagt werden sollen und für den Rechtsstreit ein gemeinschaftlicher besonderer Gerichtsstand nicht begründet ist;
4. wenn die Klage in dem dinglichen Gerichtsstand erhoben werden soll und die Sache in den Bezirken verschiedener Gerichte belegen ist;
5. wenn in einem Rechtsstreit verschiedene Gerichte sich rechtskräftig für zuständig erklärt haben;
6. wenn verschiedene Gerichte, von denen eines für den Rechtsstreit zuständig ist, sich rechtskräftig für unzuständig erklärt haben.

II Ist das zunächst höhere gemeinschaftliche Gericht der Bundesgerichtshof, so wird das zuständige Gericht durch das Oberlandesgericht bestimmt, zu dessen Bezirk das zuerst mit der Sache befasste Gericht gehört.

III [1] Will das Oberlandesgericht bei der Bestimmung des zuständigen Gerichts in einer Rechtsfrage von der Entscheidung eines anderen Oberlandesgerichts oder des Bundesgerichtshofs abweichen, so hat es die Sache unter Begründung seiner Rechtsauffassung dem Bundesgerichtshof vorzulegen. [2] In diesem Fall entscheidet der Bundesgerichtshof.

Schrifttum: Bornkamm, Die Gerichtsstandsbestimmung nach §§ 36, 37 ZPO, NJW 1989, 2713; Herz, Die gerichtliche Zuständigkeitsbestimmung: Voraussetzungen und Verfahren, 1990; Roth, Parteierweiternde Widerklage und gerichtliche Bestimmung der Zuständigkeit, FS Beys, Athen, 2004, 1353.

Übersicht

I. Systematik. Die gerichtliche Bestimmung des zuständigen Gerichts in §§ 36, 37 stellt eine wichtige Ergänzung des gesetzlichen Zuständigkeitssystems in Titel 2 für die Fälle dar, in denen das zuständige Gericht aus rechtlichen oder tatsächlichen Gründen nicht eindeutig bestimmt werden kann. Diese Bestimmung ist kein Akt der Justizverwaltung, sondern einer der Rechtspflege und daher den Gerichten zugewiesen, BGH NJW 2000, 80 (auch bei einem Konflikt zwischen zwei verschiedenen Spezialspruchkörpern, weil die Zuständigkeit auf einer ausdrücklichen gesetzlichen Zuweisungsregelung beruht; → Rn. 42). § 36 nennt die Voraussetzungen, § 37 das Verfahren des Zwischenstreits der Zuständigkeitsbestimmung, für das auch § 329 gilt, → § 37 Rn. 8. § 36 bezieht sich nicht nur auf die Bestimmung der örtlichen Zuständigkeit, sondern er wird auch entsprechend angewandt auf die Bestimmung der sachlichen und funktionellen – auch institutionellen – Zuständigkeit, BGH NJW 1998, 685; NJW 1984, 1624; Ffm BeckRS 2019, 26112, sowie beim rechtswegübergreifenden negativen Kompetenzkonflikt, BGH BeckRS 2021, 21703 Rn. 6; BVerwG NJW 2019, 2112. Bei der sachlichen Zuständigkeit ist § 11 zu beachten, der die Entstehung negativer Kompetenzkonflikte in diesem Bereich mit der Notwendigkeit eines Verfahrens nach § 36 vermeidet, BGH NJW 1997, 869. Die Zulässigkeit des beschrittenen Rechtswegs ist in dem durch § 17a GVG geregelten Verfahren festzulegen. Nur ausnahmsweise kommt eine Entscheidung in entsprechender Anwendung des § 36 in Betracht, wenn das zur Wahrung des Funktionierens der Rechtspflege und Rechtssicherheit notwendig wird, BGH NJW-RR 2011, 1497; NJW-RR 2002, 713; BAG NJW 2006, 2798; vgl. für § 53 VwGO im verwaltungsgerichtlichen Verfahren, BVerwG BeckRS 2021, 18667 Rn. 5; NJW 2019, 2112; VG Münst BeckRS 2021, 13078 Rn. 3. 1

II. Regelungszweck. Wenn aus tatsächlichen oder rechtlichen Gründen Unklarheit über den Gerichtsstand besteht, die durch die anderen Vorschriften über die Zuständigkeiten nicht ausgeräumt werden kann, gebietet die verfassungsrechtliche Garantie des gesetzlichen Richters aus Art. 101 I 2 GG ein gesetzlich geregeltes Verfahren 2 zur Bestimmung der Zuständigkeit. Dies bedeutet aber nicht, dass der Gesetzgeber den gesetzlichen Richter stets endgültig bestimmen muss; vielmehr besteht ein begrenzter Spielraum, wenn die Bestimmung in der Hand unabhängiger Gerichte liegt. Deshalb sind gesetzliche Regelungen zur Gerichtsstandsbestimmung verfassungsrechtlich nicht zu beanstanden, BVerfG NJW 2009, 907 (zu § 36 I Nr. 3). Den Voraussetzungen wird § 36 zusammen mit der Verfahrensregelung des § 37 gerecht, BVerfG NJW 2009, 907, und bietet zugleich eine umfassende, einfache und rasche Lösung, Zuständigkeitsunsicherheiten zu beheben und das zuständige Gericht zu bestimmen. Damit dient die Norm auch der Prozessförderung, BGH NJW 2008, 3789; MüKoZPO/Patzina Rn. 1, der Prozesswirtschaftlichkeit, Ffm NJW-RR 2006, 864 und durch Verhinderung einer Rechtsschutzverweigerung oder durch Vermeidung widerstreitender Entscheidungen auch der Rechtssicherheit, BGH NZM 2021, 97; NJW 2015, 3171; NJW 1972, 111.

3 Zweck von II und III, die durch das SchiedsVfG zum 1.4.1998 eingefügt wurden, ist eine Entlastung des BGH von Zuständigkeitsbestimmungen, soweit dies nicht zur Wahrung der Rechtseinheit geboten ist, BGH NJW-RR 2019, 1181; NJW 2018, 2200; NJW 2000, 80.

4 **III. Sachlicher Geltungsbereich: Umfassende Anwendbarkeit.** § 36 gilt in allen der ZPO unterliegenden Verfahren, gleich welcher Prozessart, BAG DB 2003, 728, BayObLG NJW 1988, 2184. Die Bestimmung des zuständigen Gerichts nach § 36 setzt nicht generell voraus, dass das durchzuführende Verfahren bereits rechtshängig oder auch nur anhängig geworden ist, BGH NJW 1980, 1281; KG BeckRS 2019, 26590 = MDR 2020, 275. Eine vor Klageerhebung beantragte Bestimmung entfaltet nur dann Wirkung, wenn die im Bestimmungsverfahren angekündigte Klage gegen den als künftig Beklagten Benannten erhoben wird, BayObLG BeckRS 2019, 32701; Mü NJW-RR 2013, 1016. In I Nr. 3, 4 ist vielmehr ausdrücklich normiert, dass die Zuständigkeitsbestimmung schon vor Klageerhebung erfolgen kann. Möglich ist eine Gerichtsstandsbestimmung aber auch nach Klageerhebung, BGH NJOZ 2021, 402; NJW-RR 2020, 1070; NJW-RR 2019, 238; NJW-RR 2011, 929; BayObLG NJW-RR 2021, 466; Hamm BeckRS 2019, 21126. In den Fällen des I Nr. 1, 2, die kaum praktische Bedeutung haben, ist ebenfalls bereits vor Rechtshängigkeit oder Anhängigkeit eine Zuständigkeitsbestimmung zulässig, Musielak/Voit/Heinrich Rn. 13. Die Fälle des I Nr. 5, 6 erfordern hingegen grundsätzlich ein bereits rechtshängiges Verfahren, weil zuvor keine rechtskräftigen Entscheidungen über die Zuständigkeit oder Unzuständigkeit verschiedener Gerichte ergangen sein können, BGH NJW 2002, 444. Im Fall des I Nr. 6 kann ausnahmsweise bereits vor Eintritt der Rechtshängigkeit die Zuständigkeitsbestimmung erfolgen, wenn verschiedene Gerichte, von denen eines zuständig ist, jeweils abschließend zum Ausdruck gebracht haben, dass sie sich nicht für zuständig halten, und eine baldige Beilegung des negativen Kompetenzkonfliktes nicht erwartet werden kann, KG BeckRS 2019, 26590 = MDR 2020, 275.

IV. Beispiele zur Frage des sachlichen Geltungsbereichs

5 **Arbeitsgerichtsverfahren:** § 36 gilt vor den Arbeitsgerichten entsprechend, BGH NJW 1990, 54; BAG NJW 2006, 1372 und 2798; LAG Bln-Brdb NZA-RR 2015, 324.

Arrest, einstweilige Verfügung: § 36 gilt in einem Verfahren nach §§ 916 ff., 935 ff., Zweibr OLGR 2008, 857.

Auslandsberührung: § 36 gilt im Verfahren mit einer Auslandsberührung, BGH FamRZ 1984, 162; BayObLG NJW-RR 2006, 210; bei Vollstreckbarkeitserklärung ausländischer Titel, BayObLG NJW 1988, 2184; Abramenko Rpfleger 2004, 473. § 36 I Nr. 3 ist auch dann anwendbar, wenn für einen im Ausland ansässigen Beklagten im Inland nur ein besonderer Gerichtsstand begründet ist, BGH NJOZ 2021, 402; NJW-RR 2013, 1399.

Beratungshilfeverfahren: § 36 gilt im Verfahren auf Beratungshilfe, BGH FamRZ 1984, 774.

Freiwillige Gerichtsbarkeit: Im Verfahren der freiwilligen Gerichtsbarkeit sowie für das Verhältnis zwischen freiwilliger und streitiger Gerichtsbarkeit ist § 36 anwendbar, BayObLG MDR 2004, 1262.

Insolvenzverfahren: § 36 gilt im Insolvenzverfahren iVm § 4 InsO, BGH NJW 1996, 2235; BayObLG 2003, 230; Celle Rpfleger 2004, 240; → Rn. 22 „Insolvenzverfahren".

Kostenfestsetzungsverfahren: § 36 gilt im Festsetzungsverfahren nach §§ 103 ff., BayObLG AnwBl 1989, 161.

Mahnverfahren: § 36 ist im Mahnverfahren nach §§ 688 ff. anwendbar, BGH NJW 1995, 3317; NJW 1993, 2752; BayObLG Rpfleger 2003, 139; Hamm BeckRS 2019, 38796.

Prozesskostenhilfeverfahren: § 36 gilt im Verfahren auf eine Prozesskostenhilfe nach §§ 114 ff., BGH NJW-RR 2010, 209; Drsd NJW 2005, 3151.

Rechtsmittelverfahren: § 36 ist auch anzuwenden, wenn der Zuständigkeitsstreit die Zuständigkeit für die Entscheidung über ein Rechtsmittel betrifft, BGH NJW 1986, 2764.

Selbständiges Beweisverfahren: § 36 gilt im selbständigen Beweisverfahren nach §§ 485 ff., BayObLG BeckRS 2020, 12060 und 12330; BeckRS 2019, 8719; MDR 2004, 1262; NJW-RR 1999, 1010; Naumb BauR 2014, 1038; Hamm MDR 2013, 116; Schlesw NJW-RR 2010, 533; Weise/Hänsel NJW-Spezial 2021, 300.

Spruchverfahrensgesetz: § 36 gilt auch beim SpruchG, Kblz NJW-RR 2008, 553.

Verbrauchersachen: Die Zuständigkeit für Verbrauchersachen iSd Art. 17 I Brüssel-Ia-VO und des Art. 15 I LugÜ II ist in Art. 15 – 17 LugÜ II abschließend geregelt, so dass eine abweichende Gerichtsstandsbestimmung nach Art. 6 I LugÜ oder § 36 I nicht in Betracht kommt, BGH NJOZ 2021, 402.

Wohnungseigentum: § 36 gilt im WEG-Verfahren, Mü NJW-RR 2008, 1544.

Zwangsvollstreckung: § 36 gilt im Verfahren der Zwangsvollstreckung, BGH NJW 1983, 1859; BayObLG BeckRS 2020, 12342; Hamm DGVZ 2012, 13; Karlsr NZM 2009, 247.

6 **V. Antragserfordernis.** Die Bestimmung des zuständigen Gerichts erfolgt regelmäßig aufgrund eines Antrags einer Partei, was sich aus dem Wortlaut des § 37 I („Gesuch") ergibt, MüKoZPO/Patzina Rn. 18. Von den Parteien sind grundsätzlich nur der Kläger oder sein Nebenintervenient befugt, den Antrag auf eine Gerichtsstandsbestimmung zu stellen, BGH NJW 1985, 2537; BayObLG NJOZ 2005, 743; Brdb NJW-RR 2020, 635. In den Fällen des I Nr. 1, 5 und 6 kann in einem anhängigen Verfahren auch der Beklagte oder sein Streithelfer Antragsteller sein, BGH NJW 1990, 2751.

7 Trotz des Wortlauts des § 37 I (Gesuch) ist es unschädlich, dass weder Kläger noch Beklagter um die Bestimmung des zuständigen Gerichts nachgesucht haben. In den Fällen von I Nr. 5, 6 ist die Antragstellung entbehrlich und die Vorlage durch eines der beteiligten Gerichte ausreichend, BGH NJW 1985, 2537; Köln

NJW-RR 2021, 642; Mü NJW-RR 2019, 1396; Hamm BeckRS 2019, 38796; OLGR 2007, 188; Musielak/Voit/Heinrich § 37 Rn. 4.

Gebühren: Des Gerichts keine; des Anwalts: Sie entstehen nach §§ 15, 19 RVG grundsätzlich nicht neben den sonstigen Gebühren. Falls er die Partei aber nicht mehr weiter vertritt, 0,8-Gebühr nach VV 3402 RVG. 8

VI. Bestimmendes Gericht. Die Bestimmung des zuständigen Gerichts steht nach I dem im Instanzenzug nächsthöheren Gericht zu, BGH NJW 2018, 2336; Ffm BeckRS 2020, 1824; Brdb NJW-RR 2020, 635; WoM 2015, 367; Hamm BeckRS 2019, 17379, bei I Nr. 2–6 dem gemeinschaftlichen übergeordneten Gericht. Nach II wird das zuständige Gericht durch das OLG bestimmt, wenn das zunächst höhere Gericht der BGH ist, Hamm BeckRS 2019, 38796. Sind mehrere OLG beteiligt, ist das OLG bestimmendes Gericht, zu dessen Bezirk das zuerst mit der Sache befasste Gericht gehört, BGH BeckRS 2021, 21703 Rn. 11; Stgt NZG 2021, 744 Rn. 18; Ffm BeckRS 2021, 43447 Rn. 12; Hamm BeckRS 2021, 45603 Rn. 12; BeckRS 2019, 38796 Rn. 25; BeckRS 2019, 17379 Rn. 13. Bestimmende Gerichte als höhere gemeinschaftliche Gerichte sind regulär die LG (für die AG ihrer Bezirke) und die OLG (für die LG ihrer Bezirke und die AG verschiedener LG-Bezirke); zum BayObLG → Rn. 12. 9

1. Erstbefassung und Divergenzvorlage. Nach der Rechtsprechung des BGH ist eine Divergenzvorlage nach III nur zulässig, wenn der BGH das nächsthöhere gemeinschaftliche Gericht ist und sich die Bestimmungszuständigkeit eines OLG aus II ergibt, BGH BeckRS 2022, 21672 Rn. 12 = WM 2022, 1727; NJW 2018, 2336. Die Vorlage ist nicht zulässig, wenn das OLG selbst das im Rechtszug nächsthöhere Gericht und deshalb nach I zur Bestimmung des zuständigen Gerichts berufen ist, BGH NJW 2000, 3214; Brschw MDR 2019, 1531. Soweit also nach I eigentlich der BGH für die Bestimmung zuständig wäre, wird nach II grundsätzlich das OLG tätig, zu dessen Bezirk das zuerst mit der Sache befasste Gericht gehört, sog. Prioritätsgrundsatz, BGH NJW 2001, 1499; Stgt NZG 2021, 744 Rn. 18; Köln NJW-RR 2021, 642 Rn. 2; Ro BeckRS 2021, 28786 Rn 10; Hamm NJW-RR 2020, 60; NJW-RR 2019, 1398; KG NJW-RR 2020, 696; MDR 2020, 275; Brschw MDR 2019, 1531; Hmb ZInsO 2019, 2127 = BeckRS 2019, 18543; Düss MDR 2012, 1119. Das gilt auch, soweit sich der Konflikt erst auf der OLG-Ebene ergibt, BGH NJW 2001, 1499. „Befasst" ist ein Gericht, sobald bei ihm ein Antrag auf Entscheidung eingegangen ist. Ist noch kein Gericht mit der Sache befasst (zB bei I Nr. 3), ist das OLG zuständig, das zuerst um Bestimmung nach § 37 ersucht wird. Bei Bestehen eines Anknüpfungspunktes zu diesem OLG kommt es nicht zwingend darauf an, ob einer der Streitgenossen in dessen Bezirk seinen allgemeinen Gerichtsstand hat, BGH NJW 2008, 3789. 10

Will ein nach II zuständiges OLG, vgl. BGH NJW 2000, 3214, dabei in einer materiell-rechtlichen oder prozessrechtlich entscheidungserheblichen Rechtsfrage von einem anderen OLG (auch einem anderen Senat des vorlegenden OLG) oder vom BGH abweichen, so hat es die Sache nach III 1 ohne zeitliche Grenzen dem BGH vorzulegen, BGH BeckRS 2022, 21672 Rn. 12 ff.; NJW 2018, 2200; WM 2017, 1874; Stgt NZG 2021, 744 Rn. 42 (verneint im Fall ausschließlicher Zuständigkeit nach § 32b I); Hmb ZInsO 2019, 2127 = BeckRS 2019, 18543; Hamm NJW-RR 2019, 1398 (Verneinung einer Divergenz bei fehlenden Anhaltspunkten). Ein Gerichtsstandsbestimmungsverfahren ist bereits dann dem BGH zur Entscheidung vorzulegen, wenn die Divergenz hinsichtlich einer Rechtsfrage besteht, die eine Voraussetzung betrifft, unter denen eine Gerichtsstandsbestimmung nach I Nr. 3 überhaupt zulässig ist, BGH NJOZ 2021, 402; NJW-RR 2019, 1181 = NZG 2019, 1113; NJW 2018, 2200, oder ob ein Bestimmungsverfahren überhaupt durchzuführen ist, Hmb ZInsO 2019, 2127 = BeckRS 2019, 18543. Der Umstand, dass eine für die Zuständigkeit erhebliche Rechtsfrage in Literatur oder Instanzrechtsprechung umstritten ist, reicht hingegen nicht aus, BGH NJW-RR 2019, 1181. In dem Vorlagebeschluss sind die entscheidungserheblichen Rechtsfragen und die Divergenzentscheidung zu bezeichnen. Eine Vorlage nach III 1 ist nur zulässig, wenn das OLG anstelle des BGH gem. II zuständig ist, nicht aber in dem Fall, dass es nach I originär zur Zuständigkeitsbestimmung berufen ist, BGH NJW 2018, 2336. Der BGH entscheidet nach III 2 gemäß § 37 bindend. 11

2. BayObLG. Das BayObLG, das mit Ablauf des 30.6.2006 aufgelöst worden war, ist mit Wirkung zum 15.9.2018 erneut errichtet worden, vgl. Gesetz zur Errichtung des Bayerischen Obersten Landesgerichts (GVBl. 2018 I S. 545). Es ist nach I zur Bestimmung des zuständigen Gerichts berufen, soweit es bei einem landesinternen Kompetenzstreit das zunächst höhere gemeinschaftliche Gericht ist. Während nämlich nach II der BGH als höheres gemeinschaftliches Gericht unberücksichtigt bleibt, gilt das nicht für das BayObLG, das insoweit an die Stelle des BGH tritt, BayObLG BeckRS 2021, 9754; BeckRS 2020, 3165; → EGZPO § 9 Rn. 1; Zöller/Heßler EGZPO § 9 Rn. 2. Es bestimmt das zuständige Gericht nach II iVm § 9 EGZPO, BayObLG NJW-RR 2021, 466; BeckRS 2020, 8285; außerdem bei einem länderübergreifenden Kompetenzstreit, soweit ein bayerisches Gericht zuerst mit der Sache befasst war, BayObLG BeckRS 2021, 10899 Rn. 8; NJW-RR 2020, 763; BeckRS 2020, 3163 und 5678 und 12342; BeckRS 2019, 6004. Dass keiner der Antragsgegner einen allgemeinen Gerichtsstand in Bayern hat, steht dem nicht entgegen, BGH NJW 2008, 3789; BayObLG BeckRS 2019, 31311. Die Vorlagepflicht nach III gilt auch bei Entscheidung eines ObLG, Zöller/Heßler EGZPO § 9 Rn. 2. 12

3. Verschiedene Gerichtsbarkeiten. Auf einen Zuständigkeitsstreit zwischen Gerichten verschiedener Gerichtsbarkeiten (Gerichtszweige) ist § 36 entsprechend anwendbar, wenn dies zur Wahrung einer funktionierenden Rechtspflege und der Rechtssicherheit notwendig ist, etwa weil es innerhalb eines Verfahrens zu Zweifeln über die Bindungswirkung von rechtskräftigen Verweisungsbeschlüssen kommt und keines der infrage kommenden Gerichte bereit ist, die Sache zu bearbeiten, BGH NJW 2017, 1689. Es entscheidet dasjenige oberste Gericht, dem zuerst ein Antrag zugeht, BGH NJW 1999, 221; BAG NJW 2003, 1068, sofern eines der am Kompetenzstreit beteiligten unteren Gerichte seinem Gerichtszweig angehört, BSG MDR 1989, 189. 13

VII. Verhinderung des zuständigen Gerichts, I Nr. 1. Das an sich örtlich und sachlich zuständige Gericht muss an der Ausübung des Richteramts im Einzelfall verhindert sein. Die Zuständigkeit eines weiteren Gerichts schließt I Nr. 1 nicht aus, MüKoZPO/Patzina Rn. 19. Die Verhinderung kann aus Rechtsgründen bestehen, etwa infolge eines gesetzlichen Ausschlusses nach § 41 oder infolge einer erfolgreichen Ablehnung nach §§ 42 ff., Brem OLGR 2008, 375. Sind bei einem Landgericht alle Handelsrichter der – einzigen – KfH dieses Gerichts befangen, da es sich bei einer Partei um einen der Kammer zugehörigen Handelsrichter handelt, ist das für die Fortsetzung des Rechtsstreits zuständige Gericht vom OLG nach I Nr. 1 zu bestimmen, Brdb NJW-RR 2020, 635. Jedoch reichen pauschale Ablehnungsanträge „gegen alle Richter des Gerichts" nicht aus, da sie grds. 14

rechtsmissbräuchlich sind, Brem OLGR 2008, 375. Die Verhinderung kann auch aus tatsächlichen Gründen bestehen, etwa infolge einer Naturkatastrophe, eines Terrorangriffs, eines Aufruhrs oder des Stillstands der Rechtspflege nach § 245 durch eine Epidemie (vgl. Diskussionen zur Corona-Pandemie seit dem Jahr 2020). Wenn ein Einzelrichter erkrankt ist, besteht eine Verhinderung dieses Gerichts nur dann, wenn auch jeder geschäftsplanmäßige Vertreter dieses Richters verhindert ist. Das bestimmende Gericht muss die sachliche Zuständigkeit und die örtliche Zuständigkeit prüfen. Das bestimmte Gericht darf die Zuständigkeit grundsätzlich nicht mehr prüfen.

15 **VIII. Ungewissheit über die Zuständigkeit, I Nr. 2.** Nr. 2 ist anwendbar, wenn Ungewissheit über den Grenzverlauf des Gerichtsbezirks besteht und damit unklar ist, zu welchem Bezirk eine bestimmte die Zuständigkeit bestimmende Lokalitäten (Wohnsitz, Erfüllungsort etc.) gehört, oder nicht aufklärbar ist, in welchem Gerichtsbezirk das für die Zuständigkeitsanknüpfung maßgebliche Ereignis (unerlaubte Handlung etc.) stattgefunden hat, MüKoZPO/Patzina Rn. 21. § 3 I 2 BinnSchVerfG enthält eine Sondervorschrift für den Fall, dass sich die maßgebliche Tatsache auf einem Gewässer ereignet hat.

16 **IX. Streitgenossen, I Nr. 3.** Dazu Albicker, Der Gerichtsstand der Streitgenossenschaft, 1996; Lorenz ZRP 2011, 182 (rechtspolitisch); Lund, Der Gerichtsstand der Streitgenossenschaft im europäischen Zivilprozessrecht, 2014; Vossler NJW 2006, 117 (Grdz.). Die Vorschrift ist mit Art. 101 I 2 GG vereinbar, → Rn. 2; BVerfG NJW 2009, 907. Sie erfasst alle Arten von Streitgenossenschaft nach §§ 59 ff., BGH NJW 1998, 685; BayObLG NJW-RR 2020, 1263; Ffm OLGR 2005, 568. Es genügt, dass die Ansprüche in einem inneren sachlichen Zusammenhang stehen, der sie ihrem Wesen nach als gleichartig erscheinen lässt, BGH NJW 2018, 2200; NJW-RR 2011, 1137; NJW-RR 1991, 381. Die Klage muss sich gegen mehrere Personen als Streitgenossen richten, BayObLG NJW-RR 2006, 212; Mü NJW-RR 2018, 699. Die Entscheidung richtet sich nach dem Tatsachenvortrag des Klägers, Kblz MDR 2010, 589; MüKoZPO/Patzina Rn. 23; offengelassen, ob ein tatsächliches Bestehen einer Streitgenossenschaft erforderlich ist, BGH NJW 1986, 3209. Eine gerichtliche Bestimmung des zuständigen Gerichts setzt weiterhin nach I Nr. 3 voraus, dass für den Rechtsstreit kein gemeinschaftlicher allgemeiner (→ Rn. 18) oder besonderer (→ Rn. 19) Gerichtsstand im Inland eröffnet ist, denn die gerichtliche Bestimmung der Zuständigkeit dient dazu eine Rechtslücke zu schließen, BayObLG BeckRS 2021, 10899 Rn. 13; Saarbr NJW-RR 2022, 432 Rn. 9. Die Bestimmung des zuständigen Gerichts hat nach Zweckmäßigkeitsgesichtspunkten und unter Berücksichtigung der Prozesswirtschaftlichkeit zu erfolgen, BGH NJW-RR 2008, 1514; NJW 2007, 1365; Düss BeckRS 2021, 38391 Rn. 63; Hamm NZKart 2017, 79 Rn. 58.

17 Nach dem Wortlaut findet eine Gerichtsstandsbestimmung nach I Nr. 3 schon vor dem Eintritt der Rechtshängigkeit Anwendung („verklagt werden sollen"), BayObLG BeckRS 2021, 10899 Rn. 10; Hamm NJW 2020, 878; Drsd JurBüro 2010, 378. Eine Bestimmungsentscheidung kommt über den Wortlaut der Norm auch dann in Betracht, wenn gegen alle Beklagten bereits Klage erhoben worden ist und einzelne von ihnen die Unzuständigkeit dieses Gerichts geltend gemacht haben, BGH NJOZ 2021, 402 Rn. 10; NJW-RR 2020, 1070 Rn. 10; NJW-RR 2019, 238 Rn. 10; NJW-RR 2011, 929; BayObLG BeckRS 2021, 10899 Rn. 10; BeckRS 2019, 29549; BeckRS 2019, 11307; Düss BeckRS 2021, 38391 Rn. 35; Hamm BeckRS 2019, 21126; Brdb NJOZ 2012, 401 Rn. 10. I Nr. 3 ist nach → Rn. 22 „Rechtshängigkeit" auch noch nach dem Eintritt der Rechtshängigkeit anwendbar, aber nicht mehr nach Erhebung mehrerer Klagen bei verschiedenen Gerichten, BGH NJW-RR 2011, 929 und nach → Rn. 22 „Verweisung" auch nicht dann, wenn der Kläger bindend an unterschiedliche Gerichte hat verweisen lassen. Sinn und Zweck des Verfahrens nach I Nr. 3 ist es, die Zuständigkeit abschließend zu klären und langwierige Zuständigkeitsstreitigkeiten zu vermeiden, Schlesw BeckRS 2022, 10276 Rn. 26.

18 **1. Verschiedene inländische Gerichtsstände.** Die als Streitgenossen zu Verklagenden müssen verschiedene inländische allgemeine Gerichtsstände nach §§ 12 ff. haben, BGH NJW 2018, 2200 (beim „Abgasskandal" für den Fall, dass Händler und Hersteller in Anspruch genommen werden); ZIP 2011, 1074; BayObLG NJOZ 2019, 1666; Hamm NZG 2016, 1389. Eine Gerichtsstandsbestimmung kann aber schon dann erfolgen, wenn die Voraussetzungen für das Bestehen eines gemeinschaftlichen Gerichtsstands nicht zuverlässig festgestellt werden können, BGH NJW-RR 2019, 1181, oder wenn die Beurteilung der Zuständigkeit allein von Rechtsfragen abhängt und das Gericht, bei dem der gemeinsame Gerichtsstand begründet sein könnte, seine Zuständigkeit bereits abgelehnt hat, BGH NJW 2018, 2200; Hamm NJW-RR 2017, 94, oder das angerufene Gericht seine Zuständigkeit verneinen möchte, BGH NJOZ 2021, 402.

19 **2. Kein gemeinsamer besonderer Gerichtsstand.** Unabhängig vom Kenntnisstand ist I Nr. 3 grds. nur anwendbar, wenn hinsichtlich sämtlicher Klagegründe kein gemeinsamer allgemeiner oder besonderer Gerichtsstand im Inland nach §§ 20 ff. gegeben ist, BGH ZIP 2011, 1074; Hamm BeckRS 2021, 45603 Rn. 15; BeckRS 2018, 1296 Rn. 7 = FamRZ 2018, 931. Es genügt, wenn ein solcher jedenfalls nicht zuverlässig feststellbar ist, BGH NJW-RR 2008, 1514. Ebenso reicht es, wenn zwei Gerichte unterschiedliche Auffassungen hinsichtlich der Frage haben, ob in einer bestimmten tatsächlichen Konstellation eine Gerichtsstandsbestimmung im Hinblick auf das mögliche Bestehen eines gemeinsamen besonderen Gerichtsstands ausscheidet, BGH NJW-RR 2019, 1181. Ein ausländischer gemeinsamer Gerichtsstand, etwa nach § 29 oder § 32, bleibt unberücksichtigt, weil dem Kläger nicht zumutbar ist, auf einen Gerichtsstand im Ausland verwiesen zu werden, BayObLG NJW-RR 1990, 893. Aus prozessökonomischen Erwägungen kommt ausnahmsweise eine Bestimmung trotz eines bestehenden gemeinschaftlichen Gerichtsstands in Betracht, wenn das Gericht des gemeinsamen besonderen Gerichtsstandes bereits erhebliche Zweifel an seiner Zuständigkeit geäußert hat, Hamm BeckRS 2021, 45603 Rn. 15; Naumb NJW-RR 2014, 957; Nürnb VersR 2010, 411.

20 **3. Streitgenossenschaft.** Eine Gerichtsstandsbestimmung nach I Nr. 3 setzt voraus, dass mehrere Personen verklagt werden sollen oder verklagt sind. Zweckmäßigkeitserwägungen können zwar im Rahmen des I Nr. 3 dazu führen, dass eine Gerichtsstandsbestimmung über den Wortlaut hinaus erfolgen kann; dies gilt jedoch nicht bei der Feststellung von mehreren Personen auf der Beklagtenseite, Hamm NJW-RR 2016, 1024. Zweckmäßigkeitsüberlegungen sind sehr zurückhaltend anzustellen, da es bei der Gerichtsstandsbestimmung um die Bestimmung des gesetzlichen Richters nach Art, 101 GG geht, Weise/Hänsel NJW-Spezial 2021, 300. Der Kläger muss die Bekl. als Streitgenossen nach §§ 59 ff. im Allgemeinen Gerichtsstand verklagen wollen, BGH NJW-RR 2019, 238; NJW 2018, 2200; NJW-RR 2011, 1137; BayObLG NJOZ 2021, 604; NJW-RR 2020, 1263; BB 2003, 2707. Dabei kommt es nicht darauf an, ob die tatsächlichen Behauptungen des Antragstellers zum Vorliegen der

Streitgenossenschaft zutreffen, BayObLG BeckRS 2020, 12330. Er muss aber zur Begründung seiner Klageansprüche Tatsachen behaupten, mit denen die Voraussetzungen einer passiven Streitgenossenschaft iSv §§ 59, 60 schlüssig vorgetragen sind, BayObLG BeckRS 2020, 16406 und 35642. Liegt diese Voraussetzung nur für einen Teil der (beabsichtigten) Streitgegenstände vor, kann die Zuständigkeitsbestimmung nur für diesen Teil in Betracht kommen, BayObLG BeckRS 2020, 35642. Für die Anwendung des § 60 genügt es, wenn die geltend gemachten Ansprüche in einem inneren Zusammenhang stehen, der sie ihrem Wesen nach als gleichartig erscheinen lässt, BGH NJOZ 2021, 402; NJW 2018, 2200. Der Annahme einer Streitgenossenschaft steht nicht entgegen, wenn die mit der Klage geltend gemachten Ansprüche einerseits auf deliktischen und andererseits auf vertraglichen Grundlagen beruhen, Hamm NJW 2020, 878 = BeckRS 2020, 9037. „Als Streitgenossen" werden mehrere Beklagte dann in Anspruch genommen, wenn sie einem gemeinsamen Gegner gegenüberstehen, nicht hingegen, wenn jeder von ihnen jeweils von einer anderen Person belangt wird, BGH NJW 1992, 981; BayObLG NJOZ 2021, 604. Zumindest einer der Streitgenossen muss regelmäßig bei dem zu bestimmenden Gericht den allgemeinen Gerichtsstand haben, BGH NJW 1986, 3209; Hamm BauR 2014, 602. Besondere vorrangige Gründen, wie zB eine ausschließlich begründete Zuständigkeit für einen Streitgenossen durch Prorogation, können aber auch die Bestimmung eines Gerichts gestatten, an dem keiner der Beklagten seinen allgemeinen Gerichtsstand hat, BGH NJW 2008, 3789 (Geschäftsführer des Antragsgegners zu 1 war faktisch auch Geschäftsführer des Antragsgegners zu 2). Grundsätzlich dürfte aber die Bestimmung des einseitig prorogierten Gerichtsstands auch für den anderen Streitgenossen als unzumutbar anzusehen sein, BayObLG BeckRS 2020, 3165; NJW-RR 2000, 660. Die als Streitgenossen in Anspruch genommenen Personen müssen zumindest einem gemeinsamen Gegner gegenüberstehen, BGH NJW 1992, 981. Das Gericht darf übereinstimmende Wünsche der Mehrheit der Beklagten berücksichtigen, Ffm NJW-RR 2006, 864. Bei der Bestimmung des zuständigen Gerichts gilt der Grundsatz, dass regelmäßig nur ein Gericht bestimmt werden kann, bei dem wenigstens einer der Streitgenossen seinen allgemeinen Gerichtsstand hat, Hamm NJW 2020, 878. Wird für eine beabsichtigte Klage gegen Streitgenossen der allgemeine Gerichtsstand eines der Streitgenossen als gemeinsamer Gerichtsstand bestimmt und wird die spätere Klage gerade nicht gegen diesen erhoben, so bindet auch die Gerichtsstandsentscheidung im Übrigen nicht, Mü NJW-RR 2013, 1016.

Eine Gerichtsstandsbestimmung nach I Nr. 3 kommt nicht in Betracht, wenn hinsichtlich mehrerer beklagter **21** Streitgenossen kollidierende ausschließliche Gerichtsstandsvereinbarung einzuhalten sind, BayObLG BeckRS 2020, 29196. I Nr. 3 ist nach seinem Sinn und Zweck nicht anwendbar, wenn eine Klage mit mehreren Anträgen gegen nur einen Beklagten vorliegt und für diese Anträge möglicherweise mehrere Gerichte zuständig sind, Ffm NJW-RR 2015, 1294. Auch die Klage aktiver Streitgenossen mit unterschiedlichem Gerichtsstand wird nicht von I Nr. 3 erfasst, Hamm NJW-RR 2016, 1024. I Nr. 3 dient auch unter Berücksichtigung der Prozessökonomie nicht dazu, nach Erweiterung der Klage auf weitere Beklagte ein gemeinsames Verfahren zu eröffnen, wenn der Kläger den ursprünglich gemeinsamen Gerichtsstand gerade nicht gewählt hat, Hamm NJW-RR 2016, 639. Ebenso kommt die Bestimmung eines zuständigen Gerichtsstands nicht mehr in Frage, wenn der Rechtsstreit bereits so weit fortgeschritten ist, dass sich das bestimmende Gericht vernünftigerweise – insbesondere aus Gründen der Prozessökonomie – nur für das bereits mit der Sache befasste Gericht entscheiden kann und somit keine Wahlmöglichkeit besteht, BGH NJW-RR 2019, 238; BayObLG NJW 2020, 1263. Eine Gerichtsstandsbestimmung kommt nicht mehr in Betracht, wenn der Kläger, der eine Klage gegen zwei Streitgenossen erhoben hatte, durch Verweisungsantrag selbst dafür gesorgt hat, dass das Verfahren gegen einen der Streitgenossen abgetrennt und an ein anderes Gericht verwiesen wurde, Karlsr NJW-RR 2014, 444.

4. Beispiele zur Frage einer Anwendbarkeit von I Nr. 3

Anwaltszwang: Nr. 3 ist auch dann anwendbar, wenn daraus ein Anwaltszwang nach § 78 mit einer Kostenerhöhung entsteht, BGH NJW 1984, 1624. **22**

Auslandsbezug: In Fällen mit Auslandsbezug setzt die Bestimmung des zuständigen Gerichts nach I Nr. 3 voraus, dass gegenüber sämtlichen Streitgenossen die internationale Zuständigkeit der deutschen Gerichte gegeben ist, BGH BeckRS 1990, 31064391; NJW 1980, 2646; BayObLG BeckRS 2003, 2439; Düss BeckRS 2021, 38391 Rn. 20; Hamm NZKart 2017, 79 Rn. 58; Karlsr NJOZ 2004, 1303. Ist die internationale Zuständigkeit gegeben, steht die Ansässigkeit von Streitgenossen in einem EU-Mitgliedsstaat der Bestimmung eines inländischen Gerichtsstands aber nicht entgegen, BayObLG NJW-RR 2006, 210; Düss BeckRS 2021, 38391 Rn. 20; Hamm NJW-RR 2020, 870 Rn. 9. Ausreichend ist, dass sämtliche Streitgenossen ohne einen inländischen allgemeinen Gerichtsstand einen besonderen Gerichtsstand nach den unionsrechtlichen Zuständigkeitsbestimmungen im Bundesgebiet haben, BGH NJW-RR 2013, 1399 Rn. 16; Düss BeckRS 2021, 38391 Rn. 20. Nr. 3 ist entsprechend anwendbar, soweit der allgemeine Gerichtsstand eines Bekl. im Ausland liegt, aber ein inländischer besonderer Gerichtsstand für ihn besteht, etwa nach § 23, BGH NJOZ 2021, 402; NJW-RR 2013, 1399; NJW 1988, 646; NJW 1971, 196; BayObLG NJW-RR 2020, 763 (Erfüllungsort nach Art. 7 Nr. 1a, Art. 5 Brüssel Ia-VO). Für die Zuständigkeit einschließlich des Verfahrens über die Bestimmung des zuständigen Gerichts ist das deutsche Recht als lex fori maßgebend, sofern die deutschen Gerichte in der Sache nach dem deutschen Recht nach → Vor § 12 Rn. 17 international zuständig sind, BGH FamRZ 1990, 1225. Sind deutsche Gerichte für ein Mahnverfahren international zuständig, das gegen einen im Ausland wohnhaften Antragsgegner geführt werden soll, kann unter den Voraussetzungen des I Nr. 3 ein Gerichtsstand für ein (gemeinsames) Mahnverfahren bestimmt werden, das sich auch gegen weitere Antragsgegner mit inländischem Wohnsitz richtet, Hamm BeckRS 2020, 6924. Soweit eine Zuständigkeit nach Art. 8 Nr. 1 Brüssel Ia-VO gegeben ist, scheidet ein Bestimmungsverfahren nach I Nr. 3 grundsätzlich aus, Düss BeckRS 2021, 38391 Rn. 58; → Brüssel Ia-VO Art. 8 Rn. 1, SchlAnh. V; MüKoZPO/Gottwald Art. 8 Brüssel Ia-VO Rn. 2. Art. 8 Brüssel Ia-VO begründet eine Zuständigkeit aber nur für Parteien, die nicht im Gerichtsstaat wohnen bzw ihren Sitz haben. Soweit die Klage sich auch gegen mehrere inländische Streitgenossen richtet, muss der Gerichtsstand nach I Nr. 3 bestimmt werden, Düss BeckRS 38391 Rn. 59; MüKoZPO/Gottwald aaO Rn. 8.Werden ein im Ausland ansässiger Hersteller und jeweils im Inland ansässige Importeure und Händler aus Deliktsrecht in Anspruch genommen, kann sich die internationale Zuständigkeit der deutschen Gerichte in Bezug auf den Hersteller aus Art. 8 Nr. 1 EUGVVO ergeben, so dass deutsches Zivilrecht Abwendung findet und so eine Gerichtsstandsbestimmung nach I Nr. 3 ermöglicht wird, Hamm NJW-RR 2020, 878 = BeckRS 2020, 9037 (Abgasskandal). Für Klagen eines in Deutschland wohnenden Reisenden gegen ein in einem anderen EU-Mitgliedstaat ansässiges Luftfahrtunternehmen ist am inländischen vertraglichen Abflugort der unionsrechtlich determinierte Gerichtsstand des Erfüllungsorts eröffnet, BayObLG NJW-RR 2022, 274 Rn. 41 ff. Bei Vorliegen zweier divergierender ausschließlicher Gerichtsstände nach § 32b I kommt eine Gerichtsstandsbestimmung nicht in Betracht, selbst wenn sich die Beklagten gegenüber einem ausländischen Kläger gem. Art. 26 I EuGVVO rügelos einlassen, Brschw BeckRS 2020, 46456 Rn. 18.

Ausschließlicher Gerichtsstand: Eine entsprechende Anwendung des I Nr. 3 scheitert nicht daran, dass für beide Beklagte an verschiedenen Gerichten ausschließliche Gerichtsstände bestehen, Stgt NZG 2021, 744 Rn. 27. Denn eine örtl. und sachl. Zuständigkeit hindert die Gerichtsstandsbestimmung nach I Nr. 3 nicht, BGH NJW-RR 2008, 1514; Düss BeckRS 2021, 38391 Rn. 60; Stgt NZG 2021, 744 Rn. 27; Hamm NZM 2016, 823 Rn. 10; Brdb BeckRS 2015, 10407 Rn. 13; Naunb BeckRS 2013, 1878; MüKoZPO/Patzina Rn. 27; BeckOK ZPO/Toussaint Rn. 16. Ebenso steht einer Anwendung von Nr. 3 nicht entgegen, wenn bei einer Familienstreitsache zwei ausschließliche Gerichtsstände bestehen, Ros FamRZ 2010, 1264, oder wenn für einen von mehreren Streitgenossen ein ausschließlicher Gerichtsstand (auch abweichend von dessen allgemeinem Gerichtsstand) begründet ist, Hamm NZM 2016, 823; Ffm BauR 2015, 169. Das für den ausschließlichen Gerichtsstand zuständige Gericht kann auch dann als zuständig bestimmt werden, wenn dort kein allgemeiner Gerichtsstand der Streitgenossen begründet ist, BGH NJW-RR 2008, 1514. Bei Vorliegen zweier divergierender ausschließlicher Gerichtsstände gem. § 32b I kommt jedoch eine Gerichtsstandsbestimmung nicht in Betracht, da sie dem Regelungszweck des § 32b I zuwiderlaufe, sämtliche Anlegerklagen bei einem Gericht zu bündeln, Brschw BeckRS 2020, 46456; ZIP 2018, 348; aM Stein/Jonas/Roth § 32b Rn. 10; offen gelassen BGH BeckRS 2020, 22215 = ZIP 2020, 1879, der aber ein Wahlrecht nach § 35 verneint, da es eine am Kriterium der Sachnähe orientierte Zuständigkeitskonzentration unterlaufe. Im Falle einer durch Prorogation begründeten ausschließlichen Zuständigkeit ist der durch sie gebundenen Partei das Recht genommen, die Gegenpartei durch gerichtliche Bestimmung an ein anderes Gericht zu ziehen, BayObLG NJW-RR 2020, 763; das prorogierte Gericht kann aber im Einzelfall insgesamt als zuständig bestimmt werden, BGH NJW 1988, 646; aber → „Kapitalmarktrecht".

Bankgeheimnis: Seine Verletzung steht der Anwendung von Nr. 3 nicht entgegen, BGH FamRZ 2006, 1114.

Beweisaufnahme: Nr. 3 ist anwendbar, soweit eine Beweisaufnahme nur zur Zuständigkeit erfolgt ist, Kblz OLGR 1998, 70. Nr. 3 ist unanwendbar, soweit bereits eine Beweisaufnahme zur Hauptsache unmittelbar bevorsteht oder angeordnet worden ist, Hamm BeckRS 2019, 21126; Naumb BauR 2014, 1038, oder gar schon stattgefunden hat, BGH NJW-RR 2019, 238; NJW 1978, 321; Hamm BeckRS 2019, 21126.

Entscheidungserheblichkeit der zur Vorlage nach III führenden Rechtsfrage: Sie bleibt dann unbeachtlich, wenn sie es jedenfalls nach Auffassung des vorlegenden Gerichts ist und dies nachvollziehbar begründet wird, BGH MDR 2015, 51.

Erben: Wird ein gegen Erben gerichteter Anspruch auf Zugewinnausgleich nach § 1371 II BGB gegen mehrere, gesamtschuldnerisch haftende Miterben geltend gemacht, ist der erweiterte Gerichtsstand des § 28 begründet, der eine Gerichtsstandsbestimmung nach I Nr. 3 ausschließt, Celle NJW-RR 2021, 588.

FamFG: § 36 ist in Ehe- und Familienstreitsachen nach § 113 I FamFG anwendbar, BGH NJW-RR 2017, 1; Celle NJW-RR 2021, 588.

Funktionelle Zuständigkeit: Entgegen dem Wortlaut von I Nr. 3 kann das zuständige Gericht auch dann bestimmt werden, wenn für die zu verklagenden Streitgenossen verschiedene funktionelle Zuständigkeiten – zB Zuständigkeit der KfH – begründet sind, BGH NJW 1998, 685; Hamm MDR 2013, 116; Schlesw NJW-RR 2003, 1650; aM Karlsr ZMR 2014, 233.

Gemeinsamer Gerichtsstand: Bestand zunächst ein gemeinsamer Gerichtsstand gegen die zu verklagenden Streitgenossen und hat sich der Kläger der Möglichkeit einer gemeinsamen Rechtsverfolgung an diesem Gerichtsstand dadurch begeben, dass er mit einem Streitgenossen einen ausschließlichen anderen Gerichtsstand vereinbart hat, kann eine Gerichtsstandsbestimmung nach I Nr. 3 ausgeschlossen sein, BayObLG BeckRS 2021, 10899; Hamm BeckRS 2020, 10489. Liegt ein gemeinschaftlicher besonderer Gerichtsstand vor und hat das Gericht dieses Gerichtsstandes erhebliche Zweifel an seiner Zuständigkeit geäußert, ist es nach dem Normzweck des I Nr. 3 aus prozessökonomischen Gründen in einer solchen Situation geboten, das zuständige, aber zweifelnde Gericht als zuständiges Gericht zu bestimmen, Schlesw BeckRS 2022, 10276 Rn. 24.

Gerichtsstandsvereinbarung: Haben zwei Parteien, die als Streitgenossen verklagt werden sollen, denselben allgemeinen Gerichtsstand, so ist für die Bestimmung nach I Nr. 3 grds. auch dann kein Raum, wenn der Kläger mit einem der Streitgenossen einen hiervon abweichenden, ausschließlichen Gerichtsstand vereinbart hat, BayObLG BeckRS 2020, 3165; Hamm BeckRS 2020, 10489. Dennoch ist – unter Berücksichtigung der verfahrensökonomischen Zielsetzung des I Nr. 3 – in Fällen eines prorogierten Gerichtsstandes die Zuständigkeitsbestimmung nicht als von vornherein ausgeschlossen anzusehen, BGH NJW 1988, 646; BayObLG NJW-RR 2020, 763; NJOZ 2019, 1666; Hamm BeckRS 2020, 10489; Ffm MDR 2015, 299 (im Fall der Streitgenossenschaft mit geschäftsführenden Gesellschafter als Bürgen). Die mit einem Streitgenossen geschlossene Gerichtsstandsvereinbarung steht einer Bestimmung nur ausnahmsweise nicht entgegen, wenn ein gemeinschaftlicher Gerichtsstand mit den übrigen Streitgenossen nie bestanden hat, BayObLG NJW-Spezial 2020, 301; Hamm BeckRS 2020, 10489; Ffm MDR 2015, 299. Die Vereinbarung unterschiedlicher, jeweils ausschließlicher Gerichtsstände mit mehreren Streitgenossen ist vorrangig; sie kann nicht durch eine Gerichtsstandsbestimmung nach I Nr. 3 überwunden werden, BGH NJW 1988, 646; BayObLG NJW-RR 2020, 763; NJOZ 2005, 1166; NJW-RR 2000, 660; Ffm BeckRS 2012, 12849.

Geschäftsgeheimnisverletzung: Eine Gerichtsstandsbestimmung nach I Nr. 3 wird nicht dadurch ausgeschlossen, dass für Klagen, durch die Ansprüche nach dem GeschGehG geltend gemacht werden, das Gericht ausschließlich örtlich zuständig ist, in dessen Bezirk der Beklagte seinen allgemeinen Gerichtsstand hat (§ 15 II 1 GeschGehG). Im Falle einer Geschäftsgeheimnisverletzung durch mehrere Beteiligte wäre es sonst nicht möglich, diese vor einem Verletzungsgericht in Anspruch zu nehmen, Düss BeckRS 2021, 38391 Rn. 60.

Insolvenzverfahren: Die Unterbrechung des Rechtsstreits durch Eröffnung des Insolvenzverfahrens über das Vermögen einer beklagten Partei hindert eine Gerichtsstandsbestimmung nach I Nr. 3 nicht, BGH NJW-RR 2014, 248; BeckRS 2009, 05200; die Entscheidung nach I Nr. 3 betrifft nicht die Hauptsache selbst, sondern nur die Zuständigkeit und hat somit nur vorbereitenden Charakter, BGH NJW-RR 2014, 248; BayObLG NJW 1986, 389.

Kapitalmarktrecht: Eine Gerichtsstandsbestimmung nach I Nr. 3 ist ausgeschlossen, wenn zwei betroffene Emittenten, für die an verschiedenen Gerichten nach § 32b I ein jeweils ausschließlicher Gerichtsstand besteht, wegen je eigener kapitalmarktrechtlicher Pflichtverletzungen als Streitgenossen verklagt werden, Stgt NZG 2021, 744 Rn. 33; Brschw BeckRS 2020, 46456 Rn. 15 ff.; → „Ausschließlicher Gerichtsstand".

Klageerweiterung: Grds. kann eine Gerichtsstandsbestimmung nach I Nr. 3 bei einer Erweiterung auf zusätzliche Beklagte nicht erfolgen, wenn der Kläger von einer bei Klageerhebung bestehenden Möglichkeit keinen Gebrauch gemacht hat. Sie kann aber erfolgen, wenn der Kläger bei Klageerhebung von der Existenz möglicher weiterer Schuldner keine Kenntnis hatte und diese auch nicht ohne wesentliche Schwierigkeiten ermitteln konnte, BGH NJW-RR 2020, 1070. Nach Rechtshängigkeit einer Klage kann ein einheitlich zuständiges Gericht für Klage und beabsichtigte Klageerweiterung auf einen Streitgenossen nur dann bestimmt werden, wenn der Verfahrensstand des streitigen Verfahrens nicht entgegensteht. Ist der Rechtsstreit soweit fortgeschritten, dass nur noch das befasste Gericht vernünftigerweise – insbesondere aus Gründen der Prozesswirtschaftlichkeit – entscheiden kann, kommt eine Zuständigkeitsbestimmung nicht mehr in Betracht, BGH NJW-RR 2019, 238; NJW 1980, 188. Das ist auf jeden Fall gegeben, wenn eine Beweisaufnahme schon stattgefunden hat, Hamm NJW-RR 2018, 318; Schlesw SchlHA 2008, 60 = BeckRS 2007, 15918; Karlsr. Just 2005, 451 = BeckRS 2005, 11688. Dies kann der Fall sein, wenn vor Klageerweiterung bereits ein Haupttermin stattgefunden hat, in dem die Parteien angehört wurden und ein Beweisbeschluss erlassen wurde, BayObLG NJW-RR 2020, 1263.

Klagerücknahme: Einer beantragten Bestimmung nach I Nr. 3 steht nicht entgegen, dass die Klage gegen einen Beklagten zwischenzeitlich zurückgenommen wurde, wenn das Gericht gem. § 269 IV 1 weiterhin über die durch die Rücknahme eingetretenen Wirkungen entscheiden muss, Hamm BeckRS 2021, 45603 Rn. 14.

Mahnverfahren: Ein Antrag auf Gerichtsstandsbestimmung im Fall vorangegangener Mahnverfahren ist nur zulässig, wenn er mit der Anspruchsbegründung (§ 697 II) gestellt oder – bei Unkenntnis über das für das Bestimmungsverfahren zuständige Gericht – zumindest angekündigt und sodann unverzüglich nachgeholt wird, BGH NJW-RR 2013, 1531; BayObLG NJW-RR 2020, 1263.

Pfändung: I Nr. 3 kann auch bei Pfändung anwendbar sein, Hamm JurBüro 2017, 327.

Prorogation: → „Gerichtsstandsvereinbarung".

Rechtshängigkeit: Trotz des Wortlauts von Nr. 3 ist eine Bestimmung des zuständigen Gerichts schon aus Zweckmäßigkeitserwägungen auch nach dem Eintritt der Rechtshängigkeit zulässig, wenn die Antragsgegner bereits verklagt wurden und einzelne von ihnen die Unzuständigkeit des Gerichts geltend gemacht haben, BGH NJW-RR 2019, 238; NJW 1978, 321; BayObLG NJOZ 2019, 1666. Dies gilt auch dann, wenn keiner der Antragsgegner die Unzuständigkeit des angerufenen Gerichts geltend macht, aber die Voraussetzungen für eine Zuständigkeitsbegründung durch rügeloses Einlassen nach § 39 nicht vorliegt, BayObLG NJOZ 2019, 1666. Wenn ein Mahnverfahren vorangegangen ist und mehrere Antragsgegner Widerspruch eingelegt haben, kann das zuständige Gericht noch nach I Nr. 3 bestimmt werden, wenn der Antragsteller den entspr. Antrag mit der Anspruchsbegründung stellt, BGH NJW-RR 2013, 1531; BayObLG NJW-RR 2020, 1263.

Rüge der Unzuständigkeit: Sie steht einer Anwendung von Nr. 3 nicht entgegen, BGH NJW 1984, 739.

Sachentscheidung: Nach einer Sachentscheidung ist I Nr. 3 nicht mehr anwendbar, BGH NJW-RR 2019, 238; NJW 1978, 321.

Sachliche Zuständigkeit: Ebenso wie bei der funktionellen Zuständigkeit, → „funktionelle Zuständigkeit", ist I Nr. 3 auch bei verschiedenen sachlichen Zuständigkeiten der Streitgenossen anwendbar, BGH NJW 1998, 685. Eine sachlich ausschließliche Zuständigkeit hindert die Bestimmung grds. nicht, Kblz OLGR 1998, 70.

Selbständiges Beweisverfahren: I Nr. 3 ist im selbständigen Beweisverfahren nicht generell ausgeschlossen und deshalb grds. anwendbar, BayObLG NJW-RR 2020, 763; BeckRS 2020, 12330; Hamm NJW-RR 2018, 318; Naumb BauR 2014, 1038.

Verweisung: Nr. 3 ist unanwendbar, soweit Klagen gegen mehrere Parteien bereits nach § 281 an unterschiedliche Gerichte bindend verwiesen worden sind, BGH FamRZ 2006, 406.

Wahlrecht: Mit der Klageerhebung gegen einen Streitgenossen übt ein anwaltlich beratener Kläger bindend sein Wahlrecht aus, auch wenn er Namen und Anschrift des weiteren Schuldners noch nicht kennt. So kommt eine nachträgliche Gerichtsstandsbestimmung nicht in Betracht wenn der Beklagte an seinem allgemeinen Gerichtsstand in Anspruch genommen wird und für beide potentielle Beklagte ein gemeinsamer besonderer Gerichtsstand unschwer feststellbar ist, BayObLG BeckRS 2021, 9754.

Widerklage: Nr. 3 ist bei einer parteierweiternden Widerklage grds. anwendbar, BGH NJW 1991, 2838, jedenfalls soweit die Widerbeklagten keinen gemeinsamen allgemeinen oder besonderen Gerichtsstand haben, BGH NJW 2000, 1871. Die Erhebung einer Widerklage bei dem für die Hauptklage örtlich unzuständigen Gericht steht einer Gerichtsstandsbestimmung nach I Nr. 3 für die Klage nicht entgegen, BayObLG NJW-RR 2020, 1006.

Zugewinnausgleich: Wird ein gegen Erben gerichteter Anspruch auf Zugewinnausgleich nach § 1371 II BGB gegen mehrere, gesamtschuldnerisch haftende Miterben geltend gemacht, ist der erweiterte Gerichtsstand der Erbschaft nach § 28 begründet, der eine Gerichtsstandsbestimmung nach I Nr. 3 ausschließt, Celle NJW-RR 2021, 588.

Zulässigkeitsrüge: Diese steht einer Anwendung des I Nr. 3 nicht entgegen; ihr ist im Bestimmungsverfahren nicht nachzugehen. Selbst bei Begründetheit der Zulässigkeitsrüge besteht das Bedürfnis danach, ein Gericht zu bestimmen, das im Rahmen des Rechtsstreits hierüber befindet, BGH NJW-RR 1987, 757; BayObLG BeckRS 2019, 32701; Ffm BeckRS 2015, 8025.

X. Dinglicher Gerichtsstand, I Nr. 4. I Nr. 4 betrifft den Fall, dass eine Klage im dinglichen Gerichtsstand (§§ 24–26) erhoben werden soll und das maßgebliche Grundstück im Bezirk verschiedener Gerichte liegt. Es muss sich grundsätzlich um ein einheitliches Grundstück handeln. Das ist auch dann so, wenn mehrere Grundstücke rechtlich nach § 890 BGB eine Einheit darstellen, RGZ 86, 272. Die Vorschrift gilt auch dann, wenn andere Grundstücke gesamtschuldnerisch mithaften, BayObLG Rpfleger 1977, 448. Trotz des engen Wortlauts des I Nr. 4 wird aus Gründen der Prozessökonomie in einigen Fällen eine entsprechende Anwendung zugelassen. 23

Mit Rücksicht auf die Bedürfnisse des Rechtsverkehrs, insbesondere zur Vermeidung entgegengesetzter Entscheidungen mehrerer beteiligter Gerichte, kann eine entsprechende Anwendung von Nr. 4 in Betracht kommen, wenn die beiderseitigen berechtigten Interessen der Parteien der Bestimmung eines gemeinsamen Gerichts nicht entgegenstehen. Es muss dann dem Antragsteller nicht zugemutet werden, getrennte Klagen in mehreren Gerichtsbezirken zu erheben, BayObLG NJOZ 2005, 2229; Ffm BeckRS 2015, 8027. Dies kann der Fall sein, wenn in verschiedenen Bezirken gelegene rechtlich selbständige Grundstücke demselben Eigentümer gehören, BayObLG NJOZ 2005, 2229, wenn der Kläger Löschung von Grundschulden begehrt, die zur Besicherung desselben Darlehens an in verschiedenen Gerichtsbezirken belegenen Grundstücken bestellt worden sind oder wenn Ansprüche auf Mietzinszahlung für zwei Objekte geltend gemacht werden, die in verschiedenen Gerichtsbezirken liegen, Hamm NJW-RR 2014, 332; aM Zöller/Schultzky Rn. 30.

24 Unanwendbar ist I Nr. 4 nach der Rechtskraft der Hauptsachenentscheidung, Bornkamm NJW 1989, 2713.

25 **XI. Konfliktarten, I Nr. 5, 6.** Mehrere Gerichte müssen in einem idR rechtshängigen Verfahren in einem Kompetenzkonflikt stehen. Dieser kann sich auf ihre örtliche, sachliche oder funktionelle Zuständigkeit beziehen, BGH NJW 1994, 2956; Ffm NJW-RR 2020, 383; Nürnb MDR 1996, 1068, oder auf die Rechtsmittelzuständigkeit, BGH FamRZ 2001, 618; Ffm NJW-RR 2020, 383. Die verschiedenen Gerichte müssen nach dem Wortlaut der Norm eigentlich jeweils formell rechtskräftige Entscheidungen über ihre Zuständigkeit (Nr. 5) oder Unzuständigkeit (Nr. 6) getroffen haben, BGH NJW 2000, 1343; Köln NJW-RR 2021, 642. Hierbei ist „rechtskräftig" jedoch nicht im technischen Sinne zu verstehen; es reicht vielmehr, dass die Unzuständigkeitserklärung unanfechtbar und für die Parteien verbindlich ist, BGH MDR 2015, 51; LAG Bln-Brdb NZA-RR 2015, 325; Hmb BeckRS 2021, 47921; Hamm BeckRS 2019, 38796. Erlangt das Rechtsmittelgericht Kenntnis von einer weiteren Rechtsmitteleinlegung in derselben Sache bei einem anderen Gericht, sind die beiden anhängigen Rechtsmittelverfahren zu koordinieren, BGH NJW 2021, 2121 Rn. 11. Beide Gerichte haben ihre Zuständigkeit zu prüfen. Hält sich ein Gericht für unzuständig, hat es die Sache an das andere abzugeben. Sieht sich das Gericht, an das abgegeben wurde als zuständig an, entscheidet es in der Sache über das einheitliche Rechtsmittel, BGH NJW-RR 2012, 141. Nur im Fall eines – negativen oder positiven – Kompetenzkonflikts, → Rn. 28 ff, ist eine Zuständigkeitsbestimmung nach I Nr. 5 oder Nr. 6 herbeizuführen, BGH NZM 2021, 97 = NJW 2021, 2121; FamRZ 1984, 36.

26 Die Vorschrift gilt auch bei einer Auslandsberührung, BGH FamRZ 1992, 664. Übersicht über die Probleme bei Bornkamm NJW 1989, 2713. In Betracht kommen die folgenden Konfliktfälle:

27 **1. Zuständigkeitsbejahung, I Nr. 5.** Eine Zuständigkeitsbestimmung nach I Nr. 5 setzt voraus, dass sich verschiedene Gerichte wegen einer Streitigkeit über denselben Anspruch „in einem Rechtsstreit" durch rechtskräftiges Zwischenurteil nach § 280 für zuständig erklärt haben, ohne in der Sache selbst zu entscheiden. Danach muss der positive Kompetenzkonflikt nach dem Eintritt der Rechtshängigkeit aufgetreten sein, da erst ab diesem Zeitpunkt die Gegenpartei am Verfahren beteiligt ist und somit ein Rechtsstreit vorliegt, BGH NJW 1980, 1281; bei entsprechender Anwendung nach § 4 I InsO nach Anhängigkeit, Mü ZIP 2014, 741; Brdb ZIP 2002, 1590. Die Vorschrift betrifft die örtliche, sachliche und funktionelle Zuständigkeit, RGZ 121, 21. Hat jedoch eines der beteiligten Gerichte bereits in der Sache entschieden, ist für eine Gerichtsstandsbestimmung nach I Nr. 5 kein Raum mehr, Bornkamm NJW 1989, 2713 (2724). Andererseits ist aber in einem Rechtsmittelverfahren eine Sachentscheidung eines der die Zuständigkeit bejahenden Gerichte unzulässig, wenn das andere Gericht das Rechtsmittelverfahren noch nicht abgeschlossen hat, da es nur eine einheitliche Berufung mit zwei anhängigen Verfahren gibt, BGH NJW 2021, 2121 Rn. 12 = NZM 2021, 97; → Rn. 25. Kommt es bei dieser in der Praxis äußerst seltenen Konstellation tatsächlich zu einer Vorlage nach I Nr. 5, kann es sein, dass beide Gerichte zuständig sind. Dann muss jedoch eine der beiden Klagen aus anderen Gründen unzulässig sein, BGH NJW 1987, 2680 (fehlendes Feststellungsinteresse bei Parallelverfahren). Dazu auch Hau, Positive Kompetenzkonflikte im Internationalen Zivilprozessrecht, 1996; Bornkamm, Die Gerichtsstandsbestimmung nach §§ 36, 37 ZPO, NJW 1989, 2113.

28 **2. Zuständigkeitsleugnung, I Nr. 6.** Eine Zuständigkeitsbestimmung nach I Nr. 6 setzt voraus, dass sich mehrere Gerichte formell „rechtskräftig", dh bindend, → Rn. 25, für unzuständig erklärt haben und eines der beteiligten Gerichte tatsächlich zuständig ist (negativer Kompetenzkonflikt), BGH BeckRS 2022, 21672 Rn. 144 ff. = WM 2022, 1727; NJW-RR 2013, 764; NJW 1995, 534; KG BeckRS 2022, 20983 Rn. 5; Hmb BeckRS 2021, 47921 Rn. 3; Ro BeckRS 2021, 28786 Rn 11; Köln NJW-RR 2021, 642; Ffm BeckRS 2020, 1824; Mü NJW-RR 2019, 1396; KG NJW-RR 2018, 640. Eine solche „Zuständigkeitsleugnung" kann in einer seine Zuständigkeit verneinenden Entscheidung – zB in der Ablehnung der Übernahme des Verfahrens – oder in einem unanfechtbaren Verweisungsbeschluss (§ 281 II 2) liegen, um den Anforderungen, die an das Tatbestandsmerkmal „rechtskräftig" zu stellen sind, → Rn. 25, zu erfüllen, BGH NJW-RR 2013, 764; KG NJW-RR 2020, 1193; Mü NJW-RR 2019, 1396; Hamm NJW-RR 2019, 1398; NJW 2016, 172. Eine solche Erklärung kann durch Prozessurteil oder Beschluss ausgesprochen sein, wobei Ausdrücklichkeit nicht erforderlich ist, BGH, NJW-RR 1994, 706; Hamm NJW-RR 2016, 787. Fehlt es an einer „rechtskräftigen" Unzuständigkeitserklärung iSd I Nr. 6, weil die entsprechenden Beschlüsse den Parteien nicht mitgeteilt worden sind, findet eine Bestimmung des zuständigen Gerichts nicht statt, BGH NJW-RR 1997, 1161; BayObLG BeckRS 2020, 12342; Brschw NJW-RR 2020, 317. Dies ist auch dann der Fall, wenn die Mitteilung nur gegenüber einer Partei erfolgt ist, BGH NJW-RR 1995, 641; BayObLG BeckRS 2020, 12342. Negative Zuständigkeitskonflikte können auch innerhalb eines Gerichts aufgrund des Gesetzes zur Regelung der Wertgrenze für Nichtzulassungsbeschwerde in Zivilsachen, zum Ausbau der Spezialisierung bei den Gerichten sowie zur Änderung weiterer zivilprozessrechtlicher Vorschriften vom 19.12.2019 (BGBl 2019 I S. 2633) verschärft zwischen spezialisierten und allgemeinen Spruchkörpern auftreten. Diese dürften ebenso wie Konflikte zwischen zwei Spezialspruchkörpern über die Abgrenzung von Sachgebieten durch analoge Anwendung des I Nr. 6 zu lösen sein, Fölsch NJW 2020, 801. Weil die Zuständigkeit der Spezialspruchkörpers auf einer gesetzlichen Zuweisungsregelung beruht, ist die Entscheidung nicht nach dem jeweiligen Geschäftsverteilungsplan durch das Präsidium des Gerichts zu treffen, BGH BeckRS 2022, 21672 Rn. 19 ff. = WM 2022, 1727 (zu § 119a I GVG); NJW 2000, 80 (zum Kompetenzkonflikt zwischen Berufungszivilkammer und erstinstanzlicher Kammer); Fölsch NJW 2020, 801. Zur Zuständigkeitsleugnung allgemein: Althammer, Negativer Kompetenzkonflikt zwischen Abteilungen desselben Amtsgerichts, NJW 2002, 3522, Ewers FamRZ 1999, 74.

3. Verweisung, Rückverweisung, I Nr. 6. Häufig ist die Unzuständigkeitserklärung in einem Verweisungsbeschluss enthalten, der nach § 281 II 2 für die Parteien unanfechtbar und für das aufnehmende Gericht nach § 281 II 4 grds. bindend ist, Köln NJW-RR 2021, 642; KG NJW-RR 2020, 1193. Ein Verweisungsbeschluss ist aber wegen Willkür nicht bindend, wenn sich eine Zuständigkeit des verweisenden Gerichts nach den Umständen derart aufdrängt, dass die Verweisung als nicht aufgrund des § 281 ergangen angesehen werden muss, BayObLG NJOZ 2020, 1468. So kann ein Verweisungsbeschluss als willkürlich und nicht bindend zu bewerten sein, wenn das verweisende Gericht trotz eines Auslandsbezugs ausschließlich auf Zuständigkeitsvorschriften des nationalen Prozessrechts abstellt, BayObLG BeckRS 2020, 22920. Ein Verweisungsbeschluss ist nicht bereits dann willkürlich, wenn ein Gericht von einer Rechtsauffassung abweicht, die sowohl von der obergerichtlichen Rechtsprechung als auch von der Literatur überwiegend vertreten wird, Köln NJW-RR 2021, 642. 29

Der Kompetenzkonflikt kann dann durch einen Rückverweisungsbeschluss des Gerichts, an das die Verweisung erfolgte, entstehen; darin liegt jeweils eine rechtskräftige Unzuständigkeitserklärung, Hamm NJW-RR 2020, 60; Düss MDR 1996, 311. Die Ablehnung der Übernahme eines Rechtsstreits kann auch in einem Gerichtsvermerk liegen, wenn hierin deutlich die Leugnung eigener Zuständigkeit zum Ausdruck kommt und dessen Inhalt den Parteien mitgeteilt worden ist, so dass er kein bloßes Gerichtsinternum geblieben ist, BGH NJW-RR 1997, 1161 (im Umkehrschluss); KG NJW-RR 2020, 696; DGVZ 2019, 62. I Nr. 6 ist aber nach einer Zurückverweisung durch das Rechtsmittelgericht unanwendbar, BGH FamRZ 1998, 477. Auch bei einer Aktenrücksendung nebst einer Anregung zur Aufhebung einer Verweisung findet I Nr. 6 weder direkte noch analoge Anwendung, BGH NJW 1994, 2956; Ffm NJW-RR 2020, 383; Köln Rpfleger 2000, 236. Die Vorschrift ist jedoch entsprechend anwendbar, wenn sich verschiedene Abteilungen, Kammern oder Senate desselben Gerichts unanfechtbar für unzuständig erklärt haben, KG NJW-RR 2018, 640, soweit es nicht nur um die Geschäftsverteilung und damit nicht nur um eine Befugnis des Präsidiums nach § 21e I GVG geht, sondern um eine ausdrückliche gesetzliche Zuständigkeitsregelung, BGH NJW 2000, 80; → Rn. 28. 30

4. Verfahrensarten. Die Zuständigkeitsbestimmungen nach I Nr. 5 und Nr. 6 können auch im Prozesskostenhilfeverfahren nach §§ 114 ff. erfolgen, BGH NJW-RR 2010, 209; Düss NJW-RR 2006, 431. Der Zuständigkeitsstreit kann auch im Rechtsmittelverfahren nach §§ 511 ff., 542 ff., 567 ff., 574 ff. entstehen, BGH NJW-RR 1996, 891. I Nr. 5 und Nr. 6 gelten auch im Kostenfestsetzungsverfahren nach §§ 103 ff., BayObLG Rpfleger 1989, 80, im Mahnverfahren nach §§ 688 ff., BGH NJW 1993, 2752, und im Vollstreckungsverfahren nach §§ 704 ff., BGH NJW 1996, 3013. 31

5. Maßgeblichkeit der wahren Zuständigkeit. Bei einem positiven Kompetenzkonflikt ist die tatsächliche Zuständigkeit unerheblich. Bei einem negativen Kompetenzkonflikt muss grundsätzlich gerade eines der bisher beteiligten Gerichte bei einer objektiven Betrachtung zuständig gewesen sein, BGH NJW 1995, 534. Es ist dann unerheblich, dass außerdem etwa noch ein anderes Gericht zuständig wäre. 32

XII. Zuständigkeitsarten, I Nr. 5, 6. Die Vorschriften betreffen die sachliche Zuständigkeit, BGH NJW-RR 2008, 1545. Sie betreffen auch die örtliche und in einer entsprechenden Anwendung auch die geschäftliche (funktionelle, instanzielle) Zuständigkeit, BGH BeckRS 1994, 4237; KG GRUR-RS 2021, 4895 = NJW-RR 2021, 644; BeckRS 2021, 2974 = MDR 2021, 557; MDR 2018, 821; Ffm BeckRS 2021, 43447 Rn. 10; NJW-RR 2020, 383; Hamm NJW 2010, 2057. Hinsichtlich der instanziellen Zuständigkeit gilt dies aber nur für die Fälle, in denen zwei Gerichte darüber streiten, welches von ihnen über ein bestimmtes Rechtsmittel zu entscheiden hat, Ffm NJW-RR 2020, 383 (für den Fall, dass das AG die Abhilfeprüfung vorzunehmen und das LG über die Beschwerde zu befinden hat). Hinsichtlich der funktionellen Zuständigkeit ist eine entsprechende Anwendung aber auch in den Fällen möglich, in denen ein Zuständigkeitskonflikt zwischen zwei Spruchkörpern wegen einer gesetzlichen Sonderzuständigkeit zB nach § 72a GVG besteht, Schlesw NJW 2022, 82 Rn. 10 (Bau- und Architektensachen); KG GRUR-RS 2021, 4895 (Pressekammer); BeckRS 2021, 2974 = MDR 2021, 557 (Baukammer); → Rn. 38. Soweit es sich aber um eine funktionelle Zuständigkeit handelt, die im Geschäftsverteilungsplan (§ 21e GVG) zu regeln und vom Präsidium zu entscheiden ist, ist eine Zuständigkeitsbestimmung nach I Nr. 5, 6 nicht anwendbar, BGH NJW-RR 2014, 573; Nürnb NJW-RR 2021, 571; KG NJW-RR 2018, 1405; Thomas/Putzo/Hüßtege Rn. 21. 33

Die Vorschriften können auch die internationale Zuständigkeit betreffen, wenn die Voraussetzungen des Art. 5 Nr. 1a und b des Lugano-Übereinkommens über die gerichtliche Zuständigkeit und die Anerkennung und Vollstreckung von Entscheidungen in Zivil- und Handelssachen (LugÜ) vorliegen, Hamm NJW-RR 2020, 766; vgl. auch BGH BeckRS 2020, 14145 = ZiP 2020, 1629 (Vorlagefrage an den EuGH). Erklärt sich ein deutsches Gericht für international unzuständig und ein anderes Gericht sich zwar für international zuständig, aber für örtlich unzuständig, liegt kein Fall für eine gerichtliche Zuständigkeitsbestimmung vor, Schlesw NJOZ 2002, 4. 34

1. Familiengericht gegen Familiengericht. Zum alten Recht: BGH NJW 1998, 1312. Nunmehr gilt § 5 FamFG mit Ausnahme für Ehesachen und Familienstreitsachen nach § 113 I FamFG, für die § 36 Anwendung findet. 35

2. Prozessgericht gegen Familiengericht. Vgl. § 17a VI GVG, Ffm FamRZ 2011, 1238; Hamm NJW 2010, 2741. Bei negativen Kompetenzkonflikten zwischen Gerichten in Bezug auf die funktionelle Zuständigkeit kommt trotz Vorliegens eines unanfechtbar gewordenen Beschlusses nach § 17a I iVm VI GVG eine deklaratorische Zuständigkeitsbestimmung analog I in Betracht, wenn dies im Interesse einer funktionierenden Rechtspflege und der Rechtssicherheit geboten ist, BGH BeckRS 2021, 21703 Rn. 8; Nürnb NJW-RR 2022, 430 Rn. 3; a. M. Brdb BeckRS 2018, 14078 = MDR 2018, 1210 Rn. 4. Bei verschiedenen Ansichten zwischen zwei Senaten, ob es sich um eine Familiensache handelt, ist die Zuständigkeit nach I Nr. 6 zu bestimmen, BGH NJW 1978, 1531. Der Zuständigkeitsstreit zwischen Prozessgericht und Familiengericht wird als Streit über den Rechtsweg behandelt und nicht nach § 36 oder § 5 FamFG, MüKoZPO/Zimmermann GVG § 17a Rn. 40. 36

3. Prozessgericht gegen Vollstreckungsgericht. I Nr. 6 ist im Zwangsvollstreckungsverfahren ebenso wie im Erkenntnisverfahren anwendbar, BGH NJW 1983, 1859; BayObLG BeckRS 2020, 12342; BeckRS 2019, 20000 = FamRZ 2020, 41. 37

4. Zivilkammer gegen Spezialkammern nach § 72a GVG. I Nr. 6 ist entsprechend anwendbar, wenn mehrere Spruchkörper desselben Gerichts um ihre Zuständigkeit streiten und die Entscheidung des Kompetenzkonflikts nicht von der Auslegung des Geschäftsverteilungsplans, sondern von einer gesetzlichen Zuständigkeits- 38 regelung abhängt; dies gilt insbesondere für die zum 1.1.2021 neu geschaffenen Spezialzuständigkeiten nach §§ 72a, 119a GVG, Schlesw BeckRS 2021, 23063 = NJW 2022, 82 Rn 10; KG BeckRS 2021, 24355 = MDR 2021, 1398 Rn 5 (jeweils erbrechtliche Streitigkeiten nach § 72a I Nr. 6); KG NJW-RR 2021, 644 Rn. 4 (Pressekammer nach § 72a I Nr. 5); KG BeckRS 2021, 2974 = MDR 2021, 557; NJW-RR 2021, 62; NJW-RR 2018, 639 (jeweils Bau- und Architektenverträge nach § 72a I Nr. 2); Nürnb NJW-RR 2021, 571 (Pressesache); BeckRS 2018, 18988 = MDR 2018, 1015 (Baurecht); Ffm NJOZ 2019, 488 (medizinische Heilbehandlung nach § 72a I Nr. 2 – nicht tiermedizinische).

39 Auch bei der Frage der Spezialzuständigkeit nach § 119a GVG handelt es sich um eine gesetzliche Zuständigkeit, so dass die Voraussetzungen für eine Zuständigkeitsbestimmung nach I Nr. 6 analog gegeben sind, BGH BeckRS 2022, 21672 Rn. 19 ff. = WM 2022, 1727 (Bank- und Finanzgeschäfte); BayObLG BeckRS 2020, 22921 = NZBau 2021, 254 (Architekten- Baurecht); Bbg NJW-RR 2018, 1386; Hmb MDR 2018, 1327 (jeweils Bankenrecht). Dies gilt auch unabhängig davon, ob in 1, Instanz eine Spezialkammer nach § 72a GVG entschieden hat, BayObLG BeckRS 2020, 22921 = NZBau 2021, 254. Eine gesetzliche Sonderzuständigkeit nach §§ 72a, 119a GVG ist auch dann begründet, wenn ein unter den Katalog in diesen Vorschriften fallender Anspruch erst nachträglich durch eine Klageerweiterung oder Widerklage in den Rechtsstreit eingeführt wird, KG NJW-RR 2021, 62 (unter Hinweis darauf, dass der Grundsatz der perpetuatio fori nur bei einem unveränderten Streitgegenstand und damit nicht bei nachträglicher Klageerweiterung oder bei Widerklage gilt, BGH NJW 2013, 2597).

40 **5. Zivilkammer gegen Kammer für Handelssachen.** Über den Zuständigkeitsstreit zwischen einer allgemeinen Zivilkammer und einer Kammer für Handelssachen kann das übergeordnete OLG nach I Nr. 6 in analoger Anwendung entscheiden, auch wenn es sich um verschiedene Spruchkörper desselben Gerichts handelt, Mü NJW-RR 2020, 967; NZG 2014, 231; Hamm RdTW 2019, 116; Nürnb NZI 2019, 600; Brdb NJW-RR 2018, 23; NJW-RR 2001, 429; KG NJW-RR 2017, 1189; NJW-RR 2008, 1024.

41 **6. Sonstige Fälle.** I Nr. 6 ist auch beim Streit zwischen einem Nachlassgericht und einem Landwirtschaftsgericht anwendbar, BGH NJW-RR 1995, 198. Eine entsprechende Anwendung ist auch bei Entscheidungen von Rpfl. unterschiedlicher Gerichte möglich; nicht jedoch, wenn der Rpfl. an Stelle des Richters entschieden hat, Thomas/Putzo/Hüßtege Rn. 21. I Nr. 6 ist nicht entsprechend anwendbar im Verhältnis der Berufungskammer zur erstinstanzlichen Zivilkammer, BGH NJW 2000, 80.

42 **7. Notwendigkeit zweier echter Entscheidungen.** Es müssen prinzipiell ernsthafte und endgültige Erklärungen der Unzuständigkeit durch den Parteien bekannt gemachte Entscheidungen vorliegen, BGH NJW-RR 1997, 1161; KG BeckRS 2021, 2974 = MDR 2021, 557; Ffm NJW-RR 2016, 838; Karlsr ZMR 2014, 233. Das kann durch ein Prozessurteil oder in Beschlussform geschehen, BGH NJW-RR 1993, 1091. Eine ausreichende Unzuständigkeitserklärung kann auch vorliegen, wenn das betreffende Gericht die Akten dem übergeordneten Gericht zur Zuständigkeitsbestimmung vorlegt, die Parteien hierüber informiert und seine Verneinung der eigenen Zuständigkeit erkennbar macht, Karlsr FamRZ 1991, 90. Sie kann auch in einem Vermerk liegen, wenn das Leugnen der Zuständigkeit eindeutig zum Ausdruck kommt und der Inhalt den Parteien mitgeteilt worden ist, KG NJW-RR 2020, 696; → Rn. 32.

43 Eine ausreichende Unzuständigkeitserklärung liegt aber nicht vor, wenn das Gericht seine Auffassung zur Zuständigkeit nur in einem internen Vermerk niedergelegt hat, den es den Parteien oder einer Partei nicht bekannt gegeben hat, BGH NJW 1998, 1312; NJW-RR 1995, 641; KG NJW-RR 2020, 696; DGVZ 2019, 62; aM Drsd NJW 1999, 798. Eine wirksame Entscheidung fehlt ferner grundsätzlich dann, wenn das Gericht die Akten lediglich formlos an das andere Gericht abgegeben oder zurückgegeben hat, BGH JZ 1989, 50, ohne die Parteien ausreichend anzuhören, BGH NJW 1998, 1312; BayObLG JurBüro 2003, 326. Etwas anders gilt dann, wenn die Anhörung unstatthaft ist, BayObLG NJW-RR 1986, 421.

44 **8. Formlose Abgabe vor Rechtshängigkeit.** Eine Entscheidung nach I Nr. 6 setzt grds. voraus, dass sich verschiedene Gerichte, von denen eines zuständig ist, sich „rechtskräftig" für unzuständig erklärt haben, → Rn. 49; dh eine Bestimmung der Zuständigkeit kommt erst in Betracht, wenn Rechtshängigkeit der Streitsache durch Zustellung der Klage eingetreten ist, denn vor Eintritt der Rechtshängigkeit können keine Entscheidungen über die Unzuständigkeit nach I Nr. 6 erlassen werden, BGH NJW-RR 1996, 254; NJW 1980, 1281; BayObLG NJOZ 2020, 1272; NJW-RR 2020, 1260; Schlesw BeckRS 2022, 2403 Rn. 7; MüKoZPO/Patzina Rn. 35. Allerdings kann mit Blick auf den Rechtsgewährungsanspruch der Parteien das zuständige Gericht in entsprechender Anwendung des I Nr. 6 ausnahmsweise bereits vor Rechtshängigkeit bestimmt werden, wenn nicht erwartet werden kann, dass die beteiligten Gerichte den Kompetenzstreit ohne Zuständigkeitsbestimmung in absehbarer Zeit beilegen, BGH NJW 1983, 1062; BayObLG NJOZ 2020, 1272; NJW-RR 2020, 1260; NJW-RR 1992, 569; Mü NJW-RR 2014, 80; Ffm NJW-RR 2013, 61. Etwas anderes gilt ebenfalls in Verfahren, in denen die Gegenpartei vor der Entscheidung am Verfahren nicht zu beteiligen ist, Schlesw BeckRS 2022, 2403 Rn. 7 (Europ. Beschluss zur vorl. Kontenpfändung); Musielak/Voit/Heinrich Rn. 29. Dies gilt auch für Verfahren, in denen die Normen der ZPO kraft Verweisung Anwendung finden, BayObLG NJW-RR 2020, 1260 (Familienstreitsache).

45 **9. Rechtskraft.** Voraussetzung ist die „Rechtskraft" der Entscheidung, wobei dies im Hinblick auf den weiten Anwendungsbereich der Vorschrift über formelle Urteile hinaus so zu verstehen ist, dass die Unzuständigkeitserklärung unanfechtbar und verbindlich ist, → Rn. 25. So erfüllen ein unanfechtbarer Verweisungsbeschluss eines Gerichts und eine zuständigkeitsverneinende Entscheidung des Gerichts, an das verwiesen wurde, das Tatbestandsmerkmal „rechtskräftig" im Sinne von I Nr. 6, BGH NJW-RR 2017, 1213; BayObLG NJOZ 2020, 1468; KG GRUR-RS 2021, 4895 = NJW-RR 2021, 644; Ro BeckRS 2021, 28786 Rn 11. Hierfür genügt es, dass die betreffende Entscheidung den Parteien mitgeteilt wurde, so dass es sich nicht um einen gerichtsinternen Vorgang, sondern um eine Entscheidung mit Außenwirkung handelt, BGH FamRZ 1988, 1256; KG BeckRS 2021, 2974 = MDR 2021, 557; NJW-RR 2021, 62; NJW-RR 2018, 639. Auch wenn die eine Kammer ihre Abgabeentscheidung nicht der anderen Kammer mitgeteilt hat, reicht die Mitteilung der Verfügung an die Parteien, KG BeckRS 2021, 2974 = MDR 2021, 557; Ffm NJW-RR 2018, 1274. Anderenfalls ist die Rechtsmittelentscheidung durchzuführen, BayObLG NJW-RR 1990, 1431; Zöller/Schultzky Rn. 35.

10. Möglichkeiten des bestimmenden Gerichts. Das bestimmende Gericht kann in den Grenzen seiner etwaigen Bindung nach → § 281 Rn. 23 ff., Mü NJW-RR 2013, 1387, und nach § 261 III Nr. 2 eines der beteiligten Gerichte bestimmen, auch das rangniedrigere, Mü NZM 2008, 529. Aus Gründen der Prozessökonomie kann es ausnahmsweise auch ein ausschließlich zuständiges am Kompetenzkonflikt nicht beteiligtes Gericht als zuständig bestimmen, sofern der erforderliche Verweisungsantrag im Ausgangsverfahren gestellt ist, BGH NJW 1996, 3013; Ros VersR 2005, 1306. Es entscheidet bei mehreren Möglichkeiten nach pflichtgemäßem Ermessen und beachtet dabei die Prozesswirtschaftlichkeit, BGH NJW-RR 2008, 1514. Kann es nicht ohne eine weitere Tatsachenaufklärung ein zuständiges Gericht feststellen, verweist es zurück, BGH FamRZ 1997, 172; Ros VersR 2005, 1306. Wenn das Gericht, an das die Sache nach § 281 verwiesen worden war, eine Rückverweisung oder Weiterverweisung vorgenommen oder die Übernahme einfach abgelehnt hatte, stellt das bestimmende Gericht den ersten Verweisungsbeschluss wieder her, selbst wenn dieser sachlich unrichtig war, solange nicht wegen objektiver Willkür oder einer Verletzung rechtlichen Gehörs eine Bindungswirkung fehlt, BayObLG NJW-RR 2001, 1326; Mü NJW-RR 2013, 1387. 46

Grds. kann nach dem Wortlaut des I Nr. 6 eine Bestimmung nur erfolgen, wenn von den beiden sich für unzuständig erklärenden Gerichten eines tatsächlich zuständig ist. Aus Gründen der Prozessökonomie und der Verfahrensbeschleunigung kann jedoch in Ausnahmefällen auf entsprechenden Antrag der Klägerseite auch ein drittes, tatsächlich zuständiges Gericht bestimmt werden. Dies ist bei einer ausschließlichen Zuständigkeit anerkannt, BGH NJW 1978, 1163; BayObLG NJW-RR 2000, 67. Dies gilt entsprechend auch dann, wenn in einem Kompetenzkonflikt zwischen allgemeiner Zivilkammer und Kammer für Handelssachen sich aus der Klageschrift ergibt, dass der Rechtsstreit vor einer Kammer, deren gesetzliche Spezialzuständigkeit sich aus § 72a GVG ergibt, geführt werden sollte, Mü NJW-RR 2020, 967 (Bausachen). 47

Willkür liegt nur dann vor, wenn der Verweisungsbeschluss bei verständiger Würdigung der das Grundgesetz beherrschenden Gedanken nicht mehr verständlich erscheint und offensichtlich unhaltbar ist, BGH NJW-RR 2015, 1016. Ein Verweisungsbeschluss nach § 281 ist wegen Willkür nicht bindend, wenn sich eine Zuständigkeit des verweisenden Gerichts nach den Umständen derart aufdrängt, dass die Verweisung als nicht auf der Grundlage des § 281 ergangen angesehen werden muss, BGH NJW-RR 2015, 1016; NJW-RR 2011, 1364; BayObLG NJOZ 2020, 1468; KG BeckRS 2022, 20983 Rn. 10. Eine Bestimmung nach Nr. 6 findet auch dann nicht statt, wenn sich überhaupt nur ein Gericht deshalb für unzuständig erklärt hat, weil die Sache bereits bei einem anderen Gericht rechtshängig sei, und wenn es die Sache deshalb an dieses andere Gericht verwiesen hat, BGH NJW 1980, 290. 48

11. Funktioneller Streit. Die Voraussetzungen von Nr. 6 liegen nicht vor, wenn nur das Familiengericht seine Abteilung für unzuständig erklärt, solange sich nicht auch die Prozessabteilung für unzuständig erklärt, Ffm NJW-RR 1989, 6. Soweit es sich um eine funktionelle Zuständigkeit handelt, die im Geschäftsverteilungsplan (§ 21e GVG) zu regeln und vom Präsidium zu entscheiden ist, ist eine Zuständigkeitsbestimmung nach I Nr. 5, 6 ebenfalls nicht anwendbar, BGH NJW-RR 2014, 573; Nürnb BeckRS 2021, 5856; KG NJW-RR 2018, 1405; Thomas/Putzo/Hüßtege Rn. 21. 49

12. Weitere Bindungsfragen. Eine Verweisung im Prozesskostenhilfeverfahren bindet nur für dieses, BGH NJW-RR 1992, 59. Eine unzutreffende Verweisung durch das LG an die Familienabteilung des AG ändert die Rechtsnatur der Streitigkeit als Nichtfamiliensache nicht und schafft insoweit keine Bindungswirkung für die Zuständigkeit des Rechtsmittelgerichts, BGH NJW 1980, 1282. Ist über das Vermögen einer Partei das Insolvenzverfahren eröffnet worden und deshalb Unterbrechung des Verfahrens nach § 240 eingetreten, kann sich das Gericht während der Dauer der Unterbrechung nicht mehr rechtskräftig für unzuständig iSd I Nr. 6 erklären. Ein dennoch erlassener Beschluss, der die eigene Zuständigkeit leugnet, ist wirkungslos, BayObLG BeckRS 2020, 23929. 50

37 *Verfahren bei gerichtlicher Bestimmung.* **I Die Entscheidung über das Gesuch um Bestimmung des zuständigen Gerichts ergeht durch Beschluss.**

II Der Beschluss, der das zuständige Gericht bestimmt, ist nicht anfechtbar.

I. Systematik. Während § 36 die Voraussetzungen der Zuständigkeitsbestimmung nennt, regelt § 37 das Verfahren einschließlich der Entscheidung, zur letzteren ergänzt durch § 329. 1

II. Regelungszweck. Das Verfahren bei der gerichtlichen Bestimmung soll im Interesse der Prozessförderung und Prozesswirtschaftlichkeit, → § 36 Rn. 2, möglichst rasch und ohne viele Zusatzschritte ablaufen. Ebenso zügig sollte eine Entscheidung erfolgen. Es handelt sich nämlich nur um ein Zwischenverfahren ohne Fortschritt bei der Klärung der materiell-rechtlichen Kernfragen. 2

III. Geltungsbereich. → § 36 Rn. 4. 3

IV. Antrag, I. Zur regelmäßigen Notwendigkeit eines „Gesuchs" → § 36 Rn. 6. Man kann den Antrag formlos stellen. Es reicht die Anregung einer Gerichtsstandsbestimmung durch eine Partei, BayObLG NJOZ 2005, 743; Brdb NJW-RR 2020, 635. Bei elektronischer Einreichung gelten §§ 130a ff. Es besteht nach § 78 III Hs. 2 kein Anwaltszwang, denn der Antrag kann auch zum gerichtlichen Protokoll erfolgen. Ein Antragsrecht haben grundsätzlich nur der Kläger oder ein Streithelfer nach § 66, BGH NJW 1990, 2752, lediglich bei § 36 I Nr. 1, 5, 6 auch der Bekl., Hamm BauR 2017, 328; Düss MDR 1989, 646, oder sein Streithelfer. Trotz des Wortlauts des § 37 I („Gesuch") ist es unschädlich, dass weder Kläger noch Bekl. um die Bestimmung des zuständigen Gerichts nachgesucht haben. Im Falle des Kompetenzkonflikts nach Nr. 5 oder 6 ist die Antragstellung einer Partei entbehrlich und die Vorlage eines der beteiligten Gerichte ausreichend, BGH NJW 1985, 2537; Köln NJW-RR 2021, 642; JurBüro 2009, 257; Mü NJW-RR 2019, 1396; Hamm BeckRS 2019, 38796; Thomas/Putzo/Hüßtege § 36 Rn. 2; → § 36 Rn. 7. Eine Prozesskostenhilfe ist statthaft. Die Einreichung des Antrags beim höheren Gericht hemmt die Verjährung nach § 204 I Nr. 13 BGB, wenn der Antrag, für den die Gerichtsstandsbestimmung erfolgen soll, binnen 3 Monaten folgt. § 281 ist entsprechend im Bestimmungsverfahren anwendbar, Mü NJW 2007, 164. 4

Inhaltlich muss der Antrag bei einer Zuständigkeitsbestimmung vor Anhängigkeit wenigstens im Kern erkennen lassen, was der Gegenstand des Rechtsstreits sein soll, Düss OLGR 2005, 553. 5

6 **V. Verfahren, I.** Das Gebot des rechtlichen Gehörs aus Art. 103 I GG verpflichtet das Gericht, einer Entscheidung nur solche Tatsachen zugrunde zu legen, zu denen die Beteiligten Stellung nehmen konnten, BVerfG NJW 2019, 1433; BGH NJW 2018, 3652; BayObLG BeckRS 2020, 3163; Zweibr OLGR 2001, 44; Cuypers MDR 2009, 657. Eine Ausnahme kann im Eilverfahren nach §§ 916 ff., 935 ff. wie sonst im einstweiligen Rechtsschutz gelten, BayObLG Rpfleger 2004, 366. Das Gericht darf eine mündliche Verhandlung nach § 128 I ansetzen, muss das aber nach § 128 IV nicht. Das Gericht geht vom Klägervortrag aus, BayObLG NJW-RR 2003, 134. Es ermittelt nicht etwa von Amts wegen die zur Entscheidung erforderlichen Tatsachen, BGH FamRZ 1997, 172; Naumb JurBüro 2011, 43.

7 Im Bestimmungsverfahren sind die weiteren Prozessvoraussetzungen nicht zu prüfen, So ist die Prozessfähigkeit des Klägers im Bestimmungsverfahren zu unterstellen, BGH NJW-RR 1987, 757; die Parteifähigkeit der Parteien nicht zu prüfen, BayObLGZ 1974, 459. Dies betrifft auch die Zulässigkeit der im Namen des Antragstellers erhobenen Klage, da selbst bei Begründetheit von Zulässigkeitsrügen das Bedürfnis besteht, ein Gericht zu bestimmen, das im Rahmen des Rechtsstreits hierüber befindet, BayObLG BeckRS 2019, 32701 (Vollmachtsrüge); BayObLG RIW 2003, 387; Ffm BeckRS 2015, 8025. Es prüft allerdings die internationale Zuständigkeit auf der Grundlage des Antragstellervortrags.

8 **VI. Entscheidung, I.** Die Entscheidung im Gerichtsstandsbestimmungsverfahren ergeht durch Beschluss, der nach → § 36 Rn. 4 nicht prinzipiell eine Rechtshängigkeit voraussetzt.

9 **1. Form, Inhalt.** Der Beschluss zur Bestimmung des Gerichtsstands richtet sich nach § 329. Er klärt nach II die Zuständigkeit abschließend. Das Gericht bestimmt das nach der Zuständigkeitsordnung zweckmäßigerweise zuständige Gericht, BGH NJW 1983, 1914, wobei Bindungswirkungen zB nach §§ 261 III Nr. 2, 281 II 4 zu beachten sind, BAG NJW 1997, 1091; BayObLG BB 2005, 2265. Das Gericht kann zur weiteren Klärung der Zuständigkeitsfragen den Verweisungsbeschluss aufheben und an das verweisende Gericht zurückgeben, BGH NJW 1995, 534.

10 **2. Kosten.** Der Beschluss enthält bei einer Zuständigkeitsbestimmung wegen der Zugehörigkeit der Kosten zu denjenigen der Hauptsache keine Kostengrundentscheidung, BGH NJW-RR 1987, 757; BayObLG NJW-RR 2019, 957; NJW-RR 2000, 141, da für das Zuständigkeitsbestimmungsverfahren keine Gerichtskosten anfallen. Allein der Umstand, dass es möglicherweise zu der beabsichtigten Klage nicht kommt oder der Antragsteller im nachfolgendem Verfahren von einem anderen ProzBev. vertreten wird, rechtfertigt keine abweichende Beurteilung, BayObLG NJW-RR 2019, 957; Mü NJW-RR 2017, 1024 (für den Fall, dass das Hauptsacheverfahren bereits rechtshängig ist und die ProzBev. des Antragsgegners identisch sind); Mü NJOZ 2014, 1344; Ffm NJOZ 2011, 1253. Vor Inkrafttreten des 2. KostRModG wurde das Verfahren zur Bestimmung des Gerichtsstands als gesonderte Angelegenheit angesehen, so dass für den Fall. dass das Gesuch in einem der Hauptsache vorgeschalteten Verfahren zurückgewiesen oder zurückgenommen wurde, dem Antragsteller nach § 91, § 269 III entsprechend die Kosten auferlegt wurden, weil das ohne Bestimmung beendete Verfahren nicht zu einer etwaigen späteren Klage gehöre, BGH NJW-RR 2014, 248; NJW-RR 1987, 757; Hamm, NJW-RR 2013, 1341; Karlsr OLGR 2009, 267 (für den Fall der Antragsrücknahme bei laufendem Klageverfahren). Mit dem 2. KostRModG hat der Gesetzgeber zum 1.8.2013 in dem neu eingefügten § 16 Nr. 3a RVG klargestellt, dass Gerichtsstandsbestimmungsverfahren in allen Fällen mit zur Hauptsache zählt, auch dann, wenn der Antrag zurückgenommen oder zurückgewiesen wurde, Bay ObLG NJW-RR 2019, 957; zust. Schneider NJW Spezial 2019, 476.

11 **3. Mitteilung.** Wenn eine mündliche Verhandlung stattfand, wird der Beschluss nach § 329 I 1 verkündet. Im Übrigen wird er formlos mitgeteilt; ist eine solche Mitteilung unterblieben, handelt es sich nur um einen akteninternen Vorgang, der gegenüber den Parteien keine Wirkung entfaltet, BGH NJW-RR 1997, 1161; Brschw NJW-RR 2020, 317. Bei Erlass des Beschlusses vor Klageerhebung wird sein Inhalt nur dem Antragsteller und danach beiden Parteien mitgeteilt. Erging der Beschluss vor Klageerhebung, muss ihn der Kläger bei Zustellung der Klage in beglaubigter Abschrift beifügen, Zöller/Schultzky Rn. 3a.

12 **VII. Rechtsbehelfe, II.** Gegen einen zurückweisenden Beschluss des LG ist die sofortige Beschwerde nach § 567 I Nr. 2 zulässig, Stgt NJW-RR 2003, 1706; aM Vossler NJW 2006, 122. Eine Rechtsbeschwerde gegen Zurückweisungsbeschlüsse des OLG kommt nicht in Betracht, weil das OLG nicht „im ersten Rechtszug" iSv § 574 I 1 Nr. 1 entscheidet, BayObLG NJW 2002, 2888. Auch eine analoge Anwendung der §§ 36 III, 574 I Nr. 2, II kommt nicht in Betracht, Brschw BeckRS 2020, 46456; aM OLG Stgt NJW-RR 2003, 1706. Gegen den stattgebenden Beschluss, mit dem eine Gerichtsstandsbestimmung vorgenommen wird, ist nach II kein Rechtsbehelf statthaft.

13 **VIII. Wirkung, II.** Der Beschluss begründet die Zuständigkeit eines Gerichts, auch wenn es bisher nicht zuständig war. Andererseits wird die Zuständigkeit des bisher mit der Sache befassten Gerichts aufgehoben, Düss Rpfleger 1978, 184.

14 **1. Grundsatz: Bestand.** Das bestimmte Gericht ist an den Beschluss gebunden und auch im Prozess zur Nachprüfung nicht befugt, BGH FamRZ 1980, 671; Mü NJW-RR 2002, 1722, sofern sich nicht ein für die Zuständigkeitsbestimmung maßgeblicher Gesichtspunkt verändert hat, Mü NJW-RR 2013, 1016.

2. Beispiele zur Frage einer Bindung, II

15 **Klagerücknahme:** Bindung besteht auch nach einer teilweisen Klagerücknahme nach § 269, Mü NJW-RR 2002, 1722.

Prozesskostenhilfe: Keine Bindung besteht nach einer Bestimmung nur im Verfahren nach §§ 114 ff. für das Hauptsachverfahren, BGH NJW 2001, 3633.

Streitgenossen: Keine Bindung besteht, soweit gegen den Streitgenossen keine Klage erhoben wird, dessentwegen gerade eine Bestimmung nach § 36 I Nr. 3 erfolgen ist, Mü NJW-RR 1988, 128.

Unvollständige Begründung: Bindung besteht selbst dann, wenn das bestimmende Gericht die tatsächliche Lage nicht vollständig berücksichtigt oder eine Zuständigkeitsnorm nicht oder nicht richtig angewendet hat, BGH FamRZ 1980, 670.

Titel 3. Vereinbarung über die Zuständigkeit der Gerichte

Vorbemerkung zu § 38

Schrifttum: Alexander, Gerichtsstands- und Schiedsvereinbarungen im E-Commerce, 2006; Aull, Der Geltungsanspruch des EuGVÜ, 1996; von Bary, Gerichtsstands- und Schiedsvereinbarungen im internationalen Verkehr, 2018; von Baum, Die prozessuale Modifizierung von Wertpapieren durch Gerichtsstands- und Schiedsvereinbarungen, 1998; Boccatoschi, Zuständigkeits- und Gerichtsstandsvereinbarungen im deutschen und italienischen Recht, 2005; Eichel, AGB-Gerichtsstandsklauseln im deutsch-amerikanischen Handelsverkehr, 2007; Gottwald, Gerichtsstand und Geschäftsgrundlage, FS Henrich, 2000; Hau, Gegenwartsprobleme internationaler Zuständigkeit, FS von Hoffmann, 2012; Heinig, Grenzen von Gerichtsstandsvereinbarungen im Europäischen Zivilprozessrecht, 2010; Mankowski, Gerichtsstandsvereinbarungen im europäischen Internationalen Zivilprozessrecht, RIW 2021, 397; Peiffer, Schutz gegen Klagen im forum derogatum, 2013 (rechtsvergleichend); Pfeiffer, Die Absicherung von Gerichtsstandsvereinbarungen durch Vereinbarung eines materiell-rechtlichen Kostenerstattungsanspruchs, FS Lindacher, 2007; Schilken, Zur Zulässigkeit von Zuständigkeitsvereinbarungen, FS Musielak, 2004, 435; Schlosser, Materiell-rechtliche Wirkungen von (nationalen und internationalen) Gerichtsstandsvereinbarungen, FS Lindacher, 2007; Schütze, Rechtswahl- und Gerichtsstandsklauseln bei equal bargaining power der Parteien, GS Wolf, 2011, 551; Simotta, Zu den Gerichtsstandsvereinbarungen nach den neuen Europäischen Güterrechtsverordnungen, FS Geimer, 2017, 671; Thorn, Internationale Zuständigkeit bei Persönlichkeitsverletzungen durch Massenmedien, FS von Hoffmann, 2012; Wandt/Gal, Gerichtsstandsvereinbarungen in Versicherungssachen im Anwendungsbereich des § 215 VVG, GS Wolf, 2011, 578; Weller, Ordre-public-Kontrolle internationaler Gerichtsstandsvereinbarungen im autonomen Zuständigkeitsrecht, 2005.

I. Systematik. Systematisch schließen sich die Normen der §§ 38–40 in Titel 3 den Vorschriften über den Gerichtsstand in Titel 2 (§§ 12–37) an, deren grundsätzliche Geltung sie unterstreichen. Durch die seit 1974 geltende Gesetzesfassung hat der Gesetzgeber den früheren Grundsatz einer weitgehenden „Prorogationsfreiheit" aufgegeben. Es besteht nunmehr ein grundsätzliches Verbot von Gerichtsstandsvereinbarungen. Die zwingende, unabdingbare Regelung des § 38 lässt nur wenige Ausnahmen zu, BGH NJW-RR 2005, 929; NJW 1983, 1320. Ausschließliche Gerichtsstände gehen nach § 40 II 1 Hs. 1 einer Vereinbarung vor. 1

II. Regelungszweck. Auch wenn die Parteidisposition ein Grundprinzip des Zivilprozesses darstellt, bietet eine weitgehende Prorogationsfreiheit nicht die Gewähr, dass die Parteien – insbesondere die geschäftsunerfahrene Partei – die Gefahren erkennt, die durch eine Vereinbarung über den Gerichtsstand entstehen können, Köln NJW-RR 1992, 571. Der Regelungszweck der §§ 38 ff besteht deshalb darin, die durch die Grundsatzentscheidung der ZPO, die in den §§ 12–37 normierte prozessuale Waffengleichheit der Parteien dadurch zu gewährleisten, dass der Beklagte grundsätzlich an seinem allgemeinen Gerichtsstand zu verklagen ist, MüKoZPO/Patzina Rn. 1, Musielak/Voit/Heinrich Rn. 1. Dieser allgemeine „Beklagtengerichtsstand", vgl. Hmb NJW-RR 1999, 1506, ist ein Garant für den Gerechtigkeitsgehalt von Zuständigkeitsregeln. Soweit eine Gerichtsstandsvereinbarung zulässig ist, schafft sie lediglich einen weiteren Gerichtsstand neben dem allgemeinen, der dann der klagenden Partei zur Wahl steht, Düss GRUR-RR 2021, 187. 2

III. Geltungsbereich. §§ 38–40 gelten grundsätzlich für die sachliche Zuständigkeit, KG VersR 1980, 874, ferner für die örtliche und internationale Zuständigkeit, BGH NJW 1981, 2644; Mü MDR 1975, 494; Nürnb NJW 1985, 1296. Sie gelten sowohl für eine Begründung der Zuständigkeit (Prorogation) als auch für deren Ausschluss (Derogation). 3

IV. Beispiele zur Frage des Geltungsbereichs

Arrest, einstweilige Verfügung: §§ 38 ff. gelten auch im Eilverfahren nach §§ 916 ff., 935 ff., Düss GRUR 2021, 187; → „Kartellsachen". 4

Fernunterricht: Dort gilt § 26 FernUSG. Dessen II Nr. 1, 2 entsprechen etwa dem § 28 III Nr. 1, 2 ZPO.

Funktionelle Zuständigkeit: Die geschäftsplanmäßige (funktionelle, instanzielle) Zuständigkeit, etwa für eine bestimmte Kammer des LG, lässt sich grds. nicht vereinbaren, BGH VersR 1977, 430.

Internationale Rechtsstreitigkeiten: Parteien internationaler Rechtsstreitigkeiten können auch eine ausschließliche Zuständigkeit eines Gerichts frei vereinbaren, Nürnb SchiedsVZ 2005, 50.

Kartellsachen: §§ 38 ff gelten in Kartellstreitverfahren, soweit nicht eine verdrängende Zuständigkeit des Kartellgerichts gem. § 87 S. 1 GWB besteht, Düss GRUR-RR 2021, 187.

Mahnverfahren: In diesem Verfahren gilt § 689 II, III. Es ist dort also keine Zuständigkeitsvereinbarung möglich.

Rechtsweg: Die Prorogation des Rechtswegs ist unzulässig; dieser richtet sich in bürgerlich-rechtlichen Streitigkeiten nach §§ 13 ff. GVG, BGH NJW 1997, 328.

Selbständiges Beweisverfahren: §§ 38 ff sind auch in einem selbständigen Beweisverfahren anwendbar, BayObLG NJW-RR 2020, 763.

Versicherungssache, Es gilt § 215 III VVG.

V. Internationales Recht. Das Haager Übk. über Gerichtsstandsvereinbarungen (HGÜ), dessen Normen sich vornehmlich an Kaufleute richten, ist am 1.10.2015 in Kraft getreten. Die Brüssel Ia-VO hat indes nach Art. 26 VI HGÜ Vorrang, wenn beide Parteien ihren Aufenthalt in einem Vertragsstaat der EU haben, Musielak/Voit/Heinrich § 38 Rn. 13a. Im Geltungsbereich der Brüssel Ia-VO geht deren Art. 25 der Vorschrift des § 38 vor. Vergleichbares gilt für der Geltungsbereich des LugÜ im Hinblick auf dessen Art. 17, Musielak/Voit/Heinrich § 38 Rn. 14; vgl. hierzu BGH NJW-RR 2005, 929. 5

1. Grundsatz: Zulässigkeit. Die Vereinbarung der internationalen Zuständigkeit ist zulässig, BGH NJW-RR 2005, 929; NJW 1986, 1438; Saarbr NJW 2000, 670. Daher ist sie auch formularmäßig grundsätzlich statthaft, Bbg NJW-RR 1989, 371. Das Revisionsgericht muss die Vereinbarung einer internationalen Zuständigkeit von Amts wegen prüfen, BGH NJW-RR 2004, 1292. 6

2. Maßgebendes Recht. Zulässigkeit und Wirkung einer vor dem Prozess getroffenen internationalen Gerichtsstandsvereinbarung beurteilt sich, wenn ein deutsches Gericht angerufen wird, nach deutschen Recht, während das Zustandekommen dieser Vereinbarung sich nach deutschem oder ausländischem bürgerlichen Recht richtet, BGH BB 1998, 2283; NJW 1986, 1438; NJW 1972, 1622. Die zwingende Bestimmung des § 38 kann 7 durch die Wahl eines ausländischen Rechts nicht abbedungen werden; die Zulässigkeit einer Gerichtsstandsvereinbarung nach deutschem Recht ist an § 38 zu messen, BGH NJW-RR 2005, 929; NJW 1983, 1320. Das Zustandekommen der Vereinbarung richtet sich im Übrigen nach dem Vertragsrecht der maßgebenden Rechtsordnung, BGH NJW 1998, 2886; BAG MDR 2008, 694; Saarbr NJW 2000, 671. Es kann sich auch nach ausländischem Recht richten, BGH MDR 2000, 692; Bbg NJW-RR 1989, 371. Das gilt unabhängig davon, ob die dortigen maßgebenden Bestimmungen zu seinem materiellen Recht oder zu seinem Prozessrecht zählen, BGH NJW 1989, 1431. Die Zuständigkeit des Gerichts im Entscheidungsstaat ist im Anerkennungsverfahren insoweit zu überprüfen, ob eine solche Vereinbarung nach dem Recht des Anerkennungsstaates zulässig ist, BGH NJW-RR 2005, 929; NJW-RR 2002, 1357. Der ordre public darf nicht verletzt sein, Ffm IPRax 1999, 249; Kblz IPRax 2006, 471. Wird die Zulässigkeit von Gerichtsstandsvereinbarungen weder durch Staatsvertrag noch durch andere supranationale Regelungen abschließend normiert, gilt grundsätzlich die lex fori, im Vollstreckungsverfahren das im Vollstreckungsstaat geltende Recht, BGH NJW-RR 2005, 929 (israelisch-deutsches Verhältnis). Dabei hat § 38 eine Doppelfunktion, sie betrifft die inländische örtliche wie die internationale Zuständigkeit, BGH WM 1979, 445; NJW 1972, 1622.

8 Die Brüssel Ia-VO und das LugÜ sind vorrangig, SchlAnh. V C 2, D, BGH BB 2004, 853; Kblz ZMR 1997, 186 (je: Schweiz); BayObLG BB 2001, 1498 (Österreich). Das gilt auch für Vollkaufleute, Karlsr NJW 1982, 1950); Kropholler/von Hein, Europäisches Zivilprozessrecht 9. Aufl. 2012. Das gilt bei der Brüssel Ia-VO zB für Art. 7, EuGH DB 1982, 951, und Art. 19, 25, (je zum alten Recht) EuGH DB 1997, 619 (mündliche Vereinbarung über Erfüllungsort); BGH BB 2004, 853; Graf von Westphalen NJW 1994, 2119. Jedoch muss das Gericht nach Art 19 Brüssel Ia-VO nur die Zulässigkeit, Form und Wirkung der Gerichtsstandsvereinbarung in jeder Verfahrenslage von Amts wegen prüfen, BGH NJW 2004, 3706. Das gilt unabhängig von der Wirksamkeit des Hauptvertrag, EuGH JZ 1998, 896 (zust. Mankowski); Kröll ZZP 113, 135. Welche materiell-rechtlichen Anforderungen das Gericht stellen muss, bestimmt sich nach dem Recht, das das angerufene Gericht nach seinem internationalen Privatrecht für anwendbar erklärt, Saarbr NJW 1992, 987. Zum Warschauer Abkommen Wegner VersR 1982, 423. Es ist rechtspolitisch eine Angleichung an internationalen Standard wünschenswert, Nagel JR 1989, 41.

9 **3. Prüfung von Amts wegen.** Das Gericht muss die internationale Zuständigkeit des deutschen Gerichts in jeder Verfahrenslage von Amts wegen prüfen, BGH NJW 2003, 426; BAG MDR 2008, 694. Das gilt zumindest, soweit Anhaltspunkte dafür bestehen, dass die Brüssel Ia-VO anwendbar und die ausschließliche internationale Zuständigkeit der Gerichte eines anderen Vertragsstaats nach Art 26 Brüssel Ia-VO bestehen könnte, BGH EuZW 1990, 37 (zum damaligen Recht).

38 *Zugelassene Gerichtsstandsvereinbarung.* **I Ein an sich unzuständiges Gericht des ersten Rechtszuges wird durch ausdrückliche oder stillschweigende Vereinbarung der Parteien zuständig, wenn die Vertragsparteien Kaufleute, juristische Personen des öffentlichen Rechts oder öffentlich-rechtliche Sondervermögen sind.**

II [1]Die Zuständigkeit eines Gerichts des ersten Rechtszuges kann ferner vereinbart werden, wenn mindestens eine der Vertragsparteien keinen allgemeinen Gerichtsstand im Inland hat. [2]Die Vereinbarung muss schriftlich abgeschlossen oder, falls sie mündlich getroffen wird, schriftlich bestätigt werden. [3]Hat eine der Parteien einen inländischen allgemeinen Gerichtsstand, so kann für das Inland nur ein Gericht gewählt werden, bei dem diese Partei ihren allgemeinen Gerichtsstand hat oder ein besonderer Gerichtsstand begründet ist.

III Im Übrigen ist eine Gerichtsstandsvereinbarung nur zulässig, wenn sie ausdrücklich und schriftlich
1. nach dem Entstehen der Streitigkeit oder
2. für den Fall geschlossen wird, dass die im Klageweg in Anspruch zu nehmende Partei nach Vertragsschluss ihren Wohnsitz oder gewöhnlichen Aufenthaltsort aus dem Geltungsbereich dieses Gesetzes verlegt oder ihr Wohnsitz oder gewöhnlicher Aufenthalt im Zeitpunkt der Klageerhebung nicht bekannt ist.

1 **I. Systematik.** → Vor § 38 Rn. 1. Die Vorschrift schafft zwingende Sonderregeln gegenüber denen zur gesetzlichen Zuständigkeit, BGH NJW-RR 2005, 929. § 39 ergänzt sie, § 40 begrenzt sie. § 38 zählt zu den wesentlichen Grundgedanken einer gesetzlichen Regelung iSv § 307 II Nr. 1 BGB, LG Düss NJW-RR 1995, 441. III Nr. 2 gilt gegenüber dem allgemeinen Gerichtsstand nur hilfsweise, LAG Düsseldorf DB 1984, 1686.

2 **II. Regelungszweck.** → Vor § 38 Rn. 2. Das prinzipielle Verbot der Prorogation führt zu einer Aufwertung des allgemeinen Gerichtsstands und generell zur Erhaltung der gesetzlichen Zuständigkeitsregeln, die nicht nur aus Gründen der Zweckmäßigkeit, sondern auch der Gerechtigkeit und Billigkeit und „prozessualen Waffengleichheit“ bestehen, Zöller/Schultzky Vor §§ 38–40 Rn. 2. Im Übrigen schafft eine Gerichtsstandsvereinbarung auch nur einen zusätzlichen Gerichtsstand neben dem allgemeinen, der diesen nicht verdrängt, Düss GRUR-RR 2021, 187.

3 **III. Geltungsbereich.** → Vor § 38 Rn. 3.

4 **IV. An sich unzuständig, I.** Die Vorschrift erfasst prinzipiell ein ordentliches Erstgericht nach §§ 23 ff., 71 GVG, also ein AG oder LG. Die Zuständigkeit höherer Gerichte folgt aus der Tätigkeit des Eingangsgerichts. Die Vereinbarung der Zuständigkeit eines Verwaltungsorgans usw. gilt höchstens als eine Schiedsvereinbarung nach §§ 1025 ff. Die Wahl eines bisher unzuständigen Gerichts bedeutet nach §§ 133, 157 BGB nicht grundsätzlich die Abwahl des bisher zuständigen Gerichts, weil die Zuständigkeitsbegründung grds. nur zusätzlich erfolgen kann, → Rn. 2. So kann der Kläger trotz wirksamer Gerichtsstandsvereinbarung von seinem Wahlrecht gem. § 35 Gebrauch machen, Ffm BeckRS 2020, 1824. Dies gilt jedoch nicht, wenn eine wirksame Prorogation vereinbart wurde, die einen ausschließlichen Gerichtsstand bestimmt; in diesem Fall sind die Parteien an den prorogierten Gerichtsstand gebunden, BGH NJW 1988, 646; BayObLG 2003, 215.

V. Vereinbarung, I. Zur Verfassungsmäßigkeit der sog. Prorogation BVerfG NJW 1971, 1449 (betr. § 6a des früheren AbzG). 5

1. Einigung. Die Vereinbarung eines Gerichtsstandes ist ein Vertrag über prozessrechtliche Beziehungen, BGH NJW 1986, 1438, dessen Wirkung sich nach dem Prozessrecht, dessen Zustandekommen nach bürgerlichem Recht richtet, Mü IPRax 1991, 46; → Vor § 128 Rn. 56 ff. Die Frage, ob eine solche Vereinbarung wirksam geschlossen wurde, richtet sich allein nach materiell-rechtlichen Vorschriften über das Zustandekommen von Verträgen, BGH WM 1989, 355; → Vor § 38 Rn. 7 bei internationalen Beziehungen. Die in Literatur und Kommentierungen verwendeten Begriffe „Prozessvertrag" oder „Prozessrechtsvertrag" – wie bei einem Prozessvergleich gebräuchlich –, ändern an dieser rechtlichen Einordnung nichts; zum Meinungsstand: MüKoZPO/Patzina Rn. 11; Musielak/Voit/Heinrich Rn. 3. Durch diese Vereinbarung betroffen sein kann auch die Aufrechnungszuständigkeit, Hamm OLGR 1999, 176; Busse MDR 2001, 731, oder die Zuständigkeit für eine Widerklage. Das Gericht prüft ihre Voraussetzungen von Amts wegen, BGH NJW 1994, 51. Das gilt auch bei einer Säumnis des Bekl. nach §§ 331 I 2, 335 I Nr. 1. 6

2. Beispiele zur Frage einer Vereinbarung, I

Ausländische Zuständigkeit: Die Vereinbarung kann eine (sogar ausschließliche) ausländische Zuständigkeit betreffen, BGH BB 1998, 2284 (Auslegungsfrage); Kblz ZMR 1997, 186. Für letztere besteht aber keine Vermutung, KG MDR 1999, 56. 7

Auslegung: Die Vereinbarung lässt sich nach §§ 133, 157 BGB auslegen, Saarbr NJW-RR 2018, 639; Brdbg NJW 2006, 3444. Das gilt auch für eine solche Widerklage, für die das Gericht ohne § 33 unzuständig wäre.

Ausschluss aller Gerichte: Seine Vereinbarung ist unstatthaft. Es kann jedoch eine Schiedsvereinbarung nach § 1029 vorliegen. Im Übrigen kann durch Prorogation kein ausschließlicher, sondern nur ein zusätzlicher Gerichtsstand begründet werden, Düss GRUR-RR 2021, 187.

Bestimmbarkeit: Es reicht auch eine bloße Bestimmbarkeit, Brdbg NJW 2006, 3445.

Bürge: Die Vereinbarung erstreckt sich grundsätzlich nicht auf einen Streitgenossen, der als Bürge in Anspruch genommen wird, BayObLG NJOZ 2019, 1666; BayObLGZ 1999, 75; Ffm BeckRS 2015, 8025. Im Einzelfall können Zweckmäßigkeitserwägungen dazu führen, sich vor dem im Verhältnis zu einer Partei prorogierten Gericht verklagen zu lassen, wenn ein entsprechender Antrag nach § 36 I gestellt wird, BayObLG NJOZ 2019, 1666 (im Fall des Vorstands einer AG als Bürge).

Deliktischer Anspruch: Eine Vereinbarung umfasst auch einen solchen deliktischen Anspruch, der einen Bezug zum Vertrag hat, Stgt MDR 2008, 709.

Dritter: Die Vereinbarung kann nach § 328 BGB zugunsten eines Dritten gelten, EuGH NJW 1984, 2760; Geimer NJW 1985, 533.

Inhalt: Die Vereinbarung kann grds. jeden gesetzlich statthaften Inhalt haben, auch zum Ausschluss einer Zuständigkeit.

Insolvenzverwalter: Die Vereinbarung wirkt für und gegen einen Insolvenzverwalter.

Internationale Zuständigkeit: Die Vereinbarung kann die internationale Zuständigkeit betreffen, Mü MDR 2017, 1323.

Nebenabrede: Eine Vereinbarung umfasst sie im Zweifel mit, Mü OLGR 2005, 20.

Rechtsnachfolger: Die Vereinbarung wirkt für und gegen einen Rechtsnachfolger.

Schiedsvereinbarung: Die Vereinbarung kann eine Prorogation oder Derogation in- und ausländischer Gerichte enthalten, Nürnb SchiedsVZ 2005, 50. In der Vereinbarung eines ausländischen Schiedsgerichts kann aber keine Prorogation der internationalen Zuständigkeit eines deutschen Gerichts nach § 1033 gesehen werden, Geimer SchiedsVZ 2005, 52; → § 1033 Rn. 4; aA Nürnb SchiedsVZ 2005, 50.

Streitgenosse: Die Vereinbarung wirkt nur beim notwendigen Streitgenossen nach § 62, BGH MDR 1991, 737. Die Vereinbarung eines ausschließlichen Gerichtsstands mit einem der Streitgenossen hat zur Folge, dass keiner der allgemeinen Gerichtsstände der Antragsgegner, sondern nur der vereinbarte ausschließliche Gerichtsstand für eine gemeinsame Klage in Betracht kommt, BGH NJW 1988, 646; BayObLG NJOZ 2019, 1666; Hamm BeckRS 2020, 10489; Ffm BeckRS 2015, 8025; dieser müsste jedoch nach § 36 bestimmt werden; → § 36 Rn. 20.

Widerklage: Man kann § 33 abbedingen, BGH NJW 1981, 2644.

3. Vereinbarung in allgemeinen Geschäftsbedingungen (AGB). Eine Gerichtsstandsvereinbarung kann zulässig in AGB getroffen werden, BayObLG BeckRS 2020, 3165, Saarbr OLGR 2004, 292, soweit kein Verstoß gegen §§ 305 ff. BGB vorliegt, BGH NJW 1987, 2867. So kann eine Gerichtsstandsvereinbarung in einem Verwaltungsvertrag, BGH NJW 1986, 1438, in einem Mietkaufvertrag, Ffm BeckRS 2015, 8025, in einer Vertriebsvereinbarung, BayObLG NJOZ 2019, 1666, in einem Prüfvertrag mit einer Wirtschaftsprüfungsgesellschaft, BayObLG BeckRS 2020, 3165, oder in einer Bürgschaftserklärung, BayObLG NJW-RR 2020, 763, liegen. Mit der Vereinbarung der Anwendung der VOB/B kann auch die Vereinbarung des Gerichtsstands nach § 18 I VOB/B, der auf § 38 verweist, einhergehen, BayObLG NJW-RR 2020, 763. Keine Vereinbarungen sind die als Rechtsverordnung erlassenen Allgemeinen Versorgungsbedingungen (AVB) zB von Energieunternehmen, LG Bochum BB 1975, 937. 8

4. Unterwerfung unter AGB. Eine Vereinbarung ist bei I auch durch eine stillschweigende Unterwerfung möglich, BGH NJW 1985, 560. Im Zweifel ist eine Auslegung zulasten des Verwenders nach § 305c II BGB notwendig. 9

5. Inhaltskontrolle von AGB. Es ist nach § 307 BGB eine Inhaltskontrolle notwendig. So ist zB lediglich der Aufdruck auf Geschäftsbögen „Gerichtsstand X" unwirksam, BGH NJW 1987, 2867. Auch kann der Verwender von AGB nicht ohne Weiteres einen vom Firmensitz abweichenden Gerichtsstand bestimmen, Hmb MDR 2000, 170 = NJW 1999, 1506. 10

6. Ungewöhnlichkeit einer AGB-Klausel. Daher kann zB eine aus der Sicht nicht nur des Unterworfenen, sondern jedes vernünftigen Dritten völlig ungewöhnliche Klausel nach § 307 BGB zumindest mangels eines rechtzeitigen Hinweises auf sie unwirksam sein, Hmb MDR 2000, 171. Eine Vereinbarung auf das Gericht des Zessionars ist denkbar. Denn § 40 fordert keinen genauen Ort, sondern nur eine Bestimmbarkeit, EuGH NJW 2001, 501; LG Bielef MDR 1977, 672. 11

12 Eine in AGB enthaltene Klausel auf den Sitz des Verwenders ist statthaft, Ffm MDR 1998, 664. Aber sie begründet im Zweifel einen ausschließlichen Gerichtsstand nur gegen ihn, nicht für ihn, Bbg NJW-RR 1989, 371. Dasselbe gilt für die Vereinbarung der Zuständigkeit am Sitz des Verkäufers, Ffm MDR 1998, 664. Die Vereinbarung eines anderen Orts als des Geschäftssitzes kann unschädlich sein, soweit der Partner dadurch keinen Nachteil erleidet, Hmb NJW-RR 1999, 1506.

13 Zu unbestimmt ist die Klausel dann, wenn der jeweilige Kläger das Gericht frei bestimmen dürfte, LG Bielef MDR 1977, 672. Gegenüber einem Kaufmann (wenn der Vertrag zu seinem Handelsgewerbe zählt) und gegenüber einer juristischen Person des öffentlichen Rechts oder einem öffentlich-rechtlichen Sondervermögen sind AGB-Schutzvorschriften nach § 310 BGB nur eingeschränkt anwendbar.

14 **7. Weitere Prüfung.** Neben → Rn. 4, 5 oder → Rn. 7–14 ist weiter zu prüfen, ob eine der Fallgruppen I–III vorliegt.

15 **VI. Prorogationsbefugte Parteien, Form, I.** Es sind nur bestimmte Personengruppen prorogationsbefugt:

16 **1. Grundsatz: Nur bestimmte Personengruppen.** I erlaubt nur bestimmten Personen oder Personengruppen eine Zuständigkeitsvereinbarung. Jede Partei muss zur Zeit der Zuständigkeitsvereinbarung einer der in I genannten Gruppen angehört haben, BayObLG BB 1978, 1685 (eine Zugehörigkeit zu derselben Gruppe ist nicht erforderlich), Köln NJW-RR 1992, 571. Den Rechtsnachfolger bindet eine wirksame Vereinbarung, BGH NJW 1980, 2023; BayObLG NJW-RR 2002, 359. Das gilt auch dann, wenn er selbst keine solche Vereinbarung hätte schließen können, BGH NJW 1998, 371.

17 **2. Kaufmann.** Zunächst sind alle Kaufleute prorogationsbefugt, BGH NJW-RR 2010, 891, dh alle Inhaber eines Handelsgewerbes nach § 1 HGB oder eines im Handelsregister eingetragenen Unternehmens nach § 5 HGB sowie die Handelsgesellschaften nach § 6 HGB; im Übrigen → Rn. 19. Dieser Personenkreis erscheint als weniger schutzbedürftig, Köln NJW-RR 1992, 571. Maßgeblich für die Kaufmannseigenschaft ist der Zeitpunkt der Einigung, nicht der der Rechtshängigkeit, Karlsr MDR 2002, 1269; Köln NJW-RR 1992, 571. Die Beurteilung richtet sich nach deutschem materiellen Recht, Mü OLGR 2001, 27, also §§ 1–3, 5, 6 HGB, Hmb OLGR 2008, 340. Gewinnerzielungsabsicht ist nicht stets nötig, sondern eine wirtschaftliche Tätigkeit am Markt, LG Dortm BauR 2014, 307; LG Kaisersl BauR 2014, 308. Der Kläger muss die Kaufmannseigenschaft darlegen, Schlesw NJW 2006, 3360.

3. Beispiele zur Frage eines Kaufmanns, I

18 **Arbeitsgemeinschaft:** Kaufmann ist eine ARGE. Denn sie gilt als OHG, LG Ffm BauR 2012, 1289.

BGB-Gesellschaft: Kein Kaufmann ist sie schon wegen ihrer Form, Ffm MDR 1979, 1027; LG Freib NJW-RR 1999, 1506.

Freiberufler: Angehörige freier Berufe (zB Arzt, Anwalt, Notar, Architekt, Steuerberater) sind keine Kaufleute, Köln NJW-RR 2015, 1533; Hmb OLGR 2008, 341.

Handelsgeschäft: Unerheblich ist, ob ein solches nach § 343 HGB vorliegt. Denn I stellt nur auf die Person des Kaufmanns ab.

Insolvenzverwalter: Der Insolvenzverwalter ist kein Kaufmann; er wird auch dann nicht formell zum Kaufmann, wenn er ein in Insolvenz geratenes kaufmännisches Unternehmen fortführt, § 38 findet in diesem Fall auch keine entsprechende Anwendung, Zweibr. ZIP 2018, 2376; Bamb OLGR 1998, 302; MüKoZPO/Patzina Rn. 17; Musielak/Voit/Heinrich Rn. 10; aA Zöller/Schutzky Rn. 22; Wexler-Uhlich/Wagner ZIP 2015, 1213.

Kenntnis: Unerheblich ist, ob die Kaufmannseigenschaft oder deren tatsächliche Grundlage dem Partner bekannt war.

Kommanditgesellschaft: Kaufmann ist sie nach § 6 I HGB. Das gilt auch für ihren persönlich haftenden Gesellschafter, BGH NJW 1966, 1960.

Offene Handelsgesellschaft: Kaufmann ist sie nach § 6 I HGB. Der persönliche haftende Gesellschafter ist Kaufmann nach I, BGH NJW 1966, 1960.

Partnerschaftsgesellschaft: übt nach § 1 I 2 PartGG kein Handelsgewerbe aus und ist deshalb nicht prorogationsbefugt, LG Kleve BeckRS 2016, 10247.

Rechtsnachfolger: Eine wirksam geschlossene Gerichtsstandsvereinbarung bindet auch den Rechtsnachfolger, der nicht Kaufmann ist, Köln NJW-RR 1992, 571.

Scheinkaufmann: § 38 ist auch auf nicht eingetragene Scheinkaufleute anwendbar, Karlsr MDR 2002, 1269; Ffm BB 1974, 1366.

Stellvertretung: Auf die Kaufmannseigenschaft des Vertreters kommt es nicht an, sondern nur auf die der vertretenen Partei.

19 **4. Juristische Person des öffentlichen Rechts.** Hierzu gehören: Körperschaften (verbandsförmig organisiert, also wesentlich auf der Mitgliedschaft aufgebaut, zB: Hochschulen, Berufskammern, Innungen, offentl.-rechtl. Gebietskörperschaften, BayObLG NJW-RR 2020, 763; Anstalten, also Verwaltungseinrichtungen, die bestimmten Nutzungszwecken dienen, zB Rundfunkanstalten, oder Stiftungen des öffentlichen Rechts, also mit eigener Rechtspersönlichkeit ausgestattete Vermögensbestände, die bestimmten Stiftungszwecken gewidmet sind, OVG Münst DÖV 2008, 650.

20 **5. Öffentlich-rechtliches Sondervermögen.** Hierzu gehören zB: Das Bundeseisenbahnvermögen, (nicht aber die Deutsche Bahn AG, s. dort); das ERP-Sondervermögen; der LAG-Ausgleichsfonds. Maßgeblich ist, dass keine juristische Person vorliegt.

21 **6. Form, I.** Die Vereinbarung ist grundsätzlich formlos möglich, Brdb NJW 2006, 3444; KG BB 1983, 213. Sie kann innerhalb oder außerhalb des Hauptvertrags erfolgen. Das gilt auch dann, wenn der Hauptvertrag eine Form erfordert, BGH NJW 1978, 212. Die Vereinbarung ist auch telefonisch oder stillschweigend möglich (anders II, III), BGH MDR 1985, 911; Brdb NJW 2006, 3444. Sie ist der Auslegung nach §§ 133, 157 BGB zugänglich, Mü OLGR 2005, 20. Ein Handelsbrauch ist dabei zu beachten. Ein Verstoß gegen die Form von II, III ist unschädlich, soweit I vorliegt.

VII. Auslandsberührung, II. Dazu Gebauer, Das Prorogationsstatut im Europäischen Zivilprozessrecht, FS von Hoffmann, 2011. Nationales und übernationales Recht greifen ineinander; Schnichels, Stein, Lenzing, Die Entwicklung des europäischen Zivilrechts im Bereich der EuGVVO im Jahr 2020, EuZW 2021, 965.

1. Grundsatz: Begrenzte Zulässigkeit. II erlaubt zusätzlich und nicht etwa anstelle von I eine Zuständigkeitsvereinbarung, falls mindestens einer der Partner und damit eine der Prozessparteien im Inland keinen allgemeinen Gerichtsstand hat, BGH NJW 2016, 2328. Ein besonderer inländischer Gerichtsstand nach §§ 20 ff. ist aber grundsätzlich unschädlich, Fricke VersR 1997, 406. Vgl. aber II 3. Maßgebliche Zeitpunkte sind nach sowohl die Zuständigkeitsvereinbarung als auch die Klagerhebung. Eine Veränderung nach dem Eintritt der Rechtshängigkeit ist nach § 261 III Nr. 2, s. III Nr. 1 unerheblich. Es kann sich auch um einen Nichtkaufmann handeln, LG Mü I NJW 1975, 1606. 22

Art. 25 Brüssel Ia-VO ist vorrangig, BGH NJW 2016, 2328; Karlsr ZMR 2006, 930; Gärtner MDR 2009, 839. Er ist aber nur dann anwendbar, wenn der Kläger seine Klage nach ihrem Inkrafttreten erhoben oder aufgenommen hatte. II gilt also nur, wenn mindestens einer der Partner außerhalb des Geltungsbereichs der Brüssel Ia-VO oder des Art. 17 LugÜ wohnt, Gärtner MDR 2009, 840; Wirth NJW 1978, 461; aM Piltz NJW 1978, 1094. 23

2. Kein Inlandsgerichtsstand. Eine freie Wahl des Gerichtsstands ist dann zulässig, wenn überhaupt kein Partner der Zuständigkeitsvereinbarung nach §§ 12 ff. einen allgemeinen Gerichtsstand im Inland hat. Andernfalls gilt Folgendes: 24

3. Inlandsgerichtsstand. Wenn nur ein Partner einen allgemeinen inländischen Gerichtsstand hat, ist bei einer Anwendbarkeit der Brüssel Ia-VO jeder Gerichtsstand vereinbar. Sonst gilt unter den inländischen Gerichtsständen nur ein beliebiger gesetzlicher allgemeiner oder besonderer Gerichtsstand, zB derjenige des Wohnsitzes nach § 13 oder derjenige der Belegenheit nach § 24. Es ist grundsätzlich auch eine Vereinbarung eines ausschließlichen ausländischen Gerichtsstands zulässig. Vgl. allerdings § 40 II. Innerhalb des allgemeinen Gerichtsstands gilt die Rangfolge; → § 12 Rn. 1. Denn II 3 sagt „ihren", nicht „einen" allgemeinen Gerichtsstand. Jedoch hat der allgemeine Gerichtsstand keinen Vorrang vor einem besonderen. Innerhalb der besonderen Gerichtsstände besteht keine besondere Reihenfolge. 25

Wenn sämtliche Partner einen allgemeinen inländischen Gerichtsstand haben, ist II unanwendbar. Das gilt selbst dann, wenn ein Partner außerdem einen ausländischen allgemeinen Gerichtsstand hat, BGH NJW 1986, 1439. Es gilt aber dann nicht, wenn zB nur ein Streitgenosse nach § 59 im Inland wohnt. Streithelfer nach § 66 sind dagegen irrelevant. Ob man die Wahl des falschen Gerichts in eine Vereinbarung des zulässigen umdeuten darf, ist eine Auslegungsfrage nach §§ 133, 157 BGB. Im Zweifel ist keine wirksame Vereinbarung nach II vorhanden. 26

4. Form, II. Trotz der Stellung von S. 2 vor S. 3 besteht bei II mindestens die Notwendigkeit einer nachträglichen schriftlichen Bestätigung, BGH NJW 2001, 1732. Jeder Partner kann bestätigen, BGH NJW 1993, 1070. Eine vorherige Vereinbarung ist notwendig, aber auch stillschweigend möglich, strenger BAG NJW 1984, 1320; Nürnb NJW 1985, 1296. Die Einhaltung der Form des § 126 BGB ist ratsam, aber nicht zwingend, BGH NJW 2001, 1731. Bei AGB muss eine eindeutige Bezugnahme auf sie vorliegen und reicht aus, EuGH NJW 1977, 494; BGH NJW 2004, 3706; BayObLG BB 2001, 2498. Eine stillschweigende Unterwerfung reicht hier nicht. Bei einer Vereinbarung zugunsten eines Dritten reicht die Formeinhaltung durch die Vertragspartner, EuGH NJW 1984, 2760; Geimer NJW 1985, 533. Ab Rechtshängigkeit ist wegen § 261 III Nr. 2 eine Bestätigung nicht mehr möglich. 27

5. Beispiele zur Frage einer Auslandsberührung, II

Abbedingen: Das Abbedingen der deutschen Gerichtsbarkeit ist dann unwirksam, wenn das Auslandsgericht sich für unzuständig erklären wird, Kblz VersR 2005, 1748. 28

Ausländisches Gericht: Die Vereinbarung auf ein ausländisches ordentliches Gericht wirkt meist nach dem ausländischen Recht zuständigkeitsbegründend, wenn dieses sie zulässt. Das gilt zumindest in der Regel für einen Anspruch gegen die Partei, deren Heimatgericht zuständig sein soll. Sie wirkt zuständigkeitsaufhebend nach dem deutschen Recht. Das gilt aber nicht bis zur Rechtsverweigerung, BAG NJW 1979, 1119; Brem VersR 1985, 988.

Auslegung: Jede Vereinbarung unterliegt der Auslegung nach §§ 133, 157 BGB. Ist die Rechtsverfolgung im Ausland nicht möglich, bleibt die internationale Zuständigkeit des deutschen Gerichts bestehen, BAG NJW 1979, 1119.

Ausschließliche Zuständigkeit: Die Vereinbarung einer ausschließlichen Zuständigkeit ist grundsätzlich zumindest dann zulässig, wenn nicht etwa das deutsche Gericht ausschließlich zuständig ist. Das gilt, soweit nicht die Unwirksamkeit auch der Zuständigkeitswahl infrage kommt, etwa wegen einer Sittenwidrigkeit, Köln VersR 1997, 1556. Allerdings ist die Vereinbarung einer ausschließlichen Zuständigkeit eines ausländischen Gerichts nur wirksam, wenn die Vereinbarung schriftlich getroffen worden ist, Nürnb SchiedsVZ 2005, 50.

Bestimmtes Gericht: Die Vereinbarung muss zur Wirksamkeit auf ein bestimmtes oder eindeutig bestimmbares Gericht lauten.

CMR: Die Anwendung der CMR-Bestimmungen über die internationale Zuständigkeit schließt eine innerstaatliche Gerichtsstandsabrede nach den ADSp nicht aus, LG Hmb VersR 1981, 475. Indessen können die Parteien einen nach dem deutschen Prozessrecht statthaften Gerichtsstand nicht ausschließen, soweit man dem Kläger dadurch zugleich die nach Art. 31 I b CMR begründete internationale Zuständigkeit nehmen würde, Hmb VersR 1984, 687. Art. 31 II EuGVVO ist auf einseitige ausschließliche Gerichtsstandsvereinbarungen anzuwenden, wenn die Vereinbarung eine ausschließliche Zuständigkeit des später angerufenen Gerichts zulasten der vor dem erstbefassten Gericht klagenden Partei vereinbart wurde, BGH BeckRS 2021, 17156 Rn. 62 = NZI 2021, 739.

Ordre public: Die Vereinbarung gilt, solange vor dem ausländischen Gericht wesentliche rechtsstaatliche Garantien erfüllbar sind, BGH NJW 1983, 2772.

Scheininternationalität: Eine Umgehung des § 38 durch eine scheininternationale Fallgestaltung ist als Rechtsmissbrauch unstatthaft.

Schweigen: Ein Schweigen auf eine „Auftragsbestätigung" reicht nicht stets, EuGH NJW 1977, 495; BGH NJW 1994, 2700.

Stillschweigende Vereinbarung: Sie ist statthaft, zB auch bei einer Rechtswahl, BGH DB 1976, 1009.

Wahlweiser Gerichtsstand: Die Vereinbarung eines lediglich wahlweise statthaften Gerichtsstands lässt eine kraft Gesetzes bestehende internationale Zuständigkeit eines deutschen Gerichts unberührt, Weyland FS Arens, 1993, 417.

Widerklage: Die schlichte Vereinbarung eines deutschen Gerichtsstands bei einem Liefergeschäft ins Ausland bewirkt nicht, dass damit der Gerichtsstand der Widerklage des ausländischen Käufers dann entfällt, wenn der deutsche Verkäufer den Käufer vor dessen Heimatgericht verklagt.

VIII. Vereinbarung, III. Dazu Schilken, Zur Zulässigkeit von Zuständigkeitsvereinbarungen bei Beteiligung von Nichtkaufleuten (§§ 38 Abs. 3, 40 ZPO), FS Musielak, 2004, 425. Viele verkennen die praktische Bedeutung von III.

29 **1. Grundsatz: Hilfsweise Geltung.** Die Vorschrift gilt nur hilfsweise, also nur für die nicht von II erfassten Personen. Sie erlaubt eine Zuständigkeitsvereinbarung unter zwei unterschiedlichen Voraussetzungen, von denen nur eine vorliegen muss. Sie muss schriftlich erfolgen, aber nicht zwingend in der Form des § 126 BGB geschehen.

30 **2. Nach dem Entstehen der Streitigkeit, III Nr. 1.** Verfahrenserklärungen der Parteien, zB der Verweisungsantrag der klagenden und die Einverständniserklärung der beklagten Partei zu der vom Gericht avisierten Verweisung, beinhaltet grds. keine klar und deutlich zum Ausdruck gekommene materielle Willenseinigung über das zuständige Gericht, wie es zum Zustandekommen einer Gerichtsstandsvereinbarung erforderlich wäre, EuGH EuZW 2004, 188; BayObLG BeckRS 2020, 22920 (zu Art. 23 I LugÜ). Ein übereinstimmender Verweisungsantrag stellt noch keine Zuständigkeitsvereinbarung dar, BGH NJW-RR 1994, 126. Eine Gerichtsstandsvereinbarung, die zugleich mit dem Vertrag abgeschlossen wurde, dessen künftige Streitigkeit sie regelt, fällt nicht unter III 1; BGH NJW 1986, 1438 mit Anm. Geimer.

31 Ab Rechtshängigkeit, nach einem Mahnverfahren und daher ab dem Zeitpunkt des § 696 III ist beim objektiv zuständigen Gericht dessen Abwahl nach § 261 III Nr. 2 unzulässig, BGH NJW-RR 1994, 126. Beim objektiv unzuständigen Gericht ist ab Rechtshängigkeit eine Vereinbarung auf dieses oder ein anderes Gericht allerdings zulässig.

32 **3. Wohnsitzverlegung, III Nr. 2.** Sie kann statt → Rn. 33 genügen. Das betrifft nur die örtliche Zuständigkeit nach §§ 12 ff. Die Vereinbarung ist nur dann zu beachten, wenn die Partner sie von vornherein oder später für derartige Ereignisse beim zukünftigen Bekl. getroffen haben. Das kann der Gläubiger wie Schuldner oder Bürge sein. Die sog. Zukunftsklausel muss sich direkt aus der Gerichtsstandsvereinbarung ergeben. Man darf sie also nicht nur aus dem übrigen Vertragsinhalt ableiten können, LAG Düss DB 1984, 1686. Ein Formular kann genügen, Stgt NJW-RR 1987, 1076. Den Wohnsitz muss man nach §§ 13, 15 beurteilen, den Aufenthaltsort nach § 16, bei einer juristischen Person nach §§ 17, 18 entsprechend, soweit nicht I gilt. Verlegung meint eine zumindest ernsthafte und auf unbestimmte Zeit. Hierbei sind die maßgeblichen Zeitpunkte wie → Rn. 23 zu beurteilen.

33 **4. Mahnverfahren.** Für dieses Verfahren ist eine Zuständigkeitsvereinbarung nach § 689 II, III nicht mehr zulässig. Für das anschließende streitige Verfahren gelten die Regeln → Rn. 33, 35.

34 **IX. Rügelose Einlassung.** In allen Fällen I–III heilt nach § 39 S. 1 eine rügelose Einlassung, EuGH NJW 1985, 2893; KG VersR 2018, 635. Das gilt aber nur dann, wenn vor dem AG nach § 504 eine Belehrung über die örtliche und sachliche etwaige Unzuständigkeit erfolgt, ebenso nach § 46 II 1 ArbGG vor dem ArbG, und wenn auch nicht § 40 II gilt, dort S. 2. Wenn die Parteien durch die Vereinbarung eines alleinigen ausländischen Gerichtsstands auch den Gerichtsstand der Widerklage abbedungen haben, wird dieser nicht ohne Weiteres dadurch gültig, dass der ausländische Vertragspartner vor einem deutschen Gericht klagt und dass sich der Bekl. rügelos auf die Klage einlässt, BGH NJW 1981, 2644.

39 *Zuständigkeit infolge rügeloser Verhandlung.* [1]Die Zuständigkeit eines Gerichts des ersten Rechtszuges wird ferner dadurch begründet, dass der Beklagte, ohne die Unzuständigkeit geltend zu machen, zur Hauptsache mündlich verhandelt. [2]Dies gilt nicht, wenn die Belehrung nach § 504 unterblieben ist.

1 **I. Systematik.** § 39 ergänzt und erweitert §§ 230, 281, 282 III, 295. Nach den letzteren Vorschriften bleibt es grundsätzlich in den Grenzen des vorrangigen § 40 II dem Bekl. nach § 295 I überlassen, ob er die etwaige örtliche oder sachliche Unzuständigkeit des Gerichts rügen will, Hamm NJW 1988, 653; KG VersR 1988, 909. Das ist auch schon im schriftlichen Vorverfahren nach § 276 zu beachten, wenn der Beklagte eine rügelose Verhandlung ankündigt, Stgt NJW-RR 2010, 792. Er muss seine Rüge der Unzuständigkeit gleichzeitig und vor seiner Verhandlung zur Hauptsache vorbringen. Wegen der Pflicht des Gerichts, die Zulässigkeit in jeder Lage von Amts wegen vor der Frage der Begründetheit zu prüfen, reicht auch eine hilfsweise Zuständigkeitsrüge. Evtl. ist die Rüge nach einer Klageerweiterung nach §§ 263, 264 auch erstmals in der Berufungsinstanz zulässig, BGH NJW 1986, 2436. Im schiedsrichterlichen Verfahren ist § 39 bei §§ 1059, 1062 I Nr. 4 anwendbar, Stgt NJW-RR 2003, 495. Im selbständigen Beweisverfahren gilt § 486 II 2.

2 Die Versäumung hat allgemein zur Folge, dass sie den Bekl. mit der Prozesshandlung ausschließt. Daher enthält S. 1 den Grundsatz, dass ein an sich örtlich und/oder sachlich unzuständiges Gericht auch dann zuständig wird, wenn der Bekl. mündlich zur Hauptsache verhandelt, ohne die Unzuständigkeit geltend zu machen. Von diesem Grundsatz enthält erst S. 2 eine Ausnahme beim AG: Nur dort besteht nach § 504 eine Belehrungspflicht des Vorsitzenden. Eine weitere Ausnahme liegt bei einem gegnerischen Rechtsmissbrauch vor, zB bei einer Erschleichung des Gerichtsstands, LG Bln NJW-RR 1997, 378.

3 **II. Regelungszweck.** Die Vorschrift dient der Prozessförderung und Prozesswirtschaftlichkeit. Sie dient auch der Parteiherrschaft. S. 1 bietet bei einem nicht ausschließlichen Gerichtsstand in den Grenzen des § 40 II die Möglichkeit, eine sofortige weitere Prozessförderung durch das unzuständige Gericht zu erreichen.

III. Geltungsbereich. Nach dem Wortlaut von S. 1 gilt § 39 nur vor dem Erstgericht, BGH NJW 1987, 3081. Solange der Amtsrichter die nach § 504 vorgesehene Belehrung nicht korrekt durchgeführt hat, bleibt dem Bekl. die Möglichkeit der Rüge der Unzuständigkeit erhalten. Der Bekl. kann allerdings auf die Möglichkeit der Rüge verzichten. Ein solcher Verzicht ist erst nach Entstehen der Streitigkeit, → § 38 Rn. 33, wirksam und nur bis zum Beginn der mündlichen Verhandlung in der Hauptsache zulässig; anderenfalls läge mit Beginn der Verhandlung das rügelose Einlassen bereits vor, BGH NJW-RR 2013, 1398 Rn. 9; BayObLG BeckRS 2021, 14335 Rn. 23f. Da ein solcher Verzicht im Ergebnis zur Begründung der Zuständigkeit eines an sich unzuständigen Gerichts führt, entfaltet ein außerhalb der mündlichen Verhandlung erklärter Verzicht nur bindende Wirkung, wenn die formellen und sachlichen Voraussetzungen für eine wirksame Gerichtsstandsvereinbarung vorlagen, BayObLG BeckRS 2021, 14335 Rn. 25; Thomas/Putzo/Hüßtege Rn. 8. Der Verzicht hat deshalb auch in der Form des § 38 III 1 zu erfolgen, MüKoZPO/Patzina Rn. 8; außerdem ist § 40 II 2 zu beachten. Man darf an ein rügeloses Verhandeln nicht zu strenge Anforderungen stellen, BGH NJW-RR 2002, 1358. Nach einem wirksamen Rügeverzicht oder nach einem wirksamen rügelosen Verhandeln des Bekl. zur Hauptsache gilt das bisher unzuständige Gericht als seit Beginn des Rechtsstreits zuständig. §§ 282 III, 296 III sind unanwendbar, Saarbr NJW 2005, 907; Oldb NJW-RR 1999, 866; Ffm ZIP 1982, 1490. Der Bekl. kann eine Rüge zurücknehmen, Künzl BB 1991, 757. 4

§ 39 ist auch für die internationale Zuständigkeit entsprechend anwendbar, BGH NJW 1997, 397; NJW 1987, 3181; Saarbr BeckRS 2021, 29631 Rn 41; Düss NJW 1991, 1493. Die Rüge der örtlichen Unzuständigkeit umfasst evtl. auch diejenige der internationalen, BGH NJW 1988, 1466. Sie ist stillschweigend denkbar, Prütting MDR 1980, 369. Wegen der Brüssel Ia-VO SchlAnh. V C 2, Ffm OLGZ 1983, 101, besonders Art. 20ff., 26 Brüssel Ia-VO, EuGH NJW 1985, 2893; Kblz RIW 2000, 636; LG Kiel IPRax 2009, 164. 5

Wegen des Umstands, dass das Gericht zB das Verhältnis der ordentlichen und der Arbeitsgerichtsbarkeit nicht mehr nach den Regeln der sachlichen Zuständigkeit prüfen muss, sondern gemäß §§ 17, 17a GVG nach denjenigen des Rechtswegs, heilt eine insoweit rügelose Einlassung nicht mehr, BGH NJW 1997, 328; ArbG Passau BB 1992, 359; Brückner NJW 2006, 14. 6

IV. Verhandeln zur Hauptsache. Die ZPO gebraucht den Begriff „Verhandeln zur Hauptsache" nicht einheitlich. 7

1. Sacherörterung. In § 39 meint der Begriff die Sacherörterung mit den Parteien. Sie beginnt grundsätzlich erst mit den Anträgen in der mündlichen Verhandlung, Drsd MDR 1997, 498; Bbg MDR 1988, 148. Sie kann auch noch nach dem Ablauf der Klageerwiderungsfrist nach §§ 275 I 1, 276 I 2 erfolgen, BGH NJW 2001, 2479. Sie kann durch jedes Angriffs- oder Verteidigungsmittel erfolgen. 8

2. Beispiele zur Frage eines Verhandelns zur Hauptsache

Ablehnungsgesuch: Kein Verhandeln zur Hauptsache liegt im bloßen derartigen Gesuch nach § 42. 9

Ankündigung: Kein Verhandeln zur Hauptsache ist seine bloße Ankündigung, Karlsr OLGR 2005, 254.

Antragszeitpunkt: Er kann trotz § 137 I erst im Laufe der Verhandlung liegen, BGH NJW 1990, 840; Saarbr OLGR 2002, 331.

Entscheidung nach Lage der Akten: Verhandeln zur Hauptsache liegt nach einer Ankündigung des Gerichts in Richtung auf eine Entscheidung nach Lage der Akten nach §§ 251a, 331a in einer vorbehaltlosen schriftlichen Einlassung.

Erledigungserklärung: Verhandeln zur Hauptsache kann auch in einer solchen „Erklärung für erledigt" liegen, Saarbr OLGR 2002, 332; Hierin kann auch die Zustimmung liegen, Ffm JurBüro 1985, 1556.

Güteverhandlung: Eine Stellungnahme in einer Güteverhandlung ist kein Verhandeln zur Hauptsache, → § 278 Rn. 6.

Prozessfrage: Kein Verhandeln zur Hauptsache liegt in einer Erörterung einer bloßen prozessrechtlichen Frage, BGH ZZP 94, 328.

Rechtsmissbrauch: Er verhindert eine Zuständigkeitsbegründung, LG Bln NJW-RR 1997, 378.

Sachliche Unzuständigkeit: Wenn der Bekl. nur die örtliche Unzuständigkeit rügt, kann das außerdem bisher nach §§ 23ff., 71 GVG sachlich unzuständige Gericht nach § 39 zuständig werden, BGH NJW-RR 1992, 1091, und umgekehrt.

Schriftliches Verfahren: Verhandeln zur Hauptsache liegt im Verfahren nach § 128 II oder nach § 495a S. 1 auch in einer vorbehaltlosen Einlassung.

Streitgenossen: Man muss eine Prüfung bei jedem Streitgenossen nach § 59 gesondert vornehmen, Saarbr OLGR 2002, 332.

Vergleichsverhandlung: Kein Verhandeln zur Hauptsache ist eine bloße Vergleichsverhandlung ohne eine Sacherörterung, Bbg MDR 1988, 148; Saarbr OLGR 2002, 332.

Versäumnisverfahren: Im Versäumnisverfahren gegen den Bekl. nach § 331 ist § 39 unanwendbar; BayObLG NJOZ 2019, 1666. Bei einer Säumnis des Klägers nach § 330 liegt eine Verhandlung des Bekl. zur Hauptsache in seinem Antrag auf den Erlass eines Versäumnisurteils oder auf den Erlass einer Entscheidung nach Lage der Akten. Wegen § 342 reicht auch eine Rüge des einsprechenden Klägers nach § 343.

Widerklage: Verhandeln zur Hauptsache ist auch eine Widerklage bei einem Sachzusammenhang, Thomas/Putzo/Hüßtege Rn. 7.

Zustellung einer Begründung: Der Umstand, dass der Antragsgegner auf die Zustellung der Anspruchsbegründungsschrift nicht reagiert, steht einem rügelosen Einlassen nicht gleich, da nicht mündlich zur Sache verhandelt ist, BayObLG NJOZ 2019, 1666.

V. Belehrung, S. 2. Hierbei sind drei Aspekte besonders zu beachten. 10

1. Notwendigkeit. Die nach § 504 dem Amtsrichter auferlegte Belehrung ist von Amts wegen nötig. Das gilt nur im inländischen Verfahren, Ffm NJW 1979, 1787. Sie umfasst sowohl die anfängliche wie auch die erst nachträglich eingetretene Unzuständigkeit, Zöller/Schultzky Rn. 10, also auch die Fälle des § 506 I. Das gilt für die örtliche und sachliche sowie für die internationale Unzuständigkeit. Die Belehrung ist spätestens dann notwendig, wenn der Bekl. mit seiner Verhandlung zur Hauptsache ansetzt. Solange die Belehrung nach § 504 unterbleibt, kann das Gericht nicht nach § 39 zuständig werden. 11

12 **2. Unvollständigkeit.** Eine unvollständige Belehrung ist so zu beurteilen, als ob überhaupt keine Belehrung erfolgt wäre. Zu einer vollständigen Belehrung gehört auch ein Hinweis auf die Rechtsfolgen einer rügelosen Einlassung. Eine Mitteilung des tatsächlich zuständigen Gerichts ist nicht immer sogleich möglich. Dann genügt eine Belehrung dahin, dass jedenfalls dieses AG unzuständig sei. Es ist ratsam, die Belehrung nach § 160 II in das Protokoll aufzunehmen. Für ihre Wirksamkeit ist die Aufnahme in das Protokoll aber keine Bedingung. Ein Hinweis oder eine „Belehrung" des Bekl. durch den Kläger oder durch andere Beteiligte ist solange unbeachtlich, bis auch der Amtsrichter den Bekl. eindeutig belehrt hat.

13 **3. Verspätung.** Wenn der Amtsrichter die Belehrung verspätet oder erst zu einem verspäteten Zeitpunkt vollständig erteilt hat, wird das AG erst dann zuständig, wenn der Bekl. seine Verhandlung zur Hauptsache nunmehr fortsetzt. Eine solche Fortsetzung liegt nicht nur dann vor, wenn der Bekl. seinen Antrag zur Hauptsache ausdrücklich wiederholt. Trotzdem sollte der Amtsrichter stets Klarheit darüber schaffen, ob wirklich eine rügelose Verhandlung zur Hauptsache nach § 139 IV 1, 2 vorliegt. Der Amtsrichter muss den Bekl. auch dann nach § 504 belehren, wenn dieser anwaltlich vertreten wird. Vgl. im Übrigen bei § 504.

40 *Unwirksame und unzulässige Gerichtsstandsvereinbarung.*

I Die Vereinbarung hat keine rechtliche Wirkung, wenn sie nicht auf ein bestimmtes Rechtsverhältnis und die aus ihm entspringenden Rechtsstreitigkeiten sich bezieht.

II 1Eine Vereinbarung ist unzulässig, wenn

1. der Rechtsstreit nichtvermögensrechtliche Ansprüche betrifft, die den Amtsgerichten ohne Rücksicht auf den Wert des Streitgegenstandes zugewiesen sind, oder
2. für die Klage ein ausschließlicher Gerichtsstand begründet ist.

2In diesen Fällen wird die Zuständigkeit eines Gerichts auch nicht durch rügeloses Verhandeln zur Hauptsache begründet.

1 **I. Systematik.** Die gegenüber §§ 38, 39 vorrangige zwingende speziellere Vorschrift bindet in I die Wirksamkeit von Zuständigkeitsvereinbarungen an deren Bestimmtheit. II 1 regelt die Unwirksamkeit von Prorogationen für zusätzliche Fälle. II 2 schließt §§ 39, 295 der Sache nach aus. §§ 282 III, 296 III sind unanwendbar.

2 **II. Regelungszweck.** Die Vorschrift dient der Vermeidung von Rechtsmissbrauch und der Stärkung der Rechtssicherheit. II 2 liegt im Interesse der in den verschiedenen zwingenden Gerichtsständen geschaffenen Sachnähe des Gerichts. Entsprechend streng ist die Vorschrift auszulegen.

3 **III. Geltungsbereich.** → Vor § 38 Rn. 3.

4 **IV. Bestimmtes Rechtsverhältnis, I.** Die Vereinbarung der Zuständigkeit eines Gerichts ist nur dann wirksam, wenn sie ein bestimmtes Rechtsverhältnis betrifft. Ausreichend ist zB eine Vereinbarung für „alle Klagen aus demselben Rechtsverhältnis". Eine Satzung kann ausreichen, BGH NJW 1994, 52. Nicht ausreichend ist zB eine Vereinbarung für „alle Klagen aus dem ganzen Geschäftsverkehr" oder „alle künftigen Klagen", Kblz ZIP 1992, 1234. Man kann eine Zuständigkeit auch für eine Klage wegen einer bereits begangenen unerlaubten Handlung vereinbaren. Zu der Frage, ob ein wegen einer Vertragsverletzung vereinbarter Gerichtsstand auch für eine künftige unerlaubte Handlung gilt, → § 32 Rn. 1, Mü WM 1989, 604; Busse MDR 2001, 733. Zur Wirksamkeit der Zuständigkeitsvereinbarung wird auf → § 38 Rn. 2–15 verwiesen. Das Gericht hat die etwaige Unwirksamkeit der Zuständigkeitsvereinbarung grundsätzlich von Amts wegen zu beachten.

5 **V. Unzulässigkeit, II.** Eine Zuständigkeitsvereinbarung nach § 38 ist in den folgenden drei Fällen unzulässig.

6 **1. Nichtvermögensrechtlicher Anspruch, II 1 Nr. 1.** Die Vereinbarung ist dann unwirksam, wenn sie einen nichtvermögensrechtlichen Anspruch betrifft, der nach Hs. 2 gerade dem AG gem. §§ 23 ff. GVG streitwertunabhängig zugewiesen ist. Soweit das LG nach § 71 II GVG streitwertunabhängig zuständig ist, ist II 1 Nr. 1 also unanwendbar.

7 **2. Ausschließlicher Gerichtsstand, II 1 Nr. 2.** Eine Zuständigkeitsvereinbarung, die nach § 38 ansonsten zulässig ist, ist nach II 1 Nr. 2 dann unzulässig, wenn ein ausschließlicher Gerichtsstand besteht, BGH WM 2011, 79; BayObLG BeckRS 2020, 3165; Stgt BauR 2017, 1086; Schmidt JA 2020, 862. Bei den in § 14 UWG genannten Gerichtsständen handelt es sich um ausschließliche, so dass nach II 1 Nr. 2 ein anderes Gericht nicht durch Vereinbarung zuständig werden kann, KG NJW-RR 2020, 1116 = GRUR 2020, 1238. Ein ausschließlicher Gerichtsstand kann darüber hinaus im Mahnverfahren bestehen, zB bei § 689 II 1, BGH BB 1985, 691, im Vollstreckungsverfahren bei § 802, BGH WM 2011, 79 oder im WEG-Verfahren nach § 23 Nr. 2 lit. c Hs. 2 GVG. Er muss stets örtlich, sachlich oder international vorliegen, BGH MDR 1985, 911.

8 Nr. 2 gilt für die internationale Zuständigkeit nur, soweit die Vorschrift eine ausschließliche deutsche internationale Zuständigkeit einschränken würde, Köln Rpfleger 1986, 96. Wenn nur ein örtlich ausschließlicher Gerichtsstand vorliegt, ist eine Vereinbarung der sachlichen Zuständigkeit zulässig, und umgekehrt.

9 **3. Rechtsmissbrauch, II 1, 2.** Eine Zuständigkeitsvereinbarung ist über den Wortlaut von II hinaus auch dann unzulässig, wenn sie rechtsmissbräuchlich oder sittenwidrig ist, LG Bln NJW-RR 1997, 378. Wer einen wirtschaftlich Schwachen vor ein Gericht zwingt, das für den Gegner unbequem und teuer ist, nur um dem Gegner die Rechtsverfolgung zu erschweren, der kann sittenwidrig handeln.

10 **VI. Beachtung von Amts wegen.** Das Gericht muss die etwaige Unzulässigkeit von Amts wegen bis zum Verhandlungsschluss erster Instanz nach §§ 136 IV, 296a beachten. Aus II 2 ergibt sich, dass diese Pflicht auch dann fortbesteht, wenn der Bekl. die Zuständigkeit nach §§ 282 III, 296 III an sich verspätet oder nach § 295 I gar nicht gerügt hat. Sogar eine etwaige Belehrung wäre dann unerheblich. In der höheren Instanz greifen aber im Bereich der sachlichen Unzuständigkeit §§ 532, 545 II, 565, 571 II 2, 576 II und im Bereich der örtlichen Zuständigkeit § 513 II ein.

Titel 4. Ausschließung und Ablehnung der Gerichtspersonen

Vorbemerkung zu § 41

I. Systematik. Die ZPO unterscheidet zwischen zwei Arten der Unfähigkeit zum Richteramt: dem Ausschluss kraft Gesetzes nach § 41 und der Ablehnbarkeit nach §§ 42 ff. Ein kraft Gesetzes nach § 41 ausgeschlossener Richter ist von Amts wegen von der Ausübung des Richteramtes ausgeschlossen. Flankierend steht den Parteien auch im Falle des Ausschlusses von Gesetzes wegen ein Ablehnungsrecht zu, § 42 I Fall 1. Daneben gewährt § 42 I Fall 2 ein Recht zur Ablehnung des Richter wegen der Besorgnis der Befangenheit. 1

Ausschließungs- und Ablehnungsgründe (§§ 41 f.) beziehen sich auf die prozessrechtliche Fähigkeit des abgelehnten Richters, sein Amt in einem bestimmten Rechtsstreit mit Rücksicht auf seine persönlichen Verhältnisse zu einer der Parteien oder zu dem Streitgegenstand wahrnehmen zu können. Hiervon zu unterscheidende Besetzungsrügen betreffen hingegen die allgemeine, gerichtsverfassungsmäßige Fähigkeit des abgelehnten Richters, über das konkrete Verfahren hinaus als Richter tätig werden zu können. Im Unterschied zu einem Ablehnungsgrund, der die Mitwirkung eines Richters in einem konkreten Verfahren aus in seiner Person liegenden Gründen in Frage stellt, richtet sich eine Besetzungsrüge gegen die allgemeine Amtstätigkeit des Richters, BGH NJW 2009, 210. 2

II. Regelungszweck. §§ 41 ff. dienen einem fairen Verfahren, BVerfG NJW 1998, 370; BGH NJW 1995, 1678; Celle MDR 2001, 767, und dem durch Art. 101 Abs. 1 Satz 2 GG verbürgten Ziel, auch im Einzelfall die Neutralität und Distanz der zur Entscheidung berufenen Richter zu sichern, BVerfG NVwZ-RR 2008, 289. 3

III. Sachlicher Geltungsbereich. 1. Umfassende Geltung. §§ 41 ff. gelten in sämtlichen Verfahren nach der ZPO, soweit die Ausübung des Richteramts schon und noch in Betracht kommt, BFH BB 1990, 271. 4

2. Beispiele zur Frage des sachlichen Geltungsbereichs

ArbGG: §§ 41 ff. gelten im Verfahren vor den Arbeitsgerichten nach §§ 46 II 1, 49, 64 VI 1, VII, 72 V, VI, 80 II, 87 II, 92 II ArbGG, BAG NZA 2009, 397. 5

BVerfGG: §§ 41 ff. gelten im Verfahren nach §§ 18 ff. BVerfGG, BVerfGE 73, 335; Benda NJW 2000, 3620; Wassermann NJW 1987, 418.

FamFG: §§ 41 ff. gelten grds. nach § 6 I 1 FamFG entsprechend, (je zum alten Recht) BVerfG 21, 147; BGH FamRZ 2004, 618; BayObLG NJW 2002, 3262.

FGO: §§ 41 ff. gelten im Verfahren vor den Finanzgerichten nach § 51 I 1, II, III FGO, BFH NJW-RR 2000, 1733.

GebrMG: §§ 41 ff. gelten iVm § 18 II GebrMG.

GWB: §§ 41 ff. gelten im Beschwerdeverfahren nach §§ 73 Nr. 2, 76 V 1 GWB.

InsO: §§ 41 ff. gelten im Insolvenzverfahren nach § 4 InsO, BVerfG ZIP 1988, 174; Köln Rpfleger 2002, 95; AG Gött Rpfleger 1999, 289.

LwVG: §§ 41 ff. gelten im Streit nach §§ 11, 48 I 1 LwVG.

Patentamt: §§ 41 ff. gelten im Verfahren vor dem Patentamt nach §§ 57, 72 MarkenG, §§ 27 VI, 86 PatG, BPatG GRUR 1983, 503, § 10 IV GebrMG.

Patentgericht: §§ 41 ff. gelten im Verfahren vor dem Patentgericht in einer Markensache nach § 72 MarkenG oder vor dem BGH nach § 88 I 1 MarkenG.

SGG: §§ 41 ff. gelten im Verfahren vor den Sozialgerichten nach §§ 50 II, III, 60 SGG.

StPO: Im sog. Adhäsionsverfahren nach § 404 StPO gelten **nicht** §§ 41 ff., sondern §§ 22 ff. StPO, BVerfG NJW 2007, 1670.

UWG: §§ 41 ff. gelten im Einigungsverfahren nach (jetzt) § 15 UWG, Ffm GRUR 1988, 151, Stgt NJW-RR 1990, 245.

VwGO: §§ 41 ff. gelten im Verfahren vor den Verwaltungsgerichten nach § 54 VwGO, BVerwG NVwZ 2016, 253, VGH Mü NVwZ 2017, 1152.

WEG: §§ 41 ff. gelten im WEG-Verfahren.

ZVG: §§ 41 ff. gelten iVm § 869 im ZVG-Verfahren.

IV. Persönlicher Geltungsbereich. Die Regelung erfasst alle Gerichtspersonen. 6

1. Richter. Zu den Richtern nach Art. 97 GG, §§ 1 ff. DRiG gehören auch die ehrenamtlichen, zB diejenigen eines Arbeitsgerichts, BAG BB 1978, 100, oder diejenigen der Kammer für Handelssachen nach §§ 105 ff. GVG, § 45a DRiG, BayObLG Rpfleger 1978, 18, nicht aber die Beisitzer eines Verfahrens vor der arbeitsrechtlichen Einigungsstelle, LAG Düss/Köln BB 1981, 733. Wegen einer Einigungsstelle zur Beilegung von Wettbewerbsstreitigkeiten LG Stgt AnwBl 1989, 675. Beide Arten der Unfähigkeit können immer nur einen bestimmten einzelnen Richter persönlich und zunächst nur einen bestimmten einzelnen Prozess betreffen. Allenfalls können nach §§ 59, 60, 147 verbundene Prozesse betroffen sein. Nach § 42 abgelehnt werden kann nur der einzelne Richter, nicht aber das Gericht als solches oder eine Gerichtsabteilung, BGH FamRZ 2015, 1698. 7

2. Übrige Beteiligte

Dolmetscher: Es gilt § 191 GVG, Nürnb NJW-RR 1999, 1515. 8

Einigungsstelle: Für ihren Vorsitzenden gilt § 76 BetrVG, BAGE 99, 42.

Gerichtsvollzieher: Es gilt § 155 GVG, LG Coburg DGVZ 1990, 89.

Gläubigerausschuss: Anwendbar sind §§ 41 ff. auch für ein Mitglied des Gläubigerausschusses im Insolvenzverfahren, AG Hildesh KTS 1985, 130.

Insolvenzverwalter: Die Befangenheit eines Insolvenzverwalters kann nur nach Maßgabe der §§ 56–59 InsO geltend gemacht werden; die Verfahrensvorschriften der ZPO über die Ablehnung von Gerichtspersonen oder Gutachtern finden keine Anwendung, BGH NJW-RR 2007, 1535.

Notar: Es gelten § 3 I Nr. 1–5 BeurkG iVm § 16c BNotO, Hamm NJW-RR 1995, 1338.

Rechtspfleger: Es gilt § 10 RPflG, → § 49 Rn. 7, Mü Rpfleger 2018, 511.

Sachverständiger: Anwendbar sind §§ 41 ff. wegen § 406 nur in dessen Rahmen für ihn, BGH FamRZ 2005, 547. Das gilt auch im Arbeitsgerichtsverfahren iVm § 78 I ArbGG, LAG Hamm MDR 1986, 787.

Schiedsrichter: Es gelten §§ 1032 ff., 1037.

Umgangspfleger: **Unanwendbar** sind §§ 41 ff. auf ihn nach § 1915 I BGB, Karlsr OLGR 2005, 336.

Urkundsbeamter: Anwendbar sind §§ 41 ff. nach § 49 auch für ihn.

9 **V. Verstoß.** Wenn ein ausgeschlossener oder zu Recht abgelehnter Richter trotzdem im Verfahren weiterhin mitwirkt, und zwar außerhalb der Notbefugnis des § 47, ist die Entscheidung nach nicht etwa nichtig, sondern anfechtbar. Der Verstoß ist nach § 295 II unteilbar. Auch die übrigen Prozesshandlungen des Gerichts bleiben wirksam, BGH NJW 1981, 133 (StPO). Im Berufungsverfahren liegt ein Grund für eine Aufhebung und Zurückverweisung nach § 538 II 1 Nr. 1 vor, Ffm NJW 1976, 1545. Nach Rechtskraft der Entscheidung ist die Nichtigkeitsklage zulässig, § 579 I Nr. 2, 3. Man kann auf die Einhaltung der öffentlich-rechtlichen Vorschriften über die Ausschließung nach → § 295 Rn. 23 ff. nicht wirksam verzichten, Ffm NJW 1976, 1545. Eine Verfassungsbeschwerde mit der Rüge des Verstoßes gegen Art. 101 I 2 GG kommt nach der Erschöpfung des Rechtswegs infrage.

10 Eine **Parteiprozesshandlung** ist aber nicht deshalb unwirksam, weil sie vor dem abgelehnten oder abgeschlossenen Richter erfolgte.

41 *Ausschluss von der Ausübung des Richteramtes.* **Ein Richter ist von der Ausübung des Richteramtes kraft Gesetzes ausgeschlossen:**

1. in Sachen, in denen er selbst Partei ist oder bei denen er zu einer Partei in dem Verhältnis eines Mitberechtigten, Mitverpflichteten oder Regresspflichtigen steht;
2. in Sachen seines Ehegatten, auch wenn die Ehe nicht mehr besteht;
2a. in Sachen seines Lebenspartners, auch wenn die Lebenspartnerschaft nicht mehr besteht;
3. in Sachen einer Person, mit der er in gerader Linie verwandt oder verschwägert, in der Seitenlinie bis zum dritten Grad verwandt oder bis zum zweiten Grad verschwägert ist oder war;
4. in Sachen, in denen er als Prozessbevollmächtigter oder Beistand einer Partei bestellt oder als gesetzlicher Vertreter einer Partei aufzutreten berechtigt ist oder gewesen ist;
5. in Sachen, in denen er als Zeuge oder Sachverständiger vernommen ist;
6. in Sachen, in denen er in einem früheren Rechtszug oder im schiedsrichterlichen Verfahren bei dem Erlass der angefochtenen Entscheidung mitgewirkt hat, sofern es sich nicht um die Tätigkeit eines beauftragten oder ersuchten Richters handelt;
7. in Sachen wegen überlanger Gerichtsverfahren, wenn er in dem beanstandeten Verfahren in einem Rechtszug mitgewirkt hat, auf dessen Dauer der Entschädigungsanspruch gestützt wird;
8. in Sachen, in denen er an einem Mediationsverfahren oder einem anderen Verfahren der außergerichtlichen Konfliktbeilegung mitgewirkt hat.

1 **I. Systematik, Nr. 1–8.** Die Vorschrift regelt den Ausschluss schon kraft Gesetzes. Er ist von Amts wegen und ohne Antrag einer der Parteien zu beachten. Flankierend gewährt § 42 I Fall 1 im Falle des Ausschlusses kraft Gesetzes auch ein Ablehnungsrecht.

2 **II. Regelungszweck, Nr. 1–8. Strikte Verhinderung** der Tätigkeit des Ausgeschlossenen ist das Ziel des § 41. Das Gebot des gesetzlichen Richters nach Art. 101 I 2 GG fordert hingegen eine ebenso strikte Vermeidung einer vorschnellen Ausschließungsannahme. Beides ist bei der Auslegung zu beachten.

3 **III. Geltungsbereich, Nr. 1–8.** → Vor § 41 Rn. 4 ff.

4 **IV. Ausschließungsarten und -folgen, Nr. 1–8.** Es lassen sich zwei Gruppen bilden.

5 **1. Unbedingte, absolute Ausschließungsgründe.** Sie sind immer zu beachten. Hierhin gehören: eine Geisteskrankheit; das Fehlen der staatlichen Voraussetzungen der Ausübung des Richteramts nach §§ 8 ff. DRiG. Diese Gründe sind nicht in § 41 geregelt.

6 **2. Fallweise, relative Ausschließungsgründe.** Sie ergeben sich aus einer Beziehung des Richters zu einem bestimmten Prozess, auch auf verbundene Verfahren. § 41 behandelt nur diesen Fall. Unabhängig von § 41 kann eine Richtertätigkeit zB wegen eines Mangels der Befähigung nach §§ 5 ff. DRiG entfallen. In seinem gesamten Bereich wirkt eine Ausschließung nach § 41 kraft zwingenden öffentlichen Rechts, Ffm NJW 1976, 1545. Es ist daher unerheblich, ob der Ausgeschlossene den Ausschließungsgrund kannte. § 41 enthält eine abschließende gesetzliche Aufzählung. Wegen Art. 101 I 2 GG findet keine ausdehnende Auslegung statt, BVerfG NJW 2001, 2191; BGH NJW 2004, 163; BVerwG NJW 1980, 2722 Zum Problem eines evtl. unwirksamen Geschäftsverteilungsplans nach §§ 21e ff. GVG BVerwG DRiZ 1976, 181. Bei einem Zweifel über das Vorliegen eines Ausschließungsgrundes ist § 48 anwendbar.

7 **3. Keine Ausübung des Richteramts.** Jeder Ausschließungsgrund verbietet kraft Gesetzes die Ausübung dieses Richteramts jeder Art. Das ist jede rechtsordnende Tätigkeit und auch ein bloß rechtspflegerisches Geschäft. Eine Ausschließung ist in jedem Stadium des Prozesses von Amts wegen zu beachten. Der geschäftsplanmäßige Vertreter muss nach §§ 21e I, 21g I GVG eintreten. Er vermerkt den Ausschluss und dessen Gründe nachvollziehbar in der Akte und verständigt die Parteien schon wegen Art. 101 I 2 GG, Prütting/Gehrlein/Graßnack Rn. 14. Mit ihm darf und muss das Gericht über eine Wiederholung oder Aufhebung der Maßnahme des Ausgeschlossenen entscheiden, Düss DRiZ 1980, 110 (StPO). Fehlt auch er, wird § 36 I anwendbar. Der betroffene Richter kann stets auch im Zweifel nach § 48 I vorgehen. Eine bloße Mitwirkung bei einer Urteilsverkündung nach §§ 310, 311 schadet nach §§ 547 Nr. 2, 579 I Nr. 2 („bei der Entscheidung“) nicht. Das Urteil beruht auch nicht auf dieser Mitwirkung.

8 **4. Verstoß.** Er bewirkt einen nach an sich unheilbaren Verfahrensmangel. Ein Verstoß im einen Termin wirkt sich aber nicht stets auf alle folgenden weiteren Termine aus, BAG DB 1999, 644. Er ist ein wesentlicher Verfahrensmangel nach §§ 538 II 1 Nr. 1, 547 Nr. 2, Ffm NJW 1976, 1545. Er begründet einen Ablehnungsantrag nach § 42 und den sonst zulässigen Rechtsbehelf. Die Amtshandlung bleibt also § 547 Nr. 2 zunächst bedingt wirksam, BGH NJW 1981, 133 (StPO). Nach dem Eintritt der formellen Rechtskraft der Entscheidung nach §§ 329, 705 ist eine Nichtigkeitsklage nach § 579 I Nr. 2 zulässig, BGHZ 95, 305 (Ausnahme: geltend gemachte Ablehnung). Eine Amtshandlung des Ausgeschlossenen vor der Entscheidung ist nur zusammen mit der Entscheidung anfechtbar. Eine Parteiprozesshandlung vor dem ausgeschlossenen Richter bleibt wirksam.

V. Ausschließung des Prozessrichters, Nr. 1–8. Die Aufzählung ist abschließend. Art. 101 I 2 GG gebietet keine verfassungskonforme Auslegung dahin, dass darüber hinaus in Fällen, in denen der Richter ohne Beteiligung an der angefochtenen Entscheidung mit der Sache bereits befasst war, er von der Ausübung des Richteramtes ausgeschlossen ist. Das geltende Verfahrensrecht ist von dem Gedanken geprägt, dass ein Richter grundsätzlich auch dann unvoreingenommen an die Beurteilung einer Sache herantritt, wenn er sich schon früher über denselben Sachverhalt ein Urteil gebildet hat, alles BVerfG NJW 2001, 3533. Die Beachtung der Umstände des Einzelfalls ermöglicht das Ablehnungsverfahren nach §§ 42 ff., BVerfG NJW 2001, 3533. 9

1. Mitwirkung der Partei usw. als Richter, Nr. 1. Niemand darf sein eigener Richter sein, BGH WM 2018 338. Das gilt sogar bei einem Rechtsmissbrauch eines Beteiligten nach Art von → § 42 Rn. 9. Der Begriff „Partei“ ist hier weit. Partei ist jeder, für oder gegen den die Entscheidung nach §§ 265, 325, 727 wirkt. Die Begriffe „Mitberechtigte“ usw. verlangen eine unmittelbare Beteiligung, BGH DRiZ 1991, 99. 10

Nicht ausreichend ist eine nur mittelbare Beteiligung oder ein nur mittelbares Interesse, BGH NJW 1991, 425. In diesen Fällen besteht aber evtl. ein Ablehnungsrecht nach §§ 42 ff., BVerfG NJW 2000, 2808, BGH DRiZ 1991, 99 und VersR 1991, 713. 11

Aktionär: Nicht zu Nr. 1 zählt er, BayObLG ZIP 2002, 1038. 12

Anwaltsgericht: Anwendbar sein kann Nr. 1, BGH NJW-RR 2017, 167 (dort verneint).

Arbeitsrichter: → „Verband“.

Bürge: Zu Nr. 1 zählt er, BGH DRiZ 1991, 99 (Mitberechtigter).

Dritter: Zu Nr. 1 zählt ein Dritter nach §§ 75 ff., Böckermann MDR 2002, 1349.

Genossenschaftler: Nicht zu Nr. 1 zählt er, BVerwG NJW 2001, 2191.

Gesamtgläubiger, -schuldner: Zu Nr. 1 zählt er wegen seiner unmittelbaren Beteiligung nach §§ 421 ff. BGB, BGH DRiZ 1991, 99.

Gesellschafter: Zu Nr. 1 zählt der offene oder stille Gesellschafter zB einer Gesellschaft des BGB, einer OHG, einer KG, auch einer juristischen Person nach → § 50 Rn. 12, BGHZ 113, 277; aM BVerwG NJW 2007, 2191. S. aber auch → „Aktionär“, ferner → „Treuhänder“.

Öffentliche Körperschaft: Nicht zu Nr. 1 zählt ihr Mitglied.

Streitgehilfe: Zu Nr. 1 zählt ein Streitgehilfe nach §§ 66 ff.

Streitverkündigungsgegner: Nicht zu Nr. 1 zählt er vor dem Beitritt nach §§ 72, 73.

Treuhänder: Zu Nr. 1 zählt er, BGHZ 113, 277. Auch → „Gesellschafter“.

Verband: Nicht zu Nr. 1 zählt selbst ein Arbeitsrichter nach § 46 II 1 ArbGG schon wegen einer Mitgliedschaft zB in einem Arbeitgeber- oder -nehmerverband.

Vereinsmitglied: Zu Nr. 1 zählt dieses beim nicht rechtsfähigen Verein, denn er ist die Gesamtheit seiner Mitglieder.

2. Ehegatte und früherer Gatte, Nr. 2. Ein solcher Richter ist dann ausgeschlossen, wenn er nach Nr. 1 Partei ist. Das gilt auch dann, wenn die Ehe aufgehoben ist oder wegen einer Scheidung nicht mehr besteht. Etwas anderes gilt bei einer Nichtehe oder nichtehelichen Lebensgemeinschaft. Bei einem Verlöbnis kommt nur eine Ablehnbarkeit in Betracht. 13

Nicht hierher zählt eine Ehe des Richters mit dem ProzBev. einer Partei nach § 81, Jena OLGR 2000, 77, (dann nur Ablehnungsgrund) oder eine entsprechende Schwägerschaft, KG NJW-RR 2000, 1164. 14

3. Lebenspartner und früherer Lebenspartner, Nr. 2a. Ein Richter ist dann ausgeschlossen, wenn es um eine Sache seines eingetragenen gegenwärtigen oder früheren Lebenspartners geht. Das gilt unabhängig davon, ob ein Getrenntleben vorliegt oder ob die Aufhebung der Lebenspartnerschaft erfolgt ist und wie lange sie schon zurückliegt, und auch dann, wenn inzwischen eine weitere Lebenspartnerschaft besteht oder bestand. Wegen des „bloßen“ Lebensgefährten → Rn. 2, 13. 15

4. Verwandter und Verschwägerter, Nr. 3. Die Verwandtschaft oder Schwägerschaft beurteilt sich nach bürgerlichem Recht, §§ 1589 ff., 1754 ff. BGB (Ausnahme: § 1770 BGB), Art. 51 EGBGB. Hierher zählt also auch die durch eine nichteheliche Vaterschaft oder durch eine Annahme als Kind vermittelte Verwandtschaft. Der Verwandtschaftsgrad usw. bestimmt sich nach der Zahl der vermittelnden Geburten. Bei einer Partei kraft Amtes entscheidet ihre Verwandtschaft/Schwägerschaft mit der Amtsperson, etwa mit dem Insolvenzverwalter, und auch mit dem Vermögenträger, etwa mit dem Schuldner, Köln NJW-RR 1988, 254. Die Ausschließung besteht auch nach einer Auflösung der Annahme als Kind oder nach einer Anfechtung der Ehelichkeit fort. Bei einer juristischen Person kann es auf die Beziehung zu einem Mehrheitsgesellschafter ankommen, BGH NJW 1986, 1049. 16

Nicht ausreichend sind eine Verwandtschaft usw. mit einem anderen Prozessbeteiligten oder mit einem ProzBev. nach § 81, LAG Kiel AnwBl 2002, 376, der Grad der Schwägerschaft zum Vater des Schwiegersohns, BGH FamRZ 2015, 1961, oder eine Beziehung mit einem Beistand nach § 90 oder mit einem gesetzlichen Vertreter nach § 51. 17

5. Vertretungsbefugnis, Nr. 4. Der Richter darf kein Prozessbevollmächtigter, Beistand oder gesetzlicher Vertreter einer Partei in derselben Sache gewesen sein. 18

Beispiele: Der ProzBev. nach § 81, auch der amtlich bestellte Vertreter nach § 53 BRAO; der Abwickler nach § 55 BRAO, ein Unterbevollmächtigter nach § 83; der Referendar nach § 59 II BRAO; der nach § 79 vertretungsberechtigte Bevollmächtigte; der Vollmachtlose nach § 89; der Beistand nach § 90; der gesetzliche Vertreter nach § 51, BAG NJW 2013, 1180. Unschädlich sind: Eine Tätigkeit in einer früheren Sache, BGH NJW 1979, 2160 (StPO); als Schiedsrichter nach §§ 1025 ff. oder als ein Referendar beim Geschäftsabschluss nach §§ 2231, 2276 BGB; als ein bloßer Zustellungsbevollmächtigter nach § 174, als reiner außerprozessualer Vertreter. 19

6. Stattgefundene Vernehmung, Nr. 5. Man kann nicht zugleich Zeuge nach §§ 373 ff. und Richter sein, Lipp, Das private Wissen des Richters, 1995, S. 86. Die Vernehmung muss tatsächlich mindestens zur Person nach § 395 II 1, kann auch nach § 377 III oder nach § 411 mit seiner schriftlichen Anhörung erfolgt sein, Ffm FamRZ 1989, 519. Sie muss zu demselben Sachverhalt nach → § 2 Rn. 4 stattgefunden haben. Sie braucht nicht in demselben Prozess erfolgt zu sein, BGH NJW 1983, 2711 (StPO), Ffm FamRZ 1989, 519. Es muss aber ein prozessrechtlicher Zusammenhang bestehen, etwa im Wiederaufnahmeverfahren nach §§ 578 ff. oder bei einer 20

Vollstreckungsabwehrklage nach § 767, Ffm FamRZ 1989, 519. Es reicht nicht aus, dass die Vernehmung in einem anderen Prozess mit demselben Sachverhalt stattfand, aM Ffm FamRZ 1989, 519 (aber damit würde man schon die Ausschließbarkeit fast maßlos erweitern können). Dann mag der Richter allerdings ablehnbar sein.

21 Die bloße Benennung des Richters als Zeuge oder Sachverständiger nach §§ 402 ff. reicht zum Ausschluss nicht aus, BVerwG MDR 1980, 168, Saarbr NJW-RR 1994, 765. Deshalb scheidet der Richter erst nach dem ihn selbst benennenden Beweisbeschluss nach §§ 358, 358a aus, Lipp, Das private Wissen des Richters, 1995, S. 91. Freilich kann er deshalb vorher nach §§ 42 ff. befangen sein. Eine dienstliche Äußerung zB nach § 44 III ist kein Zeugnis, BGH NJW 2002, 2402 (StPO), BVerwG MDR 1980, 168.

22 Bei einer Vernehmung des Richters als Zeuge nach der Urteilsverkündung, aber vor der Absetzung des Urteils ist der Richter an der Fassungsberatung und auch der Unterschriftsleistung gehindert. Es ist ein Verhinderungsvermerk anzubringen, vgl. BGH BeckRS 2020, 40435 zu § 22 Nr. 5 StPO. Dieser Fall dürfte freilich im Zivilprozess eher selten vorkommen.

23 **7. Mitwirkung bei der angefochtenen Entscheidung, Nr. 6.** Die Mitwirkung muss in der Vorinstanz oder in einem schiedsrichterlichen Verfahren nach §§ 1025 ff. stattgefunden haben, BGHZ 94, 92. Sie muss gerade bei der durch ein Rechtsmittel nach §§ 511 ff., 542 ff., 567 ff., §§ 574 ff. angefochtenen Entscheidung erfolgt sein, nicht bei einer anderen, BGH NJW 1981, 1273, BVerwG NJW 1980, 2722. Der Richter muss als nach § 309 erkennender Richter oder als ein Schiedsrichter nach § 1036 gerade über das Streitverhältnis nach → § 2 Rn. 4 mitentschieden haben. Er darf also nicht nur an einer Verkündung nach §§ 310, 311 teilgenommen haben. Im Berufungsrechtszug ist eine Mitwirkung am früheren Verfahren wegen einer einstweiligen Verfügung nach §§ 916 ff., 935 ff. unschädlich, BVerfG NJW 2001, 3533. Eine Mitwirkung im vorausgegangenen Verwaltungsverfahren genügt in einer FamFG-Sache nach § 6 I 2 FamFG, aber nicht stets in einem Verfahren nach der VwGO, VGH Mü NJW-RR 2017, 1152.

24 Nicht ausreichend ist die bloße Zugehörigkeit zum früheren Spruchkörper ohne Beteiligung an diesem Verfahren, BGH ZIP 2011, 683, BSG NJW 2018, 1122, oder ein bloßer früherer Berichtigungsbeschluss nach § 319, Brschw NJW-RR 2016, 1152, oder eine Mitwirkung bei einem Prozessvergleich nach § 278 VI, wenn geklärt werden muss, ob dieser zur Verfahrensbeendigung geführt hat. Nr. 6 greift dann nicht ein, weil es sich bei dem Zwischenverfahren zur Feststellung der Wirksamkeit oder Unwirksamkeit eines Vergleichs nicht um einen eigenen Rechtszug handelt, sondern die Überprüfung im bisherigen Rechtszug durch – zunächst auf die Frage der Wirksamkeit oder Unwirksamkeit des Vergleichs beschränkte – Fortsetzung des ursprünglichen Verfahrens erfolgt, OLG Nürnberg NJOZ 2017, 1708.

25 **8. Mitwirkung bei Überlänge, Nr. 7.** Der Richter darf nicht über die Entschädigung wegen eines überlangen Verfahrens gem. §§ 198–201 GVG entscheiden, wenn er in einem Rechtszug an dem zugrundeliegenden Verfahren mitgewirkt hat.

26 **9. Mitwirkung an Mediation usw., Nr. 8.** Die Mitwirkung an einem Mediationsverfahren oder an einem anderen beliebigen Verfahren einer außergerichtlichen Konfliktbeilegung bildet einen Ausschlussgrund. Nr. 8 schränkt den Begriff Mediationsverfahren nicht ein.

27 Mitwirkung ist jede auch nur vorübergehende oder teilweise Beteiligung. Sie braucht keineswegs gerade als Richter oder Mediator erfolgt zu sein. Sie kann vielmehr auch als Partei, als deren gesetzlicher Vertreter zB nach § 51 oder als ProzBev. oder VerfBevtl. zB nach § 81 oder als Zeuge, Sachverständiger oder in anderer Beteiligtenstellung geschehen sein. Der Ausschluss gilt auch für den Güterichter nach § 278 V, so auch Zöller/Vollkommer Rn. 13; OLG München BeckRS 2019, 40089; aA VG Göttingen MDR 2015, 55. Natürlich zählt auch eine Beratung beliebiger Art und Dauer in Bezug auf ein derartiges Verfahren vor oder während des Zivilprozesses hierher, auch zB als Verbandsvertreter. Die Mitwirkung braucht nicht einem anderen oder gar allen weiteren dortigen Beteiligten erkennbar gewesen zu sein.

10. Beispiele zur Frage einer Ausschließung, Nr. 1–8

28 **Abänderungsklage:** Ein Ausschluss liegt dann **nicht** vor, wenn es um eine Abänderungsklage nach §§ 323 ff. geht. Auch → „Neuer Prozess".

Ablehnungsverfahren: § 45 II verbietet die Mitwirkung des Abgelehnten bei der Entscheidung über das Ablehnungsgesuch nach § 45. Vgl. freilich → § 42 Rn. 9.

Anwaltsgericht: Ein Ausschluss liegt dann **nicht** vor, wenn ein anwaltlicher Beisitzer früher Schatzmeister einer beklagten Kammer war, BGH NJW-RR 2017, 188.

Arrest, einstweilige Verfügung: Ein Ausschluss kann dann vorliegen, wenn der Richter an einem solchen Arrest oder einer einstweiligen Verfügung nach §§ 916 ff., 935 ff. mitgewirkt hat, die das Gericht inzwischen aufgrund eines Widerspruchs nach § 924 bestätigt hat, Stein/Jonas/Bork Rn. 18; Thomas/Putzo/Hüßtege Rn. 7; Zöller/Vollkommer Rn. 13; aM Hmb MDR 2002, 538; Rostock NJW-RR 1999, 1445, Prütting/Gehrlein/Graßnack Rn. 31. Die frühere Mitwirkung beim Erlass einer eV in erster Instanz ist im Hinblick auf die spätere Tätigkeit im Berufungsverfahren verfassungsrechtlich unbedenklich, BVerfG NJW 2001, 3533.

Auskunft: Ein Ausschluss liegt dann **nicht** vor, wenn der Richter nur am Teilurteil nach § 301 über einen Auskunftsanspruch mitgewirkt hat, Karlsr FamRZ 1996, 556.

Beauftragter, ersuchter Richter: Der Richter nach §§ 361, 362, 375 darf nach Nr. 6 Hs. 2 tätig sein.

Berater: Wegen eines Beraters Düss BB 1976, 252.

Betragsverfahren: Ein Ausschluss liegt dann **nicht** vor, wenn der Richter im Verfahren über den Grund nach § 304 mitgewirkt hatte, Karlsr FamRZ 1992, 1194.

Betreuung: Ein Ausschluss liegt dann **nicht** vor, wenn der Richter zuvor nur über eine einstweilige Maßnahme entschieden hatte, BGH FamRZ 2017, 557.

Beweisaufnahme: Ein Ausschluss liegt dann **nicht** vor, wenn der Richter nur an einem Beweisbeschluss nach §§ 358, 358a oder an einer Beweisaufnahme nach §§ 355 ff. oder an einem selbständigen Beweisverfahren nach §§ 485 ff. mitgewirkt hat.

Blindheit: Vgl. Farys, Blinde Menschen im Richteramt, 2008.

Dieselbe Instanz: Ein Ausschluss liegt dann **nicht** vor, wenn der Richter lediglich an einer Entscheidung derselben Instanz mitgewirkt hat, etwa im Mahnverfahren nach §§ 688 ff. oder an einem Versäumnisurteil nach §§ 330 ff. oder an einem Zwischenurteil nach § 303 oder an einem Grundurteil nach § 304 oder an einem Vorbehaltsurteil nach §§ 320, 599.

Ein Ausschluss liegt auch dann **nicht** vor, wenn erstinstanzlich die Ehefrau des Rechtsmittelrichters an der angefochtenen Kollegialentscheidung mitgewirkt hatte, BGH NJW 2004, 163 (abl. Feiber NJW 2004, 650).

Disziplinarsache: Wegen eines Notarrichters im Disziplinarsenat BGH DNotZ 1991, 323.

Ehe: Ein Ausschluss liegt **nicht** vor, soweit eine Richterin und ein VerfBevtl. nach § 20 FamFG miteinander verheiratet sind, Jena MDR 2000, 540, aM LSG Schlesw NJW 1998, 2925, oder wenn ein Berufungsrichter der Ehegatte des Erstrichters ist, BGH NJW 2004, 163. Freilich kann § 42 anwendbar sein.

Einzelrichter: Ein Ausschluss liegt dann **nicht** vor, wenn der Richter als nicht erkennender Einzelrichter nach §§ 348, 348a, 526, 527 tätig war.

Folgeentscheidung: Ein Ausschluss kann **fehlen,** soweit es nur um eine typische Folgeentscheidung in derselben Instanz geht, Hmb MDR 2002, 538, Rostock NJW-RR 1999, 1445.

Gläubigerausschuss: Ein Ausschluss kann nach Nr. 1 vorliegen, AG Hildesh KTS 1985, 130.

Grundurteil: → „Betragsverfahren".

Güterichter: Ein Ausschluss liegt **nicht** schon wegen solcher vorangegangener Tätigkeit vor, VG Gött MDR 2015, 55. Vgl. aber § 48.

Insolvenzverwalter: Ein Ausschluss kann nach Nr. 1 vorliegen, BGH Rpfleger 2007, 340.

Kostenfestsetzung: Ein Ausschluss (des Rpfl.) liegt dann vor, wenn er die Kostenrechnung erstellt hatte, Mü Rpfleger 2015, 232.

Mahnverfahren: „Dieselbe Instanz".

Neuer Prozess: Ein Ausschluss liegt dann **nicht** vor, wenn der Richter jetzt in einem anderen formell ganz selbständigen weiteren Prozess tätig wird. Denn dann liegt kein „früherer Rechtszug" vor. Das gilt selbst dann, wenn der frühere Prozess für den jetzigen erheblich sein mag. Auch → „Abänderungsklage", → „Wiederaufnahmeverfahren".

Notarsache: → Rn. 26 „Disziplinarsache".

Patentsache: Ein Ausschluss liegt dann **nicht** vor, wenn ein Richter nach seiner Tätigkeit im Verletzungsverfahren nun im Nichtigkeitsverfahren mitwirkt, BGH NJW-RR 2003, 479. Wegen einer Patentabteilung BPatG GRUR 1982, 359. Vgl. auch BGH MDR 1976, 574.

Prozesskostenhilfe: Ein Ausschluss liegt **nicht** schon im Hauptverfahren wegen einer Mitwirkung im Prozesskostenhilfeabschnitt nach §§ 114 ff. vor.

Schadensersatzforderung: Sie reicht **nicht,** Ffm NJW-RR 2017, 191. Aber Vorsicht!

Schiedsrichterliches Verfahren: → Rn. 23.

Selbständiges Beweisverfahren: → „Beweisaufnahme".

Streitverkündung: Ein Ausschluss liegt **nicht** vor, soweit der Sachverständige nach §§ 402 ff. nach einer Streitverkündung nach § 72 an ihn beitritt, BGH FamRZ 2006, 547.

Stufenklage: Ein Ausschluss liegt **nicht** vor, soweit der Richter nur in einer früheren Stufe mitgewirkt hatte, Karlsr FamRZ 1995, 556.

Teilurteil: → „Auskunft".

Überlänge: → Rn. 25.

Urkundenprozess: Ein Ausschluss liegt dann **nicht** vor, wenn der Richter im Urkundenprozess nach §§ 492 ff. mitgewirkt hat, etwa an einem Vorbehaltsurteil nach § 599, und wenn er jetzt im Nachverfahren nach § 600 tätig wird. Auch → „Dieselbe Instanz".

Verfassungsfragen: → „Vorlagebeschluss".

Verkündung: Ein Ausschluss liegt dann **nicht** vor, wenn der Richter nur an der Verkündung einer Entscheidung nach §§ 310, 311, 329 mitgewirkt hat, Jena OLGR 2000, 77.

Versäumnisurteil: Ein Ausschluss liegt dann vor, wenn der Richter an einem Versäumnisurteil der Vorinstanz gegen den Bekl. nach §§ 331, 331a mitgewirkt hat. Denn dort musste das Gericht ja auch die Schlüssigkeit der Klage nach § 331 II prüfen. Ein Ausschluss liegt dann **nicht** vor, wenn der Richter an einem inzwischen nach § 343 S. 2 aufgehobenen Versäumnisurteil mitgewirkt hat. Denn jene Entscheidung hat für die jetzt bevorstehende keine unmittelbare Bedeutung mehr. Auch → „Dieselbe Instanz".

Verwaltungsverfahren: → Rn. 23.

Vollstreckungsfragen: → „Zwangsvollstreckung".

Vorbehaltsurteil: → „Urkundenprozess".

Vorentscheidung: Ein Ausschluss liegt dann vor, wenn der Richter an einer solchen Vor- oder Zwischenentscheidung zB nach §§ 280, 303 beteiligt war, die der Rechtsmittelführer der höheren Instanz nach §§ 512, 548 unterbreitet hat, etwa bei einem Zwischenurteil oder bei einem inzwischen bestätigten Versäumnisurteil nach §§ 330 ff. Ein Ausschluss liegt dann nicht vor, wenn sich die Mitwirkung des Richters auf einen Vorbescheid beschränkt hat oder wenn er jetzt im Rückgriffverfahren gegen den ProzBev. des Vorprozesses nach § 81 wieder amtiert, Düss NJW-RR 1998, 1763, oder wenn der Revisionsrichter nur erstinstanzlich tätig war, BGH NJW-RR 2012, 1341. Auch → „Urkundenprozess", → „Versäumnisurteil".

Vorlagebeschluss: Ein Ausschluss liegt dann **nicht** vor, wenn der Richter an einem Vorlagebeschluss nach Art. 100 GG beim BVerfG oder nach Art. 177 II EWG-Vertrag, Art. 234 EGV beim EuGH mitgewirkt hat, BFH 129, 251.

Widerspruch: → „Arrest, einstweilige Verfügung".

Wiederaufnahmeverfahren: Ein Ausschluss liegt dann **nicht** vor, wenn es jetzt um ein Wiederaufnahmeverfahren nach §§ 578 ff. geht, BGH NJW 1981, 1274. Auch → „Neuer Prozess".

Zurückverweisung: Ein Ausschluss liegt dann **nicht** vor, wenn der Richter nach einer Zurückverweisung zB nach § 538 II 1 Nr. 1 weiter mitwirkt, BVerwG NJW 1975, 1241. Dabei ist es unerheblich, ob nunmehr dasselbe oder ein im Übrigen anderes Kollegium tätig wird, BVerfG DRiZ 1968, 141. Auch → Rn. 28 „Dieselbe Instanz".

Zwangsvollstreckung: Ein Ausschluss liegt dann **nicht** vor, wenn der Richter über eine Einwendung gegen die Zulässigkeit der von ihm erteilten Vollstreckungsklausel nach § 732 oder bei einer anschließenden Vollstreckungsabwehrklage nach § 767 entscheiden soll, BGH NJW 1976, 2135.

Zwischenentscheidung: → „Dieselbe Instanz", → „Vorentscheidung".

29 **VI. Ausschließung des verordneten Richters, Nr. 1–8.** Ein solcher Richter nach §§ 361, 362, der in der Vorinstanz als erkennender Richter an der Entscheidung nach § 309 mitwirkte, ist als ersuchter oder beauftragter Richter der höheren Instanz nicht ausgeschlossen. Auch das ergibt sich aus Nr. 6. Eine Tätigkeit als ersuchter oder beauftragter Richter in der früheren Instanz ist ohnehin unschädlich. Wer als ersuchter oder beauftragter Richter tätig war, darf auch bei einer Entscheidung nach § 573 I, II mitwirken.

42 *Ablehnung eines Richters.*

I Ein Richter kann sowohl in den Fällen, in denen er von der Ausübung des Richteramts kraft Gesetzes ausgeschlossen ist, als auch wegen Besorgnis der Befangenheit abgelehnt werden.

II Wegen Besorgnis der Befangenheit findet die Ablehnung statt, wenn ein Grund vorliegt, der geeignet ist, Misstrauen gegen die Unparteilichkeit eines Richters zu rechtfertigen.

III Das Ablehnungsrecht steht in jedem Fall beiden Parteien zu.

Schrifttum: Lechner, Ablehnung wegen Befangenheit im Dieselskandal, WuB 2020, 267–270.

1 **I. Systematik, I–III.** § 42 gewährt in Ergänzung zu § 41 im Falle des Ausschlusses kraft Gesetzes den Parteien ein Ablehnungsrecht. Zudem regelt die Vorschrift, dass ein Richter auch wegen der Besorgnis der Befangenheit abgelehnt werden kann. Das Verfahren der Ablehnung des Richters ist ein selbständiges Zwischenverfahren, BVerfG NVwZ-RR 2010, 545 (zum SGG). Es gelten §§ 43–48. Beim befangenen Urkundsbeamten gilt zunächst vorrangig § 49 mit seiner Verweisung auf §§ 42–48.

2 **II. Regelungszweck, I–III.** Die Parteien haben einen verfassungsrechtlich begründeten Anspruch der auf ein neutrales, unbefangenes Gericht, BGH NJW 1995, 1679; vgl. BVerfGE 21, 139 (145); 89, 28 (36). Diesen Anspruch sichert die Regelung im Hinblick auf die Ablehnungsbefugnis wegen der Besorgnis der Befangenheit. NJW-RR Die Norm soll aber auch eine Umgehung des gesetzlichen Richters des Art. 101 I 2 GG verhindern, BVerfG NJW 1998, 370. Sie dient damit nach → Rn. 9 auch der Rechtssicherheit und der Bekämpfung von Rechtsmissbrauch.

3 **III. Sachlicher Geltungsbereich, I–III.** Zunächst → Vor § 41 Rn. 4, 5. Die Regelung gilt für alle Verfahrensabschnitte und -arten, LG Bonn NJW 1996, 2169; Weigel MDR 1999, 1360 (je: schiedsrichterliches Verfahren), Oldb NJW-RR 2016, 1408 (bei § 15a EGZPO). Sie gilt auch für eine FamFG-Sache nach § 6 FamFG, (zum alten Recht) Ffm FamRZ 1983, 630, oder für das Tatbestandsberichtigungsverfahren nach § 320, BGH FamRZ 2007, 1734. Sie gilt auch im Vollstreckungsverfahren nach §§ 704 ff., BGH Rpfleger 2003, 453; Karlsr Rpfleger 1995, 402 (ZVG), oder bei einer Landwirtschaftssache, (zum alten Recht) BGH NJW 1995, 1030, oder bei einer Notarkostenbeschwerde nach § 127 GNotKG, (zum alten Recht) BayObLG FGPrax 2004, 94; Zimmermann FS Musielak, 2004, 729, oder im Verfahren nach § 54 I VwGO, BVerwG DRiZ 2018, 34; OVG Bln-Brdb NVwZ-RR 2014, 444, unzulässig ist die Ablehnung allerdings, wenn sie erstmals im Verfahren der Anhörungsrüge nach § 152a VwGO geltend gemacht wird, VGH Mü NVwZ-RR 2017, 310. Die Grundgedanken gelten auch vor dem BVerfG, BVerfG NJW 2011, 3638.

4 **IV. Persönlicher Geltungsbereich, I–III. 1. Nur der einzelne Richter.** Eindeutig unzulässig ist die Ablehnung eines gesamten Spruchkörpers eines Gerichts, weil nach § 42 ZPO nur der einzelne Richter, nicht aber das Gericht als solches oder eine Gerichtsabteilung abgelehnt werden kann, BGH FamRZ 2015, 1698.

5 **2. Ablehnungsberechtigte.** Das Ablehnungsrecht steht beiden Parteien unabhängig voneinander zu. §§ 41 ff. meinen den Begriff Partei im weitesten Sinn nach → § 41 Rn. 8.

6 **Auslegung:** Ablehnung lässt sich wie bei jeder Prozesshandlung auch durch ihre Auslegung feststellen, Schneider MDR 1983, 188. Dabei sollte das Gericht zwar selbstkritisch sein, aber auch nicht übertrieben ängstlich.

Betreuter: Ablehnung ist ihm möglich.

Dritter: Ablehnung ist ihm nur in einem Zwischenstreit mit den Parteien nach §§ 71, 135, 380 II, 387, 402, 409 II möglich, Ffm OLGR 1997, 305 (jetzt JVEG).

Genosse: Ablehnung ist jedem nach §§ 105 ff. GenG möglich, Brdb Rpfleger 1997, 302.

Gesetzlicher Vertreter: Ablehnung ist ihm nach § 51 nur für den Vertretenen und nicht für die eigene Person möglich, Köln NJW-RR 1988, 694.

Insolvenzverwalter: → Vor § 41 Rn. 8.

Partei kraft Amts: Ablehnung ist ihr nach → Vor § 50 Rn. 10 grundsätzlich nur für den Vertretenen und nicht für sich selbst persönlich möglich, soweit man beide Funktionen überhaupt trennen kann, BVerfG ZIP 1988, 174; Zweibr Rpfleger 2000, 265. Vgl. aber auch → Rn. 7, 15.

Parteiartigkeit: Ablehnung kann jedem derart Beteiligten möglich sein, Celle Nds. Rpfl. 1985, 173.

Prozessbevollmächtigter: Ablehnung ist ihm nach § 81 grundsätzlich nur für die Partei und nicht für seine eigene Person möglich, Hamm OLGR 1996, 45; Karlsr NJW-RR 1987, 126; Zweibr NJW-RR 2000, 865.

Prozessgegner: Ablehnung ist natürlich auch jedem solchen möglich, Schneider MDR 1987, 374.

Prozessunfähiger: Ablehnung ist bei ihm nach 51 auch bei einer nur eventuell vorhandenen solchen Lage wegen unterstellbarer Prozessfähigkeit in diesem Verfahrensteil möglich, damit das Gericht die Prozessfähigkeit nicht schon in diesem Nebenverfahren abschließend klären muss, Schlesw SchlHA 1980, 213. Freilich kann man auch ratsam gerade diese Frage sogleich klären wollen und sollen, schon aus Gründen der Prozesswirtschaftlichkeit. Vgl. im Übrigen unten „Zeitpunkt".

Streitgenosse: Ablehnung ist jedem solchen nach §§ 59 ff. möglich.

Streithelfer: Ablehnung ist ihm nach §§ 66 ff. zunächst selbständig von der Hauptpartei möglich. Denn III ist eine gegenüber § 67 vorrangige Sondervorschrift, Celle OLGR 1995, 273. Aber → § 67 Rn. 10.

Zeitpunkt: Das Ablehnungsgesuch ist nach § 44 IV 2 unverzüglich anzubringen.

7 **V. Notwendigkeit eines Antrags, I–III.** Es ist mangels einer Selbstablehnung nach § 48 ein Ablehnungsantrag nach § 44 I erforderlich, Hmb NJW-RR 2018, 832; VG Köln NJW 1986, 2207. Er ist eine Parteiprozesshandlung. Zur Form § 44. Ein bedingter Antrag ist unzulässig, Stgt NJW-RR 2013, 960. Es gibt kein Ablehnungsverfahren von Amts wegen, BVerfGE 46, 37; BGH NJW 1981, 1274, VG Köln NJW 1986, 2207, sondern nur das Selbstablehnungsverfahren nach § 48 II. Man kann nicht ein ganzes Gericht als solches, sondern nur den

einzelnen Richter ablehnen. Man kann einen Richter auch nicht ein für allezeit ablehnen, BayObLG Rpfleger 1980, 194. Der Ablehnungsantrag ist nach der zum 1.1.2020 in Kraft getretenen Ergänzung des § 44 IV unverzüglich zu stellen. Er ist bis zum Zeitpunkt der Entscheidung über das Gesuch nach widerruflich. Der ProzBev. nach § 81 hat nach → Rn. 4 nicht aus eigenem Recht eine Ablehnungsmöglichkeit. Es stellt den Antrag freilich meist nach → Rn. 15 zumindest stillschweigend im Namen der Partei, Karlsr NJW-RR 1987, 127.

VI. Rechtsschutzbedürfnis, I–III. Das Rechtsschutzbedürfnis muss stets vorliegen, BGH NJW-RR 2016, 127; KG MDR 2009, 1304, Karlsr FamRZ 2007, 55. Es entfällt, wenn der Richter mit der Sache nicht, nicht mehr oder nicht wieder befasst werden kann, BGH NJW-RR 2016, 127; Karlsr FamRZ 2008, 1003. Nach vollständigem Abschluss einer Instanz ist ein Ablehnungsgesuch grds. nicht mehr zulässig. Solange aber noch richterliche Streitentscheidungen in materieller oder verfahrensrechtlicher Hinsicht gefordert sind, besteht der Anspruch der Parteien auf einen unvoreingenommenen Richter. Stellt eine Partei nach Urteilserlass einen Tatbestandsberichtigungsantrag, fehlt ihr für ein mit dem Antrag verbundenes Ablehnungsgesuch regelmäßig nicht das Rechtsschutzbedürfnis. Wird eine Anhörungsrüge erhoben, ist zu differenzieren: ist diese nicht von vornherein unzulässig, fehlt für ein zugleich gestelltes Ablehnungsgesuch nicht das Rechtsschutzbedürfnis. Nur, wenn die Anhörungsrüge auf den ersten Blick unzulässig ist, ist auch das Ablehnungsgesuch als unzulässig zu verwerfen, alles BGH NJW-RR 2022, 138 Rn. 5. Auf den ersten Blick unzulässig sind Anhörungsrügen bei Fristverstoß, Verstoß gegen Anwaltszwang, eindeutig fehlender Statthaftigkeit oder auf den ersten Blick unzureichender Begründung, BGH NJW-RR 2022, 138 Rn. 7, 16. Entsprechendes gilt für die gesetzlich nicht geregelte Gegenvorstellung, weitergehend noch BGH NJW 2018, 1461 Rn. 6; BGH BeckRS 2016, 17712 (der davon ausgeht, dass die Gegenvorstellung das Ablehnungsrecht nicht (nie) wieder aufleben lässt). Hier ist wertend darauf abzustellen, ob sie Anlass zur Fortführung des Verfahrens gibt, so wohl auch Baumert, EWiR 2022, 190. Da sie außer der Einhaltung des Anwaltszwangs (vgl. BGH aaO zu § 78 I 3) keine Zulässigkeitsvoraussetzungen hat, wäre es jedoch verfehlt, ein Rechtsschutzbedürfnis für einen damit verbundenen Ablehnungsantrag immer schon dann anzunehmen, wenn die Gegenvorstellung vorschriftsmäßig durch einen RA eingelegt wurde. 8

VII. Rechtsmissbrauch, I–III. 1. Prüfung und Entscheidung in bisheriger Besetzung. Ein Ablehnungsgesuch kann als rechtsmissbräuchlich zu qualifizieren sein, etwa wenn pauschal alle Richter eines Gerichts abgelehnt werden, das Gesuch nur mit solchen Umständen begründet wird, die eine Befangenheit unter keinem denkbaren Gesichtspunkt rechtfertigen können, oder wenn gegen den Richter unqualifizierbare Angriffe wegen seiner angeblich rechtsstaatswidrigen Rechtsfindung erhoben werden, BVerfG NVwZ-RR 2008, 289. Ist ein Ablehnungsgesuch rechtsmissbräuchlich, ist es unzulässig. Über das unzulässige Ablehnungsgesuch entscheidet das Gericht in der regulären Besetzung und nicht ohne die abgelehnten Mitglieder, BGH FamRZ 2012, 1865. Auch verfassungsrechtlich ist nämlich anerkannt, dass es im Falle der Rechtsmissbräuchlichkeit der Durchführung des Verfahrens nach §§ 44 f. nicht bedarf, BVerfG NVwZ-RR 2008, 289. 9

Bei dieser Art der Zurückweisung eines Ablehnungsgesuchs ist jedoch Vorsicht geboten, BVerfG NJW 2007, 3772 und FamRZ 2007, 1954; Brdb OLGR 2000, 35; LG Ffm NJW-RR 2000, 1088. Eine unbegründete Annahme eines Rechtsmissbrauchs könnte nämlich ihrerseits bereits eine Ablehnung rechtfertigen, BVerwG NJW 1998, 324. Es ist stets eine wenigstens knappe Erörterung der Ablehnungsbegründung nach → § 329 Rn. 6 notwendig, LAG Düss MDR 2002, 476. Eine nicht haltbare Selbstentscheidung kann zur wahren Befangenheit führen, BVerfG NJW 2007, 3772 und FamRZ 2007, 1954. Bei einem völlig eindeutigen Rechtsmissbrauch kann es sogar gerechtfertigt sein, das Ablehnungsgesuch überhaupt nicht weiter zu bearbeiten, BVerfGE 74, 100; BGH GRUR-RR 2010, 360; Brdb FamRZ 2001, 1004, strenger VerfGH Drsd NJW-RR 1999, 287. Das gilt etwa wegen bloßer Verschleppungsabsicht, Jena MDR 2017, 967; Bei dieser Form der Bewältigung des Rechtsmissbrauchs ist Zurückhaltung (erst recht) ratsam, Engel Rpfleger 1981, 84. Im Übrigen kann ein offensichtlich unbegründetes und zur Verzögerung führendes Gesuch eine Verzögerungsgebühr (jetzt § 38 GKG) auslösen, OLG Düss MDR 1984, 857. 10

2. Beispiele zur Frage eines Rechtsmissbrauchs, I–III

Keine Begründung: Rechtsmissbrauch bei ihrem gänzlichen Fehlen, BAG NJW 2012, 1531. 11

Beleidigung usw.: Rechtsmissbrauch bei bloßer grober Beleidigung oder Beschimpfung des Abgelehnten, Drsd FamRZ 2002, 839; Düss OLGR 1996, 766.

Bezugnahme: Rechtsmissbrauch bei einer solchen völlig ungeprüften, BVerwG NVwZ-RR 2013, 343.

Druck: „Richtungsdruck".

Erneutes Gesuch: Rechtsmissbrauch nach vorheriger Zurückweisung desselben Vorwurfs ohne schlüssige Behauptung neuer Tatsachen, Brdb FamRZ 2013, 1600; KG FamRZ 1986, 1022; LG Kiel Rpfleger 1988, 544 (zust. Wabnitz).

Keine Ernsthaftigkeit: Rechtsmissbrauch bei solcher Ersichtlichkeit, BPatG GRUR 1982, 359.

Gerichtsstandsbestimmung: Rechtsmissbrauch beim bloßen wahren Ausschaltungszweck eines unbequemen Gerichts etwa nach § 36 I Nr. 3.

Gerichtszugehörigkeit: Rechtsmissbrauch bei Beschränkung des Vorwurfs auf die bloße Zugehörigkeit des Abgelehnten zu diesem Gericht, BGH NJW-RR 2002, 782.

Nachvollziehbarkeit: Kein Rechtsmissbrauch bei ihrer wenigstens ansatzweisen Möglichkeit, BGH GRUR-RR 2010, 360.

Richtungsdruck: Rechtsmissbrauch beim Druck auf den Abgelehnten, wie gewünscht zu entscheiden, Düss MDR 2014, 242.

Ungeeignete Begründung: Rechtsmissbrauch bei offenkundig völliger Ungeeignetheit, BGH FamRZ 2012, 1866, Brdb FamRZ 2018, 1098.

Verschleppung: Rechtsmissbrauch bei einem solchen alleinigen wahren Zweck (Auslegungsfrage), Brdb FamRZ 2002, 1042; Hmb MDR 2013, 871; Naumb JurBüro 2011, 151. Auch „Vertagungszweck".

Vertagungszweck: Rechtsmissbrauch bei solcher Beschränkung, Ffm NJW 2009, 1008. Auch „Verschleppung".

Vielzahl von Eingaben: Rechtsmissbrauch kann bei ihrer Häufung vorliegen, LG Bln WuM 2015, 105.

VIII. Sonstige Zurückweisungsfolgen, I–III. Ein unberechtigter Ablehnungsantrag kann die Ehre des abgelehnten Richters rechtswidrig angreifen, Nürnb MDR 1983, 846. Daher können der Abgelehnte wie sein Dienstvorgesetzter wegen einer solchen Ehrverletzung vorgehen. 12

13 **IX. Ablehnungsgründe, I, II.** Zur Ablehnung des Richters berechtigen zwei Gruppen von Gründen. Sie setzen stets einen individuell gerade aus dem Verhalten des Richters ableitbaren Grund voraus, Köln NJW-RR 2006, 64.

14 **1. Ausschluss kraft Gesetzes.** Die Parteien können in Ergänzung zu § 41 mit der Ablehnung diejenigen Gründe geltend machen, die nach § 41 den Richter schon kraft Gesetzes von der Ausübung des Richteramtes ausschließen, § 42 I Fall 1. Insoweit decken sich die sachlichen Anwendungsbereiche von § 41 und § 42, MüKoZPO/Stackmann Rn. 1.

15 **2. Besorgnis der Befangenheit.** Eine Besorgnis der Befangenheit liegt nur dann vor, wenn aus der Sicht der ablehnenden Partei nachvollziehbar ein vernünftiger und daher einigermaßen objektiver Grund besteht, der sie von ihrem Standpunkt aus vernünftigerweise befürchten lassen kann, der Richter werde nicht unparteiisch sachlich entscheiden, EGMR NJW 2016, 1563; BVerfG NJW 2016, 2313; BGH MDR 2015, 1698. Der Maßstab ist also nach allgemeiner Beurteilung ein partei-„objektiver", Brdb FamRZ 2018, 1088; Düss NZG 2016, 108; Ffm NJW-RR 2018, 693, krit. Schneider MDR 2005, 671. Der Ablehnungsgrund liegt dann vor, wenn er nach §§ 44 II, 294 glaubhaft ist. Der Ablehnende muss also eine Begründung liefern, Hmb NJW-RR 2018, 832.

16 Eine rein **subjektive** unvernünftige **Vorstellung ist also unerheblich,** BGH NJW 2004, 164 (abl. Feiber NJW 2004, 650); Ffm NJW-RR 2018, 693; Mü SchiedsVZ 2008, 104. Eine dienstliche Äußerung nach § 44 III dahingehend, man fühle sich befangen oder nicht befangen, ist jedenfalls nicht allein maßgeblich, BVerfGE 99, 56; BFH DB 1977, 1124; LG Bayreuth NJW-RR 1986, 678. Es kommt auch nicht darauf an, ob der Richter vom Standpunkt eines jeden auch wirklich befangen ist, Celle AnwBl 1997, 295; VGH Mannh NJW 1986, 2068; LG Bln NJW 1986, 1000.

17 Wer über ein Ablehnungsgesuch entscheidet, muss sich also in die **Rolle der ablehnenden Partei** zu versetzen versuchen und ihre persönlichen Befürchtungen zwar zugrundelegen, aber zugleich vom Standpunkt eines außenstehenden Dritten auf ihre Stichhaltigkeit überprüfen. Dabei ist eine Gesamtabwägung aller Argumente notwendig, Düss AnwBl 1999, 236.

18 **3. Auslegungsregeln bei Befangenheit.** §§ 42 ff. sind im Zusammenhang mit Art. 101 I 2 GG auslegen, Zuck DRiZ 1988, 179 (Notwendigkeit eines fairen Verfahrens). §§ 42 ff. betreffen wegen ihres Regelungszwecks nach → Rn. 2 ohnehin nur eine subjektiv ernstgemeinte und objektiv auch ernstzunehmende Ablehnung. Sie wollen den Parteien keineswegs Möglichkeiten an die Hand geben, den Prozess zu verschleppen oder sich eines unliebsamen Richters zu entledigen, → Rn. 4, VGH Kassel NJW 1985, 1106.

19 **4. Beispiele zur Frage einer Ablehnbarkeit, I, II.** Jeder Schematismus ist verfehlt. Maßgebend sind immer die Umstände des Einzelfalls.

20 **Akteneinsicht:** Befangenheit evtl. bei ihrer Verweigerung nach § 299, BGH Rpfleger 2003, 453; BayObLG NJW-RR 2001, 642; Köln FamRZ 2001, 1004; aM Brdb MDR 2001, 1414 – zust. Vollkommer FamRZ 2002, 621 – (aber die Gelegenheit zur Einsicht bei einer anderen Behörde erfüllt den Anspruch nach § 299 I nicht). **Keine** Befangenheit dann, wenn das Gericht den Ortsansässigen „besser" behandelt, Düss MDR 2008, 1060.

Aktenvermerk: Evtl. Befangenheit, Ffm NJW 2007, 928 (zust. Kroppenberg).

Aktenverwertung: Befangenheit bei Unterlassung der Information der Beteiligten, BVerfG NJW 1994, 1211.

Aktionär: → „Wirtschaftliches Interesse".

Allgemeine Auffassungen: Keine Befangenheit, soweit der Richter lediglich allgemeine Werteinschätzungen und Grundhaltungen äußert oder zugrunde legt oder erkennbar hat, BVerfGE 46, 36; Zweibr MDR 1982, 940; Michael JZ 1980, 421, oder soweit die Partei nur allgemein abwertende Auffassungen andeutet, BVerwG NJW 1997, 3327. Auch → „Festhalten an einer Ansicht", → „Parteizugehörigkeit", → „Politische Äußerungen", → „Rechtsbeurteilung", → „Wissenschaftliche Äußerung".

Allgemeine geschäftliche Beziehungen: Keine Befangenheit, LG Regensb FamRZ 1979, 525; Schneider DRiZ 1978, 45, soweit nicht konkrete wirtschaftliche Interessen hinzukommen. Auch → „Wirtschaftliches Interesse".

Amtstracht: → „Robe".

Anfrage: Befangenheit kann beim längeren Schweigen des Gerichts auf eine klare sachdienliche Parteifrage vorliegen, LSG Darmst NVwZ-RR 2007, 144. **Keine** Befangenheit dann, wenn der Richter telefonisch im Büro eines ProzBev. nach § 81 anruft und fragt, ob man noch mit dem Erscheinen des Anwalts im Termin rechnen könne, Ffm FamRZ 1989, 410 (zu § 406 III), LG Bln AnwBl 1978, 419. **Keine** Befangenheit bei einer Anfrage des Richters, ob der Kläger seine Klage im Hinblick auf eine bereits ergangene höchstrichterliche Grundsatzentscheidung zurücknehmen wolle, BFH BStBl. 1971, 527. **Keine** Befangenheit für eine anregende Frage, ob eine Partei ihren Antrag ändern wolle, soweit diese Anregung wegen einer geänderten rechtlichen Beurteilung durch das Gericht notwendig ist, Teplitzky MDR 1975, 149. **Keine** Befangenheit bei einer Anfrage wegen eines weiteren Beweisantrags nach §§ 373 ff., Ffm NJW 1976, 2026. Auch → „Ratschlag", → „Rechtsbeurteilung".

Angriff: Keine Befangenheit bei einem schriftlichen persönlichen Angriff gegen den Richter, solange dieser nicht massiv erfolgt, Drsd FamRZ 2002, 830; Mü NJW-RR 1988, 1535; Saarbr NJW-RR 1994, 766. Ob die Befangenheit dann eintritt, wenn der angegriffene Richter nicht nur äußert, er halte den Angriff für rechtswidrig und evtl. auch für strafbar, sondern wenn er dem Angreifer außerdem eine Frist zur Abgabe einer Ehrenerklärung setzt und sich weitere Schritte vorbehält, ist eine Fallfrage, LG Ulm MDR 1979, 1028. Auch → „Beleidigung".

Anordnung: Befangenheit dann, wenn der Richter die Zivilprozessakte unaufgefordert wegen eines noch so berechtigten Straftatverdachts der Staatsanwaltschaft außerhalb des Bereichs des § 183 GVG zuleitet, großzügiger Ffm MDR 1984, 499. **Keine** Befangenheit bei einer unerwünschten Beweisanordnung etwa nach § 372a, Köln VersR 1980, 93. **Keine** Befangenheit bei der Anordnung einer Verzögerungsgebühr nach § 38 GKG, § 32 *FamGKG, BFH DB* 1977, 1124, erst recht **keine** Befangenheit bei ihrer bloßen Androhung. **Keine** Befangenheit überhaupt bei einer solchen Anordnung, die sich im Rahmen der Sitzungsgewalt nach §§ 172, 176 ff. GVG hält und die man sachlich zumindest rechtfertigen kann, LG Bln MDR 1982, 154 (Ausweiskontrolle usw.). Das gilt selbst dann, wenn sie im Umfang und/oder in ihrer Art und Weise unzweckmäßig sein mag oder als fragwürdig erscheint, zu streng VGH Kassel NJW 1983, 901. Zum Problem Molketin MDR 1984, 20. **Keine** Befangenheit bei einer prozessleitenden Verfügung im Anfangsstadium ohne eine vorherige Anhörung des Betroffenen, BVerfG NJW 1980, 1379. Die Grenze liegt dort, wo die Anordnung weder sachlich noch nach dem Tonfall des Richters korrekt genug ist. Auch → „Terminierung". (20)

Antipathie: Keine Befangenheit schon ihretwegen, BVerfG NJW 1987, 430.

Anzüge: → „Mitteilung".

Antrag: Befangenheit evtl. nach Nichtbeachtung eines Antrags, Hamm MDR 2018, 551 (PKH), auch nach Antragsrücknahme wegen der Folgeentscheidungen, BVerfG NJW 2011, 2192. **Keine** Befangenheit nur wegen einer schon nach § 139 I 2 sogar notwendigen Anregung, Köln NJW-RR 1993, 1277, oder Hilfestellung, Köln NJW-RR 1993, 1277. Vgl. auch bei den einzelnen Antragsarten.

Anwaltshaftung: Keine Befangenheit des Vorprozessrichters im späteren Anwaltshaftungsprozess, BGH JZ 2015, 579.

Arbeitgebervereinigung: Keine Befangenheit bei einer Zugehörigkeit des Richters zu ihr, BAG MDR 1998, 165, selbst wenn der Hauptverband der Vereinigung am Prozess beteiligt ist, BAG BB 1978, 100. Auch → „Gewerkschaft".

Arbeitsrecht: Vgl. Hümmerich AnwBl 1994, 157 (ausf.). Befangenheit evtl. nach 2 Jahren, Ffm MDR 2008, 710. Befangenheit evtl. bei Beteiligung eines Arbeitgebers des Sachverständigen, Schlesw MDR 2015, 609. **Keine** Befangenheit nur weil ein ehrenamtlicher Arbeitsrichter ein Angestellter des Arbeitgebers im Kündigungsschutzprozess der Klägerin ist, LAG Drsd MDR 2002, 589.

Arzt eines Richters: Meist Befangenheit, soweit eine Partei derart tätig ist, Brem NJW-RR 2012, 637.

Arzthaftung: Befangenheit, wenn der Richter dort Patient ist, Kblz MDR 2012, 428.

Aufrechnung: Keine Befangenheit dann, wenn der Vorsitzende des Berufungsgerichts den Kläger vor dem Haupttermin dazu auffordert, binnen einer Frist zu erklären, ob er in die erstmals im Berufungsrechtszug erfolgte Aufrechnung des Bekl. nach → § 145 Rn. 15 einwillige, Düss MDR 1982, 940.

Ausdrucksweise: Befangenheit bei einem massiven Vorwurf, Köln FamRZ 1992, 888, oder dann, wenn der Richter allzu lautstark ist, aM Zweibr BauR 2013, 1164, oder gar verbal entgleist, Hamm MDR 2011, 1443; AG Brschw FamRZ 2015, 870, auch wenn er sich besonders schroff äußert, Brdb FamRZ 2011, 1527. Das gilt zB dann, wenn er erklärt, er halte den Prozess für völlig überflüssig (so weit wäre die Äußerung für sich allein evtl. noch haltbar) und sei nicht verpflichtet, sich jeden Blödsinn anzuhören, Hmb MDR 1989, 71; er habe keine Zeit für solche Kinkerlitzchen, Hmb NJW 1992, 2036; er „lasse sich nicht verarschen", Ffm FamRZ 1994, 909; „doch", das „nehme er persönlich" und „werde es sich merken", zumal keine Berufungsfähigkeit und ein „Fall des § 313 a" vorliege, LG Bln NJW-RR 1997, 316. Befangenheit dann, wenn er einen ProzBev. nach § 81 anschreit: „Jetzt reicht es mir! Halten Sie endlich den Mund! Jetzt rede ich!", Brdb MDR 2000, 47 (dann sogar evtl. Befangenheit im Parallelprozess); wenn er erklärt, er habe sich schon gedacht, ein ProzBev. werde in eine gegnerische „Präklusionsfalle tappen", LG Mü NJW-RR 2002, 862; wenn er wiederholt sagt, die ZPO interessiere ihn nicht, LG Mönchengladb NJW-RR 2004, 1004; wenn er auf einen sachlichen Befangenheitsantrag hin infrage stellt, ob die Partei oder ihr ProzBev. dem Gericht juristisch oder intellektuell zu folgen imstande sei, Saarbr MDR 2005, 474. Befangenheit dann, wenn er einen Beteiligten auch nur in einem Vermerk als „ziemlich wunderlich bekannt" bezeichnet, Ffm NJW 2007, 928 (zust. Kroppenberg); wenn er ein Parteiverhalten als „betrügerisch" bezeichnet; wenn er sagt: „Sie halten jetzt Ihre Klappe, sonst schmeiß ich Sie hier raus", Mü BeckRS 2008, 6472; wenn er in einem Hinweisschreiben an eine Partei Ausdrücke wie „kokettieren", „unkollegial" oder „unseriös" verwendet, LSG Brem/Celle NJW 2010, 1630; wenn er beim ProzBev. der einen Partei „reinste Polemik" rügt und für Polemik des gegnerischen ProzBev. „volles Verständnis" zeigt, aM Drsd JurBüro 2010, 435, oder wenn er davon spricht, „den Schwanz einzuziehen", Stgt MDR 2012, 732, oder wenn er erklärt: „Die Wahrheit interessiert mich nicht", BVerfG MDR 2013, 295, oder der ProzBev. „verbrenne das Geld seines Mandanten", Köln NJW-RR 2013, 382, oder wenn er erklärt, er habe „weder Zeit noch Lust", sich mit einem „unerheblichen" Vortrag zu befassen, Naumb BauR 2014, 1974 (Vorsicht!).

Keine Befangenheit dann, wenn er auf die Siegeserwartung einer Partei antwortet: „Da werden Sie sich aber wundern.", MDR 2007, 794; wenn er die Nichtbearbeitung wegen „Unmöglichkeit" einer Bearbeitung androht, Ffm NJW-RR 2008, 1080, oder wenn er ein Parteiverhalten als „unangemessen" bezeichnet, aM AG Brschw FamRZ 2015, 870. Freilich kommt es bei alledem auf die Gesamtsituation und die Tonart aller Beteiligten an, Ffm NJW-RR 1998, 858 (zu streng); Köln MDR 1996, 1180 (abl. Schneider). **Keine** Befangenheit, solange sich die Ausdrucksweise des Richters innerhalb seines Verhaltensspielraums bewegt. Dann schadet auch kein salopper Tonfall, Brdb FamRZ 2008, 1198. Dieser Spielraum ist sehr erheblich, Mü AnwBl 1993, 242; Saarbr NJW-RR 2009, 288; Stgt MDR 2003, 51 (je betr. Ironie). Er ist vernünftigerweise viel weiter, als manche übrigen Prozessbeteiligten es wahrhaben wollen. Es ist die Aufgabe des Richters, zB eine nach seinem Eindruck krankheitsbedingte Prozessunfähigkeit nach § 51 mit ihren Folgen ungeschminkt zu beschreiben, BGHZ 77, 73 (dort zur dienstrechtlichen Problematik). Er hat ferner die Aufgabe, als Vorsitzender die Sitzungsgewalt nach §§ 172, 176 ff. GVG jederzeit gegenüber jedermann im Saal auszuüben und dafür zu sorgen, dass bei aller notwendigen sachlichen Auseinandersetzung doch stets Ruhe und Ordnung und eine von Würde getragene Atmosphäre erhalten bleiben. In diesem Rahmen darf er auch einen Saalverweis androhen, aM Celle BauR 2011, 721. Es ist die Pflicht aller übrigen Prozessbeteiligten, den Richter in dieser Aufgabe zu unterstützen. Im Zweifel müssen sie sich ihm beugen.

Wenn er zur Wahrung dieser Aufgabe zu solchen Ausdrücken greift, die sich sachlich auch nur irgendwie halten lassen, ist sein Verhalten **nicht** befangen. Er darf zB eine offensichtlich abwegige Ausführung als solche bezeichnen, Ffm FamRZ 1983, 631. „Utopie" kann unschädlich sein, Brdb FamRZ 1995, 1498, ebenso „tricky", Düss AnwBl 1999, 236, oder die Verwendung von Anführungszeichen, Stgt MDR 2003, 50, sogar „Prozessunfähiger Psychopath", BGHZ 77, 73 (abl. Günther ZZP 105, 44) oder das Wort „rabulistisch", Ffm NJW 2004, 621, oder wenn der Richter einen Parteivortrag als „Unsinn" (statt nur als „unsinnig") bezeichnet, LSG Essen NJW 2003, 2933, oder wenn der Richter einen Vortrag eines anderen Anwalts in einem früheren Parallelverfahren als „mit Verlaub – lächerlich" gekennzeichnet hatte, VG Stgt NVwZ-RR 2007, 287. Keine Befangenheit bei „Erzeuger" statt nichtehelicher Vater, aM AG Sömmerda FamRZ 2011, 657, oder sogar nach „Brimborium", LSG Brem/Celle DRiZ 2008, 90. Keine Befangenheit bei „wischiwaschi", Mü NJW-RR 2010, 274, oder bei „Meinen Sie das ernst?".

(20) Im Übrigen muss man stets prüfen, in welchem Grad **andere** Prozessbeteiligte den Richter zu seiner Ausdrucksweise **veranlasst** haben, in welchem Maß sie ihn zB vielleicht gereizt oder provoziert hatten oder auch einander mit harten Worten bedacht hatten, die man evtl. selbst bei Formulierungen wie „ganz ausgekochter Betrüger" als zulässig ansehen könnte. Der Richter ist zwar nach → § 139 Rn. 14 zur Besonnenheit und Unparteilichkeit verpflichtet. Er ist aber Mensch und darf menschlich reagieren. Es gibt eine sattsam bekannte und aus großen Strafprozessen berüchtigte Taktik, einen Richter bis zu einem Punkt anzustacheln, an dem er eine unbedachte Äußerung macht, um ihn ablehnen zu können. Das darf man unter keinen Umständen durch eine großzügige Bejahung der Befangenheit begünstigen. Man muss den in § 193 StGB zum Ausdruck kommenden Grundgedanken der Berechtigung tadelnder Äußerungen auch im Bereich des Zivilprozesses zugunsten des Richters zu berücksichtigen.

Auskunft: Befangenheit dann, wenn der schon Abgelehnte noch dem Gegner eine Auskunft über mehr als zweifelsfreie Rechtsfragen gibt, BayObLG WuM 1997, 69. **Keine** Befangenheit dann, wenn der Richter über persönliche Verhältnisse keine Auskunft erteilt, soweit seine Verhältnisse nicht bei einer objektiven Betrachtung eine Ablehnung rechtfertigen könnten, BayObLG Rpfleger 1978, 18.

Ausschließungsgrund: Befangenheit nach I dann, wenn der Abgelehnte schon nach § 41 ausgeschlossen ist.

Ausschluss der Partei(en): Meist Befangenheit.

Ausschluss des Prozessbevollmächtigten: Befangenheit, auch wenn das Gericht die Parteien persönlich zwecks eines Vergleichs nach § 278, Anh. § 307 geladen hat, Brdb FamRZ 1997, 428.

Aussetzung: → § 149 Rn. 2.

Bekanntschaft: → „Feindschaft, Freundschaft".

Beleidigung: Es gibt so manche auch skurrile Form.

- **(„Anmaßung"):** Befangenheit dann, wenn der Richter das Verhalten einer Partei so bezeichnet, Düss BauR 2010, 1978.
- **(Anwurf):** Befangenheit bei einem massiven persönlichen Anwurf einer Partei, Zweibr MDR 1994, 832. Aber auch „– (Voreingenommenheit)".
- **(„beschämend"):** Befangenheit, AG Brschw FamRZ 2015, 870.
- **(Betrug): Keine** Befangenheit, nur weil die Partei privat von einer anderen Frau betrogen wurde, gegenüber einer Richterin, Darmst NJW 2003, 1270.
- **(„Bratkartoffelverhältnis"): Keine** Befangenheit dann, wenn der Richter Beziehungen zwischen einer Ehefrau und einem anderen Mann so bezeichnet, Schlesw SchlHA 1979, 51; Schneider JurBüro 1979, 1126.
- **(Drohung):** Befangenheit dann, wenn eine Richterin sagt: „Sie sind so hässlich, ich würde Sie sofort betrügen!".
- **(Einseitige Rüge):** Befangenheit dann, wenn der Richter eine Beleidigung der einen Partei rügt, diejenige der anderen aber nicht.
- **(Fingertippen an Stirn):** Befangenheit, Ffm FamRZ 1983, 631. Auch „– (Gehässigkeit)".
- **(„Gehässigkeit"):** Befangenheit dann, wenn der Richter gegenüber einer Partei oder gegenüber einem Parteivertreter zB nach § 81 eindeutig gehässig ist, Ffm MDR 1979, 940; Hmb NJW 1992, 2036; Stgt MDR 2003, 50. Das gilt etwa dann, wenn er den Kopf auf den Tisch legt und sich mit dem Finder an die Stirn tippt, Ffm FamRZ 1983, 631.
- **(„Kinkerlitzchen"):** Befangenheit dann, wenn der Richter das Verhalten einer Partei so bezeichnet, Hmb NJW 1992, 2036.
- **(„Mätzchen"):** Befangenheit dann, wenn der Richter das Verhalten einer Partei so bezeichnet, Jena OLGR 2003, 147.
- **(Rechtfertigung): Keine** Befangenheit, solange sich das Verhalten des Richters bei der notwendigen Zubilligung eines weiten Spielraums auch nur irgendwie sachlich rechtfertigen läßt. Das folgt aus § 193 StGB und aus → „Ausdrucksweise", BGH 77, 72 (dort zur dienstrechtlichen Problematik).
- **(Rechtsbeugungsvorwurf):** Befangenheit bei einem Vorwurf vom Grad einer Rechtsbeugung usw. einerseits, Beleidigung andererseits, LG Ulm MDR 1979, 1028.
- **(Schimpfwort):** Befangenheit dann, wenn der Richter ein solches reines Schimpfwort gebraucht, das man nicht mehr irgendwie rechtfertigen kann, Hmb MDR 1989, 71.
- **(„Schreibwerkzeug"):** Befangenheit bei der Frage, ob ein Beteiligter das Schreibwerkzeug eines anderen Beteiligten sei, BGH Rpfleger 2003, 453.
- **(„Theater"):** Befangenheit dann, wenn der Richter das Verhalten einer Partei als Theater bezeichnet, Schmidt-Leichner NJW 1977, 1805 (Vorsicht!).
- **(„unglaublich"):** Fallfrage, ob Befangenheit, strenger AG Brschw FamRZ 2015, 870.
- **(Verwahrungsbruch):** Befangenheit in einem solchen Fall, LG Bayr NJW-RR 1986, 678.
- **(Voreingenommenheit): Keine** Befangenheit wegen eines solchen den Richter beleidigenden Verhaltens einer Partei, das diesen nicht wirklich voreingenommen macht, Drsd FamRZ 2002, 830. Aber auch „Anwurf".

Beratung: Befangenheit, soweit das Gericht jemanden im Beratungszimmer ohne die Parteien anhört, aM Stgt NJW-RR 1996, 1470 (verstößt eindeutig gegen § 193 I GVG).

Berufung: Keine Befangenheit dann, wenn das Berufungsgericht nach Vergleichsbemühungen und weiteren Hinweisen seine Absicht der Zurückweisung nach § 522 II mitteilt, KG MDR 2007, 1216, LG Bln ZMR 2016, 747.

Besetzung des Gerichts: Keine Befangenheit schon wegen ihrer Fehlerhaftigkeit, BGH FamRZ 2009, 223.

Betriebsausflug: Befangenheit bei Ablehnung einer Terminsverlegung nach § 227 wegen Teilnahme des Richters an ihm.

Beweisantrag: Keine Befangenheit schon wegen seiner Nichtbefolgung, Düss NZG 2016, 158 (Einzelfallumstände beachten).

Beweisantritt: Keine Befangenheit, soweit der Richter berechtigt oder sogar verpflichtet ist, auf einen Beweisantritt *nach §§ 373 ff. hinzuwirken,* Naumb BauR 2014, 1361.

Beweisaufnahme: Keine Befangenheit dann, wenn der Richter zur Verhandlungsfähigkeit trotz eines Attests ergänzend Beweis erheben will, aM LG Mönchengladb MDR 2008, 529 (aber § 286 verpflichtet evtl. sogar zu weiterer Aufklärung). Auch → „Zeuge".

Beweisbeschluss: Keine Befangenheit schon wegen einer DNA-Anordnung, aM Schlesw FamRZ 2014, 1313 (vgl. aber § 26 FamFG). **(20)**

Beweismittel: Meist **keine** Befangenheit nur wegen ihrer Auswahl, aM Rostock OLGR 2001, 130 (aber man muss die Beweiswürdigung nach § 286 abwarten).

Beweiswürdigung: Befangenheit bei ihrer Vorwegnahme, Zweibr NJW 1998, 912.

Bewirtung: Befangenheit dann, wenn eine Partei den Richter mit einem nicht ganz unerheblichen Aufwand bewirtet hat, auch aus Anlass eines Lokaltermins auf dem Lande. **Keine** Befangenheit dann, wenn die Bewirtung nur in einer kleinen Aufmerksamkeit bestand, etwa in einer Tasse Kaffee, Schneider DRiZ 1978, 44. **Keine** Befangenheit dann, wenn der Richter im Pkw einer Partei aus Anlaß eines Ortstermins mitgefahren ist.

Bezugnahme: Befangenheit bei einer pauschalen und einseitigen Bezugnahme in den Gründen einer vorangegangenen Entscheidung, Schlesw FamRZ 2007, 401.

Blindheit: Vgl. Farys, Blinde Menschen im Richteramt, 2008.

Cousin: maßgeblich sind die Kontakte im Einzelfall.

DDR, frühere: Ein Richter der früheren DDR ist **nicht** schon deshalb befangen, BVerfG DtZ 1992, 119, auch nicht im Prozess eines Mitglieds und Funktionärs der früheren SED. Man kann erwarten, dass er sich von den früher an ihn gestellten Erwartungen freimacht, BezG Rostock DtZ 1992, 62.

Denkgesetze: Keine Befangenheit beim bloßen Verdacht eines Verstoßes gegen sie, Hmb OLGZ 1989, 206 (Prozessvergleich trotz Zweifel an Prozessfähigkeit). **Keine** Befangenheit dann, wenn das Berufungsgericht im Vorprozess gegen den Hauptmieter amtiert hatte wie jetzt gegen den Untermieter, der dasselbe vorbringt, KG NZM 2009, 415.

Dezernatswechsel: Keine Befangenheit, soweit das Rechtsschutzbedürfnis weggefallen ist, → Rn. 8.

Dienstherr: Befangenheit wohl meist im Prozess gegen ihn, BGH NJW 1995, 2792. Das gilt zB dann, wenn ein Richter auf Probe über den Vorwurf einer vorsätzlichen unerlaubten Handlung der obersten Dienstbehörde entscheiden soll, aM Schneider DRiZ 1978, 45 (aber im Probeverhältnis wäre der Richter in solcher Lage glatt überfordert. Der Vorwurf kann ihn die ganze berufliche Zukunft kosten). Befangenheit, soweit Äußerungen des Dienstherrn als des jetzt erkennenden Richters mißverständlich oder überflüssig sind, BayObLG MDR 1988, 970. Befangenheit, soweit der Richter für den Dienstherrn tätig war, Drsd MDR 2005, 106 (Haftungsreferent in derselben Sache).

Keine Befangenheit dann, wenn der Dienstvorgesetzte des angegriffenen Richters den letzteren nur zurückhaltend in Schutz genommen hat und nunmehr jetzt auch in der Sache entscheidet. Keine Befangenheit schon weil der Richter in Bezug auf eine Partei oder ihren ProzBev. nach § 81 dienstaufsichtlich tätig war, BayObLG MDR 1988, 970. **Keine** Befangenheit, soweit der Dienstherr eines Richters auf Probe oder „zur Erprobung" Partei ist, ohne dass besondere Umstände hinzutreten, BGH NJW-RR 2010, 493, KG NJW-RR 1997, 1403. **Keine** Befangenheit dann, wenn ein ProzBev. früher ein Vorgesetzter des Richters war, LG Magdeb WuM 1993, 183.

Auch → „Kollegialität".

Dienstliche Äußerung, § 44 III: Befangenheit bei ihrer zur großen Einseitigkeit oder Unsachlichkeit, Brdb FamRZ 2001, 1005, Düss BauR 2010, 1978, Köln NJW-RR 2013, 1152. Selbst beim Rechtsmissbrauch nach → Rn. 9 sollte der Abgelehnte nicht jetzt seinerseits Befangenheit zeigen, Naumb JurBüro 2011, 151.

Dritter: Befangenheit bei einer fast abschließenden Beurteilung seiner Lage vor seinem Eintritt als Bekl., Brdb MDR 2009, 587.

Drucklage: Keine stete Befangenheit, BFH MDR 2012, 991.

Duzen: Keine automatische Befangenheit, Hamm FamRZ 2013, 560.

Ehegatte: Ein Richter kann wegen Besorgnis der Befangenheit abgelehnt werden, wenn sein Ehegatte als Rechtsanwalt in der Kanzlei tätig ist, die den Gegner vor diesem Richter vertritt. Schon die besondere berufliche Nähe der Ehefrau des Richters zu dem Prozessbevollmächtigten des Gegners gibt der Partei begründeten Anlass zur Sorge, dass es dadurch zu einer unzulässigen Einflussnahme auf den Richter kommen könnte. Auch wenn grundsätzlich davon auszugehen ist, dass Richter über jene innere Unabhängigkeit und Distanz verfügen, die sie befähigen, unvoreingenommen und objektiv zu entscheiden, ist es einer Partei nicht zuzumuten, darauf zu vertrauen, dass eine unzulässige Einflussnahme durch den Gegner unterbleiben wird, und den Richter erst dann abzulehnen, wenn dies doch geschieht und ihr das bekannt wird, BGH NJW 2012, 1890.

Ein Richter kann auch wegen Besorgnis der Befangenheit abgelehnt werden, wenn seine Ehegattin als Sekretärin der Rechtsanwaltskanzlei tätig ist, die den Gegner vor diesem Richter vertritt, wenn aus der Sicht einer verständigen Prozesspartei unter Berücksichtigung der Umstände die Besorgnis besteht, dass der Prozessbevollmächtigte des Gegners auf die Ehefrau und diese wiederum auf den Richter unzulässig Einfluss nimmt, BGH MDR 2018, 1522.

Die Besorgnis der Befangenheit ist auch dann begründet, wenn zwischen dem Ehegatten des Richters und einer Prozesspartei eine enge bzw. langjährige Freundschaft besteht, BGH 19.11.2020 – V ZB 59/20, BeckRS 2020, 36457.

Keine Befangenheit aber dann, wenn erstinstanzlich der Ehepartner des Rechtsmittelrichters an der angefochtenen Kollegialentscheidung mitgewirkt hatte, BGH NJW 2008, 1072.

Ehrenamtlicher Richter: Befangenheit zB als vom Lärm Mitbetroffener im Lärmschutzverfahren, OVG Münst NVwZ-RR 2004, 458, oder bei Beteiligung als Partei oder deren gesetzlicher Vertreter eines anderen Verfahrens vor diesem Kollegium für die übrigen Kollegen, BAG NJW 2013, 1181; aM VG Freib/Br NVwZ-RR 2011, 544, oder bei unvollständigen Antworten zu außerdienstlichem Engagement, OVG Bln/Brdb BauR 2013, 1318.

Keine Befangenheit schon wegen der Zugehörigkeit zur Berufsgruppe des Ablehnenden, Köln NJW-RR 2006, 64. Auch → „Kollegialität".

Eigene Sache: Befangenheit dann, wenn der Richter Auftraggeber des ProzBev. einer der Parteien ist, KG MDR 2014, 367.

Einseitige Kontakte: Einseitige Kontakte des Richters mit einer Partei bzw. deren Anwalt stellen idR dann einen Ablehnungsgrund dar, soweit sie sich auf den konkreten Rechtsstreit beziehen, es sei denn, dass nur rein

(20) äußerliche „technische“ Fragen wie Terminsabsprachen Gegenstand des Gesprächs sind und dass das Gespräch in einem Aktenvermerk dokumentiert wird, den auch der Gegner erhält, MüKoZPO/Stackmann Rn. 63. Für jede vernünftige Partei besteht nämlich Anlass, der Unparteilichkeit des Richters zu misstrauen, wenn dieser mit der Gegenpartei einseitig verhandelt, MüKoZPO/Stackmann Rn. 63. Von Telefongesprächen sollte die Gegenpartei daher unverzüglich informiert werden, sei es in Form eines zu übersendenden Aktenvermerks oder eines weiteren Telefongesprächs. In letzterem Fall sollten beide Gespräche in Gestalt eines kurzen Aktenvermerks festgehalten werden.

Empfehlung: → „Ratschlag“.

Entscheidungsgründe: → „Urteil“.

Ermittlung: Befangenheit, soweit der Richter unter einer Missachtung des Beibringungsgrundsatzes nach → Vor § 128 Rn. 21 vorgeht, LG Gött NJW-RR 2001, 64 (streng). **Keine** Befangenheit, soweit den Richter ein Parteivortrag nicht bindet, etwa im Arzthaftungsprozess, Oldb MDR 2008, 527 (großzügig).

Erörterung: Keine Befangenheit schon wegen einer vorprozessualen Erörterung, LAG Drsd MDR 2001, 516. Auch → „Vergleich“.

Fachkenntnis: Keine Befangenheit wegen ihres angeblichen Fehlens, Celle MDR 2013, 721.

Fehlverhalten: Keine Befangenheit mangels Voreingenommenheit, Brdb MDR 2015, 915.

Feindschaft, Freundschaft: Es kommt natürlich auf die Nähe der Beziehung an, BVerfG NJW 2004, 3550; Hamm MDR 2012, 933; Günther ZZP 105, 27, etwa bei einem kleinen Gericht, LG Kiel SchlHA 1987, 56.

– **(Abneigung, Zuneigung):** → Rn. 19.

– **(Anderes Gericht): Keine** Befangenheit dann, wenn der ProzBev. nach § 81 nur ähnliche Rechtsfragen in einem Verfahren vor einem anderen Gericht erörtert, BGH WM 2011, 812.

– **(Bloße Äußerung): Keine** Befangenheit bei einer bloßen Äußerung vor einer näheren Befassung mit dem konkreten Einzelfall, Hmb MDR 2003, 287; Kblz WuM 2003, 509.

– **(Bloße Bekanntschaft): Keine** Befangenheit bei einer solchen Beziehung und nicht bei einer noch nicht näheren, Hmb MDR 2003, 287, oder gar bei einer nur früheren.

– **(Fortdauern):** Befangenheit evtl. bei einem derart längeren Verhältnis zu einer Partei, Stgt MDR 2011, 67; Göbel NJW 1985, 1058; Schneider DRiZ 1978, 45, oder zum Streitverkündeten nach § 72, LG Lpz NJW-RR 2004, 1003.

– **(Partei):** Eine enge bzw. langjährige Freundschaft eines Richters zur Prozesspartei begründet die Besorgnis der Befangenheit. Die Besorgnis der Befangenheit ist auch dann begründet, wenn zwischen dem Ehegatten des Richters und einer Prozesspartei eine enge bzw. langjährige Freundschaft besteht, BGH 19.11.2020 – V ZB 59/20, BeckRS 2020, 36457.

– **(Prozessbevollmächtigter):** Eine bloße Freundschaft dürfte keine Befangenheit begründen, jedoch kommt es auf die Nähe der Beziehung an.

Festhalten an einer Beurteilung: Befangenheit dann, wenn der Richter sich stur zeigt, etwa dann, wenn er sich in eine Kette von Ungeschicklichkeiten verrannt hat, Hmb NJW 1992, 1462, oder wenn er sich so äußert, dass man befürchten muss, er werde Gegengründen gegenüber nicht mehr aufgeschlossen sein, BFH BB 1985, 2160; KG MDR 2001, 1435 (Vorsicht vor solcher Annahme!).

– **(Beweisbeschluss): Keine** Befangenheit beim Aufrechterhalten eines objektiv fehlerhaften Beschlusses nach §§ 358, 358a, solange man nicht daraus eine unsachliche Einstellung ableiten muss, Hamm WuM 1989, 152; Zweibr MDR 1982, 940.

– **(Früheres Verfahren): Keine** Befangenheit schon wegen Festhaltens an einer vom Rechtsmittelgericht in einem früheren Verfahren vertretenen Beurteilung, Hamm MDR 2015, 297. Aber dann natürlich Vorsicht!

– **(Unrichtigkeit): Keine** Befangenheit bei ihr, solange sie nicht auf einer unsachlichen Einstellung beruht, BayObLG MDR 1980, 945.

– **(Verfahrensfehler): Keine** Befangenheit bei ihm, solange er nicht auf einer unsachlichen Einstellung beruht, BayObLG MDR 1980, 945.

– **(Vielzahl von Ablehnungen):** Die gelegentlich geäußerte Ansicht, schon die Zahl ähnlicher Ablehnungsgesuche zeige die Sturheit des Richters, ist eine erschreckende Voreingenommenheit, ein solcher „Anscheinsbeweis“, der mit einem rein quantitativen Zusammenspiel jede noch so sorgsam begründete Beurteilung eines Gerichts abwürgen könnte.

– **(Zurückverweisung):** Wenn der Richter an einer solchen Rechtsansicht festhält, die das Berufungsgericht in einer zB nach § 538 II 1 Nr. 1 zurückverweisenden Entscheidung verworfen hatte, muss man prüfen, ob sich dieses Festhalten auf die Art und Weise der neuen Verhandlungsleitung auswirkt, Ffm MDR 1984, 408; Karlsr NJW-RR 1997, 1350; LG Ffm MDR 1988, 1062. Selbst dann darf man eine Befangenheit aber nur annehmen, falls der Richter wirklich keinen sachlichen Grund mehr für solche Sturheit hat, Ffm MDR 1988, 415 (zust. Schneider), strenger Mü MDR 2003, 1070. Befangenheit dann, wenn der Richter unter einer Berufung auf Art. 97 GG jede Bindung an ein zurückverweisendes Urteil ablehnt, LG Ffm MDR 1988, 1062.

Keine Befangenheit dann, wenn der Richter sonst an einer Rechtsansicht festhält, BVerfGE 78, 126, VGH Mannh NJW 1986, 2068, zB an derjenigen, die das Berufungsgericht bei der Zurückverweisung verworfen hatte, falls der Richter sein Verhalten auf einen offensichtlichen erst dem Berufungsgericht unterlaufenen weiteren Fehler gründet. Er mag zB die Beurteilung des Berufungsgerichts aus sachlich diskutablen Gründen für nicht bindend halten, Karlsr OLGZ 1984, 104. Das gilt, falls zB das Berufungsgericht eine höchstrichterliche Rechtsprechung übersehen hat, LG Ffm MDR 1988, 151, 1062. Es kommt im Übrigen darauf an, ob er eine Bereitschaft zu erkennen gibt, seine bisherige Meinung selbstkritisch zu überprüfen, BAG NJW 1993, 879, BPatG GRUR 1983, 504, LG Karlsr MDR 2009, 1067.

Fortbildung: Keine Befangenheit wegen ihres angeblichen Fehlens, Celle MDR 2013, 721.

Fragestellung: Befangenheit evtl. wegen ihrer Art, LG Essen NJW-RR 2003, 1719.

Freundschaft: → „Feindschaft, Freundschaft“.

Fristverlängerung: Keine Befangenheit nur wegen ihrer Gewährung, LG Mü Rpfleger 2000, 407 (Rpfleger).

Fristverstoß: *Befangenheit bei einer* viel zu knappen Fristsetzung, LSG Darmst NVwZ-RR 2007, 144. Befangenheit bei einer Entscheidung vor dem Ablauf einer selbst gesetzten Frist zur Stellungnahme, OVG Bautzen NVwZ-RR 2009, 358. **Keine** Befangenheit beim bloßen Versehen, s. dort, oder bei einer nicht unangemessenen Fristsetzung, BVerwG NVwZ 2016, 254.

Frühere Ablehnung: Befangenheit dann, wenn eine Partei den Richter schon in einem oder mehreren anderen Prozessen erfolgreich abgelehnt hatte, Celle Nds. Rpfl. 1976, 215. **Keine** Befangenheit, soweit nur eben bereits ein anderes Ablehnungsverfahren vorliegt oder vorlag, BayObLG Rpfleger 1980, 194; Ffm FamRZ 1986, 291 (frühere Selbstablehnung). (20)

Frühere Mitwirkung: Es gibt außerhalb von § 41 Nr. 6, Hamm BauR 2014, 153, zahlreiche Aspekte.

– **(Abänderungsklage): Keine** Befangenheit bei einer Mitwirkung vor der Abänderungsklage nach §§ 323 ff.

– **(Amtspflichtverstoß):** Befangenheit, falls der Richter sogar eine strafbare Amtspflichtverletzung nach § 580 Nr. 5 begangen hatte, Hmb FamRZ 1988, 186; Karlsr OLGZ 1975, 244; Saarbr NJW-RR 1994, 765. Zum Problem Brandt-Janczyk, Richterliche Befangenheit durch Vorbefassung im Wiederaufnahmeverfahren, 1978, Roth DÖV 1998, 916 (wegen Art. 6 I EMRK: Befangenheit dann, wenn die frühere Entscheidung dasselbe Überzeugungsmaß voraussetzte, etwa beim Gerichtsbescheid nach der VwGO).

– **(Angefochtene Entscheidung):** Befangenheit, soweit der Richter an der jetzt angefochtenen Entscheidung mitgewirkt hat, § 41 Nr. 6, EGMR NJW 2012, 3017 (auch zu den Grenzen). Aber auch „– (Arrest, einstweilige Verfügung)".

– **(Angestellter): Keine** generelle Befangenheit, LG Freibg AnwBl 2016, 440.

– **(Anhörungsrüge): Keine** Befangenheit im Verfahren nach § 321a usw. schon wegen der Vorbefassung. Sie soll ja gerade jetzt der bisherige Richter selbstkritisch prüfen, BVerwG NVwZ-RR 2009, 622.

– **(Arrest, einstweilige Verfügung): Keine** Befangenheit bei einer Mitwirkung in einem solchen Eilverfahren nach §§ 916 ff., 935 ff., Rostock NJW-RR 1999, 1445 (Widerspruchsverfahren nach § 924); Saarbr NJW-RR 1994, 765 (Hauptprozess).

– **(Beweisbeschluss):** „– (Erstrichter)".

– **(Enteignung): Keine** Befangenheit dann, wenn der Richter vor vielen Jahren ein Ratsmitglied derjenigen Gemeinde war, die jetzt eine Enteignung betreibt, BGH NJW-RR 1988, 767.

– **(Erstrichter):** Befangenheit, soweit der mit oder auch ohne eine Beteiligung am Ersturteil tätig gewesene Richter jetzt im Berufungsverfahren nach §§ 511 ff. tätig ist, Karlsr FamRZ 1992, 1194, Zöller/Vollkommer Rn. 17, aM BFH DB 1978, 1260, Karlsr MDR 2007, 1336 (aber auch ohne besondere Umstände soll nun eben ein anderer prüfen).

– **(Früher Prozessbevollmächtigter):** Evtl. keine Befangenheit, soweit er nur dessen Urlaubsvertreter war, Ffm FamRZ 2011, 313, oder bei jetzt anderem Streitgegenstand nach → § 2 Rn. 4, BGH NJW-RR 2017, 189.

– **(Früherer Entscheidung): Keine** Befangenheit abgesehen von den in diesem ABC unter „Befangenheit" genannten Situationen für eine Mitwirkung bei einer früheren Entscheidung für oder gegen die Partei in derselben Sache, EGMR NJW 2012, 3017, BAG NJW 1993, 879, Brem WuM 2002, 398 (je: selbst nicht bei einem früheren Fehler), Karlsr FamRZ 2006, 1557, oder in einer gleichliegenden Sache, BPatG GRUR 2008, 733, BVerwG NVwZ-RR 2013, 343, Zweibr Rpfleger 2000, 237, strenger KG FamRZ 2016, 995 (zu § 6 I 1 FamFG).

– **(Justizverwaltung):** Befangenheit nach einer Vorbefassung in der Justizverwaltung aus ähnlichen Erwägungen wie nach einem „– (Strafverfahren)", BayObLG 1985, 182, auch auf der Ministeriumsebene, OVG Schlesw NVwZ-RR 2004, 457.

– **(Kostenniederschlagung): Keine** Befangenheit.

– **(Parallelverfahren):** Befangenheit dann, wenn in einem gleichzeitigen Parallelverfahren ein Ablehnungsgrund bestand, Karlsr FamRZ 2015, 871, oder besteht (Fallfrage), Brdb MDR 2000, 47, Ffm FamRZ 1986, 291, Nürnb OLGZ 1994, 209. Sonst aber **keine** Befangenheit, BayObLG WuM 1999, 186, KG NZM 2009, 415, Zweibr FamRZ 1999, 936.

– **(Patentverfahren): Keine** Befangenheit bei einer Mitwirkung erst im Verletzungsprozess und dann im Nichtigkeitsverfahren, BGH NJW-RR 2003, 479.

– **(Prozesskostenhilfe):** Die Regeln „– (Frühere Entscheidung)" gelten auch im Verfahren nach §§ 114 ff., EGMR NJW 2012, 3017, Hamm NJW 1976, 1459.

– **(Rückgriffsprozess): Keine** Befangenheit bei einer Mitwirkung vor dem Rückgriffsprozess, BayObLG WuM 1999, 186, Düss NJW-RR 1998, 1763, aM LG Darmst NJW-RR 1999, 289 (aber der Rückgriffsprozess folgt oft ganz anderen Regeln).

– **(Sachverständiger):** Befangenheit, soweit der Richter Sachverständiger nach §§ 402 ff. war.

– **(Selbständiges Beweisverfahren): Keine** Befangenheit.

– **(Selbstkritik):** Befangenheit, soweit der Richter zu erkennen gibt, dass er nicht bereit sei, seine damalige Beurteilung jetzt erneut und auch selbstkritisch zu überprüfen, Naumb MDR 1999, 824.

– **(Staatsanwalt):** → „– (Strafverfahren)".

– **(Strafverfahren):** Zur Mitwirkung im Strafverfahren selbst s. § 24 II StPO. Bei Vorbefassung eines Zivilrichters mit der Sache als StA oder Strafrichter kann – je nach Ausgestaltung dieser früheren Tätigkeit – die Besorgnis der Befangenheit gerechtfertigt sein, KG StraFO 2007, 210 mwN.

– **(Teilurteil):** → „– (Erstrichter)".

– **(Voreingenommenheit):** Befangenheit kann fortwirken, Brdb FamRZ 2016, 651.

– **(Vorprozess): Keine** Befangenheit bei einer dortigen Vorbefassung bloß mit dem Sachverhalt, BGH MDR 2012, 363.

– **(Wiederaufnahme):** Befangenheit bei §§ 579 I Nr. 2, 580 Nr. 5. Sonst keine Befangenheit, Karlsr OLGZ 1975, 243; aM Karlsr FamRZ 1996, 556.

– **(Zeuge):** Befangenheit, soweit der Richter Zeuge war, §§ 373 ff.

– **(Zurückverweisung):** Die Regeln → „– (Frühere Entscheidung)" gelten auch bei einer Zurückverweisung zB nach §§ 538, 563, 572 III, Karlsr OLGZ 1984, 104; Zöller/Vollkommer Rn. 16; aM Köln NJW-RR 1986, 420; Schlichting NJW 1989, 1344 (aber eine Zurückverweisung muss keineswegs stets einen Angriff auf den erneut zum Handeln verpflichteten Richter darstellen. Eine Aufnahme gilt nur bei besonderen Umständen, LG Kiel AnwBl 1975, 207).

– **(Zwangsvollstreckung): Keine** Befangenheit bei einer Mitwirkung erst im Urkundsprozess nach §§ 592 ff. oder überhaupt im Erkenntnisverfahren nach §§ 253 ff. und dann in der Zwangsvollstreckung nach §§ 704 ff. oder im einstweiligen Vollstreckungsverfahren zB nach §§ 708 ff., Ffm Rpfleger 1980, 300.

(20) **Frühere Tätigkeit:** Befangenheit evtl. wegen früherer Tätigkeit für eine Partei, zB für eine Bank, Ffm MDR 2008, 710.

Fürsorgepflicht: Keine Befangenheit, soweit der Richter trotz seiner sozialstaatlich nötigen Fürsorgepflicht nach → § 139 Rn. 8 die ebenfalls notwendige Unparteilichkeit nach → § 139 Rn. 14 beachtet, Brem NJW 1979, 2215; Hmb ZMR 1988, 226; Köln NJW-RR 1993, 1277. Auch → „Ratschlag".

Ganzes Gericht: Keine Befangenheit, → Vor § 41 Rn. 6. Aber auch → „Spruchkörper".

Gegenvorstellung: Befangenheit evtl. auch im Verfahren über eine Gegenvorstellung nach → Vor § 567 Rn. 10, aM Düss Rpfleger 1989, 38 (StPO); VGH Mü NVwZ-RR 2004, 705.

Gerichtszugehörigkeit: Meist **keine** Befangenheit, → Vor § 41 Rn. 6.

Geschäftsbeziehung: Keine Befangenheit nur ihretwegen schon von vornherein, LG Regensb FamRZ 1979, 525. Aber auch → „Wirtschaftliches Interesse".

Geschäftsverteilungsplan: Keine Befangenheit schon wegen Zweifels an seiner Korrektheit, BGH MDR 2012, 991 (StPO).

Geschlecht: Grundsätzlich **keine** Befangenheit, BayObLG DRiZ 1980, 432; LSG Darmst NJW 2003, 1270.

Gesellschatliche Gruppe: Keine Befangenheit schon wegen der Zugehörigkeit zu ihr, VerfGH Mü MDR 2000, 659; Stgt NJW-RR 1995, 300 (Vorstand einer Firma).

Gesetzlicher Richter: Keine Befangenheit schon wegen eines Verstoßes gegen Art. 101 I 2 GG, BGH MDR 2012, 991 (StPO); Köln NJW-RR 2000, 456.

Gestik, Mimik: Befangenheit bei einseitigen Gebärden usw., die über typbezogene Persönlichkeitsmerkmale hinausgehen, etwa bei einem „fernsehreifen" Augenverdrehen, oder bei einem Ausdruck wie „weichkochen", KG NJW 1975, 1843, oder dann, wenn der Richter den Kopf auf den Tisch legt und sich mit den Fingern an die Stirn tippt, Ffm FamRZ 1983, 631. Auch hier muss man aber einen weiten **Verhaltensspielraum** des Gerichts berücksichtigen. Auch → „Ausdrucksweise", → „Beleidigung", → „Reaktion".

Gewerkschaft. Dazu Brandis, Der Richter als Mitglied der Gewerkschaft, 1990; Vollkommer, Gewerkschaftszugehörigkeit und gewerkschaftliches Engagement von Berufsrichtern der Arbeitsgerichtsbarkeit, FS Wolf, 1985, 659. **Keine** Befangenheit dann, wenn der Richter auf einer Gewerkschaftsveranstaltung eine im Übrigen erlaubte, wenn auch nicht von richterlicher Zurückhaltung zeugende Ansicht vertreten hat, VGH Mannh NJW 1986, 2069. **Keine** Befangenheit dann, wenn er überhaupt einer Gewerkschaft angehört(e), BVerfG NJW 1984, 1874; BAG DB 1996, 2394. Das gilt selbst dann, wenn der Hauptverband prozessbeteiligt ist, BAG BB 1978, 100. Auch → „Arbeitgeberverband".

Glaubwürdigkeit: Keine Befangenheit, soweit der Richter Zweifel an der Glaubwürdigkeit nachvollziehbar begründet, Bbg FamRZ 2001, 1005, und ruhig zur Wahrheit ermahnt, Zweibr FamRZ 1993, 576.

Handelsrichter: Befangenheit, soweit er auf eine sachlich vertretbare und nur auf seine Person bezogene Parteiausführung mit einem persönlichen Angriff reagiert, Stgt NJW-RR 1995, 300, oder soweit er persönlich haftender Gesellschafter einer Partei ist, Karlsr OLGR 2006, 535; Schlesw MDR 1988, 236. Evtl. sogar dann Befangenheit seines Vorsitzenden, Zweibr BauR 2013, 513. **Keine** Befangenheit, soweit er nur mittelbar von der Partei wirtschaftlich abhängt, Stgt NJW-RR 1995, 300 (Kredit).

Hinweis: Befangenheit bei einem Verstoß, BVerwG DRiZ 2018, 35; OVG Brem NJW 2015, 2828. **Keine** Befangenheit zB in schwieriger Lage und zwecks Kostenersparnis, Jena BauR 2017, 2224. Auch → „Ratschlag".

Information: Befangenheit bei bewusst einseitiger, Celle OLGR 2002, 172; LG Gött NJW-RR 2001, 64. **Keine** Befangenheit, soweit der Richter einen Schriftsatz vor dem Termin nicht mehr lesen konnte, Stgt JurBüro 2014, 264.

Insolvenzverwalter: Man kann ihn hier als den Bevollmächtigten des Schuldners behandeln, Köln BB 1987, 1978. Befangenheit, soweit sein Verhalten auch eine Folge von Spannungen ist, BVerfG ZIP 1988, 174; Zweibr Rpfleger 2000, 265.

Ironie: → „Ausdrucksweise".

Irrtum: Befangenheit dann, wenn eine Kette erheblicher Irrtümer vorliegt, Ffm Rpfleger 1978, 100, durch die sich der Richter verrannt hat, auch wenn erst ihr letztes Glied das Maß vollmacht, BPatG GRUR 1985, 434. Zum Problem Günther DRiZ 1994, 374.

Keine Befangenheit dann, wenn der Richter eine irrige Beurteilung äußert, solange weder eine unsachliche noch eine willkürliche noch eine beleidigende noch eine völlig uneinsichtige Haltung zugrunde liegt, sondern eine eben unveränderte sorgfältig erarbeitete Rechtsbeurteilung. Das gilt auch dann, wenn das nächsthöhere Gericht bereits in ständiger Rechtsprechung anders entscheidet. Zur irrigen Beurteilung Köln NJW-RR 1986, 420 (problematisch); Zweibr MDR 1982, 940; LG Kassel AnwBl 1986, 104.

Auch → „Festhalten an einer Ansicht", → „Rechtsbeurteilung", → „Unsachlichkeit".

Juristische Person: Befangenheit evtl. bei einer Mitgliedschaft in einer juristischen Person nach → § 50 Rn. 12 bis hin zum Ausschluss nach § 41, BGHZ 113, 277. Auch → „Parteizugehörigkeit", → „Wirtschaftliche Interesse".

Justizverwaltung: Befangenheit wegen einer unnötigen Rückfrage oder wegen einer „Absicherung" bei ihr, Schlesw OLGZ 1993, 479. **Keine** Befangenheit grds. schon wegen einer Betätigung auch in ihr, Ffm OLGR 1999, 73.

Kenntnisnahme: Befangenheit bei der Verweigerung einer Kenntnisnahme des sachlichen Parteivortrags, Düss BauR 2010, 1978; Köln MDR 1998, 432 und 797; Oldb FamRZ 1992, 193.

Kirche: → „Religion".

Kleine Fehler: Keine Befangenheit selbst bei mehreren, Mü MDR 2016, 352.

Kollegialität: Ein Kollegialitätsverhältnis kann für sich genommen nur dann eine Ablehnung rechtfertigen, wenn damit eine sehr enge berufliche Zusammenarbeit verbunden ist, BGH BeckRS 2021, 43484.

– **(Dasselbe größere Gericht): Keine** Befangenheit meist schon wegen einer Zugehörigkeit zu ihm. Das gilt evtl. selbst bei einem Fall eines Richters vor demselben Gericht. Freilich kommt es zB auch auf eine vorangegangene Tätigkeit des Spruchrichters gegenüber dem Kollegen etwa als dessen Dienstvorgesetzter an. Zur Problematik auch BGH NJW-RR 2011, 648; BVerwG NVwZ-RR 2013, 343; Drsd MDR 2006, 106; aM Schlesw OLGR 2000, 390 (zu streng). Keine Besorgnis der Befangenheit allein aus dem Umstand, dass ein Verfahrensbeteiligter der Vizepräsident des in der Hauptsache zuständigen Landgerichts ist, BGH BeckRS 2021, 43484.

– **(Derselbe Spruchkörper):** Befangenheit wegen der gegenwärtigen Zugehörigkeit zu ihm, Karlsr MDR 2006, 1185 (Handelsrichter), ArbG Freib/Br 17.12.2002 – 5 Ca 625/02 (nv) (Arbeitsrichter); aM Schlesw MDR 1988, 236 (Handelsrichter); FG Kassel NVwZ-RR 2005, 664. Das gilt auch im Verhältnis zur Ehefrau einer Partei als Kollegin in demselben Spruchkörper, Zweibr MDR 2014, 1172. **Keine** Befangenheit wegen einer nur früheren Zugehörigkeit zu demselben Spruchkörper, BVerfG NJW 2004, 3550, BGH ZIP 2011, 683. Die Fragen lassen sich freilich nur von Fall zu Fall klären. (20)
– **(Dieselbe Sozietät): Keine** Befangenheit wegen einer früheren Zugehörigkeit des Richters zu derselben Anwaltssotietät, die er freilich angeben sollte, Mü MDR 2014, 857. Das ist freilich eine Fallfrage.
– **(Ehefrau einer Partei):** „– (Derselbe Spruchkörper)".
– **(Feindschaft, Freundschaft):** Befangenheit, soweit aus einer bloßen Kollegialität eine Feindschaft oder Freundschaft geworden ist, BVerfG NJW 2004, 3550; LG Gött NJW 1999, 2826.
– **(Mitautor):** Befangenheit wohl oft schon bei einer bloßen Mitautorenschaft. Das gilt freilich nicht stets, LG Gött NJW 1999, 2826.

Konfession: → „Religion".

Ladung: Keine Befangenheit dann, wenn der Richter den erst nach der Parteiladung zum ProzBev. nach § 81 bestellten Anwalt nicht zusätzlich lädt, Köln FamRZ 2001, 1004.

Langsame Arbeitsweise: → „Untätigkeit".

Lebenspartner: Befangenheit, § 41 Nr. 2a, auch bei einem Rechtsmittelrichter mangels Hinweises auf die Partnerschaft einer Vorderrichterin mit ihm, OVG Brem NJW 2015, 2828. **Keine** Befangenheit schon wegen einer Lebensgefährtenschaft zu der Tochter eines der ProzBev. nach § 81, aM Brem MDR 2008, 283 (aber wo sollen eigentlich die Grenzen liegen?).

Lehrauftrag: Keine Befangenheit gegenüber der Hochschule, OVG Münst NJW 1975, 2119.

Liebesverhältnis: Durchweg Befangenheit, auch im Verhältnis zum ProzBev. nach § 81.

Mitteilung: Keine Befangenheit bei einer bloßen Mitteilung an die Anwaltskammer über ein Verfahren gegen einen Anwalt, Brdb NJW-RR 2011, 710.

Mobbing: → Rn. 2, → „Abneigung, Zuneigung".

Mündliche Verhandlung: Befangenheit, soweit der Richter sie in einer eindeutig verfahrenswidrigen Weise ablehnt.

Nachbarschaft: Es kommt auf ihre Intensität und Dauer sowie Nähe an.

Netzwerk: → „Soziales Netzwerk".

Nichtbeantwortung: → „Untätigkeit".

Nichteheliche Lebensgemeinschaft: Befangenheit.

Musterfeststellungsklage: Die Beteiligung eines Richters an einer gegen eine Prozesspartei gerichteten Musterfeststellungsklage kann insbesondere dann, wenn darin der Vorwurf einer vorsätzlichen unerlaubten Handlung erhoben wird, die Besorgnis der Befangenheit rechtfertigen. Dies bietet bei verständiger Würdigung einen Grund für die Befürchtung, der Richter könne der Partei nicht mit der gebotenen Unparteilichkeit und Unvoreingenommenheit gegenübertreten. Dies gilt auch, wenn ein eigenes wirtschaftliches Interesse des Richters am Ausgang des Rechtsstreits ausgeschlossen ist, weil der Richter mit der Beklagten der Musterfeststellungsklage einen Vergleich abgeschlossen hat, und dieser Vergleich noch nicht lange Zeit zurückliegt, alles BGH BeckRS 2021, 11472.

Ordnungsmittel: Seine Androhung kann reichen, Hamm FamRZ 2007, 836.

Ortstermin: Befangenheit dann, wenn der Richter die Ortsbesichtigung nach § 371 nur mit dem Zeugen oder der Ehefrau **einer** Partei vorgenommen hat. **Keine** Befangenheit schon wegen eines Mitfahrens im Kfz einer Partei. Man sollte aber besser vorher beide um eine Mitteilung etwaiger Bedenken bitten. Auch → „Bewirtung".

Parallelverfahren: Ein Verhalten schadet noch nicht stets seinetwegen, Brdb FamRZ 2008, 1198; Naumb BauR 2014, 324, wohl aber dann, wenn man im Verfahren A Richter und im Verfahren B Auftraggeber des ProzBev. des Verfahrens A ist, Düss NJW-RR 2018, 448.

Parteizugehörigkeit: Befangenheit grds. bei gegenwärtiger Zugehörigkeit zu einer bestimmten Körperschaft, deren Interessen das Verfahren berührt. Das gilt auch zB nach §§ 51 III FGO, 60 III SGG, 54 III VwGO, Celle Nds. Rpfl. 1976, 91. Sie kann aber auch im jetzigen Prozess reichen, Mü FamRZ 2014, 958. **Keine** Befangenheit, solange nicht weitere Umstände hinzukommen, BVerfG NJW 2013, 3360; VerfGH Mü NJW 2001, 2963, etwa die Festlegung auf eine bestimmte Meinung, BVerfGE 1, 3; LSG Essen AnwBl 1989, 614; Gilles DRiZ 1983, 48; aM Celle Nds. Rpfl. 1976, 91 wegen der Zugehörigkeit zu einem Parteiorgan (aber das kann man kaum mit Art. 21 GG vereinbaren). **Keine** Befangenheit wegen ganz früherer Zugehörigkeit, BGH NJW-RR 1988, 766. Wegen eines Richters der Kammer für Handelssachen Hamm MDR 1978, 583. Vgl. auch „Politische Äußerung".

Persönliches Erscheinen: Befangenheit, falls keine Klagerücknahme nach § 269 erfolgt ist und § 141 nicht vorliegt, Köln FamRZ 1997, 429. Befangenheit evtl. auch bei einer Nichtbeachtung des Jahresurlaubs der Partei, Celle NJW-RR 2002, 72. Aber Vorsicht! Nicht nur §§ 141, 278 können zur Anordnung des Erscheinens zwingen. So mancher Termin mag nicht noch einmal zumutbar verschiebbar sein usw. Auch → „Dienstherr".

Person des Richters: Keine Befangenheit, nur weil die Parteien sie nicht vorher erfahren haben, BVerfG NJW 1998, 370.

Politische Äußerung oder Betätigung. Dazu zB BVerfG NJW 2018, 1307; BVerwG NJW 1988, 1748, Rumpf, Richterliches Sozialengagement und Befangenheit usw., 1997.
– **(Allgemeine Auffassungen): Keine** Befangenheit bei nur allgemeinen Auffassungen, Werteinschätzungen und Grundhaltungen, BVerfGE 46, 36; Köln NJW-RR 2006, 64; ArbG Ffm NJW 1984, 143 (sehr großzügig). Auch → „Allgemeine Äußerungen".
– **(Meinungskampf):** Man muss klar das Richteramt und eine Teilnahme am politischen Meinungskampf trennen, BVerwG NJW 1988, 1748.
– **(Parteizugehörigkeit): Keine** Befangenheit schon ihretwegen, BVerfGE 88, 13; VGH Mannh NJW 1986, 2008; Gilles DRiZ 1983, 48; aM Dütz JuS 1985, 753 (er rät dazu, mehr auf die subjektive Sicht der Partei abzustellen. Aber es gilt nach → Rn. 15 der sog. parteiobjektive Maßstab). Auch → „Parteizugehörigkeit".

(20) – **(Unbequemlichkeit):** Auch der unbequeme Richter kann unbefangen sein, Krause ZRP 1983, 55.

– **(Weite Vergangenheit): Keine** Befangenheit bei einer schon weit zurückliegenden politischen Äußerung, aM Brem FamRZ 2008, 618 (aber dann müsste der bestimmte Verdacht ihres Fortbestands hinzutreten).

– **(Volksbegehren): Keine** Befangenheit schon wegen der Unterstützung eines solchen Vorgangs, OVG Bln-Brdb NVwZ-RR 2014, 444.

– **(Vorsichtigkeit):** Befangenheit evtl. gerade beim angeblich unpolitischen und vorsichtigen, im Weltbild einer „Crew" lebenden und nicht aneckenden Richter, Krause ZRP 1983, 55. Dabei muss man allerdings den Unterschied zwischen der Zielrichtung des § 39 DRiG (Vertrauensschutz der Allgemeinheit) und § 42 (Schutz der Parteien) sehen, Göbel NJW 1985, 1058, unklar VGH Kassel NJW 1985, 1106.

– **(Wissenschaftlichkeit):** → „Wissenschaftliche Äußerung".

– **(Zusammenhang mit Rechtsfrage):** Befangenheit dann, wenn eine politische Äußerung mit Rechtsfragen eines nach → § 261 Rn. 1 anhängigen Verfahrens eng zusammenhängt, BVerfGE 35, 253; Karlsr NJW 1995, 2504; Moll ZRP 1985, 245 (starke politische Abneigung); aM Seuffert, Rupp, Hirsch BVerfGE 35, 257 (aber der Richter kann und soll sich schon zur Aufrechterhaltung der Funktionsfähigkeit der Rechtspflege zurückhalten, BVerfGE 83, 2691; VerfGH Mü NJW 1997, 3163).

Pressemitteilung: Keine Befangenheit bei einer kurzen, BGH NJW-RR 2017, 1021.

Privatgutachten: Befangenheit nach der Erstattung eines Privatgutachtens nach → Vor § 402 Rn. 41 in derselben Sache für eine Partei, BVerfGE 88, 4. **Keine** Befangenheit wegen einer Zulassung von Änderungen des Privatgutachters bei einer Beweisaufnahme nach § 44 I für seine Partei, Mü NJW-RR 1988, 1534. Auch → „Wissenschaftliche Äußerung".

Privatwissen: S. Lipps, Das private Wissen des Richters usw., 1995.

Protokollierung: Befangenheit bei einer objektiv wie subjektiv inhaltlosen Darstellung des Verhaltens eines Prozessbeteiligten, Celle MDR 1988, 970 (es arbeitet unzulässig einfach mit einer Unterstellung zulasten des Vorsitzenden) und OLGR 2002, 172 (einseitige Darstellung). Befangenheit evtl. beim Verstoß gegen § 160 III, Köln FamRZ 1998, 1444 (Vorsicht!), etwa beim Unterlassen der Protokollierung eine schriftsätzlich angekündigten Sachantrags nach → § 27 Rn. 4 oder eines konkreten Ablehnungsantrags nach § 44 I, Köln NJW-RR 1998, 857 (krit. Schneider MDR 1998, 798); LG Lpz MDR 2000, 107 (Fallfrage, dazu krit. Schneider), oder einer sonstigen zB nach § 160 II objektiv protokollbedürftigen Erklärung, AG Bremerh AnwBl 2005, 724. **Keine** Befangenheit wegen Nichtberichtigung durch den nach § 164 III 2 Zuständigen, Stgt JurBüro 2014, 264.

Provokation: → „Ausdrucksweise".

Prozessbevollmächtigter: Befangenheit bei einem grundlosen Vorwurf eines berufswidrigen Verhaltens, Mü OLGZ 1998, 209; LG Kassel AnwBl 1986, 104; großzügiger Brschw NJW 1995, 2114. Befangenheit bei seinem nach → § 177 Rn. 3 unstatthaften Ausschluss von der Verhandlung, Brdb FamRZ 1997, 428. Vgl. auch bei den einzelnen Schlagwörtern, zB → „Beleidigung", → „Mitteilung", → „Spannung".

Prozesskostenhilfe: Man sollte wie folgt unterscheiden.

– **(Auskunft): Keine** Befangenheit, soweit der Richter den Antragsteller um eine nachvollziehbar ergänzende Auskunft nach § 118 II bittet, Brdb FamRZ 2001, 552, oder soweit er auch gegen den Willen einer Partei eine Gehaltsauskunft anfordert, aM Zweibr FamRZ 1994, 908 (mit Recht abl. Gottwald).

– **(Erfolgsaussicht): Keine** Befangenheit bei der Beurteilung, es liege (derzeit) keine Erfolgsaussicht nach → § 114 Rn. 27 ff. vor. Sie kann bei einer entsprechenden Begründung sogar notwendig sein, aM Oldb FamRZ 1992, 193 (aber es versteht sich ja grds. von selbst, dass im Prozesskostenhilfeverfahren nach → § 114 Rn. 27 nur eine vorläufige Beurteilung erfolgt).

– **(Hauptverfahren): Keine** Befangenheit im Hauptverfahren schon wegen der Tätigkeit im zugehörigen Prozesskostenhilfeverfahren, EGMR NJW 2012, 3017.

– **(Übersehen):** Befangenheit beim wiederholten Übersehen eines Antrags nach § 117, Bbg FamRZ 1997, 1223.

– **(Zeitablauf): Keine** Befangenheit schon wegen einer späten Entscheidung trotz der Notwendigkeit, grds. bei einer Bewilligungsreife nach → § 119 Rn. 5 über das Gesuch nach § 117 zu befinden. Denn das Gericht kann und muss evtl. nach → § 119 Rn. 11 ff. rückwirkend befinden. Das übersehen Brdb FamRZ 2001, 552; LSG Darmst NVwZ-RR 2007, 144; Schneider MDR 2004, 1098.

– **(Zuständigkeitsklärung):** Befangenheit bei der Erweiterung einer Bewilligung nur zu diesem Zweck, Hmb JVBl 1975, 107.

Prozessvergleich: → „Vergleich".

Rache: Befangenheit wegen der Absicht des Abgelehnten, das weitere Prozessvorbringen „kritisch zu prüfen", LAG Drsd MDR 2001, 516 (zust. Schneider).

Randbemerkung: Befangenheit für unsachliche Randbemerkungen zu Schriftsätzen einer Partei nach §§ 129 ff. Befangenheit, soweit der Familienrichter dem Jugendamt gegenüber seinen Eindruck von der Ernsthaftigkeit eines Antrags äußert, den gegenteiligen Standpunkt eines anderen Beteiligten aber nicht erwähnt, Hmb FamRZ 1988, 633.

Ratschlag: Befangenheit im Prozess, soweit der Richter seine Unparteilichkeit nach → § 139 Rn. 14 aufgibt, BayObLG WuM 1997, 69; Nürnb MDR 2016, 113; Waldner FG Vollkommer, 2006, 275. Ob das geschehen ist, darf man nur unter einer Berücksichtigung der Pflicht des Gerichts zum Rechtsgespräch nach § 139 beurteilen, Stgt NJW 2001, 1145.

– **(Abtretung):** Befangenheit dann, wenn der Gegner einen Mangel der Klagebefugnis erhoben hat und der Richter nun dazu rät, sich den Anspruch abtreten zu lassen.

– **(Anerkenntnisfolgen): Keine** Befangenheit wegen eines bloßen Hinweises auf § 93.

– **(Anschlussberufung):** Befangenheit beim Rat, eine Anschlussberufung nach § 524 einzulegen, aM Rosenberg/Schwab/Gottwald § 25 II 2b; Zöller/Vollkommer Rn. 26 (aber auch ein solcher Rat ist mit der Unparteilichkeit nach → § 139 Rn. 14 kaum noch vereinbar).

– **(Antragsänderung):** *Befangenheit* bei direktem Hinwirken auf einen ganz neuen Antrag oder Gegenangriff, Rostock NJW-RR 2002, 576; aM Stgt MDR 2000, 50 (zu großzügig). **Keine** Befangenheit bei der Anregung zu einer Änderung des Antrags, soweit sie wegen der geänderten Beurteilung des Gerichts nach → § 139 Rn. 41 notwendig ist, Teplitzky MDR 1975, 149, oder soweit die Antragstellung schwierig ist,

Köln NJW-RR 1993, 1277 (Unterlassung im Wettbewerbsrecht), oder wegen einer Anregung, einen weiteren Beweisantrag nach §§ 373 ff. zu stellen, Ffm NJW 1976, 2026. Aber auch generell hat § 139 I 2 mit seiner schlichten Pflicht, auf sachdienliche Anträge hinzuwirken, natürlich auch bei einer Änderung des Antrags zur Folge, dass die Beteiligten nicht einfach mit einem Ablehnungsgesuch reagieren dürfen, solange das Gericht nicht aus dem „Hinwirken" ein Bedrängen macht. **(20)**

- **(Anwaltsbeauftragung):** Befangenheit beim Rat an eine Partei, sich wegen einer zugleich als nach → § 253 Rn. 28 unschlüssig erklärten Klage einen Anwalt zu nehmen, Köln MDR 1999, 375.
- **(Beratung):** Befangenheit, BVerwG DRiZ 2018, 35.
- **(Besprechung mit Vorgesetztem):** Befangenheit wegen der Bitte eines allein entscheidenden Richters an den Vorgesetzten um eine „grundlegende Besprechung", Schlesw OLGZ 1993, 479.
- **(Beweisantritt):** Befangenheit bei einem direkten Rat zu einem bestimmten Beweismittel, Ffm NJW 1976, 2025.
- **(Empfehlung): Keine** Befangenheit nach einer außergerichtlichen oder vorprozessualen Empfehlung an **alle** Beteiligten, BayObLG NZM 2000, 295; aM LAG Drsd MDR 2001, 516 (mit Recht abl. Schneider). Das gilt auch nach einer solchen bloßen allseitigen Empfehlung im Prozess. Hier wird freilich die Grenze zum nicht mehr unparteilichen Rat fließend, BVerwG DRiZ 2018, 35. **Keine** Befangenheit zumindest dann, wenn die Partei erkennbar auch wegen des Zeitablaufs Bedenken gegen den Anspruch erhebt, LG Ffm MDR 1980, 145, Schneider DRiZ 1980, 221; aM Köln MDR 1979, 1027; Prütting NJW 1980, 365 (aber dann verstärkt sich noch eine Pflicht nach § 139, auf solche Bedenken einzugehen). Zumindest dann keine Befangenheit, wenn sich der Richter beim bloßen Hinweis auf diejenige Rspr. und Lehre stützt, die den Hinweis für zulässig hält, LG Darmst MDR 1982, 236; Schneider MDR 1987, 374.
- **(Erledigungserklärung):** Befangenheit bei einer „Bitte", die Hauptsache nach → § 91a Rn. 47 für erledigt zu erklären, obwohl es prozessual noch andere vom Richter nicht zugleich miterläuterte Möglichkeiten gibt, VGH Kassel NJW 1983, 901.
- **(Hinweis): Keine** Befangenheit nach → § 139 Rn. 53 „Ratschlag" bei einem bloßen Hinweis ohne einen entsprechenden direkten Rat, BVerfG NJW 2011, 3638; Brem NJW-RR 2013, 573; Karlsr NJW-RR 2013, 1535; aM BGHZ 156, 270 (zust. Becker-Eberhard LMK 2004, 32) wiederholt unvollständig zitierend, Kblz MDR 2011, 576; AG Lörrach JurBüro 1999, 484 (aber das Gericht kann nach § 139 zu einem solchen Hinweis sogar verpflichtet sein). Welches Menschenbild verrät eigentlich derjenige, der offenbar stets damit rechnet, ein Schuldner werde von einem bloßen Leistungsverweigerungsrecht auch stets prompt Gebrauch machen? Auch → „– (Anerkenntnisfolgen)".
- **(Mieterhöhung):** Eine Erörterung der Frage, ob der Vermieter das Erhöhungsverlangen nach §§ 558 ff. BGB im Prozess nachholen soll, lässt sich ebenso wie eine Erörterung der Verjährungsfragen beurteilen. Denn das Gericht muss auch ein nachträgliches Erhöhungsverlangen als eine rechtgeschäftliche Willenserklärung des Vermieters durchaus in seine Entscheidung stellen. **Keine** Befangenheit also beim bloßen Hinweis auf eine solche Möglichkeit ohne einen entsprechenden Ratschlag, Befangenheit erst beim direkten Ratschlag.
- **(Parteiwechsel):** Befangenheit evtl. auch bei einem Rat, statt der zwar richtig bezeichneten, aber objektiv falschen Partei nach → § 263 Rn. 6 die objektiv richtige zu verklagen, Hamm MDR 1977, 944, vgl. freilich → § 263 Rn. 11.
- **(Prozesskostenhilfe):** Befangenheit, soweit der Richter bei § 569 III Nr. 2 BGB einen Antrag auf eine Prozesskostenhilfe nach §§ 114 ff. anrät, nur damit das Gericht nicht vor dem Ablauf der Zweimonatsfrist einen Verhandlungstermin ansetzen müsse.
- **(Rechtsmittelrücknahme):** Meist Befangenheit wegen des Rats, das Rechtsmittel zB nach § 516, 565 zurückzunehmen, aM Stgt MDR 2000, 50 (aber ein so weitgehender direkter Rat ist trotz seiner gutgemeinten weiten Verbreitung nicht mehr mit der Parteiherrschaft vereinbar). **Keine** Befangenheit bei einer bloßen Anheimgabe unter einem Hinweis auf die bloß vorläufige Einschätzung der Lage, Stgt MDR 2000, 50, selbst iVm der Erwägung, die Akten zB wegen § 183 GVG der Staatsanwaltschaft vorzulegen, KG FamRZ 2001, 108 (das ist freilich ein Grenzfall; abl. Schneider MDR 2001, 290).
- **(Säumnis):** → „– (Versäumnis)".
- **(Tatsachenmitteilung):** Befangenheit bei solcher Mitteilung des Richters wegen eines neuen Vorgangs, BGH NJW 2004, 165.
- **(Verjährung):** Befangenheit wegen des **Rats** an eine Partei, sich auf eine mögliche Verjährung zu berufen, Brem NJW 1979, 2215 (abl. Wacke/Seelig NJW 1980, 1170); Hmb NJW 1984, 2710; Schneider MDR 1979, 977, oder auch nur wegen eines derartigen **„Hinweises"**, BGH NJW 2004, 164; BayObLG 1999, 1875; Hamm MDR 2013, 1120: Denn mit einem direkten solchen Rat verlässt der Richter meist den Bereich der Unparteilichkeit nach → § 139 Rn. 14. Das Erfordernis der Erklärung dieser Einrede besteht entgegen Schneider MDR 1981, 525 gerade nicht zugunsten des Einredeberechtigten, sondern zugunsten des Einredegegners: Das Gericht soll die Verjährung eben nicht von Amts wegen beachten, sondern es soll zugunsten des Gegners abwarten, ob der Einredeberechtigte die Einrede erhebt. Daran ändert auch § 139 nichts. Die Fürsorgepflicht des Gerichts steht nicht über der Parteiherrschaft. Deshalb wohl meist Befangenheit bei einem noch so nett gemeinten „dringenden" Rat.
- **(Versäumnis): Keine** Befangenheit, soweit der Richter von einem Versäumnisurteil gegen einen anwaltlich vertretenen Gegner eher abrät. **Keine** Befangenheit wegen eines bloßen Hinweises auf die Möglichkeit einer wegen § 342 möglichen „Flucht in die Säumnis", BayObLG NJW 1999, 1875; KG NJW-RR 2002, 1732; Meyer JurBüro 1994, 450; aM Mü NJW 1994, 69 (viel zu streng). Auch → „Versäumnisurteil".

Reaktion: Befangenheit bei ihrer Unverhältnismäßigkeit, Stgt NJW-RR 1995, 300; LG Bln NJW-RR 1997, 315. **Keine** Befangenheit bei einer bloßen vertretbaren Reaktion zB auf ein solches Verhalten einer Partei oder eines ProzBev, das sich als wirklich unangemessen oder gar unhaltbar darstellt, sei es im Ton oder in der Wortwahl oder sonstigen Verhaltensweise, sei es in der Sache.

Rechtliches Gehör: Befangenheit wohl meist bei seiner erheblichen Verkürzung oder gar Verweigerung, BayObLG EWiR 2000, 937 (zust. Vollkommer); Brdb FamRZ 2011, 1527; Düss Rpfleger 1993, 188. Befangenheit bei einer Entscheidung vor dem Ablauf einer selbst gesetzten Stellungnahmefrist, OVG Bautzen NVwZ-RR 2009, 358.

(20) **Rechtsbehelfsbelehrung:** Befangenheit nur bei einer allzu groben, erkennbar voreingenommenen etwa in einer Zwischenentscheidung.

Rechtsbeugung: Der Richter braucht einen ersichtlich haltlosen Vorwurf der Rechtsbeugung nach § 339 StGB noch dazu nebst einer Schadensersatzforderung gegen sich nicht stets mit Gelassenheit hinzunehmen. Er braucht daher auch in einem Parallel- oder Folgeprozess derselben Parteien nicht zu amtieren, Zweibr FamRZ 1994, 1182.

Rechtsbeurteilung: Es gibt zahlreiche Aspekte.

– **(Auffassung/Rechtsauffassung):** Wenn der Richter eine klare, aber nicht kundgetane **Meinung** hat, begründet dies nicht die Besorgnis der Befangenheit zu Lasten einer Partei, denn hieraus ergibt sich nicht, dass der Richter nicht bereit ist, seine Meinung kritisch zu überprüfen und das Vorbringen der Prozessbeteiligten unvoreingenommen zur Kenntnis zu nehmen, BGH NJW 2016, 1022 (1024). Die **Äußerung einer Rechtsauffassung** begründet die Besorgnis der Befangenheit auch dann nicht, wenn sie für das Prozessziel eines Beteiligten nachteilig ist, sondern nur, wenn sie eine unsachliche oder willkürliche Einstellung des Richters erkennen lässt, BGH NJW 2016, 1022 (1024). Im Rahmen der Prozessleitung kann sogar die Pflicht bestehen, die vorläufige Rechtsansicht kundzutun, ohne dass dies als eine unzulässige Vorabfestlegung ausgelegt werden dürfte, OLG Dresden BeckRS 2019, 27068. Auch in der Anfrage, ob im schriftlichen Verfahren vorgegangen werden kann, liegt keine unzulässige Vorfestlegung zu Lasten einer Partei, OLG Dresden BeckRS 2019, 27068. Die Besorgnis der Befangenheit kann jedoch bestehen, wenn ein Richter in einem Verfahren zwar nicht selbst Partei ist, aber über den gleichen Sachverhalt zu entscheiden hat, aus dem er selbst Ansprüche gegen eine Partei geltend macht, BGH NJW 2020, 3458 Rn. 8. So kann die Beteiligung eines Richters an einer gegen eine Prozesspartei gerichteten Musterfeststellungsklage insbesondere dann, wenn darin der Vorwurf einer vorsätzlichen unerlaubten Handlung erhoben wird, die Besorgnis der Befangenheit rechtfertigen, denn der Richter gibt mit seiner Beteiligung am Musterfeststellungsverfahren objektiv die Rechtsauffassung zu erkennen, vorsätzlich und sittenwidrig geschädigt worden zu sein, BGH BeckRS 2021, 11472.

– **(Aufsatz):** „– (Öffentlichkeit)".

– **(Bindung):** Befangenheit bei Missachtung zB von §§ 318, 563 II, 572 II, Karlsr OLGZ 1984, 415; Mü MDR 2003, 1070.

– **(Bloßer Druckversuch): Keine** Befangenheit, Bbg VersR 2016, 1399.

– **(Einigungsversuch): Keine** Befangenheit insbesondere im Rahmen von rechtlichen Erörterungen aus Anlass des Versuchs einer gütlichen Beilegung zB nach § 278, BGH NJW 1998, 612; KG MDR 1999, 253; LG Lpz MDR 2000, 107.

– **(Einschlägige Vorschriften): Keine** Befangenheit, soweit der Richter nur auf eine telefonische Anfrage zu einer einfachen Frage auf die einschlägigen Vorschriften hinweist, BayObLG WuM 1996, 181.

– **(Erfolgsaussicht): Keine** Befangenheit bei ihrer Bejahung.

– **(Erörterung): Keine** Befangenheit bei einer bloßen Erörterung insbesondere im Rahmen von § 139, BSG MDR 1986, 85; Düss NJW 1993, 2542.

– **(Erwägung):** „– (Mitteilung)".

– **(Fernsehen):** „– (Öffentlichkeit)".

– **(Frühere Äußerung):** → „– (Vorprozess)".

– **(Leserbrief):** „– (Öffentlichkeit)".

– **(Mitteilung):** Es ist **nicht** notwendig, jede Erwägung beiden Parteien mitzuteilen, strenger LAG Bln DB 1997, 684.

– **(Öffentlichkeit): Keine** Befangenheit dann, wenn sich der Richter etwa zu Rechtsfragen öffentlich allgemein auf einer Tagung äußert, BGH NJW 2002, 2396, oder in einem Leserbrief an eine Tageszeitung oder gar in einem Aufsatz in einer Fachzeitschrift, im Fernsehen oder in der Tagespresse, BVerfGE 37, 268, BGH NJW 2002, 2396; Köln NJW-RR 2000, 455. Die **Teilnahme eines Richters an Seminaren** zu aktuellen Rechtsfragen stellt keinen Befangenheitsgrund dar. Die Teilnahme von Richtern am BGH und anderen Gerichten an wissenschaftlichen Veranstaltungen ist üblich und allgemein bekannt. Sie dient der Darstellung und Vermittlung der Rechtsprechung der Gerichte und dem Austausch von Meinungen, auch in Bezug auf sich neu stellende Probleme und deren wissenschaftlichen Hintergrund. Damit geht einher, dass die Teilnahme von Richtern an solchen Tagungen und Seminaren und ihre **dortigen Meinungsbekundungen** grundsätzlich nicht geeignet sind, ihre Befangenheit zu begründen, BGH NJW 2016, 1022 (1024). Etwas anderes dürfte jedoch dann gelten, wenn die Meinungsbekundungen Fragen betreffen, die zwischen den Parteien eines bei diesem Richter noch anhängigen Rechtsstreits streitig sind (zweifelhaft insoweit BGH NJW 2016, 1022, 1024).

Die **Äußerung einer Rechtsauffassung** begründet die Besorgnis der Befangenheit auch dann nicht, wenn sie für das Prozessziel eines Beteiligten nachteilig ist, sondern nur, wenn sie eine unsachliche oder willkürliche Einstellung des Richters erkennen lässt, BGH NJW 2016, 1022 (1024).

– **(Presse):** Befangenheit, falls sich der Richter gegenüber der Presse zur Prozessaussicht äußert, Celle MDR 2001, 767.

– **(Prozessaussicht):** Es ist nicht notwendig, die Prozessaussichten nur in der Möglichkeitsform zu erörtern, Karlsr OLGZ 1987, 248. Auch „– (Presse)". Gleichwohl ist vor der abschließenden Beratung klarzustellen, dass es sich um eine vorläufige Würdigung handelt.

– **(Prozessleitung):** Keine Befangenheit, soweit der Richter nur eine prozessleitende Verfügung zB nach § 273 ohne eine Anhörung der Betroffenen erlässt, BVerfG NJW 1980, 1379.

– **(Sachlichkeit): Keine** Befangenheit, solange der Richter zwar eine verfahrensrechtliche Bestimmung oder Regel verletzt, aber dabei nicht unsachlich vorgeht, BVerfG NVwZ 2009, 582; BayObLG 1986, 253; Zweibr MDR 1982, 940.

– **(Sich-Verrennen):** Befangenheit, soweit sich der Richter durch eine Kette von Verstößen und Ungeschicklichkeiten verrannt hat, Hmb NJW 1992, 1462.

– **(Sturheit):** Befangenheit, soweit der Richter nach der Zurückverweisung zB nach §§ 538, 565 an ihn an der vom Rechtsmittelgericht gerade in seiner Verantwortung verworfenen Beurteilung festhält, soweit sich das auf die Art und Weise der neuen Verhandlungsleitung auswirkt, Brdb OLGR 1998, 465; Köln OLGR

1998, 36; LG Lüb MDR 1999, 57, und sofern kein sachlicher Grund mehr für solche „Sturheit" erkennbar ist. Aber auch → „Festhalten an einer Ansicht". (20)
- **(Tagung):** → „Öffentlichkeit".
- **(Unliebsamkeit):** Es gibt gelegentlich den Versuch, den eine unliebsame Beurteilung äußernden Richter aus der Bearbeitung zu hebeln. Man benutzt evtl. den Vorwand, er handle willkürlich. Dergleichen sollte das Gericht wegen eines Verstoßes auch gegen Art. 101 I 2 GG mit aller Klarheit bekämpfen und nicht auch noch fördern, BGH MDR 2012, 49; Drsd NZFam 2014, 741. Die Partei sollte lieber froh sein, einen solchen Richter vor sich zu haben, der nicht bis zum Urteil wie eine Sphinx schweigt, sondern sich der Auseinandersetzung stellt und damit die Parteien ehrt.
- **(Verstoßkette):** „– (Sich-Verrennen)".
- **(Vertretbarkeit): Keine** Befangenheit, sofern der Richter eine zwar eigenwillige, aber immerhin vertretbare Beurteilung äußert, BVerwG NVwZ 2016, 254; Köln BB 1987, 1978; OVG Bln MDR 1996, 1069.
- **(Vorbereitung): Keine** Befangenheit, soweit der Richter nur zwecks Vorbereitung zB einer Verhandlung im Kollegium einen Bericht abfasst, BFH NJW 1996, 216, sei es auch im Urteilsstil nach → § 313 Rn. 67, BFH NJW 1996, 216.
- **(Vorläufigkeit der Beurteilung): Keine** Befangenheit, soweit der Richter im Rahmen der ihm nicht nur erlaubten, sondern sogar oft gebotenen rechtlichen Erörterung nach (jetzt) § 139 seine erkennbar nur vorläufige Beurteilung zu den Erfolgsaussichten äußert, BVerfGE 42, 78, BGH MDR 2012, 49, Hamm MDR 2010, 1282. Dabei muss er keineswegs laufend auf diese Vorläufigkeit hinweisen, KG MDR 1999, 252; Mü MDR 2004, 52. Man muss sie ihm ohnehin grds. ganz einfach unterstellen.
- **(Vorprozess): Keine** Befangenheit schon wegen einer früheren Äußerung in einem anderen Prozess, gar mit anderen Parteien, BGH WM 2003, 848.
- **(Willkür):** Befangenheit, BVerfG NVwZ 2009, 582, Brdb FamRZ 1995, 1498, Ffm OLGR 2000, 36.
- **(Zurückverweisung): Keine** Befangenheit schon wegen einer kritischen Bemerkung des aufhebenden höheren Gerichts, FG Kassel NVwZ-RR 2005, 664.

Rechtsmissbrauch: Keine Befangenheit wegen einer sachlich begründeten Warnung vor ihm, zB nach § 139. Ein Ablehnungsgesuch als Reaktion kann selbst schon Missbrauch nach → Rn. 9 sein, Jena MDR 2017, 967.

Religion: Befangenheit dann, wenn der Richter eine diesbezügliche Äußerung von vornherein als völlig unerheblich abtut, ohne sie irgendwie abzuwägen, Ffm FamRZ 1983, 631. Wegen eines Kopftuchs → GVG § 176 Rn. 8. **Keine** Befangenheit schon wegen der bloßen Zugehörigkeit zu einer Glaubensgemeinschaft, BVerfG NJW 2013, 3360; VerfGH Mü NJW 2001, 2963; Brdb FamRZ 1998, 172. Keine Befangenheit wegen Nichtbekanntgabe einer Religionszugehörigkeit, VerfGH Mü NVwZ 2011, 39.

Sachverständiger: Befangenheit bei seiner Anhörung im Beratungszimmer ohne die anderen Prozessbeteiligten, Schneider NJW 1997, 1832; aM Stgt NJW-RR 1996, 1469 (aber das ist ein schwerer Verstoß gegen Art. 103 I GG). Befangenheit bei der Ablehnung einer Gelegenheit zu seiner Anhörung, Brdb BauR 2012, 1150. **Keine** Befangenheit schon wegen einer Sachverständigentätigkeit in einem Gesetzgebungsabschnitt außerhalb des jetzt anhängigen Verfahrens, BVerfG DRiZ 2008, 91. **Keine** Befangenheit schon wegen der Ablehnung der Aufforderung an den Sachverständigen zur Stellungnahme zu einer Parteikritik, Celle MDR 2009, 1130.

Säumnis: Befangenheit beim Erlass eines Versäumnisurteils nach §§ 330 ff. ohne irgendein wenigstens kurzes Zuwarten, Rostock OLGR 2003, 195. **Keine** Befangenheit bei einer Telefonfrage beim Säumigen, solange kein Antrag nach §§ 330 ff. vorliegt, Brdb MDR 2012, 429. Auch → „Ratschlag".

Schadensersatzforderung: Befangenheit wohl meist, großzügiger Ffm NJW-RR 2017, 191.

Bloßer Scheingrund: Befangenheit möglich, BGH (St.) AnwBl 2016, 440. Aber Vorsicht!

Schlüssigkeit: Keine Befangenheit, soweit der Richter sie nach → § 253 Rn. 28 nur bejaht, Karlsr FamRZ 1998, 1120.

Schriftliches Verfahren: Keine Befangenheit, soweit das Gericht die ständige Praxis einer mündlichen Verhandlung beibehält, auch wenn es sie nicht eilfertig begründet. Die Anordnung einer mündlichen Verhandlung braucht kaum je eine Begründung, um auch im Rahmen von § 227 II als eine Ermessensausübung zu gelten. Das übersieht wohl Karlsr MDR 1991, 1195.

Schriftsatz: Befangenheit dann, wenn der Richter die Seitenzahl vorschreibt, Ffm NJW-RR 2008, 1080. **Keine** Befangenheit, soweit der Richter einen Schriftsatz vor dem Termin nicht mehr lesen konnte, Stgt JurBüro 2014, 264.

Schutzschrift: Wegen ihrer Bedenklichkeit nach → § 945a Rn. 2 ff. ist eine große Zurückhaltung vor einer Ablehnbarkeit wegen ihrer Nichtbeachtung nötig, strenger Köln MDR 1998, 433 (zust. Schneider).

Schwägerschaft: → „Verwandtschaft, Schwägerschaft".

Schweigepflicht: Befangenheit bei ihrem Bruch, BFH NJW-RR 1995, 1539.

Selbstablehnung: Befangenheit bei ihrer grundlosen Unterlassung, BGHZ 141, 95. **Keine** Befangenheit schon wegen einer Sachverständigentätigkeit in einem Gesetzgebungsabschnitt außerhalb des jetzt anhängigen Verfahrens, BVerfG DRiZ 2008, 91.

Selbständiges Beweisverfahren: Wegen des Sachverständigen → § 487 Rn. 8.

Selbstentscheidung: Eine nach zB → § 42 Rn. 9 nicht haltbare kann zur wahren Befangenheit führen, BVerfG NJW 2007, 3772 und FamRZ 2007, 1954.

Sicherungsanordnung: Keine Befangenheit schon wegen der Bejahung einer hohen Erfolgsaussicht bei § 283a, aM Lützenkirchen ZMR 2012, 606 (aber ihre Prüfung ist eine schlichte gesetzliche Pflicht des Gerichts).

Sitzungspolizei: → „Anordnung".

Sommersache: Keine Befangenheit bei der streitigen Entscheidung, die Sache sei nach § 227 III 3 besonders eilbedürftig. Das gilt selbst dann, wenn der Verhandlungstermin deshalb in die Urlaubszeit des ProzBev. nach § 81 fällt, Karlsr OLGZ 1984, 101.

Soziales Netzwerk: Zum Problem Rojahn/Jerger NJW 2014, 1147 (Grdz.).

Sozietät: → „Kollegialität".

Spannung. Dazu Günther ZZP 105, 20 (ausf.). Befangenheit nur, soweit sich eine Spannung zwischen dem Prozessvertreter und dem Richter oder Rpfleger aufgrund bestimmter Tatsachen nach → Vor § 284 Rn. 29

(20) auch direkt zum Nachteil der Partei auswirken kann, BVerfG KTS 1988, 309; Jena BauR 2004, 1815; Zweibr NJW-RR 2000, 864. Hier ist aber vor der Annahme einer Befangenheit eine äußerste Zurückhaltung ratsam. Es gehört zum Beruf des Richters, über Rechtsfragen oder über die Glaubwürdigkeit eines Zeugen usw. evtl. eine ganz andere Beurteilung zu finden als etwa ein ProzBev. nach § 81 und diese auch mit dem eigenen Temperament und mit allen rechtlich zulässigen Mitteln zu äußern. Darin kommt keineswegs stets schon eine grundsätzliche Befangenheit zum Ausdruck.

Ebenso gehört es wegen einer leider vielfach erkennbaren Verrohung der **Umgangsformen** zu den Pflichten des Richters, das Verhalten so mancher Prozessbeteiligten auch nach deren Form und Wortwahl einer schriftlichen oder mündlichen Kritik zu unterziehen. Das kann schon zur Aufrechterhaltung von Ruhe und Ordnung im Sitzungssaal nach §§ 176 ff. GVG notwendig sein. Aber es mag auch zur Eindämmung von Auswüchsen, Nachlässigkeiten, Unpünktlichkeiten und ähnlichen Unkorrektheiten notwendig, zweckmäßig, ratsam oder jedenfalls objektiv vertretbar sein.

In allen diesen Fällen hat der Richter einen **weiten Verhaltensspielraum.** Diesen darf man ihm **nicht entziehen,** Brschw NJW 1995, 2113; Karlsr NJW 1987, 127; Köln BB 1987, 1978; aM LG Kassel AnwBl 2026, 104 (viel zu streng), schon gar nicht auf einem disziplinarischen Umweg. Selbst eine im Prozess A zur Ablehnung berechtigende Spannung kann im auch gleichzeitigen Prozess B nur dann ausreichen, wenn sie sich auch in ihm konkret auswirkt, Nürnb OLGZ 1994, 209.

Sprachprobleme: Keine Befangenheit, nur weil der Richter einen deutschen schriftlichen und mündlichen Vortrag verlangt. Denn § 184 GVG ist zwingend, Brdb FamRZ 2001, 290. Freilich muss er evtl. einen Dolmetscher einschalten usw.

Spruchkörper: Befangenheit, soweit seine frühere Entscheidung ihn nach → Vor § 41 Rn. 5 befangen gemacht haben soll, Karlsr FamRZ 2004, 1582.

Staatsanwaltschaft: Befangenheit dann, wenn der Richter in einem Strafverfahren um dieselbe Tatsache Staatsanwalt war. **Keine** Befangenheit bei einer Aussetzung nach § 149, → § 149 Rn. 1. Auch → „Frühere Mitwirkung", → „Straftatverdacht".

Straftatverdacht: Befangenheit, soweit der Richter nach dem geäußerten Verdacht gegenüber einer Partei nicht bereit ist, die Möglichkeit eines Irrtums oder Missverständnisses einzuräumen, Ffm NJW-RR 1997, 1084; Hmb MDR 1989, 1000; Köln FamRZ 1995, 888. Befangenheit dann, wenn der (Familien-)Richter in einem Unterhaltsverfahren auf die einseitige Behauptung der einen Beteiligten hin ohne eine Anhörung des anderen dem Finanzamt über den Verdacht einer Steuerstraftat eine Mitteilung macht, Hamm FamRZ 1992, 575.

Freilich ist er **nicht** zu einer umfassenden Prüfung verpflichtet, sondern nur zum gemessenen Hinweis auf strafrechtliche Folgen eines prozessualen Verhaltens berechtigt, Brdb MDR 2001, 1413 (§ 149). Er ist evtl. auch nach § 183 GVG zur Aktenübersendung an die Staatsanwaltschaft verpflichtet, Hmb MDR 1989, 1000; Zweibr FamRZ 1993, 576; Nierwetberg NJW 1996, 435. Es wäre **verfehlt,** ihn deswegen als befangen zu betrachten. Daher **keine** Befangenheit, selbst wenn er eine Aktenübersendung an die Staatsanwaltschaft erwägt, falls nicht zB ein Rechtsmittel zurückgenommen werde, KG MDR 2001, 108 (das ist freilich ein Grenzfall; abl. Schneider MDR 2001, 290). Zum Problem auch Brdb MDR 1997, 780; Naumb OLGR 2005, 877; LG Würzb MDR 1985, 850. Auch eine Strafanzeige macht daher noch **nicht stets** befangen, Kblz MDR 2003, 524. Aber Vorsicht, BVerfG NJW 2012, 3228; Drsd FamRZ 2002, 830; Hamm FamRZ 1992, 575. Auch → GVG § 183 Rn. 1. Ob ein darüberhinausgehender Strafantrag stets unschädlich ist, Knoche MDR 2000, 375, sollte ebenfalls von dem Ton und den Umständen abhängen.

Auch → „Festhalten an einer Beurteilung".

Sympathie: Keine Befangenheit schon ihretwegen, BVerfG NJW 1987, 430.

Tatbestand: → „Urteil".

Telefongespräche: „Einseitige Kontakte"

Terminierung: Befangenheit nur ganz ausnahmsweise, Brdb AnwBl 2015, 354; KG MDR 2005, 708; Kblz WuM 1993, 456; aM LG Münst NJW 2011, 3732. Das Gericht ist keineswegs über jede Erwägung sogleich eine Rechenschaft schuldig, aM Drsd JurBüro 2010, 378.

– **(Trotz Ablehnung):** Befangenheit bei einer zweiten Terminierung oder Vertagung nach § 227 trotz eines Ablehnungsgesuchs nach § 44 I, soweit nicht die Voraussetzungen → Rn. 9 oder § 47 vorliegen.
– **(Anhörung im Termin): Keine** Befangenheit dann, wenn der Richter aus nicht dargelegten, aber immerhin naheliegenden und schon daher auch nicht ausschließbaren Erwägungen eine Entscheidung über den Antrag erst nach einer Anhörung des Gegners nach Art. 103 I GG im Termin treffen will, Köln NJW-RR 1997, 828. Das bedenken Karlsr MDR 1991, 1195; Schlesw NJW 1994, 1227 nicht mit.
– **(Auswärtiger):** Befangenheit evtl. bei einem Terminsbeginn um 7 Uhr trotz auswärtiger Beteiligter, BGH Rpfleger 2003, 453. Befangenheit evtl. beim Übergehen des nach § 227 wirklich erheblich berechtigten Verlegungswunsches eines Auswärtigen, Kblz NJW-RR 1992, 191. Aber Vorsicht!
– **(Eilantrag):** Befangenheit bei einem Eilantrag zB nach §§ 916 ff., 935 ff. und bei einer Terminierung erst nach 7 Wochen, Hamm FamRZ 1999, 937.
– **(Entscheidungszeitpunkt): Keine** Befangenheit dann, wenn das Gericht nicht sofort und wenigstens nach einer Anhörung des Gegners notfalls erst im Termin einen auf § 227 gestützten Antrag bescheidet, aM LG Hann MDR 1993, 82 (aber es muss stets eine Beratungszeit erlaubt sein).
– **(Fasching): Keine** Befangenheit dann, wenn der Richter am 11.11. statt der nächsten freien Terminszeit (11.10 Uhr) 11.11 Uhr ansetzt, Mü NJW 2000, 748. Denn „Witzigkeit" ist nicht Parteilichkeit.
– **(Fehlerhäufung):** Befangenheit evtl. bei einer Anhäufung von vermeidbaren Fehlern, Mü NJW-RR 2002, 862 (streng).
– **(Feiertag): Keine** Befangenheit dann, wenn der Richter auf einen solchen Tag terminiert hat, der nur in anderen Bundesländern ein gesetzlicher Feiertag ist, vgl. die Aufzählung → § 758a Rn. 26, Naumb NJW-RR 2002, 502, zumal er ja auch an einem bei ihm geltenden Feiertag (notfalls) terminieren könnte.
– **(Fortbildung): Keine** Befangenheit schon wegen nur dieser Antragsbegründung, aM Ffm AnwBl 2009, 392 (aber der Hinweis auf eine ständige Praxis des Gerichts ist bei ihrem Vorliegen geradezu notwendig, wenn auch kein allein ausreichendes Argument).

– **(Gleichheitsverstoß):** Befangenheit bei einer auffälligen Ungleichbehandlung von Prozessbeteiligten, KG NJW 2006, 2787; Köln MDR 2003, 170. **(20)**

– **(Nach Gutachten):** Befangenheit, falls der Richter nach der Zustellung eines umfangreichen Gutachtens nach §§ 402 ff. nur 3 Tage vor dem Termin keine Vertagung nach § 411 IV zulässt, Köln NJW-RR 2000, 592. Freilich kommt es evtl. auf den Terminsablauf an, Stgt VersR 2011, 1286.

– **(Parteiprozess): Keine** Befangenheit dann, wenn das Gericht einen Verlegungsantrag mit dem Hinweis ablehnt, es liege kein Anwaltsprozess nach → § 78 Rn. 1 vor, aM LG Verden AnwBl 1980, 152 (gar nicht überzeugend).

– **(Rechtliches Gehör):** Befangenheit bei einer gegen Art. 103 I GG verstoßenden Gehörsverweigerung, Brem FamRZ 2015, 1823; KG MDR 2005, 708; Karlsr VersR 2011, 1284.

– **(Rechtshilfe): Keine** Befangenheit dann, wenn der Richter ein Rechtshilfeersuchen im Ausland nach Anh. § 168 GVG abwarten will, Köln MDR 1998, 434 (evtl. §§ 185 ff.).

– **(Rechtsmissbrauch): Keine** Befangenheit nach → Rn. 9 bei einem solchen Verhalten des Ablehnenden, BVerwG NVwZ 2013, 225; Ffm NJW 2009, 1008.

– **(Ständige Praxis): Keine** Befangenheit schon wegen dieses Gerichtshinweises. Denn es ist zu ihm geradezu verpflichtet. Erst dann Befangenheit, wenn erkennbar keine Bereitschaft besteht, die ständige Praxis selbstkritisch mitzuüberdenken.

– **(Überlastung): Keine** Befangenheit dann, wenn der Richter wenigstens in einem später mitgeteilten Aktenvermerk einen Hinweis zB auf seine Überlastung oder auf die Vorbereitung anderer Beteiligter auf den bisherigen Termin gibt, BayObLG MDR 1986, 416; Düss FamRZ 1999, 1667; LG Lübeck MDR 1999, 57 (abl. Schneider).

– **(Urlaub):** „– (Zügigkeit)".

– **(Verlegung): Keine** Befangenheit grds. schon deshalb, weil das Gericht eine Terminsverlegung nach § 227 ablehnt, BGH NJW 2006, 2492; Brdb AnwBl 2015, 354; Hamm MDR 2010, 1282; aM Drsd JurBüro 2010, 378; Oldb NJW-RR 2013, 959; Schneider NJW 2006, 887. Das gilt erst recht bei einem weiteren Verlegungsantrag ohne triftigen Grund, Ffm NJW-RR 2018, 693.

– **(Verschleppungsgesuch): Keine** Befangenheit dann, wenn ein in letzter Minute eingereichtes Verlegungsgesuch nach § 227 nur einer Verschleppung dient, Brdb FamRZ 2000, 897.

– **(Vertreter): Keine** Befangenheit dann, wenn auch der Vertreter einen noch fälschlich angesetzten Termin durchführen könnte, Karlsr MDR 2008, 1235.

– **(Wartepflicht):** Befangenheit bei einem Verstoß gegen § 47, Brdb FamRZ 2017, 2035.

– **(Willkür):** Befangenheit bei einer Willkür nach → § 281 Rn. 29, Brdb NJW-RR 1999, 1291; KG MDR 2005, 708.

– **(Zügigkeit): Keine** Befangenheit dann, wenn der Richter auch nur objektiv erkennbar die ohnehin nötige zügige Verfahrensabwicklung bezweckt, Brdb FamRZ 2002, 1042; KG MDR 2005, 708; Naumb NJW-RR 2002, 502; aM Zweibr MDR 1999, 114 (zust. Schneider. Aber ein Anwalt muss sich im Urlaub ohnehin vertreten lassen).

– **(Zugverspätung): Keine** Befangenheit dann, wenn der ProzBev. sich um einen Pkw usw. hätte bemühen können. Denn er muss stets mit dergleichen rechnen und daher früher losfahren, BGH NJW 2009, 688; aM Rostock FamRZ 2012, 889.

Überflüssigkeit: Sie macht **keineswegs stets** befangen, strenger Mü NJW-RR 2012, 310.

Übermüdung: → „Schlaf".

Übersehen: Keine Befangenheit, sofern der Richter auf den entsprechenden Hinweis sachlich reagiert, Karlsr FamRZ 2008, 1455.

Unaufschiebbarkeit: Befangenheit bei mehreren Verstößen, Karlsr NJW-RR 1997, 1350. Keine Befangenheit, soweit der Richter den § 47 nur verkannt hat, Brdb NJW-RR 2000, 1091; Köln OLGR 2004, 290.

Ungeschicklichkeit: Befangenheit, soweit sich der Richter durch eine Kette von erheblichen Irrtümern, Ungeschicklichkeiten und dergleichen regelrecht verrannt hat, Ffm MDR 1978, 409. Dass das geschehen ist, sollte man nur mit größter Zurückhaltung feststellen.

Unsachlichkeit: Der Richter hat ein weites Ermessen auch hier.

– **(Form):** Befangenheit, soweit ein sachlich vielleicht vertretbares Verhalten des Richters eine unzumutbare Form annimmt. Auch in diesem Bereich hat der Richter freilich einen erheblichen Spielraum. Diesen muss man respektieren.

– **(Hinweis): Keine** Befangenheit, soweit der Richter nur auf einen früheren vor ihm abgelaufenen Prozess der Partei hinweist. Denn er gehört zum nach → § 288 Rn. 7, 9 gerichtskundigen Stoff.

– **(Mäkelei): Keine** Befangenheit bei einer Nichthinnahme bloßer anhaltender Mäkelei, zumal ja meist noch kein endgültiges Protokoll bestehen dürfte.

– **(Keine Sachbezogenheit):** Befangenheit, sofern man das Verhalten des Richters unter keinem denkbaren Gesichtspunkt mehr als sachbezogen bewerten kann, BVerfG NJW 1984, 1874, BGH NJW 1976, 1462 (StPO), Hmb MDR 1989, 71.

– **(Telefonat): Keine** Befangenheit dann, wenn der Richter gegenüber dem wiederholt insistierenden Anrufer schließlich den Hörer auflegt, BayObLG MDR 1990, 344.

– **(Wortentzug):** Befangenheit dann, wenn der Richter einem ProzBev. oder sonstigen Parteivertreter schon deshalb nach → § 136 Rn. 16 das Wort entzieht, weil der Parteivertreter Bedenken gegen eine solche Formulierung geäußert hat, die der Richter beim vorläufigen Diktat einer vorherigen Zeugenaussage nach § 160 III Nr. 4 in die eben nur vorläufige Niederschrift auch eines etwaigen Urkundsbeamten gewählt hat, BVerwG NJW 1980, 1972.

– **(Zurückweisung):** Befangenheit dann, wenn der Richter eine berechtigte Frage an eine Beweisperson nach §§ 397, 402 zurückweist, KG MDR 1993, 797. Aber auch → „– (Mäkelei)".

– **(Zuständigkeitsklärung):** → „Prozesskostenhilfe: Zuständigkeitsklärung".

Untätigkeit: Befangenheit bei einer eindeutig unvertretbaren erheblichen vorwerfbaren Verfahrensverzögerung, Bbg FamRZ 2001, 552 (FGG); Drsd FamRZ 2014, 957; KG FamRZ 2007, 1993; großzügiger Düss MDR 1998, 1052; Köln MDR 1998, 434, strenger Schneider MDR 1998, 1399. Befangenheit bei einer völligen Untätigkeit etwa durch die Nichtbeantwortung von Akteneinsichtsanträgen nach § 299, Bbg FamRZ 2000,

(20) 1287, oder eines Antrags, Bbg FamRZ 1997, 1223; Celle OLGR 1999, 108; Drsd JurBüro 2010, 378, oder von Erinnerungsschriftsätzen, Ffm OLGR 2000, 36; Karlsr FamRZ 1999, 444; Oldb FamRZ 1992, 193, oder durch die geflissentliche Nichtbeachtung eines Hinweises des Rechtsmittelgerichts, Rostock NJW-RR 1999, 1507, oder durch ein grundloses Nichtweiterleiten eines Schriftsatzes an den Gegner des Einreichers, BayObLG ZMR 1994, 17; LG Verden AnwBl 1980, 290.

Keine Befangenheit, soweit der Richter nachvollziehbar ergänzende Angaben anfordert, Brdb FamRZ 2001, 552, oder soweit die Untätigkeit in Wahrheit zB durch eine Überlastung erzwungen ist oder soweit sie jedenfalls aus einem anderen Grund unverschuldet ist, BayObLG 1998, 38. Keine Befangenheit dann, falls der Richter ohnehin zulasten des Ablehnenden entscheiden müsste, aM Bbg FamRZ 1998, 1443 (mit Recht krit. Heilmann FamRZ 1999, 446). **Keine** Befangenheit, falls die Untätigkeit auf einem bloßen Rechtsirrtum beruht, BayObLG ZMR 2002, 290.

Unterschiedliche Darstellung: Befangenheit dann, wenn die Darstellung des Richters in seiner dienstlichen Äußerung zB nach § 44 III in einem wesentlichen Punkt eindeutig falsch ist, Ffm MDR 1978, 409.

Keine Befangenheit dann, wenn der Richter und ein Anwalt über den Ablauf der Verhandlung unterschiedliche noch nicht einwandfrei geklärte Darstellungen geben, ohne dass andere Gesichtspunkte hinzutreten, aM LG Bochum AnwBl 1978, 102, Zöller/Vollkommer Rn. 24 (aber dann wäre eine Ablehnung allzu bequem möglich. Man brauchte nur eine von der dienstlichen Äußerung des Richters abweichende Darstellung zu geben).

Urlaub: → „Persönliches Erscheinen".

Urteil: Eine erst aus ihm erkennbare Befangenheit läßt sich nur mit dem statthaften Rechtsmittel rügen. Sie kann zu einer Zurückverweisung nach §§ 538 II 1 Nr. 1, 563 I, IV führen. Evtl. Befangenheit bei einer gegen § 318 verstoßenden Änderung der Kostenentscheidung bei einer nochmaligen Tätigkeit in derselben Sache, Saarbr NJW-RR 2006, 1578. Aber Vorsicht mit „Willkür"-Annahmen. Auch → „Bezugnahme".

Verband: Befangenheit evtl. schon wegen einer Zugehörigkeit, LG Gött Rpfleger 1976, 55. Auch „Verein", → „Wirtschaftliches Interesse".

Verein: Es kommt auf seine Größe und auf die Stellung der Beteiligten an. Wohl eher Befangenheit selbst bei einem größeren lokalen Verein, aM Hmb MDR 2003, 287 (aber dann gibt es meist doch deutliche Verflechtungen). Hochproblematisch verneinen Ffm NJW-RR 1998, 1764, Karlsr NJW-RR 1988, 1534 bei einer Zugehörigkeit des Richters und der Partei zu demselben elitären Club (Rotary usw.) die Befangenheit. Durchweg **keine** Befangenheit zB bei einem Großverein wie etwa dem ADAC oder der GRUR, BGH WuM 2004, 110.

Verfahrensdauer: Grds. **keine** Befangenheit, selbst bei einem schwer erkennbaren Grund, Düss MDR 1998, 1052.

Verfahrensfehler in früherem Verfahren: keine Befangenheit, da das Ablehnungsverfahren – vom Ausnahmefall des Verstoßes gegen das Willkürverbot (Art. 3 I GG) abgesehen – nicht dazu dient, richterliche Entscheidungen auf ihre Richtigkeit zu überprüfen, BGH NJW-RR 2017, 189.

Vergleich: Befangenheit, soweit der Richter neue Ansprüche oder Einwendungen in die Vergleichsverhandlung bringt, KG NJW-RR 2000, 1166, oder soweit er unangemessen auf einen Vergleich drängt. **Keine** Befangenheit, soweit der Richter gemäß seiner ohnehin nach § 278 I bestehenden Pflicht eine gütliche Einigung vorzubereiten versucht, ohne eine Partei sofort zu informieren, Stgt NJW-RR 1996, 1469, und ohne sie unter einen prozessual unzulässigen Druck zu setzen, BGH NJW 1998, 612; Brem NJW-RR 2013, 573, Mü SchiedsVZ 2008, 104; aM Salje DRiZ 1994, 285 (aber es wäre grotesk, genau eine solche vom Gesetz immer stärker verlangte Bemühung nun zur Ausschaltung des gesetzlichen Richters missbrauchen zu dürfen). Selbst ein Hinweis auf eine andernfalls der einen Partei drohende nachteilige Entscheidung kann durchaus erlaubt, ja notwendig sein, zB wegen § 139, Kblz NJW-RR 2000, 1376. Nur bei allzu sturem Zureden usw. evtl. ja. Auch → „Rechtsbeurteilung".

Verjährung: → „Ratschlag (Verjährung)".

Verkündung: „Versehen".

Verlöbnis: Durchweg Befangenheit. Das gilt auch nach einem früheren Verlöbnis und auch im Verhältnis zum ProzBev. nach § 81. Vgl. auch § 41 Nr. 2, 3.

Vermieter: Befangenheit, Brdb MDR 2016, 1045 (zu § 6 FamFG).

Vermögenspfleger: Befangenheit wegen Zurückweisung eines vom über 14 Jahre alten Kind benannten Anwalts, Karlsr Rpfleger 2016, 215.

Vernehmung: → „Ausschluß des Prozessbevollmächtigten". Aber auch → „Vergleich".

Veröffentlichung: → „Rechtsansicht".

Versäumnisurteil: Befangenheit evtl. beim Rat zur „Flucht in die Säumnis", Mü NJW 1994, 60, oder beim Erlass nach § 331 III trotz einer Verteidigungsanzeige nach § 276 I 1, II, LG Karls MDR 2010, 464, oder evtl. beim Erlass trotz § 335 I Nr. 3, Ffm FamRZ 1993, 1468. Es kommt aber auf die Umstände an, BFH BB 1992, 1992; BayObLG NJW-RR 1988, 191.

Versehen: Meist **keine** Befangenheit, Karlsr MDR 2008, 1235 (zu kurze Frist); Rostock JurBüro 2013, 266 (Nichtweiterleitung eines Zeugenschreibens); LG Traunst NJW-RR 2005, 1088 (verfrühte Verkündung).

Vertagung: → „Terminierung".

Vertreter: Befangenheit, aber erst ab dem Eintritt des Vertretungsfalls, Zweibr FamRZ 2000, 1287.

Verwandtschaft, Schwägerschaft: Sie begründet nicht generell die Besorgnis der Befangenheit. Es kommt auf die Intensität der Beziehungen und die Häufigkeit der persönlichen Kontakte an,OLG Nürnberg BeckRS 2021, 5892 (Richter ist Cousin des Prozessbevollmächtigten), ferner darauf, ob der Richter über die Sache gesprochen hatte, KG MDR 1999, 1018. Wegen der fiktiven Schwägerschaft bei einer Lebenspartnerschaft § 11 II LPartG, dazu → § 383 Rn. 9. Man kann überhaupt § 383 I Nr. 3 sowie § 20 I Nr. 3 BRAO als einen Auslegungsmaßstab mit heranziehen, LAG Kiel AnwBl 2002, 376. Die bloße Namensnennung des Vaters eines Richters im Briefkopf des früheren gegnerischen ProzBev. reicht **nicht,** BGH FamRZ 2006, 1440, ebensowenig die Mitwirkung des Vaters des Schwiegersohns an der angefochtenen Erstentscheidung beim Rechtsmittelrichter, BGH FamRZ 2015, 1961, oder die Mitwirkung des Ehegatten des Rechtsmittelrichters an der vorinstanzlichen Entscheidung, BGH NJW 2004, 163; 2008, 1672. Nicht in Einklang damit dürfte die Entscheidung des OLG Nürnberg BeckRS 2021, 5892, stehen, nach der es der Besorgnis der Befangenheit nicht entgegenstehe, dass der Cousin des Rechtsmittelrichters nur in der I. Instanz als Prozessbevollmächtigter einer Partei tätig gewesen ist. **(20)**

Verwirkung: Keine Möglichkeit mehr zB nach 15 Jahren usw., BGH MDR 2015, 50.

Verzögerung: → „Missbrauch", → „Untätigkeit".

Verzögerungsgebühr: Keine Befangenheit schon wegen ihrer Androhung oder Verhängung nach §§ 38 GKG, 32 FamGKG, BFH JurBüro 1977, 936.

Vorbefassung: Es kann die Besorgnis der Befangenheit begründen, wenn ein Richter, der zur Entscheidung über Schadensersatzklagen wegen Verstößen gegen das Kartellverbot berufen ist, zuvor im Rahmen seiner Referendarausbildung oder als wissenschaftlicher Mitarbeiter bei einer Rechtsanwaltskanzlei tätig war, die von einer an dem Kartell beteiligten Prozesspartei mit der Führung des Rechtsstreits sowie weiterer dazu in Sachzusammenhang stehender Rechtsstreitigkeiten betraut ist, und in diesem Zusammenhang an der Erarbeitung von Schriftsätzen in parallel gelagerten Gerichtsverfahren mitgewirkt hat und bei der außergerichtlichen Beratung in die Klärung übergeordneter Rechtsfragen im Zusammenhang mit der Verteidigung gegen derartige zivilrechtliche Ansprüche eingebunden war, BGH BeckRS 2021, 33369; auch → „Frühere Mitwirkung".

Vorbereitungshandlungen: Im Einzelfall können bereits bestimmte Vorbereitungshandlungen des Richters den Eindruck der Voreingenommenheit für einen Prozessbeteiligten bei vernünftiger Würdigung aller Umstände entstehen lassen, und zwar auch dann, wenn noch kein Verfahrensfehler vorliegt, BVerfG NJW 2019, 505 Rn. 20 zur **Anforderung eines Passworts** für eine verschlüsselte, nur für das Gericht bestimmte, von einer der Parteien übersandte CD mit Ermittlungen der StA gegen den Prozessgegner.

Vorprozess: Er kann mitbeachtlich sein, Brdb MDR 2017, 1323.

Vorschuss von Auslagen: Befangenheit bei wiederholter Anforderung trotz Hinweises der Partei darauf, dass noch ein ausreichender Vorschuss vorhanden ist, Mü NJW-RR 2013, 123. **Keine** Befangenheit schon wegen seiner Höhe, sofern diese sachlich haltbar ist, Karlsr OLGZ 1984, 103.

Vortrag: Keine Befangenheit selbst bei ihm vor der Versammlung einer Partei (Anwaltskammer), BGH NJW-RR 2013, 1211 (großzügig); anders aber, sobald Äußerungen zu einem konkreten, bei diesem Richter anhängigen Fall getätigt werden.

Vorwurf: → „Ausdrucksweise".

Wartefrist: Selbst ein wiederholter Verstoß gegen § 47 ermöglicht eine Ablehnung nach → § 47 Rn. 8 „Endurteil" **nicht** mehr nach der die Instanz abschließenden Entscheidung, aM BayObLG WuM 1994, 410.

Weigerung: Man kann folgende Lagen unterscheiden.

– **(Antragsentgegennahme):** Befangenheit dann, wenn der Richter es ablehnt, zB einen Befangenheitsantrag nach § 44 I während der Verhandlung auch nur entgegenzunehmen, Ffm MDR 1979, 762.

– **(Parteianhörung):** Befangenheit, soweit der Richter nicht bereit ist, den ruhigen Parteivortrag ganz anzuhören und zu würdigen, Ffm NJW-RR 2008, 1081, grds. (aber nicht im dortigen Fall) richtig auch Hamm VersR 1978, 647.

– **(Persönliche Verhältnisse):** Keine Befangenheit dann, wenn der Richter keine Auskunft über seine persönlichen Verhältnisse geben will, sofern diese nicht eine Ablehnung rechtfertigen könnten, BayObLG Rpfleger 1978, 18.

– **(Protokollierung):** Befangenheit, wenn sich der Richter weigert, einen Antrag nach § 160 III Nr. 2 zu Protokoll zu nehmen, sofern der Antrag überhaupt ins Protokoll gehört, Köln NJW-RR 1999, 288.

– **(Schriftsatz):** „– (Zuleitung)".

– **(Unterlassung): Keine** Befangenheit dann, wenn der Richter das mögliche Zitat einer wissenschaftlichen Äußerung ohne eine erkennbare Boykottabsicht unterlässt, OVG Münst DRiZ 1982, 232.

– **(Wiederholung):** Befangenheit dann, wenn sich der Richter zB bei einer Maßnahme weigert, eine evtl. akustisch unverständlich gewesene Äußerung auch nur zu wiederholen, LG Kiel SchlHA 1985, 178.

– **(Zuleitung):** Befangenheit dann, wenn sich der Richter weigert, einen Schriftsatz nach §§ 129 ff. dem Prozessgegner wenigstens zuzuleiten, LG Verden AnwBl 1980, 290, erst recht einen beiliegenden, LG Frankenth FamRZ 1977, 562. Vgl. freilich auch → Rn. 4.

Willkür: Ein objektives Vorliegen, → § 281 Rn. 29 ist **kein** automatischer Befangenheitsgrund, Ffm MDR 2002, 1391, aM BAG NJW 1993, 879, Hamm MDR 2013, 1426, Saarbr NJW-RR 1994, 766 (aber man sollte einen Willkürvorwurf ohnehin sehr zurückhalten).

Wirtschaftliches Interesse: Befangenheit, soweit echte wirtschaftliche Belange des Richters auf dem Spiel stehen, BGH MDR 2015, 608; BayObLG ZIP 2002, 1039; Stgt NJW-RR 1995, 300. Diesen Bereich darf und muss man weit fassen, BGH VersR 1991, 713. Deshalb evtl. Befangenheit dann, wenn ein solcher Handwerker am Prozess als Partei, als Sachverständiger nach §§ 402 ff. oder als Zeuge nach §§ 373 ff. beteiligt ist, mit dem der Richter in einer einigermaßen ständigen Geschäftsbeziehung steht, weil er dessen Hilfe am eigenen Haus usw. dauernd und nicht nur gelegentlich benötigt. Befangenheit dann, wenn der Richter als Großaktionär am Prozess der Aktiengesellschaft oder als Aufsichtsrat beteiligt ist, BGH MDR 2015, 608, oder wenn er zwar nur einen kleineren, aber für die Gesellschaft wichtigen Aktienbesitz hat, BGHZ 113, 277. **Keine** Befangenheit, sofern nur eine schlichte Mitgliedschaft zB an einem Zweckverband besteht, LG Gött Rpfleger 1976, 55, oder am ADAC, oder als Kleinaktionär an der prozessbeteiligten Aktiengesellschaft, BayObLG ZIP 2002, 1038. Bei § 306 IV 2 AktG **keine** Befangenheit für einen Antragsteller nach § 304 IV oder § 305 V 4 AktG, BayObLG DB 1980, 76. **Keine** Befangenheit bei einer erst geplanten Zusammenarbeit mit einer Partei, Zweibr NJW-RR 1998, 858, oder nach einem Kauf bei einer Partei, LG Freibg NJW-RR 2016, 1038.

Wissenschaftliche Äußerung: (siehe auch oben „Rechtsbeurteilung"). Grds. **keine** Befangenheit, BVerfG MDR 2012, 47; BGH ZIP 2011, 683, Etwas anderes gilt jedoch dann, wenn es sich um eine Äußerung zu einem derzeit bei diesem Richter anhängigen Verfahren handelt, so auch Roth NJW 2016, 1025, vgl. auch BGH NJW 2016, 1022 (1024), oder dann, wenn die Äußerung erkennbar eine Partei unterstützen soll, BVerfG NJW-RR 2010, 1150. Vgl. ferner → „Allgemeine Auffassungen", → „Festhalten an einer Ansicht", → „Politische Äußerung", → „Privatgutachten", → „Reaktion", „Rechtsbeurteilung".

Wörtliches Zitat: Keine Befangenheit, selbst wenn es in Anführungszeichen erfolgt, evtl. sogar dann nicht, wenn das ironisch geschieht, Stgt MDR 2003, 51.

(20) **Wortentzug:** Befangenheit, sofern zB bei → § 136 Rn. 16 ein unsachliches gehässiges Verhalten erkennbar ist, BVerwG NJW 1980, 1972, → „Beleidigung", → „Unsachlichkeit". Keine Befangenheit dann, wenn der Richter nach einer langen Anhörung das Wort entzieht, BVerwG NJW 1980, 1972, oder wenn er sich weigert, die mündliche Verhandlung nach § 156 ohne einen neuen Tatsachenvortrag wieder zu eröffnen, Köln NJW 1975, 788, oder wenn er die Drohung ausspricht, beide ProzBev. nach § 81 nunmehr „vor die Tür zu setzen", Mü FamRZ 1978, 353.

Zeuge: Es gibt zahlreiche Aspekte.
- **(Abwesenheit einer Partei):** Auch unabhängig von einem besonderen Verhältnis Befangenheit, sofern der Richter mit dem Zeugen den Streitstoff nach → § 2 Rn. 4 in der Abwesenheit einer Partei erörtert. Freilich darf er zB nach §§ 273 II, 377 III, IV Fragen zur Klärung prozessleitender Anordnungen stellen. Man sollte Vertrauen zeigen, dass der Richter sich dadurch nicht beeinflussen läßt.
- **(Dolmetscher):** Befangenheit bei einer Vernehmung ohne einen nach § 184 GVG notwendigen Dolmetscher, Celle OLGR 2002, 35.
- **(Fragen):** Befangenheit bei einer Nichtzulassung von berechtigten Fragen, KG MDR 1993, 707.
- **(Glaubwürdigkeit):** Befangenheit, soweit die Vernehmung eines solchen Zeugen in Betracht kommt, zu dem der Richter in einem besonderen Verhältnis steht, etwa als ständiger Geschäftspartner, als Freund oder Feind, als Nachbar usw. Keineswegs liegt eine Befangenheit erst dann vor, wenn der Richter die Glaubwürdigkeit vor oder gar nach der Aussage des Zeugen prüfen muss. **Keine** Befangenheit, nur weil der Richter in einem zurückliegenden Fall Bedenken gegen die Glaubwürdigkeit oder Ansichten über eine besonders starke Glaubwürdigkeit des Zeugen usw. geäußert hatte, die man damals immerhin sachlich rechtfertigen konnte, Bbg OLGR 2001, 89.
- **(Heimlichkeit):** Befangenheit bei einer heimlichen Vernehmung, Ffm OLGR 2001, 170.
- **(Private Beobachtung):** Evtl. **keine** Befangenheit, soweit der Richter eine private Beobachtung den Parteien vermittelt und ihnen eine Gelegenheit zur Äußerung gibt, OVG Hmb NJW 1994, 2779.
- **(Richter als Zeuge):** Befangenheit, sobald und soweit die Vernehmung des Richters als Zeugen nach §§ 373 ff. ansteht, Lipp, Das private Wissen des Richters, 1995, 92.
- **(Schreiben): Keine** Befangenheit bei versehentlicher Nichtweiterleitung eines ohnehin noch anzuhörenden Zeugen, Rostock JurBüro 2013, 266.
- **(Telefonladung): Keine** Befangenheit dann, wenn der Richter den Zeugen telefonisch zB nach § 273 II Nr. 4 lädt, LG Verden AnwBl 1980, 290.
- **(Terminsvorbereitung):** Schon die Art und Weise der Terminsvorbereitung, die Behandlung etwaiger Terminsänderungswünsche des Zeugen usw., die Art und Weise seiner Befragung bringen bei Verhältnissen der genannten Art solche Schwierigkeiten mit sich, die eine Besorgnis der Befangenheit auch aus der Sicht eines objektiven Dritten vom Standpunkt der Partei aus sehr wohl begründen können.
- **(Weitere Zeugen): Keine** Befangenheit dann, wenn der Richter nur anregt, weitere Zeugen zu vernehmen, Ffm NJW 1976, 2025.
- **(Zulässigkeit einer Frage): Keine** Befangenheit schon wegen einer pflichtgemäßen Entscheidung über Zweifel gegen die Zulässigkeit nach § 397 III, KG MDR 1993, 797.

Zuhören: Keine Befangenheit, soweit der Richter nur in einem einschlägigen Strafverfahren zuhört, Karlsr MDR 2008, 466.

Zuneigung: → Rn. 19 „Abneigung, Zuneigung".

Zwangsgeld: Keine Befangenheit, soweit es zulässig war, zB bei einer sofortigen Vollziehbarkeit im Eilverfahren nach §§ 916 ff., 935 ff., Brdb FamRZ 2001, 1005.

Zweifel: Keine Befangenheit bei seiner bloßen Äußerung, Bbg OLGR 2001, 89, Hamm OLGR 1996, 97.

Zwischenverfahren: Befangenheit für den Beteiligten eines Zwischenverfahrens zB nach §§ 280, 303, 387 ff., jedenfalls während seiner Dauer, BayObLG FamRZ 1992, 574 (freilich müssen die sonstigen Voraussetzungen einer Ablehnung vorliegen).

43 ***Verlust des Ablehnungsrechts.*** **Eine Partei kann einen Richter wegen Besorgnis der Befangenheit nicht mehr ablehnen, wenn sie sich bei ihm, ohne den ihr bekannten Ablehnungsgrund geltend zu machen, in eine Verhandlung eingelassen oder Anträge gestellt hat.**

1 **I. Systematik.** § 43 beschränkt das Recht der Partei zur Ablehnung wegen der Besorgnis der Befangenheit nach § 42, nicht aber das Recht, die gesetzlichen Ausschlussgründe nach § 41 durch ein Ablehnungsgesuch geltend zu machen. Ein gesetzlicher Vertreter nach § 51 II oder ein ProzBev. nach § 85 II und deren Kenntnis von einem Ablehnungsgrund stehen der Partei und deren Kenntnis gleich, Hmb MDR 1976, 845. Ein Verzicht auf das Ablehnungsrecht kann wirksam erklärt werden. NJW-RR Da § 43 einen (ggü. § 295 spezielleren) Heilungstatbestand darstellt, BGH NJW 2006, 695 Rn. 15, ist ein trotz des Verlustes des Ablehnungsrechts gem. § 43 angebrachtes Ablehnungsgesuch nicht unzulässig, sondern unbegründet (so auch OLG Brandenburg OLGR 2009, 624; Zöller/Vollkommer Rn. 1; aA OLG Saarbrücken OLGR 2008, 812; MüKoZPO/Stackmann Rn. 1). Dies hat zur Folge, dass das Gesuch nicht vom Abgelehnten selbst verworfen werden kann.

2 **II. Regelungszweck.** Zunächst → Vor § 41 Rn. 3. § 43 soll einer willkürlichen Verzögerung entgegenwirken und verhindern, dass eine bereits geleistete prozessuale Arbeit nutzlos wird, Karlsr MDR 1992, 409. Die Vorschrift dient damit auch der Prozesswirtschaftlichkeit nach → Vor § 128 Rn. 15; Drsd MDR 2011, 1261; Musielak/Voit/Heinrich Rn. 1; Vossler MDR 2007, 992. § 43 vernichtet das versäumte Ablehnungsrecht. Das Gesuch wird also unzulässig, Musielak/Voit/Heinrich Rn. 1. Trotz der Versäumung muss der Abgelehnte aber prüfen, ob er sich nicht nach § 48 von Amts wegen für befangen erklären soll.

3 **Erneute Befangenheit** lässt natürlich auch ein neues Ablehnungsrecht entstehen, Ffm MDR 1979, 762. § 43 schützt vor einer wiederholt auftretenden Voreingenommenheit sehr wohl, soweit sie in dieser Form oder Art erst jetzt auftritt. Sie war ja bisher noch nicht gerade auch dieser Partei „bekannt". Freilich kann man nur einen wirklich neuen Anlass auch nach einer Einlassung zur Sache geltend machen. Denn grundsätzlich bewirkt § 43 ja einen Schlussstrich. Das sollte man bei der Handhabung mitbeachten, auch wenn die Abgrenzung schwierig

werden kann. Nicht jede jetzige Ungeschicklichkeit des Richters nach einer erledigten Befangenheitsgefahr birgt eine neue Ablehnbarkeit.

III. Geltungsbereich. Zunächst → Vor § 41 Rn. 4 ff. Die Vorschrift gilt allgemein im Prozessrecht, BVerwG MDR 1993, 1242, also zB auch bei §§ 128 II, 406, Düss MDR 1994, 620, oder bei §§ 534, 556, BGH FamRZ 2006, 262, auch im WEG-Verfahren. Sie gilt nach § 6 I FamFG entsprechend auch im FamFG-Verfahren. 4

IV. Rechtsverlust: Schädlichkeit von Kenntnis. Schädlich ist nur eine Kenntnis, Düss Rpfleger 1993, 188, Hmb MDR 1976, 845, Saarbr FamRZ 2010, 485, und zwar nach → Rn. 10 der Person, und aller einschlägigen Umstände, Ffm OLGR 2001, 169, Köln OLGR 2001, 260. Die Kenntnis des ProzBev. wird der Partei nach § 85 II zugerechnet, Musielak/Voit/Heinrich Rn. 5; Düss Rpfleger 1993, 188, Hmb MDR 1985, 232. Ein Nachschieben ist schädlich. Ein bloßes Kennenmüssen nach § 122 II BGB führt nicht zum Verlust des Ablehnungsrechts. Schädlich ist ein Verhalten sowohl nach → Rn. 7, 9 als auch nach → Rn. 10. Tritt der Ablehnungsgrund erst in der mündlichen Verhandlung ein, darf man bis zu ihrem Schluss nach §§ 136 IV, 296a ablehnen, BGH MDR 2008, 582. 5

Kein Rechtsverlust tritt ein, soweit die Einlassung einem Ablehnungsantrag folgt, BGH NJW-RR 2016, 887, oder soweit und solange sich das Gericht seinerseits unkorrekt verhält, Düss OLGR 2001, 374, KG NJW 1975, 1842, Köln VersR 1993, 1550 (Verstoß gegen § 47). 6

V. Einlassung. Die Worte des Gesetzes „… in eine Verhandlung eingelassen" bedeuten nicht etwa nur: In eine Verhandlung zur Hauptsache eingelassen. Es reicht vielmehr jede Parteiprozesshandlung nach → Vor § 128 Rn. 55 bei diesem Richter, Bbg FamRZ 1995, 100, Kblz MDR 1986, 60. Erst recht reicht natürlich ein Sachantrag nach → § 297 Rn. 4, Drsd DS 2017, 166 (zu § 406). Die Einlassung kann mündlich oder schriftlich erfolgen, Mü NJW-RR 2012, 310. 7

1. Verhandlung in derselben Sache. Es muss aber eine Verhandlung in derselben Sache nach → § 2 Rn. 4 vorliegen, Mü NJW-RR 2012, 310. Denn eine Partei braucht die etwaige Befangenheit eines Richters nur nach den besonderen Umständen des konkreten Einzelfalls zu prüfen, nicht im Hinblick auf eine vielleicht mögliche, von ihr aber noch nicht übersehbare andersartige Befangenheit, Ffm FamRZ 1991, 839; Karlsr MDR 1992, 409; Kblz MDR 1989, 647. Wer den Richter in einem vorangegangenen ähnlichen Verfahren nicht abgelehnt hatte, muss zumindest damit rechnen, dass aufgrund seines jetzigen Ablehnungsgesuchs eine Prüfung folgt, warum er die Ablehnung früher nicht geltend gemacht hatte. Manche meinen, ein Verlust des Ablehnungsrechts trete nur dann ein, wenn zwischen dem Vorprozess und dem jetzigen Verfahren ein rechtlicher oder tatsächlicher Zusammenhang bestehe, BGH NJW 2006, 2776; Karlsr MDR 1992, 409; VG Aachen VersR 2009, 948. 8

2. Beispiele zur Frage einer Einlassung

Akteneinsichtsantrag: Keine Einlassung ist ein bloßer solcher Vorgang nach § 299, BayObLG EWiR 2000, 937 (zust. Vollkommer). 9

Antwort: Einlassung sein kann eine Antwort auf eine Gerichtsfrage, OVG Brem NJW 1985, 823.

Arrest, einstweilige Verfügung: Eine Einlassung im Verfahren nach §§ 916 ff., 935 ff. kann sich auf das Hauptverfahren auswirken, BVerwG NVwZ-RR 2008, 141.

Beschwerde: Einlassung ist eine Einlegung usw., Kblz MDR 1986, 60.

Beweisaufnahme: Einlassung ist die Teilnahme, Köln NJW-RR 1996, 1339.

Kostenfestsetzungserinnerung: Einlassung ist ein solcher Vorgang nach § 104 III, § 11 RPflG, Düss Rpfleger 1993, 188.

Mieterhöhungsverlangen: Keine Einlassung ist ein solches vorprozessuales Begehren nach § 558 I 1 BGB, AG Freib WuM 1987, 266.

Nebenverfahren: Einlassung ist auch eine solche in einem Nebenverfahren, Karlsr FamRZ 1989, 643.

Nötigung zum Weiterverhandeln: Keine Einlassung, LG Kleve AnwBl 2016, 441.

Prozesskostenhilfebeschwerde: Einlassung ist eine sofortige Beschwerde im Prozesskostenhilfeverfahren nach § 127, Kblz MDR 1986, 60.

Schriftliches Verfahren: Einlassung ist eine Erklärung im schriftlichen Verfahren nach § 128 II, BayObLG MDR 1988, 1064, Karlsr OLGR 1998, 75, oder im Vorverfahren nach § 276. S. aber auch „Verteidigungsanzeige".

Schriftsatz: Er kann als Einlassung dann gelten, wenn er Vertrauen in den Richter zeigt, Düss MDR 2010, 518, aM Kblz OLGR 1998, 292. **Keine** Einlassung ist die bloße Einreichung eines die spätere Verhandlung nur vorbereitenden Schriftsatzes, BGH NJW-RR 2014, 383, oder eine Vervollständigung einer Ablehnung in einem nachfolgenden Schriftsatz, Drsd JurBüro 2010, 435.

Selbständiges Beweisverfahren: Keine Einlassung ist die Unterlassung im Verfahren nach §§ 485 ff. für das folgende Hauptverfahren, Zweibr BauR 2013, 513.

Terminsverlegung: Einlassung ist ein solcher Antrag zB nach § 227, VG Aachen FamRZ 2009, 799.

Unaufschiebbarkeit: Keine Einlassung ist ein Verhandeln nur wegen eines Verstoßes des Abgelehnten gegen § 47 und weil die Partei zB ein Versäumnisurteil nach §§ 330 ff. vermeiden möchte, Düss AnwBl 2002, 119, Köln NJW-RR 2000, 592.

Verfahrensförderung: Eine Einlassung in eine Verhandlung liegt vor, sobald irgendeine prozessuale verfahrensbezogene oder -fördernde Betätigung insbesondere im Termin vor dem ablehnbaren Richter erfolgt, Düss AnwBl 2002, 119 (auch zur Ausnahme → Rn. 9), Köln NJW-RR 1996, 1339, LG Mü NJW-RR 2002, 862.

Vergleich: Einlassung ist seine Erörterung, erst recht sein Abschluss, Ffm FamRZ 1991, 389. Auch „Widerrufsvergleich".

Vertagungsantrag: Keine Einlassung ist ein solcher rein formaler Antrag nach § 227. Eine Verhandlung über einen Vertagungsantrag stellt auch keine Kundgebung des Vertrauens gegenüber dem bisherigen Richter dar, Thomas/Putzo/Hüßtege Rn. 5, Zöller/Vollkommer Rn. 5, aM BPatG GRUR 1982, 360, LG Tüb MDR 1982, 412, VG Aachen VersR 2009, 948 (aber vielleicht ist ja gerade eine etwaige Ablehnung einer Vertagung zumindest ein Befangenheitsgrund).

Verteidigungsanzeige: Keine Einlassung ist diese Anzeige nach § 276 I 1, aM Rostock NJW-RR 2002, 356 (aber das ist ein rein formaler vorläufiger Vorgang). Aber auch „Schriftliches Verfahren".

Widerrufsvergleich: Einlassung ist auch ein solcher Vorgang, BayObLG WuM 1994, 299, Ffm FamRZ 1991, 839.

Widerspruch: Einlassung ist auch ein Widerspruch gegen einen Mahnbescheid nach § 694, Zöller/Vollkommer Rn. 4, aM Kblz OLGR 1998, 292.

10 **VI. Antragstellung.** Die Partei hat nach § 43 einen Antrag gestellt, sobald sie sich mündlich oder schriftlich mit einem Sach- oder Prozessantrag gemeldet hat, BGH FamRZ 2006, 262, Saarbr FamRZ 2010, 485, LG Rostock NJW-RR 2002, 356. Die Partei stellt den Antrag in der mündlichen Verhandlung nach → § 137 Rn. 7 in der Regel dadurch, dass sie ihn vorträgt, Karlsr FamRZ 1989, 643.

VII. Beispiele zur Frage einer Antragstellung

11 **Aktenanzeige: Nicht** ausreichend ist eine solche etwa nach → § 172 Rn. 9.

Akteneinsichtsbitte: Nicht ausreichend ist ein solches Gesuch nach § 299, BayObLG NJW-RR 2001, 642. Einzelheiten Schneider MDR 1977, 441.

Anwaltsbestellung: „Aktenanzeige".

Befangenheit nach Sachantrag: Ausreichend ist ihr Eintritt erst nach einem Sachantrag nach → § 297 Rn. 4, Ffm MDR 1979, 762. Dann muss man aber § 44 beachten.

Gegenvorstellung: Ausreichend ist eine solche nach → Vor § 567 Rn. 10. Denn man sollte prozesswirtschaftlich denken.

Personenkenntnis: Ein Antrag führt nach → Rn. 5 nur dann zum Verlust des Ablehnungsrechts, wenn die Partei die Person des Richters kannte, BayObLG Rpfleger 1978, 18, LG Rostock NJW-RR 2002, 356, wenn auch nicht notwendig seinen richtigen Namen. Daher hat jeder Ablehnungsberechtigte einen Anspruch darauf, die Namen der Richter zu erfahren, BayObLG Rpfleger 1978, 17.

Schriftliches Verfahren: Ausreichend ist die Einreichung nach § 128 II, BayObLG MDR 1988, 1063, LG Rostock NJW-RR 2002, 356. Eine Zustimmung nach § 128 II steht einem Antrag gleich, BFH DB 1987, 1976, Mü MDR 1980, 146.

Terminsbitte: Nicht ausreichend ist eine solche nach § 216.

Vertagungsgesuch: Nicht ausreichend ist eine solche Bitte nach → Rn. 7.

44 *Ablehnungsgesuch.* [I] **Das Ablehnungsgesuch ist bei dem Gericht, dem der Richter angehört, anzubringen; es kann vor der Geschäftsstelle zu Protokoll erklärt werden.**

[II] [1]**Der Ablehnungsgrund ist glaubhaft zu machen; zur Versicherung an Eides statt darf die Partei nicht zugelassen werden.** [2]**Zur Glaubhaftmachung kann auf das Zeugnis des abgelehnten Richters Bezug genommen werden.**

[III] **Der abgelehnte Richter hat sich über den Ablehnungsgrund dienstlich zu äußern.**

[IV] [1]**Wird ein Richter, bei dem die Partei sich in eine Verhandlung eingelassen oder Anträge gestellt hat, wegen Besorgnis der Befangenheit abgelehnt, so ist glaubhaft zu machen, dass der Ablehnungsgrund erst später entstanden oder der Partei bekannt geworden sei.** [2]**Das Ablehnungsgesuch ist unverzüglich anzubringen.**

1 **I. Systematik, I–IV.** Zunächst → Vor § 41 Rn. 1. § 44 regelt zusammen mit §§ 46 I, 294 das Ablehnungsverfahren bis zur Entscheidungsreife nach → § 300 Rn. 21 mit Ausnahme der Sonderfälle des § 45 II 2 (der Amtsrichter hält ein Ablehnungsgesuch für begründet) und des § 47 (unaufschiebbare Handlungen des Abgelehnten). Die Entscheidung regelt § 45 I, II 1 (mit § 46 I). Rechtsmittel regelt § 46 II.

2 **II. Regelungszweck, I–IV.** Zunächst → Vor § 41 Rn. 3. Die Möglichkeit, einen Ausschließungsgrund nach § 41 auch über einen Antrag nach §§ 42, 44 zur unverzüglichen Prüfung vor das Gericht zu bringen, dient zusätzlich zu der ja an sich schon von Amts wegen zu beachtenden Lage der Sicherung der Parteien vor dem befangenen Richter. Sie dient damit der Rechtsstaatlichkeit. Die Notwendigkeit einer Glaubhaftmachung eines jeden Ablehnungsgrundes nach § 294 und überhaupt eines Antrags bei einem echten bloßen Ablehnungsgrund nach § 42 dient ebenso wie die Pflicht des Abgelehnten zur dienstlichen Äußerung nach III der Abwehr voreiliger oder gar rechtsmissbräuchlicher Ablehnungsverfahren.

3 Die **Glaubhaftmachung** dient damit sowohl der Aufrechterhaltung des gesetzlichen Richters nach Art. 101 I 2 GG (auch er gehört zur Rechtsstaatlichkeit) als auch der Vermeidung einer Verzögerung und damit der Prozessförderung und der Prozesswirtschaftlichkeit nach → Vor § 128 Rn. 13, 15. In diesem Sinn muss man auch IV verstehen. Die dienstliche Äußerung soll dem nunmehr über das Ablehnungsgesuch entscheidenden Gericht seine Meinungsbildung erleichtern, BGH DRiZ 1980, 391. Sie dient aber keineswegs dazu, ihm die Ermittlungsarbeit usw. abzunehmen.

4 **III. Geltungsbereich, I–IV.** → Vor § 41 Rn. 4 ff.

5 **IV. Ablehnungsgesuch, I. 1. Ordnungsmäßigkeit: Zulässigkeitsbedingung.** Ein ordnungsgemäßes Ablehnungsgesuch ist eine Zulässigkeitsbedingung, KG FamRZ 1986, 1024, Köln NJW-RR 1996, 1339.

2. Beispiele zur Frage eines Ablehnungsgesuchs, I

6 **Anwaltszwang:** Er besteht bei der Einreichung schon wegen der Möglichkeit einer Eingabe zum Protokoll der Geschäftsstelle nach § 78 III Hs. 2 **nicht,** BGH MDR 1995, 520, BAG NJW 2012, 1531; aM OVG Lüneb NJW 2009, 387.

Arrest, einstweilige Anordnung oder Verfügung: Ein Gesuch nach §§ 916 ff., 935 ff. oder nach §§ 49 ff. FamFG erstreckt sich nicht stets auch auf das Hauptverfahren. Das gilt selbst bei einer gegenseitigen Abhängigkeit, aM BayObLG ZMR 2002, 290 (aber es kommt erst auf das Ende des anderen Verfahrens an).

Begründung: Man muss ein Gesuch zumindest im Kern begründen, BVerwG NJW 1997, 3327, Mü MDR 2006, 1010; Schlesw OLGR 2002, 307. Nicht stets nötig ist eine an sich erforderliche Namensangabe des oder der Abgelehnten auch zusätzlich in der Ablehnungsbegründung, Schlesw OLGR 2006, 67. Man muss aber stets eine solche Tatsache nach → Rn. 5 im Einzelnen darlegen, die die Ablehnung begründen soll. Auch „Glaubhaftmachung".

Benennung: Man muss den Abgelehnten namentlich benennen, soweit möglich. Das folgt aus → § 43 Rn. 10 und aus der Unstatthaftigkeit der Ablehnung eines ganzen Gerichts als solchen. Mehrere Richter muss man sämtlich mit ihren Namen benennen. Das Fehlen der Benennung macht das Gesuch grds. unzulässig, BVerfG MDR 1961, 26. Davon gilt eine Ausnahme dann, wenn über die Person des Abgelehnten kein vernünftiger Zweifel möglich ist. Letzteres folgt aus → Vor §§ 41, 42 Rn. 2 und aus → § 43 Rn. 10.

Form: Man kann das Gesuch mündlich, schriftlich oder zum Protokoll der Geschäftsstelle einreichen, Schlesw OLGR 2002, 307, auch nach § 129a bei derjenigen jedes anderen Gerichts. Bei elektronischer Einreichung gelten §§ 130ad.

Frist: Man muss das Gesuch zwar ohne bestimmte Frist, aber doch sogleich und daher im Ergebnis unverzüglich wie bei § 121 I 1 BGB einlegen, BGH NJW-RR 1996, 702; Köln NJW-RR 1996, 1339.

Fristhemmung: Ein Ablehnungsgesuch bewirkt sie nicht, BAG BB 2000, 1948.

Ergänzung: Man kann das Gesuch bis zur Entscheidung nach § 46 II ergänzen.

Gegner: Das Richterablehnungsverfahren ist kein auf das Verhältnis zwischen der ablehnenden Partei und dem Gericht beschränktes Verfahren. In ihm wird darüber befunden, ob der zuständige Richter zur Entscheidung des Rechtsstreits berufen bleibt. Auch der Gegner der ablehnenden Partei ist daher anzuhören, alles BGH NJW 2005, 2233, 2234; Musielak/Voit/Heinrich Rn. 9.

Protokollierung: In der mündlichen Verhandlung muss das Gericht ein Gesuch nach § 160 II, IV 1 protokollieren, Brdb FamRZ 2001, 290. Außerhalb der Verhandlung ist ein Gesuch zum Protokoll des Urkundsbeamten möglich, auch jedes anderen Gerichts nach § 129a, „Form".

Rücknahme: Man kann das Gesuch bis zur Entscheidung zurücknehmen.

Unverzüglichkeit: „Frist".

Zuständigkeit: Sie liegt zur Einreichung nach § 45 beim Gericht des abgelehnten Richters, BFH NJW-RR 1996, 702; Köln NJW-RR 1996, 1339. Wegen eines Familienrichters ist zur Einreichung das Familiengericht zuständig. Wegen des schiedsrichterlichen Verfahrens gilt § 1032.

V. Glaubhaftmachung, II. Man muss eine solche Tatsache, die die Ablehnung begründen soll, nach 7
→ Rn. 5 im Einzelnen darlegen. Man muss sie auch nach § 294 I Hs. 1 glaubhaft machen, BGH MDR 2011, 69, LG Stgt FamRZ 2004, 886. Man kann (nur) die Glaubhaftmachung bis zur Entscheidung nachholen, Schneider MDR 2000, 1305. Eine eidesstattliche Versicherung ist aber nach II 1 Hs. 2 unzulässig. Es sind nach § 294 II nur sofort verwendbare Beweismittel statthaft. Das übersieht Düss MDR 2008, 1060. Eine Glaubhaftmachung ist dann entbehrlich, wenn die Tatsache nach → § 291 Rn. 3, 4 offenkundig ist, LSG Mainz NJW 2006, 1547, oder wenn man den Ablehnungsgrund in tatsächlicher Hinsicht als wahr unterstellen kann, VGH Mannh NJW 1975, 1048.

Das Gesetz versteht unter dem Begriff **„Zeugnis des abgelehnten Richters"** die in III vorgesehene dienst- 8
liche Äußerung. Wenn ein Anwalt ein Ablehnungsgesuch stellt, darf man nicht unterstellen, dass er stillschweigend auf das Zeugnis des abgelehnten Richters Bezug nimmt. Denn man muss berücksichtigen, dass ein Anwalt evtl. gerade diesen Weg der Glaubhaftmachung nicht wählen will, Ffm NJW 1977, 768; Schneider MDR 2000, 1305. Ob eine Glaubhaftmachung vorliegt, entscheidet das Gericht in einer freien Würdigung nach § 286, BGH FamRZ 2007, 552. Die Glaubhaftmachung fehlt, soweit sich das Gegenteil aus einer vorangegangenen Entscheidung ergibt, VG Stgt JZ 1976, 277. Bei einem nicht aufklärbaren Widerspruch fehlt die Glaubhaftmachung, BGH MDR 2011, 68. Das verkennen Stgt MDR 2007, 545; Vossler MDR 2014, 12 schon begrifflich. Denn Glaubhaftmachung ist nach → § 294 Rn. 1 bereits eine überwiegende Wahrscheinlichkeit.

VI. Dienstliche Äußerung, III. 1. Zeugnis und Bewertung. Wie sich aus II 2 ergibt, kann der Ablehnen- 9
de auf ein „Zeugnis" des Abgelehnten Bezug nehmen. Gemeint ist nicht etwa eine Bescheinigung, sondern eine Darstellung der vom Abgelehnten für entscheidungserheblich erachteten Tatsachen, BGH NJW-RR 2017, 1022; Schneider NJW 2008, 491, soweit sie noch nicht aktenkundig oder dem Abgelehnten gegenüber streitig sind. Insofern ist seine Darstellung dann eine Art Zeugenaussage. Gemeint ist darüber hinaus eine Bewertung, soweit sie der Abgelehnte bei aller Zurückhaltung doch für sinnvoll, ratsam, notwendig hält, BGHZ 1977, 73, Ffm NJW-RR 1998, 858; Fleischer MDR 1998, 758. Die dienstliche Äußerung nach III hat denselben Sinn. Der Abgelehnte muss sie unabhängig davon abgegeben, ob eine Bezugnahme nach II 2 erfolgt ist oder ob der Ablehnende beantragt, der Abgelehnte möge sich dienstlich äußern, Schneider MDR 1998, 454.

Der Abgelehnte hat also in den Grenzen des nach → Rn. 11 objektiv Notwendigen das Recht und die Pflicht 10
zur dienstlichen Äußerung, Schneider NJW 2008, 491, aM Köln JMBlNRW 2009, 89. Das gilt nach § 47 auch dann, wenn sie ihm nicht nötig, nicht sinnvoll oder nicht unaufschiebbar scheint. Wegen des Zwecks von III nach → Rn. 2 liegen die Art und der Umfang der dienstlichen Äußerung im pflichtgemäßen Ermessen des Abgelehnten. Will das zur Entscheidung berufene Gericht mehr von ihm wissen und verweigert er eine Ergänzung, mag das Gericht ihn nach § 46 als Zeugen vernehmen.

2. Beispiele zur Frage einer dienstlichen Äußerung, III

Aktenkundigkeit: Bei der entfällt die Notwendigkeit einer dienstlichen Äußerung, BGH MDR 2012, 363; Bbg 11
VersR 2016, 1399.

Auflagenbitte: Der Abgelehnte kann zumindest hilfsweise bitten ihm aufzugeben, zu welchen Punkten das entscheidende Gericht etwa noch eine weitere Erklärung wünscht.

Beiakten: Der Abgelehnte ist weder verpflichtet noch grds. überhaupt dazu berechtigt, Beiakten von sich aus beizuziehen und mitvorzulegen. Das entscheidende Gericht darf Beiakten dem Ablehnenden nicht ohne die Genehmigung aller von ihnen Betroffenen zur Einsicht geben.

Beleidigung: Trotz § 193 StGB sollte der Richter zurückhaltend bleiben, Düss BauR 2010, 1978 („Anmaßung" ist zu stark).

Beratungsgeheimnis: Es bleibt nach § 193 GVG, § 43 DRiG usw. bestehen, Stgt MDR 2003, 51.

Bezugnahme: Eine Bezugnahme auf die Akten eines zu demselben Vorgang anhängigen oder anhängig gewesenen Dienstaufsichtsverfahrens ist zulässig, Brem NJW 1986, 999; aM Fleischer MDR 1998, 757 (aber sie kann im Einzelfall nun wirklich ausreichen).

Dienstaufsicht: Die dienstliche Äußerung gehört zum engeren Bereich der richterlichen Entscheidungstätigkeit nach § 26 I DRiG, SchlAnh I A. Sie ist daher der Dienstaufsicht nur in engen Grenzen unterworfen, keineswegs also unbeschränkt, BGH DRiZ 1986, 424; Kasten/Rapsch JR 1985, 314.

Kollegium: Eine dienstliche Äußerung der übrigen Mitglieder ist möglich und macht ihre weitere Mitwirkung nicht stets unstatthaft, zumal sie keine Vernehmung nach § 41 Nr. 1 darstellt, Mü MDR 2017, 235.
Mangelhaftigkeit: Eine allzu mangelhafte dienstliche Äußerung kann sich auf die Beurteilung der Befangenheit auswirken, LG Bochum AnwBl 1978, 101; Schneider NJW 2008, 492 (Beispiele). S. aber auch „Bezugnahme".
Notwendigkeit: Der Abgelehnte soll sich über die für das Ablehnungsgesuch entscheidungserheblichen Tatsachen nach → Vor § 284 Rn. 29 äußern, soweit ihm das als notwendig oder zweckmäßig erscheint. **Unnötig** ist eine Äußerung bei einem auf eine aktenkundige Entscheidung gestützten Gesuch, BVerwG NVwZ 2008, 140, oder beim Fehlen einer Möglichkeit zur Sachaufklärung, BGH NJW-RR 2017, 190. Auch „Querulant", „Selbstablehnung". Sie auch dann nicht notwendig, wenn das Ablehnungsgesuch unzulässig ist, OLG Frankfurt BeckRS 2021, 12268 mwN.
Querulant: Eine dienstliche Äußerung ist nach → § 42 Rn. 9 bei einem querulatorischen Ablehnungsgesuch unnötig, BVerfGE 11, 3, VerfGH Mü MDR 2000, 659; Köln OLGR 2000, 474.
Rang: Man darf eine dienstliche Äußerung keineswegs stets der Darstellung des Ablehnenden unterordnen, aM Köln MDR 1996, 1181 (zust. Schneider. Aber dadurch würde zur angeblichen bisherigen Einseitigkeit des Abgelehnten eine zumindest indirekte Einseitigkeit des entscheidenden Gerichts hinzutreten können). Ebensowenig darf die Darstellung des Abgelehnten stets den Vorrang erhalten. Das entscheidende Gericht muss sie vielmehr frei nach § 286 beurteilen.
Rechtliches Gehör: Beiden Parteien ist unter Übersendung der dienstlichen Äußerung rechtliches Gehör zu gewähren, BGH NJW 2005, 2233 (2234); Musielak/Voit/Heinrich Rn. 9. Das Richterablehnungsverfahren ist kein auf das Verhältnis zwischen der ablehnenden Partei und dem Gericht beschränktes Verfahren. In ihm wird darüber befunden, ob der zuständige Richter zur Entscheidung des Rechtsstreits berufen bleibt, BGH NJW 2005, 2233 (2234).
Rechtsausführungen: Von einer Würdigung des Gesuchs hat der Abgelehnte zumindest grundsätzlich Abstand zu nehmen BGH NJW-RR 2012, 61.
Schriftlichkeit: Die dienstliche Äußerung sollte schon wegen der späteren Übersendung an die Parteien durchweg schriftlich erfolgen, so auch Musielak/Voit/Heinrich Rn. 9. Sie wird Aktenbestandteil, Musielak/Voit/Heinrich Rn. 9.
Selbstablehnung: Die Notwendigkeit einer dienstlichen Äußerung besteht auch bei einer Selbstablehnung nach § 48, Ffm FamRZ 1998, 378.
Selbsteinschätzung: „Ich fühle mich nicht befangen" reicht nicht, Schneider MDR 2005, 672.
Ton: Auch der Ton einer dienstlichen Äußerung kann die Besorgnis der Befangenheit begründen, OLG Frankfurt/M. NJW-RR 1998, 858 (859).
Zweckmäßigkeit: → „Notwendigkeit".

12 **VII. Zeitliche Grenzen, IV.** Nach Einlassung oder Antragstellung sind Ablehnungsanträge gem. § 43 grundsätzlich ausgeschlossen, es sei denn, der Ablehnungsgrund ist erst später entstanden oder war der Partei noch nicht bekannt, Musielak/Voit/Heinrich Rn. 10. Der Ablehnende muss in diesem Fall nach → Rn. 7 glaubhaft machen, dass der Ablehnungsgrund entweder erst später entstanden oder ihm erst später bekannt geworden ist. Hier ist im Gegensatz zu II auch die eidesstattliche Versicherung zulässig, soweit es um den Zeitpunkt der Kenntnis vom späteren Ablehnungsgrund geht. Bisher bestand das Ablehnungsrecht in diesen Fällen ohne zeitliche Begrenzung. Nach dem mit Wirkung zum 1.1.2020 eingefügten IV 2 hat die Partei das Ablehnungsgesuch nun unverzüglich anzubringen. Durch die Neuregelung soll verhindert werden, dass Ablehnungsanträge von einer Partei aus taktischen Gründen zur Verfahrensverzögerung erst dann gestellt werden, wenn sich im Verlauf des Verfahrens eine für sie ungünstige Verhandlungsposition ergibt (BR-Drs. 19/13828, 17). Ob ein nicht unverzüglich iSd § 121 BGB geltend gemachtes Ablehnungsgesuch als unbegründet zurückzuweisen (BeckOK ZPO/Vossler Rn. 19) oder als unzulässig zu verwerfen ist (Schultzky MDR 2020, 1 (3)), ist eine Frage des Verständnisses von § 43, dessen Rechtsfolge hier entsprechend anzuwenden sein dürfte (→ § 43 Rn. 1). Nach der hier vertretenen Auffassung ist der Antrag infolge der eingetretenen Heilung unbegründet.

13 IV gilt nach → § 42 Rn. 13 nicht bei einer Ablehnung des Richters wegen eines Ausschließungsgrundes. Denn das Gericht muss einen Ausschluss nach § 41 in jeder Verfahrenslage von Amts wegen prüfen.

14 Zur Verbindung eines Ablehnungsantrags mit einer Anhörungsrüge → § 42 Rn. 8.

15 Wird in einer Betreuungssache ein Ablehnungsgesuch, das allein auf die Gründe der erstinstanzlichen Entscheidung gestützt ist, mit der Einlegung der gegen diese Entscheidung gerichteten Beschwerde verbunden, ist dieses unverzüglich i. S. v. § 6 I FamFG iVm § 44 IV 2 angebracht; BGH BeckRS 2022, 2196.

45 *Entscheidung über das Ablehnungsgesuch.* [I] **Über das Ablehnungsgesuch entscheidet das Gericht, dem der Abgelehnte angehört, ohne dessen Mitwirkung.**

II [1]Wird ein Richter beim Amtsgericht abgelehnt, so entscheidet ein anderer Richter des Amtsgerichts über das Gesuch. [2]Einer Entscheidung bedarf es nicht, wenn der abgelehnte Richter das Ablehnungsgesuch für begründet hält.

III Wird das zur Entscheidung berufene Gericht durch Ausscheiden des abgelehnten Mitglieds beschlussunfähig, so entscheidet das im Rechtszug zunächst höhere Gericht.

1 **I. Systematik, I–III.** Zunächst → Vor § 41 Rn. 1. § 42 nennt die Ablehnungsgründe. Zu ihnen zählen auch die Ausschließungsgründe des § 41. §§ 44, 46 I regeln das Verfahren, ergänzt durch §§ 43, 45 I, II 1, 2, 47 II 1 abschließend, BGH NJW 2006, 2492. III behandelt den Vorgang der Entscheidung, ergänzt durch § 329. Daran schließt sich das in § 46 geregelte Rechtsmittelverfahren an. § 48 regelt den Sonderfall der Selbstablehnung vom Eintreten des entsprechenden Grundes an bis zur Entscheidung.

2 **II. Regelungszweck, I–III.** Zunächst → Vor § 41 Rn. 3. § 45 dient in erster Linie dem grundsätzlichen verfassungsrechtlichen Verbot der Selbstentscheidung durch den vom Ablehnungsgesuch betroffenen Richter (Musielak/Voit/Heinrich Rn. 1). Abs. II und III dienen der Prozesswirtschaftlichkeit. Die Zuständigkeit verbleibt gem. II beim Amtsgericht.

III. Geltungsbereich, I–III. → Vor § 41 Rn. 4 ff. 3

IV. Ablehnung eines Richters beim Kollegialgericht, I. 1. Zuständigkeit des Gerichts, dem der Abgelehnte angehört. Hierher gehört die Ablehnung eines Richters beim LG, OLG, BGH. Über das Ablehnungsgesuch entscheidet grundsätzlich das Kollegium des Abgelehnten ohne ihn, dafür mit seinem geschäftsplanmäßigen Vertreter, BVerfG NJW 2013, 1665, BGH FamRZ 2007, 635; KG MDR 2006, 1009. Über die Ablehnung eines Einzelrichters nach §§ 348, 348a, 526, 527, 568 entscheidet nach → Rn. 5 sein Kollegium in voller Besetzung ohne ihn, BGH NJW 2006, 2492; BVerwG NVwZ 2013, 225; Oldb NJW-RR 2005, 1660; Musielak/Voit/Heinrich Rn. 2; aA Naumb MDR 2005, 1245; Oldb NJW-RR 2005, 931; Vossler MDR 2006, 305 (je: nur der Vertreter des Abgelehnten.). Dasselbe gilt bei der Ablehnung des Vorsitzenden der Kammer für Handelssachen nach § 349, BayObLG MDR 1980, 237. 4

2. Grundsatz: Ohne Mitwirkung des Abgelehnten. Der Abgelehnte wirkt nach I und § 47 I in der Sache vom Eingang des Ablehnungsgesuchs an bis zur Entscheidung über die Ablehnung grundsätzlich nicht mehr mit, BVerfG NJW 2013, 1665; BGH FamRZ 2007, 552; VG Freib/Br NVwZ-RR 2011, 544. Er kann also bei einer Ablehnung mehrerer Richter auch nicht über die Ablehnungsgesuche gegenüber den anderen Kollegen entscheiden. Sein geschäftsplanmäßiger Vertreter tritt im Ablehnungsverfahren an seine Stelle, BGH WM 2010, 1425. Das Gericht entscheidet also nach → Rn. 4 in der Besetzung ohne den Abgelehnten, einschließlich der Handelsrichter, BayObLG 1980, 364. Das darf auch nicht durch die Terminsgestaltung unterlaufen werden, BVerfG NZA 2007, 607. Ein sachlicher Kern des Ablehnungsgesuchs reicht zum Verbot der Selbstentscheidung des Abgelehnten, Ffm NJW 2012, 1531. Bei einem Rechtsmissbrauch gilt → § 42 Rn. 9; auch → Rn. 6. 5

3. Ausnahme: Mitwirkung. Ein Abgelehnter darf NJW-RR jedoch an der Entscheidung über das Gesuch mitwirken, wenn es sich um ein offensichtlich unzulässiges oder rechtsmissbräuchliches Ablehnungsgesuch handelt. Im Zivilprozessrecht gilt ebenso wie im Strafprozessrecht, dass bei strenger Beachtung der Voraussetzungen des gänzlich untauglichen oder rechtsmissbräuchlichen Ablehnungsgesuchs eine Entscheidung des abgelehnten Richters selbst mit der Verfassungsgarantie des gesetzlichen Richters (Art. 101 Abs. 1 Satz 2 GG) nicht in Konflikt gerät, weil die Prüfung keine Beurteilung des eigenen Verhaltens des abgelehnten Richters voraussetzt und deshalb keine Entscheidung in eigener Sache ist, BVerfG NVwZ-RR 2008, 289. Maßgebend ist insoweit, ob die Partei Befangenheitsgründe vorträgt und glaubhaft macht, die sich individuell auf die an der zu treffenden Entscheidung beteiligten Richter beziehen. Dazu muss der Ablehnungsgrund durch nachvollziehbaren Bezug zum konkreten Rechtsstreit wenigstens ansatzweise substantiiert werden, BGH 28.4.2010 – I ZB 7/10, BeckRS 2010, 13374 Rn. 4. An das Vorliegen der Voraussetzungen der offensichtlichen Unzulässigkeit/Rechtsmissbräuchlichkeit sind strenge Anforderungen zu stellen; wenn ein – auch nur geringfügiges – Eingehen auf den Verfahrensgegenstand erforderlich ist, scheidet eine Verwerfung des Ablehnungsgesuchs als unzulässig aus, eine gleichwohl erfolgende Entscheidung ist dann willkürlich, BGH 8.4.2020 – VIII ZR 130/19, BeckRS 2020, 8218. Im Übrigen auch → § 42 Rn. 9. 6

4. Selbstablehnung. Bei einer Selbstablehnung ist § 48 anwendbar. Dann gilt § 45 II 1, nicht 2, Oldb MDR 2010, 651 (auch dann, wenn nur eine Partei ihrerseits eine Ablehnung erklärt). 7

V. Ablehnung eines Richters beim Amtsgericht, II. Dazu Schneider MDR 2001, 1399 (krit.). Die Vorschrift weicht von I ab. Sie gilt auch im WEG-Verfahren und nach § 6 I FamFG entsprechend im FamFG-Verfahren, Musielak/Voit/Heinrich Rn. 4. Bei versehentlicher Übergehung des Gesuchs gibt das OLG an das FamG zurück, Celle MDR 2013, 1065. 8

1. Prüfungspflicht des Abgelehnten, II 1, 2. Wenn eine Partei einen Amtsrichter ablehnt, auch zB als einen Familienrichter oder als einen verordneten Richter nach §§ 361, 362, darf und muss er wegen II 2 zunächst selbst im Rahmen eines pflichtgemäßen Ermessens prüfen, ob er das Ablehnungsgesuch für zulässig und begründet hält. In diesem Rahmen darf und muss er den Parteien des Rechtsstreits – auch dem Antragsgegner – rechtliches Gehör gewähren, OLG Frankfurt FamRZ 1998, 377. Er sollte besonders zügig und jedenfalls wie bei § 121 I 1 BGB unverzüglich vorgehen. Bis zu seiner Meinungsbildung darüber, ob das Gesuch zulässig und begründet ist, bleibt er in jeder Beziehung zuständig. Seine Handlungen sind wirksam, auch beim Verstoß gegen § 47. 9

2. Unzulässigkeit des Gesuchs, II 1. Soweit eine Entscheidung des abgelehnten Richters nicht mehr in Betracht kommt, fehlt dem Gesuch das Rechtsschutzbedürfnis, BayObLG MDR 2000, 52; Zweibr FamRZ 2000, 1287. Wenn der Amtsrichter zB auch als Familienrichter das Ablehnungsgesuch nach den Grundsätzen → Rn. 7, → § 42 Rn. 4 wegen Rechtsmissbrauchs für unzulässig hält, darf und muss er nach § 6 I FamFG selbst das Gesuch kraft Gewohnheitsrechts zurückweisen, (zum alten Recht) Pentz NJW 1999, 2000. 10

3. Unbegründetheit des Gesuchs, II 1. Wenn der Amtsrichter das Ablehnungsgesuch für zulässig, aber für unbegründet hält, auch als Familienrichter, darf er nach § 47 nur noch solche Handlungen vornehmen, die derzeit **keinen Aufschub** gestatten. Im Übrigen muss der Amtsrichter die Akten unverzüglich „einem anderen Richter" seines AG nach II 1 vorlegen, auch als Familienrichter. Der andere Richter ist der geschäftsplanmäßige Vertreter, Musielak/Voit/Heinrich Rn. 6. 11

Der Grundsatz rechtlichen Gehörs nach Art. 103 Abs. 1 GG erfordert neben der Gelegenheit zur Stellungnahme vor der Entscheidung (→ Rn. 8) auch, dass die Entscheidung begründet wird, so auch Musielak/Voit/Heinrich Rn. 5; MüKoZPO/Stackmann Rn. 9. 12

Anderer Richter ist der im **Geschäftsverteilungsplan** nach §§ 21e ff. GVG etwa für den Abgelehnten speziell nach II 1 bestimmte Kollege. Mangels einer solchen Spezialregelung für den Fall der Ablehnung wird der nach dem Geschäftsverteilungsplan allgemeine Vertreter zuständig. Eine Einzelfall-Zuständigkeitsregelung wäre mit Art. 101 I 2 GG unvereinbar. Notfalls ist III auch bei II 1 anwendbar. 13

4. Zulässigkeit und Begründetheit: Verfahren des Vertreters, II 2. Erklärt ein Richter beim Amtsgericht das gegen ihn gerichtete Ablehnungsgesuch für begründet, so prüft der geschäftsplanmäßige Vertreter nur, ob die Voraussetzungen des II 2 erfüllt sind, Musielak/Voit/Heinrich Rn. 5, und ob der abgelehnte Richter sich in den Grenzen seiner Befugnisse gehalten hat. Im Übrigen ist er an die Entscheidung des 14 abgelehnten Richters über die Begründetheit des Ablehnungsgesuchs gebunden, OLG Frankfurt FamRZ 1989, 518.

15 **VI. Beschlussunfähigkeit, III.** Maßgeblich dafür, welches Gericht bei Beschlussunfähigkeit des eigentlich zur Entscheidung über ein Ablehnungsgesuch berufenen Gerichts zuständig gemäß III ist, ist die Rechtsmittelzuständigkeit in der Hauptsache. Bei Beschlussunfähigkeit eines Landgerichts in einer Betreuungssache ist daher der BGH nach § 6 Abs. 1 Satz 1 FamFG iVm § 45 Abs. 3 zuständig, BGH BeckRS 2021, 43484. Das im Rechtszug höhere Gericht kann über ein ihm nach III ZPO vorgelegtes Ablehnungsgesuch auch dann entscheiden, wenn die abgelehnten Richter – anders als von diesen angenommen – zulässigerweise selbst hierüber hätten entscheiden können, BGH BeckRS 2021, 43484. Das im Rechtszug höhere Gericht muss nicht über sämtliche Ablehnungsgesuche entscheiden. Es kann sich vielmehr im Rahmen des ihm zustehenden Ermessens darauf beschränken, sachangemessen nur über eine bestimmte Anzahl von Ablehnungsgesuchen zu befinden, BGH BeckRS 2021, 43484.

46 *Entscheidung und Rechtsmittel.* **I Die Entscheidung über das Ablehnungsgesuch ergeht durch Beschluss.**

II Gegen den Beschluss, durch den das Gesuch für begründet erklärt wird, findet kein Rechtsmittel, gegen den Beschluss, durch den das Gesuch für unbegründet erklärt wird, findet sofortige Beschwerde statt.

1 **I. Systematik, I, II.** I regelt das Verfahren jeder Instanz ab dem Eingang des Ablehnungsgesuchs oder der Selbstablehnungsanzeige nach § 48 bis zur Entscheidungsreife nach → § 300 Rn. 21. Demgegenüber regelt § 45 I, II 1 die Entscheidung selbst. II nennt das Rechtsmittelsystem, ergänzt durch §§ 567 ff.

2 **II. Regelungszweck, I, II.** Die Regelungen dienen der Prozessförderung, indem gem. I iVm § 128 Abs. 4 ZPO eine mündliche Verhandlung freigestellt ist und II die zulässigen Rechtsmittel begrenzt.

3 **III. Geltungsbereich, I, II.** → Vor § 41 Rn. 4 ff. Wegen II → Rn. 10.

4 **IV. Verfahren, I. 1. Amtsermittlung.** Die Entscheidung über das Ablehnungsgesuch erfolgt aufgrund einer nach § 128 IV freistehenden mündlichen Verhandlung, BFH DB 1992, 2122. Das Gericht muss den Sachverhalt nach → Vor § 128 Rn. 44 von Amts wegen ermitteln, Ffm OLGZ 1980, 110. Denn das Verfahren hat eine öffentliche Bedeutung. Das rechtliche Gehör ist zur dienstlichen Äußerung zumindest vor einer Zurückweisung des Ablehnungsgesuchs notwendig, soweit sie ihm gegenüber neue Gesichtspunkte enthält. Das Gericht muss den Prozessgegner des Ablehnenden in diesem Zwischenverfahren nur insoweit hören, als er auch gerade an den Ablehnungsumständen beteiligt ist, Schlesw SchlHA 1989, 131. Ein Verstoß gegen das rechtliche Gehör macht die Anhörungsrüge nach § 321a statthaft, BAG NZA 2009, 397 (zu § 78a ArbGG).

5 **2. Unterbleiben der Bearbeitung.** Das Gericht braucht → § 42 Rn. 9 kein solches Ablehnungsgesuch zu bearbeiten, das lediglich unflätige oder hemmungslose Beschimpfungen usw. enthält, BFH NJW-RR 1996, 702. Freilich muss das Gericht selbst dann prüfen, ob hinter den Beschimpfungen ein sachbezogener und daher zu bescheidender Antrag steckt, Walchshöfer MDR 1975, 12.

6 **3. Entscheidung.** Soweit die Bearbeitung nicht nach → Rn. 5 unterbleibt und der Ablehnende sein Gesuch nach § 44 I nicht zurückgenommen hat, BVerwG NJW 1992, 1186, muss das Gericht über das Ablehnungsgesuch abschließend entscheiden, BayObLG 1986, 367; KG MDR 1988, 237. Das gilt auch dann, wenn nach § 227 eine Vertagung im Prozess stattfand und wenn das Prozessgericht im neuen Termin ohne den Abgelehnten tätig wurde.

7 Die Entscheidung ergeht nach I in der Form eines **Beschlusses** nach § 329. Das Gericht weist das Gesuch als unzulässig oder unbegründet zurück, Brdb NJW-RR 2011, 710, oder gibt ihm statt, indem es die Befangenheit feststellt oder auch nur das Gesuch für begründet erklärt. Das Gericht muss seinen Beschluss nach → § 329 Rn. 6 grundsätzlich begründen, Brdb OLGR 2000, 23. Das gilt auch bei einer Stattgabe. Eine formelhafte Wiederholung des Gesetzestextes ist keine Begründung, Düss FamRZ 1978, 919. Eine Kostengrundentscheidung nach → Vor § 91 Rn. 53 entfällt in diesem bloßen Zwischenverfahren. Nach einer mündlichen Verhandlung verkündet das Gericht seinen Beschluss nach § 329 I 1 oder übermittelt ihn schriftlich. Im Verfahren **ohne** eine mündliche Verhandlung nach §§ 128 II, 495a S. 1 findet eine schriftliche Mitteilung statt. Soweit das Gericht dem Ablehnungsantrag stattgibt, teilt es die Entscheidung nach II 1 iVm § 329 II 1 beiden Parteien formlos mit. Einen ablehnenden Beschluss stellt das Gericht dem Antragsteller wegen II 2 förmlich nach § 329 III zu. Bei einer Selbstablehnung ist § 48 anwendbar. Die Entscheidung wirkt nur für das in ihr bezeichnete einzelne Verfahren, BayObLG Rpfleger 1980, 194. Sie bindet nach § 318, Brdb FamRZ 2013, 1600.

8 **4. Gebühren.** Des Gerichts: keine; des Anwalts: § 19 I 2 Nr. 3 RVG. Wegen der Kostenerstattung → § 91 Rn. 80. Auch → Rn. 19.

9 **V. Rechtsbehelfe gegen Stattgabe, II Hs. 1.** Es gibt grundsätzlich keinen Rechtsbehelf, BGH VersR 1995, 317 (auch keine Überprüfung durch das Revisionsgericht). Das gilt auch bei § 45 II 2 und im FamFG. Denn § 6 II FamFG schließt II 1 nicht ausdrücklich aus. Wenn das Gericht jedoch das rechtliche Gehör nach Art. 103 I GG verletzt hat, kann nach → Rn. 5 die sofortige Beschwerde statthaft sein, Ffm NJW-RR 1995, 831, Oldb NJW-RR 1995, 830, Stgt NJW-RR 2003, 494. Gegen eine Entscheidung des OLG oder des LG als Beschwerdegericht kommt nur eine Rechtsbeschwerde unter den Voraussetzungen des § 574 in Betracht, Karlsr MDR 2003, 651; Köln OLGR 2003, 140; Naumb JurBüro 2011, 151; Musielak/Voit/Heinrich Rn. 3. Ferner kommt nur in den engen Grenzen → Vor § 567 Rn. 10 eine Gegenvorstellung in Betracht, BGH VersR 1995, 317; KG MDR 2000, 169. Schwarze ZZP 117, 260 stellt darauf ab, ob die Partei eine Rüge nach § 43 schuldlos versäumt hat.

10 **VI. Bei Zurückweisung: Sofortige Beschwerde, II Hs. 2. 1. Statthaftigkeit.** Die sofortige Beschwerde ist nach §§ 46 II, 567 I Nr. 1 statthaft. Dies betrifft jedoch nur erstinstanzliche Entscheidungen der Amts- und Landgerichte. Handelt es sich um eine Entscheidung eines OLG oder LG als Berufungsgericht, kommt nur die

Rechtsbeschwerde in Betracht. Dies ist jedoch mangels Zulassung im Gesetz nur dann zulässig, wenn das Gericht sie zugelassen hat, § 574 I.

2. Beispiele zur Frage einer Statthaftigkeit, II Hs. 2

ArbGG-Verfahren: Man muss trotz der grundsätzlichen Unanfechtbarkeit auch des zurückweisenden Beschlusses nach § 49 III ArbGG mit Rücksicht auf Art. 101 I 2 GG eine Überprüfung zumindest dann zulassen, wenn das untere Gericht das Ablehnungsgesuch unter der Mitwirkung des Abgelehnten als rechtsmissbräuchlich zurückgewiesen hatte, LAG Köln BB 1992, 2084; aM LAG Düss MDR 2002, 476. Freilich ist nach → Rn. 14 keine weitere Beschwerde statthaft. 11

FamFG-Verfahren: Es gelten nach → Rn. 9 nach § 6 II FamFG keine besonderen Regeln. Es entscheidet der Familiensenat des OLG, nicht der Zivilsenat, BGH FamRZ 1986, 1197; Bergerfurth FamRZ 1987, 28.

FGO-Verfahren: Unstatthaftigkeit auch einer Gegenvorstellung nach Art von → Vor § 567 Rn. 10; FG Kassel NVwZ 2003, 792.

KapMuG-Verfahren: Unstatthaftigkeit wegen der erstinstanzlichen Zuständigkeit des OLG, soweit dieses nicht eine sofortige Rechtsbeschwerde nach § 567 I Nr. 2 zulässt, BGH MDR 2009, 338.

PatG-Verfahren: § 86 I PatG verweist **nicht** mit auf § 46 II ZPO, BGHZ 110, 26.

Nach Rechtsmissbrauch: Statthaftigkeit nach Zurückweisung durch den Abgelehnten nach → § 45 Rn. 10 wegen Rechtsmissbrauchs, BayObLG WuM 1993, 212; Brem MDR 1998, 1242.

Gegen Rechtsmittelgericht: Unstatthaftigkeit, BGH BB 2005, 240; Düss MDR 2004, 412; Köln ZMR 2012, 801. Vielmehr allenfalls eine Rechtsbeschwerde nach §§ 574 ff., BGH FamRZ 2005, 261; Köln FGPrax 2009, 180 (je: nur bei Zulassung nach § 574 I Nr. 2). Das gilt auch bei einer erstmaligen Befangenheitsentscheidung des Berufungsgerichts, Düss MDR 2004, 412.

Nach Verwerfung als unzulässig: Statthaftigkeit, Brem MDR 1998, 1242; Pentz NJW 1999, 2003; aM Köln MDR 1979, 850; Schneider MDR 1999, 18 (aber das unterläuft gerade die Möglichkeit → § 42 Rn. 9).

Nach Zurückweisung als unbegründet: Statthaftigkeit, BGH FamRZ 2004, 618.

3. Anwaltszwang. Ein Anwaltszwang nach → § 78 Rn. 1 besteht grundsätzlich, Zweibr FamRZ 2008, 792. Es gelten jedoch die Einschränkungen der §§ 569 III, 78 III Hs. 2, KG MDR 1983, 60; Köln MDR 1996, 1182. Ein Anwaltszwang besteht also zB nach → § 569 Rn. 23 bei der Anfechtung einer Zurückweisung im Prozess vor dem LG als Erstgericht, Ffm NJW-RR 2009, 415. Soweit ein Ablehnungsgesuch im **Prozesskostenhilfeverfahren** nach §§ 114 ff. erfolgt war, besteht kein Anwaltszwang, Brdb MDR 2000, 105. 12

4. Bindung im Revisionsverfahren. Ob von der in § 557 II angeordneten Bindungswirkung an unanfechtbare Entscheidungen über ein Ablehnungsgesuch aus verfassungsrechtlichen Gründen dann eine Ausnahme zu machen ist, wenn die Behandlung eines Ablehnungsantrags so fehlerhaft ist, dass durch die Mitwirkung des abgelehnten Richters das grundrechtsgleiche Recht auf den gesetzlichen Richter aus Art. 101 I 2 GG verletzt ist, so etwa BSG BeckRS 2009, 72027 Rn. 8; BSG BeckRS 2015, 70736 Rn. 12; ähnlich BVerwG NVwZ 2008, 1025 Rn. 6; BVerfG BeckRS 2018, 26081 Rn. 14; offengelassen von BVerfG NJW 2019, 505 Rn. 13, hat der BGH bislang offengelassen, BGH NJW-RR 2020, 779. Ein Verstoß gegen Art. 101 I 2 GG, den der BGH im entschiedenen Fall verneint hat, liegt dabei dann vor, wenn die Auslegung oder Handhabung einer Verfahrensnorm im Einzelfall willkürlich oder offensichtlich unhaltbar ist oder wenn die richterliche Entscheidung Bedeutung und Tragweite der Verfassungsgarantie des Art. 101 I 2 GG grundlegend verkannt hat, BGH NJW-RR 2020, 779. 13

5. „Überholung“ des Beschwerdeverfahrens. Weist ein abgelehnter Richter das gegen ihn gerichtete Ablehnungsgesuch zurück und entscheidet sodann in der Hauptsache, so entfällt für eine sofortige Beschwerde gegen die Zurückweisung des Ablehnungsgesuchs regelmäßig das Rechtsschutzinteresse, wenn eine Berufung in der Hauptsache statthaft ist, da in deren Rahmen auf entsprechende Rüge auch über die Ablehnung zu entscheiden ist, BGH NJW-RR 2007, 411. Das Ziel der Richterablehnung, den abgelehnten Richter an der (weiteren) Mitwirkung in dem Verfahren zu hindern, kann nämlich nicht mehr erreicht werden, wenn eine die Instanz abschließende Entscheidung unter Mitwirkung des abgelehnten Richters ergangen ist. Ist das Ablehnungsgesuch begründet, ist das Urteil in der Rechtsmittelinstanz abzuändern oder aufzuheben. Der Beschwerdeführer muss dann die sofortige Beschwerde für erledigt erklären, um der Kostenfolge des § 97 I zu entgehen, alles BGH NJW-RR 2007, 411. 14

Über die Beschwerde ist jedoch zu entscheiden, wenn der abgelehnte Richter in dieser Instanz noch einmal mit der Sache befasst werden kann, Musielak/Voit/Heinrich, Rn. 9. Die Vorschriften der §§ 42 ff. ZPO gelten grundsätzlich für alle Verfahrensabschnitte, in denen eine Ausübung des Richteramtes in Betracht kommt, mithin z. B. auch für das Tatbestandsberichtigungsverfahren, BGH FamRZ 2007, 1734. Dasselbe gilt, wenn es nach der Entscheidung zu einer Fortsetzung des Verfahrens vor demselben Richter kommen kann, wie nach Entscheidung über einen Einspruch nach §§ 338, 700 oder soweit der abgelehnte Richter im Urkundenprozess ein Vorbehaltsurteil nach § 599 erlassen hat, Ffm NJW 1986, 1000, oder soweit er zB in einer anderen als der schon entschiedenen Folgesache tätig werden kann, KG FamRZ 1986, 1023. Zu Einzelfragen Günther MDR 1989, 693. 15

Über die Beschwerde ist auch dann zu entscheiden, wenn gegen die unter Mitwirkung des abgelehnten Richters zwischenzeitlich ergangene Entscheidung kein Rechtsmittel statthaft ist. Die rechtskräftige Entscheidung kann bei Feststellung des Ablehnungsgrundes angefochten werden, BGH NJW 1995, 1679; Zöller/Vollkommer Rn. 21; aA BGH NJW 1993, 400, allerdings auf der Grundlage einer älteren gesetzlichen Lage. Hierfür kommt die entsprechende Anwendung des § 579 Nr. 3 in Betracht, Zöller/Vollkommer Rn. 21. 16

VII. Verfassungsbeschwerde, I, II. Sie ist statthaft, soweit die letztinstanzliche Entscheidung auf einer willkürlichen Erwägung beruht, BVerfG NJW 1995, 2914; VerfGH Mü NJW 1982, 1746, oder soweit sie eine Bindung für das weitere Verfahren auslöst, über eine wesentliche Rechtsfrage entscheidet und sich nicht mehr mit einem Rechtsmittel nachprüfen lässt, BVerfG NJW-RR 2007, 410; Zuck AnwBl 2009, 334. 17

VIII. Kosten, I, II. Bei einer Erfolglosigkeit ist § 97 I anwendbar, aM Celle BauR 2011, 721; Ffm NJW-RR 1992, 510; Zweibr FamRZ 1993, 577 (aber § 97 I gilt allgemein). Wegen der Kostenfolgen in einer WEG-Sache Karlsr ZMR 2002, 778. Bei einem Erfolg nach → § 97 Rn. 32 sind die Kosten solche des Prozesses nach → Vor § 91 Rn. 29, Ffm NJW-RR 1986, 740; Mü MDR 1994, 627; VGH Kassel NJW 1983, 902. Auch → Rn. 8. 18

19 **Gebühren:** des Gerichts: KV 1811 (Beschwerdeinstanz); des Anwalts: § 19 I 2 Nr. 3, VV 3500 RVG. Wegen der Kostenerstattung → § 91 Rn. 80.

47 *Unaufschiebbare Amtshandlungen.* **[I] Ein abgelehnter Richter hat vor Erledigung des Ablehnungsgesuchs nur solche Handlungen vorzunehmen, die keinen Aufschub gestatten.**

II [1]Wird ein Richter während der Verhandlung abgelehnt und würde die Entscheidung über die Ablehnung eine Vertagung der Verhandlung erfordern, so kann der Termin unter Mitwirkung des abgelehnten Richters fortgesetzt werden. [2]Wird die Ablehnung für begründet erklärt, so ist der nach Anbringung des Ablehnungsgesuchs liegende Teil der Verhandlung zu wiederholen.

1 **I. Systematik, I, II.** Die Vorschrift nennt zwei praktisch unentbehrliche Ausnahmen von dem Grundsatz, dass der Abgelehnte vor der Erledigung dieses Zwischenstreits nicht tätig werden darf, wie es in § 47 ebenfalls zum Ausdruck kommt. Schneider AnwBl 2003, 548 hält II für einen Verstoß gegen Art. 101 I 2 GG.

2 **II. Regelungszweck, I, II.** Die Vorschrift dient der Gerechtigkeit wie auch der Prozesswirtschaftlichkeit nach → Vor § 128 Rn. 15, Vossler MDR 2006, 1383, und der Begrenzung etwaigen Missbrauchs durch den Ablehnenden nach → § 42 Rn. 9, OVG Brem NJW 2011, 3260. Sie dient auch dem rechtlichen Gehör nach Art. 103 I GG, OVG Brem NJW 2011, 3259 (auch zu den Grenzen).

3 **III. Geltungsbereich, I, II.** → Vor § 41 Rn. 4 ff. Die Vorschrift gilt nicht bei einem Rechtsmissbrauch → § 42 Rn. 9 II erfasst nur unaufschiebbare Handlungen zur Sache, nicht aber die allein in § 45 geregelte spezielle Ablehnungsfrage.

4 **IV. Vor Erledigung des Gesuchs, I, II.** Grundsätzlich erst nach der Erledigung des Ablehnungsgesuchs nimmt der Prozess seinen gewöhnlichen Fortgang, VerfGH Mü BayVBl. 2000, 508. Erst jetzt muss man zB die Folgen eines Nichtverhandelns tragen, BGH NJW-RR 1986, 1254. Eine Notfrist nach § 224 I 2 bleibt bestehen, BAG BB 2000, 1948. II 1 schränkt den Grundsatz des I nur vorübergehend ein. § 47 betrifft den Zeitraum vom Eingang des Ablehnungsgesuchs an, Ffm NJW 1998, 1238 (Kenntnis ist unerheblich), bis zur Erledigung des Gesuchs. Darunter muss man die nach §§ 329, 705 formell rechtskräftige Beendigung des Ablehnungsverfahrens verstehen, BFH BB 1975, 259; Brdb NJW-RR 2000, 1092; KG FGPrax 2009, 177; aM Ffm MDR 1992, 409; OVG Bln MDR 1997, 97; OVG Münst NJW 1990, 1749 (aber das wäre schon wegen Art. 101 I 2 GG problematisch). Auch eine Zurückweisung nach § 46 II Hs. 2 durch das OLG wirkt erledigend, BGH BB 2005, 240.

5 **Keine** Erledigung tritt vor dem Abschluss eines Rügeverfahrens nach § 321a ein, BGH WM 2010 1424.

6 Ein **ausgeschlossener** Richter darf im vorliegenden Verfahren ohnehin keine Amtshandlung mehr vornehmen, BayObLG Rpfleger 1980, 194 (nur in diesem). Er darf insbesondere nichts zur Beeinflussung der Entscheidung über sein Ablehnungsgesuch tun, soweit es nicht um die dienstliche Äußerung nach § 44 III geht.

7 **V. Begriff der Unaufschiebbarkeit, I, II.** Ein Richter darf ab dem Eingang eines zumindest auch gegen ihn gerichteten nicht rechtsmissbräuchlichen Gesuchs bis zu dessen Erledigung nach → Rn. 4 über die nach I geltenden Möglichkeiten nach II hinaus in **dieser** Sache zumindest stets solche Handlungen vornehmen, die keinen Aufschub dulden. Derjenige Amtsrichter auch als Familienrichter, der das Gesuch für begründet hält, steht nach § 45 II 2 an sich einem ausgeschlossenen Richter gleich. Er kann aber evtl. ebenfalls noch unaufschiebbare Handlungen vornehmen. Er darf und muss in einem Parallelverfahren usw. bis zum dortigen Ablehnungsgesuch wie sonst tätig sein, BayObLG Rpfleger 1980, 193. „Keinen Aufschub gestatten" solche Handlungen, die einer Partei wesentliche Nachteile ersparen, BPatG GRUR 1985, 373; Celle NJW-RR 1989, 569; Weber Rpfleger 1983, 491, oder die zur Vermeidung einer Gefahr im Verzug erfolgen. Man sollte nicht zu streng mit dem tätig gebliebenen Richter sein, Vossler MDR 2006, 1385.

VI. Beispiele zur Frage einer Unaufschiebbarkeit, I, II

8 **Aktenbehandlung:** Unaufschiebbar sind grds. alle Maßnahmen zur Weiter- oder Zurückleitung etwa irrig erneut vorgelegter oder noch beim abgelehnten Richter befindlicher Akten einschließlich der zum Verständnis erforderlichen Vermerke oder Anordnungen an die Geschäftsstelle.

Arrest, einstweilige Verfügung: Unaufschiebbar ist grds. jede Maßnahme in einem dieser Eilverfahren nach §§ 916 ff., 935 ff., LG Konst Rpfleger 1983, 491, auch durch ein Urteil bei einer Entscheidungsreife nach → § 300 Rn. 21. Freilich mag zB nach einer fristsetzenden Verfügung etwa bei einer Gelegenheit zur gegnerischen Stellungnahme sogleich anschließend an die Verfügung das Verfahren nach §§ 42 ff. den Vorrang haben.

Beweis: → „Gefahr im Verzug", → „Selbständiges Beweisverfahren".

Dienstliche Äußerung: Die Äußerung nach § 44 III ist natürlich schon wegen ihrer dort bestimmten Notwendigkeit auch dann nach § 47 zulässig, wenn das höhere Gericht zB ihre Ergänzung erst nach Wochen oder Monaten erbittet.

Einstweilige Anordnung: Es gelten zB bei §§ 49 ff. FamFG dieselben Regeln wie bei „Arrest, einstweilige Verfügung".

Endurteil: Unaufschiebbar kann ausnahmsweise sogar ein Endurteil nach §§ 300 ff. sein, falls der Prozessgegner es dringend benötigt, aM BGH Rpfleger 2007, 619 (aber die Unaufschiebbarkeit erfaßt dann jede „Handlung" des Gerichts). Rechtsfolgen: → § 46 Rn. 15. Das alles gilt unabhängig davon, ob und wie das Endurteil anfechtbar ist.

Entlassung: Unaufschiebbar ist die Entlassung eines Geladenen einschließlich der notwendigen Anweisungen zu seiner Entschädigung nach dem JVEG und zu seinen weiteren Obliegenheiten usw.

Fristsetzung: → „Stellungnahme".

Gefahr im Verzug: Unaufschiebbar ist jede Maßnahme bei einer Gefahr im Verzug, BPatG GRUR 1985, 373; Celle NJW-RR 1989, 569; LG Konst Rpfleger 1983, 491.

Insolvenz: Unaufschiebbar sind grds. alle ihrer Natur nach besonders eilbedürftigen Maßnahmen, auch eine im Interesse der Gläubiger möglichst bald durchführbare und bereits anberaumbare Schlussverteilung, BVerfG KTS 1988, 311.

Klagezustellung: Unaufschiebbar ist sie ohne eine weitere Verfügung.

Protokoll: Unaufschiebbar und ja auch grds. dringend notwendig ist die Anfertigung, Fertigstellung oder Berichtigung des Protokolls nach § 164. Das gilt, zumal das höhere Gericht es ja meist ohnehin wegen seiner Abwesenheit während der erstinstanzlichen Verhandlung nicht selbst ändern darf.

Rechtsmissbrauch: → § 42 Rn. 9 ff.

Rechtsmittelanfrage: Sie ist zur Klärung der Frage erforderlich, ob das Ablehnungsgesuch nach § 47 erledigt ist. Das gilt zB dann, wenn rechtsirrig oder -missbräuchlich etwa das höhere Gericht eine gesetzlich gar nicht vorgesehene Entscheidung getroffen hat, zB nach einer wirksamen Anschließung des Amtsrichters nach § 45 II 2, auch vorsorglich. Sie ist aber **grds. nicht** unaufschiebbar. Denn sie ist eine Aufgabe des Vertreters des Abgelehnten, falls die Geschäftsstelle sie nicht von sich aus vornimmt. Die Dienstaufsicht darf und muss seine Weigerung und Untätigkeit rügen. Die Partei kann das anregen.

Selbständiges Beweisverfahren: Unaufschiebbar ist grds. jede Maßnahme im Verfahren nach §§ 485 ff. Freilich mag zB nach einer fristsetzenden Verfügung etwa bei einer Gelegenheit zur Stellungnahme sogleich anschließend an die Verfügung das Verfahren nach §§ 42 ff. den Vorrang haben.

Sitzungsgewalt: Unaufschiebbar ist grds. jede Maßnahme zur Aufrechterhaltung der Ordnung usw. nach §§ 176 ff. GVG. Andernfalls könnte jedermann durch irgendwelche Unverschämtheit jede Sitzung zu Fall bringen. Freilich mag zB die Verhängung eines Ordnungsgelds wegen einer Ungebühr nach § 178 I 1 deshalb noch aufschiebbar sein, weil ein anderer Beteiligter ein Ablehnungsgesuch aus anderem Grund gestellt hat und weil man deshalb die Sitzung ohnehin abbrechen muss. Das ändert nichts an der etwaigen Unaufschiebbarkeit wegen einer nach einem Ablehnungsgesuch eingetretenen Ungebühr.

Sommersache: → „Terminsaufhebung".

Stellungnahme: Unaufschiebbar ist diejenige fristsetzende Verfügung, durch die der Abgelehnte dem Prozessgegner eine Gelegenheit zur Stellungnahme vor einer Entscheidung gibt, ob der Abgelehnte sich nach § 45 II 2 anschließt sowie welche dienstliche Äußerung er zu den Akten gibt.

Terminierung: Unaufschiebbar ist insbesondere in einer Sommersache nach § 227 III 2 grds. die vorsorgliche Aufhebung oder Verlegung jedenfalls eines bereits so dicht bevorstehenden Termins, dass der abgelehnte oder sich selbst nach § 48 als auch nur evtl. befangen fühlende Richter bei einer Einschätzung der voraussichtlichen Dauer bis zur Erledigung des Ablehnungsverfahrens und daher auch bis zur Rückkehr einer Rechtsmittelanfrage nicht mit der Klärung bis zum Termin rechnen kann. Vgl. BPatG GRUR 1985, 373. Unaufschiebbar sein kann nach II 1 die Beendigung des Termins nach → „Versteigerungstermin". Eine Güteverhandlung ist zwar ein Termin, aber kein von II 1 klar erfasster „Verhandlungstermin". Sie reicht daher nach → § 278 Rn. 6 nicht, aM Karlsr MDR 2007, 795. Unaufschiebbar kann eine bloße Terminsverlegung nach § 227 sein, Hmb MDR 2017, 1263. **Nicht** unaufschiebbar ist trotz § 216 eine Terminsbestimmung, Hmb NJW 1992, 1463; Köln NJW-RR 1986, 428.

Urteil: → „Endurteil".

Verfassungsbeschwerde: Sie ist kein Rechtsmittel. Daher bleibt sie ab der formellen Rechtskraft nach §§ 329, 705 unbeachtbar. Es findet erst recht nicht ihretwegen eine Aussetzung nach § 148 statt, Hamm MDR 1999, 374.

Versteigerungstermin: Unaufschiebbar ist grds. die (auch weitere) Durchführung eines Versteigerungstermins nach II 1, Celle NJW-RR 1989, 569; LG Kiel Rpfleger 1988, 544; Meyer-Stolte Rpfleger 1990, 140; aM LG Konst Rpfleger 1983, 491 (aber es steht meist ein hoher Wert auf dem Spiel, und es geht um die Chance einer Befriedigung infolge der Bezahlung eines endgültigen Rechtserwerbs durch einen Ersteher. Das muss den Vorrang haben).

Vertagung: II 1 erlaubt zur Vermeidung einer Vertagung nur dieses Termins nach § 227 I 1 Hs. 2 die weitere Mitwirkung des erst während einer Verhandlung Abgelehnten. II 2 nennt die Folgen. Eine Wiederholung ist nur insoweit nötig, als sich eine Befangenheit auswirken konnte, Knauer/Wolf NJW 2004, 2860 (also nicht stets beim Vergleich).

Verweisung: Grundsätzlich ist eine Verweisung nach §§ 281, 506 **nicht** unaufschiebbar, Karlsr NJW 2003, 2174.

Zwangsvollstreckung: Unaufschiebbar ist meist ihre einstweilige Einstellung zB nach §§ 707, 719.

VII. Verstoß, I, II. Trotz eines Verstoßes gegen § 47 bleibt die richterliche Handlung wirksam, KG FGPrax 2009, 177; krit. Schneider MDR 2005, 672. Es liegt aber ein schwerer Verfahrensfehler vor, BPatG GRUR 1985, 373; Brem OLGZ 1992, 487; Karlsr NJW 2003, 2174. Er **begründet überdies schon für sich eine Ablehnung,** BayObLG MDR 1988, 500; Hmb NJW 1992, 1463; Karlsr NJW-RR 1997, 1350, großzügiger Brdb AnwBl 2015, 354 (Fallfrage), weshalb Zurückhaltung geboten ist. Im Übrigen ergeben sich drei weitere Möglichkeiten. 9

1. Zurückweisung des Gesuchs. Wenn das Gericht ein Ablehnungsgesuch durch den dazu berufenen Richter zurückgewiesen hat, bleibt ein Verstoß des abgelehnten Richters unbeachtet, BAG BB 2000, 1948; BayObLG 1986, 252; LG Kiel Rpfleger 1988, 544 (zust. Wabnitz); aM BayObLG MDR 1988, 500 (bei einem wiederholten Verstoß sei die Ablehnung noch dann rechtzeitig, wenn ein Beschwerdeführer gegen die instanzabschließende Entscheidung ein Rechtsmittel eingelegt und als Ablehnungsgrund den Verstoß gegen § 47 bezeichnet habe), Brem OLGZ 1992, 487 (eine Ablehnung sei möglich, falls nur eine entsprechende Anwendung von § 579 I Nr. 3 verbleibe. Aber beide Varianten sind mit der Notwendigkeit schwer vereinbar, das Zwischenverfahren mit der Entscheidung enden zu lassen). 10

2. Stattgabe. Soweit das Gericht das Ablehnungsgesuch in einem Urteil nach § 313 III für begründet erklärt, wird das Tätigkeitsverbot umfassend. Das Gericht muss in seiner nun entstehenden Besetzung bei II den Verhandlungsteil seit der Anbringung des Ablehnungsgesuchs wiederholen, BGHZ 120, 144; Schneider MDR 2005, 672. Es sind gegen das Urteil nur die gewöhnlichen Rechtsbehelfe zulässig, BayObLG FamRZ 1998, 635, nicht die Revision nach § 547 Nr. 3 oder die Nichtigkeitsklage nach § 579 I Nr. 3, Brem OLGZ 1992, 486; Vollkommer MDR 1998, 363; aM Zöller/Vollkommer Rn. 6 (aber das Rechtsmittelsystem gilt auch hier unverändert). Das Rechtsmittelgericht muss das Verfahren evtl. nach §§ 538 II 1 Nr. 1, 563 I, IV zurückverweisen, BPatG GRUR 1985, 373; BayObLG 1986, 252; LG Potsd MDR 2005, 1369. Man muss nicht eine selbständig anfechtbare Amtshandlung dann wiederholen. Dringende stattgefundene Amtshandlungen bleiben jedoch wirksam, BayObLG 1980, 312, soweit die Ablehnung nicht auch auf einem Ausschluss nach § 41 beruhte. 11

12 **3. Sachentscheidung ohne Ablehnungsentscheidung.** Soweit das Gericht ohne eine Entscheidung über ein wirksames Ablehnungsgesuch eine Sachentscheidung ohne eine Mitwirkung des Abgelehnten fällt, ist es nicht nach Art. 101 I 2 GG ordnungsgemäß besetzt. Das ist ein wesentlicher Verfahrensfehler zB nach § 547 Nr. 1. Er kann zur Statthaftigkeit eines Rechtsmittels führen, KG MDR 2005, 891, und dann zur Zurückverweisung nach §§ 538 II 1 Nr. 1, 563 I, IV. Er kann eine Wiederaufnahme nach § 579 I Nr. 4 begründen. Hat das Erstgericht über das zulässige Ablehnungsgesuch nicht mitentschieden, muss das Rechtsmittelgericht das nachholen.

48 ***Selbstablehnung; Ablehnung von Amts wegen.*** **Das für die Erledigung eines Ablehnungsgesuchs zuständige Gericht hat auch dann zu entscheiden, wenn ein solches Gesuch nicht angebracht ist, ein Richter aber von einem Verhältnis Anzeige macht, das seine Ablehnung rechtfertigen könnte, oder wenn aus anderer Veranlassung Zweifel darüber entstehen, ob ein Richter kraft Gesetzes ausgeschlossen sei.**

1 **I. Systematik.** § 48 regelt zunächst die Selbstablehnung eines Richters dann, wenn er einen Ablehnungsgrund nach § 42 für vorliegend oder für immerhin möglich hält. § 42 ist ja auch bei § 48 maßgebend, BGH NJW 1995, 1679, Saarbr NJW-RR 1994, 763. § 48 regelt ferner den andersartigen weiteren Fall, dass Zweifel daran bestehen, ob der Richter nicht nach § 41 kraft Gesetzes ausgeschlossen ist, etwa aufgrund einer Anregung eines anderen Richters oder eines anderen Prozessbeteiligten. In allen anderen Fällen ist eine Entscheidung nach §§ 42–47 erforderlich, es sei denn, dass ein Ausschließungsgrund eindeutig vorliegt. Ein Verlust des Ablehnungsrechts einer Partei ist unerheblich. Umgekehrt ist auch das Ablehnungsrecht nach § 42 von einer Selbstablehnung nach § 48 unabhängig.

2 **II. Regelungszweck.** Die Vorschrift dient dem Gebot des gesetzlichen Richters nach Art. 101 I 2 GG und insofern auch dem Gebot des rechtlichen Gehörs nach Art. 2 I, 20 III GG (Rpfleger), BVerfG 101, 404, Art. 103 I GG (Richter), BGH NJW 1995, 403 und 1679. Der Richter muss daher als eine Verfahrenspflicht auch den Parteien gegenüber den fraglichen Sachverhalt unverzüglich von Amts wegen mitteilen, BGH NJW 1995, 1679. Das gilt auch für ein Mitglied des Kollegiums. In Betracht kommen Tatsachen nach → Vor § 284 Rn. 29 und Rechtsverhältnisse wie nach → § 356 Rn. 7, u. U. auch Kollegialität, → § 42 Rn. 20 „Kollegialität", Zöller/Vollkommer Rn. 3. In Betracht kommt auch eine vorangegangene Tätigkeit als Güterichter, VG Gött MDR 2015, 55, oder ein anderer Gewissenskonflikt. Der Richter darf keineswegs eine Amtstätigkeit nur deshalb unterlassen, weil irgendeine andere Person seine Tätigkeit für das Handeln eines befangenen Richters hält oder weil eine Partei seine Beziehung zur ProzBev. des Gegners für eine Befangenheit halten könnte, BAG NZA-RR 2010, 516. Andererseits darf das Gericht nach § 48 ebenso wenig wie nach § 42 von Amts wegen ohne eine Anzeige des etwa befangenen Richters ein Verfahren zur Überprüfung der Befangenheit einleiten, BVerfGE 46, 38. Das Gericht darf und muss nur den etwaigen Ausschluss nach § 41 in jeder Verfahrenslage von Amts wegen beachten.

3 **§ 45 II 2** ist deshalb **unanwendbar.** Der Amtsrichter, auch als Familienrichter, darf also die Bearbeitung keineswegs ohne die in § 48 vorgesehene „Anzeige" nebst Begründung seinem Vertreter übergeben. Andererseits darf der Richter eine Fremdablehnung anregen und sich dem Gesuch beim Vorliegen ausreichender Gründe anschließen.

4 **III. Geltungsbereich.** Zunächst → Vor § 41 Rn. 4 ff. § 48 gilt auch im WEG-Verfahren. Die Vorschrift gilt nach § 6 I FamFG im FamFG-Verfahren entsprechend, (je zum alten Recht) BayObLG Rpfleger 1979, 423; Ffm OLGZ 1980, 110, auch bei § 111 BNotO, BGH MDR 2000, 914.

5 **IV. Verfahren. 1. Anzeige des Richters.** Ein Verfahren nach § 48 beginnt nicht von Amts wegen, sondern nur auf eine Anzeige des Richters, BVerfGE 46, 38. Für ihn besteht eine Mitteilungspflicht, BGH NJW 1995, 1677, 1679. Der sich selbst ablehnende Richter oder derjenige, der sich über eine Ablehnbarkeit nicht ganz klar ist, sie aber für nach § 42 möglich hält, legt die Prozessakten mit einer dienstlichen Äußerung nach § 44 III vor, BGH NJW 1995, 1670. Er braucht keinen förmlichen Antrag zu stellen. Er sollte seine Selbstablehnung so begründen, dass das zur Entscheidung berufene Gericht ohne weiteres eine Entscheidung treffen kann. Er braucht seine Gründe aber nicht so ausführlich darzustellen, dass er etwa Einzelheiten seiner Privatsphäre usw. bekanntgeben müsste, soweit das nicht zur Verständlichkeit seiner Haltung unerlässlich ist. § 47 gilt entsprechend. Seine Ansicht kann reichen, das Verhalten einer Partei sei nicht mehr für ihn hinnehmbar, Karlsr MDR 1999, 956. Die bloße Äußerung, er halte sich für befangen oder nicht, kann eine Zurückhaltung erkennen lassen und insofern hilfreich, aber auch missverständlich sein. Eine gar ausführliche rechtliche Selbstbegutachtung kann ähnlich unterschiedlich wirken. Seine persönliche Meinung ist aber grundsätzlich nicht (allein) maßgeblich, BVerfGE 95, 191; Ffm OLGR 1996, 55; VG Freib/Br NVwZ-RR 2011, 544. Zur Verfahrensweise bei der Selbstablehnung eines ganzen Gerichts OVG Lüneb DRiZ 2013, 374.

6 **2. Keine Sonderakten mehr.** Früher herrschte die Auffassung, das ganze Verfahren nach § 48 betreffe nur den inneren Dienst und erfolge deshalb auch grundsätzlich nicht in der Prozessakte, sondern in Sonderakten für die Fälle einer Selbstablehnung. Das ist mit Art. 2 I, 20 III GG (Rpfleger), BVerfG 101, 404, Art. 103 I GG (Richter) unvereinbar, BVerfGE 89, 36 (daher keine internen Sonderakten mehr), BGH NJW 1995, 1679; Ffm FamRZ 1998, 378.

7 **3. Zuständigkeit.** Zuständig ist dasselbe Gericht wie bei § 45 II 1, Oldb MDR 2010, 651.

8 **4. Anhörung der Parteien.** Die Parteien des Rechtsstreits sind anzuhören BVerfG 101, 404, Art. 103 I GG. Erforderlich ist die Übersendung der Anzeige nach § 48 und der etwa ergänzenden dienstlichen Äußerung des Richters, BGH VersR 1995, 317. Die Übersendung mit Gelegenheit zur Stellungnahme veranlasst der geschäftsplanmäßige Vertreter des Abgelehnten.

9 **V. Entscheidung. 1. Prüfungsumfang.** Als Gründe, die geeignet sind, Misstrauen gegen die Unparteilichkeit eines Richters zu rechtfertigen, kommen nur solche in Betracht, die vom Standpunkt des Ablehnenden aus *bei vernünftiger Betrachtung die Befürchtung* wecken können, der Richter stehe der Sache nicht unvoreingenommen und damit nicht unparteiisch gegenüber. Dies gilt gleichermaßen, wenn über die Frage der Befangenheit aufgrund einer Anzeige des Richters nach § 48 I zu entscheiden ist, OLG Saarbrücken NJW-RR 1994, 763.

10 **2. Begründung.** Der Beschluss muss (kurz) begründet werden.

VI. Rechtsbehelf: entsprechende Anwendung von § 46 II. Entsprechend § 46 II ist der Beschluss mit der sofortigen Beschwerde anfechtbar, wenn die Selbstablehnung für unbegründet erklärt wird, so auch Musielak/Voit/Heinrich Rn. 5 mwN; vgl. auch BGH NJW 1995, 403 unter 1, wo § 46 II ohne Weiteres in einem Fall der Selbstablehnung herangezogen wird. 11

Wird die Selbstablehnung für begründet erklärt, ist diese Entscheidung unanfechtbar, § 46 II. Letzteres gilt sogar dann, wenn die die Selbstablehnung rechtfertigenden Gründe den Parteien unter Verstoß gegen Art. 103 I GG vorher nicht mitgeteilt wurden, BGH NJW 1995, 403. 12

49 ***Urkundsbeamte.*** **Die Vorschriften dieses Titels sind auf den Urkundsbeamten der Geschäftsstelle entsprechend anzuwenden; die Entscheidung ergeht durch das Gericht, bei dem er angestellt ist.**

I. Systematik, Regelungszweck. In einer sprachlich zu engen Fassung erwähnt § 49 den Urkundsbeamten, nicht aber den Rpfl. Die Vorschrift beachtet die Notwendigkeit, auch die weiteren an der Prozessleitung und Entscheidung wesentlich beteiligten Gerichtspersonen wie einen Richter der Ausschließung oder Ablehnbarkeit zu unterwerfen. Auch deren Unparteilichkeit soll gewährleistet werden. Vgl. daher die jeweiligen Eingangserläuterungen zu §§ 41–48. 1

II. Geltungsbereich. → Vor § 41 Rn. 4 ff. 2

III. Urkundsbeamter. Die Ausschließung oder die Ablehnung eines Urkundsbeamten der Geschäftsstelle nach § 153 GVG bei jeder Art von Tätigkeit unterliegt denselben Vorschriften wie diejenige eines Richters, BVerfG NJW 2007, 3200. Das gilt zB beim Protokollieren nach §§ 159 ff., Ffm FamRZ 1991, 839, oder bei der Erteilung der Vollstreckungsklausel nach § 724. Es entscheidet allerdings immer das Gericht des Urkundsbeamten. § 41 Nr. 6 ist anwendbar, soweit der Urkundsbeamte der Geschäftsstelle in einer früheren Instanz als ein Rpfleger tätig war, Musielak/Voit/Heinrich Rn. 4; Zöller/Vollkommer Rn. 1, etwa nach § 692 beim Erlass eines Mahnbescheids nach §§ 19 Nr. 1, 26 I RPflG, Stein/Jonas/Bork Rn. 2; aM Zöller/Vollkommer Rn. 1 (aber auch nach dem Wegfall der Schlüssigkeitsprüfung nach → § 691 Rn. 11 bleibt zB die Zulässigkeitsprüfung nach → § 691 Rn. 3 notwendig). § 49 ist auch nach § 159 I 1 insoweit anwendbar, als ein Richter selbst auch nach § 159 I 1 als Protokollführer tätig ist. 3

Befangenheit ist derselbe Begriff wie beim Richter nach § 42, BGH Rpfleger 2003, 453. Eine frühere Tätigkeit in den eigentlichen Geschäften der Geschäftsstelle schadet dagegen nicht. 4

Eine **Verwandtschaft** oder eine Verschwägerung mit dem Richter ist zwar kein Ausschließungsgrund nach § 41, wohl aber evtl. ein Ablehnungsgrund nach § 42, Musielak/Voit/Heinrich Rn. 5. Ein solcher Referendar, der als Urkundsbeamter der Geschäftsstelle handelt, fällt unter § 49. Da die Parteien grundsätzlich keinen Anspruch auf die Mitwirkung eines bestimmten Urkundsbeamten haben, erübrigt sich grundsätzlich jede Entscheidung, wenn ein anderer Urkundsbeamter in die Geschäftsstelle eintritt. Etwas anderes gilt bei dem etwa nach → Vor § 688 Rn. 7 landesrechtlich für das Mahnverfahren bestellten Urkundsbeamten. 5

IV. Verstoß. Wenn ein kraft Gesetzes nach §§ 41, 49 ausgeschlossener Urkundsbeamter nach §§ 159 ff. protokollierte, muss das Gericht ein aufgrund einer solchen Verhandlung ergangenes Urteil aufheben und die Sache nach § 538 II 1 Nr. 1 zurückverweisen, OLG Dresden OLGRspr. 23, 159. Eine unzutreffende Mitteilung der Gerichtsverwaltung, ein Urkundsbeamter sei nicht ablehnbar, lässt sich nicht mit einer Verfassungsbeschwerde angreifen, BVerfG NJW 2007, 3200. 6

V. Rechtspfleger. Zu seiner Stellung grundsätzlich Wolf ZZP 99, 361. Nach §§ 3 Nr. 1h, 10 S. 1 RPflG sind die §§ 41–48 **entsprechend auf den Rpfleger anwendbar,** BVerfG Rpfleger 2008, 124; BGH Rpfleger 2005, 415, KG Rpfleger 2018, 193. Nach § 47 unaufschiebbar kann nach → § 47 Rn. 8 „Versteigerungstermin" zB ein solcher Termin sein. Über ein Ablehnungsgesuch gegenüber einem Rpfleger entscheidet bei einem Rechtsmissbrauch der Rpfleger nach → § 42 Rn. 9, BVerfG Rpfleger 2008, 124; BGH Rpfleger 2005, 415; Celle NJW-RR 1989, 569. Sonst entscheidet nach §§ 10 S. 2, 28 RPflG derjenige Richter, in dessen Dezernat der Rpfleger tätig geworden ist, BVerfG Rpfleger 2008, 124; Ffm Rpfleger 1982, 190; AG Gött Rpfleger 1999, 289 (Insolvenzverfahren). Auch hier gilt der Amtsermittlungsgrundsatz nach → Vor § 128 Rn. 44, Ffm OLGZ 1980, 110. Gegen seine zurückweisende Entscheidung ist die sofortige Erinnerung nach § 11 RPflG zulässig. Über eine sofortige Erinnerung in einer Familiensache entscheidet als Beschwerdegericht letzthin das OLG, (zum alten Recht) Ffm Rpfleger 1982, 190. Eine sofortige weitere Beschwerde ist unstatthaft. Vielmehr ist allenfalls die Rechtsbeschwerde nach § 574 möglich. 7

VI. Bezirksrevisor. Diesen weisungsgebundenen Beamten als einen Vertreter der Staatskasse kann man nicht als befangen ablehnen, Kblz MDR 1985, 257. 8

VII. Gerichtsvollzieher. → GVG § 155 Rn. 1. Es ist also keine Ablehnung zulässig, so auch Musielak/Voit/Heinrich Rn. 3. 9

Abschnitt 2. Parteien

Vorbemerkung zu § 50

Übersicht

1 **I. Systematik.** Der Zivilprozess baut auf dem Zweiparteiensystem auf. Die Parteien → Rn. 5f. sind die rechtlich maßgeblichen Akteure. Die Zweigliedrigkeit folgt aus dem materiellen Recht, das im Prozess zwischen zwei Parteien geltend gemacht wird. Unzulässig sind sog. Insichprozesse. Mehr als zwei Parteien sieht der Zivilprozess nicht vor, allerdings können auf jeder Seite mehrere Personen beteiligt sein, die als Streitgenossen bezeichnet werden (Musielak/Voit/Weth § 50 Rn. 5). Der Nebenintervenient (Streithelfer) ist nicht Partei, auch nicht, wenn er ein Rechtmittel nach § 66 II einlegt. Er kann bei rechtlichem Interesse einer der Parteien zu deren Unterstützung beitreten § 66. Die Parteien heißen im Erkenntnisverfahren aufgrund einer Klage nach §§ 253 ff. Kläger und Beklagter, im FamFG-Verfahren Beteiligte, aufgrund eines Antrags und im Mahnverfahren nach §§ 688 ff. Antragsteller und Antragsgegner, im Zwangsvollstreckungsverfahren nach §§ 704 ff. Gläubiger und Schuldner, im vorläufigen Rechtsschutzverfahren nach §§ 916 ff., 935 ff. Antragsteller oder -gegner oder – nach mündlicher Verhandlung – auch Arrest-(Verfügungs-)kläger und -beklagter.

2 **II. Regelungszweck.** Die Parteieigenschaft hat als Prozessvoraussetzung umfassende prozessuale Bedeutung. Zur Individualisierung der Partei ist Sorgfalt bei der Ermittlung und Bezeichnung notwendig. Die Parteistellung ist relevant für die Rechtshängigkeit nach § 261; für den Gerichtsstand nach §§ 12 ff.; für die Partei- oder Zeugenvernehmung nach §§ 373 ff., 445 ff.; für den Anspruch auf Prozesskostenhilfe nach §§ 114 ff.; für eine Sicherheitsleistung nach §§ 108 ff.; für die Kostentragungspflicht nach §§ 91 ff. Auf die Partei lautet das Urteil nach §§ 300 ff. Gegen sie ergehen Zwangsvollstreckungsmaßnahmen nach §§ 704 ff.

3 Die Parteirolle kann auch im Wege der Prozessstandschaft entstehen. Die neben der gesetzlichen Prozessstandschaft zulässige gewillkürte Prozessstandschaft → Rn. 34 ff. entspricht praktischen Bedürfnissen und lässt sich aus dem Prinzip der Prozesswirtschaftlichkeit ableiten. Gleichzeitig führt sie zu einem Auseinanderfallen von sachlichem Recht und prozessualer Befugnis. Die damit verbundene Gefahr einer Entfernung vom Parteibegriff gilt es im Blick zu behalten; → Rn. 35.

4 **III. Geltungsbereich.** §§ 50 ff. gelten in allen Verfahren nach der ZPO, auch im WEG-Verfahren, im arbeitsgerichtlichen Verfahren, BAG NJW 2007, 1019, sowie im Insolvenzverfahren nach § 4 InsO, Drsd NJW-RR 2000, 580, Zweibr Rpfl 2001, 93. Zum familiengerichtlichen Verfahren vgl. §§ 8, 9 FamFG. Nach § 9 V FamFG gelten die §§ 53–58 entsprechend. Im verwaltungsgerichtlichen Verfahren gelten vorrangig §§ 61 bis 66 VwGO, im sozialgerichtlichen Verfahren §§ 70–73, 74 und 75 SGG; Zur Feststellung der Prozessunfähigkeit nach § 71 SGG: BSG NJW 1994, 215; BVerfG NZA-RR 2016, 495. Nach § 71 VI SGG gelten §§ 53 bis 56 entsprechend. Nur soweit die genannten Vorschriften noch Raum lassen, gelten über § 173 VwGO und § 202 SGG die Vorschriften des Abschnitts 2 entsprechend. Zum finanzgerichtlichen Verfahren §§ 57 bis 60a FGO, insb. § 58 II 2 FGO. Ein Antragsteller im Klageerzwingungsverfahren muss nach § 172 III 1 StPO im Sinne von § 51 I prozessfähig sein, Stgt ZIP 2009, 2359.

IV. Parteibegriff

Schrifttum: Burbulla MDR 2007, 439 (Grdz.); Gerlichs, Passivprozesse des Testamentsvollstreckers, 1996; Offergeld, Die Rechtsstellung des Testamentsvollstreckers, 1995; Söllner, Der Zwangsverwalter nach dem ZVG zwischen Unternehmer und Vollstreckungsorgan, Diss. Erlangen/Nürnb 1990; Sunaric, Die richtige Partei im zivilprozessualen Erkenntnisverfahren, 2018.

5 **1. Partei.** Partei ist nach → Rn. 1 derjenige, der im eigenen Namen klagt bzw. derjenige, gegen den Rechtsschutz begehrt wird (sog. formeller Parteibegriff); es kann auch derjenige sein, der in Wahrheit klagt oder beklagt sein soll, BGH NJW 1988, 1587, Kobl MDR 2015, 1323, also derjenige, der Rechtsschutz begehrt, BGH NJW 2011, 1453 Rn. 11 bzw. auf den sich die prozessbegründenden Erklärungen wirklich beziehen, BGH EuZW 2009, 392 57, BAG NJW 2002, 459, Nürnb VersR 2008, 1053. Der Parteibegriff ist vom materiellen Recht unabhängig. Der Prozess soll erst klären, ob die geltend gemachten Rechte oder Rechtspositionen bestehen, Wieczorek/Schütze/Schulze Vor § 50 Rn. 16. Im FamFG-Verfahren gibt es keine Partei, sondern „Beteiligte" nach §§ 7, 8 FamFG, BGH NJW 2013, 2596.

6 Partei ist also **nicht** schon derjenige, den der Antrag **als Partei bezeichnet,** Düss Rpfleger 1997, 32, Mü MDR 1990, 60, AG Hagen BB 1995, 264. Partei ist man nach → Rn. 14 nicht schon deshalb, weil das Gericht einer Person die Klage nach § 271 zustellt, BGH NJW-RR 2008, 582 Rn. 12; BGH NJW-RR 1995, 764; BPatG

GRUR 1997, 526, Hamm NJW-RR 1999, 469. Partei wird auch nicht, wer sich als solche ausgibt, etwa für den wahren Beklagten im Prozess auftritt, BGH NJOZ 2004, 359. Zur Kostenhaftung des Veranlassers vgl. BGH NZM 2001, 299, 303; Ffm NJW-RR 1996, 1213, dazu abl. Anm. Zimmermann/Damrau MDR 1997, 303). Man ist auch nicht allein wegen der materiell-rechtlichen Rechtslage Partei. Umgekehrt verliert man wegen der Parteistellung den Rechtsstreit, wenn einem der Anspruch nicht zusteht, man also materiell nicht Recht hat, BGH NJW 1987, 1946. Freilich kann dann ein Rechtsmittel statthaft sein, BGH NJW-RR 2005, 118.

2. Auslegung. Wer Partei ist, muss nicht durch Ausforschung ermittelt werden; es ist aber von Amts wegen in jeder Prozesslage durch Auslegung festzustellen, wer Partei des Rechtsstreits ist, BGH BauR 2013, 635, BGH NJW-RR 2008, 582 Rn. 7; Köln GRUR-RR 2017, 443, Mü NJW-RR 2017, 256. Ausgangspunkt ist der Klageantrag, der nach § 253 II Nr. 1 Angaben zu den Parteien enthalten muss, zu berücksichtigen ist außerdem der gesamte Inhalt der Klageschrift einschließlich etwaiger beigefügter Anlagen. Maßgeblich ist, wie die Bezeichnung bei objektiver Deutung aus der Sicht der Empfänger (Gericht und Gegenpartei) zu verstehen ist, BGH NJW-RR 2008, 582 Rn. 7. Bei unrichtiger oder mehrdeutiger Bezeichnung ist diejenige Person als Partei anzusehen, die erkennbar durch die fehlerhafte Parteibezeichnung betroffen werden soll, BGH NJW-RR 2013, 394 Rn. 13 f., NJW-RR 2008, 582 Rn. 7 ff.; Nürnb VersR 2008, 1053. Eine berichtigende Auslegung ist auch dann möglich, wenn irrtümlich die Bezeichnung einer tatsächlich existierenden Person gewählt worden ist, BGH, NJW-RR 2008, 582 Rn. 8. Zur Auslegung der Parteibezeichnung in der Rechtsmittelschrift BGH MDR 2019, 240 Rn. 12 f. 7

3. Beispiele zur Frage einer Partei

Änderung: Die bloße Firmen-, Rechtsform- oder Namensänderung in Form einer Berichtigung erfolgen s. dort, beim Parteiwechsel handelt es sich um eine Klageänderung iSv 263. 8

BGB-Außengesellschaft: Sie ist nach → § 50 Rn. 9 rechts- und damit parteifähig, BGH 146, 341, Wertenbruch NJW 2002, 324 (Grdz.). Es kann zB die Aufzählung von Personen mit dem Zusatz „in BGB-Gesellschaft" darauf hindeuten, dass die Gesellschaft und nur sie Partei ist.

Berichtigung: Geben der Antrag oder die Klageschrift zweifelsfrei einen falschen Namen oder eine falsche Rechtsform an, berichtigt das Gericht sie gemäß § 319 von Amts wegen berichtigen, BAG NJW 2007, 459, Brdb ZMR 2016, 88, Kblz MDR 2015, 1323, BGH NJW 2003, 1043, BAG BB 1975, 842 (je: Berichtigung bei jeder Unklarheit). Aber auch „Rechtliche Bezeichnung".

Deckname: Ein Deckname genügt, wenn eine hinreichende Bestimmung der klagenden Partei gemäß den §§ 50, 253 II Nr. 1 ZPO möglich ist, LAG Köln, BeckRS 2016, 66838, MüKoZPO/Lindacher Vor § 50 Rn. 14.

Einzelkaufleute: Sie können unter ihrem Namen und ihrer Firma klagen und verklagt werden, § 17 I HGB; im Rechtsverkehr muss die Bezeichnung „eingetragener Kaufmann", „eingetragene Kauffrau" oder eine allgemein verständliche Abkürzung dieser Bezeichnung, etwa „e. K.", „e. Kfm." oder „e. Kfr." verwendet werden, Hopt/Merkt HGB § 19 Rn. 4 f.

Gesellschaft: Maßgeblich ist ihr Name, nicht derjenige eines evtl. unrichtigen Zusatzes eines Inhabernamens, BGH NJW 1999, 1871. Zu klären ist, ob nur die Gesellschaft, nur einige oder alle Gesellschafter auftreten sollen.

S. auch bei den einzelnen Gesellschaftsarten.

Insolvenzmasse: Sie ist kein selbständiges Sondervermögen mit eigener Rechtspersönlichkeit; dem Insolvenzverwalter obliegt die Prozessführung in gesetzlicher Prozessstandschaft, die mit Aufhebung des Insolvenzverfahrens erlischt; stRspr vgl. NZG 2008, 711.

Klageschrift-Kopf: Derjenige nach § 253 II Nr. 1 ist **nicht** maßgeblich, BAG NJW 2002, 459, Hamm NJW-RR 1999, 469, LG Marbg VersR 1993, 1424. Er ist aber Ausgangspunkt der Auslegung.

Offene Handelsgesellschaft: Nach ihrem Erlöschen nach → § 50 Rn. 32 können die letzten Gesellschafter die wahren Bekl. sein, solange noch Gesellschaftsvermögen existiert.

„In pp": Unzureichend ist diese Kurzform, Köln BB 2001, 1498.

Prozessverlauf: „Zeitpunkt".

Pseudonym: „Deckname".

Rechtliche Bezeichnung: Eine falsche bleibt grds. zunächst unbeachtlich, BAG NJW 2007, 459, Naumb NJW-RR 1998, 357, LG Ffm WuM 2013, 568. Das gilt etwa bei einer Insolvenzmasse oder bei einer Fabrik als Bekl.

Vgl. aber auch „Berichtigung".

Rundfunkanstalt: Kann Partei sein, nicht aber der Beitragsservice als Verwaltungsgemeinschaft der öffentl. rechtl. Rundfunkanstalten, BGH NVwZ-RR 2016, 117; Zusammenschluss der öffentl.-rechtl. Rundfunkanstalten ist nicht parteifähig, BGH NJW-RR 2016, 557.

Unklarheit: „Berichtigung".

Wohnungseigentümergemeinschaft: Jetzt nach § 9a WEG rechtsfähig bisher teilrechtsfähig, § 10 VI WEG aF, daher grds. parteifähig, zum alten Recht vgl. BGH NJW 2007, 1952; siehe aber auch BGH NJW 2011, 707 Rn. 11 ff.

Zeitpunkt: Maßgeblich ist nach § 253 I grds. derjenige der Klagezustellung nach § 271, Ffm MDR 1985, 676. Man muss aber auch einen etwa im Prozessverlauf eintretenden Umstand mitbeachten, BGH NJW 2007, 1952; BGH NJW 1981, 1453; Nürnb OLGZ 1987, 483.

Zustellungsfehler: Erfolgt die Zustellung von Klageschrift oder Mahnbescheid an eine andere als die als Gegner bezeichnete Partei, wird der Zustellungsempfänger dadurch nicht Partei. Er ist lediglich Scheinbeklagter und kann bei Veranlassung durch den Kläger verlangen, BGH NJW-RR 2008, 582, BGH NJW-RR 1995, 764.

4. Vertreter. Er ist nicht Partei, weder der gewillkürte (Bevollmächtigte) nach § 81 noch der gesetzliche nach § 51, der durch ein Gesetz oder eine Verwaltungsanordnung einer oder mehrerer natürlichen oder juristischen Personen nach zur Wahrung ihrer Rechte bestellt wird. Beispiele → § 51 Rn. 20 ff. Der gesetzliche Vertreter kann in bestimmten Konstellationen einen eigenen Anspruch neben demjenigen des Vertretenen verfolgen, zB die Eltern bei einer vom Dritten gegen den Sohn begangenen unerlaubten Handlung. In diesen Fällen ist der gesetzliche Vertreter neben dem Vertretenen Partei, KG Rpfleger 1978, 105. Der gesetzliche Vertreter soll in den 9 vorbereitenden Schriftsätzen nach § 129 angegeben werden, insbesondere nach §§ 130 Nr. 1, 253 IV in der Klageschrift; die Angabe ist nach §§ 171 I 1, 191 für jede Zustellung erforderlich.

10 **5. Partei kraft Amts.** Die Partei kraft Amts nimmt fremde Vermögensinteressen im eigenen Namen wahr. Handelt es sich etwa bei mehreren Vertretenen nicht um die Wahrung gleichlaufender Rechte, sondern um den gerichtlichen oder behördlichen Auftrag, nach eigenem Befinden ohne Rücksicht auf die Belange bestimmter Beteiligter zu handeln, also die widerstreitenden Belange zu wahren, kann man im Gegensatz zur sog. Vertretungstheorie nicht nur von einer gesetzlichen Vertretung sprechen. Vielmehr liegt dann eine eigene Parteistellung vor, das Handeln im eigenen (Amts-)Namen.

11 § 116 Nr. 1 nennt solche Partei eine Partei kraft Amts. Besser wäre Partei kraft gesetzlicher Treuhand. Denn ein „Amt" hat auch der gesetzliche Vertreter. Das Gericht muss die Frage einer Stellung als Partei von Amts wegen in der Kostengrundentscheidung klären, BAG NZA 2008, 1208.

6. Beispiele zur Frage einer Partei kraft Amts

12 **Bundesamt für Justiz:** Wegen seiner Stellung nach dem AUG „Auslandsunterhalt" → Rn. 33 ist das Bundesamt nicht Partei kraft Amts.

Bundesanstalt für vereinigungsbedingte Sonderaufgaben: Sie ist Partei kraft Amts, so schon LAG Bln DB 1995, 1872.

Gemeinsamer Gläubigervertreter: Er kann Partei kraft Amts im Insolvenzverfahren sein, Drsd ZIP 2015, 1650.

Gesetzlicher Vertreter: Er ist **nicht** Partei kraft Amts.

Insolvenzschuldner: Er ist bei Eigenverwaltung nach § 270 InsO **nicht** Partei kraft Amts. Der eigenverwaltende Insolvenzschuldner ist aber für den Antrag auf Prozesskostenhilfe nach § 116 als solche zu behandeln, BAG NZA 2017, 1415 Rn. 9 ff.

Insolvenzverwalter. Dazu Schmidt, Der Insolvenzverwalter im Zivilprozess, 2014. Der Insolvenzverwalter ist nach stRspr und hL Partei kraft Amts. Mit Eröffnung des Insolvenzverfahrens geht das Verwaltungs- und Verfügungsrecht, auch wegen des **ausländischen Vermögens,** dazu BGH NJW 1977, 900, auf den Insolvenzverwalter über, BGH NJW 1997, 1445. Das Amt **endet** nach vollzogener Schlussverteilung, BGH ZIP 2009, 2170 Rn. 2, oder der Bestätigung des **Insolvenzplans,** BGH NZI 2013, 489 Rn. 8, oder einer Einstellung mangels Masse, Mü NZI 2014, 610. Für schwebende Verfahren kann sich eine gewillkürte Prozessstandschaft nach § 259 III InsO anschließen, nicht aber für neue, BGH NZI 2013, 489. Der Insolvenzverwalter kann einen anhängigen Prozess auch nicht nach § 265 Abs. 2 weiterführen, BAG NJW 2007, 459.

Im Schrifttum wird der Insolvenzverwalter teilweise nicht als Partei kraft Amts, sondern als Vertreter des Schuldners (Vertretertheorie, vgl. Stein/Jonas/Jacoby Vor § 50 Rn. 3 mwN, oder als ein Organ der Masse angesehen, das als solches nur die Stellung eines gesetzlichen Vertreters hat (Organtheorie, vgl. Bötticher ZZP 77, 55). Schmidt NJW 1995, 912 differenziert: Der Verwalter bei Insolvenz einer Handelsgesellschaft oder eines Vereins ist Organ des Verbands. Der Verwalter bei Insolvenz einer natürlichen Person ist deren Repräsentant im Hinblick auf die zu verwaltende Masse und handelt als gesetzlicher Vertreter des Schuldners. Nach dieser Ansicht ist in beiden Fällen der Insolvenzverwalter nicht Vertreter des Insolvenzschuldners (zum Meinungsstand iE, MüKoZPO/Lindacher/Hau Vor § 50 Rn. 34). Auch „Vorläufiger Insolvenzverwalter".

Kanzleiabwickler: Partei kraft Amts ist derjenige nach § 55 BRAO, Karlsr NJW-RR 2005, 293, Anwaltsgerichtshof Celle NJW-RR 2016, 818, LG Aachen JurBüro 1993, 614.

Leibesfruchtpfleger: Keine Partei kraft Amts ist derjenige nach § 1912 BGB. Er ist gesetzlicher Vertreter nach § 51.

Nachlasspfleger: Keine Partei kraft Amts ist der Nachlasspfleger nach § 1960 BGB. Er vertritt einen oder mehreren Erben mit ihren gleichlaufenden Belangen. Er ist gesetzlicher Vertreter nach § 51 und keine Partei kraft Amts, BGH NJW 1983, 226; BGH NJW 1989, 2134; BSG BeckRS 2016, 65341; Drsd VersR 2019, 85; Drsd ZIP 2016, 939; Elzer Rpfl 1999, 163.

Nachlassverwalter: Er ist Partei kraft Amtes nach § 1985 BGB. Er vertritt nach § 1985 BGB die Belange der Erben und außerdem die möglicherweise widerstreitenden Interessen der Nachlassgläubiger. Beim Nachlassverwalter liegt ein amtliches Treuhandverhältnis vor. Er und nicht der Vertretene ist Partei; iE Staudinger/Dobler BGB § 1985 Rn. 1 ff.

Nießbrauchsverwalter: Er ist Partei kraft Amts nach § 1052 BGB.

Prozessstandschafter: Er ist **keine** Partei kraft Amts nach → Rn. 10 ff.

Sammelvermögenspfleger: Er ist Partei kraft Amts nach § 1914 BGB, MüKoBGB/Pohlmann BGB § 1052 Rn. 5.

Schuldverschreibungsgläubiger: Der gemeinsame Vertreter für die Gläubiger von inhaltsgleichen Schuldverschreibungen aus Gesamtemissionen ist keine Partei kraft Amts, BGH NZI 2016, 1014 Rn. 10.

Sequester: § 106 KO aF; Partei kraft Amtes nur ausnahmsweise für unaufschiebbare Maßnahmen, BGH NZI 2000, 420.

Testamentsvollstrecker: Partei kraft Amts ist der Testamentsvollstrecker nach §§ 2197 ff. BGB, BGH NZI 2016, 1014 Rn. 11, aM Grunsky NJW 1980, 2044. Er kann Prozessstandschafter nach → Rn. 32 sein, wenn er zB ein Recht geltend macht, das nicht in den Nachlass fällt, Tiedtke JZ 1981, 432.

Vorläufiger Insolvenzverwalter: Der sog. starke vorläufige Insolvenzverwalter ist Partei kraft Amts, BAG NJW 2011, 781 Rn. 30. Dem Schuldner muss ein allgemeines Verfügungsverbot (§ 21 II Nr. 2 Fall 1; § 22 I 1 InsO), nicht nur einen Zustimmungsvorbehalt (§ 21 II Nr. 2 Fall 2 InsO) auferlegt worden sein. In diesem Fall geht die Verwaltungs- und Verfügungsbefugnis über das Vermögen nach § 22 I 1 InsO auf den vorläufigen Insolvenzverwalter über, BGH NJW 1999, 2822, zu § 240 ZPO. LAG Hamm NZI 2002, 273. Im eigenen Namen handelt der vorläufige Verwalter ohne begleitendes Verfügungsverbot nur, soweit er persönlich, zB als Besitzer oder Handlungsstörer, sachbefugt ist, MüKoInsO/Haarmeyer/Schildt InsO § 22 Rn. 185.

Zwangsverwalter: *Er ist Partei* kraft Amts nach § 152 ZVG, BGH NJW 2018, 706 Rn. 19, NJW 2009, 1674 Rn. 11. Das Amt endet grds. mit Beendigung der Zwangsverwaltung. Die Prozessführungsbefugnis des Zwangsverwalters kann auch danach fortbestehen, wenn das Zwangsverwaltungsverfahren aufgehoben wird, weil das Grundstück in der Zwangsversteigerung zugeschlagen worden und der die Zwangsverwaltung betreibende Gläubiger zu diesem Zeitpunkt noch nicht vollständig befriedigt ist, BGH NJW 2010, 782 Rn. 13.

7. Staat als Partei. Es gilt das Rechtsträgerprinzip – zB Bund, Länder, Kommunen. Sie werden durch verschiedene Amtsstellen vertreten, stationes fisci. Rechts- und parteifähig ist die juristische Person. Gegen die nicht parteifähige einzelne Behörde kann keine wirksame Klage erhoben werden, BGH NJW 1972, 1714. Deshalb kann – trotz § 395 BGB – keine Amtsstelle mit der anderen prozessieren. Bezeichnet die Klageschrift nach § 253 II Nr. 1 die vertretende Amtsstelle falsch, darf die richtige ohne weiteres an die Stelle treten. Tut sie das nicht und berichtigt der Kläger nicht evtl. nach einem Hinweis durch das Gericht nach → § 56 Rn. 22 ff., muss das Gericht die Klage wegen mangelnder gesetzlicher Vertretung abweisen. Auch → § 18 Rn. 8 ff. und → § 50 Rn. 20. 13

8. Partei kraft Ladung. Eine bloße Zustellung schafft keine Partei – weder in der Person des Zustellungsempfängers noch des wahren Gegners, BGH NJW-RR 2008, 582 Rn. 12; BGH NJW-RR 1995, 765; Hamm NJW-RR 1999, 218, Stgt NJW-RR 1999, 216. Wird eine Klage an eine andere als die in der Klageschrift genannte Partei zugestellt, wird niemand Partei, BGH NJW 2017, 2472 Rn. 26. Bezeichnet aber der Kläger jemanden in der Klageschrift nach § 253 II Nr. 1 als Bekl. und lädt das Gericht ihn, ist er zunächst Partei und muss im Prozess als Partei aufzutreten. Andernfalls müsste er durch eine Verurteilung und die Zwangsvollstreckung Nachteile befürchten, Hamm MDR 1991, 1201, Stgt NJW-RR 1999, 216. Führt die fehlerhafte Parteibezeichnung zur Entlassung aus dem Prozess, etwa durch Klagerücknahme, darf er nach → Rn. 18, 22 stets eine Kostenentscheidung nach §§ 91 bzw. 269 zu seinen Gunsten verlangen, BGH NJW-RR 1995, 765; Düss NJW-RR 1996, 892, Stgt NJW-RR 1999, 216. Das gilt selbst dann, wenn der Kläger seinen Irrtum berichtigt und keinen Sachantrag stellt, Hamm MDR 1991, 1201. Freilich ergeht eine Entscheidung dann nur wegen der bis zu diesem Zeitpunkt entstandenen Kosten durch Beschluss nach § 329. Das Gericht darf ein Rechtsmittel des unrichtigerweise Bekl., also des sachlich nicht Legitimierten, nicht als unzulässig verwerfen, sondern es muss die Klage evtl. nach einem Hinweis nach § 139 durch Prozessurteil als unzulässig abweisen. 14

9. Kontradiktorische Stellung. Die Struktur des Zivilprozesses verlangt zwei verschiedene Parteien, die einander in einer Art „Kampfstellung" gegenüberstehen. Jede von ihnen verlangt Rechtsschutz gegen die andere. Jede ist prozessual gleichberechtigt, dh ihnen stehen die gleichen prozessualen Rechte zu. Niemand kann mit sich selbst prozessieren (Verbot des Insichprozesses), BGH ZEV 2018, 393 Rn. 6; BGH NJW-RR 2003, 217, auch nicht auf der einen Seite als Partei kraft Amts nach → Rn. 10, BGH NJW-RR 2003, 217, oder als gesetzlicher Vertreter nach § 51, BGH NJW 1984, 58, KG Rpfl 1978, 106, oder als gewillkürter Vertreter, aM Stgt NJW-RR 2015, 1226, oder als Streithelfer nach § 66 oder als Staatsorgan oder als Erbe der anderen Partei, ausf. Stöber MDR 2007, 757. Ein Prozess zwischen dem Insolvenzverwalter und dem Schuldner oder einem Insolvenzgläubiger ist möglich. Insoweit besteht Personenverschiedenheit, weil der Verwalter nach → Rn. 12 Partei kraft Amts ist. 15

10. Zusammenfallen beider Positionen. Wird eine Partei nach § 325 Rechtsnachfolgerin der anderen, ist kein Prozess mehr möglich. Das Rechtsschutzbedürfnis entfällt für beide „Parteien". Das Verfahren endet von selbst; es kann jedoch ein berechtigtes Interesse an Feststellung der Beendigung des Rechtsstreits bestehen, BGH ZEV 2018, 393 Rn. 7. Für eine Erledigungserklärung und Kostenentscheidung nach § 91a ist kein Raum, BGH ZEV 2018, 393 Rn. 8, NJW-RR 2011, 488 Rn. 7. Eine Kostenhaftung tritt gegenüber dem Staat nach §§ 22 ff. GKG ein, BGH ZEV 2018, 393 Rn. 8, gegenüber ProzBev. nach dem RVG. 16

Allerdings kann eine **Personengesamtheit** ihren Mitgliedern im Prozess gegenüberstehen; so eine Gemeinde, eine Offene Handelsgesellschaft, eine Aktiengesellschaft, ein Verein. Zu diesen Fragen BGH NJW 2008, 74, Lewerenz, Leistungsklagen zwischen Organen und Organmitgliedern der Aktiengesellschaft, 1977, Schmidt ZZP 92, 212. Ob und inwieweit Organ- und Organmitgliederklagebefugnisse gegeben sind, bestimmt sich nach dem Gesellschaftsrecht (iE MüKoZPO/Lindacher/Hau Vor § 50 Rn. 8). 17

V. Falsche und nichtbestehende Partei

Kunz, Die Vorgesellschaft im Prozeß und in der Zwangsvollstreckung usw., 1994; Lindacher, Die Nachgesellschaft – Prozessuale Fragen bei gelöschten Kapitalgesellschaften, FS Henckel, 1995, 549.

1. Falsche Partei. Hat der Kläger seine Klage gegen den falschen Beklagten gerichtet und zugestellt, wird dieser Partei, sofern die Auslegung → Rn. 7 nicht etwas anderes ergibt. Bezeichnet der Kläger den Beklagten richtig, die Zustellung erfolgt aber an eine andere Person, wird diese nicht Partei, BGH NJW-RR 1995, 765, OLG Stgt NJW-RR 1999, 216. Sind die Parteien sich darüber einig, dass der Scheinbeklagte nicht die richtige Partei ist, ist der Prozess mit der richtigen, in der Klageschrift benannten Partei fortsetzen. Das Gericht sollte die Scheinpartei in diesem Fall klarstellend entsprechend § 56 durch Beschluss aus dem Prozess entlassen. Diese förmliche Klarstellung kann auch im Tenor des die Instanz abschließenden Urteils enthalten sein, OLG Frankfurt, BeckRS 2015, 121480 Rn. 85. Besteht Streit darüber, ob der Bekl die in der Klageschrift benannte, richtige Partei ist, muss das Gericht in einem sog. Identitätsstreit – um den Rechtsschein der Parteistellung zu beseitigen – durch unechtes Zwischenurteil entsprechend § 71 ZPO feststellen, dass jemand nur Scheinbekl ist, BAG 2004, 452; BGH NJW-RR 1995, 764; OLG Köln BeckRS 2016, 6011 Rn. 12; OLG Mü WM 2017, 407. Das Zwischenurteil ist mit der sofortigen Beschwerde nach § 71 Abs. 2 ZPO anfechtbar, OLG Köln BeckRS 2016, 6011 Rn. 12) 18

Bestehen oder entstehen bei Bezeichnung des richtigen Beklagten in der Klageschrift konkrete Zweifel daran, dass die im Prozess auftretende Person mit der wahren Partei identisch ist, ist das Gericht in jeder Lage des Verfahrens von Amts wegen zur Prüfung verpflichtet, vgl. nur Musielak/Voit/Weth § 50 Rn. 11 mwN. Dies gilt bei konkreten Zweifeln auch im Anwaltsprozess (Musielak/Voit/Weth § 50 Rn. 11; MüKoZPO/Lindacher Vor § 50 Rn. 23; aA Nürnb OLGZ 1987, 482, 485; Zöller/Althammer Vorbem §§ 50–58 Rn. 10. Tritt eine falsche Partei namens der nach → Rn. 5 ff. richtigen auf, ist auch sie entsprechend § 56 durch einen klarstellenden Beschluss aus dem Prozess zu verweisen. Einer Entscheidung über die Identität bedarf es auch in dieser Konstellation nur, wenn darüber Streit entsteht. 19

Die Kosten der Scheinpartei gehen zu Lasten des Klägers, wenn er das Auftreten der falschen Partei veranlasst hat, BGH NJW-RR 2008, 582 Rn. 18; OLG Düss NJW-RR 1996, 892, und soweit notwendig waren, BGH NJW-RR 1995, 764, 765, OLG Stgt NJW-RR 1999, 216. Die Verwechslung muss unverzüglich gerügt werden, 20 andernfalls sind danach entstehende weitere Kosten nicht erstattungsfähig, OLG Kblz NJW-RR 1990, 960. Die Gefahr, durch rügelose Einlassung nach § 295 I Rechtsnachteile zu erleiden, dürfte nicht. Zwar kann ein Zustellungsmangel nach § 295 ZPO rückwirkend geheilt werden, wenn die Person, der vom Kläger die Beklagtenrolle zugedacht war, sich rügelos einlässt. Dies gilt aber gerade nicht, wenn die Einlassung durch eine Scheinpartei erfolgt, BGHZ 127, 164 = NJW 1994, 3232.

21 Prozesshandlungen der falschen Partei berühren die richtige nicht. Sie werden aber durch eine **Genehmigung** wirksam. Das folgt schon daraus, dass ein die falsche Partei bezeichnendes Urteil dann, wenn das Gericht erkennbar nur die richtige Partei meinte, nach → Vor § 300 Rn. 54 für und gegen die richtige wirkt und daher nur mit einem Rechtsbehelf nach → Vor § 511 Rn. 1 anfechtbar ist, BGH NJW-RR 1995, 765, OLG Saarbr OLGR 1997, 253, notfalls mit einer Nichtigkeitsklage nach § 579 I Nr. 4. Das Urteil wird mit dem Ablauf der Rechtsmittelfrist formell nach § 705 und sachlich nach § 322 rechtskräftig.

22 **2. Nichtbestehende Partei.** Die Frage der Existenz einer Partei betrifft die Parteifähigkeit, BGH NJW 2011, 778 Rn. 16. Besteht der Kläger in Wahrheit nicht oder nicht mehr, ist eine Zustellung unwirksam, BGH NJW 2002, 3111. Das Gericht muss die Klage durch Prozessurteil als unzulässig abweisen, BGH NJW 2002, 3111, Brdb NJW-RR 2002, 1217, Burbulla MDR 2007, 440 (Umdeutung nur unter engen Voraussetzungen). Wer die Existenz des Klägers behauptet hat, muss nach → Rn. 14, 18 die Kosten tragen, BGH NJW 2008, 528 Rn. 13 ff., Kblz MDR 2013, 1243, Mü NJW-RR 1999, 1264 (letzter Geschäftsführer; der gutgläubige ProzBev. nach § 81 haftet nicht selbst), aM Düss MDR 2008, 1308 (stellt auf die Art der Verteidigung des „ProzBev" eines nichtexistenten Bekl. ab). Die nichtbestehende Partei ist zur Geltendmachung dieses Umstands und seiner Folgen nach § 50 parteifähig, BGH NJW 2010, 3100 Rn. 9, NJW 2008, 529, Kblz MDR 2013, 1243. Die im Rechtsstreit als parteifähig erachtete Partei gilt auch im nachfolgenden Kostenfestsetzungsverfahren als parteifähig, BGH NJW 2008, 527 Rn. 14; NJW-RR 2004, 1505; anders, soweit die nichtexistente Partei den Prozess angestrengt hat LG Ffm ZWE 2014, 191. Die Berufung einer nicht existenten oder aus anderen Gründen parteiunfähigen Prozesspartei gegen ein Sachurteil ist zulässig, wenn die Partei mit der Berufung das Fehlen der Parteifähigkeit geltend macht, BGH NJW 2010, 3100 Rn. 9.

23 Bezeichnet ein vollstreckungsfähiger Titel eine nicht existente Person, entfaltet er keine Rechtswirkung BGH NJW 2010, 3100 Rn. 11; eine Zwangsvollstreckung ist ohne evtl Berichtigung des Titels durch das erkennende Gericht nicht möglich, vgl. Mü NZM 2015, 899.

24 Gegen eine unbestimmte und nicht greifbar bezeichnete Person ist kein Prozess statthaft. Davon gibt es nur wenige Ausnahmen, zB beim selbständigen Beweisverfahren nach §§ 485 ff.

25 **3. Erlöschen.** Handelsgesellschaften, Partnerschaftsgesellschaften und Genossenschaften verschwinden mit ihrem Erlöschen noch nicht unbedingt aus dem Rechtsleben, BGH ZIP 2017, 493, Brdb ZIP 2016, 1871, Mü NZG 2017, 1071. Trotzdem ist der Wille des Klägers dann maßgebend, wenn er nur die Geschäftsführer einer gelöschten Gesellschaft verklagt, Kblz VersR 1983, 671. Nach der Löschung muss das Gericht einen Liquidator bestellen, AG Lüneb DGVZ 1989, 191. Ist ein Verein aufgelöst und gelöscht, ist er nicht mehr existent, so dass gegen ihn weder ein Zwangsmittel nach § 888 ergehen kann, noch eine Beschwerdemöglichkeit besteht. Klagt der ProzBev. nach § 81 nach dem Tod seiner Partei, liegt nur eine falsche Bezeichnung der Partei nach § 86 vor, da die Erben in die Rechtsposition eintreten.

VI. Prozessführungsrecht und Sachbefugnis (Sachlegitimation)

Schrifttum: Altmeppen, Zur Rechtsnatur der actio pro socio, FS Musielak, 2001, 1; Barnert, Die Gesellschafterklage im dualistischen System des Gesellschaftsrechts, 2003; Baumgarten, Der richtige Kläger im deutschen, französischen und englischen Zivilprozess, 2001; Baumgartner, Die Klagebefugnis nach deutschem Recht vor dem Hintergrund der Einwirkungen des Gemeinschaftsrechts, 2005; Berger, Die subjektiven Grenzen der Prozessstandschaft usw., 1992; Grunsky, Prozessstandschaft, FG 50 Jahre Bundesgerichtshof, 2000, III 109; Jänisch, Prosessuale Auswirkung der Übertragung der Mitgliedschaft, 1996; Koch, Die grenzüberschreitende Prozeßführungsbefugnis, ZZP 127, 493; Otterbach, Die Fortsetzung des Rechtsstreits nach Wechsel der Sachlegitimation oder der Prozessführungsbefugnis, 2010; Schilken, Probleme des Wechsels der Sachlegitimation im Zivilprozess, insbesondere auf Klägerseite, FS Gerhardt, 2004, 879; Schütz, Sachlegitimation und richtige Prozesspartei bei innergesellschaftlichen Streitigkeiten in der Personengesellschaft, 1994; Schumann, Die Prozessermächtigung (die gewillkürte Prozessstandschaft) und der Rechtschutz des Beklagten, FS Musielak, 2004, 457; Weber, Die Prozeßführungsbefugnis als Sachurteilsvoraussetzung im Zivilprozeß und im Verwaltungsprozeß, Diss. Augsb 1992; Wrobel, Die Prozeßführungsbefugnis des Zwangsverwalters, 1993; van Zwoll, Die Prozeßstandschaft auf der Beklagtenseite, 1993. Zur Verbandsklage auch → Vor § 253 Rn. 42.

26 **1. Prozessführungsrecht.** Prozessführungsrecht oder -befugnis ist nach eine in jeder Lage des Prozesses von Amts wegen zu beachtende Zulässigkeitsvoraussetzung der Klage nach → Vor § 253 Rn. 12 ff. Die Tatsachen, aus denen sich die Prozessführungsbefugnis ergibt, müssen grundsätzlich zum Zeitpunkt der letzten mündlichen Verhandlung in der Tatsacheninstanz vorliegen, BGH NJW 2011, 2581 Rn. 10, BGH NJW 2000, 739. Mit Blick darauf, dass die Prozessführungsbefugnis auch im Revisionsverfahren fortbestehen muss, ist sie vom Revisionsgericht ohne Bindung an die vom Berufungsgericht getroffenen tatsächlichen Feststellungen zu prüfen, BGH GRUR 2018, 1166 Rn. 12 mwN. Es geht dabei um das Recht, einen bestimmten Prozess als richtige Partei im eigenen Namen über ein eigenes oder ein fremdes Recht zu führen, BGH NJW 2011, 2581 Rn. 11, OLG Hmb MDR 2010, 1479.Die Prozessführungsbefugnis steht zunächst dem Rechtsinhaber und durch das Recht betroffenen Personen zur Durchsetzung oder Abwehr materieller Rechte zu, Wieczorek/Schütze/Schulze Vor § 50 Rn. 30. Sie kann für die Geltendmachung von Rechten aber auch durch Gesetz oder Rechtsgeschäft auf Dritte übertragen werden. Voraussetzung für die Übertragung der Prozessführungsbefugnis ist ein schutzwürdiges Eigeninteresse des Ermächtigten, das insbesondere anzunehmen ist, wenn die Entscheidung Einfluss auf die eigene Rechtslage des Prozessführungsbefugten hat, BGH NJW 2017, 2352 Rn. 10. Es kann auch durch ein wirtschaftliches Interesse begründet werden, BGH NJW 2017, 2352 Rn. 10; NJW 2017, 487 Rn. 17. Eine bloß technische Erleichterung der Prozessführung genügt nicht, BGH NJW 2017, 487 Rn. 19. Die Vollstreckungsabwehrklage nach § 767 ZPO ist in Prozessstandschaft unzulässig, da sie nach dem Wortlaut vom Schuldner zu erheben ist, BGH NZG 2016, 221 Rn. 22.

27 **Im FamFG-Verfahren** sollte man von einem Verfahrensführungsrecht sprechen.

Fehlt das Prozessführungsrecht, muss das Gericht die Klage als unzulässig, BGH GRUR 2002, 239, also ohne Rechtskraftwirkung nach § 322 abweisen, BGH NJW 1994, 653, Ffm FamRZ 1983, 1268. 28

2. Sachbefugnis. Die Sachbefugnis – auf Klägerseite die Aktivlegitimation – bezeichnet demgegenüber die materiell-rechtliche Seite, nämlich das Zustehen eines Anspruchs. Sie ist streng von der Prozessführungsbefugnis zu unterscheiden, da sie die Begründetheit der Klage, nicht deren Zulässigkeit betrifft. Die Sachbefugnis ist ein Teil der Sachbegründung. Fehlt sie, weil dem Kläger der Anspruch nicht oder nicht gegen den Beklagten zusteht, muss das Gericht die Klage mit Rechtskraftwirkung nach § 322 in der Sache selbst abweisen, BGH NJW 1986, 3207. 29

3. Zusammentreffen. Im Regelfall treffen das Prozessführungsrecht und die Aktivlegitimation zusammen, BGH NJW 2011, 2581, BayObLG DB 1979, 936. Notwendig ist das aber nicht, Reinicke/Tiedtke JZ 1985, 892. Zum Beispiel kann ein Gesellschafter als Kläger für die Gesellschaft. Prozessführungsberechtigt sein, indem er die Leistung an alle Gesellschafter bzw. die Gesellschaft verlangen kann, BGH JZ 1975, 178, aM Hadding JZ 1975, 164. Sachlich befugt ist er nicht. Denn ihm fehlt der eigene materiell-rechtliche Anspruch. Ferner kann für die Prozessführungsbefugnis die Behauptung eines Anspruchs genügen, während sein Bestehen die Begründetheit betrifft. Das gilt auch beim Fehlen einer wirksamen Abtretung. Während für die Prozessführungsbefugnis bereits die Behauptung der Abtretung eines Anspruchs genügen kann, fehlt es an der Aktivlegitimation, wenn die Abtretung nicht wirksam erfolgt ist, LAG Bln-Brdb NZA-RR 2015, 81. Wer eine Forderung zur Sicherung abtritt, bleibt auch dann befugt, sie gerichtlich zugunsten des neuen Rechtsinhabers geltend zu machen, BGH NJW 2004, 2154, wenn seinen Anspruch auf die Rückabtretung nach der Erfüllung der gesicherten Forderung ein Gläubiger nach § 829 pfändet und ihn sich nach § 835 zur Einziehung überweisen lässt, BGH NJW 1986, 3206, Ffm MDR 1984, 228. Zur Problematik Brehm KTS 1985, 5. 30

4. Prozessvoraussetzung. Klagt der aus dem Rechtsverhältnis sachlich Berechtigte, darf das Gericht dieses Recht nach der Lebenserfahrung wie bei → Anh. § 286 Rn. 34 als vorhanden annehmen, soweit nicht gesetzliche Vorschriften entgegenstehen. Der Kläger muss für sich und den Bekl. nicht nur behaupten, so ArbG Nürnb WuM 2013, 239, sondern auch evtl. beweisen, BGH ZIP 2011, 769. Das Gericht muss ein Prozessführungsrecht als eine Prozessvoraussetzung nach → Rn. 29 in jeder Lage des Verfahrens nach → Vor § 128 Rn. 46 von Amts wegen vor der Sachbefugnis prüfen, BGH NJW 2011, 2581, aM Balzer NJW 1992, 2721. Dass das Gericht auch die Sachbefugnis prüfen muss, folgt aus ihrer Natur als einem Teil der materiell-rechtlichen Klagbegründung. 31

5. Gesetzliche Prozessstandschaft: Möglichkeit bei jeder Klageart. Nicht selten darf oder muss man sogar einen solchen Anspruch in eigenem Namen im Prozess verfolgen, der nach dem sachlichen Recht an sich einem anderen zusteht oder zustand, Celle NJW-RR 2012, 1102, Hamm FamRZ 1988, 188, Karlsr FamRZ 1988, 636. Geschieht das aufgrund einer eigenen gesetzlichen Befugnis, liegt eine sog. gesetzliche Prozessstandschaft vor (so zuerst Kohler), Celle NJW-RR 2012, 1102, Eickmann Rpfl 1981, 214. Das kann bei jeder Klagart geschehen, LG Saarbr ZMR 1992, 61. Den Gegensatz bildet nach → Rn. 34 die sog. gewillkürte Prozessstandschaft oder Prozessgeschäftsführung. 32

6. Beispiele zur Frage einer gesetzlichen Prozessstandschaft

Abtretung: → Rn. 30. 33

Aktionär: Dazu Mencke, Die zivilprozessuale Beiladung im Klageverfahren gem. § 148 AktG, 2012. Er hat evtl. nach § 148 I AktG im sog. Klagezulassungsverfahren ein Recht auf die Zulassung, einen Ersatzanspruch der Gesellschaft aus § 147 I 1 AktG in eigenem Namen geltend zu machen.

Auslandsunterhalt: Das Bundesamt für Justiz als Zentrale Behörde im Verfahren nach dem AUG ist weder Partei kraft Amts noch Prozessgeschäftsführer noch gesetzlicher Vertreter, sondern nach → Vor § 78 Rn. 16 ProzBev. kraft Gesetzes. Auch → „Unterhalt".

Bruchteilsgemeinschaft: §§ 741 ff. BGB reichen, BGH NJW 1990, 1106.

Drittschuldner: → „Überweisung".

Drittwiderspruchsklage: „Insolvenz".

Ehegüterrecht: Der allein verwaltende Ehegatte darf die Rechte des anderen am Gesamtgut nach § 1422 BGB kraft eigenen Rechts geltend machen. Bei einer Gütergemeinschaft kann sich einer der Ehegatten vom anderen ermächtigen lassen, BGH NJW 1994, 653.

Erbrecht. Dazu Ahner, Die Rechtsstellung der Erbengemeinschaft in Prozess und Zwangsvollstreckung, 2008. Die Erbengemeinschaft als solche ist nicht parteifähig; agieren müssen die Mitglieder der Erbengemeinschaft (BGH, NJW 2022, 393 Rn. 23). Eine gesetzliche Prozessstandschaft liegt vor, soweit ein Miterbe nach § 2039 BGB vorgeht, BGH FamRZ 2016, 710; Habermeier ZZP 105, 182. Vgl. auch Schlesw FamRZ 2015, 606.

Forderungsübergang: Eine gesetzliche Prozessstandschaft **fehlt,** soweit eine Partei nach infolge eines gesetzlichen Forderungsübergangs klagt. Denn in diesem Fall ist sie kraft Gesetzes die neue Gläubigerin.

Gesamtgläubiger: § 432 I 2 BGB reicht, BGH NJW 1985, 2825.

Gesellschaftsrecht: Der einzelne Gesellschafter einer Personengesellschaft kann einen Gesellschaftsanspruch gegen einen Mitgesellschafter erheben, sog. **actio pro socio,** BGH NJW 2001, 1210. Evtl. gilt das auch gegenüber einem Dritten, BGH NJW 1988, 558; Saarbr OLGR 2001, 90. Auch § 744 II BGB kann reichen, BGH DB 2008, 1622, Saarbr OLGR 2001, 90.

Heimarbeit: Eine gesetzliche Prozessstandschaft liegt vor, soweit das Land den Entgeltanspruch eines Heimarbeiters verfolgt, BAG BB 1985, 529.

Insolvenz: Eine gesetzliche Prozessstandschaft liegt nach § 80 InsO vor, soweit der Insolvenzverwalter klagt, BGH DtZ 1997, 23; LG Bln MDR 1989, 171, oder Bekl. ist, BGH WM 2012, 1637, oder soweit ihn ein Absonderungsberechtigter ermächtigt, BGH NJW 1988, 1210. Zur Problematik beim Sequester BGH MDR 2000, 974, oder soweit eine Nachtragsverteilung ansteht, BGH NJW 1982, 1765. Die gesetzliche Prozessführungsbefugnis des vorläufigen Insolvenzverwalters nach § 22 I 1 InsO erstreckt sich **nicht** auf eine Massevermehrung oder auf eine Schadensersatzklage, LG Essen Rpfl 2000, 398. Sie endet mit dem Verfahrensende, BGH ZIP 2009, 102 und 2170.

Markenrecht: Eine gesetzliche Prozessstandschaft liegt bei § 27 III MarkenG vor, Drsd WettbR 1999, 135.

Nachlasspfleger: Er ist nach § 1960 II BGB **kein** gesetzlicher Prozessstandshafter, BGH NJW 1989, 2134, Köln NJW-RR 1997, 1091.

Nachlassverwalter: Eine gesetzliche Prozessstandschaft liegt nach §§ 1984 I 3, 1985 I BGB bei ihm vor.
Nießbrauchsverwalter: Er handelt in gesetzlicher Prozessstandschaft, § 1052 BGB.
Orchestervorstand: Eine gesetzliche Prozessstandschaft liegt vor, soweit der Orchestervorstand usw. nach § 80 II UrhG vorgeht, BGHZ 121, 322; Ffm GRUR 1985, 381.
Personalrat: Eine gesetzliche Prozessstandschaft kann vorliegen, BVerwG NZA-RR 2016, 500.
Rechtskrafterstreckung: Picht ZZP 131, 92.
Rechtsnachfolge: Eine gesetzliche Prozessstandschaft kann nach § 265 I, II 1 eintreten, BGH NJW 2011, 2194; Hmb MDR 2010, 1479 (Ausgliederung).
Rentenrecht: Eine gesetzliche Prozessstandschaft liegt vor, soweit der vom Land ermächtigte Bund wegen privatrechtlicher Forderungen des Versorgungsträgers wegen Ersatzes gezahlter Renten gegen Dritte vorgeht.
Testamentsvollstrecker: Er handelt nach §§ 2212, 2213 I 1 BGB grds. in gesetzlicher Prozessstandschaft, BGH NJW-RR 1987, 1091; Celle NJW-RR 2012, 1102. Sein Recht ist aber begrenzt, BGH MDR 2003, 284; Celle NJW-RR 2012, 1102. Zu ihm gehört aber die Abwicklung, Nürnb FamRZ 2011, 1258. Auch der vom Vorgänger bestimmte Nachfolger kann ein Prozessführungsrecht haben, Schlesw FamRZ 2015, 606. Der Erbe kann ihn als Nachlassschuldner verklagen. Denn der Testamentsvollstrecker kann nicht gegen sich selbst prozessieren, BGH MDR 2003, 284.
Überweisung: Eine gesetzliche Prozessstandschaft liegt vor, soweit ein Überweisungsgläubiger nach § 841 die Rechte des Schuldners im eigenen Namen geltend macht. Der Schuldner kann auf eine Leistung an den Gläubiger klagen, BGH NJW 2001, 2179.
Unterhalt. Dazu Wolf/Lecking MDR 2010, 1299 (Grdz.). Eine gesetzliche Verfahrensstandschaft liegt vor, soweit ein Elternteil nach § 1629 II 2, III BGB oder nach § 9 I UVG den Unterhaltsanspruch des **minderjährigen** Kindes gegen den anderen Elternteil nach im eigenen Namen geltend macht, BGH NJW 1983, 2085; Stgt MDR 1999, 41; OVG Bautzen NJW 2011, 2457; strenger Kblz FamRZ 1987, 495; Zweibr FER 2001, 68. Auch das nach § 7 IV UVG handelnde Land ist gesetzlicher Verfahrensstandschafter, Karlsr FamRZ 2004, 1796. Zum Erlöschen der Verfahrensstandschaft Brdb FamRZ 2012, 1819 (Volljährigkeit); Rogner NJW 1994, 3325 (ausf.). Rechtspolitisch krit. Schmitz FamRZ 1988, 1131. Die Mutter kann aber **nicht** den Unterhaltsanspruch des **volljährigen** Kindes im eigenen Namen geltend machen, selbst wenn es in ihrem Haushalt lebt, Ffm FamRZ 1979, 175; Stgt OLGR 2001, 103. Auch → Rn. 33 „Auslandsunterhalt".
Verleger: § 10 II 2 UrhG reicht.
Versicherung: Sieg VersR 1997, 159 (Grdz.).
Verwertungsgesellschaft: Sie handelt nach § 27 I 2 UrhG usw. in gesetzlicher Prozessstandschaft, BVerfG MDR 1988, 285.
Wohnungseigentümer, -verwalter: Die Wohnungseigentümergemeinschaft ist für gemeinschaftsbezogene Pflichten der Wohnungseigentümer nach § 10 VI 3 WEG kraft Gesetzes passiv prozessführungsbefugt, BGH NJW 2016, 1735 Rn. 20.
Zwangsverwaltung: Eine gesetzliche Prozessstandschaft liegt nach § 152 ZVG vor, soweit der Zwangsverwalter klagt, BGHZ 161, 293 (auch zu den Grenzen). Das gilt auch dann, wenn er nach der Aufhebung des Verfahrens noch Nutzungen aus der Zeit der Zwangsverwaltung einklagt, BGH NJW-RR 1993, 442; Stgt NJW 1975, 266; LG Kref Rpfl 1988, 113; aM Hamm ZMR 2010, 179.

34 **7. Gewillkürte Prozessstandschaft.** Dazu Hoffmann ZZP 130, 403 (Grdz.). Eine Prozessgeschäftsführung liegt vor, wenn jemand aufgrund ausdrücklicher oder stillschweigender Ermächtigung (BGH NJW-RR 2021, 1400 Rn. 43 mwN) einen an sich einem anderen zustehenden materiell-rechtlichen Anspruch im Prozess verfolgt, BGH WuM 2012, 561, der grds. nach → Rn. 43 auch abtretbar ist, aber nicht an ihn abgetreten wurde. Eine weitere Voraussetzung ist, dass der Kläger dabei im eigenen Namen handelt, aber im Gegensatz zur Situation → Rn. 32 ohne eine Übertragung einer eigenen gesetzlichen Befugnis, sondern nur aufgrund einer auch prozessual darzulegenden rechtsgeschäftlich erhaltenen Erlaubnis, BGH NJW 2000, 738. Üblich ist die Bezeichnung gewillkürte Prozessstandschaft.. Wenn die Berechtigung nach außen fehlt und auch keine materiell-rechtliche Übertragung stattgefunden hat, ist ein Prozessführungsrecht eines Dritten grundsätzlich zu verneinen.

35 **8. Eigenes berechtigtes Interesse.** Ein Prozessführungsrecht besteht regelmäßig dann, wenn der Kläger einen berechtigten eigenen Grund zur Geltendmachung des fremden Rechts hat, BGH NJW 2017, 2353, also ein öffentlich- oder privatrechtliches eigenes schutzwürdiges Interesse, BGH NJW 2017, 488; BGH GRUR 2002, 239; Brdb ZMR 1999, 97 (Befreiung von Verbindlichkeit), Köln NJW-RR 2001, 533; aM Boecken/Krause NJW 1987, 421 (sie fordern die Beachtung von Treu und Glauben). Nach Koch JZ 1984, 815 ist die Rechtsfigur entbehrlich; grundsätzlich fehle das Rechtsschutzbedürfnis. Diese Auffassung ist aber von der Rechtsprechungsentwicklung überholt.

36 Dabei kommt es dafür, ob der Prozessstandschafter auf eine Leistung an sich selbst oder nur an den Ermächtigenden klagen kann, auf die **Auslegung** der Ermächtigung nach §§ 133, 157 BGB, → Vor § 128 Rn. 60 an, BGH NJW 2001, 680. Sie ist zwar eine Parteiprozesshandlung, BGH NJW 2015, 2427. Sie richtet sich aber nach dem sachlichen Recht, BGH NJW 2015, 2427, evtl. nach dem Auslandsrecht, BGHZ 125, 196. Sie unterliegt keinem Anwaltszwang. Sie kann auf den Zeitpunkt der Klageerhebung nach §§ 253, 261 zurückwirken, BGH NJW-RR 1993, 670. Man kann weder für die eine noch für die andere Möglichkeit einen Anscheinsbeweis nach → Vor § 284 Rn. 38 konstruieren.

37 Ein eigenes rechtsschutzwürdiges Interesse liegt nur insoweit vor, als die Entscheidung des Prozesses die eigene **Rechtslage** des Prozessführenden beeinflusst, BGH NJW 2017, 488; Düss NJW-RR 2009, 1492, AG Mü ZMR 2014, 21.

38 Diese Situation kann bei einem sicherungshalber abgetretenen Anspruch vorliegen, BGH NJW 1989, 1932; LG Kassel VersR 1979, 616; Brehm KTS 1985, 11. Zur Problematik LG Hmb WM 2010, 1412, Frank ZZP 92, 321; Stadler JZ 2014, 615. Das schutzwürdige Eigeninteresse kann auch darin bestehen, dass der Prozessstandschafter wegen größerer Sachnähe zum geltend gemachten Recht den Rechtsstreit besser als der Gläubiger führen kann (NJW 2017, 486 Rn. 14).

39 Das Gericht muss die Voraussetzungen in jeder Verfahrenslage **von Amts wegen prüfen,** BGH 125, 200; Mü GRUR-RR 2016, 64, auch in der Revisionsinstanz (BGH NJW-RR 2021, 1400 Rn. 22 mwN). Der Prozessstandschafter muss diese Position grundsätzlich im Prozess offenlegen (BGH NJW 1999, 2110 und ihre Voraus-

setzungen schlüssig darlegen und ggf. beweisen (BGH NJW-RR 2021, 1400 Rn. 22; GRUR 2008, 1108 Rn. 51). Erforderlich ist, dass die Tatsachen, aus denen sich eine zulässige gewillkürte Prozessstandschaft ergibt, am Verhandlungsschluss nach §§ 136 IV, 296a vorliegen (BGH NJW 2000, 738 (739)).

einstweilen frei 40

9. Kein unbilliger Nachteil. Schutzwürdig ist ein Interesse des Klägers nur, wenn der Beklagte durch die gewählte Art der Prozessführung nicht unbillig benachteiligt wird (BGH NJW 2017, 2352; WuM 2008, 220). Eine solche Benachteiligung fehlt bei einer bloßen Gefährdung eines Anspruchs auf eine Kostenerstattung, BGH NJW 1999, 1717, oder bei einer Beweischance, NJW 1988, 1587. Die Übertragung der Prozessführungsbefugnis auf einen Dritten ist grundsätzlich unzulässig (BGH NJW 1998, 3205). 41

10. Keine bloße Prozesswirtschaftlichkeit. Eine bloße Prozesswirtschaftlichkeit kann das erforderliche Interesse nicht begründen (BGH NJW 2017, 486 Rn. 14; NJW 2017, 487 Rn. 19; NJW 2009, 1215). 42

11. Beispiele zur Frage einer gewillkürten Prozessstandschaft

Abtretung: Es gibt viele Fallarten. 43

– **(Abtretbarkeit):** Eine gewillkürte Prozessstandschaft kommt bei einer Abtretbarkeit der Rechtsausübung infrage, BVerwG NJW 1983, 1133. Ein schutzwürdiges Interesse kann aber auch zu bejahen sein, wenn ein Anspruch – wie der Grundbuchberichtigungsanspruch – nicht selbständig abtretbar ist, BGH NJW 2002, 1032. Auch „– (Zessionar)", → „Höchstpersönliches Recht".

– **(Anspruchsmehrheit):** Ein Prozessführungsrecht kann auch bei einer Vielzahl bestimmter Ansprüche bestehen, BGH NJW 1995, 3186; NJW 2021, 3046.

– **(Erbenhaftung):** „– (Vorbehalt beschränkter Erbenhaftung)".

– **(Ermächtigung):** Ein Prozessführungsrecht besteht grds. dann, wenn der Zedent mit einer Ermächtigung des Zessionars klagt, BGH NJW-RR 2011, 1691; Köln MDR 1980, 865 Eine wirksame Ermächtigung wirkt auch bei § 265 II 1 fort, BGH NJW 1989, 1933. Ebenso bleibt die Prozessführungsbefugnis beim Zedent, wenn die Abtretung nach Rechtshängigkeit erfolgt, BGH NJW 2009, 1215.

– **(Name):** Ein Prozessführungsrecht kann beim → Namensrecht bestehen.

– **(Rechtskraft):** Die Rechtskraft nach § 322 gilt für und gegen den Prozessstandschafter, BGH DB 1999, 1316; Hamm NJW 1989, 463; KG MDR 1975, 756. Das gilt auch bei einer Sicherungsabtretung, BGH DB 1999, 1316 (zumindest nach deren Offenlegung).

– **(Sicherungsabtretung):** Ein Prozessführungsrecht **fehlt** bei einer bloßen solchen Abtretungsart. → Auch „– (Rechtskraft)".

– **(Tod):** Ein Prozessführungsrecht kann auch wegen des Persönlichkeitsrechts eines Verstorbenen bestehen, BGHZ 107, 384.

– **(Überschuldung):** Ein Prozessführungsrecht **fehlt** ausnahmsweise dann beim Zedenten, wenn er überschuldet ist, BGH NJW 2003, 2232; Brdb MDR 2002, 1453 (je: auch zu einer Ausnahme von dieser Ausnahme); Rostock MDR 2004, 770.

– **(Veräußerung):** Wegen § 265 II 1 BGH NJW 1989, 1933 (Fortwirkung einer Ermächtigung).

– **(Vermögenslosigkeit):** Es gilt dasselbe wie bei → „– (Überschuldung)".

– **(Vorbehalt beschränkter Erbenhaftung):** Ein Prozessführungsrecht **fehlt** bei § 780, BGH ZIP 2014, 119.

– **(Vollstreckungsabwehrklage):** Sie wird auch durch die Abtretung des Anspruchs, der Grundlage der mit der Vollstreckungsabwehrklage geltend gemachten Einwendung sein soll, nicht statthaft, NJW-RR 2014, 653

– **(Zedent):** Ein Prozessführungsrecht **fehlt** beim bloßen Interesse an technischer Erleichterung der Prozessführung, BGH NJW 2017, 488.

– **(Zessionar):** Ein Prozessführungsrecht **fehlt** bei ihm, LG Augsb MDR 2011, 1501. Denn er macht ein jetzt eigenes Recht geltend, LG Düss BB 2007, 848. Auch → „– (Abtretbarkeit)", → „– (Sicherungsabtretung)".

Aktiengesellschaft: Es liegt dann ein Prozessführungsrecht vor, wenn ein Gläubiger nach § 93 V 1 AktG klagt, Habscheid FS Weber, 1975, 202, ferner bei § 350 AktG. Mit der Ermächtigung eines Aktionärs kann auch ein Dritter in einer Prozessstandschaft vorgehen, Stgt NJW-RR 2003, 1619. Die Klagebefugnis erlischt im Anfechtungsprozess mit dem Wegfall der Aktionärseigenschaft nicht stets, Heise/Dreier BB 2004, 1126.

ARGE: Es kann dann ein Prozessführungsrecht vorliegen, wenn ein Mitglied einer auch früheren ARGE einen Werklohnanspruch einklagt, BGH NJW 1999, 3707. Zu einer ARGE nach § 44b SGB II BGH FamRZ 2012, 957; KG JurBüro 2009, 208. Erst nach ihrer Beendigung wird eine Klage gegen sie unzulässig, Karlsr NJW 2012, 2205.

Assekuradeur: Ein Assekuradeur hat wegen des Anspruchs eines Versicherten gegen den Schädiger evtl. ein Prozessführungsrecht, Düss VersR 1997, 132; Köln VersR 2006, 1565. Er kann auch gegen einen anderen Versicherer so vorgehen, KG VersR 2005, 830.

Auslandsberührung: Grds. ist nach → Einl. III Rn. 137 die lex fori maßgeblich, BGH NJW 1994, 2549.

Auslegung: → „Umdeutung".

Bundesrepublik: Auch sie kann ein öffentlich-rechtliches schutzwürdiges Interesse haben, Karlsr VersR 2005, 1551.

CMR-Vertrag: Vgl. Piper VersR 1988, 203.

Dienstbarkeit: Ein Prozessführungsrecht **fehlt** dann, wenn der Berechtigte aus einer beschränkten persönlichen Dienstbarkeit einen Dritten zur Klage gegen den Eigentümer des belasteten Grundstücks ermächtigt, soweit die Überlassung des Rechts der Ausübung nach unstatthaft ist.

Drittschadensinteresse: Es liegt dann ein Prozessführungsrecht vor, wenn derjenige Geschädigte klagt, den der eigentlich Ersatzberechtigte vertraglich ermächtigt hat und dem die Ersatzleistung letztlich zugutekommt (Berechtigung aus Drittschaden), BGH NJW 1981, 2640.

Eigentum: Es kann ein Prozessführungsrecht nach § 985 BGB auch für den Pächter vorliegen, BGH NJW-RR 1986, 158; Werner JuS 1987, 855, oder auf den Käufer, BGH NJW 2001, 680. Dasselbe gilt für eine Klage eines Miteigentümers auf eine Zustimmung nach § 1011 BGB, BGH NJW 1985, 2825.

Einspeisevergütung: Wegen des Netzbetreibers Kblz ZMR 2014, 584.

Einziehungsindossatar: Es liegt ein Prozessführungsrecht vor, BGH NJW 1999, 2111; LG Hmb WM 2010, 1412 (auch zu den Grenzen); aM LG Ffm ZMR 2016, 337. Auch → „Inkassozession", → „Sicherungseigentum", → „Vollmachtsindossatar".

Erbrecht: Ein Prozessführungsrecht liegt dann vor, wenn ein Erbe des Ermächtigten weiter ebenso vorgeht, BGH NJW 2012, 3643, oder wenn ein Erbe eine Ermächtigung erteilt, BGH NJW 1990, 1987, oder wenn er mit einer Ermächtigung des Nachlassverwalters im eigenen Namen und Interesse auf die Auflassung eines solchen Grundstücks klagt, das dann der Nachlassverwaltung unterliegen soll, oder wenn der Vermächtnisnehmer mit einer Ermächtigung des Erben auf die Herausgabe klagt, BGH WM 1995, 1855. Aber auch → „Missbrauch".

Erfinderbenennung: Es gibt dazu kein Prozessführungsrecht, → „Höchstpersönliches Recht", BGH GRUR 1978, 585.

Ermächtigung zum Auftreten: Ein Prozessführungsrecht liegt vor, soweit der Kläger eine evtl. sogar stillschweigende Ermächtigung zum Auftreten vor Gericht hat, BGH NJW 1999, 739. Das gilt zB: Bei der Erhebung eines Gesellschaftsanspruchs durch einen Gesellschafter, BGH NJW-RR 2002, 1377; bei der Klage des früheren Gläubigers wegen einer Sicherungsabtretung, BGHZ 128, 379; bei der Klage nur eines Ehegatten wegen Baumängeln bei gemeinsamem Hausbau, BGHZ 94, 122.

Frachtvertrag: Es kann ein Prozessführungsrecht des Empfängers für den Absender gegen den Frachtführer bestehen, BGHZ 140, 93.

Gesellschaft mit beschränkter Haftung. Dazu Happ, Die GmbH im Prozeß, 1997. Es liegt dann ein Prozessführungsrecht vor, wenn der fast sämtliche Anteile besitzende Gesellschafter im Auftrag der Gesellschaft klagt, BGH NJW-RR 1987, 57, oder wenn die übrigen Gesellschafter auch für den rechtskräftig zur Zustimmung Verurteilten klagen, BGHZ 64, 259, oder wenn ein Gläubiger eine Einlageforderung nach § 19 GmbHG gegen einen Gesellschafter einklagt, Stgt BB 2002, 2086.

Ein Prozessführungsrecht **fehlt** aber dann, wenn die nach § 394 I 1 FamFG in Vermögensverfall geratene GmbH oder GmbH und Co. KG ohne jede Aussicht ist, ihre Geschäfte fortzuführen, BGH NJW 1999, 1718. Freilich mag die Chance einer Befreiung von einer Verbindlichkeit reichen, BGH NJW 2003, 2232. Zum Problem Frahm VersR 1996, 163. Auch → „Konzern".

Gesellschaft bürgerlichen Rechts: Es kann dann ein Prozessführungsrecht vorliegen, wenn ein Gesellschafter einen Anspruch der Gesellschaft geltend macht, so schon BGH NJW 1999, 3707, Kblz NJW-RR 2014, 45; Saarbr OLGR 2001, 90. Das kann erst recht seit BGHZ 146, 341 (Rechts-, Partei- und Prozessfähigkeit der BGB-Außengesellschaft) je nach der Gesamtlage so sein, BGH NJW-RR 2002, 1378, etwa zugunsten des Geschäftsführers, BGH NJW-RR 2002, 1377. Eine Prozessstandschaft **fehlt** bei der Klage eines Gesellschafters als solchem. Denn er nimmt eigene Interessen und Rechte wahr. Die Gesellschaft kann nicht in einer Prozessstandschaft der übrigen Gesellschafter auf die Ausschließung eines weiteren klagen, BGH BB 1991, 371.

Gewerblicher Rechtsschutz: → „Verbandsklage".

Grundbuchsberichtigung: Es liegt ein Verfahrensführungsrecht des Verkäufers nach § 894 BGB vor, BGH NJW-RR 1988, 126.

Grundschuldgläubiger: Er kann ein Prozessführungsrecht haben, Mü FGPrax 2011, 47.

Heimarbeiter: → Rn. 33.

Höchstpersönliches Recht: Ein Prozessführungsrecht **fehlt** grds. dann, wenn es um ein höchstpersönliches Recht geht, BGH NJW 1983, 1561, oder um ein solches, das unübertragbar ist, BGH GRUR 1978, 585; BFH DB 1978, 2060. Wegen einiger Ausnahmen → „Abtretung".

Inkassozession: Dazu Fest WM 2015, 710 (Grdz.); Michalski BB 1995, 1361. Ein Prozessführungsrecht kann als eine eng auslegbare Ausnahme vom Grundsatz → „Abtretung" bei einer bloßen Inkassozession vorliegen (Begriff Grüneberg/Grüneberg BGB § 398 Rn. 29), BGH NJW 1999, 2110.

Insolvenzverfahren: Man kann folgende Lagen unterscheiden.

– **(Absonderung):** → „– (Ermächtigung)".

– **(Eigenverwaltung):** Ein Prozessführungsrecht liegt dann vor, wenn der Schuldner als Eigenverwalter handelt, BFH ZIP 2014, 894; LAG Stgt ZIP 2014, 1455. Das gilt zB dann, wenn er als eine natürliche Person ein zur Insolvenzmasse zählendes Recht einklagt, BGH NJW 1987, 2018.

– **(Erlöschen):** Das Prozessführungsrecht endet grds. mit einer Eröffnung des Insolvenzverfahrens über das Vermögen des Ermächtigenden, BGH NJW 2000, 738, oder mit der Bestätigung eines Insolvenzplans, BGH ZIP 2013, 998. Wegen einer **Ausnahme** BGH NJW 1995, 3187.

– **(Ermächtigung):** Es liegt dann ein Prozessführungsrecht vor, wenn der Insolvenzverwalter bei der Insolvenz einer KG in dieser Eigenschaft eine Forderung gegen einen mithaftenden Gesellschafter einklagt und wenn der Insolvenzgläubiger ihn dazu ermächtigt hat, um den Erlös allen Insolvenzgläubigern zugutekommen zu lassen, oder wenn der Insolvenzverwalter mit einer Ermächtigung eines Absonderungsberechtigten klagt, um auch für die Masse etwas zu erhalten, BGH WM 2003, 496.

– **(Forderungsfreigabe):** Ein Prozessführungsrecht **fehlt** dann, wenn der Verwalter eine Forderung freigibt, um die Insolvenzmasse vom Prozessrisiko zu befreien, sich aber vom Schuldner sofort wieder Zahlungsansprüche oder den Erlös zur Insolvenzmasse abtreten lässt oder vereinbart, dass ein erstrittener Erlös zur Insolvenzmasse abzuführen ist, und wenn der Schuldner kein eigenes rechtsschutzwürdiges Interesse an der Klage hat.

– **(Massefremdheit):** Ein Prozessführungsrecht liegt dann vor, wenn der Insolvenzverwalter einen Bereicherungsanspruch als ein massefremdes Recht einklagt, BGH BB 2003, 1526.

– **(Schlussverteilung):** Ein Prozessführungsrecht kann dann vorliegen, wenn der frühere Insolvenzverwalter nach der Schlussverteilung für einen Gläubiger tätig wird, BGH ZIP 2009, 2170.

Jedermann: Bei § 55 II Nr. 1 MarkenG liegt in Fällen des Antrags auf Erklärung des Verfalls der Marke ein Prozessführungsrecht für „jede Person" vor. Nach § 34 DesignG darf „jedermann" die Feststellung der Nichtigkeit eines Designs beantragen.

Kommission: Es liegt dann ein Prozessführungsrecht vor, wenn der Kommissionär im Einverständnis des Kommittenten im eigenen Namen gegen einen Dritten auf einen Ersatz klagt.

Konzern: Es liegt grds. dann ein Prozessführungsrecht vor, wenn die Muttergesellschaft einen Anspruch einer 100%igen Tochter geltend macht, BGH GRUR 1995, 54.

Kostenrisiko: Ein Prozessführungsrecht kann fehlen, wenn durch die Zulassung nachhaltige Interessen des Prozessgegners verletzt würden, etwa das Kostenrisiko sich zu dessen Lasten erhöht, vgl. BGH NJW 1989, 1932; Brdb ZIP 2002, 1444; Hamm NJW-RR 1992, 763.

Kreditgeber: Ohne besondere Umstände **fehlt** ein Prozessführungsrecht des Kreditgebers des Versicherungsnehmers für eine Klage gegen den Versicherer, Hamm VersR 1996, 255.

Leasing: Der Leasingnehmer kann ein Prozessführungsrecht haben, Düss NVersZ 1999, 40.

Markengesetz: Ein Prozessführungsrecht wegen der Verletzung einer Marke steht dem Lizenznehmer anstelle des Inhabers mit Zustimmung des Inhabers § 23 III 1 MarkenG, oder nach erfolgloser Fristsetzung zur Klageerhebung zu, § 23 II 2 MarkenG.

Mietrecht:

- **(Ehepartner):** Ein Prozessführungsrecht liegt dann vor, wenn ein Vermieter den auch der Ehefrau zustehenden Anspruch einklagt, BGHZ 94, 117.
- **(Erwerber):** Es gilt dasselbe wie beim → „– (Hausverwalter)", BGH WuM 2012, 561.
- **(Gesetzliches Verbot):** Ein Prozessführungsrecht **fehlt** beim Verstoß gegen § 134 BGB, LG Bln NJW-RR 1993, 1234 (Verwalter klagt Miete ein), oder beim Verstoß gegen das RDG.
- **(Hausverwalter):** Ein Prozessführungsrecht liegt dann vor, wenn der vom Vermieter hierzu eigens ermächtigte Hausverwalter einen Anspruch des Vermieters geltend macht, LG Brem WuM 1993, 605; Scholzen ZMR 1981, 3; aM LG Kassel NJW-RR 1991, 529 (aber der Verwalter hat meist auch ein eigenes rechtliches Interesse).
- **(Mehrere Mieter):** Ein Prozessführungsrecht **fehlt** bei ihnen, soweit nicht zusätzliche Gesichtspunkte hinzutreten, großzügiger LG Bln NJW-RR 1999, 1387; LG Ffm WuM 2015, 312.
- **(Notwegrecht):** Ein Mieter kann ein solches Recht des Vermieters geltend machen, BGH NZM 2014, 267.

Missbrauch: Ein Rechtsmissbrauch → Einl. II Rn. 103 ff., § 138 BGB ist auch hier schädlich, BGH NJW-RR 1990, 506; Ramm KTS 1990, 617. Er liegt zB dann vor, wenn es nur um eine Verringerung des eigenen Kostenrisikos geht, oder wenn ein Miterbe allein einen zum Nachlass gehörigen Anspruch nach § 2039 S. 1 BGB arglistig geltend macht, und wenn die anderen Miterben der Klageerhebung widersprechen.

Nachlassverwaltung: → „Erbrecht".

Namensrecht: Bei seiner Geltendmachung kann eine gewillkürte Prozessstandschaft zulässig sein, BGH NJW 1993, 919.

Offene Handelsgesellschaft: Es kann ein Prozessführungsrecht des einen auch zugunsten des anderen Gesellschafters vorliegen, BayObLG 2000, 100.

Orchestervorstand: → Rn. 33.

Pacht: Es liegt ein Prozessführungsrecht bei der Herausgabeklage des Pächters vor, BGH NJW-RR 1986, 158.

Partnerschaftsgesellschaft: Jeder Partner kann nach § 7 III PartGG iVm § 125 I HGB die Partnerschaftsgesellschaft grds. allein vertreten. Daher liegt **keine** Notwendigkeit zur Annahme eines Prozessführungsrechts vor, solange nicht der Partnerschaftsvertrag zulässigerweise nach § 7 III PartGG iVm §§ 125 II, IV, 126, 127 HGB die Vertretungsmacht einschränkt. In diesem letzteren Fall lässt sich nur nach den Umständen klären, ob ein Prozessführungsrecht des auftretenden oder beklagten Partners vorliegt. Es kommt auf die Art und den Umfang der Beschränkung seiner Vertretungsmacht an, aber auch auf die Interessen des Prozessgegners.

Persönlichkeitsrecht: → „Höchstpersönliches Recht".

Politische Partei: Nicht hierher gehört die Klage des Vorstands des Kreisverbands einer politischen Partei, Celle NJW 1989, 2477.

Privat-Haftpflichtversicherer: Er kann ein Prozessführungsrecht haben, Schmid VersR 2010, 324.

Provision: Zum Problem Mü NJW-RR 2009, 285.

Rechtsmissbrauch: → „Missbrauch".

Schadensersatz: Es kann ein Prozessführungsrecht der Krankenkasse für den Verletzten gegen den Schädiger vorliegen, BGH NJW 1985, 2194 (Verdienstausfall). Auch → „Drittschadensinteresse".

Schiedsrichterliches Verfahren: Pfeiffer SchiedsVZ 2017, 135.

Schmerzensgeld: → „Höchstpersönliches Recht".

Sicherungsabtretung: → „Abtretung".

Sicherungseigentum: Es liegt dann ein Prozessführungsrecht vor, wenn der Sicherungsgeber mit einer Ermächtigung des Sicherungseigentümers klagt, BGH NJW 2017, 2352; Nürnb NJW 1977, 1543. Dabei kann man die Zustimmung stillschweigend erteilen, BGH NJW-RR 1988, 127. Evtl. liegt auch allgemein beim Sicherungsabtretenden ein Prozessgeschäftsführungsrecht vor, BGH NJW 1989, 1932. Der Sicherungsgeber darf die ihm erteilte Ermächtigung aber nicht auf einen Dritten übertragen, Jena MDR 1998, 1468. Auch → „Treuhänder".

Sortenschutzvereinigung: Sie hat **keine** gewillkürte Prozessstandschaft, soweit es nicht um unmittelbare oder mittelbare Mitglieder geht, BGH GRUR 2002, 239; anders bei Mitgliedern, vgl. BGH GRUR 2005, 68.

Sozialversicherungsträger: Eine Abtretung des gem. § 119 SGB X auf den Rentenversicherungsträger übergegangenen Anspruchs auf einen Dritten ist unzulässig, weil sie den Inhalt der Leistung verändern würde. Dem Zweck dieses Abtretungsverbots widerspräche es, könnte der Rentenversicherungsträger dem Geschädigten eine Einziehungsermächtigung erteilen, BGH NJW-RR 2004, 595.

Stille Gesellschaft: Es kann ein Prozessführungsrecht des oder für den Stillen vorliegen, BGH NJW 1995, 1355.

Tod: Ein Prozessführungsrecht **erlischt im** Zweifel mit dem Tod des Ermächtigenden, BGH NJW 1993, 3073 (zust. Schilken ZZP 107, 524). Auch → Rn. 43 „Abtretung".

Treuhänder: Ein Prozessführungsrecht kann vorliegen, soweit der Treugeber tätig wird, BGH NJW 1999, 2111; Brdb BB 2002, 1610. Durch eine Abtretung an ihn selbst wird er zum Rechtsinhaber nach → Rn. 34. Auch → „Abtretung", → „Sicherungseigentum".

Überschuldung: Ein Prozessführungsrecht kann zugunsten einer natürlichen Person nach → § 50 Rn. 5, 7 (anders als bei der GmbH) trotz einer Überschuldung bestehen, BGH NJW 1999, 1718. Auch → „Vermögensloser".

Umdeutung: Eine gewillkürte Prozessstandschaft kann sich durch eine Umdeutung §§ 133, 157 BGB oder nach → Vor § 128 Rn. 60 ergeben, zB bei einer unwirksamen Abtretung, BGH NJW-RR 2003, 51; Stgt BB 2002, 2086.

Unterhalt: Eine Einziehungsermächtigung durch die Sozialbehörde ist statthaft, Düss FamRZ 1995, 818; Köln FamRZ 2009, 1844. Bei einem künftigen Unterhalt hat der Sozialleistungsträger eine gewillkürte Verfahrensstandschaft, BGH FamRZ 1998, 357.

Ein Verfahrensführungsrecht **fehlt** dann, wenn das Jugendamt nach einem Anspruchsübergang einen Rückstand aus der Zeit vor der Rechtshängigkeit nach → § 261 Rn. 1 einfordert, Hamm FamRZ 1990, 1370. Ein Verfahrensführungsrecht fehlt ferner, sobald der Unterhaltsgläubiger wegen des Empfangs von Sozialhilfe seinen Anspruch wegen des grds. jetzt kraft Gesetzes auf den Sozialhilfeträger übergehenden Anspruchs verliert, BGH NJW-RR 1996, 1345; Brem FamRZ 1995, 821; Jena FamRZ 1996, 951; aM Köln FamRZ 2009, 1844; Schlesw MDR 1994, 726; Zöller/Vollkommer Vor § 50 Rn. 49 (aber es besteht keine Notwendigkeit einer Überleitungs- oder Rechtswahrungsanzeige mehr). Auch → Rn. 33.

Unübertragbarkeit: → „Höchstpersönliches Recht".

Unzulässige Rechtsausübung: → „Missbrauch".

Urheberrecht: Es liegt ein Prozessführungsrecht vor, wenn nach § 10 II UrhG der Herausgeber oder Verleger die Rechte des namenlosen Urhebers wahrt.

Veräußerung der Streitsache: Es liegt ein Prozessführungsrecht vor, wenn der Veräußerer des Streitgegenstands den Prozess nach §§ 265, 266 weiterführt, BGH NJW-RR 1988, 289.

Verbandsklage: Ein Prozessführungsrecht kann vorliegen, wenn ein Verband satzungsgemäß die Förderung der geschäftlichen Interessen der Mitglieder betreibt, BGH NZG 2011, 1305. Nach § 3 UKlaG und § 8 III UWG besteht eine ausdrückliche gesetzliche Ermächtigung.

Verein: Ein Vorstandsmitglied kann **nicht** einen Vereinsanspruch einklagen, Celle NJW 1989, 2477.

Vermögensloser: Ein Prozessführungsrecht **fehlt** bei seinem Vorschieben, BGH NJW-RR 1988, 127; Saarbr NJW-RR 1998, 1605, aber nicht bei einem echten eigenen Interesse, BGH NJW 2003, 2231. Auch → „Überschuldung".

Versicherung. Dazu Koch/Hirse VersR 2001, 405 (zur Dogmatik); Sieg VersR 1997, 181 (Grdz.). Eine Abtretung kann reichen, LG Bonn VersR 2006, 90. Es kann ein Prozessführungsrecht des Versicherungsnehmers bleiben, Brem NJW-RR 2012, 93; Köln NJW-RR 1994, 27.

Nach einem rechtskräftigen Unterliegen im Hauptprozess und einer Leistung durch den Versicherer kann der Versicherungsnehmer **nicht** mehr ohne eine Zustimmung des Versicherers vom Anwalt einen Schadensersatz fordern, Düss VersR 1999, 445. Der Schädiger kann nicht statt des Versicherungsnehmers eine Deckung vom Versicherer fordern, Stgt VersR 1991, 766. Wegen der Führungsklausel in einem Transportversicherungsvertrag BGH NJW-RR 2002, 20. Der Darlehensgeber kann **nicht** einen Anspruch des Darlehensnehmers gegen eine Versicherung einklagen, Hamm VersR 1996, 254. Beim Fehlen einer Bezugsberechtigung kann eine gewillkürte Prozessstandschaft fehlen, LG Waldshut-Tiengen VersR 2017, 842.

Versorgungsrecht: Wegen des Versorgungsträgers → Rn. 33.

Vollmachtsindossatar: Es liegt ein Prozessführungsrecht vor, Art. 18 WG. Auch → „Einziehungsindossatar".

Vollstreckungsstandschaft: Sie ist nach → Vor § 727 Rn. 5 grds. **nicht** statthaft.

Vorläufiger Insolvenzverwalter: Zum eingeschränkten Prozessführungsrecht des nach §§ 21, 22 InsO bestellten vorläufigen Insolvenzverwalters

Wettbewerbsrecht: → „Verbandsklage".

Widerruf. Dazu Berger FS Prütting, 2018, 221. Man kann eine Ermächtigung meist bis zur Klageerhebung nach §§ 253, 261 jederzeit nach sachlichem Recht widerrufen, solange zur Durchsetzung des Rechts noch Prozesshandlungen des Prozessstandschafters geboten sind. Etwas anderes gilt nur, wenn sich aus dem zugrundeliegenden Rechtsverhältnis Abweichendes, etwa die Unwiderruflichkeit der Ermächtigung, ergibt BGH NJW 2015, 2427 Rn. 24; vgl. auch Leyendecker ZZP 122, 485 Das kann auch stillschweigend erfolgen, Saarbr NJW-RR 2015, 117. Man muß den Gegnerschutz mitbeachten, Berger FS Prütting, 2018, 221 (233).

Wohnungseigentum.

Nach Anerkennung der Parteifähigkeit der Wohnungseigentümergemeinschaft kann das für eine gewillkürte Prozessstandschaft erforderliche schutzwürdige Eigeninteresse des Verwalters nicht mehr aus der diesem durch das Wohnungseigentumsgesetz, insbesondere § 27 WEG, zugewiesenen Rechts- und Pflichtenstellung hergeleitet werden. Die Befugnis, Rechte der Wohnungseigentümergemeinschaft in eigenem Namen geltend zu machen, kann nur noch aus anderen Gründen in Betracht gezogen werden, BGH NJW 2011, 1362 Rn. 9 ff.

- **(BGB-Gesellschaft):** Sie kann **nicht** Verwalterin sein, BGH NJW 2006, 2189.
- **(Einzeleigentümer):** Ein Prozessführungsrecht besteht dann, wenn ein einzelner Eigentümer mit einer Ermächtigung der Gemeinschaft vorgeht, BGH NJW 1991, 2480; Hamm ZMR 1989, 99 (je: Sondereigentum); Düss NZM 2000, 502; AG Kerpen ZMR 2018, 271; abl. Riecke (je: Wohngeld, evtl. Fortbestand nach seinem Ausscheiden); Kblz NZM 2000, 518. **Kein** Prozessführungsrecht hat der Einzeleigentümer grds. dann, wenn und soweit die Wohnungseigentümergemeinschaft die Durchsetzung der Rechte durch Mehrheitsbeschluss an sich gezogen hat, BGH NJW 2015, 1022 Rn. 7 ff.
- **(Gemeinschaft):** Ausreichend ist ihre Klage, Hamm NJW-RR 2013, 523. Zur passiven Prozessführungsbefugnis BGH NJW 2016, 1735. Auch → „– (Sondereigentum)".
- **(Generalermächtigung):** Sie kann nach § 134 BGB nichtig sein, AG Neuss WuM 1989, 88.
- **(Mietsicherheit):** Ein Prozessführungsrecht **fehlt,** soweit es nur um eine solche geht, zB um ihre Rückzahlung, LG Kaisersl WuM 2003, 630.
- **(Sonderverwaltung):** Ein Prozessführungsrecht **fehlt** dann, wenn der Verwalter ohne eine besondere Ermächtigung des Eigentümers einer gesondert verwalteten Wohnung vorgeht, LG Kiel WuM 1998, 233; AG Köln WuM 2008, 677; AG Neuss WuM 1989, 88. Auch → „– (Generalermächtigung)".
- **(Wohngeld):** → „– (Einzeleigentümer)".
- **(Zwangsvollstreckung):** Es gibt keine Sonderregeln.

Zahlungsunfähigkeit: Trotz ihres Eintritts kann ein Prozessführungsrecht fortdauern, BGH NJW 1995, 3186.

Zeuge: Es kann dann ein Prozessführungsrecht vorliegen, wenn der Rechtsinhaber zum Zeugen nach §§ 373 ff. werden soll, BGH NJW-RR 1988, 126. Zur Problematik Dötsch NZM 2015, 473.

Zwangsverwaltung. Dazu Wrobel KTS 1995, 19 (ausf.). Ein Prozessführungsrecht liegt dann vor, wenn der Zwangsverwalter tätig wird. Denn er wickelt ab. Daher bleibt dieses Recht evtl. sogar nach der Aufhebung der

Zwangsverwaltung wegen einer Zwangsversteigerung des beschlagnahmten Grundstücks bestehen, BGHZ 155, 43, nicht aber bei einer Rücknahme des Gläubigerantrags, BGHZ 155, 43. Auch → Rn. 33.
Zwangsvollstreckung: Es kann ein Prozessführungsrecht des Gläubigers für den Überweisungsgläubiger nach § 835 gegen den Schuldner bestehen (BGH NJW 1986, 423).

Titel 1. Parteifähigkeit; Prozessfähigkeit

Vorbemerkung zu Titel 1

I. Systematik. Parteifähig ist, wer Prozesspartei sein kann, wer also prozessual rechtsfähig ist. Die ZPO verknüpft die prozessuale Rechtsfähigkeit wegen der sachlichen Verwandtschaft zwecks einer Vereinfachung mit der materiell-rechtlichen. Prozessfähig ist, wer nach § 51 wirksame Prozesshandlungen vornehmen und einen ProzBev. nach § 81 bestellen kann. Die Prozessfähigkeit hängt von der Fähigkeit ab, sich materiell-rechtlich durch Verträge zu verpflichten. Sie trifft also wesentlich mit der Geschäftsfähigkeit nach dem BGB zusammen. Sie befähigt zu allen prozessualen Handlungen nach → Vor § 128 Rn. 55. Eine Beschränkung der Prozessfähigkeit auf gewisse Prozessgattungen ist möglich, nicht aber auf einzelne Prozesshandlungen. 1

Prozesshandlungsvoraussetzungen sind die Parteifähigkeit nach § 50, BGH ZIP 2013, 1559; Bbg FamRZ 2013, 479; Kblz NJW-RR 2008, 148, die Prozessfähigkeit nach § 51, BGH MDR 1992, 911, sowie die Postulationsfähigkeit nach → Vor § 78 Rn. 1. Ihr Mangel führt evtl. nach einem Hinweis nach § 139 zur Prozessabweisung nach → Vor § 253 Rn. 14 ohne eine innere Rechtskraft nach § 322 für die Sache selbst, BGH ZIP 2013, 1559. Etwas anderes gilt, falls der gesetzliche Vertreter nach § 51 die Handlung nachträglich genehmigt, BGH MDR 1992, 911. Die gerichtliche Bestellung eines Vertreters für den Prozessunfähigen sieht § 57 vor. Das Prozessführungsrecht nach → Vor § 50 Rn. 26 und die Sachbefugnis nach → Vor § 50 Rn. 29 haben mit der Prozessfähigkeit nichts zu tun. 2

II. Regelungszweck. Die Verknüpfung des sachlichen mit dem prozessualen Recht dient auch im Bereich der Zulassung und Begrenzung von Prozesssubjekten im Sinne der Prozesswirtschaftlichkeit nach → Vor § 128 Rn. 15 einer durchaus wünschenswerten Vereinheitlichung und Vereinfachung. Die Zulassung der Rechts- und Parteifähigkeit der Außengesellschaft bürgerlichen Rechts nach BGH 146, 341 zeigt ein starkes derartiges Bedürfnis unter Zurückstellung langjähriger dogmatischer Bedenken. Andererseits fordert die Rechtssicherheit nach → Einl. II Rn. 87 auch eine Begrenzung solcher Tendenzen. Daran sollte sich die Auslegung nach → Einl. II Rn. 70 ff. mitorientieren, ohne das Gebot des effektiven Rechtschutzes nach → Einl. II Rn. 3, 20, → Vor § 253 Rn. 1 aus dem Blick zu verlieren. 3

III. Geltungsbereich. → Vor § 50 Rn. 4. § 9 FamFG gilt als Sondervorschrift vorrangig. 4

50 *Parteifähigkeit.* I Parteifähig ist, wer rechtsfähig ist.

II Ein Verein, der nicht rechtsfähig ist, kann klagen und verklagt werden; in dem Rechtsstreit hat der Verein die Stellung eines rechtsfähigen Vereins.

Schrifttum: Barnert, Die Gesellschafterklage in dualistischem System des Gesellschaftsrechts, 2003; Beranek, Die Parteifähigkeit usw., 2009; Cebecioglu, Stellung des Ausländers im Zivilprozess (rechtsvergleichend), 2000; Hammen, Parteifähigkeit der Börse im Zivilprozess, FS Baums 2017, 547; von Lücken, Parteifähigkeit der Gesellschaft bürgerlichen Rechts und Parteibegriff im Zivilprozessrecht, 2009; Morawietz, Die rechts- und parteifähige Gesellschaft bürgerlichen Rechts im Zivilprozess, 2011Schemmann, Parteifähigkeit im Zivilprozess, 2002; Schwab, Prozeßrecht gesellschaftsinterner Streitigkeiten, 2004.

Übersicht

I. Systematik, I, II. § 50 regelt die Voraussetzungen der Parteifähigkeit. § 56 regelt das Verfahren ihrer Prüfung im Prozess. §§ 51 ff. regeln die von der Parteifähigkeit zu unterscheidende Prozessfähigkeit. Die Parteifähigkeit ist eine Prozessvoraussetzung, BGH WM 2012, 1484, die das Gericht von Amts wegen in jeder Instanz beachten muss, BGH ZIP 2010, 1515. 1

2 **II. Regelungszweck, I, II.** Das Vorliegen der Parteifähigkeit bedarf nach → § 56 Rn. 1, 2 der Prüfung. Das liegt im Interesse aller den Prozess tragenden Verfahrensgrundsätze nach → Vor § 50 Rn. 2, → Vor § 128 Rn. 13. Die Parteifähigkeit muss bis zum Verhandlungsschluss nach §§ 136 IV, 296a vorliegen. Bei ihrem Fehlen muss das Gericht daher die Klage durch Prozessurteil als unzulässig abweisen, BGH NJW-RR 2020, 72 Rn. 6.

3 **Zeitgemäß** ist das grundsätzliche Abstellen auf das sachliche Recht ungeachtet der Ausnahmen in §§ 53 ff. unverändert. Das gesamte Prozessrecht dient der sachlichen Gerechtigkeit nach → Einl. II Rn. 12. Dann ist es nur folgerichtig, soweit wie vertretbar auf materiell-rechtliche Prinzipien zurückzugreifen. Die Möglichkeiten der Prüfung von Amts wegen und die Maßnahmen nach § 56 schützen vor Nachteilen.

4 **III. Geltungsbereich, I, II.** → Vor § 50 Rn. 4 und → Vor § 50 Rn. 4.

5 **IV. Begriff der Parteifähigkeit, I.** Parteifähigkeit ist die Fähigkeit, Partei zu sein, also im eigenen Namen eine Rechtsverfolgung als Kläger oder Bekl. zu betreiben, sei es auch in der Wahrnehmung eines fremden Rechts nach → Vor § 50 Rn. 32 ff. Parteifähig ist nach → Vor § 50 Rn. 1 derjenige, der nach dem BGB rechtsfähig ist, BGH 146, 341; Mü NJW-RR 1995, 704, also zB auch der Minderjährige, OLG Naumb FamRZ 2001, 1319, dem lediglich die Prozessfähigkeit fehlt. Maßgeblich ist im Übrigen die Art der Partei. Ein Tier hat – ungeachtet § 90a BGB – mangels Rechtsfähigkeit keine Parteifähigkeit, VG Hmb NVwZ 1988, 1058.

6 **1. Inländische natürliche Person.** Sie ist parteifähig, auch als Verschollene bis zur Todeserklärung nach § 1 BGB AG Hameln NJW 2006, 2441. Die Leibesfrucht ist auflösend parteifähig, BVerfG 39, 41, soweit sie einen Pfleger nach § 1912 BGB hat, Schlesw NJW 2000, 1272; Wiebe Zeitschrift für Lebensrecht 2000, 18. Er ist ihr gesetzlicher Vertreter nach § 51. Dasselbe gilt bei einer noch nicht gezeugten, jedoch bereits in einer letztwilligen Verfügung bedachten Person nach §§ 1913, 2101, 2162, 2178 BGB. Analog § 50 II ZPO ist eine beklagte Partei als mindestens passiv parteifähig zu behandeln, wenn sie über einen Namen und Sitz verfügt, auf gewisse Dauer angelegt und es ihr mittels eigener Organe möglich ist, im Rechtsverkehr zu handeln, BGH NJW 2006, 3715; zum „Runden Tisch" KG ZIP 2010, 252.

7 **2. Ausländische Personen.** Die Parteifähigkeit von natürlichen Personen fremder Staatsangehörigkeit folgt nach § 50 I aus deren Rechtsfähigkeit. Ein Ausländer kann auch dann Partei sein, wenn er nach dem Recht seines Heimatstaats rechtsfähig ist. Das gilt selbst dann, wenn er nach dem deutschen Recht nach Art. 7 EGBGB nicht parteifähig (rechtsfähig) ist, BGH 151, 207; Zweibr NJW 1987, 2168; aM Pagenstecher ZZP 64, 262 (272) (es komme lediglich darauf an, ob die Parteifähigkeit nach dem Heimatrecht vorhanden sei. Ob nach diesem Heimatrecht eine Rechtsfähigkeit vorliege, sei nur dann erheblich, wenn das Heimatrecht die Parteifähigkeit von der Rechtsfähigkeit abhängig mache. Denn I gelte für einen Ausländer nicht).

3. Beispiele zur Frage der Parteifähigkeit einer ausländischen Person, I, II

8 **Gründungsstaatsrecht:** Maßgebliches Recht bei Sitzverlegung, BGH EuZW 2000, 412; Forsthoff DB 2000, 1109; EuGH NJW 2002, 3614.

Juristische Person: Wenn eine ausländische Vereinigung wie eine juristische Person nach → Rn. 12 auftritt, kann man sie verklagen, soweit ein redlicher Geschäftsverkehr das erfordert. Das gilt selbst dann, wenn ihre Rechtspersönlichkeit fraglich ist. Das folgt auch aus § 242 BGB.

Ltd.: Eine solche englische wird parteifähig durch das Certificate of Incorporation, Hamm NZM 2011, 710, solange sie noch Vermögen außerhalb Englands hat, Brdb ZIP 2016, 1871; KG GRUR-RR 2016, 291. Sie verliert ihre Parteifähigkeit mit der Löschung im Gründungsstaat, sofern sie in Deutschland nicht als Restgesellschaft, Spaltgesellschaft, Liquidationsgesellschaft oder Einzelunternehmer weitergeführt wird, BGH NZG 2017, 394 Rn. 19.

Niederlassungsfreiheit: Eine im europäischen Wirtschaftsraum nach den Vorschriften des Herkunftsstaats wirksam gegründete Kapitalgesellschaft ist in einem anderen Vertragsstaat auf der Grundlage der garantierten Niederlassungsfreiheit – unabhängig von dem Ort ihres tatsächlichen Verwaltungssitzes – in der Rechtsform anzuerkennen, in der sie gegründet wurde, BGH NJW 2005, 3351 (zu Liechtenstein; krit. Maack MDR 2006, 106).

Sitztheorie: Das Recht am Ort des tatsächlichen (Haupt)Verwaltungssitzes, sog. Sitztheorie, ist im Verhältnis zum Nicht-EU-Ausländer zu beachten, Kindler NJW 2003, 1079; aM Eidenmüller ZIP 2002, 2244. Es ist im Verhältnis zum EU-Ausländer aber nicht mehr allein maßgeblich, BGH NJW 2004, 3707; BayObLG 2002, 413; Brdb NJW-RR 2001, 30 (je: auch zur Vereinbarkeit mit dem EU-Recht).

Stiftung: Wegen einer ausländischen, Köln OLGR 1999, 377.

Trust: Zu ihm Wilske/Meyer ZIP 2012, 459.

Verein: Wegen eines ausländischen vgl. § 23 BGB.

Verweisung: Bei ihr ist evtl. auch das Recht des Gründungsstaats maßgeblich, Ffm NJW-RR 2000, 1226; Mü GRUR-RR 2008, 400 (US-General Partnership).

9 **4. BGB-Gesellschaft.** Dazu König, Die Parteifähigkeit der BGB-Außengesellschaft im Erkenntnisverfahren, 2014 (Grdz.); Morawietz, Die rechts- und parteifähige Gesellschaft bürgerlichen Rechts im Zivilprozess, 2011; Offermann-Burckart AnwBl 2013, 567 zur Anwalts-Gesellschaft (Grdz.); Stangl NZG 2016, 561 (krit. zum BGH); Waclawik, Prozessführung im Gesellschaftsrecht, 2. Aufl. 2013.

10 Soweit sie als eine Außengesellschaft durch ihre Teilnahme am Rechtsverkehr eigene Rechte und Pflichten begründet, ist sie rechts-, aktiv und passiv partei- und prozessfähig, BVerfG NJW 2002, 3533; BGHZ 146, 341 und NJW 2006, 2191; BAG NZA 2010, 226; strenger Beuthien ZIP 2011, 1594. Sie kann auch eine Verfassungsbeschwerde einlegen, BVerfG NJW 2002, 3533. Soweit der Gesellschafter für die Verbindlichkeiten der Gesellschaft persönlich haftet, entspricht das Verhältnis zwischen der Verbindlichkeit der Gesellschaft und der Haftung des Gesellschafters derjenigen bei der OHG (Akzessorietät), BGH NJW 2001, 1056; Schmidt NJW 2008, 1844. Das alles gilt auch für eine Sozietät, etwa von Anwälten, Schmidt NJW 2005, 2804. Die BGB-Gesellschaft kann nicht WEG-Verwalterin sein, BGH NJW 2006, 2189; NJW 2009, 2449.

11 Die **Innengesellschaft** ist nicht parteifähig, BGHZ 80, 227; Müther MDR 1998, 625. Es müssen also alle gegen alle klagen, BGH NJW 2000, 292. Die Parteifähigkeit fehlt bei Nichtigkeit des Gesellschaftsvertrags nach § 134 BGB, BGH ZIP 2013, 1559.

12 **5. Juristische Person.** Dazu Happ, Die GmbH im Prozeß, 1997; Kunz, Die Vorgesellschaft im Prozeß und in der Zwangsvollstreckung, 1994. Die Parteifähigkeit hängt nach → Rn. 5 grundsätzlich von der Rechtsfähigkeit

ab. Es kann aber auch trotz des Fehlens einer Rechtsfähigkeit eine Parteifähigkeit vorliegen. Sie richtet sich internationalrechtlich nach → Rn. 7 nach dem Personalstatut und nach dem deutschen IPR zunächst nach der sog. Sitztheorie, BGH 153, 355 (USA); Düss JZ 2000, 203 (krit. Ebke); Zweibr Rpfl 2001, 93.

Im Übrigen gilt: Jede juristische Person des öffentlichen oder privaten Rechts ist parteifähig, BGH NJW 2004, 2524; Köln NJW 1995, 3319; BVerwG NJW 1992, 253. 13

6. Beispiele zur Frage einer juristischen Person, I, II

Abwicklungsform: → „Löschung", → „Vorform". 14

Aktiengesellschaft: Sie ist nach § 1 AktG parteifähig.

Anstalt des öffentlichen Rechts: Sie kann auch bei bloßer Teilrechtsfähigkeit parteifähig sein, BAG NZA-RR 2015, 272.

Arbeitsgemeinschaft: Eine solche nach § 44b SGB II hält BGH MDR 2010, 167 für parteifähig. Für **nicht** parteifähig erklärt BGH MDR 2015, 1315 die ARD in Rechtsstreitigkeiten, die die Erfüllung von Aufgaben der Rundfunkanstalten betreffen.

AStA: Er ist **nicht** parteifähig, Ffm NJW 2018, 1107.

Auslands-Handelsgesellschaft: Es gelten in vielen Handelsverträgen Sonderregeln.

Behörde: → Rn. 20, → § 17 Rn. 6 zum Gerichtsstand.

Betriebsrat: Er ist parteifähig, BGH NJW 2013, 464, aM Fischer NZA 2014, 347

Deutsche Welle: Sie ist parteifähig nach Art. 1 § 1 II G v. 16.12.1997, BGBl. 3094.

Erzbistum: Es ist parteifähig, BGH NJW 2004, 2524; Köln NJW 1995, 3319.

EU: Infolge EuGH BB 2002, 2402 (zust. Haack MDR 2003, 97) muss auch die EU-Scheinauslandsgesellschaft als rechts- und parteifähig anerkannt werden, BGH 105, 207 (zust. Cronstedt BB 2002, 2033); Ebke BB 2003, 1. Überhaupt kann eine in der EU befindliche Gesellschaft ihre vertraglichen Rechte nach dem Recht ihres Gründungsstaats auch dann geltend machen, wenn sie den Verwaltungssitz in einen anderen EU-Staat verlegt, ihren satzungsmäßigen Sitz aber beibehalten hat, BGHZ 154, 189 (zust. Noack LMK 03, 107; abl. Eidenmüller JZ 2003, 526).

Europol: Sie ist nach Art. 26 I, II Gesetz v. 16.12.97, BGBl. II 2150, parteifähig.

Fiskus: Wegen seiner Amtsstellen, → § 18 Rn. 8 ff.

Genossenschaft: Sie ist nach § 17 GenG parteifähig.

GmbH: Sie ist nach § 13 GmbHG parteifähig. Die Parteifähigkeit kann nach einer Löschung für das Verfahren nach §§ 103 ff. bestehenbleiben, Kblz MDR 2016, 610.

Gründungsform: → „Vorform".

Heilsarmee: Sie ist parteifähig, BGHZ 154, 309.

Hochschule: → „Universität".

Industrie- und Handelskammer: Nach dem UKlG gelten für ihre Stellung bei einer Unterlassungs- oder Widerklage nach Anh. § 253 Sonderregeln.

Innung: Sie ist parteifähig.

Kirche: → „Religionsgemeinschaft".

Klinikum: → „Universität"

Kommanditgesellschaft auf Aktien: → Rn. 18.

Kommunalbetrieb: Seine Parteifähigkeit kann bei seiner Unselbständigkeit **fehlen,** BGH MDR 2017, 541.

Kreissparkasse: Sie ist parteifähig, BGHZ 127, 381.

Löschung: Evtl. besteht die Parteifähigkeit einer Gesellschaft oder der juristischen Person noch nach ihrer Löschung grds. bis zur Eintragung auch ihrer Vermögenslosigkeit fort, BGH NJW 2015, 2424; Karlsr ZIP 2013, 1238 (Liechtenstein); Mü NZG 2017, 1071; aM Drsd JurBüro 1998, 480, Bork JZ 1991, 841 (ausf. Aber gegenüber der Formfrage der Löschung hat die Wirtschaftsfrage des Restvermögens den Vorrang). Ein eingetragener Verein ist nach I parteifähig, BGH GRUR 1984, 459; Ffm Rpfl 1978, 134. Eine Entziehung seiner Rechtsfähigkeit nach § 73 BGB wirkt nach § 401 FamFG ab der formellen Rechtskraft. Ein Rechtsschutzbedürfnis mag schon vor ihr entfallen.

Soweit sich die Gesellschaft noch einer **Forderung berühmt,** ist sie nicht vermögenslos, BAG WM 2012, 1484; Kblz JurBüro 2004, 321; Mü NJW-RR 1995, 613. Ausreichend sind 3.000 EUR auf dem Konto, Düss Rpfl 2011, 329. Nicht ausreichend ist aber die bloße Möglichkeit späterer Forderungen, Rostock NJW-RR 2002, 828 (etwaiger Kostenerstattungsanspruch). Im Übrigen ist zur Parteifähigkeit nach der Auflösung ein hinreichend nachvollziehbarer Vortrag zum Vermögensfortbestand eine Zulässigkeitsvoraussetzung der Klage, BGH NJW 2015, 2424; LG Mainz NJW-RR 1999, 1716.

Auch → „Nachtragsliquidator"

Nachtragsliquidator: BayObLG BB 1983, 1627.

Patentanwaltsgesellschaft: Sie ist nach § 52c I PatAnwO parteifähig.

Prozesspfleger: § 57.

Rechtsanwaltsgesellschaft: Sie ist nach § 59c BRAO parteifähig.

Religionsgemeinschaft: Sie ist nach Art. 140 GG parteifähig, BGH NJW 2005, 978; Köln OLGR 2002, 397; Pieroth/Görisch JuS 2002, 937. **Nicht** parteifähig sind die Zeugen Jehovas, BVerfG 102, 383.

SE: Die einer deutschen Aktiengesellschaft weitgehend gleichstehende SE ist parteifähig.

Sondervermögen: Ein solches des Bundes ist mit seinem Vorrang vor einem etwa abweichenden Landesrecht parteifähig, zB der Finanzmarktstabilisierungsfond (FMS) nach §§ 2 II, 3 FMStFG.

Sparkasse: → „Kreissparkasse".

Stiftung: Sie ist als öffentlich-rechtliche parteifähig, als private nach Genehmigung nach § 80 BGB.

Ständekammer: Sie ist parteifähig.

Synagogengemeinde: Sie ist parteifähig, BVerwG NJW 1998, 253.

Universität: Sie ist parteifähig, BGH ZIP 1992, 1179; Karlsr NJW 1991, 1487 (nicht ein Universitätsklinikum).

USA: Bei der Verlegung eines USA-Sitzes einer dort begründeten juristischen Perosn nach Deutschland bleibt das USA-Recht maßgeblich, BGH 153, 355.

Verein: Der eingetragene ist nach §§ 21, 22, 55 BGB parteifähig, OVG Bautzen NVwZ-RR 2016, 120. Wegen des nicht rechtsfähigen → Rn. 38. Er kann nach II klagen und verklagt werden, KG NZG 2015, 1241.

Versicherungsverein auf Gegenseitigkeit: Er ist nach § 171 VAG rechtsfähig und damit parteifähig.

Versorgungskasse: Sie ist parteifähig, Hamm VersR 1987, 145.

Vorform: Auch die Vorform einer juristischen Person kann klagen und jedenfalls verklagt werden, soweit sie bereits einen körperschaftlichen Charakter hat, so schon BGH NJW-RR 2004, 258; Köln NJW 1998, 236; LAG Nürnb Rpfl 1998, 296 (betr. eine im Gründungsstadium befindliche Gesellschaft mit beschränkter Haftung). Die im Rechtsverkehr auftretende Vorgesellschaft ist aktiv parteifähig wie eine endgültige Außengesellschaft, BGH NJW-RR 2004, 258, und auch passiv parteifähig, BGHZ 79, 241; Ffm ZIP 1995, 1537; KG NJW-RR 1994, 495. Allerdings fehlt die Parteifähigkeit der Vor-GmbH grundsätzlich ab der formellen Rechtskraft der Aufgabe oder Ablehnung ihrer Eintragung nach § 705, BGH NJW-RR 1999, 1554; BayObLG Rpfl 1987, 407; Köln VersR 1998, 207, oder beim Unterbleiben einer zeitnahen Eintragung, Hamm MDR 2007, 169 (dann evtl. BGB-Gesellschaft). Nach der Aufgabe der Eintragungsabsicht kann die Partei- und Prozessfähigkeit allerdings ausnahmsweise als Abwicklungs- oder als Personengesellschaft bestehenbleiben, BGH NJW 2008, 2441 (zust. Weiß BB 2008, 1250).

15 **7. Offene Handelsgesellschaft.** Aus § 124 I HGB folgt die Parteifähigkeit der OHG, BGHZ 62, 133; Brdb NJW-RR 1996, 1214. Andernfalls könnte die Gesellschaft nicht „unter ihrer Firma vor Gericht klagen und verklagt werden“ Auch §§ 124 II, 129 HGB lassen keine andere Auffassung zu. Es läßt sich nur so erklären, dass ein Prozess zwischen der Gesellschaft und ihren Gesellschaftern möglich ist. Die Gesellschafter sind gesetzliche Vertreter der Gesellschaft nach § 51, soweit nicht das sachliche Recht sie von der Vertretung ausschließt. Im Rechtsstreit muss die erforderliche Zahl von nach dem Gesellschaftsvertrag vertretungsberechtigten Gesellschaftern die Gesellschaft vertreten. Auch § 744 II BGB begründet nicht etwa ein Recht eines Gesellschafters, im Namen der Gesellschaft eine Klage ohne eine Zustimmung der mit Ermächtigung des neuen Gläubigers einer abgetretene Forderung vertretungsberechtigten Gesellschafter zu erheben, BGH NJW 1986, 850.

16 Die **gesetzlichen Vertreter** müssen mit ihren Personalien bekannt sein. Die Formulierung, die Offene Handelsgesellschaft sei „durch die Gesellschafter vertreten“, reicht daher nicht aus. Ein Wechsel der Gesellschafter während des Rechtsstreits ist unerheblich, BGH 62, 133. Ein Wegfall eines Gesellschafters unterbricht den Prozess nur, falls die gesetzliche Vertretung infolge des Wegfalls nicht mehr vorhanden ist.

17 **8. Partnerschaftsgesellschaft, Europäische wirtschaftliche Interessenvereinigung.** Man muss sie nach § 7 II PartGG iVm § 124 I HGB, § 1 Hs. 2 AGEWIV wie eine OHG beurteilen, BGH NJW 1999, 2062.

18 **9. Kommanditgesellschaft, I, §§ 161, 164 HGB.** Für sie gelten dieselben Grundsätze wie bei der OHG nach → Rn. 15. Sie verliert die Parteifähigkeit als Bekl. nicht schon infolge der Eröffnung des Insolvenzverfahrens, BGH NJW 1996, 2035, oder infolge seiner Einstellung mangels Masse, BGH NJW 1995, 196. Sie verliert die Parteifähigkeit aber bei der Vollbeendigung ihrer Auflösung, BGH NJW 1982, 238, Hamm NJW-RR 1988, 1307 (je: GmbH u. Co KG). Die KGaA ist nach § 278 AktG parteifähig.

19 **10. Reederei.** Sie ist parteifähig. Ihr gesetzlicher Vertreter ist der Korrespondentreeder. Wenn er fehlt, sind die Mitreeder die gesetzlichen Vertreter. Vgl. MHdB GesR I/Weipert § 91 Rn. 6

20 **11. Behörde.** Sie vertritt bei §§ 525 II, 2194 BGB, 62 GmbHG den Fiskus. Die Deutsche Post AG, Postbank AG, Telekom AG sind keine Behörden. Ein Regierungspräsident ist nicht parteifähig. Eine nach dem BauGB beteiligte Stelle ist in einer Baulandsache parteifähig, § 222 I 2 BauGB, BVerfG NVwZ 2015, 510 Rn. 58; BGH NJW 1975, 1658.

21 **12. Wohnungseigentümergemeinschaft.** Diese Gesamtgemeinschaft ist nach § 9a WEG rechtsfähig. Zur bisherigen Rechtslage, soweit sie bei der Verwaltung des gemeinschaftlichen Eigentums am Rechtsverkehr teilnimmt, BGH WuM 2013, 239.

22 **V. Fehlen der Parteifähigkeit, I, II.** Hier kommen die folgenden Fälle in Betracht.

23 **1. Firma des Einzelkaufmanns.** Sie bezeichnet nach § 17 II HGB nur den Kaufmann selbst, Ffm BB 1985, 1219. Wenn der Firmeninhaber wechselt, wechselt damit die Partei, Ffm BB 1985, 1219. Wenn die Firma wechselt oder erlischt, kann die Partei bestehenbleiben. Das Gericht braucht den Firmeninhaber nur insoweit festzustellen, als es auf seine Nämlichkeit ankommt, etwa bei einer Parteivernehmung nach §§ 445 ff. Man kann den Einzelkaufmann und seine Firma weder als Streitgenossen nach § 59 noch nacheinander verklagen. Der Einzelkaufmann oder seine Firma müssen den Zusatz „e. K.“ tragen, Art. 38 I EGHGB, Gräve/Salten MDR 2003, 1099 (auch im Mahnverfahren nach §§ 688 ff.).

24 **2. Gemeinschaft des BGB.** Sie ist anders als die BGB-Außengesellschaft nach → Rn. 9 grundsätzlich **nicht** als solche parteifähig. Das gilt zB für die Erbengemeinschaft, BGH NJW 2006, 3715; aM Grunewald AcP 197, 305.

25 **3. Stille Gesellschaft.** Die stille Gesellschaft ist eine Innengesellschaft. Sie verfügt über kein eigenes Gesellschaftsvermögen und ist weder rechts- noch parteifähig, vgl. EBJS/Gehrlein HGB § 230 Rn. 4.

26 **4. Politische Partei.** Hier muss man unterscheiden: Soweit sie ein nichtrechtsfähiger Verein ist oder soweit ihr Gebietsverband der jeweils höchsten Stufe auftritt, ist sie nach → Rn. 38 aktiv und passiv parteifähig, § 3 PartG, BGHZ 73, 277; Stgt NJW-RR 2004, 620; Reffken NVwZ 2009, 1134. Die Bezirksverwaltung der politischen Partei ist nach → Rn. 38 jetzt wohl parteifähig. Eine Parteifähigkeit liegt dann vor, wenn auch der Bezirksvorstand ein nichtrechtsfähiger Verein ist und dadurch passiv prozessfähig ist, Bbg NJW 1982, 895; Hamm NJW 2000, 523; Reffken NVwZ 2009, 1134. Ein Ortsverein ist nicht parteifähig, LG Mü Rpfl 2006, 483. Wegen einer Fraktion Stgt NJW-RR 2004, 619; LG Brem NJW-RR 1992, 447; ArbG Bln NJW 1990, 534.

27 **5. Gewerkschaft.** Sie ist nach § 10 S. 1 ArbGG zumindest im arbeitsgerichtlichen Verfahren grundsätzlich parteifähig, LAG Ffm NZA-RR 2009, 27. Im Übrigen ist sie zumindest aktiv parteifähig, BGH 109, 15; Lindacher JZ 1989, 378; aM LAG Ffm NZA-RR 2009, 27 (nicht die Unterorganisation). Die Bezirksverwaltung der Deutschen Postgewerkschaft ist **nicht** parteifähig, da sie nicht tariffähig ist, aM Fenn ZZP 86, 177. Eine körperschaftlich organisierte Unterorganisation mit einer eigenständigen Tätigkeit ist passiv parteifähig, Düss NJW-RR 1986, 1506. Eine örtliche Untergliederung einer Gewerkschaft oder einer parteiähnlichen Korporation kann ein nicht rechtsfähiger Verein sein, Karlsr OLGZ 1978, 227.

6. Zweigniederlassung. Der Zweigniederlassung als solcher fehlt als Teil des Unternehmens zwar die Parteifähigkeit, denn Träger des der Zweigniederlassung zugewiesenen Vermögens und damit Partei ist allein der Unternehmensträger. Führt der Unternehmensträger für die Zweigniederlassung eine eigene Firma, kann er jedoch unter dieser klagen und verklagt werden, BPatG BeckRS 2019, 2770 Rn. 14. 28

7. Teilweise: Wohnungseigentümergemeinschaft. Auch sie ist teilweise **nicht** parteifähig, nämlich nicht rechtsfähig, soweit die Voraussetzungen → Rn. 21 fehlen, Mü NZM 2005, 672 (Störungsabwehr innerhalb der WEG). 29

8. Sonstige Fälle. Im arbeitsgerichtlichen Verfahren ist eine Arbeitgebervereinigung und sind nach § 10 S. 1 ArbGG ihre Zusammenschlüsse parteifähig. 30

Nicht parteifähig ist ein „Institut" BGH BeckRS 2007, 07244; GRUR 1990, 349. **Nicht** parteifähig ist der besondere Vertreter nach § 147 II AktG, Mü NJW-RR 2009, 109, evtl. auch nicht der Betriebsrat, BGH NJW 2013, 465. Nicht parteifähig ist eine Insolvenzmasse, BGHZ 88, 335. 31

VI. Erlöschen der Parteifähigkeit, I, II. Die Parteifähigkeit erlischt wegen → Rn. 5 mit dem Verlust der Rechtsfähigkeit. Er tritt mit dem Tod oder der Todeserklärung ein. Man muss im Einzelnen unterscheiden, und zwar bei einer juristischen Person nach → Rn. 12, einer parteifähigen Handelsgesellschaft, BGH MDR 2016, 1165; BAG JZ 1982, 373; Huber ZZP 82, 224, und nach § 10 I, II PartGG bei einer ihr auch für die Liquidation grundsätzlich gleichstehenden Partnerschaftsgesellschaft. Wer parteifähig war, gilt bis zur Darlegung näherer Anhaltspunkte Verlustes der Parteifähigkeit weiterhin als parteifähig, BGH NJW 2004, 2524. Die Parteifähigkeit fehlt beim Erlöschen vor einer Anhängigkeit nach → § 261 Rn. 1, KG ZIP 2009, 2123, oder vor einem Anfall des Rechtsmittels, BGH MDR 2016, 1165. Scheidet von 2 BGB-Gesellschaftern einer aus, endet die Gesellschaft ohne Liquidation (vielmehr Gesamtrechtsnachfolge) und damit die Parteifähigkeit, BGH ZIP 2010, 1515. 32

1. Gesamtnachfolge. Sie kommt nach §§ 339 ff. AktG zB dann in Betracht, wenn Aktiengesellschaften usw. ohne eine Abwicklung miteinander verschmelzen. Der Prozess läuft mit dem Rechtsnachfolger weiter. 33

2. Abwicklung. Dazu Hess, Rechtsfragen der Liquidation von Treuhandunternehmen usw., 1993; Stobbe, Die Durchsetzung gesellschaftsrechtlicher Ansprüche der Gesellschaft in Insolvenz und masseloser Liquidation, 2001. Sie findet bei einer Auflösung in aller Regel statt. Die Abwicklungsgesellschaft setzt die Gesellschaft in einer anderen Form fort. Sie ist daher dieselbe Rechtsperson, BGH NJW 2008, 2442; aM Köln BB 1997, 1119 (nach → Vor § 128 Rn. 15 ganz prozessunwirtschaftlich). Die Parteifähigkeit bleibt selbst nach dem Abschluss der Abwicklung zumindest solange bestehen, wie noch ein verteilbares Vermögen besteht, BGH NJW-RR 1995, 1237; BAG NJW 1988, 2637; AG Brake DGVZ 2009, 102. Es kann auch ein sonstiger Abwicklungsbedarf reichen, BGH MDR 1995, 529; BayObLG 1993, 332; Ffm OLGZ 1979, 193. Es genügt, dass der Kläger das behauptet, BGH NJW 2004, 2523; BAG ZIP 2002, 1947, Kblz NJW-RR 1999, 40 (wegen eines Erstattungsanspruchs: Vermutung). Zur juristischen Person → Rn. 14. 34

Die vorstehenden Regeln gelten auch dann, wenn die Gesellschaft erfolglos ein **Insolvenzverfahren** beantragt, selbst wenn die Ablehnung seiner Eröffnung mangels Masse erfolgt, BGH NJW 1995, 196; Kblz NJW-RR 1994, 501, oder wenn das Gericht das Insolvenzverfahren über sie eröffnet, BGH NJW 1996, 2035, oder wenn eine solche ausländische Gesellschaft, der das Aufsichtsamt die Erlaubnis zum Betreiben von Bankgeschäften entzogen hat, durch denjenigen deutschen Abwickler handelt, den das Gericht auf eine Veranlassung des Aufsichtsamts hin bestellt hat. 35

3. Vermögensverteilung. Die Gesellschaft erlischt grundsätzlich dann, wenn der Abwickler ihr Vermögen völlig verteilt hat (sog. Vollbeendigung), BGH NJW 1996, 2035. Wenn also die Liquidation beendet ist und wenn die Löschung im Handelsregister eingetragen steht, kann man in einem Vollstreckungsverfahren nach §§ 704 ff. grundsätzlich kein Rechtsmittel mehr einlegen. Allerdings dauert die Parteifähigkeit sogar dann in einem noch anhängigen Prozess fort, BGH NJW-RR 1986, 394 (für die Genossenschaft). Denn grds. niemand kann ohne einen gesetzlichen Grund eigenmächtig aus dem Prozessrechtsverhältnis ausscheiden, BGH VersR 1991, 121; BAG NJW 1988, 2637. 36

Wegen der Rechtslage für und gegen eine **Gesellschaft mit beschränkter Haftung** nach ihrer Löschung aufgrund eines Antrags oder von Amts wegen → § 57 Rn. 3, → § 239 Rn. 2, BGH VersR 1991, 121; Kblz NJW-RR 1999, 40; LG Brschw NJW-RR 1999, 1265 (solange die Vermögenslosigkeit nicht feststeht). Über eine Unterbrechung im Stadium der Abwicklung der vermögenslos gewordenen Gesellschaft → § 241 Rn. 1–3. Eine vermögenslose englische Ltd. wird mit ihrer Löschung im dortigen Gesellschaftsregister parteiunfähig, KG NJW 2014, 2737. 37

VII. Nicht rechtsfähiger Verein, I, II. Der nach § 54 S. 1 BGB nicht eingetragene nicht rechtsfähige Verein ist als Kläger parteifähig, so schon (zum alten Recht) BGH NJW 2008, 74. Er ist auch als Bekl. jetzt rechts- und daher parteifähig, so schon (zum alten Recht) BGHZ 146, 341 (Rechts-, Partei- und Prozessfähigkeit der BGB-Außengesellschaft); AG Witzenhausen NJW-RR 2003, 615. 38

1. Stellung eines nicht rechtsfähigen Vereins. Im Prozess hat der nicht rechtsfähige Verein die Stellung eines rechtsfähigen. Infolgedessen ist der Vereinsvorstand der gesetzliche Vertreter nach § 51. Die Mitglieder des Vereins sind nicht Partei. Der Verein kann im Prozess handeln wie eine juristische Person nach → Rn. 12. Eine im Rechtsverkehr im eigenen Namen auftretende Untergliederung, zB eine Ortsgruppe, kann als ein selbständiger nicht rechtsfähiger Verein gelten, unabhängig von der Satzung, BGHZ 90, 332; LG Regensb NJW-RR 1988, 184 (Tennisabteilung), Ferner NJW 2008, 17. 39

2. Beispiele zur Frage der Möglichkeiten eines nicht rechtsfähigen Vereins, I, II

Abtrennung: Er kann sie und das abgetrennte Verfahren nach § 145 betreiben. Auch → „Schadensersatz". 40

Aufrechnung: Er kann sie erklären.

Einigungsstelle: Lepke BB 1977, 54.

Forderungsüberweisung: Er kann eine solche erlangen. Denn er kann Gläubiger werden und klagen.

Klageberichtigung: Die nachträgliche Angabe eines vergessenen Mitglieds ist eine zulässige Klageberichtigung nach §§ 263, 264.

Klageschrift: Es reicht eine Bezeichnung etwa mit folgendem Text: Verein Eintracht, bestehend aus folgenden Mitgliedern (es folgen – nicht notwendig, aber evtl. ratsam – sämtliche Namen, Berufsangaben, Anschriften usw.).

Mitgliederwechsel: Ein Wechsel im Bestand der Mitglieder zwischen dem Zeitpunkt der Klageinreichung und demjenigen der Klagezustellung nach § 271 muss dem Gericht nicht mitgeteilt werden. Der Eintritt oder der Austritt eines Mitglieds nach der Klageerhebung nach §§ 253, 261 hat auf den Fortgang des Prozesses keinen Einfluss. Denn insofern tritt nach § 738 BGB eine Rechtsnachfolge in das Vereinsvermögen ein. Infolgedessen ist § 265 I anwendbar.

Mitgliedsvernehmung: Das Mitglied eines klagenden nicht rechtsfähigen Vereins kann als Zeuge auftreten. Seine Parteivernehmung nach §§ 445 ff. ist dann nicht zulässig.

Prozessstandschaft: Wegen der großen und wechselnden Mitgliederzahl ergeben sich oft Schwierigkeiten. Deshalb pflegen die Vorstandsmitglieder eines nicht rechtsfähigen Vereins als Treuhänder des auf sie übertragenen Vermögens oder im Weg einer Prozessstandschaft der Mitglieder im eigenen Namen zu klagen. Dieser Weg ist zulässig.

Prozessvollmacht: Je nach der Satzung kann der Vorstand als gesetzlicher Vertreter nach → Rn. 39 eine Prozessvollmacht nach §§ 80, 81 erteilen.

Rechtsmittel: Er kann ein Rechtsmittel einlegen.

Sicherheitsleistung: Er kann auf die Freigabe einer Sicherheit nach §§ 108 ff. klagen.

Sprecherausschuss: BAG DB 1975, 1272 hält den Sprecherausschuß der **leitenden Angestellten zumindest in einem Rechtsstreit über seine Zulässigkeit für parteifähig.**

Streithelfer: Er kann als ein Streithelfer einer Partei nach § 66 auftreten, auch als Streithelfer eines Bekl.

Student: Für den Verein Deutscher Studenten (VDS) kann man die aktive Parteifähigkeit wegen BGH NJW 2001, 1056, Schmidt NJW 2001, 1003 jetzt wohl bejahen, ebenso für eine Burschenschaft, so schon Habscheid ZZP 78, 236; Jung NJW 1986, 163 (es komme auf das sachliche Recht an). Zum Problem Lindacher ZZP 90, 140.

Treuhänder: → „Prozessstandschaft".

Wiederaufnahme: Er kann ein Wiederaufnahmeverfahren nach §§ 578 ff. betreiben. Denn der Antrag ist ein Rechtsbehelf.

Zwangshypothek: Er kann sich eine solche nach § 867 eintragen lassen.

Zwangsvollstreckung: Er kann sie nach §§ 704 ff. betreiben. Er kann auf die Duldung einer Zwangsvollstreckung oder auf die Erteilung einer Vollstreckungsklausel nach §§ 724 ff. klagen.

41 **VIII. Tragweite der Parteifähigkeit, I, II.** Man muss zeitliche und sachliche Unterschiede beachten.

42 **1. Während des Prozesses.** Die Parteifähigkeit muss als eine nach § 295 II unverzichtbare in jeder Lage des Verfahrens nach → Rn. 1 von Amts wegen zu prüfende Prozesshandlungsvoraussetzung während der ganzen Dauer des Rechtsstreits von der Klage bis zum Urteil vorliegen. Denn ohne die Parteifähigkeit wäre jede Prozesshandlung wirkungslos. Das Gericht kann die Parteifähigkeit durch ein Zwischenurteil nach §§ 280 II, 303 bejahen. Es kann auch im Urteil dasselbe tun. Wenn ein Parteiunfähiger während des Rechtsstreits parteifähig wird, kann er die bisherige Prozessführung genehmigen, BGH NJW 1992, 2575. Dann heilt dadurch eine bisher nach dem Recht des Prozessgerichts mangelhafte Prozesshandlung nach → § 51 Rn. 11–17, → § 52 Rn. 5 sogar noch in der Revisionsinstanz, BayObLG MDR 1975, 408. Beim Wegfall der Parteifähigkeit während des Prozesses wird die Klage unzulässig, BGH NJW 1979, 1592, und tritt evtl. eine Erledigungswirkung ein, BGH NJW 1982, 238. Es tritt sonst ohne eine anwaltliche Vertretung eine Unterbrechung nach § 239 ein. Das gilt nach § 246 I nicht bei einer anwaltlicher Vertretung, BGH NJW-RR 1986, 394. Eine Prozessvollmacht bleibt nach § 86 wirksam.

43 Das Gericht muß die Parteifähigkeit als eine **Prozessvoraussetzung** nach → § 56 Rn. 4 in jeder Lage des Verfahrens von Amts wegen prüfen, BGH ZIP 2013, 1559. Mangels Parteifähigkeit muss es die Klage nach → Vor § 50 Rn. 22 evtl. nach einem Hinweis nach § 139 durch ein Prozessurteil als unzulässig abweisen. Das Gericht braucht aber nicht das Verfahren bei der Schaffung der Grundlagen der Parteifähigkeit nachzuprüfen. Es braucht also zB nicht zu kontrollieren, ob die Voraussetzungen einer erfolgten Eintragung ins Handelsregister vorlagen.

44 **2. Nach dem Urteil.** Wenn gegen einen nicht Parteifähigen ein Urteil nach § 300 vorliegt, darf er das zulässige Rechtsmittel einlegen, BGH NJW 1979, 1592. Er ist also für die höhere Instanz parteifähig, Düss MDR 1977, 759. Denn ein rechtskräftiges Urteil wäre wirksam und vollstreckbar. Dies gilt auch im Fall der nicht existenten Partei, BGH NJW 2008, 528 Rn. 9; NJW-RR 2004, 1515; Saarbr OLGR 2002, 259. Im Vollstreckungsverfahren nach §§ 704 ff. muss das Gericht nach die Parteifähigkeit nach → Vor § 128 Rn. 46 von Amts wegen prüfen, Hamm Rpfl 1990, 131.

45 **3. Streit über die Parteifähigkeit.** In einem Rechtsstreit über die Parteifähigkeit müssen alle Beteiligten einen angeblich Parteiunfähigen zunächst als parteifähig behandeln, BGH ZIP 2010, 1515; Brschw ZIP 2016, 2282; Mü OLGZ 1994, 89. Das gilt auch im Erledigungsverfahren nach § 91a und in der Berufungsinstanz, BGH ZIP 2010, 1515; Brschw ZIP 2016, 2282, zB dann, wenn streitig ist, ob nicht doch noch ein Vermögen einer an sich bereits aufgelösten Erwerbsgesellschaft vorliegt, → Rn. 34, 36. Daher ist eine Berufung des nicht Parteifähigen im Streit darüber nicht etwa unzulässig, sondern unbegründet, BGH NJW 1979, 1592. Der angeblich nicht Parteifähige muss darlegen. Sodann prüft das Gericht freibeweislich, § 56. Steht die Nichtexistenz fest, sind nach → Vor § 50 Rn. 22 auch zugehörige Anwaltskosten erstattbar.

51

Prozessfähigkeit; gesetzliche Vertretung; Prozessführung. **I Die Fähigkeit einer Partei, vor Gericht zu stehen, die Vertretung nicht prozessfähiger Parteien durch andere Personen (gesetzliche Vertreter) *und die* Notwendigkeit einer besonderen Ermächtigung zur Prozessführung bestimmt sich nach den Vorschriften des bürgerlichen Rechts, soweit nicht die nachfolgenden Paragraphen abweichende Vorschriften enthalten.**

II Das Verschulden eines gesetzlichen Vertreters steht dem Verschulden der Partei gleich.

[III] **Hat eine nicht prozessfähige Partei, die eine volljährige natürliche Person ist, wirksam eine andere natürliche Person schriftlich mit ihrer gerichtlichen Vertretung bevollmächtigt, so steht diese Person einem gesetzlichen Vertreter gleich, wenn die Bevollmächtigung geeignet ist, gemäß § 1896 Abs. 2 Satz 2 [ab 1.1.2023: § 1814 Absatz 3 Satz 2 Nummer 1] des Bürgerlichen Gesetzbuchs die Erforderlichkeit einer Betreuung entfallen zu lassen.**

Schrifttum: Brandner, Zur gerichtlichen Vertretung der Gesellschaft gegenüber ausgeschiedenen Vorstandsmitgliedern/Geschäftsführern, FS Quack, 1991; Findeisen, Der minderjährige Zeuge im Zivilprozeß, 1992; Loritz, Rechtsprobleme der Vertretung von Gesellschaften mit beschränkter Haftung im Zivilprozeß bei Unwirksamkeit von Anteilsübertragungen, FS Nakamura, 1996; Oda, Die Prozeßfähigkeit als Voraussetzung und Gegenstand des Verfahrens, 1996.

I. Systematik, I–III. Während § 50 die Voraussetzungen der Parteifähigkeit nennt, regeln §§ 51 bis 55 die der gesondert zu beurteilenden Prozessfähigkeit und § 56 auch das Verfahren ihrer Prüfung im Prozess. II entspricht § 85 II (Haftung des ProzBev.). Von der Prozessfähigkeit muss man nach → Vor § 253 Rn. 18, → Vor § 78 Rn. 1 die Verhandlungsfähigkeit (Postulationsfähigkeit) als eine sog. Prozesshandlungsvoraussetzung, unterscheiden. Ferner muss man von der Prozessfähigkeit ein Prozessführungsrecht nach → Vor § 50 Rn. 2 unterscheiden. Im FamFG-Verfahren entspricht nach § 9 FamFG die Verfahrensfähigkeit der Prozessfähigkeit. Obgleich § 51 I und II die gesetzliche Vertretung betreffen, enthält das Gesetz in § 51 III ZPO eine Sonderregelung für Vorsorgevollmachten, BGH NJW-RR 2015, 836 Rn. 14. 1

II. Regelungszweck, I–III. Die Prozessfähigkeit ist zwingende Prozessvoraussetzung, NZA 2014, 799 Rn. 13, die bei sämtlichen Beteiligten vorliegen muss, NJW-RR 2015, 836 Rn. 13. Als eine Prozesshandlungsvoraussetzung nach → Rn. 11 braucht die Prozessfähigkeit wie die Parteifähigkeit nach → Vor § 50 Rn. 2 die sorgsamste Prüfung nach → § 56 Rn. 2 im Interesse aller den Prozess tragenden Verfahrensgrundsätze. Dabei hat auch der Schutz der Partei vor sich selbst Bedeutung, Engelmann-Pilger NJW 2005, 717. 2

Die Zurechnung des Verschuldens des gesetzlichen Vertreters nach II ist eine der Rechtssicherheit im Außenverhältnis dienende Regelung Die Partei, die sich bei der Verfolgung oder Verteidigung ihrer Rechtsposition in einem gerichtlichen Verfahren durch einen Bevollmächtigten vertreten lässt, wird so behandelt, als habe sie das Verfahren selbst geführt, BGH NJW 1976, 1218. II verweist den Vertretenen auf sein Innenverhältnis zum gesetzlichen Vertreter, den er haftbar machen kann. Der Prozessgegner bleibt von den in jenem Innenverhältnis möglichen Problemen unberührt. So überzeugend dieser Schutz des Prozessgegners dann ist, wenn ein gewillkürter (wenn auch vielleicht zusätzlich beigeordneter) ProzBev. nach § 85 II vorwerfbar falsch handelt, kann er problematisch sein, wenn der beklagte Minderjährige oder aus anderen Gründen gesetzlich Vertretene seinen Vertreter hafttbar machen muss, um dessen Verschuldensfolgen nicht voll tragen zu müssen. Mit Blick ermöglicht der Gesetzgeber die Bestellung eines Vormunds. 3

Durch § 51 III dient nach der Intention des Gesetzgebers der Stärkung des Rechtsinstituts der Vorsorgevollmacht durch die Möglichkeit, dass ein Prozessunfähiger sich im Zivilprozess durch Bevollmächtigten vertreten lassen kann. Zur umfassenden Sicherung des Selbstbestimmungsrechts für den Vorsorgefall und zur Vermeidung der Betreuerbestellung gehört auch die gerichtliche Anerkennung der Vorsorgevollmacht (vgl. BT-Drs. 15/2494, 39; BGH NJW 2022, 393 Rn. 63). Mit der geänderten Verweisung ab **1.1.2023** ist keine inhaltliche Änderung verbunden. 4

III. Geltungsbereich, I–III. → Vor § 50 Rn. 4 und → Vor § 50 Rn. 4. Im Verfahren vor den Verwaltungsgerichten gilt abweichend § 67 V 1 VwGO, OVG Münst NVwZ 2015, 680. Für die Zwangsvollstreckung ist die Prozessfähigkeit jedenfalls dann Voraussetzung, wenn er mitwirken muss und nicht lediglich sichernde Maßnahmen zu treffen sind (BGH NJW 2022, 393 Rn. 25; NJW 2020, 1143 Rn. 17; DGVZ 2011, 209). 5

IV. Begriff der Prozessfähigkeit, I. Prozessfähigkeit ist die Fähigkeit, vor Gericht zu stehen, dh Prozesshandlungen selbst oder durch einen selbst bestellten Vertreter wirksam vorzunehmen oder entgegenzunehmen. Sie ist von der Parteifähigkeit nach § 50 zu unterscheiden. Prozessfähigkeit ist die Fähigkeit, einen Prozess selbst oder mithilfe eines ProzBev. nach § 81 ohne Bestellung eines Prozesspflegers nach § 57 zu führen und Entscheidungen von vernünftigen Erwägungen leiten zu lassen, Ffm NJW-RR 1992, 763. 6

1. Voraussetzung der Prozessfähigkeit. Nach I richtet sie sich nach dem bürgerlichen Recht, Mü ZIP 2015, 2224. Damit ist letztlich die in § 52 bestimmte Abhängigkeit der Prozessfähigkeit von der Geschäftsfähigkeit angesprochen. Beispiele einer Prozessunfähigkeit → § 52 Rn. 5 ff. Ein beschränkt Geschäftsfähiger ist grundsätzlich voll prozessunfähig, LG Nürnb-Fürth NJW 1976, 633. Das gilt grundsätzlich auch für den mit einem Einwilligungsvorbehalt Betreuten, Bork MDR 1991, 98. Der ohne einen solchen Vorbehalt Betreute bleibt geschäftsfähig, Bork MDR 1991, 98. Mit dem Eintritt der Volljährigkeit entsteht die volle Prozessfähigkeit ohne weiteres, OLG Naumb FamRZ 2001, 1319; OLG Düss FamRZ 1999, 653. 7

2. Teilweise Prozessfähigkeit. Dazu Fischer WuM 2012, 178. Es ist auch zulässig, die Geschäftsfähigkeit und Prozessfähigkeit etwa wegen einer geistigen Störung für einen beschränkten Kreis von Angelegenheiten als partielle Geschäfts- und Prozessunfähigkeit auszuschließen, BGH 143, 124, etwa für die Führung eines Eheverfahrens nach §§ 121 ff. FamFG. Eine Beschränkung der Prozessfähigkeit kann auch nach → § 78 Rn. 28, bei einem Anwalt vorliegen, BVerfGE 37, 76. Die teilweise Geschäfts- und Prozessunfähigkeit erstreckt sich dann allgemein auf dieses gesamte Sachgebiet, also auf den ganzen Prozess. Es gibt allerdings keine solche Geschäftsunfähigkeit, die nur auf einen Kreis besonders schwieriger Geschäfte beschränkt wäre. Allein querulatorisches Verhalten nach → Einl. II Rn. 108 ist führt noch nicht zur Prozessunfähigkeit, vgl. Saarbr ZMR 1998, 212. 8

Kein Prozessunfähiger kann schon deshalb prozessieren, weil sein **gesetzlicher Vertreter zustimmt.** Wohl aber kann man der vollen Prozessfähigkeit eine beschränkte gegenüberstellen. Das gilt nach → § 52 Rn. 11–14 insoweit, als eine nur in gewisser Beziehung geschäftsfähige Person auch nur insoweit die volle Prozessfähigkeit besitzt. Ein Zweifel an der Geschäftsfähigkeit eines Anwalts schließt in einem Verfahren mit dem Ziel der Rücknahme seiner Zulassung zur Anwaltschaft eine Prozessfähigkeit nicht aus, anders als evtl. etwa im Prozess des Auftraggebers. Für FamFG-Sachen gibt § 9 FamFG Sondervorschriften. Bei einer Auslandsbeteiligung muss man Art. 7 I EGBGB beachten, KG FamRZ 1991, 1456 (Geschäftsfähigkeit des Minderjährigen infolge Ehe). 9

10 Im Interesse eines vollständigen Rechtsschutzes muss auch der Prozessunfähige die Möglichkeit haben, den Prozess durch seine Handlungen in die höhere Instanz zu bringen. Dies gilt anerkanntermaßen für das Rechtsmittel der Partei, die sich dagegen wendet, dass sie in der Vorinstanz zu Unrecht als prozessfähig oder als prozessunfähig behandelt worden ist, BGH FamRZ 2010, 548 Rn. 12). Wegen eines Streits über die Prozessfähigkeit → § 56 Rn. 21. Sie muss bei allen Beteiligten vorliegen, BGH NJW-RR 2015, 837.

11 **3. Prozesshandlungsvoraussetzung.** Die Prozessfähigkeit ist eine Prozesshandlungsvoraussetzung, BGH DGVZ 2011, 209; BAG NZA 2014, 799 Rn. 13; Karlsr FamRZ 2015, 1414. Sie muss bei allen Beteiligten vorliegen, BGH NJW-RR 2015, 837. Bestehen konkrete Anhaltspunkte dafür, dass die Partei prozessunfähig sein könnte, hat das Gericht nach § 56 I → § 56 Rn. 4 von Amts wegen zu ermitteln, ob Prozessunfähigkeit vorliegt, BGH NJW-RR 2011, 284 Rn. 4; BAG NZA 2014, 799 Rn. 13; Karlsr FamRZ 2015, 1414. Es muss dabei die notwendigen Beweise ohne eine Bindung an die förmlichen Beweismittel der ZPO erheben; es gilt der Grundsatz des Freibeweises, BGH NJW-RR 2011, 284 Rn. 4; BAG NZA 2014, 799 Rn. 13, BGH FamRZ 2010, 548. Anträge, die von einer prozessunfähigen Partei gestellt wurden, sind unwirksam und dürften nicht beschieden werden. Die Genehmigung durch einen nachträglich bestellten Prozesspfleger nach § 57 ist möglich, BGH DGVZ 2011, 209.

4. Beispiele zur Frage einer Prozessfähigkeit, I

12 **Beweisfragen:** Das Revisionsgericht darf eine etwa notwendige Beweisaufnahme dem Berufungsgericht überlassen, BAG BB 1978, 158. Bis zur Klärung liegt grds. eine Partei- und Prozessfähigkeit vor, BGH FamRZ 2014, 553; BAG DB 2003, 296; Kblz NJW-RR 1999, 40. Das Gericht muss einen etwa notwendigen Beweis ohne Bindung an die förmlichen Beweismittel der ZPO erheben, BGH FamRZ 2010, 548.

Genehmigung: Ein Mangel kann durch eine wirksame Genehmigung zB eines Miterben oder des gesetzlichen Vertreters grds. heilen, BGH NJW 2000, 290; Ffm Rpfl 1984, 101; Stgt NJW-RR 1994, 811. **Keine** Heilung ist schon nach § 295 I möglich. Auch → „Minderjährigkeit".

Gerichtsstandsbestimmung: Im Verfahren der Gerichtsstandsbestimmung gemäß ZPO § 36 Nr 3, § 37 geben Zweifel an der Prozessfähigkeit des Antragstellers regelmäßig keine Veranlassung zu deren Prüfung; letztere kann dem zu bestimmenden Gericht überlassen werden, BGH NJW-RR 1987, 757.

Heilung: „Genehmigung".

Minderjährigkeit: Der Erwerb der Prozessfähigkeit nach § 108 III BGB führt grds. zum Wegfall des gesetzlichen Vertreters, BGH NJW 1999, 3263.

Prozessurteil: Erst nach einem vergeblichen Hinweis nach § 139 ist schon nach → Vor § 253 Rn. 14 eine Klagabweisung durch ein Prozessurteil als unzulässig statthaft, BGH FamRZ 2014, 553, Kblz VersR 2009, 698. Auch „Beweisfragen".

Verlust: Ein solcher der Prozessfähigkeit führt zu einer Unterbrechung nach § 246, Hmb NJW-RR 1997, 1400; Hamm NJW-RR 1998, 470; Mü NJW-RR 1989, 255. Auch → „Beweisfragen", → „Prozessurteil", → „Zweifel".

Vertretung: Stellt sich die Prozessunfähigkeit des Beklagten während des Prozesses heraus, ist es Sache des Klägers auf eine ordnungsgemäße Vertretung hinzuwirken, Kobl NJW-RR 2008, 1384.

Wiederaufnahme: Es gibt keine Abweichung. Das gilt zB bei § 579 I Nr. 4, BGH WM 2014, 321.

Zeitpunkt: Die Prozessfähigkeit muss spätestens beim Verhandlungsschluss nach §§ 136 IV, 296a vorliegen, BGH FamRZ 2010, 548 (sonst Abweisung als unzulässig).

Zustellung: Die Prozessfähigkeit ist nach § 170 auch die Voraussetzung einer wirksamen Zustellung, BGH WM 2014, 321.

Zweifel: → „Beweisfragen".

13 **V. Vertretung des Prozessunfähigen, I.** Die Vorschrift regelt sehr unterschiedliche Lagen.

14 **1. Aufgabe des gesetzlichen Vertreters.** Einen Prozessunfähigen vertritt nach → Vor § 50 Rn. 9 derjenige, der nach dem sachlichen und nicht nur nach dem bürgerlichen Recht sein gesetzlicher Vertreter ist, BGH MDR 1992, 911; Ffm NVwZ 2018, 96. Der gesetzliche Vertreter ist von der Partei kraft Amts nach → Vor § 50 Rn. 10 zu unterscheiden. Der gesetzliche Vertreter handelt im Prozess anstelle der Partei. Er muss nach → Rn. 17 natürlich auch selbst nach § 52 prozessfähig sein. Das sachliche Recht ergibt den Umfang seiner Vertretungsmacht, ArbG Düss NJW-RR 1992, 366. Soweit die Vertretungsmacht auf dem Willen des Vertretenen beruht, liegt keine gesetzliche Vertretung vor. Der Prozessunfähige kann – außer im Fall des III – nur mithilfe seines gesetzlichen Vertreters prozessieren. Soweit ein gesetzlicher Vertreter fehlt oder rechtlich verhindert ist, kann der Prozessunfähige keine Klage nach §§ 253, 261 erheben und sich nicht verteidigen.

15 Er hat aber als ein **zu Unrecht in Anspruch Genommener** die prozessualen Rechte einer Partei, BGH NJW-RR 1986, 1119; Köln MDR 1976, 937. Das gilt auch beim Streit gerade um die Prozessfähigkeit, BGHZ 86, 188. Eine mangelhafte Vertretung bleibt nach unschädlich, soweit der gesetzliche Vertreter oder der prozessfähig Gewordene oder sein Erbe die Prozessführung genehmigen.

16 **2. Vorläufige Zulassung.** Das Gericht darf einen Prozessunfähigen nach § 56 II vorläufig zulassen, BGH MDR 1992, 911. Ein gesetzlicher Vertreter kann nach → Vor § 50 Rn. 15 nicht mit sich selbst prozessieren. Wenn der Prozessunfähige seinen gesetzlichen Vertreter verklagen will oder wenn der gesetzliche Vertreter den Prozessunfähigen verklagen will, muss das Gericht zunächst einen anderen Vertreter bestellen. Im Verhältnis zwischen einem Kind und einem Elternteil darf man einen Pfleger wegen §§ 1629 II, III, 1796 II BGB nur dann bestellen, wenn ein erheblicher Interessengegensatz besteht.

17 **3. Mehrheit von Vertretern.** Wenn mehrere gesetzliche Vertreter vorhanden sind, ergibt sich aus dem sachlichen Recht, ob jeder für sich oder nur alle zusammen wirksam vertreten können (Einzel- oder Gesamtvertretung), BGH NJW 1987, 1948; ArbG Düss NJW-RR 1992, 366 (Folge: evtl. Säumigkeit nach § 333, BGH NJW-RR 2004, 275), und wie man widersprüchliche Erklärungen mehrerer Einzelvertreter würdigen muss. Es genügt nach § 171 III eine Prozesshandlung gegenüber nur einem von mehreren Vertretern.

18 **4. Prozessuale Gleichstellung.** Der gesetzliche Vertreter ist nicht selbst Partei. Er steht aber prozessual der Partei gleich. Wegen seines prozessualen Verschuldens → Rn. 23. Über den gesetzlichen Vertreter als Partei neben dem Vertretenen → Vor § 50 Rn. 9.

5. Gerichtliche Bestellung eines Vertreters. In gewissen Fällen kann das Gericht nach § 29 BGB einen gesetzlichen Vertreter bestellen. Ein solcher gesetzlicher Vertreter darf die Partei auch im Prozess vertreten. 19

6. Beispiele zur Frage einer gesetzlichen Vertretung, I

Abwesenheit: Den Abwesenden vertritt ein Abwesenheitspfleger nach § 1911 BGB. 20

Betreuer: Vgl. zunächst III, → Rn. 25–30. Im Übrigen gilt: Der Betreuer nach §§ 1896 ff. BGB ist in seinem vom Betreuungsgericht festzulegenden Aufgabenkreis der gesetzliche Vertreter des Betreuten, und zwar nach § 1902 BGB auch und gerade vor Gericht, FG Hmb FamRZ 2012, 1594; Bork MDR 1991, 97. Das gilt unabhängig davon, ob der Betreute geschäftsfähig ist oder nicht, BFH FamRZ 2007, 1650, und ob die Betreuung zwar wirksam, aber zu Unrecht erfolgte, Karlsr NJW 2017, 416. Er ist keineswegs stets geschäftsunfähig, LG Rostock Rpfl 2003, 143. Daraus kann ein Neben- oder sogar Gegeneinander von materiellrechtlicher und prozessualer Wirksamkeit – etwa eines Rechtsgeschäfts – entstehen. Diese Fragen muss man notfalls gerichtlich klären. Unterhalt gehört nicht zur Vermögenssorge, Zweibr NJW-RR 2001, 152 (auch nicht beim Volljährigen). Auch → „Volljähriger".

Deutsche Welle: Der Intendant ist ihr gesetzlicher Vertreter nach Art. 1 § 42 II Gesetz v. 16.12.1997, BGBl. I 3094.

Erbe: Als gesetzlicher Vertreter kommt der Nachlasspfleger nach §§ 1960, 1961 BGB in Betracht.

Europäische wirtschaftliche Interessenvereinigung: Sie wird nach Art. 20 EWIV-VO meist durch ihre Geschäftsführer vertreten.

Finanzmarktstabilisierungsanstalt: Sie vertritt den zugehörigen Fond nach § 3a FinStFG.

Fiskus: Den jeweilige Rechtsträge vertritt die zuständige Behörde gesetzlich nach § 18.

Gemeinschaft: Bei der Gemeinschaft der Miterben ist der Nachlasspfleger ihr gesetzlicher Vertreter, BGH NJW 1989, 2134. Wegen des Nachlassverwalters → Vor § 50 Rn. 11.

Genossenschaft: Der Vorstand vertritt sie nach § 24 I GenG, evtl. entsprechend § 59 BGB, § 85 AktG ein Notvorstand. Im Prozess gegen ein Vorstandsmitglied ist nach § 39 I GenG der Aufsichtsrat der gesetzliche Vertreter, BGH NJW 1998, 1647; aM Hamm NJW-RR 1995, 1317 (ebenfalls der Vorstand. Aber niemand kann mit sich selbst prozessieren). Im Prozess gegen ein Aufsichtsratsmitglied gilt § 39 III GenG. Vgl. ferner §§ 51 III 2, 96 GenG, BGH NJW 1978, 1325; Düss NJW 1987, 2523. Im Stadium der Abwicklung ist der Abwickler der gesetzliche Vertreter.

Gesellschaft. Dazu Gehle, Gesetzliche Vertretung der Gesellschaft im gesellschaftsinternen Rechtsstreit, in Born/Ghassemi-Tabar/Gehle, Münchener Handbuch des Gesellschaftsrechts, Band 7, 6. Aufl. 2020, § 9; Waclawik, Prozessführung im Gesellschaftsrecht, 2. Aufl. 2013. Hier muss man die folgenden Fälle unterscheiden.

- **(Aktiengesellschaft):** Gesetzlicher Vertreter ist nach § 78 I 1 AktG grds. der Vorstand und auch ein besonderer Vertreter nach § 147 AktG, Karlsr ZIP 2018, 627. Ferner gelten die folgenden Regeln:
- **(Aktiengesellschaft: Abwicklung):** In Betracht kommt der Abwickler nach §§ 264 II 2, 265 I, 269 I 273 IV AktG etwa für die inländische Zweigstelle eines ausländischen Kreditinstituts in der Form einer Aktiengesellschaft. Das gilt ohne Rücksicht auf das rechtliche Schicksal der ausländischen Gesellschaft.
- **(Aktiengesellschaft: Anfechtungs- und Nichtigkeitsprozess):** In ihm sind nach §§ 246 II 2, 249 I AktG der Vorstand und der Aufsichtsrat gesetzlicher Vertreter, BGH NJW 1992, 2099, aber auch der Aufsichtsrat allein nach § 246 III AktG. Vgl. auch § 278 III AktG.
- **(Aktiengesellschaft: Führungslosigkeit):** Gesetzlicher Vertreter ist bei ihr nach § 78 I 2 AktG der Vorstand. Aber auch „(Aktiengesellschaft: Notvorstand)".
- **(Aktiengesellschaft: Kündigungsprozess):** In demjenigen eines Vorstandsmitglieds ist nach § 112 AktG der Aufsichtsrat der alleinige gesetzliche Vertreter, BGH NJW 2004, 1528, BAG NJW 2002, 1444; Hager NJW 1992, 352.
- **(Aktiengesellschaft: Missbilligung des Vorstands): Keine** Vertretungsmacht oder Klagebefugnis hat ein Aufsichtsratsmitglied oder eine Gruppe von ihnen dann, wenn er oder sie wegen einer Missbilligung des Vorstands unterlagen, Ffm BB 1988, 364.
- **(Aktiengesellschaft: Notvorstand):** Er kann nach § 85 AktG infragekommen.
- **(Aktiengesellschaft: Versorgungsprozess):** In demjenigen der Witwe eines Vorstandsmitglieds ist der Aufsichtsrat entsprechend § 112 AktG der alleinige gesetzliche Vertreter, BGH FamRZ 2007, 39.
- **(Ausländische Gesellschaft):** Maßgebend ist das Recht des Gründungsstaats, Stgt ZIP 2009, 2359.
- **(BGB-Außengesellschaft):** Gesetzliche Vertreter der rechts-, partei- und prozessfähigen derartigen Gesellschaft, BGHZ 146, 341, sind zunächst die im Gesellschaftsvertrag dazu Bestimmten, BGH NJW 2006, 2191, oder ein von ihnen Bevollmächtigter, BGH BB 2005, 792, und nach §§ 709, 714 BGB im Zweifel alle Gesellschafter zusammen, Schmidt NJW 2001, 999. Klagen nur einer oder einzelne Gesellschafter im Namen der Gesellschaft, muss er oder müssen sie ihre ausreichende Vertretungsbefugnis darlegen und nach § 286 beweisen, BGH ZIP 2010, 1639; Schmidt NJW 2001, 999. Die Angabe „vertreten durch den Geschäftsführer" meint indessen meist den geschäftsführenden Gesellschafter und nicht nur denjenigen angestellten Fremdgeschäftsführer, der nur ein rechtsgeschäftlicher Vertreter wäre. Sie reicht daher aus, BGH NJW-RR 2005, 119. Mehrere gesamtvertretungsberechtigte Gesellschafter können nicht wirksam widersprechende Sachanträge stellen, Nürnb MDR 2011, 312. Ab Auflösung vertreten alle gemeinsam, BGH WM 2011, 1806.
- **(Europäische Gesellschaft):** Der oder die gesellschaftsführenden Direktoren vertreten sie nach § 41 I–III SEAG v. 22.12.2004, BGBl. 3675 gerichtlich und außergerichtlich. Den geschäftsführenden Direktoren gegenüber vertritt der Verwaltungsrat die SE nach § 41 IV SEAG.
- **(Gesellschaft mit beschränkter Haftung).** Dazu Bartholomäus, Die führungslose GmbH im Zivilprozess und Insolvenz, 2014. Der oder die Geschäftsführer vertreten sie grds., § 35 I GmbHG, BayObLG BB 1989, 171; Düss FGPrax 1998, 231. Eine Ausnahme gilt nach § 46 Nr. 8 GmbHG bei der Klage gegen Geschäftsführer und Gesellschafter sowie gegen von diesen mittelbar beherrschte Gesellschaften (zu letzterem BGH NJW 2022, 1017 Rn. 20). Bei einer sog. Führungslosigkeit sind die Gesellschafter nach § 35 I 2 GmbHG gesetzliche Vertreter. Wegen der Lage in einem Rechtsstreit für oder gegen eine aufgrund einer Anmeldung oder von Amts wegen gelöschte GmbH Hmb NJW-RR 1997, 1400; Kblz VersR 1983, 671. Der nach

§§ 60, 67 GmbH benannte Abwickler ist vorbehaltlich §§ 66 I, 70 GmbHG der gesetzliche Vertreter, BSG NZS 2003, 663. Vgl. aber auch § 66 V GmbH, BGH MDR 1986, 139. Erst mit dem Liquidationsende erlischt die Prozessfähigkeit, BAG DB 2003, 2660; Hamm MDR 1997, 972. Bei einem Streit über die Wirksamkeit der Bestellung eines Geschäftsführers vertritt derjenige die Gesellschaft, der bei ihrem Obsiegen als ihr Geschäftsführer gilt, BGH NJW-RR 2016, 671 Rn. 13; NJW-RR 1992, 993. Dann kann auch ein evtl. vorhandener Aufsichtsrat die GmbH vertreten, BGH MDR 2004, 284.

– **(Kommanditgesellschaft):** Der persönlich haftende Gesellschafter vertritt sie nach §§ 161 II, 170 HGB, BGH DB 1988, 1210 (also evtl. der Geschäftsführer der Komplementär-GmbH nach § 125 I HGB, BayObLG BB 1989, 171), evtl. der Aufsichtsrat. Das gilt nach §§ 161 II, 170 HGB, 278 III AktG auch für die Kommanditgesellschaft auf Aktien, BGH MDR 2005, 583. Im Stadium der Abwicklung ist der Abwickler ihr Vertreter, BGHZ 155, 123. Ein entsprechend § 112 AktG gewählter Beirat ist gesetzlicher Vertreter, BGH ZIP 2010, 2346.
– **(Liquidation):** Gesetzlicher Vertreter ist der Liquidator, zB nach §§ 66 I, 70 GmbHG, BayObLG BB 1994, 961, oder nach § 66 V GmbHG, BGH MDR 1986, 139, BAG ZIP 2002, 1949.
– **(Offene Handelsgesellschaft):** Gesetzlicher Vertreter ist nach § 125 HGB die vertraglich bestimmte Zahl von Gesellschaftern.
– **(Partnerschaftsgesellschaft):** Gesetzlicher Vertreter ist nach § 7 III PartGG iVm § 125 I HGB jeder Partner. Der Partnerschaftsvertrag kann freilich nach § 7 III PartGG iVm §§ 125 II, IV, 126, 127 HGB Beschränkungen der Vertretungsmacht vorsehen.
– **(Patentanwaltsgesellschaft):** Gesetzliche Vertreter sind nach § 52f I PatAnwO die Geschäftsführer, die mehrheitlich Patentanwälte sein müssen.
– **(Rechtsanwaltsgesellschaft):** Gesetzliche Vertreter sind nach § 59f I BRAO die Geschäftsführer, die mehrheitlich Anwälte sein müssen.
– **(Vorgesellschaft):** Maßgeblich ist die beabsichtigte Gesellschaftsform, BGH NJW 2008, 2442.

Insolvenzverwalter: Ein englischer ist aus deutscher Sicht ein gesetzlicher Vertreter, wie in England (statutory agent), Schmitt ZIP 2009, 1992.

Juristische Person: Gesetzlicher Vertreter einer solchen Person des öffentlichen Rechts nach → § 50 Rn. 12 ist nach §§ 17, 18 das staatsrechtlich berufene Organ, BGH NJW 1995, 3389, Bbg AnwBl 2001, 68; LG Nürnb-Fürth Rpfl 2002, 632.

Kind: Vgl. zunächst § 9 V FamFG. Zum Obhutswechsel beim Unterhalt Roßmann jM 2015, 55 (Grdz.). Im Übrigen:
– **(Eheliches Kind):** Gesetzliche Vertreter sind nach § 1629 I 2 BGB beide Eltern, BGH NJW 1987, 1947. Ein Elternteil kann nach § 1629 I 3 BGB auch Alleinvertreter sein. Vgl. freilich beim Getrenntleben oder der Scheidung § 1629 I 2, III BGB. Als gesetzlicher Vertreter kommt im Rahmen des SGB VIII usw. auch die Pflegeperson nach § 1630 III BGB in Betracht, nach §§ 1773, 1793 BGB auch ein Vormund.
– **(Leibesfrucht):** Gesetzlicher Vertreter ist der Pfleger nach 1912 BGB.
– **(Minderjähriger schlechthin):** Als gesetzlicher Vertreter kommen in den gesetzlich vorgeschriebenen Fällen der Vormund, der Betreuer, der Pfleger, ferner nach SGB VIII das Jugendamt in Betracht, Düss FamRZ 1985, 641.
– **(Nichteheliches Kind):** Gesetzliche Vertreter sind nach § 1626a BGB seine Eltern, evtl. auch nach §§ 1712, 1716 S. 2, 1793 S. 1, 1915 I BGB das Jugendamt.

Nachlasspfleger: Er ist als Vertreter des oder der unbekannten Erben keine Partei kraft Amts nach → Vor § 50 Rn. 10, sondern gesetzlicher Vertreter, BGH NJW 1989, 2134.

Partnerschaft: Gesetzlicher Vertreter ist nach § 7 II PartGG iVm § 125 HGB die absprachegemäß bestimmte Zahl von Partnern.

Patentanwalt: Die beim → Rechtsanwalt geltenden Regeln sind für den Patentanwalt ebenso vorhanden, § 46 IX 1 PatAnwO (von Amts wegen bestellter Vertreter), § 48 III 2 PatAnwO (Abwickler).

Politische Partei: Wegen einer Fraktion LG Brem NJW-RR 1992, 447.

Rechtsanwalt: Sein von Amts wegen bestellter Vertreter wird trotz der missverständlichen Worte in § 53 IX BRAO, er handle „in eigener Verantwortung", doch nicht als ein Prozessstandschafter nach → Vor § 50 Rn. 32 tätig, sondern eben als „Vertreter". Das gilt, zumal der Vertreter „für Rechnung und auf Kosten des Vertretenen" arbeitet, wie § 53 IX BRAO ebenfalls besagt. Demgegenüber ist der Abwickler nach § 55 III 2 BRAO nicht verpflichtet, eine Kostenforderung des verstorbenen Anwalts „im eigenen Namen" (für Rechnung der Erben) geltend zu machen. Insoweit ist er also Prozessstandschafter. Auch → „Gesellschaft" (Partnerschaftsgesellschaft), (Rechtsanwaltsgesellschaft).

Stiftung: Maßgeblich ist zunächst die Satzung. Soweit sie keine Regelung hat, ist nach §§ 26 I, 86 BGB der Vorstand gesetzlicher Vertreter.

Verein: Gesetzlicher Vertreter ist nach § 26 II 1 BGB der Vorstand. Im Prozess gegenüber einem Vorstandsmitglied ist das ihn bestellende Organ gesetzlicher Vertreter, Zweibr OLGR 2005, 159. Im Stadium der Abwicklung ist der Abwickler sein gesetzlicher Vertreter. In Betracht kommt auch der Nachtragsliquidator nach § 29 BGB, Stgt MDR 1996, 198. Zum Verzicht auf die Rechtsfähigkeit einer als Verein eingetragenen politischen Partei Hamm OLGZ 1993, 20. Beim Vorverein gilt dasselbe wie → „Gesellschaft" (Vorgesellschaft).

Verfahrensbeistand: Derjenige nach § 158 FamFG ist **kein** gesetzlicher Vertreter der Kinder, BGH NJW 2012, 1150.

Volljähriger: Vgl. zunächst III, → Rn. 25–30. Im Übrigen gilt: Ihn kann ein Betreuer oder ein Pfleger nach §§ 1911, 1912 BGB gesetzlich vertreten, soweit hierfür besondere gesetzliche Grundlagen vorliegen, etwa bei einer Geschäftsunfähigkeit. In einer persönlichen Angelegenheit ist der Abwesenheitspfleger kein gesetzlicher Vertreter. Freilich ist die Bestellung eines Pflegers ohne eine gesetzliche Grundlage nicht nichtig, sondern lediglich aufhebbar. Im Übrigen gilt § 53 ZPO, § 9 V FamFG. Auch → „Betreuer".

Wohnungseigentümergemeinschaft: Sie ist nach § 9a WEG selbst rechts- und parteifähig.

einstweilen frei

VI. Tragweite der Prozessfähigkeit, I. Die Prozessfähigkeit ist nach → Rn. 11 eine Prozesshandlungsvoraussetzung. Das Gericht muss daher nach → Rn. 6 auch die Vertretungsbefugnis in jeder Lage des Verfahrens von Amts wegen prüfen. Das Gericht muss ebenfalls prüfen, ob die sachlich zuständige Stelle den Vertreter in der vorgeschriebenen Form bestellt hat. Der Nachweis der Bestellung erfolgt durch die Vorlage einer Bestallungsurkunde, durch die Vorlage eines Handelsregisterauszugs, einer Bescheinigung der vorgesetzten Behörde usw. Vgl. auch bei § 56. 21

Eine **nachträgliche Aufhebung** der Bestellung berührt die Wirksamkeit früherer Prozesshandlungen selbst dann nicht, wenn die frühere Bestellung dem sachlichen Recht widersprach. Das Gericht muss dem gesetzlichen Vertreter ebenso wie einer Partei das rechtliche Gehör nach Art. 103 I GG geben, VerfGH Mü Rpfl 1976, 350, zust. Kirberger. Es braucht grundsätzlich nicht zu prüfen, ob die materiell-rechtlichen Voraussetzungen einer erfolgten Vertreterbestellung vorlagen. Es muss aber eine etwaige Nichtigkeit klären. Der Tod oder das sonstige Ende der Vertretungsmacht unterbricht nach § 241. Eine Verhinderung kann notfalls zur Maßnahme nach § 57 führen. Wenn die Prozessfähigkeit beim Erlaß des Urteils nach §§ 310, 311 usw. fehlt, muss das Gericht die Klage evtl. nach einem Hinweis nach § 139 durch ein Prozessurteil als unzulässig abweisen, BGH 143, 127. Der Vertretene bleibt Partei, auch wegen der Kosten nach §§ 91 ff. und wegen der Zwangsvollstreckung nach §§ 704 ff. 22

VII. Verschulden des gesetzlichen Vertreters, II. § 9 IV FamFG lautet ebenso. Die Vorschrift schützt den Prozessgegner. Sie ist mit Art. 20 III GG vereinbar, BVerfGE 35, 41; BGH NJW-RR 1993, 131; abl. Bosch FamRZ 1993, 308; aM v. Schlabrendorff BVerfGE 35, 51. Ein Verschulden liegt bei einem vorwerfbaren Verstoß gegen die übliche Sorgfalt einer Partei vor, BGH VersR 1985, 139. Ein Verschulden des gesetzlichen Vertreters kann sowohl in der Form einer Fahrlässigkeit als auch in der Form eines Vorsatzes vorliegen. Man muss eine Fahrlässigkeit auch dann bejahen, wenn man dem gesetzlichen Vertreter nur einen leichten Vorwurf machen kann. Das bloße Kennenkönnen und -müssen reicht als sog. unbewusste Fahrlässigkeit. Ein Vorsatz liegt schon dann vor, wenn der Vertreter nur aus völliger Gleichgültigkeit über die als möglich erkannten Folgen seines Tuns handelte (bedingter Vorsatz). Eine Absicht unredlichen Verhaltens ist nicht erforderlich. II stellt nach → Rn. 2 ein Verschulden des gesetzlichen Vertreters demjenigen der Partei gleich. Der nach § 104 Nr. 2 BGB Geschäftsunfähige handelt nicht schuldhaft, BGH MDR 1987, 315. 23

Das gilt **in jeder Lage** des Verfahrens und in jeder Prozessart, auch zB im Abstammungsverfahren nach §§ 169 ff. FamFG, zum alten Recht: BGH NJW-RR 1993, 131. Es gilt nach → Rn. 2 auch unabhängig davon, ob die Partei im Innenverhältnis gegenüber dem gesetzlichen Vertreter wegen seines Verhaltens einen Rückgriff nehmen kann. Vgl. im Übrigen → § 85 Rn. 13 sowie § 233. 24

VIII. Dem gesetzlichen Vertreter gleichstehender Bevollmächtigter, III. Die Vorschrift betrifft in erster Linie die Vorsorgevollmacht. Sie stellt einen rechtsgeschäftlich Bevollmächtigten einem gesetzlichen Vertreter gleich, sofern eine volljährige natürliche Person wirksam eine andere natürliche Person bevollmächtigt hat. Die zugrundeliegende Vollmacht muss die gerichtliche Vertretung und inhaltlich den Wirkungskreis umfassen, auf den sich der Prozess bezieht (vgl. BGH NJW 2022, 393 Rn. 25; Karlsr FamRZ 2010, 1763). Zur Vorsorgevollmacht BGH NJW-RR 2015, 837. III gilt grundsätzlich auch im Zwangsvollstreckungsverfahren, BGH, NJW 2022, 393; NJW 2020, 1143 Rn. 25. 25

1. Volljähriger nicht prozessfähiger Vollmachtgeber. Ein Volljähriger und trotzdem Prozessunfähiger muss eine schriftliche wirksame Vollmacht zur gerichtlichen Vertretung erteilt haben. Ob diese Voraussetzungen vorliegen, richtet sich nach §§ 1896 ff. BGB. 26

2. Ausreichen der Bevollmächtigung. Die nach → Rn. 25 erteilte Vollmacht muss nach III schriftlich erfolgen und geeignet sein, nach § 1896 II 2 BGB die Erforderlichkeit einer Betreuung entfallen zu lassen. Danach ist eine Betreuung nicht erforderlich, soweit ein Bevollmächtigter die Angelegenheiten des Volljährigen ebenso gut wie ein Betreuer besorgen kann. Der Bevollmächtigte darf nicht zu den in § 1897 III BGB Bezeichneten gehören also nicht in einem Abhängigkeitsverhältnis oder in einer anderen engeren Beziehung zu einer Anstalt, einem Heim oder einer sonstigen Einrichtung stehen, in welcher der Volljährige untergebracht ist. 27

Die Wirksamkeit der Vorsorgevollmacht ist zu vermuten, solange deren Unwirksamkeit nicht positiv festgestellt werden kann. Ein bloßer Verdacht, der Vollmachtgeber könnte bei der Errichtung der Vollmacht krankheitsbedingt geschäftsunfähig gewesen sein, genügt für die Annahme der Unwirksamkeit nicht, BGH, NJW 2020, 1143 Rn. 31, mwN). Sie wird auch nicht durch eine – im Fall der wirksamen Vorsorgevollmacht grundsätzlich rechtswidrigen – Betreuerbestellung beeinträchtigt, BGH NJW 2020, 1143 Rn. 43. Eine Betreuerbestellung kann allerdings trotz bestehender Vorsorgevollmacht erforderlich werden, wenn und soweit der Bevollmächtigte sich weigert, für den Vollmachtgeber tätig zu werden, also von der bestehenden Vollmacht keinen Gebrauch macht, BGH NJW 2020, 1143 Rn. 47 f. 28

Erstreckt sich die Vorsorgevollmacht nicht auf die gerichtliche Vertretung gemäß III, steht einer Prozessführung die Prozessunfähigkeit des Betroffenen allerdings entgegen, solange für ihn nicht ein Betreuer bestellt wird, der ihn gerichtlich vertritt, § 1902 BGB, BGH NJW-RR 2015, 836 Rn. 15. 29

3. Gleichstand mit gesetzlichem Vertreter. Unter den Voraussetzungen → Rn. 25, 27 hat der Bevollmächtigte die Stellung eines gesetzlichen Vertreters, natürlich nur im zulässigen Vollmachtsumfang, also nur im Bereich der Vertretung vor Gericht. Insoweit gilt dann II entsprechend und ist keine Maßnahme nach § 57 nötig, Kblz FamRZ 2016, 1864. 30

52 *Umfang der Prozessfähigkeit.* **Eine Person ist insoweit prozessfähig, als sie sich durch Verträge verpflichten kann.**

Schrifttum: Oda, Die Prozessfähigkeit als Voraussetzung und Gegenstand des Verfahrens, 1997.

I. Systematik, Regelungszweck. Von der Parteifähigkeit nach § 50 ist die Prozessfähigkeit zu unterscheiden. Während § 51 die Notwendigkeit der Prozessfähigkeit klärt, regelt § 52 in einer Anlehnung an die Geschäftsfähigkeit nach dem BGB ihren Umfang, Musielak NJW 1997, 1741, ergänzt durch §§ 53–55. Die Vorschrift hat vor allem den Schutz des Prozessunfähigen im Blick, der vor nachteiligen Folgen unsachgemäßer 1

Prozessführung geschützt werden soll. Die Vorschrift dient im Interesse eines geordneten und zielgerichteten Verfahrens aber auch dem Prozessgegner und dem Gericht, MüKoZPO/Lindacher/Hau §§ 51, 52 Rn. 2 mwN. Nicht nur das Ob, sondern auch das Inwieweit der Prozessfähigkeit braucht genannten Gründen die sorgsamste Klärung, zumal das Gesetz beides ineinander verwebt, BGH NJW 1988, 49 (51).

2 **II. Geltungsbereich.** → Vor § 50 Rn. 4.

3 **III. Umfang der Prozessfähigkeit.** Eine Person ist entsprechend dem Wortlaut des § 52 insoweit prozessfähig, als sie sich durch Verträge verpflichten kann. Prozessfähigkeit ist nach → § 51 Rn. 1 die prozessuale Geschäftsfähigkeit. Für einen Prozessunfähigen und für den volljährigen Betreuten muss nach → § 51 Rn. 6 der gesetzliche Vertreter handeln. Wegen der Vollmacht → § 86 Rn. 10. Die Prozessfähigkeit erstreckt sich auf alle Prozesshandlungen nach → Vor § 128 Rn. 54 f. Dabei ist das Persönlichkeitsrecht eine Grundlage für eine weite Auslegung nach → Einl. II Rn. 70 ff., Kahlke ZZP 100, 32. Sie erstreckt sich auf eine Widerklage nach Anh. § 253 nur insoweit, als die Prozessfähigkeit für die Prozesshandlung im Rahmen einer Klage bestehen würde. Auch ein ProzBev. nach § 81 muss prozessfähig sein, BVerfG 76, 78. Die Prozessfähigkeit richtet sich nach dem Recht der Staatsangehörigkeit, KG FamRZ 1991, 1456. Das Gericht muss sie nach → § 56 Rn. 4 in jeder Verfahrenslage von Amts wegen zwar nicht nach ermitteln, wohl aber nach beachten und bei Anhaltspunkten für ihr Fehlen prüfen (vgl. BGH NJW-RR 2021, 1648 Rn. 13).

4 Sie muss noch am Schluss der **letzten Tatsachenverhandlung** nach §§ 136 IV, 296a vorliegen, Roth JZ 1987, 895. Vgl. auch dazu § 56. Sie hat grundsätzlich auch in der Rechtsmittelinstanz Bedeutung, BGHZ 143, 124. Im Zweifel oder bei endgültig feststehender anfänglicher Prozessunfähigkeit des Rechtsmittelklägers darf das Gericht nicht sein Rechtsmittel als unzulässig verwerfen, sondern muss die Klage evtl. nach einem Hinweis nach § 139 durch ein Prozessurteil nach → Vor § 253 Rn. 14 als unzulässig abweisen, BGH NJW 2000, 289, soweit nicht eine Zurückverweisung zB nach § 538 II 1 Nr. 1 in Betracht kommt, BGH NJW-RR 2002, 1424. Sie erstreckt sich auch auf eine Prozesshandlung während der Zwangsvollstreckung nach §§ 704 ff. und auf eine solche Klage, die aus einer Zwangsvollstreckung entstehen kann, zB nach §§ 767, 771. Eine erweiterte Verfahrensfähigkeit gilt nach § 9 FamFG im FamFG-Verfahren.

5 **IV. Beispiele der Prozessunfähigkeit.** Hier muss man die folgenden Fallgruppen unterscheiden.

6 **1. Geschäftsunfähigkeit.** Hierher zählen: Die juristische Person nach → § 50 Rn. 12, Bbg AnwBl 2001, 68; eine Handelsgesellschaft; eine Partnerschaftsgesellschaft; der parteifähige Verein sind zwar parteifähig. Alle diese Personen können aber grds. nur durch ihre gesetzlichen Vertreter handeln, Bbg AnwBl 2001, 68; Drsd NJW-RR 2000, 580 (evtl. einen Notgeschäftsführer abwarten, § 29 BGB entsprechend); Barfuß NJW 1977, 1274. Eine Gesellschaft, die keinen Vertreter hat, ist nicht prozessfähig iSd § 52, BGH NJW-RR 2011, 115 Rn. 12; WM 2007, 229 Rn. 11; BGHZ 121, 263. Ghassemi-Tabar in Born/Ghassemi-Tabar/Gehle, Münchener Handbuch des Gesellschaftsrechts, Band 7, 6. Aufl. 2020, § 7 Rn. 13; aA BeckOGK/Wüsthoff AktG § 1 Rn. 27.

7 Geschäftsunfähig ist auch ein Kind unter 7 Jahren nach § 104 Nr. 1 BGB; derjenige, der nach § 104 Nr. 2 BGB nicht nur vorübergehend geistesgestört ist, BGH NJW 2000, 289; BayObLG FamRZ 2001, 1246, Saarbr ZMR 1998, 312. Eine paranoid-halluzinatorische Psychose kann die Prozessfähigkeit bestehen lassen, Düss VersR 1986, 603; prozessunfähig ist derjenige, den man nach einem Unfall wochenlang künstlich beatmen und ernähren muss, Mü NJW-RR 1989, 255. Beim Geschäft des täglichen Lebens schafft § 105a BGB evtl. eine unterstellte Wirksamkeit auch für und gegen einen volljährigen Geschäftsunfähigen.

8 **2. Beschränkte Geschäftsfähigkeit.** Der nur beschränkt Geschäftsfähige ist beschränkt fähig, sich selbst durch einen Vertrag zu verpflichten. Hierher zählt nach § 106 BGB → Rn. 11 der Minderjährige ab 7 Jahren, LG Trier DGVZ 1994, 73.

9 Wenn man einen Prozessunfähigen für **prozessfähig** gehalten hat, kann ein gegen ihn ergangenes Urteil rechtskräftig werden. Ein von ihm erklärter Rechtsmittelverzicht nach §§ 515, 565 oder eine von ihm erklärte Rechtsmittelrücknahme nach §§ 516, 565 können wirksam sein. Dann kommt nur eine Nichtigkeitsklage nach § 579 I Nr. 4 in Betracht.

10 Das Prozessgericht muss nach → Vor § 128 Rn. 46 **von Amts wegen** prüfen, ob sich Zweifel an der Prozessfähigkeit aufklären lassen, BGH NJW 1996, 1059. Es darf daher zB einen Sachverständigenbeweis nach § 144 erheben, BGH NJW 1996, 1059, oder bei einem Verfahren mit Amtsbetrieb → Vor § 128 Rn. 44 oder nach § 26 FamFG einem Beteiligten anheimstellen, ein Gutachten vorzulegen, BayObLG NZM 2001, 1144 (WEG). Es kann die Geisteskrankheit auch dann als erwiesen ansehen, wenn das dafür zuständige Gericht die Bestellung eines Betreuers abgelehnt hatte. Der Erbe eines Geschäftsunfähigen kann den Mangel der Prozessfähigkeit dadurch beseitigen, dass er den Rechtsstreit seinerseits aufnimmt und die Handlungen des Geschäftsunfähigen genehmigt. Eine Genehmigung der Prozessführung kann zwar rückwirken, tut das aber nicht stets, Köln NJW 1998, 320. Im Insolvenzverfahren ist der Schuldner zwar prozessfähig. Ihm fehlt aber im Umfang der Insolvenzmasse die Sachbefugnis nach → Vor § 50 Rn. 29, Ffm JurBüro 1990, 1215. Dann ist der Verwalter Partei kraft Amts nach → Vor § 50 Rn. 10.

11 **V. Beispiele einer beschränkten Geschäftsfähigkeit.** Hier muss man die folgenden Gruppen unterscheiden.

12 **1. Erwerbsgeschäft.** Wer als Minderjähriger eine gesetzliche Ermächtigung zum selbständigen Betrieb eines Erwerbsgeschäfts hat, ist nach § 112 BGB im Umfang aller derjenigen Geschäfte prozessfähig, die der Betrieb des Erwerbsgeschäfts mit sich bringt. Das gilt auch bei einer Betreuung mit Einwilligungsvorbehalt, Bork MDR 1991, 98.

13 **2. Dienst- oder Arbeitsübernahme usw.** Wer als Minderjähriger die Ermächtigung hat, einen Dienst oder eine Arbeit zu übernehmen, ist nach § 113 BGB für diejenigen Geschäfte prozessfähig, die sich aus der Eingehung, der Erfüllung oder der Aufhebung solcher Verträge ergeben. Das gilt auch bei einer Betreuung mit Einwilligungsvorbehalt, Bork MDR 1991, 98.

14 **3. Sonstige Fälle.** Eine beschränkte Prozessfähigkeit oder -unfähigkeit ist nach → § 51 Rn. 5 auch in anderen Fällen in gewissem Umfang notwendig und anerkannt. Das gilt zB: Bei einer Insolvenz, BPatG GRUR 1993, 111; nach §§ 107 ff. BGB; für den Jugendvertreter nach §§ 60 ff. BetrVG wegen eigener Rechte; beim Telefonsex, BGH NJW-RR 2002, 1424. Auch ein krankhafter Querulant nach → Einl. II Rn. 108 darf nach der

Abweisung seiner Klage als unbegründet, die Berufung nach § 511 einlegen. Wenn er das aber selbst tut, muss das Gericht die Klage aber im weiteren Verlauf wegen seiner Prozessunfähigkeit evtl. nach einem Hinweis nach § 139 durch Prozessurteil als unzulässig abweisen. Der einem Betreuer „Unterstellte" bleibt zwar oft materiell-rechtlich geschäftsfähig, LG Rostock Rpfl 2003, 143; Bork MDR 1991, 97; AG Neubrdb DGVZ 2014, 198. Er kann den Betreuer als seinen gesetzlichen Vertreter aber trotz § 1901 II BGB grundsätzlich nicht mit einer Außenwirkung beschränken, Bork MDR 1991, 97, abgesehen von → Rn. 11, 13.

VI. Verstoß. Fehlt die Prozessfähigkeit, kann ein Verstoß gegen das rechtliche Gehör nach Art. 103 I GG die Folge sein, BGHZ 84, 24 (29). Das gilt unabhängig von einem Verschulden des Gerichts. Auch kann ein Nichtigkeitsgrund nach § 579 I Nr. 4 vorliegen. 15

Anhang zu § 52
Prozessführungsrecht und Güterstand

I. Systematik. Gesetzlicher Güterstand ist die Zugewinngemeinschaft nach §§ 1363 ff. BGB. Als vertragliche Güterstände kennt das BGB nur noch die Gütertrennung nach § 1414 BGB und die Gütergemeinschaft nach §§ 1415 ff. BGB. Errungenschafts- und Fahrnisgemeinschaft nach §§ 1519 ff. aF, 1549 aF BGB bestehen nach Art. 8 I Nr. 7 GleichberG nur noch dann, wenn die Ehegatten bereits am 1.7.58 in diesen Güterständen lebten. 1

II. Regelungszweck. Das System → Rn. 1 hat Auswirkungen auf das in → Vor § 50 Rn. 26 ff. dargestellte Prozessführungsrecht. Denn der Güterstand entscheidet maßgeblich darüber, ob und inwieweit ein Ehegatte im Prozess wegen Rechten, Obliegenheiten oder Pflichten des anderen mit einer Rechtswirkung für oder gegen den letzteren auftreten kann. Eine Klärung dieser Befugnis und ihrer Grenzen liegt vor allem im Interesse der Rechtssicherheit. 2

III. Zugewinngemeinschaft. Die Vermögen der Ehegatten werden nicht ein gemeinschaftliches Vermögen. Vielmehr behält jeder Ehegatte ein volles Verfügungs- und das alleinige Verwaltungsrecht mit den sich aus §§ 1365 ff. BGB ergebenden Einschränkungen. Erst bei der Beendigung der Zugewinngemeinschaft wird der in der Ehe erzielte Zugewinn nach § 1363 II BGB ausgeglichen. Jeder Ehegatte hat also auch das alleinige Recht zur Führung von Rechtsstreitigkeiten wegen seines Vermögens. Der andere Ehegatte ist an ihnen nicht beteiligt. Das gilt nach §§ 1365, 1369 BGB auch dann, wenn der Ehegatte nicht ohne eine Zustimmung des anderen verfügen darf (Vermögen im Ganzen, Haushaltsgegenstände). Erfolgen aber solche Verfügungen eines Ehegatten ohne eine Zustimmung des anderen, kann dieser die sich aus der Unwirksamkeit eines solchen Vertrags ergebenden Rechte gegen Dritte nach § 1368 BGB im eigenen Namen geltend machen. 3

Der **Antrag** geht auf die Herausgabe oder Zahlung an denjenigen Ehegatten, zu dessen Vermögen sie gehören, also auch an den klagenden Ehegatten. Dieser muss sie seinerseits seinem Ehegatten herausgeben. Denn an dessen Eigentums- und Verwaltungsrecht ändert sich dadurch nichts. Für die Vollstreckung in das Vermögen eines Ehegatten gilt die allgemeine Regel des § 739. Daher ist es auch wegen des möglichen Gewahrsams oder Besitzes des anderen Ehegatten im Passivverfahren gegen einen Ehegatten nicht erforderlich, den anderen nach → § 739 Rn. 1 auf eine Duldung mitzuverklagen. Aber auch → Rn. 6, → Vor § 50 Rn. 32. Wegen des Übergangs in den neuen Bundesländern von der Errungenschaftsgemeinschaft zur Zugewinngemeinschaft Brudré DB 1992, 447. 4

IV. Gütertrennung. Jeder Ehegatte verwaltet sein Vermögen allein. Er führt demgemäß auch die Rechtsstreitigkeiten. Auch hier gilt § 739 für die Vollstreckung. 5

V. Gütergemeinschaft: Mehrheit von Möglichkeiten. Im Wesentlichen gilt Folgendes. 6

1. Gesamtgutsverwaltung. Die Ehegatten können nach § 1421 BGB im Ehevertrag vereinbaren, dass nur ein Ehegatte – entweder der Mann oder die Frau – oder beide gemeinschaftlich das Gesamtgut verwalten. Sein Sondergut verwaltet jeder Ehegatte selbständig. Insofern kann also jeder Ehegatte für sich klagen und verklagt werden. Da es aber für die Rechnung des Gesamtgutes verwaltet wird, fallen diesem nach § 1417 III BGB die Nutzungen zu. Klagt man Nutzungen ein, kann man die Leistung an den für das Gesamtgut verwaltungsberechtigten Ehegatten verlangen, evtl. also auch an beide. Das Vorbehaltsgut verwaltet nach § 1418 III BGB jeder Ehegatte selbständig für seine eigene Rechnung. Er führt also auch die das Vorbehaltsgut betreffenden Rechtsstreitigkeiten allein. 7

2. Gütergemeinschaft. Lebten die Ehegatten am 1.7.58 in Gütergemeinschaft, gelten die Vorschriften des GleichberG über die Gütergemeinschaft. Haben sie die Gütergemeinschaft später vereinbart, bleibt die Vereinbarung über die Verwaltung nach Art. 8 I Nr. 6 GleichberG bestehen. Man muss den Willen der Ehegatten insoweit notfalls durch eine Auslegung ermitteln, BayObLG NJW-RR 1990, 6. 8

VI. Gesamtgut. Hier muss man die folgenden Fälle unterscheiden. 9

1. Einzelverwaltung. Wenn ein Ehegatte allein verwaltungsberechtigt ist, kommt es auf seine prozessuale Stellung wie folgt an: Falls dieser Ehegatte der Kläger ist, ist er allein prozessführungsberechtigt und führt die Rechtsstreitigkeiten nach § 1422 BGB im eigenen Namen. Der Antrag lautet auf eine Leistung an ihn persönlich. Eine Zustimmung des anderen Ehegatten ist nicht erforderlich. Eine Prozessführungsbefugnis des nicht verwaltungsberechtigten Ehegatten besteht nur bei §§ 1428, 1429, 1431, 1433 BGB, aber nach § 1438 I BGB auch dann, wenn der verwaltungsberechtigte Ehegatte zustimmt. Der Antrag kann auch auf eine Leistung an den verwaltungsberechtigten Ehegatten lauten, bei § 1428 BGB (Geltendmachung der Rechte gegen Dritte durch denjenigen Ehegatten, der hätte zustimmen müssen, aber nicht zugestimmt hat) auch auf eine Leistung an sich selbst. Falls der allein verwaltungsberechtigte Ehegatte der Bekl. ist, ist er prozessführungsberechtigt. Aus einem Urteil gegen ihn erfolgt die Vollstreckung ins Gesamtgut. Der andere Ehegatte ist zwar in seinem Prozessführungsrecht nicht beschränkt. Ein Urteil gegen ihn wirkt aber nach § 740 I nicht gegen das Gesamtgut. 10

Etwas anderes gilt nach § 1438 II BGB nur immer wegen der **Kosten,** ferner nach § 1438 I BGB dann, wenn der verwaltungsberechtigte Ehegatte der Prozessführung zugestimmt hat, oder wenn der nicht verwaltungsberechtigte Ehegatte allein klagen darf. Man kann aber auch beide Ehegatten verklagen, wenn es sich um persönliche Schulden des nicht verwaltungsberechtigten Ehegatten handelt. Zulässig ist auch eine Klage gegen beide Ehegatten in der Form, dass der verwaltende Ehegatte auf eine Leistung, der andere auf eine Duldung verklagt wird. Eine solche Verurteilung ist bei § 743 sogar erforderlich. Bei Gesamtgutsverbindlichkeiten sind Ehegatten notwendige, sonst einfache Streitgenossen nach §§ 59 ff. 11

12 **2. Gemeinsame Verwaltung.** Wenn beide Ehegatten nach §§ 1421, 1450 ff. BGB zusammen verwaltungsberechtigt sind, BayObLG NJW-RR 1990, 6, kommt es auf ihre prozessuale Stellung wie folgt an.

13 Sie sind als Kläger notwendige Streitgenossen nach § 62, BGH NJW 1994, 653. Klagt nur ein Ehegatte, muss das Gericht die Klage nach → Vor § 50 Rn. 29 wegen mangelnder Sachbefugnis abweisen, da er allein nicht verfügungsberechtigt ist, BGH FamRZ 1975, 406; BayObLG NJW-RR 1990, 6; VGH Mü NJW-RR 1988, 454. Unter den Voraussetzungen des § 1452 I BGB lässt sich die Zustimmung des anderen Ehegatten ersetzen, BayObLG NJW-RR 1990, 6. Ausnahmen bestehen nach §§ 1454, 1455 Nr. 6 ff., 1456 BGB dann, wenn ein Ehegatte allein handeln kann. Der Antrag lautet auch dann auf eine Leistung an beide. Jedoch muss auch eine Leistung an den Kläger nach § 1450 I 2 BGB dann zulässig sein, wenn auch der andere Ehegatte die Sache sodann sofort wieder in seinen Mitbesitz nehmen kann.

14 Als **Beklagte** sind die Ehegatten notwendige Streitgenossen, wenn es sich um Gesamtgutsschulden handelt, BGH FamRZ 1975, 406, aM (für § 1459 BGB); VGH Mü NJW-RR 1988, 454. Zur Vollstreckung ins Gesamtgut ist nach § 740 II grundsätzlich ein Leistungstitel gegen beide erforderlich. Ausnahmen wie oben. Aber auch → § 740 Rn. 5, 10.

15 **3. Beendigung der Gütergemeinschaft.** Ist die Gütergemeinschaft beendet, die Auseinandersetzung aber noch nicht erfolgt, gibt es bei → Rn. 8 wie → Rn. 9 nach § 1472 I BGB eine gemeinschaftliche Verwaltung. Beide Ehegatten sind nur zusammen klageberechtigt. Man muss auch beide zusammen verklagen. Zur Vollstreckung in das noch nicht auseinandergesetzte Gesamtgut ist ein Leistungsurteil gegen beide erforderlich. Genügend ist aber nach § 743 auch ein solches Urteil, nach dem ein Ehegatte leisten und der andere dulden muss.

53 ***Prozessunfähigkeit bei Betreuung oder Pflegschaft.*** **Wird in einem Rechtsstreit eine prozessfähige Person durch einen Betreuer oder Pfleger vertreten, so steht sie für den Rechtsstreit einer nicht prozessfähigen Person gleich.**

[Fassung ab 1.1.2023:]

53 ***Prozessfähigkeit bei rechtlicher Betreuung. [1] Bei Personen, für die ein Betreuer bestellt ist, richtet sich die Prozessfähigkeit nach den allgemeinen Vorschriften.***

II [1] Wird ein Betreuter in einem Rechtsstreit durch einen Betreuer vertreten, kann der Betreuer in jeder Lage des Verfahrens gegenüber dem Prozessgericht schriftlich oder zu Protokoll der Geschäftsstelle erklären, dass der Rechtsstreit fortan ausschließlich durch ihn geführt wird (Ausschließlichkeitserklärung). [2] Mit Eingang der Ausschließlichkeitserklärung steht der Betreute für den weiteren Rechtsstreit einer nicht prozessfähigen Person gleich. [3] Der Betreuer kann die Ausschließlichkeitserklärung jederzeit mit Wirkung für die Zukunft zurücknehmen.

1 **I. Systematik.** Die Regelung betrifft im Allgemeinen geschäfts- und prozessfähig Personen, für die ein rechtlicher Betreuer bestellt ist. Die Betreuerbestellung selbst, die dem Betreuer die Möglichkeit gibt, im Rahmen der gesetzlichen Vertretungsmacht gerichtlich und außergerichtlich für den Betreuten tätig zu werden, hat keinen Einfluss auf die Geschäfts- und Prozessfähigkeit des Betreuten. Nach der **Rechtslage bis 31.12.2022** steht eine prozessfähige Person, die im Rechtsstreit durch einen Betreuer (§§ 1896 ff. BGB) oder Pfleger vertreten wird – solange die Betreuung andauert – für den gesamten Rechtsstreit einer nicht prozessfähigen Person gleich. Eine Möglichkeit, die Prozessfähigkeit des Betreuten bei Veränderung der Situation wieder herzustellen, ist nicht geregelt (vgl. BT-Drs.19/24445, 458; BT-Drs. 19/27287, 27). Die **ab 1.1.2023 geltende Neufassung** durchbricht diesen Automatismus. Die Prozessfähigkeit richtet sich – wie I 1deklaratorisch klarstellt (vgl. (vgl. BT-Drs.19/24445, 463; BT-Drs. 19/27287, 27) – nach allgemeinen Regeln. Das Auftreten eines Betreuers im Prozess führt – außer im Fall eines angeordneten Einwilligungsvorbehalts – für sich genommen noch nicht zum Verlust der prozessualen Handlungsfähigkeit (BT-Drs. 19/27287, 27 f.; BT-Drs. 19/24445, 459). Dies ist erst der Fall, wenn der Betreuer erklärt, dass der Rechtsstreit fortan ausschließlich durch ihn geführt wird, II 1. Diese Ausschließlichkeitserklärung kann für die Zukunft zurückgenommen werden, II 2. Für die Zustellung bei betreuten Personen gilt **ab 1.1.2023** § 170a.

2 **II. Regelungszweck.** § 53 **in der bis 31.12.2022 geltenden Fassung** unterstellt im Interesse einer sachgemäßen und einheitlichen Prozessführung – insbesondere zum Ausschluss einander widersprechender Prozesserklärungen – in allen Fällen eine Prozessunfähigkeit des Vertretenen (BGH NJW 1988, 51; BFH FamRZ 2013, 1801). Demgegenüber soll die **ab 1.1.2023 geltende Regelung** den trotz Betreuung geschäftsfähigen Personen prozessuale Handlungsmöglichkeiten eröffnen und damit das in Art. 12 des Übereinkommens über die Rechte von Menschen mit Behinderungen der Vereinten Nationen (UN-Behindertenrechtskonvention) vom 13.12.2006 (BGBl. 2008 II 1419) garantierte Selbstbestimmungsrecht rechtlich betreuter Menschen stärken (BT-Drs.19/24445, 458). Betreuer und Betreuter sollen im Prozess – wie im außergerichtlichen Rechtsverkehr – nebeneinander handeln können. Mögliche Widersprüche sollen „nach den allgemeinen Vorschriften aufzulösen" sein (BT-Drs.19/24445, 463; BT-Drs. 19/27287, 28). Was damit genau gemeint ist, lassen die Gesetzesmaterialien offen. Die damit verbundene Gefahr, dass Betreute für sie nachteilige Prozesserklärungen abgeben, muss mit Blick auf ihr auf für das Prozessrecht garantiertes Selbstbestimmungsrecht hingenommen werden (vgl. BT-Drs.19/24445, 463 f.). Die Ausschließlichkeitserklärung nach II 2 kommt nur in Betracht, wenn durch die Prozessführung des Betreuten eine erhebliche Selbstgefährdung droht (BT-Drs.19/24445, 464). Die Pflegschaft ist mangels Bedürfnisses nicht mehr geregelt (vgl. iE BT-Drs. 19/27287, 27).

3 **III. Rechtslage bis 31.12.2022.** Nach bisheriger Rechtslage bleibt der geschäftsfähige **Vertretene** so lange prozessfähig, wie sein Betreuer oder Pfleger ihn nicht „im" Prozess vertritt (BGH NJW 1988, 51; BFH DB 1983, 320). Bloße Äußerung ohne Antrag ist kein Vertreten (Ffm FamRZ 2014, 1141). Der Vertretene kann also zunächst selbst klagen (BFH DB 1983, 320) und selbst verklagt werden sowie Rechtsmittel einlegen. Der Vertreter kann aber jederzeit in den Prozess eintreten, selbst gegen den Widerspruch des Vertretenen (Düss OLGZ 1983, 121), und zwar anstelle des Vertretenen (BGH NJW 1988, 51; Karlsr NJW-RR 1999, 1700). Ab

seinem Eintritt führt nur er den Prozess weiter (BGH NJW 1988, 51; Brdb FamRZ 2012, 1594; SG Chemnitz FamRZ 2014, 2733). Eine Zustellung nach § 170 I darf nur noch an ihn erfolgen (BFH BStBl. 1983 II 239).

Die **Prozesshandlung** als Vertreter hat anders als im materiellen Recht den Vorrang (BGH NJW 1988, 51). 4
Einer weiteren Klage würde die Rüge der Rechtshängigkeit nach → § 261 Rn. 18 f. entgegenstehen. Allerdings kann der rechtsgeschäftliche Wille des geschäftsfähigen Vertretenen auch in Bezug auf den eingeklagten Anspruch zu beachten sein (BGH NJW 1988, 51; Bork MDR 1991, 98). Er kann zB zu einem materiell-rechtlich wirksamen Erlassvertrag mit der Folge abschließen, dass das Gericht die Klage als unbegründet abweisen muss, Düss OLGZ 1983, 120.

IV. Rechtslage ab 1.1.2023. Nach I gelten für Personen, für die ein Betreuer bestellt ist, hinsichtlich der 5
Prozessfähigkeit keine Besonderheiten. Diese Frage bestimmt sich nach allgemeinen Regelungen, letztlich also nach dem Umfang der Geschäftsfähigkeit → § 51 Rn. 6 ff.; § 52 Rn. 3 ff. Zweifel an der Prozessfähigkeit hat das Gericht von Amts wegen zu prüfen → § 56. Besteht allerdings ein Einwilligungsvorbehalt (§ 1825 BGB), wird die Prozesshandlung erst mit Einwilligung des Betreuers wirksam.

Nach II 1 kann der Betreuer in jeder Lage des Verfahrens gegenüber dem Prozessgericht schriftlich oder zu 6
Protokoll der Geschäftsstelle erklären, dass der Rechtsstreit fortan ausschließlich durch ihn geführt wird. Die **Ausschließlichkeitserklärung** ist als Ausnahme konzipiert. Sie hat den Einzelfall im Blick, in dem – trotz fortbestehender Geschäfts- und Prozessfähigkeit – die Gefahr besteht, dass krankheitsbedingt Prozesshandlungen vorgenommen werden, die den Interessen des Betreuten zuwiderlaufen und erheblichen Schaden verursachen können (BT-Drs. 19/27287, 28). Die Erforderlichkeit der Ausschließlichkeitserklärung ist nicht geregelt. Sie bestimmt sich ausschließlich nach dem Innenverhältnis zwischen Betreuer und Betreutem, insbesondere nach § 1821 Abs. 3 Nr. 1 BGB). In der Folge ist sie auch wirksam, wenn sie im Innenverhältnis eine Pflichtverletzung bedeutet. In diesem Fall hat der Betreute allein die Möglichkeit, das Betreuungsgericht zum aufsichtsrechtlichen Einschreiten nach § 1862 Abs. 3 BGB aufzufordern (vgl. BT-Drs. 19/27287, 28).

Gemäß II 2 steht der Betreute mit Eingang der Ausschließlichkeitserklärung einer prozessunfähigen Person gleich. Zuvor erfolgte Prozesshandlungen eines prozessfähigen Betreuten bleiben wirksam (BT-Drs. 19/27287, 28).

Die **Rücknahme** der Ausschließlichkeitserklärung ist nach II 3 jederzeit möglich. Trotz der Formulierung 7
„kann" folgt aus dem Ausnahmecharakter, dass Ausschließlichkeitserklärung zurückzunehmen ist, wenn die Gefährdungssituation nicht mehr besteht (BT-Drs. 19/27287, 29). Auch dies ist allerdings vom Prozessgericht nicht zu überprüfen, sondern betrifft das Innenverhältnis zwischen Betreutem und Betreuer.

53a *(aufgehoben)*

54 *Besondere Ermächtigung zu Prozesshandlungen.* **Einzelne Prozesshandlungen, zu denen nach den Vorschriften des bürgerlichen Rechts eine besondere Ermächtigung erforderlich ist, sind ohne sie gültig, wenn die Ermächtigung zur Prozessführung im Allgemeinen erteilt oder die Prozessführung auch ohne eine solche Ermächtigung im Allgemeinen statthaft ist.**

I. Systematik. Zunächst → § 52 Rn. 1. § 54 gibt in einer Abweichung vom bürgerlichen Recht dem 1
gesetzlichen Vertreter einer Prozesspartei nach § 51 dieselbe unbeschränkte und unbeschränkbare Vertretungsmacht, die die §§ 81, 83 dem ProzBev. erteilen. § 54 enthält aber nicht eine dem § 83 entsprechende Einschränkung. § 54 betrifft nur das Außenverhältnis. Die Überschreitung einer Befugnis kann im Innenverhältnis ersatzpflichtig machen.

II. Regelungszweck. Die Vorschrift dient der Prozesswirtschaftlichkeit nach → Vor § 128 Rn. 15. 2

III. Geltungsbereich. → Vor § 50 Rn. 4. Die Vorschrift gilt nach § 9 V FamFG entsprechend. 3

IV. Besondere Ermächtigung zur Prozessführung. Sie ist nach dem bürgerlichen Recht zB in folgenden 4
Fällen notwendig: Nach §§ 1821, 1822 BGB für den Vormund, ferner für die Eltern bei § 1643 BGB iVm §§ 1821, 1822 BGB, etwa bei einem Vergleichsabschluss über mehr als 3.000 EUR. § 54 macht eine betreuungsgerichtliche Genehmigung nicht überflüssig. Es ist unerheblich, ob die Prozesshandlung gleichzeitig einen materiell-rechtlichen Inhalt hat. Deshalb ist § 54 auch bei einem Anerkenntnis oder einem Verzicht oder bei einem Vergleich zu beachten.

55 *Prozessfähigkeit von Ausländern.* **Ein Ausländer, dem nach dem Recht seines Landes die Prozessfähigkeit mangelt, gilt als prozessfähig, wenn ihm nach dem Recht des Prozessgerichts die Prozessfähigkeit zusteht.**

I. Systematik. Zunächst → § 52 Rn. 1. Ein Ausländer ist nach Art. 7 I EGBGB im Allgemeinen prozessfähig, 1
soweit er in seinem Heimatstaat geschäftsfähig ist. Darüber hinaus gibt § 55 dem Ausländer die Prozessfähigkeit, soweit sie nach dem inländischen Recht bestünde. Ein in Deutschland unter Betreuung gestellter Ausländer ist nach Art. 8 EGBGB trotzdem stets prozessunfähig. Eine gesetzliche Vertretung ist bei § 55 unstatthaft.

II. Regelungszweck. Er besteht in einer Vereinfachung entsprechend dem auch anderweitig geltenden 2
Grundsatz des Abstellens auf eine etwaige Gegenseitigkeit nach § 328 I Nr. 5 und im Interesse der Prozessförderung und Prozesswirtschaftlichkeit. Ein Fall des § 13 liegt nicht vor. Ein ausländischer gesetzlicher Vertreter kann nur als ein Beistand nach § 90 auftreten. Seine Vernehmung als Zeuge nach §§ 373 ff. ist zulässig. Die gesetzliche Vertretung eines prozessunfähigen Ausländers richtet sich nach Art. 7 EGBGB nach seinem Heimatrecht.

III. Sachlicher Geltungsbereich. → Vor § 50 Rn. 4. Die Vorschrift gilt nach § 9 V FamFG entsprechend. 3

IV. Persönlicher Geltungsbereich. Die Vorschrift gilt für: Die Ehefrau; einen nach dem Heimatrecht noch 4
Minderjährigen über 18 Jahre; den Schuldner im Insolvenzverfahren; einen Staatenlosen nach Art. 5 II EGBGB entsprechend. Sie gilt auch für eine einzelne Prozesshandlung, selbst wenn sie im Heimatland des Ausländers erfolgen muss.

56 *Prüfung von Amts wegen.* [I] **Das Gericht hat den Mangel der Parteifähigkeit, der Prozessfähigkeit, der Legitimation eines gesetzlichen Vertreters und der erforderlichen Ermächtigung zur Prozessführung von Amts wegen zu berücksichtigen.**

II [1]**Die Partei oder deren gesetzlicher Vertreter kann zur Prozessführung mit Vorbehalt der Beseitigung des Mangels zugelassen werden, wenn mit dem Verzug Gefahr für die Partei verbunden ist.** [2]**Das Endurteil darf erst erlassen werden, nachdem die für die Beseitigung des Mangels zu bestimmende Frist abgelaufen ist.**

1 **I. Systematik, I, II.** Während §§ 50–55 die Voraussetzungen der Partei- und Prozessfähigkeit nennen, regelt § 56 das zugehörige Prüfungsverfahren, ergänzt durch §§ 57, 58.

2 **II. Regelungszweck, I, II.** Nach I ist ein Mangel der Prozessvoraussetzungen Parteifähigkeit, zu der auch die Existenz der Partei gehört, BGH, NJW 2011, 778 Rn. 16, Prozessfähigkeit und Prozessführungsbefugnis von Amts wegen zu berücksichtigen. II ermöglicht die vorläufige Zulassung bei drohenden Nachteilen für den Fall, dass sich ein festgestellter Mangel beseitigen lässt. Insofern muss eine realistische Chance erkennbar sein, dass die Partei den Mangel in einer für den Gegner wie für das Gericht zumutbaren Frist beheben (lassen) kann, Düss NZG 2015, 1322. Bleiben insofern ernsthafte Zweifel, kann eine Unbehebbarkeit des Mangels mit der Folge anzunehmen sein, dass die Klage „derzeit" als unzulässig abzuweisen ist → Vor § 253 Rn. 14. Zur Beachtung des Verfahrensgrundrechts auf ein faires Verfahren (Art. 2 I iVm 20 III) ist jedoch zuvor das Setzen einer Frist nach II 2 erforderlich.

3 **III. Geltungsbereich, I, II.** → Vor § 50 Rn. 4 II ist im WEG-Verfahren anwendbar, (zum alten Recht) KG FGPrax 2003, 206, auch nach § 9 V FamFG im FamFG-Verfahren.

4 **IV. Amtsprüfung, I.** § 56 schreibt eine Amtsprüfung nach → Vor § 128 Rn. 46 vor, BGH WM 2010, 2381; Rostock FamRZ 2006, 554, LG Saarbr FamRZ 2010, 587 (ZVG).

5 **1. Prüfungsumfang.** Die Regelung in I verpflichtet die Gerichte nicht, in jedem Rechtsstreit von Amts wegen eine umfassende Prüfung aller in der Vorschrift genannten Prozessvoraussetzungen vorzunehmen. Sie haben in dieser Hinsicht lediglich einen Mangel von Amts wegen zu berücksichtigen. Eine Prüfung ist allerdings angezeigt, wenn hinreichende Anhaltspunkte dafür vorliegen (BGH NJW-RR 2021, 1648 Rn. 12; NJW 2011, 778 Rn. 14). Danach kann die Amtsprüfung in jeder Lage des Verfahrens erforderlich werden, wenn Prozessunfähigkeit vorliegen oder eine Partei ihre Rechts- und Parteifähigkeit verloren haben könnte BGH NJW -RR 2021, 1648 Rn. 13; NJW 2011, 778 Rn. 14, BGH NJW-RR 2005, 24, aber auch → § 51 Rn. 20 ff. Sie ist für folgende Punkte notwendig: Die Existenz als Partei, BGH ZIP 2016, 818; die Parteifähigkeit nach → § 50 Rn. 41, BGH WM 2010, 2381, KG ZMR 2018, 307; die Prozessfähigkeit nach § 52, BGH MDR 2011, 63, BAG NZA 2014, 799, Hamm MDR 2017, 602, evtl. auch beim ProzBev. nach § 81, BVerfGE 37, 67, auch beim noch nicht Betreuten, aber Geschäftsunfähigen, Bork MDR 1991, 98; den Nachweis der gesetzlichen Vertretung nach § 51, Zweibr NJW-RR 2001, 152; die etwa notwendige Ermächtigung zur Prozessführung nach §§ 51, 54, Zweibr NJW-RR 2001, 152. Sie gilt bei jeder Art von Partei, LG Nürnb-Fürth Rpfl 2002, 632.

6 Diese Punkte sind **Prozessvoraussetzungen** nach → Vor § 253 Rn. 13, BGH WM 2010, 2381, BAG NZA 2014, 799, Mü ZIP 2015, 2224 (je zur Prozessfähigkeit), Kblz NJW-RR 2008, 148 (zur Parteifähigkeit). Sie sind einer Parteiverfügung nach § 295 entzogen, BGH NJW 1995, 1032. Mängel können nur nach → Rn. 15 ff. heilen. Die in I genannten Prozessvoraussetzungen können weder anerkannt werden – § 307 bezieht sich ohnehin nur auf den Anspruch – bindet ein Geständnis nach § 288 I das Gericht, BGH NZKart 2021, 346 Rn. 33. Das gilt auch für dasjenige Anerkenntnis, das das Gesetz an sich bei einer Säumnis unterstellt; bei bestehenden Anhaltspunkten für das Fehlen der Prozessvoraussetzungen darf kein Versäumnisurteil ergehen (BGH NJW -RR 2021, 1648 Rn. 10)

7 Bestehen Anhaltspunkte setzt die Feststellung des Fehlens der Prozessvoraussetzungen voraus, dass alle verfügbaren Beweismittel ausgeschöpft sind. Z. B. darf von Versuchen, zu einer gesicherten Erkenntnis über den Geisteszustand zu gelangen, nur abgesehen werden, wenn ein vom Gericht dazu befragter Sachverständiger diese auch bei Berücksichtigung des Inhalts der vorliegenden Akten mit überzeugender Begründung von vornherein für aussichtslos erklärt, BVerfG BeckRS 2013, 55263. Bei der Beweiserhebung ist das Gericht nicht an die förmlichen Beweismittel gebunden; es gilt der Grundsatz des Freibeweises (BGH NJW-RR 2021, 1648 Rn. 13).

2. Beispiele zur Frage einer Amtsprüfung, I

8 **Anregung:** Eine Prüfungsanregung durch eine anwaltslose Partei im Anwaltsprozess nach → § 78 Rn. 1 ist statthaft.

Berufung: Notwendig ist die Prüfung wegen → Rn. 4 auch im Verfahren nach §§ 511 ff., BGH NJW-RR 2005, 24, Hamm MDR 1992, 412. Auch → „Zurückverweisung".

Beschwerde: Notwendig ist die Prüfung wegen → Rn. 4 auch im Verfahren nach §§ 567 ff., Rostock FamRZ 2006, 554, Saarbr MDR 1998, 212.

Handelsregister: Eine dortige Eintragung zeigt grds. den Fortbestand der Parteifähigkeit, KG ZMR 2018, 307.

Prozessbevollmächtigter: Er kann als Anwalt nach § 1 BRAO das Recht und die Pflicht zu einer Klärungsanregung haben.

Prozesskostenhilfe: Notwendig ist die Prüfung auch im Verfahren nach §§ 114 ff., Köln JurBüro 1993, 744.

Rechtsweg: Die Prüfung muss sogar derjenigen der Zulässigkeit des Rechtswegs nach §§ 13 ff. GVG vorangehen, Kblz NJW 1977, 57.

Revision: Notwendig ist die Prüfung wegen → Rn. 4 auch im Verfahren nach §§ 542 ff., BGHZ 134, 118. Die Beschränkungen des § 559 gelten nicht, BGH NJW-RR 1986, 157. Das Revisionsgericht muss auch prüfen, ob die Prozessfähigkeit am Schluss der letzten Berufungsverhandlung nach §§ 126 IV, 296a, 525 vorhanden war, BGH NJW 2000, 738. Auch → „Zurückverweisung".

Verfahrenskostenhilfe: Es gilt bei §§ 76 ff. FamFG dasselbe wie bei §§ 114 ff. ZPO, „Prozesskostenhilfe".

Wiederaufnahme: Notwendig ist die Prüfung auch im Verfahren nach §§ 578 ff., BGHZ 84, 24.

Zurückverweisung: Der BGH darf nach § 563 I, IV zurückverweisen, BGH NJW-RR 1986, 157. Falls er den Prozess nach § 563 I, IV an das Berufungsgericht zurückverwiesen hatte, muss es prüfen, soweit der BGH nicht selbst abschließend klären konnte, oder wollte, BGH NJW 1996, 1060.

V. Keine Amtsermittlung, I. Die Notwendigkeit einer Prüfung der Parteifähigkeit usw. von Amts wegen nach → Vor § 128 Rn. 46 bedeutet nicht, dass das Gericht insofern auch immer eine Ermittlung von Amts wegen vornehmen muss. So ist bei einer ursprünglich fraglos rechts- und parteifähigen (ausländischen) juristischen Person im Allgemeinen vom Fortbestand dieser Eigenschaft auszugehen und eine Überprüfung nur dann veranlasst, wenn hinreichende Anhaltspunkte für das Gegenteil gegeben sind, BGH NJW-RR 2005, 24, vgl. auch BAG NZA 2014, 799, Lube MDR 2009, 64. Die Amtsprüfung zwingt das Gericht nur dazu, den etwaigen Mangel von Amts wegen zu berücksichtigen, BGH NJW-RR 2005, 24. Es muss ihn nach → Vor § 128 Rn. 46 auch dann beachten, wenn ihn kein Beteiligter mit einer Zulässigkeitsrüge beanstandet hatte, AG Ludwigsl NJW-RR 2002, 1293. Zur Amtsprüfung kann eine Anhörungspflicht gehören, BGHZ 143, 125, Hamm MDR 2017, 602. 9

1. Beweislast. Die Beweislast nach Anh. § 286 kommt erst bei einem nicht behebbaren Zweifel infrage, BGH MDR 2011, 63, BAG MDR 2000, 781. Sie liegt bei demjenigen, der aufgrund der umstrittenen Prozessvoraussetzung ein Recht für sich herleitet, BGH NJW-RR 2005, 24. Für das Vorliegen der Parteifähigkeit und Prozessfähigkeit beider Parteien ist also an sich der Kläger beweispflichtig, BGH MDR 2005, 1306, BAG DB 2000, 780, Kblz NJW-RR 2008, 148 (je: wer die eigene Prozessunfähigkeit behaupte, müsse diese ausreichend mit Tatsachen darlegen). Eine diesbezügliche Unklarheit geht theoretisch zu seinen Lasten, BGH MDR 2011, 63, Mü NJW-RR 2007, 736. Sie führt evtl. zu einem Hinweis nach § 139 mit Gelegenheit zur Bestellung eines Vertreters, BGH MDR 2011, 63 und danach notfalls zu einer Abweisung der Klage durch ein Prozessurteil als unzulässig nach → Vor § 253 Rn. 14, BGH NJW 2000, 289 (auch in der Berufungsinstanz), BAG MDR 2001, 781, Celle NJW-RR 1995, 519. 10

Der Richter kann allerdings im Allgemeinen davon ausgehen, dass eine Partei **prozessfähig** ist, solange ihm keine sachlichen Bedenken vorliegen, BGH NJW-RR 2005, 24, 25 zur Parteifähigkeit, BGH NJW 1996, 1059 zur Prozessfähigkeit, Mü BB 2007, 2311, Stgt NJW 2006, 1887 (FGG). Das führt zur Darlegungslast desjenigen, der sich auf eine Prozessunfähigkeit beruft, BGH NJW-RR 2005, 24 (25); Lube MDR 2009, 64. Das gilt insbesondere dann, wenn eine Partei eine Partei- oder Prozessfähigkeit erst vor dem Verhandlungsschluss der Berufungsinstanz nach §§ 136 IV, 296a, 525, BGH NJW-RR 2005, 24, 25, bestreitet. Auch aus der Darlegungslast folgt die Anregungsbefugnis nach → Rn. 4. Ein Vertreter muss diejenigen Tatsachen beweisen, aus denen sich die Notwendigkeit einer gesetzlichen Vertretung und seine wirksame Bestellung ergeben. 11

Mit Blick auf die in I vorgesehene Amtsprüfung trägt eine Partei für die Nichterweislichkeit der Prozessfähigkeit nur die „objektive" Beweislast im Sinne eines Risikos der Nichterweislichkeit; hingegen trifft sie nicht auch die „subjektive" Beweisführungslast. Eine Beweislastentscheidung zu Ungunsten einer Partei kommt erst dann in Betracht, wenn sich nach Erschöpfung aller erschließbaren Erkenntnisquellen nicht klären lässt, ob die Prozessfähigkeit vorliegt (BGH NJW 1996, 1059). 12

2. Beweiswürdigung. Das Gericht muss evtl. Beweise zu allen diesen Fragen in demselben Umfang erheben und würdigen, wie es sonst bei der Feststellung von Prozessvoraussetzungen nach → Vor § 284 Rn. 14 geschieht, Köln JurBüro 1993, 744. Es bedarf keines Beweisbeschlusses nach §§ 358, 358a und keiner Vorschussanforderung, Mü OLGR 2002, 75. Es braucht die strengen Vorschriften über das Beweisverfahren nach §§ 355 ff. nicht vollständig einzuhalten, BGH MDR 2011, 63, BAG DB 2000, 780. Es ist zB eine Verwertung von Erhebungen in einem selbständigen Beweisverfahren nach §§ 485 ff. für einen anderen Rechtsstreit im Weg des Urkundenbeweises nach §§ 415 ff. auch ohne eine Zustimmung der Parteien zulässig, BGH NJW 2000, 289. Das Gericht kann sich mit einer eidesstattlichen Versicherung nach § 294 I begnügen, BGH NJW 1992, 628. Es darf einen ohnehin meist nötigen Sachverständigen nach §§ 402 ff. einschalten, BGH NJW 1996, 1059, BAG MDR 2000, 781, Ffm FamRZ 1994, 1126. Das geschieht aber erst nach einer persönlichen Anhörung der Partei, BGH NJW 2000, 289, Oldb FamRZ 2008, 1456, und bei einem fortbestehenden Zweifel, Rostock FamRZ 2006, 554. Das Gericht darf allerdings die Partei nicht dazu anhalten, sich auf ihren Geisteszustand untersuchen zu lassen. Das Gericht darf erst recht nicht ihre Vorführung vor einem Arzt anordnen, solange kein Abstammungsverfahren nach dem FamFG vorliegt. 13

3. Säumnis. Die Prüfung der Parteifähigkeit usw. erfolgt auch im Versäumnisverfahren nach §§ 330 ff., im Verfahren auf eine Entscheidung nach Lage der Akten nach § 251a und im schriftlichen Verfahren nach § 128 II, § 495a S. 1. Es genügt, dass die Prozessvoraussetzungen am Schluss der letzten mündlichen Verhandlung nach §§ 136 IV, 296a oder in dem diesem Schluss gleichstehenden Zeitpunkt des schriftlichen Verfahrens nach § 128 II vorliegen. Das gilt selbst für die Revisionsinstanz. Einzelne Prozesshandlungen sind aber dann unwirksam, wenn im Zeitpunkt ihrer Vornahme eine Prozessvoraussetzung fehlte. Das Gericht muss eine solche Unwirksamkeit von Amts wegen beachten. 14

4. Verstoß. Wenn das Gericht einen Mangel dieser Art im Urteil übersehen hat, ist das Urteil nach → Vor § 300 Rn. 40 bis zu seiner Aufhebung aufgrund eines statthaften Rechtsmittels oder Einspruchs auflösend bedingt wirksam. Eine Nichtigkeitsklage nach § 579 I Nr. 4 ist sinngemäß auch dann zulässig, wenn es um die Parteifähigkeit geht, Kblz NJW 1977, 57, oder um die Prozessfähigkeit, BGHZ 84, 28. 15

VI. Mängelheilung, I. Ein Mangel kann zwar wegen § 295 II nicht durch eine rügelose Einlassung heilen, auch nicht durch ein Anerkenntnis oder durch ein Geständnis nach § 288 I oder durch einen Verzicht, BGH 159, 98. Er kann aber stets rückwirkend durch eine Genehmigung des bisherigen Verfahrens nach der Beseitigung des Mangels und in einer Kenntnis der Umstände heilen, BGH ZIP 2010, 1639, Celle NJW-RR 1995, 519, Saarbr Rpfleger 1991, 513. Es genügt auch eine spätere Ermächtigung. 16

1. Genehmigung. Die Genehmigung kann in einer Fortsetzung des vom angeblichen Vertreter betriebenen Verfahrens liegen, Saarbr Rpfl 1991, 513. Der Miterbe kann die Prozessführung des verstorbenen Geschäftsunfähigen genehmigen. Die Genehmigung muss die ganze Prozessführung erfassen. Sie darf sich nicht nur auf einzelne Prozesshandlungen erstrecken. Eine auf bestimmte Verfahrenshandlungen beschränkte Genehmigung ist wirkungslos, BGH NJW 1987, 130, aM Fenger NJW 1987, 1183. 17

2. Beachtung von Amts wegen. Das Gericht muss eine Genehmigung von Amts wegen beachten, BGHZ 86, 189. Das gilt auch dann, wenn die Genehmigung erst in der Revisionsinstanz vorliegt. Eine unwirksame Zustellung der Klage nach § 271 an einen Prozessunfähigen heilt neben § 189 auch durch den Eintritt seines gesetzlichen Vertreters oder durch eine Genehmigung des inzwischen Volljährigen zumindest stillschweigend, aM LG Paderb NJW 1975, 1748 (aber → Rn. 15). Eine Zustimmung des Gegners ist in keinem Fall erforderlich. 18

19 **3. Rechtskraft.** Ein Urteil beliebiger Art nach § 300 oder der Vollstreckungsbescheid nach § 699 können selbst dann nach §§ 322, 705 rechtskräftig werden, wenn die Partei keinen ordnungsmäßigen Vertreter hatte und wenn das Gericht sein Urteil einem falschen Vertreter zugestellt hatte. Das ergibt sich aus §§ 579 I Nr. 4, 578 I, 586 III, BGH NJW 1988, 2049, Ffm FamRZ 1985, 613 Zweibr FamRZ 1999, 28, aM LG Ffm NJW 1976, 757 (aber → Rn. 15). Andere, nicht mit der Rechtskraft zusammenhängende Folgen eines Verstoßes bleiben unberührt, Zweibr FamRZ 1999, 28.

20 Die Rechtskraft tritt auch dann ein, wenn eine prozessunfähige gesetzlich vertretene Partei das Rechtsmittel nach §§ 516, 565 **zurückgenommen** hat.

21 **VII. Zulassung, I.** Im Verfahren zur Prüfung der in → Rn. 4 genannten Prozessvoraussetzungen muss das Gericht die betroffene Partei oder ihren angeblichen Vertreter schon nach § 51 zulassen, BGH FamRZ 2012, 631, BAG NZA 2006, 696, Kblz NJW-RR 2008, 1384. Das gilt nach §§ 525, 555 auch in der Rechtsmittelinstanz, BGH FamRZ 2010, 548, BGH NJW 1996, 1059, Düss MDR 1997, 500. Derjenige, den das Gericht als einen Vertreter zu einem Termin geladen hatte, kann im Termin auftreten und vortragen, er sei kein Vertreter. Er kann zur Klärung dieser Frage sogar das zulässige Rechtsmittel einlegen. Der wahre gesetzliche Vertreter darf jederzeit in den Prozess eintreten und die bisherige falsche Vertretung rügen, und zwar auch dadurch, dass er das zulässige Rechtsmittel einlegt. Für die vorläufige Zulassung eines Bevollmächtigten – etwa nach Vollmachtsrüge durch den Gegner nach § 88 I – gilt § 89 I 1 → § 89 Rn. 5.

22 **VIII. Mängelfolgen, I.** Wenn das Gericht einen der in → Rn. 4 genannten Mängel feststellt, muss es zunächst prüfen, ob der Mangel behebbar ist. Wenn man das bejahen kann, muss das Gericht dem Betroffenen nach § 139 eine ausreichende Gelegenheit zur Mängelbeseitigung geben, etwa durch eine Aussetzung nach § 148 oder eine Vertagung nach § 227 oder durch einen Auflagenbeschluss etwa nach § 273 II Nr. 2, Schneider Rpfl 1976, 231. Das Gericht kann auch II anwenden. Eine Aussetzung ist nur im Rahmen der §§ 148, 241 ff. zulässig. Wenn das Gericht nach dem Ablauf dieses Zwischenverfahrens oder von Anfang an zu dem Ergebnis kommt, dass der Mangel endgültig vorliegt, muss man die folgenden Situationen unterscheiden.

23 **1. Ordnungsgemäße Klage.** Der Kläger mag seine Klage nach §§ 253, 261 ordnungsmäßig erhoben haben, also durch einen Berechtigten. Dann muss das Gericht die jetzt auftretende nichtberechtigte Person nach § 329 durch Beschluss zurückweisen. Gegen den Beschluss ist die sofortige Beschwerde nach §§ 252, 567 statthaft. Gegen eine folglich nicht vertretene Partei kann und muss auf einen Antrag nach → § 300 Rn. 10 eine Versäumnisentscheidung nach §§ 330 ff. ergehe. Wenn der Mangel erst während des Rechtsstreits eintritt, muss das Gericht sein Verfahren nach §§ 239 ff., 246 ggf. unterbrechen, Mü OLGZ 1994, 90 (Erlöschen). Wenn das Gericht gegen eine prozessunfähige Partei ein Sachurteil erlassen hat, darf sich die Partei im Rechtsmittelzug ebenso wie eine prozessfähige Partei wehren, BGH NJW-RR 1986, 1119.

24 **2. Anfängliche Mängel.** Ist schon die Klage mangelhaft, muss das Gericht zunächst nach § 139 Gelegenheit zur Mangelbeseitigung geben, BGH NJW-RR 1986, 1119. Erfolgt keine Abhilfe muss evtl. nach einem Hinweis nach § 139 das Gericht die Klage durch Prozessurteil als unzulässig abweisen, Hamm MDR 1997, 972, Kblz NJW 1977, 56, und zwar nach → § 88 Rn. 16 gegenüber der unbefugt vertretenen Partei, Schneider Rpfleger 1976, 231. Das gilt nach §§ 525, 555 auch in der höheren Instanz, BGHZ 143, 127; Hamm MDR 1992, 412. Das Gericht darf das Rechtsmittel nicht etwa als unzulässig verwerfen, Hamm MDR 1992, 412. Gleichzeitig hebt das höhere Gericht ein etwa in der Vorinstanz ergangenes stattgebendes Urteil auf. Von der Mangelhaftigkeit der Klage ist die Mangelhaftigkeit ihrer Zustellung zu unterscheiden. Letztere ist nach § 189 oder durch eine nochmalige Zustellung heilbar, BGH NJW-RR 1986, 1119.

25 **3. Säumnis.** Im Versäumnisverfahren nach §§ 330 ff. muss das Gericht eine Versäumnisentscheidung nach § 335 I Nr. 1 dann ablehnen, wenn nur ein Nachweis fehlt. Das Gericht muss die Klage durch ein streitiges Prozessurteil (ein unechtes Versäumnisurteil) als unzulässig dann nach → § 330 Rn. 4 abweisen, wenn die Unheilbarkeit feststeht oder wenn keine Heilung erfolgt ist.

26 **4. Entscheidung.** Es ist unerheblich, ob der Kläger oder der Bekl. betroffen sind. Wenn schon die Klage mangelhaft war, ist von vornherein zweifelhaft, wer Partei ist, der Vertretene oder der falsche Vertreter. Je nach dem Ergebnis der Prüfung dieser Frage muss man das Urteil und die Kostenentscheidung auf den einen oder den anderen stellen, BGHZ 121, 399. Das Gericht darf die Kosten dem falschen Vertreter aber nur dann auferlegen, wenn die Partei die Klage nicht veranlasst hatte. Das gilt selbst dann, wenn die Klagabweisung gegenüber der unbefugt vertretenen Partei erfolgte, BGH WM 1986, 1128; Hamm OLGZ 1989, 321; Karlsr FamRZ 1996, 1335; aM Köln Rpfleger 1976, 102 (das Gericht müsse seine Kostenentscheidung stets auf den Vertretenen abstellen. Dagegen spricht, dass er keine Genehmigung erklärt, es sich also nur formell um seinen Prozess handelt).

27 **5. Rechtsmittel.** Derjenige Prozessunfähige, den das Erstgericht als prozessfähig behandelt hatte, kann ein Rechtsmittel nach §§ 511 ff., 566, 567 ff. einlegen, BGH NJW 2000, 289; Düss NZG 2015, 1322; LG Cottbus Rpfl 2000, 465. Das Revisionsgericht muss nicht sein Rechtsmittel, sondern die Klage als unzulässig behandeln, BGH NJW 2000, 289. Auch derjenige, den eine erstinstanzliche Klagabweisung aufgrund einer angeblichen Partei- oder Prozessunfähigkeit beschwert, kann ein Rechtsmittel einlegen, BGH NJW 1996, 1059. Das Rechtsmittelgericht mag das Rechtsmittel freilich als erfolglos erachten, VGH Kassel NJW 1990, 403. Der Vertreter kann im Umfang von → Rn. 21 Rechtsmittel einlegen, BGHZ 111, 220, BayObLG 1990, 337; aM Karlsr FamRZ 1996, 1335 (mit Recht abl. Vollkommer). Auch → Rn. 21.

28 **IX. Bejahung der Prozessvoraussetzung, I.** Wenn das Gericht eine zunächst zweifelhaft gewesene Prozessvoraussetzung nach → Vor § 253 Rn. 14 bejaht, geschieht das entweder in den Entscheidungsgründen des Endurteils nach § 313 III oder in einem Zwischenurteil nach § 280 II. Wenn es um das Fehlen einer Ermächtigung zu einer Prozessführung ging, ist die Klärung nur im Endurteil oder allenfalls in einem unselbständigen Zwischenurteil nach § 303 zulässig.

29 **X. Vorläufige Zulassung, II.** Sie sollte wegen des Zwecks nach → Rn. 2 nicht generell erfolgen.

30 **1. Grundsatz: Ermessen.** II ermöglicht dem Gericht eine Entscheidung im Rahmen seines auch hier pflichtgemäßen Ermessens. Es ist allerdings nur eingeschränkt überprüfbar.

2. Behebbarkeit. Der Mangel muss bereits feststehen und behebbar sein. Hierher gehört auch der Fall, dass der Nachweis des Vorliegens der Prozessvoraussetzungen nicht sogleich erbracht werden kann. 31

3. Gefahr im Verzug. Es muss für die einstweilen zuzulassende Partei eine Gefahr im Verzug für den Fall bestehen, dass die Zulassung nicht erfolgen würde. Gefahr im Verzug besteht immer dann, wenn die Verwirklichung der Rechte einer Partei ohne die Pflegerbestellung ernstlich gefährdet, wenn nicht vereitelt würde. Genügen kann, dass ein Aufschub mit erheblichen Nachteilen verbunden ist oder ein Abwarten unzumutbar wäre, BGH FamRZ 2010, 548 Rn. 17. Für ihren Gegner braucht keine Gefahr im Verzug vorzuliegen. Eine derartige Gefahr kann etwa dann bestehen, wenn der Ablauf einer Verjährungsfrist bevorsteht. Bei Ansprüchen auf Unterlassung einer Handlung ist Gefahr im Verzug regelmäßig gegeben, wenn eine Zuwiderhandlung droht, BGH FamRZ 2010, 548 Rn. 17). Bei einer noch fehlenden Betreuung hilft II meist nicht, Bork MDR 1991, 99, ebensowenig bei einer bloßen Entscheidungsreife nach → § 300 Rn. 21 zugunsten des Gegners. Denn der fehlerhaft Auftretende muss stets damit rechnen, dass das Gericht die vorläufige Zulassung ablehnt. In diesem Fall hat das Rechtsmittelgericht zu überprüfen, ob das Erstgericht Art. 103 I GG oder das Recht auf ein faires Verfahren (Art 2 I, 20 III GG) verletzt hat. 32

4. Baldige Behebung. Man muss damit rechnen können, dass die Partei den Mangel in einer angemessenen Zeit beseitigt oder einen fehlenden Nachweis innerhalb desselben Zeitraums nachreichen wird. 33

5. Verfahren. Die einstweilige Zulassung der Partei erfolgt für die Sache selbst. Das Gericht muss zur Sache verhandeln lassen. Die einstweilige Zulassung erfolgt grundsätzlich formlos, Rostock FamRZ 2006, 554, Zöller/Vollkommer Rn. 16, aM Thomas/Putzo/Hüßtege Rn. 4 (stets Beschluss). Wenn die Parteien über die Zulässigkeit der einstweiligen Zulassung streiten, ist ein Beschluss nach § 329 erforderlich. Er ist – wie jeder Beschluss nach → § 329 Rn. 6 grundsätzlich zu begründen. Die Zulassung ist unanfechtbar. Gegen den zurückweisenden Beschluss ist die sofortige Beschwerde nach § 567 I Nr. 2 statthaft. Stets muss das Gericht eine Frist zur Mängelbehebung dann setzen, wenn es eine solche Fristsetzung vorher versäumt hatte. Die Frist lässt sich nach § 224 II verlängern. Vor dem Ablauf der Frist ist nur eine Verhandlung zulässig, nicht eine Entscheidung. Nach dem Ablauf der Frist und vor einer Entscheidung müssen die Parteien stets nochmals mündlich verhandeln. Nach einem ergebnislosen Ablauf der Frist ist alles bisher Geschehene einschließlich eines etwaigen unselbständigen Zwischenurteils unwirksam. Rechtsbehelfsbelehrung, Verstoß: §§ 232, 233 S. 2. 34

Eine Nachholung ist bis zum Schluss der letzten mündlichen Verhandlung nach §§ 136 IV, 296a zulässig. Nach einem ergebnislosem Fristablauf muss das Gericht die Klage nach II 2 durch ein Prozessurteil als unzulässig abweisen. Über eine Heilung infolge einer Genehmigung → Rn. 15, 16. 35

Vorbemerkung zu § 57
Gerichtliche Vertreterbestellung

I. Systematik. §§ 57, 58 ergänzen § 56. Das Recht kennt verschiedene Fälle, in denen das Gericht einer Partei einen Vertreter für den Prozess bestellt, BGHZ 93, 9. Zwei solcher Fälle behandeln §§ 57, 58. Eine vergleichbare gerichtliche Vertreterbestellung regelt § 147 II AktG zur Führung eines Ersatzprozesses der Aktiengesellschaft aus der Gründung. In sämtlichen Fällen ist der Bestellte der gesetzliche Vertreter mit einer Beschränkung auf den Prozess, für den er bestellt worden ist, vgl. LG Ffm WuM 1993, 60, 61. Wegen der Abwicklung einer juristischen Person nach → § 50 Rn. 12, zB einer GmbH in Liquidation, → § 50 Rn. 34 ff., → § 51 Rn. 20 „Gesellschaft" (Liquidation). Eine Bestellung nach § 57 schließt eine solche nach § 29 BGB nicht stets aus, OLG Zweibr NJW-RR 2001, 1057. Eine dem § 57 entsprechende Vorschrift für den nicht prozessfähigen Kläger gibt es für den Zivilprozess nicht. Im Verwaltungsrecht wird allerdings angenommen, dass über den Wortlaut des § 57 ZPO hinaus die Bestellung eines Prozesspflegers auch für den prozessunfähigen Kläger in Betracht kommt, VGH BW VBlBW 2014, 378. Im sozialgerichtlichen Verfahren gilt generell § 72 SGG. 1

II. Regelungszweck. Zunächst → § 56 Rn. 3. Zweck der Vorschrift ist es, dem Kläger einen prozessfähigen Gegner gegenüberzustellen, damit er seinen Anspruch geltend machen kann. Die Geltendmachung von Rechten soll nicht an der Prozessunfähigkeit des Gegners scheitern, BGHZ 93, 1, 9; OVG Hmb HbgJVBl 1985, 169. Andererseits dürfen aber auch die prozessualen Rechte des Bekl. nicht vernachlässigt werden. Bei der erforderlichen Interessenabwägung muss grundsätzlich das Interesse des Klägers an einem wirksamen Rechtsschutz nach → Vor § 253 Rn. 1 den Vorrang haben. Es darf einerseits nicht ungebührlich lange mit der Prozesspflegerbestellung gewartet werden. Andererseits sollte auch keine vorschnelle Bestellung erfolgen. 2

III. Geltungsbereich. → Vor § 50 Rn. 4. §§ 57, 58 gelten nach § 9 V FamFG entsprechend. Jedenfalls § 57 ist auch in der Zwangsvollstreckung gegen einen prozessunfähigen Schuldner grds. anwendbar, BGH WM 2021, 346 (anders 79. Aufl. 2021). 3

IV. Verfahren. Den Vertreter bestellt der Vorsitzende des Prozessgerichts. Wegen der Nachprüfung der Bestellung → § 51 Rn. 21, → § 57 Rn. 13 ff. Der bestellte Vertreter braucht die Vertretung nicht zu übernehmen. Da er ablehnen kann, hat er kein Beschwerderecht. 4

Einen Anspruch auf eine Vergütung hat er gegen den Kläger nicht, gegen den Bekl. aus dem vorliegenden Verhältnis einer Geschäftsführung ohne Auftrag nach §§ 677 ff. BGB, aM Eckert KTS 1990, 38 (Zwangsdienstvertrag. Aber das lässt sich aus dem Gesetz nicht ableiten, BayObLG NJW-RR 1989, 1168). Bei der Kostenfestsetzung nach §§ 103 ff. muss man das berücksichtigen. Freilich kann das Gericht vom Antragsteller einen Kostenvorschuss fordern, Eckert KTS 1990, 38. Der bestellte Vertreter erhält eine **Entschädigung** entsprechend § 1835 BGB, OVG Hmb HbgJVBl 1985, 169. Ist er Rechtsanwalt, kann er nach § 41 S. 1 RVG vom Beklagten Vergütung verlangen, wenn er ihm als Vertreter bestellt ist und die Vergütung grds. nach § 11 RVG festsetzen lassen, BGH NJW 2018, 1169, auch zu Ausnahmen (anders Vorauf.; für den Verfahrenspfleger nach § 277 FamFG vgl. BGH NJW-RR 2021, 321. Die Aufwendungen können nach §§ 91 ff. erstattungsfähig sein, Düss NJW-RR 2000, 210. Das Gericht kann den Vertreter auch im Weg der Prozesskostenhilfe nach § 121 beiordnen, OVG Hmb HbgJVBl 1985, 169. 5

Gebühren bei §§ 57, 58: Des Gerichts: keine; des Anwalts: Gehört nach § 19 I 2 Nr. 3 RVG zum Rechtszug. 6

57 *Prozesspfleger.* [I] **Soll eine nicht prozessfähige Partei verklagt werden, die ohne gesetzlichen Vertreter ist, so hat ihr der Vorsitzende des Prozessgerichts, falls mit dem Verzug Gefahr verbunden ist, auf Antrag bis zu dem Eintritt des gesetzlichen Vertreters einen besonderen Vertreter zu bestellen.**

[II] **Der Vorsitzende kann einen solchen Vertreter auch bestellen, wenn in den Fällen des § 20 eine nicht prozessfähige Person bei dem Gericht ihres Aufenthaltsortes verklagt werden soll.**

Schrifttum: Käck, Der Prozeßpfleger, 1991.

1 **I. Systematik, Regelungszweck, I, II.** → Vor § 57 Rn. 1, 2. Die Vorschrift gilt bei einer Prozessunfähigkeit des Bekl., nicht des Klägers. Beim letzteren gelten §§ 51, 53

2 **II. Geltungsbereich, I, II.** → Vor § 50 Rn. 4, → Vor § 57 Rn. 3.

3 **III. Gefahr im Verzug, I.** Die Voraussetzungen der Bestellung eines besonderen Vertreters nach I sind – entsprechend dem Zweck der Vorschrift – vom Kläger aus zu betrachten.

4 **1. Klageabsicht.** Der Kläger muss nach dem Wortlaut („verklagt“) eine Klage nach § 253 beabsichtigen. Es genügt aber, dass er ein Mahnverfahren nach §§ 688 ff. oder ein Verfahren auf den Erlass eines Arrests oder einer einstweiligen Verfügung nach §§ 916 ff., 935 ff. betreiben will. Ferner setzt die Vorschrift voraus, dass Prozessunfähigkeit vor Rechtshängigkeit besteht. Wird sie erst nach Erhebung der Klage erkannt, gilt § 57 Abs. 1 ZPO entsprechend, BGH FamRZ 2010, 549 Rn. 16. Ebenso kann § 57 Abs. 1 ZPO zur Anwendung kommen, wenn die Prozessunfähigkeit erst während des Prozesses eintritt → Rn. 5 oder ein notwendiger Streitgenosse betroffen ist, vgl. zur Beiladung BFH DB 1980, 2068.

5 **2. Prozessunfähigkeit des Gegners.** Die Klage oder das Verfahren müssen sich gegen einen nach §§ 51 ff. Prozessunfähigen richten, der keinen gesetzlichen Vertreter hat, vgl. BGH NJW-RR 2011, 115. Bloße Bedenken an der Prozessfähigkeit genügen nicht, Köln NJW-RR 2003, 758, ebensowenig führt die Uneinigkeit mehrerer gesamtvertretungsberechtigter Gesellschafter zur Prozessunfähigkeit, Nürnb MDR 2011, 312. § 57 ist nur anwendbar, wenn der gesetzliche Vertreter entweder fehlt oder rechtlich und nicht nur tatsächlich verhindert ist.

6 Die behauptete Prozessunfähigkeit muss nach § 294 glaubhaft gemacht werden. Der volle Beweis iSv § 286 ist nicht zu fordern, zumal nach I Gefahr im Verzug Voraussetzung ist, also im Regelfall Eilbedürftigkeit besteht.

7 Beim Wegfall der Prozessfähigkeit erst während des Prozesses gilt grds. § 241, Thomas/Putzo/Hüßtege Rn. 3; Zöller/Vollkommer Rn. 3. Dies schließt die Bestellung eines Prozesspflegers entsprechend § 57 nicht aus, BGH FamRZ 2010, 548 Rn. 16; Drsd ZIP 2005, 1845; Stgt MDR 1996, 198. Die Bestellung ist auch zulässig, wenn sich eine Prozessunfähigkeit nach § 51 oder ein Mangel der Vertretungsmacht erst im Prozess herausstellt, BGH NJW 1990, 1736, Brdb OLGR 1996, 143, Stgt MDR 1996, 198. Außerhalb eines laufenden Verfahrens muss d

8 Prozessunfähigkeit kann auch bei einer juristischen Person, BFH DB 1980, 2068; BGH NJW-RR 2011, 115, etwa einer Gesellschaft mit beschränkter Haftung, BGH NJW-RR 2011, 115, oder einer Aktiengesellschaft bestehen, wenn keine bestellten Vertretungsorgane (mehr) vorhanden sind oder – zB wegen § 181 BGB – nicht als Vertreter tätig werden können. § 76 III AktG steht nicht entgegen.

9 Die Bestellung nach I ist mit Blick auf die erforderliche Gefahr im Verzug grundsätzlich unabhängig von der Bestellung eines gesetzlichen Vertreters durch das FamG oder Betreuungsgericht, vgl. BGH NJW 2014, 3779 Rn. 16. Die Bestellung eines Prozesspflegers für eine gelöschte, aber noch nicht vermögenslose und schon deshalb nach → § 50 Rn. 34 rechtlich fortbestehende Gesellschaft mit beschränkter Haftung ist grds. möglich, BFH DB 1980, 2068, BGH NZM 2008, 732 Rn. 64. Die Bestellung eines Nachtragsliquidators ist nicht generell vorrangig, BGH NZM 2008, 732 Rn. 64; BAG NZG 2008, 270; Ffm NJW-RR 2012, 510; anders Voraufl. Auch die erforderliche Gefahr im Verzug dürfte nicht mit der Begründung verneint werden können, der Beklagte versäumt habe, die Nachtragsliquidation zu beantragen, BGH NZM 2008, 732 Rn. 64, da es auf die Gefahr im Verzug auf die Klägerseite ankommt → Rn. 11.

10 Ist ein Prozesspfleger bestellt, kann die Partei grds. nicht von seiner Prozesshandlung abweichend wirksam vorgehen. Sie kann zB nicht ein Rechtsmittel gegen einen Beschluss nach → § 269 Rn. 58 einlegen, nachdem ihr Vertreter die Klage oder den Antrag wirksam zurückgenommen hat. Der Beklagte kann aber unter Berufung auf seine Prozessfähigkeit wieder aktiv in den Rechtsstreit eingreifen. Für die Klärung seiner Prozessfähigkeit gilt er als prozessfähig, BGH FamRZ 2016, 1679 Rn. 19; WM 2021, 346.

11 **3. Gefahr für Kläger.** Die Gefahr im Verzug muss für den Kläger bestehen, BGH NJW 1985, 433. Eine Gefahr für den Gegner ist unerheblich. Ob für den Kläger eine Gefahr im Verzug besteht, steht im pflichtgemäßen, nur begrenzt nachprüfbaren Ermessen des Vorsitzenden, BGH FamRZ 2010, 549 Rn. 16, Stgt MDR 1996, 198. Überprüft werden kann allein, ob das Gericht das Ermessen unsachgemäß ausgeübt, insbesondere ob es den Rechtsbegriff der Gefahr im Verzug verkannt oder die tatsächliche Wertungsgrundlage nicht ausgeschöpft hat, BGH FamRZ 2010, 549 Rn. 16. Gefahr im Verzug besteht immer dann, wenn die Verwirklichung der Rechte ernstlich gefährdet, wenn nicht vereitelt würde, BGH FamRZ 2010, 549 Rn. 16 bzw. ein Zuwarten ein Zuwarten mit Nachteilen verbunden wäre, BGH 23.9.2014 – II ZB 4/14, BeckRS 2014, 20191 Rn. 16. Nach BGH FamRZ 2010, 549 Rn. 17 soll bei Ansprüchen auf Unterlassung einer Handlung Gefahr im Verzug regelmäßig gegeben sein, wenn eine Zuwiderhandlung droht. Auch insoweit dürften allerdings bei der Ermessensausübung das in Rede stehende Rechtsgut und die voraussichtliche Dauer bis zur Behebung der Prozessunfähigkeit bzw. die Höhe des drohenden Schadens einzustellen sein.

12 **4. Antrag.** Es ist ein Antrag des Klägers erforderlich, die Anregung der Partei im laufenden Verfahren genügt nicht, BGH FamRZ 2016, 1679 Rn. 15. Der Antrag kann – obgleich die Vorschrift insoweit keine Regelung enthält – nach allgM zu Protokoll der Geschäftsstelle erklärt werden, unterliegt also grds. nicht dem Anwaltszwang, § 78 III, MüKoZPO/Lindacher/Hau Rn. 12; Musielak/Voit/Weth Rn. 2Thomas/Putzo/Hüßtege Rn. 1; Zöller/Althammer Rn. 5. Etwas anderes gilt ausnahmsweise dann, wenn der Antrag erst während eines Anwaltprozesses nach → § 78 Rn. 1 zulässig wird. Bei dem Insolvenzantrag eines GmbH-Geschäftsführers ist ein Antrag der (übrigen) Gesellschafter nötig, LG Kleve ZIP 2017, 1955. Ein Antrag des Bekl. ist unzulässig. Das ergibt sich aus dem Wortzusammenhang und aus dem Regelungszweck, BGHZ 93, 10,Eine Glaubhaftmachung der tatsächlichen Angaben nach § 294 ist notwendig und ausreichend → Rn. 5. Der Kläger kann einen Vorschlag zur Person des Prozesspflegers machen. Er ist dazu aber nicht verpflichtet.

5. Verfahren. Zuständig ist nach I das Prozessgericht, also der Spruchkörper oder Richter der nach dem Geschäftsverteilungsplan zur Entscheidung einer bei diesem Gericht eingereichten Klage berufen wäre; in der Teilungsversteigerung ist dies nach § 4 RPflG der Rpfl., BGH WM 2021, 346 Rn. 15. Im FamFG-Verfahren ist § 57 entsprechend anwendbar, zB vor dem Nachlassgericht nach → Vor § 57 Rn. 3, (zum alten Recht) BGH FamRZ 1989, 271. Der Vorsitzende prüft die Voraussetzungen des § 57. Er muss nicht abschließend prüfen, ob dieses Gericht auch für den beabsichtigten Rechtsstreit zuständig wäre. Denn jene Zuständigkeitsprüfung erfolgt erst im beabsichtigten Rechtsstreit, zumal die Zuständigkeit einer Parteivereinbarung nach § 38 unterliegen kann. 13

6. Entscheidung. Liegt allerdings die Zuständigkeit des mit dem Antrag befassten Gerichts offensichtlich nicht vor und wäre auch eine Zuständigkeitsvereinbarung nach § 38 offenbar unzulässig oder die Klage aus anderen Gründen nach → Vor § 253 Rn. 21 ff. unzulässig oder offensichtlich völlig aussichtslos, muss der Vorsitzende den Antrag zurückweisen, LG Mü ZIP 2017, 1951. Bei der Prüfung dieser Aussichtslosigkeit ist eine besondere Vorsicht erforderlich. Andernfalls gibt der Vorsitzende dem Antragsgegner nach Möglichkeit rechtliches Gehör nach Art. 103 I GG, BSG NJW 1994, 215. Anschließend „hat" er zu entscheiden. Die Bestellung des besonderen Vertreters erfolgt ohne mündliche Verhandlung durch Verfügung oder Beschluss. Die Zurückweisung erfolgt wegen der Statthaftigkeit der sofortigen Beschwerde in jedem Fall durch Beschluss. 14

Er wählt im **Anwaltsprozess** nach → § 78 Rn. 1 einen Anwalt und sonst eine prozessfähige geeignete Person aus. Er kann den Bestellten nach → Vor § 57 Rn. 4 nicht zur Übernahme der Prozesspflegschaft zwingen. Notfalls muss er das Bestellungsverfahren mit einem anderen wiederholen. Er teilt die Bestellung dem Antragsteller nach § 329 II 1 formlos mit. Eine Zurückweisung erfolgt durch Beschluss. Der Vorsitzende muss ihn nach → § 329 Rn. 6 grundsätzlich begründen und dem Antragsteller nach § 329 II 2 iVm § 567 I Nr. 2 förmlich zustellen. 15

7. Rechtsbehelfe. Gegen die stattgebende Verfügung ist kein Rechtsbehelf zulässig, BGH FamRZ 2016, 1680, Brem FamRZ 2015, 2077, Thomas/Putzo/Hüßtege Rn. 5a, weil es an einem zurückgewiesenen Gesuch iSd § 567 I Nr. 2 fehlt; aM wegen des darin liegenden Rechtseingriffs für den Prozessunfähigen Mü ZIP 2014, 2189; Zöller/Vollkommer Rn. 7. Der Beklagte kann die Bestellung des Prozesspflegers erst mit der Hauptsache zur Überprüfung stellen, BGH FamRZ 2016, 1680 Rn. 19. Gegen den zurückweisenden Beschluss ist die sofortige Beschwerde nach § 567 I Nr. 2 zulässig, BGH NJW 2011, 1740. Eine Rechtsbeschwerde kommt unter den Voraussetzungen des § 574 in Betracht. Beim Rpfl. gilt nach → § 104 Rn. 48 ff. der § 11 RPflG. 16

IV. Gerichtsstand des Aufenthaltssorts, II. Nach II ist die Bestellung eines besonderen Vertreters auch ohne eine Gefahr im Verzug zulässig. Das gilt selbst dann, wenn zwar ein gesetzlicher Vertreter nach § 51 vorhanden ist, dieser aber nicht am Aufenthaltsort des § 20 wohnt. Der Vorsitzende des Prozessgerichts hat insofern ein pflichtgemäßes Ermessen („kann"). Vgl. im Übrigen → Rn. 13 ff. sowie → Vor § 57 Rn. 2. 17

V. Stellung des Bestellten, I, II. Der besondere Vertreter ist nach → Vor § 57 Rn. 4 nicht zur Annahme des Amts verpflichtet. Nimmt er an, ist er gesetzlicher Vertreter nach § 51. Das gilt allerdings nur für den beabsichtigten oder schon stattfindenden Prozess, LG Hmb MDR 1996, 145. Er kann in diesem Zusammenhang auch ähnlich wie ein ProzBev. nach § 81 materiell-rechtliche Erklärungen abgeben und entgegennehmen, zB eine Kündigung, LG Hmb MDR 1996, 145. Nach einer anderen Meinung ist er ein Pfleger. Vgl. aber zB § 147 III AktG. Er ist kein Betreuer nach § 53, BSG NJW 1994, 215. Die Bestellung gilt allerdings auch für die Vertretung im Verfahren über eine Widerklage nach Anh. § 253 oder für einen Zwischenstreit zB nach §§ 280, 303, 387 ff. Der besondere Vertreter kann die bisherige Prozessführung genehmigen oder die Prozessunfähigkeit nach § 51 geltend machen. 18

Trotz der Bestellung muss das Gericht grundsätzlich dem Beklagten Schriftsätze, Verfügungen und Entscheidungen zur Wahrung des rechtlichen Gehörs zur Kenntnis zu bringen, BGH WM 2021, 346 Rn. 32. Denn der Bekl. kann mangels Tätigkeit des Bestellten sowie im Streit um seine Prozessfähigkeit auch selbst handeln, BGH, WM 2021, 346 Rn. 32; BSG NJW 1994, 215. Wegen der Vergütung → Vor § 57 Rn. 4. 19

VI. Amtsende, I, II. Das Amt endet **nicht** automatisch mit dem Eintritt der Prozessfähigkeit, sondern erst mit Wirksamwerden der gerichtlichen Aufhebung der Bestellung, BGH, WM 2021, 346 Rn. 20; vgl. auch NJW 2010, 157 (anders 79. Aufl. 2021; aA MüKoZPO/Lindacher/Hau Rn. 20; Zöller/Althammer Rn. 9). Es endet auch mit der Aufhebung der Bestellung aus einem anderen wichtigen Grund. Die Wirksamkeit der früheren Prozesshandlungen bleibt grds. bestehen Das Amt des besonderen Vertreters kann entsprechend § 241 mit dem Eintritt des ordentlichen gesetzlichen Vertreters enden. Diesen muss das Gericht dem Gegner anzeigen. Das Amt endet also nicht schon mit der Bestellung eines ordentlichen Vertreters 20

58 ***Prozesspfleger bei herrenlosem Grundstück oder Schiff.*** **[I] Soll ein Recht an einem Grundstück, das von dem bisherigen Eigentümer nach § 928 des Bürgerlichen Gesetzbuchs aufgegeben und von dem Aneignungsberechtigten noch nicht erworben worden ist, im Wege der Klage geltend gemacht werden, so hat der Vorsitzende des Prozessgerichts auf Antrag einen Vertreter zu bestellen, dem bis zur Eintragung eines neuen Eigentümers die Wahrnehmung der sich aus dem Eigentum ergebenden Rechte und Verpflichtungen im Rechtsstreit obliegt.**

[II] Absatz 1 gilt entsprechend, wenn im Wege der Klage ein Recht an einem eingetragenen Schiff oder Schiffsbauwerk geltend gemacht werden soll, das von dem bisherigen Eigentümer nach § 7 des Gesetzes über Rechte an eingetragenen Schiffen und Schiffsbauwerken vom 15. November 1940 (RGBl. I S. 1499) aufgegeben und von dem Aneignungsberechtigten noch nicht erworben worden ist.

I. Systematik, Regelungszweck, I, II. Zunächst → Vor § 57 Rn. 1, 2 sowie für den Bereich der Zwangsvollstreckung § 787. Nach § 928 I BGB erlischt das Eigentum an einem Grundstück durch den Verzicht des eingetragenen Eigentümers gegenüber dem Grundbuchamt und durch die Eintragung in das Grundbuch. Durch diese Vorgänge wird das Grundstück herrenlos. Aneignungsberechtigt ist nach § 928 II BGB der Staat oder der nach Art. 129 EGBGB Benannte. Ähnliches gilt für nach II ein eingetragenes Schiff oder Schiffsbauwerk (§ 7 1

SchiffsG), für ein Luftfahrzeug regelt § 99 I LuftfzRG die entsprechende Anwendung. Dort kommt es auf die Eintragung im jeweils zugehörigen Register an. § 58 versteht unter dem Begriff Grundstück dasselbe wie § 928 BGB. Insoweit ermöglicht die Vorschrift den Zeitraum der Herrenlosigkeit, also nach Aufgabe des Eigentums vom Eigentümer und vor Erwerb durch den Aneignungsberechtigten (§ 928 Abs. 2 BGB) die Durchsetzung von Rechten an dem Grundstück (zB Hypothek, Grundschuld, Reallast, Zinsen) durch gerichtliche Bestellung eines Vertreters.

2 **II. Geltungsbereich, I, II.** → Vor § 50 Rn. 4

3 **III. Voraussetzungen, I, II.** Zur Bestellung eines Vertreters sind die folgenden Voraussetzungen erforderlich.

4 **1. Herrenlosigkeit.** Das Grundstück, das Schiff oder das Schiffsbauwerk sowie das in der Luftfahrzeugrolle eingetragene Luftfahrzeug müssen nach → Rn. 1 noch herrenlos sein.

5 **2. Klageabsicht.** Jemand muss ein Recht an dem Grundstück nach § 24, am Schiff oder Schiffsbauwerk nach dem SchiffsG, am Luftfahrzeug nach dem LuftfzRG nach § 253 einklagen wollen, etwa ein Grundpfandrecht oder dessen Zinsen. Es kann auch die Klage auf Zustimmung zu einer Löschung durch den neuen Eigentümer ausreichen, Ffm FGPrax 2012, 147.

6 **3. Antrag.** Es muss ein Antrag an das nach § 24 zuständige Gericht vorliegen. Ihn muss man stets vor dem Zeitpunkt der Rechtshängigkeit nach § 261 stellen. Denn von der Rechtshängigkeit an bleibt nach § 265 der Eigentümer der richtige Bekl. Für den Antrag besteht kein Anwaltszwang nach → § 78 Rn. 1. Eine Gefahr im Verzug ist nicht erforderlich. Die Voraussetzungen → Rn. 3, 5 müssen nach § 294 glaubhaft sein. Der Antragsteller muss auch die Zuständigkeit glaubhaft machen. Denn es handelt sich um eine ausschließliche Zuständigkeit. Wenn die Voraussetzungen der Bestellung des Vertreters vorliegen, besteht eine Amtspflicht zur Bestellung. Vorsitzender des Prozessgerichts ist bei einem Grundstück nur der Vorsitzende des nach § 24 zuständigen Gerichts. Das Gericht teilt die Bestellung dem Antragsteller und dem Bestellten nach § 329 II 1 formlos mit. Eine Zurückweisung erfordert eine förmliche Zustellung nach § 329 II 2.

7 **IV. Stellung des Bestellten, I, II.** Der Vertreter ist ein gesetzlicher Vertreter des künftigen Eigentümers in jeder Frage, die diese Eigentümerstellung in diesem Prozess berührt. Er braucht nicht unentgeltlich zu handeln. Der Antragsteller ist Kostenschuldner. Er muss wie ein sorgsamer Eigentümer handeln. Er darf das Grundstück an denjenigen auflassen, der aufgrund einer Auflassungsvormerkung im Grundbuch als Berechtigter eingetragen ist. Für die Kosten der Vertretung haften das Grundstück, das Schiff oder Schiffsbauwerk usw. wie die Insolvenzmasse für die Kosten des Insolvenzverwalters, vgl. ferner § 1118 BGB, §§ 10 II, 162 ZVG (Kosten der Rechtsverfolgung). Das Amt des Vertreters endet mit der Eintragung des neuen Eigentümers, auch ohne dass dieser in den Prozess eintritt. Es endet auch mit dem Ende der Herrenlosigkeit des Grundstücks usw. Es endet schließlich dann, wenn der Vorsitzende die Bestellung widerruft. → § 57 Rn. 18, 20.

8 **V. Rechtsbehelf, I, II.** Gegen die Bestellung keine, gegen die Zurückweisung des Antrags sofortige Beschwerde nach § 567 I Nr. 2.

Titel 2. Streitgenossenschaft

Vorbemerkung zu § 59

Schrifttum: Gaul, Der Schuldner als Streitgenosse des Gläubigers im Interventionsprozess gemäß § 771 Abs. 2 ZPO usw., FS Picker, 2010, 265.

1 **I. Systematik.** Die Beteiligung mehrerer Personen am Rechtsstreit, als Partei oder mit Parteibezug, lässt sich in drei Gruppen einteilen: 1. Beteiligung eines Klägers und eines Bekl. 2. Beteiligung von zwei oder mehr Personen auf der einen und/oder der anderen Parteiseite als Partei. 3. Beteiligung von schließlich einer oder mehrerer Personen, die (zunächst) noch nicht Partei sind. Bei ihnen besteht aber Anlass, an einem Rechtsstreit beteiligt zu werden. §§ 59–77 erfassen diese Gruppen. Die Vorschriften teilen sie in die Hauptgruppen der „Streitgenossenschaft" nach §§ 59–63 und der „Beteiligung Dritter", §§ 64–77, ein. § 100 regelt die Kostenerstattung, § 32 GKG die Gerichtskosten, § 7 RVG die Anwaltsgebühren.

2 **II. Regelungszweck.** Die Vorschriften dienen sowohl der Prozesswirtschaftlichkeit, BGH NJW-RR 2011, 1137, als auch der schnellen und umfassenden Herstellung von Rechtsfrieden.

3 Die Beteiligung mehrerer Prozessbeteiligter verbessert die Möglichkeiten einer umfassenden Sachverhaltsklärung, einer allseitigen Entscheidungsakzeptanz und erfolgreichen Vollstreckbarkeit nach §§ 704 ff. Zugleich kann die Gefahr widersprüchlicher Entscheidungen verringert werden.

4 **III. Geltungsbereich.** Die §§ 59 ff. finden Anwendung in allen Verfahrensarten der ZPO, einschließlich Arrest- und einstweiligem Verfügungsverfahren, Zwangsvollstreckungs- und Mahnverfahren. Zur Geltung der §§ 59 ff. vgl. ferner §§ 46 II ArbGG, § 48 WEG; streitig, ob im FamFG (keine Anwendung nach Prütting/Gehrlein/Gehrlein Rn. 2; aM MüKoZPO/Schultes Rn. 2; Musielak/Voit/Weth Rn. 2).

5 **IV. Begriff der Streitgenossenschaft.** Sie liegt dann vor, wenn in einem Prozess in derselben Parteistellung mehrere Personen auftreten, entweder als Kläger (Klagegenossen, aktive Streitgenossen) oder als Bekl. (Verteidigungsgenossen, passive Streitgenossen). Die Streitgenossen stehen sich nicht gegenseitig, sondern einem gemeinsamen Prozessgegner in jeweils eigenständigen Prozessrechtsverhältnissen gegenüber, BGH GRUR 2017, 520 (521); BAG BB 1996, 2413 (2414).

6 Streitgenossenschaft liegt vor bei einer Parteienmehrheit auf Kläger- oder Beklagtenseite. In bestimmten Fällen ist die Streitgenossenschaft nach § 62 notwendig.

7 Streitgenossenschaft entsteht a) aufgrund Klage von oder gegen mehrere Parteien; b) durch Eintritt eines weiteren Klägers/Beklagten während des Prozesses; c) Ersetzen einer Partei durch mehrere Gesamtrechtsnachfolger; d) nach § 147 oder e) § 856 II, Zöller/Althammer Rn. 2.

8 Keine Streitgenossenschaft liegt dann vor, wenn eine nur eine Partei bildende Personenmehrheit auf einer Seite steht, etwa eine Offene Handelsgesellschaft, eine Aktiengesellschaft, ein rechtsfähiger Verein, oder wenn mehrere gesetzliche Vertreter für eine Partei auftreten. Anders ist es, wenn derselbe gesetzliche Vertreter mehrere vertritt,

wenn er sowohl für sich als auch für einen Vertretenen prozessiert oder wenn die Gesellschaft und die Gesellschafter klagen oder verklagt werden, BGH BeckRS 2017, 141851.

V. Dauer der Streitgenossenschaft. 1. Beginn. Die Streitgenossenschaft entsteht durch die Einleitung eines Verfahrens, zB durch Klageerhebung. Das gilt unabhängig davon, ob das Gericht die Klageschrift nach § 271 gemeinsam zustellt. Eine Streitgenossenschaft entsteht auch durch den Antrag auf Erlass eines Arrests oder einer einstweiligen Verfügung nach §§ 920, 936. Zur Bestimmung eines gemeinsamen zuständigen Gerichts § 36 I Nr. 3. Sie entsteht ferner infolge des späteren Eintritts anderer als Partei durch eine Rechtsnachfolge nach § 265, einen Beitritt, eine Prozessverbindung nach § 147, BGH NJW 2011, 2654, eine Klageerweiterung nach §§ 263, 264, BGH NJW 2003, 2172, und eine Widerklage gegen Kläger und Dritten, bei § 856 II. 9

2. Ende. Die einfache Streitgenossenschaft endet durch den Wegfall von Streitgenossen wegen einer Rechtsnachfolge nach § 265, Prozesstrennung nach § 145, durch Ausscheiden, infolge der Erledigung des Prozesses für diesen Streitgenossen, durch Klagerücknahme oder Teilurteil nach § 301. Solange ein Streitgenosse noch am Prozess beteiligt ist, sei es nur wegen der Kosten oder in einer höheren Instanz, bleibt er Partei. 10

VI. Selbständigkeit der Prozesse. Aus der Selbständigkeit der durch eine Streitgenossenschaft verbundenen Prozesse folgt: 11

1. Prozessart. Dieselbe Prozessart muss für alle Streitgenossen zulässig sein und vorliegen, zu den Voraussetzungen Longrée MDR 2018, 1348. 12

2. Prozessvoraussetzungen. Das Gericht muss die Prozessvoraussetzungen für jeden der einzelnen Prozesse gesondert prüfen. Sie müssen für jeden Streitgenossen vorliegen, BAG NZA 2011, 289. Es darf zB keiner nach §§ 18 ff. GVG exterritorial sein. Die Zuständigkeit muss für jeden bestehen; vgl. § 603. Für die sachliche Zuständigkeit nach §§ 23 ff., 11 GVG erfolgt nach § 5 eine Wertaddition der Ansprüche. Fehlt ein Erfordernis der §§ 59, 60, muss indes das Gericht aufgrund einer Rüge oder kann von Amts wegen abtrennen. 13

59 *Streitgenossenschaft bei Rechtsgemeinschaft oder Identität des Grundes.* **Mehrere Personen können als Streitgenossen gemeinschaftlich klagen oder verklagt werden, wenn sie hinsichtlich des Streitgegenstandes in Rechtsgemeinschaft stehen oder wenn sie aus demselben tatsächlichen und rechtlichen Grund berechtigt oder verpflichtet sind.**

I. Systematik. Die Vorschrift erfasst die erste dort genannte Gruppe, ergänzt durch §§ 60–63. 1

II. Streitgenossen. § 59 gilt zunächst dann, wenn mehrere Personen entweder als Kläger oder als Bekl. auftreten; sog. subjektive Klagehäufung. Wenn dieselbe Person mehrere Ansprüche geltend macht, liegt demgegenüber nach § 260 eine objektive Klagehäufung vor, vgl. dazu § 60. Es steht mehreren Klägern frei, als Streitgenossen aufzutreten. Das gilt auch bei der BGB-Außengesellschaft, OLG Drsd NJW-RR 2002, 544. Vgl. allerdings auch § 147. Allerdings können trotz eines Obsiegens solche Mehrkosten nicht erstattungsfähig sein, die infolge einer unzweckmäßigen Folge selbständiger Einzelprozesse entstehen, OLG Düsseldorf BeckRS 2012, 5976; NJOZ 2010, 1874. 2

III. Möglichkeit getrennter Prozesse. Jeder einfache Streitgenosse ist vom anderen unabhängig, BGH NJW 2018, 1259. Im Unterschied zur notwendigen Streitgenossenschaft nach § 62 ist jeder einfache Streitgenosse so zu behandeln, als ob nur er den Rechtsstreit gegen den Prozessgegner führe. So hindert die Verurteilung des einen einfachen Streitgenossen nicht die Verurteilung des anderen aus einem anderen Grund, BGH NJW 2018, 1259.Wegen der weitgehenden Verbindungsbefugnis des § 60 hat die aufzählende Abgrenzung des § 59 keine große praktische Bedeutung. Eine Klage gegen den Bekl. zu 2 für den Fall, dass das Gericht die Klage gegen den Bekl. zu 1 abweisen werde, ist unzulässig. Denn sie würde eine bedingte Klageerhebung bedeuten, ein unbedingtes Prozessrechtsverhältnis fehlt, BGH NJW-RR 2008, 295. Dasselbe gilt für die Klage eines Klägers zu 2 nur für den Fall der teilweisen oder gänzlichen Abweisung der Ansprüche des Klägers zu 1, OLG Saarbr NJW-RR 2008, 47. Allerdings kann eine unzulässige subjektive bedingte Klage auch noch im Berufungsverfahren auf eine unbedingte umgestellt und somit zulässig werden, BAG ZIP 2016, 488 (489). 3

IV. Rechtsgemeinschaft, Fall 1. § 59 gilt auch bei einer Rechtsgemeinschaft wegen desselben Streitgegenstands, BPatG GRUR 2006, 169, zB: eine Gemeinschaft zur gesamten Hand; eine Bruchteilsgemeinschaft; ein Miteigentum; ein Wohnungseigentum; eine Gesamtgläubigerschaft; eine Gesamtschuld, OLG Hamm RuS 2017, 40; eine Teilschuld nach § 420 BGB; das Verhältnis zwischen dem Hauptschuldner und dem Bürgen, OLG Bamberg BeckRS 2015, 916; das Verhältnis zwischen einer BGB-Gesellschaft oder einer OHG und ihrem Gesellschafter, zur gesamtschuldnerischen Inanspruchnahme BGH NJW 2018, 1259; das Innenverhältnis zwischen Gesellschaftern, OLG Hamm IWRZ 2017, 87, oder zwischen dem ProzBev. nach § 81 und einem Verkehrsanwalt, BayObLG AnwBl 2002, 430; das Verhältnis zwischen dem Grundstückseigentümer und dem persönlichen Schuldner desjenigen Betrags, dessentwegen im Grundbuch eine Hypothek besteht; eine Klage auf die Freigabe einer für mehrere hinterlegten Summe, BGHZ 88, 332; eine Teilhaftung mehrerer Bauherren nach § 420 BGB, Prütting/Gehrlein/Gehrlein Rn. 6. 4

V. Berechtigung oder Verpflichtung aus demselben Grund, Fall 2. § 59 gilt schließlich bei einer Berechtigung oder Verpflichtung mehrerer Personen aus demselben rechtlichen und zugleich aus demselben tatsächlichen Grund, BGH NJW 1992, 981, oder aufgrund derselben Vorfrage. Der Anwendungsbereich ist weit auslegbar, BGH NJW 2018, 2200. 5

Hierher zählen zB: ein gemeinsamer Vertrag, zB Miet- oder Pachtvertrag; eine gemeinsame unerlaubte Handlung, OLG Düsseldorf BeckRS 2019, 26806; eine gemeinsame Gefährdungshaftung, BGH MDR 1978, 130; hierzu Liebscher NZV 1994, 215. Eine etwaige Rechtsnachfolge bei der Person des einen oder anderen Berechtigten oder Verpflichteten ist unerheblich. 6

Nicht hierher zählt eine gemeinsame Berechtigung oder Verpflichtung lediglich aufgrund derselben Tatsachen, jedoch aus verschiedenen Rechtsgründen. 7

60 *Streitgenossenschaft bei Gleichartigkeit der Ansprüche.* **Mehrere Personen können auch dann als Streitgenossen gemeinschaftlich klagen oder verklagt werden, wenn gleichartige und auf einem im Wesentlichen gleichartigen tatsächlichen und rechtlichen Grund beruhende Ansprüche oder Verpflichtungen den Gegenstand des Rechtsstreits bilden.**

1 § 60 lässt eine Streitgenossenschaft dann zu, wenn der rechtliche und der tatsächliche Grund ganz oder doch zu einem wesentlichen Teil gleichartig sind, OLG Hamm BeckRS 2019, 30758.

2 **I. Weite Auslegung.** Als Zweckmäßigkeitsregel ist § 60 weit auszulegen, BGH NJW-RR 2013, 1399; ZIP 2011, 1075. Eine auch nur teilweise Identität ist nicht nötig. Es besteht grundsätzlich keine Pflicht zur Wahrung der bloßen Möglichkeiten nach §§ 59, 60, OLG Nürnb GRUR-RR 2005, 169.

3 **II. Aber innerer Zusammenhang.** Die Ansprüche müssen aber beim Bekl. in einem inneren oder sachlichen Zusammenhang stehen, BGH VersR 2012, 1453. Sie müssen gleichartig sein, BGH ZIP 2011, 1075. Eine bloße sachliche Ähnlichkeit des Geschehensablaufs und des wirtschaftlichen Hintergrunds reicht nicht, BGH NJW 1992, 981. Eine Identität der Sachanträge ist nicht nötig, ein Zusammenhang, der die Anträge als gleichartig erscheinen lässt, genügt, BGH NJW 2018, 2200; OLG Hamm BeckRS 2016, 19208.

III. Beispiele zur Frage einer Gleichartigkeit

4 **Abänderung:** Gleichartigkeit besteht bei einem Abänderungsantrag nach § 238 FamFG mehrerer oder gegen mehrere Unterhaltsgläubiger, BGH NJW 1998, 685.

Anlagefirma – Anlagevermittler: Gleichartigkeit besteht bei einer Klage des Anlegers gegen die Anlagefirma, -vermittler, Treuhänder und finanzierenden Banken, BGH NJW-RR 2013, 1399, 1400.

Architekt: Gleichartigkeit besteht bei einer Haftung wegen Planung wie Aufsicht, BayObLG NJW-RR 1998, 814.

Arzthaftung: Mehrere, nacheinander und unabhängig voneinander tätige Ärzte, die für denselben Schaden in Anspruch genommen werden sollen, können Streitgenossen iSv § 60 sein, BayObLG BeckRS 2022, 21566.

Bauherrengemeinschaft: Gleichartigkeit besteht bei einer Klage gegen mehrere Mitglieder einer Bauherrengemeinschaft, BayObLG 1983, 66.

Baumängel: Gleichartigkeit kann bei mehreren bestehen, BayObLG NJW-RR 1998, 209.

Drittwiderspruchsklage: Gleichartigkeit besteht bei Klage mehrerer Dritter im Sinne von § 771 gegen dieselbe Pfändung, Musielak/Voit/Weth Rn. 10.

Feststellung – Leistung: Gleichartigkeit kann vorliegen, BayObLG NJW-RR 2003, 134.

Insolvenzanfechtung: Keine Gleichartigkeit besteht bei Ansprüchen gegen mehrere Gläubiger, BGHZ 160, 259 (260).

Kapitalanlage: Gleichartigkeit besteht evtl. bei einer Forderung gegen den Vermittler und gegen einen Wirtschaftsprüfer, BGH VersR 2012, 1453. Keine Gleichartigkeit besteht zwischen mehreren Anlagen aufgrund einer Empfehlung desselben Anlageberaters, OLG Hamm ZIP 2015, 2247.

Leasing: Gleichartigkeit besteht bei Ansprüchen gegen mehrere Mithaftende, BGH JR 1987, 291.

Leistung – Duldung: Gleichartigkeit besteht bei der Klage gegen den einen Bekl. auf eine Leistung und gegen den anderen Bekl. auf eine Duldung der Zwangsvollstreckung.

Lizenznehmer: Gleichartigkeit ihrer Ansprüche besteht, OLG Mü GRUR-RR 2009, 320.

Makler: Gleichartigkeit besteht bei einer Klage eines Maklers gegen den Käufer und gegen den Verkäufer wegen des Maklerlohns, BGH JZ 1990, 1036.

Schadensgleichartigkeit: Sie reicht, BGH ZIP 2011, 1075 (Verkäufer und Hersteller bei VW-Abgas, Vorlagebeschluss).

Selbständiges Beweisverfahren: Gleichartigkeit besteht bei einem solchen Verfahren nach §§ 485 ff. wegen desselben Bauwerts gegen mehrere Gegner an verschiedenen Orten, BayObLG NJW-RR 1998, 209 und 815.

Unerlaubte Handlung: Gleichartigkeit besteht mit Betrug, BGH WM 2018, 1517. Keine Gleichartigkeit besteht bei einer Klage gegenüber mehreren solchen Personen, die aufgrund selbständiger unerlaubter Handlungen haften, etwa bei einem Urheberrechtsverstoß, KG MDR 2000, 1394, oder bei mehreren Unfällen, OLG Celle OLGR 2005, 663.

Unfall: Gleichartigkeit kann auch zur Arzthilfe bestehen, BayObLG 2002, 425.

Unterhalt: Gleichartigkeit besteht bei einem Unterhaltsantrag mehrerer oder gegen mehrere, BGH NJW 1998, 685.

Versicherung: Gleichartigkeit besteht bei der Klage eines Versicherers gegenüber mehreren gleichmäßig Versicherten.

Wohnungseigentum: Gleichartigkeit kann bei einer Störung durch einen anderen Eigentümer und durch einen Mieter bestehen, OLG Mü NJW-RR 2008, 1467, oder bei einer Störung durch einen anderen Wohnungseigentümer, LG Mü NZM 2011, 248.

61 *Wirkung der Streitgenossenschaft.* **Streitgenossen stehen, soweit nicht aus den Vorschriften des bürgerlichen Rechts oder dieses Gesetzes sich ein anderes ergibt, dem Gegner dergestalt als Einzelne gegenüber, dass die Handlungen des einen Streitgenossen dem anderen weder zum Vorteil noch zum Nachteil gereichen.**

1 **I. Systematik.** § 61 umreißt die prozessrechtliche Stellung der Streitgenossen. Sie sind trotz der äußerlichen Verbindung der Verfahren grundsätzlich selbständig, BGH WM 2018, 368. Von diesem Grundsatz gelten zwei Ausnahmen: zunächst aufgrund anderweitiger Vorschriften des materiellen Rechts; zB §§ 422 ff., 429 BGB; ferner aufgrund von Sonderregeln der ZPO, etwa aufgrund des § 62. Es bestehen Sonderregeln zu Ladung und Prozessbetrieb, § 63, sowie zur Parteivernehmung, § 449. Eine Streitgenossenschaft hat auf die rechtlichen Beziehungen der Streitgenossen im Innenverhältnis untereinander keinen Einfluss. Kein Streitgenosse kann gegen den anderen ein Urteil erwirken oder gegen ein solches Urteil einen Rechtsbehelf nach §§ 511, 566 einlegen.

2 **II. Regelungszweck.** Die einfache nicht notwendige Streitgenossenschaft nach § 59 beeinträchtigt die Souveränität des Partners nicht, die Handlung des einen Streitgenossen führt bei dem anderen weder zum Vor- noch Nachteil, BGH NJW 2019, 3788. Die Interessenlage der Prozessbeteiligten kann sich im Prozessverlauf ändern. Auch die Motivationslage der Streitgenossen kann Unterschiede bei Rechtsverfolgung und -verteidigung bewirken.

III. Selbständigkeit jedes Streitgenossen. Aus der Selbständigkeit der Streitgenossen folgt: 3

1. Prozessvoraussetzungen. Man muss bei jedem Streitgenossen selbständig prüfen, ob die Prozessvoraus- 4
setzungen vorliegen.

2. Prozessbevollmächtigter. Jeder Streitgenosse kann einen eigenen ProzBev. nach § 81 bestellen, KG 5
MDR 1984, 852. Die Kosten sind in der Regel erstattungsfähig, soweit nicht ein Verstoß gegen das Kostenschonungsgebot vorliegt. Ein Interesse an einer Individualvertretung besteht jedenfalls dann, wenn eine vom Grundsatz des § 426 I 1 BGB abweichende Ausgleichungspflicht in Betracht kommt, OLG Saarbrücken JurBüro 2019, 524. Von diesem Grundsatz gilt nach § 69 AktG eine Ausnahme bei der Mitberechtigung an Aktien. Streitgenossen können sich auch auf einen gemeinsamen ProzBev. einigen.

3. Streithilfe. Jeder Streitgenosse kann nach § 66 dem anderen Streitgenossen als Streithelfer beitreten, BGH 6
NJW 1977, 1013. Daher ist auch eine Streitverkündung an ihn nach § 72 zulässig.

4. Selbständigkeit des Verfahrens. Jeder Streitgenosse kann eigene Behauptungen aufstellen und eigene 7
Angriffs- und Verteidigungsmittel geltend machen. Das gilt auch dann, wenn es dem Vortrag des anderen Streitgenossen widerspricht, BGH FamRZ 2003, 1175. Er kann auch selbständig über den Streitgegenstand verfügen, soweit der Streitgegenstand diesen Streitgenossen betrifft, BFH BB 1977, 1493.

5. Beispiele zur Frage einer Selbständigkeit des Verfahrens

Ablehnung: Jeder Streitgenosse kann ein Ablehnungsgesuch nach § 44 I stellen. 8

Anerkenntnis: Jeder Streitgenosse kann ein Anerkenntnis nach § 307 erklären.

Anschlussberufung: Der rechtskräftig ausgeschiedene Streitgenosse kann nicht eine unselbständige Anschlussberufung nach § 524 einlegen, BGH NJW-RR 1989, 1099.

Aussetzung: Eine solche nach §§ 148 ff., 239 kann bei jedem Streitgenossen unabhängig vom anderen erfolgen, BGH NJW-RR 2003, 1002.

Frist: Sie läuft bei jedem Streitgenossen gesondert an und ab, BGH GRUR 1984, 37.

Geständnis: Jeder Streitgenosse kann ein Geständnis nach § 288 I ablegen.

Hilfsanschluss: Unzulässig ist ein Hilfsanschlussrechtsmittel des Klägers für den Fall, dass das Gericht den Anspruch eines einfachen Streitgenossen abweist, BGH MDR 1989, 899.

Klagerücknahme: Jeder Streitgenosse kann die Klage zurücknehmen.

Klageerweiterung: Jeder Streitgenosse kann die Klage erweitern.

Prozessvergleich: Jedem Streitgenossen steht es zu, einen Prozessvergleich abzuschließen.

Rechtsbehelf: Jeder Streitgenosse kann selbständig einen statthaften Rechtsbehelf einlegen, BGH GRUR 1984, 37. Derjenige des einen Streitgenossen lässt die diesbezüglichen Möglichkeiten des anderen Streitgenossen grundsätzlich unberührt, OLG Karlsr OLGZ 1989, 77. Wenn zB ein Streitgenosse rechtskräftig ausgeschieden ist und wenn ein anderer Streitgenosse ein Rechtsmittel eingelegt hat, kann sich der Gegner nicht wegen des Ausgeschiedenen anschließen.

Rechtshängigkeit: Sie tritt bei jedem Streitgenossen gesondert ein.

Rechtskraft: Rechtskraft tritt bei jedem Streitgenossen gesondert ein, OLG Karlsr OLGZ 1989, 77.

Rechtsmittel: Es verläuft für jeden Streitgenossen selbständig, BGH NJW 2003, 2686.

Revisionszulassung: Das Gericht darf über sie nach § 543 bei jedem Streitgenossen unterschiedlich entscheiden.

Ruhen des Verfahrens: Es kann bei jedem Streitgenossen gesondert erfolgen, BGH NJW-RR 2003, 1002.

Säumnis: Das Gericht darf dieselbe Tatsache nur wegen einer ausdrücklichen gesetzlichen Vorschrift grds. beim einen Streitgenossen nach § 331 I 1 als wahr und beim anderen als unwahr beurteilen, etwa bei der Säumnis eines Streitgenossen. Abzugrenzen ist hiervon der Fall einer einheitlichen Beweiswürdigung, § 286. Eine Säumnis nach §§ 330 ff. wirkt nur für und gegen den betreffenden Streitgenossen.

Unterbrechung: Sie wirkt nur für und gegen den betreffenden Streitgenossen nach §§ 239 ff., BGH NJW-RR 2003, 1002.

Urteil: Das formell gemeinsame Urteil kann sich bei jedem Streitgenossen unterscheiden, erforderlich und ausreichend ist, dass sie einem „gemeinschaftlichen Gegner" gegenüberstehen, BAG BB 1996, 2414. Vor einem Teilurteil ist § 301 zu beachten. Um die Gefahr sich widersprechender Entscheidungen zu vermeiden, ist ein Teilurteil nur dann zulässig, wenn über den restlichen Anspruch unabhängig von ihm entschieden werden kann, BGH NJW 2004, 1452.

Verzicht: Jeder Streitgenosse darf einen Verzicht nach § 306 aussprechen.

Zustellung: Sie läuft bei jedem Streitgenossen gesondert ab, BGH GRUR 1984, 37.

6. Zeuge, Parteivernehmung. Ein Streitgenosse kann im Prozess des anderen nicht Zeuge sein. Er kann nur 9
insoweit als Zeuge auftreten, als er an diesem Teil des Verfahrens rechtlich unbeteiligt ist oder eine Verfahrenstrennung, ein rechtskräftiges Ausscheiden erfolgt sind, BGH NJW-RR 1991, 256; OLG Kblz NJW-RR 2003, 283. Er kann als Zeuge zu Tatsachen aussagen, die allein für den Prozess des anderen maßgeblich sind (MüKoZPO/Schultes Rn. 8, auch zum Streitstand). Anderenfalls kommt eine Parteivernehmung nach § 449 in Betracht.

7. Schriftliches Verfahren. Eine schriftliche Entscheidung nach § 128 II oder § 349 III ist im Verhältnis zu 10
einem Streitgenossen nicht zulässig, soweit nur er und der Gegner das schriftliche Verfahren beantragen. Wenn die Zustimmung aller Streitgenossen nicht eingeholt werden kann, so ist das Verfahren nach § 145 abzutrennen, Zöller/Greger Rn. 6.

IV. Gemeinsame Wirkungen. 1. Gemeinsame Verhandlung. Die mündliche Verhandlung nach § 128 I 11
und die zugehörige Vorbereitung können, müssen aber nicht gemeinsam erfolgen. Zustellungen erfolgen an jeden Streitgenossen gesondert. Wenn mehrere Streitgenossen einen gemeinsamen gesetzlichen Vertreter oder ProzBev. haben, genügt nach §§ 170 III, 172 eine einzige Zustellung an ihn. Eine Entscheidung entfaltet bei einfachen Streitgenossen (auch bei notwendigen nicht, soweit Verstoß gegen § 62) untereinander keine Rechtskraft, BGH NJW-RR 2017, 911.

2. Zustimmungsbedürftigkeit. Soweit sich das Verfahren nur einheitlich betreiben und entscheiden lässt, 12
etwa bei § 349 III, müssen grundsätzlich alle Streitgenossen zugestimmt haben.

13 **3. Beweisaufnahme und -würdigung.** Notwendige Beweisaufnahmen sind für sämtliche Streitgenossen einheitlich durchzuführen, BGH NJW-RR 2003, 1002. Eine entscheidungserhebliche Tatsache ist bei einer gleichzeitigen Entscheidung in derselben Weise auf ihre Beweiskraft nach § 286 zu würdigen. Ein Teilurteil ist wie sonst nach § 301 zulässig, BGH NJW-RR 1992, 254. Das Gericht darf also eine Tatsache nicht für den einen Streitgenossen als wahr ansehen, für den anderen als unwahr, BGH NJW-RR 1992, 254. Denn dort findet keine freie Beweiswürdigung statt. Eine Beweisaufnahme ist im Verhältnis zu sämtlichen Streitgenossen verwertbar, soweit sie am Verfahren beteiligt sind. Die Beweisaufnahme ist also nicht verwertbar, soweit das Verfahren gegen einen Streitgenossen nach § 251 ruhte.

14 **4. Erklärungen.** Jeder Streitgenosse muss zwar seine Erklärungen selbst abgeben. Bei einer gemeinsamen Tatsache kann man aber grundsätzlich annehmen, dass sich der eine Streitgenosse die Erklärung des anderen Streitgenossen zu eigen macht, auch nach §§ 228 I, 331 I 1, und für die anderen mitvorträgt, BGH NJW 2015, 2126. Das gilt zB für einen Beweisantritt. Ein Urteil, das den Prozess nur für den einen Streitgenossen vollständig abschließt, ist ein Teilurteil. Es ist zulässig nur gegenüber einem einfachen Streitgenossen und soweit die Entscheidung unabhängig von dem übrigen Verfahrensgegenstand ist, OLG Düsseldorf BeckRS 2019, 30802.

62 *Notwendige Streitgenossenschaft.* **I Kann das streitige Rechtsverhältnis allen Streitgenossen gegenüber nur einheitlich festgestellt werden oder ist die Streitgenossenschaft aus einem sonstigen Grund eine notwendige, so werden, wenn ein Termin oder eine Frist nur von einzelnen Streitgenossen versäumt wird, die säumigen Streitgenossen als durch die nicht säumigen vertreten angesehen.**

II Die säumigen Streitgenossen sind auch in dem späteren Verfahren zuzuziehen.

Schrifttum: Mantzouranis, Die notwendige Streitgenossenschaft im Zivilprozess usw., 2013.

1 **I. Systematik, I, II.** § 62 enthält eine Ausnahme vom Grundsatz der Selbständigkeit äußerlich verbundener Verfahren nach § 61 und ist zusammen mit der Regelung des Prozessbetriebs nach § 63 zu lesen. § 62 stellt eine zwingende und abschließende Regelung dar, eine Erweiterung durch Vereinbarung der Parteien ist nicht möglich, BAG MDR 1983, 1052. Die Vorschrift erfasst zwei unterschiedliche Fallgruppen, die notwendige Streitgenossenschaft aus prozessualen (Alt. 1) und aus materiell-rechtlichen Gründen (Alt. 2), die wegen unterschiedlicher verfahrensrechtlicher Auswirkungen klar voneinander abzugrenzen sind, → Rn. 5 f., 8 ff.

2 **II. Regelungszweck, I, II.** Als Ausnahmeregelung ist § 62 eng auszulegen. Die Notwendigkeit einheitlicher Feststellung eines Rechtsverhältnisses ist das Merkmal des Anwendungsbereichs nach § 62 I Alt. 1, BGH MDR 2017, 892. Das notwendig Gemeinsame liegt dann nicht in der Rechtsverfolgung, sondern in der prozessualen Feststellung, in der Urteilswirkung. Es handelt sich um eine „zufällige" notwendige Streitgenossenschaft. Klar umschrieben wird diese Gruppe als notwendige Streitgenossenschaft aus prozessualen Gründen, so Zöller/Althammer Rn. 1.

3 Sonstige Notwendigkeit einheitlicher Rechtsverfolgung aus einem vor allem materiell-rechtlichen Grund kennzeichnet die 2. Alternative nach § 62 I Alt. 2. Dabei müssen mehrere Personen gemeinsam klagen oder eine einzelne Person muss notwendigerweise mehrere andere gemeinsam verklagen, BGH NJW 1992, 1102. Anderenfalls, also wenn die Klage nur von einem Mitberechtigten oder nur gegen einen Mitberechtigten erhoben würde, wäre sie wegen fehlender Prozessführungsbefugnis abzuweisen, BGH MDR 2012, 481. Hier kommt es nicht auch auf eine einheitliche Urteilswirkung an. Es ist nicht ausreichend, dass eine Entscheidung „aus Gründen der Logik" oder mit Blick auf sich anschließende Probleme einheitlich ergehen sollte, BGH ZIP 2017, 1902. Hier kann man klarstellend von den Streitgenossen aus materiell-rechtlichen Gründen sprechen, Zöller/Althammer Rn. 1. § 62 betrifft nur die Versäumung eines Termins oder einer Frist. Für eine Parteivernehmung gilt auch hier § 449.

4 **III. Geltungsbereich, I, II.** Wie bei §§ 59 ff. werden sämtliche Verfahrensarten der ZPO und teilweise des FamFG, vgl. § 113 I 2 FamFG, von dem Anwendungsbereich erfasst; vgl. auch § 80 II ArbGG, BAG NZA 2011, 292, § 48 WEG, und § 64 VwGO, OVG Münst NVwZ-RR 2017, 1028. I ist bei § 46 I 2 WEG unanwendbar, BGH NJW 2009, 2133.

5 **IV. Notwendigkeit einheitlicher Feststellung, I.** Eine notwendige Streitgenossenschaft liegt dann vor, wenn man das streitige Rechtsverhältnis allen Streitgenossen gegenüber nur einheitlich feststellen kann, BAG NZA 2011, 292. Eine Klage einzelner Streitgenossen oder gegen einzelne Streitgenossen ist – im Unterschied zur notwendigen Streitgenossenschaft aus materiell-rechtlichen Gründen, § 62 I Alt. 2 – zulässig, BGH ZEV 2010, 468.

6 **1. Rechtskrafterstreckung.** Eine einheitliche Feststellung ist nur dann notwendig, wenn sich die materielle Rechtskraft der Entscheidung nach §§ 322, 325 ff., § 856 II, IV; §§ 179, 180 InsO auf alle Streitgenossen erstreckt, falls auch nur einer klagt oder verklagt worden ist, BGH 112, 98; BAG NZA 2018, 937. Der Anwendungsbereich ist sowohl bei allseitiger als auch einseitiger Rechtskrafterstreckung eröffnet, sodass es genügt, wenn die materielle Rechtskrafterstreckung nur bei einem Obsiegen oder Unterliegen, bei Erfolg oder Misserfolg der Klage, eintritt. Für die Annahme notwendiger Streitgenossen ist es ohne Bedeutung, ob ein Fall allseitiger oder einseitiger Rechtskraft vorliegt, MüKoZPO/Schultes Rn. 7 f.; Lindacher JuS 1986, 382.

7 **2. Identität des Streitgegenstands.** Eine notwendige Streitgenossenschaft liegt auch dann vor, wenn man eine Identität des Streitgegenstands annehmen muss. Es bleibt grundsätzlich unbeachtlich, ob logische Erwägungen oder ein praktisches Bedürfnis eine einheitliche Feststellung verlangen würden. Das belegt der Umgang mit der Gesamtschuld.

8 **V. Notwendigkeit gemeinsamer Rechtsverfolgung, I. 1. Grundsatz: keine Prozessführungsbefugnis des Einzelnen.** Eine solche Notwendigkeit und damit ein „sonstiger Grund" liegt dann vor, wenn ein Recht aus materiell-rechtlichen Gründen nur von mehreren gemeinsam ausgeübt werden kann. Das Gericht wird in diesem Fall die Klage nur eines einzelnen Streitgenossen oder gegenüber nur einem einzelnen Streitgenossen daher wegen fehlender Prozessführungsbefugnis als unzulässig abweisen, BAG NZA 2018, 933 (937). Auch eine Klage,

die nur gegenüber einem Streitgenossen unzulässig ist, ist in diesem Fall hinsichtlich sämtlicher Streitgenossen als unzulässig abzuweisen. Die Voraussetzungen können indes noch nach Klageerhebung durch gewillkürten Parteiwechsel oder -beitritt herbeigeführt werden, Odemer JA 2020, 763 (766).

2. Gesamthandverhältnis. Hierher gehört zunächst ein Gesamthandverhältnis für den Kläger, nicht für den (wie üblich dann gesamtschuldnerisch in Anspruch genommenen) Bekl., BayObLG 1990, 263. 9

3. Gestaltungsklage. Dazu zählt ferner die Gruppe derjenigen Klagen, die ein Gestaltungsrecht geltend machen und mehrere Personen betreffen, BGH NJW 1990, 2689. 10

4. Verbindung nach materiellem Recht. Hierher zählen schließlich diejenigen Fälle, in denen das materielle Recht mehrere Berechtigte oder Verpflichtete verbindet, BGH NJW 1996, 1061, auch in einer Klage des einen auf die Leistung an alle. 11

VI. Beispiele zur Frage der Notwendigkeit einer Streitgenossenschaft, I, II

Abtretung: Eine Streitgenossenschaft ist nicht notwendig bei der Klage des Abtretenden gegen den Abtretungsnehmer und gegen den Schuldner. 12

Aktiengesellschaft: Eine Streitgenossenschaft ist wegen Rechtskrafterstreckung dann notwendig, wenn es sich um eine Klage auf Nichtigerklärung eines Beschlusses der Hauptversammlung nach § 249 I AktG handelt, BGH ZIP 2011, 638, oder um eine Klage auf Nichtigkeit der Gesellschaft, oder wenn es nach §§ 248 I, 275 IV AktG um eine Anfechtungsklage mehrerer Aktionäre geht, BGH NJW 1999, 1638.

Anfechtung: Die Notwendigkeit gemeinsamer Rechtsverfolgung fehlt bei einer Anfechtung.

Arbeitsrecht: Eine Streitgenossenschaft kann zwischen dem Gesamt- und dem Einzelbetriebsrat notwendig sein, LAG NZA-RR 2007, 249. Dasselbe gilt bei der Wahl von Arbeitnehmervertretern in einen Aufsichtsrat bei subjektiver Antragshäufung, BAG NZA 2017, 807. Bei einer Kündigungsschutzklage sind Gesellschafter als Bekl. notwendige Streitgenossen, LAG Bln MDR 1992, 293.

Auflassung: Eine Streitgenossenschaft ist wegen einer Verbindung nach dem materiellen Recht notwendig bei einer solchen Auflassungsklage, die man nur gegen die Miteigentümer gemeinsam erheben kann, BGH NJW 1994, 1470.

Baulandsache: Miteigentümer sind nicht stets notwendige Streitgenossen, BGH NJW 1997, 2115.

Baulast: Eine Streitgenossenschaft ist wegen einer Verbindung nach dem materiellen Recht grds. dann notwendig, wenn es um eine Baulast geht, BGH NJW-RR 1991, 333; ebenso im Fall der Grunddienstbarkeit, BGH NJW 1992, 1102.

Beanspruchersteit: Im Streit mehrerer Prätendenten nach § 75 sind die jeweils mehreren auf derselben Seite keine notwendigen Streitgenossen, BGH MDR 1992, 1056.

Bruchteilsgemeinschaft: Eine Streitgenossenschaft ist bei § 744 BGB notwendig.

Bürgschaft: Eine Streitgenossenschaft ist nicht notwendig bei der Klage gegen den Hauptschuldner und gegen den Bürgen, BGH NJW 1980, 1460.

CIV: Die Notwendigkeit einer gemeinsamen Rechtsverfolgung fehlt bei den nach Art. 50 § 2 CIV verbindbaren Rückgriffsklagen.

Eigentum: Eine Streitgenossenschaft ist nicht notwendig bei einer Klage mehrerer Miteigentümer wegen Entschädigungsansprüchen bei planungsbedingter Wertminderung des gemeinschaftlichen Grundeigentums, BGH NJW 1997, 2115.

Erbrecht:

- **(Miterbe):** Eine Streitgenossenschaft kann evtl. notwendig sein, BGH NJW 1996, 1061. Eine Streitgenossenschaft ist insbesondere notwendig bei der Klage gegenüber einem Miterben nach § 2058 BGB etwa mit dem Ziel der Feststellung eines Pflichtteils. Es gilt bei § 2341 BGB (Erbunwürdigkeit) und § 2039 BGB (Nachlassforderung) dasselbe wie bei § 2058 BGB.
- **(Nacherbe):** Eine Streitgenossenschaft ist nicht notwendig bei der Klage des Nacherben nach § 773, BGH NJW 1993, 1583.
- **(Nachlassgläubiger):** Eine Streitgenossenschaft ist nicht notwendig bei der Klage eines solchen Gläubigers gegenüber einem Miterben. Das gilt auch bei einem noch nicht geteilten Nachlass.
- **(Streitgegenstand):** Eine Streitgenossenschaft ist bei demselben Streitgegenstand notwendig zB bei Miterben nach § 2032 BGB, BFH FamRZ 1989, 977.
- **(Testamentsvollstrecker):** Eine Streitgenossenschaft ist bei einer Verbindung mit dem materiellen Recht notwendig bei der Klage mehrerer Testamentsvollstrecker nach § 2224 BGB, OLG Hmb MDR 1978, 1031. Nicht notwendig ist eine Streitgenossenschaft bei einer Klage nur gegen den Testamentsvollstrecker statt auch gegen Miterben, OLG Karlsr NJW-RR 1994, 905.
- **(Vorerbe und Nacherbe):** Eine Streitgenossenschaft ist notwendig bei einem Vorerben und Nacherben nach §§ 326, 728.

Finanzgerichtsverfahren: Zur Anwendbarkeit des § 62 BFH DB 1986, 2646.

Gemeinschaft: Eine Streitgenossenschaft ist wegen § 744 II BGB nicht notwendig bei einer Notmaßnahme.

Genossenschaft: Eine Streitgenossenschaft ist wegen der Rechtskrafterstreckung dann notwendig, wenn es sich um eine Klage wegen der Nichtigkeit der Genossenschaft nach §§ 51 V, 96 GenG handelt.

Gesamtgläubigerschaft, -schuld: Sie begründet keine notwendige Streitgenossenschaft, zB nicht bei §§ 425 II, 429 II, 431, 432 II, 2058 BGB, BGH NJW-RR 2010, 911.

Gesamthand: Eine Streitgenossenschaft ist wegen der Erforderlichkeit einer gemeinsamen Rechtsverfolgung grds. notwendig, BGH NJW 2001, 1056, soweit es um mehrere Gesamthänder als Kläger geht – anders im Fall der Passivprozesse.

Gesellschaft allgemein: Eine Streitgenossenschaft ist wegen der Erforderlichkeit gemeinsamer Rechtsverfolgung in folgenden Fällen notwendig: bei der Klage mehrerer Gesellschafter auf die Entziehung der Geschäftsführungsbefugnis oder der Vertretungsmacht (Gestaltungsklage, Schmidt JuS 2002, 714); beim Prozess der Gesellschafter über das Gesellschaftsvermögen; bei der Klage eines Gesellschafters gegen die übrigen auf eine Feststellung der Nichtigkeit eines Gesellschaftsbeschlusses, BGH NJW 2004, 1861 (Beschlussanfechtungsklage); bei einer Kündigungsschutzklage, LAG Bln MDR 1998, 293; bei einer Klage auf Ausschließung eines Gesellschafters, BGH NJW 1975, 1410; Nebenintervention eines anfechtungsberechtigten Gläubigers, um Gründe vorzutragen, die in der positiven Beschlussfeststellungsklage eines Gesellschafters gegen die GmbH zur Abweisung wegen Anfechtbarkeit führen, OLG Köln ZIP 2018, 2410 (2413). Eine Streitgenossenschaft ist nicht notwendig bei der Feststellungsklage des einen Gesellschafters darüber, dass ein anderer Gesellschafter ausgeschieden sei, BGH ZIP 2017, 1902, bei der Klage gegen mehrere Mitgesellschafter auf ihre Mitwirkung bei der Bilanz, BGH WM 1983, 1279 (anders bei Feststellung der Bilanz, 1280).

Gesellschaft mit beschränkter Haftung: Eine Streitgenossenschaft ist wegen der Rechtskrafterstreckung dann notwendig, wenn es sich um die Klage wegen der Nichtigkeit der Gesellschaft nach § 75 GmbHG handelt, OLG Karlsr WM 1995, 668. Eine Streitgenossenschaft ist wegen der Identität des Streitgegenstands dann notwendig, wenn es um die Auflösung der GmbH geht, BVerfGE 60, 14; Scholz/Scheller, GmbHG, § 61 Rn. 16 ff.

Gesellschaft bürgerlichen Rechts: Es gelten bei einer Klage gegen die GbR und die Gesellschafter die gleichen Regeln wie für eine Klage gegen eine OHG und ihre Gesellschafter.

Grunddienstbarkeit: Eine Grunddienstbarkeit belastet ein Grundstück grundsätzlich als Ganzes, zur Übernahme ist nur die Gemeinschaft berechtigt und befugt. Eine Streitgenossenschaft ist wegen einer Verbindung nach dem materiellen Recht grds. bei einer Grunddienstbarkeit notwendig, BGH NJW 1992, 1102. Eine Streitgenossenschaft ist wegen einer Verbindung nach dem materiellen Recht auch dann notwendig, wenn es um einen Notweg auf einem solchen Grundstück geht, das mehreren Personen zu ideellen Bruchteilen gehört, BGH NJW-RR 1991, 333; NJW 1984, 2210.

Insolvenzverfahren: Eine Streitgenossenschaft ist wegen der Rechtskrafterstreckung dann notwendig, wenn es sich um einen Fall nach § 183 I InsO handelt, BGH 112, 98. Eine Streitgenossenschaft ist wegen der Identität des Streitgegenstands notwendig bei einer Klage auf Feststellung zur Tabelle gegenüber mehreren Widersprechenden nach §§ 179, 180 InsO.

Kommanditgesellschaft: Eine Streitgenossenschaft ist nicht notwendig bei einer Klage gegen die KG und gegen deren persönlich haftende Gesellschafter wegen einer Gesellschaftsschuld, BGH NJW 1988, 2113.

Markenrecht: Eine Streitgenossenschaft mehrerer Markeninhaber ist notwendig im Sinn von I Fall 2, BGH GRUR 2014, 1025.

Mietrecht: Eine Streitgenossenschaft ist notwendig bei einer Klage gegen mehrere Mitmieter oder -untermieter nach §§ 558 ff. BGB, LG Kiel ZMR 1989, 429 (anders, wenn der weitere Streitgenosse schon zugestimmt hat. Die Streitgenossenschaft ist nicht notwendig bei einer Räumungsklage gegen mehrere Mieter oder Mieter und Untermieter nach § 546 Abs. 2 BGB, BGH NJW 1996, 516; Zöller/Althammer Rn. 17; ferner nicht bei einer Klage auf Feststellung der Wirksamkeit oder Unwirksamkeit eines Mietvertrags, Zöller/Althammer Rn. 21; aM OLG Celle NJW-RR 1994, 854).

Offene Handelsgesellschaft: Eine Streitgenossenschaft ist wegen der Identität des Streitgegenstands notwendig bei einer Klage mehrerer Gesellschafter gegen mehrere andere Gesellschafter mit dem Ziel einer Auflösung der OHG nach § 133 HGB, BGH 68, 84. Eine Streitgenossenschaft ist ferner notwendig beim Streit zwischen Gesellschaftern über ihre Beteiligung oder über einen Ausschließungsbescheid, BGH 64, 253. Eine Streitgenossenschaft ist nicht notwendig bei einer Klage wegen einer Gesellschaftsschuld gegenüber der OHG und nach § 129 I HGB gegenüber den Gesellschaftern; und zwar auch dann, wenn die Gesellschafter keine persönlichen Einwendungen (nur die der OHG) erheben, BGH NJW 1988, 2113.

Parteivereinbarung: Eine Streitgenossenschaft lässt sich nicht schon durch eine Parteivereinbarung zu einer notwendigen machen.

Patentrecht: Eine Streitgenossenschaft ist wegen der Erforderlichkeit einer einheitlichen Entscheidung bei mehreren Patentanmeldern notwendig, BPatG GRUR-RS 2014, 9565. Dasselbe gilt bei Verbindung mehrerer Nichtigkeitsklagen bei demselben Patent, BGH MDR 2020, 49; GRUR 2016, 361, 365. Sie ist wegen der Rechtskrafterstreckung dann notwendig, wenn es um mehrere Patentinhaber mit dem Ziel einer angemessenen Benutzungsvergütung nach § 23 IV PatG geht, oder wenn der Patentinhaber und ein Linzenznehmer gegen einen Verletzer klagen, BGH GRUR 2012, 431. Sie ist nicht notwendig zwischen dem wahren Rechtsinhaber und dem zu Unrecht als Erfinder Benannten, OLG Karlsr GRUR-RR 2003, 328.

Pfandsache: Eine Streitgenossenschaft ist wegen einer Verbindung nach dem materiellen Recht notwendig bei der Klage mehrerer Pfandgläubiger und Miteigentümer der Pfandsache nach § 1258 II BGB.

Rechnung: Eine Streitgenossenschaft ist nicht notwendig bei der Klage gegen mehrere Verkäufer auf eine gemeinsame Rechnung, BGH NJW 1975, 311.

Rechtsanwalt: Eine Streitgenossenschaft der Sozietätsanwälte ist wegen der Gesamthand und der Rechtskrafterstreckung dann notwendig, wenn es sich um eine Honorarklage aus einem Vertrag mit der Anwaltssozietät handelt, BGH NJW 1996, 2859.

Schadensersatz: Die Notwendigkeit einer gemeinsamen Rechtsverfolgung fehlt bei einer Klage mehrerer aus gemeinsam erlittenen Schäden, BGH NJW 1993, 649.

Tariffähigkeit: Ihre Klärung kann nur einheitlich erfolgen, BAG NZA 2011, 292.

Unterhalt: Eine Streitgenossenschaft ist nicht notwendig bei dem Antrag gegenüber mehreren Unterhaltspflichtigen.

Vaterschaft: Bei einer Anfechtung sind der rechtliche Vater und das Kind als Antragsgegner notwendige Streitgenossen, BGH NJW 2008, 3061.

Verjährung: Die Hemmung der Verjährung durch eine Klageerhebung gegenüber dem einen notwendigen Streitgenossen aus materiell-rechtlichen Gründen bewirkt nicht die Hemmung der Verjährung gegenüber dem anderen, BGH NJW 1996, 1060 (1061).

Verkehrsunfall: Eine Streitgenossenschaft ist nicht notwendig bei der Klage gegen den Versicherer und den Versicherungsnehmer, BGH NJW 2015, 2429.

Vertragspartner: Eine Streitgenossenschaft ist nicht schon deshalb notwendig, weil es sich um gemeinsame Käufer handelt, OLG Kblz MDR 2010, 281.

13 **VII. Verfahren, I, II. 1. Grundsatz: Notwendigkeit einheitlicher Entscheidung.** Das Gericht muss eine alle *notwendigen Streitgenossen* erfassende einheitliche Sachentscheidung treffen, BGH NJW-RR 2014, 903: Während im Fall des § 62 I Alt. 1 eine Klage gegen einen notwendigen Streitgenossen als unzulässig abgewiesen, ihr im Übrigen stattgegeben werden kann, bewirkt im Fall des § 62 I Alt. 2 die Unzulässigkeit bei einem letztlich auch die Abweisung im Übrigen, Zöller/Althammer Rn. 30, → Rn. 5, 8.

2. Angriffs- und Verteidigungsmittel. Jeder notwendige Streitgenosse kann grundsätzlich unabhängig vom anderen seine Angriffs- und Verteidigungsmittel wählen, soweit das nicht eine einheitliche Entscheidung gefährden würde, BGH 131, 379; BPatG GRUR 2012, 101. Sein Vortrag bindet nicht die anderen Streitgenossen. Deshalb bindet ein Geständnis des einen Streitgenossen nach § 288 I nur diesen. Das Gericht würdigt dieses Geständnis aber auch im Hinblick auf die übrigen Streitgenossen nach § 286, soweit diese übrigen Streitgenossen nicht etwa ebenfalls ein Geständnis ablegen, BGH NJW 2001, 1056. Die Versäumung einer einzelnen Parteiprozesshandlung etwa bei der Erklärung über eine Tatsache bleibt dann unschädlich, wenn die Prozesshandlungen der übrigen Streitgenossen ausreichen. 14

3. Frist. Eine Frist läuft in der Regel für und gegen jeden notwendigen Streitgenossen getrennt, BGH NJW 1996, 1061, auch die Rechtsmittelfrist. Etwas anderes gilt allerdings aufgrund der Vertretungsfiktion: Ein nicht säumiger Streitgenosse vertritt die nach §§ 330 ff. säumigen selbst dann, wenn die Frist für die säumigen Streitgenossen schon abgelaufen ist, Musielak/Voit/Weth Rn. 14; MüKoZPO/Schultes Rn. 44. 15

4. Anerkenntnis, Verzicht, Vergleich, Klagerücknahme, Erledigungserklärung. Die Verfügung eines notwendigen Streitgenossen über den Streitgegenstand im Weg eines Anerkenntnisses nach § 307, eines Verzichts nach § 306 oder eines Vergleichs bindet die anderen Streitgenossen nicht endgültig: Zwar wirken die Prozesshandlungen aufgrund der Vertretungsfiktion gegenüber den Säumigen, sie können sie aber in der darauffolgenden mündlichen Verhandlung – soweit keine unanfechtbare Entscheidung ergangen ist – widerrufen, BGH NJW 2016, 716, 717 (zust. Dötsch WoM 2016, 142). Im Fall der Klagerücknahme ist zu differenzieren: Im Fall des § 62 I Alt. 1 ist die Klagerücknahme eines einzelnen Streitgenossen möglich, die anderen führen ohne ihn das Verfahren weiter, BGH NJW 2009, 2132. Hingegen muss man im Fall des § 62 I Alt. 2 die von nur einem Streitgenossen erklärte Klagerücknahme nach § 269 als unzulässig ansehen, Zöller/Althammer Rn. 25; aM OLG Rostock NJW-RR 1995, 382. Entsprechendes gilt bei einer Erledigungserklärung nach § 91a, BGH ZIP 2011, 639. 16

5. Vertretungsbefugnis. Jeder notwendige Streitgenosse darf sich selbständig vertreten lassen. 17

6. Zustellung. Sie erfolgt an jeden notwendigen Streitgenossen gesondert, BGH NJW 1996, 1061. 18

7. Vorherige Leistungsverpflichtung. Die Klage ist aus prozesswirtschaftlichen Erwägungen ausnahmsweise dann gegen einzelne notwendige Streitgenossen zulässig, wenn die übrigen erklärt haben, zu der mit der Klage begehrten Leistung verpflichtet und bereit zu sein, BGH NJW 1992, 1102. 19

8. Säumnis. Nach I Hs. 2 vertreten die nicht nach §§ 330 ff. säumigen notwendigen Streitgenossen die säumigen im Hinblick auf Termine und Fristen, BGH NJW 2011, 2654. Das gilt nicht bei § 278, Zöller/Althammer Rn. 28. § 62 ergibt darüber hinaus keine Vertretungsbefugnis. I Hs. 2 enthält eine unwiderlegliche Vermutung. Deshalb kommt es nicht darauf an, welchen Willen die Beteiligten haben. Das Gericht darf also gegen den säumigen notwendigen Streitgenossen nach § 335 I Nr. 1 kein Versäumnisurteil und keine Entscheidung nach Aktenlage gemäß §§ 251a, 331a erlassen, solange ein anderer notwendiger Streitgenosse verhandelt und auch sonst nicht säumig ist. Selbst bei einer Säumnis aller notwendigen Streitgenossen ist ein Versäumnisurteil nur unter den Voraussetzungen nach §§ 330 ff. bei allen Säumigen statthaft. Die Vertretungsbefugnis deckt alle Prozesshandlungen. 20

Wenn das Gericht trotz Anwesenheit eines notwendigen Streitgenossen in der mündlichen Verhandlung ein Versäumnisurteil erlassen hat, handelt es sich um ein unzulässiges Teilurteil nach § 301, BGH NJW 1996, 1060. Denn tatsächlich bleibt der Rechtsstreit insgesamt in der Schwebe. In diesem Fall wird durch den Erlass des Teilurteils der Rechtsstreit indes in selbständige Verfahren getrennt, wonach ein Versäumnisurteil gegenüber dem Säumigen, nicht aber gegenüber den anderen notwendigen Streitgenossen in formeller Rechtskraft nach § 705 erwachsen könnte, BGH NJW 1996, 1060. Wenn ein notwendiger Streitgenosse die Gebühren eingezahlt oder ein Rechtsmittel begründet hat, wirkt dieser Vorgang zugunsten aller anderen Streitgenossen. 21

9. Fristverlängerung. Eine Fristverlängerung zugunsten des einen Streitgenossen nach § 224 wirkt ebenfalls zugunsten aller übrigen. 22

VIII. Unterbrechung, Aussetzung, I, II. Die Unterbrechung des Rechtsstreits nach §§ 239 ff. wegen des einen notwendigen Streitgenossen wirkt zugleich für und gegen alle übrigen Streitgenossen, OLG Ffm ZIP 2001, 1884 (Insolvenz); Bergerhoff NZM 2007, 431 (WEG). Eine Aussetzung nach §§ 148 ff. im Verhältnis nur zu dem einen Streitgenossen ist unzulässig. Denn dieser Streitgenosse wäre im folgenden Verfahren der übrigen Streitgenossen nicht vertreten. Ohne die Mitwirkung aller Streitgenossen würde aber die Sachbefugnis fehlen. 23

IX. Rechtsmittel, I, II. Man muss ein Rechtsmittel gegenüber jedem Streitgenossen einlegen, BGH 131, 382. Wenn das nicht geschieht, ist das Rechtsmittel unzulässig, BGH FamRZ 1975, 406. Jeder notwendige Streitgenosse kann einzeln ein Rechtsmittel einlegen, OLG Hamm NJW-RR 2003, 1613. Dann hat ein daraufhin ergehendes Urteil eine Wirkung auch gegenüber denjenigen weiteren Streitgenossen, die sich am Rechtsmittelverfahren nicht beteiligt oder ihrerseits zu spät ein Rechtsmittel eingelegt haben, BGH NJW 2004, 1861. Das ergibt sich aus II. Die Rechtskraft einer angefochtenen Entscheidung bleibt also solange in der Schwebe, als noch einer der Streitgenossen anfechten kann, BGHZ 131, 382; OLG Kblz NJW-RR 1998, 64. Allerdings trägt die Kosten nach § 97 nur der Rechtsmittelführer, der fristgerecht Rechtsmittel eingelegt hat, Zöller/Althammer Rn. 32. So liegt es auch bei einem Einspruch nach §§ 338, 700 und im Wiederaufnahmeverfahren nach §§ 578 ff. Wenn ein notwendiger Streitgenosse kein Rechtsmittel eingelegt hat, kann er sich trotzdem in seiner bisherigen Verfahrensposition als Kläger oder Beklagter an dem von den übrigen betriebenen Rechtsmittelverfahren beteiligen, BGH NJW 2016, 716 (717). 24

Soweit ein notwendiger Streitgenosse in der Rechtsmittelinstanz nicht mehr beteiligt ist (zB Klagerücknahme), ergeht durch das Rechtsmittelgericht eine einheitliche, evtl. abändernde Entscheidung über die Kosten erster Instanz, also auch bezüglich des Ausgeschiedenen, und unter Ausschluss des Verschlechterungsverbots. Auch wenn bezüglich eines Streitgenossen bereits eine rechtskräftige Teilentscheidung ergangen ist, geht die Rechtskraft der Kostenentscheidung nur soweit, als die rechtsmittelführenden Streitgenossen endgültig obsiegen oder unterliegen, OLGR München 93, 228. Die Kostenentscheidung steht unter dem Vorbehalt, dass sich das Verhältnis von Obsiegen und Unterliegen nicht ändert. Die Kostenentscheidung in der Rechtsmittelinstanz folgt also dem Verhältnis von endgültigem Obsiegen und Unterliegen der Parteien und beinhaltet daher möglicher- 25 weise auch eine Änderung der Kostenentscheidung erster Instanz hinsichtlich des nicht mehr beteiligten Streitgenossen, BGH NJW 1981, 2360.

63 ***Prozessbetrieb; Ladungen.*** **Das Recht zur Betreibung des Prozesses steht jedem Streitgenossen zu; zu allen Terminen sind sämtliche Streitgenossen zu laden.**

1 **I. Systematik, Regelungszweck.** § 63 gilt für alle Fälle der einfachen wie der notwendigen Streitgenossenschaft nach § 62, BGH NJW 1996, 1061. Jeder Streitgenosse ist mit seinem Vorbringen und seinen Anträgen selbständig und kann entsprechend anwaltlich vertreten werden. Das Gericht oder der ProzBev. nach § 81 bei § 195 stellen den Schriftsatz eines einfachen Streitgenossen nur dem Gegner förmlich zu, nicht einem anderen Streitgenossen, LAG Hamm MDR 2001, 531.

2 **II. Ladung von Amts wegen.** Die Ladung sämtlicher Streitgenossen erfolgt nach §§ 166 ff., 214 von Amts wegen durch das Gericht. Es muss die Streitgenossen dann mitladen, wenn es aufgrund des Antrags nur eines Streitgenossen oder aufgrund der Prozesshandlung auch nur eines Streitgenossen einen Termin anberaumt. Allein der ausgeschiedene einfache Streitgenosse wird nicht geladen. Das gilt auch im Wiederaufnahmeverfahren nach § 578. Es ist unerheblich, ob die Streitgenossen bisher nach §§ 330 ff. säumig waren. Zustellungen haben ebenfalls analog § 63 an alle Streitgenossen zu erfolgen, soweit nicht nur ein einzelner betroffen ist, zB Teilurteil gegen einfachen Streitgenossen, Musielak/Voit/Weth Rn. 2. Das Rechtsmittelgericht muss daher die Rechtsmittelschrift und die Rechtsmittelbegründung allen Streitgenossen zustellen, soweit sie nicht ersichtlich am Rechtsmittel unbeteiligt sind. Bei einer notwendigen Streitgenossenschaft stellt die Geschäftsstelle nach § 168 I 1 allen Streitgenossen zu. Eine Terminbekanntmachung nach §§ 340a, 523, 553 erfolgt ebenfalls an alle Streitgenossen. Vgl. wegen der Berufungs- und Revisionsschrift auch §§ 521, 550 II.

3 **III. Verstoß.** Bei einem Verstoß gegen § 63 darf kein Versäumnisurteil gegen den nicht ordnungsgemäß geladenen Streitgenossen ergehen. Bei der notwendigen Streitgenossenschaft vertritt ein erschienener Streitgenosse die geladenen, aber nicht erschienenen anderen Streitgenossen. Allerdings kann auch bei einem Verstoß gegen § 63 ein Versäumnisurteil gegen den säumigen gemeinsamen Prozessgegner ergehen, soweit ein Streitgenosse einen entsprechenden Antrag stellt. Hier kommt es, wie üblich, allein auf die ordnungsgemäße Ladung des säumigen Prozessgegners an, Zöller/Althammer Rn. 2.

Titel 3. Beteiligung Dritter am Rechtsstreit

Vorbemerkung zu § 64

Schrifttum: Stürner, Die erzwungene Intervention Dritter im europäischen Zivilprozess, FS Geimer, 2002, 1307; Clasen NJW-Spezial 2021, 236.

1 **I. Systematik.** Titel 3 „Beteiligung Dritter am Rechtsstreit" von Abschnitt 2 „Parteien" schließt sich an den 2. Titel „Streitgenossenschaft" an. Er umfasst die voneinander zu unterscheidenden Bereiche der Hauptintervention, § 64 f., der Nebenintervention, § 66 ff., ferner den Gläubigerstreit nach § 75 und die Urheberbenennung, §§ 76 f. Parallelen finden sich zur Beteiligung Dritter durch die Drittwiderspruchsklage, § 771 (MüKoZPO/Schultes Rn. 3). Im Einzelnen gilt Folgendes:

2 Die Hauptintervention nach § 64 f. bewirkt ein selbständiges Verfahren. Durch sie beansprucht ein Dritter den Streitgegenstand mit einer gegen beide Parteien als Streitgenossen gerichteten Klage. Ein Dritter beteiligt sich am Prozess durch eine Streithilfe (Nebenintervention) nach §§ 66–71, indem er einer Partei zu deren Unterstützung beitritt, ohne regelmäßig zum Streitgenossen nach §§ 59 ff. zu werden. Man kann als Partei die Streithilfe durch eine Streitverkündung nach §§ 72–74 an den Dritten vorbereiten.

3 Ähnlich der Hauptintervention ist der Eintritt eines Prätendenten anstelle des Bekl. nach § 75 zu sehen, da dieser ein eigenes Recht geltend macht, ersetzt dann aber, anders als bei § 64 f., den bisherigen Beklagten. Weiter kann ein Dritter nach §§ 76, 77 als benannter Urheber in den Prozess eintreten. Eine amtliche Beiladung kennt der eigentliche Zivilprozess grundsätzlich nicht, vgl. aber §§ 44 II, 48 WEG und § 856 III (mit anderer Wirkung). Auch kann das Recht auf rechtliches Gehör nach Art. 103 I GG zumindest eine Bekanntgabe von der Klageerhebung gegenüber einem Dritten erfordern, BVerfG NJW 1988, 1963; BGH NJW 1986, 2051. Das gilt zB bei §§ 60 I Nr. 3, 61 GmbHG, BVerfG NJW 1982, 1635.

4 **II. Regelungszweck.** Die Hauptintervention nach § 64 f. ermöglicht einem Dritten, einen Anspruch während des Prozesses gegen beide Parteien zu verfolgen.

5 §§ 72–74 zeigen einem Dritten das Schweben des Prozesses an, um ihm Gelegenheit zur Beteiligung zu geben, vereinzelt auch zur Übernahme des Prozesses nach §§ 75–77. Streithilfe und Streitverkündung sind im geltenden Prozess nach § 68 das einzige Mittel, die sonst auf die Parteien beschränkte materielle Rechtskraftwirkung auf Dritte auszudehnen, soweit sie sich nicht nach § 325 auf den Rechtsnachfolger erstreckt.

6 Die Vorschriften dienen einerseits der Vermeidung von Folgeprozessen und damit der Prozesswirtschaftlichkeit und Rechtssicherheit. Andererseits verhindern die Regelungen, dass ein Dritter anlasslos in einen Prozess eindringen oder eine Partei ohne Weiteres einen Dritten hineinziehen kann.

7 **III. Geltungsbereich.** §§ 64 ff., 72 ff. gelten entsprechend im selbständigen Beweisverfahren der §§ 485 ff., BGH NJW 2016, 1018 (1019). Im FamFG-Verfahren gelten u. a. §§ 7, 8 FamFG.

64 ***Hauptintervention.*** **Wer die Sache oder das Recht, worüber zwischen anderen Personen ein Rechtsstreit anhängig geworden ist, ganz oder teilweise für sich in Anspruch nimmt, ist bis zur rechtskräftigen Entscheidung dieses Rechtsstreits berechtigt, seinen Anspruch durch eine gegen beide Parteien gerichtete Klage bei dem Gericht geltend zu machen, vor dem der Rechtsstreit im ersten Rechtszug anhängig wurde.**

1 **I. Systematik.** Die Hauptintervention, eine selbständige Klage eines Dritten, auch Einmischungs-/Interventionsklage genannt, richtet sich gegen beide Parteien des anhängigen Erst- oder „Haupt"-prozesses. Der Dritte

beansprucht den Streitgegenstand für sich. Die Einordnung unter Titel 3 „Beteiligung Dritter am Rechtsstreit" ist damit zumindest missverständlich, Musielak/Voit/Weth Rn. 1.

Die Hauptintervention ist Teil des Erkenntnisverfahrens und damit von der Drittwiderspruchsklage nach § 771 während der Zwangsvollstreckung abzugrenzen. Die Hauptintervention ist in der Praxis von eher geringer Relevanz. §§ 64–69 regeln die Voraussetzungen, §§ 70, 71 das Verfahren des Beitritts eines Streithelfers. Zur Geschichte, Dogmatik und aktuellen Bedeutung Koussoulis ZZP 100, 211. 2

II. Regelungszweck. Die Hauptintervention hat den Zweck, unnötige Prozesse und einander widersprechende Urteile zu verhindern. Sie dient der Prozessökonomie. Der Hauptintervenient trägt das volle Unterliegens- und Kostenrisiko in seinem Interventionsprozess. 3

III. Interventionsprozess. Die Hauptintervention leitet einen neuen Prozess, den sog. Interventionsprozess, ein. Dieser ist von dem anderen „zwischen anderen Personen anhängig gewordenen" (§ 64), dem Erstprozess (in § 65 und daher im Folgenden als Hauptprozess bezeichnet), unabhängig. Im Interventionsprozess werden die Erstparteien auch ohne die Voraussetzungen der §§ 59 ff. zu Streitgenossen auf Beklagtenseite, BGH NJW 1988, 1205. Es entsteht aber nicht zwingend eine notwendige Streitgenossenschaft, sondern allein nach den bekannten Voraussetzungen gemäß § 62, BGH WM 2012, 1632. Das Gericht kann nach § 65 den Hauptprozess aussetzen oder nach § 147 mit dem Interventionsprozess verbinden, BGH NJW 1988, 1205. Bei einer Veräußerung der Streitsache gilt § 265 II. Der Dritte ist zur Hauptintervention zwar berechtigt, aber nicht verpflichtet. Er kann auch mehrere Einzelklagen erheben. 4

IV. Voraussetzungen. 1. Beanspruchung desselben Streitgegenstands. Der Hauptintervenient muss gerade den Streitgegenstand des Hauptprozesses ganz oder teilweise für sich beanspruchen. In Betracht kommt zunächst eine Sache, genauer ein Recht an einer Sache oder ein Recht auf eine Sache, OLG Ffm NJW-RR 1994, 957, einschließlich der unbeweglichen Sachen. Die Identität der Sache ist notwendig, BAG 43, 316, nicht die Identität der Klageform. In Betracht kommt ferner ein identisches Recht, also ein anderes Recht, etwa die Übertragung von Besitz oder Eigentum, eine Forderung oder ein Urheberrecht. Der Hauptintervenient kann seinen Anspruch auf ein ausschließliches Recht stützen, etwa auf das Eigentum, oder auf ein jedenfalls vorgehendes Recht, etwa auf eine Überweisung zur Einziehung in einem Streit zwischen dem Schuldner und dem Drittschuldner. 5

2. Anhängigkeit. Bezüglich der Sache oder des Rechts muss bei einem ordentlichen Gericht ein Prozess anhängig sein, BGH NJW 1975, 929. Ein Urkunden- oder Wechselprozess nach §§ 592 ff. genügt. Ein Mahnverfahren nach § 688 oder ein Verfahren des einstweiligen Rechtsschutzes nach §§ 916 ff., 935 ff. sind hingegen nicht ausreichend, OLG Ffm NJW 1985, 811, auch nicht ein schiedsrichterliches Verfahren nach §§ 1025 ff. Der Streithelfer des Hauptprozesses ist zur Klage befugt. Der Hauptprozess darf zum Zeitpunkt der Erhebung der Interventionsklage noch nicht formell rechtskräftig abgeschlossen oder zB durch Klagerücknahme erledigt sein, ein späterer Wegfall der Anhängigkeit durch rechtskräftige Entscheidung, Klagerücknahme, übereinstimmende Erledigungserklärungen oder Vergleich ist hingegen unschädlich. Die Hauptintervention ist auch in der Rechtsmittelinstanz zulässig und im Nachverfahren nach § 302 IV. 6

V. Klage. 1. Verfahren. Der Hauptintervenient braucht seine Klage nicht in der Prozessart des Hauptprozesses zu erheben, Koussoulis ZZP 100, 229. Eine Prozessvollmacht für den Hauptprozess nach § 80 gilt nach § 82 auch im Interventionsprozess. Deshalb ist eine Zustellung der Klage auch an die ProzBev. des Hauptprozesses nach § 81 gemäß § 172 wirksam. Die Parteien des Hauptprozesses werden Streitgenossen nach §§ 59 ff., und zwar je nach der Rechtslage einfache oder nach § 62 notwendige. Zwar sind Leistungsanträge gegenüber beiden Parteien möglich, regelmäßig wird sich aber eine Kombination aus (negativer) Feststellungsklage und Leistungsklage anbieten, MüKoZPO/Schultes Rn. 15, wie beispielsweise: Die Hauptintervention richtet sich gegen den Erstkläger auf (negative) Feststellung nach § 256, gegen den Erstbeklagten auf Herausgabe, OLG Ffm NJW-RR 1994, 957. 7

2. Unabhängigkeit vom Hauptprozess. Der Haupt- und der Interventionsprozess sind voneinander unabhängig. Dem Urteil im einen kommt im anderen Prozess keine Rechtskraftwirkung zu. Da ein Schuldner daher sowohl im Haupt- als auch im Interventionsprozess verurteilt werden kann, bietet sich für ihn hier ggf. eine Streitverkündung gegenüber dem Kläger im Interventionsprozess an, Musielak/Voit/Weth Rn. 6. Eine Aussetzung richtet sich nach § 65, eine Verbindung nach § 147, BGH NJW 1988, 1205. Eine Verweisung des Hauptprozesses nach § 281 macht das neu befasste Gericht auch für die Hauptintervention zuständig, Zöller/Althammer Rn. 4. Allerdings findet wegen § 261 III Nr. 2 eine Verweisung nur statt, soweit die Hauptintervention noch nicht rechtshängig ist, MüKoZPO/Schultes Rn. 11; aM LG München I NJW 1967, 787. Die Entscheidung braucht nur dann für sämtliche Streitgenossen einheitlich zu sein, wenn es sich um eine notwendige Streitgenossenschaft nach § 62 handelt. 8

3. Zuständigkeit. Für die Hauptintervention ist das Erstgericht des Hauptprozesses erster Instanz örtlich und sachlich ausschließlich zuständig; auch dann, wenn der Hauptprozess in der Rechtsmittelinstanz anhängig ist. Soweit der Dritte hingegen Einzelklagen gegen die Parteien des Hauptprozesses erhebt, folgt die Zuständigkeit den allgemeinen Regeln, MüKoZPO/Schultes Rn. 11. Wegen der Zuständigkeit der Kammer für Handelssachen § 103 GVG. Nach Verweisung im Hauptprozess wird das neue Gericht zuständig, soweit nicht § 261 III Nr. 2 greift, Prütting/Gehrlein/Gehrlein Rn. 3. 9

VI. Vollstreckung. Aufgrund der Unabhängigkeit von Haupt- und Interventionsprozess kann aus einem im Hauptprozess bereits ergangenen, vorläufig vollstreckbaren Urteil vollstreckt werden, auch wenn der Interventionsprozess noch anhängig ist. Dem Hauptintervenienten bleibt die Möglichkeit, im Wege des einstweiligen Rechtsschutzes nach §§ 916 ff., 935 ff. vorzugehen, um die Vereitelung seiner Rechtsdurchsetzung abzuwenden, MüKoZPO/Schultes § 65 Rn. 2. 10

65 *Aussetzung des Hauptprozesses.* **Der Hauptprozess kann auf Antrag einer Partei bis zur rechtskräftigen Entscheidung über die Hauptintervention ausgesetzt werden.**

I. Systematik, Regelungszweck. Es handelt sich um eine zu §§ 148 ff. hinzutretende vorrangige Sondervorschrift. Zweck der Vorschrift ist, widersprüchliche Ergebnisse zu vermeiden. 1

2 **II. Antragszwang; Ermessen des Gerichts.** Das Gericht darf den Hauptprozess nach seinem pflichtgemäßen Ermessen aussetzen, sofern eine Partei des Hauptprozesses die Aussetzung beantragt, OLG Ffm NJW-RR 1994, 957. Ein Antrag des Hauptintervenienten reicht aus, MüKoZPO/Schultes Rn. 1. Neben § 65 bleiben alle anderen Aussetzungsfälle von Amts wegen der §§ 148 ff. anwendbar. Die Aussetzung ist bis zur formellen Rechtskraft eines Urteils nach § 705 zulässig, also auch in der höheren Instanz. Die Wirkung einer Aussetzung und eine Aufnahme des Verfahrens richten sich nach §§ 249, 250. Eine Einstellung der Zwangsvollstreckung wegen der Hauptintervention nach §§ 707 ff. ist unstatthaft. Evtl. ist ein Verfahren nach §§ 916 ff., 935 ff. zweckmäßig.

3 Unanwendbar ist § 65 auf eine nach § 148 mögliche, aber eher unzweckmäßige Aussetzung des Interventionsprozesses, OLG Düss OLGR 2003, 14.

4 **III. Rechtsmittel.** Gegen eine Ablehnung des Antrags ist ebenso wie gegen eine Aussetzung die sofortige Beschwerde nach §§ 252, 567 statthaft.

66

Nebenintervention. **I Wer ein rechtliches Interesse daran hat, dass in einem zwischen anderen Personen anhängigen Rechtsstreit die eine Partei obsiege, kann dieser Partei zum Zwecke ihrer Unterstützung beitreten.**

II Die Nebenintervention kann in jeder Lage des Rechtsstreits bis zur rechtskräftigen Entscheidung, auch in Verbindung mit der Einlegung eines Rechtsmittels, erfolgen.

Schrifttum: Ahrens, Streitverkündung und Nebenintervention im Kartellschadensersatzprozess, FS Prütting, 2018, 181; Schilken, Nebenintervention und Beiladung – das KapMuG und künftige Optionen, FS Picker, 2010, 709; Schmidt, Mehrparteienprozesse, Streitverkündung und Nebenintervention bei Gestaltungsprozessen im Gesellschaftsrecht, FS Beys, Athen 2004, 1485.

1 **I. Systematik, §§ 66–71.** Die Streithilfe, Nebenintervention, ist die Beteiligung eines Dritten an einem anhängigen Prozess zwischen anderen Parteien zum Zweck der Wahrung eigener rechtlicher Interessen, LG Mü WoM 2011, 585. Man unterscheidet zwischen der einfachen (§§ 66 ff.) und der seltenen streitgenössischen Nebenintervention (§ 69). Die Befugnisse des einfachen Nebenintervenienten finden ihre Grenzen in § 67, der Nebenintervenient darf sich danach nicht in Widerspruch zu der unterstützten Hauptpartei setzen. Der streitgenössische Nebenintervenient tritt hingegen als Streitgenosse auf, § 61. Er vertritt seine eigenen Interessen, unabhängig von der Beschränkung nach § 67.

2 Gelegentlich wird der Streithelfer auch Nebenpartei und die unterstützte Partei auch Hauptpartei genannt. Allerdings wird der Nebenintervenient nicht selbst Partei, BGH ZIP 2017, 300. § 66 enthält die Voraussetzungen der Nebenintervention; so einen zwischen anderen Parteien anhängigen Rechtsstreit und den Interventionsgrund. Das Gericht prüft die Wirksamkeit eines Beitritts von Amts wegen: Die allgemeinen Prozessvoraussetzungen wegen der Person müssen auch beim Streithelfer vorliegen, OLG Köln NJW 1993, 1662; die Parteifähigkeit nach § 50, OLG Mü NJW-RR 2009, 109 (verneint bei § 147 II AktG); die Prozessfähigkeit nach § 51; eine gesetzliche Vertretung nach § 51 II; eine prozessuale Vollmacht nach § 80. Ein nicht rechtsfähiger Verein kann nicht beitreten. Die Hauptintervention nach § 64 und eine Streithilfe schließen sich nicht gegenseitig aus. Jedoch ergibt sich aus einem Beitritt auf der Seite des Bekl. nicht ein Recht zur Erhebung der Widerklage, BGH NJW 1975, 1228. Es handelt sich vielmehr um selbständige Rechtsstreitigkeiten. Das Gericht kann sie ja unter den Voraussetzungen des § 147 nach pflichtgemäßem Ermessen verbinden.

3 **II. Geltungsbereich, §§ 66–71.** Entsprechend dem weit gefassten Wortlaut von § 66 werden vom Anwendungsbereich sämtliche zivilrechtliche Verfahren, deren Entscheidung Auswirkung auf den Nebenintervenienten hat, erfasst, MüKoZPO/Schultes Rn. 2. Damit kommen Verfahren des einstweiligen Rechtsschutzes, der Zwangsvollstreckung, ferner schiedsrichterliche Verfahren in Betracht, OLG Stgt NJW-RR 2003, 496. Vgl. auch § 48 WEG. Zur Regelung im FamFG-Verfahren, vgl. § 7 FamFG, OLG Ffm FGPrax 2006, 90. Die Vorschriften gelten ferner im Patenterteilungsverfahren, van Hees GRUR 1987, 855, und im Patentnichtigkeitsverfahren, BGH GRUR 2006, 438. Sie gelten nicht im KapMuG-Verfahren, BGH NJW 2017, 3718; bzgl. der Beigeladenen §§ 9, 14 KapMuG. Im Prozess um die Löschung einer Marke nach §§ 55 ff. MarkenG sind §§ 66 ff. nach § 55 IV 2 MarkenG entsprechend anwendbar. Im Verfahren wegen der Nichtigkeit des Beschlusses einer Patentanwaltskammer sind §§ 66 ff. anwendbar, BGH GRUR 2008, 60, für die Aufhebungsklage nach § 110 ArbGG im arbeitsgerichtlichen Verfahren, BAG 42, 349; ablehnend im finanzgerichtlichen Verfahren, BFH NJW 2003, 1480. Zum amerikanischen „amicus-curiae-brief", Hirte ZZP 104, 41. Entsprechend anwendbar ferner im selbständigen Beweisverfahren, BGH NJW 2015, 559; und im Verfahren der Kostenfestsetzung, OLG Schleswig-Holstein NJW-RR 2015, 638; OLG Celle NJW-RR 2013, 446.

4 **III. Streithilfegrund, I. 1. Anhängigkeit.** Gerade zwischen anderen Personen muss ein Rechtsstreit beliebiger Art bestehen, BVerfGE 21, 238; BGH MDR 2006, 826; mithin schon und noch anhängig sein, BGH NJW-RR 2015, 992. Der Streithelfer darf nicht ohnehin eine Hauptpartei oder ein gesetzlicher Vertreter einer der Parteien sein, BGH 62, 133. Eine Partei kraft Amts und der Rechtsträger sind verschiedene Personen. In diesen Grenzen ist der Beitritt schon im Mahnverfahren möglich, BGH NJW 2006, 773. Unanwendbar ist § 66 erst nach Beendigung der Rechtshängigkeit, BGH WM 2016, 886.

5 **2. Beitritt.** Der Streithelfer kann der einen oder der anderen Partei zu deren Unterstützung beitreten, BGH NJW 1996, 196. Er kann nicht beiden Parteien gleichzeitig beitreten, OLG Mü BauR 2011, 1206. Er darf also nur erst der einen und dann – nach Ausscheiden – nur noch der anderen Partei beitreten, BGH NJW 1955, 1316. Die Zulässigkeit eines Beitritts zur Klage und zur Widerklage ist getrennt zu prüfen, BGH WM 2018, 1798. Der Dritte ist zum Beitritt berechtigt, nicht aber verpflichtet, eine Rücknahme des Beitritts jederzeit möglich. Das Unterlassen des Beitritts löst die Interventionswirkung des § 68 nicht aus, es sei denn, es ist eine Streitverkündung nach § 72 erfolgt.

6 **3. Rechtliches Interesse.** Der Streithelfer muss ein eigenes rechtliches Interesse an einem mindestens teilweisen Obsiegen der Hauptpartei haben, BGH WM 2016, 1957. Voraussetzung ist, dass der Nebenintervenient zu der unterstützten Partei oder zum Gegenstand des Rechtsstreits in einem Rechtsverhältnis steht, auf das die Entscheidung des Rechtsstreits unmittelbar oder mittelbar Einfluss nimmt, durch Inhalt oder Vollstreckung, BGH

WM 2016, 884 (886), damit die Rechtslage verändert, OLG Brschw FamRZ 2005, 726. Das Interesse ist ein prozessrechtliches; so genügt nicht, dass der Entscheidung faktische Präzedenzwirkung zukommt, BGH GRUR 2011, 557. Eine materielle Rechtskraftwirkung des Urteils für den Streithelfer nach § 322 ist nicht erforderlich, OLG Mü GRUR 1976, 388. Sie ist aber natürlich ausreichend, OLG Ffm BB 2001, 2392. Der Streithelfer muss ein eigenes Interesse haben. Macht er einen Anspruch aus einem eigenen Recht oder in Prozessstandschaft geltend, kann und muss er selbst klagen, OLG Mü GRUR-RR 2001, 93.

Ein tatsächliches, ideelles oder wirtschaftliches Interesse genügt nicht, OLG Mü NJW 2017, 3313. Daher ist 7 etwa ein rein wirtschaftliches Interesse aus Wettbewerbsgründen oder aus kollegialer, freundschaftlicher Verbindung nicht ausreichend. Auch Geheimhaltungsinteressen, die materiell-rechtlich hinter einen gesetzlichen Auskunftsanspruch zurücktreten, begründen kein rechtliches Interesse, OLG Brschw NJW-RR 2005, 589, ebenso wenig die Möglichkeit, dass ein Urteil faktische Präzedenzwirkung entfaltet, BGH NJW-RR 2011, 907.

Die Vorschrift ist im Übrigen weit auszulegen, BGH WM 2013, 467. Für die Voraussetzungen der Streithilfe 8 sind die Behauptungen der Hauptpartei maßgeblich. Wird die Nebenintervention durch Beschluss zurückgewiesen, so können Nebenintervenient und Hauptpartei Rechtsmittel einlegen. Es handelt sich um ein einheitliches Rechtsmittel, wobei die Hauptpartei als Streithelfer zu behandeln ist, BGH MDR 2017, 541.

4. Beispiele zur Frage der Zulässigkeit eines Beitritts, I

Abtretung: Der frühere Gläubiger kann dem neuen gegen den Schuldner zur Vermeidung eines Rückgriffs 9 beitreten, der neue Gläubiger auch dem früheren im Fall von § 265 II 3.

Allgemeininteresse: Als Beitrittsgrund reicht ein rechtliches Interesse der Allgemeinheit nicht aus.

Arrest, einstweilige Verfügung: Beitrittsberechtigt ist nach §§ 916 ff., 935 ff. der Arrestgläubiger des später vollzogenen Arrests beim Zusammentreffen mehrerer Arreste.

Beeinträchtigung: Als Beitrittsgrund reicht grds. jede Art von Befürchtung einer Beeinträchtigung aus, auch die Befürchtung einer Erschwerung der Durchsetzung.

Berühmung: Als Beitrittsgrund reicht der Umstand aus, dass sich eine Partei eines entsprechenden Anspruchs berühmt, LG Osnabr VersR 1979, 92.

Beweisaufnahme: Als Beitrittsgrund reicht die Gefahr eines nachteiligen Beweisergebnisses aus, etwa deshalb, weil sich ein Zeuge auf seine Aussage oder ein Sachverständiger auf sein Gutachten festlegen könnten, Baumgärtel FS Rödig, 1978, 316. Ein unklares Beweisergebnis im Vorprozess kann zum Nachteil des Streitverkündeten wirken, OLG Saarbr MDR 2002, 690.

Bürgschaft: Beitrittsberechtigt ist der Bürge im Prozess des Hauptschuldners nach § 767 I 1 BGB. Der Hauptschuldner kann dem Bürgen zwecks Vermeidung eines Rückgriffs beitreten, BGH NJW 1983, 1111.

Drittwiderspruchsklage: Beitrittsberechtigt ist bei § 771 der Vollstreckungsschuldner.

Duldung: Beitrittsberechtigt ist derjenige, der eine Zwangsvollstreckung nach §§ 704 ff. dulden muss oder musste.

Erinnerungsverfahren: Eine Rechtshängigkeit im Verfahren aufgrund einer Erinnerung zB nach § 766 reicht nicht aus.

Förmliche Berechtigung: Als Beitrittsgrund genügt eine förmliche Berechtigung, zB eine Eintragung in die Markenrolle.

Freistellung: Nicht als Beitrittsgrund ausreichend ist das Interesse des Vergütungsgläubigers im Prozess des Vergütungsschuldners gegen den Freistellungsschuldner, OLG Celle OLGR 2002, 308.

Gesamtgläubiger, -schuldner: Auch der etwaige ist beitrittsberechtigt, sowohl auf Seiten eines weiteren Gesamtgläubigers oder -schuldners als auch des Gläubigers, BGH NJW 2016, 1020.

Gesellschaftsrecht: Beitrittsberechtigt sind: der Gesellschafter im Prozess der OHG oder der KG, BGH 62, 132; der Gesellschafter der GmbH bei einer Anfechtung eines Gesellschafterbeschlusses, BGH 88, 330; der Aufsichtsrat im Prozess der AG gegen einen Vorstand, BGH MDR 2013, 416. Die Rechtskraft- und Gestaltungswirkung nach § 248 I 1 AktG kann reichen, BGH BB 2007, 1916 (zust. Linnerz). Freilich ist § 246 IV 2 AktG zu beachten, BGH ZIP 2008, 1398. Ferner ist als Beitrittsgrund ausreichend das Interesse des Aktionärs am Obsiegen der AG in einem aktienrechtlichen Anfechtungsprozess, BGH MDR 2009, 1176 (1177), oder die Stellung eines besonderen Vertreters nach § 147 II AktG, BGH WM 2015, 1283.

Haftpflichtversicherer: Er kann dem Versicherungsnehmer beitreten, BGH BeckRS 2022, 1307; OLG Ffm NJW-RR 2010, 140. Das gilt zB dann, wenn dieser ein Versäumnisurteil nicht angreift und wenn eine Verabredung zwischen ihm und dem Unfallgegner in Betracht kommt, OLG Ffm VersR 1996, 212.

Hypothek: Ihr Besteller nach § 1113 BGB ist beitrittsberechtigt.

Insolvenzrecht: Beitrittsberechtigt ist der Schuldner oder der Insolvenzgläubiger im Prozess des Insolvenzverwalters. Denn dieser ist eine Partei kraft Amts, OLG Ffm NJW-RR 2000, 348. Beitrittsberechtigt ist auch der Insolvenzverwalter im Insolvenzverfahren über das Vermögen einer Gesellschaft, soweit ein Gesellschafter gegen einen anderen auf eine Leistung an den Verwalter klagt, KG NZM 2000, 253. Beitrittsberechtigt ist der Versicherer im Prozess des Arbeitnehmers gegen den neuen Arbeitgeber, BAG ZIP 1987, 309. Nicht beitrittsberechtigt ist der Schuldner im Prozess gegen den Insolvenzverwalter mit dem Ziel der Feststellung einer Forderung zur Insolvenztabelle.

Kartellrecht: Ein nur wirtschaftliches, nicht auch rechtliches Interesse genügt zum Beitritt nicht.

Kauf: Beitrittsberechtigt ist der Verkäufer im Prozess eines Drittkäufers gegen den Erstkäufer wegen eines Sachmangels, §§ 438 IV, 478, 479 BGB.

Kostenerstattung: Nicht beitrittsberechtigt ist der Anwalt wegen eines solchen Anspruchs auf Kostenerstattung nach §§ 91 ff., der erst durch den Prozess entstehen kann.

Lizenznehmer: Der Beitritt zum Prozess eines Markeninhabers gibt ihm nicht die Stellung eines Streithelfers, BGH 173, 279.

Mahnverfahren: Eine Rechtshängigkeit im Mahnverfahren ist möglich, BGH NJW 2006, 773.

Mieterprozess: Es fehlt das eigene rechtliche Interesse.

Mietrecht: Beitrittsberechtigt ist der Untermieter im Prozess gegen den Hauptmieter. Nicht beitrittsberechtigt ist der Mieter im Prozess des Vermieters über die Wirksamkeit des Hausverkaufs, OLG Hamm OLGR 2003, 346.

Notarhaftung: Der Notar kann zu ihrer Vermeidung beitreten.

Notarkostenbeschwerde: Im Verfahren nach § 127 GNotKG sind §§ 66 ff. anwendbar, OLG Schlesw DNotZ 1996, 398.

Öffentlich-rechtliches Interesse: Als Beitrittsgrund reicht ein solches Interesse aus. Das gilt zB bei der Gefahr einer strafrechtlichen Verfolgung oder eines Ehrenverfahrens.

Parallelprozess: Als Beitrittsgrund genügt eine faktische Präzedenzwirkung nicht, BGH NJW-RR 2011, 907.

Patentrecht: Beitrittsberechtigt ist derjenige, den ein Patentinhaber bereits verwarnt hat oder gegen den er schon die Verletzungsklage erhoben hat. Zu den Möglichkeiten im Einspruchsverfahren BPatG GRUR 2009, 569.

Pfandrecht: Beitrittsberechtigt ist der Eigentümer der Pfandsache im Prozess zwischen dem Verpfänder und dem Pfandgläubiger. Auch der Verpfänder nach § 1210 BGB ist beitrittsberechtigt.

Rechtskraftwirkung: Als Beitrittsgrund reicht eine erstrebte oder befürchtete materielle Rechtskraftwirkung nach § 322 aus, zB nach §§ 76 IV 2, 325, 325a, 326, 327, 407 II, 408, 727 BGB, § 248 I 1 AktG, hierzu BGH AG 2020, 126, § 129 I HGB, § 183 InsO. Sie ist aber nicht erforderlich.

Rechtsnachfolger: Er ist nach § 265 beitrittsberechtigt, Schmidt JuS 1997, 108.

Rentenrecht: Beitrittsberechtigt ist dasjenige Versorgungsamt, das dem Kläger bei einem Unterliegen des unterhaltspflichtigen Bekl. die Rente kürzen könnte.

Rückgriff: Als Beitrittsgrund reicht die Behauptung eines Rückgriffanspruchs oder die Besorgnis eines Rückgriffs der Partei aus, ebenso die Befürchtung, statt der Partei belangt zu werden, BGH 86, 272.

Selbständiges Beweisverfahren: Dazu Schwenker NJW 2016, 989. Der Nebenintervenient muss zu der Hauptpartei oder dem Verfahrensgegenstand in einem Rechtsverhältnis stehen, auf das sich das Ergebnis des Beweisverfahrens un-/mittelbar rechtlich auswirkt. Allerdings stellt allein die Möglichkeit, dass ein für die Rechtsposition des Nebenintervenienten negatives Gutachten erstellt wird, kein ausreichendes Interesse dar, BGH NJW 2016, 1018.

Streitgenosse: Beitrittsberechtigt sind: ein einfacher Streitgenosse nach § 59, LG Köln VersR 1993, 1096; ein Streitgenosse des Gegners, BGH VersR 1985, 81. Beitreten darf er erst recht dem eigenen Streitgenossen, BGH NJW 1977, 1013.

Streitverkündung: Der Dritte nach § 72 darf der Gegenpartei beitreten, OLG Ffm NJW 2016, 510, so nach einer Aufgabe des früheren Beitritts, OLG Mü NJW 2017, 3313.

Testamentsvollstrecker: Beitrittsberechtigt ist der Testamentsvollstrecker im Prozess des Erben.

Treuhandschaft: Beitrittsberechtigt ist der Treugeber im Prozess des Treuhänders um Treugut.

Umwandlung: Zur Ausgliederung nach § 123 III UmwG BGH NJW 2001, 1218.

Versicherungsrecht: Der Versicherer kann dem Versicherungsnehmer beitreten, BGH BeckRS 2022, 1307; OLG Karlsr VersR 1998, 386. Beispielsweise wenn sich eine Versicherung darauf beruft, dass kein Versicherungsverhältnis bestehe, OLG Frankfurt NJW 2016, 510. Es ist unerheblich, ob der Streithelfer durch einen Versicherer gedeckt ist, OLG Hamm NJW-RR 1997, 157. Auch der Privathaftpflichtversicherer zählt hierher, wobei es sich um eine einfache, nicht eine streitgenössische Nebenintervention handelt, BGH BeckRS 2022, 1307. Nicht als Beitrittsgrund ausreichend ist das Interesse des Geschädigten im Deckungsprozess des Schädigers gegen seinen Haftpflichtversicherer, OLG Mü VersR 1976, 73 (anders, wenn der Letztere auch dem Geschädigten gegenüber Zahlung verweigert; zum Problem auch OLG Mü VersR 2009, 823), oder das Interesse des Sozialversicherers in einem Schadensersatzprozess des Geschädigten, soweit der Kläger nur denjenigen Teil des Anspruchs geltend macht, der nicht auf den Sozialversicherer übergegangen ist. Denn dann liegt nur ein solches wirtschaftliches oder tatsächliches Interesse vor, das dem Sozialversicherer die Geltendmachung der eigenen Klageansprüche erleichtern soll. Nicht beitreten kann der Krankenversicherer dem Haftpflichtprozess gegen den Arzt, OLG Kblz MDR 2009, 709.

Vollstreckungswirkung: Als Beitrittsgrund genügt eine erwartete Vollstreckungswirkung, zB nach §§ 729, 738, 740, 1438 II BGB.

Vorgreiflichkeit: Als Beitrittsgrund reicht eine Vorgreiflichkeit des streitigen Rechtsverhältnisses zB nach § 148 für dasjenige zwischen Streithelfer und einer Partei.

Vormerkung: Notwendig für den Beitritt eines Dritten beim Gläubiger ist ein rechtliches Interesse wie sonst, Muthorst DNotZ 2011, 734.

Weiterer Prozess: Als Beitrittsgrund reicht nicht schon aus, dass es einen gleichartigen Prozess desselben Klägers gegen den Streithelfer gibt, OLG Mü GRUR 1976, 388, oder dass es ein gleichartiges Verfahren zB eines anderen Wohnungseigentümers gibt, Kellmann DB 1979, 2264.

Wohnungseigentum: Beitrittsberechtigt ist der Mieter dann, wenn die Gemeinschaft dem Mitglied als Vermieterin eine (Wasser-)Versorgung sperrt, KG WoM 2002, 161. Nicht beitrittsberechtigt ist meist der Sonderverwalter, AG Pinneberg ZMR 2003, 461.

Zwangsversteigerung: Eine Rechtshängigkeit in diesem Verfahren reicht aus, OLG Ffm Rpfleger 1978, 417.

10 **IV. Zeitpunkt des Beitritts, II.** Es sind zwei Zeitabschnitte zu trennen.

11 **1. Zulässigkeit bis Rechtskraft.** Der Streithelfer kann dem Prozess ab Anhängigkeit des Rechtsstreits in jeder Lage, BGH WM 2016, 886, auch nach dem Verhandlungsschluss nach §§ 136 IV, 296a etwa zwecks Wiedereröffnung nach § 156 beitreten. Er hat aber keinen Anspruch nach § 156, OLG Köln MDR 1983, 409. Er kann bis zur formellen Rechtskraft beitreten, also auch iVm der Einlegung eines Rechtsbehelfs. Ein Streitbeitritt nach Schluss der mündlichen Verhandlung kann nur dann als rechtsmissbräuchlich zu bewerten sein, wenn der Beitretende bei Erklärung des Beitritts weiß, dass bereits eine – auch ihn im Fall des Beitritts begünstigende – Entscheidung bezüglich der Kosten getroffen wurde. In einem solchen Fall wird regelmäßig allein das Kosteninteresse des Streithelfers im Vordergrund stehen, eine Unterstützung der Hauptpartei nach Schluss der mündlichen Verhandlung ausgeschlossen sein, BGH BeckRS 2012, 18800; OLG Dresden BeckRS 2020, 612.

2. Beispiele zur Frage des Beitrittszeitpunkts, II

12 **Bedingung:** Unzulässig ist ein nur bedingter Beitritt. Denn er ist eine bedingungsfeindliche Prozesshandlung, BGH MDR 1989, 539.

Einspruch: Zulässig ist ein Beitritt zum Einspruch der Hauptpartei, solange das Gericht deren Einspruch nicht nach §§ 329, 705 formell rechtskräftig zurückgewiesen hat, BGH NJW 1999, 2047.

Erledigung der Hauptsache: Unzulässig ist ein Beitritt ab Wirksamkeit beiderseitiger Erledigungserklärungen.

Klagerücknahme: Unzulässig ist ein Beitritt ab Wirksamkeit einer Klagerücknahme nach § 269.

Rechtsmittel: Zulässig ist ein Beitritt zu demjenigen der Hauptpartei, solange das Gericht nicht deren Rechtsmittel nach §§ 329, 705 formell rechtskräftig zurückgewiesen hat, BGH NJW 2001, 1218.
Verfassungsbeschwerde: Ein möglicher, aber unterbliebener Beitritt schließt eine Verfassungsbeschwerde aus, BVerfG NJW 1998, 2664.
Vergleich: Unzulässig ist ein Beitritt ab Wirksamkeit eines Prozessvergleichs, BGH NJW 1991, 229.
Wiederaufnahme: Zulässig ist eine Klage nach §§ 578 ff. Denn sie ist einem Rechtsmittel vergleichbar.
Wiedereinsetzung: Unzulässig ist ein eigener Antrag des Streithelfers nach §§ 233 ff., BVerfGE 60, 13; BGH NJW 1991, 230.
Zuständigkeit: Der Schriftsatz ist bei dem Gericht, bei dem der Rechtsstreit in erster oder höherer Instanz gerade anhängig ist, einzureichen, vgl. § 70 I 1.

67 *Rechtsstellung des Nebenintervenienten.* [1]**Der Nebenintervenient muss den Rechtsstreit in der Lage annehmen, in der er sich zur Zeit seines Beitritts befindet; er ist berechtigt, Angriffs- und Verteidigungsmittel geltend zu machen und alle Prozesshandlungen wirksam vorzunehmen, insoweit nicht seine Erklärungen und Handlungen mit Erklärungen und Handlungen der Hauptpartei in Widerspruch stehen. [2]Für ihn gelten die §§ 141 und 278 Absatz 3 entsprechend.**

Schrifttum: Schilken, Zur Geltung des Anwaltszwanges bei der Nebenintervention, GS Wolf, 2011, 537.

I. Systematik. Der einfache Streithelfer (im Folgenden: wie nach § 67 Nebenintervenient) beteiligt sich an einem fremden Rechtsstreit als Helfer der Hauptpartei kraft eigenen Rechts, BGH Rpfleger 2010, 345, nicht etwa als Partei oder deren gesetzlicher Vertreter nach § 51, BGH WM 2016, 1957; Rpfleger 2010, 345. Das gilt auch dann, wenn die Hauptpartei ihm die gesamte Prozessführung überlässt, LAG Kiel DB 1984, 1630; in diesem kann sich die Anordnung des persönlichen Erscheinens des Streithelfers und seine Anhörung entsprechend §§ 273 II Nr. 3, 141 anbieten, MüKoZPO/Schultes Rn. 3. Mangels Parteistellung kann der Prozessgegner ihm gegenüber keinen Sachantrag stellen. Die Stellung des einfachen Streithelfers bewirkt, dass er alles für die Hauptpartei tun kann, sich aber nicht in Widerspruch zum Sachvortrag der Partei setzen darf. Der Widerspruch kann ausdrücklich erklärt werden oder sich aus dem Gesamtverhalten der unterstützten Partei zweifelsfrei ergeben. Der Widerspruch unterliegt nicht dem Anwaltszwang, BGH BeckRS 2022, 11889; BGH NJW 1986, 257; OLG Hamm MDR 1998, 286. 1

Der streitgenössische Nebenintervenient nach § 69 gilt als Streitgenosse der Hauptpartei nach § 59. Eine solche Situation liegt dann vor, wenn sich eine materielle Rechtskraftwirkung auf den Nebenintervenienten erstreckt. 2

Hinsichtlich des persönlichen Erscheinens verweist S. 2 auf §§ 141, 278 Abs. 3. 3

II. Regelungszweck. Die Belange des einfachen Nebenintervenienten treten im Interesse des zügigen Fortgangs des Prozesses hinter diejenigen der Hauptpartei zurück. Das gilt selbst dann, wenn dieses Zurücktreten aus seiner Sicht zu einem ungünstigen Ergebnis führen kann. Damit beschreibt S. 1 seine Stellung im Verfahren, S. 2 erleichtert die Sachverhaltsaufklärung und gütliche Einigung, MüKoZPO/Schultes Rn. 1. 4

III. Bindung des unselbständigen Nebenintervenienten. 1. Unterstützer der Hauptpartei. Der einfache Nebenintervenient ist Unterstützer der Hauptpartei, nicht selbst Partei, BGH WM 2016, 1957, er steht im Prozess hinter der Hauptpartei zurück, BGH MDR 2006, 706. Seine Beteiligung kann die Natur des Rechtsstreits nicht beeinflussen, BGH NJW 1986, 257. Er handelt aus eigenem Recht und im eigenen Namen. Soweit er seine Rechte überschreitet, sind seine Handlungen wirkungslos, BGH NJW 1995, 198; OLG Saarbr MDR 2002, 843. Heilen kann nur eine Genehmigung der Hauptpartei, nicht allein ein Rügeverzicht nach § 295 I. Eine Handlung des Nebenintervenienten macht nur dann eine Entscheidung erforderlich, wenn eine Entscheidung aufgrund einer entsprechenden Handlung der Hauptpartei notwendig wäre. Das Gericht muss zB ein unzulässiges Rechtsmittel des Nebenintervenienten evtl. durch Prozessurteil verwerfen, BGHZ 76, 301; BAG DB 1985, 184. 5

2. Bindung an Prozesslage. Der einfache Nebenintervenient muss die Prozesslage im Zeitpunkt seines Beitritts hinnehmen, BGH MDR 2006, 706, ohne die Möglichkeit, für sich Anträge zu stellen, BGH NJW 1995, 148. Sein Vorbringen gilt grundsätzlich als für die Hauptpartei vorgetragen. 6

Unterbrechungsgründe aus seiner Person nach §§ 239 ff. wirken zwar unmittelbar als solche weder für ihn noch für die Hauptpartei, OLG Naumb OLGR 2003, 478; OLG Düss MDR 1985, 504. Sie verhindern aber seine nach § 71 notwendige Hinzuziehung und damit die Unterbrechung der gesamten Prozessführung. Die Aufnahme erfolgt entsprechend §§ 239 ff. Eine Unterbrechung und eine Aussetzung des Verfahrens nach §§ 148 ff. bezüglich der Person der Hauptpartei wirken auch beim Streithelfer. Der Beitritt kann nicht eine Klagefrist wahren, OLG Hamm MDR 2000, 703. 7

3. Grenzen der Befugnisse. Die Regelung des § 67 regelt abschließend die Befugnisse des einfachen Nebenintervenienten, OLG Saarbr MDR 2002, 843. 8

Der Nebenintervenient darf einen Rechtsbehelf zB nach §§ 338, 700 oder ein Rechtsmittel zB nach § 511 nur in der für die Hauptpartei laufenden Frist einlegen, BGH MDR 2013, 1240. Das gilt auch bei einer der Hauptpartei bewilligten Fristverlängerung, BGH NJW 1982, 2069; BAG ZIP 1991, 335. Er muss klären, für wen er einlegt, OLG Oldb NJW-RR 2004, 1029. Das Rechtsmittel ist daher zB dann zu verwerfen, wenn nicht erkennbar ist, für welche Hauptpartei das Rechtsmittel eingelegt ist, OLG Köln MDR 2016, 610. Eine Wiedereinsetzung nach § 233 kommt für ihn jedenfalls dann nicht in Betracht, wenn er sich schuldhaft nicht nach dem Zeitpunkt der fristschaffenden Zustellung an die Hauptpartei erkundigt hat, BGH VersR 1988, 417. Der Nebenintervenient muss ebenso wie die Hauptpartei § 138 beachten, BGH NJW 1982, 282. Er kann Erklärungen der Hauptpartei nur mit den eigenen Beschränkungen und nur unter einer Beachtung derjenigen Beschränkungen widerrufen, die auch die Hauptpartei insofern beachten muss. 9

4. Vorrang der Parteihandlungen. Eine Erklärung oder Handlung des Nebenintervenienten ist grundsätzlich unwirksam, soweit sie derjenigen der Hauptpartei zuwiderlaufen würde, BGH MDR 2007, 1443. Denn der Nebenintervenient ist nach § 66 ja gerade nur „zum Zweck ihrer Unterstützung" beigetreten, LG Bln NJW 2003, 3494. Der Sinn der Vorschrift besteht darin, den Erklärungen und Handlungen der Hauptpartei den Vorrang zu lassen, OLG Karlsr OLGR 2002, 187. Der Nebenintervenient darf also nicht anders handeln und 10 keine anderen Erklärungen abgeben, als sie schon die Hauptpartei abgegeben hatte, sofern sich nicht die Umstände geändert haben.

11 Die Prozesshandlungen des Nebenintervenienten sind wirksam, solange sich nicht aus dem Gesamtverhalten der Hauptpartei ergibt, dass sie diese nicht gegen sich gelten lassen will, BGH GRUR 2011, 359. Im Zweifel ist die Prozesshandlung des Nebenintervenienten wirksam, BGH NJW-RR 1991, 361. Die bloße Untätigkeit der Hauptpartei beeinträchtigt die Wirksamkeit der Prozesshandlung des Nebenintervenienten nicht, OLG Ffm VersR 1996, 212.

12 **IV. Befugnisse des Nebenintervenienten.** Er hat einen Anspruch auf rechtliches Gehör, BAG MDR 1988, 346.

13 **1. Angriffs- und Verteidigungsmittel.** Der Nebenintervenient kann Angriffs- und Verteidigungsmittel geltend machen und Parteiprozesshandlungen vornehmen. Er ist berechtigt, in dieser Weise neben der Hauptpartei oder auch an ihrer Stelle vorzugehen. Im letzteren Fall hat sein Verhalten dieselbe Wirkung, als wenn die Hauptpartei gehandelt hätte, BGH NJW 1997, 2385.

2. Beispiele zur Frage einer Befugnis des Nebenintervenienten

14 **Ablehnung eines Richters:** Der einfache Nebenintervenient muss ein Ablehnungsrecht der Hauptpartei nach § 42 hinnehmen, OLG Kblz MDR 1990, 161.

Ablehnung eines Sachverständigen: Der Nebenintervenient kann einen von der Hauptpartei benannten Sachverständigen nicht wirksam nach § 406 ablehnen, BGH NJW-RR 2006, 1312.

Abwesenheit der Hauptpartei: Sie stört den Nebenintervenienten grds. nicht. Er wendet durch sein Auftreten ein Versäumnisurteil ab, BGH NJW 1994, 2022; OLG Karlsruhe GRUR-RR 2018, 450.

Anfechtung: Der Nebenintervenient kann eine prozessuale so wie die Hauptpartei erheben.

Angriffs- und Verteidigungsmittel: Der Nebenintervenient kann sämtliche geltend machen, soweit sie der Hauptpartei zustehen und er sich nicht zur Hauptpartei in Widerspruch setzt, OLG München BeckRS 2019, 24353.

Anschlussrechtsmittel: Der Nebenintervenient kann sich einem Rechtsmittel des Gegners nach §§ 524, 554, 567 III anschließen. Das gilt selbst dann, wenn seine Partei nur eine Zurückweisung beantragt.

Anspruchsverzicht: Der einfache Nebenintervenient muss einen Verzicht der Hauptpartei nach § 306 hinnehmen.

Antrag: Der Nebenintervenient kann Anträge stellen, LG Köln NJW-RR 2007, 1100 (auch bei Säumnis der Hauptpartei). Dabei hat er sich allerdings im Rahmen der Antragsbefugnis der unterstützten Partei zu halten, Anträge allein im Verhältnis des Nebenintervenienten zum Gegner oder einem weiteren Nebenintervenienten sind unzulässig, OLG Karlsr MDR 2008, 1354.

Aufrechnung: Der Nebenintervenient kann eine solche der Hauptpartei erheben, BGH VersR 1985, 80. Er darf aber keine Aufrechnung nach § 145 III mit fremder, wohl aber, soweit die Voraussetzungen vorliegen, Gesamtschuldnerschaft zusammen mit Hauptpartei §§ 421 f. BGB, mit eigener Gegenforderung erheben, BGH WM 2011, 2218 Thomas/Putzo/Hüßtege Rn. 15; Zöller/Althammer Rn. 11.

Berufung der Hauptpartei: Wegen der Gebundenheit des einfachen Nebenintervenienten an die Frist seiner Hauptpartei zB nach §§ 517, 518 gilt seine „Berufung" evtl. nur als eine Unterstützungserklärung und nicht als ein selbständiges Rechtsmittel, BGH ZIP 2012, 1523.

Beschwer: Maßgebend ist diejenige der Hauptpartei, BGH NJW 1997, 2385. Vgl. auch § 184 III FamFG.

Bestreiten: Der Nebenintervenient kann jeden Tatsachenvortrag bestreiten, soweit er sich nicht in Widerspruch zur Hauptpartei setzt. Ein Bestreiten mit Nichtwissen ist ausgeschlossen, soweit die Erklärung eine Tatsache betrifft, die eine eigene Handlung oder ein Gegenstand der Wahrnehmung der Hauptpartei oder des Nebenintervenienten gewesen ist, BGH BeckRS 2021, 18616. Die Voraussetzungen nach § 138 IV sind neben der Sicht des Nebenintervenienten auch aus Sicht der Hauptpartei zu beurteilen, BGH BeckRS 2021, 18616.

Beweismittel: Der Nebenintervenient kann jedes Beweismittel geltend machen, freilich nicht gegen das Interesse der Hauptpartei, OLG Düss OLGR 2004, 378.

Einrede: Der Nebenintervenient kann Einreden der Hauptpartei erheben, BGH VersR 1985, 80. Er darf aber keine Einrede aus eigenem Recht geltend machen.

Einspruch: Der Nebenintervenient kann einen Einspruch für die Hauptpartei einlegen, BGH NJW 1985, 2480.

Frist: Der einfache Nebenintervenient muss den Beginn oder den Ablauf einer Frist bei der Hauptpartei zB nach §§ 517, 518 auch für sich hinnehmen, BGH NJW 2001, 1355. Das gilt auch wegen einer Verlängerung der Frist, BGH NJW 1982, 2069; BAG ZIP 1991, 335.

Fristverlängerung: Der Nebenintervenient kann eine Verlängerung zB der Rechtsmittelbegründungsfrist, wie § 520 II 2, 3 beantragen, BGH JZ 1982, 429. Die ihm gewährte Verlängerung gilt auch zugunsten der Hauptpartei, BGH NJW 1990, 190.

Gerichtsstandsvereinbarung: Der einfache Nebenintervenient muss eine solche Vereinbarung der Hauptpartei nach § 38 hinnehmen.

Geständnis: Soweit die Hauptpartei bestreitet, kann der Nebenintervenient nicht nach § 288 I gestehen, LG Arnsb NJW-RR 2003, 1187. Ein Geständnis der Hauptpartei bindet grds. den einfachen Nebenintervenienten nach § 66, BGH NJW 1976, 293; OLG Düss VersR 2004, 1020; zum Widerruf vgl. § 290.

Insolvenz: Der Nebenintervenient kann nicht eine Anfechtungseinrede erheben, BGH JR 1989, 499.

Klageänderung/-rücknahme: Der Nebenintervenient kann eine Klageänderung nach § 263 nicht vornehmen, LAG Kiel DB 1984, 1630. Eine Klagerücknahme der Hauptpartei kann er nicht verhindern, die Klage (der Hauptpartei) auch nicht zurücknehmen.

Kostenantrag: Derjenige des Nebenintervenienten ist beim Widerspruch der Hauptpartei unbeachtlich, BGH NJW-RR 2008, 261.

Kostenausspruch: Der Nebenintervenient darf gegen den Ausspruch zB nach §§ 91 ff. vorgehen, soweit dieser ihn selbst benachteiligt, OLG Oldb NJW-RR 1995, 829.

Mündliche Verhandlung: Der Nebenintervenient kann in der mündlichen Verhandlung nach § 128 I alle Erklärungen und Handlungen für die abwesende Hauptpartei vor- und entgegennehmen.

Patent: Der Nebenintervenient kann nicht durch eine Anschlussberufung nach § 524 einen Patentschutz voll aufrechterhalten, falls der Patentinhaber ihn vielleicht nur (noch) eingeschränkt beansprucht.

Rechtsbehelf: Der Nebenintervenient darf einen Rechtsbehelf grds. auch für die und zugunsten der Hauptpartei einlegen, BGH MDR 2017, 844. Das gilt evtl. selbst dann, wenn die Hauptpartei „ihr" Rechtsmittel zB nach §§ 516, 565, mit dem Zusatz „zurücknimmt", sie sei mit der Fortführung „seines" Rechtsmittels einverstanden, BGH NJW 1993, 2944; OLG Hamm NJW-RR 1997, 1156. Er darf aber keinen materiell-rechtlichen Rücktritt für die Hauptpartei erklären. Das gilt freilich dann nicht, wenn sich die Hauptpartei mit ihrem Gegner zB ohne Beteiligung des Nebenintervenienten zwischenzeitlich verglichen hat, BGH NJW 1993, 2944; OLG Hamm OLGZ 2002, 299.

Rechtsmittelbegründung: Der Nebenintervenient kann ein Rechtsmittel zB nach § 520 begründen, BGH NJW 2001, 1355, dabei auch eine Verlängerung beantragen, BGH NJW 1982, 2069.

Rechtsmittelbeschränkung: Der Nebenintervenient kann sein Rechtsmittel beschränken oder zB nach §§ 516, 565 zurücknehmen, falls seine Hauptpartei den Anspruch nicht weiter verfolgt, BGH NJW-RR 1999, 286, aber nicht gegen ihren Willen.

Rechtsmitteleinlegung: Der Nebenintervenient kann mit Zustimmung der Hauptpartei ein Rechtsmittel einlegen, OLG Düss BauR 2012, 547, nicht aber gegen den Willen, BGH FamRZ 1985, 61; OLG Hamm FamRZ 2002, 30; OLG Frankfurt BeckRS 2019, 38726. Voraussetzung ist, dass der Nebenintervenient dem Rechtsmittel wirksam beigetreten ist, OLG Rostock BeckRS 2019, 12545. Soweit die Hauptpartei und der Nebenintervenient je ein Rechtsmittel eingelegt haben, liegt ein einheitliches Rechtsmittel vor, über das – selbst bei zwischenzeitlicher Zurückweisung und damit fehlender Beteiligung des Nebenintervenienten – einheitlich zu entscheiden ist, BGH MDR 2006, 944. Eine erteilte Auskunft der Hauptpartei im Rahmen einer Auskunftsklage ist nicht als Widerspruch zum eingelegten Rechtsmittel des Nebenintervenienten auszulegen, BGH WM 2017, 1430.

Rechtsmittelrücknahme/-verzicht: Wenn die Hauptpartei ihr Rechtsmittel wirksam nach §§ 516, 565, zurücknimmt, hindert das den Nebenintervenienten nicht an der Durchführung des eigenen Rechtsmittels, BGH NJW 1993, 2944, es sei denn, dass die Hauptpartei auch auf den zugrunde liegenden materiell-rechtlichen Anspruch verzichtet hat. Denn die Rücknahme beseitigt nur die Einlegung des Rechtsmittels. Gleiches gilt für den Rechtsmittelverzicht.

Rücktritt: Der Nebenintervenient kann den von der Hauptpartei ausgeübten geltend machen.

Säumnis: Der Nebenintervenient muss die Folgen einer schon eingetretenen Säumnis der Hauptpartei nach §§ 330 ff. grds. hinnehmen, BGH VersR 1982, 976. Die Folgen einer Säumnis kann der Nebenintervenient allenfalls aus solchen Gründen verhindern oder beseitigen, die in der Person der Hauptpartei liegen, BGH ZIP 1994, 787.

Schriftliches Verfahren: Der Nebenintervenient kann Entscheidung im schriftlichen Verfahren beantragen, §§ 128 II, 495a S. 1.

Selbständiges Beweisverfahren: Der Nebenintervenient auf Seiten des Antragsgegners kann, soweit er damit nicht dem Antragsgegner widerspricht, die Anordnung einer Frist zur Klageerhebung nach § 494a I beantragen, OLG Karlsr NJW-RR 2001, 214; LG Bad Kreuzn NJW-RR 2014, 803. Er kann in diesen Grenzen auch nach § 494a II vorgehen, OLG Köln OLGR 2005, 219.

Streitverkündung: Der Nebenintervenient kann anderen den Streit nach § 72 verkünden.

Teilurteil: Der Nebenintervenient hat ein Teilurteil nach § 301 bei der Hauptpartei hinzunehmen.

Verjährung: Der Nebenintervenient kann – soweit nicht gegen den Willen der Hauptpartei – Verjährung einwenden, BGH VersR 1985, 81.

Verspätung/Verwirkung: Der Nebenintervenient hat die Folgen einer Verspätung der Hauptpartei zB bei §§ 282, 296 hinzunehmen, Schulze NJW 1981, 2663. Gleiches gilt für die Verwirkung. Eine noch nicht eingetretene Versäumung der Hauptpartei kann ihr Nebenintervenient aber verhindern, BGH ZIP 1994, 788.

Verzicht: Der Nebenintervenient kann ihn nicht gegen den Willen der Hauptpartei erklären.

Wertfestsetzung: Der Nebenintervenient kann einen Antrag auf Festsetzung des Streitwerts nach §§ 3 ff., § 63 GKG stellen.

Widerklage: Der Nebenintervenient kann keine Widerklage erheben. Eine Widerklage gegen ihn ist statthaft, BGH NJW 1996, 196.

Widerruf, Widerspruch: Jede Erklärung des Nebenintervenienten verliert ihre Wirkung dann, wenn die Hauptpartei ihre Erklärung widerruft, BGH MDR 2007, 1443, oder seiner Erklärung widerspricht, BGH MDR 2017, 844.

Wiedereinsetzung: Der Nebenintervenient kann aus Gründen in der Person der Hauptpartei nach §§ 233 ff. vorgehen, BGH NJW 1991, 229.

Zeugnisfähigkeit: Der Nebenintervenient kann Zeuge sein, BayObLG 1987, 253.

Zwischenfeststellungsklage: Der Nebenintervenient kann eine Klage nach § 256 II nicht erheben, Schneider MDR 1990, 505.

Zwischenurteil: Der Nebenintervenient muss ein Zwischenurteil bei der Hauptpartei hinnehmen.

3. Materiell-rechtliche Erklärung; Aufklärung/gütliche Einigung. Der Nebenintervenient darf den Prozessgegenstand nicht ändern, OLG Brandenburg NJW-RR 2019, 1358, und damit nicht solche Prozesshandlungen vornehmen, die gleichzeitig einen materiell-rechtlichen Inhalt haben, etwa ein Prozessvergleich. Sofern es sich um einen Verzicht, § 306, oder um ein Anerkenntnis, § 307, handelt, also nicht um materiell-rechtliche Verfügungen, handelt es sich nicht um Unterstützungshandlungen. Er kann solche materiell-rechtlichen Rechte geltend machen, die eine Hauptpartei bereits im Prozess (auch in der Vorinstanz) ausgeübt hat. Er kann hingegen nicht mit einer Forderung, die ihm nicht zusteht, aufrechnen, da der materiell-rechtliche Gegenstand fehlt. 15

S. 2 erleichtert die Sachverhaltsaufklärung und eröffnet Möglichkeiten gütlicher Einigung. In der Gesetzesbegründung heißt es hierzu, BT-Drs. 19/13828, 5, 18: „Fragen zum entscheidungserheblichen Sachverhalt können in der Praxis häufig, beispielsweise in Streitigkeiten aus Bau- und Architektenverträgen, bei denen zahlreiche Unternehmen an der Erstellung eines Bauwerks beteiligt wurden, nicht von den Parteien selbst, sondern von einem – sachnäheren – Streithelfer beantwortet werden. Zudem spielen Streithelfer bei der gütlichen Streitbeilegung, insbesondere bei offenen Regressfragen, eine besondere Rolle." 16

68 ***Wirkung der Nebenintervention.*** **Der Nebenintervenient wird im Verhältnis zu der Hauptpartei mit der Behauptung nicht gehört, dass der Rechtsstreit, wie er dem Richter vorgelegen habe, unrichtig entschieden sei; er wird mit der Behauptung, dass die Hauptpartei den Rechtsstreit mangelhaft geführt habe, nur insoweit gehört, als er durch die Lage des Rechtsstreits zur Zeit seines Beitritts oder durch Erklärungen und Handlungen der Hauptpartei verhindert worden ist, Angriffs- oder Verteidigungsmittel geltend zu machen, oder als Angriffs- oder Verteidigungsmittel, die ihm unbekannt waren, von der Hauptpartei absichtlich oder durch grobes Verschulden nicht geltend gemacht sind.**

Schrifttum: Diedrich, Die Interventionswirkung usw., 2001; Ziegert, Die Interventionswirkung, 2003.

1 **I. Systematik. 1. Interventionswirkung.** Die gesetzliche Interventionswirkung besteht darin, dass der Nebenintervenient die Richtigkeit des formell rechtskräftigen Urteils nicht bestreiten kann, BGH NJW 2010, 3577. Dabei handelt es sich weder um eine Rechtskrafterstreckung auf Dritte noch um eine Drittwirkung der Rechtskraft, sondern um eine Entscheidungswirkung eigener Art, MüKoZPO/Schultes Rn. 6. Der Nebenintervenient ist auf die praktisch wenig bedeutsame Einrede einer schlechten Prozessführung angewiesen. Die Wirkung nach § 68 liegt darin, dass in einem Folgeprozess das Gericht an die tatsächlichen und rechtlichen Feststellungen im Vorprozess im Umfang der Nebeninterventionswirkung gebunden ist. Indes besteht gegenüber der anderen Partei keine Bindungswirkung, BGH BeckRS 2019, 6468. Die Wirkung im Verhältnis von Hauptpartei und Streitgenossen erstreckt sich dabei auf die tragenden Entscheidungsgründe. § 325 gilt entsprechend, BGH WM 1997, 1757. Das Gericht muss die Interventionswirkung von Amts wegen beachten, BGH NJW 1987, 1894. Das gilt auch in der Revisionsinstanz, BGH VersR 1985, 569. Eine Rüge nach § 559 ist nicht erforderlich. Eine unzutreffende Würdigung ist ein sachlicher Mangel.

2. Beispiele zur Frage einer Interventionswirkung

2 **Außergerichtliche Vereinbarung:** Die Interventionswirkung kann von den Parteien ausgeschlossen werden, Zöller/Althammer Rn. 14. Wirkung hat die Vereinbarung wegen des Eintritts oder Nichteintritts, OLG Düss NJW-RR 1993, 1471.

Beitrittsrücknahme: Eine Wirkung bleibt trotz einer späteren Rücknahme der Beitrittserklärung bestehen.

Entscheidungserheblichkeit: Keine Wirkung erfolgt bei dem nicht Entscheidungserheblichen und daher entweder auch nicht Geklärten, BGH NJW 1983, 820; OLG Karlsr OLGR 2005, 629, oder auch nicht Klärungsbedürftigen, BGH FamRZ 2008, 1435. Die Interventionswirkung erstreckt sich also nicht auf das, was im konkreten Verfahren gar nicht zu klären war, LG Stgt NJW-RR 1993, 297.

Feststellungsurteil: Wirkung hat ein nach § 705 formell rechtskräftiges, OLG Stgt VersR 2011, 1076.

Nicht gegen Hauptpartei: Keine Wirkung entsteht gegen die Hauptpartei, BGH NJW 1997, 2385 (2386), außer bei § 69; so auch im selbständigen Beweisverfahren BGH NJW 2015, 559.

Prozessurteil: Keine Wirkung entsteht bei einem bloßen Prozessurteil.

Prozessvergleich: Keine Wirkung erfolgt, soweit die Parteien einen solchen Vergleich schließen, BGH BB 2005, 1762, grds. auch nicht bei einem solchen in der Rechtsmittelinstanz.

Prozessvoraussetzungen: Keine Wirkung erfolgt dann, wenn diejenigen fehlen, etwa der Rechtsweg nach §§ 13 ff. GVG, BGHZ 123, 48. Lag er aber im Hauptprozess vor, erstreckt sich die Wirkung auch auf ein Folgeverfahren in einem anderen Rechtsweg, freilich evtl. dort nur begrenzt, BSG NJW 2012, 956.

Rechtliches Gehör: Keine Wirkung entsteht ohne Gewährung rechtlichen Gehörs, BGH NJW 1988, 713.

Rechtsmittelrücknahme: Eine Wirkung erfolgt bei einer einseitigen solchen Rücknahme zB nach §§ 516, 565, OLG Kblz OLGR 2001, 243.

Rechtsnachfolger: Wirkung entsteht auch beim Rechtsnachfolger, OLG Mü BauR 2011, 543.

Schiedsrichterliches Verfahren: Keine Wirkung entsteht im Verfahren nach §§ 1025 ff. dann, wenn der Streitverkündete nicht beitritt oder wenn er das Verfahren nicht gegen sich gelten lassen will, Kraft/Looks BB 2002, 1171.

Teilklage: Wirkung entsteht grundsätzlich, da die Feststellung nicht teilbar ist, BGH NJW 1969, 1480, 1481; OLG Saarbrücken OLGR 2007, 376; aM MüKoZPO/Schultes Rn. 17; kritisch Zöller/Althammer Rn. 10.

Unteilbarkeit: Die Wirkung ist unteilbar, BGH NJW-RR 1989, 766, daraus folgt: Auch wenn die Interventionswirkung grundsätzlich nur zulasten des Streitverkündeten, nicht aber zulasten der unterstützten Hauptpartei gilt, kann die Wirkung dem Streitverkündeten wegen ihrer Unteilbarkeit nicht nur mit Blick auf Umstände zu seinen Lasten unter Auslassung ihn begünstigender Umstände entgegengehalten werden, BGH NJW 2019, 1748.

Vorgreiflichkeit: Eine Wirkung entsteht wegen der Vorgreiflichkeit und der tatsächlichen Feststellungen des Vorprozessurteils, soweit die Entscheidung auf ihnen beruht, BGH VersR 1988, 1379. Der im ersten Prozess nach § 72 Streitverkündete muss im zweiten Prozess die früheren Ergebnisse insoweit gegen sich gelten lassen, OLG Ffm MDR 1976, 937.

Wohnungseigentum: Wirkung kann auch ein Vorgang im Verfahren nach § 43 WEG haben, OLG Hamm FGPrax 1995, 230. Den Vorrang hat § 48 III WEG, Dötsch ZMR 2011, 781, großzügiger LG Karlsr NZM 2015, 751. Der nicht Beigetretene bleibt unbeachtet, LG Stgt NJW-RR 2013, 649.

3 **II. Regelungszweck.** Die Regelung liegt im Interesse von Prozessförderung und -wirtschaftlichkeit und ist letztlich auch Ausdruck des Grundsatzes von Treu und Glauben, OVG Weimar NVwZ-RR 2003, 832. Sie ermöglicht dem Streitverkünder, das Gericht im Folgeprozess nach §§ 68, 74 an die Ergebnisse des Erstgerichts zu binden. So schließt er das Risiko des Prozessverlusts in den Fällen aus, in denen er wegen der materiell-rechtlichen Abhängigkeit und gegenseitigen Ausschließung der Ansprüche in einem der beiden Verfahren obsiegen muss, BGH MDR 2018, 1144.

4 **III. Einwand unrichtiger Entscheidung.** Der Nebenintervenient kann im Verhältnis zur Hauptpartei nicht einwenden, das Gericht habe den Prozess unrichtig entschieden. Das bedeutet: Die Interventionswirkung ergreift, im Unterschied zur Rechtskraftwirkung, alle notwendigen tatsächlichen und rechtlichen Grundlagen des Urteils, also die tragenden Urteilselemente, BGHZ 157, 99.

1. Umfang der Interventionswirkung. Die Interventionswirkung erfasst alle für die Entscheidung erheblichen Tatsachenfeststellungen und die entsprechenden rechtlichen Beurteilungen, der Richter des Folgeprozesses ist an sämtliche tatsächlichen und rechtlichen Feststellungen gebunden, soweit sie für die vorherige Entscheidung tragend sind, OLG München IBRRS 2018, 3671. Die Interventionswirkung gilt ohne Rücksicht auf den Umfang der Anhängigkeit im Vorprozess. Es tritt also nach § 318 eine Bindung an die gesamten tatsächlichen und rechtlichen Umstände, OLG Düss NJW-RR 2011, 598, und nicht nur an einzelne solcher Umstände ein, auf denen das erste Urteil beruhte, BGH 157, 99; OLG Saarbr NJW 2010, 3665. Das gilt auch bei einem Grundurteil nach § 304, BGH 65, 135, Teilurteil nach § 301 oder im selbständigen Beweisverfahren nach §§ 485 ff., BGH NJW 2015, 558 (zust. Schäfer). Den tatsächlich nicht entscheidungserheblichen Feststellungen kommt keine Interventionswirkung zu, BGH 157, 99. Entscheidend ist die Auslegung des früheren Urteils durch das jetzige Gericht, BGH 157, 99; OLG Hamm NJW-RR 1996, 1506. Das gilt zB für die Nichtigkeit eines Vertrags im Rückgriffsprozess. 5

Diese Wirkungen treten auch in folgenden Fällen ein: Das Urteil des Vorprozesses betraf eine andersartige Haftung; der Vorprozess führte nur zu einem Teil – oder Grundurteil, BGH 65, 135; im Vorprozess kam ein Prozessvergleich zustande; der Nachprozess ist ein solcher Rückgriffsprozess, in dem das Gericht erstmalig über ein Verschulden entscheidet; im Vorprozess hatte das Gericht eine Verjährung verneint, OLG Ffm MDR 1976, 937. 6

2. Grenzen der Interventionswirkung. Die Interventionswirkung tritt nicht ein, soweit der Nebenintervenient nach § 67 gehindert war, auf den Verlauf des Vorprozesses Einfluss zu nehmen, BGH NJW 2021, 1242. Die Interventionswirkung erstreckt sich ferner nicht auf im Hauptprozess nicht entscheidungserheblich gewesene Fragen, OLG Köln NJW-RR 1992, 120; → Rn. 2 „Entscheidungserheblichkeit"; Rn. 5. Daher erstreckt sich die Interventionswirkung zB nur darauf, dass man die betreffende Tatfrage nicht klären kann, nicht etwa darauf, dass sie mangels einer Feststellbarkeit im Folgeprozess nicht mehr bestehe, BGHZ 99, 52. Folglich kann der Beweispflichtige auch im Folgeprozess wiederum aus Beweislastgründen unterliegen, BGHZ 99, 52. 7

IV. Einwand mangelhafter Prozessführung. Der Einwand bleibt dem Nebenintervenienten erlaubt, anders als bei materieller Rechtskraft. Er ist Folge des Gebots rechtlichen Gehörs. Soweit der Einwand greift, ist der Nebenintervenient nicht oder nur eingeschränkt im Folgeprozess gebunden, seinen Einwand kann er hier geltend machen. Der Einwand mangelhafter Prozessführung macht eine mangelhafte Beibringung des Prozessstoffs und das Unterlassen von Prozesshandlungen geltend, etwa von Einreden, Rechtsbehelfen. Der Nebenintervenient müsste vortragen und beweisen, dass ein Vortrag solcher Teile des Prozessstoffs und eine Vornahme solcher Prozesshandlungen im Vorprozess ein günstigeres Ergebnis herbeigeführt hätten, Berding/Deckenbrock NZBau 2006, 341. Diesen Einwand kann er indes nur dann vortragen, wenn eine der folgenden Fallgruppen vorliegt: 8

1. Durch Lage des Rechtsstreits bei Beitritt gehindert, Hs. 2 Alt. 1. Soweit der Nebenintervenient schon zum Zeitpunkt des Beitritts an eine unabänderliche Lage des Rechtsstreits gebunden ist, ist eine Bindung im Folgeprozess ausgeschlossen, zB Streitverkündung nach Schluss der mündlichen Verhandlung in einer nicht revisiblen Sache. Dem Dritten kann nicht zugemutet werden, dem Rechtsstreit noch beizutreten, OLG Köln MDR 1983, 409. Das wäre nicht so, soweit der Nebenintervenient imstande gewesen war, die Prozesslage zu verbessern, sei es auch nur durch die Einlegung eines eher erfolgversprechenden Rechtsmittels, BGH NJW 1976, 293. 9

2. Verhinderung durch Erklärungen oder Handlungen der Hauptpartei, Hs. 2 Alt. 2. Der Nebenintervenient durfte sich im Vorprozess nicht in Widerspruch zum Vorbringen der Hauptpartei setzen. Konnte der Nebenintervenient auch im Falle seines Beitritts im Vorprozess seinen Standpunkt nicht zur Geltung bringen, weil er auf die Unterstützung der Hauptpartei beschränkt ist, ist eine Bindungswirkung ausgeschlossen, BGH NJW 2021, 1242. 10

3. Unterlassung von Prozesshandlungen, Hs. 2 Alt. 3. Die Fallgruppe nach § 68 Hs. 2 Alt. 3 hat praktisch geringere Bedeutung. Die Hauptpartei muss absichtlich oder zumindest grob fahrlässig eine solche Prozesshandlung unterlassen haben, die der Nebenintervenient nicht vornehmen konnte, etwa deshalb nicht, weil ihm Angriffs- und Verteidigungsmittel unverschuldet unbekannt waren. Soweit er die Prozesshandlung selbst vornehmen konnte, kann sich der Nebenintervenient auch in diesem Zusammenhang nicht auf ein mitwirkendes Verschulden der Hauptpartei nach § 254 BGB berufen. Der Ausdruck „absichtlich" im Gesetz lässt im Gegensatz zu dem Begriff „vorsätzlich" jedes bewusste Handeln genügen, selbst wenn es auf einer durchaus im Einzelfall nachvollziehbaren Erwägung beruhte, etwa den Fall, dass die Hauptpartei sich im Verhältnis zum Prozessgegner nicht auf eine Verjährung berufen wollte. Der Nebenintervenient konnte die Einrede der Verjährung nicht vorbringen, da er sich so in Widerspruch zum Vorgehen der Hauptpartei gesetzt hätte. Soweit der Nebenintervenient die ihm nachteiligen Folgen selbst abwenden konnte, etwa durch Einlegung eines Rechtsmittels, kann er sich auf diese Einrede nicht berufen. 11

4. Unzumutbar erschwerte Rechtsmittel. Diese weitere – mit Blick auf ausreichenden Rechtsschutz für den Nebenintervienten berechtigte – Fallgruppe führt Zöller/Althammer Rn. 12 an: Soweit die Einlegung eines Rechtsmittels unzumutbar erschwert ist (zB Urteilszustellung nach Ablauf eines wesentlichen Teils der Rechtsmittelfrist ohne Gewährung voller Rechtsmittelfrist), ist die Interventionswirkung entsprechend einzuschränken. 12

69 ***Streitgenössische Nebenintervention.*** **Insofern nach den Vorschriften des bürgerlichen Rechts die Rechtskraft der in dem Hauptprozess erlassenen Entscheidung auf das Rechtsverhältnis des Nebenintervenienten zu dem Gegner von Wirksamkeit ist, gilt der Nebenintervenient im Sinne des § 61 als Streitgenosse der Hauptpartei.**

Schrifttum: Vollkommer, Streitgenössische Nebenintervention und Beiladungspflicht nach Art. 103 Abs. 1 GG, Festgabe 50 Jahre Bundesgerichtshof, 2000, III 127.

I. Systematik. § 69 regelt im Anschluss an die von §§ 66–68 erfasste unselbständige Nebenintervention die streitgenössische selbständige Streithilfe/Nebenintervention. Die Befugnisse des streitgenössischen Nebeninterve- 1 nienten sind gegenüber denen des einfachen Streithelfers aus dem in § 69 angegebenen Grund erweitert: Die Rechtskraft der ergehenden Entscheidung ist für ein Rechtsverhältnis zwischen ihm und dem Prozessgegner der unterstützten Hauptpartei relevant, BGH BeckRS 2022, 1307.

2 **1. Rechtsverhältnis zum Prozessgegner.** Neben den Voraussetzungen nach § 66 ist eine streitgenössische Nebenintervention nur dann zulässig, wenn die Rechtskraft der ergehenden Entscheidung ein Rechtsverhältnis zwischen dem Nebenintervenienten und dem Gegner erfasst, BGH MDR 2014, 1044; BeckRS 2022, 1307. Es handelt sich um solche Fälle, in denen das Urteil nicht nur zwischen den Parteien wirkt, sondern darüber hinaus für und gegen den Nebenintervenienten, BGH WM 2016, 1955 (1957): Die Rechtskraft betrifft hier also das Verhältnis zum Prozessgegner. Die Wirkung hinsichtlich Hauptpartei und Nebenintervenient ist nicht ausreichend und wird von § 68 geregelt, vgl. § 68 Hs. 2. Nicht ausreichend ist indes, dass Rechte oder Pflichten des Nebenintervenienten durch Rechte oder Pflichten der Parteien bestimmt werden oder die Entscheidung im Hauptprozess mittelbar diese beeinflusst, BGH BeckRS 2022, 1307.

3 Die Rechtskraftwirkung kann sich über den Wortlaut hinaus nicht nur aus den Vorschriften des BGB, sondern auch aus anderen, insbesondere aus den Verfahrensvorschriften ergeben, so aus §§ 326 ff.; aus § 325 nur möglich, soweit Rechtsnachfolge während des Prozesses, BeckOK ZPO/Dressler Rn. 4. Streitgenössische Nebenintervention wird zudem auch im Fall der Gestaltungwirkung oder der Vollstreckbarkeit des Urteils gegenüber dem Nebenintervenienten (ohne Rechtskraft der Entscheidung ihm gegenüber) begründet, → Rn. 4.

2. Beispiele zur Frage einer Anwendbarkeit

4 **Aktionärs-Anfechtungsklage:** Anwendbar ist § 69 bei ihr zugunsten eines weiteren Aktionärs, der einen Anfechtungsrechtsstreit führt, OLG Köln NJW-RR 1995, 1251. Gleiches gilt, wenn ein Aktionär in einem Anfechtungsrechtsstreit der Gesellschaft beitritt, BGH BeckRS 2019, 30364.

Duldungstitel: Unanwendbar ist § 69 schon wegen seiner Notwendigkeit, BGH NJW 2001, 1356.

Gesamtschuldner: Anwendbar sein kann § 69 bei einem Gesamtschuldner im Prozess gegen einen anderen Gesamtschuldner, BayObLG NJW-RR 1987, 1423.

Gestaltungswirkung: Anwendbar sein kann § 69 ihretwegen. Das gilt etwa bei §§ 1313, 1496, 2342 BGB, §§ 117, 127, 133, 140 HGB. Maßgebend sind stets die tatsächlichen Verhältnisse, BayObLG NJW-RR 1987, 1423.

Insolvenz-Anfechtungsklage: Unanwendbar ist § 69 für einen Insolvenzgläubiger als Nebenintervenient im Anfechtungsprozess des Insolvenzverwalters.

Kostenwirkung: Der Grundsatz der Kostenparallelität gilt nicht für die streitgenössische Nebenintervention, der Grundsatz kann nicht weiter reichen, als sich Nebenintervention und Rechtsstreit decken. Anwendung finden für die streitgenössische Nebenintervention allein §§ 101 II, 100, BGH BeckRS 2019, 30364.

Miete: Unanwendbar ist § 69 zugunsten eines Untermieters im Prozess zwischen Vermieter und Hauptmieter, BGH NJW 2001, 1355.

Patentsache: Anwendbar ist § 69 zugunsten desjenigen, der im Nichtigkeitsverfahren als angeblicher Verletzer dem Patentinhaber beitritt, BGH MDR 2011, 181; BPatG GRUR 2010, 221. Im Patentnichtigkeitsverfahren gilt ein Nebenintervenient des Klägers als streitgenössischer Nebenintervenient, da die Entscheidung über den Rechtsbestand des Patents nur einheitlich ergehen kann, BGH GRUR 2022, 59.

Rechtskraftumfang: Unanwendbar ist § 69 bei einer Rechtskraftwirkung für und gegen alle, BGH NJW 1985, 386 (387).

Rechtsnachfolge: Unanwendbar ist § 69 grds. beim Eintritt einer solchen während eines Prozesses infolge einer Veräußerung des Streitgegenstands nach § 265 II 3. Eine Ausnahme kann bei der Rechtsnachfolge in eine Marke nach § 27 MarkenG gelten.

Schadensersatz: Unanwendbar ist § 69 bei einer bloßen Ersatzpflicht des Nebenintervenienten, OLG Celle MDR 2005, 779.

Zwangsvollstreckung: Anwendbar sein kann § 69 schon wegen einer solchen mit ihren Wirkungen etwa nach §§ 729, 740 ff., 788, LG Saarbr JurBüro 1977, 1146.

5 **II. Regelungszweck.** Die im Vergleich zu §§ 66–68 hervorgehobene Stellung des streitgenössischen Nebenintervenienten ist Ausdruck des Gebots der Wahrung rechtlichen Gehörs, MüKoZPO/Schultes Rn. 1. Sie soll den Nebenintervenienten schützen, der aufgrund anderer Vorschriften rechtskräftig im Verhältnis zum Gegner geschützt wird. Aufgrund dieser verstärkten Bindungswirkung soll er auch eine gefestigte Position als Streitgenosse der Hauptpartei im Rechtsstreit erhalten. Dabei ist die Frage, ob und inwieweit eine Rechtskrafterstreckung eintreten kann, als Vorbedingung für die Anwendbarkeit des § 69 nach den Vorschriften des bürgerlichen Rechts und – über den Wortlaut hinaus – auch des Verfahrensrechts zu klären, MüKoZPO/Schultes Rn. 5.

6 **III. Beitritt und Zulassung.** Die allgemeinen Regeln nach §§ 66 ff., namentlich §§ 70 f., sind für Beitritt und Zulassung anwendbar.

7 **IV. Stellung des Zugelassenen: Streitgenosse.** § 69 regelt ein eigenes Recht zur Prozessführung in einem fremden Verfahren, nicht eine selbständige Rechtsverfolgung des streitgenössischen Nebenintervenienten, MüKoZPO/Schultes Rn. 11. Denn der streitgenössische Nebenintervenient gilt als Streitgenosse der Hauptpartei nach § 59, BGH NJW 2008, 1890; BPartG GRUR 2010, 221. Er ist aber kein solcher, BPatG GRUR 2010, 221. Denn er müsste als Partei eintreten, um Streitgenosse zu sein, OLG Celle KTS 1988, 369. Die Fiktion der Streitgenossenschaft betrifft den Prozessbetrieb, nicht die selbständige Rechtsverfolgung. Ihm kommen bestimmte Rechte eines Streitgenossen zu. Sie tritt „im Sinn des § 61" ein, BPatG GRUR 2010, 221. Der streitgenössische Nebenintervenient gilt also als gewöhnlicher Streitgenosse nach § 59 nur, soweit nicht (wie meist) eine notwendige Streitgenossenschaft nach § 62 eintritt, BGH NJW-RR 1999, 286. Der letztere Fall liegt zB vor: bei einem Aktionär, der einem Anfechtungskläger nach § 245 AktG beitritt; bei einem Gesellschafter der Gesellschaft mit beschränkter Haftung bei einer Anfechtung eines Gesellschafterbeschlusses, BGH NJW 2008, 1889; im Patentnichtigkeitsverfahren, BPatG GRUR 2010, 221; GRUR 2022, 59; bei einer Anfechtungsklage im Vaterschaftsverfahren nach §§ 169 ff. FamFG, BGH NJW 2009, 1496.

8 ***V. Erweiterte Befugnisse des streitgenössischen Nebenintervenienten.*** Die Erstreckung der Rechtskraftwirkung oder der Vollstreckungswirkung auf den streitgenössischen Nebenintervenienten befreit ihn notwendig von den Beschränkungen des § 67, OLG Celle KTS 1988, 369, soweit diese Beschränkungen nicht begrifflich bedingt sind.

VI. Beispiele zur Frage der erweiterten Befugnisse

Anerkenntnis/Klageverzicht: Der streitgenössische Nebenintervenient kann ein wirksames Anerkenntnis abgeben. Gleiches gilt für den Klageverzicht. Diese Erklärungen müssen allerdings von Partei und ihrem Nebenintervenienten abgegeben werden, mit der Folge, sowohl streitgenössischer Nebenintervenient als auch Partei können durch ihren Widerspruch die Wirksamkeit entfallen lassen, BGH NJW-RR 1993, 1254. 9

Angriffs- und Verteidigungsmittel: Der streitgenössische Nebenintervenient kann sie vorbringen, BGH NJW 1985, 386.

Anspruchsverzicht: Der streitgenössische Nebenintervenient kann wirksam nach § 306 auf den Anspruch verzichten.

Bestreiten: Der streitgenössische Nebenintervenient kann einem Bestreiten der Hauptpartei, auch mit deren Nichtwissen nach § 138 IV widersprechen, BGH NJW-RR 1993, 1294.

Geständnis: Wenn der streitgenössische Nebenintervenient nach § 288 I gesteht, während seine Hauptpartei leugnet, muss das Gericht sein Geständnis nach § 286 frei würdigen. Er kann einem Geständnis seiner Hauptpartei widersprechen, BGH NJW-RR 1993, 1294.

Parteivernehmung: Das Gericht darf den streitgenössischen Nebenintervenienten als Partei vernehmen, obwohl er keine Partei ist. Denn er gilt als solche, OLG Hamm FamRZ 1978, 204 (205).

Prozesshandlung: Der streitgenössische Nebenintervenient kann eine Parteiprozesshandlung auch ohne Kenntnis der Hauptpartei oder sogar gegen deren Widerspruch wirksam vornehmen, BGH NJW-RR 1999, 285.

Rechtsbehelfsfrist: Sie läuft gegen den streitgenössischen Nebenintervenienten erst seit der Zustellung gerade (auch) an ihn, soweit für die Frist überhaupt eine förmliche Zustellung erforderlich ist, BGH WM 2016, 1955; aM BGH (2. ZS) NJW 2008, 1889, 1890. Wenn er erst nach dem Beginn einer Frist beitritt, ist er auf deren Rest angewiesen, BGH NJW 2008, 1889.

Rechtsmitteleinlegung: Der steitgenössische Nebenintervenient kann selbständig – und selbst im Widerspruch zur Hauptpartei – ein Rechtsmittel einlegen, BGH NJOZ 2020, 461; BeckRS 2022, 1307. Wenn eine Partei und ihr Nebenintervenient sich gegen ein Urteil wenden, liegt in der Regel ein einheitliches Rechtsmittel vor, über das einheitlich zu entscheiden ist, BGH NJW-RR 2006, 644. Bei einer streitgenössischen Nebenintervention ist hingegen die Zulässigkeit der von einer Partei und ihrem Nebenintervenienten eingelegten Rechtsmittel in der Regel gesondert zu prüfen, BGH GRUR 2022, 59.

Säumnis: Der streitgenössische Nebenintervenient kann eine Säumnis seiner Hauptpartei durch eigenes Verhandeln verhindern.

Unterbrechung: Eine Unterbrechung des Verfahrens nach §§ 239 ff. aus einem in der Person des streitgenössischen Nebenintervenienten liegenden Grundes wirkt sich auch auf die Hauptpartei aus.

Verzicht: Es gilt dasselbe wie beim „Anerkenntnis“, BGH NJW 2008, 1889.

Weiterführung: Der streitgenössische Nebenintervenient kann einen Prozess nicht weiterführen, soweit ihn seine Hauptpartei beendet, OLG Celle KTS 1988, 369.

Widerspruch: Der streitgenössische Nebenintervenient kann einer solchen Prozesshandlung seiner Hauptpartei oder einer solchen Handlung oder Erklärung widersprechen, die seinem Beitritt vorangegangen ist, LAG Saarbr BB 1981, 304, soweit der Stand des Prozesses das noch zulässt. Er kann zB einem Anerkenntnis, einem Bestreiten mit Nichtwissen nach § 138 IV oder einem Geständnis nach § 288 I durch die Berufung widersprechen, BGH NJW-RR 1993, 1294.

Wiedereinsetzung: Der streitgenössische Nebenintervenient kann bei einem eigenen Grund eine Wiedereinsetzung nach §§ 233 ff. beantragen, BGH NJW 2008, 1890.

Zeugnisfähigkeit: Der streitgenössische Nebenintervenient kann nicht Zeuge sein. Denn er gilt als Partei, auch wenn er keine solche ist.

Zustellung: Für sie gilt der streitgenössische Nebenintervenient als Partei. Das gilt auch für eine Urteilszustellung nach § 317.

Zustimmung: Sie kann auch durch den streitgenössischen Nebenintervenienten nötig sein, OLG Mü WM 2010, 2116.

VII. Begrenzung des streitgenössischen Nebenintervenienten. Der Nebenintervenient muss den Prozess so hinnehmen, wie er ihn im Zeitpunkt seines Beitritts vorfindet, BGH VersR 1998, 385. Er kann also nicht den Streitgegenstand ändern, BPatG GRUR 2010, 221. Er kann daher auch nicht die Klage oder Entscheidungen ändern. Er kann keine Widerklage erheben, keine Anträge nach §§ 137, 297 für sich stellen, eine Erledigungserklärung nach § 91a oder eine Klagerücknahme nach § 269 nicht verhindern, BGH ZIP 2010, 1368, und die Klage nicht selbst zurücknehmen. Er ist an Fristen, die bei seinem Beitritt laufen, und bereits eingetretene Präklusionswirkungen gebunden, BeckOK ZPO/Dressler Rn. 9. 10

Der streitgenössische Nebenintervenient unterliegt allerdings nicht den Schranken des § 67 S. 1 HS 2, ihm kommt eine teilweise, von der unterstützten Partei unabhängige Möglichkeit zur Prozessführung zu, BeckOK ZPO/Dressler Vor Rn. 1; zu den erweiterten Befugnissen → Rn. 8 f. 11

VIII. Interventionswirkung. Die Interventionswirkung ist hier grundsätzlich dieselbe wie bei § 68. Es besteht allerdings insofern eine Abweichung, als eine Einwendung nach § 68 nur dann in Betracht kommt, wenn die Rechtskraft den Streithelfer nicht vollständig erfasst. 12

70 *Beitritt des Nebenintervenienten.* I [1]**Der Beitritt des Nebenintervenienten erfolgt durch Einreichung eines Schriftsatzes bei dem Prozessgericht und, wenn er mit der Einlegung eines Rechtsmittels verbunden wird, durch Einreichung eines Schriftsatzes bei dem Rechtsmittelgericht.** [2]**Der Schriftsatz ist beiden Parteien zuzustellen und muss enthalten:**

1. **die Bezeichnung der Parteien und des Rechtsstreits;**
2. **die bestimmte Angabe des Interesses, das der Nebenintervenient hat;**
3. **die Erklärung des Beitritts.**

II **Außerdem gelten die allgemeinen Vorschriften über die vorbereitenden Schriftsätze.**

1 **I. Systematik, I, II.** Während §§ 64–69 die Voraussetzungen des Beitritts eines Streithelfers in den verschiedenen Formen der Streithilfe regeln, benennen §§ 70, 71 die Verfahrensregeln. Dabei erfasst § 70 die Beitrittserklärung.

2 **II. Regelungszweck, I, II.** Die Vorschrift bestimmt die Form des Beitritts. S. 2 verdeutlicht, welchen Inhalt der Beitrittsschriftsatz enthalten muss. Sie ergänzt als zwingende Formvorschrift im Anwendungsbereich von §§ 66 ff. und §§ 72 ff. die allgemeinen Prozessvoraussetzungen der Nebenintervention, MüKoZPO/Schultes Rn. 1.

3 **III. Form des Beitritts, I 1.** Der Nebenintervenient tritt dadurch bei, dass er einen nach § 129 I bestimmenden Schriftsatz beim Gericht einreicht, BGH NJW 1991, 230. Es muss nicht stets eine ausdrückliche Erklärung erfolgen, BAG NJW 2015, 974. Anwaltszwang besteht wie sonst, BGH NJW 1991, 230. Vor dem Amtsgericht genügt wie sonst eine Erklärung zu Protokoll der Geschäftsstelle, § 496. Wenn der Nebenintervenient gleichzeitig ein Rechtsmittel einlegt, erfolgt sein Beitritt dadurch, dass er seinen Beitrittsschriftsatz bei dem Rechtsmittelgericht einreicht, BGH NJW 1997, 2385. Rechtsmittel und Beitritt sind zwei selbständige Prozesshandlungen, deren Wirksamkeit gesondert zu prüfen ist, BGH TranspR 2019, 39; NJW 1997, 2385. Freilich kann ein Rechtsmittel als angebliche Partei oder ein solches „namens des Streitverkündeten" jeweils zugleich als dessen Beitritt auslegbar sein, BGH NJW 2001, 1217. Dieselben Regeln gelten, falls der Nebenintervenient zugleich mit dem Beitritt einen Einspruch einlegt. Der Schriftsatz ist beiden Parteien zuzustellen, I 2 Hs. 1.

4 **IV. Inhalt des Beitritts, I 2. 1. Parteien und Prozess, I 2 Nr. 1.** Der Beitrittsschriftsatz muss denjenigen Prozess bezeichnen, zu dem der Beitritt erfolgen soll, sowie die Prozessparteien, BGH NJW 1997, 2385. Ein Beitritt im selbständigen Beweisverfahren nach §§ 485 ff. bedingt nicht ohne weiteres einen Beitritt im Hauptverfahren, BGH NJW 2014, 1021.

5 **2. Rechtliches Interesse, I 2 Nr. 2.** Der Beitrittsschriftsatz muss diejenigen Tatsachen angeben, die das rechtliche und nicht nur wirtschaftliche Interesse an dem Beitritt begründen sollen, BGH NJW 1994, 1537. Zweck ist, den Parteien den Beitrittsgrund zu verdeutlichen, BGH TranspR 2019, 39. Das Interesse am Ausgang des Rechtsstreits kann sich bereits aus gerichtlichen Feststellungen ergeben, wenn der Nebenintervient danach Gefahr läuft, dass er im Fall der Rechtskraft in Regress genommen wird, BGH TranspR 2019, 39. Es genügt daher ferner jede über diesen Grund unterrichtende Angabe, etwa ein Hinweis auf die vorangegangene Streitverkündung, BGH NJW 1997, 2385. Ausreichend ist auch der Hinweis auf ein solches anderes Schriftstück, das sich bereits im Besitz beider Parteien befindet, BGH NJW 1997, 2385. Eine Glaubhaftmachung nach § 294 ist erst im Verfahren nach § 71 I 2 erforderlich.

6 **3. Beitrittserklärung, I 2 Nr. 3.** Der Beitrittsschriftsatz muss den Willen zum Ausdruck bringen, als Nebenintervenient in den Prozess einzutreten, zB unter der Bezeichnung „Streitverkündeter", BGH NJW 1997, 2385, „Streithelfer", „Streitgehilfe" oder „Nebenintervenient". Aus der Beitrittserklärung muss ferner hervorgehen, welcher der Parteien der Nebenintervenient zur Unterstützung beitritt, BGH NJW 1997, 2385; BAG NJW 2015, 974. Die jederzeit mögliche Rücknahme bedarf nicht der Zustimmung der Partei (Zöller/Althammer Rn. 1). Es ist nicht zulässig, nach Streitverkündungen beider Parteien beiden beizutreten. Die Beitrittserklärung erfolgt im Zweifel nur im Umfang des befürchteten Rückgriffs, OLG Düss NJW-RR 1997, 443. Sie muss verdeutlichen, wenn sich der Beitritt auf einen von mehreren Streitgegenständen oder auf einen von mehreren Streitgenossen nach § 59 beschränkt. Unter Umständen ist im Einzelfall die Umdeutung eines Einspruchs oder Rechtsmittels in einen Beitritt zulässig, BGH NJW 2001, 1217. Ein wenn auch zweckmäßiger Sachantrag ist im Rahmen von § 70 noch nicht erforderlich.

7 **V. Rücknahme des Beitritts, I 1, 2.** Der Streithelfer kann seine Beitrittserklärung jederzeit analog § 269 II zurücknehmen. Eine Rücknahme steht einem anschließenden erneuten Beitritt nicht entgegen. § 269 VI ist aber sinngemäß anwendbar. Die Rücknahme hat die Kostenfolgen des § 269 III 2, 3, IV. Ein erneuter Beitritt nunmehr zur Gegenpartei ist ohne weiteres statthaft, OLG Drsd JurBüro 2008, 379 (auch zu den Kostenfolgen).

8 **VI. Mängel des Beitritts, I, II.** Das Gericht prüft zwar die allgemeinen Prozessvoraussetzungen wie bei jeder Parteiprozesshandlung von Amts wegen, BGH NJW 2006, 773. Darüber hinaus prüft es allerdings sonstige Mängel nur aufgrund einer Rüge, OLG Köln NJW 1993, 1662. Sie sind ebenso heilbar wie Mängel einer Klageschrift, etwa nach § 295 I, BGH NJW 1976, 292, und finden keine Beachtung von Amts wegen.

71 *Zwischenstreit über Nebenintervention.* **I [1]Über den Antrag auf Zurückweisung einer Nebenintervention wird nach mündlicher Verhandlung unter den Parteien und dem Nebenintervenienten entschieden. [2]Der Nebenintervenient ist zuzulassen, wenn er sein Interesse glaubhaft macht.**

II Gegen das Zwischenurteil findet sofortige Beschwerde statt.

III Solange nicht die Unzulässigkeit der Intervention rechtskräftig ausgesprochen ist, wird der Intervenient im Hauptverfahren zugezogen.

1 **I. Systematik, Regelungszweck, I–III.** Die Vorschrift nennt die Regeln zu dem Verfahren im Anschluss an den in § 70 behandelten Beitrittsantrag.

2 Die Regelung ermöglicht eine schnellstmögliche Klärung hinsichtlich der Frage, ob ein Dritter als Nebenintervenient am Rechtsstreit zu beteiligen ist. Da das Gericht allein die allgemeinen Prozessvoraussetzungen von Amts wegen prüft, wird erst durch den Widerspruch einer Partei hinsichtlich der Zulassung als Nebenintervenient nach § 71 entschieden, dann werden die besonderen Voraussetzungen nach §§ 66, 70 geprüft. Glaubhaftmachung nach § 294 ist für die Zulassung ausreichend, § 71 I 2.

3 **II. Verfahren, I.** Es erfolgt ein besonderes Zulassungsverfahren.

4 **1. Allgemeines.** Das Gericht lässt den Nebenintervenienten grundsätzlich stillschweigend zu. Eine förmliche Entscheidung über seine Zulassung ist nur dann erforderlich, wenn entweder eine der Hauptparteien der Zulassung widerspricht oder wenn dem Streithelfer eine persönliche, von Amts wegen zu prüfende Prozessvoraussetzung fehlt, BGH MDR 2017, 541. Ein Rechtsschutzbedürfnis muss vorliegen und entfällt ab formeller Rechtskraft oder sonst endgültigem Abschluss der Hauptsache, OLG Karlsr NJW-RR 2017, 91. Das rechtliche Interesse

unterliegt nur auf Antrag einer Hauptpartei der Prüfung, BGH WM 2016, 886. Dann ergeht die Entscheidung grundsätzlich wegen III durch Zwischenurteil nach § 280, BGH WM 2016, 886. Sie kann auch im Endurteil erfolgen, BGH NJW 1982, 2070; OLG Celle NJW-RR 2014, 660. Allerdings liegt auch dann kein Endurteil vor, wenn das Gericht über einen Antrag auf Zurückweisung der Nebenintervention nach § 71 I 1 durch Zwischenurteil entschieden und dieses mit dem Endurteil im Hauptverfahren verbunden hat, BGH BeckRS 2021, 10470. Eine Zulassung liegt aber auch dann vor, wenn das Gericht die Zulassung nicht zurückgewiesen hatte, sondern dem Streithelfer im Endurteil die Kosten der Nebenintervention nach § 101 auferlegt hat. Die Zulassung erwächst in formeller Rechtskraft.

2. Zurückweisungsantrag. Jede Hauptpartei und jeder Streitgenosse nach §§ 59 ff. kann einen Zurückweisungsantrag stellen. Die Form des § 297 ist nicht notwendig. Der Verlust des Antragsrechts tritt dadurch ein, dass man entweder auf die Einhaltung der Beitrittsvoraussetzungen des § 66 verzichtet oder wegen eines förmlichen Mangels einen Verzicht nach § 295 I ausspricht. Das gilt auch dann, wenn man der Zulassung aus einem sachlichen Grund widerspricht. 5

Ein Verzicht erstreckt sich aber nicht auf solche Tatsachen, die erst nach der Verzichtserklärung eingetreten oder bekannt geworden sind. Der Antrag auf Zurückweisung eines Rechtsbehelfs des Nebenintervenienten richtet sich gegen die Hauptpartei. Deshalb genügt ein solcher Antrag selbst dann nicht, wenn man ihn damit begründet, die Nebenintervention sei unwirksam. Der Streitverkünder darf einem Beitritt nur dann widersprechen, wenn der Nebenintervenient der Gegenpartei beitritt. Der Streitverkündete kann ohne seinen Beitritt keinen Antrag stellen, Böckermann MDR 2002, 1351. 6

3. Zwischenstreit. Durch den Antrag entsteht ein Zwischenstreit zwischen dem Nebenintervenienten und der widersprechenden Partei, OLG Mü GRUR-RR 2001, 93. Partei wird auf Seiten des Nebenintervenienten ferner die unterstützte Partei, soweit sie dem Beitritt ausdrücklich zugestimmt hat. Soweit die Partei dem Beitritt weder zugestimmt noch ihm widersprochen hat, bleibt sie nach überzeugender Ansicht im Zwischenstreit unbeteiligt, MüKoZPO/Schultes Rn. 7; zum Streit Musielak/Voit/Weth Rn. 4. Anwaltszwang besteht wie sonst. Das Gericht wird grundsätzlich eine mündliche Verhandlung anberaumen, soweit nicht §§ 128 II, 495a S. 1 greifen. 7

Der Nebenintervenient braucht diejenigen Tatsachen aus denen sich sein rechtliches Interesse ergibt, lediglich nach § 294 glaubhaft zu machen, BGH WM 2016, 886. Die Frage des rechtlichen Interesses ist im Zwischenstreit insbesondere relevant. Des Weiteren muss der Nebenintervenient die Tatsachen schlüssig darlegen, OLG Ffm NJW-RR 2000, 348, und nach § 286 beweisen, aus denen sich die Zulässigkeit seines Beitritts ergibt. Die bloße Anmeldung zur Insolvenztabelle reicht nicht, OLG Ffm NJW-RR 2000, 348, ebenso wenig eine bloße Streitverkündung, Bischof MDR 1999, 788. 8

4. Säumnis. Wenn der Nebenintervenient oder die widersprechende Partei säumig ist, entscheidet das Gericht aufgrund des einseitigen Parteivortrags und der Beitrittsschrift. Eine Säumnis der dem Beitritt zustimmenden Hauptpartei ist unerheblich. Bei Säumnis des Nebenintervenienten und des Widersprechenden entscheidet das Gericht nach Aktenlage, §§ 251a, 331a, oder vertagt nach § 337. 9

III. Zwischenurteil, II. Es ergeht ein Zwischenurteil im Sinne von § 303, BGH WM 2016, 886; im Fall von §§ 485 ff. ein Beschluss, BGH NJW 2016, 1020. Für die Beurteilung ist der Schluss der mündlichen Verhandlung nach §§ 136 IV, 296a maßgeblich. Das Zwischenurteil kann getrennt ergehen, kann auch mit dem Endurteil verbunden werden, BGH NJW 2015, 2426; OLG Köln SpuRt 2020, 30. Der Unterliegende muss die Kosten tragen, Bischof MDR 1999, 789. Eine Kostenentscheidung bezüglich des Zwischenstreits im Endurteil kann als Entscheidung über die Zulassung der Nebenintervention – ob Zurückweisung oder Zulassung – auszulegen sein, KG JurBüro 2009, 437. 10

Gegen das Zwischenurteil ist die sofortige Beschwerde nach § 567 I Nr. 1 zulässig, BGH NJW 2015, 2426, freilich nicht beim Zwischenurteil des Rechtsmittelgerichts, BGH NJW 2015, 2426. Sie steht bei einer Zurückweisung des Nebenintervenienten ihm und seiner Hauptpartei zu. Denn auch die Letztere hat wegen § 68 ein Interesse am Beitritt des Nebenintervenienten. Im Fall der Zulassung sind beide Parteien beschwerdeberechtigt; soweit Zulassung nach vorangegangener Streitverkündung nur der Prozessgegner der Hauptpartei, Zöller/Althammer Rn. 6. 11

Gebühren: des Gerichts: keine (Zwischenurteil); KV 1810, 1811 GKG (Beschwerdeverfahren); des Anwalts: § 19 I 2 Nr. 3 RVG, VV 3500 RVG. 12

IV. Zuziehung des Nebenintervenienten, III. 1. Grundsatz: Beitrittsfolge = Zuziehungspflicht. Aufgrund des Beitritts zieht das Gericht den Nebenintervenienten zum Verfahren hinzu, bis es den Beitritt durch ein Zwischenurteil nach § 705 formell rechtskräftig zurückgewiesen hat, also bis zur Erledigung eines Beschwerdeverfahrens nach II, BGH NJW 1983, 2378, BAG NJW 2018, 2078. Deshalb sind Prozesshandlungen des Streithelfers bis zu diesem Zeitpunkt wirksam möglich, BGH NJW 2006, 773. Der Wortlaut, „solange" nicht die Unzulässigkeit der Intervention rechtskräftig ausgesprochen wurde, verdeutlicht, dass die vom Nebenintervenienten bis zu diesem Zeitpunkt vorgenommenen Prozesshandlungen wirksam sind und auch nach Zurückweisung nicht rückwirkend unwirksam werden. Der Prozess soll nicht durch die Intervention verzögert werden, BGH NJW-RR 2020, 942. Somit kann das Gericht bis zu diesem Zeitpunkt auch keine Endentscheidung und auch keine Versäumnisentscheidung nach §§ 330 ff. gegen die Hauptpartei erlassen, solange der Nebenintervenient nicht ordnungsgemäß geladen wurde oder er für die nicht erschienene Hauptpartei auftritt. 13

2. Zustellung. Das Gericht braucht das Hauptsacheurteil an sich nur den Parteien zuzustellen. Eine Zustellung der Entscheidung an den Nebenintervenienten ist aber insoweit zweckmäßig, als er einen Antrag nach § 321 II wegen Übergehung des Kostenpunkts nach §§ 100 I, 101 stellen kann und die Frist nach § 321 II erst mit Zustellung an ihn beginnt. Wenn das Gericht den Beitritt zurückgewiesen hatte, weil beim Nebenintervenienten persönliche Prozessvoraussetzungen fehlten, sind seine Prozesshandlungen wirkungslos. Die Insolvenz des Nebenintervenienten kann wie eine Unterbrechung nach § 240 wirken. Die materielle Rechtskraft erfasst alle bisher geltend gemachten Gründe. 14

3. Verstoß. Ein Verstoß gegen die Vorschriften der Beteiligung, Zustellung und des Rechts auf rechtliches Gehör kann auf Antrag zur Zurückverweisung nach § 538 II 1 Nr. 1 führen, BAG MDR 1988, 346. 15

V. Rechtsmittel, I–III. Die Entscheidung ergeht im Zwischenverfahren durch Zwischenurteil, gegen das die sofortige Beschwerde statthaft ist, II iVm §§ 567 ff. Gegen den Beschluss des Beschwerdegerichts über die 16 sofortige Beschwerde findet die Rechtsbeschwerde, soweit zugelassen, statt, § 574 I Nr. 2, III. Im Beschwerdeverfahren des Nebenintervenienten ist die Hauptpartei als weitere Beschwerdeführerin wie der Nebenintervenient zu behandeln, BGH MDR 2017, 541. Unanfechtbar sind eine Entscheidung des Landgerichts als Rechtsmittelgericht und eine erstinstanzliche OLG-Entscheidung, selbst bei Rechtsmittelzulassung, BGH NJW-RR 2013, 490.

17 Gegen eine Zulassung können im Übrigen beide Parteien sofortige Beschwerde nach § 567 I Nr. 1 einlegen. Dieses Recht steht auch der Partei zu, die sich am Zwischenstreit nicht beteiligt hat. Die sofortige Beschwerde ist auch dann statthaft, wenn das Gericht die Entscheidung über die Zulassung des Streithelfers in ein Endurteil aufgenommen hatte, BGH VersR 1985, 551; OLG Hamm OLGR 2003, 346. Denn es liegt insofern nur eine äußerliche Verbindung vor. Die Beschwerdefrist beträgt nach § 569 I 1, 2 zwei Wochen ab Zustellung. Eine Gehörsrüge nach § 321a kann uU auch gegen die Erklärungen oder Handlungen der Hauptpartei statthaft sein, BGH NJW 2009, 2679 (2681).

18 Eine formell rechtskräftige Entscheidung zur Hauptsache macht die sofortige Beschwerde gegenstandslos, OLG Nürnb MDR 1994, 834. Sie hindert aber einen neuen Beitritt bei neuem rechtlichen Interesse nicht. Das Patentamt entscheidet im Nichtigkeitsverfahren durch Beschluss.

Vorbemerkung zu § 72
Streitverkündung

Schrifttum: Ahrens, Streitverkündung und Nebenintervention im Kartellschadensersatzprozess, FS Prütting, 2018, 181; Ulrich BauR 2013, 9 (Grdz.); → Vor § 64 Rn. 1.

1 **I. Systematik, Regelungszweck.** Im Vordergrund steht die Herbeiführung der Interventionswirkung, §§ 74 III, 68. Die Streitverkündung, litis denuntiatio, besteht darin, dass eine Partei – zur Herbeiführung dieser Interventionswirkung – einen anderen förmlich davon benachrichtigt, dass ein Prozess schwebt. Der so informierte Dritte soll die Möglichkeit erhalten, sich am Prozess im Wege der Nebenintervention zu beteiligen, ihn unter den Voraussetzungen nach §§ 75 ff. zu übernehmen und mit Blick auf § 68 im Anschluss einen vereinfachten Regressprozess zu führen, Zöller/Althammer Rn. 1. Auch Aspekte der Verfahrenswirtschaftlichkeit und Rechtssicherheit spielen eine Rolle: Die Partei kann sich so unabhängig vom Umfang einer materiellen Rechtskraftwirkung gegen den etwaigen Einwand schützen, man habe den Prozess unsachgemäß geführt und eine unrichtige Entscheidung herbeigeführt, BGH ZIP 2012, 397. Außerdem soll die Streitverkündung einen weiteren Prozess und widersprechende Ergebnisse verhindern, Stretz SchiedsVZ 2013, 196.

2 Beide Parteien können den Streit verkünden. Zur Streitverkündung kann prozessual eine Pflicht bestehen, etwa bei einer Klage des Pfändungspfandgläubigers gegen den Drittschuldner nach § 841. Andererseits lässt sich eine Streitverkündung durch einen Prozessvertrag ausschließen oder beschränken, v. Hoffmann/Hau RIW 1997, 90; Mansel ZZP 109, 61, etwa durch die Vereinbarung einer ausschließlichen Zuständigkeit. Vgl. international Art. 65 I 2 Brüssel Ia-VO.

3 Der Beitritt steht dem Streitverkündeten frei, er muss sich hierzu nicht erklären. Die Interventionswirkung im Folgeprozess tritt gegen den Dritten (nicht gegen die streitverkündende Partei) nach § 74 III auch ohne Beitritt ein.

4 **II. Geltungsbereich.** Der Anwendungsbereich entspricht dem der Nebenintervention, → § 66 Rn. 3. §§ 72 ff. gelten grundsätzlich in allen Prozessarten, auch im FamFG-Verfahren für „echte Streitverfahren", Keidel/Engelhardt FamFG § 45 Rn. 29. Im Grundbuchverfahren ist indes keine Streitverkündung statthaft, BayObLG Rpfleger 1980, 153. Da Anhängigkeit des Rechtsstreits genügt, kann die Streitverkündung auch im Mahnverfahren und im selbständigen Beweisverfahren erfolgen, BGH NJW 2016, 1020. Vgl. auch § 48 WEG. Hingegen keine Streitverkündung nach dem KapMuG, BGH NJW 2017, 3718. Unanwendbar sind §§ 72 ff. ferner im Verwaltungsprozess, OVG Weimar BauR 2015, 551.

5 **III. Wirkung.** Die Streitverkündung ist eine Parteiprozesshandlung, BGH MDR 1989, 539, und damit bedingungsfeindlich, BGH MDR 1989, 539. Mit ihr ist kein materiell-rechtlicher oder prozessualer Anspruch verbunden. Sie steht einer Klageerhebung grundsätzlich nicht gleich, soweit nicht ausdrücklich anders geregelt, zB in § 204 I Nr. 6 BGB. Haben beide Parteien demselben Dritten den Streit verkündet, darf er nur einer von ihnen beitreten. Nach §§ 75–77 gelten besondere Wirkungen. Die Streitverkündung kann nicht eine Klagefrist wahren, OLG Hamm MDR 2000, 703. Sie hat auch eine materiell-rechtliche Wirkung, BGH 70, 189, soweit sie zulässig ist, BGH 100, 259. Wenn die Streitverkündungsschrift nicht den Konkretisierungsanforderungen genügt, wird die Verjährung nicht gehemmt oder unterbrochen, OLG Frankfurt a. M. BeckRS 2021, 4490.

6 **Beispiele:** § 204 I Nr. 6 BGB (Verjährung), BGH FamRZ 2010, 286 (auch bei § 544); § 941 BGB (Ersitzung); §§ 414, 423, 439 HGB (Verjährung im Speditions-, Lager- und Frachtgeschäft), BGH 116, 100 (Drittschadensliquidation). Ein Beitritt nach Schluss der letzten Tatsachenverhandlung, §§ 136 IV, 296a, in einer nach §§ 543 ff. nicht revisiblen Sache ist unzumutbar, OLG Köln MDR 1983, 409. Für das Prozessgericht ist eine Streitverkündung bis zum wirksamen Beitritt des Verkündeten unbeachtlich.

72 *Zulässigkeit der Streitverkündung.* **[I] Eine Partei, die für den Fall des ihr ungünstigen Ausganges des Rechtsstreits einen Anspruch auf Gewährleistung oder Schadloshaltung gegen einen Dritten erheben zu können glaubt oder den Anspruch eines Dritten besorgt, kann bis zur rechtskräftigen Entscheidung des Rechtsstreits dem Dritten gerichtlich den Streit verkünden.**

[II] [1]Das Gericht und ein vom Gericht ernannter Sachverständiger sind nicht Dritter im Sinne dieser Vorschrift. [2]§ 73 Satz 2 ist nicht anzuwenden.

[III] Der Dritte ist zu einer weiteren Streitverkündung berechtigt.

1 **I. Voraussetzungen, I. 1. Anhängigkeit.** Voraussetzung ist ein anhängiger Rechtsstreit.

2 **2. Rückgriffsanspruch.** Eine der Parteien muss gerade nur beim Unterliegen im jetzigen Prozess wegen eines Schadensersatzanspruchs einen Rückgriffsanspruch zumindest auch gegenüber dem Dritten haben können, BGH VersR 1997, 1365, oder einen solchen befürchten, BGH 116, 100. Es können auch beide Lagen zusammen-

treffen, Prütting/Gehrlein/Gehrlein Rn. 5. Eine bedingte Streitverkündung nur für den Fall des Obsiegens im Verfahren ist unstatthaft, OLG Düss NJW-RR 1995, 1122. Maßgeblich ist die berechtigte Annahme oder Sichtweise des Verkünders, BGH NJW 2009, 1489. Entscheidend ist zudem der Zeitpunkt der wirksamen Streitverkündung nach § 73 S. 3, nicht der Zeitpunkt des Urteils nach §§ 310, 311, BGHZ 65, 131. Es kommt nicht auf eine tatsächliche Geltendmachung des möglichen Anspruchs schon im Zeitpunkt der Streitverkündung an, BGH NJW 1992, 1698.

Es genügt und ist zugleich erforderlich, dass der jetzige Anspruch und der infolge der Streitverkündung infrage kommende Anspruch sich gegenseitig ausschließen, BGH NJW 2009, 1489. 3

II. Beispiele zur Frage einer Zulässigkeit, I–III

Auftrag: Ausreichend ist ein etwaiger Rückgriffsanspruch des Geschäftsführers gegen den Geschäftsherrn nach §§ 670, 677, 683 BGB. 4

Beamter: Ausreichend ist ein etwaiger Rückgriffsanspruch des Dienstherrn gegen den Beamten nach Art. 34 S. 2, 3 GG.

Bürge: Ausreichend ist sein etwaiger Rückgriffsanspruch gegen den Hauptschuldner nach § 774 BGB. Nicht ausreichend ist ein Anspruch des Gläubigers gegen den Bürgen.

Dritter: § 72 bezweckt nicht die Sicherung von Regressansprüchen verfahrensfremder Dritter gegen den Dritten, OLG Mü BauR 2012, 1682. Der Streitverkündete hat ein berechtigtes Interesse, nicht über die Streitverkündung hinaus Ansprüchen verfahrensfremder Dritter mit der Bindungswirkung nach § 68 ausgesetzt zu werden, OLG Mü BauR 2012, 1682. Hiervon zu unterscheiden ist die Frage, wer Streitverkündeter, also Dritter im Sinne von § 72, ist:

– **(Alternativanspruch):** Ein Verhältnis wechselseitigen Ausschlusses (Alternativverhältnis) kann reichen, BGH NJW 2015, 560. Das Alternativverhältnis kann sich sowohl aus rechtlichen als auch tatsächlichen Gründen ergeben, OLG Köln 1.7.2020 – I – 7 U 163/19, BeckRS 2020, 20825.
– **(Forderungsbeanspruchер):** Dritter sein kann ein solcher.
– **(Frachtrecht):** BGHZ 116, 100.
– **(Gericht):** Nicht Dritter ist nach II 1 das Gericht, BGH NJW 2006, 3214.
– **(Gesetzlicher Vertreter):** Dritter ist der eigene und der gegnerische ProzBev., sodass eine Streitverkündung zulässig sein kann, BGH NJW 2011, 1078.
– **(Haftung):** Dritter sein kann derjenige, dem eine Partei haftet, BGH NJW 2009, 1489, zB nach dem Handelsrecht, etwa bei einem Prozess für Rechnung und Gefahr eines Dritten, oder bei einer Kommission oder Spedition. Das gilt auch bei einer alternativen Haftung, BGH NJW 1989, 522, und bei einem Ausgleichsanspruch nach § 426 BGB, BGH ZIP 2015, 1189. Nicht Dritter ist man dann, wenn die Haftung von Anfang an neben der Hauptpartei besteht, BGHZ 65, 131, oder wenn man kumulativ etwa als Gesamtschuldner haftet, BGH NJW 2008, 520; OLG Köln BeckRS 2020, 20825.
– **(Partei – Streitgenosse):** Zur Sicherung von Ausgleichsansprüchen im Binnenverhältnis kann ebenfalls der Streit verkündet werden. Der einfache Streitgenosse kann hier Dritter sein. Da die Rechtskraft nur zwischen Kläger und Beklagten wirkt, nicht aber im Verhältnis der jeweiligen Beklagten untereinander, kommt eine Streitverkündung gegen den Streitgenossen zur Sicherung der Ansprüche im Innenausgleich in Betracht, BGH NJW 2019, 1751.
– **(Sachverständiger):** Nicht Dritter ist nach II 1 ein solcher nach §§ 402 ff.
– **(Zeuge):** Dritter sein kann ein Zeuge.

Drittschadensliquidation: Ausreichend ist ihr Drohen, BGH 116, 102.

Gerichtsstandsvereinbarung: Die Vereinbarung einer ausländischen Zuständigkeit nach §§ 38, 40 hat keinen Einfluss auf die Zulässigkeit der Streitverkündung, Mansel ZZP 109, 76.

Gewährleistung: Ausreichend ist ein Anspruch auf (zu fordernde oder leistende) Gewährleistung wegen eines Mangels, etwa nach §§ 365; 433 ff.; 523; 536 ff., 581; 631 ff. BGB; BGHZ 70, 187; OLG Mü NJW 2016, 2511 (je: Baumangel); §§ 651d; 1624 ff.; 2182 f.; 2376 BGB, §§ 377, 378 HGB. Nicht ausreichend ist ein Anspruch auf Nutzungsentschädigung, BGH NJW 2009, 1889.

Hilfsweise Haftung: Nicht ausreichend ist eine nur hilfsweise Haftung des Dritten, etwa nach § 19 I 2 BNotO, OLG Hamm MDR 1985, 588; aM OLG Hamm NJW-RR 1986, 1506.

Kauf: Ausreichend ist die Frage, ob die Kaufsache einen Rechtsmangel hat, sodass der Käufer und der Drittkäufer nicht auf Zahlung haften, BGH VersR 1997, 1365. Ausreichend ist beim Verbrauchsgüterkauf ein etwaiger Rückgriffsanspruch des Unternehmers gegen den Lieferanten nach §§ 478, 479 BGB.

Rechtsanwalt: Ausreichend ist ein etwaiger Rückgriffsanspruch des Auftraggebers wegen Verjährung oder Schlechterfüllung, Chab AnwBl 2008, 290.

Richter: Ihm kann man nach II 1 nicht wirksam den Streit verkünden, weil er unzutreffend entschieden habe.

Rückgriff: Ausreichend ist ein Anspruch nach §§ 478, 479 BGB. Nicht ausreichend ist es, wenn derjenige Frachtführer, der den Unterfrachtführer in Rückgriff nimmt, in diesem letzteren Prozess den Absender für den Fall des Obsiegens in Anspruch nehmen will, OLG Karlsr OLGZ 1984, 230.

Sachverständiger: Ihm kann man nach II 1 nicht den Streit verkünden, weil er nach §§ 402 ff. unrichtig begutachtet habe, BGH NJW 2007, 919. Das gilt auch in einem Folgeprozess, Volze DS 2016, 320. Es ist ferner unzulässig, einem Dritten, der in einem Näheverhältnis zum Sachverständigen steht, nur deshalb den Streit zu verkünden, um den Sachverständigen als dann nicht mehr neutral auszuschließen, OLG Braunschweig BeckRS 2020, 6296. Der Sachverständige kann sofortige Beschwerde einlegen, OLG Düss BauR 2011, 1869.

Schadloshaltung: Ausreichend ist ein Anspruch auf Schadloshaltung, also ein Rückgriffsanspruch aufgrund eines Vertrags oder einer gesetzlichen Bestimmung. Das gilt auch bei einer wahlweisen Haftung des Bekl. und des Dritten. Kein Anspruch auf Schadloshaltung ist derjenige auf einen Frachtlohn, OLG Karlsruhe OLGZ 1984, 233.

Versicherer: Ausreichend ist ein etwaiger Rückgriffsanspruch des Schädigers gegen den Versicherer, Koch AnwBl 1988, 99.

Wahlweise Haftung: Ausreichend ist ein Anspruch, für den man den Bekl. und den Dritten wahlweise in Anspruch nehmen kann, OLG Saarbr VersR 2000, 989. Das gilt dann, wenn streitig ist, wer als Versicherer haftet, oder ob überhaupt beim Unterliegen etwa des Unterhaltsgläubigers gegenüber dem Ehegatten ein

Anspruch gegen den Sozialversicherungsträger in Betracht kommt, LSG Darmst FamRZ 1990, 178, oder bei Haftung entweder des Vertretenen oder des Vertreters, §§ 164 II, 179 BGB, BGH NJW 1982, 282, oder bei derjenigen entweder einer Gemeinde oder eines Gemeindeverbands wegen der Verletzung einer Streupflicht, BGH MDR 1986, 127.

Zustellung: Ihre Zulässigkeit oder Unzulässigkeit regelt II 2, OLG Ffm BauR 2011, 1709.

Zwangsvollstreckung: Nicht ausreichend ist die Gefahr der Ergebnislosigkeit einer solchen, Prütting/Gehrlein/Gehrlein Rn. 5.

5 **III. Verfahren, I.** Die Zulässigkeit einer Streitverkündung prüft das Gericht grundsätzlich erst im Folgeprozess, im Prozess zwischen dem Verkünder und dem Dritten, BGH NJW 2011, 1078. Eine wirksame, die Konkretisierungsanforderungen nach § 73 erfüllende Streitverkündung hemmt die Verjährung nach § 204 I Nr. 6 BGB, OLG Frankfurt a. M. BeckRS 2021, 4490. Soweit im Verhältnis sowohl vom Kläger zum Dritten als auch vom Beklagten zum Dritten die Voraussetzungen einer Streitverkündung vorliegen, können sowohl Kläger als auch Beklagter ihm den Streit verkünden, der Dritte kann aber nur einmal dem Streit beitreten. Für den Folgeprozess ergibt sich Folgendes: Ist der Dritte der obsiegenden Partei im Ausgangsverfahren beigetreten, so ist nun im Folgeprozess gegen die unterlegene Partei für den Dritten die bisherige Einschränkung nach § 68 Hs. 2 iVm § 67 zu beachten; für den Fall des Beitritts auf Seiten der unterlegenen Partei ergeben sich keine Besonderheiten, Zöller/Althammer Rn. 11.

6 Der Verkünder trägt die Kosten der Streitverkündung vorbehaltlich seines Rechts, diese Kosten als Nebenforderung im Prozess gegen den Dritten geltend zu machen. Auslagen für Zustellungen an Streitverkündete unterfallen der pauschalen Abgeltungsregelung nach GKG-KV Nr. 9002, OLG Stuttgart JurBüro 2019, 427. Die Verfahrensgebühr beinhaltet die Tätigkeit des Anwalts, § 19 I 1 RVG.

7 **IV. Weitere Streitverkündung, III.** Diese Verkündung ist bis zum Zeitpunkt der formellen Rechtskraft der Entscheidung zulässig. Die Gegenpartei kann nach II nicht ein „Dritter" sein, ebensowenig das Gericht oder der vom Gericht ernannte Sachverständige. Nicht ausgenommen ist hingegen der eigene oder fremde Prozessbevollmächtigte als „Dritter", BGH NJW 2011, 1078. Der Dritte kann seinerseits weiter verkünden, auch wenn er nicht beitritt. Er kann auch im eigenen Interesse verkünden, und zwar auch nicht als ein streitgenössischer Nebenintervenient nach § 69, BGH WM 1997, 1757.

73 *Form der Streitverkündung.* [1]**Zum Zwecke der Streitverkündung hat die Partei einen Schriftsatz einzureichen, in dem der Grund der Streitverkündung und die Lage des Rechtsstreits anzugeben ist.** [2]**Der Schriftsatz ist dem Dritten zuzustellen und dem Gegner des Streitverkünders in Abschrift mitzuteilen.** [3]**Die Streitverkündung wird erst mit der Zustellung an den Dritten wirksam.**

1 **I. Systematik, S. 1–3.** Die Vorschrift enthält die Mindestvoraussetzungen für eine wirksame Form der Streitverkündung. Die Vorschrift schützt jeden Dritten vor nachteiligen Rechtsfolgen, auf deren Eintritt er andernfalls keinen Einfluss nehmen könnte. Der Dritte wird in die Lage versetzt zu entscheiden, ob er beitritt.

2 **II. Regelungszweck, S. 1–3.** Die Vorgaben des § 73 konkretisieren die Form der Streitverkündung, sodass eine ausreichende Information für den Streitverkündeten und eine Möglichkeit, sich mit Blick auf „Grund der Streitverkündung" und „Lage des Rechtsstreits" zu erklären, gewährleistet wird. Die erforderliche Zustellung wird dem Anspruch auf rechtliches Gehör gerecht und verschafft dem Streitverkündeten Gelegenheit, die Streitverkündung zur Kenntnis zu nehmen und über einen Beitritt zu entscheiden.

3 **III. Voraussetzungen, S. 1–3. 1. Schriftsatz.** Die Partei muss beim Prozessgericht einen Schriftsatz einreichen, BGH MDR 2002, 879, der die Voraussetzungen des § 130 I erfüllt, also die Bezeichnung der Parteien und ihrer gesetzlichen Vertreter nach Namen, Stand oder Gewerbe, Wohnort und Parteistellung beinhaltet, OLG Frankfurt a. M. BeckRS 2021, 4490. Er darf keine Bedingung der Streitverkündung enthalten, BGH NJW-RR 1989, 767. Er hat als bestimmender Schriftsatz dessen Anforderungen zu erfüllen, BGH NJW 1985, 328, insbesondere eine Unterschrift beim Schriftsatz eines Anwalts; an die unvertretene Partei – es besteht kein Anwaltszwang, § 78 III Hs. 2 – werden geringere Anforderungen gestellt, BGH NJW 1985, 328; aM Zöller/Althammer Rn. 2. Beim AG kann die Partei auch eine Erklärung nach §§ 129a, 496 zum Protokoll der Geschäftsstelle abgeben. Die Streitverkündung wird nach § 168 I 1 erst in dem Zeitpunkt wirksam, in dem der Urkundsbeamte des Prozessgerichts den Schriftsatz oder die Erklärung zum Protokoll der Geschäftsstelle von Amts wegen dem Dritten nach S. 3 zustellt. Die Einreichung des Schriftsatzes beim Gericht reicht also zur Wirksamkeit der Streitverkündung noch nicht aus. Der Schriftsatz steht einer Klageschrift gleich, Heß JZ 1998, 1029. Beim Rechtsmissbrauch, zB um auf eine laufende Begutachtung Einfluss zu nehmen, entfällt eine Zustellung, BGH NJW 2006, 3214; OLG Braunschweig BeckRS 2020, 6296. Bei elektronischer Einreichung gelten §§ 130a–d; wegen Heilung von Formmängeln wie üblich.

4 Die Zustellung erfolgt wegen der vorstehenden Wirkung gegenüber dem Dritten förmlich, Zöller/Althammer Rn. 2. Dem Gegner des Streitverkünders gegenüber reicht eine formlose Mitteilung. Eine nur bedingte Streitverkündung ist unstatthaft, BGH NJW-RR 1989, 766.

5 **2. Grund der Streitverkündung.** Die Partei muss den Grund der Streitverkündung angeben, BGH NJW 2012, 675, also wie bei § 253 II Nr. 2 diejenigen tatsächlichen Grundlagen der Rechtsbeziehung zum Dritten darlegen, aus denen sich ergibt, dass die Voraussetzungen des § 72 vorliegen. Gemeint ist regelmäßig das Rechtsverhältnis, aus dem sich der Rückgriffsanspruch gegen den Dritten oder dessen Anspruch gegen den Streitverkündenden ergeben soll, BGH BeckRS 2012, 2221. Dieses Rechtsverhältnis ist unter Angabe der tatsächlichen Grundlagen so genau zu beschreiben, dass der Dritte prüfen kann, ob es angezeigt ist, dem Rechtsstreit beizutreten. Er soll erfahren, welchen Anspruchs sich der Streitverkündende ihm gegenüber berühmt, OLG Frankfurt a. M. BeckRS 2021, 4490. Die ernsthafte Geltendmachung eines materiell-rechtlichen Anspruchs reicht in der Regel aus, BGH 155, 74. Gleiches gilt im selbständigen Beweisverfahren, OLG München NZBau 2016, 439. Nicht erforderlich ist eine Angabe der Höhe des Anspruchs, BGH NJW 2012, 674; NJW 2002, 1415.

6 **3. Lage des Rechtsstreits.** Die Partei muss den Rechtsstreit in seiner derzeitigen Lage umreißen, also eine so genaue Darstellung des Prozesses und des Streitgegenstands geben, dass der Dritte eindeutig ersehen kann, um was es sich handelt und ob ein Beitritt erfolgen sollte, BGH NJW 2002, 1415. Mitzuteilen ist der gegenwärtige

Streitstand. Neben der Bezeichnung der Parteien und des Gerichts, der Anträge, weiterer prozessrechtlicher Erklärungen der Parteien ist der Gegenstand des Rechtsstreits darzulegen. Ferner ist über bereits erfolgte oder angeordnete Beweisaufnahmen, gerichtliche Entscheidungen und für das weitere Verfahren relevante Verfügungen, zudem über anstehende Termine zu informieren. Eine Bezugnahme auf die Gerichtsakte ist nicht ausreichend, OLG Frankfurt a. M. BeckRS 2021, 4490. Eine Mitteilung von Ablichtungen oder Abschriften der Klage und der Schriftsätze ist indes nicht zwingend, OLG Mü MDR 1989, 548; Seibel BauR 2014, 460. Der Dritte ist insoweit auf eine Akteneinsicht – grundsätzlich auch schon vor Beitritt nach § 299 II zu gewähren – angewiesen, OLG Mü MDR 1989, 548.

Mängel der Streitverkündungsschrift können nicht nach § 295 I geheilt werden, Zöller/Althammer Rn. 2, sie hindern insbesondere die Unterbrechung oder Hemmung der Verjährung, OLG Frankfurt a. M. BeckRS 2021, 4490. Indes können sie aufgrund der Wirkung der Nebenintervention nach § 68 (unmittelbar, ohne dass es auf § 74 ankäme) überholt sein, MüKoZPO/Schultes Rn. 17. 7

74 ***Wirkung der Streitverkündung.*** **I Wenn der Dritte dem Streitverkünder beitritt, so bestimmt sich sein Verhältnis zu den Parteien nach den Grundsätzen über die Nebenintervention.**

II Lehnt der Dritte den Beitritt ab oder erklärt er sich nicht, so wird der Rechtsstreit ohne Rücksicht auf ihn fortgesetzt.

III In allen Fällen dieses Paragraphen sind gegen den Dritten die Vorschriften des § 68 mit der Abweichung anzuwenden, dass statt der Zeit des Beitritts die Zeit entscheidet, zu welcher der Beitritt infolge der Streitverkündung möglich war.

I. Systematik, Regelungszweck, I–III. → Vor § 72 Rn. 1, 3. Die Vorschrift bestimmt die Wirkungen einer Streitverkündung nach §§ 72 f. in prozessualer Hinsicht. Die hiermit in Zusammenhang stehenden materiell-rechtlichen Fragen, wie zB die Hemmung der Verjährung, sind nach materiellem Recht zu beantworten, → Rn. 8. 1

II. Geltungsbereich, I–III. Im WEG-Verfahren ist § 74 unanwendbar, AG Reutlingen ZMR 2013, 240. 2

III. Beitritt, I. Er erfolgt nach § 70. Eine bloße Meldung zu den Akten ist kein Beitritt. Das Gericht beteiligt den Dritten von seinem Beitritt an als Nebenintervenienten. Der Beitritt ist auch gegenüber dem Gegner des Streitverkünders zulässig, BGH 85, 255. Die Streitverkündung ist im Verhältnis zum Verkünder ein Beitrittsgrund, OLG Hamm NJW-RR 1988, 155. Vgl. jedoch auch für das Verhältnis zum Gegner § 66 I. Der Beitritt enthält keine Anerkennung einer Haftung. Es hängt vom Sachverhalt ab, ob der Beitretende zum einfachen Streithelfer nach § 66 oder zum streitgenössischen Streithelfer (Nebenintervenienten) nach § 69 wird. Das Gericht entscheidet nach § 71 über die Zulässigkeit des Beitritts. 3

IV. Fernbleiben, II. Wenn der Dritte nicht beitritt, bleibt die Streitverkündung unbeachtet und die Stellung des Dritten außerhalb des Prozesses. Der Beitritt zum Gegner ist ein Nichtbeitritt zur anderen Hauptpartei, BGH NJW 2004, 1521. Die Interventionswirkung tritt dann also in gleicher Weise ein wie bei einem unterlassenen Beitritt, und zwar nicht unmittelbar aus § 68, sondern aus §§ 74 II, III, 68, BGH BeckRS 2020, 39397. 4

V. Interventionswirkung, III. Schon die bloße Streitverkündung hat unabhängig von einem Nicht-/Beitritt stets die Wirkung der §§ 68, 74 III, KG BauR 2011, 1670, oder des → § 69 Rn. 12 (Interventionswirkung), BGH NJW 2015, 1948. Die Wirkung ist von Amts wegen zu beachten, BGH NJW 2015, 1948. Sie tritt nur gegen den Dritten (zulasten Streitverkündeten), aber nicht gegen, sondern nur zugunsten derjenigen Partei ein, die im Vorprozess dem Dritten den Streit verkündet hat (zugunsten Streitverkünder), BGH NJW 2015, 1824. Die Interventionswirkung ist allerdings unteilbar, sodass sie dem Streitverkündeten nicht allein hinsichtlich der für ihn nachteiligen Umstände unter Aussparen der ihn begünstigenden entgegengehalten werden kann, BGH NJW 2019, 1748. Sie entsteht auch in einem anderen Rechtsweg, BSG NJW 2012, 956. Die Rücknahme der Streitverkündung lässt die Interventionswirkung entfallen, OLG Köln OLGR 2005, 221. Die Bindungswirkung nach §§ 74 III, 68 kann im Einzelfall eine Aussetzung nach § 148 bewirken, OLG Köln BeckRS 2019, 5543. 5

1. Urteilsgesamtinhalt. Diese Wirkung umfasst nicht nur den Tenor des Urteils des Vorprozesses nach § 313 I Nr. 4, sondern auch dessen tatsächliche und rechtliche Grundlagen nach § 313 II, III, BGH NJW 2015, 1824. Die Wirkung tritt unabhängig davon ein, ob der Dritte dem Streitverkünder beitritt oder nicht oder ob er etwa dem Gegner des Streitverkünders als Streithelfer beitritt, BGH NJW 1997, 2386. Etwas anderes gilt nur dann, wenn die Streitverkündung erst nach dem Schluss der letzten Tatsachenverhandlung in einer nach §§ 543 ff. nicht revisiblen Sache erfolgte, BGH NJW 1982, 281, oder wenn das Gericht nach § 71 seinen Beitritt zum Streitverkünder formell rechtskräftig zurückgewiesen hat. 6

2. Wirkung seit Beitrittsmöglichkeit. Beim Streitverkündeten entscheidet nicht der Zeitpunkt des Beitritts, sondern derjenige, zu dem die Verkündung den Beitritt erstmals ermöglichte. Eine Streitverkündung in der Revisionsinstanz schneidet die tatsächlichen Einreden nicht ab. Etwas anderes gilt nur dann, wenn der Dritte die Verspätung verschuldet hat. Das Urteil im Prozess bindet nur den Streitverkündeten und seine Erben gegenüber dem Streitverkünder, BGH NJW 1987, 1895. 7

3. Materiell-rechtliche Wirkung. Im Verhältnis des Streitverkündeten zu einem verfahrensfremden Dritten, etwa einem materiell-rechtlich Berechtigten, entfaltet das Urteil keine Bindungswirkung, BGH 70, 192; OLG Kblz VersR 2006, 550. Entsprechend III treten bei einer wirksamen, die Anforderungen nach § 73 erfüllenden Streitverkündung auch die materiell-rechtlichen Wirkungen ein, BGH 160, 263; OLG Frankfurt a. M. BeckRS 2021, 4490. Die Zustellung der Streitverkündung erfolgt nach § 167, OLG Hamm NJW 1994, 203. Sie hemmt die Verjährung nach § 204 I Nr. 6 BGB, BGH NJW 2012, 675. Das gilt trotz einer späteren Rechtsmittelrücknahme der Hauptpartei nach §§ 516, 565, OLG Kblz AnwBl 2006, 492. Die Hemmung endet sechs Monate nach Eintritt der formellen Rechtskraft der Entscheidung nach §§ 329, 705 oder nach § 204 II 1 BGB mit einer sonstigen Prozessbeendigung. Vgl. auch § 48 WEG. Nach materiellem Recht ist über etwaige materiell-rechtliche Wirkungen einer Streitverkündung zu entscheiden. Zum Problem BGH 70, 189; OLG Saarbr NJW-RR 1989, 1216. Die Interventionswirkung erzielt auch die vertragliche Verpflichtung, das Urteil nach §§ 74 III, 68 gegen 8 sich gelten zu lassen. Ein unklares Beweisergebnis im Vorprozess kann sich für den Streitverkündeten ungünstig auswirken, so im Fall eines „non liquet" im Vorprozess für einen beweisbelasteten Streitverkündeten, OLG Saarbr MDR 2002, 690.

75 *Gläubigerstreit.* **[1]Wird von dem verklagten Schuldner einem Dritten, der die geltend gemachte Forderung für sich in Anspruch nimmt, der Streit verkündet und tritt der Dritte in den Streit ein, so ist der Beklagte, wenn er den Betrag der Forderung zugunsten der streitenden Gläubiger unter Verzicht auf das Recht zur Rücknahme hinterlegt, auf seinen Antrag aus dem Rechtsstreit unter Verurteilung in die durch seinen unbegründeten Widerspruch veranlassten Kosten zu entlassen und der Rechtsstreit über die Berechtigung an der Forderung zwischen den streitenden Gläubigern allein fortzusetzen. [2]Dem Obsiegenden ist der hinterlegte Betrag zuzusprechen und der Unterliegende auch zur Erstattung der dem Beklagten entstandenen, nicht durch dessen unbegründeten Widerspruch veranlassten Kosten, einschließlich der Kosten der Hinterlegung, zu verurteilen.**

1 **I. Systematik, S. 1, 2.** Die Einmischung nach § 75 unterscheidet sich von derjenigen des § 74. Denn sie schafft keinen neuen Prozess neben dem alten, sondern nimmt denjenigen, der beitritt, anstelle des Schuldners in den Prozess hinein. Im Unterschied zur sonstigen Beteiligung Dritter am Rechtsstreit nach §§ 64 ff. ist Voraussetzung, dass der Schuldner „den Betrag der Forderung zugunsten der streitenden Gläubiger unter Verzicht auf das Recht zur Rücknahme hinterlegt". Die Hinterlegung nach § 372, 2 BGB erfasst dabei den Fall, dass mehrere Personen dasselbe Recht für sich beanspruchen, BGH MDR 1996, 596. Der Schuldner kann dann eine hinterlegungsfähige Sache hinterlegen. Er ist befreit, sobald die Rücknahme entfällt. Das gilt nach §§ 376 II Nr. 1, 378 BGB insbesondere dann, wenn der Schuldner auf das Recht der Rücknahme verzichtet hat. Der vor einer Hinterlegung verklagte Schuldner kann dem nicht klagenden Gläubiger, dem anderen Beanspruchenden (Prätendenten), nach § 72 den Streit verkünden, BGH KTS 1981, 218. Der Streitverkündete kann nach § 66 als ein Nebenintervenient beitreten.

2 Der Schuldner kann aber auch nach Klageerhebung unter Verzicht auf das Recht der Rücknahme hinterlegen. Dann müsste das Gericht den klagenden Prätendenten abweisen und auf einen Prozess mit dem anderen Prätendenten verweisen. § 75 kommt kaum praktische Bedeutung zu, BGH NJW-RR 1987, 1440.

3 **II. Regelungszweck, S. 1, 2.** Die Vorschrift ist betitelt als „Gläubigerstreit" und verweist damit schon auf den Zweck der Norm: Während sich zwei Gläubiger – ursprünglich Klagender (Erstprätendent) und Dritter (Zweitprätendent) – um den Anspruch streiten, soll der leistungsbereite Schuldner geschützt werden. Diese Konstellation beinhaltet eine in der Praxis seltene Abweichung vom Regelfall, nach dem grundsätzlich der Gläubiger gegen den Schuldner einen vom Letzteren bestrittenen Anspruch durchsetzen will: Nach § 75 ist der beklagte Schuldner durchaus leistungsbereit, es stellt sich für ihn allein die Frage, an wen. Um ihn in dieser Situation zu schützen, ermöglicht ihm § 75, das Prozessrisiko durch Hinterlegung unter Rücknahmeverzicht nach §§ 372 S. 2, 376 II Nr. 1 BGB abzuwenden.

4 **III. Voraussetzungen, S. 1, 2. 1. Forderung.** Ein Schuldner muss wegen einer Forderung auf eine Leistung beklagt oder widerbeklagt sein. Eine Hinterlegung entspricht der Leistung. Eine Aufrechnung genügt nicht, eine aufgerechnete Forderung ist nicht rechtshängig. Die Forderung kann auf Geld oder auf eine hinterlegungsfähige Sache lauten, selbst wenn die Sache unvertretbar ist. Eine Feststellungsklage reicht nicht, BGH KTS 1981, 218.

5 **2. Beanspruchung durch Dritten.** Der Dritte muss die Forderung ganz oder teilweise für sich beanspruchen. Dieses Erfordernis entspricht dem in § 64. Zwischen der streitbefangenen und der beanspruchten Forderung ist mindestens teilweise Identität erforderlich, BGH NJW 1996, 1673.

6 **3. Streitverkündung.** Der Bekl. muss dem Dritten nach § 73 den Streit verkünden, sofern nicht beide Parteien auf dieses Erfordernis verzichten. Im Übrigen kann sich der Dritte nur nach § 64 beteiligen. Dann beginnt ein neuer Prozess neben dem alten. Alternativ bleibt die Möglichkeit, dass ein Prätendent gegen den anderen Feststellungsklage erhebt, BGH NJW 1993, 2540.

7 **4. Hinterlegung.** Der Bekl. hat den Betrag der Forderung zu hinterlegen, genauer ihren Gegenstand nach § 372 BGB. Wenn auch die materiell-rechtlichen Voraussetzungen nach § 372 BGB nicht vorliegen müssen – die Befugnis folgt unmittelbar aus § 75 –, muss der Betrag/sonstige Gegenstand vollumfänglich unter Verzicht auf das Rücknahmerecht, § 376 II Nr. 1 BGB, hinterlegt werden, damit die Schuldbefreiung die Entlassung aus dem Rechtsstreit bewirken kann, MüKoZPO/Schultes Rn. 8. Die Hinterlegung umfasst dabei die ganze Schuld einschließlich der Zinsen und Nebenleistungen. Sie braucht sich aber nicht auch auf diejenigen Prozesskosten nach §§ 91 ff. zu beziehen, die dem Kläger entstanden sind. Wenn der Dritte nur einen Teil der Forderung beansprucht, hat der Bekl. auch nur entsprechend zu hinterlegen. Es erfolgt demgemäß eine Teilentlassung, LG Mü MDR 2007, 606.

8 **IV. Entlassung des Beklagten, S. 1, 2.** Sobald der Bekl. seine Entlassung beantragen will, muss zwischen dem Kläger einerseits, dem Bekl. und dem Eintretenden als dem Streitgenossen nach § 59 andererseits grundsätzlich nach §§ 128 I, 297 eine mündliche Verhandlung stattfinden. Es ist aber nach § 128 II auch eine Entscheidung ohne mündliche Verhandlung möglich. Die Entscheidung kann auf Zurückweisung des Eintritts lauten. Diese Entscheidung erfolgt durch Zwischenurteil. Gegen die Entscheidung ist die sofortige Beschwerde nach § 567 I Nr. 2 zulässig. Die Entscheidung kann auch dahin lauten, dass das Gericht dem Antrag stattgibt. Wird dem Antrag stattgegeben, ergeht ein Endurteil, nachdem der Beklagte aus dem Rechtsstreit entlassen wird.

9 Das Gericht muss dem Bekl. die „durch seinen unbegründeten Widerspruch", also das vorherige ungerechtfertigte Bestreiten, verursachten Kosten nach § 91 auferlegen. Da der Bekl. aber an dem Prozess nicht mehr beteiligt ist, entscheidet das Gericht über die Kosten, die er durch den unbegründeten Widerspruch verursacht hat, in dem entlassenden Urteil. Über die Kosten im Übrigen wird im Schluss-Endurteil entschieden, Zöller/Althammer Rn. 5

10 **V. Fortgang des Prozesses, S. 1, 2.** Parteien sind nunmehr der Kläger und der Eintretende als Bekl. Der Entlassene scheidet aus dem Prozess aus. Allerdings → Rn. 8 f. Es handelt sich um einen neuen Rechtsstreit, der bisherige Prozessverlauf kommt weder dem Kläger noch dem Bekl. zugute. Der Antrag des Klägers lautet

zweckmäßigerweise, „festzustellen, dass dem Kläger der hinterlegte Betrag zusteht und der Beklagte in die Auszahlung an ihn einzuwilligen hat", wohingegen der Beklagte Klageabweisung und Einwilligung in die Auszahlung an sich widerklagend beantragen wird, Zöller/Althammer Rn. 6. Der Ausgeschiedene hat ja anerkannt, dass nur einer der Prätendenten der wahre Gläubiger sein kann. Das Urteil muss vor Auszahlung der Hinterlegungsstelle rechtskräftig werden, Zöller/Althammer Rn. 6. Nach § 75 aE ist über die Kosten zu entscheiden, vgl. aber § 75 S. 1. Demnach trägt der Unterliegende die Kosten nach § 91, wovon nur die Kosten des unbegründeten Widerspruchs des Ausgeschiedenen ausgenommen sind.

VI. Rechtsmittel, S. 1, 2. Gegen die Sachentscheidung kann der Prätendent das jeweilige Rechtsmittel 11 einlegen. Dem Ausgeschiedenen bleibt lediglich die sofortige Beschwerde nach § 567 II entsprechend § 91a II. Er ist nur im Kostenpunkt beteiligt.

76 *Urheberbenennung bei Besitz.* I [1]**Wer als Besitzer einer Sache verklagt ist, die er auf Grund eines Rechtsverhältnisses der im § 868 des Bürgerlichen Gesetzbuchs bezeichneten Art zu besitzen behauptet, kann vor der Verhandlung zur Hauptsache unter Einreichung eines Schriftsatzes, in dem er den mittelbaren Besitzer benennt, und einer Streitverkündungsschrift die Ladung des mittelbaren Besitzers zur Erklärung beantragen. [2]Bis zu dieser Erklärung oder bis zum Schluss des Termins, in dem sich der Benannte zu erklären hat, kann der Beklagte die Verhandlung zur Hauptsache verweigern.**

II **Bestreitet der Benannte die Behauptung des Beklagten oder erklärt er sich nicht, so ist der Beklagte berechtigt, dem Klageantrage zu genügen.**

III [1]**Wird die Behauptung des Beklagten von dem Benannten als richtig anerkannt, so ist dieser berechtigt, mit Zustimmung des Beklagten an dessen Stelle den Prozess zu übernehmen. [2]Die Zustimmung des Klägers ist nur insoweit erforderlich, als er Ansprüche geltend macht, die unabhängig davon sind, dass der Beklagte auf Grund eines Rechtsverhältnisses der im Absatz 1 bezeichneten Art besitzt.**

IV [1]**Hat der Benannte den Prozess übernommen, so ist der Beklagte auf seinen Antrag von der Klage zu entbinden. [2]Die Entscheidung ist in Ansehung der Sache selbst auch gegen den Beklagten wirksam und vollstreckbar.**

I. Systematik, Regelungszweck, §§ 76, 77. Der Regelungszweck ist wie in § 75 auf einen erhöhten Schutz 1 des Beklagten gerichtet, hier im Fall der Klage gegen den unmittelbaren Besitzer. Die Urheberbenennung, nominatio oder laudatio auctoris, gibt dem als unmittelbaren Besitzer oder als drittberechtigten Bekl. das Recht, sich dem Prozess durch Benennung des mittelbaren Besitzers und durch Streitverkündung an ihn nach § 72 zu entziehen. Der Benannte kann den Prozess zwecks Prozesswirtschaftlichkeit anstelle des Bekl. übernehmen. Nach II kann der Beklagte im Übrigen dem Klageantrag ohne Risiko nachkommen. Die Prozesskonstellation nach § 76 ist von äußerst geringer Praxisrelevanz.

II. Voraussetzungen, I. 1. Materiell-rechtlich befugter Besitz. Der Bekl. einer beweglichen Sache oder 2 eines Grundstücks muss wegen Herausgabe, Vorlegung oder Aufsuchung verklagt sein, also zB: Anspruch auf Herausgabe nach §§ 985, 1065, 1227 BGB, § 11 ErbbauRG; Anspruch auf Aufsuchung nach § 867 BGB; Anspruch auf Vorlegung nach §§ 809, 810 BGB; Klage des früheren Besitzers nach § 1007 II BGB. Der Umstand, dass der Benennende und der Urheber als Streitgenossen nach § 59 verklagt worden sind, ist unerheblich. Nicht hierher gehört eine Herausgabeklage aufgrund eines Schuldverhältnisses.

2. Unmittelbarer Besitz. Der Streit muss sich auf ein Rechtsverhältnis des § 868 BGB stützen. Gegen- 3 ständlich ist also der unmittelbare Besitz des Nießbrauchers, des Pfandgläubigers, des Pächters, des Mieters, des Verwahrers, des Beauftragten, des Nachlasspflegers oder -verwalters. Nach KG MDR 1993, 1234 zählt hierzu auch die Beschlagnahmebehörde, zB die Staatsanwaltschaft, BGH 72, 304, auch der Gerichtsvollzieher, AG Essen DGVZ 2000, 125. Es genügt, dass eine solche Art von Besitz behauptet wird.

3. Rechtshängigkeit. Der Prozess muss rechtshängig sein. Eine bloße Anhängigkeit genügt nicht. Eine 4 Verhandlung zur Hauptsache muss noch bevorstehen. Eine schon erfolgte Zulässigkeitsrüge ist unschädlich. Eine spätere Benennung ist dann zulässig, wenn beide Parteien zustimmen.

III. Verfahren, I. Der Bekl. muss dem mittelbaren Besitzer nach § 73 den Streit verkünden, ihn dem Kläger 5 benennen und seine Ladung zur Erklärung beantragen. Bei elektronischer Einreichung gelten §§ 130a–d. Das Gericht bestimmt einen Verhandlungstermin nach § 216 und stellt die Ladung sowie die Streitverkündung beiden Parteien nach §§ 214 ff., 496, 497 von Amts wegen zu, vgl. aber auch § 215. Eine rügelose Verhandlung aller Beteiligten heilt etwaige Mängel nach § 295. Der Bekl. darf die Verhandlung zur Hauptsache bis zur Erklärung des Benannten oder bis zum Schluss des Erklärungstermins verweigern. Ihm kommt eine rein aufschiebende Prozesseinrede, nicht eine Zulässigkeitsrüge zu. Es besteht keine prozessuale Pflicht. Ob eine materiell-rechtliche Pflicht besteht, richtet sich nach materiellem Recht. Das Weigerungsrecht entsteht mit Einreichung des Schriftsatzes zwecks Ladung. Es erlischt mit Schluss des daraufhin bestimmten Verhandlungstermins.

IV. Bestreiten oder Schweigen, II. Wenn der Benannte schweigt oder bestreitet, entsteht folgende Rechts- 6 lage: Der Bekl. kann den Kläger befriedigen, ohne die Gefahr einer Haftung einzugehen. Dann ist die Hauptsache erledigt. Das Gericht entscheidet nach § 91a über die Kosten. Soweit der Bekl. entscheidet, den Kläger nicht zu befriedigen, wird der Prozess fortgesetzt.

V. Übernahme des Prozesses, III. Der Benannte darf den Prozess anstelle des Bekl. übernehmen, falls er 7 das behauptete Rechtsverhältnis anerkennt und der Bekl. zustimmt. Das Zugeständnis kann auch stillschweigend erfolgen, OLG Zweibr JurBüro 1983, 1865. Der Benannte ist zur Übernahme nicht verpflichtet. Eine Zustimmung des Klägers ist nicht erforderlich, soweit er nicht einen Anspruch darüber hinaus verfolgt, etwa auch einen persönlichen Anspruch. Die Übernahme kann nur in der mündlichen Verhandlung nach § 128 I erfolgen. Die Übernahme macht den Benannten ohne eine besondere gerichtliche Entscheidung zum Rechtsnachfolger des

Bekl. im Prozess, OLG Zweibr JurBüro 1983, 1864. Das bisherige Prozessgeschehen ist verwertbar, anders als bei § 75.

8 Der Benannte kann auch die Hauptintervention nach § 64 erheben oder dem Bekl. nach § 66 als Nebenintervenient beitreten. Wenn er nicht eintritt, obwohl er das Rechtsverhältnis anerkennt, ist II unanwendbar. Es ist nach BGB zu entscheiden, ob der Bekl. den Kläger ohne Gefahr eines Rücktritts befriedigen kann. Er kann den Kläger jedenfalls dann befriedigen, wenn der Dritte dem Prozess trotz Androhung der Befriedigung nicht beitritt.

9 **VI. Ausscheiden des Beklagten, IV. 1. Verfahren.** Hat der Benannte den Prozess übernommen, entbindet das Gericht den Bekl. auf seinen Antrag von der Klage, IV 1. Ohne einen solchen Antrag bleibt der Bekl. im Prozess und gilt als Streitgenosse des Benannten nach § 59. Über die Wirksamkeit der Übernahme entscheidet dann das mit Berufung anfechtbare Endurteil. Es findet eine mündliche Verhandlung über den Antrag statt. Eine Anfechtung ist dann unzulässig, wenn das Gericht zuvor bereits in der Sache über die Klage entschieden hatte, OLG Mü OLGZ 1992, 255. Der Rechtsstreit wird zwischen dem Kläger und Prozessübernehmer fortgesetzt. Das Gericht entscheidet über die Gesamtkosten des Rechtsstreits mit Schluss-Endurteil. Der Ausgeschiedene ist nicht mehr Partei, sodass er als Zeuge vernommen werden kann.

10 **2. Wirkung.** Die materielle Rechtskraft des Endurteils und seine Vollstreckungswirkung erstrecken sich unmittelbar auf den ausgeschiedenen Bekl., IV 2. Der Umfang der Erstreckung von Rechtskraft und Vollstreckbarkeit ist streitig: Allgemein anerkannt ist die Erstreckung zuungunsten des Bekl. Ob sie auch zu seinen Gunsten, soweit der Kläger gegenüber dem Eingetretenen unterliegt, gilt, ist streitig, wird aber weitgehend verneint, zum Streitstand MüKoZPO/Schultes Rn. 12. Der Bekl. kann demnach auch seine persönlichen Einwendungen gegen die Vollstreckung nicht geltend machen.

11 Die Zwangsvollstreckung verlangt nach § 750 eine namentliche Bezeichnung des Bekl. in der Vollstreckungsklausel nach § 724. Die Erweiterung gilt nicht für die Kosten. Die bereits dem Kläger auferlegten Kosten bleiben unberührt. Die Erweiterung gilt auch nicht für einen solchen Anspruch, der nicht übergegangen ist. Wegen der Vollstreckungswirkung empfiehlt sich die Feststellung der Haftung des Bekl. wenigstens in den Urteilsgründen.

77 ***Urheberbenennung bei Eigentumsbeeinträchtigung.*** **Ist von dem Eigentümer einer Sache oder von demjenigen, dem ein Recht an einer Sache zusteht, wegen einer Beeinträchtigung des Eigentums oder seines Rechts Klage auf Beseitigung der Beeinträchtigung oder auf Unterlassung weiterer Beeinträchtigungen erhoben, so sind die Vorschriften des § 76 entsprechend anzuwenden, sofern der Beklagte die Beeinträchtigung in Ausübung des Rechtes eines Dritten vorgenommen zu haben behauptet.**

1 Auch dieser Vorschrift kommt kaum Praxisrelevanz zu. § 77 betrifft diejenigen Fälle, in denen das Eigentum oder ein anderes dingliches Recht auf eine andere Weise als durch Entziehung des Besitzes beeinträchtigt ist. Hierher gehören vor allem die Abwehrklage nach § 1004 BGB. Als Rechte kommen zB infrage: das Erbbaurecht; eine Grunddienstbarkeit; ein Nießbrauch; ein anderes durch § 1004 BGB geschütztes Ausschlussrecht, etwa ein Patent-, Namens-, Urheber- oder Markenrecht. Nicht hierher gehören zB: persönliche Klage wegen Besitzstörung; auf Schadensersatz; Feststellungsklage.

2 § 77 ist sinngemäß anwendbar, wenn der Bekl. die Ausübung des Rechts eines Dritten behauptet, etwa, wenn der Nießbraucher eine Grunddienstbarkeit ausübt. Dann begründet auch eine Besitzdienerschaft die Sachbefugnis des Bekl.

Titel 4. Prozessbevollmächtigte und Beistände

Vorbemerkung zu § 78

1 **I. Systematik.** §§ 78–90 regeln die Voraussetzungen, unter denen sich jemand vor allem als Partei vor Gericht durch einen beigeordneten oder gewählten Dritten vertreten lassen darf oder muss, um wirksam verhandeln zu können. Demgegenüber regelt § 51 II teilweise iVm materiell-rechtlichen Vorschriften, ob und inwieweit zum gewählten Vertreter ein gesetzlicher hinzutreten muss oder umgekehrt. Die BRAO regelt ergänzend, unter welchen Voraussetzungen man Rechtsanwalt nach §§ 78 ff. ist. Sie regelt auch die Stellung eines Syndikus-Rechtsanwalts, also eines solchen Angestellten eines Rechtsanwalts, der eine Zulassung nach §§ 46ac BRAO schon und noch hat, Burckart NJW 2016, 113; Kleine-Cosack AnwBl 2016, 101; Römermann NZA 2016, 71 (je: Grdz.).

2 Man muss zwischen der Prozessfähigkeit nach § 51 und der Prozesshandlungsvoraussetzung der Postulationsfähigkeit unterscheiden, BGH NJW 2012, 2592; BAG NJW 2014, 247; Brdb MDR 2016, 1353. Postulationsfähigkeit ist die Befugnis, in eigener Person wirksam mit dem Gegner und dem Gericht im Prozess zu verhandeln, BGH NJW 2012, 2592; Hamm MDR 1998, 286. Sie muss im Zeitpunkt der Prozesshandlung schon und noch vorliegen, BGH NJW 2012, 2592, zB bei einer Absendung, nicht stets noch beim Zugang, BGH NJW 1990, 1305; Brdb MDR 2016, 1353, oder nach einer Verweisung, Saenger/Sandhaus NJW 2014, 422. Das Gericht muss jedoch der Partei neben ihrem postulationsfähigen ProzBev. auf Antrag das Wort nach § 137 IV gestatten. In den übrigen Verfahren ist die Verhandlungsfähigkeit lediglich im Rahmen des § 79 eingeschränkt. Ein Verhandlungsunfähiger braucht einen Rechtsanwalt als seinen ProzBev. Wegen eines ausländischen Anwalts; → Rn. 13–21; vgl. EuRAG, Vor § 78 Anh. Ein Syndikus-Rechtsanwalt darf zwar grundsätzlich nach § 46c I BRAO wie ein Rechtsanwalt handeln, nach § 46c II ff. BRAO aber seinen Arbeitgeber nur begrenzt vertreten.

3 Die Postulationsfähigkeit des Rechtsanwalts beginnt allgemein nach § 12 I BRAO mit der Aushändigung seiner Zulassungsurkunde zur Anwaltschaft, (zum alten Recht) BGH NJW 1992, 2706; Oldb NJW-RR 1997, 566. Sie endet nach §§ 13, 14 BRAO. Auch ein LLP-Anwalt ist postulationsfähig, Schnabl AnwBl 2010, 398. Die Zuziehung einer anderen Person als ProzBev. oder als Beistand nach § 90 genügt grundsätzlich nicht. Ein

Kammerrechtsbeistand nach §§ 1 II 1, 3 I RDGEG ist wie ein Anwalt postulationsfähig, und nur er, (zum alten Recht) BGH NJW 2003, 3765. Ein registrierter Erlaubnisinhaber nach §§ 10 ff. RDG kann im Umfang des § 3 II RDGEG einem Anwalt gleichstehen. Das Prozessgericht prüft die Postulationsfähigkeit in jeder Verfahrenslage von Amts wegen, BGH NJW 2012, 2592; Hamm FamRZ 1994, 715. Der Anwalt muss natürlich nach § 51 prozessfähig sein, BVerfG NJW 1974, 1279 (auch zur Anfechtbarkeit einer Verneinung). Er muss seine Postulationsfähigkeit jederzeit auch selbst klären, BGH NJW-RR 2003, 569. Der Wegfall oder Verlust der Postulationsfähigkeit führt zur Unwirksamkeit seiner folgenden Prozesshandlung, BGH NJW-RR 2007, 278; Brdb MDR 2016, 1253, und zur Unterbrechung des Verfahrens nach § 246, BGH NJW 1990, 1855. Ein sofort vollziehbarer, aber noch nicht bestandskräftiger Entzug reicht nicht, BGH NJW 2012, 2592. Eine Genehmigung binnen einer etwaigen Frist ist evtl. möglich, BAG NJW 2014, 247.

II. Regelungszweck. §§ 78–90 dienen in erster Linie der Rechtssicherheit, BGH FamRZ 1987, 58; BVerwG NJW 2005, 3018. Denn es muss möglichst klar sein, ob jemand für einen anderen schon, noch und in welchem Umfang vor Gericht eine Prozesshandlung vornehmen kann. Das gilt umso mehr wegen ihrer oft weitreichenden und endgültigen Rechtsfolgen, auch für Mitbetroffene. Zugleich dient die Regelung aber auch der Prozesswirtschaftlichkeit. So soll mit den Regelungen des Anwaltszwangs verbunden mit denen über den Inhalt einer Rechtsmittelbegründung erreicht werden, dass ein mit der Sache vertrauter Anwalt den Sachverhalt strukturiert vorträgt, BGH NJW-RR 2021, 567; → § 78 Rn. 3. Dadurch wird auch dem Rechtsunkundigen geholfen und das Verfahren eher in die richtigen Bahnen gelenkt. Sie ist auch ein Ausdruck einer wenn auch begrenzten Parteiherrschaft. **4**

Enorme Reichweite ist ein Merkmal einer wirksamen Prozessvollmacht. Das zwingt an sich zur Zurückhaltung vor der Bejahung ihrer Wirksamkeit. Umso überraschender ist § 88 II Hs. 2 mit seinem Vertrauen auf eine Anwaltsvollmacht. Die Praxis rechtfertigt indes dieses Vertrauen. Mängel der Vollmacht kommen verhältnismäßig selten zur Sprache. Dieser Umstand erlaubt eine entsprechend praxisnahe gewisse Großzügigkeit bei der Prüfung der Vollmachtserteilung. Das gilt aber nicht beim Nachweis der Vollmacht. Er ist für die Gesamtbehandlung der Partei wie des Gegners so ausschlaggebend, dass hier nach → § 80 Rn. 19, 21 durch grundsätzliche Vorlage einer Originalvollmacht strenge Anforderungen zu stellen sind. Das gilt besonders bei einer sog. Generalvollmacht. Dies ist bei einer möglichen Auslegung zu berücksichtigen. **5**

III. Geltungsbereich. §§ 78–90 gelten in allen Verfahrensarten nach der ZPO, auch nach §§ 864 ff., BGH NJOZ 2014, 447, auch in WEG-Verfahren. Sie gelten nach §§ 46 II 1, 80 II 1 ArbGG auch im arbeitsgerichtlichen Verfahren, dort aber ohne einen Anwaltszwang, und vor dem Beschwerdegericht nach § 73 Nr. 2 GWB. Wegen einer Designstreitsache vor dem BPatG gilt das DesignG. Im FamFG-Verfahren gelten die umfangreichen §§ 10, 114 FamFG. Im Verfahren nach dem ZKG gilt vorrangig dessen § 50 VI. **6**

IV. Begriffe. Der Zivilprozess kennt drei Arten der Stellvertretung. **7**

1. Gesetzliche Vertretung. Zunächst kommt die gesetzliche Vertretung in Betracht, die sich gem. § 51 I nach materiellem Recht beurteilt. Bei ihr ist die Vertretungsmacht nicht von einem Parteiwillen abhängig, wie bei Minderjährigen oder bei prozessunfähigen Volljährigen. Des Weiteren ist hierunter die organschaftliche Vertretung zB bei juristischen Personen zu fassen. **8**

2. Prozessvollmacht. Der ProzBev. leitet seine Vertretungsmacht unmittelbar oder mittelbar aus einer „Vollmacht" des Vertretenen nach § 80 her. Das gilt selbst dann, wenn das Gericht ihn der Partei zB nach § 121 amtlich beigeordnet hat. **9**

Man muss zwischen dem bürgerlich-rechtlichen Rechtsgeschäft unterscheiden, das das Innenverhältnis zwischen dem ProzBev. und der Partei regelt, meist in der Form eines Geschäftsbesorgungsvertrags nach § 675 BGB, und der nach dem Abstraktionsprinzip zu beurteilenden prozessrechtlichen Vollmacht nach § 80, BGH NJW 1993, 1926; Hamm NJW 1992, 1175. Die Prozessvollmacht wirkt also nach außen. Sie ist eine Prozesshandlungsvoraussetzung, BVerfG DtZ 1992, 183; BGH NJW 2005, 3773. Die ZPO regelt sie nach → § 80 Rn. 5, § 155 V BRAO ganz allein, BGH NJW 1993, 1926; Hamm NJW 1992, 1175; missverständlich Ffm MDR 1984, 500. Nach außen ist die Prozessvollmacht kaum beschränkbar. **10**

Die Prozessvollmacht erlischt nicht ganz übereinstimmend mit dem bürgerlichen Recht. Sie hat noch nach ihrem Erlöschen gewisse prozessuale Wirkungen. Die ZPO kennt auch eine vermutete Prozessvollmacht, indem sie es zulässt, dass ein Vertreter eine wirksame Prozesshandlung vornimmt, ohne dass das Gericht seine Vollmacht nach §§ 87, 172 prüfen muss. Der ProzBev. kann gelegentlich auch im eigenen Namen handeln, zB nach § 32 II RVG (Auslegungsfrage). In aller Regel handelt er aber für die Partei. **11**

3. Anwaltsprozess. a) Zugelassene Rechtsanwälte. Im Anwaltsprozess nach § 78 kann grundsätzlich nur ein Rechtsanwalt ProzBev. sein. Es genügt vor allen Gerichten – außer dem BGH gem. § 164 BRAO, → § 78 Rn. 9 – die Zulassung zur Anwaltschaft. Zur wirksamen Einlegung der sofortigen Beschwerde bedarf es der Vertretung durch einen beim Beschwerdegericht postulationsfähigen Rechtsanwalt, BGH NJW 2000, 3356. Diese endet mit dem Erlöschen der Zulassung (§ 13 BRAO) oder mit der Rücknahme oder dem Widerruf der Zulassung (§ 14 BRAO). Prozesshandlungen, die der Anwalt nach Verlust seiner Zulassung vornimmt, sind unwirksam, BGH NJW 2006, 2260. Allein ein gegen den Anwalt verhängtes Berufs- und Vertretungsverbot nach § 150 BRAO berührt die von ihm oder ihm gegenüber vorgenommenen Prozesshandlungen nach § 155 V BRAO nicht, denn bis zu seiner Zurückweisung nach § 156 II BRAO behält er seine Eigenschaft als Rechtsanwalt, BGH NJW-RR 2015, 628; NJW 2012, 2592. Dem Anwalt stehen nach § 25 EGZPO eine Rechtsanwaltsgesellschaft nach § 59 I BRAO oder eine Partnerschaft nach § 7 IV 1 PartGG gleich. Diese letztere Eigenschaft braucht auch eine englische LLP, Henssler NJW 2009, 3139. Nach § 46 BRAO zugelassene Syndikusanwälte sind grds. postulationsfähig (zu den Grenzen zuletzt BGH NZA 2021, 207; NJW-RR 2020, 1514). Vor dem EuGH ist ein (abhängiger) Syndikusanwalt nicht postulationsfähig, EuGH AnwBl 2012, 1003; Marx AnwBl 2012, 956. **12**

b) Ausländische Rechtsanwälte. Soweit ausländische Rechtsanwälte vor deutschen Gerichten tätig werden wollen, ist zwischen europäischen Rechtsanwälten und solchen aus Drittstaaten zu unterscheiden. Denn nach der BRAO ist zur Ausübung des Rechtsanwaltsberufs nur der zugelassen, der Rechtsanwalt iSd Gesetzes ist. Rechtsanwälte, die diese Voraussetzungen nicht erfüllen, sind nicht postulationsfähig. Aufgrund des sog. Brexit-Deals sind Anwaltsgesellschaften in der Rechtsform von UK-LLPs mit Zweigniederlassungen in Deutschland seit dem **13**

1.1.2021 selbst bei erfolgter Eintragung im Partnerschaftsregister vor deutschen Gerichten nicht mehr postulationsfähig; zur Gesamtproblematik: Henssler NJW 2021, 503; vgl. auch Terhechte NJW 2021, 417.

14 Für europäische Rechtsanwälte sieht das Gesetz über die Tätigkeit europäischer Rechtsanwälte in Deutschland (EuRAG) vom 9.3.2000 (teilweise abgedruckt Vor § 78 Anh.) eine Ausnahme vor. Die hierin enthaltene Erleichterung einer Niederlassung als Rechtsanwalt in Deutschland gilt für alle Staatsangehörigen der EU-Mitgliedstaaten, der anderen Vertragsstaaten des Abkommens über den Europäischen Wirtschaftsraum und der Schweiz, die in ihrem Herkunftsstaat berechtigt sind, als Rechtsanwälte tätig zu sein, Vor § 78 Anh. EuRAG § 1. Zu unterscheiden ist hierbei zwischen dem niedergelassenen europäischen Anwalt nach §§ 2 ff. EuRAG und dem vorübergehend tätigen dienstleistenden europäischen Anwalt nach §§ 25 ff. EuRAG, BVerfG NJW 2014, 619.

15 Zur Tätigkeit deutscher Anwälte in europäischen Ausland: Richtlinie des Rates (77/249/EWG) vom 22.3.1977 zur Erleichterung der tatsächlichen Ausübung des freien Dienstleistungsverkehrs der Rechtsanwälte, zuletzt geändert durch RL 2013/25/EU des Rates vom 13.5.2013, ABl. 2013 L 158, 368, 375. Hierzu EuGH NJW 2021, 1515 (Tätigkeit einer deutschen Rechtsanwältin in Irland).

16 **aa) Europäische Rechtsanwälte.** Niedergelassener europäischer Rechtsanwalt ist gem. § 2 I EuRAG der in die für den Ort seiner Niederlassung zuständige Rechtsanwaltskammer aufgenommene europäische Rechtsanwalt. Als niedergelassener europäischer Rechtsanwalt darf er nach der Aufnahme in die Rechtsanwaltskammer die Tätigkeit eines Rechtsanwaltes nach §§ 1 bis 3 BRAO ausüben, somit kann er in allen Rechtsangelegenheiten beraten und vertreten, Lach NJW 2000, 1609. Voraussetzung ist, dass er in dem Staat, in dem er als Rechtsanwalt zugelassen ist, auch als europäischer Rechtsanwalt eingetragen ist. Nach § 3 II EuRAG muss dem Aufnahmeantrag eine Bescheinigung der im Herkunftsland zuständigen Stelle über die Zugehörigkeit zur dortigen Anwaltschaft beigefügt sein, Ffm NJW-RR 2022, 137 Rn. 18 (zur zuständigen Stelle in Rumänien); → Vor § 78 Anh. Nach § 5 I EuRAG (nicht abgedruckt) hat er die Berufsbezeichnung zu verwenden, die er im Herkunftsstaat nach dem dort geltenden Recht zu führen berechtigt ist, so zB „Solicitor"; „Abogado" oder „Avocat". Für ihn gelten nach § 6 I EuRAG (nicht abgedruckt) die Vorschriften der BRAO hinsichtlich seiner beruflichen Stellung entsprechend.

17 **bb) Zulassung zur deutschen Rechtsanwaltschaft.** Der europäische Anwalt kann sich je nach Art und Dauer seiner Tätigkeit zulassen. Nach dreijähriger Tätigkeit im deutschen Recht nach § 11 I EuRAG, die effektiv und regelmäßig sein muss und die der Antragsteller nach den Vorgaben des § 12 EuRAG (nicht abgedruckt) nachzuweisen hat, wird er nach den Vorschriften der BRAO zur Rechtsanwaltschaft zugelassen.

18 Der niedergelassene europäische Rechtsanwalt, der in Deutschland effektiv und regelmäßig drei Jahre als Anwalt tätig war, sich im deutschen Recht aber nur kürzer als drei Jahre betätigt hat, kann nach §§ 13 ff. EuRAG zur deutschen Rechtsanwaltschaft zugelassen werden, wenn er neben seiner dreijährigen Tätigkeit in Deutschland die Nachweise seiner Tätigkeit nach § 12 EuRAG erbringt und durch ein Gespräch nachweist, dass er imstande ist, den Beruf auszuüben, § 15 EuRAG (nicht abgedruckt). Dieses Gespräch wird durch die Rechtsanwaltskammer geführt, die auch das Vorliegen dieser Voraussetzungen feststellt; jedoch sollen in diesem Gespräch nicht die Rechtskenntnisse des Bewerbers überprüft werden, Lach NJW 2000, 1609 (1613).

19 Darüber hinaus kann nach §§ 16 ff. die gleichwertige Berufsqualifikation nach § 16 EuRAG festgestellt werden; → Vor § 78 Anh. Hiernach kann die sog. Vollintegration durch das Ablegen einer Eignungsprüfung erfolgen, die bereits durch das Gesetz zur Umsetzung der Richtlinie des Rates vom 21.12.1988 über eine allgemeine Regelung zur Anerkennung der Hochschuldiplome, die eine mindestens dreijährige Berufsausbildung abschließen, für die Berufe des Rechtsanwalts und des Patentanwalts vom 6.7.1990, BGBl. I 1349, ermöglicht wurde. Dieses Gesetz und die hierzu ergangene Verordnung über die Eignungsprüfung für die Zulassung zur Rechtsanwaltschaft vom 18.12.1990, BGBl. I 2881, sind in die §§ 16 ff. EuRAG integriert worden. Zuständig für die Abnahme der Eignungsprüfung ist gem. § 18 I EuRAG (nicht abgedruckt) das jeweilige Prüfungsamt, das für die zweite juristische Staatsprüfung zuständig ist. Das Prüfungsamt erteilt nach § 16a V EuRAG (nicht abgedruckt) dem Bewerber, der die Eignungsprüfung besteht, eine entsprechende Bescheinigung; dieser wird auf dieser Grundlage von der Rechtsanwaltskammer zugelassen. Die Bundesländer haben von der Möglichkeit des § 18 II EuRAG (nicht abgedruckt) Gebrauch gemacht und durch Vereinbarung mehrerer Länder ein gemeinsames Prüfungsamt gebildet. So bestehen Gemeinsame Prüfungsämter zur Abnahme der Eignungsprüfung für die Zulassung zur Rechtsanwaltschaft in Baden-Württemberg, Berlin und Nordrhein-Westfalen.

20 Der dienstleistende europäische Rechtsanwalt ist der europäische Rechtsanwalt, der vorübergehend und gelegentlich die Tätigkeit eines Rechtsanwalts in Deutschland ausübt (zum Begriff „vorübergehend" EuGH NJW 1996, 579; BVerfG NJW 2014, 619). Die wichtigste Voraussetzung besteht darin, dass der ausländische Anwalt nach §§ 28, 29 EuRAG nur im schriftlichen vorherigen und widerruflichen Einvernehmen eines deutschen Anwalts auftreten und verhandeln darf, BayObLG NStZ-RR 2020, 259; LSG Stgt AnwBl 1985, 35 (zum damaligen Recht). Dieser deutsche Rechtsanwalt muss nach § 28 II 1 EuRAG (nicht abgedruckt) zwar nicht ProzBev., wohl aber Rechtsanwalt sein und bei dem Gericht oder der Behörde zur Vertretung befugt sein. Außerdem muss der ausländische Rechtsanwalt zwecks Postulationsfähigkeit das Einvernehmen nachweisen, BAG NJW 2013, 1620. Nach § 29 I EuRAG (nicht abgedruckt) muss dies spätestens bei der ersten Handlung gegenüber dem Gericht oder der Behörde erfolgen, um seine Handlung gegenüber dem Gericht oder der Behörde wirksam zu machen, Drsd MDR 2017, 1263. Ein Widerruf des Einvernehmens hat nach § 29 II 1, 2 EuRAG eine Wirkung nur für die Zukunft. Soweit es um die Nutzung des besonderen elektronischen Anwaltspostfachs geht, kann der dienstleistende europäische Anwalt nach § 27a I EuRAG dessen Einrichtung beantragen; das Verfahren im Einzelnen regelt § 27a EuRAG (nicht abgedruckt).

21 Für die Kosten des ausländischen Anwalts ist das Recht seines Niederlassungsorts maßgeblich, und zwar auch zu der Frage, ob und welche Honorarvereinbarung er treffen kann. Der neben dem ausländischen Anwalt auftretende und tätig werdende deutsche Anwalt berechnet seine Kosten im Umfang seiner Tätigkeit nach VV 2300, 2301. Der ausländische EU-Anwalt kann nach dem RVG abrechnen, LG Hmb NJW-RR 2000, 510 (zum alten Recht: nach BRAGO). Ob und wieweit er die Kosten des ausländischen nach dem EuRAG tätig werdenden Kollegen in Höhe der ausländischen Gebührenordnung mit ansetzen kann, richtet sich nach dem RVG.

22 **4. Parteiprozess.** Im Parteiprozess nach § 79, dh in allen Verfahren, für die nicht nach § 78 I Anwaltszwang besteht, können die Parteien auch durch einen in § 79 II genannten vertretungsberechtigter Bevollmächtigter tätig sein. Über die Stellung des Anwalts und über den Aufbau der Anwaltschaft vgl. die BRAO.

5. Beistandschaft. Im Parteiprozess nach § 79 ist auch eine Beistandschaft nach § 90 zulässig. Der Beistand ist mehr als ein Berater, da er nach § 90 II Erklärungen für die Partei abgeben kann; er ist eine Art Wortführer der Partei. Aber er handelt nicht an Stelle der Partei, sondern neben ihr. 23

V. Rechtsberatung. Der Rechtsanwalt besorgt von Berufs wegen fremde Rechtsangelegenheiten. Dasselbe tut der Rechtsbeistand (Prozessagent). Ein ausländischer Anwalt ist grundsätzlich kein Rechtsanwalt nach der ZPO (wie der BRAO, vgl. deren § 4 und 12. Teil), → Rn. 13 ff.; Vor § 78 Anh. EuRAG. Bei Mitgliedern der Europäischen Union und anderer Vertragsstaaten des Abkommens über den Europäischen Wirtschaftsraum (EWR) gelten die oben dargelegten Regelungen; vgl. → Rn. 17–21. Die geschäftsmäßige Besorgung fremder Rechtsangelegenheiten braucht eine Erlaubnis nach dem RDG. Ein sog. Kammerrechtsbeistand ist aber bei § 78 kein Rechtsanwalt, OVG Münst NJW 2009, 386. Wegen eines Auszubildenden des Anwalts LG Oldb AnwBl 1982, 374. 24

Anhang zur Vorbemerkung zu § 78

Gesetz über die Tätigkeit europäischer Rechtsanwälte in Deutschland (EuRAG)

Vom 9.3.2000, BGBl. I 182; ber. BGBl. I 1349

FNA 303-19

Zuletzt geändert durch Art. 24 Gesetz vom 5.10.2021 (BGBl. I 4607)

(Auszug)

Teil 1. Allgemeine Vorschriften

§ 1 EuRAG Persönlicher Anwendungsbereich

Dieses Gesetz regelt für natürliche Personen, die berechtigt sind, als Rechtsanwalt unter einer der in der Anlage zu dieser Vorschrift genannten Berufsbezeichnungen selbständig tätig zu sein (europäische Rechtsanwälte), die Berufsausübung und die Zulassung zur Rechtsanwaltschaft in Deutschland.

Teil 2. Berufsausübung als niedergelassener europäischer Rechtsanwalt

Abschnitt 1. Allgemeine Voraussetzungen

§ 2 EuRAG Niederlassung

I Wer als europäischer Rechtsanwalt auf Antrag in die für den Ort seiner Niederlassung zuständige Rechtsanwaltskammer aufgenommen wurde, ist berechtigt, in Deutschland unter der Berufsbezeichnung des Herkunftsstaates die Tätigkeit eines Rechtsanwalts gemäß §§ 1 bis 3 der Bundesrechtsanwaltsordnung auszuüben (niedergelassener europäischer Rechtsanwalt).

II Die Aufnahme in die Rechtsanwaltskammer setzt voraus, dass die antragstellende Person bei der zuständigen Stelle des Herkunftsstaates als europäischer Rechtsanwalt eingetragen ist.

§ 3 EuRAG Antrag

I Über den Antrag auf Aufnahme in die Rechtsanwaltskammer entscheidet die Rechtanwaltskammer.

II Dem Antrag ist eine Bescheinigung der im Herkunftsstaat zuständigen Stelle über die Zugehörigkeit des europäischen Rechtsanwalts zu diesem Beruf beizufügen. Die Rechtsanwaltskammer kann verlangen, dass diese Bescheinigung zum Zeitpunkt ihrer Vorlage nicht älter als drei Monate ist.

Teil 3. Eingliederung

Abschnitt 1. Zulassung zur Rechtsanwaltschaft nach dreijähriger Tätigkeit

§ 11 EuRAG Voraussetzungen

I [1]Wer eine mindestens dreijährige und regelmäßige Tätigkeit als niedergelassener europäischer Rechtsanwalt in Deutschland auf dem Gebiet des deutschen Rechts einschließlich des Gemeinschaftsrechts, gemäß § 12 nachweist, wird nach den Vorschriften der §§ 6 bis 36, 46a bis 46c Absatz 1, 4 und 5 der Bundesrechtsanwaltsordnung zur Rechtsanwaltschaft zugelassen. [2] Effektive und regelmäßige Tätigkeit ist die tatsächliche Ausübung des Berufs ohne Unterbrechung; Unterbrechungen auf Grund von Ereignissen des täglichen Lebens bleiben außer Betracht.

II, III ……………………

Abschnitt 2. Zulassung bei kürzerer Tätigkeit im deutschen Recht

§ 13 EuRAG Voraussetzungen

I Wer mindestens drei Jahre effektiv und regelmäßig als niedergelassener europäischer Rechtsanwalt in Deutschland tätig war, sich dabei im deutschen Recht jedoch nur für kürzere Zeit betätigt hat, wird nach den Vorschriften der §§ 6 bis 36, 46a bis 46c Absatz 1, 4 und 5 der Bundesrechtsanwaltsordnung zur Rechtsanwaltschaft zugelassen, wenn er seine Fähigkeit, die Tätigkeit weiter auszuüben, gemäß §§ 14 und 15 nachweist.

II ……………………

Teil 4. Antrag auf Feststellung einer gleichwertigen Berufsqualifikation

§ 16 EuRAG Antrag auf Feststellung einer gleichwertigen Berufsqualifikation

I Eine Person, die eine Ausbildung abgeschlossen hat, die zum unmittelbaren Zugang zum Beruf eines europäischen Rechtsanwalts (§ 1) berechtigt, kann zum Zweck der Zulassung zur Rechtsanwaltschaft ohne Eingliederung nach Teil 3 die Feststellung beantragen, dass die von ihr erworbene Berufsqualifikation die Kenntnisse umfasst, die für die Ausübung des Berufs des Rechtsanwalts in Deutschland erforderlich sind. Der Antrag kann bei jedem der nach § 18 Absatz 1 und 2 zuständigen Prüfungsämtern, jedoch nicht bei mehreren gleichzeitig gestellt werden.

II – IV ……………………

§ 17 EuRAG Zweck der Eignungsprüfung

1 Die Eignungsprüfung ist eine staatliche Prüfung, die ausschließlich die beruflichen Kenntnisse und Kompetenzen der antragstellenden Person betrifft und mit der ihre Fähigkeit, den Beruf eines Rechtsanwalts in Deutschland auszuüben, beurteilt werden soll. 2 Die Eignungsprüfung muss dem Umstand Rechnung tragen, dass die antragstellende Person in einem Mitgliedsstaat der Europäischen Union oder einem anderen Vertragsstaat des Abkommens über den Europäischen Wirtschaftsraum oder der Schweiz über eine berufliche Qualifikation zur Ausübung eines Rechtsanwaltsberufes verfügt.

§ 18 EuRAG Prüfungsamt

I Die Eignungsprüfung wird von dem Prüfungsamt durchgeführt, das für die zweite juristische Staatsprüfung zuständig ist.

II 1 Mehrere Länder können durch Vereinbarung ein gemeinsames Prüfungsamt bilden. 2 …

III–V ……………………

Teil 5. Vorübergehende Dienstleistungen

§ 25 EuRAG Vorübergehende Tätigkeit

I 1 Ein europäischer Rechtsanwalt darf die Tätigkeit eines Rechtsanwalts in Deutschland nach den folgenden Vorschriften vorübergehend und gelegentlich ausüben (dienstleistender europäischer Rechtsanwalt). 2 Ob die Tätigkeiten vorübergehend oder gelegentlich erbracht werden, ist insbesondere anhand ihrer Dauer, Häufigkeit, regelmäßige Wiederkehr und Kontinuität zu beurteilen.

II ……………………

78 *Anwaltsprozess.* **I 1Vor den Landgerichten und Oberlandesgerichten müssen sich die Parteien durch einen Rechtsanwalt vertreten lassen. 2Ist in einem Land auf Grund des § 8 des Einführungsgesetzes zum Gerichtsverfassungsgesetz ein oberstes Landesgericht errichtet, so müssen sich die Parteien vor diesem ebenfalls durch einen Rechtsanwalt vertreten lassen. 3Vor dem Bundesgerichtshof müssen sich die Parteien durch einen bei dem Bundesgerichtshof zugelassenen Rechtsanwalt vertreten lassen.**

II Behörden und juristische Personen des öffentlichen Rechts einschließlich der von ihnen zur Erfüllung ihrer öffentlichen Aufgaben gebildeten Zusammenschlüsse können sich als Beteiligte für die Nichtzulassungsbeschwerde durch eigene Beschäftigte mit Befähigung zum Richteramt oder durch Beschäftigte mit Befähigung zum Richteramt anderer Behörden oder juristischer Personen des öffentlichen Rechts einschließlich der von ihnen zur Erfüllung ihrer öffentlichen Aufgaben gebildeten Zusammenschlüsse vertreten lassen.

III Diese Vorschriften sind auf das Verfahren vor einem beauftragten oder ersuchten Richter sowie auf Prozesshandlungen, die vor dem Urkundsbeamten der Geschäftsstelle vorgenommen werden können, nicht anzuwenden.

IV Ein Rechtsanwalt, der nach Maßgabe der Absätze 1 und 2 zur Vertretung berechtigt ist, kann sich selbst vertreten.

Schrifttum (teilweise zum alten Recht): Bern, Verfassungs- und verfahrensrechtliche Probleme anwaltlicher Vertretung im Zivilprozess, 1992; Fabienke, Grundprinzipien des Anwaltszwangs und ihre Verwirklichung im Zivilprozess, 1997; Henssler/Kilian NJW 2002, 2817 (Grdz.); Klimke, Die Folgen fehlender Postulationsfähigkeit des Klägers, ZZP 122 (2009), 107; Magnus, Das Anwaltsprivileg und sein zivilprozessualer Schutz, 2010; Saenger/Sandhaus, Fehlende Postulationsfähigkeit und Verweisung bei Unzuständigkeit, NJW 2014, 417.

Übersicht

I. Systematik. Die Vorschrift regelt zwei Voraussetzungen der Wirksamkeit eines Sachantrags, die von einander zu unterscheiden sind. Es geht zunächst darum, ob überhaupt ein Anwalt auftreten muss, ob also ein sog. Anwaltszwang und damit ein sog. Anwaltsprozess nach § 78 im Gegensatz zum Parteiprozess nach § 79 besteht, Zuck JZ 1993, 500 (ausf.). Dann geht es weiterhin darum, ob der auftretende Anwalt auch gerade vor diesem Gericht und gerade in diesem Prozess einen Sachantrag stellen darf. Sie regelt also – ohne dass der Begriff genannt wird – seine Postulationsfähigkeit, dh die Fähigkeit selbst rechtswirksam prozessual zu handeln. Erst beim Zusammentreffen beider Voraussetzungen kann der Sachantrag wirksam erfolgen. **1**

Die Vorschrift gilt vor dem AG, LG, OLG, einem Obersten Landesgericht – zZ nur das BayObLG – und vor dem BGH. Dort besteht zwar ein Anwaltszwang, das sog. Lokalisierungsgebot ist aber bis auf den BGH-Anwalt entfallen. Vielmehr ist vor allen anderen Gerichten jeder Anwalt postulationsfähig. **2**

II. Regelungszweck. Die Vorschrift dient den Parteiinteressen wie der Rechtspflege, BGH FamRZ 1987, 58; BVerwG NJW 2005, 3018; Saenger/Sandhaus NJW 2014, 419. Das gilt auch zwecks Niederlassungsfreiheit nach dem europäischen Gemeinschaftsrecht, BVerfG AnwBl 1989, 669; BGH NJW 1990, 3086. Der Anwaltszwang dient sowohl dem allgemeinen Interesse an einer geordneten Rechtspflege als auch dem Rechtsschutzinteresse einer rechtsunkundigen Partei im Einzelfall, BVerwG NJW 1984, 625; Ffm FamRZ 1990, 766. Er dient auch dem Beibringungsgrundsatz. **3**

Qualitätssicherung ist ein Hauptziel des Anwaltszwangs. Die Sichtung des Streitstoffs, seine Aufbereitung, die am Interesse des Auftraggebers orientierte kritische Prüfung der Vorgehensweise der weiteren Prozessbeteiligten und außerdem natürlich die Einhaltung der Fülle von Vorschriften zu Form, Inhalt und Frist, das sind nur einige der zahlreichen Gesichtspunkte für den Anwaltszwang. So soll zB mit den Regelungen über den Anwaltszwang und über den notwendigen Inhalt einer Berufungsbegründung erreicht werden, dass ein mit dem Verfahren vertrauter Rechtsanwalt dem Gericht und dem Gegner den Sachverhalt unter Bezeichnung der Anfechtungsgründe nach persönlicher Durcharbeitung des Streitstoffes vorträgt, BGH NJW-RR 2021, 567. Selbst im Parteiprozess treten ganz überwiegend Anwälte als ProzBev. beider Parteien auf und helfen dem Gericht durchweg erheblich. Das alles legt eine anwaltsfreundliche Handhabung der Vorschrift nahe, solange sie nicht zur Überbetonung eines solchen Amts wird, das den Auftraggeber beraten und vertreten, vor Schaden bewahren, aber nicht bevormunden soll, BGH NJW 2001, 1352. **4**

III. Gerichte mit Anwaltszwang, I. Die Vorschriften sind verfassungsgemäß, BVerfG NJW 1993, 3192; BGH NJW 2006, 966. Vgl. dazu hinsichtlich der Vertretung vor dem BGH → Rn. 9. Die Vorschriften sind auch zwingend, BGH NJW 1992, 2706. Das Gericht muss sie in jeder Verfahrenslage von Amts wegen beachten, BGH NJW 1992, 2706. Wirksamkeit und Zulässigkeit der Verfahrenshandlung können nicht davon abhängig sein, ob und in welchem Umfang es gerade einer Vertretung durch einen beim Gericht zugelassenen Anwalts bedurfte, BGH NJW 2000, 3356. Hierbei ist zwischen den folgenden Gerichtsarten zu unterscheiden: **5**

1. Landgericht, I 1. Vor dem LG als Kollegialgericht besteht ein Anwaltszwang, und zwar unabhängig davon, welcher Spruchkörper des Gerichts mit dem Verfahren befasst ist, so dass auch vor dem nach §§ 348 – 350 und als Berufungsgericht nach §§ 526, 527 tätigen Einzelrichter der Anwaltszwang gilt, BGH FamRZ 1986, 458; NJW 1980, 2307. Auch im selbständigen Beweisverfahren vor dem LG herrscht Anwaltszwang, da die Verfahrensart grds. keine Rolle spielt, BGH NJW 2012, 2810. Das gilt auch im Zivilverfahren nach § 13 I StrEG, BGH MDR 1993, 796. Dabei reicht die Zulassung zur Anwaltschaft. Sie ist verfassungsgemäß erforderlich, BGH NJW 2003, 966. Das gilt ohne Rücksicht darauf, wo der Anwalt seine Kanzlei hat, wo seine Sozien residieren und wo der Anwalt wohnt. Das gilt auch vor dem LG als Berufungsgericht, BMJ Mitteilung zur Auslegung des § 78, NJW 2000, 1392, und bei § 13 StrEG, BGH MDR 1993, 766. Wegen einer Markenstreitsache gilt § 140 III MarkenG, wegen einer Sortenschutzsache gilt § 38 SortenSchG, wegen einer Baulandsache gilt § 220 I BauGB, BGH NJW-RR 1994, 1021. **6**

2. Oberlandesgericht, I 1. Auch vor dem OLG besteht ein Anwaltszwang, (je zum alten Recht) BGH NJW 2005, 3415; Karlsr BB 2004, 2324; Zweibr MDR 2005, 1132. Dieser ist verfassungsgemäß, jedoch besteht für die Beschwerde in selbständig durchgeführten Familiensachen der freiwilligen Gerichtsbarkeit kein Anwaltszwang, BGH FamRZ 1987, 58. In Kartellsachen besteht für das weitere Verfahren vor dem OLG für die Beteiligten Anwaltszwang, nicht aber für die Kartellbehörde, §§ 68, 76 V GWB. Er gilt auch bei § 53 WpÜG, Ffm ZIP 2011, 1388. Es kann jeder Anwalt stets beim OLG auftreten. **7**

3. Oberstes Landesgericht, I 2. Soweit es nach § 8 EGGVG eingerichtet worden ist – wie aktuell in Deutschland nur das mit Wirkung zum 15.9.2018 erneut errichtete BayObLG, vgl. Gesetz zur Errichtung des Bayerischen Obersten Landesgerichts (GVBl. 2018, 545) – besteht auch vor ihm ein Anwaltszwang. Jeder Anwalt ist dort postulationsfähig, → Vor § 78 Rn. 3. **8**

4. Bundesgerichtshof, I 3. Auch vor dem BGH besteht grundsätzlich Anwaltszwang. Nach § 164 BRAO kann jedoch beim BGH nur als Rechtsanwalt zugelassen werden, wer durch den Wahlausschuss für Rechtsanwälte beim BGH benannt wird. Die dortige Singularzulassung ist verfassungsgemäß, BVerfG NJW 2002, 3765; BGH NJW 2002, 1725; Droege NJW 2002, 175. Sie bleibt sinnvoll, Nirk NJW 2007, 3188; krit. Baumert NJW 2016, 408. Die Singularzulassung für Rechtsanwälte beim BGH ist auch in dem Fall mit dem Grundgesetz vereinbar, in dem die Partei des Revisionsverfahrens selbst Rechtsanwalt und Fachanwalt ist, BGH GRUR-RR 2020, 509 (Fachanwalt für gewerblichen Rechtsschutz). Der Gesetzgeber hat mit I 3 und der korrespondierenden Vorschrift des § 172 BRAO eine abstrakt generelle Regelung getroffen. Der Gesetzgeber darf auch hierbei Gesichtspunkte der Zweckmäßigkeit in den Vordergrund stellen, BVerfG NJW 2001, 1561. Auch bei der Regelung der Postulationsfähigkeit darf der Gesetzgeber von einer typisierenden Betrachtung ausgehen, BVerfG NJW 2001, 1561; BAG NZA 2016, 380. Insoweit gilt für die Beschränkung der Postulationsfähigkeit nach I 3 nichts anderes als für die Beschränkung der Postulationsfähigkeit im Anwaltsprozess nach I im Allgemeinen, BGH GRUR-RR 2020, 509; NJW 2000, 3356. Auch die Anhörungsrüge gegen ein Urteil des BGH kann nach I 3 nur von einem beim BGH zugelassenen Rechtsanwalt erhoben und begründet werden, BGH NJW-RR 2021, 375 = BeckRS 2021, 1599. Dabei genügt es nicht, dass ein beim BGH zugelassener Rechtsanwalt den betreffenden Schriftsatz **9**

zwar formell unterzeichnet, zugleich aber durch einen Zusatz deutlich macht, dass er die volle Verantwortung für den gesamten Inhalt des Schriftsatzes ablehnt, BGH NJW-RR 2017, 187; NJW 2005, 2017. Die Anhörungsrüge muss Ergebnis der geistigen Arbeit des postulationsfähigen Rechtsanwalts sein, BGH NJW-RR 2021, 375. Ist der Antrag einer Partei auf Beiordnung eines Notanwalts nach § 78b abgelehnt worden, besteht für die hinsichtlich dieser Entscheidung erhobene Anhörungsrüge kein Anwaltszwang, BGH NJW-RR 2011, 640; → § 78b Rn. 11. Nachdem die Revision begründet ist, kann ein prozessual wirksames Anerkenntnis nur von einem beim BGH zugelassenen Anwalt abgegeben werden, BGH NJW 2015, 2193; NJW-RR 2014, 831. Das gilt auch bei einer Rechtsbeschwerde nach § 574, BGH FamRZ 2005, 1165 (nimmt bei §§ 127, 574 den Bezirksrevisor davon aus). Wenn ein Anerkenntnis aber zu einem Zeitpunkt erklärt wird, in dem der Kl. seine Revision noch nicht begründet hat, sprechen prozessökonomische Erwägungen dafür, die Erklärung des zweitinstanzlichen ProzBev. als ausreichend und wirksam anzusehen, BGH NJW-RR 2014, 831 Rn. 7. Die Nichtzulassungsbeschwerde gegen einen Verwerfungsbeschluss des Berufungsgerichts, kann nur durch einen beim BGH zugelassenen Rechtsanwalt eingelegt werden, BGH NJW-RR 2019, 72. Hingegen ist es nicht erforderlich, dass der nach zulässiger Klagerücknahme des Gegners beigetretene Nebenintervenient allein zur Stellung des Kostenantrags einen beim BGH zugelassenen Anwalt bestellt, BGH NJW 2015, 557. Vor dem BGH als Disziplinarinstanz herrscht ausnahmsweise kein Anwaltszwang, BGH MDR 1989, 257. Abweichend von I 3 kann ein Klageverzicht iSv § 306 BGB im Verfahren über eine Nichtzulassungsbeschwerde auch von einem zweitinstanzlichen ProzBev. wirksam erklärt werden, → Rn. 16 „Klageverzicht"; BGH NJW 2022, 790 Rn. 20. In einer Markensache gelten §§ 78 ff. vor dem BGH entsprechend im Rechtsbeschwerdeverfahren, § 88 I 1 MarkenG.

10 **5. Familiengericht.** Es gilt § 114 FamFG. Der Anwaltszwang in einer Unterhaltssache als Familienstreitsache nach § 114 FamFG betrifft auch das Vollstreckungsverfahren nach § 120 FamFG, § 888 ZPO, so dass die sofortige Beschwerde nur durch einen Rechtsanwalt eingelegt werden kann; Bambg NJOZ 2018, 52. Auch die Beschwerde gegen die einen Ablehnungsantrag zurückweisende Entscheidung im Familienverfahren unterliegt nach §§ 113 I, 114 I FamFG, 78 I 1 dem Anwaltszwang, Brdb FamRZ 2020, 186; → Rn. 16 „Ablehnungsverfahren". Auch die sofortige Beschwerde gegen die Festsetzung eines Zwangsmittels zur Erwirkung der Auskunft gem. §§ 35, 220 FamFG unterliegt dem Anwaltszwang, Bambg NJOZ 2021, 1313.

11 **6. Landesarbeitsgericht.** Hier ist die Vertretung durch jeden Anwalt oder durch eine andere nach § 11 II ArbGG zugelassene Person zulässig.

12 **7. Bundesarbeitsgericht.** Auch hier ist die Vertretung durch jeden Anwalt oder durch eine andere nach § 11 II 2 Nr. 4, 5, IV ArbGG zugelassene Person statthaft, BAG NZA 2015, 1212, und notwendig, BAG NJW 2015, 3263. Der Gesetzgeber ist aber berechtigt, bei der Regelung der Postulationsfähigkeit von einer typisierenden Betrachtungsweise auszugehen, BAG NZA 2016, 380.

13 **8. Bundesfinanzhof.** Hier ist auch eine Vertretung durch eine in Art. 1 Nr. 1 BFHEntlG genannte Person zulässig, auch für einen Antrag auf eine Wiedereinsetzung nach § 233, BFH NJW 1978, 1992.

14 **IV. Verfahren mit Anwaltszwang, I.** Es gibt einen einfachen Grundsatz.

15 **1. Umfassende Geltung.** Soweit nach → Rn. 1, 5–9, 12, 14 ein Anwaltszwang herrscht, unterliegt grundsätzlich das gesamte Verfahren vor dem Prozessgericht mit allen Prozesshandlungen diesem Anwaltszwang, BGH FamRZ 1992, 49; Düss MDR 1983, 942. Das gilt auch vor dem Einzelrichter nach §§ 348, 348a, 526, 527, 569 und vor dem Vorsitzenden der Kammer für Handelssachen nach § 349, → Rn. 6. Zum Kammerrechtsbeistand → Vor § 78 Rn. 24. Der Anwalt muss dann eigenverantwortlich handeln, BGH FamRZ 1999, 1498.

16 **2. Beispiele zur Frage eines Anwaltszwangs.** Vgl. auch bei den einzelnen Rechtsinstituten.

Ablehnungsverfahren: Die Beschwerde gegen die einem Ablehnungsantrag zurückweisende Entscheidung im Familienverfahren unterliegt dem Anwaltszwang, Brdb FamRZ 2020, 186.

Aufhebungsverfahren: Der Aufhebungsantrag nach § 1059 im schiedsrichterlichen Verfahren kann grds. zu Protokoll der Geschäftsstelle erklärt werden, da im Zeitpunkt der Einleitung des Verfahrens noch kein Anwaltszwang besteht, Kröll SchiedsVZ 2020, 219 mwN.

Außergerichtlicher Vergleich: Die Parteien eines dem Anwaltszwang unterliegenden Rechtsstreits können im Wege des außergerichtlichen Vergleichs materiell-rechtlich bindende Vereinbarungen auch persönlich treffen. Das gilt selbst dann, wenn sich die Parteien zur Vornahme einer Prozesshandlung wie Zurücknahme von Klagen oder Rechtsmittel oder zu einem Rechtsmittelverzicht verpflichten, BGH NJW 2019, 2479; NJW-RR 1992, 567; NJW-RR 1989, 802 (Rücknahmeabrede); Ffm NJW-RR 2002, 272, oder bei einer Abrede zum Verzicht oder zur Zustimmung, BGH NJW 1986, 198; Schlesw MDR 1999, 252, oder bei einer Abrede wegen einer Sprungrevision nach § 566, BGH NJW 1986, 198.

Berufung: Anwaltszwang besteht schon für die Berufungseinlegung nach § 519 I, Hamm NJW 1996, 601. Bei der Berufungsbegründung ist die Unterzeichnung durch einen postulationsfähigen Anwalt auch äußerer Ausdruck für die vom Gesetz geforderte eigenverantwortliche Prüfung des Inhalts, BGH NJW-RR 2021, 567; → Rn. 3.

Eilverfahren: Anwaltszwang besteht eingeschränkt auch im Verfahren nach §§ 916 ff., 935 ff., Hmb OLGR 1991, 346; Kblz NJW-RR 1988, 1279; Köln NJW-RR 1995, 645.

Einspruch: Anwaltszwang besteht für einen Einspruch nach §§ 338, 700, BGH NJW 1992, 1701.

Einzelrichter: Anwaltszwang besteht auch vor dem Einzelrichter nach §§ 348, 348a, 526, 527, 568.

Entgegennahme: Anwaltszwang besteht für die Entgegennahme einer gegnerischen Prozesshandlung nur in der mündlichen Verhandlung.

Kammer für Handelssachen: Anwaltszwang besteht vor ihrem Vorsitzenden nach § 349, Bergerfurth NJW 1975, 335.

Klagerücknahme: Anwaltszwang besteht grds. für die Klagerücknahme nach § 269. Sie kann auch beim zweitinstanzlich noch nicht vertretenen Berufungsbeklagten durch seinen erstinstanzlichen ProzBev. erfolgen, BGH NJW 2001, 1581. Er besteht auch für eine sofortige Beschwerde nach § 269 V 1, Köln OLGR 1994, 167.

Klageverzicht: Abweichend von I 3 kann der Klageverzicht iSv § 306 BGB auch von einem zweitinstanzlichen ProzBev. des Kl. wirksam erklärt werden, BGH NJW 2022, 790 Rn. 20. Zuvor hatte der BGH entschieden, dass ein Verzichtsurteil erst nach Zulassung der Revision und nach mündlicher Verhandlung ergehen kann, BGH BeckRS 2010, 27057 Rn. 3; NJW 1988, 210.

Kostenfestsetzung: Anwaltszwang besteht für die Einlegung der sofortigen Beschwerde gegen den Festsetzungsbeschluss.

Mahnverfahren: Kein Anwaltszwang besteht im Mahnverfahren nach §§ 688 ff., BGH NJW 1982, 2002.

Nichtzulassungsbeschwerde: → „Rechtsmittelzulassung".

Prozessvergleich: Anwaltszwang besteht beim Prozessvergleich.

Rechtsbeschwerdeeinlegung: → „Rechtsmitteleinlegung"; Anwaltszwang besteht auch für dieses Stadium nach § 575 I 1.

Rechtsmitteleinlegung: Der Anwaltszwang erfasst grds. Rechtsmittel zum LG und zum OLG; er gilt auch in Nebenverfahren und besonders für die Einlegung der sofortigen Beschwerde, Brdb FamRZ 2020, 186.

Rechtsmittelbegründung: Anwaltszwang besteht. Das gilt auch für den Antrag auf eine Verlängerung der Begründungsfrist nach §§ 520 II 2, 551 II 5, 566 VIII 1, BGH NJW 1988, 211.

Rechtsmittelrücknahme: Anwaltszwang besteht für eine Rücknahme nach §§ 516, 565, BGH NJW 1984, 805.

Rechtsmittelverzicht: Anwaltszwang besteht für einen solchen Verzicht nach §§ 515, 565, BGH NJW 1984, 1465.

Rechtsmittelzulassung: Anwaltszwang besteht für das Verfahren nach §§ 543, 544, BGH NJW 1989, 3226.

Revisionseinlegung: Anwaltszwang besteht schon für dieses Stadium nach §§ 549 I 1, 566.

Rücknahmeabrede: „Außergerichtlicher Vergleich".

Schiedsrichterbestellung: Kein Anwaltszwang besteht im Verfahren nach § 1035 III.

Schiedsrichterliches Verfahren: Kein Anwaltszwang besteht im Gerichtsverfahren nach §§ 1062 ff. außerhalb oder vor einer nach § 1063 IV angeordneten mündlichen Verhandlung, BGH NJW-RR 2020, 1191; → Rn. 48 „Schiedsverfahren".

Selbständiges Beweisverfahren: Anwaltszwang besteht in diesem eigenständigen Verfahren, LG Saarbr JurBüro 2015, 586 (zust. Zimmer).

Sprungrevision: Anwaltszwang besteht für das Verfahren nach § 566, BGH NJW 1987, 1333.

Unvertretbare Handlung: „Vertretbare Handlung".

Vertretbare Handlung: Anwaltszwang besteht für das Verfahren nach §§ 887 ff., Celle OLGR 1999, 310.

Verweisung: Anwaltszwang besteht für eine Verweisung oder Weiterverweisung nach § 281, auch wenn dazu keine mündliche Verhandlung stattfindet, da sie Teil eines insgesamt dem Anwaltszwang unterliegenden Verfahrens ist, Ffm AnwBl 1980, 198; KG AnwBl 1984, 208; Deubner JuS 1981, 54; aM LG Darmst NJW 1981, 2709; LG Hof Rpfleger 1979, 390; Bergerfurth Rpfleger 1979, 365.

Verzichtsabrede: „Außergerichtlicher Vergleich".

Zustimmungsabrede: „Außergerichtlicher Vergleich".

Zwangsvollstreckung: Anwaltszwang besteht wie sonst für das Verfahren nach §§ 704 ff., soweit das Prozess- und nicht nach §§ 764, 802 das Vollstreckungsgericht zuständig bleibt, zB bei §§ 887 ff., wenn im Vorprozess ebenfalls Anwaltszwang herrschte, Drsd BeckRS 2020, 28897; Celle OLGR 1999, 310. Dies gilt auch dann, wenn der Titel eine einstweilige Verfügung ist, die ohne mündliche Verhandlung ergangen ist. Die Parteien müssen sich zur Erwirkung gerichtlicher Entscheidungen nach §§ 887–890 durch einen beim Prozessgericht zugelassenen Anwalt vertreten lassen, Drsd BeckRS 2020, 28897; Bambg NJOZ 2018, 52.

V. Stellung der Partei oder des Beteiligten, I. Soweit nach → Rn. 1, 5–9, 12, 14 ein Anwaltszwang besteht, gilt Folgendes: 17

1. Rechte. Die Partei oder der Beteiligte kann stets neben seinem Anwalt vor dem Gericht erscheinen und neben ihm das Wort verlangen, wenn auch nach § 137 IV nicht anstelle seines Anwalts, BVerwG NJW 1984, 625. Sie können eine tatsächliche Erklärung selbst abgeben, eine tatsächliche Erklärung ihres Anwalts nach → § 85 Rn. 7 sofort widerrufen oder berichtigen. Das Gericht muss eine solche Erklärung berücksichtigen, zB ein Geständnis und seinen Widerruf, oder eine Klagerücknahme nach § 269 nach einer Verweisung vom AG an das LG nach § 506, Kblz NJW-RR 2000, 1370, oder die Rücknahme eines selbst eingelegten Rechtsmittels nach §§ 516, 565, BGH NJW-RR 1994, 759. Die Partei kann eine Urkunde vorlegen, auch zur Vermeidung eines Versäumnisurteils nach §§ 330 ff., Brdb NJW-RR 1995, 1471. Sie hat auch im Gütetermin nach § 278 II 3 ein Anhörungsrecht. Sie kann außerhalb der mündlichen Verhandlung eine Erklärung entgegennehmen, jedoch keine Zustellung nach § 172. Die Partei kann aber im Übrigen keine Prozesshandlungen selbst wirksam vornehmen. Sie kann zB nicht einen Rechtsmittelverzicht nach §§ 515, 565 erklären, → Rn. 37, BGH NJW 1984, 1465. 18

2. Pflichten. Die Partei muss dann erscheinen, wenn das Gericht ihr persönliches Erscheinen zB nach §§ 141, 273 II Nr. 3, IV, 278 III angeordnet hat. 19

3. Beiordnung. Das Gericht kann der Partei unter den Voraussetzungen der §§ 78b, 78c, 121 einen Anwalt beiordnen, AG Ettlingen FamRZ 1978, 340. 20

4. Parteibegriff. Für → Rn. 17–20 gilt: Der Begriff „Partei" in I, II ergibt sich zunächst aus § 50, BGH NJW 1983, 1433. Der Parteibegriff ist aber darüber hinaus weiter zu fassen. Er umfasst den Streithelfer nach § 66, Thomas/Putzo/Hüßtege Rn. 5. Der Parteibegriff umfasst ferner: Den Streitverkündeten ab seinem Beitritt nach § 74; den Dritten, der in den Prozess eintreten will, etwa als ein benannter Urheber oder als derjenige, der eine Forderung beansprucht nach §§ 75–77, BGH NJW-RR 2005, 1237; den Dritten, den die Parteien in einen Vergleich nach Anh. § 307 hineingezogen haben, siehe aber BGH NJW 1983, 1433. Auch eine rechtskundige Person und der Staat unterliegen grundsätzlich demselben Anwaltszwang wie andere Personen. 21

Die alleinige Ausnahme von dieser Regel lautet: Der Anwalt kann sich unter Umständen nach IV selbst vertreten. 22

VI. Begrenztes Lokalisierungsgebot, I 3. Soweit nach → Rn. 1, 5–9, 12, 14 ein Anwaltszwang besteht, ist weiter zu prüfen, ob jeder Anwalt oder nur ein begrenzter Kreis von ihnen den Sachantrag stellen kann, ob also ein sog. Lokalisierungsgebot vorliegt, ob nur der gerade bei diesem Gericht Zugelassene auftreten darf. Dies ist heute bei den Instanzgerichten nicht mehr der Fall. 23

24 **1. BGH: Lokalisierungsgebot.** Ein Lokalisierungsgebot besteht grundsätzlich nur noch vor dem BGH, auch nach § 114 II FamFG. Das ist mit Art. 6 I EMRK vereinbar, EGMR NJW 2008, 2317, und verfassungsgemäß, BVerfG AnwBl 2008, 371. Das gilt auch bei einer Nichtzulassungsbeschwerde nach § 544 oder bei einer Rechtsbeschwerde nach § 574, BGH MDR 2017, 57, sowie bei einer Anhörungsrüge nach § 321a, BGH NJW-RR 2017, 187. Die Singularzulassung für Rechtsanwälte beim BGH ist auch in dem Fall mit dem Grundgesetz vereinbar, in dem die Partei des Revisionsverfahrens Rechtsanwalt und Fachanwalt ist, BGH GRUR 2020, 509. Ein OLG braucht auf den Anwaltszwang vor dem BGH nicht hinzuweisen, BGH NJW 2002, 3410.

25 **2. Oberstes Landesgericht: Jeder Anwalt.** Vor einem Obersten Landesgericht – derzeit nur seit 2018 erneut vor dem BayObLG – darf jeder Anwalt auftreten.

26 **3. Oberlandesgericht: Jeder Anwalt.** Vor einem Oberlandesgericht, in Berlin vor dem KG, darf jeder Anwalt auftreten.

27 **4. Landgericht: Jeder Anwalt.** Vor einem Landgericht darf jeder Anwalt in erster wie zweiter Instanz auftreten.

28 **5. Weitere Voraussetzungen.** Der Anwalt muss geschäftsfähig und damit nach § 51 prozessfähig sein, BVerfG NJW 1974, 1279 (Prüfung der Geschäftsfähigkeit und der Prozessfähigkeit von Amts wegen). Schon wegen Art. 2 I, 20 III GG und Art. 103 I GG ist ein Zwischenurteil entsprechend §§ 71, 387 erforderlich. Eine sofortige Beschwerde gegen dieses Zwischenurteil ist auch dann zulässig, wenn das OLG entschieden hat. Wegen eines ausländischen Anwalts → Vor § 78 Rn. 13 ff. Bei einer amerikanischen LLP genügt die Postulationsfähigkeit des Mitglieds einer deutschen Anwaltskammer, das die Partei „vertritt", LG Mü NJW 2006, 704.

29 Ein Vertretungsverbot nach §§ 114, 114a, 150 ff. BRAO zwingt das Gericht nach § 156 II BRAO zu einer Zurückweisung dieses Anwalts. Seine bisherigen Prozesshandlungen bleiben aber nach §§ 114a II, 155 V BRAO wirksam. Dasselbe gilt bei einem berufsrechtlichen Verstoß, Hamm NJW-RR 1986, 442.

30 **VII. Dritter beim Anwaltszwang, I.** Hierbei ist zwischen verschiedenen Situationen zu differenzieren:

31 **1. Amtlich bestellter Vertreter.** Der vom Anwalt selbst bestellte Vertreter nach § 53 II BRAO und der amtlich bestellte Vertreter des Anwalts, sein Vollvertreter, Generalsubstitut, steht ihm nach § 53 IV, VII BRAO völlig gleich, BGH NJW 1981, 1741; Zweibr MDR 2005, 1132; Mü MDR 1995, 318. Das gilt ohne Rücksicht darauf, ob der Anwalt die nach § 53 VI BRAO vorgeschriebene Anzeige erstattet hat, BGH NJW 1975, 542. Es reicht aus, dass sich sein Handeln als Vertreter aus den Umständen hinreichend deutlich ergibt, BGH NJW 1999, 365; Hmb GRUR-RR 2006, 265. Das letztere ist aber auch notwendig, Zweibr MDR 2005, 1132. Dasselbe gilt für einen Praxisabwickler nach § 55 BRAO, BGH NJW 1992, 2158 (abl. Schlee AnwBl 1992, 442). Der amtlich bestellte Vertreter hat also grundsätzlich alle Befugnisse des Anwalts, den er vertritt. Er kann ebenso wie der Vertretene tätig werden. Er kann wirksam alle Prozesshandlungen bei einem Gericht vornehmen, (zum alten Recht) BGH NJW 1981, 1741. Der amtlich bestellte Vertreter kann also auch eine solche Handlung vornehmen, die der vertretene Anwalt seinerseits als Vertreter eines anderen Anwalts wirksam vornehmen könnte, BGH NJW 1981, 1741.

32 Sowohl der amtlich bestellte Vertreter als auch der Abwickler sind aber nur insofern befugt, als sie gerade in diesen Eigenschaften und nicht etwa für die eigene Praxis tätig werden, BGH NJW-RR 2000, 1446; Karlsr MDR 2001, 239. In einem Schriftsatz braucht man die Vertretung nicht besonders zu betonen, zumindest nicht in einem nachfolgenden, BGH NJW 1991, 1176. Im Übrigen muss der amtlich bestellte Vertreter selbst überhaupt verhandlungsfähig sein. Der Mangel seiner eigenen Postulationsfähigkeit bleibt nur dann unschädlich, wenn er seine Vertretereigenschaft deutlich erkennbar macht, BGH VersR 2006, 991.

33 **2. Verhandlungsvertreter.** Der für die mündliche Verhandlung bestellte Vertreter des Anwalts, der Verhandlungsvertreter, kann in der mündlichen Verhandlung als ein Untervertreter nach § 81 auftreten. Als ein solcher Vertreter darf aber nach § 52 I BRAO nur ein Anwalt auftreten, den die Partei oder der ProzBev. in diesem Verfahren zum ProzBev. bestellen könnte, Karlsr Just 1987, 22. Er muss auch die Akten nach § 299 I und nicht etwa nur nach § 299 II einsehen können, Düss NJW 1976, 1324; Voß AnwBl 1986, 185.

34 **3. Überlassung des Vortrags.** Ein BGH-Anwalt kann in der mündlichen Verhandlung die Ausübung der Parteirechte nach § 52 II BRAO einem dort nicht postulationsfähigen Anwalt überlassen. Wegen eines ausländischen Anwalts → Vor § 78 Rn. 13 ff.

35 **4. „Kostenantrag" bei Berufungsrücknahme.** Nach einer Berufungsrücknahme vor dem OLG kann eine Anregung nach § 516 III auf eine Erklärung des Verlustes des eingelegten Rechtsmittels und Feststellung der Kostenpflicht auch durch die Partei selbst erfolgen. Denn das Gericht benötigt dazu gar keinen Antrag mehr, sondern muss schon wegen §§ 308 II, 525 von Amts wegen entscheiden. Daher ist ein „Antrag" nur eine Anregung.

36 **VIII. Verstoß, I.** Das Gericht muss einen möglicherweise nicht Postulationsfähigen im Streit hierüber als postulationsfähig behandeln, ähnlich wie bei einer Prozessunfähigkeit, Ffm FamRZ 1994, 1477.

37 **1. Grundsatz der Unwirksamkeit.** Ein Verstoß gegen I macht eine vorgenommene Prozesshandlung grundsätzlich unwirksam, BGH NJW 1992, 1700; Kblz NJW-RR 2002, 1510; Saenger/Sandhaus NJW 2014, 418. Wenn der Verstoß die Klagerhebung nach §§ 253, 261 betrifft, darf das Gericht evtl. weder eine Klagezustellung nach § 271 veranlassen, BGH NJW 1984, 1559; Klimke ZZP 122, 122, noch nach § 216 einen Termin bestimmen. Im Übrigen muss das Gericht nach § 139 auf den Mangel hinweisen und eine Gelegenheit zu seiner Beseitigung geben, soweit das vertretbar ist, BVerfG NJW 1995, 3173. Notfalls muss es die Klage dann durch ein Prozessurteil als unzulässig abweisen, BGH NJW 1984, 1559; BVerwG MDR 1976, 781; Ffm FamRZ 1994, 1477. Dementsprechend muss es dann ein Rechtsmittel als unzulässig verwerfen, BVerwG MDR 1976, 781. Ergeht allerdings auf einen ohne die erforderliche Postulationsfähigkeit gestellten Antrag eine gerichtliche Entscheidung, ist diese wirksam, aber anfechtbar, BGH FamRZ 2018, 1347. Im Anwaltsprozess ist die Partei ohne *einen Anwalt als ProzBev. nach §§ 330 ff.* säumig. Ein Verzicht der Partei persönlich nach § 295 I ist nicht wirksam. Denn es handelt sich um einen Verstoß gegen eine öffentlich-rechtliche zwingende Vorschrift, Köln MDR 1982, 1024. Unwirksam ist zB auch ein Rechtsmittelverzicht der Partei persönlich nach §§ 515, 565, BGH NJW 1984, 1465.

2. Genehmigung. Allerdings kann nunmehr jeder Anwalt als ProzBev. in den Prozess eintreten und die gesamte bisherige Prozessführung genehmigen, BGH BB 2006, 2779; Karlsr NJW-RR 2000, 1520; Ffm OLGR 1998, 125. Das kann auch durch eine Bezugnahme auf das bisher Unwirksame geschehen, Prütting/Gehrlein/Burgermeister Rn. 2. Auch kann die Auslegung ergeben, dass ein Sozius unterschrieben hat, BGH BB 2005, 2100. Dann kann nach § 295 eine Heilung der bisherigen Mängel eintreten, (zum alten Recht) BGH NJW 2006, 2779; Thomas/Putzo/Hüßtege Rn. 2. 38

3. Keine Rückwirkung. Man kann die Versäumung nicht rückwirkend durch eine erst nach dem Fristablauf abgegebene Genehmigung heilen, BVerfGE 8, 92; BGH NJW 2006, 2779; Zweibr OLGR 1997, 51. Man kann eine Genehmigung, → § 81 Rn. 1, nicht auf einzelne Prozesshandlungen beschränken, BGH NJW 1987, 130. Soweit eine unwirksame Prozesshandlung zugleich ein materiell-rechtliches Rechtsgeschäft enthält, kann das letztere wirksam sein und sogar zu der Vornahme der Prozesshandlung verpflichten. 39

IX. Ausnahmen vom Anwaltszwang, II, III. Die Regelung ist im ZPO-Prozess abschließend. Im FamFG-Verfahren gelten aber die umfangreichen §§ 10, 114 FamFG. Im Verfahren nach dem ZKG gilt vorrangig dessen § 50 VI (zulässige Vertretung der Bundesanstalt durch ein Behördenmitglied). 40

1. Amtsgericht. Das Verfahren vor dem AG ist vom Anwaltszwang grundsätzlich frei. Ausnahmen bestehen nach § 79 I 2 Hs. 1 und nach § 114 I FamFG. 41

2. Landgericht, Oberlandesgericht. Nach II besteht kein Anwaltszwang für die dort Genannten. Als eine Ausnahme von dem etwa geltenden Anwaltszwang wäre II an sich eng auslegbar. Die pauschale Verweisung auf die „sonstigen" Körperschaften rechtfertigt indes eine weite Auslegung. Nach BGH NJW 1989, 2136 gehört (zum alten Recht) trotzdem eine Ärztekammer nur dann hierzu, wenn es um ein Versorgungsrecht eines versicherten Arztes geht. Im Verfahren der Nichtzulassungsbeschwerde kann sich eine als Anstalt des öffentlichen Rechts organisierte Beklagte (Sparkasse) nicht nach II durch eigene Beschäftigte mit Befähigung zum Richteramt vertreten lassen, da die Vorschrift nur „Beteiligte", nicht aber die Parteien erfasst, BGH BeckRS 2020, 4805. 42

3. Beauftragter oder ersuchter Richter. Hier besteht nach III Hs. 1 grundsätzlich kein Anwaltszwang, Karlsr JurBüro 1976, 372. Das gilt vor dem beauftragten Richter nach §§ 361, 375, der zwar Mitglied des Spruchkörpers, aber vom Einzelrichter zu unterscheiden ist, → Rn. 6 und vor dem ersuchten Richter eines anderen Gerichts oder Spruchkörpers nach §§ 362, 375, denen einzelne Handlungen durch Entscheidungen im Einzelfall übertragen werden. 43

Nicht hierzu gehören: Der Einzelrichter nach §§ 348, 348a, 526, 527, § 568 (Ausnahme: § 569 III); der Vorsitzende der Kammer für Handelssachen nach § 349, Bergerfurth NJW 1975, 335; → Rn. 6. Eine Ausnahme stellt auch der Güterichter nach § 278 V dar. Auch wenn seine Stellung mit der eines beauftragten oder ersuchten Richters in gewisser Weise vergleichbar ist, findet III keine entsprechende Anwendung; dh eine anwaltliche Vertretung ist nach I vor dem LG und OLG grds. zwingend; → § 278 Rn. 47; aA MüKoZPO/Prütting § 278 Rn. 39; Zöller/Greger § 278 Rn. 29 (Heranziehung des Rechtsgedankens des III). Abgesehen davon, dass schon aus praktischen Gründen und aus Gründen der Waffengleichheit eine anwaltliche Vertretung sinnvoll erscheint, bestehen gegen eine entsprechende Anwendung insoweit Bedenken, als keine Regelungslücke besteht und § 278 V als Spezialnorm vorgeht. Der Gesetzgeber hat andere Planungen der richterlichen Mediation nicht weiter verfolgt, sondern das Güterichterverfahren als Teil des Erkenntnisverfahren ausgestaltet; vertiefend → § 278 Rn. 47. Teilweise wird die Auffassung vertreten, dass zumindest bei einem Vergleichsabschluss eine Prozesshandlung vorliegt, die dem Anwaltszwang unterliegt, LG Ffm BeckRS 2019, 54542; Prütting/Gehrlein/Geisler § 278 Rn. 10; a. A. Schneider /Nitschke NJW-Spezial 2022, 155, die jedoch weder auf die Gegenargumente eingehen, noch darüber hinaus verkennen, dass der Prozess gerade nicht ruht. 44

4. Rechtspfleger. Das gesamte Verfahren vor dem Rpfl. unterliegt nach § 13 RPflG keinem Anwaltszwang, Düss Rpfleger 2003, 146; Bergerfurth Rpfleger 1978, 205. Das gilt nach §§ 20, 21 RPflG auch für das Prozess- oder Verfahrenskostenhilfeverfahren nach §§ 114 ff., §§ 76 ff. FamFG und für das Kostenfestsetzungsverfahren nach §§ 103 ff., 114 ff. vor dem Rpfl., BGH NJW 2006, 2261. 45

5. Urkundsbeamter. Das Verfahren ist nach III Hs. 2 vom Anwaltszwang frei, soweit eine Prozesshandlung zu Protokoll des Urkundsbeamten der Geschäftsstelle erfolgen kann, BGH WM 2020, 1544; Saarbr FamRZ 1992, 111. Es kommt dann nicht darauf an, ob die Prozesshandlung auch tatsächlich zu jenem Protokoll erfolgte oder anders erfolgt ist, da III Hs. 2 nur von „vorgenommen werden können" spricht, LG Ffm Rpfleger 1979, 429; aM Köln ZMR 1996, 140. Das Gesetz bestimmt im Einzelfall, ob man eine Prozesshandlung zum Protokoll des Urkundsbeamten vornehmen kann. 46

Hierzu gehört auch eine sofortige Beschwerde nach § 569 III. Ebenso können im Verfahren vor dem OLG auf Vollstreckbarkeitserklärung eines Schiedsspruchs zu Protokoll der Geschäftsstelle Anträge gestellt oder Erklärungen abgegeben werden, solange eine mündliche Verhandlung noch nicht angeordnet ist (§§ 1062 I Nr. 4 Fall 2, 1063 IV). Bis zu diesem Zeitpunkt ist das Verfahren Parteiprozess, BGH NJW-RR 2020, 1191 = BeckRS 2020, 18305; → § 1063 Rn. 9. Das gilt auch beim Aufhebungsverfahren für den Antrag nach § 1059, da im Zeitpunkt der Einleitung des Verfahrens noch kein Anwaltszwang besteht, Kröll SchiedsVZ 2020, 219. 47

6. Beispiele zum Fehlen von Anwaltszwang 48

Ablehnung eines Richters: Kein Anwaltszwang besteht beim Antrag auf eine Ablehnung des Richters nach § 44, BGH MDR 1995, 520.

Ablehnung eines Sachverständigen: Kein Anwaltszwang besteht beim Antrag auf die Ablehnung eines Sachverständigen nach § 406.

Arrest, einstweilige Verfügung: Kein Anwaltszwang besteht beim Gesuch nach §§ 920, 936, → § 920 Rn. 24, oder bei einer Schutzschrift gegenüber einem solchen Gesuch nach §§ 945a, 945b. Das gilt eben auch dann, wenn sie vor dem Arrestantrag eingeht, Brschw JurBüro 1993, 218. Kein Anwaltszwang besteht ferner bei einer Rücknahme des Gesuchs nach → § 920 Rn. 26 oder bei einem Widerspruch nach § 924.

Aussageverweigerung: Kein Anwaltszwang besteht bei einer Aussageverweigerung nach §§ 383 ff. oder nach § 408 I.

Aussetzung: Kein Anwaltszwang besteht beim Aussetzungsantrag nach §§ 148 ff., 248 I.

Einstweilige Verfügung: → „Arrest, einstweilige Verfügung".

Erinnerung: Kein Anwaltszwang besteht bei einer befristeten Erinnerung nach § 573 I. Sie ergreift die zugehörigen Nebenhandlungen außerhalb der Verhandlung, Ffm NJW 1978, 172. Kein Anwaltszwang besteht ferner bei der bloßen Einlegung einer sofortigen Erinnerung nach § 104 III iVm § 11 I RPflG.

Erledigungserklärung: Kein Anwaltszwang besteht bei einer Erledigungserklärung nach § 91a, Schlesw MDR 1999, 252.

Kostenfestsetzung: Kein Anwaltszwang besteht beim Antrag auf eine Kostenfestsetzung nach §§ 103 ff. Auch „Erinnerung".

Prozesskostenhilfe: Kein Anwaltszwang besteht beim Antrag auf eine Prozesskostenhilfe nach § 117 I 1.

Rückgabe einer Sicherheitsleistung: Kein Anwaltszwang besteht bei einem solchen Antrag nach §§ 109, 715.

Schiedsverfahren: Im Schiedsverfahren, so im Verfahren auf Vollstreckbarkeitserklärung eines Schiedsspruchs vor dem OLG, können zu Protokoll der Geschäftsstelle Anträge gestellt und Erklärungen abgegeben werden, solange eine mündliche Verhandlung nicht angeordnet ist (§§ 1062 I Nr. 4 Fall 2, 1063 IV), BGH NJW-RR 2020, 1191 = BeckRS 2020, 18305. Davon ausgenommen sind Verfahren, für die das AG nach § 1062 IV zuständig ist, → § 1063 Rn. 9. Auch im Aufhebungsverfahren nach § 1059 kann der Aufhebungsantrag grds. nach III zu Protokoll der Geschäftsstelle erklärt werden, da zum Zeitpunkt der Einleitung des Verfahrens kein Anwaltszwang besteht, Kröll SchiedsVZ 2020, 219 mwN.

Selbständiges Beweisverfahren: Kein Anwaltszwang besteht bei einem Antrag in diesem Verfahren nach § 486 IV, BGH FamRZ 2012, 2810.

Unzuständigkeit: Kein Anwaltszwang besteht bei einer Rüge der Unzuständigkeit.

Verfahrenskostenhilfe: Kein Anwaltszwang besteht beim Antrag auf eine Verfahrenskostenhilfe nach §§ 76 ff. FamFG iVm §§ 114 ff.

Verweisung: Kein Anwaltszwang besteht bei einem Verweisungsantrag zB nach § 281 II 1 (Erklärung dazu).

Widerspruch: → „Arrest, einstweilige Verfügung".

Zeuge: Kein Anwaltszwang besteht bei einer Entschuldigung des Zeugen nach § 381.

Zuständigkeitsbestimmung: Kein Anwaltszwang besteht beim Antrag auf eine Bestimmung des zuständigen Gerichts nach § 37.

49 **7. Zustellung.** Im Zustellungsverfahren besteht für den Auftrag kein Anwaltszwang. Denn hier liegt keine eigentliche Prozesshandlung vor. Das gilt auch bei § 169 II 2 und vor dem Gerichtsvollzieher nach § 192 sowie für die Zustellung von Anwalt zu Anwalt nach § 195.

50 **8. Justizverwaltung.** In einer Angelegenheit der Justizverwaltung oder der gerichtlichen Verwaltung besteht kein Anwaltszwang.

51 **9. Erklärung eines Dritten.** Für eine Erklärung oder einen Antrag eines Dritten oder gegen einen Dritten etwa für eine Streitverkündung nach § 72 besteht grundsätzlich kein Anwaltszwang. Denn der Dritte ist keine Partei. Etwas anderes gilt dann, wenn der Dritte eine Parteipflicht übernimmt oder Partei werden will, etwa der nach § 74 I beigetretene Streitverkündete, der beim Prozessvergleich nach Anh. § 307 hinzugezogene Dritte oder der benannte Urheber nach § 76.

52 **10. Güteverhandlung.** Für den Güteversuch nach § 278 II, V 1 vor dem nach §§ 361, 362 beauftragten oder ersuchten Richter gilt nach § 78 III Hs. 1 grundsätzlich kein Anwaltszwang. Im Übrigen besteht auch für das Güteverfahren ein Anwaltszwang, wenn es zu einem Anwaltsprozess gehört.

53 **11. Baulandsache.** In einer Baulandsache besteht grundsätzlich Anwaltszwang, BGH NJW-RR 1994, 1021. Er entfällt aber ausnahmsweise nach § 222 III 2 BauGB, soweit der Beteiligte im Verfahren vor dem LG oder dem OLG keinen Antrag in der Hauptsache stellt, BGH NJW-RR 1994, 1021. Es gilt also kein Anwaltszwang für die Einreichung des Antrags auf eine gerichtliche Entscheidung bei der Stelle, die den Verwaltungsakt erlassen hat, BGH MDR 1985, 30, für die Einwilligung in eine Sprungrevision nach § 566, BGH NJW 1975, 831, für eine sofortige Beschwerde gegen die Kostenentscheidung, Kblz NJW 1983, 2036, oder für einen Antrag auf eine Aktenlageentscheidung nach § 227 II BauGB. Ein Anwaltszwang gilt aber im weiteren Besitzeinweisungsverfahren. Denn insofern stellt man einen Antrag zur Hauptsache, BGH MDR 1986, 30. Dasselbe gilt bei einer Berufung nach § 511, Hamm NJW 1996, 601, und bei einer sofortigen Beschwerde gegen einen die Berufung als unzulässig verwerfenden Beschluss nach § 567, BGH NJW-RR 1994, 1021.

54 **12. Arbeitsgericht.** Im Verfahren vor dem ArbG besteht nach § 11 I ArbGG kein Anwaltszwang, BAG NZA 2021, 75. Ein Rechtsbeistand nach § 90 ist vor den Arbeitsgerichten nicht vertretungsberechtigt, BAG BB 1988, 916.

55 **13. Entschädigungssache.** Im Verfahren nach § 224 I BEG besteht kein Anwaltszwang, BVerfGE 34, 325. Im Verfahren nach § 13 I StrEG besteht aber ein Anwaltszwang, BGH NJW-RR 1993, 1022.

56 **14. Rechtsmittelverzicht.** Für einen Rechtsmittelverzicht nach §§ 515, 565 besteht kein Anwaltszwang, soweit man ihn nur gegenüber dem Gegner erklärt (dieser kann ihn durch eine Rüge einführen), BGH NJW 1975, 831. Soweit man einen Rechtsmittelverzicht in einem Anwaltsprozess gegenüber dem Gericht erklärt, besteht der Anwaltszwang, zB in einer Ehesache nach §§ 121 ff. FamFG, (zum alten Recht) Düss FamRZ 1980, 709.

57 **15. Klagerücknahme.** Dazu → Rn. 16 „Klagerücknahme".

58 **16. Rechtsmittelrücknahme.** Man kann sich nach → Rn. 16 außergerichtlich zu einer Rechtsmittelrücknahme ohne einen Anwaltszwang verpflichten. Auf eine Einrede muss das Rechtsmittelgericht das Rechtsmittel daraufhin als unzulässig verwerfen, BGH FamRZ 1989, 268.

59 **17. Zeuge.** Er kann nach § 387 II stets ohne einen eigenen Anwalt erscheinen und aussagen.

60 **18. Disziplinarsache.** Selbst vor dem BGH besteht in Disziplinarsachen kein Anwaltszwang, BGH MDR 1989, 257.

61 **19. *Stellung der Partei oder des Beteiligten.*** Soweit kein Anwaltszwang besteht, kann man nach §§ 79 ff. selbst oder durch einen beliebigen ProzBev. handeln. Man darf auch während des Prozesses ein privatrechtliches Rechtsgeschäft frei vornehmen, etwa einen außergerichtlichen Vergleich nach § 779 BGB abschließen. Ein solches Geschäft wirkt aber als eine Prozesshandlung nur insoweit, als es in einem Anwaltsprozess ein Anwalt

vornimmt. Wenn man also einen Vergleich über den Streitgegenstand hinaus abschließt, muss der Anwalt auch insofern dann auftreten, wenn seine Partei die Wirkung des § 794 I Nr. 1 erzielen will. Denn der Vergleich ist dann auch eine Prozesshandlung und unterliegt insofern eben dem etwaigen Anwaltszwang mit.

X. Selbstvertretung des Anwalts, IV. Der Anwalt kann sich in einer eigenen Angelegenheit in den Grenzen der §§ 45 ff. BRAO selbst vertreten, BGH NJW-RR 2019, 1395; NJW 2011, 233; BFH DB 1985; 28; Ffm NZM 2015, 751. Das ist auch im Zweifel zulässig, BFH DB 1985, 28. Es empfiehlt sich im Protokoll trotzdem klarzustellen, ob der Anwalt nur als Partei oder auch als deren ProzBev. auftritt. Das gilt auch aus Gründen der Klarstellung über den Umfang einer Erstattungsfähigkeit von Anwaltskosten. Der Anwalt kann sich auch zB als eine Partei kraft Amts vertreten, oder als gesetzlicher Vertreter nach § 51, BFH DB 1985, 28, oder als ein Organ, Köln OLGR 2003, 173. In allen diesen Fällen muss das Gericht den Anwalt auch sitzungspolizeilich nach §§ 176 ff. GVG als Anwalt behandeln, BGH NJW-RR 2019, 1395. Zu seinen anwaltlichen Pflichten gehört auch die Einhaltung der Sorgfaltsanforderungen. Der Rechtsanwalt, der sich in eigener Sache nach § 117 I 4 FamFG, § 78 IV selbst vertritt, unterliegt keinen geringeren Sorgfaltspflichten; so hat er auch Vorkehrungen dafür zu treffen, dass im Falle seiner Erkrankung ein Vertreter die notwendigen Verfahrenshandlungen vornimmt, BGH BeckRS 2021, 46370 Rn. 11 = MDR 2022, 389; NJW-RR 2019, 1395 Rn. 8. Denn der sich selbst vertretende Anwalt ist im Verfahren nicht als Partei, sondern als RA zu behandeln, BGH BeckRS 2021, 46370 Rn. 8 = MDR 2022, 389; NJW-RR 2019, 1395 Rn. 8; MüKoZPO/Toussaint Rn. 29. Nur wenn gewichtige Gründe die persönliche Anwesenheit der Partei erfordern, kann das Gericht zu einer Verlegung des Termins iSd § 227 I 1 gezwungen sein, BGH BeckRS 2021, 46370 Rn. 18 = MDR 2022, 389. § 246 ist unanwendbar, KG NJW-RR 2008, 143. Das gilt entsprechend vor dem BFH, BFH BB 1976, 728. 62

IV ist als eine Ausnahmevorschrift grundsätzlich nicht ausdehnend auslegbar. So kann sich der Rechtsanwalt nicht vor dem BGH selbst vertreten, BGH GRUR-RR 2020, 509; → Rn. 9. Etwas anderes gilt im Patentnichtigkeitsberufungsverfahren, BGH GRUR 1987, 354. Die Vorschrift gilt also zB nicht: Für einen anderen Rechtskundigen; für eine Behörde. Diese können zB eine Beschwerdeschrift nur beim erstinstanzlichen AG als Prozessgericht wirksam einlegen, nicht bei einem LG als Beschwerdegericht. 63

Ein Verstoß beeinträchtigt die Vertretungsfähigkeit nicht, Hamm NJW-RR 1989, 442. 64

78a (weggefallen)

78b *Notanwalt.* [I] **Insoweit eine Vertretung durch Anwälte geboten ist, hat das Prozessgericht einer Partei auf ihren Antrag durch Beschluss für den Rechtszug einen Rechtsanwalt zur Wahrnehmung ihrer Rechte beizuordnen, wenn sie einen zu ihrer Vertretung bereiten Rechtsanwalt nicht findet und die Rechtsverfolgung oder Rechtsverteidigung nicht mutwillig oder aussichtslos erscheint.**

[II] **Gegen den Beschluss, durch den die Beiordnung eines Rechtsanwalts abgelehnt wird, findet die sofortige Beschwerde statt.**

I. Systematik. Die Vorschrift entspricht Art. 6 I EMRK, EGMR NJW 2008, 2317. Sie betrifft nur den Anwaltsprozess, auch vor dem BGH etwa im Rechtsbeschwerdeverfahren nach §§ 574 ff., BGH WoM 2008, 626. Sie betrifft aber nicht ein Disziplinarverfahren, BGH MDR 1989, 257. Im Parteiprozess besteht keine Notwendigkeit zur Beiordnung eines Anwalts, BGH MDR 1989, 257. § 78b regelt die Voraussetzungen und zusammen mit § 78c das Verfahren zu der Frage, ob das Gericht der Partei überhaupt einen Anwalt beiordnen darf. § 78c regelt die anschließende Frage, welchen Anwalt das Gericht nun im Einzelfall beiordnen soll und unter welchen Voraussetzungen er tätig werden muss. § 121 hat Vorrang. 1

II. Regelungszweck. Die Vorschrift sichert als Ausfluss des Rechtsstaatsprinzips die Chancengleichheit der Prozessparteien. Durch die Möglichkeit der Beiordnung eines Notanwalts soll verhindert werden, dass im Anwaltsprozess eine Partei nur deshalb keinen Rechtsschutz erhält, weil sie keinen Anwalt findet. Sie bezweckt damit die Sicherstellung gleicher Chancen bei der Rechtsverfolgung oder Rechtsverteidigung, BVerwG NJW 1979, 2117; VGH Mü BeckRS 2018, 490 und 4347. § 78b ist deshalb nicht auf den Parteiprozess anwendbar, BGH MDR 1989, 257. 2

III. Geltungsbereich. → Vor § 78 Rn. 6. Vor dem BAG ist § 78b entsprechend anwendbar, BAG NJW 2017, 1498; NJW 2015, 1712, ebenso vor dem BFH, BFH NJW 1978, 448, vor dem BSG, BSG NJW 2012, 2685, und vor den Verwaltungsgerichten iVm § 173 VwGO, BVerwG NVwZ 2017, 1550; VGH Kassel NVwZ 2009, 1445. Die Vorschrift ist im Klageerzwingungsverfahren der StPO ebenfalls entsprechend anwendbar, Bbg NJW 2007, 2274; Hamm NJW 2008, 245; Rieß NStZ 1986, 433; aM Düss MDR 1995, 193; Hamm NJW 2003, 3286. § 78b spricht nur von der Partei, nicht von einem Beteiligten. Die Vorschrift gilt im Bereich der §§ 113 I 2, 114 I, II FamFG entsprechend, BGH FamRZ 2012, 1688. Im Prozesskostenhilfeverfahren gilt § 121 I. 3

IV. Voraussetzungen, I. Die Beiordnung erfolgt nur aufgrund eines formlosen Antrags der Partei an das Prozessgericht ohne Anwaltszwang, auch vor der Geschäftsstelle nach § 78 III Hs. 2 oder nach § 129a. Der Antrag muss innerhalb einer etwaigen Rechtsmittelfrist eingehen, VGH Kassel NVwZ-RR 2008, 849. 4

1. Kein Anwalt bereit. Die Partei darf trotz aller zumutbarer Bemühung schuldlos keinen Anwalt gefunden haben, der zu ihrer Vertretung bereit ist, BGH FamRZ 2020, 118; MDR 2014, 978; BVerwG NVwZ 2017, 1550; Hamm NJW 2008, 245 (StPO). An einer Mandatsniederlegung des bisherigen Anwalts muss die Partei ebenfalls schuldlos gewesen sein, BGH MDR 2017, 1071; krit. Baumert MDR 2014, 1187. Das muss die Partei nach § 138 darlegen und nachweisen, BVerfG NJW 1993, 3257; BGH BauR 2017, 2207; VGH Mannh NJW 2007, 3800. Es kann aber nicht verlangt werden, dass die Partei bei sämtlichen im Bezirk des Prozessgerichts niedergelassenen Anwälten sich um die Übernahme des Mandats vergeblich bemüht hat, OVG Lüneb NJW 2005, 3303; VGH Mannh NVwZ-RR 1999, 280. Sie muss allerdings jedenfalls in einer Großstadt zumindest eine gewisse Anzahl von Anwälten nachweisbar vergeblich um eine Übernahme ihrer Vertretung gebeten haben, 5

BGH MDR 2000, 412 (drei); BAG NJW 2008, 1339; BVerwG NJW-RR 2000, 59; strenger Mü OLGR 1993, 186 (zehn). Sie muss beim BGH mehr als vier Anwälte gefragt haben, BGH WoM 2011, 323, falls dazu noch genug Zeit in einer Frist bleibt. Sie darf nicht bis zum letzten Moment gewartet haben, BGH BauR 2017, 2207. Sie muss auch nach → § 78c Rn. 14 zur Vorschusszahlung nach § 9 RVG bereit gewesen sein, BGH MDR 2000, 412. Ein Anwalt als Pfleger oder Betreuer mit einem einschlägigen Aufgabenkreis beseitigt den Bedarf, BVerwG NJW 1979, 2117. Eine Nachfrage nur bei der Partei wohlgesinnten Anwälten reicht nicht, OVG Lüneb NJW 2005, 3304; OVG Münst NJW 2003, 2625. Ein BGH-Anwalt braucht keinen inhaltlich nach Vorgaben gemachten Schriftsatz zu erstellen, BGH AnwBl 2013, 826. Eine Anwaltsforderung nach einer höheren als der gesetzlichen Vergütung kann seine Bereitschaft bestehen lassen, VGH Mannh NJW 2018, 1036.

6 **2. Keine Mutwilligkeit oder Aussichtslosigkeit.** Die Rechtsverfolgung oder die Rechtsverteidigung dürfen weder als mutwillig noch als aussichtslos erscheinen, BGH FamRZ 2020, 118; WoM 2013, 62; BAG NJW 2017, 1498; BSG NJW 2012, 2685. Die Partei braucht also nicht etwa nach § 138 darzulegen oder sogar nach § 294 glaubhaft zu machen, dass eine hinreichende Erfolgsaussicht bestehe, BVerwG NVwZ 2017, 1550. Aus ihrem Tatsachenvortrag darf man lediglich nicht zwingend ableiten müssen, dass entweder überhaupt keine Erfolgsaussicht besteht, BGH NJW-RR 2003, 1074, oder dass Mutwille vorliegt. Wenn der beauftrage Rechtsanwalt nicht bereit ist, den rechtlichen Überlegungen der Partei zu folgen und sie zur Grundlage eines Begründungsschriftsatzes zu machen, rechtfertigt für sich genommen nicht die Beiordnung eines Notanwalts, BGH FamRZ 2020, 118. Die Beiordnung muss also evtl. selbst dann erfolgen, wenn das Gericht der Partei eine Prozesskostenhilfe nach §§ 114 ff. nicht bewilligen dürfte. Denn § 114 verbietet eine Prozesskostenhilfe schon dann, wenn keine „hinreichende Aussicht auf Erfolg" besteht. Demgegenüber verbietet I aber eine Beiordnung erst dann, wenn die Sache als schlechthin „aussichtslos" erscheint, BGH FamRZ 1988, 1153; BAG NJW 2017, 1498. Soweit das Gericht eine Mutwilligkeit beurteilen muss, sind die Voraussetzungen von I und von § 114 S. 1 vergleichbar.

7 Eine Beiordnung darf in folgenden Fällen nicht erfolgen: Man muss den Schaden erst noch ermitteln und errechnen, KG OLGZ 1977, 247; das Gericht hat bereits einen Anwalt als Pfleger zur Prozessführung bestellt, BVerwG NJW 1979, 2117; die Partei hat einen vom Anwalt nach § 11 RVG ordnungsgemäß erbetenen Vorschuss nicht gezahlt, BGH MDR 2000, 412; es soll nur zu einer solchen Revisionsschrift kommen, die nicht von einem BGH-Anwalt stammt, BGH VersR 2007, 132; ein Rechtsmittel gegen die Nichtzulassung der Revision ist nach § 544 aussichtslos, BGH FamRZ 2003, 1087. Dabei darf man eine Meinungsverschiedenheit zwischen dem bisherigen ProzBev. und der Partei nicht zu hart beurteilen; siehe aber BGH MDR 2015, 540 (krit. Vollkommer); der Anwalt soll nur nach den Vorstellungen der Partei handeln dürfen, BGH ZIP 2014, 244; Vollkommer MDR 2014, 569; es handelt sich um einen Rechtsmissbrauch, BGH NJW 1995, 537, zB um eine bloße Ausforschung, KG OLGZ 1977, 247.

8 **V. Entscheidung, I.** Der Antragsteller braucht keinen Bevollmächtigten für den Antrag, VGH Kassel NVwZ 2009, 1445. Das Prozessgericht muss die Voraussetzungen einer Beiordnung prüfen, BVerwG NJW 2013, 711. Eine mündliche Verhandlung ist nach § 128 IV nicht erforderlich. Zuständig ist das Prozessgericht in seiner vollen Besetzung, nicht etwa nur sein Vorsitzender. Der etwaige Einzelrichter nach §§ 348, 348a, 526, 527, 568 ist „das Prozessgericht". Der Vorsitzende eines Kollegiums ist nur für die anschließenden Maßnahmen nach § 78c zuständig. Die Entscheidung ergeht nach I durch einen Beschluss nach § 329. Beim Vorliegen der Voraussetzungen besteht ohne ein Ermessen eine Beiordnungspflicht. Das gilt auch dann, wenn der Antragsteller ein Anwalt ist, BGH Rpfleger 2002, 463 (zu § 121 I). Das Gericht braucht nach I nur „einen" Anwalt beizuordnen, OVG Münst NJW 2003, 2624. Grds. ist aber nur ein zur Vertretung bereiter Anwalt beizuordnen und damit ein zugrundeliegender vorheriger Auftrag erforderlich, Schneider NZFam 2021, 337 (auch unter Berücksichtigung des KostRÄG 2021). Es überlässt dessen genaue Auswahl dem Verfahren nach § 78c. Der Beschluss bedarf grundsätzlich einer Begründung. Der Urkundsbeamte teilt ihn beim Stattgeben beiden Parteien nach § 329 II 1 formlos mit, bei einer Ablehnung dem Antragsteller nach II iVm §§ 329 II 2, 567 I Nr. 1, 2 förmlich. Wenn derselbe Beschluss nicht nur die Beiordnung nach I, II enthielt, sondern auch die Auswahl des beizuordnenden Anwalts nach § 78c, gilt die letztere Entscheidung als nur vom Vorsitzenden gefällt.

9 Der Anwaltsvertrag entsteht nicht schon durch die Beiordnung, LG Arnsb AnwBl 1983, 180, aber jedenfalls dann, wenn der Notanwalt die Beiordnung der Partei mitteilt und wenn die Partei daraufhin schweigt, LG Traunstein AnwBl 1976, 345.

10 Eine Entpflichtung erfordert einen wichtigen Grund, BGH AnwBl 2014, 273. Dieser liegt nicht schon wegen einer Vorlage beim EuGH vor, BGH AnwBl 2014, 273.

11 **VI. Rechtsbehelfe, II.** Beim Rpfl. gilt § 11 RPflG. Im Übrigen muss man zwei Situationen unterscheiden.

12 **1. Sofortige Beschwerde gegen Ablehnung der Beiordnung.** Gegen die Ablehnung einer Beiordnung ist die sofortige Beschwerde nach § 567 I Nr. 1 (auch Nr. 2) zulässig, II. Wenn das OLG entschieden hat, kommt allenfalls eine Rechtsbeschwerde nach § 574 I–III in Betracht. Ist der Antrag der Partei auf Beiordnung eines Notanwalts abgelehnt, besteht für die hiergegen gerichtete Beschwerde kein Anwaltszwang. Es kann von der Partei nicht verlangt werden, sich anwaltlich vertreten zu lassen, da es ihr gerade nicht gelungen ist, einen zur Vertretung bereiten Rechtsanwalt zu finden, BGH NJW-RR 2011, 640 (auch bei einer entsprechenden Anhörungsrüge; → § 78 Rn. 9); Mü MDR 2002, 724. Wert: → Anh. § 3 „Notanwalt". Wegen einer Nichtzulassungsbeschwerde BGH VersR 2007, 132.

13 **2. Kein Rechtsbehelf gegen Beiordnung.** Gegen den Beiordnungsbeschluss ist nach § 567 I Nr. 1 kein Rechtsbehelf statthaft. Soweit der Beiordnungsbeschluss auch die Person des beizuordnenden Anwalts bestimmt, ist dieser Teil der Entscheidung nach § 78c III anfechtbar, → § 78c Rn. 15 ff.

78c

Auswahl des Rechtsanwalts. **[I] Der nach § 78b beizuordnende Rechtsanwalt wird durch den Vorsitzenden des Gerichts aus der Zahl der in dem Bezirk des Prozessgerichts niedergelassenen Rechtsanwälte ausgewählt.**

[II] Der beigeordnete Rechtsanwalt kann die Übernahme der Vertretung davon abhängig machen, dass die Partei ihm einen Vorschuss zahlt, der nach dem Rechtsanwaltsvergütungsgesetz zu bemessen ist.

III [1]Gegen eine Verfügung, die nach Absatz 1 getroffen wird, steht der Partei und dem Rechtsanwalt die sofortige Beschwerde zu. [2]Dem Rechtsanwalt steht die sofortige Beschwerde auch zu, wenn der Vorsitzende des Gerichts den Antrag, die Beiordnung aufzuheben (§ 48 Abs. 2 der Bundesrechtsanwaltsordnung), ablehnt.

I. Systematik. Zunächst → § 78b Rn. 1. Während § 78b die Voraussetzungen und das Verfahren zu der Frage regelt, ob das Gericht einer Partei überhaupt einen Notanwalt beiordnen darf, regelt ergänzend § 78c die Auswahl des Anwalts aufgrund des Beiordnungsbeschlusses, die Voraussetzungen seiner Pflicht zum Tätigwerden und die zugehörigen Rechtsbehelfe. 1

II. Regelungszweck. Als Ergänzung zu § 78b bezweckt die Vorschrift ebenfalls die Sicherung der Chancengleichheit, → § 78b Rn. 2. I dient der Eingrenzung des Kreises der Beizuordnenden und damit der Eignungskontrolle. II dient dem wirtschaftlichen Interesse des Beigeordneten. Die Bestimmung macht aber die Übernahme nach → Rn. 11 nicht etwa von einer Zustimmung abhängig. Das hat seinen Grund darin, dem Rechtssuchenden die gesetzlich geforderte Vertretung durch ein Organ der Rechtspflege unverzüglich zu gewähren. III bezweckt eine Überprüfbarkeit der Entscheidung nach I und dient damit der Rechtsstaatlichkeit und Rechtssicherheit. 2

III. Geltungsbereich. → Vor § 78 Rn. 6. 3

IV. Auswahl, I. Bei der Auswahl sind die Fragen zum Wann, Wer und Wie zu unterscheiden. 4

1. Zeitpunkt. Sobald das Prozessgericht in seiner vollen Besetzung beschlossen hat, der Partei nach § 78b einen Notanwalt beizuordnen, muss der Vorsitzende dieses Gerichts nach I einen bestimmten Anwalt auswählen und damit die Beiordnung vollziehen. Die Pflicht zur unverzüglichen Tätigkeit (siehe § 121 I 1 BGB) ergibt sich aus der Fürsorgepflicht des Gerichts (allgemeiner Rechtsgedanke). 5

2. Person des Auszuwählenden. Den Vorsitzenden bindet nach I der Kreis der nach § 27 BRAO in dem Bezirk des Prozessgerichts niedergelassenen Anwälte, Nürnb NJW 2011, 1889. Die Auswahl eines dort nicht Niedergelassenen ist unwirksam. Das gilt nach dem klaren Wortlaut von I auch dann, wenn der dort nicht Niedergelassene als Anwalt auch dort postulationsfähig ist, Bbg NJW 2007, 2275. Der Auszuwählende muss nach § 27 I BRAO schon und noch „niedergelassen" sein, also seine Kanzlei haben. Es kommt nicht darauf an, ob er grundsätzlich oder für diesen Fall bereits sein Einverständnis erklärt hat. Ebenso wenig kommt es darauf an, ob die Partei bereits ihr Einverständnis erklärt hat. 6

3. Auswahlverfahren. Die Auswahl erfolgt von Amts wegen, also ohne einen Antragszwang. Eine Anregung ist natürlich statthaft. In den Grenzen nach → Rn. 6 hat der Vorsitzende ein pflichtgemäßes Ermessen. Dieses zwingt ihn zur Mitberücksichtigung etwaiger Wünsche oder Bedenken sowohl der Partei als auch des Notanwalts, evtl. sogar des Gegners oder eines sonstigen Prozessbeteiligten. Stets kommt es darauf an, ob vom Standpunkt der Partei aus objektiv betrachtet Hindernisgründe oder besondere Motive für oder gegen die Beiordnung eines bestimmten Anwalts bestehen. 7

Der Vorsitzende darf alle Beteiligten mündlich oder schriftlich anhören. Er sollte von dieser Möglichkeit insoweit Gebrauch machen, als die Partei Wünsche oder Bedenken erkennen lässt oder äußert. Die Partei hat allerdings grundsätzlich kein Recht auf die Auswahl eines von ihr bestimmten Anwalts, Schlesw SchlHA 1978, 84; OVG Münst NJW 2003, 2624. Das Gericht darf ihr aber keinen Anwalt aufzwingen, zu dem kein Vertrauen entstehen kann oder gegen den sonst sachliche Bedenken bestehen, BGH NJW 1973, 757; Schlesw SchlHA 1978, 84. Wenn das Gericht einen Anwalt zum Betreuer oder zum Pfleger bestellt hatte, kommt im Allgemeinen auch seine Auswahl als Notanwalt in Betracht. 8

4. Entscheidung. Der Vorsitzende entscheidet durch eine Verfügung nach § 329 I, III 1. Eine Entscheidung in der Form eines Beschlusses ist ebenfalls zulässig. Er muss einen genau bezeichneten Anwalt nennen, also nicht nur eine Sozietät, Thomas/Putzo/Hüßtege Rn. 3. Die Entscheidung braucht grundsätzlich eine Begründung, deren Fehlen allein aber nicht zur Unwirksamkeit der Auswahl führt. Der Urkundsbeamte lässt sie den Parteien und dem ausgewählten Anwalt wegen III 1 nach §§ 329 III, 567 I Nr. 1 förmlich zustellen. Die Entscheidung wird nicht vor dem Zeitpunkt wirksam, in dem der grundsätzliche Beiordnungsbeschluss nach § 78b wirksam ist. Eine vorher mitgeteilte Auswahlentscheidung ist höchstens aufschiebend bedingt wirksam. 9

Der Vorsitzende darf seine Entscheidung jederzeit ändern, sofern alle Beteiligten zustimmen. Andernfalls sind zu einer Änderung nach §§ 45, 48 II BRAO wichtige Gründe notwendig. Das Änderungsverfahren verläuft im Übrigen nach den Regeln des Auswahlverfahrens; → Rn. 7 f. 10

V. Folgen der Auswahl, I, II. Einer Pflicht entspricht ein Recht des Ausgewählten. 11

1. Übernahmepflicht, I. Der ausgewählte Anwalt ist unter der Voraussetzung einer ordnungsgemäßen Auswahl nach § 48 I Nr. 1, 2 BRAO grundsätzlich zur Übernahme der Vertretung der Partei verpflichtet, Brschw AnwBl 1982, 99. Die Übernahme ist eine Berufspflicht, BGH NJW 1973, 757. Sie ist mit der Menschenrechtskonvention vereinbar, EKMR AnwBl 1975, 137. Die Auswahlverfügung verpflichtet daher den Anwalt zum unverzüglichen Abschluss (§ 121 I 1 BGB) eines ja noch zusätzlich erforderlichen Anwaltsvertrags mit der Partei. Diesen ersetzt nämlich weder die Beiordnungsentscheidung des Prozessgerichts noch die Auswahlverfügung des Vorsitzenden, BGH NJW 1973, 757; Düss OLGR 2001, 191. 12

Der Anwalt muss aber aufgrund der wirksamen Auswahl an die Partei herantreten und ihr seine Bereitschaft zur Übernahme der Vertretung mitteilen. Er darf diese Bereitschaft nach → Rn. 14 nicht von anderen Bedingungen als einer Vorschusszahlung nach II abhängig machen. Er kann sogleich erste Pflichten haben. Der Anwalt muss nämlich prüfen, ob er vielleicht nach § 45 BRAO nicht tätig werden darf. Dann darf er die Übernahme der Vertretung ohne Weiteres ablehnen. Erst die Erteilung der ebenfalls noch zusätzlich erforderlichen Prozessvollmacht macht den beigeordneten Anwalt zum ProzBev. nach § 81, BGH NJW 1987, 440. Der Anwaltsvertrag kann nach §§ 133, 157, 670 BGB auch stillschweigend zustande kommen, aber nicht durch eine bloße Parteianfrage, Düss OLGR 2001, 191. 13

2. Vorschuss, II. Der ausgewählte Anwalt darf die Übernahme der Vertretung stets davon abhängig machen, dass die Partei ihm einen Vorschuss nach §§ 9, 11 RVG zahlt, BGH MDR 2000, 412, und zwar in Höhe der voraussichtlichen Gesamtvergütung einschließlich der Auslagen, BGH VersR 1991, 122; AG Dieburg NJW-RR 2004, 932, jedoch nur für diese Instanz, BGH NJW 2004, 1047. Er kann diese Bedingung ohne eine Angabe von Gründen stellen. Erforderlich und ausreichend ist die Mitteilung seiner Bedingung gegenüber der Partei. Wenn 14 die Partei nicht zahlen will, aber zahlen muss, muss das Gericht wie auch beim Vorliegen sonstiger wichtiger Gründe nach § 45 BRAO die Beiordnung nach § 48 II BRAO wieder aufheben, Köln FamRZ 1992, 967 (zu § 121). Die Partei hat aber dann keinen Anspruch auf einen anderen Notanwalt, BGH NJW-RR 1992; 198; Düss OLGR 1995, 250 (Ausnahme: Schuldlosigkeit). Der Anwaltsvertrag kommt auch dann zustande, wenn die Partei auf die Mitteilung der Beiordnung und Auswahl schweigt, LG Traunstein AnwBl 1976, 345. Der Vorschuss bemisst sich nach §§ 9, 11 RVG. Der Anwalt kann also sowohl für die entstandenen als auch für die voraussichtlich entstehenden Gebühren und Auslagen einen angemessenen Vorschuss fordern.

15 **VI. Rechtsbehelfe, III.** Beim Rpfl gilt § 11 RPflG. Im Übrigen gilt das Folgende:

16 **1. Sofortige Beschwerde gegen Auswahlverfügung.** Gegen die Auswahlverfügung oder den Auswahlbeschluss des Vorsitzenden hat nach III 1 sowohl die Partei als auch der ausgewählte Anwalt die sofortige Beschwerde nach § 567 I Nr. 1. Das vom auswählenden Vorsitzenden geübte Ermessen ist also nachprüfbar.

17 **2. Sofortige Beschwerde gegen Ablehnung der Aufhebung.** Der Anwalt kann die einmal pflichtgemäß übernommene Vertretung der Partei grundsätzlich nicht von sich aus auflösen. Denn er hat unter einem öffentlichen Zwang abgeschlossen. Er kann aber nach §§ 48 II, 45 BRAO beantragen, die Beiordnung aus einem wichtigen Grund aufzuheben, BGH NJW 1973, 757; Düss FamRZ 1995, 241; Zweibr NJW 1988, 570. Diesen Antrag muss er nach III 2 an den Vorsitzenden des Prozessgerichts richten. Gegen eine ablehnende Entscheidung des Vorsitzenden hat nur der Anwalt die sofortige Beschwerde nach § 567 I Nr. 1, Kblz FamRZ 2017, 637, nicht die Partei, Ffm NJW-RR 1989, 570; aM Düss OLGR 1995, 249; Zöller/Althammer Rn. 9. Der Anwalt kann die Vertretung nicht niederlegen, weil die Partei ihn nicht unterrichtet.

18 **3. Sofortige Beschwerde gegen Aufhebung.** Sie steht nur dem betroffenen Anwalt entsprechend III 2 zu, Naumb OLGR 2005, 644; Brdb FamRZ 2004, 213; Karlsr OLGR 2001, 143.

19 **4. Rechtsbeschwerde gegen Verfügung des Vorsitzenden des Beschwerde- oder Berufungsgerichts.** Wenn der Vorsitzende des Beschwerde- oder Berufungsgerichts die Entscheidung erlassen hat, ist allenfalls eine Rechtsbeschwerde nach § 574 I–III denkbar.

20 **VII. Wert.** Wegen des Streitwerts → Anh. § 3 „Notanwalt".

79 *Parteiprozess.* I [1]**Soweit eine Vertretung durch Rechtsanwälte nicht geboten ist, können die Parteien den Rechtsstreit selbst führen. [2]Parteien, die eine fremde oder ihnen zum Zweck der Einziehung auf fremde Rechnung abgetretene Geldforderung geltend machen, müssen sich durch einen Rechtsanwalt als Bevollmächtigten vertreten lassen, soweit sie nicht nach Maßgabe des Absatzes 2 zur Vertretung des Gläubigers befugt wären oder eine Forderung einziehen, deren ursprünglicher Gläubiger sie sind.**

II [1]**Die Parteien können sich durch einen Rechtsanwalt als Bevollmächtigten vertreten lassen. [2]Darüber hinaus sind als Bevollmächtigte vertretungsbefugt nur**

1. **Beschäftigte der Partei oder eines mit ihr verbundenen Unternehmens (§ 15 des Aktiengesetzes); Behörden und juristische Personen des öffentlichen Rechts einschließlich der von ihnen zur Erfüllung ihrer öffentlichen Aufgaben gebildeten Zusammenschlüsse können sich auch durch Beschäftigte anderer Behörden oder juristischer Personen des öffentlichen Rechts einschließlich der von ihnen zur Erfüllung ihrer öffentlichen Aufgaben gebildeten Zusammenschlüsse vertreten lassen,**
2. **volljährige Familienangehörige (§ 15 der Abgabenordnung, § 11 des Lebenspartnerschaftsgesetzes), Personen mit Befähigung zum Richteramt und Streitgenossen, wenn die Vertretung nicht im Zusammenhang mit einer entgeltlichen Tätigkeit steht,**
3. **Verbraucherzentralen und andere mit öffentlichen Mitteln geförderte Verbraucherverbände bei der Einziehung von Forderungen von Verbrauchern im Rahmen ihres Aufgabenbereichs,**
4. **Personen, die Inkassodienstleistungen erbringen (registrierte Personen nach § 10 Absatz 1 Satz 1 Nummer 1 des Rechtsdienstleistungsgesetzes) im Mahnverfahren bis zur Abgabe an das Streitgericht, und im Verfahren der Zwangsvollstreckung wegen Geldforderungen in das bewegliche Vermögen mit Ausnahme von Handlungen, die ein streitiges Verfahren einleiten oder innerhalb eines streitigen Verfahrens vorzunehmen sind.**

[3]**Bevollmächtigte, die keine natürlichen Personen sind, handeln durch ihre Organe und mit der Prozessvertretung beauftragten Vertreter.**

III [1]**Das Gericht weist Bevollmächtigte, die nicht nach Maßgabe des Absatzes 2 vertretungsbefugt sind, durch unanfechtbaren Beschluss zurück. [2]Prozesshandlungen eines nicht vertretungsbefugten Bevollmächtigten und Zustellungen oder Mitteilungen an diesen Bevollmächtigten sind bis zu seiner Zurückweisung wirksam. [3]Das Gericht kann den in Absatz 2 Satz 2 Nr. 1 bis 3 bezeichneten Bevollmächtigten durch unanfechtbaren Beschluss die weitere Vertretung untersagen, wenn sie nicht in der Lage sind, das Sach- und Streitverhältnis sachgerecht darzustellen.**

IV [1]**Richter dürfen nicht als Bevollmächtigte vor einem Gericht auftreten, dem sie angehören. [2]Ehrenamtliche Richter dürfen, außer in den Fällen des Absatzes 2 Satz 2 Nr. 1, nicht vor einem Spruchkörper auftreten, dem sie angehören. [3]Absatz 3 Satz 1 und 2 gilt entsprechend.**

Schrifttum: Elzer ZMR 2008, 772 (WEG-Verwalter); Grünewald/Römermann, RDG, 2008; von Lewinski, Rechtslehrer als Berater und Vertreter in Verwaltungs- und Gerichtsverfahren, FS Hartung, 2008, 93; Sabel AnwBl 2008, 390 (Grdz.); Unseld/Degen, RDG, 2009; Zypries NJW 2008, Heft 27 Beilage.

Übersicht

I. Systematik. Im Anschluss an die Vorschriften über den Anwaltsprozess wird in § 79 der Parteiprozess, → Vor § 78 Rn. 1, behandelt. Dieser liegt vor, wenn die Vertretung durch einen Rechtsanwalt nicht geboten ist, also kein Anwaltszwang nach § 78 angeordnet ist. Soweit ein Anwaltszwang nicht besteht, macht die Vertretung durch einen Rechtsanwalt den Prozess nicht zum Anwaltsprozess, BGH NJW 1993, 1208; Skaurdszun/Hamm JR 2009, 8. § 79 gibt keine Vertretungsbefugnis auch im Anwaltsprozess. Das zeigt die auch für II–IV mitgeltende amtliche Überschrift „Parteiprozess" eindeutig. Daran ändert auch § 3 RDGEG mit seinen Regelungen einer „gerichtlichen" Vertretung nichts, zumal diese Vorschrift nicht auch auf § 78 mitverweist. Der Anwaltszwang bleibt also im Anwaltsprozess unverändert voll bestehen. § 79 ist kein Schutzgesetz nach § 823 II BGB, Karlsr AnwBl 2010, 220. 1

II. Regelungszweck. Die Norm setzt voraus, dass eine anwaltliche Vertretung nicht geboten ist. Dem lag zumindest im Ursprung die Annahme zugrunde, dass bei dem in erster Linie betroffenen Verfahren vor dem Amtsgericht (mit Ausnahme einiger Verfahren nach dem FamFG, § 10 FamFG; → Rn. 3) die Anwesenheit der Parteien selbst dem Verfahren förderlich sein kann und wegen der meist einfacheren Gestaltung eine anwaltliche Vertretung für die Parteien nicht zwingend erforderlich ist, MüKoZPO/Toussaint Rn. 1. Die Zulässigkeit der Prozessvertretung im Parteiprozess wird durch einen Katalog vertretungsberechtigter Bevollmächtigten für das ganze Verfahren geregelt. Die entgeltliche Prozessvertretung bleibt dabei im Grundsatz den Rechtsanwälten vorbehalten. 2

III. Geltungsbereich. → Vor § 78 Rn. 6. Die Vorschrift gilt auch sinngemäß in der Zwangsvollstreckung nach §§ 704 ff., BGH BeckRS 2022, 20178 Rn. 7; NJW 2011, 929; LG Bielef Rpfleger 2008, 636, insbesondere II auch im ZVG-Verfahren, BVerfG WM 2011, 989; BGH NJW 2011, 929. § 79 gilt auch im WEG-Verfahren, im arbeitsgerichtlichen Verfahren nach § 46 II 1 ArbGG, BAG NZA 2021, 75; NZA 2016, 382; LAG Hamm BB 1976, 555, und im sozialgerichtlichen Verfahren, LSG Stgt NJW 1985, 582. Die Vorschrift gilt auch für das Verfahren in Ehesachen und Familienstreitsachen (§§ 112, 113 I FamFG); im Übrigen gilt in den Verfahren nach FamFG § 10 FamFG, LG Bielef Rpfleger 2008, 636 (zust. Weber Rpfleger 2009, 84); Böttcher NJW 2010, 1654. Unanwendbar ist § 79 im Verfassungsprozess, VerfGH Brdb NVwZ-RR 2011, 666, und im außergerichtlichen Beurkundungsbereich, LG Münst NJW-RR 2009, 666. 3

IV. Selbstführen des Rechtsstreits, I. Die Regelung nennt einen Grundsatz und eine Ausnahme. 4

1. Grundsatz: Befugnis, I 1. Die Erlaubnis, den Prozess selbst zu führen, soweit kein gesetzlicher Anwaltszwang besteht, scheint eine Selbstverständlichkeit. Dies gilt auch für Verfahren, in denen nach § 78 III Fall 2 Prozesshandlungen vor dem Urkundsbeamten der Geschäftsstelle vorgenommen werden können, wie zB ein Antrag auf Vollstreckbarerklärung eines Schiedsspruchs vor dem OLG, solange eine mündliche Verhandlung noch nicht angeordnet ist, BGH NJW-RR 2020, 1191 = BeckRS 2020, 18305; → § 78 Rn. 46, 47. Natürlich gehört die Partei- und die Prozessfähigkeit nach §§ 50, 51 als Voraussetzung dazu. Im Übrigen klärt I 1, dass das Selbstführen des Prozesses etwas anderes ist als eine Selbstvertretung. Wer im Parteiprozess als Partei auftritt, ist nicht etwa sein eigener ProzBev. nach § 81. Dies gilt auch bei Fortfall eines Bevollmächtigten in einem Parteiprozess; anders als im Anwaltsprozess, in dem der Fortfall der anwaltlichen Vertretung zur Unterbrechung nach § 244 I führt, tritt die Partei im sog. Parteiprozess an die Stelle des Bevollmächtigten und kann ihr Recht auf Gewährung rechtlichen Gehörs selbst wahrnehmen, BGH NJW-RR 2020, 1191. Selbst der Anwalt als Partei im Parteiprozess ist nicht von vornherein sein eigener ProzBev. Er wird dazu erst infolge einer etwa von ihm selbst vorgenommenen Bestellung. Das kann auch kostenrechtlich erhebliche Auswirkungen haben. Das Gericht hat solche Unterschiede fortlaufend zu beachten, etwa bei § 177, 178 GVG oder bei der Parteibezeichnung im Urteil nach § 313 I Nr. 1. 5

2. Ausnahme: Vertretungszwang, I 2. Diese als Ausnahme eng auszulegende Vorschrift führt nicht etwa im Parteiprozess einen generellen Anwaltszwang wie im Anwaltsprozess ein. Zwar spricht Hs. 1 von der Notwendigkeit, sich durch einen Anwalt als Bevollmächtigten vertreten zu lassen. Indessen stehen hier anders als im Anwaltsprozess die in II 2 Nr. 1–4 Genannten einem Anwalt gleich. Daher ist auf den bloßen Vertretungszwang abstellen. Dieser besteht nur unter den folgenden Voraussetzungen. 6

3. Prozessstandschaft oder Einziehungszession, I 2 Hs. 1. Es muss um die Geltendmachung einer dem Kläger abgetretenen Geldforderung gehen. Sie muss entweder für den Kläger „fremd" sein, oder ein Dritter muss sie ihm „zum Zweck der Einziehung auf fremde Rechnung" abgetreten haben. Dem ersteren liegt einer gewillkürten Prozessstandschaft zugrunde, das letztere ist eine sog. Inkassozession. Bei der Geltendmachung einer Forderung im Wege der Inkassozession oder Einziehungsermächtigung muss stets ein Rechtsanwalt eingeschaltet werden. Ausnahmen gelten nur bei einer Voll- oder Sicherungsabtretung, BGH NJW 2018, 2254; Henssler NJW 2019, 545. 7

4. Ausnahme von der Ausnahme: Vertretungsbefugnis nach II, I 2 Hs. 2 Fall 1. Ein Vertretungszwang entfällt auch in den vorgenannten Fällen; → Rn. 6, 7, so dass wieder das Selbstführen des Prozesses statthaft ist, 8 soweit die Partei zum Kreis der in II Nr. 1–4 Genannten gehört und daher im Parteiprozess eines anderen als dessen Bevollmächtigter auftreten dürfte.

9 **5. Weitere Ausnahme von Ausnahme: Ursprünglicher Gläubiger, I 2 Hs. 2 Fall 2.** Ebenfalls entfällt ein Vertretungszwang in diesen Fällen, → Rn. 6, 7, so dass wieder das Selbstführen des Prozesses unabhängig von → Rn. 8 auch dann statthaft ist, wenn und soweit die Partei der ursprüngliche Gläubiger der Geldforderung war, die sie jetzt infolge einer (Rück-)Abtretung geltend macht.

10 **V. Vertretungsbefugnis eines Anwalts, II 1.** Die Vorschrift wiederholt klarstellend für ihren Geltungsbereich, den Parteiprozess, den in § 1 BRAO seit jeher geltenden Grundsatz der Vertretungsbefugnis des Anwalts. Unanwendbar ist II 1, soweit der „Vertreter" tatsächlich selbständig agiert, Hmb WM 2013, 1764.

11 **VI. Vertretungsbefugnis eines Nichtanwalts, II 2.** Für den Parteiprozess enthält die Vorschrift neben dem für einen Referendar geltenden § 157 eine abschließende und zugleich wegen der Weite ihrer Einzelaufzählung auslegungsbedürftige und -fähige, wenn auch wegen des Worts „nur" lediglich begrenzt ausdehnbare Fülle von natürlichen oder juristischen Personen, die als Nichtanwalt vertretungsbefugt sein können, BGH NJW 2011, 929. Jeweils muss eine Bevollmächtigung wirksam vorliegen. Zu deren Art und Umfang, Voraussetzungen und Grenzen §§ 80 ff. Im Zwangsversteigerungsverfahren darf zB ein Immobilienmakler zwar einen Bieter vertreten, nicht aber einen Gläubiger, BGH NJW 2011, 929.

12 **1. Beschäftigte, II 2 Nr. 1.** Infrage kommt nach Hs. 1 Fall 1 grundsätzlich jeder Mitarbeiter der Partei. Das ist eine ganz extreme Ausdehnung der Vertretungsbefugnis. Denn es ist weder eine besondere zeitliche Begrenzung der Beschäftigung noch eine besondere Begrenzung des Rangs oder der Art der Mitarbeit vorgesehen, noch eine räumliche Eingrenzung. Jeder derzeit irgendwie bei der Partei Tätige kann sie vertreten.

13 Beschäftigung mag zwar an sich ein Arbeitsverhältnis bedeuten. Auch ein freiberuflich mit einem Werkvertrag Betrauter kann aber als derzeit Beschäftigter gelten. Es handelt sich also um einen allenfalls nach → Rn. 11 begrenzbaren Begriff. Die Vollmacht hilft nur sehr bedingt, zumal man sie jetzt nach § 80 S. 2 nachreichen kann. Ein für den Prozessgegner kaum überprüfbarer Zustand.

14 Auch ein verbundenes Unternehmen nach § 15 AktG darf nach Hs. 1 Fall 2 einen nur bei ihm Beschäftigten entsenden. Hier wird die Überprüfbarkeit dann zum Problem, wenn das Gericht keine Begleitunterlagen fordert. Ähnliches gilt für die in Hs. 2 aufgeführten Beschäftigten anderer Behörden.

15 Nicht vertretungsberechtigt ist daher zB mangels gewisser Mindeststandards auch für rechtliche Beratung, vgl. BGH NJW 2013, 59 Rn. 30, ein Hausverwalter, Düss GRUR-RR 2014, 399.

16 **2. Angehörige, II 2 Nr. 2.** Infrage kommt ferner eine nicht kleine Gruppe solcher Personen, die das Gesetz ziemlich bunt in einem Zug aneinanderreiht.

17 Volljährige Familienangehörige nach Fall 1 sind nur die in § 15 AO Genannten.

18 Personen mit Befähigung zum Richteramt nach Fall 2 sind die in §§ 5 ff. DRiG aufgezählten sog. Volljuristen. Sie unterliegen als Richter nach → Rn. 37 ff. aber den Einschränkungen in IV, mit den dortigen Abgrenzungsproblemen.

19 Streitgenossen nach Fall 3 sind die in §§ 59 ff. genannten einfachen wie notwendigen Streitgenossen. Ein Haftpflichtversicherer ist im gegen seinen Versicherungsnehmer geführten Prozess nicht nach II 2 Nr. 2 vertretungsberechtigt. Der Anwendungsbereich der Vorschrift kann nicht über deren Wortlaut hinaus dahin erweitert werden, dass den Streitgenossen ein Versicherungsunternehmen gleichsteht, dem in dem durch einen Einspruch gegen einen Vollstreckungsbescheid eingeleiteten Rechtsstreit ein Recht zur Nebenintervention (§§ 66, 68) zusteht, BGH GRUR-RS 2022, 12410 = WM 2022, 1194 Rn. 19.

20 Kein Zusammenhang mit entgeltlicher Tätigkeit nach den Fällen 1 bis 3 ist bei Nr. 2 stets eine weitere Bedingung der Vertretungsbefugnis. Nicht etwa bezieht sich dieser Teil der Vorschrift nur auf den Fall 3. Denn der Sinn geht eindeutig dahin, eine früher in § 157 aF geregelte Beschränkung geschäftsmäßig betriebener Besorgung fremder Rechtsangelegenheiten wenigstens im Kern beizubehalten. Es geht jetzt allerdings nur noch um die Entgeltlichkeit. Sie ist schon dann schädlich, wenn die Vertretung auch nur im Zusammenhang mit einem Entgelt steht. Was ein Zusammenhang ist, muss das Gericht von Fall zu Fall klären. Nr. 2 fordert keinen „unmittelbaren" oder „direkten" Zusammenhang. Die Aufzählung in → Rn. 11 kann bei der Auslegung helfen. Ein Assessor als Unterbevollmächtigter eines Anwalts versichert keineswegs stillschweigend stets, unentgeltlich tätig zu sein, siehe aber: Celle JurBüro 2014, 641.

21 **3. Verbraucherzentralen und -verbände, II 2 Nr. 3.** Infrage kommen ferner die dort genannten Institutionen und Organisationen. Soweit sie keine natürlichen Personen sind, handeln sie nach II 3 durch ihre Organe und mit der Prozessvertretung beauftragten Vertreter. Es geht hier nicht um die eigene Klagebefugnis zB nach § 13 UWG, sondern um die Vertretungsbefugnis im Prozess eines anderen. Eine sachliche Eingrenzung besteht darin, dass es sich gerade um die Einziehung einer Forderung eines Verbrauchers nach § 13 BGB handeln muss, BGH NJW 2007, 593 (auch bei unerlaubter Handlung), und dass diese Einziehung außerdem gerade im Rahmen des Aufgabenbereichs der Verbraucherzentrale liegen muss.

22 **4. Registrierte Personen bei Inkasso, II 2 Nr. 4.** Die sich aus dem RDG und der BRAO ergebende Konzeption, die Durchsetzung bestrittener Forderungen allein in die Hände von Rechtsanwälten zu legen, erfährt durch II 2 Nr. 4 insoweit eine Lockerung für Inkassodienstleister, die jedoch durch I 2 wieder eingeschränkt wird, Henssler NJW 2019, 545. Infrage kommen schließlich die in § 10 I 1 Nr. 1 RDG, § 4 V EGRDG genannten natürlichen und juristischen Personen sowie Gesellschaften ohne Rechtspersönlichkeit, die bei der zuständigen Behörde registriert sind, § 13 RDG. Unter ihnen sind nur diejenigen vertretungsbefugt, die Inkassodienstleistungen nach §§ 2 II 1, 10 I 1 Nr. 1, 11a, 13a RDG, § 4 V EGRDG erbringen, siehe BGH BeckRS 2022, 14800 Rn. 11; aM AG Mannh DGVZ 2016, 137. Dazu gehören nach § 2 III RDG nicht die dort in Nr. 1–6 aufgeführten Tätigkeiten. Auch die danach Vertretungsbefugten dürfen aber nur in einem der folgenden Verfahrensabschnitte eine Partei vertreten.

23 Im Mahnfahren nach §§ 688 ff. muss die Vertretung vor der Abgabe an das Streitgericht nach § 696 I 1 erfolgen. *Sie darf auch keine solche Verfahrenshandlung darstellen, die ein streitiges Verfahren nach § 697 einleitet oder innerhalb eines streitigen Verfahrens nötig wird, lt. Hs.* Vgl. dazu jeweils bei § 696.

24 Im Vollstreckungsverfahren nach §§ 704 ff. muss es sich um die Zwangsvollstreckung wegen einer Geldforderung gerade auch oder nur in das bewegliche Vermögen nach §§ 803–863 handeln, jedoch einschließlich

des Vermögensauskunftsverfahrens nach §§ 802c ff. und des Haftantrags nach § 802g, auch wenn dies in der Neufassung von II 4 nicht mehr ausdrücklich erwähnt ist. So dürfen Inkassodienstleister als Bevollmächtigte auch bei der Zwangsvollstreckung in Forderungen und andere Vermögensrechte gem. §§ 828 ff. auftreten, BGH BeckRS 2022, 14800 Rn. 12. Auch in diesen Fällen darf nach dem lt. Hs. keine solche Verfahrenshandlung erfolgen, die ein streitiges Verfahren einleitet oder innerhalb eines streitigen Verfahrens nötig wird. Das ergibt sich aus dem dortigen Wort „jeweils". Jedoch ist dies hier wohl praktisch kaum je zu erwarten.

VII. Keine natürliche Person, II 3. In allen Fällen → Rn. 11–24 darf bei einer nicht natürlichen Person nur ihr Organ oder ihr mit einer Prozessvertretung nach der Satzung formell beauftragter Vertreter als Bevollmächtigter auftreten. 25

VIII. Entbehrlichkeit einer vollen Prozessvollmacht, II 1–3. Kein Teil dieser Vorschrift erfordert eine volle Prozessvollmacht nach § 80. Die bloße Eigenschaft eines „Bevollmächtigten" kann auch derjenige erhalten haben, der nur eine Terminvollmacht oder eine andere gegenüber einer Prozessvollmacht nach Art, Ort oder Zeitpunkt in gesetzlicher Weise eingeschränkte Vollmacht besitzt. Auch dieser geringer Bevollmächtigte muss zur Wirksamkeit seiner Vertretung alle Bedingungen des § 79 erfüllen. Dasselbe gilt natürlich erst recht für den vollen ProzBev. nach § 81. 26

IX. Zurückweisungszwang, III 1. Soweit ein als Bevollmächtigter auftretender Vertreter nicht nach II vertretungsberechtigt ist, weist das Gericht ihn ohne eine Ermessensfreiheit zu dieser Rechtsfolge durch einen Beschluss nach § 329 zurück, BGH BeckRS 2022, 20178 Rn. 9. Eine „Verfügung" kann dann ausreichen, wenn sie trotz der falschen Bezeichnung die Anforderungen an einen Beschluss nach § 329 erfüllt. 27

Eine Begründung ist wegen der Unanfechtbarkeit nach III 1 iVm § 309 zwar an sich entbehrlich, aber ratsam. Eine förmliche Zustellung ist nach § 329 II 1 nicht nötig. Sie ist aber statthaft. Der Beschluss ist nach → § 329 Rn. 19 frei abänderlich. 28

X. Wirksamkeit vorheriger Prozesshandlungen, III 2. Bis zur gesetzmäßigen Verkündung oder sonstigen formlosen oder gar förmlichen Mitteilung des nicht rückwirkend möglichen Zurückweisungsbeschlusses an den nicht vertretungsbefugten Bevollmächtigten sind seine bisherigen Prozesshandlungen und die bisher gerade an ihn erfolgten Zustellungen oder Mitteilungen des Gerichts oder des Prozessgegners wirksam, soweit die sonstigen Wirksamkeitsvoraussetzungen vorliegen, BGH BeckRS 2022, 20178 Rn. 20 ff.; NJW-RR 2010, 1361. Wer sich auf eine Unwirksamkeit beruft, muss deren Voraussetzungen beweisen. Das Gericht prüft zwar von Amts wegen. Es ermittelt aber nicht von Amts wegen, sondern weist nur auf Bedenken hin und gibt evtl. eine Frist zu ihrer Beseitigung. 29

XI. Zurückweisungsermessen, III 3. Die Vorschrift gilt nur gegenüber den in II 2 Nr. 1–3 bezeichneten Bevollmächtigten, also nicht gegenüber den registrierten Inkassobevollmächtigten der dortigen Nr. 4. Sie gilt ferner nicht gegenüber einer Partei oder ihrem Streithelfer nach § 66 oder ihrem Beistand nach § 90. 30

1. Unfähigkeit zur sachgerechten Darstellung. Sie ist die zwingende Bedingung einer Untersagung nicht nur des weiteren Vortrags, sondern der weiteren gesamten Vertretung, um die allein es in III 3 geht. Diese Unfähigkeit muss im Entscheidungszeitpunkt eindeutig und zumindest für die voraussichtliche weitere Dauer dieses Termins oder gar darüber hinaus feststehen. Außerhalb eines Termins ist eine solche Zeitspanne erforderlich, die über die Zeit hinausgeht, die das Gericht etwa aufgrund einer vorübergehenden krankheitsbedingten Verhinderung oder eines gegnerischen Neuvortrags gewähren muss. 31

Gründe einer Unfähigkeit mögen zB bilden: Eine Unklarheit des Denkens, BFH DB 1985, 474 (zu § 62 II FGO); eine nur mangelhafte Ausdrucksfähigkeit; ein zu schwieriger Sachverhalt; eine Angetrunkenheit; eine ungenügende Selbstbeherrschung; ein körperliches oder geistiges zumindest derzeitiges Gebrechen nach §§ 185 ff. GVG, BFH DB 1985, 474 (zu § 62 II FGO); die Erkenntnis, dass der Bevollmächtigte die Rechte seines Auftraggebers aus einem sonstigen Grund auf unabsehbare Zeit nicht wahrnehmen kann, BFH DB 1985, 474 (zu § 62 II FGO). 32

Die Beherrschung einer Sprache für den täglichen Umgang genügt im Allgemeinen noch nicht zur Rechtsverfolgung vor dem Gericht. Eine bloße Ungewandtheit im Ausdruck ist aber beim AG noch nicht Grund genug, den Vortrag zu untersagen. Soweit der Betroffene die deutsche Sprache nicht beherrscht, muss das Gericht einen Dolmetscher hinzuziehen. 33

2. Entscheidung. Das Gericht entscheidet nach seinem pflichtgemäßen Ermessen durch einen Beschluss nach § 329. Wegen einer Begründung gilt dasselbe wie bei III 1 nach → Rn. 27. Es verkündet ihn oder teilt ihn nach § 329 I 1, II 1 formlos mit. 34

3. Rechtsmittel. Der Beschluss ist nach → § 329 Rn. 19 grundsätzlich frei abänderlich. Er ist grundsätzlich unanfechtbar. 35

4. Wirkung. Zwar ist die Partei jetzt nicht mehr ordnungsgemäß vertreten. Das Gericht darf aber in demselben Termin nicht stets eine Versäumnisentscheidung nach §§ 330 ff. treffen. LG Aachen AnwBl 1983, 528. 36

XII. Richter als Bevollmächtigter, IV. Die Vorschrift begrenzt die Vertretungsbefugnis eines Richters als Bevollmächtigten. Das geschieht unabhängig davon, ob er entgeltlich oder unentgeltlich tätig wird, ob geschäftsmäßig oder nur einmal ohne jede Berufs- oder Erwerbsabsicht. Es geschieht auch unabhängig davon, ob er zu seinem Auftraggeber in einem Verwandtschafts- oder Verschwägerungsverhältnis steht, ob er mit ihm verlobt oder verheiratet ist oder in einer Lebenspartnerschaft oder -gemeinschaft lebt. 37

1. Richter, IV 1. Das ist ein Berufsrichter. Das folgt einerseits aus § 1 DRiG mit seiner Gegenüberstellung des Berufsrichters und des ehrenamtlichen Richters, andererseits aus IV 2, der den ehrenamtlichen Richter behandelt. Jeder Berufsrichter fällt unter IV 1, also auch derjenige des § 8 DRiG auf Zeit, auf Probe oder kraft Auftrags. 38

2. Angehöriger des Prozessgerichts, IV 1. Der Richter darf im Zeitpunkt und während des Zeitraums seines Auftretens vor dem Prozessgericht diesem nicht „angehören". Die Pensionierung beendet sein Angehören. Im Übrigen ist darauf abzustellen, wo der Richter seinen aktiven Dienst zur Zeit der Prozessvertretung tatsächlich leistet. 39

40 Ersuchtes Gericht nach § 157 GVG ist nicht das „Gericht" des IV. Denn nur das Prozessgericht ist schutzbedürftig, weil nur dort die eigentlichen Entscheidungen fallen, die es möglichst unbeeinflusst von einem Kollegen aus den eigenen Reihen soll treffen können.

41 **3. Ehrenamtlicher Richter, IV 2.** Zunächst → Rn. 38. Hierzu zählen nicht nur die Handelsrichter der Kammer für Handelssachen nach § 105 GVG, sondern auch alle anderen Arten ehrenamtlicher Richter. Indessen kommt ein „Auftreten vor einem Spruchkörper, dem sie angehören", im Parteiprozess allenfalls bei der Kammer für Handelssachen des LG in Betracht, soweit dort ausnahmsweise kein Anwaltszwang besteht und daher § 79 überhaupt anwendbar ist, → Rn. 1.

42 Beschäftigte nach → Rn. 12–14 dürfen nach IV 2 sogar als ehrenamtliche Richter in der Eigenschaft eines Bevollmächtigten auftreten, Hs. 2.

43 **4. Zurückweisung, IV 3.** Es gelten III 1, 2 entsprechend. Also → Rn. 27, 29.

80 *Prozessvollmacht.* [1]Die Vollmacht ist schriftlich zu den Gerichtsakten einzureichen. [2]Sie kann nachgereicht werden; hierfür kann das Gericht eine Frist bestimmen.

1 **I. Systematik.** Die Vorschrift regelt einen wichtigen Teil der bei einer Prozessvollmacht auftretenden Fragen, nämlich das Bindeglied zwischen der wahren Erteilung und einer Gebrauchsmöglichkeit. Sie ergänzt die Anwaltsbestellung nach § 172. Im Mahnverfahren nach §§ 688 ff. gilt vorrangig und inhaltlich abweichend § 703.

2 **II. Regelungszweck.** Die Vorschrift dient vor allem der Rechtssicherheit. Es soll von vornherein aus einer ganzen Reihe von Gründen klar sein, wer in welchem Umfang wem gegenüber und für welchen Zeitraum Bevollmächtigter mit allen weitreichenden Rechtsfragen ist, von der Notwendigkeit der Zustellung und Ladung an ihn nach § 172 bis zur Haftung nach § 85 II. Das alles liegt sowohl im öffentlichen Interesse als auch im Interesse aller Beteiligten, BGH BB 2002, 963. Daher ist eine durchaus strenge Auslegung notwendig, BGH NJW 2004, 840.

3 Die Prozessvollmacht hat nach § 81 eine ganz wesentliche Bedeutung. Deshalb ist eine Klärung ihrer Existenz dringend anzuraten.

4 **III. Geltungsbereich.** → Vor § 78 Rn. 6. Die Vorschrift gilt für Verfahren des einstweiligen Rechtsschutzes, Saarbr NJOZ 2008, 3084. Sie gilt auch vor den Arbeitsgerichten, auch im arbeitsgerichtlichem Beschlussverfahren gem. §§ 80 II 1, 46 II 1 ArbGG; BAG NZA 2020, 329; NZA 2009, 502. Im FamFG-Verfahren gelten §§ 11, 114 FamFG, Ffm BeckRS 2020, 45069. Das Mahnverfahren ist jedoch aus dem Geltungsbereich dieser Norm ausgenommen; insoweit gilt § 703 S. 2.

5 **IV. Erteilung der Vollmacht.** Die Vorschriften über die Erteilung von Vollmachten haben eine oft unterschätzte Bedeutung.

6 **1. Begriffe.** Unter einer materiell-rechtlichen Vollmacht versteht man die sachliche Vertretungsmacht nach § 166 II BGB. Von ihr muss man die Prozessvollmacht trennen, BGH NJW 2003, 1594. Unter einer prozessrechtlichen Vollmacht versteht man die prozessuale Vertretungsmacht. Die ZPO gebraucht den Begriff Vollmacht auch für die Vollmachtsurkunde. Die prozessuale Vollmacht kann eine Vollmacht für den gesamten Prozess sein. Dann spricht man von der Prozessvollmacht, BGH MDR 1985, 30. Sie ist die dem Prozessvertreter von der Partei erteilte Ermächtigung, alle Prozesshandlungen – nicht nur zur Führung eines Rechtsstreits – in ihrem Namen mit unmittelbarer Wirkung für und gegen den Vertretenen vorzunehmen, BGH NJW 2008, 2266 (Unterwerfungserklärung nach § 794 I Nr. 5); MüKoZPO/Toussaint Rn. 2. Sie kann auch eine Sondervollmacht nur für eine einzelne Prozesshandlung darstellen. Eine solche Sondervollmacht ist im Parteiprozess stets statthaft. Im Anwaltsprozess ist sie nur in der Form einer Untervollmacht oder bei Handlungen außerhalb des Anwaltszwangs nach → § 78 Rn. 1 zulässig. Auch die Untervollmacht muss Form der Hauptvollmacht haben. Sie muss eine lückenlose Kette der Bevollmächtigungen seit dem Hauptvollmachtgeber erweisen, BGH NJW-RR 2002, 933; NJW-RR 1986, 1252; Brschw BeckRS 2020, 12173.

7 Die Prozessvollmacht ist wegen ihrer prozessualen Wirkung eine Prozesshandlung, Ros BeckRS 2000, 17018; MüKoZPO/Toussaint Rn. 3; für die in Vertretung vorgenommene Prozesshandlung ist sie Prozesshandlungsvoraussetzung, GemS OBG NJW 1984, 2149; BGH NJW 2007, 772; NJW-RR 2002, 933; Brschw BeckRS 2020, 12173 = NZG 2020, 1182 (Ls.).

8 Unanwendbar ist § 80 auf eine bloße Geldempfangsvollmacht, AG Brake DGVZ 2007, 45.

9 **2. Außen- und Innenverhältnis.** Jede prozessuale Vollmacht kann neben einer materiell-rechtlichen Vollmacht nach § 164 BGB bestehen. Deshalb ist zwischen der Vertretungsmacht nach außen und derjenigen im Verhältnis zwischen dem Vollmachtgeber und dem Vollmachtnehmer zu unterscheiden, BGH NJW 1993, 1926; Hamm AnwBl 1989, 397; LAG Bln AnwBl 1987, 241. Der Umfang der beiden Vollmachten kann sehr unterschiedlich sein. Die materiell-rechtliche Vollmacht kann dann schon erloschen sein, wenn die prozessuale Vollmacht noch fortdauert. Die materiell-rechtliche Vollmacht richtet sich ganz nach dem BGB, BAG AnwBl 1980, 149. Das gilt auch dann, wenn es um die Folgen eines Willensmangels geht. Die Prozessvollmacht kann trotz der Nichtigkeit des materiell-rechtlichen Grundgeschäfts grundsätzlich wirksam sein, Hamm AnwBl 1989, 397. Allerdings kann die materiell-rechtliche Nichtigkeit eines Vertrags zB nach §§ 134, 138 BGB auch ausnahmsweise die Prozessvollmacht mitergreifen, BGH NJW 2003, 1594.

10 **3. Erteilung durch Prozesshandlung.** Die Partei erteilt die prozessuale Vollmacht durch eine Prozesshandlung, BGH NJW 2007, 772; BVerwG NJW 2006, 2648; MüKoZPO/Toussaint Rn. 3; Urbanczyk ZZP 1995, 344; siehe aber BGH FamRZ 1995, 1484; Mü OLGZ 1993, 224 (je: durch eine rechtsgeschäftliche Erklärung). Wegen des Charakters der Prozesshandlung bleibt ein etwaiger Willensmangel bei der Erteilung der prozessualen Vollmacht unbeachtlich, ebenso eine Bedingung, BAG NJW 2006, 2649. Die Erteilung der prozessualen Vollmacht ist auch dann eine Prozesshandlung, wenn sie der Erhebung der Klage nach §§ 253, 261 vorangeht. Denn die Vollmachtserteilung richtet sich in der Regel unmittelbar auf eine Tätigkeit im Prozess.

11 Ein Streithelfer kann eine Prozessvollmacht nur wegen seiner eigenen Person erteilen und muss die Grenzen seiner Stellung nach § 67 beachten. Vergleichbares gilt für einen am Prozess beteiligten sonstigen Dritten.

4. Beispiele zur Frage einer Erteilung. Die prozessuale Vollmacht wird als einseitige empfangsbedürftige Willenserklärung gegenüber dem zu Bevollmächtigenden, dem Gegner oder gegenüber dem Gericht abgegeben, BGH FamRZ 1995, 1484; KG NJW-RR 2005, 882. Die Vollmacht wird an sich mit dem Zugang der Erklärung wie bei § 130 BGB wirksam, BGH FamRZ 1995, 1484. Das gilt auch dann, wenn der Erklärungsempfänger von dem Zugang keine Kenntnis nimmt. Mit diesem Zugang ist die Erklärung dann auch anderen gegenüber wirksam. Wenn man die Vollmacht zB gegenüber dem Gericht erklärt, wird sie in diesem Zeitpunkt auch gegenüber dem Bevollmächtigten wirksam; Oldenb BeckRS 1996, 2977. Vgl. aber auch „Beginn". 12

Allgemeinvertreter: Die dem Anwalt erteilte Prozessvollmacht ermächtigt auch seinen Allgemeinvertreter nach § 53 III BRAO. 13

AnwaltsAG: → „Sozietät".

Anwaltsgesellschaft: → „Sozietät".

Bedingung: → Rn. 10.

Beginn: Die Vollmacht wird beim Anwalt erst mit der Aushändigung seiner Zulassungsurkunde wirksam, (zum alten Recht) BGH NJW 1992, 2706.

Bindung: Den bevollmächtigten Anwalt bindet eine Weisung der Partei nur im Innenverhältnis.

Blankovollmacht: Eine später ordnungsgemäß vervollständigte Vollmacht reicht, KG JurBüro 2011, 321.

Form: Die Erklärung kann formlos erfolgen, BGH NJW 2002, 1957; Frankfurt FamRZ 2019, 293; KG NJW-RR 2005, 882. Auch eine stillschweigende Erklärung ist ausreichend, BGH NJW 2004, 846, ebenso die Erteilung zum Sitzungsprotokoll nach § 160 II oder zum Protokoll der Geschäftsstelle. Die Schriftform dient nur dem Nachweis, BGH NJW 1994, 2298; BVerwG NZA-RR 2004, 391; KG JurBüro 2011, 321. Ein Telefax reicht nach → Rn. 21 „Telefax" aus, auch ein Telefonat, Oldb OLGR 1996, 129.

Geschäftsfähigkeit: Sie ist zur Erteilung nötig und reicht aus, Urbanczyk ZZP 1995, 344.

Haftpflichtversicherer: Er kann zwar grds. in Vollmacht des Versicherungsnehmers einen ProzBev. bestellen, BGH NJW 2007, 2260; Kblz VersR 2012, 1008. Das darf aber nicht gegen den Willen des Kunden geschehen und wäre dann unwirksam, Saarbr OLGR 1999, 487; Brem VersR 1991, 1281.

Maßgebendes Recht: Das ist das deutsche auch dann, wenn die Vollmacht im Ausland entstand, BGH NJW 1990, 3088. Dagegen muss die materiell-rechtliche Vertretungsmacht evtl. nach dem ausländischen Recht dessen beurteilt werden, der sie erteilt hat, BGH DB 1990, 2217.

Prozessfähigkeit: Der Vollmachtgeber muss prozessfähig sein. Denn die Vollmacht leitet im weiteren Sinn den Prozess ein, BGH NJW 1987, 440; BayObLG AnwBl 1992, 234.

Sozietät: Bei ihr kommt es zunächst auf die Auslegung der Erklärung dazu an, ob eine Prozessvollmacht nur auf einen einzelnen bestimmten Sozius oder auf mehrere oder auf alle Sozien vorliegt, BGH NJW 2000, 1334; LG Kblz NJW 2001, 2727. Das gilt auch bei einer Sozietät von Anwälten, Wirtschaftsprüfern oder Steuerberatern, BGH NJW 1982, 1866, und bei einer überörtlichen Sozietät, Düss NJW-RR 1995, 376; Karlsr NJW-RR 1995, 377; FG Bln JurBüro 1999, 364. Meist liegt eine Beauftragung aller Sozien vor, BGH NJW 1995, 1841; BayObLGE 1994, 344; Köln MDR 1993, 114, auch künftiger, BGH NJW 1994, 258. Das gilt insbesondere bei einer Anwaltsgesellschaft, Henssler NJW 1999, 243, dort auch zB bei einer Anwalts-AG, BGH NJW 2005, 1568; BayObLG NJW 2000, 1647; Kempter/Kopp NJW 2001, 777.

Stillschweigende Erklärung: → „Form".

Telefax, Telefon: → „Form".

Willensmangel: → Rn. 10.

5. Prozessuale Folgen einer materiell-rechtlichen Vollmacht. Manche umfassende materiell-rechtliche Vollmacht schließt als gesetzliche Folge eine Ermächtigung zur Prozessführung ein, zB in folgenden Fällen: Eine Generalvollmacht ermächtigt zur Prozessführung in allen Vermögensangelegenheiten oder in einem Kreis derartiger Angelegenheiten. Die Prokura ermächtigt nach § 49 HGB zu allen Prozessen aus dem Betrieb irgendeines Handelsgewerbes, auch wegen eines Grundstücks. § 49 II HGB betrifft die Prozessführung nicht. Die Handlungsvollmacht ermächtigt nach § 54 HGB bei ihrer allgemeinen Erteilung auch allgemein zur Führung der zugehörigen Prozesse. Eine Vertretung des ausländischen Inhabers eines gewerblichen Schutzrechts ermächtigt nach §§ 16 PatG, 28 GebrMG, § 96 MarkenG zur Prozessführung. Zur Prozessführung ermächtigt auch eine Anstellung als geschäftsführender Gesellschafter nach § 714 BGB oder die Funktion des Vorstands eines nicht rechtsfähigen Vereins nach § 54 BGB oder des gesetzlichen Vertreters einer juristischen Person. Die Bestellung zum Abwickler eines Unternehmens berechtigt zur Prozessführung, BFH DB 1985, 28. 14

In diesen Fällen muss man prüfen, ob die umfassende materiell-rechtliche Vollmacht wirksam ist. Dann liegt auch eine wirksame prozessuale Vollmacht vor, BFH DB 1985, 28. Soweit sich ein Prozessführungsrecht ausschließlich auf eine gesetzliche Bestimmung stützt, liegt lediglich eine gesetzliche Vertretung vor, zB: Bei einem Schiffer außerhalb des Heimathafens nach § 527 II HGB; bei der Gütergemeinschaft im Fall der Verhinderung des anderen Ehegatten nach §§ 1429, 1454 BGB. 15

V. Nachweis der Vollmacht. Der Nachweis der Vollmacht ist durch Einreichung der schriftlichen Vollmachtsurkunde zu den Gerichtsakten zu führen, BGH NJOZ 2022, 338 Rn. 12. Die Vorschrift spricht nur noch von der Einreichung und vermeidet den wichtigeren Begriff des Nachweises, um den es aber nach dem Wortlaut geht. Das Nachweiserfordernis bezieht sich nicht nur auf die Prozessvollmacht des im Prozess handelnden Vertreters (Hauptvollmacht), sondern auch auf eine etwaige Untervollmacht oder Vollmachtketten, BGH NJW-RR 2002, 933; Brschw BeckRS 2020, 12173. Diese allgemeine Vorschrift gilt grds. auch im Vollstreckungsverfahren und somit auch bei einer Beantragung eines PfÜB nach §§ 829, 835, BGH NJOZ 2022, 338 Rn. 12. 16

1. Notwendigkeit des Nachweises. Der Bevollmächtigte muss seine Vollmacht nach § 88 I dem Gegner immer dann nachweisen, wenn der Gegner es verlangt, BGH NJW-RR 2002, 933; BB 1997, 1816. Das Gericht muss daher, wenn nicht ein RA als Bevollmächtigter auftritt, von Amts wegen die Vorlage einer schriftlichen Vollmachtsurkunde nach § 126 BGB verlangen, wenn es auf andere Weise die Überzeugung vom Bestand der Vollmacht nicht gewinnen kann, BGH NJOZ 2022, 338 Rn. 15. Das gilt auch im Eilverfahren nach §§ 916ff., 935ff., Saarbr NJOZ 2008, 3084. Dem Gericht gegenüber ist der Nachweis einer Vollmacht nach § 88 II Hs. 2 nur dann erforderlich, wenn der Bevollmächtigte kein Anwalt ist oder wenn die Vollmacht mangelhaft sein soll. Die Berufung ist also dann unzulässig, wenn der Anwalt des Rechtsmittelklägers trotz einer Rüge des Gegners bis zum Schluss der letzten Tatsachenverhandlung nach §§ 136 IV, 296a, 525 S. 1, 555 I 1 keine schriftliche 17

Vollmacht zu den Akten gegeben hat. Allerdings kann man den Nachweis in den Grenzen von S. 2 Hs. 2 nachholen, sogar im Revisionsrechtszug, BGH NJW 2002, 1957; (zum alten Recht) BGH BB 1997, 1816.

18 Auch der Pflichtanwalt muss seine Vollmacht nach den vorgenannten Regeln nachweisen. Zu diesem Nachweis ist also auch ein im Verfahren auf Bewilligung einer Prozesskostenhilfe nach § 121 beigeordneter Anwalt oder der Notanwalt nach §§ 78b, c verpflichtet. Im Mahnverfahren nach §§ 688 ff. ist nach § 703 kein Nachweis der Vollmacht erforderlich. Anstelle des Nachweises ist allerdings evtl. eine Versicherung der Bevollmächtigung erforderlich. Der Nachweis betrifft nur die Tatsache der Bevollmächtigung. Ein Nachweis der Befugnis des Vollmachtgebers, etwa eines gesetzlichen Vertreters, fällt unter § 56. Er ist also stets notwendig.

19 **2. Abgabe der Originalvollmacht.** Zum Nachweis der Vollmacht bedarf es in aller Regel der Einreichung der schriftlichen Originalvollmacht zu den Gerichtsakten, BGH BeckRS 2022, 20178 Rn. 15; NJW 1994, 2298; NJW-RR 1986, 1252; Ffm BeckRS 2020, 45069 Rn. 59. Auch eine beglaubigte Kopie reicht nicht, Ffm BeckRS 2020, 45069 Rn. 59; MüKoZPO/Toussaint Rn. 17. Sie muss den Namen des ProzBev. und seine Identität enthalten. Dabei ist eine Ergänzung im gleichzeitigen Schriftsatz ausreichend, BGH VersR 1984, 851; BFH NJW 1998, 264. Man muss diese Urkunde unabhängig von § 88 II grundsätzlich zu den Prozessakten reichen, BGH BB 2002, 963; Ffm FamRZ 2019, 293, vgl. auch § 62 III FGO, § 73 II SGG, § 67 III VwGO. Bei elektronischer Einreichung gelten §§ 130ad. Bei Unterbevollmächtigten ist der Nachweis in der Weise zu führen, dass seine Vertretungsmacht bis auf die Partei zurückgeführt werden kann, BGH NJW-RR 2002, 933; Brschw BeckRS 2020, 12173. Die Vollmachtkette muss lückenlos in der Form des § 80 nachgewiesen werden, BGH NJW-RR 2002, 933; Brschw BeckRS 2020, 12173. Ausnahmsweise reicht eine Bezugnahme auf die Vollmacht, die in einem anderen Verfahren beigebracht ist, wenn dem Gericht eine Einsichtnahme in diese Vollmachtsurkunden ohne Weiteres möglich ist, BFH BStBl II 1991, 848; Brschw BeckRS 2020, 12173.

20 Das Original ist vorzulegen und abzugeben. Das ist entgegen einer weitverbreiteten Praxis fast aller Beteiligten nach dem klaren Sinn des § 80 schon im öffentlichen Interesse erforderlich, BGH NJW 2002, 1957; Saarbr NJOZ 2008, 3084; Hmb WettbR 1999, 170 (je: Eilverfahren), wie übrigens auch bei § 174 S. 1 BGB, LAG Düss BB 1995, 731; FG Kassel NJW-RR 1995, 638. Durch das Erfordernis der Vorlage des Originals soll im Übrigen ausgeschlossen werden, dass die Vollmacht bei Vorlage bereits widerrufen und die Vertretungsmacht bereits erloschen ist, Ffm BeckRS 2020, 45069 Rn. 64.

3. Beispiele zur Frage einer Abgabe des Originals, S. 1

21 **Ablichtung, Abschrift:** Grundsätzlich reicht nicht eine beglaubigte Abschrift oder Ablichtung, selbst wenn der Vollmachtgeber zB eine Behörde ist, Ffm BeckRS 2020, 45069 Rn. 59 f.; → Rn. 19.

Abmahnverfahren: Notwendig ist die Abgabe des Originals grds. auch im wettbewerbsrechtlichen Abmahnverfahren, Drsd WettbR 1999, 638.

Auslandsschiedsspruch: Notwendig ist die Abgabe des Originals grds. auch bei einem Verfahren nach § 1061, BGH BB 2002, 963.

Beweisantritt: Nicht ausreichend zum Nachweis ist ein Zeugenbeweisantritt nach § 373, Mü OLGZ 1993, 225.

Blankovollmacht: Ausreichen kann eine ordnungsgemäß unterschriebene Blankovollmacht, BFH DB 1988, 1684 (zu § 62 III 1 FGO); BVerwG MDR 1984, 256.

Datum: Es ist entbehrlich, BGH BB 1991, 2362. Denn der Nachweis hat gerade anders als bei → § 89 Rn. 18 ff. nur für die Gegenwart und Zukunft Bedeutung, aM Karlsr GRUR 1992, 877.

Handelsregisterauszug: Ein Registerauszug kann zum Nachweis reichen, Zöller/Althammer Rn. 9.

Kopie: Nicht ausreichend ist es grds., nur eine Kopie einzureichen, BGH NJW 1994, 2298; BFH BB 1991, 2364; AG Celle DGVZ 2009, 113. Denn das Original ist nicht „zur Einsicht vorzulegen", sondern „zu den Gerichtsakten einzureichen", um sicherzustellen, dass im gesamten weiteren Prozessverlauf die von Amts wegen zu prüfende Prozessvoraussetzung einer ordnungsgemäßen Vollmacht vorliegt. Ausnahmsweise kann es im allseitigen Einverständnis reichen, eine mit dem Original als übereinstimmend protokollierte Kopie in die Akte zu heften.

Mehrheit von Vollmachten: Für sie gelten dieselben Regeln wie für eine Einzelvollmacht. Das gilt sowohl beim Nebeneinander als auch beim Hintereinander (Vollmachtkette), BGH NJW-RR 2002, 1957; Brschw BeckRS 2020,12173; Saarbr OLGR 2008, 642.

Protokoll: Ausreichen kann eine Bevollmächtigung zum Protokoll nach §§ 159 ff.

Sprache: Die Vollmacht muss nach § 184 GVG in deutscher Sprache verfasst oder deutsch übersetzt vorliegen. Evtl. ist also eine Übersetzung ins Deutsche nötig, Saarbr OLGR 2008, 643.

Stempel: Nicht ausreichend ist ein Namensstempel.

Telefax: Ein Telefax ist grds. ausreichend, wenn Bedenken gegen die Echtheit nicht erhoben werden, BGH NJW 2002, 1957; BFH NJW 1996, 2183 (zust. Bork JZ 1997, 256); aM BFH JZ 1997, 255 (krit. Bork), LAG Kiel NZA-RR 2004, 607. Das gilt zumindest für ein solches des Auftraggebers, LG Mönchengladb MDR 2004, 837.

Unterschrift: Notwendig ist eine wirksame eigenhändige Unterschrift der Partei, BAG NZA-RR 2004, 607.

22 **4. Registerauszug.** Bei den nach → Rn. 14 zur Prozessführung Ermächtigten genügt eine Vorlage der entsprechenden Urkunde, zB eines Auszugs aus dem Handelsregister im Rahmen von § 88 dann, wenn es um eine Prokura geht. Wenn ein Prokurist eine Vollmachtsurkunde unterschrieben hat, darf und muss das Gericht die Bevollmächtigung in einer freien Beweiswürdigung nach § 286 nachprüfen; dann ist § 80 unanwendbar.

23 **5. Generalakte, Generalvollmacht.** Der Bezug auf eine zu einer anderen Akte eingereichte Generalvollmacht etwa in den Generalakten des Gerichts genügt grundsätzlich nicht, BGH NJW-RR 1986, 1253; AG Celle DGVZ 2009, 113 (krit. Schatz); AG Warburg DGVZ 2001, 142; aM OVG Magdeb NZA-RR 2010, 448. Eine Ausnahme gilt nur dann, wenn sich diese Generalakten sofort beschaffen lassen, also bei einer mündlichen Verhandlung in den Sitzungssaal, BGH NJW 1994, 2298; BFH BB 1991, 2364, Erlass BMI v. 24.1.1997 – Nr. 7–004003/1.

24 **6. Nachreichen.** Ein Nachreichen der Vollmacht ist statthaft, BGH BeckRS 2022, 14800 Rn. 21 = WM 2022, 1341 (im Beschwerdeverfahren); NJW 2002, 1957 (im Revisionsverfahren); LG Bln ZMR 2016, 920, denn S. 2 Hs. 1 soll eine übertriebene Formstrenge verhindern. Eine Frist nach S. 2 Hs. 2 iVm einem Verkündungs-

termin kann notwendig sein. Die Frist ist keine Ausschlussfrist, BGH NJW-RR 2012, 515, so dass sie zB noch bis zum Schluss der mündlichen Verhandlung beigebracht werden kann.

7. Mangel. Eine Interessenkollision führt nicht zur Nichtigkeit der Vollmacht, Ros AnwBl 2008, 623 (abl. Hartung AnwBl 2008, 633). Soweit man seine Prozessvollmacht nicht einwandfrei nachgewiesen hat, sind §§ 88, 89 anwendbar, BGH BeckRS 2022, 20178 Rn. 18. Allerdings genügt eine Prozessvollmacht auch für die anschließende Zwangsvollstreckung nach §§ 704 ff. aufgrund des in diesem Verfahren ergangenen Vollstreckungstitels nach § 81. Daher muss sich das Vollstreckungsgericht in der Regel damit begnügen, dass das Gericht den ProzBev. im Urteil als solchen erwähnt hat. Das gilt selbst dann, wenn das Vollstreckungsgericht nicht in derselben Besetzung wie das Prozessgericht tätig wird. Ein Verstoß gegen § 43a IV BRAO berührt die Wirksamkeit einer Vollmacht nicht, BGH FamRZ 2009, 1319; Hmb VersR 2017, 546. 25

VI. Rechtsbehelf. Ein Rechtsmittel ist allenfalls nach § 567 I Nr. 2 statthaft. Beim Rpfl. gilt § 11 II RPflG, → § 104 Rn. 48 ff. 26

81 *Umfang der Prozessvollmacht.* **Die Prozessvollmacht ermächtigt zu allen den Rechtsstreit betreffenden Prozesshandlungen, einschließlich derjenigen, die durch eine Widerklage, eine Wiederaufnahme des Verfahrens, eine Rüge nach § 321a und die Zwangsvollstreckung veranlasst werden; zur Bestellung eines Vertreters sowie eines Bevollmächtigten für die höheren Instanzen; zur Beseitigung des Rechtsstreits durch Vergleich, Verzichtleistung auf den Streitgegenstand oder Anerkennung des von dem Gegner geltend gemachten Anspruchs; zur Empfangnahme der von dem Gegner oder aus der Staatskasse zu erstattenden Kosten.**

I. Systematik. Im Anschluss an die Vorschrift zur Einreichung der Vollmacht regelt § 81, ergänzt durch §§ 82–84, die wichtige Frage, welchen Umfang die erteilte Prozessvollmacht hat. 1

Die Prozessvollmacht ist grundsätzlich (Ausnahme § 83 II) eine Vollmacht für den Prozess als Ganzes, BGH MDR 1985, 30; BAG NZA 2021, 75 Rn. 48 = NJW 2021, 492 (Ls). Man kann sie erweitern, BAG DB 1978, 167. Man kann sie aber im Außenverhältnis grundsätzlich nicht beschränken, BGH NJW 1987, 130; BFH NJW 1997, 1029. Eine etwa doch im Außenverhältnis erfolgte Beschränkung wirkt dem Gegner gegenüber nur im Rahmen von § 83 I, BFH NJW 1997, 1030. Im Innenverhältnis zwischen dem Auftraggeber und dem ProzBev. sind Beschränkungen beliebig zulässig, Düss AnwBl 1978, 233. Eine Beschränkung kann aber für einen Anwalt berufsunwürdig sein oder seine sachgemäße Prozessführung verhindern. Sie verpflichtet ihn dann zur Niederlegung des Auftrags. Eine Überschreitung der Prozessvollmacht berührt mit der Ausnahme eines Rechtsmissbrauchs, BFH NJW 1997, 1030 (sinnlose Prozessführung), die Wirksamkeit einer Prozesshandlung nicht. Sie macht aber schadensersatzpflichtig. § 81 ist zwingendes Recht. Die Vorschrift ist dann entsprechend anwendbar, wenn die Prozessvollmacht nur ein besonderes Verfahren betrifft, etwa nur eine Instanz oder die zugehörige Zwangsvollstreckung nach §§ 704 ff. Man spricht dann von einer Instanzvollmacht. 2

II. Regelungszweck. § 81 dient allen in → Vor § 78 Rn. 4 genannten Prinzipien. Die Aufzählung der von der Vollmacht erfassten Befugnisse ist nur beispielhaft. Man darf daher die Wörter „alle den Rechtsstreit betreffenden Prozesshandlungen" grundsätzlich ziemlich weit auslegen, ohne die Grenzen des einzelnen Prozesses zu überschreiten. Dies sind nach ständiger Rechtsprechung auch materiell-rechtliche Willenserklärungen, die sich auf den Gegenstand des Rechtsstreits beziehen, weil sie der Rechtsverfolgung oder Rechtsverteidigung dienen und es sich somit um „Prozesshandlungen" iSd Vorschrift handelt, BGH NJW 2003, 963; BAG NZA 2021, 75 Rn. 48 = NJW 2021, 492 (Ls); NJW 2021, 1551 Rn. 59 = NZA 2021, 552; NZA 1988, 799. 3

III. Geltungsbereich. Zunächst → Vor § 78 Rn. 6. Die Vorschrift gilt auch im WEG-Verfahren, im arbeitsrechtlichen Verfahren nach § 46 II ArbGG, BAG NZA 2018, 679, und im finanzgerichtlichen Verfahren nach § 155 FGO, BFH NJW 1997, 1029. Sie gilt entsprechend im FamFG-Verfahren nach §§ 11 S. 4, 5 und §§ 112, 113 I FamFG. Wegen des sozialgerichtlichen Verfahrens BSG NJW 2001, 2652. 4

IV. Umfang der Ermächtigung: Prozesshandlung. Die Prozessvollmacht ermächtigt zur Vor- und Entgegennahme aller den Prozess betreffenden Prozesshandlungen, BFH NJW 1997, 1029; Brdb NJW 2007, 1471; LAG Schlesw-Holstein BeckRS 2019, 29231; LAG Düss MDR 1995, 1074. Sie liegt auch nur dann vor. Der Begriff Prozesshandlung ist also nach → Rn. 3 weit auslegbar, Brdb NJW 2007, 1471. Er meint zumindest jede solche Prozesshandlung, die das Betreiben des Verfahrens einschließlich der Entscheidung und ihrer Durchführung oder die Beendigung des Verfahrens betrifft, BGH VersR 2003, 964; BAG DB 1978, 167. § 81 nennt eine Reihe von Prozesshandlungen, auf die sich eine Prozessvollmacht erstreckt. Die Aufzählung ist jedoch nicht abschließend. 5

V. Vertreter. Die Bestellung eines Vertreters und eines Bevollmächtigten für die höheren Instanzen ist nach § 81 aufgrund der Prozessvollmacht statthaft, BGH NJW 2006, 2335. An sich ist die Vollmacht unübertragbar. Sie ergreift auch die höheren Instanzen, BGH WM 2017, 850; BayObLG ZMR 1979, 57 (betreffend einen Verwalter nach dem WEG zum alten Recht). Wenn der bisherige ProzBev. aber verhindert ist, darf er die Vollmacht auf einen Geeigneten übertragen. Erteilt ein Anwalt einem anderen eine Untervollmacht zur mündlichen Verhandlung, BGH NJW-RR 2007, 356, handelt der Unterbevollmächtigte evtl. als ein Vertreter der Partei und nicht des Hauptbevollmächtigten, (zum alten Recht) BGH NJW-RR 2003, 51. Wer nur für eine einzelne Prozesshandlung oder für einen einzelnen Termin eine Vollmacht hat, ist Vertreter, Substitut, BGH GRUR 1987, 813. Nur wer eine umfassende prozessuale Vollmacht hat, ist Bevollmächtigter. Kein ProzBev. ist der Verkehrsanwalt, BGH NJW 1992, 699, oder ein Terminanwalt, BGH NJW-RR 2007, 356. 6

Die Vollmacht erlischt in dem Zeitpunkt, in dem die Entscheidung über das Rechtsmittel formell nach §§ 329, 705 rechtskräftig wird, oder mit dem Ende der Prozessvollmacht nach § 87, BGH NJW 2020, 1134; NJW 1980, 999 (also nicht schon mit der Kündigung). Der ProzBev. darf auch nicht schon aufgrund der allgemeinen Prozessvollmacht für den Prozess als Ganzes einen anderen zum Vertreter bestellen, BGH NJW 1981, 1728. Das ergibt sich schon aus der Gegenüberstellung der Begriffe Vertreter und Bevollmächtigter im Gesetz. Der ProzBev. kann aber eine Vollmacht oder Anscheinsvollmacht zu einer umfassenden Weiterbevollmächtigung haben, BGH NJW 1981, 1728. Die Vertretung ändert auch an der Prozessvollmacht des ProzBev. nichts. Wegen der Zustellung gilt § 172. Der Vertreter hat im Rahmen seiner Bestellung dieselben Rechte wie der ProzBev., falls er nicht etwa 7 nur für ein besonderes Geschäft eine Vollmacht hat, etwa nur für einen Beweistermin. Ein späterer Wegfall der Geschäftsfähigkeit des Vollmachtgebers beeinträchtigt die vorher erteilte Prozessvollmacht nicht, Celle MDR 2009, 1186.

8 Der Vertreter hat im Zweifel keinen unmittelbaren Gebührenanspruch gegen die Partei, BGH NJW 1981, 1728. Man darf die Haftung der Partei nicht von der Interessenlage abhängen lassen oder die Partei dann unmittelbar zahlungspflichtig machen, wenn ein Anwalt an einem auswärtigen Gerichtsort tätig wurde. Denn das ist eine sehr unsichere Unterscheidung. Sie bürdet dem beauftragten Anwalt das Prozessrisiko wegen des richtigen Bekl. auf.

9 Die Vertretungsmacht des Substituten erlischt auch infolge eines Widerrufs oder dann, wenn die Prozessvollmacht erlischt, BGH NJW 1980, 999. Die Bestellung eines Untervertreters ist grundsätzlich zulässig, BGH NJW 1980, 999. Anwaltssozien sind gegenseitig vertretungsberechtigt, BGH NJW 1980, 999. Der Untervertreter muss jedoch unter anderem die Möglichkeit haben, sich von dem Streitstoff ein eigenes Bild zu machen und zB seine etwaige Befangenheit zu prüfen. Daher ist die Bestellung eines bloßen „Kartellanwalts", → § 216 Rn. 26 „Kartelltermin" unzulässig, soweit er keine derartigen Möglichkeiten hat, Düss NJW 1976, 1324; Schneider MDR 2000, 437.

10 **VI. Materiell-rechtliche Willenserklärung.** Die Prozessvollmacht ermächtigt insoweit zur Abgabe und Entgegennahme einer meist einseitigen materiell-rechtlichen Willenserklärung, als diese Erklärung im Prozess im Rahmen der Rechtsverfolgung erfolgt und zur Durchsetzung der Rechtsposition des Auftraggebers auch erforderlich ist, BGH NJW 2003, 964. Denn insoweit ist eine solche Willenserklärung meist zugleich auch eine Prozesshandlung, BAG NZA 2003, 1051; LAG Ffm BB 1988, 1894; LG Ffm NJW-RR 1993, 442 (zu § 57). Es ist unerheblich, ob die Willenserklärung in der Verhandlung oder schriftlich erfolgt. Soweit sie außerhalb des Prozesses erfolgt, hängt ihre Wirksamkeit von dem materiell-rechtlichen Inhalt der Vollmacht ab, BAG DB 1978, 167.

VII. Beispiele zur Frage des Umfangs einer Prozessvollmacht

11 **Abänderungsklage:** Der ProzBev. benötigt bei einer Abänderungsklage eine neue Prozessvollmacht (neuer Streitgegenstand).

Ablehnung: Der ProzBev. darf nach § 46 vorgehen, BGH NJW 2005, 2234; Düss OLGR 1995, 162.

Abtretung: → „Kostenerstattung".

Aktenlage: Der ProzBev. darf einen Antrag auf eine Entscheidung nach Aktenlage nach §§ 251a, 331a stellen.

Anerkenntnis: Der ProzBev. darf ein schon nach dem Wortlaut von Hs. 3 prozessuales Anerkenntnis erklären. Denn dieses ist eine rein prozessuale Erklärung. Ein rein außerprozessuales Anerkenntnis ohne einen Bezug auf den Rechtsstreit fällt aber nicht unter die Prozessvollmacht, BGH NJW 1982, 1810; aM Stein/Jonas/Jacoby Rn. 11.

Anfechtung: Der ProzBev. darf aus den Gründen → Rn. 10 auch eine Anfechtung vornehmen, zB wegen eines Willensmangels nach §§ 119 ff. BGB oder nach dem klaren Wortlaut und Sinn der Vorschrift auch eine Anhörungsrüge nach § 321a erheben.

Antrag: Der ProzBev. darf einen Sach- oder Prozessantrag stellen oder zurücknehmen.

Arbeitsrecht: Eine Vollmacht erstreckt sich auch auf ein Beschlussverfahren, BAG NZA 2020, 329; NZA 2004, 748. Der ProzBev. darf aus den Gründen → Rn. 10 auch zB eine Schwangerschaft der Partei deren Arbeitgeber mitteilen, BAG DB 1988, 2108.

Arrest, einstweilige Verfügung: Der ProzBev. darf nach § 82 auch in einem solchen Eilverfahren nach §§ 916 ff., 935 ff. tätig werden, das mit dem geplanten oder bereits anhängigen Hauptprozess zusammenhängt. Andernfalls benötigt er für das Eilverfahren eine besondere Prozessvollmacht. Sie kann ggf. stillschweigend ergehen und in der Prozessvollmacht des Hauptverfahrens enthalten sein.

Auflassung: Der ProzBev. darf aus den Gründen → Rn. 10 auch eine Auflassung erklären oder an ihr mitwirken.

Aufrechnung: Der ProzBev. darf aus den Gründen → Rn. 10 grds. auch eine Aufrechnung erklären oder entgegennehmen, BGH Rpfleger 1994, 29; BFH NVwZ-RR 2008, 584; Musielak JuS 1994, 822. Das gilt jedoch ausnahmsweise nicht wegen der Kosten seiner Partei.

Behauptung: Der ProzBev. darf eine Tatsache behaupten wie bestreiten.

Berufung: Die erstinstanzliche Vollmacht erstreckt sich im Zweifel auch auf die Berufungsinstanz, BGH NJW-RR 1994, 542; Kblz MDR 2015, 1152.

Beweisverfahren: → „Nebenverfahren".

Datierung: Ihr Fehlen begründet nicht schon für sich Zweifel an der Wirksamkeit, zumindest nicht, soweit aus der Vollmacht ein Bezug zum Prozess hervorgeht, BFH NJW 2002, 2200.

Dauer: Ein langer Zeitraum für die Vollmacht begründet nicht schon für sich Zweifel an ihrer Wirksamkeit, BFH NJW 2002, 2200.

Drittwiderspruchsklage: → „Zwangsvollstreckung".

Ehesache: § 114 V 1 FamFG schränkt den Umfang der Verfahrensvollmacht ein. Aber auch → „Folgesache".

Einstweilige Verfügung: → „Arrest, einstweilige Verfügung".

Empfangnahme: → „Streitgegenstand".

Erfüllung: → „Streitgegenstand". Der Schuldner, der an den ProzBev. außerhalb von dessen Prozessvollmacht leistet, tut das grds. auf eigene Gefahr und Kosten. Aber auch → „Inkassovollmacht".

Erlass: Der ProzBev. darf wegen seiner Befugnis zum in § 81 ausdrücklich genannten Verzicht, grds. auch einen Schulderlass aussprechen, allerdings nur im Rahmen des Streitgegenstands, BGH Rpfleger 1994, 29.

Folgesache: Im Rahmen eines Scheidungsverfahrens nach §§ 133 ff. FamFG erstreckt sich eine Verfahrensvollmacht auch auf die Folgesachen nach § 114 V 2 FamFG.

Genehmigung: Der ProzBev. darf aus den Gründen → Rn. 10 auch eine Genehmigung erklären oder entgegennehmen.

Gerichtsstandsvereinbarung: → „Zuständigkeit".

Gesellschaft: Die Prozessvollmacht berechtigt nicht zur Vertretung eines Gesellschafters in der Gesellschafterversammlung, Düss Rpfleger 1979, 312.

Geständnis: Der ProzBev. darf ein Geständnis nach §§ 288 ff. für seine Partei erklären.

Inkassovollmacht: Zunächst → „Streitgegenstand". Der ProzBev. kann aber neben der Prozessvollmacht eine weitere Vollmacht erhalten haben, eine „Inkassovollmacht" zum Empfang des Streitgegenstands, Ffm NJW-RR 1986, 1501; Scherer DGVZ 1994, 104. Das kann auch stillschweigend geschehen sein. (11)

Insolvenz: → „Streitgegenstand", → „Unterbrechung".

Kauf: → „Auflassung".

Klageänderung, -erweiterung: Der ProzBev. darf zwecks und nach einer Klageänderung oder -erweiterung der eigenen Partei oder des Gegners nach §§ 263, 264 tätig werden. Auch → „Parteiwechsel".

Klageerhebung: Eine Vollmacht zur „Klageerhebung" oder gar nur deren Bestätigung sind keine Prozessvollmacht. Denn Klageerhebung ist der in §§ 253, 261 abschließend genannte bloße Einleitungsvorgang.

Klagerücknahme: Der ProzBev. darf die Klage nach § 269 zurücknehmen, auch teilweise. Er darf nach einer gegnerischen Rücknahme Anträge wegen der Kostenfolge usw. nach § 269 III, IV stellen.

Kontoangabe: Sie enthält nicht stets eine Empfangsvollmacht, LG Duisbg DGVZ 2013, 38.

Kostenerstattung: Der ProzBev. darf schon nach dem Wortlaut von Hs. 4 die Kosten empfangen, die der Gegner nach §§ 91 ff. BGB erstattet, Thomas/Putzo/Hüßtege Rn. 8. Er darf auch die von der Staatskasse erstatteten Kosten entgegennehmen, ohne dass der Kostenbeamte eine besondere Vollmacht dazu anfordern muss, soweit der ProzBev. ein Anwalt, Notar oder Rechtsbeistand ist. Der ProzBev. darf auch eine Quittung darüber erteilen. Soweit er eine Entgegennahme ablehnt, fehlt für eine Kostenfestsetzung evtl. das Rechtsschutzbedürfnis, LG Bln VersR 1991, 443. Die Prozessvollmacht kann solche Entgegennahme wegen § 83 I nicht ausschließen. Ob der Anwalt wegen eines aus eigener Kasse geleisteten Vorschusses Zinsen vom Auftraggeber fordern kann, ist eine Frage der Auslegung des Anwaltsvertrags nach den Umständen.

Kostenfestsetzung: Der ProzBev. muss evtl. aus Gründen der Prozesswirtschaftlichkeit das Kostenfestsetzungsverfahren nach §§ 103 ff. ZPO oder das Vergütungsfestsetzungsverfahren nach § 11 RVG betreiben, BVerfG NJW 1990, 1104; Hamm OLGR 2005, 386; Bbg NJW-RR 2002, 265. Das gilt nur dann nicht, wenn es sich an einen anderen, früheren Prozess seinetwegen anschließt und wenn der Anwalt dort nicht auch ProzBev. war, KG Rpfleger 1979, 275.

Kostenübernahme: Der ProzBev. darf sie erklären, lt. Hs., zB nach § 29 Nr. 2 GKG oder nach § 24 Nr. 2 FamGKG.

Kündigung: Der ProzBev. darf aus den Gründen → Rn. 10 grds. auch eine prozessuale Kündigung aussprechen, BGH Rpfleger 1994, 29; BAG BB 1978, 207, oder sie entgegennehmen, BGH NZM 2000, 382; BAG NJW 1988, 2693, zB in einem Räumungsprozess, BGH NZM 2000, 382; LG Tüb NJW-RR 1991, 972. Er darf eine im Zusammenhang mit der Abwehr einer Räumungsklage erfolgte neue Vermieterkündigung entgegennehmen, Brdb ZMR 2000, 375. Der ProzBev. des Räumungsklägers darf eine Erklärung des Sozialamts nach § 569 III Nr. 2 BGB entgegennehmen, LG Hmb ZMR 1996, 331. Das gilt auch bei einer im Kündigungsschutzprozess nachgeschobenen Kündigung, BAG NJW 1988, 2693; LAG Ffm BB 1988, 1894; Weidemann NZA 1989, 246.

Der Prozbev. darf grds. auch eine vorprozessuale Kündigung aussprechen, aM AG Düss DWW 1986, 247. Dagegen ist deren bloße Entgegennahme nicht stets durch eine Prozessvollmacht gedeckt, LG Hmb MDR 1993, 44; aM Zöller/Althammer Rn. 11.

Leistung des Interesses: Die Prozessvollmacht erstreckt sich nicht auch auf das Vorgehen des Gläubigers nach § 893. Es ist jedoch in der Vollmacht für das Erkenntnisverfahren nach §§ 253 ff. und damit für das zugehörige Zwangsvollstreckungsverfahren nach §§ 704 ff. meist zulässigerweise eine zumindest stillschweigende Vollmacht auch für § 893 zu sehen.

Mieterhöhung: Der ProzBev. darf aus den Gründen → Rn. 10 auch ein Mietererhöhungsbegehren aussprechen oder auf ein solches reagieren, das der Vermieter entweder im Prozess erklärt oder nachschiebt oder bereits angedroht, BGH NJW 2003, 963.

Nachverfahren: Der ProzBev. darf die Partei auch in einem Nachverfahren vertreten, zB bei §§ 302, 323, 324, 599, 600, 717, 945, Hamm JurBüro 1976, 1644.

Nebenverfahren: Der ProzBev. darf die Partei nach § 82 grds. zumindest auch in folgenden Nebenverfahren vertreten: Bei einer Beweisaufnahme nach §§ 355 ff.; im Verfahren auf die Bewilligung einer Prozesskostenhilfe nach §§ 114 ff. zugunsten der Partei wie des Gegners, BPatG GRUR 1986, 734; Brdb FamRZ 2003, 458. Das gilt auch im Überprüfungsverfahren nach einer Bewilligung zB nach (jetzt) §§ 120a, 124, Brdb FamRZ 2012, 1321; LAG Stgt DB 2003, 948; aM Kblz OLGR 2009, 377. Es gilt ferner auch in der nächsthöheren Instanz, BGH NJW 1978, 1919. Auch → „Selbständiges Beweisverfahren".

Nießbrauch: Die Prozessvollmacht berechtigt in einem Prozess um eine Entschädigung des Nießbrauchers für vorenthaltene Nutzungen nicht zur Erklärung einer Einwilligung in die Löschung des Nießbrauchs, auch nicht vergleichsweise, BGH NJW 1992, 1963.

Parteivernehmung: Der ProzBev. darf einen Antrag auf Vernehmung der eigenen Partei oder des Prozessgegners nach §§ 445 ff. stellen. Er darf eine Vernehmung von Amts wegen nach § 448 anregen und eine Erklärung zum gegnerischen Antrag auf eine Parteivernehmung (Einverständnis oder Ablehnung) abgeben.

Parteiwechsel: Der ProzBev. darf zwecks oder nach dem Eintritt des anderen Gegners oder eines Rechtsnachfolgers (nicht eines sonstigen Wechsels) des Vollmachtgebers tätig werden oder bleiben. Auch → „Klageänderung".

Prorogation: → „Zuständigkeit".

Prozesskostenhilfeverfahren: → „Nebenverfahren".

Prozessvergleich: → „Vergleich".

Räumung: → „Kündigung".

Rechtsmittel: Der erstinstanzliche und natürlich der zweitinstanzliche ProzBev. dürfen ein Rechtsmittel nach §§ 519 I, 529, 549, 564, 567, 574 einlegen, BGH VersR 1984, 790; BAG NZA 2018, 677; Mü WM 2017, 1416. Er darf ein Rechtsmittel begründen und auf eine gegnerische Begründung erwidern. Er darf einen Bevollmächtigten für die höhere Instanz bestellen, BGH NJW 1994, 320. Der ProzBev. darf einen Rechtsmittelverzicht nach §§ 515, 565 erklären, BGH FamRZ 1994, 301. Er darf eine Rechtsmittelrücknahme nach §§ 516, 565 erklären, BGH FamRZ 1988, 496.

Rechtswahl: Sie ist dem ProzBev. im Rahmen des Streitgegenstands auch im Weg einer Vereinbarung erlaubt, Zöller/Althammer Rn. 11; aM Schack NJW 1984, 2739.

(11) **Rücktritt:** Der ProzBev. darf aus den Gründen → Rn. 10 auch einen Rücktritt erklären, BGH NJW-RR 2006, 280.

Schiedsrichterliches Verfahren: Der ProzBev. darf nach § 1042 II grds. auch in einem zugehörigen schiedsrichterlichen Verfahren nach §§ 1025 ff. tätig werden, BGH NJW 1994, 2156. Die Schiedsvereinbarung selbst darf er aber nicht schon aufgrund einer Prozessvollmacht abschließen, sondern nur aufgrund einer zusätzlichen materiell-rechtlichen Vollmacht. Sie kann zwar stillschweigend vorliegen und ggf. in der Prozessvollmacht enthalten sein.

Schriftliches Verfahren: Der ProzBev. darf einen Antrag auf die Durchführung eines schriftlichen Verfahrens etwa bei §§ 128 II, 495a S. 1 einschließlich der dortigen Entscheidungen stellen.

Selbständiges Beweisverfahren: Der ProzBev. für das schon anhängige Hauptverfahren darf die Partei nach → „Nebenverfahren" auch im zugehörigen selbständigen Beweisverfahren nach §§ 485 ff. vertreten. Soweit das Hauptverfahren nach § 486 II noch nicht anhängig ist, mag schon eine Prozessvollmacht für das geplante Hauptverfahren vorliegen. Dann deckt sie auch die Tätigkeit im vorangehenden selbständigen Beweisverfahren.

Liegt eine letztgenannte Art der Prozessvollmacht nicht vor, ist eine zusätzliche oder isolierte Prozessvollmacht für das vorangehende Verfahren nach §§ 485 ff. erforderlich.

Sicherheitsleistung: Der ProzBev. darf eine Sicherheitsleistung nach §§ 108 ff. fordern, anbieten, erbringen (lassen) oder zurückfordern.

Sozialamt: Der ProzBev. darf eine Verpflichtungserklärung des Sozialamts nach § 569 III BGB entgegennehmen, LG Hmb ZMR 1996, 331.

Streitgegenstand: Der ProzBev. darf nicht schon als solcher den Streitgegenstand für den Auftraggeber empfangen, selbst nicht in der Zwangsvollstreckung nach §§ 704 ff., AG Brake DGVZ 1994, 77, oder im Insolvenzverfahren, LG Brschw DGVZ 1977, 22; Pawlowski DGVZ 1994, 177; Scherer DGVZ 1994, 104; aM Christmann DGVZ 1991, 132. Aber auch → „Inkassovollmacht", → „Kostenerstattung".

Streitwertbeschwerde: Der ProzBev. darf für die Partei eine Streitwertbeschwerde zB nach §§ 66 ff. GKG, 57 FamGKG einlegen, Stgt JurBüro 1975, 1102. Er darf aber nicht ohne Wissen des Auftraggebers nur auf eine Anweisung des Rechtsschutzversicherers derart vorgehen, LAG Düss MDR 1995, 1075.

Terminsvertreter: Der ProzBev. darf einen nach §§ 78, 79 postulationsfähigen Terminsvertreter bestellen.

Unterbevollmächtigter: Der ProzBev. darf einen nach §§ 78, 79 postulationsfähigen Unterbevollmächtigten bestellen.

Unterbrechung: Zur Klage gegen ein nach § 240 verstoßendes Urteil ist keine neue Vollmacht nötig, BAG NZA 2008, 1205.

Vergleich: Der ProzBev. darf schon nach dem Wortlaut von Hs. 3 einen Prozessvergleich abschließen. Das gilt ungeachtet der Doppelnatur des Prozessvergleichs. Denn es liegt zumindest auch eine Prozesshandlung vor. Der ProzBev. darf auch mit einem hinzugezogenen Dritten einen Vergleich (mit)abschließen, solange ein Zusammenhang mit dem Prozess vorliegt, BGH VersR 1993, 121. Er darf auch im Verfahren über die Wirksamkeit des Vergleichs tätig sein. Er darf den Prozessvergleich aber nicht ohne eine zusätzliche Vollmacht auf einen außerhalb des Streitgegenstands bezogenen Umstand erstrecken, BGH VersR 1993, 121. Ein nur außergerichtlicher Vergleich nach § 779 BGB braucht als ein bloß materiell-rechtliches Rechtsgeschäft hierzu eine besondere Vollmacht, BGH NJW 2003, 964. Sie kann allerdings stillschweigend erfolgen und ggf. in der Prozessvollmacht enthalten sein. Ein Anwaltsvergleich nach §§ 796a–c braucht eine Vollmacht, aber nicht eine Prozessvollmacht. Eine Beschränkung der Prozessvollmacht, die den Abschluss eines unwiderruflichen Prozessvergleichs ausschließt, ist nur wirksam, wenn diese Beschränkung zuvor dem Gericht und dem Prozessgegner eindeutig mitgeteilt wird, LAG Schlesw-Holstein BeckRS 2019, 29231.

Vergütungsfestsetzung: → „Kostenfestsetzung".

Verweisung: Der ProzBev. darf im Verfahren auf eine Verweisung gleich welcher Art mitwirken, zB nach §§ 281, 506.

Verzicht: Der ProzBev. darf schon nach dem Wortlaut von Hs. 3 einen prozessualen Verzicht erklären. Denn dieser ist eine rein prozessuale Erklärung, Ffm FamRZ 2009, 357. Einen rein außerprozessualen Verzicht ohne einen Bezug auf den Prozess deckt die Prozessvollmacht aber nicht. Auch → „Anerkenntnis", → „Vergleich".

Widerklage: Der ProzBev. darf eine Widerklage nach Anh. § 253 erheben, auch im gesetzlich zulässigen Umfang gegenüber einem Dritten. Er darf die Partei gegenüber einer Widerklage vertreten. Das folgt schon aus dem Wortlaut von Hs. 1, vgl. im Übrigen BGH NJW 1991, 1176 (auch zu einer Ausnahme).

Widerruf: Der ProzBev. darf aus den Gründen → Rn. 6 auch einen Widerruf erklären, BGH Rpfleger 1994, 29; aM Karlsr ZIP 2016, 461 (Verbrauchervertrag). Auch → „Vergleich".

Wiederaufnahme: Der ProzBev. darf ein Wiederaufnahmeverfahren nach §§ 578 ff. betreiben und in ihm tätig werden, auch als Gegner des Wiederaufnehmenden. Das folgt schon aus dem Wortlaut von Hs. 1. Allerdings muss man den früheren ProzBev. in der Regel neu beauftragen, um ihn auch zum Vertreter nach § 85 II zu machen.

Zuständigkeit: Der ProzBev. darf die Unzuständigkeit rügen. Er darf einen Rügeverzicht erklären. Er darf eine abgesonderte Verhandlung dazu beantragen. Er darf eine Vereinbarung zur Zuständigkeit nach § 38 im Rahmen des gesetzlich Zulässigen treffen.

Zustellung: Der ProzBev. darf einen Zustellungsauftrag erteilen, BGH VersR 1975, 548. Er darf eine Zustellung nach §§ 172, 195 entgegennehmen.

Zwangsvollstreckung: Der ProzBev. ist zu allen Prozesshandlungen grds. auch in der Zwangsvollstreckung nach §§ 704 ff., § 31 III 2 GVGA befugt, Naumb OLGR 1998, 109. Das folgt schon aus dem Wortlaut von Hs. 1. Das gilt auch für einen Prozess, der aus einer Zwangsvollstreckung entsteht, etwa für eine Vollstreckungsabwehrklage nach § 767, Nürnb OLGR 2003, 266, oder für eine Drittwiderspruchsklage nach § 771. Das gilt auch dann, wenn ein Dritter eine solche Klage erhebt. Geld darf der ProzBev. aber ohne eine Ermächtigung nach § 31 III 5–7 GVGA nur bei Erstattung nach § 81 aE in Empfang nehmen. Ausreichend ist eine Vollmacht für eine Vollstreckung im Vorprozess vor dem Ende zB auch nach einer Eintragung nach § 867.

82 *Geltung für Nebenverfahren.* **Die Vollmacht für den Hauptprozess umfasst die Vollmacht für das eine Hauptintervention, einen Arrest oder eine einstweilige Verfügung betreffende Verfahren.**

I. Systematik, Regelungszweck. Zunächst → § 81 Rn. 1. § 82 erstreckt die Prozessvollmacht wegen § 83 I im Anwaltsprozess zwingend zwecks Rechtssicherheit, Oldb AnwBl 2002, 122, auf die Einmischungsklage (Hauptintervention) nach § 64 sowie auf ein vorläufiges Verfahren zur Erwirkung eines Arrests oder einer einstweiligen Verfügung nach §§ 916 ff., 935 ff., LG Münst BB 2006, 2323. Im Zweifel wird die Vollmacht nach §§ 81, 82 unbeschränkt erteilt, BAG NZA 2021, 75 Rn. 49 = NJW 2021, 492 (Ls). § 82 gilt auch im einstweiligen Verfahren nach §§ 49 ff., 112 ff. FamFG sowie nach §§ 246a I 2, 319 VI 2 AktG, § 16 III 2 UmwG, Schall/Habbe/Wiegand NJW 2010, 1790. Es gilt nicht etwa eine umgekehrte Ermächtigung, Nürnb MDR 2002, 232; Oldb AnwBl 2002, 122. In beiden Fällen können Zustellungen nach §§ 172, 195 an den ProzBev. des Hauptprozesses (Erstprozesses) ergehen, sie müssen es aber nicht, Nürnb MDR 2002, 232; Oldb AnwBl 2002, 122; LG Münst BB 2006, 2323. Im vorläufigen Verfahren ist es unerheblich, ob das dortige Gericht dasselbe wie das des Hauptprozesses ist und ob das vorläufige Verfahren dem Hauptprozess vorangeht. 1

II. Geltungsbereich. → Vor § 78 Rn. 6, → § 81 Rn. 4. 2

83 *Beschränkung der Prozessvollmacht.* [I] **Eine Beschränkung des gesetzlichen Umfanges der Vollmacht hat dem Gegner gegenüber nur insoweit rechtliche Wirkung, als diese Beschränkung die Beseitigung des Rechtsstreits durch Vergleich, Verzichtleistung auf den Streitgegenstand oder Anerkennung des von dem Gegner geltend gemachten Anspruchs betrifft.**

[II] **Insoweit eine Vertretung durch Anwälte nicht geboten ist, kann eine Vollmacht für einzelne Prozesshandlungen erteilt werden.**

I. Systematik, Regelungszweck. Die Vorschrift dient in I der Rechtssicherheit. Die in § 83 genannten Fälle einer Wirkung der Vollmachtsbeschränkung im Außenverhältnis stellen eine abschließende Ausnahme dar. 1

II. Geltungsbereich. → Vor § 78 Rn. 6, → § 81 Rn. 4. Die Ausnahmeregelung des II lässt sich nicht ausdehnend auslegen, zB nicht auf das Patenterteilungsverfahren, BGH 1994, 143. Wegen AktG, UmwG gilt dasselbe wie bei → § 82 Rn. 1. Vgl. ferner §§ 112 ff. FamFG. 2

III. Anwaltsprozess, I. Die Vertretungsbefugnis ist nach → § 81 Rn. 1 nur im Innenverhältnis beliebig beschränkbar, BGH NZM 2000, 382. Die Prozessvollmacht ist im Außenverhältnis grundsätzlich nicht beschränkbar, BGH NJW 2001, 1356; BAG NJW 2021, 1551 Rn. 60 = NZA 2021, 552. Das ist eine Folge des Abstraktionsprinzips, Hamm NJW 1992, 1175. Es gilt selbst dann, wenn der Gegner die im Innenverhältnis vorgenommene Beschränkung kennt oder wenn die Vollmachtsurkunde eine solche Beschränkung enthält. § 83 ist zwingendes Recht. Unzulässig ist vor allem eine Beschränkung auf die erste Instanz, BGH VersR 2002, 1303, auf einzelne Anträge, BGH NJW 1987, 130, oder etwa auf die „Wahrung der Nichteinlassung", BGH NJW 1976, 1581, auf den Hauptprozess nach § 82 oder auf eine Widerklage, BGH NJW 1991, 1177, oder auf die Kostenfestsetzung nach §§ 103 ff., Hamm OLGR 2005, 386. 3

Eine Verletzung der im Innenverhältnis bestehenden Beschränkung ist zwar im Außenverhältnis prozessual grundsätzlich unerheblich, BGH FamRZ 1996, 301. Sie kann aber dem Auftraggeber gegenüber ersatzpflichtig machen. Das gilt etwa bei einer vom Vollmachtgeber nicht erlaubten Bestellung eines ProzBev. für die höhere Instanz, BGH VersR 2002, 1303, oder bei einer unerlaubten Rechtsmittelrücknahme nach §§ 516, 565, 566, oder beim Rechtsmittelverzicht nach §§ 515, 565, BGH FamRZ 1994, 301. 4

Allerdings kann bei einem Interessenstreit das Gebot von Treu und Glauben zu einer Beschränkung der Außenwirkung führen, BGH NJW 1991, 1176 (Vollmacht des Versicherers beider Parteien). Dasselbe gilt bei Rechtsmissbrauch, BGH NJW 2001, 1356; BFH NJW 1997, 1030. 5

Zulässig ist eine Beschränkung der Prozessvollmacht, auch beim Pflichtanwalt, für folgende Fälle: Abschluss eines Prozessvergleichs nach § 278 VI, KG ZMR 2002, 72; Verzicht nach § 306; Anerkenntnis nach § 307. Insoweit kann der Auftraggeber die Vollmacht einschränken oder ausschließen. Die Entgegennahme einseitiger Willenserklärungen umfasst die Ausnahme nicht, BAG NJW 2021, 1551 Rn. 60 = NZA 2021, 552. Die Beschränkung wird mit einer eindeutigen Erklärung gegenüber dem Gegner oder dadurch wirksam, dass sie der Auftraggeber in die Vollmachtsurkunde aufnimmt, die zum Gericht kommt. Ein Verstoß gegen diese Beschränkung macht die Handlung vollmachtlos. Die Befugnis zu einem Geständnis nach § 288 I lässt sich nicht ausschließen. 6

IV. Parteiprozess, II. Im Anwaltsprozess ist nur eine Prozessvollmacht zulässig. Eine Vollmacht lediglich für einzelne Handlungen kann man im Anwaltsprozess nur in der Form einer Untervollmacht oder für solche Handlungen erteilen, die auch dort keinem Anwaltszwang unterliegen, Brdb NJW 2007, 1470. Im Parteiprozess ist demgegenüber nach → § 81 Rn. 4 ff. auch eine Vollmacht für nur einzelne Prozesshandlungen zulässig. Eine Prozessvollmacht kann dort beliebig – auch erst im Laufe des Prozesses – beschränkt werden, BGH NJW 2019, 2397; BAG NZA 2021, 75 Rn. 55 = NJW 2021, 492 (Ls); NJW 2021, 1551 Rn. 60 = NZA 2021, 552. Dahinter steht der Gedanke, dass die Parteien nicht auf dem Umweg über eine unbeschränkte Vollmacht gezwungen werden sollen, doch einen Anwalt zu beauftragen, BGH NJW 2019, 2397; NJW 1987, 130. Eine Terminvollmacht ermächtigt zu allen im Termin seinem Zweck nach vorkommenden Prozesshandlungen, BVerwG NZA-RR 2004, 362. Eine Terminvollmacht ermächtigt auch zum Abschluss eines Vergleichs, zur Erklärung eines Verzichts nach § 306 oder zur Abgabe eines Anerkenntnisses nach § 307. Eine solche Vollmacht wirkt aber nicht über den Termin hinaus, etwa für eine Zustellung oder für die Einlegung eines Rechtsbehelfs außerhalb der Verhandlung, BGH NJW-RR 2006, 356; BVerwG NZA-RR 2004, 392; LAG Ffm DB 1988, 2656; aM Kblz FamRZ 2016, 2030. Wegen einer Generalvollmacht → § 80 Rn. 23. 7

V. Beschränkungserklärung. Wegen der Notwendigkeit einer engen Auslegung nach → Rn. 1 muss eine Beschränkung eindeutig erfolgen, BGH NJW-RR 2000, 745; LAG Schlesw-Holstein BeckRS 2019, 29231. Sie kann allerdings auch stillschweigend vorliegen, zB durch die Formulierung in der Vollmachtsurkunde, BFH NJW 1997, 1029. Eine zulässige Beschränkung muss nicht von vornherein, sondern kann auch erst im Laufe des Prozesses erfolgen, BGH NJW 2019, 2397; Brdb NJW 2007, 1470. 8

84 *Mehrere Prozessbevollmächtigte.* [1]**Mehrere Bevollmächtigte sind berechtigt, sowohl gemeinschaftlich als einzeln die Partei zu vertreten.** [2]**Eine abweichende Bestimmung der Vollmacht hat dem Gegner gegenüber keine rechtliche Wirkung.**

1 **I. Systematik.** Die Vorschrift regelt den außerordentlich häufigen Fall der Bevollmächtigung mehrerer im Gesamtbereich der §§ 78 ff. § 84 umfasst zum einen die Bevollmächtigung mehrerer, insbesondere mehrerer Anwälte gemeinsam nach § 6 RVG, zum anderen die wahlweise Bevollmächtigung mehrerer, wie sie bei einer Sozietät von Anwälten nach § 59a BRAO die Regel ist, BGH NJW 1995, 1841. Welche der verschiedenen Möglichkeiten des Neben- oder Nacheinander gelten sollen, bestimmt der Auftraggeber, BGH NJW 2007, 3642; BSG NJW 2001, 1598; Kblz NJW-RR 1997, 1023. Mögliche Ausnahmen bestätigen diese Regel nur. Bei einer wahlweisen Bevollmächtigung mehrerer Anwälte kann man eine stillschweigende Bevollmächtigung auch eines solchen Teilhabers annehmen, der erst nach der Vollmachtserteilung in die Sozietät eingetreten ist, BGH NJW 1994, 257. Dieser nachträgliche Teilhaber tritt dann auch nach einem Wegfall des früheren Teilhabers an dessen Stelle. Der nach § 78b zum Notanwalt bestellte Sozius ist allein ProzBev. nach § 81, BGH NJW 1991, 2294. Die Prozess- und sonstige Vollmacht fallen unter § 84, Kblz NJW-RR 1997, 1023.

2 **II. Regelungszweck.** Zweck ist die Klarstellung der im Anwaltsprozess nach § 78 I stets umfassenden Einzelvollmacht in der Sache im Außenverhältnis im Interesse der Rechtssicherheit und der Einfachheit im Prozessrechtsverkehr, BGH NJW 2019, 2397. In der Praxis können sich beim Auftreten mehrerer ProzBev. etwa gar aus verschiedenen Orten Unklarheiten ergeben. Es können (versehentlich) unterschiedliche Vortragswünsche, unterschiedliche Akteneinsichtsforderungen, Bitten und unterschiedlich lange Äußerungsfristen auftreten. Man kann sogar sich widersprechende Anträge für denselben Auftraggeber stellen.

3 Das alles zwingt ggf. zu einer sorgfältigen Klärung im Protokoll sowie zu Rückfragen und Hinweisen. Ob der unterliegende Prozessgegner die Kosten mehrerer ProzBev. des Siegers erstatten muss, ist eine andere Frage. Besonders aufmerksam muss das Gericht nach § 139 klären, ob sich widersprüchliche Anträge vereinheitlichen lassen. Gelingt das nicht, dürfte die etwa spätere Erklärung nach → Rn. 5 im Allgemeinen den Vorrang haben.

4 **III. Geltungsbereich.** → Vor § 78 Rn. 6, → § 81 Rn. 4. § 84 gilt auch im Parteiprozess, Mü OLGR 2006, 655. Wegen AktG, UmwG gilt dasselbe wie bei → § 82 Rn. 1.

5 **IV. Bindungswirkung.** Jeder der mehreren Bevollmächtigten hat im Anwaltsprozess nach § 78 I stets im Außenverhältnis kraft zwingenden Recht eine umfassende Einzelvollmacht, BGH NJW-RR 2021, 581; → Rn. 6 „Zustellung". Sie ist nur nach § 83 beschränkbar, BSG NJW 1998, 2078. Eine Erklärung des Vollmachtgebers ist nach S. 2 im Übrigen unbeachtlich, soweit sie die Einzelvollmacht im Außenverhältnis beschränkt. Die Erklärung eines jeden Bevollmächtigten bindet den anderen Bevollmächtigten wie dessen eigene Erklärung, BGH NJW 2007, 3641; BSG NJW 1998, 2078; BVerwG NJW 1975, 1796.

V. Beispiele zur Bindungswirkung

6 **Drittschuldner:** Soweit zB Anwaltssozien nur Drittschuldner nach § 840 sind, ist eine Zustellung an jeden erforderlich, AG Köln DGVZ 1988, 123.

Empfänger: Eine Zustellung kann nach § 172 grds. an jeden der mehreren Bevollmächtigten gehen, BGH FamRZ 2004, 865; BVerwG NJW 1998, 3582; Kblz VersR 2000, 1039.

Fristbeginn: Maßgeblich ist für den Beginn verfahrensmaßgeblicher Fristen die zeitlich erste wirksame Zustellung, BGH NJW-RR 2021, 581; FamRZ 2004, 865; BVerwG NJW 1998, 3582; OVG Brem NVwZ-RR 2017, 168. Unbeachtlich ist eine Kenntnis oder Unkenntnis der anderen ProzBev. von der Zustellung, OVG Münst DÖV 1976, 608.

Gesamtprokura: → „Materiell-rechtliche Grundlage".

Gesamtvertretung: Befindet sich unter der Berufungsschrift neben der Unterschrift des ProzBev. mit dem Zusatz „i. V." eine weitere Unterschrift ebenfalls mit dem Zusatz „i. V." einer ReNo-Fachangestellten, so ist das nicht so zu verstehen, dass der ProzBev. entgegen S 2 gesetzwidrig als Gesamtvertreter gehandelt hat, BGH NJW 2020, 618.

Materiell-rechtliche Grundlage: Wenn die prozessuale Vollmacht nach → § 80 Rn. 14 einem materiell-rechtlichen Verhältnis entstammt, richtet sich die Stellung mehrerer Bevollmächtigter nach ihm. Das gilt zB bei einer Gesamtprokura nach § 48 II HGB.

Rangfolge: Grds. gilt vorrangig die zeitlich frühere Erklärung, Mü OLGR 2006, 655. Aber auch → „Widerruf".

Sozietät: → „Drittschuldner".

Unterschriftszusatz: wegen einer 2. Unterschrift mit dem Zusatz „i. V." „Gesamtvertretung"; enthält die Unterschrift nur den Zusatzunter der Berufungsschrift „i. A." einer freien Mitarbeiterin, so genügt es nicht den Formerfordernissen, BGH NJW 2018, 1689.

Verein: Bei einem mehrgliedrigen Vorstand gilt § 28 I BGB.

Widerruf: Eine spätere Erklärung gilt nur dann, wenn die Partei ein Widerrufsrecht hatte, BSG NJW 1998, 2078.

Widersprüchlichkeit: Das Gericht muss eine solche bei gleichzeitigen Erklärungen unter Mitbeachtung von § 139 nach § 286 frei würdigen, aM Mü OLGR 2006, 655 (wirkungslos).

Zustellung: Haben sich mehrere Verfahrensbevollmächtigte für einen Beteiligten mit umfassender Zustellungsvollmacht bestellt, genügt die Zustellung an einen von Ihnen, BGH NJW-RR 2021, 581; FamRZ 2004, 865 (Einzelvertretungsbefugnis nach § 11 S. 5 FamFG iVm § 84 S. 1).

85 *Wirkung der Prozessvollmacht.* I [1]**Die von dem Bevollmächtigten vorgenommenen Prozesshandlungen sind für die Partei in gleicher Art verpflichtend, als wenn sie von der Partei selbst vorgenommen wären.** [2]**Dies gilt von Geständnissen und anderen tatsächlichen Erklärungen, insoweit sie nicht von der miterschienenen Partei sofort widerrufen oder berichtigt werden.**

II **Das Verschulden des Bevollmächtigten steht dem Verschulden der Partei gleich.**

Schrifttum: Borgmann NJW 2017, 3344 (BGH-Grdz.); Borgmann/Jungk/Schwaiger, Anwaltshaftung, 6. Aufl. 2020; Fahrendorf/Mennemeyer (Hrsg.), Die Haftung des Rechtsanwalts, 10. Aufl. 2021; Fischer, Die neue Rechtsprechung des Bundesgerichtshofs zur zivilrechtlichen Haftung der Rechtsanwälte, WM 2014, Heft 40 Beilage; Friedhoff, Der hypothetische Inzidentprozess bei der Regreßhaftung des Anwalts, 2002; Fischer VersR 2016, 700 (Rspr-Grdz.); Friedmann, Anwaltspflichten und Präjudizien, 2003; Graf von Westphalen, Einige international-rechtliche Aspekte bei grenzüberschreitender Tätigkeit von Anwälten, FS Geimer, 2002, 1485; Lindenberg, Wahrheitspflicht und Dritthaftung des Rechtsanwalts im Zivilverfahren, 2002; Vollkommer/Greger/Heinemann, Anwaltshaftungsrecht, 5. Aufl. 2021; Zugehör (Hrsg.), Handbuch der Anwaltshaftung, 3. Aufl. 2011.

I. Systematik. Die dem § 164 I BGB entsprechende Vorschrift regelt die prozessuale Rechtswirkung der Prozesshandlung des ProzBev. und seine daraus folgende Haftung. II entspricht § 51 II, III mit dessen Haftung des gesetzlichen Vertreters oder des ihm Gleichgestellten. 1

II. Regelungszweck. Es ist im Interesse der Rechtssicherheit wie der übrigen in → Vor § 78 Rn. 4 genannten Grundsätze nach I 1 notwendig, einer wirksamen Vertreterhandlung grundsätzlich dieselbe Rechtswirkung zuzuerkennen wie einer von der Partei persönlich vorgenommenen, BGH NJW 1976, 1218; Düss FamRZ 1986, 288. Indessen kann der Vertreter oft nicht die volle Kenntnis der dem Prozess vorangegangenen oder ihn begleitenden tatsächlichen Vorgänge haben. Daher muss zur Verhinderung gutgemeinter, aber eben auf einem Tatsachenirrtum beruhender Verhaltensweisen der Vorrang der Erklärung des Vollmachtgebers bestehen bleiben, um solche Ungerechtigkeiten zu verhüten, die zB auf Missverständnissen zwischen dem Vollmachtgeber und seinem Bevollmächtigtem beruhen. I 2 entspricht weitgehend dem Zweck des § 290. Die Haftung nach II ist eine in jeder Hinsicht unvermeidbare Folge der Vollmacht. 2

Bei II gilt: Die Partei, die ihren Prozess durch einen von ihr bestellten Vertreter führt, soll in jeder Weise ebenso dastehen, als wenn sie den Prozess selbst führen würde. Die Heranziehung des ProzBev. soll nicht zu einer Verschiebung des Prozessrisikos zulasten des Gegners führen, BGH NJW-RR 1993, 131; BVerwG NVwZ 1982, 35. 3

III. Geltungsbereich. Zunächst → Vor § 78 Rn. 6, → § 81 Rn. 4. II ist nach → Rn. 13 mit dem GG vereinbar. Es handelt sich um eine ganz allgemein anwendbare Vorschrift, BGH NJW 1976, 1218; BAG NZA 2012, 1320; LAG Köln NJW 2006, 1694. Sie gilt in allen Verfahrensarten der ZPO und in solchen Verfahrensarten, die auf die ZPO verweisen, BGH NJW 2011, 1299. Die Vorschrift erstreckt sich auf die gesamte Prozessführung des Bevollmächtigten; sie gilt auch für gewerkschaftliche ProzBev., BAG NJW 2019, 2954; BAG NZA 2009, 1052. § 85 gilt auch im WEG-Verfahren und im Asylverfahren, BVerfG NJW 1982, 2425. 4

II bezieht sich auf jede Art von Partei, auch zB auf eine Behörde, Schneider MDR 1985, 641, oder auf einen Beteiligten gem. § 173 VwGO, OVG Weimar NJW 2020, 3610; OVG Hmb NJW 2019, 3601. Weiter bezieht sich II auf jedes Verschulden (nur) des ProzBev. nach § 81, OVG Bln-Brdb NVwZ-RR 2018, 247. II meint jedes Verschulden gerade im Rahmen der Prozessführung, BPatG GRUR 1978, 559; LAG Hamm NJW 1981, 1231. Die Vorschrift gilt auch im Wiedereinsetzungsverfahren nach § 233, BGH NJW 2001, 2720; Bbg MDR 2010, 833; OVG Bln-Brdb NVwZ-RR 2018, 247. Sie gilt auch im Prozesskostenhilfeverfahren nach § 114, LAG Stgt JurBüro 2015, 487, und zwar gerade auch im Anwaltsprozess nach → § 78 Rn. 1, BGH NJW 2001, 2720; Bbg MDR 2010, 833; Brdb FamRZ 2003, 458; aM Düss FamRZ 1992, 457; Kblz MDR 1997, 103; Zöller/Althammer Rn. 11. Die Vorschrift gilt über § 11 V S. 2 FamFG auch (jetzt) im FamFG-Verfahren, BGH NJW-RR 2021, 581; FamRZ 1988, 497; LG Bln ZMR 2001, 1011. Sie gilt auch im Insolvenzverfahren, BGH NJW 2011, 1230, und auch im Disziplinarverfahren, VGH Mannh NVwZ-RR 2005, 345. 5

II ist auch im verwaltungsgerichtlichen Verfahren nach § 173 VwGO anwendbar, soweit der ProzBev. eine Frist nicht eingehalten hatte, BVerfG NJW 2001, 814; BVerwG NVwZ 2012, 581; OVG Münst NJW 2021, 1483; OVG Weimar NJW 2020, 3610; OVG Hmb NJW 2019, 3601; OVG Bln-Brdb NVwZ-RR 2018, 247. 6

IV. Prozesshandlung, I 1. Der ProzBev. handelt in einer unmittelbaren Stellvertretung. I sagt insofern ungefähr dasselbe wie § 164 I BGB. Das Handeln verpflichtet nicht nur, sondern berechtigt auch. Ein Verschulden des ProzBev. im Prozess gilt nach → Rn. 16 als Verschulden der Partei. Das gilt für Handlungen wie für Unterlassungen. 7

Man muss den Begriff „Prozesshandlungen" in I wie bei → § 81 Rn. 4 ff. verstehen, Karlsr NJW 1975, 1933 (Einlegung einer Berufung). Er umfasst auch Unterlassungen, die Kenntnisnahme und die Entgegennahme von Erklärungen. § 85 betrifft allerdings nur die prozessualen Wirkungen im Rahmen der Prozessvollmacht nach § 80, BGH VersR 1988, 527 (Ausnahme: offenbarer Irrtum); LAG Köln MDR 2002, 222; LAG Hamm MDR 1994, 811; aM LAG Hmb MDR 1987, 875 (Klagefrist); LAG Mü BB 1981, 915. Eine außergerichtliche Beratung ist also keine Prozesshandlung, LAG Köln MDR 2002, 222. Die materiell-rechtlichen Wirkungen richten sich vielmehr nur nach dem bürgerlichen Recht, BAG FamRZ 1984, 1008; LAG Hamm MDR 1994, 811. So haftet der Vollmachtgeber für die Handlung eines ProzBev. materiell-rechtlich nur nach § 831 BGB. 8

V. Geständnis, I 2. Es kommt auf Inhalt und Art der Erklärung an. 9

1. Tatsachenerklärung. Bei allen Tatsachenerklärungen einschließlich des Geständnisses nach § 288 I gilt im Anwalts- wie im Parteiprozess abweichend von § 290 eine unmittelbare Stellvertretung nur, soweit die in der mündlichen Verhandlung nach § 128 I miterschienene und zum Wort zugelassene Partei im Anwaltsprozess die Erklärung oder Erwiderung nicht nach § 137 IV sofort und daher zumindest wie bei § 121 I 1 BGB unverzüglich nach Kenntnisnahme widerruft oder berichtigt, BGH WM 1993, 973. Wenn sie sofort widerruft oder berichtigt, gilt nur die Parteierklärung. Die Parteierklärung ist auch dann allein maßgeblich, wenn die Partei sich bereits vorher erklärt hat. Der ProzBev. kann nämlich der Partei nicht wirksam widersprechen. Eine Erklärung nach § 445 ist kein Geständnis nach § 288 I. Das Gericht würdigt sie nach § 286, BGH NJW 1995, 1432. Abgesehen davon muss man eine tatsächliche Erklärung der Partei selbst einer Erklärung ihres ProzBev. in aller Regel vorziehen, BGH NJW-RR 1997, 157. Ein späterer Widerruf der Erklärung des ProzBev. durch die Partei ist in demselben Umfang und in denselben Grenzen zulässig wie ein Widerruf einer eigenen Erklärung. 10

Nicht unter I 2 fällt eine Prozesshandlung des ProzBev., und zwar auch nicht, soweit in ihr eine Verfügung über den Streitgegenstand liegt, wie etwa bei einem Vergleich, einem Anerkenntnis nach § 307 oder einem Verzicht nach § 306. I 2 ist im Parteiprozess auch dann anwendbar. Denn dort kann sich die Partei selbst vertreten. 11

12 **2. Andere Erklärung.** Eine andere Erklärung als die unter → Rn. 9 genannte bindet die Partei unwiderruflich. Das gilt auch für einen Verzicht oder ein Anerkenntnis. Das Gesetz trennt solche Erklärungen von Tatsachenerklärungen. Der Vergleich bezieht sich auf den Anspruch selbst. Nicht bindend ist eine bloße Rechtsansicht des ProzBev., Traumann DB 1986, 262.

13 **VI. Verschulden des Prozessbevollmächtigten, II.** Die Regelung hat eine erhebliche praktische Bedeutung. Verletzt der Anwalt schuldhaft ihm obliegende Sorgfaltspflichten, wird der Partei dies nach II zugerechnet, BGH NJW-RR 2020, 1321; BeckRS 2019, 970; NJW-RR 2018, 1325; OVG Weimar NJW 2020, 3610. D. h. mangelnde Sorgfalt des Verf.Bev. ist wie eigenes Verschulden des Vertretenen zu werten, BPatG GRUR-RR 2022, 150 Rn. 15. Die Verschuldenszurechnung nach § 173 VwGO iVm § 85 II endet grds. mit der Beendigung des Auftragsverhältnisses des ProzBev., OVG Münst NJW 2021, 1483 = NVwZ-RR 2021, 422. Der Kläger hat glaubhaft zu machen, dass kein ihm zurechenbares Verschulden vorliegt, BGH NJW 2020, 2641. Dabei steht nach II das Verschulden des ProzBev. dem der Partei gleich, BAG NJW 2020, 357; NJW 2019, 2954; Schlesw NJW-RR 2020, 124. Das Verschulden umfasst die Absicht, den direkten oder bedingten Vorsatz wie die bewusste oder unbewusste leichte oder grobe Fahrlässigkeit, Kblz NJW-RR 1990, 960. Es kommt grundsätzlich nur auf das Verschulden des ProzBev. und seiner Erfüllungsgehilfen an, nicht auf dasjenige des Auftraggebers, BGH WM 2014, 1355; BAG NZA 2014, 1260. Die Frage, ob einen ProzBev. ein der Partei nach II zuzurechnendes Verschulden trifft, richtet sich nach einem objektiv-typisierenden Maßstab, Bbg BeckRS 2019, 18239. Nur ausnahmsweise ist das persönliche Verschulden der Partei maßgeblich, etwa bei einem Ordnungsmittel nach §§ 142, 890, Hmb OLGR 2008, 170; Jena OLGR 2001, 305; Mü OLGR 1996, 195. Ein Mitverschulden des Gerichts entlastet nicht, BGH NJW 1994, 56.

14 Unanwendbar ist II auf ein Verschulden einer anderen Person als des ProzBev., LAG Köln NZA-RR 2005, 384 (Tochter); OVG Weimar NJW 2020, 3610 (Lebensgefährtin).

15 **1. Verfassungsmäßigkeit, Zweckmäßigkeit.** Es handelt sich nicht etwa um eine Untervorschrift zu I, VGH Mannh NJW 1978, 122. II verstößt nicht gegen das GG, BVerfG BGBl. 1973, 762 (allgemein, Gesetzeskraft) = BVerfGE 35, 41 und NJW 2001, 814; BGH NJW-RR 1993, 131. Jedoch darf die Haftung auch nicht zu einer Beschränkung der beruflichen Grundrechte des Anwalts führen, etwa seiner Meinungs-, Wissenschafts- und Berufsfreiheit, Loritz BB 2000, 2010.

16 **2. Verschuldensunterstellung.** Jedes Verschulden des Bevollmächtigten gilt nach → Rn. 13 als ein Verschulden der Partei, BGH MDR 2013, 994; Mü NJW-RR 2010, 945; Düss FamRZ 1992, 81; aM Zöller/Althammer Rn. 13 (nicht bei einer vorsätzlichen sittenwidrigen Schädigung). Das gilt auch dann, wenn das Gericht die Nachteile der verschuldeten Fehlhandlung des Bevollmächtigten noch hätte abwenden können, BGH NJW 1994, 56. Das gilt, soweit das Gesetz auf das Verschulden der Partei abstellt, zB bei §§ 233, 234, 296, 337, 367 II, 528, 530, 531, 532, Prütting/Gehrlein/Burgermeister Rn. 8.

17 **3. Anwendbarkeitsfälle.** Es gilt das alles selbst dann, wenn die Partei eine Freiheitsstrafe verbüßt, BGH VersR 1984, 851. Es gilt auch im Kündigungsschutzprozess, BAG NJW 2009, 2843; LAG Köln DB 1987, 1796; LAG Mü BB 1981, 915; aM LAG Hmb NJW 1978, 446; Zöller/Althammer Rn. 11 (aber → Rn. 4). Die vorstehenden Regeln gelten allerdings nicht vor dem Beginn des Kündigungsschutzprozesses, LAG Hamm NJW 1981, 1231; aM LAG Mainz NJW 1982, 2461.

18 Die vorstehenden Regeln gelten jedoch bei einem Anspruch nach dem StrEG, BGH NJW 1976, 1218, in einer Patentsache, BPatG GRUR 1978, 559, sowie im Sortenschutzverfahren nach § 40 V SortSchG.

19 **4. Faire Verfahrensgestaltung als Grenze des Verschuldens.** Der Anwalt muss unabhängig vom Gericht die übliche Sorgfalt anwenden, BGH NJW 2007, 2047; Ffm NJW-RR 2019, 1209; Düss NJW 1987, 2564; krit. Prinz VersR 1986, 317. Eine mit dem durch Art. 2 I GG in Verbindung mit dem Rechtsstaatsprinzip verbürgten Recht auf faire Verfahrensgestaltung unvereinbare Erschwerung des Zugangs zum Gericht, kann darin gesehen werden, dass ein Verhalten als schuldhaft angesehen wird, das nach der Rechtsprechung eines obersten Bundesgerichts eindeutig nicht zu beanstanden ist, BVerfG NJW 2007, 3342 (Fristverlängerung wegen Arbeitsüberlastung); BGH NJW 2007, 2778 (Organisationsverschulden bei Eingabefehler beim Telefax); Laws MDR 2007, 1171.

20 Parteiverhalten kann ein Anwaltsverschulden ganz erheblich begrenzen. Erfahrene Anwälte sprechen davon, dass eine große Anzahl der Auftraggeber aus unterschiedlichen Gründen das wahre Geschehen nicht vollständig, zu einseitig oder sonst unzuverlässig schildern, einschließlich eigener bisheriger Verhaltensweisen. Dann dürfte man dem Anwalt insofern kaum ein Eigenverschulden vorwerfen können.

21 **5. Beispiele zur Frage eines Verschuldens, II.** Dazu Borgmann NJW 2010, 1924; Fischer NJW 1999, 2995; Ganter AnwBl 2007, 181 (je: Grdz.). Vgl. auch die umfangreichen weiteren Nachweise speziell zur Frage einer Wiedereinsetzung bei → § 233 Rn. 27 ff.

22 **Abmahnung:** Der Anwalt kann dem Gegner gegenüber direkt bei einer falschen Abmahnung nach § 823 I BGB haften, BGH AnwBl 2016, 523. Auch → „Strafanzeige".

Abtretung: Zur Anwaltspflicht vor einer Klage aus einem abgetretenen Recht trotz eines Abtretungsverbots BGH NJW-RR 2003, 1212. Zur Handlung auf Veranlassung eines Bev des Auftraggebers BGH WM 2018, 392.

Adresse: Wenn der Anwalt der an sich ausreichenden gesetzlichen Bezeichnung des Gerichts und seines Orts die Straße und Hausnummer beifügt, muss diese Angabe ebenso wie die Postleitzahl zutreffen. Die Prüfung der richtigen Adresse muss der Anwalt persönlich vornehmen und darf dies nicht nur seinen Büropersonal überlassen, OVG Lüneb NJW 2006, 1083; OVG Magdb NVwZ-RR 2004, 385. Er darf sich aber grds. auf seine geschulte und zuverlässige Bürokraft verlassen, dass diese dann das Schriftstück an das richtige Gericht weiterleitet, BGH NJW-RR 2022, 426 Rn. 14; NJOZ 2020, 727 Rn. 17.

Alleiniger Sachbearbeiter: → „Sozietät".

Allgemeine Geschäftsbedingungen: Formularmäßige Mandatsbedingungen unterliegen §§ 305 ff. BGB. Sie können die Anwaltshaftung keineswegs beliebig einschränken, Bunte NJW 1981, 2657; aM Prinz VersR 1986, 320. Der Anwalt muss AGB auf ihre Erheblichkeit prüfen, LG Mü NJW-RR 2003, 285.

Anwaltshaftung: → „Schadensersatz", → „Verjährung".

Anwaltskartell: → „Versäumnis".

Ausnahmelage: Sie kann ausnahmsweise entschuldigen, BGH VersR 1985, 394. Aber auch → „Überlastung". (22)
Ausscheiden: Keine Haftung trifft den erkennbar ausgeschiedenen Sozius, Düss AnwBl 2015, 181.
Bedenken: Der Anwalt muss seine Bedenken gegen eine Weisung des Auftraggebers vortragen, BGH BB 1999, 763 und VersR 1999, 443. Der Anwalt muss auch das Gericht auf eine Unschlüssigkeit des gegnerischen Vortrags hinweisen, Kblz NJW-RR 1990, 960 (Parteiverwechslung); Köln AnwBl 1984, 92.
Befangenheit: Bei der Frage, ob bei einem Ablehnungsgesuch der Befangenheitsgrund positiv bekannt ist, ist der Partei das Wissen ihres ProzBev. zuzurechnen, BGH NJW-RR 2020, 1321.
Belehrung: Der Anwalt muss evtl. auch einen anwaltlichen Kunden belehren, BGH NJW 2012, 2437. Eine Belehrung muss auch über Gebühren erfolgen, BGH AnwBl 2014, 1060 (krit. Römermann/von der Meden AnwBl 2014, 1000).

Eine Rechtsbehelfsbelehrung durch den Anwalt sieht § 12c RVG inhaltlich ähnlich wie zB § 232 ZPO vor. Die Verstoßfolge kann nach § 33 V 2 RVG inhaltlich ähnlich wie zB § 233 S. 2 ZPO eine gesetzliche Vermutung des Fehlens eines Verschuldens sein. Dabei lässt das Gesetz dort offen, ob die Vermutung nur zugunsten der Partei oder auch zugunsten ihres ProzBev. gilt.

II setzt ein feststehendes Verschulden des ProzBev. voraus. Daher scheint II bei einer Vermutung des Fehlens eines Verschuldens unanwendbar zu sein. Nun besagt aber zumindest im Zivilprozess § 292 S. 1 ZPO: Der Beweis des Gegenteils, also eines Verschuldens, ist zulässig, sofern nicht das Gesetz ein anderes vorschreibt. Gerade eine solche andere Vorschrift stellen § 12c RVG. eben nicht auf. Es kann also zur Entkräftung der Vermutung und damit zur Klärung eines Verschuldens des ProzBev. kommen. Dann tritt die Rechtsfolge nach II durchaus ein. Sie lässt sich nur eben mühsamer erzielen.
Beleidigung: → „Schmähkritik".
Beratung: Der Grundsatz der Notwendigkeit einer umfassenden Wahrnehmung der Interessen des Auftraggebers gilt auch bei jeder Beratung, BGH VersR 1999, 443; LG Hmb VersR 1989, 805. Jedoch braucht der Anwalt die Beratung grds. auch nicht besonders nachdrücklich oder eindringlich vorzunehmen, BGH NJW 1987, 1323; → „umfassende Interessenwahrnehmung". Er darf die Beratung auf die vorteilhaftere Alternative beschränken, BGH NJW 2007, 2486. Immerhin muss er während des gesamten Verfahrens umfassend auf das Prozessrisiko und auf das Kostenrisiko hinweisen, BGH BB 1999, 763; Kblz VersR 2001, 1027; Mü NJW-RR 1991, 1460. Er muss auch auf Zweifel und Bedenken hinweisen, BGH NJW 2001, 674; Karlsr VersR 1989, 1296; LG Hmb VersR 1989, 805. Der Schutzbereich der Amtspflicht ist zu beachten, BGH DB 1997, 2120. Der bloße Erfüllungsgehilfe haftet dem Partner des Geschäftsherrn evtl. nicht direkt, BGH VersR 2018, 430.
Beratungshilfe: Der Anwalt muss den Auftraggeber nach § 16 I BORA auf die Möglichkeit einer Beratungshilfe hinweisen, soweit ihm bekannt ist, dass der Auftraggeber deren Voraussetzungen wahrscheinlich erfüllt, BVerfG NJW 2000, 2494; Celle NJW-RR 2010, 133; Düss MDR 1984, 937. Er muss im Beratungshilfeverfahren alle Möglichkeiten ausschöpfen, BGH NJW 1987, 3121.
Berufsverbot: Es kann zum Ende der Anwendbarkeit von II führen, BGH NJW-RR 2008, 1290; BAG NJW 2007, 3227.
Beweisbarkeit: Etwaige Probleme dürfen den Anwalt evtl. nicht von weiterem Vortrag abhalten, BGH AnwBl 2013, 770.
Beweissicherung: → „Vorbereitung".
Botendienst: Der Anwalt muss darauf achten, dass ein privater Botendiener zB des Anwaltsvereins funktioniert, OVG Münst NJW 1994, 402.
Bürogemeinschaft: Der mit dem ProzBev. in Bürogemeinschaft tätige Rechtsanwalt ist dann Bevollmächtigter nach II, wenn ihm die Sache nach den Gesamtumständen zur selbständigen Bearbeitung zugewiesen worden ist, BGH NJW 2019, 605.
Dritter: Zu den Grenzen einer Schutzwirkung zu seinen Gunsten, BGH VersR 2017, 425.
Ehesache: → „Wirtschaftliche Auswirkungen".
Eilmaßnahme: Der Anwalt muss nach §§ 677 ff. BGB evtl. schon vor dem Erhalt des Auftrags eine Eilmaßnahme erwägen und vornehmen, Zweibr FamRZ 2014, 977; KG Rpfleger 1985, 40. Er muss eine gegnerische Eilmaßnahme unverzüglich dem Auftraggeber mitteilen, Düss VersR 1988, 861; Ffm GRUR 1987, 652. Wegen seiner Pflicht zum Vorgehen innerhalb der kürzest möglichen Zeit muss er auch – statt eines Hauptprozesses oder zusätzlich zu diesem – ein mögliches Eilverfahren nach §§ 916 ff., 935 ff. bedenken und evtl. veranlassen, LG Bonn JurBüro 1990, 1318. Zögerliches Handeln könnte hier „dringlichkeitsschädlich" sein, wobei sich der Ast. Verzögerungen, die durch seinen ProzBev. verursacht werden, nach II zurechnen lassen muss, Drsd ZUM-RD 2020, 123; Mü NJW-RR 2019, 1258 Rn. 15. Als „dringlichkeitsschädlich" ist ein Verhalten anzusehen, das erkennen lässt, dass es dem Ast. mit der Durchsetzung seiner Ansprüche nicht eilig ist; dies lässt die Durchführung eines Eilverfahrens mit den für den Antragsgegner verbundenen Einschränkungen für nicht gerechtfertigt erscheinen, Mü GRUR-RS 2021, 29384; NJW-RR 2019, 1258 Rn. 15. Der Anwalt muss den Posteingang auf etwa notwendige Sofortmaßnahmen prüfen, BGH VersR 1985, 6; Köln VersR 1997, 605.
Einzelanweisung: Hat eine in der Vergangenheit zuverlässige Bürokraft entgegen einer Einzelanweisung zwei Schriftstücke verwechselt, ist dieses Verschulden nicht nach II der Partei zuzurechnen, da keine weitere Kontrollpflicht des Anwalts besteht, BGH NJW-RR 2022, 426 Rn. 14; NJOZ 2020, 727 Rn. 17. Hinsichtlich konkreter Einzelanweisung an zuverlässige Bürokraft siehe auch → „Fristwahrung"; BGH BeckRS 2022, 4368 Rn. 6 mwN.
Entscheidungspraxis des angerufenen Gerichts: Der Anwalt muss nach → „Mehrheit möglicher Entscheidungen" den kostensparendsten, sichersten und gefahrlosesten Weg gehen. Das gilt auch dann, wenn ihm oder jedem Kollegen eine Entscheidungspraxis des angerufenen Gerichts bekannt ist. Das gilt jedoch nur, soweit sie objektiv den rechtlichen Anforderungen genügt, BVerfG NJW 1989, 1147; BGH VersR 2002, 1576. Das alles gilt auch im ersten Rechtszug und bei einer Streitfrage. Jedoch darf der Anwalt nicht nach § 138 I, II einen wesentlichen Tatsachenvortrag zurückhalten oder bewusst verschweigen, BGH VersR 1983, 562.
Erfolgsaussicht: Der Anwalt muss die Erfolgsaussicht nicht mathematisch genau abschätzen, aber auf ein besonders hohes Risiko hinweisen, Düss FamRZ 2011, 324. Aber auch → „Kostenrisiko", → „Rechtsschutzversicherung".

(22) Fristwahrung: Eine Fristversäumung ist verschuldet, wenn sie für einen pflichtbewussten Anwalt vermeidbar war, Ffm NJW 2022, 250 Rn. 7. Es gehört zu seinen Aufgaben, dafür Sorge zu tragen, dass ein fristgebundener Schriftsatz rechtzeitig erstellt wird und innerhalb der Frist beim zuständigen Gericht eingeht. Daher gehört die Erstellung des fristwahrenden Schriftsatzes zu den Aufgaben, die er nicht seinem Büropersonal übertragen darf, ohne das Arbeitsergebnis auf seine Richtigkeit und Vollständigkeit selbst sorgfältig zu prüfen, BGH BeckRS 2022, 7011 Rn. 9; NJW-RR 2021, 998 Rn. 14; NJW-RR 2016, 126 Rn. 9; → § 233 Rn. 27. Eine solche Prüfung umfasst auch die richtige Adressierung an das zuständige Gericht, OVG Bln-Brdb NJW 2022, 1266 Rn. 11 mwN. Ein Rechtsanwalt hat durch organisatorische Vorkehrungen sicherzustellen, dass ein fristgebundener Schriftsatz rechtzeitig gefertigt wird und innerhalb der laufenden Frist bei Gericht eingeht. In der Wahl des Verfahrens, mit dem er dies gewährleistet, ist er dabei grds. frei; er hat aber sein Möglichstes zu tun, um Fehlerquellen auszuschließen, BGH BeckRS 2022, 20412 Rn. 9 f.; BeckRS 2021, 21513 = VersR 2022, 129 Rn 6; NJW-RR 2020, 52 Rn 11; NJW-RR 2019, 502 Rn 10. Er muss allgemeine Vorkehrungen dafür treffen, dass das zur Wahrung von Fristen Erforderliche auch dann unternommen wird, wenn er unvorhergesehen ausfällt, BGH NJW-RR 2019, 1340; NJW-RR 2018, 1210. Der Anwalt muss jede Frist streng beachten, BGH NJW 2014, 3159; Düss VersR 2011, 1060; LG Mü ZMR 2014, 484. Denn die Fristkontrolle ist seine ureigene Aufgabe, BGH NJW 2007, 3498. Auch wenn der RA die Berechnung und Notierung von Fristen einer gut ausgebildeten, zuverlässig erprobten und sorgfältig überwachten Bürokraft überlässt, hat er durch organisatorische Maßnahmen sicherzustellen, dass Fristen kontrolliert werden, BGH BeckRS 2021, 14120 = NZFam 2021, 650; NJW-RR 2013, 1393. Die anwaltliche Prüfpflicht besteht auch dann, wenn die Handakte nicht zugleich zur Bearbeitung vorgelegt werden, BGH NJW 2020, 2541; NJW 2014, 3102. Ein der Partei zuzurechnendes Verschulden an der Fristversäumung ist aber grds. nicht gegeben, wenn der Anwalt einer Angestellten, die sich bisher als zuverlässig erwiesen hat, eine konkrete Einzelanweisung gegeben hat, die bei Befolgung die Fristwahrung gewährleistet hätte, BGH BeckRS 2022, 4368 Rn. 6. Der Anwalt darf darauf vertrauen, dass eine zuverlässige Angestellte eine konkrete Einzelanweisung befolgt; er muss sich dann nicht anschließend über die Ausführung seiner Weisung vergewissern, BGH NJW 2020, 1809 Rn. 11 = VersR 2021, 131; NJW-RR 2020, 501 Rn. 9. S. auch das umfangreiche ABC in → § 233 Rn. 32, 33.

– **(Abwarten):** Der Anwalt muss dem Auftraggeber wenn möglich genug Zeit zur Entscheidung über die Einlegung eines Rechtsmittels geben, BGH NJW 2007, 2331.
– **(Angaben des Auftraggebers):** Der Anwalt darf sich nicht stets auf Angaben des Auftraggebers verlassen, Düss VersR 2007, 244.
– **(beA):** Bei der Signierung eines fristwahrenden elektronischen Dokuments gehört es zu den nicht auf das Büropersonal übertragbaren Pflichten des Anwalts, das zu signierende Dokument zuvor selbst sorgfältig auf Richtigkeit und Vollständigkeit zu prüfen, BGH BeckRS 2022, 7011 Rn. 11; → § 233 Rn. 33 „elektronische Dokumente"; → § 130a Rn. 24. Scheitert die rechtzeitige Übermittlung eines fristgebundenen Schriftsatzes per beA, weil der Anwalt kurz vor Ablauf der Frist (23.46 Uhr) vergeblich versuchte, Prozessvollmacht und Schriftsatz in das System hochzuladen, ist er seinen Sorgfaltspflichten nicht hinreichend nachgekommen, Ffm NJW 2022, 250 Rn. 7 ff.
– **(Berechnung):** Der Anwalt muss im Zweifel die kürzere Frist einhalten, BVerfG NJW 2003, 575; BGH GRUR 2001, 271. Auch → „– (Rückfrage)".
– **(elektronische Kalenderführung):** Auch bei elektronischer Kalenderführung ist – besonders in der Umstellungsphase – eine in Papierform geführte Akte erforderlich, in die ein Kontrollausdruck aufzunehmen ist. Geschieht dies nicht, liegt bei Fristversäumung ein Verschulden des Anwalts wegen reduzierter Sorgfaltsanforderungen vor, BGH NJW-RR 2021, 444; NJW 2019, 1456.
– **(Form):** Ein Briefwechsel kann grds. mit einem einfachen Brief des Anwalts ohne eine Rückfrage nach dem Zugang erfolgen, BGH NJW-RR 2000, 948. Der Anwalt muss eine Fehlkuvertierung vermeiden helfen, OVG Bln-Brdb NVwZ 2016, 404. Bei elektronischer Einreichung gelten §§ 130ad.
– **(Fristbeginn):** Haben sich für eine Partei mehrere Verfahrensbevollmächtigte mit umfassender Zustellungsvollmacht bestellt, ist für den Beginn des Laufs verfahrensrechtlicher Fristen die zeitlich erste Zustellung an einen der Verfahrensbevollmächtigten ausschlaggebend, BGH NJW-RR 2021, 581 Rn. 9; NJW 2019, 2397 Rn. 11; NJW 2003, 2100 Rn. 8.
– **(Kündigungsschutz):** Die vorstehenden Regeln gelten auch bei §§ 1a, 9 KSchG, Düss VersR 2007, 244, oder bei § 4 I 1 KSchG, BAG NZA 2012, 413; LAG Bln MDR 2004, 161; LAG Stgt DB 2003, 52, und bei § 5 KSchG; aM LAG Hmb NZA-RR 2005, 489; LAG Köln MDR 2006, 162 (Gewerkschaftsfunktionär).
– **(Mehrere Verfahrensbevollmächtigte):** Wenn sich für einen Beteiligten mehrere Verfahrensbevollmächtigte mit umfassender Zustellungsvollmacht, genügt wegen der aus § 84 S. 1 folgenden Einzelvertretungsbefugnis die Zustellung an einen von ihnen, BGH NJW-RR 2021, 581 Rn. 9; NJOZ 2004, 1185 Rn. 6 (über § 11 S. 5 FamFG); → „– (Fristbeginn)".
– **(Rückfrage):** Der Anwalt muss den Auftraggeber nach dem Datum der Zustellung eines solchen Bescheids fragen, gegen den nur ein fristgebundener Rechtsbehelf statthaft ist, OVG Ffo NJW 2004, 1546. Aber auch → „– (Form)".
– **(Überörtliche Sozietät):** Bei ihr ist vor allem derjenige zuständig, der den Auftraggeber im Prozess vertritt, BGH NJW 1994, 1878.
– **(Untervollmacht):** Versäumt es der unterbevollmächtigte Rechtsanwalt die von ihm erstellte und unterschriebene Berufungsschrift per Fax an das Berufungsgericht zu versenden, ist das darin liegende Verschulden der Partei gem. II zuzurechnen, BGH NJW 2019, 605.
– **(Versäumnisurteil):** Weist ein im Sitzungsprotokoll protokolliertes Versäumnisurteil alle notwendigen Voraussetzungen eines Urteils auf, stellt diese Urkunde zugleich die Sitzungsniederschrift und das vollständige Urteil dar; erkennt der Prozessbevollmächtigte nicht, dass damit die Einspruchsfrist läuft, ist dieses Verschulden der Partei nach § 85 II zuzurechnen, Drsd MDR 2021, 54 = BeckRS 2020, 28859.
– **(Vorfrist):** Der Anwalt muss eine Vorfrist notieren, BGH NJW 2002, 444; Jena MDR 2009, 1189.
– **(Zuständigkeit):** Der Anwalt muss einen fristgebundenen Schriftsatz rechtzeitig beim richtigen Gericht einleiten. Andernfalls hilft eine verspätete Weiterleitung des von ihm angegangenen unrichtigen an das richtige Gericht nicht, Köln NZFam 2015, 144 (auch zu § 113 I 2 FamFG).

– **(Zustellung):** Bei mehreren Verfahrensbevollmächtigten mit umfassender Zustellungsvollmacht genügt die Zustellung an einen von ihnen; die zeitlich erste Zustellung ist für den Fristbeginn ausschlaggebend, BGH NJW-RR 2021, 581; → „– (Fristbeginn)"; → „– (Mehrere Verfahrensbevollmächtigte)". (22)

– **(Zustellungsdatum):** → „– (Rückfrage)".

Gericht: Der Anwalt kann sich grds. auf die inhaltliche Richtigkeit einer Mitteilung des Gerichts zB über einen Eingangstag verlassen, BVerfG NJW 1995, 711. Ein Verschulden des Gerichts kann ihn entlasten, BVerfG NJW 2002, 2937; BGH NJW 2011, 684; Ros MDR 1999, 626; Heinemann FG Vollkommer, 2006, 448. Der Anwalt muss eine Berichtigung auf dem bestmöglichen Weg veranlassen, Stackmann NJW 2009, 1541. Auch → „Rechtsmittelrücknahme".

Gerichtsfehler: Zur Mithaftung des Anwalts Deckenbrock NJW 2018, 1636; Therstappen AnwBl 2015, 520 (Grdz.).

Gesetzeskenntnis: Der Anwalt muss die geltenden Gesetze kennen oder sich sorgfältig kundig machen, BGH NJW 2014, 2503; Bbg MDR 2010, 833; Köln NJW-RR 2003, 287 (alsbald nach Inkrafttreten). Er braucht aber nicht klüger als das Gericht zu sein, BVerfG NJW 2002, 2938. Auch → § 233 Rn. 35.

Gewerkschaft: II ist anwendbar, BAG NJW 2009, 2971, aM LAG Schleswig-Holstein NZA 2008, 1262.

Interessenwahrnehmung: → „Umfassende Interessenwahrnehmung".

Kartellanwalt: → „Versäumnis".

Kostenrisiko: Der Anwalt muss den Auftraggeber auf ein etwaiges hohes Kostenrisiko hinweisen, Düss FamRZ 2011, 325; Hmb AnwBl 2003, 114; Mü NJW-RR 1991, 1460, auch allgemein auf die voraussichtlichen Anwaltskosten, Düss FamRZ 2011, 325; LG Flensb AnwBl 1987, 193; aM Köln VersR 1998, 1282 (§ 242 BGB). Auch → „Beratung".

Krankheit: Der krankheitsbedingte Ausfall des Anwalts am letzten Tag der Frist rechtfertigt für sich genommen noch keine Wiedereinsetzung, BGH NJW-RR 2021, 635 Rn. 9; NJW-RR 2018, 383 Rn. 6. Eine plötzliche Erkrankung kann aber ein Verschulden entfallen lassen, BGH VersR 1990, 1026 (ProzBev. selbst); BGH VersR 1985, 47 (naher Angehöriger). Im Einzelfall kann es genügen, wenn er einen Vertreter bittet, einen Fristverlängerungsantrag zu stellen, BGH NJW 2020, 157; NJW-RR 2019, 1207; NJW 2009, 3037. An einer schuldhaften Fristversäumung fehlt es nur dann, wenn infolge der Erkrankung weder kurzfristig ein Vertreter eingeschaltet noch ein Verlängerungsantrag gestellt werden konnte, BGH NJW-RR 2021, 635 Rn. 9; NJW-RR 2018, 383. Eine chronische Krankheit kann den Anwalt zu einer entsprechenden Vorsorge verpflichten, etwa vor Terminen, BGH NJW 1996, 1541; BVerwG NJW 2001, 2735.

Kündigung: Der Kündigende muss mangels einer Anzeige nach § 87 und nach einem Empfangsbekenntnis noch fristwahrend tätig bleiben, VGH Mannh NJW 2004, 2914.

Der Gekündigte braucht mangels eines Fristdrucks keinen Rat mehr zu geben, BGH MDR 1997, 196; BFH NJW 2003, 240. Seine Haftung entfällt, BGH NJW 2006, 2334. Das gilt unabhängig von seiner Kenntnis der Beauftragung eines anderen Anwalts, BGH BB 2003, 600. Der Anwalt muss gegen jede erfolgte Kündigung vorgehen, BGH BB 1999, 763. Bei einer Kündigungsschutzklage nach § 5 KSchG kann II nur begrenzt gelten, BAG NJW 2009, 2841; LAG Stgt NZA-RR 2004, 45. Eine Kündigung des Auftraggebers zur Unzeit führt zu seinem eigenen Verschulden, BGH NJW 2008, 2715.

Mandatsende: Ab seinem Eintritt haftet der Anwalt grds. nicht mehr, BGH NJW 2006, 2334. Zur Niederlegung des Mandats Ritter NJW 2015, 2008 (Grdz.).

Mediation: Die Sorgfaltspflicht des Anwalts als Mediators kann geringer sein als die des ProzBev., AG Lübeck NJW 2007, 3792; Bösch/Lobschat SchiedsVZ 2014, 193.

Mehrheit möglicher Maßnahmen: Wenn mehrere Maßnahmen in Betracht kommen, etwa bei einer Streitfrage, muss der Anwalt die kostensparendste wählen, Düss FamRZ 1989, 204; Oldb VersR 1981, 341; AG Mü JurBüro 1993, 671. Er muss auch die sicherste und gefahrloseste wählen, BGH NJW 2013, 2966; Düss MDR 2012, 556 (Versäumnisurteil auch gegen gegnerische anwaltlich vertretene Partei); Prechtel MDR 2010, 549. In diesen Grenzen kann sich der Anwalt auf die Empfehlung der vorteilhafteren Alternative beschränken, BGH NJW 2007, 2486 (zust. Römermann). Das alles gilt auch bei einer grenzüberschreitenden Tätigkeit, Graf von Westphalen FS Geimer, 2002, 1485 (1486). Daher nützt auch der Umstand nichts, dass das Gericht dasselbe Anwaltsverhalten in anderen Fällen nicht beanstandet hat. Das gilt jedenfalls, solange der Anwalt nicht sicher sein kann, dass seine Auffassung die allein vertretbare ist. Auch ein rechtskundiger und erfahrener Auftraggeber hat einen Anspruch auf eine Risikobelehrung, Kblz AnwBl 2006, 493. Auch → „Entscheidungspraxis des angerufenen Gerichts".

Mitverschulden: Ein nicht völlig unerhebliches Mitverschulden des Anwalts ist schädlich, BGH BB 1999, 763. Ein Mitverschulden des Gerichts ändert nichts an der grundsätzlichen Anwaltshaftung, BVerfG NJW 2009, 2945.

Organisatorische Maßnahmen: Zur Notierung einer Berufungsfrist hat der Anwalt ausreichende organisatorische Vorkehrungen dafür zu treffen, dass die mündliche Einzelanweisung zu ihrer Eintragung fehlerfrei erfolgt, BGH BeckRS 2022, 20412 Rn. 9; BeckRS 2021, 14120 = NZFam 2021, 650; NJW 2019, 2028; BeckRS 2007, 738. Zur Frage der gestuften Kontrolle zum Schutz vor Fristversäumnissen, BGH BeckRS 2019, 29644.

Parteibezeichnung: Sie muss stets richtig sein, BGH FamRZ 2004, 1020.

Parteigutachten: Der Anwalt muss den Auftraggeber auf die möglichen Zweifel und Bedenken auch dann hinweisen, wenn diese trotz eines eingeholten Parteigutachtens bestehen bleiben können, BGH NJW 1985, 264. Auch → „Bedenken".

Parteiverhalten: Die Partei muss für ihren ProzBev. erreichbar sein, BGH FamRZ 1995, 1484.

Persönliches Erscheinen: → § 141 Rn. 37.

Personal: Der Anwalt darf grds. auf die Einhaltung seiner Einzelanweisung vertrauen, BGH FamRZ 2003, 1650. Nach mehrjähriger Berufserfahrung besteht keine sehr hohe Überwachungspflicht mehr, BGH NJW-RR 2014, 635.

Posteingang: Überwacht ein Anwalt den Posteingang nicht selbst, muss er dafür Sorge tragen, dass der Posteingang in Rechtsmittelsachen durch zuverlässiges und erprobtes Büropersonal bearbeitet wird, BGH NJW 2022, 135 Rn. 17. Er muss durch organisatorische Anordnungen sicherstellen, dass eine erfahrene Bürokraft die Eingangspost auf Fristsachen überprüft, BGH NJW 2022, 135 Rn. 17; NJOZ 2002, 910 Rn. 8. Auch bei dem Postausgang muss der Anwalt lückenlos darstellen, dass er ein fristgebundenes Schriftstück rechtzeitig zur

(22) Post aufgegeben hatte, LAG Nürnb NZA-RR 2003, 661. Die bloße – anwaltlich versicherte – Behauptung, der Schriftsatz sei an einem bestimmten Tag „bei der Post aufgegeben“ worden, ist zur Darlegung und Glaubhaftmachung eines Wiedereinsetzungsgrundes nicht geeignet, BGH NJW-RR 2021, 859; BeckRS 2020, 27297.

Postulationsfähigkeit: Der Anwalt muss alle einschlägigen Vorschriften beachten, (je zum alten Recht) BGH NJW-RR 2007, 279; Drsd MDR 2005, 1009; Schlesw MDR 2003, 1023. Dazu kann ein Zwang zum Robentragen zählen, § 59b Nr. 6c BRAO iVm § 20 BORA (S. 2 befreit vor dem AG.). Der ProzBev. muss prüfen, ob ein als freier Mitarbeiter mit der selbständigen Bearbeitung Beschäftigter postulationsfähig ist, (zum alten Recht) BGH NJW 2001, 1580.

Prozessfähigkeit: Ein Verschulden des ProzBev. fehlt bei seiner Prozessunfähigkeit nach § 51, BGH NJW 1987, 440; Mü NJW-RR 1989, 255.

Prozessführung: Der Anwalt muss den Prozess so führen, dass er innerhalb der kürzest möglichen Zeit vorankommt, Oldb VersR 1981, 341. Das gilt auch im Prozesskostenhilfeverfahren nach §§ 114 ff., BGH NJW 1987, 3121; Düss FamRZ 1989, 204. Es gilt auch dann, wenn ein Eilverfahren nach §§ 916 ff., 935 ff. in Betracht kommt, LG Bonn JurBüro 1990, 1318. Es gilt ferner in der Zwangsvollstreckung nach §§ 704 ff., Köln VersR 1986, 300. Der Anwalt muss mit dem geringstmöglichen Aufwand das günstigste mögliche Ergebnis zu erzielen versuchen, Oldb VersR 1981, 341. Er muss im Rahmen des ihm Möglichen und Zumutbaren alles erwägen und tun, was vertretbar und auch nur evtl. sinnvoll zu sein scheint. Auch → „Verkehrsanwalt“.

Prozesskostenhilfe: II ist anwendbar, BGH NJW 2001, 2721; Köln OLGR 2003, 315; aM Zöller/Althammer Rn. 11. Der Anwalt muss den Auftraggeber nach § 16 I BORA auf die Möglichkeit einer Prozesskostenhilfe nach §§ 114 ff. hinweisen, soweit ihm bekannt ist, dass der Auftraggeber deren Voraussetzungen wahrscheinlich erfüllt, Düss AnwBl 1987, 147; Köln FamRZ 1983, 633; LG Waldshut-Tiengen NJW 2002, 833. Er muss im Bewilligungsverfahren einen brauchbaren Antrag nach § 117 stellen, BGH NJW 2001, 2721. Er muss überhaupt alle Möglichkeiten ausschöpfen, BGH NJW 1987, 3121.

Prozesstaktik: Sie erlaubt keinen Verstoß gegen die Pflicht zur Wahrhaftigkeit, Köln FamRZ 2005, 168.

Prozessvergleich: → „Vergleich“.

Rechtsansicht: Unschädlich ist eine nach sorgfältiger Prüfung rückschauend vertretbare Ansicht, Düss NJW-RR 2003, 137. Der Anwalt muss einen neuen Aspekt auch dem Gericht darlegen, Hmb AnwBl 2014, 962.

Rechtsbehelfsbelehrung: → „Belehrung“.

Rechtsmittelanwalt: Der vorinstanzliche Anwalt muss rechtzeitig klären, ob der Rechtsmittelanwalt den Auftrag angenommen hat, BGH NJW 2001, 1577. Macht der letztere die Annahme des Auftrags von einer Honorarvereinbarung abhängig, muss der ProzBev. einen anderen BGH-Anwalt beauftragen, und zwar rechtzeitig, BGH WM 2014, 1355.

Rechtsmittelbelehrung: Sie muss korrekt sein, BGH NJW 2007, 2331; Düss FamRZ 2012, 1253. Eine unrichtige Belehrung durch das Gericht beseitigt ein Verschulden des Anwalts nur bei ihrer Nachvollziehbarkeit, BGH VersR 1997, 1522. Das Gericht braucht einen Anwalt nicht stets auf die Wahl eines unzulässigen Rechtsbehelfs hinzuweisen, BGH AnwBl 2006, 213.

Rechtsmittelrücknahme: Ein derartiger Gerichtsvorschlag befreit nicht von umfassender Beratung, BGH NJW 2013, 2036.

Rechtsmittelschrift: Der Anwalt muss den Entwurf eines Mitarbeiters sorgfältig prüfen, selbst wenn dieser früher ein OLG-Anwalt war, Ros NJW 2007, 91 (Auszug).

Rechtsmittelwahl: Der Anwalt muss die Statthaftigkeit selbst prüfen, Mü AnwBl 2007, 237.

Rechtsprechung: Der Anwalt muss eine bestehende Rechtsprechung beachten, BVerfG NJW 1997, 1433; BGH NZM 2009, 193; Habscheid JR 1999, 102, auch eine abweichende, Streck AnwBl 2013, 813. Daher darf er grds. auf ihren Fortbestand zumindest bei einer bisher ständigen Rechtsprechung vertrauen, wenn auch nicht blindlings, BGH BB 1993, 2268.

Rechtsschutzversicherung: Der Anwalt muss den Auftraggeber über die Einschränkung oder gar Zurücknahme ihrer Deckungszusage informieren, Düss MDR 2002, 1257. Er muss auch über eine Erfolgsaussicht oder gar über eine klare Erfolglosigkeit aufklären, Hamm MDR 2016,1295; Düss NJW 2014, 400; AG Mannh VersR 2014, 1375. Die Beratung des Mitglieds, die Sachverhaltsermittlung und die Weitergabe von Unterlagen an die ProzBev. reichen nicht stets zur Annahme eines Verkehrsanwalts aus, LAG Brem DB 2003, 2448.

Regress: → „Schadensersatz“, → „Verjährung“.

Risiko: → „Mehrheit möglicher Maßnahmen“.

Rückfrage: Eine solche beim Auftraggeber nach ordnungsgemäßer Belehrung ist nicht erforderlich, BGH AnwBl 2006, 669.

Sachbearbeiter: → „Sozietät“.

Sachverhaltsklärung: Der Anwalt muss im Rahmen des ihm Möglichen und Zumutbaren den Sachverhalt genau klären. Das gilt auch schon vor einer Beratung. Er darf aber auf die Richtigkeit der vom Auftraggeber erteilten tatsächlichen Information grds. vertrauen, BGH VersR 1994, 1344. Dieses Vertrauen darf aber andererseits auch nicht zu einer Leichtgläubigkeit führen, Düss AnwBl 1999, 351. Das gilt zB dann, wenn Lücken oder Widersprüche für einen Juristen auf der Hand liegen oder ernsthaft in Betracht kommen, BGH NJW 1998, 2048. Eine Rechtstatsache muss der Anwalt selbst klären, zB das Datum einer Zustellung, BGH NJW 1996, 1968; Düss AnwBl 1999, 351.

Sachverständiger: Der Anwalt muss einen Antrag auf eine Vernehmung des Sachverständigen nach § 411 IV 1 stellen, sobald er merkt, dass das Gericht ein den Anwalt überzeugendes Gutachten nicht überzeugend findet, Hamm VersR 2002, 367 oder dass ein Gutachten aus anderen Gründen nötig wird, BGH NJW 2013, 2966.

Säumnis: Nach einer „Flucht in die Säumnis“ nach → § 342 Rn. 4 muss der Anwalt grds. auch ohne eine Weisung des Auftraggebers rechtzeitig einen Einspruch nach §§ 338, 700 einlegen, es sei denn, er hält ihn für sinnlos. Das muss er aber mit dem Auftraggeber erörtern, BGH NJW 2002, 291. Der Anwalt muss sein Personal anweisen, bei seinem eigenen Ausfall einen anderen Anwalt einzuschalten, Naumb NJW-RR 2011, 484.

Schadensersatz: Wegen der Notwendigkeit einer umfassenden Beratung nach → „Beratung“ muss der Anwalt den Auftraggeber auch auf einen etwaigen Schadensersatzanspruch gegen sich selbst unverzüglich hinweisen,

BGH NJW 1992, 837. Das gilt aber nur, solange und soweit der Auftraggeber von dieser Anwaltshaftung nichts weiß, Celle VersR 1981, 237. Folglich entfällt eine solche Pflicht dann, wenn der Anwalt den Auftraggeber rechtzeitig vor der Verjährung wegen der Haftungsfrage berät, BGH NJW 1992, 837, oder wenn ein anderer Anwalt den Regressanspruch schon angemeldet hat, BGH BB 2001, 1764. Auch → „Verjährung"; → „Vorbereitung". (22)

Schlüssigkeit: Der ProzBev. des Bekl. muss von vornherein auf Mängel der Schlüssigkeit des Vorbringens und auch später evtl. nochmals auf sie hinweisen, BGH AnwBl 2007, 720.

Schmähkritik: Sie ist regelmäßig unzulässig, Ffm AnwBl 2014, 1056.

Sicherheitsleistung: Der Anwalt muss die Möglichkeit erörtern, für den Auftraggeber eine Sicherheitsleistung zB nach §§ 108 ff. zu erbringen, zu erhalten oder zurückzuerhalten, BGH NJW 1990, 2129.

Sicherster Weg: → „Mehrheit möglicher Maßnahmen".

Sofortmaßnahme: → „Eilmaßnahme".

Sozietät: Jeder Sozius gilt nach → „Sozius" grds. als beauftragt und bevollmächtigt. Das gilt grds. unabhängig davon, ob die Sozietät eine rechts-, partei- und prozessfähige BGB-Außengesellschaft ist, dazu BGH NJW 2001, 1056. Daher muss jeder Sozius das ihm Mögliche und Zumutbare unverzüglich und auf dem für den Auftraggeber kostensparendsten, sichersten und gefahrlosesten Wege veranlassen. BGH NJW-RR 1988, 1299 (Treuhandauftrag); OVG Saarlouis NJW 2010, 1473. Er darf sich nicht hinter dem anderen Sozius als dem „Sachbearbeiter" oder gar dem „allein bearbeitenden" Kollegen verstecken, BGH FamRZ 2003, 231. Ausnahmen gelten bei einer „gemischten" Sozietät zugunsten desjenigen, der auf diesem Gebiet nicht tätig werden darf, Köln NJW-RR 1997, 438.

Steuerliche Auswirkungen: → „Wirtschaftliche Auswirkungen".

Strafanzeige: Die Abmahnung verbunden mit dem Hinweis auf eine Strafanzeige kann eine versuchte Nötigung des Anwalts darstellen, BGH NJW 2014, 401; aM Hasendorf AnwBl 2014, 497.

Streitfrage: → „Zweifelhafte Rechtslage".

Streitverkündung: Der Anwalt muss evtl. dem Auftraggeber eine Streitverkündung nach § 72 anraten, BGH NJW 2010, 3576.

Telefax: Der Anwalt muss Störungen im Telefaxverkehr bedenken, Mü NJW 1991, 303. Er darf das Heraussuchen der richtigen Telefaxnummer dem Personal überlassen, BFH BB 2003, 1485. Ist eine Versendung per Telefax gescheitert, darf der ProzBev. nicht mehrere Stunden vor Ablauf der Frist weitere Übermittlungsversuche einstellen, BGH NJW 2019, 3310; NJW 2015, 1027. Hat der Anwalt Anlass an der störungsfreien Datenübertragung und damit an der Eignung der Telefaxübermittlung zu zweifeln, darf er sich nicht ohne Weiteres auf das Telefax verlassen, OVG Hmb BeckRS 2020, 271 = DöV 2020, 340 (Ls.). Ggfs. hat der Anwalt den Schriftsatz persönlich aus dem besonderen elektronischen Anwaltspostfach (beA) zu versenden, Drsd NJW 2019, 3312; LG Krefeld NJW 2019, 3658; aM LG Mannh NJW 2020, 940; offen gelassen: BGH GRUR 2020, 779 = NJW 2020, 2194; → § 233 Rn. 31 „Rechtsanwalt: beA" und → Rn. 41 „Rechtsanwalt: Telefax".

Termin: Der Anwalt muss nach → § 337 Rn. 8 „Verkehrsprobleme" stets mit Verkehrsbehinderungen rechnen. Er muss den Auftraggeber von der Aufhebung eines solchen Termins unverzüglich verständigen, an dem der Auftraggeber teilnehmen soll oder will, Kblz JurBüro 1991, 1544. Er muss eine Terminverhinderung in einer zumutbaren Weise dem Gericht mitteilen, BGH BB 2006, 128. Er muss den gegnerischen Kollegen von einer Klagerücknahme nach § 269 im letzten Augenblick sogleich informieren, Kblz FamRZ 2006, 1687. Er darf dem nach § 141 zum Erscheinen verpflichteten Auftraggeber nicht das Gegenteil erklären, Brdb FamRZ 2009, 800. Auch → „Säumnis".

Tod des Anwalts: Sie beendet natürlich seine Haftung, BGH NJW 1982, 2324.

Treuhandauftrag: In einer Sozietät gilt im Zweifel jeder Sozius als ein Treuhänder mit allen Rechten und Pflichten, BGH NJW-RR 1988, 1299.

Überholende Kausalität: Sie kann entlasten, BGH NJW 2007, 2778.

Überlastung: Sie entschuldigt nicht, BGH NJW 1996, 997; VGH Mü NJW 1998, 1507.

Überwachung: → „Personal".

Umfassende Interessenwahrnehmung: Der Anwalt muss die Interessen des Auftraggebers grds. in jede Richtung umfassend wahrnehmen, BGH WM 2011, 994; Hamm VersR 1988, 192; Karlsr VersR 1989, 1296. Das gilt zB auch bei der Frage, ob er einen Vergleich nach Anh. § 307 oder nach § 779 BGB abschließen oder widerrufen soll, LG Mü NJW 1990, 1369. Es gilt auch bei einer Beratung, BGH NJW-RR 2008, 1235 (Ausnahme: Auftraggeber nennt einen Bedarf nur in einer Richtung); LG Hmb VersR 1989, 805. Es gilt aber ab dem Mandatsende nur noch bei einem Fristdruck, BGH MDR 1997, 196.

Unfall: Er kann entschuldigen, BGH VersR 1988, 249 (Reifenpanne).

Unschlüssigkeit: → „Bedenken".

Unterschrift: Die Grundsätze → Rn. 13–19 gelten auch für die Unterschrift, BGH NJW 1987, 957. Wer unterzeichnet, muss sicherstellen, dass der Schriftsatz nicht verfrüht eingeht, BGH VersR 1993, 1548. Er muss kontrollieren, ob er die gesetzlichen Anforderungen an den Schriftsatz erfüllt, BGH FamRZ 2003, 1176. Wird eine Berufungsbegründungsfrist versäumt, weil ein nicht unterschriebener Schriftsatz bei Gericht eingegangen ist, ist grds. von einem nach II zuzurechnenden Anwaltsverschulden auszugehen, BGH NJW-RR 2020, 313; NJW 2016, 718.

Unvollständigkeit des Vortrags: Der ProzBev. darf nicht einen objektiv etwa nach § 138 II bereits notwendigen Vortrag zurückhalten, Schlesw FamRZ 1993, 336. Der Grundsatz „iura novit curia" begrenzt die Vertragspflicht, BGH WM 2016, 181.

Urkundenprozess: Der Anwalt muss eine Klage im Urkundenprozess nach §§ 592 ff. dann erwägen, wenn ein besonderes Beschleunigungsbedürfnis besteht, BGH NJW 1994, 3297; Wolf DB 1999, 1103. Er muss jedoch auch eine etwaige Verzögerung und Verteuerung mitberücksichtigen, BGH NJW 2009, 2886.

Urlaub: Bei einem Urlaub des Sachbearbeiters muss der ProzBev. eine Vertretung regeln, BGH MDR 2017, 1070.

Ursächlichkeit: Zur Anwendbarkeit von II genügt es, dass man eine Mitursächlichkeit nicht ausschließen kann, Jena MDR 2009, 1189. Beim Anwaltsregress ist aber Vorsicht geboten, Düss MDR 2011, 1016.

Verfahrensweise des Gerichts: Der Anwalt muss, insbesondere als ProzBev. des Bekl. stets kritisch die Verfahrensweise des Gerichts überdenken, Hamm MDR 1987, 582.

(22) **Vergleich:** Der Grundsatz der Notwendigkeit einer umfassenden Wahrnehmung der Interessen des Auftraggebers gilt auch bei der Frage, ob der Anwalt einen Vergleich nach Anh. § 307 oder nach § 779 BGB abschließen oder widerrufen soll und bis wann er das tun muss, BGH NJW 2016, 3430; Hamm MDR 1994, 309; LG Mü NJW 1990, 1369. Der Anwalt darf ein vorteilhaftes gegnerisches Vergleichsangebot nicht ohne eine ausreichende Beratung des Auftraggebers ablehnen, Düss VersR 2002, 1377. Der Anwalt muss auf Eindeutigkeit und auf die Entbehrlichkeit einer Auslegung hinwirken, BGH DB 2002, 1502. Er muss den Auftraggeber umfassend aufklären, BGH NJW 2016, 3430; Düss AnwBl 2016, 603; Karlsr WM 2013, 1759, zB über den Vergleichsinhalt, BGH NJW 2009, 1589. Er darf einen bindenden Abfindungsvergleich mit einer nicht unerheblichen Tragweite erst nach der Zustimmung des entsprechend belehrten Auftraggebers abschließen, BGH NJW 2002, 292. Er darf nicht zu einem Vergleich mit einer nichtigen Pflicht des Auftraggebers raten, Zweibr VersR 2005, 450.

Verjährung: Der Anwalt muss den Auftraggeber vor jeder Art von Verjährung schützen, BGH VersR 2005, 1241. Er kann sich nur ganz ausnahmsweise wegen dessen Rechtskunde auf dessen Mitverschulden berufen, BGH NJW 1992, 820. Er muss im Zweifel die kürzere Verjährungsfrist zugrunde legen, BGH NJW 2000, 1267. Er muss auch aktiv helfen, den Verjährungseintritt zu vermeiden, BGH VersR 2005, 1241; Naumb VersR 2005, 1242. Ein Hinweis auf eine drohende Verjährung muss rechtzeitig erfolgen, BGH NJW 1992, 837; Mü AnwBl 1998, 607. Der Anwalt kann sogar nach der Beendigung seiner Tätigkeit zum Hinweis auf eine drohende Verjährung verpflichtet sein, BGH NJW 2002, 1117; aM Hamm VersR 1999, 446. Das gilt auch aus Anlass eines neuen Auftrags, BGH NJW 1986, 582, auch eines solchen an einen anderen Anwalt, BGH VersR 2005, 1241. Er braucht grds. nicht mit der Abweichung eines LG von der Rechtsprechung des BGH zu rechnen, Brschw NJW-RR 1998, 350.

Verkehrsanwalt: Die Pflichten des ProzBev. zur sachgemäßen Prozessführung ändern sich nicht durch die Einschaltung eines Verkehrsanwalts, denn der Prozbev hat den Verkehrsanwalt zu überwachen, BGH NJW 1988, 3014; aM Düss VersR 1989, 850. Der Verkehrsanwalt ist kein Erfüllungsgehilfe des ProzBev. nach § 278 BGB, Ffm MDR 1994, 99. Der ProzBev. muss bei einer Unklarheit den Verkehrsanwalt fragen. Er braucht aber nicht unter dessen Umgehung den Auftraggeber direkt zu fragen, BGH NJW 2006, 3496. Der Verkehrsanwalt haftet natürlich im Rahmen seines Auftrags, BGH NJW 1993, 3140; Düss VersR 1989, 850, insoweit aber voll, BGH VersR 1996, 606.

Verkündung: Der Anwalt muss sich rechtzeitig danach erkundigen, was das Gericht in einem dem Anwalt bekannten Verkündungstermin nach §§ 310, 311 verkündet hat, Ffm MDR 1998, 124.

Versäumnis: Der Anwalt muss im Rahmen des ihm Möglichen und Zumutbaren verhindern, dass Säumnisfolgen nach §§ 296, 330 ff. eintreten, LG Duisb NJW-RR 1991, 1022. Das gilt insbesondere vor einem Zweiten Versäumnisurteil nach § 345, BGH NJW 1993, 1324. Der Anwalt kann bei eigener Säumnis nicht damit rechnen, der gegnerische ProzBev. werde kein Versäumnisurteil beantragen, Düss MDR 2012, 556.

Versicherung: Der Anwalt muss den Auftraggeber auf die Gebührenpflichtigkeit seiner Einholung einer Deckungszusage hinweisen.

Verwechslung: Der Anwalt darf sie nicht verschulden, OVG Bln-Brdb NVwZ-RR 2018, 247.

Verzugsschaden: Der Anwalt muss im Mahnschreiben auch eine etwaige Ablehnung androhen, BGH BB 2006, 2157.

Vorbereitung: Ein Anwalt kann zB zur Vorbereitung eines Schadensersatzprozesses zu einer Beweissicherung nach §§ 485 ff. verpflichtet sein, BGH NJW 1993, 2677. Der Anwalt des selbständigen Beweisverfahrens nach §§ 485 ff. braucht nicht ungefragt auf eine infolge der etwa nachfolgenden Hauptprozesses höhere Kostenlast hinzuweisen, Nürnb MDR 1999, 1530.

Wirtschaftliche Auswirkungen: Der Anwalt muss den Auftraggeber auf die Gefahr wirtschaftlicher Auswirkungen hinweisen, Düss GRUR 1985, 220. Das gilt etwa wegen einer Rücknahme eines Scheidungsantrags, Hamm FamRZ 1993, 817, oder wegen einer vom Auftraggeber ausgehandelten Scheidungsvereinbarung, BGH FamRZ 1990, 37. Er muss auch bei der Gefahr einer Vereitelung des Zugewinnausgleichs auf die dann möglichen Sicherungsmaßnahmen zB nach §§ 916 ff. hinweisen, Hamm NJW-RR 1992, 1410. Er muss auch auf steuerliche Auswirkungen aller Art hinweisen, BGH NJW-RR 1987, 605, sogar auf einen etwaigen Schadensersatzanspruch gegen sich selbst, → „Schadensersatz". Auch → „Beratung", → „Kostenrisiko", → „Vorbereitung".

Zeugenvorbereitung: Vgl. Spehl, Die anwaltliche Pflicht zur Zeugenvorbereitung, FS Geimer, 2017, 697.

Zurechnungszusammenhang: Er ist zur Haftung erforderlich und besteht nur dann, wenn ein vertragsgemäßes Anwaltsverhalten geeignet gewesen wäre, eine gerichtliche Fehlentscheidung zu vermeiden, BGH NJW 2008, 1309. Ein Fristverschulden des Gerichts unterbricht einen Zurechnungszusammenhang nicht, BGH NZM 2009, 193.

Zurückweisung wegen Verspätung: Der Anwalt muss im Rahmen des ihm Möglichen und Zumutbaren verhindern, dass das Gericht ein Vorbringen des Auftraggebers zB nach § 296 als verspätet zurückweist, Baur FS Schwab, 1990, 54.

Zuständigkeit: Der Anwalt muss ihre Regeln kennen, BGH WuM 2011, 542; Hamm NJW 2005, 3649 (OLG als Berufungsgericht beim Auslandswohnsitz); Saarbr MDR 2009, 220. Das gilt auch für die funktionelle Zuständigkeit, BGH NJW 2018, 1024. An die Kenntnis der Zuständigkeitsregeln sind hohe Anforderungen zu stellen, BGH NZM 2016, 446.

Zustellung als „demnächst": Bei der Beurteilung einer Zustellung als „demnächst" iSv § 1667 liegt ein dem Antragsteller anzulastendes Versäumnis auch dann vor, wenn er nach Einreichung der Antragschrift längere Zeit untätig bleibt, Brdb BeckRS 2021, 21435 Rn 19 = NZFam 2021, 848 (hier etwa 8 Wochen).

Zwangsvollstreckung: Der Grundsatz der Notwendigkeit einer umfassenden Wahrnehmung der Interessen des Auftraggebers gilt auch in der Zwangsvollstreckung nach §§ 704 ff., BGH WM 2011, 994; Kblz FamRZ 2018, 942; Köln VersR 1986, 300.

Zweifelhafte Rechtslage: Der Anwalt muss den kostensparendsten, sichersten und gefahrlosesten Weg gehen, → „Mehrheit möglicher Maßnahmen". Dieser Grundsatz gilt auch bei einer zweifelhaften Rechtslage, BVerfG NJW 2003, 575; BGH DB 1992, 887; Düss NJW-RR 2003, 137. Auch → „Rechtsansicht", → „Rechtsprechung".

6. Bevollmächtigter: Grundsatz. Bevollmächtigter, vor allem ProzBev. ist man, sobald man den Auftrag wirksam erhalten hat, BGH NJW 1987, 441, und ihn außerdem auch wirksam angenommen hat, BGH NJW 2006, 2335; BAG NJW 2009, 2971; LAG Brem DB 2003, 2448. Eine telefonische Auftragsannahme reicht, BGH NJW 1980, 2261. Man bleibt ProzBev. solange, bis das Rechtsverhältnis beendet ist, das der Vollmachtserteilung zugrunde liegt (insofern handelt es sich um eine Abweichung von § 87), BGH VersR 1983, 540; BAG MDR 1979, 965; LAG Brem DB 2003, 2448. Das gilt also zB nur bis zur wirksamen Kündigung, auch wenn sie nur im Innenverhältnis erfolgt, BGH NJW 2008, 2714; BFH NJW 2003, 240, oder ab einer Annahme des Auftrags durch den etwa gesondert beauftragten Rechtsmittelanwalt, BGH NJW-RR 1997, 55, oder ab der Eröffnung eines Insolvenzverfahrens beim Auftraggeber nach § 117 InsO. Denn nur insofern besteht das Vertrauensverhältnis, das eine Haftung des Auftraggebers rechtfertigt, BGH VersR 1985, 1186. Eine Vollmacht muss auch dann bestehen, wenn das Gericht den Anwalt zB nach § 121 beigeordnet hat. Auch nach einer solchen Beendigung kann aber eine Abwicklungspflicht auch nach außen bestehen, BGH NJW 2006, 2335; Schlesw OLGR 2005, 410. 23

7. Beispiele zur Frage einer Bevollmächtigung, II

Allgemeinvertreter: → „Urlaubsvertreter“. 24

Amtlich bestellter Vertreter: Auch der für Behinderungsfälle oder uneingeschränkt nach der BRAO amtlich bestellte Vertreter hat eine Vollmacht, BGH VersR 1984, 586; BayObLG JR 1985, 254 (StPO); OVG Hmb MDR 1993, 688. Das gilt selbst dann, wenn der amtlich bestellte Vertreter noch ein Referendar ist, BGH VersR 1976, 92. Nach dem Tod des vertretenen Anwalts bleibt die Vollmacht des bisherigen amtlichen Vertreters aber nicht als solche bestehen, selbst wenn der bestellte Vertreter noch nach § 54 BRAO tätig wird, BGH VersR 1982, 191 und 365.

Angehöriger: Er kann als Bevollmächtigter gelten, BGH NJW-RR 1995, 825.

Angestellter Anwalt: Bevollmächtigter ist der angestellte Anwalt, soweit und solange er die Sache selbständig bearbeitet, BGH NJW-RR 2017, 442; BVerwG NVwZ 2004, 1008; OVG Schlesw NJW 2008, 3800. Dabei reicht ein wesentlicher Abschnitt aus, zB die Einlegung eines Rechtsmittels, BGH VersR 1984, 240, oder die Alleinbearbeitung an einem bestimmten Tag, BAG NJW 1987, 1355. Im letzteren Fall kommt es auch nicht auf eine Unterschriftsbefugnis an, BGH VersR 1984, 87, und auch nicht darauf, ob der angestellte Anwalt im Termin als ProzBev. auftritt, BGH VersR 1983, 84. Vielmehr reicht im Allgemeinen die Aktenvorlage gerade bei diesem letzteren Anwalt aus, BGH VersR 1977, 720. Der Zeitaufwand entscheidet nicht, Karlsr NJW-RR 2000, 1519.

Ein unselbständig tätiger Hilfsarbeiter ist grds. kein Bevollmächtigter, BGH NJW-RR 1993, 893; BVerwG NVwZ 2004, 1008; Hmb NJW 1996, 2939, insbesondere nicht, solange er nicht mit Sachbearbeiter ist und zB eine Beratung der mit der Fristenkontrolle beauftragten Büroangestellten ablehnt, BGH NJW-RR 1993, 893; BVerwG NJW 1985, 1178. Er kann aber ein Bevollmächtigter sein, wenn er zB auch die Rechtsmittelfrist notieren soll, Hamm FamRZ 2006, 1686.

Anwaltskartell: Die Einrichtung eines sog. Anwaltskartells ist unzulässig, Düss NJW 1982, 1889.

Assessor: Es können dieselben Regeln wie bei → „Angestellter Anwalt“ gelten, BGH VersR 2005, 811. Ein nur vorläufig beim Anwalt beschäftigter Assessor ohne eine Vertretungsmacht gilt nicht als Bevollmächtigter, BVerwG NJW 1977, 773. Auch → „Amtlich bestellter Vertreter“.

Auftragsbeendigung: Der Anwalt, dessen Auftrag beendet ist, gilt nicht mehr als Bevollmächtigter, BGH NJW 2008, 234 und 2714; Düss MDR 1975, 234. Das gilt aber evtl. nicht mehr dann, wenn der Auftraggeber ihn noch um einen Rechtsrat befragt hat oder wenn eine Zustellung noch nach §§ 87, 172 an ihn erfolgt ist, BGH NJW 2008, 234. Der Anwalt muss allerdings die Beendigung seiner Tätigkeit unzweideutig erklärt haben. Für diese Erklärung ist der früheste Zugang maßgeblich. Wenn eine Frist läuft, muss der Anwalt auf die Beendigung seiner Tätigkeit hinweisen, falls er die Frist nicht noch selbst wahren will. Das gilt insbesondere dann, wenn er die Kündigung (mit)verschuldet hat, BGH VersR 1992, 378. Auch → „Amtlich bestellter Vertreter“.

Auftragserteilung: Das Verschulden eines Anwalts vor einem oder ohne einen Auftrag in dieser Sache gilt nicht als ein Verschulden der Partei, BGH FamRZ 1996, 409; LAG Brem MDR 2003, 1059.

Auskunft: Ihre Erteilung vor der Annahme des eigentlichen Auftrags macht noch nicht zum Bevollmächtigten nach § 85, BGH FamRZ 1996, 409.

Beigeordneter Anwalt: → „Pflichtanwalt“, → „Prozesskostenhilfe“.

Berufsverbot: Das Verschulden des von ihm betroffenen Anwalts gilt nicht als ein Verschulden der Partei, BAG NJW 2007, 3227.

Bote: Er ist kein Bevollmächtigter, Brem MDR 2007, 855; LAG Mü NJW 1987, 2542.

Bürogemeinschaft: → „Nachbarschaftshilfe“.

Ehegatte: Er ist nicht stets Bevollmächtigter, LAG Mü NJW 1987, 2542.

Einzelne Handlung: Bevollmächtigter kann auch der nur so Beauftragte sein, BAG NJW 2009, 2971.

Generalbevollmächtigter: Er ist Bevollmächtigter auch nach § 85, BGH VersR 1985, 1186. Auch → „Ehegatte“.

Gewerkschaftsfunktionär: Er kann Bevollmächtigter werden, LAG Köln MDR 2006, 162. Es kommt aber auf den Einzelfall an, LAG Köln NZA-RR 2007, 33; LAG Stgt NZA 2009, 638 (dort verneint).

Instanzbevollmächtigter: Er ist Bevollmächtigter, BGH NJW 2006, 2334.

Kanzleiabwickler: Er ist Bevollmächtigter nach § 85, BGH VersR 1984, 989.

Kartellanwalt: → „Anwaltskartell“.

Korrespondenzanwalt: → „Verkehrsanwalt“.

Lebensgefährte: Er ist als solcher kein Bevollmächtigter, Karlsr NJW-RR 1995, 954.

Mitbearbeitung einzelner Sachen: Bevollmächtigter ist auch der Anwalt, der als Entgelt für die Mitbenutzung der Kanzlei des ersteren Anwalts dessen einzelne Sachen mitbearbeitet. Auch → „Anwaltskartell“, → „Nachbarschaftshilfe“.

Nachbarschaftshilfe: Als bevollmächtigt gilt auch derjenige, der für den Kollegen in einer „Nachbarschaftshilfe“ tätig wird, BGH VersR 1975, 1150. Auch → „Mitbearbeitung einzelner Sachen“.

Nichtanwalt: Auch ein solcher kann Bevollmächtigter sein, zB ein Diplomkaufmann, BGH VersR 1985, 1186.

Nichtigkeit des Anwaltsvertrags: Sie hindert eine Haftung nach II, Ffm FamRZ 2016, 854.

(24) **Notanwalt:** → „Pflichtanwalt".

Pflichtanwalt: Der Pflichtanwalt, insbesondere der Notanwalt, ist kein Bevollmächtigter, bevor er den Auftrag angenommen hat, mag er auch gleichzeitig mit dem Auftrag bereits eine Vollmacht erhalten haben. Der Zugang des Auftrags entscheidet trotz § 44 BRAO nicht, und zwar auch dann nicht, wenn das Gericht den Anwalt aufgrund eines ausdrücklichen Wunsches der Partei zB nach § 121 beigeordnet hat.

Postulationsfähigkeit: Zum Begriff → Vor § 78 Rn. 1. Sie ist bei II nicht zu beachten, BGH VersR 2001, 1575.

Prozesskostenhilfe: Ein Anwalt, den das Gericht in einem Verfahren auf Bewilligung einer Prozesskostenhilfe nach § 121 beigeordnet hatte, ist nicht schon vom Zeitpunkt der Kenntnis der Vollmacht der Partei Bevollmächtigter, sondern erst von dem Zeitpunkt an, in dem er den Auftrag übernimmt, BGH NJW 1987, 441. Sein Sozius ist ausnahmsweise nicht mitbevollmächtigt, BGH NJW 1991, 2294; Köln MDR 1993, 478 (Ausnahme).

Rechtsschutzversicherung: Der Sachbearbeiter ist Bevollmächtigter, SG Freib NJW 1987, 342; aM LAG Schlesw-Holstein NZA-RR 2008, 139. Auch → „Versicherung".

Referendar: → „Amtlich bestellter Vertreter".

Sozius: Die Sozietät kann eine rechts-, partei- und prozessfähige BGB-Außengesellschaft sein, BGH NJW 2001, 1056. Unabhängig davon gilt jeder nach außen als Sozius Auftretende grds. als (mit)bevollmächtigt, BGH NJW 2010, 3662; LG Bln NJW-RR 2003, 429; OVG Lüneb NJW 2005, 312. Das gilt auch für den später eintretenden Sozius, BGH NJW 1994, 258. Allerdings bringt der „Neue" evtl. nicht jedes Mandat in die Sozietät ein, BGH DB 1988, 1113 (auch zum Tod eines Sozius). Mancher will sich nur dem Sozius seines Vertrauens offenbaren. Es kommt daher auf den Einzelfall an, BGH NJW 1995, 1841. Meist besteht ein Anscheinsbeweis für die Bevollmächtigung aller Sozien, BGH NJW 1995, 1841. Auch → „Pflichtanwalt", → „Prozesskostenhilfe".

Syndikus: → „Angestellter Anwalt".

Tod des Anwalts: → „Amtlich bestellter Vertreter".

Übermittlung: Bevollmächtigt ist auch der Anwalt, der die Sache nicht selbst bearbeitet, sondern der nur die Übermittlung eines Schriftsatzes übernimmt, BGH NJW 1984, 1992. Auch → „Unterbevollmächtigter".

Unterbevollmächtigter: Auch ein Unterbevollmächtigter ist „Bevollmächtigter" nach § 85, BGH AnwBl 2012, 659 und 660, wie überhaupt jeder andere Anwalt, den der von der Partei beauftragte Kollege bittet, die weitere Bearbeitung zu übernehmen, BGH NJW-RR 2004, 993; BAG NJW 1987, 1355. Aber auch → „Angestellter Anwalt".

Urkundsbeamter der Geschäftsstelle: Er ist auch dann kein Bevollmächtigter wenn er eine Zustellung vermittelt. Denn die Partei kann ihm nach § 168 keine bindende Weisung erteilen.

Urlaubsvertreter: Der vom Anwalt nach § 53 II 1 BRAO selbst bestellte Urlaubsvertreter ist Bevollmächtigter, BGH NJW 2001, 1575; Stgt MDR 2011, 1325.

Verkehrsanwalt: Er gilt grds. als Bevollmächtigter, BGH NJW 1997, 3245; Bauer/Fröhlich FamRZ 1983, 123. Das gilt auch beim ausländischen Verkehrsanwalt, BGH NJW-RR 1986, 288. Jedoch hat der ProzBev. und nicht der Verkehrsanwalt die Pflicht zu einem ordnungsgemäßen prozessualen Handeln gegenüber dem Prozessgericht, BGH NJW 1988, 1079. Der Verkehrsanwalt ist also insofern nicht der Erfüllungsgehilfe des ProzBev. Infolgedessen muss der ProzBev. ein Verschulden des Verkehrsanwalts nicht gegenüber der Partei vertreten, LG Regensb AnwBl 1982, 109.

Versicherung: Der vom Haftpflichtversicherer bestellte Anwalt ist Bevollmächtigter, BGH NJW 1991, 1177. Die Prozessführungsbefugnis des Haftpflichtversicherers nach § 5 Nr. 4 AHB erstreckt sich nicht auf einen Mitversicherten, BGH NJW-RR 1999, 1470. Auch → „Rechtsschutzversicherung".

Zulassung: Der nicht mehr Zugelassene ist kein Bevollmächtigter mehr, BGH VersR 2009, 282; aM AG Ludwigsb NJW-RR 2012, 1278. Den Rechtsanwalt trifft bei der Rückgabe der Zulassung kein Verschulden an dem dadurch notwendig gewordenen Anwaltswechsel, wenn er seine Zulassung aus achtenswerten Gründen aufgegeben hat und die Beendigung des Mandatsverhältnisses nicht vorhersehbar war, OVG Lüneb NJW 2021, 650; BeckRS 2014, 126764.

Zustellungsbeamter: Er ist kein Bevollmächtigter, mag es sich um einen Gerichtsvollzieher oder einen Postbediensteten handeln.

Zustellungsbevollmächtigter: Er ist Bevollmächtigter.

86 ***Fortbestand der Prozessvollmacht.*** **Die Vollmacht wird weder durch den Tod des Vollmachtgebers noch durch eine Veränderung in seiner Prozessfähigkeit oder seiner gesetzlichen Vertretung aufgehoben; der Bevollmächtigte hat jedoch, wenn er nach Aussetzung des Rechtsstreits für den Nachfolger im Rechtsstreit auftritt, dessen Vollmacht beizubringen.**

1 **I. Systematik.** §§ 86, 87 enthalten keine umfassende Regelung des Erlöschens der Prozessvollmacht. Die materiell-rechtliche Vollmacht erlischt nach den Vorschriften des materiellen Rechts. Die prozessuale Vollmacht und die materiell-rechtliche Vollmacht erlöschen nicht stets gleichzeitig. Dem trägt § 86 mit einer vorrangigen Sondervorschrift zusammen mit dem ergänzenden § 87 Rechnung.

2 **II. Regelungszweck.** Die Vorschrift hat mehrere Ziele. Prozessual hat die Rechtssicherheit verständlicherweise ein stärkeres Gewicht als materiell-rechtlich. Der Prozessgegner soll ebenso wie das Gericht von einer möglichst einfachen Lage bei der Beurteilung des Endes einer Prozessvollmacht ausgehen können. Auch soll der Prozess im Interesse der Prozesswirtschaftlichkeit möglichst fortlaufen können, BGH NJW 1993, 1645; BAG NZA 2000, 614. Dadurch entsteht tatsächlich oft eine außerordentlich schwierige Lage für den ProzBev. nach § 81. Er muss im Innenverhältnis oft nach den Regeln einer Geschäftsführung ohne einen klaren weiteren Auftrag durch die Rechtsnachfolger nach §§ 677 ff. BGB entscheiden.

3 **III. Geltungsbereich.** → Vor § 78 Rn. 6, → § 81 Rn. 4. Die Norm ist auf den Übergang des Vermögens einer BGB-Gesellschaft auf den letzten verbleibenden Gesellschafter entsprechend anwendbar, BGH BeckRS 2018, 15661; BGH NJW 2001, 1056.

IV. Erlöschen der Vollmacht. Die Prozessvollmacht erlischt nur in den folgenden Fällen: 4

1. Prozessbeendigung. Die Prozessvollmacht erlischt dann, wenn der Rechtsstreit endgültig endet, vorbehaltlich der Nachwirkungen in der Zwangsvollstreckung nach §§ 704 ff. oder einer etwaigen Wiederaufnahme des Verfahrens nach §§ 578 ff. Eine bloße Prozessabweisung etwa wegen einer Unzuständigkeit führt nicht zum Erlöschen der Prozessvollmacht, BGH NJW-RR 1991, 1214. Die bloße Beendigung dieser Instanz führt ebenfalls nicht zum Erlöschen der Vollmacht, BGH NJW-RR 1991, 1214. Der Anwalt der unteren Instanz bleibt dann mindestens zu folgenden Handlungen bevollmächtigt: Zum Empfang von Zustellungen nach § 172; zur Bestellung eines etwa anderen ProzBev. der höheren Instanz; zu einem Rechtsmittelverzicht nach §§ 515, 565; zu einer prozessmäßigen Vertretung; zu einer vollen Vertretung der Partei nach einer Zurückverweisung nach § 538. Wenn der Anwalt der höheren Instanz den Vertretungsauftrag des erstinstanzlichen Anwalts annimmt, erlischt dessen Prozessvollmacht, BGH VersR 1978, 722. 5

2. Kündigung. Die Prozessvollmacht erlischt ferner durch eine Kündigung der Partei, § 87. 6

3. Tod des Prozessbevollmächtigten. Die Prozessvollmacht erlischt ferner durch den Tod des ProzBev., Düss MDR 1989, 468. Eine Vertretungsbefugnis des bestellten Vertreters eines Anwalts nach § 53 BRAO erlischt zwar mit dem Tod des vertretenen Anwalts. Wenn der Vertreter Rechtshandlungen vor der Löschung des verstorbenen Anwalts in der Anwaltsliste vorgenommen hatte, sind solche Handlungen jedoch nach § 54 BRAO wirksam, soweit der Anwalt im Zeitpunkt ihrer Vornahme schon verstorben war, BGH NJW 1982, 2325 (Unanwendbarkeit des § 85 II). Dasselbe gilt dann, wenn die Landesjustizverwaltung den Vertreter etwa erst nach dem Tod des Anwalts bestellt hatte. Sie kann aber für den verstorbenen Anwalt auch einen Abwickler bestellen. Er gilt ohne Weiteres nach § 55 II BRAO für schwebende Angelegenheiten als bevollmächtigt, sofern die Partei nicht selbst für die Wahrnehmung ihrer Rechte gesorgt hat. 7

4. Vertretungsunfähigkeit. Die Prozessvollmacht endet dann, wenn der ProzBev. vertretungsunfähig wird. Hierzu gehören: Der Wegfall der Prozessfähigkeit, Mü NJW-RR 1989, 255 (§ 244); eine völlige Löschung; der Wegfall der Zulassung, BGH NJW-RR 2008, 1290; BAG NJW 2007, 3226; Zöller/Althammer Rn. 5; aM VGH Mannh NVwZ-RR 2002, 469. 8

5. Wegfall der materiell-rechtlichen Vollmacht. Die Prozessvollmacht erlischt schließlich, sobald eine umfassende materiell-rechtliche Vollmacht endet, aus der sich die Prozessvollmacht ableitete. 9

V. Kein Erlöschen der Vollmacht. Die Prozessvollmacht erlischt neben den in → Rn. 5–9 mitgenannten Fällen auch in den folgenden weiteren Fällen nicht. Es erfolgt keine Unterbrechung des Verfahrens. Der ProzBev. führt es vielmehr fort: 10

1. Tod des Vollmachtgebers. Trotz des Todes des Vollmachtgebers bleibt (nur) die rechtsgeschäftlich erteilte Prozessvollmacht bestehen, KG Rpfleger 1998, 530; LG Mül ZMR 2017, 813. Das gilt selbst dann, wenn die Klageerhebung nach §§ 253, 261 im Todeszeitpunkt noch nicht vorlag. Dann sind die Erben Kläger, BGH NJW 1993, 1654. Sie haben lediglich das Rubrum zu berichtigen, Mü MDR 1991, 672; Zöller/Althammer Rn. 8, 12. Das gilt auch dann, wenn der ProzBev. im Namen der unbekannten Erben klagt, Mü MDR 1991, 672. Eine Handlung des ProzBev. wirkt für und gegen die Erben. Das erstreckt sich auch auf die Einlegung eines Rechtsmittels, BGH NJW 1993, 1654; Mü MDR 1991, 673; Schlesw MDR 1986, 154. Daher ist § 579 I Nr. 4 unanwendbar, Schlesw MDR 1986, 154. Ein Urteil gegenüber einer verstorbenen Partei ist ein Urteil gegenüber den Erben. Nach diesen Grundsätzen ist auch den Wegfall einer Partei kraft Amts zu behandeln. 11

2. Erlöschen der Partei- oder Prozessfähigkeit der Partei. Die Prozessvollmacht erlischt nicht schon deshalb, weil die Partei inzwischen nach § 50 parteiunfähig geworden ist; für den Verlust der Parteifähigkeit gilt nämlich § 86 grds. entsprechend. Das ist auf jeden Fall gegeben, wenn die juristische Person eine Gesamtrechtsnachfolge erhalten hat, BGH NJW 2004, 1528 (Verschmelzung der GmbH während des Prozesses). Ebenso dürfte auch bei Vollbeendigung der juristischen Person aufgrund von Vermögenslosigkeit die erteilte Vollmacht entsprechend § 86 fortbestehen, MüKoZPO/Toussaint Rn. 4. Tritt aber der Verlust der Parteifähigkeit bei einer juristischen Person ein, bevor eine Vollmacht zur Durchführung einer Berufung erteilt worden ist, ist für eine entsprechende Anwendung des § 86 kein Raum, Oldb NJW-RR 1996, 160. Der Wegfall der Prozessfähigkeit ist für den Rechtsstreit dann ohne Bedeutung, wenn die nicht mehr prozessfähige Partei einem ProzBev. wirksam Prozessvollmacht erteilt hat, da diese nach § 86 weiterwirkt. Dies gilt auch dann, wenn bereits vor Klageerhebung kein gesetzlicher Vertreter mehr vorhanden ist, die Vollmacht aber vorher erteilt war, BGH NJW 1993, 1654; BAG DB 2003, 2660; BayObLG Rpfleger 2004, 707; Drsd NZG 2020, 958; Mü WM 2017, 1416; Brdb MDR 2016, 1273; a.M Zöller/Althammer Rn. 9. Das gilt etwa dann, wenn die Partei nach der Bevollmächtigung geisteskrank geworden ist, BGH NJW 1983, 997; BAG NZA 2000, 614, wenn sie im Handelsregister gelöscht wurde, BGH NJW-RR 1994, 542; BAG DB 2003, 2660; BayObLG FGPrax 2004, 298, beim Ende der Parteistellung kraft Amts, oder dann, wenn eine Betreuung nach § 56 notwendig wird, Bork MDR 1991, 99. Es ist unerheblich, ob der Verlust der Prozessfähigkeit zwar nach der Vollmachtserteilung eingetreten ist, aber dann vor oder nach der Rechtshängigkeit, BGH NJW 1993, 1654; BayObLG FGPrax 2004, 298. Etwas anderes gilt im Prozess gegen den früheren Bevollmächtigten, LG Augsb JurBüro 1998, 480. 12

3. Änderung der Rechtsform, Wegfall des gesetzlichen Vertreters. Der Wegfall des gesetzlichen Vertreters der Partei hat auf die vorher wirksam erteilte Prozessvollmacht keinen Einfluss, BGH BeckRS 2022, 20178 Rn. 22; NJW 1993, 1654; Karlsr OLGR 2004, 534. Das gilt unabhängig davon, aus welchem Grund der gesetzliche Vertreter weggefallen ist. Auch eine Änderung der Rechtsform etwa wegen einer Verschmelzung stört nach § 86 grundsätzlich nicht, BGH NJW 2004, 1528. 13

4. Wegfall der Prozesskostenhilfe. Eine Aufhebung der Bewilligung einer Prozesskostenhilfe nach § 124 hat auf eine einmal wirksam erteilte Prozessvollmacht keinen Einfluss. 14

5. Insolvenz. Die wirksam erteilte Prozessvollmacht erlischt im Hinblick auf § 117 InsO, wenn über das Vermögen des Vollmachtgebers das Insolvenzverfahren eröffnet wird, BGH BB 1998, 2177; NJW-RR 1989, 183 (jeweils zur KO); Karlsr NZI 2005, 39; Musielak/Voit/Weth Rn. 4. 15

VI. Auftreten nach einer Aussetzung oder Unterbrechung. Wenn der ProzBev. im Anschluss an eine Aussetzung des Verfahrens nach § 246 oder anschließend an eine Unterbrechung des Verfahrens nach §§ 239–241, 244 für den Rechtsnachfolger auftritt, muss er eine neue Prozessvollmacht dieses Rechtsnachfolgers 16 von § 88 beibringen. Das gilt nach dem klaren Wortlaut des Hs. 2 schon unabhängig davon, ob der Gegner das Fehlen rügt, erst recht aber natürlich aufgrund einer solchen Rüge, LG Bln ZMR 1992, 26. Die Vorschrift betrifft nur den Nachweis der Vollmacht, nicht deren Fortdauer, LG Gött Rpfleger 1990, 91. Eine einstweilige Zulassung erfolgt nach § 89.

87 *Erlöschen der Vollmacht.* **I Dem Gegner gegenüber erlangt die Kündigung des Vollmachtvertrags erst durch die Anzeige des Erlöschens der Vollmacht, in Anwaltsprozessen erst durch die Anzeige der Bestellung eines anderen Anwalts rechtliche Wirksamkeit.**

II Der Bevollmächtigte wird durch die von seiner Seite erfolgte Kündigung nicht gehindert, für den Vollmachtgeber so lange zu handeln, bis dieser für Wahrnehmung seiner Rechte in anderer Weise gesorgt hat.

1 **I. Systematik.** Der Vollmachtgeber und der Bevollmächtigte können den materiell-rechtlichen Geschäftsbesorgungsvertrag jederzeit aufkündigen. Das Gesetz spricht ungenau von einem Vollmachtsvertrag, Schmellenkamp AnwBl 1985, 14. Eine solche Kündigung wirkt nach § 168 S. 1 BGB im Innenverhältnis sofort. Sie kann aber bei einer unzeitigen Erklärung eine Schadensersatzpflicht auslösen. § 87 trifft in einer Ergänzung von § 86 für die prozessuale Wirkung einer Kündigung dem Gericht und dem Gegner gegenüber eine besondere Regelung. § 117 I InsO mit seinem Erlöschen jeder Vollmacht durch eine Insolvenzeröffnung geht vor, → § 86 Rn. 15.

2 **II. Regelungszweck.** Es gelten ähnliche Erwägungen wie bei → § 86 Rn. 2. Der Fortgang des Prozesses soll insbesondere für den Gegner ohne Schwierigkeiten möglich bleiben, BGH NJW-RR 1994, 760; BPatG GRUR 2002, 370; Köln MDR 2018, 696. Das ist eine Folge des Abstraktionsprinzips, Hamm NJW 1992, 1175.

3 Eile und Notlage sind Ausgangslagen für den Zweck von II. Die Vorschrift spricht zwar zurückhaltend nur vom Fehlen einer Hinderung. Sie erfasst aber nicht nur ein Recht, sondern evtl. auch eine Pflicht des bisherigen ProzBev. nach § 81, zB wegen eines unmittelbar bevorstehenden Fristablaufs das zur Fristwahrung vermeintlich vom bisherigen Auftraggeber noch Gewünschte rechtzeitig wirksam zu tun. Das gilt auch dann, wenn eine eigene Kündigung des ProzBev. unwirksam war. Jedenfalls muss man eine Abwägung aus der Sicht eines verantwortungsbewussten ProzBev. vornehmen, um eine richtige Auslegung zu finden, BGH NJW 1975, 121.

4 **III. Geltungsbereich.** Zunächst → Vor § 78 Rn. 6, → § 81 Rn. 4. Manche entnehmen dem § 87 den allgemeinen Gedanken, dass ein materiell-rechtlicher Beendigungsgrund der Vollmacht schlechthin auch für die prozessuale Vollmacht gelten solle, da prozessual wie materiell-rechtlich nach § 170 BGB eine Anzeige des Erlöschens erforderlich sei. Damit verwischt man aber die Grenze zwischen dem Außen- und Innenverhältnis. Der Abbruch des Kontakts zwischen dem Auftraggeber und dem Bevollmächtigten bedeutet nicht ohne Weiteres eine Kündigung, BGH VersR 1977, 334; Schmellenkamp AnwBl 1985, 14. Ebenso wenig bedeutet eine Aufhebung der Prozesskostenhilfe nach § 124 ohne Weiteres eine Kündigung. I gilt entsprechend vor dem ArbG, BAG NZA 2021, 75 (80); NZA 2018, 677; LAG Ffm BB 1980, 891, und vor dem BFH, BFH NJW 1979, 888, sowie (jetzt) direkt im WEG-Verfahren, (je zum alten Recht) KG ZMR 1998, 514; aM BayObLG NJW-RR 1999, 1686. I gilt auch im Patentnichtigkeitsverfahren, BGH GRUR 1996, 757; BPatG GRUR 2002, 370. Im Markenverf. gilt der ähnliche § 96 IV MarkenG, BPatG GRUR 2009, 190. Unanwendbar ist § 87 im Insolvenzverf. in den Grenzen von §§ 115 ff. InsO, BGH NJW-RR 1989, 183; Brdb NJW-RR 2002, 265, sowie beim Zulassungsende, Köln OLGR 2008, 571.

5 **IV. Wirksamwerden der Kündigung, I.** Der Vollmachtgeber kann durch eine formlose Erklärung gegenüber dem Bevollmächtigten kündigen. Dasselbe gilt umgekehrt, BGH VersR 1977, 334. Damit wird die Kündigung im Innenverhältnis gegenüber dem Vertragspartner sogleich wirksam. Das gilt auch für § 85 II, BGH VersR 1983, 540. Der Prozessgegner braucht die Kündigung aber im Außenverhältnis erst dann zu beachten, wenn er im Parteiprozess von der Kündigung eine Anzeige erhielt, BGH NJW 1980, 2310; Kblz NJW-RR 1997, 1023; BAG NZA-RR 2020, 641; OVG Brem NVwZ-RR 2017, 168. Prozesshandlungen des ProzBev. sind trotz Kündigung des Mandatsverhältnisses wirksam, da die Kündigung nach I erst durch die Anzeige des Erlöschens der Vollmacht Wirksamkeit erlangt, BGH FamRZ 2020, 118; BAG NZA-RR 2020, 641; dies gilt auch gegenüber dem Gericht, BGH NJW 1980, 999. Im Anwaltsprozess muss dem Gegner für das Hauptverfahren nach § 15 I BORA außerdem die Bestellung eines neuen, mit seinem Namen benannten Anwalts mitgeteilt worden sein, BGH NJW 2020, 1134; FamRZ 2020, 118; NJW 2007, 2124; Kblz NJW-RR 1997, 1023; Zweibr FER 1999, 130. Entsprechendes gilt grds. auch für die Wirkung gegenüber dem Gericht, BGH NJW 2020, 1134; FamRZ 2004, 865; BAG NJW 1982, 2520; Zweibr FER 1999, 130. Wird das Erlöschen nur dem Gericht oder nur dem Gegner mitgeteilt, ist es nur im Verhältnis zum jeweiligen Erklärungsgegner zu beachten, BGH NJW-RR 2020, 1191. Die Vertretungsmacht des Verwalters und die Vollmacht des Anwalts für einen Wohnungseigentümer enden erst, wenn dieser dem Gericht die Selbstvertretung und die Kündigung in einer I genügenden Form mitgeteilt hat, BGH NJW 2020, 1134. Die Anzeige darf durch die Partei oder durch deren bisherigen ProzBev. erfolgen, Schlesw JurBüro 1987, 1548. Sie wirkt nur gegenüber ihrem Empfänger.

V. Beispiele zur Frage der Wirksamkeit einer Kündigung, I

6 **Beiordnung:** Eine gerichtliche Beiordnung zB nach § 121 ändert an I nichts.

Bezeichnung: Der neue ProzBev. ist schon wegen § 172 genau zu bezeichnen, BGH NJW 1985, 1186.

Fehlen einer Anzeige: Wenn eine Anzeige der Kündigung oder ein isolierter Widerruf der Prozessvollmacht fehlt, gelten der alte und der neue ProzBev. als bevollmächtigt, BAG NZA 2021, 75 (80); Hamm Rpfleger 1978, 422.

Fristwahrung: Bis zum Eintritt der Wirkung ist der bisherige Bevollmächtigte befugt und zB zu einer Fristwahrung verpflichtet, Karlsr NJW-RR 2004, 2324; VGH Mannh NJW 2004, 2916. Auch → „Zustellung".

Gerichtshinweis: Er erfolgt bis zur Anzeige der Kündigung an den bisherigen ProzBev., BGH NJW-RR 2008, 78.

Irrtum: Nur wenn ein Irrtum des bisherigen ProzBev. dem Gegner und dem Gericht ganz offensichtlich war, fordern Treu und Glauben die irrig erfolgte vollmachtlose Prozesshandlung dieses früheren ProzBev. als unwirksam zu behandeln, BGH VersR 1990, 329.

Kostenfestsetzung: Für das Verfahren nach §§ 103 ff. ist der Anwalt kein ProzBev. mehr, der den Auftrag niedergelegt hat. Denn bei diesem Verfahren vor dem Rpfl. besteht kein Anwaltszwang, → § 78 Rn. 45. Das gilt selbst dann, wenn der Hauptprozess dem Anwaltszwang unterlag, Karlsr OLGR 1998, 56; Köln Rpfleger 1992, 242; aM Brem NJW-RR 1986, 358; Celle Nds. Rpfleger 1977, 21.

Ladung: Nach wirksamer Ladung des bisherigen ProzBev. braucht keine zusätzliche Ladung an den neuen zu erfolgen, OVG Hmb AnwBl 2015, 349.

Mehrheit von Prozessbevollmächtigten: Die Rechtsmitteleinlegung eines von mehreren selbständigen ProzBev. mit nur seiner Bezeichnung im Rubrum ist keine Anzeige des Erlöschens der Vollmacht des oder der Kollegen, Brem FamRZ 2006, 964. Das gilt auch für die Zustellung des Urteils, das den Rechtszug abschließt, BGH VersR 1987, 989. Denn es gilt bis zur endgültigen Beendigung des dem Anwaltszwang unterliegenden Rechtsstreits, BPatG GRUR 2009, 190.

Nebenverfahren: Es gilt dasselbe wie bei → „Kostenfestsetzung", Kblz NJW-RR 1997, 1023 (Auslegung); LG Ansbach DGVZ 1983, 78; LG Trier Rpfleger 1988, 29.

Niederlegung des Mandats: Nach einer Mandatsniederlegung des Rechtsmittelanwalts muss sich das Rechtsmittelgericht an den vorinstanzlichen ProzBev. wenden, BGH FamRZ 2007, 1725: aM Köln MDR 2018, 696.

Parteiantrag: Der bloße Umstand, dass eine im Parteiprozess anwaltlich vertretene Partei später während der Rechtsstreits oder erst in der Zwangsvollstreckung nach §§ 704 ff. selbst einen Antrag einreicht, lässt sich nur unter einer Berücksichtigung aller Umstände darauf beurteilen, ob eine Kündigung vorliegt, Kblz NJW-RR 1997, 1023; aM LG Bln MDR 1994, 307.

Postulationsfähigkeit: Im Anwaltsprozess muss auch der neue ProzBev. postulationsfähig sein, BGH NJW 2007, 2125; Köln OLGR 2008, 571.

Praxisabwickler: Er gilt solange als bevollmächtigt, bis die Anzeige der Bestellung eines anderen Anwalts nach § 172 vorliegt.

Schlüssige Handlung: Als Anzeige genügt eine stillschweigende, ausreichend schlüssige Handlung, LG Trier Rpfleger 1988, 29, etwa die Zustellung eines solchen Schriftsatzes, in dem der neue Anwalt als ProzBev. anstelle des alten und nicht etwa nur neben diesem auftritt, BGH FamRZ 2004, 865; Kblz NJW-RR 1997, 1023 (Auftreten im Nebenverfahren reicht nicht); Ffm Rpfleger 1986, 391; großzügiger BSG NJW 1990, 600; strenger Brem OLGR 2006, 419.

Verweisung: Nach einer Verweisung nach §§ 281, 506 an das LG ist die Kündigung der Vollmacht des Anwalts deshalb nicht mehr sofort wirksam. Denn er ist auch bei diesem LG postulationsfähig. Dann muss man daher jetzt ebenfalls keine Anzeige von der Bestellung eines anderen Anwalts machen.

Zustellung: Bis zum Eintritt der Wirkung muss das Gericht eine Zustellung noch an den bisherigen ProzBev. nach § 172 richten, BVerfG Rpfleger 1983, 116 (auch zu einer Ausnahme); BGH NJW 2008, 234; Köln JurBüro 1992, 245. Dies gilt auch für die Zustellung eines den Rechtszug abschließenden Urteils, BGH BeckRS 2022, 3794 Rn. 28; NJW 1975, 120. Hierbei ist jedoch auch § 174 zu beachten, Düss OLGR 2001, 280.

Zwangsvollstreckungsverfahren: Das Zwangsvollstreckungsverfahren gehört nach § 172 I 3 zum ersten Rechtszug, weshalb Zustellungen in diesem Verfahren auch nach dem Erlöschen der Vollmacht nach § 87 an den ProzBev. des ersten Rechtszug erfolgen können, Ffm NJW-RR 2020, 384.

VI. Fortwirken der Vollmacht, II. Die Vorschrift ist eine Ausnahme von der Regel des I, Schmellenkamp AnwBl 1985, 16. Der bisherige ProzBev. darf bis zum Wirksamwerden der Kündigung nach I wie ein Bevollmächtigter weiter für die Partei sorgen, BGH NJW 1995, 537; BAG NJW 1982, 2519; KG ZMR 1998, 514. Das gilt sogar nach der Löschung des Auftraggebers im Handelsregister, Hmb MDR 1986, 324. Er ist zu einer solchen Tätigkeit zwar keineswegs prozessual verpflichtet, BGH NJW 1980, 999; Brem NJW-RR 1986, 359. Er ist dazu aber evtl. materiell-rechtlich verpflichtet. Soweit er tätig wird, kann er auch haften, Brem NJW-RR 1986, 359. Er muss zB den früheren Auftraggeber von einer noch nach § 172 an ihn erfolgten Zustellung unterrichten, BGH NJW 1980, 999; Ffm NJW-RR 2020, 384; Schmellenkamp AnwBl 1985, 15. Diese Auslegung des Umfangs der Vollmacht nach I verletzt nicht das Recht der Berufsfreiheit des bisherigen ProzBev. Der Fortbestand der Pflicht zur Weiterleitung mag zwar lästig sein; der Eingriff ist jedoch zur Sicherstellung der Rechtspflege erforderlich und verhältnismäßig, Ffm NJW-RR 2020, 384. Eine Zustellung darf bis zum Wirksamwerden der Kündigung an ihn erfolgen. Das gilt auch bei einer Verweisung, Köln FamRZ 1989, 1278. Er kann noch ein Rechtsmittel einlegen und begründen, BGH NJW 1995, 327, oder zurücknehmen, BGH FamRZ 1990, 388 (auch zu einer Ausnahme); BAG NJW 1982, 2520. Eine Zustellung kann der bisherige ProzBev. bis zur Wirksamkeit der Kündigung ebenfalls noch wirksam vornehmen. 7

88 *Mangel der Vollmacht.* **I Der Mangel der Vollmacht kann von dem Gegner in jeder Lage des Rechtsstreits gerügt werden.**

II Das Gericht hat den Mangel der Vollmacht von Amts wegen zu berücksichtigen, wenn nicht als Bevollmächtigter ein Rechtsanwalt auftritt.

I. Systematik. An die Vorschriften über die Vollmacht (§§ 80 ff) schließen sich systematisch die Regelung über deren Mangel (§ 88) und deren Folgen (§ 89) an. § 88 erfasst alle Arten von Mängeln. Ein Mangel der Vollmacht liegt dann vor, wenn man eine Vollmacht entweder in keinem Zeitpunkt wirksam erteilt hatte, wenn man sie wirksam widerrufen hatte, wenn sie sonst wie erloschen ist, wenn man sie nach § 83 zulässig beschränkt hatte oder wenn der Bevollmächtigte sie nicht nach § 80 nachgewiesen hatte, BGH NJW-RR 2002, 933; MDR 1977, 1006; Brschw. BeckRS 2020, 12173 = NZG 2020, 1182 (Ls..); Pawlowski DGVZ 1994, 179. Ein Mangel der Vollmacht liegt auch dann vor, wenn man nicht erkennen kann, wer wen wozu bevollmächtigt hat, BFH BB 1984, 2052. Das gilt auch für eine Untervollmacht. Alle fünf Fälle stehen gleich. Nicht § 88, sondern § 56 ist dann anwendbar, wenn ein nach § 51 falscher gesetzlicher Vertreter den ProzBev. bestellt hat. Wirksam ist aber auch der Abschluss eines Prozessvergleichs durch einen Anwalt, den ein Angestellter der Partei bevollmächtigt hatte und den man nach den Regeln einer Anscheinsvollmacht als einen vertretungsberechtigten Mitarbeiter der Partei ansehen musste. Im Mahnverfahren gilt § 703. Wegen der Rechtsnatur der Prozessvollmacht → § 80 Rn. 6. 1

2 **II. Regelungszweck.** Die Vorschrift regelt, wann und unter welchen Voraussetzungen die Gerichte den Mangel der Vollmacht prüfen müssen. Sie dient einerseits der Rechtssicherheit, denn sie verhindert, dass als Parteivertreter ein Unbefugter auftritt und bis zur Erwirkung einer Rechtskraft nach §§ 322, 329, 705 etwas herbeiführt, was die Partei nicht weiß oder will. Die Feststellung der Bevollmächtigung liegt auch im öffentlichen Interesse und in dem des Prozessgegners, der nach I in jeder Lage des Prozesses den schriftlichen Nachweis der Vollmacht, § 80, verlangen kann, Brschw. BeckRS 2020, 933. Grds. hat auch das Gericht nach II eine ordnungsgemäße Bevollmächtigung von Amts wegen zu prüfen, es sei denn, die Vollmacht ist einem Rechtsanwalt erteilt, der als unabhängiges Organ der Rechtspflege nach § 1 BRAO ein besonderes Vertrauen genießt, BVerwG NZA-RR 2011, 51. Seit dem 1.1.2021 sind nun auch Inkassodienstleister, die als Bevollmächtigte nach § 79 II 2 Nr. 4 auftreten, bei der Zwangsvollstreckung wegen Geldforderungen in das bewegliche Vermögen gem. § 753a von der Vollmachtsvorlage befreit, BGH BeckRS 2022, 14800 Rn. 14.

3 **III. Sachlicher Geltungsbereich.** Die Vorschrift ist grundsätzlich in allen Verfahren nach der ZPO und in allen Stadien anwendbar, BGH NJW 2002, 1958. § 703 hat jedoch Vorrang. Sie gilt auch bei §§ 103 ff., Kblz MDR 2015, 1152. Sie gilt auch im WEG-Verfahren. Auch in der Zwangsvollstreckung nach §§ 704 ff.; bei einer Teilungsversteigerung gilt § 88, aM LG Saarbr Rpfleger 1987, 211 (abl. Mayer). I, II sind im arbeitsgerichtlichen Urteilsverfahren wie im Beschlussverfahren anwendbar, BAG NZA-RR 2020, 641; NZA 2020, 329; Lorenz BB 1977, 1003; Philippsen NJW 1977, 1133. Wird ein Rechtsanwalt mit der Prozessführung beauftragt, ist die ordnungsgemäße Erteilung der Vollmacht nach II allerdings grds. nur auf Rüge eines Verfahrensbeteiligten zu prüfen, BAG NZA-RR 2020, 641; NZA 2020, 329; NZA-RR 2014, 196. Im FamFG-Verfahren gilt der inhaltlich fast völlig gleiche § 11 S. 2, 3 FamFG, (zum alten Recht) LG Bonn AnwBl 1983, 519. II ist im Grundbuchverfahren unanwendbar, Weber Rpfleger 2009, 84. I, II sind im sozialgerichtlichen Verfahren iVm § 202 SGG entsprechend anwendbar, LSG Bln NJW 1989, 191. Wegen II im finanzgerichtlichen Verfahren BFH NJW 2003, 2703. Das Finanzamt prüft jedoch das Vorliegen einer Vollmacht stets von Amts wegen, BFH BB 1981, 1568. Im VwGO-Verfahren gilt § 88 nicht, BVerwG NVwZ-RR 2017, 431.

4 **IV. Persönlicher Geltungsbereich.** Die Vorschrift gilt grundsätzlich für jeden deutschen Anwalt. Ihm steht ein Kammerrechtsbeistand nach §§ 1 II 1, 3 I Nr. 1 RDGEG, § 209 BRAO gleich. Unabhängig von der Frage der Vollmacht muss ein ausländischer Anwalt aus einem Land der EU dem Gericht auf dessen Verlangen seine Berechtigung nach dem EuRAG nachweisen, Vor § 78 Anh. gilt auch bei einem Dritten, Kblz MDR 2015, 1152. Unanwendbar ist II auf einen Inkassounternehmer, AG Hann NJW 2010, 3313.

5 **1. Fehlen der Vollmacht im Anwaltsprozess.** Das Gericht prüft grundsätzlich erst dann nach, ob die Vollmacht im Anwaltsprozess wirksam vorliegt, wenn der Gegner diese Vollmacht vor Gericht rügt, BGH VersR 1980, 90; BAG NZA 2004, 338; Hmb WettbR 1999, 170. Die Prüfung findet nach einer solchen Rüge allerdings auch dann statt, wenn der Gegner im Verhandlungstermin nunmehr nach §§ 330 ff. säumig ist. Die Prüfung findet nach einer Rüge selbst dann statt, wenn für den gegenwärtigen Verfahrensabschnitt kein Anwaltszwang mehr besteht. Das gilt etwa dann, wenn ein nicht nach § 81 prozessbevollmächtigter Anwalt außerhalb des Anwaltszwangs auftritt, etwa im Kostenfestsetzungsverfahren nach § 103. Eine ausländische Partei muss nach § 184 GVG zum Nachweis deutschsprachige Urkunden vorlegen, Kblz JurBüro 2010, 547.

6 Ausnahmsweise von Amts wegen findet die Prüfung nach I statt, soweit der Anwalt selbst ernsthafte Zweifel an seiner eigenen Bevollmächtigung weckt, BGH NJW 2001, 2095; BFH NJW 2001, 2912. Eine Nichtvorlage bedeutet nicht stets, dass ein Mangel der Vollmacht vorliegt, VerfGH Mü NJW-RR 2013, 893.

7 **2. Rüge.** Die Rüge ist eine notwendige Prozesshandlung, BVerwG NVwZ-RR 2017, 431; LG Offenburg Rpfleger 2011, 398. Sie und ihre Prüfung sind in jeder Lage des Verfahrens zulässig, BGH NJW 2013, 3098; VerfGH Mü NJW-RR 2013, 893; Hmb NJW-RR 1988, 1183. Einer Vollmachtsrüge ist im Zuständigkeitsbestimmungsverfahren nach § 36 I nicht nachzugehen, da die Zulässigkeit im Bestimmungsverfahren nicht zu prüfen ist, BayObLG BeckRS 2019, 32701 Rn. 13 = WuW 2020, 95. Die Rüge ist auch seitens einer anwaltlich vertretenen Partei statthaft, Köln ZMR 1992, 388. Es muss der Grundgedanke des § 282 auch hier gelten.

3. Beispiele zur Frage einer Rüge, I

8 **Anhängigkeit:** Unstatthaft ist die Rüge schon vor der Klageerhebung nach §§ 253, 261. Denn in diesem Zeitpunkt darf das Gericht noch nicht prüfen, ob alle Prozessvoraussetzungen vorliegen, weil noch kein Prozessrechtsverhältnis entstanden ist. Es tritt ja erst mit der Rechtshängigkeit ein.

Arglist: → „Rechtsmissbrauch", → „Verspätung".

Arrest, einstweilige Verfügung: Statthaft ist die Rüge auch im Eilverfahren nach §§ 916 ff., 935 ff., Hmb WettbR 1999, 170.

Bedingung: Eine bedingte Rüge ist unstatthaft, Kblz OLGR 1998, 70.

Berufung: Statthaft ist die Rüge auch im Verfahren nach §§ 511 ff., Mü OLGZ 1992, 217; Hmb NJW-RR 1988, 1183. Auch → „Wiederholung".

Beschwerde, Rechtsbeschwerde: Statthaft ist die Rüge auch in den Verfahren nach §§ 567 ff., 574 ff. Auch → „Wiederholung".

Genehmigung: → „Heilung".

Haftbefehlsantrag: Bei einem Antrag nach § 802g ist grds. eine Rüge möglich, AG Kiel NJW-RR 2022, 353 Rn. 16 ff.; → „Zwangsvollstreckungsverfahren".

Heilung: Ein Mangel der Vollmacht ist grds. heilbar.

Kostenfestsetzung: Statthaft ist die Rüge grds. auch im Verfahren nach §§ 103 ff., BGH NJW 2011, 3722 (auch zu den Grenzen); Kblz NJW-RR 1997, 1023; Bbg JurBüro 1977, 1440; aM Hamm OLGR 2005, 386; LG Bonn AnwBl 1983, 519.

Parteiwechsel: Statthaft ist die Rüge auch nach einem Parteiwechsel, Zweibr NJW-RR 2001, 359.

Prozesskostenhilfe: Statthaft ist die Rüge auch im Verfahren nach §§ 114 ff.

Rechtshängigkeit: → „Anhängigkeit".

Rechtsmissbrauch: Willkürliche Nichtberücksichtigung der Rüge fehlender Prozessvollmacht ist unstatthaft, VerfGH Mü NJW-RR 2013, 893. Auch → „Verspätung".

Revision: Statthaft ist die Rüge auch im Verfahren nach §§ 542 ff., BGH NJW 2002, 1957 (auch nach der Unterlassung einer Rüge im Berufungsverfahren); BFH BB 1984, 2249. Auch → „Wiederholung".

Rücknahme: Sie ist statthaft, Köln ZMR 1992, 387.
Untervollmacht: Die Prüfung erstreckt sich auch auf eine oder mehrere Untervollmachten, BGH NJW-RR 2002, 933.
Verspätung: Unstatthaft sein kann die Rüge bei einer Arglist wegen Verspätung, LG Münst MDR 1980, 854.
Verzicht: Unwirksam ist ein Rügeverzicht, Mü OLGZ 1992, 217.
Wiederholung: Nicht erforderlich ist eine Wiederholung der Rüge in einer höheren Instanz, BGH NJW-RR 1986, 1253.
Zwangsvollstreckungsverfahren: Die Vollmachtrüge ist im Zwangsvollstreckungsverfahren bei Rechtsanwälten, Verbraucherzentralen und Inkassounternehmen unbeachtlich; davon ausgenommen sind lediglich Anträge nach § 802g wegen ihrer besonderen Bedeutung; AG Kiel NJW-RR 2022, 353 Rn. 17, 22.

4. Fehlen der Vollmacht im Parteiprozess, II. Der Wortlaut des II sieht eine Ausnahme nur für RA vor, deren Vollmacht danach nur auf Rüge nach I zu überprüfen ist. Dies ist Ausdruck des Vertrauens in die Anwälte als Organe der Rechtspflege, BGH BeckRS 2022, 14800 Rn. 14 = WM 2022, 1341; BeckOK ZPO/Piekenbrock Rn. 1. Eine Erweiterung dieser Ausnahmeregelung des II für Inkassodienstleister kommt nicht in Betracht, da keine planwidrige Regelungslücke vorliegt, BGH NJOZ 2022, 338 Rn. 18. Für einen vom Gläubiger bevollmächtigten Inkassodienstleister gilt im Rahmen von §§ 80, 88 II nichts anderes als für sonstige nichtanwaltliche Vertreter, BGH NJOZ 2022, 338 Rn. 16. Wenn ein Anwalt oder ein Dritter im Parteiprozess als ProzBev. oder als Unterbevollmächtigter auftritt, muss das Gericht das Fehlen der Vollmacht nach II erst aufgrund einer Rüge nach denselben Grundsätzen wie das Fehlen der Vollmacht im Anwaltsprozess prüfen. Es kann auch ein anderer als ProzBev. oder als ein Unterbevollmächtigter auftreten, Uhlenbruck MDR 1978, 9, etwa ein Referendar, ein Assessor, der Sachbearbeiter oder Abteilungsleiter, auch der Leiter einer Behörde oder ein Bürovorsteher. Dann muss das Gericht den Mangel der Vollmacht von Amts wegen beachten. Denn in diesem letzteren Fall ist eine Rüge nur eine zusätzliche Anregung. Das Gericht muss die Einreichung der schriftlichen Vollmachtsurkunde im Original nach § 80 verlangen, BGH NJW-RR 1986, 1252; Brschw BeckRS 2020 12173; Hamm NJW 1979, 2316; Köln Rpfleger 1976, 102. Es muss nicht selten die Vorlage einer ganzen Vollmachtkette fordern, und zwar nach → § 80 Rn. 19 f. im Original, BGH NJW-RR 2002, 933; Hmb WettbR 1999, 170; Köln Rpfleger 1976, 103. Bei Unterbevollmächtigten ist der Nachweis in der Weise zu führen, dass seine Vertretungsmacht bis auf die Partei zurückgeführt werden kann, BGH NJW-RR 2002, 933; Brschw BeckRS 2020, 12173 = NZG 2020, 1182 (Ls..). Das Gericht darf eine Terminsbestimmung nach § 216 nur dann ablehnen, wenn feststeht, dass sich der Mangel nicht beheben lässt. Das Gericht muss den Mangel der Vollmacht in jeder Lage des Verfahrens berücksichtigen, BGH NJW 2002, 1957. 9

Die Vorschrift gilt zwingend. Daher kann man nach → Rn. 2 auf ihre Einhaltung nicht wirksam verzichten, Mü OLGZ 1992, 217. Das Berufungsgericht muss von Amts wegen die Vollmacht des erstinstanzlichen ProzBev. nachprüfen, BGH BeckRS 2022, 20178 Rn. 15; NJW-RR 2002, 933; NJW 2001, 2096. Das Vollstreckungsgericht nach §§ 764, 802 braucht an sich die Vollmacht dann nicht von Amts wegen nachzuprüfen, wenn ein Anwaltsprozess vorausgegangen war. Wenn sich der Auftretende auf eine Untervollmacht seitens seines Anwalts beruft, muss das Gericht von Amts wegen nur überprüfen, ob die Untervollmacht vorliegt, nicht auch, ob der Anwalt seinerseits eine Hauptvollmacht hat, aM FG Bln EFG 1981, 189. 10

V. Mängelprüfung im Einzelnen. Es kommt darauf an, ob ein Mangel behoben werden kann. 11

1. Verfahren. Das Gericht muss den angeblich Vollmachtlosen zur Verhandlung über die Frage des Vorliegens einer Vollmacht zulassen, BGH NJW 2002, 1957. Es gibt keine Amtsermittlung. Wenn sich ein Mangel der Vollmacht nicht beheben lässt, muss das Gericht sofort eine abschließende Entscheidung zur Frage der Vollmacht treffen, GemS OGB BGHZ 91, 111 = BeckRS 1984, 3118; BayObLG NJW 1987, 137. Wenn die Behebung des Mangels möglich ist, darf das Gericht zwar grundsätzlich ebenfalls sofort zur Frage der Vollmacht entscheiden, etwa bei einer erheblichen prozessualen Nachlässigkeit. Es sollte das aber nicht tun, soweit kein nennenswerter Nachteil aus der Verzögerung droht, auch wegen seiner Fürsorgepflicht. 12

Das Gericht sollte vielmehr den Parteivertreter durch einen Beschluss nach § 329 stillschweigend einstweilen zulassen, Kblz NJW-RR 2006, 377, oder ihm eine Frist zur Behebung des Mangels setzen und das weitere Verfahren bis zum Fristablauf vertagen, Ffm OLGZ 1980, 281. Das gilt auch nach einem durch ein Nachreichen der Vollmacht bedingten Prozessvergleich. Im Eilverfahren nach §§ 916, 935 ff. kommt allerdings nach dem Verhandlungsschluss nach §§ 136 IV, 296a keine Nachfrist in Betracht. Die Fristsetzung erfordert eine volle Unterschrift. Ein Handzeichen genügt nach → § 329 Rn. 13 nicht, BFH BB 1983, 1335; Karlsr NJW-RR 2004, 1507; Woerner BB 1984, 2053. 13

2. Unterbevollmächtigung. Das Gericht darf nicht etwa aufgrund der telefonischen Bitte des ProzBev. diesem erst im Sitzungssaal einen zufällig anwesenden Rechtsanwalt (sog. „Fluranwalt") als Unterbevollmächtigten bestellen, schon gar nicht gegen den Willen des Prozessgegners, Schneider MDR 1983, 187. Dies gilt aber nicht, wenn die Rüge der mangelhaften Vollmacht erst nach einer Verhandlung zur Sache erfolgt war. Das Gericht darf den Vertreter nach § 89 vorläufig zulassen. Es darf also in eine Sachverhandlung eintreten. Das Gericht ermittelt den Sachverhalt nicht etwa von Amts wegen, sondern weist nur auf seine Bedenken hin. Der Vertreter muss seine Vollmacht vielmehr nachweisen. 14

3. Nachweiszeitpunkt. Maßgebender Zeitpunkt für den Nachweis ist der Schluss der mündlichen Verhandlung, §§ 136 IV, 296a, BFH BB 1988, 332; Hmb WettbR 1999, 170. Im schriftlichen Verfahren nach §§ 128 II, 495a S. 1 ist der maßgebende Zeitpunkt derjenige der Hinausgabe der Entscheidung zur Zustellung. Das gilt auch bei einer Beschwerde. Ein Mangel der Vollmachtserteilung im Zeitpunkt einer früheren Prozesshandlung bleibt dann außer Betracht, wenn die Partei später eine wirksame Prozessvollmacht nach § 80 erteilt hat. Denn diese spätere Erteilung hat frühere Mängel kraft der Genehmigung geheilt. 15

4. Erste Entscheidung. Wenn ein Berechtigter klagt, muss das Gericht den vollmachtlosen Vertreter durch einen Beschluss nach § 329 zurückweisen, BPatG GRUR 1987, 813; Mü OLGZ 1993, 223. Damit endet auch die Befugnis zur Entgegennahme einer Zustellung nach §§ 172, 195, Zweibr MDR 1982, 586. Gegen die nunmehr nicht mehr wirksam vertretene Partei ergeht aufgrund eines Antrags des Gegners eine Versäumnisentscheidung nach §§ 330 ff. Aber → Rn. 19. Wenn ein Nichtberechtigter klagt, weist das Gericht evtl. nach einem Hinweis nach § 139 die Klage durch ein Prozessurteil als unzulässig ab, GemS OGB BGHZ 91, 111 = 16

BeckRS 1984, 3118; Zweibr NJW-RR 2001, 359; Hmb VersR 1982, 969. Im Übrigen kann bei einem zu groben Unverständnis nach → Rn. 2, 10 die Anwendung von § 178 GVG (Ungebühr) notwendig sein.

17 **5. Rechtsmittelfragen.** Ein Rechtsmittelgericht verwirft an sich das Rechtsmittel als unzulässig, BGH NJW 1991, 1176; Kblz OLGR 1999, 479; Hmb VersR 1982, 969. Das Berufungsgericht weist aber die Klage dann unter einer Aufhebung des früheren Urteils ab, wenn das Erstgericht den Mangel übersehen hatte, Köln MDR 1982, 239; Zöller/Althammer Rn. 6; siehe aber BGH NJW 1990, 3152. Das Urteil lautet auf den Namen des Vertretenen. Denn der Vertretene konnte den Mangel genehmigen, BGH VersR 1980, 90; Ffm OLGZ 1980, 282.

18 Gegen das Ersturteil kann die Partei stets das zulässige Rechtsmittel einlegen, auch eine Nichtigkeitsklage nach § 579 I Nr. 4, BVerfG NJW 1998, 745; BGH NJW 1983, 883. § 99 ist unanwendbar, BGH NJW 1983, 884. Wegen des Rechtsmittels → § 89 Rn. 16. Der „Vertreter" kann zwar beim Mangel einer gesetzlichen Vollmacht wirksam ein Rechtsmittel einlegen, BGH NJW 1990, 3152; BayObLGE 1990, 337, nicht aber auch beim Mangel einer gewillkürten Vollmacht, BGH NJW 1990, 3152. Er kann das Rechtsmittel zurücknehmen, BAG NZA 2005, 1077.

19 Das Gericht darf trotz eines Antrags nach § 335 I Nr. 1 dann kein Versäumnisurteil fällen, wenn lediglich der Nachweis der Vollmacht fehlt. Er ist noch in der Revisionsinstanz nachholbar, BGH NJW 2002, 1957. Wenn endgültig feststeht, dass die Vollmacht des Klägervertreters fehlt, muss das Gericht die Klage aber durch ein unechtes Versäumnisurteil als unzulässig abweisen, BGH NJW 1984, 2149.

20 **6. Unerheblichkeit der Parteistellung.** Es ist unerheblich, ob der Mangel der Vollmacht den Kläger oder den Bekl. betrifft. Wenn der Vollmachtgeber eine Vollmacht zwar tatsächlich erteilt hatte, wenn die Erteilung aber nichtig ist, etwa wegen einer Prozessunfähigkeit des Vollmachtgebers nach §§ 51, 52, muss der Vollmachtgeber die Kosten tragen. Über die Heilung durch eine Genehmigung → § 89 Rn. 19.

89

Vollmachtloser Vertreter. I [1]**Handelt jemand für eine Partei als Geschäftsführer ohne Auftrag oder als Bevollmächtigter ohne Beibringung einer Vollmacht, so kann er gegen oder ohne Sicherheitsleistung für Kosten und Schäden zur Prozessführung einstweilen zugelassen werden.** [2]**Das Endurteil darf erst erlassen werden, nachdem die für die Beibringung der Genehmigung zu bestimmende Frist abgelaufen ist.** [3]**Ist zu der Zeit, zu der das Endurteil erlassen wird, die Genehmigung nicht beigebracht, so ist der einstweilen zur Prozessführung Zugelassene zum Ersatz der dem Gegner infolge der Zulassung erwachsenen Kosten zu verurteilen; auch hat er dem Gegner die infolge der Zulassung entstandenen Schäden zu ersetzen.**

II **Die Partei muss die Prozessführung gegen sich gelten lassen, wenn sie auch nur mündlich Vollmacht erteilt oder wenn sie die Prozessführung ausdrücklich oder stillschweigend genehmigt hat.**

Schrifttum: Breitkopf, Die Klageerhebung und -rücknahme bei vollmachtloser Prozessvertretung und ihre kostenrechtliche Beurteilung, 2004.

1 **I. Systematik.** Die Vorschrift behandelt nicht das grundsätzlich vollmachtlose Auftreten für eine Prozesspartei, sondern das nur einstweilig vollmachtlose Auftreten. Wer entweder noch keine Vollmacht hat, also lediglich noch ein „Geschäftsführer ohne Auftrag" ist, oder zwar eine Vollmacht hat, sie aber noch nicht nachweisen kann, obwohl er sie nach → § 88 Rn. 1 schon nachweisen muss, den kann das Gericht jederzeit widerruflich einstweilen zulassen. Dabei handelt das Gericht nach seinem pflichtgemäßen, nicht nachprüfbaren Ermessen, Thomas/Putzo/Hüßtege Rn. 3. Eine Gefahr im Verzug braucht nicht vorzuliegen, anders als bei § 56 II.

2 **II. Regelungszweck.** Die Vorschrift dient in I 1 der Prozesswirtschaftlichkeit, indem ein Verfahren, dessen Durchführung grds. von der wirksamen Vertretung eines Beteiligten abhängt, auch ohne Vorliegen der Vollmachtsurkunde weiter durchgeführt werden kann. Eine ansonsten nach Beseitigung des Mangels erneute Klage wird vermieden. I 2, 3 dient der Rechtssicherheit und dem Schutz des Prozessgegners, dem die sich aus der vorläufigen Zulassung ergebenden Risiken möglichst abgenommen werden, Ffm BeckRS 2020, 45069 Rn. 70; MüKoZPO/Toussaint Rn. 1. Darüber hinaus wird hierdurch auch vor einer tatsächlich von einem auch nur eventuell Unbefugten herbeigeführten Fehlentscheidung geschützt, AG Hmb NJW-RR 1996, 1060. II regelt zwecks Rechtsklarheit die unvermeidbaren Auswirkungen eines nicht völlig klaren Parteiverhaltens. Diese unterschiedlichen Ziele sind bei der Auslegung zu beachten. II ist als eine Ausnahme eng auszulegen, BPatG GRUR 1989, 46. Daher sind die materiell-rechtlichen Vorschriften über die Genehmigung eines vollmachtlosen Handelns hier nicht anwendbar.

3 Zulassung nach I 1 ist keineswegs stets eine Pflicht des Gerichts. Sie liegt vielmehr nach → Rn. 1 nach dem Zweck der Vorschrift im pflichtgemäßen Ermessen. Nur wenn eine begründete Aussicht auf die Genehmigung oder auf Nachreichung einer auch rückwirkend erteilten Vollmacht besteht, darf man dem Gegner eine die Instanz zumindest zunächst beendende Entscheidung durch ein Versäumnisurteil nach §§ 330 ff. versagen. Selbst bei einer derartigen Erfolgsaussicht mag aber zB ein besonderer zeitlicher Druck auf dem Prozessgegner durchaus zur Nichtzulassung oder zu einer nur ganz kurzen Nachfrist veranlassen, etwa von Stunden oder wenigen Tagen. Jedoch treten solche Drucklagen selten ein. Sie hängen prozessual von ihrer ausreichenden Darstellung ab.

4 **III. Geltungsbereich.** → Vor § 78 Rn. 6, → § 81 Rn. 4. Die Vorschrift gilt auch bei §§ 864 ff., BGH WM 2013, 1224. Sie gilt auch im Eilverfahren nach §§ 916 ff., 935 ff., soweit sich ein Zuwarten auf die Beibringung vertreten lässt, aM Mü NVwZ-RR 1999, 548. Die Vorschrift gilt auch im WEG-Verfahren, Düss NZM 2007, 647, und entsprechend im FamFG-Verfahren nach § 11 S. 4, 5 FamFG, BGH FamRZ 2014, 194 (auch bei deutschsprachiger Vollmacht eines Ausländers); (zum alten Recht) Düss FGPrax 2006, 251. Sie gilt auch vor dem Finanzgericht, BFH NVwZ 2005, 1462, auch vor dem Verwaltungsgericht nach § 173 VwGO, BVerwG ZIP 2011, 1871; *OVG Lüneb NJW 2014*, 567.

5 **IV. Zulassung zur Prozessführung, I.** Zunächst → Rn. 2 f. Die Zulassung kann auch stillschweigend erfolgen, soweit der Gegner nicht widerspricht, BPatG GRUR 1987, 813. Das kann zB durch eine Fristsetzung nach → Rn. 8 geschehen, Kblz NJW-RR 2006, 377. Wenn der Gegner widerspricht, ist über die Frage der

Zulassung eine mündliche Verhandlung erforderlich. Das Gericht entscheidet dann nach seinem pflichtgemäßen Ermessen durch einen Beschluss nach § 329, BGH NJW 2002, 1957. Er ist unanfechtbar, soweit eine vorläufige Zulassung erfolgt. Denn es liegt kein Fall des § 567 I vor. Er ist nach § 567 I Nr. 2 mit der sofortigen Beschwerde anfechtbar, soweit das Gericht die Zulassung verweigert hat. Der Sache nach liegt im letzteren Fall meist eine Anordnung des Ruhens des Verfahrens nach § 251a. Das Gericht muss evtl. das Ruhen auch ausdrücklich aussprechen. Diese Anordnung ist nach §§ 252, 567 anfechtbar. I gilt auch dann, wenn das Gericht nach § 80 II eine öffentliche Beglaubigung anordnet, wenn also die vorgelegte Vollmachtsurkunde nicht ausreicht.

Die Zulassung darf nach → § 88 Rn. 12 dann nicht erfolgen, wenn bereits feststeht, dass der Mangel der Vollmacht nicht behebbar ist, oder wenn die Partei die Behebung des Mangels ablehnt, Mü NVwZ-RR 1999, 549. Dann muss das Gericht eine Prozessabweisung vornehmen, LG Lüneb ZIP 2014, 1538. Das Gericht kann eine Sicherheitsleistung wegen der Kosten nach §§ 108 ff. und der Schäden anordnen. Es darf aber keine Sicherheitsleistung wegen des Streitgegenstands festsetzen. Bei der Notwendigkeit einer Sicherheitsleistung vertagt das Gericht die Verhandlung zur Sache und lässt den Bevollmächtigten erst nach der Sicherheitsleistung zu. Sie erfolgt nach § 108. Ihre Rückgabe richtet sich nach § 109. Dazu reichen die Nachreichung der Vollmacht und die Genehmigung der bisherigen Prozessführung. 6

V. Folgen der Zulassung, I. Die vorläufige Zulassung gibt dem Zugelassenen vorläufig alle Rechte und Pflichten eines ProzBev. Sie berechtigt und verpflichtet das Gericht und den Gegner zu einer entsprechenden Behandlung des Zugelassenen für die Dauer der Zulassung. Vor der endgültigen Klärung der Frage einer ordnungsgemäßen Vollmacht darf das Gericht den Rechtsstreit nicht zB nach § 281 an ein anderes Gericht verweisen und kein Endurteil nach § 300 erlassen, auch kein Versäumnisurteil nach §§ 330 ff., es sei denn, dass der Zugelassene säumig wäre. Es dürfen ferner folgende Entscheidungen zunächst nicht ergehen: Ein Vollstreckungsbescheid nach § 699; ein Vorbehaltsurteil nach §§ 302, 599; ein selbständiges Zwischenurteil zB nach § 280. Auch ein unbedingter Prozessvergleich ist im Streitverfahren unzulässig. Denn das Gericht muss verhindern, dass das Verfahren einen auch nur vorläufigen Abschluss erhält, bevor das Gericht die Frage der Vollmacht endgültig geklärt hat. 7

VI. Fristsetzung, I. Das Gericht muss bei einer vorläufigen Zulassung zur Beibringung der Vollmacht oder zur Beibringung der Genehmigung der Partei eine Frist setzen, BAG VersR 2008, 559; KG BB 2002, 2152; OVG Lüneb NJW 2014, 567. Das Gericht kann die Frist vor oder zugleich mit der vorläufigen Zulassung oder später setzen. Das Gericht muss die Frist genau bemessen, OVG Kblz NJW 1993, 2457. Eine allzu kurze Bemessung kann den Anspruch auf das rechtliche Gehör verletzen, Art. 103 I, Art. 2 I, 20 III GG; BFH DB 1980, 2020. Das Gericht kann seine Frist nach § 224 verlängern. Die in mündlicher Verhandlung unter Ansetzung eines Verkündungstermins erfolgende Fristsetzung nach I ist wie ein Schriftsatznachlass zu behandeln, LG Ffm BeckRS 2019, 24869. Die Vollmacht oder die Genehmigung lässt sich nach § 231 II auch noch nach dem Fristablauf bis zum Schluss der letzten mündlichen Verhandlung nach §§ 136 IV, 296a beibringen, BGH FamRZ 2012, 361. 8

Der Fristablauf ist dann erfolglos, wenn die beigebrachte Vollmacht oder Genehmigung nicht das ganze bisherige Verfahren deckt. Denn dieses bildet eine Einheit. Die Vollmacht muss vorbehaltslos sein. Sie darf nicht über das nach § 83 zulässige Maß hinaus Einschränkungen enthalten. Ein Telefax reicht aus, BFH DB 1994, 2012. Die Fotokopie einer Vollmacht reicht nicht aus, BFH DB 1987, 1130; → § 80 Rn. 21 „Kopie". Die Vollmacht enthält eine Genehmigung. Eine Genehmigung bevollmächtigt nicht stets auch für die Zukunft. Sie macht keine Wiedereröffnung nach § 156 nötig, Ffm NZG 2015, 1112. 9

VII. Verfahren nach erfolglosem Fristablauf, I. Es hat unterschiedliche Auswirkungen. 10

1. Verhandlung, Entscheidung I 1, 2. Wenn das Gericht zu dem Ergebnis kommt, dass die gesetzte Frist erfolglos abgelaufen sei, muss es eine neue mündliche Verhandlung über die Folgen anberaumen, Kblz NJW-RR 2006, 377. Es muss den vorläufig Zugelassenen zu dieser Verhandlung nach §§ 216, 217 laden. 11

Das Endurteil in der Sache selbst ergeht nach § 300; → § 88 Rn. 16. Ein Rechtsmittel in der Sache selbst ist mangels einer Nachholung der Vollmacht bis zur Entscheidung des Erstgerichts erfolglos, OVG Lüneb NJW 2014, 566, und mangels ausreichender Nachholung einer Vollmacht für die Rechtsmittelinstanz unzulässig, BGH NJW 1990, 3152. Das gilt auch beim Mangel der gewillkürten Vertretung. 12

2. Kosten, I 3 Hs. 1. Der vorläufig Zugelassene muss evtl. schon danach die gesamten Prozesskosten nach §§ 91 ff. tragen, BGH NJW-RR 1998, 63; Kblz JurBüro 2010, 154; LG Lüneb ZIP 2014, 1538. Andernfalls muss das Gericht ihn nach I wegen § 308 II von Amts wegen nach dem Grundsatz der Veranlassungshaftung in die Kosten verurteilen, die durch seine vorläufige Zulassung entstanden, Kblz MDR 2015, 1155; Karlsr FamRZ 1996, 1335 (zust. Vollkommer); Brem VersR 1991, 1282. Das sind jedoch nur die Kosten der Einmischung. In diesem Zusammenhang kommt es nicht darauf an, ob den vorläufig Zugelassenen ein Verschulden trifft, Ffm OLGR 1995, 250; aM KG WuM 1996, 377. Kostenpflichtig ist der angebliche Hauptbevollmächtigte, nicht der von ihm bestellte Unterbevollmächtigte, Mü OLGZ 1993, 224. 13

Das Gericht entscheidet von Amts wegen durch einen Beschluss nach § 329. Es muss seinen Beschluss begründen und förmlich zustellen. Denn er ist nach → Rn. 16 gemäß § 329 III anfechtbar. Der angeblich Vertretene haftet grundsätzlich nicht neben dem Vertreter, BGH NJW 1992, 1459; LG Heidelb MDR 1991, 449. Die Kosten der vorläufigen Zulassung des Vertreters gehen den angeblich Vertretenen ja grundsätzlich gar nichts an, BGH NJW 1992, 1459. Eine ausnahmsweise Kostenhaftung des angeblich Vertretenen gilt nur dann, wenn lediglich die Formgültigkeit des Nachweises der Vollmacht fehlte oder wenn der „Vertretene" vom Antrag wusste oder ihn hätte verhindern können, BGH MDR 1997, 198; Ffm MDR 2016, 115, Toussaint/Toussaint GKG § 22 Rn. 4. 14

3. Schadensersatz, I 3 Hs. 2. Der vorläufig Zugelassene hat nach I 3 Hs. 2 neben der Kostenpflicht nach → Rn. 13 die Pflicht, dem Gegner den Schaden zu ersetzen, der diesem durch die vorläufige Zulassung entstanden ist, Kblz FamRZ 2010, 751; Zweibr NJW-RR 2001, 359; AG Hmb NJW-RR 1986, 1120. Das gilt unabhängig von einem Verschulden. Der vorläufig Zugelassene muss den Gegner also so stellen, als hätte das Gericht ihn selbst nicht zugelassen. Das ist eine rein materiell-rechtliche Vorschrift. Der Gegner muss den Ersatz in einem besonderen Prozess verlangen. Er kann seinen Anspruch grundsätzlich nicht im bisherigen Prozess stellen. Denn der vorläufig Zugelassene ist dort ja nicht Partei, BGH MDR 1988, 37. Etwas anderes kann gelten, 15 wenn der Gegner seinen Schadensersatzanspruch mit einer Widerklage geltend macht und den vorläufig Zugelassenen auf diese Weise zulässig in den Prozess hineinziehen kann. Der vollmachtlose Vertreter kann unabhängig von I 3 für die Prozesskosten haften, Stgt MDR 2010, 1427; Düss NJW-RR 2007, 86.

16 **4. Rechtsmittel, I 1–3.** Gegen den erstinstanzlichen Kostenbeschluss hat der angebliche Vertreter grundsätzlich die sofortige Beschwerde nach § 567 II, so schon BGH NJW 1988, 50; BAG NJW 2006, 461; Karlsr FamRZ 1996, 1335 (zust. Vollkommer). Eine Rechtsbeschwerde kommt unter den Voraussetzungen des § 574 in Betracht, BGH NJW 1988, 51. Soweit das Gericht ohne eine Fristsetzung oder vor dem Ablauf der Frist entschieden hat, liegt ein Verstoß gegen das rechtliche Gehör vor, Art. 103 I GG. Dann ist ein Rechtsmittel statthaft. Evtl. muss das Rechtsmittelgericht dann auf einen Antrag nach § 572 III zurückverweisen. Beim Rpfl. gilt § 11 RPflG.

17 **VIII. Wirksamkeit gegen die Partei, II.** Die Vorschrift stellt nach → Rn. 2 eine eng auslegbare Ausnahmebestimmung dar.

18 **1. Umfassende Wirkung.** Die Prozessführung des nicht Bevollmächtigten wirkt für und gegen die Partei, soweit diese entweder eine schriftliche oder mündliche Vollmacht erteilt, BGH NJW 2002, 1958, oder soweit sie die Prozessführung ausdrücklich oder stillschweigend genehmigt, BGH NJW-RR 2009, 691; BayObLG FGPrax 2004, 64; Düss NZM 2007, 647 (je: WEG), zB durch eine Vollmachtserteilung oder durch die Erteilung einer Untervollmacht, BGH VersR 1984, 781. Die Erklärung erfolgt wie bei der prozessualen Vollmacht grundsätzlich formlos gegenüber dem Vertreter, dem Gegner oder dem Gericht. Sie erfolgt also evtl. auch schon dadurch, dass die Partei im Termin erscheint. Im Zwangsvollstreckungsverfahren nach §§ 704 ff. mit seiner Formstrenge kann ausnahmsweise eine öffentliche Urkunde nach § 415 oder eine öffentliche Beglaubigung nötig sein, Brdb NZM 2002, 406.

19 **2. Genehmigung.** Die Genehmigung kann auch stillschweigend erfolgen, auch durch einen wirklich Bevollmächtigten, BGH NJW-RR 2007, 279. Sie kann nur bis zum Schluss der mündlichen Verhandlung vor dem Ersturteil nach §§ 136 IV, 296a erfolgen, BGH NJW 2006, 2261; BSG NJW 2001, 2652; Celle OLGR 2005, 64; zur Genehmigung im ZVG-Verfahren; BGH NJOZ 2014, 447. Sie setzt voraus, dass der Genehmigende die bisherige Unwirksamkeit kennt oder zumindest mit ihr rechnet und in seinem Verhalten verdeutlicht, dass er das Geschäft verbindlich machen will, BGH NJW 2004, 840. Eine wirksame Genehmigung wirkt in der Regel zurück, BGH BeckRS 2022, 20178 Rn. 18; FamRZ 2018, 611; BAG NZA 2003, 630; Düss NZM 2007, 647; aM BFH BB 1977, 436. Die Genehmigung der gesamten bisherigen Prozessführung nach II wirkt auf den Zeitpunkt der Antragstellung zurück, BAG NZA 2020, 329. Wegen der Ausnahmen in der höheren Instanz BFH BB 1984, 2249; Ros OLGR 2000, 456. Eine Rückwirkung kann jedoch nur bei einer Genehmigung bis zu der Verkündung der die Instanz beendenden Entscheidung nach §§ 310, 311, 525, 565 eintreten, BGH FamRZ 2018, 611, BFH DB 1989, 1118 (Prozessurteil).

20 Durch eine Genehmigung kann auch eine Hemmung der Verjährung bereits für die Zeit vor der Klageerhebung nach §§ 253, 261 eintreten. Das gilt aber dann nicht, wenn ein Unberechtigter Klage erhoben hat, selbst wenn der Berechtigte auch die Forderung während des Rechtsstreits mit einer Genehmigung des wirklichen Gläubigers erworben hat. Die Genehmigung lässt sich nicht wirksam auf einzelne Prozesshandlungen beschränken, BGH NJW 1987, 130; Düss OLGR 2007, 242.

21 **3. Folgen einer Nichtzulassung.** Wenn das Gericht den Vertreter nicht nach → Rn. 5 ff. zugelassen hat, bleibt die Genehmigung der Prozessführung für diesen Rechtsstreit wirkungslos. II gilt allgemein bei einer Zulassung nach I, und zwar noch im Vollstreckungsverfahren nach §§ 704 ff., aber auch dann, wenn das Gericht den Mangel übersehen hatte. Ist das Urteil dann nach § 705 formell rechtskräftig geworden, lässt es sich nur im Weg einer Nichtigkeitsklage nach § 579 I Nr. 4 beseitigen, Ffm OLGR 1995, 249; Kblz VersR 1985, 672. Wenn die Partei diese Möglichkeit versäumt hat, bindet das Urteil sie grundsätzlich. Jedoch kommt auch stets eine Rückgriffklage in Betracht, Kblz VersR 1985, 672. Ein Verstoß gegen die nach § 83 zulässig vorgenommene Beschränkung der Vollmacht macht die Erklärung schlechthin unwirksam. Ein aufgrund dieser Erklärung ergangenes Urteil, etwa ein Anerkenntnisurteil nach § 307, ist durch die Aufhebung aufgrund eines Rechtsmittels auflösend bedingt. Eine Verletzung einer materiell-rechtlichen Beschränkung der Vollmacht ist prozessual unerheblich.

22 **4. Folgen einer Genehmigung.** Die Genehmigung macht die Partei im Prozess zur Rechtsnachfolgerin des Vertreters, auch nach § 727. Der Rpfl. muss daher die Vollstreckungsklausel nach § 727 auf die Partei umschreiben, soweit das Urteil noch auf den Vertreter lautete. Die prozessuale Genehmigung lässt auch die materiellrechtlichen Wirkungen der Prozesshandlungen eintreten, zB die Rechtshängigkeit (Rückwirkung, gerade anders als bei → § 80 Rn. 17) oder eine sonstige Wirkung der Zustellung, zB der Klageschrift nach § 272 an einen nicht bevollmächtigten Anwalt, BGH NJW 1987, 2586. Jedoch kann keine Rückwirkung auf einen solchen Rechtsmittelverzicht nach §§ 515, 565 eintreten, von dem die Partei im Zeitpunkt der nachträglichen Erteilung der Vollmacht nichts wusste. Wegen II bleibt für §§ 233 ff. kein Raum, BGH NJW 1995, 1701.

90

Beistand. **I [1]In der Verhandlung können die Parteien mit Beiständen erscheinen. [2]Beistand kann sein, wer in Verfahren, in denen die Partei den Rechtsstreit selbst führen kann, als Bevollmächtigter zur Vertretung in der Verhandlung befugt ist. [3]Das Gericht kann andere Personen als Beistand zulassen, wenn dies sachdienlich ist und hierfür nach den Umständen des Einzelfalls ein Bedürfnis besteht. [4]§ 79 Abs. 3 Satz 1 und 3 und Abs. 4 gilt entsprechend.**

II Das von dem Beistand Vorgetragene gilt als von der Partei vorgebracht, insoweit es nicht von dieser sofort widerrufen oder berichtigt wird.

1 **I. Systematik, Regelungszweck.** Es handelt sich um eine Möglichkeit der Unterstützung der Partei. Sie dient einer Kostendämpfung und der Parteiherrschaft. Sie beachtet das persönliche Vertrauen der Partei vielleicht zu einem nahen Angehörigen als Beistand. Man muss ihr zwar nach § 79 III 1, 3, IV bei einer Ungeeignetheit im Interesse einer geordneten Rechtspflege nach I 4 Grenzen ziehen, (teils zum alten Recht) Brem FamRZ 2004, 1582 und 1590; Ros FamRZ 2006, 493. Man sollte sie aber doch im Prinzip großzügig gewähren. Von § 90

machen nur Wenige Gebrauch. § 90 ist kein Schutzgesetz nach § 823 II BGB, Karlsr AnwBl 2010, 220. Der nach § 7 I ThUG beigeordnete Anwalt hat nach § 7 II ThUG die Stellung eines Beistands.

II. Geltungsbereich. → Vor § 78 Rn. 6, → § 81 Rn. 4. § 90 gilt auch im WEG-Verfahren. Im FamFG-Verfahren gilt § 12 FamFG, (zum alten Recht) Hamm FamRZ 1998, 307. 2

III. Beistand, I. Beistand ist derjenige, der neben der Partei zu ihrer Unterstützung beim mündlichen Vortrag auftritt. Dieser Auftritt ist nach dem Wortlaut von I zulässig, wenn kein Anwaltszwang besteht, KG FamRZ 2001, 1619, und soweit die Voraussetzungen des I 2, 3 iVm § 79 II vorliegen, LG Ellwangen Rpfleger 2011, 100. 3

IV. Beispiele zur Frage eines Beistands, I

Anwalt: Er kann stets auch als ein (bloßer) Beistand nach § 90 tätig sein. Diese Eigenschaft muss aber eindeutig erkennbar sein, wenn auch zB nach Auslegung. 4

Anwaltsprozess: In einem Anwaltsprozess kann ein Beistand nach § 137 IV neben dem ProzBev. zu dessen Unterstützung das Wort erhalten. Das folgt aus I 1.

Beiordnung: Es erfolgt keine gerichtliche Beiordnung.

Einführung: Der Beistand wird erst aufgrund seiner Einführung durch die Partei oder durch deren ProzBev. wirksam tätig.

Gesetzlicher Vertreter: Er steht nach § 51 der Partei gleich.

Jugendamt: Beistand sein kann jeder nach § 79 II 2 oder nach § 55 KJHG oder nach dem SGB XII beauftragte Mitarbeiter, Düss FamRZ 1985, 642. Wegen seiner Zurückweisung → Rn. 1.

Parteiprozess: Im Parteiprozess kann ein Beistand in den Grenzen des § 157 neben einem ProzBev. tätig sein, KG FamRZ 2001, 1619.

Privatgutachter: Er ist kein Beistand nach § 90.

Prozessbevollmächtigter: Derjenige nach § 81 steht der Partei grds. nicht gleich.

Prozessfähigkeit: Ein Beistand muss sie nach §§ 51, 52 haben.

Streithelfer: Der Streithelfer nach §§ 66 ff. steht der Partei gleich.

Zeugenbeistand: Es gibt ihn wenigstens im Strafprozess, Mehle/Linz NJW 2014, 1160.

Zustellung: Da sich die Rechtsstellung des Beistands nur auf die mündliche Verhandlung erstreckt, erfolgt die Zustellung stets an die Partei, BGH NJW 1995, 1225.

V. Mündlicher Vortrag, II. Der Beistand darf alle Prozesshandlung vornehmen. Der Vortrag des Beistands gilt als ein Vortrag der Partei, soweit sie den Vortrag des Beistands nicht sofort widerruft oder berichtigt, wie bei → § 85 Rn. 7. Eine Einschränkung geht weiter als beim ProzBev. nach §§ 81, 85. Denn sie ergreift nicht nur die tatsächlichen Erklärungen. Daher lässt sie also zB den Widerruf eines Anerkenntnisses nach § 307 zu. 5

VI. Verstoß. Eine Nichtzulassung des Beistands kann einen Verstoß auch gegen Art. 103 I GG bedeuten, Brdb OLGR 2009, 57; Hamm FamRZ 1998, 307. 6

Titel 5. Prozesskosten

Vorbemerkung zu § 91

Schrifttum: Arz, Stolperfallen bei der Geltendmachung vorgerichtlicher Rechtsanwaltskosten, NJW 2019, 1858; Bader/Nungeßer, Die arbeitsgerichtliche Kostenentscheidung in besonderen Konstellationen, NZA 2007, 1200; Becker-Eberhard, Grundlagen der Kostenerstattung bei der Verfolgung zivilrechtlicher Ansprüche, 1985; Binz/Dörndorfer/Zimmermann, GKG, FamGKG, JVEG, 5. Aufl. 2021; Bormann/Diehn/Sommerfeldt, GNotKG, 4. Aufl. 2021; Dahlitz, Kostentragungspflicht im deutschen und englischen Zivilprozessrecht, 2018; Hoffmann, Grundprinzipien der Prozesskostenerstattung und Insolvenz, ZIP 2021, 16; Jerger/Zehentbauer, Grundlage und Geltendmachung von Schäden im Zusammenhang mit der Finanzierung des Zivilprozesses, NJW 2016, 1353; von König, Zivilprozess- und Kostenrecht, 3. Aufl. 2017; Schneider, Kostenerstattungsprobleme beim Teilrechtsschutz, RVGRep 2020, 443; ders., Die neuen Regelungen der Vergütungsvereinbarung, AGS 2021, 440; ders., Die Kostenfestsetzung und Kostenerstattung bei einer nicht existenten Partei, JurBüro 2021, 449; Stamm, Die Verzinsung des zivilprozessualen Kostenerstattungsanspruchs, NJW 2019, 3473; Toussaint, Kostenrecht, 52. Aufl. 2022; Tschäpe/Ziemann/Altenburg, Streitwert und Kosten im Arbeitsrecht, 2013.

Übersicht

1 **I. Systematik des Kostenabschnitts. 1. Aufbau der §§ 91–101.** Die Vorschriften enthalten vorrangig Regeln dazu, wer in welchem Umfang die Kosten des Rechtsstreits tragen muss. Bisweilen ergibt sich die Antwort unmittelbar aus dem Gesetz, zB § 98. Überwiegend ist eine Kostengrundentscheidung des Gerichts nach → Rn. 53 erforderlich. Sie ergeht in bestimmten Fällen aufgrund Ermessens, zB § 91a, meist dagegen aufgrund zwingender gesetzlicher Vorschriften, vgl. § 92 I, II. §§ 91–101 enthalten auch Vorschriften dazu, welche Kostenarten in ggf. welchem Umfang man tragen muss, zB § 96. Das Verfahren der auf gesetzlicher Regelung oder Kostengrundentscheidung aufbauenden Kostenfestsetzung regeln §§ 103 ff.

2 **2. Unterliegens-, Veranlassungshaftung. a) Grundsatz.** Tragender Grundsatz des Kostenrechts ist nach → Rn. 46 die in § 91 I 1 verankerte Unterliegenshaftung, → § 91 Rn. 2. Die unterliegende Partei muss insbesondere die dem Gegner entstandenen notwendigen Kosten erstatten. Daneben ist aus § 93 zu ersehen, dass auch dem Veranlassungsprinzip (Verursachungsprinzip) eigenständige Bedeutung zukommt. Das gilt insbesondere bei der (irrtümlichen) Einbeziehung Dritter in einen Rechtsstreit, etwa aufgrund schuldloser Verwechslung, BGH NJW-RR 2008, 582; Brdb NJW-RR 1996, 1214; Köln JurBüro 1993, 559; Hamm MDR 1991, 1201, falscher Angabe der Anschrift, LAG Bremen Rpfleger 1988, 165, oder Zustellung der Klage an den ursprünglichen Bekl. nach Parteiwechsel, LG Bonn MDR 1990, 1122.

3 Auch im Rahmen der Entscheidung nach § 91a kann das Verursachungsprinzip eigenständig zu beachten sein, → § 91a Rn. 151.

4 **b) Nicht existente, geschäftsunfähige, Scheinpartei.** Für Kosten einer **nicht existenten Partei** haftet der Veranlasser, Kblz MDR 2013, 1243; Mü NJW-RR 1999, 1264 (Anspruch des Geschäftsführers, der die Nichtexistenz einer GmbH geltend gemacht hat). Kosten einer anwaltlichen Vertretung zur Geltendmachung der Nichtexistenz sind erstattungsfähig, Saarbr JurBüro 2021, 359. Eine Kostenbelastung der nicht existenten Partei scheidet aus, Karlsr JurBüro 2020, 249.

5 Der Anwalt einer unerkannt **nicht geschäftsfähigen** Partei ist so lange nicht Veranlasser, wie das Verfahren in einem natürlichen Sinn der Partei zugerechnet werden kann, Mü MDR 2020, 62. Grenzen der Veranlasserhaftung werden erreicht, wenn der hinter einer nicht existierenden Partei Stehende nicht erkennbar hervorgetreten ist, Kblz NJW-RR 2001, 285; auch zugunsten der nicht existierenden Partei selbst kann keine Kostenentscheidung ergehen, Brdb NJW-RR 2002, 1217.

6 Wird demgegenüber die **Existenz** einer Partei, etwa für die Einlegung eines Rechtsmittels, **fingiert,** gelten die allgemeinen Grundsätze, BGH NJW 1993, 2943; zum Umfang der notwendigen Kosten in diesen Fällen BGH NJW-RR 2004, 1505; zur Fiktion der Parteistellung selbst BGH NJW 2008, 527 Rn. 13; NJW 2008, 528 Rn. 9; Saarbr AGS 2021, 274; zur Fortgeltung der Fiktion und damit zur Antragsberechtigung der Partei im Kostenfestsetzungsverfahren vgl. BGH NJW-RR 2004, 1505; Köln NJW 2022, 709. Die Fiktion greift indes nur dann, wenn die nicht existente Partei gerade ihre Nichtexistenz geltend gemacht hat; verteidigt sie sich demgegenüber nur zur Sache, entstehen ihr in Bezug auf die Unzulässigkeit der Klage keine notwendigen Kosten, BGH NJW-RR 2004, 1505. Zum Umfang der Kostenerstattung Schneider JurBüro 2021, 449.

7 Die Fiktion greift indes nur dann, wenn die nicht existente Partei gerade ihre Nichtexistenz geltend gemacht hat; verteidigt sie sich demgegenüber nur zur Sache, entstehen ihr in Bezug auf die Unzulässigkeit der Klage keine notwendigen Kosten; vielmehr handelt es sich um Kosten, die dem Dritten, der für die nicht existente Partei in einem für zulässig erachteten Verfahren tätig wurde, entstanden sind; deren Geltendmachung muss der Dritte außerhalb des Rechtsstreits betreiben, wohingegen eine Festsetzung im laufenden Verfahren ausscheidet, BGH NJW-RR 2004, 1505; Düss r+s 2009, 42. Theoretisch kann zwischen Kosten des Einwands gegen die Parteifähigkeit und des Vortrags zur Sache differenziert werden, dies ohne Relevanz für den entschiedenen Fall andeutend BGH NJW-RR 2004, 1505 (1506); eindeutig Köln NJW 2022, 709. Ob dieser Ansatz jenseits des § 96 Bedeutung erlangt und wie in solchen Fällen eine Quote zu errechnen ist, muss die Praxis zeigen. Zum Umfang der Kostenerstattung allgemein *Schneider* JurBüro 2021, 449.

7a Nach Löschung bleibt die Kostenhaftung bestehen, BGH NJW 2018, 3586. Zu langes Abwarten mit der Aufklärung des Sachverhalts kann Kostenhaftung entgegenstehen, Ddf JurBüro 2012, 314.

8 Die **Scheinpartei** ist für den Kostenstreit Partei und hat analog § 269 IV Anspruch auf eine prozessuale Kostenentscheidung, wenn ihre Beteiligung durch eine fehlerhafte Parteibezeichnung in der Klageschrift veranlasst wurde, Mü NJW-RR 2017, 256; FamRZ 2010, 750; Köln JurBüro 2012, 202; LG Ffm WuM 2013, 568. Kosten anwaltlicher Hilfe sind nur notwendig, wenn diese gerade wegen der Falschbezeichnung erforderlich war; die Notwendigkeit ist kritisch zu prüfen, Karlsr NJW-RR 2019, 1470.

9 **c) Handeln ohne Befugnis.** Entsprechendes gilt, wenn ein Dritter für einen nach § 50 nicht Parteifähigen den Prozess veranlasst, BGH NJW 1982, 238; Ddf MDR 1977, 759, oder ohne Vollmacht eine Klage einreicht, BGH NJW 2017, 2683; NJW 1993, 1865; WM 1981, 1332; WM 1981, 1353; Ffm MDR 2016, 115; OLGR Bambg 2005, 683; OLGR Köln 2005, 649 (Quotelung); 1997, 274; für den Anwalt vgl. § 89 I 3. OVG Lüneburg JurBüro 2021, 199 erlegt einem Vertreter ohne Vertretungsmacht sind auch die außergerichtlichen Kosten des angeblich Vertretenen auf, wenn sich dieser am Verfahren beteiligt, um die Zurechnung des Vertreterverhaltens zu verhindern.

10 **3. Ausnahmen.** Von diesem Grundsatz des § 91 gibt es in den ihm folgenden Vorschriften eine Reihe von Besonderheiten und Ausnahmen. Zum Verursachungsprinzip bei übereinstimmender Erledigung → § 91a Rn. 151. In § 92 II findet sich eine Ermessensregelung für den Fall, dass eine Partei nur teilweise siegt und teilweise unterliegt, → § 92 Rn. 71. § 93 begünstigt ein sofortiges Anerkenntnis des Bekl., soweit er nicht zur Klagerhebung eine Veranlassung gegeben hat. § 93b enthält Sonderregeln für Räumungsprozesse bei der Anwendung der Sozialklausel. § 94 enthält Sonderregeln für die Klage eines Rechtsnachfolgers. § 95 ermöglicht es dem Gericht, einer säumigen Partei in jeder Verfahrensart die durch die Säumnis verursachten Kosten aufzuerlegen. Ähnliche Zwecke hat § 38 GKG. § 96 betrifft die Kosten eines erfolglos gebliebenen Angriffs- oder Verteidi-

gungsmittels. § 97 enthält vorrangige Regeln für die Rechtsmittelinstanz. § 98 enthält Sondervorschriften für den Fall eines Prozessvergleichs und ist entsprechend auf den außergerichtlichen Vergleich nach § 779 BGB anwendbar. § 99 begrenzt die Möglichkeiten der Anfechtung der bloßen Kostenentscheidung. § 100 enthält Sonderbestimmungen für die Streitgenossenschaft nach §§ 59 ff. § 101 nennt Sonderregeln bei der einfachen und streitgenössischen Streithilfe nach §§ 66 ff.

Eine Sonderregelung außerhalb der ZPO findet sich in § 107 SachenRBerG. 11

4. Kosteneinheit, Kostentrennung. Die Kostenfestsetzung nach § 103 erfordert grundsätzlich die einheitliche Entscheidung über alle Kosten des Rechtsstreits, Grds. der Kosteneinheit, der insbes. einleuchtet, wenn die Kosten den Parteien zu Quoten auferlegt werden, die nach § 106 nach Möglichkeit dergestalt in einen Beschluss einzurechnen sind, der nur für eine Seite den Überschuss tituliert. Anders kann man auch den nach § 34 GKG und § 13 RVG auf degressive Gebührenermittlung ausgelegten Gebührentabellen nicht Rechnung tragen. Das verzahnt die Kosteneinheit mit der Streitwertfestsetzung, die grds. auf einen Gesamtwert lauten muss, vgl. etwa → Anh. § 3 Rn. 16 (Hilfsaufrechnung), → Anh. § 3 Rn. 108 (Stufenklage), → Anh. § 3 Rn. 138 (Widerklage). Eine Kostenentscheidung, die zwischen den Kosten der Klage und denjenigen der Widerklage unterscheidet ist mithin genauso falsch wie eine bloß getrennte Festsetzung der sich insoweit ergebenden Gebührenwerte ohne Gesamtwert. Auch dürfen Urteile, namentlich das Teilurteil nach § 301, das Zwischenurteil nach § 280 II und nach § 303 sowie das Grundurteil nach § 304 grds. nicht mit einer Kostenentscheidung versehen werden, wenn sie lediglich dem Abschluss eines Verfahrensabschnittes dienen, nicht aber den gesamten Rechtsstreit beenden. Zur Klarstellung erhält der Tenor in diesen Fällen den Zusatz: Die Kostenentscheidung bleibt dem Schlussurteil überlassen. 12

Die **getrennte Kostenentscheidung,** mit der über Kosten hinsichtlich einzelner Parteien, einzelner Verfahrensabschnitte oder bestimmter, Kosten verursachender Vorgänge gesondert befunden wird, bedarf als Ausnahme der Rechtfertigung in einer gesetzlichen Regelung oder einer besonderen, die Festsetzung eigenständiger Kosten fordernden und zugleich ermöglichenden Ausgangslage; Mü NJW-RR 2022, 719. Gesetzlich geregelte Sonderfälle unter → Rn. 16. Ein nicht direkt geregelter weiterer Ausnahmefall ist die getrennte Entscheidung über die außergerichtlichen Kosten eines zB durch Teilrücknahme, Teilerledigung, → § 91a Rn. 165, oder Teilurteil, BGH NJW-RR 2001, 642; OLGR Köln 2005, 488, ausscheidenden **Streitgenossen.** 13

5. Abgrenzung zu §§ 103 ff. Das in §§ 103 ff. geregelte Verfahren der **Kostenfestsetzung** und der gegen sie möglichen Rechtsbehelfe setzt eine nach §§ 91–101 ergangene Kostengrundentscheidung oder eine gesetzliche Kostenhaftung voraus. Es regelt auf dieser Grundlage das Ob und Wie der Kostenbelastung. Dazu sind allerdings auch Rückgriffe auf einzelne Bestimmungen der §§ 91–101 unvermeidbar, namentlich was die Notwendigkeit von Kosten angeht und damit die sachliche Rechtfertigung ihrer Festsetzung. Eine Festsetzung ist nur möglich, wenn die betr. Kosten von der Kostengrundentscheidung erfasst sind; das ist bei Kosten, die erst später entstanden sind, grds. nicht der Fall, BAG NJW 2021, 257. Die isolierte Anfechtung der Kostengrundentscheidung ist nach § 93 I ausgeschlossen; die Rechtsbeschwerde gegen eine zurückweisende Entscheidung ebenfalls, BGH 18.5.2021 – IX ZB 8/21, BeckRS 2021, 14195. Eine **Korrektur** der Kostengrundentscheidung kommt hingegen im Kostenfestsetzungsverfahren nicht in Betracht, BGH NJW 2019, 3651 Rn. 5; Brdb BeckRS 2020, 10527 = RVGRep 2020, 312. 14

6. Weitere Kostenvorschriften der ZPO. §§ 91 ff. enthalten keineswegs sämtliche Kostenbestimmungen. Sowohl zur Kostengrundentscheidung oder zur Frage, wer kraft Gesetzes Kosten trägt, als auch zur Kostenerstattung im Einzelnen gibt in der ZPO es zahlreiche weitere Vorschriften. Sie sind teilweise gegenüber §§ 91 ff. vorrangig. 15

Beachten muss man zum Beispiel: 16

§ 75 (Hauptintervention, Gläubigerstreit); 17
§ 89 I 3 (Haftung des vollmachtlosen Vertreters);
§ 238 IV (Kosten der Wiedereinsetzung in den vorigen Stand);
§ 269 III, IV (gesetzliche Kostenfolge und Kostenausspruch bei Klagerücknahme);
§ 281 III 2 (Kosten bei Verweisung);
§ 302 IV 2 (Kosten bei Abänderung des Vorbehaltsurteils im Schlussurteil);
§ 344 (Kosten der Säumnis);
§ 380 I (Kostenbelastung des ausgebliebenen Zeugen);
§ 390 I 1 (Kostenbelastung des sich unberechtigt weigernden Zeugen);
§ 409 I 1 (Kostenbelastung des ausgebliebenen oder sich weigernden Sachverständigen);
§ 516 III (Kosten bei Berufungsrücknahme);
§ 565 S. 1 (Kosten bei Rücknahme der Revision, § 516 III entspr.);
§ 788 (Kosten der Zwangsvollstreckung);
§ 887 II (Kostenvorauszahlung für die Vornahme einer vertretbaren Handlung);
§ 891 S. 3 (Teil-Verweisung auf §§ 91 ff. bei §§ 887–890);
§ 945 (keine Erstreckung auf die Verfahrenskosten).
§ 1057 (Kostenentscheidung im Schiedsspruch)

7. Kostenfreiheit. Von den Vorschriften über die Auferlegung von Kosten muss man diejenigen über eine Befreiung von Kosten unterscheiden. Diese finden sich teilweise in den Kostengesetzen, zB § 2 GKG, teilweise in der ZPO, vor allem in §§ 114 ff. ZPO (Prozesskostenhilfeverfahren). Man muss jeweils prüfen, ob und welche Vorschriften außerhalb §§ 91 ff. anwendbar sind. 18

II. Regelungszweck des Kostenabschnitts. §§ 91 ff. verhalten sich nicht zur Entstehung von gerichtlichen und außergerichtlichen Kosten. Sie betreffen lediglich das Verhältnis der Verfahrensbeteiligten zueinander und regeln in diesem Rahmen die Kostenhaftung. Sie binden das Gericht und sind auch insofern anzuwenden, als aufgrund der Bewilligung von Prozesskostenhilfe nach §§ 114 ff. eine Freistellung von Zahlungspflichten erfolgt, Naumbg ZInsO 2018, 264; fortgeltend Schlesw SchlHA 1979, 44. Sie ergänzen die in den Kostengesetzen, zB §§ 22 ff. GKG, enthaltenen Vorschriften der unmittelbaren Kostenhaftung gegenüber der Staatskasse. 19

1. Kostengerechtigkeit, Prozesswirtschaftlichkeit. Kostengerechtigkeit ist das wesentliche Ziel des Titels 5, vgl. auch Celle AG kompakt 2011, 110; Zweibr NJW-RR 1993, 148; Ffm OLGZ 1993, 441; Ddf JurBüro 20

1993, 604; OVG Münster Gemeindehaushalt 1991, 37; Nürnbg MDR 1979, 498. **Unterliegens- und Veranlassungshaftung,** → Rn. 2, sind Ausprägungen dieses Grundsatzes. Jeder Prozessbeteiligte muss von vornherein in Umrissen übersehen können, welches Kostenrisiko auf ihn zukommt. Der Grundsatz der Unterliegenshaftung nach § 91 I 1 lässt sich indes nicht ausnahmslos durchführen. Das würde zu Ungerechtigkeiten führen. Sie zu beseitigen ist Zweck der dem § 91 nachfolgenden Vorschriften.

21 Gleichzeitig dient Titel 5 aber auch der Verfahrensvereinfachung und damit der **Prozesswirtschaftlichkeit.** Das zeigen insbes. die bei den einzelnen Vorschriften zu erörternden Ermessens- und Rundungsspielräume. Kostenrecht ist trotz aller wirtschaftlichen Bedeutung nur Nebenschauplatz des Zivilprozesses. Im Mittelpunkt steht grds. die Frage, wer in der Hauptsache Recht bekommt.

22 **2. Auslegung und Anwendung.** Beide Zwecke muss man bei Auslegung und Anwendung der Kostenvorschriften beachten. Geboten sind generell die Orientierung am Ergebnis in der Hauptsache und am Gebot der Kostengerechtigkeit. Dabei sind diese Gesichtspunkte mit den Geboten der Praxis, namentlich der einfachen Handhabung, in Einklang zu bringen. Dies ist nicht immer einfach zu bewerkstelligen, vgl. nur BGH NJW-RR 2019, 381; NJW 2018, 1403; MDR 2018, 1407; NJW 2016, 2751; NJW 2003, 901; kritisch gegenüber zu weitgehender Differenzierung Müller-Rabe JurBüro 2017, 173. Da gewissenhafte Parteien und Anwälte eine einmal vorhandene Rechtsprechung und Lehre beachten müssen, besteht die Gefahr, dass die Materie undurchschaubar wird. Dem muss die Praxis durch Orientierung an den Grundsätzen und an den auch im Rahmen der vorliegenden Kommentierung dargestellten Einzelfällen aus der Rechtsprechung Rechnung tragen.

23 **III. Sachlicher Geltungsbereich des Kostenabschnitts.** §§ 91 ff. gelten grundsätzlich für alle der ZPO unterliegenden Verfahrensarten, zB Fölsch NZM 2016, 500 (Mietsachen), auch im WEG-Verfahren mit Vorrang der §§ 49, 50 WEG aF, Ffm NZM 2009, 166, LG Nürnb ZMR 2014, 148; jetzt alleine noch § 44 II WEG nF.

24 Grundvoraussetzung ist das Vorliegen eines **kontradiktorischen** Verfahrens, BGH NJW 2007, 2993 (Beschwerde in der Zwangsversteigerung); AG Aalen BeckRS 2021, 34850 (keine Kostenentscheidung im Erinnerungsverfahren nach § 766 II). Bei §§ 887–890 gelten nach § 891 S. 3 die dort genannten Teile der §§ 91 ff. entsprechend. Für den gemeinsamen Vertreter nach §§ 6 I 2, § 17 I SpruchG erfasst die Verweisung in § 85 FamFG auch die Anwendung der §§ 91 ff., BGH 23.11.2021 – II ZB 14/21, BeckRS 2021, 45446 Rn. 16. Wegen des schiedsrichterlichen Verfahrens § 1057. Wegen des EuGH-Verfahrens EuGH AnwBl 2010, 218 zu Art. 91 der Verfahrensordnung des Gerichts erster Instanz. §§ 91 ff. gelten für das jeweilige Hauptverfahren und alle dazugehörigen **Nebenverfahren,** etwa nach § 17a GVG, BGH NJW 1993, 2541.§§ 91 ff. gelten kraft Bezugnahme in anderen Gesetzen vielfach entsprechend oder direkt, auch soweit das Verfahren zunächst außerhalb der ZPO abläuft. Im **FamFG**-Verfahren gelten §§ 80 ff., 132, 150, 183, 243 FamFG; da § 91 II nicht in Bezug genommen wird, ist die Notwendigkeit einer Anwaltsmandatierung grds. gesondert zu prüfen, aber mit Ausnahme besonders einfach gelagerter Fälle idR zu bejahen, Brdb FamRZ 2015, 1226; näher → § 91 Rn. 136. Im **Insolvenzverfahren** ist zwischen Masse- und Insolvenzforderungen zu differenzieren, BGH NJW-RR 2007, 397 (auch: § 93); BAG NZG 2015, 605. §§ 91 ff. gelten mit der Vorgabe einer abweichenden Billigkeitsentscheidung eingeschränkt im Patentnichtigkeitsverfahren nach § 121 II **PatG,** BGH NJW-RR 1998, 334 (§ 159 S. 2 VwGO), BPatG GRUR 2008, 735 (Doppelvertretung). Über den Einstellungsantrag des S. in der **Zwangsversteigerung** und der **Teilungsversteigerung** ergeht keine Kostenentscheidung nach § 91, BGH NJW 2019, 1462. Im Verfahren der Verfassungsbeschwerde sind die Grundsätze des § 91 nicht schematisch in die Entscheidung nach § 34a II **BVerfGG** zu übertragen, BVerfG NJW 1993, 2793.

25 §§ 91 ff. gelten nach § 46 II **ArbGG** auch im arbeitsgerichtlichen Verfahren, BAG NZG 2015, 605, Bader/Nungeßer NZA 2007, 1200, und zwar im Urteilsverfahren, LAG Mü NZA-RR 2002, 161, nicht im Beschlussverfahren, BAG NZA 1999, 1235. §§ 91 ff. gelten nach § 162 II 1 VwGO auch im dortigen Verfahren, VGH Mü JurBüro 2015, 587. Zum Beschwerdeverfahren nach dem KapMuG vgl. dort § 26; für das Ausgangsverfahren gilt § 24 KapMuG. Im Verfahren nach dem ZKG gilt vorrangig dessen § 50 V. Im Verfahren der **Schiedsstelle** nach §§ 92 ff. VGG regelt § 121 II VGG die Kostengrundentscheidung.

26 **IV. Persönlicher Geltungsbereich des Kostenabschnitts.** §§ 91 ff. gelten für, aber auch nur für alle rechtlich am Verfahren Beteiligten, Ffm NJW-RR 1998, 1534 (nicht: Sachwalter), auch für und gegen einen Geschäftsunfähigen, Kblz JurBüro 2007, 34, oder eine Scheinpartei, → Rn. 4. Sie haben darüber hinaus Auswirkungen für nur mittelbar beteiligte Dritte, erst recht für einen Dritten, der Kosten etwa eines Vergleichs übernimmt, Ddf NZM 2017, 292. Der persönliche Geltungsbereich der einzelnen Vorschriften ist in der jeweiligen Kommentierung dargestellt.

27 **V. Begriff der „Kosten des Rechtsstreits".** § 91 I 1 enthält den Begriff, aber keine umfassende Definition der „Kosten des Rechtsstreits". In I – IV werden lediglich Teilaspekte klarstellend, ergänzend oder einschränkend geregelt. Im Gesamtüberblick dieser Regelungen sind von § 91 alle Aufwendungen erfasst, die im unmittelbaren Zusammenhang mit dem Prozess selbst entstehen, unter Einschluss der Aufwendungen zur Vorbereitung des konkreten Rechtsstreits, BGH GRUR 2017, 854 Rn. 11; → § 91 Rn. 21. Aufwand zur Abwendung eines Rechtsstreits fällt nicht darunter, BGH NJW-RR 2019, 378 Rn. 10. Damit ist über den Kostenanfall und erst recht über die Notwendigkeit iSd § 91 I 1 noch nichts gesagt. Hierfür bedarf es einer rechtlichen oder tatsächlichen Grundlage.

28 Innerhalb der Prozesskosten kann man zwei Hauptgruppen von Kosten unterscheiden: Die Gerichtskosten, → Rn. 29, und die außergerichtlichen Kosten, → Rn. 37.

29 **VI. Gerichtskosten.** Gerichtskosten können nur Ansprüche sein, die auf einer speziellen gesetzlichen Grundlage entstehen; es sind diejenigen Gebühren und Auslagen nach § 1 I 1 GKG, die ein Prozessbeteiligter dem Land oder Bund als dem Träger der Justizhoheit entrichten muss, Köln NJW-RR 2001, 1656. Ihre Grundlage ist alleine das GKG. Sie bestehen zum einen aus Gebühren nach dem Streitwert gem. § 3 I GKG, zum anderen aus Auslagen, also Unkosten, die zunächst meist die Staatskasse entrichtet, vgl. iE KV 9000–9019 GKG. Die Beitreibung von Gerichtskosten erfolgt wie bei öffentlichen Abgaben. Einwendungen sind nach **§§ 66 f. GKG** geltend zu machen, näher Toussaint/Toussaint GKG § 66 Rn. 1 ff. Sie können sich im Wege der Erinnerung nur auf Einwendungen stützen, die sich gegen den Kostenansatz selbst richten, dürfen aber nicht eine Prüfung der Kostengrundentscheidung auf Rechts- oder Verfassungsmäßigkeit zum Ziel haben, BGH 30.5.2022 – I ZB 71/12, BeckRS 2022, 15056 Rn. 4; 16.8.2017 – I ZB 7/17, BeckRS 2017, 126621; GRUR-RR 2011, 39 (Ls.) =

BeckRS 2010, 20583. Für die Kostenerstattung kommen solche Kosten nur als Parteikosten infrage, also insoweit, als die Partei sie verausgabt hat.

1. Antragsschuldner. Schuldner der Gerichtskosten ist unmittelbar kraft Gesetzes, das auch die Fälligkeit, die etwaige Befreiung von der Kostenschuld und den etwa zu zahlenden Vorschuss festlegt, zunächst grds. der Antragsteller nach § 22 I S. 1 GKG, mithin derjenige, der ein Verfahren einleitet oder erweitert, Toussaint/Toussaint GKG § 22 Rn. 4, oder übernimmt, Toussaint/Toussaint GKG § 22 Rn. 7. 30

2. Entscheidungsschuldner. Ferner haftet für die Gerichtskosten nach § 29 Nr. 1 GKG der sog. Entscheidungsschuldner. Das ist derjenige, den ein Gericht zur Kostenzahlung verurteilt hat. Diese Haftung kann nach § 30 S. 1 GKG erlöschen, soweit die Kostenentscheidung aufgehoben oder abgeändert wird. Eine Erledigung der Hauptsache in der Rechtsmittelinstanz mit der Folge einer Aufhebung der bereits ergangenen Entscheidung, → § 91a Rn. 132, oder eine wirksame Klagerücknahme mit einer der Folgen von § 269 III reichen hierfür aus, wie auch eine Entscheidung nach § 344. 31

Alleine durch einen **Vergleich** können die Parteien ihre Haftung gegenüber der Staatskasse nicht rückgängig machen, BGH NJW-RR 2001, 285 (zu § 57 GKG aF); Schlesw JurBüro 1992, 403 (auch nicht bei vereinbarter Klagerücknahme). 32

3. Übernahmeschuldner, Drittschuldner. Der Weiteren ist dem Staat gegenüber kostenpflichtig nach § 29 Nr. 2 GKG der sog. Übernahmeschuldner. Das ist derjenige, der die Gerichtskosten dem Gericht gegenüber übernommen hat, zB durch einen Vergleich, § 98, oder durch „Starksagen", was bei Kosten einer Beweisaufnahme seitens der Prozessbevollmächtigten vorkommt und nach § 29 Nr. 2 GKG verpflichtet, Ddf MDR 1991, 161 (zu § 54 Nr. 2 GKG aF); Einzelheiten bei Toussaint/Toussaint GKG § 29 Rn. 1 ff. Parteivereinbarungen ohne Vergleichscharakter haben auf die Kostenentscheidung keinen Einfluss, BGH NJW 1952, 786. 33

Außerdem ist der Staatskasse gegenüber kostenpflichtig nach § 29 Nr. 3 GKG derjenige, der für eine fremde Kostenschuld kraft Gesetzes haftet (Drittschuldner). Eine Kostengrundentscheidung ist dazu nicht notwendig. 34

4. Vollstreckungsschuldner. Schließlich ist der Staatskasse kostenpflichtig nach § 29 Nr. 4 GKG der sog. Vollstreckungsschuldner für die notwendigen Kosten der Zwangsvollstreckung nach § 788. 35

5. Gesamtschuldner. Mehrere derartige Kostenschuldner haften der Staatskasse gegenüber nach § 31 I GKG als Gesamtschuldner. Der Entscheidungsschuldner ist im Übrigen ein sog. Erstschuldner nach § 31 II GKG. Die Kostenschuld besteht unabhängig von einem etwaigen Erstattungsanspruch, vgl. freilich auch dazu § 31 II GKG. Eine Ergänzung des GKG vor allem für den Kostenbeamten gibt die Kostenverfügung, Toussaint/Benner 3. Kapitel VI 1. 36

VII. Begriff der außergerichtlichen Kosten. Von den Gerichtskosten nach → Rn. 29 muss man die außergerichtlichen Kosten unterscheiden. Das sind die direkt auf den Prozess bezogenen, bis zu einem prozessualen Erstattungsanspruch zunächst selbst zu tragenden Aufwendungen eines Prozessbeteiligten. 37

1. Kosten der Partei persönlich. Hierzu zählen Aufwendungen etwa für Reisen, Köln NJW-RR 2001, 1656 (auch nach Anordnung des Erscheinens keine Gerichtskosten), für Porto oder für den Zeitverlust. Ferner zählen hierher unter Umständen die Kosten für die Beschaffung von Gutachten, für die Vertretung durch einen technischen Beistand im Zusammenhang mit dem gerichtlichen Sachverständigenbeweis und dergleichen, BGH NJW 2021, 1400 Anm Hille. Nicht hierher zählen die allgemeinen Nachteile oder Unkosten oder Schäden aus Anlass eines Prozesses. Sie können freilich einen materiell-rechtlichen Ersatzanspruch nach → Rn. 63 auslösen. 38

2. Kosten des Prozessbevollmächtigten. Die Kosten eines ProzBev. sind ganz überwiegend direkt auf den Prozess bezogen und daher ein Teil der außergerichtlichen Kosten des Rechtsstreits. Sie entstehen dann nach dem RVG, wenn der ProzBev. ein Anwalt ist. Zunächst muss der Auftraggeber sie dem Anwalt bezahlen. § 1 I 1 RVG unterscheidet ähnlich dem GKG zwischen Gebühren und Auslagen des Anwalts und gilt die Gebühren meist nach dem Streitwert oder Gegenstandswert pauschmäßig ab. Die Ansprüche können auch vor dem Prozess entstanden sein, zB für ein Mahn- oder Kündigungsschreiben. Auch solche Ansprüche muss der Auftraggeber dem Anwalt zunächst nach dem RVG vergüten. Man muss sie aber nach § 19 I 2 Nr. 1 je nach den Umständen auf die Gebühr des Anwalts für das anschließende gerichtliche Verfahren anrechnen. 39

3. Kosten des Beistands. Soweit ein Beistand für eine Partei nach § 90 tätig ist, sind seine Kosten ein Teil der außergerichtlichen Kosten. Dasselbe gilt für die Tätigkeit eines Rechtsbeistands. 40

4. Kosten des Gerichtsvollziehers. Die Kosten des zB für eine Zustellung im Erkenntnisverfahren nach §§ 253 ff. eingeschalteten Gerichtsvollziehers zählen ebenfalls zu den außergerichtlichen Kosten, Hbg Rpfleger 2017, 657; MDR 2007, 117. Die Höhe richtet sich nach dem GvKostG, Toussaint/Uhl GvKostG § 1 Rn. 1. Es unterscheidet ähnlich dem GKG und dem RVG zwischen Gebühren und Auslagen. 41

VIII. Prozessualer Erstattungsanspruch. Aus dem Prozessrechtsverhältnis folgen kostenrechtliche Pflichten der Parteien gegenüber dem Gericht und untereinander, BGH NJW-RR 1998, 190; KG NJW-RR 1996, 846. Während die Kostenpflicht der Prozessbeteiligten gegenüber dem Staat durch die Kostengrundentscheidung nach → Rn. 53 oder die gesetzliche Kostenvorschrift entsteht und insoweit vorwiegend durch das GKG geregelt ist, ergibt sich die Kostenpflicht der Verfahrensbeteiligten untereinander aus §§ 91 ff. und den sonstigen prozessualen Kostenvorschriften, → Rn. 16. 42

Grundsätzlich können nur die Verfahrensbeteiligten, also Parteien, Streithelfer, Nebenintervenienten, kostenpflichtig werden. Das gilt zB auch in einem Zwischenstreit mit einer Partei oder mit einem Zeugen, Sachverständigen oder Streithelfer, zB nach §§ 89, 101, 380, 390, 409, die für eben diesen Streit zu Verfahrensbeteiligten werden, → § 387 Rn. 16. Der prozessuale Erstattungsanspruch kann nur im laufenden Verfahren nach §§ 103 ff. geltend gemacht, nicht aber in einem gesonderten Rechtsstreit eingeklagt werden, BGH NJW 1959, 434. 43

1. Grundsatz: Unterliegens-, Veranlasserhaftung. § 91 I 1 enthält nach → Rn. 2 den tragenden Grundsatz der prozessualen Kostenerstattungspflicht: „Die unterliegende Partei hat … die dem Gegner erwachsenen Kosten zu erstatten". Der Grundsatz gilt weitgehend, BGH NJW 2013, 875 Rn. 18, wenn auch nicht lückenlos, BGH NJW-RR 2016, 378 (Unkenntnis des Kostenschuldners vom Verfahren). Ihn ergänzen oder verändern im Einzelnen zahlreiche Sonderregeln. Er durchzieht aber als ein Grundgedanke das gesamte Kostenrecht. Die in der ZPO vorfindlichen Sonderregeln, → Rn. 16, lassen als weitere übergreifende Grundlage das **Veranlassungs-** 44

prinzip erkennen. An sich ist der Grundsatz der Unterliegenshaftung lediglich ein bedeutsamer Unterfall dieses Prinzips, weil er der unterliegenden Partei aufgrund der Entscheidung in der Hauptsache die kostenrechtliche Verantwortlichkeit für die durch den Rechtsstreit verursachten Kosten zuweist, BGH NJW 2011, 2368 Rn. 11. Die nicht auf Unterliegen in der Hauptsache abstellenden Kostenregeln lassen sich normalerweise dem Veranlasserprinzip zuordnen; sie geben aufgrund besonderer Voraussetzungen eine von der Unterliegenshaftung abweichende Kostenbelastung vor.

45 Die prozessuale Kostenerstattungspflicht beruht ausschließlich auf Vorschriften der ZPO, nicht auf Anspruchsgrundlagen des materiellen Rechts, → Rn. 63. Ihre Grundlage ist innerhalb des Prozessrechtsverhältnisses insbesondere dasjenige der Verfahrensbeteiligten zueinander, Schlesw SchlHA 1979, 44 und 225. Die ZPO regelt sie abschließend, Hbg GRUR 1983, 200.

46 Bereits die **bloße Tatsache des Unterliegens** macht kosten- und erstattungspflichtig, BGH NJW 1985, 2263; BSG MDR 1992, 387. Die Regel gilt grundsätzlich ohne Rücksicht darauf, aus welchem Grund die Partei unterlegen ist, BGH NJW 1962, 1715 (Gesetzesänderung); Schlesw NJW 2013, 2765; Hamm MDR 1982, 676. Eine Ausnahme kann beim **vollmachtlosen Vertreter** gelten, weil insoweit das **Veranlasserprinzip** greift, BGH NJW 1993, 1865; Bbg JurBüro 2005, 548, jedenfalls wenn er den Mangel kennt, BGH NJW 2017, 2683, Anm Hansens RVGRep 2017, 277. Haftender kann in diesen Fällen wiederum die Partei sein, wenn sie dessen Handeln veranlasst hat, Ffm MDR 2016, 115. Es ist unerheblich, ob den Vertreter ein Verschulden trifft, Hbg GRUR 1983, 200, oder ob die Partei **geschäfts- oder prozessfähig** war, BGH NJW 1993, 1865; BayObLGZ 91, 114; im letzteren Fall hat der BGH zusätzlich die Genehmigung der Prozessführung verlangt, BGH NJW 1992, 2575, hieran später aber nicht mehr festgehalten, NJW 1993, 1865. Für den Bereich des gesellschaftsinternen Rechtsstreit vgl. Born/Ghassemi-Tabar/Gehle, MHdB GesR VII § 9 Rn. 63.

47 Dem Verlierer steht derjenige gleich, der sich **freiwillig** in dessen Rolle begibt, etwa durch eine Klagerücknahme nach § 269 oder durch ein Anerkenntnis nach § 307. Ausnahmen bestehen etwa nach §§ 93b, 95, 97 II.

48 **2. Haftungsbeschränkung.** Deshalb umfasst auch eine Haftungsbeschränkung in der Hauptsache die eigene Kostenpflicht der Partei grds. nicht, vgl. etwa § 780 I. Soweit Kosten allerdings schon in der Person des Erblassers entstanden waren, haftet der Erbe nur beschränkt, Köln NJW 1952, 1145. In diesen Fällen ist auf die Formulierung des Tenors zu achten, BGH NJW-RR 2015, 521 Rn. 32. Die Auferlegung von Mehrkosten auf den Sieger ist nur in den gesetzlich geregelten Fällen statthaft, zB nach §§ 281 III 2, 344, → Rn. 16.

49 Eine Partei **kraft Amtes,** zB der Testamentsvollstrecker, vertritt fremde Belange. Sie haftet daher nicht mit ihrem persönlichen Vermögen, Karlsr FamRZ 1988, 637. Hinsichtlich des Insolvenzverwalters können Masseforderungen vorliegen, BAG ZIP 2007, 2141; Kblz MDR 2005, 416; Hamm JurBüro 1990, 1482.

50 **3. Abgrenzung zum materiell-rechtlichen Ersatzanspruch.** Man muss von dem Grundsatz der prozessualen Unterliegenshaftung nach → Rn. 44 eine etwa vorhandene materiell-rechtliche Ersatzpflicht nach → Rn. 63 unterscheiden. Zwar kann sich auch ein materiell-rechtlicher Ersatzanspruch im Zusammenhang mit prozessualen Vorgängen ergeben. Grundsätzlich ist aber der prozessuale Erstattungsanspruch nur aus der ZPO ableitbar, nämlich aus dem Prozessrechtsverhältnis. Als solcher kann er nur nach §§ 103 ff. im laufenden Verfahren zur Festsetzung angemeldet, nicht aber in einem gesonderten Rechtsstreit eingeklagt werden, BGH NJW 1959, 434. Zur wechselseitigen Beeinflussung der beiden Ansätze → Rn. 70.

51 **4. Entstehung des Erstattungsanspruchs.** Der prozessuale Kostenerstattungsanspruch eines Verfahrensbeteiligten lässt sich nur im zugehörigen Prozess geltend machen, BGH NJW 1983, 284, und zwar im Kostenfestsetzungsverfahren nach §§ 103 ff. Er entsteht nicht erst im Zeitpunkt der Kostengrundentscheidung, sondern im Zeitpunkt der Begründung des Prozessrechtsverhältnisses, also mit der Rechtshängigkeit nach § 261, BGH NZI 2014, 310 Rn. 14; NJW 2006, 1962, oder mit der Einleitung eines weiteren Verfahrens, namentlich mit der Einlegung eines Rechtsmittels, Kblz MDR 2005, 416. Denn die Ursache für eine Pflicht, einem anderen Prozessbeteiligten dessen Kosten auch nur teilweise zu erstatten, liegt ja schon in dem Umstand, dass man ihn in prozessuale Rechte und Pflichten hineingezogen hat oder dass man seine Hineinziehung durch ein eigenes Verhalten verursacht oder gar verschuldet hat, BGH NJW 1988, 3204. Der Anspruch ist durch den Erlass der Kostengrundentscheidung aufschiebend, alsdann bis zur formellen Rechtskraft durch eine Abänderung der Entscheidung in der Hauptsache auflösend bedingt. Durch ihre Aufhebung entfällt nur die Verzinsung, die frühestens mit Verkündung einer wiederherstellenden Entscheidung neu beginnt, BGH NJW 2016, 165. Der **Zinsanspruch** entsteht mit Einreichung des Festsetzungsantrags, KG NJW-RR 2020, 508 Rn. 40.

5. Beispiele zur Entstehung eines Erstattungsanspruchs

52 **Abtretung:** Der Kostenerstattungsanspruch ist auch schon als aufschiebend bedingter abtretbar, BGH NJW 1988, 3204.

Arrest: Über den Erstattungsanspruch kann das Gericht nach §§ 916 ff. einen Arrest verhängen.

Aufrechnung: Vor dem Eintritt der aufschiebenden Bedingung nach → Rn. 51 ist der Anspruch nicht nach § 387 BGB aufrechenbar, wohl aber ab vorläufiger Vollstreckbarkeit des KfB, Ffm MDR 1984, 148, und erst recht ab dessen Rechtskraft, BGH NJW 2013, 2975. Unstr Forderungen können ohne KfB aufgerechnet werden, Karlsr NJW 1994, 593; auch ist bei vorl Vollstreckbarkeit die Leistung der Sicherheit nicht erforderlich, BGH NJW 2013, 2975. In der Berufung gegen das vorläufig vollsteckbare Urteil wird der KfB indes wieder aufschiebend bedingt, so dass die Aufrechenbarkeit entfällt, Ddf NJW-RR 2017, 661. Das ist wiederum anders, wenn aufgrund eines rechtskräftigen Teilurteils vom Bestand der Kostenerstattungsforderung auszugehen ist, Karlsr NJW 1994, 593.

Kostengrundentscheidung: Vor dem Erlass einer vorläufig vollstreckbaren Kostengrundentscheidung nach → Rn. 53 oder dem Eintritt eines solchen Ereignisses, das eine gesetzliche Kostengrundvorschrift wirksam werden lässt, etwa einer wirksamen Klagerücknahme nach § 269 III 2, ist der prozessuale Kostenerstattungsanspruch noch nicht fällig, KG JurBüro 2002, 482, sondern aufschiebend bedingt, BGH NJW 1992, 2575; Ddf NJW-RR 2018, 766; Kblz MDR 2005, 416; Köln NJW-RR 2000, 1299, 1301. Er ist dann der Höhe nach noch ungewiss, wenn auch nicht unbestimmbar, und erlangt den Charakter eines Vollstreckungstitels durch Erlass des bezifferten KfB.

Pfändung: Der Erstattungsanspruch ist auch schon als aufschiebend bedingter pfändbar.

Prozessunfähigkeit: Wenn eine Partei während des Rechtsstreits nach §§ 51, 52 prozessunfähig war, ergibt sich ihr Erstattungsanspruch auch ohne Genehmigung, → Rn. 46.

Unzulässigkeit: Ein prozessualer Kostenerstattungsanspruch entsteht auch zugunsten desjenigen, gegen den eine unzulässige Klage oder Widerklage erhoben wird, Mü MDR 1984, 498.

Zurückbehaltung: Auch ein Zurückbehaltungsrecht wegen des prozessualen Kostenerstattungsanspruchs setzt vorläufige Vollstreckbarkeit voraus, LG Hbg NZM 2001, 1076, vgl. „Aufrechnung".

6. Funktion der Kostengrundentscheidung. Die Kostengrundentscheidung setzt wie jede Entscheidung ein Rechtsschutzbedürfnis voraus. Es kann fehlen, wenn Kosten nicht entstanden sein können. Die Kostengrundentscheidung bestimmt den Anspruch nicht der Höhe nach. Sie überlässt diese Bestimmung vielmehr dem Kostenfestsetzungsverfahren nach §§ 103 ff., dessen Voraussetzung sie ist, BGH NJW 2019, 3651 Rn. 6; 2016, 165. Ihre **Formulierung** muss daher so klar sein, dass die Festsetzung der Höhe und die Kostenausgleichung ohne weitere Zwischenschritte aus ihr abgeleitet werden können, vgl. auch → § 92 Rn. 22. Auch unter diesem Gesichtspunkt verbietet sich, in Ergänzung des Grundsatzes der Kosteneinheit, → Rn. 12, eine Aufspaltung der Entscheidung in Abschnitte (etwa Klage und Widerklage), über die getrennt nicht entschieden werden kann, Mü NJW-RR 2022, 719. Unklarheiten der Formulierung sind vorrangig durch **Auslegung** zu klären, insbesondere wenn im Tenor unscharf „kostenpflichtig" entschieden wird, Hamm FGPrax 2019, 225. Die Kostengrundentscheidung verwandelt den bisher aufschiebend bedingten Anspruch nach → Rn. 51 in einen auflösend bedingten, wenn sie zumindest nach §§ 708 ff. vorläufig vollstreckbar ist, → Rn. 52. Wird sie vergessen, gilt § 321, BGH NJW 2006, 1351 Rn. 9, bei Beschlüssen im Beschwerdeverfahren analog, Karlsr NJW 2014, 2053. Des Weiteren gilt § 319, BGH NJW-RR 2004, 501 aE, zB bei einem offenbaren Rechenfehler, Köln JurBüro 1993, 116, oder der unterbliebenen Berücksichtigung einer Klageermäßigung, Köln NJW-RR 2000, 142. 53

Erst mit Eintritt der **formellen Rechtskraft** der Kostengrundentscheidung nach §§ 329, 705 entfällt die auflösende Bedingung, BGH NJW 1988, 3204, Stgt NJW-RR 2006, 1367, LAG Erfurt Rpfleger 2005, 219. Ein Vergleich und eine Kostenfolge kraft Gesetzes zB nach §§ 269 III 2, 516 III, 565 stehen dem Urteil gleich; der Beschluss nach §§ 269 IV 1, 516 III 2 ist nur für den Erlass des KfB erforderlich, nicht für die materiell-rechtliche Entstehung des Anspruchs. 54

Mit **Aufhebung** oder auch nur teilweiser **Abänderung** der Kostengrundentscheidung **erlischt** selbst ein formell rechtskräftiger **Kostenfestsetzungsbeschluss,** BGH NJW 2016, 165; NJW 2013, 2438 Rn. 11; Saarbr NJW-RR 2018, 1468; Mü NJW-RR 2001, 718 (Vergleich). Der Zinsanspruch bleibt indes für einen nicht aufgehobenen Teil erhalten, BGH NJW 2016, 165 Rn. 15. 55

7. Selbständige Verfahrensabschnitte. In einer Abweichung vom Grundsatz der Einheit der Kostenentscheidung, → Rn. 12, → § 91 Rn. 47, muss jede gerichtliche Entscheidung, die einen selbständigen, kostenmäßig getrennt abrechenbaren Verfahrensabschnitt abschließt, eine Kostenentscheidung für diesen Abschnitt enthalten. Weiter kann die Wirkung der Kostengrundentscheidung nicht gehen, so dass eine Kostenfestsetzung nur in den selben Grenzen möglich ist, BGH MDR 2017, 607. Zu Einzelfällen → Rn. 12, → Rn. 16. 56

8. Keine Zeit- oder sonstige Verfahrensabschnitte. Unzulässig ist eine Berechnung nach Zeitabschnitten („bis vor/ab der Beweisaufnahme") Mü NJW-RR 2022, 719. Differenziert werden darf zwischen Rechtszügen, weil sie getrennt abrechenbar sind, § 97. Die Gefahr eines Streites um die Zuordnung von Vorbereitungskosten zu den mit unterschiedlichem Kostenerfolg verlaufenen Instanzen erscheint demgegenüber gering. Auch kann es zulässig sein, bestimmte abgrenzbare Kosten aus der Kostenpflicht herauszunehmen, zB nach § 96. Das Gericht darf nach → § 92 Rn. 22 einer Partei einen bezifferten Betrag auferlegen. Die im Gesetz geregelten Sonderfälle, → Rn. 16, können als Leitbild für Ausnahmen dienen, die sich bei besonderen Fallkonstellationen ergeben mögen. 57

9. Änderung der Kostenentscheidung bei Streitwertberichtigung? Eine Änderung des Streitwerts führt grundsätzlich nicht zur Berichtigung der Kostengrundentscheidung. Ohne die Kostengrundentscheidung lässt sich kein Kostenfestsetzungsverfahren nach §§ 103 ff. durchführen und daher keine Kostenerstattung verwirklichen. Daraus folgt, dass eine Änderung der Wertfestsetzung nicht zulässig ist, wenn eine notwendig darauf aufbauende Änderung der Kostengrundentscheidung eine Partei unbillig belasten würde; denn darin läge ein Eingriff in einen unmittelbar zum Gegenstand des Urteils gehörenden Teil der Entscheidung, nicht nur in bloße Folgeansprüche, die sich in Gestalt der Gebührenforderungen ergeben können, BGH NJW 2016, 1021; FamRZ 2008, 1925; MDR 1977, 925; dies ausdrücklich ablehnend, für unbegrenzte Wertberichtigung auch bei Diskrepanz mit der bleibenden Kostenentscheidung Stgt NJW 2015, 421, Anm. Proske NJW 2015, 423, für Anwendung des § 319; wie hier Prütting/Gehrlein/Beumers § 3 Rn. 22; zur Abänderung des KfB Ffm RVGRep 2020, 144 Anm. Hansens. Hat die Wertberichtigung dem entgegen dennoch stattgefunden, mag die Lösung → § 319 Rn. 7 erwogen werden. 58

Ist aufgrund einer Wertänderung ein neuer KfB zu erlassen, geschieht dies im Wege vollständiger Neufestsetzung, nicht lediglich ergänzend auf einen Differenzbetrag, so mit guten Gründen AG Zeitz Rpfleger 2021, 128. 59

10. Verjährung. Das Thema wird nunmehr im Zusammenhang mit § 91 V besprochen, → § 91 Rn. 247. 60

11. Bindungswirkung. Die Kostenvorschriften binden das Gericht, auch soweit sie ihm ein Ermessen einräumen. Parteivereinbarungen über die prozessuale Kostenerstattungspflicht sind grundsätzlich zulässig, aber für eine etwa noch notwendige Kostengrundentscheidung nach → Rn. 53 nur im Ausnahmefall zu beachten, zB bei §§ 98, 101 I 1. Das Gericht ist nach §§ 318, 329 an seine einmal erlassene Kostengrundentscheidung wie an andere Entscheidungen gebunden. 61

Der durch die Kostengrundentscheidung Begünstigte kann seine Kosten im **Kostenfestsetzungsverfahren** nach §§ 103 ff. geltend machen. Eine dem Gericht mitgeteilte **Kostenübernahme** nach § 29 Nr. 2 GKG macht zwar den Übernehmer zum Kostenschuldner der Staatskasse. Sie ändert aber im Übrigen an den Wirkungen der Kostengrundentscheidung nichts. Im Einzelfall kann trotz rechtskräftiger Kostengrundentscheidung ein Hindernis bestehen, einen KfB zu erlassen, Kblz MDR 2005, 416; LAG Erfurt Rpfleger 2005, 220 (jew. § 210 InsO). 62

IX. Materiell-rechtlicher Kostenerstattungsanspruch

Schrifttum: Anders/Gehle Assessorexamen ZivilR A Rn. 180; P Rn. 20; P Rn. 65; Becker-Eberhard, Grundlagen der Kostenerstattung bei der Verfolgung zivilrechtlicher Ansprüche, Bielefeld 1985; ders., Zum Neben- und Gegeneinander von materiell-rechtlicher und prozessualer Kostenhaftung, JZ 1995, 814; Brete/Große, Die Erstattungsfähigkeit außer- bzw. vorgerichtlicher Anwaltsgebühren, JurBüro 2011, 227; Fischer,

Materieller und prozessualer Kostenerstattungsanspruch, JuS 2013, 694; Hunecke, Ersatzfähigkeit außergerichtlicher Rechtsanwaltskosten, NJW 2015, 3745; Jerger/Zehentbauer NJW 2016, 1353; Tempel/Graßnack/Korziol/Seyderheim, Materielles Recht im Zivilprozess, 6. Aufl. 2014.

63 **1. Begründung unabhängig vom prozessualen Erstattungsanspruch.** Eine allgemeine Pflicht zur Kostentragung ergibt sich aus dem materiellen Recht nicht, BGH NJW 2007, 1458 Rn. 14, konkretisiert in NJW 2009, 1262 mBespr. Deckenbrock NJW 2009, 1247. Neben dem prozessualen Kostenerstattungsanspruch kann sich indes aus Vorschriften des materiellen Rechts ein Ersatzanspruch ergeben, der den Ersatz von Prozesskosten iwS mit umfasst, namentlich aus Vertrag, BGH NJW-RR 1998, 234 (Schiedsvertrag), oder aus § 280 I 1, BGH NJW 2007, 3500 (Geschäftsgebühr), ggf. iVm §§ 241 II, 286, 439 II, dazu Markworth ZIP 2019, 941, oder aus § 823 BGB, BGH NJW 1994, 2895 (Auskunfterteilung im Rahmen der Stufenklage), bzw. GoA, Karlsr NJW 2013, 473, oder Art 14 II FluggastRVO, BGH NJW-RR 2020, 1507.

64 Nach **§ 249 I BGB** sind nur solche Rechtsverfolgungskosten erstattungsfähig, die aus der anfänglichen Sicht des Gl. als einer vernünftigen, wirtschaftlich denkenden Person zur Wahrnehmung und Durchsetzung seiner Rechte erforderlich und zweckmäßig waren, dabei sind keine überzogenen Anforderungen zu stellen, BGH NJW-RR 2022, 707; NJW-RR 2019, 1187 Rn. 26 mwN. Erforderlichkeit und Zweckmäßigkeit stellen echte, vom Geschädigten darzulegende und zu beweisende Anspruchsvoraussetzungen dar BGH NJW 2019, 1522 Rn. 10. Im Rahmen der Zweckmäßigkeit ist insbesondere die Eignung der Maßnahme zu prüfen; sie fehlt zB, wenn das Vorgehen der Partei die sachlich erforderliche Hemmung der Verjährung nicht herbeiführen konnte, BGH 24.1.2022 – VIa ZR 100/21, BeckRS 2022, 3567 Rn. 13. Zu erörtern ist, ob die Kosten einer **Schutzschrift,** die alleine aufgrund einer fehlerhaften Rechtsbehauptung des Gegners eingereicht wird und die auf der Grundlage einer prozessualen Kostenerstattungsanspruchs nicht geltend gemacht werden können, weil mangels Eilantrags ein Prozessrechtsverhältnis nicht zustande kommt, auf materiellrechtlicher Grundlage eingefordert werden können; BGH NJW 2009, 1262 bietet hierfür einen Ansatz. Hamm JurBüro 2021, 253 differenziert bei der Notwendigkeit zutreffend zwischen Partei- und Anwaltskosten; iÜ vgl. → § 91 Rn. 111.

65 § 945 ist nur dann einschlägig, wenn der Schaden aus der Vollziehung zu regeln ist, nicht die Kosten des Verfahrens selbst; insoweit ist nach §§ 925 ff. mit zu entscheiden, BGH NJW 1993, 2685.

66 Der Anspruch aus **§ 840 II 2** hatte für die dogmatische Aufarbeitung des Themas und für den Bezug zur streitigen Feststellung des Kosteninteresses besondere Bedeutung, BGH NJW 1982, 1598; NJW 1981, 990; → § 91a Rn. 161. Letztlich kommt auch Gefährdungshaftung in Betracht, indes stehen Ansprüche auf Leistung von Schadensersatz in der Praxis an vorderster Stelle, bis heute grundlegend Becker-Eberhard; zuletzt Jerger/Zehentbauer NJW 2016, 1353; zur Ersatzpflicht wegen Erhebung unbegründeter Ansprüche BGH NJW 2009, 1262 (auch zur Begründung der Pflichtwidrigkeit und eingehend zum Verschulden); NJW 2008, 1147 (Rechtfertigung im Gerichtsverfahren, fahrlässige Fehleinschätzung der Rechtslage grds. unschädlich); NJW 2005, 2395 (unberechtigte Kündigung).

67 Ein materiell-rechtlicher Ersatzanspruch ist **eigenständig** zu prüfen, BGH NJW 2007, 1458; Karlsr VersR 2000, 1046; Jäckle NJW 2013, 1393 (Inkassounternehmen). Der Anspruch ist vom Vorliegen oder Fehlen eines prozessualen Kostenerstattungsanspruchs nach → Rn. 42 unabhängig; die **Analogie** zu den prozessualen Normen in §§ 91 ff. kommt bereits mangels Gesetzeslücke **nicht** in Betracht, sie wäre indes auch verfehlt, weil die verschuldensunabhängige prozessuale Kostenhaftung im materiellen Recht der nur ausnahmsweise gegebenen Gefährdungshaftung entspräche, BGH NJW 2013, 2201; NJW 1988, 2032; NJW 1983, 284; Köln NJOZ 2006, 3718. Umgekehrt entfalten die Regelungen des Prozessrechts für den materiell-rechtlichen Anspruch **keine Sperrwirkung,** BGH NJW 2020, 399 Rn. 43. Zum Vorrang des prozessualen Verfahrens unter dem Gesichtspunkt des Rechtsschutzbedürfnisses BGH NJW 2020, 399 Rn. 45.

68 Die vielfach vorhandenen Ungewissheiten über Begründung des Anspruchs und Zulässigkeit der Durchsetzung fordern von der Praxis eine großzügige **Auslegung** von Klagebegehren, denen das Ziel entnommen werden kann, den Anspruch geltend zu machen; das gilt insbesondere im laufenden Rechtsstreit, wenn Kl. erkennen lässt, dass Bekl. auf Kostenerstattung in Anspruch genommen werden soll, eine Kostengrundentscheidung und das Kostenfestsetzungsverfahren aber ausscheiden, BGH GRUR 2021, 714 Rn. 11.

69 Zum **Streitwert** → § 4 Rn. 14.

70 **2. Verhältnis der Ansprüche zueinander. a) Ausgangslage.** Prozessuale und materiell-rechtliche Ansprüche bestehen **nebeneinander,** BGH NJW 2010, 3020 Rn. 19; NJW 2002, 680; NJW 1976, 1256; MüKoZPO/Schulz Vor § 91 Rn. 20. Fehlt es an einem prozessualen Kostenerstattungsanspruch, kann ein materiell-rechtlicher Ersatzanspruch ohne weiteres bestehen, wie umgekehrt der prozessuale Erstattungsanspruch keiner materiell-rechtlichen Begründung bedarf, LAG Ddf Rpfleger 2004, 124.

71 In der Regel ruht der Kostenerstattungsanspruch auf beiden Grundlagen; er hat dann eine **Doppelnatur,** BGH NJW 2011, 2966 Rn. 16. Das Problem liegt bei Anwendbarkeit materiell-rechtlicher wie prozessualer Regelungen vorrangig in der grundverschiedenen verfahrensrechtlichen Durchsetzung. Der materiell-rechtliche Kostenerstattungsanspruch kann im Wege der Klage geltend gemacht werden, der prozessuale wird über §§ 91 ff. und die weiteren kostenrechtlichen Regelungen des Verfahrensrechts, → Rn. 16, zum Gegenstand einer Kostengrundentscheidung und alsdann nach §§ 103 ff. tituliert.

72 Daraus folgen bereits auf der Ebene der Zulässigkeit Berührungspunkte, → Rn. 74. Beim Umfang des Ersatzanspruchs können sich ebenfalls erhebliche Unterschiede ergeben. Hat der materiell-rechtliche Kostenerstattungsanspruch seine Grundlage etwa nur in einem Teilbereich des streitigen Geschehens und obsiegt der Kläger nur insoweit, wird ihm der Anspruch idR im vollen Umfang zuerkannt; verlässt er sich hingegen auf eine Erstattung nach §§ 103 ff., muss er sich mit der nach § 92 gebildeten Quote zufrieden geben. Das kann sich in besonderer Weise bei den **Vorbereitungskosten** bemerkbar machen, → § 91 Rn. 21.

73 Der Lösungsansatz setzt sich mit der Frage fort, ob von einer prozessualen Kostenentscheidung Wirkungen ausgehen, die der nachfolgenden Geltendmachung eines materiell-rechtlichen Kostenerstattungsanspruchs aus prozessualen (Rechtskraftwirkungen) oder materiellen Gründen entgegenstehen. Das führt zu einer reichhaltigen, am Einzelfall orientierten Kasuistik. Für einfache Grundsätze ist das Thema angesichts der Vielfalt möglicher Sachverhalte ungeeignet. Im Vordergrund stehen muss das vertretbare Ergebnis. Es lassen sich für dessen Begründung nur nachfolgende **Leitideen** herausarbeiten; vgl. auch MüKoZPO/Schulz Vor § 91 Rn. 20.

b) Vorrang des prozessualen Verfahrens. aa) Zulässigkeit. Es versteht sich im Ansatz von selbst, dass die Erstattung von Kosten, über die das Gericht als Nebenentscheidung zur Hauptsache nach den einschlägigen prozessualen Vorschriften entscheiden muss, nicht im selben Rechtsstreit **zulässig** mit einem Leistungsantrag verfolgt werden kann. Eine **Sperrwirkung** entfalten die Regelungen des Prozessrechts **nicht,** BGH NJW 2020, 399 Rn. 43. Wenn jedoch die Erstattungsfähigkeit nach § 91 im laufenden Verfahren feststeht, fehlt für eine besondere Klage das **Rechtsschutzbedürfnis,** weil das prozessuale Verfahren den **einfacheren Weg** darstellt, BGH NJW 2021, 468 Rn. 23; NJW 2011, 2966 Rn. 16; NJW 1990, 2060; NJW-RR 2010, 674 Rn. 13; WM 1987, 247; Dresd NJW 2018, 2274; JurBüro 2017, 640; Naumb FamRZ 2012, 1676; Köln MDR 1981, 763; BFH NVwZ-RR 2009, 95; MüKoZPO/Schulz Vor § 91 Rn. 21; auch → Rn. 81. 74

Das gilt indes nur für die Kostenfestsetzung im laufenden Verfahren; die Möglichkeit eines Antrags nach § 269 III 3, IV hindert die Kostenerstattungsklage nicht, BGH NJW 2013, 2201. Erst recht ist sie im laufenden Rechtsstreit zulässig, wenn die betr. Kosten, etwa aufgrund Rücknahme eines Sachantrags, nicht mehr Gegenstand einer prozessualen Kostenentscheidung gegen Bekl. sein kann, BGH GRUR 2021, 714 Rn. 18. Wegen der vielen Unwägbarkeiten, die sich im Einzelfall beim Verhältnis des prozessualen zum materiell-rechtlichen Kostenerstattungsanspruch ergeben können, darf die Unzulässigkeit einer Geltendmachung des materiell-rechtlichen Anspruchs im laufenden Verfahren nur dann angenommen werden, wenn feststeht, dass es sich um den einfacheren, zugleich aber auch um einen verlässlichen Weg handelt. Das ist insbesondere bei den **Vorbereitungskosten,** → § 91 Rn. 21, häufig nicht der Fall. Die Praxis sollte daher mit der Zulässigkeit materiell-rechtlicher Ansprüche großzügig sein. 75

Neben der Hauptforderung hat der materiell-rechtliche Kostenerstattungsanspruch nach § 4 keinen eigenen Streitwert, BGH VersR 2019, 1451; NJW 2007, 3289. 76

Praktische Bedeutung hat dieser gedankliche Ansatz in allen Fällen, in denen eine prozessuale Kostenerstattungspflicht nicht in Betracht kommt, insbesondere im **selbständigen Beweisverfahren.** Dessen Antragsteller kann die Kosten jedenfalls solange im Wege der Leistungsklage geltend machen, wie ein Hauptsacheverfahren im Sinne des § 494a – und sei es auch nur in Gestalt einer Feststellungsklage – nicht geführt wurde oder geführt wird und auch ein Antrag nach § 494a I nicht gestellt ist, BGH NJW 2018, 402; AG Ahrensburg ZMR 2017, 312. Gleiches gilt für die **Aufrechnung** mit einem solchen Anspruch in einem Rechtsstreit, in den der Gegenstand des Beweisverfahrens nicht einbezogen wird, Dresd NJW-RR 2003, 305. Die Möglichkeit, dass in einem späteren Rechtsstreit über diese Kosten mit entschieden werden könnte, steht dem nicht entgegen; kommt es zu diesem Rechtsstreit, bleibt eine erfolgreiche Aufrechnung wirksam, BGH NJW-RR 2010, 674 Rn. 14, 16. Näher zum Umfang der notwendigen Kosten → § 91 Rn. 91. 77

Im Verfahren der **FGO** ist die Klage auf Durchsetzung des materiell-rechtlichen Kostenerstattungsanspruchs in weiterem Umfang ausgeschlossen als nach der ZPO, weil die prozessuale Kostenentscheidung sich auch auf Kosten des Vorverfahrens erstrecken kann, BFH NVwZ-RR 2009, 95. 78

bb) Weitere Fragen. Die streitige **Erledigungserklärung,** → § 91a Rn. 207, fällt nicht in den Problemkreis, weil die Erklärung selbst einen neuen Sachantrag darstellt und die Kostenentscheidung weiterhin Nebenentscheidung nach §§ 91, 92ff. bleibt. Wohl aber führt der streitige Antrag auf **Feststellung des Kosteninteresses** zu vielfältigen Überschneidungen mit prozessualen Regelungen, namentlich §§ 91a und 269 III 3, → § 91a Rn. 261. 79

In der **Verfahrenskostenhilfe** sind beide Ansprüche voneinander unabhängig, Ffm FamRZ 2012, 1745. Grenzfälle sind Kosten, deren Zuordnung zu den „Kosten des Rechtsstreits" iSd § 91 I 1 fraglich oder ausgeschlossen ist, → § 91 Rn. 80ff., so dass sie neben dem Hauptsacheantrag mit der Leistungsklage verfolgt werden müssen, BGH NJW 2006, 2560; NJW 2008, 1323; Weglage/Pawliczek NJW 2005, 3100. Das ist aus prozessökonomischen Gründen der (nachfolgenden) gesonderten Klage, dazu Karlsr NJW 2013, 473, vorzuziehen und fordert von der Praxis in unklaren Grenzfällen großzügige Handhabung und sachdienliche Hinweise, Kblz OLGZ 1991, 127 (Gutachterkosten). 80

c) Auswirkungen einer prozessualen Kostenentscheidung auf den materiell-rechtlichen Anspruch. Die kostenrechtlichen Vorschriften des Verfahrensrechts dürfen durch materiell-rechtliche Ansprüche nicht unterlaufen werden. Da indes der prozessuale Erstattungsanspruch auch aus den Vorschriften des materiellen Rechts begründet sein kann, → Rn. 63, er mithin eine Doppelnatur hat, ist eine prozessuale Lösung des Problems vorgegeben. Sie setzt an bei der Erwägung, dass Sinn und Zweck einer prozessualen Kostenentscheidung der Durchsetzbarkeit des materiell-rechtlichen Anspruchs entgegenstehen können, eine eigenständige Klage also wegen fehlenden Rechtsschutzbedürfnisses unzulässig ist, BGH NJW 2011, 2966 Rn. 16 („überlagert"); NJW 2011, 2368 Rn. 10; NJW-RR 1995, 495 (Rücknahme eines Verfügungsantrags wegen Versäumung der Frist des § 929 II). 81

Diesen Grundsatz hat der BGH für die Fälle des **§ 269 III 2** deutlich präzisiert, BGH NJW 2022, 1393 Rn. 11. Ausgehend von der Erkenntnis, dass der materiell-rechtliche Kostenerstattungsanspruch im Rahmen der Kostenentscheidung nach § 269 III 2 2. Alt. nicht als „aus anderem Grund herrührend" mit berücksichtigt werden darf, → § 269 Rn. 37, wird klargestellt, dass er infolge der Kostenentscheidung dann, und nur dann ausscheidet, wenn er auf demselben Sachverhalt beruht, welcher dem von § 269 III 2 infolge der Klagerücknahme als nicht bestehend fingierten Hauptsachenanspruch zugrunde gelegen hat. Unter Bezugnahme auf BGH NJW 2011, 2368 Rn. 19 wird in dem Zusammenhang, aaO Rn. 14, hervorgehoben, in einem solchen Fall solle mit der auf eine materiell-rechtliche Anspruchsgrundlage gestützten Kostenerstattungsklage letztlich die der vorangegangenen prozessualen Kostenentscheidung zugrunde liegende Fiktion des Nichtbestehens des ursprünglichen (Hauptsache-)Anspruchs bei unverändertem Sachverhalt einer materiell-rechtlichen Prüfung unterzogen werden. Alleine auf die Ablehnung einer dahin gehenden Möglichkeit wird der Ausschluss des Anspruchs gestützt, nicht hingegen auf Rechtskrafterwägungen, so dass Umstände, die bei Erlass der Entscheidung lediglich bekannt waren, die jedoch nicht die Grundlage des Anspruchs bildeten, unerheblich sind. Der Kern der Lösung liegt mithin in der Unbeachtlichkeit widersprüchlichen Verhaltens. Grundlage der Kostenentscheidung ist die gesetzliche Regelung selbst, nicht eine wertende Rechtsfindung durch das Gericht. Das lässt Raum für materiell-rechtliche Ansprüche auf Kostenerstattung etwa aus Vertrag, wegen Verzugs oder aus unerlaubter Handlung. 82

Große Bedeutung hat der abschließende Charakter der prozessualen Kostenentscheidung in den Fällen des **§ 91a,** weil die von der strengen Sachprüfung ja gerade abweichende Billigkeitsentscheidung andernfalls ihre Bedeutung verlöre. Gleiches gilt für den Anwendungsbereich des **§ 269 III 3.** Die grundsätzlich mögliche Einbeziehung von Erwägungen zum materiell-rechtlichen Kostenerstattungsanspruch in eine Billigkeitsentschei- 83 dung, → § 91a Rn. 150, unterstreicht diesen Ansatz. Wird ein materiell-rechtlicher Anspruch in einer prozessualen Kostenentscheidung etwa nach § 91a mit berücksichtigt, kann er trotz fehlender materieller Rechtskraftwirkung dieser Entscheidung nicht erneut eigenständig geltend gemacht werden; das brächte die Gefahr einer doppelten Erstattung mit sich. All dies übersieht die aA von Zöller/Herget ZPO Vor § 91 Rn. 13; BFH NVwZ-RR 2009, 95, 97 (FGO); Dresd NJW 1998, 1872. Grundlage der Kostenentscheidung ist in den hier genannten Fällen, anders als bei § 269 III 2, eine vom Gesetz verlangte wertende Rechtsfindung, die ihrer Natur nach weiter gehende Wirkungen haben muss als die vom Gericht nach § 269 IV 1, III 2 grundsätzlich nur festzustellende gesetzliche Folge der Klagerücknahme.

84 **Vorbereitungskosten,** die zulässig mit dem materiell-rechtlichen Kostenerstattungsanspruch geltend gemacht werden dürfen, folgen nach Auffassung des BGH, nicht zuletzt zur Vermeidung von Abgrenzungsproblemen, der Quotierung der Kostengrundentscheidung, BGH NJW 2021, 468 Rn. 25; → § 91 Rn. 21.

85 Zum Fortbestehen des materiell-rechtlichen Anspruchs bei ausdrücklicher Herausnahme aus einer prozessualen Kostenentscheidung BGH NJW 2002, 680; zum Fortbestehen im Wohnungseigentumsrecht LG Berlin Grundeigentum 2018, 1071.

86 Soweit ein rechtskräftiger **Kostenfestsetzungsbeschluss** nach § 104 vorliegt, hat das Gericht über die zugesprochenen und die abgesprochenen Kosten grds. endgültig entschieden. Die Durchsetzung eines materiell-rechtlichen Kostenerstattungsanspruchs erfordert in diesen Fällen das Vorliegen eines neuen Sachverhalts, BGH NJW 1990, 1906; NJW 1990, 2060. Solange sich der zugrundeliegende Sachverhalt nicht ändert, kann man daher nicht abweichend von der Kostenfestsetzung einen materiell-rechtlichen Ersatz fordern, BGH NJW-RR 1995, 495 (einstweilige Verfügung, Ausnahme evtl. bei § 826 BGB, dazu auch → Vor § 322 Rn. 33), wie auch umgekehrt die Einbeziehung der Ersatzforderung in einen materiell-rechtlich begründeten Titel der (erneuten) Kostenfestsetzung entgegensteht, Karlsr NJW-RR 1998, 861 (Urteil); Mü NJW-RR 1997, 1294 (Vgl.). Eine Ausnahme ist zu machen, wenn der Anspruch in der Kostenfestsetzung zurückgewiesen wird, weil es sich nicht um Kosten des Rechtsstreits handele,

87 **d) Auswirkungen prozessualer Kostengrundsätze auf den materiell-rechtlichen Anspruch.** Der gedankliche Ansatz in der **Notwendigkeit,** § 91 I 1, wirkt sich nicht zwingend aus, er kann indes bei Bestimmung der ersatzfähigen Schadenshöhe nach §§ 249 ff. BGB oder bei der Ermittlung des sachgerechten Aufwandes im Zusammenhang mit anderen Anspruchsgrundlagen, → Rn. 63, mit herangezogen werden, BGH NJW 1990, 2060 (Detektivkosten); NJW 1976, 1256 (Zeitaufwand); Ddf NJW-RR 2020, 1310; Dresd NJW 1998, 1872 (Begrenzung des materiell-rechtlichen Anspruchs auf zweckdienliche und sachgerechte Kosten iSd § 91); für Anspruch auf Ersatz von Zeithonoraren Saenger/Uphoff NJW 2014, 1412. **§ 12a ArbGG** schließt in seinem Geltungsbereich den materiell-rechtlichen Anspruch auf Erstattung der betr. Anwaltskosten aus, auch wenn er auf deliktische Anspruchsgrundlagen gestützt wird; ausgenommen sind nur Fälle von Missbrauch, BAG NJW 2020, 1161; NJW 2019, 2193; anders für das Beschlussverfahren BAG NZA 1995, 545.

88 Man beachte, dass **§ 12a ArbGG** Erstattungsansprüche nicht gänzlich ausschließen soll, so dass die Kosten einer anwaltlichen Vertretung für eine Partei, die – mit Kostenerstattungsanspruch – zum Gerichtstermin hätte erscheinen dürfen, bis zur fiktiven Höhe der hierdurch entstandenen Kosten zu erstatten sind, BAG NJW 2021, 1797 Rn. 11; LAG Nürnb NZA-RR 2021, 446; → Rn. 115 „Reisekosten".

89 Die Grundsätze der **Selbstvertretung,** § 91 II 3, finden auf den materiell-rechtlichen Anspruch keine Anwendung, BGH NJW-RR 2007, 713 Rn. 16.

90 **e) Auswirkungen einer Sachentscheidung auf die Kostenfestsetzung.** Ein Kostenfestsetzungsverfahren ist nicht schon deshalb unzulässig, weil über dieselben Kosten ein abweisendes Sachurteil vorliegt, BGH WM 1987, 247; Kobl JurBüro 2009, 259; Schlesw NJW-RR 1987, 951; LAG Berlin NZA-RR 2002, 98; entschieden aA Köln AGS 2010, 043 abl Anm Hansens RVGRep 2010, 268. Mit identischer Begründung können indes abgewiesene Ersatzansprüche in der Kostenfestsetzung generell nicht erneut geltend gemacht werden, BGH NJW 2012, 1291 (Bestätigung von Köln AGS 2010, 043 im Ergebnis); NJW 2011, 2368 (Klageerhebung nach Klagerücknahme); die Begrenzung auf fehlende Erforderlichkeit in MüKoZPO/Schulz Vor § 91 Rn. 26 ist für diese Fallkonstellationen zu eng. Zur Rücknahme im Eilverfahren auch → § 91 Rn. 110. Liegt ein zusprechendes Sachurteil vor, fehlt für eine Kostenfestsetzung das Rechtsschutzbedürfnis.

91 **3. Besondere Klage.** Im Kostenfestsetzungsverfahren ist ein materieller Kostenerstattungsanspruch nur zu berücksichtigen, wenn über Bestand und Höhe des Anspruchs kein Streit besteht, BGH NJW 2014, 3247; zu eng MüKoZPO/Schulz Vor § 91 Rn. 21. IÜ braucht er zu seiner Durchsetzung eine besondere Klage bzw. einen besonderen **Sachantrag** im laufenden Rechtsstreit, BVerfG NJW 1999, 203; BGH WM 1987, 247; BFH NVwZ-RR 2009, 95, insbesondere mit einem zu beziffernden und zu begründenden Antrag nach § 253 II Nr. 2, wenn nicht der Auftrag auf Kostenfeststellung in Betracht kommt, → § 91a Rn. 261; zur **Auslegung** auch → Rn. 68. Es kommt auch ein **Hilfsantrag** in Betracht, BGH NJW 2021, 2023. Zur Berücksichtigung im Rahmen von Billigkeitsentscheidungen nach §§ 91a, 269 III 3 → § 91a Rn. 150; auch → Rn. 81.

92 **4. Anspruchsgegner und Umfang des Ersatzanspruchs.** Der Anspruch kann sich gegen den Prozessgegner oder gegen einen Dritten richten; Stein/Jonas/Muthors ZPO Rn. 26. Er setzt eigene Vertragstreue voraus, BGH NJW 2021, 307 Rn. 25, und bestimmt sich bei Herleitung aus einer Pflicht zur Leistung von Schadensersatz in seinem Umfang nach §§ 249 ff. BGB, Enders JurBüro 2009, 1, 5, andernfalls nach den Umständen, etwa bei Anspruch aus Vertrag oder GoA. §§ 91 ff. sind grundsätzlich weder direkt noch analog anwendbar, BGH NJW 2007, 1458; Eulerich NJW 2005, 3097 (Inkassokosten), so wie umgekehrt auf den prozessualen Erstattungsanspruch die Vorschriften des sachlichen Rechts nach → Rn. 50 grundsätzlich unanwendbar sind. Der Anspruch muss, wenn es um Anwaltskosten geht, auch im Innenverhältnis der Partei zum Anwalt bestehen, BGH NJW 2019, 1522; NJW 2011, 3167. Er muss, wenn Kosten eines Drittschuldnerprozesses gegen den Schuldner geltend gemacht werden, nicht zunächst vorrangig gegenüber dem Drittschuldner erhoben werden, BGH NJW 2019, 1816.

93 **5. Vorschusspflicht für fremde Prozesskosten.** Eine solche Vorschusspflicht besteht insofern, als die Eltern oder ein Elternteil dem Kind die Prozesskosten in einer persönlichen Angelegenheit vorschießen müssen. Ein Ehegatte ist für Prozesse des anderen vorschusspflichtig, soweit es um dessen höchstpersönliche Angelegenheiten geht, die also weder durch einen Dritten erfüllbar noch auf einen Dritten übertragbar sind. Voraussetzung für eine

Vorschusspflicht ist ferner, dass der andere Ehegatte die Kosten nicht tragen kann und dass eine Vorschussleistung nach § 1360a IV BGB der Billigkeit entspricht. Bei der Gütergemeinschaft ergibt sich die Vorschusspflicht des verwaltenden Ehegatten gegenüber dem anderen, jedoch ohne diese Einschränkung, auch aus §§ 1437 II, 1438 II BGB. Bei einer gemeinschaftlichen Verwaltung muss der andere Ehegatte demgemäß die Entnahme nach §§ 1459 II, 1460 II BGB dulden. Die Kostenpflicht im Innenverhältnis zwischen dem Ehegatten und der Ehefrau oder den Eltern und dem Kind ist hier unerheblich.

6. Beispiele

Abmahnung: Aufwendungen für eine vorprozessuale anwaltliche oder eigene Abmahnung können ausreichen, BGH NJW 2009, 1262; NJW 1981, 224. Nicht ausreichen mögen Kosten einer zweiten Abmahnung, BGH AnwBl 2010, 371. Der Anspruch ist im Verhältnis zum Unterlassungsanspruch insofern unselbständig, als er nicht entsteht, wenn bei Zugang der Abmahnung kein Unterlassungsanspruch (mehr) besteht. Der einmal entstandene Erstattungsanspruch bleibt unabhängig vom Fortbestehen des Unterlassungsanspruchs bestehen, BGH GRUR-RS 2022, 6178; GRUR 2021, 752 Rn. 34. 94

Abschlussschreiben: Der Kostenerstattungsanspruch setzt die Wahrung einer angemessenen Frist voraus, BGH NJW 2015, 3244; GRUR 2010, 1038; NJW 2008, 1744; eingehend Berger GRUR 2020, 1165.

Abwehr: Die außergerichtlichen Anwaltskosten der Abwehr unberechtigter Ansprüche lassen sich trotz Pflichtwidrigkeit im Wege des materiell-rechtlichen Ersatzanspruchs grds. nur bei gesonderter Feststellung des Verschuldens geltend machen, BGH NJW 2009, 1262; → Rn. 63.

Abweisung: Die Abweisung einer Klage auf Kostenersatz steht der Berücksichtigung eines prozessualen Erstattungsanspruchs nach vielfach vertretener Auffassung grds. nicht entgegen, Ddf NJW-RR 2006, 571; Drsd NJW 1998, 1872; Nürnbg JurBüro 1995, 592; OLG Kblz JurBüro 1992, 475; LAG Berlin NZA-RR 2002, 98. Die aA, Ffm JurBüro 1983, 283; Mü Rpfleger 1972, 146; Nürnbg MDR 1967, 936 ist wegen der grundlegend anderen Anspruchsvoraussetzungen abzulehnen. Im Einzelfall kann indes die Identität der Gründe für die Abweisung mit den im Kostenfestsetzungsverfahren erneut vorgebrachten Gründen die Zurückweisung gebieten, vgl. etwa → „Privatgutachter".

Arbeitsgerichtsverfahren: Ein materiell-rechtlicher Ersatzanspruch ist für Aufwand wegen Zeitversäumnis und für die Zuziehung eines Prozessbevollmächtigten oder Beistandes nach § 12a I 1 ArbGG grds. ausgeschlossen, BAG NZA 2019, 121; NJW 2006, 717; NZA 1992, 1101; Wieczorek/Schütze/Smid/Hartmann → Vor § 91 Rn. 29; → Rn. 87. Dies ist aber nicht uneingeschränkt der Fall; vielmehr ist die Norm ihrem Wortlaut nach eng auszulegen, so dass andere Kosten durchaus zu erstatten sein können, vgl. → Rn. 87; BAG NJW 2021, 1797 Rn. 11; LAG Nürnb NZA-RR 2021, 446.

Arrest, einstweilige Verfügung: Solche Arrestkosten, über die das Gericht fälschlicherweise nicht im Eilverfahren nach §§ 916 ff., 935 ff. mitentschieden hatte, können ausreichen. Trotz eines Unterliegens im Eilverfahren kann ein Ersatzanspruch bestehen, solange die Zurückweisungsgründe nicht identisch sind, BGH NJW-RR 1995, 495; NJW 1966, 1513; Drsd NJW 1998, 1872.

Auslegung: Sachanträge sind im Sinne einer Geltendmachung des Anspruchs im laufenden Rechtsstreit großzügig auszulegen, wenn eine Belastung des Gegners durch Kostengrundentscheidung und Kostenfestsetzung nicht in Betracht kommt, BGH GRUR 2021, 714 Rn. 11.

Bankrecht: Ein Anspruch der Bank auf eine Erstattung von Prozesskosten ergibt sich aus dem Prozessrechtsverhältnis und nicht aus einer bankmäßigen Verbindung, BGH NJW-RR 1998, 190.

Beitreibung: → „Inkasso".

Beratungshilfe: Ihre Möglichkeit steht dem Schadensersatzanspruch nicht entgegen, BGH NJW 2011, 2300.

Dritter: Ein Dritter kann wegen der irrigen Hineinziehung in einen Prozess einen prozessualen Kostenersatzanspruch haben, der in dem betr. Verfahren geltend zu machen ist, so dass Erwägungen zum mat. Recht sich erübrigen, Brdb NJW-RR 1996, 1214; Köln JurBüro 1993, 559; Hamm MDR 1991, 1202. Ein Dritter kann aber auch materiell-rechtlich den Ersatz von Kosten schulden, Schmidt NJW 2001, 1000 (Drittwiderklage gegen Gesellschafter einer BGB-Außengesellschaft).

(Ehegatte): Kostenhaftung kann beim verwaltenden Ehegatten für die Kostenschuld des anderen kraft Güterrechts als Gesamtschuldner nach §§ 1437 II, 1438 II BGB eintreten.

(Erbe): Kostenhaftung kann bei ihm nach § 1967 I BGB eintreten.

(Erwerber einer Firma): Kostenhaftung kann beim Erwerber eines Handelsgeschäfts bei der Fortführung der Firma nach § 25 HGB eintreten.

(Kommanditgesellschaft): Kostenhaftung kann nach § 161 HGB bei jedem persönlich haftenden Mitgesellschafter für die Kosten der KG eintreten.

(Offene Handelsgesellschaft): Kostenhaftung kann nach § 128 HGB bei jedem Mitgesellschafter eintreten.

(Vollmachtloser): Kostenhaftung kann beim solchen Vertreter eintreten, namentlich beim Prozessbevollmächtigten, Stgt NJW-RR 2011, 40. Das gilt auch außerhalb von § 89 I 3.

Drittschuldner: Kosten der Bearbeitung einer (unbegründeten) Drittschuldneraufforderung nach § 840 I können ausreichen, Eckert MDR 1986, 799, gegen BAG NJW 2006, 717; NJW 1985, 1181; für den Zivilprozess vgl. BGH NJW 2009, 1262.

Ehegatte: Wegen des Vorschusses → Rn. 93. Auch → „Dritter".

Erbe: → „Dritter".

Erledigung der Hauptsache: Nach beiderseitigen wirksamen Erledigterklärungen kann das Gericht einen materiell-rechtlichen Ersatzanspruch nach → § 91a Rn. 150 mitberücksichtigen. Soweit es das nicht tut, kann der materiell-rechtliche Anspruch bestehen bleiben, BGH NJW 2002, 680. Die Verneinung eines Wahlrechts durch KG MDR 2018, 559 steht dem nicht entgegen. Auch → „Selbständiges Beweisverfahren".

Finanzierungskosten: → „Kreditkosten".

Gefährdungshaftung: Ein materiell-rechtlicher Ersatzanspruch ist nach → Rn. 63 denkbar.

Geschäftsführung ohne Auftrag: Ein Anspruch aus §§ 677 ff. BGB kann ausreichen, → Rn. 63.

Geschäftsgebühr: Nicht anrechenbare Teile der Geschäftsgebühr können mit gesondertem Antrag geltend gemacht werden, BGH NJW 2006, 2560 (für VV 2400 RVG aF); NJW 2008, 1323 (für KV 2300 GKG).

Gesellschaft: → „Dritter".

Handelsgeschäft: → „Dritter".

Honorarvereinbarung: Ein materiell-rechtlicher Ersatzanspruch fehlt bei einer die gesetzliche Vergütung übersteigenden Vereinbarung, wenn nicht ausnahmsweise die Notwendigkeit iSd § 91 zu bejahen ist, vgl. auch Mediger MDR 2017, 245, Knott/Gottschalk/Ohl AnwBl 2010, 749.

Hilfsantrag: Der Anspruch kann im Rechtsstreit hilfsweise geltend gemacht werden, BGH GRUR 2021, 714 Rn. 11.

Innenverhältnis: Eine Kostenerstattungspflicht im Innenverhältnis ist Voraussetzung des Anspruchs, BGH NJW 2019, 1522; NJW 2011, 3167.

Inkasso. Dazu Peter JurBüro 1999, 174, Woiltkewitsch MDR 2012, 500. Es kann bei (streng zu prüfender) Notwendigkeit ab Verzug ein materiell-rechtlicher Ersatzanspruch bestehen, Brdb NJW 2014, 3457; Oldb JurBüro 2006, 481; Röhl MDR 2008, 664. Das gilt, soweit die Partei mit einer außergerichtlichen Beitreibung rechnen konnte, also nicht wegen solcher Kosten, die aufgrund einer Forderung entstanden waren, die der Schuldner bereits ernsthaft bestritten hatte, LG Brem JurBüro 2002, 318; Löwisch NJW 1986, 1725, grds. ablehnend LG Bln BB 1996, 290. Die Gefahr des Missbrauchs fordert eine kritische Prüfung der Notwendigkeit. Der Höhe nach besteht ein Ersatzanspruch bis zu entsprechenden Anwaltskosten.

Klageänderung: Soweit ein materiell-rechtlicher Ersatzanspruch besteht, ist eine Klagänderung nach §§ 263, 264 zulässig. Das gilt insbesondere in den Fällen, in denen anstelle des bisherigen Antrags die Klage auf Feststellung des Kosteninteresses geändert wird, → § 91a Rn. 261 ff.

Kostenfestsetzung: → Rn. 86.

Kreditkosten: Kosten eines Kredits oder einer Finanzierung, auch des Prozesses, können ausreichen. Das gilt auch beim Verlust infolge eines Notverkaufs zur Geldbeschaffung für die Prozessführung.

Kündigung: Die Kosten für ein Kündigungsschreiben können als ein Teil eines Verzugsschadens ausreichen; zum materiell-rechtlichen Kostenerstattungsanspruch aufgrund unberechtigter Kündigung BGH NJW 2009, 1262 Rn. 16; NJW 2005, 2395; NJW-RR 2002, 730 (Räumungsverlangen).

Mahnung: → Rn. 94 „Abmahnung".

Positive Vertragsverletzung: Ein Anspruch aus einer positiven Vertragsverletzung nach § 280 I BGB kann ausreichen, fortgeltend BGH NJW 1990, 1906.

Privatgutachter: Die Kosten eines Privatgutachtens → Vor § 402 Rn. 41 können auch verschuldensunabhängig nach § 439 II BGB zu erstatten sein, BGH NJW 2014, 2351; Markworth ZIP 2019, 941. Die Abweisung des materiell-rechtlichen Anspruchs mangels Erforderlichkeit ist für ein anschließendes Kostenfestsetzungsverfahren bindend, BGH NJW 2012, 1291.

Rechtsbeistand: → „Inkasso".

Rechtsschutzbedürfnis: Es fehlt, solange ein Kostenfestsetzungsverfahren nach §§ 103 ff. möglich oder noch nicht beendet ist, → Rn. 74.

Schadensminderungspflicht: Sie besteht nach §§ 249 ff., 254 BGB.

Schifffahrtsrecht: Ein Anspruch wegen Experten- und Verklarungsverfahrenskosten kann ausreichen, im Einzelfall ablehnend Karlsr VersR 2000, 1046; gegen proz. Kostenerstattungsanspruch Nürnb NJW-RR 2000, 1456; für Ansatz als Kosten der Hauptsache Köln JurBüro 1995, 208.

Schlechterfüllung: → „Positive Vertragsverletzung".

Selbständiges Beweisverfahren: Ein Anspruch auf Kostenerstattung kann sich aus allen denkbaren materiell-rechtlichen Grundlagen ergeben, BGH NJW 1983, 284; → Rn. 63. Es kommt für die Zulässigkeit der Geltendmachung im Wege der Klage zunächst darauf an, ob nicht die Kosten zu denjenigen eines Hauptprozesses gehören, indes ist die Aufrechnung vorher zulässig, BGH NJW-RR 2010, 674. Soweit es sich nicht um Prozesskosten handelt, kann ein materiell-rechtlicher Ersatzanspruch generell eingeklagt werden. Man kann daher notfalls auf den Ersatz dieser Kosten klagen, vor allem nach einem isolierten Beweisverfahren; in ihm ist ja grds. keine Kostengrundentscheidung zulässig, LG Aachen NJW-RR 1992, 472. Im laufenden Verfahren scheidet die Klage aus, Kblz NJW-RR 2020, 702; → § 91 Rn. 96.

Streitwert: Es gilt nur der Gebührenwert des tatsächlich begründeten Schadensersatzanspruchs, BGH AnwBl 2008, 210.

Testkauf: Der nach §§ 91 ff. Erstattungspflichtige kann einen materiell-rechtlichen Anspruch auf eine Übereignung der Testkaufsachen haben, KG Rpfleger 1991, 80; Stgt NJW-RR 1986, 678; aM Ddf NJOZ 2009, 486 (nur bei geringen Anforderungen an die Tatsachenfeststellung); Kblz JurBüro 1985, 1865. Kosten genereller Marktbeobachtung sind nicht abwälzbar, Mü GRUR-RR 2004, 190; Ffm JurBüro 2001, 259.

Umfang: Für den Umfang eines materiell-rechtlichen Ersatzanspruchs muss man §§ 249 ff. BGB eigenständig heranziehen. §§ 91 ff. sind grds. unanwendbar, indes kann der gedankliche Ansatz in der Notwendigkeit, § 91 I 1, mit herangezogen werden. → Rn. 87.

Unerlaubte Handlung: Es kann jede unerlaubte Handlung ausreichen, zB nach §§ 823 ff. BGB, → Rn. 63.

Uploader: Zum Anspruch auf Ersatz von Rechtsverfolgungskosten, wenn der durch eine rechtswidrige Filmberichterstattung in seinem allgemeinen Persönlichkeitsrecht Verletzte sogenannte Uploader auf Unterlassung in Anspruch nimmt, BGH MDR 2019, 865 = BeckRS 2019, 11357.

Vermögensübernehmer: → „Dritter".

Verschulden: Je nach Ausgangslage bedarf das Verschulden besonderer Prüfung, BGH NJW 2009, 1262, → Rn. 63.

Vertrag: Ein materiell-rechtlicher Ersatzanspruch kann sich auch aus Vertrag ergeben, → Rn. 63.

Verzug: Ein materiell-rechtlicher Ersatzanspruch kann auf Verzug nach §§ 286 ff. beruhen, → Rn. 63.

Vorgerichtliche Mahnkosten: Zur Notwendigkeit BGH NJOZ 2020, 463; zum Streitwert BGH NJW 2022, 472.

Zeitaufwand: Die Grundsätze des § 91 können den materiell-rechtlichen Anspruch auf Ersatz für eigenen Zeitaufwand begrenzen, BGH NJW 1976, 1256; → Rn. 87.

91 ***Grundsatz und Umfang der Kostenpflicht.*** I [1]**Die unterliegende Partei hat die Kosten des Rechtsstreits zu tragen, insbesondere die dem Gegner erwachsenen Kosten zu erstatten, soweit sie zur zweckentsprechenden Rechtsverfolgung oder Rechtsverteidigung notwendig waren.** [2]**Die Kostenerstattung umfasst auch die Entschädigung des Gegners für die durch notwendige Reisen oder**

durch die notwendige Wahrnehmung von Terminen entstandene Zeitversäumnis; die für die Entschädigung von Zeugen geltenden Vorschriften sind entsprechend anzuwenden.

II [1]Die gesetzlichen Gebühren und Auslagen des Rechtsanwalts der obsiegenden Partei sind in allen Prozessen zu erstatten, Reisekosten eines Rechtsanwalts, der nicht in dem Bezirk des Prozessgerichts niedergelassen ist und am Ort des Prozessgerichts auch nicht wohnt, jedoch nur insoweit, als die Zuziehung zur zweckentsprechenden Rechtsverfolgung oder Rechtsverteidigung notwendig war. [2]Die Kosten mehrerer Rechtsanwälte sind nur insoweit zu erstatten, als sie die Kosten eines Rechtsanwalts nicht übersteigen oder als in der Person des Rechtsanwalts ein Wechsel eintreten musste. [3]In eigener Sache sind dem Rechtsanwalt die Gebühren und Auslagen zu erstatten, die er als Gebühren und Auslagen eines bevollmächtigten Rechtsanwalts erstattet verlangen könnte.

III Zu den Kosten des Rechtsstreits im Sinne der Absätze 1, 2 gehören auch die Gebühren, die durch ein Güteverfahren vor einer durch die Landesjustizverwaltung eingerichteten oder anerkannten Gütestelle entstanden sind; dies gilt nicht, wenn zwischen der Beendigung des Güteverfahrens und der Klageerhebung mehr als ein Jahr verstrichen ist.

IV Zu den Kosten des Rechtsstreits im Sinne von Absatz 1 gehören auch Kosten, die die obsiegende Partei der unterlegenen Partei im Verlaufe des Rechtsstreits gezahlt hat.

V Wurde in einem Rechtsstreit über einen Anspruch nach Absatz 1 Satz 1 entschieden, so ist die Verjährung des Anspruchs gehemmt, bis die Entscheidung rechtskräftig geworden ist oder der Rechtsstreit auf andere Weise beendet wird.

Übersicht

Stichwortregister

Die Stichworte treten zur systematischen Gliederung ergänzend hinzu; sie sollen den schnellen Zugriff auf Einzelthemen ermöglichen.

A. Grundlagen, I–IV

I. Systematik, I–IV. Der Aufbau der §§ 91–101 ist → Vor § 91 Rn. 1 dargestellt. Die im Wesentlichen weiter in Betracht kommenden Kostenvorschriften sind → Vor § 91 Rn. 16 zusammengestellt. 1

Der Grundsatz der **Unterliegens- und Veranlassungshaftung** → Vor § 91 Rn. 2, 44 findet danach in einer ganzen Reihe von zusätzlichen Vorschriften teilweise eine nähere Ausprägung, teilweise eine Abschwächung. Das ändert nichts an seiner das ganze Kostenrecht beherrschenden Bedeutung. Sie ergibt sich im Wesentlichen aus § 91, näher → Rn. 37. 2

Der **Rechtsschutz** gegen fehlerhaft ergangene Kostenentscheidungen ist durch § 99 I grundsätzlich an die Anfechtung der Hauptsachenentscheidung angebunden. Ausnahmen bedürfen der gesonderten Regelung, vgl. etwa § 99 II, § 91a II, § 269 V. Das richtet in verstärktem Maße den Blick auf §§ 319 I, 321 I. Nach BGH AnwBl 2010, 68 = BeckRS 2009, 27897 kann auch bei den Instanzgerichten der Weg über § 319 großzügig beschritten werden. 3

II. Regelungszweck, I–IV. Die Vorschrift dient den zwei im Wesentlichen gleichrangigen Grundsätzen der Kostengerechtigkeit und der Prozesswirtschaftlichkeit durch Vereinfachung der Kostenentscheidung, → Vor § 91 Rn. 20. Die Kostenfolgen sollen trotz ihrer oft entscheidenden wirtschaftlichen Bedeutung nicht den Mittelpunkt eines Zivilprozesses bilden, BPatG GRUR 1992, 503. Man erkennt in **I–III** einerseits das Bestreben, eine Partei nur entsprechend ihrem Anteil am Sieg und Verlust des Prozesses kostenmäßig zu beteiligen. Andererseits wird der Zwang deutlich, Kosten stets im Rahmen des Notwendigen zu halten, wenn man sie erstattet fordern will. **II** versucht diese Regeln insbesondere bei einer Einschaltung eines oder mehrerer Anwälte einigermaßen folgerichtig durchzuführen. **III** dient der Kostenvereinfachung. 4

Man muss daher sowohl den Gedanken der Kostengerechtigkeit als auch nicht minder denjenigen der Kostenvereinfachung bei der **Auslegung** gleichrangig mitberücksichtigen, → Vor § 91 Rn. 22. 5

III. Sachlicher Geltungsbereich, I–IV. 1. Kostenentscheidung, verfahrensrechtliche Voraussetzungen. Zum sachlichen Geltungsbereich des ganzen Kostenabschnitts → Vor § 91 Rn. 23. § 91 gilt zunächst für die Aufgabe, die Kostengrundentscheidung zu finden, also zu bestimmen, welcher Prozessbeteiligte welchen Teil der gesamten Prozesskosten → Vor § 91 Rn. 27 ff. überhaupt dem Grunde nach tragen soll. 6

Die Kostenentscheidung gegen eine Partei setzt die **Beteiligung am Verfahren** voraus, BGH NJW-RR 2016, 378 (Rechtsbehelf in der Zwangsvollstreckung ohne Beteiligung des Schuldners); NJW 2004, 2979 (keine Entscheidung gegen Gerichtsvollzieher). 7

2. Kostenerstattung. § 91 enthält ferner die aus der Kostengrundentscheidung nach → Rn. 6 entstehende Folge eines prozessualen Erstattungsanspruchs → Vor § 91 Rn. 42. Die Vorschrift regelt ihn dem Grunde nach. Zur Höhe des jeweiligen Erstattungsbetrags enthält sie nur allgemeine Richtlinien. Ergänzend bestimmen §§ 103 ff., wie das Kostenfestsetzungsverfahrens im Einzelnen abläuft. Stets sind nur tatsächlich entstandene Kosten erstattbar. Soweit ein Anspruch auf Erstattung gezahlter Gerichtskosten besteht, richtet sich dieser nur auf solche Kosten, die von der Gerichtskasse zu Recht erhoben worden sind; eine Zahlung ohne Grundlage muss die Partei von der Gerichtskasse zurückfordern, Ffm AGS 2020, 242, Anm Hansens ZfS 2020, 226. 8

IV. Persönlicher Geltungsbereich, I–IV. Die Vorschrift gilt grundsätzlich für alle an einem insgesamt oder wenigstens im Kostenpunkt der ZPO unterstellten Beteiligten. 9

1. Partei. § 91 gilt für alle Parteien, auch zugunsten von **Behörden,** VGH Mü JurBüro 2015, 587. Wer Partei ist, muss man notfalls durch Auslegung ermitteln, → Vor § 50 Rn. 7. Zur nicht existenten und zur Scheinpartei → Vor § 91 Rn. 4. 10

2. Gesetzlicher Vertreter. Der gesetzliche Vertreter einer Partei haftet grundsätzlich nicht mit seinem persönlichen Vermögen. Eine Ausnahme gilt zB nach § 89 I 3. Zudem kann er bei fehlender Vertretungsbefugnis nach dem Veranlasserprinzip herangezogen werden, → Vor § 91 Rn. 9. 11

3. Prozessbevollmächtigter, vertretungsberechtigter Bevollmächtigter. § 91, insbesondere II, gilt auch für ProzBev. eines jeden Prozessbeteiligten (Parteien, Streitgenossen, Streithelfer, Dritter) nach § 81, sowie für den vertretungsberechtigten Bevollmächtigten nach § 79. Das gilt auch evtl. über die Beendigung des Prozessauftrags hinaus, etwa nach §§ 86 ff. Für Haftung nach dem Veranlasserprinzip bei Vertretung ohne Vertretungsmacht → Vor § 91 Rn. 9. 12

4. Streitgenosse. § 91 gilt iVm §§ 100, 101 II auch für jeden einfachen oder notwendigen Streitgenossen nach §§ 59 ff., 62 ff. und für den streitgenössischen Streithelfer nach § 69. 13

5. Streithelfer. § 91 iVm § 101 I gilt auch für den einfachen unselbständigen Streithelfer nach §§ 66 ff. Wegen des streitgenössischen Streithelfers nach § 69 → Rn. 13. 14

6. Dritter. § 91 gilt auch für jeden in einem Rechtsstreit als Prozessbeteiligten verwickelten Dritten, namentlich die Scheinpartei → Vor § 91 Rn. 4. Der nach **§ 142 I** hinzugezogene Dritte soll nach Ffm JurBüro 2021, 253 = BeckRS 2021, 1841 nur wie ein Zeuge zu entschädigen sein, Kosten für einen Rechtsbeistand hingegen nicht ersetzt verlangen können. Die Grenze ist zu eng gezogen, so auch Anm Hansens AGS 2021, 380. Die sachlich gebotene Begrenzung lässt sich über die Prüfung der Notwendigkeit sicherstellen. 15

7. Partei kraft Amtes. Die Partei kraft Amtes, zB Testamentsvollstrecker, Insolvenzverwalter, haftet prozessual auf die Kosten, wirtschaftlich aber nur mit der vertretenen Vermögensmasse, Mü NZI 2014, 610; Kblz JurBüro 2008, 427. 16

V. Kosten des Rechtsstreits, I–IV. 1. Begriff. Man muss den Begriff „Rechtsstreit" weit auslegen; gemeint ist das gesamte Erkenntnisverfahren. Hierher gehört insbesondere das Verfahren zwischen der Einreichung einer Klage nach § 253 oder eines Antrags und der Zustellung des Urteils nach §§ 300 ff., 542 ff., 566, 567 ff. oder der sonstigen das Erkenntnisverfahren beendenden Entscheidung nach §§ 317, 329, BGH VersR 1979, 443, Schlesw 17

SchlHA 1988, 171 (nicht: Kosten der Löschung eines Widerspruchs). Entscheidend ist der unmittelbare Zusammenhang mit den Vorgängen, aus denen der gesetzlich geregelte Rechtsstreit selbst besteht. Zu § 91 III → Rn. 237. Wann im Laufe des Rechtsstreits der Kostenaufwand entsteht, ist unerheblich, Hamm NJW-RR 2013, 895 (Privatgutachten). Auch von dieser Warte ist auf die Unterscheidung zwischen prozessualem, → Vor § 91 Rn. 42, und **materiell-rechtlichem Kostenerstattungsanspruch,** → Vor § 91 Rn. 63, zu achten sowie auf die Überlappung beider hinsichtlich der verfahrensrechtlichen Durchsetzung, → Vor § 91 Rn. 70; → § 91 Rn. 21. Der prozessuale Anspruch ist auf den Zusammenhang mit dem Verfahren und zugleich auf die Durchsetzung nach §§ 103 ff., insbesondere auf den vereinfachten Nachweis im Wege der Glaubhaftmachung nach § 104 II zugeschnitten.

18 Unter **„Kosten“** des Rechtsstreits muss man die Prozesskosten (Gerichts- und außergerichtliche Kosten) einschließlich der Auslagen verstehen, → Vor § 91 Rn. 27.

19 **2. Beispiele zur Zugehörigkeit zu den Kosten des Rechtsstreits, I–IV. „+“** bedeutet: Teil der Kosten des Rechtsstreits

20 **Ablehnungsverfahren:** § 44, § 406 **+,** Ffm NJW-RR 1997, 1084. Kosten im Ablehnungsverfahren sind nach § 19 I 2 Nr. 3 RVG nicht gesondert abrechenbar, im Beschwerdeverfahren jedoch nach VV 3500 Anl 1 RVG, Celle ZfS 2010, 641. Die außergerichtlichen Kosten der Gegenpartei zählen dazu, BGH NJW 2019, 428; NJW 2005, 2233. Die Notwendigkeit der Anwaltstätigkeit wird eigenständig geprüft, Nürnbg NJW-RR 2002, 720. Gegen Erstattung außergerichtlicher Kosten im Ablehnungsverfahren selbst, da kein kontradiktorisches, Karlsr FamRZ 2005, 1490; Brdbg MDR 2002, 1092.

Arrest, einstweilige Verfügung: Zum Rechtsstreit gehört das unselbständige Eilverfahren nach §§ 916 ff., 935 ff. Nicht zum Rechtsstreit gehören das voraufgegangene Eilverfahren sowie ein Vollzug nach §§ 928, 936. Die Eintragung eines Widerspruchs zählt nicht mehr zum Verfügungsverfahren, Celle NJW-RR 2009, 575.

Außergerichtliche Beratung: Beratungskosten gehören nicht zu den Kosten des Rechtsstreits, wenn sie der nicht anwaltlich vertretenen Partei für außergerichtliche anwaltliche Beratung entstanden sind, Celle NJW-RR 2014, 952.

Aussetzung: Im Aussetzungsverfahren ergeht keine Kostenentscheidung; auch die Kosten eines Beschwerdeverfahrens hierüber sind Kosten des Rechtsstreits, die von der unterliegenden Partei zu tragen sind, BGH NJW-RR 2021, 638.

Bürgschaft: Anwaltskosten bei Vorgehen aus einer Prozessbürgschaft zählen nicht zum Rechtsstreit, Mü NJW-RR 2001, 936.

Erfüllung: Zwangsvollstreckung.

Gehörsrüge: § 321a **+.**

Gerichtskosten: Soweit sie zu Recht erhoben worden sind, Ffm ZfS 2020, 226 = AGS 2020, 242.

Güteverfahren: Zu § 91 III → Rn. 237.

Inkassokosten: Zählen grds. nicht zum Rechtsstreit, Oldbg JurBüro 2006, 481. Insoweit kann nach Vorschriften des mat Rechts ein Ersatzanspruch bestehen, → Vor § 91 Rn. 63; LG Oldb JurBüro 2017, 433; 2016, 107; AG Aurich JurBüro 2011, 264; AG Flensbg JurBüro 2011, 264; Wedel JurBüro 2018, 343; 2017, 10; Jäckle JurBüro 2016, 625. Zur ausnahmsweisen Anerkennung als Vorbereitungskosten → Rn. 36.

IP-Adressen: UrhG

KapMuG: Rechtsmittel

Mahnschreiben: Ob die vorgerichtliche Mahnung zum Rechtsstreit zählt, ist anhand der Umstände des Einzelfalls zu prüfen, BGH NJW-RR 2022, 707; NJW-RR 2019, 1332 Rn. 43.

Mahnverfahren: §§ 688 ff. **+.**

Mediation: Str., ob zum Rechtsstreit gehörend, dafür Hbg JurBüro 2007, 194, wenn Sowieso-Kosten; nur bei Beschluss nach § 278 V Celle NJW 2009, 1219.

Musterverfahren: Die Kosten des (Rechts-)Beschwerdeverfahrens bilden einen Teil der Kosten des Ausgangsrechtsstreits, welche die in der Sache unterliegende Partei unabhängig vom Ausgang des Beschwerde- und Rechtsbeschwerdeverfahrens nach §§ 91 ff. zu tragen hat BGH MDR 2016, 239; WM 2015, 2308 Rn. 25.

Prozesskostenhilfe: Das Verfahren zu ihrer Bewilligung ist kein Rechtsstreit. Es lässt nach § 118 I 4 für eine Kostenentscheidung und für eine Kostenerstattung keinen Raum, grds. auch nicht in der Beschwerdeinstanz. Das letztere stellt § 127 IV klar, Mü NJW-RR 2001, 1437.

Wenn sich ein Prozess anschließt, sind die erstinstanzlichen Kosten des Prozesskostenhilfe-Verfahrens des schließlich den Prozess gewinnenden Antragstellers ein Teil der Prozesskosten, Karlsr MDR 1979, 147; Bbg JurBüro 1987, 900; aA Hbg MDR 2002, 910; es handelt sich um Vorbereitungskosten, näher → Rn. 21. Demgegenüber hat der im Hauptprozess siegende Prozessgegner des Antragstellers wegen § 118 I 4 keinen Erstattungsanspruch für seine Auslagen im Bewilligungsverfahren, Schlesw SchlHA 1980, 165. Zu §§ 91 IV, 126 I vgl. BGH NJW-RR 2013, 186; Hbg JurBüro 2012, 146. Die dem Ast. im PKH-Beschwerdeverfahren entstandenen Anwaltskosten sind ebenfalls nicht nach § 91 I vom Gegner zu erstatten, Mü MDR 1989, 267.

Rechtsmittel: Die Kosten zählen grds. zum Rechtsstreit. Bei Beschwerde in einem Nebenverfahren kann, wenn im Ausgangsbeschluss über die Kosten zu entscheiden ist, ebenfalls eine Kostenentscheidung zu erlassen sein, Hbg MDR 2002, 479 (Aussetzung). Im Verfahren nach dem KapMuG sind Kosten des Beschwerdeverfahrens dem Ausgangsrechtsstreit zuzuordnen, BGH MDR 2016, 239.

Schiedsrichterliches Verfahren: Nicht zum Rechtsstreit gehören seine vorangegangenen Kosten, Kblz MDR 2015, 1322.

Selbständiges Beweisverfahren: Zum Rechtsstreit gehört das (evtl. voraufgegangene) Verfahren nach § 485, BGH NJW 2018, 402 Rn. 13; NJW 1996, 1749; Dcf NJW-RR 2018, 766 (Aufteilung bei mehreren Hauptsacheverfahren); → Rn. 91.

UrhG: Das Verfahren zur Ermittlung von IP-Adressen nach § 101 II 1 Nr. 3 und IX 1 UrhG zählt zum anschließenden Rechtsstreit gegen die Verantwortlichen, BGH GRUR 2017, 854.

Urteilsberichtigung, -ergänzung: **§§ 319 ff. +.**

Verweisung: Vgl. § 281 III 1; § 506 II; § 696 I 5; § 700 III 2. Die Mehrkosten sind in dem Maße, in dem sie vermeidbar waren, nicht notwendig, Ffm AnwBl 1991, 165 (Kartellsache). Zur Verweisung im arbeitsgerichtlichen Rechtsstreit → Rn. 115.

Vorbereitungskosten: → Rn. 21.
Widerklage: +.
Zuständigkeit: Bestimmungsverfahren nach §§ 36, 37 +.
Zustellung: Urteilszustellung ist Teil des Rechtsstreits. Zustellung im Parteibetrieb in der Zwangsvollstreckung nicht, Celle NJW-RR 2009, 575.
Zwangsvollstreckung: **Nicht** zum Rechtsstreit gehört das Verfahren nach §§ 704 ff., vgl. § 788. Auch Leistungen zur Abwehr der Zwangsvollstreckung können nicht angesetzt werden, Mü Rpfleger 1997, 453 (Aufstellung eines Nachlassverzeichnisses).

3. Vorbereitungskosten. a) Allgemeines. aa) Doppelnatur und Art der Geltendmachung. Das Thema „Vorbereitungskosten" ist untrennbar verbunden mit dem Verhältnis von prozessualem und materiell-rechtlichem Kostenerstattungsanspruch und, soweit beide sich decken, mit ihrer Doppelnatur, → Vor § 91 Rn. 70. Im Rahmen des I 1 wird für ihre Erstattungsfähigkeit tragend an das Merkmal der „Kosten des Rechtsstreits" angeknüpft. Erst danach kommt es auf das weitere Merkmal der Notwendigkeit und Zweckentsprechung an, → Rn. 50. 21

Beim materiell-rechtlichen Anspruch kommt es auf die Tatbestandsmerkmale der hierfür einschlägigen Norm an; fehlt es am Tatbestandsmerkmal „Kosten des Rechtsstreits, § 91 I 1, kann ein materiell-rechtlicher Kostenerstattungsanspruch nur im Wege der Klage durchgesetzt werden, wobei für die Begründetheit der zwar nicht zwingende, aber vielfach prägende und den Anspruch begrenzende Einfluss der aus § 91 I 1 hergeleiteten Grundsätze zu beachten ist, → Vor § 91 Rn. 87. 22

Für den Gläubiger des Anspruchs ist die Lage nicht einfach. Macht er den materiell-rechtlichen Kostenerstattungsanspruch neben der Hauptsache geltend, kann ihn der Einwand der Unzulässigkeit treffen, weil die Entscheidung nach § 91 mit § 103 der einfachere Weg sei und daher das Rechtschutzbedürfnis fehle; der prozessuale Kostenerstattungsanspruch hat also Vorrang, BGH NJW 2021, 468 Rn. 22; NJW 2018, 402; NJW 2007, 3289 Rn. 6; → Vor § 91 Rn. 74. Wählt er diesen Weg, können Vorbereitungskosten, die für sich gesehen materiell-rechtlich in vollem Umfang ersatzfähig sind, im Fall einer Kostenquotierung nach § 92 I teilweise abgeschnitten werden, einhergehend mit der Frage, ob man die Differenz alsdann noch einmal gesondert einfordern kann, → Vor § 91 Rn. 81. Eine sich bietende Möglichkeit ist die Erhebung eines Anspruchs auf Freistellung von Anwaltskosten, vgl. BGH BeckRS 2022, 20173. 23

Die Übertragung einer sich aus § 92 I herleitenden **Kostenquotierung** auf den materiell-rechtlichen Kostenerstattungsanspruch bedarf der besonderen, im Schuldrecht verankerten Begründung. Der BGH geht auch mit Blick hierauf eindeutig vom Vorrang des Kostenfestsetzungsverfahrens, damit aber auch der sich dort auswirkenden Quotierung aus, BGH NJW 2021, 468 Rn. 22. Das ist die vom rechtlichen Standpunkt aus vorzuziehende Lösung. Es bleibt das praktische Problem, dass die Partei in einer Lage der Ungewissheit erst mit Abschluss des Kostenfestsetzungsverfahrens verlässlich erfährt, ob die Forderung hier durchsetzbar ist und sie daher im Verneinensfall einen neuen Rechtsstreit beginnen muss. Stimmen der Instanzgerichte, die im Ergebnis ein **Wahlrecht** annehmen, haben daher trotz dogmatischer Bedenken vom praktischen Standpunkt eine gewisse Berechtigung, vgl. Nürnb NJW-RR 2005, 1664; Stgt NJW-RR 1996, 255. Für großzügige Handhabung im Einzelfall auch BGH NJW 1990, 2060; BAG NZA 2009, 1300; aA MüKoZPO/Schulz § 91 Rn. 41, der dem materiellrechtlichen Anspruch weiteren Raum lassen und den prozessualen Anspruch auf begrenzte Einzelfälle zurückführen will. Selbst geringe Ungewissheiten über die Durchsetzbarkeit im Kostenfestsetzungsverfahren müssen für die Zulässigkeit der Klage ausreichen, so auch MüKoZPO/Schulz Vor § 91 Rn. 23. Umgekehrt lässt sich dem Problem die Spitze nehmen, wenn man für einen zulässig geltend gemachten materiell-rechtlichen Kostenerstattungsanspruch mit materiell-rechtlichen Erwägungen die Quotierung der Kostengrundentscheidung durchgreifen lässt, BGH NJW 2021, 468 Rn. 25; → Vor § 91 Rn. 81. 24

Eine weitere Ungewissheit ergibt sich für den Gläubiger daraus, dass die Zuordnung der Vorbereitungskosten zu den Kosten des Rechtsstreits bei Wahl der prozessualen Kostenerstattung erst nach Abschluss des Hauptsacheverfahrens geprüft wird, namentlich im Lichte der Glaubhaftmachung, § 104. Der Weg des materiellen Rechts schafft eher Klarheit. Auch dies spricht dafür, in der Praxis die Zulässigkeit der Klage großzügig zu bejahen, → Vor § 91 Rn. 74, andererseits aber auch im Kostenfestsetzungsverfahren nicht kleinlich zu sein. 25

Zum **Streitwert** → § 4 Rn. 24. 26

bb) Voraussetzungen des prozessualen Erstattungsanspruchs. Ansatz ist das Merkmal „Kosten des Rechtsstreits" iSd § 91 I 1. Hierunter fallende Vorbereitungskosten sind sämtliche Kosten, die iwS der Vorbereitung eines konkret bevorstehenden Rechtsstreits dienen; sie werden aus Gründen der **Prozesswirtschaftlichkeit** den Prozesskosten zugerechnet und können im Kostenfestsetzungsverfahren geltend gemacht werden, BGH NJW-RR 2019, 378 Rn. 12; NJW-RR 2013, 2668 Rn. 9. Prozessual erstattungsfähig sind sie in dem Umfang, als ihr Aufwand gerade der Vorbereitung dieses bestimmten Prozesses mit seinen Anträgen dient, BGH NJW 2007, 3500 (verneint für Geschäftsgebühr); BFH NVwZ-RR 2009, 95; KG Rpfleger 2008, 127; Köln FamRZ 2006, 1051 (jew. Geschäftsgebühr). Maßgeblich ist die Betrachtung ex ante, BPatG GRUR 1980, 986. Man sollte die Voraussetzungen der Prozesswirtschaftlichkeit im Grunde großzügig annehmen, in der Höhe aber kritisch prüfen, BPatG GRUR 1980, 986; LG Stendal MDR 2007, 389; AG Flensb NJW-RR 2012, 432. Die materiellrechtliche wie prozessuale Kostenminderungspflicht gebieten dies. Daneben ist zu prüfen, ob die anwaltliche Tätigkeit nicht bereits nach § 19 I 2 Nr. 1 RVG zum Rechtszug gehört und daher mit der Verfahrensgebühr abgegolten ist, BGH BeckRS 2022, 20173 Rn. 19; Toussain/Toussaint RVG § 19 Rn. 7. 27

Die Maßnahme muss zur **Rechtsverfolgung notwendig** sein, Aufwand zur **Vermeidung** des Streites fällt nicht darunter, BGH NJW 2008, 2040 Rn. 8; MüKoZPO/Schulz § 91 Rn. 43; das gilt insbesondere für die Kosten eines Güteverfahrens, → Rn. 237. Es ist eine strenge Prüfung geboten, → Rn. 50. Erstattungsfähigkeit setzt auch voraus, dass die Partei im Innenverhältnis zur Zahlung der Kosten verpflichtet ist, BGH BeckRS 2022, 20173; NJW 2019, 1522. Der Aufwand muss nach dem Grundsatz der Verhältnismäßigkeit angemessen sein, BPatG GRUR 1980, 986 (Angemessenheit), Ffm GRUR 1985, 401 (Wirtschaftlichkeit), LG Köln WuM 1986, 19 (Erforderlichkeit). 28

b) Beispiele. aa) Detektiv. Die Kosten eines Detektivs können im Rahmen der Vorbereitung eines Rechtsstreits grds. erstattungsfähig sein, sofern sie nach → Rn. 50 als notwendig erscheinen und nicht unverhältnismäßig hoch sind, eingehend BGH NJW 1990, 2060; BAG NZA 2009, 1301 (auch: konkreter Tatverdacht); Ffm NJOZ 2019, 609 (keine preiswertere Lösung); Köln NJOZ 2018, 1838 (Einfluss auf Prozessausgang); Brem NJW 2016, 29

509 (Prozessbezogenheit); Hamm FamRZ 2015, 1742 (Unterhaltsprozess); Kblz FamRZ 2006, 1217 (Verhalten des Gegners); Ddf VersR 1997, 382 (allgemeine Lebensumstände nicht ausreichend); OLGR Hamm 1993, 31 (Vorrang günstigerer Lösung). Alles das gilt auch bei der Einschaltung vergleichbarer Fachleute, Ffm NJW 1999, 366 (Scientology). Bei einer Versicherungsgesellschaft sind Detektivkosten meist nur beim konkreten Verdacht der Vortäuschung erstattungsfähig, Ddf VersR 2006, 990; Hbg MDR 2000, 1459; auch → Rn. 34 „Versicherung". Die Verwertung der von dem Detektiv beschafften Informationen im Rechtsstreit muss zulässig sein, BGH NJW 2013, 2668.

30 Bezüge bestehen zum nachfolgenden Abschnitt betr. Gutachterkosten.

bb) Gutachtenkosten (vorbereitende Privatgutachten, Rechtsgutachten)

Schrifttum: Gruber, Die Erstattung der Kosten vorprozessualer Sachverständigengutachten, NVersZ 2002, 153; Sattler, Erstattungsfähigkeit von Privatgutachterkosten am Beispiel der Kfz-Sachverständigen, 2004; Vuia, Erstattungsfähigkeit von Gutachterkosten insbes. nach Verkehrsunfällen, NJW 2013, 1197; RsprÜ Kblz ua r + s 2014, 530.

31 Es ist zu differenzieren zwischen vorbereitenden und im Laufe des Rechtsstreits eingeholten Gutachten, zu letzteren → Rn. 68. Die Erstattung von Kosten vorbereitender Privatgutachten wird von der Rspr als **Ausnahmefall** angesehen; sie setzt voraus, dass das Gutachten sich auf den konkreten Rechtsstreit bezieht und mit Rücksicht auf den konkreten Prozess in Auftrag gegeben wurde, BGH NJW 2008, 1597; NJW 2003, 1398 (nicht vor konkreter Prozessabsicht); Hamm NJW-RR 2022, 787 (nicht bevor sich der Rechtsstreit konkret abzeichnet); Kblz BauR 2017, 1425 (unmittelbar prozessbezogen); Köln AnwBl 2017, 334 (auch im Arzthaftungsprozesses); BVerwG JurBüro 2012, 370; VerfGH Mü NJW 2017, 2460 (unmittelbare Beziehung); LG Brem NJW 2013, 703 (Bezug zum konkreten Klageantrag); BPatG JurBüro 2015, 536 (Patentrecherche). Die Zielrichtung der Klage muss bereits feststehen, Köln JurBüro 2003, 313. Es kommt auch darauf an, ob die Partei ohne ein Gutachten ausreichend vortragen kann, BGH NJW 2006, 2415; Hamm NJW-RR 1996, 830; Brem VersR 1982, 362 (Selbstverstümmelungsabsicht). Ohne Notwendigkeit eines zeitlichen Zusammenhangs zugunsten des Bekl. Hbg MDR 1992, 194.

32 Maßgeblich ist die **ex-ante**-Betrachtung einer **verständigen** Partei, bei Erteilung des Auftrags, Kblz JurBüro 2016, 149, so dass ausbleibende Verwertung durch das Gericht nicht schadet, Nürnb NJW 2017, 417; Ddf NJW-RR 1996, 572; Hamm JurBüro 1978, 1079 (nur, wenn andernfalls unbillig). Die rein subj Einschätzung ist nicht maßgeblich, Brem VersR 2010, 132. Bei Unbrauchbarkeit kann entscheidend sein, ob sie auf Falschinformation durch die Partei beruht, Nürnb DS 2016, 296. Dass Ziel der Prozessvermeidung kann der Erstattungsfähigkeit entgegenstehen, BGH NJW 2008, 2040 Rn. 8; Brdb JurBüro 2009, 144. Für die **Höhe** der erstattungsfähigen Kosten kommt es darauf an, was eine verständig und wirtschaftlich vernünftig denkende Partei für erforderlich halten durfte; auf das JVEG kann zurückgegriffen werden, Ffm NJW-RR 2022, 1005.

33 Für während des Rechtsstreits eingeholte Gutachten → Rn. 68.

34 **Arzthaftung:** Aufwendungen für Gutachten ärztlicher Schlichtungsstellen sind generell als Vorbereitungskosten anzusetzen, → Rn. 237. Im Einzelfall kann es geboten sein, anstelle eines aufwendigen Privatgutachtens das Gutachten einer Gutachterkommission der Ärztekammer einzuholen, OLGR Köln 1991, 5.

Auslandsrecht: Eingehend unter besonderer Beachtung auch des § 293, Mankowski MDR 2001, 194.

Betrugsversuch: Kann ausreichen, BGH NJW-RR 2009, 422; Ffm Rpfleger 1987, 172 (fingierter Verkehrsunfall), auch „Versicherung".

Eilverfahren: Die Regeln gelten auch im Verfahren nach §§ 916 ff., 935 ff. zur Glaubhaftmachung nach §§ 920 II, 936, KG JurBüro 1987, 754 (großzügige Zulassung), Schlesw JurBüro 1979, 1518 (präsentes Beweismittel).

Erfolgsaussicht: Allgemeines Klärungsinteresse etwa vor Begründung des Rechtsmittels reicht nicht aus, BGH NJW 2014, 557; KG NJW-RR 2019, 1085; Köln JurBüro 2003, 313.

Gegengutachten: Die reine Absicht, gegen ein Privatgutachten des Gegners vorzugehen, reicht nicht aus, Zweibr NJW-RR 2015, 85.

Gerichtsgutachten, Vorbereitung: Die Kosten von Arbeiten der Partei zur Vorbereitung einer vom Gericht anzuordnenden Begutachtung, etwa vom Aufbau eines Baugerüsts, von Abschlepparbeiten am Unfallwagen oder von Arbeiten zur Freilegung eines Mauerwerks, sind grds. erstattungsfähig, Kblz MDR 2004, 1025; Ddf NJW-RR 1997, 1360; Hbg MDR 1993, 87.

Gerichtsgutachten, Erforderlichkeit: Sie kann der Erstattungsfähigkeit privater Gutachtenkosten entgegenstehen, wenn sie erkennbar gegeben ist, Kblz NJW-RR 2016, 1273; Ffm JurBüro 1987, 894; LG Wiesbaden JurBüro 2017, 93; konkreten Zusammenhang mit einem Rechtsstreit fordernd Kblz NJW-RR 2015, 1166.

Klagedrohung: Kann ausreichen, Saarbr MDR 2010, 839.

Mieterhöhung: Nicht erstattbar sind die Kosten eines nach § 558 BGB vor einer Mieterhöhung eingeholten Privatgutachtens, LG Mainz NZM 2005, 15; LG Köln WuM 1997, 269. Anderes gilt für die Kosten eines weiteren Gutachtens bei unbegründetem Widerspruch, AG Lehrte WuM 1983, 320.

Rechtsfrage: Erstattung ganz ausnahmsweise möglich für Vorbereitung der Revision, Hamm JurBüro 1978, 1079. IdR reicht die Beurteilung durch den Revisionsanwalt.

Sachkunde: Erstattungsfähigkeit kann auch vorliegen, wenn der Gegner auf dem betreffenden Sachgebiet kundig ist, Karlsr JurBüro 2005, 544; dies ist indes kritisch zu prüfen, Kblz JurBüro 2016, 149 (verneint für Parteistellung eines Architekten im Bauprozess).

Selbständiges Beweisverfahren: Seine Möglichkeit steht der Erstattung nicht entgegen, Ddf NJW-RR 1996, 572. Einholen des Gutachtens für ein solches kann zur Berücksichtigung im Hauptverfahren führen, Köln NJW 2014, 2130; aA Kblz MDR 2004, 840.

Vergleich: Für Erstattbarkeit bei Einfluss auf den Abschluss LG Brschw MDR 1979, 320.

Vorlage: Nichtvorlage steht Kostenerstattung entgegen, Mü NJW-RR 1995, 1470.

Schlüsselgutachten: Routinemäßige Einholung durch Versicherer reicht nicht aus, Naumbg NJW-RR 2011, 287; Ddf NJW-RR 2006, 647; Versicherung.

Ursächlichkeit: Eine Erstattbarkeit besteht grds. auch dann, wenn das Gutachten den Prozessausgang nicht beeinflusst hat, Ddf NJW-RR 1996, 572; aM Hamm NJW-RR 1996, 830 (Einfluss generell erforderlich). Verwendung durch das Gericht, Stgt VersR 1979, 849, oder Ursächlichkeit für eine Einigung, Nürnb Rpfleger 2002, 482, sprechen für Erstattung.

Versicherung: Allgemeine Prüfung der Eintrittspflicht reicht insbes. für Privatgutachten nicht aus, namentlich bei **Schlüsselgutachten** oder Rekonstruktion fingierter Unfälle, i. E. divergierend, vgl. FfM NJW-RR 2022, 1005; Kblz JurBüro 2014, 147; 2012, 256; VersR 2004, 803; Celle JurBüro 2000, 205; Karlsr JurBüro 2007, 321; VersR 2004, 931; 1994, 1206; Kblz VersR 2007, 1100; Naumb NJW-RR 2011, 287; VersR 2005, 1704. Kosten von Drittunternehmen sind ebenfalls grds. nicht erstattungsfähig, Köln MDR 2012, 1491. Die allg. Voraussetzungen → Rn. 31 müssen mindestens vorliegen. Ausreichend sind Anhaltspunkte für versuchten Betrug, BGH MDR 2009, 231; Ffm NJW-RR 2018, 512; Köln NJW-RR 2016, 1275; Ffm VersR 2014, 979; Celle NJW-RR 2011, 1057; Kblz MDR 2008, 472; Brdb VersR 2006, 287; LG Köln VersR 2013, 76.

Vom Versicherer in **Auftrag** gegebenes Gutachten fällt nicht in die Kosten der von ihm verschiedenen Partei, Köln MDR 2016, 555; aA Kblz JurBüro 1992, 746.

Waffengleichheit: Der Grundsatz einer Waffengleichheit kann Großzügigkeit gebieten.

cc) Sonstige Fälle. In der Vielfalt sonstiger Fälle ist darauf zu achten, dass die Voraussetzungen von → Rn. 27 vorliegen. 35

Abschlussschreiben: In Pressesachen sind die Kosten nach KG JurBüro 2010, 244 nur vor Einlegen des Widerspruchs, danach aber nicht mehr erstattungsfähig; nach Ffm GRUR 1989, 374 ist das Abschlussschreiben nicht mehr Teil des Rechtsstreits. Regeln des Wettbewerbsrechts können nicht ohne weiteres auf andere Gebiete übertragen werden, Köln FamRZ 2006, 1050. 36

Abtretung: Wird eine Forderung nach selbständigem Beweisverfahren abgetreten, können dessen Kosten im Rechtsstreit des Zessionars festgesetzt werden, Ddf MDR 1985, 1032.

Aktenauszug: Die Kosten eines Auszugs sind nach → Rn. 27 erstattungsfähig, Naumbg NJW-RR 2011, 287; Kblz JurBüro 1991, 88.

Anschriftermittlung, Aufenthaltsermittlung: Ihre Kosten können erstattungsfähig sein, LG Bonn WuM 1990, 585.

Auskünfte: Kosten der Einholung sind bei strenger Prüfung der Notwendigkeit zu erstatten, KG; NZM 2005, 199; Kobl JurBüro 1997, 430; LG Bad Kreuznach VersR 1989, 1268.

Auslobung, Fahndungsanzeige: Ihre Kosten können erstattungsfähig sein, Mü JurBüro 1992, 335; KG MDR 1978, 762; verneint für Zahlung an Mittäter Hmb MDR 1998, 496.

Besichtigung: Die Kosten einer Reise zum Unfallort zum Zweck der Besichtigung der Unfallstelle sind grds. erstattungsfähig.

Deckungszusage: Vorsorglich eingeholte Zusage des Rechtsschutzversicherers ist nicht grds. notwendig, BGH NJW 2012, 919.

Drittschuldnerprozess: Die Kosten des Ausgangsverfahrens sind hier keine Prozesskosten, Ddf JurBüro 1993, 224.

Ermittlungen: Zur IP-Adresse BGH GRUR 2017, 854; NJW 2015, 70; ZUM-RD 2015, 214. Die Verwertung des Ergebnisses im Rechtsstreit muss zulässig sein, BGH NJW 2013, 2668.

Fangprämie: „Auskünfte".

Geschäftsgebühr: Sie ist mit der Klage geltend zu machen und wird auf die Verfahrensgebühr angerechnet, BGH NJW 2017, 1821; NJW 2007, 3500. Beachte hierzu aber auch § 15a II RVG.

Geschmacksmuster: Recherchen auf bloßen Verdacht sind idR nicht notwendig, Ffm GRUR 1994, 114.

Güteverfahren: Die außergerichtlichen Kosten eines freiwilligen oder eines obligatorischen Güteverfahrens sind wegen des Vorrangs von § 91 III ZPO und von § 15a IV EGZPO auch als Vorbereitungskosten nicht erstattungsfähig, so gegen die bis dahin hM mit ausführlicher Begründung BGH NJW 2021, 2887 Rn. 6; NJW-RR 2019, 378 Rn. 10; → Rn. 237.

Inkasso: Zum Ansatz von 25 EUR für Tätigkeit im Mahnverfahren nach § 4 IV 2 RDGEG vgl. AG Donaueschingen NJW-RR 2010, 503.

Information: Reisekosten zur Information zwecks Ermittlung des Sachverhalts können erstattungsfähig sein, Kblz DB 1990, 2260; niedrigere Kosten für einen Verkehrsanwalt können nicht eingewendet werden, Ddf NJW-RR 2007, 428.

Insolvenzverfahren: Die Kosten eines dem Rechtsstreit vorangegangenen Insolvenzverfahrens sind in der Regel nicht erstattungsfähig, KG JurBüro 1976, 1103.

IP-Adresse: → Ermittlungen.

Kündigung: Die Kosten einer vorprozessualen Kündigung sind regelmäßig nicht erstattungsfähig. Denn die Kündigung macht den Klaganspruch meist erst fällig, LG Bückebg ZMR 1979, 20.

Mahnung: Die vorgerichtliche Mahnung kann als nicht notwendig einzustufen sein, AG Bremervörde AGS 2020, 537. Abmahnung und Abwehrschreiben zählen nicht zu den einen Rechtsstreit unmittelbar vorbereitenden Aufwendungen, BGH NJW 2008, 2040; NJW 2006, 2560. Anders für Kennzeichenstreitsache Hbg GRUR-RR 2008, 370, und Zurückweisung der Abmahnung Hbg AnwBl 2006, 679.

Markensache: Die Kosten der Aufforderung der Glaubhaftmachung der Markenbenutzung sind nicht erstattungsfähig, BGH MDR 1981, 24.

Meinungsumfrage: Ihre Kosten können dann erstattungsfähig sein, wenn der Antragsteller im Eilverfahren mit der Notwendigkeit einer Glaubhaftmachung nach §§ 920 II, 936 rechnen musste, Köln JurBüro 1995, 475; Mü Rpfleger 1987, 331; Hamm MDR 1979, 234, oder wenn die Partei entsprechende Gerichtskosten befürchten muss, Mü GRUR-RR 1905, 296. Ohne konkreten Bezug zum Rechtsstreit sind die Kosten nicht ansetzbar, Kblz GRUR-RR 2004, 312.

Patentanwalt: Seine Mitwirkung bei einer Abmahnung kann zu den Vorbereitungskosten zählen, Hamm AnwBl 2003, 186; Ddf AnwBl 2001, 187.

Patentrecherchen: Ob Ermittlungen nach dem vorveröffentlichten Stand der Technik notwendig waren, muss man nach einem großzügigen Maßstab anhand des Angemessenen aus der Sicht des Zeitpunkts der Einleitung der Ermittlungen beurteilen, BPatG GRUR 1980, 986.

Privatgutachten: Voraussetzung ist die Prozessbezogenheit, Kbl BauR 2019, 863; → Rn. 31.

Prozesskostenhilfe: → Rn. 20.

Reisekosten: „Information".

Reparatur: Ihre Kosten zur Vorbereitung einer Gutachtertätigkeit können notwendig sein, Brdb JurBüro 2009, 143.

Schiedsgutachten: Grds. gegen Erstattung im nachfolgenden Rechtsstreit BGH NJW-RR 2006, 212; Ddf NJW-RR 1999, 1667.
Schiedsrichterliches Verfahren: Die Kostenfragen richten sich nach §§ 1029, 1030, 1047.
Schutzschrift: Die Kosten einer vor Eingang eines Eilantrags eingereichte Schutzschrift sind auf der Grundlage der prozessualen Normen grds. nicht erstattungsfähig, solange nicht durch Eilantrag ein Prozessrechtsverhältnis entsteht. Zu erörtern ist ein materiell-rechtlicher Kostenerstattungsanspruch, → Vor § 91 Rn. 63; iÜ vgl. → Rn. 111.
Selbständiges Beweisverfahren: Auch → Vor § 91 Rn. 63; → Rn. 91.
Sicherheitsleistung: Als Vorbereitung einer nicht durchgeführten Zwangsvollstreckung festsetzungsfähig, BGH NJW-RR 2008, 515; Ffm JurBüro 2017, 643; Ddf NJW-RR 2002, 432; FG Karlsr NJW-RR 2007, 645.
Stoffsammlung: Ihre Kosten sind grds. nicht erstattungsfähig, BVerfG NJW 2008, 3207; Kblz AnwBl 1996, 412.
Strafanzeige: Die Anwaltskosten wegen eines Ermittlungsverfahrens können erstattungsfähig sein, Bbg JurBüro 2003, 145 (Verteidigungskosten); Saarbr OLGR 1998, 136.
Streitverkündung: Kosten, die in dem Zusammenhang einer Partei entstehen, sind für diese keine Kosten des Rechtsstreits, KG JurBüro 2006, 34.
Testkauf: Erstattungsfähigkeit hängt von der Notwendigkeit ab, Ddf JurBüro 2009, 199; Mü GRUR-RR 2005, 40 (Ls.) = NJOZ 2004, 2699; Zweibr GRUR-RR 2004, 343 (nicht bei nur allg. Marktbeobachtung); Stgt JurBüro 1995, 37. Man muss dabei sparsam und wirtschaftlich vorgehen, Ffm JurBüro 2001, 259 (kein Pauschalhonorar). Der Erstattungspflichtige kann einen materiellrechtlichen Anspruch auf die Übereignung der Testkaufsachen haben, Ddf JurBüro 2009, 199 (Verurteilung Zug um Zug gegen Herausgabe des Kaufobjekts nur bei klarer Sachlage). **Nicht** erstattungsfähig sind Kosten, die nur einen weiteren Gerichtsstand begründen sollen, Mü Rpfleger 1976, 219.
Urheberrecht: Keine Vorbereitungskosten sind solche nach § 101 IX UrhG, Hbg MDR 2014, 175. Zu Ermittlungen → Rn. 36.
Vergleich: Die Kosten seiner Vorbereitung, zB eine Geschäftsgebühr nach (jetzt) VV 2300 RVG, können erstattungsfähig sein, Bbg JurBüro 2003, 144.
Verkehrsunfall: Wegen des Geschäftsgewandten Böhm/Lennartz MDR 2013, 313.
Versicherung: → Rn. 34.
Verwahrung: Die Kosten der Verwahrung bis zur Rückgabe Zug um Zug nach Rücktritt sind materiellrechtliche Kosten, keine Prozesskosten, Mü AnwBl 1988, 484.
Verwaltungsverfahren: Die Kosten eines notwendigerweise vorgeschalteten Verwaltungsverfahrens sind erstattungsfähig, wenn (!) man sie nach → Rn. 17 als Kosten des Rechtsstreits ansehen kann, Mü MDR 1990, 1020, anders Hbg JurBüro 1992, 336 (Kartellverfahren), Schlesw JurBüro 1992, 170 (Enteignung), Stgt JurBüro 1991, 84 (Baulandsache); bejahend für verwaltungsgerichtliches Vorverfahren OVG Lüneburg NVwZ-RR 2005, 659. Gem. § 63 II SGB X kann für die Notwendigkeit auf den Kenntnisstand des Betreuers abgestellt werden, OVG Berlin-Brdb NVwZ-RR 2021, 1000.
Verzug: Er kann prozessual zu berücksichtigende Vorbereitungskosten auslösen, wenn die Voraussetzungen → Rn. 27 gegeben sind.
Vorgerichtliche Mahnkosten: Sie sind ein Musterbeispiel von Kosten, die neben der Hauptsache mit dem materiell-rechtlichen Kostenerstattungsanspruch geltend gemacht werden, → Vor § 91 Rn. 63. Die vorgerichtliche Mahnung zählt indes nicht zum Rechtsstreit, so dass eine Festsetzung nicht in Betracht kommt, BGH NJW 2006, 2560. Zum Streitwert insbesondere in Diesel-Fällen BGH NJW 2022, 472.
Zeugenermittlung: Die Kosten sind bei Beweisnot in maßvollem Umfang erstattbar, LG Mönchengl NJW-RR 2004, 432.

B. Belastung mit Kosten, I

37 **I. Unterliegen, I.** Die Vorschrift regelt das völlige Unterliegen einer Partei. Demgegenüber erfasst § 92 das teilweise Unterliegen, → § 92 Rn. 7.

38 **1. Begriff.** Man versteht unter dem „Unterliegen" die Tatsache des Verlusts im rechtlichen Sinn, dh jedwede nachteilige Abweichung des Ergebnisses vom Sachantrag, Nachweise → § 92 Rn. 7. Das gilt unabhängig davon, ob man freiwillig unterliegt, zB infolge eines Anerkenntnisses nach § 307. Selbst der geringste Teilerfolg führt im Ansatz zur Kostenteilung nach → § 92 Rn. 7, wenn nicht § 92 II eingreift. Das gilt zB auch in Fällen der Aufrechnung, → § 92 Rn. 26, des Hilfsantrags, → § 92 Rn. 27, der Stufenklage, → § 92 Rn. 34, der Widerklage, → § 92 Rn. 38, von Verlusten bei Nebenforderungen wie Zinsen, → § 92 Rn. 38, und bei der einschränkenden Zug-um-Zug-Verurteilung, → § 92 Rn. 49 oder der Abweisung als derzeit unbegründet, → § 92 Rn. 11 „Fälligkeit". Maßgeblich ist das in der letzten Instanz erzielte Ergebnis, BGH NJW 1962, 1715 (1718).

39 **2. Abgrenzung zu anderen Fällen.** Vom völligen Unterliegen muss man nicht nur das teilweise Unterliegen nach § 92 unterscheiden, sondern auch eine Reihe von Fällen, die §§ 91a, 93 ff. gesondert regeln, obwohl auch dort ein zumindest teilweises Unterliegen eintreten kann.

40 **II. Grundsätze, I 1. 1. Unterliegens-, Veranlasserhaftung.** Der Grundsatz der Unterliegenshaftung → Vor § 91 Rn. 44 geht von der bloßen Tatsache des rechtlichen Verlusts des Prozesses nach → Rn. 37 aus. Wegen des starren Verluststandpunkts des Gesetzes sind Prozessfähigkeit oder Verschulden unerheblich, → Vor § 91 Rn. 46. Selbst Obsiegen aufgrund nachträglicher Gesetzesänderung führt zur Kostenbelastung des Bekl., BGH NJW 1962, 1715 Ls. g (Ausweg: § 93). Für Billigkeitserwägungen ist im Ansatz ebenfalls kein Raum. Deshalb muss der schließlich Unterliegende auch grundsätzlich die Kosten aller bisherigen Rechtszüge tragen, auch wenn er in einem oder mehreren vorläufig gesiegt und erst nach evtl. sogar mehreren Zurückverweisungen (zB nach § 538 II 1 Nr. 1 ohne eigenes Verschulden) verloren hatte. Das ist eine harte, aber unmissverständliche Regel. Sie gilt auch dann, wenn im Anschluss an das Berufungsurteil eine Gesetzesänderung in Kraft getreten ist und den Ausschlag gab, BGH NJW 1962, 1715 (Ausweg: § 93).

41 Soweit ein Verschulden des Verlierers vorliegt, mag der Sieger einen materiellrechtlichen Ersatzanspruch → Vor § 91 Rn. 63 haben und zusätzlich zum prozessualen Kostenerstattungsanspruch geltend machen können.

42 Die etwaige Haftung eines **vollmachtlosen Vertreters** zB nach § 89 I 3 besteht unabhängig von der Unterliegenshaftung der Partei und unabhängig von einer etwaigen Rückgriffsmöglichkeit bei einem Dritten,

BGH NJW 1983, 883; auch → Vor § 91 Rn. 9. Dieser Dritte kann ebenfalls haften, soweit er das vollmachtlose Auftreten veranlasst hat, BGH NJW 2017, 2683; WM 1981, 1332 und 1353; Ffm MDR 2016, 115 (Haftung des Veranlassers der Vertretung); OLGR Bambg 2005, 683; OLGR Köln 2005, 649 (Quotelung); 1997, 274.

2. Stand bei Abschluss des Verfahrens. Es ist unerheblich, ob die Klage schon von Anfang an zulässig und begründet war. Entscheidend ist das endgültige Unterliegen. Der Bekl. muss die gesamten Kosten auch dann tragen, wenn sie erst im Lauf des Rechtsstreits, ja sogar erst in der höheren Instanz entstanden sind und er nicht den Anspruch mit der Folge des § 93 anerkannt hat. Das kann zB auch dann gelten, wenn der Kläger die Klage ohne Parteiänderung oder Streitwertminderung ändert. Der Grund des Unterliegens ist ebenfalls grundsätzlich unerheblich, Ffm MDR 1998, 1373; KG NJW-RR 1997, 960. Eine etwaige Parteivereinbarung über die Kosten ist außerhalb des Anwendungsbereichs von § 98 unbeachtlich. Eine Vereinbarung, durch die ein Anwalt sich verpflichtet, Gerichtskosten, Verwaltungskosten oder Kosten anderer Beteiligter zu tragen, ist nach § 49b II 2 BRAO unzulässig und nach § 134 BGB nichtig. 43

Man darf die Kostenentscheidung auch nicht davon abhängig machen, ob das Urteil mit einer **Restitutionsklage** nach § 580 angreifbar wäre, BGH NJW 1980, 838. 44

3. Entscheidung von Amts wegen. Das Gericht muss über die Kostenpflicht nach § 308 II von Amts wegen entscheiden. Es muss eine klare und einfache Kostengrundentscheidung treffen, am besten in einem eigenen Absatz oder doch Satz, auch wenn es nur um einen bloßen Beschluss geht. Das Rechtsmittelgericht entscheidet über die vorinstanzlichen Kosten mit, soweit es das Vorderurteil nach § 97 ändert, sonst jedenfalls über seine eigenen. Soweit das Gericht eine erforderliche Kostenentscheidung versäumt hat, muss es sein Urteil nach § 321 ergänzen. Es darf seine Entscheidung nach § 319 nur bedingt berichtigen, BGH AnwBl 2010, 68. Das Abhilfeverfahren nach § 321a kommt im Einzelfall in Betracht. In der Berufung ist die Abänderung ohne Rücksicht auf Anträge der Parteien zulässig, Rostock 18.1.2021 – 2 U 8/20, GRUR-RS 2021, 1794. 45

Der Rpfleger darf die Kostengrundentscheidung → Vor § 91 Rn. 53 nicht im Kostenfestsetzungsverfahren nach §§ 103 ff. nachholen, ergänzen oder gar abändern. Er darf sie allenfalls auslegen. Die Zuständigkeiten sind also scharf abgegrenzt. Der Ausspruch, die Partei trage „die Kosten des Rechtsstreits" oder „die Kosten", bezieht sich im Zweifel auf sämtliche Prozesskosten, auch auf die Kosten eines früheren Urteils. Wenn daher eine Kostenentscheidung vorausgegangen war, etwa in einem Versäumnisurteil nach §§ 330 ff., muss das Gericht evtl. die Kostenentscheidung des Schlussurteils begrenzen, zB auf die „weiteren Kosten des Rechtsstreits", → § 343 Rn. 7. 46

4. Einheit der Kostenentscheidung. Der Unterliegende trägt grundsätzlich die Kosten des gesamten Prozesses, sog. Einheit der Kostenentscheidung. Das Gericht darf keinen Prozessabschnitt und keine Instanz ausnehmen, BGH FamRZ 2006, 1268; Kblz NJW-RR 2004, 1008. Eine Rechtsnachfolge im Prozess nach § 265 erstreckt sich auf die Kostenpflicht. 47

Von diesem Grundsatz gelten **Ausnahmen,** wenn es sich um einen selbständigen Verfahrensabschnitt handelt, → Vor § 91 Rn. 56. Eine verschiedene Bemessung der Kosten, je nach dem Unterliegen der einen oder der anderen Partei, erlauben im Übrigen zB § 144 I PatG für Patentstreitsachen, ferner § 26 I GebrMG, §§ 71, 90 MarkenG, § 12 UWG, § 247 II und III AktG sowie §§ 80 ff. FamFG. 48

III. Notwendigkeit und Zweckentsprechung, I 1. Beide Gesichtspunkte können nur im Zusammenwirken die Entscheidung über eine Ansatzfähigkeit von Kosten tragen. 49

1. Begriff der Notwendigkeit. Im gesamten Kostenerstattungsrecht hat der in § 91 mehrfach verwendete Begriff der „Notwendigkeit" von Kosten eine zentrale Bedeutung. Notwendig sind Kosten, die im Zeitpunkt ihrer Vornahme zur Rechtsverfolgung oder Rechtsverteidigung **objektiv erforderlich und geeignet** sind. Das ist vom Standpunkt einer verständigen und wirtschaftlich vernünftigen Partei unter Berücksichtigung ihrer Kenntnisse von den maßgeblichen Umständen zu beurteilen, wobei grundsätzlich auf den Zeitpunkt der Vornahme der kostenverursachenden Handlung abzustellen ist, BGH NJW 2019, 2698; Anm Hansens RVGRep 2019, 344; FamRZ 2019, 62 = BeckRS 2018, 24938; Anm Hansens RVGRep 2018, 461; NJW 2018, 1403, mAnm Overkamp; Anm Hansens in RVGRep 2018, 179 **(verobjektivierte ex-ante-Sicht);** NJW 2016, 2751, Anm Hansens NJW-RR 2015, 186; NJW-RR 2015, 59 (Zwangsversteigerung); Kblz FamRZ 2017, 1156 Rn. 6; NJW-RR 2016, 1166 (Privatgutachten); Hamm JurBüro 2021, 253; Hbg GRUR-RR 2016, 431; Hamm JurBüro 2001, 484; Kblz GRUR 1995, 171 (jew. Schutzschrift); LAG Mecklenburg-Vorpommern 23.9.2021 – 2 Ta 28/21, BeckRS 2021, 36574 (Reisekosten) Rn. 12. Das gilt über § 788 I 1 auch in der Zwangsvollstreckung, BGH DGVZ 2019, 58. 50

Kosten, die aufgrund gesetzlicher Vorschriften entstehen, namentlich nach dem GKG oder dem RVG, sind generell notwendig, allein kann es an der Zweckentsprechung fehlen, → Rn. 56. Schuldlose Unkenntnis veränderter Umstände (zB Rechtsmittelrücknahme) steht der Notwendigkeit nach der jüngeren Rspr. des BGH nicht mehr entgegen, NJW 2018, 1403; MDR 2018, 1407. Zurückhaltung vor älterer Rspr.! Zusammenfassende Darstellung Hansens ZfS 2019, 484. Bedeutung hat das Thema insbesondere bei der **Schutzschrift,** → Rn. 111, und der **Berufungsrücknahme,** → Rn. 144. 51

Die Bedeutung des Notwendigkeitskriteriums ist hoch. Wenn nach dem Gesetz der Verlierer aufgrund des Unterliegens- und Veranlassungsprinzips, → Rn. 39, grundsätzlich die gesamten Kosten des Gerichts, des Gegners, aller übrigen Prozessbeteiligten und seine eigenen außergerichtlichen Kosten tragen muss, sollen die übrigen Beteiligten keine überhöhten Erstattungsansprüche stellen dürfen. Es ist daher eine der wichtigsten, ja die einzig wesentliche Frage für das gesamte Kostenerstattungsverfahren, ob vom Gegner angemeldete Kosten auch wirklich notwendig waren. Der Gedanke ist umfassend zu berücksichtigen; er hat zB auch dann Berechtigung, wenn einem Zeugen die durch sein Ausbleiben im Termin entstandenen Mehrkosten auferlegt werden, Celle NJW-RR 2009, 503. Einen Teilaspekt der Notwendigkeit stellt die Zweckentsprechung dar, → Rn. 56. 52

2. Treu und Glauben. Den Begriff der Notwendigkeit muss man nach Treu und Glauben auslegen, BGH NJW 2007, 2257; NJW-RR 2013, 442 Rn. 9; BPatG GRUR-RR 2013, 87. Notwendigkeit kann vor Zustellung kaum eintreten, Naumb Rpfleger 2016, 443. §§ 249 ff., 254 BGB sind zwar nicht direkt anwendbar, wohl aber ihren Grundgedanken entsprechend, Ddf JurBüro 1993, 605. Wie im Bereich materiellrechtlicher Schadensersatzansprüche muss man auch bei der prozessualen Kostenerstattung die Schadensminderungspflicht des Gläubigers mit beachten, BGH NZG 2010, 831; Brem MDR 2010, 719. Im Einzelfall kann es geboten sein, den Gegner über den zu erwartenden Kostenaufwand zu informieren, Jena Rpfleger 2006, 625. Im VwGO- 53

Verfahren gelten keine strengeren Regeln, OVG Bautzen NVwZ-RR 2017, 311. Man kann der erstattungsberechtigten Partei indes nicht entgegen halten, sie könne zur Kostenvermeidung die Einrede der Verjährung erheben, Kblz MDR 2008, 1179 (Honorarforderung für Privatgutachten).

54 Die Parteien werden auch was die Kosten angeht durch das Prozessrechtsverhältnis verbunden, BGH NJW 2007, 2257 Rn. 12. Auch vor diesem Hintergrund muss man die Kosten **möglichst niedrig** halten, Grundsatz der **sparsamen** Prozessführung, BVerfG WuM 2010, 644; BGH WuM 2013, 59; NJW 2012, 2734 Rn. 10; Ffm JurBüro 2020, 136; BAG NJW 2015, 3053; BPatG JurBüro 2015, 536. Das gilt auch bei der Bewilligung einer Prozesskostenhilfe nach §§ 114 ff., Ddf JurBüro 1993, 354; LAG Mü JurBüro 1996, 534. Dabei geben I 2, II, III teilweise verbindliche Anweisungen zur Frage der Erstattungsfähigkeit. Sie enthalten aber im Kern doch den Gedanken der Abhängigkeit der Erstattungspflicht von der Notwendigkeit der jeweiligen Kosten ausdrücklich oder stillschweigend ebenfalls. So lässt zB die Möglichkeit, nach § 107 vorzugehen, nicht die Zulässigkeit einer sofortigen Beschwerde, wohl aber die Notwendigkeit der hierdurch veranlassten Kosten entfallen, Hamm NJW-RR 2019, 1472. Man muss aber zB nicht schon nur zwecks Niedrighaltung der Kosten Verjährung einreden, Ffm NJW-RR 2011, 499.

55 **3. Begriff der Rechtsverfolgung oder Rechtsverteidigung.** Es kommt auf die Frage an, ob die Kosten des Gegners gerade zur Rechtsverfolgung oder Rechtsverteidigung notwendig waren. § 91 meint umfassend jedes Angriffs- oder Verteidigungsmittel, aber auch jeden Angriff und jede Verteidigung selbst, also zB eine Klagerweiterung, eine Klagänderung nach § 263, eine Widerklage, einen Antrag auf ein selbständiges Beweisverfahren nach §§ 485 ff. Kriterium ist also die Prozessbezogenheit. Ausgegrenzt werden damit Kosten, die mit den zentralen Anliegen des Rechtsstreits nicht in Zusammenhang stehen.

56 **4. Begriff der Zweckentsprechung.** Schließlich muss die Rechtsverfolgung oder Rechtsverteidigung auch „zweckentsprechend" gewesen sein. Der Zweck ist die Rechtsverfolgung oder Rechtsverteidigung. Das Entsprechen umschreibt den dem Gebot von Treu und Glauben folgenden, notwendigen, dh sachdienlichen Aufwand, mithin einen **Teilaspekt der Notwendigkeit.** Zu prüfen ist in diesem Zusammenhang die Zweckmäßigkeit einer Maßnahme, so dass ein ungeeignetes Vorgehen, das etwa die Verjährung hemmen soll, dieses Ziel aber nicht erreicht, nicht zweckentsprechend sein kann, BGH 24.1.2022 – VIa ZR 100/21, BeckRS 2022, 3567 Rn. 13. Das ist auch ein Anklang an den zB in § 114 I 1 enthaltenen Gedanken des Verbots der Mutwilligkeit, also des Rechtsmissbrauchs. Es sind also selbst die objektiv unvermeidbaren Kosten eines nicht zweckentsprechenden Vorgehens nicht erstattungsfähig. Aus einer von vornherein zwecklosen Maßnahme kann mithin kein Erstattungsanspruch entstehen. Der Ansicht von Zöller/Herget ZPO Rn. 12, wonach zweckentsprechende Maßnahmen generell notwendig sind, ist allerdings nicht zu folgen, weil auch bei Sachdienlichkeit in der Höhe Gestaltungsspielräume bestehen können, die das Sparsamkeitsgebot, → Rn. 54, zum Tragen bringen können.

5. Allgemeingültige Beispiele für (fehlende) Notwendigkeit

57 **Betreuerkosten:** Auch bei Einrichtung einer Betreuung nur für den laufenden Rechtsstreit sind nicht keine notwendigen Kosten dieses Rechtsstreits, Saarbr RPfleger 2022, 162.

Inkassokosten: Sie sind nach AG Duderstadt DGVZ 2021, 226 bei einem Inkassounternehmen iSd § 91 I 1, § 788notwendig, auch wenn es sich um eine eigene Forderung handelt.

Kostenersparnis: Einfache, keiner anwaltlichen Hilfe bedürfende Einwendungen im PKH-Verfahren werden unterlassen, Hamm JurBüro 2014, 148; → Rn. 53.

Mehrheit von Prozessen: Allg. Meyer JurBüro 2002, 70. Die Kosten mehrerer Prozesse können grds. erstattungsfähig sein. Denn keine Partei braucht grds. mehrere materiellrechtliche Ansprüche in derselben Klage zu häufen, Hamm NZFam 2014, 418 (Ehescheidung und Sorgerecht); KG JurBüro 2001, 99 (keine Notwendigkeit bei Willkür); Kblz Rpfleger 1991, 80 (zwei Klagen gegenüber dem Hauptschuldner und dem Bürgen); Hbg JurBüro 1983, 1255 (grds. erstattungsfähig). Wenn etwa dieselben Reisekosten mehrere Prozesse betreffen, sind sie gegenüber jedem Unterlegenen als Gesamtschuldner erstattungsfähig. Denn kein Verlierer hat einen Anspruch auf eine Vergünstigung.

- **(Anspruchseinheit):** Keine Erstattbarkeit besteht dann, wenn der Kläger aus einem einheitlichen Sachverhalt Ansprüche gegen mehrere Personen in getrennten Prozessen erhebt, BGH NJW 2013, 66; Hbg MDR 2013, 1254 (Gegendarstellung); Kblz AnwBl 1990, 46 (Erfordernis vertretbarer Gründe); LG Saarbr JurBüro 1999, 366 (Miete und Räumung); LG Köln JurBüro 1991, 1352 (vertretbare Gründe). Bei Fehlen eines gemeinsamen Gerichtsstands kann getrennte Klage in Betracht kommen, Kblz MDR 1990, 159.
- **Anwaltsmehrheit:** Zu diesem Zusammenhang → Rn. 195.
- **(Rechtsmissbrauch):** Keine Erstattbarkeit besteht, soweit für eine Trennung in mehrere Prozesse nach § 145 jeder sachliche Grund fehlt, BGH NJW 2013, 1369; SG Bln JurBüro 2014, 487. Das kann zB dann so sein, wenn der Gläubiger mehrere rechtlich selbständige, gleichartige, einem einheitlichen Lebensverhältnis entstammende Ansprüche (zB Mieten, Wechsel) gegenüber demselben Schuldner in gesonderten Rechtsstreiten geltend macht, Köln JurBüro 2011, 536; LAG Ffm JurBüro 2012, 156; grds. für getrennte Kostenfestsetzung wegen vermeintlicher Bindungswirkung der Urteile Bbg JurBüro 1983, 130; Hamm Rpfleger 1980, 439.
- **Reisekosten:** Sie sind erstattungsfähig, wenn eine Partei bundesweit viele Prozesse führt und hiermit einen Anwalt beauftragt, Zweibr ZIP 2016, 2378; Mü ZIP 2016, 439.

Teilklagen: Kläger zerlegt einen Anspruch grundlos, Ddf FamRZ 1995, 1215; Kblz Rpfleger 1983, 38; für eine Trennung von Ansprüchen müssen sachliche Gründe sprechen, LG Köln JurBüro 1991, 1352. Diese können vorliegen, soweit zB der Kläger damit rechnen konnte, der Bekl. werde bereits nach einem Sieg des Klägers aufgrund der ersten Teilklage auch den restlichen Anspruch erfüllen.

Verspätung: Der Anwalt erscheint so verspätet, dass das Gericht den Termin bereits vorher beenden musste, LG Kassel MDR 1992, 1189 (auch bei weiter Anreise): keine Notwendigkeit.

C. Kosten der Parteien (ohne Anwaltskosten)

58 ***I. Kosten des „Gegners", I 1.*** Die unterliegende Partei hat „insbesondere die dem Gegner erwachsenen Kosten zu erstatten". Gläubiger des Anspruchs ist mithin die obsiegende Partei, welcher in der Kostengrundentscheidung ein prozessualer Kostenerstattungsanspruch zuerkannt worden ist. Zu den **Anwaltskosten** → Rn. 131.

1. Begriff des Gegners. Geboten ist eine **formale Betrachtung.** Gegner ist jeder, der den Angriff des Siegers rechtlich in dem Verfahren bekämpft hat, sei es als Bekl., Widerbekl., Streithelfer nach § 66, Streitgenosse nach § 59, Antragsgegner im Eilverfahren nach §§ 916 ff., 935 ff. Es geht also um die gegnerische „Partei", also um denjenigen, auf den sich die prozessbegründenden Erklärungen wirklich beziehen. Mangels Gegners gibt es keine Notwendigkeit einer Kostenentscheidung, Kblz Rpfleger 1989, 339. Zur Scheinpartei → Vor § 91 Rn. 4. 59

2. Umfang. Zu erstatten sind alle außergerichtlichen Kosten des Gegners → Vor § 91 Rn. 37, die gerade ihm „erwachsen" sind, die also nach § 91 zur zweckentsprechenden Rechtsverfolgung oder Rechtsverteidigung nach → Rn. 50 notwendig waren und auch in solcher Höhe tatsächlich rechtswirksam entstanden sind, LG Mönchengladb NZM 2002, 141 (Ls. 1 fortgeltend), die also weder nur fingiert noch ohne einen wirksamen Vertrag gezahlt wurden, Schlesw MDR 2002, 1459. Das hat zB Bedeutung, wenn eine ausländische Partei dem Anwalt nicht zur Erstattung der Umsatzsteuer verpflichtet ist, → Rn. 84. Die Partei muss zudem aktivlegitimiert sein, → Rn. 77 „Anspruchsübergang". Bei außergerichtlichen Kosten kann der erstattungsberechtigten Partei indes nicht entgegen gehalten werden, sie könne gegenüber ihrem Gläubiger die Einrede der Verjährung erheben, Kblz MDR 2008, 1179 (Privatgutachten). 60

Die gesetzliche Regelung enthält in Abs. 1 S. 1 Hs. 1 eine nähere Umschreibung der Unterliegenshaftung, → Rn. 40. In S. 2 wird diese um eine, nicht selbstverständliche, Regelung für Zeitversäumnis ergänzt. Die Entschädigung begrenzt sich ihrerseits auf den Fall notwendiger Reisen und auf die notwendige Wahrnehmung von Terminen, mit bindender Verweisung auf das JVEG. 61

II. Unkosten der Parteien. 1. Grundlagen. Die Vielfalt von Unkosten, die im Zusammenhang mit der laufenden Prozessführung auf die Parteien und die sonstigen Verfahrensbeteiligten zukommen, bedarf generell kritischer Prüfung der Notwendigkeit im Sinne des § 91 I 1, → Rn. 50, wohingegen die Zugehörigkeit zu den **Kosten des Rechtsstreits,** → Rn. 17, idR keine Schwierigkeiten bereitet. Insgesamt kommt den Umständen des Einzelfalls besondere Bedeutung zu, so dass die nachfolgende Übersicht vorrangig zur Gewinnung von Anhaltspunkten verstanden werden muss. 62

Vorbereitungskosten werden unter → Rn. 21 behandelt, weil dort die Frage im Vordergrund steht, ob es sich überhaupt um Kosten des Rechtsstreits handelt. Demgegenüber stehen im hier vorliegenden Zusammenhang Fragen der Notwendigkeit im Vordergrund. Dennoch überlappen sich die Lösungsansätze, so dass aus Entscheidungen im jeweils benachbarten Gebiet bisweilen weitere Erkenntnisse zu gewinnen sind. 63

2. Einzelne Kosten. a) Allgemeine Unkosten der Prozessführung

Abtretung: Die Kosten einer Abtretung der späteren Klageforderung sind keine notwendigen Prozesskosten des Klägers und insoweit nicht erstattungsfähig, Schlesw JurBüro 1997, 202. 64

Bearbeitung des Prozesses: Die im üblichen Rahmen entstehenden Aufwendungen zur Bearbeitung des Prozesses einschließlich der dabei erforderlichen Zeitaufwendungen, auch durch jetzige oder frühere Angestellte, auch in der Freizeit, sind grds. nicht erstattungsfähig, BVerfG NJW 2008, 3207 (allg. Verdienstausfall), BGH NJW 2015, 633; NJW 1980, 119 (Fangprämie); Naumbg NJW-RR 2012, 430; Kblz AnwBl 1996, 412 (Abgrenzung zu § 91 I 2); BPatG JurBüro 2015, 536. Es gilt auch dann, wenn das Organ einer juristischen Person den Prozess bearbeitet, OLGR Hamm 1993, 315; VGH Mannh NVwZ-RR 1990, 665; grds. aA Hbg JurBüro 1991, 1089; und für den Liquidator, Hamm Rpfleger 1982, 80. Erst recht nicht erstattungsfähig ist ein allgemeiner Verwaltungsaufwand.

Datenbank: Ihre Kosten zählen grds. zu den erstattungsfähigen Auslagen, soweit sie nach → Rn. 50 notwendig waren, SG Mü NJW-RR 1993, 381, Jordan/Konradi-Martin AnwBl 1994, 117, strenger Stgt JurBüro 1998, 424 (nur bei besonderem Anlass, Gewerblicher Rechtsschutz, Sozialrecht).

Erbschein: Bei Vorlage auf Anordnung des Gerichts sind die Kosten notwendig, LAG Ddf JurBüro 1989, 811.

Finanzierungskosten: → „Zinsen".

Foto: Seine Kosten sind grds. erstattungsfähig, LG Flensb JurBüro 1985, 777.

Informationsreise: → „Unterrichtung".

Kontoauszug: Beschaffungskosten können erstattbar sein, Auswertungskosten eher nicht, Kblz MDR 2012, 1296 (Erben).

Kopien: Kosten sind nur bei Notwendigkeit zu erstatten, BVerfGE 61, 208; Drsd JurBüro 2017, 640 (auch bei Anordnung, das Original vorzulegen).

Kurier: Seine Kosten sind jedenfalls insoweit nicht erstattungsfähig, als man das Telefax hätte nutzen können, Köln JurBüro 2002, 591.

Meinungsumfrage: Ihre Kosten können erstattbar sein, KG GRUR 1987, 473; zum bedeutsameren Fall der Vorbereitungskosten → Rn. 21.

Mietkosten: Sie können erstattungsfähig sein, etwa nach einem Unfall für die Unterstellung des Kfz, Hbg MDR 2000, 331.

Modell: Seine Kosten können als Demonstrationshilfe in der Beweisaufnahme ausnahmsweise erstattbar sein, Ddf GRUR-RR 2009, 448; auch Ddf GRUR 1979, 191 für Vorführungskosten; einschränkend BPatG GRUR 2009, 1196.

Parteischriftsatz: Sein Aufwand ist nicht erstattungsfähig, Köln NJW-RR 2012, 316.

Porto: Bei Notwendigkeit bei der Partei erstattungsfähig, Schlesw JurBüro 1992, 172.

Reisekosten der Partei: Der materielle Aufwand ist nach § 91 I 1 zu ersetzen, der Zeitaufwand nach S. 2. Wegen des inneren Zusammenhangs zu beidem → Rn. 117.

Reisekosten des Anwalts: Dies regelt § 91 II, → Rn. 168.

Schiedsgutachten: Im Rechtsstreit sind Kosten grds. zu erstatten, Kblz JurBüro 2003, 210.

Schreibauslagen der Partei: Sie sind insoweit erstattungsfähig, als sie notwendig sind, VerfGH Bln FamRZ 2012, 1074. Das kann bei einer nicht anwaltlich vertretenen Partei erhöhte Bedeutung haben, OVG Hbg Rpfleger 1984, 329 (Schreibkraft). Man muss Schreibauslagen als solche der Partei behandeln, nicht als solche eines Anwalts, Hamm Rpfleger 1982, 439. Zu Behördenkopierkosten usw. Hüttenhofer Rpfleger 1987, 292 (Vertretung einer Behörde durch eine andere Behörde).

Schreibauslagen des Streithelfers: Soweit der Prozessgegner der vom Streithelfer nach §§ 66 ff. unterstützten Hauptpartei nach § 101 I Hs. 1 seine Kosten trägt, sind auch die zB zur Information aus einer Gerichtsakte angefallenen Schreibauslagen des Streithelfers erstattungsfähig, Ddf VersR 1979, 870.

Schutzschrift:→ Rn. 111.

Strafanzeige: Ihre Kosten gegen einen am Prozess nicht beteiligten Dritten sind nicht erstattbar, KG MDR 2009, 114.

Streitverkündung: Ihre Kosten sind nicht erstattungsfähig. Denn die Streitverkündung nach § 72 wahrt nur die Interessen gegenüber einem Dritten und nicht gegenüber dem Prozessgegner, KG JurBüro 2006, 34 (diesbzgl. Kostenentscheidung betrifft nur den Streitverkündeten); Mü MDR 1989, 548; LG Osnabr JurBüro 2017, 648 (auch: Übersetzungskosten). Ausnahmen gelten bei §§ 75, 841. Wenn der Verkündungsgegner dem Rechtsstreit beitritt, gilt für ihn § 101 I und II. § 269 III 2 gilt nicht entsprechend, Köln NJW-RR 2002, 1726.

Übersetzungskosten: Auch hier gilt nach → Rn. 36 der Grundsatz, dass man die Kosten möglichst niedrig halten muss, BVerfG NJW 1990, 3072 (nicht zu beanstanden). Sie sind in diesem Rahmen, insbes. um einer ausländischen Partei die Wahrnehmung ihrer Rechte zu ermöglichen, grds. erstattungsfähig, Hmb NJOZ 2016, 1874; Ddf GRUR-RR 2012, 493 (Protokoll, nicht aber Urteil), GRUR-RR 2009, 448 (auch: Übersetzung durch den Prozessbevollmächtigten); Kblz JurBüro 2017, 260 (fremdsprachige Urkunde); Nürnb JurBüro 2020, 486 (trotz Vereinbarung deutschen Rechts und Vertragsschluss in deutscher Sprache), oder wenn das Gericht eine Übersetzung gefordert hat, Jena FamRZ 2014, 1873. Es gilt auch für den Schriftwechsel der Partei mit ihrem Anwalt, wenn dieser die Sprache der Partei nicht beherrscht, BPatG GRUR 1992, 689; Hbg Rpfleger 1996, 370; Ddf AnwBl 1983, 560; Ddf Rpfleger 1983, 367 (Begrenzung von Kosten des Verkehrsanwalts auf Dolmetscherkosten).

- **Dolmetscherkosten** sind grds. erstattbar, Lohle JurBüro 2014, 339; Spickhoff FS Jaeger, 2014, 119. Sie sind dann aber ausnahmsweise nicht erstattungsfähig, wenn es um einen einfachen Sachverhalt geht, wenn die schriftliche Übersetzung für das Vorgehen der Parteien keine Bedeutung hat und wenn ihre Kosten außer Verhältnis zur Klageforderung stehen, BVerfG NJW 1990, 3072.
- Ein **Simultandolmetscher** ist nur unter besonderen Voraussetzungen notwendig, Ddf RVGReport 2016, 350 = BeckRS 2016, 9162.
- Bei einem **sprachkundigen Anwalt** ist ein Verhandlungsdolmetscher entbehrlich, wenn eine mündliche Information genügt, Köln JurBüro 2002, 591, großzügiger Hbg Rpfleger 2016, 504. Bei einer schriftlichen Übersetzung kommt es also darauf an, ob gerade die Schriftform notwendig ist. Die Kosten der Übersetzertätigkeit des Anwalts sind insoweit erstattungsfähig, als er eine Urkunde, ein Urteil usw. genau übersetzen muss. Denn insofern liegt nicht eine typische Anwaltstätigkeit vor, Ffm JurBüro 2021, 142; BPatG GRUR 1992, 689; 834, OVG Münst AnwBl 1991, 593 (Formular).

Unterrichtung:

- **des Prozessbevollmächtigten:** In aller Regel darf eine Partei wenigstens eine Unterrichtungsreise in jeder Instanz zu ihrem ProzBev. unternehmen, Bbg JurBüro 1993, 98. Das gilt auch dann, wenn die Partei ein Handelsunternehmen ist, Hamm MDR 1985, 59; Stgt AnwBl 1983, 191. Die **Informationsreise** ist insbesondere zur Besprechung eines nicht ganz einfachen Vergleichsvorschlags oder zur Wahrnehmung eines wichtigen Beweistermins erlaubt, an den sich eine Verhandlung anschließen soll und an dessen Ende ein Urteil möglich ist. Es ist grds. unerheblich, ob die Informationskosten im rechten Verhältnis zum Streitwert stehen. Es kommt vielmehr darauf an, wie wichtig die Information des ProzBev. für die Partei ist, Bbg JurBüro 1993, 98, Hamm NJW-RR 1997, 768 (Auslandsreise, Flugreise). Ein Versicherer kann auf schriftlichen Kontakt verwiesen werden, Bbg Rpfleger 1975, 99. Unter Umständen sind mehrere Informationsreisen erstattungsfähig, LG Freibg AnwBl 1994, 151. Bei einfacher Sachlage kann die Erstattungsfähigkeit fehlen, Karlsr JurBüro 1977, 66; Schlesw SchlHA 1980, 218. Einer **ausländischen Partei** kann die Reise grds. nicht verwehrt werden, Ddf NJW-RR 2007, 428.
- **des Mandanten:** Eine Reise des Anwalts zum Mandanten ist idR nicht notwendig; VGH Mannh JurBüro 1990, 1002.
- **des Versicherers:** Die Kosten der Unterrichtung des Pflichtversicherers können erstattungsfähig sein, diejenigen eines anderen Haftpflichtversicherers meist nicht, Stgt Rpfleger 1982, 233.

Verfahrenspfleger: Fahrtkosten zum Verfahrenspfleger können notwendige Kosten sein, Rostock FamRZ 2003, 1396.

Verwahrung: Ihre Kosten können erstattungsfähig sein, um dem Vorwurf einer Beweisvereitelung vorzubeugen, im Einzelfall verneinend Kblz JurBüro 2010, 536.

Zinsen: Avalzinsen für eine Sicherheitsbürgschaft können nach § 91 I 1 (nicht: § 788) erstattungsfähig sein, Mü NJW-RR 2000, 517; Kblz JurBüro 1998, 494. Zinsen zur Finanzierung von Prozesskosten einschließlich einer Sicherheitsleistung und Vorschuss-Zinsausfall sind nicht erstattungsfähig, Kblz NJW-RR 1998, 718; Mü MDR 1989, 267; Saenger/Uphoff MDR 2014, 192. Freilich kann ein materiellrechtlicher Ersatzanspruch unter dem Gesichtspunkt eines Verzugsschadens bestehen, Gödicke JurBüro 2001, 515; Saenger/Uphoff MDR 2014, 192 (197). Nicht erstattungsfähig sind Finanzierungskosten des Prozesses, Kblz NJW-RR 2006, 502.

Zustellung: Ihre Kosten sind erstattungsfähig, soweit sie für die berechtigten Parteiinteressen in einem zweckdienlichen Umfang nach → Rn. 50 notwendig waren. Die Mehrkosten der Zustellung durch einen Gerichtsvollzieher sind erstattungsfähig, soweit die Zustellung andernfalls von Anwalt zu Anwalt erfolgt wäre und soweit die zustellende Partei ein berechtigtes sachliches Interesse an einer schnellen und sicheren Zustellung hat. Das gilt etwa bei der Zustellung einer einstweiligen Verfügung nach §§ 929, 936, Hbg NJW 2004, 3723 (Flugkosten einer Botin); KG Rpfleger 1981, 121; für Vorrang der Inlandszustellung Hbg Rpfleger 2017, 657. Die Mehrkosten einer Zustellung innerhalb der EU sind erstattungsfähig, Hbg MDR 2007, 117.

65 **b) Ermittlungen.** Ermittlungsaufwand kann sich vorgerichtlich und im laufenden Rechtsstreit ergeben. Wegen vorgerichtlicher Vorbereitungskosten → Rn. 35. Im Prozess hängt die Erstattungsfähigkeit von den Umständen ab. Man muss die Notwendigkeit generell streng prüfen, BGH NJW 1990, 2060; Hamm VersR 1983, 498; LG Köln WuM 2000, 616. Gerade bei Ermittlungen sind häufig Detektivkosten zu prüfen → Rn. 66, allgemein dazu im Zusammenhang mit Vorbereitungskosten → Rn. 29.

66 **Anschrift:** Kblz NJW-RR 2003, 75 (Nachweis des Zusammenlebens mit einem anderen Mann); Kblz Rpfleger 2002, 482 (Zeuge). Bei Auskunftssperre im Meldeamt können Detektivkosten notwendig sein, LG Berlin Rpfleger 1986, 107.

Arbeitsrecht: BAG NZA 2009, 1300 (Detektiv); LAG Ddf JurBüro 2004, 34; immer noch beachtlich Lepke DB 1985, 1231.

Auflage des Gerichts: Erstattbar sind Ermittlungskosten aufgrund einer entsprechenden Auflage, KG NZM 2005, 199.

Beweisführung: Erstattung von Ermittlungskosten setzt die Ausschöpfung vorhandener Beweismittel voraus, Kblz NJW-RR 2003, 75; Ffm OLGR 1993, 290; Bbg JurBüro 1976, 1251.

Detektiv: Erstattbar können seine Kosten sein, soweit seine Einschaltung im Zeitpunkt seiner Beauftragung auch aus der Sicht eines vernünftigen Dritten als notwendig oder zumindest sachdienlich erschien, BGH NJW 2013, 2668; Ffm NJOZ 2019, 609; Köln VersR 2018, 761 (hoher Betrugsverdacht); LG Bln WuM 2000, 313 (Eigenbedarfskündigung); anders für Prüfung, ob der Vermieter die geräumte Wohnung tatsächlich bezogen hat: LG Mü NZM 2004, 96. Ein feststellbarer **Einfluss auf das Prozessergebnis** ist für den Nachweis der Zweckentsprechung vorteilhaft, Kblz NJW-RR 2003, 75; Mü JurBüro 1994, 226. Sind Zeugen vorhanden, ist die Notwendigkeit fraglich, Hamm MDR 1975, 413.

Nicht erstattbar sind Detektivkosten, soweit der Detektiv ohne einen klaren Auftrag arbeitete, LG Bln WuM 2000, 313. Zu beachten ist der Grundsatz der **Verhältnismäßigkeit.** Erstattbar sind Ermittlungskosten, soweit sie in einem vernünftigen Verhältnis zur Sache stehen, Kblz NJW-RR 2003, 75 (auch hohe Kosten, wenn keine andere Möglichkeit); Schlesw JurBüro 1978, 436 (Erforderlichkeit); Hamm FamRZ 2000, 1513 (Ungeeignetheit). Vorrang hat der kostengünstigste Weg, LG Mü Rpfleger 2000, 428.

c) Beratung (ohne Anwalt)

Arbeitgeberverband: Die Kosten der gerichtlichen Vertretung vor dem LAG sind grds. erstattungsfähig, indes ohne Berücksichtigung der Beitragszahlungen und begrenzt auf fiktive Anwaltskosten, BAG NJW 2020, 3612 Rn. 8; LAG Ddf JurBüro 2020, 368. **67**

Ingenieurbüro: Seine prozessbegleitende Betreuung ist selbst im Bauprozess nur sehr begrenzt erstattbar, Nürnb MDR 2001, 1439; auch BPatG JurBüro 2015, 536.

Mieterverein: Die Kosten sind insoweit erstattungsfähig, als eine Partei den Mieterverein außerhalb der mündlichen Verhandlung einschaltet. Dann richtet sich die Erstattungsfähigkeit im Einzelnen nach derjenigen der Kosten eines Rechtsbeistands, Vor § 91 Rn. 24; → Rn. 104; → Rn. 141 „Mahnverfahren"; LG Siegen WuM 1979, 38; AG Leverkusen WuM 1980, 204; für Begrenzung auf hyp. Kosten der Partei selbst LG Ddf JurBüro 1982, 1722. Zusätzlich darf der Mieter einen ProzBev. (Anwalt) einschalten, LG Ffm NJW 2009, 1286. Eine Pauschalsumme ist nicht erstattungsfähig, AG Tostedt WuM 1980, 61.

Prozessbegleitung: Nicht erstattungsfähig sind die Kosten einer kompletten Prozessbegleitung durch einen Privatgutachter, Naumb DS 2017, 39; Saarbr NJW 2017, 2919 (jede Einzeltätigkeit gesondert abzurechnen); Köln NJW-RR 2010, 751.

Steuerberater: Erstattungsfähigkeit wird bei besonderem Anlass bejaht, Hamm JurBüro 2002, 648, zB bei schwierigen steuerrechtlichen Fragen, Karlsr NJW-RR 2002, 499, oder soweit andernfalls eine Darlegung nicht möglich ist, Ddf JurBüro 2011, 139; KG FamRZ 2008, 1200; Karlsr Karlsruhe NJW-RR 2002, 499. Vorlage einer Rechnung nach StBGebV verlangt Hamm JurBüro 2002, 648. Die Erstattungsfähigkeit kann über die gesetzliche Vergütung eines Anwalts nach dem RVG hinausgehen. Sie entsteht nicht schon wegen einer Einkommensermittlung der Partei, Ffm JurBüro 1988, 360.

d) Aufwand für Gutachten. aa) Kosten im Zusammenhang mit Sachverständigenbeweis. Die Kosten eines vom Gericht eingeholten Gutachtens sind stets notwendig und damit erstattungsfähig. Erfasst sind auch die Kosten der Beseitigung von **Schäden,** die der Sachverständige nicht verhindern konnte, Ddf MDR 1997, 886; Kblz JurBüro 1978, 120. Kosten zB für Handwerker, die im Zusammenhang mit dem gerichtlichen Sachverständigenbeweis anfallen, zählen ebenfalls zu den außergerichtlichen Kosten, BGH NJW-RR 2021, 1002; NJW 2021, 1400 Anm Hille. **68**

bb) Privatgutachten im laufenden Rechtsstreit

Schrifttum: Hannes, Die zivilprozessuale Erstattungsfähigkeit von Privatgutachtenkosten usw., 2012; Hille DS 2017, 237 (240).

(1) Grundsätze. Die Beurteilung der Notwendigkeit setzt vorrangig eine Differenzierung zwischen vorgerichtlich und im Laufe des Rechtsstreits eingeholten Gutachten voraus. Für vorgerichtliche Privatgutachten → Rn. 30. **69**

Die Kosten eines von der Partei eingeholten Privatgutachtens sind nur nach strenger Prüfung erstattbar, BGH NZBau 2018, 738 (Anlass durch Vielzahl von Gutachten der Gegenseite), Anm. Toussaint FD-ZVR 2018, 412253; Mü BauR 2019, 863; Naumb DS 2017, 39; Köln NJW-RR 2010, 751 (jew. komplette Prozessbegleitung nicht erforderlich). Erforderlich ist der direkte **Prozessbezug,** Nürnb JurBüro 2021, 585 (Meinungsforschung); Ddf NZI 2019, 52 (Wertgutachten); Brem NJW 2016, 509 (enger zeitlicher Zusammenhang). Erörternswert ist zudem die **Subsidiarität** gegenüber der Verwertung prozessualer Beweismittel oder dem selbständigen Beweisverfahren, weil diese Möglichkeiten von Anfang an die Wahrung der verfahrensrechtlichen Grundsätze bei der Beweiserhebung gewährleisten, FfM NJW-RR 2022, 1005; Dresd JurBüro 2003, 312; auch Kblz NJW-RR 2016, 1273. **70**

Maßgeblich ist die Sicht einer verständigen und wirtschaftlich vernünftigen Partei **ex ante;** BGH NJW 2019, 2695; NJW 2013, 1823 Rn. 4; NJW 2012, 1370; BauR 2011, 1868. Aus der Verfahrenssituation heraus muss ein **besonderer Anlass** bestehen, FfM NJW-RR 2022, 1005; BauR 2017, 2224; Ddf MDR 2012, 53; Zweibr MDR 2009, 415; OLGR KG 2007, 421; LG Hbg JurBüro 2003, 311 (jew Waffengleichheit); Kblz BauR 2017, 1424 (fehlendes technisches Verständnis des Gerichts); Zweibr MDR 2009, 415; Braunschw JurBüro 2003, 311 (Bewältigung der Darlegungslast). Bei Darlegungs- und Beweislast des Gegners darf man grds. auf eine sachgerechte Aufklärung durch das Gericht vertrauen, Kblz NJW-RR 2013, 348; JurBüro 2007, 652. Die bloße Tatsache, dass die Gegenseite ein Privatgutachten vorlegt, reicht nicht, Stgt Rpfleger 2018, 352. Auch Erwägungen zum „Gewicht" sind fehl am Platz, BGH NJW 2017, 1397. **71**

Der Gutachter muss **unabhängig,** Drsd JurBüro 2003, 312, und **geeignet** sein, also die erforderliche Sachkunde besitzen, BGH NJW 2019, 2695 Rn. 12; Brdb NJW-RR 2015, 1241 (Staatswissenschaftler im Bauprozess). Die Kosten müssen tatsächlich angefallen sein; man kann der erstattungsberechtigten Partei indes nicht entgegen halten, sie könne die Einrede der Verjährung erheben, Kblz MDR 2008, 1179. **72**

73 Wenn das Privatgutachten zu **Einsparungen** führen kann, ist die Erstattung zu befürworten, Nürnb NJW-RR 2002, 1725; LG Ddf VersR 1992, 472 (nicht aber nach Auftragserteilung an den Gerichtsgutachter, Kblz VersR 1996, 1561).

74 **Ursächlichkeit** für die Entscheidung des Gerichts wird bisweilen als Kriterium herangezogen, Bambg BauR 2008, 1033, ist aber nur Indiz für die Notwendigkeit, Stgt ZEV 2007, 536, → Rn. 80.

75 Die **Höhe** der erstattungsfähigen Kosten ist von § 91 abhängig, die Sätze des JVEG sind nicht maßgeblich, BGH NJW 2007, 1532; Kblz JurBüro 1996, 90 (auch zu Nebenkosten); OVG Kblz NJW 2006, 1689 sieht eine Grenze in Kosten, die nur zur Behebung von Fehlern des Gerichtsgutachtens aufgewendet werden. Ffm NJW-RR 2022, 1005 will für die ex-ante-Betrachtung der Notwendigkeit die Sätze des JVEG hilfsweise heranziehen; dem ist im Sinne einer Begrenzung zuzustimmen.

(2) Privatgutachten in besonderen Verfahrensarten

76 **Arrest, einstweilige Verfügung:** Die Erstattungsfähigkeit ist insbesondere für ein solches Privatgutachten vorhanden, das man in einem vorläufigen Verfahren nach §§ 916 ff., 935 ff. eingeholt hat, insbes. um präsente Beweismittel zu gewinnen, BGH NJW 1990, 122; BAG NZA 2008, 71 Rn. 8; BVerwG NVwZ 2021, 78; Nürnb BauR 2012, 1288 (Waffengleichheit); gegen die Berücksichtigung der Waffengleichheit Ddf JurBüro 2020, 251. Das gilt auch für die Kosten eines solchen Sachverständigen, den die Partei zB in der Verhandlung über einen Antrag auf den Erlass eines Arrests oder einer einstweiligen Verfügung wegen der Notwendigkeit einer sofortigen Glaubhaftmachung nach §§ 920 II, 936, 294 II gestellt hat, Kblz VersR 1992, 1277; Ddf DB 1981, 785.

Freiwillige Gerichtsbarkeit: Die Besonderheiten des jew. Verfahrens sind zu beachten, wobei die nach der ZPO geltenden Grundsätze übertragbar sind, Ddf FamRZ 2016, 2142 (Nachlasssache).

Selbständiges Beweisverfahren: Eine Erstattbarkeit kann nach § 494a II bestehen, BGH NJW 2013, 1820; Kosten eines Privatgutachtens sind Kosten des nachfolgenden Rechtsstreits, Köln NJW 2014, 2130.

Insolvenzanfechtung: Keine Erstattung für ein vom Insolvenzverwalter beschafftes zur Feststellung der Zahlungsunfähigkeit im Anfechtungszeitraum, Saarbr NZI 2017, 772, oder des Unternehmenswertes für eine Vielzahl von Klagen gegen Anleger, Ddf NZI 2019, 52.

Kindschaftssache: Wegen Amtsermittlung grds. verneinend Drsd MDR 2016, 397 (offen für Fälle von Sachdienlichkeit); Köln FamRZ 2013, 319 Ls.

Urkundenprozess: Kosten eines urkundlich nicht verwertbaren Privatgutachtens sind hier nicht erstattungsfähig, Kblz NJW 2012, 942.

Zwangsvollstreckung: Es gelten nach §§ 704 ff. dieselben Regeln wie im Erkenntnisverfahren, Brdb JurBüro 2008, 271.

(3) Besondere Gegebenheiten im laufenden Verfahren

77 **Abtretung:** Maßgeblich ist die Lage des neuen Gläubigers der Klageforderung, nicht diejenige des Zedenten, Kblz BauR 2011, 1868.

Amtsermittlung: Hier sind die Kosten grds. nicht anzusetzen, VGH Mü NVwZ-RR 2010, 663; Einschränkung im Eilverfahren ist jedoch zu berücksichtigen, OVG Lüneb NVwZ-RR 2014, 495.

Anspruchsübergang: Der Übergang des Anspruchs zB auf einen Haftpflichtversicherer nach § 86 I 1 VVG führt zu der Frage, ob die Partei den Anspruch (nach Rückübertragung) aus eigenem Recht oder aber in Prozessstandschaft geltend machen kann, BGH NJW 2019, 2695 Rn. 17; Fortführung NJW 2017, 672; NJW 2011, 3521.

Ausländisches Recht: Anwendbarkeit kann zur Einschaltung eines Gutachters berechtigen, Karlsr JurBüro 2006, 35.

Berufungsaussicht: Kosten eines Rechtsgutachtens sind grds. nicht erstattungsfähig, Mü MDR 1992, 193.

Beweisbeschluss: Ein zu erwartender, fast gleichartiger Beweisbeschluss spricht gegen die Erstattbarkeit der Kosten, LG Wiesb JurBüro 2017, 93. Er zwingt evtl. zum Abbruch des Privatgutachtens, Brem MDR 2010, 719.

Vergleich: Ein Vergleich mag auch auf einem Privatgutachten beruhen. Dann können dessen Kosten erstattungsfähig sein, Nürnb FamRZ 2002, 1718.

78 **(4) Schwierige Ausgangslage.** Sachkunde der Partei kann der Erforderlichkeit entgegenstehen, Ddf BeckRS 2018, 12486.

79 **medizinische Frage:** Das Gutachten eines Juristen ist idR nicht notwendig, Stgt NJW-RR 1993, 1339. Des Weiteren ist zu berücksichtigen, dass es für den Antrag auf Erhebung von Sachverständigenbeweis der Darlegung medizinischer Sachkunde idR nicht bedarf, → § 403 Rn. 4.

Rechtsfrage: Mankowski, Privatgutachten über ausländisches Recht, MDR 2001, 194. Eine Erstattbarkeit besteht nur, wenn es um ein besonders schwieriges Rechtsproblem geht, BVerfG NJW 1993, 2793; Mü Rpfleger 2000, 425 (spanisches Urheberrecht); mittelbar auch Karlsr JurBüro 2006, 35 (ausländisches Recht). Ausreichend sind auch fehlende Kenntnisse auf einem Spezialgebiet, BVerwG Rpfleger 2008, 666 (auch: Gesichtspunkt der prozessualen Mitwirkungspflicht); Kblz Rpfleger 1986, 108 (ungeklärte Gebührenfragen). Grds. muss der Prozessbevollmächtigte sich in die Rechtsfragen selbst einarbeiten, Ffm NJW-RR 1987, 380.

Straftatverdacht: Eine Erstattbarkeit besteht dann, wenn es zB um den Verdacht des Betruges geht, Brdb JurBüro 2008, 433 (Auftrag vor Beginn des Rechtsstreits, aber Fertigstellung danach). Zu den insoweit häufigeren vorgerichtlichen Gutachten → Rn. 31.

technische Frage: Bei schwierigen technischen Fragen sind die Kosten des Privatgutachtens fast immer erstattungsfähig, Ddf JurBüro 2009, 318 (Patentverletzung). Das gilt zB dann, wenn der Gutachter einen anderen privaten oder gerichtlich bestellten Gutachter widerlegen soll, Kblz MDR 2003, 1142 (Bodenphysik); Saarbr OLGR 2001, 437; Stgt BauR 2002, 665 (Baumängel).

wirtschaftliche Frage: Eine Erstattbarkeit besteht dann, wenn es um eine schwierige wirtschaftliche Frage geht, Ddf ZPI 2011, 1935; Zweibr NJW-RR 1997, 613 (jew. Unternehmensbewertung).

(5) Verwertung im Rechtsstreit

80 **Brauchbarkeit:** Die Kosten der Brauchbarkeitsprüfung eines Gutachtens sind grds. als Allgemeinkosten nicht erstattbar, Kblz Rpfleger 2003, 384.

Einfluss auf die Entscheidung: Die Erstattungsfähigkeit hängt nicht davon ab, ob und ggf. in welchem Umfang das Privatgutachten auf die Entscheidung des Gerichts Einfluss gehabt hat, BGH NJW 2012, 1370, BPatG GRUR 1981, 815; Mü NJW-RR 2013, 1106; alleine das Ziel einer höheren „Gewichtung“ des Vortrags durch ein Privatgutachten ist nicht ausreichend, BGH NJW 2017, 1397; BPatG GRUR-RR 2018, 272. Zum Teil wird die tatsächliche Verwertung in die Erwägungen mit einbezogen, Ddf NJW-RR 1997, 1431. Als nicht erstattungsfähig beurteilt OVG Lüneb JurBüro 2016, 653, die Kosten eines ex ante überflüssigen, später aber verwerteten Privatgutachtens. Bei Ungewissheit in diesem Punkt ist die Rechtsbeschwerde zuzulassen, BVerfG NJW 2011, 1276.

Einführung in den Prozess: Die Einführung des Privatgutachtens in den Prozess ist nicht generell erforderlich, BGH NJW 2013, 1823; Mü NJW-RR 2013, 1106; Saarbr JurBüro 1990, 623. Für die Feststellung der Notwendigkeit ist sie jedoch von Vorteil, weil hierdurch der Bezug zum Rechtsstreit hergestellt wird, Mü JurBüro 1995, 372; bei Verwertung alleine im Hintergrund bleibt dieser Umstand häufig zu wenig nachvollziehbar. Auf den Zeitpunkt der Einführung kommt es nicht an, Hamm NJW-RR 2013, 895; bei Zurückweisung als verspätet, zB § 296 I, kann es an der Notwendigkeit fehlen.

Ergänzung des Sachvortrags: Notwendigkeit besteht, wenn es, insbes. auf Hinweis des Gerichts, um die sachkundige Ergänzung eines Vortrags geht, Kblz BauR 2002, 1131; LG Saarbr NJW-RR 2015, 721.

Mehrheit von Verwendungen: Bei der Verwendung des Gutachtens in mehreren Prozessen muss man seine Kosten aufteilen. Dafür muss man die Streitwerte der einzelnen Verfahren beachten und die Bedeutung des Gutachtens für die einzelnen Prozesse, Bbg JurBüro 1971, 624. Die gegenteilige Ansicht, die für jeden Rechtsstreit eine volle Erstattung ermöglicht, Stgt JurBüro 2019, 307, gerät in Konflikt mit dem Gebot der Erforderlichkeit; man muss allerdings zugestehen, dass die bloße Möglichkeit von Kostenerstattungsansprüchen gegen Dritte den Anspruch auf vollen Ersatz im konkret vorliegenden Rechtsstreit für sich nicht ausschließen darf. Die Quotierung kommt daher nur in Betracht, wenn die Verteilung, wie etwa in einer Prozessserie, durch gleichlaufende Entscheidungen gesichert wird. Das auf die Quoten entfallende Insolvenzrisiko ist alsdann hinnehmbar.

e) Kosten von Geldleistungen. Die Kosten der Erhebung und der Ablieferung von Geld sind grds. erstattungsfähig, aM Zöller/Herget Rn. 13.39 „Geld". Das Gericht muss allerdings die Notwendigkeit solcher Kosten nach → Rn. 50 streng prüfen und auf einen besonderen Anlass abstellen; dabei kommt der **Hebegebühr** Ziff. 1009 Anl 1 zu § 2 II RVG praktische Bedeutung zu, Schlesw JurBüro 1999, 137 (Zahlung aufgrund Vergleich); Nürnb JurBüro 1992, 107, LG Detm Rpfleger 2003, 36, LG Münst Rpfleger 1980, 402; eingehend Toussaint/Uhl RVG VV 1009 Rn. 1 ff. Die Voraussetzungen ihrer Entstehung werden daher hier nicht eingehender behandelt. Der Schwerpunkt liegt auf der Notwendigkeit iSd § 91 I 1. Zu den Kosten des Rechtsstreits zählt sie bei besonderer Rechtfertigung, BGH NJW 2007, 1535 (Vergleichsregelung); überholt Mü MDR 1998, 438. 81

Ausland: Erstattbarkeit liegt vor bei einem Wohnsitz zB des Hinterlegers im Ausland, AG Bruchsal VersR 1986, 689. 82

Hinterlegung: Entgangener Kapitalertrag wegen Hinterlegung zur Abwendung der Zwangsvollstreckung ist nicht erstattungsfähig, Mü NJW-RR 2000, 1096.

Hinweispflicht: Erstattbarkeit fehlt, wenn der Anwalt den Gegner des Auftraggebers zu einer Zahlung an sich selbst aufgefordert hat, ohne den Gegner auf die Entstehung einer Hebegebühr hinzuweisen, Mü JurBüro 1992, 178.

Kreditkosten: Erstattbarkeit fehlt, wenn es sich um Kreditkosten für die Beschaffung von Geldmitteln zur Bezahlung von Prozesskosten handelt; man muss sie gesondert einklagen, Kblz FamRZ 1988, 161. Kosten einer Rückbürgschaft können notwendig sein, KG FamRZ 1988, 161.

Ratenzahlung: Erstattbarkeit liegt dann vor, wenn der Gläubiger ein schutzwürdiges Interesse an der Einschaltung eines Anwalts etwa zwecks Überwachung unregelmäßiger Raten hat, Ddf JurBüro 1995, 49.

Scheck: Erstattbarkeit liegt nicht vorbei bloßer Scheckübergabe, Mü JurBüro 1992, 178, oder Zurückweisung eines ungedeckten Schecks des Vollstreckungsschuldners und Entgegennahme eines Schecks des Schuldnervertreters, Nürnb JurBüro 1992, 107.

Vergleich: Erstattbarkeit liegt dann vor, wenn sich der Schuldner verpflichtet, einen Vergleichsbetrag nach § 779 BGB oder nach Anh. § 307 an den ProzBev. des Gegners zu zahlen, BGH NJW 2007, 1536.

Zahlungsweiterleitung: Erstattbarkeit fehlt dann, wenn der Gerichtsvollzieher eine Zahlung des Schuldners an den ProzBev. des Gläubigers weiterleitet, LG Detm Rpfleger 2003, 36.

Zwangsvollstreckung: Die Hebegebühr zählt bei normalem Umfang nicht zu den notwendigen Kosten, AG Cloppenb DGVZ 2008, 15.

f) Steuer. aa) Allgemeines. Steuervorteile aus dem Aufwand von Kosten sind unbeachtlich, Hamm JurBüro 1994, 475. 83

bb) Umsatzsteuer. Die **Umsatzsteuer** ist nur insoweit erstattungsfähig, als sie tatsächlich anfällt und die Partei gerade die in diesem Verfahren und daher gerade wegen dieses Streitgegenstands tatsächlich entstandene Umsatzsteuer zweifelsfrei **nicht** als **Vorsteuer** abziehen kann, BGH NJW-RR 2012, 1016; Nürnb MDR 2007, 1457 (OHG); Ddf NJW-RR 1992, 420, näher → Rn. 85 „Glaubhaftmachung". 84

Abtretung: Bei ihr ist der neue Gläubiger maßgeblich, Schlesw JurBüro 1997, 202. 85

Ausländer: Es kommt auf die Kosten der Partei an, nicht auf die Steuerpflicht des Anwalts, → Rn. 60. Die Erstattungspflicht besteht nicht, wenn der Erstattungspflichtige als Ausländer nicht umsatzsteuerpflichtig ist, Schlesw JurBüro 1995, 198 (auch bei übergeordnetem deutschem Auftraggeber); Kblz JurBüro 1991, 245; überholt Ffm Rpfleger 1984, 116. Eine Ausnahme kann gelten, wenn die obsiegende Partei im EU-Ausland wohnt und nicht als Unternehmer auftritt, Zweibr Rpfleger 1999, 41; Ddf NJW-RR 1993, 704. Zum Auslandsbezug eingehend Schneider MDR 2006, 374. Der unterliegende Ausländer muss diejenige Umsatzsteuer erstatten, die der siegende Inländer seinem ProzBev. schuldet, Kblz NJW 1992, 640. Keine Umsatzsteuer entsteht bei einer Leistung an einen Deutschen mit Wohnsitz außerhalb der EU, Karlsr AnwBl 1993, 42.

Glaubhaftmachung: Es kommt grds. auf die Erklärung nach **§ 104 II 1 und 3** an, BGH NJW 2003, 1534; KG MDR 1995, 320; OVG Lüneb NVwZ-RR 2012, 87; auch eine geänderte Erklärung kann ausreichen, Ddf JurBüro 2000, 478; Plausibilität ist indes erforderlich, Nürnbg NJW-RR 2002, 1728. Die Vorsteuerabzugsberechtigung muss im Ergebnis offensichtlich oder unstreitig sein, OLGR Hamm 1997, 116. Im Rechtsstreit Anwalt gegen Anwalt ist eindeutig kein Ansatz vorzunehmen, BGH GRUR 2005, 272; BFHE 120, 333; dsgl.

bei Tätigkeit in eigener Sache, KG NJW-RR 2009, 1422. Schwierige Rechtsfragen der Vorsteuerabzugsberechtigung können im Kostenfestsetzungsverfahren nicht geklärt werden, Hbg MDR 2000, 1396.

Steuersatz: Maßgebend für den Steuersatz (auch für den Vorsteuerabzug) ist der Steuersatz bei Fälligkeit der Vergütung, Kblz JurBüro 1999, 304, OVG Münst NJW 2009, 933; Enders JurBüro 2007, 130. Endzeitpunkt ist der Abschluss des Verfahrens; Entscheidung zB nach § 319 ist ohne Bedeutung, Kblz JurBüro 2007, 316.

Streitgenossen: Bei unterliegenden Streitgenossen nach § 59, von denen nur einer zum Abzug von Vorsteuer berechtigt ist, kann der Sieger wegen der gesamtschuldnerischen Haftung auch den nicht zum Abzug Berechtigten in Anspruch nehmen und insoweit die Umsatzsteuer erstattet fordern, wenn er sie im **Innenverhältnis** zu tragen hat, BGH NJW 2006, 774; KG JurBüro 1998, 197 (jew. Kfz-Haftpflichtversicherer); Nürnb MDR 2007, 1457 (OHG); Stgt Rpfleger 1996, 82.

Auf den Auftraggeber der Leistung stellt ab Schlesw JurBüro 1997, 644. Grds. ist zu quotieren, Ddf JurBüro 1993, 355; Hamm Rpfleger 1992, 220; LG Bln JurBüro 1997, 428; für vollen Anspruch auf Erstattung der USt auf die Erhöhungsgebühr in diesen Fällen LG Aachen Rpfleger 1994, 127. Ein voll obsiegender Gesamtschuldner kann nur den im Innenverhältnis auf ihn entfallenden Teil der Kosten festsetzen lassen, Brdb NJW-RR 2019, 574.

Umsatzsteuerfreiheit: Umsatzsteuer entsteht nicht bei einer kraft Gesetzes umsatzsteuerfreien Leistung, etwa bei einem nach § 4 Nr. 11b UStG unmittelbar dem Postwesen dienenden Umsatz der Deutschen Post AG.

Zinsen): Umsatzsteuer entsteht nicht bei Zinsen, EuGH NJW 1983, 505; Schneider DGVZ 1983, 113.

86 **g) Gestellung von Zeugen und Sachverständigen.** Wegen Ermittlungskosten → Rn. 65. Soweit das Gericht nach §§ 373 ff., 402 ff. Zeugen geladen oder zB aufgrund einer **Gestellung** oder Sistierung vernommen hat und daher nach dem JVEG entschädigen muss, sind diese Kosten ein Teil der notwendigen Gerichtskosten und in diesem Rahmen nach KV 9005 stets erstattungsfähig, Hbg MDR 2000, 666. Das kann auch bei vielen Zeugen gelten, Hbg MDR 1995, 210 (einstw. Verf.). Entscheidend ist die Notwendigkeit ex ante, nicht die Vernehmung, Kblz NJW-RR 1997, 1293; für sachverständigen Zeugen Nürnb NJW-RR 2011, 1292; → Rn. 50; für den **Privatgutachter** Ddf ZIP 1981, 540 und → Rn. 69.

87 Im Falle eines **Auslagenverzichts** sind Aufwendungen einer Partei für diesen Zeugen nicht erstattungsfähig, Kblz NJW-RR 1998, 717 (in besonderen Fällen Ausnahmen denkbar); Hbg MDR 1987, 147. Die gegenteilige Ansicht von Karlsr JurBüro 1991, 1514 ist wegen der in § 401 getroffenen Grundsatzentscheidung abzulehnen. Die Kosten einer **Belohnung** oder Auslobung für die Benennung eines Zeugen sind erstattungsfähig, falls die Partei diese Maßnahme zB wegen des Verhaltens des Gegners für notwendig halten darf, Kblz NJW 1975, 173; die Belohnung an einen Zeugen ist wegen der unklaren Auswirkungen auf dessen Aussageverhalten nicht ansatzfähig, Hbg JurBüro 1991, 1518; MDR 1998, 496.

88 Nicht erstattungsfähig sind die Kosten einer privaten Zeugenanhörung, etwa zur Klärung der Prozessaussichten, auch → Rn. 34 „Erfolgsaussicht". Ein solches Vorgehen ist nicht zweckmäßig, weil eine Zeugenvernehmung grundsätzlich allein dem Gericht zusteht.

89 **III. Kosten in besonderen Verfahren. 1. Beweisaufnahme.** Im vorliegenden Zusammenhang geht es um die Kosten anwaltlicher Vertretung im Beweistermin und um besondere Kosten, die im Zusammenhang mit der Beweisaufnahme entstehen, dazu auch → Rn. 62. Zu Reisekosten der Partei → Rn. 117.

90 **Anwalt:** Die Partei darf Beweistermine grds. durch einen Anwalt wahrnehmen lassen, ohne dass die Notwendigkeit gesondert dargelegt werden müsste, BGH NJW-RR 2005, 725; KG MDR 2007, 1044; für Ausnahmen aA Köln NJW-RR 2013, 1022. Prüfung der Notwendigkeit bei weiterem Anwalt BAG NZA 2014, 55.

Allgemeinkosten: Nicht erstattbar ist ein allgemeiner Aufwand wegen einer Beweisaufnahme, → Rn. 68.

Ausländischer Beweisanwalt: Zur Erstattbarkeit LG Köln VersR 1988, 862 (begrenzt auf Reisekosten eines im Grenzgebiet ansässigen deutschen Anwalts).

Mehrere Termine: Erstattbar sein können Kosten über das Normalmaß hinaus dann, wenn gleichzeitig mehrere Termine stattfinden und wenn das Gericht einem in allen Fällen gestellten Vertagungsantrag nicht stattgegeben hat, Ffm AnwBl 1984, 618, Hamm MDR 1984, 587; einschränkend Kblz Rpfleger 1980, 69 (kein Vorteil für vielbeschäftigten Anwalt).

Persönliche Wahrnehmung: Ob der ProzBev. den Beweistermin persönlich wahrnehmen muss, hängt unter anderem von seiner Person und von der Art und dem Umfang seiner Tätigkeit ab, von der Entfernung des Beweisorts von dem Sitz seiner Kanzlei und der voraussichtlichen Länge des Beweistermins, Brem JurBüro 1976, 92 (Ausland); Ffm JurBüro 1982, 238; strenger Mü AnwBl 1984, 211 (Beweisanwalt nur bei Unzumutbarkeit der Wahrnehmung durch den Prozessbevollmächtigten). Soweit der ProzBev. den Termin selbst wahrnimmt, sind seine Kosten idR auch dann erstattungsfähig, wenn sie die fiktiven Kosten eines Vertreters vor Ort übersteigen.

Sachverständiger: Auch Kosten des alleine vom Sachverständigen anberaumten Termins einschließlich Anwaltskosten sind idR notwendig, KG MDR 2007, 1044; anders wenn die Anwesenheit keinen Sinn hat, etwa weil der Anwalt von der med. Untersuchung einer Partei ausgeschlossen ist, Köln NJW-RR 2013, 1022. Eine an der Festsetzung der Vergütung durch das Gericht nicht beteiligte Partei kann Einwände noch im Kostenfestsetzungsverfahren erheben, Naumbg MDR 2019, 832. Die Beseitigung von Schäden, die der Sachverständige in Ausführung seines Auftrags verursacht, sind ansatzfähig, Kblz JurBüro 1978, 120.

Schwierigkeit: Erstattbar sind Kosten eines Beweisanwalts bei einem schwierigen Streitstoff, Brem JurBüro 1976, 92, Ffm JurBüro 1982, 238.

Unzumutbarkeit: Erstattbar sein können Kosten über das Normalmaß hinaus dann, wenn man es dem ProzBev. nicht zumuten konnte, den Beweistermin persönlich wahrzunehmen, Hamm MDR 1984, 587, Kblz VersR 1986, 1031.

Vertreterkosten: Die Kosten eines Vertreters des ProzBev. sind grds. im Rahmen des § 5 RVG bis zu derjenigen Höhe erstattungsfähig, die dann entstanden wäre, wenn der ProzBev. den Beweistermin persönlich wahrgenommen hätte, Ddf AnwBl 1992, 44; Hbg MDR 1986, 592 (nur bei unabwendbarer Verhinderung).

Vorbereitung: Erstattbar sind grds. auch Vorbereitungskosten nach → Rn. 21, zB Abschleppkosten eines zur Beweisaufnahme probegefahrenen und dabei liegengebliebenen Fahrzeugs, Ffm Rpfleger 1983, 123.

91 **2. Selbständiges Beweisverfahren. a) Übersicht. aa) Kostenentscheidung im selbständigen Beweisverfahren.** Die allg. Grundlage einer Kostenentscheidung ist im selbst. Beweisverfahren nicht vorgesehen. In

dem Verfahren selbst kann nur nach § 494a II 1 eine Kostenentscheidung ergehen, etwa auch zugunsten eines von mehreren Antragsgegnern, der nicht mit der Klage in Anspruch genommen wird, Zweibr NJW 2016, 3602. Anerkannt sind des Weiteren die Möglichkeit einer Kostenbelastung des Antragstellers bei **Unzulässigkeit,** Saarbr NJW-RR 2017, 573; Stgt NJW-RR 2010, 1679, bei **Rücknahme** des Antrags, BGH NJW 2015, 2519; Stgt NJW-RR 2010, 1679 (Auswechseln der Beweisfrage nicht ausreichend), oder **Nichteinzahlung** des Kostenvorschusses, BGH NJW 2017, 1399, jew. solange ein Hauptsacheverfahren nicht anhängig ist. **Kostenanerkenntnis** ist ebenfalls möglich, Drsd BauR 2005, 1671; 2007, 753. Für eine **Erledigungserklärung,** übereinstimmend oder streitig, ist kein Raum, sie kann jedoch in eine Rücknahme umgedeutet werden, BGH NJW-RR 2011, 932; NJW-RR 2011, 931; BauR 2005, 133; Kblz NJW 2015, 1896. Eine Entscheidung nach § 269 III 3 kommt ebenfalls nicht in Betracht, BGH BauR 2021, 286. Näher § 494a.

Eine Kostenentscheidung im selbst. Beweisverfahren führt im Hauptsacheverfahren nicht zu einem eigenständigen Erstattungsanspruch; sie ist indes bei der Kostenentscheidung zu beachten, Karlsr JurBüro 2000, 590. Kosten eines unzulässigen oder zurückgenommenen Antrags sind idR nicht notwendig. 92

bb) Materiell-rechtlicher Kostenerstattungsanspruch. Sind die Voraussetzungen einer Anspruchsgrundlage erfüllt, was vom jeweiligen Einzelfall abhängt, kann eine Partei vom Gegner auf dieser Grundlage Kostenerstattung verlangen. Das hat insbesondere Bedeutung, wenn ein Rechtsstreit nicht stattfindet, BGH NJW 2018, 402. Kosten der Teilnahme an einem Beweistermin können, auch wenn dieser aufgrund einer Eilanordnung stattfand, nicht nach § 788, sondern nach materiellem Recht oder im anschließenden Hauptsacheverfahren geltend gemacht werden, BGH RVGRep 2020, 464, Anm. Hansens. Näher → Vor § 91 Rn. 63, 94. 93

cc) Beweissicherung im laufenden Rechtsstreit. Kommt es während des Streitverfahrens nach § 485 I zu einem Beweisverfahren, sind die dort anfallenden Kosten solche des Rechtsstreits iSd § 91 I 1. Insoweit gelten umfassend die allgemeinen Regeln. 94

dd) Kosten bei Einbeziehung in ein Streitverfahren. Gegenstand der folgenden Kommentierung ist alleine der aus einem Rechtsstreit erwachsende, sich auf Kosten eines dort einbezogenen selbständigen Beweisverfahrens beziehende **prozessuale Kostenerstattungsanspruch.** Es geht mithin ausschließlich um die Frage, unter welchen näheren Voraussetzungen und inwieweit die Kosten eines solchen Verfahrens, im Rechtsstreit unter § 91 fallen, BGH NJW 2018, 402 Rn. 13, und ob sie auf die Kostengrundenscheidung hin als notwendig angesetzt werden können. 95

b) Prozessualer Kostenerstattungsanspruch bei Einbeziehung in den Rechtsstreit. aa) Identität von Parteien und Streitgegenstand als Grundlage. Entscheidend für die Berücksichtigung von Kosten eines selbständigen Beweisverfahrens bei den Kosten eines Rechtsstreits ist, dass **Parteien** und **Streitgegenstand** des Beweisverfahrens und des Hauptprozesses **identisch** sind, BGH NJW 2006, 2557; NJW-RR 2006, 810; NJW-RR 2004, 1651; Kblz NJW-RR 2020, 702; Rpfleger 2007, 685 (Wohnungseigentümer und Gemeinschaft sind identisch). Dabei ist nicht vom Streitgegenstand im prozessualen Sinn auszugehen, sondern vom Prozessbezug, Ddf Rpfleger 2007, 228; Hbg NJW-RR 2014, 1535; Stgt MDR 2005, 358 (Verfahrensidentität auch bei Vorfrage); Kblz NJW-RR 2003, 1152. Denn das Beweisverfahren bezieht sich auf die Feststellung von Tatsachen; einen Streitgegenstand hat es nicht. Die **Einbeziehung** zur Rechtsverteidigung ist daher der entscheidende Gesichtspunkt, § 493, Köln NJW-RR 2000, 361. Das gilt auch für die Widerklage, BGH NJW-RR 2003, 1240, und die Aufrechnung, → Rn. 100. 96

Teilidentität reicht grds. aus, wobei **entspr. § 96** für die Kosten des Beweisverfahrens eine eigenständige Verteilung vorgenommen werden kann, BGH NJW-RR 2006, 810; NJW 2005, 294 (jew. für Streitgegenstand); BGH NJW-RR 2004, 1651 (für die Parteien); KG NJW-RR 2009, 1439 (für Parteien); Hamm NJW-RR 2008, 950 (Quotenbildung); Köln MDR 2007, 1347. Fehlen klare Anhaltspunkte in Streitwert und Verfahrensbeteiligung, ist entspr. § 92 I, II eine gewogene Kostenverteilung angezeigt. 97

Die Gerichtskosten des Beweisverfahrens, namentlich auch die Kosten eines Sachverständigengutachtens, sind **Gerichtskosten** des Rechtsstreits; BGH NJW 2005, 294; NJW-RR 2004, 1651. Ist die unterlegene Partei hiervon befreit, kann der obsiegenden ein Erstattungsanspruch gegen die Landeskasse zustehen, BGH NJW 2003, 1322. **Außergerichtliche Kosten** behalten ebenfalls ihre Rechtsnatur, Celle BeckRS 2010, 16898, wobei hinsichtlich der Anrechnung der Verfahrensgebühr bei identischer anwaltlicher Vertretung VV Vorbem. Teil 3 (Abs. V) RVG zu beachten ist Toussaint/Toussaint S. 1044; bei verschiedenen Anwälten entfällt die Anrechnung, BGH NJW 2014, 3518; JurBüro 2010, 190; Anwaltswechsel sind dennoch unter dem Aspekt der Notwendigkeit zu prüfen, Mü NJW-RR 2000, 657. 98

Maßgeblich ist die **„Benutzung im Prozess“** nach § 493. Auf die **Verwertung** vorgetragener Ergebnisse eines selbständigen Beweisverfahrens zur Tatsachenfeststellung in den Entscheidungsgründen des Urteils kommt es, wie bei jeder anderen Beweisaufnahme im Rechtsstreit, nicht an, BGH NZBau 2005, 44; Ddf NJW-RR 2018, 766; Rpfleger 2007, 228; KG NJW-RR 1997, 960. Anders kann die Lage sein, wenn es aus **Rechtsgründen** auf das Beweisthema nicht (mehr) ankommt, Mü MDR 2000, 726 (nicht mehr identischer Gegenstand nach Klageänderung); Hbg MDR 1989, 362 (Unschlüssigkeit); AG Bielef NJW-RR 2000, 1240 (Verjährung, § 96). 99

bb) Einzelfälle

Abtretung: Erstattungsfähig sind auch die Kosten eines selbständigen Beweisverfahrens des Erstgläubigers im Prozess des Abtretungsnehmers mit dem Schuldner unter dem Gesichtspunkt von Vorbereitungskosten, Schlesw JurBüro 1991, 1357; KG JurBüro 1981, 1392; → Rn. 21, 36. Der Grundsatz der Parteiidentität, → Rn. 96, wird durch die Abtretung gewahrt, da der neue Gläubiger nach dem Rechtsgedanken der §§ 404 ff. BGB nicht anders stehen soll als der Zedent. Die Kosten eines vom Bekl. gegen den alten Gläubiger während des laufenden Rechtsstreits eingeleiteten Beweisverfahrens sind daher nicht erstattungsfähig, Köln JurBüro 1993, 684. Auch „Dritter“. 100

Anwaltswechsel: § 91 II 2 ZPO gilt auch bei einem Anwaltswechsel zwischen selbstständigem Beweisverfahren und nachfolgendem Hauptsacheverfahren, BGH NJW 2018, 625.

Aufrechnung: Die Kosten eines selbständigen Beweisverfahrens für eine im Hauptprozess zur Aufrechnung gestellte Forderung sind insoweit erstattungsfähig, als das Gericht über die Aufrechnung mit Rechtskraftwirkung nach § 322 entschieden hat, BGH NJW-RR 2005, 1688; Hbg NJW-RR 2014, 1535 (Hilfsaufrechnung); Mü NJW-RR 2000, 1237; Rpfleger 1982, 196. In diesem Umfang steht die Aufrechnung der Klageerhebung mit einer dem Beweisverfahren identischen Forderung gleich, → Rn. 96. Wenn keine sachliche Entscheidung ergeht, liegt eine Einbeziehung nicht vor, Hbg JurBüro 1990, 1470.

Aufhebung der Kosten: Sie führt hinsichtlich der Gerichtskosten des Beweisverfahrens zur hälftigen Teilung nach § 92 I 2. Vergleichsregelungen sind auszulegen, BGH NJW 2003, 1323. Wenn die Parteien in einem **Prozessvergleich** bei grds. Kostenaufhebung die Kosten des selbständigen Beweisverfahrens getrennt einer Partei auferlegen, kann die anwaltliche Prozessgebühr des Gegners dem Beweisverfahren nicht zugeordnet werden, sie wird also nicht erstattet, Kblz MDR 2003, 356; Stgt Rpfleger 1982, 195.

Dritter: Ist nach dem Ergebnis der Beweissicherung ein Dritter der Schadensverursacher, sind im Hauptprozess gegen ihn die Beweissicherungskosten nicht erstattungsfähig, dies auch nicht als Vorbereitungskosten, weil der Prozessbezug fehlt, Mü JurBüro 1992, 105; → Rn. 21. Bei **Prozessstandschaft** kann Erstattungsanspruch bestehen, BGH NJW 2013, 3586. Auch „Abtretung".

Eilverfahren: Es gilt das gleiche wie bei der Klage, Kblz JurBüro 1995, 481; insoweit aA Mü NJW-RR 1999, 655.

Identität der Parteien: → Rn. 96; → „Streithelfer".

Identität des Streitgegenstands: → Rn. 96.

Insolvenzverwalter: Er steht der Partei des Beweisverfahrens gleich, Mü NJOZ 2017, 230.

Klageänderung: Keine Identität bei neuem Gegenstand aufgrund Klageänderung, Mü MDR 2000, 726; → Rn. 96.

Mehrheit von Hauptprozessen: Soweit es um mehrere gleichzeitige oder nachfolgende Hauptprozesse geht, muss man die Kosten des selbständigen Beweisverfahrens im Verhältnis der Streitwertanteile auf diese Prozesse verteilen, Ddf NJW-RR 2018, 766; Stgt BauR 2000, 136; Mü MDR 1989, 548; Hbg JurBüro 1983, 1257. Vertretbar erscheint im Einzelfall auch die Anwendung des § 96, AG Bielef NJW-RR 2000, 1240; → Rn. 96.

Notwendigkeit: Stets muss man wie sonst bei § 91 prüfen, ob die Kosten nach → Rn. 35 „notwendig" waren. Das hängt davon ab, ob sie im Zeitpunkt ihrer Entstehung im selbständigen Beweisverfahren rückwirkend betrachtet erforderlich waren, Kblz JurBüro 1990, 733 (keine wegen Ablehnung des Sv.); Mü JurBüro 2013, 22 (Hinzuziehung eines Anwalts).

Rücknahme: Das einmal einbezogene Beweisverfahren wird auch bei Klagerücknahme von der Kostenentscheidung erfasst, BGH NJW 2007, 1282, was indes den Abschluss des Beweisverfahrens voraussetzt, BGH ZfBR 2005, 790. Gegen Erstattung Kosten bei Klagerücknahme Schlesw JurBüro 1995, 36; KG JurBüro 1984, 924.

Streithelfer: Wenn ausschließlich der Streithelfer des Antragsgegners aus dem selbstständigen Beweisverfahren im Klagewege in Anspruch genommen wird, fehlt es an der Parteiidentität; auch verstieße eine Einbeziehung der Kosten in die Kostengrundentscheidung gegen § 101 I, BGH NJW 2013, 3452; Saarbr NJW-RR 2018, 142; Kblz MDR 2004, 840 (Gewährleistungsbürgschaft); Mü MDR 2000, 603; überholt KG NJW-RR 2003, 133. Nichts anderes folgt aus Hbg NJW-RR 2014, 1535, weil dort eine Partei aufgrund von Erkenntnissen aus dem Beweisverfahren eine Aufrechnung erklärt hatte. Als Vorbereitungskosten können die Kosten idR ebenfalls nicht geltend gemacht werden, da der Prozessbezug fehlt, Kblz MDR 2004, 840; → Rn. 21.

Streitwertdifferenz: Niedrigerer Streitwert im Hauptsacheverfahren steht der vollen Kostenerstattung nicht entgegen, wenn er Folge einer Aufrechnung mit dem gegenständlichen Anspruch ist, Mü NJW-RR 2000, 1237; iÜ → Rn. 96. Wenn der Wert der Hauptsache denjenigen des selbständigen Beweisverfahrens unterschreitet, kann lediglich Teilidentität vorliegen, → Rn. 96. Dann kann gem. § 96 eine Verteilung der Kosten nach Quoten geboten sein, Celle Rpfleger 1997, 452 (überhöhte Wertangaben im Beweisverfahren); Mü Rpfleger 1989, 302. Die **Wertänderung** ist im Beweisverfahren nach den → Vor § 91 Rn. 58 aufgezeigten Erwägungen jedenfalls dann nicht mehr zulässig, wenn hierdurch die nicht mehr abänderbare Kostenverteilung falsch würde, evtl. nicht voll beachtet in LG Stgt JurBüro 1997, 532.

Teilidentität: → Rn. 96.

Vergleich: Kostenaufhebung führt zur Teilung der Gerichtskosten, Saarbr NJW-RR 2013, 316.

Versäumnisurteil: Die Einbeziehung, → Rn. 96, muss anhand der Schriftsätze geklärt werden, KG JurBüro 1982, 1521.

Vollstreckungsbescheid: Die Kostengrundentscheidung kann sich bei Identität, → Rn. 96, auf die Kosten eines selbständigen Beweisverfahrens erstrecken, LG Saarbr JurBüro 1999, 532.

Widerklage: → Rn. 96.

Wohnungseigentum: Wohnungseigentümer und Gemeinschaft sind identisch, Kblz Rpfleger 2007, 685; → Rn. 96; § 101.

Zwangsverwalter: Ist mit der Partei identisch, Hbg JurBüro 1983, 1257. Zur Prozessführungsbefugnis im Kostenfestsetzungsverfahren BGH NJW 2019, 3651.

101 **3. Mahnverfahren.** Schneider, Gerichtskosten im zivilrechtlichen Mahnverfahren, NJW 2020, 378

102 **a) Ausgangslage.** Der Gläubiger hat ein **Wahlrecht,** ob er den Anspruch zunächst im Mahnverfahren nach §§ 688 ff. geltend machen will und es hinnimmt, dass nach §§ 696 ff. ein anderes Gericht das streitige Verfahren entscheiden muss, oder ob er sogleich im Klageweg vorgeht und damit ein Gericht anruft, das für den gesamten Rechtsstreit zuständig bleibt.

103 Bedeutung für die Kostenerstattung hat die Wahl eines Mahnverfahrens, soweit hierdurch im weitesten Sinne zusätzliche Kosten entstehen, unter dem Gesichtspunkt der aus Treu und Glauben folgenden Pflicht, die **Kosten möglichst niedrig** zu halten, → Rn. 53. Die sich in diesem Zusammenhang ergebenden Probleme haben meist eine Nähe zu den Themen „Anlass zur Mandatierung" → Rn. 139, „Anwaltswechsel" → Rn. 104, → Rn. 226, BGH NJW 2018, 625; FamRZ 2004, 866, und „Reisekosten" → Rn. 117; BGH NJOZ 2004, 972. Sie sind in deren Zusammenhang zu lösen und stellen kein für das Mahnverfahren spezifisches Problem dar. Insbesondere die bis 1999 (dem Ende der auf bestimmte LG begrenzten Anwaltszulassung) vielfach maßgebliche **„Widerspruchsprognose",** mit der geklärt werden musste, ob der Mehraufwand für zusätzliche Anwaltstätigkeit im Mahnverfahren durch Aussicht auf Vermeidung des Streitverfahrens gerechtfertigt war, OLGR Hamm 1999, 144; 1997, 223; Ddf JurBüro 1985, 1251, hat heute so gut wie keine eigenständige Bedeutung mehr, etwa BGH NJW 2006, 446; für nicht notwendige Einschaltung eines weiteren Anwalts ohne zwingenden Anlass hierauf abstellend Kblz NJW-RR 2004, 431. Im Übrigen unterliegt auch das Mahnverfahren der Notwendigkeitsprüfung nach

§ 91 I 1. Der hohe praktische Wert des Mahnverfahrens gebietet eine grds. großzügige Handhabung bei der Beurteilung von Mehrkosten als notwendig.

b) Einzelfälle

Alltagsgeschäft: Nicht Erstattbar sind Mahnkosten aus Anlass eines Alltagsgeschäfts, wenn etwa eine juristische Person hierfür hinreichend sachkundig ist, Nürnb MDR 1999, 1407). 104

Abweisungsantrag: Die Erstattung der Verfahrensgebühr ist unabhängig von der Frage, wann sie bei bloßem Antrag auf Abweisung gemeinsam mit dem Widerspruch gegen den MB entsteht, nur notwendig, wenn der Antrag zur Rechtsverteidigung geboten ist, iE unterschiedlich Bbg MDR 2008, 1425; KG JurBüro 2007, 307; MDR 2002, 1028; Mü MDR 2001, 296; Ddf JurBüro 1994, 429; Stgt MDR 1990, 557. Für Erstattungsfähigkeit bei unnötiger Anberaumung eines Termins Schlesw SchlHA 1993, 125.

Anwaltswechsel: Unterliegt dem Gebot der kostensparenden Prozessführung, BGH NJW 2018, 625; auch: NJW 2018, 871 (Geltung § 91 II 2); Mü JurBüro 2016, 295; → Rn. 53.

Drittort: Es kann gerechtfertigt sein, dass ein Unternehmen aus gewichtigen Gründen einen Anwalt hinzuzieht, der an einem dritten Ort ansässig ist; die Differenzrechnung nach § 91 II 3 muss stattfinden, BGH FamRZ 2004, 866.

Mehrere Anwälte: Mehrere Schuldner an verschiedenen Orten können je einen Anwalt bestellen, auch wenn zB der BGH ein gemeinsames Gericht bestimmt, Ddf AnwBl 1981, 506.

Rechtsbeistand: Mehrkosten für einen im Mahnverfahren tätigen Rechtsbeistand sind nach dem Gebot der kostensparenden Prozessführung idR nicht notwendig, BGH NJW 2006, 446; Stgt Rpfleger 2009, 278.

Rücknahme: Bei Rücknahme des **Mahnantrags** sind die Kosten analog § 269 III 2 dem Antragsteller aufzuerlegen, BGH NJW 2005, 512; Mü NJOZ 2012, 1170. Trotz Rücknahme des **Einspruchs** kann für den Anwalts des Gläubigers die Verfahrensgebühr anfallen, wenn die Anspruchsbegründung in Unkenntnis hiervon eingereicht wird, Saarbr JurBüro 2015, 190. Bei Rücknahme der **Klage** ist zu prüfen, welche Kosten des Bekl. bis dahin notwendig waren, KG MDR 2002, 1028; Köln JurBüro 2000, 77 (jew. Umfang des Mandats).

Streitiges Verfahren: Stellt der Antragsgegner des Mahnverfahrens den Antrag auf Durchführung des streitigen Verfahrens, ist er Kostenschuldner für die nach Nr. 1210 GKG KV anfallenden Verfahrensmehrkosten, Celle NJW-RR 2020, 127. Nicht erstattungsfähig sind die Kosten eines ohne sachlichen Grund beantragten str. Verfahrens, Kblz JurBüro 2010, 257. Betreibt Kl. auf Antrag des Bekl. das Verfahren nicht weiter, ist dessen Verfahrensgebühr zu erstatten, Hbg RPfleger 2014, 228; Mü MDR 1992, 909, dsgl. bei Rücknahme des A. auf str. Verfahren, nicht aber des Mahnantrags, Kbl MDR 1994, 520. Die Rücknahme des Antrags führt nicht zur Kostenbelastung analog § 269 III 2, BGH NJW-RR 2006, 201.

Streitwertänderung: Gelangt nur ein Teil des Streitgegenstands in das streitige Verfahren, umfassen die dort zu erlassende Kostenentscheidung auch die vollen Kosten des Mahnverfahrens; Abweichungen in der Höhe sind bei der Kostenentscheidung nach § 92 zu berücksichtigen, OLGR Drsd 2007, 207; zur Kostenmischentscheidung → § 92 Rn. 67.

Terminsgebühr: Eine im Mahnverfahren oder im vereinfachten Unterhaltsverfahren anfallende, nach VV 3104 IV RVG anzurechnende Terminsgebühr ist nach § 91 II 1 notwendig, BGH NJW 2012, 459.

Unterhaltsverfahren: → Terminsgebühr.

Verbindung: Die gegen die Schuldner mehrerer Mahnverfahren entstandenen Gebühren bleiben bestehen und sind bei ggf. gesamtschuldnerisch zu erstatten, Ddf JurBüro 994, 436.

4. Wohnungseigentum. Über die Kosten ist nach §§ 91 ff. zu entscheiden, übergangsweise unter Beachtung von §§ 49, 50 WEG aF; seit 1.12.2020 alleine § 44 II WEG nF. Wegen der meist größeren Anzahl von Beteiligten bedarf die Notwendigkeit **mehrfacher** anwaltlicher Vertretung strenger Prüfung. Sie fehlt bei bloßen Meinungsverschiedenheiten, BGH ZMR 2015, 324. 105

Einzelfälle (vorübergehend unter Erwähnung der am 1.12.2020 außer Kraft getretenen Vorschriften, beachte § 48 V WEG nF): 106

Ermittlungskosten: Für die Ermittlung von Eigentümern sind grds. notwendig, KG NZM 2005, 199. 107

Ersatzzustellungsvertreter: Werden Kosten durch die Wohnungseigentümer veranlasst, sind sie Kosten der internen Verwaltung und damit nicht notwendig, BGH NJW 2017, 2766; LG Ddf NJW-RR 2012, 462.

Hausgelder: Klage war bereits nach altem Recht zur Kostenersparnis grds. vom Verwalter in Prozessstandschaft zu führen, LG Essen Rpfleger 2002, 101.

Interessenkonflikt: Er kann die Kosten anwaltlicher Vertretung für einzelne Eigentümer neben der Gemeinschaft notwendig machen, LG Hbg ZMR 2014, 1011.

Interne Unterrichtung: Die Kosten sind als Kosten interner Verwaltung nicht erstattungsfähig, BGH NJW 2017, 2766 Rn. 10; die Ausnahme für Beschlussanfechtung betr. die Stellung des Verwalters, BGH NJW 2009, 2135; Bespr. Weber/Schmieder WuM 2009, 445, ist dort aufgegeben worden.

Mehrere Anwälte: Werden abweichend von § 50 WEG aF mehrere Anwälte mandatiert, sind die Kosten alleine des „Hauptanwalts" zu erstatten, wenn er vom Verwalter beauftragt wurde oder wenn die Mehrheit der Eigentümer sich auf ihn geeinigt hat, BGH NJW 2009, 3168, dies aber nur, wenn die übrigen Gelegenheit hatten, auf die Willensbildung Einfluss zu nehmen, andernfalls ist zu quoteln, BGH NJW 2011, 3165; Hbg ZMR 2015, 324. Ein Anlass zur Mehrvertretung liegt nicht deshalb vor, weil ein einzelner Wohnungseigentümer den Beschluss mit Stimmenmehrheit gefasst hat, BGH 1.7.2021 – V ZB 55/20. In Betracht kommen widerstreitende Interessen, § 43a IV RVG, LG Berlin ZMR 2010, 309; ZWE 2011, 455; abgrenzend BGH NJW 2012, 3039 Rn. 14; NJW 2019, 1147 Rn. 21; NJW 2020, 2407 Rn. 42.

Sondervergütung: Sie gehört nicht zu den Kosten iSd § 91 I 1, wenn der Verwalter den Anspruch im eigenen Namen geltend macht, BGH NJW 2012, 1152 (auch: ordnungsgem. Verwaltung); Anm. Jahreis WuM 2012, 260.

Streithilfe: Die Kosten werden nicht von § 50 WEG aF erfasst, wohl aber von § 91 I 1, LG Karlsr NJW-RR 2015, 1352.

Terminswahrnehmung: Nach LG Ffm Rpfleger2021, 309 sind die Kosten für den Verwalter auf die Beträge aus § 22 JVEG begrenzt.

Verwaltung: Die Kosten für eine Terminswahrnehmung sind erstattungsfähig, diejenigen der allgemeinen Verfahrensvorbereitung nicht, § 91 I 2, BGH NJW 2014, 3247.

108 **5. Arrest, Einstweilige Verfügung. a) Kosten im Eilverfahren. aa) Grundsätze.** Im Eilverfahren ergeht bei Zurückweisung des Antrags wie auch bei Erlass einer Anordnung von Amts wegen nach § 308 II eine Kostenentscheidung gem. §§ 91 ff. Dies setzt eine Zustellung an den Gegner nicht voraus, da die Sache mit Einreichung rechtshängig wird, KG JurBüro 1993, 486; Mü MDR 1982, 412; Ddf NJW 1981, 2824; auch „Rücknahme". Zum materiell-rechtlichen Kostenerstattungsanspruch → Vor § 91 Rn. 63; → Rn. 52. Bei einer einstweiligen Anordnung nach §§ 49 ff. FamFG gilt § 51 IV FamFG.

109 Eilverfahren und Hauptsache sind **kostenrechtlich getrennt** zu behandeln. Wird im Hauptsacheverfahren festgestellt, dass eine Eilanordnung von Anfang an unberechtigt war, ist eine Änderung der dort ergangenen Kostenentscheidung nur über § 927 mit Kostenentscheidung nach § 91 möglich, nicht über eine Kostenfestsetzung nach Kostenentscheidung in der Hauptsache und nicht über § 945, BGH NJW 1993, 2685. All dies gilt nach § 91 IV auch für bereits gezahlte Kosten; eingehend und zT aA Hees MDR 1994, 438.

bb) Einzelfälle

110 **Anerkenntnis:** Es kann eine Kostenentscheidung nach § 93 ergehen, Hamm, NJW 1976, 1460,

Flugkosten: Für die Zustellung der EV durch Boten können sie nur ausnahmsweise notwendig sein, Hbg NJW 2004, 3723.

Kostenwiderspruch: Es ist nur eine 1,3-Verfahrensgebühr nach dem Kostenwert erstattbar, BGH NJW 2013, 3104; Hbg MDR 2009, 174; aM Mü JurBüro 2013, 34 (auch 0,8-Verfahrensgebühr nach dem Gegenstandswert, wenn ein umfassender Verfahrensauftrag vorlag; das ist mit dem Grundsatz des Angreiferinteresses nicht vereinbar).

Löschung: Erstattungsfähig sind Kosten einer Löschung eines nach einem Arrest usw. im Grundbuch eingetragenen Widerspruchs weder nach §§ 91 ff. noch nach § 788, (zum alten Recht) Schlesw SchlHA 1988, 171. Es kommt nur der materiell-rechtliche Kostenerstattungsanspruch in Betracht, → Vor § 91 Rn. 63.

Patentsache: Bei nur kurzfristiger Überschneidung von Eil- und Nichtigkeitsverfahren kann die Notwendigkeit einer Doppelvertretung in letzterem zweifelhaft sein, BPatG GRUR-RR 2013, 87.

Rechtsbehelfsprüfung: Kosten sind nicht erstattungsfähig, wenn das Verfahren anderweitig endet, Kblz JurBüro 2010, 146.

Rücknahme: Da die Eilsache mit Einreichung des Antrags rechtshängig wird, ist bei Rücknahme eine Kostenentscheidung auch ohne Zustellung an den Gegner oder Einreichung einer Schutzschrift auf Antrag analog § 269 IV 1 zu erlassen, selbst wenn der Gegner nur zufällig davon erfahren hat, Hbg MDR 2000, 786; KG JurBüro 1993, 486 (nur bei unverschuldeter Unkenntnis von der Rücknahme); Ddf NJW 1981, 2824; zur Rspr. des BGH → Rn. 144; aA Brdb MDR 1999, 570. Wird nach Erlass einer Eilanordnung der Antrag zurückgenommen, weil die Frist des § 929 II versäumt wurde, sind die Kosten gem. § 269 III 2 dem Ast./Kl. aufzuerlegen, selbst wenn er in der Hauptsache obsiegt; auch aus materiellem Recht steht ihm alsdann kein Anspruch mehr zu, BGH NJW 1995, 495; aA Dresd NJW 1998, 1872; Zöller/Herget ZPO Vor § 91 Rn. 13; das Argument von Herget, im Streitverfahren dürften die Kriterien des § 91 (Notwendigkeit) nicht geprüft werden, ist für sich bereits nicht überzeugend, weil eine Abweisung aus Sachgründen die Verneinung der Notwendigkeit mit einschließt; es ist zudem durch BGH NJW 2021, 468 Rn. 22 überholt. Bei bloßem Anfordern der Rücknahmeschrift sind Anwaltskosten indes nicht notwendig, Hbg NJW-RR 2007, 791. Vgl. auch → Vor § 91 Rn. 90.

Sachverständiger: Zur Gestellung → Rn. 86; zum Privatgutachten allg. → Rn. 69.

Zeuge: Zur Gestellung → Rn. 86.

Zwangsvollstreckung: Kosten, die erst entstehen, nachdem der Arrestbefehl aufgehoben und das Arrestverfahren abgeschlossen ist, können nicht aufgrund der Kostengrundentscheidung im Arrestverfahren festgesetzt werden, BAG NJW 2021, 257.

111 **b) Schutzschrift.** Allg. Klüsener JurBüro 2016, 617. Kommt es nicht zur Einreichung eines Eilantrags und zur Entstehung eines Prozessrechtsverhältnisses, sind die Kosten einer Schutzschrift auf prozessualer Grundlage nicht erstattungsfähig; zu erwägen ist allenfalls ein materiell-rechtlicher Kostenerstattungsanspruch, → Vor § 91 Rn. 63. Die Kosten einer Schutzschrift können erst ab Entstehung eines **Prozessrechtsverhältnisses** erstattungsfähig sein, dh der Eilantrag muss tatsächlich bei Gericht eingehen, spätere Rücknahme ist unschädlich, BGH NJW-RR 2008, 1093; NJW 2003, 1257; Hbg Rpfleger 2015, 733; Ffm AGS 2015, 596. Auf Kenntnisnahme der Schutzschrift durch das Gericht kommt es nicht an, Hbg GRUR-RR 2016, 431; Ddf JurBüro 2008, 597, auch nicht auf vorgerichtliche Mahnung des S. durch den Gl., Hbg Rpfleger 2015, 733.

112 War der Gl. nicht namentlich bekannt, genügt hinreichende Konkretisierung; Verfahren mehrerer Gl. zählen alsdann einzeln, Hbg Rpfleger 2015, 733. Nach **Rücknahme** des Eilantrags war eine Schutzschrift nach älterer Rspr. nicht mehr ansatzfähig, BGH NJW-RR 2007, 1575. Dieser strenge Standpunkt wird in BGH NJW 2019, 2698 für die Klagerücknahme aufgegeben und die subjektive Sicht des Erstattungsberechtigten berücksichtigt, Anm Hansens RVGRep 2019, 344. Das geht einher mit der großzügigeren Handhabung entsprechender Fälle nach Berufungsrücknahme, → Rn. 144, allg. zur Notwendigkeit → Rn. 50. Ähnlich die Lösung von Mü NJW 1993, 1604: § 269 III analog. Frühere Probleme mit den Kosten einer Vielzahl von Schutzschriften in der selben Angelegenheit, Hbg NJW-RR 2014, 157 (Schutzschriften an den fliegenden Gerichtsständen), werden durch § 945a hinfällig.

113 Kosten der Hinterlegung einer Schutzschrift sind für erstattungsfähig gehalten worden von Hbg GRUR-RR 2016, 431; Kblz GRUR 1995, 171. Hamm JurBüro 2021, 253 differenziert bei der Notwendigkeit zutreffend zwischen Partei- und Anwaltskosten. Vgl. auch → § 269 Rn. 53 „Schutzschrift"; → § 945a Rn. 10.

6. Arbeitsgerichtliches Verfahren

Löw MDR 2007, 637.

114 Der grundlegende Unterschied zum Zivilrechtsstreit liegt in § 12a ArbGG.

115 **Anwaltskosten:** Im ersten Rechtszug sind Anwaltskosten wegen § 12a I 1 ArbGG grds. nicht erstattungsfähig, auch wenn keine für eine Partei obsiegende Entscheidung ergeht, BAG NZA 2015, 182. Soweit durch das Auftreten eines Anwalts erstattungsfähige Kosten der Partei eingespart werden, sind Anwaltskosten zu erstatten, BAG NJW 2015, 3053; LAG Greifsw NZA-RR 2016, 35, „Reisekosten".

Beschlussverfahren: Unanwendbar ist § 91 hinsichtlich außergerichtlicher Kosten im arbeitsgerichtlichen Beschlussverfahren, BAG NZA 1999, 1235.
Beschwerdeverfahren: Auf das Beschwerdeverfahren nach § 78 ArbGG findet § 12a I ArbGG keine Anwendung, BAG NZA 2015, 182.
Betriebsrat: § 12a I 1 ArbGG greift auch dann ein, wenn die Kosten einem Betriebsratsmitglied bei der auf § 37 II BetrVG gestützten Verfolgung seines Lohnanspruchs im Urteilsverfahren entstanden sind. Es gilt nichts Besonderes, BAG NZA 1994, 284.
Kostenübernahme: Bei einer von § 12a I 1 ArbGG abweichenden, zB vergleichsweisen Kostenübernahme nach § 98 entsteht ein materiell-rechtlicher Anspruch, der indes im Kostenfestsetzungsverfahren nicht durchgesetzt werden kann, LAG Ddf NZA-RR 2004, 550; LAG Nürnb JurBüro 1999, 366.
Reisekosten: Diejenigen eines Anwalts sind erstattungsfähig, soweit seine Beauftragung zweckmäßig war, BAG NJW 2015, 3053; LAG Kiel MDR 1994, 216, oder soweit die Partei ihn beauftragt hatte, als er vorinstanzlich an ihrem Wohnsitz oder im Bezirk des damals zuständigen Gerichts residierte, oder soweit die Partei hypothetisch eigene erstattungsfähige Reisekosten erspart hat, BAG NJW 2021, 1897 Rn. 11; LAG Greifsw NZA-RR 2016, 35; LAG Mü NZA-RR 2002, 161 (hypoth. Reisekosten, grds. nur von dem in der Ladung angegebenen Ort aus); → Rn. 54. Im Übrigen kommt es wie stets auf die Notwendigkeit der Zuziehung an, LAG Ddf MDR 2003, 1321. Reisekosten des Arbeitgebers sind nur zu erstatten, wenn am Gerichtsort ein Anwalt nicht beauftragt werden konnte, LAG Ffm JurBüro 2012, 369.
Selbstvertretung: Wegen § 12a I 1 ArbGG keine Erstattbarkeit möglich, LAG Mü AnwBl 1988, 72.
Verbandsvertreter: In der zweiten Instanz können nach § 12a II ArbGG für Verbandsvertreter fiktive Anwaltskosten angesetzt werden, LAG Hamm MDR 1980, 612,
Verweisung: Nach einer Verweisung vom ordentlichen Gericht an das Arbeitsgericht sind die bei ersterem entstandenen Anwaltskosten von § 12a I 1 ArbGG nicht erfasst und daher zu erstatten, BAG NZA 2005, 429; LAG Ddf NZA-RR 2006, 658. Nach Verweisung an das ordentliche Gericht besteht für den auf den Streit vor dem ArbG entfallenden Kostenteil keine Erstattungspflicht, selbst wenn sie von einer Kostenentscheidung des ordentlichen Gerichts erfasst sind, Brdb NZA-RR 2001, 161, es sei denn, dass erstattungsfähige Reisekosten der Partei anfielen, LAG Bln NZA 2006, 539; LAG Schlesw JurBüro 1995, 207; LAG Köln AnwBl 1985, 274, oder dass der Anwalt den Gebührentatbestand nach der Verweisung (an das ord. Gericht) erneut verwirklicht, Karlsr Rpfleger 1990, 223. Entsprechendes gilt im Verhältnis zur Verwaltungsgerichtsbarkeit, OVG Magdeburg NJW 2020, 490.
Vollstreckungsabwehrklage: § 12a I 1 ArbGG gilt auch hier, LAG Ddf MDR 2003, 1021.

IV. Reisekosten und Zeitaufwand des Gegners, I 2. Eingehend Schneider JurBüro 2011, 620; Schneider, Die Reiseentschädigung für mittellose Parteien und Beteiligte, AGS 2020, 497. 116

1. Regelungsgehalt. Die Regelung erfasst in Hs. 1 im Zusammenhang mit notwendigen Reisen und der notwendigen Wahrnehmung von Terminen nur den Zeitaufwand. Insoweit sind für beides nach Hs. 2 die Vorschriften des JVEG entsprechend anzuwenden. Hierin liegt eine Erweiterung von § 91 I 1, da reiner **Zeitaufwand** grds. dem eigenen Verantwortungsbereich der Partei zuzuordnen und damit nicht erstattungsfähig ist, → Rn. 64. Der Zeitaufwand setzt bei Terminswahrnehmung eine Reise nicht voraus, aA in Verkennung des Wortlauts Ddf MDR 1997, 1070. Über den Wortlaut hinaus wird nicht nur Zeitaufwand nach § 20 JVEG, sondern auch der **Verdienstausfall** nach § 22 JVEG erstattet, BGH NJW 2009, 1001 Rn. 9. Die in der Verweisung auf das JVEG enthaltene Begrenzung der Entschädigung für Zeitaufwand ist verfassungsgemäß, BVerfG NJW 2008, 3207 (nur betr. Terminswahrnehmung, nicht auch Reisen). 117

Die bisweilen stattfindende, hochgradige Differenzierung bei der Ermittlung notwendiger Kosten ist verfehlt. Geboten ist eine einfache, pauschalierende Betrachtung, die auch dem Bedarf der Gerichtspraxis an sachgerecht eingesetztem Zeitaufwand Rechnung trägt; abzulehnen daher Ddf NJW-RR 2012, 1470 (gesonderte Betrachtung des Frühstücks bei notwendigen Hotelkosten, → Rn. 128). Insbesondere ist der lebensnahe Gebrauch von Schätzungsspielräumen anzuraten, vgl. auch BGH NJW 2009, 1001 Rn. 11. Die nachfolgend dargestellten Einzelfälle sind als Orientierungshilfe gedacht. 118

In **§ 155 FGO** gilt § 91 I 1, 2 sinngemäß BFH JurBüro 2015, 313. 119

2. Begriff der notwendigen Reise. Begrifflich wird vorausgesetzt, dass eine Partei die politische **Gemeinde** verlässt, Ddf MDR 1997, 1070; Stgt JurBüro 1984, 762. Eine zusätzliche Anknüpfung an die Entfernung, so Kblz JurBüro 1990, 1472 für zusammengewachsene Gemeinden, ist unpraktikabel. Notwendig ist eine Reise dann, wenn sie bei einer rückschauenden Betrachtung aus der verständigen Sicht der Partei nach ihrem Erkenntnisstand **ex ante** und ihren Beurteilungsmöglichkeiten sachdienlich war, → Rn. 50. Aus dem Prozessrechtsverhältnis und dem Grundsatz von Treu und Glauben ergibt sich auch bei Reisekosten die Pflicht, den Aufwand möglichst niedrig zu halten, Kblz JurBüro 2011, 598; BAG NZA 2015, 1151; VGH Mannh JurBüro 1991, 1246; → Rn. 132. Wenn eine Partei die Reise für notwendig halten durfte, kommt es nicht darauf an, ob sie zur Entscheidungsfindung beigetragen hat, → Rn. 80. 120

Angesichts der seit langer Zeit normalen, weiträumigen sozialen und wirtschaftlichen Kontakte ist die Frage der Notwendigkeit generell **großzügig** zu prüfen, Kleinlichkeit ist fehl am Platz; auf Ausgleich bedacht bereits Nagelmann DStZ 2002, 885 (887). 121

3. Terminswahrnehmung. a) Allgemeine Grundsätze. Bereits der Grundsatz der **Mündlichkeit,** § 128 I, das Ziel der gütlichen Beilegung, § 278 II 3, und die Parteiöffentlichkeit er Beweisaufnahme, § 357, lassen die Anreise einer Partei zum Gerichtstermin grds. als notwendig erscheinen, eingehend Jena JurBüro 2015, 532. Nicht die Notwendigkeit, sondern die Einschränkung bedürfen der Begründung, BVerfG 36, 308 (VT), namentlich durch Rechtsmissbrauch, Ddf NJW-RR 1996, 1342. Anwaltliche Vertretung steht der Anreise grds. nicht entgegen, wie es auch auf die Anordnung persönlichen Erscheinens für die Notwendigkeit grds. nicht ankommt, Köln VersR 1993, 75; Hamm JurBüro 1992, 106 (Ausnahme bei Durchlauftermin); JurBüro 1987, 272; LAG Hamm NZA-RR 2012, 656; nicht mehr heutiger Auffassung von der Bedeutung des Verhandlungstermins entsprechend Mü GRUR 1984, 162; LG Lpz JurBüro 1997, 427. 122

Einzelfälle: 123

Aufhebung: Erstattbar sind Fahrtkosten zu einem nur wenige Stunden vorher infolge einer gegnerischen Antragsrücknahme aufgehobenen Termin, Schlesw NJW-RR 2004, 1008; Naumb FamRZ 2001, 844; auf 124

Unvermeidbarkeit abstellend Brem OLGR Nord 18/2010 Anm. 5. Zu Besonderheiten in der Corona-Pandemie Schneider, JurBüro 2020, 225.

Ausland: Im Allgemeinen gelten gleiche Grundsätze für Anreisen aus dem Ausland, Brschw FamRZ 2012, 1514; Kblz JurBüro 2011, 598; Ddf AnwBl 2006, 288.

Behörde: Reisekosten von Bediensteten sind nicht erstattbar, wenn die Wahrnehmung des Termins zu deren Aufgaben gehört, BVerwG NVwZ 2005, 466; Jena JurBüro 2015, 529; für generelle Erstattung Stgt JurBüro 2001, 484; MDR 1990, 636. Evtl. hat die großzügigere Rspr. des BGH zur jur. Person weitere Folgen. Für die Notwendigkeit kommt es auf die größere Nähe zum Gericht an, mithin auf den **Sitz** der Behörde, Mü JurBüro 1992, 170, oder auf die näher liegende Außenstelle, LAG Bln JurBüro 1995, 38. In Verfahren besonderen Umfangs kann die Anreise eines weiteren Behördenmitarbeiters erforderlich sein, OVG Lünebg BauR 2021, 687.

Beistand: Reisekosten eines Sachbeistands sind bei Notwendigkeit abrechenbar, BVerwG NJW 2012, 171.

Deutsche Bahn: Nicht erstattbar sind bei ihr als Partei Bahnkosten, Kblz VersR 1989, 929. Ein Mitgesellschafter einer in Konkurs gefallenen GmbH kann danach nicht mehr die Kosten der **ersten Klasse** der Bundesbahn erstattet verlangen; er muss jetzt sparen und die zweite Wagenklasse benutzen, Kblz MDR 1987, 852.

Erstattungsanspruch: Ein liquider ist Zug um Zug abzutreten, Schlesw NJOZ 2019, 1390.

Gerichtsstand: Nicht erstattbar sind Fahrtkosten zu dem nach § 35 gewählten entfernten Gerichtsort, LG Hbg JurBüro 2008, 655.

Handelsgesellschaft: Sie kann für einen Mitarbeiter Verdienstausfall erstattet verlangen, KG MDR 2007, 920; Stgt JurBüro 2001, 484; Köln JurBüro 2000, 84. Der Nachweis konkreten Verdienstausfalls ist nicht erforderlich, weil es auf den Zeitverlust ankommt, Brdb JurBüro 2019, 305.

Informationsreise: → Rn. 36 „Information".

Jobcenter: IdR kein Anspruch auf Kostenerstattung für Teilnahme eines Mitarbeiters am Termin, BGH NJW-RR 2014, 1096.

Juristische Person: Abweichend von aA in Rspr. und Lit ist die Anreise eines Vertreters grds. eine notwendige Reise, selbst wenn die Wahrnehmung von Rechtsangelegenheiten zu seinen Kernaufgaben gehört, Ffm NJW-RR 2019, 1469. Grds. ist auch der Verdienstausfall eines Organvertreters ersatzfähig, BGH NJW 2009, 1001 Rn. 10.

Waffengleichheit: Der Gesichtspunkt kann für sich die Anreise rechtfertigen, Kblz JurBüro 2011, 598.

WEG-Verwalter: Wenn die Wahrnehmung von Gerichtsterminen zu seinen wesentlichen Aufgaben gehört, sind Reisekosten pp. nicht erstattungsfähig, Naumb NZM 2016, 898.

Zweitwohnsitz: Anreisekosten sind nicht erstattungsfähig, wenn der Hauptwohnsitz am Gerichtsort liegt, Ddf NJW-RR 1997, 190.

125 **b) Verhandlungstermin.** Angesichts der Bedeutung des Verhandlungstermins sollte zwischen Fällen anwaltlicher Vertretung und alleinigem Handeln der Partei nicht mehr differenziert werden, zumal die Partei im Normalfall mit Fragen des Gerichts rechnen muss, zu deren Beantwortung ihre Kenntnisse erforderlich sind, wenn sie aus eigener Kenntnis zur Aufklärung beitragen kann, Mü NJW-RR 2003, 1584; Hamm Rpfleger 1984, 431; KG JurBüro 1982, 1247; überholt Hbg JurBüro 1982, 603. Die Anordnung des **persönlichen Erscheinens** begründet generell die Notwendigkeit, Brdb OLGR KG 2009, 556, sie ist aber für ihr Vorliegen grds. nicht erforderlich, BGH NJW-RR 2019, 1469; Kblz JurBüro 2010, 210; Köln JurBüro 2006, 599; Celle NJW 2003, 2994; Brdb JurBüro 2000, 588, auch nicht bei einem Termin vor dem BGH, Stgt RPfleger 2002, 657, auch nicht nach Bewilligung von PKH, Nürnb FamRZ 1998, 252. Erstattbar sind die Kosten eines als Partei anreisenden Insolvenzverwalters, Ffm AnwBl 1988, 297; Kblz MDR 1986, 764.

126 **c) Beweistermin.** Die Kosten der Wahrnehmung eines Beweistermins sind grds. erstattungsfähig. Denn jede Partei hat nach § 357 I das unbedingte Recht der Teilnahme. Sie darf daher insbesondere auch persönlich **neben ihrem Anwalt** am Beweistermin teilnehmen und ihre persönlichen Teilnahmekosten erstattet fordern, Brdb JurBüro 2009, 434; Hamm JurBüro 1994, 475; Ffm Rpfleger 1986, 492. Das gilt insbesondere, wenn sich die Beweisaufnahme auf persönliche Handlungen, Erklärungen oder Wahrnehmungen der Partei bezieht, Hamm JurBüro 1994, 475.

127 **d) Verkündungstermin.** Erstattbar sind grds. auch die Kosten für die Wahrnehmung eines Verkündungstermins, BVerfG 36, 308, wobei allerdings die Notwendigkeit streng zu prüfen ist, da häufig ein Anruf auf der Geschäftsstelle ausreicht. Andererseits kann im Verkündungstermins zB ein Beweisbeschluss mit Frist zur Einzahlung eines Vorschusses nach §§ 379, 402 oder zur Angabe einer ladungsfähigen Anschrift nach § 356 ergehen. Das Gericht kann auch im Verkündungstermin einen neuen Verhandlungstermin nach § 218 anberaumt haben. Anwesenheit verschafft hier einen Zeitvorsprung.

128 **4. Umfang von Reisekosten.** Wie die Notwendigkeit der Reise selbst, → Rn. 120, unterliegt auch die Höhe der Reisekosten dem Gebot der kostensparenden Prozessführung, → Rn. 53. Eine grundsätzliche Pflicht zur Wahl des jeweils billigsten Reisemittels besteht allerdings nicht, BAG NJW 2021, 1897 Rn. 13. Als Grundlage ausgewogener Entscheidungen seien folgende Fälle aufgeführt.

129 **Bahncard:** Eine vorhandene Bahncard 100 macht fiktive Bahnkosten unerstattbar, Ddf JurBüro 2009, 374.

Dritter Ort: Bei in concreto notwendige Anreise von einem dritten, in der Ladung nicht genannten Ort, der höhere Fahrtkosten verursacht, soll nach LG Rostock, JurBüro 2021, 34, dem Gericht grds. angezeigt werden, damit eine kostensparende Alternative gefunden werden kann. Das erscheint in besonders gelagerten Fällen (Flugreise anstatt Anreise am Gerichtsort) sachgerecht, sollte aber zurückhaltend zur Geltung gebracht werden.

Fahrgemeinschaft: Sie muss zwischen Anwalt und Partei nicht gebildet werden, Brdb JurBüro2021, 587.

Fiktive Reisekosten: Sie sind nicht zu erstatten, Kblz JurBüro 2010, 600 (schriftliche Information anstatt Anreise); Ddf JurBüro 1993, 485 (Reise zum Anwalt). Der Gedanke fiktiver Fahrtkosten kann nur zur Begrenzung der notwendigen Höhe tatsächlich angefallener Kosten herangezogen werden, BGH NJW 2019, 681; NJW 2018, 2572; BAG NJW 2021, 1897 Rn. 11 (Einschränkung von § 12a ArbGG). Eine Überschreitung um 10% ist tolerabel, BGH NJW-RR 2015, 761; kritisch Schütt MDR 2003, 1020. Sie sind ansatzfähig, wenn die Kostenanwaltlicher Vertretung nicht erstattungsfähig sind, aber Reisekosten ersparen, LAG Mecklenburg-Vorpommern 23.9.2021 – 2 Ta 28/21, BeckRS 2021, 36574 Rn. 12.

Flugreise: Vorausgesetzt ist neben der Notwendigkeit ein angemessenes Verhältnis zur Bedeutung der Sache, BGH NJW-RR 2008, 654. Sie ist generell zu erstatten, wenn eine Eisenbahnfahrt nicht billiger wäre, Ffm JurBüro 2020, 136.

Hotel: Orientierungspunkt ist die Zumutbarkeit von Reisen zur Nachtzeit, Nürnb JurBüro 2013, 199. Kosten können notwendig sein, wenn man sonst in der Zeit zwischen 21 und 6 Uhr fahren müsste, Karlsr NJW-RR 2003, 1654, bei über 10 Stunden Hin- und Herfahrt, Drsd NJW-RR 1998, 1292, Notwendigkeit sehr früher Abreise, Saarbr NJW-RR 2010, 360, zur Nachtzeit nach § 758a IV, Naumb MDR 2016, 1475.

Mehrere Termine: Die Kosten einer einzigen Anreise werden zweckmäßig auf die einzelnen Sachen verteilt, auch → Rn. 57; Ddf NJW-RR 2018, 766.

Ort der Abreise: Zutreffender Ansicht nach gilt § 5 V JVEG entspr., LG Rostock JurBüro 2021, 34.

Verkehrsanwalt: Anreisekosten zum Termin sind grds. nicht auf hyp. niedrigere Kosten eines Verkehrsanwalts begrenzt, Ddf NJW-RR 2007, 428; näher → Rn. 199.

5. Zeitaufwand. Abzugrenzen ist vom reinen Zeitverlust, → Rn. 64 „Bearbeitung des Prozesses". Entscheidend sind die Dauer einer notwendigen Reise sowie der insgesamt notwendige Zeitaufwand für die Terminswahrnehmung. Erstattungsfähig ist neben dem Zeitaufwand nach § 20 JVEG auch der Verdienstausfall nach § 22 JVEG, BGH NJW 2009, 1001 Rn. 9, als solcher zählt verlorener bezahlter Urlaub indes nicht, BGH NJW-RR 2012, 761. Die Begrenzung ist verfassungskonform, BVerfG NJW 2008, 3207. 130

D. Anwaltskosten, I, II

I. Systematik. § 91 II enthält Regelungen unterschiedlicher Tragweite. Die Mandatierung eines Anwalts ist nach § 91 II 1 Hs. 1 der Notwendigkeitsprüfung enthoben, da jedermann sich im Prozess anwaltlich vertreten lassen darf; gleiches gilt für die gesetzlichen Gebühren und Auslagen, die stets als zweckentsprechend verursachte Kosten anzusehen sind, → Rn. 136. Nicht abschließend geklärt ist, ob und inwieweit eine konkret in Rede stehende Tätigkeit des Anwalts nach § 91 I 1 auf ihre Notwendigkeit geprüft werden kann, → Rn. 172; allg. zur Notwendigkeit → Rn. 50. Abs. II 1 Hs. 2 begrenzt für den auswärtigen Anwalt die Reisekosten auf den Fall der notwendigen Zuziehung, also der Mandatierung; die Privilegierung von Hs. 1 gilt insoweit (für die Reisekosten) also nicht; iÜ bleibt es bei Hs. 1. 131

Der Schwerpunkt in S. 1 Hs. 1 liegt auf den Kosten „des" Rechtsanwalts, also eines, und zwar des Prozessbevollmächtigten, wohingegen S. 2 sich mit den Kosten mehrerer Hauptbevollmächtigter befasst, BGH NJW 2006, 2266 Rn. 13; NJW 2003, 898. Auch → Rn. 199 zum Verkehrsanwalt. S. 2 enthält für den Fall der Mehrfachvertretung eine begrenzende Regelung; diese entfaltet ihre Wirkungen allerdings nur dann, wenn die Notwendigkeit der betr. Kosten zuvor nach § 91 II 1 bejaht wurde. S. 3 regelt in Anlehnung an S. 1 und 2 das Handeln eines Rechtsanwalts in eigener Angelegenheit. 132

Entscheidend ist, dass die Frage der **Notwendigkeit** von Kosten, soweit sie nicht für die Mandatierung eines Anwalts als solche und die Höhe der gesetzlichen Gebühren und Auslagen nach Abs. II 1 Hs. 1 festgeschrieben ist, vor den weiteren Regelungen in Abs. 2 geprüft werden muss, vgl. als Beispiel nur BGH NJW-RR 2015, 761 Rn. 9 (Unterbevollmächtigter). 133

Anders ist nach § 80 FamFG vorzugehen, weil hier die Notwendigkeit generell zu prüfen ist. 134

II. Gesetzliche Gebühren und Auslagen des Rechtsanwalts, II 1. 1. Begriff des Rechtsanwalts der obsiegenden Partei. Mit „Rechtsanwalt" gemeint ist jeder ProzBev. nach § 81; auf die Postulationsfähigkeit und den Umfang der Tätigkeit vor dem Prozessgericht kommt es dabei nicht an, BGH NJW 2019, 3459; NJW 2012, 2734 Rn. 6; NJW 2006, 2266 Rn. 13; Ffm JurBüro 2008, 538; Karlsr MDR 1997, 201; erfasst sind damit auch Beweisanwalt, Verkehrsanwalt, Unterbevollmächtigter und in entsprechender Anwendung der Rechtsbeistand. Auch der Notanwalt nach § 78b und der allgemeine Vertreter fallen hierunter. 135

2. Erstattungsanspruch. a) Grundlage in Abs. II 1. aa) Mandatierung. (1) Grds. keine Prüfung der Notwendigkeit. Nach dem klaren Wortlaut des § 91 II 1 Hs. 1 besteht **im Prozess** für gesetzliche Gebühren und Auslagen des Rechtsanwalts ein unbedingter Kostenerstattungsanspruch, da die Kosten insoweit als notwendig und zweckentsprechend gelten, BGH NJW 2018, 1403 Rn. 17; NJW 2014, 2285 Rn. 9; BAG NJW 2016, 1675 Rn. 35. Auf die Rechtskunde der Partei oder zB das Vorhandensein einer eigenen Rechtsabteilung kommt es nicht an, BGH NJW-RR 2014, 240 Rn. 8, so dass auch Behörden trotz sachkundigen Personals einen Anwalt mandatieren können, VGH Mü JurBüro 2015, 587. Eine gesonderte Prüfung von Notwendigkeit und Zweckentsprechung nach § 91 I 1 findet nicht statt; Abs. II S. 1 Hs. 1 ist insoweit als abschließende **Spezialregelung** anzusehen. Zur Lage vor einem Rechtsstreit Wedel JurBüro 2016, 286. 136

Mit „des Rechtsanwalts" sind im Wortsinn die Kosten nur des **Hauptbevollmächtigten** gemeint, → Rn. 131, nicht hingegen etwa Gebühren von Verkehrsanwälten oder Unterbevollmächtigten, deren Erstattungsfähigkeit sich nach den Kriterien von Notwendigkeit und Zweckentsprechung des § 91 I 1 richtet. BGH NJW 2006, 2266; NJW 2003, 756; NJW 2003, 898; NJW 2003, 899; NJW 2003, 1532; NJW-RR 2015, 761 Rn. 9. 137

Das **Mahnverfahren,** auch → Rn. 101, fällt nach hM unter das Merkmal „Prozess", OLGR Stgt 2009, 381; Brdb Rpfleger 1998, 488; aA Nürnbg NJW 1998, 388, für hM NJW 1999, 656; indes ist der Anlass zur Mandatierung unter den besonderen Gegebenheiten dieses Verfahrens eigens zu prüfen, → Rn. 139. Im **FamFG**-Verfahren ist die Notwendigkeit einer Anwaltsmandatierung grds. gesondert zu prüfen, aber mit Ausnahme besonders einfach gelagerter Fälle idR zu bejahen, Brdb FamRZ 2015, 1226. Nach **§ 84 II 2 PatG** kommt es ergänzend auf Billigkeitserwägungen an, BPatG JurBüro 2009, 262 (Verteidigung im Nichtigkeitsverfahren). 138

(2) Gesondert zu prüfender Anlass für Mandatierung oder Antragstellung. Begrenzt werden die Wirkungen der Norm durch das Verbot des **Rechtsmissbrauchs,** BGH NJW 2017, 3788, bzw. das Gebot der kostensparenden Prozessführung etwa in dem Fall, in dem zur Mandatierung eines Anwalts ausnahmsweise schlechthin **kein Anlass** bestand, BGH NJW 2018, 1403 Rn. 19; NJW 2006, 2260 Rn. 20; BAG AGS 2013, 98, Rn. 10; LAG Brdb NZA-RR 2021, 614OVG Lüneburg NVwZ-RR 2005, 659. 139

Beispiele: 140

Anwaltszwang: Er ist keine Voraussetzung, OLGR Schlesw 2004, 510; Brdb Rpfleger 1998, 488 (Mahnverfahren); LG Berlin JurBüro 1982, 1028. 141

Betreuung, gerichtliche Genehmigung: Wegen der Bedeutung solcher Verfahren sind Anwaltskosten idR notwendig. In der älteren Rspr werden sie oft als nicht notwendige Verfahrenskosten eingestuft, KG MDR 1989, 744 (vormundschaftsgerichtliche Genehmigung); Mü JurBüro 1992, 612 (Ergänzungspfleger); Schlesw JurBüro 1987, 906 (Gebrechlichkeitspflegschaft); dem ist wegen der hohen Bedeutung der Verfahren und deren Häufigkeit nicht mehr zu folgen. Für die Notwendigkeit einer außergerichtlichen Mandatierung ist auf die Person des Betreuers abzustellen, BGH NJW 2021, 243.

Klage-, Antragsrücknahme: Sachgerechte anwaltliche Tätigkeit in unverschuldeter Unkenntnis der Klagerücknahme ist notwendig, BGH NJW 2019, 2698; NJW 2018, 1403; NJW-RR 2019, 381; auch → Rn. 144; Stgt JurBüro 2017, 152 (Eilsache); bei Kenntnis entfällt die Notwendigkeit, Köln JurBüro 2017, 251; Mü MDR 2017, 302. Zur besonderen Bedeutung für die Berufungsrücknahme → Rn. 142.

Mahnung: Die vorgerichtliche Mahnung kann als nicht notwendig einzustufen sein, AG Bremervörde AGS 2020, 537.

Mahnverfahren: Mandatierung ist grds. notwendig, OLGR Hamm 1999, 144; KG JurBüro 1999, 30; Brdb Rpfleger 1998, 488; aA Nürnbg NJW 1998, 388. Zur Beauftragung eines **Rechtsbeistands** besteht kein Anlass, wenn im Hauptverfahren Anwaltszwang besteht, OLGR Stgt 2009, 381; Brdb Rpfleger 1998, 488. Für Ansatz der Ziff. 3100, 3101 VV nach Rücknahme des Mahnantrags KG JurBüro 2007, 307.

Mieterverein: Erstattbar sein können Anwaltskosten, selbst wenn die Partei vorher die Hilfe des Vereins in Anspruch genommen hat, LG Ffm NJW 2009, 1286.

Rechtsmittel: Vgl. → „Klagerücknahme"; → Rn. 144; zur Erinnerung BGH 3.11.2021 – IX ZB 8/21 BeckRS 2021, 35922.

Sachvortrag: Neuer Vortrag kann eigenständiger Anlass sein, LG Berlin MDR 1984, 58.

Vergabenachprüfung: Anlass zur Mandatierung besteht grds. auf beiden Seiten, Naumbg JurBüro 2005, 89.

Zustellung: Vor Klagezustellung besteht nach Kblz JurBüro 2013, 203 idR kein Anlass zur Mandatierung eines Anwalts; das erscheint zu streng, weil aus verständiger ex-ante-Sicht, → Rn. 50, die alsbaldige Rechtsberatung angesichts meist kurzer Erwiderungsfristen sachgerecht sein kann.

142 **(3) Insbesondere: Berufung, Revision, Beschwerde.** Hier ergeben sich vielfältige Probleme mit den Kosten, die in der Berufung durch eine Anwaltsbestellung oder –tätigkeit für den **Rechtsmittelgegner** verursacht werden. Der Grund hierfür liegt in **VV 3200, 3201 RVG.** Näherer Betrachtung bedarf zunächst die Frage, ab wann Anlass zur Mandatierung eines Anwalts und damit zur Begründung des Anspruchs auf Zahlung der Verfahrensgebühr nach VV 3200 RVG besteht, allg. → Rn. 139. Sachgerecht veranlasste Kosten sind nach § 91 II 1 Hs. 1 notwendig. Vielfältige Probleme ergeben sich jedoch, wenn der Auftrag, namentlich durch Rücknahme des Rechtsmittels, im Sinne von VV 3201 RVG vorzeitig endet; denn die an sich eintretende Ermäßigung der Gebühr auf den Satz von 1,1 tritt nach VV 3201 I 1 RVG nicht ein, wenn bereits ein Sachantrag gestellt war (ohne dass es des Sachvortrags bedürfte); näher Toussaint/Toussaint RVG VV 3201 Rn. 4. Dessen Veranlassung bedarf unter dem Aspekt der Notwendigkeit besonderer Prüfung. Daraus ergeben sich nachfolgende Prüfschritte:

143 **– Anlass zur Mandatierung:**

144 Die **Ankündigung** eines Rechtsmittels kann beim Gegner für die Mandatierung ausreichen, Ddf FamRZ 2009, 535, indes ist ein Auftrag zur **Prüfung von Rechtsmittelaussichten** des Gegners erst dann veranlasst, wenn eine Begründung vorliegt, BGH NJW 2014, 557.

145 Die **Einlegung** des Rechtsmittels ist für eine Mandatierung grds. hinreichender Anlass, Kblz FamRZ 2014, 1731 (Beschwerde); für das arbeitsgerichtliche Verfahren ist im Fall einer offensichtlich unzulässigen Berufung anders entschieden worden, LAG Hbg NZA-RR 2007, 537. Allgemein mag man an der Notwendigkeit zweifeln, wenn eine Berufung im Zivilprozess von der Partei persönlich eingereicht wird; andererseits wird man es einer rechtlich unerfahrenen Gegenpartei nicht verwehren können, auch in diesem Fall anwaltlichen Rat einzuholen. Der Anlass für eine Mandatierung kann generell fehlen, wenn die Parteien hinsichtlich der Bestellung ein **Stillhalteabkommen** geschlossen haben, indes reicht der einseitig geäußerte Wunsch hierfür nicht aus, Karlsr JurBüro 2008, 540; KG JurBüro 2005, 418. Eingehen des Gegners auf einen solchen Wunsch kann als Einverständnis ausgelegt werden, indes nur so lange, wie nicht weiteres Vorgehen des Berufungsführers mit einer Durchführung des Rechtsmittels rechnen lässt, Karlsr NJW-RR 2000, 512.

146 Der bloße Hinweis, das Rechtsmittel werde nur **zur Fristwahrung** eingelegt, hindert den Gegner nicht an der Mandatierung, BGH NJW-RR 2009, 859; NJW 2007, 3723; NJW 2003, 756; BAG NJW 2003, 3796; LAG Köln NZA-RR 2016, 382, selbst eine beklagte Anwaltsgesellschaft darf jedenfalls in einer als riskant einzuschätzenden Lage einen Anwalt beauftragen, BGH NJW-RR 2014, 240. Ein Abwarten bis zu weiterer Tätigkeit des Berufungsführers wäre nicht hinnehmbar, da die Partei in dieser Lage ein Recht auf anwaltliche Beratung hat und diese auch vergütet werden muss.

147 Die einen Gebührenanspruch auslösende Mandatierung als solche muss für die Entstehung des Kostenerstattungsanspruchs dem Gericht noch **nicht angezeigt** worden sein, Karlsr NZFam 2018, 377; JurBüro 2008, 540; KG JurBüro 2005, 418.

148 Der BGH sieht eine Anwaltsbestellung in unverschuldeter Unkenntnis der **Berufungsrücknahme** abweichend von früherer Rspr. nunmehr als notwendig an, BGH FamRZ 2019, 62; NJW 2018, 1403; MDR 2018, 1407; auch BGH NJW 2019, 2698; → Rn. 110 „Rücknahme"; → Rn. 140 „Klagerücknahme"; so bereits Celle MDR 2017, 300; Stgt Rpfleger 2017, 364; Mü JurBüro 2011, 90. Daher liegt es beim Berufungskläger, den Gegner bei (bevorstehender) Berufungsrücknahme alsbald bösgläubig zu machen, so mit Recht Toussaint Anm zu BGH MDR 2018, 1407. Allg. zur Notwendigkeit → Rn. 50.

149 **– Anlass zur Stellung eines Sachantrags:**

150 Notwendig bei vorzeitiger Beendigung iSd VV 3201 RVG ist zunächst nur die 1,1-Gebühr. Für die Erzeugung einer auch bei vorzeitiger Beendigung bestehen bleibenden 1,6-Gebühr durch **Antragstellung,** VV 3101 I 1 RVG („Sachanträge") gibt es alleine wegen der Einlegung des Rechtsmittels keinen Anlass, mithin auch keinen Erstattungsanspruch. Nach längerer Untätigkeit des Berufungsgerichts wird die Antragstellung indes für sachgerecht gehalten, Mü NJW-RR 2011, 432. Auch wenn nach (zunächst überflüssiger) Antragstellung des Gegners die Berufungsbegründung vor der Beendigung des Verfahrens noch eingereicht wird, fällt die volle Gebühr an, BGH NJW-RR 2014, 185; Mü JurBüro 2014, 80.

Bei Versäumung der **Berufungsfrist** besteht grds. jedenfalls kein Anlass für einen Sachantrag; denn in diesen Fällen ist die Berufung vAw zu verwerfen: gleiches gilt bei sofortigem Hinweis des Gerichts auf fehlende **Beschwer,** Kblz JurBüro 2007, 429. 151

Weist das Berufungsgericht unter Bezugnahme auf § 522 I ZPO auf den **verspäteten Eingang der Berufungsbegründung** hin und bringt es diesen Hinweis auch dem Berufungsbeklagten zur Kenntnis, hat dieser regelmäßig ebenfalls keine Veranlassung, innerhalb der mit dem Hinweis verbundenen Stellungnahmefrist sofort kostenauslösende Maßnahmen zu ergreifen, BGH NJW-RR 2010, 1224. Wird die Berufungsbegründung zugleich mit der Verwerfungsentscheidung zugestellt, besteht ebenfalls kein Anspruch auf Erstattung der 1,6-Gebühr, BGH NJW-RR 2015, 1213. Ist indes nach Ablauf einer vertretbaren Wartefrist von etwa einer Woche nicht zu erkennen, dass das Gericht auf die Versäumung der Begründungsfrist reagiert, ist der Verwerfungsantrag sachgerecht, KG NJW-RR 2009, 1007. Ein Verwerfungsantrag mangels Berufungsbegründung löst nach Stgt JurBüro 2005, 366 sofort die volle Gebühr aus. 152

Weist das Gericht nach der Einlegung der Berufung, aber vor der Begründung auf seine vermutliche **Unzuständigkeit** hin und beantragt der Berufungsbeklagte die Verwerfung des Rechtsmittels als unzulässig, gehört die hierdurch entstehende 1,6-fache Verfahrensgebühr auch dann zu den notwendigen Kosten der Rechtsverteidigung, wenn der Berufungskläger später das Rechtsmittel zurücknimmt, ohne es begründet zu haben, BGH NJW 2009, 3102; denn in dem Antrag des Gegners lag ein relevanter Beitrag zur Rechtsfindung. 153

Ab fristgerechter Berufungsbegründung ist die Stellung eines Sachantrags mit der Folge von VV 3200 I 1 Anl. 1 RVG ohne Hinzutreten weiterer Umstände notwendig, BGH NJW 2010, 3170; NJW 2004, 73; NJW-RR 2009, 859; Köln MDR 2010, 1222; eine Erwiderungsfrist muss nicht gesetzt worden sein, BGH NJW 2018, 557. Hat das Gericht (insbesondere gleichzeitig mit Zustellung der Berufungsbegründung) einen **Hinweis nach § 522 II** erteilt, bestand indes bis zur Rücknahme kein Anlass mehr, einen gebührenerhöhenden Sachantrag zu stellen, BGH NJW 2016, 2751; anders, wenn mit dem Hinweis eine Berufungserwiderungsfrist gesetzt wird, → Rn. 155. 154

Auf einen **Hinweis nach § 522 II** mit gleichzeitiger Setzung einer **Berufungserwiderungsfrist** ist selbst bei Einwänden des Berufungsklägers ein Sachantrag notwendig, BGH NJW 2018, 557, auch wenn er in Unkenntnis einer Berufungsrücknahme eingereicht wird, BGH NJW 2018, 1403. 155

Entsprechend gilt all dies in der Revision, BGH NJW 2003, 1324 und in der **Beschwerde,** BGH JurBüro 2013, 483. Zur Klagerücknahme → Rn. 140. 156

bb) Notwendigkeit von Einzeltätigkeiten. (1) Grundsatz: Nachprüfbar. Die Notwendigkeit einzelner Tätigkeiten des Anwalts kann demgegenüber nach Maßgabe von § 91 I 1 grds. gesondert geprüft werden, wobei Gesichtspunkte der Kostenersparnis oder der Kostenbegrenzung im Vergleich mit hypothetisch anderweitiger Tätigkeit eines Rechtsanwalts die tragende Rolle spielen, BGH NJW 2014, 557 Rn. 13; NJW 2006, 2266 Rn. 14; LAG Brdb NZA-RR 2021, 614. Erst wenn sie bejaht wird, sind die sich aus dem Gesetz ergebenden Zahlungsansprüche notwendige Kosten, zur Systematik → Rn. 131. 157

Die Frage, inwieweit eine Überprüfung von Einzeltätigkeiten unter dem Gesichtspunkt der Notwendigkeit generell stattfindet, ist bislang nicht abschließend geklärt; die parallel dazu laufende Prüfung unter dem Gesichtspunkt des dem § 242 BGB entnommenen Gedankens der **Kostenschonung** führt jedoch idR zu gleichen Ergebnissen, BGH NJW 2018, 1403 Rn. 19; → Rn. 132, so dass im Ergebnis eine Überprüfung von Einzeltätigkeiten nach sachlicher Rechtfertigung stattfindet. Bei **Wegfall des Reiseanlasses** kommt es auf die Vermeidbarkeit der Kosten aus der Sicht des Reisenden an, Mü NJW-RR 2004, 714; insoweit wirkt auch hier sich die zunehmende Berücksichtigung subjektiver Momente aus, → Rn. 148. 158

(2) Einzelfälle

Absprache: Wenn sie die Entstehung einer Terminsgebühr entbehrlich macht, ist diese nicht notwendig, Köln JurBüro 2011, 264. 159

Antrag: Verfrühte Antragstellung führt zur Kürzung der erstattungsfähigen Gebühr auf den Betrag, der bei sachgerechtem Abwarten angefallen wäre, BGH NJW 2003, 1324 (Revision); NJW 2003, 2992; BAG NJW 2016, 1675 Rn. 22; LAG Brdb NZA-RR 2021, 614. Ein Hinweis des Berufungsgerichts nach § 522 II braucht, wenn die Begründung vorliegt, vor Antrag auf Zurückweisung nicht abgewartet zu werden, BGH NJW 2004, 73.

Deckungszusage: Einholen durch Anwalt bei der Rechtsschutzversicherung kann überflüssig sein, wenn nicht aufgrund der Umstände notwendig, BGH NJW 2012, 919; NJW 2011, 1222.

Erledigung der Hauptsache: Sie muss ggf. vor dem Termin erklärt werden, BGH NJW 2011, 529.

Nichtzulassungsbeschwerde: Auf die Postulationsfähigkeit und den Umfang der Tätigkeit vor dem Prozessgericht kommt es dabei nicht an, BGH NJW 2019, 3459; NJW 2006, 2266 Rn. 13; Ffm JurBüro 2008, 538.

Rechtsmittelaussicht: Prüfung der Erfolgsaussichten einer gegnerischen Revision durch nicht beim BGH zugelassenen Anwalt: notwendig, BGH NJW 2019, 3459; NJW 2006, 2266 Rn. 14.

Reisekosten: Es findet eine Kosten-Nutzen-Abwägung statt, BGH NJW-RR 2015, 761. Näher → Rn. 167.

Sachverständigentermin: Bei der Teilnahme an einem Untersuchungstermin, den ein Sachverständiger anberaumt hatte, oder zur Besichtigung, soweit sie für eine Stellungnahme im Prozess erforderlich ist, muss die Notwendigkeit geprüft werden, Köln NJW-RR 2013, 1022. Grds. sind Anwaltskosten erstattungsfähig, KG JurBüro 2007, 261.

Terminsvertretung: Die Vergütung eines vom Prozessbevollmächtigten im eigenen Namen beauftragten Terminvertreters gehört nicht zu den ersatzfähigen Kosten; es daher dafür Sorge zu tragen, dass der Vertreter im Namen der Partei beauftragt wird, Hamm BeckRS 2019, 38868.

Zuständigkeit: Bei Unzuständigkeit kann die Wahrnehmung eines Termins nicht veranlasst sein, Brem MDR 2006, 597.

b) Gesetzliche Gebühren und Auslagen, Zahlungsanspruch. Die maßgeblichen Regelungen finden sich für den Rechtsanwalt im **RVG,** näher Toussaint/Toussaint RVG. Maßgeblich sind die sich aus der gesetzlichen Regelung und der Anl. 1 ergebenden Forderungen; eine nach oben abweichende **Honorarvereinbarung** ist **unbeachtlich,** BGH NJW 2018, 1477 Rn. 20; näher zur Honorarvereinbarung → Rn. 163. Auch aus dem Gesichtspunkt der **Waffengleichheit** können höhere als die gesetzlichen Gebühren nicht verlangt werden, BGH NJW 2019, 2691 Rn. 39. 160

161 Der **Zahlungsanspruch** des Rechtsanwalts gegenüber der Partei muss bestehen, er muss aber noch nicht erfüllt oder auch nur geltend gemacht sein. Nichtigkeit des Anwaltsvertrags steht dem Zahlungsanspruch und damit auch dem Kostenerstattungsanspruch entgegen, Celle NJW 2017, 1557; Stgt MDR 1999, 1530 (jew. Vertretungsverbot). Das Bestehen einer Rechtsschutzversicherung ist ohne Einfluss, da Ansprüche auf diese übergehen, Kblz JurBüro 1999, 420, ebenso die Bereitschaft eines Verbandes, die Kosten zu übernehmen, BAG NJW 2016, 1675. Unterhaltspflicht des Anwalts gegenüber der Partei und damit die Pflicht zu gebührenfreier Tätigkeit kann vom Gegner nicht eingewendet werden, LG Berlin JurBüro 1977, 1446.

162 Da die **Geschäftsgebühr** auf die **Verfahrensgebühr** angerechnet wird und nicht umgekehrt, BGH NJW 2008, 1323, wird nur die gekürzte Verfahrensgebühr von der Kostenentscheidung erfasst. Ein **Verzicht** auf die Geschäftsgebühr lässt sie jedoch in voller Höhe bestehen, Ffm JurBüro 2018, 428.

163 **c) Honorarvereinbarung. aa) Erhöhung, Erfolgshonorar.** Übersicht Hau JZ 2011, 1047. Das Honorar eines vertretungsberechtigten **Hochschullehrers** kann im Rahmen des RVG als vereinbart angesehen werden, Mü MDR 2001, 958. Vereinbarte Kosten des Anwalts nach §§ 3a, 4 RVG, die über die gesetzlichen hinausgehen, sind nur beim ausländischen Verkehrsanwalt oder beim inländischen Anwalt nach vertraglicher Übernahme durch den Gegner erstattungsfähig. IÜ sind sie nicht notwendig, BGH NJW 2018, 1477 Rn. 20; offen gelassen in NJW 2015, 633 Rn. 18; Ddf BeckRS 2018, 12486 (Patentanwalt); KG AnwBl 2015, 627; Köln NJW-RR 2014, 241; für Auflockerung Mediger MDR 2017, 245; Saenger/Uphoff NJW 2014, 1417 (materiell-rechtlicher Anspruch); Schneider NJW 2021, 3286 (Beiordnung in PKH).

164 Für ein **Erfolgshonorar** gilt entsprechendes, Köln Rpfleger 2014, 340. Man kann die Übernahme in einem Prozessvergleich vereinbaren, BGH AnwBl 2015, 274. Seit dem 1.10.2021 gilt § 4a RVG, vgl. auch Schneider AGS 2021, 440; ErbR 2021, 1019; Overkamp, Auswirkungen des neuen anwaltlichen Erfolgshonorars auf die Kostenerstattung, NJW 2022, 998.

165 **bb) Geringere Vergütung.** Nach dem Wortlaut von II 1 wäre die gesetzliche Vergütung auch dann erstattungsfähig, wenn der Auftraggeber mit dem Anwalt geringere als die gesetzlichen Beträge vereinbart hätte. Das kann nach § 4 I RVG zulässig sein. Indes würde das zu einer Bereicherung des Auftraggebers auf Kosten des Prozessgegners führen. Auch der Anwalt könnte ja wegen der Vereinbarung nur die unter dem Gesetz bleibende Vergütung vom Auftraggeber fordern. Nach dem Grundgedanken der Notwendigkeit, Kosten so gering wie möglich zu halten, bleibt es daher dann bei der Erstattungsfähigkeit der vereinbarten geringeren Vergütung, Ddf BeckRS 2018, 12486 (Patentanwalt); OVG Lüneb NJW 2004, 699.

166 Das gilt unabhängig davon, ob eine solche Vereinbarung im Innenverhältnis zwischen dem Auftraggeber und dem Anwalt nach §§ 3a–4b RVG wirksam ist, LG Mönchengladb NZM 2002, 141; OVG Lüneb NJW 2004, 699. Overbeck NJW 2022, 998 Rn. 15 regt eine sachgerechte Gestaltung der Vereinbarungen an.

167 **3. Kostenanfall im Einzelnen. a) Fahrt- und Reisekosten.** Enders, Reisekosten des Rechtsanwalts bei Antritt der Reise von der Wohnung aus, JurBüro 2017, 225; Mayer, Erstattungsfähige Reisekosten des Spezialanwalts, NJW 2014, 2913; Schneider, Erstattung der anwaltlichen Reisekosten im Zivilprozess, NJW 2017, 307.

168 **aa) Unterscheidung zwischen im Gerichtsbezirk ansässigem und auswärtigem Anwalt.** § 91 I 1 regelt in Hs. 1 die Reisekosten des im Gerichtsbezirk des Rechtsstreits niedergelassenen oder dort wohnhaften Anwalts; es kommt lediglich darauf an, ob eine der beiden Anschriften im Gerichtsbezirk liegt, LG Ddf NJW 2015, 498. Maßgeblich für den Wohnsitz sind §§ 7 ff. BGB. Nach § 7 II BGB kann ein Wohnsitz an mehreren Orten bestehen.

169 In Hs. 2 wird die Erstattung der Reisekosten eines Anwalts, der seine Kanzlei und den Wohnsitz außerhalb des Bezirks hat, hinsichtlich der „Zuziehung" einer Notwendigkeitsprüfung unterworfen. Darunter ist die Mandatierung zu verstehen, nicht die Notwendigkeit der Reise. Die Norm ist, korrespondierend mit § 78 I 1, seit dem 1.6.2007 in Kraft. Zuvor wurde an die – seither nicht mehr relevante – Zulassung des Rechtsanwalts beim jeweiligen Gericht angeknüpft. Wegen der grundlegend anderen Ausgangslage ist Rspr. aus früherer Zeit hinsichtlich allgemeiner Fragen der Notwendigkeit beachtenswert, Nürnb NJOZ 2002, 2137, im Übrigen aber nur eingeschränkt verwertbar.

170 Eine **Reise** setzt die Überschreitung der Grenze der politischen Gemeinde voraus, VV Vorb. 7 II RVG. Hat eine solche mehrere Gerichtsbezirke (zB Berlin), liegt insoweit eine Reise nicht vor. Die ansatzfähige Höhe im Verhältnis zum Mandanten ergibt sich aus RVG VV 7003–7006.

171 **bb) Gerichtsansässiger Anwalt.** Bei einem Anwalt, der seine Kanzlei oder den Wohnsitz im Gerichtsbezirk hat, findet für die Reise zu einem Gerichtstermin eine Notwendigkeitsprüfung grds. nicht statt; auf die Frage, ob der Mandant näher am Gericht wohnt, kommt es nicht an, LG Bonn NZFam 2016, 187; LG Krefeld, JurBüro 2011, 307. Ausnahmsweise zu verneinen ist der Anlass, wenn ein Grund für die Anreise schlechthin nicht mehr in Betracht kommt, Brem MDR 2006, 597; → Rn. 139. Die **auswärtige Abteilung** steht dem Sitz des Gerichts gleich, Mü NJW-RR 2000, 443. Maßgeblich für die Höhe ist grds. der tatsächliche Ort der Abreise, Ddf NJW-RR 2012, 764; bei erheblicher Abweichung sollte indes im Lichte des Grundsatzes kostensparender Prozessführung die Notwendigkeit kritisch geprüft werden, → Rn. 53; sehr ausführlich Enders JurBüro 2017, 225. Auf Notwendigkeit zu prüfen sein kann des Weiteren der Anlass einer sonstigen Reise, die nicht durch einen Gerichtstermin veranlasst ist, → Rn. 159.

172 **cc) Auswärtiger Anwalt. (1) Regelungsgehalt: Vermeidung höherer Kosten.** Ausgangspunkt der Überlegungen ist die **Notwendigkeit** der Mandatierung; ist sie zu bejahen, kommt es auf die Reisekosten nicht mehr an, BGH 5.7.2022 – VIII ZB 33/21, BeckRS 2022, 19467; NJW 2021, 3663. Die Norm unterwirft nur im Übrigen die Notwendigkeit höherer Kosten, die durch Mandatierung eines auswärtigen Anwalts entstehen, einer erneuten Prüfung. Sind die **Reisekosten niedriger** sind als diejenigen eines am Gerichtsort ansässigen Anwalts, ist die Lage von vornherein unproblematisch und führt zur Kostenerstattung, weil Sinn der gesetzlichen Regelung die Begrenzung von Kosten ist, Naumb FamRZ 2000, 623; LG Kblz FamRZ 2003, 242 (Ersparnis notwendiger Informationsreisen). Das nimmt der je nach den örtlichen Gegebenheiten, namentlich der ganz unterschiedlichen Größe von Gerichtsbezirken und politischen Gemeinden, bisweilen willkürlich wirkenden Differenzierung nach Gerichtsort und den Orten von Wohn- und Kanzleisitz die Spitze. Insgesamt hat die freie Wahl der anwaltlichen Vertretung gegenüber Gesichtspunkten der Kostenersparnis eigenes Gewicht; Kleinlichkeit ist fehl am Platz!

173 Der Gedanke der Kostenbegrenzung gilt auch für **EU-Anwälte,** EuGH NJW 2004, 833.

(2) Grundfragen der Notwendigkeit. Ausgangspunkt ist die Frage, ob die Mandatierung zur zweckentsprechenden Rechtsverfolgung oder Rechtsverteidigung notwendig war, allgem. dazu → Rn. 50. Daraus hat sich eine hochdifferenzierte Rspr. entwickelt, die an den Wohnsitz des Mandanten sowie an Niederlassung und Wohnsitz des Anwalts anknüpft. Im Ansatz ist nach der Rspr. eine **typisierende Betrachtung** geboten, die aus der Sicht ex ante an die verschiedenen Ausgangssituationen anknüpft. Grds. darf die Partei ihre berechtigten Interessen wahrnehmen, BGH 5.7.2022 – VIII ZB 33/21, BeckRS 2022, 19467 Rn. 12, Rn. 26; NJW 2018, 1693 Rn. 10. Dem **Vertrauensverhältnis** Anwalt/Mandant kommt dabei besondere Bedeutung zu, BGH NJW 2008, 2122; NJW-RR 2012, 695, jew. unter Hinw. auf BVerfGE 103, 1 (16) = NJW 2001, 353; auch → Rn. 177 „Betriebsorganisation"; dessen Vorliegen indes wird im Rahmen der typisierenden Betrachtung nicht in allen Einzelheiten überprüft, BGH NJW-RR 2012, 695 (696); auch BGH NJW 2003, 901. Nur bei gleichwertigen Möglichkeiten muss die kostengünstigere gewählt werden, BGH BeckRS 2022, 19467; NJW 2018, 1693 Rn. 10; NJW-RR 2013, 242 Rn. 10. 174

Ein unterbliebener **Hinweis** des Gegners, er werde im Termin nicht auftreten, kann dem Einwand, die Anreisekosten seien nicht notwendig gewesen, entgegenstehen, Kblz JurBüro 2010, 209. Zur Ermittlung ansatzfähiger, **fiktiver Reisekosten** in Fällen verneinter Notwendigkeit der Hinzuziehung → Rn. 186; für generellen Ansatz nur fiktiver Kosten Ffm JurBüro 2019, 254. 175

Beispiele: 176

Betriebsorganisation: Eine sinnvolle Betriebsorganisation, in der ein **Haus-, Vertrauensanwalt** für eine Vielzahl von Fällen zuständig wird, ist grds. zu beachten, BGH NJW 2006, 3008 Rn. 11; RuS 2005, 91 (Versicherungsunternehmen); NJW-RR 2004, 430 (Outsourcing), Mü NZI 2016, 190 (ein Anwalt für bundesweit betriebene Verfahren), nicht aber, wenn von vornherein nur eine schriftliche Information an den Anwalt geplant war, Zweibr MDR 2009, 1366. Auch muss selbst ein großes Unternehmen sich nicht vorhalten lassen, es könne eine eigene Rechtsabteilung einrichten, Kblz JurBüro 2006, 484. Alleine langjährige Zusammenarbeit soll indes nicht durchgehend ausreichen, BGH NJW-RR 2009, 283. Führt ein Versicherer den Rechtsstreit für einen (verstorbenen) Mandanten, gelten die gleichen Grundsätze, Stgt NJW-RR 2011, 1431; Nürnbg NJW-RR 2010, 1007. Fernliegend die Ansicht von Mü JurBüro 2020, 134 und Ddf JurBüro 2007, 371, ein Unternehmen müsse sich ggf. einen ortsansässigen (weiteren?) Hausanwalt suchen. 177

Im **arbeitsgerichtlichen Verfahren** jedenfalls darf der An. darauf vertrauen, dass der ArbG. an seinem allgemeinen Gerichtsstand über eine Organisation verfügt, die Reisekosten von dritter Stelle erspart, LAG Mecklenburg-Vorpommern 23.9.2021 – 2 Ta 28/21, BeckRS 2021, 36574 Rn. 12 mwN.

Gerichtsstand: Die freie Wahl des Gerichtsstands darf in den Grenzen des Missbrauchs nicht eingeschränkt werden, BGH NJW-RR 2014, 886.

Haus-, Vertrauensanwalt: „Betriebsorganisation".

Outsourcing: „Betriebsorganisation".

Spezialisierung: Sie kann die Mandatierung rechtfertigen, Nürnb NJW 2014, 2967.

Überörtliche Sozietät: Aus einer überörtlichen Sozietät darf ein Anwalt auch von entferntem Ort anreisen, BGH NJW 2008, 2122 (auch dann, wenn die Sozietät am Gerichtsort eine Niederlassung hat, insoweit aA Brdbg JurBüro 2006, 648; KG NJW-RR 2005, 655); BVerwG NJW 2017, 3542; Ffm JurBüro 2020, 254 = BeckRS 2020, 4927 Rn. 8, und dies erst recht, wenn die am Gerichtsort befindliche Niederlassung geschlossen wird, BGH GRUR 2006, 702.

Versicherer: „Betriebsorganisation".

Vielzahl von Verfahren: Kann Mandatierung einer einzigen Kanzlei rechtfertigen, BGH NJW 2018, 1693; Nürnb NZI 2020, 861; Zweibr ZIP 2016, 2379. Dennoch soll ein Anwalt am Ort des Mandanten grds. vorzuziehen sein, Mü JurBüro 2021, 32.

Vorbefassung: Sie kann die Notwendigkeit tragen, Ddf NJW-RR 2001, 998.

VwGO: Nach § 162 II VwGO findet die Unterscheidung des § 91 II 1 nicht statt, VG Brem NVwZ-RR 2004, 231 (bei dennoch strenger Prüfung der Notwendigkeit).

WEG: Liegt der Sitz des Verwalters in einem anderen Gerichtsbezirk, kann dort der Anwalt gewählt werden, LG Rostock JurBüro 2020, 484; AG Aurich NJW-RR 2011, 1029.

Zweigstelle: Eine Geschäftsreise iSd VV Vorbem. 7 Abs. 2 RVG ist zu verneinen, wenn der Rechtsanwalt am Gerichtsort eine Zweigstelle seiner Kanzlei betreibt, Drsd, NJW 2011, 869; Kblz, NJW-RR 2015, 1408. Das gilt aber nicht, wenn eine überörtliche Sozietät am Ort eine selbständige (= selbständige organisierte) Niederlassung betreibt, BGH NJW 2017, 3542.

(3) Nicht gerichtsansässiger Mandant sitzt am Ort der Kanzlei. Ist der Mandant rechtsunkundig und daher typischerweise auf ein persönliches Gespräch angewiesen, darf er einen für den Gerichtsbezirk auswärtigen, aber am Ort seiner Wohnung oder Geschäftsniederlassung ansässigen Anwalt (Distanzanwalt) beauftragen, BGH NJW 2007, 2048; NJW 2003, 898; VersR 2006, 1089; NJW-RR 2005, 1662; Bmbg JurBüro 2014, 28; LAG Ffm NZA-RR 2012, 603. Gelegentlicher Aufenthalt am Gerichtsort steht dem nicht entgegen, BGH NJW-RR 2004, 1216, auch nicht eine Zweigniederlassung, BGH NJW-RR 2005, 922, wohl aber soll ein Zweitwohnsitz entgegenstehen, Celle NJW-RR 2013, 1407; zum Fall der Sitzverlegung Bambg JurBüro 2014, 490. Ein voraufgegangenes Eilverfahren beeinflusst die freie Wahl nicht, Ffm JurBüro 2018, 429. Rechtskunde der Partei oder sonstige Gründe rechtfertigen im Ausnahmefall die Verweisung auf einen gerichtsansässigen Anwalt, Ffm JurBüro 2020, 136 Rn. 8. 178

Auf eine preisgünstigere Termins-Vertretung muss die Partei sich nicht verweisen lassen, BGH NJW-RR 2008, 1378. Wählt sie diese Möglichkeit, sind die Kosten ggf. auf den niedrigeren Betrag einer Reise begrenzt, BGH NJW-RR 2015, 761. Eine Fahrgemeinschaft von Anwalt und Mandant ist nicht geboten, LG Stgt BeckRS 2012, 26194. 179

Verneint wird die Notwendigkeit zB bei einem Insolvenzverwalter, BGH NJW-RR 2007, 129, einem Wirtschaftsverband mit eigener Rechtsabteilung, BGH NJW-RR 2009, 556; NJW-RR 2004, 856, einem Verbraucherverband, BGH NJW 2006, 301, einem gewerblichen Unternehmen mit eigener Rechtsabteilung, BGH NJW 2003, 2027; NJW-RR 2004, 856; Bmbg NJW-RR 2013, 1469 (Tochterunternehmen); Celle NJW-RR 2009, 557 (Versicherungsunternehmen), einer Körperschaft des öR mit großer Büroorganisation, KG JurBüro 2013, 430 (Studentenwerk). Zum Ansatz **fiktiver Reisekosten** → Rn. 186. 180

181 **(4) Kanzlei am dritten Ort.** Allg. Reck Rpfleger 2012, 419. Liegt die Kanzlei an einem dritten Ort, sind die ersatzfähigen Reisekosten grds. auf den hypothetischen Aufwand für eine Reise vom Wohnsitz des Mandanten aus zum Gerichtsort begrenzt; das gilt auch dann, wenn der Anwalt einer Sozietät angehört, die am Gerichtsort eine Niederlassung hat, Ffm JurBüro 2020, 254.

182 War indes die Hinzuziehung im Sinne von § 91 II 1 Halbs. 2 **notwendig,** findet diese Begrenzung nicht statt. Die Regelung verlangt im Falle der notwendigen Einschaltung eines auswärtigen Anwalts regelmäßig keine zusätzliche Prüfung, ob die Terminswahrnehmung durch diesen Rechtsanwalt erforderlich war oder auch durch einen im Gerichtsbezirk ansässigen Anwalt hätte erfolgen können, BGH NJW 2021, 3663; im Anschluss an BGH NJW-RR 2012, 695 Rn. 16.

183 Aus dem Gesichtspunkt der **Spezialisierung** ist die Wahl nur ausnahmsweise als notwendig anzuerkennen, insbesondere wenn es sich bei dem Gerichtsort um den eigenen Gerichtsstand der Partei handelt, BGH NJW-RR 2012, 695; NJW-RR 2007, 1071; NJW 2011, 3520; NJW 2003, 901; Kblz MDR 2017, 670 (weite Anforderungen bei Turnussenaten); Nürnb MDR 2007, 1223. Das gilt auch für den Unternehmenssitz, BGH NJW-RR 2012, 381, und für einen Insolvenzverwalter, BGH NJW-RR 2012, 698. Der spätere Wechsel von einem ortsansässigen zu einem fremden Spezialanwalt soll generell nicht zu beachten sein, Schlesw NJW-RR 2015, 1022. Auf eine „Nähe zum Wohnort" abzustellen, so noch LAG Schlesw NZA-RR 2004, 209, erscheint angesichts der vorhandenen Datenverbindungen problematisch. Die freie Wahl des Anwalts hat angesichts dessen ein höheres Gewicht als die Einsparung von Reisekosten. Auch bei **Ausländern** ist Großzügigkeit angezeigt, BGH NJW 2017, 2626; NJW-RR 2014, 886; Kblz JurBüro 2015, 577; Ddf JurBüro 2003, 427, indes kann der einfach gelagerte Sachverhalt auch hier die Wahl eines ortsansässigen Anwalts gebieten, Mü JurBüro 2014, 540.Die Reisekosten sind bei fehlender Notwendigkeit bis zur Höhe der **fiktiven Reisekosten** eines am Wohn- oder Geschäftsort der Partei ansässigen Rechtsanwalts erstattungsfähig, wenn dessen Beauftragung notwendig gewesen wäre, BGH NJW-RR 2012, 381; NJW-RR 2004, 855; näher → Rn. 186. Anders kann der Fall liegen, wenn vorher bereits eine unternehmensbezogene Bearbeitung an dem Ort der Kanzlei stattgefunden hat, BGH NJW-RR 2011, 1430, oder ausnahmsweise die Hinzuziehung eines spezialisierten Anwalts erforderlich ist, BGH NJW-RR 2012, 697.

184 **(5) Mandant ist gerichtsansässig.** Hat der Mandant im Gerichtsbezirk seinen Wohn- oder Geschäftssitz, ist die Wahl eines auswärtigen Anwalts für die Erstattung der Reisekosten nur **ausnahmsweise notwendig,** BGH 5.7.2022 – VIII ZB 33/21 Rn. 13, BeckRS 2022, 19467 Rn. 13; NJW 2018, 1693; Schlesw NJW 2015, 3311; Ddf 11.5.2004 – 10 WF 14/04, BeckRS 2004, 10159; allg. → Rn. 50. Das ist sicher dann der Fall, wenn ein **spezialisierter** auswärtiger Rechtsanwalt benötigt wird und ein vergleichbarer Anwalt am Wohnort der Partei nicht beauftragt werden kann, BGH BeckRS 2022, 19467 Rn. 14; NJW 2021, 3663 Rn. 12; NJW-RR 2007, 1071 Rn. 13; NJW 2003, 901; JurBüro 2003, 427 (keine Routinesache); Ffm NJOZ 2016, 780 (Sortenschutzsache); Jena NJW-RR 2013, 317; Naumb MDR 2010, 1494 (Spezialisierung), oder wenn ein auswärtiger Anwalt beauftragt wird, eine **Vielzahl** gleichgelagerter Fälle vor den Gerichten zu vertreten, BGH NJW 2018, 1693 (Insolvenzverwalter); Nürnb NZI 2020, 861. Die Notwendigkeit fehlt, wenn am Sitz des Mandanten eine ausreichende Zahl (spezialisierter) Anwälte vorhanden ist, BayObLG JurBüro 2005, 361; dann ist der Erstattungsanspruch auf die fiktiven Reisekosten eines bezirksansässigen Anwalts begrenzt) → „Fiktive Kosten"; auch die Wahl des auswärtigen Anwalts durch den **Haftpflichtversicherer** soll nicht notwendig sein, Oldb NJW-RR 2008, 1305, ebenso wenig die ständige Betreuung von Rechtsangelegenheiten durch eine im Ausland ansässige Niederlassung, Stg BeckRS 2021, 46941.

185 Die zunehmende Tätigkeit überregionaler Anwaltskanzleien, die damit einhergehende Spezialisierung und der Aufbau intensiver, auf Dauer angelegter Mandantenbeziehungen fordert bei der Beurteilung Großzügigkeit, zumal es aus Mandantensicht durchaus auch zu beachten sein kann, dass Mehrkosten um den Vorteil der Konzentration willen in Kauf genommen werden, → Rn. 50.

dd) Höhe der erstattungsfähigen Reisekosten

186 **Anreise:** Bei weiter Strecke ist sie am **Vortag** zulässig, Mü NJW-RR 2004, 714.

Bahncard 100: Kann mit der Höhe des fiktiven Preises einer Fahrkarte angesetzt werden, Ffm NJW 2006, 2337.

Fahrgemeinschaft: Sie muss zwischen Anwalt und Partei nicht gebildet werden, Brdb AGS 2022, 29.

Fiktive Kosten: Ist die Mandatierung eines auswärtigen Anwalts nicht notwendig, beschränkt sich die Kostenerstattung auf die fiktiven Reisekosten eines **im Gerichtsbezirk ansässigen** Rechtsanwalts; zu erstatten sind die tatsächlichen angefallenen Kosten, begrenzt durch die fiktiven Reisekosten eines Anwaltes, der im Gerichtsbezirk an dem vom Gericht **entferntesten Ort** seine Niederlassung hat, BGH NJW 2021, 3663; NJW 2019, 681 Rn. 18, Anm. Seggewiße MDR 2019, 402; NJW 2018, 2572 Rn. 12; Ddf JurBüro 2020, 134 Rn. 22; Drsd JurBüro 2020, 137; Köln NJOZ 2016, 1294; Schlesw NJW 2015, 3311. Zum Teil wird verlangt, dass sich dieser Ort für eine Anwaltsniederlassung eignen muss, VG Halle AGS 2020, 345 (Unterzentrum); Genauigkeit sollte indes ihre Grenzen haben.

Die Reisekosten des Hauptbevollmächtigten nicht jedoch notwendig auf die Kosten beschränkt, die bei Tätigkeit eines Unterbevollmächtigten am Gerichtsort entstanden wären, BGH NJW-RR 2014, 763; NJW-RR 2005, 1662.

Nachdem der BGH diese Frage geklärt hat, sollte man abweichende Ansichten, die zT noch weitergehend differenzieren wollten, vgl. etwa Celle NJW 2015, 2670, oder die Erstattung gänzlich ablehnen, Ffm JurBüro 2017, 426, als überholt betrachten. Maßgeblich ist der Gerichtsbezirk des konkret tätigen Gerichts, Ffm JurBüro 2019, 23; Köln NZFam 2016, 186. Auf eine kürzere Wegstrecke des Mandanten selbst kommt es nicht an, AG Kiel NJW-RR 2013, 892.

Auch **sonstige Auslagen** wie Hotelkosten sind fiktiv zu ermitteln, Nürnbg JurBüro 2013, 199.

Flugreise: Der Prozessbevollmächtigte ist in der Wahl des Transportmittels grds. frei; er kann sich auch für das Flugzeug entscheiden, BGH NJW 2007, 2047 (für Fristversäumnis, aber verallgemeinerungsfähig). Gesondert zu prüfen ist die ansatzfähige Höhe der Kosten. Grds. sind allein die fiktiven Kosten bei einer Anreise mit der Bahn in der 1. Klasse maßgeblich, zumindest sind sie Prüfmaßstab, Ffm JurBüro 2017, 153. Bis zu dieser Höhe sind die dem Prozessbevollmächtigten entstandenen Kosten in jedem Fall zu erstatten, selbst wenn bei Buchung eines Tarifs der Economy-Class fiktive Kosten in geringerer Höhe entstanden wären, Brdb NJW-RR 2014, 828 (gegen Business Class); Celle MDR 2013, 1119 (nur Economy). Maßgeblich ist die Zeitersparnis, Kblz

JurBüro 2013, 145; auf angemessenes Verhältnis zu Bahnkosten abstellend Köln AnwBl 2010, 536. Bei einer Entfernung von 470 km Flugreise idR zu erstatten, Saarbr NJW-RR 2009, 1423. Drei Stunden Zeitgewinn pro Strecke rechtfertigen den Flug, Hbg JurBüro 2008, 432 (für Business Class).

Einzelheiten Toussaint/Schmitt RVG VV 7003–7006 Rn. 32.

Hotel: Zu Kosten der Partei → Rn. 129. Beim Anwalt ist der Zeitdruck idR höher. Abreise vor 6 Uhr morgens ist nicht zu verlangen, LG Berlin JurBüro 2016, 314; LG Kblz JurBüro 2009, 432. Ein adäquater Qualitätsstandard ist generell zu wahren, Ffm MDR 2008, 1005, bei Bedarf an Konferenzraum ein höherer. Als übertrieben erscheint es, die Frühstückskosten herauszurechnen, so aber Ddf NJW-RR 2012, 1470.

Kraftfahrzeug: Man braucht in den Grenzen des Missbrauchs nicht zu prüfen, ob die Benutzung eines anderen Verkehrsmittels billiger gewesen wäre als die des eigenen Kraftfahrzeugs, Saarbr NJW-RR 2009, 1008.

Mehrere Anwälte: Bei Anreise aus einer Sozietät in mehreren Sachen kann einschränkende Verteilung in Betracht kommen, LG Limburg JurBüro 2015, 34.

Unterbevollmächtigter: Wenn sein Einsatz niedrigere Kosten verursacht als die Reise des Hauptbevollmächtigten, gebührt ihm der Vorzug, es sei denn, die Anwesenheit des Hauptbevollmächtigten sei notwendig, BGH NJW-RR 2004, 1212. Terminüberschneidung soll zur Bestellung nicht ausreichen, Mü NJW-RR 2002, 354.

Urlaubsreise: Die Nutzung der Reise zum Weg in den Urlaub führt zur Kürzung, OLGR München 1996, 83.

b) Ablichtungen. Man muss die Frage, ob und in welchem Umfang der Anwalt vom Auftraggeber Zahlung **187** fordern kann, zunächst nach VV 7000 ff. RVG beantworten, Hbg MDR 2007, 244. Die ersten 100 Seiten sind in den allgemeinen Geschäftsunkosten enthalten. Im Verhältnis zum Prozessgegner richtet sich die Erstattungsfähigkeit nach den Grundsätzen des § 91 II 1 Hs. 1, BGH NJW 2005, 2317. Überprüfbar ist die Notwendigkeit der Herstellung, → Rn. 174; steht sie fest, sind die Beträge der weiteren Überprüfung entzogen.

Zur Notwendigkeit der Herstellung von Kopien folgende **Beispiele:** **188**

Akte: Nicht erstattbar ist die Kopie der ganzen Akte anstelle eines ausreichenden Auszugs, Ffm MDR 1978, 498, **189** Hbg JurBüro 1978, 1511. Auf handschriftliche Auszüge darf eine Partei nicht verwiesen werden, Ffm MDR 1978, 498.

Auftraggeber: Die Schreibauslagen sind erstattungsfähig, soweit der Auftraggeber dazu berechtigt war, eine Ablichtung oder Abschrift eines Schriftsatzes oder eines Protokolls vom Anwalt zu fordern.

Auskunft: Kopien für Behördenauskünfte sind grds. nicht erstattungsfähig, Bbg JurBüro 1986, 68 (Rentenauskunft).

Fachliteratur: Kopien sind grds. nicht erstattungsfähig, Schlesw SchlHA 1979, 43.

Gegner: Übermittlung von Kopien, deren Original beim Gegner liegt, kann zur Prüfung notwendig sein, Ffm AnwBl 1985, 204.

Gerichtsentscheidungen: Notwendigkeit denkbar, wenn sie in der Sache selbst ergangen sind, Schlesw JurBüro 1981, 385, nicht aber alleine zur Untermauerung des Rechtsstandpunktes, LAG Hamm MDR 1981, 789, und nicht bei veröffentlichten Entscheidungen, Hbg MDR 2017, 972; Kblz NJW-RR 2008, 375, anders wenn neue Entwicklungen dargelegt werden müssen, die noch nicht veröffentlicht sind, LAG Köln JurBüro 1984, 871.

Gutachten: Erstattbarkeit besteht, soweit der ProzBev. es ständig benötigt, LG Bln MDR 1982, 327.

Handakte: Unzulänglichkeit der Handakte eines Vorgängers rechtfertigt Kopierkosten nicht, BGH NJW 2005, 2317.

Information: Bei Kopien, die für die Information des Mandanten benötigt werden, ist Kleinlichkeit fehl am Platz, Karlsr AnwBl 1986, 547.

Protokolle: Notwendigkeit der Kopie verneinend Kblz JurBüro 1991, 537.

Streitgenossen: Die Zahl der Kopien kann sich an deren Zahl orientieren, LAG Hamm MDR 1988, 524.

Unersetzbarkeit: Erstattbar ist eine Kopie bei einer Unersetzbarkeit des Originals, Bbg JurBüro 1981, 1679.

Urkundenprozess: Erstattbarkeit besteht in diesen Verfahren nach §§ 592 ff. bei Kopien erhöht, Kblz MDR 1990, 64.

Zeitpunkt: Maßgeblich für die Beurteilung ist der Zeitpunkt der Herstellung, Bbg JurBüro 1984, 1358.

c) Mehrheit von Auftraggebern, Streitgenossen. Es kommt auf die Anzahl der im Rechtsstreit selbst **190** vertretenen Parteien an; bei der **Prozessstandschaft** zählt der Rechtsinhaber nicht mit, Saarbr JurBüro 2005, 424. Die Erhöhungsgebühr VV 1008 RVG ist grds. veranlasst. Eine Vermeidung der Gebühr durch Wahl einer geeigneten rechtlichen Konstruktion, etwa Abtretung, ist nicht zu verlangen, Mü ZMR 2003, 451. Bei der BGB-Gesellschaft ist sie nicht mehr veranlasst, Naumbg JurBüro 2002, 26; Oldbg AnwBl 1993, 529. Bei einer Selbstvertretung mehrerer Rechtsanwälte markiert sie die Obergrenze, Oldbg NdsRpfl 1998, 92. Die Deckelung der Gebühr nach VV 1008 III RVG ist nicht zusätzlich durch das Doppelte der Ausgangsgebühr begrenzt, BGH NJW 2019, 2698.

Bestellen mehrere **Streitgenossen** jeweils eigene Anwälte, ist eine **Einzelfallprüfung** des Anlasses geboten, **191** BGH NJW 2007, 2257; Ddf ZEV 2019, 158; JurBüro 2007, 263; Karlsr NJW-RR 2018, 569; MDR 2000, 235; Naumb Rpfleger 2005, 482; Mü GRUR-RR 2002, 119; Köln JurBüro 1999, 418. Grundsätzlich darf jeder Streitgenosse einen Anwalt beauftragen, BGH NJW 2012, 319. Maßgeblich ist unter dem Gebot kostensparender Prozessführung, → Rn. 55, die Frage, ob ein denkbarer Interessenkonflikt den Aufwand rechtfertigt; für Entscheidungsfreiheit Köln JurBüro 1999, 418 (Selbstvertretung mehrerer Sozien, insoweit einschränkend Ddf JurBüro 2010, 431); Hamm JurBüro 1981, 925, für kritische Nachprüfung Mü MDR 2013, 430; Kblz JurBüro 2012, 533. Auch im Rechtsstreit gegen Fahrer/Halter und **Kfz-Haftpflichtversicherer** ist eine Mehrfachvertretung nur unter besonderen Voraussetzungen notwendig, BGH NJW-RR 2004, 536; divergierend für die Widerklage Saarbr JurBüro 2021, 324 (bejahend); Nürnbg NJOZ 2012, 1545 (verneinend); LG Mönchengl NJW-RR 2008, 1096 (bejahend). Eine neben den Sozien mitverklagte Anwaltsgesellschaft darf sich durch einen eigenen Anwalt vertreten lassen, BGH NJW 2013, 2826. Die Inanspruchnahme eines eigenen Anwalts durch einen Streitgenossen ist selbst bei Vertretung durch die Anwälte einer Sozietät an sich erstattungsfähig, Saarbr JurBüro 2019, 524. Besonders kritischer Prüfung bedarf die Notwendigkeit, wenn erst nachträglich ein Mandat auf mehrere aufgespalten wird; ein **Interessenkonflikt** kann hierfür ausschlaggebend sein, Naumbg RPfleger 2005, 482; Kblz MDR 1994, 416.

192 Die Inanspruchnahme unterliegt der Missbrauchskontrolle, BGH NJW 2017, 3788. Grds. **missbräuchlich** ist das Betreiben mehrerer Verfahren durch mehrere Ast. gegen einen Ag. bei gleichgelagertem Sachverhalt, BGH NJW 2014, 2285, die Mandatierung eines Anwalts für jedes von mehreren Vertretungsorganen einer Partei, BGH NVwZ 2011, 765; Ddf MDR 2012, 494; Kblz Rpfleger 1980, 157 (jew. Behörde), mehrere Beteiligte eines wirtschaftlich identischen Unternehmens, Kblz NJW-RR 2011, 1560; MDR 1994, 416 (jew. GmbH & Co. KG), Mandatierung durch einen mitbeklagten Anwalt bei ausreichender Selbstvertretung, BGH NJW 2017, 3788; oder wenn feststeht, dass die Mandatierung mehrerer schlechthin nicht erforderlich ist, Naumbg FD-RVG 2013, 347960. Entsprechendes gilt auch für Fälle, in denen **Selbstvertretung** in Betracht kommt, BGH NJW-RR 2018, 124, → Rn. 233; Köln JurBüro 2010, 535. Erstattungsfähig ist indes eine **fiktive Mehrvertretungsgebühr,** Oldbg NJOZ 2017, 985; Mü MDR 2013, 430.

193 Der (alleine) obsiegende Streitgenosse kann eine seinem **Kopfanteil** am Streitwert entsprechende Kostenerstattung verlangen; vollen Ersatz kann er nur beanspruchen, wenn sein Ausgleichsanspruch gegen den unterlegenen Streitgenossen im Innenverhältnis nicht durchsetzbar ist, BGH NJW-RR 2003, 1217 (Aufgabe älterer Rspr.!); Schlesw JurBüro 2019, 207; Brdb BeckRS 2018, 35274, oder eine Zahlung von vornherein ausscheidet, Kblz FamRZ 2007, 1349. Auf diese Weise wird die **Baumbach'sche Formel,** → § 92 Rn. 59 konsequent in die Kostenausgleichung übertragen. Unterschiedliche Beteiligung und verschiedene Kostenansätze können auf diese Weise ebenfalls angemessen berücksichtigt werden, Kblz JurBüro 2014, 308.

194 Zu Steuerfragen → Rn. 85; zum Verkehrsanwalt → Rn. 199.

195 **d) Mehrheit von Verfahren.** Die **rechtsmissbräuchliche** Aufspaltung eines einheitlichen Sachverhalts auf mehrere Verfahren führt auch unter der Geltung von § 91 II 1 Hlbs. 1 zur Reduzierung auf die fiktiven Kosten eines einzigen Rechtsstreits, BGH NJW 2013, 66; NJW-RR 2013, 442 Rn. 10 (eingehend mit Beispielen); NJW-RR 2011, 230 (Anfechtung nach WEG); Hbg NJW-RR 2013, 1404; (Unterlassungsanspruch eines Gl. gegen zwei Schuldner); Mü GRUR-RR 2002, 119 (Unterlassungsansprüche mehrerer Gl. gegen einen Schuldner bei Vertretung durch einen Anwalt); OLGR München 1994, 228 (allg. Rechtsmissbrauch); Hbg MDR 2004, 778; Kblz JurBüro 1991, 547 (jew. mehrere **Bürgen**). Sachwidriges Vorgehen ist gegeben, wenn mehrere von demselben Prozessbevollmächtigten vertretene Antragsteller in engem zeitlichen Zusammenhang mit weitgehend gleichlautenden Antragsbegründungen aus einem weitgehend identischen Lebenssachverhalt ohne sachlichen Grund in getrennten Prozessen gegen denselben Antragsgegner vorgehen, BGH NJW 2014, 2285; AnwBl 2012, 1008 = BeckRS 2012, 20765; KG AGS 2021, 221 = ZfS 2021, 404 mit Anm Hansens, der die uneinheitliche Rspr. kritisiert, indes erscheint der Vergleich von BGH NJW 2012, 319 mit BGH NJW 2013, 66 wegen unterschiedlicher Parteirollen nicht stichhaltig. Die Gegebenheiten des Einzelfalls müssen durchgehend im Vordergrund stehen.

196 Der Einwand kann auch im Kostenfestsetzungsverfahren erhoben werden, BGH NJW 2014, 2285; NJW 2013, 66.

197 **Ausreichend** für eine Aufspaltung sind verschiedene Gerichtsstände, Kblz JurBüro 1990, 206 (Verfahren nach § 36 Nr. 3 nicht geboten), die unterschiedlichen Haftungsgrundlagen von Hauptschuldner und Bürge, Kblz WM 1991, 278, die Verringerung des Prozessrisikos, BGH NJW 2014, 2285, Wahrnehmung höchstpersönlicher Angelegenheiten. Auch → Rn. 58 unter dem Aspekt der Kostenvermeidung insgesamt.

e) Sonstige einzelne Kosten

198 Begutachtungstermin: Bei Durchführung aufgrund einstw Verfg. sind die Kosten für die Teilnahme von anwaltlichen Vertretern keine der Zwangsvollstreckung, sondern des Beweisverfahrens und müssen mit dem materiell-rechtlichen Kostenerstattungsanspruch, → Vor § 91 Rn. 63, oder bei der Kostenerstattung des Hauptsacheprozesses geltend zu machen, GRUR 2020, 1346.

Terminsvertretung: Die Vergütung eines vom Prozessbevollmächtigten im eigenen Namen beauftragten Terminvertreters gehört nach wohl vorherrschender Ansicht nicht zu den ersatzfähigen Kosten; es daher dafür Sorge zu tragen, dass der Vertreter im Namen der Partei beauftragt wird, Hamm BeckRS 2019, 38868. Nach zutreffender aA sind die Kosten bis zur Grenze der ersparten Reisekosten ersatzfähig, AG Berlin-Mitte AGS 2020, 302.

Versicherungsprämie: Die Kosten der Haftpflichtversicherung zählen, soweit es um eine Versicherungssumme bis 30 Mio. Euro geht, zu den allgemeinen Geschäftsunkosten, die nach VV Vorbemerkung 7 Abs. 1 Satz 1 RVG von den Gebühren mit abgegolten sind, BGH NJW 2018, 1477 Rn. 25.

199 **4. Besondere anwaltliche Tätigkeiten. a) Verkehrsanwalt (Korrespondenzanwalt). aa) Grundlagen.** Beim Verkehrsanwalt beschränkt sich der Auftrag nach VV 3400 RVG auf die Führung des Verkehrs eines Verfahrensbeteiligten mit dem Verfahrensbevollmächtigten; hieran ist die Notwendigkeit auszurichten, BGH NJW 2015, 633 Rn. 14. Es muss sich um einen Anwalt handeln, Hbg JurBüro 1993, 157. Fehlt eine ausdrückliche Regelung von dessen Tätigkeit, sind die Umstände maßgeblich, Brdb JurBüro 2009, 434. Die nach § 91 I 1 Hs. 1 als vorgegeben anzusehende Notwendigkeit der Mandatierung, → Rn. 136, gilt hier nicht. Sie muss in jedem Fall nach § 91 I 1 eigens geprüft werden, BGH NJW 2015, 633; NJW 2006, 301; NJW-RR 2013, 242; 1563. Das ist angesichts der weitreichenden Postulationsfähigkeit zugelassener Anwälte, § 78 I 1 seit 1.1.2000 an den Landgerichten, seit 1.8.2002 an den Oberlandesgerichten, und angesichts der Tätigkeit überörtlicher Anwaltsgesellschaften nur noch ausnahmsweise der Fall. Rspr. aus früherer Zeit ist mit Zurückhaltung zu verwerten.

Für die Beiordnung nach § 121 III sind die Voraussetzungen des Abs. IV mit zu prüfen, BGH NJW 2004, 2794. Besteht Anspruch auf Beiordnung eines Verkehrsanwalts, darf die Beiordnung eines auswärtigen Anwalts nicht auf die Bedingungen eines ortsansässigen Anwalts eingeschränkt werden, indes sind die abrechenbaren Mehrkosten begrenzt, Ffm BeckRS 2022, 13653; FamRZ 2022, 540, mAnm Schneider NZFam 2021, 706.

200 Da zudem der von der Partei beauftragte Prozessbevollmächtigte idR die Sache selbst durchführt, verlagert sich das Problem auf die Ansatzfähigkeit von **Reisekosten,** → Rn. 172, einer **Unterbevollmächtigung,** → Rn. 205, oder der Bevollmächtigung von **spezialisierten** Anwälten, → Rn. 181. Die dort nach heutiger Rechtslage gewonnenen Erkenntnisse sind auf den Verkehrsanwalt übertragbar.

201 **bb) Allgemeines zur Notwendigkeit.** Im Vordergrund steht eine wirtschaftliche Betrachtung, Brdbg Rpfleger 2017, 402; Naumb NJW-RR 2012, 430. Die Notwendigkeit ist gegeben, wenn es der Partei nach den Umständen des Einzelfalles unmöglich oder unzumutbar ist, den Prozessbevollmächtigten am entfernten Ge-

richtsort persönlich oder schriftlich und telefonisch zu informieren, Rspr. → Rn. 199. Sie kann sich insbesondere bei Privatpersonen aus deren individuellem **Bedarf** an persönlicher, mündlicher und ortsnaher Beratung ergeben, einhergehend mit der Notwendigkeit, am Gerichtsort einen anderen Anwalt auftreten zu lassen. Ausschlaggebend können sein Alter, Gesundheitszustand, Kblz JurBüro 1991, 243; Hbg JurBüro 1990, 888, Rechtsunerfahrenheit, Hbg JurBüro 1991, 1516, unvorhersehbarer Prozessverlauf, Hbg JurBüro 2002, 319. Bedeutung hat daneben der Gesichtspunkt sinnvoller **Betriebsorganisation,** BGH NJW-RR 2004, 857; → Rn. 177. Ortsansässigkeit kann nach gegenwärtiger Rechtslage begrifflich nicht verlangt werden, anders noch Ddf NJW-RR 1997, 190. Jede sinnvolle andere Lösung zur Information des Prozessbevollmächtigten steht der Notwendigkeit entgegen, Naumbg NJW-RR 2012, 430 (Vertretung durch Liquidator).

cc) Kostenbegrenzung. Im Regelfall begrenzen sich die ansatzfähigen Kosten auf die fiktiven Reisekosten 202
eines Prozessbevollmächtigten vom Kanzlei- oder Wohnsitz zum Gerichtsort, BGH NJW 2006, 301. Die Lage ist ähnlich derjenigen, in der ein Prozessbevollmächtigter abseits des Gerichtsortes mit der Vertretung vor Gericht beauftragt wird, → Rn. 168, → Rn. 186. Entspr. Erwägung greifen Platz, wenn die Notwendigkeit eines Verkehrsanwalts nicht besteht, wohl aber ein ortsansässiger Anwalt für die Tätigkeit an einem auswärtigen Gericht bestellt werden könnte, Mü JurBüro 2007, 595; → Rn. 172.

dd) Einzelfälle. Nachfolgend werden für einzelne Sachgebiete die besonderen Probleme einer Mandatierung 203
von Verkehrsanwälten insoweit aufgeführt, als sie nach der seit dem Jahre 2000 maßgeblichen Rechtslage Bedeutung haben. Vgl. auch Toussaint/Toussaint RVG VV 3400 Rn. 56.

Arrest, Einstweilige Verfügung: Erwägungen zum Verkehrsanwalt sind weitgehend obsolet. Mit Spezialisie- 204
rung kann die Notwendigkeit praktisch nicht begründet werden, Mü AnwBl 1998, 485.

Arzthaftung: Es ist nicht schon wegen solcher Rechtsfragen stets ein Verkehrsanwalt notwendig, Kblz NJW 2006, 1072.

Ausländer: Grds. darf eine im Ausland ansässige Partei einen Verkehrsanwalt beauftragen, Mü NJW-RR 2011, 1207. Ein Ausländer wird wie Inländer behandelt, wenn er regelmäßig am deutschen Rechtsverkehr teilnimmt, Ddf NJW-RR 1997, 574. Ein ausländischer **Versicherer,** der in Deutschland eine Vielzahl gleichgelagerter Ansprüche geltend macht, kann einen Verkehrsanwalt beauftragen, Kblz JurBüro 1994, 478.

Ausländische Beweisaufnahme: Bei Notwendigkeit erstattbar, § 91 II 2 greift nicht ein, BGH NJW-RR 2005, 1732.

Ausländischer Verkehrsanwalt: Kopylov JurBüro 2011, 567 (Russland). Die Notwendigkeit ist mit Blick auf die besondere Lage der ausländischen Partei eher großzügig zu prüfen, indes haben der Informationsstand des inländischen Prozessbevollmächtigten und die Gelegenheit zu unmittelbarer Information hohes Gewicht, BGH NJW 2012, 938; KG GRUR-RR 2008, 373; Rostock MDR 2011, 394; KG MDR 2009, 1312 (jew. keine Notwendigkeit bei internationaler Anwaltsgesellschaft); Kblz JurBüro 1995, 264 (Hongkong). Des Weiteren hat eine (nicht alleine ausschlaggebende) **Kostenabwägung** stattzufinden, Kblz MDR 2014, 859. Der ausländische Anwalt soll idR einen am Gerichtsort ansässigen Prozessbevollmächtigten beauftragen, Mü NJW-RR 2011, 1207. Hypothetisch niedrigere **Reisekosten** zum Prozessbevollmächtigten sollen nicht grds. begrenzend wirken, Ffm GRUR 1986, 336. Das Zusammenwachsen Europas kann die Notwendigkeit einschränken, Hbg MDR 2000, 664.

Der Honoraranspruch beurteilt sich in **Grund und Höhe** nach deutschem Recht, BGH NJW-RR 2005, 1732; Stgt NJW-RR 2004, 1581 (deutsche Gebührensätze, Anlehnung an EuGH NJW 2004, 833). Für großzügige Beachtung von Honorarvereinbarungen Mankowski NJW 2005, 2346; allg. → Rn. 163. Zusätzlich anfallende Übersetzungskosten können im Einzelfall notwendig sein, Hbg Rpfleger 1996, 370.

Berufung: Hier ist die Notwendigkeit kaum vorstellbar, BGH NJW 2015, 633; NJW 2006, 301; NJW-RR 2006, 1563, allenfalls denkbar für neuen Sachvortrag, Hbg MDR 2002, 542, oder im Streit um die Zurechnungsfähigkeit, Kblz JurBüro 1991, 243.

Eheleute: Einsatz des Ehegatten als Verkehrsanwalt ist grds. nicht notwendig, Kblz JurBüro 1984, 758.

Entfernung: Anknüpfung an räumliche Gegebenheiten ist fragwürdig, aA Köln JurBüro 2000, 253; Ffm OLGR 2000, 123.

Gebührenklage: Wenn sie der Hauptsache nur noch nachfolgt, kann der Hauptbevollmächtigte alleine tätig werden, KG MDR 2009, 1312.

Revision: Voraussetzung ist das ausnahmsweise Vorliegen besonderer Umstände, BGH NJW 2015, 633; NJW 2006, 301; Ffm JurBüro 2017, 320 (ausnahmsweise neue Tatsachen); Hbg VersR 2014, 766; Nürnb MDR 2011, 264; 2005, 298.

Selbstvertretung: Ein Anwalt kann nicht sein eigener Verkehrsanwalt sein, Rostock JurBüro 2001, 194; Stgt JurBüro 1998, 142. Das gilt auch für die **Partei kraft Amtes,** Mü JurBüro 1994, 546. Ist der Anwalt in einem sonstigen Amt tätig, kommt Vorgehen in der Funktion des Verkehrsanwalts ausnahmsweise in Betracht, wenn er über den typischen Aufgabenbereich seines Amtes hinaus Aufwand treiben muss. Die Notwendigkeit bedarf auch hier kritischer Prüfung, → Rn. 201, und ist grds. zu verneinen. Beispiele aus der älteren Rspr. sind nur für den Aufgabenbereich, nicht für die Notwendigkeit verwertbar, Naumbg NJW-RR 2012, 430; Ddf BB 1977, 1575 **(Liquidator);** KG MDR 1987, 679 **(Vereinsvorstand);** Schlesw SchlHA 1979, 60 **(Vormund);** Mü NJW-RR 1997, 1286 **(Betreuer).**

Spezialisierung: Sie spielt für den Einsatz des Verkehrsanwalts keine nennenswerte Rolle mehr, da der spezialisierte Anwalt die Vertretung idR selbst übernimmt.

Sprachkenntnisse: Fehlende eines in Deutschland tätigen Unternehmens rechtfertigen den Einsatz eines Verkehrsanwaltes nicht, Kblz JurBüro 2011, 651.

Streitgenossen: Sie können einen Verkehrsanwalt einsetzen, wenn hierdurch Kosten infolge Anwaltsbestellung für jeden von ihnen eingespart werden, Mü MDR 1991, 256.

Vergleich, Vereinbarung: Können Grundlage der Festsetzung sein, wenn, namentlich bei notwendiger Mitwirkung des Verkehrsanwalts, die Auslegung dies ergibt, Kblz JurBüro 2000, 476 (Übernahme aller Kosten bei Abschluss durch Verkehrsanwalt); KG NJW-RR 2007, 212 („Kosten dieses Vgl." nicht ausreichend). Für eine eigenständige vgl. den allerdings sehr seltenen Fall in Kblz NJW-RR 2012, 1017.

b) Unterbevollmächtigter. Die Erstattungsfähigkeit von Kosten, die für einen Unterbevollmächtigten auf- 205
gewendet werden, ist mit dem Thema Verkehrsanwalt, → Rn. 199, und „Reisekosten des auswärtigen Anwalts",

→ Rn. 172, eng verknüpft. Auch hier gilt die Tätigkeit nicht aus sich heraus als nach § 91 II 1 Hs. 1 notwendig, weil insoweit nur die Kosten des Prozessbevollmächtigten geregelt werden, → Rn. 136. Die Notwendigkeit bedarf mithin nach § 91 I 1 eigenständiger Prüfung, BGH NJW 2012, 2888; NJW-RR 2004, 1724; NJW 2003, 898.

206 Sie besteht, soweit durch die Tätigkeit des Unterbevollmächtigten Reisekosten des Hauptbevollmächtigten erspart worden sind; das setzt zunächst voraus, dass eine Reise des letzteren zum Gerichtsort ihrerseits notwendig gewesen wäre, BGH NJW 2003, 898 (fortgeltend); → Rn. 174. Ersatzfähig sind **fiktiven Reisekosten** des Hauptbevollmächtigten, soweit sie diese nicht wesentlich übersteigen; die Grenze liegt bei 110 %, ohne dass es auf die diesen Wert übersteigende tatsächliche Höhe näher ankommt, BGH NJW-RR 2015, 761; NJW 2003, 898. Daraus folgt, dass die Kosten eines Terminsvertreters in voller Höhe zu erstatten sind, wenn sie unterhalb von 110 % der ersparten Reisekosten liegen, AG Wipperfürth AGS 2020, 219 Anm Schneider = NJW-Spezial 2021, 285.

207 Umgekehrt sind die Reisekosten des Hauptbevollmächtigten nicht notwendig auf die Kosten beschränkt, die bei fiktiver Tätigkeit eines Unterbevollmächtigten am Gerichtsort entstanden wären, BGH NJW-RR 2005, 1662; → Rn. 186. Maßgeblich ist die Betrachtung einer verständigen und wirtschaftlich vernünftigen Partei **ex ante** zum Zeitpunkt der Beauftragung, BGH NJW-RR 2014, 763 (auch: Einigungsgebühr); NJW 2012, 2888; → Rn. 120. Die Frage der Notwendigkeit wird mithin nicht von der Kostenersparnis getrennt betrachtet, sondern mit ihr verknüpft. Davon abweichende, ältere Rspr. ist überholt. Bei Aufhebung des Termins sind unvermeidbare Kosten zu erstatten, Celle JurBüro 2014, 27. Der doppelte Anfall einer Einigungsgebühr ist ggf. hinzunehmen, Mü NJW-Spezial 2008, 60.

208 Abrechnen kann der Hauptbevollmächtigte die Kosten nur, wenn er den Unterbevollmächtigten beauftragt hat; bei Auftrag seitens der Partei muss letzterer selbst abrechnen, BGH JurBüro 2012, 29. Fällt durch den Unterbevollmächtigten die Terminsgebühr an, sind weitere Kosten des Hauptbevollmächtigten nicht ansatzfähig, Stgt NJOZ 2018, 959.

209 **c) Patentanwalt. aa) Grundlagen.** Albrecht/Hoffmann, Die Vergütung des Patentanwalts, 4. Aufl. 2020. Für Nichtigkeits- und Zwangslizenzverfahren beachte § 84 II PatG, für Patentstreitsachen § 143 III PatG. Die Kosten des Patentanwalts sind nach § 143 III PatG im Umfang der Gebühren nach § 13 RVG zuzüglich notwendiger Auslagen erstattungsfähig. Bev muss (inländischer, EU-)**Patentanwalt** sein, nicht etwa Fachanwalt für gewerblichen Rechtsschutz, Köln GRUR-RR 2013, 39, oder nicht-EU-Patentanwalt, KG GRUR-RR 2008, 373 (Schweiz); BGH GRUR 2007, 999; Ffm GRUR-RR 2006, 422 (jew. Italien); Zweibr GRUR-RR 2004, 343 (EU). Zum Kreis der Patentanwälte zählt auch der nach **Art. 134 EPÜ** zugelassene Vertreter, Karlsr GRUR 2004, 888.

210 Voraussetzung ist, dass die Verurteilung auf Erwägungen beruht, die in den **Fachbereich der Patentstreitsache** fallen; bei **Klagenhäufung** kommt es alleine auf den hierin einzubeziehenden Streitpunkt an, Stgt GRUR-RR 2009, 79. Die Entscheidung über einen **Hilfsantrag** reicht aus, BGH GRUR 2019, 983; Anm. Ringer/Wiedemann GRUR-Prax 2019, 367.

211 § 143 III PatG regelt nur **Patentstreitsachen;** dies sind nach der Legaldefinition des § 143 I PatG alle Klagen, durch die ein Anspruch **aus einem der im PatG geregelten Rechtsverhältnisse** geltend gemacht wird; eine Analogie über § 143 III PatG kommt nicht in Betracht, BPatG GRUR 2008, 735. Der Begriff ist indes weit auszulegen, Köln GRUR-RR 2018, 317; vgl. die nachfolgenden Einzelfälle. Hinsichtlich der Mandatierung findet eine Prüfung der **Notwendigkeit** nicht statt, die Lage ist so wie im Fall des § 91 II 1 Hs. 1, BGH GRUR 2019, 983; Saarbr GRUR-RR 2009, 326 (Gleichstellung); zur Verfassungsmäßigkeit des § 140 IV MarkG Ffm GRUR-RR 2020, 287; für **Auslagen** ist die Notwendigkeit zu prüfen, Köln JurBüro 2009, 647.

212 Unter § 143 III PatG fallen insbesondere Klagen, deren Anspruchsgrundlage sich aus einem Patent oder einer nicht geschützten Erfindung ergibt, sowie solche, deren Ansprüche auf einem Lizenz- oder sonstigen Verwertungsvertrag beruhen. Entscheidend ist die enge Verknüpfung mit dem **Verständnis** einer **Erfindung,** auch wenn der Anspruch sich nicht aus dem PatG ergibt, BGH NJW 2013, 2440; GRUR 2011, 662 (Streit um Erschleichen eines Urteils).

213 Anderes gilt auch für das Honorar, wenn der Patentanwalt neben einem Rechtsanwalt tätig ist, **Doppelvertretung;** hier muss geprüft werden, ob Aufgaben wahrgenommen worden sind, die zum typischen Arbeitsgebiet eines Patentanwalts gehören; der Maßstab ist also großzügig, wobei eine typisierende Betrachtung angezeigt ist, namentlich bei zeitgleichem Verletzungsverfahren mit einem Nichtigkeitsverfahren, BGH GRUR 2013, 427 Rn. 34; 2013, 430 Rn. 32; 2012, 756; 2011, 754; BPatG GRUR-RR 2018, 272. Patentanwaltsgebühren können auch bei Auftreten in **Doppelfunktion** anfallen, BGH NJW-RR 2003, 913.

214 Für eine **außergerichtliche** Tätigkeit muss die Notwendigkeit immer geprüft werden, BGH GRUR 2012, 756; 2011, 754.

bb) Einzelfälle

215 **Abmahnung:** Auch wegen der Kosten kann eine Erstattungsfähigkeit bestehen, Ffm GRUR 2012, 760; Hamm GRUR-RR 2010, 404, KG GRUR-RR 2010, 403, Karlsr GRUR-RR 2006, 302.

Arrest, Einstweilige Verfügung: Kosten sind von § 143 III PatG erfasst, wenn eine Patentsache vorliegt, BGH GRUR 2012, 756; Ffm JurBüro 1990, 1295.

Designsache: Nach § 52 IV DesignG ist Patentsache, Ffm JurBüro 2016, 204.

DPMA: Kosten nach § 63 I MarkenG sind auch insoweit festzusetzen, BPatG GRUR 2005, 974.

Eigene Sache: Da § 91 II 3 keine Regelung für den Patentanwalt und § 143 III PatG keine für die Selbstvertretung enthält, ist die Ansatzfähigkeit von Gebühren in eigener Sache fraglich, bejahend für das Patentnichtigkeitsverfahren BPatG GRUR 1982, 293; verneinend selbst für Tätigkeit im Auftrag eines Patentanwalts Mü MDR 1998, 308.

Eintragung: Mitwirkung bei Angelegenheiten der Eintragung von Schutzrechten kann zu den typischen Aufgabenbereichen des Patentanwalts gehören, Ffm JurBüro 1997, 599.

EPA-Vertreter: Es gilt § 143 III PatG analog, BGH GRUR 2020, 781.

Gebrauchsmuster: Sachen nach § 27 III GebrMG fallen unter § 143 III PatG. Maßgeblich sind die im Nichtigkeitsverfahren entwickelten Grundsätze, BPatG GRUR 2017, 1169 (Aufgabe von BPatG JurBüro 2017, 74).

Geschmacksmuster: Für generelle Notwendigkeit der Mandatierung Ffm GRUR-RR 2013, 184; Nürnbg GRUR-RR 2003, 29.

Herausgabevollstreckung: Patentsache, wenn es sich um patentverletzende Gegenstände handelt, Ddf GRUR-RR 2010, 405.

Honorarklage: Sie ist nur Patentsache, wenn es auf das technische Verständnis einer Erfindung ankommt, BGH NJW 2013, 2440; Hbg Rpfleger 2019, 229; KG GRUR-RR 2012, 410.

Kennzeichenstreitsache: Vgl. **Vorlagebeschluss** betr. § 140 III MarkenG aF (§ 143 IV nF) an den EuGH durch BGH GRUR 2020, 1239 betr. die Frage, ob es mit Unionsrecht zu vereinbaren ist, dass bei der Tätigkeit eines Patentanwalts neben einem Rechtsanwalt die Notwendigkeit der Kosten nicht geprüft wird; zur Verfassungsmäßigkeit des § 140 IV MarkG Ffm GRUR-RR 2020, 287. Ein Rechtsstreit aus einem der im Markengesetz geregelten Rechtsverhältnisse, § 140 I MarkenG. Der Begriff ist weit auszulegen, BGH GRUR 2004, 622; Mü GRUR-RR 2004, 190 (Vertragsstrafe). Es kommt nicht darauf an, ob der Patentanwalt gegenüber dem Rechtsanwalt eine „Mehrleistung" erbracht hat, BGH GRUR 2019, 983 (Festhaltung offen gelassen); GRUR 2012, 756 (759); GRUR 2011, 754; 2003, 640. Für grds Kostenerstattung nach § 140 III MarkenG Stgt GRUR-RR 2009, 79; zu § 140 V a. F. Zweibr GRUR-RR 2009, 327. Die Prüfung der Notwendigkeit einer Mandatierung entfällt auch in der Kostenbeschwerde, Zweibr GRUR-RR 2009, 327. Kritisch zur Doppelvertretung Barnitzke GRUR 2016, 908. Werden kennzeichenrechtliche Ansprüche **hilfsweise** geltend gemacht, können die Kosten eines Patentanwaltes nur bei gerichtlicher Entscheidung hierüber und einer darauf aufbauenden Kostengrundentscheidung gegen den Gegner geltend gemacht werden, BGH GRUR 2019, 983.

Klagenhäufung: Die für den Patentanwalt einschlägigen Regelungen finden auf die patentrechtlichen Streitpunkte Anwendung, Stgt GRUR-RR 2009, 79.

Markensache: § 140 IV MarkenG Kennzeichensache.

Nichtigkeitsverfahren: Beachte § 84 II PatG; § 143 III PatG gilt auch nicht analog, BGH GRUR 2013, 427; 430; zur Doppelvertretung, wenn zeitgleich ein Verletzungsverfahren anhängig ist, BPatG GRUR-RR 2018, 272; GRUR-RR 2011, 436; GRUR 2012, 320. Für die Doppelvertretung gilt § 91 I 1 BPatG GRUR 2010, 555; Notwendigkeit besteht, wenn zugleich ein Streitverfahren anhängig ist BPatG JurBüro 2010, 482; für Bildung von Fallgruppen BPatG GRUR 2013, 208.

Nichtzulassungsbeschwerde: Die Kosten sind erfasst, wenn es sich um eine Patentsache handelt, BGH NJW 2019, 3459 (auch: mitwirkender Instanzanwalt, → Rn. 159); Ffm JurBüro 2016, 204.

Notwendigkeit: Die durch die Mitwirkung eines Patentanwalts in einer Kennzeichenstreitsache entstandenen Kosten sind gem. § 140 III MarkenG aF unabhängig davon zu erstatten, ob sie notwendig war; auf eine „Mehrleistung" kommt es nicht an, BGH GRUR 2003, 639; GRUR 2011, 754 Rn. 17; GRUR 2012, 756 Rn. 20; GRUR 2019, 983 Rn. 10. Dazu „Kennzeichenstreitsache"

Reisekosten: Es gelten die allg. Regeln, OLGR Mü 1994, 35; großzügig für Anreise bei Doppelvertretung Ffm NJW-RR 2019, 316.

Revision: Die Ungleichbehandlung von Patent- und Instanzanwalt ist verfassungsgemäß, Mü GRUR-RR 2004, 224.

Sortenschutz: Die Regeln zum Patentanwalt gelten auch im Verfahren nach § 38 SortenSchG.

Terminsgebühr: Setzt nach Brschw NJW-RR 2012, 242 Anwesenheit des Patentanwalts voraus.

Unterlassungsanspruch: Fällt bei Patentberühmung nach Ddf GRUR-RR 2012, 305 unter § 143 III PatG.

Urheberecht: Hinzuziehung des Patentanwalts ist idR nicht notwendig, Jena NJW-RR 2003, 105.

Wettbewerbssache: Mandatierung kann ausnahmsweise bei typischen patentrechtlichen Fragen (technischen Fragen) erforderlich sein, Ffm GRUR-RR 2011, 118; Hbg MDR 2007, 1224; Köln JurBüro 2006, 648; Jena NJW-RR 2003, 105.

Zwangsvollstreckung: Es gelten die zu → Rn. 209 dargelegten Grundsätze, wenn eine patentrechtliche Frage iwS einschlägig ist, Köln GRUR-RR 2012, 492; Stgt GRUR-RR 2005, 334 (jew. Geschmacksmuster); Ddf GRUR-RR 2010, 405 (Patent-, Gebrauchsmuster- und Markenstreitsache und Vernichtung patentverletzender Gegenstände).

d) Ausländischer Anwalt. Das deutsche Recht darf die Erstattungsfähigkeit der Kosten des ausländischen EU-Anwalts nicht ausschließen, aber auf diejenige eines in Deutschland niedergelassenen begrenzen, EuGH NJW 2004, 833; BGH NJW 2005, 1373; NJW-RR 2005, 1732; Mü NJW-RR 2004, 1508. **216**

Wegen des ausländischen Verkehrsanwalts → Rn. 203. **217**

III. Kosten mehrerer Anwälte, II 2. 1. Anwaltsmehrheit in einem Verfahren. a) Tragweite der Norm. Die Vorschrift ist Ausprägung des Grundsatzes kostensparender Prozessführung, BGH NJW 2007, 2257 Rn. 12; näher → Rn. 139. Sie enthält eine Begrenzung der Erstattungsfähigkeit von Anwaltskosten nur für den Fall, dass im Laufe desselben Prozesses für dieselbe Partei mehrere Anwälte als **Hauptbevollmächtigte** tätig gewesen sind, sei es gleichzeitig oder nacheinander, BGH NJW 2003, 898. S. 2 Hs. 1 stellt den Regelfall der hierfür geltenden Kostenbegrenzung dar; Hs. 2 ist die Ausnahme für den notwendigen Anwaltswechsel, → Rn. 226. Anwälte einer mandatierten **Sozietät** gelten als ein Anwalt, Toussaint/Toussaint RVG § 6 Rn. 5, 8; BGH NJW 1995, 1841. Kosten anderweitig tätiger Anwälte, namentlich Verkehrsanwalt, → Rn. 199, Unterbevollmächtigter, → Rn. 205, Patentanwalt, → Rn. 209, sind mangels Hauptbevollmächtigung nicht erfasst. Insoweit ist die Notwendigkeit jeweils für sich zu prüfen. Für eine Bürogemeinschaft gilt § 6 RVG ebenfalls nicht. **218**

Die Regelung ist alleine einschlägig, wenn nach Verweisung über die Mehrkosten nach § 281 III 2 unterblieben ist, Mü NJW-RR 2000, 1740. **219**

S. 2 ist gemeinsam mit dem Merkmal „Prozess" in S. 1 zu lesen; es kommt also auf das Vorliegen eines einzigen Verfahrens an; die Anwaltsmehrheit muss **innerprozessual** in Erscheinung getreten sein, so dass selbständig nebeneinander betriebene oder aufeinander folgende Verfahren grds. ebenfalls nicht erfasst sind, BGH NJW 2018, 625 Rn. 13; näher → Rn. 222. **220**

Der Grundsatz **kostensparender Prozessführung,** → Rn. 139 kann im Einzelfall neben § 91 II 2 selbständige Bedeutung haben. Das gilt insbesondere, wenn mehrere Verfahren im Lichte von § 91 II 2 Hs. 1 getrennt zu betrachten sind, durch Tätigkeit eines Anwalts aber dennoch kostensparend hätten betrieben werden können, → Rn. 195. **221**

b) Abgrenzung eines von mehreren Verfahren. Es bedarf daher der Abgrenzung der innerprozessualen Tätigkeit von der Mandatierung in verschiedenen Verfahren. Ausgangspunkt sind die jeweils einschlägigen **222**

verfahrensrechtlichen Regelungen. Außerhalb des Rechtsstreits liegende Tätigkeit, namentlich vorgerichtliche Mahnung, scheidet damit aus dem Anwendungsbereich von vornherein aus. Ein einziges Verfahren liegt andererseits selbst bei getrennter Abrechenbarkeit vor, wenn die betr. Vorgänge inhaltlich aufeinander bezogen sind, insbesondere selbständiges Beweisverfahren und Hauptsache, BGH NJW 2018, 625 Rn. 13; → Rn. 224.

223 **Beispiele:**

224 **Abänderungsverfahren:** Das Verfahren nach § 80 VII VwGO ist von demjenigen nach § 80 V VwGO grundverschieden. Wegen §§ 162 II 1, 173 S. 1 VwGO ist bereits fraglich, ob § 91 II 2 überhaupt Anwendung findet, gegen Anwendung von § 91 II 1 BVerwG NJW 2007, 3656. Jedenfalls liegt hier ein außerprozessualer Wechsel vor, OVG Münst NVwZ-RR 2015, 359.

Außergerichtliche Tätigkeit: Sie gehört nicht zum Rechtsstreit, so dass Anwaltswechsel unschädlich ist, BGH NJW 2018, 625 Rn. 14; JurBüro 2010, 190.

Mahnverfahren: § 91 II 2 gilt beim Wechsel vom Mahnverfahren zum streitigen Verfahren, BGH NJW 2018, 871.

Selbständiges Beweisverfahren: Es bildet mit der Hauptsache eine Einheit, BGH NJW 2018, 625 Rn. 13; Köln JurBüro 2013, 590 (Ausnahme bei notwendigem Wechsel). Das gilt nicht, wenn zwischen Beweisverfahren und Hauptsache ein Wechsel zwischen einzelnen Wohnungseigentümern und Gemeinschaft stattfindet, BGH NJW 2014, 3518.

Vergleich: Bei Fortsetzung des Rechtsstreits nach Einwänden gegen die Wirksamkeit eines Vergleichs liegt ein Verfahren vor, Hamm JurBüro 2000, 469.

Vorprozess: Er ist generell ein anderes Verfahren, Hbg ZfSch 1980, 305.

Widerklage: Sie ist mit der Klage ein einziges Verfahren, Ddf MDR 1995, 474; KG MDR 1975, 499.

Zurückverweisung: Es liegt ein Verfahren vor, Celle BauR 2016, 157 (Mehrkosten eines neuen Anwalts nur bei notwendigem Wechsel).

225 **2. Grenze: Kosten nur eines Anwalts.** II 2 bestimmt in Hs. 1, dass bei einer Anwaltsmehrheit eine Erstattungsfähigkeit der Kosten „nur insoweit" eintritt, „als sie die Kosten eines Rechtsanwalts nicht übersteigen". Man muss also die insgesamt durch die Tätigkeit der mehreren Anwälte für diesen Auftraggeber entstandenen gesetzlichen Gebühren und Auslagen der Höhe nach mit denjenigen vergleichen, die man bei Mandatierung eines einzigen Anwalts hätte fordern können. Die Mehrkosten sind grundsätzlich nicht erstattungsfähig, BVerfG NJW 2004, 3319 (Wahlverteidiger); BGH NVwZ 2011, 765 (mehrere gesetzliche Vertreter). Das gilt unabhängig davon, ob sie aus der Sicht des Auftraggebers und/oder des bisherigen Anwalts erforderlich waren und ob das Hinzutreten eines weiteren Anwalts zum Sieg des Auftraggebers beigetragen hat.

226 **3. Ausnahme: Notwendigkeit eines Wechsels oder einer Mehrvertretung.** Als Ausnahme von Hs. 1 kennt Hs. 2 nur die zwingende Notwendigkeit des Anwaltswechsels. Die **Beweislast** für die Notwendigkeit trägt der Kostengläubiger, BGH NJOZ 2013, 440. Wenn ein Wechsel zulässig ist, stellt sich die Frage, ob nicht auch ein **Nebeneinander** beider Anwälte in Betracht kommt. Das wäre aber nur insoweit der Fall, als eben dieses Nebeneinander nicht für sich zusätzliche Kosten verursacht; es nämlich gilt Hs. 1 mit der Maßgabe, dass nicht beide Anwälte Kosten verursachen dürfen, für welche die Tätigkeit eines von ihnen ausreicht. Dann aber besteht zwischen der gleichzeitigen und der sukzessiven Tätigkeit kein Unterschied.

227 **Beispiele:**

228 **Abwickler:** Man muss nach dem Ableben des Anwalts nicht den Abwickler beauftragen, Köln AnwBl 1997, 291; Hbg JurBüro 1985, 1870. Ein zweites Wahlrecht gibt es indes nicht, wenn der Abwickler zum Prozessbevollmächtigten gewählt wurde, Hbg MDR 2005, 839.

Anrechnung: NR. 2300 bis 2303 RVG VV. Sie kommt nicht in Betracht, wenn die Gebühr von zwei verschiedenen Anwälten verdient worden ist; das begegnet auch unter dem Aspekt der Schadensminderungspflicht, § 254 II 1 BGB keinen Bedenken, BGH JurBüro 2010, 190. Anders kann dies bei einem Großvermieter sein, wo allerdings die Mehrkosten nicht von der Hauptsumme, sondern im Kostenfestsetzungsverfahren im Wege fiktiver Anrechnung abzuziehen sind, vgl. AG Stuttgart NZM 2021, 603 mAnm Schneider NZM 2021, 604.

Einvernehmensanwalt: Für Tätigkeit neben dem europäischen Anwalt, § 28 EuRAG, können für letzteren die Kosten nach deutschem Gebührenrecht und zusätzlich die Kosten des ersteren erstattet verlangt werden, Mü JurBüro 2004, 381.

Innenverhältnis: Lediglich hier liegende Gründe sind unbeachtlich, Mü JurBüro 1991, 964.

Insolvenzverwalter: Erstattungsfähigkeit fehlt, soweit der neu eingetretene Insolvenzverwalter den Prozess selbst weiterführt, Mü MDR 1989, 460.

Interessenkollision: Erstattungsfähigkeit liegt vor, soweit objektiv eine vom Anwalt nicht vorhersehbare Interessenkollision die Beendigung seiner Tätigkeit herbeizwingt, Celle NJW-RR 2011, 485; Ddf JurBüro 1993, 731 (jew. Wechsel in die Sozietät des Gegners); Ffm AnwBl 1983, 566; Hbg MDR 1975, 323 (Bestellung des Prozessbevollmächtigten zum Pfleger eines der Streitgenossen). Gleiches gilt für die Mehrvertretung verschiedener Parteien in einem Verfahren, BGH NJW 2020, 2407 Rn. 42; NJW 2019, 1147 Rn. 21; NJW 2012, 3039 Rn. 4.

Krankheit: Bei hierdurch veranlasster Niederlegung des Mandats kann Erstattungsfähigkeit kann gegeben sein, wenn sie unvorhersehbar war, Kblz FamRZ 2006, 1559; Nürnbg JurBüro 2003, 647; LG Regensb NJW-RR 2004, 1726.

Kündigung der Partei: Erstattungsfähigkeit fehlt, soweit die Partei ohne zwingenden Grund kündigt, Hbg MDR 1998, 928; Mü JurBüro 1991, 964, dies auch dann, wenn ein Rechtsanwalt zB Nachlassverwalter wird und kündigt, um das Mandat selbst fortzusetzen, Ffm MDR 1979, 62.

Mahnverfahren: Beim Wechsel vom Mahnverfahren zum streitigen Verfahren setzt Anwaltswechsel besondere Erfordernisse voraus, BGH NJW 2018, 871; Ddf JurBüro 1985, 1882.

Nichtzulassungsbeschwerde: Tätigkeit von BGH-Anwalt und Instanzanwalt fällt unter § 91 II 2 und ist idR *nicht erforderlich, BGH NJW 2012, 2734 Rn. 13.*

Niederlegung des Mandats: Erstattungsfähigkeit kann vorliegen bei einem nicht vorhersehbaren, billigenswerten und von keiner Seite verschuldeten beruflichen Wechsel, welcher der Fortsetzung des Mandats entgegensteht, BGH NJW 2012, 3790; Hamm NJW-RR 1996, 1343 (im Grundsatz übertragbar), bei einer

Änderung der Gerichtsorganisation, Kblz JurBüro 2012, 258; 1978, 1068, oder beim Umzug in neues Bundesland, Hbg JurBüro 1993, 351, aM für freiwillige Rückgabe der Zulassung LG Flensb Rpfleger 1994, 383, oder beim Eintritt eines Vertretungsverbots zB nach § 46 BRAO, LG Saarbr JurBüro 2015, 586; auf den Einzelfall abstellend Hamm NJW-RR 1996, 1343. Auf die Frage, ob der erste Anwalt einen Honoraranspruch hat, soll es in der Kostenfestsetzung nicht ankommen, Mü JurBüro 2007, 596. Auch „Verschulden"

Pflichtverletzung: „Verschulden".

Rückgabe der Zulassung: Wenn sie aus wirtschaftlichen Gründen erfolgt, ist der Anwaltswechsel nicht notwendig, OVG Lüneburg NJW 2021, 651.

Selbständiges Beweisverfahren: § 91 II 2 ZPO gilt auch bei einem Anwaltswechsel zwischen selbstständigem Beweisverfahren und nachfolgendem Hauptsacheverfahren, BGH NJW 2018, 625. Nach Brdb AGS 2022, 29 muss die Partei sich eine fiktive Anrechnung der Verfahrensgebühr entgegenhalten lassen.

Spezialisierung: Sie ist grds. kein Grund zum Wechsel, BayVGH NVwZ-RR 2000, 551 (Verweisung vom LG an das VG).

Streitgenossen: Erstattungsfähigkeit fehlt, wenn Streitgenossen mit gemeinsamem Anwalt das Mandat ohne Grund aufspalten, Ffm AnwBl 1988, 73. Vgl. auch → Rn. 228 „Interessenkollision".

Tod des Anwalts: Erstattungsfähigkeit liegt vor, wenn der allein bearbeitende ProzBev. stirbt, dies sogar bei Bestellung eines Abwicklers nach § 55 BRAO, Hbg JurBüro 1985, 1870. Wenn in der Sozietät weitere Anwälte vorhanden sind, hat ihre Wahl Vorrang, auch wenn es sich bei dem Verstorbenen um einen Vertrauensanwalt handelte, Ffm AnwBl 1990, 567; Mü AnwBl 1995, 109; Rpfleger 1987, 80; für freien Anwaltswechsel Ddf JurBüro 1987, 901.

Tod einer Partei: Anwaltswechsel erfordert sachliche Gründe, Hbg MDR 1979, 762.

Vergleich: Wird nach Einwänden gegen die Wirksamkeit eines Vergleichs der Rechtsstreit fortgesetzt, muss ein Anwaltswechsel notwendig sein, Hamm JurBüro 2000, 469.

Verkehrsunfall: Hier kann die Mandatierung von zwei Anwälten für die Klage und die Abwehr der Widerklage ausnahmsweise geboten sein, wenn auf beiden Seiten der selbe Haftpflichtversicherer steht, Stgt JurBüro 2020, 587.

Verschulden: Die Kosten beider Anwälte sind insoweit erstattungsfähig, als die Partei und der erste Anwalt am Wechsel schuldlos sind; bei Verschulden des ersten Anwalts wird die Partei auf den Regressanspruch verwiesen, BGH NJOZ 2013, 440 (wirtschaftliche Probleme idR unbeachtlich); Kblz JurBüro 2017, 260 = AGS 2017, 359; Rpfleger 2004, 184; Köln JurBüro 2013, 590. Das ist auch dann der Fall, wenn der Anwalt eine Beendigung seiner Tätigkeit absehen konnte, Kblz MDR 1991, 1098. Auch „Niederlegung"

Versicherung: Erstattungsfähigkeit fehlt, soweit die Versicherung der Partei den Anwaltswechsel verschuldet hat, Nürnb JurBüro 1990, 726, zB auch bei Bestellung mehrerer Anwälte für Fahrer und Halter, BGH NJW-RR 2004, 536, Ausnahme bei Interessenkollision, Kblz JurBüro 1995, 265. Bestellung in Unkenntnis der Häufung kann Notwendigkeit begründen, KG JurBüro 1998, 199.

WEG: Kosten des vom Verwalter bestellten Anwalts sind neben denjenigen, die durch Mandatierung seitens einzelner Eigentümer entstehen, vorrangig zu erstatten, BGH NJW 2009, 3168. Die Vertretung durch mehrere Anwälte ist grds. nicht notwendig, BGH NJW-RR 2021, 1598.

Widerklage: Bestellung eines weiteren Anwalts ist hinsichtlich der Mehrkosten grds. auf beiden Seiten nicht notwendig, Nürnbg MDR 2011, 1284; Ddf MDR 1995, 474; Köln AnwBl 1985, 534; KG MDR 1975, 499.

Zeugenbenennung: Bei Mandatsniederlegung aus diesem Grund steht vorhersehbare Benennung der Kostenerstattung entgegen, Hamm NJW 1977, 395. Ist ein als Zeuge benannter Anwalt aus diesem Grunde daran gehindert, an der Vernehmung der übrigen Zeugen teilzunehmen, § 397, kann insoweit die Hinzuziehung eines weiteren Anwalts geboten sein, BAG NZA 2014, 55.

Zurückverweisung: Die Tätigkeit eines neuen Anwalts ist nur bei Notwendigkeit zu vergüten, Celle NJW-Spezial 2015, 668 = BeckRS 2015, 16354. Das ist konsequent, weil bei Fortgesetzter Tätigkeit des bisherigen Anwalts die Verfahrensgebühr gem. Vorb 3 Abs. 6 VV 3100 RVG eine Anrechnung erfolgt wäre.

IV. Erstattungsanspruch in eigener Sache, II 3. 1. Anwendungsbereich. Enders JurBüro 2015, 449; Schneider, Die Erstattung von Kosten des sich selbst vertretenden Anwalts nach § 91 II 3 ZPO, JurBüro 2020, 113. 229

Die Vorschrift trifft eine eng auslegbare vorrangige Sonderregelung für den Anwaltsprozess nach § 78, falls ein Anwalt in eigener Sache tätig geworden ist, also als Partei eines Zivilprozesses; im außergerichtlichen Bereich findet sie keine Anwendung, BGH NJW-RR 2007, 713 Rn. 16; Drsd NJW-RR 2022, 641. Nach § 80 FamFG und § 15 SpruchG ist die Norm nicht anwendbar, BGH NZG 2014, 352; BayObLG NJW-RR 2007, 773, ebenso wenig im berufsrechtlichen Verfahren, BGH JurBüro 2003, 207, und für die Verteidigung in eigener Sache, LG Potsd NStZ-RR 2014, 125; LG Bln NJW 2007, 1477. Unanwendbar ist II 3 beim Hochschullehrer als ProzBev. nach § 79 oder im Verwaltungsstreitverfahren, VG Mü JurBüro 2013, 368. Ist ein ehemaliger Anwalt als **Abwickler** seiner Kanzlei tätig, greift die Regelung nicht ein, LG Lübeck NJW-RR 2021, 1071 mAnm Mayer FD-RVG 2021, 440456. 230

2. Begriff der eigenen Sache. Erste Voraussetzung ist ein Tätigwerden „in eigener Sache", dh zunächst als Partei. Es ist für die Erstattungspflicht unerheblich, ob der Anwalt als **Partei kraft Amtes** aufgetreten ist, zB als Insolvenzverwalter, Mü NJW-RR 2004, 715; AG Lübeck JurBüro 2006, 318 (jeweils die geringeren Kosten zu ersetzen), oder als Nachlass- oder Zwangsverwalter, Testamentsvollstrecker, FG Bremen AnwBl 1997, 124; LG Bln Rpfleger 1998, 173 (auch zur Erhöhung nach VV 1008 RVG), oder als Vorsitzender eines Berufungsausschusses, LSG Stgt NZS 1996, 95, oder „als eigener ProzBev", LG Nürnb-Fürth AnwBl 2000, 324; auch VG Schlesw NJW 1984, 940 (jew. Offenlegung nicht erforderlich). Das ergibt sich daraus, dass er in einer eigenen Sache, wenn überhaupt, nach II 3 eine Vergütung so fordern kann, wie er sie als bevollmächtigter Rechtsanwalt erstattet verlangen „könnte". Hier macht die Vorschrift schon im Wortlaut deutlich, dass es nicht darauf ankommt, ob er sich tatsächlich zB nach § 172 zum ProzBev. bestellt hat. Gleichwohl empfiehlt es sich, zum Protokoll nach § 160 I Nr. 4 klarzustellen, ob der Anwalt im Termin als ProzBev. auftritt („sich selbst vertretend"). Zur Tätigkeit als Verkehrsanwalt → Rn. 199. 231

Daneben kommen in Betracht Handeln als Streithelfer, Nebenkläger, Hamm AnwBl 2000, 135. 232

233 **3. Gleichstellung mit einem bevollmächtigten Anwalt.** Wie II 3 klarstellt, steht der in einer eigenen Sache tätige RA im Kostenanspruch wie ein „bevollmächtigter Rechtsanwalt". Also sind II 1, 2 anwendbar, BGH NJW-RR 2018, 124 (nicht notwendige Mandatierung eines weiteren Anwalts, → Rn. 191); NJW 2011, 232 (auch: Deckung durch Rechtsschutzversicherer), Ddf MDR 2010, 115 (auch zu VV 3200 f.).

234 Die Norm besagt nicht, dass tatsächlich nicht geleistete Tätigkeiten des sich selbst vertretenden Anwalts zu fingieren sind, um so die Tatbestandsvoraussetzungen einer **Verfahrensgebühr** zu schaffen, BGH NJW 2008, 1087 (fristwahrende Berufung). Die Gebühr entsteht damit evtl. später, als wenn ein Mandant vertreten wird.

235 Mehrere **Streitgenossen** müssen zur getrennten Erstattbarkeit besondere Gründe haben, BGH NJW 2017, 3788 (Rechtsmissbrauch, → Rn. 191); NJW 2007, 2257; Ddf JurBüro 2007, 263.

4. Einzelfälle

236 **Abschlussschreiben:** Nicht erstattbar sind seine Kosten in eigener Sache, KG MDR 1999, 1409.

Ausscheiden aus der Sozietät: Der in ihr verklagte Anwalt vertritt sich nunmehr in eigener Sache, LAG Ffm BB 2001, 2432.

Abwickler: Rn. 191.

Außergerichtliche Tätigkeit: Einen materiell-rechtlichen Kostenerstattungsanspruch unter dem Gesichtspunkt der Selbstvertretung gibt es nicht, → Vor § 91 Rn. 87; aA AG Halle NJW 2010, 3456.

Insolvenzverwalter: Er darf seinen Sozius bevollmächtigen, Karlsr Rpfleger 2004, 125.

Reisekosten: Auch in eigener Sache besteht ein Erstattungsanspruch nach allgemeinen Regeln, BGH NJW 2003, 1534; Mü NJW-RR 2012, 889; → Rn. 168. Mit Rücksicht auf das grds. Recht der Partei auf Anwesenheit kann aus der Entfernung zum Gerichtsort keine Einschränkung folgen, vgl. auch Köln MDR 2012, 940.

Verkehrsgebühr: Der Anwalt kann nicht Verkehrsanwalt in eigener Sache sein, Rostock MDR 2001, 115; für Unterbevollmächtigten BGH NJW-RR 2005, 1591.

Vertretung: Bei länger andauernder Erkrankung muss man sich vertreten lassen, BGH MDR 2022, 389 = BeckRS 2021, 46370, so dass die hierdurch anfallenden Kosten notwendig sind.

E. Kosten eines Güteverfahrens, III.

237 **I. Begriff des Güteverfahrens.** § 15a EGZPO ist für das obligatorische Güteverfahren gegenüber § 90 III ZPO Spezialnorm; sie erklärt in Abs. IV nur die Kosten der Gütestelle zu Kosten des Rechtsstreits; Anwaltskosten nach § 17 Nr. 7a RVG sind nicht erfasst; Gleiches gilt für § 91 III, dessen Regelungsinhalt in § 15a EGZPO lediglich klarer gefasst ist, BGH 24.6.2021 – V ZB 22/20 (für beide Regelungen), NJW 2021, 2887 mAnm Els Rpfleger 2021, 658; NJW-RR 2019, 378 Rn. 10 (für § 91 III); → Rn. 36.

238 Insgesamt nicht hierher gehören Verfahren der in VV 2303 Nr. 2–4 RVG genannten Art, insbesondere also vor „sonstigen gesetzlich eingerichteten Einigungsstellen, Gütestellen oder Schiedsstellen", etwa vor dem Schiedsmann nach der Preußischen SchiedsmannO, vor einer Einigungsstelle der Industrie- und Handelskammer, Mü MDR 1999, 380, vor einer Einigungsstelle nach dem BetrVG. Kosten, die hier entstehen, sind auch nicht als **Vorbereitungskosten** zu erstatten, da ihr Aufwand nicht der Vorbereitung, sondern der Vermeidung eines Rechtsstreits dient, BGH NJW 2021, 2887; NJW-RR 2019, 378 Rn. 15. Nicht hierher gehört ferner das gerichtliche Güteverfahren nach § 278 II–VI. Die insoweit aA von Zöller/Herget Rn. 9 und mehrerer dort zit. OLG ist überholt.

239 Anders ist die Lage bei den Schlichtungsstellen (Gutachterkommissionen) der Ärztekammern für **Arzthaftpflichtfragen,** da die dort erstatteten Gutachten im Rechtsstreit besonderes Gewicht haben und daher von Anfang an zumindest auch mit Blick hierauf eingeholt werden, Brem MedR 2003, 639; → § 411a Rn. 3; → Vor § 402 Rn. 43.

240 Im Übrigen können die Parteien im Güteverfahren oder anderweit eigenständige Kostenregelungen treffen.

241 **II. Zeitgrenze der Erstattungsfähigkeit.** III Hs. 2 stellt eine Zeitgrenze für die Erstattungsfähigkeit auf. Zwischen der Beendigung des Güteverfahrens und der Klagerhebung nach §§ 253, 261 darf nicht mehr als ein Jahr verstrichen sein. Die Jahresfrist richtet sich nach § 222 iVm §§ 187 ff. BGB. Wann das Güteverfahren „beendet" ist, muss man unter Berücksichtigung aller Umstände feststellen. In Betracht kommen zB: Ein Ruhen ohne anschließendes Wiederaufnehmen nach § 251; eine Antragsrücknahme; beiderseitige wirksame „Erledigterklärungen"; ein sonstiger nach der jeweiligen Verfahrensordnung des Güteverfahrens vorgesehener Beendigungsgrund.

242 Unter „Klageerhebung" versteht III Hs. 2 zunächst dasselbe wie §§ 253, 261, also die Zustellung der Klageschrift, nach § 271. Das Merkmal ist jedoch im Sinne jedweder gerichtlichen Geltendmachung, also weit auszulegen, da sie insoweit nur der Klarstellung dient. Soweit sich an das Güteverfahren ein **Eilantrag** anschließt, Arrest, einstweilige Anordnung oder Verfügung nach §§ 916 ff., 935 ff., §§ 49 ff. FamFG, muss man unter „Klageerhebung" den Eingang des Antrags beim Gericht der Eilsache verstehen. Denn bereits mit diesem Zeitpunkt tritt die Rechtshängigkeit ein. Ausreichend sind auch Widerklage, Zwischenfeststellungsklage nach § 256 II, Klagänderung nach §§ 263, 264.

243 Soweit sich lediglich ein **Prozesskostenhilfeverfahren** nach §§ 114 ff. anschließt, kommt es nur darauf an, dass das Gericht die Antragsschrift zur Stellungnahme nach § 118 I 1 übermittelt hat Abstellen auf die förmliche Klagezustellung würde das an sich begrüßenswerte Güteverfahren mit Zufälligkeiten belasten.

244 **F. „Rückfestsetzung", IV.** Standardfall ist die Zahlung von Kosten durch eine Partei, gegen die ein VU ergangen ist, welches im Schlussurteil zum Nachteil des Gegners mit Kostenfolge abgeändert wird. Der prozessuale Anspruch auf Rückerstattung kann im KfB nach § 104 tituliert werden. Die seit dem 1.9.2004 geltende Regelung hat hierfür die Rechtsgrundlage geschaffen. Davor erörterte Lösungen, idR über § 717 II, sind gegenstandslos, eingehend Schmidt-Räntsch MDR 2004, 1329.

245 Die betr. Kosten sind von der **Kostengrundentscheidung** ohne gesonderte Erwähnung mit erfasst. Für die Begründetheit des Antrags auf Festsetzung kommt es alleine auf die Zahlung an, nicht auf eine voraufgegangene *Kostenfestsetzung oder deren sachliche* Richtigkeit, SG Berlin AGS 2018, 299. Zahlungen, die nach **§ 126** vom Anwalt beigetrieben worden sind, fallen ebenfalls unter § 91 IV, weil den §§ 91 IV, 103 I, 126 I das übergeordnete Prinzip zu entnehmen ist, dass aufgrund einer vorläufigen Kostengrundentscheidung im Kostenfestsetzungsverfahren festgesetzte und von der obsiegenden Partei im Verlauf des Rechtsstreits gezahlte Kosten nach

Änderung der Kostengrundentscheidung im selben Verfahren gegen den Titelgläubiger rückfestgesetzt werden können, BGH NJW-RR 2013, 186 Rn. 5; Mü Rpfleger 2013, 276; für Analogie MüKoZPO/Schulz § 91 Rn. 46; str war nach altem Recht, vgl. Rn. 203, ob dies auch dann möglich war, wenn die Kostengrundentscheidung gleich blieb, aber aus anderen Gründen ein Rückforderungsanspruch bestand, Ddf JurBüro 1998, 309; Kblz NJW-RR 2003, 720; Zweibr JurBüro 2004, 675; aA KG Rpfleger 1980, 438; Köln Rpfleger 1987, 474; Mü MDR 1993, 1130.

Offen ist weiterhin, ob auch § 91 IV nur den Fall einer abgeänderten Kostengrundentscheidung erfasst oder zB auch bei fortbestehendem Kostenfestsetzungsbeschluss die irrtümliche **Doppelzahlung,** Celle NJW-RR 2016, 766 Rn. 4. Das Problem liegt weiterhin im Fehlen einer abändernden gerichtlichen Entscheidung, die nach dem Wortlaut der Norm Voraussetzung für deren Eingreifen ist. Die Doppelzahlung liegt gänzlich außerhalb ihres Anwendungsbereiches, Ffm AGS 2013, 597. Da das Problem ersichtlich übersehen wurde, ist an eine Analogie zu denken, wenn die Forderung an sich unstreitig ist. Näher → § 104 Rn. 15. **246**

G. Hemmung der Verjährung, V. Der Kostenerstattungsanspruch verjährt nach § 195 BGB in drei Jahren. Da der Anspruch indes aufschiebend bedingt erst mit der Erhebung der Klage oder der Einleitung anderer Verfahren entsteht, BGH NJW 1992, 2575, ist seine Verjährung zunächst nach § 204 I, II BGB bis zum Ablauf von sechs Monaten nach der rechtskräftigen Entscheidung, der anderweitigen Beendigung oder einem auf seinem Nichtbetreiben durch die Parteien beruhenden Stillstand des Verfahrens gehemmt. Ein durch Kostengrundentscheidung rechtskräftig festgestellter Anspruch verjährt gem. § 197 I Nr. 3 BGB nach 30 Jahren; bei Antrag auf Kostenfestsetzung gegen Ende dieser Zeit kann sich eine neue 30jährige Frist ergeben, BGH NJW 2006, 1962; Hbg JurBüro 2008, 479; Stgt NJW-RR 2006, 1367; Mü FamRZ 2006, 1559. Während des laufenden Festsetzungsverfahrens ist die Verjährung entspr § 204 I Nr. 1, II 1 Fall 1 BGB ebenfalls gehemmt. **247**

Probleme konnten sich vor Einführung des § 91 V ergeben, wenn das Verfahren nach dem Erlass einer Kostengrundentscheidung vor rechtskräftigem Abschluss längere Zeit in Stillstand geriet. Das geschah insbesondere auch im Rechtsmittelzug, weil der dort geführte Streit den Kostenerstattungsanspruch aus dem Urteil der Vorinstanz nicht betrifft, so zutreffend Stamm NJW 2020, 873 (875 Ziff. 4) unter Bezugnahme auf BGH NJW 2012, 3633 Rn. 24. Abhilfe verschaffte insoweit der Kostenfestsetzungsantrag analog § 204 I 1 BGB, Hamb NJW 2016, 167. Der Nachteil bestand darin, dass dieses Verfahren möglicherweise überflüssig wurde, wenn sich im Verfahren des höheren Rechtszuges die Kostenverteilung änderte. Auch konnte ein Ruhen des Verfahrens zur Vermeidung unnötigen Aufwands die Hemmung nicht auf Dauer sicherstellen, vgl. § 204 II 2 BGB. **248**

Dem ist im Anschluss an Stamm, NJW 2020, 873 (878), mit Wirkung seit dem 1.1.2022 durch Abs. V Abhilfe geschaffen worden. Die Regelung erfasst, obwohl der Wortlaut sich nur auf § 91 I 1 bezieht, sämtliche Fälle, in denen auf der Grundlage gesetzlicher Vorschriften eine Kostengrundentscheidung getroffen wird, namentlich §§ 91a, 92, 96. Sie gilt für alle bei Inkrafttreten noch nicht verjährten Ansprüche. **249**

Die Verjährungseinrede kann im Kostenfestsetzungsverfahren erhoben werden, wenn ihre Voraussetzungen mit einfachen Mitteln festzustellen sind, BGH NJW 2006, 1962. **250**

91a *Kosten bei Erledigung der Hauptsache.* **I [1]Haben die Parteien in der mündlichen Verhandlung oder durch Einreichung eines Schriftsatzes oder zu Protokoll der Geschäftsstelle den Rechtsstreit in der Hauptsache für erledigt erklärt, so entscheidet das Gericht über die Kosten unter Berücksichtigung des bisherigen Sach- und Streitstandes nach billigem Ermessen durch Beschluss. [2]Dasselbe gilt, wenn der Beklagte der Erledigungserklärung des Klägers nicht innerhalb einer Notfrist von zwei Wochen seit der Zustellung des Schriftsatzes widerspricht, wenn der Beklagte zuvor auf diese Folge hingewiesen worden ist.**

II [1]Gegen die Entscheidung findet die sofortige Beschwerde statt. [2]Dies gilt nicht, wenn der Streitwert der Hauptsache den in § 511 genannten Betrag nicht übersteigt. [3]Vor der Entscheidung über die Beschwerde ist der Gegner zu hören.

Schrifttum: Becker, Zur Abgrenzung von Klagerücknahme und Erledigungserklärung vor und nach Rechtshängigkeit, JuS 2018, 1050; Brießmann, Kostenfolge bei übereinstimmender Erledigungserklärung wegen Verjährung, NJW 2018, 2988; Elzer/Nissen, Kostenfeststellungsklage trotz Erledigung?, NJW 2019, 1116; Fervers, Prozessuale Kostenverteilung und materielles Recht, Jahrbuch junger Zivilrechtswissenschaftler 2017, 89; Klawonn/Rohner, Die Erledigung der Hauptsache in der zivilprozessrechtlichen Klausur, JuS 2019, 22; Mohr, Von der (Teil-)Erledigung bis zum (Versäumnis)Schlussurteil – Die Kostenentscheidung im arbeitsgerichtlichen Verfahren in besonderen Konstellationen, NZA 2019, 815; Wagner, Die Erledigung im Mahnverfahren, 2015; Wagner, Die Tenorierung der vorläufigen Vollstreckbarkeit im Fall übereinstimmender Teilerledigungserklärung, JA 2019, 217; Willmer/Berner, Erledigung nach Zahlung auf einen Gläubigerantrag – Zulässigkeit und Kostentragung im Lichte neuerer Instanzrechtsprechung, NZI 2019, 255.

Übersicht

Stichwortregister

Die Stichworte sollen den schnellen Zugriff auf Einzelthemen ermöglichen.
Die Zusätze „üb.“ und „str.“ beziehen sich auf die übereinstimmende und die streitige Erledigung.

A. Allgemeines für alle Arten der Erledigungserklärung

I. Systematik, I, II. 1. Ansatz der Kommentierung. „Erledigung" im Sinne der gesamten, bei § 91a zusammengefassten Kommentierung ist jedweder Vorgang, mit dem die Parteien einen Rechtsstreit oder ein anderes Verfahren durch übereinstimmende Erledigungserklärung beenden oder wegen dem das Sachanliegen der betreibenden Partei aufgrund eines nachträglich eintretenden Ereignisses so grundlegend betroffen wird, dass in Gestalt eines neuen Antrags hierauf reagiert werden muss, um ein Scheitern des Verfahrensziels zu vermeiden. Berührt ist also der Grundsatz der **Parteiherrschaft,** → Vor § 128 Rn. 20. Die ZPO enthält hierfür keine umfassende gesetzliche Regelung. § 91a erfasst nur einen Teil der Voraussetzungen und Folgen einer Erledigung der Hauptsache, nämlich den Fall der vollen beiderseitigen Erledigungserklärung. Die streitige Erledigungserklärung regelt das Gesetz jedenfalls nicht eigenständig. Sie besteht in dem Sachantrag, die Erledigung der Hauptsache festzustellen und wird nach § 256 I auf ihre Zulässigkeit und Begründetheit hin beurteilt, → Rn. 207. Mag auch das Institut der streitigen Erledigung sich aus § 91a heraus entwickelt haben und mögen beide Institute in den Grundfragen parallel laufen, sind sie im jeweiligen Einzelfall doch streng voneinander getrennt zu begutachten. 1

Die **Teilerledigung** bedarf durchgehend besonderer Betrachtung, → Rn. 104 (teilweise Erledigungserklärung, Wendung „abzüglich"), → Rn. 121 (Anschließung des Bekl.), → Rn. 165 (Kostenentscheidung nach § 91a), → Rn. 179 (Rechtsmittel bei übereinstimmender Teilerledigung), → Rn. 252 (streitige Teilerledigung); Übersicht bei → Rn. 271. 2

Daneben können spezielle gesetzliche Vorschriften den Lösungsansatz in der Erledigung verdrängen, was bei den unter → Rn. 9 ff. aufgeführten Fällen zu den bedeutsameren Problemen gehört. Andererseits sind dort auch Fälle erfasst, in denen die zur Erledigung entwickelten Lösungen analog herangezogen werden. 3

4 **2. Alternative Lösungen.** Außerhalb der über die Erledigungserklärung führenden Lösungswege bietet **§ 269 III 3** eine an § 91a angelehnte Entscheidungsgrundlage, näher → § 269 Rn. 10; → § 269 Rn. 39; zum **Gleichlauf** der Definition der Erledigung mit der Interpretation des § 269 III 3 vgl. BGH NJW 2021, 941 Rn. 21. Für Fälle, in denen die streitige Erledigung, → Rn. 207 ff., nicht in Betracht kommt, namentlich weil ein erledigendes Ereignis ab Rechtshängigkeit nicht vorliegt, bleibt als weitere Lösung der streitige Antrag auf **Feststellung des Kosteninteresses,** → Rn. 261, zu dessen Grundlagen der materiell-rechtliche Kostenerstattungsanspruch gehört, → Vor § 91 Rn. 63.

5 Nachfolgend ab → Rn. 14 werden die Begriffe „Hauptsache", „Erledigung" und „Erledigungserklärung" für beide Arten der Erledigung vorab erörtert. Denn sie sind, wenn auch in verschiedenen systematischen Zusammenhängen, sowohl bei beiderseitigen Erledigungserklärungen als auch bei einer einseitigen, streitigen Erledigung von Bedeutung.

6 **II. Regelungszweck.** Wie schon seine Stellung im Abschnitt über die Prozesskosten zeigt, dient § 91a der **Kostengerechtigkeit,** Köln JurBüro 2014, 539; OLGR Ffm 1993, 227; Zweibr NJW-RR 1993, 148; Musielak/Voit/Flockenhaus Rn. 1. Ohne die Vorschrift würde zB der Kläger trotz einer anfänglich zulässigen und begründeten Klage das volle Kostenrisiko tragen, wenn die Klageforderung vor der Entscheidung über die Hauptsache etwa durch Erfüllung erlischt. Ohne Klageänderung droht in diesem Fall die Abweisung. Eine Rücknahme hätte, wenn nicht der Sonderfall § 269 III 3 vorliegt, die Kostenfolge des § 269 III 2. Ein Verzichtsurteil brächte die gleiche Kostenlast mit sich. Insofern bietet § 91a ein gewisses Gegenstück zu § 93 und lässt bei der Kostenentscheidung, ergänzend zur Sach- und Rechtslage, Billigkeitserwägungen zum Tragen kommen. Auf diese Weise kann das Gericht den Rechtsstreit unter Wahrung der Kostengerechtigkeit zügig abschließen. Dabei wird insbesondere berücksichtigt, dass Kl. idR parallel zur (begründeten) Klageforderung ein materiell-rechtlicher (Schadensersatz-)Anspruch auf Erstattung der Prozesskosten zusteht, BGH NJW 2013, 2201 Rn. 19; NJW 1982, 1598; → Rn. 150. Die sich aus § 91a ergebenden Rechtsfolgen dienen der **Verfahrensvereinfachung,** weil sie einen von Billigkeitserwägungen getragenen Weg zur schnellen Klärung der alleine noch bedeutsamen Kostenfrage eröffnen.

7 Auch das Institut der einseitigen, streitigen Erledigung hat, neben einer Klärung der materiellen Rechtslage durch rechtskraftfähiges Urteil, eine gerechte Kostenentscheidung zum Ziel. Deren Grundlagen werden jedoch alleine aus der Sachentscheidung hergeleitet, sie beruht mithin im Wesentlichen auf §§ 91, 92, nicht aber auf § 91a. Eine mangelnde Trennung dieser beiden, auch im Angesicht eines gemeinsamen Ziels grundverschiedenen Ansätze ist in der Praxis leider der Quell manchen Fehlers.

8 Trotz der gerade hierwegen gebotenen Strenge in **Aufbau und Subsumtion** muss der jeweils zu beschreitende Lösungsweg, sollen Sinn und Zweck der Erledigungserklärung verwirklicht werden, ergebnisoffen sein. Denn im Einzelfall kann die sehr strikte Trennung von übereinstimmender und streitiger Erledigung, namentlich die Bindung letzterer an die Definition der Erledigung, → Rn. 17, durchaus zu der Frage führen, ob die Idee der Kostengerechtigkeit wirklich durchgehalten wird, dazu prägnant und mit vielen Beispielen Fervers, Jahrbuch junger Zivilrechtswissenschaftler 2017, 89. Die hier vertretenen Ansichten haben all dies im Blick.

9 **III. Geltungsbereich, I, II.** Der umfassende Grundgedanke des § 91a und der streitigen Erledigung bestimmt den weiten Geltungsbereich der hierauf aufbauenden Lösungen.

10 **1. Umfassender Lösungsansatz.** Der Zweck einer Kostengerechtigkeit nach → Rn. 6 hat zur Folge, dass § 91a wie auch der Lösungsweg über die einseitige Erledigungserklärung grds. in allen Verfahren zur Geltung gebracht werden, auf welche die ZPO anwendbar ist. Das gilt über den gesamten Instanzenzug hinweg. Freilich ist eine wirksame Erledigungserklärung unter anderem davon abhängig, dass der Anspruch der Parteiherrschaft (Dispositionsmaxime), → Vor § 128 Rn. 20, dem Beibringungsgrundsatz, → Vor § 128 Rn. 21, und damit auch der **Verhandlungsmaxime** unterliegt, BGH MDR 2011, 810 = BeckRS 2011, 11543, NJW 1994, 256; NJW 1989, 2885, Schlesw FamRZ 2012, 895, und dass in dem Verfahren von Anfang an eine auch aus der Sach- und Rechtslage herleitbare Kostengrundentscheidung in Betracht kam, BGH MDR 2001, 647, anklingend auch in BGH MDR 1977, 912. Leitbild ist mithin das **kontradiktorische** Zivilverfahren, in dem der ganz überwiegende Teil der praktisch relevanten Erledigungsfälle vorkommt, BGH NJW-RR 2010, 571.

11 Eine bereits im Ansatz vorzunehmende Unterscheidung zwischen der übereinstimmenden und der streitigen Erledigung scheidet aus, weil die Erledigungserklärung zunächst auf beide Möglichkeiten abzielt und die Klagepartei bereits bei Eintritt jedweder grundlegenden Veränderung in Bezug auf Zulässigkeit und Begründetheit des neu zu formulierenden Verfahrensziels wissen muss, welchen Weg sie beschreiten kann. Dies darf nicht davon abhängen, wie die Beklagtenseite auf die Erledigungserklärung reagieren wird. Bei einer von beiden Seiten gleichzeitig erklärten Erledigung, der nicht selten ein Vergleich, → Rn. 151, zugrunde liegt, mag das keine Bedeutung haben, indes liegt hierin kein auch nur wegweisender Regelfall.

12 Vielfach kann im Verfahren des ersten Rechtszuges mangels kontradiktorischen Charakters oder mangels eigenständiger Kostenfolge keine Erledigungserklärung wirksam abgegeben werden, wohl aber in einem anschließenden, nunmehr kontradiktorischen Beschwerdeverfahren, vgl. etwa → Rn. 13, → Rn. 185. Sind die allgemeinen Voraussetzungen der **Analogie** erfüllt, ist darüber hinaus im Einzelfall an eine analoge Anwendung des § 91a zu denken, BGH NZBau 2004, 285. All diese gedanklichen Ansätze gelten entsprechend auch in Verfahren außerhalb der ZPO. Die nachfolgende Aufstellung zeigt die Bandbreite des Lösungswegs auf.

2. Beispiele zum Geltungsbereich

13 **Ablehnungsverfahren:** Bei §§ 42 ff. anwendbar, BGH NJW 2005, 2233, NJW 1995, 1677 (1679), Rostock NJW-RR 2007, 429 (systemwidrig: auch bei str. Erl. § 91a analog). Praktisch ist dies am ehesten in der Beschwerdeinstanz, BGH NJW 2019, 428 (erfolgloses Rechtsmittel); NJW-RR 2007, 411, weil im ersten Rechtszug eine isolierte Kostenentscheidung allenfalls dann in Betracht kommt, wenn, etwa durch anwaltliche Vertretung ausschließlich für das Ablehnungsverfahren, besondere Kosten entstanden sind. Vgl. auch Stollenwerk NJW 2007, 3751.

Anfechtungsgesetz: Im Verfahren nach § 17 III 1 AnfG entspr. anwendbar, KG JurBüro 2010, 97.

Anhörungsrüge: *Eine auf Erledigung aufbauende Entscheidung kann bei Abhilfe nach § 312a V ergehen,* Mü NJW-RR 2008, 1397.

Anschlussberufung: → Rn. 81.

Anwaltsgericht: Entspr. anwendbar, BGH NJW 1982, 2782, AGH Bln NJW-RR 2009, 1581.

Arbeitsgericht: Dazu Schumann FS Richardi, 2007, 403. Im arbeitsgerichtlichen Verfahren grds. direkt anwendbar, BAG NZA 2018, 325 (Gleichlauf von Rev. und Beschw. nach § 72b ArbGG), NJW 2015, 3680 (in Rechtsmittelinstanz bei Zulässigkeit des Rechtsmittels), LAG Brem NZA-RR 2006, 654 (in Zwangsvollstr. entspr.). Wegen des Beschlussverfahrens nach §§ 83a I, 90 II, 95 S. 4 ArbGG BAG NJW 2008, 1977 (§ 83a II gilt nur bei übereinstimmender Erledigung, bei str. Erledigung sind die ehrenamtlichen Richter hinzuzuziehen).

Arrest, einstweilige Verfügung: Die Regelung ist in diesen Verfahrensarten nach §§ 916 ff., 935 ff. anwendbar, Köln NJW-RR 2020, 30; LG Köln NJW-RR 2006, 908, Vossler MDR 2009, 669 auch im Aufhebungsverfahren nach § 926 und im Beschwerdeverfahren nach § 567, Ulrich GRUR 1982, 14. Eine Beschwerde mit dem Ziel, die Erledigung festzustellen hält Ffm GRUR 2022, 119 für zulässig, wenn die Gegenseite bereits beteiligt war. Man beachte, dass in Eilverfahren die Rechtshängigkeit, von der ab eine Erledigungserklärung erst zulässig ist, mit Einreichung des Antrags eintritt, → Rn. 26, 31. Bei fehlerhafter Auslegung einer vermeintlichen Erledigungserklärung im Aufhebungsverfahren ist die hierauf aufbauende Entscheidung aufzuheben, Ffm NJW-RR 2020, 1327.

Aufhebungsverfahren: „Arrest", „einstweilige Verfügung".

Ausländisches Urteil: Im Vollstreckbarerklärungsverfahren kann die übereinstimmende Erledigungserklärung wirksam sein, wenn es sich um ein kontradiktorisches Verfahren handelt; das hängt in erster Instanz vom Einzelfall ab und ist in der Beschwerde generell zu bejahen, BGH NJW-RR 2021, 1012 (für Verfahren nach § 58 AUG offen lassend); NJW-RR 2010, 571 (§ 6 I AVAG); da insoweit die Aufhebung des Titels den praktisch denkbaren Anwendungsfall bildet, wird idR Kl. die Kosten tragen. Für einseitigen Antrag auf Vollstreckbarerklärung wendet Hbg MDR 1989, 553 **nicht** § 91a an, sondern § 788. Eine abschließende Sonderregelung ist § 788 indes nicht, BGH NJW 2007, 2993. Soweit § 243 FamFG anwendbar ist, sind die Rechtsgedanken der verdrängten Regelungen der ZPO zu beachten, mithin auch § 91a, BGH FamRZ 2011, 1933 Rn. 30. Die rechtliche Wertung des § 788 III kann dabei Vorrang haben, BGH NJW-RR 2021, 1012.

Baulandsache: Die Regelung ist entspr. in einer Baulandsache anwendbar, Kblz NJW 1983, 2036, heute § 221 I BauGB.

Berufung: → Rn. 78 ff.

Beschwerdeverfahren: Die Regelung ist auch im Beschwerdeverfahren nach § 567 anwendbar. Näher → Rn. 78 ff. Auch „Arrest", „einstweilige Verfügung".

Beweissicherung: → „Selbständiges Beweisverfahren".

Deckungsprozess: → „Versicherung".

Drittschuldnerklage: → Rn. 262.

Ehrengericht: „Anwaltsgericht".

Einstweilige Anordnung oder Verfügung: „Arrest, einstweilige Verfügung".

Erbschaft: Wird eine Partei Erbe des Gegners, kommt Entscheidung nach § 91a nicht in Betracht, BGH NJW-RR 2011, 487, NJW-RR 1999, 1152 (Verbot des Insich-Prozesses).

Erinnerungsverfahren: „Zwangsvollstreckung".

Exequatur: → Rn. 13 „Ausländisches Urteil".

Finanzgericht: § 138 I FGO ist inhaltsgleich.

Freigabeverfahren: §§ 246a, 319 VI, 327e II AktG Die übereinstimmende Erledigung führt zur Kostenentscheidung ohne mündliche Verhandlung, Stgt ZIP 2009, 2337.

Freiwillige Gerichtsbarkeit: Str., für Anwendung des § 243 FamFG unter Berücksichtigung des § 91a Hamm FamRZ 2019, 355; Brdb FamRZ 2014, 1732, für Anwendung des § 113 I 2 FamFG mit § 91a Köln JurBüro 2013, 101, Stgt FamRZ 2011, 1613. Es gibt aber vorrangige Sonderregeln, zB §§ 83, 150 FamFG. Die Voraussetzungen des § 62 FamFG müssen eingehalten sein, BGH NJW-RR 2019, 450 Rn. 10.

Gebrauchsmuster: Entspr. im Löschungsverfahren vor dem Patentamt und -gericht, BGH NJW 1997, 3241; NJW-RR 1994, 381.

Handlungsvornahme: → „Zwangsvollstreckung".

Insolvenz: Die Grundsätze der Erledigung gelten im Insolvenzeröffnungsverfahren nur in modifizierter Form, BGH NJW-RR 2009, 188; NZI 2008 736 Rn. 8. Nach § 4 InsO ist § 91a entspr. anwendbar, BGH NJW-RR 2005, 418 (für den Eröffnungsantrag); NJW 2002, 515 (keine Insolvenzanfechtung bei Erledigung vor Eröffnung), Celle NZI 2018, 642 (Widerspruch gegen Forderungsanmeldung). Bei einseitiger Erledigung ist § 91a nicht anwendbar, BGH NJW-RR 2009, 188; 2008, 136; Köln OLGR 2002, 261; aA Celle OLGR 2001, 96. Ablehnend für Annahme einer Teilzahlung AG Hbg ZIP 2002, 2270.

Die Erklärung kann wegen Rechtsmissbrauchs unwirksam sein, wenn sie dazu dient, dem Antragsteller einen Vorteil zu sichern, der offenkundig und schwerwiegend gegen das Gebot der gleichmäßigen Gläubigerbefriedigung verstößt; bei der Kostenentscheidung kann zu berücksichtigen sein, dass es sich bei dem Eröffnungsantrag um einen unzulässigen Druckantrag gehandelt hat, BGH NJW-RR 2020, 1440 (Sozialversicherungsträger). Auch → Rn. 46.

Kartellsache: Auf das Kartellverwaltungsverfahren sind §§ 70 II 2, 77, 78 GWB und nicht § 91a anwendbar, BGH WRP 2008, 252 (Abstandnahme des BKartA), NJW-RR 2000, 776 (hyp. Ausgang eingeschränkt verwertbar), MDR 1986, 560 (wirkungslos bei unzulässiger und unbegründeter Klage), aA Mü GRUR 1987, 316.

Kostenfestsetzung: Für entspr. Anwendung im Verfahren nach §§ 103 ff., Kblz JurBüro 1995, 208, mit Recht ablehnend, da hier keine Kostengrundentscheidung möglich, BGH NJW 2009, 234 (anders aber im Beschwerdeverfahren), Karlsr JurBüro 2000, 477.

Mahnverfahren: Dazu Wagner, Die Erledigung im Mahnverfahren, 2015. Die Regelung ist im Mahnverfahren nach §§ 688 ff. anwendbar, KG NJW-RR 2012, 1215, OLGR Naumbg 1999, 94; Mü NJW-RR 1996, 956, Nrnbg NJW-RR 1987, 1278, indes lässt sich vergleichbares über § 269 III 3 erreichen.

Miete: „Zwangsvollstreckung".

Nichtzulassungsbeschwerde: → Rn. 78 ff.

Notarsache: Direkt anwendbar im Disziplinarverfahren, BGH BeckRS 1992, 31174764, analog in Fällen des § 111 BnotO, BGH BeckRS 1989, 31176871 und BGH BeckRS 1989, 31176889; BeckRS 1986, 31172893 (Zulassungsstreit); BGH NJW 1977, 436.

Parteiwechsel: Entspr. anwendbar betr. Kosten des ausgeschiedenen Bekl. bei Übernahme des Rechtsstreits durch den Rechtsnachfolger gem. §§ 265 II, 266 (nicht aber beim gewillkürten Parteiwechsel, auf den § 269 III 2 analog anzuwenden ist), BGH NJW 2006, 1351 (1353 f.).

Patentsache: Entspr. anwendbar, BGH NJW 1997, 3241 (Gebrauchsmusterlöschung), NJW-RR 1994, 381 (Beschwerdeverfahren), BPatG MDR 1984, 665, aM Hövelmann GRUR 2007, 289 (290) (wegen des Einspruchsverfahrens).

Prozesskostenhilfe: Die Regelung ist bei §§ 114 ff. grds. **unanwendbar.** Denn das Verfahren betrifft die Staatskasse, es verläuft nicht zwischen den Parteien einer Hauptsache, BGH FamRZ 2009, 1663 (auch nicht bei Erledigung der Hauptsache), Brdb NJW-RR 2001, 1463, VGH Mü 19.8.2021 – 19 C 21.1644, BeckRS 2021, 27752; NJW 2013, 891. Das gilt selbst bei einer gleichzeitigen Klagerhebung nach §§ 253, 261, Hamm FamRZ 2000, 1514. Wird zugleich mit einem Antrag auf Bewilligung von PKH die Klageschrift eingereicht und zugestellt, ist in Bezug auf diese der Zustellungswille des Gerichts zu klären, Ffm BeckRS 2008, 01742. Die Erledigungserklärung kann als Antragsrücknahme ausgedeutet werden, Kblz NJW-RR 2010, 500. Bei Erledigung einer bereits bestehenden Hauptsache vor Entscheidung über das PKH-Gesuch kommt es für die Erfolgsaussichten auf den Zeitpunkt der Bewilligungsreife BVerfG NJW 2020, 40.

Räumung: „Zwangsvollstreckung".

Rechtsanwalt: Zulassungsverfahren, BGHR FGG § 13a I 1 Hauptsacheerledigung 4.

Rechtsanwaltsordnung: „Anwaltsgericht".

Rechtsbeschwerdeverfahren: Die Regelung ist anwendbar, BGH JurBüro 2014, 497.

Rechtsmittelinstanz: → Rn. 78.

Rechtsweg: § 91a ist im Vorabverfahren zu seiner Klärung nach §§ 13 ff. GVG **unanwendbar,** da keine Kostengrundentscheidung möglich, wohl aber die Erledigungserklärung alleine für das Rechtsmittelverfahren, BGH NJW-RR 2001, 1007.

Revisionsverfahren: Die Regelung ist auch dort anwendbar, wenn der betr. Sachverhalt außer Streit steht, BGH NJW 2017, 1017; NJW 2013, 2508; NJW-RR 2014, 557; BAG NZA 2009, 1273, → Rn. 78.

Selbständiges Beweisverfahren: Die Regelung ist bei §§ 485 ff. unanwendbar, indes ist regelmäßig die Umdeutung in eine Rücknahme vorzunehmen, BGH ZfBR 2021, 144 Rn. 13 (Parallele zu § 269 III 3); NJW 2018, 402 Rn. 13; NJW 2011, 1292; NJW-RR 2011, 931, 932; BeckRS 2004, 10913, Kblz NJW 2015, 1896; Mü MDR 2099, 639, einschränkend für Anlass zur Rücknahme im Risikobereich des Ast. Schlesw NJW-RR 2009, 1437.

Sozialgericht: Nach §§ 193 I Hs. 2, 202 S. 1 SGG entsprechend anwendbar, Sächs LSG BeckRS 2015, 69270.

Tod: §§ 131, 150 II 2 FamFG gehen dem § 91a vor, Köln FamRZ 2010, 1105, eingehend Büte FamFR 2013, 505.

Unterlassung: → „Zwangsvollstreckung".

Verfassungsrechtliche Streitigkeit: Wegen § 89 BVerfGG sind **keine** übereinstimmenden Erledigungserklärungen als die Voraussetzung einer Kostenentscheidung notwendig, gegen einen Kostenbeschluss ist die Verf-Beschwerde nicht eröffnet, BVerfG 1993, 1060, NJW 1992, 118. Zur Auslagenerstattung bei erledigter VB BVerfG NJW 2011, 3081. Für die Erledigung der Verfassungsbeschwerde kann § 91a analog herangezogen werden, VerfGH NRW BeckRS 2021, 18874.

Vergabesache: Nicht anwendbar im Vergabeverfahren, wohl aber in der Beschwerde, BGH NJW-RR 2001, 1007 (Vorabentscheidung); NZBau 2004, 285, KG BeckRS 2005, 00144, Bespr. Summa VPR 2015, 95. KG VergabeR 2015, 481 will § 91a bei unstr. Erledigung auch ohne Erklärung analog anwenden.

Vergleich: → Rn. 46 (erledigendes Ereignis), → Rn. 96 (Erledigung unter Bedingung), → Rn. 152 „Vergleich" (Kostenentscheidung nach § 91a).

Versicherung: § 91a ist im Deckungsprozess anwendbar, LG Köln VersR 2000, 1412.

Verwaltungsgerichtsverfahren: Allgem Bünnigmann JuS 2017, 650. Anwendbar sein kann § 91a grds. nach §§ 158 I, 161 II VwGO, OVG Brem NVwZ-RR 2017, 5; zu § 161 VwGO AnwGH Ffm NJW-RR 2012, 1403.

Vollstreckbarerklärung: Für Schiedsspruch gilt § 91a, Ffm BeckRS 2014, 124255, auch „Ausländisches Urteil".

Vollstreckungsvereinbarung: → „Zwangsvollstreckung". Bei einer internationalen Vereinbarung ist § 91a **unanwendbar,** Hbg NJW 1987, 2165.

Vornahme einer Handlung: → „Zwangsvollstreckung".

Wettbewerbssache: Zulässig ist hier die zeitlich begrenzte Erledigungserklärung ab Unterlassungserklärung, BGH GRURR-RR 2012, 336, NJW 2004, 506, davon ist im Zweifel auszugehen, Mü GRUR-RR 2015, 87, zur Frage, wie in Bezug auf die voraufgegangene Zeit zu entscheiden ist, Ffm GRUR 2017, 1288 = GRUR-RR 2018, 47. Eine Verpflichtung des Gerichts zur näheren Ausdeutung der Erledigungserklärung in Bezug auf die Zeit vor dem erledigenden Ereignis besteht nach BGH GRUR 2016, 422 nicht. Näher → Rn. 55.

Wohnungseigentum: § 91a ist anwendbar, LG Ffm ZMR 2014, 473. Indes kann § 49 II WEG aF in seinem Anwendungsbereich neben oder anstelle von § 91a vorkommen, BGH NJW-RR 2017, 464 Rn. 14, LG Mü I NJOZ 2010, 2361. Die Norm kann, auch in zweiter Instanz, allerdings nur Anwendung finden, wenn die entscheidungserheblichen Tatsachen feststehen, BGH NJW 2002, 680. Im Übrigen gilt § 91a, LG Ffm WuM 2015, 689 (Hausgeld), LG Ddf ZMR 2017, 760 (Umlage). → Rn. 46 „Wohnungseigentum". Den Gedanken, einen Fortfall der Prozessführungsbefugnis des Wohnungseigentümers nach § 9a II WEG nF über Erledigung zu lösen, hat BGH WuM 2021, 392; WuM 2021, 766 Rn. 16 nach dem Rechtsgedanken des § 48 V WEG für Altfälle zugunsten fortbestehender Vertretung verworfen; vgl. auch BGH WuM 2022, 299 Rn. 20.

Zuständigkeitsbestimmung: Entspr. Anwendung, KGR Berlin 2005, 885.

Zwangsversteigerung: Die Regelung ist in einem Zwangsversteigerungsverfahren anwendbar, wenn es sich um ein kontradiktorisches Verfahren handelt, namentlich bei Streit um Anordnung, Einstellung oder Fortsetzung, nicht aber bei Verkehrswert- und Zuschlagbeschwerde und bei Beteiligung Dritter; die einer Erledigungserklärung vorausgehende Rücknahme des Zwangsversteigerungsantrags steht der Anwendung von § 91a nicht entgegen, da § 788 eingreift, nicht § 269 III 2; bei Erledigung im Rechtsmittelverfahren ist dessen Gegenstand vorab genau zu klären, BGH NJW 2007, 2993 Rn. 5, 8; bestätigt in BGH 28.2.2022 – V ZB 12/20, BeckRS 2022, 14738.

Zwangsvollstreckung: Die Regelung ist für die Erledigungserklärung und den Eintritt eines erledigenden Ereignisses in Bezug auf das in der Zwangsvollstreckung verfolgte Ziel im gesamten Bereich der Zwangsvollstreckung nach §§ 704 ff. anwendbar, solange ein **kontradiktorisches Verfahren** vorliegt und soweit nicht § 788 vorrangig gilt, BGH NJW 2020, 1143 Rn. 11; Mü 14.2.2017 13 W 108/17, BeckRS 2017, 145363 (auch für str Erledigung); Stgt MDR 2010, 1078; BayObLG NJW-RR 1997, 489 (jew. § 888); Karlsr FamRZ 2005, 49; Kblz JurBüro 1982, 1897.

Das gilt zB: Im Verfahren nach § 733, Karlsr FamRZ 2005, 49; nach § 765a, Ddf NJW-RR 1996, 637, im Erinnerungsverfahren nach § 766, LG Frankenthal Rpfleger 1984, 361 (Zuständigkeit des Vollstreckungsgerichts); im Verfahren nach § 887, BGH WuM 2005, 139, im Verfahren nach § 794a, LG Waldshut-Tiengen WuM 1993, 621, bei §§ 829 ff., LG Fulda Rpfleger 1993, 172 (Pfändungsverfahren), wegen § 891 S. 3 in einem Verfahren nach §§ 887–890, BGH WuM 2005, 139; Karlsr FamRZ 2010, 1839; BayObLG NJW-RR 1997, 489 (§ 888); Mü MDR 1991, 357; Saarbr JurBüro 2015, 162 (§ 988); aM Brschw JurBüro 1999, 46. (alleine § 788), in der Beschwerde gegen die Ablehnung der Aufhebung eines Haftbefehls, BGH NJW-RR 2019, 317 Rn. 12; DGVZ 2019, 79; NJW-RR 2010, 19; hier kann im Einzelfall trotz Erledigung ein fortbestehendes Interesse an der Feststellung der Rechtswidrigkeit bestehen, BGH WM 2019, 985; → Rn. 102, → Rn. 212.

Ablehnend für Vollstreckungsschutzverfahren nach § 765a, Ddf NJW-RR 1996, 637. Zwangsvollstreckung im Ausland aufgrund EuGVÜ Art. 31 ff., und des AVAG kann die Erledigung des Anerkennungsverfahrens zur Folge haben, OLGR Zweibr 1998, 414.

Gänzlich anders stellt sich die Frage nach dem Eintritt eines erledigenden Ereignisses durch Zwangsvollstreckung dar. Wird aus einem vorläufig vollstreckbaren Urteil, einem Arrestbefehl oder einer einstweiligen Verfügung vollstreckt, tritt keine Erfüllung im Sinne des § 362 Abs. 1 BGB und damit auch keine Erledigung ein, BGH NJW 2014, 2199. Näher zu Vorgängen, die in Bezug auf einen Streitgegenstand, dh einen titulierten Anspruch in der Zwangsvollstreckung stattfinden → Rn. 46 „Zwangsvollstreckung". Auch „Ausländisches Urteil", „Zwangsversteigerung".

Zwischenstreit: Die Regelung ist in einem Zwischenstreit beliebiger Art zB nach §§ 71, 72, 280, 303, 387 ff. anwendbar, BayObLG 12.8.98 – 1Z BR 66/98, BeckRS 1998, 27129, KG FamRZ 1977, 561, Oldbg VersR 1966, 1173.

IV. Begriff der Hauptsache. § 91a I 1 bezieht sich dem eindeutigen Wortlaut nach auf die Erledigung der Hauptsache. Darunter ist in umfassendem Sinn das klägerseits verfolgte, rechtshängige **Sachanliegen** zu verstehen. Den Regelfall bildet der Streitgegenstand der Klage, dh die aus einem bestimmten Lebenssachverhalt hergeleitete Forderung, → § 2 Rn. 4; → § 253 Rn. 26. Die streitige Erledigungserklärung hat den selben Ansatz; auch der in ihr liegende Feststellungsantrag bezieht sich regelmäßig auf den Streitgegenstand, BGH NJW 1994, 2363; NJW 1992, 2235, → Rn. 207. Es versteht sich von selbst, dass von einer „Hauptsache" nur die Rede sein kann, wenn Rechtshängigkeit eingetreten ist, dh wenn zwischen des Parteien ein **Prozessrechtsverhältnis** besteht, BGH NJW 2014, 2199, Brdbg NJW-RR 2001, 1436, NJW-RR 1996, 1470. Außerhalb eines solchen besteht begrifflich noch kein „Sach- und Streitstand"; begrifflich ausgerichtete Lösungswege über die Erledigung einer „Hauptsache" kommen insoweit nicht in Betracht. Das gilt namentlich für das Verfahren der **Prozesskostenhilfe,** → Rn. 13, und für das **selbständige Beweisverfahren,** → Rn. 13. Um dennoch (kosten-) gerechte Ergebnisse zu erzielen, kann im Einzelfall auf § 269 III 3 und auf die streitige Feststellung des Kosteninteresses, → Rn. 261, zurückgegriffen werden. In den sonstigen Verfahren, in denen eine Lösung über die Erledigungserklärung nicht durchgehend zulässig ist, → Rn. 13 ff., gilt Entsprechendes. 14

Die Hauptsache kann sich infolge von Erledigungserklärungen ändern. Das gilt namentlich für **Nebenforderungen** iSd § 4 I Hs. 2, die zur Hauptforderung werden, wenn übereinstimmende Erledigungserklärungen sich nur auf die ursprüngliche Hauptforderung beziehen; es liegen dann Teilerledigungserklärungen vor, BGH NJW 2015, 3173, → Rn. 104. Das hat Einfluss auf die Wertfestsetzung und damit ggf. auch auf die Kostenentscheidung → Rn. 165, 256. Andererseits geht der Geltungsbereich der für die übereinstimmende und die streitige Erledigung entwickelten Lösungen in vielen Einzelfällen über den Streitgegenstand einer Leistungsklage hinaus, wie bereits aus → Rn. 9 ff. zu ersehen. Das zeigt sich zB auch bei der Frage, inwieweit getrennt von der Hauptsache ein Rechtsmittel als solches für erledigt erklärt werden kann, → Rn. 80. Ein Prozessrechtsverhältnis zwischen den Parteien liegt jedoch auch in diesen Fällen vor. 15

V. Erledigung, I. Bei übereinstimmenden wie auch bei einseitigen Erledigungserklärungen nach → Rn. 207 kommt es unter verschiedenen Aspekten auf die Frage an, ob die Hauptsache sich objektiv erledigt hat. Im Rahmen des § 91a kann es sich auf die Kostenentscheidung auswirken → Rn. 139, 150. Bei der streitigen Erledigung ist der Eintritt des erledigenden Ereignisses die materielle Grundlage des Sachantrags, der auf Feststellung der Erledigung abzielt → Rn. 207. Vom Vorliegen des erledigenden Ereignisses muss man die Erledigungserklärung unterscheiden, → Rn. 53. 16

1. Begriff und Bedeutung des erledigenden Ereignisses. a) Definition. Die Hauptsache ist herrschender und zutreffender Definition nach erledigt, wenn die Klage (nicht notwendig bereits bei ihrer Erhebung, wohl aber) im Zeitpunkt des nach ihrer Zustellung, also ab **Rechtshängigkeit,** eingetretenen erledigenden Ereignisses zulässig und begründet war und durch ein Ereignis unzulässig oder unbegründet wurde, BGH WuM 2019, 283; GRUR 2018, 1181 Rn. 11 (Anschrift des Klägers); NJW 2014, 2199; NJW 1986, 588 Rn. 15 (Erwägung zur Begründetheit für die Zeit nach dem Eintritt der Erledigung sind nicht angezeigt); BAG NJW 1996, 1980; Rostock NZI 2008, 750 (Eintritt der Zulässigkeit nach Rechtshängigkeit). Das Ereignis muss eintreten; es reicht nicht aus, dass es bereits eingetreten war, sich aber erst im Rechtsstreit herausgestellt hat, Stein/Jonas/Muthorst ZPO Rn. 5. 17

Die Definition ist für sich gesehen nicht unmittelbar aus dem Gesetz abgeleitet, sondern eine Schöpfung von Rspr. und Literatur. Sie hat sich im Laufe der Jahrzehnte gewohnheitsrechtlich verfestigt und ist von der Zulässigkeit der Klageänderung bis zu den Rechtskraftwirkungen eines die Erledigung feststellenden Urteils Grundlage aller im jeweiligen Zusammenhang aufkommenden weiteren Überlegungen. 18

Abweichende Ansichten haben keine praktische Bedeutung mehr. Insbesondere hat der lange zurückliegende Streit um die Frage, ob eine Erledigung bereits ab Anhängigkeit eintreten kann, durch Einführung des § 269 III 3 im Jahre 1998 seinen Anlass verloren. Die sich bei der Rechtsanwendung stellende Aufgabe besteht darin, die 19

Erledigung mit ihrem definierten Inhalt an der jeweils maßgeblichen Stelle der Fallprüfung in die von den gesetzlichen Regelungen vorgegebenen Lösungswege zu integrieren.

20 Standardfall der Praxis ist die (teilweise) **Erfüllung,** BGH NJW 2015, 699 Rn. 19 (Abgrenzung zur Abwendung der Zwangsvollstreckung; → Rn. 46 „Zwangsvollsreckung"). Fortfall der Zulässigkeit und der Begründetheit stehen sich in ihrem Charakter als erledigendes Ereignis grds. gleich, BGH NJW 2006, 515. Auf die Ursache des Ereignisses oder die „Sphäre", aus welcher dieses herrührt, kommt es nicht an, BGH NJW 2010, 2422 Rn. 23, 30. Die Erledigung kann mithin auch auf Zeitablauf oder auf Zufall beruhen, Wieczorek/Schütze/Smid/Hartmann Rn. 56.

21 Der Eintritt eines erledigenden Ereignisses wirkt sich indes bei den verschiedenen Arten der Erledigung unterschiedlich aus.

22 **b) Übereinstimmend erklärte Erledigung. § 91a** spricht nur von der Erklärung „für erledigt" und daher gerade nicht auch ausdrücklich davon, dass Erledigung wirklich eingetreten sein muss. Die Vorschrift enthält weder den Begriff „Erledigung" noch denjenigen eines „erledigenden Ereignisses". Die **übereinstimmende Erledigungserklärung** zeigt sich gerade hierdurch als Ausfluss der **Parteimaxime** → Rn. 10; die Folgen einer zulässigen übereinstimmenden Erledigungserklärung treten aus sich heraus ein, ohne dass insoweit eine weitere Sachprüfung des Gerichts stattfände. Zutreffender Auffassung nach kommt es daher bei übereinstimmender Erledigungserklärung für den Eintritt der Wirkungen der Erklärung auf ein erledigendes Ereignis nicht an, Karlsr FamRZ 2004, 960, Hamm MDR 2001, 470, Köln NJW-RR 2000, 1456; MüKoZPO/Schulz Rn. 26. Der BGH hat die Frage noch nicht abschließend geklärt, NJW 1982, 1598. Wortlaut, Herleitung und Zweck der Norm fordern diese Betrachtung, deutlich im Sinne der hier vertretenen Auffassung BGH MietPrax-AK ZPO § 91a Nr. 3; GRUR 1983, 560. Art und Eintritt der Erledigung können folglich nur im Rahmen der Kostenverteilung von Bedeutung sein, etwa bei der Frage nach der ursprünglichen Begründetheit der Klage, dem Eintritt der Erfüllung oder in Bezug auf Billigkeitserwägungen, Stgt u. Kblz NJW-RR 1996, 1520, → Rn. 125 ff., 136 f.

23 **c) Streitige Erledigung.** Für die **streitige Erledigung** ist der Eintritt des erledigenden Ereignisses demgegenüber der tragende Gesichtspunkt, weil der auf Feststellung gerichtete Sachantrag nur in diesem Fall begründet ist, → Rn. 207 ff.

24 **2. Abgrenzung zur Erledigungserklärung.** Man muss zwischen dem objektiv erledigenden Ereignis, → Rn. 17, und der Erledigungserklärung, → Rn. 47, streng unterscheiden. Ersteres ist im Regelfall zunächst der Anlass weiteren Vorgehens, letzteres ist die hierauf aufbauende Prozesshandlung. Auch hierbei sind die grundlegend verschiedenen Gegebenheiten im Fall des § 91a und bei der streitigen Erledigung im Blick zu behalten. Bei der übereinstimmenden Erledigung bedarf es für deren Wirkungen, → Rn. 125 ff., keines erledigenden Ereignisses, → Rn. 22, wohl aber können erledigende Ereignisse als Umstände und Anlass der Erledigungserklärung bei der Kostenentscheidung Bedeutung erlangen, mithin die Rechtsfolge der übereinstimmend erklärten Erledigung beeinflussen→ Rn. 17 f., 5, 12 ff. Darin liegt der Normalfall, da die Parteien, obwohl es ihnen freisteht, kaum einmal die übereinstimmende Erledigung erklären, ohne zur Kostenfrage näher vorzutragen. Bei der streitigen Erledigung ist der Eintritt eines erledigenden Ereignisses nach dessen Definition, → Rn. 17, ausschlaggebend für die Zulässigkeit und die Begründetheit des auf seine Feststellung abzielenden Antrags, → Rn. 209 ff. Die Fallanalyse fordert also zumindest im Ansatz die Behandlung, zugleich aber auch die klare Trennung der beiden Prüfpunkte „Erledigungserklärung" und „erledigendes Ereignis".

25 Nachfolgend wird zunächst dargelegt, unter welchen Voraussetzungen das objektiv erledigende Ereignis eintreten kann. In → Rn. 47 ff. wird die Erledigungserklärung näher abgehandelt.

26 **3. Kein erledigendes Ereignis ohne Rechtshängigkeit.** Bereits im Zusammenhang mit dem Begriff der „Hauptsache", → Rn. 14, wurde darauf hingewiesen, dass die übereinstimmende und die streitige Erledigungserklärung nur für den Fall eines bereits bestehenden eines Prozessrechtsverhältnisses vorgesehen sind, mithin grds. Rechtshängigkeit vorausgesetzt wird. Ein objektiv erledigendes Ereignis kann nicht eintreten, solange die Hauptsache noch nicht rechtshängig ist, BGH NJW 2014, 2199, → Rn. 14; aA MüKoZPO/Schulz Rn. 27. Vor Anhängigkeit kann dies erst recht nicht der Fall sein, Köln FamRZ 1992, 334, anders für das arbeitsgerichtliche Beschlussverfahren BAG NJW 2008, 1977; näher → § 253 Rn. 10. Gleiches gilt für Ereignisse, die zwischen Anhängigkeit und Rechtshängigkeit eingetreten sind. Die Auswirkungen sind indes für übereinstimmende und streitige Erledigung wiederum unterschiedlich.

27 Die Frage des genauen Zeitpunktes, zu dem ein Rechtsschutzbegehren vor Rechtshängigkeit hinfällig geworden ist, hat für die hierauf aufbauende Zulässigkeit einer übereinstimmenden Erledigung nach § 91a demgegenüber keine Bedeutung, da es hier für die Erledigungserklärung auf ein erledigendes Ereignis nicht ankommt, → Rn. 22. Nur bei der Kostenentscheidung können die näheren Umstände, die Anlass der Erledigung waren, beachtlich werden, → Rn. 139, 152 ff.

28 Außerdem lässt sich vertreten, Bekl könne durch Anschluss an die Erledigungserklärung auf die bis dahin nicht stattgehabte **Zustellung verzichten,** wenn er von der Klage anderweit Kenntnis erlangt hat. Der Fall wird dann so behandelt, wie wenn Rechtshängigkeit eingetreten sei. Das Problem der Rechtshängigkeit hat alsdann bei der übereinstimmenden Erledigung eine eher geringe Bedeutung, Mü NJW-RR 2017, 1152; Köln NJW-RR 2000, 1456; dies ablehnend Brdb NJW-RR 2001, 1436; vgl. auch LG Meiningen NJW-RR 2021, 19 Rn. 11; Zöller/Althammer Rn. 17. Die praktische Relevanz der Frage ist allerdings nicht hoch, weil Fälle dieser Art kaum vorkommen.

29 Bei der streitigen Erledigungserklärung ist der Zeitpunkt, zu dem das erledigende Ereignis eintritt, für die Begründetheit des Antrags entscheidend. Erfolg kann die Klägerseite nur dann haben, wenn das erledigende Ereignis nach Rechtshängigkeit eingetreten ist. Fehlt es hieran, kommt es auf den genauen Zeitpunkt vor Rechtshängigkeit nicht an, da der alleine auf solche Ereignisse aufbauende Antrag in jedem Falle unbegründet ist, → Rn. 14, 207.

30 **Rechtshängigkeit** tritt nach § 261 I mit Erhebung der Klage, dh mit Zustellung der Klageschrift ein, BGH NJW *2013*, 387, *NJW-RR 1996*, 254, NJW 1985, 315 (317), Ffm BeckRS 2008, 01742 (Zustellungswille bei gleichzeitigem PKH-Antrag), LG Ddf ZIP 2017, 1870 (Insolvenzverfahren). Eine sich an das erledigende Ereignis anschließende Erledigungserklärung ist in der Praxis der Normalfall. Unter dem Aspekt der Rechtshängigkeit unproblematisch sind des weiteren sämtliche Vorgänge, die sich innerhalb eines Rechtsstreits oder sonstiger

Verfahren abspielen, → Rn. 13 ff. Ab dem Ende der Rechtshängigkeit kann eine Erledigung der Hauptsache begrifflich nicht mehr stattfinden. Erfüllung etwa kann nach § 767 geltend gemacht werden, → Rn. 74.

31 Im Verfahren von **Arrest und einstweiliger Verfügung** fallen Antragseingang und Rechtshängigkeit zusammen, so dass die Abgabe einer Erledigungserklärung hier auch vor Zustellung an den Gegner zulässig ist, Hamm NZG 2018, 868 Rn. 31; KG MDR 2009, 765; Köln GRUR 2001, 424; AG Neuruppin Rpfleger 2010, 510, → Rn. 13. Eine Entscheidung ist indes nur nach Anhörung des Gegners zulässig, da die Eilsache selbst ja erledigt ist. Im Einzelfall ist es ratsam, beim Ast. nachzufragen, ob eine Zustellung stattfinden soll oder ob dem ein etwa ein Geheimhaltungsinteresse entgegensteht.

32 **4. Erfolgsaussicht bei Eintritt der Erledigung, zeitlich rückbezogene Ereignisse. a) Normalfall.** Ein erledigendes Ereignis liegt nur dann vor, wenn und soweit ein tatsächlicher oder rechtlicher Vorgang dazu führt, dass man eine bis dahin zulässige und begründete Klageforderung nicht mehr mit Erfolgsaussicht im Prozess weiter verfolgen kann, BGH NJW 2014, 2199. Dafür muss nicht zwingend auf den Zeitpunkt der Klageerhebung abgestellt werden; es reicht, wenn die Klage bei Eintritt des erledigenden Ereignisses zulässig und begründet war, BGH NJW 1992, 2235 (Lage nach Klageänderung); NJW 1986, 588. Es kann also auf eine Heilung von Mängeln der Zulässigkeit oder Begründetheit ankommen. Kein erledigendes Ereignis im Sinne der Definition → Rn. 17 ist nach allem gegeben, soweit die Klage auch ohne den angeblich erst „erledigenden" Vorgang unzulässig oder unbegründet war, BGH NJW-RR 2005, 1135; NJW-RR 1987, 1271; BAG NZA 1993, 1052 (nachträgliche Zustimmung des Betriebsrats); BAGE 1980, 380; Ddf ZMR 2011, 284 (nach Räumung angefochtener Mietvertrag); Ddf FamRZ 2009, 1844 (Unterhalt); Hbg NJW-RR 1996, 1065. Zur besonderen Lage bei Unzuständigkeit → Rn. 152 „Unzuständigkeit" (§ 91a), → Rn. 221 (str. Erledigung).

33 Die Frage, ob die Klage oder ein sonstiges Sachanliegen (→ Rn. 13 ff.) Erfolgsaussicht hatte, ist der Normalfall der Prüfung. Er bedarf als solcher hier keiner näheren Erläuterung.

34 In einzelnen Fällen ist der Lösungsansatz bei der ursprünglichen Zulässigkeit und Begründetheit allerdings problematisch, insbesondere wenn das erledigende Ereignis im weiten Sinne Rückwirkungen auf die Zeit vor Rechtshängigkeit haben kann oder wenn seine Grundlagen vor der Erledigungserklärung begründet worden sind. Dann behilft sich die Rspr. mit der Annahme, dass erst die Geltendmachung des Einwands als prozessuales Verteidigungsmittel das erledigende Ereignis darstellt, so dass es auf eine Rückwirkung nicht ankommt. Im Sinne der Definition der Erledigung, → Rn. 17, war die Klage alsdann bei Eintritt des erledigenden Ereignisses begründet, so dass für die übereinstimmende Erledigung der Sach- und Streitstand nicht von vornherein eine Kostenbelastung des Klägers fordert, → Rn. 139, und die streitige Erledigungserklärung mit Kostenfolge zum Nachteil des Beklagten begründet ist, → Rn. 255. Dennoch muss man im Auge behalten, dass es sich hierbei letztlich um eine wertende Korrektur des auf die Definition aufbauenden Lösungsweges handelt, so dass ergebnisorientierte Erwägungen ihre Berechtigung behalten, so zutreffend Fervers, Jahrbuch junger Zivilrechtswissenschaftler 2017, 89 (95 ff.). Einzelheiten ergeben sich aus den nachfolgenden Abschnitten.

35 **b) Aufrechnung.** Erlischt die Klageforderung infolge einer im Rechtsstreit erklärten Aufrechnung, stellt sich die Frage nach der ursprünglichen Begründetheit wegen der **Rückwirkung** nach § 389 BGB. Dennoch liegt bei einer bis zur Prozessaufrechnung zulässigen und begründeten Klage und bei Durchgreifen der Prozessaufrechnung die Erledigung der Hauptsache vor. Denn im Lichte der Kostengerechtigkeit, → Rn. 6, muss zeitlich auf die **Erklärung der Aufrechnung** als Verteidigungsmittel im Rechtsstreit abgestellt werden. Von dieser Warte war die Klage alsdann ursprünglich begründet und ist durch die Wirkungen der Aufrechnung hinfällig geworden, BGH NJW 2010, 2422 Rn. 24, NJW 2003, 3134 (auch zur Billigkeitsentscheidung bei § 91a), zust. Luckey VersR 2004, 129; Schröcker NJW 2004, 2205; abl. Lindacher LMK 2004, 139; Mü BeckRS 2012, 6174; LG Bln NJW-RR 2002, 1655; Schröder NJW 2004, 2203; zT Althammer/Löhnig NJW 2004, 3077, 3080; Feser JA 2008, 525; aA Kbl FamRZ 2002, 1130; Zöller/Althammer Rn. 58.6. Bleibende materiell-rechtliche Wirkungen hat die Prozessaufrechnung bis zur Entscheidung des Rechtsstreits ohnehin noch nicht; denn Bekl. kann den Einwand fallen lassen, → § 322 Rn. 137; auch ist denkbar, dass die Zulässigkeit der Aufrechnung verneint wird, → § 322 Rn. 123. Das Urteil über die streitige Erledigungserklärung entfaltet, wenn die Begründung der Sachentscheidung sich zum Nichtbestehen der Gegenforderung verhält, Rechtskraftwirkungen nach **§ 322 II**, → Rn. 233, 238.

36 Die Kostenbelastung der Beklagtenseite mag bei str. Erledigung im Einzelfall ungerecht erscheinen, so etwa wenn Kl. mit der Aufrechnung fest rechnen musste, wohingegen Bekl. möglicherweise die Existenz der Gegenforderung vor Beginn des Rechtsstreits noch nicht einmal kannte, hierauf nicht zu Unrecht hinweisend Fervers, Jahrbuch junger Zivilrechtswissenschaftler 2017, 89 (95). Dennoch bleibt für Bekl. die Möglichkeit, sich der Erledigungserklärung anzuschließen und diesen Gesichtspunkt als Billigkeitserwägung vorzubringen. Völlig abgerundet ist die Lösung nicht, weil keine Sachentscheidung ergeht und nur auf diesem Wege eine gerechte Kostenentscheidung erzielt werden kann. Die ausbleibende Sachentscheidung lässt sich jedoch verschmerzen, weil die materiell-rechtlichen Wirkungen der Aufrechnung in diesen Fällen nicht zweifelhaft sind und kaum einmal in Zweifel gezogen werden dürften.

37 Man beachte: Wird eine **Aufrechnung** eingewandt, die bereits **vorprozessual** erklärt worden ist, handelt es sich um ein Verteidigungsmittel, das an die Zeit vor dem Eintritt der Rechtshängigkeit anknüpft, nämlich um den Einwand vorprozessualer Erfüllung. Die Frage der Erledigung im Rechtsstreit stellt sich hier nicht. Die Klage war bei Durchgreifen des Einwands von Anfang an unbegründet, so dass ein Erledigungsantrag abzuweisen ist; zur Bedeutung für die Lösung des praktischen Falls Anders/Gehle Assessorexamen ZivilR G Rn. 1, 6.

38 Ältere Rspr. ist überholt. Ob die Aufrechnung von der Kläger- oder der Beklagtenseite ausgeht, ist für die Frage nach der Erledigung ohne Bedeutung, BGH NJW 1986, 588. Bei der übereinstimmenden Erledigung liegt meist die Erfüllung einer begründeten Klageforderung durch Bekl. vor, so dass er die Kosten zu tragen hat; hier mögen indes Billigkeitserwägungen zu einer vom Sach- und Streitstand abweichenden Kostenentscheidung führen, BGH ZIP 2018, 802; NJW 2003, 3134; → Rn. 150. Bei der streitigen Erledigung ergeht in der Regel ein Urteil gegen Bekl.

39 **c) Hilfsaufrechnung.** Eine Hilfsaufrechnung ist all dem gegenüber kein Anlass, die Erledigung der Hauptsache in Erwägung zu ziehen, da über sie erst im Urteil entschieden wird, BGH NJW 2009, 1071 Rn. 28. Vorher hat sie keine Wirkungen, die eine Erledigung herbeiführen könnten, → § 322 Rn. 155. Die aus einer erfolgreichen Hilfsaufrechnung entstehende Kostenbelastung, → § 92 Rn. 26, kann Kl. abwenden, indem er die

Gegenforderung sofort anerkennt und alsdann die Hauptsache für erledigt erklärt. Widerspricht Bekl. mit Rücksicht auf seine Hauptverteidigung gegen die Klage und ist Kl. im Recht, ergeht ein str. Erledigungsurteil mit Kostenbelastung des Bekl. nach §§ 91, 93 analog. Im Rahmen der Billigkeitsentscheidung nach § 91a kann dies freier berücksichtigt werden.

40 **d) Verjährung.** Die erstmalige Erhebung der begründeten Verjährungseinrede im Rechtsstreit ist, die übrigen Voraussetzungen erfüllt, ein erledigendes Ereignis; die Klage ist nicht als von Anfang an unbegründet anzusehen, da die Einrede, anders als die Aufrechnung, nicht zurückwirkt, BGH ZIP 2018, 802; NJW 2010, 2422 Rn. 28; Dresden MDR 2018, 1215 (vorwerfbar verspätete Verjährungseinrede), Köln NJW 2017, 2922, Anm. Schneider NJW 2017, 2874; GRUR-RR 2014, 319; Ffm GRUR NJW-RR 2002, 184; kritisch Peters NJW 2001, 2289, El-Gayar MDR 1998, 698; aA Schlesw NJW-RR 1986, 38; eingehend Brießmann NJW 2018, 2988; zur Aufrechnung → Rn. 35. Ob die Verjährung vor Klageerhebung eingetreten ist, hat insoweit keine Bedeutung, Karlsr NJW-RR 2021, 254. Vielmehr kommt es mit Blick auf das Ziel der Kostengerechtigkeit, → Rn. 6, für das erledigende Ereignis auf die **Geltendmachung** als Verteidigungsmittel im Rechtsstreit an und nicht auf den Eintritt der Verjährung. Die Lage ist nur insoweit derjenigen bei der Aufrechnung, → Rn. 35, vergleichbar.

41 Der Bekl. muss genau prüfen, ob er sich der Erledigungserklärung des Kl. anschließt. Bei einer ohne Rücksicht auf die Verjährung begründeten Klage gewinnt er die Chance, aus Billigkeitserwägungen die Kostenlast auf den Kl. abzuwälzen, insbesondere wenn die Verjährung für diesen auf der Hand lag, BGH NJW 2010, 2422 Rn. 30, näher → Rn. 150 „Verursachung". Andererseits bleibt dem Kl. die Forderung wegen Wegfalls der Rechtshängigkeit, → Rn. 127, erhalten und steht nach § 215 BGB der Aufrechnung offen. Beantragt Bekl. Klageabweisung, stellt das Urteil bei Obsiegen des Kl. mit dem Erledigungsantrag den Untergang der Forderung infolge Verjährung fest, → Rn. 234. Mit diesem Ziel kann Bekl. allerdings auch die Erledigungserklärung anerkennen, um ein Urteil nach § 307 mit Kostenentscheidung nach § 93 zu erlangen.

42 Vorsicht ist geboten in Fällen, in denen die Verjährungseinrede bereits vor Rechtshängigkeit erhoben wurde und nur noch als Sachvortrag beigebracht wird. Dann liegt ein Fall der ursprünglichen Unbegründetheit der Klage vor; die Erledigungserklärung bleibt ohne Erfolg und ist bei entspr. Antrag des Bekl. abzuweisen, in ähnlichem Sinne LG Karlsr NJOZ 2016, 1233.

43 **e) Anfechtung, Erbausschlagung.** Die **Testamentsanfechtung** ist wegen der Rückwirkung kein erledigendes Ereignis, BGH NJW 2003, 3268 (3270); NJW 1991, 169 (171). Das ist unter dem Gesichtspunkt der Kostengerechtigkeit, → Rn. 6, 10, richtig, weil Kl. bei begründeter **Anfechtung** das Risiko mit Recht trägt. Dieser Gedanke ist zu verallgemeinern. Gleiches gilt daher für § 123 BGB. Bei Irrtumsanfechtung, § 119 BGB, wird umgekehrt zu entscheiden sein. Eingehend Althammer/Löhnig NJW 2004, 3080; vgl. auch Fervers, Jahrbuch junger Zivilrechtswissenschaftler 2017, 89 (96). Die auf diese Weise zu erzielenden Ergebnisse stehen mit den Rechtsfolgen von Aufrechnung, → Rn. 36 ff., und Verjährungseinrede, → Rn. 40, in Einklang.

44 Bei der **Erbausschlagung** ist trotz der aus §§ 2306 f. BGB ersichtlichen Rückwirkung, Schlesw FamRZ 2003, 1696, erst die Erklärung das erledigende Ereignis, BGH NJW 1989, 2885, 2886 IV, indes erscheint die aM von AG Northeim NJW-RR 2007, 9 erörternswert.

45 **5. Beispiele zur Frage eines erledigenden Ereignisses, I, II.** Die nachfolgende alphabetische Auflistung soll die einschlägigen Stichworte nicht umfassend darstellen. Vielmehr wird zur Wahrung systematischer Zusammenhänge die Kommentierung an mehreren Stellen um alphabetische Listen ergänzt, namentlich zum Geltungsbereich, → Rn. 13 ff., zur Erledigungserklärung, → Rn. 110 ff., zur Mitbeachtung der §§ 92 ff. im Rahmen von § 91a, → Rn. 139 ff., zu Billigkeitserwägungen, → Rn. 150 ff., zur Feststellung der streitigen Erledigung, → Rn. 233 ff. und zu den Wirkungen von abweisenden Urteilen, → Rn. 235 ff.

46 **Abtretung:** Wegen § 265 II kann der frühere Gläubiger den Prozess weiterführen. Daher ist die Abtretung kein erledigendes Ereignis, AG Köln WuM 1989, 31.

Abwehr der Zwangsvollstreckung: → „Zwangsvollstreckung".

Aktivlegitimation: Ihr Verlust kann ein erledigendes Ereignis sein, BGH NJW 1996, 2729 (Gesetzesänderung); Ddf ZIP 2019, 87; Karlsr NJW-RR 2000, 626 (Gesellschaftereigenschaft); überholt LG Ffm NJW 2021, 643 (Übergang der Klagebefugnis nach § 9a II Alt. 1 WEG nF auf die Gemeinschaft), durch BGH NZM 2021, 561 Rn. 10, 12 zugunsten vorerst fortbestehender Vertretung. Auch → „Prozessführungsbefugnis".

Änderung der Rechtsprechung: Kein erledigendes Ereignis; Risiko trägt der Kl., BGH NJW 2004, 1665.

Anfechtung: → Rn. 43.

Anordnung der Klagerhebung: „Arrest, einstweilige Verfügung".

Anschlussrechtsmittel: Nach Ffm FamRZ 1995, 945 soll eine Rücknahme des Hauptrechtsmittels das unselbständige Anschlussrechtsmittel. erledigen. Das ist jedenfalls durch die vorrangige Regelung des § 516 III 1 überholt, nach der Berufungskl. bei Rücknahme auch die Kosten der Anschlussberufung zu tragen hat, BGH NJW-RR 2007, 786. Bei übereinstimmender Erledigung alleine der Berufung kann nichts anderes gelten.

Arbeitsrecht: → Rn. 13.

Arrest, einstweilige Verfügung: Der Eingang des Gesuchs auf den Erlass eines Arrests oder einer einstweiligen Verfügung nach §§ 920, 936 macht das Arrestverfahren rechtshängig, → Rn. 31, nicht aber den sachlichrechtlichen Anspruch, Hamm MDR 1987, 589. Streitgegenstand des Eilverfahrens ist nur dessen Sicherung. Wird er indes hinfällig, tritt im Eilverfahren Erledigung ein. Für die Erledigung der Eilsache ist im Übrigen ausschließlich auf deren weitere Voraussetzungen abzustellen.

– **(Abschlusserklärung):** Kann wegen Wegfall der rechtl. Interesses erledigendes Ereignis sein, BGH GRUR 1991, 76; → Rn. 152.
– **(Aufhebungsverfahren):** Auch bei Fristversäumnis des Gl. ist Klageerhebung vor Aufhebung ein erledigendes Ereignis, Ffm MDR 1982, 328, NJOZ 2005, 2253 (Kostenlast des Gl.), FA 2017, 79.
– **(Dringlichkeit):** Wegfall kann erledigen, Köln WRP 1985, 660 (Ende eines Schützenfestes).
– **(Eilbedürfnis):** Dessen Wegfall kann erledigendes Ereignis sein, Köln WRP 1985, 661.
– **(Gesetzesänderung):** Kann erledigendes Ereignis sein, BGH BeckRS 2007, 65049
– **(Hauptsachetitel):** Eintritt der formellen Rechtskraft kann wegen Fortfall des rechtl. Interesses erledigendes Ereignis sein, KG GRUR 1990, 642. Anders Schlesw OLGR 1998, 37, wenn wegen vorausgehender Verstöße noch Ordnungsverfahren läuft, indes wird in BGH NJW 2004, 506 und GRUR-RR 2012, 336

über die Möglichkeit der Erledigung ab Fortfall des rechtl. Interesses ein anderer Weg eröffnet. Kein stets erledigendes Ereignis ist der Erlass eines vorläufig vollstreckbaren Titels zur Hauptsache, Schlesw WettbR 1998, 116.

– **(Verbotszeit):** Kein erledigendes Ereignis ist der reine Ablauf, wenn wegen früherer Verstöße Sanktionsanträge laufen, Nürnb WRP 1996, 145 (iÜ durch BGH NJW 2004, 506 und GRUR-RR 2012, 336 überholt).

– **(Vollziehungsfrist):** Ein nach Fristablauf eintretendes Ereignis kann kein erledigendes Ereignis mehr sein, Ddf WRP 1985, 640, wohl aber ein solches in der Frist, Ddf AfP 1987, 430. Dasselbe gilt für eine erst nach der Versäumung der Vollziehungsfrist abgegebene strafbewehrte Unterlassungserklärung, Hamm GRUR 1989, 932, Nürnb WRP 1996, 145. Nicht vorwerfbare Fristversäumnis kann zur Kostenlast des Ag. führen, Ffm OLGZ 1994, 91.

– **(Wiederholungsgefahr):** Wegfall ist erledigendes Ereignis, BGH NJW-RR 2006, 1378 (Todesfall); Ffm GRUR-RR 2011, 338.

– **(Zwangsräumung):** Ist mangels Erfüllungswirkung kein erledigendes Ereignis, LG Mü NJW-RR 2013, 15.

Aufrechnung: → Rn. 35.

Auskunft: Tod des Auskunftspflichtigen kann ein erledigendes Ereignis sein, BGH NJW-RR 1986, 369; iÜ → „Stufenklage"; → „Zwangsvollstreckung".

Begründetheit: Zur Bedeutung der Begründetheit für den Eintritt eines erledigenden Ereignisses → Rn. 17.

Betriebsstillegung: Sie kann im Beschlussverfahren zur Anfechtung eines Einigungsstellenspruchs ein erledigendes Ereignis sein, BAG NZA 2002, 756.

Beweislast: Es gelten generell die für die Sachentscheidung maßgeblichen Regeln. Ist streitig, ob das erledigende Ereignis vor oder nach Rechtshängigkeit eingetreten ist (zur Bedeutung dieses Gesichtspunktes → Rn. 26), tragen Kl. für Eintritt danach, Bekl. für Eintritt davor die Beweislast, Ddf NJW-RR 1991, 137.

Dritter: Die Erfüllung oder Zahlung durch einen Dritten kann ein erledigendes Ereignis darstellen, BGHReport 2005, 738. Auch → „Zwangsvollstreckung".

Drittschuldnerklage: Leistung oder Freigabe ist ein erledigendes Ereignis, Drsd NJW-RR 2011, 924. Die Hauptsache ist nicht erledigt, soweit erst die Erklärung des Drittschuldners nach § 840 ergibt, dass keine Forderung des Schuldners bestand, BGH NJW 1981, 990, bestätigt in NJW 1984, 1901. Zur Klage auf Feststellung des Kosteninteresses in Fällen dieser Art → Rn. 261 ff.

Drittunterwerfung: Sie kann ein erledigendes Ereignis sein, LG Darmst GRUR-RR 2008, 375.

Eilbedürftigkeit: Wegfall ist ein typisches erledigendes Ereignis, Ffm NJW 1991, 49.

Einreichung der Klageschrift: → Rn. 26, keine Erledigung vor Klageerhebung.

Erbausschlagung: Die Ausschlagung durch den bekl. Erben kann erledigendes Ereignis sein, BGH NJW 1989, 2885 (2886 IV). Problem ist die Rückwirkung der Ausschlagung, dies sieht die aM von AG Northeim NJW-RR 2007, 9, → Rn. 43. Richtiger ist es jedoch, auf die Erklärung der Ausschlagung abzustellen und hierin das erledigende Ereignis zu sehen.

Erbschaft: Soweit eine Partei den Gegner beerbt, endet der Prozess – ohne erledigendes Ereignis – von selbst, BGH NJW-RR 2011, 488; NJW-RR 1999, 1152; Zweibr FamRZ 1995, 100. Über die Kosten muss das Gericht dann entsprechend § 97 I entscheiden, BGH NJW-RR 1999, 1152.

Erfüllung: Jede Art von freiwilliger Erfüllung kann grds. ein erledigendes Ereignis sein; es handelt sich um einen Standardfall der Erledigung. Den Gegensatz bildet eine Leistung nur zur Abwendung einer drohenden Zwangsvollstreckung. IU finden sich Hinweise bei den weiteren Stichworten.

Erledigungserklärung: Man darf eine Erledigungserklärung nicht mit dem objektiv erledigenden Ereignis verwechseln, → Rn. 24.

Erlöschen des Anspruchs: Es kann ein erledigendes Ereignis sein, → „Erfüllung". Auch der Eintritt einer **auflösenden Bedingung,** der die rechtliche Grundlage der Klage zum Erlöschen bringt, kann ein erledigendes Ereignis sein, das zu einer Erledigungserklärung Anlass bietet. Ein Problem sind Ereignisse mit Rückwirkung oder sonstigem zeitlichem Rückbezug, → Rn. 32 ff.

Feststellungsklage: Bei der verneinenden (negativen) ist die Leistungs-Widerklage des Bekl. ein erledigendes Ereignis, wenn sie nicht mehr einseitig zurückgenommen werden kann, BGH NJW 2006, 515; NJW 1987, 2680; NJW 1984, 1556; Hamm MDR 1991, 546; Keller WRP 2000, 908. Auch der Wegfall des rechtlichen Interesses hat diese Wirkung, BGH NJW 2010, 3085; NJW 2006, 372; NJW-RR 1993, 391.

Feststellungswiderklage: Wenn der Bekl. eine verneinende Feststellungswiderklage in der Revisionsinstanz verfolgt und der Kläger nunmehr eine Leistungsklage erhebt, ist die Feststellungswiderklage nicht erledigt. Denn wenn der Widerkläger siegen würde, stünde fest, dass die Leistungsklage unbegründet war.

Gegendarstellung: Der Abdruck einer Gegendarstellung kann ein erledigendes Ereignis darstellen. Ob dies auch unter Vollstreckungsdruck der Fall ist, so Kblz NJW-RR 2006, 484, erscheint fraglich; anders Mü NJW 1988, 349. Näher, insbesondere zur Parallele mit der Auskunft, → „Zwangsvollstreckung".

Genehmigung: (Erst) ihre Erklärung ist ein erledigendes Ereignis, Köln OLGR 1994, 140.

Gesamtschuldner: Die Leistung (nur) eines Gesamtschuldners ist nur bei Unstreitigkeit der Forderung auch für die anderen ein erledigendes Ereignis, BGH NJW 2000, 1120 (kein Fortfall der Beschwer für den weiteren, berufungsführenden Bekl.); Saarbr NJW 2016, 3186.

Gesellschaft: Vgl. Bräutigam, Die Rechtsnachfolge in die Gesellschafterstellung als erledigendes Ereignis einer Ausschließungsklage, FS Quack, 1991. Das Ausscheiden eines Gesellschafters kann ein erledigendes Ereignis sein, Karlsr NJW-RR 2000, 626 (§ 51a GmbHG), ebenso Eintragung auf Antrag von dritter Seite für das laufende Verfahren, KG NZG 2021, 1375.

Gesellschafterliste: Zur Erledigung im Beschwerdeverfahren, wenn eine Liste neu aufgenommen wird, KG NZG 2020, 831; Ddf NZG 2020, 872.

Gesetzesänderung: → „Rechtsänderung".

Handlung: → „Vornahme einer Handlung".

Heilung: Bei § 518 ist sie kein erledigendes Ereignis, Celle MDR 1994, 524. Beim Verfahrensverstoß ist die Frage str., vereinend Karlsr OLGR 2002, 56, bejahend Ffm NJW-RR 1989, 63, dies einschränkend Ffm NJW-RR 1998, 1448; → Rn. 80.

Herausgabe: Die Herausgabe kann als eine freiwillige Erfüllung ein erledigendes Ereignis darstellen. Das gilt zB auch bei der Klage auf Herausgabe des Titels im Zusammenhang mit Klage nach § 767, BGH NJW-RR 2008, 1512. Anders muss man nach → „Zwangsvollstreckung" die Herausgabe nur zwecks der Abwendung einer drohenden Zwangsvollstreckung nach §§ 704 ff. beurteilen, BGH NJW 1985, 2405. Entfällt bei einer Herausgabeklage nach § 429 die Beweisbedürftigkeit, tritt Erledigung ein.

Herbeiführung: Der Erledigung steht nicht entgegen, dass der Kläger das Ereignis selbst herbeigeführt hat, BGH NJW-RR 1993, 1319 (gewollter Untergang eines Titelschutzrechts). Dem BGH ist zuzustimmen, da es insoweit auf den erledigenden Vorgang ankommt; bei der Kostenfolge mag sich anderes ergeben, → Rn. 150, auch → „Rechtsmissbrauch".

Hilfsaufrechnung: Sie ist kein erledigendes Ereignis, → Rn. 39.

Hinterlegung: Die Auszahlung erledigt, BGH NJW-RR 1997, 495.

Höchstpersönlicher Anspruch: → „Tod".

Insolvenz: Nach § 4 InsO gelten § 91a, BGH ZInsO 2020, 2537 Rn. 8. sowie die Grds. der str. Erledigung, BGH NZI 2008, 736 Rn. 7, analog, dh in modifizierter Form, bestätigt in BGH 23.9.2021 – IX ZB 66/20 Rn. 7 ff. Weitere Ermittlungen zum Eröffnungsgrund finden nicht statt. Maßgeblich ist der Sach- und Streitstand bei Erledigungserklärung. Ein reiner Parteienstreit über die Kostentragungspflicht ist mit § 5 Abs. 1 Satz 1 InsO nicht vereinbar. Amtsermittlungen enden, wenn das Insolvenzverfahren wegen des geänderten Antrags nicht mehr eröffnet werden kann. Gleichwohl muss der Eröffnungsantrag beschieden werden. Es ist zu prüfen, ob er zulässig und begründet war und sich nach → Rn. 17 erledigt hat. Die Kostentragungspflicht des Gläubigers nach einseitiger Erledigungserklärung kann nicht damit begründet werden, dass der Insolvenzantrag weiterhin zulässig ist, weil ein rechtliches Interesse an der Verfahrenseröffnung trotz Erfüllung der Antragsforderung gemäß § 14 Abs. 1 Satz 2 InsO fortbesteht, BGH NJW-RR 2022, 421 Rn. 14. Die Grundsätze der Erledigung gelten im Insolvenzeröffnungsverfahren nur in modifizierter Form, BGH NJW-RR 2009, 188; NZI 2008 736 Rn. 8; NJW-RR 2005, 418.

Vor dem Eröffnungsbeschluss kann bei einem Fremdantrag der Ast. die Hauptsache für erledigt erklären, zur Zeitgrenze in der Beschwerde BGH NJW-RR 2005, 418. Nach Beseitigung einer Masseunzulänglichkeit kann Zahlung erledigend wirken, Rostock NZI 2008, 750. Weitere Fälle: BFH ZIP 2013, 1789 (Feststellung einer Steuerforderung zur Insolvenztabelle), AG Köln ZIP 2013, 1589 (Erfüllung der Antragsforderung im Insolvenzeröffnungsverfahren). Auch → Rn. 13 „Insolvenz".

Klageänderung: Soweit eine Klageerweiterung den ursprünglichen Antrag umfasst, erledigt sich dieser nicht, BGH NJW-RR 2002, 283.

Klagebefugnis: → Rn. 46 „Aktivlegitimation".

Klagegrund: Die Erledigung muss sich auf die Hauptsache beziehen, mithin auf den Streitgegenstand, → Rn. 14. Der Wegfall nur eines einzelnen Klagegrundes nebst Fallenlassen der übrigen Gründe ist kein erledigendes Ereignis, solange nicht die Klageforderung insgesamt wegfällt, Ddf MDR 1978, 762.

Klageerhebung: → Rn. 26.

Konfusion: → „Zusammenfall".

Kostenfestsetzungsverfahren: VGH Mü NVwZ-RR 2014, 160 (Erledigung durch Zahlung).

Kündigung: Eine wirksame Kündigung kann ein erledigendes Ereignis darstellen, etwa wenn ein Anspruch auf künftige Leistung, § 259, durch wirksame Kündigung zeitlich begrenzt wird.

Mahnverfahren. Dazu Liebheit NJW 2000, 2235; Schneider JurBüro 2002, 511; Wolff NJW 2003, 553. Auch im Mahnverfahren nach §§ 688 ff. vor seiner Abgabe an das Gericht des streitigen Verfahrens nach § 696 I 1 oder vor einer Verweisung dieses Gerichts an ein anderes Gericht nach § 696 V kann ein erledigendes Ereignis eintreten, sofern die Hauptsache eben schon rechtshängig geworden war, KG Rpfleger 2003, 162, Mü NJW-RR 1996, 956. Diesen Zeitpunkt muss man nach § 696 III beurteilen. Im Übrigen gilt § 269 III 3.

Mangelbeseitigung: In der Zwangsvollstreckung ist sie keine die Erledigung herbeiführende Erfüllung, BGH NJW 2015, 699; → „Vorschussklage".

Mietrecht: Die Zustimmung zum Mieterhöhungsverlangen nach § 558b BGB kann die Klage auch im Fall des III 1 erledigen, AG Hildesh Nds. Rpfl. 1976, 112. Die Kosten sind bei sofortigem Anschluss des Bekl. analog § 93 dem Kl. aufzuerlegen, → Rn. 143. Hatte Bekl. dem Verlangen (konkludent) bereits zugestimmt, trägt Kl. in jedem Fall die Kosten, BGH NJW-RR 2018, 524; AG Lübeck NZM 2017, 477 mAnm Börstinghaus. Bei § 569 III Nr. 2 S. 1 BGB kann die Zahlung der Miete nach Rechtshängigkeit erledigendes Ereignis sein, LG Hbg WuM 1998, 422 (Kostenlast Mieter), LG Bochum WuM 1989, 411 (Eintritt einer öffentlichen Stelle). Räumung im Räumungsrechtsstreit ist Erledigung, BGH NJW 2013, 2361 (notw. vorausgesetzt), KG MDR 2018, 559, KGR 2007, 218 (voreilige Klage), Mü BeckRS 2015, 3556.

Motivation: Die bloßen Motive einer Partei für ihre Erledigungserklärung sind unbeachtbar. Der Wegfall des Klagemotivs ist kein erledigendes Ereignis, BGH NJW-RR 2006, 544, AG Köln WuM 1989, 31.

Nichtehelichkeit: Deren rückwirkende Feststellung steht der Erledigung des Unterhaltsstreites entgegen, Celle FamRZ 1993, 438.

Parallelprozess: → „Rechtskraft".

Parteifähigkeit: Es gilt dasselbe wie bei → „Rechtsfähigkeit", zur Parteifähigkeit BGH NJW-RR 1996, 805. Auch eine erloschene Partei kann zur Klärung der Kostenfrage noch die Erledigungserklärung abgeben, KG MD 2019, 342.

Parteiwechsel: Es kann ein erledigendes Ereignis vorliegen, BGH NJW 2006, 1351 (§ 91a analog, → Rn. 13).

Passivlegitimation: Verlust des Bekl., BGH NJW 2006, 1351.

Patent: Ein erledigendes Ereignis kann sein Zeitablauf sein, BGH MDR 1984, 50 u. 665, der Verzicht des Bekl., BGH GRUR 2004, 623, BB 1961, 152, Nichtigerklärung in Parallelverfahren, BGH GRUR 1960, 27. Auch → Rn. 13 „Patentsache".

Prozessführungsbefugnis: Ihr Erlöschen kann erledigendes Ereignis sein, BGH ZinsO 2004, 340; wohl auch NJW-RR 2003, 1419. Zum Wohnungseigentum allerdings → Rn. 13. Zum Unterhaltsrecht BGH NJW 2013, 2595.

Prozesskostenhilfe: Auch im Verfahren auf die Bewilligung einer Prozesskostenhilfe nach §§ 114 ff. kommt es auf die Rechtshängigkeit der Hauptsache an. Soweit der Antragsteller die Klage nur bei Bewilligung erheben will, kann ein erledigendes Ereignis erst ab der Zustellung der Klageschrift eintreten, → Rn. 26. Die Entstehung eines prozessualen Kostenerstattungsanspruchs führt zur Erledigung des noch nicht beschiedenen Antrags auf Bewilligung von Prozesskosten-, Verfahrenskostenhilfe, BGH 7.4.2020 – XIII ZB 28/19, BeckRS 2020, 7723.

Prozessrechtsverhältnis: Ein erledigendes Ereignis kann nur eintreten, sobald, soweit und solange infolge Klagezustellung ein Prozessrechtsverhältnis zwischen den Parteien besteht, → Rn. 26.

Räumungsklage: Die freiwillige Räumung kann erledigendes Ereignis sein.

Rechnungslegung: → „Stufenklage".

Rechtsänderung: Sie kann, insbes. im Wettbewerbsrecht, ein erledigendes Ereignis sein, Karlsr NJW-RR 2002, 1044, Ffm GRUR 1995, 150; KG NJW-RR 1995, 1511. Auch „Rechtsprechungsänderung", → „Verfassungsverstoß".

Rechtsfähigkeit: Ein erledigendes Ereignis kann durch den Verlust der Rechtsfähigkeit eintreten, BGH NJW 2002, 1207 (Erlöschen); NJW 1982, 238 (erloschene Gesellschaft ist berechtigt, Erledigungserklärung abzugeben); Kblz NJW-RR 1999, 39 (Löschung GmbH), aM Hamm für Löschung der bekl. GmbH NJW-RR 1988, 1307 (keine Entscheidung mehr möglich). Auch → „Zulässigkeit".

Rechtshängigkeit: → Rn. 26.

Rechtsirrtum: Seine Aufklärung ist kein erledigendes Ereignis, LG Mü IPRax 2001, 460.

Rechtskraft: Ihr Eintritt in Bezug auf einen anderen Streitgegenstand kann für einen Gegenstand ein erledigendes Ereignis sein, BGH NZG 2012, 1192 (Teilrechtskraft eines Berufungsurteils), Köln FamRZ 1981, 486.

Rechtsmissbrauch: Missbräuchliche Herbeiführung der Erledigung ist hinsichtlich des erledigenden Ereignisses selbst ohne Einfluss, BGH NJW-RR 1993, 1319; Schlesw MDR 2002, 474 (Veräußerung der Kaufsache nach Rücktritt), indes kann er bei der Kostenentscheidung nach § 91a zu berücksichtigen sein. Die Erledigungserklärung kann wegen Rechtsmissbrauchs unwirksam sein, wenn der Antragsteller offenkundig und schwerwiegend gegen das Gebot der gleichmäßigen Gläubigerbefriedigung verstößt, BGH NJW-RR 2020, 1440.

Rechtsschutzbedürfnis: Wegfall kann erledigendes Ereignis sein, nicht aber Wegfall des wirtschaftlichen Interesses, BGH NJW-RR 2006, 544; Hamm MDR 1986, 241; Ulrich WRP 1990, 657. Infolgedessen muss das Gericht trotz dieses Umstands nun über die Kosten im Rahmen seines billigen Ermessens nach den Umständen entscheiden und darf die Kosten keineswegs stets dem Kläger auferlegen. Auch → „Zulässigkeit".

Rechtsprechungsänderung: Sie ist kein erledigendes Ereignis, BGH NJW 2004, 1665; BFH BB 1994, 1134 (im Einzelfall).

Rechtsverlust, -verzicht: Dergleichen ist ein erledigendes Ereignis, BGH NJW-RR 1993, 1319 (Titelschutzrecht). Dem BGH ist zuzustimmen, da es insoweit auf den erledigenden Vorgang ankommt; bei der Kostenfolge mag sich anderes ergeben, → Rn. 150.

Revisionsinstanz: Ein erledigendes Ereignis kann auch dann noch eintreten, BGH WuM 2017, 132; NJW 2013, 2508; NZG 2012, 1192 Rn. 14, → Rn. 78 ff.

Rückgabe: Die Rückgabe kann als eine freiwillige Erfüllung ein erledigendes Ereignis darstellen. Auch → „Erfüllung", → „Zwangsvollstreckung".

Rückwirkung:→ Rn. 32 ff., Ddf FamRZ 2009, 1844 (rückwirkendes Entfallen der Unterhaltspflicht).

Schadensersatzanspruch nach §§ 302 IV, 600 II, 717 II: Die Wirkungslosigkeit eines Urteils infolge übereinstimmender Erledigungserklärung erfasst auch den Anspruch aus § 717 II, BGH NJW 1972, 1283.

Schuldübernahme: Sie kann ein erledigendes Ereignis sein, BGHZ 61, 140.

Selbständiges Beweisverfahren: → Rn. 13.

Schiedseinrede: § 1032 I. Ihre Erhebung im Rechtsstreit ist, ähnlich der Verjährungseinrede → Rn. 40, ein erledigendes Ereignis, weil die Zulässigkeit der Klage entfallen kann.

Stufenklage:

– **(Umfängliche Beendigung):** Die Erledigung der Stufenklage in ihrer Gesamtheit, etwa bei Erfüllung des Leistungsanspruchs, bietet keine Probleme. Im Rahmen einer Kostenentscheidung nach § 91a kann in diesen Fällen auch unterschiedlichen Erfolgsaussichten auf den einzelnen Stufen Rechnung getragen werden, Ddf NJW-RR 2013, 124; Ffm NJW-RR 2006, 1581; Brdb NJW-RR 2003, 795; Karlsr FamRZ 2002, 1719; OLGR Ffm 2000, 49, → Rn. 136 ff. Erstrittene Negativauskunft kann über mat.-rechtl. Ersatzanspruch berücksichtigt werden, → Rn. 150.

Für die streitige Erledigung gilt Entsprechendes, → Rn. 210. Vorweg sei allerdings klargestellt, dass ein erledigendes Ereignis nicht gegeben ist, wenn der Kläger aufgrund negativer Auskunft das Leistungsziel aufgeben muss, weil dann die Klage von Anfang an unbegründet war, → Rn. 17; Ffm FamRZ 2018, 1929, Anm. Bömelburg FamRB 2019, 5. Hier kommt nur ein Antrag auf **Feststellung des Kosteninteresses** in Betracht, BGH NJW 1994, 2895; ausdr. in Bezug genommen in BGH NJW 2021, 941 Rn. 28; → Rn. 261. Erledigendes Ereignis ist im Normalfall die Erteilung der Auskunft vor Erlass eines diesbezüglichen Teilurteils. Daneben kommen sämtliche weiteren Ereignisse iSd Definition → Rn. 17 in Betracht, namentlich etwa die Erlangung der erforderlichen Auskünfte auf anderem Wege oder – auf der zweiten Stufe – der Fortfall von Zweifeln an der Richtigkeit einer Auskunft oder die Abgabe einer eidesstattlichen Versicherung.

– **(Erledigung auf unteren Stufen):** Streitig ist, ob für die unteren Stufen eine eigenständige Erledigungserklärung in Betracht kommt, Zöller/Althammer Rn. 58.44; MüKoZPO/Schulz Rn. 129; Musielak/Voit/Flockenhaus Rn. 43; Prütting/Gehrlein/Hausherr Rn. 81. Auch hier verfolgt Kl. indes jeweils Sachanträge, für deren Klärung ungeachtet § 44 GKG Kosten (zB für Beweiserhebung, Prozessbevollmächtigte) aufgewendet werden. Das Rechtsinstitut der Erledigung bietet unter dem Aspekt der **Kostengerechtigkeit,** → Rn. 6, für deren gerechte Verteilung brauchbare Grundlagen, insbesondere wenn die Klagebegehren auf den einzelnen Stufen unterschiedlichen Erfolg haben.

Rspr. und Lit. gehen davon aus, dass Kl. ohne Erledigungserklärung von einer unteren Stufe auf die Leistungsstufe übergehen kann, indem er zB den Auskunftsanspruch fallen lässt, BGH NJW 1979, 925 (in der Berufung Übergang von einer Auskunftsklage, die alleine Gegenstand des Urteils war, auf die Leistungsklage); BGH NJW 2001, 833 (Überspringen der 2. Stufe); Köln BeckRS 1996, 00271; Ddf NJW-RR 1996, 839. Der für die zweite Stufe häufig angekündigte Antrag auf eidesstattliche Versicherung ist ohnehin Hilfsantrag, der als solcher fallen gelassen werden kann, BGH NJW 1991, 1893, auf dieser Linie auch BGH NJW 2000, 1645 (Auskunftsantrag als bloßes Hilfsmittel). Das Fallenlassen ist keine Klageänderung, für eine Erledigungserklärung bleibt in solchen Fällen kein Raum, so ausdrücklich BGH NJW 2001, 833; Köln

OLGR 1996, 23. All dem wird hier nicht widersprochen. Wenn jedoch ein **Rechtsschutzinteresse** an der Bescheidung einer Erledigungserklärung auf einer unteren Stufe besteht, darf ihre Abgabe nicht unzulässig sein. BGH NJW 1991, 1893 geht hiervon als selbstverständlich aus.

Ein Rechtsschutzinteresse an der Entscheidung des Gerichts über eine Erledigungserklärung auf einer unteren Stufe ist anerkannt für den Fall, dass die Hauptsache sich im Hinblick auf den allein angefallenen **Auskunftsantrag** in der Rechtsmittelinstanz erledigt, weil diese Instanz anders nicht abgeschlossen werden kann, BGH NJW 1999, 2520, 2522, unter Bezugnahme auf BGH NJW-RR 1992, 1032 (1033). Nimmt man das Erfordernis rechtlichen Interesses zum Ausgang, ist an sich jedes nachvollziehbare Ziel einer sachgerechten Berücksichtigung von Kosten, die auf den unteren Stufen angefallen sind, ausreichend. Diese Kosten können erheblich sein. Eine Erledigungserklärung bzgl. des Auskunftsantrags kann auch abgegeben werden, um für den Anspruch auf Abgabe einer eidesstattlichen Versicherung, **§§ 259 II, 260 II BGB,** oder auf Wertermittlung eine bindende Feststellung der (erledigten) Auskunftspflicht zu erhalten. Vgl. auch Auskunftserteilung in der → „Zwangsvollstreckung".

– **(Unterhaltsrecht):** Soweit ältere Rspr sich mit dem Thema befasst, sollte man vorsorglich sämtliche Entscheidungen aus dem Bereich des Unterhaltsrechts außer Acht lassen, weil §§ 235, 243 FamFG hierfür seit 2009 eine Sonderregelung enthalten. Zeitlich davor liegende Lösungswege über „Erledigung" haben ihren Anlass verloren und sind daher nur begrenzt auswertbar.

Teilungsplan: Bei Klage auf Zustimmung bewirkt nach Naumb BeckRS 2021, 38757 = ErbR 2022, 239 (Ls.) der Wegfall der Teilungsreife nur den Wegfall der Fälligkeit.

Teilweise Erledigung: Keine Teilerledigung ist der Wegfall nur eines von mehreren Klagegründen, da alleine die Erledigung der Hauptsache, mithin des Streitgegenstandes beachtbar ist, Ddf MDR 1978, 763, → Rn. 14. IÜ → Rn. 104, 252.

Titelschutz: Auch eine willkürliche Beendigung der Benutzung des nach dem UWG geschützten Titels reicht zur Erledigung aus, BGH NJW-RR 1993, 1319; aM Schlesw NJW-RR 1986, 39, Zöller/Althammer § 91a Rn. 5. Dem BGH ist zuzustimmen, da es insoweit auf den erledigenden Vorgang ankommt; bei der Kostenfolge mag sich anderes ergeben, → Rn. 150.

Tod: Der Tod kann ein erledigendes Ereignis darstellen, wenn es um einen höchstpersönlichen Anspruch geht, BGH NJW 2005, 2385, oder es sich um eine Ehesache handelt, BGH BeckRS 1991, 31061979; NJW-RR 1986, 369 (Tod des Auskunftspflichtigen). Auch → „Erbschaft". Hamm FamRZ 1995, 101 lässt im Einzelfall die deklaratorische Feststellung der Erledigung auch nach Erlass eines Urteils zu, Bedürfnis verneinend Bbg FamRZ 1984, 302, für Wegfall des Feststellungsinteresses bei Tod BGH NJW-RR 1993, 391. Keine Erledigung liegt vor, wenn von Erbenseite der Rechtsstreit mit der Forderung nach dem Interesse, § 264 Nr. 3, fortgesetzt wird, BGH 18.7.2022 – V ZB 22/21 Rn. 6.

Übergang zur Leistungsklage: → „Stufenklage".

Überweisung: Eine Erledigung kann (erst) mit der Gutschrift eintreten; auf den Zeitpunkt des Auftrags kommt es auch für die Frage nach einer Erledigung ab Rechtshängigkeit nicht an, Hamm OLGR 1995, 80.

Unbegründetheit: → Rn. 17.

Unterhalt: Eine Erledigung kann beim vertraglichen Unterhalt infolge des Wegfalls der gesetzl. Vertretungsmacht eintreten, Köln FamRZ 2005, 1999. Bei Eintritt des volljährig gewordenen Berechtigten keine Erledigung, BGH NJW 2013, 2595.

Unterlassungsverpflichtung: → „Wettbewerbssache", → „Wiederholungsgefahr".

Unterwerfung: → „Wiederholungsgefahr".

Unzulässigkeit: → „Zulässigkeit".

Veräußerung: Die Veräußerung der Sache durch den Käufer nach der Erhebung seiner Rücktrittsklage kann der Annahme einer Erledigung entgegenstehen, Schlesw MDR 2002, 474. Kein erledigendes Ereignis ist auch die Veräußerung bei § 265 II, AG Köln WuM 1989, 31 (bloßer Wegfall des Motivs).

Verfahrensgebühr: Der Umstand, dass der Kläger die Verfahrensgebühr nach § 12 GKG noch nicht bezahlt hat, kann unschädlich sein, soweit das Gericht rechtswidrig gleichwohl die Klage hat nach § 271 zustellen lassen. Auch die Zahlung der Verfahrensgebühr vor der Zustellung ändert noch nichts daran, dass mangels einer Rechtshängigkeit nach → Rn. 17 kein erledigendes Ereignis eingetreten sein kann.

Verfassungsverstoß: Die Nichtigkeit eines Gesetzes ist kein erledigendes Ereignis. Denn sie bestand von Anfang an, BVerfG 66, 152, BGH NJW-RR 2004, 1619; Schumann FS 50 Jahre BGH, 2000, 39.

Vergleich: Der Vergleich kann ein erledigendes Ereignis darstellen, indes hat eine Kostenregelung vor dem Beschluss nach § 91a Vorrang, → Rn. 152 „Vergleich".

Verjährung: → Rn. 140.

Versicherung: Im Deckungsprozess liegt in der Deckungszusage ein erledigendes Ereignis, LG Köln VersR 2000, 1412, erst recht in einem anschließenden Abwehrschutz, Köln VersR 2017, 478. Der Verweis des gegnerischen Haftpflichtversicherers auf eine günstigere Reparaturmöglichkeit stellt in Bezug auf Anwaltskosten für eine anfänglich höhere Forderung kein erledigendes Ereignis dar BGH NJW 2018, 935 Rn. 10.

Vertragsstrafe: → „Wiederholungsgefahr".

Vertretungsmacht: Ihr Wegfall kann erledigendes Ereignis sein, Köln FamRZ 2005, 1999.

Verwirkung: Die in jeder Lage von Amts wegen nach § 242 BGB beachtbare sachlichrechtliche Verwirkung kann ein erledigendes Ereignis darstellen, BAG NZA 2005, 362. Dennoch ist Vorsicht geboten, weil Grundlagen und Wirkungen insoweit sehr vielgestaltig sind, vgl. nur MüKoBGB/Schubert BGB § 242 Rn. 388 ff. Man muss den Anlass der Verwirkung herausarbeiten und prüfen, ob die Geltendmachung im Rechtsstreit, wie etwa bei Verjährung oder Aufrechnung, als erledigendes Ereignis oder als Einwand gegen die anfängliche Begründetheit der Klage anzusehen sind, Brdb FamRZ 2014, 1731; näher → Rn. 35 ff.

Verzicht: Er kann ein erledigendes Ereignis sein, BPatG GRUR 1981, 819.

Vollstreckungstitel: Seine Erzielung in einem anderen Verfahren ist ein erledigendes Ereignis, LG Bln ZMR 2012, 101.

Vorbehalt: Soweit der Schuldner nur unter einem Vorbehalt zahlt, fehlt ein erledigendes Ereignis, wobei allerdings die Umstände des Einzelfalls große Bedeutung haben, BGHR ZPO § 91a Abs. 1 S. 1 Erledigung 2 (Erfüllung trotz Vorbehalt); BGH WM 1977, 1308; Ddf ZMR 2011, 869 (Erfüllung auch bei Vorbehalt); Saarbr VersR 2004, 901 (Bedeutung des Vorbehalts der Rückforderung); Nürnb FamRZ 2000, 1025 (zur

Auslegung eines Vorbehalts). Die Rücknahme eines Vorbehalts im Urkundenprozess kann erledigendes Ereignis sein, OLGR Jena 2009, 132. Auch → „Zwangsvollstreckung".

Vornahme einer Handlung: Die Vornahme der verlangten Handlung kann als eine freiwillige Erfüllung ein erledigendes Ereignis darstellen.

Auch → „Erfüllung", → „Zwangsvollstreckung".

Vorschussklage: Die Mangelbeseitigung kann ein erledigendes Ereignis sein, Kblz NJW-RR 1990, 981.

Wettbewerbssache: Zulässig ist hier die zeitlich begrenzte Erledigungserklärung ab Unterlassungserklärung, BGH GRURR-RR 2012, 336; NJW-RR 2006, 566; NJW 2004, 506. Der Inhalt der Erledigungserklärung ist hierauf auszudeuten, Hamm MDR 1989, 1001. Im Zweifel ist mit Blick auf bereits erfolgte Maßnahmen der Zwangsvollstreckung von der zeitlichen Begrenzung auszugehen, Mü GRUR-RR 2015, 87, zur Frage, wie in Bezug auf die voraufgegangene Zeit zu entscheiden ist, Ffm GRUR 2017, 1288 = GRUR-RR 2018, 47. Eine Verpflichtung des Gerichts zur näheren Ausdeutung der Erledigungserklärung in Bezug auf die Zeit vor dem erledigenden Ereignis besteht nicht, BGH GRUR 2016, 421. Eingehend im Allgemeinen Zusammenhang → Rn. 53. Die Abgabe der Unterlassungserklärung nach § 13 I UWG ist eine erledigende Handlung.

Wirtschaftliches Interesse: Sein Fortfall reicht nicht, BGH NJW-RR 2006, 544.

Wiederholungsgefahr: Der Wegfall einer Wiederholungsgefahr, etwa bei Abgabe einer strafbewehrten Unterlassungserklärung, kann ein erledigendes Ereignis darstellen, BGH NJW-RR 2006, 566; Mü GRUR-RR 2021, 148 Rn. 21; Hbg MDR 2015, 197 (Höhe der Vertragsstrafe bei Unterwerfungserklärung); Ffm GRUR-RR 2011, 339; Hamm GRUR 1984, 68; Bernreuther GRUR 2007, 660. Die Drittunterwerfung kann ein erledigendes Ereignis sein, LG Darmst GRUR-RR 2008, 375.

Wohnungseigentum: Zunächst → Rn. 13. Die Erklärung der verklagten übrigen Wohnungseigentümer, man verzichte auf die Rechte aus dem angegriffenen Beschluss, führt nicht zur Hauptsacheerledigung im Anfechtungsprozess, LG Hbg ZMR 2015, 45. Herausgabe von Unterlagen kann mit Ausnahme der Zwangsvollstreckung zur Erledigung führen, LG Itzehoe ZMR 2015, 54. Ergänzende Beschlüsse im Duldungsprozess sind auf ihre erledigende Wirkung hin zu prüfen, LG Hbg ZMR 2014, 39. Die Entscheidung nach § 49 II WEG aF ist analog § 91a II 1 anfechtbar, nicht aber als Erstentscheidung in der Berufung, Köln NJW 2011, 1890.

Kein erledigendes Ereignis ist grds. ein Rechteverzicht der verklagten übrigen Wohnungseigentümer im Anfechtungsprozess, LG Hbg ZMR 2015, 45.

Zahlung: Die freiwillige Zahlung kann als Erfüllung ein erledigendes Ereignis darstellen. Das gilt auch bei der Zahlung durch einen Dritten, BGHReport 2005, 738. Vgl. → „Vorbehalt" und → „Zwangsvollstreckung".

Zeitablauf: Ein Zeitablauf kann ein erledigendes Ereignis darstellen, BGH MDR 1984, 665 (Ablauf eines Patents); BAG NZA 2010, 415 (Wegfall des Feststellungsinteresses); Köln OLGR 2004, 163 (Ablauf des Bestellungszeitraums eines Verwalters).

Zulässigkeit: Da als erledigendes Ereignis der Umstand gilt, dass eine bisher zulässige und begründete Klageforderung nach der Rechtshängigkeit unzulässig oder unbegründet wird, ist die anfängliche Zulässigkeit eine der Voraussetzungen eines erledigenden Ereignisses, → Rn. 17. Daher ist der nachträgliche Wegfall der Zulässigkeit ebenfalls ein erledigendes Ereignis, BGH NJW 2006, 515; GRUR 1983, 560. Diese Unzulässigkeit kann etwa durch den Verlust der Rechtsfähigkeit eintreten, BGH NJW 1982, 238 (zust. Grundmann JR 1982, 104) oder des Feststellungsinteresses, BAG NZA 2010, 415. Eine erst nach dem erledigenden Ereignis und nicht rückwirkend eintretende Unzulässigkeit ist als solche unschädlich, BGH NJW 1986, 588. Zu Fragen der Zuständigkeit → Rn. 69; → Rn. 152 „Unzuständigkeit"; → Rn. 221.

Zusammenfall: Derjenige des Gläubigers und Schuldners ist kein erledigendes Ereignis. BGH FamRZ 2018, 842 (Nachlassverwaltung); NJW-RR 2011, 487; NJW-RR 1999, 1152. Köln NJW-RR 1992, 1337 betrifft demgegenüber einen Fall der Konfusion auf Beklagtenseite, die eine Erledigung darstellte.

Zustellung der Klage: Vorher ist der Eintritt eines erledigenden Ereignisses nicht möglich, → Rn. 17, 26.

Zustimmung: → „Mietrecht".

Zwangsvollstreckung: Man muss zwei Themen voneinander unterscheiden. Zur Geltung der Erledigungsgrundsätze im Verfahren der Zwangsvollstreckung verhält sich → Rn. 13 „Zwangsvollstreckung". Für Vorgänge, die in Bezug auf den Streitgegenstand in oder unter dem Druck der Zwangsvollstreckung stattfinden, gilt Folgendes:

Eine Erledigung im Sinne von → Rn. 17 kann nur vorliegen, wenn der Streit im jeweils maßgeblichen Punkt (Zulässigkeit, Begründetheit) durch ein erledigendes Ereignis abschließend beendet wird. Ein nur vorläufige Wirkung reicht nicht aus. Soweit eine **Leistung** des Schuldners lediglich **zur Abwendung** einer drohenden **Zwangsvollstreckung** erfolgt, liegt daher kein erledigendes Ereignis vor, soweit seitens Leistendem nicht ausdrücklich etwas anders bestimmt wird. Denn in Wahrheit wendet sich der Bekl. ja nach wie vor gegen den sachlichrechtlichen Anspruch, so dass Erfüllung ausscheidet, BGH NJW 2015, 699 Rn. 19; NJW 2014, 2199 (Besitzverlust); aA Czub ZZP 102, 274. Das gilt insbesondere auch unter dem Aspekt, dass Bekl. durch Zahlung das Weiterlaufen der Verzinsung hindert, BGH NJW 2012, 1717 Rn. 1; NJW 1994, 942 (943). Maßgeblich ist die verständige Sicht des Zahlungsempfängers, BGH NJW 1994, 942 (943).

Nicht erforderlich für diese Lösung ist, dass die Leistung, wie etwa im Fall der Zahlung, wieder rückgängig gemacht werden kann; auch bei Erteilung einer zutreffenden **Auskunft** unter drohendem Vollstreckungsdruck tritt Erledigung nicht ein, obwohl Gl. die erstrebte Kenntnis unumkehrbar erlangt hat, BGH MDR 2022, 54 = BeckRS 2021, 33354 Rn. 14. Eine **Gegendarstellung** unter dem Druck der Zwangsvollstreckung kann nach Kblz NJW-RR 2006, 484 – aA Karlsr AfP 2017, 75 – im laufenden Rechtsstreit Erledigung bewirken. Ob dies nach der Rspr. des BGH zur Auskunft Bestand hat, bedarf der Klärung, zumal Kblz dem Gesichtspunkt der Unumkehrbarkeit des Eindrucks beim Publikum tragende Bedeutung beimisst. Eine Umkehrung dieses Eindrucks durch entschiedenen Hinweis auf den Vollstreckungsdruck ist hier jedoch tatsächlich möglich, so dass ein anderer Fall vorliegt.

Dieselben Grundsätze gelten erst recht, wenn ein vorläufig vollstreckbarer Titel **zwangsweise** durchgesetzt wird, BayObLG NZG 2021, 1591 Rn. 31; Saarbr NJW-RR 1998, 1068, dazu Becker-Eberhard JuS 1998, 884. Maßgeblich bleiben aber auch hier die Umstände des Einzelfalls, die trotz Vorliegens eines vorläufig vollstreckbaren Titels zur Annahme der Erfüllung und damit der Erledigung führen können, BGH NJW 1994, 942; Brdb BeckRS 2004, 18314; OLGR Ffm 1994, 37. Daneben kann eine Leistung durch einen Dritten unabhängig von der Zwangsvollstreckung ein erledigendes Ereignis sein, → „Dritter". Auch → „Vorbehalt".

47 **VI. Erledigungserklärung. 1. Rechtsnatur und Erscheinungsarten der Erledigungserklärung.** § 91a enthält weder den Begriff der „Erledigung" noch denjenigen eines „erledigenden Ereignisses", sondern alleine denjenigen der „Erklärung für erledigt". Die Erledigungserklärung ist mithin eine Prozesshandlung, BGH NJW 2013, 2686; NJW-RR 2011, 618; AG 2010, 749; NJW-RR 1991, 1211; Köln JurBüro 2016, 464.

48 In der Praxis können sich zwei grundverschiedene Erscheinungsformen der Erledigungserklärung ergeben. Teilen die Parteien (etwa aufgrund außergerichtlicher Einigung) dem Gericht die vollständige Erledigung übereinstimmend mit, treten die Wirkungen dieser Erklärung unmittelbar ein, sobald sie bei Gericht eingegangen ist, Ddf JurBüro 2007, 256. Von da an sind nur noch die Folgen der Erklärung von Belang, iW hat also das Gericht die Kostenentscheidung zu erlassen, → Rn. 111 ff. Im anderen Fall begegnet dem Gericht eine Erledigungserklärung alleine der Klägerseite, deren Inhalt bisweilen näherer Klärung bedarf und deren Folgen auch vom prozessualen Vorgehen der Beklagtenseite abhängen, insbesondere der Frage, ob sie auf Klageabweisung beharrt oder sich der Erklärung anschließt. Solange letzteres nicht geschieht, ist die Erledigungserklärung generell ein Sachantrag, der weiterer Disposition des Kl. unterliegt, → Rn. 94.

49 Erst ein Anschluss der Beklagtenseite führt zur Anwendung des § 91a. Zur Frage, ob Kl. dann noch ein **Rechtsschutzinteresse** an der streitigen Feststellung der Erledigung durch Urteil haben kann, → Rn. 212; zum prozessualen Schicksal des str. Sachantrags → Rn. 207 ff. Die **„Erledigungserklärung" des Bekl.** ist für sich ohne verfahrensrechtliche Relevanz. Geht allerdings danach eine entspr Erklärung des Kl. ein, liegt normalerweise eine übereinstimmend erklärte Erledigung vor, → Rn. 249.

50 Die übereinstimmende Erledigungserklärung hat den Willen der Parteien zum Inhalt, das Streitverhältnis in der Hauptsache zu beenden und nur noch die Kostenentscheidung dem Gericht zu überlassen. Eingehendere dogmatische Auseinandersetzungen hierüber, vgl. MüKoZPO/Schulz Rn. 22 ff. mwN, sind nicht zuletzt wegen der Bindung des Gerichts an die Erklärung, → Rn. 10, für die Praxis ohne Belang.

51 Die einseitige Erledigungserklärung hat nach herrschender Definition, → Rn. 17, den Antrag auf die Feststellung zum Inhalt, dass das ursprünglich verfolgte Rechtsschutzziel infolge eines nach Rechtshängigkeit eingetretenen Ereignisses hinfällig geworden ist, BGH NJW 2002, 442. Es handelt sich mithin um einen normalen Sachantrag.

52 Zur Abgrenzung der Erklärung vom erledigenden Ereignis → Rn. 24. Zur (für sich unbeachtlichen) einseitigen Erledigungserklärung des Bekl. → Rn. 246.

53 **2. Geltung ab bestimmtem Zeitpunkt, insbesondere bei Unterlassungsansprüchen. a) Zeitlich eingegrenzte Erledigungserklärung.** In besonders gelagerten Einzelfällen, namentlich bei **Unterlassungsansprüchen,** kann nach der Rspr. die Erledigungserklärung ab einem bestimmten Zeitpunkt erfolgen, zeitlich begrenzt ab Unterlassungserklärung, BGH GRUR 2016, 421; GRUR-RR 2012, 336; NJW-RR 2006, 566; NJW 2004, 506; → Rn. 46 „Wettbewerbssache". Das hat insbes. auch Bedeutung für die seit 2.12.2020 geltende Regelung des § 13 I UWG. Durch die Lösung des BGH wird vermieden, dass ein Unterlassungstitel im Hinblick auf seinem Erlass nachfolgende Verstöße durch Abgabe der strafbewehrten Unterlassungserklärung und damit notwendiger Erledigungserklärung bei Anschluss des Beklagten sanktionslos werden kann. Nach der Lösung des BGH ist gem. § 91a nur noch über die Kosten zu entscheiden. Die in dem Titel enthaltene Kostenentscheidung wird insgesamt hinfällig, so dass nach § 91a über die gesamten Kosten zu entscheiden ist, BGH GRUR 2016, 421. Der BGH gewinnt damit auch bei Fehlen einer eindeutigen Begrenzung der Erledigungserklärung das Ergebnis über eine wohlwollende Auslegung; dabei wird berücksichtigt, dass die zeitlich begrenzte Erledigungserklärung nicht allgemein bekannt ist und den Bedürfnissen der Praxis großzügig Rechnung getragen werden soll, insbesondere wenn Ordnungsmittelanträge bereits gestellt sind. Es gelten für die Kostenentscheidung die Grundsätze → Rn. 136 ff.

54 Die zeitliche Abgrenzung der Erledigungserklärung auf die Zeit ab einem bestimmten Ereignis stellt eine **teilweise Erledigungserklärung** dar, da die Hauptsache für die Zeit davor streitig bleiben soll. Der BGH hat diese Frage noch nicht abschließend geklärt, BGH GRUR 2016, 421; GRURR-RR 2012, 336; NJW-RR 2006, 566; NJW 2004, 506; einzelne OLG sehen die Lage wie hier, Ffm GRUR 2017, 1288 = GRUR-RR 2018, 47; Köln GRUR 2014, 1032; aA Braunschw NJW-RR 1996, 380; Nürnb WRP 1996, 145 (nicht an sich abzulehnen, aber durch die Rspr. des BGH überholt); Musielak/Voit/Flockenhaus ZPO Rn. 50 (unter Verkennung der jüngeren Rspr.). Für die Zeit bis zum Eintritt eines erledigenden Ereignisses kann Kl. hilfsweise hinter dem weiter verfolgten Hauptantrag ein Interesse an der Feststellung haben, dass die Klage bis dahin zulässig und begründet war; das gilt namentlich bei einer Unterlassungsklage, wenn die erledigende Wirkung einer Unterlassungserklärung von ihm bezweifelt wird oder er wegen Sekundäransprüchen die ursprüngliche Begründetheit der Klage feststellen lassen will; das ist im Sinne der Definition → Rn. 17 keine Erledigungserklärung, umgekehrt kann eine solche im Sinne dieses Feststellungsziels auszulegen sein, BGH NJW-RR 1998, 1571 (1573); → Rn. 98.

55 **b) Alternativer Lösungsvorschlag.** Die Rspr. überzeugt nur im Ergebnis, nicht jedoch in der Herleitung. Es stellt einen Systembruch dar, die Erledigungserklärung, die sich ihrer Natur nach nun einmal auf den Rechtsstreit, nicht auf Zeitabschnitte und erst recht nicht auf die Wirkungen der Erledigungserklärung bezieht, in der vom BGH vorgenommenen Weise inhaltlich einzugrenzen; so bereits an sich zutreffend, wenn auch durch die Rspr. des BGH überholt, Braunschw NJW-RR 1996, 380. Der Systembruch zeigt sich deutlich an der unübersehbaren Diskrepanz zwischen der begrenzten Erledigungserklärung, dem dennoch stattfindenden Verzicht auf eine Sachentscheidung über den voraufgegangenen Verfahrensabschnitt und der alsdann für den gesamten Rechtsstreit auszusprechenden Kostenentscheidung nach BGH GRUR 2016, 421. Die Großzügigkeit, mit der Erledigungserklärungen im Sinne der Rspr. des BGH ausgelegt werden, ist vor diesem Hintergrund ein die Auslegungsgrundsätze, → Rn. 59, verwässernder Notbehelf. Das Ergebnis lässt sich mit einer **Einschränkung der Analogie zu § 269 III 1,** → Rn. 132, klarer begründen.

56 Da bei Erledigung titulierter Unterlassungsansprüche der Eintritt der Wirkungslosigkeit als Folge der Erledigungserklärung für die Zeit vor Eintritt des erledigenden Ereignisses dem Zweck des Titels zuwiderliefe, besteht insoweit *nicht* die Notwendigkeit einer Lückenschließung. Alleine die rechtlichen Wirkungen der Erledigungserklärung weichen, was den Unterlassungstitel angeht, vom Normalfall ab, weil das Urteil entspr. § 269 III 1, IV 1 zur Vermeidung sinnwidriger Ergebnisse nur für die Zeit ab dem Eintritt des erledigenden Ereignisses für wirkungslos zu erklären ist. Damit ist den Besonderheiten eines Unterlassungstitels hinreichend Rechnung

getragen. Die Lösung stellt zugleich eine vertretbare Ausnahme von dem Grundsatz dar, dass es für die Wirkungen der übereinstimmenden Erledigungserklärung auf den Eintritt eines erledigenden Ereignisses nicht ankommt, → Rn. 22.

Die Lösung erscheint über Unterlassungsansprüche hinaus verallgemeinerungsfähig. Der Tenor lautet: „Der (näher bezeichnete Titel) ist seit dem … (Datum des erledigenden Ereignisses) wirkungslos.“ 57

c) Tenor. Der Tenor des Beschlusses nach § 91a mag bei berechtigtem Interesse, → Rn. 132, den Zusatz enthalten: „Die einstweilige Verfügung vom (das Urteil vom) … ist seit dem … wirkungslos.“ Bei der streitigen Erledigung stellt sich das Problem eher selten, weil der ursprüngliche Anspruch Streitgegenstand bleibt, über den das Erledigungsurteil ohnehin eine Aussage enthält, → Rn. 209, 227. 58

3. Auslegung. Als Prozesshandlung müssen Erledigungserklärungen inhaltlich klar sein, indes bedürfen sie keines bestimmten Wortlauts. Es kommt alleine auf den Inhalt an, der ggf. durch Auslegung geklärt werden muss, BGH NJW-RR 2019, 317 Rn. 9; MDR 2016, 411. Die Ausdeutung einer „Erledigungserklärung“ als Klagerücknahme oder gar als Verzicht wird nur ausnahmsweise in Betracht kommen, wenn jede andere Möglichkeit ausscheidet; allg. zur Rücknahme eines Rechtsmittels BGH FamRZ 2019, 465. Dabei ist neben der allgemein gebotenen Ausmittlung des wahren Willens das Ziel der Kostengerechtigkeit, → Rn. 6, mit zu beachten. Sitzungsprotokoll und Tatbestand eines Urteils können zur Auslegung einer (Teil-)Erledigungserklärung mit herangezogen werden, BGH NJW 2013, 2362. 59

Zunächst ist die **konkludente** Abgabe der Erledigungserklärung möglich, ohne Verwendung des Begriffs selbst, BGH NJW-RR 1995, 1089; NJW-RR 1991, 1211; AG Saarbr WuM 2016, 662 (Betriebskostenabrechnung); Lange NJW 2001, 2150. Der Wortlaut ist mithin nicht generell bindend, sondern grds. nur Auslegungsgrundlage, BGH NJW 2004, 506, 509. Nur bei eindeutigem Wortlaut ist die – ggf. falsche – Erklärung nicht mehr auslegungsfähig, BGH NJW 2007, 1460; NJW 2004, 506, 509. Im Allg. ist eine zugunsten des Erklärenden großzügige Auslegung statthaft, Köln NJW-RR 1998, 143; Ffm MDR 1977, 56. Äußerungen zur Kostenfolge können in eine bestimmte Richtung weisen, während es auf ein erledigendes Ereignis nur ankommt, soweit die Parteien hierauf Bezug nehmen und dadurch eine Zielrichtung ihrer Antragstellung erkennen lassen; auf das obj. Vorliegen alleine kommt es nicht an, → Rn. 22. Erklärungen des Bekl. folgen den gleichen Grundsätzen; sie sind auch im Lichte der Erklärungen des Kl. auszulegen. Schweigen des Bekl. kann unter Auslegung seiner Äußerungen und seines Verhaltens im Rechtsstreit auch dann als Zustimmung gedeutet werden, wenn ein Anwendungsfall des § 91a I 2 (schriftsätzliche Erledigungserklärung) nicht vorliegt; insoweit gelten die hier dargelegten allgemeinen Regeln, allerdings mit Blick auf § 91a I 2 stark eingeschränkt. Einzelfälle und Beispiele im Zusammenhang mit → Rn. 117. Zu § 91a I 2 näher → Rn. 115. 60

Bei **fehlerhafter Auslegung** durch das Ausgangsgericht ist die hierauf aufbauende falsche Entscheidung im höheren Rechtszug aufzuheben, Ffm NJW-RR 2020, 1327. 61

4. Form und Zulässigkeit. a) Erklärung zu Protokoll. § 91a I 1 sieht drei Möglichkeiten der Erledigungserklärung vor. Die Erklärungen sind dem streitentscheidenden Gericht gegenüber abzugeben, wofür allerdings die Übermittlung des Protokolls einer Erledigungserklärung vor einem anderen Gericht ausreicht, OLGR Ddf 2008, 23, oder auch deren Vereinbarung in einem außergerichtlich oder in anderer Sache geschlossenen Vergleich. 62

Abgabe der Erklärung ist nach § 129a bei jedem AG möglich. Schriftsätze beider Seiten im laufenden Rechtsstreit führen die Wirkungen der übereinstimmenden Erklärung unmittelbar herbei, → Rn. 94; → Rn. 125. IdR kann ein Termin daher aufgehoben werden. Man beachte § 129a II 2. Das alles gilt auch im schriftlichen Verfahren nach § 128 II oder nach § 495a S. 1 und im schriftlichen Vorverfahren nach §§ 276, 697 II, 700 IV. 63

Bei Abgabe in der mündlichen Verhandlung, § 91a I 1 Alt. 1, ist die Erklärung in das Protokoll aufzunehmen. Obwohl eine ausdrückliche Erwähnung in §§ 160 ff. fehlt, ist § 160 III Nr. 2 einschlägig, da die Erklärung der Klägerseite zunächst einen Antrag darstellt, → Rn. 94, und es Förmelei wäre, dies bei einer unmittelbar gemeinsamen Erklärung beider Seiten in Bezug auf die Protokollierung anders zu sehen. Üblich und empfehlenswert ist es, die Erklärung nach § 162 I genehmigen zu lassen. Fehlt es hieran, steht dies der Wirksamkeit indes nicht entgegen, → § 162 Rn. 8; BSG 20.1.2022 – B 11 AL 20/21 BH, BeckRS 2022, 2975 Rn. 5. 64

b) Anwaltszwang. Aus der dritten Alt. von § 91a I 1 folgt, dass es nach § 78 III anwaltlicher Vertretung nicht bedarf, BGH JurBüro 2014, 497 (Rechtsbeschwerde); NJW-RR 2012, 688; NJW 1994, 256 (Revision); BAG NZA 2005, 893 (Revision); Schlesw MDR 1999, 252 (Berufung). Das hat am ehesten vor dem BGH praktische Relevanz, weil ein dort zugelassener Anwalt nicht tätig werden muss, BGH 23.9.2021 – I ZB 9/21 Rn. 7; NZI 2011, 937 Rn. 6. 65

Selbst in einem Verhandlungstermin über die Erledigung bedarf es der anwaltlichen Vertretung nicht, da die Part. zeitgleich die Geschäftsstelle in Anspruch nehmen könnten, aA Bergerfurth NJW 1992, 1655 (1657); Pape JuS 1995, 912. In der sofortigen Beschwerde bleibt es beim Anwaltszwang, Mü BeckRS 2016, 7640. 66

Die Ausnahme vom **Anwaltszwang** gilt nur für die übereinstimmende Erledigung, mithin zunächst für die Erledigungserklärung des Kl. Ein Abweisungsantrag des Bekl. ist hiervon schon nicht mehr erfasst; er unterliegt den allg. Regeln. Die streitige Erledigung ist in der mündlichen Verhandlung zu erklären, BGH NJW 1984, 1901. Dort gilt § 78. Sind allerdings nur noch die Anträge zu stellen, mag das Gericht Vorgehen nach § 128 II anregen. § 128 III ist dem Wortlaut nach nicht anwendbar, weil nicht nur über Kosten oder Nebenforderungen, sondern über einen Sachantrag zu entscheiden ist. Die Analogie scheidet mangels Lücke aus, weil § 128 II eine sachgerechte Lösung ermöglicht. 67

c) Zulässigkeitsfragen. Der Übergang zur Erledigungserklärung ist **Klageänderung** und in aller Regel nach § 264 Nr. 2 privilegiert, BGH NJW 2008, 2580; NJW 2002, 442, zumindest aber sachdienlich iSd § 263. Bei Zustimmung des Bekl. kommt es hierauf ohnehin nicht an. Eine **teilweise Erledigungserklärung,** → Rn. 211, kann wegen **Unbestimmtheit** nach § 253 II Nr. 2 unzulässig sein, wenn der erledigte Teil (zB einzelne von mehreren Forderungen) vom streitig bleibenden nicht klar abgegrenzt wird. Dann sind beide Teile unzulässig, → Rn. 104. 68

Mängel der Klageschrift wirken sich grds gegen Kl. aus, Hbg NJW-RR 2019, 361 (fehlende Angabe zur Identität des Kl. in der Klageschrift). Wurde die Klage beim **unzuständigen Gericht** erhoben, ist nach übereinstimmender Erledigung dort über die Kosten zu entscheiden, wie wenn das angerufene Gericht von Anfang an 69 zuständig gewesen wäre, BGH MDR 2010, 888 (näher → Rn. 151 „Unzuständigkeit"). Bei streitiger Erledigung war die Klage infolge der fehlenden Zuständigkeit des angerufenen Gerichts zum Zeitpunkt des erledigenden Ereignisses nicht zulässig, so dass der Erledigungsantrag unbegründet ist; eine Ausnahme gilt, wenn bei Eintritt des erledigenden Ereignisses bereits ein Verweisungsantrag gestellt war, näher → Rn. 221.

70 **5. Unwirksamkeit ohne Rechtshängigkeit der Hauptsache.** Da die übereinstimmende oder streitige Erledigungserklärung nur im Rahmen eines Prozessrechtsverhältnisses in Betracht kommt, → Rn. 14, ist ihre Abgabe außerhalb eines solchen, namentlich vor Zustellung einer Klage, ohne Wirkungen, Brdb NJW-RR 2001, 1436; NJW-RR 1996, 1470; OLGR Mü 1997, 202. Betr. Ende der Rechtshängigkeit, etwa infolge Klageänderung oder Rücknahme, abschließende Zeitgrenze in der Rechtskraft → Rn. 72 ff.

71 Zu trennen ist hiervon die Frage, ob und wann ein erledigendes Ereignis stattgefunden hat. Darauf kommt es für die übereinstimmende Erledigung nicht an, für die streitige handelt es sich um eine Frage der Begründetheit, → Rn. 22, 207, 214.

72 **6. Zeitgrenze für die Abgabe der Erledigungserklärung.** Bekl. muss die Zustimmung nicht unverzüglich erklären. Man kann sich der Erledigungserklärung von Kl. auch nach anfänglichem Abweisungsantrag noch anschließen, BGH MDR 2022, 1095 = BeckRS 2022, 18282 Rn. 19. Die Grenze liegt alleine im Grundsatz von Treu und Glauben. Selbst insoweit ist Zurückhaltung geboten, da auch bei Kl. missbräuchliches Verhalten der Erledigung grds. nicht entgegen steht, BGH NJW-RR 2020, 1440; NJW-RR 1993, 1319; Schlesw MDR 2002, 474; → Rn. 46 „Rechtsmissbrauch". **Taktieren** des Bekl., der erst nach einer ihm ungünstigen Beweisaufnahme sein Heil im Anschluss an die Erledigungserklärung sucht, muss nicht zur Unwirksamkeit führen, sondern kann bei der Kostenverteilung berücksichtigt werden, → Rn. 139 ff.

73 Der **Schluss der mündlichen Verhandlung** steht der Abgabe einer Erledigungserklärung für sich nicht entgegen, LAG Bln MDR 2006, 57; Karlsr JurBüro 1994, 677; LG Hbg MDR 1995, 204; Hausherr MDR 2010, 973. § 296a hindert nicht, da die Erledigungserklärung einen neuen Antrag darstellt, → Rn. 53, kein bloßes Angriffsmittel, BGH NJW 2000, 2512. Bei Zustimmung des Bekl. kann, ggf. unter Aufhebung des Spruchtermins, durch Beschluss nach § 91a entschieden werden. Widerspricht Bekl., ist Wiedereröffnung nach § 156 I Ermessenssache, häufig aber ratsam, insbesondere um ein Rechtsmittel zu vermeiden; für **Wiedereröffnung** aufgrund Erledigungserklärung seitens Kl. Drsd MDR 2020, 1405.

74 Nach dem **Ende der Rechtshängigkeit,** etwa infolge Klageänderung bzw. Klageermäßigung, ist eine Erledigungserklärung in Bezug auf den früheren Streitgegenstand nicht mehr zulässig, da es insoweit an einem Prozessrechtsverhältnis fehlt, BGH NJW 1992, 2235, → Rn. 14. Man beachte aber, dass die einseitige Erledigungserklärung die Rechtshängigkeit nicht beendet, BGH NJW 2010, 2270; → Rn. 209, ein Anschluss des Bekl. nach anfänglichem Abweisungsantrag auch hiervon ausgehend also möglich bleibt und erst damit die Rechtshängigkeit entfällt, → Rn. 127 ff.

75 Eine Erledigungserklärung **zwischen den Instanzen,** dh nach Verkündung bzw. Zustellung der abschließenden Entscheidung, kann wirksam sein, wenn sie vor dem Eintritt der formellen Rechtskraft nach §§ 329, 705 bei dem Ausgangsgericht eingeht, BGH NJW 1995, 1095; Hamm NJW-RR 1991, 1343 (Drittwiderspruchsklage); LG Oldb NJW-RR 1995, 717 (Räumungsklage). Das gilt freilich nur dann, wenn beide Parteien übereinstimmende wirksame Erledigungserklärungen abgeben, Hausherr MDR 2010, 973 (974). Denn sie beenden die Rechtshängigkeit unmittelbar und machen ein voraufgegangenes Urteil analog § 269 III 1 wirkungslos, Erfurt OLG-NL 2002, 198, → Rn. 132. Der (selten) praktische Fall ist die Erledigung infolge Wegfalls der Beschwer, wenn der verurteilte Bekl. freiwillig und mit Erfüllungswillen leistet. Die streitige Erledigungserklärung hat in dieser Phase des Rechtsstreits als geänderter Sachantrag, → Rn. 68, keine Wirkungen, weil das Gericht nach § 318 keine abweichende Entscheidung mehr erlassen darf. Ein erledigendes Ereignis kann auf diese Weise also nicht mehr berücksichtigt werden. Hat Bekl. erfüllt, mag er, wenn die Gefahr einer Unklarheit entsteht, eine Erledigungserklärung des Kl. verlangen und sich dieser anschließen; bleibt sie aus, muss notfalls § 767 helfen.

76 Der abgewiesene Kläger kann bei Eintritt eines erledigenden Ereignisses nach Schluss der mündlichen Verhandlung mit der Berufung die Erledigung erklären, wenn er ein rechtliches Interesse daran hat, den Eintritt des erledigenden Ereignisses rechtskraftfähig feststellen zu lassen, BGH NJW-RR 1992, 1032; mittelbar aufgegriffen in NJW-RR 2018, 571. Entsprechendes gilt im Verwaltungsprozess, OVG Schlesw NJW 2022, 2489.

77 Eine Grenze ist schließlich der Eintritt der formellen **Rechtskraft** nach §§ 329, 705. Denn jetzt endet derjenige Zeitraum, in dem der Kläger oder Antragsteller überhaupt noch zur Erzielung der gewünschten Hauptsachenentscheidung auf das Gericht einwirken darf. Im Verfahren der **Anhörungsrüge** kann eine Erledigungserklärung nur bei Abhilfe nach § 312a V berücksichtigt werden, Mü NJW-RR 2008, 1397. Bei erfolgreicher Wiederaufnahme, §§ 578 ff., kommt eine Erledigungserklärung generell in Betracht.

78 **7. Erledigungserklärungen in der Rechtsmittelinstanz.** Matusch, Die Erledigung des Rechtsmittels im Zivilprozess, 2010; Gaier JZ 2001, 445.

79 Man muss streng unterscheiden zwischen der Erledigung des Rechtsmittels und der Erledigung der Hauptsache in der Rechtsmittelinstanz. Zur **Erledigung zwischen den Instanzen** → Rn. 75, zur Anhörungsrüge → Rn. 13, 77.

80 **a) Vorab: Rechtsmittel mit dem Ziel der Erledigungserklärung.** Ein Sonderproblem ist die Zulässigkeit eines Rechtsmittels mit dem alleinigen Ziel, die Erledigung der Hauptsache zu erklären. Die Zulässigkeit ist generell zu bejahen, soweit sie einer Beseitigung der Beschwer dient. Das ist bei Abweisung einer Klage generell zu bejahen, weil bei str. Erledigung eine Sachaussage über die ursprüngliche Begründetheit getroffen wird, → Rn. 235, und bei Anschluss des Gegners die sich aus der Abweisung ergebenden Wirkungen entfallen, → Rn. 132; Abgrenzungsfälle → Rn. 75. Bei einer Beschwerde wird die Zulässigkeit jedenfalls dann bejaht, wenn der Gegner in das Verfahren einbezogen worden ist, Ffm GRUR-RS 2021, 32738; aA Celle NJW-RR 2009, 1074 mwN der Rspr.

81 **b) Erledigung des Rechtsmittels.** Die Erledigungserklärung im Hinblick auf das Rechtsmittel kann nur von der Partei ausgehen, die es eingelegt hat, BGH NJW-RR 1995, 1089; BAG NJW 2018, 969 (Revision nach Beschwerde gem. § 72b ArbGG): NJW 1994, 2564. Die Erklärung knüpft daran an, dass gerade diesem Rechtsmittel nachträglich die Grundlage entzogen worden ist; sie ist bei besonderem Bedarf zulässig, wenn anders eine ungerechte Kostenentscheidung nicht vermieden werden kann, BGH NJW-RR 2021, 1583 (Akteneinsichts-

recht); 21.9.2021 – KZB 16/21 (Ausscheiden eines abgelehnten Richters) BeckRS; NJW-RR 2019, 317 Rn. 12 (Haftbefehl); DGVZ 2019, 79 (Zwangsvollstreckung); NJW-RR 2010, 19 (Haftbefehl); NJW-RR 2010, 785; NJW 2009, 234 (Gesetzesänderung); NJW-RR 2009, 855; NJW 2007, 2993; NJW 2003, 3057; NJW-RR 2001, 1007; NJW 1998, 2453 (Fortfall der Grundlage wegen Entscheidung nach § 269 III); BAG NJW 2008, 1979; Stg WM 2017, 526; Kbl NJW-RR 2015, 446 (Erinnerung); Nrnbg MDR 2008, 940; Stgt BauR 1995, 135 (Zwangslage des Berufungsführers); LAG Mü MDR 1994, 305 (Notwendigkeit der fristgerechten Berufungsbegründung). Das ist insbesondere zu bejahen, wenn der Anlass der Erledigungserklärung vom Kl. nicht zu vertreten ist, etwa bei nachträglicher Urteilsberichtigung nach § 319, BGH NJW-RR 2010, 19; NJW-RR 2007, 411. Übereinstimmende und str. Erledigung sind gleich zu beurteilen, BGH NJW-RR 2009, 855 Rn. 4; NJW 2003, 3057.

Das alles gilt auch im **Beschwerdeverfahren,** etwa bei **Wiedereinsetzung** während Beschwerde gegen Verwerfung, BGH FamRZ 2019, 1800; NJW-RR 2006, 142, oder in der Zwangsvollstreckung, LG Berlin MDR 2015, 1039. Eine Grenze ist allerdings erreicht, wenn die Beschwerde gegenüber dem Hauptsacheverfahren keine eigenständige Bedeutung hat, Ffm NJW-RR 1995, 956 (keine Erledigung der Beschwerde gegen Aussetzung bei Rücknahme der Klage); KG NJW-RR 1987, 766 (Räumungsfrist). Augenmerk verdient in jedem Fall die Frage, ob eine Erledigung eingetreten ist; das ist zB nicht der Fall, wenn es um die Durchsetzung einer Maßnahme in der **Zwangsvollstreckung** geht, BayObLG NZG 2021, 1591 Rn. 31 (Zwangsmittelbeschluss); → Rn. 46 „Zwangsvollstreckung". 82

Die Erledigung des Rechtsmittels kann mit der Folge einer **entspr.** Anwendung des § 91a, → Rn. 125 ff., übereinstimmend erklärt werden, BGH NJW-RR 2001, 1007. Streitig ist sie festzustellen, wenn die allgemeinen Voraussetzungen des erledigenden Ereignisses vorliegen, → Rn. 207. Str. ist, ob die Heilung eines mit dem Rechtsmittel gerügten Verfahrensverstoßes der Vorinstanz ein erledigendes Ereignis darstellt, die Erledigungserklärung also begründet ist, verneinend Karlsr OLGR 2002, 56, bejahend Ffm NJW-RR 1989, 63, dies einschränkend Ffm NJW-RR 1998, 1448. Mit Blick auf die deutlich eingeschränkte Möglichkeit der Zurückverweisung nach § 538 muss das Berufungsgericht bei Heilung erst recht die Sache weiter fördern, es darf also dem Erledigungsantrag nicht stattgeben. 83

Die erfolgreiche **streitige Erledigung** ist festzustellen, Karlsr JurBüro 2000, 477 („Die sofortige Beschwerde des/der Bf. gegen … hat sich erledigt."). 84

c) Erledigung der Hauptsache. Unabhängig von der Frage, welche Partei das Rechtsmittel eingelegt hat, bleibt die Initiative für die Reaktion auf ein erledigendes Ereignis oder jedweden sonstigen Anlass zur Abgabe einer Erledigungserklärung in der Hauptsache bei der **Klägerseite,** BGH NJW-RR 1995, 1089 (für Beschwerdeführer). 85

Die übereinstimmende Erledigung der Hauptsache kann auch im Rechtsmittelverfahren erklärt werden, wenn das **Rechtsmittel zulässig** ist, BGH GRUR 2018, 335 (NZB); WM 2016, 1748 (1751); NJW 2009, 234; NJW-RR 2008, 1512 (Herausgabe des Titels bei Klage nach § 767); NJW-RR 2007, 694, NJW-RR 2006, 566 (Fortfall der Schlüssigkeit des Unterlassungsanspruchs); NZI 2004, 216 und NJW-RR 1987, 1272 (Zulässigkeit der Rechtsbeschwerde); NJW 1986, 852 (Berufung); BAG NJW 2015, 3680; NJW 2006, 2718 (jew. Zulässigkeit der Rechtsbeschwerde); Hamm NJW-RR 1991, 1343. Bei Eintritt des erledigenden Ereignisses vor Ablauf der Begründungsfrist ist das folgerichtige Ausbleiben der Rechtsmittelbegründung kein Anlass, von der Unzulässigkeit des Rechtsmittels auszugehen, Ffm NJW 2020, 245. Gegenstand der Kostenentscheidung sind alsdann die Kosten des gesamten Rechtsstreits, BGH WM 2016, 1451; WRP 2010, 759. Für die Kostenverteilung nach § 91a gelten die allgemeinen Grundsätze, → Rn. 233 ff. Ausgangsfragen sind der mutmaßliche Ausgang des Rechtsmittelverfahrens und seine Auswirkungen auf die Kostenentscheidungen der Vorinstanzen, BGH NJW-RR 2004, 377; BauR 2003, 1075; Brem NJW-RR 2020, 250 Rn. 17. 86

Bei Begründetheit des str. Antrags ist die Erledigung der Hauptsache festzustellen, Ffm NJW-RR 1998, 1447. 87

Bei einseitiger Erledigungserklärung in der Berufung muss das erledigende Ereignis nach Rechtshängigkeit, nicht aber notwendig erst im Berufungsrechtszug eingetreten sein, BGH WM 2016, 1748 Rn. 31 (ggf. Kostenbelastung des Kl. nach § 97 II); Ddf NJW-RR 2001, 1028. Einer Entscheidung nach **§ 522 II** steht die str. Erledigung nicht entgegen, Mü NJW 2011, 1088; fortgesetzt für die Teilerledigung in Mü 19.6.2020 – 17 U 6817/19, BeckRS 2020, 45779. 88

Die **Anschlussberufung** verliert nach BGH NJW 1986, 852 bei übereinstimmender Erledigung der Berufung nicht ihre Wirkungen, aA für § 524 IV HessVGH NJW 2012, 2458. Bei str. Erledigung ergeht Sachentscheidung, so dass § 524 IV ohnehin nicht anzuwenden ist, eingehend BGH 8.2.2022 – VIII ZR 38/21, BeckRS 2022, 4892 Rn. 35. 89

d) Revision und Nichtzulassungsbeschwerde. Die einseitige Erledigungserklärung ist, jedenfalls wenn das erledigende Ereignis in tatsächlicher Hinsicht außer Streit steht, auch in der Revision zulässig, wenn das Rechtsmittel selbst statthaft und zulässig ist, BGH NJW-RR 2021, 1651 Rn. 8; GRUR 2018, 335; ZIP 2017, 566 Rn. 8; NJW 2015, 1762; NJW 2013, 2508; NJW-RR 2012, 688 Rn. 6; NZG 2012, 1192 Rn. 14, NJW-RR 2008, 1512 (Herausgabe des Titels bei Klage nach § 767); GRUR 2005, 41; NJW-RR 1993, 1123, dies auch als Teilerledigungserklärung, BGH NJW 2022, 1007 Rn. 14. Dem steht nicht entgegen, dass Bekl. es bei einer Erledigungserklärung des Kl. in der Hand hat, durch Antrag auf Klageabweisung und Bestreiten des Sachvortrags den Kl. im Einzelfall zur Fortsetzung eines sinnlosen Prozesses zu zwingen. Das ist bei Missbrauch unwirksam und im Übrigen hinnehmbar, da die Kostenentscheidung immer noch richtig sein kann. 90

Eine Erledigungserklärung ist auch in der **Nichtzulassungsbeschwerde** möglich, BGH NJW-RR 2021, 1651 Rn. 8; NZI 2016, 829. Erklärt der Kläger in einem durch den Beklagten eingeleiteten Verfahren den Rechtsstreit in der Hauptsache streitig für erledigt, ist zunächst zu prüfen, ob die NZB zulässig und begründet gewesen wäre. Erst wenn diese Frage bejaht wird, ist die Erfolgsaussicht der Revision zu klären. Ergibt die Prüfung auf der ersten Stufe, dass kein Zulassungsgrund vorliegt, ist die NZB ohne nähere Prüfung der Erledigung zurückzuweisen, BGH MDR 2018, 423; NJW-RR 2007, 639. Bei Begründetheit ist die Erledigung streitig festzustellen; andernfalls ist die Klage abzuweisen, BGH NJW-RR 2022, 1126 Rn. 9. 91

Bei Anschluss des Gegners gilt § 91a; ebenso gilt **§ 91a I 2,** BGH 9.6.2010 – XII ZR 183/08, BeckRS 2010, 16740. Für die Kostenentscheidung ist zu prüfen, welche Erfolgsaussichten das Rechtsmittel gehabt und wie sie sich die Entscheidung des Revisionsgerichts auf die Kostenentscheidungen in den Urteilen der Vorinstanzen ausgewirkt hätte; lag für die NZB kein Zulassungsgrund vor, sind dem Beschwerdeführer die Kosten des Rechtsstreits aufzuerlegen; auf die Erfolgsaussichten der Revision kommt es dann nicht mehr an, BGH GRUR 2018, 92

335 Rn. 20. Kam eine Aufhebung und Zurückverweisung in Betracht, sind die Kosten idR aufzuheben, BGH 9.3.2022 – VII ZR 735/21, BeckRS 2022, 8086; BauR 2003, 1075.

93 **e) Aufhebung angefochtener Entscheidung(en).** Bei Eintritt der übereinstimmend erklärten Erledigung oder bei deren str. Feststellung ist die Entscheidung des Vordergerichts ggf. (klarstellend) aufzuheben, → Rn. 132.

94 **8. Abstandnahme von der Erledigungserklärung.** Schließt Bekl. sich der Erledigungserklärung an, treten die Wirkungen des § 91a unmittelbar ein, BGH NJW 2004, 506; → Rn. 125. Die einseitige Abstandnahme des Klägers ist von diesem Zeitpunkt an grds. nicht mehr möglich. Eine Anfechtung der Erklärung scheidet ohnehin aus. Eine Ausnahme gilt nur bei Vorliegen eines **Restitutionsgrundes;** insoweit kann Kl. auch nach übereinstimmender Erledigung zum streitigen Antrag zurückkehren, um ein unnötiges Wiederaufnahmeverfahren und einen weiteren Rechtsstreit zu vermeiden, BGH NJW 2013, 2686.

95 Vor dem Anschluss des Bekl. ist die Erklärung des Kl. in jedem Fall eine einseitige Erledigungserklärung; sie unterliegt als Feststellungsantrag, → Rn. 53, den allgemeinen Regeln insbesondere über die Klageänderung, §§ 263 f., und die Klagerücknahme, § 269, so dass eine Abstandnahme bis zur Entscheidung des Gerichts über den Antrag möglich bleibt, BGH NJW 2015, 699 Rn. 23; NJW 2014, 2199 Rn. 14; NJW 2002, 442; NJW-RR 1992, 1032; LAG Hamm NZA-RR 2016, 570; Mü OLGR 1995, 107. Das Verfahren befindet sich gleichsam in einem **Schwebezustand.** Eine Rückkehr etwa zum ursprünglichen Leistungsantrag ist grds. zulässig, anders für das Spruchstellenverfahren Ddf WM 1993, 1750. Der Schwebezustand und die sich daraus ergebenden Möglichkeiten des Kl. enden mit der von Bekl. erklärten oder nach § 91a I 2 fingierten Zustimmung, → Rn. 125.

96 **9. Bedingte Erledigungserklärung.** Eine bedingte Erledigungserklärung ist, wie jeder Sachantrag, unter dem Aspekt der innerprozessualen Bedingung an sich grds. zulässig, BGH NJW 2006, 1378 (1380), ausdrücklich abweichend von NJW-RR 1998, 1571 (1573); BPatG GRUR 1993, 113 (115); → Vor § 128 Rn. 62; → § 253 Rn. 15. Möglich ist zB der Antrag, dass die Erledigung der Hauptsache nur dann festgestellt werden soll, wenn die Klage vor Erfüllung der Klageforderung zugestellt worden ist, KG NJW-RR 1998, 1074. Zahlt Bekl. nach Verurteilung und verfolgt in der Berufung das Ziel der Klageabweisung weiter, muss Kl., wenn Zweifel an der Erfüllung nicht bestehen, grds. den Rechtsstreit in der Hauptsache für erledigt erklären; macht indes Bekl. geltend, vor seiner Zahlung habe Fälligkeit nicht vorgelegen, kann Kl. dies bestreiten, auf der anfänglichen Begründetheit seiner Klage bestehen und hinter dem Antrag auf Zurückweisung der Berufung den Hilfsantrag auf Feststellung der Erledigung stellen, BGH NJW 1975, 539.

97 Eine übereinstimmende Erledigungserklärung unter zulässiger **aufschiebender Bedingung** liegt vor, wenn die Parteien einen Prozessvergleich mit **Widerrufsvorbehalt** abschließen, Ffm MDR 1978, 499; MüKoZPO/Schulz Rn. 33. Hier treten die Wirkungen des § 91a erst mit Ablauf der Widerrufsfrist ein; bis dahin kann eine Fristverlängerung unter den Parteien vereinbart werden, danach nur unter Wahrung der für einen gerichtlichen Vergleich einzuhaltenden Förmlichkeiten, §§ 160 III Nr. 1, V, 162 I, 163, Ausnahme § 278 VI, BGH NJW-RR 2018, 1023. Ein hilfsweiser Anschluss des Bekl. an eine Erledigungserklärung ist grds. unzulässig, BGH NJW 1989, 2885 (2887); Ddf NJW-RR 1992, 384. Der Bekl. kann sich indes für den Fall der Zulässigkeit eines Rechtsmittels einer unbedingten Erledigungserklärung des Kl. bedingt anschließen, Ddf NJW-RR 1998, 776; Hamm NJW 1973, 1376 und für eben diesen Fall die Wirkungen des § 91a herbeiführen. Da nämlich die Erledigungserklärung im Rechtsmittelzug nur bei Zulässigkeit des Rechtsmittels möglich ist, → Rn. 78 ff., muss dem dies bestreitenden Bekl. ein solches Vorgehen eröffnet werden.

98 **10. Keine hilfsweise Erledigungserklärung hinter dem Sachantrag.** Zweifelt Kl. am Eintritt eines erledigenden Ereignisses, mag er sich fragen, ob er den Klageantrag aufrechterhalten und zur Abwälzung des Kostenrisikos auf Bekl. hilfsweise, für den Fall der Unbegründetheit des Klageantrags, die Erledigung der Hauptsache erklären soll. Die hinter den möglicherweise erledigten Hauptantrag hilfsweise gestellte Erledigungserklärung ist indes, obwohl Bedenken unter dem Aspekt der innerprozessualen Bedingung nicht entgegenstehen, → Rn. 96, in zweifacher Hinsicht unzulässig. Mit Blick auf das Ziel, bei Anschluss des Bekl. an den Hilfsantrag den Weg zur Kostenentscheidung nach § 91a zu eröffnen, wäre das Vorgehen des Kl. widersprüchlich und aus diesem Grunde unzulässig, weil das Gericht nach einer Entscheidung über den Hauptantrag gem. §§ 91, 92 über die Kosten befinden muss und daher das Ziel einer Kostenentscheidung nach § 91a gerade nicht erreichbar ist, BGH NJOZ 2014, 1341. Bei Anschluss des Bekl. ändert sich insoweit nichts, wie auch die von Bekl. hilfsweise hinter dem Abweisungsantrag erklärte Erledigung ohne Bedeutung ist, da nach der durch jenen veranlassten Sachentscheidung für die Wirkungen des § 91a kein Raum bleibt, BGH NJW 1989, 2885; Ddf NJW-RR 1992, 384; MDR 1989, 72; MüKoZPO/Schulz Rn. 81; Musielak/Voit/Flockenhaus Rn. 31.

99 Mit Blick auf eine streitige Feststellung der Erledigung gilt das gleiche, da sich der Rechtsstreit durch die Entscheidung über den Hauptantrag erledigt und daneben für eben diese Feststellung und eine von §§ 91, 92 abweichende Kostenentscheidung kein Raum bleibt BGH NJW-RR 2006, 1378 (1380), ergänzend zu BGH NJW 1989, 2885 und NJW-RR 1998, 1571 (1580); für aktienrechtliche Anfechtung BGH NJW-RR 2011, 618 Rn. 22. Bei aA würde Bekl. unvertretbar benachteiligt, weil er trotz Obsiegens mit dem Abweisungsantrag gegen den Hauptantrag des Kl., wollte man dessen Hilfsantrag für zulässig erachten, mit einem Kostenrisiko belastet wäre.

100 Man beachte, dass im Einzelfall ein hilfsweise gestellter Erledigungsantrag in dem Sinne **ausgelegt** werden kann, dass Kl. lediglich festgestellt haben will, die Klage sei bis zum Eintritt eines erledigenden Ereignisses zulässig und begründet gewesen, was im Unterlassungsrechtsstreit Bedeutung haben kann; das ist zulässig, BGH NJW-RR 1998, 1571 (1573). Für die Besonderheiten des aktienrechtlichen Anfechtungsverfahrens wollte Ffm ZIP 2008, 2286 den Hilfsantrag zulassen, aufgehoben in BGH NJW-RR 2011, 618, unter Aufrechterhaltung von BGH AG 2010, 749. Gerade in **aktienrechtlichen** Streitigkeiten kommt indes der (Hilfs-)Antrag in Betracht, dass der Klageanspruch bis zum Eintritt des erledigenden Ereignisses bestanden hat, wenn hieran ein über das Kosteninteresse hinausreichendes rechtliches Interesse besteht, BGH NZG 2019, 937 Rn. 24; NJW-RR 2011, 618 Rn. 22 f. Ein Antrag auf Feststellung der Erledigung kann in diesem Sinne auszulegen sein, BGH NJW-RR 1998, *1571 (1573), → Rn. 59, 212. Angesichts der eindeutigen Position des BGH* besteht zur Erörterung älterer Entscheidungen und Meinungen kein Anlass mehr.

101 **11. Einfluss der Erledigung des Hauptantrags auf einen Hilfsantrag.** Die übereinstimmende Erledigungserklärung in Bezug auf einen Hauptantrag ist für den hinter diesem Hauptantrag gestellten Hilfsantrag grds.

keine auflösende Bedingung, so dass über den Hilfsantrag (erst recht) eine Sachentscheidung zu ergehen hat, BGH NJW 2003, 3202. Anderes kann nur gelten, wenn die Auslegung der Erklärung, → Rn. 59, ergibt, dass der Hilfsantrag mit erledigt sein soll. Allgem. zum Hilfsantrag → § 260 Rn. 9.

12. Hilfsanträge hinter der Erledigungserklärung. Kl. kann wie bei jedem anderen Sachantrag hinter dem in der Hauptsache gestellten Erledigungsantrag einen Hilfsantrag stellen, insbesondere den ursprünglichen Hauptantrag, BGH NJW 1965, 1597, WM 1982, 1260; allg. → § 260 Rn. 9. Das ermöglicht dem Kl. bei Zweifeln an einem erledigenden Ereignis, zB weil die Verrechnung einer Zahlung auf die Klageforderung str. ist, eine sachgerechte Fortsetzung des Rechtsstreits. Das Gericht muss über den Hilfsantrag entscheiden, wenn Bekl. sich der Erledigungserklärung nicht anschließt und der Erledigungsantrag bei ursprünglich begründeter Klage mangels erledigenden Ereignisses abgewiesen wird. Das kann eintreten, wenn eine Leistungshandlung des Bekl. sich nicht auf die, an sich begründete, Klageforderung bezog. War die Klage von Anfang an unbegründet und ist der Erledigungsantrag aus diesem Grunde abzuweisen, bedarf es der zusätzlichen Abweisung des hilfsweise gestellten ursprünglichen Antrags naturgemäß nicht. Ergibt sich die Begründetheit des Erledigungsantrags, stellt das Gericht auf den Hauptantrag die Erledigung fest; die Rechtshängigkeit des Hilfsantrags entfällt, so dass aus diesem Grunde eine Sachentscheidung hierüber nicht mehr ergehen muss. 102

Im Normalfall wird **Bekl.** sich der Erledigungserklärung nicht anschließen, weil dies seinem Rechtsstandpunkt zuwiderläuft. Schließt er sich dennoch an, um einer Sachentscheidung zu entgehen, ist der gesamte Rechtsstreit in der Hauptsache erledigt. In diesem Sinne ist die auflösende Bedingung des Hilfsantrags auszulegen. Die Lage ist nicht anders, als wenn Kl. ohne Hilfsantrag für erledigt erklärt hätte. Man mag allenfalls erwägen, ob Kl. ausnahmsweise ein Rechtsschutzinteresse an der streitigen Feststellung der Erledigung hat, um die Sachlage zu klären, vgl. dazu LG Hanau NJW-RR 2000, 1233; im Einzelfall verneinend BGH NJW-RR 2006, 929; ablehnend für materiellrechtlichen Kostenerstattungsanspruch KG MDR 2018, 559; Mü 3.8.2015 – 18 U 1787/15, BeckRS 2015, 13482; offen gelassen von Drsd MDR 2020, 1405; eingehend Elzer/Nissen NJW 2019, 1116; aA Zöller/Althammer Rn. 2, 32; ob BGH NJW 2019, 2234 zur Klärung der Frage beiträgt, bleibt abzuwarten; → Rn. 212. 103

13. Teilweise Erledigungserklärung, Wendung „abzüglich". Eine Erledigungserklärung ist auch für einen Teil der Hauptsache statthaft, etwa bei Teilzahlung auf die Klageforderung. Es kommt insoweit nur auf die Abtrennbarkeit an, nicht auf die Frage an, ob der erledigte Teil nach § 301 teilurteilsfähig wäre. Das berührt nur eine streitige Entscheidung, die zur Vermeidung von Divergenz idR erst einheitlich im abschließenden Urteil zu ergehen hat, § 301. Bei Erledigungserklärung wegen Teilleistungen ist darauf zu achten, dass der erledigte vom streitigen Teil im Antrag klar genug abgegrenzt wird, weil andernfalls beides nach § 253 II Nr. 2 unzulässig ist, → Rn. 68. Bekl. kann sich teilweise anschließen. Ein Abweisungsantrag lässt für sich keine Schlüsse auf eine Anschließung zu, da er sich auch alleine auf den weiter verfolgten streitigen Antrag beziehen kann, BGH NJW-RR 1991, 1211. Notfalls ist nach § 139 aufzuklären, zur Auslegung auch → Rn. 59. 104

Bedeutung hat im Fall einer Teilzahlung die Formulierung **„abzüglich"**, etwa: „Der Beklagte wird verurteilt, an den Kläger … EUR (= ursprüngliche Klageforderung) nebst x % Zinsen seit dem … abzüglich am … gezahlter … EUR zu zahlen." Das hat auch bei der Aufrechnung Bedeutung, BGH NJW 2016, 252 Rn. 25 ff. Der Antrag ist aufgrund seiner eindeutigen Bezugnahme auf eine Zahlung als erledigendes Ereignis als Teilerledigungserklärung auszudeuten, Kbl AnwBl 1990, 172, Ffm MDR 1977, 56. Er zielt mangels entgegenstehender Anhaltspunkte auf die vorrangige Verrechnung der Teilzahlung auf aufgelaufene Zinsen nach § 367 I BGB ab, wofür auch das wohlverstandene Interesse an der Aufrechterhaltung einer möglichst hohen Zahlungsforderung spricht, BGH NJW-RR 2016, 759. Im Einzelfall ist die Auslegung des Antrags nach den jeweiligen Gegebenheiten geboten, BGH NZI 2021, 637; NJW-RR 1988, 1151. Zur Bestimmtheit des Antrags → § 253 Rn. 48. 105

Damit ist indes der Antrag nur ausgelegt. Ob Kl. Recht hat, hängt von der materiellen Rechtslage ab; diese kann anders ein, weil eine anderweitige Leistungsbestimmung des Bekl. nach § 366 BGB Vorrang hat, BGH NJW 2016, 252 Rn. 25 ff., NJW-RR 2009, 1053, 1058 aE (Zahlung exakt der Hauptforderung ist keine Zahlung auf die aufgelaufenen Zinsen!). Dann ist der Erledigungsantrag teilweise unbegründet, was im Rahmen des § 91a zur Kostenbelastung des Kl. führen kann und bei der str. Erledigungserklärung die Teilabweisung mit der Kostenfolge des § 92 nach sich zieht. Auf eine Erledigungserklärung des Bekl. zum streitig bleibenden Teil kommt es nicht an, → Rn. 246. 106

Die Folgen der Teilerledigung werden für übereinstimmende und streitige Erledigung getrennt weiter unten behandelt, → Rn. 121 (teilweise Übereinstimmung), → Rn. 165 (Kostenentscheidung und Vollstreckbarkeit bei teilweise übereinstimmender Teilerledigung), → Rn. 252 (str. Teilerledigung). 107

14. Erledigungserklärung bei Streitgenossenschaft. Der einfache Nebenintervenient nach § 67 braucht neben der Partei nicht zuzustimmen. In einer nur aus prozessualen Gründen notwendigen Streitgenossenschaft, § 62 I Alt. 1, gilt dies ebenfalls, anders ist es bei der aus materiell-rechtlichen Gründen notwendigen Streitgenossenschaft, § 62 I Alt. 2, BGH NJW-RR 2011, 618. Bei Säumnis von Streitgenossen kann die Erledigungserklärung des anwesenden für die übrigen gelten, AG Dortmund ZMR 2016, 652. Der streitgenössische NE nach § 69 muss der Erledigungserklärung zu ihrer Wirksamkeit zustimmen, weil er andernfalls unter Verneinung des sich aus der Norm ergebenden Rechtes schlechter stünde als der Streitgenosse in § 62 I Alt. 2 str., aA Mü MDR 2000, 1152 mwN, Köln NZG 2004, 46 (betr. Klagerücknahme). Die Kostenentscheidung muss für Part. und Streitgen. nicht notwendig einheitlich ausfallen, BGH MDR 1985, 914. Scheidet ein Streitgenosse infolge Teilerledigung aus dem Rechtsstreit aus, ist eine getrennte Kostenentscheidung über seine außergerichtlichen Kosten grds. möglich, → Rn. 168. Schweigen des NE zu einer ihm ungünstigen Regelung im Vgl. kann Entscheidung nach § 91a zu seinen Gunsten entgegenstehen, Kbl JurBüro 2011, 598. 108

15. Beispiele zu Vorliegen und Auslegung von Erledigungserklärungen. Allgemeine Grundsätze zur Auslegung von Erledigungserklärungen sind bei → Rn. 59 dargelegt. 109

Abweisungsantrag: → Rn. 123. 110

Abstandnahme: → Rn. 94.

abzüglich: Die Stellung eines Zahlungsantrags „abzüglich" Teilzahlung kann als Teilerledigungserklärung ausgedeutet werden, → Rn. 104.

Anerkenntnis: → Rn. 123.

Antragsrücknahme: → Rn. 94.
Anschlussberufung: Da sie nach BGH NJW 1986, 852 bei übereinst. Erledigung der Berufung nicht ihre Wirkungen verliert, ist vorrangig zu prüfen, ob die Erledigungserklärung sich auf den gesamten Rechtsstreit bezieht.
Arrest, einstweilige Verfügung: Eine im Eilverfahren erfolgte Erledigungserklärung gilt meist nur dort, nicht zugleich im Hauptsacheverfahren, Vossler MDR 2009, 667.
Außergerichtlicher Vergleich: → „Vergleich".
Bedingung: → Rn. 96.
Begründung: Die Partei braucht grds. keine Begründung für die Erledigungserklärung oder deren Zurückweisung zu geben, indes können ihre Ausführungen zur Auslegung herangezogen werden, → Rn. 59.
Feststellung der Erledigung: Soweit eine Partei beantragt, die Erledigung der Hauptsache „festzustellen", gibt sie eine Erledigungserklärung ab, → Rn. 47 f.
Hilfsantrag: → Rn. 98 ff.
Höherer Rechtszug: → Rn. 78 ff.
Klageänderung: Eine Änderung dahin, dass Kl. nur noch eine eingeschränkte Forderung stellt, kann eine konkludente Erledigungserklärung sein, BGH NJW-RR 1991, 1211 (zust. Deubner JuS 1991, 761), → Rn. 59.
Klagerücknahme: → „Rücknahme".
Konkludente Erklärung: → Rn. 59.
Kostenantrag: Stellt Kl., oder stellt Bekl. auf Erledigungserklärung hin, nur Kostenantrag und streiten die Parteien nur noch über die Kosten, kann eine konkludente Erledigungserklärung vorliegen, BGH NJW 1956, 1517; BPatG GRUR 1993, 113 (115); Saarbr OLGR 2000, 496. Verzicht der Parteien auf Kostenentscheidung, steht der Erledigungserklärung idR entgegen.
Kosteneinigung: → „Vergleich".
Kostenstreit: „Kostenantrag"
Kostenwiderspruch: Beim an sich zulässigen Kostenwiderspruch, Hbg WRP 2015, 647, kommt eine Erledigungserklärung nicht in Betracht, Hamm MDR 1979, 407.
Prozessrechtsverhältnis: Eine Partei kann die Erledigung wirksam nur in einem Prozessrechtsverhältnisse erklären, → Rn. 14, 26.
Prozessvergleich: → „Vergleich".
Rechtshängigkeit: Eine Partei kann die Erledigungserklärung wirksam nur ab Rechtshängigkeit abgeben, → Rn. 14, 26.
Ruhen des Verfahrens: Eine Erledigungserklärung ist auch nach der Anordnung des R. wirksam möglich.
Rücknahme: Kann als Erledigung ausgedeutet werden, Köln NJW-RR 1998, 143, nicht aber bei eindeutiger Festlegung des Kl., BGH NJW 2014, 3520; NJW 2007, 1460; BayObLG NZG 2021, 1591 Rn. 31, entspr. für Insolvenzantrag, AG Hbg ZIP 2014, 2047. Die mögliche Rechtsfolge des § 269 III 3 steht einer Auslegung der mit Kostenantrag verbundenen Rücknahme als Erledigungserklärung entgegen. Die von Beklagten vertretene Auffassung, der Kläger habe die Klage zurückgenommen, ist als Ablehnung der Erledigungserklärung auszudeuten, Karlsr FamRZ 2002, 1719.
Schweigen: → Rn. 59, 112.
Schriftliches Verfahren: Auch im schriftlichen Verfahren nach §§ 128 II, 495a S. 1 reicht die Erklärung zu Protokoll der Geschäftsstelle, → Rn. 62.
Selbständiges Beweisverfahren: Hier kann die unzulässige Erledigungserklärung als Rücknahme auszudeuten sein, → Rn. 13 „Selbständiges Beweisverfahren".
Stillschweigende Erklärung: → Rn. 59, 112.
Streit über die Wirksamkeit der Erklärung: Soweit die Parteien über die Wirksamkeit von Erledigungserklärungen streiten, kann und muss das Gericht zur Klärung den bisherigen Rechtsstreit fortführen, ähnlich wie wenn die Parteien über die Wirksamkeit eines Prozessvergleichs streiten. In Wahrheit streiten sie nämlich über die Zulässigkeit der Klage oder des sonstigen Verfahrens, und über deren Begründetheit. Es findet also kein Zwischenstreit statt, vielmehr ergeht eine abschließende Entscheidung.
Streitgenossenschaft, Streithilfe: → Rn. 108.
Teilerledigung: → Rn. 104.
Tod: → Rn. 13, 46.
Umdeutung: → Rn. 59.
Unanfechtbarkeit: → Rn. 127.
Unterwerfung: → Rn. 46 „Wettbewerbssache", → „Wiederholungsgefahr".
Urteilsverkündung: → Rn. 75.
Vergleich: Der Inhalt eines Vergleichs kann für die Auslegung einer Erledigungserklärung, → Rn. 59, sowie für eine nach § 91a zu treffende Kostenentscheidung von Belang sein, → Rn. 151 „Vereinbarung". Vgl. auch § 98.
Verzicht: Er liegt im Rahmen des § 306 meist nicht schon in der Erledigungserklärung.
Vorbehaltlose Leistung: → Rn. 123 „Leistung".
Vorverfahren: Eine Erledigungserklärung ist auch im schriftlichen Vorverfahren nach § 276 möglich.
Widerruf: → Rn. 94.
Widerrufsvorbehalt: → Rn. 96 (aufschiebende Bedingung).
Widerspruch des Beklagten: → Rn. 123 „Abweisungsantrag". Zu § 91a I 2 → Rn. 115.
Wiederaufnahme: → Rn. 77.
Wohnungseigentum: → Rn. 13, 46.
Zeitlich begrenzte Erledigungserklärung: → Rn. 46 „Wettbewerbssache"; → Rn. 53.
Zeitpunkt der Erledigungserklärung: → Rn. 70 ff.
Zwangsmittelverfahren: → Rn. 46 „Zwangsvollstreckung".
Zwischen den Instanzen: → Rn. 75.

B. Beiderseitige Erledigungserklärungen.

I. Abgabe und Inhalt der Erklärungen. 1. Vorliegen wirksamer übereinstimmender Erledigungserklärungen. Wirksame übereinstimmende Erledigungserklärungen liegen vor, soweit die Erklärung jeder Partei für sich allein die Anforderungen an eine Erledigungserklärung nach → Rn. 47 ff. erfüllt und soweit die Erklärungen inhaltlich übereinstimmen. Entscheidend ist der Wille der Parteien, den Streit zur Hauptsache bis auf den Kostenpunkt beenden zu wollen. Unter diesen Voraussetzungen mögen die Erklärungen einen durchaus unterschiedlichen Wortlaut haben und mag die eine Erklärung ausdrücklich, die andere stillschweigend erfolgen, auch → Rn. 59, 115. Wesentlich bleibt nur, dass sie inhaltlich übereinstimmen. Eine im Urteil getroffene Feststellung (teilweise) übereinstimmender Erledigungserklärungen hat die Beweiskraft des Tatbestands nach § 314. Das gilt unter besonderen Umständen des Einzelfalls auch dann, wenn die Feststellung in den Entscheidungsgründen steht, Ddf NJW-RR 2004, 563. Die Regelung soll Vereinfachung und Klarheit schaffen, → Rn. 115, aber den Anwendungsbereich der Norm sowie die allgemein geltenden Grundsätze für die Auslegung von Parteiverhalten nicht einengen. Zur Unwirksamkeit wegen **Rechtsmissbrauchs** BGH NJW-RR 2020, 1440. 111

Auf die **Reihenfolge** der Abgabe kommt es nicht an. Das Thema „Erledigungserklärung des Beklagten" hat also nur Bedeutung, soweit Kl. sich dagegen wendet, → Rn. 47; → Rn. 246. Maßgeblich ist, dass jede Erklärung innerhalb desjenigen **Zeitraums** erfolgte, in dem sie überhaupt wirksam werden konnte, → Rn. 115. Erlöschen der Parteifähigkeit steht der Wirksamkeit der Zustimmung nicht entgegen, BGH BeckRS 2018, 28122. 112

Nach anfänglichem Abweisungsantrag kann sich Bekl. der Erledigungserklärung noch anschließen, BGH 22.6.2022 – IV ZR 253/20 Rn. 19. Das wird im Rahmen von Treu und Glauben zulässig sein, zu den Folgen → Rn. 72. Gleiches gilt, wenn Kl. sich der für sich unwirksamen Erledigungserklärung des Bekl. erst nach anfänglicher Zurückweisung anschließt. 113

Die übereinstimmende **Erledigung in der Rechtsmittelinstanz** wird insgesamt unter → Rn. 78 ff. dargestellt. 114

2. Fingierte Zustimmung des Bekl. bei Schweigen, I 2. Der Zustimmung des Bekl. steht nach I 2 der Fall gleich, dass dieser der Erledigungserklärung des Kl. nicht binnen einer Notfrist von 2 Wochen seit der Zustellung des Schriftsatzes trotz eines gerichtlichen Hinweises auf die Folgen widerspricht. Voraussetzung ist mithin die Erledigungserklärung durch Schriftsatz, vgl. auch → Rn. 62. Anwaltliche Vertretung des Gegners ist auch am BGH nicht geboten, da die Erledigungserklärung nach I 1 zu Protokoll der Geschäftsstelle abgegeben werden kann, BGH NJW-RR 2022, 1651 Rn. 7; NZI 2011, 937 Rn. 6. 115

Die Fristberechnung erfolgt nach § 222; man beachte § 224 I 2. Der Hinweis muss unmissverständlich sein, BGH NJW 2009, 1973 („Erledigung wird unterstellt" gegenüber Naturpartei nicht ausreichend), er darf aber im Anwaltsprozess nach § 78 knapp ausfallen und muss den Gesetzeswortlaut nicht wiedergeben, Hamm NJW-RR 2014, 446. Der Hinweis: „Sollten Sie der Erledigungserklärung des Klägers nicht binnen zwei Wochen ab Zustellung widersprechen, wird das Gericht unter Berücksichtigung des Sach- und Streitstandes nach billigem Ermessen über die Kosten des Rechtsstreits entscheiden.", genügt der Regelung in jedem Falle. Ist der Hinweis nicht ausreichend, liegt eine fingierte Zustimmung nicht vor, BGH NJW 2009, 1973. 116

Schweigen des Bekl. iSd Regelung ist nur gegeben, wenn er nichts äußert oder evtl. Äußerungen schlechthin nicht als Zustimmung ausgelegt werden können. Eine andere Frage ist, ob Schweigen auch dann als **konkludente Zustimmung** gedeutet werden darf, wenn bei schriftsätzlicher Erledigungserklärung der Hinweis nicht oder nicht ordnungsgemäß erteilt wird. Grundsätzlich ist dies nicht der Fall, BGH NJW-RR 2005, 418, bestätigt in BGH 23.9.–021 – IX ZB 66/20 Rn. 9. BGH NJW 2009, 1973 enthält insoweit keine direkte Aussage. Die Rspr. der OLG steht deutlich entgegen, Stgt MDR 2010, 1078, Ddf MDR 2003, 1013, wohl auch Saarbr NJW-RR 2017, 473, überholt BayObLG NJW-RR 1999, 1687. Dem ist für reines Schweigen ohne jeden sonstigen Anhalt zuzustimmen. Gegen die Berücksichtigung konkludenten Verhaltens nach → Rn. 59 spricht jedoch an sich nichts, wenn es eine entspr. Auslegung zulässt. Zumindest im Anwaltsprozess muss ein lediglich unterbliebener Hinweis kein Hindernis sein, aufgrund einer Gesamtwürdigung zur Annahme einer Zustimmung zu gelangen. So kann etwa eine der Erledigungserklärung voraufgegangene Aufforderung des Bekl. an Kl., die Erledigung zu erklären, in diesem Sinne zu interpretieren sein. 117

Für die Übermittlung einer zu **Protokoll** erklärten Erledigung bei gleichzeitiger Fristsetzung, → Rn. 62, gilt I 2 analog. 118

3. Notwendigkeit der Wirksamkeit beider Erledigungserklärungen. Die Erledigungserklärung jeder Partei muss nach den Grundsätzen → Rn. 62 ff. wirksam sein. Zusätzlich müssen die Erklärungen übereinstimmen, was im Zweifelsfall nach § 139 oder durch Auslegung, → Rn. 59, 111 zu klären ist. Der hilfsweise erklärte Anschluss des Bekl. ist unwirksam, BGH NJW 1989, 2885; Ddf NJW-RR 1992, 384, → Rn. 98. 119

4. Höherer Rechtszug. Zur Erledigung im höheren Rechtszug → Rn. 78 ff. 120

5. Teilweise Übereinstimmung. Die Abgabe einer Erledigungserklärung durch Kl. in Bezug auf lediglich einen Teil des Streitgegenstandes ist bei → Rn. 104 behandelt. Stimmt Bekl. einer teilweisen Erledigungserklärung uneingeschränkt zu, treten die Wirkungen des § 91a für diesen Teil ein, woraufhin nach → Rn. 125 ff. weiter zu verfahren ist. Inhaltlicher Klärung bedarf bisweilen die Frage, ob Bekl. sich einer (Teil-) Erledigungserklärung nur teilweise anschließt. Dann bleibt die Erledigungserklärung teilweise streitig. Die unmittelbaren Rechtsfolgen der übereinstimmend erklärten Erledigung treten insoweit nicht ein. Dann ist neben der übereinstimmenden noch eine streitige Teilerledigung zu behandeln, dazu → Rn. 252. 121

Grundsätzlich darf das Gericht nach der Wirksamkeit der beiderseitigen Teil-Erledigungserklärungen über die diesbezüglichen Kosten nicht durch einen (Teil-) Beschluss nach § 91a entscheiden, → Rn. 165. 122

6. Beispiele zu wirksamen Erklärungen des Beklagten. Erklärungen des Kl. zur Erledigung sind unter → Rn. 110 ff. dargestellt. Zu den entspr. Erklärungen des Bekl. folgende Beispiele: 123

Abweisung: Antrag hierauf steht Annahme der übereinstimmenden Erklärung entgegen und führt daher zur einseitigen Erledigungserklärung, Kblz FamRZ 2018, 919, dies auch bei Erfüllung, BGH NJW 1981, 686. Darlegung eines rechtlichen Interesses am Abweisungsantrag ist nicht erforderlich, BGH VersR 1980, 384. 124

Anerkenntnis: Kann seitens des Bekl. eine Zustimmung zur Erledigungserklärung des Kl. mit Anerkenntnis alleine der Kostentragungspflicht sein **(Kostenanerkenntnis),** BGH MDR 2015, 51, aber auch ein Anerkenntnis des str. Erledigungsantrags iSd § 307, Hamm NJW-RR 1995, 1073; LG Hanau NJW-RR 2000,

1233; LG Tüb MDR 1995, 860. Es kommt auf die weiteren Umstände an, namentlich auf ein erkennbares Interesse des Bekl. an einer Sachentscheidung, dann § 307, ggf. mit Kostenentscheidung nach § 93, oder an der bloßen Kostenentscheidung, dann Auferlegung der Kosten nach § 91a aufgrund des Kosten-Anerkenntnisses durch Beschluss. In keinem Fall ist das Anerkenntnis – wie auch eine im Zusammenhang mit der übereinstimmenden Erledigung abgegebenen **Kostenübernahmeerklärung** – widerruflich, Hamm NJW-RR 2020, 192. Interesse an einer Sachentscheidung besteht zB dann, wenn erledigendes Ereignis eine Verjährungseinrede ist, weil in diesem Falle die Klageforderung untergeht, → Rn. 40. Das **Anerkenntnis der Erledigungserklärung** hat daher seine Berechtigung und darf nicht vorschnell als Anschluss iSd § 91a gewertet werden.

Begründung: Die Partei braucht grds. keine Begründung für die Erledigungserklärung oder deren Zurückweisung zu geben, indes können ihre Ausführungen zur Auslegung herangezogen werden, → Rn. 59.

Höherer Rechtszug: → Rn. 78 ff.

Kostenantrag: Stellt Bekl. auf Erledigungserklärung hin nur Kostenantrag, kann eine konkludente Erledigungserklärung vorliegen, BGH NJW 1956, 1517; BPatG GRUR 1993, 113 (115); Saarbr OLGR 2000, 496.

Leistung: In der bloßen Leistung des Bekl. entsprechend dem Hauptsacheantrag liegt keine Zustimmung zur Erledigungserklärung, BGH NJW 1981, 686.

Mahnverfahren: Anschluss an eine Erledigungserklärung des Kl. bezieht sich auf die ursprünglich im Mahnverfahren geltend gemachte Zahlungsforderung, obwohl diese nicht rechtshängig war, OLGR Naumbg 1999, 94.

Schweigen: Stillschweigende Erklärung: → Rn. 59, 115.

125 **II. Folgen beiderseitiger wirksamer Erledigungserklärungen. 1. Überblick.** Wenn die Parteien die Hauptsache übereinstimmend wirksam für erledigt erklären, liegt der Fall vor, auf den § 91a I in vollem Umfang direkt anwendbar ist. In der Folge erlischt die Rechtshängigkeit, → Rn. 127 ff.; auf ein **„erledigendes Ereignis"** kommt es insoweit nicht an, → Rn. 22. Das Gericht entscheidet durch Beschluss nur noch über die Kosten des Rechtsstreits, nicht mehr über dessen Streitgegenstand. Eines Antrags bedarf es nach § 308 II nicht, BGH NJW-RR 1997, 510, → Rn. 153 ff., 159. Eine ausdrückliche Entscheidung über die Erledigung der Hauptsache wäre daher verfehlt, wohl aber ist im Einzelfall ein Ausspruch zur Wirkungslosigkeit bereits ergangener Entscheidungen geboten, → Rn. 132. Im Normalfall sollte zugleich der **Streitwert** festgesetzt werden → Anh. § 3 Rn. 45.

126 Zu der Frage, ob trotz Anschlusserklärung seitens Bekl. ein Rechtsschutzinteresse des Kl. an der streitigen Feststellung der Erledigung durch Urteil bestehen kann, → Rn. 212.

127 **2. Ende der Rechtshängigkeit, weitere Folgen. a) Bindung des Gerichts.** Die übereinstimmend erklärte Erledigung der Hauptsache ist für das Gericht bindend, BGH NJW 1982, 1598, und für die Parteien unanfechtbar, BGH NJW 2007, 1460. Sie führt, wie die zulässige Rücknahme nach § 269 III 1, zum unmittelbaren Wegfall der Rechtshängigkeit, BGH NJW 2004, 506; NJW 1999, 1337. Nach § 204 II 1 BGB endet sechs Monate später die **Hemmung der Verjährung,** LG Köln BeckRS 2018, 22213, dies aber nur bei übereinstimmender Erledigung, nicht bei str., wo die Hemmung fortwirkt, BGH NJW 2010, 2270 Rn. 47! Zum seltenen Ausnahmefall der Abstandnahme von einer übereinstimmenden Erledigungserklärung bei Vorliegen eines Restitutionsgrundes BGH NJW 2013, 2686; → Rn. 94.

128 **b) Ende des Streitverfahrens, weiteres Verfahren.** Keine Partei kann nach übereinstimmend erklärter Erledigung noch wirksam einen Sachantrag stellen, BayObLG JurBüro 1996, 97. Das Gericht darf nicht mehr über die Hauptsache und – im Rahmen des Kostenbeschlusses – nicht über grundsätzliche Rechtsfragen des materiellen Rechts entscheiden, → Rn. 145. Ein Antrag des Streithelfers auf Akteneinsicht wird gegenstandslos, da nur noch § 299 I anzuwenden ist, BGH NJW-RR 2021, 1583. Einen Aussetzungsantrag hält LG Fulda NJW-RR 2021, 512 für unbeachtlich.

129 Auch ist die Zulassung der **Rechtsbeschwerde** wegen grundsätzlicher Fragen des materiellen Rechts unzulässig, zulässig hingegen ist sie zur Klärung verfahrensrechtlicher Fragen im Bereich des § 91a, BGH NZKart 2018, 320 (für § 78 S. 1 GWB); NZM 2018, 279; WuM 2012, 332 Rn. 7; NJW 2007, 1592 Rn. 22, wie auch aus entspr. Erwägungen eine Anschlussrevision mit Einwänden gegen die gemischte Kostenentscheidung nach § 91a nicht in Betracht kommt, wenn eine falsche Auslegung des der Erledigung zugrunde liegenden Vergleichs gerügt wird, BGH MDR 2011, 1490. Die **Zulassung** ist indes unabhängig davon **bindend,** ob das Beschwerdegericht die Voraussetzungen des § 574 II zutreffend beurteilt hat, BGH NJW-RR 2021, 737; NJW-RR 2020, 1440; NJW-RR 2019, 332 Rn. 7; NJW-RR 2018, 524.

130 Ein **Prozesskostenhilfeverfahren** nach §§ 114 ff. ist beendet, BGH FamRZ 2009, 1663. Hinweise nach § 139 sind grds. nicht mehr angezeigt, Ddf ZMR 2004, 29, auch nicht eine Verweisung nach § 281, BGH MDR 2010, 888; Brdb NJW-RR 1996, 955, Ffm MDR 1981, 676.

131 Eine dennoch ergehende Sachentscheidung ist unwirksam, Karlsr JurBüro 1994, 677; OVG Hbg NVwZ-RR 2015, 600. Mündliche Verh. kommt allenfalls bei Streit über die Wirksamkeit der Erledigungserklärungen in Betracht, oder wenn sonst eine Kostenentscheidung ohne weitere Klärung schlechthin ausscheidet. Es ist grds. keine Verfassungsbeschwerde mehr statthaft BVerfG NJW 1993, 1060; BayVerfGH NJW 1990, 1783. Das Gericht muss eine Zwangsvollstreckung evtl. einstellen, Ffm OLGR 2000, 320.

132 **c) Wirkungslosigkeit und Aufhebung voraufgegangener Sachentscheidungen.** Bereits ergangene Sachentscheidungen werden **analog § 269 III 1 wirkungslos,** ohne dass es der Aufhebung bedarf, BGH NJW 2004, 506; BVerwG NJW 2011, 3735; BayVerfGH NJW 1990, 1783; KG NJW-RR 1999, 790; BPatG GRUR-RS 2021, 5379 Rn. 73 (betr. §§ 18 II GebrMG, 99 I PatG), auch im höheren Rechtszug im Hinblick auf Entscheidungen der Vordergerichte und auch bei Erledigungserklärung im Nachverfahren im Hinblick auf das Vorbehaltsurteil, soweit der Vorbehalt reicht und das Nachverfahren stattfindet, Ffm OLGR 1996, 69. Inwieweit die übereinstimmenden Erklärungen sich auf voraufgegangene Entscheidungen beziehen, ist, wenn keine Klarstellung nach § 139 mehr erreicht werden kann, durch Auslegung, → Rn. 59, zu klären. Für Erledigungserklärungen nach voraufgegangenem Unterlassungstitel → Rn. 53. Näher zum Urkundenprozess → Vor § 592 Rn. 12. Bezieht sich die Erledigungserklärung nach Rechtskraft eines Teilurteils auch auf dieses, wird es hinfällig, wobei dahinstehen mag, ob aufgrund der Erledigungserklärung oder aufgrund konkludenter Vereinbarung; die Analogie zu § 269 III 1 greift auch insoweit.

Das Gericht kann diese Wirkung alleine zur Klarstellung **analog § 269 IV 1** auf Antrag durch Beschluss aussprechen, BGH NJW 2009, 3717 Rn. 53; JurBüro 2008, 267, für Zurückhaltung Wallisch/Spinner JuS 2000, 377 (378). Bei Rechtsschutzinteresse einer Partei, idR Bekl., muss dies geschehen, um nach § 775 Nr. 1 durch Vorlage des Beschlusses eine Einstellung der Zwangsvollstreckung herbeiführen zu können, BGH BeckRS 2015, 10416 = GRUR-RS 2015, 10416; OLGR Ffm 2000, 320. Die Lage ergibt sich insbesondere in der höheren Instanz mit Blick auf Entscheidungen der Vordergerichte, Rostock GE 2020, 1559 = BeckRS 2020, 27635. Haben jene indes keinen vollstreckbaren Inhalt, fehlt das Rechtsschutzinteresse, BGH BeckRS 2016, 111439. Auch ein **Scheinurteil** (hier: des Anwaltsgerichtshofs) ist nach übereinstimmender Erledigung für wirkungslos zu erklären BGH BeckRS 2019, 33492. Im Zweifel und jedenfalls auf Antrag sollte der Ausspruch auch zur Klarstellung ergehen. Er muss die Entscheidung genau bezeichnen und die Wirkungslosigkeit (nicht etwa eine „Aufhebung“) aussprechen. Weitgehend üblich ist es, über die „Kosten des in der Hauptsache erledigten Rechtsstreits“ zu entscheiden. Vermieden werden müssen Formulierungen, die an eine streitige Erledigung erinnern. Evtl. aA zum Hilfsantrag BAG NZA 2009, 1273 (1275). 133

Zu den Grenzen des Lösungswegs über die Analogie zu § 269 III 1 bei Unterlassungstiteln → Rn. 55. 134

d) Neuer Rechtsstreit. Ein neuer Rechtsstreit über denselben Streitgegenstand ist zulässig, die Erledigungserklärungen haben für sich keinen materiellrechtlichen Gehalt, BGH NJW 1991, 2280 (für § 767 III); Celle FamRZ 1998, 684; Köln NJW-RR 1994, 917. 135

3. Grundlagen der Entscheidung über die Kosten. Das Gericht entscheidet nur noch „über die Kosten“, BGH NJW-RR 2017, 1041; Köln NJW 2016, 253; Brem NJW-RR 2011, 1542, nicht auch in der Hauptsache, → Rn. 127 ff., oder über die Vollstreckbarkeit, § 794 I Nr. 3. Eines Kostenantrags bedarf es nicht, § 308 II, BGH NJW-RR 1997, 510 (selbst gegen einschränkenden Kostenantrag: BGH BeckRS 2011, 28296); die in der Praxis häufig gestellten Anträge sind allerdings unschädlich; umgekehrt ist Verzicht der Parteien auf Kostenentscheidung möglich. Das Rechtsschutzbedürfnis an einer Entscheidung nach § 91a kann fehlen, wenn Bekl. die Kostenlast anerkennt, § 93, BGH NJW-RR 2006, 929, die Parteien in einem Vgl., → Rn. 143, eine abschließende Regelung getroffen haben oder keine Kostenlast zu verteilen ist. Mit den Kosten belastet werden in erster Linie die Parteien, zur Nebenintervention → Rn. 152. 136

Tragende Entscheidungsgrundlage ist das **billige Ermessen,** das aber nicht als „freies“, dem Gefühl folgendes Ermessen missverstanden werden darf, sondern pflichtgemäß ausgeübt werden muss, vgl. etwa die umfassende Nachprüfung in BGH NZM 2018, 279; 2014, 352; VerfGH Berlin NJW 2021, 3249; Saarbr NJW-RR 2017, 473. Hierzu gehört, dass die gebotene „Berücksichtigung“ des **Sach- und Streitstandes** eine gegenüber anderen Gesichtspunkte **vorrangige,** vollständige Erfassung und Begutachtung des Sachvortrags der Parteien erfordert. Für Billigkeitserwägungen bleibt nur insoweit Raum, als bei der Auswertung des Sach- und Streitstandes ein eindeutiges Ergebnis nicht leicht zu erzielen ist oder Gesichtspunkte Platz greifen, die kraft Gesetzes oder aus anderen, tragfähigen Erwägungen von jenem abweichend zu berücksichtigen sind BGH NJW 2007, 3429. Auch bleibt es hinsichtlich erhobener Beweise beim verpflichtenden Grundsatz der freien Beweiswürdigung, → § 286 Rn. 6. 137

Bei Erledigungserklärung in der **höheren Instanz** ist über die Kosten des gesamten Rechtsstreits zu befinden, BGH WM 2016, 1451. 138

4. Bisheriger Sach- und Streitstand, Bindung des Gerichts. a) Ausgangslage. Ausgangsfrage ist, wem die Kosten des Rechtsstreits aufzuerlegen waren, wenn die Hauptsache nicht einvernehmlich für erledigt erklärt worden wäre, dh welche Seite bei streitiger Entscheidung obsiegt hätte und wie daraufhin nach den allg. kostenrechtlichen Regelungen der §§ 91, 92 zu entscheiden war, BGH RVGreport 2018, 194; NJW 2007, 3429; Saarbr ZIP 2019, 366; Karlsr NJW-RR 2016, 391; Ffm NZM 2016, 838, stRspr Vorrang hat mithin das Erfolgsprinzip. Das gilt auch in der **Revision,** BGH NJW 2013, 2686, und in der **Nichtzulassungsbeschwerde,** wo vorrangig zu prüfen ist, ob die Beschwerde voraussichtlich zur Zulassung der Revision geführt, und danach, welchen Ausgang der weitere Rechtsstreit im Anschluss daran voraussichtlich genommen hätte, BGH NJW 2021, 1887, Anm. Elzer FD-ZVR 2021, 437921; NJW-RR 2007, 694. Hierüber ist die Kostenentscheidung nach § 91a nicht zuletzt mit der Frage nach einem „erledigenden Ereignis“, → Rn. 17, 45 ff., verknüpft. Dessen nähere Umstände können sowohl unter dem Aspekt des Sach- und Streitstandes als auch im Rahmen von Billigkeitserwägungen zur Geltung kommen, → Rn. 150 ff. Nur für den Eintritt der Folgen einer übereinstimmend erklärten Erledigung hat das erledigende Ereignis keine Bedeutung, → Rn. 22. 139

Maßgeblich ist der „bisherige“ Sach- und Streitstand, wobei der genau maßgebliche **Zeitpunkt** nicht ganz klar umschrieben wird. In BGH EnWZ 2017, 88 (Kartellsache) ist es der Zeitpunkt des die übereinstimmende Erledigungserklärung auslösenden Ereignisses, was mit einem obj. erledigenden Ereignis nicht übereinstimmen muss. Fernliegend ist, auch bei Eintritt eines erledigenden Ereignisses zwischen Anhängigkeit und Rechtshängigkeit an letzteren Zeitpunkt anzuknüpfen, so Hamm FamRZ 1998, 444, weil damit Vortrag des Bekl. übergangen werden könnte. Überwiegend wird an die unmittelbar vor Eintritt des erledigenden Ereignisses geltende Rechtslage angeknüpft, BGH WM 2016, 1451; KG NJW 2015, 795; Köln NJW-RR 2001, 1386; OLGR Naumbg 1999, 94, ergänzt um Umstände und Motive, die zur Abgabe der Erklärung geführt haben, Schlesw MDR 2005, 1437; Brdb NJW 1995, 1843. Bei Eintritt neuer Tatsachen bis zum Wirksamwerden der übereinstimmenden Erledigungserklärung, mithin bis zum Fristablauf nach § 91a I 2 oder zum Eingang der Erklärung der Gegenseite, kann auf diesen Zeitpunkt abgestellt werden, Mü 6.12.2021 – 6 W 1610/21, BeckRS 2021, 40808. 140

Hatte ein erledigendes Ereignis (noch) nicht stattgefunden, soll es auf die insoweit **hypothetische Entwicklung** ankommen, Ffm NJW-RR 1999, 980 (auch: hypothetische sachdienliche Anträge). Da es indes für die Wirkungen des § 91a auf ein erledigendes Ereignis nicht ankommt, → Rn. 22, erscheint die Anknüpfung hieran fragwürdig, wie auch die Motivation der Parteien widerstreitend und unklar sein bzw. verborgen bleiben kann. Daher kann es nur auf den Zeitpunkt ankommen, zu dem die Erledigungserklärungen wirksam werden, Köln JurBüro 2013, 101; Rostock JurBüro 2010, 377; Karlsr NJW-RR 1990, 978; wohl auch OLGR Celle 2009, 651. Bis dahin können beide Parteien frei vortragen; das Gericht hat vorher keinen Anlass zu entscheiden. 141

b) Neues Vorbringen. Neue **unstreitige** Tatsachen, die nach der Erledigungserklärung vorgebracht werden, sind zutreffender Ansicht nach zu beachten, Hamm MDR 2011, 1319 (in der Beschwerde, wenn sie ohne zeitraubende Beweisaufnahme verwertet werden könnten); Ddf MDR 1993, 1120; aM Celle OLGR 2009, 651 142 (kein neuer Vortrag im Beschwerdeverfahren); Karlsr NJW-RR 1990, 978 (nur Tatsachen bis zum Zeitpunkt der Erledigungserklärung), weitergehend Rostock JurBüro 2010, 377 (generell neuer Vortrag), OLGR Ddf 1994, 276 (neuer Vortrag im Beschwerdeverfahren, wenn ohne zeitraubende Beweisaufnahme zu verwerten); einschränkend Ffm WRP 1987, 116 (keine neue eidesstattliche Versicherung in der Beschwerde); auch LG Lübeck NJW 2021, 1543 (unbeachtlich, wenn Beweisaufnahme erforderlich wäre). Da auch die übereinstimmende Erledigungserklärung idR an ein erledigendes Ereignis anknüpft, das für sich gesehen eine neue Ausgangslage schafft, ist im Lichte von Art. 103 GG eine großzügige Zulassung neuen Vorbringens geboten und eine streng formale Anknüpfung an die Verweisung auf den „bisherigen" Sach- und Streitstand, nicht zuletzt im Lichte der gegebenen Ungewissheiten, → Rn. 139, verfehlt. Zu einem neuen Sachverhalt darf generell neu vorgetragen werden, BGH NJW-RR 2005, 1687; NJW-RR 2004, 164. Eine Differenzierung zwischen neuem Vortrag zum erledigenden Ereignis und sonstigem neuem Vortrag ist praktisch nicht möglich. Im Übrigen mündet auch neues Vorbringen letztlich in die summarische Prüfung ein, → Rn. 145, so dass der Aufwand in jedem Fall überschaubar bleibt.

143 **c) Bindende Vorgaben.** Alleine aufgrund des Sach- und Streitstandes ist immer dann zu entscheiden, wenn das Ergebnis hiernach bindend vorgeschrieben ist. Entscheidungsspielräume bestehen insoweit nicht. In diesem Sinne sind **zwingende Kostenregelungen** im Rahmen des § 91a entsprechend anwendbar. Dazu folgende Beispiele:

144 **Anerkenntnis der Kostenlast:** Das Kostenanerkenntnis, das im Sinne eines prozessualen Anerkenntnisses auszulegen ist, bindet entspr. § 307, BGH MDR 2015, 51; NJW-RR 2006, 929; MDR 1985, 914; BAG NJW 2004, 533. Das bedeutet, dass die Kostenentscheidung im Rahmen des § 91a bereits aus prozessualen Gründen zwingend vorgegeben ist. Das Anerkenntnis kann von beiden Seiten abgegeben werden; es ist **unwiderruflich,** Hamm NJW-RR 2020, 192; allgem BGH BeckRS 2021, 30599 Rn. 21; NJW 1981, 2193. Im hier vorliegenden Zusammenhang geht es allerdings nur um das unmittelbare, bindende Anerkenntnis der Kostenlast, das für eine Wertung und für Billigkeitserwägungen keinen Raum lässt. Liegt die Anerkenntniserklärung eindeutig vor, bedarf der Beschluss entspr. § 313b I 1 keiner Begründung. Zur Anwendung des in § 93 enthaltenen Rechtsgedankens im Rahmen der Billigkeitsentscheidung → Rn. 150 „Freiwilliges Unterliegen" und „Sofortige Erfüllung"; → Rn. 152 „Anerkenntnis durch Leistung".

Hilfsaufrechnung: Bei Erledigung bei unstr. Klageforderung alleine aufgrund str. Hilfsaufrechnung soll Kl. die Kosten tragen, LG Saarbr NJW-RR 2013, 704. Das ist zutreffend, weil Kl. die Erfüllung durch die Aufrechnung als einzigen Punkt bestritten hat und hiermit unterlegen ist.

Insolvenz: Bei unzulässigem Antrag trägt nach Erledigung der Gl. die Kosten, AG Hbg NZI 2011, 859.

Kostenübernahme: Sie bindet wie das Anerkenntnis und ist ebenfalls unwiderruflich, Hamm NJW-RR 2020, 192; allgem BGH BeckRS 2021, 35326; BeckRS 2021, 30599 Rn. 21; NJW 1981, 2193. Anders als beim prozessualen Anerkenntnis ist der Beschluss mit Gründen zu versehen.

Räumung: § 93b ist mit heranzuziehen, Köln WuM 1997, 336; differenzierend AG Saarburg WuM 2008, 34.

Rechtsmittel: § 97 II ist anzuwenden, BGH MDR 2016, 482; Hamm MDR 2000, 296; Ffm WRP 1984, 692.

Säumnis: Mitbeachtbar ist § 344, Brschw WRP 1992, 486; Stgt Just 1984, 19.

Streithilfe: Zur Unterscheidung zwischen einfacher und streitgenössischer S. BGH AG 2020, 126; WM 2014, 2222; Stgt MDR 1999, 116.

Teilunterliegen: § 92 II ist im Rahmen von § 91a mit zu beachten, Köln BeckRS 2015, 15551.

Vaterschaft: § 183 FamFG gilt zwingend.

Verweisung: Zu beachten ist auch § 281 III 2, Stgt MDR 1989, 1000; Hbg GRUR 1984, 82. Zur str. Erledigung → Rn. 221.

Vereinbarung, Vergleich: Eine Kostenvereinbarung der Parteien, namentlich in einem Vergleich, ist vorrangig zu berücksichtigen, BGH Rep 2003, 1046; NJW-RR 1997, 510; BAG NJW 2014, 3741 Rn. 42; zur Auslegung von Parteiäußerungen auch Karlsr NJW 2019, 943. Bei eindeutig geregelter Kostenaufhebung ist eine Kostenentscheidung nach § 91a nicht mehr zulässig, Hamm NJW 2021, 3063; mit Recht mahnt Hansens in AGS 2022, 76 genaue Formulierung des Vgl. an. Zu prüfen ist in diesen Fällen, ob mangels eindeutiger Regelung § 98 eingreift, Saarbr ZfSch 2016, 26; Naumbg NJW 2013, 3255; NJW 2012, 1522; OLGZ Zweibr 1983, 80 (Kostenvgl. nach Teilurteil). Andererseits kann § 98 im Vergleich bindend ausgeschlossen und dem Gericht die Kostenentscheidung übertragen werden, Stgt NJW-RR 2011, 1439. Einer Vereinbarung über die Kostenverteilung muss das Gericht folgen, Brdb NJW-RR 1999, 654. Näher zur Kostenverteilung → Rn. 152; zur Kostenermäßigung → Rn. 204.

Verzug: Bekl. entgeht der Kostenbelastung ausnahmsweise, wenn er auf stillschweigende Fristverlängerung vertrauen durfte, Köln ErbR 2018, 471.

Wohnungseigentum: Die Haftung des Verwalters aus § 49 II WEG aF führt zu einer zwingenden Kostenentscheidung, BGH NJW-RR 2017, 464 (Zulässigkeit von Beschwerde und Rechtsbeschwerde), → Rn. 170, 178.

Zulässigkeit der Klage: Hier gibt es keine allgemeingültigen Vorgaben, vielmehr ist zu differenzieren, → Rn. 152 „Unzuständigkeit", → Rn. 152 „Zulässigkeit".

145 **5. Summarische Prüfung nach billigem Ermessen, grds. keine Beweisaufnahme.** Das Ermessen gibt den Rahmen der Entscheidung vor, die Billigkeit das Ziel der konkreten Einzelfallgerechtigkeit. Die Ausgangslage, in der es nicht mehr um die Sache, sondern nur noch um die Kosten geht, rechtfertigt bereits für sich eine abgekürzte, Zeit- und Arbeitskraft ersparende Behandlung und Entscheidung, BGH BeckRS 2018, 1997; NZM 2018, 279, NJW-RR 2017, 1041, GRUR 2005, 41, 1986, 531. Das gilt in allen Instanzen. Schwierige **Grundsatzfragen** sind in keinem Rechtszug mehr zu klären, BGH NJW-RR 2020, 983; DGVZ 2020, 203; AG 2020, 126; GmbHR 2017, 519; ZIP 2010, 344; NJW-RR 2009, 422; NJW-RR 2006, 566; NJW 2007, 1591 Rn. 24; NJW 2005, 2385; std. seit NJW 1954, 1038; Ffm NJW 2021, 304 (Basiskonto); Köln NJW-RR 2020, 30; Saarbr ZInsO 2019, 261; Hbg NZM 2015, 738; Pape/Notthoff JuS 1995, 912, 1016.

146 Die überwiegende Wahrscheinlichkeit des Unterliegens reicht aus, der betr. Partei die Kosten in vollem Umfang aufzuerlegen, BGH NZI 2021, 737 Rn. 7; NZI 2020, 1043 Rn. 13. Bei unklarer Rechtslage werden die Kosten gegeneinander aufgehoben, BGH NJW-RR 2020, 1440 Rn. 14. In der Revisionsinstanz ist lediglich der mutmaßliche Ausgang des Revisionsverfahrens und dessen Auswirkung auf die Kostenentscheidungen der

Vorinstanzen festzustellen, BGH VersR 1985, 441. Alle rechtlichen Zweifelsfragen sind hierbei nicht auszuschöpfen, BGH GRUR 2005, 41; BauR 2003, 1075. Führt indes die Begutachtung auf kurzem Wege zu einem klaren Ergebnis, ist dieses nach → Rn. 139 ff. alleine maßgeblich. Das gilt auch dann, wenn es mit hinreichender Gewissheit prognostizierbar ist, BGH GRUR 2012, 1230 (1236). Daneben sind bereits erzielte Ergebnisse einer Beweisaufnahme zu verwerten, wenn diese abgeschlossen und mit überschaubarem Aufwand vorzunehmen ist. Dem klaren Urkundenbeweis kommt hierbei besondere Bedeutung zu, Bbg NJW-RR 1999, 278; Ddf MDR 1993, 1120; Ffm JurBüro 1991, 1392.

Eine aufwendige **Beweisaufnahme** findet grds. nicht mehr statt, BGH NJW-RR 2020, 1440 Rn. 15, und zwar auch nicht mithilfe solcher Beweismittel, die das Gericht im Zeitpunkt des erledigenden Ereignisses oder der Wirksamkeit der beiderseitigen Erledigungserklärungen sogleich noch beiziehen könnte, etwa präsente Zeugen bei Abgabe der Erklärung in der mündlichen Verhandlung. Eine Ausnahme mag für den **Urkundenbeweis** gelten, Bbg NJW-RR 1999, 278; Ddf MDR 1993, 1120; Ffm JurBüro 1991, 1392. **Beweisantizipation** ist zulässig, BGH NJW-RR 2004, 377; OLGR Kblz 2007, 215; Bbg FamRZ 1999, 174; LG Hbg ZMR 2012, 121, bedarf aber sicherer Grundlagen, Rostock JurBüro 2010, 377. Bei ungewissem Ergebnis werden die Kosten gegeneinander aufgehoben, BGH NJW-RR 2017, 1041; NJW-RR 2012, 688; Saarbr NJW-RR 2017, 473; Ffm NZM 2016, 838; Stg NJW-RR 2011, 1439; Köln VersR 2001, 862, nicht etwa alleine nach Beweislastgrundsätzen verteilt, Ffm BB 1978, 331. 147

Eine Beweisaufnahme sollte indes nicht von vornherein ausgeschlossen werden für den Fall, dass eine Kostenaufhebung bei unklarem Sachverhalt hinsichtlich der Einzelfallgerechtigkeit auf nachhaltige Bedenken stößt, ähnlich Ddf JR 1995, 205. Das mag der Fall sein, wenn eine Partei auf diese Weise mit Kosten belastet wird, die im Lichte des Prozessrisikos unverhältnismäßig hoch sind. 148

Beim Streit über die Zulässigkeit einer Kostenentscheidung nach § 91a mag hinsichtlich der tatsächlichen Voraussetzungen eine Beweisaufnahme stattfinden. Denn hier geht es um die Wirksamkeit der Erledigungserklärungen, nicht um deren Rechtsfolgen. Das gilt etwa beim Streit über die Frage, ob außergerichtlich eine Kosteneinigung erzielt worden ist, Ffm NJW-RR 2021, 648. 149

6. Leitideen der Billigkeitsentscheidung. Für eine Kostenentscheidung bei tatsächlich oder rechtlich offenem Ergebnis bzw. für eine von diesem abweichende Kostenverteilung haben sich Grundsätze herausgebildet, die vorab in alphabetischer Übersicht kurz dargestellt werden: 150

Freiwilliges Unterliegen: Dazu Bonifacio MDR 2004, 1094. Ein allgemeiner Grundsatz zur Kostentragung besteht insoweit nur bei Auslegung als Anerkenntnis, → Rn. 144, iÜ nicht, es bedarf vielmehr besonderer Anknüpfung, OLGR Ddf 1999, 479; Köln MDR 1994, 270; LG Duisb MDR 2011, 567. 151

Begibt eine Partei sich freiwillig in die Rolle des Unterlegenen, kann sie über die bindend vorgegebenen Fälle eines **Anerkenntnisses** hinaus, → Rn. 144, nach dem **Rechtsgedanken des § 93** mit Kosten belastet werden, soweit sie ein Vorwurf trifft, BGH NJW 2021, 2589; NJW-RR 2006, 773 (Feststellung zur Insolvenztabelle); MDR 2004, 698; Ddf GRUR-RR 2021, 400 (Verfahren nach § 927); Karlsr VuR 2020, 75; Drsd NJW-RR 2018, 509; Ffm GRUR-RR 2016, 264. Des Weiteren reicht bloße Ankündigung einer Kostenübernahme grds. aus, BGH DAR 2004, 344, und selbst alleine die Zahlung, wenn bei verständiger Würdigung nicht erkennbar ist, dass sie aus anderen Gründen als der Hinnahme des Rechtsstandpunkts der Klägerseite erfolgt ist, BGH NJW 2021, 2589.

Umgekehrt kann bei vorwerfbarer Veranlassung von Kosten auch der Gegner analog § 93 belastet werden, Saarbr NJW-RR 2018, 1043; NJW-RR 2017, 697. Tragende Erwägung ist hier das Veranlasserprinzip → Vor § 91 Rn. 2; Schlesw NJW-RR 2016, 1536; Stgt JurBüro 2011, 542; Köln JurBüro 2006, 598; Hbg OLGR 2003, 101 (verspäteter Nachweis der Erbenstellung). Der Gedanke wird weiter unten zu „Veranlassung, Verursachung" in allgemeiner Form erneut aufgegriffen. Die Grenze des Lösungsansatzes ist erreicht, wenn die Partei die betr. Position bereits vor der Anerkennung verloren hatte, BGH NZI 2016, 829.

Die **Beweislast** für fehlende Veranlassung liegt auch für die Billigkeitsentscheidung beim Anerkennenden, BGH NJW 2007, 3645; Oldbg MDR 2019, 1085. Andererseits öffnen sich Ermessensspielräume für eine Belastung des Gegners, Nürnb ZIP 2011, 1015 (sofortiger Verzicht des Gl. im Arrestaufhebungsverfahren). Der für § 93 geltende Grundsatz, dass es für die Anwendung der Norm auf die **Schlüssigkeit** und Begründetheit der Klage grds. nicht ankommt, BGH NJW 2020, 1442 Rn. 16, kann allerdings im Rahmen auf Billigkeitsprüfung keine uneingeschränkte Geltung beanspruchen.

Sofortige Erfüllung: Kl. kann **analog § 93** mit Kosten belastet werden, wenn Bekl. keinen Anlass zur gerichtlichen Geltendmachung gegeben hat und nach Zustellung der Klage oder nach Fälligkeit sofort erfüllt, BGH NJW-RR 2021, 737 Rn. 12 mAnm Elzer FD-ZVR 2021, 439474; NJW-RR 2006, 773 Rn. 9. Zur Klageveranlassung → § 93 Rn. 11. Der Gedanke ist auch bei der Vollstreckungsgegenklage von Bedeutung, Saarbr NJW-RR 2021, 646. Vgl. auch → Rn. 144 „Anerkenntnis der Kostenlast"; → Rn. 152 „Anerkenntnis durch Leistung".

Materiell-rechtlicher Kostenerstattungsanspruch: Haftung auf die Kosten aus diesem Gesichtspunkt kann abweichend vom hypothetischen Ausgang des Rechtsstreits zur Kostenbelastung führen, namentlich wenn der in Verzug befindliche Bekl. (zufällig) vor Rechtshängigkeit leistet, so dass bei str. Entscheidung die Klage abzuweisen gewesen wäre, BGH NJW 2013, 2201 Rn. 19, Anm. Elzer 2203; 2002, 680 (wenn sein Bestehen sich ohne besondere Schwierigkeiten feststellen lässt); NJW 1982, 1598; Karlsr JurBüro 2018, 252; NJW-RR 2010, 585; Stgt NJW-RR 2007, 1580; OLGR Naumbg 1999, 94 (Korrektiv für den hyp. Ausgang des Rechtsstreits); LG Hbg NJW-RR 2014, 1263 (Verletzung von Auskunftspflichten). Das kann auch bei übereinstimmender Erledigung einer Stufenklage gelten, wenn sich erst auf die erstrittene Auskunft hin herausstellt, dass kein Leistungsanspruch besteht.

Der Anspruch muss allerdings ohne besondere Schwierigkeiten, namentlich **ohne Beweisaufnahme,** feststellbar sein, BGH NJW 2002, 680; anders lässt sich die Vorgabe der summarischen Prüfung der Voraussetzungen des prozessualen Kostenerstattungsanspruchs, → Rn. 145, mit dem Recht der Partei auf Klärung der Sach- und Rechtslage in Bezug auf den im Rechtsstreit ja nicht eigens geltend gemachten materiellrechtlichen Kostenerstattungsanspruch nicht in Einklang bringen. Wollte man letzteren nur summarisch prüfen, müsste man ihn auf eben dieser Grundlage auch verneinen können. Dann aber könnte eine Lage entstehen, in der ein Beschluss nach § 91a ihn untergehen lässt, ohne dass die Partei Gelegenheit hatte, sein Bestehen in strenger Sachprüfung nachzuweisen, → Vor § 91 Rn. 81 f. Zu den Grundlagen des materiellrechtlichen Kostenerstattungsanspruchs näher → Vor § 91 Rn. 63; zum Ausschluss der erneuten Geltendmachung → Vor § 91 Rn. 81.

Ist der materiell-rechtliche Erstattungsanspruch etwa wegen **Unschlüssigkeit** eindeutig zu verneinen, kann dies mit gleichen Erwägungen in der Kostenentscheidung nach § 91a abschließend zum Ausdruck gebracht werden.

Veranlassung, Verursachung: Hat eine Partei vorwerfbar Kosten verursacht, die bei sachgerechtem Handeln vermeidbar gewesen wären, kann sie trotz Obsiegens in der Sache mit den Kosten des Rechtsstreits belastet werden, BGH NJW 2010, 2422, 2424 (absehbare Verjährungseinrede); Karlsr NJW-RR 2021, 254 (Kostenbelastung des Bekl. bei Erfolgsaussicht der Klage, wenn er die erfolgreiche, die Erledigung herbeiführende Einrede der Verjährung vorgerichtlich erheben konnte); Mü ZInsO 2020, 2340 (Abwägung der Verursachungsbeiträge geboten); Saarbr GRUR-RR 2018, 262 (mutwillige Klage); Schlesw NJOZ 2016, 194; KG WuM 2006, 46; Rostock JurBüro 2006, 489; Celle GRUR-RR 2001, 285 (verspätete Verjährungseinrede); Hamm NJW-RR 1993, 1279 (Klage, die bei normalem zeitlichem Ablauf überflüssig war); Schlesw NJOZ 2016, 194; Mü NJW-RR 1993, 571; Köln JurBüro 1989, 217; 1988, 616; (jew. verspätete Abgabe der Erledigungserklärung); Köln MDR 1985, 505 (verweigerter Verjährungsverzicht); LG Mainz WuM 2017, 477 (vermeidbare Räumungsklage). **„Nachwachsen"** kann eine Klageveranlassung durch späteres Verhalten im Rechtsstreit nicht, Ddf NJW-RR 2020, 252;

Für **Insolvenzverwalter** sind die von ihm zu erstattenden Kosten des Beschwerdeverfahrens einheitlich als Masseverbindlichkeit zu behandeln, während der Kostenerstattungsanspruch des Gegners für die Vorinstanzen nur als Insolvenzforderung besteht, BGH NZI 2016, 829; 2008, 565; 2007, 104. Zum Veranlassungsprinzip auch → Vor § 91 Rn. 2.

Vereinbarung, Vergleich: Regelungen der Parteien in einem Vgl., der Anlass der Erledigungserklärung war, sind über den bindenden Fall in → Rn. 143 hinaus analog § 91a in die Kostenentscheidung einzubeziehen, BGH NJW 2007, 835; Celle NJW-RR 2020, 506 Rn. 13; Saarbr MDR 2013, 794 (jew. Ausschluss des § 98), für zurückhaltende Verwertung des Vergleichsinhalts in diesen Fällen Stgt NJW-RR 2011, 1439.

7. Beispiele zur Kostenentscheidung aus Billigkeitserwägungen

152 **Abmahnung:** Soweit in einem Wettbewerbsprozess nach einer Abmahnung eine strafbewehrte Unterlassungserklärung erfolgt, trägt Bekl. nur aufgrund einer Abwägung der Umstände die Kosten, Hamm JurBüro 1981, 278, LG Hbg NJW-RR 2014, 1263 (unterbliebene Reaktion auf Abmahnung). Bei verspäteter Abmahnung kann Kl. belastet werden, Ffm GRUR-RR 2001, 72. Der zufällige Untergang einer Abmahnung kann, wenn Kl. keine verlässlichen Anhaltspunkte für den Zugang hatte, Zweifel an der Klageveranlassung durch Bekl. begründen, KGR 1995, 197; KG WRP 1992, 716.

Abschlusserklärung: Eine im Verfahren auf einen Arrest oder eine einstweilige Verfügung abgegebene Abschlusserklärung erledigt eine gleichzeitige diesbezügliche Hauptklage, indes trägt grds. Kl. die Kosten, Hamm NJW-RR 1986, 1165; → Rn. 153.

Abweisungsantrag: Steht der Kostenbelastung des Kl. nicht entgegen, wenn er nur auf einem Leistungsverweigerungsrecht beruht, Stgt NJW-RR 2011, 457.

Anerkenntnis durch Leistung: Zur Bindung des Gerichts an ein Anerkenntnis entspr. § 307 → Rn. 143; zur Leitidee des freiwilligen Unterliegens und der „sofortigen Erfüllung" → Rn. 151. Eine freiwillige Zahlung bedeutet für sich nicht stets ein Anerkenntnis, Köln MDR 1994, 270; AG Hbg WuM 1993, 458. Bekl. kann den Weg zur Ermessensentscheidung über die Kostenlast öffnen, indem er andere Motive als die Anerkennung der Klageforderung vorbringt, Ffm MDR 1996, 426; Ffm GRUR-RR 2001, 72 (verspätete Abmahnung und billigenswerte Bitte des Bekl. um Fristverlängerung); LG Bln NZM 1999, 1095 (unterbliebener Hinweis auf Änderung der mat. Rechtslage), LG Brschw NJW-RR 2002, 1210 (neg. Feststellungsklage nach unber. Abmahnung). Schriftsätzliche Ankündigung eines Anerkenntnisses steht der Sachprüfung nicht entgegen, Mü NJW-RR 1993, 1279.

Anträge: Hypothetische sachdienliche Anträge der Parteien auf einen ohne Eintritt der Erledigung zu erteilenden Hinweis können im Einzelfall berücksichtigt werden, BGH GRUR 2010, 1037 (Verweisungsantrag); Saabr FamRZ 2018, 1104; Ffm NJW-RR 1999, 980.

Arrest, einstweilige Verfügung: Bei fehlender Dringlichkeit oder Missachtung der Frist des § 929 II, trägt idR Ast. ohne Prüfung des Anspruchs die Kosten des Eilverfahrens, Hamm MDR 1987, 589. Eine im Eilverfahren abgegebene Abschluss- und Unterwerfungserklärung erledigt auch eine Hauptklage, deren Kosten aufgrund vermeidbarer Verursachung dem Kl., bei Klageveranlassung dem Bekl. auferlegt werden können, BGH MDR 2010, 888; Hamm MDR 1986, 241. Eine erst in der Widerspruchsbegründung erhobene, verspätete Verjährungseinrede kann zur Kostenbelastung des Bekl. führen, Celle GRUR-RR 2001, 285. Hauptsacheklage nach § 926 I nach Erlöschen des Anspruchs kann zur Kostenteilung führen, KG NJW-RR 2012, 446. Verspätete Klage nach § 926 zieht Kostenbelastung des Kl. nach sich, Ffm MDR 1982, 328. Sofortiger Verzicht des Gl. im Arrestaufhebungsverfahren enthebt der Kostenlast, Nürnb ZIP 2011, 1015, verspätete Reaktion des Kl. auf Unterlassungserklärung führt zur Kostenbelastung, BGH BB 2006, 70.

Aufrechnung: Es gilt das gleiche wie bei der Erfüllung, s. u. Saarbr NJW-RR 2021, 646; auch → Rn. 35. Bei erstmaliger Aufrechnung in der Berufung mit einer unstr. Gegenforderung will Hamm MDR 2000, 296 für die erste Instanz § 92 II und für die zweite § 97 II heranziehen.

Ausländisches Urteil: Bei Aufhebung des Titels im Verfahren nach § 57 AUG entspricht die Kostenbelastung des Kl. regelmäßig der Billigkeit, BGH NJW-RR 2021, 1012.

Auslandsvollziehung: Zur Erledigung Ddf GRUR 2020, 112.

Baulandsache: Vgl. Kblz NJW 1983, 2036 zu § 168 BBauG, heute § 228 BauGB.

Berufung, Beschwerde: → Rn. 81.

Bevollmächtigter: → „Gesetzlicher Vertreter".

Beweisaufnahme: → Rn. 145 ff.

Beweissicherungskosten: Können zur Vermeidung einseitiger Belastung zur hälftigen Kostenteilung anstelle Aufhebung führen, Saarbr VersR 1996, 387.

Bisheriger Sach- und Streitstand: → Rn. 139.

Bürge: Hier genügt grds. die Erläuterung der Anspruchsvoraussetzungen; einen „Prozess vor dem Prozess" muss Gl nicht führen, Kblz NJW-Spezial 2019, 237.
Druckantrag: → „Insolvenz".
Eilbedürftigkeit: Bei Wegfall wegen einvernehmlicher Fristverlängerungen kommt Kostenaufhebung in Betracht, Ffm NJW 1991, 49.
Einspruch: I 1 ist auch nach dem Einspruch gegen einen Vollstreckungsbescheid oder ein Versäumnisurteil nach §§ 338, 700 I anwendbar. Es gelten die allg. Regeln.
Entscheidungsreife: → Rn. 139; es kommt auf den bisherigen Sach- und Streitstand an.
Erfolgsaussicht: → Rn. 139.
Erfüllung: Wenn Bekl. während des Prozesses nicht nur zwecks Abwendung drohender Zwangsvollstreckung erfüllt, kommt es insgesamt auf die näheren Umstände an, Ddf NJW-RR 2020, 252 (Veranlassung durch Bekl. oder Mutwille des Kl.); KG MDR 2000, 853 (unschlüssige Klage); Kblz MDR 1999, 500 (keine Belastung Bekl. alleine wegen Zahlung vor Beweisaufnahme). Normalerweise muss das Gericht den Kläger von Kosten freistellen, BGH NJW-RR 2006, 929, Köln MDR 1994, 270. Es muss allerdings prüfen, ob der Bekl. vor seiner Leistung vorwerfbar gehandelt hatte, Köln MDR 1985, 505 (verweigerter Verjährungsverzicht). Hat ein Dritter geleistet, liegt nicht notwendig freiwilliges Unterliegen des Bekl. vor, → Rn. 150, LG Bln MDR 1995, 638 (kein Einfluss des Bekl. auf den Haftpflichtversicherer), AG Marbach MDR 1989, 72 (maßgeblich Erfolgsprognose). Auch → Rn. 139, 150 „freiwilliges Unterliegen", → Rn. 144 „Anerkenntnis".
Ergänzung: § 321 ist für Nebenintervenienten im Rahmen von § 91a anwendbar, Stgt MDR 1999, 116.
Feststellungsklage: Soweit sie wegen der Möglichkeit einer Leistungsklage unzulässig war, trägt Kl. die Kosten, Rostock WuM 2005, 261.
„Freiwilliges Unterliegen": → Rn. 151.
Gesetzesänderung: → „Rechtsänderung".
Gesetzlicher Vertreter: Sein Verschulden ist wie sonst mit zu beachten, aM Köln FamRZ 1998, 443, aber § 51 II gilt allgemein.
Haftpflichtversicherung: Bei Klage vor Ablauf der Prüffrist und fristgerechter Regulierung können die Kosten nach dem Rechtsgedanken des § 93 dem Kl. auferlegt werden, Saarbr NJW-RR 2019, 922; dies jedoch nicht, wenn der Versicherer durch sein Regulierungsverhalten Anlass zur Klage gegeben hat, Karlsr VuR 2020, 75.
Hinweis: Man darf in der summarischen Prüfung unterstellen, die Partei hätte einen solchen beachtet, Hamm GRUR-RR 2013, 339, Allgemeingültigkeit dieses Gesichtspunktes offen gelassen in BGH MDR 2010, 888.
Höhere Instanz: → Rn. 78 ff.
Hypothetische Entwicklung: Wenn sie nahe liegen, können sie beachtet werden, BGH GRUR 2010, 1037 (Verweisungsantrag); NJW 2006, 1351, (1354) (Parteiwechsel); Ffm NJW-RR 1999, 980.
Insolvenz: Vor Rechtskraft des zurückweisenden Beschlusses kann übereinstimmend erledigt werden, Köln NJW-RR 1994, 445. Erfüllt der Insolvenzverwalter die Forderung, muss der Gläubiger die Kosten nicht schon deshalb tragen, weil die Leistungsklage wegen Massearmut zwischenzeitlich unzulässig war, Köln BB 1995, 2552. Eine Erweiterung gegen den Insolvenzverwalter macht eine von vornherein unstatthafte Klage gegen den Insolvenzschuldner nicht statthaft, so dass Gl. die Kosten trägt, Kblz MDR 2014, 863. Zur Kostenbelastung des Ast. wegen unzulässigen **Druckantrags** BGH NJW-RR 2020, 1440; maßgeblich ist der Einzelfall, eine generelle Aussage ist nicht zu treffen.
Klageänderung: Verhindert nicht die Kostenlast des Kl., wenn dieser die urspr. Forderung selbst vereitelt hat, Hbg MDR 1990, 59, oder wenn er durch die Einbeziehung eines weiteren Bekl. die Hauptsache nach dessen Leistung für erledigt erklärt hat, Kblz JurBüro 1993, 560.
Klageantrag: Das Fehlen einer nach § 253 II Nr. 2 erforderlichen Bestimmtheit macht kostenpflichtig, enthebt das Gericht aber nicht der Abwägung, LG Lpz NJWE-WettbR 2000, 279.
Kostenübernahme: → Rn. 143, 150.
Leistung: → „Erfüllung"
Mahnverfahren: Bei Abgabe erst nach dem Eintritt der Verjährung kann eine Kostenteilung infrage kommen, KG NJW-RR 2012, 1215.
Materiell-rechtlicher Kostenerstattungsanspruch: → Rn. 151.
Mietrecht
- **(Aufrechnung):** Betr. Anspruch auf Rückzahlung einer Mieterkaution kommt es auf die Gesamtlage an, Karlsr NJW-RR 2010, 585 (mat. Kostenerstattungsanspruch → Rn. 151).
- **(Auszug):** Wenn der Mieter während eines Räumungsprozesses auszieht, liegt darin kein automatisches Anerkenntnis nach § 307, LG Köln WuM 1993; 202, LG Wuppert WuM 1991, 592.
- **(Betriebskosten):** Bei einer Klage auf Rückzahlung kann die Vorlage einer Abrechnung als Erfüllung gelten, AG Saarbr WuM 2016, 662.
- **(Eigenbedarf):** Eine Härte, die für den Mieter gegenüber dem Eigenbedarf zu einer Fortsetzung des Mietverhältnisses hätte führen können, kann bei freiwilligem Auszug zu seinen Gunsten beachtbar sein, AG Stgt WuM 1998, 296.
- **(Mietendeckel):** Wegen der Ungewissheiten über die Verfassungsgemäßheit des BlnMietenWoG war Mitte 2020 unter dem Aspekt der schwierigen Rechtsfrage, → Rn. 145, die Kostenaufhebung gerechtfertigt, LG Berlin NJW-RR 2020, 1093. Nach AG Berlin-Mitte ZMR 2021, 897 = IMR 2022, 2412 waren Rückforderungsklagen der Mieter von Anfang an unbegründet; die Entscheidung des BVerfG war kein erledigendes Ereignis.
- **(Modernisierung):** Eine Zustimmung des Mieters vor zugehöriger Fälligkeit führt zur Kostenlast des Vermieters, LG Hbg WuM 2010, 152.
- **(Muster-Vorprozess):** Er kann wegen vermeidbarer Verursachung von Kosten maßgebend sein, LG Magdeb WuM 1998, 43.
- **(Nichtigkeit der Kündigung):** Bei einer Mietzahlung innerhalb der Frist des § 569 II Nr. 2 S. 1 BGB tritt im Räumungsstreit Erledigung ein, LH Hbg WuM 1998, 422 (Kosten Mieter).
- **(Räumung):** Soweit sich der Vermieter nicht darüber klar sein konnte, ob und wann der Mieter nach einer wirksamen Vermieterkündigung räumen werde, bestand ein Klageanlass, LG Darmst WuM 1993, 610.

– **(Räumungsfrist):** § 93b III ist als Spezialvorschriften Rahmen der Ermessensentscheidung zu berücksichtigen, LG Frankenth ZMR 1991, 303, einschließlich von Erwägungen, die zur entspr. Anwendung der Norm führen, LG Mü WuM 1983, 118; LG Stgt WuM 1983, 118.
– **(Verzug):** Ein klarer Zahlungsverzug führt zur Kostenlast des Mieters, BGH WuM 2004, 489.

Nachverfahren: Im Nachverfahren zB nach §§ 302 IV, 600 gelten die allgemeinen Regeln. Wird das Vorbehaltsurteil infolge Erledigung hinfällig, ist es jedenfalls auf Antrag einer Partei analog § 269 III 1, IV 1 für wirkungslos zu erklären, → Rn. 132.

Nebenintervention: Über die Kosten des streitgenössischen Nebenintervenienten ist eigenständig und unabhängig von der für die unterstützte Hauptpartei getroffenen Kostenentscheidung auf der Grundlage der für ihn maßgebenden Umstände zu befinden; eingehend auch zur Kostenparallelität beim einfachen Streitgenossen BGH AG 2020, 126; WM 2014, 2222. Überlassen die Parteien in einem Vgl. die Kostenentscheidung dem Gericht, ist eine Kostenbelastung der gegnerischen Partei nicht aus sich heraus ermessensfehlerhaft, Hamm JurBüro 2021, 322. § 321 ist für den übergangenen Nebenintervenienten im Rahmen von § 91a anwendbar, Stgt MDR 1999, 116.

Nichtzulassungsbeschwerde: Es ist vorrangig zu prüfen, ob die Beschwerde voraussichtlich zur Zulassung der Revision geführt, und danach, welchen Ausgang der weitere Rechtsstreit im Anschluss daran voraussichtlich genommen hätte, BGH NJW 2021, 1887 Rn. 4; → Rn. 91.

Patentsache: Auch nach einem Verzicht des Bekl. auf das Streitpatent kann es angemessen sein, die Kosten dem Kläger aufzuerlegen, BGH GRUR 2004, 623.

Pfandfreigabe: Die Freigabe trotz eines Eigentumszweifels ist als freiwilliges Unterwerfen mitbeachtbar, Ddf OLGR 1999, 479, → Rn. 151.

Prozessbevollmächtigter: → „Gesetzlicher Vertreter".

Prozessvoraussetzung: → „Zulässigkeit".

Räumung: → „Mietrecht".

Rechnungslegung: Wenn das Gericht den Bekl. nach § 254 zu einer Auskunft und Rechnungslegung verurteilt hat, sich aber hieraus für den Kläger nichts ergibt, muss Bekl. nach übereinst. Erl. gem. § 91a grds. die gesamten Kosten tragen, wenn er mit der Erfüllung des Anspruchs in Verzug war, Saarbr FamRZ 2013, 320; Ffm MDR 1989, 1108, Köln FamRZ 1993, 346, aM Kblz FamRZ 1994, 1608 (Prüfung jeder Stufe, was aber zum gleichen Ergebnis führen kann). Auch → Rn. 46 und unten jew. „Stufenklage".

Rechtsänderung: Nach einer Gesetzesänderung, die zur Erledigung der Hauptsache führt, sind alle Umstände abzuwägen, BGH WRP 2005, 126; KG NJW-RR 1995, 1511 (maßgeblich Ausgang ohne die Änderung). Es kann billig sein, die Kosten dem jetzigen Sieger aufzuerlegen, BGH EnWZ 2017, 88, (noch nicht verkündetes Gesetz nicht entscheidungserheblich); WRP 2008, 202 (verspätete Erklärung der Kartellbehörde); Ffm WRP 2017, 1247; GRUR 1995, 151 (jew. Abstellen auf die urspr. Sach- und Rechtslage). Eine grundlegende Änderung der Rechtsprechung kann beachtbar sein, Ffm NJW-RR 2007, 788 (Prozessfähigkeit der WEG, Kostenbelastung Kl., weil Parteiwechsel möglich (für das WEG selbst durch BGH NZM 2021, 561 Rn. 10, 12). BFH 119, 407 will in jedem Fall der Partei die Kosten auferlegen, zu deren Nachteil die Rechtslage sich geändert hat.

Rechtsfrage: In einem rechtlich und/oder tatsächlich schwierigen Fall braucht das Gericht nicht jeder rechtlichen und/oder tatsächlichen Frage nachzugehen, sondern darf nach → Rn. 145 summarisch entscheiden.

Rechtsmissbrauch: Der Gedanke ist generell verwertbar, BGH NJW-RR 2009, 425.

Rücknahme: Unschädlich ist die alternativ bestehende Möglichkeit einer Rücknahme schon wegen ihrer Kostennachteile, LAG Ffm NZA-RR 2010, 266.

Sachlichrechtlicher Ersatzanspruch: → Rn. 151 „Materiellrechtlicher Kostenerstattungsanspruch".

Schwierige Rechtsfrage: Da ihre Klärung im Verfahren nach § 91a nicht angezeigt ist, kommt Kostenaufhebung in Betracht, Köln NJW-RR 2020, 30; → Rn. 145.

Sofortiges Anerkenntnis: → Rn. 144, 150 „freiwilliges Unterliegen".

Sterbehilfe: Unklare Rechtslage kann bei Erledigung durch Tod einer Partei Kostenaufhebung rechtfertigen, BGH NJW 2005, 2385.

Streitgenossen: Das Gericht muss bei Anerkenntnis nur eines Beteiligten § 93 für jeden getrennt prüfen, BGH JZ 1985, 853.

Streithilfe: → „Nebenintervention".

Stufenklage: Zur Erledigungserklärung bei der Stufenklage zunächst → Rn. 46. Wird die Sache insgesamt, in welchem Stadium auch immer, übereinstimmend für erledigt erklärt, bedürfen die Erfolgsaussichten des Kl. unter Berücksichtigung aller Stufen einer Gesamtbetrachtung. Das gilt insbesondere für den Fall der „stecken gebliebenen" Stufenklage, bei welcher Kl. aufgrund negativer Auskunft sein Leistungsziel ganz oder teilweise aufgeben muss, Bekl. hingegen der Vorwurf trifft, die Auskunft verspätet oder unzulänglich erteilt zu haben, Ddf NJW-RR 2013, 124; Saarbr FamRZ 2013, 320; Stgt FamRZ 2008, 529; Ffm NJW-RR 2006, 1561; Brdb NJW-RR 2003, 795. Überzogene Wertvorstellungen des Kl. können zu seinem Nachteil berücksichtigt werden, Ddf NJW-RR 2013, 124; Saarbr FamRZ 2011, 499; zT abw Drsd JurBüro 2000, 658 (Entscheidung eher gegen Kl.).

Tod: Der Tod des Inhabers eines höchstpersönlichen Rechts eröffnet den Ermessensspielraum, BGH NJW 2005, 2385 (Kostenaufhebung im unklaren Grenzbereich der Sterbehilfe).

Unterlassungserklärung: → „Arrest".

Unterwerfung: → Rn. 151.

Unzuständigkeit: Eine Verweisung kommt nicht mehr in Betracht; es ist unter Annahme einer hypothetischen Verweisung an das zuständige Gericht über die Kosten zu entscheiden, wie wenn das Gericht von Anfang an zuständig gewesen wäre, BGH NJW 2019, 2544 Rn. 17; MDR 2010, 888; OLGR Köln 2009, 485; Brdb NJW-RR 1996, 955; Ffm ZInsO 2005, 822, MDR 1981, 676; Stgt MDR 1989, 1000; AG Bln-Schöneb MDR 1994, 202; Emde MDR 1995, 239; aA noch Brdb NJW-RR 1996, 955; Hamm NJW-RR 1994, 828 und Becht MDR 1990, 121 (Kosten Kl.). Auch → Rn. 69.

Verfassungswidrigkeit: Bei übereinstimmender Erledigung nach Erklärung einer Norm für verfassungswidrig kann die Kostenbelastung einer beklagten Finanzbehörde billigem Ermessen entsprechen, BFH NZG 2020, 477.

Vergleich: § 91a ist grds. auch dann anwendbar, wenn die Erledigung durch einen Vergleich eintritt, BGH NJW 2007, 835. Eine Kostenregelung im Vergleich hat generell Vorrang, BGH BeckRS 2019, 28186; RVGReport 2018, 194; BGH Rep 2003, 1046; NJW-RR 1997, 510; Karlsr NJW 2019, 943; Nürnbg BeckRS 2002, 30296814. Für einen Beschluss nach § 91a fehlt dann das Rechtsschutzinteresse. Unklarheiten sind vorrangig durch Auslegung zu klären, Nürnb JurBüro 2020, 593 (Kosten der Nebenintervention). Eine umfassende Regelung unter Einschluss außergerichtlicher Ansprüche kann die Kostenaufhebung rechtfertigen, Ffm BeckRS 2021, 41525.

Wenn die Parteien in einem Vergleich keine Kostenregelung getroffen haben, ist zunächst der vorrangige **§ 98 S. 1 Hs. 1** anwendbar, BGH RVGreport 2018, 194 = BeckRS 2017, 102386; NJW-RR 2010, 1476 (Streithelfer); Naumbg NJW 2012, 1522; Kblz JurBüro 2011, 598 (konkludente Beteiligung eines Streithelfers am Vgl.); Brdbg MDR 2008, 234; Zweibr OLGZ 1983, 80 (auch nach Teilurteil). Wenn die Parteien die Anwendbarkeit des § 98 ausgeschlossen haben, ist § 91a analog anwendbar, BGH NJW 2007, 835; Celle NJW-RR 2020, 506 Rn. 13; Saarbr MDR 2013, 794; Brdb MDR 2009, 406. Als Formulierung empfiehlt sich: „Die Kostenentscheidung bleibt dem Gericht überlassen" oder: „Die Parteien erklären den Rechtsstreit in der Hauptsache übereinstimmend für erledigt und beantragen Kostenentscheidung des Gerichts nach § 91a ZPO". Bei Unklarheiten muss die Rspr die Grundsätze der **Auslegung** anwenden, großzügig das sachlich Richtige tun und ergänzenden Vortrag der Parteien berücksichtigen, BGH ZIP 2014, 1995; Hbg NJW 2014, 3046; LG Nürnb-Fürth BeckRS 2020, 15426 = JurBüro 2020, 593 (Nebenintervention). Erkennbar vergessene Kostenregelung sollte zur Anwendung von § 91a führen, Naumbg NJW 2013, 3255. Inhalt und Ergebnis eines Vgl. können bei der Kostenverteilung alsdann generell mit berücksichtigt werden, BGH NJW 2007, 835; Stg NJW-RR 2011, 1439; Schlesw MDR 2005, 1437; Oldb NJW-RR 1992, 1466, dies auch dann, wenn § 98 ausgeschlossen ist, Nürnb OLGR 2001, 156. Zur Bindung an Vorgaben → Rn. 143.

Für den **außergerichtlichen Vergleich,** der einen Rechtsstreit beendet, gilt dies entspr., BGH NJW 2009, 519 (Kostenaufhebung), NJW-RR 1997, 510 (Auslegung), Ffm NJW 2005, 2465.

Verjährung: Zur Erledigung selbst → Rn. 40. Die Klage ist bei begründeter Einrede abzuweisen. Dennoch bedarf es der Abwägung, Köln GRUR-RR 2014, 319. War die Forderung ohne Zweifel verjährt, spricht dies für Kostenbelastung des Kl., Köln NJW 2017, 2922. Durfte Kl. mit vorgerichtlicher Klarstellung des Bekl. rechnen, ist gegen diesen zu entscheiden, Karlsr NJW-RR 2021, 254; Drsd NZFam 2018, 904 („hineinlaufen lassen"); Drsd NJ 2018, 380; Hamm AGS 2011, 147; Köln MDR 1985, 505 (verweigerter Verjährungsverzicht). Bei einteiliger Verantwortung kommt Kostenteilung oder Aufhebung in Betracht, NJW-RR 2012, 1215 (verzögerliches Betreiben des Mahnverfahrens).

Versicherung: Der Versicherer trägt die Kosten dann, wenn er mit der Deckungszusage trotz einer Aufforderung des Versicherungsnehmers über sechs Wochen gewartet hat, selbst wenn der letztere vorher eine andere Frist verfrüht gesetzt hatte, LG Köln VersR 2000, 1412. Klageerhebung vor Ablauf der Prüffrist kann zur Kostenbelastung des Kl. führen, Saarbr NJW-RR 2018, 156; NJW-RR 2018, 208; Ffm NJW-RR 2018, 1432 (jew auch zu § 269 III 3).

Verspätung: Verspätete Abgabe der Erklärung führt zur Belastung der betr. Partei mit den Mehrkosten, Ffm BeckRS 2016, 112733; Rostock JurBüro 2006, 489.

Verweisung: → „Unzuständigkeit".

Verzögerung, Verzug: kann mitbeachtbar sein, Stgt JurBüro 2011, 150, AG Ddf AnwBl 2003, 598, AG Köln AnwBl 2003, 598, es sei denn, Bekl durfte auf Fristverlängerung vertrauen, Köln ErbR 2018, 471.

Vollziehungsfrist: → Arrest.

Wechselprozess: Es kommt auf den mutmaßlichen Ausgang des Nachverfahrens nach §§ 600, 602 an. Ein Vorbehaltsurteil kann wirkungslos werden, → Rn. 132.

Weiterbetreiben des Prozesses: Wer nach dem Eintritt eines erledigenden Ereignisses den Prozess zu Unrecht weiterbetreibt, muss die diesbezüglichen Mehrkosten tragen, Köln MDR 1979, 408, → Rn. 150 „Verursachung".

Wettbewerbsrecht: → Rn. 152 ff. „Abmahnung", „Anerkenntnis", „Arrest, einstweilige Verfügung".

Wiederholungsgefahr: Ihr Wegfall ist ein erledigendes Ereignis, → Rn. 46. Die Kostenentscheidung richtet sich nach den allg. Regeln → Rn. 136 ff.

Willkür: Sie kann generell Kostenbelastung nach sich ziehen, Hamm NJW-RR 1993, 1279, Mü NJW-RR 1993, 1279, → Rn. 150 „Verursachung".

Wohnungseigentum: Der Verwalter ist nur ausnahmsweise kostenpflichtig, LG Ffm ZMR 2014, 474.

Zeitpunkt: Ein (vorwerfbar) zu später Zeitpunkt der Erledigungserklärung ist mitbeachtbar, Rostock JurBüro 2006, 489; Ffm OLGR 1998, 71. Auch → Rn. 150 „Verursachung".

Zulässigkeit: War die Klage wegen Unzulässigkeit abzuweisen, ist zunächst zu prüfen, ob infolge der Erledigungserklärung eine Entscheidung überhaupt zulässig ist. Geboten ist alsdann eine umfassende Abwägung, KG NJW-RR 2012, 446; Köln JurBüro 2010, 489. Im Normalfall wird Kl. die Kosten zu tragen haben, Hbg NJW-RR 2019, 361 (fehlende Angabe zur Identität des Kl. in der Antragsschrift); LG Heilbronn FamRZ 2009, 72. Anders bei → „Unzuständigkeit".

Zurückbehaltungsrecht: Wenn die Parteien in Wahrheit über ein sachlichrechtliches Zurückbehaltungsrecht stritten, muss das Gericht prüfen, wie weit ein Gegenanspruch durchgegriffen hätte.

Zuständigkeit: → „Unzuständigkeit".

III. Verfahren. Soweit das Gericht aufgrund wirksamer übereinstimmender voller Erledigungserklärungen **153** über die Kosten entscheidet, geschieht das durch einen besonderen Beschluss nach → Rn. 125. Zuständig ist das Gericht der bisherigen Hauptsache, sein Einzelrichter wie sonst. War es in Wahrheit unzuständig, darf es nicht mehr nach § 281 verweisen. Es entscheidet über die Kosten so, als ob es zuständig wäre, → Rn. 152 „Unzuständigkeit".

1. Freistehende mündliche Verhandlung. Vor der Entscheidung zur Kostenfrage ist eine mdl Verhandlung **154** nach § 128 III nicht notwendig, BAG NZA 2005, 878 (ohne ehrenamtlich Richter). Freilich erlaubt die Vorschrift eine Verhandlung nach pflichtgemäßem Ermessen. Das ist bei Abgabe der Erklärungen in der mündlichen Verhandlung selbstverständlich und kann zB zur Klärung der Frage zweckmäßig oder notwendig sein, ob überhaupt wirksame Erledigungserklärungen vorliegen. Der Anfall der Terminsgebühr bei Entscheidung ohne mdl. Verhandlung ist str., Köln JurBüro 2016, 467 (ja); Hbg AGS 2016, 117 und Rostock AGS 2008, 283 (nein).

155 Soweit das Gericht eine mündliche Verhandlung nicht durchführen will, muss es den Gegner wegen **Art. 103 I GG** zur Kostenfrage anhören, soweit er sich dazu nicht schon geäußert hat. Die Anhörung erfolgt schriftlich. Das Gericht setzt dem Gegner eine zumutbare Frist zur Äußerung. Dazu ist die förmliche Zustellung der Fristsetzung nach § 329 II 2 nötig. Die Anhörung darf unterbleiben, wenn das Gericht zugunsten des Gegners entscheiden will.

156 Die Anordnung wie eine Ablehnung der mündlichen Verhandlung braucht keine Begründung. Denn sie ist als solche unanfechtbar. In den Gründen des Beschlusses kann im Konfliktfall eine kurze Erläuterung angezeigt sein.

157 Keine Partei kann Gelegenheit zum weiteren Vortrag alleine zu dem Zweck verlangen, sie müsse noch „ergänzend vortragen". Denn die Entscheidung erfolgt ohnehin grds. nur nach dem bisherigen Sach- und Streitstand, → Rn. 139. Vom praktischen Standpunkt ist jedoch für alle Instanzen Großzügigkeit angezeigt, um Rechtsmittel bzw. Anhörungsrügen zu vermeiden.

158 Es besteht nach → Rn. 62 für die Abgabe der Erklärungen selbst kein Anwaltszwang.

159 **2. Kostenentscheidung von Amts wegen durch Beschluss.** Das Gericht entscheidet gem. § 308 II auch ohne Antrag von Amts wegen nur noch über die Kosten, nicht über sonstige Fragen, → Rn. 128. I nennt die Entscheidungsform: einen Beschluss, also nicht etwa ein Urteil, BAG NZA 2005, 878; NZA 2000, 279 (ohne ehrenamtliche Richter), Karlsr JurBüro 1994, 677 (auch durch das Berufungsgericht, wenn das Gericht 1. Instanz fälschlich durch Urteil entschieden hat). Ein Beschluss ist auch nach mündlicher Verh. zu erlassen. Für ihn gilt § 329. Das Gericht muss also in seiner vollen Besetzung entscheiden, soweit das Verfahren nicht endgültig dem **Einzelrichter** nach §§ 348, 348a, 526, 527 oder dem Vorsitzenden der Kammer für Handelssachen nach § 349 II Nr. 6 zugewiesen ist.

160 Die reine Kostenentscheidung reicht aus. Der **Tenor** lautet indes üblicherweise: „Die Kosten des in der Hauptsache erledigten Rechtsstreits werden …", was unproblematisch ist. Jedweder weitere Ausspruch zur Hauptsache, insbesondere wenn er an eine str. Erledigung erinnern könnte, ist zu vermeiden; bereits **ergangene Entscheidungen** können unter näheren Voraussetzungen gleichzeitig mit der Kostenentscheidung für wirkungslos erklärt werden, → Rn. 132. Generell empfiehlt sich eine Wertfestsetzung, → Anh. § 3 Rn. 48.

161 **3. Begründung.** Die Begründung soll sich entspr. § 313 III auf eine knappe Zusammenfassung der maßgeblichen Erwägungen beschränken. Sie muss, jedenfalls wenn die sof. Beschwerde eröffnet ist, die für die Kostenentscheidung tatsächlichen Grundlagen, die Beurteilung der Sach- und Rechtslage und ggf. die tragenden Erwägungen zum billigen Ermessen erkennen lassen. Eine Aufteilung in Tatbestand und Entscheidungsgründe wird üblicherweise nicht vorgenommen, vielmehr werden einheitlich „Gründe" dargelegt, deren Aufbau indes dem Urteilsschema folgt. Soweit ein Urteil keine Entscheidungsgründe enthalten müsste, zB bei § 313a, ist der Beschluss zwar nicht automatisch vom Begründungszwang frei. Das Gericht braucht ihn jedoch meist nur stichwortartig zu begründen. Die Parteien können auf die Begründung verzichten; das macht jedoch nur Sinn, wenn zugleich auf Rechtsmittel verzichtet wird, Hamm NJW-RR 2000, 212 (ohne Rechtsmittelverzicht kein wirksamer Verzicht auf Gründe); Köln MDR 2002, 109, weil sonst im Beschwerdefall eine Aufhebung durch das Beschwerdegericht die Folge ist, Mü NJW 2015, 3728. Aus einem reinen, ohne weitere Anhaltspunkte erklärten **Begründungsverzicht** kann grds. **nicht** auf einen **Rechtsmittelverzicht** geschlossen werden, BGH NJW 2006, 3498; Celle NJW-RR 2011, 1293; Hamm MDR 2003, 116. Wegen der Verknüpfung der beiden Gesichtspunkte ist indes eine großzügige Auslegung des Parteiverhaltens geboten. Die kontroverse, ältere Rspr. der OLG muss vor diesem Hintergrund gesehen werden, Schlesw MDR 1997, 1154 (kein Rechtsmittelverzicht vor Bekanntgabe); Hamm NJW-RR 1995, 1213 (Rechtsmittelverzicht vorab möglich); Hamm MDR 2006, 350, NJW-RR 1994, 1407; NJW-RR 1989, 919; Braunschw MDR 2001, 1009; Brdb NJW-RR 1995, 1212 (jew. bei Verzicht auf Gründe zugleich Rechtsmittelverzicht).

162 Das Gericht muss vorrangig auf Klarstellung der Parteierklärungen bedacht sein.

163 **4. Verkündung und Mitteilung.** Das Gericht muss seinen Beschluss nach § 329 I 1 verkünden, soweit er aufgrund einer mündlichen Verhandlung ergeht. Es muss ihn förmlich zustellen, soweit er ohne eine mündliche Verhandlung ergeht. Denn er bildet nach → Rn. 164 einen Vollstreckungstitel und unterliegt nach → Rn. 170 grundsätzlich der sofortigen Beschwerde, § 329 III.

164 **5. Vollstreckbarkeit.** Der Beschluss nach I ist nach § 794 I Nr. 3 sofort vollstreckbar, nicht etwa nach § 708 zunächst nur vorläufig. Erforderlich ist allerdings ein Kostenfestsetzungsbeschluss nach §§ 103 f.

165 **6. Kostenentscheidung und Vollstreckbarkeit bei übereinstimmender Teilerledigung. a) Gemischte Kostenentscheidung.** Die teilweise Erledigungserklärung des Kl., → Rn. 104 und der Anschluss des Bekl. hieran, → Rn. 121, bringen das Problem einer **gemischten Kostenentscheidung** mit sich, die nur teilweise auf § 91a und im Übrigen auf §§ 91, 92 und spezielleren Regelungen beruht. Sie ist also zunächst nach den jeweils betroffenen Teilbereichen des Streitgegenstands getrennt zu erarbeiten, vgl. auch → § 92 Rn. 67. Eine Teil-Kostenentscheidung über den erledigten Teil darf indes grds. nicht vorab ergehen. Darin läge ein Verstoß gegen den Grundsatz der Einheit der Kostenentscheidung, BGH NJW 2013, 2361 Rn. 20; Ffm NJW-RR 1993, 182; Kblz JurBüro 1984, 1395 (keine Verteilung nach Zeitabschnitten); Hamm WRP 1981, 111 (keine Aufteilung in erledigten und bleibenden Teil); → Vor § 91 Rn. 12; → § 91 Rn. 126. Daher kann grds. erst mit der abschließenden Entscheidung im Rahmen einer alle Kosten erfassenden gemischten Kostenentscheidung insgesamt über die Kostenverteilung entschieden werden.

166 Eine zeitliche Aufteilung in Abschnitte bis zur Teilerledigung und die Zeit danach darf nicht vorgenommen werden, weil auf dieser Grundlage keine Kostenfestsetzung möglich ist, Kbl JurBüro 1984, 1395. Vielmehr müssen die beiden Kostenverteilungen für den erledigten und den streitigen Teil nach angemessenen Wertanteilen des jeweiligen Teils **gewichtet** werden und auf dieser Grundlage in eine einheitliche Kostenentscheidung einfließen, Karlsr NJW-RR 2016, 390. Letzte rechnerische Genauigkeit ist insoweit nicht zu verlangen, vielmehr bestehen insbesondere wenn es nicht um klar abgrenzbare Zahlungsforderungen geht, Wertungsspielräume, vgl. auch BGH NJW 1964, 660. Dabei ist zu beachten, dass die Kosten des übereinstimmend erledigten Teils neben dem str. Teil nicht in den Streitwert einfließen, so dass der Wert des letzteren ab übereinstimmender Erledigung alleine maßgeblich bleibt, → Anh. § 3 Rn. 48. Können nach diesem Streitwert keine Gebühren mehr entstehen,

weil zB die Erledigung erst in der mdl. Verh. erklärt worden ist, erscheint es sachgerecht, den erledigten Teil neben dem streitigen grds. mit dem ursprünglichen Hauptsachewert zu gewichten.

Beispiel: Der erledigte Teil macht 30% Wertanteil aus, der streitige 70%; im erledigten Teil sind die Kosten aufzuheben, im streitigen Teil obsiegt Kl. zu 5/7. Bekl. trägt also die Kosten zu (15% + 50% =) 65%. Entstehen für die beiden Teilbereiche Kosten deutlich unterschiedlicher Höhe, etwa weil die Teilerledigung bereits vor der mündlichen Verhandlung wirksam wird und deshalb die Verhandlungsgebühren nur noch nach dem Wert des str. Teils anfallen, oder weil wegen des streitigen Teils hohe Kosten einer Beweisaufnahme entstehen, bleibt die Möglichkeit, die auf beide Teile entfallenden Kosten überschlägig (!) zu ermitteln und in eine Quotierung einzurechnen. Daneben kann auch § 96 Anwendung finden. 167

b) Ausnahmen vom Grundsatz der Kosteneinheit. Jedenfalls zwei Ausnahmen vom Grundsatz der Kosteneinheit muss man im Blick behalten. Scheidet ein **Streitgenosse** infolge Teilerledigung vollständig aus dem Rechtsstreit aus, vgl. auch → Rn. 108, kann über dessen außergerichtliche Kosten vorab getrennt entschieden werden, vergleichbar BGH NJW-RR 2001, 642; OLGR Köln 2005, 488; 1995, 63; Köln MDR 1981, 590 (nur insoweit zu befürworten); VersR 1976, 1164. Bei Teilerledigung in der **Revision,** allg. → Rn. 81 f., entscheidet der BGH auch im Angesicht bleibender Anhängigkeit weiterer Teile in der Tatsacheninstanz über die Kosten des erledigten Teils nach § 91a für alle Instanzen, weil anders die Bindungswirkung dieser Entscheidung nicht zu bewerkstelligen ist, BGH NJW 2015, 1762. Die Gerichte der unteren Instanz müssen alsdann diese Kostenentscheidung in ihre letztgültigen gemischten Kostenentscheidungen einrechnen, → Rn. 165 f. 168

c) Vollstreckbarkeit. Die Vollstreckbarkeitsentscheidung ergeht hinsichtlich der sofort vollstreckbaren Kostenerstattungsforderung aus dem erledigten Teil nicht. Sie ergeht nur für den streitigen Teil des Urteils, der ja die Hauptsache und Kosten umfasst. Ist allerdings der auf die Teilerledigung entfallende Anteil verhältnismäßig gering, mag nach dem in § 92 II zum Ausdruck gebrachten Gedanken eine einheitliche Vollstreckbarkeitsentscheidung nach Maßgabe der für die str. Entscheidung geltenden Normen ergehen, und umgekehrt bei Geringfügigkeit des str. Teils im Tenor die vorläufige Vollstreckbarkeit umfassend ausgesprochen und in den Gründen erläutert werden, dass diese ausschließlich den für den Beschluss geltenden Regeln folgt. Eingehend und unter Darlegung einer Vielzahl von Standpunkten Wagner JA 2019, 217. 169

IV. Sofortige Beschwerde, II. 1. Statthaftigkeit, Zulässigkeit. Nach § 91a II ist die sofortige Beschwerde statthaft, es sei denn, die Beschwer in der (hypothetisch nicht erledigten) Hauptsache erreichte die Berufungssumme des § 511 II Nr. 1 nicht. Hierfür ist das voraussichtliche Unterliegen der Partei maßgeblich, von dem das Gericht für die Kostenquote ausgegangen ist, BGH NJW-RR 2003, 1504; Ddf FamRZ 2011, 496. Eine Zulassung der sof. Beschwerde entspr. § 511 II Nr. 2, IV kommt wegen Fragen des materiellen Rechts nicht in Betracht, da im Rahmen des § 91a Grundsatzfragen nicht zu klären sind, BGH NJW-RR 2009, 425; NJW-RR 2006, 566; NJW 2007, 1591 (1593); → Rn. 145. Das Recht steht auch einer Partei zu, deren Antrag auf Erlass einer Kostenentscheidung zurückgewiesen worden ist, Karlsr FamRZ 2005, 50, sowie dem Verwalter der WEG, gegen den nach § 49 II WEG aF entschieden wurde, BGH NJW-RR 2017, 464 (auch: Rechtsbeschwerde). 170

Zusätzlich muss nach § 567 II 1 der Beschwerdewert von über 200 EUR erreicht sein, LG Stendal JurBüro 2006, 39. Frühere Erwägungen zur Zulässigkeit bei greifbarer Gesetzwidrigkeit, Kblz FamRZ 1998, 1239, sind durch § 321a überholt. Im Anwaltsprozess besteht **Anwaltszwang,** OLGR Naumb 2004, 149. Beim Rpfl. gilt § 11 RPflG. Im **FamFG-Verfahren** entfällt mit Ausnahme von § 62 FamFG durch Erledigung idR die Beschwer, BGH NZFam 2019, 741. 171

Die Parteien können wirksam auf Rechtsmittel **verzichten,** BGH NJW 2006, 3498, was sinnvoll mit einem Verzicht auf Gründe verbunden werden kann, insbesondere wenn das Gericht diese in der mdl. Verh. erläutert, → Rn. 161. 172

Soweit das Gericht nicht durch Beschluss entschieden hat, sondern fehlerhaft durch Urteil, gilt der **Meistbegünstigungsgrundsatz,** KG BeckRS 2019, 3149. Es ist dann wahlweise die sofortige Beschwerde, Schlesw FamRZ 2000, 1513, oder das gegen das Urteil zulässige Rechtsmittel (Berufung) statthaft; die Entscheidung ergeht auch im letzteren Fall durch Beschluss, Köln NJW-RR 1997, 955 (keine Entscheidung durch Urteil bei sof. Beschwerde); Karlsr JurBüro 1994, 678. Der Beschluss unterliegt nicht der Revision. Zur Rechtsbeschwerde → Rn. 178. 173

Zur Rechtsmittelbeschwer → Anh. § 3 Rn. 49. 174

2. Form und Begründung (neues Vorbringen). Auf die sofortige Beschwerde ist § 569 II, III anwendbar. Im Umfang des Meistbegünstigungsgrundsatzes nach → Rn. 173 muss man klären, welches der beiden möglichen Rechtsmittel vorliegt. Danach richtet sich die erforderliche Form. Im Übrigen ist eine irrige Bezeichnung des in Wahrheit eindeutig gemeinten Rechtsmittels unschädlich. Das Gericht muss sie ggf. umdeuten, LG Bln ZMR 1985, 305. **Anwaltszwang** besteht wie sonst bei der sofortigen Beschwerde nach §§ 78, 569 III, 571 IV. Die sofortige Beschwerde kann zu Protokoll nur unter den Voraussetzungen des § 569 III (kein Anwaltsprozess im ersten Rechtszug) wirksam erfolgen. **Neues Vorbringen** ist nach Maßgabe des § 571 II 1 wie im Verfahren des ersten Rechtszuges großzügig zuzulassen, → Rn. 142; praxisorientiert auch MüKoZPO/Schulz Rn. 49 ff. 175

3. Frist: Zwei Wochen. Man muss die sofortige Beschwerde nach §§ 329 III, 569 I 1, 2 Hs. 1 grundsätzlich binnen einer Notfrist nach § 224 I 2 von 2 Wochen seit der Zustellung der angefochtenen nach I ergangenen Kostenentscheidung einlegen. Die Notfrist beginnt nach § 569 I 2 Hs. 2 spätestens 5 Monate nach der Verkündung des Beschlusses. Soweit das Gericht irrig durch ein Urteil nur über die Kosten entschieden hat und der Beschwerdeführer nach dem sog. Meistbegünstigungsgrundsatz nach → Rn. 173 als sein Rechtsmittel die sofortige Beschwerde wählt, muss er deren Frist einhalten, andernfalls die Berufungsfrist. 176

4. Anschlussbeschwerde. Vgl. § 567 III. 177

5. Unzulässigkeit weiterer sofortiger Beschwerde, Rechtsbeschwerde. Eine weitere sofortige Beschwerde ist nach § 567 I unstatthaft (nur gegen erstinstanzliche Beschlüsse), § 574 (allenfalls Rechtsbeschwerde, auch dazu krit. BGH NJW 2003, 3565). Das gilt auch bei einer Erledigung der Hauptsache im Beschwerdeverfahren und bei einer Entscheidung des OLG über die Kosten. Eine Rechtsbeschwerde aus materiellrechtlichen Gründen ist unstatthaft, da § 91a nicht der Klärung von Grundsatzfragen dient; die dennoch erfolgte Zulassung bindet aber nach § 574 I Nr. 2, III 2, BGH NJW-RR 2009, 425; NJW-RR 2004, 1219; → Rn. 145. Wird erstmals im Berufungsrechtszug gegen den **WEG-Verwalter** nach § 49 II WEG aF eine Kostenentscheidung getroffen, ist 178 allerdings die Rechtsbeschwerde statthaft, sofern diese zugelassen worden ist, BGH NJW-RR 2017, 464; Köln NJW 2011, 1890, 1891; Dötsch ZMR 2015, 444 (445); Lehmann-Richter ZWE 2009, 74 (75).

179 **V. Rechtsmittel bei Teilerledigung. 1. Umfassend: Berufung und Beschwerde zugleich. a) Einbeziehung in die Berufung.** Wenn die Parteien den Rechtsstreit teilweise übereinstimmend für erledigt erklären und das Gericht im Übrigen streitig entscheidet, kommt eine **Berufung** der unterlegenen Partei nur bezüglich der Hauptsachenentscheidung in Betracht; mit dieser kann die Partei indes zugleich auch eine gegen sie nach § 91a ergangene Kostenentscheidung zur Teilerledigung angreifen, ohne insoweit die Beschwerdefrist, → Rn. 176, beachten zu müssen; die Wahrung der Berufungsfrist reicht aus; § 569 I 1 ist nicht einschlägig, Karlsr NJW 2022, 631 Rn. 27; NJW-RR 2016, 390; Hamm OLGZ 1987, 375; KG MDR 1986, 241. Hinsichtlich der Fristwahrung ist mithin die sofortige Beschwerde durch die Einbeziehung in die Berufung privilegiert.

180 Wird die Berufung nicht durchgeführt, kann eine Überprüfung der Kostenentscheidung nur stattfinden, wenn bei der Einlegung die Frist der §§ 569 I 1, 91a II 1 gewahrt worden ist. Es kann sich daher empfehlen, in Fällen der vorliegenden Art die Berufung innerhalb der Beschwerdefrist einzulegen.

181 **b) Beschwer.** Die **Berufungsbeschwer** muss für die Hauptsachenentscheidung erreicht sein; es zählt nur der streitige Teil, nicht zu berücksichtigen sind die Kosten des übereinstimmend erledigten Teils, BGH NJW 2014, 3249; NJW 2013, 2361 Rn. 17; MDR 2011, 810.

182 Daneben sind § 91a II 2, § 567 II nicht anzuwenden, dh für die Überprüfung der auf § 91a beruhenden Teil-Kostenentscheidung kommt es auf eine Wertgrenze nicht an; da nämlich auf die Berufung in der Hauptsache auch die auf dem streitigen Teil beruhende Kostenentscheidung vAw überprüft werden muss, ist es aufgrund der für die Gewichtung des streitigen und des erledigten Teils bestehenden Wertungsspielräume, → Rn. 166; → § 92 Rn. 67, nicht tunlich, eine Teil-Kostenentscheidung nach § 91a über eine für sich gesehen nicht ausreichende Beschwer aus der Überprüfung herauszunehmen; eine Gewichtung auch unter Beachtung von § 92 II ist die geeignetere Methode, aA Zöller/Althammer Rn. 28, 56, wobei die befürwortete Anwendung des § 567 II von der dort zu Rn. 56 zitierten Rspr. nicht gedeckt ist.

183 Aus praktischen Gesichtspunkten eröffnet die Lösung eine hinsichtlich der Beschwerdefrist erweiterte Möglichkeit, die Kostenentscheidung zu überprüfen. Ist nämlich für einen Angriff gegen den auf § 91a beruhenden Teil der Kostenentscheidung die Beschwerdefrist des § 569 I 1 versäumt, bleibt die Möglichkeit, durch eine nur knapp über dem Wert von 600 Euro liegende Teil-Berufung ohne hohes Kostenrisiko die Kostenentscheidung noch überprüfen zu lassen.

184 **c) Begründung.** Die Berufung muss nach § 520 begründet werden. Geschieht dies nicht, wird auch die Beschwerde nach § 91a unzulässig, wenn sie erst in der Berufungsfrist mit der Berufung eingelegt worden ist. Denn die Privilegierung der Beschwerde hinsichtlich der Frist ist nur bei ordnungsgemäßer Durchführung der Berufung gerechtfertigt.

185 Eine den Voraussetzungen des § 520 genügende Begründung muss der Angriff gegen den auf § 91a beruhenden Teil der Kostenentscheidung nicht enthalten, Karlsr NJW 2022, 631 Rn. 24; es gilt § 571 I, so dass für die Zulässigkeit des Rechtsmittels eine Begründung nicht geboten ist; dennoch ist es empfehlenswert, die für eine abweichende Billigkeitsentscheidung sprechenden Gesichtspunkte vorzutragen; für Begründungspflicht aber Stg WRP 1997, 355; vgl. auch → § 571 Rn. 6.

186 **d) Einlegung getrennt zu prüfen, Auslegung.** Eine zwingende Notwendigkeit, in jedem Falle der Berufung auch die gegen den Berufungsführer ergangene Teil-Kostenentscheidung nach § 91a überprüfen zu lassen, besteht allerdings nicht. Begegnet sie keiner Kritik, mag es bei ihr ungeprüft verbleiben. Die Erkenntnis, dass eine Berufung auch das Rechtsmittel gegen die Kostenentscheidung einschließen kann, enthebt das Rechtsmittelgericht also nicht der Prüfung, ob die das Rechtsmittel führende Partei den Angriff überhaupt gegen die auf § 91a beruhende Kostenentscheidung richten will. Geboten ist damit eine getrennte Betrachtung beider Angriffe. Der Schwerpunkt der Lösung liegt zunächst nur in der Vereinfachung des Rechtsmittelzuges und in der umfassenden Geltung der Berufungsfrist.

187 Aus sich heraus wird die Kostenentscheidung von der Berufung also nicht erfasst. Die Lage ist wegen des in § 91a II 1 eigenständig eröffneten Rechtsmittels anders als im Normalfall der Berufung, die nach § 308 II eine Prüfung der Kostenentscheidung von Amts wegen mit sich bringt. Man muss daher die Berufung gegen ein Urteil, das auch eine Teil-Kostenentscheidung nach § 91a enthält, im Sinne einer wenn nicht ausdrücklich, so aber doch zugleich konkludent eingelegten Beschwerde verstehen. Der Berufungsführer kann das Rechtsmittel aber auch auf die Hauptsache konzentrieren, ohne eine Überprüfung der Teil-Kostenentscheidung nach § 91a anzustreben.

188 Bleibt unklar, ob die auf § 91a beruhende Kostenentscheidung mit angegriffen werden soll, ist im ersten Prüfschritt eine **Auslegung** geboten, Karlsr NJW 2022, 631 Rn. 24; ähnlich bereits Stgt WRP 1997, 355; Bergerfurth NJW 1992, 1655 (1661); aA die wohl hM, vgl. MüKoZPO/Schulz Rn. 106 („immanent"); Zöller/Herget § 99 Rn. 14; Prütting/Gehrlein/Hausherr Rn. 42; Musielak/Voit/Flockenhaus Rn. 53, die ersichtlich von einer generellen Erstreckung ausgehen; eindeutig Zöller/Althammer Rn. 56; die hierzu zitierte Entscheidung BGH MDR 2013, 671 Rn. 20 = NZM 2013, 825 Rn. 20 trägt diese Auffassung aber gerade nicht, vielmehr wird dort zwischen den beiden Rechtsmitteln differenziert. Auch aus dem anerkannten Grundsatz, dass bei Teilrechtsmitteln die gesamte Kostenentscheidung der Vorinstanz vAw zu prüfen ist, BGH BeckRS 2022, 9035 Rn. 19, folgt nichts anderes, da die auf § 91a beruhende Teil-Kostenentscheidung kraft Gesetzes auf Grundlagen beruht, die von der verbleibenden Hauptsachenentscheidung getrennt zu betrachten sind.

188a In Anbetracht der Tatsache, dass der Umfang der Berufung erst in der Berufungsbegründung nach → § 520 festgelegt werden muss, reicht in Fortsetzung des Lösungsansatzes deren Inhalt auch für die Klarstellung aus, ob das Rechtsmittel sich auf die Kostenentscheidung nach § 91a erstrecken soll, Karlsr NJW 2022, 631 Rn. 27; wollte man insoweit eine Klärung bereits innerhalb der einmonatigen Einlegungsfrist fordern, würde der Vorteil des einheitlichen, alleine der Berufungsfrist unterliegenden Rechtsmittels aufgegeben. Ein berechtigtes Interesse *am Bestand der auf* § 91a beruhenden Teilkostenentscheidung besteht durchaus, wenn sie der Partei günstig ist; denn bei Annahme einer in jedem Fall von Amts wegen vorzunehmenden Prüfung ist fraglich, ob das Verbot der reformatio in peius gilt, → § 572 Rn. 17.

189 Gegen die Lösung des OLG Karlsruhe wird auf § 308 II verwiesen und die **Regressgefahr** hervorgehoben, die vermeintlich entsteht, wenn der Angriff gegen die auf § 91a beruhende Teil-Kostenentscheidung abweichend

von der hM der Begründung bedarf, Anm auf der Heiden zu Karlsr NJW 2022, 631. Der Hinweis auf § 308 II geht fehl, weil die auf § 91a beruhende Teil-Kostenentscheidung selbständig angreifbar ist, → Rn. 192, und daher die Amtsprüfung im Rahmen eines gegen die Hauptsachenentscheidung gerichteten Rechtsmittels nur deren Anteil an der gemischten Kostenentscheidung betreffen kann; insoweit ist der Streitgegenstand nun einmal geteilt worden; die Ausgangsfrage wird also von § 308 II gerade nicht beantwortet. Die Regressgefahr erscheint jedenfalls sehr gering. Vom praktischen Standpunkt nämlich ist bei der Auslegung der Berufung und der Berufungsbegründung Großzügigkeit geboten, so dass auch eine andeutungsweise Kritik an dem auf § 91a beruhenden Teil der Kostenentscheidung für eine Einbeziehung in die Anfechtung ausreicht. Erst wenn klar ist, dass es insoweit bei der Kostenentscheidung der Vorinstanz verbleiben soll, bedarf es der Befassung nicht. Eben dies muss indes möglich sein. Wollte man dem § 308 II entgegen halten, würde die eine Grundlage der gemischten Kostenentscheidung in § 91a verlassen.

Auswirkungen hat die Entscheidung der Streitfrage auch dann, wenn die auf § 91a beruhende Teil-Kostenentscheidung nach § 91a II 2 nicht angreifbar ist, → Rn. 192. Nach der hM müsste sie vAw mit überprüft werden. Es ist nicht jedoch ersichtlich, dass in solchen Fällen eine Überprüfung angezeigt wäre, alleine weil in der verbliebenen Hauptsache, die für eine Kostenentscheidung betreffend den erledigten Teil gerade nicht die Grundlage bietet, ein zulässiges Rechtsmittel eingelegt wird. 190

2. Ausschließlich Berufung gegen den streitig entschiedenen Teil. Erstreckt die Berufung sich nicht auf die Teil-Kostenentscheidung nach § 91a, ist zwar nicht deren sachliche Richtigkeit, wohl aber deren Einrechnung in die gesamte Kostenmischentscheidung vAw zu überprüfen; insoweit gilt § 308 II, wie für die Kostenentscheidung im Allgemeinen. Fehler in der Gewichtung des erledigten Teils müssen mithin korrigiert werden, selbst wenn der Angriff in der Hauptsache ohne Erfolg bleibt, BGH NJW-RR 1995, 1211 (jedenfalls bei Änderung des Streitwertes); Rostock JurBüro 2021, 579 = GRUR-RS 2021, 1794; Hamm BeckRS 2018, 22721 Rn. 37; näher zur Kostenmischentscheidung → Rn. 165; zur Berufung → § 308 Rn. 29; → § 528 Rn. 14. 191

3. Isolierter Angriff gegen die Teilentscheidung nach § 91a. a) Zulässigkeit. Die auf § 91a beruhende Kostenentscheidung kann unter den insoweit geltenden Voraussetzungen, namentlich in der Zweiwochenfrist, § 569, und bei der gebotenen Beschwer, → Rn. 170, auch isoliert mit der sofortigen **Beschwerde** angefochten werden, BGH NJW-RR 2003, 1504. Das ist das einzig statthafte Rechtsmittel, wenn gegen die Hauptsachenentscheidung mangels ausreichender Beschwer ein Rechtsmittel nicht eingelegt werden kann, → Rn. 179. In Fällen dieser Art beschränkt sich die Möglichkeit, gegen die Kostenentscheidung ein Rechtsmittel einzulegen, auf die Anfechtung des auf § 91a beruhenden Teils im Wege der sofortigen Beschwerde; der auf der nicht anfechtbaren Hauptsachenentscheidung beruhende Teil ist nach § 91a II 2 unanfechtbar, Hamm NJW-RR 2022, 213. Daneben ist ohne Weiteres denkbar, dass nur die Kostenentscheidung zum Nachteil der in der Hauptsache obsiegenden Partei ergeht; auch hier ist die isolierte sofortige Beschwerde gegen den auf § 91a beruhenden Teil das einzig statthafte Rechtsmittel. Legt bei Beschwerde der nach § 91a kostenpflichtigen Partei der im streitigen Teil unterlegene Gegner Berufung ein, sind die Verfahren zu verbinden, um eine einheitliche Kostenentscheidung sicherzustellen, Stgt NJW-RR 2018, 1276. 192

Die näheren Voraussetzungen der sofortigen Beschwerde müssen erfüllt sein, neben der Fristwahrung muss also auch die nach **§ 91a II 2** getrennt zu ermittelnde Erwachsenheitssumme erreicht werden, Karlsr NJW-RR 2016, 390 Rn. 13. 193

Nicht zulässig ist es, ausschließlich die auf § 91a beruhende Kostenentscheidung mit der Berufung anzugreifen, BGH NJW 2013, 2361; die **Umdeutung** in eine sofortige Beschwerde kommt jedenfalls dann nicht in Betracht, wenn die Zweiwochenfrist versäumt ist, BGH MietPrax-AK § 99 ZPO Nr. 1 Rn. 8; denn hierdurch würde das Verbot der Berufung alleine gegen die Kostenentscheidung unterlaufen; bei Wahrung der Beschwerdefrist ist die Umdeutung zulässig, Mü NZG 2021, 423 Rn. 65. 194

Ausnahmsweise ist anders zu entscheiden, wenn ein **Streitgenosse** zulässig eine auf die Kostenentscheidung erstreckte Berufung einlegt und der andere lediglich nach § 91a II die Kostenentscheidung angreifen will. Ihm muss ebenfalls in der Monatsfrist die Berufung eröffnet sein, damit über diesen Kostenpunkt einheitlich entschieden werden kann, ohne dass die beiden Parteien mit unterschiedlichen Rechtsmittelfristen konfrontiert sind, Hamb NJOZ 2018, 1587. 195

Nach Ablauf der Zweiwochenfrist kann der Angriff gegen die Kostenentscheidung noch im Wege einer **Anschlussberufung** geführt werden, wofür sachliche Einwände in der Berufungserwiderung ausreichen, KG 15.10.2020 – 12 U 49/18, BeckRS 2020, 40465 Rn. 80 = NZG 2021, 388 (Ls.). Das ist die spiegelbildliche Konsequenz der Einbeziehung der Beschwerde in die Berufung nach → Rn. 179; auf diese Weise wird die gebotene Waffengleichheit hergestellt. 196

Nicht zulässig ist es, eine zulässige sofortige Beschwerde gegen die auf § 91a beruhende Kostenentscheidung mit einer Berufung alleine gegen den streitigen Teil der Kostenentscheidung zu verbinden, weil hierdurch wiederum § 99 I unterlaufen würde, BGH NJW-RR 2003, 1504. 197

b) Weitere Folgen bei Abänderung der § 91a-Entscheidung. Liegt ein zulässiges Rechtsmittel ausschließlich nach § 91a II vor, darf das Rechtsmittelgericht nur diesen Teil der gemischten Kostenentscheidung überprüfen, Hamm NJW-RR 2022, 213 Rn. 28. Gelangt es zur Abänderung, ist allerdings die gesamte Kostenentscheidung neu zu formulieren, um den Grundsatz der Kosteneinheit zu wahren. Das kann Probleme bereiten, wenn den Entscheidungsgründen des angefochtenen Urteils die Gewichtung des auf § 91a und des auf der streitigen Entscheidung beruhenden Anteils nicht klar zu entnehmen ist, vgl. MüKoZPO/Schulz Rn. 104. Sie muss vom Gericht der höheren Instanz nach Möglichkeit nachvollzogen werden, dies aber nicht notwendig mit letzter rechnerischer Genauigkeit; denn sowohl innerhalb der Entscheidung nach § 91a als auch in der Gewichtung mit dem streitigen Teil verbleiben Wertungsspielräume, BGH NJW 1964, 660; → § 92 Rn. 67. 198

Im Einzelfall mag man zusätzlich die Vollstreckbarkeitsentscheidung neu fassen. Auch → Rn. 165. 199

4. Revision. Hinsichtlich eines auf § 91a I beruhenden Teils der Kostenentscheidung kann die im streitigen Teil eingelegte Revision nur darauf gestützt werden, dass das Berufungsgericht die Voraussetzungen der Norm verkannt habe, nicht aber geltend machen, das Berufungsgericht habe die Erfolgsaussichten des übereinstimmend für erledigt erklärten Anspruchs unzutreffend beurteilt, weil anderenfalls ein für die auf summarischer Sachprüfung, → Rn. 145 ff., beruhende Entscheidung des Ausgangsgerichts vom Gesetz nicht vorgesehenes Rechtsmittel eröffnet würde, BGH NZKart 2020, 539 = BeckRS 2020, 23392 Rn. 34; NJW 2020, 3038 Rn. 25; NJW 200

2013, 1154 Rn. 22; WRP 2011, 1606 Rn. 30; bestätigt in WRP 2019, 327 (334); NJW 2010, 2053; NJW 2009, 2747, 2749 aE; GRUR 2008, 357; NJW 2007, 1591 Rn. 19 ff., → Rn. 178. Grds. zählt daher die Kostenentscheidung nach Teilerledigung bei der Beschwer nicht mit, BGH NJW 2001, 230. Hat das Berufungsgericht über einen Teil des Streitgegenstands fälschlich eine Kostenentscheidung nach § 91a getroffen, obwohl in Wirklichkeit eine streitige Erledigungserklärung vorlag, ist dieser Teil des Urteils ausnahmsweise nach allgemeinen Regeln mit der Revision anfechtbar, BGH NJW 2002, 1500. Die sich hieraus ergebende Ungewissheit lässt im Einzelfall an ein Vorgehen nach § 321a denken, Piepenbrock JR 2007, 183.

201 **VI. Abhilfeprüfung des Erstgerichts, Sachentscheidung des Beschwerdegerichts.** Das Beschwerdeverfahren richtet sich grundsätzlich nach §§ 567 ff. Das Erstgericht entscheidet nach einer nach §§ 372 IV, 128 IV **freistehenden mündlichen Verhandlung.** Da diese im Verfahren nach § 91a ohnehin in weitem Rahmen freisteht, → Rn. 154, hat sie in der Beschwerde kaum praktische Bedeutung.

202 Die Entscheidung ist in vollem Umfang überprüfbar. Das gilt zutreffender Auffassung nach auch im Anwendungsbereich des § 243 FamFG, Ffm NZFam 2021, 845.

203 **VII. Streitwert und Kosten.** Die Streitwertprobleme sind im → Anh. § 3 Rn. 48 dargestellt. Im Beschlussverfahren nach beiderseitigen vollen übereinstimmenden wirksamen Erledigungserklärungen in erster Instanz gelten für die Gebühren des Gerichts: KV 1211 Nr. 4, 1221 GKG. Für den Anwalt gilt § 19 I 2 Nr. 9 RVG. Im Fall des Beschwerdeverfahrens gelten für das Gericht KV 1810 f. und für den Anwalt VV 3500 RVG.

204 Streitig ist, unter welchen näheren Voraussetzungen die Gebühren zu **ermäßigen** sein könnten, wenn die vom Wortlaut der KV 1211 Nr. 4, 1221, 1222 Nr. 4, 1231, 1232 Nr. 4, 1251, 1252 Nr. 4, 1254, 1256 GKG vorgegebenen Merkmale nicht eingetreten sind. Namentlich bei Rechtsmittel- und Begründungsverzicht für eine vom Gericht zu erlassende Kostenentscheidung wird die Ermäßigung vertreten, obwohl deren Voraussetzungen an sich nicht vorliegen, Celle NJW-RR 2011, 1293. Das ist nur für den Fall zu bejahen, dass die Parteien das Ergebnis der Kostenentscheidung einvernehmlich selbst regeln, so dass das Gericht keine wertende Entscheidung mehr zu treffen braucht, → Rn. 143 „Vereinbarung". Denn die Intention des Gesetzgebers, eine Arbeitsersparnis für das Gericht und die abschließende Beilegung des Kostenstreits zu honorieren, ist auch hier verwirklicht; gerade in der mündlichen Verhandlung lässt sich auf diese Weise die Einigungsbereitschaft der Parteien nachhaltig fördern. Zu folgen ist im Übrigen der wohl hM, die über die geregelten Fälle hinaus alleine wegen des Begründungsverzichts keine Gebührenermäßigung vorsieht, Hamm MDR 2019, 1345; Ddf NJW 2016, 3043; Toussaint/Toussaint GKG KV 1211 Rn. 25; Musielak/Voit/Flockenhaus Rn. 62.

205 **VIII. Rechtskraft. 1. Formelle Rechtskraft.** Der erstinstanzliche Beschluss nach I 1 wird bei Rechtsmittelverzicht, mit dem fruchtlosen Ablauf der Frist zur Einlegung der sofortigen Beschwerde nach II 1 oder mit einer wirksamen Rücknahme des Rechtsmittels nach §§ 329, 705 formell rechtskräftig. Der Beschluss des Beschwerdegerichts wird mit der gesetzmäßigen Mitteilung formell rechtskräftig. Zur Unzulässigkeit einer Zulassung der Rechtsbeschwerde → Rn. 128, 178.

206 **2. Materielle Rechtskraft.** Der erst- wie zweitinstanzliche Beschluss ist der materiellen Rechtskraft fähig, Ffm FamRZ 2000, 240 (Gegenvorstellung unzulässig). Das gilt natürlich nur zur Kostenfrage, nicht auch zur Hauptsache, BGH NJW 1999, 1337; NJW-RR 1992, 998 II 1b; NJW 1991, 2280; Bergerfurth NJW 1992, 1657. Man kann daher die Klage zur Hauptsache grundsätzlich wiederholen oder den Streitgegenstand auf anderem Wege (zB Aufrechnung) erneut in den Rechtsstreit einführen, BGH NJW 1991, 2280.

C. Einseitige (streitige) Erledigungserklärung.

207 **I. Rechtsnatur des Antrags.** Der nachfolgende Abschnitt behandelt die Fälle, in denen Kl. die Erledigung erklärt, Bekl. hingegen auf Klageabweisung bzw. Zurückweisung des Rechtsschutzziels beharrt. Für den Geltungsbereich sowie Zeitrahmen und Inhalt der Erledigungserklärung gelten die unter I. „Allgemeines für alle Arten der Erledigungserklärung" dargelegten Grundsätze, → Rn. 1 ff.

208 Heute anerkannter und allein praxisrelevanter Definition nach ist die Erledigungserklärung als **Sachantrag** zu verstehen, der auf die **Feststellung** abzielt, dass die Klage ursprünglich, dh zu einem ab Eintritt der Rechtskraft liegenden Zeitpunkt, zulässig und begründet war und dass sie durch ein nach Rechtshängigkeit eingetretenes Ereignis unzulässig oder unbegründet geworden ist, BGH NJW-RR 2004, 1619; NJW 1992, 2235; NJW 1986, 588; MüKoZPO/Schulz Rn. 80. Diese Voraussetzungen müssen tatsächlich vorliegen und vom Gericht festgestellt werden, BGH NJW-RR 2006, 544 (bloßer Verlust des wirtschaftl. Interesses reicht nicht). Der Lösungsansatz gilt entspr. auch für jedes andere Rechtsschutzziel, wie etwa eine Beschwerde, vgl. iE → Rn. 10 ff. Der ausdrücklichen Formulierung als Sachantrag bedarf es nicht; die „Erledigungserklärung" reicht aus, weil sie in diesem Sinne zu interpretieren ist, → Rn. 59. Der **Abweisungsantrag** des Bekl. enthält im Regelfall auch ohne ausdrückliche Bezugnahme eine Wiederholung der Einwände gegen den Klageanspruch und ggf. ein Bestreiten des erledigenden Ereignisses, BGH VersR 1980, 385, dies selbst nach vorbehaltloser Zahlung, BGH NJW 1981, 686; Bernreuther GRUR 2007, 660. Der bloß hilfsweise erklärte Anschluss des Bekl. ist unzulässig und ändert nichts am Vorliegen einer str. Erledigungserklärung, BGH NJW 1989, 2885; Ddf NJW-RR 1992, 384. Die **Erledigung in der Rechtsmittelinstanz** wird insgesamt unter → Rn. 78 ff. dargestellt, zur Abstandnahme von einer Erledigungserklärung → Rn. 94.

209 **II. Folgen der einseitigen Erledigungserklärung des Klägers. 1. Notwendigkeit einer Entscheidung zur Hauptsache, Streitgegenstand.** Der Kläger nimmt mit der Erledigungserklärung eine jedenfalls sachdienliche und damit nach § 263 2. Alt. zulässige Klageänderung vor, für diese Selbstverständlichkeit etwa Brdb ZfS 2021, 347 mAnm Hansens. Diesen Gedanken in eine „Klageänderungstheorie" einzubetten, so etwa Zöller/Althammer Rn. 32, erscheint überflüssig, da dem keine weiteren Beiträge zur Lösung abzugewinnen sind. Als Feststellungsantrag ist die Erledigungserklärung ein Antrag zur Hauptsache, über den durch **Sachurteil** erkannt werden muss; da der ursprüngliche Anspruch von dem Feststellungsantrag umfasst ist, bleibt er **Streitgegenstand,** BGH ZMR 2019, 775 Rn. 7; NJW 2010, 2270; NJW 2008, 2580; Ddf FamRZ 1994, 170; Saarbr NJW-RR 1989, 1512; LG Ffm ZMR 2016, 723; allg. → § 253 Rn. 26. Liegt bei Abgabe der Erklärung bereits ein (Unterlassungs-)Titel vor, kann sich daher das Problem der Wirkungslosigkeit, → Rn. 53, grds. nicht stellen, aber → Rn. 227. Die Fallbearbeitung folgt allgemeinen Grundsätzen, insbesondere ist die summarische Prüfung nach § 91a I, → Rn. 145 ff., nicht eröffnet. Erforderlich ist eine vollständige Begutachtung des Falles auf Zulässigkeit

und Begründetheit und auf Eintritt und Wirkungen des erledigenden Ereignisses. Dem Gegner ist vor der Entscheidung nach Art. 103 I GG **rechtliches Gehör** zu gewähren.

Bei Säumnis des Bekl. (dh aber auch, wenn das Gericht den Weg des § 91a I 2 nicht beschritten hat, → Rn. 223 ff.) ergeht VU nach § 331, Köln MDR 1995, 103. 210

2. Rechtsschutzbedürfnis an einer streitigen Entscheidung, evtl. trotz Anschluss des Beklagten. Dem Feststellungsantrag, → Rn. 208, muss ein Rechtsschutzbedürfnis zugrunde liegen. IdR ergibt es sich aus dem Interesse des Kl. an einer ihm günstigen Kostenentscheidung, BGH NJW-RR 2006, 929; NJW 1998, 1571 (1573). Zudem wird die Feststellung nicht selten auch für Sekundäransprüche von Bedeutung sein. Im Einzelfall bedarf es besonderer Begründung, BGH NJW 1999, 2520 (2522) (Auskunftsanspruch in der Stufenklage; näher zu dieser Problematik → Rn. 46 „Stufenklage"); LG Bln MDR 2015, 1039 (Zwangsvollstreckung). 211

Ungeklärt ist die Frage, ob ein **Rechtsschutzbedürfnis** für die streitige Feststellung der Erledigung zumindest unter besonderen Gegebenheiten auch dann bejaht werden kann, wenn Bekl. sich anschließt, befürwortend LG Hanau NJW-RR 2000, 1233; für Einzelfall verneinend BGH NJW-RR 2006, 929; für Antrag auf Feststellung des Kosteninteresses und möglicherweise auch für str Erledigung ablehnend Mü BeckRS 2015, 13482, Anm. Elzer FD-ZVR 2015, 371577; vgl. auch BGH WM 2019, 985 (Feststellungsinteresse bei erledigtem rw. Haftbefehl); Elzer/Nissen NJW 2019, 1116; Fischer MDR 2002, 1097; → Rn. 102. Im aktienrechtlichen Streit wird die Zulässigkeit des Feststellungsantrags erörtert, die Klage sei bis zum Eintritt der Erledigung begründet gewesen, BGH NZG 2019, 937 Rn. 24; NJW-RR 2011, 618 Rn. 22; → Rn. 100. 212

Die Erwägung, Kl. auch bei Anschluss des Bekl. ein rechtl. Interesse an der streitigen Feststellung der Erledigung zuzubilligen, ist dem Grunde nach berechtigt. Tritt Erledigung infolge Verjährung ein, → Rn. 40, kann Bekl. sein Interesse, den Untergang der Klageforderung rechtskräftig feststellen zu lassen, durch Antrag auf Klageabweisung zur Geltung bringen, insbesondere um einer späteren Aufrechnung, § 215 BGB, entgegen zu wirken. Umgekehrt kann in besonderen Fallkonstellationen Interesse des Kl. an einer Sachentscheidung bestehen, etwa nach Erfüllung eines Anspruchs auf Rechnungslegung oder Erteilung einer Auskunft mit Blick auf **§§ 259 II, 260 II BGB,** weil in einem Erledigungsurteil das Bestehen des erledigten Anspruchs auch mit Wirkung für den Anspruch auf Abgabe der eidesstattlichen Versicherung nach § 322 I bindend festgestellt wird, → Rn. 233. Keinesfalls ist § 91a als Spezialregelung anzusehen, die den Sachantrag der Klägerseite, → Rn. 47, bei Anschluss seitens Bekl. zwingend hinfällig macht; ein Wahlrecht indes verneinend KG MDR 2018, 559. Rechtsschutzinteresse an str. Feststellung mag generell verneint werden, wenn es nur um die Kosten geht. Das bloße Anliegen, in dieser Hinsicht der Billigkeitsentscheidung zu entgehen, etwa um eine günstige Beweisposition durchzusetzen, reicht für die Annahme eines Rechtsschutzinteresses an str. Feststellung nicht aus. Dem steht die eindeutige Entscheidung des Gesetzgebers in §§ 91a, 269 III 3 entgegen. Es muss mithin nicht nur um die Kosten, sondern um den Streitgegenstand selbst gehen, vgl. auch BGH NZG 2019, 937 Rn. 24. Zum vergleichbaren Fall beim Antrag auf Feststellung des Kosteninteresses → Rn. 266. 213

3. Sachentscheidung: Feststellung der Erledigung oder Abweisung. a) Vollständige Sachprüfung. Das Gericht muss nach → Rn. 209 f. prüfen, ob die Hauptsache **tatsächlich erledigt** ist, BGH NJW 2008, 2580; Stgt NZG 2017, 665; Brdb FamRZ 2014, 1732; Karlsr NJW-RR 2014, 546; Nürnb NJW-RR 1989, 444, oder ob es die Klage als unzulässig oder unbegründet abweist, BGH MDR 2018, 423 (Nichtzulassungsbeschwerde), dh ob die Klage bei Eintritt des erledigenden Ereignisses zulässig und begründet war und ob das erledigende Ereignis tatsächliche eingetreten ist; allg. zu den Grundlagen dieser Prüfung → Rn. 209. Auch bei vorbehaltloser Leistung des Bekl. kann auf die Sachprüfung nicht etwa analog § 307 verzichtet werden, BGH NJW 1981, 686. 214

War die Klage bei Eintritt der Erledigung unzulässig oder unbegründet, wird die Klage bei Fortbestehen der Unzulässigkeit (z. B. fehlende Parteifähigkeit) als unzulässig, andernfalls als unbegründet abgewiesen; zur Ausnahme bei fehlender Zuständigkeit → Rn. 221. Ist ein **erledigendes Ereignis** nicht eingetreten, liegt ebenf. ein unbegründeter Erledigungsantrag vor, der als solcher abzuweisen ist, Nürnb NJW-RR 1989, 444. War die Klage von Anbeginn unbegründet, kann die Frage nach dem Eintritt einer Erledigung offen bleiben, da die Rechtskraftwirkungen der Abweisung identisch sind, Mü NJW 1988, 349; → Rn. 235. 215

Über beweisbedürftige Tatsachen, nicht nur die anspruchsbegründenden, sondern ggf. auch betr. das erledigende Ereignis, hat eine **Beweisaufnahme** stattzufinden, BGH NJW-RR 2009, 188; NJW 1992, 2235; Nürnb NJW-RR 1989, 444 (über erl. Ereignis). Nähere Darlegungen zur Erledigung und reichhaltige Beispiele für das Vorliegen erledigender Ereignisse finden sich unter → Rn. 16, alphabetisch geordnet unter → Rn. 45. In jedem Fall ist **rechtliches Gehör** zu gewähren. 216

Anders wird für das **arbeitsgerichtliche Beschlussverfahren** entschieden BAG NJW 2009, 872 Rn. 20; NJW 2008, 1977; DB 1990, 2378. 217

b) Zulässigkeit. Die Zulässigkeit der Klage ist zunächst mit Blick auf den **gesamten Rechtsstreit** zu prüfen; sie kann zB wegen mangelnder Prozessfähigkeit einer Partei fehlen, wegen nicht hinreichender Bestimmtheit des ursprünglichen Klageantrags, BGH NJW 1991, 1114 (1116 aE), oder wegen fehlender Anschrift einer Partei, BGH NJW-RR 2019, 61 Rn. 11. Lagen solche Umstände bei Eintritt der Erledigung vor, ist die Klage als unbegründet abzuweisen, BGH NJW-RR 2020, 125 Rn. 11; zur Ausnahme bei fehlender Zuständigkeit → Rn. 221. 218

Tritt erst infolge der Erledigungserklärung Zulässigkeit ein, etwa weil der ursprüngliche Leistungsantrag mangels Bestimmtheit, § 253 II Nr. 2, unzulässig war, der Erledigungsantrag hingegen nicht an diesem Mangel leidet, ist der Antrag auf Feststellung der Erledigung zwar zulässig, aber unbegründet, BGH NJW-RR 2020, 125 Rn. 12; → Rn. 214. Gleiches gilt, wenn der ursprüngliche Antrag unbegründet war. 219

Im – seltenen – Fall eines unzulässigen Erledigungsantrags, → Rn. 211, ist die Klage als unzulässig abzuweisen. 220

c) Sonderfall: fehlende Zuständigkeit. Problematisch ist der Fall fehlender **örtlicher oder sachlicher Zuständigkeit.** Prüft man die Begründetheit eines str. Erledigungsantrags, ist dieser nach der Definition → Rn. 17 durchgehend unbegründet, weil mangels Zulässigkeit bei Eintritt des erledigenden Ereignisses eine Erledigung nicht eingetreten ist. 221

Nach nunmehr gefestigter Rspr. des BGH steht dem die Regelung des **§ 281** nur dann entgegen, wenn Kl. zum Zeitpunkt des erledigenden Ereignisses bereits einen zulässigen und begründeten Antrag auf Verweisung des Rechtsstreits an das zuständige Gericht gestellt hat; wird die Verweisung erst zu einem späteren Zeitpunkt beantragt, ist die Feststellungsklage hingegen als unbegründet abzuweisen, weil die ursprüngliche Klage bei 222

Eintritt des erledigenden Ereignisses nicht zulässig war, BGH NJW-RR 2020, 125; NJW 2019, 2544; FamRZ 2017, 1699 Rn. 11. Die in § 281 gebotene Möglichkeit der Verweisung an das zuständige Gericht, mit deren Hilfe die Zulässigkeit der Klage mit allen Wirkungen noch hergestellt werden kann, wie wenn diese von Anfang an zulässig gewesen wäre, BGH VersR 2014, 601; NJW 1986, 2255; NJW 1984, 1901, hilft über die fehlende Begründetheit des Erledigungsantrags also nur in eingeschränktem Umfang hinweg. Die bloße Verweisungsmöglichkeit reicht nicht aus, so auch MüKoZPO/Schulz Rn. 82a.

223 Der BGH hat damit die Gratwanderung zwischen der Definition der Erledigung → Rn. 17 und dem Regelungsgehalt des § 281, auf dessen Grundlage der ursprüngliche Mangel der Zuständigkeit bei Verweisung an das zuständige Gericht an sich „abgestreift" werden soll, BGHZ 35, 374, im Rahmen der zur Erledigung entwickelten Grundsätze gelöst. Die zeitweilig abweichende, hier in der 78. Aufl. übernommene Auffassung des VI. ZS, BeckRS 2019, 3689 Rn. 10 ff., nach der es auf einen bei Eintritt der Erledigung bereits gestellten Verweisungsantrag nicht ankam, ist in BGH NJW-RR 2020, 125 aufgegeben worden. Ein „nachgeschobener" Verweisungsantrag rettet Kl. also nicht mehr, MüKoZPO/Schulz Rn. 82a.

224 Bei Abgabe der Erledigungserklärung nach einer den Zuständigkeitsmangel heilenden rügelosen Verhandlung kann es nicht mehr darauf ankommen, ob bei Eintritt des erledigenden Ereignisses der Zuständigkeitsmangel noch bestand; denn der Verlust des Rügerechts nach § 39 wirkt umfassend, → § 39 Rn. 2. Anders wäre auf der Grundlage der vom BGH entwickelten Lösung ein Einklang mit dem Abstellen auf den Verweisungsantrag nicht stimmig herzustellen. Gleiches gilt für die Feststellung der Zuständigkeit nach § 17a GVG. Verhandelt Bekl. auf den Erledigungsantrag hin rügelos, ergibt sich gleiches jedenfalls aus § 295 I; in diesem Sinne auch Thomas/Putzo/*Hüßtege* Rn. 33.

Wegen der bei str. Erledigung zu erlassenden Sachentscheidung muss die Sache, wenn nicht alleine für die abschließende Sachentscheidung zulässig auf die Zuständigkeitsrüge verzichtet wird, an das zuständige Gericht verwiesen werden, was bei ausschließlichen Gerichtsständen ohnehin aus sich heraus einleuchtet.

225 Probleme bleiben dennoch. Die Lösung des BGH ist **unbefriedigend,** wenn die Frage der Zulässigkeit schwer zu klären ist (man denke an die bisweilen schwierige Abgrenzung von Gewerbe- und Wohnraummiete) und Hinweise des Gerichts erst nach Eintritt der Erledigung erteilt werden. Ein rechtzeitiger Hilfsantrag auf Verweisung muss daher in jedem Falle ausreichen. Den Bekl. bringt die Möglichkeit eines Abweisungsantrags in eine zu starke Position, weil er durch die bloße Antragstellung, mithin eine reine Prozesshandlung, die Sach- und Kostenentscheidung bindend gegen den Kl. ausgehen lassen kann, obwohl ein beachtenswertes Interesse an der Klärung der materiellen Rechtslage nicht dahintersteht, → Rn. 235; vgl. auch Hofmann NJW 2020, 1117. Die alleine aus Kostengründen von Bekl. – aus dessen Sicht vernünftigerweise – zu favorisierende streitige Entscheidung stellt zu allem gegenüber dem Vorgehen nach § 91a die aufwendigere Lösung dar; dennoch trägt sie zur Klärung des materiell-rechtlichen Anspruchs nichts bei, weil die in der Klageabweisung liegende Sachentscheidung nur auf die fehlende Zuständigkeit tragend aufbaut und damit für die materielle Rechtslage keine Wirkungen entfaltet, → Rn. 238; vgl. auch → § 322 Rn. 44. Demgegenüber ergeht bei Zustimmung zur Erledigungserklärung sofort eine Entscheidung nach Sach- und Streitstand, für die es auf den Mangel der Zuständigkeit nicht ankommt, → Rn. 152 „Unzuständigkeit". Die Lösungen sind also für die beiden Möglichkeiten der Erledigung uneinheitlich, was bei Zusammentreffen von streitiger und übereinstimmender Teilerledigung misslich ist, → Rn. 165; → Rn. 252, und zu allem Regressgefahren birgt.

226 **d) Darlegungs- und Beweislast.** Für den Streit um die urspr. Zulässigkeit und Begründetheit der Klage gelten die all. Regeln der **Darlegungs- und Beweislast.** Ist streitig, ob ein Ereignis (zB eine Zahlung des Bekl.) die Erledigung der Hauptsache (durch Erfüllung) herbeigeführt (oder ob etwa Bekl. auf eine andere Forderung gezahlt) hat, trägt Kl. die Beweislast. Bekl. muss in Bezug auf die Erledigung Erfüllung vor Rechtshängigkeit beweisen, Ddf NJW-RR 1991, 137.

227 **e) Tenor.** Der Tenor kann nach § 313 I Nr. 4 kurz lauten: „Die Hauptsache ist erledigt." oder: „Der Rechtsstreit ist in der Hauptsache erledigt." Die Einkleidung in die Feststellung: „Es wird festgestellt, dass …", ist ebenfalls möglich. Ist vorher eine Entscheidung ergangen, zB ein VU oder ein Unterlassungs- bzw. Vorbehaltsurteil, kann sie nach Maßgabe von → Rn. 152 „Nachverfahren" für wirkungslos erklärt werden, wenn sie infolge der Hauptsachenentscheidung zur Erledigung hinfällig wird und an der Feststellung ein **rechtliches Interesse** besteht. Das hängt vom Inhalt der Erledigungserklärung ab, der, wenn eine Klarstellung nach § 139 nicht zu erreichen ist, durch Auslegung, → Rn. 59, ermittelt werden muss. Da der ursprüngliche Anspruch Streitgegenstand bleibt, → Rn. 209, und daher das Erledigungsurteil die Feststellung, dass der voraufgegangene Titel hinfällig ist, ohnehin enthält, hat die Frage eher geringe Bedeutung. Vom praktischen Standpunkt sollte man großzügig verfahren, wenn eine Partei auf die ausdrückliche Feststellung der Wirkungslosigkeit anträgt. Die Entscheidung kann in den Urteilstenor aufgenommen werden; eines gesonderten Beschlusses bedarf es nicht.

4. Rechtskraftwirkungen des feststellenden Urteils

Schrifttum: Deppert, Rechtskraftwirkung und Bemessung der Beschwer einer Entscheidung über die einseitige Erledigungserklärung, FS Wenzel, 2005, 23.

228 Das die Erledigung feststellende Urteil ist nach allg. Regeln der materiellen Rechtskraft fähig, BGH NJW 2001, 2262. Offen gelassen hat die Rspr. bislang die Frage, ob die für den Erledigungsausspruch erforderliche Feststellung zur Zulässigkeit und Begründetheit der Klage an der materiellen Rechtskraft des Urteils teilnimmt oder ob diese sich nur auf die Unzulässigkeit oder Unbegründetheit der (geänderten) Klage ab Eintritt des erledigenden Ereignisses erstreckt, BGH 8.2.2022 – VIII ZR 38/21, BeckRS 2022, 4892 Rn. 17; NJOZ 2018, 1270; BeckRS 2018, 9503; NJW 2001, 2262; Nürnb NJW-RR 1989, 444; Schlesw JurBüro 1984, 1741; → Vor § 322 Rn. 1; → § 322 Rn. 35.

229 Hier wird eine umfassende Rechtskraftwirkung befürwortet, die alle tragenden Feststellungen des Urteils zur ursprünglichen Zulässigkeit und Begründetheit der Klage umfasst. Nach der **Definition der Erledigung,** *→ Rn. 17, → Rn. 207, stellt das bejahende Urteil* für den gängigen Fall einer Erfüllung der Klageforderung fest, dass diese zu dem nach Eintritt der Rechtshängigkeit liegenden Zeitpunkt zulässig geltend gemacht wurde und begründet war und dass sie infolge Erfüllung erloschen ist. Bei der Abweisung kommt es auf den genauen Inhalt der Gründe an, aus denen diese ausgesprochen worden ist; so auch Wieczorek/Schütze/Smid/Hartmann Rn. 52.

Dies in die Rechtskraftwirkungen einzubeziehen, entspricht letztlich den Grundlagen der zur streitigen Erledigung entwickelten Lösung. Die Rechtskraftwirkungen eines Urteils ergeben sich aus dem Tenor, dessen näherer Inhalt anhand des Tatbestands und der Entscheidungsgründe durch **Auslegung** zu ermitteln ist, BGH NJW 2018, 235; NJW 1983, 2032. Stellt nun das Gericht die Erledigung fest, trifft es mit Blick auf deren Definition nach Maßgabe der Entscheidungsgründe eine Aussage des hierdurch vorgegebenen Inhalts. Nicht zuletzt bleibt der ursprüngliche Streitgegenstand auch nach der Klageänderung auf die Erledigung hin die Hauptsache, BGH 8.2.2022 – VIII ZR 38/21, BeckRS 2022, 4892 Rn. 39; → Vor § 592 Rn. 12. Das fordert vom Gericht eine genaue, die Elemente der str. Erledigung nachvollziehende Begründung gem. den Vorgaben → Rn. 209. Ursprüngliche Begründetheit und das erledigende Ereignis, zB die Erfüllung, müssen mit ihren wesentlichen Merkmalen dargestellt werden. Der Ansatz lässt sich auf die Vielzahl weiterer denkbarer Fallkonstellationen übertragen, wie sie insbesondere in → Rn. 46 ff. aufgeführt sind. 230

Die einschränkende aA von Zöller/Althammer Vor § 322 Rn. 46, der die Rechtskraftwirkungen auf die Gegenstandslosigkeit der ursprünglichen Klage begrenzen will, entfernt sich ohne erkennbaren Grund von den insoweit geltenden Grundsätzen, näher → Vor § 322 Rn. 50, und den für die der Klärung ihres Umfangs dienenden Regeln der Auslegung, → § 322 Rn. 22. Der mit der aA einhergehende Vorschlag, weitergehende Rechtskraftwirkungen einem „konkreter gefassten Feststellungsantrag" zu überlassen, deckt sich mit der hier vertretenen Auffassung, da die Erledigungserklärung den dahin gehenden Antrag nun einmal enthält, → Rn. 208. 231

Auch **falsche Gründe** sind für die Auslegung bindend, vergleichbar BGH NJW 2015, 955 Rn. 48; NJW 2001, 3616. 232

Beispiele für einzelne erledigende Ereignisse: 233

Aktivlegitimation: Erledigung durch ihren Verlust führt nicht zu einer Entscheidung über das Bestehen der Klageforderung, → Rn. 46. 234

Aufrechnung: Klageforderung und Gegenforderung sind nach § 389 BGB iVm § 322 II erloschen, → Rn. 35.

Auskunft: Die Feststellung der Erledigung aufgrund Erteilung der Auskunft entfaltet bindende Wirkungen für den Anspruch aus § 260 II BGB; entsprechendes gilt für § 259 II BGB; → Rn. 46 „Stufenklage".

Erbausschlagung: Das Urteil enthält keine Aussage über die Klageforderung und stellt die Ausschlagung nur inter partes fest.

Mieterhöhungsverlangen: Es liegt ein wirksames vor, → Rn. 46 „Mietrecht".

Passivlegitimation: Die Feststellung ihres Verlustes enthält die Aussage, dass Kl. der Anspruch gegen Bekl. nicht zusteht, auch BGH NJW 2006, 1351.

Prozessführungsbefugnis: Das Urteil beschränkt sich auf eine Aussage zur Zulässigkeit der Klage, → Rn. 46.

Räumungsklage: Das Urteil stellt die Begründetheit des Anspruchs und dessen Erlöschen durch Räumung fest.

Verjährung: Die Klageforderung ist erloschen, wie wenn sie wegen Verjährung abgewiesen worden wäre, BGH WM 1971, 1366; OLGR Ddf 2007, 468, → Rn. 40.

5. Rechtskraftwirkungen der Klageabweisung. Da Gegenstand der Sachprüfung der Antrag auf Feststellung der Erledigung ist, → Rn. 209, muss die Klage nicht nur allgemein bei Unzulässigkeit oder bei Unzulässigkeit oder Unbegründetheit zum Zeitpunkt des vorgetragenen erledigenden Ereignisses als unbegründet abgewiesen werden, sondern auch bei anfänglich zulässiger und begründeter Klage, aber bloßem Fehlen eines erledigenden Ereignisses, Nürnb NJW-RR 1989, 445. Das ist zB denkbar, wenn Bekl. ohne eindeutige Leistungsbestimmung eine Zahlung leistet, deren Verrechnung auf die aus seiner Sicht verjährte Klageforderung er bestreitet, und selbiges nach Erledigungserklärung des von Erfüllung ausgehenden Kl. sich ergibt. 235

Für die Rechtskraftwirkungen gilt das zum positiven Feststellungsurteil Gesagte entsprechend, → Rn. 228; näher → § 322 Rn. 41. Es ist durch Auslegung des Urteils zu ermitteln, aus welchem Grunde genau die Abweisung ausgesprochen wurde. Dabei sind auch falsche Gründe für die Auslegung bindend, vergleichbar BGH NJW 2015, 955 Rn. 48; NJW 2001, 3616; → § 322 Rn. 21. 236

Beispiele für einzelne Abweisungsgründe: 237

Aufrechnung: Hier ist zu klären, aus welchem Grund genau das Gericht den Erledigungsantrag abweist. Geschieht dies, weil von einer bereits vorgerichtlich wirksamen Aufrechnung auszugehen sei, wird die anfängliche Begründetheit der Klage verneint. Hat Kl. die Erledigungserklärung wegen einer Hilfsaufrechnung abgegeben, → Rn. 39, ist bei Abweisung genau zu prüfen, ob sie sich auf die Einwände des Bekl. gegen die Klageforderung stützt. Soweit die Entscheidungsgründe sich in dem Zusammenhang zum Nichtbestehen der Gegenforderung verhalten, erwächst das Urteil nach § 322 II in Rechtskraft, → Rn. 35; → § 322 Rn. 105. 238

Begründetheit: Abweisung mangels anfänglicher Begründetheit vernichtet den Anspruch.

Erledigendes Ereignis: Bei Verneinung eines erledigenden Ereignisses, → Rn. 235, wird das Gericht die Frage nach der ursprünglichen Zulässigkeit und Begründetheit idR offenlassen; Rechtskraftwirkungen treten dann insoweit nicht ein. Werden Zulässigkeit und Begründetheit bejaht und nur der Eintritt des erledigenden Ereignisses verneint, beschränkt sich die Rechtskraftwirkung ebenfalls nur auf dessen Verneinung; Feststellungen zur Zulässigkeit und Begründetheit der Klage können nicht tragend sein, weil sie für die Begründung der Klageabweisung nicht maßgeblich sind. Kl. kann dem entgehen, indem er den urspr. Antrag hilfsweise stellt, → Rn. 102.

Hilfsantrag: Hat Kl. den ursprünglichen Hauptantrag hilfsweise hinter die Erledigungserklärung gestellt, → Rn. 101 f., kommt für deren Abweisung bei gleichzeitigem Erfolg des Hilfsantrags nur eine Verneinung des erledigenden Ereignisses in Betracht, insbesondere bei Verneinung einer erfüllenden Leistung.

Zulässigkeit: Abweisung mangels anfänglicher Zulässigkeit enthält keine Aussage zur materiellen Rechtslage. Das hat auch Bedeutung, wenn die Klage wegen Unzuständigkeit des Gerichts abgewiesen wird, → Rn. 221; → § 322 Rn. 44.

6. Streitwert und Kosten. Der Streitwert des Feststellungsantrags richtet sich idR nach dem aufgelaufenen Kosteninteresse, dh den bis zur Erledigung insgesamt angefallenen Kosten des Rechtsstreits, wenn nicht ausnahmsweise mit der Feststellung der Erledigung ein höheres Interesse einhergeht, BGH NJW-RR 1996, 1210. Letzteres ist der Fall, wenn aus der angegriffenen Entscheidung Feststellungen zu Ansprüchen hergeleitet werden, die noch zwischen den Parteien streitig sind, BGH 8.2.2022 – VIII ZR 38/21 BeckRS 2022, 4892. Grundsätzlich bestimmt in solchen Fällen allein der Umfang dieser Ansprüche die Beschwer. Näher → Anh. § 3 Rn. 46. 239

240 Über die Kosten muss das Gericht in seinem streitigen Urteil wie sonst nach **§§ 91, 92 ff.** entscheiden, dh die Kosten trägt, wer nach der Hauptsachenentscheidung den Rechtsstreit verliert, BGH WM 2016, 1748; NJW 1989, 2885; Stgt OLGR 2003, 137; Ffm MDR 1998, 559. Speziellere Regelungen, die für den Fall einer Hauptsachenentscheidung eingreifen, gelten ebenfalls, BGH WM 2016, 1748; Nürnb FamRZ 2000, 1025 (jew. § 97 II). Bei sofortigem Anerkenntnis des Bekl. nach § 307 kann **§ 93** eingreifen, → Rn. 123. Vermeidbare Kosten infolge verspäteter Erledigungserklärung sind nicht analog § 93 dem Kl. aufzuerlegen, Ddf NJW-RR 1997, 1566. Die aA von Mü NJW-RR 1993, 571 mag im Einzelfall wegen **§ 96** berechtigt sein und bei Anwendung der Regelung eine getrennte Entscheidung über Mehrkosten tragen, indes kann Bekl. Kostennachteilen generell entgehen, indem er sich der Erledigungserklärung anschließt und Erwägungen zur Billigkeit vorbringt, → Rn. 150 ff. Das lässt wenig Raum für Großzügigkeit, wenn er dies ablehnt.

241 Wenn das Gericht die Klage abweist, muss der Kläger als Verlierer nach § 91 die Kosten tragen. Denn sein Antrag auf eine Feststellung der Erledigung hat sich als erfolglos erwiesen.

242 **7. Vorläufige Vollstreckbarkeit.** Das Urteil ist in jedem Fall nur noch wegen der Kosten vollstreckbar. Es gelten insoweit die allgemeinen Vorschriften, § 708 Nr. 10, Nr. 11 Hs. 2, §§ 709 ff.

243 **8. Mitteilung.** Das Gericht muss sein Urteil wie sonst mitteilen, also nach einer mündlichen Verhandlung nach § 311 verkünden, darüber hinaus nach § 317 zustellen, im schriftlichen Verfahren nach § 128 II 2 ebenfalls so behandeln und bei §§ 307, 331 III gemäß § 310 III nur zustellen.

244 **9. Rechtsmittel.** Es gelten die für Urteile, die in Bezug auf eine Erledigungserklärung ergehen, allg. anwendbaren Regeln, BGH NJW-RR 2005, 1728; NJW-RR 1993, 765; Röckle AnwBl 1993, 317; Bergerfurth NJW 1992, 1655, 1659. Denn das streitige Erledigungsurteil ist eine Sachentscheidung über einen Feststellungsantrag, → Rn. 207. Wenn das Gericht über die Erledigungserklärung in der falschen Form entschieden hat, namentlich bei Annahme der falschen Erledigungsart, gilt der **Meistbegünstigungsgrundsatz,** KG BeckRS 2019, 3149, → Rn. 173 ff. Mag auch nur noch das Kosteninteresse von Belang sein, schließt in einem solchen Fall § 99 I die Statthaftigkeit des Rechtsmittels nicht aus, BGH NJW-RR 2009, 188; Celle NZI 2018, 642; Köln NJW-RR 2016, 1342.

245 Zur Rechtsmittelbeschwer → Anh. § 3 Rn. 46.

246 **III. Einseitige Erledigungserklärung des Beklagten.** Es kommt in der Praxis weiterhin vor, dass der Bekl. des erstinstanzlichen Verfahrens oder der Rechtsmittelgegner die Hauptsache/das Rechtsmittel „für erledigt“ erklärt. Das ist isoliert betrachtet ohne verfahrensrechtliche Relevanz, da die **Initiative** für die Abgabe einer Erledigterklärung zunächst beim Kl./Rechtsmittelführer liegt, BGH NZM 2008, 498 Rn. 8; NJW 1994, 2363; NJW-RR 1995, 1089; BAG NJW 1994, 2564; → Rn. 80 f. Die Initiative liegt selbst dann alleine bei der das Verfahren betreibenden Partei, wenn nach der Ansicht des Gerichts in der Tat ein erledigendes Ereignis nach → Rn. 17 ff. vorliegt und daher der bisherige Sachantrag nicht mehr mit Erfolgsaussicht aufrechterhalten werden kann. Der Gedanke, Bekl. könne im Streit um den Eintritt einer Erledigung eine dahin gehende Erklärung als negative Feststellungsklage verfolgen, so KG NJW 1965, 698, hat keine praktische Berechtigung, weil der Antrag auf Klageabweisung zum selben Ergebnis führt; anders für das finanzgerichtliche Verfahren BFH 118, 521.

247 Die Frage, ob nicht dem Beklagten aus Gründen der Kostengerechtigkeit die Erledigungserklärung eröffnet werden muss, wenn eine ursprünglich unbegründete **negative Feststellungsklage** infolge eines nach Rechtshängigkeit eintretenden Ereignisses begründet wird (zB durch Erfüllung des entgegen der Verneinung bestehenden Anspruchs im Wege der Aufrechnung), ist zunächst ein Gedankenspiel, vgl. Fervers, Jahrbuch junger Zivilrechtswissenschaftler 2017, 89 (102). Für den Beklagten bietet sich hier der Weg des § 93.

248 Ob in diesen Fällen überhaupt eine Erledigungserklärung iSd → Rn. 47 ff. abgegeben worden ist, muss ggf. durch Auslegung, → Rn. 59, geprüft werden. Es kann die bloße Mitteilung eines Ereignisses gemeint sein, das für erledigend erachtet wird. Im Einzelfall kann sich die Frage stellen, ob die Äußerung als Anerkenntnis zu werten ist. In solchen Fällen ist der Gegenseite Gelegenheit zur Stellungnahme zu geben und ggf. ein Hinweis nach § 139 zu erteilen, bis auf weitere Äußerung aber sonst nichts zu veranlassen. Anders liegt die Sache naturgemäß, wenn sich die Erklärung des Bekl. auf seine Widerklage bezieht.

249 Beharrt Kl. auf seinem Antrag und liegt nichts anderes als eine unbeachtliche „Erledigungserklärung“ des Bekl. vor, muss das Gericht über den Sachantrag des Klägers entscheiden. Das gilt auch dann, wenn der Bekl. neben seinem Abweisungsantrag den Rechtsstreit „hilfsweise“ für erledigt erklärt, Ddf MDR 1989, 72; → Rn. 98. Erklärt demgegenüber nunmehr auch Kl. die Hauptsache für erledigt, liegt ohne weiteres ein Fall des § 91a vor, → Rn. 112. Auf Zufälligkeiten in der Reihenfolge der Erklärungen kann es nicht ankommen, Prütting/Gehrlein/Hausherr Rn. 20; im Ergebnis auch Musielak/Voit/Flockenhaus Rn. 49.

250 Rechtsmittel gegen eine dennoch hierauf ergangene Entscheidung unterliegen den allgemeinen Zulässigkeitsvoraussetzungen, Karlsr OLGR 2002, 167 (nicht berufungsfähiges Urteil, mit dem auf Erledigterklärung des Bekl. die Erledigung festgestellt wurde).

251 **IV. Streitige Erledigung des Rechtsmittels.** Die Frage wird einheitlich für beide Arten der Erledigung unter → Rn. 78 ff. besprochen.

252 **V. Streitige Teilerledigung. 1. Rechtsnatur.** Die teilweise Erledigungserklärung, → Rn. 104, bezieht sich auf einen Teil des Streitgegenstandes bzw. des sonstigen, etwa mit der Beschwerde verfolgten Rechtsschutzziels, → Rn. 104 ff. Sie begegnet als solche keinen Bedenken hinsichtlich der Zulässigkeit, solange der **Bestimmtheitsgrundsatz** gewahrt ist, insbesondere was die Abgrenzung des für erledigt erklärten vom streitig bleibenden Teil angeht, → Rn. 68. Es liegt dann ein Fall der obj. Klagenhäufung nach § 260 vor; der str. Antrag auf Feststellung der Erledigung, → Rn. 207, steht neben dem weiter aufrechterhaltenen Teil der Klage. Die Zuständigkeit des Gerichts bleibt nach § 261 III Nr. 2 unberührt. Nur bei Teilerledigung bereits im Mahnverfahren kann sich erstmals die Zuständigkeit des AG ergeben, Mü NJW-RR 1998, 504; Ffm JurBüro 1993, 557.

253 Die namentlich im Unterlassungsstreit nur für die Zeit nach einem bestimmten Ereignis, meist der Unterlassungserklärung, abgegebene Erledigungserklärung, ist eine teilweise Erledigungserklärung in diesem Sinne, weil Kl. erkennen lässt, dass die Sache für die davor liegende Zeit streitig bleibt, Ffm GRUR 2017, 1288 = GRUR-RR 2018, 47; Köln GRUR 2014, 1032; aA Braunschw NJW-RR 1996, 380 Nürnb WRP 1996, 145 (jew.: vollständige Erledigung, überholt), → Rn. 53.

2. Auslegung. Ob die Hauptsache teilweise für erledigt erklärt werden soll, muss man bei Unklarheiten durch Auslegung ermitteln, → Rn. 59, 104, 121. Streitige Teilerledigung ist nur zu prüfen, soweit Bekl. sich nicht anschließt, sondern einen Abweisungsantrag stellt. Bleibt dieser ohne nähere Erläuterungen, kann er sich alleine auf den von Kl. weiter verfolgten streitigen Antrag beziehen, BGH NJW-RR 1991, 1211. Notfalls muss das Gericht nach § 139 hinweisen. 254

3. Hauptsachenentscheidung. Über Zulässigkeit und Begründetheit des Teil-Erledigungsantrags ist nach den für die str. Erledigung geltenden Maßstäben zu befinden, → Rn. 209 ff. Für den übrigen Teil der Klage gelten die allgemeinen Grundsätze. Bei der Abfassung des Tenors ist drauf zu achten, dass die verschiedenen Teile genau unterschieden werden, auch → Rn. 213 f. Ein Teilurteil, sei es über den erledigten, sei es über den str. Teil, kann nach § 301 nur ergehen, wenn Divergenzgefahr ausgeschlossen ist; dies wird idR nicht der Fall sein. 255

4. Streitwert, Kostenentscheidung, Vollstreckbarkeit. Der erledigte Teil ist grds. nach dem auf ihn entfallenden Kosteninteresse zu bewerten, BGH NJW-RR 1996, 1210, → Anh. § 3 Rn. 47. Es sind auch für den erledigten Teil §§ 91, 92 ff. anwendbar, nicht dagegen § 91a. Daher bleibt es bei dem Grundsatz des Kostenrechts, dass das Gericht über die Kosten des gesamten Rechtsstreits im Rahmen einer **gemischten Kostenentscheidung** einheitlich entscheiden muss. (Nur!) insoweit kann auf die für den Fall der übereinstimmenden Teilerledigung nach § 91a geltenden Grundsätze und Entscheidungen zurückgegriffen werden, BGH NJW 2015, 1762 (zur Teilerledigung in der Revisionsinstanz); NJW 2013, 2361 Rn. 20, Ffm NJW-RR 1993, 182; Kblz JurBüro 1984, 1395; → Rn. 165 ff. Der aA von MüKoZPO/Schulz Rn. 109, wonach es alleine auf die restliche Hauptforderung ankommt, ist nicht zu folgen, da der Erledigungsantrag als Sachantrag mit zu bewerten ist und sein Schicksal daher auch in die Kostenentscheidung einfließen muss. 256

Haben die Sachanträge des Kl. unterschiedlichen Erfolg, ist dieser zunächst für jeden einzelnen getrennt zu ermitteln und dann in eine **Gesamtverteilung** einzurechnen, wobei auch § 92 II zur Anwendung kommen kann. Sind bei einer Abgabe der Erledigungserklärung in der mdl. Verh. bereits sämtliche Kosten des Rechtsstreits angefallen, ist es vertretbar, den streitig erledigten und den nicht erledigten Teil jeweils mit dem ursprünglichen Streitwert anzusetzen, obwohl der Wert des streitigen Erledigungsantrags namentlich für die Beschwer grds. nur mit dem hierauf entfallenden Kosteninteresse bewertet wird; dessen Umfang lässt sich wiederum anhand des ursprünglichen Streitwertes des erledigten Teils im Wege einer **Differenzrechnung** ermitteln, → Anh. § 3 Rn. 47. Fallen für den nicht erledigten Teil in der Instanz noch Kosten an, etwa weil die Erledigungserklärung vor der mdl. Verhandlung abgegeben wird und alsdann über die noch offene Forderung eine kostenträchtige Beweisaufnahme stattfindet, kann alternativ der erledigte Teil nur noch mit dem Kosteninteresse angesetzt werden, insbesondere wenn der ursprüngliche Streitwert dieses Teils ohnehin gering war. Überschlägige Ermittlungen reichen in jedem Falle aus. 257

Beispiel: Von ursprünglich 30.000 EUR Forderung erklärt Kl. in der mdl. Verhandlung 10.000 EUR streitig für erledigt. Dieser Teil der Klage ist begründet. Von den weiteren 20.000 EUR erhält er lediglich 4.000 EUR. Vom ursprünglichen Streitwert hat Kl. also 14.000 EUR/30.000 EUR gewonnen, so dass die Kosten mit $^{8}/_{15}$: $^{7}/_{15}$ (53 %: 47 %) zu quotieren sind. Ist die Erledigung bereits vor der mdl. Verhandlung erklärt worden, wird das Gewicht der noch offenen Forderung höher, insbesondere wenn alleine hierüber eine mit Kosten verbundene Beweisaufnahme stattfindet. Dann ist der Verlust des Kl. bei dieser Forderung höher zu gewichten. Bei besonders hohen Kosten mag man diese ausrechnen und nach Erfolg und Misserfolg genau verteilen. 258

Für die Vollstreckbarkeitsentscheidung ergeben sich im Verhältnis zu anderen Fällen der Klagenhäufung und betr. den Feststellungsausspruch keine Besonderheiten. 259

5. Rechtsmittel. Da auch die Entscheidung über den Teil-Erledigungsantrag durch Sachurteil ergeht, gelten, anders als im Fall der übereinstimmenden Teilerledigung, → Rn. 179 ff., für Rechtsmittel keine Besonderheiten. Hat das Erstgericht bei übereinstimmender (Teil-)Erledigungserklärung durch Urteil entschieden, ist die Berufung zulässig, KG BeckRS 2019, 3149. Zu beachten ist, dass der Wert der Beschwer sich für den Ausspruch über den Erledigungsantrag idR nach dem Kosteninteresse richtet, → Anh. § 3 Rn. 46, so dass bei einem Angriff alleine gegen den Ausspruch zur Teilerledigung die erforderliche Beschwer fehlen kann. 260

D. Feststellung des Kosteninteresses.

I. Ausgangspunkt. Trotz der sehr weitreichenden Bandbreite der über die Erledigungserklärung führenden Lösungen bleiben Fälle, in denen der Gedanke der Kostengerechtigkeit und der Prozesswirtschaftlichkeit, → Rn. 6, einen anderen Lösungsweg fordert, insbesondere wenn eine übereinstimmende Erledigungserklärung nicht vorliegt, § 269 III 3 nicht einschlägig ist und es für eine streitige Erledigungserklärung am erledigenden Ereignis fehlt. Die Lösung liegt im Antrag auf Feststellung des Kosteninteresses auf der Grundlage des **materiell-rechtlichen Kostenerstattungsanspruchs,** → Vor § 91 Rn. 63. 261

Der BGH hat dies in einem Fall des **§ 840 II 2** entschieden, in dem der beklagte **Drittschuldner** die nach § 840 I gebotene, alsdann negative Auskunft erstmals auf die Leistungsklage des Gläubigers hin erteilte und auf Abweisung beharrte. Die Klage war mangels Leistungsanspruchs von Anfang an unbegründet; eine str. Erledigungserklärung kam also nicht in Betracht. Zulässig ist in Fällen dieser Art eine Klageänderung auf die Feststellung hin, dass Bekl. verpflichtet ist, die Kosten des Rechtsstreits zu tragen, BGH NJW 1982, 1598; NJW 1981, 990; Sannwald NJW 1985, 898; Herrlein/Werner JA 1995, 55. Eines bezifferten Antrags bedarf es nicht, weil die Ermittlung der Kostenforderung und die Schaffung eines Zahlungstitels im Verfahren nach § 104 einfacher und, da der Rechtsstreit dann zu Ende ist, verlässlicher bewerkstelligt werden kann. Für einen Leistungsantrag ist daher das Rechtsschutzinteresse regelmäßig zu verneinen, dies offen lassend MüKoZPO/Schulz Rn. 22. Allenfalls können sich Abgrenzungsprobleme ergeben wie → Vor § 91 Rn. 74. 262

Der materiellrechtliche Anspruch ergibt sich im Erfolgsfall aus § 840 II 2, → Vor § 91 Rn. 63; die Kosten trägt Bekl. nach § 91. Der auf die Kostenentscheidung ergehende KfB erfasst sämtliche Kosten des Rechtsstreits, auch soweit sie vor der Klageänderung entstanden sind, das verkennt Kobl NJW-RR 2002, 719. 263

Fraglich bleibt, ob Kl. ein Interesse an dieser Feststellung hat, wenn Bekl. sich einer Erledigungserklärung anschließen würde; die Frage läuft parallel mit dem entspr. Problem bei der str. Erledigungserklärung, → Rn. 212. Möglichkeiten nach § 269 III 3 hindern die Klage nicht, BGH NJW 2013, 2201; Anm. Elzer will Feststellungsinteresse verneinen, wenn eine Entscheidung nach § 269 III 3 sicher vorhersehbar ist; das gibt es nicht. In BGH 264

NJW 2021, 941 Rn. 28 wird für eine Anwendung des § 269 III 3 bei Zulässigkeit der Klage auf Feststellung des Kosteninteresses der Bedarf verneint. Auch → Rn. 267 „Wahlrecht".

265 **II. Umsetzung.** An sich richtet sich der **Klageantrag** auf die Feststellung, dass Bekl. verpflichtet ist, dem Kl. den in den Kosten des Rechtsstreits liegenden Schaden zu ersetzen. Der Antrag kann auch **hilfsweise** gestellt werden, BGH GRUR 2021, 714 Rn. 11. Bis hin zu einem bloßen Kostenantrag gegen Bekl. ist eine abgekürzte Fassung zulässig. Solange Kl. nicht trotz Hinweisen ausdrücklich auf der Feststellung der Erledigung beharrt, ist, nicht zuletzt wegen der Seltenheit der betr. Fälle, eine großzügige **Auslegung** angezeigt, vgl. auch BGH NJW-RR 1988, 1151. Der **Tenor** kann insgesamt lauten: „Die Kosten des Rechtsstreits trägt der Beklagte". Hauptsachen- und prozessuale Kostenentscheidung fallen hier ineinander und müssen nicht zweimal ausgesprochen werden. Die Einzelheiten zur materiellen Rechtslage ergeben sich, wie bei allen Feststellungsurteilen, aus den Entscheidungsgründen. Die Erwägungen zur Vollstreckbarkeit folgen allgemeinen Grundsätzen.

266 Die Lösung ist umfassend anwendbar. Sie hat namentlich bei der **Stufenklage** ihre Berechtigung, wenn Bekl. erst im Verzug eine negative Auskunft erteilt und sich der übereinstimmenden Erledigungserklärung verweigert, BGH NJW 2021, 941 Rn. 28; NJW 1994, 2895; Stg NJW-RR 1997, 1222; KG NJW 1991, 499; Ffm MDR 1989, 1108. Denkbar ist sie auch als Hilfsantrag, Nrnbg DAR 1995, 330, indes ist hier kritisch zu prüfen, ob nach Abweisung des Hauptantrags ein materiellrechtlicher Ersatzanspruch auf Kostenerstattung noch bejaht werden kann, zu dessen Begründung → Vor § 91 Rn. 63.

267 Die Problemlage ist vergleichbar mit derjenigen bei der – nicht tunlichen – hilfsweisen Erledigungserklärung, → Rn. 98. Str. ist, ob Kl. ein **Wahlrecht** hat, wenn eine Klage auf Feststellung des Kosteninteresses neben Anträgen nach § 91a oder § 269 III 3 in Betracht kommt, eingehend Elzer/Nissen NJW 2019, 1116; ähnlich bereits LG Berlin NJW-RR 2004, 647; für Wahlfreiheit → § 256 Rn. 47; auch Zöller/Althammer Rn. 42. § 269 III 3 steht nach BGH NJW 2013, 2201 und Ffm NJW 2019, 1158 der Zulässigkeit des Antrags weder aus Gesichtspunkten der Spezialität noch mit Blick auf Zweifel am Rechtsschutzinteresse entgegen, im Gegenteil wird der „Bedarf" für eine Anwendung des § 269 III 3 bei Zulässigkeit des Antrags auf Feststellung des Kosteninteresses in der jüngeren Rspr. verneint, BGH NJW 2021, 941 Rn. 28; ob dies im Sinne fehlenden Rechtsschutzinteresses zu interpretieren ist, harrt der Aufklärung; vorzugswürdig ist die Feststellungsklage allemal, weil sie in Bezug auf den Anspruchsgrund materielle Rechtskraft entfaltet, → § 322 Rn. 35.

268 Betr. das Verhältnis zu § 91a verneint KG MDR 2018, 559 ein Wahlrecht, was dort unter dem Aspekt fehlenden Rechtsschutzinteresses zu bejahen sein mag. Die Lage ist derjenigen beim Antrag auf str. Feststellung der Erledigung vergleichbar, wenn Bkl. sich dem Antrag des Kl. anschließt und daher nach § 91a entschieden werden könnte, → Rn. 212. Ein Wahlrecht ist jedenfalls dann anzunehmen, wenn Kl. wegen Rechtskraftwirkungen in Bezug auf die materielle Rechtslage ein **Rechtsschutzinteresse** an str. Entscheidung hat. Das bloße Anliegen, der Billigkeitsentscheidung zu entgehen, reicht hierfür angesichts der eindeutigen Entscheidung des Gesetzgebers für die Berücksichtigung entspr. Erwägungen in §§ 91a, 269 III 3 indes nicht aus, → Rn. 213.

269 Der Feststellungsantrag kann sich auch auf einen **Teil** des Streitgegenstands erstrecken, wobei im Falle von Teilzahlungen die Formulierung „abzüglich" wie bei der Teilerledigungserklärung ausreicht, → Rn. 104. Für die Zulässigkeit und die Entscheidung bei unterschiedlichen Erfolgen der einzelnen Anträge gelten die Erwägungen zur streitigen Teilerledigungserklärung entsprechend, → Rn. 252 ff.

270 **III. Wirkungen des Urteils.** Das Urteil über den Feststellungsantrag hat als **Sachentscheidung** Rechtskraftwirkungen. Wird der Antrag rechtskräftig abgewiesen, können die betr. Kosten im Kostenfestsetzungsverfahren nicht mehr geltend gemacht werden, BGH NJW 2012, 1291 (offen, wenn der prozentuale Anspruch auf Gründe gestützt wird, die für die Abweisung des mat. Anspruchs nicht maßgeblich waren); vgl. auch → Vor § 91 Rn. 63, 86.

271 **E. Überblick Teilerledigung.** Die Erledigungserklärung nur für einen Teil des Klageanspruchs ist, wie das Thema insgesamt, im Gesetz nicht umfassend geregelt, → Rn. 2. Da die sich hier ergebenden Probleme sehr verzweigt sind, werden sie nicht in einem geschlossenen Abschnitt besprochen, sondern im systematischen Zusammenhang mit den jeweils einschlägigen Themen. Beachtlich ist zunächst die Bestimmtheit der Erledigungserklärung, insbesondere bei Verwendung der Formulierung „abzüglich gezahlter …", → Rn. 211. Die Anschließung des Bekl. kann sich auf die Teilerledigungserklärung beziehen, ihrerseits aber auch nur auf einen Teil dessen, was Kl. für erledigt erklärt, → Rn. 121.

272 Stimmen Erledigungserklärungen in Bezug auf einen Teil des Streitgegenstands überein, ist im Rahmen einer gemischten Kostenentscheidung mit allen insoweit geltenden Maßgaben § 91a anzuwenden, näher → Rn. 165 ff. Für Rechtsmittel gilt die Besonderheit, dass der auf § 91a beruhende Teil der Kostenentscheidung wahlweise mit der sofortigen Beschwerde oder innerhalb der Berufung gegen die Hauptsachenentscheidung angegriffen werden kann, näher → Rn. 179 ff.

273 Die streitige Teilerledigung stellt einen normalen Fall der objektiven Klagenhäufung dar. Sie wird unter → Rn. 252 ff. näher besprochen.

274 Fragen des Streitwertes bei teilweiser Erledigungserklärung sind im → Anh. § 3 Rn. 47, 49 dargestellt.

92 *Kosten bei teilweisem Obsiegen.*

I [1]Wenn jede Partei teils obsiegt, teils unterliegt, so sind die Kosten gegeneinander aufzuheben oder verhältnismäßig zu teilen. [2]Sind die Kosten gegeneinander aufgehoben, so fallen die Gerichtskosten jeder Partei zur Hälfte zur Last.

II Das Gericht kann der einen Partei die gesamten Prozesskosten auferlegen, wenn

1. die Zuvielforderung der anderen Partei verhältnismäßig geringfügig war und keine oder nur geringfügig höhere Kosten veranlasst hat oder

2. der Betrag der Forderung der anderen Partei von der Festsetzung durch richterliches Ermessen, von der Ermittlung durch Sachverständige oder von einer gegenseitigen Berechnung abhängig war.

Übersicht

I. Systematik, I, II. Während § 91 den Grundsatz und den Umfang der Kostenpflicht des gänzlich Unterliegenden regelt, bringt § 92 die Regelung für den Fall eines teilweisen Siegs und eines teilweisen Unterliegens. Die Vorschriften stehen zur Regelung unterschiedlicher Sachverhalte gleichberechtigt nebeneinander. Dem gehen eine Reihe von Normen als **Spezialregelungen** vor. Von vornherein streng zu unterscheiden ist hier zwischen Fällen, in denen das Gesetz für die Kostenfolge an eine Entscheidung über den Streitgegenstand bzw. an die Beurteilung der Sach- und Rechtslage anknüpft und Fällen, in denen eine getrennte Entscheidung über bestimmte Kosten angeordnet wird. Zur erstgenannten Gruppe zählen §§ 91a, 93, 93b, 94, 97; zur zweitgenannten §§ 95, 96, 238 IV, 281 III 2, 344. 1

Die Regelung des § 92 und seine Kommentierung sind für die erstgenannte Fallgruppe einschlägig. Soweit in diesem Rahmen auf besonderer Rechtsgrundlage nur für einen Teil der Kosten und im Übrigen nach den allgemeinen Regeln der §§ 91 ff. eine Entscheidung zu treffen ist, muss nach dem Grundsatz der Kosteneinheit, Hbg MDR 2002, 479; Naumb NJOZ 2016, 924, eine Kostenmischentscheidung erlassen werden, → Rn. 67. Für die zweitgenannte Gruppe befindet das Gericht in einer getrennten Kostenentscheidung über gesondert auszurechnende, abtrennbare Kosten. Das Thema ist im Zusammenhang mit § 92 nicht einschlägig. 2

Nach § 26 III KapMuG gilt § 92 entsprechend. 3

II. Regelungszweck, I, II. Auch § 92 dient der **Kostengerechtigkeit,** Stgt MDR 2006, 1317. Die Vorschrift leitet aus dem Grundgedanken des gesamten Kostenrechts nach § 91 mit der Kostenpflicht des Unterliegenden Folgerungen beim nur teilweisen Unterliegen ab. Diesem auch hier fortgeltenden Grundgedanken entsprechend ist es unerheblich, welche Kosten auf die einzelnen Prozessteile entfallen, dass keine Billigkeitserwägungen über die in I, II genannten Ermessensspielräume hinaus zulässig sind und dass vor allem ein Verschulden beim Teilunterliegen grundsätzlich ebenso wenig Bedeutung hat wie beim gänzlichen Unterliegen. 4

Weites **Ermessen** mit seinen oft erheblichen wirtschaftlichen Auswirkungen kennzeichnet den Spielraum des Gerichts. Die richtige Kostenverteilung von Amts wegen nach § 308 II ist zwar nicht die Hauptaufgabe des Gerichts. Sie ist wohl aber ein für die Parteien oft fast ebenso wichtiger Faktor. Man kann bei nachlässiger Ermittlung der Kostenquote einer Partei das in der Hauptsache Zugesprochene faktisch wieder nehmen. Daher fordert der Ermessensspielraum vom Gericht die Wahrnehmung eines pflichtgemäßen Ermessens mit dem Ziel einer Kostenentscheidung, die das materielle Ergebnis möglichst genau umsetzt. Andererseits ist übertriebene Genauigkeit fehl am Platz, wie insbesondere der im Rahmen von § 92 II gegebene Spielraum zeigt, → Rn. 73. Gerundete Prozentwerte oder einfache Brüche sind daher vertretbar. 5

III. Geltungsbereich, I, II. Zunächst → § 91 Rn. 6 ff. Die Vorschrift betrifft jede „Partei" des Rechtsstreits. Das gilt sowohl bei I als auch im Sonderfall II. Ergänzend und vorrangig behandeln § 100 die Kostenhaftung von Streitgenossen nach § 59 und § 101 ergänzend und vorrangig die Kosten der Nebenintervention nach § 66. Der Parteibegriff ist derselbe wie sonst nach § 50. Die Norm ist auch im WEG-Verfahren anwendbar, BGH NJW 2009, 2135 = BeckRS 2009, 14421 (jedenfalls durch die Neufassung des WEG ab 1.12.2020 selbstverständlich geworden). § 113 FamFG verweist auf die Kostenregelungen der ZPO, BGH MDR 2019, 243. § 243 FamFG lässt indes die Geltung des § 92 unmittelbar nicht zu, BGH NJW 2011, 3654. 6

IV. Teilsieg, Teilverlust, I 1. 1. Begriff des Teilunterliegens. Eine Partei unterliegt teilweise, wenn sie mit ihrem Begehren keinen vollen Erfolg hat. Ausgangspunkt ist der Streitgegenstand, → § 2 Rn. 4. Es kommt alleine auf eine wie auch immer geartete **Abweichung** des erreichten Ergebnisses vom angestrebten Ziel an, dies unter Einschluss der Nebenforderungen, BVerfG NJW 2010, 1349 Rn. 12; BGH GRUR 2016, 1300 Ls. 7 (1307); BGH NJW 1992, 3096; NJW 1988, 2173 (2175); MDR 1961, 141; Köln GRUR-RR 2015, 402 (404); Kbl FamRZ 2006, 1789; zu eng MüKoZPO/Schulz Rn. 3, der einen teilbaren Streitgegenstand fordert; das orientiert sich zu sehr an der immer teilbaren Zahlungsklage. Den Bedürfnissen der Praxis kommt es, namentlich bei Unterlassungsklagen und dort insbesondere im Schutz des Persönlichkeitsrechts, besser entgegen, wenn man auch rein sprachliche Korrekturen des Tenors gegenüber dem Antrag als Teilunterliegen ansieht; fragt man hier nach einem teilbaren Gegenstand, belastet man die Kostenentscheidung unnötig mit einem Abgrenzungsproblem zwischen Einschränkung und sprachlicher Klarstellung. Die Gewichtung erfolgt zweckmäßig immer im Rahmen von § 92 II. 7

Der Grundsatz gilt auch, wenn eine Forderung nicht in vollem Umfang vom Mahnverfahren in das streitige Verfahren übergeht, Musielak/Voit/Flockenhaus Rn. 1. 8

Zur Klärung, ob ein Teilunterliegen vorliegt, muss man mithin vom Streitgegenstand und rein formal vom Verfahrensziel ausgehen, nicht etwa von einzelnen Prozessabschnitten, Prozessbeendigungsgründen, Streitpunkten, selbständigen Anspruchsgrundlagen oder Verteidigungsmitteln, klar erkennbar für Unterlassungsklagen aus BGH GRUR 2016, 1300 Rn. 72. Die Frage, ob Kl. trotz formaler Einschränkung bei rein wirtschaftlicher Betrachtung den von ihm angestrebten Erfolg erzielt, hat kein entscheidendes Gewicht. Auch die Abweisung 9 eines Kleinstanteils, wie etwa dem Zins für einen Tag, oder eine spürbare zeitliche Verzögerung sind ein Teilverlust. Betroffen ist insoweit nicht das Teilunterliegen selbst, sondern lediglich dessen Folgen; die Bewertung findet alleine in § 92 II statt.

10 **2. Abgrenzung zu II.** I enthält nach dem Wortlaut eine scheinbar abschließende Regelung mit zwei Wahlmöglichkeiten (Aufhebung gegeneinander oder verhältnismäßige Teilung). Unter den näheren Voraussetzungen von II ist es des Weiteren zulässig, die Kosten unabhängig von teilweisem Unterliegen nur einer Partei aufzuerlegen. Die Vorschrift des II ist für ihren Anwendungsbereich als eng auslegbare Sondervorschrift vorrangig. Sie präzisiert den Anwendungsbereich von I, weil die vollständige Auferlegung von Kosten trotz Teilunterliegens nur nach II zulässig ist, nicht aber nach I. Sowohl im Bereich der Sachverhalte nach I als auch bei denjenigen nach II ist § 92 zwingendes Recht, weil das Gericht keine anderen als die dort eröffneten (drei) Wahlmöglichkeiten hat.

3. Beispiele zur Frage eines Teilunterliegens, I 1

11 **Anschlussrechtsmittel:** § 524, bei unterschiedlichen Erfolgen von Rechtsmittel und Anschluss ist § 92 anwendbar, Stgt FamRG 2007, 748; Celle RVG professionell 2014, 164; Ffm EzFamR aktuell 2003, 92; Jacoby ZZP 115, 185, 201. Für den Anwendungsbereich von § 522 II 2 ist die Geltung von § 92 noch nicht abschließend geklärt. Bei Berufungsrücknahme trifft die gesamte Kostenlast den Berufungskläger, BGH NJW 2013, 875 Rn. 18; NJW-RR 2006, 1147 (auch bei Rücknahme nach Hinweis). IÜ divergieren die Entscheidungen, Ffm NJW 2011, 2671; Hamm NJW 2011, 1520; KG NJW-RR 2016, 128; NJW 2014, 1023; Köln NJW-RR 2011, 1435; Mü MDR 2015, 63; 2014, 985; Naumbg MDR 2012, 1494; Nürnb NJW-RR 2013, 124; Stgt NJW-RR 2009, 863. Soweit der Anschluss zu einer Erhöhung des Streitwertes führt, erscheint die Quotierung sachgerecht.

Anspruchshäufung: Bei der Abweisung einzelner Anträge handelt es sich um ein Teilunterliegen. Denn man muss vom gesamten Kostenstreitwert ausgehen und darf nicht nur den einzelnen selbständigen Klaganspruch zum Ausgangspunkt wählen. **Kein** Teilunterliegen besteht nach → Rn. 7 dann, wenn Kl. nur mit einem Teil der Anspruchsgrundlagen Erfolg hat, gleichwohl aber im Ergebnis voll siegt.

Arrest, einstweilige Verfügung: Soweit das Gericht einem Antrag auf den Erlass eines Arrests nach §§ 916 ff. oder einer einstweiligen Verfügung nach §§ 935, 940 nur teilweise stattgibt, handelt es sich um ein Teilunterliegen, auch soweit das Gericht einen Arrest oder eine einstweilige Verfügung nach §§ 921, 928, 936 nur gegen eine Sicherheitsleistung des Antragstellers vollziehbar werden lässt, handelt es sich um ein Teilunterliegen, Hamm GRUR 1988, 477. Jedoch kann II eingreifen → Rn. 75 f.

Aufrechnung: Im Umfang einer nach § 322 II rechtskraftfähigen Sachentscheidung wird die Gegenforderung iSd § 92 Streitgegenstand, so dass sich bei Teilerfolg die Frage der Kostenverteilung stellt. Dazu ausführlich → Rn. 26 ff.

Bedingte oder befristete Verurteilung: Bei einer nur bedingten oder befristeten statt der beantragten unbedingten Verurteilung handelt es sich um ein Teilunterliegen, Köln NJW-RR 2008, 763; Hbg DAVorm 1989, 870 (im Ansatz fortgeltend).

Begründetheit: Wenn die Klage anfangs unbegründet, zuletzt aber begründet war, **fehlt** ein Teilunterliegen, aM LG Stgt ZMR 1985, 128 (eher mit § 97 II zu begründen).

Berufung: Rechtsmittel.

Beweissicherung: → „Selbständiges Beweisverfahren".

Billigkeitserwägungen: Für Billigkeitserwägungen über die Voraussetzungen von I, II hinaus bleibt kein Raum.

Einstweilige Anordnung: §§ 80 ff. FamFG enthalten eine vorrangige Regelung.

Einstweilige Verfügung: → „Arrest, einstweilige Verfügung"; zur Berechnung → Rn. 77.

Erbenhaftung: → Rn. 77.

Fälligkeit: Die Abweisung als derzeit unbegründet ist ein Unterliegen, BGHZ 10, 303.

Freistellung: Verurteilung zur Freistellung statt Leistung ist wegen der Umstände des § 887 ein Teilunterliegen.

Gesamtschuldner: Jedwede Abweichung von einer beantragten gesamtschuldnerischen Haftung zum Nachteil des Kl., namentlich die (Teil-) Abweisung gegenüber einem Bekl. oder Verurteilung nach Kopfteilen anstelle Gesamtschuld stellt ein Teilunterliegen dar (BGHZ 8, 325). Das ist Ausgangspunkt für die Kostenentscheidung nach der Baumbach'schen Formel, eingehend → Rn. 59.

Hauptanspruch: Da man vom Streitgegenstand ausgehen muss, → Rn. 7, besteht für ein Teilunterliegen kein Unterschied zwischen Hauptanspruch und Nebenanspruch, namentlich Zinsen.

Hilfsanspruch, Hilfsantrag: Wenn nur über den Hauptantrag entschieden wird und die Rechtshängigkeit des Hilfsantrags damit wegfällt, liegt in Bezug auf diesen kein Unterliegen vor. Es ist aber anzunehmen, wenn der Hauptantrag abgewiesen und alsdann im Sinne des Kl. über den Hilfsantrag entschieden wird. Wegen der gebotenen formalen Betrachtung, → Rn. 7, ist dies auch dann der Fall, wenn der Hilfsantrag mit dem Hauptanspruch wirtschaftlich identisch oder gar höherwertig ist, so dass ein Wertverlust nicht eintritt. Soweit BGH LM § 92 ZPO Nr. 8 insoweit auf § 91 abstellt, ist die Entscheidung durch § 45 I 2, 3 GKG heutiger Fassung überholt. Wie hier Ddf NJW 1991, 3040. Nichts anderes folgt aus BGHZ 126, 368, weil dort lediglich ein weiterer Hilfsantrag hinter einem voraufgehenden zum Zuge kam, der – offenbar auch im Lichte des Streitgegenstandes – letzteren in sich einschloss. Fälle dieser Art sind nach § 92 II zu lösen. Bei Entscheidung über mehrere im Eventualverhältnis stehende Anträge kommt es auf das Streitwertverhältnis der erfolgreichen und der abgewiesenen Anträge an, BGH MDR 2016, 1344. Zu Berechnungsbeispielen → Rn. 27 f.

Hilfsaufrechnung: Wenn bei einer bestrittenen Klageforderung zumindest auch eine den Kostenstreitwert nach § 45 III GKG iVm § 322 II ZPO erhöhende Hilfsaufrechnung einen zumindest teilweisen Erfolg hat, liegt ein Teilunterliegen vor, Oldb JurBüro 1991, 1257; Schlesw SchlHA 1986, 143. Zu Berechnungsfragen → Rn. 26 ff.

Inzidentfragen: Da es nur auf den Enderfolg ankommt, sind bloße Zwischenfragen (Inzidentfragen) unbeachtlich.

Klageänderung: Bei derjenigen nach §§ 263, 264 in der ersten Instanz ist meist II anwendbar, Hamm VersR 1992, 736; Naumb OLGR 1906, 108; aM BGH NJW-RR 2008, 582 (evtl. § 91); KG MDR 2008, 164; Köln OLGR 2007, 608 (je: §§ 91a, 93). Dasselbe gilt im Berufungsverfahren, Münch MDR 2004, 785.

Klagenhäufung: → Rn. 11 „Anspruchshäufung".

Klagerücknahme: Zunächst gilt § 269 III 2. Nach einer wirksamen **Teilrücknahme** (Klageermäßigung) muss das Gericht bei der Kostenentscheidung über den Rest der Klageforderungen prüfen, ob der Kläger mit diesem Rest voll oder wiederum nur teilweise siegt. Für die danach erforderliche Kostenentscheidung gilt §§ 269 III 2 mit der Maßgabe, dass § 92 entsprechend anwendbar ist, der Kläger muss nach hM also im Rahmen der nach Maßgabe von Obsiegen und Unterliegend zu bildenden, einheitlichen Kostenverteilung die auf den zurückgenommenen Teil entfallenden Kosten im Endergebnis quotenmäßig tragen **(Quotenmethode),** BGH 10.4.2019 – VIII ZR 12/18, BeckRS 2019, 9414 Rn. 55; NJW-RR 1996, 256; Ffm 22.8.2019 – 6 U 83/19, BeckRS 2019, 21713 Rn. 19 = GRUR-RS 2019, 21713; Nürnb NJW-RR 2000, 599 (bei Unterhaltsleistungen Quote analog § 92 zu bemessen); OLGR Köln 1998, 170.

Hier wird abweichend davon mit Köln 10.3.2020 – 4 U 219/19, BeckRS 2020, 3439 Rn. 155; Anders/Gehle ZivilR A Rn. 198 die **Mehrkostenmethode** vertreten, dazu auch Schlesw NJW-RR 2022, 718.

Beide Methoden haben vor dem Hintergrund der Gebührendegression ihre Vor- und Nachteile. Die Quotenmethode folgt ohne Umschweife dem Veranlassungsprinzip, → Vor § 91 Rn. 2, und verteilt die angefallenen Kosten nach Maßgabe von Erfolg und Unterliegen; sie führt zu einer höheren Belastung der Klägerseite, weil die für den zurückgenommenen, also den höheren Teil der Forderung wirksam werdende Gebührendegression auf beide Parteien gleichmäßig verteilt wird; sie hat das gleiche Ergebnis wie eine Teilabweisung. Die Mehrkostenmethode führt zu einer geringeren Belastung der Klägerseite, weil die für den höheren Teil der Forderung wirksam werdende Gebührendegression sich alleine zu ihren Gunsten auswirkt. Darin lieg indes entgegen Musielak/Voit/Flockenhaus ZPO Rn. 4 für Bekl. keine „Bestrafung“ mit überhöhten Kosten. Denn das Ergebnis entspricht demjenigen, welches eingetreten wäre, wenn Kl. von Anfang an nur die nach der Teilrücknahme noch weiter verfolgte Forderung eingeklagt hätte. Den zurückgenommenen Teil auf diese Weise kostenmäßig ungeschehen zu machen, trägt der Tatsache Rechnung, dass insoweit keine Entscheidung ergeht, vgl. auch § 269 III 1.

Zur Berechnung der Kostenentscheidung im Einzelnen, insbesondere auch für den Fall, dass Kl. die Klage im Anschluss an eine Ermäßigung um einen neuen Gegenstand erweitert, → Rn. 52.

Bei der Rücknahme der Klage nur gegen einen von mehreren **Streitgenossen** nach §§ 59 ff. kann das Gericht vorweg durch einen Beschluss die außergerichtlichen Kosten dieses Bekl. dem Kläger auferlegen und muss über die Restkosten wie sonst nach einer nur teilweisen Klagerücknahme im Schlussurteil entscheiden, Köln MDR 1976, 496. Daneben greifen die Grundsätze der Baumbach'schen Formel, → Rn. 59.

Treffen Klagerücknahme und **Berufungsrücknahme** zusammen, ist nach Maßgabe der Wertanteile insgesamt von Amts wegen über die Kosten zu entscheiden; Ffm JurBüro2021, 251. Auch → „Rechtsmittel“.

Kostenentscheidung: „Rechtsmittel“.

Leistungsart: Soweit das Gericht den Bekl. zu einer solchen Art und Weise der Leistung verurteilt hat, die von der vom Kläger begehrten nachteilig abweicht, handelt es sich um ein Teilunterliegen.

Leistungsort: Soweit das Gericht den Bekl. zur Leistung an einem solchen Ort verurteilt hat, der gegenüber dem vom Kläger beantragten nachteilig abweicht, handelt es sich um ein Teilunterliegen.

Mahnantrag: Bei seiner teilweisen Rücknahme nach § 690 liegt ein Teilunterliegen vor, LG Schweinf JurBüro 1991, 992.

Mietsache: Bei einer Räumung von Wohnraum gilt zunächst der vorrangige § 93b. Soweit die Vorschrift unanwendbar ist, muss man ein Teilunterliegen nach § 92 beurteilen. Wenn das Gericht den Bekl. nach § 721 I zur Räumung in einem solchen Zeitpunkt oder mit einer solchen Frist verurteilt, die gegenüber dem vom Kläger Beantragten nicht völlig unerheblich später liegen, handelt es sich um ein Teilunterliegen, weil Kl. abweichend vom Klageantrag nicht sofort zum Ziel kommt, aM Mü OLGR 1994, 172; AG Bln-Schöneb NJWE-MietR 1996, 105, die tragend auf die Möglichkeit einer Entscheidung von Amts wegen abstellen, § 721 I 1; auch bereits Stg MDR 1956, 555; ebenfalls aA Zöller/Herget Rn. 3. Dem ist nicht zu folgen, weil die Klage bei der gebotenen formalen Betrachtung, → Rn. 7, auch infolge der Bewilligung einer Räumungsfrist nun einmal teilweise ohne Erfolg bleibt. Zur Ermittlung der Quote ist aus dem Streitwert des Räumungsanspruchs und dem wirtschaftlichen Wert der zeitlichen Verzögerung ein fiktiver Streitwert zu bilde, → Rn. 17, und auf dieser Grundlage eine Quote zu bilden.

Nebenanspruch: Da es nach → Rn. 7 nur auf den Enderfolg ankommt, besteht kein Unterschied zwischen einem Hauptanspruch und einem Nebenanspruch nach § 4, BGH NJW 1988, 2173 (2175); NJW 1961, 361; (jew.: Zinsen); Ffm WM 2014, 1177; LG Berlin BeckRS 2020, 45001 Rn. 248; LG Ffm JurBüro 1991, 118. Saarbr NJW-RR 2007, 426 will Zinsen unberücksichtigt lassen, wenn sie zugleich mit dem Hauptanspruch abgewiesen werden; das berührt die Anwendung von § 92 I nicht. Wenn Nebenforderungen wegen Wegfalls der Hauptforderung selbst Hauptforderung werden, ergibt sich ohnehin kein Problem. Zu § 92 II Nr. 1 → Rn. 74.

Nebenintervention: → „Streithilfe“.

Ordnungsgeld: Eine Abweichung vom gläubigerseits genannten Mindestbetrag ist Teilunterliegen, BGH NJW 2015, 1829, wie auch die Erhöhung im Beschwerdeverfahren, Ffm GRUR 2018, 1085 Rn. 29; auch → „Unterlassung“.

Rechtsmittel: Bei der Teilrücknahme, sei es seitens einer Partei oder einer von mehreren Parteien, gilt § 92, Köln NZG 2021, 26 Rn. 35. Liegt ein Schwerpunkt des Rechtsmittels im Angriff gegen die Kostenentscheidung, kann ein erheblicher Erfolg sich auch bei Scheitern in der Hauptsache nach § 92 I auswirken; die Gewichtung ist anhand des fiktiven Streitwertes vorzunehmen, Rostock JurBüro 2021, 579; Köln ZfS 1994, 362. Die Erheblichkeit bemisst sich entspr. → Rn. 75; zum fiktiven Streitwert → Rn. 17; zur Berufungsrücknahme auch → „Klagerücknahme“.

Schmerzensgeld: Es handelt sich um eine Teilunterliegen, soweit der Kläger das Schmerzensgeld zulässigerweise nicht beziffert hatte und soweit der ihm schließlich zugesprochene Betrag unter dem von ihm angegebenen Mindestbetrag oder Eckwert liegt, BGH VersR 1979, 472 (Beschwer), oder soweit der Endbetrag außerhalb der von ihm zumindest genannten Größenordnung liegt, Köln VersR 1995, 358; Kblz AnwBl 1990, 398 (Ergebnis im Ansatz billigenswert, die Folge hätte aus II hergeleitet werden sollen).

Selbständiges Beweisverfahren: Wenn in einem selbständigen Beweisverfahren nach § 485 die festgestellten Mängel hinter den behaupteten zurückbleiben, handelt es sich um ein Teilunterliegen, LG Verden JurBüro 1983, 1897. Zur Verteilung LG Mü NJW-RR 2009, 886. Bezieht sich das Verfahren auf mehrere Hauptsachen, sind die Kosten nach deren Streitwert anteilsmäßig zu verteilen, Ddf NJW-RR 2018, 766. Für einen nicht weiter verfolgten Teil kann im Hauptsacheverfahren § 96 analog angewendet werden, BGH NJW 2013, 3586; BauR 2006, 865; NJW 2005, 294; NJW 2004, 3121; die Anwendung des § 92 im Rahmen von § 494a scheidet indes aus, BGH NJW 2004, 3121.

Sicherheitsleistung: → „Arrest, einstweilige Verfügung".

Sozialklausel: Es gilt der vorrangige § 93b. Erst soweit diese Vorschrift keine Regelung enthält, muss man ein Teilunterliegen nach § 92 beurteilen.

Streitgegenstand: Man muss zur Beurteilung des Teilunterliegens vom gesamten Streitgegenstand nach → Rn. 7 ausgehen.

Streitgenossen: Auch die Abweisung gegen einen von ihnen ist Teilunterliegen, BGH NJW 1953, 618, selbst wenn es auf die von ihm geforderte Leistung nicht ankäme, wie etwa Abweisung gegen den vermeintlichen Fahrer eines PKW und Verurteilung von Halter und Versicherer; auch → „Klagerücknahme", zur Bildung der Kostenquote → Rn. 59.

Streithilfe: Für die Kostenentscheidung nach § 101 ist die Rechtsfolge dem § 92 zu entnehmen, BGH NJW 2003, 1948; Köln MDR 2014, 1107 (jew. Kostenaufhebung); Drsd JurBüro 2008, 379 (§ 92 analog bei Seitenwechsel).

Stufenklage: Soweit eine Partei nur mit einer Stufe unterliegt, handelt es sich um ein Teilunterliegen mit der Folge der Quotelung, Köln NJW-RR 2012, 640; Brdb ErbR 2020, 880 Rn. 17; FamRZ 2009, 1699; Karlsr JurBüro 1999, 37; Hamm NJW-RR 1995, 959; nur auf den Enderfolg abstellend Zweibr NJW 1986, 939. Auch → Rn. 34, → § 91a Rn. 46.

Teilurteil: Bleibt eine Berufung ohne Erfolg, ist nach § 97 I zu entscheiden; hat sie einen Teilerfolg, ergeht keine Kostenentscheidung, da nach § 92 I insgesamt im Schlussurteil zu entscheiden ist, Ddf BeckRS 2019, 31183 Rn. 66.

Teilrücknahme: → Rn. 52 „Klagerücknahme".

Unbezifferter Antrag: → „Schmerzensgeld".

Unterlassung: Unterlegt Kl. einen Unterlassungsanspruch mit mehreren Streitgegenständen, ist trotz Tenors n. A. die Zurückweisung einzelner von ihnen ein Teilunterliegen; die Quote ist nach Maßgabe der Einzelwerte zu bilden, nicht etwa nur aufgrund der (meist maßvollen) Erhöhung des Streitwertes, BGH GRUR 2016, 1300 Rn. 72; → § 3Anh Rn. 121 „Hilfsantrag". Ein Teilunterliegen ist auch dann gegeben, wenn das Gericht beim Ordnungsgeld nach § 890 unter dem vorgeschlagenen Mindestbetrag bleibt, BGH GRUR 2015, 511. Bloße Herabsetzung des Ordnungsgeldes soll indes kein Obsiegen iSd § 92 I sein, weil es alleine auf das Vollstreckungsinteresse des Gl. ankomme, Mü MDR 1983, 1029; Hamm MDR 1980, 233.

Veröffentlichung: Soweit das Gericht nur die Veröffentlichung des Urteils untersagt, etwa nach § 12 III UWG, handelt es sich um ein Teilunterliegen.

Verschulden: Ein Verschulden bleibt bei der Frage, ob es sich um ein Teilunterliegen handelt, außer Betracht.

Vorbehalt beschränkter Erbenhaftung: Brdb BeckRS 2008, 9526 will Teilunterliegen nicht annehmen, wenn es der klagenden Partei nicht möglich gewesen ist, sich in ihrer Prozessführung auf eine entsprechende haftungsbeschränkende Einrede einzurichten und wenn keine verbindliche Entscheidung über die materiellrechtlichen Voraussetzungen für die Begrenzung der Haftung des jeweiligen Beklagten als Erben auf den Nachlass ergeht; so auch OLGR Celle 1995, 204. Teilweise wird darauf abgestellt, ob der Punkt für sich str. ist, BayObLG NZM 2000, 43. Klarer ist es, gem. → Rn. 7 von Teilunterliegen auszugehen und die Kostenfolge aus II herzuleiten; dort lässt sich insbesondere das wirtschaftliche Gewicht des Vorbehalts berücksichtigen, so mit Recht Mü 12.6.2019 – 21 U 1295/18, BeckRS 2019, 11387 Rn. 99; mittelbar auch BGH NJW 2021, 701 Rn. 22. Auch → Rn. 77.

Widerklage: Da es nach → Rn. 7 auf den Enderfolg ankommt, besteht kein Unterschied zwischen der Klage und der Widerklage. Das Gericht muss auch dann über die Gesamtkosten des Rechtsstreits einheitlich entscheiden. Zur Berechnung → Rn. 38.

Zeitpunkt: Soweit das Gericht den Bekl. zu der vom Kläger beantragten Leistung erst zu einem für den Kläger nicht völlig unwesentlich späteren Zeitpunkt als dem begehrten verurteilt, handelt es sich um ein Teilunterliegen, → „Mietsache".

Zinsen: Soweit das Gericht den Bekl. zu einem geringeren Zinsfuß oder zu einem späteren Zinsbeginn als dem begehrten verurteilt, handelt es sich um ein Teilunterliegen, → „Nebenanspruch". Zur Berechnung einer Kostenbeteiligung → Rn. 45.

Zug-um-Zug-Leistung: Soweit die Verurteilung nicht wie beantragt schlechthin erfolgt, sondern nur Zug um Zug, handelt es sich um ein Teilunterliegen, Ddf NJW 2018, 627 Rn. 160, 175 (doppelte Zug-um-Zug-Verurteilung); Köln NZBau 2008, 320; Celle BauR 1903, 1762; Hamm MDR 1978, 403. Zur Berechnung → Rn. 49.

Zulässigkeit: Die Abweisung als unzulässig ist Unterliegen, Zweibr NJW-RR 1999, 1666.

Zwischenfrage: Da es nach → Rn. 7 nur auf den Enderfolg ankommt, sind bloße Zwischenfragen (Inzidentfragen) unbeachtlich.

12 **V. Verhältnismäßige Kostenteilung, I 1. 1. Begriff der Kostenteilung.** Oberbegriff ist das „Teilen" der gesamten Prozesskosten. Sowohl die „verhältnismäßige" Teilung als auch die „Aufhebung gegeneinander" sind Unterfälle. Gemeint ist eine die Kosten des Rechtsstreits erfassende Verteilung auf die Parteien. Die Kostenaufhebung ist in § 92 I 2 nur mit Bezug auf die Gerichtskosten näher definiert, vgl. iÜ → Rn. 70. Die „verhältnismäßige" Teilung muss sich an der Relation von Klageziel und Unterliegen orientieren. Tragende Grundlage der Bemessung ist der Streitwert, BGH GRUR 2016, 1300 Ls. 7; Ddf NJW-RR 2018, 766; nur wo die gesetzlichen Regeln über die Festlegung des Streitwertes einen Teilverlust nicht abbilden, sind weitere Erwägungen wie etwa die Bildung eines **fiktiven Streitwertes** oder die überschlägige Ermittlung der Kosten angezeigt, näher → Rn. 17. Die verhältnismäßige Kostenteilung hat in der Fallprüfung gegenüber der Kostenaufhebung Vorrang, weil sie dem Ziel der Kostengerechtigkeit in aller Regel näher kommt, → Rn. 4; zur Aufhebung → Rn. 70.

13 Die Kostenteilung muss sich generell auf die Kosten des Rechtsstreits beziehen, Grundsatz der Kosteneinheit, Saarbr NJW-RR 2017, 437; Naumb NJOZ 2016, 924; Stgt MDR 2006, 1317; Hbg MDR 2002, 479. Nicht

zulässig ist etwa die Verteilung nach Zeitabschnitten („bis zum …“; „ab Klageerweiterung“) oder nach Sachanträgen („Kosten der Klage/der Widerklage“), LG Meiningen MDR 2004, 171, weil eine Umsetzung nach § 104 nur unter Eingriff in die Sachentscheidung möglich wäre; diese indes ist alleinige Aufgabe des Gerichts, Naumbg NJW-RR 2000, 1740.

2. Berechnungsgrundlagen im Streitwert. a) Grundfall. Der prozessuale Kostenerstattungsanspruch, um dessen gerechte Ausmittlung es in § 92 geht, folgt dem Verursacherprinzip, BGH NJW 2008, 528. Zur Verwirklichung größtmöglicher Kostengerechtigkeit, → Rn. 4, muss daher nach Möglichkeit ein Zusammenhang zwischen der Entstehung der Prozesskosten und deren Zuordnung zu den verlorenen Anteilen am Streitgegenstand hergestellt werden. Am einfachsten ist diese Zuordnung, wenn das Verhältnis von Unterliegen und Obsiegen anhand des **Gebührenstreitwerts** ermittelt werden kann, Brdb BeckRS 2016, 116464; LG Marburg BeckRS 2014, 12908; LG Mü WuM 1994, 337 (Mieterhöhung). Denn auf dessen Grundlage entstehen die nach GKG und RVG anfallenden Gebühren. Werden Kl. zB von 10.000 EUR Klageforderung nur 6.000 EUR zugesprochen, sind die Kosten zu 6.000/10.000 = 60 % dem Bekl. aufzuerlegen, mithin im Verhältnis 40 % zu 60 % zu teilen, woraufhin die nach dem Gesamtwert angefallenen Gebühren in der richtigen Relation von den Parteien getragen werden. Bei einer teilweise erfolgreichen Zahlungsklage ist dies rechnerisch einfach umsetzbar, → Rn. 20. In anderen Fällen entstehen aus der Sache heraus Wertungsspielräume. 14

Zum Problem der Kostenentscheidung bei nachträglicher **Änderung des Streitwertes** → Vor § 91 Rn. 58. 15

Fallen besondere Kosten, namentlich einer Beweisaufnahme, nur für Teile des Streitgegenstandes an, kann nach dem Gedanken des § 96 getrennt über sie entschieden werden, BGH NJW 2005, 294, näher § 96; vgl. auch Schmitt NJW 2021, 1131. 16

b) Fiktiver Streitwert. In Fällen, in denen die nach § 92 II zu berücksichtigenden wirtschaftlichen Werte sich im Gebührenstreitwert nicht widerspiegeln, insbesondere bei Nebenforderungen, § 43 GKG, oder im Anwendungsbereich der §§ 44 f. GKG, muss die Berechnungsgrundlage um den fiktiven Streitwert erweitert werden, angelegt bereits in BGH NJW 1988, 2173 (2175); gefestigte Rspr. nach Schlesw BeckRS 2008, 25343; Ffm BeckRS 2013, 9370. Darunter versteht man einen Wertansatz, der ausschließlich zum Zweck der Kostenverteilung gebildet wird und der Werten, die im Gebührenstreitwert keinen Niederschlag finden, ein angemessenes Gewicht gibt. Die Ermittlung des fiktiven Streitwerts ist entscheidend von den Gegebenheiten des Einzelfalls abhängig. Sie wird daher im Zusammenhang mit den weiter unten dargestellten Beispielen näher erläutert, → Rn. 32 (unechter Hilfsantrag), → Rn. 34 (Stufenklage), → Rn. 45 (Zinsen), → Rn. 49 (Zug um Zug). 17

Eine weitere, generell mögliche Berechnungsmethode besteht darin, die Kosten des Rechtsstreits anhand der Gebührentabellen und aufgrund der tatsächlich angefallenen weiteren Kosten, etwa einer Beweisaufnahme, auszurechnen und sie dem Schicksal des Klagebegehrens anteilsmäßig zuzuordnen, um alsdann aus den Summen der auf die Parteien entfallenden Kosten eine Quotenverteilung zu errechnen. Das setzt die Gedanken der Kostengerechtigkeit und den Ansatz im Verursacherprinzip in idealer Weise um, ist aber bereits wegen des Zeitaufwands nur für Fälle angezeigt, in denen eine Orientierung am (fiktiven) Streitwert zu keinem angemessenen Ergebnis führt. Man mag an Konstellationen denken, in denen mehrere Parteien am Streitgegenstand, mithin an den Gebühren, und an den Kosten einer Beweisaufnahme oder eines Rechtshilfeersuchens unterschiedlich beteiligt sind. 18

Für alle Berechnungsmethoden ist zu bedenken, dass das Gericht bei Erlass des Urteils den genauen Umfang der Kosten nicht notwendig in vollem Umfang kennt. Genauigkeit bis hin zu Kleinstbeträgen ist daher fehl am Platz. Entscheidend ist ein am Gebot der Kostengerechtigkeit orientierter gedanklicher Ansatz, der Bewertungs- und Rundungsspielräume zulässt. 19

3. Berechnungsmethode. Für sämtliche Fälle, in denen die Kostenverteilung aus (fiktiven) Streitwertanteilen hergeleitet wird, empfehlen wir die Arbeit mit einer einfachen Tabelle, in welche man horizontal die von Kl. geltend gemachten Forderungen in je eine Anspruchszeile einträgt und nach Maßgabe der Sachentscheidung die **Verlustanteile** am Streitgegenstand in vertikalen Spalten so aufschlüsselt, wie sie auf die Parteien entfallen, um alsdann aus dem Verhältnis von Verlustanteil zu Streitwert die Kostenbeteiligung zu errechnen. Die Tabellenmethode erfasst mithin den Normalfall der Kostenentscheidung. Im einfachsten Fall der teilweisen Verurteilung auf eine Zahlungsforderung (im Beispiel: 8.000 EUR von 10.000 EUR) sieht sie wie folgt aus: 20

	Verlust Kl.	**Verlust Bekl.**
Anspruch 10.000 EUR	2.000 EUR	8.000 EUR
Verlustanteil/Streitwert 10.000 EUR	20 %	80 %

Die Kosten werden also im Verhältnis von 20 % zu 80 % verteilt. In den nachfolgenden Beispielsfällen wird die Tabelle den Anforderungen des Falles jeweils angepasst. 21

4. Formulierung der Kostenentscheidung. Das Gericht sollte des Weiteren zur Vermeidung von Unklarheiten und mit Blick auf die Kostenfestsetzung nach § 104 darauf achten, dass seine Kostenentscheidung möglichst klar und einfach ist. Gerundete Werte sind vertretbar, → Rn. 4. Es muss in schwierigen Fällen vor allem ein Augenmerk darauf richten, dass über die gesamten von dem Urteil erfassten Kosten des Rechtsstreits entschieden wird und nicht etwa bei der Addition der Anteile sich etwas anderes als 100 % ergibt. Ob man Brüche bildet oder Prozentwerte, ist nachrangig. Letztere sind allerdings vorzuziehen, weil im Verfahren nach § 104 damit einfacher gearbeitet werden kann. Die Bildung von einfachen Brüchen kann sich empfehlen, wenn die Verwendung von Prozentwerten eine Genauigkeit suggeriert, die aufgrund wertender Einflüsse, namentlich bei Ansatz eines fiktiven Streitwertes, → Rn. 17, nicht gegeben ist. Nicht ausgeschlossen ist es, getrennt ansatzfähige Kosten, → Rn. 1 (§ 96), beziffert auszuwerfen, BGH NJW 2005, 294, und die übrigen Kosten nach Quoten zu verteilen. 22

Im Rechtsmittelzug kann insbesondere bei einer Änderung des Streitwertes zwischen den Kosten der einzelnen Instanzen differenziert werden, VGH Mü 20.12.2021 – 14 B 19.1279, BeckRS 2021, 44438 Rn. 88; Beispiel: Die Kosten der Berufung tragen die Kl. zu …, der Bekl. zu …. Die übrigen Kosten des Rechtsstreits werden gegeneinander aufgehoben. Anders/Gehle Assessorexamen ZivilR Rn. 70. 23

24 Die Kostengrundentscheidung ist im Kostenfestsetzungsverfahren auslegbar, Mü Rpfleger 1991, 174 (mit dem Ziel der Brauchbarkeit!). Es kommt auch eine Berichtigung nach § 319 in Betracht, oder eine Ergänzung nach § 321 I Hs. 2.

25 **5. Einzelfälle.** Charakteristisch für die Arbeit mit einem fiktiven Streitwert, → Rn. 17, ist die Erweiterung der Bewertungsgrundlage über den Gebührenstreitwert hinaus um zusätzliche Wertansätze, die benötigt werden, um abschlägig beschiedene Elemente des Streitgegenstands oder sonstige, das Rechtsschutzziel einschränkende Umstände gerecht in die Kostenentscheidung einbeziehen zu können. Ausgangspunkt ist zunächst also auch hier der sich aus den Bewertungsvorschriften ergebende Gebührenstreitwert. Dessen Erweiterung um fiktive Elemente sollte sich nach Möglichkeit ebenfalls an diesen Regelungen orientieren.

26 **a) Aufrechnung.** Wenn eine Aufrechnung sich nach → Rn. 7 auf das Ergebnis auswirkt, ist vorrangig zu prüfen, ob hierdurch nach § 45 III GKG, § 322 II ZPO der Streitwert beeinflusst wird, → Anh. § 3 Rn. 15 ff. Streitwertneutral sind die Hauptaufrechnung, die Hilfsaufrechnung mit einer unstreitigen Gegenforderung und die unzulässige Aufrechnung. Streitwerterhöhend ist die Hilfsaufrechnung mit einer streitigen Gegenforderung, soweit hierdurch das Nichtbestehen (oder: das Nicht-mehr-Bestehen) der Gegenforderung rechtskraftfähig festgestellt wird, § 322.

– **(Streitwertneutrale Aufrechnung):** Beeinflusst eine streitwertneutrale Aufrechnung das Ergebnis der Entscheidung über die Klageforderung, ist ausschließlich deren Schicksal für die Kostenentscheidung maßgeblich, Hamm 28.1.2021 – 21 U 68/14, BeckRS 2021, 1948 Rn. 91. Bei Abweisung trägt mithin Kl. die Kosten, bei Teilabweisung den Anteil nach → Rn. 14. Eine aA will das Verhältnis von Klage- und Aufrechnungsforderung zugrunde legen, Karlsr JurBüro 1989, 1008; Celle VersR 1976, 50. Kl. hat indes die Möglichkeit der Erledigungserklärung, → § 91a Rn. 35, 104, 143; nimmt er die Aufrechnung nicht hin, unterliegt er und ist hinsichtlich der Kosten nicht schutzwürdig. Über Kosten alleine für die Gegenforderung (zB Beweisaufnahme) kann getrennt nach § 96 entschieden werden, BGH NJW 2005, 294. Greift die Aufrechnung nur eines Streitgenossen durch, trägt Kl. nach dem Endergebnis auch die Kosten der übrigen.

– **(Streitwerterhöhende Hilfsaufrechnung):** Unterliegt Bekl. in vollem Umfang, weil die Gegenforderung nicht besteht, trägt er mit dem erhöhten Streitwert sämtliche Kosten. Beachtlich nach § 92 ist ein (Teil-) Erfolg der Hilfsaufrechnung. Dann ist zunächst getrennt zu prüfen, inwieweit die Parteien alleine hinsichtlich der str. Klageforderung unterlegen sind; insoweit werden die Kosten wie bei der Zahlungsklage verteilt, → Rn. 14; denn Bekl. setzt sich mit der Hauptverteidigung gegen Kl. durch (= Verlust Kl.) und erbringt mit dem Erfolg der Hilfsaufrechnung ein unfreiwilliges Vermögensopfer (= Verlust Bekl.). Alsdann ist auch für die streitwerterhöhende Hilfsaufrechnung zu prüfen, inwieweit sie durchgreift (= Verlust des Kl., der sie bestreitet, sie aber dennoch mit der Einbuße seiner Klageforderung erfüllen muss) und inwieweit sie rechtskraftfähig verneint wird (= Verlust des Bekl.). Dieser Ansatz wird herrschend vertreten, BGH WM 1985, 254 (267 f.); Oldbg JurBüro 1991, 1257; Schlesw JurBüro 1991, 1257; VersR 1987, 996; Köln MDR 1983, 226; 1982, 941. Eine aA will nur auf das Schicksal der Klageforderung abstellen, KG MDR 1976, 846; Förster NJW 1974, 222, was aber die Streitwertaddition verneint und damit deren Einfluss auf die Entstehung der Kosten, → Rn. 14, missachtet. Gleiches gilt für eine weitere aA, die auf die Mehrkosten abstellen will, Ffm JurBüro 1982, 1701.

Beispiel: Kl. verlangt Zahlung von 10.000 EUR, Bekl. rechnet hilfsweise mit einer str. Gegenforderung von 6.000 EUR auf. Die Klageforderung ist für sich in Höhe von 8.000 EUR begründet. Die Gegenforderung greift mit 4.000 EUR durch und ist iÜ unbegründet. Kl. hat auf die Klageforderung 2.000 EUR verloren und auf die Gegenforderung 4.000 EUR = insgesamt 6.000 EUR. Entspr. hat Bekl. 8.000 EUR + 2.000 EUR = 10.000 EUR verloren. Vom Gesamtstreitwert von 16.000 EUR tragen Kl. 6/16 (3/8), Bekl. 10/16 (5/8) bzw. die Kosten werden im Verh. ≈ 38 % zu 62 % verteilt.

In der **Tabelle** stellt sich der Fall wie folgt dar:

	Verlust Kl.	**Verlust Bekl.**
Klageforderung: 10.000 EUR	2.000 EUR	8.000 EUR
Streitwertrelevante Aufrechnung: 6.000 EUR	4.000 EUR	2.000 EUR
Gesamtverlust	6.000 EUR	10.000 EUR
Gesamtverlust/Streitwert (16.000 EUR) =	6/16 ≈ 38 %	10/16 ≈ 62 %

Abwandlung:
Im Ausgangsfall ist die Klageforderung nur zu 3.000 EUR begründet und wird aufgrund der Hilfsaufrechnung abgewiesen. Hier verliert Kl. auf die Klageforderung 7.000 EUR und auf die Gegenforderung 3.000 EUR. Der Streitwert beläuft sich nur noch auf 13.000 EUR, weil über weitergehende Anteile der Gegenforderung, die immerhin mit 4.000 EUR begründet war, nach § 322 II nicht entschieden wird.

Tabelle:

	Verlust Kl.	**Verlust Bekl.**
Klageforderung: 10.000 EUR	7.000 EUR	3.000 EUR
Streitwertrelevante Aufrechnung: 3.000 EUR!	3.000 EUR	
Gesamtverlust	10.000 EUR	3.000 EUR
Gesamtverlust/Streitwert (13.000 EUR) =	10/13 ≈ 77 %	3/13 ≈ 23 %

Man vergewissere sich in jedem Fall, mit welchem Betrag die Gegenforderung in den Streitwert einfließt; Höchstbetrag ist der begründete Teil der Klageforderung; einen weitergehenden Ansatz gibt es nicht!

Besteht im vorstehenden Fall die Gegenforderung nur zu 2.000 EUR und ist sie iÜ unbegründet, verliert Kl. auf die Klageforderung 7.000 EUR und auf die Gegenforderung 2.000 EUR. Bekl. verliert auf die Klageforderung 3.000 EUR und auf die Gegenforderung 1.000 EUR, weil diese nur mit dem begründeten Teil der Klageforderung nach § 45 III GKG, 322 II ZPO in den Streitwert einfließt. Die Kostenverteilung lautet also 9/13 zu 4/13 oder 70 % zu 30 %.

– **(Hilfsaufrechnung mit mehreren streitwerterhöhenden Gegenforderungen):** Stellt Bekl. mehrere Gegenforderungen hilfsweise hintereinander, sind sie in der vorgegebenen Reihenfolge zu prüfen. Der Streitwert erhöht sich durch die Sachentscheidung über ihr Bestehen nur im Umfang der bei der Prüfung (noch) bestehenden Klageforderung, andererseits kann sich bei Verneinung von Gegenforderungen der Streitwert im Umfang von mehr als der Klageforderung erhöhen, → Anh. § 3 Rn. 20d.
Beispiel: Kl. verlangt Zahlung von 10.000 EUR; Bekl. rechnet hilfsweise hintereinander mit str. Gegenforderungen von 10.000 EUR, 4.000 EUR und 7.000 EUR auf. Die Klageforderung ist für sich in Höhe von 8.000 EUR begründet. Die Gegenforderungen sind in der Reihenfolge begründet mit: 0 EUR, 4.000 EUR und 1.000 EUR. Der Streitwert erhöht sich für die 1. Gegenforderung um 8.000 EUR (= noch offene Klageforderung), für die 2. Gegenforderung um 4.000 EUR und für die 3. Gegenforderung um weitere 4.000 EUR (mehr ist jetzt von der Klageforderung nicht mehr offen, so dass die Unbegründetheit der 3. Gegenforderung nur noch mit 3.000 EUR zu Buche schlägt und ihr Untergang durch erfolgreiche Aufrechnung mit weiteren 1.000 EUR). Der Gesamtstreitwert beläuft sich auf 10.000 EUR (Klageforderung) + 8.000 EUR (1. Gegenforderung) + 4.000 EUR (2. Gegenforderung) + 4.000 EUR (3. Gegenforderung) = 26.000 EUR.
Die Verlustanteile stellen sich in der **Tabelle** wie folgt dar:

	Verlust Kl.	**Verlust Bekl.**
Klageforderung: 10.000 EUR	2.000 EUR	8.000 EUR
1. (streitwertrelevante) Aufrechnung: 8.000 EUR		8.000 EUR
2. (streitwertrelevante) Aufrechnung: 4.000 EUR	4.000 EUR	
3. (streitwertrelevante) Aufrechnung: 4.000 EUR	1.000 EUR	3.000 EUR
Gesamtverluste:	7.000 EUR	19.000 EUR
Gesamtverlust/Streitwert (26.000) =	7/26 ≈ 27 %	19/26 ≈ 73 %

– **(Wertänderungen aufgrund von Vorgängen im höheren Rechtszug):** Führen wertrelevante Vorgänge im höheren Rechtszug zu Abweichungen des Streitwertes für die verschiedenen Instanzen, → § 3Anh Rn. 21, stellt sich die Frage nach der sachgerechten Kostenentscheidung. Vorrang hat der Gedanke der Kostengerechtigkeit → Rn. 4. Sieht man die Meinungsstreitigkeiten zur Wertfestsetzung in Fällen dieser Art, bleibt letztlich offen, ob es eine durchgehend schlüssige Lösung gibt, mit der die Wertfestsetzung und die Kostenentscheidung nahtlos miteinander in Einklang gebracht werden können.
Kommt es erstmals in der Berufung zu einer streitwerterhöhenden Sachentscheidung, ist es vertretbar, die hierfür sich ergebende Kostenverteilung auch für die erste Instanz vorzunehmen, unabhängig von der Frage, ob der Streitwert für die untere Instanz rückwirkend erhöht wird oder ob es bei dem Streitwert verbleibt, der ohne Rücksicht auf die Gegenforderung ermittelt worden ist. Entscheidet umgekehrt das Berufungsgericht erstmals ohne streitwerterhöhendes Erkenntnis über die Hilfsaufrechnung (Beispiele: die Klage wird als unbegründet abgewiesen oder die Hilfsaufrechnung ist lediglich unzulässig), ist es vertretbar, der unterliegenden Partei auch nach einem erhöht bleibenden Streitwert des erstinstanzlichen Rechtsstreits die Kosten aus dem Gesichtspunkt der Unterliegens- und der Veranlasserhaftung, → Vor § 91 Rn. 2, aufzuerlegen.

– **(Hilfsaufrechnung eines Streitgenossen): Beispiel:** Kl. verlangt von Bekl. 1) und 2) gesamtschuldnerisch Zahlung von 10.000 EUR. Bekl. 2) rechnet hilfsweise mit einer str. Gegenforderung von 6.000 EUR auf. Die Klageforderung ist zu 8.000 EUR begründet, die Gegenforderung zu 3.500 EUR, so dass dem Kl. 4.500 EUR zugesprochen werden, nach Schlesw JurBüro 1986, 1064. Für die Darstellung des Falles in der Tabelle, → Rn. 20, muss man beachten, dass die Bekl. zum Teil als Gesamtschuldner einen Verlust erleiden, dass aber auch Bekl. 2) einen Teil der Gegenforderung alleine verliert. Das ist nach § 100 III, IV zu beachten. Weiter ist zu differenzieren zwischen den Gerichtskosten und den außergerichtlichen Kosten des Kl., die nach dem Gesamtstreitwert anfallen, und den außergerichtlichen Kosten der Bekl., weil diejenigen des Bekl. zu 1) nur nach dem Streitwert der Klageforderung anfallen, wohingegen sie für Bekl. 2) nach dem gem. § 45 III GKG, § 322 II ZPO erhöhten Streitwert entstehen. Bei der Verteilung der Gerichtskosten und der außergerichtlichen Kosten des Kl. müssen also für die Beklagtenseite in der Tabelle zwei Rubriken gebildet werden.
Dies stellt sich wie folgt dar:

	Verlust Kl.	**Verlust Bekl. 1) + 2) gesamtschuldnerisch**	**Verlust Bekl. 2)**
Klageforderung: 10.000 EUR	2.000 EUR	8.000 EUR	
streitwertrelevante Hilfsaufrechnung: 6.000 EUR	3.500 EUR		2.500 EUR
Gesamtverluste:	5.500 EUR	8.000 EUR	2.500 EUR
Verlust/Streitwert 16.000 EUR:	≈ 34 %	50 %	≈ 16 %

Die Gerichtskosten und die außergerichtlichen Kosten des Kl. werden also diesem selbst zu 34 %, den Bekl. zu 1) und 2) als Gesamtschuldnern zu 50 % und dem Bekl. zu 2) zu 16 % auferlegt.

Für die außergerichtlichen Kosten des Bekl. zu 1), die nur nach dem Streitwert von 10.000 EUR entstehen, ergibt sich ein Verhältnis von 20 % (Kl.) zu 80 % (Bekl. 1 selbst); es lässt sich aus der oberen Betragszeile der Tabelle ablesen. Für die außergerichtlichen Kosten des Bekl. zu 2) kommt es nach dem erhöhten Streitwert von 16.000 EUR auf die Verluste bei der Klage- und der Aufrechnungsforderung an. Es ergeben sich mithin bei Kl. (2.000 + 3.500 =) 5.500 EUR und bei Bekl. 2) (8.000 + 2.500 =) 10.500 EUR. Daraus folgt eine Kostenverteilung von 34 % zu 66 %.
Kostentenor: Die Gerichtskosten und die außergerichtlichen Kosten des Klägers tragen dieser selbst zu 34 %, die Beklagten als Gesamtschuldner zu 50 % und der Beklagte zu 2) zu 16 %. Der Kläger trägt die außergerichtlichen Kosten des Beklagten zu 1) zu 20 % und die außergerichtlichen Kosten des Beklagten zu 2) zu 34 %. Im Übrigen findet eine Kostenausgleichung nicht statt.
Das Ergebnis berücksichtigt den tatsächlichen Kostenanfall nach den jeweils relevanten Streitwerten und genügt damit dem Gebot der Kostengerechtigkeit, → Rn. 4, 14. Man beachte, dass die Baumbach'sche Formel, → Rn. 59, hier nicht zur Anwendung kommt, weil die gesamtschuldnerische Haftung der Bekl. im Innenverhältnis unberührt bleibt. Die unterschiedliche Beteiligung der Bekl. am Rechtsstreit besteht nur in Bezug auf die Aufrechnung.

27 **b) Haupt- und Hilfsantrag. aa) Echter Hilfsantrag.** Die Frage der Kostenentscheidung stell sich nur dann, wenn auch über den Hilfsantrag entschieden wird, näher → § 260 Rn. 9. Kommt er nicht zum Zuge, weil der Rechtsstreit mit der Sachentscheidung über den Hauptantrag endet, ist alleine dessen Schicksal für die Kostenentscheidung maßgeblich. Ergeht eine Entscheidung über den Hilfsantrag, ist vorrangig zu klären, ob sich hierdurch nach § 45 I 2 GKG der **Gebührenstreitwert** erhöht, näher → Anh. § 3 Rn. 71. Voraussetzung ist insbesondere eine Sachentscheidung über den Hilfsantrag. Die Kostenentscheidung folgt alsdann dem Schicksal der beiden Anträge, BGH NJW 2010, 2197 Rn. 24; Köln WRP 2015, 241; für die Unterlassungsklage BGH GRUR 2016, 1300 Rn. 71. Nichts anders gilt, wenn Kl. mehrere Hilfsanträge hintereinanderstellt.

28 **Beispiel:** Wert des Hauptantrags: 10.000 EUR, Wert des Hilfsantrags 8.000 EUR, Gesamtwert 18.000 EUR; Kl. erhält unter Abweisung des Hauptantrags auf den Hilfsantrag 5.000 EUR. Er hat von 18.000 EUR insgesamt 13.000 EUR verloren, Kostenverteilung mithin 72 % zu 28 %.

29 Obsiegt Kl. mit einem erstmals im zweiten Rechtszug zulässig gestellten Hilfsantrag, soll die sich daraus errechnende Kostenquote auch für den ersten Rechtszug gelten, BGH NJW 1957, 543; dem ist dann zu folgen, wenn der Streitwert für beide Instanzen der selbe ist. Anders Zöller/Herget Rn. 8, der die Kosten der ersten Instanz generell dem Kl. auferlegen will; das entspricht bei gleichbleibendem Streitwert nicht der wirtschaftlichen Ausgangslage.

30 Greift **§ 45 I 3 GKG** ein, was nicht selten der Fall ist, → Anh. § 3 Rn. 71, muss die Kostenverteilung grds. alleine vom Streitwert und damit vom Wert des höheren Anspruchs ausgehen. Auf diese Weise wird die Grundsatzentscheidung des Gesetzgebers im Sinne der Kostengerechtigkeit fortgeschrieben, → Rn. 14. Der Verlustanteil des Kl. errechnet sich daher nur aus dem Verhältnis von Unterliegen zu Gesamtstreitwert. Findet im vorstehenden Beispiel keine Wertaddition statt, beläuft sich der Streitwert auf 10.000 EUR, so dass die Kosten hälftig geteilt werden (5.000: 10.000), so bereits BGH NJW 1962, 915 zur früheren, im Ergebnis gleichen Rechtslage. Obsiegt Kl. mit einem Hilfsantrag, dessen Wert mit demjenigen des Gesamtstreitwerts identisch ist, trägt Bekl. die Kosten. Missbräuchlichem Vorgehen des Kl., der hinter zweifelhafte Ansprüche (äußerst) hilfsweise einen höherwertigen, unbezweifelbaren Anspruch stellen könnte, um seine Forderungen auf Kosten des Bekl. klären zu lassen, kann Bekl. mit dem sofortigen Anerkenntnis der begründeten Forderung und Kostenantrag nach § 93 begegnen, Drsd ZIP 1995, 1278. Entstehen, namentlich durch Beweisaufnahme, nur für einen Anspruch **besondere Kosten,** kann insoweit entspr. § 96 entschieden werden, BGH NJW 2005, 294; NJW 1956, 182 (für den vergleichbaren Fall der Widerklage).

31 Je deutlicher im Fall des § 45 I 3 GKG die **wirtschaftliche Identität** der Anträge in den Vordergrund tritt, um so richtiger ist die Kostenentscheidung alleine nach dem Streitwert, Stgt 26.6.2018 – 6 U 76/17, BeckRS 2018, 35423 Rn. 64; 18.12.2018 – 6 U 145/15, BeckRS 2018, 35404 Rn. 29; Zöller/Herget Rn. 8. Eine alternativ in Betracht kommende Quotenbildung nach dem **fiktiven Streitwert,** → Rn. 17, der aus der Summe der nach § 45 I 3 GKG nicht beachtlichen Einzelwerte gebildet wird, kann allenfalls in Fällen zur Anwendung kommen, in denen die Bedeutung der einzelnen Gegenstände hiernach verlangt; für grds. Verwertung dieses Ansatzes Prütting/Gehrlein/Schneider Rn. 22; hierzu auch → § 260 Rn. 33 mit zum Teil aA. Dem Gericht bleiben insoweit Gestaltungsspielräume, wie sie auch bei der nicht streitwerterhöhenden Widerklage bestehen, → Rn. 38.

32 **bb) Unechter Hilfsantrag.** Ein unechter Hilfsantrag liegt vor, wenn Folgeanträge auf den Erfolg eines Hauptantrags aufbauen, zB bei der Fristbestimmung nach § 255 und Verurteilung zur Leistung von Schadensersatz für den Fall des fruchtlosen Fristablaufs; auch § 510b ist dem zuzuordnen. Für den Gebührenstreitwert ist alleine wegen der idR gegebenen wirtschaftlichen Identität der Anträge der höchste Einzelwert maßgeblich, → Anh. § 3 Rn. 71. Dennoch erscheint wegen des eigenständigen Charakters der Anträge und der von vornherein angestrebten Kumulation ihrer Wirkungen eine Kostenentscheidung angezeigt, die sich, wie bei der Stufenklage, → Rn. 11, 34, am Schicksal aller Einzelwerte orientiert. Der Weg dorthin führt über einen fiktiven Streitwert, → Rn. 17, der sich aus den Werten der einzelnen Anträge zusammensetzt.

33 **Beispiel:** Kl. verlangt die Herausgabe einer Sache im Wert von 10.000 EUR, Setzung einer Frist von zwei Wochen (Bewertung mit 2.500 EUR, → Anh. § 3 Rn. 57) und für den Fall des fruchtlosen Fristablaufs Zahlung von 14.000 EUR Schadensersatz. Das Gericht verurteilt zur Herausgabe, setzt eine Frist von einem Monat und spricht 10.000 EUR Schadensersatz zu. In der **Tabelle** sieht die Lösung wie folgt aus:

	Verlust Kl.	**Verlust Bekl.**
Herausgabeantrag, 10.000 EUR		10.000 EUR
Fristsetzung: 2.500 EUR	1.250 EUR	1.250 EUR
Schadensersatz: 14.000 EUR	4.000 EUR	10.000 EUR
Gesamtverluste:	5.250 EUR	21.250 EUR
Verlust/fiktiven Streitwert von 26.500 EUR	≈ 20 %	≈ 80 %

c) Stufenklage. Bei der Stufenklage ist nach § 44 GKG für den Gebührenstreitwert alleine der höchste Einzelwert maßgeblich, → Anh. § 3 Rn. 109 ff. Bei unterschiedlichem Schicksal der einzelnen Anträge erscheint es indes wegen deren kumulativer Wirkungen sachgerecht, die Kostenbeteiligung nach einem fiktiven Streitwert, → Rn. 17, zu ermitteln, der sich aus den Werten der auf den einzelnen Stufen geltend gemachten Ansprüche zusammensetzt, OLGR Brdb 2009, 519; Hamm NJW-RR 1995, 959; Mü FamRZ 1993, 725; MDR 1988, 782. 34

Beispiel: Kl. verlangt Rechnungslegung, eidesstattliche Versicherung und Zahlung von Gewinnen für zwei Jahre. Er gibt die erwartete Zahlung für jedes Jahr mit 100.000 EUR an, Gebührenstreitwert also 200.000 EUR. Auf der ersten Stufe (Streitwert 2 x 25.000 EUR) gibt das Gericht der Klage für ein Jahr statt und weist iÜ ab. Die Anträge auf eV (Streitwert 25.000 EUR) werden vollständig abgewiesen. Auf der dritten Stufe erhält Kl. insgesamt 160.000 EUR. 35

Die Kostenverteilung geschieht wie folgt: 36

	Verlust Kl.	Verlust Bekl.
1. Stufe, 50.000 EUR	25.000 EUR	25.000 EUR
2. Stufe, 25.000 EUR	25.000 EUR	
3. Stufe, 200.000 EUR	40.000 EUR	160.000 EUR
Gesamtverluste:	90.000 EUR	185.000 EUR
Verlust/fiktiven Streitwert von 275.000 EUR	33 %	67 %

Die Kostenentscheidung ist im Schlussurteil einheitlich zu erlassen, Brdb FamRZ 2007, 161; Karlsr FamRZ 2003, 943. Sind auf einer Stufe ausnehmend hohe Kosten entstanden, kann hierüber entspr. § 96 getrennt entschieden werden, BGH NJW 2005, 294. 37

d) Widerklage. Sind die Streitwerte von Klage und Widerklage nach § 45 I 1 GKG zu addieren, → Anh. § 3 Rn. 138, kann die Kostenverteilung nach beider Schicksal ermittelt werden, → Rn. 14. 38

Fraglich ist, wie man verfährt, wenn nach **§ 45 I 3 GKG** nur der Wert des höheren Anspruchs maßgeblich ist. Parallel zum nicht werterhöhenden Hilfsantrag, → Rn. 27, liegt es nahe, nur auf den Gebührenstreitwert abzustellen. Das wird im Normalfall ausreichen, weil bei Anwendbarkeit von § 45 I 3 GKG gleichzeitige (Teil-) Erfolge von Klage und Widerklage, die für die Kostenverteilung beide gewichtet werden müssten, kaum vorstellbar sind. Verlangt zB Kl. Leistung aus Vertrag und erhebt Bekl. Widerklage auf Feststellung, dass der Vertrag nicht bestehe, gewinnt eine Seite notwendig nur bei Scheitern der anderen. Bei Teilerfolg der Klage kann mithin die Kostenverteilung alleine aus deren Schicksal hergeleitet werden. Man wird allenfalls in ungewöhnlichen Einzelfällen, in denen die Gegenstände von Klage und Widerklage sowie die Entscheidung hierüber eigenständiges Gewicht haben, nach dem **fiktiven Streitwert** von Klage und Widerklage rechnen müssen, → Rn. 17. Beispiel: Kl. verliert die auf Vertragserfüllung gerichtete Klage, weil bereits erfüllt sei, Bekl. verliert die negative Feststellungswiderklage, weil der Vertrag wirksam sei. Hier erscheint eine Kostenquotierung richtig. 39

Rücknahmen von Klage und Widerklage werden entspr. § 92 I 1 behandelt, Stgt Die Justiz 2004, 514. 40

Besondere Kosten nur für eine der beiden Klagen können generell entspr. **§ 96** getrennt verteilt werden, BGH NJW 2005, 294; NJW 1956, 182. Für die Hilfswiderklage kann auf die für die Hilfsaufrechnung geltenden Grundsätze zurückgegriffen werden, → Rn. 27 ff. 41

Beispiel: Der Kläger verlangt mit der Klage Kaufpreiszahlung in Höhe von 6.000 EUR. Der Beklagte begehrt widerklagend Schadensersatz in Höhe von 4.000 EUR. Die Streitwerte sind gemäß § 45 I 1 GKG auf 10.000 EUR zu addieren. Der Kläger erhält 3.000 EUR, der Beklagte erhält 1.000 EUR zugesprochen. 42

	Kläger	Beklagter
Klage: 6.000 EUR Widerklage: 4.000 EUR	3.000 EUR 1.000 EUR	3.000 EUR 3.000 EUR
Gesamtverlust (fiktiver Streitwert): 10.000 EUR	4.000 EUR	6.000 EUR
Kostenanteil (Verlust./. fiktiven Streitwert)	2/5	3/5

Abwandlung (Streitwertneutrale Widerklage): 43

Der Kläger verlangt Kaufpreiszahlung in Höhe von 6.000 EUR. Der Beklagte begehrt widerklagend die Feststellung, dass der Kaufvertrag nicht wirksam zustande gekommen sei. Der Streitwert beläuft sich nach § 45 I 1 GKG auf 6.000 EUR. Der Einzelwert der negativen Feststellungs-Widerklage wird nicht addiert. Dem Kläger werden 3.000 EUR zugesprochen. Die weitergehende Klage und die Widerklage werden abgewiesen. 44

	Kläger	Beklagter
Klage: 6.000 EUR Widerklage: 6.000 EUR	3.000 EUR	3.000 EUR 6.000 EUR
Gesamtverlust (fiktiver Streitwert): 12.000 EUR	3.000 EUR	9.000 EUR
Kostenanteil (Verlust./. fiktiven Streitwert)	1/4	3/4

e) Zinsen, sonstige Nebenforderungen. Nach § 43 I GKG werden Nebenforderungen neben dem Wert des Hauptanspruchs nicht berücksichtigt. Folgen sie anteilsmäßig dem Schicksal des Hauptanspruchs, bedarf es keiner weiteren Erwägungen. Jedwede Abweisung von Nebenforderungen (zB Reduzierung des Zinssatzes, der vorgerichtlichen Kosten) ist an sich bereits ein Teilunterliegen, → Rn. 7, 11 „Zinsen". Es fällt indes nach § 92 II 45

Nr. 1 meist nicht ins Gewicht, weil die Geringfügigkeitsgrenze von rd. 10 % nicht überschritten wird, → Rn. 75. Ist Letzteres der Fall, muss eine Kostenbelastung erfolgen, BGH NJW 1988, 2173 (2175); MDR 1961, 141; Kobl 30.6.2020 – 3 U 123/20, BeckRS 2020, 15296 Rn. 57; OLGR Schlesw 2009, 46; OLGR Kblz 2009, 345; ohne Darlegung eines rechnerischen Ergebnisses auf „erheblichen Umfang" abgewiesener Zinsansprüche abstellend BGH NJW-RR 2021, 952. Die Überschreitung dieser Grenze ist bei vollem Zuspruch auf die Hauptforderung wie folgt zu ermitteln:

46 Man nimmt auf den Stichtag der letzten mündlichen Verhandlung den Klageantrag zum Ausgang, errechnet die bis dahin aufgelaufene Zinsforderung, erweitert diese um sechs Monate in die Zukunft (weil nie klar ist, wann Bekl. zahlen wird) und addiert die Kostenforderung. Eine parallele Berechnung stellt man in Bezug auf die tatsächlich zuerkannten Nebenforderungen an und gelangt zu zwei Beträgen, denen jeweils ein fiktiver Streitwert zugrunde liegt, → Rn. 17. Wenn der sich hieraus errechnende Unterliegensanteil des Kl. mindestens den Wert von rd. 10 % erreicht, ist Kl. anteilig mit Kosten zu belasten.

47 **Beispiel:** Kl. fordert 10.000 EUR zzgl. 15 % vertraglicher Strafzinsen und 900 EUR vorgerichtlicher Kosten. Er erhält 10.000 EUR zzgl. 5 % Zinsen und keine Kosten. Zur Zeit der letzten mdl. Verh. ist rd. ein Jahr vergangen. Erweitert um sechs Monate ergibt sich für die Zinsen eine Forderung von 2.250 EUR und ein Zuspruch von 750 EUR. Zuzüglich der Kostenforderung von 900 EUR hat Kl. also 13.150 EUR verlangt und 10.750 EUR erhalten. Die Kostenbelastung des Kl. beträgt (10.750 EUR / 13.150 EUR ≈) 18 %.

48 Wird die Hauptforderung teilweise abgewiesen, sind die hierauf entfallenden Nebenforderungen nicht in die Berechnung einzubeziehen, weil sie kein eigenständiges Gewicht haben, Saarbr NJW-RR 2007, 426. Es kommt zur Klärung der Relevanz also nur auf die Frage an, ob alleine für den zuerkannten Teil der Hauptforderung die Reduzierung der Nebenforderungen ein für die Kostenverteilung zu beachtendes Gewicht hat. Erhält Kl. im vorstehenden Beispiel 8.000 EUR Hauptforderung zuerkannt und wird über die Nebenforderungen in gleicher Weise entschieden, beträgt der auf letztere entfallende Verlustanteil des Kl. ebenfalls 18 %. Umgelegt auf die 80 % gewonnener Hauptforderung ergeben sich (18 x 0,8 ≈) 14 Prozentpunkte. Da Kl. auf die Hauptforderung 20 % verliert, ergibt sich eine Kostenbelastung von insgesamt 34 %. Überschlägige Schätzungen oder eine Verteilung 1/3 zu 2/3, → Rn. 22, reichen in jedem Falle aus, solange die Kostengerechtigkeit nicht aus dem Blick gerät.

49 **f) Zug-um-Zug-Verurteilung.** Wird Bekl. abweichend vom uneingeschränkten Klageantrag nur Zug um Zug verurteilt, liegt gegenüber dem Klagebegehren ein Minus vor, was zur Klageabweisung „im Übrigen" führt, BGH NJW 1992, 1172. § 92 I ist also anzuwenden, → Rn. 11 „Zug-um-Zug-Leistung"; die Bildung einer Kostenquote ist auch aus Gründen der Kostengerechtigkeit, → Rn. 4, angezeigt, solange die von Kl. hinzunehmende Einschränkung nicht iSd § 92 II Nr. 1 geringfügig ist, LG Saarbr NJW 2022, 87; Köln NJW-RR 2008, 763; OLGR Ffm 2006, 1057; Hamm MDR 1978, 403 (hyp. Berücksichtigung des Gedankens aus § 93); Hensen NJW 1999, 395; Bachmann BauR 1995, 642; Weyer BauR 1981, 432. Da der Gebührenstreitwert grds. nicht beeinflusst wird, → Anh. § 3 Rn. 142, kann die Einschränkung nur durch Ansatz eines **fiktiven Streitwertes,** → Rn. 17, gewichtet werden. Hierzu empfiehlt es sich, in einem ersten Schritt die Gegenleistung zu bewerten. Da Kl. sie nicht erbringen muss, mag man zunächst erwägen, den Wert der Gegenleistung nur zur Hälfte anzusetzen; unterliegt Kl. faktischem Druck oder bestimmenden Anreizen, kann der Ansatz auf den vollen Wert der Gegenleistung steigen; außerdem liegt bei vernünftiger wirtschaftlicher Betrachtung die ansatzfähige Obergrenze im Wert der Leistung, zu der Bekl. verurteilt ist; hier wäre an eine Kostenaufhebung zu denken, Celle BauR 2003, 1762; → Rn. 70.

50 **Beispiel:** Kl. verlangt uneingeschränkte Zahlung von 10.000 EUR, muss aber Zug um Zug Mängel beseitigen, deren Aufwand auf 6.000 EUR zu veranschlagen ist. Setzt man hiervon die Hälfte an, ergibt sich ein fiktiver Gesamtstreitwert von 13.000 EUR, angesichts des Verlustes von 3.000 EUR trägt Kl. also (10/13 ≈) 23 % der Kosten, vertretbar wäre hier auch eine Formulierung mit Brüchen, zB 1/5 oder 1/4, → Rn. 22. **Beispiele** auch bei Anders/Gehle Assessorexamen ZivilR G Rn. 26.

51 Bei der **doppelten Zug-um-Zug-Verurteilung** ist die Kostenentscheidung einer wirtschaftlichen Betrachtung zu entnehmen, Ddf NJW 2018, 627; Köln NZBau 2008, 320; Celle BauR 2003, 1762. Muss etwa im vorstehenden Beispiel Bekl. für eine der Arbeiten 2.000 EUR zahlen, erhöht sich für Kl. der Anreiz, zugleich mindert sich der Aufwand. Sachgerecht wäre mithin, den Ansatz des letzteren um 2.000 EUR zu verringern, gleichzeitig aber zu erwägen, ob nicht die Gegenleistung mit mehr als der Hälfte angesetzt werden sollte.

52 **g) Klageermäßigung, nachfolgende Klageerweiterung. aa) Grundfall der Klageermäßigung.** Die Klageermäßigung ist nach § 269 III 2 entsprechend der Grundsätzen des § 92 kostenmäßig zu berücksichtigen, → Rn. 11 „Klagerücknahme".

53 Ausgangspunkt der Berechnung ist die von uns mit der hM vertretene **Mehrkostenmethode,** nach der dem Kl. die mit dem zurückgenommenen Teil entstandenen Mehrkosten auferlegt werden müssen, → § 269 Rn. 65; Köln 10.3.2020 – 4 U 219/19, BeckRS 2020, 3439 Rn. 155; Anders/Gehle ZivilR A Rn. 198. Da nach Ziff. 1 KV 1211 GKG die Teilrücknahme nicht zu einer Gebührenermäßigung führt, Kobl AnwBl 2003, 187; Hartmann/Toussaint/Toussaint GKG KV 1211 Rn. 5, ist lediglich zu ermitteln, um welchen Betrag sich die Gerichtskosten ermäßigt hätten, wenn der zurückgenommene Teil nicht geltend gemacht worden wäre. Bei den Anwaltsgebühren kommt es wegen der Terminsgebühr nach VV 3104 RVG auf die Frage an, ob insoweit bereits verhandelt worden war. Alsdann sind auch hier die Mehrkosten zu ermitteln, die sich wegen des zurückgenommenen Teils ergeben haben. Sind alleine wegen des zurückgenommenen Teils sonstige Kosten angefallen, namentlich für eine Beweisaufnahme, sind sie entsprechend § 96 diesen Mehrkosten zuzuschlagen. Die übrigen Kosten des Rechtsstreits verteilen sich bei streitiger Entscheidung nach §§ 91, 92 oder nach sonstigen einschlägigen Regeln wie § 91a oder etwa nach § 93. Kosten einer Beweisaufnahme, die alleine auf den streitigen Teil aufgewendet wurden, sind entsprechend § 96 nur in die letztere Verteilung einzubeziehen, vgl. auch Brdbg FamRZ 2009, 1699; Schlesw MDR 2008, 353.

54 Am Ende ist aus der Verteilung der einzelnen Kosten auf die Parteien wie üblich eine einheitliche, quotenmäßig, dh mit Bruchteilen oder Prozentwerten formulierte Kostenentscheidung zu bilden, zur Formulierung → Rn. 22. Da eine überschlägige Ermittlung ausreicht, können bei den Berechnungen die den Gebührentabellen zu entnehmenden Beträge sowie größere Positionen von Beweiskosten angesetzt; auf die Berücksichtigung von Umsatzsteuer sowie kleineren Nebenkosten kann hingegen verzichtet werden.

55 Diese Grundsätze gelten auch für den **Parteiwechsel** auf Beklagtenseite, BGH GRUR 2015, 159 Rn. 126.

bb) nachfolgende Klageerweiterung. Hat Kl. im Anschluss an die Klageermäßigung die Klage um einen neuen Gegenstand erweitert, bedarf es vorrangig der Klärung des **Gebührenstreitwertes.** Nach vorzugswürdiger Auffassung ist er abweichend von § 5 ZPO nach § 39 GKG, §§ 22, 23 I 1 RVG unter Berücksichtigung des zurückgenommenen Teils aus der Summe aller Einzelwerte zu bilden, auch wenn die betr. Gegenstände nicht gleichzeitig geltend gemacht worden waren, → § 5 Rn. 7 „Klageänderung". Die durch den zurückgenommenen Teil verursachten Mehrkosten sind alsdann so zu ermitteln, wie es im vorstehenden Abschnitt dargelegt wird. 56

Folg man demgegenüber der Ansicht, für die Höhe des Gebührenstreitwertes seien nicht die Werte sämtlicher in den Rechtsstreit eingeführter Gegenstände maßgeblich, sondern nur der nach Klageermäßigung und anschließender -erweiterung höchste Betrag der gleichzeitig geltend gemachten Ansprüche, → § 5 Rn. 7 „Klageänderung", ist eine gerechte Kostenverteilung am ehesten dann zu erzielen, wenn man nach den für den **fiktiven Streitwert** entwickelten Grundsätzen, → Rn. 14, dennoch eine Summe aller Einzelwerte bildet, mithin bei der Ermittlung der Mehrkosten so vorgeht wie im vorstehenden Absatz. Denn auch bei der im Regelfall niedrigeren Wertfestsetzung lässt sich auf diese Weise eine sachgerechte Kostenverteilung ermitteln. 57

Am Ende ist aus den auf die Parteien entfallenden Kostenanteilen eine Quote zu bilden, wie vorstehend unter aa) dargelegt. 58

6. Gesamtschuldnerische Inanspruchnahme, Baumbach'sche Formel. Werden Streitgenossen gesamtschuldnerisch in Anspruch genommen, ergeht aber eine Entscheidung nur **gegen einen von ihnen,** stellt sich die von § 100 nicht direkt geregelte Frage nach der gerechten Kostenentscheidung. Der Gebührenstreitwert erhöht sich im Falle der gesamtschuldnerischen Inanspruchnahme wegen der wirtschaftlichen Identität der Ansprüche nicht; auch liegt eine Beschwer im Umfang der Abweisung gegen einzelne von mehreren Gesamtschuldnern nicht vor, BGH NJW-RR 1991, 186; → § 5 Rn. 4, → § 5 Rn. 7 „Gesamtschuldner"; eine Lösung über Wertanteile ist, anders als bei der Teilabweisung eines Gegenstandes, vgl. Rn. 32, hier also nicht möglich. Wir sind jedoch der Auffassung, dass in diesen Fällen das wirtschaftliche Gewicht der ausfallenden Gesamtschuld über den fiktiven Streitwert, → Rn. 17, zur Geltung gebracht werden muss. Dies geschieht dergestalt, dass man die Inanspruchnahme der Bekl. in Einzelangriffe auflöst und rechnerisch deren jeweiliges Schicksal ansetzt. 59

Geht man für den **Parteiwechsel** auf Beklagtenseite von der Mehrkostenmethode aus, → Rn. 52, stellen sich insoweit keine Probleme. Sieht man hierin ein Teilunterliegen, gelten die nachfolgenden Grundsätze entsprechend. 60

Grundfall: Kl. verlangt von zwei Bekl. gesamtschuldnerisch 10.000 EUR; verurteilt wird nur Bekl. 1). Da mit der Abweisung der Klage gegen Bekl. 2) die gesamtschuldnerische Haftung der Bekl. entfällt, verteilen sich die Gerichtskosten und die außergerichtlichen Kosten des Kl. auf diesen und den Bekl. zu 1) nach folgender Tabellendarstellung, in welche man die Parteien so einträgt, wie sie an der Sachentscheidung mit Verlusten beteiligt sind. Für Bekl. 2) muss also keine Rubrik gebildet werden. 61

	Verlust Kl.	**Verlust Bekl. 1)**
Anspruch gegen Bekl. 1), 10.000 EUR		10.000 EUR
Anspruch gegen Bekl. 2), 10.000 EUR	10.000 EUR	
Gesamtverlust: fiktiv 20.000 EUR	10.000 EUR	10.000 EUR
Verlust/fikt. Streitwert 20.000 EUR	50%	50%

Die außergerichtlichen Kosten des Bekl. zu 1) trägt nach der ersten Anspruchszeile dieser selbst; diejenigen des Bekl. zu 2) trägt nach der zweiten Anspruchszeile der Kl. Tenoriert wird also: Die Gerichtskosten und die außergerichtlichen Kosten des Klägers tragen dieser selbst und der Beklagte zu 1) zu jeweils 50%. Die außergerichtlichen Kosten des Beklagten zu 2) trägt der Kläger. Im Übrigen findet eine Kostenausgleichung nicht statt. 62

Die Methode lässt sich auf Fälle mit mehreren **unterschiedlichen Beteiligungen** übertragen. Man muss lediglich darauf achten, dass die Parteien so in die Rubriken der Tabelle eingetragen werden, wie sie mit Verlusten an der Sachentscheidung beteiligt sind. Das gilt nach § 100 IV auch insoweit, als die Bekl. teilweise gesamtschuldnerisch verurteilt werden. 63

Beispiel: Kl. verlangt von Bekl. zu 1), 2), 3) gesamtschuldnerisch Zahlung von 10.000 EUR. Es werden verurteilt Bekl. zu 1), 2) gesamtschuldnerisch zur Zahlung von 6.000 EUR, Bekl. zu 1) alleine zur Zahlung weiterer 2.000 EUR. IÜ wird die Klage abgewiesen. Für die Gerichtskosten und die außergerichtlichen Kosten des Kl. gilt: 64

	Verlust Kl.	**Verlust Bekl. 1, 2) gesamtschuldnerisch**	**Verlust Bekl. 1) alleine**
Anspruch gegen Bekl. 1) 10.000 EUR	2.000 EUR	6.000 EUR	2.000 EUR
Anspruch gegen Bekl. 2) 10.000 EUR	4.000 EUR	6.000 EUR	
Anspruch gegen Bekl. 3) 10.000 EUR	10.000 EUR		
Gesamtverlust, fiktiv 30.000 EUR	16.000 EUR	12.000 EUR	2.000 EUR
Verlust/fikt. Streitwert 30.000 EUR	≈ 53%	40%	≈ 7%

Für die außergerichtlichen Kosten der Bekl. lässt sich aus der jeweiligen Anspruchszeile ablesen, dass Kl. sie wie folgt trägt: Bekl. 1) zu 20%, Bekl. 2) zu 40%, Bekl. 3) voll. 65

66 Der Kostenerstattungsanspruch des **obsiegenden** Streitgenossen gegen den **Gegner** beschränkt sich grds. auf die im Innenverhältnis zu tragende Quote, → § 91 Rn. 193.

67 **7. Kostenmischentscheidung.** Beruht die Kostenentscheidung für einzelne Teile auf **verschiedenen Rechtsgrundlagen,** ist aber dennoch eine einheitliche Kostenentscheidung zu erlassen, muss diese die unterschiedlichen Anteile aufgrund einer Gewichtung zu einer einheitlichen Quotierung zusammenfassen. Standardfall ist die Teilerledigung, → § 91a Rn. 165 f. zur übereinstimmenden und → § 91a Rn. 256 für die str. Erledigung. Entspr. gilt für die Teilrücknahme (Klageermäßigung), Ffm BeckRS 2019, 21713 Rn. 19 = GRUR-RS 2019, 21713; → Rn. 52.

68 Die Gewichtung steht nach § 92 im pflichtgemäßen Ermessen des Gerichts. Rechnerische Genauigkeit ist dabei durchaus ein Leitbild, aber nicht der einzig maßgebliche Gesichtspunkt; gewisse Wertungs- und Rundungsspielräume bestehen durchaus, damit nicht eine Präzision suggeriert wird, die angesichts möglicher Wertungen beim Streitwert und bei der Sachentscheidung überzogen wirkte, vgl. auch BGH NJW 1964, 660 (661). Ausgangspunkt kann der Gebührenstreitwert der einzelnen Teile sein. Bei einer Zahlungsklage ist eine genaue Berechnung am ehesten möglich, → Rn. 20.

69 Die Vollstreckbarkeitsentscheidung folgt möglicherweise verschiedenen Regeln, → § 91a Rn. 165 ff. (übereinstimmende Erledigung). Bei den Rechtsmitteln können sich unterschiedliche Möglichkeiten ergeben, → § 91a Rn. 179 (übereinstimmende), → § 91a Rn. 260 (str. Erledigung).

70 **VI. Aufhebung gegeneinander, I 2. 1. Begriff der Aufhebung.** § 92 I 2 beschränkt sich auf die Regelung, dass bei Kostenaufhebung „die Gerichtskosten jeder Partei zur Hälfte zur Last" fallen. Für die außergerichtlichen Kosten bedeutet Aufhebung, dass jede Partei ihre eigenen (Anwalt wie sonstige) selbst trägt; einer weiteren Regelung bedarf es insoweit nicht, weil ein Titel iSd § 103 I nicht entsteht. Dieses Verständnis der Norm ist allgemeine Ansicht; es prägt auch die Auslegung eines dahingehenden Vergleichs, BGH NJW-RR 2021, 1003 Rn. 13.

71 **2. Pflichtgemäßes Ermessen.** Die Entscheidung zwischen Aufhebung und Teilung folgt pflichtgemäßem Ermessen. Sind die Verlustanteile der Parteien iW gleichwertig, kommen Teilung und Aufhebung in gleicher Weise in Betracht. Sprechen keine tragenden Gründe für die Teilung, gebührt der Aufhebung wegen der vereinfachten Kostenausgleichung nach § 104 der Vorzug. Bei unterschiedlichen Verlustanteilen, welche die Grenze von § 92 II Nr. 1 überschreiten, ist im Sinne der Kostengerechtigkeit, → Rn. 4, die Teilung vorzuziehen, LG Oldbg NdsRpfl 2012, 17. Aufhebung liegt nahe, wenn bei Sachverhalten mit Wertungsspielraum, wie etwa der Zug- um-Zug-Verurteilung, → Rn. 49, die von Kl. unfreiwillig zu erbringende Gegenleistung im Wert der Leistung in etwa entspricht, Celle BauR 2003, 1762, entspr. für Hilfsantrag OLGR Naumbg 2009, 114.

72 Str. ist die Aufhebung bei **anwaltl. Vertretung nur auf einer Seite** und iW gleichen Anteilen, für Teilung: LG Köln NJW 2018, 1890 (zust. Gemmer), krit. Anm Schneider NJW-Spezial 2018, 541; LG Hbg Rpfleger 1985, 374; für Aufhebung: LG Bln Rpfleger 1992, 175. Es kommt im Einzelfall darauf an, ob die anwaltliche Vertretung im Interesse der Rechtsfindung, etwa aufgrund nachhaltigen Erfahrungsdefizits beim Vertretenen, billigerweise auch vom nicht vertretenen Gegner mit getragen werden muss. Teilung ist zB geboten, wenn Aufhebung für eine überwiegend obsiegende Partei wegen der Anwaltskosten ungünstiger wäre, LG Oldbg NdsRpfl 2012, 17.

73 **VII. Auferlegung der gesamten Prozesskosten, II. 1. Systematik.** § 92 II enthält zwei grundverschiedene Ausnahmen von I, die aufgrund ihrer eng umschriebenen Voraussetzungen vor Kostenaufhebung und -teilung Vorrang haben. Liegen jene vor, muss das Gericht sein pflichtgemäßes **Ermessen** („kann") ausüben und darf nur im begründbaren Fall auf I abstellen. Es bleibt jedoch in jedem Falle ein nicht geringer Ermessensspielraum, so auch Wieczorek/Schütze/Smit/Hartmann ZPO Rn. 16.

74 **2. Zuvielforderung, II Nr. 1.** Eine Zuvielforderung (Mehrforderung) liegt in jedem Fall des Teilunterliegens vor, man folgt also zunächst einer rein formalen Betrachtung der Abweichung des Erfolgs vom Klageziel, → Rn. 7, 11 ff. Das ist auch dann zu bejahen, wenn zB die im Eilverfahren nach §§ 916 ff., 935 ff. beantragte Maßnahme bei einer vernünftigen Gesamtbetrachtung weiter reichte als die schließlich unter einer Berücksichtigung zB von § 938 angeordnete oder wenn beim **unbezifferten Klageantrag** der zunächst genannte Mindest- oder Eckbetrag oder die zunächst genannte Größenordnung höher lagen als die schließlich im Urteil beziffert zugesprochene Summe, allg. → § 253 Rn. 39. Als Entscheidungsgrundlage ist auch der Streitwert mit heranzuziehen, zB → Anh. § 3 Rn. 115.

75 **3. Verhältnismäßig geringfügig, II Nr. 1.** Ob **Geringfügigkeit** vorliegt, ist wertungsabhängig, Herr MDR 1993, 837. Bei Geldforderungen oder anderen rein vermögensmäßig zu betrachtenden Ansprüchen muss man das Verhältnis der zugesprochenen Leistung zur ursprünglichen Klageforderung ermitteln. Man kann eine Grenze der Geringfügigkeit in gewissem Rahmen um **10 %** des Gesamtanspruchs ziehen, Saarbr NJW-RR 2013, 852, Karlsr FamRZ 2004, 1392 (Gewichtung der Herausgabe eines Titels); für 5 % Celle NJOZ 2020, 309 Rn. 18; Beck NJW 2018, 29; MüKoZPO/Schulz Rn. 19; Stein/Jonas/Muthorst ZPO Rn. 11 unter Konzentration auf hohe Streitwerte. Gleiches gilt, wenn als überhöht oder nicht veranlasst abgewiesene Nebenforderungen im Verhältnis zur zugesprochenen Hauptforderung zzgl. begründeter Nebenforderungen diese Grenze überschreiten, Kblz BeckRS 2020, 15296; OLGR Schlesw 2009, 46 (Heranreichen an die Hauptforderung); AG Freibg AnwBl 1984, 99 (Nebenforderung gleich hoch oder höher als Hauptforderung), wobei für **Zinsen** mit Blick auf die in der Zukunft liegende Zahlung pauschal sechs Monate nach Verkündung hinzu gerechnet werden sollten. Stg BeckRS 2019, 38215 Rn. 133 ermittelt einen fiktiven Streitwert aus Hauptforderung nebst allen Nebenforderungen einschl. Kosten und setzt hierzu die Zinsen in Beziehung. Bei geringem Hauptsachestreitwert kann die Teilabweisung von Nebenforderungen eher Gewicht erlangen, aber auch geringfügig bleiben, vgl. AG Hanau JurBüro2021, 542. Zur Berechnung der Kostenquote → Rn. 45.

76 Auch für die **Zug-um-Zug**-Verurteilung sollte man diese Grenze beachten, wobei allerdings die von Kl. zu erbringende Gegenleistung auch unter dem Aspekt gewichtet werden muss, ob Kl. sich dieser Notwendigkeit aus wirtschaftlichen oder persönlichen Gründen ausgesetzt sieht oder ob der Titel verzichtbar erscheint; zur Berechnung nach § 92 I → Rn. 49.

77 Soweit das Gericht einem Antrag auf den Erlass eines **Arrests** nach §§ 916 ff. oder einer einstweiligen Verfügung nach §§ 935, 940 nur teilweise stattgibt, handelt es sich zwar um ein Teilunterliegen. Jedoch ist das

Gericht in der Fassung seiner Anordnung im Rahmen des Ermessensspielraums des § 938 ohnehin frei. Eine von ihm gewählte abweichende Fassung kann zwar, muss aber nicht stets gegenüber dem Antrag ein beachtliches Weniger darstellen. Zum Teilunterliegen, → Rn. 7. Beim Streit um die Beschränkung der **Erbenhaftung** ist im Anschluss an → Rn. 11 „Vorbehalt beschränkter Erbenhaftung" zu prüfen, ob der Punkt für Kl. wirtschaftliches Gewicht hat.

Bei anderen als vermögenswerten Ansprüchen muss, unter Berücksichtigung des Streitwertes, die Bedeutung des abgewiesenen Teils anhand der Gesamtumstände gewichtet werden. Bei **unbezifferten Anträgen** kommt es auf das Verhältnis der nach dem Sachvortrag des Kl. anzunehmenden Forderung zum bezifferten Ergebnis an, allg. → § 253 Rn. 39. 78

4. Veranlassung keiner oder nur geringfügig höherer Kosten, II Nr. 1 Hs. 2. Zu den Voraussetzungen nach → Rn. 74 ff. muss hinzutreten, dass die Zuvielforderung keine oder nur geringfügig höhere Kosten veranlasst hat. Die Regelung bereitet Probleme, weil sie sich in die nach § 92 I vorzunehmende Quotenbildung nicht nahtlos einfügt. Denn die Zuvielforderung eines Kleinstbetrags kann gemessen an der Gesamtforderung äußerst geringfügig sein; dennoch kann sie wegen eines **Gebührensprungs** eine spürbare Entstehung von Kosten verursacht haben, welche die Zuvielforderung um das Tausendfache übersteigen. Dabei können geringfügige Zuvielforderungen sowohl innerhalb eines Gebührensprungs als auch über dessen Grenze hinweg in gleicher Relation stattfinden, so dass diesem letztlich kein alleine entscheidendes Gewicht beikommen darf. Ebensowenig darf es darauf ankommen, in welchem Bereich der Gebührentabellen der Sprung stattfindet; im unteren Bereich sind die Beträge gering, im oberen hoch. Soll wegen Mehrkosten II Nr. 1 nicht eingreifen, ist ohnehin über die Größenordnung der Kostenverteilung nach I noch nichts gesagt. Es bleibt ja beim Verhältnis von Obsiegen und Unterliegen. Wegen relevanter Kosten eine Kleinstquote im Bereich von Promillebruchteilen auszuwerfen, gibt keinen Sinn, weil sie die Größenordnung der Mehrkosten weit verfehlen kann. Alleine diese Möglichkeit zeigt, dass aus einem rechnerischen Verhältnis von Zuvielforderung und erheblichen Mehrkosten kein Nutzen zu ziehen ist. Die Regelung bedarf daher der **teleologischen Anpassung.** 79

Ziel ist die **Kostengerechtigkeit,** → Rn. 4. Obwohl nach dem Wortlaut der Norm die Geringfügigkeit der Zuvielforderung und diejenige von Mehrkosten nebeneinander zu prüfen sind, muss eine Kumulation beider Elemente stattfinden. Überschreiten diese in ihrer überschlägig ermittelten Summe die Geringfügigkeitsgrenze, findet nach Maßgabe alleine des Unterliegens beim Klageziel eine Kostenverteilung statt; § 92 I. Ist der Verlust so gering, dass hierdurch das Gewicht der Kosten nicht abgebildet werden kann, sind dem Kl. ein überschlägig ermittelter Kostenbetrag und iÜ dem Bekl. die Kosten aufzuerlegen. Im umgekehrten Fall einer überwiegenden Klageabweisung gilt entsprechendes. 80

VIII. Abhängigkeit der Forderung von richterlicher Festsetzung, II Nr. 2. 1. Anwendungsbereich. Die Regelung führt ein Schattendasein, zutreffend und bis heute aktuell bereits Gerstenberg NJW 1988, 1352. Sie erfasst in weitem Umfang Fälle, in denen Kl. aufgrund der aufgeführten Einflüsse von dritter Seite bei der Berechnung der Klageforderung Ungewissheiten ausgesetzt ist, mit deren Kostenrisiko nach § 92 I billigerweise Bekl. belastet werden muss. Dabei ist eine der Sach- und Rechtslage angemessene Großzügigkeit geboten. Gleiches gilt für eine von richterlichem Ermessen abhängige **Gegenforderung.** Die drei aufgeführten Fälle bedürfen getrennter Betrachtung. 81

2. Richterliches Ermessen

Schrifttum: Butzer MDR 1992, 539, Röttger NJW 1994, 368, Steinle VersR 1992, 425.

Geregelt sind alle Fälle, in denen der Betrag der Forderung iwS von der Festsetzung eines richterliches Ermessen abhing, insbesondere beim Antrag auf Zahlung eines ins Ermessen des Gerichts gestellten Schmerzensgelds nach § 253 BGB, Kblz AnwBl 1990, 398. **Weitere Beispiele:** §§ 315 III 2, 319 I 2, 343 I 1, 655 I 1, 660 I 2, 2156 S. 2, 2192 BGB, § 355 HGB, § 287 I 1 ZPO. 82

Wird der in der Klage angegebene Mindestwert erreicht oder überschritten, ist Bekl. mangels formalen Unterliegens mit den Kosten zu belasten, Celle NJW-RR 2020, 506 Rn. 6; → Rn. 7. Bei Abweichung vom Antrag nach unten gilt Abs. 2 Nr. 2 mit folgenden Maßgaben: 83

Der **Schmerzensgeldantrag** muss sich herkömmlicher Auffassung zufolge nach → Anh. § 3 Rn. 99, 115 in vertretbaren Grenzen gehalten haben, Ddf NJW-RR 1995, 955 (Grenze bei 20%); SG Kblz AnwBl 1990, 398 (13% bei Schmerzensgeld); VersR 1989, 1267; Karlsr Justiz 1990, 330 (wohl 25%); Köln NJW 1989, 720 (wohl unterhalb 30%); Mü VersR 1989, 862 (wohl bis 30%); Ffm MDR 1982, 674 (wohl 20%); Mertins VersR 2006, 47 (auch noch bei mehr als 20% Abweichung); kritisch Köln OLGR 1994, 284; Übersicht bei Freymann/Wellner/Doukoff, juris-PK-Straßenverkehrsrecht, BGB § 253 Rn. 125. Ablehnend gegenüber Prozentwerten, für ex-ante-Betrachtung aus der verständigen Sicht des Kl. LG Nürnb-Fürth RuS 2008, 264. Stein/Jonas/ ZPO Rn. 13 will Kl. in jedem Fall einer Abweichung vom angegebenen Mindestbetrag mit einer Kostenquote belasten; Musielak/Voit/Flockenhaus ZPO Rn. 7 nimmt auf einen verständlichen Schätzfehler des Kl. Rücksicht; Ffm NJW 2021, 3791 Rn. 54 will die reine Wertangabe zur Streitwertfestsetzung nicht berücksichtigen, sondern Kl., der die Höhe vollständig in das Ermessen des Gerichts legt, trotz überhöhter Wertangabe grds. nicht mit Kosten belasten. Das führt allerdings vermeidbar zu einem überhöhten Kostenrisiko des Bekl., da im Rahmen eines erfassbaren Sachverhalts von Kl. eine vorsichtige Schätzung des Höchstbetrags erwartet werden kann. 84

Beruht die Teilabweisung nicht alleine auf überhöhtem Antrag, sondern auf einem Sachfehler wie etwa auf **Mitverschulden,** ist es in jedem Fall gerechtfertigt, Kl. insoweit quotenmäßig zu belasten, Mü VersR 1989, 862; Stein/Jonas/Muthorst ZPO Rn. 12. Ähnlich liegt es, wenn Kl. einen vermeidbaren **Schätzungsfehler** beging und durch falsche Angaben eine Beweisaufnahme verursachte, so auch Ffm NJW 2021, 3791 Rn. 55; Ffm NJW-RR 1989, 1007; aA wohl MüKoZPO/Schulz Rn. 23. Die Kürzung eines Antrags auf Zahlung von Schmerzensgeld aus **tatsächlichen,** nicht aus Ermessensgründen, liegt außerhalb des Regelungsbereichs der Norm, dies möglicherweise in einem Fall verkennend, in dem Anlass der Teilabweisung ein Irrtum über die Tragweite der Sterbetabelle war, Ffm ZfSch 2020, 617 Rn. 80, Anm. Jaeger VersR 2021, 84 (90); Stein/Jonas/Muthorst ZPO Rn. 12. Andererseits muss es sich zugunsten des Kl. auswirken, wenn er keine Möglichkeit hatte, die Grundlagen der richterlichen Schätzung ex ante zu erfassen, so dass namentlich in der Arzthaftung ein großzügiger Maßstab anzulegen ist. 85

86 **3. Ermittlung durch Sachverständige.** Es reicht auch aus, dass der Betrag, nicht der Grund der Forderung von der Ermittlung nach §§ 402 ff. durch einen Sachverständigen oder mehrere abhängig war. Hier kann es sich sowohl um eine bezifferte als auch um eine unbezifferte Klageforderung handeln, zu letzterem → § 253 Rn. 39. Dagegen zählen nicht diejenigen Fälle hierher, in denen nur der Grund von der Ermittlung durch einen Sachverständigen abhängt. Soweit das Ergebnis für Kl. nicht überschaubar war, kommt es auf eine bestimmte Grenze, etwa 20 %, nicht an, zutreffend LG Nürnberg-Fürth RuS 2008, 264. Zu berücksichtigen ist auch, inwieweit Kl. überhaupt die Möglichkeit hatte, das Ergebnis selbst ex ante zu schätzen.

87 **4. Gegenseitige Berechnung.** Es reicht schließlich aus, dass der Betrag der Forderung von einer gegenseitigen „Berechnung" oder Abrechnung abhängt.

88 **Beispiel:** Der Kläger kennt zunächst unverschuldet noch nicht die Höhe einer Gegenforderung des Bekl., vor allem bei einer Haupt- oder Hilfsaufrechnung. Der Forderungsbetrag muss von einer solchen gegenseitigen Berechnung „abhängig" sein. Maßgebend ist der Zeitpunkt der Entscheidungsreife. Es reicht also nicht aus, dass etwa eine derartige Abhängigkeit nur bei einer bloßen Hilfsaufrechnung eintreten würde, solange das Gericht der Klage ohnehin schon wegen des Abweisungsantrags oder der Hauptaufrechnung des Bekl. nicht stattgeben konnte. Die Regelung hat Ausnahmecharakter; idR wird Kl. über Gegenforderungen hinreichend informiert sein, auch → Rn. 26 ff.

89 **IX. Rechtsmittelinstanz, I, II.** Die Vorschriften gelten in allen Instanzen, Köln VersR 1995, 358 (Berücksichtigung eines Obsiegens vorwiegend im Kostenpunkt); Hamm MDR 1980, 233.

93 ***Kosten bei sofortigem Anerkenntnis.*** **Hat der Beklagte nicht durch sein Verhalten zur Erhebung der Klage Veranlassung gegeben, so fallen dem Kläger die Prozesskosten zur Last, wenn der Beklagte den Anspruch sofort anerkennt.**

1 **I. Systematik.** Die Vorschrift ergänzt § 307 wegen der Kostenfolgen für einen Teil seines Anwendungsbereichs. Sie stellt nur scheinbar eine Ausnahme von der Grundregel des § 91 dar. In Wahrheit führt sie jene Grundregel folgerichtig fort, nur eben verfeinert. Die Frage, wer unterliegt, beantwortet § 93 anders als bei dem notwendigerweise groben Schema des § 91 nicht vom äußeren Prozessergebnis her, sondern von dem im Grunde gerechtem Maßstab, ob ein Prozess überhaupt notwendig war, LG Hmb GRUR-RR 1984, 191. Eine ähnliche Regelung enthält § 269 III 3.

2 Trotzdem ist § 93 im System der §§ 91 ff. formell als eine **Ausnahmevorschrift** anzusehen, BGH NJW 1994, 2895 (krit. Bork JZ 1994, 1011); Karlsr NJW-RR 2012, 808; Köln FamRZ 1988, 96. Daher ist eine enge Auslegung seiner Voraussetzungen erforderlich, Karlsr NJW-RR 2012, 808. Aber → Rn. 4 ff. Die Vorschrift erfasst nach dem Wortlaut nur das volle Anerkenntnis aller Klagansprüche. Beim bloßen Teilanerkenntnis ist § 93 auf die diesbezüglichen Kosten anwendbar. § 93b enthält teilweise vorrangige Sonderregeln. § 96 ist nicht entsprechend anwendbar, Streit/Schade JurBüro 2004, 121. Zur notwendigen Abmahnung beim Unterlassungsanspruch vgl. die Sollvorschrift § 12 I UWG.

3 **II. Regelungszweck.** § 93 soll dazu beitragen, unnötige Prozesse zu vermeiden, Karlsr NJW-RR 2012, 808; Leuschner AcP 207, 83. Die Vorschrift dient also der Prozesswirtschaftlichkeit, MüKoZPO/Schulz Rn. 1; BPatG GRUR 1989, 588.

4 **III. Sachlicher Geltungsbereich.** Während man wegen des formellen Ausnahmecharakters der Vorschrift ihre Voraussetzungen an sich eng auslegen muss, lässt sich die Frage großzügig beantworten, ob die Vorschrift überhaupt anwendbar ist.

5 **1. Direkte Anwendbarkeit.** § 93 gilt nach → Vor § 128 Rn. 38 grundsätzlich in jeder solchen Verfahrensart nach der ZPO, in der der Bekl. oder Antragsgegner oder Widerbekl ein nach § 307 wirksames Anerkenntnis erklären kann. In dem Verfahren muss also die Parteiherrschaft gelten, nicht nur der Ermittlungsgrundsatz nach → Rn. 7.

6 **2. Entsprechende Anwendbarkeit.** Der Rechtsgedanke des § 93 ist auch in jedem solchen Verfahren anwendbar, das wenigstens im Kern einem Zivilprozess mit seiner Parteiherrschaft vergleichbar ist und keine vorrangige Sonderregelung enthält. Der Rechtsgedanke des § 93 ist auch auf der Billigkeitsebene des § 91a zu berücksichtigen, so dass der Kläger nach übereinstimmenden Erledigungserklärungen dann die Kosten trägt, wenn der Beklagte keinen Anlass zur gerichtlichen Geltendmachung des Klageanspruchs gegeben und denselben sofort nach Zustellung der Klage beziehungsweise sofort nach Fälligkeit erfüllt oder den Kläger sonst klaglos gestellt hat, BGH BeckRS 2021, 11951.

7 **3. Unanwendbarkeit.** § 93 ist nach → Vor § 128 Rn. 44, §§ 26, 127 FamFG in einem Verfahren ohne eine Parteiherrschaft und damit ohne eine Möglichkeit eines nach § 307 wirksamen Anerkenntnisses unwirksam, also in demjenigen Verfahren, in dem der Ermittlungsgrundsatz herrscht.

4. Beispiele zur Frage des sachlichen Geltungsbereichs

8 **Anspruchsverzicht:** Bei einem Verzicht auf den Klaganspruch nach § 306 ist § 93 **unanwendbar,** Hamm MDR 1982, 676; Kblz NJW-RR 1986, 1443; LG Hmb NJW-RR 1987, 381; aM Ffm OLGZ 1993, 299 (aber § 93 regelt gerade das Gegenteil eines Anspruchsverzichts).

Arbeitsrecht: § 93 ist anwendbar, BAG FamRZ 2006, 120.

Arrest, einstweilige Verfügung: § 93 gilt auch im Verfahren auf den Erlass eines Arrests oder einer einstweiligen Verfügung nach §§ 916 ff., 935 ff., Ffm NJW-RR 1999, 1742; KG NJW-RR 2000, 516; VerfGH Mü NJW-RR 2013, 414. Die Vorschrift gilt auch in dem Verfahren nach einem Widerspruch nach §§ 924 ff., Hmb GRUR-RR 2014, 228; Schlesw WettbR 2000, 248, und im Aufhebungsverfahren nach → § 927 Rn. 22. Das gilt freilich nur dann, wenn in Wahrheit keine Gefährdung vorlag oder wenn eine Gefährdung keine Voraussetzung des Eilverfahrens war, etwa bei §§ 885 I 2, 899 II 2, §§ 11 I 2, 21 II 3 SchiffsRG, (jetzt) *§ 12 II UWG, Borck NJW 1981, 2725;* Liesegang JR 1980, 99 (Fallfrage).

Aufgebotsverfahren: Im Aufgebotsverfahren nach §§ 433 ff. FamFG ist § 93 **unanwendbar.** Das ergibt sich aus der über die Interessen des Antragstellers weit hinausgehenden Bedeutung jenes Verfahrens trotz seiner Anklänge an ein Erkenntnisverfahren nach §§ 253 ff.

Aufhebungsverfahren: „Arrest, einstweilige Verfügung".
Beschlussverfahren: § 93 gilt auch in einem Beschlussverfahren, soweit überhaupt die Voraussetzungen → Rn. 4, 6 auf jene Verfahrensart zutreffen.
Drittwiderspruchsklage: § 93 gilt auch in einem Drittwiderspruchsprozess nach § 771, Hamm JurBüro 2014, 441, oder nach § 878. Denn dieses Verfahren ist ein nur äußerlich bei der Zwangsvollstreckung mitgeregeltes, in Wirklichkeit selbständiges weiteres Erkenntnisverfahren nach §§ 253 ff. Auch → „Zwangsvollstreckung".
Eheverfahren: § 93 ist grds. in jeder Art von Eheverfahren wegen des dort geltenden Ermittlungsgrundsatzes nach §§ 26, 127 FamFG **unanwendbar,** (je zum alten Recht) Ffm FamRZ 1984, 1123; Karlsr FamRZ 1991, 1456. I 1 kann jedoch entsprechend anwendbar sein, soweit der Versorgungsausgleich nach §§ 217 ff. FamFG als eine selbständige Familiensache abläuft, BGH MDR 2001, 218. Freilich auch → „Unterhalt".
Erbausgleich: → „Vorzeitiger Erbausgleich".
Feststellungsklage: § 93 ist auch bei einer bloßen Feststellungsklage nach § 256 wie sonst anwendbar.
Finanzgerichtsverfahren: § 93 ist im Finanzgerichtsverfahren allenfalls insoweit anwendbar, als dort ausnahmsweise kein Ermittlungsgrundsatz nach → Vor § 128 Rn. 44 herrscht.
Folgesache: → „Eheverfahren", → „Unterhalt".
Freiwillige Gerichtsbarkeit: → „Eheverfahren", → „Haushaltssache", → „Wohnungseigentumssache".
Gebrauchsmuster: Der Rechtsgedanke des § 93 ist im Rahmen einer nach § 17 GebrMG iVm § 62 PatG erfolgenden Kostenentscheidung anwendbar, BGH GRUR 1982, 364 und 417, BPatG GRUR 1989, 587.
Gesellschaft: § 93 ist auf eine Anfechtungsklage anwendbar, Naumb NJW-RR 1998, 1195.
Gestaltungsklage: § 93 ist auch bei einer Gestaltungsklage nach → Vor § 253 Rn. 10 anwendbar, Düss NJW-RR 1993, 74; Karlsr FamRZ 2012, 1967; Naumb NJW-RR 1998, 1095.
Haushaltssache: Es gelten §§ 80 ff., 200 ff. FamFG.
Insolvenz: § 93 ist im Insolvenzverfahren **grds. unanwendbar.** Denn dort herrscht der Ermittlungsgrundsatz nach → Vor § 128 Rn. 44, Mü KTS 1987, 327; LG Ffm KTS 1985, 751. Die Vorschrift ist aber in einem aus Anlaß eines Insolvenzverfahrens entstehenden Zivilprozess wie sonst anwendbar, BGH NJW-RR 1994, 1213; LG Gött KTS 1990, 137; LAG Hamm MDR 2001, 1379.
Kindschaftssache: § 93 ist in einem Kindschaftsverfahren nach §§ 151 ff. FamFG wegen des dort herrschenden Ermittlungsgrundsatzes nach § 26 FamFG **unanwendbar.** Allerdings auch → „Unterhalt", → „Vereinfachtes Verfahren".
Klagerhöhung: § 93 ist bei §§ 263, 264 auch auf den Mehrbetrag anwendbar. Man muss ihn wie eine weitere Klage beurteilen. Maßgeblich ist der Änderungszeitpunkt, Stgt NJW-RR 2011, 1592.
Klagerücknahme: § 93 ist bei § 269 III 2 **grds. auch nicht entsprechend anwendbar,** Drsd MDR 2003, 1079; Stgt NJW-RR 1997, 1222. Denn der Kostenausspruch nach § 269 III 2, IV ist trotz etwaiger „Kostenanträge" in Wahrheit ja nach → § 269 Rn. 42 nur die bloße Feststellung einer bereits kraft Gesetzes zwangsläufig eingetretenen Kostenfolge. Bei § 93 muss das Gericht immerhin eine unter den Voraussetzungen der Vorschrift ebenso zwangsläufige Kostenfolge durch eine Kostengrundentscheidung erst im Einzelfall herbeiführen, Hamm GRUR 1983, 60; Karlsr MDR 1994, 1245; Schlesw MDR 2001, 1078; aM AG Offenbach MDR 1984, 1032; Schneider MDR 1984, 548 (aber der vorgenannte Unterschied ist unübersehbar und erheblich). Bei **§ 269 III 3** kann § 93 aber mit zu beachten sein.
Kostenfestsetzungsverfahren: § 93 ist im Kostenfestsetzungsverfahren nach → § 104 Rn. 21 anwendbar. Das gilt trotz des Grundsatzes, dass das Gericht stets nach § 308 II von Amts wegen über die Kosten entscheiden muss, Karlsr OLGZ 1986, 125.
Künftige Leistung: § 93 ist auch in einem Verfahren auf eine künftige Leistung nach §§ 257 ff. anwendbar, auch zB in einem Verfahren nach § 259. Denn § 93 setzt einen subjektiven Anlass und nicht eine objektive Besorgnis voraus.
Leistungsklage: § 93 ist bei einer Leistungsklage nach → Vor § 253 Rn. 8 wie sonst anwendbar.
Mahnverfahren: Nach einem Mahnverfahren nach §§ 688 ff. tritt beim Übergang in das streitige Verfahren unter Umständen nach § 696 III eine Rückwirkung ein. Im Übrigen ist § 93 anwendbar, soweit und sobald der Antragsgegner den Mahnanspruch nach § 307 überhaupt wirksam anerkennen kann oder soweit er nach einem Widerspruch nach § 294 und nach einer anschließenden Zahlung der Hauptsumme und nach einer Klageänderung nach §§ 263, 264 die Mahnkosten anerkennt, AG Hann JurBüro 1999, 542. **Unanwendbar** ist § 93 dann, wenn der Gläubiger wegen mehrerer Rechnungen mehrere Mahnverfahren beantragt hat, AG Düss NJW-RR 2003, 862.
Markenrecht: § 93 ist anwendbar, Hmb GRUR 2006, 616; Stgt NJW-RR 2001, 259.
Patentverfahren: § 93 ist in einem Verfahren nach § 84 II PatG anwendbar, BGH GRUR 2004, 141.
Prozesskostenhilfeverfahren: § 93 ist im Verfahren nach §§ 114 ff. **nicht** entsprechend anwendbar, Köln NJW-RR 2004, 64.
Schiedsrichterliches Verfahren: § 93 ist grds. zB bei §§ 1060 ff. anwendbar, Stgt SchiedsVZ 2009, 68.
Schriftliches Vorverfahren: § 93 ist auch bei § 276 anwendbar.
Sozialgerichtsverfahren: § 93 ist im SGG-Verfahren **unanwendbar.** Denn dort herrscht der Ermittlungsgrundsatz nach → Vor § 128 Rn. 44, LSG Essen NJW 1987, 1360.
Unterhalt: § 93 ist im Unterhaltsverfahren der §§ 231 ff. FamFG wegen § 113 IV Nr. 6 FamFG **unanwendbar.**
Vaterschaftsfeststellung: § 93 ist im Verfahren nach §§ 169 ff. FamFG im Bereich der Amtsermittlung nach § 26 FamFG **unanwendbar.**
Versäumnisverfahren: § 93 ist auch nach einem Versäumnisverfahren nach §§ 330 ff. anwendbar, Köln VersR 1992, 635.
Verteilungsverfahren: § 93 ist bei § 878 wie sonst anwendbar.
Vollstreckbarkeit: § 93 ist anwendbar, soweit es um die Vollstreckbarkeit eines festgestellten Anspruchs geht und soweit nicht der Ermittlungsgrundsatz nach → Vor § 128 Rn. 44 herrscht. In Betracht kommt zB das Vollstreckbarkeitsverfahren nach § 1059, vgl. § 794 I Nr. 5.
Vollstreckungsabwehrklage: § 93 ist bei §§ 767 ff. wie sonst anwendbar.
Vorverfahren: → „Schriftliches Vorverfahren".

Vorzeitiger Erbausgleich: § 93 ist im Verfahren auf die Zahlung eines vorzeitigen Erbausgleichs anwendbar, Düss NJW-RR 1993, 74.

Widerspruchsverfahren: → „Arrest, einstweilige Verfügung".

Wiederaufnahmeverfahren: § 93 ist im Wiederaufnahmeverfahren nach §§ 578 ff. anwendbar.

Wiederkehrende Leistung: → „Künftige Leistung".

Wohnungseigentumssache: § 93 ist anwendbar, (zum alten Recht) LG Hmb ZMR 2003, 880; LG Nürnb/Fürth ZMR 2013, 835; aM LG Nürnb/Fürth ZMR 2014, 149 (vgl. aber auch → Vor § 91 Rn. 23). Das gilt auch bei § 46 WEG, aM AG Wiesb ZMR 2012, 66 (aber das Verfahren läuft jetzt insgesamt nach der ZPO).

Zwangsvollstreckung: Im Zwangsvollstreckungsverfahren nach §§ 704 ff. ist § 93 wegen des dort grds. geltenden Ermittlungsprinzips nach → Vor § 128 Rn. 44 **an sich unanwendbar.** Jedoch ist § 93 auf einen aus Anlass der Zwangsvollstreckung entstehenden Prozess anwendbar, etwa nach §§ 767, 771, 878, Hamm FamRZ 1999, 725, ebenso wegen § 891 S. 3 bei §§ 887–890. Auch → „Vollstreckbarkeit".

9 **IV. Keine Veranlassung zur Erhebung der Klage.** Erste Voraussetzung der Anwendbarkeit des § 93 ist, dass der Bekl. nicht durch sein Verhalten zur Erhebung der Klage Veranlassung gegeben hat". Dafür trägt der Bekl. grundsätzlich die Darlegungs- und Beweislast. Liegt diese Voraussetzung vor, muss man weiter prüfen, ob auch ein „sofortiges Anerkenntnis" vorliegt.

10 **1. Begriff der Klagerhebung.** Aus dem Regelungszweck nach → Rn. 3 folgt: Unter Klagerhebung ist hier schon die Einreichung der Klage oder der Antragsschrift nach § 253 zu verstehen, Bbg JurBüro 1982, 1884, Brschw OLGR 1996, 120; Saarbr NJW-RR 2017, 699. Denn bereits durch diesen Vorgang können Kosten entstehen. Diese will § 93 ja gerade zu vermeiden helfen, Saarbr NJW-RR 2017, 699. Der Begriff der Klagerhebung weicht hier also von demjenigen der § 253 I, → § 261 Rn. 1 ab. Es kommt nicht auf die Rechtshängigkeit an, sondern die bloße Anhängigkeit nach → § 261 Rn. 1 genügt, AG Ludwigslust FamRZ 2005, 643.

11 **2. Begriff der Klageveranlassung.** Man gibt zur Erhebung der Klage durch ein solches Verhalten Anlass, das vernünftigerweise den Schluss auf die Notwendigkeit eines Prozesses rechtfertigt, BGH BB 2005, 1303; Karlsr FamRZ 2012, 1967; Saarbr GRUR-RR 2018, 172. Aber → „Unschlüssigkeit".

12 **3. Maßgeblicher Zeitpunkt: Rückblick bei Entscheidungsreife.** Das Gericht muss bei der notwendigen Prüfung, ob objektiv ein Klageanlass bestand, alle im Zeitpunkt der Entscheidungsreife nach → § 300 Rn. 21 vorliegenden Umstände über den jetzt noch eine Kostenentscheidung nach § 308 II brauchenden Teil des Rechtsstreits beachten. Es muss aber auf dieser Grundlage rückblickend darauf abstellen, ob im Zeitpunkt der Klageerhebung ein Klageanlass schon und noch bestand, Ffm NJW-RR 1993, 127; Nürnb VersR 1998, 1130. Die rückschauende Betrachtungsweise darf und muss freilich das Verhalten der Parteien bis zur Entscheidungsreife mitberücksichtigen, Ffm MDR 1984, 149; Stgt NJW-RR 2012, 763; Zweibr JurBüro 1982, 1083; aM BGH MDR 1979, 1016; Mü NJW 1988, 270 (aber es kann zumindest ein Anscheinsbeweis nach § 286 vorliegen). Einzelheiten bei den Beispielen in → Rn. 13 ff.

4. Beispiele zur Frage einer Klageveranlassung

13 **Abänderung:** Bei der Forderung nach §§ 323 ff. usw. darf man trotz des Interesses des Antragstellers an einer baldigen Erhebung nach § 323 III usw. die Frage des Anlasses nicht anders als bei sonstigen Klagen beurteilen, Hmb FamRZ 1988, 1077. Vgl. freilich jetzt § 323 III 2. Der Antragsgegner hat dann einen Anlaß gegeben, wenn er zwar einen erhöhten vertraglichen Unterhalt zahlt, sich aber nicht dazu bereit findet, eine neue nach § 794 I Nr. 5 vollstreckbare Urkunde zu unterzeichnen, AG Freibg FamRZ 1978, 437, oder wenn er nicht auf die vorprozessuale Aufforderung reagiert, auf die Zwangsvollstreckung aus dem vertraglichen Unterhaltstitel in Höhe von Mehreinnahmen zu verzichten, Brdb FamRZ 2005, 537; Ffm FamRZ 2001, 502; Oldb FamRZ 2000, 1514 (abl. Warfsmann). Erst ab dem Erhalt einer wie bei → § 253 Rn. 28 schlüssigen Begründung nebst einer angemessenen Prüfungsfrist kann eine Veranlassung vorliegen, Hamm NJW-RR 2011, 109;, Köln FamRZ 1997, 1415. Der Gläubiger hat einen Anlass zur Abänderung dann gegeben, wenn er sich nicht eine nur noch eingeschränkte Vollstreckungsklausel geben ließ, Karlsr FamRZ 2006, 630.

Abmahnung: Außerhalb einer Wettbewerbssache kann eine Abmahnung zB vor einer Leistungs- oder Unterlassungsklage ebenfalls notwendig sein, Ffm ZMR 2011, 39; Köln MDR 2004, 648, Naumb FamRZ 2006, 1053. Eine für den Gläubiger zumutbare Überlegungsfrist des Schuldners ist auch hier erforderlich. Vor einer einstweiligen Verfügung nach §§ 935 ff. mag eine Abmahnung außerhalb des Wettbewerbsrechts entbehrlich sein, KG NJW-RR 2000, 516; Köln NJW-RR 1997, 1242; Stgt NJW-RR 2001, 259 (insbesondere beim Vorsatz). Wegen eines Urheberrechts gilt § 97a UrhG (Sollvorschrift). Eine Wiederholung der Abmahnung kann nötig sein, Ffm GRUR-RR 2014, 472. Sie kann aber auch unzumutbar sein, Ffm NJW-RR 2014, 766.

Änderung der Rechtslage: → „Rechtsänderung".

Anfechtungsgesetz: Der Anfechtungsgegner hat einen Klageanlass dann gegeben, wenn er mithalf, gezielt die Vollstreckungsmöglichkeiten des Klägers nach §§ 704 ff. zu vereiteln, Hamm NJW-RR 2008, 1725. Der Bekl. hat **nicht** schon deshalb einen Klageanlass gegeben, weil er eine für den Gläubiger nachteilige anfechtbare Handlung vorgenommen hat, Düss ZIP 2015, 889 (es komme aber stets auf die Umstände an), Schlesw MDR 1977, 321. Derjenige Schuldner, der zur Duldung der Zwangsvollstreckung verpflichtet ist, ohne auch der persönliche Schuldner zu sein, gibt erst dann eine Klageveranlassung, wenn er die Duldung verweigert, Saarbr NJW-RR 2000, 1668. Auch → „Dingliche Klage".

Annahmeverzug des Gläubigers: Soweit ein solcher Annahmeverzug vorliegt, hat der Bekl. **keinen** Klageanlass gegeben. Dasselbe gilt, soweit der Gläubiger eine von ihm nach § 298 BGB geschuldete Gegenleistung nicht erbracht hat.

Arrest, einstweilige Verfügung. Dazu Liesegang JR 1980, 95 (Grdz.). Folgende Situationen sind zu unterscheiden:

- **(Fristversäumnis):** Hat der Schuldner einen Widerspruch eingelegt und dann eine Frist zum Anerkenntnis oder zum Verzicht auf seine Rechte nach §§ 924, 926 verstreichen lassen, hat er eine neben dem Eilverfahren gleichzeitig erhobene Hauptsacheklage veranlasst, Hmb GRUR-RR 2014, 228; KG WRP 1981, 583.
- **(Keine Gefährdung):** Soweit der Antragsteller keine Gefährdung nach §§ 294, 920 II, 936 glaubhaft machen muss, kann der Antragsgegner einen Anlass zu dem Antrag gegeben haben, auch wenn sich der

Antragsteller ohne eine weitere außergerichtliche Auseinandersetzung sogleich an das Gericht gewendet hat, Köln GRUR 1988, 646, oder wenn er die von ihm gesetzte Frist für eine strafbewehrte Unterlassungserklärung nicht abwartet und wenn die Erklärung dann erst eingeht, wenn auch vor ihrem Fristablauf, Mü MDR 1990, 556. Dieser Fall kann zB eintreten: Bei § 885 I 2 BGB, Köln NJW 1975, 455 (das Gericht betont, der Antragsteller brauche den Antragsgegner auch nicht zur Bewilligung einer Vormerkung aufzufordern, aM Hamm NJW 1976, 1460; Köln ZMR 1977, 109); bei § 899 II 2 BGB; bei § 12 II UWG.

– **(Kostenwiderspruch): Keinen** Anlass zu dem Antrag hat der Antragsgegner dann gegeben, wenn er nach einem ohne seine Anhörung ergangenen Beschluss (also nicht nach einem Urteil) den Widerspruch zulässigerweise von vornherein nach → § 924 Rn. 12 auf die Kostenfrage beschränkt, Celle GRUR-RR 2001, 200, großzügiger Hmb NJW-RR 2002, 215 (auch Voll-Widerspruch unschädlich. Aber dann wehrt sich der Antragsgegner im höchstmöglichen Umfang. Das lässt sich nun wirklich als Klageanlass mitbewerten). Denn der Antragsgegner kann nur durch den Widerspruch seine Bereitschaft zum alsbaldigen Anerkenntnis ausdrücken, sofern der Antragsteller ihn nicht vor dem Beginn des Verfahrens gehört hatte, Zweibr MDR 2007, 925. Das setzt allerdings voraus, dass sein vorheriges Verhalten nicht ergibt, dass er in Wahrheit doch einen Anlass zu dem Eilverfahren gegeben hatte, Düss NJW-RR 1986, 37; Ffm AnwBl 1985, 642; Lemke DRiZ 1992, 339; aM Hmb GRUR 1989, 458; Mü GRUR 1985, 327 (aber es kommt auf das bisherige Gesamtverhalten an).

– **(Veränderung der Umstände):** Es kann ratsam sein, dem Gläubiger das Aufhebungsverfahren nach § 927 anzudrohen, Meyer JurBüro 2007, 407.

– **(Vertragsstrafe):** Der Antragsteller braucht nicht auf ein solches Versprechen zur Vermeidung der Hauptsacheklage zu drängen, KG WRP 1981, 145.

– **(Verwahrung gegen Kosten):** „– (Kostenwiderspruch)".

– **(Vollziehungsfrist):** Vor einem selbständigen Antrag auf Aufhebung wegen Versäumung der Vollziehungsfrist nach § 929 II muss das Gericht anders als im Widerspruchsverfahren nach §§ 924 ff. den Antragsteller auf den Aufhebungsgrund hinweisen, damit er auf die Rechte verzichten kann, Ffm NJW-RR 1999, 1742.

Aufforderung: → Rn. 13 „Abmahnung", → „Wettbewerbssache".

Aufhebungsverfahren: → § 927 Rn. 20.

Auskunft: Sie muss zum Anerkenntnis hinzutreten, um einen Klageanlass zu verhindern, Nürnb MDR 2003, 287. Ein Klageanlass kann vorliegen, soweit der schon früher gegenüber dem Schuldner für den Gläubiger tätig gewesene Anwalt nur formell seine Vollmacht nicht sogleich im Original nach → § 80 Rn. 21 beigefügt hatte, Köln FamRZ 2003, 941. Eine lückenhafte Auskunft gibt **keinen** Klageanlass, solange eine weitere Auskunftsbereitschaft erkennbar bleibt, Köln WettbR 1998, 115.

Auslandsaufenthalt: Der bloße, wenn auch unbefristete, Auslandsaufenthalt gibt jedenfalls dann **keinen** Anlass zur Klage, wenn der Schuldner sicherstellt, dass er die Post nachgesandt erhält, Köln VersR 1992, 635.

Bauhandwerkerhypothek: Man muss nach den Umständen abwägen, ob eine Abmahnung zur Bewilligung einer Vormerkung nötig ist, Heyers BauR 1980, 20; Zöller/Heßler Rn. 6 „Vormerkung nach §§ 648, 885 BGB", aM Ffm OLGR 1992, 150; LG Osnabr Nds. Rpfl. 1983, 145 (sie sei nicht notwendig. Aber es kommt auf den Grad der Ranggefährdung an).

Bedingung: → „Einwendung", → „Verwahrung gegen die Kosten".

Befreiung: → „Freistellung".

Behörde: Sie muss ausreichend Zeit für einen Bescheid nebst der Leistung haben, LG Bonn VersR 1978, 356. Eine formlose Nachricht ändert aber nichts an der Klageveranlassung, Ffm OLGR 1996, 215.

Bestreiten: Soweit der Bekl. zwar formell ein Anerkenntnis ausspricht, nach der stets nach → Vor § 128 Rn. 60 erforderlichen Auslegung seines Gesamtverhaltens aber in Wahrheit die sachlich-rechtliche Verpflichtung unverändert bestreitet, kann er einen Klageanlass gegeben haben, Hamm MDR 1988, 971; Köln MDR 1979, 971; aM LG BadBad VersR 2013, 778 (nicht beim Fehlen von Verzug). Das gilt auch bei einer bloßen Verwahrung gegen die Kosten oder beim „vorläufigen" Bestreiten, BGH NZA 2006, 567. Ein Bestreiten muss substantiiert sein, LG Saarbr NJW-RR 2011, 968.

Bürge: Er hat dann **keinen** Klageanlass gegeben, wenn der Kläger ihn nicht zuvor zur Leistung aufgefordert hatte, Hamm DB 1986, 1719. Bei einer Vorausḥaftung muss der Kläger die Aufforderung begründet haben. Dasselbe gilt bei einem Wechselrückgriffsschuldner und in ähnlichen Fällen, BGH NJW 1979, 2041.

Dingliche Klage: Zu einer Klage auf eine Duldung der Zwangsvollstreckung aufgrund einer Hypothek usw. hat der Bekl. dann **keinen** Anlass gegeben, wenn der Gläubiger ihn nicht aufgefordert hatte, sich in einer vollstreckbaren Urkunde nach § 794 I Nr. 5 der Zwangsvollstreckung in dieses Grundstück zu unterwerfen, Hamm MDR 1999, 956; Mü MDR 1984, 674; Schlesw SchlHA 1987, 96; aM Ffm MDR 1980, 855; Köln NJW 1977, 256 (aber eine solche Unterwerfung ist keine Selbstverständlichkeit).

Ein Klageanlass **fehlt** auch dann, wenn der Bekl. den Kläger aufgrund von dessen Mahnung **befriedigt** hatte oder wenn der Bekl. auf eigene Kosten auch ohne eine weitere Aufforderung eine vollstreckbare Urkunde nach § 794 I Nr. 5 beigebracht hat. Wenn es um eine Zwangshypothek nach § 867 geht, hat der Bekl. keinen Klageanlass gegeben, falls der Kläger den Bekl. nicht aufgefordert hat, eine vollstreckbare Urkunde nach § 794 I Nr. 5 zu übersenden, und wenn der Bekl. nun den Klaganspruch sofort anerkennt, Mü MDR 1984, 674; aM Ffm MDR 1980, 855; Köln NJW 1977, 256 (vgl. aber oben). Bei einer Löschungsklage ist eine angemessene Frist zur Beibringung der Urkunden erforderlich.

Auch → „Anfechtungsgesetz".

Duldungspflicht: Der Beschl. hat dann einen Klageanlass gegeben, wenn er eine Duldungspflicht nachträglich von einer Bedingung abhängig macht, LG Hmb ZMR 2003, 880.

Eidesstattliche Versicherung: Die Bereitschaft zu ihrer Abgabe schließt eine Klageveranlassung **aus,** Nürnb FamRZ 1986, 87. Dasselbe gilt, soweit man die eidesstattliche Versicherung überhaupt nicht schuldet, Mü NJW-RR 2007, 273.

Einigungsversuch: → Rn. 13 „Abmahnung".

Einstweilige Verfügung: → „Arrest, einstweilige Verfügung".

Einwendung: Der Bekl. hat dann einen Klageanlass gegeben, wenn er vorprozessual nicht uneingeschränkt bei der Fälligkeit usw. anerkannt hatte, sondern nur unter einem Vorbehalt, nur bedingt, befristet, teilweise, Zug um Zug usw., LG Bochum JurBüro 2013, 638. Es kommt auch nicht darauf an, ob sich das Bestreiten auch prozessverzögernd auswirkt, Zöller/Heßler Rn. 6 „Einwendungen", aM Bbg JurBüro 1982, 1884. Auch → „Bestreiten".

Erbe: Er muss sich eine Klageveranlassung durch den Erblasser zurechnen lassen. Im Übrigen kommt es zB für einen Verzug nach dem Erbfall auf den Erben an. Der Gläubiger muss den Erben evtl. abmahnen. Der Erbe hat dann einen Klageanlass gegeben, wenn er die Zahlungspflicht vorprozessual und dann mittels eines Widerspruchs gegen den Mahnbescheid nach § 694 bestritten hat. Das gilt selbst dann, wenn er seine Schuldnerstellung als Erbe zunächst nicht kannte, Köln NJW-RR 1994, 767, oder wenn er als Bekl. einer Klage auf eine Zustimmung zum Auseinandersetzungsplan vorprozessual eine Teilauseinandersetzung verweigert hat, Köln FamRZ 1997, 641.

Der Erbe hat dann **keinen** Klageanlass gegeben, soweit er nach der Annahme der Erbschaft und nach dem Ablauf der Fristen der §§ 2014, 2015 BGB die Erfüllung einer Nachlassverbindlichkeit verweigert hat oder wenn er nicht Unterlagen zum Nachlassverzeichnis herausgibt, Mü FamRZ 2016, 1872 oder wenn er nicht aufgrund einer Aufforderung eine vollstreckbare Urkunde nach § 794 I Nr. 5 unter dem Vorbehalt der Haftungsbeschränkung erteilte, solange noch aufschiebende Einreden liefen, Hamm JurBüro 1987, 436; Mü JurBüro 1995, 659. Der Vorerbe muss den Nacherben nach § 2120 BGB auffordern, Düss FamRZ 1996, 315. Der Schuldner hat keinen Klageanlass gegeben, falls er erst aufgrund des Erbnachweises an den Erben zahlte, KG MDR 2009, 523.

Erfolgsaussicht: Im Zusammenhang mit der Prüfung, ob ein Klageanlass bestand, muss das Gericht auch untersuchen, ob die Klage objektiv überhaupt eine Erfolgsaussicht gehabt hätte, Zweibr JurBüro 1979, 445; LG Köln WuM 1976, 186; Zöller/Heßler Rn. 6 „Unschlüssige Klage"; aM LG Tüb MDR 1981, 410, Thomas/Putzo/Hüßtege Rn. 5 (wegen § 307. Aber man muss die „Veranlassung" auch nach ihrer Meinung eben gesondert zum „Anerkenntnis" prüfen).

Erfüllung: Der Bekl. hat nach → Rn. 16 dann einen Klageanlass gegeben, wenn er zwar anerkennt, zugleich aber die Forderung bestritten hat, Schlesw GRUR 1986, 840.

Feststellungsklage: Der Bekl. kann zur verneinenden Feststellungsklage nach § 256 jedenfalls außerhalb des Wettbewerbsrechts einen Anlass gegeben haben, ohne dass der Kläger ihn abmahnen musste. Denn der Bekl. berühmt sich ja des umstrittenen Rechts, Ffm JurBüro 1981, 1095; Hamm OLGR 1992, 38; AG Hmb WuM 1993, 458. **Etwas anderes** kann beim Nachschieben neuer Klagegründe gelten, Zöller/Heßler Rn. 6 „Feststellungsklage". Auch → „Abmahnung"

Freistellung: Das bloße Anerkenntnis, sie zu schulden, genügt zur Entlastung des Bekl. nicht. Er muss sie auch tatsächlich vornehmen, und zwar auch wegen der künftigen durch eine Sicherheitsleistung usw., Saarbr FamRZ 1990, 59. Er hat allerdings evtl. dazu eine dem Gläubiger zumutbare Frist. Zu § 245 AktG Köln MDR 2018, 101.

Fristverlängerung: Der Bekl. hat einen Klageanlass dann gegeben, wenn er eine Fristsetzung einfach dahin beantwortet hat, er sehe die Frist als verlängert an, aM Hmb MDR 2010, 1211 (nach Vertragstreue. Aber gerade zu ihr gehört Achtung der Fristsetzung des Partners).

Gegendarstellung: Zur sog. gebündelten Gegendarstellung Celle NJW-RR 1995, 794. Zur Teilgegendarstellung Brdb NJW-RR 2000, 326.

Geldforderung: Es gibt viele Einzelfragen.

– **(Abmahnung):** Klageanlass bestand dann, wenn der Bekl. auf eine Abmahnung des Klägers nicht reagiert hatte, Ffm BB 1978, 892.

– **(Bringschuld):** Klageanlass bestand dann, wenn der Bekl. bei einer solchen Schuld nicht schon aufgrund einer bloßen Aufforderung des Klägers geleistet hatte.

– **(Darlegung): Kein** Klageanlass bestand dann, wenn der Gläubiger seine Forderung trotz einer Bitte des Schuldners nicht genug im Einzelnen darlegte und belegte, Stgt NJW-RR 2012, 398; LG Mü VersR 1979, 459. Freilich halfen unbegründete Bitten des Schuldners nicht, Köln MDR 1979, 941.

– **(Fälligkeit):** Klageanlass bestand bei einer schon fällig gewesenen Forderung dann, wenn der Bekl. trotz Zahlungsfähigkeit nicht alsbald nach dem Eintritt der Fälligkeit gezahlt hatte, LG Köln ZMR 2008, 831; LG Saarbr NJW-RR 2011, 968; aM AG Bonn ZMR 2008, 741.

Klageanlass kann daher auch dann vorgelegen haben, wenn die Fälligkeit der Forderung erst **während des Prozesses** eintrat und wenn der Bekl. die Forderung zwar sofort voll anerkannte, aber eben nicht gleichzeitig bezahlte, aM Schlesw MDR 1997, 887 (aber erst die Leistung schafft eine ausreichende Klarheit).

Kein Klageanlass bestand dann, wenn der Bekl. eine noch gar nicht fällige Forderung anerkannte, Karlsr MDR 1980, 501; Köln MDR 2000, 910. Auch „– (Verzug)".

– **(Holschuld): Kein** Klageanlass bestand, solange der Kläger bei einer Holschuld die Sache nicht abholte.

– **(Hypothek): Kein** Klageanlass bestand dann, wenn der Bekl. als nur persönlicher Schuldner unvorwerfbar nicht wusste, dass der Eigentümer die Hypothekenzinsen nicht bezahlt hatte.

– **(Prozessverhalten):** Man kann das prozessuale Verhalten des Bekl. höchstens zur Beurteilung des vorprozessualen heranziehen, BGH NJW 1979, 2040; Mü NJW 1988, 271.

– **(Rechtsschutzbedürfnis):** „– (Verzug)".

– **(Überschuldung): Kein** Klageanlass bestand dann, wenn der Kläger einem Überschuldeten und wohl unpfändbaren Bekl. keinen Hinweis auf die Möglichkeit der Beibringung wenigstens einer nach § 794 I Nr. 5 vollstreckbaren Urkunde gegeben hatte, Ffm MDR 1980, 855.

– **(Überweisungsauftrag):** Klageanlass kann trotz eines solchen bloßen und etwa auch zumindest zulässigerweise nach → § 138 Rn. 65 mit Nichtwissen ausreichend bestrittenen Auftrags bestanden haben, aM Köln MDR 1992, 813 (aber man kann ihn vor dem Eingang bei der Gläubigerbank zurückgezogen haben). Anders liegt es natürlich dann, wenn die Bank des Schuldners bestätigt, den Auftrag ausgeführt zu haben.

– **(Verrechnungsanfrage): Kein** Klageanlass bestand bei ihr, KG NJW 2011, 2673.

– **(Verzug):** Klageanlass kann trotz des damaligen Fehlens eines Schuldnerverzugs bestanden haben. Denn dann traten zwar die sachlich-rechtlichen Verzugsfolgen nach §§ 286 ff. BGB zunächst noch nicht ein. Die Zahlungspflicht blieb aber bestehen, daher beim Gläubiger auch grds. sein Rechtsschutzbedürfnis. Dieses kann nach §§ 257 ff. durchaus schon vor dem Eintritt der Fälligkeit bestehen, Düss NJW-RR 1994, 828; Köln FamRZ 1995, 1216; Saarbr FamRZ 1990, 58; aM BGH NJW 1979, 2041; Ffm NJW-RR 1993, 1472; Stgt Just 1996, 59 (aber es kann sogar eine hochgradige Unsicherheit bestehen). Klageanlass bestand natürlich erst recht dann, wenn der Schuldner auch nach dem Verzugseintritt nicht zahlte, Nürnb MDR 2002, 781 (keine Mahnung nötig).

– **(Keine Zahlungsbereitschaft):** Klageanlass bestand dann, wenn der Bekl. die Forderung zwar uneingeschränkt anerkannte, gleichzeitig aber erklärte, er könne den Anspruch zB wegen seiner Vermögenslosigkeit in absehbarer Zeit nicht erfüllen, LG Freibg VersR 1980, 728.

– **(Zinsen): Kein** Klageanlass bestand dann, wenn der Gläubiger überhöhte Zinsen forderte, Zweibr JurBüro 1979, 445. Auch „– (Hypothek)".

Geschäftsunfähigkeit: → „Handlungsunfähigkeit".

Gesellschaft: Vor einer Anfechtungsklage muss der Kläger den beklagten Mitgesellschafter auffordern, den anzufechtenden Beschluss binnen einer angemessenen Frist gemeinsam aufzuheben, KG MDR 2000, 594; LG Aachen NZG 2015, 404. Auch → „Nichtigkeitsklage".

Gesetzesänderung: → „Rechtsänderung".

Gewährleistung: Der Bekl. hat vor einer Gelegenheit zur Nacherfüllung **keinen** Klageanlass gegeben, Hamm BauR 2016, 891.

Gewerblicher Rechtsschutz: → „Wettbewerbssache".

Handlungsunfähigkeit: Ihre bloße Behauptung hilft dem Bekl. nicht. Daher gibt er trotzdem bis zu ihrem Nachweis einen Klageanlass, KG VersR 1981, 464.

Herausgabe: Der Bekl. hat dann **keinen** Klageanlass gegeben, wenn er die Sache bereithält (Holschuld), AG Rastatt JurBüro 1997, 430, oder zB einen unrichtigen Vollstreckungstitel wegen Unzumutbarkeit nicht sogleich herausgibt, Nürnb WM 2016, 1397.

Hilfsanspruch: Der Bekl. hat dann **keinen** Klageanlass gegeben, wenn der Kläger den Hauptantrag nach einem sofortigen Anerkenntnis des Hilfsanspruchs nach § 269 zurücknimmt oder wenn der Bekl. den Hilfsanspruch nach → § 260 Rn. 9 in demselben Termin nach § 307 anerkennt, in dem der Kläger ihn stellt, Schlesw MDR 1998, 439. Wegen des schriftlichen Verfahrens nach § 128 II Drsd ZIP 1995, 1278.

Hypothek: → „Bauhandwerkerhypothek".

Inkasso: Eine Abmahnung ist nach § 97a UrhG vor der Einleitung eines gewöhnlichen Verfahrens auf Unterlassung zunächst ratsam (Sollvorschrift).

Insolvenz: Es gelten zum Klageanlass keine Sonderregeln, Karlsr KTS 1989, 720; Mü KTS 1987, 267. Auch der Insolvenzverwalter muss eine sonst erforderliche Abmahnung vornehmen, Bbg KTS 1972, 196. Auch der Aussonderungs- oder Absonderungsberechtigte oder der sonstige Kläger, der nach einer Unterbrechung den Prozess nach § 250 aufnimmt, muss den Bekl. zunächst auffordern und sein Vorrecht nach § 294 glaubhaft machen, um einen Klageanlass herbeizuführen, LAG Hamm MDR 2001, 1379. Der Verwalter hat dann einen Klageanlass gegeben, wenn er eine vorprozessuale Aufforderung des Klägers nicht beantwortet hat, LG Gött KTS 1990, 137, oder wenn er eine zur Tabelle angemeldete Forderung ungeprüft bestreitet und erst im Prozess des Gläubigers anerkennt, Köln JurBüro 1995, 489.

Journalismus: Eine Abmahnung kann bei einem groben Verstoß gegen die Sorgfaltspflicht entbehrlich sein, Mü NJW-RR 2001, 43.

Klagänderung: Es kommt nicht darauf an, ob die ursprüngliche Klage berechtigt war, sondern darauf, ob der Bekl. zur nach §§ 263, 264 geänderten Klage einen Anlass gegeben hat, Ffm MDR 1984, 238; KG MDR 2008, 164.

Kostenprotest, Kostenverwahrung: → „Verwahrung gegen die Kosten".

Mahnverfahren: Ein Widerspruch nach § 694 oder gar Einspruch nach § 700 begründet grds. einen „Klageanlass", Kblz JurBüro 1995, 323; Schlesw MDR 2006, 228; Sonnentag MDR 2006, 190, aM Celle MDR 2001, 1370; Fischer MDR 2001, 1338 (aber wer den Widerspruch nicht eindeutig zB auf die Kosten beschränkt, fordert geradezu zum streitigen Verfahren heraus). **Kein** Klageanlass liegt dann vor, wenn der Gläubiger dem Schuldner eine notwendige Unterrichtung vorenthalten hat, Hamm DB 1988, 960, oder wenn der Kläger eine Klagänderung nach §§ 263, 264 vornimmt und der Bekl. den neuen Anspruch sofort anerkennt, Ffm MDR 1981, 410.

Materielles Recht: → „Sachliches Recht".

Miete: Es gibt zahlreiche Fragen.

– **(Auskunft):** Einen Klageanlass kann eine Verspätung bei einer notwendigen Auskunft bedeuten, AG Köln MDR 1990, 637. Das gilt erst recht bei ihrem Ausbleiben, etwa bei einer Vermieteranfrage wegen einer Räumung, Stgt ZMR 1999, 553 (abl. Breckerfeld NZM 2000, 328). Auch → „– (Kostenmiete)", „– (Zwischenvermieter)".

– **(Eigenbedarf): Keinen** Klageanlass hat der Mieter für eine Eigenbedarfsklage dann gegeben, wenn sie erst die Kündigung enthielt, LG Münst WuM 1991, 105, oder wenn die Kündigung erst nachfolgte, LG BadBad WuM 1996, 472, oder wenn der Mieter vor der Rechtshängigkeit nach → § 261 Rn. 1 auszog, LG BadBad WuM 1996, 473.

– **(Einigung): Keinen** Klageanlass nach § 259 hat der Mieter dann gegeben, wenn der Vermieter nach einem Anerkenntnis der Räumungspflicht durch den Mieter nicht eine Einigung über den Räumungstermin versucht hat, AG Olpe WuM 1996, 352.

– **(Erfüllungsbemühung):** Einen Klageanlass hat der Mieter dann gegeben, wenn er sich nicht ernsthaft um die Erfüllung gemüht hatte, AG Wiesb WuM 1998, 605. Auch „– (Erhöhungsklage)".

– **(Erhöhungsklage):** Einen Klageanlass hat der Mieter dann gegeben, wenn er es zu einer berechtigten Erhöhungsklage kommen ließ, LG Hann WuM 1980, 14 (freilich sind dann die Kosten eines vom Vermieter eingeholten vorprozessualen Gutachtens evtl. keine notwendigen Kosten nach § 91). Das gilt sogar dann, wenn der Mieter zwar zumindest aus eigener Nachlässigkeit der Mieterhöhung nicht zustimmte, dann aber doch den verlangten Mehrbetrag tatsächlich zahlte, LG Mü NJW-RR 1986, 13, LG Trier WuM 1994, 217.

Keinen Klageanlass hat der Mieter gegeben, solange infolge einer erkennbaren Unvollständigkeit des vom Vermieter verwendeten Gutachtens in Wahrheit noch kein wirksames Erhöhungsverlangen vorlag, AG Bonn WuM 1983, 56. Er hat auch dann keinen Klageanlass gegeben, wenn er kein nach § 558 BGB wirksames Verlangen mit anderer Begründung erhielt, LG Bln ZMR 1987, 310; AG Trier WuM 2004, 343.

– **(Erstrückstand):** → „– (Mahnverfahren)".

– **(Gewerberaum):** Einen Klageanlass hat der fristlos wirksam gekündigte Mieter von Gewerberaum mangels einer sofortigen Räumung gegeben, Mü ZMR 2001, 616.
– **(Kostenmiete):** Einen Klageanlass hat der Vermieter dann gegeben, wenn er dem Mieter über die vereinbarte Kostenmiete nicht jederzeit Auskunft geben konnte, AG Langenfeld WuM 1986, 371.
– **(Kündigung):** Einen Klageanlass gibt die Nichtbefolgung erst einer wirksamen Kündigung, AG Mü ZMR 2015, 422.
– **(Mahnverfahren): Keinen** Klageanlass hat der Mieter zu einer Vermieterklage auf die Miete dann gegeben, wenn der Vermieter die Klagesumme schon am Tag nach deren Fälligkeit im Mahnverfahren nach §§ 688 ff. geltend gemacht hatte, AG Miesbach WuM 1980, 82, oder wenn der Vermieter das Mahnverfahren ohne eine Einschaltung des Hausverwalters schon beim erstmaligen Rückstand einleiten ließ, AG Köln WuM 1987, 144.
– **(Modernisierung):** Einen Klageanlass hat der Mieter zu einer Modernisierungsklage des Vermieters dann gegeben, wenn er keinen vom Vermieter erbetenen und dem Mieter zumutbaren Termin zur Durchführung der Arbeiten durch die Handwerker des Vermieters gab, AG Hmb MDR 1987, 768, oder wenn der Vermieter den Mieter vor Klagerhebung in Verzug gesetzt hatte, LG Bln MDR 2018, 589.
– **(Nebenkosten): Keinen** Klageanlass hat der Mieter bei einer Vermieterklage auf die Zahlung von Mietnebenkosten dann gegeben, wenn er die Nebenkosten erst sofort nach dem Erhalt einer objektiv nachprüfbaren Nebenkostenabrechnung anerkannt hat, LG Kiel WuM 1977, 14; AG Brühl WuM 1997, 631.
– **(Räumung):** Einen Klageanlass hat der nicht räumungsbereite Mieter gegeben. **Keinen** Klageanlass hat der Mieter schon dann gegeben, wenn er der Vermieterkündigung wegen einer derzeit nicht „herrschenden Meinung" widersprach, aM LG Köln WuM 1993, 541. Auch → „– (Eigenbedarf)", – „(Einigung)", → „– (Gewerberaum)", „– (Widerspruch)".
– **(Schonfrist): Keinen** Klageanlass hat der Mieter zu einer Vermieterklage auf die Miete dann gegeben, wenn der Vermieter die Klagesumme schon während der sog. Schonfrist des BGB eingeklagt oder im Mahnverfahren nach §§ 688 ff. geltend gemacht hat, LG BadBad WuM 1996, 472.
– **(Untermiete): Keinen** Klageanlass gibt der Vermieter dann, wenn er auf wiederholte Bitte um Erlaubnis nicht (mehr) reagiert, LG Stgt WuM 2012, 676.
– **(Widerspruch): Keinen** Klageanlass gibt der Mieter schon stets durch einen erkennbar nur vorsorglichen Widerspruch gegen ein Räumungsverlangen, LG Düss WuM 1993, 465.
– **(Zwischenvermieter):** Einen Klageanlass kann der gewerbliche Zwischenvermieter dann gegeben haben, wenn er dem Hauptvermieter nicht rechtzeitig eine Auskunft über Untermieterfragen gegeben hat, AG Köln WuM 1990, 377.

Nachgutachten: Der Bekl. hat auch bei einer Möglichkeit des Klägers zur Einholung eines vorprozessualen Nachgutachtens evtl. einen Klageanlass gegeben, aM LG Düss VersR 2005, 1278 (zu streng).

Nichtigkeitsklage: Der Bekl. hat dann einen Anlass zur Klage nach § 579 gegeben, wenn der Kläger die Nichtigkeitsgründe glaubhaft dargelegt hat. Vor der Erhebung einer Nichtigkeitsklage wegen unwirksamer Gesellschaftsbeschlüsse einer GmbH braucht der Kläger die GmbH jedenfalls dann nicht abzumahnen, wenn er eine Eintragung mit einem Rechtsschein befürchten muss, Ffm DB 1993, 35. Auch → „Patentverfahren".

Patentverfahren: Der Patentinhaber hat durch eine Verletzungsklage dem Bekl. einen Anlass zur Nichtigkeitsklage gegeben, ohne dass dieser den Inhaber zum Verzicht aufgefordert haben muss, BPatG GRUR 1987, 233. Einen Klageanlass hat auch der jetzige Bekl. als vorangegangener Kläger gegeben, aM BPatG GRUR-RR 2009, 325 (übersteigert die Abmahnungszumutbarkeit). Der Nichtigkeitsbekl hat dann **keinen Klageanlass** gegeben, wenn er erst aus der Klageschrift nach § 253 II Nr. 2 das entscheidende Material erfuhr, BPatG GRUR 1983, 504; aM (für § 91a) BPatG GRUR 1987, 233 (ohne Vorlage nach § 132 GVG).

Protest gegen die Kosten: → „Verwahrung gegen die Kosten".

Prozesskostenhilfe: Der Bekl. hat dann einen Klageanlass gegeben, wenn er die Forderung erst nach der Bewilligung der Prozesskostenhilfe nach § 119 anerkennt, Karlsr FamRZ 2004, 1659. Ein Anerkenntnis bereits während des Bewilligungsverfahrens nach §§ 114 ff. kann den Klageanlass je nach der Lage des Einzelfalls beseitigen, Naumb FamRZ 2001, 923; AG Ludwigslust FamRZ 2005, 643; aM Karlsr FamRZ 2002, 1132. Ein sachlich-rechtliches Bestreiten während des Bewilligungsverfahrens reicht als Klageanlass, Oldb FamRZ 2012, 326.

Prozessuales Verhalten: Neben dem vorprozessualen Verhalten kann auch das Verhalten im Prozess für die Frage der Klageveranlassung eine Bedeutung haben. Das gilt zunächst für das Verhalten des Klägers, etwa dann, wenn es sich nicht um eine kalendermäßig fällige Forderung handelt und wenn der Kläger den Bekl. nicht zur Erfüllung aufgefordert hat. Es gilt aber auch für das Verhalten des Bekl. Es kann zB erheblich sein, ob der Bekl. zwar ein Anerkenntnis ausspricht, in Wahrheit aber die sachlich-rechtliche Verpflichtung bestreitet, oder ob er ein Versäumnisurteil gegen sich ergehen lässt, dann aber einen Einspruch nach § 338 einlegt und sich nun auf § 342 beruft usw., Ffm MDR 1984, 149; Köln NJW-RR 1988, 187; Zöller/Heßler Rn. 3; aM BGH NJW 1979, 2041; Mü MDR 1984, 409 (aber es kommt auf das Gesamtverhalten an), oder ob er sich außergerichtlich zu einem Anerkenntnisurteil nach § 307 gegen sich verpflichtet hatte, Schlesw MDR 2007, 685 (dann § 91).

Räumung: Vgl. zunächst den in seinem Bereich vorrangigen § 93b. Im Übrigen gilt: Der Mieter hat zu einer Räumungsklage dann einen Anlass gegeben, wenn er zu erkennen gegeben hat, dass er nicht räumen will, Ffm OLGR 1996, 203, Das gilt zB dann, wenn er dem Vermieter nach einer ordnungsgemäß mitgeteilten Kündigung trotz dessen Aufforderung keinen bestimmten Auszugstermin mitgeteilt und zugesichert hat, Mü ZMR 1999, 255 (evtl. Ausnahme bei bloßer Bitte um kurze Räumungsfrist), LG Bln ZMR 2015, 305; LG Zwickau WuM 1997, 335; aM Hamm ZMR 1996, 449 (aber es kommt auf den eindeutigen Auszugswillen an), oder wenn er nicht eine fehlerhafte Kündigungsfrist in eine objektiv richtige umgedeutet hat, LG Köln WuM 1993, 541, aM LG Gött WuM 1991, 266 (aber auch der Mieter muss sich um eine vernünftige Auslegung bemühen).

Der Mieter hat dann **keinen** Anlass für die Räumungsklage gegeben, wenn er die Kündigung erst bei oder *nach der Klagezustellung nach* § 271 erhalten hat und wenn ihn der Vermieter vorher weder zur Räumung aufgefordert noch ihm einen Räumungsprozess angekündigt hatte, Karlsr NJW-RR 1990, 978; LG Freibg WuM 1997, 335, oder wenn der Mieter schon vor der Zustellung der Räumungsklage auszog, LG BadBad WuM 1993, 473.

Rechtsänderung: Derjenige Bekl., der den Anspruch zunächst zutreffend abgelehnt hat, hat dann **keinen** Klageanlass gegeben, wenn sich die Rechtslage erst nachträglich zugunsten des Klägers ändert und wenn der Bekl. sich auch wie bei § 121 I 1 BGB unverzüglich auf diese Änderung einstellt, Celle OLGR 2002, 125; VGH Mannh NJW 1991, 859.

Rechtsschutzbedürfnis: Man darf das Merkmal der Klageveranlassung nicht mit der Notwendigkeit eines Rechtsschutzbedürfnisses verwechseln. Beim Fehlen dieser Prozessvoraussetzung muss das Gericht die Klage evtl. nach einem Hinweis nach § 139 durch ein Prozessurteil als unzulässig abweisen. Beim Fehlen des Klaganlasses erfolgt lediglich eine bestimmte Kostenregelung im Zusammenhang mit einer Sachentscheidung.

Rechtsvorgänger: Der Rechtsnachfolger muss sich den vom Rechtsvorgänger geschaffenen Klageanlass zurechnen lassen. Auch → „Erbe".

Sachliches Recht: Es kommt **nicht** stets auf die sachlich-rechtlich Lage an, Hamm OLGR 1993, 182; Schlesw JurBüro 1982, 1569; Stgt OLGR 1998, 414.

Schadensersatz: Notwendigkeit einer Überprüfungszeit. Der Bekl. hat dann **keinen** Klageanlass gegeben, wenn ihm der Schädiger nur eine nicht ausreichende Zeit zur Überprüfung der Forderung gegeben hat, Rostock MDR 2001, 935; Leuschner AcP 207, 67. Das gilt trotz des Grundsatzes, dass der Schuldner eine fällige Geldforderung sofort bei ihrer Fälligkeit bezahlen muss. In Wahrheit gehört zur richtig verstandenen Fälligkeit die Vorlage ausreichend beigefügter Belege, soweit der Schuldner die Art und den Umfang des Schadens noch nicht selbst ausreichend übersehen und vor allem beziffern konnte. Treu und Glauben nach § 242 BGB erfordern eine gewisse Frist zur Überprüfung. Das gilt grds. bei allen Arten von Schadensersatzforderungen und gegenüber allen Arten von Schuldnern so, auch zB gegenüber dem Fiskus. Es gilt jedenfalls dann, wenn er einen Zwischenbescheid gibt, LG Bonn VersR 1978, 356. Andererseits kann der Schuldner vom Gläubiger nicht immer von vornherein den vollständigen Nachweis einer spezifizierten Schadensaufstellung verlangen, es sei denn, inzwischen wäre zB schon eine Reparatur erfolgt, Köln VersR 1988, 1165 (dann nützt dem Gläubiger auch ein vorher eingeholtes Schadensgutachten nicht mehr).

Schadensersatz: Versicherungsfragen. Die vorstehenden Regeln gelten insbesondere im Verhältnis zwischen dem Geschädigten und der Haftpflichtversicherung des Schädigers, Rostock MDR 2001, 935. Sie gelten aber auch im Verhältnis zwischen dem Versicherungsnehmer und seiner Versicherung. Die Versicherung muss die Möglichkeit einer Schadensbesichtigung gehabt haben, Ffm VersR 1997, 645. Je früher der Versicherer eine Haftungsquote anerkannt und eine Teilzahlung geleistet hat, desto länger kann er endgültig prüfen. Soweit er trotz einer wiederholten Forderung 6 Wochen hindurch weder zahlt noch eine Zahlung ankündigt, liegt ein Klageanlass vor.

– **(Akteneinsicht):** Einen Klageanlass hat der Versicherer dann gegeben, wenn weder der Versicherungsnehmer noch der Geschädigte die längst etwa erbetene Akteneinsicht erhielten. Denn sonst müsste der Geschädigte allzu lang warten. Mag der Versicherer unter einem Vorbehalt zahlen, aM Hamm VersR 1988, 1039 (aber wo läge die Zeitgrenze?).

– **(Amtsarzt): Keinen** Klageanlass hat der Versicherer dann gegeben, wenn seine Allgemeinen Geschäftsbedingungen die Notwendigkeit eines Amtsarztattests vorsahen und der Versicherungsnehmer es nicht vorgelegt hat, Hamm VersR 1983, 1121.

– **(Auskunft): Kein** Klageanlass besteht dann, wenn der Geschädigte eine berechtigte Auskunftsbitte der Versicherung nicht beantwortet hat, Schlesw NJW-RR 2016, 1536.

– **(Auslandsberührung):** Bei einer Auslandsberührung muss man zwar eine längere Prüfungsfrist als normal zubilligen, Saarbr NJW-RR 2018, 209; LG Trier VersR 1973, 189. Jedenfalls bei einer Grünen Versicherungskarte darf die Frist aber auch hier nicht allzu lang andauern, also nicht mehrere Monate.

– **(Ermittlungsende):** Einen Klageanlass hat der Versicherer dann gegeben, wenn er nicht zahlte, obwohl der Versicherungsnehmer annehmen durfte, die Ermittlungen seien beendet, Karlsr VersR 1993, 1547.

– **(Forderungswiederholung):** Einen Klageanlass hat der Versicherer dann gegeben, wenn er trotz einer wiederholten Forderung des Gegners 6 Wochen hindurch weder gezahlt noch wenigstens eine Zahlung angekündigt hat.

– **(Grüne Versicherungskarte):** → „– (Auslandsberührung)".

– **(Haftungsgrund):** Einen Klageanlass zumindest zur Schadenshöhe gibt der Versicherer bei der Beschränkung eines Anerkenntnisses auf den Haftungsgrund, Saarbr NJW-RR 2015, 15.

– **(Normalfall):** Einen Klageanlass hat der Versicherer dann gegeben, wenn er mehrere Monate hindurch nicht zahlte.

– **(Prüfungsfrist im Allgemeinen):** Zur Prüfung muss die Versicherung stets und daher auch in einer einfachen Sache eine nach den Umständen angemessen Frist erhalten, KG VersR 2009, 1262; Mü NJW-RR 2011, 387; Saarbr NJW-RR 2018, 209. Das gilt unabhängig von einer tatsächlich gesetzten Frist, AG Münsingen VersR 1997, 893. Eine vertragliche Frist reicht aus, auch wenn Allgemeine Geschäftsbedingungen sie bestimmen. Die Frist beginnt mit dem Zugang der Forderung, Saarbr NJW-RR 2018, 156. Eine Frist von nur 5 Arbeitstagen ist regelmäßig zu kurz, Mü VersR 1979, 479, auch eine solche von nur 8 Arbeitstagen, Köln VersR 1983, 451; Mü VersR 1979, 480, auch eine solche von 10 Tagen dann, wenn der Versicherer innerhalb dieser Frist immerhin ca. 65 % der Forderung bezahlt und wegen des Rests eine Prüfung zugesagt hatte. Natürlich muss man die selbst gesetzte Frist abwarten, Ffm JurBüro 1992, 164 (zu § 91a). Auch eine Frist von 2 Wochen kann zu kurz sein, LG Düss VersR 1981, 582; LG Ellwangen VersR 1981, 564. Es kann vielmehr eine Frist von 3–4 Wochen notwendig sein, Mü NJW-RR 2011, 387; Stgt VersR 2010, 1306; LG Köln VersR 1989, 303, oder eine solche von 4–6 Wochen, Kblz VersR 2016, 1269 (evtl. noch mehr); Köln NJW-RR 2012, 861; Saarbr NJW-RR 2018, 157. Alles das gilt insbesondere bei einem ausgefallenen Sachverhalt, Karlsr VersR 1980, 877 (Stationierungsschaden), oder dann, wenn in die Frist eine Reihe von Feiertagen fällt, LG Ellwangen VersR 1981, 564 (Weihnachtszeit). S. auch bei den einzelnen Vorgängen.

– **(Regulierungsbereitschaft):** Ein Klageanlass kann trotz einer außergerichtlichen bestehen, Karlsr JurBüro 2016, 657.

– **(Sachverständiger):** Einen Klageanlass hat der Versicherer dann gegeben, wenn er nach einem Sachverständigenverfahren wesentlich länger als die in § 11 AVB genannten 14 Tage bis zur Fälligkeit gezögert hat, Hamm VersR 1986, 1173; LG Schweinf VersR 1990, 618.

– **(Stationierungsschaden):** Die Regeln „– (Prüfungsfrist allgemein)" gelten auch hier, Karlsr VersR 1980, 877.

– **(Teilzahlung):** Je früher der Versicherer eine Haftungsquote anerkannt und eine Teilzahlung geleistet hat, desto länger darf er endgültig prüfen. 4 Monate Prüfungsdauer sind selbst nach einer Anzahlung zu lang, LG Mannh VersR 1989, 962, erst recht 6 Monate, Düss MDR 2009, 562.

– **(Unterlagen):** Einen Klageanlass hat der Versicherer dann gegeben, wenn er nach dem Erhalt aller Unterlagen immer noch zögerte, Hamm VersR 1999, 436.

– **(Vergleichsvorschlag):** Hat der Gegner einen Vergleichsvorschlag gemacht, kann der Bekl. auch nach dem Ablauf der Äußerungsfrist noch eine kurze Zeit prüfen. Nach dem Scheitern eines Regulierungsversuchs hat der Versicherer insofern etwa 8 Tage zur Zahlung Zeit, Köln VersR 1983, 451.

– **(Weihnachtszeit):** Die Regeln „– (Prüfungsfrist allgemein)" gelten auch hier, LG Ellwangen VersR 1981, 564.

Schlüssigkeit: → „Unschlüssigkeit".

Schuldbefreiung: → „Freistellung".

Stufenklage: Ergibt bei § 254 die Auskunft, dass ein Leistungsanspruch besteht, muss man zur Kostenklage überwechseln, BGH MDR 1994, 717; Vogel FamRZ 1995, 370.

Teilanspruch: Wegen § 266 BGB reicht ein Teilanerkenntnis grds. nicht, Schlesw DAVorm 1979, 176. Eine Ausnahme mag bei § 242 BGB gelten, BAG NZA 2012, 469, Hamm FamRZ 1997, 1413; LG Magdeb DAVorm 1996, 296. Der Schuldner mag für ihn **keinen** Klageanlass gegeben haben, Brdb NJW-RR 2000, 326.

Telefax: Hat sich der Absender geweigert, die verlangte Originalerklärung ebenfalls zu übersenden, bestehen die Wiederholungsgefahr und damit ein Klageanlass fort, Mü NJW 1993, 3146.

Überschuldung: Der überschuldete Bekl. hat trotz eines wirksamen sofortigen Anerkenntnisses bei der stets erforderlichen Einbeziehung von Treu und Glauben nach § 242 BGB trotzdem einen Klageanlass gegeben. Denn der Kläger hat schon wegen einer etwa späteren Vermögensverbesserung des Bekl. ein Rechtsschutzbedürfnis auf den Erhalt eines Vollstreckungstitels nach §§ 704 ff., Ffm MDR 1980, 855; Köln MDR 1982, 584.

Umsatzsteuer: Es kommt auf das vorprozessuale Verhalten an, Düss VersR 2006, 1660.

Unpfändbarkeit: → „Überschuldung".

Unschlüssigkeit: Der Schuldner hat **keinen** Klageanlass gegeben, soweit die Klage nach → § 253 Rn. 28 unschlüssig war, Karlsr FamRZ 2012, 1967; Köln MDR 2000, 910; Schlesw JurBüro 2000, 657; aA Düss (5. ZS) MDR 1999, 1349; Stgt FamRZ 2007, 1346; Looff DGVZ 2008, 68 (aber die Notwendigkeit, auch bei einer Unschlüssigkeit nach einem wirksamen Anerkenntnis gemäß → § 307 Rn. 19 ohne eine Sachprüfung zu verurteilen, hat schon wegen § 308 II nicht auch eine Bindung im Kostenpunkt zur Folge).

Unsicherheit: Bestand eine in der Natur der Sache liegende Unsicherheit zur Höhe des Anspruchs und hat der Bekl. eine vertretbare Summe geboten, mag ein Klageanlass **gefehlt** haben, Schlesw JurBüro 1993, 620 (aber Vorsicht!).

Unterbrechung: Wenn der Rechtsnachfolger bei § 239 zur Fortsetzung des Rechtsstreits keine Veranlassung gegeben hatte und wenn er zur Fortsetzung des Rechtsstreits geladen wurde, ohne den Prozess zu kennen oder verzögert zu haben, hat er **keinen** Klageanlass gegeben.

Unterhalt: Es gibt viele sehr unterschiedliche Lagen.

– **(Anerkenntnis):** „– (Auswechslung)", → „– (Zahlung)".

– **(Auskunft):** Ein Verfahrensanlass kann infolge einer Verweigerung der erforderlichen Auskunft eintreten, Hamm FamRZ 1999, 1153.

– **(Auswechslung):** Ein Anlass **fehlt** dann, wenn der Bekl. sofort nach der Auswechslung des Unterhaltszeitraums durch den Antragsteller anerkennt, Bbg FamRZ 1989, 520.

– **(Bezifferung): Kein** Verfahrensanlass besteht, solange der Antragsteller seine Forderung trotz gegnerischer Aufforderung weder beziffert noch belegt, Düss AnwBl 1982, 485; Karlsr FamRZ 1984, 584; Kblz FamRZ 1986, 826 (zust. Bosch). Das gilt auch dann, wenn der Auskunftspflichtige rechtzeitig zur eidesstattlichen Versicherung bereit war, Mü MDR 1988, 782; Nürnb FamRZ 1986, 87, oder wenn er schon seit langem gezahlt hatte, Brem FamRZ 1996, 886. Es gilt allerdings dann nicht, wenn der Schuldner die erforderliche Auskunft zwar als seine Pflicht anerkannt, aber noch nicht gegeben hat, Bbg JurBüro 1989, 690; Schlesw SchlHA 1979, 39.

– **(Einverständnis):** Ein Anlass **fehlt** für den Schuldner, soweit sich der Gläubiger mit einer – auch nur vorübergehenden – Herabsetzung einverstanden erklärt, Oldb NJW-RR 2011, 662.

– **(Jugendamtsurkunde):** Ein Anlass **fehlt** vor einer Aufforderung zu ihrer Errichtung, Kblz FamRZ 2010, 1106.

– **(Künftiger Unterhalt):** Ein Verfahrensanlass liegt bei einer Forderung auf einen künftigen Unterhalt erst ab einer objektiven Besorgnis der Verweigerung einer Erfüllung an vor, Hamm FamRZ 1992, 832; Naumb FamRZ 2006, 1053; Stgt NJW-RR 2001, 1010.

– **(Realsplitting):** Ein Verfahrensanlass kann in einer Verweigerung des Realsplittings liegen, Hamm FamRZ 1991, 830.

– **(Rest):** → „– (Teilzahlung)".

– **(Spitzenbetrag):** → „– (Teilzahlung)".

– **(Teilleistung):** Ein Verfahrensanlass kann infolge bloßer Teilzahlungen auch ohne eine Aufforderung zur Vollzahlung eintreten, (zum alten Recht) BGH NJW 2010, 238.

– **(Teilzahlung):** Soweit der Schuldner den in Wahrheit bereits für den fraglichen Zeitraum voll geschuldeten Unterhalt nach § 266 BGB unzulässigerweise nur teilweise anbietet, gibt er dem Gläubiger trotz dieses Angebots einen Anlass zur Erhebung der vollen Unterhaltsforderung für jenen Zeitraum, Köln NJW-RR 1998, 1703; Nürnb NJW-RR 2001, 1377; Zweibr FamRZ 2002, 1131; aM Brschw OLGR 1998, 332; *Hamm FamRZ 1993, 712;* Karlsr FamRZ 1985, 955 (bei einem nur geringen Rest. Aber auch einen kleinen Betrag darf und muss man einklagen, um vollstrecken zu können). **Kein** Verfahrensanlass liegt dann vor, soweit der Schuldner den Sockelbetrag stets zahlte und alles auch anerkennt, selbst wenn das Gericht dann auch zum bestrittenen Spitzenbetrag verurteilt, Nürnb MDR 1999, 1397.

– **(Titulierung):** Ein Verfahrensanlass kann schon wegen eines Titulierungsinteresses bestehen, BGH NJW 2010, 238, aM Hamm FamRZ 2007, 1881.

– **(Unterschrift):** „– (Zahlung)".

– **(Verzug):** Einen Verfahrensanlass hat der Schuldner im Allgemeinen erst vom Eintritt eines Verzugs angegeben, Mü FamRZ 1993, 454.

– **(Zahlung):** Ein Anlass **fehlt** insoweit, als der Erzeuger die Vaterschaft anerkennt, zwar die Unterschrift unter einer Zahlungsverpflichtungsurkunde verweigert, aber den Unterhalt regelmäßig zahlt und keine Unterbrechung seiner Zahlung oder andere Unregelmäßigkeiten androht, Ffm FamRZ 1998, 445; Oldb FamRZ 2003, 1575; Stgt NJW-RR 2001, 1010; aM Düss FamRZ 1994, 1484; Nürnb MDR 2002, 886; AG Königswinter FamRZ 1993, 468 (aber dann besteht meist kein derzeitiges Rechtsschutzbedürfnis). Ein Verfahrensanlass **fehlt** ferner, soweit der Schuldner zahlte und den Gläubiger vor einer Abänderungsforderung nicht zum entsprechenden Verzicht aufforderte, Oldb FamRZ 2000, 1514 (zust. Warfsmann); aM Brdb FamRZ 2003, 1577 (aber der Antragsteller will jetzt mehr als vorher).

– **(Zweite Ausfertigung):** Ein Verfahrensanlass kann infolge des Antrags auf eine zweite vollstreckbare Ausfertigung nach § 733 eintreten, Hamm FamRZ 1999, 725.

Unterlassung: → „Abmahnung", → „Telefax", → „Verjährung", → „Wettbewerbssache".

Unterwerfung: Ein Klageanlass kann trotz einer Unterwerfungserklärung bestehen, Kellermann MDR 2010, 902.

Unzuständigkeit: → „Zuständigkeit".

Urheberrecht: Es gilt im Wesentlichen dasselbe wie bei einer Wettbewerbssache. In einer Urheberrechtsstreitsache gilt nach → „Inkasso" der § 97a UrhG.

Urkundenprozess: Ein Vorbehalt gegen die Kosten kann bei §§ 592 ff. im Nachverfahren nach § 600 zur Kostenlast führen, Schwarz ZZP 110, 181.

Vaterschaft: Eine Verfahrensveranlassung gibt bei §§ 169 ff. FamFG, wer als vermeintlicher Vater nicht vorprozessual anerkennt, Brdb JurBüro 2007, 546.

Verbindlichkeit, Befreiung von: → „Freistellung".

Verbraucherverband: Er braucht **nicht** schon wegen § 93 die Namen der Mitglieder offenzulegen, Ffm GRUR-RR 2001, 287.

Verjährung: Die Einrede der Verjährung bis zur Klärung etwa der Frage, wann die Zustellung eines Mahnbescheids nach § 693 erfolgte, kann **unschädlich** sein. Eine Aufforderung zum Verzicht auf die Verjährungseinrede nach § 214 I BGB ist nicht erforderlich, insbesondere nicht, solange keinerlei (Unterlassungs-)Titel vorliegt, Hamm GRUR 1992, 563.

Vermieterpfandrecht: D. Bekl. hat wie bei einer Widerspruchsklage **keinen** Klageanlass gegeben, soweit der angebliche Eigentümer nicht sein Eigentum nach § 294 glaubhaft gemacht hat.

Versäumnisverfahren: D. Bekl. kann trotz eines rechtzeitigen Einspruchs nach §§ 338, 700 und trotz der dann evtl. eintretenden Rückwirkung nach § 342 sehr wohl schon zur Erhebung der Klage nach §§ 253, 261 einen Anlass gegeben haben, Köln FamRZ 1992, 831.

Verschulden: Es braucht **nicht** stets vorzuliegen, Zweibr JurBüro 1982, 1083.

Vertagung: Soweit das Gericht nach § 227 eine Vertagung angeordnet hatte, kommt es darauf an, ob der Bekl. im vertagten Termin zur Hauptsache nach → § 297 Rn. 4 einen Antrag hätte stellen können und müssen, aM Zöller/Heßler Rn. 6 „Vertagung" (§ 93 sei nach einer Vertagung stets unanwendbar. Aber es gelten die normalen Regeln, insbesondere bei einer vom Gericht oder vom Kläger verschuldeten Vertagung).

Vertreter: Er muss sich anrechnen lassen, dass der Vertretene einen Klageanlass gegeben hatte.

Verwahrung gegen die Kosten: Die beliebte Formulierung des Bekl., er erkenne an, verwahre sich aber gegen die Kosten oder protestiere gegen sie, ist wie jede vorprozessuale Willenserklärung oder prozessuale Parteihandlung auslegbar. Das Gericht muss sie darauf prüfen, ob der Bekl. eine den Klageanlass gebende Bedingung des Anerkenntnisses oder nur eine Bitte aussprechen wollte, ungeachtet eines unbedingten Anerkenntnisses nach § 307 von Kosten möglichst verschont zu bleiben.

Verzug: Solange er nach §§ 286 ff. BGB fehlt, kann ein Klageanlass **fehlen,** LG BadBad VersR 2013, 778. Vgl. freilich → „Bestreiten", → „Geldforderung". Ein Klageanlass liegt jedenfalls vor, soweit der Bekl. schon jetzt die Erfüllung endgültig verweigert hatte, LG Saarbr NJW-RR 2011, 968, und soweit schon eine Klage auf eine künftige Leistung nach §§ 257 ff. zulässig ist. Auch die Zustellung einer Stufenklage nach § 254 in einer einfachen Ablichtung oder Abschrift nach § 270 schafft einen Verzug, Brschw FamRZ 1995, 876. Vom **Eintritt** des Verzugs an hat der Bekl. meist unabhängig vom prozessualen Verhalten des Klägers einen Klageanlass gegeben, Mü ZMR 1999, 255.

Vollstreckbarkeit: Zumindest beim streitig gewesenen Anspruch kommt es für § 722 auf das deutsche Recht an, Köln JMBlNRW 2002, 42.

Vollstreckungsabwehrklage: Der Bekl. hat als Gläubiger des Vorprozesses zum nachfolgenden Prozess nach § 767 dann einen Klageanlass gegeben, wenn er nicht die Vollstreckungsmaßnahmen aus dem Urteil aufgehoben und dessen Herausgabe nicht angeboten hat, Mü BB 2000, 744. Das gilt erst recht, soweit er aufgrund eines nichtigen Vollstreckungstitels vorgegangen ist, Hamm OLGR 1996, 27, oder soweit er nach § 733 eine weitere vollstreckbare Ausfertigung beantragt hat, Hamm FamRZ 1999, 725, oder sonstwie eine unberechtigte Vollstreckung betreibt, Köln NJW-RR 1999, 1520.

Er hat dann **keinen** Klageanlass gegeben, wenn er dem Schuldner gegenüber zum Ausdruck bringt, auf die Durchsetzung des Anspruchs zu verzichten, zumindest sofern ein diesbezüglicher Vergleich nach § 779 BGB oder Anh. § 307 möglich ist, Köln MDR 1996, 197 (warum eigentlich diese weitere Bedingung?), oder wenn er auf eine Schuldnerbitte um Aussetzung der Vollstreckung nicht sogleich entsprechend reagiert, aM Saarbr OLGR 2009, 970 (aber es ist immerhin evtl. zur Vollstreckbarkeit gekommen).

Vorbehalt: → „Einwendung".

Vormerkung: → „Bauhandwerkerhypothek".

Vorprozessuales Verhalten: Das Verhalten des Bekl. vor dem Prozess hat meist eine entscheidende Bedeutung dafür, ob er einen Klageanlass gegeben hat, BGH NJW 1979, 2041, Köln NJW-RR 1988, 187.

Wechselprozess: Der Bekl. hat bei § 602 **keinen** Klageanlass gegeben, solange ihm der Kläger den Wechsel nicht vorgelegt hat. Denn die Wechselforderung wird erst dann fällig, Art. 38 I WG, Saarbr MDR 1981, 676.

Wettbewerbssache. Dazu Klein GRUR 2012, 882 (Abmahnung, Grdz.); Köhler, „Abmahnverhältnis" und „Unterwerfungsverhältnis", FS Piper, 1996, 309; Köhler, Erstattungsfähigkeit von Abmahnkosten, FS Erdmann, 2002; Köhler GRUR 2010, 6 (notarielle Unterwerfungserklärung); Lührig, Die Behandlung von Mehrfachverstößen gegen strafbewährte Unterlassungserklärungen, FS Helm, 2002; Steinmetz, Der „kleine" Wettbewerbsprozess, 1993; Wilke/Jungeblut, Abmahnung, Schutzschrift und Unterlassungserklärung im gewerblichen Rechtsschutz, 2. Aufl. 1995.

Es richtet sich nach § 12 I UWG (Sollvorschrift) und in ihrem Rahmen nach den **Umständen,** ob der Gläubiger den Schuldner vor der Klagerhebung nach §§ 253, 261 oder vor dem Antrag auf eine einstweilige Verfügung nach §§ 935 ff. abmahnen muss, um anschließend einen entsprechenden Anlass zu haben, Mü GRUR-RR 2006, 176. Man muss also weder grds. abmahnen, Saarbr GRUR-RR 2018, 172; aM Brdb GRUR 2015, 81 (Werbeprospekt); KG GRUR-RR 2007, 255 (Markenrecht); VerfGH Mü NJW-RR 2013, 414, noch ist eine Abmahnung grds. oder gar stets entbehrlich. Die Wirksamkeit eine Abmahnung hängt nach § 80 S. 2 Hs. 1 nicht von einer gleichzeitigen Beifügung der Originalvollmacht ab, LG Hmb GRUR-RR 2009, 198 (Zweck ist eine Streitbeilegung). Wegen eines Urheberrechts gilt § 97a UrhG (Sollvorschrift). Die Abmahnung auch mit einer Strafanzeige durch einen Anwalt kann gegen § 240 StGB verstoßen, BGH NJW 2014, 403 (aM Harrendorf AnwBl 2014, 497. Aber die Notwendigkeit der Einzelfallabwägung ändert nichts am Grundgedanken).

– **(Abmahnungsabwägung):** Vielmehr muss man abwägen, BGH NJW-RR 2013, 371; Hmb GRUR-RR 2007, 175; Mü WettbR 1999, 239, strenger Jena NJW-RR 2007, 255; Zweibr GRUR 2002, 344; LG Düss GRUR-RR 2006, 144 (diese fordern zu streng grds. eine vorprozessuale Abmahnung); Ffm GRUR-RR 2014, 472; Mü NJW-RR 1992, 731; Borck NJW 1981, 2721; Thomas/Putzo/Hüßtege Rn. 6 (sie fordern eine Abmahnung jedenfalls grds. vor dem Antrag auf eine einstweilige Verfügung). Eine Abmahnung kann auch beim Eilantrag auf eine Sequestration flüchtiger Ware nach § 938 notwendig sein, Brschw GRUR-RR 2005, 103. Zur Problematik krit. Prelinger AnwBl 1984, 472; Vogt NJW 1980, 1500.
– **(Abmahnungsentbehrlichkeit):** Die Abmahnung ist entbehrlich, soweit ihre Erfolglosigkeit von vornherein voraussehbar ist, Hmb WettbR 1996, 94; VerfGH Mü NJW-RR 2013, 414; Mü WettbR 1999, 239. Sie ist auch entbehrlich, soweit sie aufgrund besonderer Umstände dem Gläubiger unzumutbar ist, Düss WettbR 1998, 235 (Verzögerungsgefahr); Köln WettbR 2000, 303 (Markenpiraterie); LG Hmb GRUR-RR 2004,191 (Tonträger/Internetverkaufsplattform).
– **(Abmahnungsentbehrlichkeit: Bloße Abweichung):** Entbehrlich ist eine Abmahnung auch bei einer nur geringen Abweichung des Verletzers von dem nach der Abmahnung Verbotenen, Hmb GRUR-RR 2007, 175.
– **(Abmahnungsentbehrlichkeit: Angestellter): Erforderlich** sein kann eine Abmahnung dann, wenn nur ein Angestellter des Schuldners verboten handelte und wenn gegen den Betriebsinhaber selbst nichts spricht.
– **(Abmahnungsentbehrlichkeit: Anwalt):** „– (Kenntnis der Folgen)".
– **(Abmahnungsentbehrlichkeit: Auskunft):** Eine grundsätzlich mögliche Entbehrlichkeit bei einer Sequestration nach § 938, Karlsr GRUR-RR 2013, 182 (auch zu einer Ausnahme), bedeutet eine solche auch bei einer zugehörigen Auskunft, Düss WettbR 1998, 235.
– **(Abmahnungsentbehrlichkeit: Beweislast):** Der Antragsteller muss die Entbehrlichkeit einer Abmahnung beweisen, VerfGH Mü NJW-RR 2013, 414; Mü WRP 1996, 930.
– **(Abmahnungsentbehrlichkeit: Erneuter Verstoß):** Entbehrlich ist eine (erste oder weitere) Abmahnung dann, wenn der Verletzer trotz einer solchen strafbewehrten Unterlassungsverpflichtung, die an sich die Wiederholungsgefahr beseitigen kann, BGH DB 1996, 771, kurz darauf einen erneuten Verstoß begangen hat, Ffm OLGR 1997, 47; Hmb GRUR 1989, 707; LG Nürnb-Fürth WRP 1992, 521; aM KG GRUR 1987, 942; Köln NJW-RR 1987, 1448 (aber eine solche Hartnäckigkeit verdient keinerlei Nachsicht mehr).
– **(Abmahnungsentbehrlichkeit: Feststellungsklage):** Entbehrlich ist eine Abmahnung dann, wenn es um eine verneinende Feststellungsklage nach § 256 geht, Hamm GRUR 1985, 84; LG Hmb NJW-RR 1993, 174; aM KG WRP 1980, 206; LG Köln GRUR 1989, 542 (aber es muss dann meist sehr rasch Klarheit geben).
– **(Abmahnungsentbehrlichkeit: Fortgesetzter Verstoß):** Die Regeln zum „– (Vorsatz des Gegners)" gelten zumindest nach einer fortgesetzten Missachtung eines Verbots, und zwar dann auch rückwirkend, Hmb MDR 2002, 716.
– **(Abmahnungsentbehrlichkeit: Kenntnis der Folgen):** Entbehrlich ist eine Abmahnung dann, wenn der Gegner die Abmahnungsfolgen kennt, KG NJW 2005, 2239 (Anwalt, Notar).
– **(Abmahnungsentbehrlichkeit: Kostenwiderspruch):** → „– (Widerspruch)".
– **(Abmahnungsentbehrlichkeit: Messesache):** Entbehrlich ist eine Abmahnung dann, wenn in einer Messesache keine rechtzeitige Zustellung mehr möglich wäre, LG Köln GRUR 1989, 77.
– **(Abmahnungsentbehrlichkeit: Notar):** „– (Kenntnis der Folgen)".
– **(Abmahnungsentbehrlichkeit: Nur Pauschalzahlung):** Entbehrlich ist eine Abmahnung dann, wenn der Gegner nur eine Pauschale zahlt, nicht aber eine Unterlassungserklärung abgibt, Celle GRUR-RR 2009, 198.
– **(Abmahnungsentbehrlichkeit: Pressesache):** meist „– (Vorsatz des Gegners)".
– **(Abmahnungsentbehrlichkeit: Räumungsverkauf):** Entbehrlich sein kann eine Abmahnung bei einem Räumungsverkauf, Nürnb WRP 1981, 342. Auch „– (Sonderveranstaltung)".
– **(Abmahnungsentbehrlichkeit: Sequestration):** → „– (Auskunft)".
– **(Abmahnungsentbehrlichkeit: Sonderveranstaltung):** Entbehrlich sein kann eine Abmahnung bei einer zeitlich begrenzten Sonderveranstaltung, Hamm OLGR 1993, 139.
– **(Abmahnungsentbehrlichkeit: Streitigkeit):** Entbehrlich ist eine Abmahnung dann, wenn der Verletzer im Hauptprozess einen Verstoß bestreitet, Ffm GRUR 1992, 565.
– **(Abmahnungsentbehrlichkeit: Unzumutbarkeit):** An sie muss man wegen der Schnelligkeit moderner Nachrichtenübermittlung hohe Anforderungen stellen, KG NJW 1993, 3336 (Telefax, Stundenfrist); Schlesw WettbR 2000, 248.
– **(Abmahnungsentbehrlichkeit: Vorsatz des Gegners):** Entbehrlich ist die Abmahnung nach einem vorsätzlichen Wettbewerbsverstoß des Gegners, Ffm GRUR 1992, 565; Köln GRUR 1986, 563; Mü NJW-

RR 1992, 731; aM Oldb NJW-RR 1990, 1330 (aber ein Vorsatz verdient nun wirklich keine Nachsichtigkeit).

– **(Abmahnungsentbehrlichkeit: Widerruf):** Entbehrlich ist eine Abmahnung dann, wenn der Verletzer eine vorausgegangene strafbewehrte Unterlassungserklärung widerrufen hat, Nürnb WRP 1981, 229.

– **(Abmahnungsentbehrlichkeit: Widerspruch):** Entbehrlich ist eine Abmahnung dann, wenn der Verletzer widerspricht, Stgt WRP 1983, 713. Das gilt auch beim bloßen Kostenwiderspruch nach → § 924 Rn. 12, Ffm GRUR 2006, 264.

– **(Abmahnungserforderlichkeit):** Soweit eine Abmahnung erforderlich ist, muss sie eindeutig und umfassend sein, KG GRUR 1988, 242; Kblz WRP 1983, 700. Deshalb muss der Gläubiger den Schuldner unter anderem zur Abgabe einer ihm im Entwurf vorgelegten sog. strafbewehrten Unterlassungserklärung auffordern, Brem NJW-RR 1988, 625; Mü WettbR 1998, 65 (Vorsicht beim Telefon). Der Abmahner muss den Verstoß nachvollziehbar genau kennzeichnen, KG GRUR-RR 2008, 29 (Urheberrecht); Saarbr MDR 2015, 1155; Stgt WettbR 1996, 281. Er darf die Abmahnung nicht zu weit fassen, Köln GRUR-RR 2011, 336. Er muss den Abgemahnten instandsetzen, den Verstoß im Kern rechtlich zu würdigen, Brem NJW-RR 1988, 625; Jena NJW-RR 2007, 255; Kblz GRUR 1981, 671. Der Abmahner braucht zwar grds. keine Belege beizufügen. Kündigt er sie aber an, trägt er die Beweislast für ihren rechtzeitigen Zugang. Der Abmahner kann zur Vorlage von Rechtsprechungsnachweisen verpflichtet sein, Ffm AnwBl 1984, 513. Im markenrechtlichen Eilverfahren kann dennoch eine Abmahnung nötig sein, KG GRUR-RR 2008, 372. Es kann eine zweite Abmahnung nötig sein, Ffm GRUR-RR 2014, 472.

– Das Risiko des **Empfangs** trägt wie stets der Absender, Hmb NJW-RR 2012, 124; Schlesw GRUR-RR 2008, 139; Saarbr OLGR 2009, 533; aM BGH BB 2007, 1360; Brschw NJW 2005, 373; Jena NJW-RR 2007, 255.

– **(Abmahnungsform):** Sie richtet sich nach den Umständen. Bei einer besonderen Eilbedürftigkeit kann zB eine mündliche Abmahnung zulässig und ausreichend sein, Ffm JurBüro 1995, 324, oder eine telefonische, aM Hamm OLGR 1993, 139 (aber es kommt wie stets auf die Umstände an). Sonst ist die Schriftform erforderlich und üblich, Hamm WRP 1979, 563; aM Ffm WRP 1984, 416 (aber es soll über den Text und die Frist Klarheit herrschen). Freilich ist auch zB ein Telefax usw. ausreichend, KG NJW 1993, 3336. Die Erstattung von Anwaltskosten richtet sich nach § 91, AG Bad Kreuzn WettbR 1999, 208. Eine sachlich-rechtliche Vollmacht entsprechend § 174 BGB ist meist notwendig, Düss WettbR 1999, 263; Nürnb NJW 1991, 1393; Grüneberg/Ellenberger BGB § 174 Rn. 1; aM Karlsr NJW-RR 1990, 1332; Köln WRP 1985, 361 (aber auch sie dient der Klarheit). Man muss seine Prozessvollmacht nach → § 80 Rn. 21 zumindest auf eine Anforderung im Original vorlegen, Drsd WettbR 1999, 140; Düss AnwBl 2001, 311; Stgt WettbR 2000, 125. Ein Zugang bei der in der beanstandeten Werbung genannten Filiale reicht, Naumb WettbR 1999, 241.

– **(Abmahnungsfrist):** Der Abmahner muss evtl. ein Erwiderungsschreiben des Abgemahnten beantworten, Ffm JurBüro 1990, 1217. Er muss dem Empfänger eine nach den Umständen angemessene Abmahnungsfrist setzen, Köln WettbR 1999, 93. Eine zu kurze Frist ist kostenschädlich, Ffm WettbR 1997, 46; Köln WRP 1996, 1214; Mü OLGR 1994, 177 (je: Umdeutung in eine angemessene Frist). Der Schuldner darf eine objektiv angemessene Frist nicht überschreiten, Köln WettbR 1999, 93; Mü GRUR 1980, 1018. Er darf sie allerdings dann, wenn der Gläubiger keinen abweichenden Schlusszeitpunkt genannt hat, bis zum letzten Tag 24 Uhr ausnutzen. Der Abmahner muss auch dann bis zum Fristablauf warten, Düss JurBüro 1987, 1407, evtl. bis 12 Uhr des folgenden Tags, KG GRUR 1979, 740. Er muss evtl. sogar ein weiteres Mal abmahnen, KG DB 1986, 372 (auch zu den Grenzen dieser Anforderung. Rechtspolitisch Sack BB 1986, 954).

– **(Abmahnungsfrist: Arrest, einstweilige Verfügung):** Im Eilverfahren kommt eine kürzere Abmahnfrist als im Hauptprozess infrage, Mü BB 1998, 1443.

– **(Abmahnungsfrist: Keine Drohung): Keinen** Klageanlass hat der Abgemahnte dann gegeben, wenn er gar keinen Verstoß begangen hatte und auch nicht damit drohte, Hmb GRUR-RR 2009, 159.

– **(Abmahnungsfrist: Reaktion):** Einen Klageanlass gibt der Abgemahnte dann, wenn er nicht oder nur unzureichend reagiert, Ffm JurBüro 1985, 131.

– **(Abmahnungsfrist: Schlussverkauf):** Einen Klageanlass kann der Abgemahnte dann gegeben haben, wenn es um eine Art Schlussverkauf geht und wenn der Schuldner eine Karenzzeit vorher missachtet hatte. Dann kann eine nur ganz kurze Frist völlig ausreichen oder sogar ganz entbehrlich sein, Hmb GRUR 1975, 39 und 41.

– **(Abmahnungsfrist: Urlaub):** Einen Klageanlass gibt der Abgemahnte dann, wenn er nur erwidert, sein zuständiger Mitarbeiter sei im Urlaub und werde später antworten, Ffm GRUR 1987, 732. Auch „Reaktion".

– **(Abmahnungsfrist: Vertragsstrafe):** Einen Klageanlass gibt der Abgemahnte dann, wenn er statt einer geforderten bestimmten Summe nur eine „gerichtlich festzusetzende" Vertragsstrafe verspricht, KG DB 1987, 272 (dann kann freilich eine nochmalige Abmahnung erforderlich werden).

– **(Abmahnungsfrist: Vollmacht):** Einen Klageanlass gibt der Abgemahnte dann, wenn er nur eine Vollmachtsvorlage fordert, ohne eine Verpflichtung zu erklären oder anzukündigen, Hmb NJW 1986, 2119; aM Düss AnwBl 2001, 311.

– **(Abmahnungsfrist: Weiterer Verstoß):** Einen Klageanlass gibt der Abgemahnte dann, wenn er während einer erbetenen und gewährten Bedenkzeit einen weiteren Verstoß begeht, Ffm NJW-RR 1987, 37.

– **(Abmahnungsfrist: Wenige Stunden):** Einen Klageanlass kann der Abgemahnte schon nach einer Frist von nur wenigen Stunden geben, falls zB die Gefahr der Wiederholung einer Zeitungsanzeige droht, Stgt WRP 1983, 305. **Keinen** Klageanlass hat er grds. nach dem Ablauf einer Frist von unter einer Stunde gegeben, Ffm WettbR 1997, 46. Auch „– (Abmahnungsfrist: Schlussverkauf)".

– **(Abmahnungsfrist: Widerruf):** Einen Klageanlass gibt der Abgemahnte dann, wenn er eine frühere Unterwerfungserklärung völlig widerruft, Nürnb WRP 1981, 229.

– **(Abmahnungsfrist: Bloßer Zeitgewinn):** Je stärker für den Gläubiger der Eindruck entstehen konnte, der Schuldner wolle nur Zeit gewinnen, desto kürzer kann eine Abmahnfrist sein oder gar wegfallen, Düss DB 1985, 1076.

– **(Abschlussschreiben).** Dazu Conrad MDR 2017, 68 (Grdz.). Wenn der Gläubiger eine einstweilige Verfügung nach §§ 935 ff. erwirkt hat, muss er den Schuldner evtl. in einem sog. Abschlussschreiben auffordern, den Sachverhalt des Eilverfahrens „als Hauptsacheentscheidung" anzuerkennen, BGH WRP 1983, 264; Ffm GRUR-RR 2006, 112; Hmb GRUR-RR 2014, 228, und folglich auf die Einlegung aller Rechtsbehelfe nach §§ 924, 926, 927, 936, 940 zu verzichten, BGH NJW 2009, 3303, Köln WettbR 1999, 92; Zweibr GRUR-RR 2002, 344, einschließlich einer etwaigen Einrede der Verjährung nach § 214 I BGB, Köln GRUR 1999, 96. Der Schuldner muss dann zumindest auf die Einlegung eines Widerspruchs nach § 924 verzichten, bevor ein Klageanlass für eine anschließende Klage zur Hauptsache (Hauptklage) entsteht, BGH WRP 1983, 264; Karlsr WettbR 1996, 257; Köln GRUR 1988, 646. Ein solches Abschlussschreiben ist insbesondere dann erforderlich, wenn die einstweilige Verfügung den Streit praktisch erledigen könnte, weil sich der Antragsgegner möglicherweise nach ihr richten mag, KG WRP 1981, 277 und 583, Wedemeyer NJW 1979, 298. Man muss eine zweiwöchige Wartefrist einhalten, BGH MDR 2015, 859. Sie beginnt mit der Urteilszustellung, BGH MDR 2015, 859, oder mit der Berufungsrücknahme, LG Heilbr GRUR-RR 2009, 39.

– Ein Abschlussschreiben ist erst recht grds. dann erforderlich, wenn bereits eine mündliche **Verhandlung** über den Widerspruch des Schuldners im Eilverfahren stattgefunden hat und wenn dort nur noch ein Urteil bevorsteht, Düss GRUR 1984, 81; aM Hmb GRUR 1989, 458 (aber dann muss sich der Abgemahnte entscheiden können). Das Abschlussschreiben braucht nicht ausdrücklich eine Frist zu setzen und Klage anzudrohen, Zweibr GRUR-RR 2002, 344. Soweit der Antragsteller das Abschlussschreiben vor dem Ablauf einer objektiv angemessenen Frist nach dem Erlass der einstweiligen Verfügung usw. absendet, kann ein Anlaß zur Erhebung der Klage in der Hauptsache (Hauptklage) **fehlen,** Köln GRUR 1988, 646 (12 Tage); Celle WRP 1996, 757 (12–14 Tage); AG Mönchengladb NJW-RR 1986, 342 (1 Monat, sehr großzügig); aM Düss MDR 2001, 344; Hamm GRUR 1991, 336 (aber das ist jeweils zu großzügig). Eine Abschlusserklärung nach Fristablauf hilft bei § 93 nicht mehr, Köln WettbR 1999, 93.
– **(Abschlussschreiben: Mündliche Erklärung):** Sie reicht grds. **nicht,** KG GRUR 1991, 258.
– **(Zweites Abschlussschreiben):** Es kann sogar ein **zweites** Abschlussschreiben nötig werden, Düss GRUR 1991, 479; Köln GRUR 1988, 646. Der Gläubiger braucht allerdings mit dem Abschlussschreiben nicht auch bis zur formellen Rechtskraft der zu seinen Gunsten ergangenen einstweiligen Urteilsverfügung nach § 705 zu warten, LG Hmb NJW-RR 1988, 252. Er muss aber dem Antragsgegner die Gelegenheit geben, das die einstweilige Verfügung bestätigende Urteil voll zur Kenntnis zu nehmen, Ffm GRUR-RR 2006, 112. Ein Abschlussschreiben ist dann ungeeignet, die Wiederholungsgefahr zu beseitigen, wenn der Störer zB statt des vom Gläubiger geforderten Verzichts auf „alle Rechte aus den §§ 926, 927" nur einen solchen „insbesondere auf die Rechte aus § 926" erklärt, Hamm GRUR 1993, 1002, oder wenn der Störer nach einer strafbewehrten Unterlassungsverpflichtung eine erneute Zuwiderhandlung begangen hat, Hamm BB 1990, 2074. Zumindest kann der Schuldner zwischen dem Abschlussschreiben und einer Unterwerfung wählen, Karlsr WettbR 1998, 140.

  Eine nur **mündliche** Abschlusserklärung reicht grds. **nicht,** KG GRUR 1991, 258, erst recht nicht eine stillschweigende, großzügiger Stgt WRP 1996, 152 (aber es muss nun endlich Klarheit eintreten). Ein zweites Abschlussschreiben des Gläubigers ist entbehrlich, nachdem der Schuldner einen Widerspruch gegen die einstweilige Verfügung zurückgenommen hat, Hamm MDR 1999, 372.
– **(Design):** Zur Problematik beim Verstoß Ffm GRUR 1984, 758; Hmb GRUR 1988, 241.
– **(Patent):** Wenn der Gläubiger einen solchen Schutz beansprucht, der über den Wortlaut eines Patents hinausgeht, muss er den Schuldner vorprozessual ausdrücklich auf diesen Schutzanspruch hinweisen und den Umfang des Unterlassungsbegehrens eindeutig abgrenzen, Düss GRUR 1980, 135. Aus der Reaktion auf die Abmahnung ergibt sich dann, ob ein Klageanlass besteht, Schulte GRUR 1980, 472.

Widerspruchsklage, § 771: Die Frage, ob der Bekl. einen Klageanlass gab, hängt von den Umständen ab. Im Allgemeinen muss der Kläger diejenigen Urkunden vorlegen, die dasjenige Recht beweisen sollen, das die Veräußerung hindert. Er muss überhaupt das die Veräußerung nach § 771 hindernde Recht sorgfältig darlegen, Leuschner AcP 207, 75, und nach § 294 glaubhaft machen, Ffm GRUR 1990, 1535; Mü WM 1979, 292. Freilich darf man die Anforderungen nicht überspannen, Leuschner AcP 207, 77.
– **(Anruf eines Unbekannten): Keinen** Klageanlass hat der Bekl. schon aufgrund des Anrufs eines dem Empfänger unbekannten Anwalts gegeben, Ffm GRUR 1990, 1535.
– **(Aufklärung):** Einen Klageanlass hat der Bekl. dann gegeben, wenn er nicht angegeben hatte, inwiefern er eine (weitere) Aufklärung wünschte.
– **(Bestreiten):** Unerheblich ist, ob der Bekl. den Anspruch vorher bestritten hatte.
– **(Beurteilung):** Einen Klageanlass kann der Bekl. dann gegeben haben, wenn er die Rechtslage falsch einschätzte, Hamm NJW-RR 1996, 1024.
– **(Bevorzugte Befriedigung):** Bei einem Recht nach § 805 gelten die Grundregeln zu § 771 entsprechend.
– **(Beweisaufnahme): Keinen** Klageanlass hat der Bekl. evtl. sogar dann gegeben, wenn eine Beweisaufnahme nach §§ 355 ff. stattfand, Düss NJW-RR 1998, 790.
– **(Dritter):** Einen Klageanlass hat der Bekl. gegeben, soweit er die Bemühung eines Dritten vereitelte, den Streit außergerichtlich beizulegen, Mü VersR 1993, 497.
– **(Eidesstattliche Versicherung):** Einen Klageanlass hat der Bekl. meist dann gegeben, wenn eine beglaubigte Ablichtung oder Abschrift einer vor Gericht abgegebenen eidesstattlichen Versicherung vorlag. **Keinen** Klageanlass hat er stets schon aufgrund einer privatschriftlichen solchen Versicherung gegeben, Düss OLGR 1998, 126.
– **(Glaubhaftmachung): Keinen** Klageanlass hat der Bekl. gegeben, solange eine nach § 294 erforderliche Glaubhaftmachung fehlte, Ffm GRUR 1990, 1535; Mü WM 1979, 292. Der Bekl. musste auch eine gewisse Frist zur Erkundigung und zur Prüfung der gegnerischen Glaubhaftmachung und Unterlagen haben, strenger Mü WM 1979, 292; Thomas/Putzo/Hüßtege Rn. 6 (es sei stets auch deren voller Nachweis notwendig. Aber der Bekl. darf meist nicht alles bis zum letzten Detail abwarten).
– **(Kenntnis): Keinen** Klageanlass hat der Bekl. dann gegeben, wenn er abwartete, bis ihm diejenigen Umstände und Unterlagen bekannt sein konnten, die den Klagantrag nach § 253 II Nr. 2 rechtfertigten.
– Nach anfänglichem Abweisungsantrag kann sich Bekl. der Erledigungserklärung noch anschließen, BGH 22.6.2022 – IV ZR 253/20 Rn. 19. Das wird im Rahmen von Treu und Glauben zulässig sein, zu den

Folgen → Rn. 72. Gleiches gilt, wenn Kl. sich der für sich unwirksamen Erledigungserklärung des Bekl. erst nach anfänglicher Zurückweisung anschließt.

– **(Sicherungsübereignung):** Bei diesem Vorgang hat der Bekl. **keinen** Klageanlass gegeben, solange der Kläger nicht nur die Übereignungsurkunde vorlegte, sondern auch diejenigen Unterlagen, aus denen sich ergab, welchen Bestand die gesicherte Forderung derzeit hatte, zB die Kontoauszüge.

– **(Wahrscheinlichkeit): Keinen** Klageanlass hat der Bekl. gegeben, solange der Kläger sein die Veräußerung hinderndes Recht nicht immerhin einigermaßen wahrscheinlich gemacht hatte, Ffm GRUR 1990, 1535; Gerhardt GS Arens, 1993, 133.

Willenserklärung: Der Bekl. hat einen Klageanlass gegeben, solange er die Erklärung nur ankündigt oder nur anerkennt, zu ihrer Abgabe verpflichtet zu sein, ohne sie eben vorzunehmen, AG Euskirchen WuM 1989, 329, oder solange er bei ihrer Vornahme die erforderliche Form nicht einhält.

Wohnungseigentum: Ein Klageanlass besteht bei einem mangelhaft entstandenen Beschluss der Wohnungseigentümer, AG Hmb-Wandsbek ZMR 2015, 78.

Zug-um-Zug-Anspruch: Der Bekl. hat dann einen Klageanlass gegeben, wenn er gegenüber einer berechtigten Forderung zur Leistung Zug um Zug eine völlige Abweisung der Klage beantragt hat. Der Bekl. hat dann **keinen** Klageanlass gegeben, wenn er gegenüber einem unberechtigten Anspruch des Klägers auf eine Verurteilung des Bekl. zur Leistung schlechthin lediglich eine vorhandene Verpflichtung zur Leistung Zug um Zug anerkannt hat.

Zulässigkeit: → „Unschlüssigkeit".

Zurückbehaltungsrecht: Der Bekl. hat **keinen** Klageanlass gegeben, solange sich der Kläger zu einem vorprozessual geltend gemachten Zurückbehaltungsrecht nicht geäußert hat, BGH BB 2005, 1303, oder wenn der Bekl. anerkennt, sobald der Kläger ein Zurückbehaltungsrecht hat erlöschen lassen, AG Bad Segeberg NJW-RR 2013, 1101. Auch → „Zug-um-Zug-Anspruch".

Zuständigkeit: Ein wirksamer Rügeverzicht nach § 295 I kann dem Bekl. nicht helfen, Karlsr OLGZ 1985, 495.

Zwangsvollstreckung: Der Bekl. hat einen Klageanlass gegeben, soweit er eine unberechtigte Vollstreckungsmaßnahme nach §§ 704 ff. eingeleitet hat, Köln NJW-RR 1999, 1520.

V. Sofortiges Anerkenntnis des Anspruchs. Die Kostenfolgen des § 93 treten nur dann ein, wenn neben 14
dem Fehlen eines Klageanlasses ein sofortiges Anerkenntnis des Anspruchs erfolgt ist. Beide Merkmale müssen also zusammen in allen ihren Teilen vorliegen.

1. Begriff des Anspruchs. Gegenstand des Anerkenntnisses muss gerade der „Anspruch" sein. Das ist der in 15
der Klage geltend gemachte prozessuale Anspruch, der Streitgegenstand nach → § 2 Rn. 4. Nach einer Klagänderung gemäß §§ 263, 264 kommt es auf den neuen Klaganspruch an. Im Verfahren auf den Erlass eines Arrestes nach §§ 916 ff. oder einer einstweiligen Verfügung nach §§ 935 ff. kommt es nach Vor § 916 Rn. 11 solange nur auf den Streitgegenstand jenes Eilverfahrens an, wie nur jenes Eilverfahren nach → § 261 Rn. 1 anhängig ist. Sobald auch die zugehörige Hauptklage anhängig ist, kommt es für die in diesem Hauptverfahren entstehenden Kosten auf ihren Streitgegenstand an.

2. Begriff des Anerkenntnisses. § 93 übernimmt den Anerkenntnisbegriff des § 307. Es gelten die dortigen 16
Erläuterungen. Das Anerkenntnis muss zB unumschränkt und vorbehaltlos sein, Schlesw GRUR 1986, 840. Es darf also auch keine Bedingung enthalten, BGH NJW 1985, 2716; Brdb FamRZ 2002, 1271. Der Bekl. muss es im jeweiligen Verfahren überhaupt wirksam abgeben können. Das Verfahren muss also nach → Rn. 4 der Parteiherrschaft unterliegen. Das Anerkenntnis muss nach → Vor § 306 Rn. 1 ff. in einer ausreichenden Form erfolgen. Das einmal danach wirksam und ausreichend erklärte Anerkenntnis darf nicht nachträglich rückwirkend unwirksam geworden sein. Zur Unwirksamkeit → Vor § 128 Rn. 59 ff.

3. Begriff der Sofortigkeit. Ein „sofortiges" Anerkenntnis liegt grundsätzlich nur dann vor, wenn der Bekl. 17
den Anspruch nach → Rn. 15 vor der Stellung seines angekündigten oder nicht angekündigten sonstigen Sachantrags nach → § 297 Rn. 4 anerkennt, Düss OLGR 1999, 410; Köln MDR 2006, 226; Mü WRP 1985, 446. Das muss bei der ersten in Betracht kommenden Gelegenheit geschehen, Saarbr GRUR-RR 2018, 172; LG Bln WuM 2015, 671, LG Hmb GRUR-RR 2010, 88. Es muss spätestens zum Beginn derjenigen ersten streitigen mündlichen Verhandlung nach → § 137 Rn. 5 geschehen, die vor dem endgültig zuständigen Gericht stattfindet und in der der Bekl. diejenigen Tatsachen kennen kann, die den Klaganspruch nach § 253 II Nr. 2 objektiv begründen, Saarbr VersR 2002, 964 (evtl. erst nach der Beweisaufnahme!), Schlesw JurBüro 2000, 657; Leuschner AcP 207, 82; aM Meiski NJW 1993, 1905 (gibt stets 4 Wochen Frist. Aber bis zur Verhandlung lief schon die Einlassungsfrist nach § 274 III). Es ist nicht erforderlich, dass es infolge des sofortigen Anerkenntnisses auch zu einem Anerkenntnisurteil nach § 307 gekommen ist.

Wenn das Gericht nach § 272 II Fall 2, § 276 ein schriftliches Vorverfahren anordnet, liegt in dem in der 18
fristgerecht eingereichten Klageerwiderung erklärten Anerkenntnis des Klageanspruchs nur dann ein sofortiges im Sinne von § 93, wenn der Beklagte in seiner Verteidigungsanzeige keinen Antrag auf Klageabweisung angekündigt hat und dem Klageanspruch auch nicht auf sonstige Weise entgegengetreten ist. Jedenfalls dann, wenn der Beklagte seinen angekündigten Antrag auf Klageabweisung in der Anzeige der Verteidigungsbereitschaft nicht dahingehend einschränkt, es müsse noch geprüft werden, ob der Klageanspruch berechtigt sei, verliert der Beklagte die Kostenvergünstigung des § 93. Denn mit der uneingeschränkten Ankündigung des Klageabweisungsantrags verdeutlicht der Beklagte, dass er die Klageforderung bestreiten und seine Rechtsverteidigung auf die Abweisung der Klage einrichten will. Damit nimmt er aber wegen seines vorangegangenen Bestreitens des Klaganspruchs, wenn er später in der Klageerwiderungsfrist anerkennt, nicht mehr die erste sich bietende prozessuale Möglichkeit gegenüber Gericht und Prozessgegner wahr, BGH NJW 2019, 1525.

4. Beispiele zur Frage der Sofortigkeit eines Anerkenntnisses

Abtretung: Ein Zedent muss die Kosten einer Drittwiderklage nach Anh. § 253 auch dann tragen, wenn er 19
sofort anerkennt, Drsd VersR 2014, 724 (zust. Lehmann); aM Celle BauR 2015, 1546 (nur nach früherer Berühmung).

Abweisungsantrag: Er beseitigt eine spätere Sofortigkeit, aM Celle FamRZ 2011, 1748. Das gilt auch beim Prozesskostenhilfeverfahren nach §§ 114 ff., Naumb FamRZ 2007, 1585, oder beim Unterlassungsantrag, aM KG NJW-RR 2007, 648 (aber es gilt erst recht das in → „Klagerwiderung" Dargestellte).

Arrest, einstweilige Verfügung: Grundsätzlich ist ein Anerkenntnis allenfalls ab der Schlüssigkeit nach → § 253 Rn. 28 notwendig, also auch erst ab der Glaubhaftmachung des Verfügungsanspruchs und Verfügungsgrunds, §§ 920 II, 936, Köln NJW-RR 1988, 1341. Ein Anerkenntnis muss auch im Eilverfahren, also wegen des Verfügungsanspruchs, nach → Rn. 16 eindeutig und bedingungslos sein, Hamm NJW 1976, 1459 (Bauhandwerkerhypothek). Es kann auch beim bloßen Kostenwiderspruch nach → § 924 Rn. 12 vorliegen. Wegen der etwa notwendigen Abmahnung → „Wettbewerbssache". 6 Wochen seit Zustellung sind zu lang, aM Köln GRUR-RR 2011, 338. Zur sog. Schubladenverfügung Ffm NJW-RR 2012, 1018.

Aussetzung: Ein sofortiges Anerkenntnis kann auch noch nach einem Abweisungsantrag und nach einer anschließenden Aussetzung nach §§ 148 ff. vorliegen, Nürnb MDR 1997, 203 (sehr großzügig!).

Bedingung: Das Anerkenntnis muss nach → Rn. 16 grds. bedingungslos sein, um als ein sofortiges gelten zu können. Wenn der Bekl. die Auffassung vertritt, der Anspruch sei rechtlich unbegründet oder verjährt, oder wenn er die Zahlung von einer solchen Abfindungserklärung des Klägers usw. abhängig macht, auf die der Bekl. keinen Anspruch hat, kann trotz eines äußeren Zahlungswillens ein sofortiges Anerkenntnis zwar vorliegen, Karlsr FamRZ 2004, 1660, aber auch **fehlen,** Hamm MDR 1988, 971. Eine begründete Zulässigkeitsrüge des Bekl. ist unschädlich, etwa diejenige der Unzuständigkeit des Gerichts. Eine unbegründete Zulässigkeitsrüge ist aber schädlich. Ein strafbewehrtes Unterlassungsversprechen muss schon mit dem Widerspruch gegen die einstweilige Verfügung nach §§ 924, 936 erfolgen, Düss MDR 1991, 257.

Berechtigungsanfrage: Auch nach ihrer ablehnenden Beantwortung kann das Anerkenntnis noch sofortig sein, Hmb GRUR 2006, 616.

Betriebskostenabrechnung: Der Mieter hat zur Prüfung angemessene Zeit, evtl. 2–3 Wochen, AG Sinzig WuM 2008, 87 (zust. Winning), aM BGH WuM 2006, 202 (zu streng).

Beweisaufnahme: Nach ihrer Durchführung nach §§ 355 ff. kann man ein diesbezügliches Anerkenntnis grds. **nicht mehr** als sofortiges werten, AG Wetzlar WuM 2012, 376. Eine Ausnahme mag gelten, falls die Grundlage erst durch die Beweisaufnahme entsteht, Kblz VersR 2000, 351; Saarbr VersR 2002, 964; AG Wetzlar WuM 2012, 376, oder durch einen Wechsel des Beweismittels, AG Fritzlar WuM 2015, 561.

Einsichtnahme: Es reicht aus, wenn der Versicherer erst im Prozess eine Einsicht nehmen konnte und dann sofort anerkennt, LG Stgt VersR 1989, 408.

Einspruch: → „Versäumnisverfahren".

Einwendung: → „Bedingung".

Elektronik: Bei elektronischer Einreichung gelten §§ 130ad.

Erbauseinandersetzung: Nicht sofortig ist ein Anerkenntnis erst nach einem Schweigen auf eine Zustimmungsbitte, Kblz FamRZ 2010, 399.

Erfüllung: Soweit eine Forderung fällig ist, muss zur Anerkenntniserklärung grds. die Erfüllung hinzutreten, um ein „sofortiges Anerkenntnis" herbeizuführen, Hmb FamRZ 1989, 990; Schlesw SchlHA 1977, 191; Zöller/Heßler Rn. 4, 6 „Geldschulden"; aM Hmb (11. ZS) ZMR 2008, 714; Kblz MDR 2016, 728; LG Mü NJW-RR 2015, 896 (aber es kommt nicht auf hohle Worte an, sondern auf glaubhafte).

Allerdings muss man dem Bekl. eine gewisse angemessene **Prüfungsfrist** nach dem Eingang der die Forderung ausreichend darlegenden Belege usw. zubilligen, erst recht demjenigen Dritten, der zahlen soll, also dem Versicherer des Schuldners nach → „Schadensersatz", LG Bln VersR 2000, 716; LG Schweinf VersR 1990, 618. Das ändert aber nichts an der grundsätzlichen Notwendigkeit der sofortigen Leistung im Zeitpunkt der Fälligkeit. Bei einer erst im Lauf des Prozesses eintretenden Fälligkeit mag ein sogleich daran anschließendes Anerkenntnis reichen, BGH NJW-RR 2005, 1005; Ffm NJW-RR 2006, 1581; Zweibr NJW-RR 2002, 138.

Fälligkeit: Sie kann von einer Rechnungslegung abhängen, LG Köln BauR 2014, 1516.

Form: Man muss zwischen dem Anerkenntnis und der Erfüllung der anerkannten Schuld unterscheiden. Während zur letzteren zB bei der Abgabe einer verlangten Willenserklärung über ein Grundstücksgeschäft eine notarielle Beurkundung notwendig sein mag, ist zur bloßen Anerkennung der Schuld grds. keine besondere Form erforderlich. Für ein „sofortiges" Anerkenntnis muss zum Anerkenntnis nach → „Erfüllung" die Erfüllung hinzutreten. Daher liegt ein sofortiges Anerkenntnis erst dann vor, wenn eben auch die Erfüllungshandlung selbst in der notwendigen Form erfolgt und wenn alles zusammen noch rechtzeitig geschieht.

Früher erster Termin: Selbst dann, wenn der Bekl. nach § 275 I 1 eine Äußerungsfrist erhalten hatte, reicht sein Anerkenntnis im Termin vor einer streitigen Verhandlung aus, Ffm NJW-RR 1990, 1535; Zweibr MDR 2008, 354. Nach einer streitigen Verhandlung im frühen ersten Termin nach § 275 kann man ein diesbezügliches Anerkenntnis **keineswegs** mehr stets als ein sofortiges werten, aM Kblz VersR 2000, 351 (aber auch ein früher erster Termin kann nach → § 272 Rn. 9 vollwertig sein).

Gesetzesänderung: Wenn der Kläger aufgrund einer erst nach dem Erlaß des Berufungsurteils nach §§ 538 ff. eingetretenen Gesetzesänderung in der Revisionsinstanz nach §§ 542 ff. voraussichtlich siegen wird, muss der Bekl. sofort anerkennen, um die Kostenlast aller Instanzen zu vermeiden.

Güteverfahren: Ein erst in einem Fortsetzungstermin abgegebene Anerkenntnis ist **nicht** mehr sofortig, Jena GRUR-RR 2008, 109.

Haftungsbeschränkung: Ein Anerkenntnis mit einer Haftungsbeschränkung kann dann genügen, wenn der Bekl. vorher nur die unbedingte Leistung verweigert und hilfsweise die eingeschränkte Leistung angeboten hatte und wenn der Kläger auf die unbedingte Leistung in Wahrheit keinen Anspruch hat, etwa bei einer Leistung Zug um Zug.

Handelssache: In einer Handelssache ist das Anerkenntnis nur dann sofortig, wenn es bis zu einem Verweisungsantrag nach § 98 GVG erfolgt. Denn die Zivilkammer ist bis dahin bereits endgültig zuständig gewesen, Saarbr MDR 1981, 676; aM Düss ZIP 1990, 1429 (vgl. aber → „Verweisung").

Hilfsvortrag: Eine etwaige Unrichtigkeit ist unschädlich, soweit der Hauptvortrag reicht, LG Bln VersR 2000, 716.

Insolvenz: Die Voraussetzungen des § 93 müssen bei der Eröffnung des Insolvenzverfahrens noch vorgelegen haben, Ffm MDR 2006, 355. Ein vorläufiges Bestreiten kann bis zum Ablauf einer anschließenden Äußerungsfrist zum endgültigen Bestreiten für den Schuldner kostengünstig sein, Düss ZIP 1982, 201. Ein Bestreiten im

Prüfungstermin nach § 179 InsO ist für den Schuldner **kostenschädlich,** Köln KTS 1979, 119; LG Mü WM 1986, 864.

Klageänderung: Nach einer Klageänderung nach §§ 263, 264 kommt es für die Sofortigkeit auf die erste anschließende streitige mündliche Verhandlung nach § 137 an, KG MDR 2008, 164, oder auf den ersten anschließenden Schriftsatz, Celle OLGR 2009, 319; Köln NJW-RR 1999, 1509; AG Hann ZMR 2010, 290.

Klagebegründung: Sofortig ist ein Anerkenntnis unmittelbar nach ihrem Zugang, AG Bonn NJW-RR 2018, 538.

Klagerwiderung: Es gibt zwei Fallgruppen.

– **(Schriftliches Vorverfahren):** In dem in der fristgerecht eingereichten Klageerwiderung erklärten Anerkenntnis des Klageanspruchs liegt nur dann ein sofortiges im Sinne von § 93, wenn der Beklagte in seiner Verteidigungsanzeige keinen Antrag auf Klageabweisung angekündigt hat und dem Klageanspruch auch nicht auf sonstige Weise entgegengetreten ist, BGH NJW 2019, 1525.

– **(Weitere Fälle):** Mangels eines schriftlichen Vorverfahrens nach § 276 ist ein Anerkenntnis in einer etwa eingereichten Klagerwiderung vor einer notwendigen mündlichen Verhandlung natürlich unschädlich, andererseits auch noch nicht notwendig. Die Klagerwiderung mag also sogar ein vorläufiges oder zunächst scheinbar endgültiges Bestreiten enthalten. Maßgeblich ist das Verhalten des Bekl. in der ersten streitigen mündlichen Verhandlung zur Sache vor dem endgültig zuständigen Gericht nach § 137, LG Köln GRUR 1989, 542; aM Brem FamRZ 1994, 1484; Jena GRUR-RR 2008, 109 (aber wie lange soll der Kläger noch auf das Anerkenntnis warten?). Auch → „Prozesskostenhilfe", → „Verteidigungsanzeige".

Kostenwiderspruch: Rechtzeitig sein kann derjenige nach → § 924 Rn. 12, LG Hmb GRUR-RR 2010, 88.

Mieterhöhung: Sofortig ist ein Anerkenntnis binnen der Notfrist nach § 276 I 1, AG Hann ZMR 2010, 290.

Nachverfahren: → „Urkunden-, Scheck-, Wechselprozess".

Patentstreit: Der sofortige Verzicht oder die Herbeiführung der Patentbeschränkung reichen, eine nur beschränkte Verteidigung reicht **nicht,** BGH GRUR 2004, 138; aM BGH GRUR 2013, 1283 ohne Vorlage nach § 132 GVG (beim Verzicht auf einen weiteren Patentteil).

Prozesskostenhilfe: Ein sofortiges Anerkenntnis kann auch dann vorliegen, wenn der Bekl. im Prozesskostenhilfeverfahren nach §§ 114 ff. zum Klagentwurf noch keine Stellung genommen hat, Brem NJW 2009, 2318; Karlsr FamRZ 2009, 1952; Saarbr OLGR 2009, 533. **Kein** sofortiges Anerkenntnis liegt dann vor, wenn der Antragsgegner im Prozesskostenhilfeverfahren entweder bestreitet und zB einen Klagabweisungsantrag ankündigt, Hamm NJW-RR 2013, 768; Naumb FamRZ 2007, 1584, oder zwar anerkennt, aber um ein Ruhen der Vollstreckung bittet und dann eine Klage nach § 767 erhebt, selbst wenn er dort „nochmals" anerkennt, aM LG Lpz JurBüro 2009, 264 (aber er pendetlt hin und her).

Räumung: Ein Auszug ist nach → § 93b Rn. 26 ff. **nicht stets** ein Anerkenntnis, LG Arnsberg WuM 1997, 232.

Sachantrag: Ein sofortiges Anerkenntnis liegt außerhalb eines schriftlichen Vorverfahrens nach § 276 grds. nur dann vor, wenn es nach § 137 I, → § 297 Rn. 4 in der ersten streitigen mündlichen Verhandlung vor der Stellung des bisher angekündigten oder sonstigen Sachantrags ergeht, Mü WRP 1985, 446, aM Kblz VersR 2000, 351. Auch → „Schriftsatz".

Schätzung: Soweit der Klaganspruch von einer richterlichen Schätzung abhängig ist, etwa beim unbezifferten Schmerzensgeldantrag muss der Bekl. „den vom Gericht für angemessen gehaltenen Betrag" rechtzeitig anerkennen.

Scheckprozess: → „Urkunden-, Scheck-, Wechselprozess".

Schlüssigkeit: „Substantiierung".

Schriftliches Verfahren: „Schriftsatz".

Schriftliches Vorverfahren: → „Klagerwiderung", → „Schriftsatz", → „Verteidigungsanzeige".

Schriftsatz: Im schriftlichen Verfahren ist der in § 128 II 2 Hs. 1 genannte Zeitpunkt maßgeblich. Im schriftlichen Vorverfahren nach § 276 muss das Anerkenntnis nach → „Klagerwiderung" wegen § 307 S. 1 spätestens in der Verteidigungsanzeige vorliegen, Saarbr GRUR-RR 2018, 172. Mangels eines schriftlichen Vorverfahrens ist ein Anerkenntnis in einem nach § 130 vorbereitenden Schriftsatz natürlich zulässig, aber nicht nötig, sofern es in der ersten streitigen Verhandlung vor dem endgültig zuständigen Gericht nach § 137 I vor der Stellung des Sachantrags nach → § 297 Rn. 4 erfolgt, Ffm GRUR 1990, 1535. Das gilt sogar dann, wenn der Bekl. den Klaganspruch im vorbereitenden Schriftsatz zunächst bestritten hat. Bei elektronischer Einreichung gelten §§ 130ad.

Streitige Verhandlung: Nach ihr kann man ein diesbezügliches Anerkenntnis **keineswegs** mehr als ein sofortiges werten, aM Kblz VersR 2000, 351 (aber wie lange soll der Kläger noch auf ein Anerkenntnis warten?).

Stufenklage: Es kann in jeder Stufe nach § 254 ein diesbezüglich rechtzeitiges Anerkenntnis ergehen, Bbg JurBüro 1989, 690; Mü MDR 1988, 782; Rixecker MDR 1985, 635 (auch wegen einer entsprechenden Anwendung auf den Kläger). Zu großzügig stellt Hamm FamRZ 1997, 1414 nur auf die Verhandlung zum Zahlungsantrag ab.

Substantiierung: Soweit der Kläger das nach → § 253 Rn. 26 ff. Nötige erst im Prozessverlauf vornimmt, kann das anschließende Anerkenntnis noch sofortig sein, BGH FamRZ 2004, 1021; Düss MDR 2018, 53; Saarbr GRUR-RR 2018, 172. Das erörtert Hamm MDR 2014, 1348 (Ls.) nicht mit.

Unterlassung: → „Arrest, einstweilige Verfügung".

Unschlüssigkeit: → „Substantiierung".

Urkunden-, Scheck-, Wechselprozess: In diesen Verfahrensarten nach §§ 592 ff. ist ein erst im Nachverfahren nach § 600 erfolgendes Anerkenntnis **nicht mehr** sofortig, Düss MDR 1983, 496. Denn das Nachverfahren bildet nach → § 600 Rn. 1 mit dem Vorverfahren eine Einheit. Daher reicht es auch nicht, dass der Bekl. im Vorverfahren lediglich widersprochen hat, um im Nachverfahren eine Aufrechnung vorzunehmen, Düss MDR 1983, 496. Soweit sich der Bekl. nach § 214 I BGB auf eine Verjährung beruft, liegt kein sofortiges Anerkenntnis vor, Hamm MDR 1988, 971.

Versäumnisverfahren: Mangels eines schriftlichen Vorverfahrens nach § 276 gilt: Zugleich mit einem ordnungsgemäßen Einspruch nach §§ 338, 700, Köln VersR 1992, 635 (Auslandsfall), sogar nach einem solchen liegt ein sofortiges Anerkenntnis dann vor, wenn der Bekl. es in der ersten streitigen Verhandlung nicht nur zum Einspruch, sondern auch zur Hauptsache nach §§ 137, 341a vor der Stellung des dortigen Sachantrags nach → § 297 Rn. 4 erklärt. Das gilt selbst dann, wenn er bis zum Erlass des Versäumnisurteils nach § 331 schriftsätzlich den Anspruch bestritten hatte. Denn § 342 versetzt den Prozess in den Zeitpunkt des Beginns der ersten streitigen Sachverhandlung zurück, BGH NJW-RR 1997, 1532; Brdb NJW-RR 2000, 1668; Köln VersR 1992, 635. Freilich kann das bisherige prozessuale Verhalten des Bekl. bei der Prüfung eines Klageanlasses eine Rolle spielen.

Verteidigungsanzeige: Soweit der Bekl. im schriftlichen Vorverfahren innerhalb der Frist des § 276 I 1 nur seine Verteidigungsbereitschaft angezeigt und keinen Sachantrag angekündigt hat, kann er in der anschließenden Klagewiderungsfrist noch „sofort" anerkennen, BGH NJW 2006, 2490.

Verwahrung gegen die Kosten: Das Gericht muss die beliebte Formulierung des Bekl., er erkenne an, verwahre sich aber gegen die Kosten oder protestiere gegen sie, nach → Vor § 128 Rn. 60 wie jede Parteiprozesshandlung auslegen. Das Gericht muss die Erklärung auch darauf prüfen, ob eine kostenschädliche Bedingung des Anerkenntnisses vorliegt oder ob der Bekl. nur eine Bitte und Anregung auf den Erlass einer ihm möglichst günstigen Kostenentscheidung äußern will. Nur im letzteren Fall kann das Anerkenntnis unter den weiteren Voraussetzungen ein „sofortiges" sein. Es kommt darauf an, ob der Bekl. sich im Kern zumindest auch noch gegen den Klaganspruch wehrt.

Verweisung: Ein sofortiges Anerkenntnis liegt grds. dann vor, wenn der Bekl. bis zu derjenigen ersten streitigen mündlichen Verhandlung anerkennt, die vor dem endgültig zuständigen Gericht nach § 137 stattfindet. Daher kann es auch noch nach einer Verweisung zB nach §§ 281, 506 rechtzeitig sein, Saarbr MDR 1981, 676. Allerdings ist eine Verweisung nach § 98 GVG bereits von einem nach → „Handelssache" zunächst endgültig zuständigen Gericht erfolgt. Aber auch → „Klagerwiderung".

Verzug: Ein Anerkenntnis erst nach dem Verzugseintritt ist **nicht mehr** sofortig, LG Hmb ZMR 2003, 880.

Vorbehalt: Ein Anerkenntnis unter einem Vorbehalt ist grds. **überhaupt nicht** wirksam und daher auch nicht „sofortig". Eine Ausnahme kann nur bei einem nach § 301 ausreichenden Teilanerkenntnis über den in Wahrheit lediglich begründeten Anspruchsteil gelten, oder bei einem als Annahme geltenden Verhalten des Gläubigers, KG WuM 2006, 46.

Vorverfahren: → „Klagerwiderung", → „Schriftsatz", → „Verteidigungsanzeige".

Wohnungseigentümer: Ein sofortiges Anerkenntnis kann bei einer Beschlussanfechtung nur weniger Eigentümer vorliegen, aM LG Lüneb ZMR 2012, 221 (zu streng). Es mag aber notwendige Streitgenossen nicht von Kostenhaftung befreien, LG Nürnb/Fürth ZMR 2013, 835.

Zahlungsaufforderung: Ein sofortiges Anerkenntnis **fehlt** nach einer vergeblichen solchen Aufforderung, Karlsr VersR 2012, 1295.

Zug-um-Zug-Leistung: Eine Anerkennung Zug um Zug kann genügen, sofern die Klage nur insofern berechtigt ist, Köln FamRZ 1989, 878; Arz NJW 2014, 2831. Andernfalls liegt eine unzulässige Bedingung vor.

Zulässigkeitsrüge: Ein im Übrigen ausreichendes Anerkenntnis verliert seine Sofortigkeit nicht dadurch, dass der Bekl. gleichzeitig eine objektiv begründete Zulässigkeitsrüge erhebt, etwa diejenige der Unzuständigkeit des Gerichts nach § 281 I 1. Dasselbe gilt auch für eine erst nach einem Abweisungsantrag erhobene Zuständigkeitsrüge, Kblz BauR 2013, 512. Denn das Gericht muss die Zulässigkeit nach → Vor § 253 Rn. 14 vor der Begründetheit der Klageforderung prüfen. Eine objektiv unbegründete Zulässigkeitsrüge **nimmt** einem Anerkenntnis jedenfalls derzeit die Sofortigkeit.

Zuständigkeit: → „Zulässigkeitsrüge".

20 **VI. Rechtsfolgen: Kostenlast.** Sofern kein Klageanlass und ein sofortiges Anerkenntnis vorliegen, „fallen dem Kläger die Prozesskosten zur Last". Das ist eine zwingende Kostenfolge ohne einen Ermessensspielraum des Gerichts, anders als zB bei § 91a. Die Regelung unterscheidet sich aber von derjenigen etwa in § 269 III 2 (Kostenlast des Klägers nach Klagerücknahme) dadurch, dass sie trotz des insofern irreführenden Gesetzeswortlauts nach allgemeiner Ansicht eben nicht schon kraft Gesetzes eintritt und dass das Gericht sie nicht allenfalls auf einen Antrag bestätigend (deklaratorisch) aussprechen müsste. Vielmehr ist eine konstitutive Kostengrundentscheidung mit einer Begründung erforderlich, Brdb MDR 2000, 233. Ohne sie kann keine entsprechende Kostenfestsetzung nach §§ 103 ff. stattfinden.

21 **1. Kostenlast des Klägers.** § 93 nennt den Regelfall der Kostenlast des Klägers. Soweit kein Klageanlass und ein volles sofortiges Anerkenntnis aller Klaganspruche durch den Bekl. vorliegt, muss der Kläger auch alle Prozesskosten nach § 91 tragen. Das Gericht hat keinen diesbezüglichen Verteilungsspielraum mehr. Es muss seine Entscheidung als eine Folge des § 308 II von Amts wegen treffen, Karlsr OLGZ 1986, 125. Wegen eines Teilanerkenntnisses → Rn. 24.

22 **2. Kostenlast des Beklagten.** Man kann § 93 in bestimmten Fällen entsprechend zulasten des Bekl. anwenden und damit eine gewisse Umkehr der Vorschrift vornehmen. Das kommt dann in Betracht, wenn der Kläger den Antrag sofort nach demjenigen Zeitpunkt, in dem seine bis dahin nach → § 253 Rn. 28 objektiv begründete Forderung **nach** dem Eintritt der Rechtshängigkeit (vorher → § 91a Rn. 38) unzulässig oder unbegründet wurde, auf die Bitte beschränkt, dem Bekl. die Kosten aufzuerlegen, BGH NJW 1982, 238; BPatG GRUR 1986, 811; LG Hmb NJW-RR 1987, 328; aM Kblz NJW-RR 1986, 1443; LG Tüb JurBüro 1991, 720, (der Kläger habe ja die Möglichkeit, die Hauptsache nach § 91a für erledigt zu erklären. Aber dann bleibt für ihn ein größeres Kostenrisiko. Denn das Gericht hat dort einen Ermessensraum).

3. Beispiele zur Frage einer Kostenlast des Beklagten

23 **Arrest, einstweilige Verfügung:** Eine Kostenlast des Bekl. kommt im Eilverfahren nach §§ 916 ff., 935 ff. infrage, Ffm OLGZ 1981, 101; VerfGH Mü NJW-RR 2013, 414; LG Hmb NJW-RR 1987, 382.

Aufrechnung: Eine Kostenlast des Bekl. komm bei der Aufrechnung nach → § 145 Rn. 17 mit einer erst nach dem Prozessbeginn entstandenen Gegenforderung infrage.

Insolvenz: Keine Kostenlast des Bekl. entsteht im Insolvenzeröffnungsverfahren, LG Bln Rpfleger 1978, 379 (*§ 91a entsprechend*).

Klagerücknahme: Keine Kostenlast des Bekl. entsteht bei einer nach § 269 wirksamen echten Klagerücknahme. Dann ist ein zusätzlicher Kosten-„Antrag" evtl. unbeachtlich. Denn die Kostenfolge tritt jedenfalls bei § 269 III 2 (anders als evtl. bei § 269 III 3) ohnehin kraft Gesetzes zulasten des Klägers ein.

Verjährung: Eine Kostenlast des Bekl. kommt dann infrage, wenn er nach § 214 I BGB eine Verjährung einredet und wenn der Kläger daraufhin nach § 306 verzichtet, aM Hmb GRUR 1989, 296 (aber das ist ein geradezu typischer derartiger Fall).

Vertragsrücktritt: Eine Kostenlast des Bekl. kommt dann infrage, wenn der Kläger wegen eines Verschuldens des Bekl. von einem Vertrag zurücktritt.

Verzicht: Das „Anerkenntnis" des Klägers bedeutet in solcher Situation ein Abstandnehmen vom Klaganspruch. Es reicht dann aus, dass der Kläger diesen Verzicht ohne ein schuldhaftes Zögern in der nächsten prozessual möglichen Situation erklärt, Ffm OLGZ 1981, 101; aM Hmb GRUR 1989, 296; Hamm MDR 1982, 676; LG Köln GRUR 1989, 77 (der Gegner müsse vorher zum Verzicht aufgefordert haben. Aber es bedeutet schon ein Entgegenkommen, dem Kläger bei einer eigenen Initiative einen Kostenvorteil als Chance einzuräumen).

4. Teilanerkenntnisfolgen. Soweit der Bekl. sein Anerkenntnis nach § 301 in zulässiger Weise auf einen wie bei § 301 abgrenzbaren Teil des Klaganspruchs begrenzt und rechtzeitig erklärt hat, Hamm FamRZ 1997, 1414, gelten die folgenden Regeln. Es kann von Amts wegen nach § 307 S. 1 zum Anerkenntnisteilurteil oder Teilanerkenntnisurteil kommen. Damit befindet das Gericht über den anerkannten Teil der Klagansprüche in dieser Instanz endgültig. Die Voraussetzungen des § 301 müssen vorliegen. Es hängt von den Umständen ab, ob eine Kostenentscheidung über den anerkannten Teil der Klagansprüche erfolgen soll oder muss oder ob sie „dem Schlussurteil vorbehalten bleibt". Grundsätzlich sollte das Gericht über die Kosten des anerkannten Teils bereits jetzt entscheiden, aM Schlesw SchlHA 1978, 172 (aber es ist ungewiss, ob es tatsächlich noch zum Schlussurteil kommt. Es mag zB eine nach → § 269 Rn. 44 wirksame Klagerücknahme wegen des Rests erfolgen. Die Parteien mögen den streitigen Rest übereinstimmend nach → § 91a Rn. 265 für erledigt erklären. Es mag nach §§ 251a, 331a zum Ruhen des Verfahrens wegen des Rests ohne eine erneute Terminsbitte kommen usw.). 24

Auf die Kostenentscheidung des Teilurteils ist **§ 93 anwendbar.** Die Entscheidung kann zB lauten: „Im Umfang dieses Teilurteils trägt der Beklagte die Kosten". Es lässt sich dann später evtl. mithilfe eines Beschlusses über den gesamten und aufgeteilten Kostenstreitwert nach §§ 3 ff. der auf das Teilurteil entfallende Prozentsatz oder Bruchteil errechnen. Dementsprechend könnte es dann im etwaigen Schlussurteil heißen: „Im Umfang dieses Schlussurteils trägt… die Kosten", BGH NJW-RR 1999, 1741, ähnlich Jena OLGR 1997, 275 (Beschluss). Freilich muss das Gericht schon bei der Prüfung, ob im Teilurteil nach § 301 eine diesbezügliche Kostenentscheidung erfolgen soll, die gesamten Prozesskosten einheitlich beurteilen und etwa verteilen. Es muss auf eine möglichst einfache und klare Fassung aller Aussprüche zu den Prozesskosten achten. Daher kann es ratsam sein, zunächst überhaupt noch keine Kostenentscheidung zu fällen. 25

VII. Verfahrensfragen. Beim Eingang eines schriftsätzlichen Anerkenntnisses in einem Verfahren mit einer notwendigen mündlichen Verhandlung nach → § 128 Rn. 6 setzt das Gericht wie sonst einen Verhandlungstermin an und wartet ab, ob der Bekl. das Anerkenntnis auch im Termin erklärt. Es muss darauf achten, dass das Anerkenntnis vor der Stellung des Sachantrags des Bekl. nach → § 297 Rn. 4 erfolgt, insbesondere vor einem Klagabweisungsantrag (eine Zulässigkeitsrüge kann unschädlich sein, → Rn. 19 „Zulässigkeitsrüge"). 26

Im **schriftlichen** Verfahren nach § 128 II oder § 495a S. 1 oder im schriftlichen Vorverfahren nach §§ 276 f. gelten wegen der dann bereits durch die Schriftform wirksamen Anerkenntniserklärung die dortigen Verfahrensregeln wie sonst, zB § 307 S. 2 (Anerkenntnisurteil ohne Verhandlung). Bei elektronischer Einreichung gelten §§ 130a ff. Der Kläger braucht keinen Kostenantrag zu stellen. Denn das Gericht muss die Kostenfolge vielmehr kraft einer zwingenden gesetzlichen Vorschrift konstitutiv aussprechen. Daher ist auch keine Anhörung des Klägers zum Anerkenntnis nötig, soweit nicht über dessen Wirksamkeit oder Umfang Zweifel vorhanden sein können. Im Übrigen gelten die Regeln → § 307 Rn. 19 ff. zum Verfahren zum Anerkenntnisurteil und zu seiner Mitteilung. Wegen des Teilanerkenntnisses → Rn. 24. Wer sich als Bekl. auf § 93 beruft, muss dessen Voraussetzungen darlegen und beweisen, Ffm NJW-RR 2009, 1437. 27

VIII. Rechtsmittel. Zunächst → § 307 Rn. 25. Die Kostenentscheidung im Anerkenntnisurteil ist nach § 99 nur eingeschränkt angreifbar, BGH NJW-RR 2008, 664. § 574 ist in diesen Grenzen anwendbar, BGH FamRZ 2004, 1021 28

93a *(aufgehoben)*

93b *Kosten bei Räumungsklagen.*

I [1]Wird einer Klage auf Räumung von Wohnraum mit Rücksicht darauf stattgegeben, dass ein Verlangen des Beklagten auf Fortsetzung des Mietverhältnisses auf Grund der §§ 574 bis 574b des Bürgerlichen Gesetzbuchs wegen der berechtigten Interessen des Klägers nicht gerechtfertigt ist, so kann das Gericht die Kosten ganz oder teilweise dem Kläger auferlegen, wenn der Beklagte die Fortsetzung des Mietverhältnisses unter Angabe von Gründen verlangt hatte und der Kläger aus Gründen obsiegt, die erst nachträglich entstanden sind (§ 574 Abs. 3 des Bürgerlichen Gesetzbuchs). [2]Dies gilt in einem Rechtsstreit wegen Fortsetzung des Mietverhältnisses bei Abweisung der Klage entsprechend.

II [1]Wird eine Klage auf Räumung von Wohnraum mit Rücksicht darauf abgewiesen, dass auf Verlangen des Beklagten die Fortsetzung des Mietverhältnisses auf Grund der §§ 574 bis 574b des Bürgerlichen Gesetzbuchs bestimmt wird, so kann das Gericht die Kosten ganz oder teilweise dem Beklagten auferlegen, wenn er auf Verlangen des Klägers nicht unverzüglich über die Gründe des Widerspruchs Auskunft erteilt hat. [2]Dies gilt in einem Rechtsstreit wegen Fortsetzung des Mietverhältnisses entsprechend, wenn der Klage stattgegeben wird.

III Erkennt der Beklagte den Anspruch auf Räumung von Wohnraum sofort an, wird ihm jedoch eine Räumungsfrist bewilligt, so kann das Gericht die Kosten ganz oder teilweise dem Kläger auferlegen, wenn der Beklagte bereits vor Erhebung der Klage unter Angabe von Gründen die Fortsetzung des Mietverhältnisses oder eine den Umständen nach angemessene Räumungsfrist vom Kläger vergeblich begehrt hatte.

1 **I. Systematik, I–III.** Die Vorschrift enthält für ihren Geltungsbereich eine vorrangige, gegenüber §§ 91 ff., 94 ff. grundsätzlich eng auslegbare Sonderregelung. Sie ähnelt § 721, Köln WuM 1997, 336. Soweit sie unanwendbar ist, bleibt es bei den genannten Vorschriften. Zum Geltungsbereich → Rn. 3.

2 **II. Regelungszweck, I–III.** Die Befugnisse des Gerichts nach § 93b zu einer Abweichung von dem Grundsatz, dass der Unterliegende die Kosten trägt, sind eine Folge des Umstands, dass §§ 574–574b BGB aus sozialen Erwägungen ihrerseits Abweichungen von den eigentlich geltenden sachlich-rechtlichen Folgen einer Vermieterkündigung darstellen. Soziale Gründe, die eine Fortsetzung des Mietverhältnisses trotz einer eigentlich berechtigten Vermieterkündigung rechtfertigen, müssen auch entsprechend im Kostenrecht Beachtung finden, damit die Kostengerechtigkeit nach → Vor § 91 Rn. 20 erhalten bleibt. Geht der Mieter in seinem Fortsetzungsverlangen zu weit, erfordert dieselbe Kostengerechtigkeit eine entsprechende Besserstellung des Vermieters.

3 **III. Geltungsbereich, I–III. 1. Nur bei Räumung von Miet-Wohnraum.** Wegen der Notwendigkeit, die Vorschrift wegen ihres Ausnahmecharakters nach → Rn. 1 eng auszulegen, gilt sie nur im Bereich der Räumung eines zur Miete bezogenen Wohnraums. Sie ist also auf andere Arten von Räumlichkeiten und auf andere Nutzungsverhältnisse über einen Wohnraum oder anderen Raum unanwendbar.

2. Beispiele zur Frage des Geltungsbereichs, I–III

4 **Anderer Anspruch:** § 93b ist auf einen anderen als den Räumungsanspruch aus einem Mietverhältnis oder Pachtverhältnis über Wohnraum **unanwendbar.** Das gilt selbst dann, wenn der Kläger diesen anderen Anspruch mit einem der in I–III genannten Ansprüche verbindet. Auf die erstere Forderung sind §§ 91 ff., 94 ff. anwendbar. Das ändert freilich nichts an der Notwendigkeit einer einheitlichen Kostenentscheidung, soweit möglich. Das Gericht muss sie eben nur in ihren verschiedenen Bestandteilen aus unterschiedlichen Vorschriften begründen. Auch → „Geschäftsraum".

Anerkenntnis: Man muss ein Anerkenntnis des Mieters wegen des Räumungsanspruchs zunächst nach § 93b und nur dann nach § 93 beurteilen, wenn § 93b nicht eingreift. Wegen der Einzelheiten → Rn. 26. Auch „Auszug".

Anspruchshäufung: „Anderer Anspruch".

Auszug: Man muss den ohne ein Anerkenntnis des Räumungsanspruchs einfach ausziehenden Mieter allein nach **§ 91a** beurteilen. Er hat ja nicht vergeblich die Fortsetzung des Mietverhältnisses begehrt.

Beschlussverfahren: Ein im Erkenntnisverfahren übergangener, nach § 721 I 3 iVm § 321 nachgeholter Anspruch auf die Gewährung einer Räumungsfrist soll auch die bisherige Kostenentscheidung ändern, und zwar nun unter einer Berücksichtigung von III. Eine erst nachträglich im Beschlussverfahren nach § 721 II–IV gewährte Räumungsfrist macht § 93b nach → § 721 Rn. 13 ebenfalls anwendbar.

Dienstwohnung: § 93b ist auch auf die Dienstwohnung anwendbar. Denn auch sie ist ein Wohnraum nach § 576 BGB.

Erledigung der Hauptsache: Bei beiderseitigen wirksamen Erledigungserklärungen zur Hauptsache auch nur wegen der Räumungsfrist nach → § 91a Rn. 115 muss das Gericht über die Kosten im Rahmen der Entscheidung nach § 91a die Abwägungsgesichtspunkte nach I mitberücksichtigen. Es entscheidet aber **nicht direkt** nur nach dieser Vorschrift, LG Frankenth ZMR 1991, 303; LG Köln WuM 1993; LG Lübeck WuM 1993, 552.

Fortsetzungsklage: → Rn. 19, 24.

Geschäftsraum: Die Vorschrift ist anwendbar, soweit es sich zumindest auch um die Räumung eines gemieteten Wohnraums handelt. Das gilt selbst dann, wenn das Mietobjekt tatsächlich Wohn- und Geschäftsräume umfasst, Köln WuM 1997, 336. Die Regeln nach → § 29a Rn. 2 ff. zur örtlichen Zuständigkeit des Gerichts für Wohnraumprozesse entscheiden auch hier dazu, welchen Anteil der Geschäftsraum am Gesamtobjekt haben darf. Sie sind zwar nicht unmittelbar, wohl aber entsprechend anwendbar. Denn die kostengerechte Entscheidung nach § 93b ist am ehesten dem nach § 29a ausschließlich zuständigen Gericht möglich. Man kann III auch zwischen dem Hauptvermieter von Geschäftsraum und dem diesen als Wohnung nutzenden Untermieter anwenden, Köln MietR 1997, 247.

Gewerberaum: „Geschäftsraum".

Gestaltungsurteil: II erfasst den typischen Fall eines Gestaltungsurteils eben auf eine Fortsetzung des Mietverhältnisses.

Herausgabe: § 93b ist **unanwendbar,** soweit der Räumungsanspruch nicht aufgrund eines wenn auch inzwischen angeblich beendeten Mietverhältnisses bestehen soll, sondern nur zB aufgrund von §§ 985 ff. BGB. Insofern gelten §§ 91 ff., 94. Sofern dagegen der Kläger die Räumung sowohl aufgrund eines früheren Mietverhältnisses als auch nach §§ 985 ff. BGB fordert, kommt es auf die Entscheidungsgrundlage des Räumungsurteils an: Soweit das Gericht sie auf das Mietverhältnis stützt, ist § 93b anwendbar. Das gilt auch, soweit das Gericht dem Räumungsanspruch hilfsweise nach §§ 985 ff. BGB stattgibt. Soweit dagegen der Kläger nur nach den letzteren Vorschriften Erfolg hat, bleibt § 93b unanwendbar. Soweit die Klage unter beiden Gesichtspunkten erfolglos bleibt, kann II anwendbar sein.

Künftige Räumung: § 93b ist nach → § 259 Rn. 5 auch auf eine Klage auf künftige Räumung unter den sonstigen Voraussetzungen anwendbar.

Mietzahlungsanspruch: → „Anderer Anspruch".

Pacht: Die Vorschrift gilt trotz der Notwendigkeit einer engen Auslegung nach → Rn. 1, 3 vernünftigerweise beim Pacht- oder Unterpachtverhältnis ebenso wie beim Miet- oder Untermietverhältnis.

Räumung ohne Frist: → „Auszug".

Rechtzeitigkeit des Widerspruchs: § 93b ist **unanwendbar,** soweit der Vermieter seine Einwilligung zur Fortsetzung des Mietverhältnisses verweigern kann, weil der Mieter nicht rechtzeitig nach § 574b II 1 BGB widersprochen hatte. Denn der Mieter würde durch sein Verhalten den Regelungszweck nach → Rn. 2 vereiteln.

Untermiete, Unterpacht: Trotz der Notwendigkeit der grds. engen Auslegung nach → Rn. 1, 3 gilt die Vorschrift vernünftigerweise im Untermiet- oder Unterpachtverhältnis ebenso wie im Hauptmiet- oder Hauptpachtverhältnis. Der Begriff „Mietverhältnis" umfasst alle diese Arten.

Verfrühte Klage: § 93b ist dann anwendbar, wenn der Vermieter ohne eine vorherige Kündigung usw. sofort auf eine Räumung geklagt hat, so dass der Mieter vor dem Erhalt der Klageschrift nach §§ 253, 271 gar keine

Möglichkeit hatte, die Angabe von Kündigungsgründen zu fordern und/oder ein Fortsetzungsverlangen zu stellen.

Versäumnisurteil: Es kommt darauf an, ob der Säumige die nach § 93b erforderlichen Handlungen vor dem Eintritt der Säumnis nach §§ 330 ff. wirksam vorgenommen hatte. Nur dann ist § 93b anwendbar. Auf das unechte Versäumnisurteil nach § 331 II Hs. 2 ist § 93b wie sonst anwendbar. Die vorstehenden Regeln gelten bei einer Klage nach § 253 wie bei einer Widerklage nach Anh. § 253.

Vorübergehende Überlassung von Wohnraum: Soweit der Vermieter den Wohnraum nach §§ 549 II Nr. 1, 2, 574 III BGB nur zur vorübergehenden Nutzung überlassen hat, sind die in § 93b genannten anderen Teile des § 574 III BGB **unanwendbar** und ist daher § 93b insgesamt unanwendbar.

Widerklage: § 93b ist auch anwendbar, soweit es um eine Widerklage nach Anh. § 253 geht.

Wiederholtes Fortsetzungsverlangen: § 93b ist anwendbar, soweit es sich um ein wiederholtes Fortsetzungsverlangen des Mieters handelt. § 574c BGB ist anwendbar, soweit die übrigen Voraussetzungen vorliegen.

Wohnungseigentum: § 93b ist im WEG-Verfahren anwendbar.

Zurücknahme des Fortsetzungsantrags: § 93b ist **unanwendbar**, soweit der Kläger die Klage auf eine Räumung oder auf die Fortsetzung des Mietverhältnisses nach § 269 zurücknimmt. Denn durch eine Klagerücknahme entsteht kraft Gesetzes ohne die Notwendigkeit einer Kostengrundentscheidung grds. bereits die Kostenfolge des § 269 III 2. Demgegenüber erfordert § 93b ja erst eine Abwägung und auf ihrer Grundlage eine Kostengrundentscheidung.

IV. Gemeinsame Begriffe, I–III. In allen Teilen der Vorschrift finden sich die folgenden gemeinsamen Begriffe. 5

1. Räumung von Wohnraum. Es muss um die „Räumung von Wohnraum" gehen, und zwar von solchem, den der Benutzer zur Hauptmiete, Untermiete, Pacht oder Unterpacht innehatte, also nicht nur von solchem, den er nach §§ 985 ff. BGB ohne jeden Rechtsgrund innehatte. Auch eine erst künftige Räumung kann ausreichen. Die Verbindung von Wohn- und Geschäfts- oder Gewerberaum ist unerheblich, solange der Wohnraum nicht eine völlig untergeordnete Bedeutung hat. Eine Dienst- oder Werkwohnung reicht aus. Eine bloß vorübergehende Nutzung reicht nicht aus. Vgl. bei den einzelnen Stichworten in → Rn. 4. 6

2. Verlangen, Begehren des Beklagten auf Fortsetzung des Mietverhältnisses. Bei einer Klage auf eine Räumung des Wohnraums muss der Bekl. verlangt haben, das Mietverhältnis nach §§ 574–574c BGB fortzusetzen. Diese Anforderung gilt allerdings nicht bei III. Das „Verlangen" und „Begehren" ist eine Willenserklärung. Man muss sie im Prozess als eine Parteiprozesshandlung beurteilen. Über den zulässigen Zeitraum vgl. bei den nachfolgenden Anm. Das Hinzutreten weiterer Erklärungen ist unschädlich, soweit eben das Fortsetzungsverlangen als solches eindeutig ist, LG Freib WuM 1996, 716 (Mieterkündigung). Im Zweifel muss man durch eine Auslegung klären, ob schon und noch ein solches Fortsetzungsverlangen vorliegt. Eine Bedingung kann, muss aber nicht schädlich sein. Man muss einen „Widerspruch gegen die Kündigung" zwar nach §§ 574 I 1, 574b I 1 BGB von dem „Fortsetzungsverlangen" an sich unterscheiden. In der Praxis fallen aber zumindest die Zielrichtungen der einen wie der anderen Erklärung zusammen. Daher reicht auch ein „Widerspruch gegen die Kündigung" meist aus. Indessen kommt es auch hier auf die Gesamtauslegung an. Es ist ja unerheblich, ob der Mieter die Rechtsgrundlage seines Begehrens kennt und nennt. 7

3. Angabe von Gründen. Der Mieter muss die Fortsetzung des Mietverhältnisses nach § 574b I 2 BGB „unter Angabe von Gründen" verlangt haben. Das bedeutet nur: Er muss solche Tatsachen genannt oder in Bezug genommen haben, die nach seiner erkennbaren Ansicht ein Fortsetzungsverlangen rechtfertigen können. Eine bloße Verweisung auf § 574b BGB reicht also nicht. Es ist an dieser Stelle noch nicht erforderlich, dass die Gründe auch objektiv aus der Sicht des Gerichts ausreichten. Es genügt also eine Substantiierung. Ihre Schlüssigkeit wie bei → § 253 Rn. 28 ist nicht erforderlich. Entsprechend dem Regelungszweck nach → Rn. 2 darf man die Anforderungen an das Vorliegen einer Begründung nicht überspannen. Die Vorschrift dient der Kostengerechtigkeit gerade bei sozialen Härten und Unbilligkeiten, oft also bei solchen Verhältnissen, die ohnehin keine hohen Anforderungen an eine Schreib- und Redegewandtheit zulassen. Nur beim völligen Fehlen irgendeiner Grundangabe oder bei solchen Darlegungen, die schon aus der Sicht des Mieters offensichtlich völlig unsinnig oder abwegig sind oder die Kerntatsachen für das Fortsetzungsverlangen nicht mehr erkennen lassen, vgl. BeckOGK/Emanuel BGB § 574b Rn. 10, liegt eine „Angabe von Gründen" nicht vor. 8

4. Ermessen. Das Wort „kann" stellt nicht etwa nur in die Zuständigkeit, sondern in das pflichtgemäße Ermessen des Gerichts. Es darf und muss eine Gesamtabwägung der Umstände innerhalb des von der Vorschrift jeweils genannten Rahmens vornehmen, LG Arnsberg WuM 1995, 322. Die Ermessensausübung muss erkennen lassen, dass das Gericht sich um eine Kostengerechtigkeit bemüht. 9

5. Auferlegung der Kosten ganz oder teilweise. Das Gericht kann im Rahmen seines pflichtgemäßen Ermessens der jeweiligen Partei die gesamten Prozesskosten „ganz oder teilweise" auferlegen, LG Kaisersl WuM 1990, 446. Das ist nach im Kern die Übernahme der in § 92 I Hs. 2, II genannten Möglichkeiten. Es kommen also eine Kostenteilung nach Bruchteilen oder Prozenten in Betracht, aber auch eine solche nach Summe und Rest oder nach anderen Gesichtspunkten. Die Kostenentscheidung muss stets möglichst einfach und klar sein. Das Gericht darf bei I–III das vorprozessuale und prozessuale Verhalten der Beteiligten mitberücksichtigen, auch die bisherigen Erfolgsaussichten. 10

V. Räumungsurteil ohne Räumungsfrist, I 1. Die Vorschrift erfasst den Erfolg der Klage auf eine Räumung von Wohnraum, ohne dass das Gericht eine Räumungsfrist zubilligt. Es müssen die folgenden Voraussetzungen zusammentreffen. 11

1. Fortsetzungsverlangen. Die Räumungsklage muss nach → Rn. 7 erfolgreich geworden sein, obwohl der Bekl. die Fortsetzung des Mietverhältnisses aufgrund der §§ 574–574c BGB gefordert hatte. Das Fortsetzungsverlangen muss innerhalb der in §§ 574b II 1, 576a II BGB genannten Fristen dem Vermieter nach § 130 BGB zugegangen sein. Es kommt also zunächst darauf an, ob der Vermieter rechtzeitig vor dem Ablauf der Widerspruchsfrist den Hinweis nach § 574b II 2 BGB erteilt hatte, dass der Mieter die Möglichkeit des Widerspruchs und des Fortsetzungsverlangens nach § 574 BGB habe und dass er das in Schriftform und spätestens 2 Monate vor der Beendigung des Mietverhältnisses tun müsse. Hatte der Vermieter diese Belehrung nicht erteilt, reicht die 12

Erklärung des Mieters noch im ersten Termin des Räumungsrechtsstreits. Das Gericht muss den Mieter nach § 139 auf die etwaige Möglichkeit hinweisen, den Widerspruch noch im ersten Termin zu erklären.

13 **2. Begründung des Fortsetzungsverlangens.** Der Mieter muss sein Fortsetzungsverlangen nach → Rn. 8 auch mit Gründen versehen haben.

14 **3. Überwiegen berechtigter Klägerinteressen.** Das Gericht muss zu dem Ergebnis gekommen sein, dass das Fortsetzungsverlangen im Ergebnis nicht gerechtfertigt ist. Es muss zwar wie bei → § 253 Rn. 28 schlüssig gewesen sein. Es muss sich aber eben als unbegründet herausgestellt haben, weil die in § 574 I 1 BGB genannte Abwägung der Verhältnisse beider Parteien zu dem Ergebnis führte, dass keine derartige Härte für den Mieter vorliegt, dass er wohnen bleiben dürfte, sei es für eine sogleich zu bestimmende, sei es für eine zunächst unbestimmte Zeit.

15 **4. Abwägung.** Bei der Interessenabwägung muss das Gericht also §§ 574 I, 575a II BGB mitbeachten. Die Interessen des Vermieters müssen im Ergebnis überwiegen. Das Fortsetzungsverlangen darf also nicht nur deshalb zurückzuweisen sein, weil der Mieter die Frist zur Mitteilung seiner Fortsetzungsgründe versäumt hatte oder weil sie nach § 574 I 2 BGB für sich allein betrachtet nicht ausreichten. Das Gericht darf eine bloße Bezugnahme auf § 574 BGB aber wegen der Notwendigkeit einer großzügigen Auslegung des Fortsetzungsbegehrens nach → Rn. 13 nicht als eine Versäumung der Grundangabe beurteilen. Bei der Interessenabwägung muss das Gericht das Gesamtverhalten jeder Partei angemessen berücksichtigen. Das gilt zB für die Frage, ob der Vermieter dem Mieter auf dessen Verlangen auch vor der Einlegung von dessen Widerspruch schon die Kündigungsgründe bekanntgegeben hatte. Es muss sich sowohl bei dem Kläger als auch bei dem Bekl. um die subjektiv wahrhaftigen und vollständigen Gründe handeln, also um geeignete, bestimmte Tatsachen nach → Vor § 284 Rn. 29. Der Mieter muss seine Gründe auch unabhängig von einem Verlangen des Vermieters nach § 574b I 2 BGB genannt haben.

16 **5. Sieg des Klägers wegen erst nachträglich entstandener Gründe.** Soweit die Voraussetzungen → Rn. 11–15 vorliegen, müssen die bei der Abwägung zugunsten des Klägers ausschlagenden Gründe erst nach § 574 III BGB nachträglich entstanden sein. Sie dürfen also erst nach dem Kündigungsschreiben entstanden sein. Es kommt trotz der Zugangsbedürftigkeit einer Kündigung nicht auf den Zeitpunkt dieses Zugangs an, sondern auf den Zeitpunkt der Absendung. Denn von diesem Augenblick an hatte der klagende Vermieter keine Möglichkeit mehr, die Gründe bereits in dem Kündigungsschreiben nach § 574 III BGB „anzugeben". Nr. 1 erfordert, dass die schließlich zum Sieg des Klägers führenden Gründe erst nachträglich objektiv entstanden sind.

17 **Beispiel:** Der Eigenbedarf ergibt sich erst nach der Absendung der Kündigung. Der Vermieter konnte ihn daher nicht schon in ihr zumindest auch anführen.

18 **VI. Abweisung der Klage auf Fortsetzung des Mietverhältnisses, I 2.** Die Regeln I 1 gelten ebenso „in einem Rechtsstreit wegen Fortsetzung des Mietverhältnisses" nach §§ 574–574c BGB entsprechend, soweit das Gericht diese Gestaltungsklage des Mieters abweist. Auch dann muss also der siegende Vermieter als Bekl. die Kosten ganz oder teilweise tragen, wenn der unterliegende Mieter zwar im Ergebnis keine überwiegenden Gründe für sein Fortsetzungsbegehren hatte, wenn aber die für den Räumungsanspruch maßgebenden Gründe des Vermieters objektiv erst entstanden waren, nachdem der Vermieter die Kündigung abgesandt hatte, oder wenn der Vermieter dem Mieter nicht unverzüglich seine berechtigten und im Ergebnis überwiegenden Gründe für den Räumungsanspruch vor der Erhebung der Gestaltungsklage des Mieters auf eine Fortsetzung bekanntgegeben hatte.

19 **VII. Abweisung der Räumungsklage, II 1.** Die Vorschrift betrifft eine Klage auf die Räumung von Wohnraum. Das Gericht kann den Bekl. ganz oder teilweise mit Kosten belasten, soweit das Gericht die Räumungsklage im Ergebnis aus den folgenden Gründen abweist.

20 **1. Fortsetzungsverlangen.** Der Bekl. muss nach → Rn. 7 rechtzeitig und in wirksamer Weise die Fortsetzung des Mietverhältnisses verlangt haben. Das Fortsetzungsverlangen muss also nach § 574b I 2 BGB schriftlich erfolgt sein.

21 **2. Fortsetzungsbestimmung.** Das Fortsetzungsverlangen nach → Rn. 20 muss auch im Ergebnis einen Erfolg gehabt haben. Das Gericht muss die Räumungsklage gerade dergestalt abgewiesen haben, dass es über die Fortsetzung des Mietverhältnisses und über deren Dauer sowie über die Fortsetzungsbedingungen nach § 574a II 1 BGB „durch Urteil bestimmt" hat, evtl. auch nach § 574a II 2 BGB dahin, dass das Mietverhältnis „auf unbestimmte Zeit fortgesetzt" werde. Es muss also ein Urteil nach § 308a I erfolgt sein. Es reicht aus, dass das Gericht diesen Ausspruch entweder nach § 319 oder nach § 321 nachholen kann und nachholt. Soweit das Gericht einen Fortsetzungsausspruch nicht vornehmen wollte und nicht vorgenommen hat, aus welchen Gründen auch immer, ist II unanwendbar.

22 **3. Auskunftsverlangen.** Der auf Räumung klagende Vermieter muss den Mieter aufgefordert haben, über die Gründe seines Widerspruchs gegen die Kündigung und natürlich über die Gründe seines Fortsetzungsverlangens eine „Auskunft" zu erteilen. Es muss also nach → Rn. 7 zunächst ein „Verlangen" vorliegen, hier freilich nicht des Bekl., sondern des Klägers. Er muss die Auskunft nach der Sollvorschrift des § 574b I 2 BGB erbeten haben. Die Auskunft braucht nicht schriftlich erfolgt zu sein. Nur der eigentliche Widerspruch nebst dem Fortsetzungsverlangen brauchte nach § 574b I 1 BGB die Schriftform, nicht die zusätzliche Begründung. Die inhaltlichen Anforderungen dürfen hier nicht überspannt werden. Erkennbar werden müssen jedoch zumindest die Kerntatsachen, aus denen sich das Fortsetzungsverlangen herleiten lässt, → Rn. 8 und BeckOGK/Emanuel BGB § 574b Rn. 10; MüKoZPO/Schulz Rn. 14.

23 **4. Keine Auskunft.** Es muss hinzukommen, dass der die Fortsetzung erbittende Bekl. ein nach → Rn. 22 ausreichendes Auskunftsverlangen des Klägers nicht wie bei § 121 I 1 BGB unverzüglich erfüllt hat, sondern nur schuldhaft zögernd. Dem schuldhaften Zögern steht natürlich das völlige Ausbleiben der erbetenen Auskunft bis zur Entscheidungsreife über die Räumungsklage nach → § 300 Rn. 21 gleich.

24 ***VIII. Erfolg der Fortsetzungsklage, II 2.*** Soweit das Gericht einer Gestaltungsklage des auf Räumung verklagten Mieters auf eine Fortsetzung des Mietverhältnisses auf eine bestimmte oder unbestimmte Zeit nach → Rn. 21 stattgibt, kann es zu einer teilweisen oder gänzlichen Kostenlast des siegenden Mieters kommen, wenn die entsprechend anwendbaren Voraussetzungen → Rn. 20–23 zusammentreffen. Die Vorschrift stellt ein Gegen-

stück zu I 2 dar. Es müssen also die zugunsten des Mieters sprechenden Gründe überwogen haben. Der im Gestaltungsprozess beklagte Vermieter muss den Mieter aufgefordert haben, über diejenigen Gründe eine Auskunft zu geben, aus denen nach der Auffassung des Mieters eine Fortsetzung des Mietverhältnisses in Betracht kam. Der Mieter muss nach → Rn. 23 mit der Mitteilung dieser Erwägungen schuldhaft gezögert haben.

IX. Räumungsfrist, III. Während I, II das Zusammentreffen einer Räumungsklage mit einem Verlangen des Mieters nach einer Fortsetzung des Mietverhältnisses behandeln, erfasst III den Fall, dass der Bekl. den Räumungsanspruch anerkennt und nur eine Räumungsfrist ohne eine echte Fortsetzung des Mietverhältnisses erhält, sei es auch nach seiner eigenen Kündigung, LG Freibg WuM 1997, 716; AG Kassel WuM 1993, 541. Dann hängt eine teilweise oder gänzliche Kostenlast des Klägers vom Zusammentreffen der folgenden Voraussetzungen ab, LG Karlsr ZMR 1997, 303; Harsch WuM 1995, 246 (Grdz.). 25

1. Sofortiges Anerkenntnis des Räumungsanspruchs. Der Bekl. muss den Räumungsanspruch „sofort anerkennen", AG Reutlingen WuM 1989, 430. Es muss also gerade um den Anspruch auf eine Räumung von Wohnraum gehen. Es muss nach → § 93 Rn. 15 ein wirksames Anerkenntnis gerade dieses Anspruchs vorliegen. Dieses Anerkenntnis muss auch nach → § 93 Rn. 17 sofort erfolgen. Bei elektronischer Einreichung gelten §§ 130ad. 26

2. Beispiele zur Frage einer Sofortigkeit, III

Begründetheit: Voraussetzung ist natürlich auch, dass der Räumungsanspruch überhaupt objektiv begründet war, LG Köln WuM 1976, 185. Nach einer Umstellung der Begründung des Räumungsantrags zB von einer fristlosen auf eine ordentliche Kündigung reicht ein nunmehr sofortiges Anerkenntnis aus. 27

Berufungsverfahren: Unanwendbar ist III erst dann, aM LG Karlsr WuM 1999, 461.

Einigungsversuch: Anwendbar ist III dann, wenn der Vermieter auf eine Räumung geklagt hatte, ohne einen Einigungsversuch zu unternehmen, und wenn der Mieter nun den Räumungsanspruch sofort voll anerkennt.

Einspruch: Anwendbar ist III dann, wenn der Mieter sich erstmals mit einem Einspruch zB nach §§ 338, 700 meldet und zugleich anerkennt, LG Kiel WuM 1993, 550; LG Köln NZM 1998, 663.

Fälligkeit: Anwendbar ist III bei einem Anerkenntnis vor der Fälligkeit, LG Regensb WuM 1993, 545.

Fortsetzungsverlangen: Anwendbar sein kann III bei einem sofortigen Anerkenntnis zu einem in diesem ABC näher dargestellten Zeitpunkt dann, wenn der Bekl. zuvor eine Fortsetzung des Mietverhältnisses verlangt hatte.

Klageanlass: Anwendbar sein kann III bei einem sofortigen Anerkenntnis zu einem in diesem ABC näher dargestellten Zeitpunkt dann, wenn der Bekl. zuvor einen Klageanlass gegeben hatte, LG Freib WuM 1993, 553.

Klagerhebung: Anwendbar sein kann III nach → Vor § 128 Rn. 69 entsprechend dann, wenn der Räumungsanspruch deshalb erst zugleich mit der Klagerhebung nach §§ 253, 261 eintritt, weil der Vermieter erst in der Klageschrift gekündigt hat.

Kündigungswiderspruch: Anwendbar sein kann III bei einem sofortigen Anerkenntnis zu einem in diesem ABC näher dargestellten Zeitpunkt dann, wenn der Bekl. zuvor der Kündigung widersprochen hatte.

Mündliche Verhandlung: Anwendbar ist III beim Verfahren mit einer nach § 128 I notwendigen mündlichen Verhandlung dann, wenn der Bekl. vor der Stellung des angekündigten oder nicht angekündigten sonstigen Sachantrags nach § 137 I in der ersten streitigen mündlichen Verhandlung vor dem endgültig zuständigen Gericht anerkennt, in der er diejenigen Tatsachen kennen kann, die den Räumungsanspruch objektiv begründen, LG Kblz WuM 1989, 429.

Ohne mündliche Verhandlung: Anwendbar ist III bei einem Verfahren ohne eine nach § 128 I notwendige mündliche Verhandlung dann, wenn der Bekl. sein Anerkenntnis schon in seinem ersten Schriftsatz erklärt hat.

Nach Rechtshängigkeit: Anwendbar ist III dann, wenn der Räumungsanspruch erst nach dem Eintritt der Rechtshängigkeit nach → § 261 Rn. 1 entsteht und wenn das Anerkenntnis im folgenden Schriftsatz oder in der folgenden Verhandlung erfolgt, LG Karlsr WuM 1993, 461 (evtl. sogar erst in der Berufungsinstanz); LG Köln WuM 1993, 542.

Schriftliches Vorverfahren: → § 93 Rn. 19 „Verteidigungsanzeige".

Widerspruch: Anwendbar ist III beim Widerspruch zB nach § 694 wie beim „Einspruch". Auch „Kündigungswiderspruch".

3. Bewilligung einer Räumungsfrist. Das Gericht muss dem sofort anerkennenden Bekl. eine „Räumungsfrist bewilligt" haben, AG Reutlingen WuM 1989, 430. Das muss an sich bereits im Räumungsurteil nach § 721 I 1, 2 geschehen sein. Die Bewilligung der Räumungsfrist braucht nicht aufgrund eines besonderen Antrags erfolgt zu sein. Denn das Gericht muss über die Bewilligung einer Räumungsfrist zwar auf einen Antrag entscheiden, aber auch von Amts wegen nach § 721 I 1. Soweit der Mieter allerdings einen Antrag stellt, muss das nach § 721 I 2 bis zum Schluss der letzten mündlichen Verhandlung nach §§ 136 IV, 296a geschehen, es sei denn, dass das Gericht auf eine künftige Räumung erkennt und über eine Räumungsfrist bisher noch nicht entschieden hat. In diesem letzteren Fall ist der Antrag nach § 721 II 1 noch bis 2 Wochen vor demjenigen Tag statthaft, an dem der Bekl. nach dem Urteil räumen muss. Wegen der Wiedereinsetzungsmöglichkeiten § 721 II 2. Soweit das Gericht einen vor dem Schluss der mündlichen Verhandlung gestellten Antrag übergangen hatte, reicht freilich nach → § 321 Rn. 31 die Nachholung der Bewilligung nach § 321, § 721 I 3. Natürlich reicht auch eine Berichtigung nach § 319. Die bewilligte Räumungsfrist braucht nicht mit der etwa beantragten übereinzustimmen. Eine zu Unrecht versagte Bewilligung reicht nicht, aM LG Baden-Baden WuM 2007, 75. 28

4. Nachträgliche Bewilligung. Eine erst nachträglich im Beschlussverfahren nach § 721 II–IV gewährte Räumungsfrist macht § 93b III nach → § 721 Rn. 13 ebenfalls anwendbar. Das gilt auch dann, wenn der Kläger sich auf § 573 II BGB gestützt hat. Die Bewilligung muss allerdings insgesamt eindeutig gerade auf die Gewährung einer Räumungsfrist gehen, LG Mannh WuM 1989, 32. Die Bewilligung nur eines Vollstreckungsschutzes reicht also nicht. Das gilt selbst dann, wenn das Prozessgericht sie vorgenommen haben sollte. 29

5. Vorprozessuales Begehren des Beklagten. Der Bekl. muss „bereits vor Erhebung der Klage" vom Kläger entweder die Fortsetzung des Mietverhältnisses oder eine Räumungsfrist begehrt gehabt haben, LG Köln NZM 1998, 663. Ausreichend ist meist ein „Kündigungswiderspruch", LG Köln WuM 1998, 499. Auch das Begehren einer zusätzlichen Frist reicht aus, LG Köln WuM 1993, 544; LG Tüb WuM 1993, 545; AG Lörrach 30

WuM 1993, 543. Nicht ausreichend ist aber das Begehren einer dritten oder weiteren Frist, LG Stgt WuM 1993, 544, oder ein fristloses Begehren, AG Langenfeld WuM 1993, 459. Das Begehren einer Fortsetzung ist als solches kein Begehren einer Räumungsfrist, LG Kiel WuM 1993, 550; LG Stgt WuM 1993, 550; aM Harsch WuM 1995, 247. Auch eine bloße Bitte um Nachsicht reicht nicht. Zum „Begehren“ → Rn. 7. Eine vage Andeutung von Ersatzraummöglichkeiten kann kaum als das Begehren einer Räumungsfrist auslegbar sein, AG Münst WuM 1993, 550. Es ist die Klagerhebung nach §§ 253, 261zu beurteilen. Der Mieter muss nach → Rn. 8 seinem Begehren die Angabe von Gründen beigefügt haben. Ein nach § 574b II 1, 2 BGB verspäteter Widerspruch lässt sich evtl. in einen Antrag auf eine Räumungsfrist umdeuten.

31 **6. Angemessenheit der begehrten Räumungsfrist.** Falls der Bekl. vor der Klagerhebung nach §§ 253, 261 zwar nicht die Fortsetzung des Mietverhältnisses begehrt hatte, wohl aber eine Räumungsfrist, muss die verlangte Frist grundsätzlich (Ausnahme bei → Rn. 33) objektiv „angemessen“ gewesen sein. Sie darf also nicht unangemessen lang gewesen sein, LG Heidelb WuM 1982, 302; LG Regensb WuM 1993, 545; AG Köln WuM 1993, 546. Diejenige Frist, die das Gericht dann aber schließlich zugebilligt hat, braucht nicht ebenso lang wie die vom Bekl. begehrte gewesen zu sein, strenger AG Recklingh WuM 1993, 546. Der Vermieter brauchte keine Nachfrist zu gewähren, LG Stgt WuM 1993, 544.

32 **7. Angaben des Beklagten.** Der Bekl. braucht auch keinen bestimmten Auszugstermin genannt zu haben, LG Stgt WuM 1993, 544; aM LG Frankenth WuM 1993, 547, AG Recklingh WuM 1993, 545 (aber so genau kann man sich als Räumungsschuldner oft erst kurz vor dem tatsächlichen Auszug festlegen). Er muss freilich die nach seiner Meinung angemessene Frist einigermaßen sicher umschrieben haben, LG Frankenth WuM 1993, 547; AG Freibg/Br WuM 1994, 551; AG Langenfeld WuM 1993, 459; aM LG Heilbr NZM 1998, 329 (es setzt voraus, dass der Bekl. eine bestimmte Frist genannt hatte. Er kann aber zB dann, wenn er in eine noch im Bau befindliche Wohnung umziehen wollte, eine solche Frist nicht immer im Voraus bestimmt genannt haben usw., AG Lörrach WuM 1993, 543; strenger LG Mannh DWW 1976, 89; Thomas/Putzo/Hüßtege Rn. 14, Zöller/Heßler Rn. 8). Jedenfalls ist eine Bitte um eine erneute kurze Frist wegen eines Umzugs unschädlich.

33 **8. Vergeblichkeit des Begehrens des Beklagten.** Schließlich muss das Begehren des Bekl. entweder um die Fortsetzung des Mietverhältnisses oder um eine angemessene Räumungsfrist nach → Rn. 31 auch „vergeblich“ gewesen sein. Da der Bekl. dieses Begehren ja bereits vor der Klageerhebung nach §§ 253, 261 geäußert haben muss, muss also der Vermieter dieses Begehren auch bereits vor der Klageerhebung endgültig abgelehnt haben. Freilich muss der Mieter für den Fall einer Räumungsfrist zur Zahlung einer Nutzungsentschädigung bereit gewesen sein, LG Tüb WuM 1990, 218. Hat der Vermieter jede Räumungsfrist abgelehnt und sogleich eine Räumungsklage erhoben, mag es in einer Abweichung von → Rn. 31 unschädlich sein, dass die vom Mieter begehrte Frist objektiv zu lang war, LG Wuppert WuM 1993, 548. Eine Ablehnung kann auch stillschweigend erfolgt sein, etwa eben durch eine Klage auf eine künftige oder sofortige Räumung. Sie liegt auch dann vor, wenn der Vermieter die Räumungsfrist davon abhängig macht, dass der Mieter den Räumungsanspruch „in vollstreckbarer Form, notariell beurkundet, schriftlich anerkennt“, oder wenn er eine objektiv zu kurze Frist gewährt hat, LG Heidelb WuM 1982, 302. Denn dergleichen wäre ein Verstoß gegen § 794 I Nr. 5, LG Mannh WuM 1989, 32.

34 **9. Entsprechende Anwendbarkeit.** III ist schließlich entsprechend anwendbar, wenn der Mieter schon eine Ersatzwohnung hat und daher keine Räumungsfrist mehr benötigt, LG Köln WuM 1997, 568; LG Mannh WuM 1978, 135.

35 **X. Verfahrensfragen, I–III.** Zuständig ist dasjenige Prozessgericht, das über den Räumungsanspruch, das Fortsetzungsbegehren, die Räumungsfrist entscheiden muss. Eine Anhörung des Gegners zur bloßen Kostenfrage ist wie sonst erforderlich, also nach Art. 2 I, 20 III GG (Rpfl.), BVerfGE 101, 404, Art. 103 I GG (Richter) vor einer ihm nachteiligen Entscheidung. Das Gericht trifft seine Kostenentscheidung nach seinem pflichtgemäßen Ermessen, LG Frankenth WuM 1993, 547. Es beachtet dabei ein Verständnis des Vermieters für die Lage des Mieters, LG Köln WuM 1993, 460. Das geschieht im Räumungsurteil oder soweit zulässig bei dessen Berichtigung oder Ergänzung nach §§ 319, 321. Die Kostenentscheidung wird ein Urteilsbestandteil. Sie ist nach Maßgabe des Urteilstenors vorläufig vollstreckbar.

36 **XI. Rechtsmittel, I–III.** Die unterschiedlichen Ausgangslagen bedingen unterschiedliche Rechtsmittel.

37 **1. Räumung, I, Abweisung der Räumungsklage, II.** In beiden Fällen hat der Sieger der Hauptsache, also der Mieter, kein Rechtsmittel. Wegen § 99 I hat er daher auch wegen der Kosten kein Rechtsmittel. Der Verlierer der Hauptsache, also der Vermieter, kann unter den sonstigen Voraussetzungen Berufung einlegen und, soweit die Kostenentscheidung ihn ebenfalls beschwert, nach § 99 I ebenfalls Rechtsmittel einlegen.

38 **2. Räumungsfrist, III.** Gegen die Versagung einer Räumungsfrist kommt die sofortige Beschwerde des Mieters nach § 567 I Nr. 2 in Betracht. Gegen die Gewährung einer Räumungsfrist kommt die sofortige Beschwerde des Vermieters nach § 567 I Nr. 2 in Betracht. Gegen die bloße Bemessung der Räumungsfrist kommt die sofortige Beschwerde beider Parteien nach § 567 I Nr. 2 in Betracht. Sie muss sich aber nach § 721 VI 1 Nr. 1 jeweils auf die Frage der Versagung, Gewährung oder Bemessung beschränken. Es darf sich nach § 721 VI 2 auch nicht um eine Räumungsfrist-Entscheidung des Berufungsgerichts handeln. Soweit die Hauptsache durch eine aufgrund eines Anerkenntnisses ausgesprochene Verurteilung nach III erledigt ist, hat der Vermieter gegen die ihn belastende Kostenentscheidung die sofortige Beschwerde nach §§ 99 II 1, 567 I Nr. 1. Eine Rechtsbeschwerde kommt unter den Voraussetzungen des § 574 in Betracht.

93c, 93d *(aufgehoben)*

94

Kosten bei übergegangenem Anspruch. **Macht der Kläger einen auf ihn übergegangenen Anspruch geltend, ohne dass er vor der Erhebung der Klage dem Beklagten den Übergang mitgeteilt und auf Verlangen nachgewiesen hat, so fallen ihm die Prozesskosten insoweit zur Last, als sie dadurch entstanden sind, dass der Beklagte durch die Unterlassung der Mitteilung oder des Nachweises veranlasst worden ist, den Anspruch zu bestreiten.**

I. Systematik. Die Vorschrift enthält eine gegenüber §§ 91–92, 95 ff. grundsätzlich vorrangige und daher eng auslegbare Sonderregelung. Sie ergänzt § 93 für einen Prozessabschnitt, in dem jene Vorschrift deshalb nicht anwendbar ist, weil jedenfalls kein sofortiges Anerkenntnis nach § 93 vorliegt. Soweit sich die Anwendungsbereiche von § 94 und § 96 überschneiden, geht § 94 wegen seiner zwingenden Kostenregelung vor. § 94 ist nicht etwa auf diejenigen Fälle anwendbar, in denen der bisherige Rechtsinhaber den Prozess evtl. nunmehr zugunsten des Rechtsnachfolgers selbst weiterführt und nach §§ 265, 325 ein Urteil erwirkt. Dann gelten vielmehr §§ 91 ff. wie sonst. 1

II. Regelungszweck. Die Vorschrift ermöglicht eine sog. Kostentrennung nach → Vor § 91 Rn. 10. Sie schützt den Schuldner so lange, wie dieser von einem Übergang des sachlich-rechtlichen Anspruchs des Gläubigers auf den jetzigen Kläger schuldlos keine Kenntnis hat und nur insofern scheinbar mit Recht die Sachbefugnis (Gläubigerschaft) des Klägers nach → Vor § 50 Rn. 29 bestreitet. Soweit der Bekl. den Anspruch ohnehin nach § 93 sofort anerkennt, ist nach → Rn. 1 kein besonderer Schutz nötig und ist § 94 unanwendbar. Soweit der Bekl. den Anspruch aus anderen als den eben erwähnten Gründen weiter bestreitet, verdient er ebenfalls keinen Schutz und haftet nach §§ 91 ff. 2

III. Geltungsbereich. → Vor § 91 Rn. 23, 26, → § 91 Rn. 6–17. 3

IV. Geltendmachung des übergegangenen Anspruchs. Erste Voraussetzung ist, dass der Kläger „einen auf ihn übergegangenen Anspruch geltend macht". Es müssen die folgenden Bedingungen zusammentreffen. 4

1. Jede Anspruchsart. Die Art des übergegangenen sachlich-rechtlichen Anspruchs und sein Rechtsgrund sind unerheblich. Es kann sich um einen schuldrechtlichen, dinglich-rechtlichen oder sonstigen Anspruch handeln. Er mag auf einem Vertrag beruhen, auf einem vertragsähnlichen Verhältnis, auf ungerechtfertigter Bereicherung, unerlaubter Handlung oder sonstwie auf dem Gesetz fußen. 5

2. Jede Übergangsart. Es ist unerheblich, auf welche Weise der Anspruch auf den Kläger übergegangen ist. Es kann sich um einen Übergang kraft Gesetzes, kraft eines Rechtsgeschäfts oder in sonstiger Weise handeln. 6

Beispiele für einen gesetzlichen Übergang: Der Versicherungsträger macht nach Leistungen zugunsten eines bei ihm versicherten Verletzten deren Kosten nach §§ 823 ff. iVm dem SGB gegen den Täter geltend; die Sozialbehörde geht nach Sozialleistungen kraft Übergangs auf sie etwa nach dem SGB XII gegen den unterhaltspflichtigen Angehörigen vor; der gesetzliche Erbe klagt gegen den Schuldner des Erblassers. 7

Beispiele für **einen rechtsgeschäftlichen** Übergang: Es geht um einen abgetretenen Anspruch; es liegt eine Vermögensübernahme vor. 8

3. Jeder Übergangszeitpunkt. Der Zeitpunkt des Übergangs des Anspruchs auf den Kläger ist unerheblich. Der Übergang mag vor der Anhängigkeit, vor der Rechtshängigkeit nach → § 261 Rn. 1, aM Mü MDR 2007, 1394 (zu großzügig), vor dem Schluss der mündlichen Verhandlung nach §§ 136 IV, 296a und sogar nach ihrem Schluss eingetreten sein, soweit im letzteren Fall das Gericht aus anderen Gründen wie zB wegen eines Verfahrensfehlers die mündliche Verhandlung nach § 156 wieder eröffnet. Keineswegs muss er vor der Klagerhebung nach §§ 253, 261 erfolgt sein. Etwas Abweichendes ergibt sich nur bei einer flüchtigen Prüfung des Gesetzeswortlauts. Daher kann der jetzige Kläger nach → § 263 Rn. 7 auch durchaus erst im Weg des Parteiwechsels als einer Klagänderung in den Prozess eingetreten sein. 9

4. Entsprechende Anwendbarkeit bei Prozessstandschaft und Prozessgeschäftsführung. Soweit jemand als sog. Prozessstandschafter oder als sog. Prozessgeschäftsführer nach → Vor § 50 Rn. 34 handelt, macht er zwar einen solchen sachlichr-echtlichen Anspruch geltend, der an sich einem anderen zusteht oder zustand. Da er jedoch jeweils im eigenen Namen handelt, muss man trotz der nach → Rn. 1, 2, notwendigen engen Auslegung einen solchen Fall ebenfalls nach § 94 beurteilen, zumal die Kosteninteressen vergleichbar sind. 10

V. Keine Mitteilung des Übergangs vor Klagerhebung. Eine weitere Voraussetzung ist, dass der Kläger „vor der Erhebung der Klage dem Beklagten den Übergang nicht mitgeteilt" hat. Es müssen die folgenden Bedingungen zusammentreffen. 11

1. Erforderlichkeit der Mitteilung. Die Mitteilung muss überhaupt erforderlich gewesen sein. Die Erforderlichkeit hängt zunächst von einer etwaigen gesetzlichen oder vertraglich ausdrücklich vereinbarten Mitteilungspflicht und im Übrigen nach § 242 BGB von den Umständen ab. Wie der Wortlaut ergibt, hängt nicht schon die Mitteilung von einem Antrag oder einem Begehren des Bekl. ab, sondern erst der in → Rn. 15 dargestellte Nachweis. Andererseits reicht ein Antrag des Bekl. auf eine Mitteilung nicht automatisch. Er wird allerdings meist schon wegen des Prozessverhältnisses zwischen den Parteien begründet sein. Ein redlicher Kläger hat nach § 138 I, II nichts zu verbergen. Eine Mitteilung ist dann nicht mehr erforderlich, wenn der Bekl. aus einer anderen Quelle eine genügende Kenntnis vom Übergang des Anspruchs auf den Kläger hat. Das müsste freilich der Kläger beweisen. Ein bloßes Kennenmüssen reicht nach dem eindeutigen Gesetzeswortlaut nicht. 12

2. Form der Mitteilung. Soweit eine Mitteilung nach → Rn. 11 erforderlich ist, muss sie in der nötigen Klarheit erfolgt sein. Eine besondere Form ist nicht schon nach § 94 notwendig. Sie ist aber evtl. nach den sonstigen einschlägigen gesetzlichen oder vertraglichen Vorschriften notwendig. Sie ist dann eine Bedingung für eine „Mitteilung" nach § 94. Soweit die Mitteilung auch andere Punkte umfasst und insofern mangelhaft ist, reicht es, dass sie jedenfalls zur hier allein erheblichen Frage des Anspruchsübergangs klar und unmissverständlich ist. Sofern sie im letzteren Punkt unklar ist, heilt auch nicht eine Ordnungsmäßigkeit des weiteren Inhalts der Mitteilung. Wie ausführlich sie sein muss, hängt von den Umständen und der etwaigen Anfrage des Bekl. mit ab. 13

3. Zeitpunkt der Mitteilung: Erst ab Klagerhebung. Eine weitere Bedingung ist, dass der Kläger eine nach → Rn. 11 erforderliche Mitteilung nicht vor, sondern erst ab oder nach der Klagerhebung nach §§ 253, 261 gemacht hat. Die Klagerhebung erfolgt durch die Zustellung der Klage- oder Antragsschrift nach § 271. Soweit also vor diesem Zeitpunkt eine Mitteilung beim Bekl. entsprechend § 130 BGB zuging, ist § 94 unanwendbar, Mü MDR 2007, 1394 (Mitteilung schon im Mahnverfahren). Hier handelt es sich allerdings um eine sog. Wissenserklärung. 14

VI. Kein Nachweis des Übergangs auf Verlangen. Eine weitere Voraussetzung ist, dass der Kläger den Anspruchsübergang dem Bekl. nicht „auf Verlangen nachgewiesen hat". Es müssen die folgenden Bedingungen zusammentreffen. 15

16 **1. Erforderlichkeit nur auf Verlangen.** Der Bekl. muss einen Nachweis des Anspruchsübergangs „verlangt" haben. Ohne eine solche Forderung braucht der Kläger den Anspruchsübergang nur mitzuteilen, nicht nachzuweisen. Das ergibt sich schon aus dem Gesetzeswortlaut. Der Bekl. braucht sein Verlangen nicht besonders begründet zu haben. Es braucht keine besondere gesetzliche oder vertragliche Befugnis vorhanden gewesen zu sein, ein solches Verlangen zu stellen. Es richtet sich nach den Umständen, ob ein auch stillschweigend mögliches Verlangen vorliegt.

17 **2. Form des Nachweises.** Soweit der Kläger nach → Rn. 15 einen Nachweis des Anspruchsübergangs liefern muss, hängt die Form des Nachweises von den Umständen ab. „Nachweis" ist mehr als eine bloße „Glaubhaftmachung" nach § 294. Er ist fast dasselbe wie ein „Beweis" nach § 286. Andererseits spricht man im engeren Sinn erst dann von einem Beweis, wenn das Gericht und nicht schon der Empfänger einer Mitteilung überzeugt ist. Daher liegt ein Nachweis nicht immer erst dann vor, wenn man auch prozessual einen Vollbeweis nach → § 286 Rn. 16 erbracht hat. Ein Erbschein ist zB nicht stets notwendig, wohl aber meist auf Verlangen zumindest in einer einfachen Abschrift oder Ablichtung mit dem Anerbieten einer Einsichtnahme des Bekl. in das Original oder die Nachlassakten.

18 **3. Zeitpunkt des Nachweises.** Eine weitere Bedingung ist, dass der Bekl. den auf Verlangen zu liefernden Nachweis nicht vor, sondern erst ab oder nach der Klagerhebung nach §§ 253, 261 geliefert hat, dass der Nachweis also erst dann dem Bekl. nach § 130 entsprechend (Wissenserklärung) zugegangen ist. → Rn. 14.

19 **VII. Durch die Unterlassung veranlasst, den Anspruch zu bestreiten.** Eine weitere Voraussetzung ist, dass der Bekl. gerade „durch die Unterlassung der Mitteilung oder des Nachweises veranlasst worden ist, den Anspruch zu bestreiten". Es müssen die folgenden Bedingungen zusammentreffen.

20 **1. Begriff des Bestreitens.** Der Bekl. muss den sachlich-rechtlichen Anspruch bestritten haben. Man muss den Begriff des Bestreitens wie sonst nach → § 138 Rn. 44, 45 verstehen. Den Gegensatz bildet ein Anerkenntnis nach § 307 oder eine Säumnis nach § 331. Ihr steht das Nichtstellen eines Antrags im Termin trotz einer Anwesenheit nach § 333 gleich. Es kommt in diesem Zusammenhang nach → Rn. 17 noch nicht darauf an, bis zu welchem Zeitpunkt der Bekl. hätte bestreiten müssen.

21 **2. Begriff der Veranlassung.** Das bloße Bestreiten muss auch gerade auf einer Unterlassung der Mitteilung oder des Nachweises nach → Rn. 10, 15 beruhen. Es muss also ein Ursachenzusammenhang zwischen der gesetzwidrigen Unterlassung des Klägers und dem Bestreiten des Bekl. vorliegen. Der Sinn der ganzen Regelung ist ja, den Bekl. nur von solchen Kosten freizustellen, die er nach der harten Kostenhaftung des Unterliegenden unabhängig davon tragen müsste, ob er den Anspruch zunächst mit Recht bestreiten konnte.

22 An dieser Stelle wird auch die **Abgrenzung zu § 93** deutlich. Während dem Bekl. dort nur ein „sofortiges" Anerkenntnis nach → § 93 Rn. 17 hilft, kann bei § 94 auch dann noch eine Veranlassung zum Bestreiten vorliegen, wenn der Bekl. den Anspruch noch im schriftlichen Vorverfahren der §§ 276 I 2 nach der Einreichung einer Verteidigungsanzeige und im schriftlichen Verfahren des § 128 II oder des § 495a S. 1 nach der Einreichung des ersten Schriftsatzes sowie im Verfahren mit einer mündlichen Verhandlung gemäß → § 128 Rn. 6 nach der Stellung des Sachantrags nach → § 297 Rn. 4 bestritten hatte. Denn über jene Zeitpunkte hinaus mag die erforderliche Mitteilung oder der verlangte Nachweis des Anspruchsübergangs ausgeblieben sein. Erst von den letzteren Zeitpunkten an fällt eine Veranlassung zum weiteren Bestreiten nach § 94 weg. Erst jetzt wäre ein weiteres Bestreiten nicht mehr unverschuldet. Insofern bedeutet „Veranlassung" in Wahrheit über die bloße Ursache hinaus eine Schuldlosigkeit. Der Bekl. braucht aber noch nicht aufgrund bloßer vager Hinweise auf einen Anspruchsübergang sein Bestreiten der Sachbefugnis nach → Vor § 50 Rn. 26 fallenzulassen. Das bloße Kennenmüssen genügt nicht. Das Gesetz verlangt vielmehr die klare „Mitteilung" und den „Nachweis", also diejenigen Umstände, die dem Bekl. eine positive Kenntnis verschaffen. Im Zweifel muss daher der Kläger diese Kenntnis beweisen.

23 **Beispiele:** Nach einer Abtretung hat der neue Gläubiger nicht die nach § 409 I BGB vorgesehene Abtretungsanzeige erteilt; der Erbe hat dem Schuldner des Erblassers nicht den erforderlichen Erbschein wenigstens in einer Fotokopie übersandt; die vom Schuldner nach § 410 I BGB wirksam verlangte Aushändigung einer Abtretungsurkunde ist nicht erfolgt.

24 **VIII. Kostenfolge: Insoweit Kostenlast.** Soweit die Voraussetzungen → Rn. 3–23 zusammentreffen, ordnet das Gesetz als Kostenfolge von Amts wegen nach § 308 II an, dass dem Kläger die Prozesskosten „insoweit zur Last fallen".

25 **1. Begriff der Kostenlast.** „Prozesskosten" sind sämtliche Gebühren und Auslagen des Gerichts und der Parteien, sofern sie überhaupt nach § 91 erstattungsfähig sind.

26 **2. Kein Ermessen.** Soweit das Gericht die Voraussetzungen der Kostenfolge bejaht, hat es bei der Kostenlast kein Verteilungsermessen. Das ergibt sich aus dem klaren Wortlaut („so fallen ihm… zur Last").

27 **3. Kostenlast nur insoweit.** Der Kläger muss nur diejenigen Kosten tragen, die gerade durch seine pflichtwidrige Unterlassung entstanden. Das ergibt sich aus dem Wort „insoweit". Zum Umfang der Veranlassung → Rn. 21–23.

28 **Beispiel:** Der Bekl. hat die Sachbefugnis des Klägers nach → Vor § 50 Rn. 26 bestritten; es ist zu einer Beweisaufnahme über sie gekommen. An dieser haben für beide Parteien in einem auswärtigen Termin Verkehrsanwälte teilgenommen. Es war auch ein Gutachten notwendig. Nach der Beweisaufnahme erklärt das Gericht, die Sachbefugnis sei erwiesen. Sofort anschließend erkennt der Bekl. den Klaganspruch an. Alle Kosten der Beweisaufnahme können unter den weiteren Voraussetzungen dem Kläger zur Last fallen.

29 **4. Notwendigkeit der Klarheit und Einfachheit der Kostenentscheidung.** Diejenige Entscheidung, durch die das Gericht die Kosten nach § 94 trennt, sollte ebenso einfach und klar sein wie überhaupt jede Kostenentscheidung. Es gelten dieselben Grundsätze wie zB auch bei einer Kostenteilung nach → § 92 Rn. 18, 19.

30 **Beispiel:** „Der Beklagte trägt die Kosten des Rechtsstreits mit Ausnahme der durch die Beweisaufnahme entstandenen Kosten. Die letzteren Kosten trägt der Kläger."

31 **IX. Rechtsmittel.** Es gelten die allgemeinen Regeln. Insbesondere muss man § 99 beachten. Daher ist die Anfechtung der Entscheidung nach § 94 dann unzulässig, wenn nicht zugleich gegen die Entscheidung in der

zugehörigen Hauptsache ein Rechtsmittel erfolgt. Ist die Hauptsache jedoch dadurch beendet, dass der Bekl. wie hier meist ein wenn auch nicht nach § 93 sofortiges Anerkenntnis erklärt hat, kommt nach § 99 II 1 eine sofortige Beschwerde auch isoliert über den Kostenpunkt in Betracht. Eine Rechtsbeschwerde kommt unter den Voraussetzungen des § 574 in Betracht.

95 ***Kosten bei Säumnis oder Verschulden.*** **Die Partei, die einen Termin oder eine Frist versäumt oder die Verlegung eines Termins, die Vertagung einer Verhandlung, die Anberaumung eines Termins zur Fortsetzung der Verhandlung oder die Verlängerung einer Frist durch ihr Verschulden veranlasst, hat die dadurch verursachten Kosten zu tragen.**

I. Systematik. Die Vorschrift enthält eine gegenüber §§ 91 ff. eng auslegbare Sonderregelung. Soweit die nach § 95 säumige oder schuldige Partei ohnehin wegen Unterliegens nach §§ 91, 92 die Kosten tragen muss, tritt § 95 zurück, Düss MDR 1990, 832. Soweit sie aber sonst keine Kosten tragen müsste, hat § 95 gegenüber §§ 91 ff. den Vorrang. Freilich müssen Kosten nach § 95 überhaupt ausscheidbar sein, Düss MDR 1990, 832. Soweit der Geltungsbereich der Vorschrift mit demjenigen des § 238 IV (Kosten des Wiedereinsetzungsverfahrens) oder des § 344 (Kosten infolge eines Versäumnisurteils) übereinstimmt, gehen jene Vorschriften wegen ihres noch spezielleren Charakters dem § 95 vor. Soweit die Anwendungsbereiche sich nicht überschneiden, gelten jene Vorschriften gleichrangig neben § 96. Die Vorschrift gilt auch im Rechtsmittelverfahren. Sie hat den Vorrang auch gegenüber § 97 II, III. Denn sie ist jenen Vorschriften gegenüber spezieller. §§ 98 ff. gelten wie sonst. § 38 GKG (Verzögerungsgebühr), Anh. § 95, hat teilweise denselben Geltungsbereich wie § 95 ZPO. Beide Vorschriften sind dann nebeneinander anwendbar. Denn sie verfolgen dasselbe Ziel mit unterschiedlichen Mitteln. 1

II. Regelungszweck. § 95 dient der Bekämpfung einer Prozessverschleppung und damit der Prozesswirtschaftlichkeit. Die Vorschrift zwingt unter ihren gesetzlichen Voraussetzungen den Richter zu dem Ausspruch der entsprechenden Kostenfolge. Er hat also dann kein Ermessen. Die in der Praxis verschwindend selten in Frage kommende Kosten-Sonderverteilung ist selbst dann keineswegs immer gerechtfertigt, anders als die ebenso geringe Bedeutung der Ermessensmaßnahme nach § 38 GKG, Anh. § 95. Beides gilt auch für den Familienrichter, Völker MDR 2001, 1332. Indessen entstehen bei einer Prozessverschleppung keineswegs stets solche Kosten, die sich überhaupt sauber als gerade durch solche Verschleppung bedingt aussondern lassen. Wegen der Notwendigkeit einer engen Auslegung nach → Rn. 1 ist § 95 im Zweifel nicht anwendbar. 2

III. Geltungsbereich. Zunächst → Vor § 91 Rn. 23, 26, → § 91 Rn. 6–17. Partei ist auch hier, wer tatsächlich klagt oder beklagt ist, auf wen sich die prozessbegründenden Erklärungen wirklich beziehen. Maßgeblich ist die Parteistellung in derjenigen Instanz, in der es um die Versäumung oder Veranlassung der Terminsverlegung usw. geht. Die Partei kraft Amts ist ebenso Partei wie der Prozessstandschafter oder der Prozessgeschäftsführer nach → Vor § 50 Rn. 34. Der gesetzliche Vertreter nach § 51 oder der ProzBev sind als solche nach → Vor § 50 Rn. 9 nicht Partei. Soweit sie aber einen Termin versäumen, treten die Kostenfolge auch unabhängig von ihrem Verschulden ein. Denn sie treten ja für die Partei auf und führen für die Partei die Prozessfolgen herbei. Soweit sie ihrerseits schuldhaft eine Verlegung usw. veranlassen, haftet die Partei für sie ohnehin nach §§ 51 II, 85 II. Für den Streithelfer (Nebenintervenienten) nach § 66 gilt neben dem vorrangigen § 101 nicht etwa § 95, sondern die Normalregelung in §§ 91 ff. 3

IV. Versäumung eines Termins oder einer Frist. Es reicht für die Kostenfolge des § 95 zunächst aus, dass die Partei „einen Termin oder eine Frist versäumt“. 4

1. Begriff des Termins. Unter einem „Termin“ muss man an sich jede Terminsart nach → Vor § 214 Rn. 1 verstehen. Auch ein solcher Termin zählt hierher, den der Sachverständige etwa zur Besichtigung des Beweisobjekts unter einer Verständigung der Parteien anberaumt, Schlesw SchlHA 1975, 135. Auch die Nichtwahrnehmung eines bloßen Verkündungstermins nach → § 311 Rn. 13 kann Kostenfolgen haben. Das gilt zB dann, wenn das Gericht im Termin einen fristschaffenden Beschluss etwa über eine Auflage wegen einer Zeugenanschrift oder wegen eines Vorschusses gefasst oder nach § 218 einen neuen Verhandlungstermin anberaumt hatte. Dann liegt ein Verstoß zwar nicht gegen eine prozessuale Pflicht vor, wohl aber gegen eine prozessuale Obliegenheit. 5

2. Begriff der Frist. „Frist“ ist jede gesetzliche oder richterliche Frist nach → Vor § 214 Rn. 14. Das Gericht muss die Frist aber gerade der säumigen Partei gesetzt haben. 6

3. Begriff der Versäumung. „Versäumung“ ist die Nichtvornahme, die verspätete oder unwirksame Vornahme nach → Vor § 230 Rn. 1. Wenn allerdings ein Versäumnisurteil nach §§ 330 ff. ergeht, muss der Säumige alle Säumnis- und sonstigen Kosten ohnehin nach §§ 91, 344 tragen. Insofern wäre ein zusätzlicher Kostenentscheid nach § 95 zwar denkbar. Er wäre aber praktisch überflüssig. Nur insoweit mag man § 91 als gegenüber § 95 vorrangig ansehen. 7

4. Kein Verschulden notwendig. Eine „Versäumung“ ist hier ebenso wenig wie sonst von einem Verschulden des Säumigen abhängig. Das gilt unabhängig davon, dass in bestimmten Fällen der Schuldlosigkeit ein Versäumnisurteil nach §§ 335, 337 nicht zulässig wäre. Jene Ausnahmeregeln zur Versäumnis lassen sich nicht in die eng auslegbare Voraussetzung der bloßen Versäumung nach § 95 hineinkonstruieren. 8

V. Verschuldete Veranlassung einer Prozessverlängerung. Statt der Versäumung nach → Rn. 4 reicht es für die Kostenfolge nach § 95 auch aus, dass die Partei eine Prozessverlängerung „durch ihr Verschulden veranlasst“. 9

1. Verlegung eines Termins. Es genügt, dass infolge eines Verschuldens eine Terminsverlegung notwendig wird. Auch hier ist jeder Termin nach → Rn. 4 möglich. Praktisch geht es allerdings vor allem um die Verlegung eines Verhandlungstermins, und zwar meist auf einen späteren Zeitpunkt, theoretisch allerdings auch auf einen früheren. Denn auch dadurch können besondere Kosten entstehen. „Verlegung“ bedeutet nach → § 227 Rn. 9 die Bestimmung eines anderen Termins vor dem Beginn des anberaumten. Sie schließt eine Terminsaufhebung ein. Die bloße Änderung der Terminsstunde ist keine Verlegung. Es ist nur scheinbar unerheblich, ob die Verlegung gesetzmäßig war oder nicht. Im letzteren Fall müssten die Gerichtskosten ohnehin nach § 21 I 1, 2 10

GKG, § 20 FamGKG unerhoben bleiben. Die außergerichtlichen Kosten wären aber vernünftigerweise dann nicht durch ein auch noch schuldhaftes Verhalten der Partei „verursacht", sondern zumindest auch durch ein Verschulden des Gerichts. § 95 soll ja nicht das fehlerhafte Verhalten des Gerichts kostenmäßig zusätzlich den Parteien anlasten. Daher kommt es praktisch darauf an, ob zB „erhebliche Gründe" nach § 227 vorlagen.

11 **2. Vertagung einer Verhandlung.** Es reicht statt der Bedingung → Rn. 3 auch aus, dass die Partei „die Vertagung einer Verhandlung" durch ihr Verschulden veranlasst hat. Vertagung ist diejenige des § 227 I 1, also nach → § 227 Rn. 10 die Bestimmung eines neuen Termins nach dem Beginn des anberaumten Termins.

12 **Beispiele:** Es ergeht ein solcher Beweisbeschluss, der einen neuen Termin nach § 358 erfordert; eine Partei erhält eine Nachfrist nach § 283; es ist ein neuer Termin nach §§ 139, 279 erforderlich. → Rn. 9.

13 **3. Anberaumung eines Termins zur Fortsetzung der Verhandlung.** Es reicht statt der Voraussetzungen → Rn. 9, 11 auch aus, dass die Partei „die Anberaumung eines Termins zur Fortsetzung der Verhandlung" durch ihr Verschulden veranlasst.

14 **Beispiele:** Die Partei trägt nach dem Verhandlungsschluss gemäß §§ 136 IV, 296a noch solche Tatsachen und/oder Rechtserwägungen, Beweisanträge usw. vor, die das Gericht zu einer Wiedereröffnung der Verhandlung nach § 156 oder zu einer Nachfrist nach § 283 nebst einem anschließenden neuen Verhandlungstermin über fristgerecht nachgereichte Schriftsätze veranlassen. Freilich ist eine Wiedereröffnung in einer solchen Lage grundsätzlich nur dann notwendig, wenn dazu ein wichtiger Grund nach → § 156 Rn. 6 vorliegt. Auch eine Nachfrist kommt keineswegs stets schon deshalb in Betracht, weil die Partei einfach Gründe nachschiebt. Man muss nach der Gesamtlage prüfen, ob die Anberaumung eines neuen Verhandlungstermins trotz des Verschuldens der Partei nach → § 283 Rn. 10 ff. immerhin vertretbar war. Ist das nicht so, fehlt es an der „Verursachung" der etwa zugehörigen besonderen Kosten gerade durch das Verschulden der Partei. Sie hat dann in Wahrheit zumindest auch das Gericht verschuldet. Die Anberaumung eines bloßen ersten oder weiteren Verkündungstermins nach § 311 IV zählt nicht hierher.

15 **4. Verlängerung einer Frist.** Statt der Voraussetzungen → Rn. 9–13 reicht es auch aus, dass die Partei „die Verlängerung einer Frist" durch ihr Verschulden veranlasst. Frist ist jede prozessuale Frist nach → Rn. 6. Eine Verlängerung mag nach § 224 II, III kraft Gesetzes eintreten oder durch eine richterliche Maßnahme erfolgen. Soweit zur Verlängerung ein Antrag notwendig ist, muss er natürlich wirksam sein. Die Länge der Fristverlängerung ist grundsätzlich unerheblich. Freilich entstehen bei einer nur sehr kurzen Verlängerung seltener zusätzliche Kosten.

16 **5. Veranlassung: Ursächlichkeit.** In allen Fällen → Rn. 9–15 muss gerade das Verhalten der Partei die jeweilige prozessuale Folge „veranlasst" haben. Es muss also eine Ursächlichkeit vorliegen. Man muss sie wie sonst im Prozess nach → § 287 Rn. 8 beurteilen. Eine Ursächlichkeit fehlt zB dann, wenn das Gericht die Maßnahme von Amts wegen oder wegen eines eigenen prozessualen Verstoßes oder nur wegen eines Verschuldens eines anderen Prozessbeteiligten angeordnet hat oder doch hätte anordnen müssen. Im Zweifel liegt keine Veranlassung vor, → Rn. 1.

17 **6. Verschulden.** In allen Fällen 8–12 muss ein „Verschulden" der Partei vorliegen. Prozessuales Verschulden ist das bloße Verabsäumen der für einen gewissenhaft geführten Prozess notwendigen Sorgfalt. Der allgemeine bürgerlich-rechtliche Maßstab scheidet aus. Immerhin gibt § 276 BGB einen gewissen Anhaltspunkt. Ein Verschulden des gesetzlichen Vertreters gilt nach § 51 II als solches der Partei. Dasselbe gilt beim ProzBev nach § 85 II. Es reicht danach aus, dass die Partei in einer vorwerfbaren prozessualen Nachlässigkeit gehandelt hat. Eine grobe Nachlässigkeit, also das Verabsäumen jeder prozessualen Sorgfalt ist nicht erforderlich.

18 **VI. Kostenfolge: Kostentragungspflicht.** Soweit die Voraussetzungen entweder nach → Rn. 4–8 oder nach → Rn. 9–17 jeweils sämtlich vorliegen, muss das Gericht in einer Ausnahme von dem Grundsatz der Einheitlichkeit der Kostenentscheidung nach → § 91 Rn. 29 eine sog. Kostentrennung nach → Vor § 91 Rn. 10 vornehmen.

19 **1. Ausscheidbarkeit der besonderen Kosten.** Es müssen gerade infolge der Säumnis und Schuld nach → Rn. 4–17 überhaupt gesondert berechenbare und ausscheidbare Kosten entstanden sein, Düss MDR 1990, 832. Das läßt sich erst am Instanzende übersehen, Düss MDR 1990, 832.

20 **2. Zwingende Folge.** Schon der Wortlaut ergibt eindeutig, dass das Gericht bei einer Bejahung der Voraussetzungen kein Ermessen zur Kostenentscheidung mehr hat. Es muss zwar eine zugehörige Kostenentscheidung treffen. Es muss dabei aber die zwingende Anordnung des Gesetzes befolgen. Das Gericht darf freilich zB nicht über § 95 einen Vorschuss einfordern, etwa für einen Sachverständigen, Düss MDR 1990, 832.

21 **3. Verfahrensfragen.** Obwohl das Gericht über die Kosten auch bei § 95 nach § 308 II von Amts wegen entscheiden muss, muss es eine Partei vor einer für sie nachteiligen besonderen Entscheidung nach § 95 wegen Art. 2 I, 20 III GG (Rpfl.), BVerfGE 101, 404, Art. 103 I GG (Richter) grundsätzlich anhören. Die Anhörung mag unterbleiben, soweit die Partei zB einen Anwalt als ProzBev hat und soweit § 95 ihm ohne Zweifel bekannt ist. Aber Vorsicht, die Vorschrift ist weitgehend unbekannt. Das Gericht muss stets prüfen, ob es in Wahrheit allein oder zumindest auch durch seine eigene Nachlässigkeit jene Sonderkosten veranlasst hat. Soweit auch der Prozessgegner als ein Veranlasser in Betracht kommt, kann das Gericht von Amts wegen nach einer Anhörung beider Parteien gegen beide nach § 95 vorgehen müssen, soweit sich die Sonderkosten überhaupt der jeweiligen Veranlassung durch die eine oder andere Partei eindeutig zuordnen lassen. Im Zweifel darf nach → Rn. 1 überhaupt keine Kostentrennung ergehen.

22 **4. Entscheidungsform: Urteil.** Über die Kostenfolge nach § 95 entscheidet das Gericht im Endurteil zur Hauptsache. Es ergeht also nicht etwa ein besonderer Beschluss, Düss MDR 1990, 832. Denn § 95 ändert nichts an der Form der Kostenauferlegung. Außerdem fehlt ein Bedürfnis zu einer Vorwegnahme der Kostenentscheidung. Auch kann man nach → Rn. 18 erst am Instanzende übersehen, ob überhaupt ausscheidbare Kosten entstanden sind.

23 **5. Notwendigkeit der Klarheit und Einfachheit der Kostenentscheidung.** Stets muss das Gericht auch hier besonders auf eine klare und einfache Fassung im Urteil achten. Keineswegs wäre eine bloße Änderung der nach § 92 erfolgten Quotierung ausreichend.

Beispiel: „Der Beklagte trägt die Kosten mit Ausnahme der durch die Verlegung des Termins vom … entstandenen. Diese letzteren Kosten trägt Kläger". 24

VII. Rechtsmittel. Die Entscheidung nach § 95 ist wegen § 99 I nicht isoliert anfechtbar, sondern nur zusammen mit der Hauptsache unter den für diese geltenden Voraussetzungen, MüKoZPO/Schulz Rn. 7; Düss MDR 1990, 832. Liegt trotzdem ein isolierter Kostenbeschluss vor, ist er nach BVerfG NJW 2003, 1924 nicht wegen greifbarer Gesetzwidrigkeit mit einer sofortigen Beschwerde anfechtbar aM Düss MDR 1990, 832. Eine Rechtsbeschwerde kommt unter den Voraussetzungen des § 574 in Betracht. 25

Anhang zu § 95
Verzögerungsgebühr nach § 38 GKG

Schrifttum: Toussaint, Kostenrecht, 51. Aufl. 2021;

I. Systematik. § 38 GKG sieht einen strafähnlichen Rechtsnachteil vor, so schon Düss MDR 1995, 1172. Ihn kann das Gericht dann verhängen, wenn eine Partei ihre gesetzliche Prozessförderungspflicht nach → Vor § 128 Rn. 13, § 282 schuldhaft verletzt hat und wenn es dadurch zu einer Verzögerung des Verfahrens gekommen ist, Mü NJW-RR 2001, 72; Naumb BauR 2012, 1838, und zwar ohne ein Mitverschulden des Gerichts, Düss NJW-RR 1999, 860. Voraussetzung der Anwendung des § 38 GKG ist ein Verstoß der Partei als solcher. Er kann auch dann vorliegen, wenn das Gericht die Partei nach § 141 zur Aufklärung des Sachverhalts anhören wollte. Ein derartiger Verstoß ist aber dann unerheblich, wenn er im Zusammenhang mit einer förmlichen Parteivernehmung nach §§ 445 ff. erfolgt ist. Die Vorschrift ist vielen Juristen völlig unbekannt. § 38 GKG ist mit dem GG vereinbar. Die Verzögerungsgebühr ist von einer Kostenverteilung unabhängig. Deshalb ist eine Maßnahme nach § 38 GKG wirkungsvoller als eine Maßnahme nach → § 95 Rn. 2. 1

II. Regelungszweck. Die Vorschrift dient der Prozesswirtschaftlichkeit. Sie ist eine Folge der Prozessförderungspflicht der Parteien. Der Sinn ist also eine Ahndung eines prozessualen Verstoßes und damit eine Abschreckung vor weiteren. Das muss man bei der Auslegung mitbeachten. Die Praxis macht von der Möglichkeit des § 38 GKG selten Gebrauch, (zum alten Recht) Völker FamRZ 2001, 1332. Im Übrigen bleibt ein Rest Problematik. Wer prozessuale Obliegenheiten vorwerfbar vernachlässigt, mag wegen der Parteiherrschaft die Nachteile bis zum Prozessverlust tragen. Der Richter braucht eine solche Nachlässigkeit nicht unbedingt auch noch zusätzlich zu ahnden. 2

III. Geltungsbereich. Man darf und muss evtl. § 38 GKG in jedem Verfahren nach der ZPO anwenden, Düss MDR 1995, 1172; Hamm FamRZ 2003, 1192; Mü FamRZ 1979, 300, sofern in ihm nach → § 128 Rn. 3, 12 eine notwendige oder freistehende mündliche Verhandlung stattfindet. Die Bestimmung ist daher auch anwendbar: Im Verfahren auf den Erlass eines Arrests oder einer einstweiligen Verfügung nach §§ 916 ff., 935 ff.; im Beschwerdeverfahren nach §§ 567 ff.; im Verfahren zur Vollstreckbarerklärung eines Schiedsspruchs nach §§ 1060, 1061. 3

Im Verfahren vor den **Arbeitsgerichten** ist § 38 GKG anwendbar, (jetzt) § 1 II Nr. 4 GKG. Dasselbe gilt für das Verfahren vor den Finanzgerichten nach (jetzt) § 1 II Nr. 2 GKG, BFH DB 1982, 1444, vor den Verwaltungsgerichten nach (jetzt) § 1 II Nr. 1 GKG, und vor den Sozialgerichten nach (jetzt) § 1 II Nr. 3 GKG. 4

IV. Einzelfragen, § 38 S. 1–3, zur Beschwerde § 69 GKG. Dazu die Kommentierung bei Toussaint/Toussaint GKG § 38 Rn. 1 ff., § 69 Rn. 1 ff. 5

96 ***Kosten erfolgloser Angriffs- oder Verteidigungsmittel.*** **Die Kosten eines ohne Erfolg gebliebenen Angriffs- oder Verteidigungsmittels können der Partei auferlegt werden, die es geltend gemacht hat, auch wenn sie in der Hauptsache obsiegt.**

I. Systematik. Die Vorschrift enthält einen Fall der sog. Kostentrennung nach → Vor § 91 Rn. 10. Man muss sie als eine Sonderregelung gegenüber §§ 91 ff. eng auslegen. Sie hat in ihrem Geltungsbereich den Vorrang vor §§ 94, 95. Die Vorschrift gilt auch in der Rechtsmittelinstanz. Sie hat insoweit den Vorrang gegenüber § 97 II, III, soweit sich die Anwendungsbereiche überschneiden. § 38 GKG, Anh. § 95, ist neben § 96 anwendbar. Ein Gegenstück enthält der vorrangige § 100 III für Streitgenossen nach §§ 59 ff. Den Vorrang haben §§ 75 S. 2, 238 IV, 269 III 2, 344. 1

II. Regelungszweck. Natürlich dient auch diese Vorschrift der Kostengerechtigkeit nach → Vor § 91 Rn. 20. Ohne § 96 würde der Grundsatz der reinen Unterliegenshaftung nach §§ 91 ff. zumindest insofern zu problematischen Kostenfolgen führen, als etwa die Kosten eines erfolglosen einzelnen Angriffs- oder Verteidigungsmittels erheblich waren. Das gilt etwa bei den Kosten einer solchen umfangreichen Beweisaufnahme, auf die es schließlich wegen der erst anschließend geltend gemachten Einrede der Verjährung nach § 214 I BGB dann nicht mehr ankam. § 92 würde selbst bei einer sehr weiten Auslegung nicht helfen. Denn jene Vorschrift setzt ja ein Teilunterliegen in der Hauptsache voraus. Natürlich setzt § 96 die gesonderte Bezifferbarkeit einzelner Kosten voraus, seien es nun Gebühren oder „nur" Auslagen. Auch die letzteren können ja sehr erheblich sein, etwa bei einem umfangreichen oder schwierigen Gutachten, das ungünstig, aber nicht mehr entscheidungserheblich lautete. 2

III. Geltungsbereich. Die Vorschrift gilt in allen Verfahren nach der ZPO, auch bei §§ 485 ff., Düss NJW-RR 2010, 1246, auch im Eilverfahren nach §§ 916 ff., 935 ff., Naumb OLGR 2009, 4. Sie gilt in allen Instanzen, auch im WEG-Verfahren. Die Vorschrift gilt auch bei (jetzt) § 24 IV KapMuG, SchlAnh. VIII, Schneider BB 2005, 2257. Im Bereich von § 113 I 2 FamFG kann § 96 mangels Anwendbarkeit von §§ 80 ff. FamFG in Frage kommen. 3

IV. Angriffs- oder Verteidigungsmittel. Erste Voraussetzung einer Kostentrennung ist, dass die Partei ein „Angriffs- oder Verteidigungsmittel" geltend gemacht hat. Hierzu zählt nach → § 282 Rn. 6, → § 296 Rn. 27 alles, was dem Prozessangriff oder der Abwehr dieses Angriffs dient. 4

V. Erfolglosigkeit. Eine weitere Voraussetzung ist, dass das Angriffs- oder Verteidigungsmittel „ohne Erfolg geblieben" ist. Erfolglosigkeit bedeutet das Ausbleiben eines jeden für die Partei vorteilhaften Einflusses auf die Entscheidung in der Hauptsache. Eine Erfolglosigkeit fehlt also, sobald das Angriffs- oder Verteidigungsmittel 5 nach → Rn. 4 auf die Endentscheidung einen irgendwie erkennbaren Einfluss gehabt hat, sei es auch nur zu einem durch ein Teilurteil nach § 301 vorweg ausgeurteilten Teil der Klaganträge, aM AG Dortm NJW-RR 1995, 971 (zu großzügig). Ein derartiger Einfluss nur auf die Hilfsbegründung nach Art von → Vor § 253 Rn. 17 in den Entscheidungsgründen nach § 313 III genügt aber nicht. Das gilt zunächst nach → Vor § 253 Rn. 17 dann, wenn das Gericht die Klage in erster Linie als unzulässig und hilfsweise als unbegründet abweist, aber auch bei einer Hilfsbegründung nur innerhalb der Prüfung der Begründetheit der Klagansprüche. Zwar hat das Gericht zu erkennen gegeben, dass es die Hilfserwägungen für ratsam hält. Es stützt seine Entscheidung aber jedenfalls in erster Linie nicht mit auf eine solche Hilfserwägung.

6 **VI. Sieg in der Hauptsache.** Weitere Voraussetzung der Anwendbarkeit von § 96 ist, dass diejenige Partei, die das Angriffs- oder Verteidigungsmittel nach → Rn. 4 ohne einen Erfolg geltend gemacht hat, dennoch „in der Hauptsache obsiegt“. Der Sieg muss mindestens zu demjenigen Teil der Hauptsache vorliegen, zu dem die Partei dieses Angriffs- oder Verteidigungsmittel vorgebracht hat, Streit/Schade JurBüro 2004, 121; aM Matthies JR 1993, 181 (aber es kommt bei § 96 nur gerade auf diesen Teil der Hauptsache an).

7 Beispiel: Der Vermieter verlangt rückständige Miete und Räumung wegen einer fristlosen Kündigung. Diese stützt er auch auf eine Störung des Hausfriedens. Dazu vernimmt das Gericht Zeugen. Sie bestätigen die Vorwürfe nicht. Der Räumungsanspruch hat schließlich wegen weiterer im Termin fällig gewordener Mietrückstände dennoch Erfolg.

8 § 96 ist bei einer Rücknahme der diesbezüglichen Klage nach § 269 also unanwendbar, ebenso bei beiderseitigen wirksamen diesbezüglichen Erledigungserklärungen nach → § 91a Rn. 111. Dann hat die Partei ja nicht gesiegt, Drsd OLGR 2001, 395; Streit/Schade JurBüro 2004, 120.

9 **VII. Kostenentscheidung.** Soweit die Voraussetzungen → Rn. 3–6 zusammentreffen, kommt die „Auferlegung der Kosten“ auf die mit dem Angriffs- oder Verteidigungsmittel nach → Rn. 4 erfolglose Partei in Betracht.

10 **1. Aussonderbarkeit der Kosten.** Man muss allerdings die gerade durch das erfolglose Angriffs- oder Verteidigungsmittel entstandenen Kosten von den übrigen Kosten klar aussondern können, etwa als Kosten einer besonderen Beweisaufnahme nach §§ 355 ff., auch die Kosten eines Sachverständigen nach §§ 402 ff., LG Nürnb ZMR 2011, 242. Andernfalls mag die Verzögerungsgebühr Anh. § 95 eher geeignet sein.

11 **2. Ermessen des Gerichts.** Das Wort „können“ zeigt schon, dass das Gericht im Rahmen eines pflichtgemäßen Ermessens handelt, LG Frankenth MDR 1981, 941. Ein Antrag ist nicht erforderlich. Das Gericht darf und muss sein Ermessen von Amts wegen ausüben. Es muss eine Gesamtabwägung vornehmen. Dabei ist das Gericht nur in der Kostenfolge zum Ermessen befugt, nicht schon in der Feststellung der Voraussetzungen der Kostentrennung.

12 **3. Einfluss eines Verschuldens.** Nach dem Wortlaut kommt es auf ein Verschulden bei der Geltendmachung des erfolglosen Angriffs- und Verteidigungsmittels zwar scheinbar nicht an. Indessen ist ein etwaiges prozessuales Verschulden beim Ermessen zum Ob einer Kostentrennung doch vernünftigerweise mitbeachtlich, AG Hmb WuM 2007, 621.

13 **Beispiele:** Es kommt also darauf an, ob sich die Erfolglosigkeit mit hoher Wahrscheinlichkeit voraussehen lassen konnte, ob das Gericht vor der ihm durch Beweisanträge fast aufgezwungenen Beweisaufnahme auf solche Umstände hingewiesen hatte, ob die außergewöhnlich hohen Kosten eines Schriftsachverständigen im Verhältnis zum Streitwert standen usw.

14 **VIII. Verfahren.** Es ergeben sich im Wesentlichen die folgenden Anforderungen.

15 **1. Anhörungspflicht.** Das Gericht muss beide Parteien anhören, bevor es eine Kostentrennung vornimmt oder auch unterlässt, Art. 2 I, 20 III GG (Rpfl.), BVerfG 101, 404, Art. 103 I GG (Richter), es sei denn, dass zB der jeweilige ProzBev ersichtlich die Vorschrift bereits kennt und miterwogen hat, etwa durch einen Antrag. Eine Kostentrennung belastet ja diejenige Partei, deren Angriffs- oder Verteidigungsmittel nach → Rn. 4 erfolglos war. Durch die Unterlassung einer Kostentrennung belastet das Gericht aber deren Gegner wirtschaftlich ebenso.

16 **2. Entscheidungsform: Urteil.** Das Gericht entscheidet über eine Kostentrennung oder über deren Unterlassung erst im Endurteil zur Hauptsache, sei es auch im Teilurteil nach § 301. Denn es handelt sich um einen Bestandteil seiner Kostengrundentscheidung nach → Vor § 91 Rn. 53. Für einen besonderen Beschluss würde schon deshalb ein Rechtsschutzbedürfnis fehlen, ähnlich wie bei § 95, → § 95 Rn. 21. Der Rpfleger klärt die Höhe der abgetrennten Kosten erst im Kostenfestsetzungsverfahren nach §§ 103 ff.

17 **3. Notwendigkeit der Klarheit und Einfachheit.** Das Gericht muss wie stets auf eine klare und einfache Fassung der etwaigen Kostentrennung achten. Keinesfalls darf es einfach eine andere Quotierung nach § 92 vornehmen.

18 **Beispiel:** „Der Beklagte trägt die Kosten mit Ausnahme der durch die Einholung des Gutachtens des Sachverständigen X entstandenen Kosten. Diese letzteren Kosten trägt der Kläger“.

19 Soweit das Gericht von einer Kostentrennung **absieht,** braucht es diese im Urteilstenor nach § 313 I Nr. 4 nicht zu erwähnen, sollte aber in den Entscheidungsgründen nach § 313 III stichwortartig angeben, warum es von einer solchen Trennung abgesehen hat. Denn hierin liegt die Beschwer des Gegners der mit dem Angriffs- oder Verteidigungsmittel erfolglos gebliebenen Partei. Das Urteil muss ja insofern mitüberprüfbar sein.

20 **4. Mitteilung.** Es gelten die für das Urteil anwendbaren Regeln.

21 **IX. Rechtsmittel.** Es gelten die allgemeinen Regeln. Man kann nach § 99 I grundsätzlich weder die Kostentrennung noch deren Unterlassung ohne eine gleichzeitige Anfechtung der Hauptsache bekämpfen.

97 *Rechtsmittelkosten.* **I Die Kosten eines ohne Erfolg eingelegten Rechtsmittels fallen der Partei zur Last, die es eingelegt hat.**

II Die Kosten des Rechtsmittelverfahrens sind der obsiegenden Partei ganz oder teilweise aufzuerlegen, wenn sie auf Grund eines neuen Vorbringens obsiegt, das sie in einem früheren Rechtszug geltend zu machen imstande war.

Schrifttum: Schultzky, Die Kosten der Berufung und der Revision im Zivilprozess, 2003.

Übersicht

I. Systematik, I, II. Die Vorschrift erfasst nur einen Teil der Kostenfragen in der Rechtsmittelinstanz. I gilt nur für das erfolglose Rechtsmittel, BGH NJW-RR 2011, 1345, II nur für einen Teil der erfolgreichen Rechtsmittel, Düss BauR 2018, 133. Daraus folgt: § 97 ist nicht etwa neben §§ 91 ff. gleichberechtigt, sondern nach der Systematik des Gesetzes eine vorrangige Ausnahmevorschrift und daher grundsätzlich eng auslegbar. Neben § 97 gelten nachrangig §§ 91 ff., 98 ff., Karlsr FamRZ 1997, 1276 (zu § 93a). Wie weit §§ 94–96, 238 IV, 281 III, 344 gegenüber § 97 als noch speziellere Regelungen den Vorrang haben, muss man nach den Umständen entscheiden. Man darf nicht II mithilfe einer Prozesskostenhilfe nach §§ 114 ff. unterlaufen, Jena MDR 1999, 257. 1

II. Regelungszweck, I, II. I ergänzt die Regelungen der §§ 91 f. II dient der Kostengerechtigkeit und der Prozessbeschleunigung. 2

III. Sachlicher Geltungsbereich, I, II. Die Vorschrift gilt in jeder Verfahrensart, auf die die ZPO anwendbar ist. Das gilt zB: Für ein Grundurteil nach § 304 oder ein Teilurteil nach § 301, BGHZ 110, 205; Oldb JurBüro 1992, 492; für den Hauptprozess und alle zugehörigen Nebenverfahren, Vorverfahren wie Nachverfahren; für das WEG-Verfahren. Wegen des Prozesskostenhilfeverfahrens → § 91 Rn. 191, 195. Wegen der Streitwertbeschwerde → Vor § 3 Rn. 20 ff. Wegen des Kostenfestsetzungsverfahrens → § 104 Rn. 22. Im Beschwerdeverfahren nach §§ 116 ff. GWB gilt I entsprechend, BGHZ 146, 216, ebenso im Scheidungsverfahren nach Ablauf des Trennungsjahres, KG FamRZ 2018, 127. 3

IV. Persönlicher Geltungsbereich, I, II. Die Kosten eines Rechtsmittels können den folgenden Personen zur Last fallen. 4

1. Partei. I, II nennen als denjenigen, der die Kosten tragen muss, die „Partei" direkt. Partei sind auch: Die Partei kraft Amts, zB der Insolvenzverwalter; der Testamentsvollstrecker nach → Vor § 50 Rn. 12; der Sequester nach § 938. Ferner gehört hierhin: Der Prozessstandschafter nach → Vor § 50 Rn. 32, zB der Elternteil nach § 1629 II 2, III BGB; der alleinverwaltende Ehegatte nach § 1422 BGB; der Prozessgeschäftsführer nach → Vor § 50 Rn. 34, zB der Inkassozessionar, der Verband zur Förderung geschäftlicher Interessen; ein Eigentumsanwärter, BGH WM 2013, 2038. 5

2. Streitgenosse. Streitgenossen nach §§ 59 ff. sind zwar zunächst wegen der Kostenhaftung nach § 100 beurteilbar. Soweit diese Vorschrift unanwendbar sein sollte, kann man § 97 anwenden. 6

3. Streithelfer. Der Streithelfer (Nebenintervenient) nach § 66 ist wegen der Kostenhaftung zwar zunächst nach § 101 beurteilbar. Soweit diese Vorschrift unanwendbar ist, kann man aber § 97 anwenden. 7

4. Gesetzlicher Vertreter. Der gesetzliche Vertreter ist nach → Vor § 50 Rn. 9 nicht Partei. Sein Verschulden nach § 51 II kann sich aber auch bei § 97 zulasten der Partei auswirken. 8

5. Prozessbevollmächtigter. Der ProzBev ist ebenfalls nicht Partei. Auch sein Verschulden nach § 85 II kann sich zum Nachteil seiner Partei auswirken. Soweit ein Anwalt aus seinem eigenen Recht ein Rechtsmittel einlegt, zB nach § 32 II RVG, ist er selbst Partei. Soweit er ohne Vollmacht für den Auftraggeber ein Rechtsmittel einlegt, muss das Gericht nicht nur evtl. das Rechtsmittel auf Kosten des Vollmachtlosen verwerfen, sondern ihn sogar als Partei ansehen, es sei denn, der Vertretene hat das Auftreten veranlasst oder nachträglich genehmigt. 9

6. Dritter. Soweit ein Dritter ein Rechtsmittel einlegt, kommt seine Kostenhaftung nach § 97 ebenfalls in Betracht, KG FamRZ 1981, 381. 10

V. Vorliegen eines Rechtsmittels, I, II. Die Vorschrift erfasst nur die Kosten eines „Rechtsmittels". 11

1. Weite Auslegung. Trotz des Ausnahmecharakters des § 97 nach → Rn. 1 muss man den Begriff Rechtsmittel weit auslegen, Düss BauR 2018, 133. Denn die Vorschrift soll nach → Rn. 13 ersichtlich alle diejenigen 12

Maßnahmen regeln, die dasselbe Gesetz unter unterschiedlichen Bezeichnungen mit unterschiedlichen Funktionen, aber gleicher Zielrichtung und derselben Anfallwirkung behandelt.

13 **2. Abgrenzung zum Rechtsbehelf: Anfallwirkung.** Ein Rechtsmittel unterscheidet sich vom bloßen Rechtsbehelf hauptsächlich durch die sog. Anfallwirkung nach → Vor § 511 Rn. 4, also durch die Notwendigkeit der Nachprüfung in einer höheren Instanz. Ohne Anfallwirkung also kein Rechtsmittel nach § 97. Die Abgrenzung nach der Anfallwirkung (Devolutiveffekt) hat auch gerade kostenmäßig durchaus ihren Sinn. Gerade weil die Arbeit eines weiteren Gerichts erforderlich wird, auch evtl. weiterer Anwälte, entstehen ja meist überhaupt besondere Kosten.

3. Beispiele zur Frage des Vorliegens eines Rechtsmittels, I, II

14 **Anschlussrechtsmittel:** Auch das Anschlussrechtsmittel zählt hierher, sofern das Gericht überhaupt über dieses Anschlussrechtsmittel entscheidet, BGHZ 67, 306. Das gilt auch dann, wenn der Rechtsmittelführer etwa nach §§ 516, 524 das Rechtsmittel zurücknimmt, BGH NJW-RR 2005, 727; Zweibr NJW-RR 2005, 507, oder wenn die Anschlussberufung wegen einer Rücknahme des Hauptrechtsmittels nach § 524 IV wirkungslos geworden ist, Celle MDR 2013, 1243; Köln FamRZ 2010, 224; LAG Drsd MDR 2005, 719. Zum Problem ferner Düss FamRZ 1999, 1674; KG JurBüro 2010, 375.

Bedingtes Rechtsmittel: Auch ein bedingtes Rechtsmittel zählt hierher, mag die Bedingung zulässig sein oder nicht. Es kommt nur darauf an, ob das Gericht überhaupt über dieses bedingte Rechtsmittel entscheidet und es zB als unzulässig verwirft.

Berufung: Sie ist natürlich ein Rechtsmittel nach → Vor § 511 Rn. 4, BGH GRUR 1992, 109; Hmb FamRZ 1990, 299. Das gilt auch für die Anschlussberufung nach → § 524 Rn. 27 „Anschlussrechtsmittel". Wer also die Berufung nach § 516 zurücknimmt, muss nach → § 516 Rn. 22 auch die Kosten der gegnerischen Anschlussberufung tragen, BGH NJW-RR 2006, 1147; Hamm AnwBl 2008, 96; KG MDR 2008, 1062; aM Zweibr NJW-RR 2005, 507. Es kommt nicht auf die Zulässigkeit an, sondern nur auf die Entscheidung über die Berufung insgesamt.

Beschwerde: Auch die sofortige Beschwerde nach §§ 567 ff. und die Rechtsbeschwerde nach §§ 574 ff. sind Rechtsmittel, BGH NJW 2005, 2233; Celle MDR 2008, 1180; Sturm MDR 2007, 385. Das gilt nach → Rn. 14 „Anschlussrechtsmittel" auch für die Anschlussbeschwerde. Eine Erinnerung nach § 573 I wird erst unter den Voraussetzungen des § 573 II zur sofortigen Beschwerde. Kosten der sofortigen Beschwerde liegen auch dann vor, wenn es nicht zu einer Vorlegung nach §§ 572 I 1 Hs. 2, 573 II kommt. Von der Vorlegung ab gehören die vor ihr entstandenen Kosten erst recht zu denjenigen des Rechtmittels, mag die Vorlegung nun zulässig oder unzulässig sein. Das gilt, sofern nur das Rechtsmittelgericht über die nun als sofortige Beschwerde zu beurteilende Erinnerung entscheidet. Hierher kann auch die Erinnerung nach § 104 III iVm § 11 II RPfG gehören, Ffm NJW-RR 2000, 362; Nürnb MDR 1999, 1408, oder die Erinnerung oder Beschwerde nach (jetzt) § 11 RVG, Karlsr Rpfleger 1996, 83. Auch → „Sofortiges Rechtsmittel".

Einspruch: Er ist zwar ein Rechtsbehelf nach → Vor § 511 Rn. 1, aber kein Rechtsmittel. Denn der Einspruch hat nach § 342 keine Anfallwirkung nach → Vor § 511 Rn. 4 beim höheren Gericht. Das gilt sowohl beim Einspruch gegen das Versäumnisurteil nach § 338 als auch bei demjenigen gegen den Vollstreckungsbescheid nach § 700 oder bei einem sonstigen Einspruch zB gegen einen solchen die Wiedereinsetzung zurückweisenden Beschluss, der sich auf die Versäumung einer Einspruchsfrist bezieht, Thomas/Putzo/Hüßtege § 338 Rn. 1 (aM ders. § 97 Rn. 1); Zöller/Heßler Rn. § 338 Rn. 1, aM Zöller/Heßler Rn. § 97 Rn. 1 (aber die Situationen gleichen sich weitgehend).

Erinnerung: Sie ist zunächst ein Rechtsbehelf nach → Vor § 511 Rn. 1, aber noch kein Rechtsmittel, solange noch dasjenige Gericht sie bearbeiten muss, das den angefochtenen Bescheid erlassen hat. Die vorstehende Regelung gilt auch für die bedingte oder befristete (sofortige) Erinnerung. Es kommt nach → § 104 Rn. 84 ff. nicht darauf an, ob die Vorlage zulässig oder unzulässig war, sondern nur darauf, ob sie erfolgt ist.

Gegenvorstellung: Sie ist allenfalls ein Rechtsbehelf, jedenfalls aber **kein** Rechtsmittel. Denn sie richtet sich nach → Vor § 567 Rn. 10 auf eine Änderung der angefochtenen Entscheidung ohne eine Anrufung der übergeordneten Instanz. Man kann ihre Kosten also allenfalls nach §§ 91 ff. beurteilen.

Nachverfahren: Das Nachverfahren ist als solches **kein** Rechtsmittel, sondern gerade die Fortsetzung des vorangegangenen Verfahrens in derselben Instanz, zB im Urkundenprozess nach → § 600 Rn. 1, im Wechselprozess nach § 602, und im Scheckprozess nach § 605a. Seine Kosten zählen zu denjenigen der nun weiterlaufenden Instanz.

Nichtzulassungsbeschwerde: § 97 ist auf sie anwendbar, BAG NJW 2010, 1626.

Rechtsbeschwerde: → „Beschwerde".

Rechtspflegererinnerung: → „Beschwerde", → „Erinnerung".

Revision: Sie ist natürlich ein Rechtsmittel nach § 542. Das gilt auch bei einer Anschlussrevision nach § 554 oder bei einer Sprungrevision nach § 566. Auch → „Nichtzulassungsbeschwerde".

Selbständige Anschließung: → Rn. 14 „Anschlussrechtsmittel".

Sofortiges Rechtsmittel: Sofern überhaupt ein Rechtsmittel vorliegt, bleibt es natürlich auch durch die Notwendigkeit einer befristeten Einlegung ein solches. Das gilt unabhängig davon, ob der Rechtsmittelführer die Frist eingehalten hat oder nicht. Es kommt nur darauf an, ob das Gericht über das sofortige Rechtsmittel entscheidet. Auch → „Beschwerde".

Sprungrechtsmittel: Es ist natürlich ein Rechtsmittel.

Unselbständige Anschließung: → „Anschlussrechtsmittel".

Verfassungsbeschwerde: Sie hat gerade **nicht** den Charakter eines Rechtsmittels. Denn sie wird ja grds. überhaupt erst nach der Erschöpfung der Rechtsmittel statthaft. Das BVerfGG und das GKG regeln ihre Kosten.

Vollstreckungsabwehrklage: Sie ist kein Rechtsmittel, sondern nach → § 767 Rn. 1 eine rein prozessuale eigenständige Gestaltungsklage. Man muss sie wie die Klage überhaupt als einen Angriff der ersten Instanz beurteilen.

Widerklage: Sie ist nach → Anh. § 253 Rn. 1 eine zwar im Lauf des Prozesses des Klägers und gegen ihn und doch selbständig erhobene Klage. Sie ist also gerade **kein** Rechtsmittel. Ihre Kosten gehören zu denjenigen der Instanz, vor der die Klage anhängig ist, BGHZ 178, 283.

Widerspruch: Er ist zwar ein Rechtsbehelf nach → Vor § 511 Rn. 1, aber **kein** Rechtsmittel. Denn über ihn muss dasselbe Gericht abschließend entscheiden, das die angefochtene Entscheidung getroffen hat. Das geschieht auch evtl. durch eine andere Gerichtsperson. Es entscheidet etwa der Richter über den Widerspruch nach § 694 gegen den Mahnbescheid des Rpfleger oder des dem Rpfleger funktionell nach dem etwaigen Landesrecht gleichgestellten Urkundsbeamten der Geschäftsstelle nach → Vor § 688 Rn. 7. Die Widerspruchskosten zählen zu den Kosten der laufenden Instanz.

Wiederaufnahmeverfahren: Im Wiederaufnahmeverfahren sind natürlich **weder** die Nichtigkeitsklage nach § 579 **noch** die Restitutionsklage nach § 580 Rechtsmittel. Es sind aber Rechtsmittel auch in diesen Verfahren nach § 591 insoweit zulässig, als sie gegen die Entscheidung der mit den Klagen befassten Gerichte überhaupt stattfinden. Vgl. daher bei den einzelnen Rechtmitteln.

Wiedereinsetzungsverfahren: Es ist **kein** Rechtsmittel. Denn der Wiedereinsetzungsantrag nach §§ 234 ff. hat keine Anfallwirkung nach → Vor § 511 Rn. 4. Ihn muss vielmehr nach § 237, § 238 dasselbe Gericht beurteilen, dem die Entscheidung über die nachgeholte Prozesshandlung zusteht. Seine Kosten muss man zunächst nach § 238 IV und im Übrigen nach §§ 91 ff. in der jeweiligen Instanz mitbeurteilen. Ob ein nach § 238 III unzulässiger Angriff gegen eine Wiedereinsetzung oder ein Angriff gegen eine die Wiedereinsetzung ablehnende Entscheidung als ein Rechtsmittel einstufbar ist, richtet sich nach der Form der angegriffenen Entscheidung und den für sie geltenden Anfechtungsregeln.

Zurückverweisung: → Rn. 32.

VI. Kosten des Rechtsmittels, I, II. Die Vorschrift erfasst jedenfalls nach dem Wortlaut direkt nur die jeweiligen „Kosten des Rechtsmittels", oder „Rechtsmittelverfahrens". Gemeint sind sämtliche Kosten dieses Rechtsmittels, also gerichtliche wie außergerichtliche Gebühren und Auslagen. Für die letzteren kommt es wie bei § 91 I 1 auf ihre Notwendigkeit an. Hierher gehören sämtliche durch das Rechtsmittel objektiv veranlassten, nach → § 91 Rn. 35 erforderlich gewordenen Kosten. Das gilt unabhängig davon, ob die ganze Rechtsmittelinstanz überhaupt erforderlich oder ob sie wie bei II im Grunde überflüssig war. Für die Zugehörigkeit zu den „Kosten des Rechtsmittels" reicht es, dass die Instanz eben entstand, sei es auch durch ein unstatthaftes oder unzulässiges Rechtsmittel, und dass die Kosten auch zB für den Rechtsmittelgegner notwendig waren. Der Rechtsmittelgegner darf auch gegenüber einem in der Zulässigkeit und Erfolgsaussicht sowie überhaupt in der weiteren Durchführung zweifelhaften Rechtsmittel grundsätzlich sogleich einen Anwalt beauftragen, ohne zB eine notwendige Rechtsmittelbegründung abzuwarten. 15

Bei beiderseitigen (wechselseitigen) Rechtsmitteln muss man für jedes prüfen, ob und wieweit Kosten gerade durch diese Maßnahme entstanden und notwendig waren. Soweit die Trennung nicht möglich ist, bleibt § 97 unanwendbar. Zu den Kosten des Rechtsmittels zählen auch diejenigen, die nach einer Zurückverweisung nach § 563 I, IV an ein Rechtsmittelgericht entstehen. Denn diese Instanz ist dann nach → Rn. 30 zunächst noch nicht abgeschlossen gewesen. 16

VII. Erfolglosigkeit, I. Die Vorschrift stellt entsprechend dem Grundsatz der Unterliegenshaftung darauf ab, ob man das Rechtsmittel nach → Rn. 11 „ohne Erfolg eingelegt" hat. 17

1. Begriff der Erfolglosigkeit. Man muss entsprechend dem Grundsatz des Kostenrechts auf das Endergebnis abstellen. Das gilt auch bei einer Gesetzesänderung während des Prozesses. Eine Erfolglosigkeit liegt dann vor, wenn sich die rechtliche Lage des Rechtsmittelführers trotz des Rechtsmittels schließlich in keinem Punkt irgendwie verbessert hat. In der Regel treffen dabei eine rechtliche und eine wirtschaftliche Erfolglosigkeit zusammen. Maßgebend ist aber nur die rechtliche. Die Beschwer nach → Vor § 511 Rn. 15 muss schließlich voll geblieben sein. Es ist unerheblich, ob die Erfolglosigkeit wegen einer Unstatthaftigkeit oder Unzulässigkeit (Verwerfung) oder wegen einer Unbegründetheit (Zurückweisung) des Rechtsmittels eintritt. Dazu muss man den höchsten Antrag des Rechtsmittelführers mit der zugehörigen abschließenden Entscheidung vergleichen, Zweibr NJW-RR 1999, 1666. 18

Es ist auch unerheblich, ob der Rechtsmittelgegner dem Rechtsmittel entgegentreten wollte, Nürnb MDR 1999, 1408. Soweit der Rechtsmittelführer sein Rechtsmittel wirksam teilweise zB nach § 516 zurückgenommen hatte, kommt es für den Vergleich auf den restlichen Rechtsmittelantrag und die dazu gehörende etwaige abschließende Entscheidung an. Soweit er das Rechtsmittel zB nach § 533 erweitert hatte, muss man den erweiterten Antrag und die zugehörige abschließende Entscheidung vergleichen. Das Gericht muss jedes Rechtsmittel nach → Rn. 25 selbständig beurteilen. Nach einer Zurückverweisung nach → Rn. 20 ist der Vergleich nach → Rn. 30 erst am Ende der anschließenden erneuten ersten Instanz möglich. 19

2. Abgrenzung zur Zurückverweisung. I, II regeln eine Zurückverweisung wegen eines Verfahrensfehlers nach § 538 II 1 Nr. 1 kostenmäßig nur scheinbar nicht. In Wahrheit liegt im Zeitpunkt der Zurückverweisung weder eine Erfolglosigkeit nach I noch ein Sieg nach II vor. Daher kommt dann nach → Rn. 58 grundsätzlich überhaupt noch keine Kostenentscheidung in Betracht. Das gilt trotz des Umstands, dass die zurückverweisende Entscheidung die angefochtene zunächst regelmäßig nach → § 538 Rn. 34, → § 563 Rn. 16 „aufhebt". Es handelt sich eben noch nicht um eine abschließende Entscheidung über das Rechtsmittel. 20

3. Völlige Erfolglosigkeit. I erfasst eine völlige Erfolglosigkeit des Rechtsmittels. Das gilt sowohl dann, wenn es sich gegen die gesamte Entscheidung des Vordergerichts richtet, als auch dann, wenn es sich von vornherein nur gegen einen Teil jener Entscheidung richtete, wenn es aber eben in diesem beschränkten Umfang keinerlei Besserstellung bringt. Das gilt sowohl zur Hauptsache als auch zu denjenigen Nebenpunkten, die einen eigenen Streitwert auslösen, Karlsr JurBüro 1994, 682. Ob das letztere so ist, muss das Gericht prüfen. 21

4. Teilweise Erfolglosigkeit. I gilt auch bei einem teilweise erfolglos gebliebenen Rechtsmittel. Das gilt sowohl dann, wenn sich das Rechtsmittel gegen die gesamte Entscheidung des Vordergerichts richtet, als auch dann, wenn das Rechtsmittel auf einen Teil der Entscheidung des Vordergerichts beschränkt war und in diesem Bereich nun eben seinerseits teilweise erfolglos bleibt. Das gilt nach → Rn. 21 zur Hauptsache und zu den Nebenpunkten mit einem besonderen Streitwert. Soweit der erstrebte Erfolg nur zum Teil eingetreten ist, muss das Rechtsmittelgericht freilich die Kosten nach § 92 verteilen, BGH NJW 1992, 2970; Karlsr JurBüro 1994, 682. Die Kostenentscheidung beruht dann auf den §§ 92, 97 I. Das Rechtsmittelgericht kann und muss dabei evtl. die Kostenentscheidung des Vordergerichts nach → Rn. 29 ändern, und zwar auch diejenige, die einen im Rechtsmittelverfahren nicht mehr beteiligten Streitgenossen nach §§ 59 ff. traf, BGH NJW 1981, 2360. Das gilt 22 auch bei wechselseitigen Rechtsmitteln oder bei einer Nichtzulassung der Revision nach § 543 (zum alten Recht) BGH MDR 2001, 596.

23 Eine gegen die Betreuerbestellung gerichtete Beschwerde, die zur Aufhebung der Betreuung in Teilbereichen führt, ist nicht erfolglos im Sinne des § 84 FamFG, BGH FamRZ 2018, 942.

24 Nach einer nur **teilweisen Zulassung der Revision** nach → § 543 Rn. 10 kommt eine Überprüfung der Kostenentscheidung allerding nur in diesem Umfang in Betracht, BGH NJW-RR 1986, 549. Nach einem Teilurteil nach § 301 ohne eine Kostenentscheidung bleibt für die Verurteilung im Schlussurteil die Quote des Hauptsachespruchs im Teilurteil trotz der Geltendmachung eines Restitutionsgrundes nach § 580 maßgeblich, BGH NJW 1980, 839. In der bloß teilweisen Zurückverweisung nach § 538 II 1 Nr. 1 liegt nach → Rn. 20 weder eine Erfolglosigkeit noch ein Teilerfolg. Man muss den nicht zurückverwiesenen Rest beurteilen. Nach der Rücknahme des Hauptrechtsmittels kann man über die diesbezüglichen Kosten zusammen mit denjenigen über ein Anschlussrechtsmittel entscheiden, Düss FamRZ 1999, 1674.

25 **5. Erfolglosigkeit bei beiderseitigen Rechtsmitteln.** Soweit beide Parteien Rechtsmittel oder Anschlussrechtsmittel eingelegt haben, muss man jedes dieser Rechtsmittel kostenmäßig gesondert nach den Regeln → Rn. 18–22 beurteilen.

26 **VIII. Bei Erfolglosigkeit: Kostenlast des Rechtsmittelführers, I.** Soweit das Rechtsmittel nach → Rn. 17 erfolglos blieb, tritt die in I genannte Kostenlast ein.

27 **1. Begriff des Rechtsmittelführers.** Die Kostenlast trifft den Rechtsmittelführer. Das mag nach → Rn. 5 die „Partei" sein, evtl. aber auch einer der in → Rn. 6–9 genannten weiteren Beteiligten.

28 **2. Zwingende Kostenfolge.** Anders als nach II tritt die Kostenfolge nach I schon nach seinem Wortlaut zwingend ein, aber auch nach dem Grundsatz der Unterliegenshaftung. Es handelt sich nach → Vor § 91 Rn. 10 um eine der sog. Kostentrennung. Denn die angefochtene Entscheidung bleibt mit ihrem Kostenausspruch ja bestehen. Es besteht nur ein Bedarf zur zusätzlichen Entscheidung über die Kosten des Rechtsmittels. Die Kostenfolge ist auch dann zwingend, wenn der Rechtsstreit im Übrigen zB wegen einer Zurückverweisung nach § 538 II 1 Nr. 1 weiterläuft. Das gilt auch bei einem Grundurteil nach § 304, BGH GRUR 1992, 625; Hamm FamRZ 2002, 104; Oldb JurBüro 1992, 492; aM Ffm NJW-RR 1988, 1213 (aber dieses Rechtsmittel ist eben auf jeden Fall verloren). Die Kostenfolge tritt auch zB dann ein, wenn es wegen einer außergerichtlichen Vereinbarung der Rücknahme etwa nach § 516 mangels ihrer Vornahme zur Verwerfung des Rechtsmittels kommt, BGH NJW 1989, 40, oder wenn das Rechtsmittel gegen ein Räumungsurteil nur dazu führt, dass der Mieter eine längere Räumungsfrist erhält, LG Stgt FamRZ 1977, 200, oder wenn nur eine Änderung bei den Zinsen erfolgt, oder nur bei den Kosten. Bei der Zurückweisung der Berufung nach § 522 II trägt der Berufungsführer auch die Kosten der Anschlussberufung nach § 524, Brem MDR 2008, 1306.

29 **3. Entscheidung des Rechtsmittelgerichts.** Das Rechtsmittelgericht darf und muss über die Kosten seiner Instanz selbst entscheiden, soweit es in der Hauptsache über das Rechtsmittel abschließend entscheidet. Es darf und muss daher evtl. eine fehlerhafte Kostenentscheidung des Vordergerichts wegen § 308 II von Amts wegen ändern, BGH GRUR 1992, 625; Hamm FamRZ 2002, 104; Kblz JurBüro 1993, 115; aM Hamm OLGR 1993, 299 (aber § 308 II ist eindeutig). Bei einem Verstoß gelten §§ 319 ff., 329.

30 **4. Entscheidung des Vordergerichts nach Zurückverweisung.** Soweit das Rechtsmittelgericht den Prozess zB nach §§ 538 II 1 Nr. 1, 563 I, IV an das Vordergericht zurückverwiesen hat und deshalb nach → Rn. 58 über die Kosten dieses Teils des Rechtsmittels noch nicht selbst entscheiden durfte, darf und muss es in der zurückverweisenden Entscheidung das Vordergericht anweisen, über die gesamten Kosten des Rechtsstreits einschließlich der durch den zurückverwiesenen Teil des Rechtsmittels entstandenen Kosten einheitlich zu entscheiden. Die bisherige Kostenentscheidung des Vordergerichts entfällt ja zusammen mit der notwendigen Aufhebung jener Entscheidung zur Hauptsache. Das Vordergericht kann erst nach einer erneuten Prüfung übersehen, welche Entscheidung es in der Hauptsache treffen muss. Erst danach richtet sich die entsprechende Kostenentscheidung nach §§ 91 ff. Insofern mag sich also herausstellen, dass schließlich weder eine völlige noch eine teilweise Erfolglosigkeit des Rechtsmittels eingetreten ist. Der Enderfolg in der Sache entscheidet grundsätzlich nach → Rn. 38.

31 **5. Erneute Entscheidung des Rechtsmittelgerichts.** Nach einer Zurückverweisung zB nach §§ 538 II 1 Nr. 1, 563 I, IV und nach dann einer weiteren Entscheidung des Vordergerichts über die Kosten mag das Rechtsmittelgericht erneut vor die Frage kommen, ob ein gegen jene letztere Entscheidung eingelegtes Rechtsmittel seinerseits erfolglos war. Er muss diese Frage dann nach → Rn. 26–30 entscheiden.

32 **IX. Obsiegen, II.**

33 **1. Begriff.** Man kann sagen: Soweit ein Rechtsmittel nicht nach → Rn. 17 ff. erfolglos war, hat der Rechtsmittelführer gesiegt. Das würde dem äußeren Aufbau von § 97 gerecht. Man kann auch sagen: Jeder rechtliche Erfolg, jede Verringerung der Beschwer nach → Vor § 511 Rn. 15 bedeutet einen Sieg. Auch hier kommt es wiederum auf den rechtlichen und nicht nur auf den wirtschaftlichen Vergleich an.

34 **2. Abgrenzung zur Zurückverweisung.** Es gelten dieselben Gesichtspunkte wie in → Rn. 20. Auch der Ausspruch der Aufhebung der angefochtenen Entscheidung in der zurückverweisenden des Rechtsmittelgerichts bedeutet weder einen Erfolg noch ein Unterliegen. Die Zurückverweisung kann zum einen wie zum anderen führen. Das übersieht Nürnb MDR 1996, 1301.

35 **3. Völliges Obsiegen.** II erfasst zunächst den völligen Sieg mit dem Rechtsmittel. Das gilt sowohl dann, wenn sich das Rechtsmittel gegen die gesamte Sachentscheidung des Vordergerichts richtete, als auch dann, wenn es sich von vornherein oder nachträglich auf einen Teil jener Entscheidung beschränkte und eben in diesem schließlichen Umfang einen vollen Erfolg hatte.

36 **4. Teilweises Obsiegen.** II meint aber auch einen jedenfalls teilweisen Sieg. Hier sind genau wie bei einer *teilweisen Erfolglosigkeit* nach → Rn. 22 mehrere Kombinationen denkbar. Es können zB ein teilweiser Sieg und ein teilweises Unterliegen zusammentreffen, Hmb FamRZ 1998, 299. Infrage kommen aber auch ein teilweiser Sieg und eine restliche Zurückverweisung, schließlich ein teilweiser Sieg, eine teilweise Zurückverweisung und eine teilweise Erfolglosigkeit des Rechtsmittels. Bei einer nur teilweisen Zulassung der Revision nach → § 543

Rn. 10 kommt eine Überprüfung der Kostenentscheidung nur in diesem Umfang in Betracht, (zum alten Recht) BGH NJW-RR 1986, 549.

5. Obsiegen bei beiderseitigen Rechtsmitteln. Es gelten nach → Rn. 22 dieselben Regeln wie bei der Erfolglosigkeit beiderseitiger Rechtsmittel. Man muss also jedes Rechtsmittel selbständig beurteilen. Es kommt auch auf den Streitwert an, BGH NJW-RR 2016, 210. 37

X. Beim Obsiegen: Grundsatz der Unterliegenshaftung, II. Soweit die Partei siegt, muss ihr Gegner nach § 91 grundsätzlich die Kosten aller bisherigen Instanzen tragen. Das Rechtsmittelgericht ändert die Entscheidung ab und formuliert die Sachentscheidung neu. Es verurteilt den Verlierer der Hauptsache zu sämtlichen Prozesskosten aller bisherigen Instanzen nach §§ 91–96, 100–101, BGH VersR 1979, 444; Ffm NJW-RR 2000, 362. Das gilt auch für außergerichtliche Kosten, Drds JurBüro 2005, 456. Die ZPO zählt die Kosten eines erfolgreichen Rechtsmittels stillschweigend grundsätzlich zu denjenigen des Rechtsstreits, Hmb MDR 2002, 479. Das Rechtsmittelgericht muss von Amts wegen über die gesamten Kosten entscheiden. Das gilt selbst dann, wenn das Vordergericht einen Kostenausspruch fälschlich oder zu Recht unterlassen hatte. 38

Diese Regel gilt auch nach einem bloßen Zeitablauf zugunsten einer Partei, Oldb FamRZ 1998, 1528, oder entsprechend nach einer **Zurückverweisung** nach §§ 538 II 1 Nr. 1, 563 I 1, IV, 566 VII 2 für das Vordergericht. Denn auch dann stellt sich ja der Erfolg oder Misserfolg nach → Rn. 30 erst bei der anschließenden neuen Prüfung heraus. Von diesem Grundsatz der Unterliegenshaftung gibt es neben den in → Rn. 40–52 erläuterten Ausnahmen weitere Abweichungen nur nach §§ 94–96, 238 IV, Hamm MDR 1982, 501, sowie nach § 254, Hamm OLGR 1994, 72, und nach §§ 281 III, 344. 39

XI. Beim Obsiegen: Ausnahmsweise Haftung des Siegers, II. Auch soweit die Partei gemäß → Rn. 32 siegt, kann als eine Ausnahme vom Grundsatz der Haftung des unterliegenden Gegners nach → Rn. 38 eine Kostenentscheidung zulasten des Rechtsmittelführers eintreten. Man muss diese Ausnahmevorschrift eng auslegen. Es müssen die folgenden Voraussetzungen zusammentreffen. 40

1. Grund: Neues Vorbringen. Der Sieg darf gerade nur infolge eines neuen Vorbringens eben dieser Partei als Rechtsmittelführerin nach § 531 II eingetreten sein. Das Rechtsmittel muss also rückblickend ohne das neue Vorbringen mit Sicherheit erfolglos gewesen sein, Stgt NJW-RR 2012, 851. Eine bloß mögliche Erfolglosigkeit aufgrund des vorinstanzlichen Vorbringens reicht nicht aus. Es muss vielmehr feststehen, dass das neue Vorbringen die alleinige Ursache für den Erfolg des Rechtsmittels war, BVerfG NJW 1981, 272; Hmb FamRZ 1985, 712; aM BGH NJW-RR 2005, 867 (ohne Erwähnung der vorgenannten Entscheidung des BVerfG, schon deshalb Rn. 16, 21 bedenklich, vgl. auch die sonst so strenge Haltung des BGH zur Willkür etwa bei → § 281 Rn. 29). „Vorbringen" umfasst alle Angriffs- und Verteidigungsmittel alle Behauptungen, Beweismittel, Beweisantritte, Erklärungen, Tatsachen, Anträge, LG Freibg WuM 2002, 97, und alle sonstigen tatsächlichen Umstände. Nicht hierher zählt zB eine bloße Rechtsansicht. 41

2. Begriff des Neuen. „Neu" ist das Vorbringen nach § 531 II 1 dann, wenn die Partei es erstmals in der Rechtsmittelinstanz in den Prozess einführt. Es ist unerheblich, ob das Vorbringen dem Rechtsmittelgegner und/oder dem Gericht in diesem Zeitpunkt schon anderswie bekannt war. Die Partei muss es eben nur in der Vorinstanz zurückgehalten haben, Ffm MDR 2002, 843; Hamm NJW 1984, 1244; aM Düss NJW-RR 1989, 600; Hamm MDR 1984, 1032; AG Überlingen MDR 1984, 588 (aber im Bereich der Parteiherrschaft zählt systematisch zunächst noch nicht die bloße Möglichkeit einer Parteiprozesshandlung nach → Vor § 128 Rn. 55, sondern erst deren tatsächliche Vornahme. Die Möglichkeit tritt erst als ein weiteres Merkmal **hinzu,** → Rn. 43). Eine Arglist ist freilich wie stets nach → Rn. 47 schädlich. 42

3. Säumigkeit des Rechtsmittelführers. Zur Voraussetzung → Rn. 41, 42 muss hinzutreten: Der siegende Rechtsmittelführer muss „imstande" gewesen sein, sein neues Vorbringen „in einem früheren Rechtszug geltend zu machen", Brschw OLGR 1994, 228. 43

„Imstandesein" bedeutet: Vorwerfbare Säumigkeit, Nachlässigkeit, prozessuales Verschulden. Es kommt also einerseits auf die prozessuale Sorgfaltspflicht einer jeden Partei, ihre Förderungspflicht nach → Vor § 128 Rn. 13 an, BGH GRUR 1992, 109, zB nach §§ 138 II, 282, 296. Eine Verschleppungsabsicht oder grobe Fahrlässigkeit ist nicht nötig. Andererseits kommt es aber unabhängig von den dortigen Verschuldensmaßstäben hier darauf an, dass der Partei das rechtzeitige Vorbringen bis zum Abschluss der Vorinstanz möglich war, bei einer mündlichen Verhandlung also bis zu deren Schluss nach §§ 136 IV, § 296a. Maßgeblich ist also, dass für eine vernünftige Partei ein Anlass zum damaligen Vorbringen bestanden hatte, Brschw OLGR 1994, 228; Ffm MDR 2002, 843; Schlesw SchlHA 1978, 172. Es mag zwar ein Anlaß erst im letzten Verhandlungstermin der Vorinstanz bestanden haben. Man muss aber insgesamt den Vorwurf erheben können, der Rechtsmittelführer habe diesen Vortrag in der Vorinstanz unterlassen, BGH GRUR 1992, 109; Köln ZMR 1993, 415; Zweibr FamRZ 1997, 839 (ein gerichtliches Mitverschulden ist unerheblich). Es darf daher keine Lage nach § 531 II 1 Nr. 3 vorliegen. 44

In **„einem"** früheren Rechtszug bedeutet: Es ist schädlich, dass das neue Vorbringen in irgendeinem der vorangegangenen Rechtszüge vorwerfbar unterblieben war. 45

Beispiele: Unterlassung in erster Instanz; Zurückverweisung durch das Rechtsmittelgericht; endgültiger Erfolg bei erneuter Verhandlung vor dem Berufungsgericht nur aufgrund des jetzt erst neuen Vortrags. 46

4. Beispiele zur Frage einer Kostenlast des Siegers, II

Abtretung: Eine jetzt erst erfolgte erfolgreiche Abtretung an den Kläger kann ein neues Vorbringen sein, Karlsr OLGR 2000, 128. 47

Anerkenntnis: Der Kläger siegt auch dann, wenn nach dem Berufungsurteil eine Gesetzesänderung erging und der Bekl. den Klaganspruch nicht anschließend sofort anerkannt hat. Im bloßen Zeitablauf liegt nach § 93 **kein** neues Vorbringen, soweit der Gegner die erst jetzt fällige Forderung wirksam sofort anerkennen kann.

Angriffs- oder Verteidigungsmittel: Jeder derartige Vorgang kann ein neues Vorbringen sein. Vgl. bei den einzelnen weiteren Stichworten.

Anschlussrechtsmittel. Dazu Jacoby ZZP 115, 185 (ausf.). Soweit das Gericht über ein gegnerisches Anschlussrechtsmittel (Anschlussberufung nach § 524 IV, Ausschlussrevision nach § 554, Anschlussbeschwerde nach § 567 III) gemeinsam mit dem Rechtsmittel entscheidet, kommt es auch für das Anschlussrechtsmittel auf die Voraussetzungen II an, Celle MDR 2005, 1018; aM Ludwig MDR 2003, 671 (aber II gilt uneingeschränkt). Dasselbe gilt dann, wenn das Gericht über die Berufung nach § 522 II entscheidet und damit für die Anschlussberufung § 524 IV wirkt, Brdb MDR 2003, 1261; Düss NJW 2003, 1260; Ffm NJW 2011, 2672. Man muss den Streitwert eines jeden Rechtsmittels gesondert klären.

Anspruchsverzicht: II gilt, wenn der Kläger nur wegen eines erst in 2. Instanz vom Bekl. vorgetragenen Umstands auf den Anspruch nach § 306 verzichtet hat, Schlesw SchlHA 1978, 172.

Arglist: II setzt keine Arglist des Rechtsmittelführers voraus, ebenso wenig wie seine Verschleppungsabsicht oder seine grobe Nachlässigkeit wie bei § 296 II vorliegen müssen. Soweit der Gegner des Rechtsmittelführers die vom letzteren in der Rechtsmittelinstanz neu vorgebrachten Umstände aber nur infolge einer Arglist „nicht kannte", mag es an der Ursächlichkeit des neuen Vorbringens für den Rechtsmittelsieg fehlen, Karlsr FamRZ 1999, 726.

Auskunft: Ihre verspätete Erteilung oder Berichtigung kann kostenpflichtig machen, Naumb FamRZ 2001, 1383.

Berichtigung: II ist auch dann anwendbar, wenn der mit dem Rechtsmittel erstrebte Erfolg auch durch eine bloße Berichtigung nach § 319 erreichbar war. Evtl. muss man die Werte je Instanz unterschiedlich ansetzen, Ffm OLGZ 1990, 77.

Beschwerdeinstanz: II ist bei §§ 567 ff. direkt und nicht nur entsprechend anwendbar, aM KG Rpfleger 1981, 495 (aber die Anfallwirkung nach → Vor § 511 Rn. 4 tritt bei einer Nichtabhilfe ein). Das gilt auch (jetzt) für eine Rechtsbeschwerde nach § 574, Köln ZMR 1996, 86.

Beweismittel: Jede Art von Beweismittel kann ein neues Vorbringen sein. Allerdings fehlt es an der erforderlichen Ursächlichkeit („… aufgrund"), soweit das Gericht eine erste oder weitere Beweisaufnahme nach §§ 355 ff. von Amts wegen durchführen musste oder durchgeführt hat, Karlsr OLGZ 1980, 385.

Erbschaft: II kann dann gelten, wenn eine Ausschlagung der Nacherbschaft erst in der Rechtsmittelinstanz erfolgt, Karlsr MDR 2014, 1156.

Erklärung: Jede zB nach §§ 282, 283 nachgeholte Erklärung kann ein neues Vorbringen darstellen. Das gilt allerdings **nicht** bei der bloßen Rechtsansicht, s. dort. Auch → „Kündigung", → „Unterlassungserklärung".

Fälligkeit: → „Zeitablauf".

Förderungspflicht: → „Prozessförderungspflicht".

Genehmigung: Eine solche behördliche Genehmigung, die der Rechtsmittelführer erst nach dem Schluss der mündlichen Verhandlung der ersten Instanz nach §§ 136 IV, 296a beantragt und erhalten hat, ist ein Umstand, der eine sachlich-rechtliche Klagevoraussetzung nachträglich erfüllt. Er zählt **nicht** als neues Vorbringen nach → Rn. 41 selbst dann, wenn der Antrag und die Genehmigung früher möglich gewesen wären, aM Ffm FamRZ 1994, 119 (aber man muss II aus den Gründen → Rn. 40 eng auslegen). **Schädlich** wäre es aber, wenn der Rechtsmittelführer die Genehmigungsbedürftigkeit schon in einer früheren Instanz direkt gekannt hatte, KG Rpfleger 1986, 445; Kblz NJW 1988, 3099.

Gerichtsfehler: Unanwendbar sein kann II zB bei einem Verstoß des Erstgerichts gegen § 139, Nürnb NJW-RR 2015, 249.

Gesellschaft: Die Geltendmachung eines neuen, selbständigen Kündigungsgrundes kann ein neues Vorbringen nach → Rn. 41 sein, Ffm NJW-RR 1994, 500.

Gesetzesänderung: Ein Sieg des Klägers kann auch dann vorliegen, wenn der Bekl. aufgrund einer erst nach dem Erlass des Vorderurteils eingetretenen Gesetzesänderung den Klaganspruch nicht anschließend nach § 93 sofort anerkannt hat. **Kein** neues Vorbringen nach → Rn. 41 liegt vor, soweit sich eine Partei lediglich auf eine erst während der Rechtsmittelinstanz eingetretene Gesetzesänderung beruft.

Grobe Nachlässigkeit: Eine solche des Rechtsmittelführers wie zB bei § 296 II braucht nicht vorgelegen zu haben, ebenso wenig wie eine Verschleppungsabsicht oder Arglist. Eine solche des Rechtsmittelgegners mag dazu führen, dass ähnlich wie bei seiner Arglist nach → Rn. 47 eine Ursächlichkeit des neuen Vorbringens des Rechtsmittelführers vorliegt.

Grundurteil: Bei einem Grundurteil nach § 304 ist nach → Rn. 55 abweichend von dem Grundsatz, dass bei einer Zurückverweisung keine Kostenentscheidung erfolgt, ausnahmsweise eine Kostenentscheidung statthaft.

Hilfsantrag: Ein erst in der Rechtsmittelinstanz gestellter Hilfsantrag nach → § 260 Rn. 9 kann ein neues Vorbringen nach → Rn. 41 sein.

Kenntnis des Gegners: Es ist bei II nach → Rn. 42 grds. unerheblich, ob das neue Vorbringen des Rechtsmittelführers nach → Rn. 41 dem Rechtsmittelgegner bekannt war. Etwas anderes gilt bei einer Arglist des Gegners nach → „Arglist".

Klagänderung: Eine Klagänderung nach §§ 263, 264 kann ein neues Vorbringen nach → Rn. 41 sein, Düss FER 1997, 87; Zweibr FamRZ 1997, 839. Die Erwiderung auf sie kann unschädlich sein, Hamm NJW-RR 2003, 1720.

Klagegrund: Eine neue tatsächliche Begründung der Klage kann ein neues Vorbringen nach → Rn. 41 sein. Eine nur rechtlich neue Begründung desselben Tatsachenstoffs wäre als eine bloße Rechtsansicht nach → „Rechtsansicht" **kein** „neues Vorbringen".

Kostenfestsetzung: → § 104 Rn. 21. Jedenfalls ist eine zurückhaltende Anwendung von II notwendig, großzügiger AG Überlingen MDR 1984, 588.

Kündigung: Wenn sie schon in erster Instanz möglich gewesen wäre, ist ihre Erklärung in zweiter Instanz trotz des durch sie erreichten Siegs kostenschädlich, Hamm MDR 1990, 450; Karlsr NJW-RR 2013, 1270.

Leistungsverweigerungsrecht: Die Geltendmachung eines Leistungsverweigerungsrechts kann ein neues Vorbringen nach → Rn. 41 sein, Hamm MDR 1978, 403; Schlesw SchlHA 1978, 172.

Nebenverfahren: Soweit in einem Nebenverfahren in der Vorinstanz keine Kostenentscheidung erfolgt, weil die dortigen Kosten zu denjenigen der Hauptsache zählen, ergeht auch in der Rechtsmittelinstanz des Nebenverfahrens nach → § 127 Rn. 25 (wegen Prozesskostenhilfe) keine Kostenentscheidung, Ffm JurBüro 1982, 934 (zu §§ 719, 769).

Neues Vorbringen: → Rn. 41 ff.

Obligatorisches Güteverfahren: II kann bei einer Rüge des Bekl. erst in zweiter Instanz **unanwendbar** sein, Saarbr BauR 2015, 1218 (Ls.).

Ordnungsmittel: Ein Sieg kann auch dann vorliegen, wenn sich ein Zeuge erfolgreich gegen einen Ordnungsmittelbeschluss nach §§ 380, 381 wendet, Karlsr Just 1977, 97.

Prozessbevollmächtigter: Man muss sein Verschulden dem Gegner gegenüber wie sonst nach § 85 II beurteilen und kann ihn dem Auftraggeber schadensersatzpflichtig machen, Köln VHR 1998, 265.

Prozessfähigkeit: II kann dann anwendbar sein, wenn der Berufungskläger sie erst jetzt herbeiführte, Mü MDR 2012, 118.

Prozessförderungspflicht: Für die Frage, ob die Partei zum früheren Vortrag „imstande war", kommt es auf ihre Prozessförderungspflicht an, BGH GRUR 1992, 209; Hamm MDR 1984, 1032; Zweibr FamRZ 1997, 839, zB nach §§ 282, 296, aber nach → Vor § 128 Rn. 13 auch darüber hinaus. Auch → „Verschulden".

Prozessstandschaft: Auch ein vorwerfbar erst in der höheren Instanz geltend gemachter Anspruch aus einer gewillkürten Prozessstandschaft kann die Folgen nach II auslösen, BGH GRUR 1992, 109.

Rechtsansicht: Die bloße Rechtsansicht ist **kein** neues Vorbringen nach → Rn. 41, daher auch nicht die bloß rechtlich andere Begründung des Sachverhalts, Bbg JurBüro 1984, 737.

Rücknahme: Soweit der Rechtsmittelführer sein Rechtsmittel zB nach § 516 wirksam zurücknimmt, hat er es nach I letztlich ohne Erfolg eingelegt, Ffm FamRZ 1991, 587; aM Karlsr FamRZ 2002, 1053. Das gilt auch dann, wenn der Anschlussberufungskläger nach § 524 IV der Rücknahme der Hauptberufung zustimmt, Mü MDR 1989, 552. Man mag auch § 269 III 2 entsprechend anwenden. Jedenfalls ist II insoweit **unanwendbar.**

Schlussurteil: → „Grundurteil".

Selbständiges Beweisverfahren: II kann bei einem nach → § 494a Rn. 23 objektiv unberechtigten Beschluss anwendbar sein, BGH BauR 2007, 1606; Karlsr MDR 2008, 526.

Sorgfaltspflicht: Für die Frage, ob der Rechtsmittelführer zum Vorbringen schon in einer früheren Instanz „imstande war", kommt es auf seine prozessuale Sorgfaltspflicht an, auf sein prozessuales Verschulden. Auch → „Arglist", → „Verschulden".

Straftat: Nach einer Straftat des Gegners hat eine vernünftige Partei grds. einen Anlass zum alsbaldigen Vorbringen gehabt. II ist **unanwendbar,** soweit der Rechtsmittelführer lediglich eine eigene Straftat verschwiegen hatte.

Übergang: → „Klageänderung".

Umstand: Jeder dem Rechtsmittelsieger zurechenbare Umstand kann ein neues Vorbringen nach → Rn. 41 gewesen sein. Das gilt allerdings **nicht** bei einer bloßen Rechtsansicht, s. dort.

Unredlichkeit: Jede prozessuale Unredlichkeit des Rechtsmittelführers kann eine Säumigkeit nach II sein, Schlesw SchlHA 1978, 172; Zweibr FamRZ 1997, 839. II ist aber dann **unanwendbar,** wenn der Gegner des Rechtsmittelführers nur durch eine eigene unredliche Prozessführung in der Vorinstanz gesiegt hatte, Hamm NJW-RR 1997, 1474; Karlsr FamRZ 1999, 727.

Unselbständiges Anschlussrechtsmittel: → „Anschlussrechtsmittel".

Unterlassungserklärung: Eine jetzt erst abgegebene Unterlassungserklärung kann ein vermeidbar spätes neues Vorbringen nach → Rn. 41 sein, Ffm WRP 1976, 47.

Ursächlichkeit: Zunächst → Rn. 41. Auch → „Berichtigung".

Verfrühter Antrag: II kann nach ihm anwendbar sein, zum alten Recht Naumb FPR 2009, 433.

Verjährung: Wenn die in der höheren Instanz erhobene Einrede der Verjährung nach § 214 I BGB einen Erfolg hat und wenn die Sache dadurch nach → § 300 Rn. 21 entscheidungsreif geworden ist, prüft das Gericht nicht der Sache nach, ob die Partei etwa auch noch aus einem anderen Grund siegen würde, BGHZ 61, 227. Als ein neues Vorbringen nach → Rn. 41 kann auch eine solche Einrede der Verjährung gelten, die eindeutig schon in einer früheren Instanz sinnvoll gewesen wäre, Celle NJW-RR 2006, 1531; Hamm VersR 1982, 1086. Der Sieger trägt sowohl die erstinstanzlichen Beweis- als auch die zweitinstanzlichen Kosten, Düss NJW-RR 1999, 283.

II ist aber **unanwendbar,** soweit rückblickend objektiv zweifelhaft ist, ob die Einrede schon in einer früheren Instanz sinnvoll gewesen wäre, oder wenn Zweifel bestehen, ob die Verjährung objektiv überhaupt schon während der früheren Instanz eingetreten war, BGHZ 61, 227, oder wenn der Gläubiger sich mit der Verjährungseinrede nicht zufrieden gegeben hätte, Hamm WRP 1979, 327.

Verschulden: Jedes einfache prozessuale Verschulden führt zur Säumigkeit nach II, also dazu, dass die Partei „imstande war", Drsd NZM 2002, 437. Eine Arglist, eine Verschleppungsabsicht oder eine grobe Nachlässigkeit wie nach § 296 II brauchen nicht vorgelegen zu haben. Es reicht, dass eine vernünftige Partei einen Anlass zum Vorbringen bis zum Schluss der früheren Instanz nach §§ 136 IV, 296a, gehabt hatte, zB nach §§ 282, 296, Schlesw SchlHA 1978, 172. II ist anwendbar, soweit die Fälligkeit erst im Prozess eintrat, Hamm FamRZ 1996, 1078. **Miterheblich** kann ein Mitverschulden des Gerichts sein, aM Saarbr OLGR 2008, 746.

Verwirkung: II kann dann **unanwendbar** sein, wenn der Gegner unredlich handelte, Hamm NJW-RR 1996, 1474.

Vollmachtlosigkeit: § 89.

Weitere Beschwerde: → „Beschwerdeinstanz".

Wohnwert: II ist **unanwendbar,** soweit sich lediglich ein Wohnwert ändert, Köln FamRZ 2009, 449.

Zeitablauf: II ist anwendbar, soweit die Fälligkeit erst im Prozess eintrat, Hamm FamRZ 1996, 1078. Ein bloßer Zeitablauf ist **kein** nach II schädlicher Umstand, soweit der Gegner die erst jetzt fällige Forderung wirksam sofort anerkennen kann.

Zurückbehaltungsrecht: Die Geltendmachung eines Zurückbehaltungsrechts kann ein neues Vorbringen nach → Rn. 41 sein, Hamm MDR 1978, 403. II ist nur dann anwendbar, wenn der Gegner sofort nach der Einrede den Klageantrag entsprechend beschränkt, Saarbr MDR 2004, 412.

Zwangsvollstreckung: II gilt dann, wenn die Auskunft nach einem Zwangsgeld und vor der Beschwerdeentscheidung ergeht, Mü FamRZ 1998, 180. Ein neues Vorbringen liegt vor, wenn der Gläubiger erst in dritter Instanz die Vollstreckungsvoraussetzungen nachweist, Köln JurBüro 1996, 214.

XII. Kostenauferlegung ganz oder teilweise, II. Soweit die Voraussetzungen vorliegen, hat das Gericht 48
die nachfolgenden Möglichkeiten.

1. Eingeschränktes Ermessen. Aus den Worten „die Kosten … sind … ganz oder teilweise aufzuerlegen" 49
ergibt sich: Einerseits ist eine Kostenlast des siegenden Rechtsmittelführers zwingend. Das Gericht darf ihn von den Kosten des Rechtsmittels nicht völlig befreien. Andererseits hat das Gericht ein pflichtgemäßes Ermessen bei

der Beurteilung der Frage, wieviel von diesen Kosten es ihm auferlegt, Brschw FamRZ 1997, 223; Köln NZM 2001, 715, strenger Nürnb MDR 2012, 932. Es kann sie ihm ganz oder teilweise auferlegen. Es muss alle Umstände abwägen. Es muss sich von dem Grundsatz der Kostengerechtigkeit nach → Vor § 91 Rn. 20 leiten lassen. Der Umstand, dass Kosten gerade nur aufgrund des neuen Vortrags nach → Rn. 41 während der Rechtsmittelinstanz entstanden und dass der Rechtsmittelführer den neuen Vortrag schon früher hätte geltend machen können, zwingt noch nicht dazu, ihm die Kosten des Rechtsmittelverfahrens ganz aufzuerlegen. Er eröffnet vielmehr gerade erst ein Ermessen zum „Wie" der Kostenverteilung. Es sind demnach zusätzliche Umstände beachten, zB eine ungewöhnliche Höhe der Rechtsmittelkosten gerade infolge jenes neuen Vorbringens; einen nur hier beachtlichen besonders hohen Grad prozessualen Verschuldens; eine durch das gerade noch zulässige neue Vorbringen verursachte erhebliche Verlängerung des Rechtsmittelverfahrens usw.

50 Die bloße Notwendigkeit einer **Zurückverweisung** ist regelmäßig kein zusätzlicher Umstand zulasten des letztlich siegenden Rechtsmittelführers. Denn die Zurückverweisung beruht grundsätzlich auf einem Verfahrensfehler nur des Gerichts nach §§ 538 II 1 Nr. 1, 562 II, 577 IV. Ein etwaiges sonstiges Mitverschulden des Gerichts und/oder des Rechtsmittelgegners ist erst recht in diesem Zusammenhang mit einzubeziehen. Es hat schon dazu geführt, dass II nach → Rn. 41 unanwendbar wurde, weil die Partei in Wahrheit nicht „aufgrund" des neuen Vorbringens gesiegt hat.

51 **2. Möglichkeiten der Kostenverteilung.** Es gelten ähnliche Möglichkeiten wie bei § 92 I, → § 92 Rn. 12. Das Gericht kann also die Kosten des Rechtsmittelverfahrens dem Sieger nach einem Bruchteil oder nach einem Prozentsatz oder nach einer festen Summe oder nach dem Rest auferlegen oder auch die Kosten des Rechtsmittelverfahrens gegeneinander aufheben. Das Gericht kann aber auch dem Rechtsmittelführer die gesamten Kosten (hier allerdings nur: des Rechtsmittelverfahrens) auferlegen, wie bei § 92 II. → § 92 Rn. 49.

52 **3. Notwendigkeit einer klaren und einfachen Kostenentscheidung.** Wie stets bei einer Kostenverteilung, um die es sich ja hier im Grunde handelt, muss das Gericht eine möglichst klare und einfache Fassung wählen, zB → § 92 Rn. 17.

53 **XIII. Zurückverweisung, I, II.** Soweit das Rechtsmittelgericht das Verfahren zB nach §§ 538 II 1 Nr. 1, 562 II, 577 IV zurückverweist, liegt in diesem Zeitpunkt nach → Rn. 20, 32 weder eine Erfolglosigkeit noch ein Sieg vor. Denn es entscheidet ja erst der endgültige Ausgang im Umfang der Zurückverweisung über den Erfolg.

54 **1. Grundsatz: Noch keine Kostenentscheidung.** Das zurückverweisende Gericht trifft grundsätzlich keine Entscheidung im Umfang der Zurückverweisung. Es überlässt vielmehr am besten ausdrücklich im Tenor nach §§ 313 I Nr. 4, 540, 563 oder in den Entscheidungsgründen nach §§ 313 III, 540, 563 dem erneut mit der Sache befassten unteren Gericht die notwendige Entscheidung über die gesamten Kosten des Rechtsstreits einschließlich derjenigen des Rechtsmittelverfahrens, und zwar nach §§ 91 ff., aber natürlich auch nach § 97. Das hat zur Folge, dass das untere Gericht sehr wohl auch prüfen muss, ob die Voraussetzungen I–III vorliegen. Das übersehen viele, selbst wenn das zurückverweisende Gericht ausdrücklich im Entscheidungssatz darauf hingewiesen hatte, das untere Gericht müsse „auch über die Kosten der Rechtsmittelinstanz" befinden. Übrigens ist ein solcher Hinweis streng genommen überflüssig. Jedenfalls ist sein Fehlen unschädlich. Denn das untere Gericht muss § 97 von Amts wegen mitbeachten.

55 **2. Ausnahmsweise: Kostenentscheidung.** Nur in einigen wenigen Ausnahmefällen darf und muss das zurückverweisende Gericht im Umfang der Zurückverweisung sogleich eine eigene Kostenentscheidung treffen und dabei auch I–III mitbeachten.

56 **Beispiele:** Es handelt sich um ein Grundurteil nach § 304. Dann kann das Rechtsmittelgericht über die Kosten des Rechtsmittels selbst befinden, Köln OLGZ 1976, 91, oder die Entscheidung dem Betragsurteil überlassen. Das letztere ist zweckmäßiger; es handelt sich um ein Wechselvorbehaltsurteil nach §§ 599, 602 in der Berufungsinstanz, das Nachverfahren wird in die erste Instanz zurückverwiesen; das Rechtsmittelgericht hat wegen eines Streitgenossen nach §§ 59 ff. endgültig entschieden und im Übrigen zurückverwiesen; das Rechtsmittelgericht bestätigt zugleich mit der Zurückverweisung eine Vorabentscheidung über den Grund nach § 538 II 1 Nr. 3. Dann muss der erfolglose Rechtsmittelkläger, bei einem Sieg im Betragsverfahren, die Kosten des Rechtsmittels zum Grundverfahren nach dem vollen Streitwert tragen, BGH MDR 1976, 379 (Erledigung in der Revisionsinstanz).

57 **3. Teilweise Zurückverweisung.** Soweit das Gericht die Sache nur teilweise zurückverweist, kann auf den endgültig beschiedenen restlichen Teil I, II anwendbar sein. Auf den zurückverwiesenen Teil sind die Regeln → Rn. 53 ff. anwendbar. Wenn irgend möglich, sollte das Gericht die Kostenentscheidung noch nicht treffen, aM Zöller/Heßler Rn. 8 (er will schutzwürdige Interessen des Erstattungsberechtigten zB durch die Zwangsvollstreckung beachten).

58 **XIV. Rechtsmittelmöglichkeiten, I, II.** Es gelten die allgemeinen Regeln. Insbesondere muss man § 99 beachten. Eine Ermessensentscheidung nach → Rn. 49 lässt sich nur eingeschränkt überprüfen, Köln NZM 2001, 715.

98

Vergleichskosten. [1]**Die Kosten eines abgeschlossenen Vergleichs sind als gegeneinander aufgehoben anzusehen, wenn nicht die Parteien ein anderes vereinbart haben.** [2]**Das Gleiche gilt von den Kosten des durch Vergleich erledigten Rechtsstreits, soweit nicht über sie bereits rechtskräftig erkannt ist.**

Übersicht

I. Systematik, S. 1, 2. Die Vorschrift ist nach ihrer Stellung im Kostenabschnitt eine vorrangige und deshalb scheinbar eng auslegbare Ausnahmebestimmung. Das gilt aber nur bedingt. Denn S. 1 Hs. 2, auf den auch S. 2 verweist, enthält in Wahrheit im Geltungsbereich der ganzen Vorschrift einen solchen Grundsatz, der über den Regeln der §§ 91 ff. steht. Demgegenüber sind S. 1 Hs. 1, S. 2 nur hilfsweise Auffangregelungen. Im Übrigen enthält § 101 I 1 Hs. 1 wegen der durch eine Streithilfe (Nebenintervention) nach § 66 verursachten Kosten eine gegenüber § 98 wiederum vorrangige Sonderregelung. 1

§§ 91 ff. sind grundsätzlich unanwendbar. Denn § 98 setzt ja einen Vergleich nach Anh. § 307 voraus und keine streitige Hauptsacheentscheidung usw. Freilich muss man die Begriffsbestimmung der Aufhebung von Kosten gegeneinander in § 92 I 2 natürlich auch bei § 98 anwenden. Die vorstehende Aufzählung enthält nur einen Teil der Rangverhältnisse. Vgl. im Übrigen bei den einzelnen Anm. 2

II. Regelungszweck, S. 1, 2. Die Vorschrift ist Ausdruck der Dispositionsmaxime, fördert die Prozessökonomie und ist vergleichbar mit einer gesetzlichen Vermutung (BeckOK ZPO/Jaspersen Rn. 1). 3

III. Sachlicher Geltungsbereich, S. 1, 2. Maßgeblich kann die Verfahrensart sein. 4

1. Grundsatz: Umfassende Geltung. Die Vorschrift gilt grundsätzlich in jedem Verfahren, auf das die ZPO anwendbar ist. Das gilt auch im oder nach einem Urkundenprozess nach §§ 592 ff., Kblz JurBüro 2012, 252, im WEG-Verfahren, (zum alten Recht) BayObLG WuM 1989, 468, und auch nach der Verweisung aus einem arbeitsgerichtlichen Verfahren, LAG Düss NZA-RR 2006, 658, auch bei § 113 I 2 FamFG. Es kommt allerdings weiter darauf an, dass die Parteien des Verfahrens überhaupt einen nach → Anh. § 307 Rn. 19 wirksamen Prozessvergleich schließen können. Das setzt voraus, dass das Verfahren der Parteiherrschaft § 26 FamFG unterliegt. 5

2. Streit über Wirksamkeit des Vergleichs. Die Vorschrift gilt auch in einem solchen Verfahren, in dem die Parteien über die Wirksamkeit eines Prozessvergleichs streiten. Denn dieser Streit führt zur Fortsetzung des bisherigen Prozesses trotz dessen umstrittener Beendigung durch den umstrittenen Vergleich, Köln NJW-RR 1995, 509; aM Thomas/Putzo/Hüßtege Rn. 3 (es sei dann ein neuer Prozess erforderlich. Aber → Anh. § 307 Rn. 66). Wenn die Parteien also in dem Streit eine Einigkeit über die Wirksamkeit des bisherigen Vergleichs erzielen, gilt § 98 für den bisherigen. Wenn die Parteien sich im Streit über die Wirksamkeit des bisherigen Vergleichs nunmehr endgültig anders einigen, gilt § 98 zumindest für den endgültigen Vergleich. 6

3. Scheidungssache. Die Vorschrift gilt nach → Rn. 4 theoretisch in einem Scheidungsverfahren nach §§ 133 ff. FamFG, soweit dieses überhaupt der Parteiherrschaft unterliegt. Praktisch hat aber § 150 FamRG den Vorrang. Das gilt insbesondere bei einer einverständlichen Scheidung nach § 134 FamFG. Bei der Rücknahme eines Scheidungsantrags nach der Aussöhnung nach § 141 FamFG ist also S. 1 Hs. 1 unanwendbar. Denn es liegt keine Parteiherrschaft vor. 7

4. Scheidungsfolgesache. Soweit die Folgesache nach §§ 135 ff. FamFG überhaupt der Parteiherrschaft unterliegt, ist § 98 an sich anwendbar, Bergerfurth FamRZ 1976, 583; Kblz MDR 1977, 57; Göppinger AnwBl 1977, 436. Praktisch geht allerdings auch insofern § 150 FamFG meist vor. Soweit es um einen solchen Vergleich geht, den die Parteien im Verfahren der einstweiligen Anordnung nach § 49 FamFG geschlossen haben, verweist § 51 IV FamFG auf §§ 80 ff. FamFG. 8

5. Außergerichtlicher Vergleich oder Einigung. § 98 ist zumindest sinngemäß anwendbar, soweit die Parteien innerhalb eines Rechtsstreits nach seinem Beginn und vor seinem Ende aus seinem Anlass usw. einen außergerichtlichen Vergleich nach § 779 BGB schließen, BGH JurBüro 2011, 369; Kblz MDR 2015, 975; LAG Bln-Brdb NZA-RR 2012, 38. Dasselbe gilt bei einer Einigung nach VV 1000, 1003 RVG, BGH DGVZ 2007, 37; Ffm NJW 2005, 2465. Denn auch dann ist es sinnvoll, zunächst den Parteiwillen wegen der Vergleichskosten zu beachten und hilfsweise den Grundsatz der Kostenaufhebung gegeneinander eintreten zu lassen. Die Geltendmachung erfolgt durch die Fortsetzung des Prozesses oder der Klage, soweit nicht das Gericht inzwischen nach § 322, 705 rechtskräftig entschieden hat, LG Mü JurBüro 1998, 85, etwa nach § 269. 9

6. Vereinbarter Ausschluss. Freilich können die Parteien auch beim außergerichtlichen Vergleich den § 98 ausdrücklich ausgeschlossen haben. Dann ist § 91a anwendbar. Allerdings muss man diese letztere Vorschrift nicht schon deshalb beachten, weil der außergerichtliche Vergleich den Rechtsstreit überhaupt erledigt. Denn gerade den Erledigungsfall regelt ja § 98 schon nach seinem Wortlaut mit, BVerwG RiA 1985, 46, Karlsr JurBüro 1991, 89, Kblz JurBüro 1991, 263, aM Brem MDR 1979, 500 (§ 91a sei stets anwendbar), Mü AnwBl 1998, 287 (mangels Antrags keine Kostenentscheidung. Aber beide Varianten sehen nicht genug, dass der Wortlaut und Sinn von § 98 ziemlich eindeutig sind). 10

7. Rücknahme von Klage oder Rechtsmittel. § 98 ist auch anwendbar, soweit der Angreifer nach § 269 seine Klage oder nach §§ 516, 565, → § 569 Rn. 12 ein Rechtsmittel aufgrund eines gerichtlichen oder außergerichtlichen Vergleichs zurückgenommen hat, BGH FamRZ 2006, 853. Denn insofern liegt eine solche Lage vor, die im Ergebnis mit einem „rechtskräftigen Erkenntnis" nach § 269 III 2 Hs. 1 übereinstimmt, Stgt MDR 2004, 717; LAG Mü MDR 1994, 737; LAG Nürnb JurBüro 1994, 304; aM Düss Rpfleger 1999, 132; Ffm pfleger 1990, 11

91; Mü Rpfleger 1992, 272 (aber Rücknahme ist Rücknahme). Das gilt auch gegenüber einem Streithelfer nach §§ 66 ff., Kblz JurBüro 2010, 210.

12 Bei einer **Einigkeit** der Parteien **zur Hauptsache** kann trotz des Fehlens einer Kostenregelung im Vergleich ausnahmsweise (jetzt) zB § 516 III maßgeblich sein, BGH NJW 1989, 40; KG MDR 1985, 678. Für die Haftung der Staatskasse gegenüber gelten auch hier die allgemeinen Grundsätze nach → Vor § 91 Rn. 29.

13 **IV. Persönlicher Geltungsbereich, S. 1, 2. 1. Parteien.** Die Vorschrift erfasst den Vergleich zwischen den „Parteien" des Rechtsstreits. Hierher gehören auch der Prozessstandschafter und der Prozessgeschäftsführer. Eine minderjährige Partei handelt nach § 51 durch den gesetzlichen Vertreter usw. **Unanwendbar** ist § 98 auf denjenigen, der einem Vergleich nicht zugestimmt hat, Kblz NJW 2017, 3669.

14 **2. Vertreter.** Da unter den Voraussetzungen des § 89 auch derjenige kostenpflichtig geworden sein kann, der als Bevollmächtigter ohne Prozessvollmacht handelte, ist bei einem anschließenden Vergleich § 98 auch insoweit anwendbar, als dieser Vertreter sich persönlich am Vergleich beteiligt hat. Er ist insofern kein Dritter.

15 **3. Streitgenossen.** Soweit nicht § 100 vorrangig gilt, ist § 98 auch auf Streitgenossen nach §§ 59 ff. anwendbar.

16 **4. Streithelfer.** Auf den Streithelfer (Nebenintervenienten) nach § 66 ist der vorrangige § 101 I Hs. 1 anwendbar. Freilich ist auch für die Kosten des Streithelfers ein Vergleich zur Hauptsache notwendig, damit § 101 anwendbar ist, Hmb JurBüro 1997, 482; Zweibr OLGZ 1983, 21; aM Ffm MDR 1979, 763 (aber § 101 I Hs. 1 nimmt eindeutig auch auf § 98 Bezug). Es reicht aber aus, dass die Parteien den Vergleich dahin geschlossen haben, dass er die Kosten der Streithilfe ausdrücklich ausnimmt. Das gilt selbst dann, wenn sich der Streithelfer am Vergleich nicht beteiligt hatte, Hmb JurBüro 1997, 482; LG Rottweil AnwBl 1983, 558.

17 **5. Dritter.** § 98 ist nicht anwendbar, soweit es um einen Vergleich nur mit einem solchen Dritten nach → Anh. § 307 Rn. 36 geht, den man nicht nach → Rn. 14 behandeln muss.

18 **V. Kosten eines abgeschlossenen Vergleichs, S. 1.** Die Vorschrift behandelt die nach → Rn. 20 gerade durch den Vergleich entstandenen Kosten, BGH NJW 2009, 519. Demgegenüber behandelt S. 2 die restlichen Prozesskosten.

19 **1. Begriff des Vergleichs.** Die Vorschrift umfasst den Prozessvergleich nach Anh. § 307, Kblz NJW 2016, 3734; Oldb NJW-RR 1992, 1466, aber nach → Rn. 9 auch in einer entsprechenden Anwendung den außergerichtlichen nach § 779 BGB, zurückhaltender Kblz NJW 2016, 3734 (nur bei hinreichenden Anhaltspunkten). Man muss die Rechtsnatur des Prozessvergleichs, seine Zulässigkeit, Wirksamkeit, die Formerfordernisse, die Fragen der Vertretung beim Vergleichsabschluss usw. nach den in Anh. § 307 dargestellten Regeln beurteilen.

20 **2. Begriff der Vergleichskosten.** S. 1 erfasst die gerade durch den Vergleich entstandenen Kosten.

21 **Beispiele:** Gerichtliche Auslagen, etwa für einen solchen Sachverständigen nach § 402, dessen Mitwirkung für das Zustandekommen des Prozessvergleichs ursächlich war; vor allem die Einigungsgebühren der etwa beteiligten Anwälte nach VV 1000 RVG einschließlich der sog. Differenzgebühr, Hamm JurBüro 1998, 544; Köln MDR 2001, 653 (abl. Schneider); Mü NJW-RR 1998, 430, aM Kblz JurBüro 2007, 138 (aber sie zählt ganz klar dazu), und der gerade durch die Mitwirkung am Vergleich ausgelösten Auslagen; evtl. auch die Gebühren und Auslagen eines zum Vergleichsabschluss eingeschalteten Verkehrsanwalts usw.

22 Den **Gegensatz** bilden nach → Rn. 24 die restlichen, nicht gerade durch den Vergleich ausgelösten Prozesskosten, Drsd Rpfleger 2002, 98 (keine Vergleichsprotokollierung), aM Brdb FamRZ 2014, 1220; LG Bonn JurBüro 1998, 33 (aber man muss nun einmal eine klare Grenze ziehen).

23 Auch die Kosten des Vergleichs müssen sich wie alle Prozesskosten im Rahmen des **Notwendigen** halten, um erstattungsfähig zu sein, soweit es überhaupt auf eine Kostenerstattung ankommt → § 91 Rn. 35.

24 **VI. Kosten des durch Vergleich erledigten Rechtsstreits, S. 2.** Die Vorschrift erfasst alle diejenigen Prozesskosten, die nicht gerade durch den Vergleichsabschluss entstanden.

25 **1. Begriff des erledigten Rechtsstreits.** Der Wortlaut von S. 2 ist etwas irreführend. Man sollte besser von den Kosten des durch Vergleich „beendeten" Rechtsstreits sprechen. Einerseits führt ja ein Vergleich im weiteren Sinne zur Erledigung der Hauptsache, soweit er sie voll erfasst. Mit der Wirksamkeit des Prozessvergleichs nach → Anh. § 307 Rn. 63 ist der Rechtsstreit beendet, die Rechtshängigkeit erloschen. Andererseits liegt im Vergleich nicht unbedingt stets die Abgabe übereinstimmender Erledigungserklärungen nach → § 91a Rn. 53, 111. Denn die Kostenfolgen solcher Erledigungserklärungen können durchaus von denjenigen abweichen, die die Parteien im Vergleich vereinbaren oder die mangels einer Vereinbarung nach § 98 eintreten. Freilich ist die Voraussetzung einer wirksamen Kostenvereinbarung auch, dass die zugehörige Hauptsache wenigstens gleichzeitig mit dem Abschluss des außergerichtlichen oder gerichtlichen Vergleichs zu ihr voll endet, Brdb JurBüro 2003, 324. Eine Kostenvereinbarung vor diesem letzteren Zeitpunkt wäre wirkungslos. Dann auch ein Urteil zu den Kosten könnte dann noch nicht ergehen.

26 **2. Begriff der zugehörigen Kosten.** S. 2 erfasst sämtliche Gebühren und Auslagen des Gerichts und der am Vergleich Beteiligten, die weder gerade durch den Vergleich entstanden noch unter eine bereits nach §§ 329, 705 formell rechtskräftige Kostengrundentscheidung fallen.

27 **3. Begriff des rechtskräftigen Erkenntnisses.** Eine etwa bereits nach §§ 329, 705 formell rechtskräftig gewordene Kostengrundentscheidung bleibt gegenüber § 98 vorrangig, soweit sie sich nur auf diejenigen Prozesskosten bezieht, die nicht gerade nach → Rn. 20 durch den abschließenden Vergleich entstanden. Das stellt S. 2 Hs. 2 klar. Insofern können die Parteien auch nicht durch eine sachlich-rechtliche Kostenabrede nach S. 1 prozessual wirksam etwas Abweichendes vereinbaren, BGH NJW 2017, 1888; Hamm Rpfleger 1989, 522; Nürnb MDR 2010, 46. Denn S. 1 erfasst eben nur die gerade durch den Vergleich verursachten Kosten. Freilich kann das Gericht die Parteien nicht daran hindern, auch über restliche rechtskräftig ausgeurteilte Prozesskosten andere Abreden zu treffen oder sich nach anderen Regeln zu richten. Nur bleiben diese eben für das Kostenfestsetzungsverfahren nach §§ 103 ff. unbeachtlich, soweit es überhaupt noch stattfinden muss. Das ist der Sinn des Hs. 2. Im Übrigen erfasst zB eine „Kostenaufhebung" wegen der obigen Regelung die bereits rechtskräftig ausgeurteilten Kosten im Zweifel nicht mit, Stgt MDR 1989, 1108; aM Kblz MDR 1987, 852 (aber die Rechtskraft hat weitere gerichtliche Regelungsmöglichkeiten grundsätzlich beendet).

VII. Kostenfolgen: Grundsatz der Maßgeblichkeit einer anderen Vereinbarung, S. 1, 2. Soweit die Voraussetzungen → Rn. 4–27 vorliegen, kommt es zunächst darauf an, ob und in welchem Umfang sowie mit welchem Inhalt die Parteien über die jeweiligen Kosten etwas „vereinbart" haben. 28

1. Vorrang der Kostenvereinbarung. Soweit überhaupt eine Kostenvereinbarung zulässig ist, hat sie auch den Vorrang, BGH FamRZ 2006, 853; Saarbr NJW-RR 2016, 765; Stgt JurBüro 2017, 486. Das ist eine Folge des Grundsatzes der Parteiherrschaft, BGH FamRZ 2006, 853; ArbG Bln AnwBl 1994, 95. Es ist dann auch eine Folge der Zulässigkeit eines Prozessvertrags in diesem Rahmen nach → Vor § 128 Rn. 56. Die Parteien können zB einen Verzicht auf die Erstattung von Vergleichs- oder Einigungskosten vereinbaren, Stgt NJW 2005, 2162. Freilich bleibt nach → Vor § 91 Rn. 30 ff. durch eine wirksame Kostenvereinbarung die gesetzliche Haftung für Gerichtskosten (Gebühren und Auslagen) nach §§ 22 ff., 29 GKG unberührt. Die Übernahme auch der Kosten kann zB eine Haftung als Übernahmeschuldner nach § 29 Nr. 2 GKG auslösen und den Schutz des § 31 II 2 GKG wegfallen lassen, Toussaint/Toussaint GKG § 31 Rn. 22. Ein Vergleich wirkt gegenüber der Staatskasse nur, soweit er sie nicht benachteiligt, LG Köln AnwBl 1984, 624. 29

2. Rechtsnatur der Kostenvereinbarung. Die Vereinbarung über die Kosten entweder des Vergleichs oder des übrigen Rechtsstreits ist ein Prozessvertrag nach → Vor § 128 Rn. 56. Man muss ihn darüber hinaus nach den Regeln Anh. § 307 beurteilen. 30

3. Notwendigkeit weiter Auslegung. Dem Regelungszweck des § 98 entspricht es, die etwaige Kostenvereinbarung weit auszulegen, sei es nur über die Vergleichskosten, sei es über die übrigen Prozesskosten, LAG Köln BB 1996, 2256. Man muss wie stets vom Wortlaut ausgehen, ergänzend aber den Sinn und Zweck der Regelung und damit den Parteiwillen erforschen und dabei Treu und Glauben nach § 242 BGB wie stets im Prozessrecht mitbeachten, vgl. MüKoZPO/Schulz Rn. 12; Nürnb MDR 1998, 861; Rostock MDR 2007, 58; LG Mainz DGVZ 2011, 134. Auch ist § 157 BGB zu beachten, LAG Hmb MDR 1987, 962. 31

4. Keine Überspannung. Bei der Auslegung muss man beachten, dass die Parteien sowohl vor Gericht als auch beim außergerichtlichen Vergleich zwar sehr wesentlich auch und manchmal ganz vorwiegend an die Prozesskosten denken. Erfahrungsgemäß verwenden aber bedauerlicherweise oft weder das Gericht noch die ProzBev noch die Parteien selbst die notwendige und wünschenswerte Sorgfalt bei der Formulierung der Kostenvereinbarung. Eine bei einer nachträglichen Prüfung insofern scheinbar lückenhafte, widersprüchliche oder sonst unklare Formulierung sollte nicht zu rasch zu der Beurteilung führen, es sei in Wahrheit keine ausreichende Kostenvereinbarung zustande gekommen und es müsse daher die ja nur hilfsweise annehmbare Kostenaufhebung gegeneinander wie bei § 92 I stattfinden. Gerade in einer scheinbar lückenhaften Formulierung kann nach → Vor § 128 Rn. 59, 60 der deutliche Wille beider Parteien stecken, die Kosten anders als durch eine Aufhebung gegeneinander zu regeln, Köln JurBüro 2014, 366. 32

Freilich darf man unklare Formulierungen auch **nicht überstrapazieren.** Man sollte bedenken, dass eine Auslegung ja regelmäßig erst im Kostenfestsetzungsverfahren durch den Rpfleger stattfindet. Auch wenn er den Kostengrundtitel nach → Vor § 103 Rn. 24–26 auslegen darf und muss, BGH MDR 2017, 1330, darf er ihn doch nicht abändern. Man darf ihn auch nicht überfordern, Naumb NJW-RR 1996, 1216. Dann aber hat auch das Gericht im etwaigen Erinnerungs- oder Beschwerdeverfahren nach § 104 nicht die Aufgabe, auf diesem prozessualen Nebenschauplatz nach einem Vergleich allzu quälende Erwägungen zur Ausdeutung unklarer Parteivereinbarungen anzustellen, nur um zwecks Kostengerechtigkeit zu einer Abweichung von einer solchen gesetzlichen Hilfsregelung zu kommen, die ja gerade erkennbar der Vereinfachung den Vorrang vor der Kostengerechtigkeit geben soll, Köln JurBüro 2014, 366. Das alles bedenken viele zu § 98 zu wenig. Im Zweifel kann § 91a ergänzend helfen, Köln NJW-RR 1995, 509. Mangels einer Kostenvereinbarung gelten die Kosten meist als gegeneinander aufgehoben. 33

5. Maßgeblicher Zeitpunkt. Für die Auslegung der Kostenvereinbarung nach → Rn. 32 muss man auf denjenigen Zeitpunkt abstellen, in dem die Parteien ihre Vereinbarung wenigstens im Kern getroffen haben. Der Wortlaut von S. 1 deutet schon an, dass die „Vereinbarung" zeitlich nicht mit dem „Vergleich" zur Hauptsache zusammenfallen muss. Die Kostenvereinbarung kann wirksam vor oder zugleich in einer anderen Urkunde zustande gekommen sein, Eine Verinbarung zeitlich nach dem Vergleichsabschluss widerspräche dem Wortlaut der Norm, Musielak/Voit/Flockenhaus Rn. 3. Beim zeitlichen Auseinanderfallen kommt es also nicht auf den Zeitpunkt der Einigung zur Hauptsache an, sondern auf denjenigen zu den Kosten sei es des Vergleichs, sei es auch oder nur der Hauptsache. 34

6. Teilweise Kostenvereinbarung. Soweit die Parteien eine Einigung nur über einen Teil der Kosten des gerichtlichen oder außergerichtlichen Vergleichs oder nur über einen Teil der restlichen Prozesskosten getroffen haben, muss man diese Einigung nach → Rn. 29 mit dem Vorrang wie sonst beurteilen, Kblz AnwBl 1990, 48. Man muss auch hier versuchen, durch eine weite Auslegung nach → Rn. 32 zu einer vernünftigen und den Parteiwillen auch nicht überstrapazierenden Lösung zu kommen. Auf den Rest muss man die gesetzliche Hilfsregelung der Kostenaufhebung gegeneinander anwenden. Natürlich kann der Vergleich auch gerade die restliche Hauptsache erfassen, Zweibr OLGZ 1983, 80. 35

7. Grenzen des Vorrangs: Rechtskräftiges Erkenntnis über die Kosten. → Rn. 29. 36

8. Beispiele zur Frage einer anderen Vereinbarung, S. 1, 2

Andere Instanz: Auch eine dem Wortlaut nach vollständige Kostenübernahme bedeutet **nicht stets** eine Erstattungsfähigkeit auch derjenigen Kosten, die durch die Mitwirkung des erstinstanzlichen ProzBev bei zweitinstanzlichen Vergleichsverhandlungen entstanden, Düss AnwBl 1978, 426. Es kommt aber nach → Vor § 128 Rn. 60 auch hier auf die Umstände an. 37

Anderer Prozessvergleich: Die Bezugnahme auf einen anderen Prozessvergleich nach Anh. § 307 ohne eine ausdrückliche Mitbezugnahme auch auf dessen Kostenregelung reicht meist nicht aus, um eine Kostenvereinbarung auch im vorliegenden Rechtsstreit anzunehmen, LAG Hamm MDR 1985, 611.

Anrufung des Gerichts: Die Parteien können grds. ausdrücklich vereinbaren, das Gericht solle über die Kosten ganz oder teilweise (zB nur über die Gerichtskosten) entscheiden, BGH NJW 2007, 836; Naumb NJW 2013, 3256; Saarbr FamRZ 2018, 1304. Das kann bedeuten, dass die Hilfsregelung des § 98 eintreten soll, also die Aufhebung der Kosten gegeneinander wie nach § 92 I 1, Naumb NJW 2012, 1522. Denn die Parteien übersehen meist, dass nach dieser gesetzlichen Regelung überhaupt keine „Entscheidung" des Gerichts mehr nötig ist, weil sie ja von Amts wegen eintritt. Nur deshalb mögen sie rechtsirrig vereinbart haben, das Gericht solle „entscheiden". Es kann aber auch bedeuten, dass das Gericht eine echte Entscheidung nach § 91a treffen soll, BGH NJW 2007, 836, Saarbr FamRZ 2018, 1304; Stgt MDR 2011, 1066, oder nach anderen Vorschriften, etwa nach § 92, Mü MDR 1990, 344; Nürnb FamRZ 2001, 1383; LG Gießen WuM 2004, 723.

Das muss man insbesondere dann eher annehmen, wenn die Parteien Anwälte als ProzBev hatten und wenn über die Frage, wie sie die Vergleichskosten oder Prozesskosten am gerechtesten teilen könnten, ein **erheblicher Streit** herrscht. § 91a gilt zumindest dann, wenn die Parteien ausdrücklich vereinbaren, das Gericht solle „über die Kosten entscheiden", Hamm MDR 2003, 116, oder es solle „an § 98 ZPO nicht gebunden sein", AG Haßfurt WuM 1993, 55, oder wenn sie Kostenanträge stellen, BGH NJW-RR 1997, 510, oder wenn sie vereinbaren, das Gericht solle „nach § 91a ZPO entscheiden", Hmb MDR 1997, 202; Nürnb FamRZ 2001, 1383; Stgt MDR 2011, 1066. Das gilt freilich nur, soweit eine solche Vereinbarung überhaupt zulässig ist.

Anwaltshaftung: Der Anwalt kann dann haften, wenn er nicht rechtzeitig darauf hinweist, dass die Haftung nach §§ 49 ff., 54 GKG bestehen bleibt, → Rn. 29, Schneider MDR 1985, 771.

Arbeitsrecht: Eine Ausgleichsklausel im Abfindungsvergleich erfasst **grds. keine** Verfahrenskosten, LAG Köln MDR 1998, 228.

Ausklammerung: Man muss durch eine Auslegung ermitteln, ob die Parteien bei einer Kostenvereinbarung bestimmte Teile der gesamten Kosten ausdrücklich oder doch stillschweigend eindeutig ausgeklammert haben, Rostock MDR 2007, 58, LAG Köln BB 1996, 2256. Sie mögen das auch ausdrücklich tun. In diesem Umfang gilt dann zunächst eine etwaige diesbezügliche Anrufung des Gerichts. Ganz hilfsweise gilt die gesetzliche Hilfsregelung der Aufhebung gegeneinander, Drsd Rpfleger 2002, 98; LAG Düss NZA-RR 2006, 658.

Auslegung: Wegen der Notwendigkeit einer weiten Auslegung der Kostenvereinbarung → Rn. 32.

Ausschluss: Die Parteien können im gerichtlichen wie im außergerichtlichen Vergleich den § 98 ausdrücklich oder stillschweigend ausgeschlossen haben, LG Mü ZMR 2016, 80 („Kosten des Vergleichs und des Verfahrens"). Dann kann § 91a anwendbar sein, Drsd JurBüro 2000, 657. Dabei muss man den mutmaßlichen Fortgang des Prozesses mitbeachten. Die Parteien können auch zB das Gericht gebeten haben, über die Kosten zu entscheiden, dabei aber nicht nach § 91a, sondern nach § 92 vorzugehen. Sie können auch „andere" als die ausdrücklich genannten Kosten von der Regelung ausschließen, Kblz JurBüro 2011, 660. Eine Kostenvereinbarung hat nach → Rn. 29 stets den Vorrang. Daher darf und muss das Gericht im Rahmen einer wirksamen Kostenvereinbarung auch solche Ausschlüsse beachten. Freilich kann sich ergeben, dass in Wahrheit überhaupt keine **wirkliche** Kostenvereinbarung vorliegt. Dann tritt doch wieder die gesetzliche Hilfsregelung des § 98 ein, also eine Kostenaufhebung gegeneinander.

Außergerichtliche Kosten: Die beim außergerichtlichen Vergleich (jetzt) entstandene Einigungsgebühr nach VV 1000 RVG ist erstattungsfähig, soweit er den Streit beenden sollte, Karlsr JurBüro 1991, 89. Die bloße Übernahme der außergerichtlichen Kosten ohne eine Vereinbarung wegen der Gerichtskosten führt zu der Teilung beider Kostenarten in je 50%, Brem MDR 1979, 500. Kosten eines außergerichtlichen Vergleichs nach § 779 BGB über einen nach → § 261 Rn. 1 rechtshängigen Anspruch gehören nicht ohne eine besondere Vereinbarung zu der gerichtlichen Kostengrundentscheidung, BGH NJW 2009, 519, Celle JurBüro 2013, 639; Mü FamRZ 1999, 1674, aM Köln Rpfleger 2000, 208 (aber grds. hat das Gericht nur mit den Kosten vor Gericht zu tun).

Außergerichtlicher Vergleich: Für einen außergerichtlichen Vergleich gilt die Regelung des § 98 I jedenfalls dann entsprechend, wenn er zur Prozessbeendigung führt, BGH NJW 2011, 1680.

Begründungsverzicht: Er kann einen nach → Vor § 128 Rn. 59 stillschweigenden Rechtsmittelverzicht zB nach §§ 515, 565 umfassen, Brschw MDR 2001, 1008 (abl. Schneider).

Berufungsrücknahme: → „Rechtsmittelrücknahme".

Bezugnahme: Soweit die Parteien in ihrer Kostenvereinbarung auf Urkunden, andere Akten und andere Vorgänge Bezug nehmen, muss man prüfen, ob diese Bezugnahme überhaupt ausreichend genau ist. Dabei gelten allerdings nicht die strengeren Grundsätze einer Bezugnahme in bestimmenden oder vorbereitenden Schriftsätzen nach § 131 I. Denn es handelt sich ja um einen Prozessvertrag nach → Vor § 128 Rn. 56. Auch → Rn. 37 „Anderer Prozessvergleich".

Dritter: Für einen Vergleich mit einem Dritten gilt § 98 nach → Rn. 17 nicht.

Ehesache: → Rn. 7, 8.

Einstweilige Anordnung: → Rn. 8.

Einverständliche Scheidung: → Rn. 7.

Erforderlichkeit: Die Parteien können die Frage der „Erforderlichheit" oder „Notwendigkeit" und damit der Erstattungsfähigkeit von Kosten im Vergleich bindend regeln, KG Rpfleger 1990, 244.

Erledigung: Die Parteien können das Gericht nach → „Anrufung des Gerichts" bitten oder anweisen, über die Kosten des gerichtlichen oder außergerichtlichen Vergleichs oder über die sonstigen Kosten des Rechtsstreits nach den Kostenvorschriften bei einer Erledigung der Hauptsache nach § 91a zu entscheiden. In diesem Zusammenhang muss das Gericht den Inhalt des Vergleichs und den Umfang des gegenseitigen Nachgebens nach → Vor § 128 Rn. 59, 60 bei der Ausübung seines Ermessens nach § 91a mitberücksichtigen, BGH VersR 2007, 1086; Naumb NJW 2013, 3256; Saarbr NJW-RR 2017, 1150; aM Bbg MDR 1980, 60; Drsd Rpfleger 2002, 98; Hamm AnwBl 1982, 73, (je: § 98 auch dann. Ihn konnten aber die Parteien schon beim Abschluss der Kostenvereinbarung berücksichtigen. Sie wollten es ja aber gerade offensichtlich nicht so halten).

Keine Kostenvereinbarung sind natürlich streitige Kostenanträge bei sonst übereinstimmenden Erledigterklärungen, Karlsr MDR 2010, 1079.

Fortsetzung des Rechtsstreits: → „Streit über den Vergleich".

Freiwillige Gerichtsbarkeit: Ein Vergleich über die Kosten ist auch im Bereich des § 113 I 2 FamFG möglich und nach § 98 prüfbar.

„Gericht soll entscheiden": → „Anrufung des Gerichts".

Gesamtkosten: Die Übernahme der „gesamten Kosten des Rechtsstreits" ergreift grds. die gesamten Kosten aller Instanzen, Hamm Rpfleger 1989, 522: Kblz MDR 1987, 857; aM Ffm BB 1980, 1720 (diese Vereinbarung erfasse nicht ohne weiteres die Gerichtskosten einer auch im Kostenpunkt rechtskräftig entschiedenen Berufung gegen ein vorangegangenes Grundurteil), Schlesw SchlHA 1982, 61 (aber „gesamte Kosten des Rechtstreits" ist nun wirklich umfassend). Die „Gesamtkosten des Rechtsstreits" erfassen im Zweifel auch die Kosten des gerichtlichen wie außergerichtlichen Vergleichs, Düss MDR 1999, 119. Denn diese dienen ja der Beendigung des Rechtsstreits. **Anders** müsste man die bloße Übernahme der „Kosten" statt der „Gesamt-Kosten" beurteilen. Denn § 98 unterscheidet ja gerade zwischen den Kosten des Vergleichs und den übrigen Kosten des durch den Vergleich beendeten Rechtsstreits. Indessen muss man auch bei einer Übernahme nur der „Kosten" eine Auslegung vornehmen.

Gutachten: Die Erstattungsfähigkeit der Kosten eines Parteigutachtens nach → Vor § 402 Rn. 41 entfällt mangels anderweitiger Absprachen nicht schon infolge des Vergleichs, Karlsr JurBüro 2008, 208; LG Brschw MDR 1979, 320.

Hauptsache: Wenn die Parteien einen Vergleich ausdrücklich nur über die Hauptsache abschließen, ohne zu den Kosten irgendetwas zu sagen, muss man durch eine Auslegung ermitteln, ob sie trotzdem in Wahrheit auch eine Kostenregelung getroffen haben. Andernfalls haben sie durch die Hilfsregelung des § 98 die Kosten gegeneinander aufheben wollen.

Die Parteien mögen auch einen Vergleich nur zur Hauptsache abgeschlossen und eine Kostenregelung nach § 98 ausdrücklich oder erkennbar **ausgeschlossen** haben. Dann kann § 91a anwendbar sein, obwohl er an sich nachrangig ist, Mü JurBüro 1983, 1882; Naumb NJW 2013, 3256. Denn die Parteien haben dann insofern „etwas anderes vereinbart", Brem OLGZ 1989, 101 (es läßt im Rahmen von § 91a den Vergleich maßgebend sein); Karlsr FamRZ 1996, 1335; LG Bonn NJW 2004, 76; aM Bbg MDR 1980, 60, (aber die erstere Lösung ist einfach und prozesswirtschaftlich). Auch → „Anrufung des Gerichts".

Höhere Gebühren: Wenn der Vergleich eine Erstattung anderer oder höherer als der gesetzlichen Anwaltsgebühren vorsieht, ist diese Regelung nur insofern beachtbar, als die Vereinbarung nach (jetzt) §§ 3a ff. RVG wirksam geworden ist, Kblz Rpfleger 1977, 107. Dann aber ist die Vereinbarung auch für das Kostenfestsetzungsverfahren nach §§ 103 ff. maßgeblich, KG Rpfleger 1990, 224.

Klagerücknahme: → Rn. 11.

Kostenaufhebung: → „Kostenübernahme".

Kostenschuldner: → „Staatskasse".

Kostenübernahme: Eine Partei kann im außergerichtlichen oder im Prozessvergleich „die Kosten des Prozesses" übernehmen. Man kann auch eine Kostenaufhebung gegeneinander wie bei § 92 I 1 vereinbaren, Nürnb MDR 2010, 46 (nicht nach Rechtskraft, → Rn. 27). Das kann mehr als die „notwendigen" Kosten bedeuten. Dann schließt diese Bereitschaft die Übernahme der Vergleichskosten grds. ein, Brdb MDR 2009, 406, Hmb NJW 2014, 3046, Rostock JurBüro 2005, 655. Das gilt erst recht bei einer ausdrücklichen Mitübernahme auch außergerichtlicher Vergleichskosten, Brdb MDR 1999, 188. Natürlich muss man die Vereinbarung nach → Vor § 128 Rn. 59, 60 zu ihren Umständen auslegen, Karlsr JurBüro 2006, 541. Immerhin meint die Übernahme der Kosten des Prozesses die Vergleichskosten wohl meist selbst dann, wenn der Vergleich solche Gegenstände umfasst, die über diejenigen des Prozesses hinausgehen. Natürlich gelten diese Regeln nur, soweit die Parteien über die Vergleichskosten keine besondere ausdrückliche oder stillschweigende und ja vorrangige Regelung getroffen haben, Bbg AnwBl 1989, 111; Hmb JurBüro 2000, 205. Auch → Rn. 9, → „Anrufung des Gerichts", → „Gesamtkosten", → „Hauptsache", → „Notwendige Kosten".

Nachverfahren: → „Urkundenprozess".

Nebenintervention: → „Streithelfer".

Notwendige Kosten: Soweit kein eindeutiger abweichender Parteiwille erkennbar ist, bezieht sich eine Kostenvereinbarung grds. nur auf die notwendigen, also nach → § 91 Rn. 35 erstattbaren Kosten. Sie bezieht sich aber natürlich auch auf alle solchen Kosten, BPatG GRUR 1982, 485; Ffm MDR 1983, 760; Kblz Rpfleger 2002, 281; strenger LAG Hmb MDR 1987, 962. Diese Regelung gilt unabhängig davon, ob und wieweit die Parteien die Kosten schon beim Vergleichsabschluss kannten. Im Übrigen können die Parteien bindend regeln, welche Kosten „notwendig" sind, KG Rpfleger 1990, 224; Kblz Rpfleger 2002, 281.

Parteiwille: Man muss nach → Rn. 29 stets zunächst prüfen, ob und inwieweit die Parteien die Kosten des Vergleichs und/oder die übrigen Prozesskosten regeln wollten. Dabei ist nach → Vor § 128 Rn. 59, 60 gemäß → Rn. 32 eine weite Auslegung erforderlich. Das gilt nach → Rn. 18 beim gerichtlichen wie beim außergerichtlichen Vergleich.

Prozesskostenhilfe: Bei einer Prozesskostenhilfe nach §§ 114 ff. ist ein Kostenvergleich mit Wirkung gegen die Staatskasse zulässig, soweit er nicht die Staatskasse schädigen soll und vor der formellen Rechtskraft der Kostenentscheidung nach §§ 329, 705 zustande kommt, LG Köln AnwBl 1984, 624. Auch → „Staatskasse".

Prozessvergleich: → Rn. 18.

Rechtskraft: → Rn. 27.

Rechtsmittelrücknahme: → Rn. 11. Soweit der Rechtsmittelführer sein Rechtsmittel vor dem Vergleichsabschluss zB nach §§ 516, 565 zurückgenommen hatte, kann die Vergleichsregelung über die Kosten „des Rechtsstreits einschließlich des Vergleichs" das Rechtsmittelverfahren umfassen, Kblz JurBüro 1991, 116.

Rücknahme: → „Rechtsmittelrücknahme".

„Sämtliche Kosten": → „Gesamtkosten".

Säumniskosten: Die Übernahme der „Kosten des Rechtsstreits" bezieht sich zwar auf alle notwendigen Kosten, nicht aber grds. auch auf die Kosten einer Säumnis nach § 344, Kblz MDR 2008, 112; aM Düss MDR 1980, 233; Mü Rpfleger 1979, 345 (aber der Gegner des Säumigen will im Zweifel auch nicht mehr an Kosten des Gegners auch nur mitübernehmen, als durch den Prozess wirklich bedingt).

Scheidungsfolgesache: → Rn. 8.

Scheidungssache: → Rn. 7.

Selbständiges Beweisverfahren: Wenn die an einem den Streitgegenstand nach → § 2 Rn. 4 betreffenden vorprozessualen Beweisverfahren nach §§ 485 ff. nicht beteiligt gewesene Partei trotzdem zusammen mit dem damaligen Antragsgegner durch einen Vergleich in Kenntnis der damaligen Kosten jetzt die „Kosten des Rechtsstreits" übernimmt, umfasst diese Übernahme auch die Kosten jenes Beweisverfahrens, Ffm VersR 1981, 265. Im Übrigen muss man die Kostenvereinbarung wie sonst dahin prüfen, ob ihre Auslegung nach → Vor § 128 Rn. 59, 60 ergibt, dass sie die Kosten eines vorprozessualen Beweisverfahrens miterfaßt, Hamm MDR 1994, 1051; Kblz MDR 1998, 562; Mü Rpfleger 1994, 227; aM Hmb MDR 1986, 591, Nürnb MDR 1998, 862 (aber eine Parteiprozesshandlung unterliegt stets der Auslegung). Die Vereinbarung der Aufhebung der Kosten gegeneinander bedeutet, dass man gegnerische außergerichtliche Beweiskosten nicht übernimmt, Ffm JurBüro 1983, 1875. Die Kosten eines erst im Prozess durchgeführten Beweisverfahrens nach §§ 355 ff. zählen ohnehin nach → § 91 Rn. 233 zu den außergerichtlichen Prozesskosten. Wenn die Parteien das Gericht gebeten haben, nach § 91a auch über die Kosten des selbständigen Beweisverfahrens mitzuentscheiden, umfaßt die folgende Kostenaufhebung gegeneinander auch die Kosten nach §§ 485 ff., Nürnb MDR 2002, 1275. Der Streithelfer nach § 66 darf nicht einen vom Kostenvergleich der Parteien abweichenden Antrag stellen, BGH MDR 2007, 1443.

Staatskasse: Für die Haftung der Staatskasse gegenüber gelten auch hier die allgemeinen Grundsätze nach → Vor § 91 Rn. 30. Die Übernahme auch der Kosten kann eine Haftung als Übernahmeschuldner nach § 29 Nr. 2 GKG auslösen und den Schutz des § 31 II 2 GKG wegfallen lassen, Toussaint/Toussaint GKG § 31 Rn. 22. Ein Vergleich wirkt gegenüber der Staatskasse, soweit er sie nicht benachteiligt, LG Köln AnwBl 1984, 624 (Prozesskostenhilfe).

Streit über den Vergleich: Das Gericht muss einen Streit über die nach einem Prozessvergleich nach Anh. § 307 erstattungsfähigen Kosten im Weg einer Fortsetzung des Prozesses entscheiden, Köln Rpfleger 1987, 430; aM Thomas/Putzo/Hüßtege Rn. 3 (es sei ein neuer Prozess notwendig. Vgl. aber die entsprechende Lage nach → Anh. § 307 Rn. 66 ff.). Es kann dann ein lediglich feststellender Beschluss ergehen. Diese Regelung gilt auch wegen der Kosten eines außergerichtlichen Vergleichs, soweit das Gericht nicht darüber im Prozess rechtskräftig entschieden hat, etwa nach § 269.

Streitgenossen: Vgl. zunächst § 100. Eine Teilübernahme durch Streitgenossen nach § 59 mit demselben Anwalt meint meist nicht fiktive, sondern tatsächliche Kosten, Mü AnwBl 1986, 542. Die vereinbarte Quote bildet die Obergrenze, Mü MDR 1993, 804.

Streithelfer: Die ausdrückliche Regelung in § 101 I Hs. 1 hat nach → Rn. 1 gegenüber § 98 den Vorrang. Es gilt für die durch eine Nebenintervention nach § 66 verursachten Kosten gerade dann die dortige Sonderregelung (Auferlegung zulasten des Gegners der Hauptpartei). Freilich hat ein Vergleich nach → Rn. 29, → § 101 Rn. 33, 35 auch dann den Vorrang, BGH NJW 2016, 1893, Kblz JurBüro 2006, 260; Meyer JurBüro 2012, 578. Eine Kostenaufhebung gegeneinander im Vergleich kann nach → § 101 Rn. 37 dem Streithelfer einen Anspruch auf die Erstattung seiner halben außergerichtlichen Kosten geben. Ein selbständiges Beweisverfahren nach § 485 gehört nicht stets zur Kostenregelung der Hauptsache, Kblz BauR 2013, 278.

Teilübernahme: Eine Teilübernahme durch Streitgenossen nach §§ 59 ff. mit demselben Anwalt meint meist nicht fiktive, sondern tatsächliche Kosten, Mü AnwBl 1986, 542. Auch „Teilurteil", „Teilvergleich".

Teilurteil: Die Übernahme der Kosten „des Rechtsstreits" kann auch die Kosten eines bereits nach § 705 formell rechtskräftigen Teilurteils nach § 301 umfassen, aM Mü MDR 1982, 760 (für den Fall der Kostenteilung). Zum Problem Köln JurBüro 2014, 366 (Auslegungsfrage).

Teilvergleich: Bei einem Vergleich nur über einen Teil des Streitgegenstands nach → § 2 Rn. 4 gilt nur S. 1, Brem OLGR 1999, 239; Stgt MDR 2008, 1246, es sei denn, es gehe jetzt in Wahrheit um den gesamten restlichen Streitgegenstand, Zweibr OLGZ 1983, 80.

Übernahme: Die Übernahme irgendwelcher Kosten ist eine Kostenvereinbarung. Vgl. bei den einzelnen weiteren Stichworten.

Übernahmeschuldner: → „Staatskasse".

Unterhaltsverzicht: Beim Unterhaltsverzicht der Eheleute kann man § 98 anwenden. Vgl. im Übrigen → Rn. 8.

Urkundenprozess: Im Urkundenprozess nach §§ 592 ff. mit einem Nachverfahren nach § 600 meint eine Übernahme „der Kosten des Rechtsstreits" meist die gesamten Kosten des ja als einheitlich geltenden Verfahrens, Hamm Rpfleger 1975, 322.

Vergessen: Soweit die Parteien im Vergleich eine Kostenrechnung vergessen haben, tritt § 91a ein, Naumb NJW 2013, 3256.

Verkehrsanwalt: Wegen der Übernahme von Kosten des Verkehrsanwalts, Düss MDR 1999, 119 (sie kann in der Übernahme „sämtlicher Kosten" stecken); KG NJW-RR 2007, 212 („dieses Vergleichs" deckt nicht das Revisionsverfahren).

Versorgungsrechtlicher Anspruch: → Rn. 8.

Verweisung: Die Übernahme der Kosten „des Rechtsstreits" bezieht sich meist wohl auch auf solche Kosten, die zB nach § 281 III 2 entstanden sind, → § 281 Rn. 44, Düss MDR 1999, 568; LAG Brem MDR 2002, 606; LAG Düss MDR 2002, 725; aM Brem JurBüro 1987, 285; Köln Rpfleger 1987, 430; Zweibr MDR 1996, 972 (aber die Parteien hätten vernünftigerweise sehr wohl eine Einschränkung erklären können und müssen. Diese Einschränkung haben sie jedoch eben gerade nicht erkennbar vorgenommen).

Verzicht: Die Parteien können einzeln oder gemeinsam auf die Erstattbarkeit der Vergleichs- und sonstigen Kosten verzichten, Stgt NJW 2005, 2161; LAG Köln NZA-RR 2006, 44.

Vorprozessuale Kosten: Die Parteien sollten klarstellen, ob sie zur Vergleichsmasse zählen sollen, Kblz Rpfleger 2014, 109.

Zwangsvollstreckung: Die Übernahme der Kosten „des Rechtsstreits" bezieht sich nicht stets auch auf die Kosten einer Zwangsvollstreckung, BGH NJW 2007, 1213; KG Rpfleger 1981, 410; Karlsr MDR 1996, 971.

Zwischenvergleich: Auch bei ihm kann § 98 anwendbar sein. Auch bei ihm kann eine „andere Vereinbarung" vorliegen, Kblz JurBüro 1991, 120.

38 **VIII. Kostenfolgen: Hilfsweise Aufhebung der Kosten gegeneinander, S. 1, 2.** Soweit die Parteien keine „andere Vereinbarung" nach → Rn. 28 ff. getroffen haben, sind die Kosten „als gegeneinander aufgehoben anzusehen", BGH DGVZ 2007, 37; Karlsr MDR 2010, 1079; LG Kblz NJW-RR 2004, 1510. Das gilt sowohl wegen der Kosten des Vergleichs nach S. 1 als auch wegen der noch nicht nach §§ 329, 705 formell rechtskräftig ausgeurteilten Kosten des durch diesen Vergleich beendeten Rechtsstreits nach S. 2.

39 **1. Rechtsnatur: Kostenfolge kraft Gesetzes.** Die mangels einer Vereinbarung vorgesehene Kostenfolge der Aufhebung gegeneinander tritt unmittelbar kraft Gesetzes ein, ebenso wie zB nach § 269 III 2 bei einer Klagerücknahme eine unmittelbare Kostenfolge kraft Gesetzes eintritt. Das ergibt sich bei einer genauen Prüfung schon des Wortlauts. Denn während zB § 92 I 1 davon spricht, dass die Kosten gegeneinander „aufzuheben sind",

setzt § 98 S. 1 fest, dass die Kosten als gegeneinander „aufgehoben anzusehen sind". Das ist auch sinnvoll. Denn die Vorschrift erfasst ja die Kostenfolgen eines Vergleichs zur Hauptsache. Er braucht zwar eine mitverantwortliche Protokollierung durch das Gericht nach § 160 III Nr. 1, soweit es sich um einen Prozessvergleich nach Anh. § 307 handelt. Maßgebend ist aber letztlich der Parteiwille und nicht derjenige des Gerichts. Daher bleibt kein Raum für eine „Entscheidung" über die Kosten, auch nicht nach § 308 II. Soweit nun der Vergleich nicht auch eine Kostenvereinbarung enthält, soll § 98 die Kostenabwicklung doch vor allem erleichtern und vereinfachen. Da sich die Kostenfolge des § 98 bereits aus dem Gesetz ergibt, ist eine gerichtliche Kostenentscheidung nicht unbedingt erforderlich. Sie kann aber – gerade bei Streit der Parteien hierüber – zur Klarstellung ergehen und hat dann deklaratorischen Charakter, OLG Karlsr MDR 2010, 1079; OLG Frankfurt OLGR 2007, 962; MüKoZPO/Schulz Rn. 20).

2. Begriff der Kostenaufhebung. Obwohl § 98 den §§ 91 ff. nach → Rn. 1 grundsätzlich vorgeht, ist natürlich eine „Aufhebung gegeneinander" dasselbe wie im § 92 I 2. Die Gerichtskosten fallen also nach → § 92 Rn. 27 jeder Partei zur Hälfte zur Last. Jede Partei trägt ihre außergerichtlichen Kosten selbst, LAG Mü AnwBl 1988, 72. Das gilt dann für die Kosten des Vergleichs wie für die Kosten des durch ihn beendeten Prozesses. Die Voraussetzung ist nur, dass die Hauptsache gleichzeitig mit dem Prozessvergleich voll beendet ist. 40

3. Teilweise Kostenaufhebung. Soweit nur ein Teilvergleich vorliegt, also ein Vergleich über nur einen Teil des jetzt noch anhängigen Streitgegenstands nach → § 2 Rn. 4, kommt es nach → Rn. 37 „Teilvergleich" wiederum zunächst auf eine etwaige Kostenvereinbarung an. Nur soweit diese fehlt, darf man die Kosten in dem Umfang dieses Teilvergleichs zur Hauptsache als gegeneinander aufgehoben ansehen. Über den streitigen Rest muss das Gericht dann je nach dem Ausgang des Prozesses nach §§ 91 ff. wie sonst entscheiden. Nur wenn der Teilvergleich bereits den Rest einer irgendwie anderweitig zB durch einen früheren ersten Teilvergleich, durch eine teilweise Klagerücknahme nach → § 269 Rn. 12 oder durch teilweise übereinstimmende wirksame Erledigterklärungen zum nach → § 91a Rn. 265 ausgeschiedenen Streitgegenstand erfasst, bleibt es bei der kraft Gesetzes eintretenden hilfsweisen Kostenfolge nach § 98. 41

IX. Verfahrensfragen, S. 1, 2. Wie in → Rn. 39 dargelegt, ist mangels einer Kostenvereinbarung die Aufhebung gegeneinander kraft Gesetzes eingetreten. Es kommt grundsätzlich insofern keine „Entscheidung" mehr in Betracht. Im Übrigen muss man § 98 im Kostenfestsetzungsverfahren nach §§ 103 ff. beachten. Insbesondere muss bereits der Rpfleger dort den Vergleich und die etwa gesonderte Kostenvereinbarung vorrangig nach → Vor § 103 Rn. 11 beachten. Er muss nach → Vor § 103 Rn. 26 zu diesem Zweck auch bei einer Unklarheit oder Widersprüchlichkeit ebenso wie eine derartige Kostengrundentscheidung auslegen. Denn auch ein Vergleich ist ja nach → § 103 Rn. 5 ff. ein zur Kostenfestsetzung geeigneter Vollstreckungstitel, soweit es sich um einen Prozessvergleich nach § 794 I Nr. 1 handelt. Da § 98 nach → Rn. 9, 10 auch auf den außergerichtlichen Vergleich nach § 779 BGB entsprechend anwendbar ist, muss das hier auch für die Kostenfestsetzung entsprechend gelten. Soweit eine Auslegung nach → Vor § 128 Rn. 59, 60 stattfindet, muss das Gericht den davon etwa Benachteiligten unter einer angemessenen Fristsetzung anhören, Art. 2 I, 20 III GG (Rpfl.), BVerfGE 101, 404, Art. 103 I GG (Richter). Zuständig sind die in § 104 Genannten. Für den Kostenfestsetzungsbeschluss, seine Mitteilung, Vollstreckbarkeit gelten §§ 103 ff. 42

X. Rechtsmittel, S. 1, 2. Soweit das Gericht trotz einer Kostenvereinbarung oder wegen ihres angeblichen oder wirklichen Fehlens eine Entscheidung über die Kosten des gerichtlichen und/oder außergerichtlichen Vergleichs oder der übrigen Kosten jenes Rechtsstreits getroffen **hat,** liegt nun einmal eine (vorausgesetzt: äußerlich wirksame) Entscheidung vor, mag sie auch nach → Vor § 300 Rn. 52 (evtl. iVm § 329) mangelhaft sein. § 98 sieht anders als der vergleichbare § 269 V I zwar nicht ausdrücklich vor, wie weit die Entscheidung anfechtbar sei. Denn das Gesetz sieht sie eben überhaupt nicht vor, Jena MDR 2011, 1067. Indessen gelten die allgemeinen Regeln zur Anfechtbarkeit einer mangelhaften Entscheidung, Kblz JurBüro 1991, 263. Freilich muss man § 99 beachten, Nürnb MDR 1997, 974. Ein Verzicht auf eine Begründung einer Kostenentscheidung kann ein Rechtsmittelverzicht zB nach §§ 515, 565 sein, Brdb MDR 1995, 743; Brschw MDR 2001, 1008 (abl. Schneider). Soweit das Gericht in seinem Kostenfestsetzungsbeschluss § 98 entweder durch eine Anwendung der dort festgestellten Kostenvereinbarung oder durch eine Anwendung der hilfsweisen gesetzlichen Kostenaufhebung beachtet hat oder soweit das Gericht diese Vorschrift fälschlich oder gar nicht beachtet hat, gelten die Regeln zur Anfechtung des Kostenfestsetzungsbeschlusses nach § 104. 43

99 *Anfechtung von Kostenentscheidungen.* **I Die Anfechtung der Kostenentscheidung ist unzulässig, wenn nicht gegen die Entscheidung in der Hauptsache ein Rechtsmittel eingelegt wird.**

II [1]Ist die Hauptsache durch eine auf Grund eines Anerkenntnisses ausgesprochene Verurteilung erledigt, so findet gegen die Kostenentscheidung die sofortige Beschwerde statt. [2]Dies gilt nicht, wenn der Streitwert der Hauptsache den in § 511 genannten Betrag nicht übersteigt. [3]Vor der Entscheidung über die Beschwerde ist der Gegner zu hören.

Übersicht

1 **I. Systematik, I, II.** Die Vorschrift stellt eine in I erhebliche Einschränkung der sonstigen Regeln zur Statthaftigkeit eines Rechtsmittels dar. Ohne I würde die Anfechtung der Kostenentscheidung nur den allgemeinen Vorschriften für Rechtsmittel unterliegen. Insofern ist I eine Ausnahmevorschrift. Sie enthält nicht etwa einen gleichberechtigten weiteren Grundsatz. Sie enthält ja überhaupt keine abschließende Regelung der Voraussetzungen eines Rechtsmittels. Soweit es nach § 99 statthaft ist, muss man seine Statthaftigkeit, Zulässigkeit und Begründetheit nach den allgemeinen Regeln wie sonst zusätzlich prüfen.

2 Aus dem Ausnahmecharakter von I folgt die Notwendigkeit seiner **engen Auslegung.** Das ergibt auch die erhebliche Zahl derjenigen Fälle, in denen die Anfechtung der Kostenentscheidung eben doch zulässig ist, Hmb MDR 1976, 674; aM Mü GRUR 1985, 327; Oldb MDR 1976, 674 (aber die enge Auslegbarkeit einer Ausnahmevorschrift entspricht der allgemeinen Methode. Auch → Rn. 4).

3 Demgegenüber stellt **II 1** eine „Ausnahme von der Ausnahme“ dar. In seinem Umfang ist unter den weiteren allgemeinen Voraussetzungen ein nur gegen die Kostenentscheidung gerichtetes Rechtsmittel statthaft. Daher ist II 1 an sich als eine Rückkehr zum Grundsatz der Anfechtbarkeit **weit auslegbar.** Freilich sind seine Grenzen ziemlich klar. Man muss eine entsprechende Anwendbarkeit nach → § 924 Rn. 12 (Kostenwiderspruch) immerhin sorgfältig prüfen. II 2 hat demgegenüber wieder einen Ausnahmecharakter und ist auch nach → Rn. 42 wegen des klaren Wortlauts nur begrenzt auslegbar.

4 **II. Regelungszweck, I, II.** Die Vorschrift dient in **I** der Prozesswirtschaftlichkeit. Das Rechtsmittelgericht soll nicht nur wegen der Kostenfrage tätig werden müssen, solange sie nicht zur Hauptsache geworden ist, BGH FamRZ 2003, 1269; Karlsr FamRZ 2002, 682; Köln NJW-RR 1997, 707. I nimmt zur Erreichung dieses Ziels trotz → Vor § 91 Rn. 20 bewusst eine evtl. erhebliche Kostenungerechtigkeit gegenüber einer Partei in seinen engen Grenzen nach → Rn. 1 in Kauf.

5 **II 1** dient demgegenüber der Vermeidung allzu ungerechter Kostenentscheidungen dann, wenn anders als bei I eine Anfechtung der Hauptsache praktisch nicht in Betracht kommt, weil der Bekl. ja insofern anerkannt hat. Daraus kann man allgemein ableiten: Sofern nur eine Kostenanfechtung überhaupt in Betracht kommt, soll sie auch statthaft sein. Dieser Gedanke kommt nach → Rn. 8 ff. in zahlreichen Einzelbeispielen aus der Praxis zum Ausdruck.

6 **II 2** hat freilich wiederum denselben Zweck wie I und ist nach → Rn. 1, 42 entsprechend auslegbar.

7 **III. Sachlicher Geltungsbereich, I, II. 1. Grundsatz: Anfechtbarkeit der Kostenentscheidung.** Da I nach → Rn. 2 als eine Ausnahme eng, II als eine Rückkehr zum Grundsatz weit auslegbar sind, ist im Zweifel eine auf den Kostenpunkt beschränkte Anfechtung insofern statthaft. Freilich muss man die übrigen Voraussetzungen der Statthaftigkeit, Zulässigkeit und Begründetheit eines Rechtsmittels wie sonst prüfen.

2. Beispiele zur Frage des sachlichen Geltungsbereichs, I, II

8 **Absehen von einer Kostenentscheidung:** Soweit das Gericht es abgelehnt hat, überhaupt eine Kostenentscheidung nach → Vor § 91 Rn. 53 zu treffen, muss man zunächst prüfen, ob (kaum) ein Antrag auf eine Ergänzung nach § 321 sinnvoll ist. Falls nicht, ist ein Kostenrechtsmittel jedenfalls nicht wegen I unstatthaft, Celle NJW-RR 2003, 1510; Zweibr MDR 1990, 253. Denn es liegt in Wahrheit noch gar keine „Entscheidung über den Kostenpunkt“ vor. Dasselbe gilt, soweit das Gericht es einfach unterlassen hat, eine Kostenentscheidung zu treffen, BGH WuM 2010, 643 (zu § 49 II WEG); Zweibr FamRZ 1997, 622. Insofern mag es allerdings zusätzlich zunächst nötig sein, einen Berichtigungsantrag nach § 319 zu stellen, BGH KTS 1987, 738; Köln FamRZ 1995, 379; Zweibr MDR 1990, 253.

Anerkenntnis: → Rn. 32–58.

Anschlussrechtsmittel: Mit einem bloßen Anschlussrechtsmittel zB nach § 524 kann man auch eine auf den Kostenpunkt beschränkte Anfechtung vornehmen, BGH NJW 2010, 2199.

Arrest, einstweilige Verfügung: Die Vorschrift gilt auch im Verfahren auf den Erlass eines Arrests oder einer einstweiligen Verfügung nach §§ 916 ff., 935 ff. II ist bei einem nach → § 924 Rn. 12 auf die Kostenfrage beschränkten Widerspruch trotzdem auch **nicht entsprechend** anwendbar, Mü WettbR 1996, 140. Das gilt schon deshalb, weil der Widerspruch nach → Rn. 17, → § 925 Rn. 13 mangels einer Anfallwirkung nach → Vor § 511 Rn. 4 überhaupt kein Rechtsmittel ist.

Auslandsurteil: § 99 gilt auch bei der Vollstreckbarerklärung zB nach § 722, Naumb OLGR 2005, 105.

Berichtigung: → „Ergänzung der Hauptsacheentscheidung“.

Beschluss: § 99 ist auf einen Beschluss nach § 329 entsprechend anwendbar, soweit nicht eine Beschwerde nur eine Ergänzung der fehlenden Kostenentscheidung bezweckt.

Bloße Kostenentscheidung: Soweit die angefochtene Entscheidung überhaupt nur zum Kostenpunkt vorliegt, nicht auch zur Hauptsache, scheitert ein Rechtsmittel zum Kostenpunkt jedenfalls nicht an I. Denn dieser setzt eine Entscheidung auch zur Hauptsache voraus, Karlsr FamRZ 2002, 682; Köln OLGZ 1987, 470; Teplitzky DRiZ 1982, 45; aM Mü GRUR 1985, 327; Zweibr FamRZ 1983, 1154. Das alles gilt auch bei einer späteren Änderung der Kostenentscheidung, BGH FamRZ 2015, 1104. Auch → Rn. 8 „Arrest, einstweilige Verfügung", → „Finanzgericht".

Dritter: → Rn. 13.

Einspruch: Er ist wie sonst nach §§ 338, 700 zulässig. Denn er stellt als bloßer Rechtsbehelf mangels einer Anfallwirkung nach → Vor § 511 Rn. 4 überhaupt **kein** Rechtsmittel und daher auch keine „Anfechtung" nach I dar.

Einstweilige Verfügung: → Rn. 8 „Arrest, einstweilige Verfügung".

Ergänzung der Hauptsacheentscheidung: Soweit es nur um einen Antrag auf eine Berichtigung nach §§ 319 ff. geht, liegt **kein** Rechtsmittel und daher auch keine „Anfechtung" nach I vor. Daher ist der Antrag auch bei einer Beschränkung auf die Kostenfrage nicht schon wegen I unstatthaft, Zweibr FamRZ 1983, 621. Das gilt unabhängig davon, ob der Antrag nach §§ 319 ff. zulässig ist. § 99 ist auch bei der Anfechtung einer Entscheidung nach § 321 anwendbar, Ffm OLGR 1994, 179; Zweibr FamRZ 1983, 621. Bei § 319 III (Stattgabe) geht jene Vorschrift aber vor, Karlsr NJW-RR 2000, 730.

Erinnerung: Die Statthaftigkeit einer auf den Kostenpunkt beschränkten Erinnerung ist von § 99 **unabhängig.** Denn die Erinnerung ist nach → „Rechtsbehelf" als ein bloßer Rechtsbehelf nach → Vor § 511 Rn. 1 mangels einer Anfallwirkung nach → Vor § 511 Rn. 4 kein Rechtsmittel. Sie stellt daher nach → Rn. 14 keine „Anfechtung" nach I dar. Beim Rpfleger gilt nach → § 104 Rn. 48 ff. der § 11 RPflG.

Erledigung der Hauptsache: → Rn. 30.

Familienstreitsache: § 99 ist bei einer solchen Sache nach § 113 FamFG anwendbar, Stgt FamRZ 2011, 751. Das gilt auch bei einer einstweiligen Anordnung nach §§ 49 ff. FamFG, Schneider NZFam 2015, 353 (Grdz.).

Finanzgericht: Gegen eine bloße Kostenentscheidung des Finanzgerichts ist keine sofortige Beschwerde statthaft, BFH BB 1976, 1111. Auch → „Bloße Kostenentscheidung".

Gehörsrüge: Unanwendbar ist § 99 bei § 321a, Ffm NJW 2005, 517.

Greifbare Gesetzwidrigkeit: → „Unzulässige Kostenentscheidung".

Insolvenzverfahren: I ist entsprechend anwendbar, Köln (2. ZS) JurBüro 2000, 550, Zweibr NJW-RR 2001, 193, aM Köln (2. ZS) JurBüro 2001, 496 (es liege kein Widerspruch zur eigenen bisherigen Beurteilung vor. Aber § 4 InsO macht I uneingeschränkt mitanwendbar).

Isolierte Kostenentscheidung: → Rn. 8 „Arrest, einstweilige Verfügung", → „Bloße Kostenentscheidung".

Klagerücknahme: Bei einer Klagerücknahme ist § 99 **unanwendbar.** Denn die dann eintretende Kostenfolge ergibt sich aus dem vorrangigen § 269 III 2, IV, Stgt NJW-RR 1997, 1222. Anders liegt es allenfalls bei § 269 III 3, IV.

Kostenfestsetzung: § 99 gilt auch bei §§ 103 ff., Kblz NJW-RR 2000, 362.

Kostenwiderspruch: → § 924 Rn. 12. Auch → Rn. 8 „Arrest, einstweilige Verfügung", → „Rechtsbehelf".

Mischfälle: → Rn. 44 ff.

Nebenforderung: Die Entscheidung über eine Nebenforderung zählt zur Entscheidung „in der Hauptsache", → Rn. 24.

Prozessfähigkeit: → „Unzulässige Kostenentscheidung".

Prozesskostenhilfe: → § 118 Rn. 30. Auch → „Unzulässige Kostenentscheidung".

Prozessvergleich: → Rn. 56.

Prozessvoraussetzung: Die Entscheidung über eine Prozessvoraussetzung zählt nach → Rn. 27 zur Entscheidung „in der Hauptsache".

Rechtsbehelf: Auf den bloßen Rechtsbehelf nach → Vor § 511 Rn. 1 ist § 99 **unanwendbar.** Denn er ist nach → Rn. 17 mangels einer Anfallwirkung nach → Vor § 511 Rn. 4 kein Rechtsmittel. Beim Rpfleger gilt nach → § 104 Rn. 48 ff. der § 11 RPflG.

Reine Kostenentscheidung: → „Bloße Kostenentscheidung".

Restkosten: → Rn. 56.

Sachlich-rechtlicher Ersatzanspruch: Die Entscheidung über einen solchen Anspruch nach → Vor § 91 Rn. 63 ist nach → Rn. 27 ein Teil der Entscheidung „in der Hauptsache".

Schiedsrichterliches Verfahren: I ist bei §§ 1025 ff. anwendbar, BGH NJW-RR 2008, 664; aM Kblz MDR 2015, 1323.

Schlussurteil: → Rn. 44 ff.

Stufenklage: II kann beim Nichtbetreiben ihrer zweiten Stufe nach § 254 entsprechend anwendbar sein, Brdb FamRZ 2007, 161.

Teilurteil: → Rn. 44 ff.

Unterhaltsverfahren: I kann anwendbar sein, Kblz FamRZ 2015, 1424.

Unterlassung der Kostenentscheidung: → Rn. 8.

Unzulässigkeit einer Kostenentscheidung: Soweit der Richter eine nach dem Gesetz gem. § 567, § 574 völlig unzulässige „greifbar gesetzwidrige" Kostenentscheidung erlassen hat, ist § 99 nach → § 494a Rn. 25 **unanwendbar.** Denn es kann nicht sein Zweck sein, der damit belasteten Partei auch in einem so krassen Fall nur zwecks einer Arbeitsentlastung der Gerichte entgegen → Vor § 91 Rn. 20 eine solche Kostenungerechtigkeit aufzuerlegen. Die völlig unhaltbare Kostenentscheidung ist also nicht schon wegen § 99 unanfechtbar. Das Gericht darf und muss daher insoweit die Statthaftigkeit, Zulässigkeit und Begründetheit eines bloßen Kostenrechtsmittels nach den übrigen Rechtsmittelvorschriften prüfen, zB nach → Vor § 511 Rn. 6 ff., BGH MDR 1997, 1066; Karlsr FamRZ 2003, 943; Kblz VersR 1992, 634; aM Ffm MDR 1982, 152; Karlsr FamRZ 1997, 1417; Kblz MDR 1985, 852 (beim Übersehen oder bei der fälschlichen Heranziehung von Kostenvorschriften sei § 99 anwendbar). Nach einer unzulässigen Kostenentscheidung des Rpfleger gilt § 11 RPflG, Brdb NJW-RR 2000, 1593.

Verfassungsbeschwerde: → Rn. 62.

Versäumnisurteil: → Rn. 44 ff.

Verweisung: Soweit zB in der verweisenden Entscheidung nach § 281 fälschlich eine Kostenentscheidung wegen der durch die Verweisung entstandenen Kosten enthalten ist, gelten die Regeln zur „Unzulässigkeit einer Kostenentscheidung". Soweit das Gericht richtigerweise in der Verweisungsentscheidung nicht über die Verweisungskosten befunden hat, gilt für sie § 281 III. Soweit man die in der Kostenentscheidung des Schlussurteils usw. nach jener Vorschrift behandelten Kosten angreift, gilt § 99 wie sonst nach → § 281 Rn. 47, 48.

Verzicht: II kann anwendbar sein, Schlesw NJW 2013, 2766.

Vollstreckbarkeit: Die Entscheidung über die nach §§ 708 ff. vorläufige oder endgültige Vollstreckbarkeit ist eine solche „in der Hauptsache" nach → Rn. 27.

Widerspruch: → „Rechtsbehelf".

Wiederaufnahme: § 99 gilt auch im Wiederaufnahmeverfahren nach §§ 578 ff. Denn es ähnelt einem Rechtsmittel in der Hauptsache vielfach.

Wohnungseigentum: § 99 gilt auch im WEG-Verfahren, LG Bln NJW 2009, 2544; LG Ffm NJW 2009, 924, LG Mü WuM 2009, 427 (je auch zu einer Ausnahme).

9 **IV. Persönlicher Geltungsbereich, I, II. 1. Parteien.** Die Vorschrift erfasst die Parteien des Rechtsstreits. Hierher gehören auch der Prozessstandschafter und der Prozessgeschäftsführer. Ein Minderjähriger handelt durch den gesetzlichen Vertreter usw. nach § 51. Es kann auch ein nur irrig angenommenes Prozessrechtsverhältnis reichen, Düss JurBüro 2009, 42.

10 **2. Vertreter.** Soweit ihn das Gericht nach § 89 persönlich zu den infolge seiner vollmachtlosen Zulassung entstandenen Kosten verurteilt hat, ist § 99 unanwendbar. Denn das Gericht hat ihn ja nicht auch in der Hauptsache verurteilt. Die etwaige Verurteilung zur zusätzlichen Erstattung der infolge seiner vorläufigen Zulassung dem Prozessgegner seiner Partei entstandenen Schäden nach § 89 I 3 Hs. 2 ist ja nicht eine Verurteilung in der „Hauptsache" des Prozesses seiner Partei mit ihrem Gegner. Infolgedessen muss das Gericht die Statthaftigkeit eines Rechtsmittels des Vertreters gegen seine persönliche Verurteilung unabhängig von den Schranken des § 99 wie sonst prüfen, BGH NJW 1988, 50; Ffm OLGR 1995, 249; Schneider Rpfleger 1976, 232.

11 **3. Streitgenossen.** Soweit nicht § 100 vorrangig gilt, ist § 99 grundsätzlich auch auf Streitgenossen nach §§ 59 ff. anwendbar. Allerdings ist ein durch Kosten beschwerter Streitgenosse nicht stets auch in der Hauptsache ebenso wie ein anderer Streitgenosse beschwert. Er kann also in der Hauptsache evtl. nicht zulässigerweise ein Rechtsmittel nach → Vor § 511 Rn. 16 einlegen. Deshalb mag für ihn auch nach → Rn. 21 die Kostenanfechtung an I scheitern.

12 **4. Streithelfer.** Auf den Streithelfer (Nebenintervenienten) nach § 66 ist § 101 anwendbar. Im Übrigen bleibt evtl. § 99 anwendbar, Karlsr NJW 2018, 1104.

13 **5. Dritter.** Wegen des vorläufig zugelassenen vollmachtlosen Vertreters → Rn. 10. Im Übrigen ist § 99 anwendbar, soweit der Dritte in einem Zwischenstreit zu **dessen** Partei geworden ist, zB nach §§ 71 II, 135 II, 372a II, 387 ff., 402. Wenn eine Kostenentscheidung nicht zwischen den Parteien des Rechtsstreits oder dieses Zwischenstreits ergangen ist, sondern nur während des Rechtsstreits zulasten eines Dritten, zB des ProzBev, ist das Kostenrechtsmittel dieses Dritten nicht von § 99 abhängig, BAG NJW 2006, 462; Schneider MDR 1987, 729. Das gilt zB bei §§ 380 III, 409 II, Düss NJW-RR 1993, 828.

14 **V. Anfechtung der Kostenentscheidung, I, II.** Die Vorschrift begrenzt die Statthaftigkeit einer Anfechtung gerade der Kostenentscheidung.

15 **1. Begriff der Kostenentscheidung.** I, II meinen mit der „Kostenentscheidung" diejenige zur prozessualen Kostenpflicht nach → Vor § 91 Rn. 42, 53. Eine solche Entscheidung kann auch dann vorliegen, wenn nach einer Erledigung der Hauptsache die Kosten ihrerseits zur restlichen oder jetzigen Hauptsache geworden sind, solange es eben nur um die prozessuale Kostenerstattungspflicht geht, Schneider MDR 1984, 265.

16 **Keine** Kostenentscheidung ist diejenige zur übrigen Hauptsache, BGH NJW-RR 1992, 315, und diejenige zur sachlich-rechtlichen Kostenpflicht nach → Vor § 91 Rn. 63. Wegen der Überschneidung der prozessualen und der sachlichrechtlichen Kostenpflicht → Vor § 91 Rn. 86; → Rn. 8 ff.

17 **2. Begriff der Anfechtung: Rechtsmittel.** Unter „Anfechtung" versteht I ein Rechtsmittel, nicht auch einen bloßen Rechtsbehelf. Das ergibt sich daraus, dass die Kostenanfechtung nur zusammen mit einem „Rechtsmittel" in der Hauptsache statthaft ist, BGH NJW 2017, 1038. Zur Abgrenzung der Hauptsacheentscheidung von der Kostenentscheidung → Rn. 13. Unter „Rechtsmittel" muss man dasselbe wie in → § 97 Rn. 11 verstehen. Dazu gehören also: Berufung nach §§ 511 ff.; Revision nach §§ 542 ff.; sofortige Beschwerde nach §§ 567 ff.; Rechtsbeschwerde nach §§ 574 ff.; die einem Rechtsmittel ähnliche Wiederaufnahmeklage nach §§ 578 ff.; eine Ergänzungsentscheidung nach § 321, Zweibr FamRZ 1983, 621.

18 **Nicht** zu den Rechtsmitteln zählen mangels einer Anfallwirkung nach → Vor § 511 Rn. 4 die Rechtsbehelfe zB: Des Einspruchs nach §§ 338, 700, Brdb NJW-RR 2000, 1668; der sofortigen Erinnerung zB nach → § 104 Rn. 84 ff., Stgt Rpfleger 1984, 200; des Widerspruchs zB nach → § 924 Rn. 1 sowie → § 925 Rn. 13 (dort zum Streitstand). In diesen Fällen muss man also die Statthaftigkeit eines bloßen Kosten-Rechtsbehelfs unabhängig von § 99 prüfen. → Rn. 8 ff.

19 **3. (Teil)urteil usw. ohne Kostenentscheidung.** Wegen derjenigen Fälle, in denen eine Sachentscheidung nicht auch einen Kostenausspruch enthält, also eine Kostenentscheidung noch fehlt, → Rn. 44 ff. Fehlt die Kostenentscheidung im Schlussurteil gänzlich, steht § 99 der Zulässigkeit der Berufung nicht entgegen. Ist sie bewusst unterblieben, kommt auch eine Ergänzung nach § 321 nicht in Betracht; die Kostenentscheidung ist velmehr in der Berufungsinstanz zu treffen, OLG Zweibrücken GRUR-RS 2021, 9201.

20 **VI. Statthaftigkeitsprüfung, I.** Die Vorschrift spricht zwar davon, dass die Kostenanfechtung evtl. „unzulässig" sei. Sie erfasst aber schon die Unstatthaftigkeit nach → Vor § 511 Rn. 6. Sie besagt, dass das Gesetz ein Rechtsmittel nach → Vor § 511 Rn. 6 schon seiner Art nach überhaupt nicht erlaubt. Das gilt unabhängig davon, ob es seiner Art gemäß → Vor § 511 Rn. 6 zur Verfügung steht und ob es dort nur von weiteren Voraussetzungen abhängig wäre, etwa von einer Beschwer nach → Vor § 511 Rn. 16. Dass es sich in Wahrheit schon um die

Statthaftigkeit handelt, ergibt sich indirekt aus den Worten „so findet … statt" in II 1 für den dortigen weiteren Bereich.

VII. Zulässigkeitsprüfung zur Hauptsache, I. Voraussetzung der Anfechtbarkeit der Kostenentscheidung 21
nach I ist, dass auch gegen die Entscheidung in der Hauptsache ein Rechtsmittel „eingelegt wird", BGH NJW-RR 1991, 510; Düss ZMR 2011, 869.

1. Notwendigkeit der Zulässigkeitsprüfung. Entgegen dem Wortlaut kommt es nicht nur darauf an, dass 22
das Hauptsache-Rechtsmittel nach → Rn. 20 eben tatsächlich eingelegt „wird", sondern dass das neben der allgemeinen Statthaftigkeit nach → Vor § 511 Rn. 6 auch im Einzelfall nach → Vor § 511 Rn. 7 zulässig ist. Die Einlegung eines in der Hauptsache unstatthaften oder unzulässigen Rechtsmittels macht die Kostenanfechtung nicht schon nach I statthaft. Andernfalls wären Umgehungen möglich. Man könnte ein zB offensichtlich unzulässiges Hauptsache-Rechtsmittel einlegen, zugleich die Kostenentscheidung anfechten und so deren Überprüfung erzwingen, wenn auch um den Preis der Verwerfung des Hauptsache-Rechtsmittels, falls man es nicht zurücknehmen könnte. Das ist nicht der Sinn des Gesetzes, BGH FamRZ 1981, 451; Düss FamRZ 1991, 351; LG Duisb JurBüro 1983, 449.

Freilich reicht ein bloßer derartiger **Verdacht** der Umgehung **nicht** aus, um die isolierte Kostenanfechtung 23
unzulässig zu machen, BGH JR 1976, 246 krit. Schreiber; Schlesw MDR 2003, 51. Die Abgrenzung zwischen einem bloßen Verdacht und einer eindeutigen Umgehung lässt sich nur nach den Umständen treffen. Dabei ist wegen des nach → Rn. 1 bloßen Ausnahmecharakters von I erst der eindeutige Umgehungsfall schädlich.

2. Notwendigkeit einer Beschwer in der Hauptsache. Da es auf die Zulässigkeit des Hauptsacherechts- 24
mittels ankommt, muss unter anderem zur Hauptsache eine Beschwer nach → Vor § 511 Rn. 16 vorliegen. Sie muss allerdings nur bei der Einlegung des Rechtsmittels zB nach §§ 519 I, 549 I 1 vorliegen. Ein späterer Wegfall schadet nach → Vor § 511 Rn. 16 regelmäßig nicht. In der Hauptsache muss evtl. eine ausreichende Beschwerdesumme nach § 511 II Nr. 1 usw. vorliegen.

3. Notwendigkeit einer Beschwer im Kostenpunkt. Zusätzlich zur Beschwer in der Hauptsache nach 25
→ Rn. 24 muss auch im Kostenpunkt die jeweils gesetzlich erforderliche Beschwer nach → Vor § 511 Rn. 16 vorliegen, zB nach § 567 II, BGH WM 1982, 1336; Saarbr BauR 2014, 1049; LG Duisb JurBüro 1983, 449. Diese Vorschrift gilt aber zB bei einer Rechtsbeschwerde nach § 574 nicht mehr, BGH BB 2004, 2602. Auch hier reicht allerdings das Vorliegen der Beschwerdesumme im Zeitpunkt der Einlegung des Kosten-Rechtsmittels aus. Eine Kostenanfechtung ist dann zulässig, wenn die Beschwerdesumme durch eine Aufrechnung mit einem solchen Schadensersatzanspruch entsteht, nach dem der Kläger die Prozesskosten der Vorinstanz nach dem sachlichen Recht erstatten müsste.

4. Keine weitere Prüfung zur Hauptsache. Das Gericht darf grundsätzlich nicht prüfen, ob das Haupt- 26
sache-Rechtsmittel auch begründet wäre und ob die Partei an der Entscheidung des Rechtsmittelgerichts zur Hauptsache ein wirtschaftliches Interesse hat oder ob es ihr im Wesentlichen doch nur auf die Kostenanfechtung ankommt. Es darf eben nur nach → Rn. 21 keine Umgehung vorliegen. Freilich sind so grundlegende Gesichtspunkte wie derjenige einer Sachbefugnis zur Hauptsache nach → Vor § 50 Rn. 26 auch bei der Prüfung der Zulässigkeit des Kostenrechtsmittels zu beachten, Zweibr FamRZ 1989, 195 (sie liegt zB bei § 1629 III BGB nicht mehr ab der Volljährigkeit des Kindes vor).

VIII. Entscheidung in der Hauptsache, I. Ob überhaupt eine Kostenanfechtung statthaft ist, hängt unter 27
anderem davon ab, ob überhaupt eine „Entscheidung in der Hauptsache" vorliegt.

1. Begriff. Entscheidung in der Hauptsache ist jede Entscheidungsform (Urteil, Beschluss, Düss MDR 1990, 28
62, Verfügung), die zumindest auch den Streitgegenstand nach → § 2 Rn. 4 betrifft und nicht nur den Kostenpunkt.

Beispiele: Die Entscheidung über eine Nebenforderung nach § 4, MüKoZPO/Schulz Rn. 6; über eine 29
Prozessvoraussetzung; über die vorläufige Vollstreckbarkeit nach §§ 708 ff.

2. Erledigung der Hauptsache. Eine Entscheidung „in der Hauptsache" kann auch dann vorliegen, wenn es 30
sich um die Erledigung der Hauptsache nach § 91a handelt, BGH NJW 1992, 1514; Düss ZMR 2011, 869; Köln NJW-RR 2016, 1342. Eine Erledigung der Hauptsache macht die Kosten nicht selbst stets zur Hauptsache. Im einzelnen sollte man zusätzlich zu den Erläuterungen zu § 91a im vorliegenden Zusammenhang folgende Regeln beachten: Wenn sich die Hauptsache zwischen dem Schluss der letzten mündlichen Verhandlung nach §§ 136 IV, 296a und der Urteilsverkündung nach → § 91a Rn. 77 erledigt hat, ist eine Berufung zum Zweck der Änderung nur der Kostenentscheidung unzulässig, aM Hmb NJW-RR 1989, 570; Hamm GRUR 1984, 69 (aber das wäre nicht der Sinn der Vorschrift nach → Rn. 2, 4).

Wenn sich die Hautpsache nach der Urteilsverkündung, aber **vor** der Einlegung des Hauptsache-Rechtsmittels 31
zB nach § 519 I erledigt hat, ist keine Anfechtung der Kostenentscheidung zulässig, falls kein sachlicher Streit mehr vorliegt, falls zB das Feststellungsinteresse nach der Art von → § 256 Rn. 24 erloschen ist oder falls der Bekl. inzwischen erfüllt hat, Hamm GRUR 1984, 69. Wenn sich die Hauptsache erst nach der Einlegung des zugehörigen Rechtsmittels erledigt hat, bleibt das Kostenrechtsmittel grundsätzlich zulässig. Dann gilt dasselbe wie bei einer Erledigung in der ersten Instanz. Der Rechtsmittelkläger trägt die Kosten, soweit er die Erledigung der Hauptsache willkürlich herbeigeführt hat. Wenn das Gericht nach wirksamen Teilerledigterklärungen teils nach § 91a und im Rest nach §§ 91, 92 II entschieden hat, ist eine isolierte Kostenanfechtung nur gegen den ersten Beschluss möglich, Saarbr JurBüro 2005, 97.

IX. Verurteilung aufgrund eines Anerkenntnisses, II. Erste Voraussetzung der Statthaftigkeit einer 32
sofortigen Beschwerde über den Kostenpunkt nach § 567 ist, dass eine „Verurteilung aufgrund eines Anerkenntnisses" vorliegt.

1. Begriff des Anerkenntnisses. II meint die prozessuale Anerkenntniserklärung. Man muss sie nach → Vor 33
§ 306 Rn. 9 von dem in ihr steckenden etwaigen sachlich-rechtlichen Anerkenntnis unterscheiden. Es muss sich also um ein Anerkenntnis nach § 307 handeln. Das Anerkenntnis mag also in der notwendigen mündlichen Verhandlung nach → § 128 Rn. 6 stattgefunden haben, Brdb MDR 1999, 504, oder im schriftlichen Verfahren nach § 128 II oder § 495a S. 1 oder im schriftlichen Vorverfahren nach §§ 276, 277, 495a S. 1 schriftsätzlich, Brdb NJW-RR 2000, 1668. Es mag den Hauptanspruch ganz oder nur zum Teil umfassen usw. Im Eilverfahren

nach §§ 916 ff., 935 ff. kann ein Anerkenntnis im bloßen Kostenwiderspruch nach → § 924 Rn. 12 liegen, Ffm GRUR-RR 2015, 281; Stgt WettbR 2000, 125. Ein bloßer Kostenwiderspruch ist auch im Hauptverfahren zu beachten, Drsd MDR 2018, 170.

34 **2. Wirksamkeitsprüfung.** Das Gericht braucht das Anerkenntnis zwar im Verfahren der Kostenanfechtung nicht im Einzelnen auf seine Voraussetzungen zu überprüfen. Das Anerkenntnis muss aber nach → § 307 Rn. 17 immerhin grundsätzlich wirksam sein. Es darf also nicht eine Anerkennung nur über einen solchen Punkt vorliegen, der der Parteiherrschaft nicht unterlag, etwa in einer Ehesache nach §§ 121 ff. FamFG oder in einer sonstigen Familiensache nach (jetzt) dem FamFG, Ffm FamRZ 1984, 1123; Kblz JurBüro 1982, 446. Es darf auch nicht nur ein eingeschränktes oder bedingtes Anerkenntnis vorliegen, Düss MDR 1989, 825; Mü MDR 1992, 184; Naumb NJW-RR 1997, 893, es sei denn, das Gericht hätte trotz eines solchen nur eingeschränkten Anerkenntnisses eine uneingeschränkte Verurteilung vorgenommen, Düss MDR 1990, 59, oder das Gericht hätte fälschlich erklärt, es liege ein Anerkenntnis vor, Karlsr FamRZ 1991, 1456 (wendet II dann entsprechend an). Nicht ausreichend ist ein Anerkenntnis unter Vorbehalt, aM BGH NJW 2016, 573.

35 **3. Ausreichen eines streitigen Urteils.** Es muss kein Anerkenntnisurteil nach § 307 in der Hauptsache ergangen sein, Mü MDR 1992, 184; LG Nürnb-Fürth WuM 2013, 435. Das ergibt sich schon aus dem Wortlaut von II. Er verlangt nur eine Verurteilung „aufgrund" eines Anerkenntnisses. Nach § 307 erfolgt eine Verurteilung „dem Anerkenntnis gemäß" durch ein Anerkenntnisurteil nicht nur dann, wenn zum Anerkenntnis des Bekl. auch ein Antrag des Klägers gerade auf ein Anerkenntnisurteil hinzutritt, sondern von Amts wegen. Das Gericht darf und muss ein Anerkenntnis stets nach → Vor § 128 Rn. 59, 60 frei würdigen. Es muss sowohl ein Versäumnisurteil nach § 331 zB in einer dem Anerkenntnis folgenden solchen Verhandlung treffen, in der der Bekl. ausblieb, als auch ein streitiges Urteil „aufgrund", also unter einer Berücksichtigung des Anerkenntnisses dann fällen, wenn es das Anerkenntnis nicht als ein solches nach § 307 beurteilt. Das reicht auch bei II, Düss MDR 1990, 59; Mü MDR 1992, 184. Denn auch dann wäre sonst eine Richtigstellung der Kostenentscheidung nicht möglich, auf die es ja nach → Rn. 4 bei II ankommt, BGH MDR 2013, 866; Düss MDR 1989, 825; Köln FamRZ 1989, 878.

36 Eine **sofortige Beschwerde** nach § 567 II ist auch dann statthaft, wenn das Gericht seine Entscheidung zur Hauptsache auf ein nach seiner Meinung wirksames Anerkenntnis gestützt hat, wenn auch zu Unrecht, Brdb FamRZ 1998, 1247; Düss MDR 1989, 825; aM Thomas/Putzo/Hüßtege Rn. 10 (aber dann liegt nach → Vor § 300 Rn. 52 ein wirksamer Staatshoheitsakt vor). Eine sofortige Beschwerde ist ferner dann statthaft, wenn das Gericht § 93 entsprechend zulasten des sonst siegenden Bekl. angewendet hat, LG Verden MDR 1998, 1435, oder wenn das Gericht nach → Vor § 511 Rn. 29 (Meistbegünstigung) ein streitiges Urteil erließ, Düss MDR 1989, 825. Es findet also im Kostenanfechtungsverfahren keine Nachprüfung darüber statt, ob die Voraussetzungen des § 307 im Zeitpunkt des Erlasses eines vorliegenden Anerkenntnisurteils wirklich vorlagen.

37 **X. Beendigung der Vorinstanz, II 1.** Durch die Verurteilung muss die Hauptsache „erledigt" sein, BAG NZA 2012, 470. Das meint aber nicht etwa eine Erledigung nach § 91a. Der Wortlaut von II 1 ist insofern missverständlich. In Wahrheit erfasst II 1 vielmehr eine Beendigung der Instanz durch ein Anerkenntnisurteil nach § 307 oder doch durch eine solche Schlussentscheidung, die auf einem prozessualen Anerkenntnis beruht.

38 **XI. Sofortige Beschwerde, II 1.** Die sofortige Beschwerde nach § 567 ist unter den Voraussetzungen → Rn. 32–37 und unter folgenden weiteren Voraussetzungen möglich (beim Rpfl. gilt nach → § 104 Rn. 48 ff. der § 11 RPflG), Celle BauR 2014, 744. Das gilt auch nach einem Ersturteil zu einem Kostenwiderspruch nach → § 924 Rn. 12, KG MDR 2011, 877.

39 **1. Begriff.** Er ist derselbe wie in § 567 I. Man muss die Notfrist des § 224 I 2 der in § 569 I genannten Wochen oder Monate beachten, KG NJW 2010, 3588. Die Einlegung bei dem Beschwerdegericht genügt nach § 569 I 1. Wegen einer Anschlußbeschwerde § 567 III.

40 **2. Grenzen der Statthaftigkeit.** Die sofortige Beschwerde ist nach → § 567 Rn. 5 unstatthaft, soweit das OLG als Berufungs- oder Beschwerdegericht entschieden hat. Dann kommt allenfalls eine Rechtsbeschwerde nach § 574 I–III infrage.

41 **3. Notwendigkeit einer Beschwer.** Ferner muss eine Beschwer nach → Rn. 42 vorliegen, also ein Zurückbleiben des Zugesprochenen hinter dem Beantragten. Ferner muss nach § 567 II eine Beschwerdesumme vorliegen, so schon Schlesw SchlHA 1978, 67; Thomas/Putzo/Hüßtege Rn. 11; aM Gölzenleuchter/Meier NJW 1985, 2813 (aber eine Beschwer ist bei jedem Rechtsbehelf erforderlich). Der Beschwerdewert berechnet sich nach den Kosten. Der Beschwerdeführer kann nicht mehr rügen, die Klage sei unzulässig oder unbegründet gewesen. Er hätte ja nicht anzuerkennen brauchen, Hamm MDR 1990, 638. Nach einem Anerkenntnisurteil ohne eine Begründung der Kostenentscheidung trotz streitiger Kostenanträge muss das Gericht das Verfahren evtl. auf einen Antrag zurückverweisen, Brdb MDR 2000, 233.

42 **XII. Erreichen des Hauptsachewerts von 600,01 EUR, II 2.** Die Vorschrift fordert im Umkehrschluss ihres unglücklich verneinenden Wortlauts: Die zugehörige Hauptsache muss einen Wert von mindestens 600,01 EUR haben. Denn nur dann liegt ein für eine Berufung nach § 511 II Nr. 1 ausreichender Wert vor. Die Mindestsumme von 600,01 EUR für den Hauptsachewert gilt unabhängig davon, ob das Gericht eine Berufung nach § 511 II Nr. 2, IV zulassen dürfte, müsste oder zugelassen hat. Denn II 2 stellt schlicht auf einen „Betrag" in EUR ab, obwohl gleichzeitig die Zulassungsberufung unabhängig von **diesem** Wert statthaft wurde. Ein Versehen des Gesetzgebers sollte daher nicht vorliegen. Zwar würde der Sinn (keine Nebenentscheidung, soweit keine Hauptsacheentscheidung zulässig, wie bei I) eher für eine weite Auslegung sprechen. Sie findet aber am klaren Wortlaut von II 2 ihre Grenze. Zumindest ist ohnehin nach → Rn. 2, 4 eine enge Auslegung notwendig. Vgl. auch die vergleichbare Lage bei § 91a II 2, → § 91a Rn. 173.

43 **XIII. Anhörung des Gegners, II 3.** Die Vorschrift stellt eine überflüssige, weil selbstverständliche Ergänzung zu den im Verfahren der sofortigen Beschwerde nach §§ 567 ff. geltenden Regeln dar. Sie entspricht dem Art. 103 I GG, BVerfG 64, 227. Gegenstand der Anhörung kann freilich praktisch nur die Frage sein, ob § 91 oder §§ 93, 93b anwendbar waren oder ob überhaupt in einem Teilanerkenntnisurteil schon eine Kostenentscheidung zulässig war.

XIV. Teilanerkenntnis und sonstige Mischfälle, I, II. Bei einem bloßen Teilanerkenntnis und in zahlreichen weiteren sog. Mischfällen gehen die Meinungen weit auseinander. 44

1. Grundsatz: Anfechtbarkeit. Der in → Rn. 7 dargestellte Grundsatz, dass die Kostenentscheidung im Zweifel anfechtbar ist, gilt zB auch beim unzulässigen streitigen Teilurteil nach § 301, Drsd FamRZ 2000, 34, und auch im Bereich des Teilanerkenntnisses, Brdb FamRZ 1999, 725, und der weiteren Mischfälle, BGH NJW-RR 1999, 1741. Freilich muss man nach → Rn. 42 stets II 2 beachten. 45

2. Notwendigkeit einfacher und klarer Kostenentscheidung. Das Gericht sollte sich nach → § 91 Rn. 28 stets um eine einfache und klare Formulierung der Entscheidung über das Kostenrechtsmittel usw. gerade bei den sog. Mischfällen bemühen. Sie verursachen ohnehin schon erhebliche Probleme. Diese sollte man nicht in das Kostenfestsetzungsverfahren verlagern. Zwar darf und muss der Rpfleger die Kostengrundentscheidung nach → Vor § 103 Rn. 26 auslegen. Das entbindet aber den Richter nicht von der Pflicht, gerade im sog. Mischfall eindeutig festzulegen, wer welche Kosten tragen soll. 46

Beispiel: „Der Beklagte trägt die Kosten. Von den Kosten entfallen auf den streitig entschiedenen Teil des Rechtsstreits 75 %, auf den für erledigt erklärten Teil des Rechtsstreits und auf den durch ein Anerkenntnisurteil behandelten Teil des Rechtsstreits je 12,5 %". Durch eine solche Kostensonderung in der Entscheidungsformel nach § 313 I Nr. 4 kann man die Frage erleichtern, ob und in welchem Umfang eine Anfechtung zB die erforderliche Beschwerdesumme erreicht. Denn diese Frage entscheidet man ja nach → Rn. 21 nicht nach § 99, sondern nach den sonstigen Vorschriften zu dem jeweiligen Rechtsmittel. Im Übrigen kann man etwa die folgenden Situationen unterscheiden. 47

3. Teilurteil ohne Kostenentscheidung. Wenn sich ein Rechtsmittel in der Hauptsache gegen ein Teilurteil nach § 301 ohne eine Kostenentscheidung richtet, ist neben diesem Rechtsmittel immer eine Anfechtung der Kostenentscheidung des Schlussurteils statthaft, BGH NJW-RR 1999, 1741; Karlsr FamRZ 2002, 682. Denn diese letztere Kostenentscheidung ergänzt das Teilurteil. 48

Man kann auch nicht etwa die Anfechtbarkeit der das Teilurteil betreffenden Kostenentscheidung des Schlussurteils davon abhängig machen, ob in der Hauptsache ein Rechtsmittel gegen das Teilurteil zulässig ist und ob das Gericht über dieses Rechtsmittel schon entschieden hatte oder ob jedenfalls die Entscheidung über jenes Rechtsmittel noch nicht nach § 705 formell rechtskräftig ist. Eine solche Lösung ließe sich mit der Kostengerechtigkeit kaum vereinbaren, Ffm FamRZ 1984, 1230; Thomas/Putzo/Hüßtege Rn. 8; aM BGH KTS 1987, 738; Ffm MDR 1977, 143. Jedenfalls muss man die Kostenentscheidung des Schlussurteils besonders angreifen, wenn sie nicht rechtskräftig werden soll, BGH VersR 1986, 1210. 49

4. Teilurteil in der Sache, Schlussurteil über die Hauptsache und die Kosten. Hier empfiehlt sich die Lösung → Rn. 48, 49 ebenfalls, KG MDR 1990, 160. 50

5. Teilurteil in der Sache, Schlussurteil nur über die Kosten. Auch hier empfiehlt sich die Lösung → Rn. 48, 49, Jena OLGR 2005, 1013; Karlsr FamRZ 1997, 221. 51

6. Anerkenntnisteilurteil ohne Kostenentscheidung, Schlussurteil über den Rest und alle Kosten oder alles in einem Urteil. Nach II 1 findet, wenn die Hauptsache durch eine aufgrund eines Anerkenntnisses ausgesprochene Verurteilung erledigt ist, gegen die Entscheidung über den Kostenpunkt sofortige Beschwerde statt. Dies gilt unabhängig davon, ob die Kostenentscheidung in dem Anerkenntnisurteil selbst oder erst in dem in diesem vorbehaltenen Schlussurteil getroffen worden ist, BGH NJW-RR 1999, 1741; NJW 1963, 583, 584. Die Berufung ist dann unstatthaft. 52

7. Anerkenntnisurteil und gleichzeitiges streitiges Schlussurteil. Hier ist grundsätzlich die Berufung nach § 511 statthaft, aM Kblz MDR 1986, 1032; Schlesw SchlHA 1985, 178; LG Stgt JurBüro 1990, 98 (sofortige Beschwerde). Falls die Berufung aber wegen § 511 II Nr. 1 unzulässig ist, kann und muss das Gericht sie evtl. nach → Vor § 128 Rn. 60 in eine sofortige Beschwerde nach II umdeuten, LG Mannh WuM 1975, 15. 53

8. Streitiges Teilurteil, Schlussurteil über sämtliche Kosten. Hier ist vieles streitig. Wegen der getrennt berechenbaren Kosten des „erledigten" Teils ist nach § 91a II nur die sofortige Beschwerde zulässig, Bbg JurBüro 1989, 1740; Karlsr FamRZ 1997, 221, Schlesw JurBüro 1986, 107, aM KG MDR 1986, 241 (es sei auch die Berufung statthaft, auch eine Anschlussberufung, BGH MDR 2001, 648. Aber es gilt die Erwägung → Rn. 52 entsprechend). Im Übrigen ist die Berufung nach § 511 statthaft. Man kann eine sofortige Beschwerde gegen die Kostenentscheidung als durch die gleichzeitig erfolgte Berufung des Bekl. mit umfasst ansehen. Daher ist keine besondere Entscheidung über die sofortige Beschwerde erforderlich. Die Berufung ist auch statthaft, soweit das Gericht im Urteil zum Teil die Hauptsache für erledigt erklärt, zum Teil eine streitige Entscheidung bringt und über sämtliche Kosten befindet. 54

9. „Schlussurteil", in Wahrheit Teilurteil mit Kostenentscheidung. Hier ist die Berufung statthaft, Zweibr FamRZ 1983, 1154. 55

10. Prozessvergleich über den Rest. Es gilt § 98. 56

11. Rücknahme des Rests nebst Anerkenntnis-Schlussurteil über die Kosten des erledigten Teils. Es gilt II. 57

12. Versäumnisurteil, Einspruch nur zu den Kosten, streitiges Kostenurteil. I ist anwendbar, Stgt JurBüro 1981, 1894, aM Brdb NJW-RR 2000, 1668 (II sei entsprechend anwendbar). 58

13. Schlussurteil ohne Kostenentscheidung. Enthält ein verfahrensbeendendes Urteil erster Instanz keine Kostenentscheidung, steht § 99 der Zulässigkeit der Berufung nicht entgegen, OLG Zweibrücken GRUR-RS 2021, 9201. I greift bereits nach dem Wortlaut nicht ein, da eine Kostenentscheidung fehlt, auf welche die Rechtsmittelsperre anwendbar sein könnte, MüKoZPO/Schulz Rn. 4. Hat die I. Instanz über die Kosten bewusst nicht entschieden, scheidet auch eine Ergänzung des Urteils nach § 321 aus. Vielmehr kommt nur eine Nachholung der Kostenentscheidung im Rechtsmittelzug in Betracht; BeckOK ZPO/Elzer § 321 Rn. 11. 59

XV. Weiteres Verfahren, I, II. Soweit nun einmal ein Rechtsmittel oder ein Rechtsbehelf nach → Vor § 511 Rn. 1 ff. gegen eine Kostenentscheidung vorliegen, trifft das Gericht seine Entscheidung darüber in dem für jene Anfechtungsart jeweils gesetzlich vorgesehenen Verfahren, zB bei II nach § 567. Das gilt, sofern es sich überhaupt um eine wirkliche sofortige Beschwerde nach § 567 handelt. Liegt gegen die Kostenentscheidung eine 60 sofortige Beschwerde und gegen die Hauptsacheentscheidung eine Berufung vor, erfasst das Berufungsverfahren zunächst das Beschwerdeverfahren mit, Hamm AnwBl 1989, 614. Nimmt der Rechtsmittelführer dann die Berufung zurück, nicht aber die Beschwerde, lebt das Beschwerdeverfahren wieder auf, Hamm AnwBl 1989, 614. Eine mündliche Verhandlung ist nach § 128 III nicht notwendig. Eine nicht überprüfbare, weil ohne Begründung ergangene Entscheidung kann zur Zurückverweisung nach § 572 III führen, KG MDR 2008, 45 (nennt einen nicht bestehenden § 571 Nr. 7). Eine Anschlußrechtsbeschwerde nach § 574 IV bleibt statthaft, → § 574 Rn. 20.

61 **XVI. Verstoß, I, II.** Es gelten die für eine fehlerhafte Entscheidung des Rechtsmittelgerichts anwendbaren Vorschriften wie sonst.

62 **XVII. Verfassungsbeschwerde, I, II.** Eine Verfassungsbeschwerde ist allenfalls nach einer erfolglosen Gegenvorstellung nach → Vor § 567 Rn. 10 statthaft, BVerfG NJW 2003, 1924. Sie ist nur statthaft, soweit sich der behauptete Verstoß nur auf die Kostenentscheidung bezieht und die Hauptsache nicht berührt, BVerfG MDR 1987, 555. Sie ist aber im Übrigen unstatthaft, soweit eine Beschwer nicht mehr wegen der streitig entschiedenen Hauptsache vorliegt, sondern nur noch wegen der Kosten, BVerfGE 33, 256.

100 *Kosten bei Streitgenossen.* **[I] Besteht der unterliegende Teil aus mehreren Personen, so haften sie für die Kostenerstattung nach Kopfteilen.**

[II] Bei einer erheblichen Verschiedenheit der Beteiligung am Rechtsstreit kann nach dem Ermessen des Gerichts die Beteiligung zum Maßstab genommen werden.

[III] Hat ein Streitgenosse ein besonderes Angriffs- oder Verteidigungsmittel geltend gemacht, so haften die übrigen Streitgenossen nicht für die dadurch veranlassten Kosten.

[IV] [1]Werden mehrere Beklagte als Gesamtschuldner verurteilt, so haften sie auch für die Kostenerstattung, unbeschadet der Vorschrift des Absatzes 3, als Gesamtschuldner. [2]Die Vorschriften des bürgerlichen Rechts, nach denen sich diese Haftung auf die im Absatz 3 bezeichneten Kosten erstreckt, bleiben unberührt.

Übersicht

1 **I. Systematik, I–IV.** Die Vorschrift erfasst nach ihrem Wortlaut nur einen Teil, nach ihrem Sinn aber zumindest weitere Teile derjenigen Fälle, in denen als Prozessgegner mindestens zwei oder mehr Personen vorhanden sind. Sie enthält für diese Gruppierungen eine vorrangige Regelung des Außenverhältnisses der Prozessgegner zueinander. Sie ist insofern eng auslegbar. Zum Verhältnis von III zu I, II, IV → Rn. 28. Ergänzend gelten §§ 91 ff. Für einen einfachen Streithelfer nach § 66 gelten vorrangig § 101 I, BGH BB 2007, 1524, sodann § 100 und schließlich hilfsweise §§ 91 ff. Den streitgenössischen Streithelfer nach § 69 muss man nach § 101 II wie einen Streitgenossen im Sinn von § 59 nach § 100 beurteilen, BGH BB 2007, 1524, LG Hmb ZMR 2011, 499. II hat den Vorrang gegenüber § 92 III, auch iVm IV 1, hat den Vorrang vor § 96. Allerdings enthalten §§ 97, 98 auf ihren engeren Spezialgebieten vorrangige Regelungen. §§ 238 IV, 788 bleiben unberührt. Auf das Innenverhältnis der Streitgenossen untereinander ist das sachliche Recht anwendbar, BGH NJW 2007, 1872. Das gilt auch bei Gesamtschuldnern.

2 **II. Regelungszweck, I–IV.** Die Vorschrift dient in erster Linie der Vereinfachung, einem Gesichtspunkt der Prozesswirtschaftlichkeit, so auch Musielak/Voit/Flockenhaus Rn. 1. Sie nimmt zu diesem Zweck entgegen

→ Vor § 91 Rn. 20 gewisse Kostenungerechtigkeiten bewusst in Kauf. Der Vereinfachungszweck wird in I, IV 1 Hs. 1 zum Grundsatz. Zur Vermeidung allzu erheblicher Ungerechtigkeiten bietet II eine Möglichkeit der Anpassung. III enthält sowohl I, II als auch für IV 1 zur Vermeidung offensichtlicher Ungerechtigkeiten eine Ausnahmeklausel. Sie tritt im Gegensatz zu der vergleichbaren Regelung des § 96 zwingend ein.

III. Sachlicher Geltungsbereich, I–IV. Es stehen ein einschränkendes Prinzip und innerhalb von ihm weitere Anwendungen gegenüber. 3

1. Grundsatz: Nur im Außenverhältnis. I gilt nach → Rn. 1 grundsätzlich nur im Verhältnis der Prozessgegner zueinander, also im sog. Außenverhältnis, KG NZM 2006, 112. Demgegenüber enthalten III, IV 1 Hs. 2 ausnahmsweise Sonderregeln für das Innenverhältnis der Streitgenossen nach §§ 59 ff. zueinander. Sie gehen die dem sachlichen Recht vor, zB der für Gesamtschuldner geltenden Auffangklausel des § 426 I 1 BGB mit ihrer Haftung zu gleichen Anteilen wegen der unterschiedlichen prozessualen Gestaltungsmöglichkeiten. Eine weitere Ausnahme ist zB dann möglich, wenn ein Mitschuldner einen Freistellungsanspruch verletzt haben kann. 4

2. Erfassung aller derartigen Kosten. Die Vorschrift erfasst in ihrem Bereich die Kosten aller Beteiligten in jeder Prozesslage und in jeder Instanz. Das gilt unabhängig von der Art ihrer Entstehung und von ihrem Umfang. Die Vorschrift regelt also sowohl gerichtliche als auch außergerichtliche Gebühren wie Auslagen. 5

3. Erfassung aller Gruppierungen von Streitgenossen. Entgegen dem Wortlaut und trotz der systematisch an sich nach → Rn. 1, 2 notwendigen engen Auslegung ergibt sich bei Streitgenossen nach § 59 aus § 100 zumindest iVm §§ 91 ff. nach übereinstimmender Lehre und Rspr. jedenfalls auch in den nicht ausdrücklich geregelten Fällen eine Grundlage für die Kostenhaftung, für die etwa erforderliche Kostengrundentscheidung und damit für die Kostenerstattung (Kostenfestsetzung) nach §§ 103 ff. Die Vorschrift regelt also nicht nur die Lage, wenn dem Sieger A die Verlierer X und Y gegenüberstehen, sei es als einfache Schuldner (I), sei es als Gesamtschuldner (IV). Anhaltspunkte ergeben sich auch für die Variante, dass zwei Siegern A und B ein Verlierer X oder zwei Verlierer X, Y oder drei Verlierer X–Nr. gegenüberstehen oder dass drei Siegern A–C ein Verlierer X, zwei Verlierer X, Y oder drei Verlierer X–Nr. gegenüberstehen usw. Insbesondere ist § 100 mitbeachtbar, soweit von mehreren Streitgenossen einer siegt, der andere unterliegt, sei es nur auf der einen Seite, sei es auf beiden Seiten des Prozesses. Ferner gehört hierhin auch das Ausscheiden eines oder mehrerer Streitgenossen im Lauf einer Instanz. Alle diese Gruppierungen sind in → Rn. 41–63 erörtert. 6

4. Beispiele zur Frage des sachlichen Geltungsbereichs, I–IV

Anschlussrechtsmittel: § 100 gilt für jede Art eines Anschlußrechtsmittels zB nach § 524, sofern nicht § 97 eine speziellere vorrangige Sonderregelung enthält. § 99 bleibt beachtbar. 7

Außenverhältnis: → Rn. 3. Im Innenverhältnis findet keine Kostenfestsetzung nach §§ 103 ff. statt, soweit nicht das Urteil oder die sonstige Kostengrundentscheidung oder ein Vergleich nach § 779 BGB oder Anh. § 307 etwas anderes bestimmen.

Außergerichtlicher Vergleich: Soweit nicht der vorrangige §§ 98 ff. Abweichungen enthält, ist § 100 vorsichtig ergänzend zur Auslegung mit heranziehbar.

Ausgleichsanspruch: Der nur im Innenverhältnis geltende etwaige vertragliche oder gesetzliche Ausgleichsanspruch zB nach § 426 I 1 BGB bleibt durch § 100 grds. unberührt. Ihn können allerdings die vorrangigen Regeln II, III, IV 1 Hs. 2 verdrängen.

Ausscheiden eines Streitgenossen: → Rn. 53.

Berufung: Mehrere in der ersten Instanz als Gesamtschuldner verurteilte Bekl. haften auch für die Kosten ihrer erfolglosen Berufung nach §§ 97 I, 100 IV als Gesamtschuldner, ohne dass ein entsprechender Ausspruch im Berufungsurteil nach § 540 notwendig wäre, LG Köln MDR 1981, 502, Zöller/Heßler Rn. 11, aM Thomas/Putzo/Hüßtege Rn. 9.

Beschwerde: § 100 ist neben § 97 anwendbar. III enthält auch für die Beschwerdeinstanz eine gegenüber § 96 vorrangige Sonderregelung. Allerdings auch → „Rechtsmittel".

Bürgschaft: Entgegen § 767 II BGB haften ein Hauptschuldner und ein Bürge nicht als Gesamtschuldner für die Kosten. Daher muss man die etwa sachlichrechtliche Haftung eines selbstschuldnerischen Bürgen mit einer besonderen Klage verfolgen, aM Mü MDR 1998, 624 (aber § 767 II BGB gilt uneingeschränkt).

Drittwiderspruchsklage: Zu § 771 Meinhart DRiZ 1984, 188 (ausf.).

Einspruch: Mangels einer Anfallwirkung nach → Vor § 511 Rn. 4 ist ein Einspruch nach §§ 338, 700 kein Rechtsmittel. Folglich gilt § 100 voll.

Erinnerung: Solange nicht das Erstgericht mangels seiner Abhilfe die Erinnerung dem Beschwerdegericht zur Entscheidung vorlegt, ist die Erinnerung mangels einer Anfallwirkung nach → Vor § 511 Rn. 4 kein Rechtsmittel und gilt § 100 uneingeschränkt. Für die zur sofortigen Beschwerde gewordene Erinnerung gelten die Regeln der Beschwerde. Beim Rpfleger gilt nach → § 104 Rn. 48 ff. der § 11 RPflG.

Gesamtgläubiger: I, II, IV gilt auch für Gesamtgläubiger nach → Rn. 41–63. IV ist auf unterliegende Gesamtgläubiger **unanwendbar.** Sie werden ja zu Gesamtschuldnern. Daher gilt ebenfalls I usw. Vgl. im Übrigen → Rn. 35.

Gesamtschuldner: → Rn. 35.

Gesellschaft: Eine Gesellschaft und ihr Gesellschafter sind Gesamtschuldner nach IV, Tilmann GRUR 1986, 697. Das gilt selbst dann, wenn sie sachlichrechtlich keine Gesamtschuldner sind, Mü MDR 1998, 624, Thomas/Putzo/Hüßtege Rn. 9, aM KG Rpfleger 1975, 144. Das gilt auch bei der BGB-Außengesellschaft. Bei ihr muss man streng zwischen dem Prozess der Gesellschaft mit ihrer eigenen Rechts-, Partei- und Prozessfähigkeit und dem Prozess einzelner oder sämtlicher Gesellschafter unterscheiden, BGHZ 146, 341, Schmidt NJW 2001, 999. Denn es kann dazu kommen, dass neben oder anstelle der Gesellschaft einzelne oder alle Gesellschafter auftreten. Das gilt gerade auch aus Vollstreckungs- wie Kostenerwägungen. Stehen freilich die Gesellschafter nur zur Identifizierung der in Wahrheit allein klagenden oder beklagten Gesellschaft im Rubrum, liegt keine Gesamtschuld vor, sondern die Alleinschuld der BGB-Außengesellschaft.

Hauptschuldner: → „Bürgschaft".

Innenverhältnis: Zunächst → Rn. 3. Die im Außenverhältnis nach II mögliche Verteilung der Kosten nach dem Verhältnis der Beteiligung am Rechtsstreit ist auch im Innenverhältnis nach § 426 BGB mitbeachtlich.

Kapitalanleger: §§ 100, 101 sind anwendbar, Schneider BB 2005, 2257.

Klagerücknahme: → Rn. 51.
Mehrheit von Prozessbevollmächtigten: → Rn. 53 ff.
Nachträgliche Streitgenossenschaft: § 100 ist auch bei einer Prozessverbindung nach § 147 und einer dadurch eintretenden oder zB infolge einer Klagerweiterung nach §§ 263, 264 beginnenden nachträglichen Streitgenossenschaft nach §§ 59 ff. zumindest ab ihrem Beginn anwendbar. Die Vorschrift erfasst wegen des Grundsatzes der Unterliegenshaftung dann auch die vorangegangenen Kosten des alleinigen Streitgenossen, soweit insofern nicht II, III zu anderen Ergebnissen führen.
Nebenintervention: → „Streithilfe".
Notwendige Streitgenossenschaft: § 100 ist sowohl bei der einfachen nach § 59 als auch natürlich bei der notwendigen Streitgenossenschaft des § 62 anwendbar. Daß ein Streitgenosse siegt, der andere unterliegt, kann allerdings nur bei einfachen Streitgenossen vorkommen. Das Gericht muss dann § 92 anwenden.
Patentsache: Bei einer Nichtigkeitsklage können I, III anwendbar sein, BGH GRUR 2008, 60.
Prozessbevollmächtigter: → Rn. 53 ff.
Prozessvergleich: Auf einen am Prozessvergleich nach Anh. § 307 beteiligten Streitgenossen nach §§ 59 ff. sind I–III direkt, IV entsprechend anwendbar.
Rechtsbehelf: Mangels einer Anfallwirkung nach → Vor § 511 Rn. 4 handelt es sich nicht um ein Rechtsmittel. Daher ist § 100 uneingeschränkt anwendbar. Beim Rpfleger gilt nach → § 104 Rn. 48 ff. der § 11 RPflG. Auch → „Einspruch", „Erinnerung", „Widerspruch".
Rechtsmittel: § 100 ist anwendbar, soweit nicht §§ 97, 99 vorrangige Regeln enthalten. Soweit nur ein Streitgenosse nach §§ 59 ff. ein Rechtsmittel einlegt und siegt, ist § 100 allerdings selbst bei einer in Wahrheit notwendigen Streitgenossenschaft nach § 62 **unanwendbar.** Das Rechtsmittelgericht darf dann die Kostenentscheidung des Erstgerichts ändern, auch zulasten des am Rechtsmittel unbeteiligten Streitgenossen, BGH NJW 1981, 2360, Schneider MDR 1982, 373. Beim Rpfleger gilt nach → § 104 Rn. 48 ff. der § 11 RPflG.
Rechtsmittelkosten: „Rechtsmittel".
Revision: „Rechtsmittel".
Sofortige Erinnerung, sofortige Beschwerde: → „Beschwerde", → „Rechtsmittel".
Staatskasse: Die Haftung eines jeden Streitgenossen, sei es trotz eines Siegs, sei es infolge des Unterliegens, bleibt unabhängig vom Zeitpunkt seines Eintritts oder Ausscheidens nach §§ 59 ff. GKG bestehen.
Streitgenössische Streithilfe: § 100 ist anwendbar. Denn es handelt sich nach § 69 in Wahrheit um eine Streitgenossenschaft.
Streithilfe: Es gilt § 101 und nur hilfsweise § 100. S. aber auch „Streitgenössische Streithilfe".
Teilerledigung: → § 91a Rn. 121, 261.
Teilrücknahme: „Ausscheiden eines Streitgenossen":
Teilurteil: Wenn das Gericht die Klage durch ein Teilurteil nach § 301 gegen einen der Streitgenossen nach §§ 59 ff. abweist, darf und soll es über seine außergerichtlichen Kosten entscheiden. Hat eine Klage gegen einen von mehreren Streitgenossen einen Erfolg, darf insofern keine Kostenentscheidung schon im Teilurteil ergehen. Sie bleibt vielmehr dem Schlussurteil nach den Regeln → Rn. 44–63 vorbehalten. IV ist auch dann anwendbar, wenn das Gericht den einen Streitgenossen durch ein Teilurteil verurteilt hat, den anderen durch ein Schlussurteil. Auch → Rn. 53.
Teilvergleich: → „Außergerichtlicher Vergleich", → „Prozessvergleich".
Übernahme von Kosten: → „Außergerichtlicher Vergleich", → „Prozessvergleich".
Verbindung: § 100 ist auch bei einer Prozessverbindung nach § 147 anwendbar.
Widerklage: Die Widerklage nach Anh. § 253 zB des Halters im Prozess gegen ihn und den Haftpflichtversicherer wird durch eine Zahlung des Versicherers an den Kläger nicht gegenstandslos. Das Gericht muss über die auf die Widerklage fallende Kostenquote entscheiden. Es muss eine Kostenentscheidung wegen der außergerichtlichen Erledigung im Übrigen unterlassen, Schneider VersR 1980, 953, Zöller/Heßler Rn. 2, aM LG Freibg VersR 1980, 725 (der Widerkläger müsse die gesamten Kosten tragen, weil eine außergerichtliche Kostenvereinbarung erfolgt sei).
Widerspruch: Mangels einer Anfallwirkung nach → Vor § 511 Rn. 4 handelt es sich nicht um ein Rechtsmittel. Daher ist § 100 uneingeschränkt anwendbar.
Wiederaufnahmeverfahren: § 100 ist im Verfahren nach §§ 578 ff. auf seine Kosten anwendbar.
Wiedereinsetzung: Es gilt zunächst § 238 IV und nur im Übrigen § 100.
Wohnungseigentum: § 100 gilt auch im WEG-Verfahren, (zum alten Recht) Düss WuM 2003, 45.
Zwangsvollstreckung: Die Zwangsvollstreckung nach §§ 704 ff. aus einem Kostenfestsetzungsbeschluss nach § 794 I Nr. 2 kann ohne eine Vorlage des zugrundeliegenden Urteils erfolgen. Daher sollte der Rpfleger spätestens im Kostenfestsetzungsbeschluss nach § 104 klarstellen, ob eine gesamtschuldnerische oder eine andere Art von Kostenhaftung vorliegt. Freilich darf der Rpfleger die Kostengrundentscheidung gemäß → Vor § 103 Rn. 26 nur auslegen, nicht abändern oder berichtigen. Auf die Vollstreckungskosten ist bei §§ 887–890 wegen § 891 S. 3 der § 100 anwendbar. Im Übrigen ist der vorrangige § 788 anwendbar.

8 **IV. Persönlicher Geltungsbereich, I–IV.** Es ist zwischen Streitgenosse und Streithelfer zu unterscheiden.

9 **1. Streitgenossen.** Unter den Worten „mehrere Personen" in I muss man dasselbe wie unter „Beteiligung am Rechtsstreit" in II und „Verurteilung als Gesamtschuldner" in IV verstehen, nämlich die „Streitgenossenschaft" nach §§ 59 ff., die III endlich direkt ausspricht. § 100 ist auf eine Streitgenossenschaft beliebiger Art anwendbar, insbesondere auf die notwendige Streitgenossenschaft nach § 62. Er gilt auch bei der streitgenössischen Streithilfe. Denn auch dieser stellt eine Streitgenossenschaft nach § 69 dar.

10 **2. Abgrenzung zur Streithilfe.** § 101 gilt mit einen Vorrang gegenüber § 100 bei einer einfachen unselbständigen Streithilfe (Nebenintervention) nach §§ 66–68, Celle MDR 2005, 778. Aus § 101 II ergibt sich zusätzlich, was schon aus § 69 folgt: Eine streitgenössische Streithilfe ist eine Streitgenossenschaft und daher nach § 100 beurteilbar, Celle MDR 2005, 778.

11 **3. Gesamtschuldner.** I–III gilt, sofern Streitgenossen in der Hauptsache in Wahrheit keine Gesamtschuldner sind und soweit das Gericht sie auch nicht als Gesamtschuldner verurteilt oder soweit sie zwar in Wahrheit Gesamtschuldner sind, aus irgendwelchen Gründen aber nicht auch gerade „als Gesamtschuldner" verurteilt

werden. Nur in diesem letzteren Fall gilt IV evtl. iVm III und den BGB-Sonderregeln. Dabei kommt es nach §§ 319 ff. auf die etwa berichtigte oder ergänzte Kostenentscheidung an. Im Übrigen → Rn. 35.

V. Unterliegen mehrerer Personen: Grundsatz der Kostenhaftung nach Kopfteilen, I. Die Vorschrift erfasst den Fall, dass einem oder mehreren Siegern mindestens zwei in der Hauptsache nicht als Gesamtschuldner verurteilte Streitgenossen gegenüberstehen. 12

1. Abgrenzung zu den Mischfällen. I ist anwendbar, soweit die mehreren einfachen Streitgenossen nach § 59 jeweils zur Hauptsache voll unterliegen. Dieser Fall kann sowohl dann eintreten, wenn der Sieger nur aus einer Person besteht, als auch dann, wenn mehrere Streitgenossen völlig siegen. In diesem letzteren Fall gilt I–III für die Haftung der Verlierer wie für die entsprechenden Erstattungsansprüche der Sieger, zu den letzteren → Rn. 41 ff. Soweit von den einfachen Streitgenossen einer oder mehrere siegen, einer oder mehrere andere Streitgenossen aber unterliegen, sowie beim Ausscheiden eines Streitgenossen gelten die Regeln → Rn. 44–63. 13

2. Begriff der Kopfteilshaftung. Man muss zunächst prüfen, wie das Gericht die Streitgenossen in der Hauptsache verurteilt hat, dh, ob sie als Gesamtschuldner verurteilt wurden (dann gilt IV), oder ob sie in Ermangelung einer gesamtschuldnerischen Haftung nach Kopfteilen verurteilt wurden (dann gilt I). Das richtet sich zunächst nach dem Urteilstenor nach § 313 I Nr. 4. Man kann und muss ihn aber wie stets auslegen unter Zuhilfenahme des Tatbestandes nach § 313 II und der Entscheidungsgründe nach § 313 III. Maßgeblich ist die letztlich entstandene Fassung, evtl. nach ihrer Berichtigung oder Ergänzung nach §§ 319 ff. Das Urteil usw. muss keine Haftung „nach Kopfteilen" oder „anteilig" usw. aussprechen, Bbg FamRZ 1993, 588. Es reicht aus, dass es zB heißt: „Die Beklagten tragen die Kosten". Soweit die Auslegung keine Klarheit ergibt, ist keine Verurteilung „als Gesamtschuldner" nach IV erfolgt; es gilt dann die Kopfteilhaftung nach I. Es bleibt mangels einer solchen Verurteilung unerheblich, in welchem Umfang der eine oder der andere Streitgenosse im Prozess beteiligt war, falls das Gericht nicht nach II vorgeht. Das gilt auch zwischen Eheleuten, und zwar auch bei § 743. Die etwaigen Ersatzansprüche der Streitgenossen untereinander richten sich ja grundsätzlich nach dem sachlichen Recht. 14

3. Kostenfolge: Haftung zu gleichen Anteilen. Soweit eine Verurteilung nach → Rn. 14 erfolgt ist, haften die Streitgenossen ein jeder mit demselben Kostenanteil, KG Rpfleger 1975, 143. Hierin kann entgegen → Vor § 91 Rn. 20 eine Kostenungerechtigkeit liegen. I nimmt sie nach → Rn. 2 zwecks einer Vereinfachung bewußt hin. Das muss man bei der Auslegung der Kostenentscheidung nach → Rn. 14 mit beachten. Diese Haftung zu gleichen Anteilen gilt auch bei einer unterschiedlichen Beteiligung am Rechtsstreit, mag sie auch erheblich sein, solange nicht das Gericht eindeutig nach II vorgeht. Die gesetzliche Haftung gegenüber der Staatskasse bleibt unberührt. 15

VI. Unterliegen mehrerer Personen: Ausnahmsweise Beteiligungshaftung, II. Das Gericht kann unter den Voraussetzungen II eine von I abweichende Kostenverteilung vornehmen. 16

1. Verschiedenheit der Beteiligung. Erste Voraussetzung ist, dass überhaupt eine „Verschiedenheit der Beteiligung am Rechtsstreit" der nicht gerade als Gesamtschuldner verurteilten Streitgenossen bestand. Unter einer „Beteiligung am Rechtsstreit" muss man denjenigen Umfang verstehen, in dem die Partei einen Streitgenossen in den Rechtsstreit hineingezogen hat und in dem er im Rechtsstreit verblieb, Kblz NJW-RR 1999, 728, AG Pinneberg ZMR 2018, 90. Man muss diese Situation von derjenigen unterscheiden, in der mehrere zu gleichen Teilen in den Rechtsstreit gezogene Streitgenossen schließlich unterschiedlich siegen oder verlieren. 17

Beispiele: Eine verschiedene Beteiligung liegt dann vor, wenn nach dem Klagantrag X nur 900 EUR, Y nur weitere 100 EUR zahlen soll. Sie fehlt dagegen dann, wenn X und Y als Gesamtschuldner insgesamt 1.000 EUR zahlen sollen und wenn das Gericht den X auf 800 EUR, Y auf weitere 100 EUR verurteilt und die Klage gegen beide im Übrigen abweist. 18

Die letzteren Fälle lassen sich nach → Rn. 41–63 beurteilen. 19

2. Erhebliche Verschiedenheit. Weitere Voraussetzung ist, dass der Grad der Verschiedenheit der Beteiligung auch „erheblich" war. Diese Frage muss man nach den Umständen des Einzelfalls beantworten. Zwar darf man an sich die Vorfrage der Erheblichkeit nicht vom erwünschten Ergebnis her beantworten, nämlich nicht von der Absicht einer Kostenverteilung zu unterschiedlichen Anteilen statt nach Kopfteilen. Indessen spielt natürlich praktisch die Kostengerechtigkeit doch die entscheidende Rolle. Wenn eine Haftung zu gleichen Anteilen für die Kosten als unzumutbar erscheint, wird in der Regel auch eine erhebliche Verschiedenheit der Beteiligung vorliegen. Als Faustregel empfiehlt sich die Grenze von etwa 66,6 % der Beteiligung. Man kann aber auch die Grenze bei etwa 75 % ziehen. Natürlich darf und muss man das etwaige Verschulden des einen wie des anderen Beteiligten in die Abwägung zu seinen Lasten einbeziehen. 20

3. Abgrenzung zum besonderen Angriffs- oder Verteidigungsmittel. Man muss zwischen der in II geregelten „erheblichen Verschiedenheit der Beteiligung am Rechtsstreit" und dem in III geregelten „besonderen Angriffs- oder Verteidigungsmittel" unterscheiden. Durch das letztere ändert sich der Grad der Beteiligung am Rechtsstreit grundsätzlich nicht. Ein Angriffs- oder Verteidigungsmittel ist ja gerade nicht dasselbe wie der Angriff selbst, wie also zB eine Klagerweiterung nach § 263 oder eine Widerklage nach Anh. § 253. Deshalb kann sich auch der Grad der Verschiedenheit der Beteiligung zB durch Maßnahmen der letzteren Art ändern, ohne dass man dazu ein besonderes Angriffs- oder Verteidigungsmittel einführen müsste. Soweit sich die Beteiligung ändert und zu diesem Zweck oder soweit eine Partei unabhängig davon vorher, gleichzeitig oder anschließend ein besonderes Angriffs- oder Verteidigungsmittel eingeführt hat, können II, III nebeneinander anwendbar sein. Es kann also zunächst zu einer grundsätzlichen Kostenverteilung etwa 2: 1 und außerdem dazu kommen, dass eine Partei vorweg die Kosten ihres besonderen Angriffs- oder Verteidigungsmittels trägt. Das Gericht muss das in seinem Urteil eindeutig und klar aussprechen. 21

Beispiele für II: Die Sache hat sich gegenüber nur einem Streitgenossen in der Hauptsache nach § 91a erledigt; ein Streitgenosse ist durch sein Anerkenntnis nach § 307 vor einer Erörterung ausgeschieden, Kblz NJW-RR 1999, 728; ein Streitgenosse ist nach §§ 330 ff. säumig gewesen, LG Münst JurBüro 1978, 753. Man könnte auch das Anerkenntnis nur eines Streitgenossen hierher rechnen. Es zählt aber besser nach III. 22

4. Ermessen. Das Gericht kann bei II im Rahmen eines pflichtgemäßen Ermessens handeln, anders als bei III. Es muss also nur die Umstände sorgfältig abwägen. Es darf nach → Rn. 2 trotz → Vor § 91 Rn. 20 durchaus eine gewisse Kostenungerechtigkeit hinnehmen, um die einfache Haftung nach Kopfteilen nach I bestehen zu lassen. 23

Es sollte aber in den Entscheidungsgründen nach § 313 III wenigstens stichwortartig andeuten, dass es den Ermessensspielraum nach II gesehen und geprüft hat. Freilich ist ein Verstoß nach → Rn. 65 nur nach Maßgabe des § 99 anfechtbar. Die Ausübung des Ermessens ist dann auch bei dem sachlichrechtlichen Kostenersatz der Streitgenossen im Innenverhältnis mitbeachtbar, etwa nach § 426 BGB.

24 Soweit das Gericht von I abweichen und nach II anders verteilen will, muss eine richterliche **Kostengrundentscheidung** ergehen. Diese ist dann für das Kostenfestsetzungsverfahren nach §§ 103 ff. verbindlich, Kblz NJW-RR 1999, 728, Schlesw SchlHA 1983, 173. Freilich kann der Rpfleger die Kostenentscheidung nach → Vor § 103 Rn. 26 wie sonst auslegen, KG MDR 1977, 321, LG Mü JurBüro 1978, 754, ebenso wie den zugehörigen Erstattungsantrag, Mü AnwBl 1985, 43. Er darf aber eine Verteilung nach II nicht von sich aus nachholen, Kblz NJW-RR 1999, 728, Mü MDR 1989, 167.

25 **5. Ermessensgrenzen.** Das Revisionsgericht kann das Ermessen des Berufungsgerichts grundsätzlich nicht voll überprüfen, wohl aber darauf, ob der Vorderrichter die Grenzen des Ermessens eindeutig verkannt hat. Wegen der gesetzlichen Hinnahme einer gewissen Kostenungerechtigkeit nach → Rn. 2 sollte man allerdings einen Ermessensmissbrauch nur sehr zurückhaltend annehmen. Das gilt selbst dann, wenn die Entscheidungsgründe zu diesem Punkt praktisch nichts hergeben. Das Urteil soll nach § 313 III ohnehin schon zur Hauptsache ja nur noch eine „kurze Zusammenfassung" der tatsächlichen und rechtlichen Erwägungen sein. Auch → Rn. 26.

26 **6. Beteiligung als Maßstab.** Soweit das Gericht eine von I abweichende Kostenverteilung beschliesst, ist es trotz seines Ermessens nach → Rn. 23 nicht so frei wie zB beim ähnlichen § 92 II. Vielmehr muss man die „Beteiligung" zum Maßstab nehmen. Das bedeutet: Die Auferlegung der gesamten Prozesskosten auf nur einen oder einige der mehreren Streitgenossen ist erst dann zulässig, wenn sie fast völlig verloren haben, etwa zu 95 % oder mehr. Andernfalls muss man eben die dem Hauptsacheurteil entsprechende Quotelung auch bei den Kosten wenigstens im Prinzip übernehmen und eine Abweichung von diesem Grundsatz mit sachlich vertretbaren Erwägungen begründen, Köln NJW-RR 2012, 1019, etwa zum Verschulden eines Beteiligten. Im Übrigen lassen sich die Verteilungsmöglichkeiten wie bei → § 92 Rn. 22 ff. wählen, Kblz JurBüro 2011, 646. Stets sollte das Gericht auf eine klare und einfache Fassung der Kostenverteilung achten.

27 **VII. Ausnahmsweise Einzelhaftung für besonderes Angriffs- oder Verteidigungsmittel, III.** Sowohl bei einer gleichen Beteiligungshöhe als auch bei einer unterschiedlichen Beteiligung kann III anwendbar sein. Das gilt insbesondere bei einer erheblichen Verschiedenheit der Beteiligung. Die Vorschrift tritt zu I, II oder IV 1 jeweils hinzu, ohne jene Regeln zu verdrängen.

28 **1. Begriff.** Ein „Angriffs- oder Verteidigungsmittel" ist alles, was dem Angriff oder dessen Abwehr dient. Der Angriff oder die Verteidigung selbst, zB die Klage nach § 253, eine Widerklage nach Anh. § 253, eine Klagänderung nach § 263 sind keine Angriffs- oder Verteidigungsmittel. Zur Abgrenzung von einer „erheblichen Verschiedenheit der Beteiligung" → Rn. 21. Es ist für III anders als bei § 96 unerheblich, ob das besondere Angriffs- oder Verteidigungsmittel auch Erfolg gehabt hat. Die Vorschrift ist aber nicht auf solche Mittel anwendbar, die nicht von, sondern gegenüber einem Streitgenossen ausgegangen sind. Auf ein Rechtsmittel ist § 97 I anwendbar.

29 **Beispiele der Anwendbarkeit:** Ein Streitgenosse hat den Klaganspruch nur für seine Person nach § 307 anerkannt; er hat eine Beweisaufnahme nach §§ 355 ff. nur wegen seiner eigenen Behauptungen und/oder Beweisantritte verursacht.

30 **Beispiel der Unanwendbarkeit:** Die Beweisaufnahme war ohnehin von Amts wegen notwendig, etwa nach § 448 oder im Ehe- oder Statusverfahren nach §§ 121 ff., 169 ff. FamFG.

31 **2. Dadurch verursachte Kosten.** III setzt weiter voraus, dass Kosten gerade „dadurch" veranlasst wurden, dass ein besonderes Angriffs- oder Verteidigungsmittel stattfand. Es muss also ein klarer Ursachenzusammenhang zwischen beidem vorliegen. Im Zweifel ist daher III unanwendbar.

32 **3. Kostenfolge: Einzelhaftung dieses Streitgenossen.** Soweit die Voraussetzungen → Rn. 28, 31 zusammentreffen, schließt III anders als bei § 96 kraft Gesetzes die übrigen Streitgenossen von der Haftung für diese besonderen Kosten zwingend aus. Das bedeutet praktisch: Derjenige, der sie veranlasst hat, haftet für sie stets allein und voll. Das Gericht hat nach der Bejahung der Voraussetzungen keinen Ermessensspielraum mehr. Ein Verstoß wäre in den Grenzen des § 99 anfechtbar und auch in der Revisionsinstanz beachtbar.

33 Zwar wäre nach dem Wortlaut von III ein besonderer **Ausspruch** der zwingenden Kostenfolge nicht nötig. Indessen ist es dringend ratsam, sie zusätzlich und eindeutig in die Kostengrundentscheidung aufzunehmen, obwohl das Gesetz keine derartige Befugnis wie zB in § 269 III 2, IV nennt. Sie versteht sich nach → Rn. 2 aus dem Sinn und Zweck der Regelung von selbst, Schlesw JurBüro 1993, 742. Beim Verstoß gelten §§ 319 ff. Der Rpfleger kann die etwa unklare oder fehlende Entscheidung nach III in einem nach dem Sachverhalt klaren Fall nach → Vor § 103 Rn. 26 auslegen, Schlesw JurBüro 1993, 743. Er darf sie aber nicht im Übrigen nachholen, Schlesw JurBüro 1993, 743.

34 **Beispiel:** „Von den Kosten des Rechtsstreits tragen der Beklagte X ein Drittel, der Beklagte Y zwei Drittel. Jedoch trägt X die Kosten der Beweisaufnahme vom …".

35 **VIII. Verurteilung mehrerer Beklagter als Gesamtschuldner, IV.** Falls das Gericht in der Hauptsache eine gesamtschuldnerische Verurteilung vorgenommen hat, enthält IV einige Sonderregeln. Im Übrigen gelten I–III ergänzend. Auf das letztere weist IV 1 Hs. 2 zusätzlich hin.

36 **1. Zur Hauptsache gerade als Gesamtschuldner.** Das Gericht muss mehrere Bekl. gerade als Gesamtschuldner verurteilt haben, AG Brem ZMR 2013, 836; Wolicki NZM 2008, 717 (zum Problem bei einer WEG-Beschlussanfechtung). Das bedeutet: Es kommt nicht darauf an, ob sie tatsächlich sachlichrechtlich in der Hauptsache Gesamtschuldner nach §§ 421 ff. BGB waren. Auch die fälschliche Verurteilung gerade als Gesamtschuldner macht IV anwendbar. Umgekehrt ist die Vorschrift unanwendbar, soweit das Gericht echte Gesamtschuldner zur Hauptsache nicht auch gerade „als Gesamtschuldner" verurteilt hat, aus welchen Gründen auch immer. Dann bleiben I–III anwendbar.

37 **2. Auslegung.** Bei einem Verstoß gelten zunächst §§ 319 ff. Im Übrigen gibt es gerade in diesem Punkt schon zur Hauptsache bloße Formulierungsfehler. Man kann das Urteil dann wie stets unter einer Berücksichtigung des Tatbestands und der Entscheidungsgründe nach → Vor § 128 Rn. 60 richtig auslegen, Ffm VersR 1984, 490, KG

Rpfleger 1975, 144. Das gilt auch zB auch bei der Erfolglosigkeit eines Rechtsmittels gegen eine erstinstanzliche gesamtschuldnerische Verurteilung, Ffm VersR 1984, 490, LG Köln MDR 1981, 502. Auch der Rpfleger darf die Entscheidung nach → Rn. 32 auslegen, LG Mü JurBüro 1978, 754. Er darf sie nur eben nach → Vor § 103 Rn. 26 nicht wirklich nachholen. IV ist auch dann anwendbar, wenn das Gericht den einen Streitgenossen durch ein Teilurteil nach § 301 verurteilt hat, den anderen durch ein Schlussurteil. Es reicht aus, dass sich die gesamtschuldnerische Haftung zur Hauptsache aus dem Schlussurteil ergibt. Der Hauptschuldner und ein Bürge haften aber nach → Rn. 7 „Bürgschaft" nicht als Gesamtschuldner, Saarbr NJW-RR 2017, 62. Eine Gesellschaft und ihr Gesellschafter sind nach → Rn. 7 „Gesellschaft" Gesamtschuldner.

IV ist auf unterliegende **Gesamtgläubiger** unanwendbar, Kblz MDR 1991, 257. Dann gilt vielmehr I, aM Deckenbrock/Dötsch JurBüro 2004, 181. Auf Vollstreckungskosten ist nur § 788 anwendbar, → § 788 Rn. 1, 4. Auf einen im Vergabeverfahren Beigeladenen ist IV unanwendbar, Mü Rpfleger 2005, 572. 38

3. Kostenfolge: Grundsatz der gesamtschuldnerischen Kostenhaftung, IV 1. Soweit die Voraussetzungen → Rn. 36, 37 vorliegen, tritt die in IV 1 als Grundsatz festgelegte gesamtschuldnerische Haftung nicht nur nach § 58 I GKG gegenüber der Staatskasse ein, sondern „auch für die Kostenerstattung" kraft Gesetzes. Das Gericht braucht diese gesamtschuldnerische Haftung in der Kostenentscheidung nicht ausdrücklich auszusprechen, auch nicht im Rechtsmittelurteil, LG Köln MDR 1981, 502, aM Ffm JurBüro 2016, 204. Es darf aber die gesamtschuldnerische Kostenhaftung ebenso wie bei III nach → Rn. 32 im Urteil klarstellen. Soweit eine gesamtschuldnerische Kostenhaftung vorliegt, darf sich jeder erstattungsberechtigte Gläubiger wegen der Kosten an jeden der Gesamtschuldner und vor allem nach seiner freien Wahl an denjenigen halten, den er für den Leistungsfähigsten hält, wie stets bei Gesamtschuldnerhaftung. 39

4. Ausnahmsweise Einzelhaftung für besonderes Angriffs- oder Verteidigungsmittel, IV 1, 2. III stellt mit seiner Verweisung klar, dass die zwingende Kostenfolge nach III auch bei IV an sich bestehen bleibt. Diese ausnahmsweise Einzelhaftung für ein besonderes Angriffs- oder Verteidigungsmittel nach → Rn. 27 mag nur in denjenigen Sonderfällen eingeschränkt sein oder entfallen, in denen sich die Haftung eines Kosten-Gesamtschuldners nach Vorschriften des Bürgerlichen Rechts auch auf diejenigen Kosten erstreckt, die eine Partei durch ein besonderes Angriffs- oder Verteidigungsmittel geltend gemacht hat. Das stellt IV 2 als „Ausnahme von der Ausnahme" und damit weit auslegbar klar. Auch hier empfiehlt sich dringend ein entsprechender klarstellender Kostenausspruch im Urteil. 40

IX. Alle Streitgenossen siegen, I–IV. Das Gegenstück zu dem in § 100 ausdrücklich geregelten Unterliegen mehrerer oder aller Streitgenossen nach §§ 59 ff. ist der Sieg mehrerer oder aller Streitgenossen. Diesen Fall erfasst § 100 nicht ausdrücklich. Es haben sich im Wesentlichen die folgenden Regeln herausgebildet. 41

1. Keine Gesamtgläubigerschaft. Siegende einfache wie notwendige Streitgenossen nach §§ 59, 62 sind selbst dann, wenn das Gericht ihnen die Hauptsache ausdrücklich als Gesamtgläubigern zugesprochen hat, nicht auch wegen der Kosten Gesamtgläubiger, Karlsr JurBüro 2006, 205. Sie sind vielmehr Gläubiger nach Kopfteilen, genauer hier: nach ihrem Anteil an der Hauptsache, also nicht stets zu gleichen Anteilen. Das gilt auch dann, wenn das Gericht die Verlierer „als Gesamtschuldner" verurteilt hat und wenn sie daher wegen der Kosten nach IV ebenfalls als Gesamtschuldner haften. Das alles gilt jedenfalls, soweit das Gericht nicht im Urteil ausdrücklich die Sieger auch wegen der Kosten fehlerhaft, aber nun einmal wirksam „als Gesamtgläubiger" bezeichnet hat. Diese Beurteilung wirkt sich nicht nur auf die Fassung der Kostenentscheidung aus, sondern vor allem auf die Kostenerstattung. Alle diese Fragen sind heftig umstritten. Nachweise → Rn. 52 ff. 42

2. Bei erheblicher Verschiedenheit der Beteiligung: Entsprechende Kostenverteilung. Soweit eine erheblich verschiedene Beteiligung am Rechtsstreit dazu führt, dass jeder dieser unterschiedlich beteiligten Streitgenossen jeweils voll siegt, sind die in II enthaltenen Grundsätze entsprechend anwendbar. Vgl. für die Kostenentscheidung → Rn. 16 ff. und für die Kostenerstattung → Rn. 52 ff. 43

X. Ein Streitgenosse siegt, einer verliert, I–IV. Auch den Fall, dass von zwei Streitgenossen der eine voll siegt, der andere voll verliert, regelt § 100 nicht direkt. Dasselbe gilt für die Varianten, dass von mehr als zwei Streitgenossen einer oder mehrere ganz siegen, einer oder mehrere ganz verlieren oder dass zB der Streitgenosse A ganz siegt, B halb siegt, halb verliert und C ganz verliert usw. Diese Situationen können allerdings nur bei einfachen Streitgenossen entstehen, nicht bei notwendigen nach § 62. Für die Kosten**entscheidung** gelten die nachfolgenden Regeln. Für die Kosten**erstattung** ergeben sich daraus die in → Rn. 52 ff. dargestellten Folgen. 44

1. Grundsatz der Kostenteilung. Das Gericht muss in allen diesen Fällen zunächst § 92 anwenden und darf § 100 nur ergänzend mit heranziehen. Es muss immer bedenken, dass es sich nach → Vor § 59 Rn. 5 in Wahrheit nur um eine willkürliche Zusammenfassung mehrerer Klagen in demselben Prozess handelt. Der siegende Streitgenosse soll natürlich grundsätzlich keine Kosten tragen, von § 96 abgesehen. Er soll vielmehr nur einen Erstattungsanspruch erhalten. Das Gericht darf den Gegner grundsätzlich nur seinem Teil entsprechend belasten, BGH FamRZ 2005, 1740, Kblz JurBüro 2014, 146. Ausnahmsweise mag bei einem vermögenden Elternteil und einem erwerbslosen Kind nur der erstere belastbar sein, Kblz JurBüro 2000, 145. 45

2. Grundsatz der Kostentrennung. §§ 91 ff. gehen an sich von der Regel aus, dass das Gericht im Interesse der Einheit der Kostenentscheidung nach → § 91 Rn. 29 nicht zwischen den Gerichtskosten und den außergerichtlichen Kosten unterschiedliche Quoten bilden soll und darf. Bei Streitgenossen ist aber gerade der entgegengesetzte Grundsatz erforderlich. Denn es liegt ja eine andere Ausgangsgrundlage vor. Es wäre nicht zu verantworten, denjenigen Streitgenossen mitzubelasten, der in diesem Umfang gar nicht unterlegen ist, und umgekehrt. Daher muss das Gericht in der Kostengrundentscheidung über die Gerichtskosten (Gebühren und Auslagen) einerseits und über die außergerichtlichen Gebühren und Auslagen andererseits gesonderte Aussprüche formulieren. Darüber besteht Einigkeit. 46

3. Baumbach'sche Formel. Streit besteht allerdings darüber, welche Fassung die Kostengrundentscheidung in solchen Mischfällen am zweckmäßigsten erhalten soll. Hierüber gingen die Meinungen früher noch erheblich stärker auseinander. Der von Baumbach angeregte Weg hat sich bewährt, VerfGH Mü NJW 2001, 2962, lt. Zöller/Heßler Rn. 7, 8 „trotz seiner Tücken… seit vielen Jahrzehnten", LG Bonn Rpfleger 1989, 521. Die sog. Baumbach'sche Formel erfasst einen Fall, in dem bei einer etwa gleich hohen Beteiligung der Bekl. X siegt, der Bekl. Y unterliegt. **Sie lautet:** 47

48 „Die Gerichtskosten tragen der Kläger und der Beklagte Y je zur Hälfte. Von den außergerichtlichen Kosten tragen der Kläger die des Beklagten X voll und 1/2 der eigenen, der Beklagte Y die eigenen und 1/2 der dem Kläger erwachsenen Kosten".

49 Entsprechendes gilt dann, wenn von zwei Klägern der eine siegt, der andere unterliegt. Bei mehr als zwei Streitgenossen sind die Quoten entsprechend zu verändern.

50 Diese Fassung lässt sich anderen Lösungsversuchen etwa von Roeder DRiZ 1991, 93 (im Ergebnis ähnlich) erfahrungsgemäß vorziehen. Man sollte also nicht etwa schreiben, der Kläger und der Bekl. Y trügen je die Hälfte der Kosten. Denn eine solche Fassung würde dem siegenden Bekl. X endgültig jeden Kostentitel nehmen. Unzweckmäßig wäre auch die Fassung, die dem siegenden Bekl. X entstandenen besonderen Kosten trage der Kläger. Denn sie würde dem Kostenaufbau der ZPO widersprechen. Wenn das Gericht trotzdem in solcher Weise entschieden hat, bleibt nur übrig, die Kostenentscheidung bei der Kostenfestsetzung so auszulegen, dass der Gegner und der unterliegende Streitgenosse die Kosten im Verhältnis ihrer Beteiligung und nach I–III tragen.

51 **XI. Ausscheiden eines Streitgenossen, I–IV.** An sich soll ein Teilurteil überhaupt keine Kostenentscheidung enthalten. Jedoch bleibt § 100 auf den Zeitraum bis zum Ausscheiden eines Streitgenossen anwendbar. Man darf also für diesen Zeitraum auch schon im Teilurteil eine Kostenentscheidung treffen. Man muss sie dann im etwaigen Schlussurteil mitberücksichtigen, BGH NJW-RR 1991, 187. IV ist auch dann anwendbar, wenn das Gericht den einen Streitgenossen durch ein Teilurteil verurteilt hat, den anderen durch ein Schlussurteil. Es reicht aus, dass sich die gesamtschuldnerische Haftung zur Hauptsache aus dem Urteil ergibt. Wenn sich ein ausgeschiedener Streitgenosse nicht am Rechtsmittel beteiligt, ist § 100 unanwendbar. Das gilt selbst dann, wenn es sich nach § 59 um einen einfachen und nicht nach § 62 um einen notwendigen Streitgenossen handelt. Auf die restlichen Streitgenossen ist § 97 anwendbar. Bei einer Klagerücknahme nach § 269 kann § 100 anwendbar sein, BPatG GRUR-RR 2014, 226. Bei einer solchen gegenüber nur einzelnen Streitgenossen unterbleibt eine Kostenentscheidung. Wegen der Kostenerstattung → Rn. 52 ff.

52 **XII. Kostenerstattungsfragen, I–IV.** Man muss die Frage, ob, wann und wie eine Kostengrundentscheidung notwendig ist und wie man sie berichtigen, ergänzen oder anfechten kann, von der Frage unterscheiden, welche Regeln im Einzelnen bei der aus der Kostengrundentscheidung natürlich folgenden Kostenerstattung entstehen. Zwar darf der Rpfleger die Kostengrundentscheidung im Erstattungsverfahren nach → Vor § 103 Rn. 24–26 nur auslegen, nicht ändern. Gerade bei der Auslegung können aber zusätzliche Probleme entstehen. Fast alle Fragen zur Kostenerstattung sind vor allem in der Praxis heftig umstritten. Das hängt zum Teil damit zusammen, dass man vom erwünschten Ergebnis her argumentiert und Widersprüche zu den eigentlich als Ausgangspunkt geltenden Grundsätzen hinnimmt, nach denen man die Kostengrundentscheidung formulieren müsste. Im Wesentlichen ergeben sich etwa die folgenden Meinungen. Nach einem Beitritt erst nach Urteilsverkündung (vor einem Rechtsmittel) gibt es keine erstinstanzliche Erstattung, Naumb BauR 2012, 843.

53 **1. Grundsatz: Nur anteilige Erstattung.** Aus den Grundsätzen der Kostenteilung und Kostentrennung nach → Rn. 45, 46 und aus der daraus am besten ableitbaren Baumbach'schen Formel nach → Rn. 47 folgt für die Kostenerstattung aus der Sicht des Gläubigers der Grundsatz: Jeder siegende Streitgenosse kann grundsätzlich die Erstattung nur, aber auch aller derjenigen nach → Rn. 55 notwendigen Kosten fordern, die auf ihn persönlich entfallen, also auf seinen Kopfteil, BGH FamRZ 2006, 694; Düss MDR 2008, 594 (auch nach einer Klagänderung); Mü JurBüro 2013, 144, es sei denn, er hätte entweder mit seinen Streitgenossen eine für ihn abweichende Vereinbarung getroffen, Mü MDR 1995, 856, oder er könnte glaubhaft machen, dass er im Innenverhältnis allein zahlungspflichtig sei, Kblz JurBüro 2012, 429; Schütt MDR 2004, 137. Entsprechendes gilt beim ausgeschiedenen Streitgenossen: Er trägt seinen Kopfteil, Brdb MDR 2004, 842.

54 Er kann also auch nicht von vornherein ohne die Notwendigkeit einer weiteren Glaubhaftmachung nach § 294 die Erstattung derjenigen gesamten Summe fordern, für die er einem gemeinsamen Anwalt als Gesamtschuldner haftet. Denn eine solche Lösung könnte zu einer Bereicherung des Siegers führen, Kblz NJW-RR 2004, 72 (großzügig beim Haftpflichtversicherer); Schlesw JurBüro 1999, 29; LG Saarbr JurBüro 1999, 310; aM Düss MDR 1988, 325; Ffm JurBüro 1986, 96; Hamm JurBüro 2005, 91 (aber → Rn. 53). Die weiteren Varianten im Meinungsbild haben in der Praxis keine Bedeutung.

55 **2. Nur wegen notwendiger Kosten.** Auch soweit ein Streitgenosse nach → Rn. 53, 54 grundsätzlich eine Kostenerstattung fordern kann, gilt das doch nur, aber auch sehr wohl wegen aller derjenigen Kosten, die für ihn nach → § 91 Rn. 35 auch objektiv notwendig waren, BGH NJW 2013, 2827; Kblz JurBüro 2000, 85. Solche Kosten, die er zwar für notwendig hielt, die aber ihrer Art oder Höhe nach schon außerhalb der Sonderfälle einer Streitgenossenschaft nach den Regeln des § 91 nicht erstattungsfähig wären, werden nicht dadurch erstattungsfähig, dass sie ein Streitgenosse geltend macht. Diese Einschränkung der Erstattungsfähigkeit ist im Grunde unabhängig von dem Meinungsstreit zu → Rn. 53, 54 unstreitig. Streitig ist nach → Rn. 57 nur weiterhin die Frage der Glaubhaftmachung.

56 **3. Notwendigkeit von Anwaltskosten.** Man muss die Frage, ob insbesondere Anwaltskosten notwendig waren, nach § 91 Rn. 125, 140 usw. beantworten. Hier nur einige Ergänzungen speziell für die Fälle der Streitgenossenschaft.

57 **4. Aufträge an gesonderte Anwälte.** Grundsätzlich darf jeder Streitgenosse einen eigenen Anwalt beauftragen. Der Erstattungspflichtige muss also die Kosten der Anwälte aller Streitgenossen erstatten, soweit es nicht mehr Anwälte als Streitgenossen gab, Bbg Rpfleger 2011, 352; Ffm AnwBl 1988, 74; Kblz MDR 1995, 263 (jedenfalls bei Interessengegensätzen), strenger Düss JurBüro 2010, 431; Ffm AnwBl 1988, 74; Kblz MDR 2010, 1158. Ein Rechtsmissbrauch ist nach → Rn. 61 unstatthaft, aber nicht einfach unterstellbar. Das gilt unabhängig von etwaigen AKB. Denn sie berühren nur das Innenverhältnis. Der vorstehende Grundsatz gilt nach → § 91 Rn. 171 dann nur eingeschränkt, wenn eine Versicherung ihren Anwalt auch für den Versicherungsnehmer beauftragt hatte und wenn der Versicherungsnehmer außerdem einen eigenen Anwalt hat.

58 **5. Aufträge an gemeinsamen Anwalt.** Wenn alle Streitgenossen oder einige von mehreren Streitgenossen gemeinsam einen Einzelanwalt oder eine Anwaltssozietät beauftragt haben, muss man nach → § 91 Rn. 168 „Sozius" zur Streitfrage § 7 RVG beachten. Die Streitgenossen können zusammen höchstens einmal die vollen Gebühren und Auslagen des gemeinsamen ProzBev fordern, Hmb JurBüro 1977, 199; Mü Rpfleger 1988, 38. Wenn ein Streitgenosse eine Kostenerstattung verlangt, kann er zunächst grundsätzlich die Festsetzung derjenigen

Kosten fordern, die ihn allein betreffen, BGH NJW-RR 2003, 1217; Ffm MDR 2002, 236; Mü JurBüro 2013, 144. Er kann aber außerdem auch die Festsetzung derjenigen Kosten fordern, für die er dem Anwalt gesamtschuldnerisch haftet, Stgt Rpfleger 2001, 566 (Umsatzsteuer); LG Kref AnwBl 1980, 365; aM Ffm AnwBl 1985, 263. Er muss aber dazu nach § 294 glaubhaft machen, dass er die Kosten bezahlt hat oder dass seine Streitgenossen wegen einer eigenen Vermögenslosigkeit nicht zahlen können. Es kommt also darauf an, ob er die Kosten dem Anwalt gegenüber bezahlen muss.

Soweit er nicht die Zahlung der gesamten gesamtschuldnerisch geschuldeten Vergütung nach → Rn. 62 glaubhaft machen kann, kann er nach → Rn. 53 nur eine Erstattung des bei einem Kostenausgleich auf ihn entfallenden Kostenteils fordern, BGH NJW-RR 2003, 1217; Kblz BauR 2013, 2068; Mü JurBüro 2013, 144; aM Ffm VersR 1981, 194; KG JurBüro 1999, 417; LAG Köln MDR 2001, 357. 59

6. Gemeinsame Festsetzungsanträge. Wenn Streitgenossen die Kostenfestsetzung nach §§ 103 ff. gemeinsam betreiben, muss der Rpfleger für jeden Streitgenossen auf seinen Bruchteil nach dem Innenverhältnis zwischen ihnen festsetzen, falls das den Gegner dadurch besonders berührt, KG NJW-RR 2001, 1435 (evtl. auf ein Rechtsmittel hin). Viele beachten diese Notwendigkeit nicht. Im Zweifel liegt eine Gesamtgläubigerschaft vor, BGH AnwBl 1985, 524 (zust. Japes/Joswig). 60

7. Verbot des Rechtsmissbrauchs. Jeder Rechtsmissbrauch ist auch bei der Kostenerstattung verboten, Bbg Rpfleger 2011, 352. Das gilt zB dann, wenn ein Komplementär einen eigenen ProzBev bestellt, Hamm Rpfleger 1978, 329; Stgt Just 1980, 20; aM Düss JurBüro 1981, 762 (aber ein Rechtsmissbrauch ist nie erlaubt). Ein Rechtsmissbrauch liegt nach → § 91 Rn. 140 ff. auch bei einem grundlosen Anwaltswechsel vor, Bbg JurBüro 1986, 923; Hmb JurBüro 1982, 767; Mü MDR 1990, 555; aM Hmb JurBüro 1980, 761, Mü JurBüro 1981, 138. 61

8. Notwendigkeit einer Glaubhaftmachung. Zunächst → Rn. 55, 58. Die Glaubhaftmachung erfolgt wie sonst nach § 294. Zusätzlich enthält § 104 II 1 denselben Grundsatz. § 104 II 2 enthält einige Ausnahmen wegen der einem Anwalt entstandenen Auslagen an Post-, Telefax- und Fernsprechgebühren. Dazu genügt die bloße anwaltliche Versicherung. 62

9. Weiteres Verfahren. Da der Rpfleger die Kostenerstattung praktisch im Kostenfestsetzungsverfahren prüfen muss, gelten §§ 103–107, insbesondere § 104. 63

XIII. Teilunterliegen, Teilsieg mehrerer Streitgenossen, I–IV. Soweit von mehreren Streitgenossen der eine oder mehrere oder alle jeweils für die eigene Person teilweise siegen und teilweise unterliegen, liegt eine andere Situation als bei → Rn. 44 ff. vor. Man muss aber die Grundsätze → Rn. 41–63 auch auf ein Teilunterliegen und einen Teilsieg entsprechend anwenden und zusätzlich § 92 hinzuziehen. Stets sollte das Gericht auf eine möglichst gerechte, aber auch einfache und klare Fassung der Kostengrundentscheidung achten. Es sollte versuchen, die obigen Grundsätze für und gegen einen jeden der Streitgenossen einzuhalten. 64

XIV. Rechtsmittel, I–IV. Gegen die Kostengrundentscheidung sind diejenigen Rechtsmittel statthaft, die ihrer Form entsprechen, jeweils eingeschränkt durch § 99. Gegen die Entscheidungen im Kostenfestsetzungsverfahren sind die in § 104 genannten und erläuterten Rechtsbehelfe (befristete Erinnerung) oder Rechtsmittel (sofortige Beschwerde) möglich. Stets muss man bei der Anfechtung einer Kostenentscheidung beachten, dass nach § 567 II (Kostengrundentscheidung, → § 91 Rn. 6) ein Beschwerdewert von mehr als 200 EUR eine Voraussetzung ist. Beim Rpfle. gilt nach → § 104 Rn. 48 ff. der § 11 RPflG. 65

101 *Kosten einer Nebenintervention.* [I] **Die durch eine Nebenintervention verursachten Kosten sind dem Gegner der Hauptpartei aufzuerlegen, soweit er nach den Vorschriften der §§ 91 bis 98 die Kosten des Rechtsstreits zu tragen hat; soweit dies nicht der Fall ist, sind sie dem Nebenintervenienten aufzuerlegen.**

[II] **Gilt der Nebenintervenient als Streitgenosse der Hauptpartei (§ 69), so sind die Vorschriften des § 100 maßgebend.**

Übersicht

1 **I. Systematik, I, II.** Die Vorschrift enthält in I, II zunächst jeweils nur scheinbar eine vorrangige Sonderregelung, in Wahrheit infolge der jeweiligen Verweisung in deren Umfang jeweils keine Sonderregeln, sondern nur die Bestätigung der Geltung der dort erwähnten anderen Vorschriften. Wegen des formellen Charakters einer Spezialvorschrift meint I Hs. 1, II allerdings die Verweisung an sich nur in einem eng auslegbaren Sinn, AG Hmb-Barmbek ZMR 2014, 830. Die Praxis verfährt allerdings nach → Rn. 30, 40 teilweise anders. I Hs. 2 enthält eine Auffangklausel zulasten des einfachen unselbständigen Streithelfers nach §§ 66–68. Sie hat gegenüber §§ 91 ff. den Vorrang. §§ 99, 238 IV, 269 III ZPO, §§ 22 ff. GKG bleiben unberührt.

2 **II. Regelungszweck, I, II.** Soweit die Vorschrift Verweisungen enthält, bezweckt sie sowohl im Interesse der Vereinfachung als einem Gesichtspunkt der Prozesswirtschaftlichkeit als auch im Interesse der Kostengerechtigkeit nach → Vor § 91 Rn. 20 Angleichungen der Kostenfolgen der einfachen unselbständigen Streithilfe nach §§ 66–68 an die Kostenfolgen im Verhältnis zwischen den Parteien, Ffm MDR 2000, 786; Saarbr MDR 1996, 968. I Hs. 2 enthält mit einer Auffangklausel im Grunde nur eine klarstellende Anweisung, über sämtliche entstandenen Kosten mitzuentscheiden. Man kann darüber streiten, ob die Gesamtregelung überzeugt, soweit sie zulasten der eigentlichen Parteien ergeht. Auch insofern ist aber der Vereinfachungsgedanke vorrangig. Das muss man bei der Auslegung mitbeachten.

3 **III. Geltungsbereich, I, II.** → Vor § 91 Rn. 23, 26, → § 91 Rn. 6–17. Die Vorschrift gilt auch im und nach einem selbständigen Beweisverfahren nach §§ 485 ff., BGH NJW 2009, 3240; Hamm NJW 2013, 2130. Sie kann auch bei einer Klagerücknahme nach § 269 mitgelten, BPatG GRUR-RR 2014, 226. Sie gilt auch im WEG-Verfahren, (zum alten Recht) LG Hmb ZMR 2001, 1014; AG Hmb-Barmbek ZMR 2014, 830.

4 **IV. Einfache unselbständige Nebenintervention, I.** Die Vorschrift gilt nur bei einer wirksamen Streithilfe, LG Bln ZMR 2013, 920. Sie erfasst nur einen Teil der Fälle von Streithilfe, BGH BB 2007, 1524.

5 **1. Begriff der Nebenintervention.** I erfasst lediglich die sog. einfache unselbständige Streithilfe nach §§ 66–68, LG Hmb ZMR 2011, 499. Es ist unerheblich, ob der Streithilfe eine Streitverkündung nach §§ 72 ff. vorausgegangen ist. Soweit die Streitverkündung zur Streithilfe führte, muss man die Kosten des Verkündungsverfahrens nach § 74 I mit als Kosten der Streithilfe beurteilen. Das gilt auch bei einer „grundlosen" Streitverkündung, aM Zweibr MDR 2015, 913 (aber auch sie ist eben eine Streitverkündung). Soweit keine Streithilfe entstand, muss der Verkünder die Kosten der Streitverkündung selbst tragen, KG JurBüro 2006, 34; Mü MDR 1989, 548. Die Haftung für die Gerichtsgebühren ergibt sich ohnehin nach §§ 22 ff. GKG (Antragsschuldner).

6 **2. Abgrenzung zur streitgenössischen Streithilfe.** Nach II ist die streitgenössische Streithilfe nach § 69 wegen der dort enthaltenen Gleichstellung dieses Streithelfers mit dem Streitgenossen nach § 61 auch kostenmäßig nach → Rn. 44 eine Streitgenossenschaft, BGH BB 2007, 1524.

7 **3. Geltung nur im Außenverhältnis.** I betrifft nur das Verhältnis zwischen dem unselbständigen Streithelfer und „dem Gegner der Hauptpartei", also nur das sog. Außenverhältnis, nicht das Innenverhältnis zwischen dem unselbständigen Streithelfer und der von ihm unterstützten „Hauptpartei" selbst. Denn zwischen diesen beiden besteht ja gar kein Rechtsstreit und daher auch jedenfalls keine prozessuale Erstattungspflicht, Hmb JurBüro 1980, 932; Karlsr NJW-RR 1996, 448; Schneider MDR 1983, 801. Diese Unterscheidung beachtet BGH NJW 2015, 558 nicht. Im Innenverhältnis ist wegen einer etwaigen sachlichrechtlichen Ersatzpflicht evtl. ein besonderer Prozess erforderlich, Bischof MDR 1999, 790. Es ist also jedenfalls kein Vollstreckungstitel im Prozess zwischen den Hauptparteien statthaft, Hmb JurBüro 1980, 932. Wechselt der Streithelfer die Fronten, kann er die früheren Kosten nicht erstattet fordern, Hmb MDR 1989, 825.

8 **V. Durch eine Nebenintervention verursachte Kosten, I.** Die Vorschrift erfasst nur diejenigen Kosten, die gerade infolge der Streithilfe entstanden.

9 **1. Begriff der Ursächlichkeit.** Man kann grundsätzlich den Begriff der Ursächlichkeit übernehmen, wie ihn Lehre und Rspr. nach → § 287 Rn. 8 entwickelt haben. Dabei ist allerdings wegen des formellen Ausnahmecharakters von I nach → Rn. 2 eine enge Auslegung notwendig. I gibt im Übrigen keine allgemeine Rechtsgrundlage dafür, den Streithelfer mit solchen Kosten des Rechtsstreits zu belasten, die über die Kosten der Streithilfe hinausgehen. Eine so allgemeine Belastung ist auch nicht nach § 22 I 1 GKG möglich. Die letztere Vorschrift gilt nur für die durch gerade seine Anträge verursachten Kosten.

2. Beispiele zur Frage einer Ursächlichkeit, I

10 **Prozesshandlung:** Hierher gehören diejenigen Kosten, die der beigetretene Streithelfer durch eigene Prozesshandlungen verursacht. Denn sie sind keine „eigentlichen" Kosten nach §§ 91 ff. Vielmehr behandelt I sie mit, Hamm AnwBl 1985, 215; aM Thomas/Putzo/Hüßtege Rn. 5.

Rechtsmittel: Wegen eines Rechtsmittels des Streithelfers → Rn. 22 „§ 97".

Streithelferkosten: Hierher gehören natürlich die dem Streithelfer selbst entstandenen Kosten des Beitritts ab dessen Wirksamkeit, Köln JurBüro 2014, 376, mit Ausnahme der Kosten eines Zwischenstreits über dessen Zulässigkeit nach § 71.

Streitverkündung: Nicht hierher gehören nach → Rn. 4 die Kosten einer erfolglosen Streitverkündung nach § 72.

Vertreter: Hierher gehören die Kosten einer Vertretung nach §§ 80 ff.

Zustellung: Hierher gehören Zustellungskosten nach §§ 166 ff., 191 ff.

Zuziehung des Streithelfers: Hierher gehören die Kosten dieser Zuziehung. Aber auch → „Streitverkündung".

Zwischenstreit: „Streithelferkosten".

11 **VI. Kostenlast des Gegners der Hauptpartei, I Hs. 1.** Die Vorschrift macht den Prozessgegner der vom Streithelfer unterstützten Hauptpartei kostenpflichtig, soweit er überhaupt Prozesskosten tragen muss.

12 **1. Begriff des Gegners.** Wie schon der Wortlaut klarstellt, handelt es sich um den Gegner „der Hauptpartei", also um den oder die Prozessgegner des oder der Unterstützten. Dabei kommt es nur darauf an, ob und in

welchem Umfang einer dieser Gegner Prozesskosten überhaupt tragen muss. Daher scheiden diejenigen Gegner der Hauptpartei aus, die zwar zunächst in den Rechtsstreit hineingerieten, dann aber ohne eine Kostengrundentscheidung über auch nur Teile der Prozesskosten ihnen gegenüber ausgeschieden sind und auch nicht mehr nach §§ 91–98 zahlen könnten und müssten. Allerdings mag insofern ein Antrag auf eine Berichtigung oder Ergänzung nach §§ 319 ff. zulässig sein und zur Haftung der bisher noch nicht Belasteten auch für die Kosten der Streithilfe führen.

2. Zwingende Kostenfolge. Soweit die Hauptpartei Kosten des Rechtsstreits tragen muss, darf das Gericht nicht nur im Rahmen eines Ermessens, sondern muss nach dem eindeutigen Wortlaut dieser Partei auch die Kosten der Streithilfe auferlegen, BGH NJW 2011, 3721; Celle NJW-RR 2014, 660; Kblz NJW-RR 2015, 192. Andernfalls könnte ein unwirksamer Vertrag zulasten eines Dritten vorliegen, Nürnb MDR 2001, 415. Das Gericht muss diese Frage wie bei § 308 II von Amts wegen beachten, Hamm AnwBl 1985, 215; Köln JurBüro 1983, 1882; Nürnb MDR 2001, 415. Es darf in diesem Zusammenhang die Zulässigkeit des Beitritts nicht mehr nachprüfen, LG Itzehoe AnwBl 1985, 215. 13

3. Notwendigkeit einer Kostenentscheidung. Freilich tritt die zwingende Kostenfolge nach → Rn. 13 nicht schon in einer für das Festsetzungsverfahren nach §§ 103 ff. ausreichenden Weise kraft Gesetzes ein. Vielmehr ist schon nach dem auch insofern eindeutigen Wortlaut von I („sind aufzuerlegen") eine Kostengrundentscheidung über die Kosten der Streithilfe notwendig, BGH NJW 2014, 1021; Hamm NJW 2013, 2130; Nürnb MDR 2005, 473. Das gilt nach einem Beitritt im selbständigen Beweisverfahren nach §§ 485 ff. unabhängig von einem Beitritt auch im Hauptsacheprozess, BGH NJW 2014, 1018; Hamm NJW 2013, 2130; Köln NJW-RR 2010, 1680; aM Cuypers MDR 2004, 317; Zöller/Heßler Rn. 2. Es empfiehlt sich dringend, im Urteil usw. über diese Kosten der Streithilfe ausdrücklich gesondert zu entscheiden, um Missverständnisse zu vermeiden. Freilich trifft der Richter nur die Kostengrundentscheidung darüber, wer die Kosten „des Rechtsstreits" und wer diejenigen „der Streithilfe" tragen muss, Celle NJW-RR 2003, 1510. 14

Das Gericht überlässt die Klärung der Frage, was nun im einzelnen zu beiden Kostenarten zählt, dem **Kostenfestsetzungsverfahren** nach §§ 103 ff. Soweit das Urteil nach → Vor § 128 Rn. 59, 60 auslegungsfähig ist, darf und muss man es wie sonst notfalls unter einer Heranziehung des Tatbestands nach § 313 II und der Entscheidungsgründe nach § 313 III auslegen, Kblz MDR 2002, 1339; Rostock NJW-RR 2016, 381. Soweit Entscheidungsgründe zulässig fehlen, darf und muss man auch den Akteninhalt mitbeachten. Der Rpfleger darf im Kostenfestsetzungsverfahren ebenso vorgehen. Er darf aber nach → Vor § 103 Rn. 26 keine darüber hinausgehende Änderung oder Ergänzung oder Nachbesserung der Kostengrundentscheidung des Gerichts vornehmen. 15

4. Auslegung. Die bloße Entscheidung über „die Kosten des Rechtsstreits" oder auch nur „die Kosten" kann, muss aber nicht auch diejenigen der Streithilfe mit umfassen. Auch hier kommt es also auf eine Auslegung nach → Vor § 128 Rn. 59, 60 an. Das gilt insbesondere beim „Frontenwechsel" des Streithelfers, BPatG GRUR 1987, 235 Hamm Rpfleger 1989, 127, Mü Rpfleger 1989, 128. 16

5. Berichtigung. Notfalls darf und muss man eine Berichtigung oder Ergänzung nach §§ 319 ff. beantragen, BGH NJW 2014, 1018, Jena MDR 2009, 1066, Stgt MDR 1999, 116. Sie ist aber dann unstatthaft, wenn unklar bleibt, ob das Gericht überhaupt eine Kostenentscheidung traf, Rostock NJW-RR 2016, 381. Bei einer streitgenössischen Streithilfe gilt II nach → Rn. 44, BPatG GRUR 1987, 235. 17

6. Missbrauch. Bei einem Beitritt erst nach dem Verhandlungsschluss nach §§ 136 IV, 296a ergeht allerdings weder im Urteil noch durch eine Ergänzung eine Entscheidung über die Kosten der Streithilfe. Denn dann liegt ein Rechtsmissbrauch vor: Man erstrebt nur noch einen Kostentitel, selbst wenn zugleich ein Wiedereröffnungsantrag nach § 156 vorliegt. Dasselbe gilt beim „Beitritt" erst nach einem Vergleichsabschluss. Wegen eines Vergleichs → Rn. 30. 18

VII. Anwendbarkeit der §§ 91–98, I Hs. 1. Unter den Voraussetzungen → Rn. 4–21 hängt die Kostenlast des Gegners der Hauptpartei wegen der Streithilfekosten ferner von folgenden Voraussetzungen ab. 19

1. Grundsatz: Soweit Gegner die Kosten tragen muss. Es kommt zunächst darauf an, ob und in welchem Umfang kraft Gesetzes oder infolge einer Kostengrundentscheidung des Gerichts nach → Vor § 91 Rn. 53 der Gegner der Hauptpartei überhaupt Prozesskosten nach → Vor § 91 Rn. 27 tragen muss, BGH NJW 2011, 3721; Saarbr MDR 1996, 968. Auch im letzteren Fall muss er die Kosten der Streithilfe mittragen. Denn die Vorschrift sagt nicht nur, er sei insofern verpflichtet, soweit er Prozesskosten „trägt", sondern, soweit er sie „zu tragen hat". 20

2. Anwendbarkeit der allgemeinen Kostenvorschriften im einzelnen. Es gelten die bei §§ 91 ff. dargestellten Regeln zur Kostenlast der Hauptpartei gegenüber dem Gericht und dem Prozessgegner, KG NJW-RR 2004, 720. 21

§ 91: Keine besonderen Abweichungen. 22

§ 91a: Die Vorschrift ist grundsätzlich anwendbar, BGH MDR 1985, 914; Köln MDR 2014, 1107; Thomas/Putzo/Hüßtege Rn. 10; aM Celle VersR 1979, 155; Zöller/Heßler Rn. 10 (aber I verweist auch auf § 91a). Vgl. im Übrigen bei „§ 98".

§§ 92–96: Keine besonderen Abweichungen.

§ 97: → Rn. 23. Soweit der Streithelfer erst im zweiten Rechtszug beitrat, muss der unterliegende Gegner die Kosten der Streithilfe auch dann tragen, wenn die siegende Partei Kosten nach § 97 II tragen muss, Hamm MDR 1994, 311.

§ 98: → Rn. 30.

§ 100: → Rn. 40.

VIII. Insbesondere: Rechtsmittel des Streithelfers (§ 97), I Hs. 1. Soweit der Streithelfer nach § 66 II zwar zulässigerweise, aber im Übrigen erfolglos oder sogar unzulässigerweise ein Rechtsmittel im Namen der unterstützten Hauptpartei oder für diese eingelegt hat, ist wie folgt zu unterscheiden. 23

Bei einer **Nichtbeteiligung** der Hauptpartei an dem Rechtsstreit muss der Streithelfer die Kosten des Rechtsmittels entsprechend § 97 und nicht nach § 101 tragen, soweit nicht das Gericht den Gegner der Hauptpartei zu den Kosten des Rechtsmittels verurteilt. Das gilt selbst dann, wenn die Hauptpartei dem Rechtsmittel auch nicht widersprochen hat. 24

25 Bei einer **Nicht-mehr-Beteiligung** der Hauptpartei muss der Streithelfer auch diejenigen Kosten tragen, die von dem Zeitpunkt an entstehen, in dem die Hauptpartei erklärt hat, sie sei an der Fortführung des Rechtsmittels oder des Rechtsstreits nicht mehr interessiert, Mü Rpfleger 1979, 141.

26 Bei einer **Beteiligung** der Hauptpartei in irgendeiner Form etwa durch die Einreichung eines Schriftsatzes oder durch ein Erscheinen in der mündlichen Verhandlung muss sie bei einer Erfolglosigkeit des Rechtsmittels ihre Kosten tragen, während er nur seine eigenen Kosten tragen muss, Hmb VersR 1987, 379.

27 Beim **Erfolg** des Rechtsmittels des Streithelfers muss der Gegner der Hauptpartei die Kosten des Streithelfers auch dann tragen, wenn sich die vom Streithelfer unterstützte Hauptpartei am Rechtsmittel nicht beteiligte.

28 Bei einer **Zurückverweisung** nach § 538 gilt: Wenn zB der BGH das Berufungsurteil anschließend aufhebt, muss der Streithelfer die Kosten der Berufung und der Revision tragen. I gibt aber keine Rechtsgrundlage dafür, den Streithelfer auch im Übrigen mit den Kosten des Rechtsstreits zu belasten, und zwar auch nicht iVm § 49 I 1 GKG.

29 Bei einer **Zurücknahme** des Rechtsmittels des Streithelfers gilt § 516 III entsprechend, Mü Rpfleger 1979, 141. War der Beitritt erst nach einer Ankündigung nach § 522 II erfolgt, entstand kein notwendiger Aufwand, Kblz JurBüro 2007, 320. Wenn der Verfügungsbekl seinen Widerspruch nach → § 924 Rn. 14 zurücknimmt, trägt er die Kosten des Widerspruchsverfahrens, der Streithelfer diejenigen der Streithilfe, Mü JurBüro 1977, 92.

30 **IX. Insbesondere: Vergleich (§ 98), I Hs. 1.** Die Anwendbarkeit auch des § 98 hat die folgenden Auswirkungen.

31 **1. Begriff des Vergleichs.** Es muss sich entweder um einen Prozessvergleich nach Anh. § 307 oder um einen außergerichtlichen Vergleich nach § 779 BGB handeln. Denn auch auf den letzteren ist → § 98 Rn. 9, 10 entsprechend anwendbar. Zur Rechtsnatur des Prozessvergleichs usw. Anh. § 307.

32 **2. Beteiligung des Streithelfers am Vergleich.** Der unselbständige Streithelfer nach § 66, auf den sich ja I bezieht (wegen des selbständigen vgl. II), muss am Zustandekommen des Vergleichs nicht persönlich mitgewirkt haben, Düss NJW-RR 1998, 1691. Es reicht vielmehr aus, dass die von ihm unterstützte Hauptpartei und deren Prozessgegner den Vergleich geschlossen haben, KG JurBüro 2008, 543,; Köln MDR 1993, 472; Nürnb MDR 2003, 598. Andernfalls würden die Kosten der Streithilfe dann „in der Luft hängen", wenn man die übrigen Prozesskosten nach § 98 beurteilen muss. Das kann nicht der Sinn von I sein, Mü OLGZ 1992, 326.

33 **3. Maßgeblichkeit der Vereinbarungen über die Streithilfekosten.** Wie bei § 98 überhaupt, kommt es zunächst auf die „andere Vereinbarung" an, Düss NJW-RR 2013, 315. Maßgeblich sind also nach → § 98 Rn. 29 grundsätzlich die etwaigen Abreden der Parteien untereinander und diejenigen etwaigen Abreden, an denen der Streithelfer beteiligt ist, über die Streithilfekosten, BGH MDR 2011, 1443; Ffm MDR 2013, 54; Jena NJW-RR 2018, 510. Diesen Vorrang erwähnt BGH NJW 2014, 1021 nicht (ohne Vorlage nach § 132 GVG). Freilich bleibt auch hier nach → § 98 Rn. 29 trotz einer wirksamen Kostenvereinbarung die gesetzliche Haftung für Gerichtskosten nach §§ 22 ff. GKG bestehen. Die Parteien können dem Streithelfer allerdings nicht ohne seine Zustimmung wirksam Kosten insbesondere der Streithilfe auferlegen, auch nicht indirekt durch eine Kostenaufhebung gegeneinander. Denn das wäre ein verbotener Vertrag zulasten eines Dritten, Drsd NJW-RR 1999, 1668; Mü (28. ZS) MDR 1998, 989; Zweibr NJW-RR 2003, 143; aM BGH AnwBl 2005, 507; Mü (3. ZS) JurBüro 1995, 480 (aber das bürgerliche Recht hat auch beim Prozessvertrag nach → Vor § 128 Rn. 56 seine Bedeutung). Soweit der Vergleich die Hauptsache eines weiteren Rechtsstreits miterfasst, muss man auch die in jenem anderen Rechtsstreit durch eine dortige Streithilfe verursachten Kosten evtl. zulasten eines anderen als des jetzigen Streithelfers mit titulieren, Schlesw SchlHA 1978, 177.

34 **4. Notwendigkeit weiter Auslegung.** Dem Regelungszweck des § 98 entspricht es, die etwaige Kostenvereinbarung weit auszulegen, aM Mü Rpfleger 1990, 269 (aber eine gewisse Vertragsfreiheit gehört zur Prozesswirtschaftlichkeit). Das gilt auch für die Frage, ob und in welchem Umfang der Vergleich die Kosten der Streithilfe miterfasst. Es gilt aber auch für die Frage, ob der Vergleich mit oder ohne eine Beteiligung des Streithelfers zustande gekommen ist. Denn der Vergleich ist auch wegen der Streithilfekosten jedenfalls insoweit wirksam, als die Parteien sie unter sich aufgeteilt haben. Das gilt selbst dann, wenn der Streithelfer an diesem Vergleich nicht mitgewirkt hat. §§ 320, 321 sind allerdings beim Vergleich unanwendbar. Denn er ist kein Urteil.

35 **5. Kostenfolge bei Aufhebung der Prozesskosten gegeneinander.** Soweit die Prozessparteien im Vergleich lediglich die „Aufhebung der Prozesskosten (oder der Kosten) gegeneinander" vereinbart haben, ohne auch über die Kosten der Streithilfe eine ausdrückliche oder doch klare Vereinbarung zu treffen, muss man zunächst prüfen, ob sie auch wirklich eine Kostenaufhebung nach § 92 I 2 gemeint haben, → § 92 Rn. 27. Es könnte ja zB auch eine hälftige Teilung der Gesamtkosten der Parteien bestehen. Sie bedeutet etwas anderes.

36 **6. Etwa nur wegen Prozesskosten.** Die Parteien können auch eine echte Aufhebung gegeneinander „nur" für die Prozesskosten und nicht eindeutig auch für die Streithilfekosten vereinbart haben. Das mag insbesondere bei einer ausdrücklichen Ausnahme der Streithilfekosten von der Regelung für die Prozesskosten gelten. Dann muss der Prozessgegner der unterstützten Hauptpartei unter anderem auch die Hälfte der Kosten des Streithelfers tragen. Das gilt unabhängig vom Verhältnis ihrer Höhe zu derjenigen der Parteikosten. Es gilt selbst dann, wenn der Streithelfer zwar am Vergleich beteiligt war, ihn aber wirksam widerrufen hatte, Karlsr Just 1979, 17, oder wenn der Vergleich ohne seine Beteiligung zustande gekommen war, BGH NJW 2014, 1018 (ohne Vorlage nach § 132 GVG), Nürnb MDR 2003, 598; Stgt NJW-RR 2002, 215; aM BGH NJW 2003, 1948 (zust. Wax LMK 2003, 132); Drsd NJW-RR 1999, 1668; Stgt NJW-RR 2002, 215 (kein Erstattungsanspruch wegen der außergerichtlichen Kosten des Streithelfers. Aber die erstere Lösung ist gerechter). § 269 bleibt anwendbar, KG NJW-RR 2004, 720.

37 **7. Kostenfolge bei Halbierung der Prozesskosten.** Die Parteien können die Prozesskosten nicht gegeneinander aufgehoben, sondern nur einfach halbiert haben, ohne dass sie über die Kosten der Streithilfe ebenfalls eine klare Einigung getroffen haben. Man muss dann also zunächst alle gerichtlichen und außergerichtlichen Kosten addieren *und sie dann hälftig verteilen.* Dann empfiehlt es sich, die Kosten der Streithilfe in die Gesamtkosten des Rechtsstreits einzubeziehen und sie daher hälftig von der unterstützten Hauptpartei und dem Prozessgegner tragen zu lassen. Denn immerhin ist auch dann § 98 anwendbar und der Prozessgegner zu einer Beteiligung an den Prozesskosten verpflichtet. Freilich kann man auch mit gewichtigen Gründen den Streithelfer die eine Hälfte und der Prozessgegner die andere übernehmen lassen, Celle AnwBl 1983, 176; Karlsr Just 1979, 17.

8. Kostenfolge bei Teilübernahme der Prozesskosten durch den Gegner der Hauptpartei. Es mag auch der Gegner der unterstützten Hauptpartei einen Teil der Prozesskosten in Höhe von mehr oder weniger als 50% übernommen haben, ohne dass die Parteien eine Kostenaufhebung gegeneinander vereinbart haben. Soweit diese Teilübernahme nicht eindeutig auch die Kosten der Streithilfe mit erfasst hat, empfiehlt sich eine entsprechende Quotelung der Kosten der Streithilfe zulasten des Prozessgegners und die Übertragung der restlichen Streitkostenhilfe auf die unterstützte Partei, Ffm MDR 2013, 54; Nürnb MDR 2001, 416; Zöller/Heßler Rn. 12; aM Mü Rpfleger 1990, 269 (besonderer Beschluss nötig. Aber das ist unnötig aufwendig). 38

9. Kostenfolge bei Übernahme aller Prozesskosten durch die Hauptpartei. Soweit die vom Streithelfer unterstützte Hauptpartei im Vergleich alle Prozesskosten übernimmt, ohne dass der Vergleich auch die Streithilfekosten eindeutig miterfasst, ist die in → Rn. 37, 38 genannte Kostenfolge hier nicht möglich. Denn es liegt eben wegen der Streithilfekosten keine Vereinbarung gerade zulasten des Gegners der Hauptpartei vor, wie sie Hs. 1 auch bei § 98 als eine weitere Voraussetzung nennt. Vielmehr liegt Hs. 2 vor. Der Streithelfer muss daher seine Kosten selbst tragen. Wenn eine Klagerücknahme nach § 269 auf einem außergerichtlichen Vergleich beruht, gilt dasselbe wie bei der vergleichsweisen „Übernahme aller Prozesskosten" durch die Hauptpartei. 39

X. Insbesondere: Streitgenossen (§ 100), I Hs. 1. Die Vorschrift meint nach → Rn. 44 nicht die in II vorgeschriebene Anwendung des § 100. Vielmehr geht es hier um die Anwendbarkeit des § 100 dann, wenn der „Gegner der Hauptpartei" aus mehreren Streitgenossen nach § 59 besteht. Dann ist § 100 wie sonst anwendbar. Das ergibt sich zwar nicht aus dem Wortlaut von I Hs. 1 mit seiner bloßen Verweisung auf §§ 91–98. Es ergibt sich aber aus dem Sinn jener Vorschrift. Man muss sie zwar nach → Rn. 2 grundsätzlich eng auslegen. I Hs. 1 soll aber natürlich den unterliegenden Gegner der Hauptpartei auch dann für die Kosten der Streithilfe mithaften lassen, wenn er seinerseits aus mehreren Streitgenossen besteht. 40

XI. Kostenlast des Streithelfers, I Hs. 2. 1. Auffangklausel. Schon aus dem Wortlaut ergibt sich der Charakter einer Auffangklausel des Hs. 2. Man muss alle nicht eindeutig unter I Hs. 1 fallenden Situationen kostenmäßig zulasten des Streithelfers beurteilen, KG JurBüro 2008, 543. Das ergibt sich nach → Rn. 1 auch aus der grundsätzlichen Notwendigkeit einer engen Auslegung des Hs. 1. 41

2. Grundsatz: Gleichbehandlung mit der Hauptpartei. Das Gesetz stellt den Streithelfer in Hs. 2 wegen seiner Kosten nicht schlechter, aber auch nicht besser als die von ihm unterstützte Partei, BGH NJW 2014, 1022; Ffm NJW-RR 2015, 1024, Rostock JurBüro 2009, 367. Eine Besserstellung wäre ja auch nicht gerecht, Berding/Deckenbrock NZBau 2006, 341. Soweit sie also Prozesskosten tragen muss, soll er wenigstens die Kosten seiner Streithilfe ebenfalls tragen. Ist die Hauptpartei für die Prozesskosten aufgrund eines Urteils oder eines Vergleichs allein kostenpflichtig, muss auch der Streithelfer seine Kosten allein tragen. Das gilt sogar ohne Rücksicht auf etwa abweichende Parteiwünsche, soweit diese nicht in einem vorrangigen Vergleich ihren Niederschlag gefunden haben, Celle NJW 1978, 2170; Nürnb AnwBl 1989, 105. 42

3. Zwingende Kostenfolge. Auch bei einer Kostenlast des Streithelfers gilt nach → Rn. 13 dasselbe wie bei einer Kostenlast des Gegners der Hauptpartei. Insoweit muss der Streithelfer die eigenen Kosten tragen und diejenigen des Gegners der Hauptpartei nach §§ 91 ff. erstatten. 43

XII. Nebenintervenient gilt als Streitgenosse der Hauptpartei, II. Soweit eine streitgenössische Streithilfe vorliegt, gilt vorrangig II, BGH ZIP 2014, 1995. 44

1. Begriff der streitgenössischen Streithilfe. Nach § 69 gilt der Nebenintervenient nach § 61 als ein Streitgenosse der Hauptpartei, soweit nach dem BGB die Rechtskraft der im Hauptprozess erlassenen Entscheidungen für das Rechtsverhältnis zwischen dem Streithelfer und dem Gegner der Hauptpartei wirksam ist. 45

2. Geltung nur im Außenverhältnis. Auch II gilt ebenso wie I nach → Rn. 7 nur im Außenverhältnis zwischen dem hier streitgenössischen Streithelfer und dem Gegner der unterstützten Hauptpartei, nicht im Innenverhältnis zwischen dem Streithelfer und seiner Hauptpartei. 46

3. Kostenfolgen: Anwendbarkeit des § 100. Soweit diejenigen Voraussetzungen → Rn. 44, 46 vorliegen, „sind die Vorschriften des § 100 maßgebend", also nicht diejenigen des § 101 I, BGH ZIP 2014, 1995. Der streitgenössische Streithelfer muss also beim Unterliegen seiner Partei nach Kopfteilen mithaften. § 100 IV ist allerdings unanwendbar. Denn der streitgenössische Streithelfer wird nicht zur Hauptsache verurteilt. Bei einer Klagerücknahme kann § 269 III 2 gelten, BGH ZIP 2010, 1772. 47

XIII. Verfahren, I, II. Das Gericht muss die Entscheidungen bei I, II jeweils grundsätzlich nach § 308 II von Amts wegen treffen, Ffm MDR 1990, 929. Das gilt auch insoweit, als diejenigen Vorschriften, auf die das Gesetz verweist, ihrerseits ein Ermessen gestatten. Es bezieht sich nur auf das Wie, nicht auf das Ob einer Kostengrundentscheidung. Das gilt auch bei einem Vergleich nach Anh. § 307, Köln JurBüro 1983, 1882; aA Zöller/Heßler Rn. 9 (nur auf Antrag). Die Entscheidung über die Titulierung des Kostenerstattungsanspruchs eines Streithelfers oder eines beigetretenen Streitverkündeten erfolgt durch einen Beschluss, Drsd NJW-RR 1999, 1668; LG Köln BauR 2015, 724. Zuständig ist das Rechtsmittelgericht, Drsd NJW-RR 1999, 1668. Das gilt auch dann, wenn sich der Streithelfer am Rechtsmittel nicht beteiligt hat, Ffm MDR 1990, 929. Bei versehentlicher Nichtmitentscheidung gilt § 321, nicht § 319, → § 321 Rn. 15 „Streitgenosse, Streithelfer". 48

XIV. Rechtsmittel, I, II. Es gelten die allgemeinen Regeln zur Anfechtbarkeit derjenigen Entscheidung, in deren Form das Gericht über die Kosten der Streithilfe befunden hat. Man muss stets § 99 beachten. Beim Rpfl. gilt nach → § 104 Rn. 48 ff. der § 11 RPflG. 49

102 (weggefallen)

Vorbemerkung zu § 103
Kostenfestsetzung

Schrifttum: Arzt/Gemmer NJW 2019, 263; Baronin von König, Kosten- und Vergütungsfestsetzung in Zivilsachen, 2. Aufl. 2018; von Eicken/Hellstab/Dörndorfer/Asperger (Hrsg.), Die Kostenfestsetzung, 24. Aufl. 2021; Toussaint, Kostenrecht, 52. Aufl. 2022; Jungbauer, Fallakte Kostenfestsetzungsverfahren, 2017.

1 **I. Systematik.** Der Kostenfestsetzungsbeschluss baut auf einer für das Höheverfahren nach § 104 bindenden Kostengrundentscheidung, also einem Titel, der aussagt, wer die Verfahrenskosten zu tragen hat, auf. Er scheidet aus, wenn es an einem solchen vollstreckbaren Titel fehlt, BGH NJW 2018, 1169. Das Kostenfestsetzungsverfahren ist ein zur ersten Instanz gehörendes selbständiges Nebenverfahren, BGH NJW 2008, 2040; zur vergaberechtlichen Praxis OLG Naumb BauR 2015, 1723.

2 **1. Entstehung des Erstattungsanspruchs.** Der Anspruch auf Erstattung von Prozesskosten entsteht bereits im Zeitpunkt der Begründung eines Prozessrechtsverhältnisses. Er ist in diesem Zeitpunkt allerdings noch aufschiebend bedingt. Das noch nicht rechtskräftige Urteil nach § 300 wandelt die aufschiebende in eine auflösende Bedingung. Erst der Eintritt der Rechtskraft einer Entscheidung beseitigt diese auflösende Bedingung, BGH NJW 1988, 3205. Soweit aber eine Zwangsvollstreckung schon vor der Rechtskraft zulässig ist, ist auch schon vor der Rechtskraft eine Kostenerstattung nach §§ 91 ff. möglich. Auch eine wirksame Klagerücknahme löst wegen der mit ihr verbundenen gesetzlichen Kostenfolge des § 269 III 2 oder wegen einer Kostengrundentscheidung nach § 269 III 3, IV den Erstattungsanspruch nach § 103 I aus, sobald der Kostenfestsetzungsbeschluss des § 103 II hinzutritt.

3 **2. Notwendigkeit der Kostenfestsetzung.** Das Urteil selbst stellt eine Erstattungspflicht immer nur dem Grunde nach fest. Das Gesetz überlässt dem Kostenfestsetzungsverfahren auf Grundlage eines konkreten Kostenfestsetzungsantrags die Klärung der Frage, welchen zu beziffernden Betrag der Erstattungspflichtige an den Gegner zahlen muss, BGH NJW 2019, 679. Nur der Kostenfestsetzungsbeschluss nach § 104 entscheidet daher darüber, ob bestimmte Kosten auch notwendige Kosten waren. Eine Zwangsvollstreckung wegen der Kosten darf nach § 103 I nur aufgrund eines Vollstreckungstitels stattfinden, also vor allem aufgrund des Kostenfestsetzungsbeschlusses nach §§ 104, 794 I Nr. 2.

4 **3. Alleiniger Erstattungsweg.** Das Kostenfestsetzungsverfahren der §§ 103 ff. ist grundsätzlich der allein zulässige Weg, eine Erstattung der Prozesskosten zu erlangen, BGH NJW 1990, 2060. Das gilt auch bei vorprozessualen Mahnkosten. Anders ist es bei materiell-rechtlichen Kosten, OLG Brschw WettbR 1997, 233. Es ist ein selbständiges gerichtliches Nachverfahren und schließt sich an die erste Instanz an, BGH MDR 2012, 990. Daher wird dem Gegner vor einer ihn benachteiligenden Entscheidung rechtliches Gehör gewährt.

5 **4. Begründungspflicht.** Die Entscheidung im Kostenfestsetzungsverfahren ist grundsätzlich zu begründen, um so die Transparenz, Nachvollziehbarkeit und Akzeptanz der Kostenfestsetzung zu erhöhen, gerade in zweifelhafter und streitiger Erstattungsfähigkeit, OLG Saarbrücken NJW-RR 2019, 702. Die Begründung kann entbehrlich sein, wenn einem Antrag nach Prüfung vollumfänglich entsprochen wird, die Kosten nach gesetzlichen Vorgaben unzweifelhaft entstanden und zu erstatten sind (MüKoZPO/Schulz Rn. 52).

6 **5. Auswirkung prozessualer Konstellationen.** Eine erstinstanzliche Aussetzung nach §§ 148 ff. oder eine Unterbrechung des Hauptprozesses nach §§ 239 ff. oder das Ruhen des Verfahrens in erster Instanz nach §§ 251a, 331a können sich ohne weiteres auf das Kostenfestsetzungsverfahren auswirken, BGH MDR 2012, 990; zu Ausnahmen, OLG Naumb MDR 1994, 514; aM OLG Brdb MDR 2001, 471. Ein Kostenfestsetzungsverfahren ist für die Kosten der Vorinstanz auch dann unterbrochen, wenn die Unterbrechungswirkung erst in einem späteren Rechtszug eintritt, BGH NZI 2006, 128; MDR 2012, 990.

7 Soweit im Kostenfestsetzungsverfahren einerseits und im Verfahren nach § 4 JVEG andererseits jeweils rechtskräftige Entscheidungen miteinander unvereinbar sind, bleibt eine Erinnerung nach § 66 GKG, § 57 FamGKG letztlich zulasten der Staatskasse denkbar, OLG Kblz VersR 1988, 297. §§ 103 ff. haben grundsätzlich den Vorrang vor § 66 GKG, OLG Celle JurBüro 2010, 206. Die Verfahren nach §§ 103 ff. und nach §§ 127, 128 GNotKG sind zu unterscheiden, BayObLG FGPrax 1999, 78.

8 **II. Regelungszweck.** §§ 103–107 dienen der Durchführung der Kostengrundentscheidung nach §§ 91 ff., 80 ff., 113 I 2 FamFG, also der konkreten Bestimmung der zu erstattenden Kosten der Höhe nach: Der richterlichen Kostengrundentscheidung folgt also die Bestimmung der Kostenhöhe durch den Rechtspfleger. Es werden sämtliche Einzelaspekte eines Verfahrens geklärt: Beispielhaft die Notwendigkeit der Beauftragung eines bekannten, aber ortsfernen Rechtsanwalts oder die Größe, ab derer ein Unternehmen eine eigene Rechtsabteilung statt eines Anwalts einzusetzen hat.

9 Aufgrund der klaren Regelungen nach §§ 103 ff. ergeben sich verfahrenserleichternde Möglichkeiten, so wäre zB als Anwalt abzuwägen, eine Klage auf Vergütung wegen eines solchen angeblich nur materiell-rechtlichen Anspruchs zu erheben, der tatsächlich klar zu den Vorbereitungskosten und damit zu den nach §§ 103 ff. schneller und einfacheren Wegen zählt.

10 **III. Geltungsbereich.** Der Anwendungsbereich entspricht dem Regelungsbereich nach §§ 91 – 101. Ein Verweis auf §§ 91 ff. in einer anderen Verfahrensordnung beinhaltet in der Regel auch die Anwendbarkeit von §§ 103 ff. §§ 103 ff. gelten auch im WEG-Verfahren, LG Duisb NZM 2014, 836, und wegen der Verweisung in § 85 FamFG auch im FamFG-Verfahren entsprechend, BGH NJW 2011, 454. Im Patentverfahren sind §§ 103–107 entsprechend anwendbar, § 80 V PatG. Dasselbe gilt im markenrechtlichen Verfahren, §§ 63 III 2, 71 V, 90 IV MarkenG. Im Strafverfahren gelten §§ 103 ff. iVm § 464b S. 3 StPO, OLG Celle JurBüro 2015, 588. § 55 II RVG verweist auf II, OLG Brschw NJW 2017, 3536. In Arbeitsgerichtsverfahren schließt § 12a I 1 ArbGG die Festsetzung von Anwaltskosten erster Instanz aus, LAG Köln MDR 2001, 775. Unanwendbar sind §§ 103 ff. bei § 66 GKG, OLG Düss JurBüro 2012, 534. Im Verfahren vor der Schiedsstelle nach §§ 92 ff. VGG gilt § 122 VGG.

11 **IV. Abhängigkeit des Festsetzungsverfahrens. 1. Kein selbständiger Vollstreckungstitel.** Der Streitgegenstand des Festsetzungsverfahrens entspricht dem des Erkenntnisverfahrens, OLG Kblz Rpfleger 2012, 177. Der Kostenfestsetzungsbeschluss nach § 104 bestimmt in Abhängigkeit von dem Bestehen der bindenden Kostengrundentscheidung die Höhe des Kostenbetrags, BGH MDR 2018, 364; BAG NZG 1015, 606. Eine Kostenfest-

setzung kann nicht ohne Erstattungsanspruch, BGH MDR 2008, 873, und nicht ohne Kostengrundentscheidung ergehen, BGH MDR 2018, 366.

Der Kostenfestsetzungsbeschluss stellt einen Vollstreckungstitel nach § 794 I Nr. 2 dar und erwächst in materieller und formeller Rechtskraft. Er teilt grundsätzlich unmittelbar und ohne die Notwendigkeit einer Aufhebungs- oder Erledigungsklärung das Schicksal der Kostengrundentscheidung, eines Urteils, Beschlusses oder Prozessvergleichs, sog. Akzessorietät, BGH GRUR 2010, 1039. 12

Zu den Ausnahmen → Rn. 15. Die Aufhebung bleibt zur Klarstellung zulässig, OLG Hamm Rpfleger 1976, 408. Die unmittelbar kraft Gesetzes eintretende Kostengrundfolge des § 269 III 2 (nicht erst der zusätzlich mögliche Feststellungsbeschluss nach § 269 IV) reicht zur Kostenfestsetzung aus. Erst recht ist eine Kostengrundentscheidung nach § 269 III 3, IV ausreichend. Soweit eine erforderliche Kostengrundentscheidung fehlt, ist ein auf ihrer Grundlage erlassener Kostenfestsetzungsbeschluss nichtig, BGH MDR 2013, 669, seine Aufhebung mithin nicht erforderlich. 13

2. Prüfungsumfang. Der Kostenfestsetzungsbeschluss kann nicht über die Kostengrundentscheidung hinausgehen, OLG Hamm JurBüro 2017, 154. Demgemäß wird im Kostenfestsetzungsverfahren nur geprüft, ob die geltend gemachten Kosten das zugrundeliegende Verfahren betreffen, entstanden sind und notwendig waren, LAG Mecklenburg-Vorpommern BeckRS 2021, 30574. § 145 ist grundsätzlich unanwendbar, LG Bln Rpfleger 1996, 397. Eine Verbindung etwa nach § 147 nur zur Kostenfestsetzung ist ebenfalls unzulässig, OLG Hamm Rpfleger 1980, 439. Ein Rechtsmissbrauch kann zB bei getrenntem Vorgehen in mehreren Verfahren durch denselben Anwalt für mehrere Auftraggeber vorliegen, BGH GRUR 2014, 709. 14

3. Begrenzter Prüfungsumfang. Der Rpfl. prüft nur die formelle Wirksamkeit der Kostengrundentscheidung und eines Prozessvergleichs, nicht die Frage eines materiellen Kostenerstattungsanspruchs, OLG Kblz NJW-RR 2016, 448; aM OLG Nürnb FamRZ 2001, 1720. Daher können materiell-rechtliche Einwendungen nur außerhalb des Kostenfestsetzungsverfahren geltend gemacht werden, LAG Mecklenburg-Vorpommern BeckRS 2021, 30574. Eine im Erkenntnisverfahren bejahte Vollmacht lässt sich nicht bei §§ 103ff. überprüfen, BGH NJW 2011, 3722. Im Kostenfestsetzungsverfahren besteht mithin ein begrenzter Prüfungsmaßstab. 15

Die Kostenfestsetzung ist gegenüber der Kostengrundentscheidung streng akzessorisch, die Zulässigkeit der Festsetzung von dem Bestehen der Kostengrundentscheidung abhängig: Wenn der Vollstreckungstitel seine Vollstreckbarkeit zumindest im Kostenpunkt verliert, etwa nach § 718 oder deshalb, weil die Parteien nach dem Erlass des Urteils einen Prozessvergleich schließen, ist auch der Kostenfestsetzungsbeschluss grundsätzlich nicht mehr vollstreckbar, OLG Stgt Rpfleger 1988, 39; Thomas/Putzo/Hüßtege § 103 Rn. 3. Wegen eines Vergleichs nach dem Eintritt der Rechtskraft, OLG Karlsr MDR 1977, 937. Nur soweit die Parteien im Vergleich das Fortbestehen der erstinstanzlichen Kostengrundentscheidung vereinbaren, berührt der Vergleich den zugehörigen Festsetzungsbeschluss ausnahmsweise nicht, OLG Mü MDR 2001, 414. 16

4. Vorrang des neuen Titels. Auch wenn der neue Kostentitel etwa wegen eines Einspruchs gegen ein Versäumnisurteil nach § 338 mit dem früheren sachlich übereinstimmt, ist für die Kostenfestsetzung allein der neue Titel maßgebend, BGH NJW-RR 2007, 784. 17

5. Zwangsvollstreckung. Die Festsetzung der nach § 788 I entstandenen erstattungsfähigen Kosten erfolgt nach § 788 II 1 iVm §§ 103 II 2, 104, 107, OLG Drsd JurBüro 2005, 50 (Zuständigkeit des Vollstreckungsgerichts). Bei §§ 887–890 gelten nach § 891 S. 3 für die Festsetzung der Kosten nach §§ 91ff. die §§ 106, 107 entsprechend. Das Urteil kann für die Zwangsvollstreckung besondere Voraussetzungen vorgeben, etwa eine Sicherheitsleistung nach § 709 oder die Möglichkeit der Abwendung der Zwangsvollstreckung nach §§ 708ff. Diese Voraussetzungen und Bedingungen sind in den Kostenfestsetzungsbeschluss ebenfalls aufzunehmen, OLG Düss Rpfleger 1981, 409. Dasselbe gilt bei vollstreckungsbeschränkenden Vereinbarungen in einem Vergleich, OLG Mü Rpfleger 1979, 466. Der nach § 21 Nr. 1 RPflG zuständige Rpfl. nimmt hingegen eine gegen den Gläubiger der Hauptsache angeordnete Zug-um-Zug-Leistung nicht in den Kostenfestsetzungsbeschluss auf, OLG Ffm Rpfleger 1980, 481. Denn die Erstattungsfähigkeit der Prozesskosten hängt nicht von dieser Zug-um-Zug-Leistung ab. Eine Vollstreckungsabwehrklage nach § 767 bleibt statthaft, und zwar ohne § 767 II, OLG Schlesw SchlHA 1978, 22; aM OLG Ffm MDR 1987, 331. 18

6. Sicherheitsleistung. Im Kostenfestsetzungsbeschluss wird die Höhe einer vom Gericht nach § 108 angeordneten Sicherheitsleistung entsprechend dem Urteil festgesetzt, KG Rpfleger 1984, 246; OLG Stgt Rpfleger 1988, 39. Die Sicherheitsleistung bezieht sich auf den gesamten Urteilsinhalt, einschließlich der Kostenentscheidung. 19

7. Rechtsschutzbedürfnis. Auch der Erlass eines Kostenfestsetzungsbeschlusses setzt ein Rechtsschutzbedürfnis voraus, BGH Rpfleger 2008, 40 (Neumassegläubiger), es fehlt, soweit bei Klagerücknahme auf Kostenerstattung im Voraus verzichtet worden ist, OLG Bremen NJW-RR 2014, 189; OLG Brdb Rpfleger 2006, 441; OLG Düss JurBüro 2009, 36 (Neumasseschuld). Auch nach einer Kostenerstattung fehlt für eine weitere Kostenfestsetzung das Rechtsschutzbedürfnis, OLG Oldb Rpfleger 1992, 407. Dasselbe gilt bei einer Aufhebung der Kosten gegeneinander für die außergerichtlichen Kosten jeder Partei, LG Bielef Rpfleger 1992, 406. Es gilt auch gegenüber dem Insolvenzverwalter bei einer Masseunzulänglichkeit, OLG Brdb Rpfleger 2006, 441. Es gilt ferner nach einer sog. Generalquittung, auch bei Erteilung anlässlich eines anderen Prozesses, OLG Hmb MDR 1996, 209. Es gibt im Verhältnis zwischen der Partei und ihrem Anwalt nach § 81 keine materielle Rechtskraft nach § 322. Dann ist § 11 RVG anwendbar oder der Anwalt erhebt eine Gebührenklage, der Mandant muss bei Beauftragung regelmäßig damit rechnen, dass er die gesetzliche Vergütung zu zahlen hat, BGH NJOZ 2006, 1416. Zum Rechtsmissbrauch, BGH MDR 2014, 865. Eine Verwirkung ist unter den Voraussetzungen des Zeit- und Umstandsmoments möglich, OLG Kblz JurBüro 2016, 315. 20

8. Weitere Voraussetzungen. Der Kostenfestsetzungsbeschluss soll klarstellend, insbesondere zum Schutz des Schuldners, trotz Bindung an die Kostengrundentscheidung eine dort vorhandene Beschränkung wiederholen, etwa eine Sicherheitsleistung, OLG Karlsr Rpfleger 2000, 555. Wenn der Kostenfestsetzungsbeschluss eine notwendige Beschränkung nicht ausdrücklich ausspricht, ist ein Fehlen rechtsmittelfähig (MüKoZPO/Schulz Rn. 74). Sobald aus dem Kostenfestsetzungsbeschluss eine über die Beschränkungen hinausgehende Zwangsvollstreckung nach § 750 beginnt, kann der davon Betroffene die Erinnerung nach § 766 einlegen, KG Rpfleger 1984, 246. Wenn das Gericht die Zwangsvollstreckung etwa nach § 775 ohne eine Sicherheitsleistung schlechthin 21 eingestellt hat, ist zwar ein Kostenfestsetzungsbeschluss zu erlassen. Die Zwangsvollstreckung aus diesem kann aber derzeit nicht stattfinden. Im Kostenfestsetzungsbeschluss ist ein Hinweis auf die Einstellung der Zwangsvollstreckung zu geben, OLG Stgt Rpfleger 1988, 39.

22 Wenn der Haupttitel bestehen bleibt und wenn das Gericht nur seine Wirkung wegen der Hauptsache aufhebt, nicht wegen der Kosten, etwa bei einer Vollstreckungsabwehrklage nach § 767, berührt diese Aufhebung die Wirksamkeit des Kostenfestsetzungsbeschlusses ausnahmsweise nicht, LG Bln Rpfleger 1982, 482. Wenn das Rechtsmittelgericht den erstinstanzlichen Kostengrundtitel nur zugunsten derjenigen Partei ändert, die den Kostenfestsetzungsbeschluss erwirkt hat, bleibt er zur Rangsicherung in der Zwangsvollstreckung etwa nach § 854 III ebenfalls wirksam, LG Köln Rpfleger 1984, 112.

23 Man kann aufgrund desselben Haupttitels wiederholt eine Kostenfestsetzung beantragen, also auch Kosten nachfordern, BGH NJW 1995, 1886; OLG Köln NJW-RR 2016, 1085. Die Mehrkosten sind aber nicht erstattungsfähig. Auch derselbe Posten lässt grundsätzlich eine Nachforderung zu. Denn die materielle Rechtskraft des ersten Kostenfestsetzungsbeschlusses bezieht sich nur auf die damals geforderten Kosten.

24 **9. Grundsatz: Keine Abänderung der Kostengrundentscheidung.** Die Kostengrundentscheidung kann grundsätzlich nicht abgeändert werden, BGH NJW-RR 2006, 810; BAG NZG 2015, 473. Das gilt selbst dann, wenn sie unzutreffend ist, OLG Naumb Rpfleger 2001, 372; OLG Nürnb MDR 1995, 966; aM OLG Mü MDR 2000, 542.

25 **10. Ausnahmen.** Ausnahmen gelten bei einer sofortigen Erinnerung nach § 104 III iVm § 11 II 2 RPflG nach einer Zurückverweisung an den Rpfl. sowie nach einer Aufhebung oder Abänderung der Kostengrundentscheidung, OLG Hamm JurBüro 2001, 593; OLG Köln JurBüro 2006, 598. Das Gericht darf die Kostenentscheidung eines höheren Gerichts nicht abändern oder ergänzen, OLG Mü Rpfleger 1979, 388 und 465. Eine solche Abänderung ist auch dann nicht statthaft, wenn das höhere Gericht zB eine zwingende Bestimmung missachtet hatte, etwa den § 281 III 2, OLG Kblz AnwBl 1988, 650; OLG Schlesw SchlHA 1980, 220; aM OLG Ffm MDR 1981, 58; OLG Rostock JurBüro 2001, 591. Die insoweit unrichtige Kostengrundentscheidung lässt sich nur vom zuständigen Gericht ändern. Im Änderungsfall bietet sich für die neue Kostenfestsetzung eine klarstellende Aufhebung des früheren Festsetzungsbeschlusses an.

26 **11. Auslegung.** Eine unklare oder widersprüchliche Kostengrundentscheidung ist auslegungsfähig, OLG Kblz VersR 2004, 491; aA LAG Hmb MDR 1987, 962; orientiert an dem im Kostentitel zum Ausdruck kommenden Willen des Gerichts. Die Auswertung weiterer – streitiger – Begleitumstände ist unzulässig (OLG Köln NJW 2019, 614; OLG Bamberg Rpfleger 2018, 641; „nach dem Gewollten und den Gesetzesnormen" weiter LG Traunstein BeckRS 2018, 21702). Auslegungsbedürftig dürften insbesondere nicht plausible Kostenquoten oder Unzulänglichkeiten bei der Verteilung unter Streitgenossen sein (Zöller/Herget Rn. 21 „Auslegung").

27 **V. Prozesskostenhilfe.** Eine Festsetzung derjenigen Kosten, die die Staatskasse – auf eine als solche bindende PKH-Bewilligung – einem beigeordneten Anwalt nach § 121 ersetzen muss, ist von der Kostenfestsetzung nach §§ 103 ff. zu unterscheiden. Die Festsetzung der Kosten im Zusammenhang mit der Prozesskostenhilfe setzt weder einen vollstreckbaren Titel voraus, noch schafft sie einen. Sie wirkt nur wie eine Feststellung der Staatskasse gegenüber. Die §§ 45 ff. RVG sprechen daher auch von einer „Vergütung", zur dortigen Festsetzung §§ 55 f. RVG. Zur Kostenerstattungspflicht gegenüber dem Gegner des Hilfsbedürftigen, § 123; zur Beitreibung der Rechtsanwaltskosten von dem in die Prozesskosten verurteilten Gegner, § 126.

103 *Kostenfestsetzungsgrundlage; Kostenfestsetzungsantrag.* I **Der Anspruch auf Erstattung der Prozesskosten kann nur auf Grund eines zur Zwangsvollstreckung geeigneten Titels geltend gemacht werden.**

II [1]**Der Antrag auf Festsetzung des zu erstattenden Betrages ist bei dem Gericht des ersten Rechtszuges anzubringen.** [2]**Die Kostenberechnung, ihre zur Mitteilung an den Gegner bestimmte Abschrift und die zur Rechtfertigung der einzelnen Ansätze dienenden Belege sind beizufügen.**

1 **I. Systematik, I, II.** Die Vorschrift regelt den erforderlichen Festsetzungsantrag und seine Voraussetzungen, § 104 das anschließende Verfahren. Die §§ 103 ff. schließen sich unter Titel 5 „Prozesskosten" (Buch 1, Abschnitt 2) den Regelungen zum Kostengrund nach §§ 91–101 an.

2 **II. Regelungszweck, I, II.** Die Vorschrift bestimmt, dass der prozessuale Kostenerstattungsanspruch „nur aufgrund eines zur Zwangsvollstreckung geeigneten Titels" durchgesetzt werden kann. Vorausgesetzt wird ein Vollstreckungstitel, also ein die Pflicht zur Kostenerstattung (Kostengrundentscheidung) regelnder Titel. Während §§ 91–101 vorgeben, wer die Kostenlast zu tragen hat, beziffern die Vorschriften nach §§ 103 ff. sodann in konkreten Beträgen die zuvor entschiedene Kostenfrage. Sie konkretisieren die vorangegangene Kostenentscheidung in tatsächlich zahlbaren Beträgen. Abweichungen im Kostenfestsetzungsbeschluss von der vorangegangenen Kostengrundentscheidung sind unzulässig, ein ohne Titel – auch ohne wirksame Zustellung des Titels, BGH WM 2018, 297 – ergangener Kostenfestsetzungsbeschluss ist nichtig (Prütting/Gehrlein/Schmidt Rn. 3; Zöller/Herget Rn. 2). Aufgrund des konkret ermittelten Kostenbetrags können die Kosten beigetrieben werden. Der Kostenfestsetzungsbeschluss ist also selbst ein Vollstreckungstitel, § 794 I Nr. 2.

3 Da die Regelungen nach §§ 103 ff. auch dem Zweck dienen, dass der Erstattungsanspruch einer Partei zügig festgestellt werden kann, soll dem Rpfl. ermöglicht werden, aufgrund der gesetzlichen Bestimmungen ohne vertieften Aufwand den Betrag zu berechnen; bei der Feststellung wird er daher im Rahmen einer nur eingeschränkten materiell-rechtlichen Prüfungspflicht lediglich offensichtliche, unzweifelhafte Einwendungen einer kostentragenden Partei berücksichtigen, nur selten über Erklärungen und vorgelegte Belege hinaus weitere Beweiserhebungen vornehmen (MüKoZPO/Schulz Rn. 1).

4 **III. Geltungsbereich, I, II.** → Vor § 103 Rn. 10 II 2 gilt auch in der Zwangsvollstreckung nach § 788 II 1, auch im WEG-Verfahren und im FamFG-Verfahren, § 85 FamFG, OLG Düss ZIP 2016, 941; OLG Mü NJW-RR 2007, 423 (424), sowie im arbeitsgerichtlichen Verfahren, BAG NJW 2015, 2606. Nach § 11 II 3 RVG finden die Vorschriften mit Ausnahme von § 104 II 3 für die Vergütung des Rechtsanwalts durch seine Partei entsprechend Anwendung.

IV. Erstattungsanspruch, I. 1. Begriff des Vollstreckungstitels. Eine Kostenfestsetzung kann in der Regel auch dann ergehen, wenn die Kostengrundentscheidng noch nicht rechtskräftig geworden ist, vgl. aber § 104 III 2, LAG Mecklenburg-Vorpommern BeckRS 2021, 30574, auch bezüglich der Nebenintervenienten nach § 101, OLG Kblz JurBüro 2005, 262. Die Entscheidung darf allerdings weder ein nachfolgender Vergleich überholt, OLG Schlesw SchlHA 1988, 31, noch ein Gericht wegen der vorläufigen Vollstreckbarkeit aufgehoben haben, etwa nach § 717 I. 5

2. Beispiele zur Frage eines Vollstreckungstitels, I

Anwaltsvertrag: Im Kostenfestsetzungsverfahren ist der Einwand der Nichtigkeit des zwischen der erstattungsberechtigten Partei und ihrem Prozessbevollmächtigten geschlossenen Anwaltsvertrags (wegen eines Verstoßes gegen ein gesetzliches Vertretungsverbot) auch zu prüfen, OLG Celle NJW 2017, 1557. 6

Arrest, einstweilige Verfügung: Es handelt sich zumindest insoweit um einen Vollstreckungstitel, als die Entscheidung einen Kostengrundausspruch enthält, BGH NJW 2006, 3010 (Sequestration). Das gilt auch dann, wenn ein Vollzug der Entscheidung nach §§ 929, 936 nicht mehr statthaft ist, zumindest bis zur Aufhebung, OLG Hamm JurBüro 2007, 207. Etwas anderes gilt bei einer einstweiligen Anordnung. Bei entgegengesetzten Entscheidungen nach § 927 ist jeder Titel für sich zulässige Grundlage, OLG Schlesw JurBüro 1995, 308. Für die Kosten des Vollzugs nach § 929 ist der Eilbeschluss ein Vollstreckungstitel. Eine Kostenentscheidung nach § 942 I erfasst auch die vor dem AG entstandenen Kosten, OLG Zweibr JurBüro 1985, 1715. Ein Aufhebungsbeschluss nach § 942 III ist ein Vollstreckungstitel, soweit er über die Kosten entscheidet.

Aufhebung des vorangegangenen Titels: Die Aufhebung/Änderung der Kostengrundentscheidung führt zur Unwirksamkeit des Kostenfestsetzungsbeschlusses, BGH NJW 2013, 2438.

Außergerichtliche Besprechung/Vereinbarung: Macht ein Prozessbevollmächtigter nach Klagerücknahme für eine telefonische Besprechung im Zuge von Vergleichsverhandlungen eine Terminsgebühr geltend, müssen die Tatsachen nicht unstreitig oder aus der Gerichtsakte ersichtlich sein. Nach § 104 II 1 genügt Glaubhaftmachung, BGH NJW 2007, zur Festsetzung einer anwaltlichen Vergleichsgebühr ist aber ein förmlich protokollierter Vergleich erforderlich BGH NJW 2006, 1523 (1524); 2002, 3713.

Bedingung, Befristung: Eine solche Entscheidung, deren Vollstreckung in der Hauptsache nach §§ 704 ff. bedingt oder befristet ist, ist ein geeigneter Vollstreckungstitel. Denn die Bedingung oder Befristung ergreift die Kostenfolge nicht mit, es sei denn, die Parteien hätten auch die Kostenfrage unter eine Bedingung gestellt, OLG Mü MDR 1999, 1157. Gleiches gilt für eine Zug-um-Zug-Verurteilung.

Beschluss: Der Beschluss kann beim Stattgeben zur Hauptsache und im Übrigen stets wegen der Kosten ein Vollstreckungstitel sein. Es gelten grds. die Regeln zum Urteil auch beim Beschluss.

Eidesstattliche Versicherung: Zwar muss man eine solche Erklärung dann vor dem Abgabegericht mit einer Kostengrundentscheidung beantragen, wenn der Schuldner sie nicht vor dem Prozessgericht des Zivilprozesses abgegeben hat, sondern vor einem FamFG-Gericht. Wenn nun aber gleichwohl das Prozessgericht eine Kostengrundentscheidung getroffen hat, ist diese bindend.

Einstweilige Anordnung: Wegen der Eigenschaft als Vollstreckungstitel auch dann, wenn ein Vollzug nicht mehr statthaft ist, vgl. § 51 IV FamFG, KG MDR 1982, 328.

Erledigung der Hauptsache: Soweit die Kostenentscheidung nach § 91a die Vergleichskosten mitregelt, liegt ein Vollstreckungstitel vor. Dasselbe gilt, soweit sich die Parteien darüber einig sind, KG MDR 1988, 1063; OLG Karlsr MDR 1988, 1063; OLG Mü MDR 1996, 1194.

Festsetzungsbeschluss: Er ist Vollstreckungstitel nach § 794 I Nr. 2.

Insolvenztabelle: Eine dortige Eintragung ist wegen der Kosten der Zwangsvollstreckung nach § 788 ein Vollstreckungstitel, LG Köln KTS 1985, 124. Eine Vollstreckung aus einem etwaigen Kostenfestsetzungsbeschluss ist wegen der Durchsetzungssperre nach § 87 InsO ausgeschlossen, die Vorschriften über das Insolvenzverfahren sind vorrangig, OLG Frankfurt ZIP 2019, 236 (237).

Mahnbescheid: Der Mahnbescheid ist im Unterschied zum Vollstreckungsbescheid kein Vollstreckungstitel, § 699 III.

Nicht vollstreckbare Entscheidung: Maßgeblich ist, ob die Kostengrundentscheidung vollstreckbar ist; ob auch in der Hauptsache eine vollstreckbare Entscheidung vorliegt, ist unerheblich, MüKoZPO/Schulz Rn. 3, 23.

Ordnungsmittel: Eine Entscheidung zB nach § 380 ist ein Vollstreckungstitel, allerdings nicht zugunsten des ProzBev. nach § 81, LG Bln Rpfleger 1978, 331.

Privatklage, Nebenklage: Wenn die Parteien in einem Prozessvergleich andere Streitigkeiten mitvergleichen, ist der Vergleich auch insoweit ein Vollstreckungstitel nach § 794 I Nr. 1, zB bei einem materiell-rechtlichen Anspruch aus Anlass einer Privat- oder Nebenklage.

Prozessvergleich: Es handelt sich um einen Vollstreckungstitel. Unterschiedliche Aspekte sind zu unterscheiden:

– **(ArbGG):** Vollstreckungstitel sein kann auch ein vor dem ArbG entstandener Vergleich, einschränkend LAG Nürnb MDR 2000, 1340.

– **(Außergerichtlich):** Ein außergerichtlicher Vergleich ist im Gegensatz zum Prozessvergleich kein zur Kostenfestsetzung geeigneter Titel, OLG Köln BeckRS 2017, 149782. Hiervon unabhängig können indes die Kosten des Vergleichsabschlusses nach VV 1000 Abs. 1 S. 1 RVG im Rahmen des Kostenfestsetzungsverfahrens Berücksichtigung finden, BGH NJW 2007, 2187.

– **(Prozessvergleich):** Der Prozessvergleich ist ein Vollstreckungstitel, unabhängig davon, ob ihm ein einseitiges Nachgeben zugrunde liegt, OLG Zweibr MDR 1989, 362, es sich um einen Gesamtvergleich handelt, BGH ZIP 2017, 2380; OLG Brdb OLGR 2003, 256, oder er im Verfahren des einstweiligen Rechtsschutzes geschlossen wurde.

– **(Keine Kostenregelung):** Unerheblich ist ihr Fehlen, soweit eine ausdrückliche oder konkludente Kostenregelung, eine durch §§ 133, 157 BGB nach Auslegung oder aufgrund ergänzender Vertragsauslegung zu ermittelnde besteht. Ein richterlicher Vermerk, die Parteien hätten sich über eine bestimmte nicht protokollierte Kostenregelung geeinigt, genügt nicht, OLG Mü JurBüro 1996, 261. Soweit eine negative Regelung vereinbart wurde, dass das Gericht die Kostenregelung treffen solle, ist erst der anschließende Kostenbeschluss des Gerichts der zur Kostenfestsetzung geeignete Titel, MüKoZPO/Schulz Rn. 12.

Scheidungsvergleich: Ein Vergleich in einem Scheidungsverfahren nach §§ 121 ff. FamFG ist grds. nur wegen der Kosten vollstreckbar, OLG Zweibr JurBüro 1978, 1884.

Schiedsgutachten: Dasjenige im Verfahren ist kein Vollstreckungstitel, OLG Hmb JurBüro 1982, 769.

Schiedsspruch: Er ist ein Vollstreckungstitel nach I, sofern er nach § 1055 formell rechtskräftig oder nach § 794 I Nr. 4a vorläufig vollstreckbar ist. Indes ist das Verfahren nach §§ 103 ff. nicht auf die Geltendmachung von Kosten eines Schiedsverfahrens ausgelegt, sie sind im Klageweg geltend zu machen, OLG Koblenz NJW 1969, 1540.

Schiedsstelle: Ihr Kostenfestsetzungsbeschluss nach § 122 VGG ist nach § 122 III VGG ein Vollstreckungstitel entsprechend § 794 I Nr. 2.

Selbständiges Beweisverfahren: Man muss seine Kosten nach §§ 485 ff. im Hauptprozess nach §§ 103 ff. festsetzen, BGHZ 132, 104.

Sicherheitsleistung: Wenn der Haupttitel eine Sicherheitsleistung etwa nach §§ 709 ff. voraussetzt, handelt es sich um eine Bedingung der Beitreibung des Hauptanspruchs, aber nicht um eine Bedingung der Kostenfestsetzung.

Strafverfahren: Auch eine im Strafprozess ergangene Entscheidung kann nach §§ 103 ff. entsprechend ein Vollstreckungstitel nach I wegen der Kosten sein, OLG Kblz Rpfleger 1989, 78; LG Hamburg RVGreport 2019, 25.

Streithilfe: Die Kosten des Nebenintervenienten können nur bei entsprechendem Urteilsausspruch erstattet werden, § 101, vgl. auch § 321. Ein Vollstreckungstitel zugunsten des Streithelfers nach § 66 fehlt dann, wenn in einem Prozessvergleich die Hauptpartei die Gerichtskosten übernimmt und die außergerichtlichen Kosten nach § 92 eine gegenseitige Aufhebung erhalten. Denn der Streithelfer kann nicht besser stehen als die unterstützte Partei; auch dann nicht, wenn der Vergleich, an dem der Streithelfer nicht teilgenommen hat, mit dem Ziel geschlossen wurde, Erstattungsansprüche seinerseits auszuschließen, OLG Mü MDR 2011, 755.

Unklarheit: Sie lässt sich evtl. durch Auslegung beheben, KG MDR 2002, 722; OLG Kblz JurBüro 2003, 93; aber nicht durch eine Beweisaufnahme nach §§ 355 ff., OLG Schlesw SchlHA 1982, 173.

Urteil: Das Urteil jeder Art über einen Leistungs- oder Gestaltungsanspruch ist nach § 704 I ein Vollstreckungstitel, soweit es der Klage stattgibt, zur Hauptforderung und darüber hinaus wegen der Kosten und, soweit es die Klage abweist, wegen der Kosten. Das stattgebende behauptende oder verneinende Feststellungsurteil ist wegen der Kosten ein Vollstreckungstitel, das abweisende ebenso. Das verneinende Feststellungsurteil kann indirekt ein Vollstreckungstitel sein.

Verfassungsbeschwerde: §§ 103 ff. sind auf Entscheidungen des BVerfG unanwendbar, vgl. § 34 BVerfGG. Die Verfassungsbeschwerde ist nicht weiterer Rechtszug der ordentlichen Gerichtsbarkeit, OLG Mü VersR 1979, 90.

Vergabeverfahren: Es kann ausreichen, OLG Brdb JurBüro 2012, 367.

Versäumnisurteil: Ein Versäumnisurteil bleibt auch dann wegen seiner Kostenentscheidung ein Vollstreckungstitel, wenn die Parteien nach einem rechtzeitigen Einspruch des Unterlegenen nach § 338 die Hauptsache beiderseits wirksam für erledigt erklärt haben, solange keine Entscheidung nach § 91a ergangen oder das Versäumnisurteil sonst gegenstandslos geworden ist, OLG Kblz MDR 1980, 320.

Vollstreckbare Urkunde: Sie ist ein Vollstreckungstitel nach § 794 I Nr. 5.

Vollstreckungsabwehrklage: Bei der Abweisung einer Klage nach § 767 gibt dieses Urteil keinen Vollstreckungstitel wegen der Kosten eines Vollstreckungsversuchs aus dem Ursprungstitel. Dieser bleibt auch bei einer stattgebenden Vollstreckungsklage insoweit bestehen, BGH NJW 1995, 3318.

Vollstreckungsbescheid: Nach § 699 III 1 sind in den Vollstreckungsbescheid „die bisher entstandenen Kosten des Verfahrens aufzunehmen". Diese bereits erfolgte Bezifferung durch das Mahngericht schließt ein Kostenfestsetzungsverfahren, das gerade der Festsetzung der Höhe nach dient, aus, BGH NJW-RR 2009, 860.

Vorläufige Vollstreckbarkeit: Sie reicht, OLG Jena RVGreport 2015, 69.

Zug-um-Zug-Urteil: Auch dieses ist nach § 756 ein Vollstreckungstitel.

Zwischenstreit: Seine Kostengrundentscheidung etwa bei § 280 II eignet sich dann nur zur Festsetzung der Kosten gerade dieses Zwischenstreits.

7 **3. Gesetzliche Kostenfolge.** Eine richterliche Entscheidung ist an sich dann nicht erforderlich, wenn die Kostenfolge kraft Gesetzes feststeht, zB bei § 269 III 2, IV. Allerdings kann zB ein Beschluss nach § 269 IV notwendig werden. Dann bildet er den Vollstreckungstitel nach § 794 I Nr. 3.

8 **V. Gegenstand der Kostenfestsetzung, I, II.** Die Vorschrift grenzt gegenüber einem materiell-rechtlichen Erstattungsanspruch ab.

9 **1. Grundsatz: Nur Prozesskosten.** Der Kostenfestsetzung unterliegen grundsätzlich nur, aber alle Prozess- oder Verfahrenskosten nach § 91; §§ 80 ff. FamFG, BGH JurBüro 2009, 35; OLG Mü FamRZ 2002, 680; LG Stgt JurBüro 2018, 143. Sie können auch Auslagen erfassen, OLG Celle JurBüro 2015, 588 (im dortigen Fall verneint). Sie umfassen die Vorbereitungskosten nach § 91, LG Köln ZMR 2012, 476; aM OLG Ffm JurBüro 2003, 201; OLG Mü MDR 2002, 237. Sie sind unabhängig von einer Prozesskostenhilfe nach §§ 114 ff. zu prüfen, OLG Mü JurBüro 1997, 535.

2. Beispiele zur Frage von Prozesskosten, I, II

10 **Abmahnkosten:** Die Kosten, die für eine Abmahnung entstanden sind, zählen nicht zu den Kosten des Rechtsstreits nach § 91. Sie gehören nicht zu den einen Rechtsstreit unmittelbar vorbereitenden Kosten und damit nicht zu den festsetzungsfähigen Prozesskosten, BGH NJW-RR 2006, 501.

Außergerichtliche Kosten: Sie können bei entsprechender „Prozessbezogenheit" als Vorbereitungskosten festsetzbar sein, OLG Brdb JurBüro 2009, 434; aA OLG Stgt JurBüro 2006, 135. Die Geltendmachung der Kosten *eines Privatgutachtens* ist auch dann möglich, soweit sie nicht von der Partei, sondern von einem Versicherer getragen wurden, BGH NJW 2017, 672. Wenn die außergerichtlichen Kosten nicht einer Prozessvorbereitung oder -führung dienen, wird ihre Erstattungsfähigkeit hingegen überwiegend abgelehnt, hierzu Zöller/Herget Rn. 21 „Außergerichtliche Anwaltskosten". Soweit die Kosten des Rechtsstreits durch Prozessvergleich gegeneinander aufgehoben werden, also jede Partei ihre eigenen Kosten allein und die Gerichtskosten je zur Hälfte trägt, werden außergerichtliche Kosten im Kostenfestsetzungsverfahren nicht erstattet, hierzu zählen auch Kosten, die eine Partei durch die Beauftragung von Handwerken zwecks Vor- und Nachbereitung von Ortsterminen mit Sachverständigen entstanden sind, BGH NJW 2021, 1400.

Designsache: Es gilt dasselbe wie in einer Markensache, OLG Köln Rpfleger 2010, 112.

Detektivkosten: Sie können zu den Prozesskosten zählen, OLG Brdb JurBüro 2009, 434.

Einigungsgebühr: VV 1000, 1003, 1004 RVG. Sie kann zu den Prozesskosten zählen, KG JurBüro 2009, 36.

Freiwillige Gerichtsbarkeit: Im FamFG-Verfahren sind §§ 103 ff. entsprechend anwendbar.

Geschäftsgebühr: VV 2300 RVG; dazu Enders JurBüro 2008, 449. Vgl. § 15a RVG, ferner VV Vorbem. 3 IV zu 3100 RVG, zur Anrechenbarkeit BGH NJW 2014, 3163; NJW-RR 2012, 313. Eine Geschäftsgebühr kann als ein Teil der Vorbereitungskosten zu den folgenden Prozesskosten zählen, BGH FamRZ 2008, 1346. Für eine Klage auf Erstattung fehlt das Rechtsschutzbedürfnis. Denn §§ 103 ff. bilden den einfacheren, schnelleren und günstigeren Weg.

Keine Anrechnung erfolgt nach einem Anwaltswechsel, BGH NJW-RR 2017, 374; MDR 2010, 293; OLG Kblz FamRZ 2009, 1244; OLG Mü NJW 2009, 1220, insbesondere nach einem nicht innerprozessualen, OLG Kblz MDR 2009, 533, wenn Geschäftsgebühr und Verfahrensgebühr unterschiedlichen Anwälten zustehen oder bei einer Honorarvereinbarung nach § 3a RVG, BGH Rpfleger 2010, 49; FamRZ 2009, 2082; OLG Mü Rpfleger 2009, 593; OLG Stgt FamRZ 2009, 1346, und gegenüber einem Dritten nur in den Grenzen von § 15a II RVG, BGH NJW 2009, 3101. Wegen § 1035 III 3 OLG Mü Rpfleger 2017, 184.

Hebegebühr: Eine Hebegebühr nach VV 1009 RVG gehört zu den Prozesskosten, soweit sie erstattungsfähig ist, OLG Schlesw AnwBl 1989, 170.

Hinterlegung: Die Kosten eines Hinterlegungsverfahrens unterliegen nur dann der Kostenfestsetzung, wenn die Parteien die Erstattung in einem Vergleich vereinbart haben, OLG Düss MDR 1975, 675.

Kreditkosten: Die Kosten eines solchen Darlehens, das der Kostenschuldner zwecks Bezahlung von Prozesskosten aufgenommen hat, sind nicht Prozesskosten nach I; OLG Kblz AnwBl 1988, 296; OLG Köln JurBüro 1992, 819.

Mahnverfahren: Die Kosten eines Mahnverfahrens nach §§ 688 ff. sind nicht Prozesskosten nach I, OLG Nürnb JurBüro 2006, 141. Denn wegen der §§ 692, 699, insb. § 699 III, fehlt insofern ein Rechtsschutzbedürfnis, vgl. auch § 17 Nr. 2 RVG.

Markensache: Im Verfahren vor dem Patentgericht nach §§ 66 ff. MarkenG sind §§ 103 ff. nach § 71 V MarkenG entsprechend anwendbar, OLG Köln Rpfleger 2010, 112. Dasselbe gilt nach § 90 IV MarkenG im Rechtsbeschwerdeverfahren vor dem BGH.

Nichtbestehende Partei: In den Grenzen findet eine Kostenfestsetzung statt, OLG Kblz MDR 2013, 1243.

Notwendigkeit der Kosten: LG Stgt JurBüro 2018, 143.

Prozesskostenvorschuss: Ein derartiger Vorschuss eines Ehegatten an den anderen zählt grds. nicht zu den Prozesskosten nach I. Denn es handelt sich insofern um einen materiell-rechtlichen Unterhaltsanspruch. Deshalb ist zu dieser Frage evtl. ein neuer Prozess unvermeidbar, OLG Hamm FamRZ 1999, 728; aM OLG Zweibr Rpfleger 1998, 261. Ausnahmen gelten bei Offenkundigkeit nach § 291 oder Unstreitigkeit, OLG Düss JurBüro 2005, 314, oder beim Übersteigen des Erstattungsanspruchs, OLG Hamm FamRZ 2016, 491. Ebenfalls nicht zu den Prozesskosten gehört ein Vorschuss eines Elternteils an das auf einen Unterhalt klagende Kind, OLG Kblz Rpfleger 1985, 209. Der Antrag des Erstattungspflichtigen zur Berücksichtigung eines gezahlten Vorschusses ist unbeachtlich, OLG Zweibr Rpfleger 1981, 455.

Materiell-rechtlicher Anspruch: Ein solcher ist kein Teil der Prozesskosten nach I. Das gilt zB: Für einen Verzugsschaden, selbst nach einer Antragsumstellung wegen Erledigung zwischen Anhängigkeit und Rechtshängigkeit, OLG Kblz MDR 2002, 357; für den Anspruch eines Schiedsgutachters nach §§ 317 ff. BGB, OLG Düss Rpfleger 1990, 135; für einen Anspruch nach § 717 II, dort; für einen Anspruch nach VV 2300 RVG, OLG Kblz AnwBl 1987, 53; auch ein Prozesskostenvorschuss nach § 1360a IV BGB; für einen von § 12a I 1 ArbGG abweichenden Anspruch, LAG Mainz BB 1999, 2252.

Schiedsstellenkosten: Diejenigen nach §§ 92 ff. VVG gehören nach dort §§ 117, 122 hierher.

Selbständiges Beweisverfahren: Die Verwertung der in einem selbständigen Beweisverfahren erhobenen Beweise ist Voraussetzung für eine Berücksichtigung der entsprechenden Kosten bei Kostenausgleichung im Hauptsacheprozess, BGH NJW 2003, 1322.

Sequestration: Ihre Kosten zB bei § 938 können Prozesskosten sein, BGH NJW 2006, 3010.

Sondervergütung: Nicht zu den Kosten des Prozesses können diejenigen eines WEG-Verwalters zählen, LG Köln ZMR 2012, 476.

Terminsgebühr: Diejenige nach VV 3104, 3202 RVG iVm VV Vorbemerkung 3 III RVG (Vermeidung einer gerichtlichen Besprechung) ist als Teil der Prozesskosten festsetzungsfähig, BGH NJW 2007, 2858; NJW 2007, 2859; NJW-RR 2007, 1578; aA OLG Stgt NJW 2006, 2196.

Verfahrenshäufung: Sie kann missbräuchlich gewesen sein, BGH NJW 2013, 67 (Folge: Fiktion nur eines Verfahrens oder eines Beteiligten).

Vergleich: Es ist zur Festsetzung eine eindeutige Regelung nötig, LAG Nürnb MDR 2000, 1340. Hierher zählt auch zB ein Vergleich über die Hauptsache im zulässigen Eilverfahren nach §§ 916 ff., 935 ff., OLG Hamm JurBüro 2007, 200.

Soweit die Parteien in einem Vergleich die Kosten „des Verfahrens" geregelt haben, gehören die Kosten einer vorangegangenen Zwangsvollstreckung nach § 788 nicht zu den Prozesskosten nach I, OLG Düss NJW-RR 1999, 943; OLG Stgt MDR 2011, 1076. Nicht hierher gehören die Kosten eines Scheidungsfolgenvergleichs und die Kosten außergerichtlicher Verhandlungen, selbst wenn die Parteien ihr Ergebnis in den Prozessvergleich einbezogen haben, BGH BB 2005, 516; aM OLG Brdb JurBüro 2008, 541; OLG Mü JurBüro 2007, 594.

Versäumniskosten: Sie gehören nach § 344 zu den Prozesskosten, OLG Stgt MDR 1989, 269.

Verweisung: Die Anwaltskosten vor dem ArbG gehören bei einer Verweisung an das ordentliche Gericht nicht zu den Prozesskosten nach § 12a ArbGG, OLG Ffm MDR 1983, 942.

Vorbereitungskosten: Sie können zu den Prozesskosten zählen.

Vorprozess: Die Kosten eines Vorprozesses sind nicht Kosten des jetzigen Verfahrens, OLG Kblz BB 1985, 357.

Zeugen: Diejenigen Kosten, die eine Partei verauslagt hat, zählen grds. zu den Prozesskosten.

Zwangsvollstreckungskosten: Die Kosten der Zwangsvollstreckung nach § 788 sind Prozesskosten, BGH NJW 1986, 2438; OLG Kblz JurBüro 1999, 328. Der Gläubiger kann sie zwar nach § 788 I ohne ein förmliches Festsetzungsverfahren beitreiben. Er darf es aber nach § 788 II, § 891 S. 3 durchführen. Keine Prozesskosten sind Schadensersatzansprüche gegen den Drittschuldner nach § 840, LAG Köln MDR 2001, 775.

Zweitschuldner: Diejenigen Kosten, die der Erstattungsberechtigte als Zweitschuldner nach § 31 II GKG, § 26 II FamGKG an die Justizkasse gezahlt hat, sind Prozess- oder Verfahrenskosten mit Ausnahme beigetriebener Kosten, LG Bln AnwBl 1990, 567.

11 **VI. Festsetzungsantrag, II.** Es ist zwischen dem Erstattungsanspruch nach I und dem auf ihn abzielenden Festsetzungsantrag nach II zu unterscheiden. Der Kostenfestsetzungsbeschluss nach § 104 schafft den nach I erforderlichen Vollstreckungstitel nach § 794 I Nr. 2. Denn erst er und nicht schon die gesetzliche oder richterliche Kostengrundentscheidung enthalten diejenigen Kostenbeträge, derentwegen die Zwangsvollstreckung möglich wird.

12 **1. Antragsteller.** Es ist grundsätzlich ein Antrag erforderlich, OLG Mü JurBüro 1995, 427. Der Gegenstand der Kostenpositionen ist in hinreichend bestimmter Form zu bezeichnen. Notwendig sind eine präzise Bezeichnung des Rechtsstreits oder Vollstreckungstitels, ferner plausible Angaben zu Grund und Höhe der einzelnen Positionen. Bei einer begehrten Festsetzung von Rechtsanwaltskosten ist ferner eine nach § 10 II RVG nachvollziehbare Kostenberechnung erforderlich. Ein Verweis auf Vollstreckungsunterlagen reicht nicht aus, BGH NJW 2019, 679.

13 Ein Antrag ist auch bei VV 1008 RVG erforderlich, OLG Stgt MDR 2010, 356. Der Antrag ist nur bei § 105 II entbehrlich. Der Antragsteller muss den Rechtsstreit genau bezeichnen und gerade eine Kostenfestsetzung begehren. Zum Antrag ist jeder berechtigt, den ein vollstreckbarer Titel zumindest wegen der Prozesskosten als einen Gläubiger oder nach der Umschreibung der Vollstreckungsklausel als den Rechtsnachfolger des Gläubigers nach §§ 727 ff. ausweist, BGH WuM 2010, 371; LAG Nürnb NZA-RR 2011, 101. Als einen Rechtsnachfolger muss der Rpfl. auch denjenigen Gläubiger ansehen, der den Erstattungsanspruch nach §§ 829 ff. pfänden und sich überweisen ließ. Soweit mehrere Streitgenossen gemeinsam einen einheitlichen Kostenfestsetzungsantrag stellen, muss aus ihm klar hervorgehen, in welchen Beteiligungsverhältnissen oder in welcher Gläubigerstellung (Teil-, Mit-, Gesamtgläubiger) eine Festsetzung beantragt wird, OLG Frankfurt BeckRS 2020, 4927. § 308 I ist zu beachten, OLG Hamm AnwBl 2002, 437. Auch eine nicht-existente Partei kann zu ihren Gunsten die Festsetzung der Kosten, die im Streit über ihre Parteifähigkeit entstanden sind, beanspruchen, BGH NJW 2008, 528. Ein Festsetzungsantrag lässt sich nicht als ein Antrag auf Ergänzung der Kostengrundentscheidung nach § 321 umdeuten, OLG Mü NJW-RR 2003, 1440.

2. Beispiele zur Frage eines Antragsrechts, II

14 **Abtretung:** Antragsberechtigt ist derjenige, der den Erstattungsanspruch dem Grunde nach oder sicherungshalber abgetreten hat. Dabei steht der Erstattungsanspruch dem Abtretungsempfänger zu, auch wenn der Zedent die zu erstattenden Kosten mit Zustimmung des Zessionars hat festsetzen lassen, BGH NJW 1988, 3205.

Ausgeschiedener: Antragsberechtigt ist auch eine ausgeschiedene Partei, OLG Hmb MDR 1976, 845, soweit ein für die Entstehung des Kostenerstattungsanspruchs erforderliches Prozessrechtsverhältnis entstanden ist, ein Anspruch rechtshängig geworden ist, BGH NJW 1988, 3204. Beim Ausscheiden eines Streitgenossen aufgrund Parteiwechsels kann dieser in Höhe des Bruchteils seiner Beteiligung am Rechtsstreit Erstattung außergerichtlicher Kosten verlangen, OLG Stuttgart MDR 2010, 356.

Beigeordneter Anwalt: Antragsberechtigt ist nach § 126 I der im Verfahren auf eine Prozesskostenhilfe nach § 121 beigeordnete Anwalt, OLG Rostock MDR 2001, 418.

Dritter: Antragsberechtigt ist ein an einer Kostenregelung beteiligter Dritter. Ihn muss aber der Prozessvergleich auch nennen, OLG Köln RVGreport 2015, 75.

Höhere Instanz: Eine abändernde Rechtsmittelentscheidung führt nicht zur Unwirksamkeit des Festsetzungsgesuchs aus der Vorinstanz, BGH NJW 2006, 1140. Erkennt die höhere Instanz auf eine andere Kostenquote als das vorinstanzliche Gericht, so stellt dies keine Aufhebung der vorinstanzlichen Kostenentscheidung dar, sondern nur eine Abänderung insoweit als sie – wie die Sachentscheidung – von der Vorentscheidung abweicht (zB nach erstinstanzlichem Urteil 94 %, nach zweitinstanzlichem 88 % der Kostenlast – Änderung nur in Höhe von 6 %, BGH NJW 2006, 1140).

Nichtbestehender: Antragsberechtigt ist diejenige rechtlich nicht existente Partei, die einen Kostentitel erlangt hat, BGH NJW 2008, 528.

Parteifähigkeit: Antragsgegner ist derjenige, dessen Parteifähigkeit nach § 50 das Gericht in dem zugrunde liegenden Titel verneint hat, OLG Schlesw SchlHA 1978, 178.

Parteiwechsel: Maßgebend ist der Gesamtinhalt des Urteils, OLG Hamm JurBüro 1975, 1503; OLG Köln Rpfleger 1993, 171.

Prozessbevollmächtigter: Er ist für den Antragsteller antragsberechtigt, OLG Kblz Rpfleger 2017, 467, und im Zweifel auch bei „Ich"-Form der Antragstellung, OLG Kblz JurBüro 2002, 199. § 87 I ist anwendbar, OLG Kblz VersR 1984, 545.

Prozessgegner: Nicht antragsberechtigt ist der Prozessgegner mit Ausnahme der ihm selbst zustehenden Erstattungsforderung, LG Wuppert Rpfleger 1975, 370.

Prozessstandschafter: Nicht stets antragsberechtigt ist der gewillkürte, OLG Brem NJW-RR 1989, 575.

Sozius: Jeder Sozius ist ein Gesamtgläubiger des zugunsten der Sozietät ergangenen Festsetzungsbeschlusses, BGH NJW 1996, 2859.

Streitgenosse: Antragsberechtigt ist ein Streitgenosse. Das gilt auch dann, wenn das Gericht den Ausgleichsanspruch im Urteil, Beschluss oder Vergleich geregelt hat. Dabei ist der Antrag mehrerer Streitgenossen nur zulässig, soweit jeder einzelne Antragsteller den gerade von ihm begehrten Erstattungsbetrag nennt, KG JurBüro 2008, 208.

Streithelfer: Antragsberechtigt ist der Nebenintervenient, wenn dem Gegner nach § 101 die Kosten ganz oder teilweise auferlegt wurden. Davon zu unterscheiden ist der Umstand, dass das Kostenfestsetzungsverfahren selbst kein für die Intervention geeignetes Verfahren darstellt. Die Vorschriften über die Streithilfe finden im Rahmen des Kostenfestsetzungsverfahrens keine Anwendung, BGH NJW 2006, 2496.

Verkehrsanwalt: Der für das Kostenfestsetzungsverfahren erstmals auftretende Verkehrsanwalt bedarf einer besonderen Vollmacht, da der erstinstanzlich Prozessbevollmächtigte in der Regel auch für das angegliederte Kostenfestsetzungsverfahren als beauftragt gilt, OLG Kblz NJW-RR 1997, 1023.

Zweitschuldner: Ein solcher Zweitschuldner, den die Gerichtskasse nach § 31 II GKG, § 26 III FamGKG in Anspruch genommen hat, kann die Gerichtskosten gegenüber dem Entscheidungsschuldner nach § 29 Nr. 1 GKG, § 24 Nr. 1 FamGKG als dem Erstschuldner zur Zahlung an die Kasse festsetzen lassen.

3. Antragsgegner. In Betracht kommen als Antragsgegner vorrangig die gegnerische Partei, ferner einzelne Streitgenossen, ein Nebenintervenient, Dritter, Rechtsnachfolger, Zeuge oder Sachverständige, die jeweils Kosten (hinsichtlich Zeugen und Sachverständigen: des Nichterscheinens nach §§ 380 I, 409 I) zu tragen haben; grundsätzlich nicht Streitgenossen untereinander (MüKoZPO/Schulz Rn. 29 f.). 15

Im Einzelnen gilt Folgendes: Der Antrag auf Festsetzung der Prozesskosten ist gegenüber demjenigen zu stellen, dem die Kostengrundentscheidung die Kosten auferlegt, OLG Naumb Rpfleger 2002, 369, ferner gegenüber dem Rechtsnachfolger oder demjenigen, gegen den das Gericht sonst eine Vollstreckungsklausel nach §§ 724 ff. erteilt hat. Wenn sich die Kostengrundentscheidung in einem Vergleich befindet, kommt als Antragsgegner auch ein Streitgenosse in Betracht, OLG Köln VersR 1993, 203. Dasselbe gilt dann, wenn der Tenor eines Urteils, Beschlusses oder ein Vergleich den Kostenausgleichsanspruch eines Streitgenossen gegen den anderen regelt, OLG Brem MDR 2003, 1080; Zöller/Herget Rn. 21 „Streitgenossen". Ferner kommt ein Streithelfer in Betracht, OLG Mü NJW 1975, 1367, oder derjenige Dritte, der die Kosten übernommen hat; ferner der Insolvenzverwalter nur bis zu dem Zeitpunkt der Einstellung des Insolvenzverfahrens, OLG Schlesw JurBüro 1978, 445, nicht mehr nach Anzeige der Masseunzulänglichkeit, BGH Rpfleger 2005, 382 (Altgläubiger). Auch die noch unbekannten Erben können Antragsgegner sein, OLG Kblz MDR 2011, 1480. 16

Eine Zwangsvollstreckung gegenüber einer solchen Person, die das Gericht nicht zur Kostentragung verurteilt hat, kann nur nach Umschreibung des Vollstreckungstitels gegen diese Person nach § 727 stattfinden. Eine Unterbrechung oder eine Aussetzung des Hauptverfahrens schließen auch eine Kostenfestsetzung aus. Es handelt sich bei dem Kostenfestsetzungsverfahren um ein an das Verfahren erster Instanz angegliedertes, zeitlich nachgelagertes Nebenverfahren. Auch ein in zweiter Instanz gestellter Aussetzungs-/Unterbrechungsantrag verhindert die erstinstanzliche Kostenfestsetzung, da die Kostengrundentscheidung erster Instanz dann nicht in Rechtskraft erwachsen kann, BGH MDR 2006, 55. Die Insolvenz eines Verfahrensbeteiligten bewirkt selbst dann die Unterbrechung des Kostenfestsetzungsverfahrens, wenn zum Zeitpunkt der Insolvenzeröffnung die Kostengrundentscheidung schon rechtskräftig ist, BGH MDR 2012, 990. Der Schuldner verliert mit Eröffnung des Insolvenzverfahrens an den Insolvenzverwalter das Recht, das Vermögen zu verwalten und hierüber zu verfügen, § 80 InsO. Er verliert die Prozessführungsbefugnis, sodass eine Unterbrechung zwecks Prüfung der Verfahrensaufnahme durch den Insolvenzverwalter angezeigt ist, BGH MDR 2012, 990. 17

4. Form, II 1. Man kann den Antrag schriftlich (eigenhändige Unterschrift), elektronisch nach §§ 130a–d oder nach § 13 RPflG, § 78 III Hs. 2 zu Protokoll der Geschäftsstelle einreichen. Für das gesamte Kostenfestsetzungsverfahren einschließlich des Erinnerungsverfahrens vor dem Rpfl. besteht nach § 13 RPflG kein Anwaltszwang, OLG Mü AnwBl 1987, 288; anderes gilt für das Rechtsbeschwerdeverfahren beim BGH. 18

5. Kostenberechnung, II 2. Der Antragsteller muss eine Kostenberechnung vorlegen, die die einzelnen Beträge nach Grund, Datum und Höhe nachvollziehbar angibt, OLG Brdb AnwBl 2001, 306; je Streitgenosse, OLG Mü JurBüro 1981, 1512 (Ausnahme: gemeinsamer Anwalt). Der Antragsteller muss die Kosten nach § 10 RVG nachweisen, BVerfG 65, 74. Das gilt auch bei Kosten eines Terminsvertreters BGH AnwBl 2011, 787; die Kosten für mehrere Gegner getrennt berechnen, OLG Mü JurBüro 1981, 1512. Ein Sozius oder der allgemeine Vertreter können unterzeichnen, weiter OLG Brdb AnwBl 2001, 306 (vgl. hierzu § 10 I 1 RVG). Wenn die Kostenberechnung auch nach Fristsetzung unzureichend bleibt, wird der Rpfl. den Antrag zurückweisen, BVerfG 65, 74. 19

6. Ablichtung, II 2. Neben der Urschrift ist eine Ablichtung der Kostenberechnung, nicht der Belege, für den Gegner beizufügen. Wenn die Ablichtung fehlt, stellt die Geschäftsstelle nach KV 9000 GKG, KV 2000 FamGKG eine Ablichtung auf Kosten des Antragstellers her. 20

7. Einzelnachweis, II 2. Die Belege zu jedem einzelnen Kostenansatz sind beizufügen, soweit sie sich nicht schon bei der Gerichtsakte befinden, OLG Mü Rpfleger 1993, 104. Vgl. aber § 104 II 2. Der Vollstreckungstitel ist nur dann beizufügen, wenn er sich nicht in den Gerichtsakten befindet, wenn es sich zB um eine vollstreckbare Urkunde nach § 794 I Nr. 5 handelt. Eine bloße Bezugnahme auf die Gerichtsakten reicht grundsätzlich aus. Nicht ausreichend ist eine bloße Bezugnahme auf Vollstreckungsunterlagen, etwa auf eine nicht vom Schuldner nachvollziehbare „Forderungsaufstellung" des Gläubigers, LG Bonn Rpfleger 2001, 559. 21

8. Weitere Unterlagen, II 2. Erforderlich sind der Vollstreckungstitel nach §§ 704, 794, die Prozessvollmacht, evtl. ein Rechtskraftzeugnis nach § 706 und zB bei § 727 die entsprechenden Urkunden. Die Prüfung, ob sich der Vollstreckungstitel zur Zwangsvollstreckung eignet, bleibt dem Antragsteller überlassen. Der Kostenfestsetzungsbeschluss ergänzt das Urteil, er gehört also nicht zur Zwangsvollstreckung, sodass eine Prüfung hinsichtlich der Voraussetzungen einer Zwangsvollstreckung nicht erfolgt. Deshalb ist die Vorlage einer vollstreckbaren Ausfertigung entbehrlich, vgl. auch § 105. Die Vorlage einer einfachen Ausfertigung reicht und ist nur dann erforderlich, wenn sich der Titel nicht bei den Akten befindet. Etwas anderes gilt nur dann, wenn das Gericht den Vollstreckungstitel nach § 727 auf eine andere Person umgeschrieben hat. Eine Zustellung des Vollstreckungstitels ist nur zum Nachweis der Rechtskraft notwendig. 22

9. Frist; Nachforderung. Der Antrag unterliegt grundsätzlich keiner Frist. Eine auch evtl. nur teilweise Rücknahme ist bis zur Rechtskraft der Festsetzung zulässig, bindend und unwiderruflich, OLG Kblz Rpfleger 1976, 324. Dann ist ein Festsetzungsbeschluss zu schon beschiedenen Kosten nicht mehr statthaft, OVG Lüneb NVwZ-RR 2010, 661. Ein ergangener, noch nicht rechtskräftiger Festsetzungsbeschluss ist entsprechend § 269 III 1 wirkungslos. 23

Eine Nachforderung (sog. Nachliquidation) ist grundsätzlich zulässig, BVerfG NJW 1995, 1886; BGH MDR 2011, 137. Eine Nachforderung kann im Einzelfall rechtsmissbräuchlich oder verjährt sein, OLG Hmb MDR 1979, 235; LAG Düss MDR 2001, 416. 24

25 **10. Zuständigkeit.** Für das Kostenfestsetzungsverfahren ist zunächst grundsätzlich der Rpfl. des Prozessgerichts der ersten Instanz zuständig.

11. Beispiele zur Frage einer Zuständigkeit, II

26 **Arrest, einstweilige Verfügung:** Der Rpfl. des Erstgerichts ist auch dann zuständig, wenn das Rechtsmittelgericht einen Arrest oder eine einstweilige Verfügung nach §§ 916 ff., 935 ff. angeordnet hat, OVG Lüneb Rpfleger 1986, 319.

FamFG: In einer FamFG-Sache ist der Rpfl. des FamFG zuständig, BGH FamRZ 1978, 586. Das gilt auch dann, wenn das Gericht eine Nicht-Familiensache mitbeschieden und eine einheitliche Entscheidung getroffen hat, BGH MDR 1978, 739.

Geschäftsverteilung: Konkrete Zuständigkeitsbestimmung wie auch sonst.

Mahnverfahren: Die Zuständigkeit des Erstgerichts nach Abgabe folgt – auch nach Rücknahme des Mahnbescheids – der Zuständigkeit, über die Ansprüche im Fall des streitigen Verfahrens zu entscheiden, OLG Hamm NJW 2014, 3110. Der Rpfl. des Erstgerichts ist daher – auch nach Kostenbeschluss des Mahngerichts – zuständig, OLG Hamm Rpfleger 2003, 35. Das gilt auch bei nachträglicher Verzinsung, BayObLG NJW-RR 2005, 1012, 1013. Vor Abgabe ist hingegen bei Ergänzung des Mahn-/Vollstreckungsbescheids um Kosten der Rpfl. des Mahngerichts, danach der Rpfl. des Erstgerichts zuständig, BGH NJW-RR 2009, 860.

Prozesskostenhilfe: Nur bei § 55 RVG ist der Urkundsbeamte der Geschäftsstelle zuständig, OLG Mü Rpfleger 1980, 203; Toussaint/Toussaint RVG § 59 Rn. 15, 18.

Prozessvergleich: Zuständig ist der Rpfl. desjenigen Gerichts, vor dem die Parteien den Vergleich geschlossen haben. Die Einigungsgebühr ist bei dem Gericht festzusetzen, bei dem ein „Mit"-Vergleich geschlossen wurde, OVG Lüneburg NdsRpfl 2017, 221.

Teilverweisung: Nach einer Teilverweisung nach § 281 können mehrere Rpfl. zuständig sein, OLG Oldb Rpfleger 1984, 432.

Vollstreckbare Urkunde: Bei einer solchen nach § 794 I Nr. 5 ist der Rpfl. des Vollstreckungsgerichts nach §§ 764, 802 zuständig.

Wiederaufnahme: Der Rpfl. des Erstgerichts ist auch in einem Verfahren nach §§ 578 ff. zuständig.

Zurückverweisung: Bei einer solchen zB nach §§ 538, 563 I oder nach § 354 II 1 StPO wird dasjenige Gericht zuständig, an das die letzte Zurückverweisung erfolgte, statt aller zuletzt BGH NJW 2019, 681.

Zwangsvollstreckung: Sie können zu den Prozesskosten zählen, BGH NJW-RR 2006, 1001, 1002. In einem Verfahren nach §§ 704 ff. gelten §§ 788 II, 891, 3.

104 *Kostenfestsetzungsverfahren.* **I [1]Über den Festsetzungsantrag entscheidet das Gericht des ersten Rechtszuges. [2]Auf Antrag ist auszusprechen, dass die festgesetzten Kosten vom Eingang des Festsetzungsantrags, im Falle des § 105 Abs. 3 von der Verkündung des Urteils ab mit fünf Prozentpunkten über dem Basiszinssatz nach § 247 des Bürgerlichen Gesetzbuchs zu verzinsen sind. [3]Die Entscheidung ist, sofern dem Antrag ganz oder teilweise entsprochen wird, dem Gegner des Antragstellers unter Beifügung einer Abschrift der Kostenrechnung von Amts wegen zuzustellen. [4]Dem Antragsteller ist die Entscheidung nur dann von Amts wegen zuzustellen, wenn der Antrag ganz oder teilweise zurückgewiesen wird; im Übrigen ergeht die Mitteilung formlos.**

II [1]Zur Berücksichtigung eines Ansatzes genügt, dass er glaubhaft gemacht ist. [2]Hinsichtlich der einem Rechtsanwalt erwachsenden Auslagen für Post- und Telekommunikationsdienstleistungen genügt die Versicherung des Rechtsanwalts, dass diese Auslagen entstanden sind. [3]Zur Berücksichtigung von Umsatzsteuerbeträgen genügt die Erklärung des Antragstellers, dass er die Beträge nicht als Vorsteuer abziehen kann.

III [1]Gegen die Entscheidung findet sofortige Beschwerde statt. [2]Das Beschwerdegericht kann das Verfahren aussetzen, bis die Entscheidung, auf die der Festsetzungsantrag gestützt wird, rechtskräftig ist.

Übersicht

I. Systematik, I–III. Die Vorschrift behandelt im Anschluss an die Regelung des Antrags nach § 103 das weitere Festsetzungsverfahren. Der Rpfl. ist für die Festsetzung zuständig, vgl. auch § 21 Nr. 1 RPflG, ferner für die Abhilfeentscheidung im Rahmen des Erinnerungsverfahrens, § 11 II RPflG. Soweit der Beschwerdewert nicht erreicht ist, ist das Erinnerungsverfahren – vor Rpfl. und ggf. Instanzrichter – dem Beschwerdeverfahren nach III – vor Rpfl. und ggf. Beschwerdegericht – vorgeschaltet. 1

II. Regelungszweck, I–III. Das Kostenfestsetzungsverfahren ist im Nachgang zur Kostengrundentscheidung allein auf eine formale Prüfung der kostenrechtlichen Erstattungsansprüche ausgelegt. In diesem „Höheverfahren" (Zöller/Herget Rn. 1) erfolgt eine Prüfung auf rechnerische und sachliche Richtigkeit; materiell-rechtliche Einwände gegen den Kostenerstattungsanspruch werden hier grundsätzlich nicht geprüft. § 104 gestaltet das Verfahren nach Antragseingang konkret aus und dient mit Blick auf Verfahrensregeln wie der Anhörungspflicht des Gegners dem effektiven Rechtsschutz, BVerfG NVwZ 2011, 549. Es gibt einen Rechtsbehelfsweg zur Nachprüfung im Erinnerungs- oder Beschwerdeverfahren vor, III iVm § 11 I, II RPflG, §§ 567 ff. 2

III. Geltungsbereich, I–III. Die Vorschrift gilt nach § 788 II 1 auch in der Zwangsvollstreckung, LG Verden JurBüro 2017, 47, ebenso im WEG-Verfahren und infolge der Verweisung in § 464b S. 3 StPO auch im Strafverfahren, BGH NJW 2003, 763. Das gilt einschließlich III 1 iVm § 569 I 1 (Zweiwochenfrist). I 2 gilt nach § 106 I 2 OWiG entsprechend im Bußgeldverfahren. Hinsichtlich des Insolvenzverfahrens ist zu differenzieren: Erfolgt eine Anzeige der Masseunzulänglichkeit, § 208 I InsO, nach Rechtshängigkeit, kann das Verfahren nach § 104 nicht fortgesetzt werden, BGH ZIP 2005, 817. Nach § 210 InsO wäre eine Vollstreckung zugunsten der Altmassegläubiger, also wenn der Rechtsstreit vor Eröffnung des Insolvenzverfahrens begonnen hat, unzulässig; BGH NJW-RR 2009, 59; denkbar bliebe hingegen ein feststellender Beschluss (BFH ZIP 2016, 1391; Prütting/Gehrlein/Schmidt Rn. 25 mwN). Ein Kostenfestsetzungsbeschluss kann auch dann nicht mehr zulässig ergehen, wenn der Insolvenzverwalter glaubhaft macht, dass gegenüber Neumassegläubigern (erneute) Masseunzulänglichkeit eingetreten ist, BGH ZIP 2005, 1983. Wenn ihm dies nicht gelingt, ist der Kostenfestsetzungsbeschluss zu erlassen und der Insolvenzverwalter auf § 767 zu verweisen, BGH ZIP 2005, 1983. §§ 103 ff. gelten nach § 85 FamFG entsprechend im FamFG-Verfahren. Im Schiedsstellenverfahren nach §§ 92 ff. VGG finden nach § 122 III VGG die Vorschriften für die Zwangsvollstreckung aus dem Kostenfestsetzungsbeschluss entsprechende Anwendung. 3

IV. Behandlung des Kostenfestsetzungsgesuchs, I, II. 1. Zuständigkeit. Zur Prüfung des Kostenfestsetzungsgesuchs ist nach § 21 Nr. 1 RPflG zunächst der Rpfl. des Prozessgerichts zuständig, OLG Düss Rpfleger 2003, 146 (wegen des ArbGG LAG Kblz JurBüro 1978, 1253). Nach einem Mahnverfahren nach §§ 688 ff. ist der Rpfl. des Streitgerichts nach § 697 zuständig, OLG Hamm NJW 2014, 3110; BayObLG Rpfleger 2006, 418 (auch bei §§ 724, 727, 796 I). Der Rpfl. entscheidet nach § 9 RPflG selbständig, zu den Ausnahmen vgl. § 5 RPflG. Er prüft, ob die Voraussetzungen vorliegen, Titel, → Rn. 6; → § 103 Rn. 6; im Rechtsstreit tatsächlich entstandene notwendige Kosten, → Rn. 7, Wertfestsetzung, → Rn. 9, und das Vorliegen der notwendigen Anlagen, § 103 II 2. 4

2. Antrag. Die Prozesskosten sind nur aufgrund eines Antrags festsetzbar. Der Antrag ist in allen Verfahrensarten zulässig, zB im Mahnverfahren nach §§ 688 ff., AG Norden AnwBl 1962, 316; im FamFG-Verfahren, Zöller/Herget Rn. 6; aM AG Solingen Rpfleger 1981, 456; oder im SGG-Verfahren, SG Heilbr NJW-RR 2000, 952. Der Antrag ist ab Titelerlass oder Vergleichsabschluss statthaft, Göppinger JurBüro 1980, 803, es besteht keine Antragsfrist. Er ist zu Protokoll der Geschäftsstelle oder schriftlich mit eigenhändiger Unterschrift zu stellen, bei Antragstellung per beA mit elektronischer Signatur, eine einfache Signatur ist darüber hinaus nicht erforderlich, Zöller/Herget Rn. 3; LG Hamburg NJW-RR 2021, 717. Antragsberechtigt ist der aus dem Titel Berechtigte, nur er (sowie der Rechtsnachfolger ausweislich des Titels; ein am Vergleich teilnehmender Dritter) kann einen 5

Antrag auf Erstattung stellen; Antrag des Prozessbevollmächtigten in der Ich-Form ist unschädlich, Zöller/Herget Rn. 3. Ein Miterbe kann nur bedingt einen Antrag stellen, BGH MDR 2014, 567.

6 **3. Vollstreckungstitel.** Der Rpfl. prüft, ob ein wegen Prozesskosten zur Zwangsvollstreckung geeigneter Titel vorliegt, BGH NJW-RR 2006, 810. Eine Rechtsnachfolgeklausel, § 727, ist zwingend erforderlich, BGH MDR 2010, 838. Soweit der Titel keine Umschreibung auf einen Dritten zB nach § 727 zeigt, prüft der Rpfl. nicht den Einwand des Schuldners, der Dritte habe nach §§ 829, 835 gepfändet, OLG Mü MDR 1993, 83. Soweit eine gerichtliche Kostengrundentscheidung fehlt, ist die Tätigkeit des Rpfl. im Kostenfestsetzungsverfahren wirkungslos: Fehlt ein Titel, ist eine etwaige Festsetzung nichtig, Zöller/Herget Rn. 2. Da der Rpfl. an die ausgesprochene Kostenentscheidung gebunden ist, eine Richtigkeitsprüfung nicht erfolgt, wird zB bei der Kostenverteilung bezüglich des Nebenintervenienten die Notwendigkeit des Beitritts nicht geprüft, OLG Nürnberg NJW-RR 1995, 1214 (1215).

7 **4. Erforderliche Prozesskosten.** Der Rpfl. prüft, ob der Kostenansatz unter den Vollstreckungstitel fällt. Er klärt also, ob die geltend gemachten Kosten zu den Kosten dieses Prozesses gehören. Maßgeblich sind nur die tatsächlich entstandenen Kosten. Nicht hierher gehören materiell-rechtliche Ansprüche, KG JurBüro 2004, 437. Den Rpfl. bindet die Kostengrundentscheidung. Er prüft in diesem Rahmen, ob die geltend gemachten Kosten auch wirklich notwendige Kosten waren, OLG Brem NJW 2002, 2962 §§ 80 ff. FamFG; OLG Naumb FamRZ 2007, 1182.

5. Beispiele zur Frage der Erforderlichkeit, I, II

8 **Amtspflichtverletzung:** Soweit nicht geklärt ist, ob zB Reisekosten wegen einer Amtspflichtverletzung entstanden sind, muss der Rpfl. ihre Festsetzung vor der Klärung der Amtspflichtverletzung als zur Zeit unzulässig ablehnen, OLG Kblz VersR 1985, 273; aM LG Bln MDR 1988, 237.

Anrechnung: Zur Frage der Anrechenbarkeit VV Vorbem. 3 IV zu 3100, § 15a RVG; → § 103 Rn. 19.

Beratungshilfe: Der Rpfl. prüft die Zahl der mit einer Beratungshilfe bedachten Angelegenheiten, LG Hann JurBüro 1988, 194.

Kostenvereinbarung: Die Prüfung des Rpfl. entfällt ausnahmsweise, soweit die Parteien zB gemäß § 98 zulässig und wirksam vereinbart haben, dass Kosten notwendig oder erstattungsfähig sind, OLG Bbg Rpfleger 2007, 228; OLG Oldb JurBüro 2007, 35.

Privatgutachten: Seine Beachtlichkeit hängt nicht davon ab, ob die Partei es selbst oder über ihre Versicherung bezahlt hat, sondern regelt sich nach den üblichen Kriterien der Prozessbezogenheit und der Erforderlichkeit aus ex-ante-Sicht eines vernünftig und wirtschaftlich denkenden Beteiligten, BGH MDR 2017, 119.

Trennung: Der Rpfl. prüft, ob Mehrkosten getrennter Verfahren vermeidbar waren, OLG Düss FamRZ 1986, 824; OLG Kblz AnwBl 1988, 654.

Überhöhung: Der Rpfl. prüft, ob vom Gegner bezahlte Gerichtskosten überhöht waren, OLG Mü JurBüro 1979, 122, ebenso, ob der Gegner zB Sachverständigenauslagen oder eine -vergütung hätte an die Staatskasse zahlen müssen, OLG Kblz VersR 1985, 648.

Kein Widerspruch: Der Rpfl. prüft unabhängig davon, ob der Gegner dem Antrag überhaupt widerspricht, OLG Karlsr JurBüro 1995, 295.

9 **6. Streitwerteinfluss.** Soweit das Gericht den Streitwert nach § 63 GKG, § 55 FamGKG, 33 RVG festgesetzt hat, bindet seine Entscheidung den Rpfl. ebenfalls, OLG Hamm Rpfleger 1979, 222. Evtl. kommt eine Nachfestsetzung in Betracht, OLG Hamm Rpfleger 1982, 80. Soweit eine solche Wertfestsetzung des Gerichts fehlt, fehlt es an einer Grundlage für die Durchführung des Verfahrens, BGH NJW-RR 2014, 765. Der Rpfl. muss das Verfahren analog §§ 104 III 2; 11 IV RVG aussetzen, bis die fehlende Entscheidung ergangen ist. Auch ein ggf. befasstes Beschwerdegericht kann die Entscheidung nicht an sich ziehen, BGH NJW-RR 2014, 765.

7. Beispiele zur Frage des weiteren Verfahrens, I, II

10 **Amtsprüfung:** Der Rpfl. nimmt eine Amtsprüfung vor, OLG Ffm AnwBl 1983, 186. Er betreibt aber grundsätzlich keine Amtsermittlung, OLG Brschw JurBüro 1999, 301.

Anhörung: Der Rpfl. muss grds. den jeweils Betroffenen vor einer Entscheidung anhören, OLG Düss MDR 2011, 1500. Das gilt nach § 139 evtl. auch gegenüber dem Antragsteller, OLG Ffm NJW 1999, 1265, oder gegenüber dem Bezirksrevisor, OLG Köln JurBüro 1999, 237; LG Lüneb Rpfleger 1999, 491. Es gilt auch im Verfahren nach §§ 916 ff., 935 ff., OLG Jena OLGR 2005, 965. Ein Verstoß kann zur Zurückverweisung nach §§ 567 ff., 538 II 1 Nr. 1 führen, LG Bln JurBüro 2000, 32 und 33. Ein Verstoß ist im Erinnerungs- und Beschwerdeverfahren heilbar. Der Rpfl. prüft das Rechtsschutzbedürfnis, OLG Düss Rpfleger 2004, 321. Es kann an einer unstreitigen vorbehaltlosen Zahlung fehlen, OLG Düss Rpfleger 2004, 321. Der Rpfl. muss dem Antragsgegner daher die in I 3 erwähnte Kopie der Kostenrechnung schon vor der Entscheidung zur Stellungnahme übersenden, OLG Düss MDR 2011, 1500, oder ihn – in seltenen Fällen – mündlich anhören, Schneider MDR 1991, 124. In wenigen Fällen ist ein Erörterungstermin unverzüglich zu bestimmen.

Anwaltszwang: Es besteht kein Anwaltszwang.

Auslegung: Eine Auslegung ist im Zweifelsfall zulässig, OLG Kblz NJW-RR 2016, 448.

Beiordnung: Der Rpfl. prüft grds. nicht, ob eine Beiordnung nach § 78b oder nach § 121 ordnungsgemäß erfolgte, OLG Mü Rpfleger 1986, 108; LAG Nürnb JurBüro 2013, 466.

Beweis: Der Rpfl. hat im Rahmen seiner Prüfung alle Beweismittel zu berücksichtigen, OLG Kblz BB 2005, 1136. Er darf ausnahmsweise evtl. sogar eine überwiegende Wahrscheinlichkeit ausreichen lassen, BGH NJW 2007, 2188. Ein pauschales Bestreiten kann ungenügend sein, OLG Kblz BB 2005, 1136. Er darf auch nach § 287 verfahren, OLG Kblz VersR 1981, 361. Er kann solche Beweise erheben, die eine Partei angetreten hat, OLG Ffm Rpfleger 1980, 70. Er darf insbesondere einen Sachverständigen hinzuziehen, OLG Kblz Rpfleger 1985, 333, zB zur Ermittlung des Streitwerts oder als Rechnungsperson. Der im Kostenfestsetzungsverfahren Unterliegende trägt die Kosten einer solchen Hinzuziehung aber nur dann, wenn es sich um eine besonders *schwierige Berechnung handelt.* Der Rpfl. muss evtl. schriftliche Äußerungen von Parteien, von ProzBev., von Zeugen und Sachverständigen einholen, BGH AnwBl 2007, 551 und 552. Er hat evtl. Akten beizuziehen oder dienstliche Erklärungen anzufordern, soweit das Protokoll für die Kostenfestsetzung nicht ausreicht, BGH AnwBl 2007, 551, 552. Eine dienstliche Äußerung bindet den Rpfl. nicht, OLG Kblz JurBüro 1995, 199. Beim Kostenvergleich ist der Wortlaut grds. ausreichend, OLG Kblz JurBüro 2016, 150.

Erforderlichkeit der Festsetzung: Der Rpfl. prüft grds. nicht, ob die Festsetzung erforderlich ist, OLG Düss Rpfleger 2004, 321.
Rechtsmissbrauch: Der Rpfl. prüft stets von Amts wegen einen Rechtsmissbrauch, BGH MDR 2014, 865.
Rechtsschutzbedürfnis: Es ist wie stets erforderlich, BGH Rpfleger 2005, 382. Es fehlt zB bei einer Möglichkeit nach § 66 GKG, BGH MDR 2011, 1377. Es erlischt mit Erfüllung, OLG Düss Rpfleger 2004, 321.
Sozialleistung: Der Rpfl. prüft grds. nicht, ob der Schuldner eine Sozialleistung erhält, OLG Naumb FamRZ 2007, 1182.
Streitgenossenschaft: Der Rpfl. prüft grds. nicht das Innenverhältnis von Streitgenossen.
Vollmacht: Eine erneute Prüfung ist grds. entbehrlich, BVerwG AnwBl 1987, 236.
Vollstreckungstitel: Der Rpfl. prüft grds. nicht, ob ein Vollstreckungstitel nach §§ 704 ff. materiell-rechtlich oder prozessual zu Recht ergangen ist, OLG Bbg JurBüro 1979, 1515. Indes ist zu prüfen, ob ein wirksamer Vollstreckungstitel überhaupt vorliegt, verneint bei VU im schriftlichen Verfahren, wenn keine Zustellung an beide Parteien, BGH NJW-RR 2008, 1082.
Vorschuss: Der Rpfl. beachtet einen für diese Instanz gezahlten, OLG Kblz MDR 2016, 1476.
Zuständigkeit: Der Rpfl. prüft grds. nicht, ob der Kläger sein etwaiges Wahlrecht nach § 35 kostensparend ausgeübt hat, OLG Hmb JurBüro 1978, 920.

V. Einwendungen gegen die Erstattungspflicht, I, II. 1. Grundsatz: Keine materiell-rechtliche Nachprüfung. Das Kostenfestsetzungsverfahren erlaubt grundsätzlich keine inhaltliche Überprüfung der Kostengrundentscheidung, BGH NJW-RR 2006, 810. Das Festsetzungsverfahren betrifft nur die Frage, wer wem welchen Betrag aufgrund der Kostengrundentscheidung erstatten muss, OLG Köln Rpfleger 2010, 112. Daher sind Einwendungen gegen die Erstattungspflicht nur wegen solcher Umstände zulässig, die das unter → Rn. 4–10 erwähnte Verfahren betreffen, BGH WM 2013, 1358. Ändert sich die Kostengrundentscheidung, entfällt insoweit selbst ein rechtskräftiger Kostenfestsetzungsbeschluss. 11

Das Kostenfestsetzungsverfahren ist ferner grundsätzlich nicht dazu geeignet, materiell-rechtliche Vorgänge des Rechtsstreits nachzuprüfen, BGH NJW 2014, 2287 (2288). Solche materiell-rechtlichen Einwendungen sind nach § 767 oder § 775 Nr. 4, 5 geltend zu machen, BGH NJW 2006, 1962. 12

2. Ausnahme: Prüfung bei Offenkundigkeit, Unstreitigkeit. Soweit eine Einwendung auf einem unstreitigen oder nach § 291 offenkundigen Umstand beruht, darf der Rpfl. ausnahmsweise selbst eine Nachprüfung vornehmen, OLG Koblenz NJOZ 2016, 498. Soweit eine Tatsachenaufklärung nicht erforderlich ist, ist die materiell-rechtliche Einwendung des Kostenschuldners im Kostenfestsetzungsverfahren ausnahmsweise beachtlich. Ein Verweis auf die aufwändigere Vollstreckungsgegenklage wäre nicht verfahrensökonomisch, BGH NJW 2014, 2287 (2288); ferner BAG NJW 2015, 2606; BGH MDR 2014, 888 (Nichtigkeit); OLG Kblz JurBüro 2006, 480 (Verzicht); OLG Düss JurBüro 2009, 91 (Vorschuss); BGH Rpfleger 2005, 382 (Masseunzulänglichkeit); OLG Kblz MDR 2015, 1264 (Erfüllung); OLG Düss BauR 2011, 1536 (Beratung); LG Wuppert JurBüro 2008, 364 (Erstattungspflicht); KG JurBüro 2009, 35 (Einigungsgebühr). Dabei ist § 138 III anwendbar, BGH NJW 2008, 2993. Das gilt unabhängig von einer Kostenquotelung nach § 106, sobald die gegenseitigen Festsetzungsanträge vorliegen, OLG Mü MDR 2000, 850. 13

3. Beispiele zur Frage der Erheblichkeit einer Einwendung, I, II

Abtretung: Sie ist erst nach Titelumschreibung nach § 727 zu beachten, OLG Kblz JurBüro 2008, 91. Gleiches gilt für eine Pfändung nach § 829, OLG Mü MDR 1993, 83. 14
Aktenkundigkeit: Soweit eine materiell-rechtliche Einwendung unstreitig oder aktenkundig ist, kann sie vom RPfl. zu berücksichtigen sein, BGH ZIP 2014, 1304.
Anspruchsverzicht: Soweit unstreitig, ist er zu berücksichtigen (Prütting/Gehrlein/Schmidt Rn. 22; aM Thomas/Putzo/Hüßtege Rn. 12). Gleiches gilt für den Kostenverzicht. Trotz einer Erklärung nach § 306 nebst Titelherausgabe kann ein Recht aus der Kostengrundentscheidung aber als Einwendung ggf. zu beachten sein, OLG Düss GRUR-RR 2001, 96.
Anwaltsvertrag: Sein Zustandekommen ist prüfbar, OLG Kblz JurBüro 2016, 151. Seine Nichtigkeit lässt sich hier grds. nicht prüfen, BGH NJW-RR 2007, 422.
Aufrechnung: Der Einwand gänzlicher oder teilweiser Aufrechnung ist grds. unerheblich (Ausnahme: → Rn. 13), OLG Celle BauR 2016, 1965. Anderes gilt bei materiell-rechtlich unstreitig wirksamer Aufrechnung, OLG Celle BauR 2016, 1965, oder bei zumindest formeller Rechtskraft, OLG Kblz JurBüro 2011, 640. Gleiches gilt für den Erfüllungseinwand, OLG Kblz FamRZ 1996, 887.
Auslagen: Auch bei ihnen ist die Einwendung statthaft, der Kostenansatz sei unrichtig, OLG Celle JurBüro 2010, 206.
Erbenhaftung: Die Einwendung einer etwaigen Erbenhaftung ist unerheblich. Dasselbe gilt für einen Vorbehalt der beschränkten Erbenhaftung nach § 780, OLG Hamm AnwBl 1982, 385.
Insolvenz: Die Ausführungen nach → Rn. 3, 6 gelten wegen des Gleichlaufs – keine Kontrolle inhaltlicher Richtigkeit von Kostengrundentscheidung und Kostenerstattungsanspruch – auch hier.
Klagerücknahme: Für die Erstattungsfähigkeit von Rechtsanwaltskosten ist entscheidend, ob die Klage zum Zeitpunkt der Anwaltsbeauftragung bereits zurückgenommen war, BGH NJW 2016, 2751; ob Kenntnis von der Rücknahme erforderlich ist, ist streitig, hierzu OLG Köln JurBüro 2017, 251.
Kostenfreiheit: Eine solche nach § 2 GKG, § 2 FamGKG ist eine zulässige Einwendung, OLG Ffm JurBüro 1977, 1778.
Kostenvergleich: Die Einwendung eines streitigen außergerichtlichen Kostenvergleichs nach § 779 BGB ist grds. (Ausnahme → Rn. 13) unerheblich, OLG Kblz VersR 1989, 929. Gleiches gilt für die Einwendung einer streitigen Kostenteilungsabrede unter Anwälten oder einen Gebührenverzicht, OLG Nürnb MDR 2000, 908; OLG Ffm Rpfleger 1991, 126.
Prozesskostenhilfe: Vgl. § 118; ferner §§ 55, 56 RVG. Die Bindungswirkung besteht auch bezüglich des Bewilligungsbeschlusses.
Prozesskostenvorschuss: Ein Prozesskostenvorschuss kann grundsätzlich im Kostenfestsetzungsverfahren nicht geltend gemacht werden; anders, soweit unstreitig, § 1360a IV BGB. Ein Anspruch auf Rückzahlung ist grundsätzlich unbeachtlich, OLG Oldb FamRZ 1998, 445.

Rechtsmissbrauch: Die Einwendung, die Geltendmachung sei rechtsmissbräuchlich, ist zu prüfen, BGH MDR 2014, 865.

Rückerstattungsanspruch: Man kann ihn als Einwendung geltend machen. Der Kostenschuldner kann geltend machen, der Kostenansatz sei überhöht, BGH NJW 2013, 2824.

Streitgenossen: Im Grundsatz erfolgt keine Kostenfestsetzung. Etwas anderes gilt nur dann, wenn zwischen den Streitgenossen Einigkeit über ihre Zahlungen untereinander oder wegen der Zahlung des einen für den anderen besteht, OLG Stgt FamRZ 1992, 1462. Ferner kann eine gesetzliche Verpflichtung, eine von § 426 I 1 BGB abweichende Regelung im Innenverhältnis zur einseitigen Kostentragung, auch für die Kostenfestsetzung maßgeblich sein, BGH NJW 2006, 774 (Innenverhältnis vom Versicherer zu tragende Kosten im Verkehrsunfallprozess); OLG Schleswig-Holstein IBRRS 2019, 0658.

Stundung: Der Einwand der Stundung der Schuld ist grundsätzlich unerheblich.

Verjährung: Die Verjährung des Kostenerstattungsanspruchs könnte einerseits an den Hauptsacheanspruch angelehnt werden, §§ 194, 204 BGB, andererseits auch selbstständig behandelt werden, sodass für den Beginn die Verkündung der Kostenentscheidung maßgeblich wäre, so Stamm NJW 2020, 873 (874 ff.). Die Einrede der Verjährung nach § 214 I BGB des Kostenerstattungsanspruchs ist – bei Grundlage unstreitiger Tatsachen – grds. erheblich, BGH NJW 2006, 1962. Ein Kostenschuldner kann sich nur auf die Verjährung der Rechtsanwaltsvergütung berufen, soweit der Kostengläubiger selbst gegenüber seinem Rechtsanwalt oder einem Sachverständigen die Einrede der Verjährung tatsächlich geltend macht, OLG Koblenz MDR 2008, 1179. Der Erstattungsanspruch verjährt vor Rechtskraft seiner Feststellung nach § 195 BGB in 3 Jahren, Brennecke/Pollmeier NJW 2018, 2307, ab Rechtskraft nach § 197 I Nr. 3 BGB in 30 Jahren, BGH NJW 2006, 1962.

Verwirkung: Verwirkung ist grds. unerheblich, OLG Ffm OLGR 2004, 316; aM OLG Bbg JurBüro 1987, 1412; offen gelassen von OLG Düsseldorf FamRZ 2019, 63; (Ausnahme → Rn. 13).

Verzicht: Falls streitig grundsätzlich unbeachtlich, anders falls unstreitig, BGH NJW 2007, 1214.

Vollmacht: Nach Bejahung nach § 88 ist ihre Überprüfung unstatthaft, BGH NJW 2011, 3722.

Widerklage: Das Fehlen ihrer Rechtshängigkeit ist erheblich, OLG Kblz JurBüro 1984, 481.

15 **4. Rückfestsetzung.** Eine Rückforderung überzahlter gerichtlicher wie außergerichtlicher Kosten führt zur sog. Rückfestsetzung, OLG Brdb MDR 2011, 1254, gesetzlich geregelt in § 91 IV, wonach zu den Kosten des Rechtsstreits – und damit zur Erstattungspflicht – auch solche Kosten gehören, die die obsiegende Partei der unterlegenen im Verlauf des Rechtsstreits gezahlt hat. Gleiches gilt, wenn eine Partei auf einen vom gegnerischen Rechtsanwalt nach § 126 I erwirkten Kostenfestsetzungsbeschluss zahlt und das Beitreibungsrecht durch Aufhebung oder Änderung der vorläufigen Kostengrundentscheidung erlischt. Auch hier können die gezahlten Kosten rückfestgesetzt werden, die Höhe des Rückerstattungsanspruch ist eindeutig feststellbar, BGH NJW-RR 2013, 186 f. Eine Rückfestsetzung ist hingegen ausgeschlossen, wenn die Aufrechnung gegenüber dem Rückfestsetzungsanspruch mit einer bestrittenen Gegenforderung erklärt wird, OLG Celle NJW-RR 2016, 766. Die Rückfestsetzung lässt sich mit einer befristeten Erinnerung oder sofortigen Beschwerde geltend machen, soweit der Empfänger die Richtigkeit des Rückzahlungsbetrags nach § 288 I zugestanden hat, OLG Oldb MDR 2005, 418. Das gilt aus prozesswirtschaftlichen Gründen entsprechend § 717 II auch nach Änderung der erstinstanzlichen Entscheidung durch einen Vergleich im höheren Rechtszug; OLG Mü JurBüro 2005, 598; ebenso bei nachträglicher Wertänderung, OLG Düss JurBüro 2005, 599. Es gilt auch nach dem Wegfall einer Sachentscheidung zB infolge beiderseitiger wirksamer Erledigungsklärungen, OLG Düss Rpfleger 1989, 39. Dasselbe gilt, soweit der Rückzahlungsbetrag anderweitig feststeht, OLG Zweibr JurBüro 2004, 657; aM OLG Mü MDR 1993, 1130. Mangels Rückfestsetzung ist vorbehaltlich § 91 IV ein eigener Prozess nötig, OLG Düss JurBüro 2010, 649.

16 **VI. Entscheidung des Rechtspflegers, I, II. 1. Form.** Der Rpfl. entscheidet unverzüglich durch grundsätzlich zu begründenden Beschluss, OLG Ffm Rpfleger 2010, 911; so bei Abweisung, LG Bln JurBüro 1999, 481. Eine Begründung ist nur dann entbehrlich, wenn dem Antrag vollumfänglich stattgegeben und die Erstattungspflicht sich aus gesetzlichen Vorgaben eindeutig ergibt (MüKoZPO/Schulz Rn. 52). Eine Teilentscheidung ist grundsätzlich unstatthaft, OLG Kblz NJW-RR 2002, 1223.

17 **2. Parteibezeichnung.** Parteibezeichnung schon zwecks Vollstreckungsfähigkeit erforderlich, § 794 I Nr. 2; ferner wegen befristeter Anfechtbarkeit, sei es nach § 11 I RPflG iVm § 567 I oder § 11 II 1 RPflG iVm § 567 I, II.

18 **3. Betragsbezeichnung.** Der Rpfl. gibt den zugrunde liegenden Titel genau an und stellt den erstattungspflichtigen Gesamtbetrag nach § 308 I ziffernmäßig fest, OLG Mü MDR 1999, 1347. Dabei sind diejenigen Kosten abzusetzen, die die Gegenpartei unstreitig bezahlt hat. § 138 III ist unanwendbar. Schweigen auf gegnerischen Vortrag und Nichtbeachtung einer gerichtlichen Anfrage sind als stillschweigende Erklärung auslegbar, KG MDR 1976, 406.

19 **4. Begrenzung durch Antrag.** Der Rpfl. darf nach § 308 I keinen Betrag zusprechen, den der Antragsteller nicht zur Kostenfestsetzung beantragt hat. Eine Haftungsbeschränkung im Urteil bezieht sich nur auf die Hauptforderung, OLG Hamm MDR 1982, 855, es sei denn, das Gericht hätte sie in die Kostengrundentscheidung übernommen, KG MDR 1981, 851. Eine Zug-um-Zug-Hauptentscheidung enthält eine solche Beschränkung nicht auch im Kostenfestsetzungsbeschluss.

20 **5. Haftungsart.** Im Beschluss sollte bestimmt werden, ob eine gesamtschuldnerische Haftung oder Kopfhaftung besteht, KG JurBüro 2014, 428. Denn die Zwangsvollstreckung aus dem Kostenfestsetzungsbeschluss nach § 794 I Nr. 2 kann nach § 100 ohne Vorlage der zugehörigen Kostengrundentscheidung stattfinden, LG Saarbr DAVorm 1994, 513. Es ist an sich Aufgabe der Streitgenossen, die Haftung untereinander zu verteilen. Der Rpfl. muss aber eine getrennte Kostenfestsetzung unter Beachtung von § 100 vornehmen, OLG Hmb JurBüro 1996, 259. Das gilt insbesondere für den Kläger und für den unterliegenden Streitgenossen des Bekl. einerseits, für dessen obsiegenden Streitgenossen und den Kläger andererseits. Wegen der Kostenerstattung bei Streitgenossenschaft § 100. Wenn der Rpfl. die Kostenfestsetzung im Prozess A unzutreffend vorgenommen hatte, kann er den Fehler nicht in dem zur Beweisaufnahme mit A nach § 147 verbundenen Prozess B nach § 104 korrigieren, Schmidt AnwBl 1979, 156; aM OLG Nürnb AnwBl 1979, 156.

6. Kosten des Festsetzungsverfahrens. Der Rpfl. entscheidet im Kostenfestsetzungsbeschluss zugleich nach § 308 II über die Kosten des Festsetzungsverfahrens, OLG Zweibr Rpfleger 2003, 101, wie bei der Hauptforderung. In diesem Zusammenhang sind §§ 91–101 entsprechend anzuwenden, BVerfG NJW 1977, 145; OLG Kblz JurBüro 1995, 208 (§ 91a). Die Kosten des Festsetzungsverfahrens sind im Kostenfestsetzungsbeschluss der Höhe nach zu beziffern. Dazu gehören auch Zustellungskosten nach I 3, aM LG Bln AnwBl 1987, 493. Es entscheidet hier allein das Unterliegen im Kostenfestsetzungsverfahren, OLG Düss MDR 1991, 449, nicht etwa eine Kostenübernahme in einem Vergleich. Wenn im Beschwerdeverfahren um die Berechtigung von angemeldeten Kostenpositionen gestritten wird, so hat die unterlegene Partei sie auch dann zu zahlen, wenn sie im Verfahren nicht widerspricht, § 91, OLG Ffm NJW-RR 2000, 362. 21

7. Zurückverweisungsfolgen. Nach Zurückverweisung nach §§ 538, 572 trägt derjenige die Kosten des Erinnerungs- und Beschwerdeverfahrens, der diejenige Kostenfestsetzung betrieb, die nun etwa gegenstandslos geworden ist, KG Rpfleger 1978, 384. Der Rpfl. leitet von Amts wegen ein neues Festsetzungsverfahren ein. In ihm ist evtl. eine Bezugnahme auf den früheren Antrag nebst Anlagen ausreichend, LG Bln AnwBl 1992, 497. § 717 II 3 ist anwendbar, OLG Hamm JurBüro 1977, 1141; aM LG Bln JurBüro 1978, 432 (§ 91a I). Das Festsetzungsverfahren ist nach § 11 IV RPflG gerichtsgebührenfrei. Es zählt für die Anwaltsgebühren nach § 19 I 2 Nr. 14 RVG zum Rechtszug. Für die Kosten der Zustellung ist kein Vorschuss zu zahlen, es handelt sich nicht um eine Zustellung von Amts wegen LG Bln Rpfleger 1986, 73; aM Zöller/Herget Rn. 7. Sie sind aufgrund des Vollstreckungstitels mitfestsetzbar. 22

8. Verzinsung der festgesetzten Kosten. Dazu Lüttringhaus NJW 2014, 3745; Der Zinsausspruch nach I 2 betrifft sämtliche festsetzbaren gerichtlichen und außergerichtlichen Kosten. Vorausgesetzt wird ein wirksamer Festsetzungsantrag. Zudem muss ein fälliger, durchsetzbarer Kostenerstattungsanspruch vorliegen, auf Grundlage eines wirksamen Titels, BeckOK/Jaspersen Rn. 50. Nach I 2 wird die Zinshöhe abschließend bestimmt, BeckOK/Jaspersen Rn. 50. 23

9. Zinsbeginn und -ende. Die Kosten sind grundsätzlich ab Eingang des ersten Kostenfestsetzungsantrags beim Gericht verzinsbar, BGH NJW 2016, 165; aber → Rn. 27. Das gilt unabhängig von einer Zahlungsaufforderung des Gläubigers, OLG Celle NJW-RR 2012, 763, 764. Es gilt bei I 2 Hs. 2 erst seit der Urteilsverkündung nach §§ 310, 311, OVG Münst NJW 2013, 554. Das gilt auch evtl. nach einer Klagerücknahme im Fall des § 269 IV, BGH NJW 2016, 165, oder in einer Ehesache nach §§ 121 ff FamFG, da gemäß §§ 80 ff., 121 ff. FamFG nach § 85 FamFG keine Sonderregeln bestehen; aM OLG Mü Rpfleger 1981, 71 (erst ab Rechtskraft). Es gilt auch bei Kostenfreiheit des Erstattungspflichtigen, LG Stgt NJW-RR 1998, 1691, und Rückfestsetzung nach → Rn. 15 (ab Antrag), OLG Kblz JurBüro 2012, 31. Im Mahnverfahren ist der Erlass des Vollstreckungsbescheids maßgeblich, MüKoZPO/Schulz Rn. 68. Ab Rechtskraft der Festsetzung ist eine Nachforderung wegen Gesetzesänderung ausgeschlossen, BGH NJW 2003, 1462. Nach Zurückverweisung, § 538, beginnt die Verzinsung mit Verkündung des neuen Urteils des Erstgerichts, auch bei Übereinstimmung der Kostenentscheidung mit derjenigen des aufgehobenen Urteils, OLG Düss MDR 2009, 1407. Soweit die erstinstanzliche Kostengrundentscheidung durch die eines zweitinstanzlichen Prozessvergleichs ersetzt wird, erfolgt die Verzinsung zu erstattender Kosten grundsätzlich erst ab Antragszeitpunkt nach Vergleichsschluss (Eingangsdatum des neuen Festsetzungsantrags), BGH NJW 2021, 863. Zinsende ist die Zahlung der Hauptforderung, SG Ffm AnwBl 2015, 903. 24

10. Zinsfuß. Er errechnet sich über dem jeweiligen Basiszinssatz nach § 247 BGB, KG JurBüro 2002, 482. Eine Nachfestsetzung, Ergänzung der Verzinsung wegen Zinssatzerhöhung ist ausgeschlossen, BGH NJW 2003, 1462. 25

11. Späterer Antrag. Die Verzinsungspflicht besteht bei I 2 Hs. 1 auch dann schon vom Zeitpunkt des Eingangs des Kostenfestsetzungsgesuchs an, wenn der weiter erforderliche Verzinsungsantrag erst später eingegangen ist, KG MDR 1978, 1072. Denn I 2 stellt auch in der jetzigen Fassung auf den Festsetzungsantrag nach I 1 ab, also nicht auf den Verzinsungsantrag. Wenn in demselben Verfahren mehrere Kostengrundentscheidungen oder -festsetzungen stattgefunden haben, etwa infolge Rechtsmittels, Streitwertänderung, wirksamer Erledigungserklärungen oder Klagerücknahme, entscheidet für die Verzinsungspflicht derjenige Zeitpunkt, in dem der erste Kostenfestsetzungsantrag beim Gericht einging, jedenfalls soweit der Erstattungsanspruch bestehen bleibt, BGH NJW 2016, 165. Wenn sich die Bezugsgröße nach § 247 BGB ändert, ist jede Veränderung gegenüber dem Zeitpunkt des Eingangs des ersten Kostenfestsetzungsantrags beachtlich. 26

12. Vergleich. Wird eine in einem erstinstanzlichen Urteil getroffene Kostenentscheidung indes in zweiter Instanz aufgrund einer im Prozessvergleich abweichend vereinbarten Kostenregelung ersetzt, kann eine Verzinsung grundsätzlich erst ab Antragszeitpunkt nach Vergleichsabschluss beansprucht werden, BGH BeckRS 2020, 35754. Entscheidend ist, dass der Prozessvergleich eine neue, von der vorinstanzlichen Kostenentscheidung vollständig unabhängige Regelung trifft, Toussaint FD-ZVR 2021, 435044. Das gilt auch dann, wenn die Kostenregelung im Vergleich identisch ist mit der der ursprünglichen Kostenentscheidung, BGH BeckRS 2020, 35754. Allerdings steht es den Parteien frei, die Fälligkeit des Zinsanspruchs abweichend zu vereinbaren, OLG Mü MDR 2001, 414. 27

Eine Unterbrechung des Kostenfestsetzungsverfahrens nach §§ 239 ff. ist möglich. Es handelt sich um ein selbstständiges, an das Verfahren des ersten Rechtszugs sich anschließendes Verfahren, auf das die §§ 239 ff. Anwendung finden, BGH MDR 2012, 990; OLG Mü JurBüro 2020, 36. Die Voraussetzungen des § 103 müssen auch für den Zinsanspruch vorliegen, OLG Mü Rpfleger AnwBl 1982, 124. Der Rpfl. ergänzt eine etwaige bloße Teilentscheidung, OLG Kblz NJW-RR 2000, 69. 28

13. Mitteilung des Festsetzungsbeschlusses. Dem Antragsteller teilt der Rpfl. den Beschluss nach I 4 Hs. 2 formlos mit, soweit er seinem Antrag voll stattgegeben hat. Ihm steht kein Rechtsbehelf nach § 329 III Hs. 2 zu. Soweit der Rpfl. den Antrag zurückweist, lässt er den Beschluss dem Antragsteller nach I 4 Hs. 1, § 329 III Hs. 2 förmlich zustellen. 29

Dem Antragsgegner lässt der Rpfl. den Beschluss insoweit nach §§ 166 ff. förmlich zustellen, als er dem Festsetzungsantrag stattgegeben hat, I 3, § 329 III Hs. 1, OLG Köln JurBüro 2011, 531. Soweit der Rpfl. den Festsetzungsantrag zurückgewiesen hat, braucht er den Antragsgegner mangels Beschwer überhaupt nicht zu benachrichtigen. Dies dürfte sich gleichwohl im Fall einer vorhergegangenen Anhörung des Gegners empfehlen. 30

31 Eine erforderliche Zustellung erfolgt nach § 172 an den ProzBev. der ersten Instanz nach § 81, OLG Kblz Rpfleger 2017, 485. Bei mehreren ProzBev. reicht die Zustellung an einen, OLG Kblz MDR 2017, 1452. Dagegen ist eine Zustellung nicht an denjenigen zulässig, den die Partei nur zu einzelnen Prozesshandlungen bevollmächtigt hat. In Beitreibungsverfahren nach § 126 muss das Gericht die Zustellung an den nach § 121 beigeordneten Anwalt richten, nicht an den etwa davon zu unterscheidenden erstinstanzlichen ProzBev.

32 Soweit der Auftrag des ProzBev. nach §§ 86 f. erloschen ist, erfolgt die Zustellung an die Partei selbst, OLG Mü MDR 1980, 146; Zöller/Herget Rn. 7; aM OLG Brem Rpfleger 1986, 99. Da kein Anwaltszwang besteht, wird das Erlöschen der Vollmacht bereits durch Anzeige nach § 81 I 1. Hs wirksam, OLGR Karlsr 1998, 56. § 174 II ist zu beachten, OLG Kblz Rpfleger 1978, 261; evtl. ist eine öffentliche Zustellung zu bewilligen.

33 **14. Rechtskraft.** Der Kostenfestsetzungsbeschluss erwächst grundsätzlich in Rechtskraft, BGH NJW 2003, 1462; OLG Stgt JurBüro 2018, 209. Erfolgt eine Abänderung des Kostenfestsetzungsbeschlusses, zB aufgrund einer aufhebenden oder abändernden Entscheidung in Rechtsmittelinstanz, ist für den Zinsbeginn auf den neuen Festsetzungsantrag abzustellen, → Rn. 27.

34 Eine Rechtskraftwirkung tritt selbst dann ein, wenn der Kostenfestsetzungsbeschluss im Widerspruch zur Kostengrundentscheidung des Erkenntnisverfahrens steht, aM OVG Saarlouis Rpfleger 1995, 128.

35 **15. Berichtigung, Ergänzung, Nachfestsetzung.** Soweit erforderlich ist der Beschluss in entsprechender Anwendung des § 319 – auch nach Rechtskraft – jederzeit zu berichtigen, zB wegen eines Rechenfehlers, OLG Kblz JurBüro 2015, 88; aM OLG Zweibr Rpfleger 2003, 101. Ein Kostenfestsetzungsbeschluss ist auslegbar, BGH FamRZ 2008, 1925. Für eine Wiederaufnahmeklage nach §§ 578 ff. besteht wegen der Möglichkeit eines befristeten Rechtsmittels kein Rechtsschutzbedürfnis. Wurden versehentlich angemeldete Kosten übersehen, kommt eine Ergänzung analog § 321 in Betracht. Nach Ablauf der Frist nach § 321 II kommt eine sog. Nachfestsetzung in Betracht, also die Durchführung eines neuen Verfahrens nach §§ 103 ff., BGH NJW 1984, 126; OLG Kblz VersR 1990, 1161. Darin werden Kosten festgesetzt, die auf neue Tatsachen nach Rechtskrafteintritt gestützt werden, insbesondere nachträglich angemeldete Kosten, die bisher nicht zur Festsetzung beantragt worden waren, BGH NJW 2011, 1367.

36 **16. Vollstreckbarkeit.** Der Kostenfestsetzungsbeschluss ist wie die Kostengrundentscheidung vorläufig vollstreckbar. Er ist als gesonderter Vollstreckungstitel nach § 794 I Nr. 2 auch ausdrücklich als vorläufig vollstreckbar zu bezeichnen, § 750, OLG Karlsr Rpfleger 2000, 555.

37 Auch weitere Vollstreckungsmerkmale gehören in den Beschluss, zB Vergleichsabreden, OLG Mü Rpfleger 1979, 39, oder eine Einstellungsentscheidung, OLG Stgt Rpfleger 1988, 39, evtl. auch eine Möglichkeit nach § 720a, OLG Karlsr Rpfleger 2000, 555, ebenso eine Haftungsbeschränkung, OLG Kblz NJW-RR 1997, 1160; ablehnend für Beschränkung der Erbenhaftung OLG Hamm MDR 1982, 855.

38 **17. Zwangsvollstreckung.** Von der Zwangsvollstreckung aufgrund des Urteils ist die Zwangsvollstreckung aufgrund des Kostenfestsetzungsbeschlusses zu unterscheiden. Letzterer ist ein von der zugrunde liegenden Kostengrundentscheidung abhängiger, aber im Übrigen selbständiger Vollstreckungstitel nach § 794 I Nr. 2. Der Kostenfestsetzungsbeschluss ermöglicht eine Zwangsvollstreckung, sofern er eine Vollstreckungsklausel nach §§ 724, 725, 750 trägt, LG Ffm Rpfleger 1981, 204, außer bei § 105, s. § 795a. Die zweiwöchige Wartefrist nach § 798 oder die einmonatige nach § 798a sind vom Gläubiger abzuwarten, außer bei § 105.

39 Eine Einstellung der Zwangsvollstreckung aus dem zugrunde liegenden Titel nach §§ 707, 719 wirkt sich auch auf den Kostenfeststellungsbeschluss aus. Eine Einstellung nur aus dem Kostenfestsetzungsbeschluss ist möglich, zB beim Widerspruch gegen einen Arrestbefehl nach § 924.

40 **Gebühren:** des Gerichts: keine; des Anwalts: keine, § 19 I 2 Nr. 14 RVG.

41 **VII. Berücksichtigung eines Ansatzes, II. 1. Entstehung der Kosten.** Der Rpfl. berücksichtigt einen Kostenansatz nur, soweit Kosten entstanden sind, BVerfG NJW 1983, 809. Wenn Auslagen noch nicht bezahlt worden sind, muss der Rpfl. auch die Zahlung an den Dritten festsetzen. Bei Gerichtskosten, Anwaltskosten, KG NJW-RR 1992, 404, oder Gerichtsvollzieherkosten genügt der Umstand, dass die Zahlungspflicht feststeht, OLG Mü Rpfleger 1982, 115.

42 Allerdings wird der Rpfl. zur Vermeidung von Doppelzahlungen solche Gerichtskosten absetzen, für die auch der verurteilte Gegner nach § 31 II GKG, § 26 III FamGKG der Landeskasse haftet und die er auch gezahlt hat. Daher wird der Rpfl. nach § 122 II, § 76 FamFG auch solche Kosten absetzen, die der Gegner derjenigen Partei gezahlt hat, die eine Prozess- oder Verfahrenskostenhilfe erhalten hatte.

43 **2. Notwendigkeit der Kosten.** Die Kosten müssen nach → Rn. 7, 8 notwendig sein, OLG Celle NJW-RR 2014, 952. Der Antragsteller muss auch die Notwendigkeit glaubhaft machen, LG Weiden MDR 1975, 669.

44 **3. Grundsatz: Erforderlichkeit der Glaubhaftmachung, II 1.** Grundsätzlich ist – soweit streitig oder nicht aus der Gerichtsakte ersichtlich – eine Glaubhaftmachung der Entstehung und Notwendigkeit der Kosten im Kostenfestsetzungsverfahren notwendig, BGH NJW-RR 2014, 958, 960; OLG Brandenburg, BeckRS 2018, 36969. Das gilt auch beim Antragsgegner, BGH NJW 2003, 1534. Sie ist aber grundsätzlich auch ausreichend, OLG Köln MDR 2009, 345 (Reisekosten); OLG Saarbr GRUR-RR 2009, 326 (Patentanwalt). § 138 III ist anwendbar, BGH NJW 2008, 2993.

45 **4. Ausnahme: Versicherung von Postauslagen, II 2.** Soweit es um das Entstehen – nicht Notwendigkeit oder Höhe – der Auslagen eines Anwalts für Post- und Telekommunikationsdienstleistungen nach VV 7001, 7002 RVG geht, genügt statt einer Glaubhaftmachung grundsätzlich die schlichte Versicherung des Anwalts, nicht aber nur eine unterzeichnete Kostenberechnung oder eine Versicherung der Partei (Prütting/Gehrlein/Schmidt Rn. 5). Soweit ein Streit über die Notwendigkeit der Porto- und Telefonauslagen besteht, kommen drei Optionen in Betracht: Soweit nur Auslagen bis einschließlich zur Höhe der Kostenpauschale nach VV 7002 RVG geltend gemacht werden, ist weder Versicherung noch Einzelnachweis erforderlich. Wird die Kostenpauschale überschritten, genügt bei angemessener Höhe mit Blick auf Bedeutung und besondere Umstände des Rechtsstreits die Versicherung, anderenfalls wird Einzelnachweis erforderlich (FG Bremen EFG 1999, 1250; OLG Hamburg JurBüro 1981, 454; LG Verden JurBüro 2017, 47; Musielak/Voit/Flockenhaus Rn. 19). § 287 II ist entsprechend anwendbar, OLG Mü MDR 1992, 1004 (1005). Für einen Vollstreckungsauftrag kann ein Pfändungsprotokoll nach §§ 762, 763 ausreichen, LG Darmst Rpfleger 1988, 333.

Sofern es um derartige Auslagen eines anderen Bevollmächtigten geht, ist eine volle Glaubhaftmachung nach § 294 erforderlich. Zur Glaubhaftmachung können alle Beweismittel einschließlich der eidesstattlichen Versicherung eingesetzt werden, BGH NJW 2007, 2493. Hierfür ist die Vorlage von Originalbelegen nicht zwingend, OLG Köln MDR 2009, 345. 46

5. Weitere Ausnahme: Versicherung bei Umsatzsteuer, II 3. Soweit es um eine Umsatzsteuer geht, ist erforderlich und genügt nach II 3 ausnahmsweise die Erklärung des Antragstellers, dass er diese Beträge nicht als Vorsteuer abziehen kann, BGH NJW-RR 2012, 1016. Das gilt auch bei einer juristischen Person, OLG Düss Rpfleger 2004, 184. 47

6. Beispiele zur Frage einer Versicherung bei Umsatzsteuer, II 3

Abtretung: Es kommt auf den neuen Gläubiger an, OLG Schlesw JurBüro 1999, 307. 48

Betriebsausgaben: Einen Vorsteuerabzug kann ein Unternehmer für solche Ausgaben auch nach der Betriebsaufgabe vornehmen, OLG Hamm NJW 2007, 3291.

Fälligkeitsbezug: Die Erklärung muss sich auf den Zeitpunkt der Fälligkeit beziehen, OLG Kblz JurBüro 1999, 304.

Glaubhaftigkeit: Der Antragsteller braucht seine Erklärung nicht glaubhaft zu machen, LAG Kiel NZA-RR 2014, 97 (98). Es ist Aufgabe des Gegners, den Gegenbeweis zu erbringen, BVerfG NJW 1996, 382, 383; OLG Düss JurBüro 2005, 369.

GmbH: Nicht ausreichend ist ihre Rechtsform stets zur Abziehbarkeit, KG JurBüro 2008, 152.

Landwirt: FG Nürnb JurBüro 2012, 199.

Mehrere Erklärungen: Maßgeblich ist die zeitlich letzte, OLG Düss JurBüro 2000, 478.

Nachlieferung: Eine Nachlieferung der Versicherung kann man nur im Rechtsmittelverfahren beachten, OLG Mü NJW-RR 2004, 69; aM OLG Hmb JurBüro 2010, 396.

Stillschweigende Erklärung: Man darf sie nur ausnahmsweise unter Beachtung aller Umstände annehmen, LG Karlsr JurBüro 1996, 428. Sie liegt nicht schon im bloßen Ansatz von Umsatzsteuer, OLG Karlsr JurBüro 2000, 477. Der Rpfl. braucht insoweit nicht nachzufragen, OLG Schlesw NJW-RR 2004, 356; VGH Mannh NVwZ-RR 2004, 310 (311).

Streitgenossen: Bei solchen nach §§ 59 ff. mit demselben Anwalt, von denen nur ein Teil Vorsteuer abziehen darf, muss der Rpfl. grds. von unterschiedlicher Beteiligung am Prozess ausgehen, OLG Köln JurBüro 2001, 428. Davon kann bei einem Unfallprozess eine Ausnahme gelten, BGH NJW 2006, 774.

Unrichtigkeit: bleibt unbeachtlich, BGH NJW 2003, 1534; OLG Düss Rpfleger 2017, 184.

VIII. Rechtsbehelfe – Übersicht: Sofortige Beschwerde oder Erinnerung, III 1, § 11 I, II RPflG. III 1 bestimmt, dass gegen die Entscheidung die sofortige Beschwerde stattfindet, § 104 III 1, 567 I Nr. 1 iVm § 11 I RPflG. § 11 I RPflG erklärt grundsätzlich dasjenige Rechtsmittel für gegeben, das nach den allgemeinen verfahrensrechtlichen Vorschriften zulässig ist, also die sofortige Beschwerde nach III 1. Insofern wird die Entscheidung des Rpfl. ebenso behandelt wie eine solche Entscheidung des Richters. 49

Daneben eröffnet § 11 II RPflG die Möglichkeit, Erinnerung einzulegen, soweit eine sofortige Beschwerde nicht zulässig ist, der Beschwerdewert nicht erreicht ist. 50

1. Keine sofortige Beschwerde unterhalb Beschwerdewert. § 11 II 1 RPflG bestimmt die Erinnerung als zulässigen Rechtsbehelf, wenn nach den allgemeinen verfahrensrechtlichen Vorschriften ein Rechtsmittel nicht eingelegt werden kann. Das ist der Fall, wenn der für eine sofortige Beschwerde nach § 567 II erforderliche Beschwerdewert von mehr als 200 EUR nicht erreicht wird, OLG Nürnb MDR 2005, 534. 51

Nicht ausreichend ist, dass die Beschwerde aus sonstigen Gründen unzulässig ist, beispielsweise wegen Verstoßes gegen die Beschwerdefrist des § 569 I 2, 3 oder Formverstoßes. Der Zweck der Erinnerung nach § 11 II 1 RPflG ist, gegen jede Entscheidung des Rpfl. eine richterliche Prüfung bewirken zu können. 52

2. Sondern (befristete) Erinnerung. Der Rechtsbehelf besteht nach § 11 II 1 Hs. 2 RPflG in der Erinnerung „innerhalb einer Frist von zwei Wochen". Der Rpfl. kann sowohl bei einer sofortigen Beschwerde nach § 572 I 1 Hs. 1 als auch im Fall der (befristeten) Erinnerung abhelfen, § 11 II 5 RPflG. 53

3. Dabei: Entscheidung in derselben Instanz. In einem wesentlichen Punkt unterscheiden sich sofortige Beschwerde und Erinnerung: Während der Rpfl. bei der sofortigen Beschwerde nach § 11 I RPflG, § 572 I 1 Hs. 2 die Sache dem Beschwerdegericht, der höheren Instanz, zur Entscheidung vorlegen muss, soweit er der sofortigen Beschwerde nicht abhilft, hat er bei einer Erinnerung, der er nicht abhelfen will, die Sache nach § 11 II 6 RPflG dem Richter derselben Instanz vorzulegen. 54

Während die Entscheidung des Instanzrichters unanfechtbar ist, ist gegen die Entscheidung des Beschwerdegerichts unter den Voraussetzungen nach § 574 I 1 Nr. 2, II, III 1 die Rechtsbeschwerde zulässig. 55

4. Notwendigkeit zügigen Verfahrens. Sowohl das Verfahren nach sofortiger Beschwerde als auch nach Erinnerung ist im Interesse der Prozessbeteiligten vor der Zwangsvollstreckung nach §§ 704 ff. möglichst zügig zu führen. 56

IX. Sofortige Beschwerde, III 1, § 11 I RPflG. III 1 ist iVm § 11 I RPflG als Rechtsmittel gegen die Entscheidung des Rpfl. statthaft, soweit gegen diese Entscheidung, hätte der Richter sie erlassen, die sofortige Beschwerde nach III 1 zulässig wäre. 57

1. Beschwerdeberechtigung, III 1. Zur sofortigen Beschwerde sind grundsätzlich nur die Parteien berechtigt, evtl. auch ein Nebenintervenient nach §§ 66 ff., OLG Schlesw BauR 2015, 723, nicht der Wahlanwalt oder ProzBev. nach § 81, BVerfG JurBüro 1998, 78; OLG Brdb FamRZ 2002, 254; LG Stgt JurBüro 2018, 143. Auch die Staatskasse ist grundsätzlich nicht zur sofortigen Beschwerde berechtigt. Das gilt auch dann, wenn der Rpfl. entschieden hat, eine Anwaltsgebühr sei nicht entstanden. Die sofortige Beschwerde eines Anwalts kann als Antrag auf Festsetzung des Streitwerts nach §§ 3 ff. oder nach § 63 GKG, § 55 FamGKG zu behandeln sein, OLG Ffm JurBüro 1979, 601 und 1873. Sie gilt im Zweifel als sofortige Beschwerde der von ihm vertretenen Partei. Soweit der Anwalt aufgrund seiner Beiordnung im Verfahren auf Prozesskostenhilfe nach §§ 114 ff. selbst Antragsteller nach § 126 ist, ist er allerdings auch persönlich zur sofortigen Beschwerde berechtigt. Er kann mit seiner eigenen Beschwerde nicht eine Umstellung des Verfahrens seiner Partei auf ihn selbst erreichen. Eine Anschlussbeschwerde nach § 567 III ist möglich, OLG Bbg JurBüro 1981, 1679. 58

59 **2. Beschwer.** Die Beschwer des Beschwerdeführers ist regelmäßig erforderlich, BGH MDR 2011, 199; auch dann, wenn der Kostenfestsetzungsbeschluss die im Urteil genannte Sicherheitsleistung nicht in voller Höhe oder nicht eine im Urteil genannte Vollstreckungsbeschränkung erwähnt, KG Rpfleger 1984, 246. Eine Beschwer durch einen Teil des Kostenfestsetzungsbeschlusses genügt zB wegen einzelner zu- oder aberkannter Posten. Es kommt insofern auch ein Ergänzungsantrag in Betracht. Eine Beschwer im Kostenpunkt genügt hier entgegen § 99 I, OLG Stgt Rpfleger 1984, 199; LG Stgt JurBüro 2018, 143. Eine Beschwer kann bei der Zurückweisung gar nicht beantragter Posten entstehen, OLG Hamm AnwBl 2002, 437. Die sofortige Beschwerde ist auch wegen angeblich übersetzter Gerichtskosten (ebenso überhöhter Zeugengebühren oder Sachverständigenvergütung) zulässig, aM LG Bln JurBüro 2000, 90, oder wegen eines Kostenverstoßes gegen § 308 I, OLG Hamm AnwBl 2002, 437.

60 Eine bloße Nachliquidation gehört nicht in das Beschwerdeverfahren und nimmt diesem das Rechtsschutzbedürfnis, BGH MDR 2011, 199. Es ist eine Ergänzung des bisherigen Kostenfestsetzungsbeschlusses zu beantragen, OLG Kblz JurBüro 1991, 968; aM KG NJW 1991, 573.

61 **3. Nachschieben.** Demgegenüber darf man einen berechtigten Einzelposten anstelle eines unberechtigten ähnlich wie bei einer Klageänderung nach §§ 263, 264 nachschieben, OLG Kblz NJW-RR 2004, 286. Das gilt, soweit nicht ein Teilverzicht auf die sofortige Beschwerde ähnlich wie bei § 515 vorliegt, OLG Stgt Just 1978, 234, und soweit der bisherige Kostenfestsetzungsbeschluss nicht schon rechtskräftig geworden ist. Zwar besteht keine Pflicht zur Begründung („soll", § 571 I), doch wird sie für die Begründetheit maßgeblich, vgl. § 571 III 2, 3. Im Zweifel gilt der gesamte Beschluss als angegriffen. Ein vor Erlass der Entscheidung des Rpfl. nachgereichter Schriftsatz lässt sich nicht als rechtzeitige sofortige Beschwerde umdeuten, OLG Stgt Rpfleger 1982, 309.

62 **4. Berichtigung.** Ein Berichtigungsantrag nach §§ 319, 329 ist unabhängig von einer sofortigen Beschwerde statthaft. Der Rpfl. hat ihn zu prüfen und evtl. zu berücksichtigen. Er kann das Rechtschutzbedürfnis für eine sofortige Beschwerde beseitigen, OLG Bbg Rpfleger 1995, 289. Gegen einen überhöhten Wertansatz ist das Verfahren nach §§ 63, 66 GKG eröffnet, OLG Ffm JurBüro 1979, 601 und 1873, anschließend das Verfahren nach § 107.

63 Eine Teilanfechtung ist grundsätzlich statthaft, sofern die für jede Anfechtung selbstständig erforderliche Beschwer vorliegt, OLG Düss Rpfleger 1998, 104. Soweit sie zur Zurückverweisung an den Rpfl. nach § 572 III führt, kann man beim Vorliegen einer weiteren Beschwer nun auch einen anderen Teil des Festsetzungsbeschlusses anfechten, OLG Stgt JurBüro 1978, 1251. Man kann die Hauptsache des Festsetzungsverfahrens unter den Voraussetzungen des § 91a für erledigt erklären, auch um Kostennachteile zu vermeiden, OLG Kblz JurBüro 2015, 89.

64 **5. Beschwerdewert über 200 EUR.** Die sofortige Beschwerde ist nur statthaft, wenn der Beschwerdewert mindestens 200,01 EUR beträgt, § 567 II, LG Ulm JurBüro 2007, 367. Zinsen und Umsatzsteuer zählen mit, OLG Kblz MDR 1992, 196. Bei teilweiser Zurückweisung ist nur ihr Wert maßgeblich, OLG Düss Rpfleger 1998, 103.

65 Der Beschwerdewert von mehr als 200 EUR gilt auch für die sofortige Beschwerde gegen eine Entscheidung über eine Kostenfestsetzung nach § 126. Der Mindestwert des Beschwerdegegenstands richtet sich, soweit für jedes Erstattungsverhältnis ein eigener Kostenfestsetzungsbeschluss erlassen wurde, nach der Gesamtbeschwer, die sich aus den angefochtenen Entscheidungen für den Beschwerdeführer ergibt (OLG Saarbrücken BeckRS 2021, 10742; OLG Nürnberg, JurBüro 1975, 191; aA OLG Stgt JurBüro 1979, 609; MüKoZPO/Schulz Rn. 89). Es kommt stets auf den Vorlagezeitpunkt an, den Eingang beim Gericht. Eine „Erinnerung" gegen den Streitwert kann eine Streitwertbeschwerde sein, OLG Ffm JurBüro 1979, 1873. Eine nachträgliche Erweiterung ist zulässig, OLG Düss Rpfleger 1978, 188. Eine nachträgliche Ermäßigung unter die Beschwerdesumme erfordert nicht die Rückgabe an den Rpfl., KG JurBüro 1991, 1522.

66 Eine (ggf. als solche auszulegende) Anschlussbeschwerde ist wertunabhängig nach § 567 III statthaft, OLG Schlesw JurBüro 1993, 489. Jedoch ist eine Nachliquidation auch auf diesem Weg unstatthaft, OLG Hamm JurBüro 1996, 262. Man kann die Entscheidung auch wegen derjenigen Kosten angreifen, die man im Erinnerungsverfahren nicht angegriffen hatte, sofern im früheren Teilangriff der Beschwerdewert nicht erreicht war, OLG Düss Rpfleger 1976, 188; aM OLG Bbg JurBüro 1983, 129.

67 **6. Notfrist: 2 Wochen.** Die sofortige Beschwerde unterliegt nach § 11 II 1 RPflG einer zweiwöchigen Notfrist seit förmlicher Zustellung des angegriffenen Beschlusses nach §§ 224 I 2, 569 I 1. Das gilt auch bei einer FamFG-Sache und im Strafverfahren, OLG Düss JurBüro 2005, 422. Die Frist ergibt sich aus III 1 iVm § 11 I RPflG. Die Einlegung beim Beschwerdegericht genügt nach § 569 I 1 Hs. 2 zur Fristwahrung. Bei Fristversäumung kommt nach § 11 II 2–4 RPflG eine Wiedereinsetzung nach §§ 233 ff. in Betracht.

68 **7. Form.** Es gelten die Vorgaben nach § 569 II, III. Anwaltszwang besteht bei der bloßen Einlegung nicht, BGH NJW 2006, 2260 (2261); OLG Ffm MDR 2014, 1227. Das gilt schon wegen des gegenüber §§ 78 III Hs. 2, 569 III vorrangigen § 13 RPflG, OLG Hmb MDR 2001, 1192; aM OLG Ffm MDR 1999, 705.

69 **8. Begründetheit der sofortigen Beschwerde: Abhilfe.** Soweit keine Berichtigung nach §§ 319, 329 in Betracht kommt, gilt Folgendes: Wenn der Rpfl. die sofortige Beschwerde für ganz/teilweise zulässig und begründet hält, hilft er ihr nach § 572 I 1 Hs. 1 ganz/teilweise ab.

70 Das Verfahren des Rpfl. erfolgt nach §§ 569 ff. iVm § 11 I RPflG. Neue Angriffs- oder Verteidigungsmittel sind zulässig, OLG Kblz Rpfleger 2002, 319. Ein Anwaltszwang besteht auch nach Einlegung im gesamten weiteren Verfahren des Rpfl. bis zur Abhilfeentscheidung wegen § 13 RPflG nicht, OLG Köln OLGR 2005, 406; aM OLG Hmb NJW-RR 2001, 59. Der Beschwerdegegner ist vor einer Abhilfe anzuhören. Eine mündliche Verhandlung ist nach § 128 IV zulässig, aber nicht notwendig.

71 Die Abhilfeentscheidung des Rpfl. erfolgt durch – soweit streitig begründeten – Beschluss. Es gilt das Verbot der Schlechterstellung. Soweit im Abhilfeverfahren Kosten entstanden sein können, muss der Rpfl. in der Abhilfeentscheidung über sie nach § 97 mitbefinden, OLG Kblz AnwBl 2003, 315 (zu § 11 RVG). Die Abhilfeentscheidung ergeht nach §§ 572 IV; 128 IV ohne mündliche Verhandlung und ist zuzustellen. Sie stellt einen neuen Kostenfestsetzungsbeschluss dar, gegen den die nun (ggf. teilweise) beschwerte Partei sofortige Beschwerde oder Erinnerung einlegen kann.

9. Unbegründetheit der sofortigen Beschwerde: Vorlage. Soweit der Rpfl. die sofortige Beschwerde für unbegründet hält, legt er das Rechtsmittel nach § 572 I 1 dem Beschwerdegericht (LG/OLG) vor, BGH MDR 1978, 737. Eine Vorlage beim Richter des Rpfl. erfolgt nicht. 72

10. Keine Nichtabhilfe des Erstrichters. Bei einer sofortigen Beschwerde ist kein Nichtabhilfebeschluss des Instanzrichters vorgesehen. 73

11. Verfahren des Beschwerdegerichts. Das Beschwerdegericht prüft zunächst, ob der Vorlagebeschluss des Rpfl. berechtigt ist. Eine unberechtigte Vorlage hebt das Beschwerdegericht auf und verweist das Verfahren ggf. entsprechend § 538 II 1 Nr. 1 an den Rpfl. zurück, BGH NJW-RR 2005, 1299. Dann entscheidet der Rpfl. auch über die Beschwerdekosten, OLG Bbg JurBüro 1979, 1713. Sofern die Vorlage statthaft war, entscheidet das Beschwerdegericht nach § 572 II 1 über Zulässigkeit und Begründetheit der sofortigen Beschwerde. Das kann nach §§ 128 IV, 572 IV ohne mündliche Verhandlung geschehen. Das Beschwerdegericht überprüft grundsätzlich den gesamten Beschluss im Rahmen von dessen Anfechtung, OLG Mü MDR 2000, 665 (666). §§ 567–572 finden Anwendung. 74

12. Anwaltszwang. Ein Anwaltszwang besteht im Beschwerdeverfahren weder vor dem Land- noch dem Oberlandesgericht, soweit keine mündliche Verhandlung angesetzt wird, vgl. auch § 571 IV. Erging der Kostenfestsetzungsbeschluss durch einen Rpfl. am Amtsgericht, ergibt sich dies aus §§ 78 III, 569 III Nr. 1; § 13 RPflG. Wurde er von einem Rpfl. am Landgericht erlassen, gilt Gleiches, da für das hier maßgebliche Kostenfestsetzungsverfahren vor dem RPfl. auch beim Landgericht kein Anwaltszwang besteht, § 569 III Nr. 1; § 13 RPflG. Anderes gilt für das Rechtsbeschwerdeverfahren vor dem BGH, bei dem die Vertretung durch einen beim BGH zugelassenen Rechtsanwalt erfolgen muss, § 78 I 3. 75

13. Entscheidung des Beschwerdegerichts. Das Beschwerdegericht entscheidet durch zu begründenden Beschluss nach §§ 329, 572 IV. 76

14. Begrenzung durch Antrag. Das Beschwerdegericht darf dem Beschwerdeführer nach § 308 I nicht mehr zusprechen, als er begehrt hat, OLG Mü Rpfleger 2000, 298. Das Beschwerdegericht verwirft eine unzulässige Beschwerde nach § 572 II 2. Es weist eine zulässige, aber unbegründete sofortige Beschwerde zurück. Es hebt die angefochtene Entscheidung bei einer zulässigen und begründeten Beschwerde auf und entscheidet dann selbst, indem es die Kosten festsetzt. Es kann wie beschrieben auch nach § 572 III an den Rpfl. zurückverweisen. Im Umfang einer Zurückverweisung kann das Beschwerdegericht nach § 572 III Weisungen für die neue Festsetzung erteilen. Die Rechtskraft des Beschlusses des Beschwerdegerichts tritt unabhängig von derjenigen der Hauptsache ein. 77

Das Beschwerdegericht entscheidet mangels Zurückverweisung nach § 572 III auch nach §§ 91, 97 über die Kosten des Beschwerdeverfahrens, OLG Kblz MDR 2002, 909; aM OLG Karlsr FamRZ 2002, 1501. § 93 ist entsprechend anwendbar, auch wenn der Gegner der sofortigen Beschwerde nicht entgegengetreten war, LG Halle MDR 2000, 480; Schneider MDR 2002, 1221. Das Rechtsmittel kann bis zur Wirksamkeit einer Rechtsmittelentscheidung zurückgenommen werden. Die Rücknahme ist als Prozesshandlung unwiderruflich, OLG Kblz JurBüro 1976, 116. Der Rpfl. setzt die Anwaltsgebühren nach Rücknahme der sofortigen Beschwerde entsprechend § 516 III von Amts wegen fest. 78

15. Verbot der Schlechterstellung. Von dem Beschwerdegericht ist grundsätzlich das Verbot der Schlechterstellung (reformatio in peius) des Beschwerdeführers zu beachten, BGH NJW-RR 2006, 810. Das Gericht kann den angefochtenen Beschluss klarstellend aufheben, soweit die Kostengrundentscheidung wegfällt oder fehlt. Zu beachten ist neben § 308 auch §§ 97, 99 I. In einer Familiensache ist der Familiensenat des OLG für die Entscheidung zuständig, BGH FamRZ 1978, 586. 79

16. Mitteilung. Der Beschluss ist nach § 329 III zuzustellen. 80

17. Änderung. Das Beschwerdegericht darf seine Entscheidung nach § 318 nicht abändern. Wegen der Einstellung der Zwangsvollstreckung § 570 III. Eine Rechtsbeschwerde nach § 574 ist nur nach ihrer Zulassung durch das Beschwerdegericht statthaft, BGH NJW-RR 2004, 356. 81

18. Aussetzung des Beschwerdeverfahrens, III 2. Das Beschwerdegericht kann nicht nur die Vollziehung nach § 570 III Hs. 2 aussetzen, sondern darüber hinaus das gesamte Beschwerdeverfahren solange aussetzen, bis diejenige Kostengrundentscheidung, auf die sich der Festsetzungsantrag gestützt hat, formell rechtskräftig ist. „Kann" stellt die Entscheidung nicht nur in die Zuständigkeit, sondern in das pflichtgemäße Ermessen (nur) des Beschwerdegerichts. Ergänzend gilt § 570. Die Aussetzung oder deren Ablehnung sind unanfechtbar. 82

19. Gegenvorstellung, Rechtsbeschwerde, Verfassungsbeschwerde. Eine Gegenvorstellung ist grundsätzlich unstatthaft. Eine Rechtsbeschwerde ist unter den Voraussetzungen nach § 574 zulässig. Eine Verfassungsbeschwerde kommt nach den bekannten Voraussetzungen in Betracht, zB bei Verstoß gegen das Willkürverbot durch grob fehlerhafte Berechnung, BVerfG MDR 1983, 372. 83

X. (Befristete) Erinnerung, III 1, § 11 II RPflG. Soweit gegen die Entscheidung dann, wenn der Richter sie erlassen hätte, keine sofortige Beschwerde und kein anderes Rechtsmittel statthaft wären, kommt nach § 11 II 1 RPflG der dort genannte Rechtsbehelf unter folgenden Voraussetzungen in Betracht: 84

1. Erinnerungsberechtigung. Zur Erinnerung sind alle in → Rn. 58 Genannten berechtigt. Eine Anschlusserinnerung ist möglich, LG Bln Rpfleger 1996, 397. 85

2. Beschwerdewert bis 200 EUR. Der Beschwerdewert darf in jedem Verfahren 200 EUR nicht übersteigen. Nur dann wäre eine Entscheidung des Richters nach § 567 II iVm § 11 II 1 RPflG unangreifbar. 86

3. Notfrist von zwei Wochen, § 11 II 7 RPflG, § 569 I 1. Notfrist: 2 Wochen, OLG Ffm Rpfleger 1983, 117. Zwar bezeichnet § 11 II 1 Hs. 2 RPflG die dortige Anfechtungsform nur als einfache „Erinnerung" und nennt schlicht eine „Frist von zwei Wochen"; gleichwohl ist die Frist zur Einlegung eine Notfrist nach §§ 224 I 2, 569 I 1; § 11 I RPflG. 87

4. Notfristbegriff. Nach § 224 I 2 sind Notfristen nur diejenigen Fristen, die „in diesem Gesetz" als solche bezeichnet sind. Durch die Verweisung in § 11 II 1 Hs. 2, 7 RPflG auf die gerade für die sofortige Beschwerde der ZPO nach § 569 I 1 grundsätzlich geltende Frist nimmt das Gesetz – wie in § 224 I 2 gefordert – auf die ausdrückliche Notfristbestimmung in § 569 I 1 ZPO Bezug. 88

89 **5. Notfristberechnung.** Die Notfrist richtet sich nach § 222, Abkürzung oder Verlängerung sind ausgeschlossen, § 224. Die Notfrist beginnt nach § 11 II 7 RPflG mit Zustellung des Beschlusses nach 569 I 2; soweit dem Antrag ganz/teilweise entsprochen wurde mit Zustellung an den Antragsgegner, § 104 I 3; soweit der Antrag zurückgewiesen wurde mit Zustellung an den Antragsteller, § 104 I 4. Soweit der Festsetzungsbeschluss nach § 105 auf das Urteil oder den Vergleich gesetzt wurde, beginnt die Frist mit der Zustellung dieses Titels nach § 317. Eine inhaltliche Berichtigung erfordert neue Zustellung.

90 **6. Notfristwahrung.** Zur Fristwahrung ist der Eingang bei Gericht des angefochtenen Beschlusses ausreichend. Eine Einlegung der Erinnerung beim Beschwerdegericht wahrt auch die Frist, §§ 11 II 7 RPflG, 569 I Hs. 2.

91 **7. Erweiterung.** Die nachträgliche Erweiterung der sofortigen Erinnerung ist zulässig, OLG Karlsr Rpfleger 1992, 494, ebenso eine unselbstständige Anschließung, OLG Bbg JurBüro 1978, 593. Das stellt § 567 III klar. Da es sich um eine Notfrist handelt, kommt allein Wiedereinsetzung, §§ 233 ff., in Betracht.

92 **8. Form.** Die falsche Bezeichnung des Rechtsbehelfs bindet nicht; dann ist Auslegung geboten. Man kann die Erinnerung schriftlich, per Telefax, elektronisch nach §§ 130a–d oder durch Erklärung zu Protokoll der Geschäftsstelle einlegen, § 11 II 7 RPflG, § 569 II, III, nicht aber telefonisch, auch nicht durch bloße Bezugnahme auf einen vor der Erinnerung eingegangenen Schriftsatz, OLG Celle Rpfleger 1994, 290.

93 **9. Kein Anwaltszwang bei Einlegung.** Es besteht nach § 13 RPflG zur Einlegung kein Anwaltszwang. Im weiteren Verfahren → Rn. 75.

94 **10. Keine Bedingung.** Als Prozesshandlung duldet die Erinnerung keine Bedingung, OLG Stgt Rpfleger 1982, 309. Eine fehlerhafte Bezeichnung lässt sich nach → Rn. 92 heilen.

95 **11. Aussetzung der Vollziehung.** Nach § 11 II 7 RPflG sind auf die Erinnerung „im Übrigen" §§ 567 ff. sinngemäß anwendbar. Nach § 570 II kann der Rpfl., dessen Entscheidung angefochten wurde, im Erinnerungsverfahren bis zur Entscheidung über Nicht-/Abhilfe die Vollziehung des angefochtenen Beschlusses entsprechend § 570 II aussetzen. Dagegen ist kein Rechtsbehelf statthaft, § 567 I Nr. 1, 2.

96 **12. Abhilfe bei sofortiger Erinnerung, § 11 II 2, 3 RPflG.** Der Rpfl. kann nach → Rn. 100, § 11 II 5 RPflG der Erinnerung abhelfen.

97 **13. Abhilfeprüfung.** Im Rahmen der Abhilfeprüfung ist eine mündliche Verhandlung nach § 128 IV iVm § 11 II 7 RPflG, § 572 IV statthaft, aber nicht notwendig.

98 Der Rpfl. muss dem Gegner des Erinnerungsführers vor einer diesem ungünstigen Entscheidung grundsätzlich rechtliches Gehör einräumen. Diese Anhörung ist nur dann nicht erforderlich, wenn der Rpfl. der Erinnerung nicht abhelfen will. Er prüft grundsätzlich den gesamten Kostenfestsetzungsbeschluss, auch wenn die Erinnerung nicht den gesamten Beschluss angreift. Die Unrichtigkeit einzelner Posten ändert u. U. nichts am Ergebnis des Beschlusses.

99 Im Verfahren vor dem Rpfl. ist die Rücknahme der Erinnerung zulässig und hat bei Antragstellung die übliche Auferlegung der außergerichtlichen Kosten zur Folge. Das Erinnerungsverfahren ist nach § 11 IV RPflG gerichtsgebührenfrei.

100 **14. Abhilfe durch den Rechtspfleger, § 11 II 2 RPflG.** Soweit der Rpfl. der Erinnerung abhilft, entscheidet er nach §§ 329, 572 I 1 Hs. 1, IV durch begründeten Beschluss. Er hebt den angefochtenen Beschluss auf und erlässt einen neuen Kostenfestsetzungsbeschluss oder einen Ergänzungsbeschluss, OLG Mü Rpfleger 1981, 71. Kosten des Gerichts: keine Gebühren, § 11 IV RPflG, jedoch Auslagen wie sonst, des Anwalts. Diese Entscheidung des Rpfl. beendet das bisherige Erinnerungsverfahren. Sie ist, soweit sie eine neue Beschwer enthält, wiederum beschwerde- oder erinnerungsfähig. Dem jetzt Beschwerten wird eine neue Notfrist eingeräumt, OLG Mü Rpfleger 1989, 55. Das gilt auch dann, wenn der Rpfl. auf eine Erinnerung den ursprünglichen Kostenfestsetzungsbeschluss wieder herstellt.

101 Der Rpfl. fasst den Beschluss neu, auch wenn er der Erinnerung nur teilweise stattgibt. Dabei muss der unveränderte Teil vollstreckbar bleiben, OLG Mü Rpfleger 1984, 235. Wenn der Rpfl. der Erinnerung vollständig abhilft, entscheidet er wegen § 308 II auch über die außergerichtlichen Kosten des Erinnerungsverfahrens. Bei teilweiser Abhilfe ergeht keine Kostenentscheidung, OLG Ffm JurBüro 1985, 1718. Sie darf den Erinnerungsführer nicht schlechter stellen, OLG Köln NJW 1975, 2347. Ein Austausch von Einzelposten ist statthaft, BGH NJW-RR 2006, 811.

102 **15. Keine Abhilfe durch den Rechtspfleger:** Vorlage beim Richter, § 11 II 6 RPflG. Soweit der Rpfl. der Erinnerung nicht abhilft, verfügt er die Vorlage an den Richter. Spätestens in diesem Zeitpunkt ist eine etwa bisher fehlende Begründung des angefochtenen Beschlusses nachzuholen, LG Ffm Rpfleger 2010, 111. Der bloße Vermerk „ich helfe nicht ab" reicht in diesem Fall nicht aus. Er führt zu einem Antrag zur Zurückverweisung nach § 572 III entsprechend § 538 II 1 Nr. 1 an den Rpfl., OLG Rostock MDR 2006, 538. Der Rpfl. teilt die Nichtabhilfe den Parteien mit, OLG Mü Rpfleger 1992, 382.

103 Eine Bezugnahme auf die Gründe des angefochtenen Beschlusses kann bei ausreichender Auseinandersetzung mit der Erinnerungsbegründung genügen.

104 **16. Verfahren des Richters bei Erinnerung, § 11 II 5, 6 RPflG.** Nach Vorlage der Akten beim Rpfl. werden sie zur Entscheidung dem Richter unverzüglich vorgelegt.

105 **17. Prüfung des Richters.** Es schließt sich eine umfassende Prüfung des Instanzrichters an, OLG BayObLG Rpfleger 1990, 201.

106 **18. Keine Abhilfebefugnis des Rechtspflegers.** Nach abgelehnter Zuständigkeit aus eigener Zuständigkeit darf der Rpfl. seine Entscheidung grundsätzlich nicht mehr von sich aus ändern, OLG Mü Rpfleger 1982, 196, es sei denn nach Zurückverweisung an ihn.

107 **19. Weiteres Prüfungsverfahren des Richters.** Bei Überschreitung des Beschwerdewerts von 200 EUR verfährt der Richter nach → Rn. 73. Zur Prüfung der Begründetheit muss er den Eingang einer etwa fehlenden Erinnerungsbegründung abwarten oder nach § 224 eine angemessene Frist setzen, LG Ffm Rpfleger 1990, 285.

108 **20. Entscheidung des Richters, § 11 II 6 RPflG.** Der Richter entscheidet, wenn gegen einen von vornherein vom Richter erlassenen Festsetzungsbeschluss kein Rechtsmittel zulässig gewesen wäre, OLG Kblz

Rpfleger 1991, 298 (zu § 11 RVG); nach § 567 II bei Nichtübersteigen des Betrags von 200 EUR, BVerfG FamRZ 2001, 828.

21. Besetzung. Die Entscheidung erfolgt in der üblichen Besetzung. Der Einzelrichter entscheidet nach § 348, vgl. auch §§ 526, 527 III Nr. 5, für den Vorsitzenden der Kammer für Handelssachen vgl. § 349 II Nr. 12. In einer Familiensache ist der Familienrichter zuständig. 109

22. Form. Die Entscheidung erfolgt durch begründeten Beschluss nach § 329 iVm § 11 II 6 RPflG, § 572 IV. Soweit das bisherige Verfahren an einem wesentlichen Mangel leidet, verweist der Richter unter Aufhebung des angefochtenen Beschlusses auf einen Antrag entsprechend § 538 II 1 Nr. 1 an den Rpfl. zurück, zur Nichterhebung von Kosten § 21 GKG, § 20 FamGKG. Das Gericht entscheidet über die Kosten nach §§ 91, 97, für das Beschwerdeverfahren OLG Kblz NJW-RR 2016, 381. Das Erinnerungsverfahren nach § 11 IV RPflG ist gerichtsgebührenfrei. Gerichtsauslagen wie sonst; Kosten des Anwalts: 0,5-Gebühr, VV 3500 RVG. Das Gericht teilt seine Entscheidung formlos mit. 110

23. Zurückverweisung, Zurück- oder Weiterleitung. Soweit der Richter den als Erinnerung bezeichneten Rechtsbehelf als sofortige Beschwerde auslegt, erfolgt eine – ggf. durch den Rpfl. mittelbare – Weiterleitung an das Beschwerdegericht. 111

24. Zurückverweisung durch Beschwerdegericht. Bei fehlerhafter Vorlage einer Erinnerung an das Beschwerdegericht verweist dieses entsprechend § 538 II 1 Nr. 1 zurück und unterrichtet die Beteiligten formlos. 112

105 *Vereinfachter Kostenfestsetzungsbeschluss.*

I [1]**Der Festsetzungsbeschluss kann auf das Urteil und die Ausfertigungen gesetzt werden, sofern bei Eingang des Antrags eine Ausfertigung des Urteils noch nicht erteilt ist und eine Verzögerung der Ausfertigung nicht eintritt.** [2]**Erfolgt der Festsetzungsbeschluss in der Form des § 130b, ist er in einem gesonderten elektronischen Dokument festzuhalten.** [3]**Das Dokument ist mit dem Urteil untrennbar zu verbinden.**

II [1]**Eine besondere Ausfertigung und Zustellung des Festsetzungsbeschlusses findet in den Fällen des Absatzes 1 nicht statt.** [2]**Den Parteien ist der festgesetzte Betrag mitzuteilen, dem Gegner des Antragstellers unter Beifügung der Abschrift der Kostenberechnung.** [3]**Die Verbindung des Festsetzungsbeschlusses mit dem Urteil soll unterbleiben, sofern dem Festsetzungsantrag auch nur teilweise nicht entsprochen wird.**

III **Eines Festsetzungsantrags bedarf es nicht, wenn die Partei vor der Verkündung des Urteils die Berechnung ihrer Kosten eingereicht hat; in diesem Fall ist die dem Gegner mitzuteilende Abschrift der Kostenberechnung von Amts wegen anzufertigen.**

I. Systematik, Regelungszweck, I–III. Die Vorschrift bringt im Interesse der Verfahrensökonomie zwei gegenüber § 104 vorrangige Vereinfachungen. Für die Zwangsvollstreckung bringt § 795a weitere Erleichterungen. Die Regelung ist indes von eher geringer Praxisrelevanz, da sie die Gefahr einer Überbeschleunigung in sich birgt und die Feststellung der Voraussetzungen, insbesondere ein Ausbleiben der Verzögerung, schwierig ist, MüKoZPO/Schulz Rn. 1. 1

II. Geltungsbereich, I–III. Die Regelung ist im erstinstanzlichen Verfahren vor dem AG und LG und auch bei einem Versäumnisurteil nach § 331 III, LG Stgt AnwBl 1981, 197, sowie entsprechend bei anderen Vollstreckungstiteln als Urteilen anwendbar; zB bei einem nach § 794 I vollstreckbaren Beschluss, einem Vergleich nach § 779 BGB oder nach § 307. 2

III. Verbindung von Kostenfestsetzung und Urteil, I, II. Es besteht Ermessensspielraum. 3

1. Zulässigkeit. Der Rpfl. darf den wie sonst nach §§ 103, 104 erstellbaren Kostenfestsetzungsbeschluss und das Urteil oder einen anderen Vollstreckungstitel nach pflichtgemäßem Ermessen miteinander verbinden, LG Stgt AnwBl 1981, 197. Das gilt dann, wenn die Geschäftsstelle im Zeitpunkt des Eingangs des Kostenfestsetzungsantrags noch keine einfache oder vollstreckbare Ausfertigung des Urteils nach § 317 erteilt hatte und wenn eine Verbindung die Erteilung der Urteilsausfertigung nicht verzögern würde. Der Rpfl. fertigt dann den Kostenfestsetzungsbeschluss nach II 1 nicht gesondert aus und stellt ihn auch nicht separat zu, sondern setzt ihn auf das Urteil und auf die Ausfertigungen. 4

Die Verbindung wirkt im Allgemeinen rein räumlich. Die Voraussetzungen und die Anfechtbarkeit beider Vollstreckungstitel lassen sich so beurteilen, als ob das Gericht die Titel nicht miteinander verbunden hätte, die Statthaftigkeit von Rechtsbehelfen ist unabhängig voneinander zu prüfen. Insbesondere muss jeder der Titel zur Zwangsvollstreckung nach §§ 704 I, 794 I geeignet sein. Soweit der Festsetzungsbeschluss nach § 130b elektronisch erfolgt, muss das Gericht ihn nach I 2, 3 in einem gesonderten elektronischen Dokument festhalten und dieses mit dem Urteil elektronisch verbinden. 5

2. Wirkung. Darüber hinaus ergeben sich folgende besondere Wirkungen: Der Kostenfestsetzungsbeschluss wird für die Ausfertigungen und die Zustellungen zu einem Teil des Urteils. Die Zwangsvollstreckung aufgrund des Kostenfestsetzungsbeschlusses erfolgt wie eine Zwangsvollstreckung aufgrund des Urteils, also nach § 795a ohne besondere Vollstreckungsklausel und ohne Einhaltung einer Wartefrist nach § 798. Die Verbindung der beiden Vollstreckungstitel kann die Vollstreckbarkeit fördern. Eine Einstellung der Zwangsvollstreckung kann gegenüber jedem der beiden Vollstreckungstitel unabhängig vom anderen Titel nach §§ 707, 719, 765a ff., 775 erfolgen. 6

3. Aufhebung. Die Verbindung beider Vollstreckungstitel lässt sich jederzeit aufheben, vor allem beim Bekanntwerden eines der Gründe nach → Rn. 9–15 oder 14. Das geschieht durch Verfügung des Rpfl. Er stellt nur den Festsetzungsbeschluss dem Schuldner gesondert in einer Ausfertigung nach § 329 II 2, III förmlich zu. Er vermerkt den Tag dieser Zustellung auf der vollstreckbaren Ausfertigung des Festsetzungsbeschlusses und leitet diesen dem Gläubiger formlos zu. Im Rechtsbehelfsverfahren nach § 104 ist das für den Rechtsbehelf zuständige Gericht für die Aufhebung der Verbindung zuständig. 7

8 **4. Unzulässigkeit.** Eine Verbindung des Kostenfestsetzungsbeschlusses und des Urteils ist nach § 106 I 2 dann unstatthaft, wenn es sich nach §§ 92, 106 I 2 um eine Kostenteilung nach Bruchteilen oder Quoten handelt, oder wenn im Zeitpunkt des Eingangs des Kostenfestsetzungsantrags schon eine einfache oder vollstreckbare Ausfertigung des Urteils nach § 317 vorlag. Dann ist eine gemeinsame Zustellung der beiden Vollstreckungstitel nicht gesichert, eine bereits erteilte Urteilsausfertigung würde unrichtig.

9 Eine Verbindung des Festsetzungsbeschlusses und des Urteils ist nur dann statthaft, wenn es sich um ein nach §§ 708 ff. vorläufig vollstreckbares Ersturteil und um eine Kostenentscheidung nach § 91 handelt. Andere Ersturteile müssen bereits formell rechtskräftig sein. Es ist allerdings nicht erforderlich, dass der Inhalt des Urteils in der Hauptsache zur Zwangsvollstreckung geeignet ist.

10 **5. Teilzurückweisung.** Die Verbindung nach II 3 ist nicht zweckmäßig, wenn der Rpfl. einen Festsetzungsantrag nach § 104 teilweise zurückgewiesen hat. Ein Verstoß gegen die Soll-Vorschrift hat keine prozessualen Folgen.

11 **6. Teilunzulässigkeit der Zwangsvollstreckung.** Die Verbindung ist ferner dann nicht zweckmäßig, wenn die Zwangsvollstreckung nach §§ 704 ff. zwar wegen der Kosten zulässig, nicht aber in der Hauptsache sofort zulässig ist oder wenn die Zwangsvollstreckung zB in der Hauptsache bedingt oder befristet ist, wie bei § 726 I. Eine Verbindung würde dann die Zwangsvollstreckung wegen der Kosten erschweren.

12 **7. Ausfertigungsproblem.** Die Verbindung ist nicht prozessökonomisch, wenn Bedenken gegen eine Ausfertigung zwar nicht des Urteils, aber des Festsetzungsbeschlusses bestehen. Dann würde eine Verzögerung eintreten.

13 **8. Kein Antrag.** Die Verbindung ist auch dann nicht zweckmäßig, wenn kein Antrag auf Erteilung einer Urteilsausfertigung nach § 317 vorliegt.

14 **9. Arrest- oder Verfügungstitel.** Die Verbindung ist nicht zweckmäßig, wenn es sich um einen Titel nach §§ 916 ff., 935 ff. handelt. Die Zwangsvollstreckung erfolgt grundsätzlich ohne vollstreckbare Ausfertigung, §§ 929 I, 936.

15 **10. Antragszurückweisung.** Die Verbindung ist letztlich dann nicht sachgerecht, wenn der Rpfl. den Kostenfestsetzungsantrag nach § 104 zurückgewiesen hatte, so auch der Wortlaut nach § 105 II 3: „auch nur".

16 **11. Weiteres Verfahren.** Im Fall von Unzulässigkeit der Verbindung können Rpfl. oder Richter die Verbindung wieder lösen. Soweit eine Verbindung zulässig ist und der Rpfl. die Kostenrechnung rasch prüfen kann, bietet sich die Verbindung an: Der Kostenfestsetzungsbeschluss enthält dann nur die Formel wie bei § 313 I Nr. 4; bei elektronischer Aktenführung I 2, 3. Der Rpfl. fügt für die Gegenpartei eine Ablichtung der Kostenberechnung bei und vermerkt die Übersendung bei der Urschrift des Beschlusses. Vollstreckbare Urteilsausfertigung und Festsetzungsbeschluss lässt er dem Antragsteller formlos übersenden. Die 2-Wochen-Frist beginnt mit Urteilszustellung an den Schuldner, § 317.

17 **IV. Kostenfestsetzung, III.** Wenn die Partei vor Urteilsverkündung nach §§ 310, 311 eine Kostenberechnung eingereicht hat, liegt darin der Sache nach ein stillschweigendes Kostenfestsetzungsgesuch. Daher ist ein ausdrückliches Gesuch hier abweichend vom Grundsatz des § 103 II 1 entbehrlich. Der Vorteil für die Partei liegt darin, dass der Gegenpartei von Amts wegen gebührenfrei eine Ablichtung der Kostenberechnung angefertigt wird. Dieses Verfahren steht mit demjenigen nach I in keinem notwendigen Zusammenhang: Die Voraussetzungen nach I sind selbständig zu prüfen; sollten sie vorliegen, entfällt auch für das Verfahren nach I die Anforderung eines förmlichen Antrags.

18 Wenn eine Verbindung nach I, II unzulässig oder unzweckmäßig ist, erlässt der Rpfl. einen besonderen Kostenfestsetzungsbeschluss. Auf Antrag besteht eine Verzinsungspflicht in Höhe von 5 Prozentpunkten über dem Basiszinssatz. Das Verfahren nach III ist nach § 106 I 2 dann unzulässig, wenn das Gericht die Kosten nach Quoten verteilt hat.

106 *Verteilung nach Quoten.* I [1]**Sind die Prozesskosten ganz oder teilweise nach Quoten verteilt, so hat nach Eingang des Festsetzungsantrags das Gericht den Gegner aufzufordern, die Berechnung seiner Kosten binnen einer Woche bei Gericht einzureichen.** [2]**Die Vorschriften des § 105 sind nicht anzuwenden.**

II [1]**Nach fruchtlosem Ablauf der einwöchigen Frist ergeht die Entscheidung ohne Rücksicht auf die Kosten des Gegners, unbeschadet des Rechts des letzteren, den Anspruch auf Erstattung nachträglich geltend zu machen.** [2]**Der Gegner haftet für die Mehrkosten, die durch das nachträgliche Verfahren entstehen.**

1 **I. Systematik, I, II.** § 106 ist für seinen Geltungsbereich eine gegenüber § 104 vorrangige zwingende Sondervorschrift.

2 **II. Regelungszweck: Keine Doppelfestsetzung, I, II.** Die Vorschrift soll auch im Interesse der Prozesswirtschaftlichkeit, nämlich der Beschleunigung und Verfahrensvereinfachung, verhindern, dass der Rpfl. die Kosten doppelt festsetzen muss, OLG Kblz JurBüro 2013, 255. Anstelle mehrerer Festsetzungsverfahren, Kostenfestsetzungsbeschlüsse und damit verbundener gegenseitiger Zwangsvollstreckungen werden die wechselseitigen Ansprüche in einer einheitlichen Festsetzung verrechnet, es erfolgt nur eine Kostenausgleichung.

3 **III. Geltungsbereich, I, II.** → Vor § 103 Rn. 10. Im Verfahren nach §§ 887–890 gilt § 106 nach § 891 S. 3 entsprechend.

4 **IV. Beiderseitige Kostengrundentscheidungen, I.** Voraussetzungen einer Kostenausgleichung ist nach → § 103 Rn. 1 stets, dass beide Parteien einen zur Kostenfestsetzung geeigneten durchsetzbaren Titel besitzen, *OLG* Naumb Rpfleger 2014, 230.

V. Beispiele zur Frage einer Anwendbarkeit, I

5 **Arrest, einstweilige Verfügung:** Maßgeblich ist die in diesem Verfahren ergangene Kostenentscheidung, unabhängig von der des Hauptsacheverfahrens, OLG Karlsr MDR 1989, 826.

Berichtigung/Falschverteilung: § 106 kann in einer berichtigenden Auslegung anwendbar sein, soweit Kosten nach § 319 offenkundig unrichtig verteilt wurden.
Festbetrag: § 106 ist dann unanwendbar, wenn das Gericht die Kosten gemäß § 92 nach Festbeträgen, zeitlichen Einheiten oder Verfahrensabschnitten verteilt hat, KG Rpfleger 1977, 107.
Gesamtschuldner: § 106 ist unanwendbar, soweit der Anteil eines gesamtschuldnerisch haftenden Kostenschuldners unbestimmt ist, so bei Haftung von Streitgenossen für die ihnen auferlegte Kostenquote als Gesamtschuldner, OLG Köln NJW 1991, 3156, 3157; aM Prütting/Gehrlein/Schmidt Rn. 2.
Kostenaufhebung: § 106 ist dann anwendbar, wenn das Gericht die Kosten nach § 92 I gegeneinander aufgehoben hat, OLG Brschw Rpfleger 1977, 177; Prütting/Gehrlein/Schmidt Rn. 2.
Kostenbeitrag: § 106 ist unanwendbar, soweit die Partei nur einen Beitrag zu den Prozesskosten zahlen muss, zB nach § 281 III 2 (Verweisung), KG AnwBl 1977, 29, oder nach § 344 (Säumniskosten), OLG Köln Rpfleger 1992, 448; aM OLG Hamm AnwBl 1982, 384.
Kostenbruchteile: § 106 ist dann anwendbar, wenn das Gericht die Kosten nach § 92 anteilig verteilt hat, KG NJW-RR 2002, 140. Das gilt auch dann, wenn solche Art der Verteilung nur bei den Gerichtskosten oder nur bei den außergerichtlichen Kosten erfolgt war. Auch „Kostenaufhebung".
Mehrheit von Instanzen: § 106 ist dann anwendbar, wenn das Gericht nur in einer Instanz eine Kostenverteilung nach § 92 vorgenommen hat oder wenn in jeder Instanz unterschiedliche Quoten entstanden sind, LG Bln NJW-RR 1998, 215, 216.
Nachforderung: Über eine solche nach → § 103 Rn. 23 ist ein gesonderter Festsetzungsbeschluss nach § 104 nötig, OLG Saarbr AnwBl 1980, 299.
Nebenintervention: § 106 ist unanwendbar, soweit eine Partei, die einen Teil der Kosten der Nebenintervention nach § 66 zu tragen hat, gegenüber dem Erstattungsanspruch des Nebenintervenienten die Erstattung ihrer eigenen allgemeinen Prozesskosten beansprucht, LAG Düss MDR 1996, 644. § 106 ist unanwendbar, soweit es nur um eine Streithilfe nach § 66 geht, LAG Düss MDR 1996, 644.
Prozessabschnitt: § 106 ist unanwendbar, wenn das Gericht die Kosten nach Abschnitten aufgeteilt hat, OLG Hmb MDR 1979, 942; Thomas/Putzo/Hüßtege Rn. 3; Zöller/Herget Rn. 1; (weiter aber) BPatG GRUR 1991, 206.
Streitgenossen: § 106 ist dann anwendbar, wenn Streitgenossen nach einem Prozessvergleich Kosten einander erstatten müssen, OLG Mü MDR 1975, 1366; OLG Kblz JurBüro 2008, 428. § 106 ist dann unanwendbar, wenn eine Kostenerstattungspflicht nur gegenüber einem von mehreren Streitgenossen besteht, LG Mü Rpfleger 1985, 254.
Teilentscheidung: § 106 ist unanwendbar, soweit das Gericht nur über einen Teil der Kosten entschieden hat, etwa nach § 301.
Vergleich: § 106 ist anwendbar, soweit es um einen Prozessvergleich geht, OLG Köln FamRZ 2002, 1134 (Vorschuss); OLG Mü MDR 1975, 1366 (Streitgenossen); aber unanwendbar, soweit es um einen nur außergerichtlichen Vergleich nach § 779 BGB geht, OLG Karlsr VersR 1979, 947.
Wohnungseigentum: § 106 ist im WEG-Verfahren anwendbar.

VI. Aufforderung, I. Im Allgemeinen beantragt die erstattungsberechtigte Partei eine Kostenfestsetzung. Aber auch die Gegenpartei kann einen Antrag stellen. Für die Antragsstellung besteht nach § 13 RPflG kein Anwaltszwang. Zur Gewährung rechtlichen Gehörs, Art. 103 I GG, ist nunmehr der Antragsgegner zu hören: Der Rpfl. fordert ihn unter förmlicher Zustellung des Festsetzungsantrags nebst Kostenberechnung auf, seine eigene Kostenberechnung innerhalb einer Woche bei Gericht einzureichen, OLG Naumb FamRZ 2007, 1350. Man berechnet die gesetzliche Frist nach § 222, eine Verlängerung ist nach § 224 II unzulässig. Es reicht jedoch aus, dass der Antragsgegner seine Kostenberechnung bis zu dem Zeitpunkt nachreicht, in dem der Rpfl. über die Kostenausgleichung entscheidet, OLG Kblz JurBüro 2013, 255. 6

Die Kostenberechnung des Gegners muss ebenfalls die einzelnen Ansätze enthalten, also nicht allein den Gesamtbetrag oder die Angabe, man habe dieselben Kosten wie der Antragsteller gehabt, aM OLG Oldb MDR 1993, 390. Eine Aufforderung nach I ist entbehrlich, wenn die Kosten des Gegners ohnehin nach § 107 aufgrund eines neuen Streitwerts zu berechnen sind. 7

VII. Ausreichende Kostenberechnung, II. Auf eine dem § 103 II genügende Kostenberechnung ergeht der Beschluss des Rpfl. 8

1. Alle Kosten. Der Beschluss erfasst sämtliche gerichtliche und außergerichtliche Kosten aller bisherigen Rechtszüge einheitlich, OLG Hamm Rpfleger 1977, 373. Es besteht kein Ermessensspielraum, OLG Hamm Rpfleger 1977, 373; LG Bonn Rpfleger 1984, 33. Der Beschluss weist nach § 59 RVG aus, welchen Überschussbetrag eine Partei der anderen erstatten muss oder welche Ansprüche auf die Staatskasse übergegangen sind, OLG Mü Rpfleger 1982, 119. Beträge, die eine Partei abgesetzt hat, gehören in die Kostenausgleichung; auch einen Prozesskostenvorschuss, soweit dieser über den Erstattungsanspruch hinausgeht, BGH FamRZ 2010, 453. Zur Festsetzung von Zinsen, OLG Düss JurBüro 2006, 142. 9

2. Prozesskostenhilfe. Bei einer Prozesskostenhilfe nach §§ 114 ff., auch an beide Parteien, muss der Rpfl. sie nach § 123 zunächst so behandeln, als ob sie keine solche Hilfe erhielten, OLG Brdb JurBüro 1999, 419. Der sich ergebende Erstattungsanspruch wird zunächst auf die dem nach § 121 beigeordneten Anwalt aus der Landeskasse noch demnächst zu erstattenden Beträge verrechnet, sodann auf die Auslagen der Partei, OLG Mü Rpfleger 1982, 119, nicht aber auf die von der Staatskasse bereits erstatteten Beträge, LG Bonn Rpfleger 1984, 34. 10

Der Erstattungsanspruch ist jedenfalls der Höhe nach begrenzt durch die Differenz zwischen dem Gesamtbetrag der Kosten einerseits und andererseits derjenigen Vergütung, die der Anwalt aus der Staatskasse erhalten hat oder beanspruchen kann, OLG Bbg FamRZ 1988, 967. Wegen des auf die Landeskasse nach § 59 RVG übergegangenen Anspruchs findet keine Ausgleichung nach § 106 statt, OLG Kblz AnwBl 2001, 373. Wegen einer teilweisen Prozesskostenhilfe Lappe MDR 1984, 638. Bei einem gemeinsamen Anwalt von Streitgenossen nach §§ 59 ff. ist auch im Rahmen der Kostenausgleichung die Obergrenze des § 7 II 2 RVG zu beachten, OLG Hmb JurBüro 1977, 199. 11

3. Kosten beider Parteien. Der Rpfl. entscheidet über die Kosten beider Parteien, OLG Hamm AnwBl 1982, 385. Der begründete Beschluss wird jeder Partei von Amts wegen förmlich zugestellt. Wenn das Gericht 12 den Streitwert nach § 144 PatG, § 142 MarkenG, § 26 GebrMG, § 12 UWG, § 247 AktG herabgesetzt hat, erfolgt die Ausgleichung aufgrund des herabgesetzten Werts. Daneben erfolgt eine Festsetzung nach dem vollen Streitwert für den Anwalt der begünstigten Partei.

13 **4. Rechtsbehelf.** Jede Partei ist zur Einlegung eines Rechtsbehelfs nach § 11 RPflG, einer Erinnerung oder sofortigen Beschwerde, berechtigt, soweit der Beschluss sie beschwert, → § 104 Rn. 48 ff., OLG Hmb JurBüro 1978, 283. Dabei ist zu berücksichtigen, dass in der einheitlichen Entscheidung zwei Entscheidungen bezüglich der Anträge der Parteien getroffen werden und demgemäß eine Beschwer auslösen kann: in Höhe der Quote der nicht berücksichtigten Gebühr oder sonstiger Kosten, in deren Höhe er Erstattung vom Gegner verlangen kann, Zöller/Herget Rn. 6. Im Rechtsbehelfsverfahren kann die Partei verlangen, dass das Gericht eine solche Gebühr berücksichtigt, die auf beiden Seiten oder die gar nicht entstanden ist, soweit die Partei weniger als 50 % der Kosten zu tragen hat, Zöller/Herget Rn. 6. Wegen einer Anschließung § 567 III und → § 104 Rn. 91.

14 **5. Streitwert, Kosten.** Als Streitwert der Kostenfestsetzung kommt nur der beanspruchte Überschuss in Betracht. Je nachdem, ob der Rpfl. diesen Überschuss ganz oder teilweise zuspricht, muss er der Gegenpartei die gesamten Kosten auferlegen oder die Kosten verteilen. § 105 I ist unanwendbar. **Gebühren:** des Gerichts: keine; des Anwalts: keine, § 19 I 2 Nr. 14 RVG.

15 **VIII. Keine ausreichende Kostenberechnung, II.** Wenn keine dem § 103 II genügende Kostenberechnung eingeht, entscheidet der Rpfl. ohne Rücksicht auf die Kosten der Gegenpartei, BPatG GRUR 1993, 387 (auch zur Umsatzsteuer). Seine Entscheidung ergeht also dahin, dass die Gegenpartei dem Antragsteller einen solchen Bruchteil seiner Kosten erstattet, der dem Urteil entspricht. Bei der Berechnung des Erstattungsbetrags ist vom Gesamtbetrag auszugehen. Der verspätete Kostenfestsetzungsantrag des Gegners ist allerdings dann zu berücksichtigen, wenn die Entscheidung beim Eingang einer verspäteten Kostenberechnung noch nicht herausgegangen war, OLG Koblenz MDR 2013, 675; Zöller/Herget Rn. 4; aM OLG Hamm JurBüro 1996, 262.

16 Die säumige Partei behält grundsätzlich das Recht, ihren Kostenanspruch nachträglich in einem gesonderten weiteren Festsetzungsverfahren geltend zu machen, Lappe MDR 1983, 992 (Ausnahme nach einer Absetzung der Mehrwertsteuer, OLG Karlsr JurBüro 2007, 317). Sie hat aber die durch die Verspätung verursachten Mehrkosten zu tragen. Die Zwangsvollstreckung hindert dieses Recht nicht. Einer Erinnerung oder sofortigen Beschwerde statt eines solchen gesonderten späteren Festsetzungsantrags fehlen ein Rechtsschutzbedürfnis, OLG Hmb MDR 2005, 1138, und eine Beschwer, OLG Hmb JurBüro 1978, 283.

17 **IX. Anfechtung nur einer Partei, II.** Wenn nur eine Partei die Festsetzung anficht, kann sie nicht zu ihren Lasten verschoben werden.

107 ***Änderung nach Streitwertfestsetzung.*** **I [1]Ergeht nach der Kostenfestsetzung eine Entscheidung, durch die der Wert des Streitgegenstandes festgesetzt wird, so ist, falls diese Entscheidung von der Wertberechnung abweicht, die der Kostenfestsetzung zugrunde liegt, auf Antrag die Kostenfestsetzung entsprechend abzuändern. [2]Über den Antrag entscheidet das Gericht des ersten Rechtszuges.**

II [1]Der Antrag ist binnen der Frist von einem Monat bei der Geschäftsstelle anzubringen. [2]Die Frist beginnt mit der Zustellung und, wenn es einer solchen nicht bedarf, mit der Verkündung des den Wert des Streitgegenstandes festsetzenden Beschlusses.

III Die Vorschriften des § 104 Abs. 3 sind anzuwenden.

Schrifttum: Enders JurBüro 2017, 113 (Grdz.).

1 **I. Systematik, I–III.** Wenn das Gericht den Streitwert erstmals oder in Abänderung nach §§ 3 ff., § 63 GKG abweichend von dem Wert, der dem Kostenfestsetzungsbeschluss zugrunde lag, festsetzt, so geht diese Wertfestsetzung dem bisherigen Wertansatz des Rpfl. vor. § 107 zieht daraus die entsprechende Folgerung bei Wertänderung, OLG Hmb MDR 2016, 1356.

2 **II. Regelungszweck, I–III.** Die Anpassung der Kostenfestsetzung an einen geänderten Streitwert stellt zur Schaffung von Kostengerechtigkeit eine Durchbrechung der Rechtskraft des bereits ergangenen Kostenfestsetzungsbeschlusses dar, MüKoZPO/Schulz Rn. 1. Dabei setzt die Monatsfrist für einen Änderungsantrag, II, eine klare Grenze im Interesse der Rechtssicherheit.

3 **III. Geltungsbereich, I–III.** Zunächst → Vor § 103 Rn. 10. Vor Eintritt der Rechtskraft des Kostenfestsetzungsbeschlusses kann gegen diesen Erinnerung, Beschwerde eingelegt oder ein Antrag nach § 107 gestellt werden; nach Rechtskrafteintritt bleibt allein die Möglichkeit, einen Antrag nach § 107 zu stellen. Dieser Antrag geht an den Rpfl. des Gerichts der ersten Instanz. Eine nur mittelbare Entscheidung etwa auf Zulassung eines Rechtsmittels reicht nicht aus. § 107 findet nach §§ 788 II 1, 891 S. 3 auch in der Zwangsvollstreckung und im WEG-Verfahren Anwendung.

4 **IV. Verfahren, II, III.** Die Vorschrift des § 107 setzt einen Antrag voraus, wobei das Rechtsschutzbedürfnis nicht durch Zahlung der festgesetzten Kosten entfällt, OLG Dresden JurBüro 2018, 367; die Änderung eines rechtskräftigen Kostenfestsetzungsbeschlusses findet nicht von Amts wegen statt, OLG Frankfurt FD-ZVR 2020, 427591. Für die erforderliche Antragstellung besteht nach § 78 III Hs. 2, § 13 RPflG kein Anwaltszwang. Der Antrag ist innerhalb eines Monats seit Verkündung oder förmlicher Zustellung des Streitwertbeschlusses bei dem erstinstanzlichen Gericht einzureichen, OLG Mü Rpfleger 1991, 340 (formlose Mitteilung reicht nicht); LG Münst JurBüro 2017, 154 und 155. Im Berufungsverfahren läuft die Frist erst mit Verkündung der Hauptsacheentscheidung, OLG Hamburg MDR 1990, 253. Es handelt sich um eine gesetzliche Frist, § 222. Das Gericht darf die Frist nicht verlängern (Notfrist), § 224 II. Sie läuft unabhängig davon, ob Streitwertbeschwerde oder Gegenvorstellung erhoben wurde, OLG Mü Rpfleger 1991, 340; Zöller/Herget Rn. 3; aM KG Rpfleger 1975, 324; Thomas/Putzo/Hüßtege Rn. 2. Das Verfahren folgt §§ 103 ff. In einem Rückfestsetzungsantrag kann ein Antrag nach I liegen. Bei elektronischer Einreichung §§ 130a–d.

5 **V. Entscheidung, I, III.** Die Entscheidung ändert wegen der Rechtskraftwirkung der früheren Festsetzung nur die Posten der früheren Kostenberechnung, die die Streitwertänderung betrifft, OLG Hmb NJW-RR 2016,

1276 (1277). Auf dieser Basis erfolgt die Berichtigung des Gesamtergebnisses. Es empfiehlt sich, die etwa nachzahlbare Summe als solche deutlich zu kennzeichnen, „die (…) weiter zu erstattenden Kosten" (Zöller/Herget Rn. 2). Im Übrigen erfolgt keine Nachprüfung zB der Erstattungsfähigkeit, OLG Hamm Rpfleger 1983, 456, oder der Erfüllung, LG Bln Rpfleger 1997, 454. Der Rpfl. kann eine Verpflichtung zur Rückgewähr des zu viel gezahlten Betrags aussprechen, also eine sog. Rückfestsetzung vornehmen, sofern die in → § 104 Rn. 15 genannten Voraussetzungen vorliegen, OLG Kblz Rpfleger 1989, 40.

Der Rpfl. lässt den Änderungsbeschluss jedem von der Änderung zu seinem Nachteil betroffenen Beteiligten oder dessen ProzBev. in einer Ausfertigung von Amts wegen förmlich zustellen. Er lässt dem jeweils Begünstigten eine vollstreckbare Ausfertigung nebst einem Vermerk des Tages der Zustellung an den Gegner zustellen. Bei Vollstreckung aus dem früheren Beschluss greift § 775 Nr. 1. 6

VI. Fristverstoß, II, III. Wenn die Partei die Frist des II versäumt hat, kann sie bis zum Ende der Zwangsvollstreckung eine Vollstreckungsabwehrklage nach §§ 767, 794 I Nr. 2, 795 einreichen, OLG Mü MDR 1983, 137; Enders JurBüro 2017, 114. Nach Ende der Zwangsvollstreckung hat sie nur noch die Möglichkeit einer Bereicherungsklage nach § 812 BGB, OLG Mü MDR 1983, 137; Thomas/Putzo/Hüßtege Rn. 2; Zöller/Herget Rn. 3. 7

Gebühren: keine, → § 104 Rn. 38. Wegen des Kostenansatzes § 20 GKG. Da keine weiteren Gerichtsgebühren und Rechtsanwaltskosten anfallen, ist es kostengünstiger als das Beschwerdeverfahren, OLG Hamm NJW-RR 2019, 1472. 8

VII. Rechtsbehelfe, I–III. Gegen die geänderte Kostenfestsetzung ist nach § 104 III, § 11 I, II RPflG derselbe Rechtsbehelf – Erinnerung, sofortige Beschwerde – wie gegen eine erste Kostenfestsetzung zulässig. 9

Titel 6. Sicherheitsleistung

Vorbemerkung zu § 108

Schrifttum: Blomeyer, Soll man die vermögenslose GmbH für den Fall ihrer Klage oder ihres Rechtsmittels zur Sicherheitsleistung für die Prozesskosten verpflichten?, FS Baumgärtel, 1990, 29.

I. Systematik. Titel 6 betrifft nur eine solche prozessuale Sicherheitsleistung, durch die man einen prozessualen Vorteil – die Vollstreckung sichernd, abwendend oder einstellend – erreichen will, und sieht für diese Art einer Sicherheitsleistung allgemeine Vorschriften vor. 1

II. Regelungszweck. §§ 108 ff. sollen nur Ansprüche des Gegners absichern, nicht die der Staatskasse. Damit ergibt sich als Regelungszweck aus Gerechtigkeitserwägungen die Sicherung der Ansprüche der Gegenpartei, nicht aber die Erfüllung. Ihre Voraussetzungen, ihre Leistungen und ihre Folgen richten sich nach der ZPO. Die prozessuale Sicherheit nach §§ 108 f. ist von § 838 und der materiell-rechtlichen Sicherheitsleistung nach §§ 232–240 BGB zu unterscheiden, die wesentlich anderen Grundsätzen folgen. So erfordern Letztere eine klageweise Geltendmachung und Vollstreckung. 2

III. Geltungsbereich. §§ 108–113 gelten in fast allen Verfahren nach der ZPO, also in den Fällen von §§ 89 I 1, 110–113, 283a, 707, 709, 711 f., 714 f., 719 ff., 732, 769, 771 ff., 890, 921, 923, 925 II, 927, 936, 939, 1065 II 2; §§ 67 ff., 153 II ZVG (vgl. MüKoZPO/Schulz Rn. 4), → Rn. 4, aber → § 110 Rn. 9. Nicht erfasst werden § 838; §§ 232 ff. BGB, → Rn. 2. 3

IV. Arten von Sicherheitsleistung. Eine prozessuale Sicherheitsleistung kommt vor: als diejenige des vollmachtlosen Vertreters nach § 89; als diejenige des Klägers für die Prozesskosten nach §§ 110 ff.; als diejenige zur Erlangung der Vollstreckbarkeit, zur Abwendung oder Einstellung der Zwangsvollstreckung nach §§ 707, 709–715, 719 ff., 732, 769, 771 ff., 838, 890; zur Erlangung, Abwendung, Aufhebung eines Arrests oder einer einstweiligen Verfügung nach §§ 921, 923, 925 II, 927, 936, 939; vgl. auch §§ 67 ff., 153 II ZVG. Auch wenn die ZPO eine Hinterlegung des Streitgegenstands oder des Erlöses vorschreibt, zB §§ 711 f., 720, 805 IV, 815 II, 827 II, dient diese nur der Sicherheit, nicht der Erfüllung. 4

108 ***Art und Höhe der Sicherheit.*** **I [1]In den Fällen der Bestellung einer prozessualen Sicherheit kann das Gericht nach freiem Ermessen bestimmen, in welcher Art und Höhe die Sicherheit zu leisten ist. [2]Soweit das Gericht eine Bestimmung nicht getroffen hat und die Parteien ein anderes nicht vereinbart haben, ist die Sicherheitsleistung durch die schriftliche, unwiderrufliche, unbedingte und unbefristete Bürgschaft eines im Inland zum Geschäftsbetrieb befugten Kreditinstituts oder durch Hinterlegung von Geld oder solchen Wertpapieren zu bewirken, die nach § 234 Abs. 1 und 3 des Bürgerlichen Gesetzbuchs zur Sicherheitsleistung geeignet sind.**

II Die Vorschriften des § 234 Abs. 2 und des § 235 des Bürgerlichen Gesetzbuchs sind entsprechend anzuwenden.

Schrifttum: Mayer, Sicherheitsleistung durch Bankbürgschaft im Zivilprozess, 2009.

I. Systematik, I, II. Die Vorschrift trifft Regelungen zu Leistung, Hinterlegung und Umtausch prozessualer Sicherheiten. Da es allein um die Sicherung, nicht Erfüllung etwaiger Ansprüche der Gegenpartei geht, steht die Regelung im Zusammenhang mit den der Absicherung dienenden Vorschriften der ZPO zur Hinterlegung: §§ 711 f., 720, 805 IV, 815 II, 827 II, 839, 853, 854 II, III, 885 IV und 930 III, MüKoZPO/Schulz Rn. 5. Nur das Prozessgericht kann eine prozessuale Sicherheitsleistung in den gesetzlich vorgesehenen Fällen anordnen oder zulassen. Es ist zwischen der Art einer prozessualen Sicherheitsleistung, ihrer Höhe und ihrem Betrag zu unterscheiden. Grundsätzlich können die Parteien vorrangig sowohl die Art als auch die Höhe frei vereinbaren und daher auch ausschließen. Eine solche Vereinbarung ist auch im Anschluss an eine gerichtliche Anordnung und zum Zweck ihrer Abänderung zulässig und vorrangig. Gegen eine gerichtlich abweichende Anordnung ist ein Abänderungsantrag statthaft, im Fall der Nichtabhilfe die sofortige Beschwerde, § 567 I Nr. 2, MüKoZPO/Schulz Rn. 19. 1

2 **II. Regelungszweck, I, II.** Da die Vorschrift nur der Sicherung, nicht der Erfüllung dient, ist ihr Charakter vorläufiger Art, auch eine Verrechnung mit Gerichtskosten ist nicht statthaft, BGH MDR 2018, 764. Eine Sicherheitsleistung ist zur Absicherung des wirtschaftlichen Risikos der Gegenpartei Bedingung für eine vorläufige Vollstreckbarkeit nach §§ 709 ff.: Denn ein Anspruch der Gegenpartei, beispielsweise im Fall der Vollstreckungssicherheit ein Schadensersatzanspruch des Vollstreckungsschuldners nach Aufhebung oder Änderung des noch nicht rechtskräftigen Titels nach §§ 717 III 2, 945 könnte wirtschaftlich ins Leere laufen. Das Risikopotential ist in die gerichtlichen Ermessenerwägungen bei Festsetzung der Sicherheitsleistung einzustellen.

3 **III. Geltungsbereich, I, II.** § 108 trifft für den Bereich der prozessualen, nicht materiell-rechtlichen Sicherheitsleistung allgemeine Regeln zu Art, Höhe und Rückgabe der Sicherheitsleistung; → Vor § 108 Rn. 3.

4 **IV. Zuständigkeit, I, II.** Zuständig für die Bestimmung von Art und Höhe ist, auch wegen einer Abänderung, dasjenige Gericht, das eine Sicherheit angeordnet hat. Das gilt auch dann, wenn eine Partei ein Rechtsmittel eingelegt hat; OLG Köln MDR 1997, 392; aM für eine grundsätzlich konkurrierende Zuständigkeit des Rechtsmittelgerichts OLG Ffm MDR 1981, 677. In eiligen Fällen, beispielsweise bei bereits eingeleiteter Zwangsvollstreckung, kann ausnahmsweise das Rechtsmittelgericht die Bestimmung treffen, BGH NJW-RR 1999, 213. Zuständig sein können auch der Einzelrichter nach §§ 348, 348a, 526, 527 oder der Vorsitzende der Kammer für Handelssachen nach § 349 II Nr. 9. Soweit das Vollstreckungsgericht nach §§ 764, 802 zB eine Einstellung nach §§ 707, 719, 732 II, 769 gegen eine Sicherheitsleistung verfügt oder deren Aufhebung gegen eine Sicherheitsleistung zugelassen hat, ist dieses Gericht nach § 769 II für die Bestimmung der Art und Höhe zuständig.

5 **V. Anordnung der Sicherheitsleistung, I 1. 1. Ermessen.** Das Ermessen des Prozessgerichts ist insofern uneingeschränkt, als es um die Art einer prozessualen Sicherheitsleistung geht, LG Mannh DGVZ 1888, 187. Das Gericht kann von Amts wegen oder auf Antrag zB statt einer Bürgschaft als Sicherheitsleistung eine Garantieerklärung zulassen, eine Mitschuldnerschaft eines zahlungsfähigen Dritten, eine Grundschuldbestellung, eine Sicherungsübereignung oder -abtretung, BayObLG 1988, 256. Es kommen auch alle nach § 232 BGB gleichwertigen Sicherheitsarten in Betracht, BayObLG 1988, 256. Die gewählte Art muss aber eine Befriedigung ermöglichen. Wegen des Sicherungszwecks wäre zB ein Pfandstück ungeeignet. Denn der Gläubiger könnte nach Aufhebung der Pfändung die Sicherheit verlieren. Auch ein Hypothekenbrief reicht nicht aus. In der Regel wird aber keine Bestimmung erfolgen, sodass die Sicherheitsleistung durch Bankbürgschaft, Hinterlegung von Geld oder nach § 234 I, III BGB geeigneten Wertpapieren erfolgen wird, § 108 I 2.

6 Antrag und mündliche Verhandlung sind bei §§ 110, 710, 712, 925, 927, 935 erforderlich. Auch dann ist eine Verhandlung nur zur Höhe der Sicherheitsleistung erforderlich. Hier kommt statt einer mündlichen Verhandlung auch ein Vorgehen nach §§ 128 II, III, 251a, 331a in Betracht. In allen anderen Fällen ist eine mündliche Verhandlung nach § 128 IV nicht notwendig, insbesondere nicht zur Art der Sicherheitsleistung. Deshalb kann das Gericht dann auch die im Urteil getroffene Anordnung ohne mündliche Verhandlung ändern oder ergänzen.

7 **2. Art der Sicherheitsleistung.** Im Unterschied zur Höhe der Sicherheitsleistung ist die Art der Sicherheitsleistung nicht zwingend festzulegen. Es bietet sich an, sie jedenfalls dann zu bestimmen, wenn die Partei einen Antrag gestellt hat. Das Gericht wählt nach → Rn. 2 frei, unter Beachtung von § 108 II; §§ 234 II, 235 BGB. Insbesondere kommt nach → Rn. 23 auch Geld infrage.

8 Die Bankbürgschaft, vgl. I 2, nach → Rn. 12 ist oft vorzugswürdig, obwohl § 232 II BGB die Bürgschaft nur hilfsweise vorsieht. Das Gericht entscheidet nach pflichtgemäßem Ermessen, welche Banken es zur Bürgschaft zulässt und berücksichtigt die Höhe der erforderlichen Sicherheitsleistung. In Betracht kommt nach § 108 I 2 jedes „im Inland zum Geschäftsbetrieb befugte(s) Kreditinstitut(s)“, vgl. § 1 KWG. Die Anordnung des Gerichts, die Sicherheitsleistung durch „Bürgschaft einer namentlich nicht bezeichneten Großbank“ zu erbringen, reicht in der Praxis aus, MüKoZPO/Schulz Rn. 40. Bei einer ausländischen Bank genügt, wenn sie eine inländische Zweigniederlassung hat; sollte diese fehlen, kann das Gericht nach § 108 I 1 dennoch die Bank – wenn auch eher unzweckmäßig – auswählen, MüKoZPO/Schulz Rn. 41; Zöller/Herget Rn. 8.

9 Wertpapiere sind geeignet, „soweit sie auf einen Inhaber lauten, einen Kurswert haben und einer Gattung angehören, in der Mündelgeld angelegt werden darf“, § 234 I 1 BGB iVm § 108 I 2. Gleichwertig sind Orderpapiere, „die mit Blankoindossament versehen sind“, § 234 I 2 BGB. Möglich sind damit insbesondere Inhaberschuldverschreibungen, §§ 793 ff. BGB, Inhaberaktien nach Art. 10 AktG und Orderpapiere mit Blankoindossament, MüKoZPO/Schulz Rn. 23. Das Gericht bestimmt bei allen Wertpapieren, ob und wo man sie hinterlegen muss, etwa beim ProzBev. einer Partei nach § 81 oder gesperrt bei einer Bank. Soweit das Gericht keine anderweitige Bestimmung getroffen hat, sind die Wertpapiere nach → Rn. 23, 26 zu behandeln.

10 Hypotheken sind wegen der Gefahren und der Weiterungen, die sie dem Gläubiger auferlegen, regelmäßig nicht als Sicherheitsleistung geeignet. OLG Ffm MDR 1977, 409 wendet bei einer Grundschuld § 238 BGB entsprechend an, sodass sie nur unter den dort genannten Vorschriften als Sicherheitsleistung geeignet ist.

11 **3. Höhe der Sicherheitsleistung.** Die Bestimmung der Höhe einer Sicherheitsleistung in Geld muss von Amts wegen nach pflichtgemäßem Ermessen im Urteil erfolgen. Die Höhe der Sicherheitsleistung ist nach der Höhe des möglichen Nachteils des Gegners zu bestimmen. Das Gericht hat also grundsätzlich den Hauptanspruch nebst Zinsen und Kosten zugrunde zu legen, Edelmann/Hellmann AnwBl 1994, 385. Es reicht wegen § 709 S. 2 aus, die Sicherheitsleistung festzusetzen, „wenn die Höhe der Sicherheitsleistung in einem bestimmten Verhältnis zur Höhe des jeweils zu vollstreckenden Betrages angegeben wird“. Mit Ausnahme von §§ 709 S. 2, 711 S. 2 ist der Betrag zu beziffern. Für die praktische Umsetzung ist Folgendes zu beachten: Für vermögensrechtliche Ansprüche sind die titulierte Hauptforderung nebst Nebenforderungen und Verfahrenskosten, für nichtvermögensrechtliche die Höhe der Kosten (ggf. weiterer Schaden), bei Auskunftsansprüchen der erwartete Schaden bei verzögerter Auskunft und im Fall einer Zug-um-Zug-Verurteilung allein die Hauptleistung maßgeblich (MüKoZPO/Schulz Rn. 10 ff.). Eine Teilsicherheitsleistung ist nach § 752 statthaft, Beler JurBüro 2000, 118; Nies MDR 2000, 131; Rehbein Rpfleger 2000, 55. Dann sollte das Gericht aber im Urteil klarstellen, für welchen Teil eine Sicherheit notwendig ist, OLG Düss OLGR 1994, 197.

12 **VI. Keine Anordnung der Sicherheitsleistung, I 2. Bürgschaft, I 2.** Dazu Mayer, Sicherheitsleistung durch Bankbürgschaft im Zivilprozess, 2009; BGH NJW 2005, 2159 (Brehm JZ 2005, 956); LG Mannh WM 2009, 1976. Bei Auslegung der Bürgschaftserklärung ist ihr Zweck zu beachten, zB bei § 717 II oder bei § 720a die Absicherung nicht nur eines Verzögerungsschadens, sondern des Anspruchs, BGH NJW 2015, 351.

1. Schriftlichkeit der Bürgschaftserklärung. Erstes Wirksamkeitserfordernis ist die Schriftlichkeit der Bürgschaftserklärung. Der Bürgschaftsvertrag kommt nach §§ 765, 766 BGB zustande. Das Gericht kann eine notarielle Form anordnen, OLG Hmb MDR 1982, 588. Wenn ein Prozessstandschafter den Vollstreckungstitel erwirkt, kann man die Prozessbürgschaft als Vertrag zugunsten des anspruchsberechtigten Gläubigers ansehen, BGH MDR 1989, 252. Eine allein mündlich abgegebene Bürgschaftserklärung ist bei Vorliegen der Voraussetzungen nach § 350 HGB zulässig. Sie empfiehlt sich allerdings nicht für das auf Klarheit, Zügigkeit und Verlässlichkeit angelegte Verfahren. Eine gerichtliche Anordnung einer schriftlichen Bürgschaftserklärung nach § 108 I 1 ist daher sachgerecht, vgl. § 108 I 2 (MüKoZPO/Schulz Rn. 34). 13

2. Aushändigung an Berechtigten. Dazu Foerste NJW 2010, 3611. Ein Bürgschaftsvertrag kommt auch dann wirksam zustande, wenn eine ausreichende Bürgschaftserklärung dem Sicherungsberechtigten nach § 130 I BGB je nach Vertragsinhalt in einer beglaubigten Ablichtung, Abschrift oder Urschrift zur Verfügung kommt. Denn nur mit diesen Formen der Urkunde kann der Begünstigte nötigenfalls aus ihr gerichtlich vorgehen, OLG Hamm MDR 1995, 412. Es reicht auch aus, wenn der Gerichtsvollzieher die Bürgschaftserklärung dem Sicherungsberechtigten nach § 132 I BGB zustellt, OLG Düss GRUR 1987, 576 (577); LG Mannh WM 2009, 1976. Eine Aushändigung an den ProzBev. nach § 81 reicht grundsätzlich aus, OLG Kblz JurBüro 2001, 213. 14

3. Aushändigung an Prozessbevollmächtigten. Eine Übergabe und Zustellung an den ProzBev. zB von Anwalt zu Anwalt nach §§ 174, 195 ist ohne einen Verstoß gegen den Sicherungszweck zulässig. Das gilt trotz des Umstands, dass § 132 I BGB nur von der Zustellung „durch Vermittlung des Gerichtsvollziehers" spricht, OLG Kblz JurBüro 2001, 213. Die Übergabe und Zustellung auch an den ProzBev. ist aber nicht notwendig. § 172 ist nicht anwendbar, OLG Karlsr MDR 1996, 525. § 195 ist unanwendbar. Die Zustellung einer beglaubigten Abschrift reicht, BGH NJW 1979, 417 (418); aM OLG Düss VersR 1981, 737. 15

Auch eine Hinterlegung der Bürgschaftsurkunde ist nicht notwendig, OLG Schlesw JurBüro 1978, 440. Sie ist aber jedenfalls dann zulässig und ausreichend, wenn das Gericht diese Hinterlegung gestattet hat, OLG Hmb WM 1982, 915. Zulässig ist ein Bürgschaftsaustauch nach Treu und Glauben bei Gleichwertigkeit der neuen Bürgschaft, BGH NJW 1994, 1351. Eine Bürgschaft für Gesamtgläubiger reicht wegen § 432 I 1 BGB aus, aM LG Düss Rpfleger 2003, 677. 16

4. Unwiderruflichkeit, Unbedingtheit, Unbefristetheit. Weitere sämtlich notwendige Wirksamkeitserfordernisse sind die Unwiderruflichkeit, Unbedingtheit (Ausnahme: → Rn. 22 „Bedingung") und Unbefristetheit. Eine bloße sog. Ausfallbürgschaft oder eine sonstige befristete, aufschiebend oder auflösend bedingte Bürgschaft ist ungeeignet, OLG Hamm MDR 1995, 412. Es kommt auch keine solche auflösende Bedingung mehr in Betracht, bei der der Bürge evtl. in bar hinterlegt oder deren Eintritt in der Hand des Sicherungsberechtigten liegt, zB die Rückgabe der Erklärung an den Bürgen, aM OLG Hmb MDR 1982, 588. Auch ein Vorbehalt des Bürgen ist unstatthaft, OLG Düss DGVZ 1990, 156; LG Bielef MDR 1985, 238; Treber WM 2000, 343; aM OLG Kblz Rpfleger 1995, 32. 17

Die Bürgschaft ist ferner als selbstschuldnerische anzuordnen und zu erklären. Sie muss daher entsprechend § 239 BGB den Verzicht auf die Einrede der Vorausklage nach § 771 BGB enthalten, Beuthien/Jöstingmeier NJW 1994, 2071. Das ist bei einer Bank als Kaufmann kraft Gesetzes nach § 349 HGB ohnehin so. Zur AGB-Problematik der Bürgschaft oder Bankgarantie auf erstes Anfordern BGH NJW 2001, 282. 18

5. Im Inland zum Geschäftsbetrieb befugtes Kreditinstitut. Letztes Wirksamkeitserfordernis, das zu den in → Rn. 13–17 genannten hinzutreten muss, ist die Geeignetheit des Bürgen nach §§ 232 II, 239 I BGB, BayObLG 1988, 256 entsprechend, OLG Hmb NJW 1995, 2859, ein im Inland zum Geschäftsbetrieb befugtes Kreditinstitut; → Rn. 8. 19

Formell bestehen keine weiteren allgemeinen Anforderungen. Eine „Großbank" ist nicht stets geeignet, LG Bln Rpfleger 1978, 331. Sie ist nicht erforderlich, Falkenkötter MDR 2002, 622. Auch eine kleinere Genossenschaftsbank kann daher als Bürgin ausreichen, so schon Beuthien/Jöstingmeier NJW 1994, 2073. Ein Unternehmen, das kein „Kreditinstitut" ist, kann nicht als Bürge ausreichen. Das ergibt sich aus dem klaren Wortlaut von I 2. Er lässt für eine Auslegung über den Kreis der „Kreditinstitute" hinaus keinen Raum. Ob eine Versicherungsgesellschaft auch ein „Kreditinstitut" ist, kann zweifelhaft sein. Zwar vergibt auch ein großes Versicherungsunternehmen neben seiner Haupttätigkeit Kredit. Allerdings gilt das auch für große Firmen, die dadurch nicht ein Kredit-„Institut" werden. 20

Eine Bürgschaft, die den vorgenannten Anforderungen nicht entspricht, reicht als Sicherheitsleistung nicht aus, BGH MDR 1989, 251 (252). Sie berechtigt nicht zu einer Zwangsvollstreckung nach §§ 704 ff. 21

6. Beispiele zur Frage einer Bürgschaft, I 2

Anhörung: Wegen der Gefahren für den Sicherungsberechtigten bei unzureichender Bürgschaft bietet sich eine Anhörung aller Beteiligten vor der Anordnung an. Das gilt zumindest dann, wenn es nicht um die Bürgschaft einer zuverlässigen Großbank geht. 22

Bankauswahl: Das Gericht kann besondere Anforderungen stellen. Denn es kann ja nach I 2 ohnehin vorrangig allgemein und daher auch zur Bürgschaft „Bestimmung" treffen, also zB den Kreis der geeigneten Banken bestimmen, OLG Kblz JurBüro 2001, 213.

Bedingung: zunächst → Rn. 17. Eine auflösende Bedingung ist unschädlich, soweit sie die Sicherung des Gläubigers nicht beeinträchtigt. Das gilt unabhängig von §§ 109, 715, LG Mainz MDR 2000, 229.

Bürgschaftsurkunde: Das Gericht darf verlangen, dass die Urkunde die nach § 717 II zu ändernde Hauptforderung bezeichnet, LG Mannh DGVZ 1995, 27, dass unter der Bürgschaftserklärung eine notariell beglaubigte Unterschrift steht und dass ein Nachweis der Vertretungsbefugnis des Unterzeichners vorliegt.

Erinnerung: Diejenige nach § 777 wegen genügender Sicherheit des Gläubigers durch schon vorhandenes Pfandrecht trifft auf § 768 BGB nicht zu. Dem Schuldner ist auch nicht zuzumuten, eine Erinnerung nach § 766 einzulegen. Mit einer solchen Lösung würde man dem Schuldner die Aufklärung der Zweifelsfragen zumuten und dem Gläubiger damit die Zwangsvollstreckung in einer Weise erleichtern, die nach der Grundsatzentscheidung des Gerichts zur Notwendigkeit einer Sicherheitsleistung eben gerade nicht erfolgen darf, Vogel NJW 1997, 555.

Haftungsumfang: Der Bürge haftet für die volle Urteilssumme, BGH NJW 1979, 417.

Schuldnersicherung: Ohne die vorgenannten Bedingungen könnte zB der Gerichtsvollzieher dem Schuldner unmittelbar vor der Pfändung nach §§ 808, 829 eine Bürgschaftserklärung mit der Unterschrift eines tatsächlich nicht Vertretungsberechtigten zustellen.

Vollstreckungsschaden: Der Bürge haftet nicht nur für einen Schaden infolge einer Verzögerung der Vollstreckung, sondern für die gesamte Urteilssumme, BGH NJW 1979, 417.

„Zahlung auf erstes Anfordern": Diese Klausel reicht nicht, Weth AcP 189, 329.

23 **VII. Hinterlegung, I, II. Hinterlegung, I, II.** Dazu auch Klein MDR 2016, 1181.

24 **1. Möglichkeit.** Eine Sicherheitsleistung lässt sich durch Hinterlegung von Geld erbringen, OLG Ffm ZIP 2017, 1825, oder von mündelsicheren Papieren nach §§ 234 I, III BGB, soweit sich die Parteien nicht über eine andere Sicherheitsleistung geeinigt haben und soweit das Gericht keine andere Art der Sicherheitsleistung angeordnet hat, etwa die Hinterlegung von Wertgegenständen oder von ausländischem Geld zu seinem Kurs nach § 234 III BGB und dem Landesrecht. Eine Einzahlung bei der Gerichtskasse oder -zahlstelle steht einer Hinterlegung nicht gleich, BGH NJW 2002, 3259 (3260). Die Hinterlegung erfolgt nach dem Landesrecht beim AG als Hinterlegungsstelle. Die Überweisung auf das Konto der Gerichtskasse reicht aus. Eine Annahmeanordnung ist stets erforderlich.

25 Unter Geld kann man jedes gesetzliche und jedes gesetzlich zugelassene Zahlungsmittel verstehen. Geld nach dem Landesrecht geht ins Eigentum des Staats über. Andere Wertpapiere kann das Gericht ausdrücklich zulassen. Man darf sie nur im Rahmen des § 234 BGB hinterlegen (Berechtigungsscheine nach II iVm § 234 II BGB), und nach § 234 II BGB nur mit 75 % ihres Kurswerts.

2. Beispiele zur Frage einer Hinterlegung, I, II

26 **Bürgschaft:** Der Gesicherte kann den Bürgen nach § 765 BGB in Anspruch nehmen, BGH NJW 1978, 43. Es ist nicht wirksam, wenn der Bürge einseitig erklärt, er könne sich durch Hinterlegung befreien. Die Bürgschaft lässt sich nach → Rn. 13–15 als Vertrag nicht einseitig ändern, OLG Düss DGVZ 1990, 156; aM LG Ffm JurBüro 1989, 264.

Feststellung: Der Gesicherte kann nach dem Landesrecht auf eine Feststellung seiner Berechtigung nach § 256 klagen.

Herausgabe, Zahlung: Mit dem Eintritt des Sicherungsfalls, so bei Rechtskraft des Urteils, kann der Gesicherte die Auszahlung oder Herausgabe fordern, auch durch eine Klage nach § 894, BGH WM 2018, 523.

Hypothekenbrief: Er bringt oft nicht genug Sicherheit.

Mündelsicherheit: § 1807 Nr. 2–4 BGB, Art. 212 EGBGB, VO über die Mündelsicherheit der Pfandbriefe und verwandten Schuldverschreibungen v. 7.5.1940, RGBl. I 756.

Pfandrecht: Am Hinterlegten erlangt der Gesicherte ein Pfandrecht nach § 233 BGB, OLG Ffm ZIP 2017, 1825. Deshalb ist ein Umtausch von seiner Zustimmung abhängig. Der Gesicherte kann das Pfand nach § 1233 BGB verkaufen.

Sparbuch, SparCard: Das Gericht darf die Hinterlegung eines/-r Sparbuchs/-card anordnen.

Umtausch: Er ist nach § 235 BGB nur gegen Geld oder Wertpapiere nach § 234 BGB statthaft.

Verrechnung: Mit Gerichtskosten ist sie unstatthaft, die Sicherheitsleistung dient dem Gegner.

27 **VIII. Rechtsbehelfe, I, II.** Die gerichtliche Anordnung einer Sicherheitsleistung ist nach Grund und Höhe nur zusammen mit der Endentscheidung in der Sache anfechtbar, BGH NJW 2002, 3259. Ein Zwischenurteil ist nicht anfechtbar, BGH NJW 1988, 1733. § 319 ist anwendbar, BGH NJW-RR 1999, 213. Soweit das Gericht versehentlich die Höhe nicht bestimmt oder offenbar fehlerhaft errechnet hat, sind §§ 321, 716, 717 anwendbar, BGH NJW-RR 1999, 213. Die Entscheidung des Rechtsmittelgerichts bindet das Gericht der Vorinstanz nach § 318. Im Übrigen ist gegen die Anordnung, dass überhaupt eine Sicherheitsleistung notwendig sei, kein Rechtsbehelf statthaft. Beim Rpfl. gilt § 11 RPflG.

28 Die Bestimmung der Art einer Sicherheitsleistung stellt nicht den Beginn einer Zwangsvollstreckung dar. Deshalb ist gegen die Bestimmung keine sofortige Beschwerde nach § 793 zulässig, OLG Ffm (17. ZS) MDR 1981, 677; Zöller/Herget Rn. 16; aM OLG Ffm (13. ZS) MDR 1975, 323. Gegen die Ablehnung der beantragten Art der Sicherheitsleistung ist eine sofortige Beschwerde nach § 567 I Nr. 2 statthaft. Das gilt unabhängig von einer schon eingelegten Berufung, OLG Düss MDR 1984, 852; aM OLG Mü MDR 1984, 321. Eine Rechtsbeschwerde kommt unter den Voraussetzungen des § 574 in Betracht.

29 **IX. Änderung, Ergänzung, I, II.** Das Erstgericht kann die Bestimmung der Art der Sicherheitsleistung abändern oder ergänzen, BGH NJW 1994, 1351. Da die Sicherheitsleistung allein dem Gegner dient (→ Rn. 2), lassen sich Art und Höhe jederzeit durch eine außer-/gerichtliche Parteivereinbarung ergänzen oder ändern, der dadurch Begünstigte kann dies klageweise geltend machen.

30 Wenn das Gericht einen Abänderungsantrag zurückweist, ist eine sofortige Beschwerde nach § 567 I Nr. 2 statthaft, aM OLG Nürnb MDR 1986, 241. Eine Rechtsbeschwerde kommt auch hier unter den Voraussetzungen des § 574 in Betracht.

31 Gegen einen Abänderungsbeschluss ist kein Rechtsbehelf statthaft, OLG Ffm MDR 1981, 677; Thomas/Putzo/Hüßtege Rn. 18; aM OLG Ffm MDR 1975, 323 (sofortige Beschwerde).

109 *Rückgabe der Sicherheit.* **I Ist die Veranlassung für eine Sicherheitsleistung weggefallen, so hat auf Antrag das Gericht, das die Bestellung der Sicherheit angeordnet oder zugelassen hat, eine Frist zu bestimmen, binnen der ihm die Partei, zu deren Gunsten die Sicherheit geleistet ist, die Einwilligung in die Rückgabe der Sicherheit zu erklären oder die Erhebung der Klage wegen ihrer Ansprüche nachzuweisen hat.**

II 1 Nach Ablauf der Frist hat das Gericht auf Antrag die Rückgabe der Sicherheit anzuordnen, wenn nicht inzwischen die Erhebung der Klage nachgewiesen ist; ist die Sicherheit durch eine Bürgschaft bewirkt worden, so ordnet das Gericht das Erlöschen der Bürgschaft an. 2 Die Anordnung wird erst mit der Rechtskraft wirksam.

III 1 Die Anträge und die Einwilligung in die Rückgabe der Sicherheit können vor der Geschäftsstelle zu Protokoll erklärt werden. 2 Die Entscheidungen ergehen durch Beschluss.

[IV] **Gegen den Beschluss, durch den der im Absatz 1 vorgesehene Antrag abgelehnt wird, steht dem Antragsteller, gegen die im Absatz 2 bezeichnete Entscheidung steht beiden Teilen die sofortige Beschwerde zu.**

I. Systematik, I–IV. Die Vorschrift erfasst die Abwicklung einer prozessualen Sicherheitsleistung. Sie stellt dabei eine Ergänzung zu § 108 dar. Das Verfahren nach § 109 findet Anwendung, soweit der Anlass für eine Sicherheitsleistung weggefallen ist. Es ist anwendbar auf alle Arten von Sicherheitsleistung und sämtliche – auch § 110 – Fälle der Sicherheitsleistung nach § 108, BGH NJW-RR 2006, 710 (711). Sie hat den Vorrang vor § 318, OLG Hmb NJW 1991, 3103. Sie hat den Vorrang vor einer Klage auf Rückgabe der Sicherheitsleistung nach § 253. Für diese besteht grundsätzlich kein Rechtsschutzbedürfnis, BGH NJW 1994, 1351 (1352). Abzugrenzen ist die Regelung von dem Antrag nach § 715, der eine weitere Möglichkeit eröffnet, die Rückgabe der Sicherheit anzuordnen. Da es sich hierbei um ein gegenüber § 109 einfacheres Verfahren handelt, fehlt im dortigen Anwendungsbereich, also nach Eintritt der Rechtskraft, das Rechtsschutzbedürfnis für ein Vorgehen nach § 109, Musielak/Voit/Foerste Rn. 2. 1

II. Regelungszweck, I–IV. Die Sicherheitsleistung dient je nach ihrem Grund der Sicherung eines entstandenen oder eines erwarteten Anspruchs und der Durchsetzbarkeit eines Schadensersatzanspruchs infolge einer Vollstreckung nach §§ 704 ff. vor Eintritt der Rechtskraft. Dieses Interesse besteht allerdings nur, solange die Veranlassung zur Sicherheitsleistung andauert; ist sie zB durch Rechtskraft weggefallen, ist die Sicherheit möglichst zeitnah und einfach zurückzugewähren, OLG Ffm Rpfleger 1993, 410. Von diesem Zeitpunkt an hat das Interesse des Sicherheitsleistenden am Rückerhalt der Sicherheit den Vorrang. § 109 soll die Rückgabe erleichtern und die Beendigung des Sicherungsverhältnisses klären, Pecher WM 1986, 1515. Über den Zwischenstreit ist zeitnah zu entscheiden, OLG Hmb NJW 1991, 3103. 2

III. Geltungsbereich, I–IV. Zunächst → Vor § 108 Rn. 3. § 109 gilt für alle Arten von Sicherheitsleistung, BGH NJW-RR 2006, 710, 711. 3

1. Bestehender Anspruch. Soweit der Anspruch besteht, kann der Gesicherte gegen den Besteller auf Einwilligung in die Auszahlung an ihn oder in die Verwertung des Pfands klagen. Die Herausgabe erfolgt nach dem Landesrecht vor allem aufgrund einer formell rechtskräftigen Entscheidung oder einer schriftlichen Bewilligung der Beteiligten. 4

2. Nichtbestehender Anspruch. Soweit der Anspruch nicht besteht oder nach → Rn. 7 weggefallen ist, kann der Besteller das Hinterlegte zurückverlangen, BGH NJW 1990, 2128 (2129), falls eine der folgenden Voraussetzungen vorliegt: 5

- **Einwilligung des Gesicherten.** Der Gesicherte willigt in die Rückgabe ein. Wenn die Einwilligung der Hinterlegungsstelle nicht ausreicht, muss das Gericht die Rückgabe anordnen.
- **Rückgabeanordnung.** Das Gericht ordnet die Rückgabe nach § 109 an. Soweit der Vollstreckungsschuldner auf eine Rückgabe verzichtet, kann Erfüllungswirkung eintreten, BGH Rpfleger 1984, 74.
- **Einwilligung des Bestellers.** Der Besteller klagt auf Einwilligung zur Rückgabe. Dieser Weg kommt nur in Betracht, soweit sich das kürzere und kostengünstigere Verfahren nach § 109 nicht durchführen lässt. Denn für die Klage fehlt sonst ein Rechtsschutzbedürfnis. Die Klage kommt etwa dann in Betracht, wenn feststeht, dass der Gesicherte einen Anspruch erhebt oder wenn er die Frist nach § 109 unangemessen lang verlängern ließ.
- **Antrag nach § 717.** Im Prozess erfolgt nach § 717 ein Rückgabeantrag. Eine Feststellungsklage ist wegen der Unzulässigkeit der Rückgabe während des Verfahrens nach § 109 unstatthaft.

3. Sonderfragen der Bürgschaft. Die Vorschrift gilt auch dann, wenn der Schuldner die Sicherheitsleistung durch Bürgschaft erbracht hat, BGH NJW 1979, 417. Das Gericht ordnet dann das Erlöschen der Bürgschaft an, II 1 Hs. 2. Die Ausführung der gerichtlichen Anordnung erfolgt dadurch, dass die verwahrende Stelle die Bürgschaftsurkunde im Original an den Schuldner zurückgibt, OLG Mü MDR 1979, 1029; LG Augsb NJW-RR 1998, 1368, oder dass der Gläubiger den Bürgen aus seiner Verpflichtung entlässt. Die bürgende Bank braucht ein Pfand erst nach Rückerhalt ihrer Bürgschaftsurkunde oder nach Entlassung durch den Bürgschaftsgläubiger aus ihrer Bürgschaft zurückzugeben. 6

IV. Wegfall der Veranlassung, I. 1. Grundsatz: Maßgeblichkeit des Zweckwegfalls. Die Veranlassung für eine Sicherheitsleistung ist dann weggefallen, wenn ihr Zweck weggefallen ist, OLG Köln MDR 1993, 270, wenn also zB der gesicherte Anspruch nach den Umständen nicht mehr entstehen kann, BGH NJW 1990, 2128. Das trifft nach § 715 I vor allem dann zu, wenn eine vorläufige Maßnahme endgültig geworden ist, und wenn dem entstandenen Anspruch kein Hindernis mehr entgegensteht. Der Antragsteller muss den Wegfall der Veranlassung beweisen. Er braucht aber nicht zu beweisen, dass kein Schaden entstanden ist. Wenn das Gericht diejenige Maßnahme aufgehoben hat, die zur Anordnung der Sicherheitsleistung führte, ist der Fall der Sicherheitsleistung evtl. erst recht eigentlich eingetreten. 7

Das gilt zB dann, wenn das Gericht die Zwangsvollstreckung gegen eine Sicherheitsleistung nach §§ 707, 719 eingestellt hatte und wenn es diesen Beschluss aufgehoben hat. Denn dann deckt die Sicherheitsleistung denjenigen Schaden, der dem Gläubiger durch den früheren Einstellungsbeschluss entstanden sein könnte. Wenn freilich feststeht, dass kein Schaden entstanden ist, ist das Verfahren nach § 109 unbedenklich. Dasselbe gilt dann, wenn sich der Schaden endgültig berechnen lässt. Denn dann kann der Gesicherte innerhalb der Frist klagen. Wenn die Veranlassung nur für einen Teil des Streitgegenstands weggefallen ist, ist § 109 auf diesen Teil anwendbar. 8

2. Beispiele zur Frage des Wegfalls einer Veranlassung, I

Änderung, Aufhebung des Urteils: → „Urteilsänderung". 9

Arrest, einstweilige Verfügung: Die Veranlassung für eine Sicherheitsleistung entfällt bei einer Aufhebung des Arrests oder der einstweiligen Verfügung oder dann, wenn es nicht zum Arrestvollzug gekommen und wenn die Frist des § 929 II, III abgelaufen ist. Die Veranlassung entfällt ferner bei einer rechtskräftigen Klageabweisung im Hauptsacheverfahren, auch durch ein bloßes Prozessurteil, Fingerhut BB 1975, 765; aM OLG Mü NJW 1975, 1665.

Die Veranlassung entfällt nicht, soweit das Gericht einen Arrest rechtskräftig bestätigt, wenn die Hauptsache anhängig ist.

Ausländer: Die Veranlassung für eine Sicherheitsleistung entfällt bei einem Ausländer durch den Eintritt der Kostenpflicht nach § 110, BGH NJW-RR 2006, 710, oder durch den Wegfall der Sicherungspflicht, ferner durch die Rechtskraft eines klageabweisenden Urteils, OLG Stgt Rpfleger 1985, 375.

Beiderseitige Sicherheitsleistungen: Die Veranlassung für eine Sicherheitsleistung entfällt, soweit beide Parteien eine Sicherheit erbracht haben, für diejenige des Schuldners, zumindest soweit der Gläubiger vollstreckt, OLG Köln MDR 1993, 270; aM OLG Jena JurBüro 2007, 608. Die Veranlassung entfällt aber nicht schon dann, wenn das Gericht nunmehr dem Bekl. gestattet, die Zwangsvollstreckung gegen eine Sicherheitsleistung abzuwenden, BGH NJW 1990, 2128 (2129).

Bestätigung des Ersturteils: Die Veranlassung für eine Sicherheitsleistung des Gläubigers entfällt im Fall eines bestätigenden unanfechtbaren Berufungsurteils. Die Veranlassung bleibt hingegen bestehen, soweit das bestätigende Berufungsgericht noch nicht rechtskräftig ist, KG NJW 1976, 1752 (1753); OLG Mü OLGZ 1985, 458. Vor der Vollstreckung durch den Gläubiger vgl. §§ 708 Nr. 10, ferner einerseits § 711, 1, andererseits §§ 707, 719 I, hierzu Zöller/Herget Rn. 3.

Einstweilige Einstellung: Die Veranlassung für eine Sicherheitsleistung entfällt nicht schon dann, wenn eine einstweilige Einstellung wegfällt, zB nach §§ 707, 719, BGH NJW 1979, 417; OLG Düss Rpfleger 1996, 165; oder nach §§ 732 II Hs. 2, 769, 771 III.

Erfüllung: Die Veranlassung für eine Sicherheitsleistung entfällt nach § 765 BGB mit dem Erlöschen der Hauptschuld, OLG Jena Rpfleger 2007, 675.

EU-Aufenthalt: Die Veranlassung für eine Sicherheitsleistung entfällt dann, wenn der Kläger seinen Aufenthalt in einem EU-Staat hat, BGH NJW-RR 2006, 710.

Gesetzesänderung: Die Veranlassung für eine Sicherheitsleistung entfällt evtl. bei einer Änderung der Gesetzeslage, OLG Hmb NJW 1991, 3103.

Landpachtvertrag: § 109 gilt entsprechend beim Landpachtvertrag nach § 590 II 6 Hs. 2 BGB.

Miete: Die Veranlassung für eine Sicherheitsleistung entfällt nicht, soweit noch eine Nutzungsentschädigung in Betracht kommt, LG Bielef Rpfleger 1993, 354.

Prozessvergleich: Die Veranlassung für eine Sicherheitsleistung entfällt in der Regel nicht bei dem im Anschluss an ein Urteil geschlossenen, noch nicht erfüllten Prozessvergleich, OLG Ffm MDR 1987, 239. Das gilt jedenfalls, soweit die Sicherheit den Vergleichsbetrag nicht übersteigt. Es kommt zudem auf die Auslegung des Vergleichs an, OLG Mü OLGR 1994, 226.

Räumung: Die Veranlassung für eine Sicherheitsleistung entfällt beim Räumungsurteil mit der Räumung, LG Ffm Rpfleger 2004, 235.

Rechtskraft: Die Veranlassung für eine Sicherheitsleistung entfällt mit Eintritt der Rechtskraft eines zB nach § 709 vorläufig vollstreckbaren Urteils, OLG Stgt JurBüro 2010, 497. Bei einem Ausländer entfällt sie auch durch die Rechtskraft eines klageabweisenden Urteils, OLG Stgt Rpfleger 1985, 375.

Sicherungsvollstreckung: Die Veranlassung für eine Sicherheitsleistung entfällt bei einer bloßen Sicherungsvollstreckung zB nach § 720a aufgrund eines solchen Urteils des OLG ohne eine Sicherheitsleistung, das ein Ersturteil bestätigt, OLG Mü OLGZ 1985, 459.

Teilweiser Wegfall: Es ist auch ein teilweiser Wegfall der Veranlassung zu einer Sicherheitsleistung möglich, OLG Mü OLGR 1997, 23.

Übersicherung: Sie kann bei Unzumutbarkeit in ihrem Umfang § 109 anwendbar machen, OLG Hamm MDR 2013, 935 (936).

Urteilsänderung: Die Veranlassung für eine Sicherheitsleistung entfällt dann, wenn endgültig feststeht, dass ein Schaden nach § 717 weder entstanden ist noch entstehen kann. Eine Leistung des Schuldners unter Vorbehalt genügt dazu nicht, KG NJW 1976, 1752. Unabhängig von einem Schaden entfällt die Veranlassung ferner mit der Aufhebung eines nach §§ 708 ff. vorläufig vollstreckbaren Urteils, dessen Vollstreckung die Sicherheitsleistung abwenden sollte. Das gilt selbst dann, wenn noch keine Rechtskraft eingetreten ist, OLG Düss NJW-RR 2002, 1292.

Verzicht: Die Veranlassung für eine Sicherheitsleistung entfällt mit einem Verzicht des Gesicherten auf eine Durchführung derjenigen Maßnahme, die die Sicherheitsleistung veranlasst hat, OLG Mü DB 1978, 2021, etwa auf die Rechte an einem Arrest nach §§ 916 ff. Der Schuldner kann nach dem Wegfall der Veranlassung auf die Rückgabe der Sicherheit schuldbefreiend verzichten, BGH WM 1983, 1337.

Vollmacht: Die Veranlassung zu einer Sicherheitsleistung entfällt mit einer Genehmigung nach § 89.

Widerklage: Die Veranlassung zur Sicherheitsleistung entfällt nicht, soweit der Sicherungsnehmer zB widerklagt, OLG Stgt NJW-RR 1995, 1148.

Zurückverweisung: Die Veranlassung für eine Sicherheitsleistung entfällt grds. mit Zurückverweisung zB nach § 538 II 1 Nr. 1, OLG Düss NJW-RR 2002, 1292; aM OLG Ffm (6. ZS) Rpfleger 1976, 222. Die Veranlassung entfällt ausnahmsweise nicht bei einer Zurückverweisung bei einer Vollstreckungsabwehrklage nach § 767, BGH NJW 1982, 1397.

Zurückweisung der Berufung: Die Veranlassung für eine Sicherheitsleistung entfällt nicht, soweit es um die Vollstreckung aus einem Urteil des LG und Zurückweisung der Berufung geht und das Urteil des OLG ohne Sicherheitsleistung vorläufig vollstreckbar ist, OLG Mü OLGZ 1985, 458.

10 **V. Frist, I. 1. Grundsatz: Erreichen der Einwilligung zur Sicherheitsrückgabe.** Wenn die Veranlassung für eine Sicherheitsleistung weggefallen ist, macht das Gericht dem Gesicherten aufgrund eines Antrags eine Auflage. Es gibt ihm auf, innerhalb einer Frist in die Rückgabe der Sicherheitsleistung in der Form nach dem Landesrecht einzuwilligen oder nachzuweisen, dass er gerade wegen derjenigen Ansprüche eine Klage erhoben hat, denen die Sicherheitsleistung diente, OLG Düss GRUR 1982, 168. Eine Androhung der Folgen oder Belehrung sind nach § 231 I nicht notwendig. Eine Klage gegen den Bürgen reicht aus, OLG Köln OLGZ 1991, 217. Auf Befriedigung des Gläubigers kommt es nicht an, OLG Stgt JurBüro 2010, 497. Der Rpfl. prüft nicht ihre Erfolgsaussicht, OLG Stgt NJW-RR 1995, 1148; aM OLG Celle OLGR 1994, 325.

11 **2. Verfahren.** Das Verfahren erfordert einen Antrag des Bestellers, nicht des Begünstigten, OLG Brdb MDR 2016, 114 (115). Der Antrag ist auch zu Protokoll der Geschäftsstelle statthaft, es besteht kein Anwaltszwang, § 78 III. Zuständig ist das Gericht, das die Sicherheitsleistung angeordnet oder zugelassen hat oder das durch eine Verweisung des Rechtsstreits für diesen zuständig geworden ist. Das Rechtsmittelgericht ist nur insoweit

zuständig, als es die Anordnung selbst getroffen und nicht nur die Anordnung des erstinstanzlichen Gerichts bestätigt hat. Wegen des vorläufigen Verfahrens auf Erlass eines Arrests oder einer einstweiligen Verfügung § 943 II. Der Rpfl. wird nach § 20 I Nr. 3 RPflG tätig. Rechtliches Gehör ist zu gewähren, eine mündliche Verhandlung ist nicht erforderlich.

3. Ermessen. Der Rpfl. braucht die Folgen nach § 231 I nicht anzudrohen. Er entscheidet nach pflichtgemäßem Ermessen, in dem er auch die Frist nach §§ 221 f. bemisst. Er kann sie nach § 224 II verlängern. Die Entscheidung ergeht nach III 2 durch einen grundsätzlich zu begründenden Beschluss. Der Beschluss enthält mangels Kosten keine Kostenentscheidung. Der Rpfl. muss ihn verkünden oder dann, wenn er den Antrag abgelehnt hat, dem Antragsteller förmlich zustellen; dann, wenn er dem Antrag stattgegeben hat, dem Antragsgegner förmlich zustellen und dem Antragsteller formlos mitteilen. Das Verfahren wird nicht dadurch beeinträchtigt, dass schon eine Klage auf Einwilligung in die Rückgabe der Sicherheit vorliegt. Denn für eine solche Klage fehlt das Rechtsschutzbedürfnis. Ein formlos statthafter Nachweis der Einwilligung oder Klageerhebung bis zu dem Zeitpunkt, in dem das Gericht die Anordnung der Rückgabe hinausgibt, wahrt die Frist, OLG Mü OLGR 1995, 155. Es reicht aus, dass die Klageerhebung während des Erinnerungs-/Beschwerdeverfahrens über die Freigabe erfolgt. 12

Gebühren: des Gerichts: keine; des Anwalts: keine, § 19 I 2 Nr. 7 RVG (gehört zum Rechtszug). 13

VI. Anordnung der Rückgabe oder des Erlöschens, II. Der Rpfl. muss sie unverzüglich vornehmen. 14

1. Verfahren. Nach einem ergebnislosen Fristablauf ordnet der Rpfl. die Rückgabe der genau zu bezeichnenden Sicherheitsleistung an den genau zu bezeichnenden Empfänger oder bei einer Sicherheitsleistung durch eine evtl. genau zu bezeichnende Bürgschaft deren Erlöschen an. Er braucht die Rückgabe der Bürgschaftsurkunde nicht zudem anzuordnen. Man kann ihre Rückgabe grundsätzlich nicht erzwingen, Pecher WM 1986, 1515. Im Übrigen ist allerdings keine zusätzliche Anordnung der Herausgabe gegenüber der Hinterlegungsstelle notwendig. Diese Anordnung erfordert einen besonderen Antrag. Dieser Antrag kann bereits mit dem Fristantrag verbunden werden. Er ist dann durch die Entscheidung über den Fristantrag bedingt. Der Rpfl. hat die Voraussetzungen des Fristantrags nach § 231 II noch im Anordnungsverfahren zu prüfen. 15

2. Beispiele zur Frage des Verfahrens, II

Bürgschaftsklage: Eine Klage gegen den selbstschuldnerisch haftenden Bürgen reicht aus, OLG Köln OLGZ 1991, 217. 16

Einwilligung: Diejenige in die Rückgabe dem Gericht gegenüber erspart nach dem Landesrecht eine Anordnung, falls die Einwilligung schriftlich, nach § 130a elektronisch oder nach §§ 159 ff. zu Protokoll des Gerichts oder des Urkundsbeamten der Geschäftsstelle erfolgt ist.

Klage: Die Erfolgsaussichten der Klage sind unerheblich.

Kostenfestsetzungsantrag: Er genügt, wenn die Sicherung nur wegen der Prozesskosten erfolgt.

Rechtshängigkeitswirkung: Diejenige nach § 696 III reicht aus.

Rechtskraft: Mangels einer wirksamen „Einwilligung" des Gegners verfügt die Hinterlegungsstelle nach dem Landesrecht die Herausgabe der Sicherheitsleistung nur aufgrund des Nachweises eines rechtskräftigen Rückgabebeschlusses. Denn die Anordnung der Rückgabe wird nach II 2 ebenso wie die Anordnung des Erlöschens der Sicherheitsleistung erst mit der Rechtskraft wirksam. Er ersetzt dann auch die Erklärung des Hypothekengläubigers, die nach der Grundbuchordnung für die Löschung erforderlich ist, KG Berlin BeckRS 2020, 6114.

Teilweise Anordnung: Auch sie kommt infrage, OLG Düss GRUR 1982, 168 (169), zB auf Austausch der Bürgschaft Zug um Zug gegen eine geringere, OLG Ffm NJW-RR 1987, 447.

Vollstreckungsschaden: Die Anspruchserhebung nach § 717 steht einer Klageerhebung gleich.

Widerklage: Eine solche im Prozess des Gesicherten gegen den Besteller genügt.

3. Entscheidung. Die Entscheidung erfolgt durch den Rpfl. nach § 20 I Nr. 3 RPflG. Er entscheidet nach III 2 durch Beschluss. Er hat einen verspätet eingegangenen Nachweis zu berücksichtigen; vgl. bzgl. Kosten auch → Rn. 12. Der Rpfl. stellt den Beschluss nach § 329 III beiden Parteien oder deren ProzBev. zu. Die Rückgabe erfolgt an den Besteller. Falls aber ein Dritter im eigenen Namen hinterlegt hat, erfolgt die Rückgabe an den Dritten. 17

Gebühren: → Rn. 13. Hinterlegungskosten sind landesgesetzlich geregelt, Toussaint/Toussaint Hinterl. 18

4. Verzinsung. Die Verzinsung von hinterlegtem Geld wurde in fast allen Bundesländern abgeschafft, wobei Altfälle unberührt bleiben. Allein in Niedersachen erfolgt eine Verzinsung von Beträgen ab 10.000 EUR, § 12 II NHintG. 19

VII. Antrag und Einwilligung, I–III. Der Antrag und die Einwilligung sind schriftlich, nach §§ 130a–d elektronisch oder zu Protokoll der Geschäftsstelle möglich. Es besteht kein Anwaltszwang, § 13 RPflG, § 78 III Hs. 2. Der Antrag ist eine Parteiprozesshandlung. Zur Antragstellung sind der Besteller und sein Rechtsnachfolger berechtigt, auch wenn ein Dritter die Sicherheit geleistet hat, BGH NJW 1979, 417. Ein Dritter ist also nicht antragsberechtigt, auch nicht als Bürge, MüKoZPO/Schulz Rn. 16; Thomas/Putzo/Hüßtege Rn. 2; aM Zöller/Herget Rn. 6. Dagegen ist auch ein Überweisungsgläubiger nach § 835 antragsberechtigt. Antragsgegner ist der Prozessgegner oder sein Rechtsnachfolger. Der Antragsteller muss den Wegfall der Veranlassung darlegen und evtl. beweisen. 20

VIII. Rechtsbehelfe, IV. 1. Fristantrag. Soweit der Rpfl. einem Fristantrag stattgegeben hat, gilt § 11 II RPflG, OLG Köln JurBüro 2005, 554 (notfalls Zurückverweisung). Soweit der Richter dem Fristantrag stattgegeben hat, ist kein Rechtsbehelf statthaft. Das gilt auch dann, wenn das Beschwerdegericht dem Antrag stattgegeben hat. Soweit der Rpfl. einen Fristantrag zurückgewiesen hat, gilt für den Antragsteller ebenfalls § 11 RPflG, OLG Ffm Rpfleger 1976, 222. Soweit der Richter so handelte, ist nach IV die sofortige Beschwerde nach § 11 III RPflG, § 567 I Nr. 2 statthaft. 21

2. Rückgabe- oder Erlöschensantrag. Sowohl für Stattgabe als auch Zurückweisung des Antrags ist für jede Partei nach IV § 11 I RPflG anwendbar, OLG Düss GRUR 1982, 168, und zwar nach § 570 I ohne aufschiebende Wirkung. Die Rückgabe der Sicherheit erfolgt wegen II 2 nicht vor Eintritt der Rechtskraft des Rückgabebeschlusses. Ein rechtskräftiger Rückgabebeschluss bindet die Hinterlegungsstelle nach dem Landesrecht. 22

23 **3. Weiteres Verfahren.** Bei einer sofortigen Beschwerde besteht Anwaltszwang, sofern nicht §§ 569 III, 571 IV 2 anwendbar sind. Im Beschwerdeverfahren muss das Gericht die Rechtmäßigkeit der Fristsetzung nachprüfen. Eine Rechtsbeschwerde kommt unter den Voraussetzungen des § 574 in Betracht.

110 *Prozesskostensicherheit.* **I Kläger, die ihren gewöhnlichen Aufenthalt nicht in einem Mitgliedstaat der Europäischen Union oder einem Vertragsstaat des Abkommens über den Europäischen Wirtschaftsraum haben, leisten auf Verlangen des Beklagten wegen der Prozesskosten Sicherheit.**

II Diese Verpflichtung tritt nicht ein:

1. **wenn auf Grund völkerrechtlicher Verträge keine Sicherheit verlangt werden kann;**
2. **wenn die Entscheidung über die Erstattung der Prozesskosten an den Beklagten auf Grund völkerrechtlicher Verträge vollstreckt würde;**
3. **wenn der Kläger im Inland ein zur Deckung der Prozesskosten hinreichendes Grundvermögen oder dinglich gesicherte Forderungen besitzt;**
4. **bei Widerklagen;**
5. **bei Klagen, die auf Grund einer öffentlichen Aufforderung erhoben werden.**

Schrifttum: Altenkirch, Die Sicherheitsleistung für die Prozesskosten (rechtsvergleichend), 2013; Buck-Heeb, WuB 2017, 694; Dornis ZVglRWiss 114, 93; Schütze, AG 2021, 75 ff.

1 **I. Systematik, I, II.** Die Vorschrift bringt in I eine Ausnahme (in II dann die „Ausnahme von der Ausnahme") vom inländischen Grundsatz der Freiheit von Sicherheitsleistung wegen Prozesskosten. Sie wurde der Rechtsprechung des EuGH insofern angepasst, als es – mit Blick auf das Diskriminierungsverbot – nicht mehr auf die Staatsangehörigkeit, sondern allein auf den fehlenden gewöhnlichen Aufenthalt in einem EU-Mitgliedstaat oder EWR-Vertragsstaat ankommt, EuGH NJW 1997, 3299. Das deutsche Recht kennt darüber hinaus eine Sicherheitsleistung für die Prozesskosten nach → Vor § 108 Rn. 3 nur in einigen Fällen nach dem Gesellschaftsrecht.

2 **II. Regelungszweck, I, II.** Der Beklagte – nicht die Gerichtskasse – soll vor Vollstreckungsschwierigkeiten im Ausland geschützt werden, BGH NJW 1984, 2762. Die Gerichtskasse darf eine Einzahlung zwecks solcher Sicherheitsleistung nicht auf Gerichtskosten anrechnen, OLG Stgt Rpfleger 1985, 375. Die fehlende Sicherheitsleistung verschafft dem Beklagten eine prozesshindernde (verzichtbare) Einrede, BGH NJW-RR 1993, 1021.

3 **III. Sachlicher Geltungsbereich, I, II.** Die Regelung ist in allen Verfahren anwendbar, in denen eine Kostenerstattung in Frage kommt, erfasst werden sämtliche Verfahren nach Leistungs-, Gestaltungs- und Feststellungsklagen, MüKoZPO/Schulz Rn. 3. Es besteht dabei allerdings keine Vorschusspflicht gegenüber der Staatskasse zur Sicherung des Anspruchs auf Gerichtskosten, so schon OLG Stgt Rpfleger 1985, 375. Man kann nach I 1 eine Sicherheitsleistung nur wegen der Prozesskosten des Gegners verlangen, nicht wegen der Hauptsache, auch nicht wegen etwaiger Prozessschäden. Eine Differenzierung bei der Anwendbarkeit ist im Rahmen der Eilverfahren – mit Blick auf das Beschleunigungsinteresse des Klägers einerseits und das Sicherungsinteresse des Beklagten andererseits – erforderlich. So dürfte im Arrest- und einstweiligen Verfügungsverfahren die Regelung nur anwendbar sein, wenn das Gericht eine mündliche Verhandlung anberaumt hat, MüKoZPO/Schulz Rn. 4. Während eine Anwendung bei Mahnverfahren und im selbständigen Beweisverfahren ausscheidet, ist bei Familiensachen zu unterscheiden: Familiensachen und echte Streitverfahren der freiwilligen Gerichtsbarkeit unterfallen nicht der Regelung, echte Parteiverfahren wie Ehe- und Familienstreitsachen hingegen schon, MüKoZPO/Schulz Rn. 6.

4 **IV. Persönlicher Geltungsbereich, I, II.** Zunächst → Vor § 108 Rn. 3. Maßgeblich ist nicht die Nationalität, sondern der gewöhnliche Aufenthalt – nicht Wohnsitz, sondern faktischer Lebensmittelpunkt – des Klägers (nicht des Beklagten), Zöller/Herget Rn. 2. Denn der EuGH hat in NJW 1997, 3299 entschieden, dass es nach Art. 66, 75 AEUV (Art. 59, 60 EGV aF) unzulässig ist, von einer in einer Ausübung ihres Berufs handelnden Person mit einem Wohnsitz in einem anderen Mitgliedsstaat, die vor einem inländischen Gericht klagt, die Zahlung einer Prozesskostensicherheit zu verlangen, nur weil sie Angehörige eines anderen Mitgliedsstaats ist. Der EuGH hat dort auch das Bestehen von Gegenseitigkeitsabkommen insofern für unvereinbar mit dem im Unionsrecht verankerten Anspruch auf Gleichbehandlung erklärt, Bork/Schmidt-Parzefall JZ 1994, 18; Schack ZZP 108, 47; Steinz/Leible IPRax 1998, 162.

5 **1. Gewöhnlicher Aufenthalt nicht in EU/EWR.** Gewöhnlicher Aufenthalt nicht in EU oder EWR (neben den EU-Staaten: Island, Liechtenstein, Norwegen, wohl nicht Vereinigtes Königreich, dazu Schroeter JZ 2017, 713); Schütze IPRax 2011, 245 (zur juristischen Person): Es besteht eine Abkehr vom früheren Anknüpfungsprinzip der Staatsangehörigkeit (ius sanguinis), LG Karlsr IPRax 2005, 145; LG Mü GRUR-RR 2005, 335. I nennt als maßgeblichen Anknüpfungspunkt den gewöhnlichen Aufenthalt (ius soli), BGH BB 2006, 465; also weder den Wohnsitz nach § 13 noch den letzten (inländischen) Wohnsitz, auch nicht schlicht wie § 16 den „Aufenthalt". Bei einer Personenvereinigung oder juristischen Person ist der Sitz nach § 17 iVm § 24 BGB maßgeblich, BGH WM 2017, 1944. Es ist noch nicht höchstrichterlich geklärt, ob es auf den satzungsmäßigen Sitz oder den tatsächlichen Verwaltungssitz ankommt. § 110 I ist jedenfalls nicht einschlägig, wenn sowohl satzungsmäßiger Sitz als auch tatsächlicher Verwaltungssitz in einem Mitgliedstaat liegen oder allein der satzungsmäßige und zugleich „alle entscheidenden Anknüpfungspunkte für die Bestimmung des Verwaltungssitzes", BGH MDR 2016, 1109. Bei einer Partei kraft Amts ist die Lage des Amtsvermögens maßgeblich, Musielak/Voit/Foerste Rn. 4. Die Anknüpfung findet auch in anderer Weise statt als im gleichzeitig eingeführten § 917 II 2. Maßgeblich ist zunächst das deutsche Recht, Schütze RIW 1999, 10.

6 „Gewöhnlich" ist mehr als „vorübergehend" und meint den faktischen Lebensmittelpunkt (Zöller/Herget Rn. 2). Nicht mehr als ein Ansatzpunkt ist der Umstand, ob und wo eine polizeiliche oder ordnungsamtliche Anmeldung vorliegt. Mehrere gewöhnliche Aufenthaltsorte sind bei etwa durchgehend mobil Berufstätigen denkbar. Nicht ausreichend ist es, dass ein inländischer Kläger Abtretungsnehmer der Forderung eines unter → Rn. 4, 7 Fallenden ist, BGH NJW 1984, 2762.

2. Nicht Mitgliedstaat der EU oder Vertragsstaat des EWR. Der gewöhnliche Aufenthaltsort, Wohnsitz oder Sitz nach → Rn. 3 f. muss außerhalb eines EU-Mitgliedstaats oder des Abk. zum EWR liegen, BGH NJW 2002, 3259; OLG Mü IPrax 2017, 276. 7

3. Maßgeblicher Zeitpunkt: Entscheidungsreife nach § 112 I. Die in → Rn. 3–7 genannten Bedingungen müssen schon und noch in demjenigen Zeitpunkt vorliegen, in dem das Gericht nach § 112 I oder nach § 112 III ergänzend entscheiden muss, also bei Entscheidungsreife. Das gilt auch zur Notwendigkeit einer nachträglichen Anordnung, etwa bei einer Verlegung des gewöhnlichen Aufenthalts ins Ausland, Schütze RIW 1999, 10. Die Verhältnisse vor und nach den genannten Zeitpunkten sind grundsätzlich unerheblich. Insbesondere kommt es nicht auf den Zeitpunkt der Anhängigkeit oder der Rechtshängigkeit an. Das gilt schon deshalb, weil eine Entscheidung nach § 112 ja von einem Antrag des Bekl. abhängt, einem „Verlangen" nach § 110 I. 8

V. Klägerstellung, I. Eine Pflicht zur Sicherheitsleistung besteht auch für einen Angehörigen des vorgenannten Personenkreises nur dann, wenn er als Kläger – unerheblich, ob er später Rechtsmittelbeklagter ist – auftritt. Die Pflicht besteht ebenso für den Hauptintervenienten, den Nebenintervenienten des Klägers (bzgl. der Kosten der Nebenintervention für den einfachen; bzgl. auch der Kosten für die Klage für den streitgenössischen). Nicht erfasst sind hingegen der Beklagte, der Rechtsmittel oder Einspruch eingelegt hat, der Widerkläger und der Nebenintervenient des Beklagten (Zöller/Herget Rn. 3); → Rn. 10. 9

VI. Beispiele zur Frage einer Klägerstellung, I

Arrest, einstweilige Verfügung: Hier dürfte eine differenzierte Betrachtung erforderlich sein, → Rn. 3, ferner hierzu Zöller/Herget Rn. 3; OLG Köln NJW 1987, 76; LG Hmb IPRax 2004, 529; Stürner IPRax 2004, 513. 10

Aufgebotsverfahren: Kein Kläger ist der Antragsteller nach §§ 433 ff. FamFG.

Berufung: Maßgeblich ist die erste Instanz, in der der Beklagte eine Prozesskostenhilfe für alle Instanzen beantragen kann, BGH BeckRS 2020, 32859. Der Berufungskläger, der erstinstanzlich Beklagter war, wird nicht Kläger. Kläger ist der erstinstanzliche Kläger auch dann, wenn er gegen ein klageabweisendes sog. unechtes Versäumnisurteil vorgeht und auch als Rechtsmittelbekl. Die fehlende Sicherheitsleistung verschafft dem Beklagten eine prozesshindernde – indes verzichtbare – Einrede. Sie ist in der Berufungsinstanz ausgeschlossen, soweit sie in der Vorinstanz schuldhaft nicht erhoben wurde, BGH NJW-RR 1993, 1021. Soweit der Kläger bereits in erster Instanz eine Prozesskostensicherheit für die Prozesskosten der ersten und zweiten Instanz geleistet hat, kommt im Berufungsverfahren eine Anordnung einer weiteren Sicherheitsleistung nur für die Kosten des Verfahrens über die Zulassung der Revision in Frage, OLG Frankfurt NJW 2020, 1231. Dabei kann der Beklagte die Einrede der fehlenden Sicherheitsleistung schon vor der Entscheidung über die Zulassung der Revision erheben, BGH BeckRS 2020, 32859.

Einspruch: Kein Kläger ist der Bekl. als Einspruchsführer gegen ein Versäumnisurteil nach § 338 oder gegen einen Vollstreckungsbescheid nach § 700.

Hauptintervention: Kläger ist auch der Hauptintervenient nach § 64.

Mahnverfahren: Kein Kläger ist der Antragsteller des Mahnverfahrens nach § 690, solange es nicht in ein streitiges Verfahren übergeht.

Revision: Die Regeln zur „Berufung" gelten im Verfahren nach §§ 542 ff. ebenso.

Schiedsspruch: → § 1059 Rn. 4. Die Vorschriften finden im Rahmen von § 1059 entsprechende Anwendung, nicht aber im Rahmen von § 1060. Wenn der Antragsgegner bei einem Verfahren nach § 1060 einen Gegenantrag auf Aufhebung des Schiedsspruchs stellt, sind die Regelungen nicht entsprechend anwendbar (vgl. § 110 II Nr. 4, BGH BeckRS 2021, 34690).

Selbständiges Beweisverfahren: Kein Kläger ist der Antragsteller nach §§ 485 ff., solange er nicht nach § 494a Klage erhebt.

Streitgenosse: Kläger ist auch der Streitgenosse nach §§ 59 ff.

Streithelfer: Kläger ist auch der streitgenössische Streithelfer des Hauptklägers nach § 69. Der einfache Streithelfer nach §§ 66–68 muss eine Sicherheit nur für die Kosten seiner Streithilfe leisten.

Treuhänder: Kläger ist man auch als Treuhänder, zB als ein Einziehungsabtretungsnehmer eines ausländischen Gläubigers.

Umgehung: Kläger ist man auch bei einem Versuch der Umgehung von § 110.

Widerkläger: Kläger ist ein Widerkläger nur nach Abtrennung der Widerklage nach II Nr. 4. Eine Befreiung besteht nach rechtskräftiger Klageabweisung, OLG Mü MDR 2010, 1079.

Wiederaufnahmekläger: Kläger ist auch derjenige nach §§ 578 ff.

VII. Verlangen des Beklagten, I. Eine Sicherheit ist nur insoweit zu leisten, als der Bekl. es verlangt. Er kann sie auch gegenüber einem nach § 50 nicht Parteifähigen fordern, OLG Karlsr NJW-RR 2008, 944, 945. Das Verlangen ist eine Parteiprozesshandlung. Der Bekl. macht mit seinem Verlangen eine verzichtbare Prozessvoraussetzung geltend, BGH NJW 2001, 3631. Das ist nach § 282 III eine Rüge der Unzulässigkeit, BGH NJW 2001, 3631. Auch der streitgenössische Nebenintervenient des Bekl. nach § 69 kann für den Bekl. und auch aufgrund eigenen Rechts eine Sicherheitsleistung fordern, nicht aber der einfache Nebenintervenient nach § 66, OLG Frankfurt NJW 2020, 1231; OLG Hmb NJW 1990, 650; aM Prütting/Gehrlein/Schmidt Rn. 9. Die Vermögensverhältnisse des Klägers sind unerheblich. Das Verlangen ist grundsätzlich bis zu den in § 111 genannten Zeitpunkten zulässig. Es ist auch noch in der Berufungsinstanz und in der Revisionsinstanz unter Beachtung der Präklusionsvorschriften nach §§ 296 III, 532, 565 zulässig, BGH NJW 2001, 3631. 11

VIII. Verfahren, I. Soweit ein Antrag vorliegt, muss das Gericht die Voraussetzungen einer Sicherheitsleistung nach § 110 von Amts wegen prüfen. Der Bekl. ist beweispflichtig, BGH NJW 1982, 1223. Die Entscheidung kann durch Zwischenurteil ergehen, BGH NJW-RR 1993, 1021; LG Bln WM 2010, 435. Das die Sicherheitsleistung anordnende Zwischenurteil ist nach → § 112 Rn. 4 ausnahmsweise selbständig anfechtbar. Ein unberechtigtes Verlangen kann Kostenfolgen nach §§ 96, 97 haben, BGH NJW 1980, 838 (839). Es kann einen Schadensersatzanspruch begründen. 12

IX. Höhe der Sicherheitsleistung, I. → § 108 Rn. 5 ff. Sie ist im Fall einer geänderten Streitwertfestsetzung entsprechend anzupassen, BGH BeckRS 2019, 27040. 13

14 **X. Ausnahmen, II.** Es müssen bei einer weiten Auslegung nach → Rn. 1 entweder eine Befreiung nach § 122 I Nr. 2 (Prozesskostenhilfe), die Lage nach § 127a (Vorschuss), OLG Düss OLGR 1997, 278, oder wenigstens eine der weiteren Voraussetzungen → Rn. 16–22 vorliegen.

15 **1. Grundsatz: Ausreichen der Glaubhaftmachung, II Nr. 1–5.** Die Ausnahmen des II sind von Amts wegen zu beachten, insbesondere ein ratifizierter Staatsvertrag. Der Bekl. braucht nur die Zugehörigkeit des Klägers zum Personenkreis nach I zu beweisen, BGH NJW 1982, 1223. Zu diesem Nachweis genügt evtl. eine Glaubhaftmachung, wenn der Kläger nichts unternimmt, um nachzuweisen, dass er zumindest auch zum Personenkreis oder zu einem der Fälle nach II gehört. Der Kläger hat einen Ausnahmefall darzutun und zu beweisen, BGH NJW 1982, 1223.

16 **2. Völkerrechtlicher Vertrag verbietet Sicherheit, II Nr. 1. Völkerrechtlicher Vertrag verbietet Sicherheit, II Nr. 1:** Anhang zu § 110. Ein im Verhältnis zu Deutschland wirksamer völkerrechtlicher Vertrag muss eindeutig bestimmen, dass man keine Sicherheit verlangen kann, BGH NJW 2002, 3259; so nicht im Verhältnis zu Saudi-Arabien BGH WM 2018, 2242, und nicht zu Korea, BGH BeckRS 2020, 32859. Das ist meist, aber nicht mehr zwingend eine sachliche Gegenseitigkeit. Es kommt nur auf das Ergebnis der Befreiung an. Diese muss aber unverändert vollständig und bedingungslos sein. Art. 3, 4 des TRIPS-Übk. befreien nicht, von Falck/Rinnert GRUR 2005, 225; aM OLG Ffm IPRax 2002, 222.

17 Wenn das in der Praxis nicht so ist, ist der unter I fallende Kläger in Deutschland voll sicherheitspflichtig, BGH NJW 2002, 3259. Die Klausel „freier und ungehinderter Zutritt zu den Gerichten" gibt keine Befreiung von I, sondern eröffnet nur zusätzlich den Rechtsweg nach § 13 GVG. Das Gericht muss aber auch eine etwaige teilweise Befreiung berücksichtigen, LG Hmb NJW-RR 1998, 430. Es kann zB eine Sicherheitsleistung dann nicht verlangen, wenn es sich um einen Grundbesitz oder einen Wohnsitz im Inland handelt.

18 Es ist unschädlich, wenn der Kläger persönlich, auch als juristische Person, zwar nach dem völkerrechtlichen Vertrag befreit ist, aber aus dem abgetretenen Recht eines nicht Befreiten klagt, selbst wenn die Abtretung nur zum Inkasso erfolgte, BGH VersR 1985, 43. Im Patentnichtigkeitsverfahren gilt s§ 81 VI 1 Hs. 2. PatG, der auf § 110 II Nr. 1–3 verweist.

19 **3. Völkerrechtlicher Vertrag erlaubt Vollstreckung wegen Kostenerstattung, II Nr. 2.** Die Pflicht zur Sicherheitsleistung nach I besteht nicht, wenn die Entscheidung über die Erstattung der Prozesskosten an den Beklagten aufgrund völkerrechtlicher Verträge vollstreckt würde. Denn das Sicherheitsbedürfnis entfällt, wenn der Staatsvertrag die Vollstreckung der Kostenentscheidung zugunsten des Beklagten ausdrücklich vorsieht.

20 **4. Hinreichendes Grundvermögen, II Nr. 3.** Der unter I fallende Kläger muss „im Inland" ein zur Deckung der Prozesskosten hinreichendes Grundvermögen oder eine dinglich gesicherte Forderung besitzen. Dazu gehören zB: ein Erbbaurecht; ein Teileigentum; ein Wohnungseigentum, jeweils mit den wesentlichen Bestandteilen; ein Anwartschaftsrecht. Nicht hierher zählt eine Vormerkung, Prütting/Gehrlein/Schmidt Rn. 16. „Hinreichend" meint, dass auch bei möglichen Belastungen die voraussichtlichen Prozesskosten gesichert werden. Abzusichern sind nur die Kosten des Prozessgegners, also nicht die gesamten Prozesskosten. Sollte die Absicherung während des Verfahrens entfallen, ist ein Vorgehen des Beklagten nach § 111 möglich.

21 **5. Widerklage, II Nr. 4.** Die Ausnahme gilt auch bei späterer rechtskräftiger Klageabweisung, OLG München MDR 2010, 1079. Nicht hierher zählt eine Drittwiderklage zB nach § 771. Ob die Privilegierung des Widerklägers im Fall einer Abtrennung der Widerklage entfällt, ist streitig (für ein Entfallen Zöller/Herget Rn. 6; Thomas/Putzo/Hüßtege Rn. 13; aM Prütting/Gehrlein/Schmidt Rn. 17; Musielak/Voit/Foerste Rn. 7).

22 **6. Klage aufgrund öffentlicher Aufforderung, II Nr. 5.** Vgl. zB §§ 433 ff. FamFG.

Anhang zu § 110
Zwischenstaatliche Vorschriften über Sicherheitsleistung nach § 110 II Nr. 1, 2

1 **I. Systematik.** Man kann die Staatsverträge, soweit sie die Sicherheit betreffen, in drei Gruppen einteilen: solche, die nur einen freien Zutritt zu den Gerichten (libre accès devant les tribunaux) geben; solche, die Ausländer und Inländer bei der gerichtlichen Verfolgung ihrer Rechte gleichstellen (ius standi in iudicio, Rechtsschutzklausel); solche, die Ausländer ausdrücklich von der Sicherheit befreien. Nur die letztere Gruppe genügt ungeachtet der Umstellungen in § 110 I dem § 110 II Nr. 1 und 2, nicht die beiden ersteren Gruppen. Daher ist die Länderübersicht → Rn. 5 ff. nur mit dieser Einschränkung verwertbar. Sie gibt keine abschließende Darstellung, sondern nur erste Orientierung.

2 **II. Regelungszweck.** Die Vorschrift dient der Vermeidung unersetzbarer Nachteile für die inländische Partei.

3 **III. Geltungsbereich.** → Vor § 108 Rn. 3.

4 **IV. Haager Zivilprozessübereinkommen. Befreiung nach dem HZPrÜbk,** zT auch HZPrAbk. Zum Geltungsbereich beider Verträge und zum Verhältnis zueinander (beide Art. 17 beinhalten dasselbe). Vgl. auch Geimer/Schütze Int. Rechtsverkehr A I 1 und A I 2. Im Übereinkommen ist Art. 17 zusammen mit Art. 18 und 19 überschrieben: „III. Sicherheitsleistung für die Prozeßkosten".

Art. 17 HZPrÜbk

I Den Angehörigen eines der Vertragsstaaten, die in einem dieser Staaten ihren Wohnsitz haben und vor den Gerichten eines anderen dieser Staaten als Kläger oder Intervenienten auftreten, darf wegen ihrer Eigenschaft als Ausländer oder wegen Fehlens eines inländischen Wohnsitzes oder Aufenthalts eine Sicherheitsleistung oder Hinterlegung, unter welcher Bezeichnung es auch sei, nicht auferlegt werden.

II Das gleiche gilt für Vorschüsse, die zur Deckung der Gerichtskosten von den Klägern oder Intervenienten einzufordern wären.

III Die Abkommen, durch die Vertragstaaten für ihre Angehörigen ohne Rücksicht auf den Wohnsitz Befreiung von der Sicherheitsleistung für die Prozeßkosten oder von der Zahlung von Vorschüssen zur Deckung der Gerichtskosten vereinbart haben, sind weiter anzuwenden.

5 **V. Staaten des Haager Zivilprozessübereinkommens. Übersicht über die Pflicht der Ausländer zur Sicherheitsleistung.** Dazu Dilger ZZP 1972, 408; Elsing FS Schütze, 2014, 69 (zur internationalen Schieds-

gerichtsbarkeit); Schütze RIW 1999, 15 (Übers.). Zunächst → Rn. 1 (nur noch bedingte Geltung der Länderübersicht):

Ägypten BGBl. 1981 II 1028, **Albanien** BGBl. 2011 II 128, **Argentinien** BGBl. 1988 II 939, **Armenien** BGBl. 1997 II 554, **Belarus** BGBl. 1994 II 83, **Belgien** BGBl. 1959 II 1388, **Bosnien-Herzegowina** BGBl. 1994 II 83, **Dänemark** BGBl. 1959 II 1388, **Deutschland** BGBl. 1959 II 1388; 2018 II 327, **Finnland** BGBl. 1959 II 1388; 2019 II 131, **Frankreich** BGBl. 1959 II 1388; 1961 II 355; 1962 II 854, **Island** BGBl. 2010 II 7, **Israel** BGBl. 1968 II 809, **Italien** BGBl. 1959 II 1388, **Japan** BGBl. 1970 II 751, **Jugoslawien, früheres:** BGBl. 1963 II 1328, **Jugoslawien, Bundesrepublik (Serbien und Montenegro):** BGBl. 2002 II 323, **Kasachstan** BGBl. 2015 II 1182, **Kirgisistan** BGBl. 1997 II 1521, **Kroatien** BGBl. 1993 II 1936, **Lettland** BGBl. 1993 II 1936; 2018 II 327, **Libanon** BGBl. 1975 II 42, **Litauen** BGBl. 2003 II 1542, **Luxemburg** BGBl. 1959 II 1388, **Marokko** BGBl. 1972 II 1472, **Mazedonien** BGBl. 1996 II 1222, **Moldau** BGBl. 1994 II 83, **Mongolei** BGBl. 2014 II 893, **Montenegro** BGBl. 2007 II 835, **Niederlande** BGBl. 1959 II 1388; 1968 II 95; 1987 II 255, **Norwegen** BGBl. 1959 II 1388, **Österreich** BGBl. 1959 II 1388; 2018 II 327, **Polen** BGBl. 1963 II 1466, **Portugal** BGBl. 1967 II 2299; 1968 II 809; 2018 II 327, **Rumänien** BGBl. 1972 II 78; 2018 II 327, **Russische Föderation** BGBl. 1967 II 2046; 1992 II 1016; 2017 II 601, **Schweden** BGBl. 1959 II 1388, **Schweiz** BGBl. 1959 II 1388, **Serbien** BGBl. 2007 II 835, **Slowakei** BGBl. 1993 II 1936, **Slowenien** BGBl. 1993 II 934, **Sowjetunion,** ehemalige → „Russische Föderation", **Spanien** BGBl. 1961 II 1660, **Surinam** BGBl. 1977 II 641, **Tschechische Republik** BGBl. 1993 II 934, **Türkei** BGBl. 1973 II 1415, **Ukraine** BGBl. 2000 II 18; 2016 II 4324, **Ungarn** BGBl. 19 66 II 84, **Usbekistan** BGBl. 1996 II 2757, **Vatikanstadt** BGBl. 1967 II 1536, **Zypern** BGBl. 2001 II 499; 2002 II 323. 6

111 *Nachträgliche Prozesskostensicherheit.* **Der Beklagte kann auch dann Sicherheit verlangen, wenn die Voraussetzungen für die Verpflichtung zur Sicherheitsleistung erst im Laufe des Rechtsstreits eintreten und nicht ein zur Deckung ausreichender Teil des erhobenen Anspruchs unbestritten ist.**

I. Systematik, Regelungszweck. Die Forderung nach einer Sicherheitsleistung ist eine verzichtbare Zulässigkeitsrüge, § 282 III. Sie ist nach §§ 282 III 1, 296 III grundsätzlich nach dem Ablauf der Frist des § 282 III 2 oder nach Beginn der Verhandlung zur Hauptsache nach §§ 137, 297 nicht mehr zulässig, OLG Hamm OLGR 1999, 248. Hintergrund ist, dass über die Verpflichtung zur Sicherheitsleistung für die Prozesskosten nur einmal und nicht in jeder Instanz erneut entschieden werden soll, BGH GRUR-RS 2021, 4858. 1

§ 111 verlängert den Schutz des Beklagten in zeitlicher Hinsicht und lässt die Rüge auch nach dem vorgenannten Zeitpunkt zu. In höherer Instanz ist die Einrede mangelnder Sicherheitsleistung zulässig, wenn die Voraussetzungen für die Sicherheitsleistung er in dieser Instanz entstanden sind oder wenn die Einrede in der vorherigen Instanz ohne Verschulden nicht erhoben worden ist, BGH GRUR-RS 2021, 4858. § 112 III ist vorrangig. 2

II. Geltungsbereich. → Vor § 108 Rn. 3. 3

III. Voraussetzungen. Für die Anwendbarkeit von § 111 ist erforderlich, dass die Voraussetzungen der Befreiung von der Sicherheitsleistung erst nach dem Eintritt der Rechtshängigkeit während des Rechtsstreits wegfallen. Das kann auch in einer höheren Instanz geschehen sein und gilt auch in folgenden Fällen: Wenn ein Urkundenprozess nach § 600 I in das ordentliche Verfahren übergeht, OLG Hmb NJW 1983, 526; wenn der Kläger die deutsche Staatsangehörigkeit oder die klagende juristische Person ihren inländischen Sitz verlieren; wenn die Ausnahmen nach § 110 II entfallen, zB ein Staatsvertrag endet; wenn der inländische Staatenlose seinen Wohnsitz ins Ausland verlegt; wenn ein Sicherheitspflichtiger anstelle des Befreiten in den Prozess eintritt, etwa als Erbe, weil das inhaltlich gleichsteht. 4

Außerdem darf nicht ein zur Deckung der Prozesskosten ausreichender Teil der Klageforderung unstreitig sein. In diesen Fällen ist ein Verlangen des Bekl. eine weitere Voraussetzung wie bei → § 110 Rn. 11. Er darf auch nicht schon auf die Rüge nach § 295 I wirksam vollständig verzichtet haben. Ein Verzicht wegen einer Geringfügigkeit des Streitwerts erstreckt sich im Zweifel nicht auf einen erst später anfallenden, erheblich höheren Kostenanteil. Im Übrigen ist § 296 III zu beachten, BGH MDR 1990, 432. Soweit die Sicherheitspflicht wegfällt, hebt das Gericht den Beschluss nach § 110 auf. Die Rückgewähr der Sicherheit erfolgt nach § 109. Wenn sich die Nämlichkeit des Klägers und seine Vermögensverhältnisse nicht wesentlich ändern, kann § 111 unanwendbar sein, BGH NJW 1980, 838 (839). 5

112 *Höhe der Prozesskostensicherheit.* **I Die Höhe der zu leistenden Sicherheit wird von dem Gericht nach freiem Ermessen festgesetzt.**

II 1Bei der Festsetzung ist derjenige Betrag der Prozesskosten zugrunde zu legen, den der Beklagte wahrscheinlich aufzuwenden haben wird. 2Die dem Beklagten durch eine Widerklage erwachsenden Kosten sind hierbei nicht zu berücksichtigen.

III Ergibt sich im Laufe des Rechtsstreits, dass die geleistete Sicherheit nicht hinreicht, so kann der Beklagte die Leistung einer weiteren Sicherheit verlangen, sofern nicht ein zur Deckung ausreichender Teil des erhobenen Anspruchs unbestritten ist.

I. Systematik, I–III. Die Vorschrift ergänzt zusammen mit § 113 die §§ 108–111. Sie regelt die Höhe der Sicherheitsleistung im Unterschied zu § 108, der die Art betrifft. 1

II. Regelungszweck, I–III. § 112 dient sowohl den in → Vor § 108 Rn. 2 genannten Zwecken als auch der Vermeidung eines Verstoßes gegen den Grundsatz der Verhältnismäßigkeit, Primozic/Broich MDR 2007, 188. 2

III. Geltungsbereich, I–III. → Vor § 108 Rn. 3. 3

IV. Voraussetzungen, I, II. Das Gericht bestimmt die Höhe der Ausländersicherheit aufgrund einer notwendigen mündlichen Verhandlung. In Betracht kommen die folgenden Fälle: 4

5 **1. Streit um Pflicht zur Sicherheitsleistung.** Wenn die Pflicht und Höhe der Sicherheitsleistung unstreitig sind, wird durch unanfechtbaren Beschluss die Frist nach § 113 gesetzt, BGH BeckRS 2016, 6435; Zöller/Herget Rn. 1. Bei Streit über die Pflicht oder die Höhe ergeht ein Zwischenurteil nach §§ 280 II, 303: Die Anordnung einer Sicherheitsleistung ist dabei nicht selbstständig anfechtbar, BGH NJW-RR 2006, 710, 711; aA OLG Karlsr MDR 1986, 593. Weder der Kläger noch der Beklagte, der die angesetzte Sicherheit für zu niedrig hält, kann gegen das Urteil vorgehen, BGH NJW-RR 1990, 378. Das Zwischenurteil, das den Antrag auf Sicherheitsleistung zurückweist, ist hingegen für den Beklagten selbstständig anfechtbar, OLG Brem NJW 1982, 2737.

6 **2. Frist.** Es kann auch um einen Streit nicht über die Pflicht zur Sicherheitsleistung und um die Höhe der Sicherheitsleistung gehen, sondern nur über die Frist nach § 113. Dann entscheidet das Gericht durch einen nicht anfechtbaren Beschluss. Ein fälschlich ergangener Beschluss ist nur mit dem Urteil anfechtbar. Er wirkt nicht nach § 113 S. 2.

7 **V. Entscheidung, I, II.** Die Entscheidung ergeht nach pflichtgemäßem Ermessen unter Berücksichtigung der geschätzten gerichtlichen und außergerichtlichen Kosten, die dem Bekl. entstanden sind und noch entstehen werden, BGH DB 1982, 802. Gerichtskosten bleiben nach → Vor § 108 Rn. 2 unbeachtet. Das Gericht hat damit alle entstandenen und bevorstehenden gerichtlichen und außergerichtlichen Kosten aller Instanzen zu berücksichtigen, BGH MDR 2005, 45. Daher erfolgt auch eine Anordnung nach § 109 erst nach Eintritt der formellen Rechtskraft. Bei Streitgenossen muss das Gericht § 100 beachten. Die Art der Sicherheitsleistung liegt auch hier im pflichtgemäßen Ermessen des Gerichts. Allerdings kann das Gericht nur einen Erstattungsanspruch des Gegners berücksichtigen, nicht einen Anspruch der Staatskasse, OLG Stgt Rpfleger 1985, 375. Kosten der Widerklage sind nach II 2 unbeachtlich.

8 **VI. Erhöhung, III.** Wenn sich im Rechtsstreit eine vom Ausländer geleistete Sicherheit als unzulänglich ergibt oder wenn der Wert der geleisteten Sicherheit sinkt, kann der Bekl. vor dem Gericht, bei dem der Prozess schwebt, eine Erhöhung der Sicherheitsleistung verlangen, BGH MDR 2005, 45. Das gilt, soweit er nicht einen zur Deckung seiner Kosten ausreichenden Teil der unbestrittenen Forderung einbehalten kann.

9 **Beispiele:** Der Kläger erweitert die Klage; es entstehen unvorhergesehene Kosten; eine verlangte Sicherheit ist schon verbraucht, weil sie zu niedrig war; in der Berufungsinstanz reicht die erstinstanzliche Sicherheitsleistung nicht mehr aus, BGH NJW-RR 1990, 378.

10 Es handelt sich nach → § 110 Rn. 11 um eine nach § 295 I verzichtbare Rüge der Unzulässigkeit nach § 282 III. Der Bekl. muss sie für alle Instanzen erheben, BGH NJW-RR 2005, 148. § 296 III ist anwendbar, BGH NJW 2001, 3630. Die Entscheidung ergeht wie bei § 112 I. III ist entsprechend zugunsten des Klägers anwendbar, wenn sich endgültig herausstellt, dass die geleistete Sicherheit zu hoch war oder die Voraussetzungen entfallen sind. Das Gericht muss sie dann herabsetzen, bei Wegfall das Verfahren nach § 109 einleiten, BGH NJW-RR 2006, 710 (711).

113 ***Fristbestimmung für Prozesskostensicherheit.*** **[1] Das Gericht hat dem Kläger bei Anordnung der Sicherheitsleistung eine Frist zu bestimmen, binnen der die Sicherheit zu leisten ist. [2] Nach Ablauf der Frist ist auf Antrag des Beklagten, wenn die Sicherheit bis zur Entscheidung nicht geleistet ist, die Klage für zurückgenommen zu erklären oder, wenn über ein Rechtsmittel des Klägers zu verhandeln ist, dieses zu verwerfen.**

1 **I. Systematik, Regelungszweck, S. 1, 2.** → § 112 Rn. 1.

2 **II. Geltungsbereich, S. 1, 2.** → Vor § 108 Rn. 3.

3 **III. Anordnung, S. 1.** Bei der Anordnung der Sicherheitsleistung für die Prozesskosten muss das Gericht neben der Art der Sicherheit eine Frist für ihre Erbringung bestimmen, und zwar wie bei → § 112 Rn. 4. Es handelt sich um eine richterliche Frist nach §§ 222, 224, 225. Das Gericht darf sie nach § 224 II verlängern, BGH BeckRS 2020, 32857. Gegen die Versäumung der Frist ist zwar keine Wiedereinsetzung nach § 233 statthaft. Der Kläger kann aber die Sicherheit bis zum Erlass der Entscheidung des Erstgerichts nach S. 2 nachleisten, § 231 II. Hat er die Sicherheit geleistet, bestimmt das Gericht einen Termin nach §§ 216, 495.

4 **IV. Erfolgloser Fristablauf, S. 2.** Nach erfolglosem Fristablauf wird nicht etwa die Sicherheit beigetrieben, sondern das Gericht bestimmt bei nicht geleisteter Sicherheitsleistung durch den Kläger einen Verhandlungstermin nach § 216. Es stellt keinen erheblichen Grund für die Nichteinhaltung der zur Sicherheitsleistung gesetzten Frist, § 224 II, dar, dass sich der Beklagte nicht zu einer Anfrage des Klägers, wie die Sicherheit geleistet werden soll, geäußert hat, BGH BeckRS 2020, 32857. Es besteht keine Pflicht, sich über die Art der Sicherheitsleistung zu einigen; im Zweifelsfall ist vorsorglich eine Hinterlegung oder Bankbürgschaft zu veranlassen. Ebenso wenig genügt für eine Fristverlängerung der nicht näher substantiierte Vortrag, die Frist könne aufgrund von Urlaubsabwesenheiten und der coronabedingten Situation in Brasilien nicht eingehalten werden, BGH BeckRS 2020, 28441. Der Beklagte kann nach Fristablauf den Antrag stellen, die Klage für zurückgenommen zu erklären, S. 2 1. HS. Das Gericht wird entsprechend entscheiden, wenn zum Zeitpunkt der Entscheidung die Prozesskostensicherheit noch nicht geleistet ist, BGH BeckRS 2020, 28441. Maßgeblich ist mithin der Zeitpunkt der Entscheidung, auch nach Fristablauf und Antragstellung des Beklagten kann der Kläger durch Leistung vor der gerichtlichen Entscheidung die Folgen nach S. 2 noch abwenden.

5 **1. Erste Instanz.** Dort ergeht ein Endurteil nach §§ 300 ff., die Entscheidung durch Beschluss ist unzulässig. Hat das Gericht allerdings durch Beschluss entschieden, ist nach dem Meistbegünstigungsgrundsatz die sofortige Beschwerde nach §§ 567 ff. zwecks Aufhebung des Beschlusses und Erlass eines Urteils nach Zurückverweisung statthaft. Das Gericht erklärt die Klage auf Antrag des Bekl. – nicht von Amts wegen – für zurückgenommen, mit den Wirkungen nach § 269, insbesondere auch § 269 III 2, IV. Gegen das Urteil ist Berufung nach §§ 511 ff. (gegen Berufsurteile bei Zulassung Revision, § 543 I) oder Sprungrevision bei Zulassung und Einwilligung *gemäß § 566 I zulässig, OLG Karlsr MDR 1986, 593; Zöller/Herget Rn. 3.* Zum Zwischenurteil → § 112 Rn. 4.

6 **2. Rechtsmittelinstanz.** Dort ergeht ebenfalls ein solches Urteil, das die Klage für zurückgenommen erklärt, falls der sicherungspflichtige Kläger der Rechtsmittelbekl ist. Wenn er der Rechtsmittelkläger ist, verwirft das

Berufungsgericht sein Rechtsmittel durch Endurteil als unzulässig, BGH NJW 2002, 3259 (3260). Das gilt auch dann, wenn das Gericht der Vorinstanz im angefochtenen Urteil unzulässig zur Sache entschieden hatte, BGH NJW 2002, 3259 (3260). Wenn beide Parteien Rechtsmittelkläger sind, muss das Gericht wie bei → Rn. 4 verfahren. Bei Säumnis des Klägers kann der Bekl. ein Versäumnisurteil in der Hauptsache nach § 330 beantragen oder eine Entscheidung nach § 113 fordern (Zöller/Herget Rn. 3). Bei Säumnis des Bekl. und einem Versäumnisurteil gegen ihn nach § 331 kann der Kläger nach Einspruch des Bekl. nach § 338 die Sicherheitsleistung noch bis zur neuen Entscheidung nachholen.

Titel 7. Prozesskostenhilfe und Prozesskostenvorschuss

Vorbemerkung zu § 114

Schrifttum: Christl NJW 2021, 2010; Dörndorfer, Prozesskosten-, Verfahrenskosten- und Beratungshilfe für Anfänger, 7. Aufl. 2020; Gottschalk/Schneider, Prozess- und Verfahrenskostenhilfe, Beratungshilfe, 10. Aufl. 2021; Groß, Beratungshilfe/Prozesskostenhilfe/Verfahrenskostenhilfe, 15. Aufl. 2022; Lissner/Dietrich/Schmidt, Beratungshilfe mit Prozess- und Verfahrenskostenhilfe, 4. Aufl. 2021; Mayer, NJW 2021, 3432; Möbius, Das Prinzip der Rechtsschutzgleichheit im Recht der Prozesskostenhilfe, 2013; Nickel, MDR 2018, 369; Poller/Härtl/Köpf (Hrsg), Gesamtes Kostenhilferecht, 3. Aufl. 2018; Schneider, NJW 2021, 3286; Timme, NJW 2013, 3057; Zimmermann, Prozesskosten- und Verfahrenskostenhilfe – insbesondere in Familiensachen –, 6. Aufl. 2021.

I. Systematik. Die Prozesskostenhilfe (PKH) stellt als Leistung der staatlichen Daseinsfürsorge und als Bestandteil der Rechtsschutzgewährung eine Einrichtung der Sozialhilfe im Bereich der Rechtspflege dar, BGH NJW 1990, 836; Brbg FamRZ 2002, 1200; Celle FamRZ 2010, 1751; Hamm MDR 2011, 1296. Als Sozialhilfe ist die PKH auf Hilfe in einer gegenwärtig bestehenden Bedarfslage gerichtet, es gilt der sozialhilferechtliche Grundsatz, dass im Zeitpunkt der Bewilligung der Hilfebedarf noch bestehen muss und die Hilfe nicht der bloßen Schuldentilgung des Hilfesuchenden dienen darf, LAG Halle FamRZ 2010, 314. **1**

Aus Zweckmäßigkeitsgründen ist die PKH-Bewilligung in der ZPO geregelt und nicht Aufgabe einer Verwaltungsbehörde, sondern der Gerichte. Das gesamte PKH-Verfahren ist ein eigenständiges gerichtliches Verfahren und kein Zivilprozess, sondern erleichtert nur den Zugang zu diesem, BGH NJW-RR 1989, 675; Karlsr NJW-RR 2003, 796; Tombrink DRiZ 2007, 187; Naumb FamRZ 2016, 842. Dem Antragsteller steht das Gericht als Bewilligungsstelle gegenüber, BGH NJW 1984, 740. Das PKH-Verfahren ist kein kontradiktorisches Verfahren, der Prozessgegner wird lediglich angehört, ist aber nicht Beteiligter, Karlsr NJW-RR 2003, 796. Das Gericht entscheidet in richterlicher Unabhängigkeit gem. Art. 97 I GG (Richter) bzw. sachlicher Unabhängigkeit (Rpfleger) und nicht als Verwaltungsbehörde. Seine Entscheidung ist nicht als Verwaltungsakt anfechtbar, sondern nur nach § 127 (Richter) bzw. nach § 11 RPflG (Rpfl.). Daher sind auch zB §§ 38 VwVfG, 34 SGB X, § 23 EGGVG unanwendbar. Der nach § 121 beizuordnende oder beigeordnete Anwalt ist kein Verfahrensbeteiligter, kein Geschützter und daher kein Dritter nach § 839 I 1 BGB wegen seines Honorars, BGH NJW 1990, 836. **2**

II. Regelungszweck. Auch wenn die genaue Ausgestaltung der PKH-Regelungen auf gesetzgeberischen Entscheidungen beruht, liegt der PKH doch das verfassungsrechtliche Gebot zugrunde, allen den Zugang zu den Gerichten in grundsätzlich gleicher Weise zu eröffnen, BVerfG NJW 1991, 413. Das aus dem allgemeinen Gleichheitssatz nach Art. 3 I GG iVm dem Rechtsstaats- und dem Sozialstaatsprinzip aus Art. 20 I, III GG folgende Gebot der Rechtsschutzgleichheit gebietet eine weitgehende Angleichung der Situation von Bemittelten und Unbemittelten bei der Verwirklichung des Rechtsschutzes, wobei es verfassungsrechtlich unbedenklich ist, die Gewährung von Prozesskostenhilfe davon abhängig zu machen, dass die beabsichtigte Rechtsverfolgung oder Rechtsverteidigung hinreichende Aussicht auf Erfolg hat und nicht mutwillig erscheint, BVerfG NVwZ-RR 2020, 137; denn der Unbemittelte muss nur einem solchen Bemittelten gleichgestellt werden, der seine Prozessaussichten vernünftig abwägt und dabei auch das Kostenrisiko berücksichtigt, BVerfG NJW 2020, 534. Insgesamt muss der Unbemittelte grds. ebenso wirksamen Rechtsschutz in Anspruch nehmen können wie ein Begüterter, BVerfG NJW 2009, 209; BGH NJW 2019, 3727; Gaier NJW 2013, 2871. Die verfassungsrechtlich grds. zulässige Prüfung der Erfolgsaussicht darf deshalb nicht dazu führen, die Rechtsverfolgung bzw. Rechtsverteidigung selbst in das PKH-Verfahren zu verlagern und dieses an die Stelle des Hauptsacheverfahrens treten zu lassen, BVerfG NJW 1991, 413; NVwZ-RR 2020, 137. Insbesondere darf PKH nicht versagt werden, wenn die Entscheidung in der Hauptsache von der Beantwortung einer schwierigen, bislang ungeklärten Rechtsfrage abhängt, BVerfG NJW 1991, 413; NJW 2004, 1789. Diese verfassungsrechtlichen Vorgaben haben die Gerichte bei der Anwendung der PKH-Vorschriften zu berücksichtigen und die Regelungen dergestalt anzuwenden, dass der Anspruch auf Rechtsschutzgleichheit nicht verletzt wird. Daher dürfen die Anforderungen an die Darlegung der Erfolgsaussichten nicht überspannt werden, BVerfG FamRZ 2020, 846; BeckRS 2022, 7337. **3**

Auch aus Art. 6 EMRK folgt das Recht auf Zugang zu den Gerichten, wobei den Staaten die Wahl der Mittel, dies zu gewährleisten, überlassen bleibt; das Recht auf Zugang zu einem Gericht nach Art. 6 EMRK ist aber nicht absolut und kann eingeschränkt werden, wenn die Einschränkungen ein berechtigtes Ziel verfolgen und verhältnismäßig sind. Bedingungen für die Gewährung von Prozesskostenhilfe können insbesondere berechtigt sein, wenn sie auf die finanzielle Situation der Partei oder auf die Erfolgsaussichten ihrer Klage abstellen, vorausgesetzt das System der Prozesskostenhilfe bietet dem Einzelnen wesentliche Garantien, die ihn vor Willkür schützen; diesen Anforderungen wird das deutsche PKH-System gerecht, EGMR NJW 2018, 527. Europarechtlich ist die Richtlinie 2003/8/EG des Rates der Europäischen Gemeinschaften zur Verbesserung des Zugangs zum Recht bei Streitsachen mit grenzübergreifendem Bezug vom 27.1.2003, ABl. L 26, 41 zu beachten, ferner das Gesetz zur Umsetzung gemeinschaftsrechtlicher Vorschriften über die grenzüberschreitende Prozesskostenhilfe in Zivil- und Handelssachen in den Mitgliedstaaten (EG-Prozesskostenhilfegesetz) vom 15.12.2004, BGBl. I 3392, mit seiner Festlegung gemeinsamer Mindestvorschriften für die Prozesskostenhilfe und für andere mit Zivilverfahren verbundenen Aspekte sowie die zugehörige EG-Prozesskostenhilfevordruckverordnung – EGPKHVV – vom 21.12.2004, BGBl. I 3538. **4**

5 **III. Geltungsbereich.** §§ 114 ff. gelten für jede Art des Erkenntnisverfahrens nach §§ 253 ff. vor dem Prozessgericht, seiner Nebenverfahren und der Zwangsvollstreckung nach §§ 704 ff. Sie gelten auch im Musterfeststellungsverfahren nach §§ 606 ff. sowie im WEG-Verfahren und für Verfahren des einstweiligen Rechtsschutzes, zB nach §§ 916 ff., 935 ff. Einzelheiten → § 114 Rn. 13 ff., → § 119 Rn. 38 ff. (zum Rechtszug). §§ 114–116 gelten entsprechend für einen Beteiligten vor dem Patentgericht nach § 81a I MarkenG. Sie gelten nicht für ein ausländisches Verfahren, KG FamRZ 2006, 1210 (AUG). Wegen Kostenhilfe im EGMR-Verfahren vgl. § 114 Anh. II.

6 Im FamFG-Verfahren enthalten §§ 76–78 FamFG eine den §§ 114 ff. ZPO angenäherte vorrangige Sonderregelung, Stgt FamRZ 2016, 1002. Die staatliche Unterstützung heißt dort Verfahrenskostenhilfe (VKH). Allerdings gelten §§ 76–78 FamFG nicht in Ehe- und Familienstreitsachen nach § 113 I 1 FamFG. Vielmehr gelten dann nach § 113 I 2 FamFG die §§ 114 ff. ZPO bis auf die FamFG-Begriffe uneingeschränkt entsprechend. §§ 114 ff. gelten nach § 11a ArbGG auch im dortigen Verfahren, LAG Nürnb NZA-RR 2016, 249. Sie gelten auch iVm §§ 146 ff., 166 VwGO, BVerfG NJW 2012, 2722; OVG Bln-Brbg NJW 2018, 2346; OVG Saarlouis NVwZ-RR 2018, 510. §§ 114 ff. ZPO gelten auch bei einem fehlerhaft selbständigen FamFG-Verfahren, Nürnb MDR 2014, 36. Vgl. auch § 142 V FGO idF der Berichtigung vom 26.1.2016, BGBl. I 121.

7 Unanwendbar sind §§ 114 ff. auf eine nur außergerichtliche Tätigkeit zB nach § 107 I FamFG, Stgt FamRZ 2011, 384, oder nach VV 2100 RVG, BGH NJW-RR 2007, 1439.

8 **IV. Fürsorgepflicht, Gebot der Rücksichtnahme.** Die gerichtliche Fürsorgepflicht gilt besonders auch im Bereich der Prozesskostenhilfe. Gerade hier muss das Gericht Helfer und Schützer des Rechtssuchenden sein, weil er sozial schwach ist. Das muss man bei der Auslegung des Gesetzes über die allgemeinen Regeln hinaus beachten. Das Gericht sollte nach → Rn. 2, 3 eine gewisse Großzügigkeit gegenüber dem Antragsteller wahren. Zu berücksichtigen ist ferner, dass der aus Art. 2 I GG iVm dem Rechtsstaatsprinzip folgende Anspruch auf ein faires Verfahren das Gericht zur Rücksichtnahme auf die Parteien verpflichtet, BGH NJW-RR 2018, 56. Dieses Gebot der Rücksichtnahme gilt im PKH-Verfahren in besonderem Maße, BGH NJW 2019, 3729. Das bedeutet etwa, dass die Anforderungen an den Antragsteller bei der Bedürftigkeitsprüfung nicht überspannt werden dürfen, damit sein Zugang zu den Gerichten nicht übermäßig erschwert wird, BVerfG NVwZ 2004, 334. Eine vermeidbare Verzögerung oder eine Überspannung kann nach → § 114 Rn. 20, 27 gegen das Gebot eines fairen Verfahrens nach → Einl. II Rn. 44 verstoßen, Naumb MDR 2004, 356; OVG Mannh NVwZ-RR 2005, 438.

9 **V. Rechtsmissbrauch.** Auch im PKH-Verfahren ist Rechtsmissbrauch unzulässig, wie auch sonst nach → Einl. II Rn. 103, Karlsr FamRZ 2010, 748; Zweibr JurBüro 2007, 438. Das gilt nicht nur beim Verbot der Unterstützung von Mutwillen nach → § 114 Rn. 34. Es gilt vielmehr auch im gesamten übrigen Bewilligungsverfahren, Stgt FamRZ 1997, 1410; LAG Kiel MDR 1996, 644.

VI. Beispiele von Rechtsmissbrauch

10 **Abtretung:** Rechtsmissbrauch liegt dann vor, wenn ein Bemittelter eine Treuhandabtretung an einen Bedürftigen vornimmt. Auch → „Sicherungsabtretung".

Entzug des Mandats: Rechtsmissbrauch liegt dann vor, wenn der Begünstigte seinem nach § 121 beigeordneten Anwalt das Mandat grundlos entzieht, Ffm MDR 1988, 501.

Kostenvorschuss: Rechtsmissbrauch liegt dann vor, wenn ein nach § 1360a IV BGB Berechtigter sich dadurch mittellos macht, dass er auf den Vorschuss verzichtet oder den Prozess verschleppt, Oldb FamRZ 1994, 1184.

Nichtbetreiben: Rechtsmissbrauch kann dann vorliegen, wenn keine Partei ihr Verfahren (weiter)betreibt, Stgt FamRZ 2005, 810 (Scheidung).

Prozessführungsrecht: Rechtsmissbrauch liegt dann vor, wenn ein Bemittelter nach → Vor § 50 Rn. 43 „Treuhänder" eine Prozessführungsermächtigung des bedürftigen Mitberechtigten ausübt.

Sicherungsabtretung: Bei ihr kann Rechtsmissbrauch vorliegen. Es kommt auf die Lage des Treunehmers in seinem Prozess an, Hamm VersR 1982, 1068.

Sozialhilfe: Rechtsmissbrauch liegt dann vor, wenn ein Sozialhilfeempfänger mit einer Ermächtigung des Sozialhilfeträgers nach → § 114 Rn. 12 „Sozialhilfe" vorgeht.

Uneigennützige Treuhand: Bei ihr kann Rechtsmissbrauch vorliegen. Es kommt grds. auf den Treugeber an, Hamm VersR 1982, 381. Nur beim Fehlen eines eigenen Interesses des materiell-rechtlichen Rechtsinhabers an der Rechtsverfolgung kommt es lediglich auf die Partei an, BGH NJW 1987, 783.

Vermutung, dass Einkünfte nicht angeben wurden: Rechtsmissbräuchlich ist das PKH-Begehren, wenn der Antragsteller die Vermutung nicht ausräumt, dass er bestimmte Einkünfte nicht angegeben hat; diese Vermutung ist dann gerechtfertigt, wenn die beziffert angegebenen Einkünfte auch für einen noch so bescheidenen Lebensunterhalt nicht ausreichen, BGH FamRZ 2021, 1722.

11 **VII. Sorgfalt der Prüfung.** Trotz der in → Rn. 3 empfohlenen gewissen Großzügigkeit muss das Gericht vor der Bewilligung sorgfältig prüfen, ob ihre Voraussetzungen vorliegen, Rosenau NJ 1997, 151; Tombrink DRiZ 2007, 187. Der Unbemittelte muss von Verfassungs wegen nur einem solchen Bemittelten gleichgestellt werden, der seine Prozessaussichten vernünftig abwägt und dabei auch das Kostenrisiko berücksichtigt, BVerfG NJW 2020, 534.

12 **VIII. Abgrenzung zu anderen Vergünstigungen.** Die Prozesskostenhilfe heißt nach → § 114 Rn. 13 ff., §§ 76 ff. FamFG in manchen Verfahrensarten Verfahrenskostenhilfe. Neben ihr gibt es eine Reihe anderer kostenrechtlicher Vergünstigungsmöglichkeiten.

IX. Beispiele zur Frage anderer Vergünstigungen

13 **Absehen vom Kostenansatz:** Er gehört hierher nach § 10 KostVfg, Toussaint/Toussaint KostVfg § 10 Rn. 1 ff.

AUG: zum Verfahren KG FamRZ 1992, 1319; Uhlig/Berard NJW 1987, 1521.

Befreiung von Vorauszahlung: Sie gehört hierher nach § 12 II GKG, Anh. § 271, § 15 FamGKG.

Beratungshilfe: Hierher gehört die Finanzierung der Kosten eines durch eine Beratungshilfe beigeordneten Anwalts nach Anh. § 127.

Herabsetzung des Streitwerts: Sie gehört hierher nach §§ 247 I AktG, 26 GebrMG, 142, 144 PatG, 12 IV UWG. Sie ist jeweils zusätzlich zur PKH statthaft.

Kostenfreiheit: Sie gehört hierher nach § 2 GKG, § 2 FamGKG.

Nichterhebung: Hierher gehört die Nichterhebung solcher Kosten, die durch eine falsche Sachbehandlung entstanden sind nach § 21 GKG, § 20 FamGKG, § 21 GNotKG.

Niederschlagung: Hierher gehört eine Niederschlagung von Kosten wegen Vermögenslosigkeit, § 2 VO vom 20.3.1935, RGBl. 406, und AVen der Länder hierzu, Toussaint/Toussaint. Auch „Nichterhebung".

Notar: Hierher gehört eine vorläufige Gebührenfreiheit oder eine Ratenzahlungsmöglichkeit zugunsten eines Beteiligten nach einer Prozesskostenhilfe wegen einer Urkundstätigkeit des Notars nach § 17 II BNotO, Appell DNotZ 1981, 596.

Reiseentschädigung: Hierher gehört eine Reisekostenentschädigung an einen Mittellosen, Toussaint/Weber Reiseentschädigungen (3. Kap. III. 3.).

X. Kritik. Die Regelung der Prozesskostenhilfe in der ZPO ist – bei aller Kritik an Details (vgl. Müller JZ 1987, 1; Bischof NJW 1982, 2549; Schneider MDR 1984, 815) – insgesamt praktikabel und ermöglicht die verfassungsrechtlich gebotene (vgl. BVerfG NJW 2020, 543) weitgehende Angleichung der Situation von Bemittelten und Unbemittelten bei der Verwirklichung des Rechtsschutzes. Um eine vollständige Angleichung handelt es sich auch deshalb nicht, weil die Vergütung der PKH-Anwälte bei einem Gegenstandswert von mehr als 4.000 EUR nach § 49 RVG geringer ist als nach der Tabelle gem. § 13 RVG, Toussaint/Toussaint RVG § 49 Rn. 1. Dies dient der Kostendämpfung und ist verfassungsgemäß, BVerfG NJW 2008, 1063. 14

114 *Voraussetzungen.* I [1]**Eine Partei, die nach ihren persönlichen und wirtschaftlichen Verhältnissen die Kosten der Prozessführung nicht, nur zum Teil oder nur in Raten aufbringen kann, erhält auf Antrag Prozesskostenhilfe, wenn die beabsichtigte Rechtsverfolgung oder Rechtsverteidigung hinreichende Aussicht auf Erfolg bietet und nicht mutwillig erscheint. [2]Für die grenzüberschreitende Prozesskostenhilfe innerhalb der Europäischen Union gelten ergänzend die §§ 1076 bis 1078.**

II **Mutwillig ist die Rechtsverfolgung oder Rechtsverteidigung, wenn eine Partei, die keine Prozesskostenhilfe beansprucht, bei verständiger Würdigung aller Umstände von der Rechtsverfolgung oder Rechtsverteidigung absehen würde, obwohl eine hinreichende Aussicht auf Erfolg besteht.**

I. Systematik, §§ 114–127. Zunächst → Vor § 114 Rn. 1–10. Das Verfahren beginnt nicht von Amts wegen, sondern nur aufgrund eines Antrags nach § 117 I, II. Er erfordert zum einen eine Darstellung des Streitverhältnisses nach → § 2 Rn. 4, zum anderen eine Erklärung über die persönlichen und wirtschaftlichen Verhältnisse nach → Rn. 16 ff. Die letztere muss der Antragsteller nach § 117 III, IV grundsätzlich durch ein Formular abgeben. 1

1. Vorläufigkeit der Prüfung. Das Gericht nimmt in §§ 114–116 nach → Rn. 27 nur eine vorläufige Prüfung der Erfolgsaussicht vor, BVerfG NJW 1997, 2103. Es prüft vorher oder anschließend nach → Rn. 20 die Bedürftigkeit nach denselben Vorschriften. Es nimmt nach § 118 evtl. ergänzende Ermittlungen vor. Es hört den Prozessgegner nach § 118 I 1, 2 an. Es trifft dann seine Entscheidungen nach § 119 nur für diesen Rechtszug. Eine mündliche Verhandlung findet nach § 127 I 1 nicht statt. Eine Erörterung nach § 118 I 3 ist nur zulässig, wenn eine Einigung zu erwarten ist. 2

2. Verfahren. Zuständig ist nach § 127 I 2 das Gericht des jeweiligen Rechtszugs, und zwar grundsätzlich der Richter, wegen der Zwangsvollstreckung der Rpfleger des Vollstreckungsgerichts nach §§ 117 I 3, 119 II, 764, 802, sonst nur nach Landesrecht aufgrund richterlicher Übertragung der Rpfleger nach § 20 II RPflG. Ein unzuständiges Gericht muss vor einer Zurückweisung des Antrags eine Abgabe (im reinen PKH-Prüfungsverfahren) oder (wenn bereits Klage erhoben ist) einen Verweisungsantrag nach § 281 anregen, Brbg NJW-RR 2003, 796. Die Entscheidung erfolgt durch einen Beschluss nach § 329. Falls er erst im Lauf einer mündlichen Verhandlung zur Hauptsache ergeht, verkündet ihn das Gericht kraft Gewohnheitsrechts nach § 329 I 1 mündlich. Andernfalls gibt es ihn nach § 329 II 1 formlos dem Antragsteller, dem Prozessgegner, nicht aber dem Vertreter der Landeskasse (Bezirksrevisor) bekannt. Das Gericht muss seinen Beschluss an sich nach → § 329 Rn. 6 grundsätzlich begründen. Bei einer vollen ratenlosen Bewilligung bedarf es aber grundsätzlich keiner Begründung. Der Beschluss enthält keine Entscheidung zu den Kosten und zur vorläufigen Vollstreckbarkeit. Beiderseits wirksame Erledigungserklärungen nach → § 91a Rn. 111 zur Hauptsache beenden auch das PKH-Verfahren, BGH FamRZ 2009, 1663. 3

3. Ratenzahlung. Das Gericht hat nach § 120 zu bestimmen, dass der Antragsteller Monatsraten aus dem Einkommen und/oder Beträge aus dem Vermögen zahlen muss, soweit er dazu imstande ist. 4

4. Anwaltsbeiordnung. Im Anwaltsprozess nach → § 78 Rn. 1 muss das Gericht nach § 121 I grundsätzlich einen Anwalt beiordnen. Im Parteiprozess nach → § 78 Rn. 1 ist die Beiordnung nach § 121 II auf Antrag notwendig, falls eine anwaltliche Vertretung erforderlich erscheint. Grundsätzlich darf das Gericht nach → § 121 Rn. 2 nur einen von der Partei vorgeschlagenen und bereiten Anwalt beiordnen. 5

5. Weitere Bewilligungsfolgen. Die Bewilligung hat zur Folge, dass die Staatskasse nach § 122 I jedenfalls bis zur Beendigung des Hauptverfahrens keine weiteren als die vom Gericht angeordneten Zahlungen vom Antragsteller fordern kann und dass der beigeordnete Anwalt nach § 122 I Nr. 3 einen Vergütungsanspruch grundsätzlich nicht gegenüber dem Auftraggeber hat, sondern nur gegenüber der Staatskasse. Auch der Prozessgegner ist einstweilen von Zahlungspflichten befreit. Wer im Hauptprozess unterliegt, muss dem Gegner dessen Kosten nach § 123 erstatten. Bei einer Täuschung und in anderen Ausnahmefällen soll das Gericht die PKH nach § 124 aufheben. 6

Soweit eine Entscheidung den Antragsteller oder die Landeskasse nach → Vor § 511 Rn. 16 beschwert, können diese nach §§ 127 II, III, 567 **sofortige Beschwerde** einlegen oder nach § 11 RPflG vorgehen. Das ist grundsätzlich jedoch nach → § 127 Rn. 44 nicht an ein Gericht möglich, zu dem die Hauptsache nicht kommen könnte. Die sofortige Beschwerde ist nach dem Abschluss des Hauptverfahrens nur noch ausnahmsweise zulässig. 7

II. Regelungszweck, §§ 114–127. Zunächst → Vor § 114 Rn. 3. Zwei Ziele sind bei Anwendung und Auslegung der Vorschrift zu beachten. Einerseits soll sie dem Bedürftigen den Zugang zum Gericht eröffnen, BVerfG NJW 2020, 534; Köln FamRZ 2004, 1117. Andererseits soll die Bewilligung davon abhängen, dass die 8 beabsichtigte Rechtsverfolgung hinreichende Aussicht auf Erfolg hat. Das Gericht nimmt lediglich eine vorläufige Einschätzung der Erfolgsaussichten vor und ist nicht gehindert, den Rechtsstreit letztlich entgegen seiner vorläufigen Bewertung zu entscheiden. Dies gilt insbesondere im Hinblick darauf, dass strittige Rechts- oder Tatsachenfragen grundsätzlich nicht im PKH-Verfahren geklärt werden dürfen, BVerfG NJW 2020, 534, → Rn. 33 „Rechtsfrage".

9 **III. Antrag, I 1, 2.** PKH erfolgt nach → § 117 Rn. 4 nur aufgrund eines „Antrags", nicht von Amts wegen. Zum Antrag ist die Partei berechtigt. Wer im Übrigen dazu zählt, das ergibt sich aus → Rn. 3 ff. Auch der ProzBev. ist natürlich für die Partei antragsberechtigt. Wegen einer Antragswiederholung → § 127 Rn. 93 f. Wegen eines Verstoßes → § 117 Rn. 45.

10 **IV. Partei, I 1, 2.** PKH kann nur eine Partei beantragen, und zwar nach § 114 eine natürliche Person nach → § 50 Rn. 5, 7, also zB kein Richter als Amtsträger im Verfahren nach §§ 23 EGGVG, Düss DRiZ 2009, 300. Die juristische Person fällt unter § 116.

11 **1. Begriff der Partei.** → Vor § 50 Rn. 5. Antragsberechtigt ist jede beteiligte Partei. Ein Angehöriger muss ein eigenes Recht verfolgen, Kblz FamRZ 2018, 1012. Die Partei muss nach → § 119 Rn. 4, 11 beim Antragseingang und auch noch im Zeitpunkt der Entscheidung über ihn Partei sein. Der Antragsteller muss nach § 50 parteifähig sein. Er muss auch nach §§ 51, 52 prozessfähig sein. Maßgeblich ist die Stellung im Haupt- einschließlich Nebenverfahren, etwa einer Folgesache.

2. Beispiele zur Parteifrage, I 1, 2

12 **Abtretung:** Es kommt darauf an, ob der Antragsteller schon und noch Gläubiger ist. Bei der Sicherungsabtretung kommt es im Prozess des Treunehmers auf seine Lage an, Hamm VersR 1982, 1068. Bei der uneigennützigen Treuhand wie bei → § 771 Rn. 38 „Uneigennützige Treuhand" kommt es grds. auch auf den Treugeber an, Hamm VersR 1982, 381. Nur beim Fehlen eines eigenen Interesses des materiell-rechtlichen Rechtsinhabers an der Rechtsverfolgung kommt es lediglich auf die Partei an, Celle NJW 1987, 783.

Antrag: Wer keinen eigenen Antrag stellen will, kann nicht Partei nach § 114 sein, Brbg FamRZ 2003, 1755.

Antragsgegner: Er ist nicht Partei, Düss JurBüro 2011, 655, Nürnb FamRZ 2015, 684, Schlesw FamRZ 2015, 685.

Ausländer, Mehrstaater, Staatenloser. Dazu → Vor § 114 Rn. 5. PKH-Bewilligung ist unabhängig von der Staatsangehörigkeit, BGH Rpfleger 2008, 502, Brbg FamRZ 2007, 2003, LAG Ffm MDR 2001, 478, BFH Rpfleger 1997, 171. Das gilt auch bei Wohnsitz im Ausland. Auf eine etwaige Gegenseitigkeit nach Anh. § 328 kommt es für einen Prozess im Inland nicht an, BFH Rpfleger 1997, 171, sondern allenfalls für einen solchen im Ausland. Das gilt allerdings nur für eine natürliche Person nach → § 50 Rn. 5, 7 als Antragsteller. Eine juristische Person nach → § 50 Rn. 12 oder eine parteifähige Vereinigung muss nach → § 116 Rn. 2 ihren (Haupt-) Sitz im Inland haben, Düss MDR 1994, 301. Wegen der zwischenstaatlichen Vorschriften Anh. § 114. Wegen § 8 AUG kann (jetzt) das Bundesamt für Justiz als Zentrale Behörde PKH beantragen, Hmb FamRZ 2003, 318. Wegen eines sog. eingehenden Gesuchs um Auslandsunterhalt nach § 9 S. 1 AUG vgl. bei § 122.

Begleitung des Verfahrens (Familienrecht): Ein Anspruch auf VKH kann auch dann bestehen, wenn mit dem Versorgungsträger bereits ein anderer Verfahrensbeteiligter oder das Gericht die Interessen der Ast. wahrt, dieser also bloß „verfahrensbegleitend" seine Rechte wahrnimmt, BGH FamRZ 2014, 551; Brbg JurBüro 2019, 432.

Betreuung: Der Betreuer kann sogar eine Antragspflicht haben, LSG Bln-Brbg FamRZ 2009, 1612. Der Betreute muss nach § 51 prozessfähig sein, Karlsr FamRZ 2015, 1312.

Dritter: Soweit er nicht mit irgendeiner der in diesem ABC genannten Funktionen beteiligt ist, ist er **nicht** Partei nach § 114, Celle FamRZ 2004, 1879; großzügiger Hamm NJW-RR 2012, 6.

FamFG: Der Partei entspricht die Beteiligung nach §§ 7, 8 FamFG. Nicht Partei ist ein nur nach § 7 VI FamFG Anzuhörender oder Auskunftspflichtiger, Götsche FamRZ 2009, 384.

Fremdnützigkeit: Es muss zumindest auch um die Durchsetzung oder Verteidigung eigener Rechte gehen (BGH NJW 2015, 234). → „Abtretung", → „Nachlasspfleger", → „Partei kraft Amts", → „Treuhand".

Gemeinschaft: Es kommt auf den einzelnen Teilhaber an, → „Streitgenossen, Streithelfer". Auch → „Gesetzlicher Vertreter".

Gesellschaft: „Gemeinschaft", → § 116 Rn. 21 (BGB-Gesellschaft).

Gesetzlicher Vertreter: Es kommt bei PKH für den Prozess des Vertretenen grds. auf diesen an (Stgt FamRZ 1988, 166). Auch → Juristische Person, Nachlasspfleger, „Partei kraft Amts".

Insolvenzverwalter: § 116.

Juristische Person: → § 50 Rn. 12, § 116. Sie findet auch durch Art. 47 EuGRL Schutz, EuGH ZIP 2011, 144 (fordert volle Abwägung). Es kommt nicht auf die Verhältnisse ihres gesetzlichen Vertreters an, sondern auf ihre eigenen, → „Gesetzlicher Vertreter".

Nachlasspfleger: Es kommt auf den Nachlassbestand an, wonach auch bei unbekannten Erben die persönlichen und wirtschaftlichen Verhältnisse maßgeblich sein sollen, Elzer Rpfleger 1999, 165; aM OVG Hmb Rpfleger 1996, 464; richtigerweise Lösung wohl über § 120a bzw. § 124 Nr. 3. Auch → „Gesetzlicher Vertreter", → „Partei kraft Amts".

Partei kraft Amts: → Vor § 50 Rn. 7, § 116.

Parteiwechsel: Der Nachfolger bei → § 263 Rn. 6 ff. rückt nicht automatisch in die Position des Ausgeschiedenen ein, Mü FamRZ 1996, 422, aM Hamm FamRZ 1994, 1268 (aber es kommt auf die individuelle Bedürftigkeit usw. an). Der Nachfolger haftet nicht stets für Kosten des Ausgeschiedenen, Düss Rpfleger 1988, 42.

Prozessbevollmächtigter: PKH kommt bei § 81 nicht nur zu seinen Gunsten infrage, Karlsr MDR 2007, 546.

Prozessstandschaft: Wer wegen eines fremden Rechts im eigenen Namen vorgehen darf, ist Prozessstandschafter kraft Gesetzes, KG FamRZ 1989, 82; Naumb FamRZ 2003, 1115 (Vertretung des Kindes als Bekl.). Wegen der Person, auf deren Bedürftigkeit man abstellen muss, → Rn. 22 „Fremdes Recht". Auch → Rn. 12 „Abtretung", → Nachlasspfleger, → „Partei kraft Amts".

Sozialhilfe: §§ 114 ff. gehen grds. zB dem SGB VIII vor, soweit sie nicht direkt darauf verweisen, Köln FamRZ 1995, 820; OVG Münster NJW 1993, 483. Vgl. aber § 115 I, II und die dort abgedruckten Regeln. Das Gesetz erlaubt dem Sozialhilfeträger, den auf ihn übergegangenen Unterhaltsanspruch im Einvernehmen mit dem Hilfeempfänger auf diesen zur gerichtlichen Geltendmachung rückzuübertragen, BGH FamRZ 2008, 1160 (zust. Günther); Kblz FER 1997, 257; Köln FamRZ 1998, 176; aM Hamm FamRZ 1998, 175; Karlsr FamRZ 1999, 1508; Kblz FamRZ 1997, 1086 (aber Wortlaut und Sinn des SGB XII sind eindeutig, → Einl. II Rn. 76). Die Rückübertragung muss allerdings überhaupt wirksam sein, Celle FamRZ 1997, 1088; aM Nürnb FamRZ 1997, 1087 (aber die Wirksamkeit ist Bedingung der Rechtstellung). Sie bleibt wegen eines Vorschusses unerheblich, soweit der Leistungsempfänger nun auch für die Zukunft klagt, KG FamRZ 2000, 758.

Streitgenossen, Streithelfer: §§ 114 ff. gelten auch für sie nach §§ 59 ff., 66 ff., Ffm FamRZ 1984, 1041; Kblz FamRZ 1986, 1233; Stgt DAVorm 1984, 610. Das gilt natürlich nur bei demjenigen, der überhaupt für sich PKH beantragt, KG JurBüro 2018, 267. Man muss jeden Streitgenossen grds. unabhängig vom anderen einfachen oder notwendigen beurteilen, Kblz JurBüro 2004, 384; aM Bbg OLGR 2001, 28; Düss Rpfleger 1997, 533; Köln NJW-RR 1999, 725. Eine Ausnahme kann bei einer gleichen Beteiligung und der Möglichkeit vorliegen, sich durch den Anwalt des anderen mitvertreten zu lassen, BGH NJW 1993, 1715; Stgt JurBüro 1997, 200 (Bewilligung nur wegen des Erhöhungsbetrags von (jetzt) VV 1008 amtliche Anmerkung I RVG; abl. Rönnebeck NJW 1994, 2273).

Tod. Dazu Fischer Rpfleger 2003, 637. Der Tod des Antragstellers macht die Bewilligung von PKH **unzulässig,** BSG MDR 1988, 610; Düss MDR 2016, 842; LSG Bln-Brbg JurBüro 2015, 316; soweit sie nicht nach → § 119 Rn. 11 ff. rückwirkend erfolgen muss, aM OVG Bln-Brbg NJW 2012, 3739. Er kann aber auch zur Möglichkeit und Notwendigkeit eines etwaigen neuen Antrags des Erben führen, Ffm FamRZ 2007, 1995; Karlsr FamRZ 1999, 240; Stgt JurBüro 2011, 430.

Treuhand: Bei der uneigennützigen Treuhand wie bei → § 771 Rn. 38 „Uneigennützige Treuhand" kommt es grds. auch auf den Treugeber an, Hamm VersR 1982, 381. Nur beim Fehlen eines eigenen Interesses des materiell-rechtlichen Rechtsinhabers an der Rechtsverfolgung kommt es lediglich auf die Partei an, BGH NJW 1987, 783. Auch → Rn. 12 „Abtretung".

Vereinigung: Wegen einer parteifähigen Personenvereinigung § 116. Auch → „Gemeinschaft", „Gesellschaft".

Verfahrenspfleger: In einem Betreuungs- oder Unterbringungsverfahren kann dem Verfahrenspfleger VKH nicht bewilligt werden, weil ihm gem. § 276 VII, 317 VII FamFG keine Kosten auferlegt werden können, BGH NZFam 2021, 1098 mAnm Dürbeck NZFam 2021,1099. Es besteht aber ein Aufwendungsersatzanspruch.

Vertreter: → „Gesetzlicher Vertreter".

Wohnungseigentümergemeinschaft: Als parteifähige Vereinigung nach § 50 I prozesskostenhilfefähig iSd § 116 S. 1 Nr. 2, BGH NJW 2010, 2814.

Zeuge: Er ist nur im Zwischenstreit nach §§ 387 ff. als dortige Partei evtl. zum Antrag nach §§ 114 ff. berechtigt, Hmb FamRZ 2009, 1232. Im Hauptverfahren ist der Zeuge nicht Partei. Im Strafverfahren soll dem Zeugen im Ausnahmefall, dass er ohne anwaltlichen Beistand seine Rechte nicht sachgerecht wahrnehmen können werde, PKH zu bewilligen sein, Stgt NStZ 1992, 340; aM Kblz MDR 1995, 1160. Er mag Beratungshilfe erhalten können, Anh. § 127. Im Strafprozess wendet Düss MDR 1993, 70, §§ 114 ff. evtl. entsprechend an, aM Böhmer IPRax 1993, 223.

Zwangsunterbringung: Antragsgegner ist nur das Land, Karlsr FamRZ 2014, 1400.

Zwangsverwalter: Man muss ihn nach § 114 beurteilen, nicht nach § 116, soweit er aus einem abgetretenen Recht handelt, Hamm VersR 1989, 929.

V. Sachlicher Geltungsbereich, I, II. 1. Umfassende Anwendbarkeit. PKH kommt nur für alle Prozess- und sonstigen gerichtlichen Verfahrensarten in Betracht (Brbg FamRZ 2007, 1994; AG Weilburg FamRZ 2000, 756). Dabei geht es nur um notwendige Kosten nach → § 91 Rn. 35 ff.; Kblz FamRZ 2015, 434. Das gilt unmittelbar für die nach der ZPO geregelten Verfahren, auch solche mit Amtsermittlung, Nürnb MDR 2004, 96. Viele andere Verfahrensgesetze verweisen auf ihre Bestimmungen. Unabhängig davon, dass das Gericht PKH nach → § 119 Rn. 34 je Rechtszug gesondert bewilligen muss, kann sie auch für einzelne Verfahrensabschnitte in Betracht kommen. Das gilt etwa dann, wenn sie erst im Lauf des Rechtszugs beantragt wird und wenn trotz eines früheren Antrags bei der späteren Entscheidung keine nach → § 119 Rn. 11 ff. rückwirkende Bewilligung in Betracht kommt. Im Zweifel umfasst ein Antrag alle bei diesem Spruchkörper anhängigen und erkennbar beabsichtigten Verfahren, strenger KG FamRZ 1990, 183. Soweit der Antragsteller ihn nur an „das …gericht" richtet, kann eine Behandlung bei mehreren solchen Spruchkörpern notwendig werden. Im Zweifel umfasst eine Bewilligung nur die eindeutig erfassten Verfahren ohne Rückwirkung. Wegen der Zwangsvollstreckung §§ 117 I 3, 119. Für die grenzüberschreitende PKH im EU-Raum gelten nach S. 2 nur ergänzend §§ 1076–1078. 13

Nicht hierher gehören bloße außergerichtliche Verfahren, etwa einer Mediation nach → § 278 Rn. 2 oder bei einer Jugendamtsurkunde, Brbg FamRZ 2007, 1994. Das ergibt sich schon aus den Worten „Kosten der Prozessführung", Drsd NJW-RR 2007, 81; Ffm AnwBl 1990, 176; LAG Nürnb JurBüro 1998, 93. 14

2. Beispiele zur Frage des sachlichen Geltungsbereichs, I, II

Abschiebungsverfahren: Zu den Anforderungen BVerfG NVwZ 2005, 323. 15

Abstammungsverfahren: VKH ist bei ihm statthaft, (jetzt) §§ 76 ff. FamFG, Brbg FamRZ 2007, 2003; Köln FER 2001, 131. Das gilt auch im Zwischenverfahren nach § 372a, Hmb FamRZ 2009, 1233. → „Kindschaftsverfahren".

Anhörungsrüge: PKH ist grds. auch bei ihr nach § 321a statthaft, BGH NJW-Spezial 2014, 477; BVerfG NJW 2014, 681: auch vor ihrer Einreichung, aber nicht für eine Anhörungsrüge im Anschluss an ein Beschwerdeverfahren nach Ablehnung der PKH-Bewilligung, Köln NJW-RR 2015, 576. Unstatthaft sind §§ 114 ff. aber in Beratungshilfeverfahren, BVerfG NJW 2018, 451.

Arbeitsgericht. Dazu Schrader/Siebert NZA 2014, 343 (Grdz.). Im Verfahren vor den Arbeitsgerichten gelten die §§ 114 ff. entsprechend nach § 11a I, III ArbGG, LAG Hamm NZA-RR 2014, 580; LAG Mainz NZA-RR 2012, 603; LAG Nürnb Rpfleger 2013, 344. Darin liegt keine Befreiung von den Gerichtskosten, LAG Hamm DB 1981, 1576. Die erforderlichen Formulare für die Angaben über die persönlichen und wirtschaftlichen Verhältnisse des Antragstellers führt nach § 11a IV ArbGG der Bundesminister für Arbeit und Sozialordnung ein. Vgl. die VO v. 24.11.1980, BGBl. I 2163. Einzelheiten und Kritik Lepke DB 1985, 488. Eine Beiordnung nach § 11a I ArbGG mag zwar eine Art beschränkter PKH sein. Man muss sie aber trotzdem nach den Voraussetzungen und Rechtsfolgen anders beurteilen, LG Halle MDR 1997, 1131. Manche sehen im Antrag nach §§ 114 ff. ZPO als „minus" denjenigen nach § 11a I ArbGG enthalten, LAG Brem MDR 1986, 525. Eine verspätete Entscheidung über das PKH-Gesuch kann gegen Art. 103 I GG verstoßen, LAG Mü AnwBl 1988, 122. **Unanwendbar** sind §§ 114 ff. vor einem Schlichtungsausschuss nach § 111 II ArbGG, LAG Düss JurBüro 1990, 748.

Arrest: PKH ist auch für das Verfahren nach §§ 916 ff. statthaft.

Arzthaftung: Hier dürfen an die Substantiierung keine hohen Anforderungen gestellt werden, Stgt VersR 2005, 524.

Auslandsunterhalt: → „Unterhalt".

Auslandsverfahren: Vgl. Art. 3 EU-Richtlinie, abgedruckt in → Vor § 1076 Rn. 4.

Beratungshilfe: §§ 114 ff. sind nicht anwendbar, es gilt das BerHG, BVerfG NJW 2018, 449; Anh § 127.

Beschwerdeverfahren: → § 127 Rn. 78.

Betreuungsverfahren: → Vor § 114 Rn. 6. Zur Antragspflicht LSG Bln-Brbg FamRZ 2009, 1612. Der Antragsteller muss ein eigenes Recht geltend machen, BGH FGPrax 2017, 223. VKH für Beschwerdeverfahren darf bei Zulassung der Rechtsbeschwerde nicht versagt werden, BGH NJW-RR 2020, 1267.

Beweissicherung: → „Selbständiges Beweisverfahren".

Designsache: → „Patentgericht".

Eheverfahren: VKH ist nach → Vor § 114 Rn. 6 auch für dieses Verfahren statthaft, Ffm FamRZ 1992, 700; Köln FamRZ 2004, 1117; Wax FamRZ 1985, 10 (Grdz.). Es gilt nach → Vor § 114 Rn. 6 vorrangig § 76 FamFG.

– **(Abtrennung):** Sie kann einen neuen Antrag und eine neue Entscheidung zur VKH notwendig machen, Hamm FamRZ 2011, 662, Naumb FamRZ 2001, 1469.
– **(Antrag):** Es ist zumindest ein Antrag erforderlich, Düss FamRZ 1979, 158. Manche lassen die Zustimmung zum Scheidungsantrag des Gegners nur dann ausreichen, wenn die Voraussetzungen des § 1566 I BGB hinreichend vorliegen, Düss FamRZ 1979, 159; AG Lüdenscheid FamRZ 1994, 314 wegen § 1565 II BGB.
– **(Scheidung):** Anwendbarkeit besteht grds. für alle Verbundsachen nach § 137 FamFG, Jena FamRZ 2018, 1011. Unanwendbar sind die Regeln auf eine Folgesache bei einer gleichzeitigen Ablehnung des Scheidungsantrags, Düss NJW 1978, 1866; Hamm FamRZ 1977, 800; aM Karlsr FamRZ 1978, 124 (aber ohne Scheidung keine Folgesache).
– **(Unterhalt):** Unanwendbar sind die Regeln auf eine isolierte Folgesache Ehegattenunterhalt, Schlesw FamRZ 2000, 430.
– **(Vergleich):** Unanwendbar sind die Regeln auf solche außergerichtlichen Verhandlungen, die nicht einen Verfahrensvergleich nach Anh. § 307 oder nur einen außergerichtlichen nach § 779 BGB bezwecken, Ffm MDR 1989, 550.
– **(Versorgungsausgleich):** Anwendbar sind die Regeln nach § 148 FamFG (nur noch) auf ihn, soweit das Gericht die Erstreckung nicht ausdrücklich ausschließt, Naumb FamRZ 2011, 125 (auch zum Übergangsrecht).

Einstweilige Anordnung oder Verfügung: PKH ist auch für ein Verfahren zB nach §§ 49 ff. FamFG oder nach §§ 935 ff. statthaft, Brbg FamRZ 2006, 1775; Saarbr MDR 2008, 594; OVG Lüneburg NVwZ-RR 2014, 664; aM Düss Rpfleger 1994, 28 (aber Buch 1 gilt auch bei diesen Eilverfahren, solange sie keine Sonderregeln enthalten). Das gilt auch für eine notwendige Schutzschrift nach [jetzt] §§ 945a, b, aM Düss FamRZ 1985, 502 (nicht bei Unterhalt. Gerade dann mag sie aber notwendig sein). Es gilt auch für das Hauptverfahren nach Titulierung des Eilverfahrens, krit. Fischer MDR 2011, 642 (Grdz.).

Entschädigungsverfahren: Verweisung in § 209 I BEG.

Erbausschlagung: Keine VKH, weil Erklärung der Erbausschlagung kein Verfahren iSd § 76 FamFG, Celle FamRZ 2016, 1951.

Erledigung der Hauptsache: Sie hindert eine rückwirkende Anwendbarkeit, OVG Schlesw NVwZ-RR 2011, 583.

FamFG: → Vor § 114 Rn. 6.

Das gilt auch im Vermittlungsverfahren nach § 165 FamFG, Götsche FamRZ 2009, 384. Unstatthaft ist VKH gesondert bei § 166 II FamFG, Brbgb FamRZ 2018, 368.

Finanzgericht. Dazu Zenke/Brandenburg, Kosten des finanzgerichtlichen Prozesses, 1997. Im Verfahren vor dem FG gelten nach § 142 FGO auch §§ 114 ff., BFH DB 1988, 536. Der Antrag ist auch vor der Klagerhebung nach §§ 253, 261 zulässig, BFH BB 1987, 221. Es kommen nach § 46 StBVergV die Beiordnung eines ProzBev., BFH BB 1986, 2402, auch eines Steuerberaters und seine Vergütung im Weg der PKH in Betracht. Zur Begründung einer Ablehnung BFH DB 1987, 568.

Folgesache: → „Eheverfahren".

Freiwillige Gerichtsbarkeit: → Vor § 114 Rn. 6.

Gebrauchsmustersache: §§ 129 ff. PatG → „Patentgericht", sind nach § 21 II GebrMG entsprechend anwendbar.

Gegenvorstellung: PKH ist auch bei ihr nach → Vor § 567 Rn. 10 statthaft, BVerfG NJW 2014, 681 (auch vor ihrer Einreichung).

Gewaltschutz: VKH statthaft, Karlsr FamRZ 2016, 1194.

Hilfsantrag: → „Mehrheit von Klaganträgen".

Insolvenz. Dazu König NJW 2000, 2485 und 2487 (Rspr-Grdz. zur Verbraucherinsolvenz); Lumpert, Prozesskostenhilfe im Verbraucherinsolvenzverfahren usw., Diss. Würzburg 2000. §§ 114 ff. sind im Verfahren nach der InsO anwendbar, BAG NZA 2011, 1244; Rostock MDR 2015, 297. § 4 InsO erfasst nach seinem Wortlaut und Zweck **alle** Verfahrensarten, BGH NJW 2003, 2911; Zweibr FamRZ 2006, 437; LG Kassel FamRZ 2014, 2015; aM Ffm Rpfleger 1999, 559; LG Mannh JurBüro 2000, 162; LG Memmingen NJW-RR 2000, 129 (je: Eröffnungsverfahren), LG Duisburg Rpfleger 2000, 294 (nach Eröffnung); LG Bad Kreuznach BB 2000, 384; LG Mannh JurBüro 2000, 162 (je: überhaupt nicht); AG Köln NJW 1999, 1642; AG Osnabrück JurBüro 2000, 271 (je: nur für einzelne Abschnitte); Maier Rpfleger 1999, 5 (nicht bei Vorstufe der Restschuldbefreiung); LG Brem MDR 2000, 110; Vallender MDR 1999, 601 (je: wegen § 26 I InsO nicht beim Eigenantrag des Schuldners. Aber § 4 InsO erfasst entgegen AG Köln NJW 1999, 1642 eben auch alle diese Formen). Wegen einer **Stundung** gelten §§ 4ad InsO, LG Coburg FamRZ 2017, 1335; LG Kassel FamRZ 2014, 2010; AG Göttingen Rpfleger 2017, 583. Sie verweisen auf einzelne Vorschriften der §§ 114 ff., BGH WM 2014, 2235. Es mag aber Beratungshilfe ausreichen können, BGH FamRZ 2007, 1014. Stets muss ein eigenes Interesse vorliegen, BGH MDR 2008, 468. Wegen eines vom Verwalter freigegebenen Anspruchs kann der Schuldner PKH beantragen, Celle ZIP 2013, 1191.

Kostenansatz: Zum Problem LSG Mü JurBüro 2016, 640.

Kindschaftsverfahren – jetzt Abstammungssachen. Dazu Nickel NJW 2011, 1117. Zunächst → Vor § 114 Rn. 6. für Kindschaftsverfahren nach §§ 151 ff. FamFG zulässig, Hmb FamRZ 1996, 224; Karlsr FamRZ 1995, 1163; Naumb FamRZ 2006, 960.

– **(Amtsprüfung):** VKH kann auch dann möglich sein, wenn das Gericht zB nach § 26 FamFG den Sachverhalt von Amts wegen klären muss, Naumb FamRZ 2006, 960. Das Gericht darf nämlich Art. 103 I GG nicht verletzen; BVerfG NJW 1957, 1228.
– **(Antragsgegner):** VKH ist grds. auch für den Antragsgegner statthaft. Das gilt auch dann, wenn sich die Mutter des Kindes zu seinem Antrag ungünstig geäußert hat, Ffm FamRZ 1985, 419.
– **(Ehelichkeitsanfechtung):** VKH kommt nicht in Betracht, wenn das in Deutschland lebende klagende Kind nach dem maßgeblichen (hier: italienischen) Heimatrecht nicht als ehelich gilt, Düss FER 1999, 147.
– **(Einstweilige Anordnung):** Kein automatischer Anspruch auf VKH bei einer Bewilligung für ein Kindschaftsverfahren auch für das Verfahren über eine einstweilige Anordnung nach § 157 FamFG, das ein selbständiges Verfahren nach § 76 FamFG ist. Denn dort liegt ein anderer Verfahrensgegenstand nach → § 2 Rn. 4 und auch eine geringere Höhe des Verfahrenswerts vor.
– **(Gegenantrag):** VKH ist möglich bei solchem Antrag des Kindes, das die Vaterschaft auf den gleichgerichteten Antrag des Vaters ebenfalls anficht.
– **(Umstände des Einzelfalls):** VKH wird meist zu bewilligen sein, Musielak/Voit/Fischer Rn. 28. Die Erforderlichkeit einer Anwaltsbeiordnung nach § 78 FamFG richtet sich auch in Abstammungssachen nach den Umständen des Einzelfalls, BGH NJW 2010, 3029.

Mahnverfahren: PKH kommt zwar grds. schon für das Mahnverfahren nach §§ 688 ff. in Betracht, BGH MDR 2017, 1441; Hamm FamRZ 2000, 1023; Oldb MDR 2002, 910; aM LG Stgt FamRZ 2015, 946. Wegen des dortigen Wegfalls einer Schlüssigkeitsprüfung nach → § 691 Rn. 9 erfolgt aber eine Prüfung der Erfolgsaussichten nach → § 114 Rn. 27 nur bei Rechtsmissbrauch nach → § 691 Rn. 11, BGH FamRZ 2018, 602, und ist PKH nur ausnahmsweise notwendig (LG Stgt Rpfleger 1994, 170). Es ist aber eine Beschränkung auf den gerade von der Auskunft gedeckten Zahlungsbetrag möglich, Brbg FamRZ 2008, 1354. Wegen der Fortwirkung im streitigen Verfahren → § 119 Rn. 38 „Mahnverfahren".

Markenrecht: PKH ist im markenrechtlichen Beschwerde- und Rechtsbeschwerdeverfahren entsprechend § 82 I, II 1 MarkenG möglich, BGH GRUR 2009, 89; BPatG GRUR 2003, 728, im Übrigen nicht, BPatG GRUR 2002, 735.

Mediation: §§ 114 ff. sind nach → Rn. 13 unanwendbar, Drsd NJW-RR 2007, 81; Effer-Uhe NJW 2013, 3334. Aber auch → „Vergleich".

Mehrheit von Anträgen: Das Gericht kann nach → Rn. 12 „Teilklage" PKH bei § 260 für den einen Klagantrag bewilligen, für den anderen ablehnen. Wenn auch der Hilfsantrag nach → § 260 Rn. 9 erfolgversprechend ist, kommt auch für ihn eine Bewilligung in Betracht. Das Gericht darf aber nicht mehrere Klagegründe trennen.

Nebenkläger: → „Strafgericht".

Notarrecht: § 17 II BNotO.

Patentgericht. Dazu Kelbel GRUR 1981, 5. Im Verfahren vor dem Patentgericht und vor dem BGH in einer Patentsache gibt es neben dem Unterschied, dass das Gesetz dort von VKH spricht, einige inhaltliche Abweichungen nach §§ 129 ff. PatG. Im Übrigen gelten nach § 130 I 1 PatG die §§ 114 ff. sinngemäß, BPatG GRUR 2000, 307. Dasselbe gilt nach § 21 II GebrMG, BPatG GRUR 1986, 734, auf den auch § 11 II Halbleiterschutzgesetz verweist, nach § 24 DesignG und nach § 44 V 2, 46 III 2 SortenSchG.

Privatkläger: → „Strafgericht".

Prozesskostenhilfeverfahren: PKH kann grundsätzlich nicht schon für das Bewilligungsverfahren nach §§ 114 ff. bewilligt werden, BVerfG NJW 2012, 3293; BGH NJW 2004, 2595; BAG NJW 2017, 3742; aM Bbg NJW-RR 2005, 652; Düss FamRZ 2001, 1155; LSG Kiel JurBüro 2012, 314.

– **(Anhängigkeit):** PKH kann im Stadium der Anhängigkeit nach → § 117 Rn. 15 bei einer bedingten Klage in Betracht kommen.
– **(Antragsgegner):** PKH ist grds. zugunsten des Antragsgegners nicht zulässig, solange keine förmliche Zustellung der Klageschrift nach § 271 vorliegt, Brbg FamRZ 2006, 349; Naumb FamRZ 2008, 1088; Oldb FamRZ 2002, 1712.
– **(Bedingte Klage):** → „– (Anhängigkeit)".
– **(Beweisaufnahme):** PKH kommt grds. auch dann nicht in Betracht, wenn im Bewilligungsverfahren Erhebungen gem. § 118 II erfolgen, LG Aachen MDR 1986, 504, krit. Schneider MDR 1986, 857; aM Köln MDR 1983, 323.
– **(Erledigung):** PKH kommt nach „Erledigung der Hauptsache" vor Rechtshängigkeit nach → § 261 Rn. 1 nicht in Betracht, aM Brschw FamRZ 2006, 504 (aber eine Erledigung der Hauptsache setzt nach → § 91a Rn. 30 die Rechtshängigkeit voraus).
– **(Sachgerechtigkeit):** PKH kommt dann in Betracht, wenn man ohne die Beiordnung eines Anwalts nach § 121 nicht sachgerecht vorgehen könnte, KG JurBüro 2006, 430.
– **(Vergleich):** → „Vergleich".

Prozesskostenvorschuss: §§ 114 ff. sind für das Verfahren auf seinen Erhalt anwendbar, Bbg FamRZ 1986, 484; Schlesw FamRZ 2009, 897; OVG Bln-Brbgg NJW 2011, 3385.

Rechtsbeschwerdeverfahren: §§ 114 ff. sind bei §§ 574 anwendbar, BGH NJW 2003, 1132.

Rechtsmittelinstanz: Die Bewilligung erfolgt nach → § 119 Rn. 34 für jeden Rechtszug gesondert. Wegen des Beschwerdeverfahrens nach → § 127 Rn. 42. PKH kommt auch für eine Rechtsbeschwerde nach § 574 infrage, BGH NJW 2004, 2022.

Ruhen des Verfahrens: Für seine Dauer nach § 251a II kommt PKH nicht infrage, LAG Hamm NZA 2004, 102.

Scheidung: → „Eheverfahren".

Schiedsrichterliches Verfahren: PKH kommt grds. nicht für das Verfahren nach §§ 1025 ff. in Betracht, Stgt BauR 1983, 486. Möglich ist aber PKH im Verfahren nach §§ 1032 II, III, 1041 ff., 1050, 1059.

Schmerzensgeld: → „Unbezifferter Anspruch".

Schutzschrift: §§ 945a, b. Die Bewilligung setzt eine erhebliche Gefährdung bei einer Eilanordnung ohne Anhörung voraus, Jena FamRZ 2010, 141.

Selbständiges Beweisverfahren: PKH kommt auch für das selbständige Beweisverfahren nach §§ 485 ff. in Betracht, Naumb MDR 2010, 403; Oldb MDR 2002, 910; Saarbr MDR 2003, 1436. Das gilt auch für ein solches ohne einen Hauptprozess, Köln Rpfleger 1995, 303; LG Karlsr MDR 1993, 914; LG Stade MDR 2004, 470; aM LG Bonn MDR 1985, 415; LG Flensburg SchlHA 1987, 154 (es reicht aber eine „beabsichtigte" Rechtsverfolgung). Dabei kommt es auf die Erfolgsaussicht nicht der beabsichtigten oder schon nach §§ 253, 261 erhobenen Klage an, sondern nur auf diejenige des Beweisantrags, Naumb MDR 2010, 403; Saarbr MDR 2003, 1436; LG Stade MDR 2004, 470.

Eine Bewilligung ist grds. auch für den **Antragsgegner** möglich, Naumb MDR 2010, 403; Saarbr MDR 2003, 1436; LG Augsburg WuM 1996, 233. Für ein schon und noch anhängiges Hauptverfahren ist eine gesonderte Bewilligung erforderlich, denn das Verfahren nach §§ 485 ff. gehört nach → § 119 Rn. 38 „Selbständiges Beweisverfahren" nicht zum Rechtszug, § 48 IV Nr. 4 RVG.

Sorgerecht: Zunächst → Vor § 114 Rn. 6. VKH kommt bei § 1640 I BGB nicht erst nach der Anordnung einer Nachlassverwaltung infrage, Köln FamRZ 2004, 1117. VKH kommt bei § 1666 BGB infrage, Ffm FamRZ 2013, 46. Die Mutter ist nach dem Entzug des Sorgerechts keine Beteiligte mehr, Ffm FamRZ 2015, 1312. Ein Großelternteil ist kein Beteiligter, Zweibr FamRZ 2007, 302. Auch → „Eheverfahren".

Sortenschutzsache: → „Patentgericht".

Sozialgericht: Im Verfahren vor den Sozialgerichten sind §§ 114 ff. nach § 73a I 1 SGG entsprechend anwendbar, BVerfG NJW 2009, 3417; BSG JurBüro 1996, 533; VerfGH Bln NVwZ-RR 2018, 212. Dabei enthalten §§ 114–127a auch für das sozialgerichtliche Verfahren eine abschließende Regelung, OVG Hmb FEVS 33, 476. Wegen der evtl. Zuständigkeit des EuGH BSG NJW 1984, 576. PKH ohne Beiordnung ist aber unstatthaft, VerfGH Mü NVwZ-RR 2014, 625; aM VerfGH Bln JurBüro 2014, 596. Die Versagung der Beiordnung eines Anwalts entsprechend § 121 verstößt nicht stets gegen Art. 3 I, 103 I GG, BVerfG AnwBl 1986, 211. Zur entsprechenden Anwendung von § 575 Behn DRiZ 1988, 331.

Sozialhilfe: → Rn. 12 „Sozialhilfe".

Strafgericht: §§ 114 ff. gelten entsprechend auch im Strafprozess nach (jetzt) §§ 172 III 2, 379a II StPO, BGH NJW 1992, 2306; Ruppert MDR 1995, 556 (je: Nebenkläger, Revision); Düss MDR 1993, 70 (evtl. sogar für Zeugen); aM Düss MDR 1988, 990 (nur für den Privatkläger, nicht den dortigen Angeklagten). §§ 114 ff. gelten ferner entsprechend im Strafvollzug, BVerfG Rpfleger 2001, 188. Zu den Anforderungen im Klageerzwingungsverfahren nach § 172 StPO Düss MDR 1992, 1071. Für das Adhäsionsverfahren nach §§ 403 ff. StPO ist eine gesonderte Beiordnung auch beim Pflichtverteidiger nötig, Jena Rpfleger 2008, 529, aM Hamm JurBüro 2001, 531.

Stufenklage. Dazu Reinken FPR 2009, 406 (Grdz.). §§ 114 ff. gelten auch bei § 254, Hmb FamRZ 2014, 1737. Die Stufenklage ist eine Verbindung mehrerer Ansprüche in derselben Klage nach → § 254 Rn. 1. Sie werden zugleich nach → § 261 Rn. 1 rechtshängig. Deshalb ist es unzulässig, PKH nur für die erste Stufe zu bewilligen, KG FamRZ 2008, 702; Karlsr FamRZ 2011, 1884; Stgt FamRZ 2011, 387; aM Kblz MDR 2015, 105; Köln FamRZ 2011, 1604 (nur unter Vorbehalt der Überprüfung der letzten Stufe); Naumb FamRZ 2012, 466. Denn der Kläger müsste dann für die nächsten Stufen einen Vorschuss zahlen, → § 119 Rn. 38 „Stufenklage" (dort zur Streitfrage), Hamm FamRZ 2006, 134; Karlsr FamRZ 2004, 547; aM KG FamRZ 2005, 461. Das gilt auch für den Bekl., aM Brbg FamRZ 1998, 1177; Köln FamRZ 1985, 623 (aber die Voraussetzungen der PKH gelten grds. für beide Parteien). Mag das Gericht PKH nur in einem vernünftigen Rahmen bewilligen oder den Leistungsantrag vorläufig beziffern, Karlsr FamRZ 2004, 547.

Teilklage: Bei notwendiger Teilklage ist für die Teilforderung PKH bewilligen, Bbg FamRZ 1985, 1142. Wenn wegen des Restbetrags der Gesamtforderung Verjährung droht, hat der Antragsteller im Allgemeinen insoweit ein Feststellungsinteresse nach § 256 I.

Teilungsversteigerung: → „Zwangsversteigerung".

Umgangsverfahren: §§ 114 ff. gelten grds. auch hier, Karlsr NZFam 2014, 563 (auch zu Grenzen); Zweibr MDR 2014, 111.

Unbezifferter Anspruch: Soweit er nach → § 253 Rn. 47 ff. zulässig ist, muss das Gericht schätzen, ob er voll oder teilweise Erfolg haben kann, und evtl. wie bei einer Teilklage vorgehen.

Untätigkeitsbeschwerde: §§ 114 ff. gelten nach § 29 EGGVG auch hier.

Unterbrechung: Während ihrer Dauer nach § 249 kommt PKH nicht infrage, LAG Hamm NZA 2004, 102; aM LAG Nürnb JurBüro 2007, 212 (bei bloßer Bedürftigkeitsfrage).

Unterhalt: Die Entscheidung über VKH nach dem AUG erfolgt für das Verwaltungsverfahren durch das AG. Sie ist nach § 23 EGGVG anfechtbar. §§ 76 ff. FamFG, §§ 114 ff. sind hier also unanwendbar, Brschw IPRax 1987, 236; Ffm FamRZ 1987, 302; KG NJW-RR 1993, 69. §§ 76 ff. FamFG, §§ 114 ff. gelten im Übrigen sowohl im Haupt-, als auch im vereinfachten Verfahren (jetzt) der §§ 249 ff. FamFG, Celle MDR 2010, 753; Kblz FER 2000, 131; Zweibr FER 2000, 95; aM Oldb MDR 2016, 1387. Ferner → „Eheverfahren", → „Kindschaftsverfahren", → „Vergleich".

Verfassungsgerichtliches Verfahren: §§ 114 ff. gelten entsprechend im Verfahren der Verfassungsbeschwerde, BVerfG NJW 1995, 1415 und 2911, oder bei einer Vorlage nach Art. 100 I GG, BVerfG NJW 1995, 2911, wenn besondere Gründe eine Vertretung geboten erscheinen lassen.

Vergleich: Grundsätzlich kommt zwar PKH nach → „Prozesskostenhilfeverfahren" nicht schon für das Bewilligungsverfahren nach §§ 114 ff. in Betracht. Indessen ist ausnahmsweise eine Bewilligung von PKH für einen gerichtlichen Vergleich im Verfahren nach § 118 I 3 Hs. 2 statthaft, BGH NZFam 2018, 362; Karlsr FamRZ 2015, 1920 (nur für ihn); Naumb MDR 2016, 791; aM Bbg JurBüro 2011, 365; Hamm FamRZ 2009, 145; Kblz FamRZ 2009, 1232. Der Vergleich darf über den beabsichtigten oder bereits nach § 253 II Nr. 2

eingeklagten Klaganspruch hinausgehen. Denn die Vorschrift gestattet die Protokollierung eines umfassenden Vergleichs, BGH NZFam 2018, 362; Brbg FamRZ 2007, 487; aM Hmb JurBüro 1996, 26, Mü FamRZ 2010, 143 (aber § 118 I 3 Hs. 2 gibt gar nichts für eine solche Einschränkung her. Sie würde auch der Prozesswirtschaftlichkeit klar widersprechen). Daher kann die Bewilligung auch in diesem Vergleichsfall für das gesamte PKH-Verfahren in Betracht kommen, BGH NZFam 2018, 362; Hamm FamRZ 2005, 528; Mü NJW-RR 2004, 65. Das gilt jedenfalls dann, wenn die beabsichtigte Rechtsverfolgung oder -verteidigung nach → Rn. 27 Erfolgsaussicht hat oder gehabt hatte, Kblz FamRZ 1990, 181; Köln MDR 2002, 232. Die Bewilligung muss aber nach § 119 eindeutig sein, Hamm AnwBl 1985, 654; Köln MDR 2002, 232.

Eine solche Bewilligung erstreckt sich nicht auch auf einen außergerichtlichen Vergleich nach § 779 BGB, BGH AnwBl 2018, 238; KG MDR 1998, 1454; Kblz NJW-RR 1995, 1389; aM Ffm FamRZ 2009, 137; Nürnb FamRZ 2002, 760 (aber der Prozess war schon Monate vorher erledigt). Überhaupt ist eine Bewilligung nicht für solche außergerichtlichen Verhandlungen zulässig, die nicht zu einem Prozessvergleich nach Anh. § 307 führen sollen.

Versäumnisurteil: §§ 114 ff. gelten **nicht** schon für diese einzelne Handlung nach §§ 330 ff., Köln MDR 1988, 588.

Verwaltungsgericht: §§ 114 ff. sind iVm § 166 VwGO anwendbar, OVG Bautzen NVwZ-RR 2016, 596; OVG Lüneburg NVwZ-RR 2014, 664; OVG Münsterer NZFam 2014, 575.

Verwaltungsverfahren beim GBA: Familiengericht kann nicht PKH für einen beim GBA zu stellenden Antrag auf Rückführung eines Kindes bewilligen, AG Weilburg FamRZ 2000, 756.

Widerklage: Wenn das Gericht dem Kläger für seine Klage PKH bewilligt, sind wegen der Notwendigkeit einer getrennten Prüfung der Klage und der Widerklage entgegen der in fiiheren Auflagen vertretenen Auffassung nicht im Allgemeinen auch die sachlichen Voraussetzungen für die Bewilligung der PKH zur Rechtsverteidigung gegenüber einer etwaigen Widerklage erfüllt. In einer Ehesache nach §§ 121 ff. FamFG erstreckt sich die Beiordnung eines Anwalts auch ohne eine diesbezügliche ausdrückliche Anordnung auf die Rechtsverteidigung gegenüber dem Gegenantrag nach § 48 IV Nr. 4 RVG.

Wohnungseigentum: §§ 114 ff. sind im WEG-Verfahren anwendbar, LG Bln NZM 2007, 493.

Zuständigkeitsbestimmung: PKH nicht für Verfahren nach § 36 I Nr. 6, BGH MDR 1984, 214, denn hierfür fallen gemäß § 1 GKG keine Gerichtsgebühren an; Tätigkeit des ProzBev. abgegolten durch Gebühr für Tätigkeit im Hauptverfahren, § 16 Nr. 3a RVG. (

Zustellung: §§ 114 ff. gelten **nicht** schon für solche einzelne Handlung nach §§ 166 ff., aM LG Trier DAVorm 1987, 684 (vgl. aber § 119 I 1).

Zwangsversteigerung: PKH kommt auch im Zwangsversteigerungsverfahren in Betracht, BGH FamRZ 2004, 177. Das gilt auch zB bei einer Teilungsversteigerung nach § 180 ZVG, BGH WM 2011, 901; LG Frankenthal Rpfleger 2002, 219; LG Heilbronn Rpfleger 2007, 40. Aber → § 119 Rn. 53 (Notwendigkeit näherer Darlegung).

Zwangsverwaltung: PKH kommt nach → § 117 Rn. 31 auch im Zwangsverwaltungsverfahren in Betracht, Hamm VersR 1989, 929.

Zwangsvollstreckung. Dazu Fischer Rpfleger 2004, 190 (Grdz.). → § 119 Rn. 53–57.

Zwischenstreit: PKH kann für den dort Beteiligten statthaft sein, zB bei § 387 für den Zeugen, LAG Mü NZA-RR 2012, 379.

VI. Persönliche und wirtschaftliche Verhältnisse, I 1, 2. § 76 I FamFG nennt dieselben Voraussetzungen wie S. 1. 16

1. Bedürftigkeit. Diese Voraussetzung ist mit der MRK vereinbar, EGMR NJW 2018, 527. Es kommt nach → § 115 Rn. 5 grundsätzlich nur auf die persönlichen Verhältnisse gerade des Antragstellers an, BGH MDR 2017, 1074; KG MDR 2009, 773; Saarbr NJW 2009, 2070. Man muss sie nach dem Gesetzeswortlaut von seinen wirtschaftlichen Verhältnissen unterscheiden. In der Praxis lässt sich eine solche Trennung kaum durchführen. Immerhin ist zB denkbar, dass ein Antragsteller zwar derzeit noch bemittelt ist, dass er jedoch nachweislich langfristig derart erkrankt ist, dass diese immaterielle Beeinträchtigung dazu zwingt, ihm sein Vermögen und seine derzeitigen Einkünfte zu belassen. Denn man muss ihnen einen entsprechend hohen Augenblicksbedarf und eine ausreichende Vorsorgepauschale entgegensetzen. Das Gericht braucht nicht mehr zu prüfen, ob durch die auch nur teilweise Zahlung der voraussichtlichen Prozesskosten sogar eine Gefährdung des notwendigen Unterhalts des Antragstellers und seiner Familie eintreten würde. 17

Eine Bewilligung kommt schon dann in Betracht, wenn man noch keineswegs von einer Gefährdung des notwendigen Unterhalts sprechen kann. Andererseits darf das Gericht PKH aber weder in voller Höhe noch wegen eines Teils der Prozesskosten schon dann bewilligen, wenn eine bloße Gefährdung der Zahlungsfähigkeit vage möglich ist oder sich nicht ausschließen lässt. Es muss im Zeitpunkt der Entscheidung über den Antrag nach → Rn. 21 ein echtes, wenn auch vielleicht nur teilweises oder vorübergehendes persönliches Unvermögen zur Zahlung vorliegen, Düss MDR 1984, 937; OVG Bln-Brbg NVwZ-RR 2016, 79, eine wenigstens wahrscheinliche Unfähigkeit. Nach einer bereits erfolgten Kostenzahlung gibt es daher keine PKH mehr, auch nicht zwecks rückwirkender Erstattung, Celle JurBüro 2007, 96; AG Ffm DGVZ 1989, 190. 18

Unzulässig ist ein Vorschieben des Bedürftigen, → Rn. 22 „Erbengemeinschaft". 19

2. Prüfungsmaßstab: Großzügigkeit. Vor dem Hintergrund der verfassungsrechtlichen Gewährleistung der Rechtsschutzgleichheit, → Vor § 114 Rn. 3, ist bei der Prüfung der Bedürftigkeit eine gewisse Großzügigkeit angebracht. Ein Antragsteller darf sich nicht durch eine als demütigend empfundene Ausforschung seiner Lebensumstände von der Anrufung der Gerichte abgehalten fühlen. Das entbindet ihn nicht von der wahrheitsgemäßen Darlegung seiner persönlichen und wirtschaftlichen Verhältnisse, sollte dem Gericht aber zB bei der Abwägung vor Augen stehen, welche geltend gemachten Abzüge vom Einkommen anzuerkennen sind. Durch die heutigen PKH-Regelungen lassen sich mit der Möglichkeit der Anordnung der Ratenzahlung oder der finanziellen Beteiligung an den Prozesskosten aus dem Vermögen des Antragstellers die Grenzfälle der nicht völlig Unbemittelten und doch nicht genügend Bemittelten erfassen. Eine Bewilligung kommt sowohl für die eine Partei des Hauptprozesses als auch für ihren Prozessgegner gleichzeitig oder nacheinander in Betracht. 20

3. Maßgeblicher Zeitpunkt: Bewilligungsreife. Für die Frage, ob der Antragsteller die Kosten der Prozessführung nach → Rn. 23 gar nicht, nur zum Teil oder nur in Raten aufbringen kann, ist wie bei der Prüfung der 21

Erfolgsaussicht nach → Rn. 27 derjenige Zeitpunkt maßgeblich, zu dem ein nach §§ 117, 118 vollständiger Antrag vorliegt und in dem das Gericht bei einer ordnungsgemäßen Behandlung des Antrags über ihn nach → § 119 Rn. 5 entscheiden muss, Brbg JurBüro 2008, 487; Jena FamRZ 2011, 1885; OVG Hmb FamRZ 2005, 464 (Eilverfahren); OVG Hmb FamRZ 2005, 45. Dieser Zeitpunkt kann nach → § 119 Rn. 4 erheblich vor demjenigen liegen, in dem das Gericht seine Entscheidung tatsächlich getroffen hat. Dann ist nach → § 119 Rn. 3 eine rückwirkende Bewilligung erforderlich und zulässig. Soll das Scheidungsverfahren nach §§ 133 ff. FamFG im Zeitpunkt der Entscheidung über das VKH-Gesuch nicht mehr weiterlaufen, so ist nach § 119 rückwirkend keine VKH mehr statthaft, auch kaum nach §§ 76 ff. FamFG, Ffm FamRZ 1984, 306. Für den Zeitraum vor dem Eingang eines ordnungsgemäßen Antrags kommt grundsätzlich nach → § 119 Rn. 11 keine rückwirkende Bewilligung in Betracht. Eine allzu lange Dauer des PKH-Verfahrens ist nach Art. 19 IV GG unstatthaft, BVerfG NVwZ 2004, 335. Wegen einer Gesetzesänderung Karlsr FamRZ 2005, 630.

4. Beispiele zur Frage der Bedürftigkeit, I 1, 2

22 **Abfindung:** Der Antragsteller braucht eine arbeitsrechtliche Abfindung kaum zur Beseitigung seiner Bedürftigkeit einzusetzen, LAG Bln NJW 1981, 2775, ebenso wenig eine Entschädigung nach dem Contergan-Stiftungs-Gesetz, Celle FamRZ 1983, 1156, Hamm FamRZ 1986, 1102, oder eine Abfindung, durch deren Einsatz er seinen durch sie gedeckten notwendigen Unterhalt beeinträchtigen würde, Kblz FamRZ 1987, 1284.

Abstammung: → „Vaterschaftsanfechtung".

Abtretung: → „Fremdes Recht".

Abzahlungspflicht: → § 115 Rn. 20 „Darlehen".

Arbeitsaufnahme: → Verschulden.

Arbeitseinsatz: → § 115 Rn. 20 „Arbeitseinsatz".

Arbeitsgerichtsverfahren: Wegen der Bedürftigkeitsfrage gelten nicht § 19a I 1 ArbGG, sondern §§ 114 ff., Leser NJW 1981, 791. Zu Übersetzungskosten beim Auslandsbezug BAG NZA 2016, 61 (Vorlage beim EuGH).

Ausländer, ausländischer Wohnsitz: → Rn. 12 „Ausländer, Mehrstaater, Staatenloser". Die Anerkennung der Bewilligung von PKH dem Grunde nach besagt nichts hinsichtlich der Frage, nach welchen Maßstäben die Bedürftigkeit festzustellen ist; bei Vergleichbarkeit der Wirtschafts- und Lebensverhältnisse im Wohnsitzstaat Berechnung nach § 115, BFH Rpfleger 1997, 171 (Niederlande).

Bausparguthaben: → „Kapital".

Berufsvormund: Maßgeblich ist die Bedürftigkeit des Mündels, BGH NJW-RR 2011, 937, und zwar auch dann, wenn er nicht als Vertreter des Mündels, sondern als Verfahrensbeteiligter tätig wird.

Brandentschädigung: Der Antragsteller braucht sie ebenso wenig wie eine andere Abfindung zu verwenden, → Rn. 22 „Abfindung".

Contergan-Stiftungs-Gesetz: → Rn. 22 „Abfindung".

Darlehen: Auf eine Kreditaufnahme kann der Antragsteller verwiesen werden, wenn diese im Rahmen eines ordnungsgemäßen kaufmännischen Geschäftsbetriebs erfolgen kann, BGH NJW-RR 2007, 379. Das kann auch bei einem nur kurzfristigen Zwischenkredit bis zur Auszahlungsreife einer verwertbaren Lebensversicherung gelten, Köln VersR 2001, 1307. Kreditaufnahme regelmäßig zumutbar bei einer am Wirtschaftsleben teilnehmenden Person, die auch bei ordnungsgemäßem und erfolgreichem Geschäftsgang Verbindlichkeiten eingeht, die die zu tragenden Prozesskosten um ein Vielfaches übersteigen, Brbg FamRZ 1997, 681. Krit. zur Verweisung auf Kreditaufnahme Christel NJW 1981, 790.

Selbst bei einer Teilnahme am Wirtschaftsleben braucht man durch ein Darlehen nicht die Existenz zu gefährden, Brbg JurBüro 1997, 30.

Deckungsprozess: → „Versicherung".

Dritter: Freiwillige Unterhaltszahlungen eines Dritten sind nach → § 115 Rn. 5 als Einkommen zu berücksichtigen, Hamm FamRZ 1988, 1271; Köln FamRZ 2000, 1093. Der Pfändungsschuldner nach § 829 ist trotz der Überweisung der Forderung zur Einziehung an einen Dritten weiter selbst an der Zahlung an diesen interessiert. Er braucht also dessen Vermögenslosigkeit nicht nachzuweisen, Schneider DB 1978, 289.

Ehe: → „Kostenvorschuss", „Unterhalt", „Scheinehe".

Eheähnliche Gemeinschaft: Auch hier kommt es nach → Rn. 16 nur auf das Einkommen und Vermögen des Antragstellers an, Karlsr FamRZ 2010, 748; aM LAG Köln NZA-RR 2004, 552 (fingiert 50 % der Differenz der Einkommen als Zuwendung).

Eigenheim, Familienheim: → § 115 Rn. 40 „Hausgrundstück". Bei Streit im sozialgerichtlichen Hauptverfahren, ob Hausgrundstück zum einzusetzenden Vermögen iSd § 90 II Nr. 8 SGB XII gehört, ist Grundstück im PKH-Verfahren nicht zu berücksichtigen – „doppeltrelevanter Umstand" –, BVerfG NJW 2014, 1291. Bei den nach § 115 abzugsfähigen Belastungen nach dem SGB XII sind Zins- und Tilgungsleistungen für ein sozial angemessenes Eigenheim bedingt absetzbar. Es ist eine Gesamtabwägung erforderlich, OVG Münster FamRZ 1986, 188. So kann zB ein sehr hoher Zinsverlust zumutbar sein, Düss FamRZ 1986, 1123. Der voraussichtliche Überschuss aus einer Teilungsversteigerung ist nicht zu berücksichtigen, da kein gegenwärtig verwertbares Vermögen, Brem FamRZ 1983, 637. Erlös aus dem Verkauf eines Familienheims soll zu berücksichtigen sein, selbst, wenn er der Beschaffung einer Wohnung dienen soll, Schlesw SchlHA 1984, 128; Schneider Rpfleger 1985, 49. Allerdings kommt eine Teilungsversteigerung während des Getrenntlebens der Miteigentümer-Eheleute keineswegs stets als zumutbar in Betracht, Celle MDR 1987, 502. Man muss den Nutzungswert der eigengenutzten Wohnung mitbeachten, Haas DB 1976, 2198, aM Karlsr FamRZ 1987, 613; Christel NJW 1981, 787. Auch → „Darlehen", → „Kapital".

Einkommenslosigkeit: Vom Antragsteller genau zu begründen, Kblz MDR 2016, 1226; Brbg FamRZ 2012, 1403.

Einstweilige Anordnung oder Verfügung: Die Grundsätze zur Berücksichtigung eines Anspruchs auf einen → *Kostenvorschuss sind dann nicht* anwendbar, wenn es um eine einstweilige Anordnung oder Verfügung nach §§ 935 ff. ZPO, §§ 49 ff. FamFG auf die Zahlung eines vorläufigen Unterhalts geht, Düss FamRZ 1982, 513; aM Karlsr MDR 1986, 242.

Entäußerung: Keine PKH, wenn eine Partei sich ihres Vermögens in Kenntnis eines Prozesses und der damit verbundenen Kosten entäußert, KG MDR 2014, 423.

Erbengemeinschaft: Die Erbengemeinschaft darf nicht einen mittellosen Miterben vorschieben, BGH VersR 1984, 989; Karlsr OLGZ 1990, 231; Saarbr NJW 2009, 2070. Schwierigkeiten der Ermittlung dürfen nicht zu überspannten Anforderungen führen, → Rn. 20, BVerfG NJW-RR 1998, 1082; Düss NJW-RR 1999, 1086. Auch „Fremdes Recht".

Erkrankung: PKH kommt dann in Betracht, wenn der Antragsteller zwar derzeit noch bemittelt ist, jedoch nachweisbar langfristig derart krank ist, dass er sein Vermögen und seine derzeitigen Einkünfte behalten muss, → Rn. 16.

Erstattungsanspruch: → „Kostenerstattungsanspruch".

Erwerbsmöglichkeit: Der Antragsteller muss Erwerbsmöglichkeiten nutzen; bloßer Verweis auf den Bezug von Arbeitslosengeld II kann uU nicht genügen, Kblz MDR 2016, 1338.

Familienrecht: Zunächst → Vor § 114 Rn. 6. Auch → „Kostenvorschuss", → „Unterhalt".

Fiktives Einkommen: → § 115 Rn. 20 „Arbeitseinsatz".

Flugreise: Ihre Planung gibt Anlass zur kritischen Prüfung, Bbg NJW-RR 2014, 253.

Forderungsübergang: „Fremdes Recht".

Fremdes Recht: Wer als Prozessstandschafter ein fremdes Recht aus dem eigenen oder einem fremden Recht nach → Vor § 50 Rn. 32, 34 geltend macht oder nach einer „Rückabtretung" fordert, muss grds. dartun, dass er **und** der Dritte unvermögend sind. Man darf also den Mittellosen nicht vorschieben, BGH VersR 1992, 594; KG VersR 2008, 557; Saarbr NJW 2009, 2070. Das gilt auch bei einer Sicherungsabtretung, aM Celle NJW 1987, 182. Es gilt beim Rechtsmittelbekl, BGH VersR 1992, 594; Celle JurBüro 2002, 540; KG FamRZ 1996, 38; aM Karlsr Rpfleger 2001, 245; Stgt MDR 1999, 41 (es komme nur auf die Bedürftigkeit des Kindes an); Hamm FamRZ 2001, 924; Karlsr Rpfleger 2001, 246; Nürnb JurBüro 2007, 43 (es komme nur auf die Bedürftigkeit des Prozessstandschafters an. Beide Varianten vernachlässigen die stets notwendige wirtschaftliche Gesamtabwägung). Wegen Eltern → „Unterhalt" – „(Prozessstandschaft)".

Soweit ein Sozialhilfeempfänger nach § 91 IV 1 BSHG aF (§ 94 V 1 SGB XII) rückübertragene Unterhaltsansprüche geltend macht, steht ihm ein Anspruch auf Prozesskostenvorschuss gegen den Sozialhilfeträger zu, der als Vermögenswert seine Bedürftigkeit ausschließt, BGH NJW 2008, 1950. Das gilt nicht, wenn die Durchsetzung des Vorschussanspruchs bloße Förmelei ist, etwa wenn sich die Geltendmachung rückübertragener Ansprüche neben den vom Unterhaltsgläubiger verbliebenen Ansprüchen kostenrechtlich nicht auswirkt, Köln FamRZ 2009, 135.

Gesellschaft: → – „Streitgenossen".

Gesetzlicher Forderungsübergang: → „Fremdes Recht".

Gewerkschaft: Mitgliedschaft ist so zu beurteilen wie das Bestehen einer Rechtsschutzversicherung, → „Rechtsschutzversicherung", BSG JurBüro 1996, 533; LAG Brem MDR 1992, 269; LG Hamm NZA 2005, 544. Das gilt allerdings nur solange die Gewerkschaft Rechtsschutz nicht abgelehnt hat oder dies als sicher erscheint, BAG NJW 2013, 494; LAG Hann AnwBl 1984, 164; LAG Mainz JurBüro 2014, 151. Bei einer erheblichen Störung des Vertrauensverhältnisses kann dem Mitglied die Inanspruchnahme des gewerkschaftlichen Rechtsschutzes unzumutbar sein, BAG NJW 2013, 494; LAG Bln MDR 1989, 572; LAG Brem MDR 1995, 293; LAG Kiel NZA 2004, 104.

„Hartz IV": Grundsätzlich ist bei Bezug von Arbeitslosengeld II eine weitere Darlegung der Einkommens- und Vermögensverhältnisse nicht erforderlich. Im Einzelfall kann aber eine nähere Erläuterung erforderlich sein, Brbg FamRZ 2010, 1266 (streng).

Juristische Person: § 116.

Kapital: Der Antragsteller muss verfügbares Kapital einsetzen, Bbg FamRZ 1985, 504 (evtl. sogar die Klageforderung); Hamm FamRZ 1984, 725 (es muss realisierbar sein); Naumb FamRZ 2008, 1870. Das gilt zB für ein Bausparguthaben, das die Freibeträge nach § 115, (jetzt) §§ 82 ff. SGB XII, beträchtlich übersteigt, Kblz FamRZ 1986, 82 (auch zu einer Ausnahme); Naumb JurBüro 2014, 32, oder für eine Lebensversicherung, BGH VersR 1985, 455; Köln VersR 2001, 1307, oder für einen Mercedes-Pkw, Hamm MDR 2011, 1296. Man muss auch die Erträge eines Hausverkaufs einsetzen, selbst wenn man davon ein Ferienhaus erworben hatte, Kblz AnwBl 1990, 164. Entscheidend ist die Höhe der sofort aufbringbaren Kosten im Verhältnis zum zumutbar Verfügbaren. Darlegen und nach §§ 118 II 1, § 294 glaubhaft machen muss man, warum früheres Kapital jetzt nicht mehr vorhanden ist, BGH FamRZ 2008, 1164. Auch → Rn. 22 „Abfindung", → „Brandentschädigung", → „Schmerzensgeld".

Kostenerstattungsanspruch: Ein solcher gegen den Prozessgegner mindert die Bedürftigkeit entsprechend, BGH AnwBl 1990, 328, sofern der Gegner leistungsfähig ist, Köln FamRZ 1998, 632. Der Anspruch muss bereits fällig sein, LG Siegen MDR 1993, 1116, etwa aus einer anderen Sache. Ein Verzicht auf ihn durch einen Vergleich kann unschädlich sein, LG Köln Rpfleger 1990, 371.

Kostenvorschuss. Dazu Caspary NJW 2005, 2577; Duderstadt FamRZ 1995, 1305; Heistermann FPR 2009, 403; Kreutz NZFam 2014, 196. Ein Anspruch auf einen Prozesskostenvorschuss ist nur zu berücksichtigen, soweit er bereits rechtlich unzweifelhaft besteht und darüber hinaus auch tatsächlich einigermaßen sicher durchsetzbar ist, BGH FamRZ 2008, 1842; Saarbr MDR 2010, 1284; Stgt FamRZ 2012, 318; aM Kblz FamRZ 1996, 226; Knops JurBüro 1992, 448 (aber dann liegt ein echter Vermögenswert vor). Das muss auch zeitnah möglich sein Nürnb FamRZ 2013, 1325. Der Antragsteller muss darlegen, dass beides nicht so ist, BGH FamRZ 2008, 1842; Celle NJW-RR 2006, 1304; Kblz FamRZ 2002, 1126.

Der Grundsatz, dass ein durchsetzbarer Anspruch auf einen Vorschuss zu berücksichtigen ist, gilt auch gegenüber dem neuen Ehegatten, Kblz FamRZ 1986, 466; aM Schlesw FamRZ 1991, 855. Da ein durchsetzbarer Anspruch in diesem Fall gerade nicht besteht, kommt die Berücksichtigung eines fiktiven Vorschussanspruchs gegen einen nichtehelichen Lebensgefährten nicht in Betracht, auch wenn von diesem tatsächlich der gesamte Lebensbedarf gedeckt wird, aM Kblz Rpfleger 1991, 375. Das minderjährige Kind kann von dem betreuenden Elternteil bei entsprechender Leistungsfähigkeit einen Vorschuss verlangen, wenn es ihn vom barunterhaltspflichtigen Elternteil nicht erlangen kann, Karlsr FamRZ 1996, 1100; Kblz FamRZ 2001, 632. Denn der Anspruch des minderjährigen Kindes auf Verfahrenskostenvorschuss in analoger Anwendung des § 1360a IV BGB richtet sich grds gegen beide Eltern, Karlsr FamRZ 2016, 1195; Schlesw FamRZ 2009, 897;

OVG Bautzen NJW 2011, 2457. Anspruch des volljährigen Kindes besteht bis zum Regelabschluss, OVG Hmb FamRZ 2006, 1615. Keine PKH für ausländische Partei, die nach deutschem Recht Anspruch auf Prozesskostenvorschuss hätte, Karlsr MDR 1986, 242.

– **(Abstammung):** Dem Kind ist es bei §§ 169 ff. FamFG zwecks Feststellung der Vaterschaft nicht zumutbar, einen Vorschuss gegen den Scheinvater einzufordern, Karlsr MDR 2008, 940.

– **(Altschuld):** Kein Vorschuss ist zugunsten einer vorehelichen Altschuld des Ehegatten nötig, LG Kblz FamRZ 2009, 1086.

– **(Darlehen):** Der Anspruch auf Vorschuss entfällt nicht durch ein Darlehensangebot des Verpflichteten, Ffm JurBüro 2014, 155.

– **(Dritter):** Derjenige, dem ein Dritter einen Vorschuss leisten muss, muss vergeblich versucht haben, diesen zu erlangen, Köln FamRZ 1979, 964. Er muss diesen Versuch oder das Unvermögen des Vorschusspflichtigen dartun, Mü FamRZ 1979, 42,

– **(Durchsetzung des Anspruchs):** Keine Anrechnung erfolgt, soweit es bei der Anspruchsdurchsetzung Schwierigkeiten gibt, Brbg FamRZ 2003, 1933; Kblz FamRZ 1986, 284 (der vorschusspflichtige Prozessgegner hat Anspruch auf PKH); OVG Münster FamRZ 2000, 21. Auch „– (Raten)".

– **(Ehelichkeitsanfechtung):** Das auf Anfechtung der Ehelichkeit klagende bzw. beklagte Kind kann auf seinen Anspruch auf Prozesskostenvorschuss gegen den (Schein-)Vater verwiesen werden, Kblz MDR 1997, 267; Karlsr FamRZ 1996, 872; Celle NJW-RR 1995, 6; KG FamRZ 1987, 303; aM Hmb NJW-RR 1996, 1; Ffm FamRZ 1983, 827.

– **(Eigene Prozesskostenhilfe):** Keine Anrechnung erfolgt, soweit der Vorschussberechtigte selbst PKH erhalten könnte, Oldb FamRZ 1999, 1148, oder soweit der Unterhaltspflichtige selbst PKH erhalten würde, Düss FamRZ 1993, 1474.

– **(Halbteilungsgrundsatz):** Karlsr FamRZ 2016, 1279.

– **(Hilfsbedürftigkeit):** Keine Anrechnung erfolgt, soweit der Vorschusspflichtige selbst hilfsbedürftig würde, Düss FamRZ 1999, 1673; Oldb MDR 1994, 618; LAG Mainz NZA-RR 2012, 603.

– **(Insolvenzverwalter):** Die Umstände der Unzumutbarkeit der Prozessfinanzierung durch die wirtschaftlich beteiligten Gläubiger nach § 116 S. 1 Nr. 1 sind mit Tatsachenvortrag darzulegen, Celle MDR 2015, 858.

– **(Raten):** Besteht nur ein ratenweiser Vorschussanspruch, ist dem Vorschussberechtigten VKH mit entsprechender Ratenzahlungsanordnung zu bewilligen, Celle NZFam 2014, 42; AG Hmb-Barmbek FPR 2009, 433. Anrechenbarkeit liegt auch dann vor, wenn der Anspruch auf den Vorschuss nur ratenweise durchsetzbar ist, BGH FamRZ 2004, 1633 (zust. Wax LMK 2005, 10); Celle NJW-RR 2006, 1304; Saarbr FamRZ 2010, 749; aM Bbg JurBüro 1990, 1643; Karlsr FamRZ 1987, 1062 (aber bloße Raten ändern nichts am Anspruchsbestand).

– **(Rechtskraft):** Keine Anrechnung erfolgt, soweit das Gericht über einen rechtzeitigen PKH-Antrag erst nach dem Eintritt der formellen Rechtskraft der Scheidung entschieden hat, Mü FamRZ 1997, 1542.

– **(Selbstbehalt):** Da ein Anspruch auf Prozesskostenvorschuss nur bei hinreichender Leistungsfähigkeit des Verpflichteten besteht, ist angemessener Selbstbehalt zu wahren, OVG Bautzen NJW-RR 2009, 1436.

– **(Sorgerecht):** Keine Anrechnung erfolgt, soweit der Minderjährige von einem Nichtsorgeberechtigten einen solchen Unterhalt fordert, den er allenfalls vom Sorgeberechtigten fordern könnte, Mü FamRZ 1997, 347.

– **(Sozialhilfe):** Wegen einer Rückabtretung bei ihr → Rn. 12 „Sozialhilfe".

– **(Verwirkung):** Sie ist möglich, Brbg FamRZ 2014, 784.

– **(Volljährigkeit):** Anrechenbarkeit liegt beim volljährigen Kind bis zu seinem beruflichen Regelausbildungsabschluss vor, BGH FamRZ 2004, 1633; Stgt OLGR 2007, 1037; LAG Bln-Brbg FamRZ 2010, 144. Keine Anrechnung erfolgt, soweit ein Volljähriger schon eine von den Eltern finanziell unabhängige Stellung hat, Hamm FamRZ 1996, 1433; Köln (13. ZS) FER 2000, 31 und (27. ZS) FamRZ 2000, 757; Zweibr NJW-RR 2005, 306 (also Berücksichtigung vor solcher Unabhängigkeit), aM Köln FamRZ 1986, 1031 (zu formell).

– **(Vollwertigkeit): Keine** Anrechnung erfolgt, soweit der Anspruch auf einen Vorschuss nicht vollwertig ist, Ffm NJW 1981, 2129; Karlsr FamRZ 1984, 919; Mü AnwBl 1984, 314 (PKH mit einer Ratenzahlungsanordnung, wenn solche auch dem Vorschusspflichtigen zustünde); aM Grunsky NJW 1980, 2043 (aber man muss wirtschaftlich denken).

– **(Vorläufiger Unterhalt): Keine** Anrechnung erfolgt in einem Eilverfahren nach §§ 49 ff. FamFG, §§ 935 ff. auf Zahlung eines vorläufigen Unterhalts, Düss FamRZ 1982, 513; aM Karlsr MDR 1986, 242 (aber eine Eilsache erfordert eine großzügige Bewilligung).

Krankheit: → „Erkrankung".

Lebensversicherung: → § 115 Rn. 40 – „Lebensversicherung".

Miete: → „Rechtsschutzversicherung".

Minderjähriger: Maßgeblich sind grds. nur seine Verhältnisse, Hamm MDR 2003, 458; Naumb FamRZ 2002, 1711; AG Essen FamRZ 2002, 1713. Aber auch → „Fremdes Recht".

Nachlasspfleger: Soweit er als Antragsteller auftritt, muss der Nachlass bedürftig sein, Saarbr FamRZ 2010, 1359; aM Karlsr FamRZ 1999, 240 (nach Verzögerung des Gerichts); OVG Hmb Rpfleger 1996, 464.

Nutzungswert: → „Wohnung".

Partei kraft Amts: § 116.

Pkw: Ein besonders teurer Pkw kann auch dann gegen die Bewilligung sprechen, wenn der Antragsteller angeblich von der Unterstützung anderer lebt, Ffm Rpfleger 1982, 159.

Prozesskostenerstattung: → „Kostenerstattungsanspruch".

Prozesskostenvorschuss: → „Kostenvorschuss".

Prozessstandschaft: → „Fremdes Recht".

Realisierbarkeit: Ein Anspruch oder ein Kapital müssen in absehbarer Zeit durchsetzbar sein, Hamm FamRZ 1984, 725; *Grunsky NJW 1980, 2042.*

Rechtsmissbrauch: PKH kann im Einzelfall wegen Rechtsmissbrauchs zu versagen sein. Rechtsmissbräuchlich handelt nicht nur die Partei, die vorsätzlich ihre Bedürftigkeit herbeiführt, sondern auch diejenige, die es offenkundig leichtfertig unterlässt, eine tatsächlich bestehende und zumutbare Erwerbsmöglichkeit zu nutzen und der die Beseitigung der Bedürftigkeit daher ohne weiteres möglich wäre, BGH NJW 2009, 3658. → – „Verschulden".

Rechtsmittelverfahren: → § 119 Rn. 49 ff.

Rechtsschutzversicherung: Eine derartige Versicherung, die die Kosten dieses Prozesses deckt, führt im Umfang einer Deckungszusage zur **Versagung** der PKH, BGH NJW 1991, 110; Karlsr JurBüro 2016, 372; LAG Bln-Brbg RVGreport 2014, 368. Der Versicherungsnehmer muss sich um ihre Kostenübernahme bemühen, OVG Bln-Brbg NVwZ-RR 2016, 600. Er muss evtl. einen sog. Stichentscheid nach § 17 II ARB herbeiführen, BGH BB 1987, 1845; BSG JurBüro 1996, 533. Allerdings braucht er sich nicht generell auf einen Deckungsprozess verweisen zu lassen, LAG Düss AnwBl 1982, 77. Der mitbeklagte Mitmieter ist auch wegen der Erhöhungsgebühr (jetzt) des VV 1008 RVG nach § 29 ARB mitversichert, Ffm ZMR 1988, 231. Auch → „Gewerkschaft".

Ruhendstellung: Sie kann für den Bedürftigen bis zu einer Revisionsentscheidung in einem anderen Verfahren zumutbar sein, BVerfG NJW 2010, 988.

Scheinehe: Eine Partei, die rechtsmissbräuchlich eine Ehe geschlossen und hierfür ein Entgelt erhalten hat, trifft die Verpflichtung, hiervon Rücklagen für die Kosten eines idR absehbaren Eheaufhebungsverfahrens zu bilden, BGH NJW 2005, 2781. Bedürftigkeit kann beim Fehlen einer Gegenleistung vorliegen, Ffm FamRZ 2006, 1128. Sie mag aber mangels Rücklagen auch fehlen, Rostock FamRZ 2007, 1335. Bei einer Partei, die sich bereits durch die Eingehung der Scheinehe gegen die Rechtsordnung gestellt hat, besteht regelmäßig Veranlassung, die Darstellung, das versprochene Entgelt nicht erhalten zu haben, genau zu prüfen, BGH NJW 2011, 1814.

Schmerzensgeld: Der Antragsteller braucht es wegen seines immateriellen Hintergrunds grds. nicht zu verwenden, BVerwG JurBüro 2012, 39; Köln FamRZ 2004, 1499; Stgt FamRZ 2007, 1661; ähnlich BGH NJW 2006, 1068 (Fallfrage); aM Nürnb JurBüro 1992, 756; Zweibr JurBüro 1998, 478 (aber damit würde man den Sinn des Schmerzensgelds entwerten). Bei einem kleinen Streitwert mag die Verwendung eines **Teils** eines erhaltenen hohen Schmerzensgeldbetrags zumutbar sein, Hamm FamRZ 1987, 1284; Karlsr MDR 2010, 1345; aM KG VersR 1979, 870; LG Mönchengladbach ZfSH 1982, 206; Kohte DB 1981, 1177. Dabei sind (jetzt ca.) 10.000 EUR kein kleiner Streitwert mehr, Düss NJW-RR 1992, 221, erst recht nicht (jetzt ca.) 15.000 EUR, Oldb AnwBl 1996, 54, oder gar (jetzt ca.) 20.000 EUR, Köln MDR 1994, 407. Auch → Rn. 22 „Abfindung".

Schuldentilgung: Bedürftigkeit kann vorliegen, soweit der Antragsteller einen Verkaufserlös zur Schuldentilgung benutzt, Karlsr NJW 2009, 1891.

Schutzschrift: Vgl. zunächst §§ 945a, b. Sie mag ganz ausnahmsweise auch den Antrag auf PKH enthalten können, Jena MDR 2009, 933.

Selbständiger: Er muss Rücklagen gebildet und verbraucht haben, Celle FamRZ 2007, 154. Eine Überschussrechnung zum Vorjahr reicht meist, Brbg FamRZ 1998, 1301; BGH VersR 1992, 897. Eine bloße Steuerberaterauskunft reicht zur Klärung der Bedürftigkeit hingegen nicht aus, LG Kblz FamRZ 1996, 806.

Sicherheitsleistung: Wer zu ihr nach §§ 108 ff. imstande ist, **muss so** vorgehen, BGH FamRZ 1996, 933.

Sozialhilfe: Die Belastbarkeitsgrenzen ergeben sich im Einzelnen aus § 115 und den dort genannten Vorschriften des KJHG oder des SGB, Wietz MDR 2015, 64; großzügiger (keine Anrechnung) Düss Rpfleger 1994, 29; Karlsr FamRZ 1994, 714; Mü FamRZ 1996, 42 (aber § 115 gilt auch dann). Nach einer Rückübertragung besteht grds. keine Bedürftigkeit mehr, BGH FamRZ 2008, 1160. Wegen Unterschreitung der Sozialhilfe LAG Brem MDR 1993, 696. Wegen einer Scheinehe Stgt FamRZ 1997, 1410. Wegen einer Bedarfsgemeinschaft nach SGB II Drsd FamRZ 2008, 2287. Auch → „Fremdes Recht", → „Kapital", → „Unterhalt".

Streitgenossen: Das Gericht muss jeden Streitgenossen nach §§ 59 ff. grds. für sich allein beurteilen, Stgt MDR 2000, 545. Der begüterte darf also nicht den bedürftigen vorschieben, Saarbr NJW 2009, 2070. Vertritt ein Anwalt einen Bedürftigen und einen Nichtbedürftigen wegen desselben Streitgegenstands nach → § 2 Rn. 4, beschränkt sich die PKH auf den Erhöhungsbetrag nach (jetzt) VV 1008 RVG, Meyer-Abich NJW 2021, 1579; BGH NJW-RR 2019, 572; NJW 1993, 1715; Naumb Rpfleger 2004, 168; AG Andernach FamRZ 2002, 1711; aM Bbg OLGR 2001, 28; Hamm Rpfleger 2003, 447; Zweibr OLGR 2004, 139 (je: zu großzügig).

Streithelfer: Es kommt bei ihm nach §§ 66 ff. nur auf seine eigenen Verhältnisse an.

Teilungsversteigerung: → „Zwangsversteigerung".

Tod: Er beendet das Verfahren nach §§ 114 ff., Ffm FamRZ 2011, 385; Kblz FamRZ 2016, 2025.

Treuhand: Der Antragsteller muss als Treuhänder darlegen, dass auch der Treugeber bedürftig ist, Kblz MDR 1999, 831.

Umschulung: Der Eigenbedarf während einer längeren Umschulung kann demjenigen eines Erwerbstätigen gleichstehen, Hamm FamRZ 1984, 727. Auch → „Unterhalt".

Unterhalt: Eine Möglichkeit, über eine Abtretung nach § 48 SGB I einfacher und kostengünstiger zum Unterhalt zu kommen, hindert den Anspruch auf PKH oder VKH für eine Unterhaltsforderung nicht, Oldb FamRZ 1982, 418.

– **(Abänderung):** Es kommt bei § 120a nur auf die Verhältnisse beim Kind an, Naumb FamRZ 2015, 687.
– **(Berufsbonus):** Es kann einen Berufsbonus geben, BGH FamRZ 2004, 1868.
– **(Fremdes Recht):** → „Fremdes Recht".
– **(Neuer Ehegatte):** Man darf einen Unterhaltsanspruch gegen den neuen Ehegatten bei der Beurteilung, ob nachträglich VKH für das Scheidungsverfahren nach §§ 133 ff. FamFG möglich ist, nicht berücksichtigen, Celle JurBüro 1992, 187 (aber man muss auf den Zeitpunkt der Entscheidungsreife abstellen. Diese kann auch bei einer nachträglichen Bewilligung nicht nach der Scheidung eintreten. Vorher gab es aber keinen Anspruch gegen den neuen Ehegatten)
– **(Prozessstandschaft):** Bei § 1629 III 1 BGB kommt es auf die Verhältnisse beim klagenden Elternteil und nicht auf diejenigen des Kindes an, BGH NJW-RR 2005, 1237.
– **(Rückstand): Keine** Bedürftigkeit des Sozialhilfeberechtigten kann bei einem bloßen Rückstand für die Vergangenheit bestehen.
– **(Sozialhilfe):** → Rn. 12. Das gilt aber nur insoweit, als der Sozialhilfeträger die Kosten erstatten muss, Ffm FamRZ 1999, 1283; KG FamRZ 2003, 100; aM Zweibr FamRZ 2001, 629 (aber maßgebend ist die Bewilligungsreife, nicht das Prozessende), sonst nicht, Kblz NJW-RR 2000, 78.

– **(Vereinfachtes Verfahren):** Kindesunterhalt gehört grds. ins Verfahren nach (jetzt) §§ 249 ff. FamFG und nur bei bloßen Rechtsfragen ins Hauptverfahren, Hamm FamRZ 1999, 995.

Vaterschaftsanfechtung, → „Kostenvorschuss" – „(Ehelichkeitsanfechtung)".

Vereinigung: Vgl. § 116.

Vermögen: → „Kapital", → „Verschulden".

Verschulden: → – „Rechtsmissbrauch".

– **(Schädlichkeit):** Eine im Entscheidungszeitpunkt nach → Rn. 21 vorliegende Bedürftigkeit bleibt ausnahmsweise dann unbeachtet, wenn sich der Antragstellervorsätzlich außer Stande setzt, vorhandenes Vermögen zur Führung des sich abzeichnenden Prozesses einzusetzen, KG VersR 2008, 803. Das kann auch gelten, wenn er eine vorsätzliche Straftat begangen hat, die zu seiner Inhaftierung und damit der Unmöglichkeit geführt hat, seine Arbeitskraft einzusetzen, KG MDR 2004, 710. Wer sich durch die Aufnahme einer zumutbaren Arbeit die erforderlichen Mittel unschwer beschaffen könnte, hat dem Gericht die Gründe für den unterlassenen Arbeitseinsatz darzulegen, Zweibr Rpfleger 2002, 84; großzügiger Düss FamRZ 1987, 398 (nur bei Rechtsmissbrauch); Karlsr AnwBl 1986, 161. Bedürftigkeit kann auch nicht festgestellt werden, wenn sich der Antragsteller erst nach der Anhängigkeit nach → § 261 Rn. 1 verschuldet hat, Bbg FamRZ 1985, 503;Zweibr Rpfleger 1981, 366, oder wenn er es versäumt hat, vor der formellen Rechtskraft des Scheidungsausspruchs eine einstweilige Anordnung nach §§ 49 ff. FamFG auf einen Prozesskostenvorschuss für eine Folgesache zu beantragen, Zweibr FamRZ 2000, 757. Der Antragsteller, der durch eigenes Verhalten seine Ersparnisse leichtfertig aufgezehrt hat soll seine Rücklage (→ § 115 Rn. 40 – „Hausgrundstück", → § 115 Rn. 40 – „Sparguthaben") angreifen müssen, Düss FamRZ 1987, 729 (sehr zweifelhaft; das dürfte nur bei rechtsmissbräuchlichem Handeln vertretbar sein, → „(Unschädlichkeit)").

– **(Unschädlichkeit):** Verschulden bei der Entstehung des wirtschaftlichen Unvermögens steht der Bewilligung einer PKH aber nicht grds. entgegen; so steht die verschwenderische Entäußerung von Vermögen der PKH-Bewilligung nur entgegen, wenn sie in Erwartung des Prozesses geschieht, Hamm MDR 2002, 1208. PKH darf nicht deshalb abgelehnt werden, weil der Antragsteller vor Prozessbeginn solche Abzahlungspflichten übernommen hat, die seinem Einkommen angemessen waren, Hamm MDR 1987, 1031 (vor allem bei einer Unkenntnis vom bevorstehenden Prozess); KG FamRZ 1984, 413; aM Düss MDR 1984, 150; Ffm FamRZ 1982, 416 (die Möglichkeiten der §§ 114 ff. dienten nicht der Finanzierung solcher Pflichten. Aber → Rn. 22 „Abzahlungspflicht").

Versicherung: Der Versicherungsnehmer braucht sich nicht auf einen Deckungsprozess verweisen zu lassen, LAG Düss AnwBl 1982, 77. Er muss aber evtl. einen sog. Stichentscheid nach § 17 II ARB herbeiführen, BGH BB 1987, 1845. Der neben einem Kfz-Haftpflichtversicherer mitverklagte Versicherte ist nicht bedürftig, weil der Versicherer nach §§ 7 I Nr. 5, 10 I AKB verpflichtet ist, auch seine Interessen zu vertreten, Karlsr NJW 2004, 785. Da der Kfz-Haftpflichtversicherer verpflichtet ist, den mitversicherten Fahrer, gegen den er einen Manipulationsvorwurf erhebt, von den Kosten für die Vertretung durch einen eigenen Anwalt freizuhalten, BGH NZV 2011, 21, entfällt jedenfalls bei einer darauf gestützten Deckungszugsage des Versicherers die Bedürftigkeit des Versicherten, Karlsr NZV 2011, 260). Auch → „Rechtsschutzversicherung".

Vertreter: Soweit er klagt, muss der Vertretene bedürftig sein, → „Gesetzlicher Vertreter".

Völlige Mittellosigkeit: Vor ihrer Annahme ist Vorsicht ratsam, noch strenger LAG Kiel NZA-RR 2004, 606.

Vorschuss: → „Kostenvorschuss".

Wohnung: Das Gericht muss den Nutzungswert der eigengenutzten Wohnung mitbeachten, Haas DB 1976, 2198; aM Karlsr FamRZ 1987, 613; Christel NJW 1981, 787 (aber Wert ist Wert). Auch → „Darlehen".

Wohnungseigentümergemeinschaft: Maßgeblich sind ihre Verhältnisse wie diejenigen aller Eigentümer, (zum alten Recht) LG Bln NZM 2007, 493.

Zwangsversteigerung: Das Gericht muss einen solchen Erlös mitberücksichtigen, der für die Prozesskosten nach §§ 91 ff. ausreicht, Hamm MDR 1982, 500. Es darf aber den aus einer Teilungsversteigerung während des Getrenntlebens fließenden Ertrag keineswegs stets berücksichtigen, Celle MDR 1987, 502. Ohnehin zählt der Erlös auch einer bloßen Teilungsversteigerung kaum zu den anrechenbaren Beträgen, Brem FamRZ 1983, 637; aM LG Saarbr Rpfleger 1987, 126 (aber man muss bedenken, dass ein solcher Erlös meist unmittelbaren Bedürfnissen dient).

23 **VII. Kosten der Prozessführung, I 1, 2.** Die Bedürftigkeit nach → Rn. 16 muss sich gerade auf die Prozessführungskosten nach §§ 91 ff. beziehen, also nicht auf außergerichtliche Verfahren, sei es, dass der Antragsteller diese Kosten nicht, nur zum Teil oder nur in Raten aufbringen kann.

24 **1. Gesamtkosten der Instanz.** Die Kosten umfassen sowohl die Gebühren als auch die Auslagen. Das gilt für die Gerichtskosten nach § 1 GKG, § 1 FamGKG und für die außergerichtlichen Kosten des Prozesses. Das Gericht muss grundsätzlich die voraussichtlichen Gesamtkosten des im Antrag genannten bevorstehenden oder bereits anhängigen Rechtsstreits berücksichtigen. Das gilt aber naturgemäß nur für denjenigen Abschnitt, den das jeweils zuständige Prozessgericht prüfen darf, also nach §§ 119, 127 I 2 nur für die jeweilige Instanz. Kosten eines etwaigen anschließenden Rechtsmittelverfahrens sind nicht zu berücksichtigen, und zwar auch dann nicht, wenn im Zeitpunkt der Entscheidung die erste Instanz nahezu beendet und eine höhere Instanz wahrscheinlich ist.

25 **2. Schätzung.** Die Kosten sind auch für den jeweiligen Rechtszug nur überschlägig zu schätzen. Das gilt vor allem dann, wenn die Entscheidung in demjenigen Zeitpunkt notwendig wird, in dem der Antragsteller seine Klage noch nicht eingereicht oder das Gericht sie jedenfalls noch nicht nach § 271 zugestellt hat. Aber auch im Stadium der Rechtshängigkeit nach → § 261 Rn. 1 mag der volle Kostenumfang schwer übersehbar sein.

26 **3. Maßgeblicher Zeitpunkt: Bewilligungsreife.** Auch hier kommt es auf die Bewilligungsreife nach → Rn. 21, → § 119 Rn. 5 an, also den Zeitpunkt, zu dem das PKH-Gesuch einschließlich der Erklärung über die persönlichen und wirtschaftlichen Verhältnisse vollständig vorliegt, OVG Kblz NVwZ-RR 2014, 76. Daher ist nach → § 119 Rn. 13 ff. evtl. eine rückwirkende Schätzung nur auf den damaligen Zeitpunkt notwendig.

27 **VIII. Hinreichende Erfolgsaussicht, I 1, 2.** Die hinreichende Erfolgsaussicht als Voraussetzung der PKH-Bewilligung ist sowohl mit dem Grundgesetz als auch mit der EMRK vereinbar, BVerfG NVwZ 2018, 319; EGMR NJW 2018, 527. PKH setzt neben der Bedürftigkeit grundsätzlich eine hinreichende Aussicht auf Erfolg der beabsichtigten Rechtsverfolgung oder Rechtsverteidigung des jeweiligen Antragstellers als Kläger oder Bekl.

voraus, und zwar in der Sache selbst (nicht für Zulassung/Rechtsmittel), VGH Mü NJW 2013, 890; BGH NJW 1994, 1160, und in dieser Instanz, BGH FamRZ 2017, 1699. Das gilt auch bei einem bloßen Antragsverfahren nach § 23 FamFG. Das ergibt sich aus § 76 I FamFG. PKH kommt auch zugunsten beider Parteien infrage. Es darf keine Überspannung derjenigen Anforderungen erfolgen, die den in → Rn. 1 genannten Zweck der PKH gefährden könnte, BVerfG NVwZ 2018, 319; NVwZ-RR 2018, 873; OVG Saarlouis NVwZ-RR 2018, 176.

1. Vorläufigkeit der Prüfung. Wie sich aus dem Wort „hinreichend" ergibt, ist die Erfolgsaussicht nur einer vorläufigen Prüfung zu unterziehen. Der Erfolg braucht nicht gewiss zu sein, BVerfG NJW 2010, 3083; Kblz WM 2018, 1525, sondern muss lediglich nach den bisherigen Umständen eine gewisse Wahrscheinlichkeit für sich haben, BFH DB 1987, 568; Karlsr NJW-RR 2011, 813, die nicht notwendig überwiegen muss, VGH Mü NZA-RR 2012, 302. Diese muss sich aus der Darlegung des Antragstellers ergeben, Rostock NJW-RR 2011, 892. Eine nur entfernte Erfolgsaussicht reicht nicht, LAG Mainz NZA-RR 2004, 233; großzügiger Naumb OLGR 2005, 479 (Erfolg möglich bzw. nicht ausgeschlossen). 28

Der Standpunkt des Antragstellers muss zumindest vertretbar sein, BGH NJW 1994, 1160; NJW 1988, 266. Es muss eine Beweismöglichkeit nach §§ 355 ff. vorliegen, Stgt VersR 2005, 524 (großzügig bei Arzthaftung). Bei Unschlüssigkeit des Vorbringens kommt PKH nicht in Betracht. Gegnerisches Bestreiten kann zu ergänzenden Ausführungen und ggf. zur Erteilung von Hinweisen nach § 139 veranlassen, Rostock NJW-RR 2011, 892. 29

Die Erfolgsaussicht der Rechtsverfolgung oder -verteidigung muss sich auf das Ergebnis in **tatsächlicher und rechtlicher Hinsicht** beziehen, Ffm FamRZ 2005, 2006; Köln VersR 1983, 126. Sie muss zur Zulässigkeit und Begründetheit des Hauptanspruchs nach § 253 II Nr. 2 vorliegen, aber aus der Perspektive des Zeitpunkts der Bewilligungsreife → Rn. 31. Das Gericht darf sie nicht so streng beurteilen wie bei → § 78b Rn. 6. Überhaupt ist eine gewisse Großzügigkeit ratsam, wie nach → Vor § 114 Rn. 8 stets im PKH-Verfahren nach → Rn. 20. Das gilt besonders beim Bekl., Karlsr FamRZ 1991, 1458. Für die höhere Instanz enthält § 119 S. 2 eine teilweise Sonderregelung. 30

2. Maßgeblicher Zeitpunkt: Bewilligungsreife. Es kommt auch hier mangels eines ausdrücklich abweichenden vorrangigen Beschlusszeitpunkts auf den Zeitpunkt einer ordnungsgemäßen Entscheidung des zuständigen Gerichts über das jeweilige Gesuch an, also auf die Bewilligungsreife/Entscheidungsreife nach → § 119 Rn. 5, BGH NZFam 2015, 179; Karlsr FamRZ 2015, 1413; OVG Lüneburg NVwZ-RR 2014, 664; aM Karlsr FamRZ 2006, 799 (Klageinreichung); Saarbr FamRZ 2009, 894 (ab Entscheidung; abl. Gottwald); Stgt FamRZ 2006, 797. Die Bewilligung von PKH soll nicht den Erfolg in der Hauptsache prämieren, sondern den Rechtsschutz ermöglichen; dementsprechend darf über einen spruchreifen PKH-Antrag nicht erst zusammen mit der Hauptsache entschieden werden, BVerfG NJW 2003, 3190. Ergebnisse einer nach Bewilligungsreife stattgefundenen Beweisaufnahme dürfen nicht berücksichtigt werden, BVerfG NJW 2005, 3489. Der Zeitpunkt der Bewilligungsreife gilt auch für das Beschwerdegericht, Hamm NJW-RR 2006, 7; LG Osnabrück MDR 1987, 1031. Es genügt, dass das Beschwerdegericht eine Rechtsbeschwerde wegen grundsätzlicher Bedeutung zulassen würde, (jetzt) § 574, Karlsr FamRZ 1988, 297. 31

Bei tatsächlichen **Veränderungen** bleibt es bei dem Zeitpunkt der Bewilligungsreife, KG FamRZ 2007, 1470. Denn die PKH ergeht nach → Rn. 25 aufgrund einer nur vorläufigen Prüfung, und die wäre eben früher anders ausgefallen. Daher ist es durchaus zulässig und evtl. nötig, in demselben Zeitpunkt die Bewilligung rückwirkend nach → § 119 Rn. 11 nachzuholen und dennoch zugleich ein dem Antragsteller ungünstiges Urteil zu fällen, Karlsr FamRZ 1990, 81; Kblz JurBüro 1994, 232; Stgt MDR 2005, 1115; BVerfG NJW 2005, 3489; aM BFH BB 1984, 2249; Düss NJW-RR 1989, 38; Ffm MDR 1986, 857. 32

3. Beispiele zur Frage der Erfolgsaussicht, I 1, 2

Abschiebungsverfahren: Dazu BVerfG NVwZ 2005, 323. 33

Abstammung: → „Vaterschaftsverfahren".

Abweichende Ansicht: → „Rechtsfrage".

Adoption: Hoher Bestandsschutz, KG FamRZ 2014, 1795.

Allgemeine Geschäftsbedingungen: Ihre Gültigkeitsprüfung bleibt statthaft, LAG Hamm NZA-RR 2014, 580.

Amtsermittlung: Pauschales Abstellen auf Amtsermittlungsgrundsatz im sozialgerichtlichen Verfahren verletzt Pflicht zur Rechtsschutzgewährung, weil Aufklärungs- und Beratungspflicht des Anwalts über Reichweite der Amtsermittlung hinausgeht, BVerfG NJW 1997, 2103.

Amtshaftung: Die Anforderungen dürfen auch hier nicht überspannt werden, BVerfG NJW-RR 2004, 933; NJW 2008, 1060.

Anerkenntnis: Erfolgsaussicht zu bejahen, wenn der Bekl. als Antragsteller nach § 93 sofort anerkannt und keine Veranlassung zur Klage gegeben hat, Karlsr FamRZ 2009, 1932; Hamm MDR 2006, 890; KG MDR 2006, 534; aM Karlsr FamRZ 2002, 1132; Brbg FamRZ 2002, 1271 (nicht bei Protest gegen Kostenlast).

Anhörungspflicht: Wenn Einwände des Bekl. Anhörung der Parteien nach § 141 I gebieten, an die sich ggf. Beweisaufnahme anschließen kann, kann Erfolgsaussicht nicht von vornherein verneint werden, Kblz MDR 2015, 854; BVerfG NJW 2008, 1060; Karlsr NJW-RR 2006, 205.

Anscheinsbeweis: Die Erfolgsaussicht kann **fehlen,** soweit ein Anscheinsbeweis nach → § 286 Rn. 75 ff. gegen den Antragsteller vorliegt. Dem Antragsteller muss aber Gelegenheit gegeben werden, den Anscheinsbeweis zu erschüttern, daher Erfolgsaussicht bei entspr. Beweisantritt, Naumb WuM 2011, 575. Auch → „Beweisaufnahme".

Anwaltszwang: Keine Erfolgsaussicht besteht für einen etwaigen neuen Antrag auf PKH für Berufungsverfahren, soweit der Antragsteller trotz Belehrung über Erfordernis der Berufungseinlegung durch ProzBev. nach einer Ablehnung des ersten PKH-Antrags keinen ProzBev. bestellt, BGH WuM 2009, 326.

Arbeitsrecht: Eine Klage nach § 4 S. 1 KSchG kann auch nach einer Kündigung binnen 6 Monaten nach Arbeitsbeginn Erfolgsaussicht haben, LAG Ffm NZA-RR 2011, 605. Erfolgsaussicht kann auch bei § 9 III MuSchG bestehen, OVG Bln-Brbg NZA-RR 2015, 639.

Arzthaftung: Bei der Prüfung der Erfolgsaussicht ist die Rspr. des BGH (BGH NJW 2004, 2825) zu berücksichtigen, dass im Arzthaftungsprozess an die Substantiierungspflichten lediglich maßvolle Anforderungen zu stellen sind, weil von dem Patienten angesichts des bestehenden Informationsgefälles zwischen dem Arzt und ihm regelmäßig keine genaue Kenntnis der medizinischen Vorgänge erwartet und gefordert werden kann.

Auch die Pflicht des Gerichts, sachverständige Stellungnahmen kritisch zu würdigen und etwaige Widersprüche zu klären, kann sich auf die Beurteilung der Erfolgsaussicht auswirken, Karlsr NJW-RR 2006, 205. Die Erfolgsaussicht kann fehlen, wenn ein von einem über die erforderliche Sachkunde verfügenden Gutachter erstelltes Gutachten aus dem Schlichtungsverfahren vorliegt, das die aufgeworfenen Beweisfragen abschließend beantwortet und keine inneren Widersprüche aufweist, und der Antragsteller die Richtigkeit des Gutachtens nur pauschal angreift, Dresd BeckRS 2022, 265.

Asyl: Die Erfolgsaussicht des Antrags nur eines Familienangehörigen kann vor dem VG für die Beurteilung zugunsten seiner weiteren Angehörigen (Familienasyl) zu beachten sein, VGH Kassel FamRZ 1992, 315.

Aufenthaltsverbot: Erfolgsaussicht bei ungeklärter Rechtsfrage, VGH Mannh BeckRS 2018, 5147.

Aufrechnung: Die Erfolgsaussicht entfällt nicht schon wegen einer nach → § 145 Rn. 21 begründeten Hilfsaufrechnung nach → § 145 Rn. 15, falls der Kläger nicht seinerseits aufrechnen konnte, Hamm FamRZ 1998, 1603; Karlsr FamRZ 2000, 1585; Köln FamRZ 2011, 125. Sie **fehlt** aber bei einer Aufrechnung nach einem gesetzlichen Anspruchsübergang auf den Sozialhilfeträger, Düss FamRZ 2006, 1533.

Auskunftsklage: Der Antragsteller muss bei § 254 zumindest die Voraussetzungen zB des Unterhaltsanspruchs darlegen, Hamm FamRZ 2005, 1839.

Ausländisches Recht: Es kommt auf das anwendbare Recht an, Ffm FamRZ 2000, 37; Hamm NJW-RR 1998, 1540; Stgt FamRZ 1992, 946. Das Gericht muss dann PKH gewähren, wenn es seine internationale Zuständigkeit nur aufgrund weiterer Nachforschungen klären kann, Ffm FamRZ 1992, 700. Erfolgsaussicht muss grds. auch im Verfahren nach § 20 AUG bestehen. Soweit eine Rechtshängigkeit im Ausland nach → § 261 Rn. 8 in Betracht kommt, ist die auch im Hauptverfahren evtl. ausreichende bloße Prognose nach → § 261 Rn. 11 im PKH-Verfahren natürlich nicht noch strenger durchführbar, Hamm NJW 1988, 3103 (zust. Geimer).

Aussetzung: Erfolgsaussicht kann trotz §§ 148 ff. bestehen, Karlsr FamRZ 2011, 1528.

Beklagter: Erfolgsaussicht besteht für ihn bei Unzulässigkeit der Klage, Karlsr FamRZ 2015, 1413, oder bei Unschlüssigkeit des Klägervortrags nach → § 253 Rn. 28, Karlsr FamRZ 1997, 375. Ebenso bei „Bestreiten" sowie Erforderlichkeit einer Beweisaufnahme oder zumindest einer Parteianhörung „Anhörungspflicht".

Bereicherung: → „Nichteheliche Gemeinschaft".

Berufung: Bei Bedürftigkeit kann das Berufungsgericht keinen Entwurf einer Berufungsbegründung nach § 520 verlangen, BGH NJW-RR 2001, 1147; Drsd BB 2000, 588. Ein Angriff gegen die erstinstanzliche Beweiswürdigung nach § 286 setzt voraus, dass sich eine Wiederholung der Beweisaufnahme förmlich aufdrängt, Drsd NJW-RR 2003, 211. Erfolgsaussicht im verwaltungsgerichtlichen Berufungsverfahren besteht ab Zulassung, OVG Brem NJW 2011, 1018.

Die Erfolgsaussicht **fehlt** dann, wenn der Berufungsantrag nach → § 520 Rn. 39 nur teilweise mit einem Wert unterhalb der etwa notwendigen Berufungssumme als sinnvoll erscheint, → „Zuständigkeit", BGH NJW 1983, 1063; Ffm MDR 2002, 843; Fischer MDR 2007, 439; aM Hmb FamRZ 1993, 579; Kblz FamRZ 1996, 557. Wenn der Gegner die Berufung schon nach § 516 zurückgenommen hat, kommt es nach → § 91 Rn. 199 darauf an, ob man selbst PKH beantragt hatte, aM Düss NJW-RR 1999, 142. Nach einem Hinweis nach § 522 II ist keine PKH für den Berufungskläger möglich, Drsd MDR 2007, 423. → § 119 Rn. 41 wegen des Gegners.

Beschwerde: Keine Erfolgsaussicht besteht für den sich gar nicht wehrenden Beschwerdegegner, BGH FamRZ 2009, 1933. Keine Erfolgsaussicht besteht bei einem vermeidbarer Fristversäumnis, BGH WuM 2013, 377, oder bei Unzulässigkeit einer Beschwerde, Bbg FamRZ 2015, 349, etwa wegen Nichterreichung eines nötigen Beschwerdewerts, Karlsr NJW-RR 2015, 1479.

Bestreiten: Der Antragsteller muss bei gegnerischem, substantiiertem Bestreiten darlegen, was er erwidern will, Naumb FamRZ 2007, 1179. Für den zukünftigen oder gegenwärtigen Bekl. kann bereits ein nach § 138 II–IV substantiiertes Bestreiten eine hinreichende Erfolgsaussicht geben, selbst wenn er überhaupt keinen Beweis antritt, Schneider MDR 1977, 621. Das Gericht darf dem mittellosen Bekl. PKH nur dann versagen, wenn für ihn keine Erfolgsaussicht besteht, Ffm MDR 1987, 61; Karlsr FamRZ 1992, 78. Es kann also PKH für beide Parteien in Betracht kommen. Ein pauschales Bestreiten kann bei herabgesetzter Darlegungslast reichen, Schlesw MDR 2013, 55. Ein kostenrechtlich unbeachtliches Bestreiten ist auch bei § 114 unbeachtlich, Saarbr NJW-RR 2013, 448.

Beweisantritt: Er ist bei substantiiertem gegnerischen Bestreiten für den Antragsteller nötig. Eine Parteivernehmung des Gegners kann u. U. ausreichen. → „Beweisaufnahme".

Beweisaufnahme: Man sollte nach → Rn. 27 die Anforderungen bei §§ 355 ff. nicht überspannen, BVerfG NJW 2013, 2013; Hamm VersR 1983, 577. Sobald eine Beweisaufnahme im Zeitpunkt der Bewilligungsreife nach → § 119 Rn. 5 auch nur ernsthaft in Betracht kommt, ist die Erfolgsaussicht zu bejahen, BVerfG NJW 2008, 1061; Kblz WM 2018, 1525; Oldb MDR 2009, 407. Eine Beweisantizipation zu Ungunsten des Antragstellers kann aber ausnahmsweise möglich sein, wenn die Gesamtwürdigung aller schon feststehenden Umstände und Indizien eine positive Beweiswürdigung zugunsten des Bedürftigen als ausgeschlossen erscheinen lässt, BVerfG NJW-RR 2004, 61; Kblz WM 2018, 1525; Jena MDR 2010, 1344; Mü MDR 2010, 1343; Köln NJW-RR 2001, 791. So kann das Ergebnis einer Beweisaufnahme im Strafverfahren gewürdigt werden, Zweibr MDR 2009, 1242; Bbg VersR 2008, 986. Entsprechendes kann zB für Gutachten im Bußgeldverfahren gelten, Mü NJW-RR 2009, 1293. Wenn das Gericht eine Beweiserhebung beschließt, muss es nicht zwingend auch PKH bewilligen, BVerfG NJW 2013, 2014; BGH NJW 1994, 1160. Bei der ausnahmsweise zulässigen Beweisantizipation ist aber größte Zurückhaltung geboten, BGH NJW 1988, 266; KG MDR 2009, 221; OVG Saarlouis NJW 2006, 2202. So darf etwa eine rechtsmissbräuchliche Ausforschung nur bei Fehlen jeglicher Anhaltspunkte für die aufgestellte Behauptung angenommen werden, BVerfG NJW 2003, 2976. Eine vom Gericht im Rahmen der sozialgerichtlichen Amtsermittlung eingeleitete Beweisaufnahme indiziert Erfolgsaussicht, BVerfG NVwZ 2012, 1391.

– **(Anscheinsbeweis):** → Rn. 33.

– **(Aufhebung):** § 124 II.

– **(Nach Beweisaufnahme):** Das Gericht muss das Ergebnis einer bereits erfolgten Beweisaufnahme nach § 286 berücksichtigen, Hamm NJW-RR 1998, 1686; VG Greifswald MDR 1996, 98.

– **(Beweislast):** Die Beweislast nach Anh. § 286 gilt wie sonst, VerfGH Bln FamRZ 2015, 594; Naumb FamRZ 2007, 910.

– **(Gutachten aus anderem Verfahren):** Erfolgsaussicht kann bei seiner Verwertbarkeit nach § 411a bestehen, Bbg VersR 2008, 987.

– **(Parteivernehmung):** Erfolgsaussicht kann auch dann bestehen, wenn der Antragsteller zum Beweis lediglich einen Antrag auf die Vernehmung des Prozessgegners als Partei stellen will oder kann, Köln FamRZ 2001, 225; Schlesw SchlHA 1979, 142. Gerade hier kommt aber ggf. Beweisantizipation in Betracht, Köln MDR 2007, 605.

– **(Täuschung): Keine** Erfolgsaussicht besteht mehr nach einer Täuschung zB nach § 123 BGB, § 263 StGB, Düss FamRZ 1997, 1088.

– **(Urkunde):** → „Urkundenprozess".

– **(Vergleichsbereitschaft):** Erfolgsaussicht kann bei Vergleichsbereitschaft beider Parteien bestehen, Schlesw SchlHA 1984, 116.

– **(Vorwegnahme der Beweiswürdigung):** → „Beweisaufnahme".

Beweissicherung: → „Selbständiges Beweisverfahren".

Beweiswürdigung: Wird die Berufung nur auf Angriffe gegen die erstinstanzliche Beweiswürdigung gestützt, besteht nur Erfolgsaussicht, wenn schlüssig konkrete Anhaltspunkte für Zweifel an Richtigkeit der Feststellungen begründet werden, die erneute Beweisaufnahme gebieten, Drsd NJW-RR 2003, 210. → „Beweisaufnahme".

Bürgschaft: → „Ratenkredit".

Ehe: → „Scheidung".

Ehelichkeitsanfechtung: → „Vaterschaftsverfahren".

Einwendung: → „Bestreiten".

Emission: Fallfrage, OVG Bln-Brbg NJW 2015, 184 (Kindertagesstätte).

Erbrecht: Erfolgsaussicht kann insgesamt schon bei der Einrede beschränkter Erbenhaftung nach § 780 bestehen, Düss FamRZ 2011, 660.

Erfüllung: Die vor der Rechtshängigkeit nach → § 261 Rn. 1 eingetretene reicht, s. „Erledigung der Hauptsache", LG Wiesbaden NJW-RR 2014, 191. Die nur in Aussicht gestellte Erfüllung reicht grds. **nicht** aus, LG Mannh WuM 1988, 269. Aber auch → „Mietrecht".

Erledigung der Hauptsache: Die Erfolgsaussicht kann dann **fehlen,** wenn die „Erledigung" nach → § 91a Rn. 24–40 schon vor der Rechtshängigkeit nach → § 261 Rn. 1 eintritt, Brbg FamRZ 2007, 910; LG Wiesbaden NJW-RR 2014, 191; OVG Saarlouis NVwZ-RR 2006, 656, oder wenn der Antragsteller sein Rechtsmittel erst nach einer Erledigung der Hauptsache einlegen oder zur Entscheidung bringen könnte, BayObLG FamRZ 1991, 467 (FGG).

Eine Erfolgsaussicht **fehlt** dann, wenn die Parteien die Hauptsache nach → § 91a Rn. 115 übereinstimmend wirksam für erledigt erklärt haben, BGH FamRZ 2009, 1663; Köln MDR 2012, 1368; OVG Schlesw NVwZ-RR 2004, 460.

Familienrecht: Es gilt grds. § 76 I FamFG sowohl im Antrags- als auch im Amtsverfahren. In einer Familienstreitsache nach § 113 I 2 FamFG gelten § 114 bis auf die FamFG-Begriffe direkt. Auch → „Scheidung".

Feststellungsklage: Das bei § 256 I erforderliche Feststellungsinteresse ist bei einer bloßen Zwischenfeststellungsklage nach § 256 II entbehrlich. Dort muss das Gericht die Vorgreiflichkeit prüfen, Kblz AnwBl 1989, 48.

Folgesache: → „Scheidung".

Fristversäumung: Keine Erfolgsaussicht bei verschuldeter unheilbarer Fristversäumung des Antragstellers, BayObLG JurBüro 1984, 773; OVG Lüneburg NVwZ-RR 2003, 906.

Gerichtsverschulden: Führt das Gericht eine mündliche Verhandlung durch und weist einen Antrag auf einstweilige Verfügung durch Urteil ab, kann nachträglich PKH zu bewilligen sein, auch wenn von Anfang an keine Erfolgsaussicht bestand, Karlsr FamRZ 1999, 994.

Gewaltschutz: Die Erfolgsaussicht des Hauptsacheverfahrens kann nicht abweichend von dem einstweiligen Anordnungsverfahren beurteilt werden, Jena FamRZ 2007, 1338. Auch → „Wohnungsverweisung".

Gewerkschaft: Wegen eines Ausschlusses aufgrund des Verdachts eines verfassungswidrigen Verhaltens Düss NJW-RR 1994, 1402.

Gläubigerschaft: Der Antragsteller muss im maßgeblichen Zeitpunkt nach → Rn. 31, 32 Gläubiger der fraglichen Forderung sein, Hamm FamRZ 1980, 457.

Glaubhaftmachung: Eine Glaubhaftmachung nach §§ 118 II 1, 294 kann auch zur Erfolgsaussicht ausreichen. Sie befreit das Gericht aber nicht von der Verpflichtung zur Amtsermittlung im Rahmen des § 118. Sie bietet immerhin bereits erhebliche Anhaltspunkte für die Beurteilung.

Glaubwürdigkeit: Stützt sich der Antragsteller zum Beweis einer Behauptung auf seine nach § 141 vorzunehmende Anhörung, kann die Erfolgsaussicht fehlen, wenn nachhaltige Zweifel an seiner Glaubwürdigkeit bestehen, Karlsr MDR 2002, 882.

Grundsätzliche Bedeutung: Eine solche zB nach → § 543 Rn. 6, 7 führt zur Bejahung der Erfolgsaussicht, BVerfG NJW 2015, 2174; BGH NJW 2003, 1127; Brbg FamRZ 2005, 2094.

Grundsatzfrage: Ihre Klärung ist nicht Zweck des PKH-Verfahrens, BGH MDR 2013, 852. Bedarf es ihrer Entscheidung, besteht Erfolgsaussicht.

Gutachten: Die Erfolgsaussicht kann bestehen, soweit ein an sich ungünstiges Gutachten zweifelhafte Feststellungen aufweist, Karlsr VersR 2006, 969. → „Beweisaufnahme".

Haftungsausschluss: Zur Erfolgsaussicht kann beim Bekl. die Geltendmachung eines Haftungsausschlussgrunds ausreichen, etwa nach §§ 831 I 2, 832 I 2 BGB, 18 I 2 StVG.

Hilfsaufrechnung: → Rn. 33 „Aufrechnung".

Hinweispflicht: Pflicht nach § 139 auch im PKH-Verfahren, Köln VersR 2017, 219.

Insolvenz: Für die Erfolgsaussicht des Schuldners ist auf den Sach- und Streitstand bis zum Unterbrechungszeitpunkt nach § 240 abzustellen, Ffm NJW-RR 2013, 685. Sie erlischt nach → § 86 Rn. 15 nicht etwa schon wegen eines Fortfalls der Prozessvollmacht seines Anwalts. Wegen des Insolvenzverwalters gilt § 116. Zu § 134 InsO Kblz WM 2013, 2080. Im Verbraucherinsolvenzverfahren kann eine Prüfung der Erfolgsaussichten wegen einer tatsächlichen Unmöglichkeit evtl. entfallen, LG Gött NJW 1999, 2886. Eine Erfolgsaussicht besteht schon bei einer Möglichkeit nur teilweiser Befriedigung, selbst nach einer vergeblichen Einzelvollstreckung, LG Gött Rpfleger 2003, 371. Im Schuldenbereinigungsverfahren kann das Gericht die Erfolgsaussicht dann **verneinen** müssen, wenn nur 8 % getilgt werden sollen, LG Lüneburg NJW 1999, 2287.

Kindesmissbrauch: Der Täter kann für die Nichtursächlichkeit für psychische Schäden des Opfers beweispflichtig sein, Naumb NJW-RR 2015, 153.

Kindeswohl: Im Verfahren nach § 1666 BGB kann auch bei Zustimmung eines Elternteils zur Maßnahme des Jugendamts PKH bewilligt werden, Karlsr FamRZ 2004, 706. Angezeigt ist ein großzügiger Maßstab, Schlesw FamRZ 2016, 1480.

Kindschaftssache: Zunächst → Vor § 114 Rn. 6. Maßgeblich ist das Kindeswohl, Karlsr FamRZ 2015, 1903. Auch bei §§ 151 ff. FamFG darf man die Bewilligung nicht vom Beweisergebnis abhängig machen, Karlsr OLGZ 1988, 128. Das Jugendamt braucht nicht vorher tätig zu sein, Hamm FamRZ 2007, 1337; Karlsr FamRZ 2002, 1712; Mü FamRZ 2008, 2089; aM Keuter FamRZ 2009, 1893 (zu formell). Auch → „Vaterschaftsverfahren".

Klagebegründung: Ihr Fehlen reicht im Verwaltungsprozess **nicht** zur Verneinung einer Erfolgsaussicht, OVG Münster NVwZ-RR 2009, 502.

Klagerücknahme: In ihrem Umfang **entfällt** für den Bekl. die Erfolgsaussicht, zumal er nach § 269 III vorgehen kann. Es ist zu unterscheiden, ob der Antrag erst nach Klagerücknahme gestellt worden ist, dann keine Erfolgsaussicht, BGH NJW 2013, 3793; Brbg JurBüro 2007, 150; Saarbr FamRZ 2009, 894; oder davor. In letzterem Fall kommt es auf die Lage zur Zeit der Antragstellung an, BGH MDR 2010, 402. Im FGG-Verfahren kann auch nach Antragsrücknahme noch Erfolgsaussicht für den Antragsgegner bestehen, wenn die Kostenentscheidung noch aussteht, Mü FamRZ 2001, 1309.

Mietrecht:

– **(Mietrückstand):** Erfolgsaussicht besteht für den Vermieter nur dann, wenn er genau angibt, seit wann welcher Rückstand besteht, Brbg WuM 2007, 142.

– **(Nutzungsentschädigung): Keine** Erfolgsaussicht besteht ihretwegen dann noch, wenn der Vermieter sein Pfandrecht ausübt oder die Schlösser auswechselt, Rostock WuM 2007, 509.

– **(Parabolantenne):** Erfolgsaussicht kann wegen des Rechts auf eine solche Anlage bestehen, LG Hmb WuM 2008, 550.

– **(Räumungsfrist):** Erfolgsaussicht kann bei einer solchen Frist nach § 721 I unter den Voraussetzungen des → § 92 Rn. 17 „Mietsache" (Teilunterliegen des Gegners) vorliegen, aber auch sonst, AG Ludwigslust WuM 2013, 608; aM AG Bln-Schöneberg MietR 1996, 105 (zu streng).

– **(Schonfrist):** Die glaubhafte Ankündigung des auf Räumung in Anspruch genommenen Mieters, er könne und werde in der Schonfrist des § 569 II Nr. 2 BGB und vor der Entscheidungsreife nach → § 119 Rn. 5 noch eine Zahlung leisten oder die Zahlungszusage einer öffentlichen Stelle beibringen, reicht wegen der dann eintretenden Nichtigkeit der Vermieterkündigung aus, LG Mannh WuM 1988, 269; aM LG Aachen NJW-RR 1993, 829; LG Bln WuM 1992, 143; LG Wiesbaden WuM 2012, 368 (zust. Emmert).

Mitverschulden: Das Gericht muss ein Mitverschulden des Geschädigten nach § 254 BGB von Amts wegen berücksichtigen, KG MDR 1979, 672.

Mitwirkung des Antragstellers: Die Erfolgsaussicht kann **fehlen,** soweit der Antragsteller nicht im notwendigen Umfang bei der Sachaufklärung mitwirkt, Köln DAVorm 1980, 850.

Mutwille: → Rn. 34.

Namensänderung: VGH Mü NJW 2015, 569 (Doppelname beim Kind: Keine Erfolgsaussicht).

Nebenklage: Bei Prüfung des PKH-Antrags des Nebenklägers kommt es grds. nicht auf Erfolgsaussicht an wohl aber bei Antrag des Nebenklägers auf PKF für ein Rechtsmittel, BGH AnwBl 1989, 688.

Nichtigkeitsklage: → „Wiederaufnahmeverfahren".

Notanwalt: Soweit das Gericht nach § 78b, → § 78b Rn. 4, 6, wegen Aussichtslosigkeit der Rechtsverfolgung keinen Notanwalt beiordnen durfte, kommt auch PKH nicht in Betracht, BGH FamRZ 1988, 1152.

Obligatorisches Güteverfahren: Es muss nach § 15a EGGVG erfolglos geblieben sein, LG Itzehoe NJW-RR 2003, 352.

Parteivernehmung: → „Beweisaufnahme – (Parteivernehmung)".

Prozessfähigkeit: Das Gericht muss diese Prozessvoraussetzung nach → Vor § 253 Rn. 12 ff. von Amts wegen prüfen, Hamm FamRZ 2012, 1318. Das Gericht darf PKH nicht schon wegen eines Zweifels an der Prozessfähigkeit des Antragsgegners nach §§ 51, 52 ablehnen, Ffm FamRZ 1998, 486.

Prozessvoraussetzung: Das Gericht muss auch schon im Vorverfahren über die PKH stets prüfen, ob die Prozessvoraussetzungen des Hauptprozesses vorliegen, Hamm FamRZ 2012, 1318. Das gilt vor allem für die Zuständigkeit, aber auch für die Zulässigkeit einer öffentlichen Zustellung nach § 185, Hamm MDR 2013, 97; aM Karlsr FamRZ 1998, 486 (aber ohne sie kein Erfolg).

Räumungsfrist: → „Mietrecht".

Ratenkredit: Zur Erfolgsaussicht bei angeblich sittenwidrigen Ratenkreditverträgen Düss NJW-RR 1986, 48, Kblz NJW-RR 1986, 405, Mü NJW-RR 1990, 112.

Rechtsbeschwerde: Auch im Verfahren nach § 574 ist die Prüfung der Erfolgsaussicht verfassungsrechtlich nicht zu beanstanden, BVerfG NVwZ 2005, 1418. Soweit die Voraussetzungen des § 574 vorliegen, besteht auch Erfolgsaussicht, BGH FamRZ 2011, 1138, Karlsr IPRax 1988, 176.

Rechtsfrage:

– **(Bewilligung):** Rechtsverfolgung und Rechtsverteidigung sind im Allgemeinen schon wegen Art. 3 I GG dann hinreichend aussichtsreich, sobald sich Fragen von erheblicher rechtlicher Tragweite abzeichnen, BVerfG NVwZ 2018, 319; BayVBl 2021, 247; Brbg FamRZ 2006, 1776; OVG Brem NVwZ-RR 2015, 116. Dasselbe gilt insbesondere, wenn die Entscheidung in der Hauptsache von der Beantwortung einer schwierigen, bislang ungeklärten Rechtsfrage abhängt, BVerfG NJW 1991, 413; FamRZ 2016, 30; NJW-RR 2020, 1267; BGH NJW 2015, 1020; NZM 2014, 267; Celle FamRZ 2018, 1079; OVG Münster NVwZ-RR 2015, 825 und 838. Das gilt auch dann, wenn das Gericht einer Grundsatzentscheidung nicht folgen will, Köln MDR 2008, 645.

Denn das nur einer summarischen Prüfung unterliegende PKH-Verfahren hat nicht den Zweck, zweifelhafte Rechtsfragen vorab zu entscheiden, BVerfG NVwZ 2018, 320; BayVBl 2021, 247; BGH NJW-RR 2014, 131; Nürnb NJW-RR 2011, 265. Es genügt grds., dass das Beschwerdegericht (jetzt) eine Rechtsbeschwerde nach § 574 wegen einer grundsätzlichen Bedeutung zulassen würde, BGH NJW 2003, 1127; Celle FamRZ 2001, 700; Köln MDR 2000, 601.

– **(Versagung):** Allerdings ist auch für eine rückwirkende Bewilligung nach → § 119 Rn. 28 dann kein Raum mehr, wenn die für die Entscheidungen erheblichen Rechtsfragen höchstrichterlich in einem auch für den Antragsteller ungünstigen Sinn anderweitig geklärt sind, BGH NJW 2015, 1020. Das gilt trotz einer etwaigen Zulassung der Revision nach §§ 540, 543, BGH NJW-RR 2003, 130. Erfolgsaussicht darf von Instanzgericht nicht verneint werden, wenn eine Rechtsfrage höchstrichterlich im Sinne des Antragstellers entschieden ist, das Instanzgericht dieser Rechtsprechung aber nicht folgen will, Köln MDR 2000, 601. Keine Erfolgsaussicht besteht bei einer zwar noch nicht höchstrichterlich entschiedenen, aber leicht klärbaren Frage, BVerfG NVwZ 2006, 1156. Das Gericht darf aber sonst nicht „durchentscheiden", BVerfG NVwZ-RR 2007, 569; NJW 1991, 413. Grundsätzliche Bedeutung kommt einer Rechtsfrage insbesondere dann nicht zu, wenn sie zwar vom BGH noch nicht entschieden worden ist, in der obergerichtlichen Rspr aber einhellig beantwortet wird und die hierzu in der Literatur vertretenen Ansichten vereinzelt geblieben sind, BGH NJW-RR 2019, 1153.

Rechtshängigkeit: Die Erfolgsaussicht **fehlt** für den Bekl. vor ihrem Eintritt nach → § 261 Rn. 1, Brem FamRZ 1989, 198; Karlsr FamRZ 2000, 1022; Kblz FamRZ 1998, 1300. Nach Wegfall der Rechtshängigkeit grds. kein Raum für PKH, OVG Weimar NVwZ 1998, 866 (auch zu Ausnahme).

Rechtsmittel: Vgl. zunächst § 119 I 2. Maßgeblich ist die Sache selbst, nicht das Rechtsmittel, BVerfG NJW 1997, 2745; BGH AnwBl 2007, 94. Es kann nach → „Wiedereinsetzung" auf eine Wiedereinsetzungschance ankommen. Für den Revisionsbekl kommt PKH erst nach dem Vorliegen der Revisionsbegründung nach § 551 in Betracht, BGH NJW-RR 2001, 1009. Trotz der Bindung an die Revisionszulassung nach § 543 II 2 kann das wahre Fehlen ihres Grundes der Erfolgsaussicht entgegenstehen, BGH FamRZ 2003, 1552. Auch → „Berufung", → „Revision".

Rechtsschutzbedürfnis: Das Gericht muss das Rechtsschutzbedürfnis wie bei jedem Antrag stets prüfen, BayObLG Rpfleger 1990, 127 (FGG); Hmb FamRZ 2010, 1680.

Es **fehlt** ab dem Erhalt eines Vollstreckungstitels nach §§ 704, 794 ff., Ffm FamRZ 1982, 1223; Hamm FamRZ 1980, 708; Karlsr AnwBl 1982, 491, oder einer Klaglosstellung bei Bewilligungsreife nach → § 119 Rn. 4, OVG Lüneburg NVwZ-RR 2015, 320.

Rechtswahl: Sie kann eine Erfolgsaussicht begründen, Nürnb FamRZ 2013, 1322.

Rechtsweg: Er muss nach § 13 GVG zulässig sein. Auf einen Antrag muss das Gericht nach § 17a III GVG vorab entscheiden, LAG Hmb NZA-RR 2016, 438; VGH Mannh NJW 1992, 707.

Restitutionsklage: → „Wiederaufnahmeverfahren".

Revision: Die Erfolgsaussicht fehlt, wenn die beabsichtigte Revision trotz Zulassung nach § 552a zurückzuweisen wäre, BGH NJW-RR 2008, 304.

Schadensersatz: Das Gericht muss ein mögliches Mitverschulden nach § 254 BGB berücksichtigen, Düss JurBüro 1988, 1057; KG MDR 1979, 672, ferner eine etwaige Haftung eines Dritten, Karlsr FamRZ 2014, 1476.

Scheidung: Es gilt wegen des Antragserfordernisses des § 124 FamFG nur § 76 I FamFG.

– **(Antragsgegner):** Wenn der Gegner des Scheidungsantrags VKH beantragt, muss das Gericht prüfen, ob sein Antrag eine hinreichende Erfolgssausicht hat, Düss FamRZ 1986, 697; aM Bbg NJW-RR 1995, 6 (aber so allgemein darf man nicht vorgehen. Es ist die folgende Differenzierung notwendig). Es kommt auf den Erfolg der beabsichtigten Rechtsverfolgung oder Rechtsverteidigung für das Verbundverfahren als Ganzes an, weniger also auf die Abwehraussicht gegenüber dem Scheidungsantrag, Drsd FamRZ 2014, 1720; (3. FamS) FamRZ 1990, 80; Jena FamRZ 1998, 1179; aM Düss (5. FamS) JurBüro 1985, 461 und (7. FamS) JurBüro 1982, 1731; Rostock FamRZ 2005, 1914 (aber es ist immer eine Gesamtabwägung notwendig). Ein Versöhnungsversuch ist unschädlich, Hmb FamRZ 2003, 1018. Vgl. freilich zum etwaigen Mutwillen → Rn. 38 „Scheidung" – „(Hauptverfahren)" – „(Mitwirkung)".

– **(Ausländisches Recht):** Ist bei Anwendung ausländischen Rechts auch eine Abweisung für einen späteren Scheidungsantrag hilfreich, kann eine Erfolgsaussicht infrage kommen, Brschw FamRZ 1997, 1409; Celle FamRZ 1998, 758. Solange kein Antrag nach § 107 IV FamFG vorliegt, bleibt eine ausländische Ehescheidung unbeachtlich. Das Verfahren kann freilich zur Aussetzung führen, Karlsr NJW-RR 2001, 5. Ein Widerspruch des Gegners nach türkischem Recht braucht die Erfolgsaussicht nicht zu schmälern, Düss FamRZ 2009, 135. Zum talaq Ffm FamRZ 2009, 1504.

– **(Formular):** Die Ausfüllung des Formulars nach § 76 FamFG iVm § 117 IV zB für den Versorgungsausgleich nach §§ 217 ff. FamFG kann nicht stets eine Voraussetzung für die VKH werden, AG Syke NJW-RR 1993, 1479, wohl aber je nach Lage des Einzelfalls, Hamm FamRZ 1980, 180; Karlsr FamRZ 1984, 1233.

– **(Nutzungsentschädigung):** Soweit in Wahrheit noch keine Entscheidung über eine Nutzungsentschädigung an der zugewiesenen Ehewohnung ergangen ist, kann trotz Rechtskraft der Scheidung eine Erfolgsaussicht zur Nutzungsentschädigung bestehen, Mü FamRZ 1989, 200.

– **(Stillstand):** Soll das Scheidungsverfahren im Zeitpunkt der Entscheidung über das VKH-Gesuch nicht mehr weiterlaufen, ist grds. **keine** VKH statthaft, auch kaum rückwirkend, Ffm FamRZ 1984, 306. Vgl. freilich → § 119 Rn. 11 ff. und ausnahmsweise wegen § 1587 II BGB Karlsr FER 2000, 130.

– **(Trennungsjahr):** Vor seinem Ablauf besteht grds. **keine** Erfolgsaussicht, Köln MDR 2006, 1294. Das gilt zumindest beim Fehlen eines Härtegrundes, Celle MDR 2014, 229, aber auch beim Härtefall und dann, wenn die Voraussetzungen einer einverständlichen Scheidung vorliegen, Drsd FamRZ 2002, 891.

– **(Versorgungsausgleich):** Erfolgsaussicht **fehlt** vor dem Ende des ausländischen Scheidungsverfahrens, Brem FamRZ 2014, 961.

Schlichtungsstelle: Ihr Gutachten bindet nicht, Enders FS Schneider, 1997, 446.

Schlüssigkeit: → Rn. 27.

Schmerzensgeld: Nur ein objektiv angemessenes hat Erfolgsaussicht, Düss JurBüro 1988, 1057. Das Gericht kann aber PKH für das vorläufig als angemessen angesehene Schmerzensgeld bewilligen. Das Gericht darf sich mit einer summarischen Prüfung der Höhe nach § 287 begnügen, LG Kblz VersR 2009, 1411. Ein vertretbarer Betrag reicht, Karlsr NJW 2011, 2143. Die Rechtsverteidigung des Bekl. kann auch dann Erfolgsaussicht haben, wenn das Gericht den vom Kläger verlangten Mindestbetrag für überhöht hält, Ffm MDR 2011, 65.

Wegen des Vorsatzumfangs beim Arbeitsunfall LAG Kiel NZA-RR 2004, 658. Beim Verdacht einer schweren Straftat braucht man sich nicht auf ein sog. Adhäsionsverfahren nach §§ 403 ff. StPO verweisen zu lassen, Rostock JurBüro 2010, 600.Wenn das dauerhafte Verbleiben schmerzensgeldrelevanter Beschwerden noch offen ist, besteht Erfolgsaussicht für Schmerzensgeld unter Berücksichtigung von Dauerschäden, Köln VersR 2013, 604.

Selbständiges Beweisverfahren: Das Gericht muss die Erfolgsaussicht nach → Rn. 15 „Selbständiges Beweisverfahren" auch in solchem Verfahren nach §§ 485 ff. prüfen, Naumb MDR 2010, 403. Es kommt auf die Erfolgsaussicht in **diesem** Verfahren an, nicht auf diejenige der Klage nach § 253, Celle BauR 2004, 1659; Naumb MDR 2010, 403; Saarbr MDR 2003, 1436. Beim Antragsgegner reicht eine sinnvolle Beteiligung, Hamm MDR 2015, 728.

Sorgerecht: Zunächst → Vor § 114 Rn. 6. Erfolgsaussicht ist in diesem vom Amtsermittlungsgrundsatz beherrschten Verfahren bereits dann gegeben, wenn das Familiengericht den Sachverhalt zu ermitteln und ggf. eine Regelung zu treffen hat, also den Antrag nicht ohne weiteres abweisen kann, bzw. wenn ernsthafter Anlass zu eingehender Überprüfung besteht, Hamm NJW-RR 2017, 203; Brbg NJW 2018, 1620; Nürnb FamRZ 2002, 109. Das gilt zB dann, wenn eine Regelung durch das Jugendamt nicht infrage kommt, Schlesw NJW 2014, 477. Sie besteht bei einiger Wahrscheinlichkeit für einen Anspruch nach § 1632 IV BGB, Brbg FamRZ 2006, 1132; Saarbr FamRZ 2012, 1157. Die Erfolgsaussicht für die Übertragung auf den Antragsteller **fehlt** bei dessen erheblichen alkoholischen Problemen, Brbg FamRZ 2002, 120, oder beim Fehlen der Voraussetzungen des § 1628 BGB, Karlsr FamRZ 2015, 150.

Steuerklasse: Erfolgsaussicht besteht meist beim Streit um die sogar evtl. rückwirkende Wahl der Steuerklasse bei getrennten Eheleuten wegen der schwierigen Rechtsfragen, BVerfG NJW 2003, 1858 → „Rechtsfrage".

Strafverfahren: → „Beweisaufnahme". Der Inhalt von Strafakten, insbesondere die tatsächlichen Feststellungen in einem Strafurteil, können bei der Prüfung der Erfolgsaussicht berücksichtigt werden, Kblz MDR 2014, 425.

Streithilfe: → Rn. 38 – „Streithelfer".

Stufenklage: → § 119 Rn. 38 „Stufenklage".

Teilerfolg: Soweit nur ein Teilbetrag usw. eine Erfolgsaussicht hat, darf das Gericht PKH grds. auch nur dementsprechend bewilligen, Drsd DAVorm 1993, 845; Karlsr NJW-RR 2007, 881; Kblz MDR 2014, 42; Karlsr FamRZ 2006, 1396; LSG Hmb JurBüro 2007, 375.

Wegen des Rests muss es PKH **ablehnen.** Eine Ausnahme kann bei Unerheblichkeit des Rests für den Kostenstreitwert gelten. VGH Mannh NVwZ-RR 2006, 856. Auch → „Zuständigkeit".

Überlanges Verfahren: Der Antragsteller muss die Erfolgsaussicht nach § 198 GVG schlüssig nach → § 253 Rn. 28 vortragen, Ffm NJW 2013, 1249. Er kann zum Beweis auf die Akten Bezug nehmen.

Umgangsrecht. Dazu Motzer FPR 2009, 158. Erfolgsaussicht besteht, soweit der Antragsteller seine Lage irgendwie verbessern kann, Brbg FamRZ 2005, 2011; Hamm FamRZ 2008, 420; Naumb FamRZ 2015, 947. Beim Antrag auf eine Verpflichtung zum Umgang kommt ein etwa entgegenstehender Wille des Antragsgegners noch nicht jetzt in Betracht, Stgt FamRZ 2006, 1060. Eine Erfolgsaussicht besteht bei einem Handlungsbedarf, Brbg FamRZ 2017, 311; Nürnb FamRZ 2002, 109. Es kann ausreichen, dass an eine frühere Beziehung angeknüpft werden kann, Celle NJW-RR 2016, 582.

Die Erfolgsaussicht **fehlt** meist erst dann, wenn das Kindeswohl gefährdet ist und wenn man es auch nicht durch Zusatzmaßnahmen sichern kann, Düss FamRZ 1999, 1670.

Unterbringung: Es gelten § 76 FamFG, § 114, Ffm FamRZ 2017, 45.

Unterhalt: Es gelten § 76 I FamFG, § 114.

– **(Berechnung):** Man muss die Klärung einzelner Punkte einer computergestützten Berechnung dem Hauptverfahren überlassen, Köln NJW 2007, 307. Daher ist insofern im VKH-Verfahren eine Großzügigkeit ratsam, Celle FamRZ 2004, 1573.
– **(Düsseldorfer Tabelle):** Beschränkung der VKH-Bewilligung auf „1/3 der Sätze der Düsseldorfer Tabelle" ist mangels Bestimmtheit nach § 113 I 2 FamFG iVm § 253 II Nr. 2 unzulässig, Ffm NJW-RR 1991, 1411.
– **(Eidesstattliche Versicherung):** Sie kann nach → § 117 Rn. 27 notwendig werden, Bbg FamRZ 2007, 1182.
– **(Einstweilige Anordnung):** Anhängigkeit der Hauptsache nach → § 261 Rn. 1 reicht, Hamm FamRZ 2011, 1317.
– **(Forderungsübergang):** Nach einem Forderungsübergang auf das Jugendamt muss der Antragsteller darlegen, inwieweit er noch vollstreckungsbefugt ist, LG Kassel FamRZ 2006, 494.
– **(Freiwillige Zahlung):** Der Unterhaltsberechtigte braucht sich nicht mit freiwilligen Zahlungen ohne einen Vollstreckungstitel zu begnügen, BGH FamRZ 1998, 1165; Mü FamRZ 1994, 313; Zweibr FamRZ 1997, 620.
– **(Künftige Minderung):** Wenn der Schuldner eine Minderung erst in zwei Jahren vornehmen will, besteht jetzt noch keine Erfolgsaussicht für eine Titulierung, Köln NJW-RR 2004, 297.
– **(Leistungsfähigkeit):** Man muss eine Billigkeitsprüfung nach § 1581 BGB dem Hauptverfahren vorbehalten, Karlsr FamRZ 1991, 1458.
– **(Minderjähriger, Unverheirateter):** Bei § 1603 II 1 BGB gelten strenge Maßstäbe, Nürnb FamRZ 1998, 982. Hinreichende Erfolgsaussicht auf Verneinung der Unterhaltspflicht kann bestehen, soweit eine Haftung des anderen Elternteils nach § 1603 II 3 BGB in Betracht kommt, Karlsr FamRZ 2003, 1676.
– **(Studium):** Zum Vorschuss bei seiner Erweiterung OVG Hmb NJW 2016, 2054.
– **(Teilzahlungen):** Bei bloßen Teilzahlungen besteht ein volles Titulierungsinteresse, Kblz FamRZ 2006, 1611.
– **(Verfahrenswahl):** Der Gläubiger kann zwischen dem vereinfachten Verfahren nach (jetzt) §§ 249 ff. FamFG und einem „normalen" FamFG-Verfahren wählen, Ffm FamRZ 2008, 420.
– **(Volljährigkeit):** Ab Volljährigkeit des Berechtigten **entfällt** für den bisher nach § 1629 III BGB in eigenem Namen vorgegangenen Elternteil insoweit die Erfolgsaussicht, Mü FamRZ 1996, 422; Zweibr FamRZ 1989, 194. Das volljährige Kind muss am Wohnsitz des Unterhaltspflichtigen vorgehen, Hamm FamRZ 2005, 1259.

Urlaub: Eine Erfolgsaussicht **fehlt** beim Abgeltungsanspruch dann, wenn man eine Übertragungsfrist versäumt hat, LAG Köln NZA-RR 2010, 545.

Urkundenprozess: Eine Erfolgsaussicht erst im Nachverfahren genügt auch für ein Verfahren nach §§ 592 ff. bis zum Vorbehaltsurteil nach § 600, Saarbr MDR 2002, 1211.

Vaterschaftsanfechtung. Dazu Nickel NJW 2011, 1117. Es gilt wegen § 171 I FamFG (Antragszwang) nur § 76 I FamFG.

– **(Anfechtung der Anerkennung):** Bei der Anfechtung der Anerkennung einer nichtehelichen Vaterschaft reicht die bloße Behauptung zur Vaterschaftsfrage nicht aus, Karlsr FamRZ 1995, 1163; aM Köln FamRZ 2005, 43; AG Bln FamRZ 1995, 1228. Es sind konkrete Anhaltspunkte darzulegen, BGH NJW 2006, 1657; Karlsr FamRZ 2001, 1532.

– **(Auslandswohnsitz):** Erfolgsaussicht kann auch bei einem solchen Wohnsitz des Antragsgegners bestehen, Hamm DAVorm 1979, 199.

– **(Beweisaufnahme):** Erfolgsaussicht besteht bei der ernsthaften Möglichkeit einer → „Beweisaufnahme", Drsd MDR 2010, 1330; Hmb DAVorm 1984, 708; Karlsr Just 1987, 64. Das gilt auch bei der Notwendigkeit einer Beweisaufnahme im Ausland zB nach § 363 nebst Anh., Hamm DAVorm 1979, 199.

– **(Blutgruppengutachten):** Im Feststellungsverfahren nach (jetzt) § 169 Nr. 1 FamFG ist es unschädlich, dass das etwa erforderliche Blutgruppengutachten erst später möglich sein wird, Hmb DAVorm 1986, 367; Karlsr FER 1998, 271.

– **(DNA-Gutachten):** Keine Erfolgsaussicht besteht bei der Abhängigkeit von einem heimlich eingeholten DNA-Gutachten, Celle NJW 2004, 449; aA Schlesw FamRZ 2005, 1097.

– **(Gutachten allgemein):** Erfolgsaussicht besteht grds. bei der Abhängigkeit von einem Gutachten, Zweibr MDR 2006, 271.

– **(Mehrere Anfechtungen):** Drei erfolgreiche Anfechtungen begründen nicht die Erfolgsaussicht für eine vierte, Köln MDR 2005, 993. Naumb FamRZ 2008, 2146 verneint sogar Mutwilligkeit nach einer wissentlich falschen Anerkennung.

– **(Notwendigkeit einer Beteiligung):** Dem Antragsgegner ist wegen der Notwendigkeit seiner Beteiligung VKH zu gewähren, Köln FamRZ 1996, 1290; Nürnb JurBüro 1993, 231. Es ist auch eine Beteiligung des Antragsgegners zwecks Unterstützung des Antrags ausreichend, Celle FamRZ 1991, 978 (erst recht für seinen Gegenantrag); Karlsr JurBüro 1999, 253; Stgt DAVorm 1990, 469; aM Düss FamRZ 1996, 616; Hamm FamRZ 1992, 454; KG FamRZ 1987, 502.

– **(Öffentliche Zustellung):** Erfolgsaussicht kann im Abstammungsverfahren auch ohne Darlegung der Voraussetzungen des § 185 bestehen, Saarbr MDR 2018, 697. Grds. → „Prozessvorausetzung".

– **(Tod):** Nach dem Tod des angeblichen Vaters muss der Antragsteller nach → § 372a Rn. 12 eine Möglichkeit oder Durchführbarkeit einer etwaigen Exhumierung darlegen, Köln FER 2001, 131.

– **(Unstreitigkeit):** Die Erfolgsaussicht entfällt für den Antragsgegner nicht schon deshalb, weil er dem Antrag nicht entgegentritt, Kblz FamRZ 2002, 1194.

– **(Vergleich):** Eine Vergleichsbereitschaft ist ein deutliches Anzeichen einer Erfolgsaussicht, Karlsr FamRZ 2004, 550.

– **(Vernehmung der Mutter):** Ein solcher Beweisantrag kann ausreichen, aM Köln FamRZ 2005, 43 (aber → „Beweisaufnahme").

– **(Zweifel):** Erfolgsaussicht liegt für den Antragsgegner beim ernsthaften Zweifel an seiner Vaterschaft vor, Brbg FamRZ 2007, 152; Drsd NJW-RR 2006, 292; Stgt MDR 2005, 1115 (je streng); aM Hmb DAVorm 1986, 387.

Vereinfachtes Verfahren: → „Unterhalt".

Verfahrensfehler: Es kommt nur auf die infolge des Verfahrensfehlers nach einer etwaigen Zurückverweisung zB nach § 538 II 1 Nr. 1 bestehende Erfolgsaussicht in der Sache an, BGH NJW-RR 2007, 193; Bbg FamRZ 1995, 378.

Verfassungsmäßigkeit: → „Rechtsfrage".

Vergleich: Auch hier kommt es zwar grds. auf die Erfolgsaussicht eines streitigen Verfahrens wie sonst an, Kblz FamRZ 1990, 180; Köln FamRZ 2002, 760; Zweibr JurBüro 1988, 221. Die Vergleichsbereitschaft beider Parteien kann aber für PKH ausreichen, Nürnb FamRZ 1998, 492; LG Kaiserslautern NJW-RR 2011, 930. Das gilt auch in Amtsverfahren, LSG Mainz AnwBl 1981, 409. Ein Vergleich bedeutet zumindest Erfolgsaussicht in seinem Umfang, Köln FamRZ 2000, 1094; LG Kaiserslautern NJW-RR 2011, 930. Er kann darüber hinaus Erfolgsaussicht für das gesamte Verfahren bedeuten, Kblz FamRZ 2009, 1232; Köln FamRZ 2002, 760; LG Brem NJW-RR 2013, 1344; aM Köln FamRZ 1998, 835; Mü MDR 1987, 239; LG Kaiserslautern NJW-RR 2011, 930 (Einzelfallentscheidung). Ein Widerrufsvergleich nach → Anh. § 307 Rn. 62 ff. kann reichen, AG Groß-Gerau MDR 1981, 853.Ein Vergleich nur zwecks Protokollierung einer vorgerichtlichen Einigung reicht nicht, Nürnb JurBüro 1992, 49.

Ein bereits geschlossener Vergleich bindet das Gericht bei der Beurteilung der Erfolgsaussicht, sofern erst nach Vergleichsschluss Bewilligungsreife → § 119 Rn. 5- eingetreten ist, Ffm NJOZ 2020, 1299.

Verjährung: Die Einrede der Verjährung nach § 214 I BGB kann beim Gläubiger als drohende gegnerische Verteidigung zu berücksichtigen sein, Stgt NJW-RR 2010, 883. Sie kann zur Erfolgsaussicht für den Bekl. ausreichen. Regensburg

Versicherung: Es muss ein Leistungsanspruch bestehen, Kblz VersR 2012, 766. Zur Problematik Kblz NJW-RR 2015, 1517 (Versicherung bei Zeckenbiss) und MDR 2016, 297.

Versorgungsausgleich: Erfolgsaussicht im Beschwerdeverfahren setzt eine Verfahrensförderung voraus, Hamm FamRZ 2009, 1933. Erfolgsaussicht im Beschwerdeverfahren des Versorgungsträgers fehlt nicht schon deshalb, wenn ein Ehegatte nicht auch selbst Beschwerde eingelegt hat, BGH FamRZ 2014, 551.

Verwirkung Bei ihr **fehlt** eine Erfolgsaussicht.

Verzögerung: Erfolgsaussicht kann trotz einer vom Antragsteller nicht zu vertretenden bestehen, KG FamRZ 2007, 1469.

Vollstreckungsaussicht: Erfolgsaussicht kann von der Vollstreckungsaussicht mit beeinflusst werden.

Widerklage: Voraussetzungen sind nach Anh. § 253 selbständig zu prüfen. Ihre Anhängigkeit genügt, → Rn. 33 „Anhängigkeit".

Wiederaufnahme: Maßgeblich ist die Erfolgsaussicht in der Hauptsache, BGH NJW 1993, 3140.

Wiedereinsetzung: Wiedereinsetzung in eine versäumte Rechtsmittelfrist wird gewährt, wenn die Partei innerhalb der Frist einen vollständigen PKH-Antrag gestellt und alles getan hat, damit ohne Verzögerung über den Antrag entschieden werden kann; das beinhaltet die Vorlage der Erklärung über die persönlichen und wirtschaftlichen Verhältnisse unter Verwendung des amtlichen Formulars nebst Nachweisen, BGH NJW-RR 2008, 942; NJW-RR 2000, 1520 (auch zu Ausnahmen).

Wohnungsverweisung: Eine Erfolgsaussicht kann für die Feststellung ihrer Rechtswidrigkeit bestehen, OVG Münster FamRZ 2015, 857.

Zug-um-Zug-Leistung: Bei einem Zug-um-Zug-Anspruch muss die Gegenleistung nach §§ 756, 765 erbringbar sein, Düss MDR 1985, 59.

Zurückbehaltungsrecht: Für den Bekl. kann die Geltendmachung eines Zurückbehaltungsrechts ausreichen. Es fehlt gegenüber einem Auskunftsanspruch nach § 1379 BGB, Jena FamRZ 1997, 135.

Zusatzgutachten: Seine Notwendigkeit zB nach § 412 kann ausreichen, Karlsr FamRZ 1984, 702. Auch → „Beweisaufnahme".

Zuständigkeit: Hält das Gericht in einem isolierten PKH-Verfahren den beschrittenen Rechtsweg für unzulässig, hat es das PKH-Verfahren entsprechend § 17a GVG zu verweisen, BGH MDR 2021, 51.Eine wegen Unzuständigkeit des angerufenen Gerichts unzulässige Klage bietet keine Erfolgsaussicht, BGH NJW-RR 2004, 1437; Hamm FamRZ 2005, 1259. In Betracht kommt eine Verweisung entsprechend § 281, BGH NJW-RR 2004, 1437; Saarbr NJW-RR 1990, 575. Das gilt auch bei teilweiser Erfolgsaussicht, Saarbr FamRZ 1999, 110. Ein PKH-Gesuch kann durch das LG aber nicht mit der Begründung abgelehnt werden, dass der erfolgversprechende Teil der Klage die landgerichtliche Zuständigkeitsgrenze nicht erreiche, wenn das LG aufgrund eines bindenden amtsgerichtlichen Verweisungsbeschlusses zuständig geworden ist, Kblz JurBüro 2020, 662. Die Erfolgsaussicht kann ferner insgesamt nach → „Berufung" fehlen, wenn nur für einen Teil Erfolgsaussicht besteht, dessen Wert unterhalb der sachlichen Zuständigkeit des angerufenen Gerichts liegt, BGH NJW-RR 2004, 1437; Düss JurBüro 2007, 438; Schlesw MDR 2009, 346; aM Drsd MDR 1995, 202; Mü MDR 1998, 922. Bei einer nach → § 253 Rn. 45 ff. unbezifferten Klage (Schmerzensgeldanspruch) ist die Erfolgsaussicht hinsichtlich der Zuständigkeit des LG nicht schon deshalb bereits im PKH-Verfahren zu verneinen, weil Höhe zweifelhaft ist, Schlesw NJW-RR 1999, 1667. → – „Schmerzensgeld".

Zwangsversteigerung: Bei einer Teilungsversteigerung nach § 180 ZVG muss Aussicht auf ein Gebot bestehen, LG Heilbronn Rpfleger 2007, 40.

Zwangsvollstreckung: Ein erfolgversprechender Antrag nach § 765a kann auch dann genügen, wenn das Gericht nicht von § 788 IV Gebrauch macht, LG Hann WuM 1990, 398. Die Aussichtslosigkeit der Zwangsvollstreckung nach §§ 704 ff. zumindest auf absehbare Zeit kann auch schon eine entsprechende Aussichtslosigkeit der Rechtsverfolgung im Erkenntnisverfahren nach §§ 253 ff. bedeuten, Celle NJW 1997, 532; Köln JurBüro 1991, 275; Hamm NJW-RR 1999, 1737 (Vorsicht!). Man muss nicht einen Vollstreckungsauftrag nach § 754 beifügen, LG Kassel FamRZ 2006, 494.

Die Erfolgsaussicht kann **fehlen,** soweit der Antragsteller eine nach §§ 756, 765 notwendige Gegenleistung nicht erbringen kann, Düss MDR 1982, 59, oder soweit die Vollstreckung von Amts wegen erfolgt, Brbg FamRZ 1996, 421; VGH Kassel NVwZ-RR 2015, 87 (wegen § 1 I Nr. 4, II JBeitrO); oder soweit unklar ist, gegen was sich der Schuldner als Antragsteller wenden will, BGH VersR 2005, 1705. Auch „Zug-um-Zug-Leistung".

Zwischenfeststellungsklage: → „Feststellungsklage".

34 **IX. Fehlen von Mutwillen, I 1, II.** Die Regelung ist mit dem GG vereinbar, BVerfG NJW 1991, 413; FamRZ 2010, 183. Sie entspricht auch Art. 6 I EMRK, EGMR NJW 2018, 527. Selbst dann, wenn die beabsichtigte Rechtsverfolgung oder Rechtsverteidigung nach → Rn. 27 ff. hinreichende Erfolgsaussicht bietet, darf das Gericht PKH nur gewähren, wenn das gesamte Prozessverhalten des Antragstellers nicht mutwillig erscheint, Köln FamRZ 1987, 1168; Saarbr FamRZ 2010, 311; Schlesw WM 2011, 1129.

35 **1. Begriff des „Mutwillens".** Mutwilligkeit setzt voraus, dass eine verständige, nicht hilfsbedürftige Partei ihre Rechte nicht in gleicher Weise verfolgen würde, BGH NJW 2010, 3522. Der Bedürftige soll durch die PKH nicht bessergestellt werden als die bemittelte Partei, die ihre Prozessaussichten vernünftig abwägt und auch das Kostenrisiko berücksichtigt, BVerfG NJW 1991, 413. Es ist nicht Zweck der PKH, bedürftigen Personen Prozesse zu ermöglichen, die eine wirtschaftlich leistungsfähige Partei bei vernünftiger und sachgerechter Eischätzung der Sach- und Rechtslage nicht führen würde, BGH NJW-RR 2017, 1470; Musielak/Voit/Fischer Rn. 30. So ist es mutwillig, ein Rechtsbeschwerdeverfahren zur Klärung einer Grundsatzfrage durchführen zu wollen, ohne dass dies Auswirkungen auf die Rechtsposition des Antragstellers hätte, BGH NJW 2022, 1533.

36 Maßgeblich ist der Nutzen einer Entscheidung überhaupt, BSG MDR 1976, 611. Mutwille liegt zB dann vor, wenn ein einfacherer und billigerer Weg möglich wäre, von zwei gleichwertigen prozessualen Wegen muss der kostengünstigere gewählt werden, OVG Saarlouis NJW 2014, 714. Der Bedürftige darf den sichersten Weg gehen, Düss NJW 1989, 2955; Ffm NJW-RR 1986, 944. Um den verfassungsrechtlich verbürgten Anspruch auf Rechtswahrnehmungsgleichheit nicht zu verletzen, ist bei der Annahme von Mutwillen Zurückhaltung und besondere Würdigung der Umstände des Einzelfalls geboten, BVerfG MDR 2015, NJW 2009, 3417, 1435, Hmb FamRZ 1998, 1178. Die Vorschrift dient nicht dazu, außerprozessuale Umstände wie zB Verletzung der Mitwirkungspflicht im außergerichtlichen Vorverfahren zu sanktionieren, BFH NJW-RR 2000, 1373.

37 **2. Maßgeblicher Zeitpunkt: Bewilligungsreife.** Es kommt auch hier auf den Zeitpunkt der Entscheidungsreife nach → § 119 Rn. 5 an, Köln NJW-RR 2004, 64. Evtl. muss das Gericht daher nach → § 119 Rn. 11 PKH rückwirkend bewilligen.

3. Beispiele zur Frage des Mutwillens, I 1, II

38 **Abänderung:** Mutwillig ist der Antrag auf die Feststellung, dass kein Unterhaltsanspruch besteht, obwohl ein Abänderungsverfahren nach (jetzt) § 54 FamFG oder nach §§ 323 ff. statthaft ist, Hamm FamRZ 1987, 962; aM Köln FamRZ 1984, 717, oder soweit ein solches Verfahren nach § 56 FamFG statthaft ist. Mutwillig sein kann der Antrag auf eine Herabsetzung von Unterhalt wegen eines Berufswechsels, den der Antragsteller zumindest grob leichtfertig verursacht hat, Bbg JurBüro 1990, 1646, oder die Abänderungsforderung trotz einer bevorstehenden Herausgabe des bisherigen Titels an den Schuldner, Köln FamRZ 2006, 718. Auch → „Unterhalt", → „Vorprozess".

Adhäsionsverfahren: Mutwille mag im Einzelfall fehlen, soweit der Antragsteller auch nach § 404 StPO vorgehen könnte, LG Itzehoe SchlHA 2001, 260. Das gilt aber nicht stets.
Dortmund

Anerkenntnis: Es bedeutet für den Gegner anschließend **nicht stets** Mutwillen, Bbg FamRZ 1992, 456.

Arbeitsrecht: Mutwille liegt dann vor, wenn der Arbeitgeber eine Kündigungsfrist nur ganz gering unterschritten hat und wenn der Arbeitnehmer ohne einen vorherigen außergerichtlichen Klärungsversuch eine Klage einreichen lässt, LAG Mainz MDR 2000, 650. Mutwille kann bei einem Weiterbeschäftigungsantrag vorliegen, den der Kläger nicht als unechten Hilfsantrag nach → § 260 Rn. 9 stellt, LAG Bln NZA-RR 2006, 214; LAG Düss JurBüro 1989, 1441. Zahlungsklage bei drohender Insolvenz des Arbeitgebers nicht mutwillig, LAG Kiel NZA-RR 2009, 610. Auch → „Unzuständigkeit".

Arzthaftung: Mutwille liegt **keineswegs stets** schon deshalb vor, weil der Antragsteller nicht vorher die Gutachterkommission für ärztliche Haftpflichtfragen angerufen hat, Düss MDR 1989, 826; Stegers AnwBl 1989, 140; aM LG Aurich NJW 1986, 792 (abl. Matthies); LG Dortmund JZ 1988, 255 (abl. Giesen), oder wenn er eine vorprozessuale Begutachtung abgelehnt hat, KG VersR 2010, 1102.

Aufrechnung: Mutwille **fehlt,** solange der Gegner eine Aufrechnung nach → § 145 Rn. 15 noch nicht einmal angekündigt hat. Aber auch bei Hilfsaufrechnung kein Mutwille, Köln NJW-RR 1992, 258. Auch → „Widerklage".

Auskunft: Mutwillig ist eine Zahlungsklage, soweit eine Auskunftsklage nach § 254 zumutbar ist, Hamm FamRZ 1986, 924; Schlesw SchlHA 1978, 84, und umgekehrt, Schlesw FamRZ 1986, 1031. Mutwillig ist der Antrag auf einen Zugewinnausgleich ohne eine Auskunft über das Endvermögen, Schlesw SchlHA 1978, 84. Mutwillig ist eine Auskunftsforderung, obwohl kein Zweifel an der Leistungsunfähigkeit des Gegners besteht, Schlesw FamRZ 1986, 1031. Mutwillig sind getrennte Klagen statt der Stufenklage, soweit sie sinnvoll ist, Düss FamRZ 1989, 204. Die isolierte Auskunftsforderung statt derjenigen im Verbundverfahren nach (jetzt) § 137 FamFG kann mutwillig sein, Düss FamRZ 1991, 94. Vgl. aber auch Stgt FamRZ 2007, 1109, → „Versorgungsausgleich". Mutwillig sein kann die Auskunftsforderung des Unterhaltsberechtigten neben derjenigen des Sozialhilfeträgers, Köln FamRZ 2001, 1713, oder die Forderung nach einer persönlichen Auskunft statt derjenigen des ProzBev., Naumb FamRZ 2007, 1814. Mutwillig ist die Rechtsverteidigung nach einer verspäteten Auskunft, Düss FamRZ 1997, 1017.

Auslandsunterhalt: Mutwille muss auch im Verfahren auf ein sog. eingehendes Gesuch um Auslandsunterhalt nach § 9 I 1 Nr. 2 AUG, Anh. § 168 GVG fehlen.

Mutwille **fehlt** grds. bei einer Wahl des deutschen statt des ausländischen Gerichts, aM Hamm FamRZ 2001, 1534 (aber ein Auslandsverfahren ist in aller Regel schon wegen der Entfernung und der Problematik eines inländischen Verkehrs- oder Vertrauensanwalts mindestens ebenso schwierig durchführbar). Mutwille fehlt bei einer Alkoholabhängigkeit des im Ausland lebenden Antragsgegners, Oldb FamRZ 2010, 2095.

Auslandsvollstreckung: Mutwillig kann ein Verfahren auf Zwangsvollstreckung gegen einen im Ausland lebenden Schuldner sein, soweit sie dort kaum durchführbar wäre, Celle NJW 1997, 532; Drsd JurBüro 2004, 147; LG Wuppertal Rpfleger 1985, 210. An die hierfür zu stellende Prognose sind aber strenge Anforderungen zu stellen, so dass die darauf gestützte Ablehnung der PKH auf seltene Ausnahmefälle beschränkt bleibt, Hamm NJW-RR 2005, 723.

Außergerichtliche Einigung: Mutwillig kann ein Verfahren sein, wenn ein nicht Bedürftiger einen solchen Einigungsversuch, ggf. auch im PKH-Verfahren, unternommen hätte, Brbg MDR 2008, 103; Saarbr FamRZ 2010, 311.

Beratungshilfe: Die Erhebung einer Klage ist mutwillig, wenn sie anstelle der möglichen Inanspruchnahme von Beratungshilfe für anwaltliche Beratung dazu dienen soll, das Tätigwerden des Anwalts bei einer anstehenden außergerichtlichen Einigung abzugelten, Oldb NdsRpfl 1981, 253.

Deckungsprozess: → „Versicherung".

Ehesache: Mutwillig ist ein Aufhebungsantrag dann, wenn man ihn schon bei der Eheschließung geplant hatte, Kblz NJW-RR 2009, 1308. Auch → „Scheidung", → „Unterhalt".

Eilanordnung: → „Gewaltschutz".

Einspruch: → „Versäumnisurteil".

Einstweilige Anordnung, Verfügung: Mutwillig ist eine Unterhaltsforderung, soweit schon eine einstweilige Anordnung im Eheverfahren nach §§ 49 ff. FamFG besteht, Hamm FamRZ 2011, 1157; Köln FamRZ 2011, 1157; Mü FamRZ 2012, 392; aM Hmb FamRZ 1990, 181; Schlesw JurBüro 1991, 1229; Stgt FamRZ 1992, 1196 (aber es liegt schon ein immerhin zunächst ausreichender Vollstreckungstitel vor).

Gleichzeitige Einleitung des Hauptverfahrens und des Eilverfahrens ist nicht mutwillig, Ffm FamRZ 2011, 661 (zum Umgangsrecht). → – „Gewaltschutz".

Auch → „Sorgerecht", „Unterhalt".

Erledigung der Hauptsache: Mutwille liegt beim PKH-Gesuch nach ihrem Eintritt nach → § 91a Rn. 16 ff. vor, OVG Schlesw NVwZ-RR 2004, 460.

Erschleichen des Gerichtsstands: Mutwillig ist nach eine unnötige Zerreißung des Sachverhalts, um vor verschiedenen Gerichten Teilansprüche geltend zu machen, Karlsr MDR 1988, 972; Schneider MDR 1989, 606.

Erwiderung: Mutwille kann bei ihrer grundlosen Unterlassung vorliegen, Köln MDR 2014, 285.

Falschangabe: Mutwille kann ihretwegen vorliegen, OVG Bln-Brbg NVwZ-RR 2013, 739.

Feststellungsklage: Mutwillig ist eine Widerklage nach Anh. § 253, § 256 mit dem Ziel der Feststellung des Nichtbestehens der ganzen Forderung gegenüber einer Klage nach § 253 auf die Leistung eines Teilbetrags, soweit man die Widerklage vor jeder Klärung erhebt. Mutwillig ist eine verneinende Feststellungswiderklage, obwohl das Gericht voraussichtlich im Rahmen der Forderung auf den Zugewinnausgleich über die Gesamthöhe der Ansprüche abschließend entscheiden wird, Hamm FamRZ 1984, 481. Mutwille **fehlt** bei einer verneinenden Feststellungsklage gegen eine einstweilige Maßnahme zB nach §§ 916 ff., 935 ff., Köln FamRZ 1984, 717.

Folgesache: → „Scheidung".

Forderung: Auch die gerichtlich geltend gemachte Forderung kann die Bedürftigkeit entfallen lassen, soweit sie bereits zugesprochen worden ist, Brbg FamRZ 2005, 991.

Gerichtsempfehlung: Ein Antrag, der auf einer gerichtlichen Empfehlung beruht, ist nicht mutwillig, OVG Brem NVwZ-RR 2009, 272.

Gerichtsstand: → „Erschleichen des Gerichtsstands".

Gesellschaft: Mutwillig sein kann eine Revision zwecks Umstellung des Titels auf die Gesellschaft bürgerlichen Rechts statt auf die Gesellschafter, BGH NZM 2003, 108. Mutwillig ist die Absicht, sich „hinauskaufen" zu lassen, Celle ZIP 2010, 1198 („räuberischer Aktionär").

Gewaltschutz: Mutwillig sein kann ein mit dem Hauptsacheantrag zeitgleicher Eilantrag, Ffm FamRZ 2012, 145; Hamm NZFam 2014, 144. Mutwille **fehlt** bei einem Hauptantrag zugleich oder nach einer einstweiligen Anordnung, Hamm FamRZ 2010, 825 (abl. von Els FamRZ 2010, 2093); Mü MDR 2012, 530; aM Celle FamRZ 2010, 1586; Zweibr NJW 2010, 540 (aber PKH-Antrag für Hauptsacheverfahren kann nicht mutwillig sein, solange in obergerichtlicher Rspr. str., ob einem Antragsteller für Hauptsacheverfahren zwecks Gewaltschutzanordnung VKH bewilligt werden kann, wenn bereits einstweilige Anordnung ergangen, Stgt FamRZ 2010, 1266). Kein Mutwille evtl. bei der Feststellung der Rechtswidrigkeit einer Wohnungsverweisung, OVG Münster FamRZ 2015, 857.

Gewinnzusage: Zahlungsklage gegen in Spanien ansässige Lotterie aufgrund einer offensichtlich betrügerischen Gewinnzusage ist mutwillig, Hamm MDR 2014, 1410.

Gutachterkommission: → Rn. 38 „Ärztliche Behandlung".

Insolvenz: Eine beabsichtigte Rechtsverfolgung ist nicht bereits dann mutwillig, wenn der Insolvenzverwalter die Masseunzulänglichkeit angezeigt hat, Celle ZIP 2012, 1428. Mutwillig ist die Aufnahme durch den Gegner des Schuldners, soweit der Insolvenzverwalter erklärt, er selbst werde nicht aufnehmen, Kblz OLGZ 1988, 124. Mutwillig ist die Einforderung einer Stammeinlage vom Gesellschafter und vom Rechtsvorgänger in getrennten Prozessen, Hamm MDR 2005, 350. Mutwillig sein kann das Vorgehen des Verwalters bei nur sehr geringer Chance von mehr Ertrag als zu seiner Vergütung nötig, Köln ZIP 2014, 2312.

Kein Mutwille, wenn das Insolvenzverfahren über das Vermögen des Antragstellers nicht den Streitgegenstand nach → § 2 Rn. 4 erfasst, Düss MDR 2000, 909, oder soweit der Verwalter einen Anspruch auf Aufbringung oder Erhaltung des Kapitals gegen einen Gesellschafter verfolgt, Hmb MDR 2005, 776, oder soweit eine wenigstens geringe Erfolgsquote möglich scheint, BGH NZI 2018, 581.

Kindschaftssache: Mutwillig ist die Nichteinschaltung des Jugendamts nur bei überwiegender Wahrscheinlichkeit, dass die Vermittlung innerhalb angemessener Frist zum Erfolg geführt hätte, Schlesw FamRZ 2011, 1882.

Klageanlass: Mutwillig kann eine Klage sein, wenn voraussichtlich ein Antrag auf den Erlass eines Mahnbescheids nach § 690 ausreichen wird, weil der Prozessgegner die Forderung bisher nicht bestritten hat oder anerkennen will, Düss MDR 2008, 881 (wegen der PKH für die Zwangsvollstreckung → Vor § 704 Rn. 31); LG Lüneburg NJW-RR 2002, 647. Zur Mutwilligkeit nach Widerspruch gegen einen Mahnbescheid BGH NJW-RR 2017, 1470. Auch → Rn. 35.

Klageerweiterung: Mutwille liegt grds. dann vor, wenn der Antragsteller neu klagt, statt nach §§ 263, 264 vorzugehen, BGH JurBüro 2014, 203; BAG NJW 2011, 3261; Nürnb MDR 2011, 256 (Ausnahme: nachvollziehbare Sonderlage); Bbg FamRZ 1990, 187; LAG Düss JurBüro 1986, 605.

Klagehäufung: Mutwille kann bei Nichtnutzung von § 260 vorliegen, Brschw NJW 2013, 2443.

Klagerücknahme: Mutwille liegt beim PKH-Gesuch nach der Klagerücknahme nach § 269 vor, OVG Schlesw NVwZ-RR 2004, 460.

Kein Mutwille, soweit eine frühere Klagerücknahme unnötig war, Düss FamRZ 1976, 277. Die – auch wiederholte – Rücknahme eines früheren Scheidungsantrags nach § 141 FamFG ist unschädlich, sofern an der Ernsthaftigkeit des jetzigen Scheidungsantrags kein Zweifel besteht, Ffm FamRZ 1982, 1224. Das kann sogar noch beim dritten Scheidungsantrag solcher Art gelten, Ffm FamRZ 1982, 1224. Strengere Maßstäbe gelten aber zB beim vierten Scheidungsantrag nach einer vorher jeweils eingetretenen Aussöhnung, Köln FamRZ 1988, 92. Mutwille kann dann fehlen, wenn man ankündigt, die Klage nach einer Bewilligung der PKH zurückzunehmen, LAG Mü AnwBl 1990, 176. Kein Mutwille auch dann, wenn man die ohne eigenes Verschulden gescheiterte Klage nach § 269 IV neu und diesmal richtig erhebt.

Klageerwiderung: Das anfängliche Schweigen des (künftigen) Bekl. nach § 275 III oder § 276 I 2 macht seinen eigenen PKH-Antrag **nicht** mutwillig, Hamm FamRZ 2014, 1475; Oldb FamRZ 2013, 59. Dazu → § 118 Rn. 9.

Kostenersparnis: → „Prozessförderung".

Kostenhöhe: Sie begründet keine Mutwilligkeit, BVerfG NJW 2013, 2014.

Leistung statt Feststellung: Mutwillig kann eine Leistungsklage sein, soweit eine verneinende Feststellungsklage nach § 256 reicht, LAG Stgt NZA-RR 2005, 325.

Mahnantrag: → „Klageanlass".

Mediation: Mutwille kann vor der Beendigung des Mediationsverfahrens vorliegen, Nürnb FamRZ 2016, 252. Unterbliebener Mediationsversuch begründet keine Mutwilligkeit, Hamm FamRZ 2003, 1758.

Mehrheit von Prozessen: → „Klageerweiterung", auch OVG Lüneburg NVwZ-RR 2005, 861.

Mehrkosten: → „Prozessförderung".

Mietrecht: Mutwille kann auch dann vorliegen, wenn der antragstellende Mieter den Rückstand schon vor der Rechtshängigkeit nach → § 261 Rn. 1 hätte zahlen können, LG Mannh WuM 1988, 269. Mutwille, wenn der rechtskundige Vermieter vor dem zugesagten Räumungstermin klagt, AG Hagen WuM 1990, 83 (Einzelfallbewertung). Auch → Rn. 33 „Mietrecht".

Musterverfahren, unechtes: Mutwillig kann handeln, wer eine Vielzahl gleichgerichteter Entschädigungsansprüche gegen einen solventen Schuldner (Land) führt, obwohl wenige „unechte Musterverfahren" Erkenntnisse für die weiteren Verfahren liefern und die Folgeverfahren nach Musterentscheidung betrieben werden können, Brschw NJW 2013, 2442.

Öffentliche Zustellung: Die Notwendigkeit der öffentlichen Zustellung macht Klageerhebung nicht mutwillig, Köln FamRZ 2005, 460.

Patent: VKH-Antrag für Patenterteilungsverfahren ist mutwillig, wenn gravierende Anhaltspunkte dafür bestehen, dass ein Patent wirtschaftlich nicht verwertbar wäre, BPatG GRUR 2000, 307, → Rn. 35.

Patient: → „Schiedsstelle".

Protokollinhalt: Mutwille kann vorliegen, soweit die Partei vorinstanzlich keinen Berichtigungsantrag nach § 164 gestellt hatte, aber Unrichtigkeit des Protokolls behauptet, Brbg FamRZ 2005, 1843.

Prozessförderung: Mutwille liegt vor, soweit der Antragsteller seinen Prozess nicht nach → Vor § 128 Rn. 13 fördert, Düss FamRZ 1979, 159. Er muss auch den billigeren Weg wählen, wenn dieser ebenso zum Ziel führt, BAG NJW 2011, 1161; Hamm FamRZ 2001, 1533; Zweibr FamRZ 2000, 756.

Freilich darf er auch den **sichersten** Weg wählen, Schlesw WM 2011, 1129.

Prozesskostenvorschuss: Die Zwangsvollstreckung gegen einen eventuell Vorschusspflichtigen ist mutwillig, wenn ein realisierbarer Vorschussanspruch nicht besteht, Kblz MDR 2002, 1126; AG Westerburg FamRZ 2003, 1759.

Rechtsmissbrauch: Mutwillig ist jeder Rechtsmissbrauch nach → Einl. II Rn. 103, → Vor § 114 Rn. 8. Das gilt zB für das Vorschieben eines mittellosen Strohmanns, BPatG GRUR 1998, 45, oder des einzigen vermögenslosen Miterben, oder für das Zurückhalten einer solchen Einwendung, die zur teilweisen Versagung der gegnerischen PKH geführt hätte, Köln JurBüro 2009, 145; Oldb FamRZ 2002, 1713; oder für die Ablehnung einer Stellungnahme zum klägerischen PKH-Antrag nach § 118 I mit einer erst später folgenden Verteidigung, Brbg JurBüro 2006, 37. Aber auch „Rechtswidrigkeit", → „Vollstreckbarkeit".

Rechtsmittel: Die Rechtsverfolgung durch ein Rechtsmittel, das erst aufgrund neuen Vorbringens Erfolgsaussicht hat, das bereits im erstinstanzlichen Verfahren hätte vorgetragen werden können, soll nach der obergerichtlichen Rspr. mutwillig sein, Köln FamRZ 2019, 814; Brbg FamRZ 2006, 1549; Stgt OLGR 2006, 29. Dies wird damit begründet, andernfalls würde § 97 II unterlaufen, Jena MDR 1999, 257, Zöller/Schultzky § 114 Rn. 54. Allerdings wird dem Antragsteller durch die Ablehnung der PKH das Obsiegen in der Rechtsmittelinstanz, das bei einem Bemittelten zur Kostenfolge des § 97 II geführt hätte, verwehrt. Diese Sanktion – Prozessverlust entgegen der materiellen Rechtslage – ergibt sich aus § 97 II gerade nicht. Das dürfte mit dem Anspruch auf Rechtswahrnehmungsgleichheit → § 114 Rn. 1 nicht zu vereinbaren sein. Mutwillig ist ein Antrag trotz der Absicht des Berufungsgerichts, die gegnerische Berufung nach § 522 II zurückzuweisen, Köln MDR 2006, 947. Keine Mutwilligkeit jedoch bei einem Antrag des Berufungsbekl. vor einer gegnerischen PKH-Bewilligung, aM Hamm FamRZ 2006, 348 (aber der Grundgedanke → § 91 Rn. 199 gilt allgemein). Mutwilligkeit liegt vor, wenn eine Rechtsbeschwerde nur zur Klärung von Grundsatzfragen dienen soll, aber keine Auswirkung auf die eigene Rechtsposition haben kann, BGH NJW 2022, 1533.

Rechtsschutzversicherung: Eine Deckungsschutzklage kann im Einzelfall mutwillig sein, wenn der Versicherer zu Recht Deckungsschutz verweigert, Kblz VersR 2005, 974. Aber auch → Rn. 22 „Rechtsschutzversicherung".

Rechtsverteidigung: Mutwillig ist sie nur dann, wenn der Gegner dem Antrag in Wahrheit nicht entgegentritt, Köln NJW-RR 2001, 869.

Sachantrag: Mutwille liegt vor, soweit der einen Prozessantrag stellende Bekl. anschließend gar keinen Sachantrag nach § 297 stellen will.

Scheidung: Es gilt wegen § 133 FamFG (Antragszwang) nur § 76 I FamFG.

– **(Aufenthaltserlaubnis):** → „– (Scheinehe)".

– **(Aufhebung):** Kein Mutwille bei Wahlrecht zwischen Scheidung und Aufhebung, Brschw FamRZ 2017, 911.

– **(Auslandsscheidung):** Mutwille liegt vor, soweit die Anerkennung einer Auslandsscheidung nur an der Berufung auf einen Zustellungsmangel nach §§ 107 ff. FamFG, § 328 I Nr. 2 scheitert, Stgt FamRZ 2003, 1019. Kein Mutwille, wenn ein ausländ. Verfahren für im Ausland lebende Deutsche gegen den in Deutschland lebenden Ehegatten billiger wäre, denn deutsche Staatsangehörige haben auch bei Wohnsitz im Ausland einen verfassungsrechtlichen Anspruch auf Rechtsschutzgewährung, Karlsr FamRZ 2010, 2095 (→ Rn. 35). Kein Mutwille, soweit es nur um eine Klärung der internationalen Zuständigkeit geht, Stgt MDR 2016, 905.

– **(Außergerichtliche Einigung):** Kein Mutwille, wenn man vor der Geltendmachung eines nachehelichen Unterhalts außerhalb des Verbundverfahrens nach § 137 FamFG auf eine außergerichtliche Einigung hoffen konnte, Schlesw FamRZ 2003, 318.

– **(Folgesache):** Geltendmachung einer Folgesache außerhalb des Scheidungsverbunds nicht grundsätzlich mutwillig, BGH NJW 2005, 1497. Mutwillig sein kann eine selbständige Forderung auf Auskunft in einer Folgesache statt ihrer Geltendmachung im Verbundverfahren, Brbg FamRZ 2002, 1412; Karlsr FamRZ 2004, 1880; Zweibr FamRZ 2000, 756; aM Brbg JurBüro 2007, 211; Hamm FamRZ 2005, 1100; Naumb FamRZ 2009, 1423. Kein Mutwille, wenn aus vernünftigen Gründen von einer Möglichkeit Gebrauch gemacht wird, eine Folgesache zB zum Haushalt oder Kindesunterhalt nicht im Verbundverfahren nach § 137 FamFG, sondern isoliert durchzuführen, Ffm FamRZ 2001, 629; Naumb Rpfleger 1996, 206; Schlesw MDR 2004, 398. Das kann auch beim ehelichen Unterhalt so sein, Kblz FamRZ 2005, 460. Auch „– (Außergerichtliche Einigung)", → „– (Zugewinnausgleich)".

– **(Gegenantrag):** Kein Mutwille, wenn man nach dem Scheidungsantrag des Ehegatten selbst die Scheidung beantragt, Jena FamRZ 1996, 416; aM AG Syke NJW-RR 1993, 1479.

– **(Grundstück):** Kein Mutwille, wenn man eine Grundstücksübertragung durch einen Vergleich vor dem FamG statt vor dem Notar anstrebt, Kblz FamRZ 1992, 836.

– **(Hauptverfahren):** Kein Mutwille, wenn man das Hauptverfahren statt eines Eilantrags nach §§ 49 ff. FamFG betreibt, → „Einstweilige Anordnung oder Verfügung".

– **(Mitwirkung):** Mutwille liegt vor, soweit ein Beteiligter nicht zu einer gesetzlich oder gerichtlich erforderten Mitwirkung bereit ist, zB nicht zum Gespräch oder zur Erörterung erscheint, Brbg FamRZ 2004, 120; Karlsr FamRZ 2004, 549.

– **(Neuer Antrag):** Mutwillig ist grds. ein erneuter Antrag nach der Rücknahme desjenigen früheren, für den der Antragsteller VKH erhalten hatte, Hamm FamRZ 1990, 1375; Karlsr FamRZ 1998, 486; Köln NJW-RR 1988, 1477, es sei denn nach einer zwischenzeitlichen Versöhnung, Karlsr FamRZ 1989, 1313. Mutwillig ist ein zweites Verfahren nach einem ersten unter falschem Namen, Kblz FamRZ 2008, 2286. Kein Mutwille, wenn man zunächst wegen einer Versöhnungschance den ersten Scheidungsantrag zurückgenommen hatte und nun bei einer wieder schlechteren Lage einen neuen stellt, Karlsr FamRZ 1989, 1314, oder wenn man nach einem derzeit ruhenden Versöhnungsantrag des Gegners nun auf Abweisung des Scheidungsantrags drängt, Hmb FamRZ 2003, 1017.

– **(Scheinehe):** Rechtsmissbräuchlich ist zwar die Eingehung der Scheinehe, nicht aber der Scheidungsantrag; ob er mutwillig ist, hat der BGH bislang offengelassen, BGH NJW 2011, 1814, und 2005, 2781. Da die Beseitigung der Rechtsfolgen der Scheinehe nur durch ein Eheaufhebungs- oder Scheidungsverfahren erfolgen kann, kann die entsprechende Rechtsverfolgung aber nicht mutwillig sein, Brschw FamRZ 2017, 910; Ffm FamRZ 2004, 1882; Hamm MDR 2011, 368; Stgt FamRZ 2002, 890; Karlsr FamRZ 2003, 1760; Köln FamRZ 2008, 1260; Hamm FamRZ 2001, 1081; aM Brbg FamRZ 2006, 133; AG Bochum FamRZ 2004, 1497; Hamm FamRZ 2000, 1092; Kblz NJW-RR 2004, 157; Nürnb NJW-RR 1995, 901. Kein Mutwille auch bei Scheidungsantrag gegen eine seit Jahren bestehende Scheinehe, Karlsr FamRZ 1986, 681, oder evtl. beim Aufhebungs- oder Scheidungsantrag, Saarbr FamRZ 2009, 627.

– **(Trennungsjahr):** Mutwillig ist grds. ein Scheidungsantrag vor dem Ablauf des Trennungsjahres nach § 1565 II BGB, Drsd FamRZ 2002, 890 und 941; Köln FamRZ 2004, 52; AG Lüdenscheid FamRZ 1994, 314. Kein Mutwille aber ausnahmsweise bei nachvollziehbaren Gründen, Karlsr FER 1999, 280; Stgt FamRZ 2002, 890.

– **(Umgangsrecht):** → „Außergerichtliche Einigung", → „Sorgerecht (Umgangsrecht)".

– **(Unterhalt):** → „– (Außergerichtliche Einigung)", „– (Folgesache)".

– **(Vaterschaft):** Kein Mutwille, wenn man statt des Wegs nach § 1599 II BGB das teurere, aber klarere Statusverfahren nach §§ 169 ff. FamFG wählt, Brbg FamRZ 2008, 70; Karlsr FamRZ 2001, 232.

– **(Vermögenslosigkeit):** Kein Mutwille, wenn ein nichtvermögender Partner einen Scheidungsantrag stellt, Hamm FamRZ 1986, 1014; Karlsr FamRZ 1994, 1124.

– **(Zugewinnausgleich):** Geltendmachung außerhalb des Scheidungsverbunds grundsätzlich nicht mutwillig → – „Folgesache", Brbg FamRZ 2014, 1721; BGH NJW 2005, 1497; Rostock FamRZ 1999, 597. Mutwillig ist aber die Geltendmachung eines Zugewinnausgleichs nach Rücknahme des Antrags in der Folgesache, Brbg FamRZ 2014, 1721, oder außerhalb des dazu möglichen oder schon laufenden Verfahrens, so schon (je zum alten Recht) Jena FamRZ 1998, 1179; Köln FER 1997, 67; Naumb FamRZ 2007, 1814, oder die Ablehnung einer Auskunft über das Endvermögen, Schlesw SchlHA 1978, 84.

Schiedsstelle. Dazu Sieg NJW 1992, 2992 (Grdz.). Kein Mutwille, soweit es nur darum geht, dass der Antragsteller nicht zuvor eine Gutachter- oder Schlichtungs- oder Schiedsstelle angerufen hat, Hamm VersR 2002, 1002; aM Köln MDR 1990, 638; Oldb zit. bei Giesen JZ 1988, 255; LG Dortmund JZ 1988, 255 (mit Recht abl. Giesen). Ähnliches gilt bei einer Nichteinhaltung von § 15a EGZPO mit seinen Ländervorschriften.

Schuldentilgung: Mutwille fehlt, soweit ein Verkaufserlös einer Schuldentilgung dient, Karlsr NJW 2009, 1891.

Selbständiges Beweisverfahren: Mutwille liegt **nicht** schon wegen einer unzureichenden Erfolgsaussicht der Hauptsache vor, Stgt MDR 2010, 169.

Sorgerecht: Es gilt § 76 I FamFG.

– **(Aufenthaltsbestimmung):** Hauptsacheantrag kann mutwillig sein bei zeitgleichem Antrag auf einstweilige Anordnung, Saarbr FamRZ 2013, 565. Mutwilligkeit auch bei Einverständnis des Gegners mangels Regelungsbedürfnisses, Hmb FamRZ 2010, 1680.

– **(Einstweilige Anordnung):** → „Einstweilige Anordnung, Verfügung".

– **(Getrenntleben):** Die Klage der Mutter auf Übertragung des Sorgerechts für die Zeit des Getrenntlebens, obwohl sie es schon einverständlich wahrnimmt, ist nicht mutwillig, Düss NJW-RR 1992, 197; Mü FamRZ 1997, 619; Nürnb NJW-RR 1995, 388; aM Hamm FamRZ 1986, 503.

– **(Jugendamt):** Mutwillig sein kann die Forderung oder auch die Verteidigung vor einer vorherigen Teilnahme an einem Jugendamtsgespräch, Brbg FamRZ 2015, 1040; Ffm FamRZ 2017, 1585; Hamm NZFam 2015, 510; großzügiger Celle FamRZ 2013, 142; Hamm FamRZ 2016, 1376; Karlsr FamRZ 2016, 251.

– **(Mediation):** → „Mediation".

– **(Meinungsänderung):** Mutwillig sein kann sie im Beschwerdeverfahren, Celle FamRZ 2011, 1664. Aber Vorsicht! Sie kann gute Gründe haben.

– **(Ruhen des Sorgerechts):** Mutwillig ist ein Antrag auf die Übertragung des Sorgerechts nach § 1672 BGB, obwohl das Gericht schon ein Ruhen des Sorgerechts des Gegners nach § 1674 I BGB festgestellt hat, Ffm FamRZ 1992, 583. Mutwillig ist eine nur bestätigende Feststellung des Ruhens des Sorgerechts, Rostock FamRZ 2008, 1080. **Nicht** mutwillig ist eine Feststellungsforderung nach § 1674 I BGB, Hamm MDR 2012, 1097.

– **(Straftat):** Es kommt nicht darauf an, dass der Antragsteller durch die von ihm begangene Straftat weitere Maßnahmen ausgelöst hat, die letztlich auch das angestrebte gerichtliche Verfahren bedingen, sondern darauf, dass er sich in einer Lage befindet, bei der zur Durchsetzung seiner Rechte der Rechtsweg unverzichtbar erscheint und eine bemittelte Person sich genauso verhalten würde, BGH NJW 2016, 2188.

– **(Umgangsrecht):** Mutwillig ist ein Antrag wegen des Umgangsrechts, wenn ihn der Antragsteller nicht zuvor mit dem sorgeberechtigten Elternteil, dem Kind, Düss FamRZ 1998, 758, und dem Jugendamt besprochen hat, Hamm NZFam 2015, 510; Köln FamRZ 2011, 1411; Stgt FPR 2008, 584; aM Düss FamRZ 2011, 51; Karlsr NJW 2016, 1522; Köln FamRZ 2016, 1193. Eine Änderung vor Ausleben der Ausgangsregelung kann mutwillig sein, Brbg MDR 2016, 216. Auch → „Mediation".

– **(Verbale Störung):** Mutwillig kann ein Antrag auf eine einstweilige Anordnung nach §§ 49 ff. FamFG wegen nur gelegentlicher verbaler Störungen sein, AG Westerstede FamRZ 1996, 1224.

– **(Wohnung):** Mutwillig ist die Geltendmachung von Sorgerecht und Wohnungsfragen in getrennten Verfahren, Düss JurBüro 1991, 708; Hamm FamRZ 2000, 1092; Karlsr FamRZ 2006, 494.

Sozialhilfe: → Rn. 12 „Sozialhilfe", → „Unterhalt".

Sozialversicherung: Mutwillig ist es, wenn der Antragsteller nicht abwartet, ob der Anspruch auf einen Sozialversicherungsträger übergeht.

Stellungnahme: Unterlässt der Antragsgegner grundlos im VKH-Verfahren des Antragstellers die rechtzeitige Geltendmachung von Einwendungen, mit denen das Hauptverfahren hätte verhindert werden können, so kann seine spätere entsprechende Rechtsverteidigung VKH-rechtlich mutwillig sein, Celle MDR 2011, 1235; Brbg FamRZ 2010, 142; Hamm FamRZ 2014, 1476.

Strafverfahren: Kein Mutwille, wenn der Antragsteller nur versäumt hat, als Nebenkläger im Adhäsionsverfahren vorzugehen, Ffm MDR 2007, 1389.

Streithelfer: Auch beim Streithelfer nach § 66 muss das Gericht die vorliegenden Regeln → Rn. 35, 37 beachten, Düss FamRZ 1980, 1147; Kblz FamRZ 1986, 1233. Ein Streit zwischen dem Streithelfer und dem Bekl. kann für den letzteren unschädlich sein, Köln VersR 1997, 597. Der Versicherungsnehmer, der sich im Verkehrsunfallprozess gegen den vom mitverklagten Haftpflichtversicherer erhobenen Vorwurf der Unfallmanipulation verteidigen will, handelt nicht mutwillig, wenn er PKH für einen eigenen Anwalt begehrt, obwohl ihm der Haftpflichtversicherer als Streithelfer beigetreten ist und dessen ProzBev. auch für ihn Klageabweisung beantragt hat, BGH NJW 2010, 3522.

Stufenklage: Mutwillig ist bei § 254 meist ihre Beschränkung auf das Auskunftsverlangen, Düss FamRZ 1997, 1017; aM Bbg JurBüro 1992, 622; Kblz FamRZ 1985, 416; Naumb FamRZ 1994, 1042 (aber → § 119 Rn. 38). Mutwillig kann auch ihre ungeprüfte Nichtnutzung sein, Hmb MDR 2013, 1173.

Es gibt keine rückwirkende Mutwilligkeit (bei nachträglicher Mitwirkungs- und Erfüllungsbereitschaft des Bekl.), Hamm FamRZ 2007, 153.

Teilforderung. Dazu Schlößer/Mucke MDR 1998, 753 (Grdz.). Mutwillig ist eine Teilforderung nur beim Fehlen nachvollziehbarer Gründe für solche Teilung. Mutwillig ist eine Widerklage nach Anh. § 253, § 256 zwecks Feststellung des Nichtbestehens der ganzen Forderung gegenüber einer Teilklage, soweit die Widerklage vor jeder Klärung erfolgt.

Teilungsversteigerung: Sie ist nach § 180 ZVG **nicht** schon wegen einer hohen Belastung des Grundstücks mutwillig, LG Gießen, FamRZ 2008, 1090.

Umgangsrecht: → „Sorgerecht".

Untätigkeit: Kein Mutwille bei einer über dreimonatigen Untätigkeit einer Behörde, LSG Halle JurBüro 2014, 150.

Unterhalt: Es gilt wegen des Antragszwangs § 76 I FamFG. Vgl. aber auch § 113 I 2 FamFG.

– **(Abänderung):** Mutwillig sein kann eine Forderung nach rückwirkender Abänderung, wenn erhebliche Mehrkosten dadurch entstehen, dass der Antragsteller ohne nachvollziehbaren Grund nicht zeitnah nach einem Auskunfts- oder Verzichtsverlangen einen verfahrenseinleitenden Antrag stellt, Celle NJW-RR 2010, 1517. Auch „Vereinfachtes Festsetzungsverfahren".

– **(Aufspaltung):** Mutwillig ist eine Aufspaltung in mehrere Verfahren für die Zeiten vor und nach der Scheidung, Oldb FamRZ 1999, 240 (das ältere Verfahren hat den Vorrang).

– **(Auskunft):** „– (Sozialhilfe)", „– (Stufenanträge)".

– **(Dynamischer Titel):** Kein Mutwille bei entsprechendem Antrag trotz eines vorhandenen statischen Titels, Hamm FamRZ 2011, 1158.

– **(Einstweilige Anordnung):** „Vorläufiger Titel".

– **(Erfüllungsübernahme):** Mutwillig ist eine Nichtbeachtung des Befreiungsanspruchs des Bekl. infolge einer Erfüllungsübernahme des Klägers, Jena FamRZ 2009, 892.

– **(Erhöhung):** „– (Rückstand)".

– **(Erledigung der Hauptsache):** Eine diesbezügliche rechtskräftige Kostengrundentscheidung bindet, Celle JurBüro 2013, 313.

– **(Fälligkeit):** Mutwillig ist ein Antrag auf Zahlung am jeweiligen 1. statt der am jeweiligen 15. stets erhaltenen Zahlung, Schlesw SchlHA 1978, 19, ber. 44.

– **(Feststellung):** Kein Mutwille, soweit der Antragsteller statt einer Überprüfung einer einstweiligen Anordnung nach §§ 49 ff. FamFG eine verneinende Feststellung fordert, Kblz FER 2000, 263 (anders dann, wenn der Gläubiger noch keine Forderung nennt, Brbg MDR 2002, 702); Naumb FamRZ 2001, 924; aM Hamm FamRZ 2000, 1021; Zweibr JurBüro 2000, 655.

– **(Freistellungsabrede):** Mutwillig ist ein Antrag nach § 1629 III 1 BGB trotz einer Freistellungsabrede, AG Ludwigslust FamRZ 2005, 1915.

– **(Freiwilligkeit):** Mutwille liegt vor, soweit der Schuldner schon bisher stets freiwillig und vorbehaltlos pünktlich und vollständig gezahlt hat, Hamm NJW 2007, 1758; Karlsr NJW 2003, 2922 (auch zu einer Ausnahme); Kblz FER 2000, 163; aM KG FamRZ 2016, 1892; Köln FamRZ 1997, 618; Zweibr FamRZ 1997, 620 (bei § 323. Aber auch dort ist ein Rechtsschutzbedürfnis erforderlich). Kein Mutwille für die Forderung nach dem Gesamtunterhalt dann, wenn sich der Schuldner weigert, einen Titel über den freiwillig gezahlten Sockelbetrag zu errichten, Karlsr FamRZ 2009, 361.

– **(Gegenantrag):** Kein Mutwille, soweit der Antragsgegner zum gegnerischen Kostenhilfeantrag nicht Stellung nahm, jetzt aber selbst eine solche Hilfe fordert, Karlsr FamRZ 2002, 1132.

– **(Gesetzesänderung):** Kein Mutwille infolge einer Gesetzesänderung nach → Rn. 12 „Sozialhilfe", soweit der Sozialhilfeträger den Unterhaltsanspruch auf den Sozialhilfeempfänger wirksam zurückübertragen hat, Köln FamRZ 2003, 101; aM Oldb FamRZ 1998, 435. Auch „– (Sozialhilfe)".

– **(Herabsetzung):** Mutwillig ist ein Antrag des Schuldners ohne vorherige Bemühung um eine außergerichtliche Einigung oder ein Antrag trotz Verringerung der Forderung, Mü FamRZ 2011, 386; Hmb Rpfleger 2013, 160. Kein Mutwille, soweit der Gläubiger die Herabsetzung eines überhöht titulierten Unterhalts verlangt, es sei denn, der Gläubiger oder das Jugendamt machen die Spitze gar nicht geltend, Nürnb FamRZ 2001, 1084. Auch „– (Spitzenbetrag)".

– **(Isoliertes Verfahren):** Mutwillig ist ein Antrag auf Zahlung im isolierten statt im Verbundverfahren nach § 137 FamFG, Brbg FamRZ 2003, 458; zweibr FamRZ 2003, 1759 (Ausnahme: das volljährige Kind fordert auch einen Unterhalt für die Zeit vor der Scheidung, Zweibr FER 1999, 15); Schlesw FamRZ 2000. 430; aM Brbg FamRZ 2003, 1757. Leistung statt weiterer Auskunft kann ein mutwilliger Antrag sein, Hamm MDR 2017, 107. Kein Mutwille beim isolierten Anspruch dann, wenn während eines Folgeverfahrens kein Vergleich zustande kam, Nürnb FamRZ 2003, 772.

– **(Jugendamtsbeistand):** Mutwillig ist ein Antrag auf Anwaltshilfe nach Verweigerung solcher Jugendamtshilfe, AG Essen FamRZ 2016, 1950.

– **(Jugendamtsurkunde):** Mutwille kann bei Möglichkeit der Erstellung einer Jugendamtsurkunde vorliegen, Hamm FamRZ 2012, 1157.

– **(Mehrere Schuldner):** Kein Mutwille, soweit es nur um Abgrenzungen der Pflichten beider Eltern geht, Zweibr FamRZ 1997, 178.

– **(Rückabtretung):** Kein Mutwille bei Einbeziehung weiterer Ansprüche in die rückabgetretenen, Hamm FamRZ 2005, 1101.

– **(Rückstand):** Mutwille kann dann bestehen, wenn es schon einen hohen Rückstand gibt und wenn der Gläubiger nun eine Erhöhung fordert, strenger Naumb FamRZ 2001, 1467 (abl. Zieroth). Es kommt aber stets auf den Einzelfall an, Saarbr FamRZ 2014, 1475.

– **(Scheidungsfolgenvergleich):** Mutwillig ist ein Antrag des Kindes auf Unterhalt, den der Vater schon aufgrund eines Scheidungsfolgenvergleichs für das Kind an die Mutter zahlt, Schlesw SchlHA 1984, 164. Das betrifft aber nur den Unterhalt nach der Scheidungsrechtskraft, Zweibr FR 1998, 80.

– **(Sockelbetrag):** „– (Freiwilligkeit)".

– **(Sozialhilfe):** Mutwillig ist eine Unterhaltsforderung, soweit der Gläubiger schon einen ausreichenden Auskunftstitel gegen den Sozialhilfeträger hat, Kblz FamRZ 2004, 1118; Köln FamRZ 2001, 1713. Kein Mutwille des Beziehers von Sozialhilfe, soweit er künftigen Unterhalt fordert, Stgt MDR 2000, 164; aM Naumb FamRZ 2001, 1082 (aber der Unterhalt hat eine andere Qualität als Sozialhilfe). Auch „– (Gesetzesänderung)", „– (Rückabtretung)".

– **(Spitzenbetrag):** Kein Mutwille, soweit die bisherigen Zahlungen nicht sämtliche Forderungen erfüllten, selbst wenn nur ein verhältnismäßig geringer Spitzenbetrag fehlte, Hamm FamRZ 2006, 627; aM Karlsr NJW-RR 1994, 68; Jena FamRZ 1997, 1016; Mü FamRZ 1996, 1021. Auch „– (Herabsetzung)".

– **(Stufenanträge):** Mutwillig sind zwei in der Zielrichtung unterschiedliche Stufenanträge nach § 133 I 2 FamFG, § 254, Zweibr FamRZ 2007, 152. Kein Mutwille, soweit der Antragsteller keine Auskunft verlangt, sondern wegen einer Bezifferung des gegnerischen Einkommens sogleich eine angemessene Zahlung fordert, Hamm FamRZ 2000, 838. Das gilt nicht bei ungeprüfter Höchstforderung, Hmb MDR 2013, 1173.

– **(Stundung usw.):** Kein Mutwille, soweit der Antragsgegner nur derzeit aus einem Unterhaltstitel keinen Anspruch geltend machen will, Ffm NJW-RR 1986, 944.

– **(Unkenntnis):** Kein Mutwille, soweit der Antragsteller die Einkommensverhältnisse des Antragsgegners noch nicht kennt, Hamm FamRZ 1998, 1602. Auch „– (Stufenanträge)".

– **(Unterhaltstabelle):** Klage ist mutwillig, wenn Antrag auf Unterhalt gerichtet ist auf „Leistungen nach den Unterhaltsleitlinien des OLG ..." Naumb FamRZ 2005, 1913 (aber Antragsteller ist aufzufordern, den Anspruch zu beziffern).

– **(Vereinfachtes Festsetzungsverfahren):** Mutwillig ist ein Abänderungsantrag nach § 253 FamFG mit vorher möglich gewesenen Einwendungen, Celle JurBüro 2013, 488.

– **(Verfahrensstandschaft):** „– (Freistellungsabrede)".

– **(Volljährigkeit):** Kein Mutwille bei einer Klage statt eines Antrags beim Jugendamt auf Teilunterhalt, Hamm NJW 2013, 3795. „– (Vorläufiger Titel)".

– **(Vollstreckbarkeit):** Kein Mutwille, wenn die Vollstreckbarkeit nach §§ 704 ff. unsicher ist, Karlsr FamRZ 2005, 1099.

– **(Vorbehaltlosigkeit):** „– (Freiwilligkeit)".

– **(Vorläufiger Titel):** Mutwillig ist eine Unterhaltsforderung, soweit der Gläubiger schon einen nicht nur vorläufigen Unterhaltstitel besitzt, Zweibr FER 2000, 53. Kein Mutwille bei einem nur einstweiligen Titel für eine endgültige Klärung, Naumb FamRZ 2001, 1082.

– **(Zuwarten):** Mutwillig ist grundloses und kostensteigerndes Zuwarten, Celle JurBüro 2011, 430; Hamm FamRZ 2014, 2016; KG FamRZ 2014, 55.

Unzuständigkeit: Mutwillig sind zB: Eine Klage vor dem LG, obwohl der Anspruch nach §§ 23 ff. GVG eindeutig zum AG gehört, Hamm VersR 1985, 77; eine Klage vor dem ordentlichen Gericht, obwohl eine Klageverbindung vor dem Arbeitsgericht zulässig wäre, § 2 III, IV ArbGG; die Anrufung desjenigen unzuständigen Gerichts, das verweisen kann, Schlesw SchlHA 1981, 126.

Vaterschaft: Es gilt § 76 I FamFG.

– **(Keine Anerkennung durch Antragsgegner):** Kein Mutwille bei dem Antrag auf eine Feststellung der Vaterschaft dann, wenn der Antragsgegner die Vaterschaft innerhalb eines Jahres nicht anerkannt hat, Hamm FamRZ 2004, 549.

– **(Bewusst falsches Anerkenntnis):** Kein Mutwille bei einem Anfechtungsantrag trotz eines vorherigen bewusst falschen Anerkenntnisses, Köln MDR 2007, 958.

– **(Anfechtung von Anerkenntnis):** Mutwillig ist der Antrag desjenigen Mannes, der sein Vaterschaftsanerkenntnis anficht, soweit er nicht die Unrichtigkeit des Anerkenntnisses darlegt, Köln FamRZ 1983, 736; AG Wuppertal FamRZ 2006, 493.

– **(Anfechtung der Mutter):** Nicht mutwillig ist der Antrag der Mutter auf Anfechtung der Vaterschaft, obwohl sie bei Eheschließung wusste, dass sie von einem anderen Mann schwanger war, Köln FamRZ 2001, 244.

– **(Beitritt der Mutter):** Mutwillig ist in einem Anfechtungsverfahren, in dem das Kind einen von der Mutter als gesetzlicher Vertreterin bestellten Anwalt hat, der Beitritt der Mutter zum Verfahren, Düss FamRZ 1995, 1506; Karlsr FamRZ 1998, 485; aM BGH FamRZ 2010, 1244 (Altfall); Düss (1. FamS) FamRZ 2001, 1468. Kein Mutwille, wenn eine Vertretung durch das Jugendamt billiger wäre, Celle NJW 2012, 466.

– **(Drittanerkenntnis):** Kein Mutwille bei Wahl der Anfechtung statt der Anerkennung durch einen Dritten, Brbg FamRZ 2008, 68.

– **(Ehelichkeitsanfechtung):** → „Ehesache".

– **(Geburt während Scheidung):** Kein Mutwille bei Statusantrag des Ehemanns, dessen Ehefrau während des Scheidungsverfahrens ein Kind gebiert, das angeblich vom Dritten stammt, Köln FamRZ 2005, 743.

– **(Tod):** Nach dem Tod des angeblichen Vaters muss klar sein, dass ein begüterter Antragsteller die Kosten einer etwa notwendigen Exhumierung nach → § 372a Rn. 12 tragen würde, Köln FER 2001, 131.

– **(Unterstützung):** Kein Mutwille bei Unterstützung des Antragstellers durch den Antragsgegner, Hamm FamRZ 2007, 1753.

– **(Zweifel):** Kein Mutwille bei einem Vaterschaftsfeststellungsverfahren der Mutter trotz Vaterschaftsanerkennung des Antragsgegners bei begründeten Zweifeln an der Vaterschaft des Antragsgegners, Hmb FamRZ 2012, 1156. Anfechtung selbst bei bewusster Zustimmung zu bewusst falschem Vaterschaftsanerkenntnis nicht mutwillig, Rostock MDR 2007, 958.

Vereinfachtes Verfahren: Es gilt § 76 I FamFG. Kein Mutwille, soweit der Gläubiger nach seiner freien Wahl das Haupt- oder das vereinfachte Verfahren nach (jetzt) §§ 249 ff. FamFG einschlägt, Kblz FER 2000, 131;

Naumb Rpfleger 1999, 450, oder soweit ein streitiges Verfahren voraussichtlich unvermeidbar sein wird, Nürnb MDR 2002, 585; Zweibr JurBüro 2000, 655. Das gilt selbst in einem tatsächlich und rechtlich einfachen Fall, Naumb FamRZ 1999, 995; van Els FamRZ 1999, 298; aM Naumb FamRZ 1999, 1670.

Vergleich: Mutwillig sein kann ein streitwertüberschreitender Vergleich nach § 779 BGB oder nach Anh. § 307, BAG NJW 2012, 2828; Karlsr FamRZ 2004, 550.

Kein Mutwille, wenn ein Vergleich kostengünstiger als zB eine Beurkundung wäre, Zweibr OLGR 2007, 170; Karlsr FamRZ 2004, 551. Ebenso wenig mutwillig, wenn ein Vergleich im Verbundverfahren nach § 137 FamFG andere Folgesachen miterfasst, Rostock OLGR 2007, 83; Götsche FamRZ 2009, 385.

Verkehrsunfall: → „Streithelfer".

Vermögensauskunft: Kein Mutwille, soweit eine oder mehrere eidesstattliche Versicherungen des Schuldners nach §§ 802b ff. mehr als drei Jahre zurückliegen, LG Saarbr Rpfleger 1986, 70.

Vermögenslosigkeit: Sie kann mangels jeglicher Vollstreckungsmöglichkeit nach §§ 704 ff. Mutwilligkeit begründen, Kblz JurBüro 2000, 99.

Versäumnisurteil: Kein Mutwille, soweit der Antragsteller gegen ein Versäumnisurteil nach §§ 330 ff. Einspruch nach § 338 einlegt, das vor einer notwendigen Entscheidung über sein PKH-Gesuch erging, LAG Mü AnwBl 1988, 122.

Verschulden: Mutwille liegt vor, soweit der Antragsteller im Verlauf des Verfahrens Vermögen leichtfertig verliert, Ffm OLGR 2007, 184, oder die Entpflichtung des nach § 121 beigeordneten Anwalts verschuldet, Köln FamRZ 1987, 1168, oder etwas verschleiert hat, OVG Bln-Brbg NJW 2012, 249. Wer auf Kosten des Staates prozessiert, muss oft den billigsten Weg wählen, wenn er ebenso zum Ziel führt, Hmb FamRZ 1981, 1095; Karlsr FamRZ 1987, 729; Köln FamRZ 1983, 736. Ein weniger effektiver Weg ist aber nicht vorrangig, Oldb Nds. Rpfl. 1982, 13. Man darf vielmehr grds. den sichersten Weg wählen, Ffm NJW-RR 1986, 944. Das Gericht muss ein Verschulden des gesetzlichen Vertreters oder des ProzBev. auch im PKH-Verfahren beachten, → § 85 Rn. 7, Brbg NJW-RR 2005, 871.

Versicherung: Mutwillig ist ein Antrag, soweit der Haftpflichtversicherer als Streithelfer nach §§ 66 ff. beigetreten ist, KG VersR 2008, 1558 und 1559. Kein Mutwille, wenn der Versicherungsnehmer gegen den Versicherer im Deckungsprozess klagt, bevor der Prozess des Geschädigten gegen den Versicherer endet, Hamm VersR 1984, 626, oder wenn der Versicherungsnehmer einen eigenen Anwalt braucht, um sich gegen einen Betrugsvorwurf des Streitgenossen Versicherung zu wehren, BGH NJW 2010, 3522; Ffm MDR 2017, 941; Karlsr VersR 2011, 1202.

Versorgungsausgleich: Es gilt § 76 I FamFG. Mutwille liegt bei §§ 217 ff. FamFG dann vor, wenn der Antragsteller einen Auskunftsanspruch zur Vorbereitung des Versorgungsausgleichs oder den Anspruch auf den Ausgleich im selbständigen Verfahren statt im billigeren Verbundverfahren nach § 137 FamFG geltend macht, Hamm FamRZ 1992, 576; AG Detmold FamRZ 1987, 1061; Stein/Jonas/Bork Rn. 33; aM Kblz FamRZ 1988, 308 (nur beim Fehlen triftiger Gründe im Einzelfall liege eine Mutwilligkeit vor); Saarbr FamRZ 1982, 948; Zweibr FamRZ 2015, 349 (aber auch dann muss man zwecks einer Schadensminderung nach → Vor § 128 Rn. 15 den einfacheren und billigeren Weg wählen, wenn man schon eine VKH beantragt). Mutwille liegt vor, sofern der Ehegatte im Verfahren nicht ausreichend mitwirkt, Brbg MDR 2006, 1118.

Vollstreckbarkeit: Mutwille kann beim endgültigen Fehlen jeder Vollstreckbarkeit nach §§ 704 ff. vorliegen, Düss NJW-RR 1998, 503. Ein bloß mögliches Vollstreckungsrisiko reicht aber nicht aus, Mutwillen kann nur angenommen werden, wenn feststeht, dass ein Urteil dauerhaft nicht vollstreckt werden kann, KG NZI 2021, 246, Celle ZInsO 2014, 2495. Also kein Mutwille, solange die Vollstreckbarkeit nur ungewiss ist, zB wegen der Notwendigkeit einer öffentlichen Zustellung nach § 185, Köln FamRZ 2005, 460.

Vorprozess: Mutwillig ist eine Klage, deren Ziel der Kläger bereits im Vorprozess hatte geltend machen können Bbg NJW-RR 1990, 74.

Widerklage: Mutwille liegt vor, soweit statt einer Widerklage nach Anh. § 253 eine Aufrechnung nach § 145 genügen würde, Naumb NJW-RR 2003, 210. Mutwille liegt für eine gesonderte „Gegen"-Klage vor, soweit eine Widerklage reichen würde, Kblz AnwBl 2005, 296.

Wiederaufnahme: Mutwillig, wenn keinerlei Umstände genannt werden, die den Wiederaufnahme- oder Nichtigkeitsantrag auch nur ansatzweise begründen könnten, BGH MDR 2017, 166.

Zugewinnausgleich: → „Scheidung – (Zugewinnausgleich)".

Zug-um-Zug-Leistung: Mutwillig ist eine Klage, soweit der Antragsteller finanziell nicht imstande ist, bei der vermutlichen Zug-um-Zug-Verurteilung seine Gegenleistung zu erbringen, Düss MDR 1982, 59.

Zurückverweisung: Wenn das Beschwerdegericht den PKH-Ablehnungsbeschluss der ersten Instanz aufhebt und zur Prüfung der Einkommensverhältnisse und zur abschließenden Prüfung der PKH-Bewilligung zurückverweist, darf das Ausgangsgericht nicht jetzt wegen Mutwillens PKH ablehnen, Hamm FamRZ 2005, 528.

Zwangsvollstreckung: Mutwillig ist die Einleitung der Zwangsvollstreckung nach §§ 750 ff. trotz des einfacheren Wegs nach § 767 oder trotz Zahlungen des Schuldners, LG Schweinfurt DAVorm 1985, 507. Mutwillig ist eine Vollstreckungsabwehrklage nach § 767 trotz der Versicherung des Gläubigers, nicht mehr vollstrecken zu wollen, Bbg FamRZ 1992, 456; Kblz FamRZ 1984, 1236, und trotz der Rückgabe des Titels an den Schuldner, Ffm NJW-RR 1986, 944. Mutwille kann dann vorliegen, wenn eine Zwangsvollstreckung langfristig keine Erfolgsaussicht hat, Köln MDR 1990, 1020; AG Westerburg FamRZ 2003, 1759 (aber Vorsicht, insbesondere bei einer Klage auf einen Mindestunterhalt, Hamm FamRZ 1997, 619). Mutwillig ist ein Antrag, soweit das Gericht oder der Gerichtsvollzieher eine Vollstreckungsmaßnahme von Amts wegen durchführen muss, Mü FamRZ 1995, 373. Kein Mutwille, wenn ein Antrag nach § 765a Erfolg verspricht, LG Hann WM 1990, 398.

Anhang zu § 114

A. Zwischenstaatliche Prozesskostenhilfe

Schrifttum: Linke/Hau, Internationales Zivilverfahrensrecht, 8. Aufl. 2021.

I. Systematik. Vgl. zunächst im Bereich der EU das EG-Prozesskostenhilfegesetz nebst VordruckVO, → Vor § 114 Rn. 3. Ferner verweist § 43 IntFamRVG auf §§ 114 ff. 1

2 Die **Staatsverträge** über das Armenrecht und die ausländischen einschlägigen Vorschriften zur Gegenseitigkeit beim Armenrecht haben nur noch dann Bedeutung, wenn der Rechtsstreit entweder vor dem ausländischen Gericht stattfindet oder wenn vor dem inländischen Gericht als Antragsteller eine ausländische juristische Person oder eine ausländische parteifähige Vereinigung auftritt. Mit dieser Einschränkung sind die in diesem Anh. bis zur 46. Aufl. genannten Bestimmungen weiterhin beachtlich, Art. 20–24 HZPrÜbk und das AusfG v. 18.12.1958, BGBl. 939, Geimer/Schütze, Internationaler Rechtsverkehr in Zivil- und Handelssachen (Loseblattsammlung), 61. Aufl. 2021, Gottwald ZZP 1989, 136, BAnz. Nr. 234 v. 3.12.1952 S. 5 ff. (Gegenseitigkeit bei PKH).

3 Für **Marokko** gilt Art. 17 des deutsch-marokkanischen Vertrags v. 29.10.1985, BGBl. 1988 II 1055. Für **Polen** gelten Art. 12, 13 der deutsch-polnischen Vereinbarung v. 14.12.1992, Bek. v. 21.2.1994, BGBl. II 361.

4 Nach Art. 5 Rn. 2 G v. 13.6.1980, BGBl. 677, muss man in völkerrechtlichen Vereinbarungen, die die Bezeichnung **Armenrecht** verwenden, bei der Anwendung auf die neuen Begriffe Prozesskostenhilfe usw. abstellen. Das Gesetz v. 13.6.1980 enthält keine Klausel, nach der man auch das nationale ältere Recht schlechthin sprachlich an die neuen Begriffe Prozesskostenhilfe usw. angleichen muss.

II. EGMR-Kostenhilfegesetz – EGMRKHG

5 **§ 1 EGMRKHG Voraussetzungen; Verfahren.** I In Verfahren vor dem Europäischen Gerichtshof für Menschenrechte wird einer dritten in ihren Menschenrechten betroffenen Person auf Antrag Kostenhilfe bewilligt, wenn

1. die Beschwerde der Bundesrepublik Deutschland vom Gerichtshof zur Stellungnahme zugestellt worden ist,
2. entweder
   a) der Präsident des Gerichtshofs eine drittbetroffene Person gemäß Artikel 36 Absatz 2 der Europäischen Menschenrechtskonvention aufgefordert hat, schriftlich Stellung zu nehmen oder an der mündlichen Verhandlung teilzunehmen, oder
   b) der Antrag der drittbetroffenen Person, gemäß Artikel 36 Absatz 2 der Europäischen Menschenrechtskonvention Stellung zu nehmen oder an der mündlichen Verhandlung teilzunehmen,
      aa) erfolgreich war oder
      bb) Aussicht auf Erfolg hat und nicht mutwillig ist und
3. die drittbetroffene Person nach ihren persönlichen und wirtschaftlichen Verhältnissen die Kosten der Verfahrensführung nicht, nur zum Teil oder nur in Raten aufbringen kann.

II [1]In Bezug auf Voraussetzungen und Verfahren der Kostenhilfegewährung sind die §§ 115, 116, 117 Absatz 1 Satz 1 erster Halbsatz, Satz 2, Absatz 2 Satz 1, § 118 Absatz 2, § 120 Absatz 1, 3 und 4 sowie § 124 der Zivilprozessordnung in der jeweils geltenden Fassung entsprechend anzuwenden. [2]An die Stelle des Prozessgerichts tritt das Bundesamt für Justiz. [3]Die drittbetroffene Person muss bei der Antragstellung die Formulare verwenden, die gemäß § 117 Absatz 3 der Zivilprozessordnung für die Erklärung der persönlichen und wirtschaftlichen Verhältnisse eingeführt worden sind.

§ 2 EGMRKHG Bewilligung

I [1]Die Bewilligung von Kostenhilfe bewirkt, dass der drittbetroffenen Person für Auslagen sowie für Honorare, die ihr für einen Rechtsbeistand entstehen, aus der Bundeskasse eine finanzielle Hilfe gezahlt wird. [2]Rechtsbeistand kann neben einem zugelassenen Rechtsanwalt auch eine Person sein, die in dem Verfahren vor dem Europäischen Gerichtshof für Menschenrechte vom Kammerpräsidenten als Vertreter zugelassen ist.

II Werden mit der Bewilligung der Kostenhilfe Raten oder aus dem Vermögen zu zahlende Beträge festgesetzt, sind diese an die Bundeskasse zu leisten.

III Die Bewilligung von Kostenhilfe für eine drittbetroffene Person gilt im Verfahren vor der Großen Kammer weiter.

§ 3 EGMRKHG Festsetzung; Verordnungsermächtigung

I Die Kostenhilfe umfasst die Fahrt- und Aufenthaltskosten sowie andere notwendige Auslagen, die der drittbetroffenen Person und der zu ihrem Rechtsbeistand bestellten Person entstehen.

II [1]Das Bundesministerium der Justiz und für Verbraucherschutz wird ermächtigt, durch Rechtsverordnung ohne Zustimmung des Bundesrates die Höhe der Erstattungsbeträge für Honorare und Auslagen in Anlehnung an die Tarife zu bestimmen, die nach der Verfahrensordnung des Europäischen Gerichtshofs für Menschenrechte gelten. [2]Für Verfahren, die in tatsächlicher und rechtlicher Hinsicht einfach sind und deren Umfang unterdurchschnittlich ist, kann dabei eine Reduzierung der Erstattungsbeträge vorgesehen werden. [3]Für den Fall, dass sich die Tätigkeit des Rechtsanwalts auf die Stellung des Antrags auf Drittbeteiligung beschränkt, ist ein Viertel des Pauschalbetrages vorzusehen.

III [1]Das Bundesamt für Justiz setzt die Höhe der Kostenhilfe fest, sobald die drittbetroffene Person dargelegt hat, dass die Honorare oder Auslagen fällig werden. [2]Sollte die drittbetroffene Person wider Erwarten nicht zur Zahlung eines Honorars verpflichtet sein oder keine Auslagen haben, ist die Kostenhilfe unverzüglich zurückzuzahlen.

6 **Zu II:** VO noch nicht ergangen.

§ 4 EGMRKHG Rechtsmittel

I [1]Gegen die Entscheidung über die Kostenhilfe findet die sofortige Beschwerde nach den Vorschriften der Zivilprozessordnung statt, über die das Beschwerdegericht durch eines seiner Mitglieder als Einzelrichter entscheidet. [2]Die Notfrist des § 569 Absatz 1 Satz 1 der Zivilprozessordnung beträgt einen Monat. [3]Die Beschwerde kann auch durch Erklärung zu Protokoll der Geschäftsstelle des Beschwerdegerichts eingelegt werden. [4]§ 572 Absatz 1 der Zivilprozessordnung ist mit der Maßgabe anzuwenden, dass das Bundesamt für Justiz über die Abhilfe entscheidet.

II Über die Beschwerde entscheidet das Landgericht, in dessen Bezirk das Bundesamt für Justiz seinen Sitz hat.

115 ***Einsatz von Einkommen und Vermögen.*** **I [1]Die Partei hat ihr Einkommen einzusetzen. [2]Zum Einkommen gehören alle Einkünfte in Geld oder Geldeswert. [3]Von ihm sind abzusetzen:**

1. a) die in § 82 Abs. 2 des Zwölften Buches Sozialgesetzbuch bezeichneten Beträge;
b) bei Parteien, die ein Einkommen aus Erwerbstätigkeit erzielen, ein Betrag in Höhe von 50 vom Hundert des Regelsatzes, der für den alleinstehenden oder alleinerziehenden Leistungsberech-

tigten vom Bund gemäß der Regelbedarfsstufe 1 nach der Anlage zu § 28 des Zwölften Buches Sozialgesetzbuch festgesetzt oder fortgeschrieben worden ist;

2. a) für die Partei und ihren Ehegatten oder ihren Lebenspartner jeweils ein Betrag in Höhe des um 10 vom Hundert erhöhten Regelsatzes, der für den alleinstehenden oder alleinerziehenden Leistungsberechtigten vom Bund gemäß der Regelbedarfsstufe 1 nach der Anlage zu § 28 des Zwölften Buches Sozialgesetzbuch festgesetzt oder fortgeschrieben worden ist;

b) bei weiteren Unterhaltsleistungen auf Grund gesetzlicher Unterhaltspflicht für jede unterhaltsberechtigte Person jeweils ein Betrag in Höhe des um 10 vom Hundert erhöhten Regelsatzes, der für eine Person ihres Alters vom Bund gemäß den Regelbedarfsstufen 3 bis 6 nach der Anlage zu § 28 des Zwölften Buches Sozialgesetzbuch festgesetzt oder fortgeschrieben worden ist;

3. die Kosten der Unterkunft und Heizung, soweit sie nicht in einem auffälligen Missverhältnis zu den Lebensverhältnissen der Partei stehen;

4. Mehrbedarfe nach § 21 des Zweiten Buches Sozialgesetzbuch und nach § 30 des Zwölften Buches Sozialgesetzbuch;

5. weitere Beträge, soweit dies mit Rücksicht auf besondere Belastungen angemessen ist; § 1610a des Bürgerlichen Gesetzbuchs gilt entsprechend.

[4]Maßgeblich sind die Beträge, die zum Zeitpunkt der Bewilligung der Prozesskostenhilfe gelten. [5]Soweit am Wohnsitz der Partei aufgrund einer Neufestsetzung oder Fortschreibung nach § 29 Absatz 2 bis 4 des Zwölften Buches Sozialgesetzbuch höhere Regelsätze gelten, sind diese heranzuziehen. [6]Das Bundesministerium der Justiz und für Verbraucherschutz gibt bei jeder Neufestsetzung oder jeder Fortschreibung die maßgebenden Beträge nach Satz 3 Nummer 1 Buchstabe b und Nummer 2 und nach Satz 5 im Bundesgesetzblatt bekannt. [7]Diese Beträge sind, soweit sie nicht volle Euro ergeben, bis zu 0,49 Euro abzurunden und von 0,50 Euro an aufzurunden. [8]Die Unterhaltsfreibeträge nach Satz 3 Nr. 2 vermindern sich um eigenes Einkommen der unterhaltsberechtigten Person. [9]Wird eine Geldrente gezahlt, so ist sie anstelle des Freibetrages abzusetzen, soweit dies angemessen ist.

II [1]Von dem nach den Abzügen verbleibenden Teil des monatlichen Einkommens (einzusetzendes Einkommen) sind Monatsraten in Höhe der Hälfte des einzusetzenden Einkommens festzusetzen; die Monatsraten sind auf volle Euro abzurunden. [2]Beträgt die Höhe einer Monatsrate weniger als 10 Euro, ist von der Festsetzung von Monatsraten abzusehen. [3]Bei einem einzusetzenden Einkommen von mehr als 600 Euro beträgt die Monatsrate 300 Euro zuzüglich des Teils des einzusetzenden Einkommens, der 600 Euro übersteigt. [4]Unabhängig von der Zahl der Rechtszüge sind höchstens 48 Monatsraten aufzubringen.

III [1]Die Partei hat ihr Vermögen einzusetzen, soweit dies zumutbar ist. [2]§ 90 des Zwölften Buches Sozialgesetzbuch gilt entsprechend.

IV Prozesskostenhilfe wird nicht bewilligt, wenn die Kosten der Prozessführung der Partei vier Monatsraten und die aus dem Vermögen aufzubringenden Teilbeträge voraussichtlich nicht übersteigen.

Übersicht

I. Systematik, I–IV. Während § 114 nur andeutet, dass PKH evtl. von Ratenzahlungen usw. abhängt, nennt der verfassungsgemäße § 115 die Bedingungen und das Verfahren der Feststellung, ob und in welcher Zahl und Höhe der Antragsteller Raten aus dem Einkommen und/oder Leistungen aus dem Vermögen erbringen muss. Beides hat denselben Rang. Raten dürfen das Existenzminimum nicht gefährden, BVerfG NJW 1988, 2231. Das Gericht muss das maßgebliche Einkommen nach I ermitteln. II ergibt Einzelheiten und die Höchstzahl der in Betracht kommenden Raten. Das Gericht muss das Vermögen nach III berechnen. IV ergibt, ob trotz Bedürftigkeit überhaupt keine PKH bewilligt werden darf, weil die Verfahrenskosten zu gering sind. § 115 verweist auf § 82 SGB XII und damit zugleich auf §§ 83 ff. SGB XII sowie das Bundesgesetz aufgrund von § 28 I SGB XII, 1 das Regelbedarf-Ermittlungsgesetz – RBEG – vom 22.12.2016. I ist durch Art. 10 Kostenrechtsänderungsgesetz (KostRÄG) 2021 vom 21.12.2020, BGBl. I 3229, geändert worden, → Rn. 16.

2 **II. Regelungszweck.** Die Vorschrift trägt dem Charakter der PKH als einer staatlichen Sozialleistung Rechnung, die nur bei materieller Hilfebedürftigkeit des Betroffenen gewährt werden kann. Dabei sind Einkommen wie Vermögen der antragstellenden Prozesspartei gleichermaßen zu berücksichtigen. Durch den Verweis auf Regelungen des SGB XII in I und III und darüber des RBEG → Rn. 1 sowie des SGB II in I Nr. 4 wird ein einheitlicher Bedürftigkeitsmaßstab festgeschrieben. Dass die Vorschrift im Aufbau kompliziert und für Laien daher schwer verständlich ist, ist dem Bemühen um angemessene Berücksichtigung abzusetzender Belastungen geschuldet.

3 **III. Geltungsbereich, I–IV.** → Vor § 114 Rn. 5, → § 114 Rn. 10–12. Im Stundungsverfahren nach der InsO verweisen § 4b I 2 InsO auf I, II, § 292 I 5 InsO auf I. Im sozialgerichtlichen Verfahren ist § 115 anwendbar, Becker SGB 2002, 429, Christl JurBüro 2017, 176.

4 **IV. Prüfungsreihenfolge, I–IV.** Die Reihenfolge der Prüfung der Voraussetzungen einerseits des § 114, andererseits des § 115 und bei ihm derjenigen von I–IV ist nicht zwingend. Man kann innerhalb des § 115 mit der Prüfung des Vermögens beginnen, Behr/Hantke Rpfleger 1981, 281, aber auch mit derjenigen des Einkommens, Kohte DB 1981, 1175; Schneider MDR 1981, 2. Besteht keine Erfolgsaussicht nach § 114, braucht das Gericht in der Ablehnungsentscheidung auf die Bedürftigkeit nach § 115 nicht einzugehen.

5 **V. Einkommen, I 1, 2. 1. Begriff des Einkommens, I 2.** Zum „Einkommen" zählen alle Einkünfte in Geld und Geldeswert, BGH NJW 2005, 1722; Köln FamRZ 1981, 489; LAG Stgt BB 1984, 1810. Maßgeblich ist grundsätzlich nur das tatsächliche derzeitige Einkommen, Karlsr FamRZ 2005, 43; Stgt FamRZ 2011, 1885; aber auch das willkürlich nicht verlangte, LAG Freiburg NJW 1982, 847 (Sozialhilfe); und zwar das des Antragstellers, Ffm FamRZ 2015, 1919; Köln FamRZ 2003, 1394; LG Darmstadt WuM 2012, 570; aM LAG Düss JurBüro 1989, 1442; LAG Nürnb JurBüro 1990, 512. Das Einkommen des Ehegatten oder Lebenspartners ist ebenso wenig zu berücksichtigen wie das des nichtehelichen Lebensgefährten, → Rn. 20. Die Quelle ist unerheblich, BGH FamRZ 1984, 607; Hamm FamRZ 1984, 409; Kblz Rpfleger 1985, 323. Bei der Auslegung des Einkommensbegriffs sowie bei der Auswertung familiengerichtlicher Rspr. ist zu beachten, dass der Einkommensbegriffs des § 115 I an den sozialhilferechtlichen Einkommensbegriff anknüpft; daher können familienrechtliche Grundsätze nicht unbesehen übernommen werden, weil der Einkommensbegriff des Unterhaltsrechts auf den des BGB abstellt, BGH NJW-RR 2012, 1089 und 1281.

6 Zwar muss man zunächst vom Bruttoeinkommen ausgehen. Man muss aber nach I 3 Nr. 1 iVm § 82 SGB XII und den in → Rn. 1, 2 genannten Zusatzvorschriften, Steuern, Sozialversicherungs- und andere Versicherungsbeiträge und Betriebsausgaben abziehen. Daher muss man praktisch das sog. Nettoeinkommen feststellen, ähnlich Nickel MDR 2005, 1151. Selbst dieses mag sich vor der Festsetzung des anrechenbaren Betrags noch nach I 3 Nr. 5 um „weitere Beträge" mindern. Im Übrigen muss man eine Unterhaltspflicht nach I 3 Nr. 2 in den dort bestimmten Grenzen ebenfalls einkommensmindernd abziehen. Daher kommt es schließlich auf einen Betrag unterhalb des sog. Nettoeinkommens an.

7 **2. Maßgeblicher Zeitpunkt: Bewilligungsreife.** Es kommt nach → § 119 Rn. 5 auf den Zeitpunkt einer ordnungsgemäßen Entscheidung des Gerichts an, ArbG Regensburg Rpfleger 1994, 70. Ein Einkommensteil, der nicht in Bargeld besteht, muss in diesem Einkommenszeitpunkt schon und noch einen Geldeswert haben. Er muss tatsächlich bestehen, Karlsr FamRZ 2004, 644. Er muss also zumindest alsbald und ohne unzumutbare Schwierigkeiten realisierbar sein, BVerwGE 21, 208; KG FamRZ 1985, 1068. Dabei ist eine Realisierung nur um den Preis erheblicher Untererlöse unzumutbar. Evtl. muss das Gericht nach → § 119 Rn. 11 rückwirkend PKH bewilligen.

8 **VI. Absetzungen, I 3–8.** Von dem nach → Rn. 5–7 ermittelten Einkommen sind die in I 3 Nr. 1–4 genannten Beträge abzusetzen. Erst von dem danach verbleibenden Saldo darf das Gericht die nach II aus der Tabelle ablesbaren etwaigen Monatsraten errechnen.

9 **1. Steuern, Sozialversicherungs- und Versicherungsbeiträge, berufsbezogene Aufwendungen, Arbeitsförderungsgeld, I 3 Nr. 1a, 5.** Abzusetzen sind die in § 82 II SGB XII und den in → Rn. 1 genannten weiteren Vorschriften bezeichneten Beträge in voller Höhe, Brbg MDR 2009, 345; Düss FamRZ 2007, 645 (je: Pkw-Kosten); Hmb Rpfleger 1996, 164. Man muss den billigsten Weg zur Arbeitsstelle wählen, Brbg JurBüro 2008, 486.

10 Unanwendbar ist I 3 Nr. 1a auf eine Prämie für eine Ausbildungsversicherung zugunsten eines Kindes des Antragstellers, Karlsr FamRZ 2007, 1109.

11 **2. Unterhaltsleistungen: Grundsatz der Pauschale, I 3 Nr. 1b, 2a, b, 4.** Dazu Nickel NJW 2017, 868 (Ehegatten). Absetzen muss man ferner die in Nr. 1b, Nr. 2ac, 5 genannten Unterhaltsleistungen in Höhe der sich aus dieser Bestimmung ergebenden Beträge. Das gilt für jeden Elternteil, Hamm MDR 2007, 973. Es findet eine gesetzlich pauschalierte Berechnung des Absetzbaren statt, Schlesw JurBüro 1996, 433. Zum sog. Wechselmodell Drsd FamRZ 2016, 253; Christl FamRZ 2016, 959. Zum Strafgefangenen Brbg FamRZ 2016, 1952. Zur Berücksichtigung des Freibetrags beim Arbeitslosengeld LAG Hamm NZA-RR 2017, 621.

12 **3. Ermittlung der Zahl der Unterhaltsberechtigten, I 3 Nr. 2a, b, 4.** Nach I 3 Nr. 2a, c ist die Unterhaltspflicht nicht nur gegenüber dem Ehegatten oder Lebenspartner, sondern gegenüber jedem weiteren Unterhaltsberechtigten zu berücksichtigen. Dabei mindert die Unterhaltspflicht gegenüber dem Ehegatten oder Lebenspartner das Einkommen nach Nr. 2a anders als eine Unterhaltspflicht gegenüber weiteren Personen nach Nr. 2c. Zur Berücksichtigung von Belastungen durch eine Bedarfsgemeinschaft nach dem SGB II, SGB XII → Rn. 15.

13 **4. Unterkunft und Heizung, I 3 Nr. 3.** Absetzen muss das Gericht ferner die Kosten der Unterkunft und Heizung. Das geschieht grundsätzlich in ihrer vollen tatsächlichen Höhe, also einschließlich aller weiteren umlagefähigen Mietnebenkosten, Brbg NJW 2009, 2069; Saarbr MDR 2014, 409. Bei einer Gemeinschaftsunterkunft usw. sind die entsprechenden anteiligen Kosten absetzbar, Kblz FamRZ 1997, 680 (abl. Atzler FamRZ 1997, 1018). Zu den abzusetzenden Unterkunftskosten gehören auch die Kosten für Wasser und Abwasser, weil der Grundfreibetrag gem. I 3 Nr. 2a diese Kosten nicht beinhaltet, denn nach dem RBEG → Rn. 1 sind diese Kosten bei der Ermittlung des sozialhilferechtlichen Regelbedarfs nicht zu berücksichtigen, Brbg MDR 2015, 483, Nürnb Rpfleger 2015, 216, Celle NZS 2014, 953, Drsd MDR 2014, 242, Ffm NJW 2013, 2370. Entgegen-

stehende ältere Rspr. (auch BGH NJW-RR 2008, 595) ist zum Rechtsstand vor Einführung des RBEG 2011 ergangen. Hingegen gehören die Kosten für Strom und Gas, soweit es sich nicht um Heizkosten handelt, nicht zu den Unterkunftskosten, weil „Energiekosten" in § 5 RBEG als Bestandteil des Regelbedarfs ausgewiesen sind. Garagen- oder Stellplatzkosten können ebenfalls nicht abgesetzt werden, Kblz FamRZ 2015, 1314.

Allerdings sind die Bruttokosten nach Nr. 3 Hs. 2 insoweit nicht absetzbar, als sie in einem **„auffälligen Missverhältnis** zu den Lebensverhältnissen der Partei" stehen. Nur der Teil ist absetzbar, der wegen der Gesamtverhältnisse des Antragstellers nicht auffällig zu teuer ist, Brbg FamRZ 2001, 1085. Ein vernünftiger nachvollziehbarer Grund führt nicht zu einem auffälligen Missverhältnis in diesem Sinn. Es darf natürlich nicht nur ein vorübergehend besonders teurer Zeitraum betrachtet werden. → Rn. 20 „Mietausgaben". **14**

5. Besondere Belastungen, I 3 Nr. 4, 5. Absetzbar sind schließlich nach Nr. 5 Hs. 1 Mehrbedarfe nach § 21 SGB II, Saarbr MDR 2014, 1325, sowie nach § 30 SGB XII, Zweibr NJW-RR 2016, 131; Celle NZS 2014, 953, sowie nach Nr. 5 Hs. 1 weitere Beträge, soweit das mit Rücksicht auf besondere Belastungen angemessen ist. Es kommen grds. Belastungen jeder Art und Höhe sowie Dauer infrage, zB Umgangskosten, Zweibr NJW-RR 2016, 132. Sie müssen aber über das Übliche hinausgehen. Der Antragsteller darf sie nicht bewusst herbeigeführt haben. Aus einer Bedarfsgemeinschaft nach §§ 9 I SGB II, 36 SGB XII kann sich eine besondere Belastung ergeben, Ffm NZS 15, 589; LAG Bln-Brbg JurBüro 2014, 594; KG FamRZ 2006, 963, ebenso aus einer Leistung für den Lebensgefährten, Karlsr FamRZ 2008, 421. Eine Unterhaltszahlung aufgrund sittlicher Pflicht kann hierher zählen, Hmb NJW-RR 2016, 1031. Die Berücksichtigung der auf eine Geldstrafe zu zahlenden Raten ist grds. nicht angemessen, BGH NJW 2011, 1007; KG FamRZ 2006, 871. **15**

6. Ermittlung der gesetzlichen Freibeträge, I 5, 6. Dazu Giers FamRZ 2005, 1220, Schürmann FPR 2011, 349. Die Bestimmung der abzusetzenden Freibeträge wird durch die in unregelmäßigen Abständen (etwa jährlich) erfolgende PKH-Bekanntmachung nach I 5 erleichtert. Die jeweils aktuelle Fassung ist bei Beck-Online unter zB „PKHB …" abrufbar. Durch das KostRÄG 2021, → Rn. 1, ist eine Harmonisierung der Freibeträge erfolgt. Die Freibeträge richten sich nach dem Regelsatz der Regelbedarfsstufe 1 gemäß der Anlage zu § 28 SGB XII. Nach § 29 SGB XII können die Länder oder von ihnen ermächtigte Sozialhilfeträger für ihr Gebiet davon (nach oben) abweichende Regelsätze festschreiben. Bisher richtete sich dann, wenn ein Land oder Sozialhilfeträger eine solche Regelsatzabweichung nach oben vorgenommen hatte, der PKH-Freibetrag im ganzen Bundesgebiet nach diesem höheren Betrag. Nunmehr sind für die Freibeträge die am Wohnsitz des Antragstellers geltenden Regelsätze maßgebend, also entweder die bundesweiten Regelbedarfssätze oder die am Wohnort geltenden höheren Sätze. Derzeit haben lediglich die Landkreise Fürstenfeldbruck, Starnberg und München sowie die Landeshauptstadt München Regelbedarfssätze festgeschrieben, die die bundesweiten Sätze übersteigen. Ab dem 1. Januar 2022 gelten die Beträge aus der Tabelle der **PKHB 2022** vom 17.12.2021 (BGBl. I 5239): **16**

PKHB 2021

	Freibetrag Bund	Freibetrag in den Landkreisen Fürstenfeldbruck und Starnberg	Freibetrag im Landkreis München	Freibetrag in der Landeshauptstadt München
Parteien, die ein Einkommen aus Erwerbstätigkeit erzielen (§ 115 Absatz 1 Satz 3 Nummer 1 Buchstabe b der Zivilprozessordnung)	225 Euro	237 Euro	235 Euro	236 Euro
Partei, Ehegatte oder Lebenspartner (§ 115 Absatz 1 Satz 3 Nummer 2 Buchstabe a der Zivilprozessordnung)	494 Euro	520 Euro	517 Euro	518 Euro
Freibetrag für unterhaltsberechtigte Erwachsene (§ 115 Absatz 1 Satz 3 Nummer 2 Buchstabe b der Zivilprozessordnung Regelbedarfsstufe 3)	396 Euro	417 Euro	414 Euro	415 Euro
Freibetrag für unterhaltsberechtigte Jugendliche vom Beginn des 15. bis zur Vollendung des 18. Lebensjahres (§ 115 Absatz 1 Satz 3 Nummer 2 Buchstabe b der Zivilprozessordnung Regelbedarfsstufe 4)	414 Euro	433 Euro	432 Euro	432 Euro
Freibetrag für unterhaltsberechtigte Kinder vom Beginn des siebten bis zur Vollendung des 14. Lebensjahres (§ 115 Absatz 1 Satz 3 Nummer 2 Buchstabe b der Zivilprozessordnung Regelbedarfsstufe 5)	342 Euro	355 Euro	359 Euro	355 Euro
Freibetrag für unterhaltsberechtigte Kinder bis zur Vollendung des sechsten Lebensjahres (§ 115 Absatz 1 Satz 3 Nummer 2 Buchstabe b der Zivilprozessordnung Regelbedarfsstufe 6)	314 Euro	327 Euro	328 Euro	326 Euro

17 Seit 1.1.2021 gilt das **RBEG** v. 9.12.2020, BGBl. I 2855, ferner die Anlage zu § 28 SGB XII:

§ 28 Anlage SGB XII Regelbedarfsstufen nach § 28 in Euro

gültig ab	Regelbedarfs-stufe 1	Regelbedarfs-stufe 2	Regelbedarfs-stufe 3	Regelbedarfs-stufe 4	Regelbedarfs-stufe 5	Regelbedarfs-stufe 6
....						
1. Januar 2021	446	401	357	373	309	283

Regelbedarfsstufe 1:

Für jede erwachsene Person, die in einer Wohnung nach § 42a Absatz 2 Satz 2 lebt und für die nicht Regelbedarfsstufe 2 gilt.

Regelbedarfsstufe 2:

1. in einer Wohnung nach § 42a Absatz 2 Satz 2 mit einem Ehegatten oder Lebenspartner oder in eheähnlicher oder lebenspartnerschaftsähnlicher Gemeinschaft mit einem Partner zusammenlebt oder
2. nicht in einer Wohnung lebt, weil ihr allein oder mit einer weiteren Person ein persönlicher Wohnraum und mit weiteren Personen zusätzliche Räumlichkeiten nach § 42a Absatz 2 Satz 3 zur gemeinschaftlichen Nutzung überlassen sind.

Regelbedarfsstufe 3:

Für eine erwachsene Person, deren notwendiger Lebensunterhalt sich nach § 27b bestimmt.

Regelbedarfsstufe 4:

Für eine Jugendliche oder einen Jugendlichen vom Beginn des 15. bis zur Vollendung des 18. Lebensjahres.

Regelbedarfsstufe 5:

Für ein Kind vom Beginn des siebten bis zur Vollendung des 14. Lebensjahres.

Regelbedarfsstufe 6:

Für ein Kind bis zur Vollendung des sechsten Lebensjahres.

18 **7. Verminderung durch eigenes Einkommen jedes Unterhaltsberechtigten, I 7.** Von dem Unterhaltsfreibetrag nach I 3 Nr. 2 muss das Gericht das eigene Einkommen eines jeden gesetzlich Unterhaltsberechtigten abziehen. Denn um diese Beträge vermindert sich nach S. 7 die Absetzmöglichkeit des Antragstellers. Das Einkommen nach I 7 wird wie nach → Rn. 5, 7 beim Antragsteller berechnet, Bbg FamRZ 2017, 1589.

19 **8. Geldrente, I 8.** Statt der Unterhaltsfreibeträge ist dann, wenn statt eines gesetzlich geschuldeten Unterhalts eine Geldrente gezahlt wird, ihre tatsächliche Höhe abziehbar, „soweit dies angemessen ist", KG MDR 2016, 790; Karlsr FamRZ 2004, 1119. Eine Naturalleistung ist keine Geldrente. Ob eine Geldrente vorliegt, lässt sich nur nach den Umständen sagen. Sie kann über das gesetzlich Geschuldete hinausgehen. Sie kann aber auch hinter ihm zurückbleiben. Gerade im ersteren Fall ist sie daher nur im Rahmen des Angemessenen abziehbar. Ist sie zu hoch, bleibt es bei ihrer Abziehbarkeit in den Grenzen des Angemessenen.

9. Beispiele zur Frage des Einkommens, I 3 Nr. 1–8

20 **Abfindung:** → Rn. 40.

Abtretung: Ein wirksam abgetretener Anspruch ist **kein** Einkommen.

Alleinerziehung: Der Mehrbedarf ist **absetzbar,** Celle NZS 2014, 953. Das folgt aus § 30 III SGB XII; entgegenstehende ältere Rspr. (BGH NJW-RR 2011, 3; Nürnb MDR 2010, 47) ist überholt. Das eigene Einkommen errechnet sich auch bei nicht selbständiger Arbeit wie sonst, Hamm JurBüro 2014, 542 (Freibetrag). Wer mit Kind und einem Erwachsenen als Familie zusammenlebt, kann keinen Mehrbedarf wegen Alleinerziehung absetzen, Brbg NZFam 2015, 276.

Altersvorsorgeunterhalt: Kein Einkommen, weil er zweckgebunden ist und für den allgemeinen Lebensunterhalt nicht zur Verfügung steht, wenn die Mittel zweckentsprechend verwendet werden, Zweibr FamRZ 2021, 1984; Stgt FamRZ 2006, 1282.

Arbeitnehmersparzulage: Sie zählt zum Einkommen, OVG Bremen JurBüro 1985, 1411; Ffm FamRZ 1982, 418; Thomas/Putzo/Seiler Rn. 2.

Arbeitseinsatz: Ein unterlassener Arbeitseinsatz ist grds. **kein** Einkommen, BVerfG NJW 2010, 1659 (Fallfrage); BGH NJW 2009, 3659; Saarbr MDR 2012, 1267 (je: nur beim Missbrauch), aM Brbg FamRZ 2011, 1240; Hamm FamRZ 2014, 410; Stgt FamRZ 2011, 1885 (je: nur bei Schuldlosigkeit unschädlich. Umstände des Einzelfalls sind zu berücksichtigen). Vgl. aber auch Hamm FamRZ 1996, 958 (Überstunden usw.); Köln FPR 2009, 64 (Nebenarbeit für 40–41 Wochenstunden Gesamtarbeitszeit zumutbar). Auch Biebrach NJW 1988, 1769.

Arbeitslosengeld: Arbeitslosengeld (ALG) nach SGB III ist Einkommen. Dies gilt auch für ALG II nach SGB II, BGH NJW-RR 2011, 3; Stgt FamRZ 2008, 1261; MüKoZPO/Wache Rn. 16; Musielak/Voit/Fischer Rn. 4; Zöller/Schultzky Rn. 19; aM Karlsr FamRZ 2007, 155; Nürnb FamRZ 1999, 1673.

Arztkosten: Sie können zu den **„besonderen Belastungen"** nach I 3 Nr. 5 zählen, soweit sie nicht erstattet werden, Düss FamRZ 1981, 76.

Aufwandsentschädigung: Aufwandsentschädigungen des Arbeitgebers können in Höhe der steuerfreien Pauschalen als mit der Erzielung des Einkommens verbundene notwendige Ausgaben vom Einkommen abgezogen werden, Nürnb MDR 2015, 1154. Je nach Zielrichtung der Aufwandsentschädigung mag eine andere Bewertung angemessen sein. So kommt bei entsprechender Ersparnis häuslicher Kosten etwa bei einem Kraftfahrer die pauschalierte Anrechnung auf ein Drittel des monatlichen Durchschnittsbetrags als Einkommen in Betracht, Karlsr FamRZ 2004, 645.

Ausbildungsförderungsgeld: Es zählt auch als ein derzeit noch nicht rückzahlbares Darlehen zum Einkommen, Karlsr FamRZ 2002, 1195; Köln FamRZ 1994, 1534.

Ausbildungsvergütung: Sie zählt zum Einkommen, BGH NJW 1981, 2462.

Ausländischer Wohnsitz: Höhere Lebenskosten sind **absetzbar** als besondere Belastung nach I 3 Nr. 4, niedrigere sind unschädlich, Stgt FamRZ 2007, 486.
Auslandszuschlag: Er zählt zum Einkommen, entsprechend der Einstufung im Unterhaltsrecht, dazu BGH DAVorm 1980, 286; NJW 1994, 134. Ggf. ist bei derartigen Zuschlägen die zugrunde liegende besondere Belastung mindernd zu berücksichtigen.
Auslösung: Sie ist Einkommen, Karlsr FamRZ 2004, 645.
Bankguthaben: → „Geld, Geldeswert".
Bausparvertrag: → „Raten".
Bedarfsgemeinschaft: Besondere Belastung nach I 1 Nr. 5, wenn das Einkommen im Rahmen einer Bedarfsgemeinschaft nach SGB II herangezogen worden ist, Ffm NZS 15, 589; Köln FamRZ 2017, 313; Karlsr MDR 2016, 849; aM Kblz MDR 2015, 610. → Rn. 15.
Beihilfe: Die Zahlung erfolgt nur zum Ausgleich bereits entstandener Unkosten. Sie ist daher **kein** Einkommen. Auch „Bundesentschädigungsgesetz".
Beitrag: Soweit er gesetzlich vorgeschrieben oder nach Grund und Höhe angemessen ist, ist ein Betrag zu einer öffentlichen oder privaten Versicherung oder einer ähnlichen Einrichtung nach § 82 SGB XII vom Einkommen **absetzbar.**
Berufsschadensausgleich: → „Bundesversorgungsgesetz".
Besondere Belastung: → Rn. 15. S. auch bei den einzelnen Stichworten.
Blindengeld oder Blindenhilfe: Sie zählen zwar formell zum Einkommen. Man muss sie aber im Zusammenhang mit (jetzt) § 82 SGB XII beurteilen, Jena FamRZ 1999, 1673; Saarbr FamRZ 1988, 1183.
Bundesausbildungsförderungsgesetz: Leistungen nach dem BAföG zählen zum Einkommen, AG Recklinghausen FamRZ 1987, 729; aM Köln FamRZ 1994, 1534 (nicht bei Unzumutbarkeit). Auch → Rn. 18.
Bundesentschädigungsgesetz: Eine Rente oder Beihilfe nach dem BEG zählt zum Einkommen, Albers GS Martens, 1987, 291.
Bundeserziehungsgeld: → „Erziehungsgeld".
Bundesversorgungsgesetz: Die Grundrente nach dem BVG zählt zum Einkommen, OVG Münster JurBüro 1991, 1371; aM LSG Celle Nds. Rpfl. 1984, 24; Schneider MDR 1985, 443.
Bußgeld: Es ist als ein Teil normaler Lebenskosten nicht absetzbar, Brbg FamRZ 2004, 646.
Darlehen: Dasjenige Darlehen, das der Antragsteller von einem nahestehenden Dritten erhalten hat und in absehbarer Zeit nicht zurückzahlen muss, zählt zum Einkommen, Hamm FamRZ 1984, 409; Köln FamRZ 1984, 304; FamRZ 2002, 1195. Das gilt etwa auch für darlehensweise gewährte Leistungen KfW-Studienkredit), BAG NZA-RR 2016, 434.

Tilgungsraten sind dann **absetzbar,** wenn der Antragsteller das Darlehen vor dem Prozessbeginn bzw. Antragstellung aufgenommen hatte, Brbg FamRZ 2014, 963; Hamm FamRZ 2007, 155; Jena FamRZ 1997, 622; LAG Köln NZA-RR 2008, 323; Köln MDR 1995, 314; strenger Zweibr FamRZ 2001, 1501; LAG Köln NZA-RR 2004, 663. Dies gilt grds. nicht bei einer Darlehensaufnahme erst nach Prozessbeginn, LG Neubrandenburg WuM 2007, 390, oder beim bloßen Verschönerungs- oder Instandsetzungswerk, Naumb FamRZ 2009, 628. Schulden aus der Zeit **nach** der Antragstellung können vielmehr nur dann berücksichtigt werden, wenn sie unabdingbar notwendig waren, Brbg FamRZ 2008, 158; Köln Kblz MDR 1992, 80; Naumb FamRZ 2009, 1233; strenger Stgt FamRZ 1996, 873. Nicht zurückgezahlte Beträge sind nicht absetzbar, LAG Mainz MDR 2004, 718; Zweibr Rpfleger 2000, 537. Für die Frage der Absetzbarkeit von Darlehensraten als besondere Belastung kommt es grds. nicht auf den Anlass der Darlehensaufnahme an, Hamm MDR 1987, 1031; KG FamRZ 1984, 413; aM Düss MDR 1984, 150; Ffm FamRZ 1982, 416. Allerdings gilt dies nicht bei einer den Einkommensverhältnissen völlig unangemessenen Darlehens- bzw. Ratenhöhe, Köln FamRZ 1985, 414; Bamberg FamRZ 1986, 699, JurBüro 1991, 843 (Spielschulden). In derartigen Fällen wird auch kritisch zu prüfen sein, ob der Antragsteller über weitere Einkünfte verfügt.

Auch → „Luxusausgaben".
Dienstwohnung: Ihre Überlassung ist kein Einkommen, es fallen lediglich keine oder geringere Unterkunftskosten an.
Dritter: Leistungen, die ein Dritter als Unterhalt dem Unterhaltsgläubiger erbringt, zählen zum Einkommen des letzteren, Hamm FamRZ 1988, 1271; Köln FamRZ 1996, 873.
Eheähnliche Gemeinschaft: → § 114 Rn. 22.
Eigenes Einkommen des Unterhaltsberechtigten: Die Unterhaltsfreibeträge nach I 3 Nr. 2 vermindern sich nach I 7 um das eigene Einkommen des Unterhaltsberechtigten.
Einelternfamilie: Zur Problematik Christl Rpfleger 2018, 241 (ausf.).
Einkommensteuer: → „Steuern".
Erziehungsgeld: Kein Einkommen, Mü FamRZ 2004, 1498; Nürnb FamRZ 2002, 104; VGH Mü JurBüro 2007, 375; aM Brem FamRZ 1998, 759; Mü FamRZ 1999, 598 (aber dann wäre die vorrangige Zweckbindung gefährdet, wie bei → „Altersvorsorgeunterhalt"). Auch → „Familiengeld", → „Pflegegeld".
Essensgeld: Es zählt vernünftigerweise wie Fahrgeld **nicht** zum Einkommen, Düss FamRZ 1989, 883.
Fahrtkosten: Notwendige Fahrtkosten sind mit den üblichen Sätzen absetzbar, BGH NJW-RR 2012, 1281; Hamm JurBüro 2014, 542; Stgt FamRZ 2012, 649 (je: mtl. 5,20 EUR/km Entfernung); Hamm MDR 2010, 1345; Karlsr FamRZ 2009, 1424; Nürnb MDR 2008, 941 (je: 0,30 EUR/km); Rostock FamRZ 2011, 1607 (Nr. 10.2.2 der unterhaltsrechtlichen Leitlinien).
Familiengeld: Man muss es meist wie Erziehungsgeld beurteilen, KG FamRZ 1990, 1120. Auch → „Erziehungsgeld".
Fiktives Einkommen: → „Arbeitseinsatz".
Freiwillige Zahlung: Regelmäßig erhaltene freiwillige Zahlungen zählen zum Einkommen, BGH FamRZ 2008, 400; Köln NJW-RR 1996, 1404; OVG Bautzen NJW 2011, 3738.
Geburt: Ausgaben wegen einer Geburt können zu den „besonderen Belastungen" nach I 3 Nr. 4 zählen.
Gefangener: → „Strafgefangener".
Geldbuße, -strafe: Die Berücksichtigung der auf eine Geldstrafe oder -buße zu zahlenden Raten bei der Einkommensermittlung ist grds. nicht angemessen, BGH NJW 2011, 1007; Celle MDR 2011, 627; Karlsr FamRZ 2008, 1541; aM Brbg FamRZ 2004, 646; Hmb FamRZ 2001, 235. Die Nichtberücksichtigung der

Geldstrafe darf aber nicht dazu führen, dass dem Bedürftigen der Zugang zu den Gerichten versperrt wird oder dass er Gefahr läuft, die Ersatzfreiheitsstrafe verbüßen zu müssen; deshalb kann der Bedürftige bei einer nicht mehr zumutbaren wirtschaftlichen Belastung bei der Vollstreckungsbehörde nach § 42 StGB iVm § 459a StPO Zahlungserleichterungen erreichen, BGH NJW 2011, 1007.

Geschenk: Geschenke sind kein Einkommen, sondern können allenfalls zum Vermögen zählen.

Gewerbesteuer: → „Steuern".

Gewinnbeteiligung: Sie ist Einkommen.

Grundrente: → „Bundesversorgungsgesetz".

Haushalt: Eine berufsbedingte doppelte Haushaltsführung ist eine besondere Belastung, LAG Hamm NZA-RR 2018, 215.

Heizung: → „Mietausgaben".

Kapital: Regelmäßige Zuflüsse aus Kapitalanlagen sind Einkommen.

Kapitalertragssteuer: → „Steuern".

Kinderausgaben: Solche für Kinder über 15 Jahren können **besondere Belastungen** nach I 3 Nr. 5 sein, Naumb FamRZ 2000, 1093. Wer trotz eines Kleinkinds arbeitet, darf einen Mehrbedarf absetzen, Köln FamRZ 2003, 773. Kindergartenkosten sind **keine** besonderen Belastungen, Naumb FamRZ 2000, 1093. Mittagsessenkosten können zu I 3 Nr. 5 zählen, LAG Stgt JurBüro 2018, 202.

Kinderbetreuung: Kosten für die Kernzeitbetreuung schulpflichtiger Kinder sind unter Abzug eines Eigenanteils für das Essen als besondere Belastung nach I 3 Nr. 5 zu berücksichtigen, LAG Stgt FamRZ 2018, 1591.

Kindererziehungsleistung: Eine Kindererziehungsleistung nach §§ 294 ff. SGB VI stellt kein Einkommen dar, LSG Bln FamRZ 1993, 743; LSG Celle MDR 1992, 1160. Sie kann dann als eine Belastung nach I 3 Nr. 4 absetzbar sein, wenn dem Elternteil deshalb kein Beruf zumutbar ist, Karlsr NJW-RR 1999, 1227; Stgt FamRZ 2005, 1184 (zum alten Recht).

Kinderfreibetrag: Bei Betreuung eines Kindes im paritätischen Wechselmodell sind vom Einkommen des VKH-Antragstellers ein hälftiger Unterhaltsfreibetrag nach § 76 I 1 FmFG iVm § 115 I 3 Nr. 2b sowie der tatsächlich für das Kind gezahlte Barunterhalt abzusetzen, BGH NJW 2022, 1453; NJW-RR 2022, 582 (auch mit Nachweisen zu Gegenansichten).

Kindergeld: Dazu Christl FamRZ 2015, 1161, Nickel MDR 2009, 298 (je: Grdz.). Es zählt zum Einkommen nur insoweit, als es der Partei auch tatsächlich zufließt, BGH NJW 2005, 2393; Rostock FamRZ 2013, 648; LAG Hamm NZA-RR 2016, 378; aM Brbg NZA-RR 2015, 44; Ffm FamRZ 2003, 460; Köln FamRZ 2003, 103; Nürnb MDR 2009, 525 (je: allenfalls Anrechnung mit 50 %); Kblz (9. ZS) FamRZ 2004, 120 (überhaupt nicht). Einkommen ist es nur, soweit es nicht dem notwendigen Unterhalt des Minderjährigen dient, BGH NJW 2017, 962; Christl FamRZ 2017, 634; Bbg FamRZ 2015, 350; Karlsr MDR 2015, 1075. § 82 I 3 SGB XII ist unanwendbar, LAG Hamm NZA-RR 2016, 378. Keine Verrechnung mit einem Unterhaltsfreibetrag, LAG Hamm NZA-RR 2016, 378.

Kinderzuschlag: Der Zuschlag nach § 6a BKGG ist als Einkommen des beziehenden Elternteils zu berücksichtigen, Bambg FamRZ 2021, 1394.

Kirchensteuer: → „Steuern".

Kostenerstattung: Sie zählt **nicht** zum Einkommen, denn sie bewirkt ja nur den Ausgleich für erbrachte Ausgaben.

Kostgeld: Das „Kostgeld" des bei den Eltern lebenden Antragstellers ist keine besondere Belastung, es sei denn, es enthielte einen Anteil an der Kaltmiete von über 18 %, LAG Köln MDR 1991, 1096.

Kraftfahrzeug: Abzugsfähigkeit kann bei Gehbehinderung bestehen, selbst wenn der Antragsteller nicht erwerbstätig ist, Brem FamRZ 2013, 1242.

Krankengeld: Krankengeld, das nach § 47 SGB V anstelle von Arbeitsentgelt und der Höhe nach als dessen Anteil berechnet wird, ist als Erwerbseinkommen mit der Folge der Anwendung des Freibetrags nach I 3 Nr. 1b zu berücksichtigen, während Krankengeld, das nach § 47b SGB V während der Arbeitslosigkeit gezahlt wird, kein Einkommen darstellt, BAG BeckRS 2009, 68461; LAG Kiel BeckRS 2016, 66304.

Krankheit: Es gilt dasselbe wie bei einer „Geburt".

Kurzarbeitergeld: Es zählt zum Einkommen.

Lebensgefährte, -in: Ihr Einkommen bleibt unberücksichtigt, Karlsr OLGR 2004, 304; Kblz JurBüro 2001, 1153; Köln FamRZ 1988, 306; aM Kblz NJW-RR 1992, 1348 (aber → § 114 Rn. 16, 22). Auch → – „Bedarfsgemeinschaft". → „Mietausgaben".

Lebensversicherung → Rn. 40. Lebensversicherungsprämien sind keine abzusetzenden Beträge, Celle NJW-RR 2009, 1520.

Lohnsteuer: Der Anspruch auf Lohnsteuerjahresausgleich kann Einkommen sein, Brem FamRZ 1998, 1180. Er zählt jedenfalls dann **nicht** zum Einkommen, wenn es sich nur um einen geringen Betrag handelt, Düss FamRZ 1981, 986; Ffm FamRZ 1983, 633. Auch → „Ehe", „Steuern".

Luxusausgaben: Das Gericht darf sie ebenso wenig wie andere objektiv unvertretbare Belastungen vom Einkommen abziehen, Bbg FamRZ 1986, 700; Ffm FamRZ 1987, 179. Auch → „Darlehen", „Mietausgaben".

Mehrbedarfe: → Rn. 15.

Mehrheit von Verfahren: In einem Verfahren angeordnete PKH-Raten sind in weiterem Verfahren als besondere Belastung zu berücksichtigen, Stgt FamRZ 2009, 1164. Zu dem Sonderfall einer zur Verbesserung der Chancen auf Zulassung zum Studium angestrengten Vielzahl von Verfahren: OVG Lüneburg NVwZ-RR 2005, 861.

Mietausgaben. Dazu Christl FamRZ 2016, 1910 (Grdz.). Die Miete ist nach I 3 Nr. 3 abzusetzen, soweit sie nicht in einem auffälligen Missverhältnis zu den Lebensverhältnissen der Partei steht, soweit es sich also nicht um eine → „Luxusausgabe" handelt. Im Zweifel kein Luxus, Mü FamRZ 1997, 299. Die „Kosten der Unterkunft und Heizung" umfassen alle umlagefähigen festen oder schwankenden Nebenkosten, Celle MDR 2014, 1288; Drsd FamRZ 2014, 962; Saarbr NZFam 2014, 410, also die Bruttomiete, aM Karlsr FamRZ 2007, 1995. Zur Anrechnung fiktiver Mietkosten bei einem Obdachlosen: Köln FamRZ 2003, 774 (Begründung vermischt unterhaltsrechtliche Maßstäbe mit PKH-Recht).

Im **Wohnheim** muss man den Bruttoanteil schätzen. Bei Eheleuten kann eine anteilige Berechnung infrage kommen, LG Kblz JurBüro 2006, 656. Bei Lebensgefährten mit etwa gleichem Einkommen halbiert Kblz

MDR 2000, 728 die Miete unabhängig vom Innenverhältnis, aM Köln FamRZ 2017, 313 (Ls.). Maßgeblich ist nur die tatsächlich gezahlte Miete, LG Kblz FamRZ 2001, 1155; LAG Erfurt MDR 2001, 237. Bei durchschnittlichen Verhältnissen können 50% des Einkommens angemessen sein, Brbg FamRZ 2001, 1085. Es können bei höheren Mieten am Ort sogar über 50% des Nettoeinkommens absetzbar sein, LAG Erfurt MDR 2001, 237, aber auch abweichende Quoten, Köln FamRZ 2018, 1099. Verbrauchsunabhängige Nebenkosten sind evtl. **nicht** abziehbar, Düss FamRZ 2008, 895. Geringe Kosten können unbeachtlich sein, LAG Stgt JurBüro 2017, 315.

Mieteinnahmen: → „Vermietung".

Mietzuschuss: Er zählt zum Einkommen, Bbg JurBüro 1985, 1108.

Nachtarbeitszuschlag: Er zählt zum Einkommen, VGH Kassel NVwZ-RR 1990, 518.

Naturalleistung: Die erhaltene kann zum Einkommen zählen, Celle FamRZ 1993, 1334; LAG Stgt BB 1984, 1810, Anders kann es beim Heimbewohner liegen, LG Kblz FamRZ 1998, 487. Die Verpflichtung zur Naturalleistung kann eine **besondere Belastung** nach I 3 Nr. 5 darstellen, Brem FamRZ 1989, 300.

Pfändung: Eine nach § 829 gepfändete Forderung ist für den Vollstreckungsschuldner **kein** Einkommen.

Pflegegeld: Der Erziehungskostenanteil des „Pflegegelds" nach§ 39 SGB VIII zählt zum Einkommen, Brem FamRZ 2013, 1756; Karlsr FamRZ 2004, 645; Nürnb FamRZ 2010, 1361; aM Hamm MDR 2019, 318; Stgt MDR 2017, 901.

Pflegeversicherung: → „Versicherung".

Pkw-Stellplatz: Seine Kosten sind nicht abziehbar, Brbg FamRZ 2008, 69.

Prozesskostenhilferaten: Der Unterhaltsschuldner darf nicht solche PKH-Raten vorab vom Einkommen als Schulden absetzen, die er für den laufenden Unterhaltsprozess und für weitere familienrechtliche Auseinandersetzungen aufbringen muss, Kblz FamRZ 1991, 438; Schlesw FamRZ 2000, 1586.

Prozesskostenvorschuss: Ein Minderjähriger kann von den Eltern evtl. selbst dann Vorschuss fordern, wenn sie einen eigenen Prozess nur mittels PKH unter Ratengebühren führen könnten, Drsd MDR 2013, 529. Auch das volljährige unverheiratete in Ausbildung befindliche Kind ist auf einen Vorschussanspruch zu verweisen, insbesondere bei einem wichtigen Prozess, BGH NJW 2005, 1722 (zust. Borth FamRZ 2005, 886); Mü NJW-RR 2007, 657; LAG Mainz FamRZ 2013, 1324; aM Bbg FamRZ 2000, 1093; Düss FamRZ 1986; Stgt FamRZ 1988, 758. Im Ehelichkeitsanfechtungsverfahren kann das Kind einen Anspruch auf einen Prozesskostenvorschuss gegen den Antragsteller des Hauptverfahrens haben, Kblz FamRZ 1996, 45, oder gegenüber dem Antragsgegner, Kblz FamRZ 1996, 44, auch gegenüber Großeltern, Kblz Rpfleger 1997, 72. Beim Trennungsunterhalt kommt ein Vorschuss nur ausnahmsweise infrage, Mü NJW-RR 2006, 292. Wer selbst PKH-Raten zahlen muss, braucht dem Gegner keinen Vorschuss zu zahlen, Celle MDR 2009, 1410. Es können Raten infragekommen, Kblz FamRZ 2014, 846. Auch ein Vorschussanspruch kann nach § 1579 BGB verwirkt sein. Ist anzunehmen, dass der Ehegatte diesen Einwand erheben würde, kann der Antragsteller nicht auf den Vorschussanspruch verwiesen werden, Brbg NZFam 2014, 564. Schmerzensgeld- und Schadensersatzansprüche aus einem Unfallereignis betreffen eine persönliche Angelegenheit, für die ein Vorschussanspruch besteht, Ffm NJW-RR 2010, 1689.

Raten: Bereits fällige Raten nach § 120 aus anderen Verfahren oder Ursachen können zu den **„besonderen Belastungen"** nach I 3 Nr. 5 zählen, Brbg FamRZ 2009, 986; Karlsr FamRZ 2008, 70 (je: Bausparvertrag); Saarbr JurBüro 2013, 208. Raten in demselben Verfahren sind nicht abziehbar, Brbg FamRZ 2017, 1135 (Ls.). Raten für Geldstrafen oder -bußen zählen nicht hierher, Kblz JurBüro 1997, 31. Nach Zahlung aller 48 Monatsraten besteht keine Pflicht zur Einkommensangabe mehr, Celle MDR 2012, 1061. Auch → „Darlehen", „Mietausgaben".

Rente: Sie zählt grds. zum Einkommen, Brem NJW-RR 2007, 512; Düss FamRZ 2009, 1231. Das gilt auch für die sog. Riester-Rente, Brbg FamRZ 2006, 1397. Freilich kann das Gesetz eine solche Zuordnung ausschließen.

Auch → „Bundesentschädigungsgesetz", „Bundesversorgungsgesetz".

Rücklage: Man darf PKH nicht schon deshalb versagen, weil der Antragsteller ab dem Verfahrensbeginn aus dem Einkommen Rücklagen bilden könnte, Celle JurBüro 2007, 96; KG FamRZ 1988, 1078.

Sachleistung: Sie ist Einkommen.

Sanatorium: Die Verpflegung kann zum Einkommen zählen, LG Kblz FamRZ 1995, 941.

Schulungskosten: Sie können zu den **Belastungen** nach I 3 Nr. 5 zählen, Düss FamRZ 1981, 59.

Schwerbehinderung: Vgl. Zimmermann FS Schneider, 1997, 291. Bei einem Behinderungsgrad bis 50% mag man nur den Pauschbetrag nach § 33b EStG berücksichtigen dürfen, AG Bayreuth JurBüro 1992, 756. Indessen sollte man stets die Umstände abwägen.

Selbständiger: Sein gegenwärtiger Gewinn ist Einkommen, Brbg FamRZ 1998, 1301; Hamm OLGR 2005, 308.

SGB II: Eine Leistung nach SGB II zählt grds. zum Einkommen. Dasselbe gilt beim Vermögenszufluss, Drsd FamRZ 2015, 1313. Der ausschließliche Bezug der Regelleistung zählt **nicht** zum Einkommen, (je zum alten Recht) Karlsr FamRZ 2007, 155; aM Stgt FamRZ 2008, 1261. **Absetzbar** sind nach I 3 Nr. 4 Mehrbedarfe nach § 21 SGB II.

SGB XII: Eine Leistung nach dem SGB XII zählt grds. zum Einkommen, Celle Nds. Rpfl. 1985, 311; AG Kblz Rpfleger 1992, 117; aM BAG NZA-RR 2016, 434; Kblz MDR 2007, 1446. Das gilt zB für Hilfe zum Lebensunterhalt, Celle Nds. Rpfl. 1985, 311; Hamm JurBüro 1986, 768; LG Hmb WuM 1993, 462 (dann aber idR PKH ohne Raten); aM Düss Rpfleger 1994, 29; Karlsr FamRZ 1994, 714; Köln MDR 1993, 805 (aber die Quelle ist nach → Rn. 5 unerheblich). **Absetzbar** sind nach I 3 Nr. 4 Mehrbedarfe nach § 30 SGB XII.

Sozialhilfe: SGB XII, → § 114 Rn. 22 „Sozialhilfe" und → „Bundessozialhilfegesetz".

Sozialversicherung: Die Pflichtbeiträge zählen zu den **abzugsfähigen** Beträgen nach I 3 Nr. 1 iVm § 82 SGB XII.

Spesen: → „Aufwandsentschädigung".

Steuern: Sie zählen zu den **abzugsfähigen** Beträgen nach → Rn. 8 nach I 3 Nr. 1 iVm § 82 SGB XII. Das gilt für alle Arten von Steuern. Der Antragsteller muss sie aber bereits „entrichtet" haben. Der noch im Vermögen des Antragstellers stehende und in allernächster Zeit mit Sicherheit fällige Betrag kann der bereits „entrichteten“ Abführungssumme gleichstehen. Die Überschussrechnung reicht, Brbg FamRZ 1998, 1301. Selbständiger (Musiker) braucht sie nicht ständig zu aktualisieren, BGH VersR 1992, 897. Abschreibungen nach dem EStG sind nicht absetzbar, Jena NJW-RR 1997, 516.

Stiefeltern: Unterhalt, der zwar nicht zur Erfüllung einer Rechtspflicht erfolgt, wohl aber einer sittlichen Pflicht entspricht, kann zumindest als eine **„besondere Belastung“** nach I 3 Nr. 5 abzugsfähig sein. Es kommt aber auch eine Berücksichtigung im Rahmen von V in Betracht.

Strafgefangener: Zum Rechenwerk Brbg FamRZ 2016, 1952; Mü FamRZ 2012, 1576; Hmb NStZ-RR 2009, 127.

Stromkosten: Sie zählen nicht zu den Belastungen nach I 3 Nr. 5, BGH NJW-RR 2008, 595; Bbg FamRZ 2005, 1183.

Taschengeld: Es kann zum Einkommen zählen, Karlsr FamRZ 2005, 1182 (Ehepartner); Kblz NJW-RR 2005, 1167 (5 %); Zweibr FamRZ 2001, 1470; aM Bbg JurBüro 1994, 751 (aber ein Taschengeld ist nach → § 850b Rn. 7 grds. auch pfändbar). Zurückhaltung ist beim Heimbewohner geboten, LG Kblz FamRZ 1998, 487.

Tilgung: Eine Tilgungsleistung auf einen Kredit ist als **„besondere Belastung“** nach I 3 Nr. 5 abzugsfähig, soweit sie im Rahmen einer üblichen und vertretbaren Lebensführung entstanden ist und soweit der Antragsteller sie nicht in einer Kenntnis des bevorstehenden Prozesses übernommen hat, → „Darlehen“. Das gilt auch für Zahlungen auf Zins und Tilgung für das eigene Einfamilienhaus, Karlsr FamRZ 1998, 488.

Titulierter Anspruch: Ein titulierter Anspruch zB auf Unterhaltszahlungen kann als Einkommen zu berücksichtigen sein, Saarbr FamRZ 2009, 1233. Das gilt allerdings nicht, wenn rückständiger Unterhalt im Innenverhältnis nicht dem antragstellenden Kind, sondern dem Elternteil gebührt, der es versorgt hat, Karlsr MDR 2000, 1136.

Überstundenvergütung: Überstundenvergütung ist jedenfalls dann Einkommen, wenn das Maß der Überstunden nicht deutlich über den üblichen Rahmen hinausgeht, BGH NJW 1980, 2251.

Umgangskosten: Mehrbedarf iSd I Nr. 4, Zweibr NJW-RR 2016, 131; Christl NJW 2016, 3687.

Umsatzbeteiligung: Sie zählt zum Einkommen.

Unterhalt: Zunächst → Rn. 3, 15, Nickel NJW 2017, 1929 (Grdz.). Ein titulierter Anspruch zählt grds. zum Einkommen, Saarbr FamRZ 2009, 1233, ebenso ein erhaltener Unterhalt, Kblz Rpfleger 1992, 439; Mü FamRZ 1999, 598. Rückständiger Unterhalt, der als Einmalzahlung geleistet wurde, ist dann und insoweit als Einkommen anzusetzen, wenn der Antragsteller bei Erhalt an sich laufend zu zahlenden Unterhalts zur Ratenzahlung nach II verpflichtet gewesen wäre, Karlsr FamRZ 2015, 1417. Unter Rückforderungsvorbehalt gezahlter Unterhalt ist allenfalls dann Einkommen, wenn er dem Empfänger mit hinreichender Sicherheit verbleibt oder wenigstens unzweifelhaft zur Bestreitung des Lebensunterhalts verwendet wird, Ffm FamRZ 2021, 1983; ähnlich Karlsr FamRZ 2002, 1195; aA die Vorauflagen sowie Zöller/Schultzky Rn. 16.

Eine **besondere Belastung** nach I 3 Nr. 5 kann in einer freiwilligen Zahlung bestehen, Brem FamRZ 1997, 298; Drsd FamRZ 2009, 1425; Kblz JurBüro 2008, 599, auch einer Geldrente, Stgt FamRZ 2007, 487. Es muss aber auch tatsächlich Unterhaltszahlung erfolgen, KG MDR 2016, 790. Die Unterhaltsfreibeträge nach I 3 Nr. 2b sind bei beiden betreuenden Elternteilen anzusetzen, LAG Mainz MDR 2007, 411. Auch das Einkommen eines Unterhaltsgläubigers des Antragstellers mindert sich nach § 115, zB wegen der Kosten für Unterkunft und Heizung, LAG Nürnb MDR 2001, 297.

Auch → „Darlehen“, „Dritter“.

Unterkunft: → „Mietausgaben“.

Urlaubsabgeltung: Arbeitgeberzahlung zur Abgeltung krankheitsbedingt nicht genommenen Urlaubs ist kein zu berücksichtigendes Einkommen des Arbeitnehmers, sondern Vermögen, Dresd MDR 2022, 271.

Urlaubsgeld: Es zählt ebenso wie das Weihnachtsgeld zum Einkommen, Düss NJW 1981, 1791; Ffm FamRZ 1983, 632; Karlsr FamRZ 2004, 1652; aM Celle JurBüro 2006, 262 (abl. Bund JurBüro 2006, 234), Düss FamRZ 1989, 883.

Vermietung: Tatsächliche Einnahmen aus Vermietung zählen zum Einkommen, BGH JurBüro 1984, 51; Schlesw FamRZ 2000, 1586.

Vermögenssteuer: → „Steuern“.

Vermögenswirksame Leistung/Anlage: Zahlungen auf einen Vertrag zur vermögenswirksamen Anlage sind keine besonderen Belastungen, Stgt FamRZ 2005, 1183. In der Gehaltsabrechnung bereits abgezogene vermögenswirksame Leistungen sind keine besonderen Belastungen, Drsd OLGR 2002, 551; Bbg JurBüro 1987, 1414.

Verpflegung: Zum Einkommen zählt ein Zuschuss zu $^1/_3$, LAG Drsd NZA-RR 2018, 42. Verpflegung gegen geringen Kostenbeitrag ist nicht als geldwerter Vorteil dem Einkommen zuzurechnen, der Beitrag mindert nicht das Einkommen, LAG Stgt JurBüro 2017, 315.

Versicherung: Pflichtbeiträge zur Sozialversicherung einschließlich der Arbeitslosenversicherung sowie Beiträge zu öffentlichen oder privaten Versicherungen und ähnlichen Einrichtungen sind nach I 3 Nr. 1 iVm § 82 SGB XII vom Einkommen **absetzbar,** soweit sie gesetzlich vorgeschrieben sind oder nach Grund und Höhe angemessen sind, Brem NJW-RR 2011, 1511; LAG Stgt Rpfleger 1989, 29; ArbG Regensburg Rpfleger 1994, 70 (zu einer Lebensversicherung). Das gilt auch bei einer Rentenversicherung, Kblz FamRZ 2012, 1321. **Nicht** zum Einkommen zählt eine Leistung der Pflegeversicherung, LG Kblz FamRZ 2001, 308.

Verwarnungsgeld: Es ist als Teil normaler Lebenskosten nicht absetzbar, Brbg FamRZ 2004, 646.

Volljährigkeit: Der volljährige Unterhaltsgläubiger steht dem minderjährigen grds. gleich, OVG Bautzen FamRZ 2013, 1756. Er wird freilich oft ein eigenes Einkommen haben. Dann muss das Gericht IV beachten. Im Übrigen muss er eine Auskunft über das Einkommen der Eltern geben, wenn sie die Kosten als einen Sonderbedarf tragen müssen, AG Gießen FamRZ 1991, 581.

Wasserkosten: Sie zählen zu den Belastungen nach I 3 Nr. 5, → Rn. 13.

Weihnachtsgeld: Weihnachtsgeld ist wie Urlaubsgeld zum Einkommen zu zählen, Düss NJW 1981, 1791; Ffm FamRZ 1983, 632; Karlsr FamRZ 2004, 1652; aM Celle JurBüro 2006, 262 (abl. Bund JurBüro 2006, 234); Düss FamRZ 1989, 883.

Wohngeld: Es zählt zum Einkommen, Drsd FamRZ 2002, 1413; Bbg FamRZ 1984, 606.

Zinsen: Es gelten dieselben Grundsätze wie bei der → „Tilgung“.

VII. Ratenzahlung, II 1–3. Die Bewilligung von PKH kann die Pflicht zur Zahlung von Monatsraten aus eigenem Einkommen zur Folge haben. Das Gericht muss dies unter den folgenden Voraussetzungen anordnen, hat also dann kein Ermessen. 21

1. Abgrenzung zu IV. Während IV denjenigen Mindestbetrag umschreibt, den der Antragsteller wegen § 119 je Rechtszug selbst zu den Prozesskosten beisteuern muss, nennt II den Höchstbetrag der etwa überhaupt zu zahlenden Raten. Allerdings erfasst II nicht den Fall, dass der Antragsteller außerdem oder nur Vermögensbeiträge aus dem Vermögen nach → Rn. 34 erbringen muss. Hier gibt es keine absolute Höchstgrenze. 22

2. Ausgangspunkt: Einzusetzendes Einkommen, II 1–3. Es muss zunächst ein derartiges Einkommen vorliegen. Man muss dazu zum einen nach I 1, 2 klären, ob überhaupt ein monatliches Einkommen besteht. Sodann muss man nach I 3–5 ermitteln, welche Beträge absetzbar sind. 23

3. Bei höchstens 600 EUR einzusetzenden Einkommens, II 1 Hs. 1. Wenn das nach → Rn. 23 ermittelte „einzusetzende" Monatseinkommen höchstens 600 EUR beträgt, ergibt sich eine Monatsrate mit 50 % dieses einzusetzenden Monatseinkommens. 24

Beispiel: Einzusetzendes Einkommen: 500 EUR. Monatsrate: 250 EUR. Einzusetzendes Einkommen: 600 EUR. Monatsrate: 300 EUR. 25

4. Ratenabrundung, II 1 Hs. 2. Der nach → Rn. 24 ermittelte Monatsbetrag ist auf volle EUR abzurunden (bei Beträgen bis 0,49 EUR) bzw. aufzurunden (von 0,50 EUR an). 26

5. Keinerlei Raten, II 2. Das Gericht darf überhaupt keine Raten bestimmen, wenn die nach → Rn. 23, 24 ermittelte abgerundete Monatsrate weniger als 10 EUR betragen würde, wenn sie also abgerundet nur 1 bis 9 EUR ausmachen würde. Auch dabei hat das Gericht wie bei → Rn. 21 kein Ermessen. 27

6. Bei über 600 EUR einzusetzenden Einkommens, II 3. Die nach → Rn. 23, 40 ermittelte Ratenhöhe kann sich nach oben verändern, falls das nach → Rn. 23 geklärte einzusetzende Monatseinkommen 600 EUR übersteigt. Dann muss man zunächst 300 EUR als ersten Teilbetrag einer Monatsrate ansetzen. Sodann muss man denjenigen Betrag hinzufügen, um den das einzusetzende Einkommen 600 EUR übersteigt. Die Addition ergibt den Endbetrag. Diesen muss man nach → Rn. 24 auf volle EUR abrunden. 28

Beispiel: Einzusetzendes Einkommen 1000,50 EUR. Ratenhöhe: 300 EUR + an sich 400,50 EUR, jedoch auf volle EUR abgerundet, also = 700,00 EUR. 29

7. Bei Änderung nach § 120a. Das Gericht muss II auch dann beachten, wenn es nach § 120a nachträglich eine Änderung der Ratenzahlungen beschließt. Die mit der Einziehung befassten Stellen müssen die Höchstgrenze von 48 Raten von Amts wegen in jeder Lage des Verfahrens beachten, → Vor § 128 Rn. 46. Ein im Ergebnis über die Höchstgrenze hinausreichender Gerichtsbeschluss ist ohne die Notwendigkeit seiner förmlichen Aufhebung insofern unbeachtlich. Er gibt dem trotzdem zahlenden Antragsteller einen Rückforderungsanspruch unabhängig davon, ob er gutgläubig war. 30

8. Keine Zeitobergrenze, II 1–3. II bestimmt zwar eine Höchstzahl von Raten, nicht aber einen Höchstzeitraum, in dem man sie zahlen muss. Die Ratenzahlungspflicht kann sich daher zB nach einer anfänglichen Ratenfreiheit oder etwa nach einer Unterbrechung der Zahlungen auf eine Dauer von mehr als vier Jahren solange verteilen, bis man tatsächlich 48 Monatsraten erreicht. Das entspricht nicht nur dem Wortlaut, sondern auch dem Sinn der Regelung, Bbg JurBüro 1998, 316; Karlsr FamRZ 1995, 1505; Fischer Rpfleger 1997, 465; MüKoZPO/Wache Rn. 52; aM Saarbr FamRZ 1993, 1335; Grunsky NJW 1980, 2046. 31

Beispiel: Das erstinstanzliche Gericht bejaht die Zumutbarkeit einer finanziellen Beteiligung des Antragstellers bei seiner Vorausschätzung nach § 120 I zunächst nur für etwa zwei Jahre, da man nach dem Ablauf dieser Frist mit einem wesentlich geringeren Einkommen rechnen muss, etwa wegen einer Pensionierung oder wegen der Berufsausbildung eines Kindes. Demgegenüber bejaht das Rechtsmittelgericht die Zumutbarkeit von Ratenzahlungen für weitere zwei Jahre. Es trifft seine Entscheidung aber erst nach dem Ablauf der ersten zwei Jahre. 32

VIII. Höchstens 48 Monatsraten, II 4. Die Vorschrift bestimmt ausdrücklich, dass die Höchstzahl von 48 Raten nicht etwa je Rechtszug gilt, sondern insgesamt für alle Rechtszüge „unabhängig von der Zahl der Rechtszüge". Das gilt natürlich nur innerhalb desselben Prozesses. Selbständiges Beweisverfahren und Hauptprozess bilden bei demselben Streitgegenstand nach → § 2 Rn. 4 eine Einheit, Celle NJW 2015, 3108. Bei einer Aufspaltung des einheitlichen Prozesses in mehrere selbständige Verfahren etwa nach § 145 würde man den Sinn der Regelung dann unterlaufen, wenn der Antragsteller schon deshalb insgesamt mehr als 48 Raten zahlen müsste, Düss Rpfleger 1992, 30. Ratenzahlungen können allerdings innerhalb desselben Prozesses gleichzeitig für mehrere Instanzen in Betracht kommen, Behn Rpfleger 1983, 341. Ratenzahlungsanordnungen bei PKH-Bewilligung werden durch eine neue Ratenzahlungsanordnung in einem späteren Rechtszug gegenstandslos, BGH NJW 1983, 944. 33

IX. Vermögen, III, IV. Dazu Nickel FPR 2009, 391; Burgard NJW 1990, 3240. 34

1. Begriff des Vermögens, III 1. Während I, II das „Einkommen" im Wesentlichen im Sinn der laufenden Einnahmen in Geld oder Geldeswert (auch aus einem Vermögen) behandeln zwingt III auch zum Einsatz des „Vermögens". Die Vorschrift gibt durch die Verweisung auf § 90 SGB XII die Richtung dahin an, dass der Antragsteller sein „gesamtes verwertbares" Vermögen einsetzen muss. Auch hier ist die Quelle unerheblich. Die VO zu (jetzt) § 90 SGB XII ist als Rechtsverordnung nach Art. 80 GG auch für das Prozessgericht verbindlich, LSG Chemnitz JurBüro 2006, 604 (zust. Breyer); VG Freiburg NJW 1983, 1926; Christl NJW 1981, 785. 35

2. Abgrenzung Einkommen/Vermögen. Die Abgrenzung von Einkommen und Vermögen ist wegen der unterschiedlichen Rechtsfolgen nach I–II einerseits und III andererseits von Bedeutung. Während Einkommen alle laufenden Einkünfte in Geld oder Geldeswert sowie die dazugehörigen einmaligen Einkünfte (wie Urlaubsgeld, Weihnachtsgeld, Gratifikationen) meint, → Rn. 5, MüKoZPO/Wache Rn. 2, ist Vermögen die Gesamtheit der in Geld schätzbaren Güter einer Person, Musielak/Voit/Fischer Rn. 35. 36

3. Zumutbarkeit des Einsatzes, III 1. Der Antragsteller muss sein Vermögen einsetzen, „soweit dies zumutbar ist", dazu Brem FamRZ 2009, 364; LAG Mainz JurBüro 2014, 151. Das bedeutet: Zumutbar ist eine nicht wesentliche Beeinträchtigung OVG Bln-Brbg NJW 2015, 3737. Bei der Auslegung nach → Einl. II Rn. 70 ff. darf und soll das Gericht den Antragsteller nicht allzu sehr finanziell bedrängen, BFH MDR 1990, 955, 37 sondern muss ihm ein „Schonvermögen" belassen, Nürnb FamRZ 2006, 1398 (2600 EUR) und NJW-RR 2014, 1414 (evtl. nur 256 EUR); LG Oldb JurBüro 1997, 543 (nicht nach dem Tod). Das gilt allerdings dann nicht, wenn der Antragsteller das Schonvermögen erst in einer Kenntnis bevorstehender Prozesskosten erworben hat und wenn er es dann anderweitig verbraucht hat, Brbg FamRZ 2007, 154; Nürnb MDR 2002, 171. Ein das Schonvermögen übersteigendes Vermögen ist einsetzbar, Kblz FamRZ 2016, 253; Köln MDR 2015, 1262. Maßgeblich ist ein sozialhilferechtlicher Maßstab, Hamm FamRZ 2013, 145.

38 **4. Maßgeblicher Zeitpunkt: Bewilligungsreife.** Es gilt nach → § 119 Rn. 5 auch hier derjenige Zeitpunkt, zu dem das Gericht bei seiner ordnungsgemäßen Bearbeitung über den Antrag entscheiden muss. Das Vermögen muss tatsächlich zugeflossen sein, BAG NJW 2006, 2206. Es muss bereits und noch verwertbar sein, Bbg JurBüro 1989, 414; Hamm DAVorm 1987, 921; KG MDR 1989, 167; aM Bbg NJW-RR 1986, 62; Ffm NJW-RR 1986, 798 (aber man muss wirtschaftlich rechnen).

39 **Darlegen** und nach §§ 118 II 1, 294 glaubhaft machen muss der Antragsteller, warum früher vorhandene erhebliche Geldbeträge ihm nicht mehr zur Verfügung stehen, BGH NJW-RR 1988, 953. Die Bewilligung darf aber nicht davon abhängig gemacht werden, ob der Antragsteller in der Vergangenheit generell in der Lage war, ohne konkreten Anlass Rücklagen für Rechtsstreitigkeiten zu bilden, Celle MDR 2007, 421; Hamm MDR 2014, 742; KG MDR 1999, 510.

5. Beispiele zur Frage des Vermögens, III

40 **Abfindung:** Eine zweckgebundene Abfindung wegen Auflösung des Arbeitsverhältnisses oder eine Unterhaltsabfindung ist Vermögen, BAG NJW 2006, 2206; Hamm FamRZ 2012, 1158; Celle MDR 2005, 693; LAG Mainz BeckRS 2011, 72870; Kblz FamRZ 2001, 631; aM Karlsr MDR 2014, 408; Kblz FamRZ 2002, 1196; LAG Kiel NZA-RR 2007, 156; Nürnb MDR 2008, 406; Saarbr FamRZ 2010, 2001; Zöller/Schultzky Rn. 7. Die Zweckbindung ändert nichts daran, dass es sich um Vermögen handelt, MüKoZPO/Wache Rn. 64. Die Billigkeitskorrektur findet nach dem Wortlaut des Gesetzes durch die Prüfung der Zumutbarkeit statt. Das kann etwa dadurch erfolgen, dass eine Umrechnung der Abfindungsbeträge in monatliche Raten erfolgt, die nicht angetastet werden dürfen, Karlsr MDR 2014, 408; Nürnb MDR 2008, 406.

Alterssicherung: Grundsätzlich ist aus Beiträgen zur Altersversorgung gebildetes Kapital einzusetzendes Vermögen, denn die Rspr. zur unterhaltsrechtlichen Berücksichtigung von Altersvorsorgebeiträgen findet im PKH-Recht keine Anwendung, BGH VersR 2011, 1028. Ob ein Einsatz zumutbar ist, ist nach den Umständen des Einzelfalls zu entscheiden, Kblz Rpfleger 2017; Hamm NZFam 2016, 475; BGH VersR 2011, 1028. Soweit eine angemessene Alterssicherung wesentlich schwieriger würde, schützt § 90 II Nr. 2 SGB XII und kann eine verbotene **„Härte"** nach III Hs. 2 iVm § 90 III SGB XII vorliegen, Kblz Rpfleger 2017, 347; Hamm NZFam 2016, 475; Jena JurBüro 2015, 541; Stgt FamRZ 2006, 1851; strenger Ffm FamRZ 2005, 466 (abl. Weil). Das muss der Antragsteller nach → § 117 Rn. 23 darlegen, Drsd FamRZ 2001, 632. Zweckgebundene, staatliche geförderte Altersvorsorgeverträge („Riester-Rente") sind nach § 90 II Nr. 2 SGB XII geschützt und brauchen nicht eingesetzt zu werden, Brbg FamRZ 2011, 1884. Auch → „Lebensversicherung".

Anwaltskosten: Sie können **absetzbar** sein, Karlsr FamRZ 2008, 1542.

Arbeitskraft: Arbeitskraft oder -fähigkeit gehört nicht zum Vermögen, Biebrach NJW 1988, 1769; aM KG FamRZ 2008, 2302; Köln MDR 1998, 1434. Zur Frage, ob Arbeitsfähigkeit als Einkommen zu berücksichtigen ist → „Arbeitseinsatz".

Auslandsvermögen: Der Antragsteller braucht es grds. nur dann einzusetzen, wenn es sofort verwertbar ist, Celle FamRZ 2018, 607; VG Ffm NJW 1992, 647 (regelmäßig nicht bei Grundvermögen). Aber auch → „Hausgrundstück". Es kommt in Betracht, PKH zu bewilligen unter gleichzeitiger Stundung der Rückzahlung an die Staatskasse bis zu dem Zeitpunkt, zu welchem in der Zukunft Leistungen aus dem (verwerteten) Vermögen zu leisten sind, Celle FamRZ 2018, 607.

Aussteuerversicherung: Das Gericht muss sie grds. als einen Vermögensbestandteil beurteilen, Köln FamRZ 1988, 1297.

Bargeld: Zum Vermögen zählt ein größerer Betrag, zB aus einem Hausverkauf, Köln MDR 1996, 197. Das gilt selbst dann, wenn der Antragsteller ihn während des Prozesses verbraucht hat, Kblz Rpfleger 1989, 417, oder wenn der Betrag dem Erwerb eines Grundstücks oder einer Wohnung dienen soll, Celle Rpfleger 1990, 263; Zweibr JurBüro 2000, 483; aM Nürnb Rpfleger 1995, 465; AG Kandel FamRZ 2008, 614 (aber eine Wohnung kann einen Schutz als → „Hausgrundstück" erhalten). Man muss aber **Schulden abziehen,** Bbg FamRZ 1997, 300. **Nicht** zum Vermögen zählen nach III Hs. 2 iVm § 90 II Nr. 9 SGB XII „kleinere" Barbeträge und (gemeint: „kleinere") sonstige „Geldwerte". Was man unter „kleineren" Beträgen und Werten verstehen soll, besagt im Einzelnen die VO zu (jetzt) § 90 SGB XII, Bbg FamRZ 1997, 300; Hmb FamRZ 1984, 71.

Bausparvertrag: Sein Einsatz ist grds. erforderlich, BGH NJW-RR 1991, 1532; BAG JurBüro 2006, 487; KG JurBüro 2011, 376 (je: vor Zuteilungsreife); Brbg FamRZ 2011, 52; Stgt FamRZ 2010, 312 (ab Zuteilungsreife). Dieser Einsatz kann aber ausnahmsweise **unzumutbar** sein, KG JurBüro 2011, 376; Nürnb JurBüro 2006, 431; LAG Hamm MDR 2005, 299 (zur Ablösung einer Zwischenfinanzierung bestimmt); AG Andernach FamRZ 2006, 628 (Dachreparatur).

Berufsbedarf: Nicht zum Vermögen gehören nach III Hs. 2 iVm § 90 II Nr. 5 SGB XII Gegenstände, die bei der nötigen großzügigen Auslegung zugunsten des Bedürftigen zur Aufnahme oder Fortsetzung der Berufsausbildung unentbehrlich sind. In diesem Zusammenhang kann man die Vorschriften des Buchs 8 der ZPO über eine Unpfändbarkeit und über Pfändungsfreibeträge usw. berücksichtigen. Auch → „Pkw".

Betriebsvermögen: Es ist ebenso wie ein Privatvermögen in den Grenzen der Zumutbarkeit einsetzbar, zumal wenn man es als Betriebsausgaben absetzen kann, Nürnb MDR 2003, 594.

Corona-Soforthilfe: Corona-Soforthilfe nach Bundes- oder Landesprogrammen ist kein einzusetzender Vermögensbestandteil, KG MDR 2022, 199. Denn bei diesen Leistungen handelt es sich um nach § 851 I unpfändbare Forderungen, BGHZ 229, 94.

Darlehen: → § 114 Rn. 22 – „Darlehen". Ein Antragsteller kann dann auf die Möglichkeit der Kreditaufnahme verwiesen werden, wenn diese nur zur Überbrückung erfolgen muss, weil binnen weniger Jahre eine Lebensversicherung auszahlungsreif ist, Köln VersR 2001, 1307.

Eigenheim: → „Hausgrundstück".

Eigentumswohnung: Eine Eigentumswohnung kann Schonvermögen iSd. (jetzt) § 90 II SGB XII sein, BVerwG NJW 1991, 1968; Karlsr FamRZ 2012, 386. Eine vermietete Eigentumswohnung, die der Antragsteller als Kapitalanlage erworben hat, ist aber idR kein Schonvermögen, Kblz MDR 2002, 904. Das gilt insbesondere auch bei Erwerb einer solchen nach ratenfreier PKH-Bewilligung (Erbfall), Kblz FamRZ 2009, 1506. Antragsteller sie nicht erst in einer Kenntnis bevorstehender Prozesskosten erworben haben, Nürnb MDR 2003, 271; Stgt FamRZ 1996, 873. Ihre Belastung muss zumutbar sein, Hamm FamRZ 2013, 142 (evtl. aber zB Grundpfandrecht); LG Rostock MDR 2003, 1438. Ihre Verwertung kann derzeit **unzumutbar** sein, AG Pankow/Weißensee FamRZ 2004, 1120; LAG Erfurt NZA-RR 2016, 614.

Entäußerung: → § 114 Rn. 22 – „Entäußerung".

Erbstück: Ein Miterbenanteil zählt grds. zum Vermögen, Oldb JurBüro 2015, 649; Saarbr MDR 2012, 801. **Nicht** zum Vermögen zählt nach III Hs. 2 iVm § 90 II Nr. 6 SGB XII ein Erbstück, dessen Veräußerung für den Antragsteller oder seine Familie eine besondere Härte bedeuten würde, oder an dem er nur in einer ungeteilten mit einem Nießbrauch belasteten Erbengemeinschaft teilhat, Köln JurBüro 1996, 143.

Erwerb: Nicht zum Vermögen zählen nach III Hs. 2 iVm § 90 II Nr. 5 SGB XII die zur Aufnahme oder Fortsetzung einer Erwerbstätigkeit unentbehrlichen Sachen. In diesem Zusammenhang kann man die Vorschriften über eine Unpfändbarkeit und über Pfändungsfreibeträge berücksichtigen.

Ferienhaus: → Rn. 27 „Hausgrundstück".

Festgeld: Das Guthaben zählt zum Vermögen, Köln FamRZ 1994, 1127; Naumb FamRZ 2006, 1283.

Forderung: Auch eine Forderung kann zum Vermögen zählen, Brbg FamRZ 2015, 1311; Düss FamRZ 1986, 288; KG MDR 1989, 167. Das kann insbesondere bei einer titulierten oder anerkannten Forderung so sein, Brbg FamRZ 2005, 991. Das gilt auch, wenn die Forderung in dem betreffenden Rechtsstreit tituliert worden ist, zB durch Vergleich, Brbg JurBüro 2008, 322. Eine „auf Vorrat" ausgesprochene Zahlungsanordnung aus dem Ertrag des Rechtsstreits ist aber nicht zulässig, Hamm MDR 2012, 50; Brem FamRZ 1983, 637. Teilweise wird vertreten, auch künftige und bestrittene Forderungen gehörten zum Vermögen, Bbg JurBüro 1990, 1645; Nürnb FamRZ 1989, 995. Das ist jedoch weder mit dem Wortlaut noch dem Zweck der Vorschrift vereinbar. So stellt ein Zahlungsanspruch aus einem gerichtlichen Vergleich noch keine wesentliche Änderung der wirtschaftlichen Verhältnisse dar, solange nicht sicher ist, dass auch gezahlt wird, Stgt FamRZ 2007, 915. Die Forderung muss auch gerade dem Antragsteller zurechenbar sein, Karlsr MDR 2000, 1136 (nicht, soweit das Erlangte an einen Dritten weiterzuleiten ist, zB Unterhaltsrückstand an den Elternteil, der während Minderjährigkeit des Antragstellers für seinen Unterhalt aufgekommen ist).

Geistiges Bedürfnis: Nicht zum Vermögen gehören nach III Hs. 2 iVm § 90 II Nr. 7 SGB XII solche Gegenstände, die zur Befriedigung geistiger und besonders wissenschaftlicher oder künstlerischer Bedürfnisse dienen und deren Besitz kein Luxus ist. In diesem Zusammenhang kann man die Vorschriften des Buchs 8 der ZPO zur Unpfändbarkeit, zu den Pfändungsfreibeträgen usw. beachten, zB § 811 I Nr. 5.

Grabpflege: Ihre Vorsorgeaufwendungen können zum sog. **Schonvermögen** zählen, BVerwG NJW 2004, 2914.

Grundstück: Es kann ein Darlehen nebst Grundpfandrecht nötig sein, Kblz MDR 2005, 1369 (auch zu den Grenzen). Es mag auch eine Stundung von Raten ausreichen, Brem FamRZ 2011, 386; Celle FamRZ 2014, 963. Der Antragsteller muss wenigstens die Zinsen zahlen können, Brbg FamRZ 2016, 2022. Die Verwertung des Grundbesitzes, der die einzige Einnahmequelle darstellt, kann unzumutbar sein, LG Ingolstadt Rpfleger 1997, 538. Auch → Rn. 27 „Hausgrundstück".

Härte: Nicht zum Vermögen gehört nach III Hs. 2 iVm § 90 II Nr. 6 SGB XII ein solches Familien- oder Erbstück, dessen Veräußerung für den Antragsteller oder seine Familie eine unzumutbare Härte bedeuten würde. In diesem Zusammenhang kann man die Vorschriften des Buchs 8 der ZPO über eine Unpfändbarkeit, über Pfändungsfreibeträge usw. berücksichtigen. Ferner gehört nach III Hs. 2 iVm § 90 III 1, 2 SGB XII nicht zum Vermögen ein solches Stück, dessen Einsatz für den Antragsteller und seine unterhaltsberechtigten Angehörigen eine Härte bedeuten würde. Auch hier ist eine gewisse Großzügigkeit zugunsten des Antragstellers angezeigt.

Hausgrundstück: Grundstücke aller Art zählen grds. zum Vermögen. Zu Belastung oder Verwertung des Grundstücks ist der Antragsteller dann nicht verpflichtet, wenn es sich um Schonvermögen nach § 90 II Nr. 8 SGB XII handelt oder die Inanspruchnahme nicht zumutbar ist. Ein nicht selbst bewohntes Hausgrundstück kann nicht als Schonvermögen gelten, Brbg FamRZ 2009, 1233. Das gilt auch für im Ausland gelegene Ferienimmobilien oder Miteigentumsanteile daran Saarbr OLGR 2008, 567; Stgt OLGR 2006, 355. Die Verwertung solchen Grundbesitzes ist häufig nicht zumutbar, Ffm FamRZ 1999, 1671; Saarbr OLGR 2008, 567. Unzumutbar ist auch die Veräußerung einer Immobilie, wenn der erzielbare Nettoerlös voraussichtlich die Prozesskosten nicht deckt, eine zeitnahe Veräußerung oder eine Veräußerung zu einem angemessenen Preis nicht möglich ist, Hamm FamRZ 2013, 142; LG Itzehoe FamRZ 2011, 1608.

– **(Angemessenheit):** Den Begriff der Angemessenheit regelt § 90 II Nr. 8, III SGB XII, BGH NJW-RR 2013, 513; Hamm FamRZ 2015, 595; Stgt FamRZ 2011, 1160. Nach § 90 II Nr. 8 S. 2 SGB XII bestimmt sich die Angemessenheit des Hausgrundstücks nach Zahl der Bewohner, dem Wohnbedarf (zB behinderter, blinder oder pflegebedürftiger Menschen), der Grundstücksgröße, der Hausgröße, dem Zuschnitt und der Ausstattung des Wohngebäudes sowie dem Wert des Grundstücks einschließlich des Wohngebäudes, dazu Jena JurBüro 2016, 152. Hier verbieten sich schematische Lösungen; die Angemessenheit ist eine Frage der Einzelfallabwägung unter Anlegung eines großzügigen Maßstabs. Die ältere Rechtsprechung zu § 88 II Nr. 7 BSHG aF geht teilweise von etwas anderen Voraussetzungen aus; so hatte nach der bis 31.12.1990 geltenden Fassung ein „kleines" Hausgrundstück unangetastet zu bleiben, dazu etwa BGHZ 90, 389; BVerwG NJW 1991, 1968. Das Kriterium der Angemessenheit ermöglicht die flexiblere Berücksichtigung individueller Umstände. Als unangemessen angesehen wurde ein Haus mit über 160m^2 für 2 Personen, LG Kblz NJW-RR 2003, 662, oder für einen Elternteil und Kind ein Wohnhaus von über 150m^2, Kblz FamRZ 2000, 760, strenger Karlsr FamRZ 2001, 236 (130m^2 für vier Personen). Da das Hausgrundstück vom Antragsteller allein oder zusammen mit „Angehörigen" bewohnt sein muss, sind auch nicht unterhaltsberechtigte Angehörige bei der Angemessenheitsprüfung zu berücksichtigen, ggf. kann eine angemessene (fiktive) Mietbeteiligung das zu berücksichtigende Einkommen erhöhen, Kblz FamRZ 2016, 927.

– **(Belastung):** Wenn die Voraussetzungen des § 90 II Nr. 8 SGB XII nicht vorliegen, kann die Inanspruchnahme eines Darlehens gegen Bestellung eines Grundpfandrechts zumutbar sein, Celle FamRZ 2005, 1185; Hamm FamRZ 2015, 596; zweifelnd für bloßen Miteigentumsanteil Karlsr NJW-RR 2009, 654. Auch → Rn. 20 „Darlehen".
– **(Beschaffungskosten): Kein** Abzug erfolgt grds. bei Kosten nach § 90 II Nr. 3 SGB XII, Bbg FamRZ 1999, 996; Karlsr FamRZ 1998, 488; Saarbr FPR 2009, 256. Wegen einer Ausnahme Drsd JurBüro 2000, 314.
– **(Darlehen):** → Rn. 20 „Darlehen".
– **(Eigenheim):** Der Antragsteller muss ein solches Objekt nach III iVm § 90 II Nr. 8 SGB XII als Wohnung nutzen, allein oder zusammen mit Angehöriger., Celle MDR 2003, 356; Ffm FamRZ 1986, 925. Einzelheiten Bbg FamRZ 1996, 42; Kblz FamRZ 2006, 1612 (je: Kauf einer Wohnung aus dem Zugewinnausgleich); Ffm FamRZ 1990, 643 (Zweifamilienhaus mit Wohnrecht eines Dritten); Bbg FamRZ 1998, 247 (Nießbrauch); Hamm Rpfleger 1984, 432 (Anteil am nicht selbstgenutzten Eigenheim). Auch „– (Verkaufsabsicht)".
– **(Eigentumswohnung):** Die Regeln zum „– (Eigenheim)" gelten auch bei einer Eigentumswohnung, Saarbr MDR 2011, 629.
– **(Erhaltungsaufwand):** Es gilt dasselbe wie bei „– (Beschaffungskosten)".
– **(Hausanteil):** Zum Vermögen zählt ein Hausanteil auch dann, wenn ein Angehöriger ihn mietfrei bewohnt, Celle MDR 2003, 356.
– **(Hausgröße):** „– (Angemessenheit)".
– **(Mehrfamilienhaus):** Mehrfamilienhaus, das nicht nur von Personen iSd § 90 II Nr. 8 SGB XII bewohnt wird, ist kein Schonvermögen, ggf. ist vor Verwertung Wohnungseigentum zu bilden, das teilweise Schonvermögen ist, Kblz MDR 2014, 48.
– **(Miteigentum):** Miteigentumsanteil an Hausgrundstück zählt grds. zum Vermögen, wenn es sich nicht um angemessenes, selbst bewohntes Hausgrundstück nach III iVm § 90 II Nr. 8 SGB XII handelt, aber Verwertung muss zeitnah möglich und zumutbar sein, Hamm FamRZ 2016, 928, Nürnb Rpfleger 2016, 484.
– **(Sozialleistungsempfänger):** Im PKH-Verfahren für ein sozialgerichtliches Verfahren im Zweifel **kein** Einsatz als Vermögen BVerfG NJW 2014, 1291 („doppelrelevanter Umstand").
– **(Stundung):** „– (Verkaufsabsicht)".
– **(Unwirtschaftlichkeit):** „– (Teilungsversteigerung)", „– (Verkaufsabsicht)".
– **(Teilungsversteigerung): Unzumutbar** ist eine unwirtschaftliche Maßnahme nach § 180 ZVG, Ffm FamRZ 1999, 1671 (Auslandsgrundstück); Nürnb MDR 1998, 50 (Gartengrundstück); aber Kblz FamRZ 2001, 1715 (Erlös aus Teilungsversteigerung ist für Prozesskosten einzusetzen).
– **(Verkaufsabsicht):** Zumutbar ist grds. die Verwertung eines Hausgrundstücks, das der Antragsteller in absehbarer Zeit ohnehin verkaufen will, Ffm FamRZ 1986, 925; Karlsr NJW-RR 2009, 654; Zweibr Rpfleger 2003, 253 (bis zum Verkauf evtl. Stundung). **Unzumutbar** ist aber eine unwirtschaftliche Veräußerung, VGH Kassel FamRZ 2009, 1333; Karlsr FamRZ 2004, 1499 (zu hohe Kosten); LAG Nürnb MDR 2005, 419 (Missverhältnis).
– **(Verkaufserlös):** Grds. ist dem Antragsteller zuzumuten, ein durch Veräußerung des früheren Familienheims erlangtes Vermögen für schon entstandene Prozesskosten einzusetzen, selbst wenn er damit ein neues angemessenes Hausgrundstück erworben hat, BGH NJW-RR 2008, 302; Saarbr MDR 2009, 634; Schlesw NJW-RR 2000, 729. Allerdings soll es keine missbräuchliche Vergeudung von Vermögen sein, wenn der Antragsteller den Erlös aus dem Verkauf eines Familienheims nach Trennung dazu verwendet hat, sich und seinem Kind einen neuen angemessenen Hausstand aufzubauen, Brbg FamRZ 2008, 703 (im Lichte der BGH-Rspr. zweifelhaft, aber begründbar mit § 90 II 2 SBG XII).
– **(Zeitaufwand):** Wenn die zumutbare Verwertung einen längeren Zeitraum in Anspruch nimmt, ist dem Antragsteller für die Rückzahlung der Prozesskosten ein ausreichend langer Zeitraum einzuräumen, Hamm NJW-RR 2011, 1631.

Hausrat: Geschützes Vermögen ist nach III Hs. 2 iVm § 90 II Nr. 4 SGB XII angemessener Hausrat. Dabei muss das Gericht die bisherigen Lebensverhältnisse des Antragstellers berücksichtigen. In diesem Zusammenhang kann man die Vorschriften des Buchs 8 der ZPO zur Unpfändbarkeit und zu den Pfändungsfreibeträgen usw. berücksichtigen.

Hausstandsgründung: Nicht eingesetzt zu werden braucht ist nach III Hs. 2 iVm § 90 II Nr. 2 SGB XII das Vermögen, das der Antragsteller aus öffentlichen Mitteln zur Gründung eines Hausstands erhält.

Haustier: → „Tier".

Kapitalabfindung: → – „Abfindung".

Kindergeld: Nicht zum Vermögen zählt eine Nachzahlung, Karlsr FamRZ 2012, 385.

Kostenerstattungsanspruch: Er kann zum Vermögen zählen, Celle NJW-RR 2009, 1077.

Künstlerisches Bedürfnis: → Rn. 24 „Geistiges Bedürfnis".

Lebensgrundlage: Nicht einzusetzen ist nach III Hs. 2 iVm § 90 II Nr. 1, III 2 SGB XII das Vermögen, das aus öffentlichen Mitteln zum Aufbau oder zur Sicherung einer Lebensgrundlage erbracht wird, Düss FamRZ 1999, 1673. Auch → „Pflegekosten".

Lebensversicherung: Eine Kapitallebensversicherung stellt grds. für die Prozesskosten einzusetzendes Vermögen dar, BGH NJW 2010, 2887; Brbg FamRZ 2018, 607; Saarbr NZFam 2014, 280; Saarbr FamRZ 2010, 1686; Nürnb MDR 2007, 58. Das gilt dann nicht, wenn die Verwertung für den Antragsteller eine unzumutbare Härte bedeuten würde, etwa wegen Unwirtschaftlichkeit der Verwertung oder weil dann die Aufrechterhaltung einer angemessenen Altersversorgung wesentlich erschwert würde, BGH NJW 2010, 2887; Celle NZFam 2016, 730; Hamm FamRZ 2016, 393; Nürnb MDR 2007, 906; Stgt FamRZ 2007, 914; Naumb MDR 2006, 238; Stgt FamRZ 2009, 1850; Hmb FamRZ 2001, 925. Letztlich kommt es auf die Umstände des Einzelfalls an, Brem FamRZ 2007, 1341. Der Antragsteller hat darzulegen, dass das Kapital aufgrund der vertraglichen *Gestaltung (Fälligkeit, Zweckbindung, sonstige Regelungen)* für die Alterssicherung geeignet und bestimmt ist, Brbg JurBüro 2012, 595; Kblz FamRZ 2015, 1919. In Betracht kommt die Beleihung durch Aufnahme eines Policendarlehens, Stgt MDR 2008, 1355; Brbg FamRZ 2006, 1396. Auch die Inanspruchnahme des Rückkaufswerts kann zumutbar sein, BGH NJW 2010, 2887; BAG FamRZ 2006, 1445; Brbg FamRZ 2010, 1361.

Unzumutbar ist die Verwertung dann, wenn der Antragsteller dann seine Altersversorgung zumindest teilweise durch die Inanspruchnahme öffentlicher Fürsorgeleistungen bestreiten müsste, Karlsr FamRZ 2008, 423. Einem jüngeren Antragsteller wird die Verwertung eher zumutbar sein, weil noch ausreichend Zeit zum Aufbau einer Altersvorsorge besteht, Düss MDR 2012, 1249; Kblz FamRZ 2016, 394. Unzumutbar kann die Verwertung einer Lebensversicherung auch sein, wenn mit ihr der behindertengerechte Umbau des Wohnhauses des Antragstellers beabsichtigt ist, Drsd MDR 2016, 1113. Eine Direktversicherung des Arbeitgebers kann nicht als einzusetzendes Vermögen berücksichtigt werden, weil hier der Antragsteller lediglich Versicherter, der Arbeitgeber aber Versicherungsnehmer ist, Kblz FamRZ 2006, 628.

Luxus: Zum Vermögen zählt nach III Hs. 2 iVm § 90 II Nr. 7 SGB XII ein Vermögensgegenstand, dessen Besitz Luxus ist, selbst wenn er zur Befriedigung geistiger Bedürfnisse dient.

Minderjähriger: → Rn. 20 „Taschengeld" sowie § 1 der DVO zu § 90 SGB XII.

Notlage: Das Gericht darf und muss eine besondere Notlage des Antragstellers stets zu seinen Gunsten berücksichtigen, nicht nur beim „kleineren" Barbetrag oder sonstigen Geldwert nach III Hs. 2 iVm § 90 II Nr. 9 SGB XII, § 2 I der DVO zu § 90 SGB XII, sondern überhaupt.

Öffentliche Mittel: Nicht einzusetzen ist nach III Hs. 2 iVm § 90 II Nr. 1 SGB XII Vermögen, das aus öffentlichen Mitteln zum Aufbau oder zur Sicherung einer Lebensgrundlage oder zur Gründung eines Hausstands erbracht wird.

Persönlichkeitsrechtsverletzung: → § 114 Rn. 22 „Schmerzensgeld".

Pflegekosten: Unzumutbar ist der Einsatz von Vermögen, wenn es zur Deckung dauernder Pflegekosten benötigt wird, Schlesw FamRZ 1999, 1672. Auch → „Lebensgrundlage".

Pflichtteil: Der Pflichtteilsanspruch ist grds. für die Prozesskosten einzusetzen, Brem FamRZ 2009, 364 (Ausnahme: Unzumutbarkeit).

Pkw: Ein Pkw der Ober- oder Mittelklasse zählt meist zum verwertbaren Vermögen, Brem MDR 2009, 57 (SUV); Hamm MDR 2013, 1367 (Nissan); Stgt MDR 2010, 1014 (Mercedes 280). Beim Berufs-Pkw kann man einen **Freibetrag** von 1600 EUR ansetzen, LSG Chemnitz JurBüro 2006, 604. **Nicht** zum einzusetzenden Vermögen zählt ein aus beruflichen oder gesundheitlichen Gründen nötiger Pkw, 155, KG FamRZ 2007, 158; Karlsr FamRZ 2004, 646; Hamm MDR 2013, 1367.

Prozesskostenvorschuss: → § 114 Rn. 22 „Kostenvorschuss".

Rechtsschutzversicherung: → § 114 Rn. 22 „Gewerkschaft", → § 114 Rn. 22 „Rechtsschutzversicherung".

Rentenfondsanteil: Grds. einzusetzendes Vermögen, wenn nicht unzumutbar, Jena JurBüro 2018, 34. Auch → – „Lebensversicherung".

Rentenversicherung: Für eine private Rentenversicherung gelten die Maßstäbe für den Einsatz einer → „Lebensversicherung", Brbg Rpfleger 2015, 560.

Rückforderungsanspruch: Grds. Einzusetzendes Vermögen, Hamm FamRZ 2013, 145 (zu § 528 I 1 BGB).

Schmerzensgeld: → § 114 Rn. 22 „Schmerzensgeld".

Schonbetrag: Nach III 2 iVm § 90 II Nr. 9 SGB XII sind kleinere Barbeträge oder sonstige Geldwerte nicht einzusetzen. Die Höhe der „kleineren" Beträge ergibt sich aus § 1 der DVO zu § 90 SGB XII, zuletzt geändert mit Wirkung vom 1.4.2017, BGBl. I 519. Danach sind für Volljährige sowie alleinstehende Minderjährige je 5.000 EUR und für jede vom Antragsteller unterhaltene Person 500 EUR abzusetzen.

Schmuck: Der Einsatz ist grds. zumutbar, Zweibr Rpfleger 2002, 368.

Schuldentilgung: Als fiktives Vermögen ist ein zur Schuldentilgung eingesetzter Betrag nur dann anzurechnen, wenn die Begründung der Verbindlichkeit im Hinblick auf die zu erwartenden Prozesskosten unangemessen war oder wenn die Tilgung weit vor Fälligkeit erfolgte, BGH FamRZ 1999, 644; Hamm FamRZ 2012, 648.

Sozialleistung, Ein Anspruch auf Kostenübernahme gegen den Sozialhilfeträger nach Rückübertragung eines Unterhaltsanspruchs ist einsetzbares Vermögen, Karlsr FER 2001, 162; aM Zweibr FamRZ 2002, 105.

Sparguthaben: → „Schonbetrag". Ein künftig fälliger Sparbrief kann einzusetzendes Vermögen sein; steht der Auszahlungszeitpunkt fest, kann in entspr. Anwendung von § 120 I 2 mit PKH-Bewilligung angeordnet werden, dass das Sparguthaben bei Fälligkeit für die Prozesskosten einzusetzen ist, Kblz FamRZ 2000, 1094. Einzusetzen ist auch ein das Schonvermögen nach § 90 II SGB XII nicht unerheblich übersteigenden Betrag, Saarbr FamRZ 2010, 2001.

Tier: Es kann zum Vermögen zählen, LAG Halle JurBüro 2002, 376 (Zuchtstuten). Der Verkauf eines Haustiers ist grds. nicht zumutbar.

Umzugskosten: Sie haben keinen Vorrang, Stgt FamRZ 2010, 312.

Unfallversicherung: Sie kann wegen einer Prämienrückgewähr zum Vermögen zählen, Brbg FamRZ 2006, 1399 (krit. Zimmermann).

Unpfändbarkeit: Bei allen Fragen der Zurechenbarkeit zum Vermögen kann man das Buch 8 der ZPO im Zusammenhang mit der Unpfändbarkeit und mit Pfändungsfreibeträgen berücksichtigen. Auch → „Corona-Soforthilfe".

Urlaubsabgeltung: → Rn. 20 – „Urlaubsabgeltung", Dresd MDR 2022, 271.

Verwertbarkeit: Der Antragsteller muss einen Vermögensbestandteil nur dann einsetzen, wenn er nach § 90 II SGB XII verwertbar ist, Celle MDR 2007, 1458; BGH FamRZ 2004, 177; Bbg FamRZ 1985, 504; Brem FamRZ 1983, 637; aM Bbg NJW-RR 1986, 62; Ffm NJW-RR 1986, 798 (aber man muss nach → Vor § 128 Rn. 15 wirtschaftlich werten).

Verkauf: Zum Vermögen zählt der Erlös, Brem FamRZ 2009, 629; Mü FamRZ 2017, 1144.

Wertpapier: Es ist einzusetzendes Vermögen, soweit es verwertbar ist, Nürnb MDR 1997, 1153 (Bundesschatzbrief). Das gilt auch dann, wenn zB der Ehegatte ebenfalls verfügungsberechtigt ist, Kblz Rpfleger 2004, 110, oder wenn ein Zinsnachteil droht, Nürnb FamRZ 1998, 247. Die Zumutbarkeit der Verwertung hängt von den Umständen des Einzelfalls ab Bbg JurBüro 1982, 293.

Wissenschaftliches Bedürfnis: → Rn. 24 „Geistiges Bedürfnis".

Wohnung: Zum einzusetzenden Vermögen zählt eine fremdvermietete Wohnung, AG Hann JurBüro 2008, 546. Auch → „Hausgrundstück".

Wohnwagen: Er kann wie ein Hausgrundstück **geschützt** sein, LG Bad Kreuznach JurBüro 1995, 312.

Zugewinnausgleich: Ein Barbetrag aus Zugewinnausgleich kann einzusetzen sein, BGH NJW-RR 2008, 144 (krit. Looff FamRZ 2008, 1049); NJW-RR 2008, 302.

„Zukunftssicherungsbrief“: Der durchsetzbare Auszahlungsanspruch aus derartigen Altersvorsorgeverträgen zählt zum Vermögen, soweit er den → „Schonbetrag“ übersteigt, Kblz MDR 1999, 1346; Ffm FamRZ 2005, 466.

Zwangsversteigerung: Zum einzusetzenden Vermögen zählt ihr Erlös, Brem FamRZ 2009, 629.

41 **X. Bewilligungsgrenze: Kosten höchstens vier Monatsraten, IV. 1. Abgrenzung von I–III.** Selbst wenn die Voraussetzungen einer Bewilligung nach I–III vorliegen, ist die Bewilligung von PKH nach IV nicht möglich, falls die Kosten der Prozessführung der Partei vier Monatsraten und die aus dem Vermögen etwa aufzubringenden Teilbeträge voraussichtlich nicht übersteigen, BayObLG FamRZ 1984, 73.

42 **2. Begriff der Kosten.** Gemeint sind die Gesamtkosten „der Prozessführung“, also dieses Rechtsstreits nach §§ 91 ff., also jedes selbständigen Verfahrens nach → § 114 Rn. 23. Es kommt nach § 119 S. 1 auf die Kosten in dieser Instanz an. Zu berücksichtigen sind die Gerichtskosten (Gebühren und Auslagen), die eigenen Parteikosten einschließlich der Anwaltskosten (Gebühren und Auslagen), soweit die Beiordnung eines Rechtsanwalts nach § 121 geboten ist sowie Kosten einer bereits angeordneten oder durchgeführten Beweisaufnahme, Celle JurBüro 2012, 206; Hamm MDR 2014, 366; Dölling NJW 2016, 207. Nicht einzubeziehen sind die außergerichtlichen Kosten des Gegners, MüKoZPO/Wache Rn. 51; Thomas/Putzo/Seiler Rn. 24.

43 **3. Begriff „voraussichtlich“.** Maßgeblich sind nur die voraussichtlichen Gesamtkosten, KG Rpfleger 1984, 477. Diese sind im Rahmen des Möglichen exakt zu berechnen. Wenn die Kosten sich später als höher erweisen, kommt auf neuen Antrag die Bewilligung von PKH rückwirkend ab dem Zeitpunkt der ersten Antragstellung in Betracht, Zöller/Schultzky Rn. 100; MüKoZPO/Wache Rn. 51.

44 **4. Begriff der Monatsraten.** Die Raten sind nach → Rn. 21 zu berechnen.

116 *Partei kraft Amtes; juristische Person; parteifähige Vereinigung.* [1]**Prozesskostenhilfe erhalten auf Antrag**

1. eine Partei kraft Amtes, wenn die Kosten aus der verwalteten Vermögensmasse nicht aufgebracht werden können und den am Gegenstand des Rechtsstreits wirtschaftlich Beteiligten nicht zuzumuten ist, die Kosten aufzubringen;

2. eine juristische Person oder parteifähige Vereinigung, die im Inland, in einem anderen Mitgliedstaat der Europäischen Union oder einem anderen Vertragsstaat des Abkommens über den Europäischen Wirtschaftsraum gegründet und dort ansässig ist, wenn die Kosten weder von ihr noch von den am Gegenstand des Rechtsstreits wirtschaftlich Beteiligten aufgebracht werden können und wenn die Unterlassung der Rechtsverfolgung oder Rechtsverteidigung allgemeinen Interessen zuwiderlaufen würde.

[2]**§ 114 Absatz 1 Satz 1 letzter Halbsatz und Absatz 2 ist anzuwenden.** [3]**Können die Kosten nur zum Teil oder nur in Teilbeträgen aufgebracht werden, so sind die entsprechenden Beträge zu zahlen.**

1 **I. Systematik, S. 1–3.** § 116 enthält in seinem personellen Geltungsbereich vorrangige Sonderregeln gegenüber §§ 114, 115, LAG Bln AnwBl 1988, 421. Das Erfordernis einer Erfolgsaussicht nach § 114 I 1 und die Mutwilligkeitsklausel des § 114 II nach § 116 S. 2 auch hier anwendbar. §§ 117–127 gelten auch für die in § 116 genannten Antragsteller.

2 **II. Regelungszweck, S. 1–3.** Die in → Vor § 114 Rn. 1 ff. genannten Bedürfnisse können auch bei den in § 116 aufgeführten Personen auftreten. Dem trägt das Gesetz in einer Weise Rechnung, die auf die besonderen Verhältnisse bei diesen Personen abzustellen bemüht ist. Es soll auch hier nur derjenige Prozesskostenhilfe erhalten, der die Kosten nicht aufbringen kann, BGH ZIP 2017, 1344. Dabei sollte man in einer behutsamen Abwägung der gerade bei § 116 erheblichen Interessengegensätze eine letztlich auf die Prozesswirtschaftlichkeit abstellende Linie wahren. Der Amtsträger muss ein rechtlich geschütztes Interesse zur Prozessführung haben (können), OVG Hmb WM 2014, 952.

3 **III. Geltungsbereich, S. 1–3.** → Vor § 114 Rn. 5, → § 114 Rn. 10 ff.

4 **IV. Antrag, S. 1.** Auch nach § 116 darf das Gericht PKH nur aufgrund eines Antrags bewilligen. Zu ihm sind der gesetzliche Vertreter nach § 51 und der ProzBev. berechtigt. Einzelheiten → § 117 Rn. 4–10.

5 Unter den gesetzlichen Voraussetzungen hat jede Partei kraft Amtes nach → Vor § 50 Rn. 10, jede inländische juristische Person nach → § 50 Rn. 12 und jede inländische parteifähige Vereinigung einen Rechtsanspruch auf die Gewährung der PKH. Das ergibt sich aus der Formulierung „erhalten auf Antrag“. Das gilt auch bei einer bloßen Teilklage nach §§ 253, 301, Celle ZIP 2009, 440.

6 **V. Kosten, S. 1 Nr. 1, 2.** PKH kommt nach § 116 nur dann in Betracht, wenn der Antragsteller die „Kosten“ nicht oder nur teilweise aufbringen kann. Die Vorschrift erfasst die Kosten „der Prozessführung“ nach → § 114 Rn. 23 ff.

7 **VI. Maßgeblicher Zeitpunkt: Bewilligungsreife, S. 1 Nr. 1, 2.** Auch bei § 116 kommt es nach → § 119 Rn. 5 auf die Verhältnisse des Antragstellers zu demjenigen Zeitpunkt an, zu dem das Gericht bei einer ordnungsgemäßen Behandlung seines Gesuchs entscheiden muss oder musste. Notfalls muss das Gericht nach → § 119 Rn. 11 rückwirkend entscheiden.

8 **VII. Partei kraft Amtes, S. 1 Nr. 1.** Zum Kreis der nach § 116 nur Antragsberechtigten gehört zunächst die Partei kraft Amtes.

9 **1. Begriff der Partei kraft Amtes.** Die Partei kraft Amtes wird aufgrund eines amtlichen Treuhandverhältnisses tätig. Sie und nicht der Vertretene ist Partei. Wer Partei kraft Amtes sein kann, ergibt sich zunächst aus → Vor § 50 Rn. 10, also insbes. Insolvenzverwalter, Nachlassverwalter und Testamentsvollstrecker. Nr. 1 unterscheidet im Gegensatz zu Nr. 2 nicht zwischen einer inländischen und einer ausländischen Partei. Begünstigt ist also auch eine ausländische Partei kraft Amtes. Der gemeinsame Vertreter für die Gläubiger inhaltsgleicher Schuldverschreibungen nach §§ 7, 8 SchuldverschreibungsG ist keine Partei kraft Amtes, BGH WM 2016, 1589; Drsd ZIP 2016, 939. Auch ein Liquidator ist keine Partei kraft Amtes, BGH BeckRS 2006, 9530; Brbgg GmbHR 2021, 879; Mü MDR 2019, 619.

2. Unzulänglichkeit der Vermögensmasse. PKH nach Nr. 1 setzt voraus, dass der Antragsteller die Kosten des Prozesses nach → Rn. 6 aus der „verwalteten Vermögensmasse" nicht oder nur zum Teil oder nur in Teilbeträgen aufbringen kann, BGH ZIP 2017, 1344. Das muss er darlegen, BGH ZIP 2017, 1344, auch bei § 71 InsO, Celle ZIP 2009, 936; KG ZIP 2009, 883. Ob eine solche Unzulänglichkeit vorliegt, muss das Gericht nach seinem pflichtgemäßen Ermessen prüfen, wobei es auf die Zumutbarkeit ankommt, BGH ZIP 2017, 1344; KG NJW-RR 2009, 484; Steenbuck MDR 2004, 1159. Dabei muss das Gericht die wirtschaftlichen Gesamtverhältnisse des Antragstellers einerseits und die absehbaren voraussichtlichen Kosten der gesamten Prozessführung dieses Rechtsstreits andererseits abwägen, BGH ZIP 2013, 2113; KG NJW-RR 2009, 484. 10

Bei der Partei kraft Amtes kommt es auf die Vermögensverhältnisse der **verwalteten Masse** an, Celle ZIP 2012, 1881, nicht auf die eigenen persönlichen Verhältnisse, Ffm DB 1988, 1062. Massekosten und -schulden sind abziehbar, Köln ZIP 1994, 724; Mü OLGR 1998, 300; Stgt MDR 2004, 1206. Man darf dem Antragsteller nicht so viel Kapital entziehen, dass er seine sonstige außergerichtliche übliche Tätigkeit nahezu völlig einstellen müsste, Hamm MDR 1998, 1498. Man kann dem von ihm verwalteten Vermögen aber auch ein gewisses Opfer ebenso wie einer natürlichen Person abverlangen. Deshalb gelten im Wesentlichen dieselben Gesichtspunkte wie bei den persönlichen und wirtschaftlichen Verhältnissen nach → § 114 Rn. 16. Es kommt zB nicht nur auf den tatsächlichen Bestand an Bargeld an, sondern auch auf die zumutbare Möglichkeit der Beschaffung von Barmitteln, etwa durch einen Verkauf, eine Darlehensaufnahme oder einen Forderungseinzug ohne Schwierigkeiten. Wegen der Notwendigkeit nach → Rn. 6, auf den Zeitpunkt einer ordnungsgemäßen Entscheidung abzustellen, darf und muss das Gericht evtl. Veränderungen zwischen der Antragseinreichung und diesem letzteren Zeitpunkt berücksichtigen. Daher muss der Antragsteller solche Veränderungen wie bei § 121 I 1 BGB unverzüglich wahrheitsgemäß mitteilen. § 138 gilt auch im PKH-Bewilligungsverfahren. Eine Teilklage kann sinnvoll sein, Hmb MDR 2009, 1356. Eine Bewilligung mag sogar evtl. bei einer Erfolgsaussicht zwecks Behebung von Massekostenarmut möglich sein, BGH NZI 2013, 79. 11

Keine PKH erhält der Insolvenzverwalter dann, wenn die Insolvenzmasse nicht einmal die Kosten des Insolvenzverfahrens deckt, Celle ZIP 2012, 1983; Mü ZIP 2012, 1985. 12

3. Wirtschaftliche Beteiligung. Selbst wenn die Voraussetzungen → Rn. 8, 10 vorliegen, kommt PKH nach Nr. 1 doch nur dann in Betracht, wenn man es den „am Gegenstand des Rechtsstreits wirtschaftlich Beteiligten" nicht zumuten kann, die Kosten aufzubringen, Mü JurBüro 1986, 127; OVG Hmb ZIP 2018, 1152. Das muss der Antragsteller belegen und auf Verlangen des Gerichts nach § 118 II 1 gemäß § 294 glaubhaft machen. Das Gesetz enthielt früher den Begriff des „an der Führung des Prozesses" wirtschaftlich Beteiligten. Durch die jetzige Fassung wird deutlich, dass man den Kreis größer ziehen muss. Man kann am „Gegenstand des Rechtsstreits" beteiligt sein, ohne schon an der eigentlichen Prozessführung beteiligt zu sein. Wirtschaftlich beteiligt ist jedenfalls derjenige, dessen endgültigen Nutzen der geplante Rechtsstreit objektiv zumindest miterbringen kann, BGH NJW 1977, 2310; Bbg NJW-RR 1990, 638; Düss MDR 2002, 846. Darauf, ob die wirtschaftlich Beteiligten der Partei gegenüber zur (anteiligen) Kostentragung verpflichtet sind, kommt es nicht an, BGH NZI 2019, 764. 13

4. Beispiele zur Frage einer wirtschaftlichen Beteiligung, S. 1 Nr. 1

Anleger: An einer PublikumsKG beteiligte Anleger sind wirtschaftlich Beteiligte, Köln NZG 2020, 23; Mü MDR 2019, 619. 14

Erbe: → „Nachlasspfleger", → „Nachlassverwalter", → „Testamentsvollstrecker".

Finanzamt: Es ist grds. wirtschaftlich beteiligt, Celle NJW-RR 2000, 728; Nürnb JurBüro 2005, 156.

Gesellschafter: Er ist grds. wirtschaftlich beteiligt, BGH WM 1991, 32; NZI 2019, 764; BFH NJW 1974, 256; Stgt NJW 1975, 2022.

Gläubiger, vgl. auch → Rn. 15: Wirtschaftlich beteiligt im Aktivprozess des Insolvenzverwalters sind grds. alle Gläubiger die bei einem erfolgreichen Abschluss des Rechtsstreits wenigstens mit einer teilweisen Befriedigung ihrer Ansprüche aus der Masse rechnen können, BGH NZI 2018, 1137 und ZIP 2012, 2275; Hamm MDR 2008, 171; Nürnb JurBüro 2005, 156; KG NJW-RR 2000, 1001. Die Zumutbarkeit der Kostenaufbringung hängt von der Höhe der Quotenerwartung ab, Celle OLGR 2001, 215. **Nicht** wirtschaftlich beteiligt ist der Gläubiger einer streitigen Forderung, Naumb ZIP 1994, 383. Im Fall der Nebenintervention durch den Insolvenzverwalter sind die Gläubiger dann wirtschaftlich beteiligt, wenn sie bei positivem Ausgang des anhängigen Prozesses **und** des Folgerechtsstreits zumindest mit teilweiser Befriedigung rechnen können und durch den anhängigen Prozess die Erfolgsaussichten im Folgeprozess erhöht werden, Hmb NJW-RR 2002, 1054.

Insolvenzschuldner: Wirtschaftlich beteiligt ist im Prozess des Insolvenzverwalters (kraft Amtes) der Schuldner, Musielak/Voit/Fischer Rn. 6, MüKoZPO/Wache Rn. 15. Das gilt auch bei einer Nachtragsverteilung nach § 192 InsO. **Keine** PKH für den eigenverwaltenden Insolvenzschuldner als Partei kraft Amtes, LAG Stgt ZIP 2014, 1455, oder für eine Einsetzung nunmehr eines „starken" vorläufigen Verwalters, BGH ZIP 2015, 648. Auch „Insolvenzverwalter", „Vorläufiger Insolvenzverwalter", „Zwangsverwalter".

Insolvenzverwalter: Dazu Felix Rpfleger 2017, 504 (Grdz.); Gelpacke/Hellstab/Wache/Weigelt, Der Prozesskostenhilfeanspruch des Insolvenzverwalters, 2007; Schmidt, Der Insolvenzverwalter im Zivilprozess, 2014. Er ist **nicht** wirtschaftlich beteiligt, und zwar weder im Hinblick auf seinen Vergütungsanspruch noch dann, wenn seine Haftung für eine rückgängig zu machende Vermögensverschiebung in Betracht kommt, BGH NZI 2016, 278; LAG Erfurt MDR 2000, 231; Gundlach/Frenzel/Schmidt NJW 2003, 2413; aM Hamm MDR 2006, 173. Der Insolvenzverwalter nimmt eine im öffentlichen Interesse liegende Aufgabe wahr, jede seinen Gebührenanspruch einschränkende Norm ist an Art. 12 GG zu messen, daher ist er selbst dann nicht wirtschaftlich Beteiligter iSd § 116 Nr. 1, wenn er mit seinem Vergütungsanspruch selbst der rangbeste Gläubiger ist, BGH NJW-RR 2004, 136; aM Timme MDR 2006, 1381. Auch „Insolvenzschuldner", „Massegläubiger", „Partei kraft Amtes", „Vorläufiger Insolvenzverwalter".

Kirche: Eine kirchliche Stiftung hat als juristische Person des öffentlichen Rechts keine wirtschaftlichen Beteiligten, namentlich nicht die katholische Kirche, Bbg NJW-RR 1990, 638.

Massegläubiger: Er ist grds. wirtschaftlich beteiligt, BGH ZIP 2017, 1344; Celle ZIP 2013, 903.

Nachlassgläubiger: Er ist wirtschaftlich beteiligt, Celle OLGR 1998, 309.

Nachlasspfleger: Wirtschaftlich beteiligt sind im Prozess des Nachlasspflegers die Erben. Solange nicht alle Erben bekannt sind, kommt es nicht auf die Vermögensverhältnisse der bekannten Erben, sondern nur auf den Nachlass an, BVerfG NJW 1998, 1081; BGH NJW 1964, 1418.

Nachlassverwalter: Wirtschaftlich beteiligt sind im Prozess des Nachlassverwalters der Erbe und der Nachlassgläubiger.

Öffentliche Hand: → „Gläubiger".

Partei kraft Amtes: → „Insolvenzverwalter".

Pflichtteilsberechtigter: Er ist wirtschaftlich beteiligt.

Testamentsvollstrecker: Wirtschaftlich beteiligt sind im Prozess des Testamentsvollstreckers der Erbe, der Pflichtteilsberechtigte und der Vermächtnisnehmer, BGH BeckRS 2008, 21989.

Verein. Dazu Beuthien Rpfleger 2016, 65 (zur Abgrenzung). **Nicht** wirtschaftlich beteiligt sind der Vorstand und die Mitglieder eines Idealvereins, Hmb MDR 1987, 502; aM Ffm MDR 2016, 670; OVG Münster NJW 2005, 3512.

Vermächtnisnehmer: Er ist wirtschaftlich beteiligt, BGH BeckRS 2008, 21989.

Vorläufiger Insolvenzverwalter: In seinem Prozess ist der Insolvenzgläubiger wirtschaftlich beteiligt, (je zum alten Recht) BGH NJW 1998, 3134; LG Ffm NJW-RR 1997, 796; aM Johlke ZIP 1985, 1013.

Zwangsverwalter: Wirtschaftlich beteiligt ist im Prozess des Zwangsverwalters der betreibende Gläubiger, Hamm VersR 1989, 929 (§ 102 VVG steht nicht entgegen). Auch → „Gläubiger".

15 **5. Unzumutbarkeit.** Es darf dem wirtschaftlich Beteiligten „nicht zuzumuten" sein, die Kosten aufzubringen. Es kommt also nicht auf die Zahlungswilligkeit an, vielmehr ist eine wertende Abwägung aller Umstände des Einzelfalls erforderlich, BGH NZI 2018, 581; Mü ZIP 2011, 399; OVG Bln-Brbg ZIP 2011, 448. Vorschüsse auf die Prozesskosten sind solchen Beteiligten zuzumuten, welche die erforderlichen Mittel unschwer aufbringen können und für die der zu erwartende Nutzen bei vernünftiger, auch das Eigeninteresse sowie das Prozesskostenrisiko angemessen berücksichtigender Betrachtung bei einem Erfolg der Rechtsverfolgung deutlich größer sein wird als die von ihnen als Vorschuss aufzubringenden Kosten, BGH NZI 2017, 414. Deshalb kann der Insolvenzverwalter keine PKH erhalten, soweit er auch nur einen Beteiligten zu einem ausreichendem Vorschuss heranziehen kann, BGH NJW-RR 2007, 993; Hmb ZIP 2011, 100; Düss MDR 2002, 846; Köln MDR 2000, 51; aM Uhlenbruck KTS 1988, 441. Er muss die Unzumutbarkeit ausreichend darlegen und beweisen, BGH MDR 1998, 1248; Kblz JeurBüro 2016, 650; Köln MDR 2000, 51. Dabei sollten nicht zu strenge Anforderungen gestellt werden, Düss ZIP 2018, 889; Hmb MDR 2005, 776; Schlesw ZIP 1995, 759. Insolvenzgläubigern ist die Kostenaufbringung regelmäßig nicht zuzumuten, wenn der zu erwartende Ertrag aus der Prozessführung weniger als das Doppelte des anfallenden Kostenbeitrags beträgt, BGH NJW 2018, 3188.

16 Das Unzumutbarkeitserfordernis kann zur Konsequenz haben, dass der Insolvenzverwalter möglicherweise eher PKH erhalten wird, wenn der beabsichtigte Prozess wirtschaftlich wenig sinnvoll erscheint, weil den wirtschaftlich Beteiligten die Aufbringung der Kosten für einen wirtschaftlich lohnenden Rechtsstreit eher zuzumuten sein wird, KG NZI 2021, 246; Karlsr ZIP 2012, 494.

6. Beispiele zur Frage der Unzumutbarkeit, S. 1 Nr. 1

17 **Altmasseverbindlichkeit:** BGH MDR 2008, 107.

Anfechtung: Kaum zumutbar ist die Kostenlast wegen einer solchen Anfechtung, die eine Massekostenarmut doch nicht beseitigen kann, BGH NJW-RR 2009, 1346.

Arbeitnehmer: Unzumutbar ist die Kostenlast grds. für den Arbeitnehmer bei Insolvenz seines Arbeitgebers, BGH NJW 1993, 135; Hamm ZIP 1995, 758; Schlesw ZIP 1995, 759.

Bundesagentur für Arbeit: Unzumutbar ist die Kostenlast grds. für Bundesagentur für Arbeit bei der Insolvenz eines Arbeitgebers, BGH NJW 1991, 41; Düss ZIP 1995, 1277; Hamm MDR 1998, 1498.

Gläubigerzahl: Zumutbar sein kann die Notwendigkeit ihrer Koordinierung selbst bei 26 Gläubigern, BGH ZIP 2011, 99.

Insolvenzgläubiger: Für die Zumutbarkeit kann nicht allein auf die relative Verbesserung der Quote abgestellt werden, Rostock MDR 2003, 1077. Bei einer auf 24 % verbesserten Quote ist Zumutbarkeit zu bejahen, Naumb MDR 2011, 757. Zumutbar bleibt die Kostenlast auch dann, wenn der Gläubiger bei einem Prozessverlust nicht aus der Masse den Ersatz eines Kostenvorschusses erwarten kann, BGH ZIP 2012, 2275. **Unzumutbar** wird die Kostenlast freilich dann, wenn kaum noch eine Quote übrigbleibt, BGH NJW 1993, 135. S. auch bei den einzelnen Gläubigerarten, zB „Kleingläubiger".

Kleingläubiger: Teilweise wird vertreten, Kleingläubigern, deren Anteil 5 % des Gesamtvolumens der festgestellten Forderungen nicht übersteige, sei die Beteiligung an den Prozesskosten regelmäßig nicht zuzumuten, Schlesw ZIP 2009, 1884; Hamm NZI 2006, 42. Eine abstrakte Festlegung auf diese oder eine andere Quote ist aber mit der erforderlichen Einzelfallabwägung → Rn. 15 nicht vereinbar, BGH NZI 2018, 581.

Massegläubiger: Die Aufbringung der Prozesskosten kann für die Massengläubiger zumutbar sein, BGH NJW-RR 2005, 1640; Celle ZIP 2009, 933.

Öffentliche Hand: Zumutbar ist die Kostenlast grds. auch der öffentlichen Hand, wenn sie wirtschaftlich beteiligt ist. Denn § 2 GKG, § 2 FamGKG geben ihr nach → Rn. 14 „Gläubiger" keine generelle Vorschussfreiheit, BGH NJW 1998, 1868; Celle NJW-RR 2000, 728; Köln VersR 2002, 912; einschränkend BGH NJW 1994, 3171 (Unzumutbarkeit, wenn der bei Obsiegen erlangte Betrag überwiegend zur Befriedigung der nicht mit einer Vorschusspflicht belasteten vorrangigen Gläubiger verwendet werden müsst). Auch „Steuerfiskus".

Pensionssicherungsverein: Unzumutbar sein kann die Kostenlast selbst bei ihm als einzigem Großgläubiger, LG Augsburg ZIP 2011, 248.

Quote: → „Insolvenzgläubiger".

Sozialversicherung: Für Träger der Sozialverwaltung ist die Vorschusszahlung im Hinblick auf ihre Funktion und auf die fehlenden Haushaltsmittel für Kostenvorschüsse unzumutbar, BGHZ 93, 135; Mü ZIP 2013, 1300.

Steuerfiskus: → „Öffentliche Hand".

Zollfiskus: → „Öffentliche Hand".

18 **VIII. Inländische juristische Person, S. 1 Nr. 2.** Als Antragsteller kommt auch die inländische juristische Person in Betracht, Ffm NJW-RR 1996, 552 (GmbH); Stgt NJW 1975, 2022 (OHG, KG). Art. 47 GRCh

schützt sie, EuGH ZIP 2011, 144 (fordert volle Abwägung). Art. 6 EMRK verpflichtet nicht zur PKH-Gewährung in Zivilsachen, insbesondere nicht für juristische Personen, EGMR NJW-RR 2013, 1075. Die Vorschrift gilt auch im Verfahren vor den Finanzgerichten, BFH DB 1988, 536 (KG). Sie gilt auch im Staatshaftungsprozess, KG ZIP 2011, 542. Die gewisse Benachteiligung dieses Kreises ist mit dem GG vereinbar, BVerfG NJW 1974, 229 (Beachtung verfassungsrechtlicher Verfahrensvorschriften erforderlich).

1. Begriff der inländischen juristischen Person. In Betracht kommt nur die inländische Antragstellerin. Wer zum Kreis der juristischen Personen zählt, das ergibt sich aus → § 50 Rn. 12 ff. 19

2. Unzulänglichkeit des Vermögens. PKH kommt nur dann in Betracht, wenn weder die inländische juristische Person selbst noch ein „am Gegenstand des Rechtsstreits wirtschaftlich Beteiligter" die Kosten ganz oder teilweise aufbringen kann. Es kommt also auf das wirtschaftliche Unvermögen an. Das muss sie nach → § 117 Rn. 24 darlegen, Mü JurBüro 1990, 755; OVG Bautzen NVwZ-RR 2016, 120, etwa durch eine Auskunft der Industrie- und Handelskammer. Ob die wirtschaftlich Beteiligten der inländischen juristischen Person gegenüber zur anteiligen Kostentragung verpflichtet sind, ist unerheblich, ebenso, ob ihnen eine Kostenbeteiligung zumutbar ist, BGH NZI 2019, 764. Wegen des Begriffs der „Kosten" → Rn. 6. Wegen des Begriffs des „wirtschaftlich Beteiligten" → Rn. 13. Wirtschaftlich beteiligt ist hier derjenige, auf dessen Vermögenslage sich der Sieg oder die Niederlage der Partei wirtschaftlich auswirkt, zB eine Muttergesellschaft, Mü ZIP 2002, 2131, der Gesellschafter, stille Gesellschafter, Gläubiger, Aufsichtsrat, Vorstand, auch die von einer Tagesstätte betreuten Personen, LAG Bln AnwBl 1988, 421. Eine solche Auswirkung ist auch auf ein Mitglied eines ideellen Vereins denkbar, LAG Halle MDR 1997, 858; OVG Münster NJW 2005, 3512. Bei einer Aktiengesellschaft besteht Einigkeit, dass jedenfalls Großaktionäre wirtschaftlich Beteiligte sind, MüKoZPO/Wache Rn. 23, Musielak/Voit/Fischer Rn. 14, Zöller/Schultzky Rn. 21, LG Dresd AG 1995, 335. Wegen einer Kirchenstiftung Bbg NJW-RR 1990, 638.Wenn für eine juristische Person deren Insolvenzverwalter PKH beantragt, ist nicht S. 1 Nr. 2, sondern Nr. 1 einschlägig, unabhängig davon, ob der Verwalter den Betrieb liquidiert oder fortführt, BGH NJW-RR 2005, 1640. 20

IX. Parteifähige Vereinigung, S. 1 Nr. 2. Antragsteller kann auch eine parteifähige Vereinigung sein. 21

1. Begriff der parteifähigen Vereinigung. Die Worte „parteifähige Vereinigung" bedeuten nicht etwa nur eine Beschränkung auf einen Verein, etwa auf einen gemeinnützigen Sozialdienst, Düss FamRZ 1995, 374. Vielmehr zählen hierher alle Personengesamtheiten, die einerseits nach → § 50 Rn. 15–37 parteifähig sind, die aber andererseits keine juristische Person nach → § 50 Rn. 9 darstellen. 22

Hierher zählen zB: Die BGB-Gesellschaft, BGH ZIP 2011, 540; Drsd MDR 2008, 818 (zust. Niebling); eine Anwaltssozietät, BGH ZIP 2011, 540; die OHG, BGH ZIP 2011, 540; die KG, BGH ZIP 2011, 540; die Reederei; der nicht rechtsfähige Verein, BGH ZIP 2011, 540; LAG Halle AnwBl 1998, 543; insbesondere als Bekl., Stgt NJW 1975, 2022; ein Heimatverein, AG Sulingen JurBüro 2012, 208. Das Wort „inländische" bezieht sich auf die 2. Alternative der Nr. 2. Begünstigt ist also nur die inländische parteifähige Vereinigung. 23

2. Unzulänglichkeit des Vermögens. Wie bei der juristischen Person muss auch bei der parteifähigen Vereinigung ein Unvermögen vorliegen, die Kosten ganz oder teilweise aufzubringen, OVG Bautzen NVwZ-RR 2016, 120; aM AG Sulingen JurBüro 2012, 208. Vgl. zu dem Begriff des Unvermögens → Rn. 19. Auch die am Gegenstand des Rechtsstreits „wirtschaftlich Beteiligten" müssen dazu außerstande sein, Stgt NJW 1975, 2022. Zum Begriff des Beteiligten → Rn. 14. Zu den Beteiligten zählen allerdings grundsätzlich nicht der Vorstand und die Mitglieder eines gemeinnützigen Vereins, der im Wesentlichen öffentliche Mittel erhält, Hmb MDR 1987, 502. Die BGB-Gesellschaft ist eine parteifähige Vereinigung iSd Nr. 2, BGH NJW 2011, 1595. Das gilt auch für die Wohnungseigentümergemeinschaft, BGH NJW-RR 2019, 723. Die Erbengemeinschaft ist ebenso wenig eine parteifähige Vereinigung wie andere BGB-Gemeinschaften oder die reine BGB-Innengesellschaft, Musielak/Voit/Fischer Rn. 11, MüKoZPO/Wache Rn. 20. Hier kommt es auf die wirtschaftlichen Verhältnisse der Mitglieder an. 24

X. Gefährdung allgemeiner Interessen, S. 1 Nr. 2. Dazu Wendenburg DRiZ 2011, 95 (auch europarechtlich). Selbst wenn die Voraussetzungen der → Rn. 17 oder 16 vorliegen, kommt PKH nur in Betracht, wenn außerdem die Unterlassung der Rechtsverfolgung oder der Rechtsverteidigung „allgemeinen Interessen zuwiderlaufen würde", BGH NZG 2016, 389; Karlsr MDR 2013, 1052; OVG Bautzen NVwZ-RR 2016, 120. Diese Beschränkung beruht darauf, dass die Rechtsträgerschaft der juristischen Personen an ein ausreichendes Gesellschaftsvermögen gebunden ist, das Voraussetzung für ihre Gründung wie für ihre weitere Existenz ist; sie besitzen nur dann eine von der Rechtsordnung anerkannte Existenzberechtigung, wenn sie in der Lage sind, ihre Ziele aus eigener Kraft zu verfolgen, BGH NJW 2011, 1595. Für den Insolvenzverwalter einer juristischen Person gilt dies nicht. Die PKH-Bewilligung an ihn erfordert neben der Erfüllung der Voraussetzungen nach §§ 114 S. 1, 115 nur das Vorliegen der Voraussetzungen nach Nr. 1, nicht aber, dass die Unterlassung der Rechtsverfolgung allgemeinen Interessen zuwiderlaufen würde, BGH NZI 2007, 348; Hamm ZIP 1995, 758; KG NJW 1990, 459. Die entgegengesetzte Auffassung (Ffm NJW 1988, 2053; Mü Rpfleger 1990, 311) lässt sich weder mit dem Wortlaut von Nr. 1 einerseits und Nr. 2 andererseits noch mit dem besonderen öffentlichen Interesse an einem geordneten Insolvenzverfahren vereinbaren. 25

1. Zweck. Die Einschränkung ist erforderlich, um zu verhindern, dass eine juristische Person nach → § 50 Rn. 12 oder eine parteifähige Vereinigung mit einem nur begrenzt vorhandenen oder haftenden Vermögen und nur einer begrenzten Möglichkeit des Rückgriffs auf das Vermögen der Mitglieder, Hintermänner oder Gesellschafter auf Staatskosten prozessiert, nur um private, wirtschaftliche Interessen wahrzunehmen, Ffm NJW-RR 1996, 552; Hmb MDR 1988, 783. Mittellose Verbände sollen nicht eigene wirtschaftliche Interessen auf Kosten der Allgemeinheit verwirklichen, BGH NZI 2019, 764. Die Einschränkung ist auch bei Abtretung eines Gesellschaftsanspruchs usw. zu beachten, Hmb MDR 1988, 783. Die Regelung ist verfassungsrechtlich unbedenklich, BVerfG NJW 1974, 229 (zum alten Recht); BGH NJW 2011, 1595; KG BeckRS 2022, 2327; Thomas/Putzo/Seiler Rn. 6. 26

2. Begriff der allgemeinen Interessen. Sie liegen vor, soweit die Antragstellerin ohne eine PKH eine der Allgemeinheit dienende Aufgabe nicht erfüllen könnte oder wenn die Entscheidung größere Kreise der Bevölkerung oder das Wirtschaftsleben und nicht nur einen Einzelnen berührt und soziale Wirkungen hat oder haben könnte, BVerfG NJW 1974, 229; BGH NJW 1991, 703; Karlsr MDR 2013, 1052. Ein allgemeines Interesse besteht, wenn außer den an der Führung des Rechtsstreits wirtschaftlich Beteiligten ein erheblicher Kreis von 27

Personen durch die Unterlassung der Rechtsverfolgung oder -verteidigung in Mitleidenschaft gezogen würde, die Vereinigung gehindert würde, der Allgemeinheit dienende Aufgaben zu erfüllen, oder wenn von der Durchführung des Prozesses die Existenz eines Unternehmens abhinge, an dessen Erhaltung wegen der großen Zahl an Arbeitsplätzen allgemeines Interesse besteht, BGH NJW 2011, 1595; NZI 2019, 764. Der Antragsteller muss das darlegen, BFH BB 1982, 1586. Er muss es nach § 118 II 1 auf Verlangen des Gerichts auch nach § 294 glaubhaft machen. Alle denkbaren allgemeinen Interessen sind zu berücksichtigen, es ist im konkreten Einzelfall eine Auslegung und Abwägung der Interessen vorzunehmen.

3. Beispiele zur Frage allgemeiner Interessen, S. 1 Nr. 2

28 **Anwalt:** Allgemeine Interessen sind nicht deshalb berührt, weil ein Organ der Rechtspflege tätig wird (Gebührenforderung), BGH NJW 2011, 1595; Brbg MDR 2009, 1367.

Arbeitsplatz: An der Erhaltung eines Unternehmens kann wegen der großen Zahl von Arbeitsplätzen ein allgemeines Interesse bestehen, BGH NJW 1991, 703; NJW 2011, 1595.

Bank: Ihre Tätigkeit kann auch im Allgemeinen Interesse liegen. Das hat die Finanzkrise 2008 gezeigt.

Einstellung des Geschäftsbetriebs: Allgemeine Interessen sind nicht mehr betroffen, wenn der Geschäftsbetrieb bereits eingestellt ist, BGH NJW 2011, 1595; BFH Rpfleger 1993, 290; Hamm NJW-RR 1989, 383 (selbst bei einem Neugründungsplan usw.); Rostock JurBüro 2009, 148.

Entlassung: Allgemeine Interessen sind betroffen, wenn man zahlreiche Entlassungen befürchten muss, BFH Rpfleger 1993, 290; LAG Bln AnwBl 1988, 421 (betreute Kinder). Auch „Gemeinwirtschaftlicher Nachteil".

Finanzamt: Das individuelle Interesse eines Gläubigers stellt auch dann kein allgemeines Interesse dar, wenn es sich bei dem Gläubiger um ein Finanzamt handelt, Karlsr MDR 2013, 1052.

Gemeinnützigkeit: Allein die Gemeinnützigkeit einer Vereinigung begründet noch kein allgemeines Interesse an der Rechtsverfolgung, BGH NJW 2011, 1595; OVG Magdeburg NVwZ-RR 2008, 583; Dux AnwBl 2011, 91.

Gemeinwirtschaftlicher Nachteil: Allgemeine Interessen sind berührt, soweit ein Zusammenbruch weittragende gemeinwirtschaftliche Nachteile haben würde, soweit er also zahlreiche am Prozess nur mittelbar beteiligte Personen mitbenachteiligen würde, BVerfGE 35, 353; BGH NJW 1991, 703; Köln GRUR 2007, 86 (auch zu den Grenzen beim UWG). Das kann auch bei einer Bank so sein. Auch „Entlassung".

Gläubigerinteressen: Allgemeine Interessen können betroffen sein, wenn feststeht, dass die Antragstellerin solche Gelder, die sie einklagen will, auch tatsächlich an ihre eigenen zahlreichen Gläubiger weiterleitet, BGH NJW 1991, 703; Ffm NJW-RR 1996, 552. Dies gilt insbesondere, wenn es sich um viele Kleingläubiger handelt, BGH NJW 1986, 2058.

Quote: Allgemeine Interessen sind nicht berührt, soweit nur eine begrenzte Zahl von Gläubigern eine geringere Quote erhalten würde, BFH Rpfleger 1993, 290; Bbg JurBüro 1982, 1733.

Rechtsfrage: Allgemeine Interessen sind nicht betroffen, soweit es nur um die richtige Entscheidung einer bestimmten Rechtsfrage geht, BGH NJW 2011, 1595; Rostock JurBüro 2009, 148; LAG Brem NJW-RR 1987, 894.

Steuern: Nicht von Belang ist, ob die Vereinigung aufgrund eines günstigen Urteils in die Lage versetzt würde, rückständige Steuern und Abgaben zu begleichen, BGH NJW 2011, 1595; Bbg JurBüro 1982, 1733; Köln JurBüro 1985, 1259.

Straftat: Allgemeine Interessen sind nicht deshalb betroffen, weil sich der Anspruch aus einer Straftat ergibt, Köln JurBüro 1985, 1259.

Wohnungseigentümer: Allgemeine Interessen können dann vorliegen, wenn weder die Gemeinschaft noch alle Mitglieder die Kosten einer Beitragsklage aufbringen können, denn die gesicherte wirtschaftliche Existenz der Wohnungseigentümergemeinschaft liegt im Interesse der Rechtsordnung, dessen Verwirklichung wiederum im Allgemeinen Interesse, BGH NJW 2010, 2814 (krit. Krumbügel NZM 2010, 810).

29 **XI. Hinreichende Erfolgsaussicht; Fehlen von Mutwillen, S. 2.** Selbst wenn sämtliche vorstehenden Voraussetzungen vorliegen, muss das Gericht vor der Bewilligung doch außerdem noch prüfen, ob die beabsichtigte Rechtsverfolgung oder Rechtsverteidigung auch eine hinreichende Erfolgsaussicht bietet und auch nicht mutwillig ist. Das ergibt sich aus der Verweisung in S. 2 iVm § 114 I 1 letzter Hs. und (jetzt) II, BGH NJW 2011, 1595; Stgt MDR 2012, 551. Einzelheiten → § 114 Rn. 27–38. Eine Umgehungsabsicht ist schädlich, Hmb MDR 1988, 782; Köln VersR 1989, 277.

117

Antrag. I [1]**Der Antrag auf Bewilligung der Prozesskostenhilfe ist bei dem Prozessgericht zu stellen; er kann vor der Geschäftsstelle zu Protokoll erklärt werden.** [2]**In dem Antrag ist das Streitverhältnis unter Angabe der Beweismittel darzustellen.** [3]**Der Antrag auf Bewilligung von Prozesskostenhilfe für die Zwangsvollstreckung ist bei dem für die Zwangsvollstreckung zuständigen Gericht zu stellen.**

II [1]**Dem Antrag sind eine Erklärung der Partei über ihre persönlichen und wirtschaftlichen Verhältnisse (Familienverhältnisse, Beruf, Vermögen, Einkommen und Lasten) sowie entsprechende Belege beizufügen.** [2]**Die Erklärung und die Belege dürfen dem Gegner nur mit Zustimmung der Partei zugänglich gemacht werden; es sei denn, der Gegner hat gegen den Antragsteller nach den Vorschriften des bürgerlichen Rechts einen Anspruch auf Auskunft über Einkünfte und Vermögen des Antragstellers.** [3]**Dem Antragsteller ist vor der Übermittlung seiner Erklärung an den Gegner Gelegenheit zur Stellungnahme zu geben.** [4]**Er ist über die Übermittlung seiner Erklärung zu unterrichten.**

III [1]**Das Bundesministerium der Justiz und für Verbraucherschutz wird ermächtigt, zur Vereinfachung und Vereinheitlichung des Verfahrens durch Rechtsverordnung mit Zustimmung des Bundesrates Formulare für die Erklärung einzuführen.** [2]**Die Formulare enthalten die nach § 120a Absatz 2 Satz 4 erforderliche Belehrung.**

IV **Soweit Formulare für die Erklärung eingeführt sind, muss sich die Partei ihrer bedienen.**

Schrifttum: Biallaß NJW 2020, 2941; Liebscher, Datenschutz bei der Datenübermittlung im Zivilverfahren, 1994; Nickel NJW 2016, 853; Schneider NJW 2014, 1287.

Übersicht

I. Systematik, I–IV. Während §§ 114–116 die persönlichen und sachlichen Bedingungen der PKH nennen, enthält § 117 die verfahrensmäßigen Bedingungen für den Antragsteller. § 118 regelt das Bewilligungsverfahren. § 138 ergänzt I 2, Oldb NJW 1994, 807. Die weiteren Regeln betreffend Entscheidung und Rechtsmittel enthält § 127 I. § 119 stellt klar, dass jede Instanz ein eigenes Bewilligungsverfahren durchführen muss. 1

II. Regelungszweck, I–IV. Die Vorschrift enthält die Mitwirkungspflichten des Antragstellers und die zu beachtenden Formalien. Insbesondere verpflichtet sie den Antragsteller zur Verwendung des amtlichen Vordrucks zur Abgabe der Erklärung über seine persönlichen und wirtschaftlichen Verhältnisse. 2

III. Geltungsbereich, I–IV. → Vor § 114 Rn. 5, → § 114 Rn. 10–12. Im Verfahren vor dem Patentgericht ist lediglich I 2 entsprechend anwendbar, und zwar nur im Einspruchsverfahren sowie im Verfahren wegen der Erklärung der Nichtigkeit oder der Zurücknahme eines Patents oder wegen der Erteilung einer Zwangslizenz nach § 136 S. 2 PatG. III gilt auch im Insolvenzverfahren, BGH NJW 2002, 2793. Im FamFG-Verfahren gilt § 117 nach § 76 FamFG im Antrags- wie Amtsverfahren entsprechend. 3

IV. Antrag, I 1, 3. Die Vorschrift gilt nach → Rn. 7 für das jeweilige Verfahren. Für jeden Rechtszug ist nach § 119 I ein eigener Antrag erforderlich. Für jedes bei dem Gericht anhängige Verfahren ist gesondert PKH zu beantragen, Bbg FamRZ 2001, 628. 4

1. Voraussetzungen der Antragstellung. Das Gericht darf PKH nur aufgrund eines Antrags bewilligen. Dieser kann entweder zu Protokoll der Geschäftsstelle oder schriftlich gestellt werden. Ein schriftlicher Antrag ist ein bestimmender Schriftsatz und muss als solcher unterschrieben sein, um wirksam zu sein, BGH NJW 1994, 2097; BAG NZA-RR 2014, 383; Oldb MDR 1989, 268. Der Antrag sollte ausdrücklich, kann aber auch konkludent gestellt werden, so kann etwa eine mangels anwaltlicher Vertretung unwirksame Berufungsschrift als PKH-Antrag auszulegen sein, BGH VersR 1991, 1424; KG KGR 2005, 788; LAG Hmb JurBüro 2015, 592; LAG Rostock JurBüro 2013, 256; Schneider MDR 1985, 441. Ein gerichtliches Verfahren muss nach → § 261 Rn. 1 anhängig sein, Ffm JurBüro 1994, 177; Hmb JurBüro 1996, 26; LAG Hmb JurBüro 2015, 592. Es müssen auch noch Kosten entstehen können, KG FamRZ 2000, 839; Karlsr FamRZ 1996, 1287; Zweibr JurBüro 2000, 312. Andernfalls müsste das Gericht eine versehentliche Bewilligung evtl. ausnahmsweise aufheben, Mü JurBüro 1984, 1851. Es besteht auch im Anwaltsprozess nach § 78 III Hs. 2 kein Anwaltszwang, Naumb FamRZ 2008, 68. Das gilt auch nach § 114 IV Nr. 5 FamFG. Der Antragsteller braucht keinen nach § 121 beiordnungsbereiten Anwalt zu nennen, VGH Mannh FamRZ 2002, 1197. Die Einreichung durch einen Anwalt lässt sich meist zugleich als eine Prozessvollmacht nach § 80 bewerten, selbst ohne die Beifügung einer solchen Urkunde, vgl. § 88 II. Sie ist als Beiordnungsantrag auslegbar, LG Stade FamRZ 2014, 2017. Bei elektronischer Einreichung gelten §§ 130a–d. Es ist eine qualifizierte elektronische Signatur nötig, eine E-Mail reicht nicht, BSG NJW 2017, 1200. Für einen wirksamen Antrag bedarf es der Prozess- bzw. Verfahrensfähigkeit (im VKH-Verfahren) des Antragstellers, BGH NJW 2021, 2734; Musielak/Voit/Fischer Rn. 3. 5

Eine **nicht** mit einem notwendigen Antrag eingeleitete Bewilligung bleibt wirksam, Oldb FamRZ 1989, 300; Zweibr Rpfleger 2002, 627; OVG Lüneburg JurBüro 1990, 637. 6

2. Auslegbarkeit des Antrags; erstinstanzlich keine Frist. Der Antrag ist eine Prozesshandlung. Er ist nur bei Prozessfähigkeit nach § 51 wirksam, Hamm MDR 2014, 573. Er ist auslegbar, BGH NJW-RR 2010, 278; BAG NZA-RR 2014, 383; BayObLG JurBüro 1984, 773. Er erstreckt sich im Zweifel auf das gesamte Verfahren dieser Instanz, BGH NJW-RR 2010, 278 (PKH-Antrag und Rechtsmittel); LAG Köln Rpfleger 1996, 414 (auch auf einen umfassenderen Vergleich); LAG Brem AnwBl 1982, 443. Er lässt sich umdeuten, BAG NZA-RR 2014, 374; Hmb FamRZ 1983, 1133. Im Zweifel ist ein Hinweis nach § 139 zu erteilen, BAG NZA-RR 2014, 383. Eine Klageänderung nach §§ 263, 264 nach der PKH-Entscheidung erfordert einen neuen Antrag, BGH NJW-RR 2006, 429; Kblz OLGR 2007, 759; OVG Magdeburg NVwZ-RR 2010, 702. 7

Er ist nach → Rn. 10 in erster Instanz **nicht fristgebunden,** Bbg FamRZ 1997, 179 (daher keine Wiedereinsetzung). Im Scheidungsverbund nach § 137 FamFG ist eine gesonderte Antragstellung nötig. Im PKH-Antrag 8 liegt meist auch ein Beiordnungsantrag, auch im Anwaltsprozess nach → § 78 Rn. 1, 2, Mü FamRZ 2002, 1196. Ein Vergleichs-PKH-Antrag kann rückwirkend das ganze Verfahren meinen, Karlsr NJW-RR 1998, 1085. Ein PKH-Antrag kann zugleich eine Rechtsmittelbegründung zB nach § 520 sein, BGH NJW-RR 1999, 212. Ein Antrag für das noch fehlende Rechtsmittel muss innerhalb der Rechtsmittelfrist zB nach §§ 517, 518 eingehen, und zwar mit vollständiger Begründung, unter Verwendung der vorgeschriebenen Vordrucke sowie unter Beifügung aller erforderlichen Unterlagen (Belege), BGH NJW 2017, 735 (zust. Reichling). Der Antrag unterliegt nicht § 253 II Nr. 2, Naumb FamRZ 2008, 68.

9 **3. Bedingung, Rücknahme, Wiederholung.** Als Prozesshandlung duldet der Antrag grundsätzlich keine Bedingung. Man kann aber wegen der Parteiherrschaft die Zeitbestimmung einer Entscheidung erst nach dem Ablauf des Trennungsjahrs treffen, Stgt FamRZ 2004, 1298. Der Antragsteller muss nach § 50 parteifähig und nach § 51 prozessfähig sein, BGH NJW 1990, 1734; Oldb FamRZ 2008, 1455. Er kann den Antrag nach → Vor § 128 Rn. 66 jederzeit zurücknehmen. Das kann er auch ohne eine Zustimmung des künftigen oder gegenwärtigen Prozessgegners tun. Eine Antragswiederholung nach einer Rücknahme oder Ablehnung ist grundsätzlich zulässig, → § 127 Rn. 93. Sie kann auch als eine sofortige Beschwerde nach §§ 127, 567 auszulegen sein.

10 **4. Wirkung des Antrags.** Der Antrag bewirkt nach → § 261 Rn. 10 noch keine Rechtshängigkeit. Er hemmt nach § 204 I Nr. 14 BGB die Verjährung, BGH NJW 2016, 151. Das gilt auch dann, wenn der Schuldner auf die Einrede der Verjährung nach § 214 I BGB nachträglich verzichtet, BGH NJW 1981, 1550. Voraussetzung der Hemmungswirkung ist, dass vor Eintritt der Verjährung ein ordnungsgemäß begründetes und vollständiges PKH-Gesuch eingereicht wird, BGH FamRZ 2004, 177; Brbg NJW-RR 1999, 1297; Stgt FamRZ 2005, 527; großzügiger Bernards JurBüro 1999, 119. Die Hemmung tritt nur ein, wenn das Gericht die Bekanntgabe an den Gegner veranlasst, wozu es auf Antrag des Antragstellers unabhängig von den Erfolgsaussichten verpflichtet ist, BGH NJW 2008, 1939. Ein am letzten Tag der Verjährungsfrist bei Gericht eingereichter PKH-Antrag hemmt auch dann die Verjährung, wenn der Antragsteller die Erklärung nach II 1 erst später nachreicht, Nürnb VersR 2010, 1468.

11 Die Hemmung **endet** nach § 204 II BGB sechs Monate nach dem Eintritt der formellen Rechtskraft nach § 705 oder nach der sonstigen Beendigung des Hauptprozesses. Das gilt auch dann, wenn der Antragsteller zwar eine sofortige Beschwerde nach §§ 127, 567 einlegt, das Rechtsmittel aber freiwillig nicht weiter betreibt, BGH NJW-RR 1991, 573. Der Antrag wahrt die Frist des § 46 I 2 WEG nicht, Dötsch NZM 2008, 313, auch nicht die Klagefrist des § 4 KSchG, BGH NJW-RR 1989, 675; Hamm NJW-RR 2001, 1395; LAG Köln NZA-RR 1996, 453.

12 Eine **unbedingte Klageinreichung** nach § 253 setzt grundsätzlich neben dem Verfahren auf die Bewilligung von PKH auch den Rechtsstreit als solchen in Gang, Bbg JurBüro 1976, 1195. Das ist im Interesse der Klarheit und wegen der weittragenden Rechtsfolgen der Klagerhebung nach §§ 253, 261 notwendig. Dasselbe gilt beim Rechtsmittel, BGH NJW 1988, 2046. Das Gericht stellt aber auch die unbedingt eingereichte Klage zunächst solange nicht nach § 271 I dem Bekl. zu, bis es entweder PKH bewilligt hat oder bis der Kläger den erforderlichen Vorschuss nach § 12 I GKG gezahlt hat, Celle AnwBl 1983, 92. § 12 I GKG kann freilich unanwendbar sein, etwa im Verfahren auf einen Arrest oder auf eine einstweilige Verfügung nach §§ 916 ff., 935 ff., im Verfahren nach §§ 49 ff. FamFG, bei einer Berufung nach §§ 511 ff. mit Ausnahme der Fälle § 12 I 2 Hs. 2 GKG, § 14 I 2 Hs. 2 FamGKG, bei einer Revision nach §§ 542 ff. ZPO. Dann stellt das Gericht die Klage oder den Antrag allerdings sofort dem Bekl. oder dem Antragsgegner zu. Wegen der Abänderung §§ 323 ff., ZPO §§ 238 ff. FamFG.

13 Das Gericht sollte eine **formlose Mitteilung** der Klageschrift nach § 118 I 1 stets als solche in seiner Übersendungsverfügung kennzeichnen. Man darf sie grundsätzlich auch nach → Vor § 128 Rn. 60 nicht nach § 189 als Klagezustellung nach § 271 I auslegen. Im Zweifel muss das Gericht rückfragen.

14 **V. Verbindung von Bewilligungsantrag und Klage usw. 1. Zulässigkeit.** Es steht dem Antragsteller nach → Rn. 10 (keine Frist) frei, die Klage, den Antrag nach dem FamFG oder ein Rechtsmittel vor, zusammen mit oder nach dem Antrag auf PKH einzureichen, BGH FamRZ 1996, 1142; Stgt FamRZ 2011, 1237; Zweibr JurBüro 2008, 94. Das kann nach der Wahl des Antragstellers derart geschehen, dass der Bewilligungsantrag unabhängig von der Klage, dem Scheidungsantrag usw. gelten soll, BGH FER 1996, 65. Der Bewilligungsantrag kann aber auch vorrangig sein, etwa wenn der Kläger die Klage nach → Rn. 15 nur für den Fall der PKH-Bewilligung einreicht.

15 **2. Bedingte Klage usw.** Der Kläger darf einen Eilantrag, die Klage, den Antrag nach dem FamFG, das Rechtsmittel usw. auch nach seinem Belieben nur für den Fall einer PKH-Bewilligung einreichen, BGH NJW-RR 2007, 1565; Naumb NJW 2014, 800; Zweibr JurBüro 2008, 94. Er muss aber diese Bedingung eindeutig zum Ausdruck bringen, BGH NJW-RR 2011, 492; Schlesw FamRZ 2010, 1360; OVG Bautzen NVwZ-RR 2017, 752.

3. Beispiele zur Frage einer Bedingtheit, I 1

16 **Abhängigkeit des Rechtsmittels:** Es ist grds. möglich, die Durchführung des Rechtsmittels von der PKH-Bewilligung abhängig zu machen, BGH NJW-RR 2007, 1565. Ein Schriftsatz, der alle formellen Anforderungen an ein Rechtsmittel oder eine Rechtsmittelbegründung erfüllt, ist allerdings regelmäßig als wirksam eingelegte Prozesserklärung zu behandeln, wenn sich etwas anderes nicht eindeutig aus den Begleitumständen ergibt, BGH NJW-RR 2011, 492; Ffm FamRZ 2000, 240; Stgt FamRZ 2000, 240 (PKH-Antrag mit beigefügtem „Entwurf einer Berufungsschrift").

Ankündigung: Trotz einer dem Wortlaut nach bloßen „Ankündigung" kann die Auslegung ergeben, dass die Prozesshandlung in Wahrheit schon vorliegt, BGH FamRZ 1990, 995; LG Saarbr FamRZ 2002, 1261.

Auslegung: → „Ankündigung".

Beabsichtigung: Ausreichen kann es, in demselben Schriftsatz eine objektive Kombination von Klage und PKH-Gesuch dahin zu bezeichnen, er beantrage die PKH „für die beabsichtigte Klage", BGH NJW-RR 2000, 879; aM LG Saarbr FamRZ 2002, 1260.

„Bedingte Klage": Wenn der Kläger einen als „bedingte Klage" bezeichneten Schriftsatz einreicht, und das PKH-Gesuch von einer lediglich beabsichtigten Klage spricht, hat er eindeutig kenntlich gemacht, dass er die Klage nur unter der Voraussetzung der PKH-Gewährung erheben wollte, BGH NJW-RR 2003, 1558.

Berufung: Wegen eines Antrags auf PKH iVm einer Berufung oder deren Begründung → § 517 Rn. 7, BGH VersR 1991, 937; Ffm FamRZ 1999, 1150. Auch „Entwurf", „Abhängigkeit des Rechtsmittels".

Entwurf: Ausreichen kann die Kennzeichnung der Klageschrift nach § 253 als bloßer Entwurf, BGH NJW-RR 2003, 1558 (zur Klageschrift) und NJW-RR 2000, 879 (zur Berufung), Karlsr FamRZ 2003, 1935 (dann ist sogar eine unterschriebene Klageschrift nur bedingt), Köln FamRZ 1980, 1144; aM LG Saarbr FamRZ 2002, 1260.

Gegenantrag: Ausreichen kann es, den eigenen Antrag vom Gegenantrag abhängen zu lassen, Brbg FamRZ 2014, 1722.

Klage und PKH-Gesuch: Ausreichen kann diese ausdrückliche Bezeichnung, Düss FamRZ 1987, 1281; Schlesw FamRZ 2010, 1360; VGH Mannh FamRZ 1997, 681. Indes insoweit Vorsicht, Kblz FamRZ 1998, 312; Köln FamRZ 1997, 375 (ein Antrag nach jetzt § 14 Nr. 1 GKG reicht nicht); Zweibr NJW-RR 2001, 1653.

Mahnverfahren: Mit dem Antrag an das Mahngericht auf Bewilligung von PKH für das streitige Verfahren gibt der Antragsteller zu verstehen, dass der Rechtsstreit an das Prozessgericht abgegeben werden und damit Rechtshängigkeit eintreten soll, Hamm NJOZ 2014, 1029.

Rückwirkung: Die nachträglich abgegebene Erklärung auf eine gerichtliche Anfrage, dass zunächst nur PKH beantragt werden soll, kann die bereits eingetretene Rechtsfolge der wirksamen Klageerhebung nicht mehr ändern, Mü NJW-RR 1998, 205.

Sodann-Antrag: Ausreichen kann es, erst „sodann" um zB die Klagezustellung nach § 270 zu bitten, Karlsr FamRZ 1988, 92.

Vorabantrag: Ausreichen kann es, „vorab" um PKH zu bitten, KG MDR 2008, 584; Karlsr FamRZ 1989, 716; Kblz MDR 2004, 177.

4. Nur für den Fall voller Bewilligung. Die Zulässigkeit einer bedingten Klage usw. ist eine Ausnahme vom Grundsatz, dass zumindest die den Prozess oder die Instanz einleitende Prozesshandlung keine Bedingung duldet. Daher muss wenigstens der Umfang der Bedingung von vornherein klar sein. Daher ist bei einer nur teilweisen PKH-Bewilligung entweder eine berechtigte entsprechend beschränkte Klageschrift oder die Erklärung notwendig, die Klage bleibe voll aufrechterhalten, um den Rechtsstreit nach → § 261 Rn. 1 anhängig oder rechtshängig zu machen, Mü MDR 1988, 972; aM Karlsr NJW-RR 1989, 512 (Klage werde nur im Bewilligungsumfang erhoben. Aber eine solche Auslegung beachtet nicht genug die Parteiherrschaft. Dem Kläger bleibt es grds. unbenommen, hinsichtlich des abgelehnten Teils den Kostenvorschuss einzuzahlen). 17

VI. Prozessgericht, I 1 Hs. 1. Der Antrag für das Erkenntnisverfahren ist bei dem „Prozessgericht" zu stellen. Das ist dasjenige Gericht, bei dem derjenige Rechtsstreit derzeit schwebt oder nach → § 261 Rn. 1 anhängig werden soll, für den der Kläger PKH beantragt, Brem NJW 2011, 2146; BGH NJW-RR 1994, 706. Der Antragsteller kann den Antrag nach § 130ad elektronisch oder auch schriftlich einreichen. Dann muss er ihn nach → Rn. 20, 21 als einen bestimmenden Schriftsatz unterzeichnen, BGH NJW 1994, 2097 (auch zum Telefax). In einer FamFG-Sache ist das FamG zuständig, auch wegen einer geplanten Beschwerde, Bbg FamRZ 2012, 49; Brbg FamRZ 2013, 1242; Brem FamRZ 2011, 1742; aM Ffm FamRZ 2012, 2817. Prozessgericht kann nach § 119 S. 1 auch das Rechtsmittelgericht sein. Im Zuständigkeitsstreit ist § 36 I Nr. 6 anwendbar, → § 36 Rn. 5 „Prozesskostenhilfe". 18

In einer **Handelssache** kommt auch die Kammer für Handelssachen in Betracht, deren Vorsitzender nach § 349 II Nr. 7 zuständig ist. Im Rahmen einer Zwangsvollstreckung nach §§ 704 ff. ist nach I 3 grundsätzlich das Vollstreckungsgericht nach §§ 764, 802 zuständig. Denn es kann die Aussichten allein beurteilen, BGH ZIP 2012, 1096; Celle Nds. Rpfl. 1981, 232; LG Bielefeld AnwBl 1982, 534. Das gilt auch bei der Vollstreckung einer einstweiligen Anordnung nach (jetzt) §§ 49 ff. FamFG, Celle FamRZ 1979, 57; Düss FamRZ 1979, 843. Freilich kann das Prozessgericht auch in der Zwangsvollstreckung nach § 802 zuständig sein, zB bei §§ 887, 888, 890 (nicht: bei § 889, → § 889 Rn. 3), Kblz FamRZ 1978, 605 (FamG). 19

VII. Zu Protokoll der Geschäftsstelle, I 1 Hs. 2. 1. Zuständigkeit. Zur Entgegennahme ist nach § 129a I jedes AG zuständig. Den Antrag nimmt grundsätzlich der Urkundsbeamte der Geschäftsstelle oder der Rechtsantragsstelle entgegen. In einem schwierigen Fall soll der Rpfleger den Antrag entgegennehmen. Das gilt nach § 24 II Nr. 3 RPflG (Erkenntnisverfahren). Er ist nach § 20 I Nr. 5 RPflG auch für einen Antrag im Vollstreckungsverfahren nach §§ 704 ff. zuständig. Der Urkundsbeamte übersendet den Antrag nach § 129a II 1, → Rn. 18 wie bei § 121 I 1 BGB unverzüglich an das Prozessgericht. Der Antrag wird nach § 129a II 2, → Rn. 20 erst dann wirksam, wenn er beim Prozessgericht eingeht. Die Geschäftsstelle des entgegennehmenden AG kann dem Antragsteller nach § 129a II 3 die Übermittlung an das Prozessgericht überlassen, sofern dieser zustimmt. Das alles gilt auch dann, wenn der Antrag erst in der höheren Instanz erstmalig oder erneut nunmehr für diesen Rechtszug erfolgt. Zur Verweisung und zu deren Bindungswirkung → § 281 Rn. 3. 20

2. Kein Anwaltszwang, kein Unterschriftszwang zu Protokoll. Anwaltszwang besteht nach § 78 III Hs. 2 nicht, auch nicht im Anwaltsprozess. Eine Unterzeichnung des schriftlichen Antrags ist zwar wie bei jedem bestimmenden Schriftsatz nach → § 129 Rn. 9 ff. nötig. Sie ist aber bei einer Einreichung zum Protokoll nicht erforderlich, Ffm AnwBl 1983, 319; Karlsr FamRZ 2004, 647. Sie ist freilich auch dann empfehlenswert, um klarzustellen, dass der Antragsteller den Antrag auch wirklich einreichen will und dass das Gericht ihn daher bearbeiten muss. 21

3. Beratung durch Urkundsbeamten. Der Urkundsbeamte der aufnehmenden Geschäftsstelle und derjenige des Prozessgerichts sind verpflichtet, den Antragsteller sachgemäß zu beraten, BGH NJW 1984, 2106, und ihn insbesondere nach IV auf den gesetzlichen Zwang zur Benutzung des nach III eingeführten Formulars hinzuweisen, Christl NJW 1981, 791. Der Urkundsbeamte des Prozessgerichts hat aufgrund eines Antrags die Akten heranzuziehen. Eine Bezugnahme auf die Akten ist nämlich grundsätzlich zulässig, Nürnb JurBüro 1984, 610. Eine Beratung, die über die Erfordernisse des § 117 und evtl. diejenigen des § 118 I, II hinausgeht, erfolgt durch den Urkundsbeamten nicht. 22

VIII. Darstellung des Streitverhältnisses, I 2. 1. Begriff des Streitverhältnisses. In dem Antrag ist das Streitverhältnis nach → § 2 Rn. 4 „darzustellen". Dies soll dem Gericht die Prüfung der Erfolgsaussichten ermöglichen. Zwar hat das Gericht nach § 118 II sowie nach § 139 ergänzende Fragen zu stellen, bevor ein 23

Antrag mangels hinreichender Erfolgsaussicht abgelehnt werden darf. Das ändert aber nichts an der Notwendigkeit, schon dem Antrag die vollständige und wahrheitsgemäße Darlegung des Streitverhältnisses beizufügen, KG NJW-RR 2015, 904.

24 **2. Vortrag als Kläger.** Für die Art und den Umfang dieser Darlegung kommt es einerseits auf die Festlegung des Streitgegenstands nach → § 2 Rn. 4 an, BGH NJW-RR 2006, 429. Zum anderen kommt es auf die zur Zuständigkeitsklärung nach §§ 23 ff., 72 GVG, §§ 12 ff. notwendigen Angaben an und insbesondere nach → § 114 Rn. 16 ff., 27 ff. auf diejenigen Angaben, die das Gericht zur vorläufigen Beurteilung der Erfolgsaussicht und der Bedürftigkeit des Antragstellers benötigt, Karlsr FamRZ 2006, 1852; Nürnb JurBüro 1996, 25; Saarbr FamRZ 1993, 715. Der Antragsteller muss einen bestimmten Anspruch geltend machen. Er muss den beabsichtigten Klagantrag formulieren und nach § 253 II Nr. 2 eine tatsächliche Begründung beifügen, zumal das Gericht den Sachverhalt grundsätzlich nicht nach → Vor § 128 Rn. 44 von Amts wegen ermittelt, LAG Hamm MDR 1982, 83. Er muss auch die übrigen nach § 253 II–IV für eine Klage- oder Antragsschrift erforderlichen Angaben jedenfalls so weit wie nach → § 253 Rn. 28 machen, dass das Gericht die beabsichtige Klage in ihren wesentlichen Umrissen erkennen kann, OVG Lüneburg NVwZ-RR 2009, 784. Mehr ist allerdings auch nicht nötig, OVG Lüneburg FamRZ 2006, 963. Eine Bewilligung umfasst nicht eine spätere Klagerweiterung nach §§ 263, 264, BGH NJW-RR 2006, 429.

25 **3. Vortrag als Beklagter.** Als Bekl. muss er im Wesentlichen nach § 277 I die beabsichtigten Verteidigungsmittel nach → Einl. II Rn. 113, 114 vorbringen, soweit es ihm derzeit möglich ist. Er muss dabei bereits den auch im Bewilligungsverfahren geltenden Grundsatz der Wahrheits- und Vollständigkeitspflicht nach § 138 I beachten, Oldb NJW 1994, 807. Er muss sich auch bereits nach § 138 II über die etwa vom Gegner schon vorgebrachten Tatsachen und Beweismittel erklären. Ein etwa unzulässiges Bestreiten mit Nichtwissen nach § 138 III, IV erleichtert dem Gegner das Ziel einer eigenen PKH-Bewilligung und kann sich im Hauptverfahren nachteilig auswirken. Die Antragsbegründung braucht zwar nicht in allen Einzelheiten wie bei → § 253 Rn. 28 schlüssig zu sein, zumal das Gericht nach § 139 rückfragen darf und muss. Nach I 2 sind aber alle Tatsachen darzulegen, aus denen das Gericht wie bei → § 253 Rn. 26 ff. wenigstens im Kern und nicht bloß in vagen Umrissen erkennen kann, um was es gehen wird.

26 **4. Angabe der Beweismittel.** Bereits im Antrag muss man der Darstellung des Streitverhältnisses die „Angabe der Beweismittel" nach §§ 294, 371 ff. beifügen. Der Antragsteller kann nicht stets damit rechnen, dass das Gericht etwa nach § 139 nach einem noch fehlenden Beweisantritt fragt, auch nicht nach § 118. Der Antrag kann also schon am Fehlen ausreichender Beweisanträge scheitern. Sie müssen für alle diejenigen wahrscheinlich streitigen oder bereits vorprozessual streitig gewordenen entscheidungserheblichen Tatsachen erfolgen, für die der Antragsteller nach Anh. § 286 die Beweislast trägt oder für die der Gegner voraussichtlich Beweis antreten wird, soweit jeweils erkennbar. Das Gesetz sieht nach § 118 I 1 Hs. 1 zwar vor, dass das Gericht den Prozessgegner grundsätzlich anhört. Das Gericht ist nach dem Gesetzeswortlaut zwar nicht verpflichtet, dem Antragsteller eine etwaige gegnerische Stellungnahme zu einer Gegenerklärung vorzulegen; §§ 275 IV, 276 III sind auch nicht entsprechend anwendbar. Es ist aber sinnvoll, so zu verfahren, um nicht einen neuen PKH-Antrag mit etwa nötigen Beweisantritten zu provozieren, deren Notwendigkeit sich erst aus dem Bestreiten des Antragsgegners ergeben kann. Grundsätzlich muss der Antragsteller alle gesetzlich zulässigen Beweismittel angeben.

27 **5. Glaubhaftmachung.** Die Glaubhaftmachung ist noch nicht im Antrag erforderlich. Sie wird nach § 118 II 1 nur auf Verlangen des Gerichts notwendig, Bbg FamRZ 2007, 1182; Köln NJW-RR 2000, 288. Trotzdem kann eine Glaubhaftmachung schon bei der Antragseinreichung im Interesse des Antragstellers liegen. Soweit sie erfolgt, gilt § 294. Als „Beweismittel" ist eine Glaubhaftmachung allenfalls im gesetzlichen Ausnahmefall nach §§ 920 II, 936 ausreichend. Ein „Untertauchen" reicht nicht zur Glaubhaftmachung der Bedürftigkeit, Köln NJW-RR 2000, 288.

28 **6. Rechtsmittelinstanz.** In der Rechtsmittelinstanz ist eine vollständige Darlegung des Streitverhältnisses ggf. nach § 119 I 2 und auch sonst grds. nicht mehr erforderlich, BGH NJW 2009, 1423, NJW-RR 2001, 1146 und 1990, 1212; Drsd MDR 2003, 1015. Der Antragsteller muss aber innerhalb der Rechtsmittelfrist nach §§ 517, 518, 548, 569 I 1, 575 I 1 das ihm nach den Umständen Zumutbare tun, um die persönlichen Bedürftigkeits- und sonstigen Voraussetzungen für die Bewilligung der PKH darzulegen, BGH NJW 2017, 735 (zust. Reichling); Oldb FamRZ 2009, 1167 (je: Wiedereinsetzungsmöglichkeit nach §§ 233 ff.), zumindest bis zum Ablauf der Frist des § 93 I 1 BVerfGG, BVerfG NJW 2000, 3344. Er muss daher unter anderem (erneut) die Erklärung über die persönlichen und wirtschaftlichen Verhältnisse nach II rechtzeitig einreichen, BGH NJW-RR 2017, 735 (zust. Reichling); Oldb FamRZ 2009, 1167; Saarbr NJW-RR 2000, 664. Die Bezugnahme auf die richtigen und vollständigen erstinstanzlichen Angaben reicht grds. aus, BGH FamRZ 2004, 1961; Drsd MDR 2000, 1272. Das gilt jedoch nur, falls sich die Verhältnisse nicht geändert haben, BGH NJW-RR 1993, 451; Bbg FamRZ 2001, 628. Darauf muss der Antragsteller unmissverständlich hinweisen, BGH FamRZ 2004, 1961.

29 Die Angaben müssen nach § 138 I, II **richtig und vollständig** sein, BGH NJW 2017, 735 (zust. Reichling); Drsd MDR 2000, 1272; Oldb FamRZ 2009, 1168. Eine Begründung ist im Zweifel nicht auch eine Rechtsmittelbegründung, kann aber etwa durch Bezugnahme dazu werden, Drsd MDR 2003, 1015; Saarbr FamRZ 1993, 7135. Als Rechtsmittelgegner braucht der Antragsteller nach → § 119 Rn. 43 jedenfalls zur Erfolgsaussicht der Rechtsverteidigung grundsätzlich keine Angaben mehr zu machen.

30 **7. Zwangsvollstreckung.** Im Vollstreckungsverfahren nach §§ 704 ff. sind Darlegungen zum Erkenntnisverfahren nach I 2 nicht mehr notwendig und ist die Bezugnahme auf Akten eher ausreichend, Bobenhausen Rpfleger 1984, 396.

31 **IX. Für die Zwangsvollstreckung zuständiges Gericht, I 3.** Ein Antrag auf PKH ist nach § 119 II für die gesamte Zwangsvollstreckung in das bewegliche Vermögen und außerdem auch für eine Vollstreckung in das unbewegliche Vermögen möglich. I 3 klärt nach → § 764 Rn. 6 die funktionelle Zuständigkeit des Vollstreckungsgerichts, §§ 764, 802, also seines Rpfl.

32 **X. Erklärung der Partei, II 1. 1. Grundlagen.** Dem Antrag ist eine Erklärung der Partei beizufügen, auch einer juristischen Person nach → § 50 Rn. 12, BFH Rpfleger 1993, 290, bei einer Prozessstandschaft nach → Vor § 50 Rn. 32 eine Erklärung des Antragstellers, Saarbr FamRZ 1991, 961, nur über ihre persönlichen und wirtschaftlichen Verhältnisse (Familienverhältnisse, Beruf, Vermögen, Einkommen und Lasten), BGH NJW-RR

2018, 190; Celle NJW-RR 2006, 1304; LAG Mainz FamRZ 2013, 648 (also nicht auch über diejenigen des Ehepartners). Das gilt bei jedem selbständigen Verfahren, Karlsr FamRZ 2018, 1100 (keine bloße Bezugnahme). Die Erklärung dient der Klärung der Bedürftigkeit nach → § 114 Rn. 22, Brbg NJW-RR 2005, 872; LAG Hamm NZA-RR 2018, 325. Die Einreichung einer Bescheinigung über Arbeitslosengeld macht eine Erklärung nach II, III nicht entbehrlich, Hamm NJW-RR 1999, 1679. Ohne Beifügung der nach II erforderlichen Belege ist das Gesuch unvollständig, BGH ZIP 2017, 1344 (zust. Reichling); Hamm FamRZ 2004, 1616. Ihre Unterlassung führt nach einer vergeblichen Fristsetzung nach → Rn. 45 oder nach dem Ablauf einer gesetzlichen Frist etwa nach § 1600b BGB grundsätzlich zur Antragsablehnung, BGH ZIP 2017, 1344 (zust. Reichling); Brbg NJW-RR 2005, 872; LAG Hamm NZA-RR 2018, 325. Eine Ausnahme kann dann gelten, wenn das Gericht leicht das Unklare klären kann, Brbg FamRZ 2018, 698. Notwendig sind auch Angaben über das Bruttoeinkommen eines auch nur evtl. zum Kostenvorschuss Verpflichteten, AG Kblz FamRZ 2007, 1753, und Angaben dazu, ob dieser über einsetzbares Vermögen nach → § 115 Rn. 34 verfügt, LG Kblz MDR 1999, 1410. Das alles geschieht nach § 184 auf Deutsch, andernfalls zumindest auf Gerichtsanforderung übersetzt, Hamm JurBüro 2000, 229. Eine bloße Bezugnahme reicht nur dann, wenn eine neue Erklärung reine Förmelei wäre, OVG Hmb FamRZ 2015, 1418.

2. Formularzwang. Der Antragsteller muss die in II 1 genannten Einzelheiten über die persönlichen und wirtschaftlichen Verhältnisse nach dem bundeseinheitlichen Formular angeben, BGH ZIP 2017, 1344 (zust. Reichling). Für dieses besteht nach → Rn. 40 grundsätzlich ein Benutzungszwang. Natürlich muss der Antragsteller solche Angaben hinzufügen, die ersichtlich für die Entscheidung erheblich sind, die jedoch im Formular als Fragen nicht oder nur ungenügend erscheinen. Der Formularzwang bedeutet nämlich keine Freigabe unvollständiger oder unwahrhaftiger Erklärungen. Die Angaben müssen insgesamt aus sich heraus verständlich sein, Ffm FamRZ 1997, 682. Dabei kann sich der Antragsteller erforderlichenfalls von der Geschäftsstelle beraten lassen, LAG Hamm JurBüro 1981, 1581. 33

3. Belege. Der Antragsteller muss der Erklärung „entsprechende Belege" beifügen, BGH ZIP 2017, 1344 (zust. Reichling); KG NJW-RR 2015, 904; LAG Hamm NZA-RR 2017, 675; und zwar nach § 184 GVG in deutscher Sprache, BGH MDR 1986, 302; BAG NJW 2017, 3742; Hamm JurBüro 2000, 259. Das Gesetz geht von einer umfassenden Belegpflicht aus. Denn die Belege sollen grds. allen Angaben in der Erklärung und dem Formular entsprechen. 34

4. Beispiele zur Frage entsprechender Belege, II 1

Belastungen: Für geltend gemachte Belastungen sind Belege erforderlich, BGH NJW 1989, 3149. 35

Beweismittelangabe: Es reicht nicht, auf Beweismittel zu verweisen, die nicht beigefügt sind.

Ehepartner: Nötig sind auch Angaben zu seinen Verhältnissen, BGH FamRZ 2004, 99.

Eidesstattliche Versicherung: Eine Versicherung an Eides Statt kommt dann in Betracht, wenn hinsichtlich bestimmter Angaben in der Erklärung keine Belege beigebracht werden können; sie ersetzt aber nicht die Pflicht, Belege vorzulegen, Brbg FamRZ 2002, 1415 (bei Miete Vorlage des Mietvertrags). Auch „Glaubhaftmachung".

Einzelne Belege: Soweit nur einzelne Belege fehlen, darf das Gericht nicht die PKH insgesamt ablehnen, es bleiben lediglich die nicht belegten Ausgaben bei der Bedürftigkeitsprüfung unberücksichtigt, Bbg FamRZ 2001, 628.

Glaubhaftigkeit: Einen ohnehin nach § 294 glaubhaften Umstand braucht der Antragsteller nicht zusätzlich zu belegen, Karlsr FamRZ 1986, 372. Aber auch „Glaubhaftmachung".

Glaubhaftmachung: Nicht ausreichend ist die bloße Angabe von Mitteln nach § 294. Auch „Eidesstattliche Versicherung", aber auch „Glaubhaftigkeit".

Insolvenz: Ausreichen kann evtl. eine Angabe über die Eröffnung eines solchen Verfahrens, LAG Kiel NZA-RR 2007, 264.

Kontoauszug: Zur Glaubhaftmachung etwa von Ratenzahlungen kann die Vorlage von Kontoauszügen erforderlich sein, LAG Hamm NZA-RR 2019, 436.

Nachforderung: Das Gericht muss wegen Art. 103 I GG evtl. fehlende Belege vor einer Zurückweisung des Antrags nach → Rn. 45 nachfordern, Ffm JurBüro 2019, 593; BFH Rpfleger 1993, 73; Bbg FamRZ 2001, 628; VGH Mannh JurBüro 1991, 1114.

Rente: Über Einkünfte aus Renten sind Belege vorzulegen, BGH NJW 1989, 3149.

Steuerberater: Nicht ausreichend ist eine Bescheinigung, die nicht den jetzigen Stand ergibt, LG Kblz FamRZ 1996, 806. Eine einigermaßen aktuelle Bescheinigung reicht aber bei unregelmäßigen und der Höhe nach schwankenden Einkünften aus, BGH VersR 1992, 897.

Steuerbescheid: Ein mehrere Jahre alter Steuerbescheid ist als Beleg für das aktuelle Einkommen nicht geeignet, auch wenn es sich um den letzten ergangenen steuerlichen Nachweis handelt, BGH NJW-RR 1991, 637.

Steuererklärung: Nötig sein kann ihre Vorlage auch dann, wenn sie Angaben zu nicht einschlägigen Umständen enthält.

Unselbständige Arbeit: Nötig sind Belege über Lohn usw., BGH NJW 1989, 3149.

Zuwendung: Wer geltend macht, für den Lebensunterhalt freiwillige Zuwendungen von Dritten zu erhalten, muss eidesstattliche Versicherungen der Dritten vorlegen, BGH NJW-RR 2018, 190. Das gilt auch, wenn es sich um Zuwendungen von wechselnden Personen in unterschiedlicher Höhe handeln soll, BGH FamRZ 2019, 547.

XI. Persönlichkeitsschutz, II 2–4. 1. Einschränkung des Einsichtsrechts. Das Gericht muss das Recht des Antragstellers auf informationelle Selbstbestimmung schützen. Das gilt auch zugunsten seiner Angehörigen, soweit er über ihre Verhältnisse mitberichten muss. Dazu gehört, dass das Gericht das BDSG beachten muss, Prütting ZZP 1993, 445. Es muss vor allem II 2 Hs. 1 berücksichtigen. Deshalb darf das Gericht die Erklärung und die Belege dem Prozessgegner grundsätzlich nur mit der vorherigen Zustimmung des Antragstellers zugänglich machen, BVerfG NJW 1991, 2078; BGH NJW 2015, 1827 (zust. Zempel); Kblz ZIP 2013, 851 (Insolvenzverwalter als Antragsteller). Vgl. allerdings auch → Rn. 38. Der Gegner darf nicht schon wegen des Fehlens seines Einsichtsrechts einfach bestreiten, dass die Erklärung dem Gericht vorliege, Stgt VersR 2011, 60. 36

37 **2. Gesondertes Beiheft.** Wie die Erklärung nach II–IV aktenmäßig zu behandeln ist, ergibt sich aus den Durchführungsbestimmungen zur Prozess- und Verfahrenskostenhilfe und zur Stundung der Kosten des Insolvenzverfahrens (DB-PKH), die von den Bundesländern weitestgehend übereinstimmend erlassen worden sind. Da die DB-PKH der meisten Bundesländer im Internet verfügbar sind (zB bei BeckOnline sind dokumentiert die DB-PKH von Baden-Württemberg, Bayern, Hamburg, Hessen und Nordrhein-Westfalen) und die Regelungen bei kleineren Abweichungen im Wesentlichen einheitlich sind, wird vom Abdruck abgesehen. U. a. ist dort geregelt, dass die Erklärung und die Anlagen in einem besonderen Beiheft aufbewahrt werden müssen, das dem Verfahrensgegner oder Dritten bei Versendung der Hauptakten nicht zugänglich gemacht werden darf. Ferner ist im Einzelnen bestimmt, wann dem Kostenbeamten bzw. dem Rechtspfleger die Akten vorzulegen sind, zB zur Prüfung der Aufhebung nach § 124. Das Beiheft dient damit auch dem Datenschutz und dem Schutz des Persönlichkeitsrechts des Ast.gem.II 2.Einsicht erhalten kann gegebenenfalls der ProzBev. des Ast.

38 **3. Schutzgrenzen: Auskunftsanspruch des Gegners.** Dazu Frauenknecht NZFam 2016, 491; Härtl NZFam 2014, 1032. Das alles gilt an sich trotz des schutzwürdigen Interesses des Prozessgegners daran, nicht durch falsche Angaben des Antragstellers zur Mittellosigkeit in einen Prozess hineinzugeraten. Der Prozessgegner des PKH-Gesuchs kann auch ohne Kenntnis der Angaben zur Mittellosigkeit auf diesbezügliche Zweifel aufmerksam machen. Es ist in der Praxis auch nicht selten, dass der Antragsgegner etwa auf (angeblich) vorhandene Vermögenswerte oder Einkünfte hinweist. Ausnahmsweise dürfen die Erklärung des Antragstellers und die Belege dem Antragsgegner auch ohne Zustimmung des Antragstellers zugänglich gemacht werden, und zwar wenn der Antragsgegner nach II 2 Hs. 2 einen materiell-rechtlichen Auskunftsanspruch über Einkünfte und Vermögen des Antragstellers hat, Ffm FamRZ 2018, 608; Hamm NJW 2020, 3181. Der Auskunftsanspruch des Gegners „nach den Vorschriften des bürgerlichen Rechts" begründet aber nicht etwa ein subjektives Recht des Gegners auf Einsichtnahme, sondern hat objektiv-rechtlichen Charakter, BGH NJW 2015, 1827; Ffm FamRZ 2017, 1590. Das Gericht erhält dadurch die Möglichkeit, ohne Beeinträchtigung des Rechts des Antragstellers auf informationelle Selbstbestimmung den Gegner zu den wirtschaftlichen Verhältnissen zu hören; damit soll eine größere Gewähr der Richtigkeit der diesbezüglichen Angaben erreicht werden, Naumb NZFam 2014, 1057. Nicht ausreichend ist ein prozessualer Anspruch zB nach § 836 III, Brbg MDR 2010, 1217. Bevor das Gericht dem Gegner nach II 2 Hs. 2 die Erklärung und die Belege zugänglich macht, ist dem Antragsteller Gelegenheit zur Stellungnahme zu geben. Wenn das Gericht dem Gegner gegen den Willen des Antragstellers Einsicht gewährt, ist dagegen die sofortige Beschwerde statthaft, Ffm FamRZ 2017, 1590. Lehnt das Gericht die Zugänglichmachung ab, besteht kein Beschwerderecht des Antragsgegners, Oldb FamRZ 2013, 805; Brem FamRZ 2012, 649. Der Gegner kann zwar nach § 299 II einen Antrag auf Akteneinsicht stellen, der aber abzulehnen ist, BGH NJW 2015, 1827. Der Antragsteller kann sein Einverständnis mit der Weiterleitung der Unterlagen erklären. Soweit der Antragsteller in demselben Schriftsatz Angaben zur Mittellosigkeit und zur Erfolgsaussicht schon räumlich vermischt, stimmt er unwiderruflich ihrer gesamten Kenntnisnahme durch den Prozessgegner zu. Der Bezirksrevisor hat schon wegen § 127 III 1 und auch nach → § 299 Rn. 10 ff. ein Einsichtsrecht. Ein Antrag nach Abschluss des PKH-Verfahrens kann nach § 299 II umzudeuten sein, Ffm FamRZ 2017, 1590.

39 **XII. Formulare, III, IV. 1. Formulareinführung, III.** Das Bundesministerium für Justiz und Verbraucherschutz ist nach III zur Einführung von Formularen zur Vereinfachung und Vereinheitlichung des Verfahrens durch Rechtsverordnung mit Zustimmung des Bundesrats berechtigt. Das amtliche Formular nebst Hinweisblatt ist veröffentlicht in der neugefassten **Prozesskostenhilfeformularverordnung (PKHFV)** vom 6.1.2014, BGBl. I 34, in Kraft seit 22.1.2014, § 4 S. 1 PKHFV. Der Formularzwang dient der einfachen und vollständigen Prüfung, nicht der einfachen Begründung einer Ablehnung, Brbg FamRZ 2018, 698. Bei elektronischer Einreichung gelten §§ 130ad. Wegen der nach III 2 notwendigen Belehrung vgl. bei § 120a II 4, → § 120a Rn. 26. Wegen des Rechtsmittelzugs → § 119 Rn. 50. Wegen des grenzüberschreitenden Verkehrs vgl. § 1077 II sowie die EG-PKHVV vom 21.12.2004, BGBl. I 3538.

§ 1 PKHFV Formular

I Für die Erklärung der Partei über ihre persönlichen und wirtschaftlichen Verhältnisse nach § 117 Absatz 2 Satz 1 oder nach § 120a Absatz 1 Satz 3 der Zivilprozessordnung ist das in der Anlage bestimmte Formular zu verwenden.

II Absatz 1 gilt nicht für die Erklärung einer Partei kraft Amtes, einer juristischen Person oder einer parteifähigen Vereinigung.

§ 2 PKHFV Vereinfachte Erklärung

I [1]Ein minderjähriges unverheiratetes Kind, das in einer Abstammungssache nach § 169 des Gesetzes über das Verfahren in Familiensachen und in den Angelegenheiten der freiwilligen Gerichtsbarkeit oder in einem Verfahren über den Unterhalt seine Rechte verfolgen oder verteidigen oder das einen Unterhaltsanspruch vollstrecken will, kann die Erklärung gemäß § 117 Absatz 2 Satz 1 oder § 120a Absatz 1 Satz 3 der Zivilprozessordnung ohne Benutzung des in der Anlage bestimmten Formulars abgeben, wenn es über Einkommen und Vermögen, das nach § 115 der Zivilprozessordnung einzusetzen ist, nicht verfügt. [2]Die Erklärung des Kindes muss in diesem Fall enthalten:

1. Angaben darüber, wie es seinen Lebensunterhalt bestreitet, welche Einnahmen es im Monat durchschnittlich hat und welcher Art diese sind;
2. die Erklärung, dass es über Vermögen, das nach § 115 der Zivilprozessordnung einzusetzen ist, nicht verfügt; dabei ist, soweit das Kind oder sein gesetzlicher Vertreter davon Kenntnis hat, anzugeben,
   a) welche Einnahmen die Personen im Monat durchschnittlich brutto haben, die dem Kind auf Grund gesetzlicher Unterhaltspflicht Unterhalt gewähren;
   b) ob die Personen gemäß Buchstabe a über Vermögensgegenstände verfügen, deren Einsatz oder Verwertung zur Bestreitung eines dem Kind zu leistenden Prozesskostenvorschusses in Betracht kommt; die Gegenstände sind in der Erklärung unter Angabe ihres Verkehrswertes zu bezeichnen.

[3]Die vereinfachte Erklärung im Antragsvordruck für das vereinfachte Verfahren zur Abänderung von Unterhaltstiteln ist weiterhin möglich; sie genügt auch, wenn die Verfahren maschinell bearbeitet werden. [4]Das Kind kann sich auf die Formerleichterungen nicht berufen, wenn das Gericht die Benutzung des in der Anlage bestimmten Formulars anordnet.

II Eine Partei, die nach dem Zwölften Buch Sozialgesetzbuch laufende Leistungen zum Lebensunterhalt bezieht, muss die Abschnitte E bis J des in der Anlage bestimmten Formulars nicht ausfüllen, wenn sie der Erklärung den zum Zeitpunkt der Antragstellung aktuellen Bewilligungsbescheid des Sozialamtes beifügt, es sei denn, das Gericht ordnet dies ausdrücklich an.

§ 3 PKHFV Zulässige Abweichungen

I Folgende Abweichungen von dem in der Anlage bestimmten Formular und dem Hinweisblatt zu dem Formular sind zulässig:

1. Ergänzungen oder Änderungen, die auf einer Änderung von Rechtsvorschriften beruhen;
2. Ergänzungen oder Änderungen des Hinweisblattes zu dem Formular, die mit Rücksicht auf Besonderheiten des Verfahrens in den einzelnen Gerichtszweigen oder Behörden erforderlich sind.

II [1]Der Bund und die Länder dürfen jeweils für ihren Bereich Anpassungen und Änderungen von dem in der Anlage bestimmten Formular zulassen, die es, ohne den Inhalt zu verändern oder dessen Verständnis zu erschweren, ermöglichen, das Formular in elektronischer Form auszufüllen und dem Gericht als strukturierten Datensatz zu übermitteln. [2]Diese Befugnis kann durch Verwaltungsabkommen auf eine zentrale Stelle übertragen werden.

III Wird das Hinweisblatt zu dem Formular nach Absatz 1 Nummer 2 in einer abweichenden Fassung verwendet, so ist die Bezeichnung „Allgemeine Fassung" unten auf der ersten Seite des Hinweisblattes und des Formulars durch eine Bezeichnung des Gerichtszweiges und des Bundeslandes oder durch eine Bezeichnung des Gerichtszweigs und des Bundesamts oder durch eine Bezeichnung der Behörde zu ersetzen, in dem oder der die abweichende Fassung des Hinweisblattes verwendet wird.

§ 4 ...

Anlagen (Formulare, Hinweise) sind hier nicht abgedruckt.

2. Grundsatz: Benutzungszwang, IV. Die Partei muss sich grundsätzlich des für sie eingeführten Formulars bedienen, BGH ZIP 2017, 1344, OVG Münster NVwZ-RR 2015, 118, auch als Prozessstandschafter nach → Vor § 50 Rn. 32, Saarbr FamRZ 1991, 961. Das gilt auch nach § 76 I FamFG und im Rechtsmittelverfahren, BGH FamRZ 2006, 1522, und nach der Eröffnung des Insolvenzverfahrens über das Vermögen des Antragstellers, BGH NJW 2002, 2793, auch nach ihrer Abschiebung (dann auch gleichgestellte Unterlage), BGH NVwZ-RR 2011, 87. Wegen der Ausnahmen → Rn. 42. Die Benutzungspflicht bedeutet: Man muss sich das Formular selbst besorgen, etwa auf der Rechtsantragsstelle jedes AG oder im Handel oder im Internet. Man muss das Formular sorgfältig, vollständig und gewissenhaft ausfüllen, BGH FER 2001, 58; Köln FamRZ 2006, 1854; OVG Hmb FamRZ 1992, 79. Anzugeben hat der Antragsteller allerdings nur solche Umstände, auf die es – für ihn erkennbar – ankommen kann, BGH FamRZ 2004, 177. Soweit der Antragsteller eine Frage verneinen will, darf er das Formularfeld nicht unausgefüllt lassen. Lückenhafte Angaben im Formular – zB zu fehlenden Einnahmen aus selbständiger oder unselbständiger Arbeit – können auf andere Weise geschlossen werden, zB durch beigefügte Unterlagen oder wenn es sich aufgrund der sonstigen Angaben und Belege aufdrängt, dass solche Einnahmen nicht vorhanden sind, BGH NJW-RR 2018, 763. Daher kann zB bei einer wiederholten Ausfüllung und bei einer anschließenden Verschlechterung der Lage auch einmal eine Einzelausfüllung fehlen, BGH NJW-RR 2000, 1520. Bei elektronischer Einreichung gelten §§ 130a–d. 40

Der Antragsteller kann sich der Hilfe der Rechtsantragsstelle jedes AG bedienen. Der Vordruck muss nicht unbedingt eigenhändig unterschrieben werden; es genügt vielmehr, wenn feststeht, dass die Erklärung von dem Antragsteller stammt und dieser zur Richtigkeit der Angaben steht, BGH NJW 1986, 62; Karlsr FamRZ 1996, 806. Eine Bezugnahme auf ein früher eingereichtes Formular reicht nur beim Fortbestand der damaligen Verhältnisse aus, BGH FamRZ 2004, 1961. Die Anforderungen dürfen nicht überspannt werden, BGH FamRZ 2010, 283; Köln FamRZ 2006, 1854. Es besteht eine Frage- und Hinweispflicht des Gerichts nach § 139, Mü NJW-RR 2014, 1404. Grds. ist nicht von der Unredlichkeit, sondern von der Redlichkeit des Antragstellers auszugehen, auch wenn zunächst keine vollständigen Angaben gemacht werden; diese sind oft auf bloße Unbeholfenheit oder Unachtsamkeit zurückzuführen, LAG Kiel NZA-RR 2011, 606. 41

3. Ausnahmen vom Benutzungszwang. Nach § 1 II PKHVV brauchen die dort genannten Parteien kraft Amts nach → Vor § 50 Rn. 10, juristische Personen nach → § 50 Rn. 12 oder parteifähige Vereinigungen grundsätzlich das Formular nicht zu benutzen, BGH ZIP 2017, 1344. Sie müssen den Antrag aber individuell sorgfältig begründen, BGH ZIP 2017, 1344 (und auf Veranlassung des Gerichts auch nach § 294 glaubhaft machen), BFH Rpfleger 1993, 290. Ein minderjähriges unverheiratetes Kind unterliegt dem Formularzwang nach § 2 PKHFV nur eingeschränkt (vereinfachte Erklärung) oder gar nicht (Formfreiheit), soweit es um einen Unterhaltsanspruch nach §§ 231 ff. FamFG oder um die Feststellung der Vaterschaft nach §§ 169 ff. FamFG geht, Kblz FER 1998, 114 (vgl. aber § 2 I 2 Nr. 2a, b PKHFV Nr. 30, BGH FamRZ 2004, 1549). Es braucht zB keine Einnahmen der Großeltern anzugeben, LG Kblz FamRZ 2000, 761. Man darf die genannten Ausnahmefälle an sich als Ausnahmen von der Regel des Formularzwangs nach→ Einl. II Rn. 76 nicht weit auslegen. Die Ausfüllung des Formulars kann unterbleiben, soweit Anlagen die Lücken in ihm vollständig schließen, BGH NJW 1986, 62. Die Angabe unter Vordruck-B „Nein" reicht mangels konkreter Zweifel, LAG Kiel NZA-RR 2011, 606. 42

4. Leistungen zum Lebensunterhalt nach SGB XII. Ein Antragsteller, der laufende Leistungen zum Lebensunterhalt nach SGB XII erhält, muss die Abschnitte E–J des schriftlichen Formulars zusätzlich zum vorgelegten Bescheid nach § 2 II PKHFV nur aufgrund einer gerichtlichen Aufforderung nebst ausreichender Fristsetzung ausfüllen, Nürnb FamRZ 2004, 475; LG Brem FamRZ 2011, 390. Die Vorschrift ist auf Bezieher von Leistungen nach SGB II nicht anwendbar, BFH JurBüro 2016, 371. Dementsprechend reicht auch die Vorlage eines SGB II-Ausweises nicht, Jena FamRZ 2015, 1919. 43

5. Befreiungsgrenzen. Die Befreiung vom Formular befreit nicht auch von der Erklärung nach II, Hamm FamRZ 1988, 1183; Kblz Rpfleger 1997, 72. Es genügt aber in der Regel eine dienstliche Erklärung des Jugendamts, das Kind habe weder einen durchsetzbaren Anspruch auf einen Prozesskostenvorschuss noch sonst Vermögen oder Einkommen, Brüggemann DAVorm 1987, 238; noch großzügiger Ffm DAVorm 1981, 871 (das Gericht dürfe die Zahlungsfähigkeit des nichtehelichen Kindes nur bei entsprechenden Anhaltspunkten prüfen); Kblz JurBüro 1998, 651 (Vermögen der Großeltern evtl. unerheblich), LG Dortmund DAVorm 1986, 36. 44

45 **XIII. Verstoß, I–IV. 1. Fristsetzung.** Die Bewilligungsreife nach → § 119 Rn. 5 tritt erst bei Vorlage der vollständig ausgefüllten Erklärung ein, → Rn. 43, BGH FamRZ 2005, 196; Ffm JurBüro 1994, 177, ArbG Regensburg Rpfleger 2002, 319. Bis dahin ist der Antrag nicht wirksam begründet und prüfungsfähig, LAG Kiel NZA-RR 2005, 52. Der Antrag muss grundsätzlich vor dem Ablauf einer gesetzlichen Klagefrist eingehen, BGH NJW 1981, 1550; Jena FamRZ 1994, 1596; LAG Kiel NZA-RR 2005, 51. Er muss auch innerhalb einer Einspruchsfrist eingehen, Düss JurBüro 2011, 212. Er muss auch bis zum Ablauf der Rechtsmittelfrist nach §§ 517, 518, 548, 569 I 1, 575 I 1 vorliegen, BGH FamRZ 2006, 1523; LAG Hmb NZA-RR 2016, 609. Er muss außerdem vor dem Instanzende eingehen, Hmb MDR 1979, 851; LAG Köln MDR 2005, 1138, beim Prozessvergleich nach Anh. § 307 vor dem Ablauf der Widerrufsfrist nach → § 119 Rn. 26. Die Vorlage ungeordneter Anlagen allein kann nicht bereits zur Ablehnung führen, Ffm FamRZ 1997, 682. Das Gericht kann die Erklärung nebst Anlagen aber zurückgeben und die erneute Vorlage in geordneter Form verlangen. Grds. hat das Gericht bei rechtzeitiger Einreichung eine Frist zur Behebung eines genau zu bezeichnenden Mangels zu setzen, Ffm JurBüro 2019, 593; Brbg FamRZ 2015, 352; LAG Kiel NZA-RR 2016, 212; OVG Bln NVwZ-RR 2011, 482. Das ergibt sich aus Art. 103 I GG und aus seiner im Bereich der PKH besonders ausgeprägten Fürsorgepflicht nach → Einl. II Rn. 59; BGH NJW 2019, 3727; Bbg FamRZ 2001, 628; Stgt MDR 1984, 58; VGH Mannh FamRZ 2004, 125; aM BFH JurBüro 1993, 548; Oldb Nds. Rpfl. 1981, 166. Ein Hinweis erübrigt sich bei der Ankündigung der Nachreichung, selbst wenn die letztere dann ausbleibt, Bbg FamRZ 2001, 628. Der Auffassung, ein anwaltlich vertretener Antragsteller müsse vor Ablehnung des PKH-Antrags nicht darauf hingewiesen werden, dass er keinen einzigen Beleg vorgelegt habe, kann nicht gefolgt werden, so aber Brbg FamRZ 2014, 58. Ein solches Vorgehen provoziert nur eine sofortige Beschwerde.

46 **2. Fristlänge.** Das Gericht muss seine Frist wie bei § 121 I 1 BGB unverzüglich setzen, Mü FamRZ 1998, 630. Es muss die Frist so bemessen, dass der Antragsteller die etwa noch fehlenden Unterlagen voraussichtlich beschaffen kann. Das Gericht muss seine Frist in einer ordnungsgemäßen Form nach → § 329 Rn. 15, 17, 34 setzen, Naumb FamRZ 2008, 1963; LAG Köln NZA-RR 2008, 431. Indes darf das Gericht den Gang des etwa schon anhängigen Hauptprozesses nicht wegen der PKH-Probleme verzögern lassen, Ffm JurBüro 1994, 177. Eine Frist mag ausnahmsweise sogar über das Instanzende hinausgehen dürfen, Ffm Rpfleger 1993, 251; Karlsr FamRZ 1999, 305; Oldb JurBüro 1992, 248. Andernfalls gilt → § 119 Rn. 23. Die Frist ist keine Notfrist nach § 224 I 2. Ihre Versäumung lässt daher nach → § 233 Rn. 12 „Prozesskostenhilfe“ keine Wiedereinsetzung zu.

47 **3. Unverzügliche Entscheidung.** Der Prozessgegner hat nach → § 300 Rn. 21 bei Entscheidungsreife Anspruch auf eine unverzügliche Entscheidung zur Sache. Daher kann sich ergeben, dass zB noch in demjenigen Termin Bewilligungsreife eintritt, an dessen Beginn das Gericht die Frist gesetzt hat. Dann kommt eine rückwirkende Bewilligung nach → § 119 Rn. 11 in Betracht.

48 **4. Nach Fristablauf.** Geht das Fehlende auch innerhalb einer etwaigen Frist nicht ein, muss das Gericht prüfen, ob das Bild unzuverlässig bleibt, BGH NJW 1986, 62; Mü FamRZ 1996, 418; Naumb JurBüro 1994, 231. Das Fehlende mag sich aus dem Antrag mit seinen sonstigen Angaben ausreichend ergeben, BGH FamRZ 2008, 868 und 871. Das Gericht muss auch die Entscheidungserheblichkeit des Fehlenden klären, Ffm Rpfleger 1993, 251; Hamm FamRZ 1995, 374; Schneider MDR 1981, 678; aM Köln MDR 1982, 152. Ggf. hat das Gericht nach § 118 II 4 die PKH „insoweit“ nach → § 118 Rn. 53 abzulehnen, LAG Hmb NZA-RR 2016, 609; Mü NJW-RR 2014, 1404. Es darf dann auch keine Wiedereinsetzung nach §§ 233 ff. bewilligen, Zweibr MDR 2008, 228, und keine Wiederaufnahme nach §§ 578 ff., Drsd MDR 2010, 344. Dasselbe gilt, soweit eine vom Gericht nach § 118 II 1 erforderte Glaubhaftmachung nach § 294 fehlt. Allerdings muss es sich um eine ordnungsgemäße Fristsetzung handeln, LAG Köln NZA-RR 2008, 431; aM OVG Hmb FamRZ 1992, 79 (abl. Gottwald). Im Beschwerdeverfahren nachgereichte Unterlagen sind aber zu berücksichtigen, Celle MDR 2013, 364; Hmb MDR 2015, 356; LG Trier WuM 2010, 96; LG Kiel MDR 2010, 285; OVG Bln NVwZ-RR 2011, 482; Schneider MDR 1989, 965; aM LAG Kiel NZA-RR 2005, 217; LAG Köln NZA-RR 2004, 552; OVG Lüneburg NVwZ-RR 2010, 864. Dazu → § 118 Rn. 52 f.

49 **5. Falsche Angaben.** § 138 gilt auch im PKH-Bewilligungsverfahren. Falsche Angaben führen zur Versagung von PKH, Hamm MDR 2015, 420. Angaben, die gegen die Wahrheitspflicht verstoßen, können nach → § 138 Rn. 78, 79 erhebliche zivilprozessuale Nachteile nach sich ziehen. Sie können nach § 124 Rn. 1, 2 zur Aufhebung der Bewilligung zwingen. Sie können nach → § 138 Rn. 80 Schadensersatzpflichten auslösen. Sie können nach → § 138 Rn. 79 als zumindest versuchter Prozessbetrug strafbar sein.

50 **6. Wirksamkeit fälschlicher Bewilligung.** Eine zB ohne Antrag erfolgte Bewilligung ist bis zur Aufhebung wirksam, Zweibr NJW-RR 2003, 43; Oldb MDR 1989, 268; aM Schneider MDR 1983, 441.

118 *Bewilligungsverfahren.* **I ¹Dem Gegner ist Gelegenheit zur Stellungnahme zu geben, ob er die Voraussetzungen für die Bewilligung von Prozesskostenhilfe für gegeben hält, soweit dies aus besonderen Gründen nicht unzweckmäßig erscheint. ²Die Stellungnahme kann vor der Geschäftsstelle zu Protokoll erklärt werden. ³Das Gericht kann die Parteien zur mündlichen Erörterung laden, wenn eine Einigung zu erwarten ist; ein Vergleich ist zu gerichtlichem Protokoll zu nehmen. ⁴Dem Gegner entstandene Kosten werden nicht erstattet. ⁵Die durch die Vernehmung von Zeugen und Sachverständigen nach Absatz 2 Satz 3 entstandenen Auslagen sind als Gerichtskosten von der Partei zu tragen, der die Kosten des Rechtsstreits auferlegt sind.**

II ¹Das Gericht kann verlangen, dass der Antragsteller seine tatsächlichen Angaben glaubhaft macht, es kann insbesondere auch die Abgabe einer Versicherung an Eides statt fordern. ²Es kann Erhebungen anstellen, insbesondere die Vorlegung von Urkunden anordnen und Auskünfte einholen. ³Zeugen und Sachverständige werden nicht vernommen, es sei denn, dass auf andere Weise nicht geklärt werden kann, ob die Rechtsverfolgung oder Rechtsverteidigung hinreichende Aussicht auf Erfolg bietet und nicht mutwillig erscheint; eine Beeidigung findet nicht statt. ⁴Hat der Antragsteller innerhalb einer von dem Gericht gesetzten Frist Angaben über seine persönlichen und wirtschaftlichen

Verhältnisse nicht glaubhaft gemacht oder bestimmte Fragen nicht oder ungenügend beantwortet, so lehnt das Gericht die Bewilligung von Prozesskostenhilfe insoweit ab.

III Die in Absatz 1, 2 bezeichneten Maßnahmen werden von dem Vorsitzenden oder einem von ihm beauftragten Mitglied des Gerichts durchgeführt.

Übersicht

1 **I. Systematik, I–III.** Während §§ 114–116 die personellen und sachlichen Bewilligungsvoraussetzungen nennen und § 117 den verfahrenseinleitenden Antrag regelt, regelt § 118 iVm § 127 I den weiteren Verfahrensgang bis zur Entscheidung (dazu §§ 119 ff.).

2 **I 1, 2** ist eine Ausprägung von Art. 2 I, 20 III GG (Rpfleger), BVerfG NJW 2000, 1709; Art. 103 I GG (Richter), BVerfGE 20, 282; LSG Hmb JurBüro 1983, 1181. Die Regelung behandelt die Anhörung des Prozessgegners. **I 3** nennt die Voraussetzungen einer mündlichen Erörterung (nicht: Verhandlung). **I 4, 5** enthalten Regeln zur Erstattung von Kosten des etwaigen Anhörungsverfahrens. Dem **I 3** entspricht im selbständigen Beweisverfahren § 492 III. **II** umschreibt die Einzelheiten etwaiger Erhebungen des Gerichts. Daneben gilt zB (jetzt) § 571 II, Schneider MDR 1989, 513; aM LAG Düss FamRZ 1989, 411 (aber die Vorschrift gilt uneingeschränkt). **III** enthält in Ergänzung zu § 127 I 2 und dem RPflG Zuständigkeitsregeln.

3 **II. Regelungszweck: I–III.** Das Gericht muss einerseits die Voraussetzungen der Bewilligung sorgfältig klären. Es muss andererseits dieses Vorverfahren im Interesse der Parteien zügig abwickeln, BGH FamRZ 2001, 416 („möglichste Beschleunigung"); Karlsr MDR 1995, 636; LAG Nürnb MDR 2003, 1022. Das gilt, zumal sich in der Regel erst an das PKH-Verfahren das Hauptverfahren anschließt. Das Verfahren nach § 118 dient nicht dazu, den bevorstehenden oder bereits angelaufenen Rechtsstreit nach → § 300 Rn. 21 entscheidungsreif zu machen, BVerfG Rpfleger 2001, 554; Mü FamRZ 1994, 1126; OVG Lüneburg FamRZ 2006, 964. Weil es sich um ein besonderes Vor- bzw. Nebenverfahren des streitigen Verfahrens handelt, ist eine gesonderte Regelung des Verfahrensablaufs erforderlich, die den Besonderheiten Rechnung trägt.

4 **1. Zurückhaltung mit Erhebungen.** Das Gericht sollte Erhebungen nach II 2 nur zurückhaltend anordnen. Es muss aber sorgfältig prüfen, ob die Erklärung nach § 117 II ausreicht oder wenigstens eine Glaubhaftmachung nach II 1 verlangt werden muss.

5 **2. Bedeutung einer Verhandlung.** Gerade eine sorgfältige Handhabung sowohl des PKH-Gesuchs insbesondere des Bekl. als auch des gleichzeitigen Hauptverfahrens kann dazu führen, dass eine Entscheidung über das Bewilligungsgesuch erst nach einem Gütetermin zB nach § 278 oder nach einem Fristablauf sinnvoll ist, LAG Nürnb MDR 2003, 1022. Sie kann sogar erst im Termin des Hauptverfahrens möglich werden, Kblz MDR 1990, 255. Dabei muss es sich aber um Ausnahmen handeln, denn das Gericht hat das Gebot des effektiven Rechtsschutzes zu beachten. Deshalb muss grds. erst – vor der mündlichen Verhandlung – über den PKH-Antrag entschieden werden, bevor in der Sache entschieden werden darf, damit der Partei effektives Gehör gewährt wird, Saarbr NJW 2011, 1460; BVerfG NJW-RR 1993, 382; Jena FamRZ 2003, 1673; Naumb FamRZ 2000, 106; Köln NJW-RR 1999, 649. Dementsprechend kann nach → § 227 Rn. 12 eine Vertagung nötig werden. So kann der ProzBev. die Antragstellung von der PKH-Bewilligung abhängig machen und ggf. Vertagung zwecks Durchführung eines Beschwerdeverfahrens beantragen, Köln NJW-RR 1999, 649; Zweibr NJW-RR 2003, 1079. Eine

Änderung der Sach- und Rechtslage ist bei beiden Parteien des Hauptprozesses zu beachten, Schlesw FamRZ 2013, 62.

6 Unzulässig ist aber trotz der Möglichkeit einer rückwirkenden Bewilligung meist ein Hinauszögern der Entscheidung bis zur Beendigung der Beweisaufnahme nach §§ 355 ff., Bbg JurBüro 1991, 1669; Köln FamRZ 1999, 305; Mü FamRZ 1998, 630; Düss JurBüro 1980, 1085.

7 **3. Keine Aussetzung oder Unterbrechung.** Die Aussetzung des Bewilligungsverfahrens zB nach §§ 148, 149 ist unzulässig, Schlesw MDR 2013, 55; LAG Hamm NZA-RR 2015, 384; Fischer MDR 2004, 255. Keine der gesetzlichen Voraussetzungen kann vorliegen, Hamm FamRZ 1985, 827; Mü MDR 1988, 783. Es kommt auch nach → § 240 Rn. 5 „Prozesskostenhilfe" keine Unterbrechung nach §§ 239, 240, 244, 246 in Betracht. Das Verfahren ist nur insoweit eine „Sommersache" nach § 227 III, als auch der Hauptprozess eine Sommersache ist. Ein diesbezüglicher Verstoß ist allerdings unanfechtbar, Mü MDR 1982, 59. Eine Zurückstellung der Bewilligungsentscheidung kann schon wegen Art. 3 I, 20 I GG allenfalls im allseitigen eindeutigen Einverständnis in Betracht kommen, Saarbr NJW 2011, 1460. Der Tod, die Beendigung der Liquidation der Partei zB nach → § 50 Rn. 34 oder ihr Ausscheiden erledigen das Bewilligungsverfahren. Der Tod oder das Ausscheiden eines ProzBev. beendet das PKH-Verfahren nicht. Eine verzögerte Entscheidung kann einen Verstoß gegen Art. 2 I, 20 III GG (Rpfleger), BVerfG NJW 2000, 1709 bzw. Art. 103 I GG (Richter) bedeuten, LSG Hmb JurBüro 1983, 1181. Sie kann zur Untätigkeitsbeschwerde nach → § 567 Rn. 12 „Untätigkeit" führen, Jena FamRZ 2003, 1673. Dann kann auch eine Kostenniederschlagung nach (jetzt) § 21 GKG, § 20 FamGKG in Betracht kommen, OVG Hmb Rpfleger 1986, 68. Das gilt aber dann nicht, wenn zB der Bekl. der Verzögerung nicht widersprochen hat, Köln FamRZ 1999, 998.

8 **III. Geltungsbereich, I–III.** → Vor § 114 Rn. 5, → § 114 Rn. 10–12. § 118 gilt auch im WEG-Verfahren. § 278 VI ist auch bei § 118 I 3 anwendbar, LG Lüneburg NJW-RR 2003, 1506; Nachmann/Fridgen ZInsO 2007, 1319. Im FamFG-Verfahren gilt vorrangig § 77 I FamFG.

9 **IV. Gelegenheit zur Stellungnahme, I 1, 2. 1. Gewährungspflicht, I 1 Hs. 1.** Grundsätzlich muss das Gericht dem Prozessgegner des Antragstellers Gelegenheit zur Stellungnahme geben, BVerfGE 20, 347; BGH NJW 1984, 740; Hamm FamRZ 2012, 1319. Das folgt nach → Rn. 1 im Verfahren vor dem Rpfleger aus dem Grundsatz eines fairen Verfahrens nach Art. 2 I, 20 III GG, BVerfG NJW 2000, 1709, und im Verfahren vor dem Richter aus dem grundrechtsgleichen Anspruch auf rechtliches Gehör nach Art. 103 I GG.

10 Nach dem Wortlaut von I 1 Hs. 1 „… ist … zu geben" besteht eine grundsätzliche **Anhörungspflicht.** Wenn die beabsichtigte Rechtsverfolgung allerdings mangels schlüssigen Vorbringens ersichtlich keine Aussicht auf Erfolg hat, bedarf es keiner Anhörung des Gegners vor Ablehnung der PKH. Der Antragsgegner ist grds. nicht verpflichtet, Stellung zu nehmen. Es wird vertreten, eine unterbliebene Stellungnahme könne dazu führen, dass die beabsichtigte Rechtsverteidigung des (dann) Beklagten in dessen PKH-Verfahren als mutwillig anzusehen sei, Oldb FamRZ 2002, 1712; Celle MDR 2011, 1235; MüKoZPO/Wache Rn. 9. Diese Auffassung berücksichtigt nicht, dass in diesen Fällen nicht die beabsichtigte Rechtsverteidigung mutwillig ist, sondern allenfalls das vorangegangene Verhalten missbilligt wird, das zu einer an sich nicht oder nicht in diesem Umfang gebotenen PKH-Bewilligung geführt hat. Aus der bloßen Stellungnahmemöglichkeit darf aber nicht ein faktischer Zwang werden, indem aus dem Nichtgebrauch des Äußerungsrechts Nachteile erwachsen, Oldb FamRZ 2013, 59; Hamm FamRZ 2014, 1475; Brbg FamRZ 2010, 142; Karlsr FamRZ 2009, 1932. Klarstellen sollte das Gericht, ob eine Stellungnahme nur zum Prozesskostenhilfeantrag erfolgen soll, Drsd NJW-RR 2011, 660.

11 **2. Meist nur zur Erfolgsaussicht.** Die Anhörungspflicht bezieht sich allerdings nur auf die Erfolgsaussicht der beabsichtigten Rechtsverfolgung oder -verteidigung, → § 114 Rn. 27. Das Gericht darf den Prozessgegner also trotz der nach I 1 Hs. 1 scheinbar umfassenden Anhörungspflicht in Wahrheit auch jetzt nicht zu einer Stellungnahme zu den persönlichen und wirtschaftlichen Verhältnissen des Antragstellers nach → § 114 Rn. 16 auffordern, (je zum alten Recht), BVerfG NJW 1991, 2078; BGHZ 89, 65; BFH Rpfleger 1993, 251. Eine Anhörung auch zur Bedürftigkeit des Antragstellers ist trotz I 1 Hs. 1 zulässig, soweit das Gericht nach → § 117 Rn. 36 den Persönlichkeitsschutz nach § 117 II 2 beachtet. In diesen Grenzen kann sie im Einzelfall zweckmäßig sein. Das Gericht hat aber eine diesbezügliche Äußerung des Antragsgegners dem Antragsteller zur Stellungnahme zu übersenden.

12 **3. Unzweckmäßigkeit, I 1 Hs. 2.** Das Gericht kann von der Anhörung dann absehen, soweit das aus besonderen Gründen als unzweckmäßig erscheint. Es prüft diese Voraussetzung nach seinem pflichtgemäßen Ermessen unter Abwägung aller Umstände nach → Vor § 128 Rn. 44. Dabei kann sich die Lage während des Bewilligungsverfahrens dahin ändern, dass die Anhörung doch noch als notwendig erscheint. Das Gericht muss diese Prüfung daher vor der Bewilligungsreife nach → § 119 Rn. 5 nochmals vornehmen. Als Ausnahmevorschrift ist Hs. 2 jedenfalls eng auslegbar.

4. Beispiele zur Frage einer Unzweckmäßigkeit, I 1 Hs. 2

13 **Arrestverfahren:** → „Eilbedürftigkeit".

Auslandsaufenthalt: Unzweckmäßig ist eine Anhörung dann, wenn sich der Prozessgegner für längere Zeit im Ausland aufhält und dort nicht erreichbar ist.

Auslandszustellung: Unzweckmäßig kann eine Anhörung bei der Notwendigkeit einer Auslandszustellung nach § 183 sein, Brbg NJW-RR 2007, 216. Das Gericht braucht nicht auf die Notwendigkeit eines Rechtshilfeersuchens hinzuweisen, Düss JurBüro 2010, 316.

Durchsuchung: Unzweckmäßig ist eine Anhörung vor einer Durchsuchung nach §§ 758, 758a, Schneider NJW 1980, 2377, aM Behr/Hantke Rpfleger 1981, 269.

Eilbedürftigkeit: Unzweckmäßig ist eine Anhörung bei einer besonderen Eilbedürftigkeit des PKH-Verfahrens BVerfGE 19, 670. S. auch bei den einzelnen Eilverfahren.

Forderungspfändung: Unzweckmäßig ist eine Anhörung bei § 834, Bobenhausen Rpfleger 1984, 396.

Hauptverfahrensende: Unzweckmäßig ist eine Anhörung nach der Beendigung des Hauptverfahrens, Fischer MDR 2004, 670. Dann besteht kein Rechtsschutzbedürfnis mehr.

Kostenhöhe: Unzweckmäßig kann eine Anhörung bei sehr hohem Kostenaufwand sein, Fischer MDR 2004, 670.

Öffentliche Zustellung: Unzweckmäßig ist eine Anhörung bei einer öffentlichen Zustellung nach §§ 185 ff., Stgt DAVorm 1995, 751.

Rechtsfrage: Dass es nach dem Vorbringen des Antragstellers nur um eine bloße Rechtsfrage zu gehen scheint macht die Anhörung nicht unzweckmäßig, da sich aus der Anhörung erhebliche weitere Gesichtspunkte ergeben können.

Unschlüssigkeit: Unzweckmäßig ist eine Anhörung zum Entwurf einer nicht nach → § 253 Rn. 28 schlüssigen Klage, Kblz MDR 2010, 950.

Zurückweisungsabsicht: Unzweckmäßig ist eine Anhörung dann, wenn das Gericht den PKH-Antrag ohnehin schon aufgrund des Tatsachenvortrags des Antragstellers nach § 138 I, II gemäß § 127 I zurückweisen will, Fischer MDR 2004, 670.

Zwangsvollstreckung: → „Eilbedürftigkeit".

5. Frist; Erklärung, I 2. Die Länge der dem Antragsgegner für die Stellungnahme zu bewilligenden Frist richtet sich nach den Umständen unter Beachtung des Zügigkeitsgebots nach → Rn. 3–7. Üblich sind ca. 2 Wochen. Die Stellungnahme kann nach I 2 iVm § 129a I schriftlich oder nach § 130ad elektronisch oder vor dem Urkundsbeamten der Geschäftsstelle des Prozessgerichts oder jedes AG zu Protokoll erklärt werden. Unter den Voraussetzungen des § 24 II Nr. 3 RPflG ist der Rpfleger zur Entgegennahme verpflichtet. Eine nach Fristablauf eingehende Stellungnahme ist zu berücksichtigen, wenn die Entscheidung des Gerichts noch nicht ergangen ist. Anwaltszwang besteht nach § 78 III Hs. 2 iVm § 129a nicht. Er besteht auch dann nicht, wenn für das Hauptverfahren Anwaltszwang nach → § 78 Rn. 1 besteht. 14

6. Keine Notwendigkeit einer Gegen-Stellungnahme des Antragstellers. Eine Stellungnahme des Antragstellers zur Stellungnahme des Antragsgegners, also eine sog. Replik wie nach §§ 275 IV 1, 276 III, ist zwar nicht stets erforderlich. Ihre Einholung steht dem Gericht als „Erhebung" nach II 2 frei. Sie ist aber in aller Regel ratsam. Das gilt insbesondere bei Einwendungen oder Beweisantritten des Antragsgegners, mit denen der Antragsteller offenbar noch nicht rechnet. 15

7. Weiteres zum Anhörungsverfahren. Die Übersendung eines PKH-Gesuchs nebst einer Klageschrift bedeutet im Zweifel keine Zustellung nach §§ 253, 261, Karlsr FamRZ 1988, 91; Köln NJW 1994, 3360; Nürnb FamRZ 2000, 36. Bei Schwierigkeiten des Klägers mit einer Vorauszahlung nach § 14 Nr. 3a GKG mag zunächst die Klagezustellung nach § 271 I notwendig sein, Karlsr JurBüro 1992, 179. Die Stellungnahme nach I 1, 2 ist keine Parteivernehmung nach §§ 445 ff. Trotzdem ist der Prozessgegner schon bei der Stellungnahme zur Wahrhaftigkeit verpflichtet. § 138 III, IV ist anwendbar, Karlsr FamRZ 2002, 1132. 16

V. Mündliche Erörterung, I 3 Hs. 1. Das Gericht kann die Parteien zur mündlichen Erörterung laden, Zweibr NJW-RR 2003, 1078. Dieselbe Regelung gilt im selbständigen Beweisverfahren, § 492 III. Dabei handelt das Gericht nach seinem pflichtgemäßen nicht nachprüfbaren Ermessen, Zweibr NJW-RR 2003, 1078. Seine Entscheidung ist unanfechtbar, Brbg FamRZ 2008, 228. 17

1. Abgrenzung von Erörterung und Verhandlung. Zwar ergeht die Entscheidung im Bewilligungsverfahren nach § 127 I 1 ohne mündliche „Verhandlung". Dem widerspricht § 118 I 3 auch nicht. Diese Vorschrift sieht nur eine mündliche „Erörterung" vor. Gegenstand der Erörterung ist der PKH-Antrag, nicht der angekündigte Sachantrag, „verhandeln" darf das Gericht nicht, BGH NJW 2004, 2595. Das bedeutet, dass keine Sachanträge gestellt werden können und dementsprechend im Anschluss an den Erörterungstermin auch keine Sachentscheidung ergehen darf, sondern nur die Entscheidung über das PKH-Gesuch. Gegenstand der Prüfung und Erörterung sind nicht mehr die Hilfsbedürftigkeit des Antragstellers und die Erfolgsaussicht seines Begehrens, sondern jetzt geht es um die Sache selbst, BGH NJW 2004, 2595; Pentz NJW 1982, 1269. Die „Erörterung" ist nichtöffentlich, weil keine Verhandlung nach § 169 GVG, Karlsr MDR 2013, 741. 18

2. Einigung zu erwarten. Eine mündliche Erörterung darf nur dann stattfinden, „wenn eine Einigung zu erwarten ist", Zweibr NJW-RR 2003, 1078. Sie muss nicht nur nach Ansicht eines der Beteiligten erwartbar sein, sondern auch nach der des Gerichts, Schlesw SchlHA 1984, 116. Sie darf nicht nur vage möglich sein, sondern muss immerhin bereits einigermaßen naheliegen, Karlsr MDR 1995, 635; Zweibr NJW-RR 2003, 1078. Die Erörterung soll dazu dienen, etwa verbliebene Probleme zu klären, die Umstände abzuwägen und eine Entscheidungsreife des Bewilligungsverfahrens nach → § 119 Rn. 5 herbeizuführen. Im Übrigen soll das Gericht ja nach § 278 I „in jeder Lage des Verfahrens", auf eine gütliche Beilegung des Streits hinwirken, also auch im PKH-Verfahren, Lüke NJW 1994, 234. Die Einigung braucht nicht in einem Vergleich zu bestehen. Sie kann zB auch in der Antragsrücknahme oder einem Schuldanerkenntnis liegen, auch in einem Verbindungsantrag nach § 147 oder in einer Vereinbarung von Ratenzahlungen auf die Schuld. Eine Einigung ist **nicht** schon dann zu erwarten, wenn das Gericht lediglich die Erfolgsaussichten nach → § 114 Rn. 27 näher prüfen will, Karlsr FamRZ 1992, 1198, oder wenn es den Prozess der Entscheidungsreife nach → § 300 Rn. 21 näherbringen will, Hamm MDR 1983, 674. Das Gericht muss überhaupt eine Vorwegnahme des Hauptprozesses verhindern, Grunsky NJW 1980, 2044. 19

3. Ladung. Die Befugnis des Gerichts, die Parteien zur Erörterung zu „laden", beinhaltet nicht das Recht, das persönliche Erscheinen nach § 141 sei es des Antragstellers, sei es gar des Prozessgegners anzuordnen oder gar zu erzwingen. Denn es handelt sich noch nicht um eine Verhandlung zwischen den Parteien zur Hauptsache nach → § 141 Rn. 17, LG Hechingen Just 1992, 158. Deshalb darf das Gericht dem Nichterschienenen oder Nichtverhandelnden auch kein Ordnungsmittel auferlegen. Die Bewilligung von PKH gerade für dieses Vergleichsziel ist nach → § 114 Rn. 15 „Vergleich" statthaft. 20

VI. Vergleich, I 3 Hs. 2. Das Gericht muss nach → Rn. 25 einen bei der mündlichen Erörterung zustande kommenden Vergleich protokollieren. 21

1. Rechtsnatur: Prozessvergleich. Wie die Anweisung zeigt, den Vergleich „zu gerichtlichem Protokoll zu nehmen", handelt es sich um einen Prozessvergleich nach → Anh. § 307 Rn. 13, nicht um einen außergerichtlichen nach § 779 BGB. Das ist insofern hervorzuheben, als er in einem Verfahren zustande kommt, das keinen „Prozess" darstellt und das man mit ihm auch dann nicht verwechseln darf, wenn es gleichzeitig mit dem Hauptverfahren stattfindet. 22

23 **2. Umfassender Vergleichsgegenstand.** § 118a III aF sprach von einer Einigung der Parteien „über den streitigen Anspruch". Die jetzige Fassung des Gesetzes enthält eine solche Präzisierung nicht. Sie spricht nur von einer zu erwartenden „Einigung" und von einem „Vergleich". Das bedeutet wie schon nach altem Recht, dass sich die Parteien im Vergleich auch über solche Punkte einigen dürfen, die sie weder im PKH-Bewilligungsverfahren noch in der etwa gleichzeitig eingereichten Klageschrift nach § 253 oder im bereits rechtshängigen Hauptprozess angesprochen hatten, Schlesw SchlHA 1984, 116. Das ist insofern bemerkenswert, als die Parteien einen Vergleich nach § 20 I Nr. 4a RPflG auch vor dem Rpfleger schließen können. Im oft schwierigsten Teil des Bewilligungsverfahrens hält das Gesetz also den Rpfleger für geeignet, den es für einfachere andere Abschnitte nicht für zuständig erklärt.

24 **3. Vergleichswirkung.** Der Vergleich ist keine Regelung über den Antrag auf PKH, sondern über die Sache selbst, BGH NJW 2004, 2596. Der wirksam zustande gekommene Prozessvergleich im Bewilligungsverfahren ist ein Vollstreckungstitel nach § 794 I Nr. 1 und beendet dieses ohne einen besonderen Beschluss. Für den Abschluss des Vergleichs kann – unter den Voraussetzungen des § 114 – ggf. beiden Parteien PKH gewährt werden, BGH NJW 2004, 2595. Der Vergleich wirkt darüber hinaus so, als ob der Gegenstand des Bewilligungsverfahrens auch im Hauptprozess nach → § 261 Rn. 1 rechtshängig gewesen wäre, Köln FamRZ 2000, 1094. Er kann sogar darüber hinaus auf andere bisher nur außergerichtlich umstrittene Punkte oder anhängige Ansprüche wirken, Brbg FamRZ 2007, 487; Köln FamRZ 2015, 1314. Er kann die etwa schon rechtshängige Hauptsache erledigen. Er hat also nach → Anh. § 307 Rn. 62 umfassende materiell-rechtliche und prozessuale Wirkung. Er duldet nach → Anh. § 307 Rn. 72 dieselben Bedingungen wie ein im Hauptprozess geschlossener Vergleich. Mit dem Eintritt der auflösenden Bedingung ist der frühere Zustand wiederhergestellt, Brbg JurBüro 2009, 369. Der nicht im vorstehenden Sinn, etwa nicht vom beauftragten Rpfleger, protokollierte Vergleich ist ein außergerichtlicher. Er kann als solcher nach § 779 BGB wirksam sein. PKH kann einer Partei im Fall des Vergleichsschlusses im Erörterungstermin nur für den Vergleich selbst und nicht für das gesamte PKH-Verfahren bewilligt werden, BGH NJW 2004, 2595; aM Kblz MDR 2009, 947; Nickel MDR 2008, 1133.

25 **4. Protokollierung.** Das Gericht muss einen Vergleich protokollieren. Das gilt sowohl dann, wenn er im Rahmen einer mündlichen Erörterung zustande kommt, als auch dann, wenn die Parteien sich im Bewilligungsverfahren außerhalb einer solchen vergleichen. Zuständig ist ggf. der Rpfleger nach §§ 20 I Nr. 4a, 25a RPflG auch für den vom Richter ihm übertragenen Vergleich, ferner der Richter nach §§ 361, 362. Für die Form der Protokollierung gilt nach → Anh. § 307 Rn. 39 dasselbe wie beim Prozessvergleich im Hauptverfahren. Es gibt während des PKH-Verfahrens für den Vergleich nach → Anh. § 307 Rn. 41 keinen Anwaltszwang, wohl aber evtl. für den erst später zustande gekommenen im Hauptprozess, Köln AnwBl 1982, 113.

26 **5. Streit über die Wirksamkeit.** Es gelten dieselben Regeln wie nach → Anh. § 307 Rn. 66 beim Prozessvergleich im Hauptverfahren.

27 **VII. Keine Kostenerstattung, I 4.** Die dem Prozessgegner entstandenen erstinstanzlichen Kosten sind nicht erstattungsfähig.

28 **1. Zweck.** Die Vorschrift widerspricht nicht den §§ 91 ff. Denn der Prozessgegner ist im Bewilligungsverfahren noch keine „unterliegende Partei" nach § 91 I 1. Das gilt auch nach einer Anhörung oder nach einer Antragsrücknahme, Karlsr FamRZ 2016, 1480. Es gilt auch dann, wenn mit der Bewilligung der Hauptprozess nach → § 300 Rn. 21 praktisch entscheidungsreif geworden ist. In seinem Geltungsbereich geht I 4 den §§ 91 ff., 123 vor. Das mag im Einzelfall unbillig wirken. Das Gesetz ist gleichwohl eindeutig. I 4 hat den Vorrang vor § 269 III 3. Er behandelt einen ganz anderen Fall, Hamm FamRZ 2005, 1185.

29 **2. Begriff der Kosten.** „Kosten" umfassen sämtliche Aufwendungen des Prozessgegners für seine wie immer geartete Beteiligung, Vertretung oder Anhörung im Bewilligungsverfahren. Kosten des Beschwerdeverfahrens sind nach § 127 IV, → § 127 Rn. 25, in keinem Fall erstattungsfähig. Wegen der Erstattungsfähigkeit der Kosten des PKH-Verfahrens im anschließenden Hauptprozess → § 91 Rn. 20 „Prozesskostenhilfe". Die vorgenannten Kosten können allerdings als Verzugsschaden eine materiell-rechtliche Ersatzforderung nach → Vor § 91 Rn. 63 ff. begründen, Karlsr AnwBl 1982, 491; Schlesw SchlHA 1978, 170. Ähnlich soll sich ein Kostenerstattungsanspruch aus § 280 I BGB ergeben, wenn eine „vollständig unberechtigte" Forderung geltend gemacht wurde, AG Bergisch-Gladbach JurBüro 2002, 149; Musielak/Voit/Fischer Rn. 16; Zöller/Schultzky Rn. 18. Derartige materiell-rechtliche Erstattungsansprüche kommen aber nur in Ausnahmefällen in Betracht.

30 **3. Keine erstinstanzliche Kostenentscheidung.** Schon wegen des Wegfalls der Erstattungsfähigkeit der Kosten des Prozessgegners gibt es bei der erstinstanzlichen Bewilligung der PKH mit oder ohne Auflagen usw. keine Kostenentscheidung, Ffm NJW-RR 2005, 943. Wegen der Beschwerdeinstanz → § 127 Rn. 23, 25. Dasselbe gilt, soweit das erstinstanzliche Gericht PKH ablehnt. Wegen des Beschwerdegerichts auch insofern → § 127 Rn. 23, 25. Ein Beschluss, der dem Antragsteller oder dem Prozessgegner zugleich mit der Entscheidung über das Bewilligungsgesuch die Kosten dieses Verfahrens fehlerhaft auferlegt, ist nach → § 99 Rn. 8 trotz § 99 (jetzt) mit der sofortigen Beschwerde entsprechend § 127 II, IV anfechtbar, LG Bln Rpfleger 1988, 204; Schneider MDR 1987, 725. Das Gericht kann ihn aber nach → Vor § 103 Rn. 26 vor einer Abänderung im Kostenfestsetzungsverfahren nicht überprüfen.

31 **VIII. Gerichtskosten, I 5.** Diejenige Partei, der das Gericht die Kosten des Rechtsstreits auferlegt, muss auch die durch eine Vernehmung von Zeugen und Sachverständigen nach II 3 entstandenen Auslagen als Gerichtskosten tragen.

32 **1. Gebührenfreiheit.** Das Bewilligungsverfahren ist gerichtsgebührenfrei. Das ergibt sich schon aus § 1 I 1 GKG. Danach werden Gerichtskosten nur nach jenem Gesetz erhoben. § 1 I 1 Nr. 1 GKG nennt zwar generell das Verfahren vor den ordentlichen Gerichten „nach der Zivilprozessordnung". Jedoch sind die Vorschriften über die PKH gegenüber dem GKG vorrangig. Daher besteht auch ein Verbot der Analogie, Toussaint/Toussaint GKG § 1 Rn. 16. Das gilt selbst dann, wenn ein *nach* I 3 zustande gekommener Prozessvergleich nach Anh. § 307 *auch solche* Ansprüche umfasst, die nicht zum Gegenstand des Verfahrens auf die Bewilligung der PKH wurden, Toussaint/Toussaint GKG KV 1900 Rn. 7 ff. Es gilt auch dann, wenn die Parteien den Vergleich vor der Einlegung eines Rechtsmittels im Bewilligungsverfahren höherer Instanz geschlossen haben. Rechtsgrund ist die kostenrechtliche Begünstigung des gesamten PKH-Bewilligungsverfahrens. In der Beschwerdeinstanz hat der

unterliegende Beschwerdeführer allerdings die Gerichtsgebühr nach KV 1900 GKG zu tragen. Es kommt auch nach → § 123 Rn. 7 eine Übernahmehaftung nach § 29 Rn. 2 GKG beim Vergleich in Betracht.

2. Auslagen: Begrenzte Erstattungspflicht. Das Bewilligungsverfahren ist zwar erstinstanzlich gerichtsgebührenfrei. Es ist aber nicht auslagenfrei. Allerdings gelten nur die durch die „Vernehmung von Zeugen und Sachverständigen" entstandenen Auslagen als Gerichtskosten. Diese Auslagen nach KV 9005 GKG fallen zunächst der Staatskasse zur Last, BGH NJW 1984, 2106. Nach I 5 sind die durch die Vernehmung von Zeugen und Sachverständigen nach II 3 entstandenen Kosten von der Partei zu tragen, der die Kosten des Rechtsstreits auferlegt werden. Das Gericht darf zunächst keinen Vorschuss fordern. Es muss ja gerade nach § 122 I Nr. 1a über die Befreiung von der Vorschusspflicht befinden. Allerdings entscheidet das Gericht auch im Rahmen der §§ 114 ff. der Sache nach über eine Vorschusspflicht. Soweit das Gericht PKH bewilligt, muss der Verlierer des Hauptprozesses die oben genannten Auslagen nach §§ 91 ff. tragen. Er ist als Entscheidungsschuldner nach § 29 Nr. 1 GKG ein sog. Erstschuldner. 33

3. Keine Kostenentscheidung. Es gelten dieselben Regeln wie in → Rn. 30. 34

IX. Glaubhaftmachung, II 1. Das Gericht kann im Rahmen seines pflichtgemäßen Ermessens verlangen, dass der Antragsteller seine tatsächlichen Angaben teilweise oder insgesamt nach § 294 glaubhaft macht, Brbg FamRZ 2002, 1415; LAG Hamm NZA-RR 2017, 675. Die Glaubhaftmachung ist dann nicht statt der Formularangaben nach § 117 notwendig, sondern sie ist neben ihnen zusätzlich erforderlich, Brbg FamRZ 2002, 1415. 35

1. Umfassende Geltung. Diese Forderung kann sich nach → § 114 Rn. 16 sowohl auf die Tatsachen zur Erfolgsaussicht der Rechtsverfolgung oder -verteidigung nach → § 114 Rn. 27 als auch auf die Tatsachen zur Hilfsbedürftigkeit des Antragstellers beziehen, Köln FER 1997, 175. Das gilt auch bei einem anwaltlich vertretenen Antragsteller, BGH NJW 1984, 310, in jedem Fall nur im Umfang der Beweislast nach Anh. § 286, Schlesw SchlHA 1982, 71. Insbesondere kann auch die Glaubhaftmachung der im Formular nach § 117 III, IV eingetragenen Umstände verlangt werden, Düss AnwBl 1986, 162. 36

2. Nur auf Verlangen des Gerichts. Die Glaubhaftmachung ist nicht von vornherein erforderlich, sondern nur, soweit das Gericht sie „verlangt", Brbg FamRZ 2002, 1415; Hamm FamRZ 1996, 417; Mü FamRZ 1989, 83. Natürlich ist eine solche Maßnahme nur aus sachlich vertretbaren Erwägungen statthaft, Mü FamRZ 1989, 83. Das Gericht sollte nur dann die Glaubhaftmachung fordern, wenn bestimmte Zweifel an der Richtigkeit des Parteivortrags bestehen, Hamm FamRZ 1996, 417. Auch hier dürfen die Anforderungen nicht überspannt werden. So braucht der Antragsteller bei Geltendmachung eines Pflichtteilsanspruchs den Verkehrswert des Hausgrundstücks nicht glaubhaft zu machen, Ffm FamRZ 2010, 1751. Die Anberaumung einer mündlichen Erörterung stellt kein Verlangen nach Glaubhaftmachung dar. Eine Fristsetzung erfordert nach § 329 II 2 eine förmliche Zustellung, → Rn. 51. Der Vorsitzende kann nach §§ 20 I Nr. 4a, 25a RPflG den Rpfl. mit den Maßnahmen nach II beauftragen. 37

3. Mittel der Glaubhaftmachung: Alle Beweismittel. Der Antragsteller kann sich nach § 294 I „aller Beweismittel bedienen, auch zur Versicherung an Eides statt zugelassen werden". Daher darf das Gericht sein Verlangen nicht auf bestimmte Arten von Angaben oder Beweismitteln nach §§ 371 ff. beschränken. Es darf (nicht: muss) nach II 1 Hs. 2 auch von Amts wegen eine eidesstattliche Versicherung fordern. Eine solche Versicherung ist nach Hs. 2 auch insoweit zulässig, als es sich um solche Tatsachen handelt, für die der Antragsteller beweispflichtig ist, § 445, Hamm FamRZ 1996, 417. Unstatthaft ist nach § 294 II eine solche Beweisaufnahme nach §§ 355 ff., die nicht sofort erfolgen kann. Ein bloßer Beweisantritt reicht grds. nicht, Köln FER 1997, 174. 38

4. Verstoß. → Rn. 49. 39

X. Erhebungen, II 2, 3. Sie finden im Rahmen des pflichtgemäßen Ermessens nur notfalls statt, Köln FamRZ 1998, 631. Sie kommen etwa dann in Betracht, wenn die Prozessfähigkeit des Antragstellers nach § 51 zweifelhaft ist, Hamm MDR 2014, 1044. Denkbar sind Erhebungen auch, wenn der nicht anwaltlich vertretene Antragsteller zwar erkennbar einen Anspruch haben kann, diesen aber unverschuldet nicht darzulegen in der Lage ist, weil er zB intellektuell überfordert ist. 40

1. Zweck. Das PKH-Bewilligungsverfahren bezweckt nach → § 114 Rn. 27 nicht eine Vorwegnahme des Hauptprozesses. Das bedeutet: Das Gericht braucht nur solche Erhebungen vorzunehmen, die zu einer vorläufigen Klärung der Erfolgsaussicht führen. Es muss allerdings die Bedürftigkeit nach → § 114 Rn. 20 bereits endgültig klären. § 273 ist im Bewilligungsverfahren unanwendbar. §§ 114 ff. sind vorrangige Spezialregeln. Keineswegs darf eine umfassende Beweisaufnahme nach §§ 335 ff. stattfinden, schon gar nicht sogleich nach einer Antragszurückweisung, BVerfG NVwZ 1987, 786; Hamm FamRZ 1989, 1203, sondern allenfalls eine begrenzte, zB eine Schätzungsvernehmung nach § 287, Kblz NJW-RR 1992, 707. Eine Beweisaufnahme entfällt grundsätzlich, soweit der beweisbelastete Kläger als Antragsteller seine Behauptung nach § 294 glaubhaft macht, Brbg MDR 2003, 111. Das Gericht darf nicht gegen die Regeln zur Beweislast nach Anh. § 286 verstoßen, Hamm FamRZ 1986, 80. Das Gericht amtiert ggf. nach §§ 20 I Nr. 4a, 25a RPflG durch den Rpfl. 41

2. Begriff der Erhebungen. Das Gericht ist grds. zu allen sachdienlichen Maßnahmen zur Klärung des Sachverhalts befugt. Denn die Befugnis zu „Erhebungen" umfasst nicht nur bloße Beweiserhebungen, sondern nach II 2 auch die „Vorlegung von Urkunden" und die Einholung von „Auskünften". Das sind aber nur Beispiele zulässiger Erhebungen, was sich aus dem Wort „insbesondere" in II 2 ergibt. Die Aufklärung erfolgt zur Erfolgsaussicht nicht von Amts wegen, soweit das Hauptverfahren nicht nach dem Ermittlungsgrundsatz nach → Vor § 128 Rn. 44 abläuft, Hamm FamRZ 1986, 80. Eine schriftliche Anhörung ist unbeschränkt zulässig. Eine mündliche Erörterung ist nur innerhalb → Rn. 9 zulässig. 42

3. Vorlegung von Urkunden, II 2. Als Urkunde kann auch eine ganze Akte gelten, auch eine Strafakte. Zur Vorlegung sind neben dem Antragsteller zwar nicht sein Prozessgegner verpflichtet (ihn braucht das Gericht nur anzuhören und kann ihn daher zu nichts zwingen), wohl aber evtl. Behörden nach Art. 35 GG, vgl. § 299. Die Vorlagepflicht kann sich auch auf Kontoauszüge erstrecken, Celle FamRZ 2010, 1752 (keine formularmäßige Anforderung statthaft), und zwar von ungeschwärzten, Brbg Rpfleger 2015, 152. Auch hier dürfen aber die Anforderungen nicht überspannt werden, BSG NJOZ 2013, 229. Der Grundsatz des fairen Verfahrens sowie das 43

Verhältnismäßigkeitsprinzip verbieten eine Ausforschung der Verhältnisse des Antragstellers über das Erforderliche hinaus.

44 **4. Auskünfte, II 2.** Das Gericht kann auch die Einholung einer Auskunft wie zB bei → Vor § 402 Rn. 52 beschließen, LG Karlsr NJW 2016, 2897. Zu ihr ist auch der Antragsteller verpflichtet, Kblz JurBüro 2016, 432; Köln DAVorm 1980, 850. Daneben ist zur Auskunft nach → Rn. 43 nicht der Antragsgegner verpflichtet, wohl aber evtl. ein Dritter, insbesondere eine Behörde nach Art. 35 GG. Die Auskunft braucht nicht von einer amtlichen Stelle zu stammen. Das Gericht kann jetzt zB auch von einer Bank oder dem Arbeitgeber eine Auskunft einholen. Die Parteien können auch der späteren Verwertung nicht widersprechen. Ob die angesprochene Stelle zur Auskunft verpflichtet und bereit ist, ist eine andere Frage.

45 **Beachten** muss das Gericht zB: Eine ärztliche Schweigepflicht nach § 117 II 2; das BDSG, Becker SchlHA 1980, 25; Wax FamRZ 1980, 976; das Steuergeheimnis, solange der Betroffene keine Befreiung erteilt. Sie kann nach → § 385 Rn. 14, muss aber nicht in der Antragstellung liegen. Das Gericht kann sie anheimstellen. Es darf aber im Verfahren ohne Amtsermittlung nach → Vor § 128 Rn. 44 nicht dazu übergehen, Hamm FamRZ 1986, 80; Zweibr FamRZ 1994, 908; Wax FamRZ 1980, 976.

46 **5. Vernehmung, II 3 Hs. 1.** Das Gericht darf Zeugen und Sachverständige nicht wie nach §§ 373 ff., 402 ff. vernehmen, es sei denn, dass es auf andere Weise nicht klären kann, ob die Rechtsverfolgung oder Rechtsverteidigung nach § 114 hinreichende Aussicht auf Erfolg bietet und nicht als mutwillig erscheint, Köln MDR 1998, 923; Stgt VersR 2008, 1373. Die Vorschrift schränkt den Grundsatz der Zulässigkeit aller sachdienlichen Erhebungen nach → Rn. 42 ein, um die Vorwegnahme der Beweisaufnahme des eigentlichen Hauptprozesses nach §§ 355 ff. zu verhindern, BVerfG NJW 1991, 413; Brbg MDR 2003, 111; Nürnb FamRZ 2003, 1020.

6. Beispiele zur Frage der Vernehmung, II 3 Hs. 1

47 **Bedürftigkeitserklärung:** Nach dem eindeutigen Wortlaut von II 3 ist die Vernehmung von Zeugen und Sachverständigen nur zur Klärung der Erfolgsaussicht zulässig, nicht aber zur Klärung der Bedürftigkeit. Bei der Bedürftigkeitsprüfung berücksichtigt werden dürfen aber „doppelrelevante“ Tatsachen, die bei der Vernehmung zur Erfolgsaussicht zB in einem Unterhaltsrechtsstreit zutage treten, Zöller/Schultzky Rn. 25.

Beweislast: Zulässig ist eine Vernehmung grds. nur bei im Bereich der Beweislast des Antragstellers nach Anh. § 286, Brbg MDR 2003, 111; Köln FamRZ 1988, 1077; Schneider MDR 1998, 180. Außerdem müssen dann weitere Umstände hinzutreten, Celle OLGR 2002, 273 (einziger Zeuge, Glaubwürdigkeit zweifelhaft). Aber auch „Erheblichkeit für beide Parteien“.

Entschädigung: Der Vernommene hat einen Anspruch auf eine Entschädigung oder Vergütung nach dem JVEG. Aber auch „Nichterhebung“.

Erheblichkeit für beide Parteien: Zulässig sein kann eine Vernehmung unabhängig von der Beweislast dann, wenn die Vernehmung wegen einer für beide Parteien erheblichen Tatsache erfolgt.

Verstoß: Weder der Antragsteller noch der Antragsgegner können verhindern, dass das Gericht einen Zeugen oder Sachverständigen außerhalb der gesetzlichen Voraussetzungen anhört, Bbg JurBüro 1991, 1669. Denn eine solche Anordnung ist unanfechtbar, Köln MDR 1990, 728; aM Köln FamRZ 1999, 306 (aber die Voraussetzungen des § 127 liegen nicht vor). In einem derartigen Fall kommt aber die Niederschlagung der Kosten nach § 21 GKG bzw. § 20 FamGKG in Betracht. Aber auch „Aussetzung“. Hat das Gericht rechtswidrig im PKH-Verfahren eine umfangreiche Beweisaufnahme durchgeführt, ist für die Beurteilung der Erfolgsaussichten auf den Zeitpunkt vor Erlass des Beweisbeschlusses abzustellen, Bbg JurBüro 1991, 1669.

48 **7. Keine Beeidigung, II 3 Hs. 2.** Eine Beeidigung „findet nicht statt“, weder bei der Vernehmung eines Zeugen oder Sachverständigen noch nach der Erörterung mit dem Antragsteller oder dem Antragsgegner oder aus einem anderen Grund. Das Gesetz verbietet die Beeidigung nach §§ 478 ff. schlechthin. Das gilt natürlich auch für eine eidesgleiche Bekräftigung nach § 484.

49 **XI. Ablehnung mangels Glaubhaftmachung usw., II 4. 1. Keine Glaubhaftmachung.** Der PKH-Antrag ist – ggf. teilweise – abzulehnen, wenn der Antragsteller die Angaben über seine persönlichen und wirtschaftlichen Verhältnisse nicht nach §§ 118 II, 294 glaubhaft gemacht hat. Ob und in welcher Art und Weise die Glaubhaftmachung erforderlich ist, richtet sich nach den Regeln → Rn. 35. Allerdings darf das Gericht den Antrag erst nach einem vergeblichen Verlangen nach II 1 zurückweisen, Köln MDR 1996, 310. Reichen die vom Antragsteller beziffert angegebenen Einkünfte auch für einen bescheidenen Lebensunterhalt nicht aus, besteht die Vermutung, dass Einkünfte nicht angegeben wurden; räumt der Antragsteller diese Vermutung nicht aus, ist sein PKH-Begehren rechtsmissbräuchlich, BGH FamRZ 2021, 1722.

50 **2. Keine oder ungenügende Antwort.** Die Ablehnung des PKH-Antrags kommt auch in Betracht, wenn der Antragsteller bestimmte Fragen des Gerichts nicht oder ungenügend beantwortet hat, Schlesw SchlHA 1978, 197. Aus dem Ausdruck „beantwortet“ ergibt sich, dass das Gesetz nur solche Fragen meint, die das Gericht gestellt hat, also nicht den Fall, dass der Antragsteller die gesetzlichen Voraussetzungen der Bewilligung von sich aus ungenügend dargelegt hat, OVG Münster NVwZ-RR 2015, 118. Das Gericht muss ihm auch „bestimmte“ Fragen gestellt haben. Es darf ihn also nicht nur allgemein zB zu ergänzenden Angaben zur Bedürftigkeit oder Erfolgsaussicht aufgefordert haben. Das Gericht hat den vorläufigen Charakter des Bewilligungsverfahrens im Hinblick auf die Erfolgsaussicht nach → § 114 Rn. 27 zu beachten. Überspannte Anforderungen verstoßen gegen Art. 3 I GG iVm dem Rechtsstaatsprinzip BVerfG, FamRZ 2020, 379, → Vor § 114 Rn. 3. Evtl. kommt nur eine entsprechend geringere Bewilligung in Betracht, Karlsr FamRZ 1992, 579. § 124 Nr. 2 ist aber in diesem Stadium noch nicht auch nur entsprechend anwendbar, Köln FamRZ 1996, 617.

51 **3. Fristsetzung.** Das Gericht muss bei → Rn. 49 und/oder → Rn. 50 schon wegen Art. 103 I GG vergeblich eine angemessene Frist zur Beantwortung gesetzt haben, LAG Hamm NZA-RR 2017; 675, OVG Bln-Brbg NVwZ-RR 2015, 599. Die Frist ist weder eine Ausschlussfrist nach → Vor § 214 Rn. 18 noch eine Notfrist nach § 224 I 2, Bbg JurBüro 1991, 623; VGH Kassel NJW 2014, 1322; Ffm BeckRS 2011, 15919, → § 233 Rn. 12. Das Gericht muss sie so bemessen, dass der Antragsteller die etwa noch fehlenden Unterlagen voraussichtlich beschaffen kann und genug Zeit zur Formulierung der Antwort hat. Es kommt auf die Fragen des Gerichts und die Abhängigkeit etwa von einer Rückfrage beim Steuerberater oder beim Finanzamt an, auch auf einen etwa direkt bevorstehenden Urlaub des Antragstellers und ähnliche Umstände. Das Gericht muss seine Frist in einer ordnungsmäßigen Form nach → § 329 Rn. 15, 16, 34 gesetzt haben, Naumb FamRZ 2008, 1963; Karlsr FamRZ

1992, 579; LG Trier WuM 2010, 96. Weil II 4 keine Ausschlussfrist ist, kann der Antragsteller entweder durch ein neues PKH-Gesuch oder im Wege der Beschwerde das versäumte Vorbringen nachholen, Celle MDR 2013, 364; aM OVG Lüneburg NJW 2014, 169 (das aber ist weder gesetzeskonform, weil die Frist faktisch als Ausschlussfrist behandelt würde, noch praxisgerecht, weil gerade die Ablehnungsentscheidung häufig dazu führt, dass der Antragsteller das Versäumte nachholt). Wenn das Verfahren, für das VKH begehrt wird, bereits durch Antragsrücknahme beendet ist, kann PKH nicht mehr bewilligt werden, wenn der Antragsteller die Frist zur Einreichung der Erklärung verstreichen lassen hat und erst im Beschwerdeverfahren die vollständige Erklärung vorlegt, KG NJ 2021, 364 mAnm Dürbeck NZFam 2021, 648.

4. Ablehnungsumfang. Die Ablehnung der PKH kommt nach einem ergebnislosen Fristablauf nur „insoweit" in Betracht, als der Antragsteller säumig ist oder unzulänglich reagiert hat. Das Gericht muss also ggf. zwar eine Bewilligung aussprechen, aber nur unter Ratenzahlung statt ohne Raten, wenn der Antragsteller zB eine angebliche Darlehnsschuld nicht nach § 294 genügend glaubhaft gemacht hat usw., Karlsr FamRZ 1992, 579. 52

5. Ablehnungspflicht. Soweit die Voraussetzungen → Rn. 49–52 vorliegen, hat das Gericht nach dem eindeutigen Gesetzeswortlaut den Antrag zurückzuweisen, BGH WuM 2013, 61; Karlsr FamRZ 2006, 1852; Kblz FamRZ 1990, 537. Fehlendes kann allerdings im Beschwerdeverfahren nachgereicht werden und ist dann auch zu berücksichtigen, Celle MDR 2013, 364; Hmb MDR 2015, 356; LG Trier WuM 2010, 96; aM BAG MDR 2004, 415; Düss MDR 2004, 410; LAG Hamm NZA-RR 2017, 675. Überdies ist nach → § 127 Rn. 93 ein neuer Antrag möglich. Nach dem Ablauf der Berufungsfrist nach § 517 und beim Fehlen einer Wiedereinsetzungsmöglichkeit nach §§ 233 ff. ist eine Ergänzung unzureichender Angaben nicht mehr möglich, Oldb FamRZ 2008, 1869. 53

XII. Zuständigkeit, III. Zur Anordnung einer Maßnahme nach I, II ist der Vorsitzende oder ein von ihm beauftragtes Mitglied des Gerichts zuständig. 54

1. Prozessgericht. Zuständig ist nach § 127 I 2, → § 117 Rn. 18 das Prozessgericht des jeweiligen Rechtszugs. Auch bei Unzuständigkeit für das Hauptverfahren bleibt das angegangene Gericht bis zu einer Abgabe oder Verweisung für das zugehörige PKH-Gesuch zuständig. Es muss dieses notfalls als unbegründet abweisen, Saarbr NJW-RR 1990, 575. Bei Unzuständigkeit für das Bewilligungsverfahren ist § 281 nach → § 281 Rn. 3 entsprechend anwendbar. Es ist dann also auch ein Antrag auf eine Verweisung zulässig, KG MDR 2008, 708. Das Gericht muss ihn entsprechend § 139 evtl. anregen. Wegen der Zuständigkeit für das Vollstreckungsverfahren → § 119 Rn. 56. 55

2. Vorsitzender. Innerhalb des Prozessgerichts ist grundsätzlich der Vorsitzende allein zuständig, also nicht das Kollegium. Das Verfahren der Bewilligung liegt also anders als teilweise das Änderungsverfahren nach § 120a grundsätzlich in der Hand des Richters und nicht des Rpfleger, Bischof AnwBl 1981, 373; Schneider Rpfleger 1980, 365. 56

3. Beauftragtes Mitglied des Gerichts. Der Vorsitzende kann an sich nach III Hs. 2 auch ein „Mitglied des Gerichts" beauftragen. Gemeint ist hier ein richterliches Mitglied, genauer: ein anderer Richter desselben Spruchkörpers (Kammer oder Senat). Es handelt sich also um einen beauftragten Richter, wie er zB auch bei § 361 I in Betracht kommt. Davon unberührt bleibt die Befugnis nach §§ 156 ff. GVG, im gesetzlich zulässigen Umfang ein Rechtshilfeersuchen an ein anderes Gericht zu richten. Der Vorsitzende trifft seine Entscheidung über die Beauftragung im Rahmen seines pflichtgemäßen Ermessens unter Abwägung der dafür und dagegen sprechenden Gesichtspunkte. Welches Mitglied er beauftragt, unterliegt demselben Ermessen. 57

4. Rechtspfleger, Urkundsbeamter – Zuständigkeit kraft Gesetzes. Der Rpfleger ist für die nach § 118 in Betracht kommenden Maßnahmen schon kraft Gesetzes zuständig, soweit es sich um ein Mahnverfahren nach §§ 688 ff. handelt und dort die Voraussetzungen des § 20 I Nr. 1, 4a RPflG vorliegen. Im FamFG-Verfahren gilt § 25a RPflG mit der Zuständigkeit bei § 20 I Nr. 4, 5 RPflG. Der Urkundsbeamte ist kraft Gesetzes nach → Vor § 688 Rn. 7 zuständig, soweit das Landesrecht ihn mit dem Mahnverfahren betraut. 58

5. Rechtspfleger kraft Übertragung durch den Vorsitzenden. Der Rpfleger ist ferner insoweit zuständig, als ihm der Vorsitzende die Tätigkeit wirksam übertragen hat. Dazu bestimmt **§ 20 II, III RPflG:** 59

§ 20 RPflG Bürgerliche Rechtsstreitigkeiten

II [1]Die Landesregierungen werden ermächtigt, durch Rechtsverordnung zu bestimmen, dass die Prüfung der persönlichen und wirtschaftlichen Verhältnisse nach den §§ 114 bis 116 der Zivilprozessordnung einschließlich der in § 118 Absatz 2 der Zivilprozessordnung bezeichneten Maßnahmen, der Beurkundung von Vergleichen nach § 118 Absatz 1 Satz 3 der Zivilprozessordnung und der Entscheidungen nach § 118 Absatz 2 Satz 4 der Zivilprozessordnung durch den Rechtspfleger vorzunehmen ist, wenn der Vorsitzende das Verfahren dem Rechtspfleger insoweit überträgt. [2]In diesem Fall ist § 5 Absatz 1 Nummer 2 nicht anzuwenden. [3]Liegen die Voraussetzungen für die Bewilligung der Prozesskostenhilfe hiernach nicht vor, erlässt der Rechtspfleger die den Antrag ablehnende Entscheidung; anderenfalls vermerkt der Rechtspfleger in den Prozessakten, dass dem Antragsteller nach seinen persönlichen und wirtschaftlichen Verhältnissen Prozesskostenhilfe gewährt werden kann und in welcher Höhe gegebenenfalls Monatsraten oder Beträge aus dem Vermögen zu zahlen sind.

III Die Landesregierungen können die Ermächtigung nach Absatz 2 auf die Landesjustizverwaltungen übertragen.

Dazu sind die folgenden Landesvorschriften ergangen: **Baden-Württemberg:** § 3 RichtAufgÜV BW 2017 v. 7.7.2017, GBl 2017, 468; **Hamburg:** § 1 RPflPKHPrÜV HA v. 25.8.2014, HmbGVBl. 2014, 427; **Sachsen:** § 5b SächsJOrgVO v. 7.3.2016, SächsGVBl. 2016, 103, idF der VO v. 25.10.2017, SächsGVBl. 2017, 552. 60

Dem **Urkundsbeamten** kann der Vorsitzende entsprechende Befugnisse nach § 142 III FGO, § 73a IV SGG, § 166 II VwGO übertragen. 61

6. Ermessen bei der Übertragung. Der Vorsitzende trifft seine Entscheidung über eine Übertragung auf den Rpfleger nach → Rn. 59 in seiner eigenen Zuständigkeit und im Rahmen seines pflichtgemäßen Ermessens unter Abwägung der dafür und dagegen sprechenden sachlichen Erwägungen. Die Zweckmäßigkeit der Übertragung kann sich auch erst im Lauf des Verfahrens ergeben, etwa dann, wenn sich eine Vergleichsbereitschaft der Parteien nach § 118 I 3 Hs. 2 infolge einer Anhörung abzeichnet oder wenn die richterlichen Erhebungen ergeben haben, dass nur noch einzelne zusätzliche Klärungen erforderlich sind. Dass dann noch eine Übertragung 62 sinnvoll ist, ist aber zu bezweifeln. Der Vorsitzende kann die Übertragung auf den Rpfleger auch auf einzelne Maßnahmen beschränken. Er darf den Rpfleger routinemäßig einschalten, sofern er im Einzelfall prüft, ob dies sachgerecht ist (Ermessen), Christl NJW 1981, 791.

63 **7. Übertragungsverfahren im Übrigen.** Die Übertragung auf den Rpfl. erfolgt durch eine prozessleitende Verfügung des Vorsitzenden nach § 329. Sie ist mehr als ein innerdienstlicher Vorgang. Denn durch sie wechselt die funktionelle Zuständigkeit auf eine andere Gerichtsperson über. Die Parteien haben schon wegen Art. 101 I 2 GG einen Anspruch darauf, den genauen Umfang der Übertragung auf den Rpfleger zu erfahren. Denn davon mag unter anderem abhängen, ob und in welchem Umfang sie einer Anordnung des Rpfleger folgen müssen. Deshalb muss der Vorsitzende die Verfügung dem Antragsteller und mit Rücksicht auf I 1 grundsätzlich auch dem Prozessgegner nach § 329 II 1 formlos mitteilen. Die Verfügung braucht jedoch nur in Ausnahmefällen eine stichwortartige Begründung nach → § 329 Rn. 6, 10, zumal sie grundsätzlich völlig unanfechtbar ist. Die Übertragung bindet das Gericht nur im Rahmen des Auftrags und seiner Bedingungen. Im Übrigen bleibt der Rpfleger zuständig, solange er seine Arbeit nicht nach § 20 II 3 RPflG erledigt hat und nicht zur Vorlage an den Richter nach § 5 RPflG Veranlassung sieht oder trotz § 20 II 2 RPflG gezwungen ist. Der Vorsitzende kann die Sache also nicht jederzeit ohne eine Angabe von Gründen wieder an sich ziehen.

64 **XIII. Verfahren des Rechtspflegers.** Der Rpfl. bearbeitet die ihm übertragene Sache grundsätzlich bis zur Erledigung nach § 20 II 3 RPflG. Er ist im Rahmen von § 5 RPflG zur Vorlage bei dem (Vorsitzenden) verpflichtet, also nicht mehr dann, wenn sich bei der Bearbeitung ähnlich wie zB bei § 348 III 1 Nr. 2 rechtliche Schwierigkeiten ergeben, etwa bei der Formulierung eines komplizierten Prozessvergleichs, wohl aber evtl. dann, wenn sich im Lauf des Verfahrens ergibt, dass ausländisches Recht anwendbar sein könnte. Im Umfang der Übertragung ist der Rpfl. nach § 9 RPflG keinerlei Weisungen unterworfen und nur an Recht und Gesetz gebunden. Soweit er ein Geschäft des Richters wahrnimmt, das das Gesetz oder der Vorsitzende dem Rpfl. nicht übertragen hat und auch nicht übertragen dürfte, ist das Geschäft nach § 8 IV 1 RPflG unwirksam, Köln Rpfleger 1986, 493. Umgekehrt ist nach § 8 I RPflG ein Geschäft wirksam, das der Vorsitzende dem Rpfleger übertragen hat, das er dann aber selbst vornahm oder durch das Kollegium vornehmen ließ, dort auch zu den weiteren Einzelheiten im Verhältnis zwischen dem Gericht und dem Rpfl.

65 **XIV. Ablehnung der Bewilligung durch den Rechtspfleger.** Bei → § 127 Rn. 7, 84 ff.

66 **XV. Befürwortung der Bewilligung durch den Rechtspfleger.** In diesem Fall beschränkt sich der Rpfl. auf einen Aktenvermerk nach § 20 II 3 Hs. 2 RPflG, abgedruckt bei → Rn. 59, trifft also keine abschließende PKH-Entscheidung, sondern legt die Akten anschließend an seinen Vermerk dem Vorsitzenden zur richterlichen Entscheidung zum Ob und Wie der PKH vor.

67 Soweit der Rpfl. die Sache dem Vorsitzenden vorlegt, verfährt dieser einerseits im Rahmen seines Ermessens nach § 5 III 1, 2 RPflG. Soweit der Richter die Sache also erneut zur Bearbeitung an den Rpfl. zurückgibt, bindet eine von dem Richter mitgeteilte Rechtsauffassung, insbesondere bei der Protokollierung eines Prozessvergleichs, § 5 III 3 RPflG. Rechtsbehelfe: § 11 RPflG, § 573.

119

Bewilligung. **I [1]Die Bewilligung der Prozesskostenhilfe erfolgt für jeden Rechtszug besonders. [2]In einem höheren Rechtszug ist nicht zu prüfen, ob die Rechtsverfolgung oder Rechtsverteidigung hinreichende Aussicht auf Erfolg bietet oder mutwillig erscheint, wenn der Gegner das Rechtsmittel eingelegt hat.**

II Die Bewilligung von Prozesskostenhilfe für die Zwangsvollstreckung in das bewegliche Vermögen umfasst alle Vollstreckungshandlungen im Bezirk des Vollstreckungsgerichts einschließlich des Verfahrens auf Abgabe der Vermögensauskunft und der eidesstattlichen Versicherung.

Übersicht

I. Systematik, I, II. Während §§ 114–116 die grundsätzlichen Bewilligungsvoraussetzungen regeln und §§ 117, 118, 120ff., 127 das Verfahren bis zur Entscheidung festlegen, regelt § 119 in S. 1 nur bei einer Bewilligung einen Teil ihres Umfangs, in S. 2 eine Einzelfrage der Bedürftigkeitsprüfung im höheren Rechtszug. Insofern ist S. 2 gegenüber § 114 vorrangig. 1

II. Regelungszweck, I, II. Die Notwendigkeit einer neuen Prüfung und Entscheidung in jedem weiteren Rechtszug ergibt sich aus dem Umstand, dass durch die vorangegangene Entscheidung in der Hauptsache eine gerichtliche Beurteilung der Erfolgsaussicht stattgefunden hat. 2

III. Geltungsbereich, I, II. → Vor § 114 Rn. 5, → § 114 Rn. 10–12. § 119 gilt auch im WEG-Verfahren. Im FamFG-Verfahren gilt inhaltlich ähnlich § 78 I und inhaltlich mit II praktisch identisch § 78 II FamFG. 3

IV. Bewilligungszeitpunkt, I 1, 2. 1. Ausdrückliche Festsetzung im Bewilligungsbeschluss. Maßgeblich ist zunächst der Zeitpunkt, von dem ab das Gericht die PKH ausdrücklich festsetzt, BGH NJW 2006, 1068; Saarbr OLGR 2009, 929; OVG Bln-Brbg NJW 2015, 106. Das gilt unabhängig davon, ob die Festsetzung zu einem anderen früheren oder späteren Zeitpunkt hätte erfolgen müssen oder gar nicht hätte erfolgen dürfen, Düss JurBüro 1994, 176; Köln FamRZ 1997, 1545; LAG Hamm NZA-RR 2007, 602; aM Nürnb MDR 2000, 657 (aber es liegt ein wirksamer Hoheitsakt nach → Vor § 300 Rn. 34 vor). Im letzteren Fall mag der Beschluss anfechtbar sein. Er ist aber nicht wegen fehlerhafter Festsetzung des Bewilligungsbeginns unwirksam, sondern bleibt nach → Vor § 300 Rn. 52 (zum Urteil) bis zu seiner Abänderung oder Aufhebung ebenso gültig wie andere gerichtliche Entscheidungen. Zur Bindungswirkung → § 329 Rn. 19 „§ 318". Das Gericht bestimmt zweckmäßigerweise in seinem Bewilligungsbeschluss ausdrücklich den Anfangstag seiner Wirkung, Kblz AnwBl 1978, 316. 4

2. Mangels ausdrücklicher Festsetzung: Bewilligungsreife. Soweit das Gericht den Anfangstag der PKH-Bewilligung nicht im Beschluss nach → Rn. 4 ausdrücklich festgesetzt hat, ist grds. der Zeitpunkt der Bewilligungsreife oder Entscheidungsreife des PKH-Antrags maßgeblich, also der Zeitpunkt, zu dem die Antragsvoraussetzungen vorliegen und PKH bei ordnungsgemäßem Geschäftsgang zu bewilligen ist, OVG Magdeburg NJW 2020, 944; Stgt FamRZ 2016, 395; VGH Mü NVwZ-RR 2016, 48. Das beruht darauf, dass das Gericht bei Vorliegen der Entscheidungsvoraussetzungen verpflichtet ist, den Antrag unter Beurteilung der Erfolgsaussichten (positiv) zu bescheiden, und nicht ohne sachlichen Grund weitere Zeit verstreichen lassen darf, BGH NJW 2012, 1964. In diesem Regelfall entspricht der Zeitpunkt der Bewilligungsreife ohne Weiteres dem Zeitpunkt der Entscheidung. Dementsprechend dürfen Änderungen in der Beurteilung der Erfolgsaussichten, die nach Bewilligungsreife des PKH-Antrags eintreten, grds. nicht mehr zu Lasten des Antragstellers berücksichtigt werden, BVerfG NVwZ-RR 2018, 873; BGH NJW 2012, 1964; Drsd MDR 2017, 171. Das gilt insbesondere dann, wenn das Gericht eine Beweisaufnahme oder mündliche Verhandlung durchgeführt hat, bevor es über den zuvor gestellten PKH-Antrag entscheidet, BVerfG NJW 2005, 3489. In der Sache bedeutet es nichts Anderes, wenn vertreten wird, grds. sei der Sach- und Streitstand zum Zeitpunkt der Entscheidung maßgeblich, der Zeitpunkt der Bewilligungsreife sei nur entscheidend, wenn das Gericht die Entscheidung durch nachlässige oder fehlerhafte Sachbearbeitung verzögert habe, Köln JurBüro 2006, 657. Denn wenn das Gericht sachgerecht verfahren wäre, hätte es bei Eintritt der Bewilligungsreife entschieden, deren Zeitpunkt zugleich der der Entscheidung hätte sein müssen. 5

Die zu verschiedenen Sonderkonstellationen ergangene Rechtsprechung geht ebenfalls von diesem Grundsatz aus. So ist dann nicht der Zeitpunkt der Bewilligungsreife, sondern der der Entscheidung maßgeblich, wenn eine zunächst ungeklärte entscheidungserhebliche Rechtsfrage während des PKH-Verfahrens durch eine höchstrichterliche Entscheidung geklärt wird, BGH MDR 1982, 564. In diesem Fall bestand die Erfolgsaussicht ursprünglich nur deshalb, weil die Rechtslage zweifelhaft war. Das Gericht darf aber gerade nicht die Entscheidung über den PKH-Antrag zurückstellen, um dann gleichzeitig in der Sache zu entscheiden und den PKH-Antrag mangels Erfolgsaussicht ablehnen, wenn die entscheidungserhebliche zweifelhafte Rechtsfrage höchstrichterlich noch nicht entschieden ist, BVerfG NJW-RR 2016, 1265. Ebenfalls auf den Zeitpunkt der Entscheidung kommt es bei der Frage der Bedürftigkeit an, denn da nach (jetzt) § 120a das Gericht die Bewilligungsentscheidung ändern soll, wenn sich innerhalb von vier Jahren wesentliche Veränderungen der persönlichen und wirtschaftlichen Verhältnisse des Antragstellers ergeben haben, gibt es keinen rechtfertigenden Grund, die Beurteilung der Leistungsfähigkeit ebenso rückzubeziehen wie die der Erfolgsaussicht, BGH NJW 2006, 1168; Naumb AnwBl. 2000, 456. Teilweise wird vertreten, mangels anderweitiger Anhaltspunkte komme es auf den Antragseingang an, Brbg JurBüro 2007, 656; VG Karlsr JurBüro 2015, 200. Das ist dann zutreffend, wenn die Bewilligungsvoraussetzungen bei Antragseingang vorlagen, → Rn. 4. Auch in der höchstrichterlichen Rspr. anerkannt ist die Rückwirkung der PKH-Bewilligung auf den Zeitpunkt des Antragseingangs dann, wenn dem Antragsteller – wenn zu diesem Zeitpunkt über das PKH-Gesuch entschieden worden wäre – PKH hätte bewilligt werden müssen, BGH, NJW-RR 1998, 642. In diesen Fällen fallen Antragseingang und Bewilligungsreife zusammen. Das gilt zB dann, wenn der PKH-Antrag des Revisionsbeklagten, der nach Eingang der Revisionsbegründung gestellt worden ist, erst mit der Entscheidung über die Nichtannahme der Revision beschieden wird, BGH NJW 1985, 921. 6

Der Zeitpunkt der Bewilligungsreife entspricht dem Regelungszweck der gesamten PKH nach → Vor § 114 Rn. 1 und der gerichtlichen Fürsorgepflicht im gesamten Bewilligungsverfahren nach → Vor § 114 Rn. 6. Er schließt einerseits nach → Vor § 114 Rn. 10 die Notwendigkeit einer sorgfältigen Prüfung der Bewilligungsvoraussetzungen ein, andererseits nach → § 118 Rn. 3 das Gebot der Zügigkeit des Verfahrens. Die Bewilligungsreife setzt die Kenntnis des beabsichtigten Sachantrags nach § 253 II Nr. 2 voraus. Der Bewilligungsantrag muss nach § 118 vollständig belegt vorliegen, Köln FamRZ 2001, 232; OVG Kblz NVwZ-RR 2014, 77. Der Antragsgegner soll meist eine Stellungnahme abgegeben haben können, BGH NZFam 2015, 179. 7

In der Beschwerdeinstanz tritt die Bewilligungsreife für das Beschwerdegericht frühestens mit der Vorlage des etwa notwendigen Nichtabhilfebeschlusses des Ausgangsgerichts nach → § 127 Rn. 82 ein, VGH Kassel AnwBl 1990, 55. 8

9 **3. Auslegbarkeit der Bewilligung.** Nach dem Grundsatz der Bewilligungsreife nach → Rn. 4–6 ist eine Entscheidung auslegen, die über den Zeitpunkt des Beginns der PKH keine ausdrückliche nach → Rn. 4 bindende abweichende Festsetzung enthält. Denn man muss dem Gericht den Willen zu einer sachgemäßen Entscheidung unterstellen. Deshalb kann eine Bewilligung auch ohne ausdrückliche rückwirkende Festsetzung rückwirkend erfolgt sein, Bbg FamRZ 1988, 1081, Celle JurBüro 1978, 125, OVG Bln JurBüro 1994, 350.

10 Dafür müssen sich allerdings aus dem Bewilligungsbeschluss irgendwelche Anhaltspunkte ergeben. Allein daraus, dass die PKH-Bewilligung ab der Bewilligungsreife erfolgen soll, kann nicht ohne weiteres darauf geschlossen werden, dass das Gericht auch den richtigen Zeitpunkt gewählt hat, Christl MDR 1983, 628; aM Düss Rpfleger 1986, 108.

11 **V. Rückwirkung der Bewilligung, I 1, 2.** Aus dem Grundsatz der Bewilligungsreife nach → Rn. 5 kann sich die Notwendigkeit der Rückwirkung der Bewilligung ergeben, BGH NJW-RR 1998, 642; KG FamRZ 2000, 838 und 839; Zweibr FamRZ 2004, 1500. Allerdings kommt die rückwirkende Bewilligung für die Zeit vor Antragstellung nicht in Betracht, BGH JurBüro 1993, 51. Auch nach einer vom Antragsteller zu vertretenden Verzögerung ist die rückwirkende Bewilligung nicht möglich, Karlsr FamRZ 1996, 1287; VGH Mannh JurBüro 1991, 1115.

12 **1. Grundsätzlich keine Rückwirkung vor Antragseingang.** Die rückwirkende Bewilligung auf einen Zeitpunkt vor dem Eingang des PKH-Antrags ist grundsätzlich unzulässig, BGH JurBüro 1993, 51; Brbg FamRZ 2012, 319; LG Osnabrück JurBüro 2018, 306. Allerdings kann das Gericht ausnahmsweise von Amts wegen nach → Vor § 128 Rn. 44 einen PKH-Antrag anregen müssen und rückwirkend ab einem möglichen Antragseingang entscheiden, wenn das Unterbleiben des Antrags auf ein missverständliches oder irreführendes Verfahren des Gerichts zurückzuführen ist, Brbg FamRZ 1997, 1542; Karlsr FamRZ 2001, 1156. Noch weitergehend soll eine rückwirkende Bewilligung für das gesamte Verfahren der Instanz auch dann möglich sein, wenn die Bedürftigkeit erst zum Ende der Instanz eintritt und der Antrag dann gestellt wird, Brbg MDR 2018, 368 (zweifelhaft).

13 **2. Ausnahmsweise Rückwirkung ab Antragseingang.** Das Gericht kann zu Recht oder zu Unrecht nach → Rn. 4 bindend die Bewilligung rückwirkend auf den Zeitraum seit dem Antragseingang festgesetzt haben, KG FamRZ 1980, 580. Allerdings kommt die Rückwirkung auf diesen frühestmöglichen Bewilligungszeitpunkt nach → Rn. 11 nur bei Vorliegen aller Voraussetzungen in Betracht, Stgt Rpfleger 2003, 200; LAG Halle FamRZ 2010, 315; OVG Bln-Brbg NVwZ-RR 2008, 288. Sie kann zB dann erfolgen, wenn das Gericht den Prozessgegner nicht nach § 118 I 1 hört, weil das nach → § 118 Rn. 24 „aus besonderen Gründen unzweckmäßig erscheint". Die Bewilligungsreife nach → Rn. 5 kann etwa dann bereits im Zeitpunkt des Antragseingangs eintreten, wenn der Antrag erst während einer mündlichen Verhandlung im Hauptprozess erfolgt und die Klagerwiderung schon vorliegt oder wenn schon eine Beweisaufnahme nach §§ 355 ff. erfolgt ist oder wenn der Antragsteller zwar eine Frist voll ausnutzt, das Gericht aber eben deshalb nicht mehr vor dem Fristablauf entscheiden kann, KG JR 1988, 436; ArbG Regensburg JurBüro 1991, 1230.

14 Der Antrag muss vollständig vorliegen, BGH NJW 2010, 3101; LG Regensburg JurBüro 2002, 84; LAG Halle AnwBl 2000, 62. Der Antragsteller muss insbesondere die persönlichen Voraussetzungen nach § 117 rechtzeitig ausreichend dargetan und nach § 118 belegt haben, BGH NJW 2010, 3101; BVerwG NVwZ 2004, 888; aM Oldb JurBüro 1992, 248; LAG Hamm MDR 1993, 91 (aber die Bewilligungsreife nach → Rn. 5 liegt nun einmal erst ab dem Eingang des zuvor Fehlenden vor; das gilt auch dann, wenn das Gericht das Fehlende pflichtgemäß nachfordert).

15 **3. Rückwirkung erst nach Prüfung.** Der Zeitpunkt des Antragseingangs kann mit demjenigen der Bewilligungsreife nach → Rn. 5 zusammenfallen. Das Erfordernis der ordnungsgemäßen Prüfung des Gesuchs ändert daran nichts, denn die Bewilligungsreife ist ein objektiv feststehender Umstand und wird lediglich aufgrund der Prüfung festgestellt.

16 **4. Rückwirkung erst nach Unterlagenvorlage.** Die Bewilligung darf auch nicht etwa schon dann auf den Zeitpunkt des Antragseingangs zurückbezogen werden, wenn der Antragsteller die erforderlichen Unterlagen zwar nicht schon vollständig oder gar nicht vorgelegt hatte, das Gericht aber eine angemessene Frist zur Nachreichung gesetzt hat, Karlsr FamRZ 1996, 1288. Denn die Bewilligungsreife nach → Rn. 5 ist dann eben erst mit dem Eingang des noch Fehlenden eingetreten, Karlsr FamRZ 1996, 1288; Saarbr MDR 2010, 176; LAG Köln NZA-RR 2016, 101; aM Ffm Rpfleger 1993, 251; Nürnb MDR 2001, 1435; Oldb JurBüro 1992, 248 (aber die fristgemäße Nachreichung ändert nichts am anfänglichen Fehlen des für die PKH Entscheidungserheblichen). Die Rückwirkung kann aber dann notwendig sein, wenn das Gericht das Fehlen der Unterlagen weder gerügt noch eine Frist zum Nachreichen gesetzt hatte, Karlsr FamRZ 1999, 305, oder wenn es einen sonstigen Verfahrensfehler begangen hatte, Naumb FamRZ 2015, 947 (nur zur Erfolgsaussicht).

17 **5. Sonstige Rückwirkung vor Instanzende, I 1, 2.** Soweit das Gericht nicht den Beginn der PKH im Bewilligungsbeschluss ausdrücklich festgesetzt hatte, kommt nach dem Grundsatz der Bewilligungsreife nach → Rn. 5 eine sonstige Rückwirkung eines vor dem Ende dieser Instanz ergangenen oder zu erlassenden Bewilligungsbeschlusses auf einen Zeitpunkt nach dem Antragseingang in Betracht. Maßgebend ist also auch hier wiederum, ob das Gericht bei einer einerseits gründlichen, andererseits zügigen Behandlung über den Bewilligungsantrag früher hätte entscheiden können und müssen, Hamm MDR 2012, 1118; Karlsr FamRZ 1990, 81, oder ob es einen Vertrauenstatbestand geschaffen hatte, wie oft durch Güteverhandlungen usw., etwa nach § 278 II–VI oder im Arbeitsgerichtsverfahren, LAG Halle AnwBl 2000, 62.

18 **Beispiele:** Das Gericht hat den Antrag zunächst übersehen; es hat das Formular nach § 117 vermeidbar verspätet geprüft; es hätte eine Frist zur Nachreichung von Belegen oder zur Glaubhaftmachung nach §§ 118 II 1, 294 früher setzen müssen; es hat einen Beweisbeschluss erlassen und damit nach → § 114 Rn. 33 „Beweisaufnahme" die Erfolgsaussicht bejaht, gleichwohl noch ergänzende Angaben zur Erfolgsaussicht gefordert und erst nach deren Eingang entschieden; es hat die Bezugnahme auf ein bei ihm schwebendes Parallelverfahren zunächst als ausreichend erachtet und dann jene Akten versandt, Köln FamRZ 1988, 1297.

19 Allerdings darf kein Verschulden des Antragstellers mitursächlich sein, Köln FamRZ 1999, 1143; aM Karlsr FamRZ 2006, 1852 (aber die Pflicht nach § 117 II gilt uneingeschränkt).

20 **6. Rückwirkung bei Antrag vor Ende der Instanz.** Soweit der Antrag vor dem Abschluss der Instanz eingegangen war, kommt es mangels einer abweichenden ausdrücklichen Festsetzung im Bewilligungsbeschluss

nach → Rn. 4 zunächst darauf an, ob schon vor dem Ende der Instanz die Bewilligungsreife nach → Rn. 5 eingetreten war, Hamm MDR 2012, 1118; OVG Hmb NJW 2010, 695; OVG Magdeburg NJW 2012, 632. Nur insoweit ist die Rückwirkung zulässig und notwendig, BGH NJW 1985, 922; Hamm FamRZ 2005, 463; OVG Lüneburg NJW 2012, 248; aM OVG Brem JurBüro 1990, 1191.

Der Anwalt muss nach → § 121 Rn. 13 auch bereit gewesen sein, sich beiordnen zu lassen, Christl MDR 1983, 538 und 624. 21

7. Beispiele zur Frage einer Rückwirkung vor Ende der Instanz, I 1, 2

Beiordnung: Stellt sich nachträglich heraus, dass der beigeordnete Anwalt die Partei wegen einer Interessenkollision nicht vertreten durfte, ist rückwirkend die Beiordnung eines anderen Anwalts zulässig, Karlsr FamRZ 2001, 1155. Entsprechendes gilt, wenn das Gericht nicht rechtzeitig von Amts wegen nach § 121 einen Anwalt beigeordnet hatte, Karlsr MDR 2007, 1147; Mü FamRZ 2002, 1196. 22

Belehrungsfehler: Rückwirkende Bewilligung ist zulässig, wenn das Gericht den Antragsteller durch eine unrichtige Belehrung von einem rechtzeitigen Antrag abgehalten hatte, Brbg FamRZ 1997, 1542.

Entscheidung vor Fristablauf: Rückwirkende Bewilligung ist dann zulässig, wenn das Gericht zur Hauptsache vor dem Ablauf seiner Frist zur Stellungnahme des Prozessgegners zum PKH-Antrag entschieden hat, Düss MDR 1987, 941 (zum gegenteiligen Fall).

Nachreichung: Rückwirkende Bewilligung ist zulässig, wenn der Antragsteller die nach § 117 II erforderlichen oder sonstigen Unterlagen erst nach dem Schluss der Verhandlung nach §§ 136 IV, 296a oder noch später nachreichen konnte, Zweibr FamRZ 2004, 1500.

Unzumutbarkeit: Rückwirkende Bewilligung ist zulässig, wenn es dem Antragsteller nicht zuzumuten war, den Bewilligungsantrag nach § 117 vor dem Sachantrag der Hauptsache nach → § 297 Rn. 4 zu stellen, Karlsr FamRZ 1987, 1167 (Vorsicht!).

Widerrufsvergleich: Rückwirkende Bewilligung ist zulässig, wenn die Widerrufsfrist eines Vergleichs nach → Anh. § 307 Rn. 63 noch nicht abgelaufen war, LG Hmb FamRZ 1999, 600.

Zurückverweisung: Rückwirkende Bewilligung ist zulässig, wenn das Beschwerdegericht erst nach dem Instanzende nach → § 572 Rn. 25 zurückverweisen konnte, Kblz FamRZ 1996, 44.

8. Unzulässigkeit bei Antrag ab Instanzende. Wenn der Bewilligungsantrag erst nach dem Ende der Instanz nach → Rn. 36 beim Gericht vollständig eingeht, ist die Bewilligung von PKH nicht mehr möglich, LAG Köln NZA-RR 2016, 101; Kblz MDR 2015, 898; Naumb FamRZ 2015, 947. Dasselbe gilt dann, wenn die Erklärung nach § 117 II–IV erst nach dem Instanzende eingeht, ohne dass das Gericht eine so lange Frist nach → § 117 Rn. 45 gesetzt hatte, Bbg FamRZ 2001, 628; LAG Nürnb Rpfleger 2013, 344; OVG Münster NJW 2007, 1485. Dasselbe gilt natürlich erst recht dann, wenn die Darlegung nicht einmal in einer bewilligten Frist einging, Saarbr FamRZ 2010, 1750. Eine Ausnahme kann im FamFG-Verfahren vor einer Kostenentscheidung bestehen, Mü FamRZ 2001, 1309. Das Gericht dieser Instanz kann den erst nach ihrem Ende eingegangenen Antrag unbearbeitet zu den Akten nehmen. Es kann aber die rückwirkende Bewilligung auch zur Klarstellung ausdrücklich ablehnen, BGH AnwBl 1987, 55; BVerwG JurBüro 1992, 346; Hmb WuM 1993, 462. Die rückwirkende Bewilligung kommt ausnahmsweise bei vom Antragsteller nicht zu vertretender Unvollständigkeit der Unterlagen in Frage, Ffm NJW 2014, 2367 (zust. Reichling); Karlsr FamRZ 2011, 1608 (Nachreichung in gerichtlicher Frist); Naumb FamRZ 2015, 947. Sie kann auch bei Zulassung der Revision nach § 543 II 1 Nr. 1 wegen Art. 3 GG in Betracht kommen, BVerfG NJW 2015, 2173. 23

9. Zulässigkeit bei Beschwerde gegen Ablehnung von Prozesskostenhilfe. Soweit nicht das Gericht nach → Rn. 4 bindend im Bewilligungsbeschluss einen abweichenden Zeitpunkt bestimmt hat, kommt eine rückwirkende Bewilligung auch bei einer Entscheidung erst nach dem Abschluss dieser Instanz nach → Rn. 36 auch dann in Betracht, wenn der Antragsteller gegen einen die PKH-Bewilligung ablehnenden Beschluss eine mit Gründen versehene sofortige Beschwerde nach → § 127 Rn. 41 eingelegt hat, LG Dortmund AnwBl 1984, 222 (abl. Chemnitz). Das gilt zunächst dann, wenn das Erstgericht den dortigen PKH-Antrag zu spät behandelt hatte, Schlesw JurBüro 2002, 85. Es gilt ferner auch dann, wenn die sofortige Beschwerde gegen die PKH-Ablehnung vor dem Ende der Instanz der Hauptsache einging. Es gilt schließlich auch dann, wenn der Antragsteller seine sofortige Beschwerde schuldlos erst später eingelegt hatte, nach → § 127 Rn. 52 etwa deshalb, weil das Gericht die ablehnende Entscheidung dem Antragsgegner nicht vor dem Instanzende der Hauptsache nach § 329 mitgeteilt hatte, BFH DB 1984, 2495; Bbg FamRZ 1990, 181; Karlsr FamRZ 1990, 82; aM KG FamRZ 1986, 825; Schlesw SchlHA 1984, 175; Zweibr FamRZ 1990, 909 (aber das würde auf einen Verstoß zumindest gegen Art. 103 I GG hinauslaufen). 24

Unstatthaft ist eine rückwirkende Bewilligung jedoch, soweit erstinstanzlich kein Bedürfnis für die Beiordnung eines Anwalts nach § 121 bestand, VGH Mannh NVwZ-RR 2005, 367, oder nach einer Klagerücknahme nach § 269, VGH Mü FamRZ 2014, 960. 25

10. Zulässigkeit während Vergleichs-Widerrufsfrist. Soweit das Gericht nicht in seinem Beschluss nach → Rn. 4 bindend einen abweichenden Zeitpunkt des Beginns der PKH festgesetzt hat, ist eine rückwirkende Bewilligung auch dann statthaft, wenn der Antragsteller das Bewilligungsgesuch erst nach dem Abschluss eines widerruflichen Prozessvergleichs nach → Anh. § 307 Rn. 72 vor dem Ablauf der Widerrufsfrist eingereicht hat, LG Hmb FamRZ 1999, 600; AG Groß-Gerau MDR 1981, 853. 26

11. Zulässigkeit nach Rechtskraft einer günstigen Entscheidung. Soweit das Gericht den Bewilligungsbeginn nicht nach → Rn. 4 bindend ausdrücklich abweichend festgesetzt hat, steht die formelle Rechtskraft eines dem Antragsteller günstigen Urteils nach § 705 einer Rückwirkung der Bewilligung grundsätzlich nicht entgegen, Ffm MDR 1983, 137; Hmb FamRZ 1983, 1230; Karlsr NJW-RR 1998, 1086; aM Ffm AnwBl 1982, 533 (zu einer Feststellungsklage. Aber auch dann ist die Bewilligungsreife nach → Rn. 5 der richtige Zeitpunkt). Der günstigen Entscheidung steht die Rücknahme des gegnerischen Rechtsmittels gleich, BGH AnwBl 1988, 420 (wegen [jetzt] § 516 III). 27

12. Unzulässigkeit nach Rechtskraft einer ungünstigen Entscheidung usw. Soweit das Gericht nicht nach → Rn. 4 bindend den Bewilligungsbeginn ausdrücklich abweichend festgesetzt hatte, kommt eine rückwirkende Bewilligung jedenfalls insoweit nicht mehr in Betracht, als im Zeitpunkt der Entscheidung über das Bewilligungsgesuch bereits ein dem Antragsteller ungünstiges Urteil formell nach § 705 rechtskräftig geworden 28 ist, Ffm MDR 1986, 857; Hamm FamRZ 1985, 825; OVG Lüneburg NVwZ 2005, 470; aM Hamm FamRZ 1985, 825; VGH Mannh FamRZ 1988, 857 (aber auch dann ist die Bewilligungsreife nach → Rn. 5 der richtige Zeitpunkt). Der dem Antragsteller ungünstigen Entscheidung steht seine Klagerücknahme nach § 269 in der Regel gleich, LAG Bln DB 1989, 2440; aM Köln MDR 1997, 690 (aber wer die Klage zurücknimmt, gibt zumindest zunächst die Rechtsverfolgung auf).

29 **13. Zulässigkeit bei Erledigung der Hauptsache.** Soweit nicht das Gericht nach → Rn. 4 bindend den Bewilligungszeitpunkt ausdrücklich abweichend festgesetzt hat, kommt nach einer wirksamen Erledigung der Hauptsache nach → § 91a Rn. 115 eine rückwirkende Bewilligung jedenfalls nicht mehr für den früheren Hauptantrag in Betracht, BFH BB 1986, 187; LAG Hamm NZA 2004, 102; Pentz NJW 1985, 1820; aM Thomas/Putzo/Seiler Rn. 4 (auch dann könne das Gericht unter den übrigen Voraussetzungen rückwirkend bewilligen. Aber inzwischen ist die Rechtshängigkeit nach → § 91a Rn. 135 entfallen). Allerdings kommt eine rückwirkende Bewilligung wenigstens noch im Umfang der inzwischen stattgefundenen Erledigungserklärungen in Betracht, Köln FamRZ 1981, 486.

30 **14. Verschulden des Antragstellers.** Sofern nicht das Gericht nach → Rn. 4 bindend den Beginn der PKH im Bewilligungsbeschluss ausdrücklich abweichend festgesetzt hatte, wirkt sich bei → Rn. 23–29 ein Verschulden des Antragstellers hinsichtlich entstandener Verzögerungen zu seinem Nachteil aus. Er muss sich das Verschulden eines gesetzlichen Vertreters nach § 51 II wie dasjenige eines ProzBev. nach § 85 II zurechnen lassen. Verschulden fehlt, soweit der Antragsteller die Entscheidung abwartet, statt das Gericht zu mahnen, Düss AnwBl 1978, 418. Dagegen kann man nicht nur deshalb Verschulden verneinen, weil ein stillschweigender Antrag vorliege. Denn er reicht nach → § 117 Rn. 4 grds. nicht aus. Allerdings kann sich aus den gesamten Umständen ergeben, dass von vorneherein nur ein Prozess aufgrundlage einer PKH-Bewilligung geführt werden sollte und die Antragstellung im Termin vergessen wurde, AG Stgt AnwBl 1982, 254.

31 **15. Keine Rückwirkung bei Tod, Erlöschen, Ausscheiden usw.** Nach dem Tod des Antragstellers kann PKH nicht mehr bewilligt werden, Ffm FamRZ 2011, 385; Oldb MDR 2010, 462; Kblz FamRZ 1996, 809. Mit ihm erledigt sich das bisherige Bewilligungsverfahren. Daher kommt jetzt auch keine rückwirkende oder sonstige Bewilligung mehr in Betracht, Celle JurBüro 2012, 208; Kblz FamRZ 2016, 2025; aM LSG Darmstadt Rpfleger 1997, 392. Teilweise wird vertreten, ausnahmsweise sei könne PKH auch nach dem Tod des bedürftigen Antragstellers noch bewilligt werden, wenn das Gericht bei ordnungsgemäßer und unverzüglicher Bearbeitung des Antrags noch zu Lebzeiten des Antragstellers hätte entscheiden müssen, BFH FamRZ 2011, 35. Dem kann nicht gefolgt werden, denn der Zweck der PKH würde so verfehlt, weil diese nur den Erben der hilfsbedürftigen Partei zugutekäme, OVG Bautzen NVwZ 2002, 492; Oldb MDR 2010, 462; Ffm FamRZ 2011, 385. Der Erbe rückt zwar materiell-rechtlich in die Position des Erblassers ein. Er muss aber für seine Person PKH und die etwaige Beiordnung eines Anwalts nach § 121 neu beantragen, weil es auf seine Bedürftigkeit ankommt. Entsprechendes gilt bei Aufhebung des Insolvenzverfahrens: Hier muss der Schuldner einen neuen eigenen PKH-Antrag stellen, OVG Lüneburg NJW 2007, 1224. War dem Erblasser ratenfreie PKH bewilligt worden und nehmen nach seinem Tod die Erben den Rechtsstreit nicht auf, haften sie – unabhängig von ihrer Vermögenssituation – nicht für die entstandenen gerichtlichen und außergerichtlichen Kosten, Düss NJW-RR 1999, 1086; KG Rpfleger 1986, 281.

32 Entsprechendes gilt beim Erlöschen der antragstellenden juristischen Person nach → § 50 Rn. 12, 34 oder beim Ausscheiden und ähnlichen endgültigen Vorgängen der Beendigung der Parteistellung nach → § 114 Rn. 11, oder bei vollständiger Erledigung aufgrund einer Versöhnung, Mü OLGR 1994, 315. Das gilt unabhängig davon, dass eine Prozessvollmacht nach § 86 nicht automatisch erlischt. Daher kann der Ausgeschiedene evtl. entsprechend § 674 BGB gegen die Staatskasse vorgehen. Dem Erlöschen steht auch die Beendigung der Liquidation nach → § 50 Rn. 36 gleich.

33 **VI. Bewilligung, I 1.** Die Vorschrift spricht zwar nur von der „Bewilligung". Das erfasst aber nach § 120 I nicht nur die uneingeschränkte Bewilligung, sondern auch die unter Anordnung der Zahlung von Raten und/oder Vermögensbeiträgen, LAG Düss MDR 1995, 750. I 1 erfasst auch die Ablehnung eines PKH-Antrags. Jeder Antragsteller hat bei Vorliegen der gesetzlichen Voraussetzungen einen Anspruch auf die Bewilligung, KG FamRZ 1988, 1079. Mit der Bewilligung endet das PKH-Verfahren zunächst, Köln MDR 1997, 299.

34 **VII. Für jeden Rechtszug besonders, I 1.** Es ist für jedes Verfahren und für jeden Rechtszug ein gesonderter Antrag nötig. Es ist nach → Rn. 37 eine gesonderte Entscheidung über die Bewilligung oder Ablehnung erforderlich. Der Antrag muss innerhalb der Rechtsmittelfrist beim Rechtsmittelgericht vorliegen, VGH Mannh FamRZ 2003, 104 (krit. Gottwald).

35 **1. Zweck.** Sinn der Beschränkung auf den jeweiligen Rechtszug ist die Erwägung, dass nur das jeweils mit dem Streitstoff der Hauptsache voraussichtlich oder bereits in diesem gesamten Abschnitt des Hauptverfahrens befasste Gericht die erforderliche Übersicht über die jetzige Prozesslage hat. Die Bedürftigkeit des Antragstellers kann sich im Verlauf des Rechtsstreits ändern, weil seine persönlichen und wirtschaftlichen Verhältnisse sich positiv oder negativ entwickeln können.

36 **2. Begriff des Rechtszugs.** „Rechtszug" bedeutet hier dasselbe wie in § 35 GKG. Denn es handelt sich auch bei S. 1 um eine Kostenvorschrift, Schlesw NJW 2012, 1523; AG Brbg Rpfleger 2010, 331; VGH Kassel JurBüro 1997, 648, anders als zB bei § 172. Daher sind die Abgrenzungsmerkmale → § 172 Rn. 12 f. hier nur eingeschränkt brauchbar. Eher ergeben sich nützliche Wechselwirkungen zu den §§ 15 II 2, 19 RVG. Rechtszug ist auch jeder kostenträchtige Verfahrensabschnitt, BVerwG NVwZ-RR 1995, 545.

37 **3. Notwendigkeit gesonderter Antragstellung.** Die Befugnis des Gerichts zur Bewilligung ist auf den jeweiligen Rechtszug nach → Rn. 36 begrenzt, BVerwG NVwZ-RR 1995, 545; LAG Düss MDR 1995, 750. Daraus folgt die Notwendigkeit, für jeden Rechtszug einen gesonderten Bewilligungsantrag zu stellen, BGH VersR 1984, 600; Bbg FamRZ 2002, 628; Stgt MDR 2002, 1396, und gesondert zu entscheiden, LAG Hamm NZA-RR 2015, 327. Der Antrag muss nebst den erforderlichen Unterlagen bis zum Ende der Rechtsmittelfrist vorliegen, BGH FamRZ 2006, 1523. Die allgemeinen Voraussetzungen der Wirksamkeit des Antrags müssen in jeder Instanz vorliegen, Schlesw SchlHA 1980, 72; LAG Hamm NZA-RR 2015, 327. Auch dann, wenn sich ein Antrag von vornherein oder nachträglich auf mehrere Rechtszüge erstreckt, darf das Gericht ihn nur für seinen Rechtszug bearbeiten und bescheiden, und zwar für den ganzen jeweiligen Rechtszug, Köln MDR 1988, 588. Es

muss den weitergehenden Teil des Antrags evtl. von Amts wegen an das Gericht des anderen unteren oder oberen Rechtszugs weiterleiten, VGH Mannh FamRZ 2003, 104. Zu den Einzelheiten des Antrags → § 117 Rn. 4 ff.

4. Beispiele zur Frage des Rechtszugs, I 1

Ablehnung: Die Ablehnung des Richters oder Sachverständigen auch in anderen Nebenverfahren innerhalb derselben Instanz nach §§ 42, 406 gehören zum Rechtszug, Bischof AnwBl 1981, 373. 38

Angriffs-, Verteidigungsmittel: Ein solches nach → Einl. II Rn. 113 ff. gehört zur jeweiligen Instanz. Jedoch ist eine Bewilligung für nur ein einzelnes Angriffs- oder Verteidigungsmittel unzulässig, Brem OLGZ 1989, 366 (Beweismittel).

Anhörungsrüge: Die Rüge nach § 321a gehört zum Rechtszug.

Anschließung: Sie kann für den sich zB nach § 524 Anschließenden einen besonderen Rechtszug bedeuten.

Arrest, einstweilige Anordnung oder Verfügung: Man muss wie folgt unterscheiden.

- **(Abänderungsverfahren):** Die Beiordnung für das Anordnungsverfahren nach § 49 FamFG umfasst ein Abänderungsverfahren nach § 54 FamFG, (je zum alten Recht) Hamm MDR 1983, 847; KG JurBüro 1980, 1673; aM KG JurBüro 1984, 578.
- **(Anordnungsverfahren):** Das Verfahren auf den Erlass eines Arrests nach §§ 916 ff., einer einstweiligen Anordnung nach §§ 49 ff. FamFG oder einer einstweiligen Verfügung nach §§ 935 ff. gehört grundsätzlich nicht zum Rechtszug des Hauptprozesses, Bbg FamRZ 1986, 701; Düss FamRZ 1982, 1096; Karlsr FamRZ 1985, 1274. Die Auslegung kann aber das Gegenteil ergeben, Brbg FamRZ 2007, 57.
- **(Aufhebungsverfahren):** Ein Verfahren auf die Aufhebung eines Arrests oder einer einstweiligen Anordnung oder Verfügung zB nach §§ 926 II, 927 gehört ebenso wenig wie das Anordnungsverfahren zum Rechtszug.
- **(Vollziehungsverfahren):** Die Beiordnung eines Anwalts bei der Anordnung eines Arrests oder einer einstweiligen Verfügung nach §§ 922, 935 schließt die Beiordnung für die Vollziehung nach §§ 929, 936 ein, falls das Gericht nicht etwa nach § 45 IV Nr. 2 RVG ausdrücklich etwas anderes bestimmt. Auch → Rn. 53 ff.
- **(Widerspruchsverfahren):** Die Beiordnung für das Anordnungsverfahren umfasst das Widerspruchsverfahren nach §§ 924, 936.

Aufrechnung: Die Haupt- wie die Hilfsaufrechnung nach → § 145 Rn. 15 gehören zum Rechtszug, LG Bln AnwBl 1979, 273.

Außergerichtlicher Vergleich: → „Vergleich".

Berufung: Die Berufung nach §§ 511 ff. eröffnet natürlich einen neuen Rechtszug und erfordert daher eine neue Prüfung, Brbg FamRZ 2001, 1714. Im Verwaltungsprozess bilden das Berufungszulassungsverfahren und das Berufungsverfahren einen einheitlichen Rechtszug iSd PKH-Vorschriften, OVG Weimar NJW 1998, 3660; VGH Kassel NVwZ 2000, 1428.

Beschwerde: Jede sofortige oder befristete Beschwerde nach §§ 567 ff. eröffnet einen neuen Rechtszug, Hamm Rpfleger 1981, 322. Das gilt unabhängig davon, bei welchem Gericht der Beschwerdeführer sie eingelegt hat. Beim Rpfleger gilt nach → § 104 Rn. 48 ff. der § 11 RPflG.

Beweisaufnahme: Eine Beweisaufnahme nach §§ 355 ff. zählt zum Rechtszug.

Ehesache: Die Bewilligung für eine Scheidung erstreckt sich auch auf eine abgetrennte Folgesache Versorgungsausgleich, Brbg FamRZ 2011, 53.

Einrede, Rüge: Sie zählen zum Rechtszug. Dementsprechend ist eine Bewilligung für nur eine einzelne Einrede oder Rüge unstatthaft, Brem OLGZ 89, 366.

Einspruch: Das Verfahren aufgrund eines Einspruchs gegen ein Versäumnisurteil nach § 338 oder gegen einen Vollstreckungsbescheid nach § 700 gehört zum Rechtszug.

Einstellung der Zwangsvollstreckung: → Rn. 53–57.

Einstweilige Anordnung, Verfügung: → „Arrest".

Erinnerung: → Rn. 53–57.

Feststellung und Leistung: Es kommt darauf an, ob sich bei der Leistungsklage nach → Vor § 253 Rn. 8 der Inhalt ändert.

Folgesache: Es gelten §§ 137 ff. FamFG.

Fortsetzung: Zum Rechtszug gehört auch ein auf Fortsetzung des Verfahrens gerichteter Antrag, der darauf gestützt wird, dass das Verfahren mangels wirksamer Klagerücknahme nicht beendet sei, VGH Kassel NJW 2013, 3050.

Ganzer Rechtszug: Das Gericht darf PKH grds. nur für den gesamten Rechtszug und als Ganzes bewilligen, Brem OLGZ 1989, 365.

Hilfsaufrechnung: Eine solche nach → § 145 Rn. 15 gehört ungeachtet ihrer streitwerterhöhenden Wirkung nach → Anh. § 3 Rn. 16 zum Rechtszug, LG Bln AnwBl 1979, 273.

Insolvenzverfahren: Es besteht aus mehreren **gesonderten** Rechtszügen, LG Gött ZIP 1999, 890; LG Kblz MDR 2000, 542; LG Konstanz ZIP 1999, 1643: Aus dem Eröffnungsverfahren, dem eröffneten Verfahren, dem Schuldenbereinigungsverfahren und dem Restschuldbefreiungsverfahren.

Klageänderung: Die vorherige Bewilligung umfasst nicht eine Klagänderung nach §§ 263, 264, BGH NJW-RR 2006, 429.

Klagerücknahme: Bei einer Klagerücknahme nach § 269 bleibt die Bewilligung für die Widerklage nach Anh. § 253 bestehen. Auch → „Widerklage".

Klageerweiterung: Das Verfahren aufgrund einer Klagerweiterung zählt nicht zum Rechtszug, auch nicht für den Bekl., Kblz MDR 2007, 1338; Karlsr AnwBl 1987, 340.

Klageumdeutung: Die Bewilligung erfasst auch eine Umdeutung nach → Vor § 128 Rn. 60 etwa zwischen § 323 und § 767, Brbg NJW-RR 2002, 1586.

Kostenfestsetzung: Das Verfahren nach §§ 103 ff. gehört nach → § 103 Rn. 25 nur zur ersten Instanz. Das gilt auch dann, wenn das Hauptverfahren durch mehrere Instanzen gelaufen war.

Mahnverfahren: Für das Mahnverfahren nach §§ 688 ff. kann – beschränkt auf dieses Verfahren – PKH bewilligt werden, BGH NJW-RR 2017, 1470; LAG Düss JurBüro 1990, 379; Mü MDR 1997, 891; Oldb NZM 1999, 134.

Mediation: Sie zählt zum Rechtszug, Köln FamRZ 2011, 1742.

Nachverfahren: Das Verfahren im Anschluss an ein Grund- oder Vorbehaltsurteil auch im Urkunden- oder Wechselprozess nach § 600, 602 gehört grds. zum Rechtszug, Saarbr MDR 2003, 1211; aM Fischer JurBüro 1999, 341 (aber beides gehört grds. zusammen). Auch → „Klageerweiterung".

Nebenverfahren: Ein Nebenverfahren innerhalb derselben Instanz gehört zum Rechtszug, Bischof AnwBl 1981, 373. Auch → Rn. 38 „Ablehnung".

Nichtzulassungsbeschwerde: Das anschließende Revisionsverfahren nach § 544 VI 1 gehört zum Rechtszug, BVerwG NVwZ-RR 1995, 545. Auch → „Zulassungsverfahren".

Prozesskostenhilfeverfahren: Das Verfahren nach § 120a gehört zum Rechtszug, BGH MDR 2011, 183 und NJW-RR 2016, 897; Brbg FamRZ 2009, 898. Das Bewilligungsverfahren nach §§ 114 ff. selbst gehört nicht zum Rechtszug. Die Bewilligung ist nach → § 114 Rn. 15 „Prozesskostenhilfeverfahren" nicht schon für das Bewilligungsverfahren statthaft. Vgl. auch § 45 RVG, abgedruckt hinter § 121.

Rechtsmittelaussicht: Ihre außergerichtliche Prüfung „zwischen den Instanzen" zählt nicht zu einem Rechtszug, BGH NJW-RR 2007, 1439.

Rechtsmittelverfahren: Es bildet einen neuen Rechtszug. Aber auch → „Nichtzulassungsbeschwerde".

Scheckprozess: → „Nachverfahren".

Selbständiges Beweisverfahren: Das Verfahren nach §§ 485 ff. gehört nach § 48 V Nr. 3 RVG nicht zum Rechtszug.

Stufenbewilligung: Sie ist außerhalb einer Stufenklage, zu ihr sogleich hinter diesem Stichwort, grds. unzulässig, Naumb FamRZ 2005, 42.

Stufenklage: Bei der Stufenklage nach § 254 muss sich die PKH für den Kläger grds. auf alle anhängig gemachten Ansprüche erstrecken, also auch auf einen noch nicht bezifferten Zahlungsanspruch, also auch auf einen noch nicht bezifferten Zahlungsanspruch, Jena FamRZ 2005, 1186; Schlesw FamRZ 2013, 57; Stgt FamRZ 2014, 1478; Ffm NZFam 2017, 849; Celle JurBüro 2011, 430; Düss FamRZ 2010, 747; Zweibr FamRZ 2007, 1110; aM Celle NJW-RR 2012, 1290; Brbg NJW-RR 2009, 944; Stgt FamRZ 2013, 1323. Sie erstreckt sich aber nicht auf eine über den sich aus der Auskunft ergebenden Betrag hinausgehende Forderung, Brbg MDR 2003, 172; Düss AnwBl 2000, 59; Nürnb FamRZ 1997, 100; aM Düss FamRZ 1987, 1281. Das Gericht kann nach Bezifferung des Zahlungsantrags durch Beschluss klarstellen, in welchem Umfang der Antrag von der PKH-Bewilligung erfasst ist, Brbg FamRZ 2007, 1028.

Teilanspruch. Dazu Schneider NZFam 2016, 304. Eine Bewilligung nur für einen Teilanspruch setzt die Teilbarkeit des gesamten Streitgegenstands nach → § 2 Rn. 4 voraus, Brem OLGZ 89, 366. Zur Formulierung Karlsr FamRZ 1992, 966.

Urkundenprozess: → „Nachverfahren".

Urteilsberichtigung: Das Verfahren nach § 319 gehört zum Rechtszug.

Urteilsergänzung: Das Verfahren nach § 321 gehört zum Rechtszug.

Vereinfachtes Unterhaltsverfahren: Es gilt bei §§ 249 ff. FamFG dasselbe wie bei → „Mahnverfahren".

Vergleich: → § 114 Rn. 15 „Vergleich". Man muss die folgenden Situationen unterscheiden.

– **(Außergerichtlicher Vergleich):** Ein außergerichtlicher Vergleich nach § 779 BGB zählt nach → § 114 Rn. 15 „Vergleich" nicht zum Rechtszug.

– **(Prozessvergleich):** Der die bisherigen Ansprüche erledigende Prozessvergleich nach Anh. § 307 gehört zum Rechtszug, Düss AnwBl 1982, 378; Oldb JurBüro 1993, 155; LAG Köln MDR 1990, 747 (Mehrwert beim Gesamtvergleich). Das gilt auch dann, wenn ihn die Parteien zwischen den Instanzen geschlossen haben. Ausnahmsweise gehört eine Erörterung vor einem Vergleichsschluss zum bisherigen Umfang der PKH, Celle Rpfleger 1999, 451. Der über die bisherigen Ansprüche hinausgehende Prozessvergleich gehört nur insoweit zum Rechtszug, als das Gericht auch für ihn antragsgemäß PKH bewilligt hatte, Kblz FamRZ 2001, 1394; Zweibr NJW-RR 2007, 7; OVG Saarlouis NJW 2013, 1019.

Ein zusätzlicher Antrag und eine besondere Entscheidung sind nur über solche Gegenstände nötig, die (jetzt) § 48 RVG nicht aufführt, Düss JurBüro 1981, 399; Stgt JurBüro 1976, 1062 (Befreiung von einer Verbindlichkeit des Ehegatten). Die Fortsetzung eines Verfahrens, das durch einen Prozessvergleich nach → Anh. § 307 Rn. 66 beendet schien, wegen seiner Anfechtung zählt zum Rechtszug.

Versäumnisurteil: Ein Antrag nur „für ein Versäumnisurteil" nach §§ 330 ff. ist unzulässig, Köln MDR 1988, 588. Auch → „Einspruch".

Verweisung: Das Verfahren nach einer Verweisung zB nach §§ 281, 506 ZPO, 48, 48a ArbGG, 17a II 1, 96 ff. GVG gehört zum Rechtszug, Köln NJW 1995, 2728. Auch → „Zurückverweisung".

Vollstreckungsabwehrklage: → Rn. 57.

Vollstreckungsbescheid: → „Mahnverfahren", „Einspruch".

Vorbehalt: Grundsätzlich ist ein Vorbehalt bei der Bewilligung von PKH unzulässig, Brem OLGZ 89, 366.

Vorbehaltsurteil: → „Nachverfahren".

Wechselprozess: → „Nachverfahren".

Widerklage: Das Verfahren aufgrund einer Widerklage nach Anh. § 253 einschließlich der Verteidigung ihr gegenüber zählt **nicht** zum Rechtszug, Karlsr AnwBl 1987, 340. Etwas anderes gilt nach § 48 V Nr. 4 RVG bei der Verteidigung in einer Ehesache mit einem Gegenantrag. Bei einer Klagerücknahme nach § 269 bleibt die Bewilligung für die Widerklage bestehen.

Wiederaufnahme: Das Verfahren nach §§ 578 ff. gehört nicht zum Rechtszug.

Wiedereinsetzung: Das Verfahren nach §§ 233 ff. gehört zum Rechtszug. Es ist auch eine Bewilligung nur für diesen kostenrechtlich evtl. selbständigen Verfahrensabschnitt zulässig.

Zulassungsverfahren: Es stellt keinen besonderen Rechtszug dar, → „Nichtzulassungsbeschwerde", VGH Kassel NVwZ 2000, 1428; NVwZ-RR 2000, 119 und 1428, VGH Mannheim NVwZ-RR 1999, 150; OVG Weimar NJW 1998, 3660; BVerwG NVwZ-RR 1995, 545.

Zurückverweisung: Das Verfahren nach einer Zurückverweisung nach → §§ 538, 565, 572 Rn. 25 zählt zum Rechtszug, BVerwG NJW 2008, 3157; Schlesw NJW-RR 2015, 1921; OVG Münster JurBüro 1994, 176. Zur weiteren Auswirkung einer vor der Zurückverweisung erteilten Bewilligung BGH NJW 1983, 944. Auch → „Verweisung".

Zuständigkeit: Ihre Klärung gehört zum Rechtszug.

Zustellung: Sie gehört auch beim Gerichtsvollzieher nach § 60 I 1 GVO zum Rechtszug des Erkenntnisverfahrens, AG Kusel DGVZ 2014, 247.
Zwangsvollstreckung: → Rn. 53–57.
Zwischenverfahren: Das Verfahren etwa über ein Zeugnisverweigerungsrecht nach §§ 387 ff. zählt zum Rechtszug.

VIII. Frage erneuter Prüfung der Erfolgsaussicht und Mutwilligkeit im höheren Rechtszug, I 2. Die Vorschrift beinhaltet eine Einschränkung der Prüfung der hinreichenden Aussicht der Rechtsverfolgung oder Rechtsverteidigung nach → § 114 Rn. 27 sowie des Mutwillens nach → § 114 Rn. 34, wenn der Gegner das Rechtsmittel eingelegt hat. Im FamFG-Verfahren gilt vorrangig § 77 II 2 Nr. 1, 2 FamFG. 39

1. Begriff des höheren Rechtszugs. Es muss sich bereits um eine höhere Instanz nach → Rn. 36 handeln, also um das Verfahren auf eine Berufung oder Revision oder sofortige oder befristete Beschwerde oder Rechtsbeschwerde. 40

2. Gegnerisches Rechtsmittel: Grundsätzlich keine erneute Prüfung. Der Wortlaut von I 2 ist eindeutig, BVerfG NJW 2005, 409. Danach darf das Gericht dann, wenn der Prozessgegner der Rechtsmittelführer ist, die Erfolgsaussicht des Antragstellers nach → § 114 Rn. 27 und seine etwaige Mutwilligkeit nach → § 114 Rn. 34 nicht prüfen. 41

Darauf, ob der Gegner des Rechtsmittelführers auch schon in der Vorinstanz PKH erhalten hatte, kommt es nicht an, da er sonst gegenüber dem von Anfang an Bedürftigen benachteiligt würde. 42

3. Ausnahmsweise Prüfung der Erfolgsaussicht. Entgegen dem Gesetzeswortlaut weicht die Rechtsprechung hiervon in bestimmten Ausnahmefällen ab: Anerkannt ist, dass I 2 der Verweigerung der PKH dann nicht entgegensteht, wenn der Antragsteller das erstinstanzliche Urteil vorwerfbar unter Verstoß gegen § 138 I herbeigeführt hat, Stgt MDR 2005, 1070. Darüber hinaus wird die Ablehnung der PKH mangels Erfolgsaussicht der Rechtsverteidigung des Rechtsmittelgegners dann für möglich gehalten, wenn sich die rechtlichen oder tatsächlichen Grundlagen der vorinstanzlichen Entscheidung geändert haben, BGH NJW-RR 1989, 702; Karlsr NJOZ 2007, 4651 (neuer Klagegrund); Celle FamRZ 1977, 648 (Inkrafttreten des neuen Scheidungsrechts). Angesichts der Eindeutigkeit des Gesetzeswortlauts müssen solche Ausnahmen auf wirklich außergewöhnliche Fälle beschränkt werden. Eine weitere Ausnahme soll gelten, wenn das erstinstanzliche Urteil „offensichtlich falsch“ und die Erfolgsaussichten der Rechtsverteidigung gegen die Berufung „aussichtslos“ seien, Brbg NJW-RR 2004, 581; Düss FamRZ 1988, 416; Köln VersR 1981, 488. Die letztgenannte Ausnahme ist nicht anzuerkennen. Eine derartige Prüfung der Erfolgsaussicht, wenn auch beschränkt auf eine vermeintliche Offensichtlichkeit des Fehlurteils, widerspricht klar dem Gesetz und ist auch verfassungsrechtlich unter dem Gesichtspunkt der Rechtsschutzgleichheit nicht tragbar. Daran vermögen auch Einschränkungsversuche in der Literatur – „unter engen Voraussetzungen“, MüKoZPO/Wache Rn. 35, „auf krasse Fälle zu beschränken“, Zöller/Schultzky Rn. 20, „nicht zu großzügig“, Musielak/Voit/Fischer Rn. 17 – nichts zu ändern. Das BVerfG hat diese Frage bislang ausdrücklich offengelassen, allerdings Zweifel erkennen lassen, BVerfG NJW 2010, 987. Es liegt auf der Hand und war bereits mehrfach Gegenstand verfassungsgerichtlicher Entscheidungen, dass die Einschätzung, was eine „eindeutige“ oder „offensichtliche“ Fehlentscheidung ist, von der subjektiven Bewertung des Rechtsmittelgerichts abhängt, die ihrerseits rechtsirrig sein kann, BVerfG NJW 1987, 1619 und BeckRS 1990, 07004. Auf derartig subjektive Beurteilungen kann eine Rechtspraxis contra legem nicht gestützt werden. 43

4. Zeitpunkt der Bewilligung. Von den vorstehend erörterten Ausnahmefällen zu trennen ist die Frage, ab welchem Zeitpunkt der PKH-bedürftige Rechtsmittelgegner nach Einlegung des Rechtsmittels durch den Rechtsmittelführer Anspruch auf PKH-Bewilligung hat. Ausgangspunkt für die Beurteilung ist der Grundsatz, dass einerseits dem Unbemittelten die Rechtsverfolgung und Rechtsverteidigung nicht unverhältnismäßig erschwert werden darf, andererseits aber der Bedürftige nur einem solchen Bemittelten gleichzustellen ist, der seine Aussichten vernünftig abwägt und dabei auch sein Kostenrisiko berücksichtigt, BVerfG NJW 2009, 209. Daher ist stets zu prüfen, ob eine bemittelte Partei bei Abwägung zwischen dem erzielbaren Vorteil und dem dafür einzugehenden Kostenrisiko ihre Rechte in einer bestimmten Art und Weise wahrgenommen hätte, BGH MDR 2010, 828. Nach diesen Maßstäben kann dem Rechtsmittelgegner PKH erst bewilligt werden, wenn das Rechtsmittel begründet worden ist und die Voraussetzungen für eine Verwerfung des Rechtsmittels nicht gegeben sind, BAG NJW 2018, 2433; LAG Stgt NZA-RR 2018, 44. Denn solange die Verwerfung oder auch die Rücknahme des Rechtsmittels vor dessen Begründung im Raum steht, würde auch ein bemittelter Rechtsmittelgegner keinen Anwalt beauftragen. Dass die Bewilligung von PKH nicht in Betracht kommt, solange der Prozessgegner seinerseits erst einen PKH-Antrag für ein beabsichtigtes Rechtsmittelverfahren eingereicht hat, ergibt sich daraus, dass es sich zu diesem Zeitpunkt um ein PKH-Prüfungsverfahren handelt, für das dem Antragsgegner nicht PKH bewilligt werden kann, → § 114 Rn. 15 – „Prozesskostenhilfeverfahren“. Hat der Rechtsmittelführer sein Rechtsmittel begründet, kann aber die PKH-Bewilligung nicht weiter zurückgestellt werden. Insbesondere kann die PKH-Bewilligung für den Berufungsbeklagten nicht deshalb verweigert werden, weil eine Entscheidung über die Zurückweisung der Berufung nach § 522 II noch aussteht, denn der Berufungsbeklagte hat ein auch kostenrechtlich anerkennenswertes Interesse daran, mit anwaltlicher Hilfe frühzeitig auf die Berufungsbegründung zu erwidern und ggf. eine vom Berufungsgericht beabsichtigte Zurückweisung durch eigene Argumente zu fördern, BGH NJW-RR 2017, 1273. 44

5. Erneute Prüfung bei Streithilfe. S. 2 gilt nur zugunsten des Gegners des Rechtsmittelführers, nicht zugunsten seines Streithelfers nach § 66. Außerdem liegt die Interessenlage des Streithelfers unter Umständen anders als diejenige des Rechtsmittelgegners. Denn das Rechtsmittel richtet sich nicht gegen den Streithelfer, Schneider MDR 1979, 367. 45

6. Erneute Prüfung bei Anschließung. Die Prüfung der Erfolgsaussicht oder des Fehlens von Mutwilligkeit nach → § 114 Rn. 27, 34 ist auch erforderlich, soweit das Gericht eine Anschließung an ein Rechtsmittel zB nach §§ 524, 554 beurteilen muss. Denn S. 2 gilt nur zugunsten des Rechtsmittelgegners. Bei einer unselbständigen Anschließung kommt es (jetzt) darauf an, ob das Berufungsgericht eine Zulassung der Revision nach § 543 ablehnt, (zum alten Recht) BGH NJW 1985, 498. Karlsr MDR 1990, 930 versagt PKH für eine unselbständige Anschlussberufung nach § 524 nach der Rücknahme der gegnerischen Berufung nach § 516. 46

47 **7. Eigenes Rechtsmittel: Grundsätzlich erneute Prüfung.** Soweit der Antragsteller selbst der Rechtsmittelführer ist, ist S. 2 schon nach seinem Wortlaut unanwendbar. Der Antragsteller ist indes nicht verpflichtet, seinen PKH-Antrag in der Sache zu begründen, denn eine sachliche Begründung des PKH-Gesuchs für ein beabsichtigtes Rechtsmittel ist zwar sinnvoll und erwünscht, kann aber aus verfassungsrechtlichen Gründen nicht verlangt werden, BGH NJW-RR 2001, 1146 und NJW-RR 2004, 1218; BAG JurBüro 2016, 592; Drsd MDR 2000, 659; aM Celle MDR 2003, 470; Drsd MDR 2003, 1443. Demnach kann sich der Antragsteller darauf beschränken, innerhalb der Berufungsfrist einen PKH-Antrag unter Beifügung der nach § 117 II erforderlichen Erklärung über die persönlichen und wirtschaftlichen Verhältnisse einzureichen, BGH NJW-RR 2017, 691. Gleichwohl hat das Rechtsmittelgericht die Erfolgsaussicht zu prüfen, BGH FamRZ 2003, 1378; Stgt FamRZ 2005, 1274. Es muss auch prüfen, ob die beabsichtigte Rechtsmitteleinlegung mutwillig nach → § 114 Rn. 34 ist, Celle Nds. Rpfl. 1996, 208; Karlsr FamRZ 1999, 726; Schlesw SchlHA 1989, 111. Das lässt die sachliche Begründung des PKH-Antrags allemal ratsam erscheinen.

8. Beispiele zur Frage einer erneuten Prüfung der Erfolgsaussicht, I 2

48 **Berufungszulassung:** Die Berufungszulassung nach § 124 II VwGO aF und der Rat des Gerichts an den Berufungskläger zum Zweck seiner Befragung rechtfertigen die Annahme hinreichender Erfolgsaussicht, BVerfG NJW 2003, 3190.

Beweiswürdigung: Erschöpft sich die beabsichtigte Berufung in einem Angriff gegen die Beweiswürdigung der Vorinstanz nach § 286 besteht hinreichende Erfolgsaussicht, wenn konkrete Anhaltspunkte für durchgreifende Zweifel an der Richtigkeit der Feststellungen vorgetragen werden, Drsd NJW-RR 2003, 211. Das Rechtsmittelgericht darf dabei das erstinstanzliche Beweisergebnis grds. berücksichtigen, Köln FamRZ 1993, 215.

Neuer Vertrag: Mutwille wie bei → § 114 Rn. 34 kann dann vorliegen, wenn Erfolgsaussicht nur aufgrund eines vorwerfbar erst jetzt abgeschlossenen neuen Vertrags besteht, Karlsr FamRZ 1999, 726.

Revisionszulassung: Die Zulassung der Revision durch das Berufungsgericht nach (jetzt) § 543 I Nr. 1 begründet noch nicht die hinreichende Erfolgsaussicht der Revision, BGH NJW 1998, 1154.

Rücknahme: Hat der Berufungskläger alsbald nach einer gegnerischen unselbständigen Anschlussberufung nach § 524 das eigene Rechtsmittel nach § 516 zurückgenommen, muss das Rechtsmittelgericht sein PKH-Gesuch nach § 524 grds. ohne Prüfung der Erfolgsaussicht ablehnen, Karlsr FamRZ 1994, 386.

Zurückverweisung: PKH ist nicht zu bewilligen, wenn die angefochtene Entscheidung zwar formell keinen Bestand haben kann, das materielle Ergebnis sich nach einer Zurückverweisung aber voraussichtlich nicht ändern wird, BGH NJW 2012, 682. Die erforderliche Prognose ist bei Vorliegen eines absoluten Revisionsgrunds nach § 547 für das Revisionsgericht ohne weiteres möglich, verbietet sich aber in aller Regel, wenn es um die Zurückverweisung durch das Berufungsgericht nach § 538 geht.

49 **IX. Erneute Prüfung der Bedürftigkeit im höheren Rechtszug, I 2. 1. Notwendigkeit.** Stets muss das Rechtmittelgericht für diesen Rechtszug nach → § 114 Rn. 16 erneut prüfen, ob und inwieweit der Antragsteller nach seinen persönlichen und wirtschaftlichen Verhältnissen nunmehr die Kosten der Prozessführung dieser Rechtsmittelinstanz nicht, nur zum Teil oder nur in Raten aufbringen kann, BGH FamRZ 2006, 1522; OVG Münster FamRZ 1993, 715. Das gilt sowohl dann, wenn der Antragsteller der Rechtsmittelführer ist, als auch dann, wenn der Prozessgegner das Rechtsmittel eingelegt hat, BGH VersR 1986, 342. Das Gericht hat die Pflicht, die Bedürftigkeit der Partei auch anhand der vorhandenen Unterlagen neu nachzuprüfen, Celle FamRZ 1978, 783. Das gilt natürlich erst recht, wenn das Rechtsmittelgericht den Verdacht hat, dass die Voraussetzungen der Bedürftigkeit nicht oder nicht mehr vorliegen.

2. Beispiele zur Frage einer Bedürftigkeit, I 2

50 **Besserung der Lage:** Die Bedürftigkeit kann dann fehlen, wenn das Gericht eine zwischenzeitliche Besserung der wirtschaftlichen Lage der Partei kennt.

Bezugnahme: „Erklärung".

Erklärung: Das Rechtsmittelgericht muss erneut eine Erklärung nach § 117 II, IV anfordern, BGH NJW-RR 1990, 1212. Die Erklärung muss in der Rechtsmittelfrist nach §§ 517, 548, 569 I 1 eingehen, BGH FamRZ 2003, 89. Statt Vorlage der Erklärung darf dann auf die in erster Instanz vorgelegte Erklärung Bezug genommen werden, wenn zugleich unmissverständlich mitgeteilt wird, dass seitdem keine Änderungen eingetreten sind, BGH NJW 2001, 2721 und FamRZ 2004; Ffm MDR 1999, 569; Hamm MDR 2000, 1094. Die Partei muss unter dem jetzigen Datum eine neue Glaubhaftmachung nach § 294 vornehmen, soweit das Rechtsmittelgericht diese fordert, § 118 II 1. Nicht erforderlich ist innerhalb der Rechtsmittelfrist ein Beiordnungsantrag nach § 121, VGH Mannh FamRZ 2002, 1197.

Raten: Wenn die PKH-Bewilligung unter Ratenzahlungsanordnung in Betracht kommt, muss das Gericht auf die Gesamtkosten aller bisherigen Instanzen abstellen, AG Emden FamRZ 1997, 385. Nach § 115 II 4 dürfen insgesamt nur 48 Raten festgesetzt werde. Die Ratenzahlungsanordnung ist einheitlich: Eine Bewilligung ohne Raten im 2. Rechtszug beseitigt die erstinstanzliche Ratenpflicht, Hamm FamRZ 1986, 1014; Stgt MDR 2002, 1396; aM KG Rpfleger 1985, 166. Entsprechendes gilt bei zweitinstanzlich geringeren Raten, BGH NJW 1983, 944; Hamm FamRZ 1986, 1014; Stgt Just 1985, 317. Eine Ratenauferlegung im 2. Rechtszug gilt aber nur für diesen 2. Rechtszug, Oldb MDR 2003, 110; LAG Düss MDR 1995, 750. Sie berechtigt den erstinstanzlichen Rpfleger nicht zur nachträglichen erstinstanzlichen Auferlegung von Raten, Stgt MDR 2002, 1396, soweit nicht § 120 IV gilt, Köln FamRZ 1997, 754; Oldb MDR 2003, 110; aM Hamm Rpfleger 1994, 469; AG Emden FamRZ 1997, 385.

Rechtsschutzversicherung: Die Bedürftigkeit kann dann **fehlen,** wenn jetzt eine Rechtsschutzversicherung besteht bzw. eintrittsbereit ist, BGH ZIP 1981, 1034; KG VersR 1979, 479.

51 **X. Vertrauensschutz bei erneuter Prüfung im höheren Rechtszug: I 2.** Eine Partei, der in erster Instanz PKH bewilligt wurde, darf grds. davon ausgehen, dass bei unveränderten wirtschaftlichen Verhältnissen auch in zweiter Instanz ihre Bedürftigkeit bejaht wird, BGH NJW-RR 2000, 1387.Die Partei braucht dann nicht damit zu rechnen, dass das Rechtsmittelgericht strengere Anforderungen an den Nachweis der Bedürftigkeit stellt; ggf. kann sie erwarten, dass sie auf eine abweichende Beurteilung hingewiesen und ihr Gelegenheit gegeben wird, ergänzend vorzutragen, BGH FamRZ 2013, 1651.

XI. Form der Entscheidung: Beschluss, I 1, 2. Die Bewilligung wie die Ablehnung erfolgt durch einen Beschluss nach § 329. Das Gericht muss ihn bei nicht vollständiger Bewilligung nach → § 329 Rn. 6 begründen, Brbg NJW-RR 2004, 581; Hamm OLGR 03, 176, und jedenfalls insoweit begründen, als es vom Wortlaut des I 2 abweicht, schon um nicht gegen das Willkürverbot nach→ Einl. II Rn. 37 zu verstoßen, BVerfG NJW 1987, 1619; Ffm NJW-RR 1997, 1085. Eine Kostenentscheidung ergeht nach → § 127 Rn. 23 nicht. Die Bewilligung für den Rechtsmittelzug umfasst im Zweifel nicht auch eine für die Vorinstanz. Eine förmliche Zustellung ist weder bei einer Bewilligung noch bei einer Ablehnung nach → § 329 Rn. 32 notwendig. Wegen der Wirksamkeit und der Mitteilung → § 329 Rn. 20–31. Vor einer Ablehnung muss das Gericht über einen auch nur hilfsweisen Abgabe- oder Verweisungsantrag zB nach § 281 entscheiden, Köln FER 1999, 190. → § 127 Rn. 12. Rechtsbehelfsbelehrung, Verstoß: §§ 232, 233 S. 2. 52

XII. Bewilligung für die Zwangsvollstreckung, II. Im FamFG-Verfahren gilt vorrangig, aber inhaltlich praktisch identisch mit II § 77 III FamFG. Die Bewilligung für das Erkenntnisverfahren erfasst nicht auch das Vollstreckungsverfahren, AG Kusel DGVZ 2014, 247. 53

1. Zulässigkeit. Soweit der Gläubiger nicht zulässigerweise eine begrenzte Bewilligung beantragt, etwa bei einer zunächst geplanten bloßen Sicherungsmaßnahme nach § 720a oder Teilvollstreckung, sondern einfach PKH „für die Zwangsvollstreckung" beantragt, erfolgt die Bewilligung durch das nach § 117 I 3 zuständige Gericht nach → § 117 Rn. 31 grundsätzlich „für die Zwangsvollstreckung in das bewegliche Vermögen" nach §§ 803 ff. Sie umfasst auch § 850d, LG Deggendorf JurBüro 2002, 663. 54

Diese sog. eingeschränkte Pauschalbewilligung umfasst alle Vollstreckungshandlungen in das bewegliche Vermögen im Bezirk des Vollstreckungsgerichts, BGH MDR 2010, 286. Erfasst sind auch die Kosten der Zustellung eines Pfändungs- und Überweisungsbeschlusses an einen außerhalb des Bezirks wohnenden Drittschuldner nach → § 829 Rn. 36, AG Dortmund DGVZ 2006, 126. Ebenfalls eingeschlossen sind die Kosten des Verfahrens (jetzt) auf eine Vermögensauskunft nach §§ 802c ff., (zum alten Recht) LG Rostock JurBüro 2003, 385. Für die Vollstreckung in das unbewegliche Vermögen nach §§ 864 ff. bleibt es bei der Notwendigkeit einer besonderen Antragstellung und Bewilligung, Mü NJW-RR 2014, 84; Behr/Hantke Rpfleger 1981, 266 (Zwangshypothek: Grundbuchamt). Dazu muss der Antragsteller darlegen, gegen welche Vollstreckungsmaßnahme er sich wendet und wie er sich sonst am Verfahren beteiligen will, BGH NJW-RR 2004, 787. 55

2. Zuständigkeit: Vollstreckungsgericht. Die Bewilligung erfolgt durch das Vollstreckungsgericht, §§ 764, 802. Das ist dasjenige Gericht, in dessen Bezirk die erste Vollstreckungshandlung erfolgen soll, Brüggemann DAVorm 1987, 238. Funktionell zuständig ist dort nach §§ 20 I Nr. 5, 25a RPflG grundsätzlich der Rpfl. Landesrechtlich kann im Mahnverfahren nach → Vor § 688 Rn. 7 der Urkundsbeamte zuständig sein. Dem Richter bleibt in jedem Abschnitt die Bewilligung nur in den dort genannten Sonderfällen vorbehalten, LG Stgt Rpfleger 1982, 309. Allerdings bleibt für einen während der Zwangsvollstreckung erforderlichen Rechtsstreit das Prozessgericht und damit der Richter zuständig. Zuständig ist das Prozessgericht auch in den ihm in der Zwangsvollstreckung zugewiesenen Fällen, zB nach §§ 887, 888, 890, LG Frankenthal Rpfleger 1982, 235; LG Stgt AnwBl 1982, 309. Es erfolgt evtl. eine Abgabe von Amts wegen, LG Wuppertal DAVorm 1986, 909. Den Gerichtsvollzieher bindet die Bewilligung auch dann, wenn ein unzuständiges Gericht sie vornahm, AG Ffm DGVZ 1993, 29. 56

3. Weiteres Verfahren. Auch im Bereich der eingeschränkten Pauschalbewilligung hängt die Notwendigkeit der Beiordnung eines Rechtsanwalts nach § 121 II einerseits von den persönlichen Fähigkeiten und Kenntnissen des Antragstellers und andererseits von der Schwierigkeit der im konkreten Fall zu Rechtsmaterie ab, BGH MDR 2010, 286. 57

Die Zwangsvollstreckung umfasst an sich auch solche Handlungen vor dem Grundbuchamt, die zugleich ein Vollstreckungsakt sind, etwa zwecks Eintragung einer Zwangshypothek nach → § 867 Rn. 3, 8. Indessen ist insofern ein besonderer Bewilligungsantrag zumindest ratsam. Er ist nach S. 1 erforderlich, soweit es um eine PKH für eine sofortige Beschwerde innerhalb der Zwangsvollstreckung geht. Die Bewilligung „für die Zwangsvollstreckung" umfasst nicht einen im Rahmen der Vollstreckung notwendig werdenden Rechtsstreit, etwa eine Vollstreckungsabwehrklage nach § 767 oder eine Drittwiderspruchsklage nach § 771. Dann muss man den Bewilligungsantrag auch vor dem Prozessgericht stellen. Diesen Antrag muss auch der Richter bearbeiten, nicht der Rpfl. Eine rückwirkende Bewilligung nach → Rn. 11 ff. erfolgt grundsätzlich nicht, AG Essen DGVZ 1997, 46. 58

Zu den zahlreichen weiteren Einzelfragen Behr/Hantke Rpfleger 1981, 265; Bobenhausen Rpfleger 1984, 394; Brehm DAVorm 1982, 497. Eine fehlerhafte Bewilligung bleibt allerdings bis zur Aufhebung nach → Rn. 4 wirksam. Ein Antrag auf die Bewilligung für das Erkenntnisverfahren nach § 253 kann nach → Vor § 128 Rn. 60 auch schon einen solchen für die Zwangsvollstreckung umfassen, auch stillschweigend. Für den letzteren besteht ein Rechtsschutzbedürfnis freilich erst ab vorläufiger Vollstreckbarkeit nach §§ 708 ff., LG Wuppertal DAVorm 1986, 908. 59

120 *Festsetzung von Zahlungen.*

I [1]Mit der Bewilligung der Prozesskostenhilfe setzt das Gericht zu zahlende Monatsraten und aus dem Vermögen zu zahlende Beträge fest. [2]Setzt das Gericht nach § 115 Absatz 1 Satz 3 Nummer 5 mit Rücksicht auf besondere Belastungen von dem Einkommen Beträge ab und ist anzunehmen, dass die Belastungen bis zum Ablauf von vier Jahren ganz oder teilweise entfallen werden, so setzt das Gericht zugleich diejenigen Zahlungen fest, die sich ergeben, wenn die Belastungen nicht oder nur in verringertem Umfang berücksichtigt werden, und bestimmt den Zeitpunkt, von dem an sie zu erbringen sind.

II Die Zahlungen sind an die Landeskasse zu leisten, im Verfahren vor dem Bundesgerichtshof an die Bundeskasse, wenn Prozesskostenhilfe in einem vorherigen Rechtszug nicht bewilligt worden ist.

III Das Gericht soll die vorläufige Einstellung der Zahlungen bestimmen,

1. wenn die Zahlungen der Partei die voraussichtlich entstehenden Kosten decken;
2. wenn die Partei, ein ihr beigeordneter Rechtsanwalt oder die Bundes- oder Landeskasse die Kosten gegen einen anderen am Verfahren Beteiligten geltend machen kann.

1 **I. Systematik, I–III.** § 114 deutet an, dass das Gericht PKH ggf. nur gegen Ratenzahlungen und/oder Vermögensbeiträge bewilligen darf. § 115 bestimmt, wie das Gericht solche Leistungen des Antragstellers ermitteln muss. § 120 enthält zusammen mit § 124 als eine Ergänzung zu § 119 bei Bewilligung nur gegen Raten und/oder Vermögensbeiträge weitere Regeln für das Festsetzungsverfahren und für eine nachträgliche Einstellung oder sonstige Änderung dieses Teils der Gesamtentscheidung. III Nr. 1 ist eine notwendige Begleitvorschrift zu der Regelung, dass man einen Zahlungsanspruch nach § 1 I Nr. 4a JBeitrG, Toussaint/Volpert JBeitrG § 1 Rn. 1, im Verwaltungszwang beitreiben kann, dass der Zahlungsanspruch aber nur bis zur Höhe der gesamten Prozesskosten nach §§ 91 ff. entsteht, Bischof AnwBl 1981, 371. IV erfasst nur die Entscheidung über die notwendigen Zahlungen, nicht die Entscheidung über einen völligen Wegfall der PKH. Den letztgenannten Fall regelt § 124. Auch Entscheidungen nach § 120 ergehen nach § 127 I 1 ohne mündliche Verhandlung. Ihre Anfechtbarkeit richtet sich nach § 127 II.

2 **II. Regelungszweck, I–III.** Das komplizierte Geflecht von Möglichkeiten der Anordnung, Änderung, Beendigung oder Aufhebung von Ratenzahlungspflichten ist Ausdruck des Bemühens des Gesetzgebers um Gerechtigkeit nach → Einl. II Rn. 12, 70 auch im Nebenverfahren der PKH-Bewilligung.

3 **III. Geltungsbereich, I–III.** → Vor § 114 Rn. 5, → § 114 Rn. 10–12. § 120 gilt auch im WEG-Verfahren und entsprechend im FamFG-Verfahren, (jetzt) § 76 I FamFG, KG FamRZ 1995, 629, sowie im arbeitsgerichtlichen Verfahren, BAG NZA-RR 2009, 159, § 4b I 2, II 3 InsO verweisen im dortigen Stundungsverfahren auf II oder IV 1.

4 **IV. Festsetzung mit der Bewilligung, I 1. 1. Kein Zwang zur Anordnung von Raten oder Beiträgen aus dem Vermögen.** Dass Raten oder Vermögensbeiträge des Antragstellers nur in Betracht kommen, wenn seine wirtschaftlichen Verhältnisse dies hergeben, folgt aus § 115 I 1 regelt, dass dann, wenn Raten oder Beiträge aus dem Vermögen erbracht werden müssen, diese zugleich mit der Bewilligung festzusetzen sind. Nur diesen Fall meinen § 127 II 1, III (Anfechtung nur durch die Staatskasse). Hat das Gericht weder Raten noch Vermögensbeiträge festgesetzt, kommt eine Änderung nur nach § 120a in Betracht.

5 **2. Grundsätzliche Einheit von Bewilligung und Ratenfestsetzung.** Die Festsetzung von Monatsraten und/oder Vermögensbeiträgen nach § 120 ist grundsätzlich mit der eigentlichen Bewilligung nach § 119 verbunden. → Rn. 9.

6 **3. Kein Ermessen des Gerichts.** Die Formulierung in I 1 „setzt das Gericht … fest" bedeutet, dass das Gericht kein Ermessen hat, ob es bei Vorliegen der wirtschaftlichen Voraussetzungen nach § 115 Raten oder Vermögensbeiträge anordnet. Es ist vielmehr ausdrücklich dazu verpflichtet. Ein Insolvenzverfahren über das Vermögen des Antragstellers hindert die Festsetzung von Raten nach § 120 nicht, Kblz MDR 2009, 47.

7 **4. Mangels Festsetzung keine Zahlungspflicht.** Soweit das Gericht nicht ausdrücklich Raten oder Vermögensbeiträge festsetzt, besteht keine Zahlungspflicht.

8 **5. Zuständigkeit.** Zuständig ist das Gericht, das nach § 119 über die Bewilligung entscheidet. Es entscheidet grundsätzlich in seiner vollen richterlichen Besetzung, nicht durch den Vorsitzenden allein. Das Gericht muss die Anordnung der Zahlung von Raten und/oder Vermögensbeiträgen begründen, Brbg OLGR 2003, 504; Karlsr FamRZ 1991, 349 (sonst evtl. Zurückverweisung).

9 **V. Monatsraten/Beiträge aus dem Vermögen, I 1.** Ob und in welchem Umfang der Antragsteller aus dem Vermögen einen einmaligen oder theoretisch auch insofern einen ratenweisen Betrag zahlen oder aus dem Einkommen Monatsraten zahlen muss, ergibt sich aus § 115.

10 **1. Anordnung zugleich mit Bewilligung.** Sofern Raten und/oder Vermögensbeiträge anzuordnen sind, muss das Gericht grundsätzlich über die Zahl der Raten und die Höhe der Vermögensbeiträge zugleich mit der PKH-Bewilligung eindeutig entscheiden, Kblz FamRZ 2006, 1285; ArbG Münster MDR 1982, 84. Das Gericht hat also kein Ermessen, ob es etwa die weitere wirtschaftliche Entwicklung des Antragstellers noch einige Wochen oder Monate hindurch abwarten will. Es muss Raten usw. klar und ausdrücklich bezeichnen, Ffm JurBüro 1986, 79.

11 In der Rechtspraxis wird die Bewilligung unter dem Vorbehalt der Ratenfestsetzung zugelassen, insbesondere wird die Zurückstellung der Entscheidung über die Ratenhöhe als zulässig angesehen, Hamm FamRZ 2003, 1021; Hmb FamRZ 1996, 1424; Düss FamRZ 1996, 808; Thomas/Putzo/Seiler Rn. 2; Musielak/Voit/Fischer Rn. 4; Zöller/Schultzky Rn. 2. Mit dem eindeutigen Gesetzeswortlaut ist dies nicht zu vereinbaren, MüKoZPO/Wache Rn. 1. Begründet wird diese Verfahrensweise mit der Möglichkeit, durch einen parallellaufenden Prozess (insbesondere Unterhaltsverfahren) bessere Erkenntnisse über die wirtschaftliche Situation des Antragstellers zu erlangen, Musielak/Voit/Fischer Rn. 4; Hamm FamRZ 2003, 1021. Das mag zwar sein, rechtfertigt aber nicht ein klar gesetzwidriges Vorgehen. Richtigerweise sind die ggf. gewonnenen besseren Erkenntnisse für eine etwaige Entscheidung nach § 124 heranzuziehen. Ein gleichwohl erfolgter Vorbehalt der Ratenzahlungsanordnung entfällt jedenfalls mit der Hauptsacheentscheidung, Düss FamRZ 1996, 1424; Hmb FamRZ 1996, 1424; Hamm FamRZ 2003, 1021.

12 Das Gericht muss auch eine etwaige Einmalzahlung nach Datum und Höhe festlegen, Hamm FamRZ 2013, 142. Es muss auch über den Beginn einer Zahlungsfrist bereits jetzt entscheiden. Das Gericht muss die Entscheidung nachnachvollziehbar begründen, Saarbr FamRZ 2010, 1753. Bei einer rückwirkenden Bewilligung nach → § 119 Rn. 11 kommen Raten usw. trotzdem erst ab der Mitteilung ihrer Anordnung in Betracht.

13 **2. Zahlungszeitpunkte.** Anders als die Entscheidung über die Anordnung von Raten oder Vermögensbeiträgen sowie der Zeitpunkt dieser Entscheidung ist der anzuordnende Zahlungszeitpunkt bzw. Beginn der Ratenzahlungspflicht im Gesetz nicht festgelegt. Das Gericht hat insoweit Ermessen, muss die Zahlungszeitpunkte aber eindeutig angeben, Köln FamRZ 2001, 632. Im Zweifel beginnt die Ratenzahlungspflicht usw. mit dem Wirksamwerden des Beschlusses nach → § 329 Rn. 26 und mit der Fälligkeit von Gebühren sowie der Zahlungsaufforderung, KG JurBüro 1997, 52; Schneider MDR 1981, 793; LAG Hamm MDR 1982, 612. Es kommt auch eine Stundung bis zur Zumutbarkeit von Zahlungen in Betracht, Kblz FamRZ 2000, 1094; Mü MDR 1998, 365; Nürnb JurBüro 1995, 312. Eine rückwirkende Zahlungsanordnung ist grundsätzlich unzulässig, KG MDR 1999, 510, ebenso eine Ratenfälligkeit erst ab der Rechtskraft der Entscheidung zur Hauptsache, Zweibr JurBüro 1985, 1264. Eine rückwirkende Ratenanordnung kommt allenfalls nach einer sofortigen Beschwerde der Staatskasse

nach → § 127 Rn. 28 ff. infrage, und zwar erst ab Kenntnis des Antragstellers von der Beschwerde, Karlsr MDR 2007, 170.

VI. Raten usw.: Keine Bewilligungsbedingungen, I 1. Es wäre ungenau, eine Zahlungspflicht aus dem Vermögen oder Einkommen des Antragstellers als eine aufschiebende oder auflösende Bedingung der Bewilligung der PKH zu bezeichnen. Sie wäre ohnehin ebenso wie eine bloße Bewilligung nach → Rn. 9 unter einem Vorbehalt unzulässig, Kblz VersR 1980, 1076. Denn die PKH setzt im bewilligten Umfang sogleich und nicht erst dann ein, wenn und solange die Partei die ihr auferlegten eigenen Zahlungen pünktlich leistet. Die PKH läuft vielmehr im einmal bewilligten Umfang solange fort, bis das Gericht sie nach I 2 oder nach § 120a ändert oder nach § 124 aufhebt. Selbst im letzteren Fall steht die Bewilligung aber nicht unter einer auflösenden Bedingung. Denn dann würde die Bewilligung mit dem Eintritt der Bedingung nach § 158 II BGB automatisch enden. Eine Aufhebung nach § 124 wäre nicht erforderlich. Im Umfang der Bewilligung treten deren Wirkungen also unabhängig davon ein, ob die Zahlungspflichten endgültig sind, ob der Antragsteller sie pünktlich erfüllt, ob eine vorläufige Einstellung nach III erfolgt usw. 14

VII. Voraussichtlicher Wegfall besonderer Belastungen, I 2. 1. Pflicht zur Vorausschau. Nach § 115 I 3 Nr. 5 kann es notwendig sein, von dem Einkommen Beträge abzusetzen, soweit das wegen besonderer Belastungen angemessen ist. Jedoch mag das Gericht schon im Zeitpunkt der Bewilligung der PKH erkennen können, dass solche besonderen Belastungen vor dem Ablauf derjenigen vier Jahre ganz oder teilweise entfallen, für die der Antragsteller höchstens Raten zahlen muss. Dann wäre es unzweckmäßig, die voraussichtliche Verbesserung der Verhältnisse des Antragstellers zunächst unbeachtet zu lassen. Deshalb verpflichtet I 2 das Gericht dazu, bereits mit der Erstentscheidung über die Raten oder Vermögensbeiträge und daher zugleich mit der Bewilligung der PKH überhaupt zu bestimmen, von welchem Zeitpunkt an der Antragsteller höhere Raten oder Vermögensbeiträge leisten soll, Ffm FamRZ 1992, 1451. 15

2. Weiteres Verfahren. Die Entscheidung darf nur auf fällige oder vorzuschießende Kosten des Gerichts und eines etwa nach § 121 beizuordnenden Anwalts abstellen, VGH Kassel MDR 1993, 914, dagegen nach → Rn. 18 nicht auf die noch nicht fälligen Kosten. Das Gericht darf trotz der Notwendigkeit einer Vorausschau nicht versuchen, ungewisse zukünftige Entwicklungen schon jetzt einzubeziehen, etwa eine mögliche Beförderung usw., BGH NJW 1987, 2673. Allerdings können im Zeitpunkt der Entscheidung über die PKH-Bewilligung bereits gesicherte Einkommens- und Vermögenszuwächse nach I 2 berücksichtigt werden, Karlsr NJW-RR 2009, 654; Düss FamRZ 1990, 765. 16

VIII. Zahlungsgläubiger: Landeskasse, Bundeskasse, II. Die Vorschrift enthält wegen der Zahlungsgläubiger eine Klarstellung, die der Verteilung des Gebührenaufkommens im Übrigen Bereich der Justiz im Wesentlichen entspricht. Nach einer Zurückverweisung an ein OLG und dessen PKH-Bewilligung ist die Landeskasse Gläubigerin, BGH NJW 1983, 944. 17

IX. Vorläufige Einstellung der Zahlungen, III. 1. Voraussichtliche Kostendeckung, III Nr. 1. Die Anordnung der vorläufigen Einstellung der Zahlungen erfolgt, wenn „die Zahlungen der Partei die voraussichtlich entstehenden Kosten decken". Dabei kommt es auf die Kostenschuld der Partei an, der PKH bewilligt worden ist, Hmb NJW 2011, 3589. Der Rpfleger oder der etwa im Mahnverfahren landesrechtlich nach → Vor § 688 Rn. 7 zuständige Urkundsbeamte leitet das Verfahren nach III, → Rn. 22. Er darf (jetzt) nicht nur die bisher fälligen gerichtlichen und außergerichtlichen Kosten berücksichtigen, sondern auch die erst in Zukunft evtl. anfallenden Gebühren, Hintzen Rpfleger 2014, 455; aM Hmb NJW 2011, 3589. 18

2. Bis zur Differenzgebühr, III Nr. 1. Kostendeckung in diesem Sinn ist erreicht, wenn die Zahlungen der Partei die bisher angefallenen Gerichtskosten und Gebühren des beigeordneten Anwalts ausgleichen, und zwar nicht die ermäßigten Gebühren nach § 49 RVG, sondern die volle Regelvergütung nach § 13 RVG (sog. Differenzgebühr), Celle NJW-RR 2013, 1082; Köln Rpfleger 1997, 313, Toussaint/Toussaint RVG § 50 Rn. 6. 19

3. Beitreibungsmöglichkeit gegen anderen Beteiligten, III Nr. 2. Die Anordnung der vorläufigen Einstellung der Zahlungen erfolgt auch dann, wenn „die Partei, ein ihr beigeordneter Rechtsanwalt oder die Bundes- oder Landeskasse die Kosten gegen einen anderen am Verfahren Beteiligten geltend machen kann", BGH NJW-RR 1991, 827; Kblz MDR 2010, 833 (auch zu Grenzen). Das kann zB dann eintreten, wenn der Begünstigte siegt, Köln FamRZ 1986, 926. Entsprechendes gilt, wenn er durch einen Vergleich nach § 779 BGB oder nach Anh. § 307 einen Kostenerstattungsanspruch erhält, BGH NJW-RR 1991, 827, oder wenn sonst die Voraussetzungen des § 123 vorliegen. Die Vorschrift führt auch dann zur Einstellung der Zahlungen, wenn dem unterlegenen Prozessgegner ebenfalls PKH bewilligt worden war, Karlsr FamRZ 2005, 2002. Allerdings muss der siegreiche Antragsteller in diesem Fall damit rechnen, dass die Zahlungen nach → Rn. 21 wieder aufgenommen werden müssen, wenn der Gegner nicht zahlen kann. 20

4. Anordnung der Wiederaufnahme der Zahlungen, III Nr. 1, 2. Die Einstellung der Zahlungen ist nach dem ausdrücklichen Wortlaut von III nur vorläufig. Stellt sich heraus, dass die Kosten anderweitig nicht beitreibbar sind, muss die Antragsteller die Ratenzahlungen wieder aufnehmen, BGH NJW-RR 1991, 827; Hmb MDR 1985, 941; Bischof AnwBl 1981, 374; Lappe MDR 1985, 463 Das gilt auch, wenn sich die Kostenberechnung als zu niedrig herausstellt, Musielak/Voit/Fischer Rn. 8. 21

5. Verfahren des Rechtspflegers oder Urkundsbeamten, III Nr. 1, 2. Für das Verfahren und die Entscheidung nach III Nr. 1, 2 ist der Rpfleger nach §§ 20 I Nr. 4b, 25a RPflG zuständig, Celle NJW-RR 2013, 1082. Das gilt auch beim Berufungsgericht, OVG Hmb FamRZ 1990, 81. Im Mahnverfahren kann landesrechtlich auch der Urkundsbeamte nach → Vor § 688 Rn. 7 zuständig sein. Er darf keine im Auftragsverhältnis wurzelnde Einwendung beachten, Celle NJW-RR 2013, 1082. Damit der Rpfleger oder der Urkundsbeamte die erforderliche Überwachung vornehmen kann, muss ihm die aktenführende Stelle die Akten nach Maßgabe des § 3 I KostVfg vorlegen. Hat der Rpfleger oder der Urkundsbeamte nicht nur „vorläufig", sondern „endgültig" gehandelt, hat er einen Vertrauenstatbestand geschaffen. Dieser verbietet eine Nachforderung, Kblz NJW-RR 2000, 1384. 22

X. Rechtsbehelfe, I–III. § 127. Bei einer Entscheidung des Rpfl. gilt nach → § 127 Rn. 84 ff. der § 11 RPflG. Bei einer Entscheidung des Urkundsbeamten gilt § 573 I (Erinnerung). 23

120a ***Änderung der Bewilligung.*** **I [1]Das Gericht soll die Entscheidung über die zu leistenden Zahlungen ändern, wenn sich die für die Prozesskostenhilfe maßgebenden persönlichen oder wirtschaftlichen Verhältnisse wesentlich verändert haben. [2]Eine Änderung der nach § 115 Absatz 1 Satz 3 Nummer 1 Buchstabe b und Nummer 2 maßgebenden Beträge ist nur auf Antrag und nur dann zu berücksichtigen, wenn sie dazu führt, dass keine Monatsrate zu zahlen ist. [3]Auf Verlangen des Gerichts muss die Partei jederzeit erklären, ob eine Veränderung der Verhältnisse eingetreten ist. [4]Eine Änderung zum Nachteil der Partei ist ausgeschlossen, wenn seit der rechtskräftigen Entscheidung oder der sonstigen Beendigung des Verfahrens vier Jahre vergangen sind.**

II [1]Verbessern sich vor dem in Absatz 1 Satz 4 genannten Zeitpunkt die wirtschaftlichen Verhältnisse der Partei wesentlich oder ändert sich ihre Anschrift, hat sie dies dem Gericht unverzüglich mitzuteilen. [2]Bezieht die Partei ein laufendes monatliches Einkommen, ist eine Einkommensverbesserung nur wesentlich, wenn die Differenz zu dem bisher zu Grunde gelegten Bruttoeinkommen nicht nur einmalig 100 Euro übersteigt. [3]Satz 2 gilt entsprechend, soweit abzugsfähige Belastungen entfallen. [4]Hierüber und über die Folgen eines Verstoßes ist die Partei bei der Antragstellung in dem gemäß § 117 Absatz 3 eingeführten Formular zu belehren.

III [1]Eine wesentliche Verbesserung der wirtschaftlichen Verhältnisse kann insbesondere dadurch eintreten, dass die Partei durch die Rechtsverfolgung oder Rechtsverteidigung etwas erlangt. [2]Das Gericht soll nach der rechtskräftigen Entscheidung oder der sonstigen Beendigung des Verfahrens prüfen, ob eine Änderung der Entscheidung über die zu leistenden Zahlungen mit Rücksicht auf das durch die Rechtsverfolgung oder Rechtsverteidigung Erlangte geboten ist. [3]Eine Änderung der Entscheidung ist ausgeschlossen, soweit die Partei bei rechtzeitiger Leistung des durch die Rechtsverfolgung oder Rechtsverteidigung Erlangten ratenfreie Prozesskostenhilfe erhalten hätte.

IV [1]Für die Erklärung über die Änderung der persönlichen oder wirtschaftlichen Verhältnisse nach Absatz 1 Satz 3 muss die Partei das gemäß § 117 Absatz 3 eingeführte Formular benutzen. [2]Für die Überprüfung der persönlichen und wirtschaftlichen Verhältnisse gilt § 118 Absatz 2 entsprechend.

1 **I. Systematik, I–IV.** Die Vorschrift übernimmt den früheren § 120 IV als § 120a I und ergänzt dessen Regelung durch II–IV. Die andere Textfassung in I 3 bedeutet keine inhaltliche Änderung gegenüber § 120 IV 2 aF, BAG NJW 2021, 411

2 **II. Regelungszweck, I–IV.** Es soll einerseits ähnlich wie bei § 323 oder bei § 238 FamFG bei wesentlichen vor allem wirtschaftlichen Veränderungen eine Anpassung an die Leistungsfähigkeit des Begünstigten und eine entsprechende Verringerung der Pflicht der Staatskasse zur zumindest vorläufigen Prozessfinanzierung erfolgen. Andererseits soll nicht jede auch geringfügige Änderung der Verhältnisse Anlass für eine Änderung sein. Der Begünstigte hat nicht nur auf Gerichtsanfrage, sondern auch unverzüglich von sich aus die wesentliche Verbesserung seiner wirtschaftlichen Verhältnisse mitzuteilen.

3 **III. Geltungsbereich, I–IV.** Die Vorschrift gilt im Verfahren nach der ZPO und in allen auf sie verweisenden Verfahren. Insoweit gilt sie auch vor dem Familiengericht, Dörndorfer NZFam 2015, 349. Sie gilt auch im WEG-Verfahren, ferner bei § 146 II VwGO, OVG Bln-Brbg NVwZ-RR 2018, 415.

4 **IV. Änderung der Entscheidung, I–IV.** Während § 120 III bei einer voraussichtlichen Kostendeckung oder bei einer anderen Beitreibungsmöglichkeit die Anordnung vorläufiger Einstellungen oder deren Wiederaufnahme vorsieht, schafft § 120a die Möglichkeit einer Änderung der Entscheidung über die Zahlungspflicht überhaupt bei einer nachträglichen wesentlichen Änderung der Verhältnisse. Sie wirkt abschließend, KG Rpfleger 2006, 662. Die Voraussetzungen sind in jeder Instanz unterschiedlich, LAG Hamm NZA-RR 2015, 327. Unanwendbar ist I–IV bei einem schon anfänglichen Gerichtsfehler, Nürnberg NJW-RR 2015, 1340 (dann nur § 127).

5 **1. Wesentlichkeit der Änderung, I–III.** Sowohl bei einer objektiven Verschlechterung der wirtschaftlichen Verhältnisse des Antragstellers oder der ihm gegenüber Unterhaltsberechtigten als auch vor allem bei einer Verbesserung der objektiven Gesamtsituation ist das Gericht zu einer Änderung der Entscheidung über die Höhe von Zahlungen berechtigt, Brbg Rpfleger 2004, 54; KG Rpfleger 2009, 90; Kblz MDR 2005, 107. Die Änderung muss nach der bisherigen Entscheidung eingetreten sein, Bbg FamRZ 2003, 1199; Kblz NJW-RR 2003, 1079; Köln NJW-RR 2001, 644; Brbg FamRZ 2017, 46. Es reicht nicht aus, dass das Gericht die bisherige objektiv fortbestehende Lage fehlerhaft beurteilt hatte, BAG FamRZ 2009, 687; Drsd FamRZ 2015, 948; Saarbr FamRZ 2009, 1508. Wegen dieses Falls → § 124 Rn. 44. Eine Änderung nur beim gesetzlichen Vertreter reicht nicht, Karlsr FamRZ 2013, 897.

6 Die Änderung muss eingetreten sein, darf also nicht nur bevorstehen, Ffm FamRZ 1992, 1451; Karlsr FamRZ 1999, 1145; OVG Lüneburg NJW 2013, 3192; großzügiger Köln Rpfleger 1999, 30. Sie kann schon einige Zeit zurückliegen, Köln MDR 1994, 1045. Eine dann vorsätzlich herbeigeführte erneute Verarmung kann den Antragsteller nicht entlasten, Bbg FamRZ 1995, 1590; Brbg FamRZ 1997, 1543; Kblz FamRZ 1996, 617. Dagegen verbietet eine unverschuldete erneute Verschlechterung der wirtschaftlichen Situation die Aufhebung, Kblz MDR 2014, 615. Eine Anhebung der Pfändungsfreigrenzen zB nach § 850c II a reicht nicht, LAG Brem MDR 1993, 695. Bei einer Verschlechterung der Verhältnisse kommt auch ein neuer PKH-Antrag in Betracht, Karlsr Just 1983, 388; Mü OLGZ 85, 490.

7 Die Änderung muss „wesentlich" sein, Brbg FamRZ 2005, 2004; Celle MDR 2001, 230; Kblz MDR 2014, 615. Die Verschlechterung der Verhältnisse ist dann wesentlich, wenn sie zu einer für den Antragsteller günstigeren Anwendung des § 115 führt, MüKoZPO/Wache Rn. 4. Dabei ist nach I 2 eine Änderung der § 115 I 3 Nr. 1b, Nr. 2 maßgebenden Beträge nur auf Antrag und nur dann zu berücksichtigen, wenn sie dazu führt, dass keine Monatsrate zu zahlen ist. Die Verbesserung des Einkommens ist nach II 2 nur wesentlich, wenn die Differenz zu dem bisher zugrunde gelegten Bruttoeinkommen nicht nur einmalig 100 EUR übersteigt. Entsprechendes gilt nach II 3, soweit abzugsfähige Belastungen entfallen. Der Umstand, dass die tatsächlich entstandenen Prozesskosten höher liegen als im Zeitpunkt der Prognose nach § 115 III rechtfertigt die Abänderung der PKH-Bewilligung nicht, Brbg OLGR 05, 794; Saarbr OLGR 06, 210.

2. Beispiele zur Frage einer wesentlichen Änderung, I–III

Abfindung: Wesentlich sein kann eine nicht ganz unbedeutende Abfindung an den Antragsteller, LAG Mainz NZA-RR 2003, 660. Aber auch „Vermögenserwerb". 8

Arbeitslosigkeit: Wesentlich ist der Eintritt der Arbeitslosigkeit, Brbg Rpfleger 2004, 53.

Durchsetzbarkeit: Nicht wesentlich ist eine Änderung dann, wenn sich ein theoretisch erworbener Anspruch nicht realisieren lässt, Drsd FamRZ 1999, 303.

Eheschließung: Fallfrage. Kein Anspruch auf Prozesskostenvorschuss nach § 1360a IV BGB für bereits angefallene Kosten, daher keine Änderung, Köln FamRZ 2007, 158.

Erbschaft: Wesentlich sein kann eine nicht völlig unbedeutende Erbschaft des Antragstellers, soweit er nicht die Einrede nach § 1990 BGB erhoben hat, Sommerfeld Rpfleger 1989, 113. Wesentlich sein können sechs Erbausschlagungen beim Erstschuldner, Brbg FamRZ 2004, 384.

Gehaltserhöhung: II 2.

Hausverkauf: → „Vermögenserwerb", → „Vermögensform".

Klageforderung: → „Vermögenserwerb".

Kostenvorschuss: Nicht wesentlich ist der Umstand, dass ein Prozesskostenvorschuss erst nach dem Prozessende infrage käme, Brbg FamRZ 2011, 54; Köln MDR 2006, 357.

Lebensbedarf: → „Zugewinnausgleich".

Lebensversicherung: Die Erhöhung des Rückkaufwerts einer im PKH-Antrag angegebenen Lebensversicherung stellte keine nachträgliche Verbesserung dar, Schlesw SchlHA 2007, 98.

Prozesserfolg: → „Vermögenserwerb".

Raten: Nicht wesentlich ist eine Änderung dann, wenn es nur um Raten beim Rückstand geht, Hamm FamRZ 2007, 1662, oder wenn die Partei es nur versäumt hat, eine Ratenzahlungsanordnung rechtzeitig mit der sofortigen Beschwerde nach § 127 anzugreifen, und wenn dann später nur geringe Änderungen eingetreten sind, Bbg FamRZ 1995, 1592. Nicht wesentlich sind regelmäßige Ratenzahlungen, Kblz FamRZ 2011, 391.

Taschengeld: Nicht wesentlich ist ein solches von 5 % des Nettoeinkommens geringer Höhe, Rostock FPR 2008, 585.

Tilgungsabsicht: Nicht wesentlich ist der Umstand, dass der Antragsteller mit einer erhaltenen Summe Schulden tilgen will, Brbg FamRZ 2006, 1851; Kblz FamRZ 2007, 645; Köln FamRZ 2005, 2003.

Unterhalt: Nicht wesentlich ist der Umstand, dass man einen Unterhaltsanspruch nach § 1613 II Nr. 1 Hs. 2 BGB nicht mehr geltend machen kann, Bbg FamRZ 1995, 1591.

Vaterschaftsanerkenntnis: Wesentlich ist bei §§ 169 ff. FamFG dasjenige des leiblichen Vaters, Mü FamRZ 1997, 1284; Nürnb FamRZ 1995, 1593.

Vergleich: → „Vermögenserwerb".

Vermögenserwerb: Wesentlich ist ein erheblicher Vermögenserwerb, BGH Rpfleger 2008, 143; Hamm FamRZ 2011, 918; Kblz FamRZ 2015, 1418. Insbesondere kann eine wesentliche Verbesserung der wirtschaftlichen Verhältnisse nach III dadurch eintreten, dass die Partei durch die Rechtsverfolgung oder -verteidigung etwas erlangt, Kblz MDR 2014, 615; Oldb JurBüro 2017, 427. Das gilt auch, wenn man sich böswillig wieder arm gemacht hat, Saarbr MDR 2010, 653. Allerdings darf ein Vermögenszufluss vorrangig zum Abtrag berücksichtigungsfähiger Verbindlichkeiten verwendet werden, wenn diese schon vorhanden waren, als der Rechtsstreit absehbar wurde, BGH NJW-RR 2008, 302; Celle FamRZ 2005, 1917; Drsd FamRZ 2008, 1543 (Unterhalt); Saarbr JurBüro 2014, 313 (Schmerzensgeld, besondere Bedingungen); Kblz FamRZ 2015, 1418 (weitere Schulden); strenger Köln FamRZ 2005, 2003. Auch → „Tilgungsabsicht", → „Vermögensart".

Vermögensart: Nicht wesentlich ist eine bloße Änderung der Art des Vermögens zB infolge eines Hauskaufs oder -verkaufs, BGH NJW-RR 2008, 302; Kblz FamRZ 2009, 1506; Köln FamRZ 2007, 297.

Waschmaschine: Darlehensraten für den Erwerb einer neuen Waschmaschine sind vom Einkommen abzusetzen, Zweibr FamRZ 2004, 1501 (großzügig).

Zahlung: → „Vermögenserwerb".

Zugewinnausgleich: „Vermögenserwerb". Wesentlich ist meist der Erhalt eines nicht ganz unbedeutenden Zugewinnausgleichs, Köln FamRZ 2005, 2203. Nicht wesentlich ist ein Geldzufluss im Rahmen des Zugewinnausgleichs, soweit er dem Erwerb eines Familienheims dient und soweit das der Schutzzweck (jetzt) des § 90 II Nr. 8 SGB XII (abgedruckt bei § 115) erfassen würde, Bbg FamRZ 1996, 42, oder derjenige (jetzt) des § 90 III Nr. 9 SGB XII, Celle JurBüro 2006, 605; aM Mü FamRZ 1999, 303.

3. Änderungspflicht, I 1. Anders als § 120 IV aF ist I 1 eine Soll-Vorschrift. Das Gericht ist daher bei Vorliegen der gesetzlichen Voraussetzungen grds. zur Änderung seiner Entscheidung nach → Vor § 128 Rn. 44 von Amts wegen verpflichtet, nicht nur berechtigt, KG FamRZ 2017, 315; Brbg FamRZ 2014, 1727. 9

Eine Änderung kommt nach I 1 nur insoweit in Betracht, als es um „die zu leistenden Zahlungen" geht, also um Ratenzahlungen oder Vermögensbeiträge, Brbg FamRZ 2002, 403; KG MDR 1990, 450; Kblz Rpfleger 1996, 206. Das Gericht hat also aus einer Bewilligung ohne Raten bzw. Vermögensbeiträge eine gegen Raten bzw. Vermögensbeiträge zu. machen, Bbg JurBüro 1993, 28; Karlsr FamRZ 1994, 1268; Nürnb Rpfleger 1994, 421, aus einer niedrigeren Ratenpflicht eine höhere, Bbg JurBüro 1993, 28, oder umgekehrt. Der nach §§ 20 I Nr. 4c, 25a RPflG zuständige Rpfleger kann auch die sofortige Zahlung aller fälligen Raten anordnen, BAG NZA-RR 2009, 159; Brbg FamRZ 2002, 403; Drsd FamRZ 2002, 1415. 10

4. Keine völlige Versagung, I 1. Das Gericht darf aber nicht aus einer Bewilligung mit oder ohne Raten usw. nunmehr eine völlige Versagung oder eine Aufhebung der PKH machen, BGH NJW 1994, 3294; Naumb FamRZ 2009, 630; Saarbr MDR 2012, 1186. 11

5. Insolvenzverfahren. Die nach Bewilligung von PKH erfolgte Restschuldbefreiung hindert die nachträgliche Ratenzahlungsanordnung nicht in Bezug auf erst nach Eröffnung des Insolvenzverfahrens entstandene Forderungen, weil sie nur gegen alle Insolvenzgläubiger wirkt, also den PKH-Empfänger nur von den Forderungen befreit, die bei Eröffnung des Insolvenzverfahrens bereits gegen ihn entstanden waren, also etwa nicht eine nach Eröffnung des Insolvenzverfahrens entstandene Terminsgebühr des beigeordneten Anwalts, Ffm NZI 2018, 850. 12

13 Die vor Eröffnung des Insolvenzverfahrens über das Vermögen des PKH-Empfängers entstandenen Ansprüche der Staatskasse auf Gerichtskosten sowie nach § 59 I 1 RVG auf die Staatskasse übergegangenen Gebührenansprüche des Anwalts sind Insolvenzforderungen nach §§ 38, 87 InsO, die Staatskasse ist Insolvenzgläubigerin; dies steht der nachträglichen Anordnung von Zahlungen im Änderungsverfahren nach § 120a entgegen, BGH NJW 2019, 953 (zust. Wazlawik NZI 2019, 955).

14 **6. Verfahren, I 1, 2.** Wirksam ist nur die zuletzt erfolgte Ratenfestsetzung. Das gilt unabhängig davon, in welcher Instanz das Gericht sie beschlossen hat, BGH NJW 1983, 944; Hamm FamRZ 1986, 1014. Auch nach einem nach § 705 formell rechtskräftigen Abschluss des Prozesses bleibt das Prozessgericht zuständig.

15 **7. Erklärungspflicht auf Verlangen des Gerichts, I 3.** Man muss zwischen einer Erklärungspflicht nach I 3 und einer Mitteilungspflicht nach II 1 unterscheiden. Der Antragsteller hat abgesehen von dem in II 1 geregelten Fall der wesentlichen Verbesserung der wirtschaftlichen Verhältnisse keine gesetzliche Erklärungspflicht über Veränderungen seiner Lage, Bbg FamRZ 1995, 374. Er braucht nur „auf Verlangen des Gerichts" Erklärungen abzugeben. Das stellt I 3 klar, Mü FamRZ 1992, 702; Stgt JurBüro 2018, 203; Zweibr MDR 1997, 886. Sie betrifft nur Änderungen seit dem Erstbeschluss.

8. Beispiele zur Frage einer Erklärungspflicht nach I 3

16 **Anfrage des Gerichts:** Das Gericht braucht sie nur aus einem bestimmten Anlass vorzunehmen, VGH Kassel NVwZ-RR 2006, 512. Das gilt zB bei einem Verdacht oder bei Kenntnis von Veränderungen, LAG Köln Rpfleger 1991, 512. Die Aufforderung zur Auskunft ist auch nach rechtskräftigem Abschluss des Hauptverfahrens an den ProzBev. zu richten, der die Partei bereits im PKH-Bewilligungsverfahren vertreten hatte, BGH BeckRS 2011, 1164; Brbg MDR 2007, 1392; LAG Mainz MDR 2007, 432; aM Kblz FamRZ 2009, 898. Denn das PKH-Überprüfungsverfahren gehört nach dem Zweck des § 172 in dessen Anwendungsbereich, BGH BeckRS 2011, 1164.

Arrest, einstweilige Verfügung: Durch eine zeitnahe und ausreichende Äußerung in einem parallelen Eilverfahren nach §§ 916 ff., 935 ff. kann der Antragsteller seiner Mitwirkungspflicht im Hauptprozess genügen, VGH Kassel NVwZ-RR 2006, 512.

Beschwerdeverfahren: Die Äußerung kann im Verfahren nach §§ 567 ff. nachfolgen, BAG NZA 2004, 1063; Saarbr FamRZ 2011, 662; OVG Lüneburg JurBüro 2012, 316. Das gilt nicht nur bei Schuldlosigkeit am Fristablauf, BAG NZA 2004, 1063; Bbg FamRZ 1999, 308.

Ergänzung: Eine vergebliche Gerichtsaufforderung zur Ergänzung oder Vervollständigung kann zu einer Änderung führen, Karlsr JurBüro 2006, 153.

Frist: Das Gericht muss eine angemessene Frist setzen, LAG Brem BB 1990, 2196. Es muss dabei die nach § 329 II 2 erforderliche Form nach → § 329 Rn. 15, 16, 32 einhalten, Karlsr MDR 2018, 820; OVG Münster NJW 2013, 891; aM Hamm Rpfleger 2003, 35 (aber § 329 II 2 gilt bei jeder Frist). Eine Zustellung muss nach § 172 an den PKH-Anwalt erfolgen, BGH BeckRS 2011, 1164; Kblz FamRZ 2008, 1358. Die Frist ist keine Notfrist nach § 224 I 2 und keine Ausschlussfrist, BAG NZA 2004, 1063; Celle MDR 2009, 948; KG MDR 2007, 357. Nachgereichte Auskünfte und Unterlagen sind zu berücksichtigen.

Glaubhaftmachung: Das Gericht kann die Glaubhaftmachung der Angaben nach §§ 118 II 4, 294 fordern.

Nach Instanzende: Die Äußerung kann nach dem Instanzende nachfolgen, Brbg MDR 2007, 1392. Die gerichtliche Anfrage ist nach § 172 an den ProzBev. zu richten, BGH BeckRS 2011, 1164.

Nochmalige Verwendung des Formulars: IV 1 schreibt ausdrücklich und unmissverständlich vor, dass für die Erklärung nach I 3 das Formular nach § 117 zu benutzen ist, Brbg MDR 2019, 502. Das ist dann entbehrlich, wenn das Gericht konkrete einzelne Nachfragen stellt.

Prozessvollmacht: → „Nach Instanzende".

Umdeutung: Der Hinweis auf eine Verschlechterung im Verfahren nach § 124 IV kann als Antrag nach § 120a zu deuten sein, Brbg OLGR 2001, 253.

Kein Vertrauensschutz: Der Antragsteller darf nicht darauf vertrauen, dass eine Überprüfung nach I 3 unterbleibt, LAG Köln Rpfleger 1991, 512.

17 **9. Berücksichtigung von Veränderungen der Freibeträge nach § 115 I 3 Nr. 1b, Nr. 2, I 2.** Veränderungen der Freibeträge nach § 115 I 3 Nr. 1b, Nr. 2 sind nach I 2 nur auf Antrag und nur dann zu berücksichtigen, wenn sie dazu führen, dass keine Monatsrate zu zahlen ist. Die Vorschrift schränkt die Prüfungs- und Änderungsbefugnis des Gerichts aber nur für die Fälle ein, in denen sich eine Änderung der Verhältnisse nur aus der zwischenzeitlichen Anhebung der Grund- bzw. Erwerbstätigenfreibeträge ergibt; im Rahmen einer von Amts wegen eingeleiteten Änderungsprüfung wegen anderer Veränderungen sind aber auch zwischenzeitliche Änderungen der Freibeträge zu berücksichtigen, Ffm BeckRS 2018, 38355.

18 **10. Grenzen der Reformatio in peius, I 4.** Die PKH-Bewilligungsentscheidung kann auch nach dem rechtskräftigen Abschluss des Hauptsacheverfahrens noch geändert werden, und zwar sowohl zu Gunsten als auch zu Lasten des Antragstellers. Die Verschlechterung ist allerdings nach I 4 nur innerhalb eines Zeitraums von vier Jahren seit der rechtskräftigen Entscheidung oder sonstigen Beendigung des Verfahrens zulässig, Kblz MDR 2014, 615. Sonstige Beendigungen können zB der Abschluss eines Prozessvergleichs, das Nichtbetreiben oder das Ruhen des Verfahrens nach § 251a sein. Wenn sich die wirtschaftlichen Verhältnisse des Antragstellers verschlechtert haben, ist die Entscheidung über die Zahlung von Raten oder Vermögensbeiträgen rückwirkend auf den Zeitpunkt der Verschlechterung zu ändern, Brbg FamRZ 2014, 1727; Drsd FamRZ 2011, 1161. Ob auch bei Verbesserung der wirtschaftlichen Verhältnisse eine rückwirkende Änderung in Betracht kommt, ist str. Teilweise wird dies generell abgelehnt, Ffm NJW-RR 1986, 358; Musielak/Voit/Fischer Rn. 4; Zöller/Schultzky Rn. 14. Die Gegenansicht hält auch die Anordnung der Rückwirkung auf den Zeitpunkt der Änderung der Verhältnisse für zulässig, Thomas/Putzo/Seiler Rn. 12. Das überzeugt schon deshalb, weil die PKH-Partei (seit dem 1.1.2014) nach II 1 verpflichtet ist, eine Verbesserung ihrer wirtschaftlichen Verhältnisse von sich aus mitzuteilen; wer gegen diese Pflicht verstößt, kann sich nicht auf Vertrauensschutz berufen. Auch I 4 setzt die Möglichkeit der rückwirkenden Änderung implizit voraus. Allerdings wird die rückwirkende Zahlungsanordnung durch die tatsächliche Leistungsfähigkeit der PKH-Partei im Zeitpunkt der Überprüfungsentscheidung begrenzt, weil es sich bei der PKH um eine Sozialleistung handelt, OVG Lüneburg NJW 2013, 3192. In Betracht kommt gegebenenfalls auch eine Aufhebung der Bewilligung nach § 124.

11. Verfahren des Rechtspflegers oder Urkundsbeamten, I 1–4. Für das Verfahren nach I 4 ist nach §§ 3 Nr. 3, 20 I Nr. 4c Fall 1, 25a RPflG der Rpfleger kraft Gesetzes zuständig, LAG Ffm JurBüro 2017, 146; LAG Hamm NZA-RR 2015, 327. Es kann im Mahnverfahren auch der landesrechtlich etwa bestimmte Urkundsbeamte nach → Vor § 688 Rn. 7 zuständig sein. Der Bezirksrevisor hat kein Recht, den Rpfleger oder den Urkundsbeamten zur Einhaltung einer bestimmten Prüfungsfrist anzuweisen, Köln Rpfleger 2000, 398. Nach einer Aktenrücksendung ist der erstinstanzliche Rpfleger oder der dortige Urkundsbeamte zuständig, Celle Rpfleger 1996, 278. Er muss den Betroffenen vor der Entscheidung nach Art. 2 I, 20 III GG anhören, BVerfG NJW 2000, 1709, also evtl. auch den früheren ProzBev., LAG Hamm JurBüro 1998, 593. Die Aufforderung zur Erklärung über etwaige Änderungen der Verhältnisse muss nach § 329 II 2 mit förmlicher Zustellung geschehen, Stgt FamRZ 2018, 1013. 19

Maßgeblich ist also nur die jetzige Gesamtlage, Karlsr FamRZ 1986, 1126; Zweibr JurBüro 1983, 1720. Der Rpfleger nimmt bei der Beurteilung der Entwicklung der Vermögensverhältnisse eine Saldierung vor, Bbg JurBüro 1993, 233. Er erfasst nach → Rn. 19 auch die sog. Differenzkosten nach (jetzt) § 50 RVG, Düss Rpfleger 2001, 245. Er entscheidet durch einen Beschluss nach § 329. Er spricht evtl. eine Abänderung aus, BGH NJW-RR 2008, 144. Er muss eine Zahlung beziffern, Kblz FamRZ 2006, 1285. Er muss den Beschluss nach → § 329 Rn. 6 begründen, Brbg OLGR 2003, 504 (sonst evtl. Zurückverweisung). Er muss ihn wegen → § 127 Rn. 84 ff. nach § 329 III förmlich zustellen. Das geschieht an den ProzBev., BGH NJW-RR 2016, 897. Es ergeht keine Kostenentscheidung. Jede Instanz prüft nach → § 119 Rn. 37 gesondert. 20

V. Mitteilungspflicht bei wesentlicher Verbesserung, II. Es ist zwischen einer nur auf Verlangen des Gerichts eintretenden bloßen Erklärungspflicht nach → Rn. 15 und der auch ohne Aufforderung unter den Voraussetzungen des II eintretenden weitergehenden Mitteilungspflicht zu unterscheiden. Beide können zusammentreffen. 21

1. Wesentlichkeit der Verbesserung, II 1 Fall 1. Es muss eine wesentliche Veränderung nach → Rn. 5 eingetreten sein, die eine Verbesserung der Lage des Antragstellers betrifft, LAG Stgt Rpfleger 2016, 166. Diese Verbesserung muss die wirtschaftlichen Verhältnisse erfassen. Anders als bei I 1 bleiben also die sonstigen persönlichen Verhältnisse außer Betracht, zB eine Rufsteigerung. Allerdings ist auch eine Anschriftenänderung nach → Rn. 23 mitzuteilen. Vor dem Ablauf von vier Jahren muss die Verbesserung eingetreten sein, nämlich „vor dem in Absatz 1 Satz 1" genannten Zeitpunkt. Zu seiner Berechnung → Rn. 17. 22

2. Änderung der Anschrift, II 1 Fall 2. Neben einer wesentlichen Verbesserung der wirtschaftlichen Verhältnisse ist auch eine Änderung der Anschrift des Antragstellers mitteilungsbedürftig, Brbg Rpfleger 2017, 468 (zu § 124 I Nr. 4), Zweibr MDR 2016, 1046. Das hat seinen Grund in einer evtl. schwereren Erreichbarkeit für das Gericht nach → Rn. 15. Es gelten ähnliche Regeln wie bei §§ 178 ff. 23

3. Grenze bei Einkommensbesserung, II 2. Soweit es um eine Verbesserung des laufenden Monatseinkommens geht, liegt eine Wesentlichkeit nach → Rn. 21 gemäß II 2 nur dann vor, wenn das Monatseinkommen brutto um über 100 EUR gestiegen ist, und zwar nicht nur einmalig, LAG Stgt Rpfleger 2016, 166. Zum Einkommen zählen nicht nur Arbeitseinkommen wie bei §§ 850 ff., sondern grds. auch alle sonstigen laufende Einkünfte in Geld oder Geldeswert nach § 115 I 2, etwa ein als Monatsbetrag laufendes Honorar aus einer freiberuflichen Tätigkeit, zB als Urheber, oder Mieteinnahmen. 24

4. Grenze bei Belastungswegfall, II 2. Entsprechendes wie bei → Rn. 24 gilt, wenn abzugsfähige Belastungen wegfallen. Abzugsfähige Belastungen sind alle in § 115 I 2 aufgezählten Beträge. Sie müssen insgesamt um monatlich mehr als 100 EUR weggefallen sein, und zwar nicht nur einmalig. 25

5. Belehrungspflicht, II 4. Das Gericht muss den Antragsteller vor dem nach II maßgeblichen Zeitpunkt über eine etwaige Mitteilungspflicht nach → Rn. 21–25 und über die Rechtsfolgen eines Verstoßes nach → Rn. 35 belehren, und zwar durch das gemäß § 117 III vom BMJ eingeführte Formular. Dieses muss also korrekterweise auch die Angaben zur Mitteilungspflicht nach → Rn. 21–25 enthalten. Ein Benutzungszwang ergibt sich für das Gericht, aber nicht für eine Partei. Denn IV 1 nennt nur den Fall I 3 (Erklärungspflicht auf Verlangen des Gerichts). Wegen eines Verstoßes → Rn. 35. 26

VI. Insbesondere: Verbesserung kraft Rechtsverfolgung oder -verteidigung, III. Die Vorschrift nennt Spezialfälle einer Verbesserung gerade der wirtschaftlichen Verhältnisse nach I 1, II 1. Sie gilt nur beispielhaft, „insbesondere". 27

1. Erlangung infolge Rechtsverfolgung oder -verteidigung, III 1. Der PKH-Begünstigte muss „etwas erlangt" haben. Der erlangte Vorteil muss die wirtschaftlichen Verhältnisse des Begünstigten verbessert haben, das „etwas" muss also in Geld oder Geldeswert bestehen. Ein rein ideeller Vorteil reicht nicht. Dabei muss die Verbesserung gerade durch das mit PKH-Unterstützung betriebene Verfahren erfolgt sein. Sie muss durch „die" und nicht: durch „eine" Rechtsverfolgung oder -verteidigung eingetreten sein. Ein Vorteil infolge eines anderen selbständigen Verfahrens reicht nicht, auch nicht bei einem wirtschaftlichen Zusammenhang mit dem begünstigten Verfahren. Etwas anderes kann dann gelten, wenn das Prozessgericht zB eine Trennung des bisher begünstigten Prozesses nach § 145 oder nach der Bewilligung für das Verfahren eine Verbindung mit einem weiteren Prozess nach § 147 vorgenommen hatte. Nicht von Belang ist die Parteistellung des Begünstigten als Kläger oder Widerkläger, Bekl. oder Widerbekl. oder als Streitgenosse nach §§ 59 ff. 28

2. Wesentlichkeit der Verbesserung, III 1. Es gilt dasselbe wie bei → Rn. 21. 29

3. Änderungspflicht des Gerichts, III 2. Zum „soll" gilt dasselbe wie bei → Rn. 9, KG FamRZ 2017, 315. Bei IV 2 besteht kein Formularzwang, Brbg Rpfleger 2017, 98. 30

Die Prüfungsaufgabe des Gerichts besteht unabhängig von den Pflichten des Begünstigten. Sie beginnt bei III 2 aber erst nach dem Eintritt der formellen Rechtskraft einer Entscheidung über den begünstigten Prozess(teil) nach → Vor § 322 Rn. 1 oder nach seiner „sonstigen Beendigung" zB infolge Klagerücknahme nach § 269, Anerkenntnis ohne entsprechendes Urteil, übereinstimmende Erledigungserklärungen. Zu prüfen ist lediglich, ob eine Änderung der Anordnung der Zahlung von Raten oder Vermögensbeiträgen geboten ist. 31

4. Änderungsverbot, III 3. Das Gericht darf dann keine Änderung der Zahlungsverpflichtung anordnen, wenn der Begünstigte bei rechtzeitigem Erhalt der Leistung des Prozessgegners oder des sonstigen dort Leistungs- 32 pflichtigen ratenfreie PKH erhalten hätte. Zumindest Mitursache für die ursprüngliche Ratenanordnung muss also die Leistungsverzögerung gewesen sein.

33 **VII. Formularzwang, IV 1.** Es gelten → § 117 Rn. 39 ff. entsprechend. Wegen IV 2 → Rn. 29.

34 **VIII. Überprüfung, IV 2.** Es gelten → § 118 Rn. 38 ff. entsprechend.

35 **IX. Verstoß, I–IV.** Ein Verstoß des Gerichts ist ein Verfahrensfehler. Er kann zur Wiederholung, diesmal in einwandfreier Weise, zwingen. Zum Verstoß der Partei → § 117 Rn. 45 ff. Nach Ablauf einer gesetzten Frist eingereichte Erklärungen oder Unterlagen sind zu berücksichtigen, OVG Bln-Brbg NVwZ-RR 2016, 840.

36 **X. Rechtsbehelf, I–IV.** Gegen Entscheidung des Rechtspflegers sofortige Beschwerde, § 127.

121 *Beordnung eines Rechtsanwalts.* **I Ist eine Vertretung durch Anwälte vorgeschrieben, wird der Partei ein zur Vertretung bereiter Rechtsanwalt ihrer Wahl beigeordnet.**

II Ist eine Vertretung durch Anwälte nicht vorgeschrieben, wird der Partei auf ihren Antrag ein zur Vertretung bereiter Rechtsanwalt ihrer Wahl beigeordnet, wenn die Vertretung durch einen Rechtsanwalt erforderlich erscheint oder der Gegner durch einen Rechtsanwalt vertreten ist.

III Ein nicht in dem Bezirk des Prozessgerichts niedergelassener Rechtsanwalt kann nur beigeordnet werden, wenn dadurch weitere Kosten nicht entstehen.

IV Wenn besondere Umstände dies erfordern, kann der Partei auf ihren Antrag ein zur Vertretung bereiter Rechtsanwalt ihrer Wahl zur Wahrnehmung eines Termins zur Beweisaufnahme vor dem ersuchten Richter oder zur Vermittlung des Verkehrs mit dem Prozessbevollmächtigten beigeordnet werden.

V Findet die Partei keinen zur Vertretung bereiter Anwalt, ordnet der Vorsitzende ihr auf Antrag einen Rechtsanwalt bei.

Übersicht

1 **I. Systematik, I–V.** Die Vorschrift regelt die Beiordnung eines Anwalts im Rahmen der PKH. Diese ist von der Bevollmächtigung durch die Partei nach §§ 78 ff. und der Bestellung zum ProzBev., → § 172 Rn. 9 ff., → § 172 Rn. 9 ff., ebenso zu unterscheiden wie von der Beiordnung nach § 78b. Ist eine Vertretung durch Anwälte vorgeschrieben, hat bei Bewilligung von PKH die Beiordnung eines Anwalts zu erfolgen, BGH NJW 2002, 2179. Das ist in I geregelt. Nur im Anwendungsbereich des II kann ggf. von der Beiordnung abgesehen

werden, BGH NJW 2006, 1597. III regelt das in der Praxis bedeutsame Problem der Beiordnung eines auswärtigen Anwalts. III und IV betreffen die Sonderfälle der Beiordnung zur Wahrnehmung einzelner Termine oder als Verkehrsanwalt sowie den Ausnahmefall, dass die Partei keinen zur Vertretung bereiten Anwalt findet.

II. Regelungszweck, I–V. Im Anwaltsprozess ist der bedürftigen Partei zwingend ein Anwalt beizuordnen, da die Partei sonst nicht ordnungsgemäß vertreten wäre. Die Beiordnung ist nach dem Zweck der Rechtswahrnehmungsgleichheit, → Vor § 114 Rn. 3, auch im Parteiprozess dann geboten, wenn die Vertretung durch einen Anwalt aus sachlichen Gründen erforderlich ist oder der Prozessgegner seinerseits anwaltlich vertreten ist („Waffengleichheit", MüKoZPO/Wache Rn. 3). Auch die Regelungen in III–V sind Ausprägungen des Grundsatzes des von der Verfassung gebotenen Ziels der Angleichung der Situation von Bemittelten und Unbemittelten bei der Verwirklichung des Rechtsschutzes. 2

III. Geltungsbereich, I–V. → Vor § 114 Rn. 5, → § 114 Rn. 10–12. § 121 gilt auch in einer eigenen Sache des Anwalts als Antragsteller, BAG NJW 2008, 604. Die Vorschrift gilt auch im WEG-Verfahren. § 11a ArbGG ist anwendbar, BAG NZA 2011, 1245; LAG Halle NZA-RR 2011, 100; LAG Mainz MDR 2006, 716. Auch § 4a II 2 InsO ist anwendbar, BGH NJW-RR 2003, 697. Die Vorschrift verweist im dortigen Stundungsverfahren auf III–V. Im FamFG-Verfahren gelten nur formell vorrangig § 78 I–V FamFG, Brbg NJW-RR 2010, 1158; Drsd NJW-RR 2010, 1155 (bis auf dessen II inhaltlich mit § 121 fast übereinstimmend), und daher letztlich § 121, BGH NJW 2011, 2434. Vgl. ferner § 113 I FamFG, Köln FamRZ 2012, 1323. 3

IV. Freie Wahl des Anwalts, I–V. 1. Grundsatz: Wahlrecht. Der Antragsteller hat freie Wahl, welchen Anwalt er beiordnen lassen will, Celle FamRZ 2004, 1881; Düss FamRZ 1995, 241; Köln FamRZ 2012, 1323. Diesen Grundsatz nennt I und wiederholt ihn sowohl für den ProzBev. im Anwalts- wie Parteiprozess nach → § 78 Rn. 1 in III als auch für den Beweis- oder Verkehrsanwalt in IV. Der Insolvenzverwalter wählt unabhängig vom Schuldner, Rostock JurBüro 2007, 324. Nur dann, wenn die Partei keinen Anwalt ihrer Wahl findet, enthält V Sonderregeln. Der Antragsteller hat also einen grundsätzlichen Rechtsanspruch darauf, dass das Gericht nur den Anwalt seines Vertrauens (Wahlanwalt) und keinen anderen beiordnet, soweit dieser Anwalt überhaupt für diese Partei tätig werden darf, Brem FamRZ 2008, 1544; Ffm FamRZ 2010, 1688; Schlesw SchlHA 1982, 197. Das Gericht darf dem Antragsteller keinen Anwalt durch eine Beiordnung aufzwingen, den der Antragsteller nicht wünscht, solange er einen anderen zu seiner Vertretung bereiten Anwalt findet. Aber auch dann, wenn er keinen solchen findet, erfolgt die Beiordnung nicht von Amts wegen, sondern nur „auf Antrag". Das stellt V klar. Die Benennung muss nicht vor dem Ablauf einer Rechtsbehelfsfrist erfolgen, OVG Münster NVwZ-RR 2015, 838. 4

2. Form der Wahl. Die Wahl ist eine Prozesshandlung. Sie muss dem Gericht gegenüber ausdrücklich oder durch schlüssiges Verhalten erfolgen, VerfG Brbg FamRZ 2011, 1243; Köln MDR 1983, 847. Wenn ein Anwalt beim Prozessgericht für eine Partei einen PKH-Antrag stellt, liegt darin nach → Rn. 20 regelmäßig die Mitteilung, die Partei habe ihr Wahlrecht zu seinen Gunsten ausgeübt, soweit er eine Prozessvollmacht nach § 80 hat, Köln MDR 1983, 847; Mü FamRZ 2002, 1196. 5

Die Benennung des beizuordnenden Anwalts gehört ebenso zu den Pflichten des Antragstellers wie die Erklärung nach § 117. Sie kann aber im Gegensatz zu letzterer nachgeholt werden, sogar noch in einer Wiedereinsetzungsfrist nach § 234, BVerwG NVwZ 2004, 888. 6

V. Rechtsanwalt, I–V. In allen Fällen des § 121 kommt nur ein „Rechtsanwalt" zur Beiordnung in Betracht. 7

1. Weiter Anwaltsbegriff. Zu diesem Kreis gehören grundsätzlich zumindest alle in Deutschland zugelassenen Anwälte, Bbg NJW 1977, 113; Köln NJW 1975, 1607. Bei elektronischer Einreichung gelten §§ 130ad. 8

2. Beispiele zum Anwaltskreis, I–V

Angestellter Anwalt: Lässt sich ein angestellter Anwalt mit dem Willen des Antragstellers diesem beiordnen, kommt – jedenfalls konkludent – auch mit ihm ein Anwaltsvertrag zustande, BGH NJW-RR 2005, 494. 9

Auftragsende: Nach der Mitteilung der Beendigung seines Auftrags kann ein Anwalt mangels Vertretungsbereitschaft nicht mehr beigeordnet werden.

Ausländischer Anwalt: Ein ausländischer Rechtsanwalt kann nur beigeordnet werden, wenn er in Deutschland zugelassen ist, OVG Bln-Brbg NJW 2012, 1749. Für europäische Rechtsanwälte ist dies geregelt im EuRAG.

Bearbeiter, Unterzeichner: Im Zweifel hat die Partei den Anwalt ausgewählt, der den PKH-Antrag bearbeitet bzw. unterzeichnet hat, Karlsr FamRZ 1996, 1428; Zweibr FamRZ 1986, 288; aM Ffm MDR 1988, 874.

BGB-Gesellschaft: Beigeordnet werden kann eine Anwaltsgesellschaft bürgerlichen Rechts, BGH NJW 2009, 441 (zust. Horn); Nürnb NJW 2013, 948 (zust. Nitschke). Vgl. aber auch „Bearbeiter, Unterzeichner".

Bürogemeinschaft mit gegnerischem ProzBev: Die Beiordnung eines mit dem gegnerischen Anwalt in Bürogemeinschaft verbundenen Anwalts ist nach § 43a IV BRAO, § 3 II 1 BORA nicht zulässig, Ffm FamRZ 2010, 1688; Hmb FamRZ 2009, 631.

Dolmetscher: Die Beiordnung eines Dolmetschers in entsprechender Anwendung des § 121 ist nicht möglich, Hamm FamRZ 2008, 1463.

GmbH: Beiordnet werden kann auch eine Anwalts-GmbH, Nürnb NJW 2002, 3715. Aber auch „Bearbeiter, Unterzeichner".

Kammerrechtsbeistand: Ein als Mitglied in die örtlich zuständige Rechtsanwaltskammer aufgenommener Rechtsbeistand oder Prozessagent – „Kammerrechtsbeistand" – kann beigeordnet werden. Denn er steht nach §§ 1 II 1, 3 I Nr. 1 RDGEG, § 209 BRAO einem Anwalt gleich, so schon BGH NJW 2003, 2244.

Patentanwalt: Beiordnen lässt sich auch er, G v. 7.9.1966, BGBl. 557, 585, zuletzt geändert durch Art. 5 XV G v. 31.8.2013, BGBl. I 3533.

Prozessagent: Ein Prozessagent darf grds. nicht beigeordnet werden, LSG Schlesw NZS 2004, 390. Aber → „Kammerrechtsbeistand".

Rechtspfleger: Rpfleger können ebenso wenig beigeordnet werden wie andere Justizbeamte.

Referendar: Referendare können nicht beigeordnet werden, Grunsky NJW 1980, 2041.

Rentenberater: Rentenberater können nicht beigeordnet werden, LSG Schlesw NZS 2004, 390.

Sozietät: Die Anwaltssozietät kann als solche beigeordnet werden, BGH NJW 2009, 440. Auch „Bearbeiter, Unterzeichner". Wenn ein bei einer Sozietät angestellter Anwalt, der als namentlich bezeichneter Anwalt der

Partei beigeordnet war, aus, bleibt der ausgeschiedene Anwalt beigeordnet, nicht die Sozietät, LAG Nürnberg MDR 2002, 1094.

10 **VI. Vertretungsbereitschaft, I–IV.** Soweit der Antragsteller einen Wahlanwalt nennt, muss das Gericht prüfen, ob dieser auch „zur Vertretung bereit" ist.

11 **1. Keine Vertretungspflicht vor oder nach Anwaltsvertrag.** Der Wahlanwalt ist zur Vertretung des Antragstellers nicht verpflichtet, solange er sich mit diesem noch nicht über das Mandat geeinigt hat. Das Gericht darf den noch nicht oder nicht mehr „bereiten" Anwalt also jedenfalls nicht nach I–IV beiordnen, Brbg FamRZ 2007, 1754. Es kann der Partei keinen Anwalt durch Beiordnung aufzwingen, soweit die Partei von ihrem Wahlrecht anderweitig Gebrauch macht. Es darf den Anwalt vor Abschluss des Anwaltsvertrags nicht gegen seinen Willen nach I–IV beiordnen. Das gilt auch dann, wenn er ein höheres als das gesetzliche Honorar zur Bedingung macht, VGH Mannh NJW 2018, 1036. Es darf einen Anwalt nach der Niederlegung des Mandats nicht mehr beiordnen, Stgt FamRZ 2006, 800.

12 **2. Kein Beiordnungsanspruch des Anwalts.** Der Wahlanwalt nach → Rn. 30 hat trotz seiner Bereitschaft zur Vertretung nicht aus eigener Person einen Anspruch auf seine Beiordnung und daher auch kein entsprechendes Beschwerderecht, BGH NJW 1990, 836; Hamm MDR 2011, 628; LAG Nürnb MDR 2002, 1084; aM Hmb FamRZ 2000, 1227. Erst von der Beiordnung ab entstehen zwischen ihm persönlich und dem Staat verfahrensrechtliche, berufsrechtliche und gebührenrechtliche Beziehungen.

13 **VII. Beiordnung, II, III.** Die Beiordnung setzt eine PKH-Bewilligung voraus, OVG Magdeburg NVwZ-RR 2008, 739. Sie darf also nicht zB bei Mutwillen erfolgen, Brbg MDR 2010, 25. Zuständig ist das Gericht der PKH-Bewilligung, ggf. das Beschwerdegericht, Köln Rpfleger 1983, 124. Die Beiordnung erfolgt durch Beschluss. Er ergeht zusammen mit der Bewilligung nach §§ 119, 127 I oder gesondert, auch rückwirkend nach → § 119 Rn. 11 ff., Karlsr OLGR 2008, 117. Er bindet im Festsetzungsverfahren nach §§ 103 ff., Düss NJW-RR 2012, 765; Kblz FamRZ 2015, 434.

14 **1. Beiordnungspflicht des Gerichts.** Soweit es um die Beiordnung eines ProzBev. und nicht nur um die Beiordnung eines Beweis- oder Verkehrsanwalts nach IV geht, ist das Gericht unter den gesetzlichen Voraussetzungen zur Beiordnung verpflichtet und nicht nur berechtigt, hat also kein Ermessen, BGH NJW-RR 2012, 1153; Hamm FamRZ 2000, 1226; LG Paderborn AnwBl 2017, 1118. Das ergibt sich schon aus dem Wortlaut „... wird beigeordnet". Die Beiordnung ist gegenüber dem Beigeordneten keine Amtspflicht nach § 839 I BGB, BGH NJW 1990, 836. Das Beschwerdegericht kann die Auswahl und Beiordnung nach § 575 dem Prozessgericht überlassen, Karlsr MDR 1992, 1178.

15 **2. Umfang der Beiordnung.** Die Beiordnung muss grundsätzlich in dem Umfang erfolgen, in dem das Gericht dem Antragsteller PKH bewilligt, Celle MDR 2000, 1038; LAG Nürnb JurBüro 2013, 466. Das gilt nach → § 119 Rn. 11 auch bei rückwirkender Bewilligung, Christl MDR 1983, 539. Bei nur teilweiser Bewilligung der PKH umfasst auch die Beiordnung nur diesen Teil, Brbgg MDR 2021, 127. In der Regel erfolgt die Beiordnung nach § 119 I 1 für den gesamten Rechtszug. Was dazugehört, ist in → § 119 Rn. 36, 38 dargestellt. Auch für die Zwangsvollstreckung nach §§ 704 ff. erfolgt die Beiordnung nach → § 119 Rn. 54 f. umfassend. Maßgebend ist die Urschrift, nicht eine unrichtige Ausfertigung, Rostock FamRZ 2009, 1235. Der beigeordnete Anwalt darf im Umfang der Beiordnung umfassend tätig werden, also bei einem Prozessvergleich nach → § 119 Rn. 38 „Vergleich" – (Prozessvergleich). Der Abschluss eines außergerichtlichen Vergleichs ist nicht erfasst, → § 119 Rn. 38 „Vergleich – (Außergerichtlicher Vergleich)".

16 Für den Fall einer Beweisaufnahme vor dem beauftragten oder ersuchten Richter nach §§ 361, 362 enthält IV die Möglichkeit der zusätzlichen Beiordnung eines weiteren Anwalts. Wird kein zusätzlicher Anwalt für eine derartige Beweisaufnahme beigeordnet, erstreckt sich die Beiordnung auch auf die Teilnahme des Anwalts an Terminen vor dem beauftragten oder ersuchten Richter. Es kommt allerdings auch eine innerhalb des Rechtszugs oder der Zwangsvollstreckung beschränkte Beiordnung auf einen oder mehrere selbständige Verfahrensabschnitte in Betracht, soweit der Beiordnungs- oder Bewilligungsantrag nicht weitergeht, BPatG GRUR 1988, 368. Wenn der Partei bereits ein Anwalt beigeordnet ist, ist jedoch die Beiordnung eines Unterbevollmächtigten für die Vertretung in der mündlichen Verhandlung nicht möglich, BVerwG NJW 1994, 3243; Brbg MDR 2007, 1287; LAG Kiel NZA-RR 2009, 104.

17 **3. Verstoß.** Eine fehlerhafte rückwirkende Bewilligung nach → § 119 Rn. 11 ff. ist für den beigeordneten Anwalt bis zur etwaigen Aufhebung wirksam, Bbg JurBüro 1986, 768. Dasselbe gilt zu seinen Gunsten für das Kostenfestsetzungsverfahren nach §§ 103 ff., Mü Rpfleger 1986, 108.

18 **VIII. Beiordnungsfolgen, I–V. 1. Übernahmepflicht.** Der beigeordnete Anwalt muss das Mandat übernehmen, Bbg JurBüro 1992, 622; Kleinwegener FamRZ 1990, 1067. Er hat ja bereits vor der Beiordnung seine Bereitschaft zur Übernahme der Partei und/oder dem Gericht gegenüber erklärt. Andernfalls wäre die Beiordnung nicht ordnungsgemäß erfolgt. Es ist also zwischen der Partei und dem Anwalt strenggenommen bereits vor der Beiordnung nach I–IV ein Anwaltsvertrag nach → Rn. 19 zustande gekommen. Er stand lediglich unter der aufschiebenden Bedingung einer ordnungsgemäßen Beiordnung. Mit dem Eintritt dieser Bedingung ist der Vertrag endgültig wirksam. Bei einer Beiordnung nach V gelten → Rn. 71, 72.

19 **2. Notwendigkeit eines Anwaltsvertrags.** Die Beiordnung ersetzt nicht die Notwendigkeit einer besonderen zusätzlichen vertraglichen Einigung zwischen dem Anwalt und der begünstigten Partei nach §§ 164, 670 ff. BGB. Der Anwaltsvertrag kann spätestens dadurch entstehen, dass der Anwalt im Einverständnis der Partei für sie tätig wird, BGH NJW-RR 2005, 494; Karlsr FamRZ 2005, 384. Die Beiordnung ersetzt auch nicht die Notwendigkeit einer Vollmachtserteilung durch die Partei nach → Rn. 21.

20 **3. Fürsorgepflicht des Anwalts.** Der beigeordnete Anwalt hat von der Beiordnung an Fürsorge-, Belehrungs- und Betreuungspflichten nach → § 85 Rn. 13 ff. Ihm kann auch schon vor dem Erhalt der Prozessvollmacht nach § 80 ein Anspruch gegen den Vertragspartner und gebührenrechtlich wegen § 122 I Nr. 3 nur gegen die Staatskasse daraus entstehen, dass er die vorgenannten Fürsorgepflichten bereits wahrgenommen hat, etwa aus einer Geschäftsführung ohne Auftrag, BAG ZIP 1980, 404; KG Rpfleger 1985, 39. Eine Genehmigung der Partei heilt. Bei einem Verstoß kann der Anwalt schadensersatzpflichtig sein.

4. Unterstützungspflicht der Partei. Aus der Förderungspflicht der Partei ergibt sich, dass die Partei sich zur Vermeidung von Nachteilen nach Kräften bemühen muss, den beigeordneten Anwalt durch ihre Vollmachtserteilung und durch eine ausreichende und rechtzeitige Information sowie durch die Vermeidung einer Gefährdung des Vertrauensverhältnisses usw. zu unterstützen. 21

IX. Beiordnung und Prozessvollmacht, I–V. 1. Keine automatische Vollmacht. Weder die PKH-Bewilligung noch die Beiordnung noch der Abschluss eines Anwaltsvertrags zwischen der begünstigten Partei und dem beigeordneten Anwalt begründet nicht automatisch eine Prozessvollmacht nach § 80 für den Anwalt, BGH NJW 1987, 440; BPatG GRUR 1986, 734; BSG MDR 1983, 877. Das gilt auch wegen der Auslagen nach § 46 RVG, Toussaint/Toussaint RVG § 46 Rn. 1. 22

2. Möglichkeit der Vollmachtsverweigerung. Die Partei kann dem beigeordneten Anwalt die Erteilung der Prozessvollmacht verweigern, Goebel FamRZ 1991, 1271. Das gilt nach I–IV sowohl dann, wenn sie ihn selbst gewählt hatte, als auch dann, wenn sie nach V keinen Anwalt gefunden hatte. Eine Partei, die aus unzureichenden Gründen eine Vollmacht verweigert oder eine erteilte Vollmacht widerruft, kann im Hauptprozess nach §§ 330 ff. als säumig gelten. Eine Zustellung muss bis zur Erteilung der Vollmacht nach §§ 167 ff., 271 an die Partei gehen. Sie darf also nach → § 172 Rn. 9 noch nicht an den beigeordneten Anwalt gehen. Die Partei kann sich dem Anwalt gegenüber schadensersatzpflichtig machen, soweit er aufgrund ihrer Wahl inzwischen bereits Aufwendungen gemacht hatte, dann aber keine Vollmacht erhält. 23

3. Mitwirkungspflicht des Gerichts. Soweit der beigeordnete Anwalt aus rechtlichen oder tatsächlichen Gründen nicht tätig werden kann, muss das Gericht in den Fällen I–IV abwarten, ob die Partei einen anderen Anwalt ihrer Wahl benennt, Karlsr MDR 1992, 1178. Das Gericht kann verpflichtet sein, die Partei nach § 139 von Amts wegen auf Hinderungsgründe beim bisher beigeordneten Anwalt hinzuweisen und ihr Gelegenheit zu geben, einen anderen Wahlanwalt zu benennen. Bei V muss das Gericht abwarten, ob die Partei beantragt, ihr einen anderen Anwalt beizuordnen, Köln FamRZ 1992, 967. Das Gericht sollte grundsätzlich darauf dringen, dass die Partei einen solchen Antrag stellt. Dem beigeordneten Anwalt muss genügend Zeit zur Einarbeitung verbleiben. 24

4. Mitwirkungspflicht des Anwalts. Regelmäßig wird der Anwalt bei Beiordnung über eine Vollmacht verfügen. Ist dies ausnahmsweise nicht der Fall, muss er deren Erteilung abwarten. Soweit die begünstigte Partei den Anwalt mit der Wahrnehmung ihrer Interessen betraut, muss er sie auch über andere Klagemöglichkeiten beraten, wenn die erste Klage nicht zum Erfolg führt, selbst wenn das über den Rahmen seiner Beiordnung hinausgeht. Im Auftrag, einen Antrag auf eine PKH-Bewilligung einzureichen, liegt die Ermächtigung, die Entscheidung entgegenzunehmen. 25

5. Vollmachtsentzug/Anwaltswechsel. Die Partei kann dem beigeordneten Anwalt Weisungen geben. Sie kann ihm die Vollmacht wie auch sonst einem Anwalt jederzeit entziehen, Ffm FamRZ 2001, 237. Die Partei kann jederzeit die Entpflichtung des beigeordneten Anwalts verlangen; diesem Verlangen ist zu entsprechen, Nürnb MDR 2003, 712; aA Zöller/Schultzky Rn. 38; LAG Köln NZA-RR 2020, 495; offengelassen von BGH NJOZ 2010, 239. Das bedeutet aber nicht, dass die bedürftige Partei zwingend Anspruch auf Beiordnung eines anderen Anwalts hat, Celle Nds. Rpfl 2007, 154. Für die Entscheidung über eine neue Beiordnung kann es allerdings nicht darauf ankommen, ob die Beiordnung eines anderen Anwalts Mehrkosten verursacht bzw. der neue Anwalt auf einen Teil seiner Gebühren zu verzichten bereit ist. In diesen Fällen spricht zwar nichts gegen die Beiordnung des neuen Anwalts, Hamm FamRZ 2006, 1552; Nürnb MDR 2003, 713; Rostock FamRZ 2003, 1938. Maßstab kann aber allein sein, ob die Entziehung der Vollmacht aus Gründen erfolgt ist, die auch eine nicht bemittelte Partei zum Anlass genommen hätte, dem Anwalt die Vollmacht zu entziehen, Celle NdsRpfl 2007, 154; OVG Lüneburg NJW 2012, 698; Hamm FamRZ 2016, 930; MüKoZPO/Wache Rn. 26. Ist die Vollmachtsentziehung rechtsmissbräuchlich, kommt die Beiordnung eines neuen Anwalts nicht in Frage; das gilt insbesondere dann, wenn das Vertrauensverhältnis zu dem beigeordneten Anwalt durch sachlich nicht gerechtfertigtes und mutwilliges Verhalten der bedürftigen Partei zerstört worden ist, BGH NJW-RR 1992, 189. Keinesfalls darf das Gericht den neuen Anwalt ohne dessen Einverständnis nur unter der Beschränkung beiordnen, „dass Gebühren insgesamt nur einmal geltend gemacht werden dürfen", Celle NJW 2008, 2511, auch → Rn. 27. 26

6. Einige Vergütungsfragen. Es gelten §§ 44 ff. RVG, Toussaint/Toussaint RVG § 48 Rn. 5 ff. Das Gericht darf die Beiordnung nicht von der später nach § 55 RVG usw. klärbaren Höhe der Vergütung abhängig machen, LG Bln Rpfleger 1996, 294, auch nicht beim nach → § 91 Rn. 226 ff. notwendigen Anwaltswechsel, Köln NJW-RR 2002, 134. Der beigeordnete Anwalt kann für den Beiordnungszeitraum und im Beiordnungsumfang gesetzliche Gebühren und Auslagen ab Rechtshängigkeit nach → § 261 Rn. 1 fordern, KG FamRZ 1980, 580; LAG Nürnb JurBüro 2013, 466; OVG Brem NVwZ-RR 2005, 862, und zwar nach §§ 45 ff. RVG und nur aus der Staatskasse, Zweibr JurBüro 1999, 590. Die Aufhebung der Beiordnung darf zwecks der Vermeidung einer Verkürzung der Vergütung nicht rückwirkend erfolgen, Brbg FamRZ 2004, 213. 27

Der Anwalt kann seine Kostenansprüche also nach § 122 I Nr. 3 für die Dauer der Bewilligung der PKH nicht gegenüber dem Auftraggeber geltend machen. Er kann aber nach § 126 I unmittelbar aus eigenem Recht gegenüber dem in die Prozesskosten nach §§ 91 ff. verurteilten Prozessgegner seines Auftraggebers vorgehen. Soweit das Gericht die PKH nach § 124 aufgehoben hat, kann er seine gesetzlichen Ansprüche nunmehr gegenüber dem Auftraggeber geltend machen, und zwar auch rückwirkend. Der anstelle des zuvor beigeordneten Anwalts jetzt beigeordnete Anwalt hat einen vollen Vergütungsanspruch gegenüber der Staatskasse, Celle NJW 2008, 2511. Seine Beiordnung kann ohne seine Zustimmung nicht wirksam zu einem nur eingeschränkten Maß erfolgen, OVG Lüneburg NVwZ-RR 2018, 80; Hamm FamRZ 2010, 1268; Karlsr FamRZ 1998, 633; Zweibr NJW-RR 2006, 1434; Celle NJW 2008, 2511; aM Brem JurBüro 1993, 51. Die Festsetzung der Vergütung ist kein Justizverwaltungsakt, Naumb NJW 2003, 2921. Die Vergütung kann entfallen, soweit der beigeordnete Anwalt gegen die Partei ohne PKH keinen Anspruch hätte, Hamm FamRZ 2009, 362. 28

Einen Auslagenvorschuss kann der beigeordnete Anwalt von der Staatskasse nur im Rahmen des § 47 RVG verlangen. Eine Vergütungsvereinbarung über ein Erfolgshonorar nach § 4a I 3 RVG mit dem Auftraggeber führt zur Aufhebung der Beiordnung, Köln NJW-RR 2019, 179; Hamm JurBüro 2018, 374. 29

7. Rechtsbehelfe. Beim Rpfleger gilt nach → § 104 Rn. 48 ff., → § 127 Rn. 84 ff. der § 11 RPflG. Beim etwa landesrechtlich nach → Vor § 688 Rn. 7 für das Mahnverfahren zuständigen Urkundsbeamten gilt § 573 I. 30

Sowohl gegen die Ablehnung der Beiordnung als auch gegen die Beiordnung etwa eines nicht gewählten Anwalts durch den Richter ist für die Partei bei einem Streitwert der Hauptsache von über 600 EUR grundsätzlich nach § 127 II 2 Hs. 1 (Ausnahme: Hs. 2) die sofortige Beschwerde nach § 567 I Nr. 1 statthaft, Drsd FamRZ 2001, 634; Hamm MDR 2011, 628; Mü FamRZ 1999, 1355. Eine Ausnahme gilt, soweit das Berufungsgericht die Entscheidung getroffen hat. Dann kommt allenfalls unter den Voraussetzungen des § 574 eine Rechtsbeschwerde in Betracht. Auch gegen die Ablehnung der Aufhebung der Beiordnung kann die Partei nach § 567 I Nr. 2 sofortige Beschwerde erheben, Düss FamRZ 1995, 241; Hamm MDR 2011, 628. Das gilt trotz ihres eigenen Kündigungsrechts. Denn sie ist zu einem solchen Schritt mit weitergehenden Folgen nicht gezwungen. Gegen die Ablehnung der Beiordnung hat der vorgeschlagene Anwalt nach → § 127 Rn. 61 kein eigenes Beschwerderecht, BGH NJW 1990, 836; Hamm MDR 2011, 628; Karlsr NJW-RR 1996, 1339; aM Hmb FamRZ 2000, 1227.

31 Eine Beschwerdemöglichkeit der **Staatskasse** besteht nach → § 127 Rn. 28 ff. nicht, Düss MDR 1989, 827.

32 **8. Aufhebungsantrag.** Der beigeordnete Anwalt kann nach § 48 II BRAO aus einem wichtigen Grund einen Antrag auf Aufhebung seiner Beiordnung stellen, Brbg FamRZ 2002, 39. Er kann daher nach erstinstanzlicher Ablehnung der Aufhebung sofortige Beschwerde einlegen, BVerwG NJW 2011, 1895; Bbg FamRZ 2001, 633; Karlsr FamRZ 1999, 306. Das gilt zB bei einer erheblichen Beeinträchtigung des Vertrauensverhältnisses, BGH MDR NJW 2013, 1247 (Interessenkonflikt); Ffm FamRZ 2001, 237; Hamm JurBüro 1989, 508. Dann kann auch die Partei antragsberechtigt sein, Nürnb MDR 2003, 712; noch großzügiger Kblz MDR 2015, 1077 (sogar ohne Angabe eines Grundes). Auf Antrag erfolgt eine Entpflichtung wegen Vereinbarung eines Erfolgshonorars, Hamm AnwBl 2018, 170.

33 Ein Sozietätswechsel rechtfertigt die Aufhebung der Beiordnung nicht, LAG Nürnb MDR 2002, 1094. Ist der Prozess nach einer langen Dauer und Beweisaufnahme entscheidungsreif, kann selbst eine tiefgreifende Störung des Vertrauensverhältnisses die Aufhebung nicht begründen, wenn der Anwaltswechsel zu einer unzumutbaren Verfahrensverzögerung führen würde, Ffm MDR 1989, 167; strenger Köln FamRZ 1987, 1168. Der Anwalt kann gegen die Ablehnung der Aufhebung seiner Beiordnung keinen Rechtsbehelf einlegen, soweit das Berufungsgericht abgelehnt hat. Gegen eine Entlassung hat der beigeordnete Anwalt keinen Rechtsbehelf, Naumb FamRZ 2007, 916.

34 **X. Anwaltsprozess, I.** Die Vorschrift regelt die Beiordnung beim Anwaltsprozess. Hier muss eine Beiordnung des vom Antragsteller auszuwählenden und vertretungsbereiten Anwalts von Amts wegen auch ohne einen Beiordnungsantrag erfolgen, BGH JurBüro 2007, 97; Karlsr FamRZ 2008, 525; Naumb FamRZ 2007, 916.

35 **1. Begriff des Anwaltsprozesses.** → § 78 Rn. 1. Vor dem BGH muss grundsätzlich ein dort zugelassener Anwalt tätig werden, BGH AnwBl 2011, 397. Im Revisionsverfahren nach dem BEG kann nach § 224 IV BEG ein Nicht-BGH-Anwalt amtieren, soweit er erklärt, keine höheren Kosten als ein BGH-Anwalt entstehen zu lassen, BGH NJW-RR 1997, 507.

36 **2. Selbstvertretung des Anwalts.** Eine bedürftige Partei, die selbst oder deren gesetzlicher Vertreter nach § 51 Anwalt ist, kann nach heute ganz überwiegender Meinung nicht beigeordnet werden, weil dies als Missbrauch der PKH angesehen wird, BAG NJW 2008, 604; Mü FamRZ 2009, 899; KG NJW 2009, 2754; Ffm FamRZ 1992, 1320; Kblz MDR 1987, 852; MüKoZPO/Wache Rn. 13; Zöller/Schultzky Rn. 5; Musielak/Voit/Fischer Rn. 7; aM Mü AnwBl 1981, 507; AG Holzminden FamRZ 2002, 760; Stein/Jonas/Bork Rn. 3. Ist eine Beiordnung des bedürftigen Anwalts selbst erfolgt, hat er gleichwohl Anspruch auf Vergütung, KG NJW 2009, 2754. Zulässig ist die Beiordnung, wenn ein Betreuer oder ein Pfleger Anwalt ist, Brem NJW-RR 1986, 309; Saarbr FamRZ 2010, 1359; LSG Darmstadt Rpfleger 1997, 392; aM OVG Brem Rpfleger 1986, 12 (mit Recht abl. Damrau).

37 Davon zu unterscheiden ist die Situation, dass der Anwalt als Partei kraft Amtes tätig wird, etwa als Insolvenzverwalter; dann ist ihm im Anwaltsprozess ein (anderer!) Anwalt beizuordnen, BGH NJW 2002, 2179.

38 **3. Beiordnungsverfahren.** Soweit der Anwalt zur Übernahme des Mandats bereit ist, muss er nach § 48 I Nr. 1 BRAO entsprechend tätig werden, solange das Gericht die Beiordnung nicht nach § 48 II BRAO auf Antrag des Anwalts aus wichtigem Grund aufhebt, Brangsch AnwBl 1982, 99. Soweit der beigeordnete Anwalt ohne Verschulden der Partei entpflichtet wird, hat die Partei nach → Rn. 26 die Befugnis zur Benennung eines anderen zu ihrer Vertretung bereiten Anwalts und das Gericht eine entsprechende Beiordnungspflicht.

39 **XI. Parteiprozess, II. 1. Begriff des Parteiprozesses.** → § 78 Rn. 1. Im Zwangsvollstreckungsverfahren nach §§ 704 ff. besteht nach § 764 I grds. kein Anwaltszwang. Anwaltszwang besteht aber, soweit im Vollstreckungsverfahren das LG oder ein höheres Gericht als Prozessgericht tätig wird, zB nach §§ 767, 887, 888, 890. Vor dem LAG besteht kein Anwaltszwang, BAG NJW 2008, 604. Im FamFG-Verfahren muss man § 114 FamFG beachten. II gilt aber auch hier, Zweibr NJW 2010, 541.

40 **2. Beiordnung nur auf Antrag.** Während im Anwaltsprozess nach → Rn. 34 die Beiordnung keinen besonderen Beiordnungsantrag voraussetzt, sondern „nur“ die Wahl eines Anwalts und dessen Bereitschaft, erfordert im Parteiprozess die Beiordnung einen Beiordnungsantrag, LAG Hamm NZM-RR 2015, 270. Er kann nach → Vor § 128 Rn. 59 auch stillschweigend erfolgen, LAG Hamm NZA-RR 2015, 270. Das Gericht braucht einen Beiordnungsantrag zwar nicht grundsätzlich anzuregen, wohl aber unter den Voraussetzungen des § 139.

41 Im Zweifel liegt nach → Rn. 4, 42 im Bewilligungsantrag nach § 117 auch ein Beiordnungsantrag, Düss MDR 1981, 502; LAG Brem Rpfleger 1986, 279.

3. Beispiele zur Frage eines Beiordnungsantrags, II

42 **Abstammung:** In einem Abstammungsverfahren nach (jetzt) §§ 169 ff. FamFG enthält der Antrag auf die Bewilligung von VKH durchweg den Antrag auf die Beiordnung, Drsd FamRZ 2001, 634; KG JurBüro 2000, 312.

Benennung: Der Antragsteller muss einen Anwalt bestimmt bezeichnen. Das kann auch in dem Beiordnungsantrag des ProzBev. erfolgen. Dieser kann auch im Bewilligungsantrag liegen, Drsd FamRZ 2001, 634.

Beschwerdeverfahren: → „PKH-Antrag“.

Betreuung: Die Aufhebung der Betreuung kann eine Beiordnung erfordern, LG Mü NJW 2016, 3794.

Bewilligungsantrag: → „PKH-Antrag“.

Freiheitsentzug: Bei § 420 I FamFG ist eine Frage nach einem Anwalt meist ein Beiordnungsantrag, BGH NVwZ 2016, 1430.

Klagerweiterung: „PKH-Antrag".

PKH-Antrag: In einem vom ProzBev. unterzeichneten PKH-Antrag liegt nach → Rn. 4, 39 durchweg ein Beiordnungsantrag der Partei, Karlsr FamRZ 2008, 525; LAG Hamm MDR 1999, 190; OVG Bln-Brbg NJW 2010, 3795; aM LG Bayreuth JurBüro 1982, 1735; LAG Kiel NZA-RR 2005, 327. Die Annahme, ein Anwalt beantrage für einen Antragsteller PKH, ohne zugleich die eigene Beiordnung zu begehren, ist lebensfremde juristische Förmelei.

Stillschweigender Antrag: Da eine bestimmte Form nicht vorgeschrieben ist, ist ein Beiordnungsantrag auch nach → Vor § 128 Rn. 59 stillschweigend möglich, LAG Hamm MDR 1999, 190; VGH Kassel AnwBl 1990, 571.

Unkenntnis des Antragsrechts: Die Anregungspflicht des Gerichts nach → Rn. 40 besteht dann, wenn es erkennen kann, dass die Partei ihre Befugnis zur Benennung eines Anwalts nicht kennt.

Unkenntnis der Erforderlichkeit: Das Gericht ist dann nach → Rn. 40 verpflichtet, den Antragsteller auf die Möglichkeit, einen Beiordnungsantrag zu stellen, hinzuweisen, wenn es erkennen kann, dass die Partei die Erforderlichkeit der anwaltlichen Vertretung nicht erkennt.

Verfahrensbeistand: Seine Existenz hindert eine Anwaltsbeiordnung nicht, Drsd MDR 2014, 477.

XII. Erforderlichkeit der Vertretung, II Hs. 1. Im Parteiprozess nach → Rn. 40 muss das Gericht prüfen, 43
ob die Vertretung durch einen Anwalt erforderlich erscheint oder ob für den Prozessgegner ein Anwalt auftritt.

1. Zweck: Rechtswahrnehmungsgleichheit. Sinn der Regelung ist wie bei Hs. 2 die Durchsetzung der 44
Rechtswahrnehmungsgleichheit nach Art. 3 I GG, BVerfG NJW 2009, 3417; Brem MDR 2010, 769 (FamFG); LG Kleve FamRZ 2011, 1886.

Nach § 78 II FamFG setzt die Beiordnung die besondere Schwierigkeit der Sach- und Rechtslage voraus; in 45
Abweichung von § 121 II Hs. 2 ZPO kommt nicht schon wegen der anwaltlichen Vertretung der Gegenseite eine Beiordnung in Betracht, Celle MDR 2011, 1178; Brbg NZFam 2015, 329.

2. Begriff der Erforderlichkeit. Maßgebend ist die Sicht des Gerichts, nicht der Parteien, OVG Brem 46
JurBüro 1984, 133, und zwar im Zeitpunkt der möglichen Entscheidung über das Gesuch, Bbg NJW-RR 1990, 1507; Köln FamRZ 1999, 46. Die Vertretung durch einen Anwalt erscheint dann „erforderlich", wenn Umfang, Schwierigkeit und Bedeutung der Sache Anlass zu der Befürchtung geben, der Antragsteller werde nach seinen persönlichen Fähigkeiten nicht in der Lage sein, seine Rechte sachgemäß wahrzunehmen und die notwendigen Maßnahmen in mündlicher oder schriftlicher Form zu veranlassen; danach hängt die Notwendigkeit der Beiordnung einerseits von der Schwierigkeit der im konkreten Fall zu bewältigenden Rechtsmaterie und andererseits von den persönlichen Fähigkeiten und Kenntnissen gerade des Antragstellers ab, BGH NJW-RR 2012, 1153; BAG NJW 2010, 2748. Dabei ist auf den Antragsteller mit seinen erkennbaren rechtlichen, kaufmännischen oder sonstigen Fähigkeiten zur Meinungsbildung und zur Formulierung abzustellen, BVerfG NJW-RR 2007, 1713; Hamm FamRZ 1990, 892. Dabei ist die Fürsorgepflicht des Gerichts zu berücksichtigen, Köln FamRZ 2003, 1399. Die Erforderlichkeit kann (und muss bei § 78 II FamFG) sich aus tatsächlichen und/oder rechtlichen Gründen ergeben, Hamm MDR 2010, 1468; Hmb FamRZ 2010, 1689; LAG Hamm NZA 2005, 544; OVG Greifswald NVwZ-RR 2006, 78. Sie kann auch bei einem einfachen Sachverhalt und/oder einer einfachen Rechtslage vorliegen, wenn die Partei wegen ihrer Beeinträchtigungen ihre Interessen sonst nicht angemessen vertreten kann, BVerfG NJW-RR 2007, 1713; BGH NJW-RR 2012, 1153; LSG Mü AnwBl 1988, 421; aM KG Rpfleger 2010, 370. Der Grundsatz des fairen Verfahrens kann die Beiordnung gebieten, wenn das Gericht verfahrensfehlerhaft erst mit Beendigung des Rechtsstreits über den rechtzeitig gestellten PKH-Antrag nebst Beiordnungsantrag entscheidet, Bbg NJW-RR 1990, 1407., Die Beiordnung eines sprachkundigen Anwalts kann auch erforderlich sein, wenn ein ausländischer Gläubiger die Zwangsvollstreckung betreiben möchte, LG Duisburg MDR 2004, 538. Bei sehr fortgeschrittenem, für den Antragsteller günstigen Verfahrensstand ist die Beiordnung auf einen erst jetzt gestellten Antrag u. U. nicht mehr erforderlich, Drsd MDR 2011, 105.

3. Ermessen des Gerichts. Das Gericht muss bei der Klärung der Erforderlichkeit einer anwaltlichen Ver- 47
tretung nach seinem pflichtgemäßen Ermessen eine Abwägung aller für und gegen die Erforderlichkeit sprechenden Gesichtspunkte vornehmen, Hamm FamRZ 1997, 1096; Kblz FamRZ 2010, 56 (je: [jetzt] FamFG). Notwendig ist ein möglichst objektiver Maßstab, Hmb FamRZ 2010, 1689; LAG Hamm NZA 2005, 544; OVG Brem AnwBl 1984, 49.

4. Maßgeblicher Zeitpunkt: Bewilligungsreife. Für die Erforderlichkeit der anwaltlichen Vertretung 48
kommt es nach → § 119 Rn. 5 wie immer im PKH-Bewilligungsverfahren auf denjenigen Zeitpunkt an, zu dem das Gericht bei ordnungsgemäßem Vorgehen über den Beiordnungsantrag entscheiden muss, Köln FamRZ 1999, 1146. Das Gericht hat daher nach → § 119 Rn. 11 ff. evtl. die Beiordnung rückwirkend anzuordnen.

5. Beispiele zur Frage der Erforderlichkeit, II Hs. 1

Abrechnung: Die Erforderlichkeit kann in einem einfachen Fall **fehlen,** LAG Düss NZA-RR 2011, 101. 49

Abschiebung: Sie erfordert eine Beiordnung, BGH FGPrax 2013, 133.

Abstammung. Dazu Büte FPR 2011, 356; Nickel NJW 2011, 1117. Im Verfahren nach (jetzt) §§ 169 ff. FamFG ist die Beiordnung eines Anwalts im Allgemeinen erforderlich, BGH NJW 2016, 960; Brbg FamRZ 2014, 586; aM Hamm FamRZ 2012, 1659; Karlsr FamRZ 2015, 686; Stgt FamRZ 2011. Das gilt für alle Beteiligten nach § 7 FamFG, BGH NJW 2016, 960; Brbg FamRZ 2016, 1479. Es gilt auch dann, wenn der Anwalt als Pfleger tätig ist, Köln FamRZ 2003, 1397.

Adoption: Beim Streit um eine Elterneinwilligung ist eine Beiordnung meist erforderlich, Hoffmann FamRZ 2010, 1397.

Änderung: Sie erfordert einen triftigen Grund, soweit Mehrkosten entstehen, OVG Lüneburg NJW 2012, 699.

Amtsermittlung: Im Verfahren nach → Vor § 128 Rn. 44 oder § 26 FamFG kann eine Beiordnung erforderlich sein, BVerfG FamRZ 2002, 531; Ffm FamRZ 2010, 1094; Hamm FamRZ 1995, 747; aM Oldb FamRZ 2002, 106.

Ausdrucksfähigkeit: Die Ausdrucksfähigkeit des Antragstellers kann bei der Abwägung von Bedeutung sein, BVerfG FamRZ 2002, 531; Brbg FamRZ 2002, 1199; Drsd FamRZ 2001, 634.

Auskunft: Die Beiordnung ist grds. dann erforderlich, wenn ein gerade Volljähriger vom Vater eine Auskunft begehrt, Hamm FamRZ 2012, 1660; Zweibr FamRZ 1986, 287.

Ausländische Partei: Eine Beiordnung kann erforderlich sein, Schlesw FamRZ 2010, 827. Das gilt namentlich dann, wenn der Anwalt die Sprache der ausländischen Partei versteht, LG Duisburg MDR 2004, 538.

36

Bagatellfall: Auch in einem Bagatellfall können die persönlichen Umstände des Antragstellers die Beiordnung eines Anwalts erforderlich machen, BVerfG NZS 2011, 775 (SGG).

Bankkonto: Die Beiordnung ist erforderlich, soweit es um die Pfändung eines Bankkontos geht, LG Arnsberg Rpfleger 2006, 89; LG Heidelberg AnwBl 1986, 211. Auch → „Zwangsvollstreckung".

Betreuung: Die Beiordnung eines Anwalts ist bei schwerwiegenden Eingriffen in die Rechte und Lebensstellung des Betroffenen erforderlich, wie etwa bei Einrichtung einer umfassenden Betreuung, bei Anordnung eines Einwilligungsvorbehalts, einer geschlossenen Unterbringung oder der Wohnungsauflösung, LG Karlsr FamRZ 1999, 1091; LG Mönchengladbach NJW-RR 2007, 1084; LG Münster NJW 2009, 2389. Im Übrigen richtet sich die Erforderlichkeit nach den Umständen des Einzelfalls, wobei die Maßstäbe herangezogen werden können, die zur Beantwortung der Frage, ob ein Verfahrenspfleger zu bestellen ist, bestehen, LG Kleve NJW 2015, 176. Die Erforderlichkeit, einen Verfahrenspfleger zu bestellen, bestimmt sich außerhalb der Regelbeispiele des § 276 Abs. 1 S. 2 FamFG nach der Bedeutung des Verfahrensgegenstandes sowie dem Grad der Krankheit oder der Behinderung des Betroffenen: Je weniger der Betroffene in der Lage ist, seine Interessen selbst wahrzunehmen, je eindeutiger erkennbar ist, dass die geplante Maßnahme gegen seinen natürlichen Willen erfolgt und je schwerer und nachhaltiger der beabsichtigte Eingriff in die Rechte des Betroffenen ist, umso dringender erforderlich ist die Bestellung des Verfahrenspflegers, BGH NJW 2014, 787. Wenn ein Berufsbetreuer bestellt ist, bedarf es im Zwangsvollstreckungsverfahren gegen den Betroffenen dann nicht zwingend einer Anwaltsbeiordnung, wenn auch der Gläubiger nicht anwaltlich vertreten ist, LG Hmb FamRZ 2009, 1237; LG Kblz JurBüro 2008, 598. Ein zum Betreuer bestellter Anwalt kann nach § 121 beigeordnet werden, BGH NJW 2007, 844; LSG Bln-Brbg FamRZ 2007, 488; OVG Hmb FamRZ 2009, 900.

Ehesache: Die Beiordnung ist bei §§ 121 ff. FamFG grds. erforderlich, Bbg NJW-RR 2012, 200; Brbg FamRZ 1999, 1357. Das gilt auch dann, wenn der Antragsteller selbst ein Anwalt ist, Ffm FamRZ 2001, 1533. Im Einzelnen vgl. § 138 FamFG.

Ehewohnung: Die Beiordnung kann bei §§ 200 ff. FamFG erforderlich sein, Hamm FamRZ 1990, 892.

Einstweilige Anordnung oder Verfügung: Eine Beiordnung ist grds. schon wegen des Eilcharakters bei §§ 49 ff. FamFG, §§ 916 ff., 935 ff. erforderlich, Brbg MDR 2014, 1468; Düss FamRZ 2013, 897; Hamm FamRZ 1990, 892; aM Hmb FamRZ 1983, 1133; Hamm FamRZ 1984, 1245. Diese Regel gilt im Einzelnen auch bei einer einstweiligen Maßnahme auf die Zahlung vorläufigen Unterhalts, Düss FamRZ 1982, 513. Auch → „Sorgerechtsverfahren".

Entfernung: Allein die Entfernung (ca. 35 km) zum zuständigen ArbG begründet nicht die Erforderlichkeit der Beiordnung; die geltend gemachte Unzumutbarkeit einer Reise zum Gericht ist konkret darzulegen und glaubhaft zu machen, LAG Kiel NZA-RR 2005, 383.

Fiskus: Fiskalische Gesichtspunkte sind nicht entscheidend.

Gegnerische Vertretung: → Rn. 40 ff., 50 ff.

Gewaltschutz: Eine Beiordnung ist regelmäßig erforderlich, Brbg MDR 2014, 1468; Ffm FamRZ 2016, 395; Saarbr NJW-RR 2011, 944; strenger Brbg MDR 2015, 298. Teilweise wird die Beiordnung wegen der vermeintlich einfachen Sach- und Rechtslage abgelehnt, Celle MDR 2014, 799; Karlsr NZFam 2014, 1147. Das kann aber allenfalls in besonders gelagerten Einzelfällen gerechtfertigt sein, denn gerade im Bereich des Gewaltschutzes ist die persönliche Situation der Betroffenen stark zu gewichten. Einer aus Angst vor Gewalttaten in ein Frauenhaus Geflüchteten den anwaltlichen Beistand zu versagen, dürfte auch mit dem Grundsatz der Rechtsschutzgleichheit → Vor § 114 Rn. 3 nicht zu vereinbaren sein, wird doch auch eine Bemittelte in einer solchen Situation anwaltliche Hilfe in Anspruch nehmen.

Grundbuchsache: Eine Beiordnung ist zumindest bei einer nicht ganz einfachen Lage erforderlich, BayObLG FamRZ 1993, 348; KG Rpfleger 2012, 553; strenger Ffm FamRZ 1998, 31.

Güteverfahren: Der bedürftigen Partei kann im Einzelfall zuzumuten sein, den Ausgang eines arbeitsgerichtlichen Gütetermins abzuwarten, BAG NJW 2010, 2748.

Hilfsbedürftigkeit: Die Beiordnung eines Anwalts kann auch bei einfachem Sachverhalt und/oder bei einfacher Rechtslage erforderlich sein, soweit die Partei aus persönlichen Gründen mit der Wahrnehmung ihrer Rechte überfordert ist, BVerfG NJW 1983, 1600; BAG NJW 2010, 2748; Brbg NZFam 2015, 329.

Insolvenzverfahren: Für die Wahrnehmung von Aufgaben, die ein nicht juristisch gebildeter Insolvenzverwalter berechtigterweise einem Anwalt übertragen würde, ist dem Insolvenzverwalter auch dann ein Anwalt beizuordnen, wenn er selbst Anwalt ist, BGH NJW 2006, 1598; Kblz JurBüro 2006, 322; LG Mönchengladbach ZInsO 2007, 389. Hat der Gegner einen Anwalt, ist II Hs. 2 anwendbar, auch wenn der Verwalter selbst Anwalt ist, BGH NJW 2006, 1881. Es kann auch der Insolvenzverwalter sich selbst als Anwalt beigeordnet werden, OVG Brem JurBüro 2010, 540.

Die Erforderlichkeit fehlt zB grds. für den Gläubiger im Verbraucherinsolvenzverfahren, AG Frankfurt/Oder Rpfleger 2003, 144. Für die Beiordnung eines Anwalts zu Gunsten des Treuhänders/Insolvenzverwalters im Verbraucherinsolvenzverfahren gelten die oben dargestellten Maßstäbe, LAG Köln NZA-RR 2006, 540. Die Beiordnung eines Anwalts für den Schuldner ist nicht erforderlich, wenn das Scheitern des Schuldenbereinigungsplans schon feststeht, LG Kblz AnwBl 2002, 66.

Jugendamt: Soweit für die gegnerische Partei das Jugendamt tätig ist, kann die Erforderlichkeit der Beiordnung eines Anwalts bestehen, Brem FamRZ 2006, 964. Das gilt nicht in Kindschaftsverfahren, wenn das durch das Jugendamt vertretende Kind dem Klagebegehren nicht entgegentritt, Drsd OLGR 97, 386. Auch → Rn. 49 „Abstammung".

KapMuG: Anwaltsbeiordnung ist nicht erforderlich, wenn man das eigene Verfahren zumutbar zurückstellen kann, OVG Münster ZIP 2015, 1944; BVerfG NJW 2010, 988.

Kindschaftsverfahren: → „Abstammung", → „Jugendamt".

Kontopfändung: Die Beiordnung ist grds. nötig, LG Zweibr FamRZ 2009, 1615.

Mahnverfahren: Es gibt durchweg noch keine Erforderlichkeit in diesem nach §§ 688 ff. vereinfachten Verfahrensabschnitt, BGH FamRZ 2010, 634; Mü FamRZ 1999, 1355; LG Stgt Rpfleger 1994, 170. Das gilt auch, wenn der Gegner anwaltlich vertreten ist, weil II Fall 2 im Mahnverfahren nicht anwendbar ist, BGH FamRZ 2010, 634.

Mietrecht: Eine Beiordnung kann erforderlich sein, soweit der Gegner einen sachkundigen Vertreter hat, etwa den Haus- und Grundstückseigentümerverein oder den Mieterverein, LG Trier WuM 1993, 203, oder soweit eine Geschäftsfähigkeit streitig ist, LG Mainz WuM 2006, 269.

Mutwille: Er ist grds. für die Entscheidung über die Beiordnung nicht von Belang, LG Heilbronn JurBüro 2011, 40.

Nebenkläger: Auch zu seinen Gunsten kann eine Beiordnung erforderlich sein, Bbg AnwBl 1985, 319; Düss MDR 1986, 166; Ffm NJW 1986, 2587. Aber auch → Rn. 57.

Pfändung: → „Zwangsvollstreckung".

Rechtsfrage: → Schwierigkeit der Sach- oder Rechtslage".

Schwierigkeit der Sach- oder Rechtslage: Die Beiordnung ist erforderlich, wenn der Sachverhalt tatsächlich oder rechtlich schwierig ist, BVerfG NJW-RR 2007, 1713; BGH FamRZ 2010, 1427; BAG NJW 2010, 2748. Das gilt auch in einer Familiensache, Drsd NZFam 2014, 235; Ffm NZFam 2014, 856; LG Mü NJW 2016, 3794.

Sorgerechtsverfahren: In Sorgerechtsverfahren ist eine Beiordnung regelmäßig. erforderlich, Ffm FamRZ 2012, 1886; Saarbr NJW-RR 2012, 518; Schlesw NJW 2016, 656. Allerdings sind auch hier grds. die allgemeinen Kriterien der Erforderlichkeit maßgeblich, also letztlich die im Einzelfall zu entscheidende Frage, ob eine bemittelte Partei anwaltliche Hilfe in Anspruch nehmen würde; dabei ist zu berücksichtigen, dass der Gesetzgeber für das Sorgerechtsverfahren nach § 1671 I BGB keinen Anwaltszwang vorgesehen hat, Hmb MDR 2011, 300; Hamm Zweibr MDR 2012, 1044; Kblz NJW-RR 2011, 507. Da dementsprechend die subjektiven Umstände der Beteiligten von Gewicht sind, sind das geringe Alter, die Vorbildung, die geistigen Fähigkeiten, die Redegewandtheit usw. zu berücksichtigen, Brem FamRZ 2017, 1701; Zweibr NJW 2010, 1213; Hamm NJW-RR 2012, 6.

– **(Änderung):** Erforderlich kann die Beiordnung sein, wenn es um die Änderung einer Sorgerechtsentscheidung geht, bei der verschiedene Teilbereiche der elterlichen Sorge aufgrund verschiedener Vereinbarungen unterschiedlich geregelt sind, KG NJW-RR 2012, 132.

– **(Erklärung nach § 1671 II Nr. 1 BGB):** Nicht stets erforderlich ist eine Beiordnung nach einer Einigung dann, wenn es nur noch um eine solche Erklärung geht, Bbg FamRZ 2000, 763; Celle MDR 2011, 1006.

– **(Gemeinsames Sorgerecht):** Bei § 155a FamFG kommt es für die Frage der Erforderlichkeit an sich darauf an, ob vom Antragsgegner Gründe vorgetragen werden oder solche sonst ersichtlich sind, die einer Übertragung entgegenstehen, Karlsr NJW 2015, 889. Weil die Rechtslage aber mangels hinreichender Klärung der an diese Gründe zu stellenden Anforderungen Schwierigkeiten aufweist, ist regelmäßig die Anwaltsbeiordnung erforderlich, Jena NJW 2015, 1697; Stgt FamRZ 2014, 1045.

– **(Hormonbehandlung):** Erforderlich ist eine Anwaltsbeiordnung bei der Behandlung eines Kleinkinds, Drsd NJW-RR 2010, 1156.

– **(Ruhen des Sorgerechts):** Erforderlich ist eine Beiordnung zB bei § 1674 BGB, Hamm MDR 2014, 284.

– **(Umgangsrecht):** Nicht erforderlich ist in der Regel eine Beiordnung bei einer bloßen weiteren Ausgestaltung einer gerichtlichen oder gerichtlich gebilligten Umgangsregelung, Brbg FamRZ 2010, 2009; Celle MDR 2011, 1178; Köln FamRZ 2015, 1921. Nach den Umständen des Einzelfalls kann aber auch hier die Beiordnung erforderlich sein, zB weil sich die Umsetzung der Regelung als schwierig erweist, Zweibr FamRZ 2015, 1921.

– **(Vermittlungsverfahren):** Ob die Beiordnung bei einem Verfahren nach § 165 FamFG erforderlich ist, ist von den Umständen des Einzelfalls abhängig, Hamm FamRZ 2013, 566; auch Karlsr JurBüro 2010, 539 (grds. nicht).

Statusverfahren: → „Abstammung".

Streithelfer: Soweit das Gericht für die Hauptpartei einen Anwalt beiordnen muss, gilt das auch für den Streithelfer nach § 66, Köln MDR 2002, 661.

Umfang der Sache: Umfang, Schwierigkeit und Bedeutung der Sache sind für die Beurteilung der Erforderlichkeit von Belang, BAG NJW 2010, 2748; KG FamRZ 1995, 629.

Umgangsrecht: → „Sorgerechtsverfahren".

Unerfahrenheit: Die Unerfahrenheit der Partei kann die Anwaltsbeiordnung erforderlich machen, VGH Mü NVwZ-RR 2007, 143.

Unterbringungsverfahren: Das Vorhandensein eines Verfahrenspflegers steht der Beiordnung eines Anwalts nicht entgegen; vielmehr ergibt sich aus § 317 IV FamFG, dass der Vertretung des Betroffenen durch einen Bevollmächtigten der Vorzug vor dem Verfahrenspfleger eingeräumt wird, da dessen Bestellung im Falle der Vertretung durch einen Bevollmächtigten grundsätzlich aufgehoben werden soll, LG Ellwangen FamRZ 2013, 1594.

Unterhalt: Im Unterhaltsverfahren nach §§ 231 ff. FamFG wird wegen seiner regelmäßigen Schwierigkeiten die Beiordnung meist erforderlich sein, und zwar auch im vereinfachten Verfahren nach Wegfall des Formularzwangs, Hmb MDR 2019, 1388; aM Naumb NJ 2018, 429. Auch die Vollstreckung von Unterhaltstiteln erfordert wegen auftretender Schwierigkeiten häufig die Anwaltsbeiordnung, LG Stade FamRZ 2014, 2017. Allerdings ist auch hier eine Einzelfallprüfung unerlässlich, es nicht entscheidend, dass bei der Vollstreckung aus Unterhaltstiteln erfahrungsgemäß in vielen Fällen tatsächliche oder rechtliche Schwierigkeiten auftreten, für deren Bewältigung der Gläubiger anwaltlicher Hilfe bedarf, BGH FamRZ 2003, 1921; Mü Rpfleger 2017, 220; Celle FamRZ 2006, 1612; LG Verden FamRZ 2003, 1938, → „Zwangsvollstreckung".

In einem Verfahren über die Vollstreckbarkeitserklärung eines ausländischen Unterhaltstitels nach §§ 722, 723, in dem der Unterhaltsgläubiger durch den GBA als zentrale Behörde vertreten ist, bedarf es erst der Anwaltsbeiordnung, wenn der Unterhaltsschuldner der Vollstreckbarkeitserklärung widerspricht, Celle FamRZ 2006, 1612.

Vaterschaftsverfahren: → „Abstammung".

Verfahrensbeistand: Die Erforderlichkeit der Beiordnung eines Anwalts lässt sich nicht pauschal mit dem Hinweis auf die Bestellung eines Verfahrensbeistands verneinen, Drsd NJW 2014, 2451.

Versorgungsausgleich. Dazu Schneider NZFam 2014, 67. Die Beiordnung ist im Versorgungsausgleichsverfahren nach §§ 217 ff. FamFG grds. erforderlich, Brbg FamRZ 2014, 588; Jena FamRZ 2013, 1594; Naumb FamRZ 2014, 230.

Vollstreckungsklausel: Die Erforderlichkeit der Beiordnung ist eine Fallfrage, Kblz FamRZ 2010, 56.

Zeuge: Hs. 2 passt **nicht** auf den Rechtsbeistand eines Zeugen, BVerfG AnwBl 1983, 457; aM LG Verden MDR 1990, 1135 (StPO).

Zwangsversteigerung: Die Beiordnung ist meist erforderlich, LG Heilbronn JurBüro 2011, 40.Voraussetzung ist aber natürlich die hinreichende Erfolgsaussicht der Rechtsverfolgung/-verteidigung nach § 114, BGH NJW-RR 2004, 787.

Zwangsvollstreckung: Sowohl für die Vollstreckung insgesamt als auch für die einzelne Vollstreckungshandlung des Gläubigers oder Schuldners im Vollstreckungsverfahren ist die Beiordnung nicht wegen § 119 II notwendig, LG Kleve FamRZ 2011, 1887; LG Ulm AnwBl 2000, 63. Es kommt vielmehr außerhalb eines Verfahrens mit Anwaltszwang oder anwaltlicher Vertretung des Gegners auf die Umstände des Einzelfalls an, LG Kblz Rpfleger 2005, 201. Die Erforderlichkeit nicht stets von vornherein für die ganze Zwangsvollstreckung nach §§ 704 ff. zu beurteilen, BGH MDR 2010, 286; LG Rostock Rpfleger 2003, 304. Fälle, in denen eine Beiordnung als erforderlich angesehen wurde: Mü NJW-RR 2014, 84; LG Bayreuth JurBüro 1993, 546; LG Freiburg JurBüro 1986, 129, oder bei § 867, Mü NJW-RR 2014, 84; LG Hmb FamRZ 2009, 1237.

– **(Auskunft):** Erforderlich sein kann die Anwaltsbeiordnung wegen eines Auskunftsanspruchs, LG Lüneburg FamRZ 2004, 1227. Auch „– (Vermögensauskunft)".

– **(Ausländer):** Erforderlich sein kann die Beiordnung bei mangelhaften Sprachkenntnissen, LG Duisburg FamRZ 2004, 1652.

– **(Einstellungsverfahren):** Erforderlich sein kann die Beiordnung im Verfahren nach §§ 707, 719, LG Bln Rpfleger 2003, 35; LG Hann JurBüro 1986, 66; LG Kblz Rpfleger 2005, 201.

– **(Gewaltschutz):** Erforderlich sein kann die Beiordnung im Verfahren nach dem GewSchG, Brbg FamRZ 2007, 57. Im Erkenntnisverfahren sind Vollstreckungsprobleme aber noch nicht maßgeblich, Karlsr NZFam 2014, 1147.

– **(Mobiliarvollstreckung):** Meist nicht erforderlich ist die Beiordnung für ein Verfahren nach §§ 803 ff., LG Kblz JurBüro 2010, 316; LG Trier Rpfleger 2002, 271; LG Rostock JurBüro 2003, 385; aM Kblz FamRZ 2005, 529; LG Kblz MDR 2011, 883.

– **(Neufestsetzung):** Erforderlich sein kann die Beiordnung bei einer Neufestsetzung nach § 48 SGB X, LSG Essen FamRZ 1987, 731.

– **(Pfändung und Überweisung):** Erforderlich werden kann die Beiordnung im Verfahren nach §§ 829 ff., LG Kleve NJW-RR 2011, 1291; LG Stade FamRZ 2008, 2292. Das gilt auch im Verfahren nach § 765a, LG Saarbr MDR 2010, 776. Für den bloßen Antrag mag es an der Erforderlichkeit fehlen, LG Zweibr Rpfleger 2009, 392. Auch „– (Kontopfändung)". Bei der stets erforderlichen Einzelfallprüfung ist zu beachten, dass die rechtlichen Schwierigkeiten bei der Pfändung aus einem Unterhaltstitel wegen der Regelung des § 850d ZPO es in der Regel geboten erscheinen lassen, einen Rechtsanwalt beizuordnen, BGH NJW-RR 2012, 1153.

– **(Räumungsfrist):** Erforderlich sein kann die Beiordnung auch bei § 721a, aM AG Ludwigslust WuM 2013, 609 (Grenzfall).

– **(Taschengeld):** Erforderlich sein kann die Beiordnung bei der Pfändung eines Taschengeldanspruchs nach → § 850b Rn. 10, LG Zweibr JurBüro 1997, 665.

– **(Unterhalt):** Regelmäßig erforderlich sein wird die Beiordnung bei der Vollstreckung eines Unterhaltstitels, BGH NJW-RR 2012, 1153 und NJW 2006, 1205; Stgt FamRZ 2011, 128; LG Kleve FamRZ 2011, 1887; großzügiger LG Bad Kreuznach FamRZ 2007, 1473.

– **(Vermögensauskunft):** Erforderlich sein kann eine Beiordnung bei einem Verfahren nach §§ 802b ff., LG Kblz JurBüro 2002, 321.

– **(Zwangshypothek):** Regelmäßig erforderlich ist die Beiordnung im Verfahren nach § 867, Naumbg FamRZ 2018, 1100; Mü Rpfleger 2016, 222; KG Rpfleger 2012, 553; aM Hamm Rpfleger 2012, 23; Schlesw JurBüro 2010, 493 (aber das ist doch schon ein meist gewichtiger Vorgang).

50 **XIII. Gegner durch einen Anwalt vertreten, II Hs. 2.** Eine Beiordnung erfolgt auch, wenn der Prozessgegner des Antragstellers bereits einen Anwalt in dem Verfahren als ProzBev. hat, für das die Beiordnung erfolgen soll, Brbg MDR 2008, 977; Brem MDR 2010, 769 (je: [jetzt] FamFG); LAG Kiel NZA-RR 2005, 327.

51 **1. Zweck: Rechtsschutzgleichheit.** Sinn auch dieser Regelung ist wie bei Hs. 1 die Durchsetzung der Rechtsschutzgleichheit („Waffengleichheit") der Prozessbeteiligten, BVerfG NJW 2009, 3417; BGH NJW 2011, 2434; LG Kleve NJW-RR 2011, 1291.

52 **2. Keine Erforderlichkeit der Vertretung.** Weil es um die Herstellung der Rechtsschutzgleichheit nach → Rn. 50 geht, kommt es für die Beiordnung dann, wenn der Prozessgegner bereits einen Anwalt als ProzBev. hat, nicht darauf an, ob eine Vertretung des Antragstellers durch einen Anwalt nach → Rn. 43 ff. erforderlich erscheint, Ffm FamRZ 1998, 32; Zweibr Rpfleger 2003, 303.

53 **3. Begriff des Gegners.** „Gegner" ist jeder Prozessgegner in dem Verfahren, für das die Beiordnung beantragt wird. Es reicht eine prozessuale Gegnerschaft nach → Vor § 50 Rn. 1. Ein schon angekündigter oder bereits vorliegender gegnerischer streitiger Antrag nach → § 297 Rn. 4 ist nicht erforderlich, aM Hamm MDR 1983, 410; Thomas/Putzo/Seiler Rn. 6 (aber schon die Vorbereitung kann einen Anwalt erforderlich gemacht haben). Eine derartige Gegnerschaft fehlt zwischen Streitgenossen nach § 59 oder bei der Streithilfe nach § 66.

54 **4. Gegnerischer Anwalt.** Der Prozessgegner muss bereits einen „Rechtsanwalt" nach → Rn. 8 als ProzBev. haben, Karlsr *JurBüro 2004, 383; LG* Hmb FamRZ 2009, 1237. Soweit der Prozessgegner keinen Anwalt hat oder soweit eine solche Vertretung nicht mehr wirksam besteht, entfällt die Notwendigkeit einer Beiordnung nach Hs. 2 und bleibt die Erforderlichkeit der Beiordnung nach Hs. 1 zu prüfen. Allerdings kann die Notwendigkeit der Beiordnung nach Hs. 2 zB später deshalb entstehen, weil der Prozessgegner jetzt einen Anwalt hat,

Grunsky NJW 1980, 2045. Ein sach- oder gar rechtskundiger Beamter ist einem Anwalt nicht gleichsetzen, LSG Essen AnwBl 1986, 457; aM Düss FamRZ 1995, 241. Aus dem Umstand der Unterstützung des Gegners durch zB eine Berufsgenossenschaft kann sich aber die Erforderlichkeit iSd Hs. 1 ergeben, BVerfG NJW 1997, 2103.

5. Maßgeblicher Zeitpunkt: Bewilligungsreife. Wie stets im Bewilligungsverfahren nach → § 119 Rn. 5 kommt es auch hier auf den Zeitpunkt an, in dem das Gericht bei einer ordnungsgemäßen Bearbeitung entscheiden muss, Bbg FamRZ 1990, 538. Es kann daher notwendig sein, die Bewilligung nach → § 119 Rn. 11 rückwirkend auszusprechen, Oldb JurBüro 1993, 155, oder die Beiordnung im Lauf des Prozesses vorzunehmen, Köln FamRZ 1998, 1522. 55

6. Bewilligungsregeln. II besagt nicht, dass das Gericht dem Gegner einer anwaltlich vertretenen Partei immer PKH bewilligen und einen Anwalt beiordnen müsse, BGH NJW 1984, 2106. Voraussetzung ist stets die hinreichende Erfolgsaussicht der beabsichtigten Rechtsverteidigung oder Rechtsverfolgung nach → § 114 Rn. 27 ff. In FamFG-Verfahren kommt es wegen der Neuregelung in § 78 II FamFG grds. nur auf die Schwierigkeit der Sach- und Rechtslage an, Zöller/Schultzky Rn. 21. Für Ehe- und Familienstreitsachen nach § 112 FamFG gilt II wegen §§ 113 I, 114 FamFG, MüKoZPO/Wache Rn. 4. Auch wenn der Grundsatz der „Waffengleichheit" nach dem Willen des Gesetzgebers kein allein entscheidender Gesichtspunkt für die Beiordnung eines Anwalts sein soll, kann der Umstand der anwaltlichen Vertretung anderer Beteiligter gleichwohl ein Kriterium für die Erforderlichkeit zur Beiordnung eines Rechtsanwalts wegen der Schwierigkeit der Sach- oder Rechtslage sein, BGH NJW 2010, 3029; Celle NJW-RR 2010, 1154; MüKoZPO/Wache Rn. 4. Da die Rechtsschutzgleichheit nach → Vor § 114 Rn. 3 verfassungsrechtlich gewährleistet ist, handelt es sich dabei um einen besonders gewichtigen Abwägungsgesichtspunkt. 56

Auf den **Nebenkläger oder Privatkläger** im Strafverfahren passt Hs. 2 (anders als Hs. 1) nicht, BVerfG NJW 1983, 1599; KG JR 1982, 169; Düss MDR 1988, 990. Zu den Grenzen der Anwendbarkeit BVerfG NJW 1989, 3271 (Insolvenz). 57

XIV. Nicht in dem Bezirk des Prozessgerichts niedergelassener Anwalt, III. Die Neufassung des III war nach der Ersetzung der BRAGO durch das RVG mit dem Wegfall des § 126 II 1 BRAGO aF erforderlich. Nunmehr kommt es nicht mehr darauf an, ob der beizuordnende Anwalt „bei dem Prozessgericht zugelassen" ist, sondern darauf, ob der Anwalt „im Bezirk des Prozessgerichts niedergelassen ist". Die Beiordnung auswärtiger Anwälte ist dadurch in wesentlich größerem Umfang als zuvor möglich. 58

1. Niederlassung im Bezirk des Prozessgerichts. Ein in dem Bezirk des Prozessgerichts niedergelassener Anwalt ist uneingeschränkt und nicht lediglich zu den Bedingungen eines ortsansässigen Rechtsanwalts beizuordnen, auch wenn wegen der Entfernung zwischen dem Prozessgericht und seinem Kanzleisitz Reisekosten entstehen, Brbg FamRZ 2009, 1236; Celle JurBüro 2008, 261. Niederlassung ist eine Kanzlei nach § 27 I BRAO. „Bezirk des Prozessgerichts" ist der gesamte Gerichtsbezirk und nicht nur der Bezirk eines „Gerichtstags", LAG Köln NZA-RR 2013, 311. 59

2. Mehrkostengrenze. Soweit der Anwalt nicht nach → Rn. 59 im Bezirk des Prozessgerichts niedergelassen ist, darf das Gericht ihn grundsätzlich nur dann beiordnen, wenn dadurch keine weiteren Kosten entstehen, Brem NJW-RR 2010, 656 (Ausnahme: → Rn. 67); Fellner MDR 2015, 868. Das ist durch eine Vergleichsrechnung der jeweils anfallenden Kosten abzuschätzen, Brbg FamRZ 2019, 816; Rostock JurBüro 2011, 372. 60

Keine weiteren Kosten entstehen insbesondere dann, wenn die Kanzlei vom Gerichtsort nicht weiter entfernt liegt als der im Gerichtsbezirk am weitesten vom Gericht entfernte Ort, BGH NJW 2019, 681; Bbg NJW-RR 2015, 187. Dabei geht es aber um einen Vergleich der Kosten und nicht der Entfernung: Dementsprechend kommt es nicht auf die Entfernung in Kilometern an, sondern auf die Höhe der ggf. entstehenden Reisekosten. Das kann im Einzelfall von erheblicher Bedeutung sein; so sind etwa in Gerichtsbezirken an der Küste, zu denen bewohnte Inseln zählen, die Reisekosten von der Insel zum Gerichtsort (Fährkosten!) in die Vergleichsrechnung einzubeziehen. Zu berücksichtigen ist außerdem, ob der Antragsteller nach IV einen Anspruch auf Beiordnung eines Verkehrsanwalts hätte, dazu → Rn. 62. 61

3. Vergleich mit Kosten eines Verkehrsanwalts. Die Mehrkostengrenze des III erfährt eine weitere Konkretisierung dadurch, dass das Gericht auch zu prüfen hat, ob die Voraussetzungen für die zusätzliche Beiordnung eines Verkehrsanwalts gemäß IV nach → Rn. 71 ff. vorliegen. Nur wenn dieses nicht der Fall ist, darf es einen von der Partei nach I gewählten auswärtigen ProzBev. „zu den Bedingungen eines im Bezirk des Prozessgerichts niedergelassenen Rechtsanwalts" nach → Rn. 63 beiordnen, BGH NJW 2004, 2749. Sonst entstehen durch die Beiordnung des Auswärtigen keine Mehrkosten, so dass der auswärtige Anwalt uneingeschränkt beizuordnen ist, KG NJW-RR 2010, 1362; Kblz JurBüro 2018, 651. 62

4. Beiordnung zu den Bedingungen eines Gerichtsbezirksansässigen, III. Wenn die Voraussetzungen nach → Rn. 60 f. nicht vorliegen, also durch die Beiordnung des Auswärtigen Mehrkosten entstünden, darf der auswärtige Anwalt nur „zu den Bedingungen eines im Bezirk des ...gerichts niedergelassenen Anwalts" beigeordnet werden, Ffm FamRZ 2017, 315. Eine solche eingeschränkte Beiordnung ist allerdings nur mit Einverständnis des Anwalts möglich. Dieses Einverständnis kann ausdrücklich mit dem Beiordnungsantrag, aber auch konkludent erklärt werden; insbesondere enthält der für den Fall der Bewilligung von PKH gestellte Beiordnungsantrag eines nicht bei dem Prozessgericht zugelassenen Anwalts regelmäßig ein konkludentes Einverständnis mit einer dem Mehrkostenverbot des III entsprechenden Einschränkung der Beiordnung nur zu den Bedingungen eines am Prozessgericht zugelassenen Anwalts, BGH NJW 2006, 3783; Ffm FamRZ 2017, 315; Rostock FamRZ 2009, 1235. Denn bei einem Anwalt ist die Kenntnis des Mehrkostenverbots des III vorauszusetzen; wenn ein auswärtiger Anwalt gleichwohl seine Beiordnung beantragt, muss er davon ausgehen, dass seinem Antrag nur im gesetzlich zulässigen Umfang stattgegeben wird, BAG NJW 2005, 3083. Das bedeutet, dass ein auswärtiger Anwalt auch ohne ausdrückliche Nachfrage des Gerichts zu diesen eingeschränkten Bedingungen beizuordnen ist, wenn die Voraussetzungen nach → Rn. 60 f. nicht vorliegen. Daraus folgt zum einen, dass das Rechtsmittel des richtigerweise zu den Bedingungen eines im Bezirk des Prozessgerichts niedergelassenen Anwalts beigeordneten auswärtigen Anwalts gegen den Gebührenfestsetzungsbeschluss unbegründet ist, wenn er (erst dann) die beschränkte Beiordnung rügt, und auch, wenn er gegen den Beiordnungsbeschluss sofortige Beschwerde mit dem Ziel der unbeschränkten Beiordnung einlegt, Ffm FamRZ 2017, 315; Rostock FamRZ 2009, 1235. Zum anderen ist der auswärtige Anwalt aber nicht gehindert, sofortige Beschwerde gegen die beschränkte Beiordnung 63 mit dem Ziel der Aufhebung seiner Beiordnung zu erheben, wenn er nicht bereit ist, unter der Bedingung der Kostenbeschränkung tätig zu werden. Der auswärtige Anwalt, der gegen die beschränkte Beiordnung sofortige Beschwerde erhebt, ist darauf hinzuweisen, dass alternativ zur beschränkten Beiordnung nur die Aufhebung der Beiordnung in Betracht kommt. Entsprechendes gilt, wenn ein auswärtiger Anwalt von vornherein ausdrücklich die unbeschränkte Beiordnung beantragt, obwohl deren Voraussetzungen nach → Rn. 60 f. nicht vorliegen.

64 Das Gericht muss die Beschränkung auf die Kosten des im Bezirk des Prozessgerichts Niedergelassenen im Beiordnungsbeschluss eindeutig aussprechen, Drsd JurBüro 2009, 368. Wenn die Beschränkung unterbleibt, ist der auswärtige Anwalt uneingeschränkt beigeordnet mit den sich daraus ergebenden Gebühren- und Kostenfolgen, Naumb MDR 2009, 234; Brbg MDR 2009, 175. Umgekehrt kann im Verfahren nach § 55 RVG nicht mehr geltend gemacht werden, die Beiordnung hätte ohne Beschränkung erfolgen müssen, Düss Rpfleger 2008, 317.

65 **5. Zusätzliche Beiordnung eines Unterbevollmächtigten.** Möglich ist daneben die Beiordnung eines Unterbevollmächtigten zur Terminswahrnehmung, wenn dadurch keine höheren oder allenfalls geringfügig die Reisekosten eines zulässigerweise beigeordneten auswärtigen Hauptbevollmächtigten überschreitende Kosten entstehen; in diesen Fällen ist IV zwar Vergleichsmaßstab, jedoch beruht die Beiordnung eines Unterbevollmächtigten vor Ort neben dem Hauptbevollmächtigten weder auf IV noch wird sie durch diese Vorschrift ausgeschlossen, wenn ein kostengünstigerer Anwalt vor Ort als Unterbevollmächtigter (zusätzlich) beigeordnet wird, BGH NJW 2004, 2749; Ffm BeckRS 2015, 20615 (zust. Fischer NZFam 2016, 84).

66 **XV. Beweisanwalt, Verkehrsanwalt, IV. 1. Zweck.** Es kann aus unterschiedlichen Gründen erforderlich werden, neben dem ProzBev. auch einen Beweisanwalt und/oder einen Verkehrsanwalt beizuordnen, BGH NJW 2004, 2750; BAG NZA 2007, 472; Brbg FamRZ 2014, 230. Diesen Fall regelt IV.

67 **2. Besondere Umstände.** Die Beiordnung eines zusätzlichen Verkehrs- oder Beweisanwalts kommt nach dem Willen des Gesetzgebers nur bei Vorliegen besonderer Umstände, also gerade nicht als Regelfall, in Betracht. Besondere Umstände können bei besonderer Schwierigkeit der Rechtslage oder einem besonders komplexen Sachverhalt anzunehmen sein, BGH NJW 2004, 2750; Mü MDR 2015, 917; Naumb BeckRS 2002, 30256791. Insbesondere liegen sie vor bei einer großen Entfernung zum ProzBev., BAG NZA 2007, 1317; Ffm FamRZ 2009, 1615; Karlsr FamRZ 2004, 1299 (250 km); LAG Halle NZA-RR 2011, 100 (239 km); oder wegen Alters, Krankheit, Behinderung, sozialer oder wirtschaftlicher Bindung, Brem NJW-RR 2010, 657; Hamm FamRZ 2000, 1227; wegen Sprachschwierigkeiten, BAG NZA 2007, 1317. Zu weitgehend dürfte die Auffassung sein, die Bestellung eines Verkehrsanwalts sei nur dann nicht erforderlich, wenn bereits zum Zeitpunkt der Beauftragung des Prozessbevollmächtigten feststehe, dass ein eingehendes Mandantengespräch für die Rechtsverfolgung nicht erforderlich sein werde, so aber KG NJW-RR 2010, 1362. Die Partei hat die Gründe für die aus ihrer Sicht bestehenden „besonderen Umstände" in ihrem Antrag darzulegen, LAG Mü NZA 2010, 1032. Ein Rückumzug in Gerichtsnähe vor dem Zeitpunkt der Bewilligungsreife lässt die Notwendigkeit eines Verkehrsanwalts entfallen, Celle JurBüro 2011, 540.

68 **3. Antrag, Verfahren.** Die Beiordnung erfolgt nur aufgrund eines Antrags der Partei, des ProzBev. oder des Verkehrsanwalts, also nicht von Amts wegen, Mü AnwBl 1989, 58. Das Gericht kann einen solchen Antrag anregen und mag hierzu im Rahmen seiner Fürsorgepflicht nach → Einl. II Rn. 59 im Einzelfall sogar verpflichtet sein. Der Antrag muss vor dem Instanzende eingehen, Zweibr JurBüro 1980, 1888. Zuständig ist nach § 271 I 2 das Prozessgericht, sein Vorsitzender nur nach V. Es gibt nach § 127 I 1 keine mündliche Verhandlung. Die Entscheidung erfolgt durch Beschluss.

69 **4. Termin zur Beweisaufnahme vor dem ersuchten Richter, IV Hs. 1.** In Betracht kommt die Beiordnung zunächst für einen Beweistermin vor dem ersuchten Richter nach § 362 (nicht § 361), BVerwG NJW 1994, 3243. Infrage kommt ferner ein Termin nach (jetzt) § 128 II FamFG, Brbg AnwBl 1996, 54; Köln FamRZ 1991, 349; Köln MDR 2008, 352. Zur Abgrenzung des Beweisanwalts vom Verkehrsanwalt Mü AnwBl 1989, 58.

70 **Beispiele** zur Frage der Erforderlichkeit eines Beweisanwalts: Große Entfernung; besondere tatsächliche oder rechtliche Schwierigkeiten; erhöhte Glaubwürdigkeitszweifel; die Notwendigkeit einer besonderen Sachkunde bei der Befragung; höhere Reisekosten des ProzBev.

71 **5. Vermittlung des Verkehrs mit dem Prozessbevollmächtigen, IV Hs. 2.** Es kommt auch die Beiordnung eines sog. Verkehrsanwalts nach → § 91 Rn. 199 in Betracht, BAG NJW 2005, 3082; LAG Köln NZA-RR 2006, 380. Das gilt freilich kaum im Revisionsverfahren, BGH WM 1982, 881. Er ist nicht ProzBev., LAG Nürnb JurBüro 2006, 260, auch nicht ein bloßer Beweisanwalt, Mü AnwBl 1989, 58. Er darf auch nicht in der mündlichen Verhandlung lediglich Parteirechte ausüben, ohne ProzBev. zu sein, LAG Hamm NZA-RR 2006, 597. Vielmehr hat er den Verkehr der Partei mit dem ProzBev. zu vermitteln, BGH NJW 1988, 1079; Ffm AnwBl 1980, 462; LAG Düss Rpfleger 2006, 267. Zur Abgrenzung Toussaint/Toussaint RVG VV 3400 Rn. 21 ff.

6. Beispiele zur Beiordnung eines Verkehrsanwalts, IV

72 **Ausländischer Anwalt:** Seine Beiordnung ist statthaft, Bbg FamRZ 1997, 1543; Nürnb MDR 2004, 1017; krit. Naumb JurBüro 2011, 314.

Auswärtiger Prozessbevollmächtigter: Nicht erforderlich ist grds. neben dem zu den Bedingungen eines Ortsansässigen nach → Rn. 63 beigeordneten Anwalt ein zusätzlicher Verkehrsanwalt, VGH Mannh NJW 2015, 1708.

Betreuung: Ist ein Anwalt Betreuer des Antragstellers, kann er als Verkehrsanwalt beigeordnet werden, Hamm FamRZ 2000, 763.

Familiensache: Schneider NZFam 2016, 1094.

Informationsgespräch: Auch in einfach gelagerten Fällen kann bei größerer Entfernung zum ProzBev. die Notwendigkeit eines persönlichen Informationsgesprächs die Beiordnung eines Verkehrsanwalts erfordern, Karlsr FamRZ 2013, 1596.

Pflegschaft: → „Betreuung".

Reisekosten: Ausreichend sind unverhältnismäßig hohe Reisekosten der Partei, BAG NJW 2005, 3082; Ffm FamRZ 2009, 1615; Karlsr FamRZ 1999, 304.

Eine bestimmte Mindestentfernung ist aber nicht erforderlich, aM Ffm FamRZ 2008, 1355 (50 km); Köln OLGR 08, 47 (400 km).

Scheidungssache: Auch in einfach gelagerten Scheidungsverbundsachen muss ein persönliches Beratungsgespräch mit einem Anwalt am Wohnsitz des Antragstellers ermöglicht werden, Bbg NJW-RR 2012, 200; Brbg FER 2001, 243; aM Brbg FamRZ 2002, 107. Ggf. ist ein ausländischer Verkehrsanwalt beizuordnen, Bbg FamRZ 1997, 1543 (sogar); Köln FamRZ 1991, 349; aM Hamm FamRZ 1986, 375 (eine schriftliche Information müsse auch hier unzumutbar, eine Informationsreise zu teuer sein).

Schreibschwäche: Sie kann Beiordnung begründen, Hamm FamRZ 2000, 21; LAG Mü NZA-RR 2010, 379.

Schwierigkeit der Sache: Insbesondere die Schwierigkeit der Sache kann die Beiordnung eines Verkehrsanwalt erfordern, LAG Mü NZA-RR 2010, 379.

Sprachprobleme: Sprachliche Schwierigkeiten können die Beiordnung eines Verkehrsanwalts rechtfertigen, BAG NZA 2007, 1317.

Telefonkosten: Wer die Telefonkosten für die an sich mögliche Information des ProzBev. nicht aufbringen kann, kann auf den Rückruf des ProzBev. verwiesen werden, ArbG Regensburg Rpfleger 2001, 357.

Unterhalt: Ein Verkehrsanwalt ist erforderlich in Verfahren nach §§ 231 ff. FamFG bei einem nicht Rechtskundigen, Brbg FamRZ 1999, 1219, oder bei einem Schreibungewandten oder bei jemandem, dem man keine Informationsreise zumuten kann, Hamm FamRZ 2000, 763; Karlsr FamRZ 1999, 304; Naumb FamRZ 2003, 107.

Verhinderung: Ausreichend ist eine Verhinderung der Partei aus irgendwelchen Gründen daran, ihren ProzBev. nach § 81 selbst ausreichend zu informieren, Bbg JurBüro 1984, 616.

Weite Entfernung: Unzumutbarkeit der Anreise zum ProzBev. wegen weiter Entfernung rechtfertigt die Beiordnung eines Verkehrsanwalts, BAG NZA 2007, 1317; Ffm FamRZ 2009, 1615; Karlsr FamRZ 2004, 1299 (250 km); LAG Halle NZA-RR 2011, 100 (239 km); LAG Mü NZA-RR 2010, 379.

7. Zeitliche Grenze der Beiordnung. Der Antrag auf Beiordnung eines Verkehrs- oder Beweisanwalts ist 73
rechtzeitig vor dem Tätigwerden des Verkehrs- oder Beweisanwalts zu stellen, denn eine rückwirkende Beiordnung ist nicht zulässig, LAG Mainz BeckRS 2006, 41765; Zweibr JurBüro 1980, 1888.

8. Weiteres Verfahren. Die Beiordnung als Verkehrsanwalt bedeutet nicht auch zugleich die Beiordnung als 74
Beweisanwalt, Mü AnwBl 1989, 58, und umgekehrt. Sie umfasst auch nicht stets einen Vergleichsschluss nach § 779 BGB oder nach Anh. § 307, Bbg MDR 1999, 569; Mü JurBüro 2003, 469; Fischer JurBüro 1999, 341; aM Oldb JurBüro 1992, 100. Die Beiordnung eines Berufungsanwalts als Verkehrsanwalt während der Revisionsinstanz ist grundsätzlich nicht statthaft, BGH WM 1982, 881.

XVI. Kein zur Vertretung bereiter Anwalt, V. In Abweichung von dem Grundsatz der Wahlfreiheit des 75
Antragstellers nach → Rn. 2 kommt auf Antrag eine Beiordnung eines vom Gericht ausgewählten und damit verpflichteten Anwalts in Betracht.

1. Zweck: Keine Verkürzung des Rechtsschutzes. Auch die Vorschrift des V dient dem Ziel der Rechts- 76
schutzgleichheit, → Vor § 114 Rn. 3, sie soll wie bei → § 78b Rn. 2 gewährleisten, dass sich der Rechtsschutz einer Partei nicht dadurch verkürzt, dass sie keinen vertretungsbereiten Anwalt findet. V ist das Pendant zu den ähnlich konstruierten § 78b I und § 78c für das PKH-Verfahren. Diesen Vorschriften gegenüber geht V im PKH-Bewilligungsverfahren als Spezialvorschrift vor. Ergänzend können allerdings Rechtsprechung und Lehre zu §§ 78b, c herangezogen werden, soweit die dortigen Konstruktionen nicht abweichen. Dem Regelungszweck entsprechend gilt V sowohl im Anwaltsprozess nach I als auch im Parteiprozess nach II. V gilt im Übrigen nach IV auch in den Fällen der Notwendigkeit eines Beweis- und/oder Verkehrsanwalts.

2. Vergebliche Suche der Partei. Der Antragsteller muss unter den nach I–IV in Betracht kommenden 77
Anwälten vergeblich nach einem zu seiner Vertretung bereiten Anwalt gesucht haben, BFH NJW 1978, 448 (zu § 78b). Die Anforderungen an die Bemühungen des Antragstellers dürfen nicht überspannt werden. Er braucht nicht sämtliche im Bezirk des Prozessgerichts niedergelassenen oder gar weiteren Anwälte angefragt zu haben. Er muss allerdings jedenfalls in einer Großstadt zumindest eine gewisse Anzahl von Anwälten nachweislich vergeblich um eine Übernahme der Vertretung gebeten haben, KG OLGZ 77, 247 (zu § 78b). Die Notlage kann auch infolge des Wegfalls des bisherigen Anwalts eingetreten sein. Auf ein Verschulden des Antragstellers daran, dass niemand ihn vertreten will, kommt es nicht an. Auch der unbeliebte oder querulatorisch wirkende Antragsteller hat – im Rahmen der allgemeinen Voraussetzungen der PKH – Anspruch auf anwaltliche Vertretung. Soweit der Antragsteller die Vergeblichkeit seiner Bemühungen zwar behauptet, aber nicht im Einzelnen dargelegt hat, kommt eine angemessene Frist zur Nachreichung von Belegen oder zur Glaubhaftmachung nach § 118 II 1, § 294 in Betracht.

XVII. Beiordnung, V. Zuständig ist das Gericht der PKH-Bewilligung, ggf. das Beschwerdegericht 78

1. Auswahlrecht des Vorsitzenden. Die Partei hat nach I–IV einen Anspruch darauf, dass das Gericht nur 79
den Anwalt ihrer Wahl beiordnet, Goebel FamRZ 1991, 1271. Sie hat aber nach V keinen solchen Anspruch. Sie kann die Beiordnung eines ihr nicht genehmen Anwalts nur dadurch verhindern, dass sie notfalls den im Parteiprozess nach → Rn. 42 notwendigen Beiordnungsantrag ganz zurücknimmt. Das ist bis zur Entscheidung jederzeit zulässig. Der Anspruch der Partei ist auf die Beiordnung eines Anwalts beschränkt. Die Bestimmung der Person des Anwalts bleibt dem Vorsitzenden überlassen.

2. Ermessen des Vorsitzenden. Der Vorsitzende übt bei der Auswahl ein pflichtgemäßes Ermessen aus. Er 80
muss die Beiordnungsgrenzen des III auch bei V mitbeachten. Er muss in diesen Grenzen zwar nicht, sollte aber eine Anregung der Partei in Erwägung ziehen, soweit sie vernünftig scheint, Schlesw SchlHA 1978, 84. Er sollte die Erforderlichkeit einer besonderen Sachkunde des Auszuwählenden bedenken. Er ist aber in seiner Auswahl nicht davon abhängig, dass der fragliche Anwalt zur Übernahme des Mandats auch bereit ist.

3. Zuständigkeit nur des Vorsitzenden. Zur Beiordnung nach V ist anders als nach I–IV nur der Vor- 81
sitzende des Prozessgerichts des Rechtszugs und ggf. des höheren Gerichts zuständig. Soweit der Rpfleger als Prozessgericht zuständig ist, zB nach § 20 I Nr. 1 RPflG im Mahnverfahren nach §§ 688 ff., ist er der „Vorsitzende" nach IV. Dasselbe gilt vom etwa landesrechtlich nach → Vor § 688 Rn. 7 bestimmten Urkundsbeamten.

82 **4. Entscheidung.** Der Vorsitzende entscheidet durch einen Beschluss nach § 329.

5. Beispiele zur Beiordnung eines Notanwalts, V

83 **Änderung:** → „Bindung".

Aufhebung: → „Bindung".

Begründung: Der Vorsitzende muss zumindest eine Ablehnung der Beiordnung nach → § 329 Rn. 6 begründen.

Bindung: Der Beschluss bindet das Gericht als ein Staatshoheitsakt nach → Vor § 300 Rn. 34, § 329 bis zu einer etwa statthaften und wirksam erfolgten Änderung oder Aufhebung zB nach § 124. Das gilt auch im Kostenfestsetzungsverfahren nach §§ 103 ff., Schneider MDR 1989, 226.

Instanz: Die Beiordnung erfolgt nur für die jeweilige Instanz.

Mitteilung: Sie erfolgt im Umfang der Beiordnung nach § 329 II 1 formlos und gegenüber dem beigeordneten Anwalt nach § 172, BGH VersR 1985, 68. Im Umfang einer **Ablehnung** erfolgt nach §§ 127 II 2 Hs. 1, 329 III Hs. 2 eine förmliche Zustellung nach §§ 166 ff. Adressaten sind jeweils der Antragsteller, der Prozessgegner, der Anwalt, um dessen Beiordnung es geht, und jeder etwa sonst am Verfahren Beteiligte.

Person des Beigeordneten: Der Beiordnungsbeschluss muss anders als eine Entscheidung nach § 78b nicht nur die grundsätzliche Beiordnung irgendeines Anwalts, sondern bereits die Person des Beigeordneten nennen. Insofern enthält der Beschluss nach IV Elemente des § 78c.

Zeitpunkt: Der Vorsitzende entscheidet über die Beiordnung grds. zugleich mit der Entscheidung über eine PKH-Bewilligung nach § 119.

Zustellung: → „Mitteilung".

84 **6. Tätigkeitspflicht des beigeordneten Anwalts.** Anders als der Wahlanwalt nach I–IV ist der nach V beigeordnete Anwalt zur Übernahme der Vertretung verpflichtet. Es besteht nach § 48 I Nr. 1, 2 BRAO Kontrahierungszwang, BGH NJW 1973, 757. Das ist mit der Menschenrechtskonvention nach EKMR AnwBl 1975, 137 vereinbar. Der beigeordnete Anwalt hat im Umfang der Beiordnung nach § 122 I Nr. 3 einen Anspruch nur gegen die Staatskasse. Wegen der Prozessvollmacht → Rn. 21 ff. Der beigeordnete Anwalt kann zB wegen Unzumutbarkeit oder Kündigung des Auftraggebers nach § 48 II BRAO die Aufhebung der Beiordnung verlangen, BGH NJW-RR 1992, 198; Bbg JurBüro 1992, 622; Karlsr FamRZ 2007, 645, aber nicht aus anderen Gründen, Karlsr FamRZ 1999, 306. Das gilt auch bei einer Interessenkollision, Celle FamRZ 1983, 1045; LG Siegen AnwBl 1993, 401.

122 *Wirkung der Prozesskostenhilfe.*

I Die Bewilligung der Prozesskostenhilfe bewirkt, dass

1. die Bundes- oder Landeskasse
  a) die rückständigen und die entstehenden Gerichtskosten und Gerichtsvollzieherkosten,
  b) die auf sie übergegangenen Ansprüche der beigeordneten Rechtsanwälte gegen die Partei
nur nach den Bestimmungen, die das Gericht trifft, gegen die Partei geltend machen kann,
2. die Partei von der Verpflichtung zur Sicherheitsleistung für die Prozesskosten befreit ist,
3. die beigeordneten Rechtsanwälte Ansprüche auf Vergütung gegen die Partei nicht geltend machen können.

II Ist dem Kläger, dem Berufungskläger oder dem Revisionskläger Prozesskostenhilfe bewilligt und ist nicht bestimmt worden, dass Zahlungen an die Bundes- oder Landeskasse zu leisten sind, so hat dies für den Gegner die einstweilige Befreiung von den in Absatz 1 Nr. 1 Buchstabe a bezeichneten Kosten zur Folge.

1 **I. Systematik, I, II.** Während I die unmittelbaren Wirkungen der PKH-Bewilligung für die begünstigte Partei betrifft, insbesondere die stundungsartige Hemmung der Ansprüche der Staatskasse, regelt II die einstweilige Befreiung der gegnerischen Partei von Gerichtskosten und übergegangenen Vergütungsansprüchen. Die Vorschrift steht in engem Zusammenhang mit der Regelung der Erstattungspflicht gegenüber dem Prozessgegner in § 123, mit den Bestimmungen über die Zweitschuldnerhaftung sowie die Kostenhaftung wegen Übernahme in §§ 29, 31 GKG und mit §§ 50, 59 RVG; zu § 31 II 1 GKG vgl. Ffm NJW 2022, 3667 mAnm Toussaint. Weitere Wirkungen kraft Gesetzes ergeben sich aus zB aus § 204 I Nr. 1 BGB (Verjährungshemmung, BGH FamRZ 2004, 177) oder aus § 119 zB mit der Begrenzung der Bewilligung auf den jeweiligen Rechtszug und aus §§ 123, 125, 126. § 119 enthält darüber hinaus die Wirkungen, die das Gericht nach den Umständen aussprechen muss. Demgegenüber treten die Wirkungen nach § 122 dem Grunde nach kraft Gesetzes ein. Die Möglichkeiten einer rückwirkenden Bewilligung sind in → § 119 Rn. 11 ff. dargestellt. Auch → Rn. 14, 20, 28.

2 **II. Regelungszweck, I, II.** Die Befreiung der durch die Bewilligung von PKH begünstigten Partei von Gerichts- und Gerichtsvollzieherkosten und auf die Staatskasse übergegangenen Vergütungsansprüchen ist neben der Übernahme der Rechtsanwaltskosten der materielle Kern der PKH. Diese Befreiung von der Kostenlast dient der Verwirklichung der Rechtsschutzgleichheit von Bedürftigen und Nicht-Bedürftigen. Die Kostenbefreiung ist insofern nicht endgültig, als die PKH-Bewilligung gemäß § 124 nachträglich aufgehoben werden kann.

3 **III. Geltungsbereich, I, II.** → Vor § 114 Rn. 5, → § 114 Rn. 10–12. § 122 gilt auch im WEG-Verfahren. Im FamFG-Verfahren gilt nach § 76 I FamFG der § 122 entsprechend, Schneider NZFam 2015, 659. Im verwaltungsgerichtlichen Verfahren gilt § 122 entsprechend iVm § 166 VwGO, BVerwG NJW 2017, 1497.

4 **IV. Kostenerleichterung für den Antragsteller, I.** Die Vorschrift gibt dem Antragsteller in Nr. 1–3 unterschiedliche Arten von Kostenerleichterungen. Sie gelten nur für ihn, nicht für Dritte, auch nicht für einen Streithelfer nach § 66 oder für einen Rechtsnachfolger. Die Wirkungen treten mit der PKH-Bewilligung kraft Gesetzes ein, Brbg NJW-RR 2003, 210; Drsd MDR 2014, 424. Die Vorschrift sieht Einschränkungen bei der Geltendmachung von Gerichts- und Anwaltskosten in Nr. 1, 3 vor. Sie gelten allerdings grundsätzlich nur einstweilen. Nach Nr. 2 besteht die Möglichkeit einer endgültigen Befreiung von der Pflicht zur Sicherheitsleistung nach §§ 108 ff.

V. Bestimmungen des Gerichts, I Nr. 1. Die in dieser Vorschrift vorgesehenen Kostenerleichterungen treten zwar dem Grund nach kraft Gesetzes ein. Sie sind dem Umfang nach aber von dem jeweiligen Bewilligungsbeschluss abhängig. Dabei kommt es sowohl für den Bewilligungszeitpunkt als auch für den übrigen Umfang der Bewilligung auf die tatsächliche Bestimmung des Gerichts an, solange es diese nicht aufgehoben oder abgeändert hat. Insofern hängen also die Wirkungen von der Bewilligung nach § 119 ab. 5

VI. Geltendmachung, I Nr. 1. Es erfolgt nur eine Einschränkung der „Geltendmachung". Die PKH-Bewilligung führt dementsprechend „wie eine Stundung" dazu, dass die Ansprüche der Staatskasse in ihrer Durchsetzbarkeit gehemmt sind, BGH NJW-RR 1997, 831. Das Gericht kann aber zB die Ratenhöhen nach § 120a ändern oder die Bewilligung nach § 124 ganz oder teilweise aufheben. Demgegenüber hat die Pflicht zur Erstattung gegnerischer Kosten nach § 123 nichts mit den vom Antragsteller zu zahlenden Gerichts- und Gerichtsvollzieherkosten und nichts mit den Ansprüchen des ihm beigeordneten Anwalts zu tun, BGH NJW 2001, 3188. Von diesem Grundsatz gilt nur im Bereich des § 9 AUG eine Ausnahme: Eine diesbezügliche Bewilligung hat eine endgültige Befreiung von den im § 122 I genannten Kosten zur Folge, soweit keine Aufhebung nach § 124 Rn. 1 erfolgt. 6

VII. Gerichts- und Gerichtsvollzieherkosten, I Nr. 1a. Die einstweilige Kostenbefreiung erfasst die „rückständigen und die entstehenden" Gerichts- und Gerichtsvollzieherkosten nach § 60 I 2 GVO, App DGVZ 1990, 166; Toussaint/Forbriger GvKostG § 4 Rn. 5. 7

Sie erfasst **nicht** die Vergütung für eine außergerichtliche Tätigkeit und für eine Tätigkeit vor dem Beiordnungszeitraum, Oldb NJW-RR 2009, 431 (etwa eine dann entstandene Beratungsgebühr VV 2300 RVG), oder für eine außergerichtliche Mediation, auch wenn sie vom Gericht angeregt wurde, Drsd NJW-RR 2007, 80. 8

1. Kostenbegriff. Zu den Kosten zählen nach § 1 I 1 GKG, § 1 FamGKG, § 1 I RVG, §§ 1 ff. JVEG sowohl Gebühren als auch Auslagen (Ausnahme: Bei Vergütungsvereinbarung nach [jetzt] § 13 JVEG ist die PKH-Partei von den Kosten nur bis zur Höhe der gesetzlichen Gebühren befreit, Ffm JurBüro 1986, 79), § 1 I GVKostG. Gemeint sind natürlich nur die notwendigen Kosten nach §§ 91 ff., LAG Stgt JurBüro 1992, 401. Auch notwendige Reisekosten der Partei gehören zu den Kosten iSv I, Zweibr JurBüro 2017, 490; Brbg FamRZ 2014, 58; Naumb MDR 2013, 56 (zeitnahe Beantragung erforderlich). 9

2. Rückständige und entstehende Kosten. Nr. 1a stellt Folgendes klar: Es erfolgt eine einstweilige Befreiung sowohl wegen der bei Wirksamkeit des Bewilligungsbeschlusses schon fällig gewordenen, aber noch nicht beglichenen und deshalb „rückständigen" Kosten, Kblz FamRZ 1995, 1367; Stgt Rpfleger 1984, 114, als auch wegen der im vorgenannten Zeitpunkt noch erst zukünftigen oder gleichzeitig „entstehenden" Kosten, Naumb JurBüro 2002, 150. Es kommt daher nicht darauf an, ob die Kosten in diesem Zeitpunkt bereits fällig geworden waren. **Unanwendbar** ist Nr. 1a auf schon vor Wirksamkeit der Bewilligung beglichene Kosten, AG Kblz FamRZ 2012, 1238. 10

3. Rückerstattungsfragen. Soweit der Antragsteller auf die rückständigen oder entstehenden Gerichtskosten und Gerichtsvollzieherkosten im Zeitpunkt der PKH-Bewilligung bereits Zahlungen über die vom Gericht getroffenen Anordnungen hinaus geleistet hat, aus welchem Grunde auch immer, erlischt der Anspruch der Staatskasse, AG Ffm DGVZ 1989, 191. Soweit er aufgrund eines irrigen Kostenansatzes gutgläubig gezahlt hat, kommt ein Rückerstattungsanspruch in Betracht, Karlsr FamRZ 2007, 1028, Stgt Rpfleger 2003, 201. Entsprechendes gilt bei versehentlicher oder irrtümlicher Zahlung, Köln Rpfleger 1999, 450. Zurückzuzahlen ist auch ein eingezahlter Gerichtskostenvorschuss, wenn gleichzeitig mit der Einzahlung PKH beantragt worden war und rückwirkend auf den Zeitpunkt der Antragstellung bewilligt wurde, Schlesw NJW 2018, 2419; Hmb MDR 1999, 1287. 11

4. Befreiung von der Vorauszahlungspflicht. Zur Frage, ob und in welchem Umfang der Antragsteller von einer Vorauszahlungspflicht befreit ist, §§ 7, 12 I GKG, Anh. § 271. 12

5. Beispiele zur Frage von Gerichts- und Gerichtsvollzieherkosten, I Nr. 1a

Anordnung persönlichen Erscheinens: Die Reisekosten infolge einer solchen Anordnung zB nach § 141 zählen zu den Kosten nach Nr. 1a, Zweibr JurBüro 2017, 490, auch → Rn. 7. 13

Auflage des Gerichts: Soweit infolge einer Auflage des Gerichts zur Vornahme einer Parteihandlung nach → Vor § 128 Rn. 55 nicht nur beim Antragsteller Kosten entstehen, sondern auch oder nur beim Gericht, erfasst die einstweilige Befreiung sie natürlich, Mü Rpfleger 1985, 165. Auch → „Freigestellte Parteiprozesshandlung".

Auslagenvorschuss: Die einstweilige Befreiung erfasst einen Vorschuss nach §§ 379, 402 oder nach anderen Vorschriften. Das gilt auch zugunsten des Gegners, Hamm MDR 1999, 502. Deshalb kann das Gericht zB keinen Vorschuss für einen Zeugen oder Sachverständigen fordern, Hamm MDR 1999, 502.

Bereitstellung des Beweisgegenstands: Soweit beim Gericht oder beim Sachverständigen Kosten zwecks oder infolge der Bereitstellung eines Beweisgegenstands entstehen, tritt die einstweilige Befreiung ein. Auch → „Sachverständiger".

Dolmetscher: Die Kosten eines Dolmetschers zur Verständigung mit dem nach § 121 beigeordneten Anwalt gehören **nicht** zu den in Nr. 1a genannten Kosten. Auf sie ist (jetzt) § 46 RVG anwendbar, Brbg NJW-RR 2002, 1290; OVG Lüneburg JurBüro 1995, 526 (zu § 126 BRAGO); AG Köln AnwBl 1984, 518 (zur Beratungshilfe); aM LAG Hamm AnwBl 1985, 276.

Freigestellte Parteihandlung: Ob Kosten, die dadurch entstehen, dass das Gericht dem Antragsteller eine Handlung nach → Vor § 128 Rn. 55 lediglich freistellt, zu den in Nr. 1a genannten Kosten zählen, ist eine Frage des Einzelfalls. Beurteilungsmaßstab ist, wie sich eine bemittelte Partei verhalten hätte; im Zweifel handelt es sich um von I erfasste Kosten. Auch → „Auflage des Gerichts".

Hinweis auf gewährte Prozesskostenhilfe unterblieben: Ein Rückerstattungsanspruch kann auch dann entstehen, wenn die Partei bei der Zahlung zB von Gerichtsvollzieherkosten versäumt hatte, auf die gewährte PKH hinzuweisen, LG Wiesbaden JurBüro 1991, 1234; AG Wiesbaden JurBüro 1991, 1233.

Insolvenzverfahren: Die Vorschusspflicht nach § 26 I 2 InsO bleibt bestehen, LG Kblz JurBüro 1997, 479; aA König NJW 2000, 2485. Zu Gerichtskosten, die bereits bei Insolvenzeröffnung angefallen sind → § 120a Rn. 13.

Parteihandlung: → „Auflage des Gerichts", → „Freigestellte Parteihandlung".

Parteivernehmung: → „Reisekosten".
Protokoll: → „Übersetzung".
Reisekosten: Soweit eine Ladung oder eine Auflage des Gerichts sie verursacht hat, erfasst Nr. 1a auch sie, Zweibr JurBüro 2017, 489; Brbg FamRZ 2006, 134; Drsd MDR 2014, 424; LAG Düss JurBüro 2005, 483; aM KG Rpfleger 1993, 74. Vgl. wegen der Reisekosten im Übrigen die Verwaltungsbestimmungen, Toussaint/Weber JVEG § 25 Anh.

Es gibt also **keine automatische** Erstattung, sondern es muss eine Prüfung der Notwendigkeit stattfinden, BVerwG NJW 2017, 1497; Nürnb Rpfleger 1990, 172; großzügiger Brbg FamRZ 2014, 58; Düss MDR 1991, 679; Mü MDR 1997, 194. Maßstab ist auch hier das Ziel der Rechtsschutzgleichheit, so schon BGH NJW 1975, 1125. Das bedeutet, dass die Reise in diesem Sinne notwendig ist, wenn auch eine verständige bemittelte Partei sie unternommen hätte. Gegen die Ablehnung der Reisekostenerstattung oder eines Reisekostenvorschusses ist nach → § 127 Rn. 48 „Reisekostenvorschuss" die sofortige Beschwerde statthaft.

Sachverständiger: Zu den Gerichtskosten gehören auch Vorschüsse nach §§ 379, 402 und sonstige Auslagen für einen gerichtlich bestellten Sachverständigen einschließlich der Kosten der Beseitigung bei der Begutachtung etwa entstandener Schäden, KV 9005, 9008 GKG, Kblz OLGR 2001, 501, KV 2005 FamGKG. Sie umfassen die Kosten für die „Bereitstellung des Beweisgegenstandes". Das Gericht darf eine Beweiserhebung nach §§ 355 ff. nicht von einem Auslagenvorschuss nach §§ 379, 402 abhängig machen.

Teilweise Bewilligung: Soweit das Gericht PKH nur für einen Teil des Anspruchs oder der Ansprüche bewilligt hat, ist der „bewilligte" Streitwert dem Gesamtstreitwert gegenüberzustellen. Eine Kostenschuld ist nur wegen der sich ergebenden Differenzsumme begründet, Düss Rpfleger 2005, 268; Mü MDR 1997, 299; Schlesw MDR 2006, 176. Das gilt auch für die nichtausscheidbaren Auslagen.

Übernahmeschuld: Bei Abschluss eines Vergleichs unter Beteiligung mindestens einer Partei, der PKH bewilligt worden ist, sind die Bestimmungen der §§ 29 Nr. 2, 31 I, III, IV GKG zu beachten. Dabei sind drei verschiedene mögliche Haftungsverhältnisse auseinanderzuhalten, nämlich das zwischen Staatskasse und PKH-Partei, das zwischen Staatskasse und Gegner der PKH-Partei und schließlich das zwischen dem Gegner und der PKH-Partei. § 29 Nr. 2 GKG regelt die Kostenhaftung des sog. Übernahmeschuldners, also der Partei, die sich im Vergleichswege verpflichtet hat, (zumindest) einen Teil der Kosten zu tragen. Übernimmt die PKH-Partei im Vergleich einen Teil der Kosten, ist sie danach Kostenschuldnerin. Daraus folgt aber nicht etwa, dass die Staatskasse die PKH-Partei auf Gerichtskosten in Anspruch nehmen kann, denn I Nr. 1a hindert die Staatskasse an der Geltendmachung dieser Kosten, → Rn. 6; das ist heute hM, Thomas/Putzo/Seiler Rn. 1; Zöller/Schultzky Rn. 4; Saarbr JurBüro 2021, 150; Dürbeck/Gottschalk/Schneider/Dürbeck Rn. 761; Bbg NJW-RR 2015, 127; Naumb NJW-RR 2015, 121; Celle JurBüro 2012, 431; wohl auch BGH NJW 2004, 366; aA Ffm MDR 2017, 307, NJW-RR 2013, 191; AG Bad Segeberg NJW-RR 2014, 1214. Die zuletzt genannte Gegenansicht differenziert nicht ausreichend zwischen der Bestimmung des Kostenschuldners in § 29 Nr. 2 GKG einerseits und der nach I 1a) beschränkten Geltendmachung der Kosten andererseits.

Teilweise wird die Kostenfreistellung der PKH-Partei nur nach den Wertungsmaßstäben des § 31 IV bzw. nur, wenn kein Missbrauch vorliege, bejaht, MüKoZPO/Wache Rn. 2; KG NJW-RR 2012, 1021. Dieser Einschränkung bedarf es aber nicht, denn vor dem Missbrauch der PKH-Bewilligung durch eine Kostenregelung im Vergleich faktisch zu Lasten der Staatskasse ist letztere durch die Möglichkeit geschützt, den Gegner der PKH-Partei als Zweitschuldner in Anspruch zu nehmen. Nach § 31 I GKG haften mehrere Kostenschuldner als Gesamtschuldner. Gem. § 31 III, IV GKG darf die Haftung des Zweitschuldners eines nach § 29 Nr. 2 GKG haftenden Erstschuldners (nur dann) nicht geltend macht werden, wenn dem anderen Erstschuldner PKH bewilligt worden war und wenn – kumulativ! – 1. der Kostenschuldner die Kosten in einem vor Gericht abgeschlossenen oder gegenüber dem Gericht angenommenen Vergleich übernommen hat, 2. der Vergleich einschließlich der Verteilung der Kosten vom Gericht vorgeschlagen worden ist und 3. das Gericht in seinem Vergleichsvorschlag ausdrücklich festgestellt hat, dass die Kostenregelung der sonst zu erwartenden Kostenentscheidung entspricht, Brbg BeckRS 2021, 2116. Auf diese Weise wird sichergestellt, dass die Parteien die PKH-Bewilligung für eine Seite nicht für eine unangemessene Kostenregelung missbrauchen. Die in § 31 IV GKG genannten Voraussetzungen für die Befreiung des Gegners der PKH-Partei von der Zweitschuldnerhaftung sind strikt zu beachten. Um also die Zweitschuldnerhaftung des Gegners des PKH-Empfängers zu vermeiden, sind der gerichtliche Vorschlag, auch hinsichtlich der Kostenverteilung, und der Umstand ins Protokoll aufzunehmen, dass die Kostenverteilung der sonst zu erwartenden Kostenentscheidung entspricht, Hamm NJW 2021, 86 mAnm Overkamp NJW 2021, 89; Saarbr JurBüro 2021, 150; Oldb Nds. Rpfl 2016, 345. Bei einem Vergleichsschluss vor dem Güterichter nach § 278 V kann § 31 IV GKG im Wege der teleologischen Reduktion auch dann angewendet werden, wenn die Voraussetzungen von Ziffern 2 und 3 nicht erfüllt sind, Oldb Rpfleger 2020, 98.

Zur Verpflichtung der PKH-Partei, nach (teilweiser) Kostenübernahme im Vergleich dem Gegner dessen Kosten anteilig zu ersetzen → § 123 Rn. 7.

Übersetzung: Die Kosten der Übersetzung zB eines Protokolls nach §§ 159 ff. oder einer Entscheidung zählen zu den von Nr. 1a erfassten Kosten.

Verdienstausfall: Der reine Verdienstausfall als solcher fällt **nicht** unter Nr. 1a, Ffm MDR 1984, 500, → § 91 Rn. 64; aM Stgt MDR 1985, 852. Auch → „Auflage des Gerichts".
Vergleich: → „Übernahmeschuld".
Verlangen einer Handlung: → „Auflage des Gerichts".
Verzögerungsgebühr: Die Verzögerungsgebühr nach § 38 GKG, Anh. § 95, § 32 FamGKG zählt **nicht** zu den Gerichtskosten nach Nr. 1a, Toussaint/Toussaint GKG § 38 Rn. 22.
Vorschuss: → „Sachverständiger", „Zeuge".
Zeitversäumnis: → „Verdienstausfall".
Zeuge: Zu den Gerichtskosten gehören auch Vorschüsse nach § 379 und sonstige Auslagen für einen Zeugen nach KV 9005.

Nicht hierher zählt die Differenz zwischen der gesetzlichen und einer nach dem JVEG zugestandenen höheren Zeugenentschädigung, Ffm JurBüro 1986, 79. Auch → „Auflage des Gerichts", „Reisekosten".

VIII. Übergegangene Ansprüche der beigeordneten Rechtsanwälte, I Nr. 1b. Im Umfang der Bewilligung von PKH und der dazugehörigen Anordnungen des Gerichts kann die Staatskasse auch einen etwa auf sie nach § 59 RVG übergegangenen Anspruch eines nach § 121 beigeordneten Anwalts zunächst nicht gegen den Antragsteller geltend machen. 14

1. Zweck: Klarstellung. Der nach § 121 beigeordnete Anwalt hat einen Anspruch auf die Zahlung seiner Gebühren und Auslagen gegenüber der Staatskasse. Das ergibt sich nicht direkt aus §§ 121 ff. ZPO, wohl aber dem Grunde nach aus § 45 I RVG, der Höhe nach aus § 48 RVG, § 121. Soweit die Staatskasse den beigeordneten Anwalt befriedigt, geht sein Anspruch auf sie nach § 59 RVG über. Soweit der Antragsteller diese Kosten durch seine Zahlungen bereits gedeckt hat, erlischt der Anspruch der Staatskasse. Aber auch soweit er noch nicht erloschen ist, muss jedenfalls der Antragsteller vorerst von Zahlungspflichten freibleiben. Deshalb stellt I Nr. 1b klar, dass auch die Staatskasse nach einem Übergang auf sie diesen Anspruch zunächst nicht geltend machen kann. 15

2. Umfang der Kostenerleichterung. Das Verbot der Geltendmachung erfasst jedoch nicht einen nach § 59 RVG übergegangenen Anspruch des Anwalts, den das Gericht nicht dem Antragsteller beigeordnet hatte, sondern nach § 121 seinem Prozessgegner, also dann, wenn das Gericht beiden Parteien PKH bewilligt hat, BGH NJW-RR 1998, 70; Celle MDR 2014, 923; Köln FamRZ 2004, 37; Kblz MDR 2008, 172; Nürnb FamRZ 2019, 1080; Zweibr FamRZ 2008, 2140; Oldb FamRZ 2009, 633; Drsd FamRZ 2010, 583; Karlsr FamRZ 2005, 2002; aM Mü FamRZ 2014, 1880; Musielak/Voit/Fischer Rn. 5. 16

Natürlich gilt I Nr. 1b nicht zulasten desjenigen Anwalts, den der Antragsteller gar nicht aufgrund seiner Beiordnung beauftragt hat, sondern ohne eine solche, Schneider MDR 1988, 282. 17

IX. Befreiung von der Verpflichtung zur Sicherheitsleistung, I Nr. 2. Die Vorschrift erfasst die Verpflichtung des Angehörigen eines fremden Staats als Klägers sowie eines Staatenlosen ohne einen inländischen Wohnsitz, dem Bekl. auf sein Verlangen wegen der Prozesskosten eine Sicherheit nach §§ 108 ff. zu leisten. Soweit diese Verpflichtung nicht nach § 110 II ohnehin wegfällt, entfällt sie im Umfang der Bewilligung von PKH nach I Nr. 2 nicht nur vorläufig, sondern endgültig, Brbg NJW-RR 2003, 210. Das gilt allerdings im Umfang des § 9 AUG ohnehin kraft Gesetzes. 18

I Nr. 2 befreit **nicht** von der ganz andersartigen Sicherheitsleistung nach § 709. Sie erfolgt wegen § 717 II, → § 709 Rn. 1. 19

X. Keine Geltendmachung des Vergütungsanspruchs des beigeordneten Anwalts gegen die Partei, I Nr. 3. Es handelt sich um eine stundungsähnliche Regelung, BGH NJW 2009, 2962; Kblz JurBüro 2000, 146. 20

1. Zweck: Schutz des Auftraggebers. Da der nach § 121 beigeordnete Anwalt nach → Rn. 14 einen Vergütungsanspruch gegen die Staatskasse hat, kann sein Auftraggeber einstweilen von Zahlungspflichten dem beigeordneten Anwalt gegenüber freigestellt werden, Celle Rpfleger 2007, 151; Stgt FamRZ 2004, 1802. Das gilt unabhängig davon, ob, wann und in welchem Umfang der beigeordnete Anwalt seine Vergütung von dem nach § 91 in die Prozesskosten verurteilten Gegner des Auftraggebers nach § 126 im eigenen Namen beitreiben kann, Hamm JurBüro 1999, 591. Denn zunächst haftet ja einmal die Staatskasse, wenn auch nur im verringerten Umfang nach § 45 RVG. Die Vorschrift bezweckt also den Schutz des Auftraggebers, BGH NJW 2011, 229; Düss Rpfleger 1988, 505. Schon deshalb ist sie zwingend, Köln FamRZ 1995, 240; AG Bad Iburg FamRZ 2008, 1014. Das gilt auch für einen Sozius, BGH NJW 2011, 229 (Pflicht zum „Gleichlauf" von Mandat und Beiordnung). Es gilt ferner auch dann, wenn der beigeordnete Anwalt den Anspruch gegen die Staatskasse wegen Verjährung nicht mehr einklagen kann, Köln NJW-RR 1995, 634, oder wenn wegen eines nachträglichen Vermögenserwerbs eine Zahlung von Raten nach § 120 infrage kommt, Stgt FamRZ 2004, 1802. Die Vorschrift schützt auch einen persönlich nicht bedürftigen Erben des Auftraggebers. 21

Die bedürftige Partei hat einen durchsetzbaren Kostenerstattungsanspruch gegen die unterlegene Partei auch dann, wenn ihr zahlungsfreie Prozesskostenhilfe bewilligt wurde, BGH NJW 2009, 2962; Kblz JurBüro 2000, 146. Das gilt auch bei nur teilweiser PKH-Bewilligung, Hamm JurBüro 1999, 591 (Beschränkung auf Mehrvertretungsgebühr). Die Einziehung des Kostenerstattungsanspruchs der bedürftigen Partei ist dem beigeordneten Anwalt als Prozessstandschafter übertragen, BGH FamRZ 2016, 208. 22

2. Begriff der Geltendmachung. Wie bei I Nr. 1 kommt auch bei I Nr. 3 nur die „Geltendmachung" nicht in Betracht. Das bedeutet: Der Vergütungsanspruch nach §§ 45 ff. RVG besteht zwar materiell-rechtlich. Der nach § 121 beigeordnete Anwalt kann ihn aber während der Bewilligungszeit vor einer etwaigen Aufhebung der Bewilligung, Düss Rpfleger 2005, 268, oder vor dem im § 125 II genannten Zeitpunkt der nach § 705 formell rechtskräftigen Verurteilung des Prozessgegners in die Prozesskosten nach § 91 oder vor der Beendigung des Rechtsstreits ohne eine Entscheidung über die Kosten dem Auftraggeber gegenüber nicht geltend machen, Düss NJW-RR 1992, 1529; Hamm JurBüro 1999, 591; Kblz JurBüro 2000, 146. Während der Befreiung hat der PKH-Begünstigte folglich insoweit auch keinen Schaden, Köln NZM 1999, 710. 23

Zu dem wohl eher seltenen Fall des bedürftigen Unternehmers → Rn. 26 – „Vorsteuerabzug". 24

Bei einer **teilweisen** Bewilligung von PKH kann der beigeordnete Anwalt nur die Differenzsumme zwischen der von der Staatskasse geschuldeten Vergütung und den Gebühren eines Wahlanwalts nicht gegenüber dem Auftraggeber geltend machen, Düss FamRZ 2008, 1767; Hmb MDR 1989, 74; Mü MDR 1995, 422. Auch → § 120 Rn. 19 sowie § 50 RVG, Karlsr FamRZ 1995, 495. 25

3. Beispiele zur Frage einer Geltendmachung, I Nr. 3

Anwaltswechsel: „Honorarverzicht". 26

Aufhebung der Beiordnung: Das Verbot der Geltendmachung gilt auch nach diesem Vorgang, Nürnb JurBüro 1987, 292.

Aufhebung der PKH: Das Verbot der Geltendmachung gilt evtl. auch nach einer Aufhebung nach § 120 IV. Denn der beigeordnete Anwalt behält seinen Anspruch gegenüber der Staatskasse wegen einer bis zur Aufhebung angefallenen Vergütung, selbst wenn er sie ihr gegenüber erst später fordert, Stgt FamRZ 2004, 1802; Zweibr JurBüro 1987, 237. **Nicht mehr** gilt das Verbot nach einer Aufhebung nach § 124.

Ausfallhonorar: Das Verbot der Geltendmachung gilt unabhängig davon, ob und inwieweit und warum der Auftraggeber dem beigeordneten Anwalt ein Ausfallhonorar zugesagt hat, Düss Rpfleger 1988, 505; KG FamRZ 2004, 1737.

Auslagen: Das Verbot der Geltendmachung gilt nach § 1 I 1 RVG auch für die Auslagen des beigeordneten Anwalts, zB seine Reisekosten. Denn sie sind Teil seiner „Vergütung" nach I Nr. 3, Ffm OLGR 02, 28; Stgt FamRZ 2007, 1111; aM Brbg Rpfleger 2000, 279; Nürnb JurBüro 2001, 481 (aber schon der Wortlaut der genannten Vorschriften ist klar, → Einl. II Rn. 76).

Beiordnungsumfang: Das Verbot der Geltendmachung gilt natürlich nur, soweit das Gericht den Anwalt beigeordnet hat, Nürnb FamRZ 2001, 1157; Oldb MDR 2008, 1185. Auch → Rn. 25.

Entpflichtung: → Rn. 23, 25 gelten unabhängig davon, ob der Auftraggeber den beigeordneten Anwalt entpflichtet hat und ob der Auftraggeber oder der Anwalt daran schuldig sind.

Gebührenvereinbarung: Das Verbot der Geltendmachung gilt unabhängig von einer etwaigen Gebührenvereinbarung nach § 3a RVG, Köln FamRZ 1995, 240; Nürnb AnwBl 1983, 470. Vgl. allerdings § 3a III 2 RVG, aber auch § 814 BGB.

Honorarverzicht: Das Verbot der Geltendmachung gilt unabhängig davon, ob und inwieweit und warum der beigeordnete Anwalt auf einen Vergütungsanspruch gegen die Staatskasse wirksam verzichtet hat, Düss Rpfleger 1988, 505; KG FamRZ 2004, 1737; aM Düss FamRZ 2008, 1767; Köln OLGR 98, 352 (je: Anwaltswechsel. Aber der Schutz des Auftraggebers nach → Rn. 20 geht vor).

Vorschuss: Das Verbot der Geltendmachung gilt auch für eine Vorschussforderung des beigeordneten Anwalts nach § 47 RVG.

Vorher Wahlanwalt: Das Verbot der Geltendmachung gilt auch für eine Vergütung aufgrund einer vor der Beiordnung vorausgegangenen Tätigkeit als Wahlanwalt, soweit diese nur denselben Gebührentatbestand wie ab der Beiordnung herbeiführte, BGH FamRZ 2008, 982; Oldb NJW-RR 2007, 792; VGH Mannh NVwZ-RR 2004, 156. Das gilt selbst dann, wenn das Gericht die Beiordnung (nicht aber die PKH-Bewilligung) später aufhebt, BGH NJW 1993, 1715; Köln FamRZ 1995, 240; Stgt JurBüro 1997, 649; aM Hmb MDR 1985, 416; LG Bayreuth JurBüro 1992, 740 (aber es kommt nach → Rn. 23 nur auf den Tätigkeitszeitraum an, und der lag vor der Aufhebung).

Vorsteuerabzug: Soweit die bedürftige Partei – ausnahmsweise – zum Abzug der Vorsteuer berechtigt ist, hat der beigeordnete Anwalt die von ihm geschuldete Umsatzsteuer gegenüber seinem Mandanten geltend zu machen, und darf nicht die Gegenseite damit belasten, denn wegen der Vorsteuerabzugsberechtigung handelt es sich für die bedürftige Partei um einen durchlaufenden Posten, der wirtschaftlich nicht von ihr zu tragen ist; der Schutzzweck des I Nr. 3 ist nicht berührt; die Vorschrift „mit ihrem zu weit gehenden Wortlaut ist systemkonform mit den Regelungen des Umsatzsteuergesetzes teleologisch zu reduzieren", BGH NJW-RR 2007, 285.

27 **XI. Kostenerleichterung für den Prozessgegner, II.** Während I Kostenerleichterungen für den Antragsteller enthält, gibt II auch seinem Prozessgegner schon wegen dieser Eigenschaft ebenfalls gewisse Kostenerleichterungen, Schneider NZFam 2015, 659.

28 **1. Zweck: Rechtsschutzgleichheit.** Zwar ist der Gegner nach § 125 I ohnehin gegenüber der Staatskasse bis zur Rechtskraft seiner Verurteilung in die Kosten vor Zwangsmaßnahmen sicher. Das Bewilligungsverfahren läuft ja ohnehin nur zwischen dem Staat und dem Antragsteller, von der grundsätzlichen Anhörungspflicht nach § 118 I 1 abgesehen. Daher scheint eine zusätzliche einstweilige Kostenerleichterung auch zugunsten des Prozessgegners zunächst nicht notwendig zu sein. Überdies könnte er ja seinerseits jederzeit einen eigenen PKH-Antrag stellen. Nach dem Prinzip der Rechtsschutzgleichheit nach → § 121 Rn. 44 gibt II gleichwohl auch dem vermögenden Prozessgegner eine einstweilige Kostenbefreiung. Sie dient auch der Vereinfachung der kostenrechtlichen Behandlung für die Dauer der Bewilligung. § 125 II ergänzt sie: Der einstweilen befreite Gegner muss mit einer Einziehung rechnen, sobald das Gericht ihn rechtskräftig verurteilt oder sobald der Prozess ohne ein Urteil über die Kosten endet.

29 **2. Prozessgegner von Kläger, Berufungskläger, Revisionskläger.** Die einstweilige Befreiung kommt nur den Prozessgegnern des Klägers oder des Rechtsmittelführers zugute, wenn dem Kläger oder Rechtsmittelführer PKH ohne Zahlungsverpflichtung bewilligt worden ist. Dabei ist unerheblich, ob der PKH-Begünstigte in der vorangegangenen Instanz Bekl. war. Maßgeblich ist vielmehr nur die Rolle des Angreifers in der jetzigen Instanz. Soweit der Prozessgegner des bisher alleinigen Antragstellers nun seinerseits als Angreifer auftritt, ist II auf ihn nicht anwendbar. Das gilt zB dann, wenn der Prozessgegner Kläger ist, LG Krefeld Rpfleger 1984, 479, oder soweit er Widerkläger nach Anh. § 253 oder Anschlussberufungskläger nach § 524 ist. Er mag dann seinerseits einen eigenen Antrag auf eine PKH-Bewilligung stellen, um eine einstweilige Befreiung zwar nicht nach II zu erreichen, wohl aber nach I.

30 **3. Sachlicher Geltungsbereich.** II gilt in allen Verfahren, für die das Gericht nach → § 114 Rn. 13 PKH bewilligen kann. Die Vorschrift umfasst also auch zB das Kostenfestsetzungsverfahren nach §§ 103 ff. Es steht nach → § 119 Rn. 36 in engster Verbindung mit demjenigen Rechtszug, für den die Bewilligung jeweils erfolgt. Aus den Worten „Kläger", „Berufungskläger" und „Revisionskläger" wird aber deutlich, dass II nur für das Erkenntnisverfahren nach §§ 253 ff. gilt, also nicht für eine vom Antragsteller betriebene Zwangsvollstreckung nach §§ 704 ff. Das gilt selbst dann, wenn er auch oder nur für sie PKH erhalten hatte. Eine Rückwirkung kann nach → § 119 Rn. 11 wie sonst in Betracht kommen. Dann kommt sogar eine Rückforderung von solchen Kosten in Betracht, die der Antragsteller vor der Bewilligung bezahlt hatte.

31 **4. Keine Bestimmung von Zahlungen an die Staatskasse.** Zu den Voraussetzungen → Rn. 29, 30 muss als eine weitere Bedingung der einstweiligen Befreiung des Prozessgegners treten, dass das Gericht dem Antragsteller keine „Zahlungen an die Bundes- oder Landeskasse" nach § 120 auferlegt hatte. Das Gericht darf also weder „Monatsraten" noch „aus dem Vermögen zu zahlende Beträge" nach § 120 I 1 festgesetzt haben. Soweit das Gericht auch nur eine dieser Belastungen dem Antragsteller gegenüber angeordnet und noch nicht aufgehoben hat, ist II auf seinen Prozessgegner nicht anwendbar, Düss MDR 1989, 921. Das gilt, solange dieser nicht selbst durch einen eigenen PKH-Antrag zum Antragsteller wird. Eine bloße Änderung der Zahlungen nach § 120 IV reicht nicht aus, nun auch den Prozessgegner einstweilen zu befreien.

32 **5. Einstweilige Befreiung von den Gerichts- und Gerichtsvollzieherkosten.** Während I nur die „Geltendmachung" solcher Kosten ausschließt und damit nach → Rn. 4 allerdings auch eine einstweilige Befreiung meint, spricht II direkt die „einstweilige Befreiung" aus. Sie beschränkt sich auf die in I Nr. 1a genannten Kosten

und damit praktisch auf einen Auslagenvorschuss nach §§ 379, 402, Hamm FamRZ 1999, 453. Sie endet nach § 125 I, II mit der formellen Rechtskraft seiner Verurteilung in die Prozesskosten nach § 705 oder mit der Beendigung des Rechtsstreits ohne ein Urteil über die Kosten. Man darf die Kosten des Prozessgegners für einen Anwalt niemals nach II behandeln. Um von der Zahlungspflicht gegenüber dem eigenen Anwalt auch nur einstweilen freizuwerden, muss der Prozessgegner selbst PKH erhalten.

6. Anrechnung; Vorauszahlung. Wegen der Anrechnung von Zahlungen an den nach § 121 beigeordneten Anwalt § 58 II RVG. Die Vorauszahlungspflicht entfällt nach § 14 Nr. 1 GKG, Anh. § 271. 33

123 *Kostenerstattung.* **Die Bewilligung der Prozesskostenhilfe hat auf die Verpflichtung, die dem Gegner entstandenen Kosten zu erstatten, keinen Einfluss.**

I. Systematik. § 122 regelt das Verhältnis zwischen der PKH-Partei und dem Staat einerseits, dem nach § 121 beigeordneten Anwalt andererseits und schließlich das Verhältnis des Prozessgegners zur Staatskasse, und zwar jeweils nur für die Dauer des Hauptprozesses und ergänzt von § 125. Demgegenüber betrifft § 123 das kostenrechtliche Verhältnis zwischen der PKH-Partei und ihrem Prozessgegner, also die Kostenerstattung für den Fall, dass die PKH-Partei den Prozess verliert, BGH NJW 2001, 3188. Die Kostenerstattung ist in §§ 91 ff. geregelt; diese Vorschriften gelten auch im PKH-Verfahren und in den Fällen, in denen einer Partei oder allen Parteien PKH bewilligt worden ist. Insofern hat § 123 nur deklaratorische Bedeutung. Allerdings ist das Verbot der Erstattung von Kosten des PKH-Verfahrens nach § 118 I 4 eine gegenüber §§ 91 ff. und auch gegenüber § 123 vorrangige und Sondervorschrift, soweit überhaupt nach → § 118 Rn. 27 Überschneidungen vorliegen. 1

II. Regelungszweck. Die Kostenerstattungspflicht des im Hauptprozess Unterlegenen soll die Staatskasse entlasten. Sie belässt zudem der PKH-begünstigten Partei das Prozessrisiko. PKH bedeutet insofern nur eine vorübergehende, einstweilige Kostenerleichterung. Das sollte dem Antragsteller bewusst bleiben. Wenn sich eine der Hauptvoraussetzungen der Bewilligung, nämlich die Erfolgsaussicht nach → § 114 Rn. 27 als schließlich doch nicht eingetreten herausstellt, soll der Antragsteller trotz seiner Mittellosigkeit wenigstens die Kosten des Gegners wie jeder andere Unterlegene erstatten müssen. Diese Regelung ist nicht nur rechtspolitisch diskutabel, sondern auch verfassungsrechtlich problematisch, Grunsky NJW 1980, 2046. Denn sie engt im Ergebnis die verfassungsrechtlich notwendige Kostenerleichterung nach → Vor § 114 Rn. 3 wieder beträchtlich ein: Die Unsicherheit über den Verfahrensausgang mit der dann eventuell bestehenden Kostentragungspflicht kann einen Nicht-Bemittelten von der Geltendmachung seiner Rechte abhalten, da ein Prozessverlust trotz PKH-Bewilligung erhebliche Kosten auslösen kann. 2

III. Geltungsbereich. → Vor § 114 Rn. 5, → § 114 Rn. 10–12. § 123 gilt auch im WEG-Verfahren. Im FamFG-Verfahren gilt nach § 76 I FamFG der § 123 entsprechend. 3

IV. Wirkung auf Kosten des Hauptprozesses. 1. Grundsatz: Erstattungspflicht des Antragstellers. Der im Hauptverfahren unterliegende Antragsteller, dem das Gericht PKH bewilligt hatte, muss grundsätzlich (Ausnahmen → Rn. 7) im Umfang der Kostengrundentscheidung dem siegenden Prozessgegner dessen Kosten erstatten, soweit sie im Hauptprozess entstanden sind, Celle FamRZ 1999, 242. Der Gegner kann diese Kosten nach §§ 103 ff. festsetzen lassen und mit dem Festsetzungsbeschluss nach § 794 I Nr. 2 vollstrecken. Dazu gehören Kosten eines selbständigen Beweisverfahrens, wenn die PKH-Bewilligung erst in dem nachfolgenden Hauptsacheverfahren erfolgt ist, Saarbr NZBau 2017, 731. Dazu gehören ferner die vollen Wahlanwaltskosten auch nach einer beiderseitigen PKH, Bbg FamRZ 1988, 967 (abzüglich der aus der Staatskasse Gezahlten). Der Gegner muss dazu nach → § 103 Rn. 14 einen entsprechenden Antrag stellen. Zur Kostenübernahme durch Vergleich → Rn. 7. 4

Der unterliegende Antragsteller ist auch der Staatskasse erstattungspflichtig, soweit der Kostenerstattungsanspruch des siegenden Prozessgegners nach § 59 RVG auf diese übergegangen ist, → § 122 Rn. 16. 5

2. Auswirkung auf vom Prozessgegner gezahlten Vorschuss. Soweit der obsiegende Prozessgegner des unterlegenen Antragstellers der Staatskasse einen Vorschuss gezahlt hatte, muss sie diesen gem. § 31 III 1 2. Hs. GKG an ihn zurückzahlen. Zur Lage bei teilweiser PKH-Bewilligung Kblz FamRZ 2007, 1759. 6

3. Übernahmeschuld nach Vergleich. Zu den Haftungsverhältnissen zwischen der Staatskasse und der PKH-Partei sowie der Staatskasse und dem Gegner der PKH-Partei → § 122 Rn. 13 „Übernahmeschuld". Hier geht es um die Verpflichtung des PKH-Begünstigten, dem Gegner nach Beendigung des Rechtsstreits durch Vergleich entsprechend der getroffenen Kostenregelung anteilig die Kosten zu erstatten. Soweit es um die außergerichtlichen Kosten des Gegners geht, ist die Erstattungspflicht der PKH-Partei unproblematisch: Auch im Unterliegensfall hat die PKH-Partei dem Gegner dessen Kosten zu erstatten; Entsprechendes gilt für die im Vergleichswege übernommenen außergerichtlichen Kosten. Vorsicht ist hinsichtlich der Gerichtskosten geboten, die der Gegner (als Kläger) vorgeschossen hat: Diese kann nämlich der Gegner im Umfang der Übernahme im Vergleich durch die PKH-Partei gegen diese festsetzen lassen. Während nämlich dann, wenn die PKH-Partei aufgrund ihres Unterliegens als Entscheidungsschuldnerin nach § 29 Nr. 1 GKG haftet, gem. § 31 III Hs. 2 GKG die von der anderen Partei bereits erhobenen Gerichtskosten von der Staatskasse zurückzuzahlen sind, erfolgt eine solche Rückzahlung nach einem Vergleichsschluss grundsätzlich nicht; die PKH-Partei steht dann hinsichtlich der Verpflichtung, die Gerichtskosten zu tragen, schlechter als im Fall ihrer Verurteilung. 7

Dieses Problem ist durch die Einführung des § 31 IV GKG durch das 2. KostRMG 2013 abgemildert, wenn auch nicht beseitigt worden. Danach ist nunmehr § 31 III GKG entsprechend anzuwenden (also dem Gegner der PKH-Partei der Gerichtskostenvorschuss anteilig zurückzuzahlen), wenn – kumulativ! – 1. der Kostenschuldner die Kosten in einem vor Gericht abgeschlossenen oder gegenüber dem Gericht angenommenen Vergleich übernommen hat, 2. der Vergleich einschließlich der Verteilung der Kosten vom Gericht vorgeschlagen worden ist und 3. das Gericht in seinem Vergleichsvorschlag ausdrücklich festgestellt hat, dass die Kostenregelung der sonst zu erwartenden Kostenentscheidung entspricht. Fehlt auch nur eine dieser Voraussetzungen, kann der Gegner der PKH-Partei diese anteilig auf Erstattung der vorgeschossenen Gerichtskosten in Anspruch nehmen. Als Ausnahmeregelung ist die Vorschrift eng auszulegen, Hamm NJW 2021, 86. Insbesondere muss dokumentiert sein, dass die im Vergleich getroffene Kostenregelung dem Vorschlag des Gerichts und der sonst zu erwartenden Kostenentscheidung entspricht. Es reicht zB nicht aus, wenn das Gericht lediglich ins Protokoll aufnimmt, die 8

Kostenaufhebung sei „mit guten Gründen vertretbar“, Oldb Nds. Rpfl 2016, 345, oder wenn die Parteien sich ohne gerichtlichen Vorschlag verständigen, Saarbr JurBüro 2021, 150. Besonders bei anwaltlich nicht vertretenen Parteien ist hier die Fürsorgepflicht des Gerichts gefragt.

9 Durch die eindeutige gesetzliche Regelung ist den zum alten Recht vertretenen Überlegungen, die PKH-Partei durch analoge Anwendung des § 31 III 2 GKG (bzw. § 58 II 2 GKG aF) vor der Inanspruchnahme zu schützen (etwa Vester NJW 2002, 3225) die Grundlage entzogen; dass gegen eine Partei, der Prozesskostenhilfe bewilligt worden ist, die von der Gegenpartei verauslagten Gerichtskosten festgesetzt werden können, wenn sich die bedürftige Partei in einem gerichtlichen Vergleich zur Übernahme dieser Kosten bereit erklärt hat, entsprach auch früher schon der hM, BGH NJW 2004, 366. Das wurde auch als verfassungsgemäß angesehen, BVerfG NJW 2000, 3271. Da dies im Grundsatz immer noch gilt, müssen die Voraussetzungen des § 31 IV GKG sorgfältig beachtet werden, um die Haftung der PKH-Partei für vom Gegner vorgeschossene Gerichtskosten zu vermeiden.

10 **V. Wirkung auf Kosten im Prozesskostenhilfeverfahren.** Wegen des Vorrangs des § 118 I 4 vor §§ 91 ff., 123 nach → Rn. 1 entfällt eine Kostenerstattungspflicht der im Hauptverfahren unterliegenden PKH-Partei gegenüber ihrem Prozessgegner auch insoweit, als dem Gegner im Bewilligungsverfahren Kosten entstanden sind. Zu diesem Kostenbegriff → § 118 Rn. 29.

124 *Aufhebung der Bewilligung.* I **Das Gericht soll die Bewilligung der Prozesskostenhilfe aufheben, wenn**

1. **die Partei durch unrichtige Darstellung des Streitverhältnisses die für die Bewilligung der Prozesskostenhilfe maßgebenden Voraussetzungen vorgetäuscht hat;**
2. **die Partei absichtlich oder aus grober Nachlässigkeit unrichtige Angaben über die persönlichen oder wirtschaftlichen Verhältnisse gemacht oder eine Erklärung nach § 120a Absatz 1 Satz 3 nicht oder ungenügend abgegeben hat;**
3. **die persönlichen oder wirtschaftlichen Voraussetzungen für die Prozesskostenhilfe nicht vorgelegen haben; in diesem Fall ist die Aufhebung ausgeschlossen, wenn seit der rechtskräftigen Entscheidung oder sonstigen Beendigung des Verfahrens vier Jahre vergangen sind;**
4. **die Partei entgegen § 120a Absatz 2 Satz 1 bis 3 dem Gericht wesentliche Verbesserungen ihrer Einkommens- und Vermögensverhältnisse oder Änderungen ihrer Anschrift absichtlich oder aus grober Nachlässigkeit unrichtig oder nicht unverzüglich mitgeteilt hat;**
5. **die Partei länger als drei Monate mit der Zahlung einer Monatsrate oder mit der Zahlung eines sonstigen Betrages im Rückstand ist.**

II **Das Gericht kann die Bewilligung der Prozesskostenhilfe aufheben, soweit die von der Partei beantragte Beweiserhebung auf Grund von Umständen, die im Zeitpunkt der Bewilligung der Prozesskostenhilfe noch nicht berücksichtigt werden konnten, keine hinreichende Aussicht auf Erfolg bietet oder der Beweisantritt mutwillig erscheint.**

Übersicht

I. Systematik, I, II. Während § 120a die Voraussetzungen nennt, unter denen das Gericht bei Fortbestand der Bewilligung deren Umfang durch Veränderung der zu leistenden Raten oder Vermögensbeiträge ändern soll, bestimmt § 124 abschließend die Voraussetzungen einer völligen oder teilweisen Aufhebung der zuvor wirksam erfolgten Bewilligung dem Grunde nach, Hamm FamRZ 2016, 931; KG Rpfleger 2006, 662; Köln MDR 2003, 771. Die Pflicht zur Erstattung der Kosten des Prozessgegners im Fall des Unterliegens nach § 91 bleibt nach § 123 ohnehin unberührt. Unanwendbar ist die Vorschrift insbesondere des I Nr. 2 im Verfahren vor einer Bewilligung, Karlsr NJW-RR 2014, 1403. Würde man den Rechtsgedanken des I Nr. 2 schon im Bewilligungsverfahren anwenden und PKH wegen falscher Angaben ablehnen, könnte das beabsichtigte Verfahren nicht geführt werden, der Zugang zum Rechtsschutz bliebe versagt, BGH, NJW-RR 2015, 1338. **Wichtig:** Der Sanktionscharakter einer wegen unrichtiger Angaben erfolgten Aufhebung der PKH-Bewilligung hindert die erneute Beantragung mit zutreffenden Angaben nicht, wobei die Bewilligung dann nur mit Wirkung ab der neuen Antragstellung erfolgen kann, BGH MDR 2018, 468. 1

II. Regelungszweck, I, II. § 124 hat vor allem Sanktionscharakter, der sich dahin auswirkt, dass die staatliche Leistung nachträglich entzogen wird und der Antragsteller zur Erstattung der Kosten und Auslagen herangezogen werden kann, BGH NJW-RR 2018, 257; NJW-RR 2015, 1338. Die Vorschrift enthält zwecks Rechtssicherheit eine abschließende Aufzählung der Aufhebungsgründe, BGH NJW 1994, 3293; Brbg FamRZ 2000, 1229; Köln FamRZ 2003, 1397. Als Sanktionsnorm ist die Vorschrift nicht ausdehnend, sondern restriktiv auszulegen, Ffm MDR 2019, 1476. 2

III. Geltungsbereich, I, II. § 124 gilt auch im WEG-Verfahren. Im FamFG-Verfahren gilt nach § 76 I FamFG der § 124 entsprechend, Hamm FamRZ 2016, 931. I Nr. 2 ist im Bewilligungsverfahren nicht anwendbar, BGH NJW-RR 2015, 1338. Die Aufhebung nach § 124 hindert auch nicht eine erneute Antragstellung mit zutreffenden Angaben, BGH NJW-RR 2018, 257. § 124 gilt auch bei einer Nebenklage nach der StPO, Düss JurBüro 2018, 303. 3

1. Grundsatz. Die Vorschrift gilt nach → Vor § 114 Rn. 5, → § 114 Rn. 10–12 in allen Verfahren nach der ZPO. Sie gilt auch im arbeitsgerichtlichen Verfahren, LAG Brem Rpfleger 2001, 308 (zu Nr. 4). Sie gilt ab Anhängigkeit nach → § 261 Rn. 1. 4

2. Beispiele zur Frage der Anwendbarkeit, I, II

Änderung der Beurteilung: → „Beurteilungswechsel". 5

Änderung der Verhältnisse: Eine Aufhebung kommt in Betracht, soweit die Änderung zwischen dem Antrag und der Entscheidungsreife eintrat und soweit der Antragsteller sie nicht mitgeteilt hat, OVG Hmb NVwZ-RR 2011, 661, oder soweit die Bewilligung nicht sogleich folgte und der Antragsteller eine Änderung sogleich mitteilen konnte, Mü FamRZ 1998, 633.

Sie kommt **nicht** schon deshalb in Betracht, weil sich die Verhältnisse seit ihrer Bewilligung irgendwie verändert haben, Kblz AnwBl 1983, 571. Solche Veränderungen sollen das Gericht vielmehr nach den Voraussetzungen des § 120a zur Änderung der Entscheidung über die zu leistenden Zahlungen veranlassen.

Auslandsaufenthalt: vgl. § 1078; ferner § 20 AUG, GVG Anh. § 168 Rn. 1 ff.

Beurteilungswechsel: Die Aufhebung kommt nicht deshalb in Betracht, weil das Gericht trotz objektiv unveränderter wirtschaftlicher Verhältnisse die Frage der Mittellosigkeit jetzt anders beurteilt. Aus Gründen des Vertrauensschutzes dürfen die dem Gericht bekannten und für die ursprüngliche Bewilligungsentscheidung maßgeblichen Angaben der Partei zu ihren persönlichen und wirtschaftlichen Verhältnissen nicht nachträglich anders bewertet werden, Ffm MDR 2002, 785; Köln FamRZ 2001, 1534.

Beweisergebnis: Die Aufhebung der Bewilligung kommt nicht schon deshalb in Betracht, weil das Gericht das Ergebnis einer Beweisaufnahme des Hauptprozesses nach § 286 zugunsten des Prozessgegners der PKH-Partei bewertet, Düss ZMR 1993, 117. Ergibt sich aber aus der Beweisaufnahme, dass der Antragsteller falsch vorgetragen hat, und wäre ohne diesen falschen Vortrag PKH nicht bewilligt worden, kann die Bewilligung nachträglich aufgehoben werden, Hamm NJW-RR 2015, 758; Naumb OLGR 2003, 332.

Bewilligungsfehler: Die Bewilligung zB ohne Antrag kann wegen des durch sie begründeten Vertrauens in den Fortbestand der begünstigenden Entscheidung nicht allein wegen des Fehlers, sondern nur unter den Voraussetzungen des § 124 aufgehoben oder unter den Voraussetzungen des § 120a geändert werden, Zweibr FamRZ 2003, 1021.

Entscheidungsreife des Hauptprozesses: → „Beweisergebnis".

Erlöschen: Beim Erlöschen des Antragstellers zB nach → § 50 Rn. 34 ist eine Aufhebung nicht nötig und kommt daher nach → § 119 Rn. 31, 32 **nicht** in Betracht. Auch → „Tod".

Juristische Person: Die Regeln → Rn. 2 gelten auch bei der juristischen Person nach → § 50 Rn. 12 als Antragstellerin, LAG Köln BeckRS 2002, 30810757.

Nebenkläger: Die Regeln → Rn. 2 gelten auch beim Nebenkläger nach der StPO als Antragsteller, Düss Rpfleger 2018, 503; Ffm NJW 1986, 2002.

Partei kraft Amtes: Die Regeln → Rn. 2 gelten auch bei der Partei kraft Amts als Antragstellerin.

Rechtsänderung: Die Aufhebung der Bewilligung kommt nicht schon deshalb in Betracht, weil eine Gesetzesänderung oder eine Änderung der Rechtsprechung vorliegt. Auch → „Beurteilungswechsel", „Rechtsirrtum".

Rechtsirrtum: Die Aufhebung der Bewilligung kommt nicht schon deshalb in Betracht, weil das Gericht PKH nur wegen eines Rechtsirrtums bewilligt hatte, Hamm FamRZ 2016, 930; Brbg FamRZ 2002, 1293; Zweibr Rpfleger 2002, 628; LSG Kiel JurBüro 2009, 147; tendenziell auch LSG Halle NZS 2016, 559; aM Bbg FamRZ 1989, 885; Brem FamRZ 1985, 728; Saarbr FamRZ 1979, 796 (aber § 124 zählt die Aufhebungsgründe nach → Rn. 2 abschließend auf, vgl. auch §§ 318, 329). Auch → „Beurteilungswechsel", „Rechtsänderung".

Rechtsmissbrauch: → Rn. 2.

Tod: Beim Tod des Antragstellers oder bei seinem Erlöschen zB nach → § 50 Rn. 34 endet die PKH automatisch, allerdings nicht rückwirkend, Jena FamRZ 2012, 1161. Deshalb ist eine Aufhebung nach → § 119 Rn. 31 nicht nötig. Auch → „Erlöschen".

Zwangsvollstreckung: Die Erfolglosigkeit mehrerer Vollstreckungsversuche gegen einen böswilligen Schuldner rechtfertigt natürlich nicht die Aufhebung der PKH, LG Limburg AnwBl 1979, 274.

6 **IV. Sollvorschrift, I, bzw. Kannvorschrift, II.** Der Gesetzgeber hat die frühere Kann-Vorschrift in I mit Wirkung ab dem 1.1.2014 in eine Soll-Vorschrift umgewandelt, um die Möglichkeit der Aufhebung der PKH-Bewilligung zu erweitern, BT-Drs. 17/11472, 25. Danach ist die Bewilligung im Regelfall aufzuheben, wenn die Voraussetzungen des I vorliegen (gebundenes Ermessen, Düss Rpfleger 2018, 503). Dagegen ist es für die in II beschriebenen Fälle bei der Kann-Vorschrift und dem damit eingeräumten größeren Ermessen des Gerichts geblieben.

7 Bei Vorliegen eines Aufhebungsgrundes nach I ist die PKH-Bewilligung grds. aufzuheben, Ffm MDR 2018, 1402. Ein Ermessensspielraum besteht nur zur Vermeidung unangemessener Ergebnisse, LAG Bln-Brbg NZA-RR 2017, 40; Thomas/Putzo/Seiler Rn. 1. Das Wesen der PKH als besonderer Fall der Sozialhilfe verbietet es, schon geringe Verstöße mit der vollständigen Aufhebung der Leistung zu sanktionieren, LAG Stgt JurBüro 2015, 487.

8 **V. Verfahren, I, II. 1. Zuständigkeit; keine mündliche Verhandlung.** Zuständig ist im Prozessgericht bei I Nr. 1 der Richter, bei I Nr. 2–4 (gemeint aber: auch I Nr. 5, II) nach § 20 I Nr. 4c RPflG der Rpfl. Der Kostenbeamte darf nicht ohne richterliche Anweisung prüfen, VGH Mannh NJW 2014, 171. Das Gericht trifft seine Entscheidung im Aufhebungsverfahren nach denselben Grundsätzen wie im Bewilligungsverfahren nach → § 127 Rn. 6 ohne eine mündliche Verhandlung.

9 **2. Anhörungspflicht.** Das Gericht muss den bisher Begünstigten über seinen nach § 121 beigeordneten Anwalt im Aufhebungsverfahren vor irgendeinem Nachteil anhören, Brbg FamRZ 2002, 1419; LAG Mainz MDR 2007, 412, sei es auch nur vor einem Nachteil nach §§ 122 ZPO, 31 II 2 GKG, Art. 2 I, 20 III GG (Rpfleger), BVerfGE 101, 404, Art. 103 I GG (Richter); Brbg FamRZ 2002, 1419; LG Kblz AnwBl 2000, 64. Denn ein Aufhebungsbeschluss würde nach → Rn. 3 in seine Rechte eingreifen. Das gilt wegen §§ 31 III GKG, 26 III FamGKG auch beim Gegner, LG Kblz FamRZ 1998, 252. Deshalb war es auch nicht notwendig, die in § 126 III 1 Hs. 2 aF genannte Anhörungspflicht ausdrücklich in das geltende Gesetz zu übernehmen, BPatG GRUR 1986, 734.

10 **3. Amtsermittlung.** Das Gericht verfährt nach den Grundsätzen der Amtsermittlung nach → Vor § 128 Rn. 44, § 26 FamFG. Es findet also nicht nur eine Amtsprüfung nach → Vor § 128 Rn. 46 statt. Denn das gesamte Bewilligungsverfahren nach §§ 114 ff. ist trotz seiner Ausrichtung auf einen gleichzeitigen oder zukünftigen Zivilprozess selbst kein Zivilrechtsstreit.

11 **4. Keine Beweislastentscheidung.** Wegen der Amtsermittlungspflicht nach → Rn. 10 trifft die PKH-Partei im Aufhebungsverfahren keine Beweislast nach Anh. § 286. Im Zweifel darf die Bewilligung nicht aufgehoben werden, Hamm FamRZ 2016, 931; Bbg FamRZ 1996, 1427. Das ändert nach → Rn. 34 nichts an den Folgen unzureichender Mitwirkung des Begünstigten bei der Aufklärung.

12 **5. Keine umfassende Prozessaufklärung.** Trotz der Amtsermittlungspflicht nach → Rn. 10 dient das Aufhebungsverfahren ebenso wenig wie das Bewilligungsverfahren einer umfassenden Aufklärung der Prozesslage. Es gibt also weder eine vollständige Aufklärung des Sachverhalts gar von Amts wegen noch etwa eine umfassende Vorwegnahme der dem Hauptverfahren vorbehaltenen Rechtsprüfung.

13 **VI. Entscheidung: Beschluss, I, II.** Die Entscheidung über die Aufhebung erfolgt wie die Entscheidung über die Bewilligung durch einen Beschluss nach → § 119 Rn. 52. Das gilt unabhängig davon, ob die Prüfung der Aufhebung von Amts wegen oder auf Anregung eines Beteiligten erfolgt. Der Beschluss geht an den ProzBev., BGH BeckRS 2011, 1164; Brbg FamRZ 2009, 1427; aM Drsd FamRZ 2009, 1425. Zu Einzelheiten → § 127 Rn. 12–27, → § 172 Rn. 15 „Prozesskostenhilfe". Eine förmliche Zustellung ist bei einer Aufhebung wegen § 127 II 2 nötig. Sie ist bei deren Ablehnung nach → § 127 Rn. 22 nicht erforderlich. Denn der Beschluss enthält bei Ablehnung der Aufhebung keinen Vollstreckungstitel nach § 329 III.

14 Insbesondere bezeichnet das Gesetz den Aufhebungsbeschluss auch nicht nach § 794 als **Vollstreckungstitel.** Insofern liegt auch kein Redaktionsversehen des Gesetzgebers vor. Denn er hat § 794 I Nr. 1 seinerzeit gleichzeitig aus anderem Anlass geändert. Eine Teilaufhebung zB wegen eines Teils der Bewilligung oder wegen einzelner Beweismittel usw. ist unzulässig. Die Möglichkeit einer Abänderung nach § 120a bleibt dann unberührt. Eine Aufhebung wegen einer Scheidungssache nach § 133 FamFG bezieht sich im Zweifel auch auf die Folgesachen nach § 137 FamFG. Das Verschlechterungsverbot nach → § 127 Rn. 71 gilt auch hier, Brem FamRZ 2009, 367.

15 **VII. Wirkung der Aufhebung, I, II. 1. Rückwirkung.** Wie in → § 119 Rn. 5 für den Bewilligungszeitpunkt dargestellt, geht es dort um die Bewilligungsreife. Demgegenüber muss man bei einer Aufhebung auf denjenigen Zeitpunkt abstellen, zu dem das Gericht die PKH tatsächlich fälschlich bewilligt hatte. Denn der Aufhebungsbeschluss korrigiert den fälschlichen Bewilligungsbeschluss, Ffm Rpfleger 1991, 65. Das zwingt dazu, den bisher fälschlich Begünstigten rückwirkend als zumindest ausreichend bemittelt zu behandeln, Karlsr FamRZ 1990, 1121. Nur das entspricht zumindest bei Nr. 1, 2, 4 und 5 der Gerechtigkeit nach → Einl. II Rn. 12, 70. Bei Nr. 3 ist die Rückwirkung insofern verantwortbar, als eine Aufhebung dort ja ohnehin nur innerhalb einer 4-Jahres-Frist zulässig ist, Köln NJW-RR 1986, 358; Saarbr NJW 1983, 1068; Lepke DB 1985, 488; aM Düss Rpfleger 1982, 396; Zweibr Rpfleger 1984, 115.

16 Hebt das **Beschwerdegericht** die erstinstanzliche Aufhebung seinerseits auf, sind die inzwischen eingezogenen Beträge zurückzuzahlen.

17 **2. Unbeschränkte Geltendmachung der Kosten.** Die nach dem GKG, dem FamGKG und dem JVEG entstandenen Gerichtskosten und die nach dem GvKostG angefallenen Gerichtsvollzieherkosten sowie die nach § 59 RVG auf die Staatskasse übergegangenen Ansprüche des nach § 121 beigeordneten Anwalts nach dem RVG sind infolge der Aufhebung der PKH gegen den früheren Begünstigten unbeschränkt geltend zu machen. Dasselbe gilt für einen übergegangenen Vergütungsanspruch des beigeordneten Anwalts, soweit die Staatskasse ihn erst nach der Aufhebung der Bewilligung befriedigt. Das darf er noch fordern, Kblz FamRZ 1997, 755, und das darf sie noch tun, Zweibr Rpfleger 1984, 115. Das muss er wegen der zur Zeit der Aufhebung bereits entstandenen Ansprüche auch tun, Düss Rpfleger 1982, 396; Köln FamRZ 2005, 544.

18 Ferner hindert § 122 I Nr. 3 den beigeordneten Anwalt nach der **Aufhebung der Bewilligung** nicht mehr, seinen Vergütungsanspruch gegenüber dem Auftraggeber geltend zu machen, BPatG GRUR 1986, 734; Köln FamRZ 2005, 2008. Das gilt auch im Verfahren nach § 11 RVG, KG MDR 2011, 627. Mit der Aufhebung der

Bewilligung entfällt schließlich eine einstweilige Befreiung des Prozessgegners von Kosten nach § 122 II. Wenn das Gericht die PKH-Partei in die Prozesskosten nach § 91 verurteilt hat, schuldet sie nach § 29 Nr. 1 GKG auch die Beträge, von deren Zahlung der Prozessgegner nach § 122 II einstweilen befreit war. Der Schutz nach (jetzt) § 31 II 2 GKG entfällt, Düss MDR 1989, 365.

3. Fortbestand der Prozessvollmacht. Die Prozessvollmacht des beigeordneten Anwalts nach § 80 entfällt nicht schon wegen der Aufhebung nun etwa nach § 87. Für ihren Fortfall gelten die sonstigen Regeln nach §§ 86 ff. 19

VIII. Vortäuschung beim Streitverhältnis, I Nr. 1. Die Aufhebung soll (nicht etwa nur: kann) erfolgen, → Rn. 6, 7, wenn die nachfolgenden Voraussetzungen zusammentreffen. 20

1. Unrichtige Darstellung des Streitverhältnisses. Es muss um das „Streitverhältnis" gehen. Das ist derselbe Begriff wie in § 117 I 2, → § 117 Rn. 23. Es geht also nur um solche Unrichtigkeiten, die sich auf die Beurteilung der hinreichenden Erfolgsaussicht nach → § 114 Rn. 27 beziehen, Oldb NJW 1994, 807; LAG Hamm MDR 2007, 246, und die sich auf das Fehlen eines Mutwillens nach → § 114 Rn. 34 erstrecken. Die Bewilligung nach Nr. 1 ist grds. auch dann aufheben, wenn die Partei zwar zutreffende Angaben über die persönlichen und wirtschaftlichen Verhältnisse nach § 117 gemacht hat, aber das Streitverhältnis unrichtig dargestellt und dadurch die sachlichen Bewilligungsvoraussetzungen vorgetäuscht hat. Die Unrichtigkeit der Darstellung der persönlichen und wirtschaftlichen Verhältnisse ist demgegenüber nur nach Nr. 2 zu prüfen. 21

Der Antragsteller muss das Streitverhältnis **„unrichtig"** dargestellt und dadurch die sachlichen Bewilligungsvoraussetzungen „vorgetäuscht" haben, Hamm MDR 2015, 1187; AG Westerburg FamRZ 2006, 1285. Der Umstand, dass eine Beweisaufnahme zu Ungunsten der PKH-Partei ausgefallen ist, rechtfertigt nicht automatisch die Aufhebung der PKH-Bewilligung. Entscheidend ist, ob sich aus der Beweisaufnehme ergibt, dass der Antragsteller falsch vorgetragen hat und ohne den falschen Vortrag PKH nicht gewährt worden wäre, Hamm NJW-RR 2015, 758; Düss FamRZ 1997, 1088; Kblz OLGR 99, 410. 22

2. Täuschungshandlung. Um eine unrichtige Darstellung des Streitverhältnisses handelt es sich, wenn der Antragstellervorsätzlich falsche Tatsachen behauptet oder richtige Tatsachen verschwiegen hat, Hamm FamRZ 2016, 931. Die betreffenden Angaben müssen für die Entscheidung über die Bewilligung nach § 119 relevant gewesen sein, LAG Hannover MDR 2007, 246. 23

3. Beispiele zur Frage einer Täuschungshandlung, I Nr. 1

Aussichtslosigkeit: Eine Täuschung kann darin liegen, dass bekannte Gründe für die Aussichtslosigkeit der Zwangsvollstreckung nicht angegeben werden, Köln MDR 1990, 1020; Schlesw SchlHA 2004, 317. Auch „Verschweigen". 24

Behauptung: Täuschen kann die Behauptung unrichtiger günstiger Umstände, Hamm NJW-RR 2015, 758; Naumb OLGR 03, 332.

Berichtigung: Täuschen kann ihre Nichtvornahme trotz einer Berichtigungspflicht etwa nach → § 117 Rn. 25, Zweibr FamRZ 1995, 374 (Vergleich während der Instanz).

Dokument: Täuschen kann seine Unterdrückung nach → § 444 Rn. 4, Kblz FamRZ 1985, 302; Oldb NJW 1994, 807.

Scheinehe: PKH für Scheidungsverfahren darf nicht deshalb aufgehoben werden, weil die PKH-Partei verschwiegen hat, dass die Ehe eine Scheinehe war Ffm FamRZ 2004, 1882.

Unbrauchbares Beweisangebot: Täuschen kann zB die Berufung auf einen nicht existenten oder dauerhaft nicht erreichbaren oder vernehmungsunfähigen Zeugen, wenn es für die Bewilligungsentscheidung auf die Beweisbarkeit einer Behauptung ankommt; entsprechendes giltbei bekannter Aussichtslosigkeit eines anderen Beweismittels.

Vergleich: „Berichtigung".

Verschweigen: Die Täuschung kann auch durch Verschweigen maßgeblicher Umstände erfolgen, Hamm FamRZ 2016, 931; Jena FamRZ 2004, 1581 (2. Instanz); BGH BeckRS 2001, 607; AG Westerburg FamRZ 2006, 1285. Denn der Antragsteller ist verpflichtet, wahrheitsgemäße und vollständige Angaben zu machen, Jena FamRZ 2004, 1581.

4. Irrtumserregung. Die Frage, ob die Aufhebung nach Nr. 1einen Irrtum des Gerichts über die entscheidungsrelevanten Umstände des Streitverhältnisses voraussetzt, steht in engem Zusammenhang mit der weiteren Frage, ob die unrichtige Darstellung für die PKH-Bewilligung ursächlich gewesen sein muss, → Rn. 26. Dem Wortlaut der Vorschrift von Nr. 1 nach bedarf es eines Irrtums des Gerichts nicht. Wenn man mit dem BGH wegen des Sanktionscharakters der Norm einen Kausalzusammenhang zwischen der unrichtigen Darstellung und der PKH-Bewilligung nicht für erforderlich hält, kommt es auch nicht auf einen etwaige Irrtum des Gerichts an. 25

5. Ursächlichkeit der unrichtigen Darstellung nicht entscheidend. Die in Rspr. und Literatur lange Zeit umstrittene Frage, ob die Aufhebung der PKH-Bewilligung nach I Nr. 1 oder Nr. 2 voraussetzt, dass die falschen Angaben des Antragstellers zu einer objektiv unrichtigen Bewilligung geführt haben, hat der BGH dahin entschieden, dass es sich um einen Verwirkungstatbestand handele und das Gericht daher die PKH-Bewilligung bei falschen Angaben auch dann aufheben könne, wenn die Bewilligung nicht auf diesen Angaben beruhe, sofern die Angaben jedenfalls generell geeignet erschienen, die Entscheidung über die PKH zu beeinflussen, BGH NJW 2013, 68. Dies wird in der Literatur teilweise weiter anders gesehen, weil das Verständnis der Vorschrift als Sanktionsnorm keine ausreichende Stütze im Wortlaut finde und den verfassungsrechtlich gewährleisteten Rechtsschutz unbemittelter Parteien weiter als erforderlich einschränke, MüKoZPO/Wache Rn. 8. Das an sich beachtliche Argument des zu gewährleistenden Rechtsschutzzugangs des Unbemittelten wird aber dadurch entkräftet, dass der Sanktionscharakter der Vorschrift einen erneuten PKH-Antrag mit zutreffenden Angaben nicht hindert, BGH NJW-RR 2018, 257. Teilweise wird auch differenziert zwischen Aufhebung nach Nr. 1, wofür die Ursächlichkeit erforderlich sei, und nach Nr. 2, wofür es der Kausalität nicht bedürfe, Thomas/Putzo/Seiler Rn. 2 f. Für eine solche Differenzierung findet sich im Wortlaut aber kein Anknüpfungspunkt. 26

6. Vorsatz: Vortäuschung. Wie schon das Wort „vorgetäuscht" in Nr. 1 ergibt, ist mindestens bedingter Vorsatz erforderlich, OLG Hamm FamRZ 2016, 931, Nickel MDR 2017, 499. Bloße Fahrlässigkeit oder auch grobe Nachlässigkeit genügt nicht (anders bei Nr. 2). Absicht ist dagegen nicht erforderlich, Kblz FamRZ 1985, 27

302. Für die Frage, ob mindestens bedingter Vorsatz vorliegt, kommt es auf die Person an, auf die Rechtskenntnis, auf die etwaige Beratung eines Anwalts vor der Beiordnung usw. ebenso wie auf den Grad der Schwierigkeit des Sachverhalts, auf etwaige Vorprozesse, auf eine etwaige mündliche Erörterung nach § 118 I usw. Ein Verschulden dieser Art in der Person des gesetzlichen Vertreters nach § 51 II oder des ProzBev. nach § 85 II gilt auch hier als das der Partei, Köln OLGR 2003, 315; BGH NJW 2001, 2720.

28 **7. Zuständigkeit des Richters, I Nr. 1.** Bei einer Aufhebung nach Nr. 1 ist nach § 127 I 2 das zuständige Prozessgericht des jeweiligen Rechtszugs zuständig, Köln MDR 1983, 847; LAG Brem MDR 1983, 789. Funktional ist nach den allgemeinen Regeln entweder der ganze Spruchkörper oder der Einzelrichter zuständig, §§ 348, 348a, 526, 527. Der nach §§ 361, 362 beauftragte oder ersuchte Richter ist nicht zur Entscheidung berufen.

29 **IX. Verschuldete Angaben über persönliche Verhältnisse usw., I Nr. 2. 1. Unrichtigkeit bei den persönlichen oder wirtschaftlichen Verhältnissen, I Nr. 2 Hs. 1.** Während Nr. 1 das „Streitverhältnis“ betrifft, erfasst Nr. 2 die „persönlichen oder wirtschaftlichen Verhältnisse“ des Antragstellers. Das ist derselbe Begriff wie in → § 114 Rn. 16 und wie in § 117 II.

30 Es reicht aus, dass die fraglichen Angaben teilweise unrichtig oder unvollständig sind. Es ist unerheblich, ob sich die Unrichtigkeit oder Unvollständigkeit nur auf persönliche oder nur auf wirtschaftliche Fragen erstreckte.

31 **2. Ursächlichkeit nicht erforderlich, I Nr. 2 Hs. 1.** Wie bei Nr. 1, → Rn. 26, ist für die Aufhebung der PKH-Bewilligung nach Nr. 2 nicht erforderlich, dass die falschen Angaben des Antragstellers zu einer objektiv unrichtigen Bewilligung geführt haben, weil es sich um einen Verwirkungstatbestand handelt und das Gericht daher die PKH-Bewilligung bei falschen Angaben auch dann aufheben kann, wenn die Bewilligung nicht auf diesen Angaben beruht, sofern die Angaben jedenfalls generell geeignet erscheinen, die Entscheidung über die PKH zu beeinflussen, BGH NJW 2013, 68; Brbg FamRZ 2016, 2027.

32 **3. Absicht, grobe Nachlässigkeit, I Nr. 2 Hs. 1.** Der Antragsteller muss entweder absichtlich, direkt oder bedingt vorsätzlich oder zumindest „grob nachlässig“ gehandelt haben, Drsd FamRZ 2017, 465; Mü NJW-RR 2014, 1404; LAG Bln-Brbg NZA-RR 2016, 158 (zu II Nr. 4). Grobe Nachlässigkeit ist die Versäumung der einem jeden einleuchtenden prozessualen Sorgfalt, Brbg FamRZ 2006, 213; Köln FamRZ 1988, 470; Mü NJW-RR 2014, 1404, wie bei § 296 II, → § 296 Rn. 56 f., Bbg JurBüro 1989, 510. Es kommt auf die Umstände des Einzelfalls an, Zweibr FamRZ 2008, 161; LAG Köln JurBüro 1991, 1529. Vorsätzliches Handeln ist auch anzunehmen, wenn der Antragsteller sich nach → § 114 Rn. 34 mutwillig bedürftig gemacht hat, Düss JurBüro 1987, 1715; Hamm BeckRS 2016, 3165. Grobe Nachlässigkeit kann zB dann vorliegen, wenn eine Falschangabe oder Lücke einfach nicht vorkommen darf, etwa bei einem „Vergessen“, Mü NJW-RR 2014, 1404, oder wenn die Partei eine ausreichende Äußerungsfrist ohne eine Entschuldigung verstreichen lässt, LAG Köln JurBüro 1991, 1529, oder wenn sie glaubt, dass Belastungen die Einkünfte aufzehren, Brbg FamRZ 2006, 213. Um grobe Nachlässigkeit handelt es sich nicht, wenn triftige Gründe eine Zurückhaltung rechtfertigen, Brbg FamRZ 2006, 214; Oldb MDR 1979, 503, oder wenn die Partei die Bedeutung des Vorbringens wirklich nicht erkennen konnte, Köln FamRZ 1988, 470, oder wenn sie eine Unterlage nicht beibringen konnte, Kblz FamRZ 2001, 1157, oder die Einreichung des Formulars nach § 117 IV einfach vergessen hat, Drsd FamRZ 2017, 465; LAG Bln-Brbg NZA-RR 2016, 158.

33 Auch wenn die Partei das Streitverhältnis nach → Rn. 20 richtig dargestellt, kann die Aufhebung nach Nr. 2 erfolgen, wenn sie die Angaben über persönliche oder wirtschaftliche Verhältnisse nach § 117 grob nachlässig falsch gemacht hat. Ein Verschulden des gesetzlichen Vertreters nach § 51 II oder des ProzBev. nach § 85 II gilt nach → Rn. 27 auch hier als Verschulden der Partei, Köln OLGR 2003, 315; BGH NJW 2001, 2720. Die Partei hat für das Fehlen des Verschuldens keine Darlegungslast, aM Zweibr FamRZ 2008, 161; LG Kblz MDR 1999, 826 (aber der Gesetzestext sagt das Gegenteil, → Einl. II Rn. 76). Angaben zum Vermögen des Ehegatten können im Hinblick auf einen eventuell vorrangigen Anspruch auf Prozesskostenvorschuss erforderlich sein, aM Kblz MDR 2006, 649.

34 **4. Nichtabgabe oder ungenügende Abgabe der Erklärung, I Nr. 2 Hs. 2.** Eine Aufhebung soll auch dann erfolgen, wenn die Partei zwar nicht nach → Rn. 29–32 vorwerfbar unrichtige Angaben gemacht hat, wenn sie aber ähnlich § 118 II 4 die nach § 120a erforderliche Erklärung überhaupt nicht abgegeben hat, Hamm FamRZ 2000, 1225; Kblz FamRZ 2001, 635; LAG Köln MDR 1996, 1304, oder wenn sie sie (jetzt) ungenügend abgegeben hat.

5. Beispiele zur Frage einer Nichtabgabe usw., I Nr. 2 Hs. 2

35 **Ausschlussfrist:** Es gibt keine Ausschlussfrist, vielmehr kann die Abgabe der Erklärung im Beschwerdeverfahren wirksam nachgeholt werden, Celle MDR 2009, 948, Nachholung.

Formularvorlage: Die Aufhebung der PKH-Bewilligung kann nicht auf eine nicht befolgte Aufforderung zur erneuten Vorlage eines Vordrucks nach § 117 gestützt werden, weil § 120 IV 2 keinen Vordruckzwang vorsieht, Brbg FamRZ 2008, 72; Karlsr FamRZ 2005, 48; Naumb FamRZ 2000, 1224.

Inhaltsleere: Nichtabgabe usw. liegt auch in einer zwar formell vorhandenen, inhaltlich aber völlig unzureichenden Erklärung, (so schon zum alten Recht) LG Hmb Rpfleger 1997, 442.

Nachholung: Die unterbliebene Erklärung kann im Beschwerdeverfahren wirksam nachgeholt werden, OVG Bln NVwZ-RR 2016, 840 mAnm Hansens RVGreport 2017, 31; Saarbr FamRZ 2011, 662; Celle MDR 2009, 948; Hamm FamRZ 2000, 1225; Brbg Rpfleger 2008, 256;, Köln FamRZ 2009, 633; AG Bad Iburg FamRZ 2009, 1851; aA Naumb FamRZ 2006, 216; LG Mainz FamRZ 2001, 1157.

Pflichtwidrigkeit: Sie muss natürlich vorliegen, ebenso wie bei → Rn. 29–32, Stgt FamRZ 2011, 1746 (erwähnt aber nicht § 85 II).

Teilaufhebung: Sie ist möglich, Brbg FamRZ 2006, 214.

„Verlangen des Gerichts“: Es muss nach → § 118 Rn. 37 eindeutig erfolgt sein. Auch „Formularvorlage“.

Verschweigen: Es kann reichen, Hamm FamRZ 2016, 931 (besseres Einkommen).

Verwirkung: Das Recht der Staatskasse zur Aufhebung der Bewilligung wird nicht verwirkt, wenn wegen der unrichtigen Angaben ein Strafverfahren gegen die PKH-Partei geführt wurde, das Aufhebungsverfahren bis zum Abschluss des Ermittlungsverfahrens ausgesetzt war und alsbald nach Abschluss des Strafverfahrens fortgeführt wurde, Zweibr Rpfleger 2016, 738.

6. Zuständigkeit des Rechtspflegers, I Nr. 2. Über eine Aufhebung nach I Nr. 2 entscheidet im Prozessgericht nach → Rn. 28 dessen Rpfleger nach §§ 20 I Nr. 4c, 25a RPflG, (zum alten Recht) LAG Brem Rpfleger 1983, 365. Er entscheidet zwar von Amts wegen, Lepke DB 1985, 491, ohne dass eine Beauftragung durch den Vorsitzenden nötig war. Eine gleichwohl ergangene Entscheidung des Richters bleibt nach § 8 RPflG wirksam, Köln FamRZ 1988, 740; Schlesw SchlHA 1983, 60. 36

X. Nichtvorliegen der persönlichen oder wirtschaftlichen Voraussetzungen, I Nr. 3. Eine Aufhebung soll (und nach → Rn. 6, 7 nicht nur: kann) auch beim Zusammentreffen von → Rn. 37–40 erfolgen. 37

1. Fehlen der Voraussetzungen: Geltungsbereich, I Nr. 3 Hs. 1. Während Nr. 1 das „Streitverhältnis" betrifft, also die Frage der Erfolgsaussicht nach → § 114 Rn. 27 oder des Fehlens von Mutwillen nach → § 114 Rn. 34, befassen sich nach → § 114 Rn. 16 sowohl Nr. 2 als auch Nr. 3 mit den „persönlichen oder wirtschaftlichen Verhältnissen" oder „Voraussetzungen", also mit der Bedürftigkeit des Antragstellers. Insofern haben sie denselben Geltungsbereich. Indessen ist eine Aufhebung nach Nr. 2 von dem dort genannten Verschuldensgrad abhängig. Demgegenüber setzt Nr. 3 nach → Rn. 40 kein Verschulden voraus. Dafür ist die Möglichkeit der Aufhebung der Bewilligung nach Nr. 3 aber nach Hs. 2 zeitlich begrenzt. Insofern ist Nr. 3 strenger als Nr. 2. Nr. 3 gilt nicht beim Fehlen der sachlichen Voraussetzungen (Erfolgsaussicht, Nichtvorlage von Mutwillen). 38

2. Objektives Nichtvorliegen, I Nr. 3 Hs. 1. Es reicht aus, dass die Voraussetzungen objektiv nicht vorgelegen haben. Das muss sich bei einer rückschauenden Betrachtung ergeben, nach → § 119 Rn. 5, 11 bezogen auf den Zeitpunkt der tatsächlichen Entscheidung und bei einer rückwirkenden Bewilligung auf den Zeitpunkt der Bewilligungsreife. 39

3. Verschulden nicht erforderlich, I Nr. 3 Hs. 1. Während nach Nr. 1 oder 2 die dort genannten Verschuldensgrade erforderlich sind, ist ein Verschulden für eine Aufhebung nach Nr. 3 keine Voraussetzung, Brbg FamRZ 2002, 762 (Verschweigen der mutwillig herbeigeführten Bedürftigkeit), Hamm Rpfleger 1984, 432; Köln FamRZ 1988, 471. 40

4. Gebundenes Ermessen, I Nr. 3 Hs. 1. Auch bei Nr. 3 bedeutet das Wort „soll" im Eingangssatz des § 124, dass das Ermessen des Gerichts bei Vorliegen der gesetzlichen Voraussetzungen dahingehend gebunden ist, dass die Bewilligung aufzuheben ist, wenn nicht Verhältnismäßigkeitsgründe dagegensprechen, → Rn. 6 f. 41

5. Beispiele zur Frage des Fehlens der persönlichen oder wirtschaftlichen Voraussetzungen, I Nr. 3 Hs. → § 114 Rn. 22 ff.: Der Antragsteller hat eine Rechtsschutzversicherung abgeschlossen, die die Kosten des Hauptprozesses deckt, BGH Rpfleger 1981, 437; er hat eine Auflage nicht erfüllt, ein Negativattest des Versicherers nachzureichen, Düss MDR 1993, 583; die Entscheidung zur Ratenzahlung war nach den tatsächlichen damaligen Verhältnissen objektiv nicht vertretbar, Bbg FamRZ 1984, 1244; Düss JurBüro 1988, 1059; Zweibr JurBüro 1985, 1569; der Antragsteller hat als Gewerkschaftsmitglied Anspruch auf gewerkschaftlichen Rechtsschutz, LAG Hamm BeckRS 2006, 41896; entsprechend Anspruch auf kostenlose Rechtsvertretung durch einen Sozialverband, LSG BW BeckRS 2014, 71488. 42

6. Bloße Änderung der Voraussetzungen, I Nr. 3 Hs. 1. Nr. 3 erfasst nur den Fall, dass die Voraussetzungen überhaupt „nicht" vorgelegen haben. Wenn sie sich nur nachträglich geändert haben, ist nicht Nr. 3 einschlägig, sondern Nr. 4. 43

7. Keine Aufhebung bei bloß unrichtiger Beurteilung der damaligen Voraussetzungen, I Nr. 3 Hs. 1. Eine abweichende Beurteilung der objektiv bei der Bewilligungsentscheidung unzureichenden Voraussetzungen durch das Gericht rechtfertigt die Aufhebung nach Nr. 3 wegen des entgegenstehenden Vertrauensschutzes nicht, Brbg FamRZ 2019, 49; Ffm MDR 2002, 785; Köln FamRZ 2001, 1534; Saarbr FamRZ 2009, 1851. 44

8. Keine Aufhebung nach mehr als vier Jahren, I Nr. 3 Hs. 2. Selbst wenn die Voraussetzungen → Rn. 37–42 vorliegen, kommt eine Aufhebung nicht in Betracht, wenn seit dem Eintritt der formellen Rechtskraft der Entscheidung nach § 705 oder sonstigen Beendigung des Verfahrens vier Jahre vergangen sind. 45

Der schuldlose Antragsteller, den allein Nr. 3 belasten könnte, soll vor finanziellen Belastungen in demjenigen Zeitpunkt Schutz erhalten, in dem er normalerweise nicht mehr mit einer Nachzahlungspflicht rechnen muss. Das ist eine Ausprägung des Grundsatzes des Vertrauensschutzes. Es ist konsequent, diesen nur insofern anzuwenden, als den Antragsteller kein Verschulden trifft. Deshalb gilt die Zeitschranke nicht bei Nr. 1, 2 und 4. 46

9. Fristberechnung. Die Vierjahresfrist beginnt entweder mit einer „rechtskräftigen Entscheidung" oder einer „sonstigen Beendigung des Verfahrens". Nr. 3 Hs. 2 meint den jeweiligen Hauptprozess oder das Hauptverfahren, aM Brbg FamRZ 2005, 47 (Rechtskraft der letzten Folgesachenentscheidung). Die Frist beginnt nach §§ 187 ff. BGB um 0.00 Uhr des Tages, der dem Tag folgt, an dem um 24.00 Uhr die formelle Rechtskraft der Entscheidung nach § 705 eintrat oder an dem das Verfahren endete. Die Regelung ähnelt der Verjährungsregelung des § 5 I GKG. Dort ist als Beendigungsgrund auch der Vergleich, der natürlich auch geeignet, die Vierjahresfrist anlaufen zu lassen. Eine „sonstige" Beendigung kann auch zB dadurch eintreten, dass eine Aussetzung des Hauptverfahrens auf unbestimmte Zeit nach §§ 148 ff. oder das Ruhen dieses Verfahrens nach §§ 251a, 331a eintreten. 47

XI. Unrichtige oder nicht unverzügliche Mitteilung, I Nr. 4. Die Aufhebung der PKH-Bewilligung nach Nr. 4 setzt einen Verstoß gegen die Mitteilungspflicht nach → § 120a Rn. 21–25 voraus. Erforderlich ist qualifiziertes Verschulden in Form von Absicht oder grober Nachlässigkeit wie zB bei → § 296 Rn. 56 ff., BAG NJW 2017, 107; Brbg Rpfleger 2017, 468; Mü NZA 2017, 617; Drsd FamRZ 2017, 464. 48

Sowohl **Unrichtigkeit** als auch eine **nicht unverzügliche** Mitteilung reichen zur Aufhebung aus, BAG NJW 2017, 107, also nach § 121 I 1 BGB ein vorwerfbares und daher schuldhaftes Zögern. Das qualifizierte Verschulden ist auch bei einer bloßen Nichtmitteilung erforderlich, BAG NJW 2017, 108; Brbg Rpfleger 2017, 468; LAG Düss JurBüro 2016, 649; LAG Düss JurBüro 2016, 543; LAG Stgt NZA-RR 2015, 438; aM LAG Drsd NZA-RR 2016, 496 (aber der Wortlaut von I Nr. 4 ist eindeutig). Ursächlichkeit der Unrichtigkeit ist nicht nötig, LAG Düss JurBüro 2016, 650. 49

Abwägung aller Umstände ist jeweils notwendig, OVG Bautzen NVwZ-RR 2021, 279; Brbg FamRZ 2017, 1593 (evtl. kein Verschulden beim Verfahren mit einem nach § 121 beigeordneten Anwalt). Im Insolvenzver- 50 fahren kommt es auf das freie Einkommen und Vermögen an, Kblz FamRZ 2014, 782. Nachträgliche Vorlage nach § 120a II 2 kann heilen, LAG Mü NZA-RR 2017, 618. Im Zweifel kein Verstoß gegen I Nr. 4.

51 Nicht jede unterlassene – ggf. bloß vergessene – Mitteilung einer Anschriftenänderung kann als grob nachlässig angesehen werden, Ffm NJOZ 2020, 1020; Drsd FamRZ 2017, 464; strenger Stgt FamRZ 2019, 1877. Grobe Nachlässigkeit iSd Nr. 4 liegt aber vor, wenn die PKH-Partei sich entgegen § 17 I BMG nicht ordnungsgemäß ummeldet, für den ProzBev. nicht erreichbar ist und die neue Anschrift nicht mitteilt, Ffm NJW 2021, 382.

52 **XII. Zahlungsrückstand der Partei, I Nr. 5.** Eine Aufhebung soll auch (und nach → Rn. 6, 7 nicht nur: darf) dann erfolgen, wenn die Partei länger als drei Monate mit der Zahlung einer Monatsrate oder eines sonstigen Betrags im Rückstand ist, Brbg FamRZ 2001, 633; Nürnb MDR 2005, 48. Anschließend kommt eine Neubewilligung grundsätzlich nicht infrage, Brem FamRZ 2001, 1534; Kblz Rpfleger 1996, 354; Nürnb MDR 2005, 48; Musielak/Voit/Fischer Rn. 11. Eine Neubewilligung kommt aber ausnahmsweise infrage, wenn sich die persönlichen und wirtschaftlichen Verhältnisse der Partei verschlechtert haben und kein erneuter Verstoß gegen Nr. 5 bevorsteht, BGH NJW-RR 2006, 197; Zweibr Rpfleger 2002, 526. Die Nachholung der versäumten Zahlung ist noch im Beschwerdeverfahren möglich, Karlsr FamRZ 2002, 1199; LAG Mainz MDR 2012, 934.

53 **1. Monatsrate, sonstiger Betrag.** Es muss sich nach → § 120 Rn. 8 um einen Rückstand derjenigen Leistungen des Begünstigten handeln, den das Gericht nach § 120 I 1 iVm § 115 I, II festgesetzt hat.

54 **2. Rückstand: Erforderlichkeit von Verzug.** Zwar enthält Nr. 5 nicht den Begriff „Verzug", sondern nur das Wort „Rückstand". Dennoch ist Verzug erforderlich. Der Antragsteller kommt also nicht in „Rückstand", solange die Leistung infolge eines solchen Umstands unterbleibt, den er nach (jetzt) § 286 IV BGB nicht zu vertreten hat, Brbg JurBüro 2020, 493; BGH NJW 1997, 1077; Saarbr FamRZ 2009, 1616; LAG Nürnb JurBüro 2007, 211; aM Brem FamRZ 1984, 411. Eine Aufhebung unterbleibt daher dann, wenn das Gericht gar keine Raten hätte festsetzen dürfen, Brbg MDR 2015, 420; LAG Bln-Brbg NZA-RR 2017, 40. Für Verzug ist leichte Fahrlässigkeit ausreichend, etwa weil der Antragsteller nicht auf eine Mahnung reagiert hat, Hamm Rpfleger 1992, 257; Stgt Just 1986, 14. Eine spätere Leistungsunfähigkeit mag einen früheren Verzug bestehen lassen, Brbg FamRZ 2006, 1854; Kblz MDR 2014, 1471; Saarbr FamRZ 2009, 1616. Andererseits ist keine absichtliche Nichtzahlung erforderlich. Solange die Gerichtskasse keine Zahlungsaufforderung geschickt hat, tritt kein Verzug ein, Brbg FamRZ 2001, 633. Das Beschwerdegericht prüft nicht mit, ob im Beschwerdeverfahren nach § 127 wiederum ein Rückstand eintrat, Brbg FamRZ 2002, 1419.

55 **3. Im Zweifel kein Rückstand.** Auch Nr. 5 ist als eine die Partei belastende Regel eng auszulegen. Das bedeutet: Im Zweifel liegt kein Rückstand (Verzug) vor und bleibt es bei der Bewilligung der PKH, wenn etwa bei der Bewilligungsentscheidung zu Unrecht Ratenzahlung angeordnet worden ist, Köln FamRZ 2022, 367. Der nach → Rn. 59 zuständige Rpfleger darf keine zu hohen Anforderungen an die Zahlungsfähigkeit der PKH-Partei stellen. Nr. 5 soll den Antragsteller nicht dafür bestrafen, dass das Gericht seine Zahlungsfähigkeit überschätzt hat, BGH NJW 1997, 1077; Brbg NZBau 2015, 228; Celle FamRZ 1997, 1089. Das gilt unabhängig davon, ob er gegen einen Ratenzahlungsbeschluss den zulässigen Rechtsbehelf geltend gemacht hat, Köln FamRZ 2022, 367. Auch mag ein Mitverschulden des Gerichts usw. vorliegen, zB eine Ungenauigkeit bei der Angabe des Zahlungsbeginns, der Ratenhöhe oder der Zahlstelle, Brbg FamRZ 2001, 633. Nach einer Aufhebung der Ratenzahlungsauflage kommt Nr. 5 natürlich nicht mehr infrage, Kblz FamRZ 2008, 1764. Ein Hinweis der Partei auf die Verschlechterung ihrer wirtschaftlichen Lage ist nach → Vor § 128 Rn. 60 als Antrag auf Änderung der Ratenzahlungsanordnung anzusehen und zu berücksichtigen, Brbg FamRZ 2001, 633; Celle FamRZ 1997, 1089. Das gilt auch dann, wenn der Hinweis erst im Beschwerdeverfahren nach § 127 erfolgt, Brbg FamRZ 2006, 1855; Nürnb MDR 2005, 646; BGH NJW 1997, 1077. Wenn allerdings die PKH-Partei auf Mahnungen des Gerichts nicht reagiert und trotz Aufforderung durch den Rechtspfleger keine Gründe für die Nichtzahlung der Raten angegeben hat, ist davon auszugehen, dass der Zahlungsrückstand verschuldet war, Hamm Rpfleger 1992, 257;, Stgt JurBüro 1986, 297.

56 **4. Aufhebung ist anzudrohen.** Die Aufhebung nach Nr. 5 kommt wegen des Anspruchs der Partei auf rechtliches Gehör nur in Betracht, wenn das Gericht die rückständige Zahlung unter Fristsetzung angemahnt und auf die Folgen eines ergebnislosen Fristablaufs hingewiesen hat, Brbg FamRZ 2002, 1419; Brem FamRZ 2011, 129.

57 **5. Länger als drei Monate.** Der Zahlungsverzug nach → Rn. 54 muss „länger als drei Monate" vorliegen. Der Verzug beginnt nach § 286 I 1 BGB mit einer Nichtzahlung „nach dem Eintritt der Fälligkeit" trotz einer „Mahnung", und bei einer nach dem Kalender bestimmten Zahlungspflicht nach § 286 II Nr. 1 BGB mit einer Nichtzahlung „zu der bestimmten Zeit". In der Regel hat das Gericht den jeweiligen Zahlungszeitpunkt im Bewilligungsbeschluss oder später festgesetzt. Bei Unklarheiten des Beschlusses oder beim sonstigen Zweifel über den Zahlungszeitpunkt müsste der Rpfleger also zunächst klären, ob überhaupt die Fälligkeit eingetreten ist, falls ja: ob das Gericht „gemahnt" hat. Im Zweifel unterbleibt nach → Rn. 55 f. auch insofern eine Aufhebung. Ein Hinweis der Partei auf eine Verschlechterung ihrer Lage kann nach → Vor § 128 Rn. 60 in einen Antrag nach § 120a umzudeuten sein, Brbg FamRZ 2001, 633; LAG Brem MDR 1988, 81. Das Gericht muss dann evtl. rückwirkend die Raten verringern oder wegfallen lassen, Düss FamRZ 1993, 1474; Hamm FamRZ 1986, 1127; LG Marburg Rpfleger 1994, 469.

58 **6. Keine Teilaufhebung.** Soweit die Voraussetzungen der Nr. 5 vorliegen, muss der Rpfleger die Bewilligung insgesamt aufheben. Das Gericht darf nicht etwa nur die rückständigen Raten für sofort vollstreckbar erklären oder die Raten herabsetzen usw., sofern nicht außerdem die Voraussetzungen des § 120a vorliegen. Dadurch können erhebliche Härten für den bisher Begünstigten eintreten. Es bleibt ihm dann nur, nach → § 127 Rn. 93 einen neuen Bewilligungsantrag einzureichen. Das Gericht muss trotz der Aufhebung der bisherigen Bewilligung über einen solchen neuen Antrag wie bei § 121 I 1 BGB unverzüglich entscheiden, soweit nicht ersichtlich wird, dass der Antragsteller lediglich Rechtsmissbrauch treibt, dass er also aufgrund derselben Tatsachen eine unzulässige Zweitentscheidung fordert, Schlesw SchlHA 1984, 174.

59 **7. Zuständigkeit des Rechtspflegers.** Zur Aufhebung nach Nr. 5 ist im Prozessgericht nach → Rn. 28 der Rpfleger zuständig, wie bei Nr. 2–4, → Rn. 35. Wegen der Zustellung → § 172 Rn. 15 „Prozesskostenhilfe".

XIII. Spätere Problematik von Beweisaufnahme, II. Während I anfänglich vorliegende Umstände als Aufhebungsgründe bezeichnet, bezieht sich II auf Umstände, die erst nach einer gemäß § 119 erfolgten Bewilligung Berücksichtigung durch das Gericht finden konnten, mochten sie vor oder nach der Bewilligung objektiv eingetreten sein. 60

„Kann" aufheben steht in II, also nicht „soll" aufheben. Dem Gericht wird damit weitergehendes Ermessen als bei den Aufhebungstatbeständen nach I eingeräumt. 61

Voraussetzung ist, dass die beantragte Beweiserhebung keine hinreichende Aussicht auf Erfolg mehr bietet oder der Beweisantritt mutwillig erscheint. Die Beurteilungsmaßstäbe sind dieselben wie bei → § 114 Rn. 27 ff. bzw. → Rn. 34 ff., wobei es hier nur um die mangelnde Erfolgsaussicht bzw. Mutwilligkeit hinsichtlich eines Beweisantritts, nicht hinsichtlich der Rechtsverfolgung durch die PKH-Partei insgesamt geht. 62

XIV. Zusammentreffen von I und II. Es können die Voraussetzungen von I und II zusammentreffen. Grundsätzlich umfasst allerdings Nr. 5 nur die Frage, ob der PKH-Begünstigte festgesetzte Raten usw. hätte zahlen müssen, während I Nr. 3 die weitergehende Frage betrifft, ob das Gericht gar keine PKH hätte bewilligen dürfen. Soweit die Voraussetzungen beider Vorschriften zusammentreffen, erfolgt die Aufhebung auch nach beiden Vorschriften. 63

XV. Rechtsmittel, I, II. Es gilt § 127 II 2, → § 127 Rn. 38, 90. Wegen einer Anhörungsrüge vgl. § 321a. 64

125 *Einziehung der Kosten.*

[I] Die Gerichtskosten und die Gerichtsvollzieherkosten können von dem Gegner erst eingezogen werden, wenn er rechtskräftig in die Prozesskosten verurteilt ist.

[II] Die Gerichtskosten, von deren Zahlung der Gegner einstweilen befreit ist, sind von ihm einzuziehen, soweit er rechtskräftig in die Prozesskosten verurteilt oder der Rechtsstreit ohne Urteil über die Kosten beendet ist.

I. Systematik, I, II. Während § 122 II die einstweilige Befreiung des Prozessgegners des Antragstellers von Kosten regelt und § 123 eine Kostenerstattungspflicht des Prozessgegners des Begünstigten klarstellt, regelt § 125 das Verhältnis zwischen dem Prozessgegner und der Staatskasse, falls er unterliegt. Ergänzend regelt § 126 das Verhältnis zwischen dem beigeordneten Anwalt des Begünstigten und dem verurteilten Prozessgegner. Dabei erfasst I nur die in § 122 I Nr. 1a genannten Kosten, während II die in § 122 II genannten Kosten betrifft. § 125 enthält Regelungen, die zwar die grundsätzlichen Kostenvorschriften der §§ 91 ff. unberührt lassen, wohl aber den §§ 7, 17, 18, 54, 57 GKG und den entsprechenden Regelungen des FamGKG vorgehen. 1

II. Regelungszweck, I, II. Die Vorschrift soll einen unersetzbaren Schaden verhindern, der dem Prozessgegner des Begünstigten drohen würde. Denn der unterliegende Prozessgegner wird nach § 29 Nr. 1 GKG zum sog. Entscheidungsschuldner. Er müsste daher ohne die Sonderregelung des § 125 mit einer Einziehung vor der formellen Rechtskraft seiner Verurteilung nach § 705 rechnen. Müsste er dann im Rechtsmittelzug oder zB infolge eines Prozessvergleichs nach Anh. § 307 oder eines außergerichtlichen Vergleichs nach § 779 BGB im Ergebnis doch keine Kosten tragen, bestünde das Risiko, dass er mit einem dann natürlich theoretisch entstehenden Erstattungsanspruch nach §§ 91 ff. gegenüber dem nun erst endgültig kostenpflichtigen „Begünstigten" leer ausginge, weil jener mittellos ist. Auch die einstweilige Befreiung des Prozessgegners nach § 122 II würde nicht helfen, nachdem das Gericht eine Kostengrundentscheidung zu seinen Lasten erlassen hat. 2

Aus diesem Schutzzweck ergibt sich auch die **unterschiedliche Regelung** von I und II. Kosten, die zunächst nur der Antragsteller hätte zahlen müssen, soll das Gericht vom unterliegenden Prozessgegner erst nach der Rechtskraft einziehen dürfen. Kosten, die eigentlich er entrichten sollte und von denen ihn nur § 122 II einstweilen (mit)befreit hatte, kann die Staatskasse bei ihm auch einziehen, wenn der Rechtsstreit ohne ein Urteil über die Kosten endet, also nicht nur bei einem rechtskräftigen Unterliegen. 3

III. Geltungsbereich, I, II. → Vor § 114 Rn. 5, → § 114 Rn. 10–12. § 125 gilt auch im WEG-Verfahren. Im FamFG-Verfahren gilt nach § 76 I FamFG der § 125 entsprechend. 4

IV. Einziehung nach einstweiliger Befreiung des Antragstellers, I. 1. Kosten nach § 122 I Nr. 1a. Es geht um die Gerichtskosten und Gerichtsvollzieherkosten, die die Staatskasse infolge der Bewilligung der PKH dem Antragsteller gegenüber nur nach den Bestimmungen geltend machen konnte, die das Gericht nach § 120 I getroffen hatte. 5

2. Einziehung erst nach rechtskräftiger Verurteilung in die Prozesskosten. Ohne I würde der Prozessgegner des durch die PKH Begünstigten nach dem Prozessverlust als sog. Entscheidungsschuldner nach § 29 Nr. 1 GKG (Erstschuldner) der Staatskasse gegenüber schon ab der Wirksamkeit der Bekanntgabe der Kostengrundentscheidung haften. Sie brauchte weder nach § 705 formell rechtskräftig noch nach §§ 708 ff. vorläufig vollstreckbar zu sein, Toussaint/Toussaint GKG § 29 Rn. 3. Diesen kostenrechtlichen Grundsatz schränkt I ein. Die Staatskasse kann sowohl Gerichtskosten als auch Gerichtsvollzieherkosten von dem unterliegenden Prozessgegner des Begünstigten erst dann einziehen, wenn die ihn belastende Kostengrundentscheidung formell rechtskräftig geworden ist. Eine bloß vorläufig vollstreckbare Entscheidung zur Kostenfrage oder gar nur zur Hauptsache erlaubt der Staatskasse die Einziehung noch nicht. Es kommt auf die Rechtskraft der Entscheidung zu den Prozesskosten an. Die Verurteilung nur zur Sache bedingt nicht stets eine Verurteilung auch in die Prozesskosten, zB § 344. § 31 III Hs. 1 GKG mit seiner Haftung eines anderen Kostenschuldners dann, wenn der Entscheidungsschuldner PKH erhalten hatte, gilt übrigens sachlich unverändert für den Fall fort, dass auch der unterliegende Prozessgegner PKH erhalten hatte. 6

V. Einziehung nach einstweiliger Befreiung des Antragsgegners, II. 1. Kosten nach § 122 II. Die Vorschrift betrifft die Gerichtskosten, von denen nicht der Antragsteller nach § 122 I Nr. 1a einstweilen befreit war, sondern infolge jener Befreiung nun nach § 122 II auch sein Prozessgegner. Wegen dieser Kosten → § 122 Rn. 27. 7

2. Einziehung nach rechtskräftiger Verurteilung in die Prozesskosten. Die Einziehung ist zunächst dann möglich, wenn das Gericht den Prozessgegner des Begünstigten nach § 705 formell und materiell nach § 322 rechtskräftig in die Prozesskosten verurteilt hat. Insofern gelten dieselben Regeln wie in → Rn. 6. 8

9 **3. Einziehung auch nach Beendigung des Rechtsstreits ohne Urteil über die Kosten.** Die Einziehung von dem Prozessgegner der PKH-Partei kommt allerdings unabhängig von der Rechtskraft eines ihm ungünstigen Kostenurteils nach → Rn. 8 auch dann in Betracht, wenn der Rechtsstreit „ohne Urteil über die Kosten beendet ist".

4. Beispiele zur Beendigung des Rechtsstreits ohne Kostenurteil, II

10 **Klagerücknahme:** Die Einziehung kommt nach einer Rücknahme nach § 269 in Frage, falls das Gericht nicht nach § 269 III 3 über die Kosten entschieden hat.

Kostenübernahme: S. zunächst „Vergleich". Eine Kostenübernahme der Partei liegt auch in einer Erklärung des ProzBev. „Kosten zahle ich". Sie liegt aber nicht schon stets in „Ich sage für die Kosten gut", Toussaint/Toussaint GKG § 29 Rn. 11 ff. Es ist auch eine Teilübernahme und dann eine entsprechende Teileinziehung möglich, Brschw OLGR 01, 46.

Ruhen des Verfahrens: Eine Einziehung kommt dann in Frage, wenn das Gericht schon vor längerer Zeit nach § 251 verfahren ist.

Teileinziehung: → „Kostenübernahme".

Untätigkeit der Parteien: Die Einziehung kommt dann in Betracht, wenn die Parteien den Prozess schon längere Zeit hindurch nicht mehr weiterbetreiben.

Vergleich: Die Einziehung kommt dann in Frage, wenn die Parteien einen außergerichtlichen Vergleich nach § 779 BGB oder einen Prozessvergleich nach Anh. § 307 geschlossen haben, Brschw OLGR 99, 215, und soweit der Prozessgegner des Begünstigten dabei durch eine Kostenübernahme nach → § 98 Rn. 37 zum sog. Übernahmeschuldner nach § 29 Nr. 2 GKG geworden ist. Auch → „Kostenübernahme".

126 *Beitreibung der Rechtsanwaltskosten.* **[1] Die für die Partei bestellten Rechtsanwälte sind berechtigt, ihre Gebühren und Auslagen von dem in die Prozesskosten verurteilten Gegner im eigenen Namen beizutreiben.**

II [1] Eine Einrede aus der Person der Partei ist nicht zulässig. [2] Der Gegner kann mit Kosten aufrechnen, die nach der in demselben Rechtsstreit über die Kosten erlassenen Entscheidung von der Partei zu erstatten sind.

Übersicht

1 **I. Systematik, I, II.** Der nach § 121 beigeordnete Anwalt kann nach § 122 I Nr. 3 seinen Vergütungsanspruch gegen den Auftraggeber während des Hauptverfahrens einstweilen nicht geltend machen. Er braucht aber natürlich nicht kostenlos tätig zu werden. Daher hat er einen eigenen und nicht nur kraft Gesetzes auf ihn übergegangenen Vergütungsanspruch gegen die Staatskasse nach (jetzt) §§ 45 ff. RVG, Mü Rpfleger 2013, 277; Rostock MDR 2006, 418; Schlesw NJW-RR 2004, 718. Dadurch erhält er einen stets zahlungsfähigen Kostenschuldner. Er hat insofern sogar eine bessere Stellung als ein Wahlanwalt im Verfahren ohne eine PKH. Trotzdem gibt § 126 ihm zusätzlich zu jener Möglichkeit einen Weg, seine Vergütung nicht nur geltend zu machen, sondern sogar beizutreiben, also zu vollstrecken. Er kann sich nämlich auch an den in die Prozesskosten verurteilten oder zur Kostenübernahme bereit erklärten Gegner des Auftraggebers halten. Dieses eigene Beitreibungsrecht des Anwalts steht selbständig neben dem verbleibenden Erstattungsanspruch des Auftraggebers, Schlesw NJW-RR 2004, 718; Meyer JurBüro 2015, 299.

2 Insofern stellt die Vorschrift eine **Ergänzung** zu §§ 91 ff., 103 ff. dar, nach denen der unterliegende Prozessgegner des Begünstigten die gesamten Kosten des Rechtsstreits tragen und gegen sich festsetzen lassen muss, Hamm AnwBl 1988, 544; Kblz JurBüro 2012, 475. Die Beitreibung nach § 126 erfolgt nämlich im Weg der Kostenfestsetzung nach → §§ 103 ff., Mü Rpfleger 2013, 277; Rostock MDR 2006, 418. Auf Grund des Festsetzungsbeschlusses findet dann die Zwangsvollstreckung nach § 794 I Nr. 2 statt. Demgegenüber regelt § 123 iVm §§ 91 ff. die etwaige Kostenerstattungspflicht des bisher begünstigten, dennoch unterliegenden Auftraggebers. § 126 schafft auch keine Regelung im Verhältnis des beigeordneten Anwalts zu seinem Auftraggeber. Das

gilt selbst dann, wenn dieser unterliegt. Insofern entfällt zwar schließlich das Verbot der Geltendmachung nach § 122 I Nr. 3 mit dem Ende des Hauptverfahrens. Der beigeordnete Anwalt muss aber auch dann wie ein ohne PKH gewählter Anwalt seine Vergütungsansprüche im Innenverhältnis zu seinem Auftraggeber geltend machen, sei es im Verfahren nach § 11 RVG, sei es mangels Anwendbarkeit jener Vorschrift auf dem Klageweg nach § 253.

II. Regelungszweck, I, II. Mit der Regelung sollen dem beigeordneten Rechtsanwalt – über die Gebühren im Rahmen der Prozesskostenhilfe hinaus – seine Vergütungsansprüche gesichert werden, BGH FamRZ 2016, 206. Es geht zumindest auch um eine gewisse Entlastung der Staatskasse, Brschw JurBüro 2015, 150. 3

III. Geltungsbereich, I, II. → Vor § 114 Rn. 5, → § 114 Rn. 10–12. § 126 gilt auch im WEG-Verfahren. Im FamFG-Verfahren gilt nach § 76 I FamFG der § 126 entsprechend. 4

IV. Beitreibungsberechtigung, I. 1. Für die Partei bestellter Rechtsanwalt. Das Gericht muss den Anwalt „für die Partei bestellt" haben. I meint die „Beiordnung" nach § 121. Wegen der Beiordnung eines Patentanwalts vgl. § 136 S. 2 PatG. Danach ist § 126 nur im Einspruchsverfahren sowie im Verfahren zur Klärung der Nichtigkeit oder der Rücknahme eines Patents oder wegen der Erteilung einer Zwangslizenz entsprechend anwendbar. Unanwendbar sind I, II auf einen Pflichtverteidiger, Nürnb Rpfleger 2014, 694. 5

2. Nur wegen des Beiordnungszeitraums. Aus der Notwendigkeit der „Bestellung", also einer Beiordnung nach → Rn. 5 folgt: Die Beitreibung nach I ist nur wegen der Vergütungsansprüche zulässig, die für die Tätigkeit während des Beiordnungszeitraums entstanden. Sie ist also unstatthaft, sofern der später beigeordnete Anwalt eine Vergütung für eine Tätigkeit vor der Wirksamkeit der Beiordnung oder für einen Zeitraum nach ihrer Beendigung verlangt. Dabei ist unerheblich, ob das Gericht ihn auch für diese Tätigkeit hätte beiordnen dürfen oder müssen, solange es das eben nicht ggf. rückwirkend getan hat. Eine Tätigkeit, für die die gesetzliche Vergütung eines Wahlanwalts ohne PKH bereits entstanden war, fällt nicht deshalb unter die nach I beitreibungsfähigen Gebühren und Auslagen, weil der Anwalt sie im Beiordnungszeitraum fortgesetzt hat. Sie wird erst dann beitreibungsfähig, wenn sie im Beiordnungszeitraum nach dem RVG erneut oder zusätzlich entsteht, etwa infolge einer jetzt erst vorgenommenen Klagerhöhung nach § 263. 6

3. Mehrheit von Rechtsanwälten. Wie schon der Wortlaut von I andeutet, können evtl. mehrere Anwälte unabhängig voneinander einen Beitreibungsanspruch haben. Das gilt zunächst für den praktisch allerdings kaum denkbaren Fall, dass das Gericht (theoretisch möglich) nicht nur „einen", sondern mehrere Anwälte nach § 121 I beiordnet. Praktisch häufiger ist die Beiordnung eines zusätzlichen Beweis- oder Verkehrsanwalts nach § 121 III. Hinzu tritt der Fall eines etwa nach → § 91 Rn. 140 notwendigen Wechsels des beigeordneten Anwalts, sei es als ProzBev., Beweis- oder Verkehrsanwalt. Sie alle haben ja für eine Tätigkeit im Beiordnungszeitraum Vergütungsansprüche unabhängig von den übrigen beigeordneten Anwälten. 7

V. Umfang des Beitreibungsrechts: Gebühren und Auslagen, I. Das Beitreibungsrecht jedes der nach → Rn. 5–7 Berechtigten umfasst „Gebühren und Auslagen", also die gesetzliche Vergütung nach § 1 RVG, Naumb JurBüro 2008, 373. 8

1. Volles Beitreibungsrecht. Die Vergütung beschränkt sich der Staatskasse gegenüber auf die in § 49 RVG ermäßigten Beträge, Toussaint/Toussaint RVG§ 49 Rn. 1. Sofern der beigeordnete Anwalt nach dem Wegfall des Verbots der Geltendmachung nach § 122 I Nr. 3 seine Vergütung auch aufgrund des Anwaltsvertrags vom Auftraggeber fordern kann, kann er die volle gesetzliche Vergütung eines ohne eine PKH gewählten Anwalts fordern, also nach → Rn. 10 auch die sog. Differenzkosten zwischen dieser und der niedrigeren Vergütung nach §§ 45 ff. RVG. Der sowohl für das Erkenntnisverfahren nach § 253 als auch für die zugehörige Zwangsvollstreckung nach §§ 704 ff. beigeordnete Anwalt kann die Beitreibung auch wegen der Vollstreckungskosten nach § 788 vornehmen. Denn der Kostentitel umfasst die Vollstreckungskosten. Der nur zweitinstanzlich beigeordnete Anwalt kann erstinstanzliche Anwaltskosten allenfalls aufgrund einer Abtretung an ihn beitreiben, Kblz JurBüro 2006, 152. Der nur für die Zwangsvollstreckung beigeordnete Anwalt kann allerdings nur aufgrund einer im Vollstreckungsverfahren ergangenen Kostenentscheidung eine Beitreibung vornehmen, LG Bln Rpfleger 1979, 346. 9

2. Auch wegen der Differenzkosten. Diese Differenzkosten nach → Rn. 9 sind auch gegenüber dem Prozessgegner beitreibungsfähig, Zweibr JurBüro 1993, 680. Denn er muss ja ohnehin nach §§ 123, 91 ff. dem siegenden Begünstigten die gesamten Prozesskosten nach §§ 91 ff. erstatten. Er stünde auf Kosten des beigeordneten Anwalts besser da, wenn jedenfalls das Beitreibungsrecht dieses Anwalts nach § 126 nicht auch die Differenzkosten umfassen würde. 10

3. Keine Beitreibung schon erhaltener Teilbeträge. Natürlich kann der Anwalt nicht mehr Teile der gesetzlichen Gesamtvergütung eines ohne PKH gewählten Anwalts fordern, die er bereits von dem Auftraggeber oder von einem Dritten oder von der Staatskasse erhalten hat, bei letzterer nach §§ 45 ff. und wegen § 59 RVG, VGH Mannh JurBüro 1992, 542. Denn er kann die gesamte Vergütung natürlich insgesamt nur einmal von allen Kostenschuldnern fordern. 11

VI. Kostenschuldner: In die Prozesskosten verurteilter Gegner, I. Die Beitreibung kann und darf nur gegen den „in die Prozesskosten verurteilten Gegner" (gemeint: des Auftraggebers des nach § 121 beigeordneten Anwalts) erfolgen. Es muss also eine Kostengrundentscheidung gegen den Prozessgegner vorliegen. Das gilt auch nach einer Klagerücknahme § 269, Brbg FamRZ 1996, 683; Düss Rpfleger 1999, 132. Nach § 269 IV 2 hat das Gericht von Amts wegen über die Kosten zu entscheiden, wenn einem Beklagten PKH gewährt worden war. § 788 ist anwendbar, soweit das Gericht den Anwalt schon im Erkenntnisverfahren nach § 253 beigeordnet hatte, LG Bln Rpfleger 1979, 346. Die Beitreibung ist also nicht etwa gegen den eigenen Auftraggeber möglich, Dieser ist grundsätzlich am Verfahren nach § 126 nicht direkt beteiligt, Brbg JurBüro 2007, 261. Die Beitreibung erfolgt auch nicht gegenüber der Staatskasse. Dort gilt § 55 RVG. Sie ist auch nicht gegenüber einem Dritten zulässig. Das gilt selbst dann, wenn dieser sich gegenüber dem beigeordneten Anwalt und/oder dessen Auftraggeber oder gar gegenüber dem Prozessgegner des Begünstigten in einer rechtswirksamen Form zu einer Kostenübernahme verpflichtet hat, weil es sich bei ihm nicht um den „Gegner" der PKH-Partei handelt. 12

VII. Im eigenen Namen, I. Das Beitreibungsrecht ist ein gesetzlicher Anspruch des Beitreibungsberechtigten „im eigenen Namen". 13

14 **1. Gesetzlicher Erstattungsanspruch.** I schafft nicht einen privatrechtlichen Gebührenanspruch, sondern einen gesetzlichen Erstattungsanspruch. Dieser tritt nach → Rn. 1, 25, 26 zu dem des siegenden Auftraggebers nach §§ 91 ff., 103 hinzu, Kblz FamRZ 2003, 1400; Naumb JurBüro 2008, 373. Das Beitreibungsrecht folgt aus dem Gesetz, BGH FamRZ 2016, 206; ferner Rostock MDR 2006, 418. Es ist vergleichbar allenfalls dem Einziehungsrecht nach § 835, BGH FamRZ 2013, 201. Der Umstand, dass I weder §§ 91 ff. (Erstattungsanspruch des Auftraggebers) noch § 59 RVG (Erstattungsanspruch der Staatskasse aus übergegangenem Recht) beeinträchtigt, ergibt sich schon aus → § 123 Rn. 1, 2, Dörndorfer Rpfleger 1987, 448.

15 **2. Entstehung des Anspruchs: Aufschiebend bedingt.** Wie jeder gesetzliche Kostenerstattungsanspruch entsteht auch der Beitreibungsanspruch nicht erst im Zeitpunkt der Kostengrundentscheidung des Hauptverfahrens nach → Vor § 91 Rn. 53. Er entsteht vielmehr nach → § 121 Rn. 19 aufschiebend bedingt schon im Zeitpunkt der Begründung des aufgrund der Beiordnung abgeschlossenen Anwaltsvertrags. Diesen aufschiebend bedingten Anspruch verwandelt eine nicht rechtskräftige in die Kosten verurteilende Entscheidung in einen auflösend bedingten, Brschw JurBüro 2015, 150; Düss Rpfleger 2011, 446. Er entfällt mit der formellen Rechtskraft einer abändernden Entscheidung nach § 705 oder mit einem Vergleich nach Anh. § 307, Stgt MDR 1989, 744; LG Köln AnwBl 1984, 624. Dann kann nach → Rn. 22 die Haftung des Anwalts nach § 717 II eintreten, BGH NJW-RR 2013, 186.

16 **VIII. Beitreibung, I.** Mit der Berechtigung, die Vergütung im eigenen Namen „beizutreiben“, gibt I dem beigeordneten Anwalt den Anspruch nicht nur auf Geltendmachung, sondern auch auf Vollstreckung seines Vergütungsanspruchs.

17 **1. Anspruch auf Festsetzung der Vergütung.** Die Beitreibung erfolgt im Kostenfestsetzungsverfahren nach §§ 103 ff., Rostock MDR 2006, 418, und zwar durch den Rpfleger nach § 21 I Nr. 1 RPflG. Es findet also nicht etwa das Festsetzungsverfahren nach § 11 RVG statt. Denn dort ist Antragsgegner nur der Auftraggeber, Hmb MDR 1984, 593; Schlesw SchlHA 1985, 31. Gegen diesen ist die Festsetzung und daher Beitreibung nach § 126 I jedenfalls solange ja ohnehin nicht zulässig, als der Anwalt dem Auftraggeber gegenüber einen Anspruch nach § 122 I Nr. 3 gar nicht geltend machen kann. Das Erwirken eines Festsetzungsbeschlusses als eines zur Vollstreckung nach § 794 I Nr. 2 geeigneten Titels ist ja bereits Teil der Geltendmachung. Bei einer Kostenverteilung nach Bruchteilen nach § 92 ZPO ist § 106 auch auf den Beitreibungsanspruch anwendbar.

18 **2. Kein Klagerecht des Anwalts gegenüber dem Prozessgegner.** Soweit der nach § 121 beigeordnete Anwalt nach I die Beitreibung im Kostenfestsetzungsverfahren nach → Rn. 16 vornehmen kann, fehlt das Rechtsschutzbedürfnis für eine Klage nach § 253 auf Zahlung der Vergütung auch gegenüber dem in die Prozesskosten verurteilten Gegner des Auftraggebers. Denn das Festsetzungsverfahren ist nach → Vor § 103 Rn. 4 grundsätzlich wegen seiner größeren Einfachheit und speziellen Ausrichtung der allein zulässige Weg, Kosten erstattet zu verlangen.

19 **3. Notwendigkeit eines Antrags.** Wie bei jedem Kostenfestsetzungsverfahren ist nach → § 103 Rn. 11–18 ein Antrag erforderlich. Er ist eindeutig auf Beitreibung durch den beigeordneten Anwalt im eigenen Namen zu richten, Celle JurBüro 2014, 30; Rostock MDR 2006, 418. Natürlich kann der beigeordnete Anwalt sich auch darauf beschränken, ein Kostenfestsetzungsverfahren nach §§ 91 ff., 103 ff. nur im Namen und Auftrag des siegenden Auftraggebers zu betreiben, Rostock MDR 2006, 418. Dann ist natürlich § 126 unanwendbar, Schlesw JurBüro 1990, 1195. Solange unklar ist, ob der Anwalt nach I nur oder auch im eigenen Namen oder nur im Namen des Auftraggebers die Festsetzung fordert, muss das Gericht evtl. nach § 139 rückfragen, Rostock MDR 2006, 418. Im Zweifel ist davon auszugehen, dass der Antrag von der Partei selbst und nicht dem ProzBev. gestellt ist, Celle JurBüro 2014, 30; Rostock MDR 2006, 418.

4. Beispiele zur Frage eines weiteren Festsetzungsverfahrens, I

20 **Berichtigung:** Auf den Festsetzungsbeschluss sind §§ 319, 329 wie sonst nach → § 329 Rn. 19 „§ 319“ anwendbar.

Höhe: Der beitreibende Anwalt muss sich auf den Betrag beschränken, der für seinen Auftraggeber festzusetzen wäre. Weil es sich um einen eigenen Anspruch des Anwalts handelt, erstreckt sich sein Beitreibungsrecht nicht auf Reisekosten der von ihm vertretenen Partei, die diese selbst geltend machen kann, Jena MDR 1998, 1438.

Pfändung: Eine Pfändung nach § 829 wirkt nicht gegenüber dem beigeordneten Anwalt, soweit sie dem Zeitpunkt einer sog. Umschreibung nach → Rn. 29 auf den Anwalt nachfolgt, wohl aber vorher, Mü Rpfleger 1992, 257; aM Habscheid/Schlosser ZZP 75, 336 (eine Pfändung sei unwirksam, bevor der durch eine PKH Begünstigte seinen Anwalt befriedigt habe).

Reisekosten: → „Höhe“.

Rückzahlung: Soweit die Festsetzung auf den Namen der obsiegenden Partei erfolgte und soweit diese ihren beigeordneten Anwalt persönlich bezahlt hat, muss er die Vergütung zurückzahlen, soweit der Vollstreckungstitel wegfällt. Nach Beitreibung beim Gegner kann dieser, wenn er in höherer Instanz siegt, die Kosten gegen den Anwalt nach § 91 IV rückfestsetzen lassen, BGH NJW-RR 2013, 186; Hmb JurBüro 2012, 147; Mü Rpfleger 2013, 277; auch → Rn. 22.

Umsatzsteuer: Die Mehrwertsteuer ist wie bei → § 91 Rn. 84 nicht erstattungsfähig, soweit der Auftraggeber vorsteuerabzugsberechtigt ist, BGH NJW-RR 2007, 285.

Verjährung: Der prozessuale Beitreibungsanspruch verjährt entsprechend § 195 BGB in 3 Jahren und nach seiner rechtskräftigen Festsetzung entsprechend § 197 I Nr. 3 BGB nach 30 Jahren.

Zustellung: Sie erfolgt nur an den beitreibenden Anwalt und nicht an den etwa inzwischen in einer höheren Instanz beigeordneten anderen Anwalt oder gar an den Auftraggeber.

21 **5. Rechtsbehelfe.** Rechtsbehelfsbelehrung: §§ 232, 233 S. 2. Der beitreibende Anwalt ist im Festsetzungs-(Beitreibungs-)Verfahren Partei. Er hat also die einer Partei zustehenden Rechtsbehelfe. Sein Auftraggeber und die Staatskasse sind insofern nicht beteiligt, Brbg JurBüro 2007, 261. Infolgedessen haben die letzteren auch grundsätzlich keine Rechtsbehelfe. Der Auftraggeber kann aber ausnahmsweise dann nach → § 567 Rn. 14 *beschwert und deshalb zum Rechtsmittel* berechtigt sein, wenn er seinen Einziehungsanspruch verliert, Brbg Rpfleger 2007, 330.

22 **6. Haftung aus der Beitreibung.** Soweit der beitreibende Anwalt aus dem Festsetzungsbeschluss nach § 794 I Nr. 2 vollstreckt, kommt seine Haftung auf Schadensersatz nach § 717 II in Betracht, wenn das Gericht

die Kostengrundentscheidung des Hauptprozesses aufhebt oder ändert, BGH NJW-RR 2013, 186 (Anspruch auf Rückfestsetzung!), auch → Rn. 20 „Rückzahlung". Denn bis zu ihrer Rechtskraft ist sein Erstattungsanspruch nach → Vor § 91 Rn. 54 nur auflösend bedingt.

IX. Nebeneinander der verschiedenen Erstattungsansprüche, I. Wie in → Rn. 1, 3 angedeutet, verdrängt § 126 nicht etwa die übrigen Erstattungsansprüche, sondern tritt zu ihnen hinzu, bis der jeweils beitreibende beigeordnete Anwalt befriedigt ist, BGH NJW 2009, 2962; Naumb JurBüro 2008, 373. 23

1. Mehrheit beitreibender Anwälte. Soweit das Gericht mehrere Anwälte nach § 121 beigeordnet hat, kann nach → Rn. 7 jeder von ihnen die Beitreibung vornehmen. 24

2. Erstattungsanspruch des Auftraggebers. Soweit der beigeordnete Anwalt überhaupt noch einen Beitreibungsanspruch nach I hat, darf auch sein obsiegender Auftraggeber gleichberechtigt neben seinem Anwalt nach §§ 91 ff., 103 ff. die Kostenfestsetzung und nach §§ 704 ff. die Zwangsvollstreckung in die Kosten gegenüber dem insofern unterlegenen Prozessgegner betreiben, Naumb JurBüro 2008, 373; Rostock MDR 2006, 418; das stellt § 123 zusätzlich klar, Dörndorfer Rpfleger 1987, 448. Das kann nach → Rn. 19 natürlich auch für ihn der beigeordnete Anwalt tun, ohne dadurch auf das Beitreibungsrecht im eigenen Namen zu verzichten. Insofern kann der Auftraggeber nach → Rn. 21 auch rechtsmittelberechtigt sein. Evtl. Rückfestsetzung → Rn. 22. 25

3. Gleichberechtigung der Ansprüche. Wie der BGH bereits mehrfach entschieden hat, räumt I dem beigeordneten Anwalt ein selbständiges Beitreibungsrecht ähnlich einem Überweisungsgläubiger nach §§ 835 f. ein; dem Anwalt ist damit die Einziehung des Kostenerstattungsanspruchs seiner Partei als Prozessstandschafter übertragen BGH MDR 2016, 175; NJW-RR 2013, 186; NJW 2009, 2962; FamRZ 2007, 710; Thomas/Putzo/Seiler Rn. 2. Der Anspruch der Partei geht dadurch nicht verloren, vielmehr stehen beide Ansprüche gleichberechtigt nebeneinander, bis der jeweilige Kostengläubiger befriedigt ist, BGH NJW 2009, 2962; NJW 1994, 3292. 26

4. Erstattungsanspruch der Staatskasse. Soweit der beigeordnete Anwalt nach §§ 45 ff. RVG auch oder zunächst nur die Staatskasse in Anspruch nimmt und soweit sie ihn befriedigt hat, geht sein Vergütungsanspruch auf sie nach § 59 I 1 RVG über, Düss Rpfleger 1990, 80; Toussaint/Toussaint RVG § 59 Rn. 7. Für die Geltendmachung des Anspruchs gelten nach § 59 II RVG die Vorschriften über die Einziehung der Kosten des gerichtlichen Verfahrens sinngemäß. Der auf die Staatskasse übergegangene Anspruch besteht zunächst unabhängig von dem Beitreibungsrecht nach § 126 I und unabhängig von dem Festsetzungsanspruch und Vollstreckungsrecht des obsiegenden Prozessgegners nach §§ 91 ff., 103 ff. solange, bis der in die Prozesskosten Verurteilte die volle Vergütung des beigeordneten Anwalts gezahlt hat oder bis nach → Rn. 15 ein Vergleich nach § 779 BGB oder nach Anh. § 307 den Anspruch nach § 126 beseitigt, Nürnb MDR 2008, 233. Der Prozessgegner kann sich nach → Rn. 1, 3 also sogar drei Beitreibungs-, Festsetzungs- oder Vollstreckungsverfahren wegen der Vergütung jenes beigeordneten Anwalts gegenübersehen. 27

Natürlich braucht er nur einmal zu erfüllen. Er kann daher nach → Rn. 25, 26 Erinnerung nach § 766 oder eine Vollstreckungsabwehrklage nach § 767 erheben. Trotz der Zahlung der Staatskasse geht kein Erstattungsanspruch auf sie über, soweit die durch die PKH begünstigte Partei wirksam auf die Kostenerstattung verzichtet hatte oder soweit ihr Prozessgegner gegen einen auf sie erlassenen Festsetzungsbeschluss wirksam aufgerechnet hatte. Der Geltendmachung nach § 59 RVG steht nicht entgegen, dass das Gericht dem erstattungspflichtigen Gegner ebenfalls PKH bewilligt hatte, → § 122 Rn. 16. 28

X. „Umschreibung", I. Die Praxis lässt nach → Rn. 32 vielfach eine sog. „Umschreibung" des auf die obsiegende Partei lautenden Vollstreckungstitels auf den Namen des ihr beigeordneten Anwalts zu, Naumb Rpfleger 2008, 428; Kblz Rpfleger 2017, 467. Der Begriff ist allerdings irreführend, MüKoZPO/Wache Rn. 9. 29

1. Zulässigkeit. Jedenfalls ist bei der Zulassung einer solchen „Umschreibung" § 727 auch nicht entsprechend anwendbar. Denn es handelt sich nicht um eine vollstreckungsrechtliche Titelumschreibung, sondern um einen neuen selbständigen Kostenfestsetzungsbeschluss, Hamm NJW-RR 2013, 1408; Schlesw NJW-RR 2004, 717; Düss AnwBl 1980, 377; Hamm AnwBl 1982, 383. Man muss ihn auch wegen der Rechtsbehelfe nach § 104 III als einen selbständigen Festsetzungsbeschluss behandeln, Düss FamRZ 1998, 847; KG Rpfleger 1977, 451. 30

2. Folgen für die bisherige Festsetzung. Der auf den beigeordneten Anwalt lautende Beschluss muss den früheren auf seinen obsiegenden Auftraggeber lautenden Beschluss nach der „Umschreibung" wegen der Erstattungspflicht im Umfang der Kosten des beigeordneten Anwalts für wirkungslos erklären. Der Inhaber, der obsiegende Auftraggeber, muss den bisherigen Festsetzungsbeschluss nicht an das Gericht zurückgeben, wenn bei der neuen Festsetzung ausgesprochen wird, dass der frühere Beschluss seine Wirksamkeit verliert, Stgt NJW-RR 2001, 718 (jedenfalls nicht nach dem Mandatsende); aM KG Rpfleger 1977, 451 (aber die Partei soll ohnehin alle ihr entstehenden Kosten einheitlich festsetzen lassen). Soweit die siegende Partei bestreitet, sind §§ 732, 768 entsprechend anwendbar. 31

3. Anhörung des Prozessgegners. Die formelle Rechtskraft des ersten Festsetzungsbeschlusses für den siegenden Auftraggeber nach §§ 329, 705 hindert eine „Umschreibung" auf seinen beigeordneten Anwalt nicht. Ebenso wenig hindert ein Verlust seiner Zulassung, solange sein Vergütungsanspruch nicht verjährt ist. Eine unbedingte Voraussetzung für die „Umschreibung" ist aber, dass er in ihrem Zeitpunkt noch ein eigenes Beitreibungsrecht nach I hat. Daher muss das Gericht vor einer Umschreibung immer den unterlegenen Prozessgegner anhören, und zwar nach Art. 2 I, 20 III GG (Rpfleger) bzw. Art. 103 I GG (Richter). Eine Umschreibung *erfolgt zB dann nicht,* wenn der siegende Auftraggeber auch nur behauptet, vor dem Zeitpunkt der Zustellung des ihm günstigen Festsetzungsbeschlusses über den Erstattungsanspruch bereits eine Verfügung getroffen zu haben. Im Übrigen muss der beigeordnete Anwalt die Tilgung des Erstattungsanspruchs durch eine Zahlung gegenüber seinem Auftraggeber gegen sich gelten lassen, soweit diese Tilgung vor der Zustellung des auf den beigeordneten Anwalt lautenden Festsetzungsbeschlusses erfolgt ist, KG JurBüro 2002, 374. 32

XI. Unzulässigkeit einer Einrede aus der Person der Partei – „Verstrickung", II 1. Die Vorschrift schränkt die Verteidigungsmöglichkeiten des in die Prozesskosten verurteilten Prozessgegners des durch die PKH Begünstigten ein. 33

1. Zweck: Entlastung der Staatskasse. Wenn der Kostenschuldner alles geltend machen könnte, was ihm gegen den Erstattungsanspruch seines obsiegenden Prozessgegners an Einreden zustünde, könnte er auch den 34

Beitreibungsanspruch des diesem beigeordneten Anwalts erheblich beeinträchtigen. Der Ausschluss von Einreden aus der Person der Partei, die sog. Verstrickung, ist so lange gerechtfertigt wie der beigeordnete Anwalt die Kostenforderung noch im eigenen Namen geltend machen kann, BGH NJW-RR 2007, 1147. Auch wäre die durch I bezweckte Entlastung der Staatskasse nach → Rn. 3 im Ergebnis gefährdet. Deshalb soll man dieser Beitreibung nur begrenzt mit Einreden entgegentreten dürfen, Schlesw NJW-RR 2004, 718. Die Regelung ist mit dem GG vereinbar, BGH NJW-RR 1991, 254. Einreden sind lediglich in II 2 und in einigen weiteren Fällen zulässig, Düss JurBüro 1993, 29.

35 **2. Einrede aus der Person der Partei.** Der schwerverständliche Text meint: Der in die Kosten nach §§ 91 ff. verurteilte Prozessgegner kann keine Einreden geltend machen, die ihm gegenüber dem obsiegenden Gegner direkt zustehen würden, BGH NJW-RR 2007, 1147. Im Gegensatz dazu kann er schon nach dem Wortlaut von II 1 ohne weiteres solche Einreden geltend machen, die ihm nur gegenüber der Person des beitreibenden beigeordneten Anwalts zustehen.

36 **3. Umfang des Einreden-Ausschlusses.** II 1 erfasst alle Einreden gegenüber dem siegenden Prozessgegner, BGH FamRZ 2016, 208; NJW-RR 2007, 1147. Das gilt jedenfalls, soweit eine Einrede nur das Erlöschen des Erstattungsanspruchs und dieses auch erst jetzt herbeiführen könnte. Zulässig sind Einreden gegenüber einem Anspruch, den der beigeordnete Anwalt des siegenden Prozessgegners gegenüber seinem Auftraggeber hat.

4. Beispiele zur Frage der Zulässigkeit einer Einrede, II 1

37 **Abtretung:** Auch der Verweis auf eine erfolgte Abtretung kann als „Einrede aus der Person der Partei" gem. II 1 nicht gegen den Anspruch erhoben werden, BGH MDR 2016, 175.

Aufrechnung: Sie ist unzulässig, solange der beigeordnete Anwalt die Kostenforderung noch im eigenen Namen geltend machen kann, wobei es unerheblich ist, ob der Anwalt sein Beitreibungsrecht aus I im Zeitpunkt der Aufrechnung bereits ausgeübt hatte, BGH NJW-RR 2007, 1147; Nürnb MDR 2011, 323; Schlesw FamRZ 2007, 752. Das gilt auch dann, wenn ein zur Aufrechnung gestellter Gegenanspruch schon vor der Beiordnung fällig war, Brschw JurBüro 2015, 150; BGH FamRZ 2006, 190. Aber auch → Rn. 38.

Befriedigung: → „Erfüllung", → „Zahlung".

Erfüllung: → „Zahlung".

Erlassvertrag: Die Einrede, die Prozessparteien hätten einen Vertrag auf den Erlass der Kostenerstattungsschuld des Unterliegenden geschlossen, ist als Einrede aus der Person des Gegners grds. gegenüber dem beitreibenden beigeordneten Anwalt unzulässig, Hamm AnwBl 1988, 544.

Mehrheit von Anwälten: Wenn mehrere nach § 121 beigeordnete Anwälte Ansprüche nach I verfolgen, gehen diejenigen des zeitlich früher beigeordneten Anwalts vor. Inwieweit der später beigeordnete Anwalt eine Erstattung fordern kann, richtet sich nach § 91. Im Übrigen muss man jeden Anwalt selbständig beurteilen.

Pfändung: Auch die Pfändung fällt unter den Begriff der Einrede aus der Person der Partei, die nicht gegen den Anspruch geltend gemacht werden kann, BGH MDR 2016, 175 mAnm Hansens RVGreport 2016, 73.

Rechtskraft: → „Vergleich".

Vereinbarung: → „Erlassvertrag", → „Vergleich".

Vergleich: Soweit die Prozessparteien nach dem Erlass einer nach §§ 708 ff. lediglich vorläufig vollstreckbaren Entscheidung vor deren formeller Rechtskraft nach § 705 einen gerichtlichen oder außergerichtlichen Vergleich geschlossen haben, in dem sie auch über die Kostenerstattungsfrage Bestimmungen getroffen haben, ist das Recht des beigeordneten Anwalts mitbetroffen, Düss Rpfleger 2011, 446. Denn sein Anspruch hängt vom Erstattungsanspruch des Auftraggebers dem Grunde nach ab, §§ 91 ff., 123. I erweitert nur die Beitreibungsmöglichkeiten.

Dagegen kann ein zulässiger außergerichtlicher Vergleich der Prozessparteien über Kostenerstattungsfragen nach § 779 BGB, den sie erst nach Eintritt der Rechtskraft schließen, dem beigeordneten Anwalt seinen Erstattungsanspruch nicht mehr nehmen.

Verzicht: Grundsätzlich ist die Einrede unstatthaft, der siegende Prozessgegner habe auf eine Kostenerstattung dem Unterliegenden gegenüber verzichtet, Hamm AnwBl 1988, 544. Zulässig ist aber der Einwand, der beigeordnete Anwalt habe selbst auf sein Beitreibungsrecht nach I verzichtet, Düss FamRZ 1998, 847. Soweit er den Auftraggeber nur bei dessen Festsetzungsgesuch vertritt, kann darin nach → Vor § 128 Rn. 60 ein stillschweigender Verzicht auf das eigene Recht nach I liegen, Kblz MDR 1987, 1032. Soweit das Gericht die Festsetzung fälschlich auf den Namen des Auftraggebers vorgenommen hat, kann der Prozessgegner mit Befreiungswirkung an diesen zahlen und ist durch die fehlerhafte Festsetzung dann auch nicht mehr beschwert, Brem JurBüro 1986, 1413.

Zahlung: Bei Beitreibung durch den ProzBev. ist die Partei kein berechtigter Zahlungsempfänger mehr, dem Anwalt gegenüber ist die Erfüllung der Kostenschuld durch Zahlung an die Partei unwirksam, BGH FamRZ 2016, 208. Zulässig ist natürlich die Einwendung, der Kostenschuldner habe direkt an den beitreibenden beigeordneten Anwalt gezahlt oder dieser sei von seinem Auftraggeber und/oder einem Dritten oder der Staatskasse befriedigt worden.

Zustimmung: Eine Einrede ist statthaft, soweit der Schuldner behauptet, der beitreibende Anwalt habe einer Ermäßigung oder einem Erlass des Kostenerstattungsanspruchs aus eigenem Recht zugestimmt.

38 **XII. Befugnis zur Aufrechnung, II 2.** Als Ausnahme vom Grundsatz der Einschränkung der Einredemöglichkeiten nach → Rn. 33, 34 lässt II 2 in begrenztem Umfang die Einrede des Kostenschuldners mit Ansprüchen gegen den obsiegenden Prozessgegner auch im Beitreibungsverfahren des beigeordneten Anwalts zu.

39 **1. Eigener Kostenerstattungsanspruch.** Der nach I in Anspruch genommene Prozessgegner des Auftraggebers muss einen eigenen Kostenerstattungsanspruch gegen den Auftraggeber des beitreibenden Anwalts haben. Denn er „kann mit Kosten aufrechnen, die… von der Partei zu erstatten sind". Das kann zB dann so sein, wenn das Gericht die Kosten nach §§ 92 ff. geteilt hat oder soweit die obsiegende PKH-Partei Kosten infolge einer Verweisung nach § 281 III 2 oder Kosten einer eigenen Säumnis nach § 344 tragen muss.

40 **2. Derselbe Rechtsstreit.** Es muss sich um Kosten handeln, die die obsiegende PKH-Partei nach der „in demselben Rechtsstreit" erlassenen Kostenentscheidung erstatten muss, BGH NJW-RR 2007, 1147, Düss Rpfleger 1990, 80. Es ist unerheblich, ob die Kosten in einer anderen Instanz entstanden sind oder ob es sich um eine Kostenverteilung nach Verfahrensabschnitten handelt. Unzulässig ist jedoch die Aufrechnung mit einer

Kostenforderung aus einem anderen Verfahren, Jena MDR 1998, 1438. Das vorangegangene Mahnverfahren nach §§ 688 ff. zählt aber zu „demselben Rechtsstreit", aM LG Bln AnwBl 1983, 327.

3. Erstattungsanspruch aufgrund einer Kostenentscheidung. Die Aufrechnung ist nur aufgrund eines Anspruchs statthaft, den der dem beigeordneten Anwalt an sich zahlungspflichtige Prozessgegner des Auftraggebers aufgrund einer „über die Kosten erlassenen" Entscheidung selbst erstattet fordern kann, BGH NJW-RR 2007, 1147. Es muss also ein ihm günstiger Kostengrundtitel vorliegen, sei es ein Beschluss, sei es ein Urteil. 41

4. Unzulässigkeit der Aufrechnung. Unzulässig ist die Aufrechnung vor dem Zeitpunkt der Festsetzung zugunsten der Partei, Kblz AnwBl 1990, 56; Stgt Rpfleger 1987, 218. Man kann die Aufrechnung allerdings für zulässig halten, sobald ein auf den Namen der Partei des beigeordneten Anwalts lautender Festsetzungsbeschluss vorliegt, BGH NJW 1994, 3294; Düss FamRZ 1998, 847. 42

Unzulässig ist die Aufrechnung aufgrund eines fehlerhaften Kostenfestsetzungsbeschlusses, Kblz Rpfleger 1994, 422. Unzulässig ist die Aufrechnung auch dann, wenn die Gegenforderung des Aufrechnenden schon fällig war, ehe der Erstattungsanspruch nach I durch die Beiordnung verstrickt wurde, BGH MDR 2016, 175; Schlesw JurBüro 1997, 368. Die Aufrechnung ist nicht schon dann unzulässig, wenn nur der im eigenen Namen beitreibende Anwalt die Kostenfestsetzung betrieben hat, aM Ffm Rpfleger 1990, 468 (aber das überzeugt nicht, sofern die übrigen Voraussetzungen → Rn. 39–41 vorliegen). Solange der nach § 121 beigeordnete Anwalt keinen Antrag nach I im eigenen Namen gestellt hat, ist II nach → Rn. 19 unanwendbar und bindet daher eine Aufrechnung des Gegners den Anwalt, Hamm MDR 2013, 1273. 43

127 *Entscheidungen.*

I [1]Entscheidungen im Verfahren über die Prozesskostenhilfe ergehen ohne mündliche Verhandlung. [2]Zuständig ist das Gericht des ersten Rechtszuges; ist das Verfahren in einem höheren Rechtszug anhängig, so ist das Gericht dieses Rechtszuges zuständig. [3]Soweit die Gründe der Entscheidung Angaben über die persönlichen und wirtschaftlichen Verhältnisse der Partei enthalten, dürfen sie dem Gegner nur mit Zustimmung der Partei zugänglich gemacht werden.

II [1]Die Bewilligung der Prozesskostenhilfe kann nur nach Maßgabe des Absatzes 3 angefochten werden. [2]Im Übrigen findet die sofortige Beschwerde statt; dies gilt nicht, wenn der Streitwert der Hauptsache den in § 511 genannten Betrag nicht übersteigt, es sei denn, das Gericht hat ausschließlich die persönlichen oder wirtschaftlichen Voraussetzungen für die Prozesskostenhilfe verneint. [3]Die Notfrist beträgt einen Monat.

III [1]Gegen die Bewilligung der Prozesskostenhilfe findet die sofortige Beschwerde der Staatskasse statt, wenn weder Monatsraten noch aus dem Vermögen zu zahlende Beträge festgesetzt worden sind. [2]Die Beschwerde kann nur darauf gestützt werden, dass die Partei gemäß § 115 Absatz 1 bis 3 nach ihren persönlichen und wirtschaftlichen Verhältnissen Zahlungen zu leisten oder gemäß § 116 Satz 3 Beträge zu zahlen hat.[3]Die Notfrist beträgt einen Monat und beginnt mit der Bekanntgabe des Beschlusses. [4]Nach Ablauf von drei Monaten seit der Verkündung der Entscheidung ist die Beschwerde unstatthaft. [5]Wird die Entscheidung nicht verkündet, so tritt an die Stelle der Verkündung der Zeitpunkt, in dem die unterschriebene Entscheidung der Geschäftsstelle übermittelt wird. [6]Die Entscheidung wird der Staatskasse nicht von Amts wegen mitgeteilt.

IV Die Kosten des Beschwerdeverfahrens werden nicht erstattet.

Übersicht

1 **I. Systematik, I–IV.** Während § 117 die Einzelheiten des erforderlichen Bewilligungsantrags regelt und §§ 118, 119 Einzelheiten des Bewilligungsverfahrens erfassen, stellt I 2 die Zuständigkeit klar und nennt I 1 den Grundsatz, dass keine mündliche Verhandlung über den Bewilligungsantrag als solchen erfolgt. Die „Erörterung" in § 118 I 3 ist nach → § 118 Rn. 17 keine „Verhandlung". §§ 119 ff. regeln die Art der Entscheidung. II, III beschreiben die Rechtsbehelfe. Ergänzend sind für I § 329 und die dort in Bezug genommenen Vorschriften über Beschlüsse und für II, III die §§ 567 ff. anwendbar.

2 Durch das Gesetz zur Regelung der Wertgrenze für die Nichtzulassungsbeschwerde in Zivilsachen, zum Ausbau der Spezialisierung bei den Gerichten sowie zur Änderung weiterer prozessrechtlicher Vorschriften v. 12.12.2019, BGBl I S. 2633, ist III 2 dahingehend geändert worden, dass die Worte „§ 115 Abs. 1 bis 3" und „… oder gemäß § 116 Satz 3 Beträge zu zahlen hat" eingefügt worden sind, → Rn. 32.

3 **II. Regelungszweck, I–IV.** Dass im Bewilligungsverfahren keine mündliche Verhandlung stattfindet, ist dem Umstand geschuldet, dass es sich um ein bloßes Vorverfahren handelt, in dem ebenso wenig Beweise erhoben wie schwierige Rechtsfragen geklärt werden sollen. Daraus ergibt sich zugleich ein Beschleunigungs- und Vereinfachungsbedürfnis, dem I ebenso Rechnung trägt wie die eingeschränkte Beschwerdemöglichkeit nach II, III. I 3 dient dem Interesse des Antragstellers an der Geheimhaltung seiner persönlichen Daten.

4 **III. Geltungsbereich, I–IV.** → Vor § 114 Rn. 5, → § 114 Rn. 10–12. Die Vorschrift gilt auch im Eilverfahren, Köln FamRZ 2012, 1239. Sie gilt auch im WEG-Verfahren. Im FamFG-Verfahren gilt vorrangig § 76 II FamFG und wegen seiner Verweisung die sofortige Beschwerde nach § 127 II–IV sowie §§ 567–572 bei jedem Beschluss unabhängig von seinem Inhalt, BGH NJW 2011, 2434; Köln FamRZ 2012, 1239. Denn § 76 II FamFG ist spezieller als § 76 I FamFG. Die Monatsfrist nach II 3 gilt statt der Zweiwochenfrist des § 569 I 1 auch bei § 76 II FamFG, (zum alten Recht) BGH NJW 2006, 2122. § 127 gilt auch im Insolvenzverfahren, BGH NJW 2000, 1869; BAG NZA 2011, 1245. Die Vorschrift gilt ferner bei einer Versagung einer Reisekostenentschädigung oder -erstattung, Brbg FamRZ 2006, 134. Im Adhäsionsverfahren nach §§ 403 ff. StPO gilt nicht § 127, sondern § 404 V 3 Hs. 2 StPO, KG JurBüro 2013, 598, und § 11 II RPflG, Stgt Rpfleger 2007, 427. Im Arbeitsgerichtsverfahren sind §§ 11a III, 64 II ArbGG zu berücksichtigen, BAG NJW 2011, 3261. Im sozialgerichtlichen Verfahren gelten Abweichungen, LSG Erfurt JurBüro 2012, 435. § 172 III Nr. 1 SGG tritt zurück, LSG Essen AnwBl 2008, 797. Zu § 172 III 2 SGG: Burkiczak NJW 2010, 407. Im VwGO-Verfahren gelten § 146 II VwGO, OVG Brem NVwZ-RR 2017, 262, und § 166 I 1 VwGO, OVG Brem NVwZ-RR 2015, 439; OVG Hmb NVwZ-RR 2017, 261.

5 **IV. Entscheidungen, I 1.** Die einzelnen Arten der möglichen Entscheidungen führen §§ 119–121, 124 auf. Keine Entscheidung ist eine Nachbesserungsfrist nach § 118 II 4, → § 118 Rn. 51.

6 **V. Keine Verhandlung, I 1.** Der Wortlaut von I stellt zusätzlich zu § 128 IV klar, dass eine mündliche Verhandlung im PKH-Verfahren nicht erfolgt. Für die in § 118 I 1, II 2 genannten Anhörungs-, Erörterungs- und Erhebungsmöglichkeiten und -pflichten bedarf es nicht der Durchführung einer Verhandlung.

7 **VI. Zuständigkeit, I 2. 1. Prozessgericht.** Unter „Gericht" versteht die Vorschrift das Prozessgericht, soweit es um eine Bewilligung für das Erkenntnisverfahren nach § 253 geht oder um ein vorläufiges Verfahren (Arrest, einstweilige Anordnung, einstweilige Verfügung nach §§ 49 ff. FamFG, §§ 916 ff., 935 ff.). Das ergibt sich schon aus § 117 I 1. Der Rpfleger kann aufgrund einer landesrechtlich eröffneten Übertragung durch den Vorsitzenden nach § 20 II, III RPflG (nur) für die Ablehnung der Bewilligung zuständig sein. Im Mahnverfahren nach §§ 688 ff. ist der Rpfleger nach § 20 I Nr. 1 RPflG oder der etwa nach dem Landesrecht betraute Urkundsbeamte nach → Vor § 688 Rn. 7 funktionell zuständig. Der Vorsitzende der Kammer für Handelssachen ist nach § 349 II Nr. 7 zuständig. Der Einzelrichter ist nach §§ 348 I 1, 526 I, 568 zuständig, auch nach §§ 348a I,

527 IV nach einer Übertragung auf ihn. Wegen weiterer Einzelheiten → § 117 Rn. 18. Das Prozessgericht ist auch zuständig, soweit es um PKH für ein nach §§ 704 ff. geregeltes Verfahren geht und für dieses nicht nach §§ 764, 802 das Vollstreckungsgericht zuständig ist, sondern das Prozessgericht, zB nach §§ 758, 887, 888, 890. Im Insolvenzverfahren ist das Insolvenzgericht nach §§ 2, 3 InsO zuständig. §§ 36, 37 gelten nach → § 36 Rn. 4 im Zuständigkeitsstreit.

2. Vollstreckungsgericht. Soweit es um PKH für die Zwangsvollstreckung nach §§ 704 ff. oder einzelne Akte in ihr geht und nicht nach → Rn. 7 auch dort das Prozessgericht zuständig ist, ist wegen § 117 I 3 als „Gericht" nach I 2 das Vollstreckungsgericht nach §§ 764, 802 zuständig, also zunächst der Rpfleger nach → § 764 Rn. 6. Das gilt auch für ein Aufhebungsverfahren nach § 124 während der Zwangsvollstreckung. 8

3. Rechtsmittelgericht. Wie Hs. 2 klarstellt, ist das Gericht des „höheren Rechtszugs" zuständig, soweit das Verfahren in diesem höheren Rechtszug zur Hauptsache „anhängig" ist. Diese Zuständigkeit besteht bei Anhängigkeit des PKH-Beschwerdeverfahrens oder eines Rechtsmittelverfahrens in der Hauptsache bei dem Rechtsmittelgericht, aber nicht bei Anhängigkeit sonstiger Rechtsmittel: Ist etwa ein Beschwerdeverfahren gegen die Ablehnung eines Befangenheitsgesuchs beim Rechtsmittelgericht anhängig, bleibt für einen dann gestellten PKH-Antrag für die erste Instanz das erstinstanzliche Gericht zuständig. Das Rechtsmittelgericht sendet die Akten an das Erstgericht, soweit zur unverzüglichen Bearbeitung erforderlich. 9

Das Rechtsmittelgericht entscheidet allerdings auch, soweit eine Partei PKH für ein erst beabsichtigtes Rechtsmittel beantragt, selbst wenn also das Verfahren im höheren Rechtszug noch nicht anhängig ist, sondern erst anhängig werden soll, BGH NJW-RR 2000, 879. Nach der Beendigung des Rechtsmittelverfahrens durch die Verkündung oder wirksame Mitteilung der dortigen Entscheidung ist für das jetzt folgende Verfahren wiederum das Erst- oder das Vollstreckungsgericht zuständig, Karlsr Rpfleger 2000, 448. Nach einer Zurückverweisung im Bewilligungsverfahren wie im Hauptverfahren nach § 538 ist wiederum das Erstgericht zuständig. Dazu, wer im jeweils zuständigen Gericht funktionell tätig werden muss, vgl. die einschlägigen Anm. in den einzelnen Vorschriften. 10

VII. Entscheidungsform: Beschluss, I–IV. Alle Entscheidungen im Bewilligungs-, Änderungs- und Aufhebungsverfahren ergehen durch einen Beschluss nach § 329 I oder II. 11

VIII. Entscheidungsbegründung, I–IV. Entsprechend der allgemeinen Regel zur Begründungspflicht von Beschlüssen und Verfügungen nach → § 329 Rn. 6 gilt der Grundsatz: Ein eindeutiger Tenor des Beschlusses wie nach § 313 I Nr. 4 nebst einer Begründung ist eine Rechtspflicht (nur), soweit die Nachprüfbarkeit durch die Partei wie durch das Gericht erforderlich ist, BAG NJW 2012, 2460. Bloße Textbausteine sind keine Begründung, Köln MDR 2009, 408. Keine Begründung ist eine bloße Bezugnahme auf ein dem Beschwerdeführer noch unbekanntes Dokument. Die Gründe müssen nachprüfbar sein, Köln OLGR 2001, 198. Sie brauchen nicht weiterzugehen als bei einer Entscheidung über einen bereits eingelegten Rechtsbehelf, BAG NJW 2012, 2460. 12

1. Uneingeschränkte Bewilligung: Keine Begründungspflicht hinsichtlich Erfolgsaussicht usw. Soweit das Gericht PKH uneingeschränkt ohne Anordnung von Ratenzahlung oder Vermögensbeiträgen für alle Ansprüche des Hauptverfahrens bewilligt, ist eine Begründung hinsichtlich der Bejahung der Erfolgsaussicht und des Fehlens von Mutwillen nicht erforderlich. Denn insoweit ist die Entscheidung nach → Rn. 32 weder von der Staatskasse noch gar vom Prozessgegner anfechtbar. 13

2. Uneingeschränkte Bewilligung: Begründungspflicht allenfalls zur Bedürftigkeit. Ggf. kommt eine Begründung in Betracht, warum das Gericht die Bedürftigkeit als so erheblich angesehen hat, dass es weder Ratenzahlungen noch Vermögensbeiträge festgesetzt hat; das bietet sich dann an, wenn die „Staatskasse" (der Bezirksrevisor) bereits am Verfahren beteiligt ist, zB um eine Stellungnahme gebeten worden war. Denn die uneingeschränkte Bewilligung unterliegt der sofortigen Beschwerde der Staatskasse, II 1 iVm III. 14

3. Eingeschränkte Bewilligung: Begründungspflicht. Soweit das Erstgericht PKH nur gegen Ratenzahlungen und/oder Vermögensbeiträge bewilligt, ist eine Begründung erforderlich, Brbg FamRZ 2004, 389; Köln MDR 2009, 408 (keine bloßen Textbausteine); Schlesw JurBüro 1996, 534. Denn eine sofortige Beschwerde ist zwar seitens der Staatskasse unzulässig, weil sie nach III 1 nur gegen eine uneingeschränkte Bewilligung statthaft wäre, und der Prozessgegner hat ohnehin kein Rechtsmittel. Jedoch kann der Antragsteller nach → Rn. 42 die sofortige Beschwerde einlegen. 15

4. Ablehnung: Begründungspflicht. Soweit das Erstgericht den Bewilligungsantrag ablehnt, sei es wegen Fehlens der Erfolgsaussicht nach → § 114 Rn. 27, sei es wegen Mutwilligkeit des Antrags nach → § 114 Rn. 34, sei es mangels Bedürftigkeit nach → § 114 Rn. 16, sei es wegen mehrerer solcher Bedenken (umfassende Begründung ratsam), sei es zB wegen Erledigung der Hauptsache nach → § 114 Rn. 33 „Erledigung der Hauptsache", ist grds. eine Begründung notwendig. Denn der Antragsteller kann die Entscheidung nach II 2 Hs. 1 anfechten, Celle Nds. Rpfl. 1990, 43; Köln DAVorm 1993, 586. Im Fall der sofortigen Beschwerde ist auch der Nichtabhilfebeschluss zu begründen. Das kann durch einen Verweis auf die angefochtene Entscheidung geschehen, wenn keine neuen Gesichtspunkte vorgetragen werden. Werden neue Tatsachen vorgebracht oder greift die Beschwerdebegründung die Ablehnungsgründe im Einzelnen an, muss sich das Gericht bei der Nichtabhilfeentscheidung damit auseinandersetzen, um seiner Begründungspflicht zu genügen. Ein Verstoß gegen diese Pflicht rechtfertigt die Zurückverweisung nach § 572 III, Karlsr FamRZ 2014, 680; Jena MDR 2010, 832. Unanfechtbare Entscheidungen über Anträge auf Bewilligung von Prozesskostenhilfe bedürfen grds. keiner Begründung, BVerfG NJW 1979, 1161; BGH WuM 2011, 485. Das betrifft die Entscheidungen über Anträge auf PKH für Berufungs-, Revisions- und Nichtzulassungsbeschwerdeverfahren. Gleichwohl ist die Begründung solcher Ablehnungsentscheidungen in der Praxis zu Recht weithin üblich. Denn unter dem Aspekt der Rechtsschutzgleichheit, der die PKH doch dient, ist es nicht einzusehen, warum eine bemittelte Partei durch einen Hinweisbeschluss nach § 522 II über die Rechtsauffassung des Berufungsgerichts unterrichtet wird und dagegen argumentativ vorgehen kann, während der bedürftigen Partei nicht mitgeteilt werden soll, warum ihr beabsichtigtes Rechtsmittel keine Aussicht auf Erfolg hat. Die Begründung einer gerichtlichen Entscheidung dient zwar auch dazu, einem etwa später mit der Sache befassten Rechtsmittelgericht die Überprüfung zu ermöglichen, in erster Linie richtet sich die Begründung aber an die von der Entscheidung Betroffenen, denen erläutert werden soll, warum das Gericht so und nicht anders entschieden hat. 16

17 **5. Ablehnung: Begründungspflicht auch bei Unzulässigkeit einer Beschwerde.** Auch wenn eine sofortige Beschwerde unzulässig ist, bedarf zumindest der Nichtabhilfebeschluss einer Begründung, denn die Entscheidung über die Unzulässigkeit obliegt dem Rechtsmittelgericht.

18 **6. Rechtsmittelentscheidung: Bedingte Begründungspflicht.** Das im PKH-Verfahren entscheidende Rechtsmittelgericht braucht seine Entscheidung nach § 574 I Nr. 2 nur zu begründen, soweit es die Rechtsbeschwerde zulässt. Denn dann muss für den BGH nach → § 329 Rn. 6 erkennbar sein, ob das Beschwerdegericht verfahrensfehlerfrei entschieden hat. Auch hier gilt jedoch, dass es dem Ziel der Rechtsgewährungs- bzw. Rechtsschutzgleichheit entspricht, auch solche Entscheidungen zu begründen, die nicht anfechtbar sind, → Rn. 16.

19 **7. Nichtabhilfe bei Erinnerung: Begründungspflicht.** Soweit der Rpfleger nach → Rn. 89 entschieden und einer sofortigen Erinnerung nicht abgeholfen hat, ist es nicht nur eine Anstands-, sondern seine Rechtspflicht, seinen erforderlichen Nichtabhilfebeschluss zu begründen. Denn sonst würde auch hier die Grundlage der Nachprüfbarkeit durch die Partei wie durch das Gericht nach → § 329 Rn. 6 fehlen, Köln OLGR 07, 570 (neuer Vortrag). Dasselbe gilt, soweit im Mahnverfahren der etwa nach dem Landesrecht nach → Vor § 688 Rn. 7 zuständige Urkundsbeamte entschieden hat, wegen der befristeten Erinnerung nach § 573 I.

20 **IX. Mitteilung der Entscheidung, I–IV. 1. Verkündung.** Soweit das Gericht über das PKH-Gesuch in der mündlichen Verhandlung zu Hauptsache entscheidet, kann es den Beschluss nach § 329 I 1 verkünden. Das gilt zB dann, wenn die Bewilligungsreife nach → § 119 Rn. 5 erst im Lauf der Verhandlung zur Hauptsache eintritt, aber noch vor dem Eintritt in die dortige Beweisaufnahme nach §§ 355 ff. Soweit das Gericht den PKH-Antrag nur anlässlich einer Verhandlung zur Hauptsache entgegengenommen hat, ist eine Verkündung dann nicht erforderlich, wenn die PKH-Entscheidung noch nicht während jener Verhandlung zur Hauptsache ergehen muss.

21 Soweit die Entscheidungsgründe auch nur „Angaben“ zu den persönlichen und wirtschaftlichen Verhältnissen der Partei enthalten, darf das Gericht diesen Teil der Gesamtentscheidung dem Prozessgegner nach I 3 nur mit seiner Zustimmung „zugänglich“ machen. Es darf ihn also weder in der Gegenwart des Prozessgegners oder in öffentlicher Sitzung mitverkünden noch dem Gegner übersenden. Das gilt auch im Beschwerdeverfahren, Brbg MDR 2000, 1095. Zur Vermeidung von Missverständnissen empfiehlt es sich, an den geschwärzten Stellen oder am Schluss einen Hinweis zu geben, dass wegen I 3 eine Schwärzung erforderlich war.

22 **2. Formlose Mitteilung.** Die uneingeschränkte Bewilligung der PKH bedarf keiner förmlichen Zustellung, sondern kann den Parteien nach § 329 II formlos mitgeteilt werden, BGH VersR 1985, 68. Die Staatskasse erhält ungeachtet III 3 keine Nachricht, III 6. Sie muss vielmehr die Akten anfordern, Karlsr JurBüro 1988, 1226.

23 **3. Förmliche Zustellung.** Die auch nur teilweise ablehnende Entscheidung ist nach § 329 III Hs. 1 dem Antragsteller bzw. nach § 172, → § 172 Rn. 15 „Prozesskostenhilfe“, dem von ihm bevollmächtigten Anwalt förmlich zuzustellen.

24 Auch eine Entscheidung, die das Gericht an sich förmlich zustellen müsste, braucht es der Staatskasse nach III 6 von Amts wegen nicht einmal mitzuteilen.

25 **X. Keine Kostengrundentscheidung, I–IV.** Eine Entscheidung über Kosten (gemeint: des PKH-Verfahrens) findet nach → § 91 Rn. 191, 195 nicht statt, Köln MDR 2011, 627, weder bei einer uneingeschränkten oder bei einer eingeschränkten Bewilligung noch bei einer völligen oder gänzlichen Ablehnung noch bei einer Änderung nach § 120, der Aufhebung nach § 124 oder beim vollen Erfolg des Beschwerdeverfahrens. Denn im PKH-Verfahren ist eine Gerichtsgebühr nur bei Verwerfung oder Zurückweisung der sofortigen Beschwerde nach KV 1812 vorgesehen. Es kennt nach § 118 I 4, → § 118 Rn. 27 keine Pflicht zur Erstattung der außergerichtlichen erstinstanzlichen Kosten des Antragsgegners, selbst wenn das Gericht ihn angehört hat. Die Kosten des Beschwerdeverfahrens werden nach IV, → Rn. 92, nicht erstattet.

26 Eine Kostengrundentscheidung im Bewilligungsverfahren ist auch nicht etwa deshalb erforderlich, weil Gerichtsauslagen wegen einer Vernehmung von Zeugen und Sachverständigen nach § 118 I 5 entstehen können. Denn sie folgen der Kostengrundentscheidung im Hauptprozess. Wenn es nicht zu einer solchen kommt, muss man sie nach den §§ 22, 29, 31 GKG einziehen. Eine Kostengrundentscheidung ist auch nicht wegen der Haftung des Antragstellers gegenüber dem beigeordneten Anwalt für den Zeitpunkt nach der Aufhebung der Bewilligung nach § 124 erforderlich. Denn er erhält seine Vergütung zumindest auf seinen Antrag dann nach §§ 45 ff. RVG aus der Staatskasse, wenn er sie nicht schon vom Auftraggeber, von einem Dritten oder von dem nach § 126 I im Weg der Beitreibung in Anspruch genommenen Prozessgegner erhalten hat. Wegen einer fälschlichen Kostengrundentscheidung → § 118 Rn. 30.

27 **XI. Keine Prozesskostenhilfe für das Bewilligungsverfahren, I.** Für das Bewilligungsverfahren gibt es nach → § 114 Rn. 15 „Prozesskostenhilfeverfahren“ grundsätzlich keine PKH. Daher enthält die Entscheidung insofern auch keinen Ausspruch, es sei denn, dass der Antragsteller ausdrücklich für das Bewilligungsverfahren PKH beantragt hatte; dann ist der Antrag insoweit zurückzuweisen.

28 **XII. Sofortige Beschwerde der Staatskasse gegen uneingeschränkte Bewilligung, II 1, III.** Das Beschwerderecht der Staatskasse ist auf den Fall beschränkt, dass PKH bewilligt und weder Ratenzahlungen aus dem Einkommen noch Zahlungen aus dem Vermögen angeordnet worden sind; die Beschwerde kann nur darauf gestützt werden, dass die Partei nach ihren persönlichen und wirtschaftlichen Verhältnissen Zahlungen zu leisten hat, BGH NJW 1993, 135. Eine von der Staatskasse mit dem Ziel eingelegte Beschwerde, die Verweigerung von PKH zu erreichen, ist deshalb nicht statthaft, BGH NJW-RR 2010, 494; BAG NJW 2016, 892. Zulässig ist aber eine Beschwerde mit dem Ziel einer Zahlungsanordnung nach § 120, die der Höhe nach die entstehenden Gerichts- und Anwaltskosten vollständig erfasst, BGH MDR 2012, 1431; Jena MDR 2015, 483. Vertreten wird die Staatskasse durch den Bezirksrevisor, der nach der gesetzlichen Regelung die PKH-Bewilligung nur stichprobenartig überprüfen kann, weil der Staatskasse die Entscheidungen nach III 6 nicht von Amts wegen mitgeteilt werden; das verstößt *nicht* gegen das Willkürverbot aus Art. 3 I GG, BVerfG NJW 1995, 581. Die PKH-Bewilligung im Strafverfahren ist nach §§ 397a II 2, 403, 404 V 3 Hs. 2 StPO nicht anfechtbar, Düss JurBüro 1990, 909; Kblz Rpfleger 1991, 209. Im VwGO-Verfahren gelten §§ 146 II, 166 II 2 VwGO, OVG Bautzen NVwZ-RR 2016, 439. In **Baden-Württemberg** AV v. 15.4.1987, Just 176. Wegen des FamFG → Rn. 4.

1. Beim Fehlen jeglicher Zahlungsanordnung, III 1. Wie schon der Gesetzestext klarstellt, hängt die Zulässigkeit der sofortigen Beschwerde davon ab, dass das Gericht „weder Monatsraten noch aus dem Vermögen zu zahlende Beträge festgesetzt" hat, BGH NJW 2013, 2289, BAG NJW 2016, 892, Brem FamRZ 2017, 637. Das gilt auch bei § 120a, BGH NJW 2013, 2289 (zu § 120 IV aF). Irgendwelche Anordnungen nach §§ 115, 120 I führen zur Unzulässigkeit der sofortigen Beschwerde auch dann, wenn das Gericht die Anordnung nicht schon im Bewilligungsbeschluss nach § 119 getroffen hatte, sondern in einem gesonderten gleichzeitigen oder späteren Beschluss, aber noch vor der Einlegung der sofortigen Beschwerde der Staatskasse. Eine Zahlungsanordnung nach der Beschwerdeeinlegung macht das Rechtsmittel ebenfalls unzulässig, Brbg FamRZ 2007, 917; Düss JurBüro 2012, 315. Das gilt auch, wenn das Gericht der Beschwerde durch die Anordnung geringerer Ratenzahlungen als beantragt abhilft, Düss JurBüro 2012, 315; Brbg FamRZ 2007, 917. 29

Die sofortige Beschwerde der Staatskasse ist auch dann unzulässig, wenn die Staatskasse die vom Gericht bereits festgesetzten Monatsraten und/oder Beträge aus dem Vermögen als zu gering, zu variabel oder sonst nicht ausreichend ansieht, BGH FamRZ 2013, 213. Unzulässig ist eine sofortige Beschwerde gegen die Ablehnung eines Antrags auf Aufhebung der PKH zB nach § 124, BAG NJW 2016, 892. Auch bei der bloßen Rüge einer nach → § 119 Rn. 11 ff. unzulässigen Rückwirkung der Bewilligung ist die sofortige Beschwerde der Staatskasse unstatthaft, Köln FamRZ 1997, 683. Sie ist ferner dann unstatthaft, wenn die Staatskasse moniert, wegen der Geltendmachung verbundener Ansprüche in getrennten Verfahren seien höhere Anwaltskosten entstanden, Oldb FamRZ 1996, 1428. 30

2. Nicht mehr wegen greifbarer Gesetzwidrigkeit. Nach der früheren Rechtsprechung war in den Fällen, in denen sie nach den allgemeinen Vorschriften nicht statthaft war, eine Beschwerde wegen „greifbarer Gesetzwidrigkeit" zulässig, zB BGH NJW 1993, 135. Diese und andere von der Rspr geschaffene in der ZPO nicht geregelte außerordentliche Rechtsbehelfe genügten jedoch nicht den verfassungsrechtlichen Anforderungen an die Rechtsmittelklarheit, BVerfG NJW 2003, 3137. Der Gesetzgeber hat durch die Einführung des § 321a dem letztinstanzlichen Gericht die Möglichkeit der Selbstkorrektur bei Verletzungen des Anspruchs auf rechtliches Gehör eröffnet. Eine sofortige Beschwerde wegen „greifbarer Gesetzwidrigkeit" ist seither nicht mehr statthaft, BGH NJW 2002, 1577; NJW 2003, 3137; WuM 2006, 468. Neben der Anhörungsrüge nach § 321a besteht aber nach hM weiter die Möglichkeit, Gegenvorstellung zu erheben, und zwar innerhalb einer Notfrist von 2 Wochen nach § 321a II analog, BGH NJW-RR 2007, 1654; Brem MDR 2009, 889. 31

3. Nur zum Ob einer Zahlungspflicht, III 2. Die sofortige Beschwerde der Staatskasse „kann nur darauf gestützt werden, dass die Partei gemäß § 115 Abs. 1 bis 3 nach ihren persönlichen und wirtschaftlichen Verhältnissen Zahlungen zu leisten oder gemäß § 116 Satz 3 Beträge zu zahlen hat". Sie ist also auf die Rüge einer zu günstigen Beurteilung der Bedürftigkeit des Antragstellers nach → § 114 Rn. 16 beim Ob einer Zahlungspflicht beschränkt, BGH MDR 2012, 1431; Brem FamRZ 2017, 637; OVG Brem NVwZ-RR 2015, 439. Durch die Neufassung des III 2 zum 1.1.2020 ist die Beschwerdebefugnis der Staatskasse ausgeweitet worden und erfasst jetzt auch die zuvor nicht geregelte PKH-Bewilligung zugunsten der in § 116 bezeichneten Parteien. Die Staatskasse kann nicht die gänzliche Versagung von PKH anstreben, BGH NJW 1993, 135. Die sofortige Beschwerde der Staatskasse nach II 1, III ist nach → § 121 Rn. 27 auch nicht zur Überprüfung der Person des beigeordneten Anwalts und/oder der Bedingungen seiner Beiordnung zulässig, Düss MDR 1989, 827. Die Staatskasse muss also mit der sofortigen Beschwerde geltend machen, das Gericht habe überhaupt eine Zahlung festsetzen müssen, BGH NJW 2013, 2289. Die Staatskasse kann die sofortige Beschwerde auch darauf stützen, dass der Antragsteller von seinem Ehegatten einen Prozesskostenvorschuss hätte fordern können, Celle MDR 2015, 714. Sobald das Gericht im Wege teilweiser Abhilfe irgendeine Zahlungspflicht anordnet, erlischt nach → Rn. 29 das Beschwerderecht der Staatskasse, Düss JurBüro 2012, 315; Brbg FamRZ 2007, 917. 32

Eine etwaige Zulassung durch das Erstgericht ändert nichts an der Unzulässigkeit, soweit kraft Gesetzes keine Anfechtbarkeit besteht, BGH NJW-RR 2010, 494. 33

4. Beschwerdefrist, III 3–5. Die sofortige Beschwerde der Staatskasse ist an eine Notfrist nach § 224 I 2 gebunden. Diese beträgt, wie von § 569 I 1 erlaubt, in Abweichung von der dortigen 2-Wochen-Regelfrist wegen der vorrangigen Sonderregel des III 3 einen Monat seit der Bekanntgabe des Beschlusses an die Staatskasse. Da weder eine förmliche Zustellung noch nach III 6 auch nur eine Bekanntgabe von Amts wegen erforderlich ist, kommt es auf die Kenntnisnahme durch den Bezirksrevisor im Rahmen einer Stichprobe an. Die sofortige Beschwerde der Staatskasse ist nach III 5 nur bis zum Ablauf von drei Monaten seit Verkündung der Entscheidung oder seit dem Zeitpunkt statthaft, zu dem das Gericht die unterschriebene Entscheidung der Geschäftsstelle übermittelt, Kblz NJW-RR 2003, 1079. Nach diesem Zeitraum ist die sofortige Beschwerde unzulässig, Brbg FamRZ 2002, 1714; Köln FamRZ 2003, 1399. Wegen der Lage bei einer Berichtigung der Hauptsacheentscheidung LAG Brem AnwBl 1988, 123. Mit „Entscheidung" ist die uneingeschränkte PKH-Bewilligung gemeint und nicht etwa die Entscheidung im Hauptsacheverfahren. 34

Wenn die PKH-Bewilligung unter dem Vorbehalt einer nachträglichen Auferlegung von Raten erfolgte und wenn eine solche dann bis zur Hauptsacheentscheidung nicht nachfolgte, mag die Dreimonatsfrist nach III 4 erst ab der Verkündung der Hauptsacheentscheidung laufen, Nürnb Rpfleger 1995, 260. Wegen III 5 sollte das Gericht darauf achten, dass der Urkundsbeamte jeden Eingang einer uneingeschränkten PKH-Bewilligungsentscheidung auf der Geschäftsstelle mit Datum und Uhrzeit notiert. Fehlt ein solcher Nachweis in den Akten und bringt auch eine dienstliche Äußerung des Urkundsbeamten keine Klarheit, ist zugunsten der Staatskasse von der Rechtzeitigkeit der sofortigen Beschwerde auszugehen. 35

5. Keine Mitteilung der Entscheidung an die Staatskasse, III 6. „Die Entscheidung wird der Staatskasse nicht von Amts wegen mitgeteilt". Nach dem Willen des Gesetzgebers sollen die Bewilligungsentscheidungen lediglich stichprobenartig überprüft werden; das verstößt nicht gegen das Willkürverbot aus Art. 3 I GG, BVerfG NJW 1995, 581. Wie die Worte „wird… nicht… mitgeteilt" zeigen, ist der Urkundsbeamte nicht einmal berechtigt, die Bewilligungsentscheidung dem Bezirksrevisor von Amts wegen mitzuteilen. 36

III verbietet dem Bezirksrevisor nicht, sich aus einem anderen Anlass Kenntnis zu verschaffen. Er kann die gesamten Prozessakten einsehen, Karlsr Rpfleger 1988, 424. Die Beschwerdefrist von einem Monat beginnt mit dem Akteneingang, der vom Bezirksrevisor zu vermerken ist. 37

38 **6. Kein Beschwerderecht des Prozessgegners.** Wie sich aus II 1 iVm III 1 und mit § 567 I Nr. 1, 2 schon dem Wortlaut nach eindeutig ergibt, hat der Prozessgegner gegen die uneingeschränkte Bewilligung kein Beschwerderecht.

39 **7. Keine sofortige Beschwerde gegen Bewilligung durch das LG als Berufungsgericht oder das OLG.** Gegen eine Entscheidung des LG als Beschwerdegericht ist eine sofortige Beschwerde nach § 567 I unstatthaft. Gegen eine Entscheidung des OLG ist nach → Rn. 31 allenfalls eine Rechtsbeschwerde an den BGH unter den Voraussetzungen des § 574 statthaft.

40 **8. Verfahren vor den Patentgerichten.** III ist im Verfahren vor den Patentgerichten entsprechend anwendbar, § 135 III 2 PatG.

41 **XIII. Sofortige Beschwerde gegen Ablehnung oder nur eingeschränkte Bewilligung, II 2, 3. 1. Ausgangspunkt: Tatsächlich ergangene Erstentscheidung.** Eine sofortige Beschwerde ist zulässig gegen jede Erstentscheidung, die keine uneingeschränkte Bewilligung nach II 1 ist. Dazu können auch eher ungewöhnliche Entscheidungen zählen, zB ein Beweisbeschluss, der der Sache nach eine ablehnende Entscheidung beinhaltet, Köln MDR 1999, 444. Es ist unerheblich, ob das Gericht seine PKH-Entscheidung irrig in ein Urteil aufgenommen oder in eine bloße Verfügung gekleidet hat. Es kommt auch darauf an, wer tatsächlich entschieden hat, also nicht darauf, wer hätte entscheiden sollen, Köln FamRZ 1988, 740 (Richter statt Rpfleger).

42 **2. Grundsatz: Statthaftigkeit, II 2 Hs. 1, 3.** Wie schon der Wortlaut ergibt, ist „im Übrigen" eine sofortige Beschwerde grundsätzlich statthaft. Das gilt nach Hs. 1 für alle Entscheidungen, die keine uneingeschränkte Bewilligung nach II 1, III darstellen. Beschwerdefähig ist danach grundsätzlich jede nur eingeschränkte Bewilligung, also nur gegen Ratenzahlungen und/oder Vermögensbeiträge, Karlsr FamRZ 1991, 350; Schlesw JurBüro 1996, 534, oder eine Bewilligung zu einem späteren als dem beantragten Zeitpunkt oder eine ungesetzliche Auflage, Mü FamRZ 1992, 702, und jede teilweise oder gänzliche Ablehnung der PKH-Bewilligung. Ausreichen kann auch ein Verstoß gegen § 118 II 3, Nürnb FamRZ 2003, 1020, oder ein Verstoß gegen § 120 III oder gegen § 120a oder gegen § 124.

43 Auch eine Verzögerung kann nach → Rn. 48 „Verzögerung der Entscheidung" einer Ablehnung gleichstehen. Solche Untätigkeit kann nach → Rn. 48 „Ruhen des Verfahrens" zB in einer Anordnung des Ruhens liegen.

44 Statthaft nach Satz 2 aE ist auch die sofortige Beschwerde an das Gericht, zu dem die Hauptsache nicht kommen könnte, sofern das Ausgangsgericht ausschließlich die persönlichen oder wirtschaftlichen Voraussetzungen für die PKH-Bewilligung verneint hat. Das ist eine Ausnahme von dem Grundsatz, dass der Rechtsweg in einem Nebenverfahren nicht über den Rechtsweg in der Hauptsache hinaus geht, dazu BGH NJW 2005, 1659; Zweibr FamRZ 2022, 546; Stgt FamRZ 2009, 531. Zulässig ist die sofortige Beschwerde ferner gegen die Ablehnung der Beiordnung eines Anwalts, auch wenn in der Hauptsache ein Rechtsmittel nicht statthaft ist, BGH NJW 2011, 2434; Köln FamRZ 2012, 1239. Hat das Gericht die PKH-Bewilligung in einem Fall, in dem der Berufungsstreitwert nach § 511 nicht erreicht ist, mangels Erfolgsaussicht oder wegen Mutwilligkeit abgelehnt, ist die sofortige Beschwerde hingegen unzulässig, → Rn. 45.

45 **3. Unzulässigkeit neuer Prüfung der Erfolgsaussicht bei Nichterreichen des Hauptsache-Berufungswerts von über 600 EUR, II 2 Hs. 2.** Nach II 2 Hs. 2 ist eine sofortige Beschwerde insoweit unzulässig, als sie auch oder nur die Frage der Erfolgsaussicht nach → § 114 Rn. 27 und/oder des Fehlens von Mutwillen nach → § 114 Rn. 34 zur Überprüfung stellt; sonst müsste als Beschwerdegericht das Gericht entscheiden, das über die zugehörige Hauptsache wegen des Nichterreichens der in § 511 II Nr. 1 genannten Berufungssumme von über 600 EUR nicht entscheiden könnte. Die Regelung entspricht dem Grundsatz, dass der **Beschwerderechtszug nicht länger als der Hauptsacherechtszug** sein darf, BGH FamRZ 2005, 790; Zweibr FamRZ 2022, 546; Hamm NJW 2010, 1821; Köln JurBüro 2011, 41. Auch in anderen Fällen, in denen die Hauptsacheentscheidung nicht anfechtbar ist, ist in analoger Anwendung des II 2 Hs. 2die sofortige Beschwerde gegen die PKH-Ablehnung mangels Erfolgsaussicht unzulässig, BGH NJW 2005, 1659; Zweibr FamRZ 2022, 546; Hamm FamRZ 2015, 950; Bbg FamRZ 2004, 38.

46 **4. Unzulässigkeit der sofortigen Beschwerde gegen Beschluss des OLG.** Gegen seine Entscheidung ist allenfalls eine Rechtsbeschwerde an den BGH unter den Voraussetzungen des § 574 statthaft, BGH NJW 2012, 2449; BayObLG NJW 2002, 2573; Hamm NJW-RR 2002, 1375.

47 **5. Unzulässigkeit weiterer Beschwerde.** Eine weitere Beschwerde kommt wegen der Möglichkeit einer Rechtsbeschwerde unter den Voraussetzungen des § 574 nicht mehr in Betracht, Mü FamRZ 2006, 279 (stellt noch auf II 2 Hs. 2 ab).

6. Beispiele zur Frage der Zulässigkeit einer sofortigen Beschwerde nach II 2

48 **Ablehnung:** Die sofortige Beschwerde ist grds. gegen eine erstinstanzliche teilweise oder gänzliche Ablehnung einer PKH zulässig, Ausnahme → Rn. 45.

Änderung: Die sofortige Beschwerde ist gegen eine den nach § 121 beigeordneten Anwalt beschwerende Änderungsentscheidung statthaft, Schlesw SchlHA 1982, 13; Zweibr Rpfleger 1984, 115. Sie ist auch grds. gegen eine Änderungsentscheidung nach § 120a statthaft.

Akteneinsicht: Brem FamRZ 2012, 649.

Antragswiederholung: Soweit eine sofortige Beschwerde vorliegt, aber unzulässig ist, kommt ihre Umdeutung in einen neuen Antrag nach → Rn. 93 in Betracht. Dieser mag zulässig sein, soweit der Antragsteller etwas Neues zur Erfolgsaussicht und/oder zur Bedürftigkeit vorträgt. Denn der PKH-Ablehnungsbeschluss erwächst nicht in Rechtskraft nach §§ 322, 329, BGH NJW 2004, 1805; Kblz MDR 2007, 677. Wiederholt der Antragsteller allerdings nur sein bisheriges Vorbringen, fehlt es dem neuen Antrag am Rechtsschutzbedürfnis, BGH NJW 2004, 1805; Kblz MDR 2007, 677.

Anwaltswechsel: Die begünstigte Partei kann bei einem notwendigen Anwaltswechsel nach → § 121 Rn. 26 gegen die Verweigerung der Beiordnung des gewählten neuen Anwalts sofortige Beschwerde einlegen, Celle FamRZ 2006, 1552.

Aufhebung: Soweit eine *Aufhebung*sentscheidung eine Beschwer nach → § 567 Rn. 14 herbeiführt, kann man diejenige des Richters mit einer sofortigen Beschwerde angreifen. Wegen derjenigen des Rpflegers → Rn. 84 ff. Das gilt zB für die Partei gegen die Aufhebung der Beiordnung des gewählten, zur weiteren Vertretung bereiten und von der Partei nicht entlassenen Anwalts oder gegen die Aufhebung der PKH im

Ganzen oder wegen eines Teils der Hauptansprüche nach § 124, Karlsr FamRZ 1997, 756; Kblz FamRZ 1988, 1184; LAG Hamm NZA-RR 2017, 620. Das gilt auch dann, wenn bei § 124 I Nr. 2–4 statt des Rpflegers der Richter entschieden hat, Köln FamRZ 1988, 740. Der nach § 121 beigeordnete Anwalt kann die gegen seinen Willen erfolgte Aufhebung der Beiordnung angreifen, Brbg FamRZ 2004, 213; Karlsr FamRZ 1996, 1428; Zweibr Rpfleger 1984, 115. Auch → „Beiordnung".

Auskunft: Unzulässig ist eine sofortige Beschwerde gegen eine Anordnung nach § 118 II, Zweibr FamRZ 2004, 35.

Aussetzung: Soweit im Vorgehen des Gerichts eine gesetzwidrige Aussetzung des Bewilligungsverfahrens nach → § 118 Rn. 7 liegt, ist eine sofortige Beschwerde nach → „Verzögerung der Entscheidung" zulässig. Der nach § 121 beigeordnete Anwalt hat dieses Recht auch dann, wenn er schon in dieser Eigenschaft tätig geworden war und insofern Vergütungsansprüche nach §§ 45 ff. RVG behält.

Auswahl des Anwalts: Gegen die Auswahl des nach § 121 V beigeordneten Notanwalts ist eine sofortige Beschwerde zulässig. Der noch nicht beigeordnete Anwalt hat gegen die Ablehnung gerade seiner Beiordnung nach → § 121 Rn. 12 kein eigenes Beschwerderecht.

Auswärtiger Anwalt: Soweit das Gericht den auswärtigen Anwalt nach → § 121 Rn. 63 nur zu den Bedingungen eines im Bezirk des Prozessgerichts Niedergelassenen beigeordnet hat, kommt eine sofortige Beschwerde in Betracht, Stgt FamRZ 2007, 1111; Brbg Rpfleger 2000, 279; Hamm FamRZ 2004, 708.

Beiordnung: Der Antragsteller wie auch der beigeordnete Anwalt haben nach → § 121 Rn. 30 grds. ein Beschwerderecht, soweit sie nach → § 567 Rn. 14 beschwert sind, Köln FamRZ 2012, 1239. Das gilt auch bei einer Beiordnung nur zu den Bedingungen eines im Bezirk des Prozessgerichts Niedergelassenen nach → § 121 Rn. 63, soweit sie ohne oder gegen seinen Willen erfolgt war, Brbg FamRZ 2000, 1385; Köln FamRZ 2005, 2009; Nürnb FamRZ 2002, 106.

Der nach § 121 beizuordnende Anwalt hat gegen die Ablehnung der PKH nach § 119 **kein** eigenes Beschwerderecht, Düss NJW-RR 2016, 1531; Celle FamRZ 2012, 1662; Köln NJW-RR 2000, 238. Er hat auch gegen die Ablehnung gerade seiner Beiordnung nach → § 121 Rn. 12 und 30 kein eigenes Beschwerderecht. Dasselbe gilt gegen die Änderung der Höhe zu leistender Zahlungen des Auftraggebers, Stgt FamRZ 2012, 651. Auch → „Aufhebung", → „Auswärtiger Anwalt".

Beschwerdesumme: Auf eine Beschwerdesumme kommt es im PKH-Verfahren an sich nicht an, aber → Rn. 45. Stets ist aber eine Beschwer nach → § 567 Rn. 14 erforderlich. Bei der teilweisen Ablehnung der PKH-Bewilligung soll es nicht auf den Wert des abgelehnten Teils, sondern darauf ankommen, ob insgesamt durch den Antrag die Rechtsmittelsumme zur Hauptsache nach → Rn. 45 erreicht wird, Hamm FamRZ 2015, 1317; Zöller/Schultzky Rn. 31; Musielak/Voit/Fischer Rn. 19 (zweifelhaft, da dann der Rechtsweg des PKH-Verfahrens weiter geht als der des Hauptverfahrens, was durch II 2 Hs. 2 gerade verhindert werden soll).

Beweisaufnahme zur Hauptsache: Sie kann eine sofortige Beschwerde rechtfertigen, wenn sie vor einer PKH-Entscheidung nach § 119 erfolgt, Köln FamRZ 2000, 1588.

Dritter: Er hat nach → Rn. 70 kein Beschwerderecht.

Einstellung: Der nach § 121 beigeordnete Anwalt kann sofortige Beschwerde gegen die Anordnung der Einstellung von Ratenzahlungen vor der Deckung der sog. Differenzkosten nach → § 120 Rn. 18 ff. einlegen, Celle FamRZ 1989, 412; aM Düss FamRZ 1986, 1230.

Erledigung der Hauptsache: Die sofortige Beschwerde kann auch gegen die Ablehnung des PKH-Gesuchs in einem Erledigungsbeschluss statthaft sein, OVG Lüneburg NVwZ-RR 2013, 245.

Freiwillige Gerichtsbarkeit: Nach § 76 II FamFG ist ein Beschluss, der im VKH-Verfahren ergeht, mit der sofortigen Beschwerde in entsprechender Anwendung der §§ 567–572, 127 II–IV anfechtbar. II 3 gilt auch bei einer isolierten Familiensache über § 14 FamFG, BGH NJW 2006, 2122. Gemäß § 57 Satz 1 FamFG sind Entscheidungen im Verfahren der einstweiligen Anordnung nicht anfechtbar. Das gilt gemäß § 67 II FamFG iVm II 2 Hs. 2 auch für PKH-Entscheidungen in einstweiligen Anordnungsverfahren in Familiensachen nach § 57 S. 1 FamFG, denn hier gilt der Grundsatz, dass der Rechtsweg im PKH-Verfahren nicht weiter geht als im Hauptsacheverfahren, → Rn. 45. Eine Ausnahme ist für die im Katalog des § 57 Satz 2 FamFG genannten Fälle vorgesehen, soweit die Entscheidung aufgrund mündlicher Erörterung erging. Beschwerdefähig sind PKH-Entscheidungen in den Fällen des § 57 S. 2 FamFG darüber hinaus aber auch dann, wenn weder eine mündliche Erörterung stattgefunden hat noch vorgesehen ist, weil grds. die Antragstellung nach § 54 II FamFG möglich ist, so dass der Rechtsweg im PKH-Verfahren nicht weiter geht als im Hauptverfahren, Ffm MDR 2019, 695; Brem FamRZ 2013, 1916; Zöller/Feskorn FamFG § 57 Rn. 5; aM Hamm FamRZ 2011, 234; Nürnb MDR 2013, 42.

Gegenvorstellung: Zu ihrer Zulässigkeit → Rn. 91.

Gesetzlicher Vertreter: Er ist im Namen der Partei so beschwerdeberechtigt wie sie, im eigenen Namen nur, soweit er selbst beschwert ist. Eine Partei kraft Amts ist nicht nur gesetzlicher Vertreter und hat daher ein eigenes Beschwerderecht.

Greifbare Gesetzwidrigkeit: → Rn. 31.

Missbrauch: → „Rechtsmissbrauch".

Nichtigkeitsklage: Eine sofortige Beschwerde ist nach → Rn. 45 nicht bei der Ablehnung einer Nichtigkeitsklage nach § 579 gegenüber einem Berufungsurteil des LG zulässig. Wegen einer Rechtsbeschwerde § 574.

Notanwalt: Gegen die Beiordnung eines Notanwalts nach § 121 V, kommt für den Antragsteller die sofortige Beschwerde in Betracht.

Prozessgegner: Er hat. kein eigenes Beschwerderecht, Zweibr JurBüro 1986, 1096; Holch NJW 1981, 154. Denn das Bewilligungsverfahren verläuft nach → § 118 Rn. 15 insgesamt ungeachtet der Notwendigkeit seiner Anhörung nach § 118 nur zwischen dem Antragsteller und dem Staat. Vgl. ferner → Rn. 68.

Raten: Die sofortige Beschwerde des Begünstigten ist gegen die Anordnung von Raten nach § 120 wie gegen die Ablehnung der Aufhebung von Ratenzahlungsanordnungen statthaft, Karlsr FamRZ 1985, 724; Nürnb AnwBl 1985, 219. Die sofortige Beschwerde der Staatskasse ist gegen die Ablehnung der Anordnung von Raten statthaft. Ihre sofortige Beschwerde ist auch gegen die vorläufige Einstellung der auferlegten Ratenzahlungen statthaft, Schlesw AnwBl 2000, 63. Auch → Rn. 48 „Änderung", → „Aufhebung", „Einstellung".

Rechtskraft: Die sofortige Beschwerde ist ab der formellen Rechtskraft der Hauptsacheentscheidung nach § 705 unzulässig, Celle NJW-RR 2015, 61; Düss OLGR 2005, 94; Naumb FamRZ 2009, 1427; aM Karlsr FamRZ 2000, 1588; Köln FamRZ 2001, 656.

Rechtsmissbrauch: Rechtsmissbrauch kann zur Unzulässigkeit einer sonst statthaften Beschwerde führen; das ist allerdings nur in seltenen Ausnahmefällen denkbar. Das gilt namentlich bei Verwirkung, wenn also das Bewilligungsverfahren längst beendet ist und die Partei die zugehörige Entscheidung seinerzeit als sachlich berechtigt hingenommen hatte, sie aber jetzt erst nach längerer Zeit angreift, selbst wenn die Beschwerdefrist mangels wirksamer Zustellung noch nicht abgelaufen ist, BGH MDR 2011, 62 (auch zu den Grenzen); Kblz NJW-RR 2003, 1080. Keine Verwirkung liegt dann vor, wenn man zB die Frist nach § 120a schuldlos ablaufen ließ, Bbg FamRZ 1999, 308.

Rechtsmittelsumme: → „Beschwerdesumme".

Reisekostenvorschuss: Die Ablehnung der Bewilligung eines Reisekostenvorschusses für den Antragsteller, Toussaint/Weber 3. Kap. III 3, ist für den Antragsteller anfechtbar, BGH NJW 1975, 1124; BVerwG NJW 2017, 1497.

Ruhen des Verfahrens: Gegen die Anordnung des Ruhens des PKH-Verfahrens nach § 251 kann sofortige Beschwerde erhoben werden, Karlsr MDR 1995, 635.

Sozialgerichtsverfahren: Die Ablehnung ist anfechtbar. Denn § 172 III Nr. 1 SGG mit seinen Beschwerdeausschluss gilt hier nicht, LSG Essen AnwBl 2008, 797. Voraussetzung ist, dass in der Hauptsache ein Rechtsmittel statthaft ist, LSG Chemnitz JurBüro 2013, 258.

Staatskasse: → Rn. 28–40 sowie → § 121 Rn. 30.

Terminsanberaumung: Die bloße Anberaumung eines Termins zur Erörterung nach § 118 ist als vorbereitende Maßnahme nicht anfechtbar, Zweibr NJW-RR 2003, 1078, auch → „Auskunft".

Tod: Mit dem Tod des Beschwerdeführers endet das Rechtsschutzbedürfnis, Brbg FamRZ 2002, 1199; Kblz Rpfleger 1996, 808.

Umdeutung: Eine sofortige „Beschwerde" kann nach → Vor § 128 Rn. 60 als bloßer Änderungsantrag nach § 120a oder auch als neuer Antrag nach → Rn. 93 auszulegen sein, → „Antragswiederholung".

Untätigkeitsbeschwerde: Bei unzumutbarer Verzögerung der Entscheidung kommt wegen Verweigerung des Rechtschutzes eine Untätigkeitsbeschwerde in Betracht, Zweibr NJW-RR 2003, 1653.

Vergleich: Die Staatskasse hat gegen die Ausdehnung der PKH-Bewilligung auf einen Vergleich nach § 779 BGB, §§ 118 I 2, Anh. § 307 kein Beschwerderecht, Ffm Rpfleger 1988, 380; LAG Köln MDR 1990, 747. Es gelten im Übrigen dieselben Regeln wie bei → „Rechtskraft", Celle NJW-RR 2015, 61.

Vermögensbetrag: Die Auferlegung eines Vermögensbetrags nach § 120 I 1 im Bewilligungsbeschluss oder die Ablehnung der Aufhebung einer solchen Anordnung berechtigen zur sofortigen Beschwerde.

Verwirkung: → „Rechtsmissbrauch".

Verzögerung der Entscheidung: Gegen die vorwerfbare Hinauszögerung einer Entscheidung ist nach → „Untätigkeitsbeschwerde" die sofortige Beschwerde statthaft, Köln FamRZ 2010, 52; Zweibr NJW-RR 2003, 1079; Schneider MDR 2004, 1098; aM Karlsr FamRZ 1989, 769; Köln MDR 1998, 179; OVG Brem NJW 1984, 992.

Wirtschaftlich Beteiligter: Bei § 116 ist nur der Antragsteller beschwerdeberechtigt. Er kann aber die sofortige Beschwerde darauf stützen, das Gericht habe einen wirtschaftlich Beteiligten falsch beurteilt.

Zweitschuldner: Der Prozessgegner hat auch dann **kein** Beschwerderecht, wenn es um die Aufhebung nach § 124 geht und wenn er nun als ein sog. Zweitschuldner haftet, (jetzt) § 31 III Hs. 1 GKG, KG Rpfleger 1979, 152.

49 **XIV. Zur Beschwerdefrist, II 2,3, keine zusätzlichen zeitlichen Grenzen des Beschwerderechts. 1. Zeitliche Grenze der Zulässigkeit: II 3.** Zeitlich wird die Zulässigkeit der sofortigen Beschwerde nunmehr nur noch durch die Notfrist des II 3 begrenzt. Entsprechendes gilt für die Staatskasse nach III 1, 3. Dazu → Rn. 34.

50 **2. Kein Grundsatz der Unzulässigkeit ab Instanzende.** Entgegen der in früheren Auflagen vertretenen Auffassung ist für einen allgemeinen Grundsatz, dass eine Beschwerde gegen die Versagung von PKH nach Abschluss der Instanz mangels Rechtschutzbedürfnisses unzulässig sein soll, jedenfalls nach der ZPO-Reform 2002, → Rn. 51, kein Raum mehr, Nürnb FamRZ 2004, 1220. Ein rechtfertigender Grund, die zeitliche Zulässigkeit der sofortigen Beschwerde über die Begrenzung durch die Beschwerdefrist hinaus weiter zu einzuschränken, ist nicht (mehr) zu erkennen.

51 **3. Umgestaltung des Beschwerderechts durch die ZPO-Reform.** Durch das ZPO-Reformgesetz vom 27.7.2001 ist auch § 127 mit Wirkung vom 1.1.2002 teilweise geändert worden. War zuvor die unbefristete Beschwerde statthaft, sind die Rechtsmittelregelungen des PKH-Verfahrens nun dem reformierten allgemeinen Beschwerderecht angepasst worden, das seither nur noch die sofortige Beschwerde vorsieht. Dabei ist abweichend von der Grundregel nach § 569 I 1 für die sofortige Beschwerde im PKH-Verfahren eine Notfrist von einem Monat bestimmt worden.

52 **4. Rechtsprechung zu zeitlichen Zulässigkeitsgrenzen gegenstandslos.** In der älteren Rechtsprechung und Literatur wurde vertreten, eine erst nach der instanzbeendenden Hauptsacheentscheidung eingehende Beschwerde sei grds. unzulässig, etwa BFH BB 1986, 187; Düss OLGZ 89, 555. Davon wurden Ausnahmen zugelassen in Fällen, in denen die angefochtene PKH-Entscheidung erst kurz vor Erlass der die Instanz zur Hauptsache beendenden Entscheidung dem Beschwerdeführer zugegangen war, BFH DB 1984, 2495; Bbg FamRZ 1990, 181; Karlsr FamRZ 1990, 82. Zulässig sollte die Beschwerde auch sein, wenn sie dem Beschwerdeführer erst mit oder nach der Hauptsacheentscheidung zugestellt worden war, Brbg MDR 1999, 55; Karlsr FamRZ 2000, 102; Oldb NJW-RR 1991, 189. Diese Erwägungen, die aus dem Umstand der zeitlich unbefristet statthaften Beschwerde erwachsen waren, sind durch die ZPO-Reform nach → Rn. 51 gegenstandslos geworden.

53 **5. Instanzbeendigung für Zulässigkeit bedeutungslos.** Ob die Instanz in der Hauptsache beendet ist, hat dementsprechend nach heute allgemeiner Meinung für die Zulässigkeit der sofortigen Beschwerde keine Bedeutung, MüKoZPO/Wache Rn. 18, Zöller/Schultzky Rn. 34, Thomas/Putzo/Seiler Rn. 5.

54 **6. Unzulässigkeit bei Verwirkung.** Nach der Rechtslage vor der ZPO-Reform, → Rn. 51, war in erheblich *größerem Maße* als heute die Möglichkeit der Verwirkung nach Rn. 55 gegeben, weil die Beschwerde unbefristet statthaft war; aus der älteren Rspr. etwa Kblz MDR 1997, 498; Karlsr FamRZ 1992, 705; LAG Mainz BB 1998, 1539. Die Einführung der sofortigen Beschwerde mit der Anfechtungsfrist von einem Monat lässt der Verwirkung als Zulässigkeitshemmnis nur noch wenig Raum. Denkbar ist allerdings, dass die Beschwerdefrist nach II 3

mangels wirksamer Zustellung nicht in Gang gesetzt wird. Dabei ist zu berücksichtigen, dass die analoge Anwendung der Regelung in § 569 I 2 2. Alt. nur dann in Betracht kommt, wenn der Zugang der Entscheidung feststeht und es nur an der Wahrung oder am Nachweis von Zustellungsförmlichkeiten fehlt, BGH MDR 2011, 62; MüKoZPO/Lipp § 569 Rn. 6; Musielak/Voit/Ball § 569 Rn. 4. In den danach verbleibenden Fällen kann Verwirkung anzunehmen sein, wenn die Beschwerdefrist nicht in Lauf gesetzt wurde, der Beschwerdeführer aber von der Entscheidung Kenntnis erlangt und die Einlegung des Rechtsmittels so lange hinausgezögert hat, dass sie unter den jeweiligen Umständen gegen Treu und Glauben verstößt, BGH MDR 2011, 62.

7. Keine Unzulässigkeit allein wegen Entscheidung auch des Rechtsmittelgerichts zur Hauptsache. 55
Die Verwirkung nach → Rn. 54 ist auch die alleinige Begrenzung des Beschwerderechts in dem – schwer vorstellbaren – Fall, dass die sofortige Beschwerde erst nach Entscheidung des Rechtsmittelgerichts, aber vor Eintritt der Rechtskraft, erhoben wird.

8. Keine Unzulässigkeit bei Prozessvergleich zur Hauptsache. Auch ein vor Eingang der sofortigen 56
Beschwerde vereinbarter Prozessvergleich macht, wenn die Notfrist des II 3 gewahrt wird, das Rechtsmittel nicht unzulässig, sondern allenfalls unbegründet, Ffm JurBüro 2020, 606; Celle NJW-RR 2015, 60.

9. Rechtskraft der Entscheidung zur Hauptsache ohne Bedeutung für Zulässigkeit der sofortigen 57
Beschwerde, aber mit Auswirkung auf Begründetheit. Der rechtskräftige Abschluss des Hauptsacheverfahrens steht der Statthaftigkeit der sofortigen Beschwerde gegen einen (teilweise) ablehnenden PKH-Beschluss nicht entgegen, BGH NJW 2012, 1964; Celle NJW-RR 2015, 60. Der Eintritt der Rechtskraft in der Hauptsache hat aber Auswirkungen auf die mögliche Begründetheit des Rechtsmittels: Die Entscheidung in der Hauptsache hat grds. Bindungswirkung für das PKH-Verfahren, soweit es für den PKH-Anspruch auf die Erfolgsaussicht der Rechtsverfolgung oder -verteidigung ankommt, BGH NJW 2012, 1964; LAG Nürnb NZA-RR 2017, 557. Ausnahmsweise kommt aber eine nachträgliche PKH-Bewilligung dann in Betracht, wenn in der Hauptsache eine zweifelhafte Rechtsfrage zu klären war, denn nach ständiger Rspr. ist hinreichende Erfolgsaussicht in aller Regel bereits dann zu bejahen, wenn die Entscheidung von der Beantwortung schwieriger Rechts- oder Tatfragen abhängt, BGH NJW 2020, 55. Entsprechendes gilt, wenn die Entscheidung über den bewilligungsreifen PKH-Antrag vom Gericht verzögert worden ist und sich infolge der Verzögerung die Grundlage der Erfolgsaussicht zum Nachteil des Antragstellers verändert hat. Schließlich kann sich eine Ausnahme daraus ergeben, dass die PKH-Entscheidung verfahrensfehlerhaft ergangen ist und sich der Verfahrensfehler auf die Beurteilung der Erfolgsaussicht ausgewirkt hat, BGH NJW 2012, 1964. Der Grundsatz, dass das Rechtsmittelgericht bei der Beurteilung der Erfolgsaussicht an die zwischenzeitliche rechtskräftige Entscheidung der Hauptsache gebunden ist, gilt auch, wenn nach Erledigung der Hauptsache eine rechtskräftige isolierte Kostenentscheidung oder eine entsprechende Vereinbarung zum Nachteil des Beschwerdeführers getroffen im Rahmen eines Vergleichs getroffen worden ist, Celle NJW-RR 2015, 60.

XV. Beschwerdeberechtigung, II 2. 1. Notwendigkeit einer Beschwer. Beschwerdeberechtigt ist 58
grundsätzlich jeder, den die angefochtene Entscheidung beschwert. Beschwert ist nach → Vor § 511 Rn. 16, → § 567 Rn. 14 derjenige, den die Entscheidung irgendwie nachteilig betrifft, Celle MDR 2014, 1288; Stgt FamRZ 2007, 1111. Dabei kommt es auf den tatsächlichen Inhalt der angefochtenen Entscheidung an, nicht auf denjenigen, den sie haben sollte. Zur Beschwer auch → „Beschwerdesumme". Eine Beschwer kann auch bei einem Betreuten vorliegen, der das von dem Betreuer angestrengte PKH-Verfahren ablehnt, Düss OLGZ 83, 119 (Gebrechlichkeitspflegschaft).

2. Antragsteller. Der Antragsteller ist beschwert, soweit das Gericht irgendwie hinter seinem Antrag zurück- 59
geblieben ist. Wer PKH beantragt, begehrt jedenfalls im Zweifel die uneingeschränkte Bewilligung ohne Raten und/oder Vermögensbeiträge für alle derzeit beabsichtigten Anträge zur Hauptsache und um die Beiordnung des Anwalts seiner Wahl und der etwa zusätzlich erbetenen Beweis- oder Verkehrsanwälte. Jedes Zurückbleiben hinter diesen Anträgen führt grundsätzlich zu einer Beschwer. Sie kann auch zB darin liegen, dass das einen nicht von der Partei beauftragten Anwalt beiordnet, Celle Nds. Rpfl. 1995, 46, oder es ablehnt, einen vom Beschwerdeführer aus einem triftigen Grund entbundenen Anwalt durch die Beiordnung eines anderen Anwalts der Wahl des Antragstellers nach → § 121 Rn. 26 zu ersetzen, oder dass das Gericht seine Ratenentscheidung für den Antragsteller nachteilig ändert, oder dass das Gericht es nach → Rn. 48 „Aufhebung" ablehnt, seine Entscheidungen zur Zahl oder Höhe der Raten oder Vermögensbeiträge zugunsten des Antragstellers zu ändern oder einen Aufhebungsbeschluss nach § 124 zurückzunehmen.

3. Streitgenosse, Streithelfer. Für eine Nebenintervention ist im PKH-Verfahren kein Raum, OLG Karls- 60
ruhe VersR 2020, 156. Denn es handelt sich eben nicht um ein kontradiktorisches Verfahren, sondern dem Antragsteller steht das Gericht als Bewilligungsbehörde gegenüber, → Vor § 114 Rn. 2. Dementsprechend kann auch ein Streitgenosse nicht sofortige Beschwerde für die PKH-Partei oder in deren Interesse einlegen.

4. Noch nicht beigeordneter Anwalt. Der noch nicht nach § 121 beigeordnete Anwalt hat gegen die 61
Ablehnung gerade seiner Beiordnung nach → § 121 Rn. 12, 30 grundsätzlich kein eigenes Beschwerderecht, BGH NJW 1990, 836; Ffm FamRZ 2011, 385; Celle FamRZ 2012, 1662. Jedoch kann sein Auftraggeber als Antragsteller ein Beschwerderecht nach → Rn. 59 haben.

5. Beigeordneter Prozessbevollmächtigter. Der nach § 121 wirksam zum ProzBev. beigeordnete Anwalt 62
hat aus seinem eigenen Recht nur gegen jede gerade **ihn** nach → § 567 Rn. 14 beschwerende Entscheidung eine Beschwerdemöglichkeit, Düss FamRZ 2006, 1613; Hamm FamRZ 2006, 350; Köln OLGR 09, 674. Außerdem kann er natürlich im Namen und Auftrag des Antragstellers nach → Rn. 59 vorgehen. Das gilt sowohl für den im Bezirk des Prozessgerichts niedergelassenen Anwalt als auch für den auswärtigen, zB soweit das Gericht ihn ohne sein Einverständnis nach → § 121 Rn. 63 nur zu den Bedingungen eines im Bezirk des Prozessgerichts niedergelassenen Anwalts beigeordnet und damit öffentlich-rechtlich verpflichtet hat, statt seine Beiordnung in einer für ihn nur dann unanfechtbaren Weise ganz abzulehnen, Düss FamRZ 2008, 1358; Köln JurBüro 2005, 429; OVG Hmb NJW 2009, 1433; aM Düss FamRZ 2006, 1613. Der beigeordnete Anwalt kann ferner die gegen seinen Willen erfolgte **Aufhebung** der Beiordnung anfechten, LAG Köln NZA-RR 2020, 495; Brbg FamRZ 2004, 213; Karlsr FamRZ 1996, 1428; aM Naumb FamRZ 2007, 916. Dasselbe gilt gegen die Anordnung der Einstellung von Ratenzahlungen vor der Deckung der sog. Differenzkosten nach

§ 120, Düss Rpfleger 1992, 399; Hamm FamRZ 2006, 350; Köln Rpfleger 1997, 313 (nicht bei § 120a); aM Düss FamRZ 1986, 1230.

63 **6. Beigeordneter Beweisanwalt.** Der nach § 121 IV beigeordnete Beweisanwalt hat wie ein ProzBev. gegen eine ihn beschwerende Entscheidung aus eigenem Recht eine Beschwerdemöglichkeit. Allerdings kann er nur im Umfang seiner Beiordnung auch im Namen des Auftraggebers sofortige Beschwerde einlegen, im Zweifel also nicht. Denn das Beschwerderecht dürfte grundsätzlich nach dem Vertrag zwischen dem Auftraggeber und dem Beweisanwalt nicht diesem, sondern nur dem ProzBev. zustehen. Es gibt auch kein Beschwerderecht wegen der Differenzgebühr nach → § 120 Rn. 19 Köln FamRZ 1997, 1283.

64 **7. Beigeordneter Verkehrsanwalt.** Der nach § 121 IV zum Verkehrsanwalt beigeordnete Anwalt, → § 121 Rn. 71, hat nach → Rn. 63 dieselben Beschwerdemöglichkeiten wie ein Beweisanwalt.

65 **8. Beigeordneter Notanwalt.** Der nach § 121 V beigeordnete Notanwalt hat gerade wegen seiner Tätigkeitspflicht nach → § 121 Rn. 83, die ihn natürlich nach → § 567 Rn. 14 beschweren kann, ein Beschwerderecht. Auch der Antragsteller hat wegen ermessensfehlerhafter Beiordnung eines Notanwalts nach § 121 V ein Beschwerderecht, auch gegen den Willen des Notanwalts.

66 **9. Staatskasse.** Man muss zunächst scharf unterscheiden zwischen einerseits der uneingeschränkten Bewilligung von PKH ohne Monatsraten oder Vermögensbeiträge und andererseits der nur eingeschränkten Bewilligung oder gänzlichen oder teilweisen Versagung. Im ersteren Fall richtet sich das Beschwerderecht der Staatskasse nach II 1 iVm III, Karlsr FamRZ 2006, 1614. Dieses Recht ist in → Rn. 28–40 dargestellt.

67 Bei PKH-Bewilligung unter Anordnung der Zahlung von Raten oder Vermögensbeiträgen steht der Staatskasse kein Beschwerderecht zu, BGH NJW-RR 2010, 494; FamRZ 2013, 213, → Rn. 28 f.

68 **10. Prozessgegner.** Der Prozessgegner des Antragstellers in dem von diesem beabsichtigten oder durchgeführten Verfahren zur Hauptsache hat grundsätzlich kein Beschwerderecht, BGH NJW 2016, 1520. Denn Entscheidungen im PKH-Verfahren beeinträchtigen ihn regelmäßig nicht in seinen Rechten, BGH NJW 2002, 3554. Denn er ist kein Beteiligter des Bewilligungs-, Änderungs- oder Aufhebungsverfahrens, selbst wenn das Gericht ihn nach → § 118 Rn. 25 im Verfahren nach § 118 anhören muss, BGH NJW 2016, 1520. Als Ausnahme kommt eine sofortige Beschwerde des Prozessgegners allenfalls in Betracht, soweit das Gericht unter einem Verstoß gegen § 122 II von ihm einen Vorschuss anfordert, Karlsr NJW-RR 2012, 1478.

69 **11. Anwalt des Prozessgegners.** Der vom Prozessgegner bestellte ProzBev., Beweisanwalt oder Verkehrsanwalt hat persönlich ebenso wenig ein Beschwerderecht wie sein Auftraggeber.

70 **12. Weitere Beschwerdeberechtigte.** Ein Dritter mag im Ausnahmefall ein Beschwerderecht haben, sofern ihn eine fälschlich einbeziehende Entscheidung nach → § 567 Rn. 14 beschwert. Dann gilt Ähnliches wie bei Rn. 89. Ein wirtschaftlich Beteiligter hat aber auch nach § 116 grundsätzlich kein eigenes Beschwerderecht, selbst wenn er faktisch beschwert sein mag.

71 **XVI. Beschwerdeverfahren, II 2, 3.** Das Verfahren gehört zum Rechtszug nach § 172, Karlsr FamRZ 2017, 1702. Die Zuständigkeit folgt § 569. Beim FamFG-Verfahren vgl. zunächst → Rn. 4. Die sofortige Beschwerde nach II, III ist lediglich ein Sonderfall der in §§ 567 ff. geregelten sofortigen Beschwerde, Celle ZIP 2012, 1428. Es gelten daher für das Verfahren die allgemeinen Vorschriften des Beschwerdeverfahrens, soweit nicht §§ 114–127 vorrangige Sonderregeln enthalten. Zulässig ist die Nachholung des schuldhaft oder schuldlos Unterlassenen, Hamm MDR 2014, 798. Es können zB in den Grenzen des § 571 II, III neue Tatsachen und Beweismittel nach §§ 371 ff. vorgebracht werden, Brbg FamRZ 2002, 1419; LAG Köln NZA-RR 2008, 323; VGH Kassel NJW 2014, 1322.

72 Das Verschlechterungsverbot nach → § 572 Rn. 29 gilt auch hier, Brem FamRZ 2009, 366; Celle FamRZ 1993, 1334; Ffm FamRZ 1992, 1451. Die rückwirkende Anordnung zB einer Ratenzahlung ist wegen des Vertrauensschutzes erst ab Kenntnis des Schuldners von der sofortigen Beschwerde zulässig, Karlsr FamRZ 2006, 1614. Eine Zurückverweisung nach → § 572 Rn. 25 ist möglich, etwa wegen des Fehlens der Begründung des erstinstanzlichen Nichtabhilfebeschlusses, Karlsr FamRZ 1991, 349; Köln DAVorm 1993, 586. Die Verjährung wird wie beim Antrag gehemmt, BGH NJW 2001, 2545.

73 Die Entscheidung erfolgt durch einen Beschluss nach → § 572 Rn. 29. Er enthält wegen IV nach → Rn. 92 keine Kostenentscheidung. Eine Begründung erfolgt nach → Rn. 18 sowie den Regeln → § 329 Rn. 6. Der Prozessgegner erhält keine Mitteilung über die Bedürftigkeitsgründe, Brbg FamRZ 2001, 636.

74 **1. Beschwerdesumme: 600,01 EUR, II 2 Hs. 2 Fall 1.** Die Zulässigkeit der sofortigen Beschwerde hängt dann davon ab, dass die Hauptsache einen Streitwert von mindestens 600,01 EUR hat. Das ergibt sich im Umkehrschluss aus II 2 Hs. 1 Fall 1. Denn dort steht eine Verweisung auf § 511 und damit auf § 511 II Nr. 1, also auf ein Übersteigen von 600 EUR. Es kommt in diesem Fall nicht darauf an, ob eine Zulassung nach § 511 II Nr. 2 erfolgen könnte, müsste oder erfolgt ist. Denn II 2 Hs. Fall 1 stellt nur auf den Mindestwert der Hauptsache von 600,01 EUR ab. Dieser Betrag ist immer dann notwendig, wenn es nicht ausschließlich um den in → Rn. 75 erläuterten zweiten Fall geht. Auch → Rn. 44, 45.

75 **2. Keine Beschwerdesumme, II 2 Hs. 2 Fall 2.** Die Zulässigkeit der sofortigen Beschwerde hängt dann nicht von einer Beschwerdesumme ab, wenn es nur darum geht, ob das Erstgericht zu Unrecht die Bedürftigkeit verneint hatte, also nur um die persönlichen oder wirtschaftlichen Verhältnisse nach §§ 114–116. Das stellt II 2 Hs. 2 Fall 2 klar. Dann ergibt sich auch nicht die Notwendigkeit einer Beschwerdesumme aus § 567 II 1, 2. Denn trotz § 122 betrifft eine PKH-Beschwerde keine Entscheidung über „die Verpflichtung, die Prozesskosten zu tragen“, weil das Gesetz damit nur die Kostengrundentscheidung meint. Die PKH-Beschwerde ist auch keine „andere Entscheidung über Kosten“. Auch → Rn. 44, 45.

76 **3. Beschwerdefrist: 1 Monat, II 3.** Zunächst → Rn. 34, 35. Mangels Verkündung oder Zustellung beginnt die Frist fünf Monate nach der Bekanntgabe des Beschlusses an die Partei, nicht etwa nach Erlass des Beschlusses, MüKoZPO/Lipp § 569 Rn. 6. Denn wegen des grundrechtsgleichen Anspruchs auf rechtliches Gehör kommt die analoge Anwendung des § 569 I 2 2. Alt. nur dann in Betracht, wenn der Zugang der Entscheidung feststeht und es nur an der Wahrung oder am Nachweis von Zustellungsförmlichkeiten fehlt, BGH MDR 2011, 62; Musielak/Voit/Ball § 569 Rn. 4; Hamm FamRZ 2006, 1552; aM Kblz NJW-RR 2003, 1079. Im VwGO-

Verfahren gilt die 2-Wochen-Frist nach § 147 I 1 VwGO, OVG Lüneburg JurBüro 2010, 434. Bei unverschuldeter Versäumung der Notfrist kommt eine Wiedereinsetzung nach § 233 in Betracht.

4. Kein Anwaltszwang; Form. Im Beschwerdeverfahren besteht nach §§ 78 III Hs. 2, 569 III Nr. 2 kein Anwaltszwang. Bei elektronischer Einreichung gelten §§ 130ad. Die Formerfordernisse ergeben sich aus § 569 II 1, 2. 77

5. Keine Prozesskostenhilfe für das Beschwerdeverfahren. Für das Beschwerdeverfahren kann PKH nicht bewilligt werden, OVG Bln-Brbg NVwZ-RR 2014, 144, ebenso wenig wie nach → § 114 Rn. 15 „Prozesskostenhilfeverfahren" für das erstinstanzliche Bewilligungsverfahren, Karlsr JurBüro 1994, 606; Köln FamRZ 1997, 1545; VGH Kassel NJW 2013, 1690. 78

6. Anhörung des Beschwerdegegners. Soweit das Beschwerdegericht nicht die sofortige Beschwerde schon nach dem Vortrag des Beschwerdeführers als unzulässig oder unbegründet zurückweisen muss, ist eine Anhörung des Beschwerdegegners sinnvoll, soweit es um die Erfolgsaussicht nach → § 114 Rn. 27 und das Fehlen von Mutwillen nach → § 114 Rn. 34 geht. Sofern die Staatskasse Beschwerdeführerin ist, besteht die Pflicht zur Anhörung des begünstigten Antragstellers wegen Art. 103 I GG. Da die gegnerische Partei des Hauptverfahrens als Antragsgegner von einer dem Antragsteller günstigen Beschwerdeentscheidung nicht beschwert sein kann, ist die Anhörung des Antragsgegners an sich nicht zwingend erforderlich, bei neuem Sachvortrag zur Prüfung der Erfolgsaussicht aber vernünftig und üblich; da der Antragsgegner kein Beteiligter des PKH-Verfahrens ist, ist sein Anspruch auf rechtliches Gehör nicht betroffen. Sofern allerdings die Anhörung des Gegners nach § 118 I durch das Ausgangsgericht verfahrensfehlerhaft unterblieben ist, ist sie entweder durch das Beschwerdegericht nachzuholen oder im Wege der Aufhebung und Zurückverweisung dem Ausgangsgericht aufzugeben, Nürnb NJW 2011, 319. Der Anhörung der Staatskasse bedarf es nicht. 79

7. Abhilfe: Entscheidung des Erstgerichts. Zunächst muss das Erstgericht nach → § 572 Rn. 6 prüfen, inwieweit überhaupt eine sofortige Beschwerde vorliegt. Sodann muss es nach § 572 I 1 Hs. 1 prüfen, ob es sie als statthaft, zulässig und begründet erachtet und ihr abzuhelfen hat. Dabei muss das Erstgericht auch neues Vorbringen berücksichtigen, Karlsr FamRZ 2014, 680; VGH Kassel NJW 2014, 1322. Es muss eine angekündigte Beschwerdebegründung innerhalb einer angemessenen Frist abwarten, Kblz FamRZ 2008, 288. Soweit Abhilfe erfolgt, ergeht die neue Entscheidung des Erstgerichts in Beschlussform, OVG Magdeburg NVwZ-RR 2009, 271. Das Erstgericht muss seine neue Entscheidung nach → Rn. 15, 16 nach denselben Grundsätzen wie bei einer Erstentscheidung begründen. Es handelt sich ja auch nicht um eine „Rechtsmittelentscheidung" nach → Rn. 17. Die Abhilfeentscheidung enthält keine Kostenentscheidung. Das Erstgericht teilt sie ebenso wie die angefochtene Entscheidung mit. 80

8. Nichtabhilfe: Vorlage an das Beschwerdegericht. Soweit das Erstgericht der angefochtenen Entscheidung nicht abhilft, muss es sie dem Beschwerdegericht nach § 572 I 1 Hs. 2 unverzüglich zur Entscheidung vorlegen, Schlesw MDR 2011, 1378. Das gilt auch dann, wenn das Erstgericht die sofortige Beschwerde für unstatthaft oder unzulässig hält. Zuständig ist das Kollegium dann, wenn es die angefochtene Entscheidung erlassen hat, aber nicht der Vorsitzende, Stgt MDR 2003, 110. Die Nichtabhilfe erfolgt durch einen Beschluss nach § 329, also nicht durch eine bloße Verfügung. Wegen eines Verschlechterungsverbots → § 572 Rn. 29. Eine Begründung nach → § 329 Rn. 6 ist zumindest dann erforderlich, wenn die Beschwerde neue Tatsachen oder Rechtsausführungen enthält oder wenn dem angefochtenen Beschluss die erforderliche Begründung fehlte oder wenn der Beschwerdeführer die sofortige Beschwerde darauf stützt, die tatsächlichen Gründe der angefochtenen Entscheidung träfen nicht zu, Köln FamRZ 1994, 1126. Das Erstgericht darf die Nichtabhilfe auch auf neue Umstände stützen, Hamm NZFam 2015, 229. Eine wenigstens stichwortartige Begründung ist aber auch im Übrigen ratsam, schon um einer Zurückverweisung nach → § 572 Rn. 25 vorzubeugen, Celle Nds. Rpfl. 1990, 43; Mü Rpfleger 2004, 168. „Ich helfe nicht ab" ist keine Begründung, Köln FamRZ 2002, 893. Die bloße Bezugnahme „auf zutreffende Gründe" eines Schriftsatzes kann ausreichen. Man sollte aber nicht auf Floskeln zurückgreifen, statt den Sachverhalt nach → § 329 Rn. 6 umfassend nachzuprüfen. Auch Nichtabhilfebeschluss enthält keine Kostenentscheidung. Zugleich mit dem Beschluss benachrichtigt das Erstgericht den Beschwerdeführer, die Staatskasse zwingend nur als Beschwerdeführerin, von der Nichtabhilfe und übersendet die Akten dem Beschwerdegericht. 81

9. Weiteres Verfahren und Entscheidung des Beschwerdegerichts. Das Verfahren des Beschwerdegerichts folgt im Übrigen den Bestimmungen der §§ 568, 572. Das Beschwerdegericht entscheidet nach Maßgabe des § 568 durch den Einzelrichter. Die Entscheidung ergeht durch Beschluss. Bei Unzulässigkeit wird die sofortige Beschwerde verworfen, bei Unbegründetheit zurückgewiesen. Eine Kostenentscheidung ist nicht erforderlich, da Kosten nach IV nicht erstattet werden. Die Gerichtsgebühr nach Nr. 1812 KV hat der Beschwerdeführer bei Zurückweisung oder Verwerfung von Gesetzes wegen nach § 22 I GKG zu tragen. Das Gericht kann die Gebühr bei teilweisem Erfolg der sofortigen Beschwerde auf die Hälfte ermäßigen oder von der Gebührenerhebung absehen. 82

10. Beschwerde und Hauptsacheverfahren. Die Beschwerde beeinträchtigt den weiteren Ablauf des Verfahrens zur Hauptsache grundsätzlich nicht, auch nicht zur Zulässigkeitsfrage. Sie hat dort keine aufschiebende Wirkung, denn sie zählt nicht zu den in § 570 I genannten Ausnahmefällen. Sie bezieht sich nicht auf das Hauptsacheverfahren. Deshalb kann das Gericht auch nicht nach § 570 II die Aussetzung der Vollziehung im Hauptsacheverfahren oder des angefochtenen PKH-Beschlusses anordnen. 83

XVII. Gegen Entscheidung des Rechtspflegers oder des Urkundsbeamten: Sofortige Beschwerde oder sofortige Erinnerung, II, III, § 11 RPflG oder § 573 I. Beim FamFG-Verfahren auch → Rn. 4. Soweit im PKH-Verfahren der Rpfleger oder der im Mahnverfahren nach → Vor § 688 Rn. 7 etwa landesrechtlich zuständige Urkundsbeamte entschieden hat, ist nach II, III iVm § 11 I RPflG entweder die sofortige Beschwerde zulässig, Naumb Rpfleger 2002, 526; Zweibr Rpfleger 2008, 86, oder die sofortige Erinnerung nach § 11 II 1 RPflG, LAG Nürnb Rpfleger 2002, 464. Es kommt dabei beim Rpfleger ähnlich wie im Kostenfestsetzungsverfahren nach § 104 darauf an, ob gegen eine entsprechende Entscheidung des Richters eine sofortige Beschwerde statthaft wäre. 84

85 **1. Voraussetzung: Entscheidung des Rechtspflegers.** Es muss zunächst eine Entscheidung des Rpfleger vorliegen, LAG Nürnb Rpfleger 2002, 464. Maßgeblich ist nach → Rn. 41, ob er entschieden hat, nicht, ob er entscheiden durfte. Soweit statt des an sich zuständigen Rpflegers der Richter entschieden hat, ist direkt die sofortige Beschwerde möglich, Köln FamRZ 1988, 740. Eine bloße Anordnung nach § 118 oder andere vorbereitende Maßnahme ist keine Entscheidung.

86 **2. Abhängigkeit von Anfechtbarkeit unterstellter Richterentscheidung.** Es kommt entweder die sofortige Beschwerde oder die sofortige Erinnerung nach → Rn. 84 in Betracht. Im Zweifel muss man die für den Rechtsmittelführer richtige statthafte Rechtsbehelfsart annehmen.

87 **3. Keine Rechtsbehelfssumme, bedingte Abhängigkeit vom Hauptsache-Berufungswert, kein Anwaltszwang, Formzwang, keine Prozesskostenhilfe.** Es gelten dieselben Regeln wie bei der sofortigen Beschwerde, → Rn. 74–78.

88 **4. Abhilfe durch den Rechtspfleger.** Der Rpfleger hat sowohl bei Statthaftigkeit einer sofortigen Beschwerde nach § 11 I RPflG als auch bei der Statthaftigkeit einer sofortigen Erinnerung nach § 11 II 1 RPflG nach § 572 I 1 Hs. 1 oder § 11 II 2 RPflG zu prüfen, ob abzuhelfen ist, Köln FamRZ 1999, 1144; Naumb Rpfleger 2002, 526. Dabei hat er nach → Rn. 81 auch neues Vorbringen zu berücksichtigen. Mangels Abhilfe muss er die Akten sogleich dem Beschwerdegericht nach § 572 I 1 Hs. 2 oder dem Erstgericht nach § 11 II 3 RPflG vorlegen, Naumb Rpfleger 2002, 526. Die Nichtabhilfeentscheidung ist zu begründen.

89 **5. Weiteres Verfahren.** Das weitere Verfahren richtet sich nach der Rechtsbehelfsart.

90 **XVIII. Rechtsbeschwerde, § 574.** Gegen die Entscheidung des Beschwerdegerichts kommt allenfalls eine Rechtsbeschwerde an den BGH unter den Voraussetzungen des § 574 in Betracht, BGH NJW 2013, 2198 (grundsätzlich Zwang zum BGH-Anwalt); aber auch BGH FamRZ 2005, 1165 (kein BGH-Anwaltszwang für den Bezirksrevisor). Allerdings kommt die Zulassung der Rechtsbeschwerde nach § 574 Abs. 2 im PKH/VKH-Verfahren nur in Betracht, wenn es um Fragen des Verfahrens oder der persönlichen Voraussetzungen der Bewilligung geht, nicht aber hinsichtlich der Frage, ob die Rechtsverfolgung hinreichende Erfolgsaussicht hat, BGH NJW 2013, 2198. Denn da schwierige, ungeklärte Rechtsfragen nicht im PKH-Verfahren entschieden werden dürfen, muss PKH bewilligt werden, wenn die Erfolgsaussicht der Rechtsverfolgung von der Beantwortung einer derartigen Frage anhängt, BGH NJW 2014, 1454. Wenn allerdings die Rechtsbeschwerde zugelassen worden ist, ist der BGH daran gebunden, BGH NJW 2013, 2198. Der Gegner kann die Bewilligung selbst dann nicht mit der Rechtsbeschwerde anfechten, wenn das Gericht sie irrig zugelassen hatte, BGH NJW 2002, 3554 (zust. Fölsch MDR 2002, 1388). Auch im Rechtsbeschwerdeverfahren darf man die Erfolgsaussicht nach → § 114 Rn. 27 prüfen, BGH JurBüro 2008, 40. Eine außerordentliche Beschwerde ist nicht mehr statthaft, BGH FamRZ 2006, 696; BVerwG NJW 2002, 2657; Nürnb JurBüro 2007, 438.

91 **XIX. Zulässigkeit einer Gegenvorstellung, II, III.** Zulässig ist auch nach der Einführung der Anhörungsrüge in § 321a außerhalb des Anwendungsbereichs dieser Vorschrift gegen die letztinstanzliche PKH-Entscheidung die im Gesetz nicht geregelte Gegenvorstellung, durch die das Gericht, das die Entscheidung getroffen hat, diese selbst überprüfen kann. In analoger Anwendung des § 321a II ist hierbei nach hM eine Frist von 2 Wochen einzuhalten, BGH MDR 2013, 421; Zöller/Schultzky Rn. 69; Musielak/Voit/Fischer Rn. 26.

92 **XX. Keine Kostenerstattung, IV.** Die Kosten des Beschwerdeverfahrens sind unabhängig vom Ausgang des Hauptprozesses in keinem Fall erstattbar, Hmb MDR 2002, 910; Mü NJW-RR 2001, 1437; LG Kblz NJW 2011, 2063. Das gilt auch bei einer Rechtsbeschwerde, auch für deren außergerichtliche Kosten, BGH MDR 2010, 767. Zu der Gerichtsgebühr nach KV 1812 GKG → Rn. 82.

93 **XXI. Neuer Antrag auf Prozesskostenhilfe.** Unabhängig von der Zulässigkeit einer sofortigen Beschwerde oder sofortigen Erinnerung ist ein neuer PKH-Antrag (nur) aufgrund neuer Tatsachen sei es auf eine Bewilligung, sei es auf die Aufhebung einer Ratenzahlungsanordnung nach § 120 usw. grundsätzlich zulässig, BGH NJW-RR 2018, 257; Celle MDR 2011, 563. Denn ein belastender Beschluss im PKH-Verfahren erwächst zwar in formelle Rechtskraft nach §§ 329, 705, aber nicht in materielle Rechtskraft, BGH NJW-RR 2018, 257; Ffm MDR 2007, 1286; AG Bad Iburg MDR 2009, 647; aM Nürnb MDR 2004, 410; Oldb MDR 2003, 1071. Das alles gilt nach § 76 I FamFG auch im FamFG-Verfahren.

94 Allerdings kann für einen neuerlichen PKH-Antrag das Rechtsschutzbedürfnis fehlen, wenn das Recht zur wiederholten Antragstellung missbraucht wird; bei der Beurteilung der etwaigen Missbräuchlichkeit kommt es auf die Umstände des Einzelfalls an, BGH NJW 2009, 857. Das Rechtsschutzbedürfnis kann bei einer Klagerweiterung nach §§ 263, 264 bestehen, Köln MDR 1988, 501. Es dürfte aber durchweg fehlen, wenn keine neuen Tatsachen vorgetragen werden, BGH NJW-RR 2018, 258; Düss MDR 2014, 1172; Hamm FamRZ 2004, 647, oder soweit eine Partei sie ersichtlich nur vorschützt, Ffm MDR 2007, 1286; AG Bad Iburg MDR 2009, 647. Bei neuen Tatsachen kann die Nichtbeachtung eines „aufrechterhaltenen" neuen Antrags gegen Art. 103 I GG verstoßen, BSG NJW 1998, 2998. Eine Rückwirkung auf die Zeit vor dem neuen Antrag kommt ohnehin nicht infrage, BGH NJW-RR 2018, 257; Ffm OLGR 2004, 287; LAG Hamm NZA 2004, 102. Natürlich ermöglicht auch eine Klageerweiterung einen neuen Antrag und macht ihn sogar vor der Zulässigkeit einer sofortigen Beschwerde notwendig, VGH Mannh NVwZ-RR 2006, 508.

95 **XXII. Verfassungsbeschwerde.** Die Verfassungsbeschwerde kommt im Zusammenhang mit einem PKH-Verfahren v. a. in Betracht, wenn der Antragsteller meint, in seinem grundrechtlich verbürgten Anspruch auf Rechtsschutz- bzw. Rechtsgewährungsgleichheit verletzt zu sein. Nach der Rspr. des BVerfG überschreiten die Fachgerichte den Entscheidungsspielraum, der ihnen bei der Auslegung des Tatbestandsmerkmals der „hinreichenden Erfolgsaussicht" zukommt, wenn sie einen Auslegungsmaßstab verwenden, durch den einer unbemittelten Partei im Vergleich zur bemittelten die Rechtsverfolgung oder -verteidigung unverhältnismäßig erschwert wird, namentlich dann, wenn die Anforderungen an die Erfolgsaussicht überspannt werden und dadurch der Zweck der PKH, dem Unbemittelten den weitgehend gleichen Zugang zu Gericht zu ermöglichen, deutlich verfehlt wird. Denn die Prüfung der Erfolgsaussicht soll nicht dazu dienen, die Rechtsverfolgung oder -verteidigung selbst in das Nebenverfahren der PKH vorzuverlagern und dieses an die Stelle des Hauptsacheverfahrens treten zu lassen. Ein Fachgericht, das § 114 I 1 dahin auslegt, dass auch schwierige, noch nicht geklärte Rechtsfragen im PKH-Verfahren „durchentschieden" werden können, verkennt damit die Bedeutung der in Art. 3 I

iVm Art. 20 III GG verbürgten Rechtsschutzgleichheit, BVerfG NVwZ-RR 2020, 137. Die allgemeinen Zulässigkeitsvoraussetzungen der Verfassungsbeschwerde ergeben sich aus §§ 90 ff. BVerfGG. Zur nach § 90 II 1 BVerfGG erforderlichen Erschöpfung des Rechtswegs gehört bei Verfassungsbeschwerden, die auf Verletzung des grundrechtsgleichen Anspruchs auf rechtliches Gehör aus Art. 103 I GG gestützt werden, die vorherige Erhebung einer Anhörungsrüge nach § 321a, BVerfG NJW-RR 2011, 1608.

Anhang zu § 127
Beratungshilfegesetz

Schrifttum: Christl NJW 2020, 3504; Dörndorfer, Prozesskosten-, Verfahrenskosten- und Beratungshilfe für Anfänger, 7. Aufl. 2020; Gottschalk/Schneider, Prozess- und Verfahrenskostenhilfe, Beratungshilfe, 10. Aufl. 2021; Groß, Beratungshilfe/Prozesskostenhilfe/Verfahrenskostenhilfe, 15. Aufl. 2022; Lissner/Dietrich/Schmidt, Beratungshilfe mit Prozess- und Verfahrenskostenhilfe, 4. Aufl. 2021; Nickel MDR 2018, 369; Poller/Härtl/Köpf, Gesamtes Kostenhilferecht, 3. Aufl. 2018.

I. Systematik. Das BerHG stellt eine Ergänzung des Instituts der PKH für seinen vor- und außergerichtlichen Geltungsbereich dar. Es folgt eigenen Regeln, die vorrangig gelten. Sie lassen eine entsprechende Anwendung der §§ 114 ff. nur begrenzt zu, obwohl sich viele Grundgedanken ähneln. Auch die übrigen Vorschriften des Buchs 1 der ZPO sind in dem Geltungsbereich des BerHG nur ganz bedingt anwendbar. Vielmehr folgt sein Verfahren nach § 5 BerHG dem FamFG und §§ 185 III, 189 III GVG. Zum 1.8.2021, BGBl. I 2154, ist das BerHG geändert worden. In § 4 II 1 Hs. 2 BerHG ist durch Verweis auf § 130a ZPO klargestellt, dass der Antrag auch elektronisch eingereicht werden kann. Im Übrigen ist jeweils „der Rechtssuchende“ durch die Pluralform „Rechtssuchende“ ersetzt worden. 1

II. Regelungszweck. Die Beratungshilfe soll den Zugang der Unbemittelten zum Rechtsschutz im vorgerichtlichen Bereich gewährleisten. Die im gerichtlichen Verfahren auf Rechtsschutzgleichheit gerichteten Verfassungsgrundsätze gewährleisten dem Bürger im außergerichtlichen Bereich Rechtswahrnehmungsgleichheit, BVerfG NJW 2009, 209. Denn aus Art. 3 I iVm Art. 20 I, III GG folgt auch ein Anspruch auf grundsätzlich gleiche Chancen von Bemittelten und Unbemittelten bei der Durchsetzung ihrer Rechte im außergerichtlichen Bereich; ob Rechtsuchende dort zumutbar auf Selbsthilfe verwiesen werden können, hängt von den konkreten Umständen des Einzelfalls ab, insbesondere davon, ob der dem Beratungsanliegen zugrunde liegende Sachverhalt schwierige Tatsachen- oder Rechtsfragen aufwirft und ob der Rechtsuchende selbst über ausreichende Rechtskenntnisse verfügt, BVerfG NJW 2015, 2322, → Vor § 114 Rn. 3. Die Maßstäbe entsprechen den bei der PKH-Bewilligung anzulegenden, BVerfG NJW-RR 2007, 1369. 2

III. Geltungsbereich. Das BerHG gilt nach seinem § 1 nur für den Bereich außerhalb eines gerichtlichen Verfahrens und für die Beiordnung eines Anwalts im obligatorischen Güteverfahren nach § 15a EGZPO, aM AG Nürnb JurBüro 2002, 147 (aus Gründen der „Waffengleichheit“ keine Beiordnung, wenn auch die Gegenseite nicht anwaltlich vertreten). Unter gerichtlichem Verfahren ist auch wegen § 2 II 1 ein Verfahren beliebiger Art vor einem beliebigen staatlichen Gericht zu verstehen, großzügiger VerfGH RhPf NJW 2017, 1940 (nur ein streitiges Verfahren). In einer internationalen Unterhaltssache gilt vorrangig § 10a BerHG. § 43 IntFamRVG verweist auf das BerHG. 3

IV. Antrag; Zuständigkeit. Das gerichtliche Verfahren findet auf Antrag statt, der mithilfe eines Formulars zu stellen ist. Dies regelt die BerHFV vom 2.1.2014, BGBl. 2. Das Verfahren ist nach §§ 3 Nr. 3 f., 24a RPflG zum Teil dem Rpfleger übertragen. Zuständig ist der Rpfleger der in §§ 3 II, 4 I 1 BerHG genannten AG, und zwar derjenige des Prozessgerichts oder des Betreuungsgerichts oder des Familiengerichts. Maßgebend ist der Antragseingang, Hamm FamRZ 2008, 2294; KG Rpfleger 2009, 36. 4

Für die Entscheidung über eine nachträgliche Gewährung ist nach § 4 I 1 BerHG das AG zuständig, in dessen Bezirk der Rechtssuchende seinen inländischen allgemeinen Gerichtsstand nach §§ 12 ff. hat, BayObLG JurBüro 1995, 366. Maßgebend ist dabei die Zeit des Antragseingangs, Zweibr JurBüro 1998, 197. Nur bei Fehlen eines inländischen allgemeinen Gerichtsstands kommt es darauf an, wo ein Beratungsbedürfnis auftritt, § 4 I 2 BerHG. Wegen des Verfahrens bei einem Zuständigkeitsstreit BayObLG Rpfleger 1988, 470. Das Berufungsgericht ist unzuständig, Rostock JurBüro 2007, 150. 5

Das obligatorische Güteverfahren erfordert ebenfalls einen Antrag. Das folgt zumindest indirekt aus § 15a I 3 EGZPO, Hartmann NJW 1999, 3749. Auch deshalb muss man die Anwaltstätigkeit nach → Rn. 1 schon „zwecks“ oder „im Zusammenhang mit“ einem bevorstehenden oder etwaigen Antrag als „im“ Güteverfahren beurteilen. 6

V. Mehrheit von Beratungen. Die Abgrenzung der einen Beratung von einer weiteren erfolgt am besten entsprechend § 15 II 1 RVG nach dem Begriff derselben Angelegenheit. Man sollte die im BerHG angestrebte einfache Handhabung des Vergütungsanspruchs nicht bei der Festsetzung unterlaufen, AG Gött AnwBl 1988, 126. 7

VI. Weiteres Verfahren/Praxishinweise. Wegen weiterer Verfahrenseinzelheiten Christl NJW 2020, 3504; Härtl NZFam 2017, 1081; Nickel NZFam 2015, 294; Mayer/Kroiß/Kießling, RVG, 8. Aufl. 2021, RVG § 44 Rn. 1 ff. 8

VII. Rechtsbehelfe. Gegen die Entscheidung des Rpfl., mit der Beratungshilfe abgelehnt wird, ist nach § 6 II BerHG nur die unbefristete Erinnerung gem. § 11 I 1 RPflG statthaft. Hilft der Rpfleger der Erinnerung nicht ab, hat er die Erinnerung gem. § 11 II 2 RPflG dem Richter vorzulegen, der über die Erinnerung endgültig entscheidet. Gegen dessen Entscheidung ist ein Rechtsmittel nicht gegeben. Eine Vorlage der Erinnerung an das Rechtsmittelgericht ist nach § 6 II BerHG ebenso wenig wie eine Beschwerde gegen die Entscheidung des Amtsgerichts möglich, Brbg BeckRS 2011, 14318; Celle NJOZ 2011, 410; Hamm FamRZ 2010, 1364; Stgt Rpfleger 2009, 462; aM LG Potsdam FamRZ 2009, 902. 9

127a *(aufgehoben)*

Abschnitt 3. Verfahren

Vorbemerkung zu den §§ 128–703d

Übersicht

1 **I. Systematik.** Die Vorschriften des Abschnitts 3 enthalten einen Teil der allgemeinen Verfahrensregeln. Andere befinden sich zB in §§ 12 ff. Das erste Buch (§§ 128–252) gilt für alle Instanzen. Das zweite Buch bezieht sich auf die erste Instanz und unterscheidet zwischen dem Verfahren vor dem Landgericht (§§ 253–494a) und dem Amtsgericht (§§ 495–510b). Viele Regeln des landgerichtlichen Verfahrens gelten kraft Verweisung über § 495 auch bei Verfahren vor den Amtsgerichten, über §§ 525, 565 für das Berufungs- und Revisionsverfahren und über § 113 FamFG für Ehe- und Familiensachen. Das 3. Buch betrifft die Rechtsmittel, die Berufung (§§ 511–541), die Revision (§§ 542–566) und die Beschwerde (§§ 567–577). Das 4. Buch (§§ 578–591) bezieht sich die Wiederaufnahme des Verfahrens, das 5. Buch (§§ 592–605a) auf den Urkunden- und Wechselprozess, das 6. Buch (§§ 606–614) auf das Musterfeststellungsverfahren und das 7. Buch (§§ 688–703d) auf das Mahnverfahren. Die nachfolgenden Regeln im 1. und 2. Buch über das Verfahren der ersten Instanz sind das Kernstück des gesamten Zivilprozesses. Nicht gesondert geregelt in der ZPO sind die in allen Verfahren geltenden Grundsätze eines Zivilprozesses, → Rn. 20 ff., der Beginn und das Ende eines Prozessrechtsverhältnisses sowie die sich daraus ergebenden Rechte und Pflichten, → Rn. 4 ff., 13 ff. und die Lehre von den Prozesshandlungen, → Rn. 54 ff.; diese Grundsätze sind aber für viele Verfahrensvorschriften von besonderer Bedeutung, so dass sie sozusagen eine Klammer bilden und deshalb vorab besprochen werden.

2 **II. Regelungszweck.** Das Verfahren in den Tatsacheninstanzen zielt darauf ab, den tatsächlichen Sachverhalt möglichst erschöpfend aufzuklären. Es besteht aber grundsätzlich keine Pflicht zur Ermittlung von Amts wegen, → Rn. 37 ff., von besonderen Verfahrensarten wie etwa dem Kindschaftsverfahren des FamFG abgesehen. Gleichwohl hat das Gericht eine insbesondere durch § 139 konkretisierte Pflicht zur Mitwirkung an der Aufklärung des Sachverhalts. Durch eine Verletzung dieser Pflicht können erhebliche Rechtsfolgen entstehen, → § 139 Rn. 69. Die Aufklärungspflicht des Gerichts konkretisiert sich in seiner Fürsorgepflicht als wichtige Aufgabe in jeder Verfahrenslage, → § 139 Rn. 8 ff. Sie darf aber nicht zu einer Bevormundung führen. Das verträgt sich weder mit Art. 1, 2 GG noch mit der im Zivilprozess geltenden Parteiherrschaft, dem Beibringungs- und Dispositionsgrundsatz, → Rn. 20–25. Auch ergeben sich Grenzen durch die Neutralitätspflicht des Gerichts, → § 139 Rn. 18 ff.

3 **III. Geltungsbereich.** Die Regeln gelten grundsätzlich in allen Verfahren nach der ZPO, auch im WEG-Verfahren. Ergänzend gelten §§ 169 ff. GVG und das Gesetz zum Schutz von Geschäftsgeheimnissen (GeschGehG) vom 18.4.2019 (BGBl. I S 466). In arbeitsgerichtlichen Verfahren finden die §§ 128 ff. nach §§ 46 II 1, 80 II ArbGG grundsätzlich ebenfalls Anwendung, wobei § 78a ArbGG für die Verletzung des rechtlichen Gehörs unter den dort genannten Voraussetzungen diesen vorgeht; zu § 139 → § 139 Rn. 6 „Arbeitsgericht". Im FamFG-Verfahren gelten §§ 128 ff. im Bereich der Ehe- und Familienstreitsachen nach § 113 I 2 FamFG; in den anderen Verfahren greift zB anstelle des § 139 der § 28 FamFG ein, → § 139 Rn. 6 „Ehe- und Familiensachen". Wegen des Kapitalanleger-Musterverfahrens vgl. SchlAnh VI § 11. Auf die Musterfeststellungsklage nach §§ 606 ff. finden die im ersten Rechtszug für das Verfahren vor den Landgerichten geltenden Vorschriften gemäß § 610 V Anwendung mit Ausnahme der § 128 II (schriftliches Verfahren),§ 278 II–V (Güteverfahren), § 306 (Verzicht), §§ 348–350 (Einzelrichterentscheidung), → § 610 Rn. 10. Zu den Verweisungsvorschriften auf die §§ 253 ff. → Rn. 1. Zu den Reformbestrebungen des Zivilprozesses mit Einführung der E-Akte vgl. Bericht der Arbeitsgruppe **„Modernisierung des Zivilprozesses"**, die von den Präsidentinnen und Präsidenten der OLG's, des KG, des BayObLG und des BGH eingesetzt und der auf dem Richtertag am 2.2.2021 vorgestellt wurde, abrufbar: beck-online FD – ZVR 2021, 439564; Köbler NJW-aktuell Heft 52/2020, 19; → Einl. I Rn. 9; → § 139 Rn. 47. Zur Reform des § 128a → § 128a Rn. 3. Zur Internationalisierung des Zivilstandortes Deutschland und der Einführung von **Commercial Courts:** Diekmann NJW 2021, 605; Pfeiffer DRiZ 2021, 46;

→ § 139 Rn. 49. In diesen Zusammenhang gehören auch die Regelungen der Länder nach der Reform des § 13a GVG zur gerichtlichen Konzentrationen für Streitigkeiten aus dem Bereich der Unternehmenstransaktionen, der Informationstechnologie und Medientechnik sowie der Erneuerbaren Energien, vgl zur VO in NRW Biesenbach/Baack ZIP 2022, 501.

IV. Prozessrechtsverhältnis. 1. Begriff. Das Prozessrechtsverhältnis ist die Gesamtheit der Partei- und Gerichtshandlungen, die die Prozessordnung an die Tatsache knüpft, dass ein Prozess begonnen wird, um den begehrten gerichtlichen Rechtsschutz zu erlangen; auf die materielle Rechtslage kommt es nicht an, MüKoZPO/Rauscher Einl. Rn. 31; Prütting/Gehrlein/Prütting Einl. Rn. 4. Es entsteht in allen Verfahrensarten der ZPO, auch im Mahnverfahren und im Vollstreckungsverfahren, MüKoZPO/Rauscher Einl. Rn. 31; Musielak/Voit/Musielak Einl. Rn. 55 f.; Thomas/Putzo/Hüßtege Vorb § 50 Rn. 1; Zöller/Vollkommer Einl. Rn. 36. Die Lehre vom Prozessrechtsverhältnis erschließt das Verständnis vieler prozessualer Vorgänge. Das Prozessrechtsverhältnis äußert sich in einer Reihe von Grundsätzen sowie Rechten und Pflichten. Es darf nicht unklar sein. Es duldet daher grundsätzlich keine Bedingung mit Ausnahme einer innerprozessualen, BGH NJW 2007, 913 Rn. 9; BAG NJW 2016, 2054 Rn. 22; → Rn. 62; → § 260 Rn. 9 (Hilfsantrag – innerprozessuale Bedingung). Das Prozessrechtsverhältnis wird auch als Schuldverhältnis iSv § 280 BGB qualifiziert, so dass zwischen den Beteiligten Schadensersatzansprüche bestehen können, BGH GRUR 2010 1038 Rn. 19. Dies kann insbesondere dann bedeutsam sein, wenn ein fremdes Recht geltend gemacht wird, so durch einen Prozessstandschafter insbesondere bei behaupteter mangelhafter Prozessführung durch Verbraucherverbände, Röß NJW 2021, 1495 (1499) (Haftung des Verbandes bei Musterfeststellungsklage nach §§ 606 ff. gegenüber zum Klageregister angemeldeter Verbraucher); → Vor § 253 Rn. 42 „Verbandsklage". 4

Nicht einheitlich wurde früher die Frage beantwortet, zwischen wem das Prozessrechtsverhältnis besteht. Manche ließen ein Prozessrechtsverhältnis nur zwischen dem Gericht einerseits, den Parteien andererseits, andere ließen ein solches Verhältnis nur zwischen den Parteien entstehen, Prütting/Gehrlein/Prütting Einl. Rn. 5 (zur historischen Entwicklung). Heute geht man von einem **Dreiecksverhältnis** aus, das zwischen den Parteien und dem Gericht entsteht und zu Rechten und Pflichten aller Beteiligten führt, MüKoZPO/Rauscher Einl. Rn. 32; Musielak/Voit/Musielak Einl. Rn. 55; Zöller/Vollkommer Einl. Rn. 36. Das Bestehen eines Prozessrechtsverhältnis wird heute nicht (mehr) bezweifelt und zum Verständnis des Prozessrechtes herangezogen, wie zB im Rahmen der Rechtsnachfolge nach §§ 265, 325, 727, KG BeckRS 2003, 30302047; MüKoZPO/Rauscher Rn. 31; → Rn. 10 (zu § 945a). Der (frühere) dogmatische Streit über die Ausgestaltung im Einzelnen hat keine praktischen Auswirkungen, Prütting/Gehrlein/Prütting Einl. Rn. 4. 5

2. Verhältnis der Parteien und des Gerichts. Die Beziehungen nur einer Partei zum Gericht lassen sich grundsätzlich noch nicht als volles Prozessrechtsverhältnis kennzeichnen. Denn diese Beziehungen sind nicht wesentlich anders als die Beziehung einer Personen zu anderen Behörden. Jeder Angehörige einer Behörde muss sein Amt pflichtgemäß ausüben. Wer behördlichen Schutz beansprucht, muss sich aber auch den behördlichen Anordnungen in einem gesetzlich bestimmten Umfang fügen und in einem gesetzlich bestimmten Umfang durch seine Mitwirkung die Behörde unterstützen. Insofern kann allerdings eine besondere Mitwirkungspflicht innerhalb eines schon teilweisen Prozessrechtsverhältnisses vorliegen. Dessen ungeachtet sind solche Beziehungen zwischen der einzelnen Partei und dem Gericht eben nicht typisch prozessual. Eine Besonderheit ergibt sich für die Kostenentscheidung bei Klagerücknahme iRd **§ 269 III 3,** wie der letzte Halbsatz dieser Norm verdeutlicht, → § 269 Rn. 44. 6

Das volle Prozessrechtsverhältnis ist eine Beziehung zwischen den beiden Parteien und dem Gericht. Rechte, Pflichten und Obliegenheiten entstehen für alle erst mit einem solchen Prozessrechtsverhältnisses. Daraus folgt: Solange ein Beteiligter noch nichts vom Prozesswillen des anderen weiß oder wissen muss, ist das volle Prozessrechtsverhältnis noch nicht entstanden und dieser Beteiligte hat er noch keine Rechte, Pflichten oder Obliegenheiten. Mit der Einreichung der Klage bei Gericht, dh mit **Anhängigkeit,** entsteht nur das (teilweise) Prozessrechtsverhältnis zwischen dem Kläger und dem Gericht, und erst mit **Rechtshängigkeit** nach §§ 253 I, 261 I, dh mit Zustellung der Klageschrift an den Bekl., wird dieser in das Prozessrechtsverhältnis einbezogen, → § 253 Rn. 10; → § 261 Rn. 4 (jeweils zur Anhängigkeit und Rechtshängigkeit, auch zu den Sonderfällen nach § 261 II und bei Einleitung durch ein Mahnverfahren). Erst damit entsteht das sog. Dreiecksverhältnis, → Rn. 5. Für die Entstehung des Prozessrechtsverhältnisses ist es grundsätzlich unerheblich, ob die Klagezustellung mangelhaft ist und ob die Zulässigkeitsvoraussetzungen vorliegen, MüKoZPO/Rauscher Einl. Rn. 32; → § 253 Rn. 12. Das Prozessrechtsverhältnis ist öffentlich-rechtlich. Die privaten Beziehungen der Parteien untereinander während des Prozesses sind für das Prozessrechtsverhältnis grundsätzlich unwesentlich, → Rn. 4. 7

Sind auf der Kläger- oder Beklagtenseite **mehrere Personen** vorhanden, werden entsprechend mehrere Prozessrechtsverhältnisse begründet, Musielak/Voit/Musielak Einl. Rn. 55; Thomas/Putzo/Hüßtege Vorb. § 50 Rn. 1. Manche sehen bei bestimmten Fällen einheitlicher Gestaltungsprozesse, zB nach §§ 117, 127, 133, 140 HGB, auch ein mehrseitiges Prozessrechtsverhältnis, das neben dem Gericht nicht nur jeden Streitgenossen nach § 59 mit je einem Prozessgegner betreffe, sondern auch die Streitgenossen untereinander verbinde. 8

3. Besonderheiten im Einstweiligen Rechtsschutz. Von dem Grundsatz des Prozessrechtsverhältnisses als Dreiecksverhältnis gibt es **Ausnahmen,** insbesondere, wenn das Gericht die begehrte Entscheidung ausnahmsweise treffen kann, ohne vorher den Gegner zu hören, so uU im Verfahren auf den Erlass eines Arrestes oder einer einstweiligen Verfügung (§§ 128 IV, 922 I, 937 II). In diesen Fällen wird bereits vor Einbindung des Gegners ein Prozessrechtsverhältnis begründet und die Rechtshängigkeit tritt mit der Antragseinreichung ein, → § 920 Rn. 8. Das Gericht hat für den (noch) nicht beteiligten Gegner dann wegen seiner an sich nach Art. 103 I GG notwendigen Anhörung eine prozessuale Treuhänderstellung, → Rn. 42 ff. (zum rechtlichen Gehör). 9

Die Schutzschrift nach § 945a ist ein vorbeugendes Verteidigungsmittel im Einstweiligen Rechtsschutz und damit schon eine bedingte Prozesshandlung, → Rn. 54 ff. (allgemein zu Prozesshandlung). Sie begründet aber noch kein Prozessrechtsverhältnis, sondern dient vorbeugend dem Grundsatz des rechtlichen Gehörs, → Rn. 42 ff. Das Prozessrechtsverhältnis entsteht erst, wenn der vorläufige Rechtsschutz begehrt wird, und zwar unabhängig davon, ob der Gegner vor Erlass der Einstweiligen Verfügung gehört wird, → Rn. 9. Das bewirkt, dass der Antragsteller bei Rücknahme seines Antrages die Kosten der Schutzschrift zu tragen hat, wenn der Antrag auf einstweiligen Rechtsschutz nach Eingang der Schutzschrift gestellt wurde (§ 269 III 2 entsprechend), Brdbg 10

BeckRS 2011, 24847; Mü NJW 1993, 1604; → § 920 Rn. 11; → § 945 Rn. 11; → § 269 Rn. 53 „Schutzschrift". Unerheblich ist, ob das Gericht Kenntnis von der Schutzschrift genommen hat, Hambg GRUR-RR 2016, 431. Ist die Rücknahme vor Eingang der Schutzschrift erfolgt, greift § 269 III 2 nicht zugunsten des Gegners ein BGH NJW-RR 2007, 1575.

11 **4. Besonderheiten bei der Rechtsnachfolge.** Bei einer Rechtsnachfolge **nach Rechtshängigkeit** in Bezug auf die streitbefangene Sache oder das streitbefangene Recht gelten die Sonderregelungen der §§ 265, 325, 727, soweit nicht §§ 239 ff. eingreifen, → § 265 Rn. 10. Nach § 265 hat eine solche Rechtsnachfolge grundsätzlich keine Auswirkungen auf den rechtshängigen Prozess und dieser wird zwischen den ursprünglichen Parteien fortgesetzt, wobei der Rechtsvorgänger als Prozessstandschafter fungiert, → § 265 Rn. 17–19, → Rn. 10 ff. (zur Veräußerung und Abtretung iSd § 265). Das rechtskräftige Urteil wirkt aber nach § 325 grundsätzlich für und gegen den Rechtsnachfolger. Außerdem kann bei Bejahung der Rechtskraftwirkung der Titel auf den Rechtsnachfolger nach § 727 umgeschrieben werden. Aufgrund dieser besonderen Vorschriften wird der Rechtsnachfolger nach Rechtshängigkeit zwar grundsätzlich nicht am Prozessrechtsverhältnis im Erkenntnisverfahren beteiligt, das Ergebnis wirkt aber in der Regel für und gegen ihn.

12 Ist eine Rechtsnachfolge vor Rechtshängigkeit, dh vor Entstehung des Prozessrechtsverhältnisses zwischen den Parteien und dem Gericht eingetreten, ist der Rechtsnachfolger weder unmittelbar noch mittelbar beteiligt. Er müsste vielmehr ein neuen Prozessrechtsverhältnis durch Klageerhebung begründen oder er müsste verklagt werden, → § 263 Rn. 23 ff. (zum gewillkürten Parteiwechsel).

13 **5. Rechte und Pflichten aus dem Prozessrechtsverhältnis. a) Mitwirkungspflicht, Obliegenheit.** Keine Partei muss – anders als ein Zeuge – Erklärungen abgeben, um einen unmittelbaren Zwang zu vermeiden. Wer sich an einem Verfahren nicht beteiligt, obwohl er einen anderen oder obwohl ihn ein anderer vor Gericht gezogen hat, kann aber als „Säumiger" erhebliche prozessuale Nachteile erleiden, so nach § 141 III oder nach §§ 330 ff. bis zum Verlust des Prozesses. Auch wer keine oder unzureichende Erklärungen abgibt, kann entsprechende Nachteile haben, weil das Vorbringen dann uU nicht berücksichtigt wird und das Gericht auf der Grundlage des Tatsachenvortrages des Gegners entscheidet, → § 138 Rn. 21 ff. (mangelnde Substantiierung), → § 138 Rn. 27 (einfaches Bestreiten), → § 138 Rn. 28 (pauschales Bestreiten), → § 138 Rn. 29 (qualifiziertes Bestreiten), → § 138 Rn. 32 f. (sekundäre Darlegungslast), → § 138 Rn. 45 (Nichtbestreiten), → § 138 Rn. 52 (Bestreiten mit Nichtwissen). Insofern bestehen erhebliche und weitreichende Obliegenheiten, Mitwirkungs-„Pflichten" im weiteren Sinn oder anders ausgedrückt, „Handlungslasten", MüKoZPO/Rauscher Einl. Rn. 34 f.

14 **b) Förderungspflicht.** Während die Mitwirkungspflicht die Frage regelt, ob eine Partei überhaupt durch ihr Erscheinen und/oder durch ihre Erklärungen am Fortgang des Verfahrens mithelfen muss, regelt die Förderungspflicht der Parteien zusammen mit dem Grundsatz der Prozesswirtschaftlichkeit, → Rn. 16 ff., den Umfang der erforderlichen Mitwirkung näher, Schwaiger AnwBl 2014, 554 = LSK 2014, 270052; → Einl. II Rn. 53 f. Die Förderungspflicht ist die Pflicht, nach Kräften dazu beizutragen, dass das Gericht den Prozessstoff unverzüglich umfassend sammeln und auch bewerten kann. Diese Pflicht kann sich sowohl in zeitlicher als auch in räumlicher Hinsicht und schließlich in der Art und Weise der Mitwirkung ausdrücken. Die Förderungspflicht ist im Zusammenhang mit den Pflichten des Gerichts nach § 139 zu sehen, darauf hinzuwirken, dass sich die Parteien vollständig und rechtzeitig zu den streitentscheidende Tatsachen äußern, sachdienliche Anträge stellen und die Beweismittel bezeichnen. Der neue § 139 I 3 hat eine weitere Strukturierungsmöglichkeit für das Gericht in Bezug auf den Prozessstoff geschaffen und damit eine Mitwirkungs-/Förderungspflicht der Parteien in dieser Hinsicht ergänzt, → § 139 Rn. 42–49. Insbesondere in Großverfahren bietet § 139 I 3 zur Effizienzsteigerung Abschichtungsmöglichkeiten, die Raeschke-Kessler, AnwBl 2015, 822 =LSK 2015, 490063, auch vor der Neuregelung für erforderlich gehalten hat. Zu den Mitwirkungspflichten der Parteien kann nach § 372a auch die Pflicht gehören, sich einer Untersuchung zu unterwerfen, wenn dies zur Feststellung der Abstammung erforderlich ist. In jeder dieser Beziehungen muss jede Partei während des gesamten Prozesses den Grundsatz von Treu und Glauben beachten, → Rn. 19.

15 Die Verletzung der Förderungspflicht kann zu erheblichen Nachteile führen, etwa zur Aufhebung der Bewilligung einer Prozesskostenhilfe nach § 124 oder zur Zurückweisung des Vortrags wegen Verspätung nach § 296. Die Verletzung der Förderungspflicht kann auch als Prozessbetrug strafbar sein, → Rn. 19 (Treu und Glauben).

c) Prozessökonomie (Prozesswirtschaftlichkeit). Schrifttum: Koch, Die Prozessökonomie als Auslegungskriterium der Zivilprozessordnung, 2014; Pflughaupt, Prozessökonomie, 2011; Steinbeck/Lachenmaier NJW 2014, 2086 (Verhaltensökonomik); Stürner, Prozessökonomie als gemeineuropäischer Verfahrensgrundsatz?, FS Coester-Waltjen, 2015.

16 Für beide Parteien und auch für das Gericht ist es sinnvoll, den Prozess möglichst zweckmäßig und kostengünstig und damit effizient zu gestalten, Prütting/Gehrlein/Prütting Einl. Rn. 35 ff. Es handelt sich dabei nicht um eine eigenständige Rechtspflicht. Jedoch ergibt sich andererseits aus dem Prozessrechtsverhältnis für das Gericht eine Fürsorgepflicht, die sich insbesondere durch § 139 konkretisiert, → Rn. 14, und für die Partei eine Rücksichtnahmepflicht auf berechtigte Belange des Prozessgegners erfordert, soweit eine solche zumutbar ist.

17 Die **Grenzen** der Prozesswirtschaftlichkeit liegen dort, wo man grundlegende andere Grundsätze preisgeben müsste. Hauptziel bleibt die Erreichung eines materiell richtigen bzw. vertretbaren Ergebnisses, das Vorrang vor Wirtschaftlichkeitsbemühungen hat. Auch die Verfahrensdauer darf nicht zum Beherrscher aller Möglichkeiten werden. Das gilt trotz §§ 198 ff. GVG (Verbot unangemessener Verfahrenslänge). Deshalb haben sich auf der Grundlage der Prozessökonomie keine bindenden isolierten Verfahrensregeln entwickelt; jedoch liegt sie vom Grundsatz her vielen Verfahrensregeln zugrunde, Prütting/Gehrlein/Prütting Einl. Rn. 35; Zöller/Greger Vor § 128 Rn. 13c. Darauf wird bei den einzelnen Regeln im Abschnitt „Regelungszweck" hingewiesen.

18 Das BVerfG, NJW 2004, 501, hat sich bei der Frage der Zulässigkeit im Zusammenhang mit einer **Aussetzungsentscheidung** Gedanken über die längere Verfahrensdauer und damit über die Prozessökonomie gemacht. Auch den Wirkungen der Rechtshängigkeit, → § 253 Rn. 10, → § 261 Rn. 4, und der Rechtskraft nach §§ 322, 705 liegen teilweise prozessökonomische Gründe zugrunde. Fraglich erscheint uns allerdings, ob die Pflicht zur Prozesswirtschaftlichkeit dazu führen kann, dass der Kläger das **Rechtsschutzbedürfnis** verliert mit der Folge, dass die Klage unzulässig wird, → Vor § 253 Rn. 43 (zum Rechtsschutzbedürfnis). Das AG Ffm NJW 2004, 1605 hat die Unzulässigkeit bei einer Zerlegung eines einheitlichen prozessualen Anspruchs in Teilklagen vor verschiedenen Gerichten angenommen. Wir teilen diese Auffassung nicht, da grundsätzlich ein prozessual zulässiges

Vorgehen, wie die Erhebung von Teilklagen, nicht zu beanstanden ist. Nur in ganz extremen Ausnahmefällen kann dies unter dem Gesichtspunkt des Missbrauchs vielleicht anders zu beurteilen sein → Rn. 19. Dann muss das Gericht die Klage evtl. nach einem Hinweis nach § 139 durch ein Prozessurteil ohne eine Sachprüfung als unzulässig abweisen.

d) Treu und Glauben. Die Parteien und das Gericht müssen aufgrund des Prozessrechtsverhältnisses bei allen Handlungen, Unterlassungen und Entscheidungen grundsätzlich Treu und Glauben beachten, BGH NJW-RR 2000, 1114. Dieser Grundsatz wird für die Parteien durch die Wahrheitspflicht nach § 138 konkretisiert, und steht insbesondere im Zusammenhang mit der Frage des widersprüchlichen Verhaltens. Die Geltendmachung eines Rechts kann als Rechtsmissbrauch unzulässig sein, wobei eine Verwirkung der Klagebefugnis nicht möglich ist, BGH NJW 1995, 1488; NJW-RR 1990, 886. Allein taktische Überlegungen können grundsätzlich keinen Missbrauch begründen, soweit der eingeschlagene Weg gesetzlich zulässig ist, Düss BeckRS 2016, 131527 (verschiedene gesetzliche Zuständigkeiten); LG Köln BeckRS 2018, 39050; → Rn. 18. Spezielle gesetzliche Regelungen können die Anwendung von § 242 ausschließen; so können zB Ausschlussfristen nicht über Treu und Glauben verkürzt werden, MüKoZPO/Rauscher Einl. Rn. 37. 19

V. Kerngrundsätze des Zivilprozesses

Schrifttum: Brand, Grenzen zivilprozessualer Wahrheit und Gerechtigkeit, NJW 2017, 3558; Heinze, Parteiherrschaft versus Richtermacht im Zivilprozeß, FS Beys, Athen 2004, 515; Kawano, Verfahrensstruktur und Parteiverhalten im Zivilprozess, FS Beys, Athen 2004, 675; Koch, Mitwirkungsverantwortung im Zivilprozess, 2013; Wallimann, Der Unmittelbarkeitsgrundsatz im Zivilprozess, 2016; Wiegandt, Bindungswirkung kartellbehördlicher Entscheidungen im Zivilprozess, 2018; auch → Einl. II Rn. 2 ff.

1. Parteiherrschaft. a) Allgemeines. Da die Parteien ihre Rechtsbeziehungen frei gestalten dürfen, müssen sie das auch im Prozess grundsätzlich können. Denn der Prozess bezweckt die Durchsetzung eines privaten Rechts. Deshalb kann man von einer Parteiherrschaft als einer der wichtigsten Grundregeln im Zivilprozess sprechen; sie ist das prozessuale Korrelat zur grundrechtlichen Freiheit der Parteien, ihre Rechtsbeziehungen frei gestalten zu können, BGH NJW 1990, 3151;Thomas/Putzo/Seiler Einl. I Rn. 1; → Einl. II Rn. 24, 55. Die Parteiherrschaft ist auch ein Ausdruck des Grundrechts der informationellen Selbstbestimmung nach Art. 1, 2 GG und des Vertrauens auf die Fähigkeit des mündigen Bürgers, seine Interessen im Prinzip gut darstellen und erkämpfen zu können. Die Parteiherrschaft kann zB sogar zur Unterlassung einer unverzüglichen Terminierung nach § 216 II führen. Soweit die Parteien keine zulässigen abweichenden Regelungen treffen, gilt die ZPO als „zwingendes" öffentliches Recht..Dazu zählt die Pflicht zur zügigen Verfahrensleitung durch das Gericht, BVerfG NJW 2013, 3432 (zu § 148). Folge der Parteiherrschaft ist die Mitverantwortung der Parteien für den Prozess, zumal das Grundrecht nach Art. 1, 2 GG keine rein egoistische Handhabung erlaubt, → Rn. 13 ff. Die Grenzen der freien Rechtsausübung ergeben sich aus den Rechten des Prozessgegners. Das alles zeigt sich zB an den Folgen einer Säumnis nach §§ 330 ff. Sowohl der Beibringungsgrundsatz als auch der Dispositionsgrundsatz gehören zur Parteiherrschaft. Während sich der Beibringungsgrundsatz auf die Beschaffung des Prozessstoffes bezieht,→ Rn. 21 ff., betrifft der Dispositionsgrundsatz die Verfügungsmöglichkeit der Parteien über das Verfahren, → Rn. 26. Beide Grundsätze sind Ausdruck einer liberalen Grundhaltung der ZPO, MüKoZPO/Rauscher Einl. Rn. 337. Soweit ausnahmsweise der Grundsatz der Amtsermittlung gilt, → Rn. 37 f., greift nur der Dispositionsgrundsatz, nicht aber der Beibringungsgrundsatz ein. 20

b) Beibringungsgrundsatz (Verhandlungsgrundsatz). → Einl. II Rn. 13. Zur Parteiherrschaft gehört der Beibringungsgrundsatz (Verhandlungsgrundsatz), auch Beibringungs- bzw. Verhandlungsmaxime genannt, → Rn. 20. Dieser Grundsatz bedeutet, dass die Parteien im Zivilprozess grundsätzlich den Tatsachenstoff vortragen und konkrete Beweise beantragen müssen und es keine Ermittlung von Amts wegen gibt; es ist grundsätzlich allein Aufgabe der Parteien, den tatsächlichen Prozessstoff beizubringen, BGH NJW 2005, 291, 293; MüKoZPO/Rauscher Einl. Rn. 353; Zöller/Greger Vor § 128 Rn. 10; → Rn. 37 und → Vor § 253 Rn. 14 (Ausnahme: Amtsermittlung). Dieser Grundsatz gilt auch im arbeitsgerichtlichen Verfahren, BAG NJW 2008, 2733 sowie für die von Amts wegen zu beachtenden Zulässigkeitsvoraussetzungen, → Vor § 253 Rn. 14. Derjenige Richter, der den Beibringungsgrundsatz verletzt und den Eindruck erweckt, er ermittele selbst den Sachverhalt, riskiert seine Ablehnung nach § 42, LG Gött NJW-RR 2001, 64. 21

Der Beibringungsgrundsatz und die Bindung des Gerichts an die Anträge der Parteien (§ 308 I) hat zur Folge, dass die Parteien den Streitgegenstand bestimmen, dh darüber entscheiden, welche Anträge und welchen Tatsachenstoff sie dem Gericht nach § 138 unterbreiten und auf welcher Grundlage das Gericht über den Klageantrag entscheiden muss; sie bestimmen, welche Tatsachen sie vortragen, behaupten, bestreiten oder nach § 288 I zugestehen, „da mihi facta, dabo tibi ius", BVerfG NJW 1979, 1925, 1927; BAG NZA 2010, 561,567; Kblz NJW-RR 2009, 350; → § 253 Rn. 26 (Streitgegenstand). 22

Das Gericht darf nach **§ 308** I grundsätzlich nur in den Grenzen der Parteianträge entscheiden und dabei nur den Parteivortrag zugrunde legen, nicht aber solche Tatsachen, die die Parteien nicht vorbringen oder nur vermuten und nicht nach § 138 darlegen, BGH NZG 2009, 21 (Verstoß gegen Art. 103 I GG); LG Bln NZM 2018, 332; → Vor § 253 Rn. 50 ff. (zur Relationsmethode). Das gilt selbst dann, wenn es sich um offenkundige Tatsachen nach → § 291 Rn. 1, handelt, Ffm GRUR-RR 2013, 302; LG Bln NZM 2018, 332, oder wenn ein Zeuge eine vom Beweisführer vorinstanzlich gerade nicht behauptete Tatsache der Aussage zugrunde legt, es sei denn, dieser macht sich die Tatsache hilfsweise zu eigen Celle NZS 2004, 216; → § 138 Rn. 17. Das Gericht darf auch nicht an die Stelle nicht vorgetragener Tatsachen solche Tatsachen setzen, die sich aus anderen Verfahren ergeben. Was die Parteien übereinstimmend nicht berücksichtigt haben wollen, scheidet für die Urteilsfindung aus. Dieser Grundsatz gilt auch dann, wenn eine Partei eine Textstelle eines Vertrags übersieht oder das Gericht eine gerichtskundige Tatsache pflichtgemäß als solche mitteilt. 23

Eine übereinstimmend vorgetragene Tatsache bindet das Gericht, LG Bln NJW 1978, 1061. Das gilt aber nur für den reinen Tatsachenvortrag; die rechtliche Wertung ist dagegen allein Aufgabe des Gerichts und dieses ist auch dann nicht gebunden, wenn die Parteien eine übereinstimmende rechtliche Wertung vornehmen, → Rn. 36. Davon gibt es bei den sog. **juristischen Tatsachen (Rechtstatsachen)** eine Ausnahme; verwenden die Parteien einen juristischen Begriff des täglichen Lebens übereinstimmend und ergeben sich keine Anhaltspunkte dafür, dass 24 sie den Begriff falsch verstanden haben, ersetzt die übereinstimmende Rechtsbegrifflichkeit aus Praktikabilitätsgründen den Vortrag der zugrunde liegenden Tatsachen, → § 138 Rn. 11; → Vor § 284 Rn. 33.

25 Eine gewisse **Einschränkung** des Beibringungsgrundsatzes ergibt sich aus § 144, der Mitwirkungs- und Wahrheitspflicht der Parteien (§§ 138, 296), und der Prozessleitungspflicht des Gerichts nach § 139, Zöller/Greger Vor § 128 Rn. 10b; Stackmann NJW 2007, 3521. Die Partei riskiert, dass sie bei Verletzung ihrer Pflichten zB mit ihrem Vortrag wegen fehlender Substantiierung, → § 138 Rn. 21 ff., oder einer nachteiligen Beweiswürdigung nicht gehört wird und das Gericht auf der Grundlage des gegnerischen Vortrages zu ihren Lasten entscheidet, näher → Rn. 33 ff. (Zurückweisung von Tatsachen). Die gerichtlichen Befugnisse zur Beweiserhebung von Amts wegen nach § 144 (Sachverständigen- und Urkundenbeweis) bzw. zur Sachverhaltsklarstellung nach § 139 stellen keinen Widerspruch zur Parteiherrschaft, sondern lediglich Hilfestellungen des Gerichts im Rahmen seiner Förderungspflicht dar, Stackmann NJW 2007, 352; Wagner JZ 2007, 706.

26 **c) Dispositionsgrundsatz (Verfügungsgrundsatz).** Die Dispositionsgrundsatz (-maxime),.,auch Verfügungsgrundsatz (-maxime) genannt, ist ebenfalls Ausfluss der Parteiherrschaft, → Rn. 20. Darunter versteht man die Verfügungsfreiheit der Parteien, über den Streitgegenstand sowie den Inhalt und den Gang des Verfahrens grundsätzlich verfügen zu können, Musielak/Voit/Musielak Einl. Rn. 35; Prütting/Gehrlein/Prütting Einl. Rn. 25; Thomas/Putzo/Seiler Einl. I Rn. 5, 1; Zöller/Greger Vor § 128 Rn. 9. Den Parteien steht es im Rahmen der gesetzlichen Möglichkeiten frei, Klage zu erheben, ein Rechtsmittel einzulegen, das Verfahren vorzeitig zu beenden, zB durch Klagerückname oder beidseitige Erledigungserklärung, auf den Klageanspruch zu verzichten (§ 307) oder diesen anzuerkennen (§ 307) und säumig zu sein (§§ 330 ff.). Ausnahmen von der Dispositionsmaxime bestehen zB bei der Kostenentscheidung nach § 308 II und der Vollstreckbarkeitserklärung nach §§ 708 ff., 721, 938. Der Grundsatz ist auch eingeschränkt, wo der Wille der Parteien dem öffentlichen Interesse unterzuordnen ist, wie zB im Ehe- und Kindschaftsrecht, Zöller/Greger Vor § 128 Rn. 9.

27 **d) Alternative Streitschlichtungsmöglichkeiten.** Heute sind zahlreiche außergerichtliche und gerichtliche Konfliktlösungen und Kooperationsmodelle auch während des Prozesses möglich sind, wie ua § 278a verdeutlicht, Greger MDR 2019, 1107; → § 278a Rn. 5. Dabei sind verschiedene Methoden denkbar, so zB eine Mediation, → § 278 Rn. 39; → § 278a Rn. 4 f. Solche Konfliktlösungsmodelle erweitern die Möglichkeit für die Parteien, ihren Konflikt, wenn sie es wollen, einvernehmlich auch während eines anhängigen Verfahrens zu lösen. Das ist ebenfalls Ausfluss der Parteiherrschaft, → Rn. 20. Das schließt aber den verfassungsrechtlich garantierten Anspruch des einzelnen auf eine gerichtliche Entscheidung durch unabhängige Richter, Art. 19 IV, 97 GG, nicht aus und die Parteien können sich jederzeit im Rahmen der Gesetze an die Gerichte wenden bzw. den Rechtsstreit fortsetzen. Etwas anderes gilt nur, wenn sie wirksam eine Schiedsgerichtsvereinbarung nach §§ 1029, 1031 geschlossen haben und der Bekl. die Rüge nach § 1032 I erhebt, → § 1032 Rn. 4–13. Die neuen Modelle stellen eine Erweiterung für eine nachhaltige Konfliktlösung im Rahmen der Parteiherrschaft dar, die immer in einem Zivilprozess zu erstreben ist (§ 278 I)

28 **2. Mündlichkeitsgrundsatz, Einheit der mündlichen Verhandlung, Öffentlichkeit, Unmittelbarkeit.** Die ZPO von 1877 war vom grünen Tisch aus auf den Grundsatz der unbedingten Mündlichkeit des Verfahrens zugeschnitten. Sie ahmte damit den Code de Procédure Civile nach, ging aber weit über ihr Vorbild hinaus. Verschiedene Novellen schwächten den Grundsatz der Mündlichkeit ab. Trotzdem beherrscht der Grundsatz der Mündlichkeit den gesamten Zivilprozess noch heute; ohne eine vorgeschriebene mündliche Verhandlung darf nicht entschieden werden, BGH NJW 2004, 3777; → § 128 Rn. 6; Gross NJW 2014, 314. Allerdings ergibt sich aus dem Gebot des rechtlichen Gehörs nicht, dass eine mündliche Verhandlung durchgeführt werden muss, wenn sie nicht zwingend vorgeschrieben ist, BVerfG NJW 2005, 1485; Köln NJW-RR 2005, 94, 95 (Entlassung eines Testamentsvollstreckers nach § 2227 BGB).

29 Nicht der schriftliche Akteninhalt, sondern grundsätzlich nur der mündliche Parteivortrag ist der Entscheidung zugrunde zu legen; die Ausführungen in den vorbereitenden Schriftsätzen kündigen den Antrag und den Parteivortrag nur an; maßgeblich sind grundsätzlich auch nur die Tatsachen, nicht die Rechtsansichten, Anders/Gehle Assessorexamen ZivilR A Rn. 8; → § 138 Rn. 11 f. und → Vor § 284 Rn. 29 ff. (Tatsachen/Rechtsansichten). Art. 103 I GG, Art. 6 I EMRK und Art. 14 I des Internationalen Pakts vom 19.12.1966, BGBl. 1973 II 1534, ergeben auch einen Anspruch auf ein Rechtsgespräch, das allerdings nicht zwingend in der mündlichen Verhandlung, sondern auch durch einen schriftlichen Austausch erfolgen kann, BVerfG NJW 2005, 1485; Knauer/Wolf NJW 2004, 2857 (2861); → Rn. 47; → § 139 Rn. 54. Ausnahmen von dem Mündlichkeitsgrundsatz sind zB in §§ 128 II–IV, 330 III, 495a, 522 II enthalten, → Rn. 47.

30 Für den Zivilprozess gilt auch der Grundsatz der **Einheit** der **mündlichen Verhandlung.** Das bedeutet, dass alle in einer Instanz stattfindenden mündlichen Verhandlungstermine in ihrer Gesamtheit gleichwertig sind und eine Einheit bilden; neues Parteivorbringen ist in den Grenzen einer Zurückweisung wegen Verspätung nach § 296 bis zum Schluss der letzten mündlichen Tatsachenverhandlung (§§ 136 IV, 296a) zulässig, BGH NJW-RR 2002, 381; BAG NZA 2014, 1356 (1358); Saarbr NJOZ 2002, 1670. Der gesamte zu berücksichtigende Vortrag der Parteien ist unabhängig davon, wann er in den Schriftsätzen angekündigt und in welchen mündlichen Verhandlungsterminen er erfolgt, der Entscheidung zugrunde zu legen. Maßgeblich sind die Anträge und der Tatsachenvortrag, soweit die Parteien daran in der letzten mündlichen Verhandlung festhalten, Anders/Gehle Assessorexamen ZivilR A Rn. 8. Das gilt auch bei einem zwischenzeitlichen Richterwechsel. Sind die Anträge einmal gestellt, müssen sie nicht wiederholt werden, auch nicht in einer weiteren mündlichen Verhandlung nach einer Beweisaufnahme (§§ 285 I, 370 I), → § 285 Rn. 2, 5 (zur Protokoll-Formulierung).

31 Eng verbunden mit dem Mündlichkeitsgrundsatz sind die Grundsätze der **Öffentlichkeit** und der **Unmittelbarkeit.** Nach § 169 GVG ist die mündliche Verhandlung vor dem erkennenden Gericht grundsätzlich öffentlich, dh jedermann hat die Möglichkeit, im Rahmen der tatsächlichen Gegebenheiten an einer mündlichen Verhandlung teilzunehmen, BVerfG NJW 2002, 814; → GVG § 169 Rn. 3; → § 128 Rn. 1. Nach der Entscheidung des BVerfG zum Fall **„Pechstein"** gehört der Grundsatz der Öffentlichkeit mündlicher Verhandlungen zum rechtsstaatlichen Mindeststandard und kann deshalb nicht einseitig eingeschränkt werden, so durch Sportverbände für die in ihren Statuten vorgesehene Schiedsgerichtsbarkeit, BVerfG NJW 2022, 2677; → § 1066 Rn. 13. Der Unmittelbarkeitsgrundsatz ist ua in §§ 128 I, 355 I 1, 2 und § 169 I 1 enthalten; diese Vorschriften stellen klar, dass die mündliche Verhandlung und die Beweisaufnahme grundsätzlich unmittelbar vor „dem

erkennenden Gericht", nicht vor einem Dritten oder vor einem anderen Gericht zu erfolgen haben, BAG NJW 1996, 2749; → § 128 Rn. 2; vgl. auch § 128a (zur Möglichkeit einer Videoverhandlung).

3. Konzentrationsmaxime. Die Frage, ob der Konzentrationsgrundsatz (Beschleunigungsgrundsatz bzw. -gebot) als eigene Prozessmaxime anzuerkennen ist, ist bestritten, aber rein akademischer Art, vgl. zum Meinungsstreit Musielak/Voit/Musielak Einl. Rn. 52. Diese Frage wird ebenso bei der **Prozessökonomie** gestellt, → Rn. 16 f. Die Konzentrationsmaxime war Ziel fast jeder ZPO-Reform; dieses Ziel wurde aber trotz der jeweiligen Gesetzesänderungen nicht immer erreicht, MüKoZPO/Rauscher Einl. Rn. 382. In jedem Fall ergibt sich aus verschiedenen Vorschriften, dass der Prozess so behandelt werden soll, dass er möglichst schnell, gegebenenfalls nach einer einzigen mündlichen Verhandlung (§ 272) beendet werden kann, → Vor § 253 Rn. 49. Das kann zB auch aus § 198 GVG und aus §§ 129, 138 ff., 144, 272, 273, 279, 282, 296, 349, 356, 358a abgeleitet werden. Das Gesetz fördert die Einhaltung des Konzentrationsgrundsatzes durch ein starkes Aufklärungsrecht und die entsprechende Pflicht des Gerichts nach § 139, wobei der neue § 139 I 3 mit seinen Strukturierungsmöglichkeiten eine weitere Rolle im Zusammenhang mit der Konzentration des Prozessstoffes spielt, → § 139 Rn. 42 ff. Die Parteien ihrerseits müssen zB nach § 138 durch vollständiges, wahrheitsgemäßes und unverzügliches Vorbringen zur Erreichung dieses Zieles mitwirken, Gaier NJW 2013, 2871, → Rn. 13 f. Allerdings ist die Konzentrationsmaxime immer abzuwägen mit anderen Grundsätzen, so dem Recht auf ein faires Verfahren und dem Grundsatz des rechtlichen Gehörs, → Rn. 42 ff., so dass ein Verbot der Überbeschleunigung besteht, dh die Pflicht zur Beschleunigung des Prozesses nur bedeuten kann, dass das Verfahren so schnell und konzentriert wie möglich zu betreiben ist, Musielak/Voit/Musielak Einl. Rn. 52; MüKoZPO/Raucher Einl. Rn. 383. Um einen Zivilprozess möglichst schnell abzuschließen, ist grundsätzlich eine frühzeitige, umfassende und effiziente Arbeitsweise des Richters erforderlich; insoweit ist die **Relationsmethode** entwickelt worden, die bei den jetzigen elektronischen Möglichkeiten in der Justiz eine Renaissance erfahren hat, → § 139 Rn. 23, → Vor § 253 Rn. 50 ff. und → Vor § 284 Rn. 4 ff. (zur Relationsmethode); → § 139 Rn. 47 (zu den rechtspolitischen Überlegungen eines elektronischen **Relations-Basisdokumentes**). 32

4. Ausnahmen vom Beibringungsgrundsatz. a) Zurückweisung von Tatsachen. Im Einzelfall kann das Gericht trotz des Beibringungsgrundsatzes, → Rn. 21, eine von den Parteien vorgetragene Tatsache der Entscheidung nicht zugrunde legen, sondern muss von anderen Tatsachen ausgehen; das bedeutet, dass vor der rechtlichen Bewertung des Gerichts jedenfalls gedanklich immer eine Überprüfung in tatsächlicher Hinsicht erfolgen muss, → § 128 Rn. 12 → Vor § 253 Rn. 53; Anders/Gehle Assessorexamen ZivilR A Rn. 100, 105, 118. Denn der Parteiherrschaft unterliegt nur die Frage, welche Tatsachen vorgetragen werden, nicht aber, ob sie in **tatsächlicher Hinsicht beachtlich** sind. 33

Das Gericht muss unabhängig vom Tatsachenvortrag der Parteien eine **Bindungswirkung** an Tatsachen beachten, so bei § 68 oder § 529 I Nr. 1, bei schon ergangenen Urteilen in demselben Prozess über einzelne entscheidungserhebliche Tatsachen (Vorbehaltsurteil, § 302, Grundurteil, § 304) oder bei einer bindenden Verweisung nach § 281, → § 281 Rn. 23 ff.; Anders/Gehle Assessorexamen ZivilR A Rn. 105. Das Gericht muss auch **verspätetes Vorbringen** nach §§ 296, 530, 531 zurückweisen. Das gilt selbst dann, wenn beide Parteien um die Berücksichtigung des verspäteten Vortrags bitten. Auch kann der Inhalt einer beigezogenen Akte nur insoweit zugrunde gelegt werden, als die Parteien die betreffenden Teile wenigstens in groben Zügen vorgetragen haben, BGH NJW-RR 2014, 903. 34

Ferner gehören in diesen Zusammenhang die Fragen, ob die darlegungspflichtige Partei **substantiiert** genug vorgetragen hat, → § 138 Rn. 21 ff., der Gegner bestreiten oder konkludent zugestehen will, → § 138 Rn. 45 ff., ob er hinreichend bestreitet und ob ihn eine sekundäre Darlegungslast trifft, → § 138 Rn. 32 ff., ob ein Bestreiten mit Nichtwissen nach § 138 IV zulässig ist, → § 138 Rn. 52 ff., und ob die Voraussetzungen einer juristischen Tatsache (Rechtstatsache) vorliegen, → Vor § 284 Rn. 33; → Rn. 24, 36. Ist eine von einer Partei vorgetragene bestrittene Tatsache unbeachtlich, muss das Gericht von dem Vortrag der Gegenseite ausgehen. Besteht für das Gericht eine Bindungswirkung in Bezug auf Tatsachen, müssen diese unabhängig vom Vortrag beider Parteien der Entscheidung zugrunde gelegt werden, → § 138 Rn. 76. Allerdings darf das Gericht keine Überraschungsentscheidung treffen, sondern muss vor der Entscheidung grundsätzlich hinweisen → § 139 Rn. 51. Sind die von den Parteien vorgetragenen Tatsachen beachtlich und die Schlüssigkeit des Klägervortrages sowie die Erheblichkeit des Bekl.-Vortrages zu bejahen, dh sind beide Vorträge entscheidungserheblich, ist ferner Beweis erhoben worden, ist im Rahmen der freien Beweiswürdigung nach § 286 zu prüfen, welcher Vortrag der Entscheidung zugrunde gelegt werden kann, → Vor § 253 Rn. 50 ff. und → § 139 Rn. 23 (sog. Relationsmethode). Ist in dieser Konstellation kein Beweis erhoben worden, ist zu prüfen, ob dies geschehen muss oder ob der Rechtsstreit ohne Beweisaufnahme entscheidungserheblich ist, → Vor § 284 Rn. 4 ff. (sog. Beweisbedürftigkeit). 35

b) Rechtliche Würdigungsfreiheit des Gerichts. Der Beibringungsgrundsatz besagt nur, dass die Parteien die Herrschaft über den Tatsachenstoff haben. Das Gericht hat die alleinige Entscheidungsfreiheit über die Würdigung der beigebrachten Tatsachen in rechtlicher Hinsicht: da mihi facta, dabo tibi ius, BGH NJW 2016, 957 Rn. 7; → Rn. 24; → § 139 Rn. 15. Das Gericht kann also einen rechtlichen Gesichtspunkt grundsätzlich auch dann heranziehen, wenn keine Partei ihn sieht oder für erheblich hält oder wenn beide Parteien eine andere Rechtsauffassung vertreten oder meinen, das Gericht dürfe ihn nicht beachten. Die Parteien können zB das Gericht nicht dazu zwingen, einen nach ihrer Auffassung nichtigen Grundstückskaufvertrag als einen gültigen Vertrag zu behandeln. Die rechtliche Würdigungsfreiheit gilt sowohl für die anspruchsbegründenden Tatsachen als auch für die Tatsachen, die bei einer Einrede iSd ZPO bedeutsam sind, → Vor § 253 Rn. 61. Auch die Frage der **Auslegung** ist eine rechtliche Würdigung und das Gericht ist an die Wertung der Parteien nicht gebunden. Es ermittelt und benutzt auch etwaige Erfahrungssätze grundsätzlich nach eigenem Befinden. Das gilt auch im Bereich des sog. Anscheinsbeweises, → Vor § 284 Rn. 39. Die Frage- und Erörterungspflicht des Gerichts nach § 139 ändert an dieser grundsätzlichen Würdigungsfreiheit nichts. **Ausnahmen** von der rechtlichen Würdigungsfreiheit ergeben sich bei juristischen Tatsachen, → Rn. 24, → § 138 Rn. 11 und → Vor § 284 Rn. 33, sowie dann, wenn ausnahmsweise die rechtliche Prüfungskompetenz des Gerichts eingeschränkt ist, wie z. B. in den Fällen des § 68, § 529, §§ 306, 307, § 17a GVG sowie § 281 und wenn in einem Urteil in den betreffenden Verfahren nach §§ 302, 304 endgültig über einzelne entscheidungserhebliche Fragen entschieden worden ist. Anders/Gehle Assessorexamen ZivilR A Rn. 105. Keine Ausnahme stellt aber **§ 32** dar. Wird das Gericht der unerlaubten Handlung nach § 32 angerufen, ist es nicht auf Ansprüche aus unerlaubter Handlung beschränkt, 36 sondern kann alle anderen in Betracht kommenden Ansprüche auch prüfen und darüber entscheiden, auch wenn sich die örtliche Zuständigkeit aus einer anderen Norm nicht ergibt, BGH NJW 2003, 828; Thomas/Putzo/Hüßtege Vor § 12 Rn. 8 („Gerichtstand des Sachzusammenhanges"); Zöller/Schultzky § 12 Rn. 20. Trotz der Würdigungsfreiheit des Gerichts sind **rechtliche Ausführungen** in Schriftsätzen und der mündlichen Verhandlung insbesondere bei **anwaltlicher Vertretung** im Einzelfall ratsam, und zwar schon aus Haftungsgesichtspunkten; das gilt insbesondere, wenn rechtliche Hinweise des Gerichts nach § 139 II erfolgt sind, BGH NJW 2016, 957 Rn. 7 ff.; Musielak/Voit/Stadler § 130 Rn. 1; → § 130 Rn. 2; → § 139 Rn. 29, 51 ff. (zu rechtlichen Hinweisen des Gerichts).

c) Amtsermittlungsgrundsatz/Untersuchungsgrundsatz. Dazu Greger, Der surfende Richter, FS Stürner, 2017, 289; Micsunescu, Der Amtsermittlungsgrundsatz im Patentprozessrecht, 2010.

37 Der Gegensatz zum Beibringungsgrundsatz, → Rn. 21, ist der Amtsermittlungsgrundsatz, auch Untersuchungsgrundsatz oder Inquisitionsmaxime genannt, wobei beide Grundsätze die Sachverhaltsermittlung betreffen. Der Amtsermittlungsgrundsatz nötigt das Gericht zu einer Ermittlung und Beachtung der entscheidungserheblichen Tatsachen von Amts wegen, und zwar unabhängig vom Vortrag der Parteien, dem Parteiwillen und eventueller Beweisanträge, BGH NJW 1991, 2961 (Vaterschaftsprozess); Stgt NJW-RR 1995, 843 (Unterhalt); MüKoZPO/Rauscher Einl. Rn. 373. Dieser Grundsatz ist von dem Grundsatz einer bloßen Prüfung von Amts wegen zu unterscheiden, → Rn. 40 ff.; → Vor § 253 Rn. 14 (zur Zulässigkeit).

38 Der Gesetzgeber hat eine Amtsermittlung in den Bereichen vorgesehen, bei denen das öffentliche Interesse an einer vollständigen Sachaufklärung gegenüber der Beibringungsfreiheit der Parteien überwiegt, MüKoZPO/Rauscher Einl. Rn. 372. Die Amtsermittlung stellt eine Ausnahme dar, deren entsprechende Regelungen eng auszulegen sind. Sie steht im direkten Gegensatz zu der auch aus Art. 1 und Art. 2 GG ableitbaren Parteiherrschaft als eines Hauptprinzips des Zivilverfahrens, → Rn. 20 ff. Bei einer Gestaltungsklage mit ihrer manchmal erweiterten Rechtskraftwirkung über die direkten Prozessparteien hinaus kann außerdem ein Sorgfaltsgrad für das Gericht insbesondere nach § 139 bestehen, der fast einer Amtsermittlung gleichkommt.

39 Der Grundsatz der Amtsermittlung beherrscht zB den Strafprozess, das Bußgeldverfahren, in großem Umfang auch das FamFG-Verfahren vor allem nach §§ 26, 127 FamFG, BGH NJW 1991, 2961; Düss NJW-RR 1995, 1219 (Abstammung), und daher auch das Aufgebotsverfahren nach §§ 433 ff. FamFG. Der Grundsatz gilt auch im Insolvenzverfahren, BGH ZIP 2000, 1343. Abgeschwächt gilt dieser Grundsatz in einer Baulandsache nach § 221 I, II BauGB. Er hat aber auch im Zivilprozess eine gewisse Bedeutung. Das Gericht muss z. B. den Inhalt des vom deutschen IPR berufenen ausländischen Rechts von Amts wegen ermitteln, ohne dass eine Partei sich darauf berufen muss; die Amtsermittlung obliegt dem Gericht auch insoweit, als von ihm die Anrufung des EuGH abhängt; ausländische Rechtsnormen sind für den deutschen Richter Rechtssätze, keine Tatsachen, BGH BeckRS 2022, 5369; SchiedsVZ 2018, 193; NJW-RR 2017, 833 und 902; NJW 2009, 916; Zöller/Geimer § 293 Rn. 14; → § 293 Rn. 12; aA wohl BVerwG NJW 2012, 3461 („wie eine Tatsachenfeststellung"). Zur Bedeutung des Amtsermittlungsgrundsatzes im Patentnichtigkeitsverfahren Schmieder GRUR 1982, 348. Wegen einer Markensache vgl. §§ 73 ff. MarkenG.

40 **d) Prüfung von Amts wegen.** Diese Prüfung (Amtsprüfung/Offizialprüfung) ist vom Ermittlungsgrundsatz nach → Rn. 37 f. zu unterscheiden. Bei einer Amtsprüfung findet keine Ermittlung der Tatsachen von Amts wegen statt; vielmehr gilt der Beibringungsgrundsatz; die Parteien müssen die erforderlichen Tatsachen vortragen (Darlegungslast) und sie trifft auch die Beweislast, → Rn. 21. Das Gericht prüft den Tatsachenvortrag der Parteien aber von Amts wegen, und macht von Amts wegen nach § 139 III auf Bedenken aufmerksam, BGH NJW 2011, 778 Rn. 14; → Vor § 253 Rn. 14 (Zulässigkeitsfragen). Auch im Rahmen einer Amtsprüfung muss das Gericht grundsätzlich eine volle Überzeugung von der Wahrheit derjenigen streitigen Tatsachen erlangen, die der Amtsprüfung zugrunde liegen, MüKoZPO/Rauscher Einl. Rn 379. In einem Eilverfahren nach §§ 916 ff., 935 ff. oder nach §§ 49 ff. FamFG genügt nach § 294 statt einer vollen Überzeugung derjenige Grad von Wahrscheinlichkeit, der zur Glaubhaftmachung ausreicht.

41 Eine Amtsprüfung findet im Zusammenhang mit der Klärung der Zulässigkeit des Prozesses statt; soweit eine Rüge zu erfolgen hat, so bei §§ 110 I, 269 VI, 1032 I, ist die Prüfung nur bei Vorliegen einer solchen zulässig, weil die Rüge zu den Tatbestandsvoraussetzungen gehört. Das Gericht muss die von Amts wegen zu beachtenden **Zulässigkeitsvoraussetzungen** in jeder Lage des Verfahrens prüfen; das Rechtsmittelgericht ist an die Feststellungen der Vorinstanz nicht gebunden, BGH BeckRS 2021, 20886 Rn 7; 2021, 20203; NZG 2012, 1192 Rn. 12; NJW 1989, 2064 (anderweitige Rechtshängigkeit); → Vor § 253 Rn. 14. Auch insoweit gelten grundsätzlich die allgemeinen Beweislastregeln, wobei ein Freibeweis zulässig ist, BGH BeckRS 2021, 20203 Rn. 13; NJW 2000, 289; 1996, 1059; Schlesw ZIP 2015, 1253 = BeckRS 2015, 8584 Rn. 11; → Vor § 253 Rn. 14; aA MüKoZPO/Rauscher Einl. Rn. 379. Zu den Zulässigkeitsvoraussetzungen allgemein → Vor § 253 Rn. 22 ff.

Die Amtsprüfung gilt auch bei der Klärung einer **Prozesshandlung** nach → Rn. 54 ff.

42 **VI. Verfassungsgrundsätze: Rechtliches Gehör und faires Verfahren. 1. Kenntnisnahme- und Begründungspflicht des Gerichts.** Das rechtliche Gehör und ein faires Verfahren sind Verfassungsgebote nach Art. 1, 2 I, 3 I, 20 III, 103 I GG und Art 6 I EMRK, BVerfG BeckRS 2020, 13380; 2019, 27967 Rn. 15–23, und 18988; NJW 2022, 1083 Rn. 26; 2021, 2581; 2021, 615; 2021, 50; 2020, 2021; 2018, 3631; 2018, 3634; NJW 2017, 3218 und 690; 2015, 1166; BGH BeckRS 2021, 2640; NJW 2020, 1141; 2020, 934; 2019, 2383; 2019, 1950; 2019, 1754; 2018, 3315; 2018, 3316; NJW-RR 2020, 1019 Rn. 13; 2020, 188 (Überraschungsentscheidung); 2019, 1530; 2014, 1431; SchiedsVZ 2020, 46 und 94 (rechtliches Gehör im Schiedsverfahren, → Rn. 53 „Schiedsverfahren"); Brdb BeckRS 2020, 1644. Sie sind die Eckpfeiler des gesamten Zivilprozessrechts und des FamFG-Verfahrens. Sie kommen in vielen prozessualen Vorschriften zum Ausdruck und werden dort konkretisiert, wie zB in §§ 136 III, 139. Sie gelten für alle Verfahrensarten und allen Instanzen, Thomas/Putzo/Seiler Ein. I Rn. 10. Die Grundsätzen des rechtlichen Gehörs und des fairen Verfahren umfassen zum einen den Anspruch auf die Existenz der Gerichte und den Zugang zu diesen; sie garantieren auch einen effektiven Rechtsschutz, EGMR NJW 2011, 3703; BeckRS 2008, 06777; BVerfG NJW 2021, 915 Rn. 23–27 (Rechtsschutzgarantie); MüKoZPO/Rauscher, Einl. Rn. 241. Zum anderen sind die Gerichte nach diesen Grundsätzen verpflichtet, die Ausführungen der Parteien zur Kenntnis zu nehmen und in Erwägung zu ziehen sowie den wesentlichen Kern des Parteivorbringens auch in den Gründen zu bescheiden; allerdings ist Art. 103 I GG nur verletzt, wenn sich im Einzelfall klar ergibt, dass das Gericht dieser Pflicht nicht nachgekommen ist, BVerfG NJW

2022, 2684 Rn. 10; 2021, 3384 Rn. 9 und 50 Rn. 14; FamRZ 2020, 1000 Rn. 17; BGH NJW-RR 2021, 1072 und NJW 2021, 1886; NJW-RR 2022, 928 Rn. 5 f. (Verdienstausfall); 2021, 1073 (Erfüllungseinwand); BeckRS 2020, 25089 (Schiedsgericht).

Der Grundsatz des rechtlichen Gehörs gibt kein Recht auf eine umfassende Begründung zu jedem Parteivortrag und zu allen Einzelheiten; jedoch besteht eine **Begründungspflicht** hinsichtlich der Kernerwägungen in tatsächlicher und rechtlicher Hinsicht; nur dann kann der Betroffene prüfen, ob sein Vorbringen berücksichtigt wurde, BVerfG NJW-RR 2018, 694; BGH NJW-RR 2022, 775 Rn. 8; NJW 2021, 1886 Rn. 8; = BeckRS 2021, 10631; NJW 2020, 934 Rn. 7; 2019, 1754 Rn. 7; 2018, 2133 Rn. 8; BVerwG NVwZ 2007, 216; Möllers § 1 Rn. 30. Lässt die Begründung des Gerichts den Schluss zu, dass die Entscheidung auf einer allenfalls den äußeren Wortlaut, aber nicht den Sinn des Vortrages erfassenden Wahrnehmung beruht, ist das rechtliche Gehör verletzt, BGH NJW-RR 2020, 693 (Abmahnkosten); NJW 2021, 1886; 2020, 1594 (Arzthaftung); 2020, 934 Rn. 7; BGH SchiedsVZ 2020, 46 und 94 (Schiedsverfahren). Dasselbe gilt, wenn aus den Umständen deutlich wird, dass das Gericht den Parteivortrag entweder nicht zur Kenntnis oder jedenfalls bei sein er Entscheidung nicht in Erwägung gezogen hat, BGH NJW-RR 2021, 720. Auf der sicheren Seite bewegt sich das Gericht in seiner Begründung, wenn es in der Entscheidung unter Einbeziehung des entsprechenden Tatsachenvortrages der Parteien zu allen entscheidungserheblichen Tatsachen auf der Grundlage der jeweiligen Anspruchsgrundlage und deren Tatbestandsvoraussetzungen Stellung nimmt, → Vor § 253 Rn. 50 ff. (Relationsmethode). Von der Frage der Wahrnehmungs- und evtl. Begründungspflicht zu trennen ist die der **Richtigkeit der Entscheidung.** Der Schutzbereich des Art. 103 I GG garantiert weder die Richtigkeit der getroffenen tatsächlichen Feststellungen noch eine ordnungsgemäße Subsumtion und Entscheidungsbegründung; er schützt auch nicht davor, dass das Vorbringen eines Beteiligten aus Gründen des formellen oder materiellen Rechts, von dem das entscheidende Gericht ausgeht, teilweise oder ganz unberücksichtigt bleibt, BVerfG BeckRS 2021, 12997 = NJW 2021, 2192 (Ls.). 43

2. Äußerungsrecht der Parteien und Waffengleichheit. Mit der Pflicht, den Sachvortrag der Parteien zur Kenntnis zu nehmen, korrespondiert das Recht der Parteien, sich zur Sach- und Rechtslage zu äußern und Anträge zu stellen, BVerfG NJW 2018, 3631; 2018, 3634; BGH NJW 2019, 1754; 2018, 3315; → § 139 Rn. 2. Das Gericht darf der Entscheidung nur solche Tatsachen, nur solche Beweisergebnisse nach § 286 und nur solche tatsächlichen und rechtlichen Gesichtspunkte zugrunde legen, zu denen die Beteiligten ausreichend Stellung nehmen konnten. Dabei sind die erforderlichen Hinweise nach § 139 zu geben und das Gericht muss wegen des Grundsatzes des rechtlichen Gehörs den Parteien auch die Möglichkeit einer Reaktion auf die einräumen, BGH NJW 2016, 2508 Rn. 11; NJW-RR 2010, 70. Eingeräumte Äußerungsfristen müssen angemessen sein, → Rn. 53 „Fristen", „Schriftsatznachlass". Daraus folgt auch, dass das Gericht erforderliche Beweisaufnahmen durchführen und das Berufungsgericht zB die Zeugenvernehmung „Berufung". Entsprechendes gilt, wenn das Berufungsgericht zu einer anderen rechtlichen Wertung als die Vorinstanz kommt und die Parteien nicht damit rechnen konnten; dann ist ein rechtzeitiger rechtlicher Hinweis durch das Gericht erforderlich, damit die Partei dazu Stellung nehmen und ihren Vortrag darauf ausrichten kann; Art. 103 I GG gewährleistet den Verfahrensbeteiligten nicht nur das Recht, sich zum Sachverhalt, sondern auch zur Rechtslage zu äußern, BVerfG NJW 2021, 3526 Rn. 13–15; BGH BeckRS 2021, 6259 Rn. 16 ff.; → § 139 Rn. 29, 51, 64 „Überraschungsentscheidung". 44

Weiter besteht nach Art. 3 I GG iVm Art. 20 III GG die Pflicht des Gerichts, den Prozessparteien im Rahmen der Verfahrensordnung gleichermaßen die Möglichkeit einzuräumen, alles für die gerichtliche Entscheidung Erhebliche vorzutragen und alle zur Abwehr des gegnerischen Angriffs erforderlichen prozessualen Verteidigungsmittel selbständig geltend zu machen; der jeweilige Gegner muss grundsätzlich vor der Entscheidung in denselben Kenntnisstand versetzt werden und die Möglichkeit haben, auf die Entscheidung Einfluss zu nehmen; die den Parteien gesetzten Fristen zur Stellungnahme müssen gleich angemessen sein und es muss eine prozessuale Chancengleichheit bestehen, (Gebot der **Waffengleichheit**), BVerfG NJW 2022, 1083 Rn. 26; 2021, 1587 Rn. 29, 34; 2021, 615 Rn. 19; 2018, 3634 Rn. 31; BeckRS 2021, 5190; 2021, 5522; 2020, 13380; NJW 2020, 3023; 2020, 2021; 2018, 3631 und 3634 (jeweils zur Einstweiligen Verfügung); BGH GRUR 2021, 118 Rn. 9 = BeckRS 2020, 25089 (Schiedsgerichtsverfahren); Mantz NJW 2020, 2007; Sajuntz NJW 2021, 592 (599); → Einl. II Rn. 37 ff.; → § 139 Rn. 2. Das Gericht darf eine Entscheidung grundsätzlich nur im Anschluss an eine ausreichende und gleichmäßige Anhörung beider Parteien treffen. Ausnahmsweise ist eine nachträgliche Anhörung zulässig, so zB uU im einstweiligen Verfügungsverfahren, wenn ansonsten der Zweck der einstweiligen Verfügung vereitelt sein würde; das ist aber im Presse- und Äußerungsrecht in der Regel nicht der Fall, BVerfG NJW 2022, 1083 Rn. 26 ff.; 2021, 1587 Rn. 29; 2018, 3634 Rn. 31 und 3631 Rn. 14 ff.; näher: → Rn. 53 „Einstweilige Verfügung". Aus dem Gebot der Waffengleichheit folgt auch, dass einer Partei, die für ein **Vieraugengespräch** keinen Zeugen hat, die Möglichkeit gegeben werden muss, ihre Darstellung des Gesprächs in den Prozess persönlich einzubringen, und zwar durch eine Parteivernehmung von Amts wegen oder durch eine Anhörung nach § 141, BVerfG NJW 2001, 2531; BGH GRUR 2016, 1291 Rn. 33; BAG NZA 2022, 200 Rn. 36. 45

3. Recht auf mündliche Verhandlung und Unmittelbarkeitsgrundsatz. Aus Art. 103 I GG folgt nicht unmittelbar ein Anspruch auf eine mündliche Verhandlung; hat aber eine solche von Gesetzes wegen stattzufinden, begründet der Anspruch auf rechtliches Gehör ein Recht zur Äußerung in der mündlichen Verhandlung und zugleich auf deren Durchführung grundsätzlich unmittelbar durch das erkennende Gericht, BVerfG NJW 2015, 3779; → Rn. 28 (Mündlichkeitsgrundsatz). Die Anwesenheit aller Prozessbeteiligten in einer mündlichen Verhandlung soll Gelegenheit geben, den Sach- und Streitstand in unmittelbarer Rede zu erörtern, wobei Bezugnahmen insbesondere auf Schriftsätze erlaubt sind; der Umfang der mündlichen Verhandlung hängt von der Qualität der Vorbereitung durch alle Beteiligten, der eventuell vorher erteilten Hinweise nach § 139 und der Reaktionen darauf ab, BAG NJW 1996, 2749; Prütting/Gehrlein/Prütting § 128 Rn. 6. Bei einer nach § 128a zulässigen Videoverhandlung wird die Anwesenheit der beteiligten Parteien und deren Prozessbevollmächtigten in der mündlichen Verhandlung durch eine Video-Zuschaltung ersetzt. 46

Die Grundsätze der Mündlichkeit und Unmittelbarkeit stellen ein Kernstück des Zivilprozesses dar und ohne mündliche Verhandlung kann nicht entschieden werden, wenn nicht **ausnahmsweise** ein schriftliches Verfahren nach dem Gesetz zulässig ist, wie zB nach §§ 128 II, III, 495a, 307 S. 2, 320 III, § 331 III, 937 II, → Rn. 28; → § 128 Rn. 1. Darüber hinaus ist eine mündliche Verhandlung nach § 128 IV bei Entscheidungen freigestellt, die nicht durch Urteil, sondern zB durch Beschluss ergehen, soweit nichts anderes bestimmt ist. Findet zulässiger- 47 weise keine mündliche Verhandlung statt, ist das rechtliche Gehör schriftlich zu gewährleisten. Wie sich aus § 139, insbesondere aus IV, V ergibt, erfolgt die Gewährung des rechtliche Gehör aber nicht nur in einer mündlichen Verhandlung, wenn eine solche zwingend ist, sondern in der Regel schon früher, so zB durch prozessleitende Maßnahmen iSd § 273, bei Anordnung des schriftlichen Vorverfahrens nach § 276 oder des frühen ersten Termins oder bei anderen Gelegenheiten; maßgeblich ist, dass die Parteien sich hinreichend auf Hinweise einstellen und sich dazu äußern können, → § 139 Rn. 59. Frühzeitige schriftliche Hinweise vor der mündlichen Verhandlung haben den Vorteil, dass den Parteien dann uU kein Schriftsatznachlass nach § 283 gewährt oder vertagt werden muss, sondern auf die mündliche Verhandlung bei Entscheidungsreife sofort entschieden werden kann. Das dient dem Konzentrationsgrundsatz, → Rn. 32.

48 **4. Zeitpunkt und Aktenkundigkeit.** In jeder Lage des Prozesses muss das Gericht die Notwendigkeit auch eines erneuten rechtlichen Gehörs von Amts wegen prüfen. Diese Notwendigkeit kann sich erst in einem fortgeschrittenen Prozessstadium ergeben. Wenn zB die Voraussetzungen einer öffentlichen Zustellung nach §§ 185 ff. vorlagen und wenn das Gericht dann die neue Anschrift des zunächst Unbekannten erhält, muss es ihm jetzt noch eine ausreichende Gelegenheit zu einer Äußerung geben. Der Grundsatz des rechtlichen Gehörs gilt bis zur Entscheidung des Gerichts, BGH NJW 2018, 3786 Rn. 9, und im gesamten Erkenntnisverfahren, so auch im PKH-Verfahren und in Verfahren vor dem Rechtspfleger, Zöller/Vollkommer Einl. Rn. 20.

49 Bei Durchführung einer mündlichen Verhandlung muss das Gericht gemäß § 160 II die Gewährung des rechtlichen Gehörs im Protokoll feststellen. Sonst muss es, wie § 139 IV verdeutlicht, die Gewährung des rechtlichen Gehörs in einem **Aktenvermerk** oder im Tatbestand des Urteils festhalten, → § 139 Rn. 65 ff. und 64 „Protokollierung". Nach § 29 IV FamFG genügt immer eine Aktenkundigkeit.

50 **5. Grenzen.** Aus dem Grundsatz des rechtlichen Gehörs folgt kein Recht auf einen Instanzenzug, BVerfG NJW 2004, 1371 (Zulassungsvoraussetzungen für eine Revision); NJW 2003, 1924, und auch kein Recht, dass die mündliche Verhandlung nach den Vorstellungen einer Partei ausgestaltet wird, BVerfG NJW 2019, 291 (Online-Chat für einen Behinderten). Das Gericht kann von einer anwaltlich vertretenen Partei zudem erwarten, dass sie im Rahmen ihrer Pflichten aus dem Prozessrechtsverhältnis, → Rn. 13 ff., mitdenkt, mithandelt und mitreagiert. Das Gericht braucht deshalb nicht wegen jeder kleineren Veränderung der tatsächlichen oder rechtlichen Situation oder wegen jeder sonstigen Einzelheit zu einer solchen Stellungnahme aufzufordern, die bei einer vernünftigen Betrachtung schon durch das bisherige Verhalten der Partei zumindest stillschweigend zum Ausdruck gekommen ist. Im Zweifel hat das Gericht jedoch hinzuweisen und zur Stellungnahme aufzufordern. Eine Ausnahme vom Grundsatz des rechtlichen Gehörs ist in § 19 II Gesetz zum Schutz von Geschäftsgeheimnissen **(GeschGehG)** vom 18.4.2019 (BGBl. I 466) enthalten, wonach im Einzelfall aufgrund des Geheimhaltungsinteresses einer Partei das rechtliche Gehör der anderen eingeschränkt sein kann. In Betreuungsverfahren kann nur unter den engen Voraussetzungen der §§ 278 IV, 34 II FamFG von der persönlichen Anhörung des Betroffenen abgesehen werden; das gilt auch in **Corona-**Zeiten, → Rn. 53 „Betreuungsverfahren". Soweit eine Partei von dem ihr gewährten rechtlichen Gehör keinen Gebrauch macht, läuft das Verfahren weiter. Die Partei muss in Ausnahmefällen in einem zumutbaren Umfang im Rahmen der Prozessregeln um das Gehör bitten, bevor sie einen Verstoß gegen Art. 103 I GG rügen kann, → Rn. 52.

51 **6. Rechtsfolgen einer Verletzung und Heilbarkeit.** Die Verletzung des Grundsatzes des rechtlichen Gehörs setzt kein Verschulden voraus, BVerfG NJW 1983, 2187; BGH FamRZ 2021, 1988 = BeckRS 2021, 31935. Wenn das Gericht das rechtliche Gehör nicht oder nicht in der richtigen Weise gewährt hat, kann ein **Verfahrensmangel** vorliegen, der mit dem statthaften Rechtsmittel geltend gemacht werden kann, uU auch mit einer Anhörungsrüge nach § 321a; nach Ausschöpfung dieser Möglichkeiten kommt bei Verletzung des Art. 103 I GG eine Verfassungsbeschwerde in Betracht, Zöller/Vollkommer Einl. Rn. 23. Auswirkungen kann die Verletzung des rechtlichen Gehörs allerdings nur dann haben, wenn die angefochtene Entscheidung darauf beruht, dh wenn nicht ausgeschlossen werden kann, dass das Gericht ohne die Verletzung zu einem anderen Ergebnis gekommen wäre; insoweit ist grundsätzlich eine substantiierte Darlegung desjenigen erforderlich, der sich auf die Verletzung beruft, BVerfG NJW 2021, 50 Rn. 14; 2015, 3779; FamRZ 2020, 1000 Rn. 17 = NZFam 2020, 486; BGH NJW-RR 2022, 286; BeckRS 2020, 25089 (Schiedsgericht); Dresd BeckRS 2020, 22898 (zur Darlegungslast). Das bedeutet, dass die betreffende Partei die Tatsachen vortragen muss, die den Verstoß begründen; außerdem muss grundsätzlich dargelegt werden, was bei Gewährung des rechtlichen Gehörs vorgetragen worden wäre und dass nicht auszuschließen ist, dass dieser Vortrag zu einer anderen Entscheidung geführt hätte; dieser Darlegung bedarf es nicht, wenn die Entscheidungserheblichkeit der Verfahrensverletzung unmittelbar und zweifelsfrei aus dem bisherigen Prozessstoff ersichtlich ist, BGH NJW-RR 2020, 573; NJW 2016, 2890; BAG NZA 2020, 199 Rn. 15; vgl. auch → Rn. 53 „Einstweilige Verfügung". Unterbleibt eine zwingende mündliche Verhandlung, kann in der Regel die Entscheidungserheblichkeit idS nicht ausgeschlossen werden, BVerfG BeckRS 2020, 17694; NJW 2015, 3779.

52 Ein etwaiger Mangel ist nach § 295 I **heilbar,** einmal durch nachträgliche Gewährung des rechtlichen Gehörs, wie zB nach einem Einspruch (§§ 338, 342), oder durch einen Verzicht der Partei, BGH NJW 2020, 1740; NJW-RR 2020, 312; 2016, 699; Thomas/Putzo/Seiler § 295 Rn. 2; → § 128 Rn. 15 (Verstoß gegen den Mündlichkeitsgrundsatz). Dass die Partei verzichten kann, ergibt sich daraus, dass sie von der Möglichkeit des rechtlichen Gehörs keinen Gebrauch machen muss und sogar ein Versäumnisurteil nach §§ 330 ff. hinnehmen könnte. Von einem Verzicht ist uU auszugehen, wenn ein Beteiligter seine prozessualen Möglichkeiten nicht ausgeschöpft hat, BGH NJW 2020, 1740; NJW-RR 2020, 312; NJW 2016, 699 Rn. 4; vgl. auch BGH NZFam 2021, 917 Rn. 12 (zur Hinweispflicht). Von einem Verzicht kann aber von vorneherein nicht ausgegangen werden, wenn sich die im Gesetz vorgesehene Pflicht nicht in der bloßen Gewährung des rechtlichen Gehörs erschöpft, sondern primär bezweckt, dass sich der entscheidende Richter selbst einen persönlichen Eindruck von dem Betroffenen macht, um dessen Freiheitsrechte nach Art. 104 GG sicherzustellen, wie zB nach § 319 I FamFG, → Rn. 53 „Betreuungsverfahren"; „Unterbringungsverfahren".

7. Beispiele für einen Verstoß gegen das rechtliche Gehör oder das faire Verfahren

53 **Akteneinsicht:** Aus dem rechtlichen Gehör folgt ein Recht auf Akteneinsicht, so dass ihre Nichtgewährung einen Verstoß darstellt, BVerfG NJW 2010, 2118 (Ls.) = BeckRS 2010, 49078. Von Dritten beigezogene Akten (§ 142) sind nicht Bestandteil der Prozessakte, so dass § 299 nicht unmittelbar gilt; jedoch kann das

rechtliche Gehör es gebieten, dem Gegner Kopien der elektronisch geführten Datei zu überlassen, Dresd BeckRS 2021, 42735 = NJW-RR 2022, 288. **(53)**

Anhörung/Parteivernehmung von Amts wegen: Zum Vieraugengespräch → Rn. 45.

Anträge: Das Übergehen von Anträgen (Streitgegenstände) stellt einen Verstoß gegen das rechtliche Gehör dar; geschieht dies bewusst, ist für eine Ergänzung des Urteils nach § 321 kein Raum; vielmehr kommt nur das statthafte Rechtsmittel gegen das Urteil in Betracht, BGH BeckRS 2020, 32460 (Hilfsantrag); 2019, 4993 = NJW 2019, 886.

Arzthaftung: Es besteht eine eingeschränkte Darlegungslast des Patienten und zur Gewährleistung prozessualer Waffengleichheit in der Regel eine Pflicht des Gerichts zur Einholung eines Sachverständigengutachtens von Amts wegen, soweit der Patient darauf angewiesen ist; kommt das Gericht dieser Pflicht nicht nach, ist Art. 103 I GG verletzt, BGH NJW 2019, 2399 Rn. 7–9; NJW-RR 2019, 467 Rn. 15, 16 (sekundäre Darlegungslast); Drsd NJW-RR 2021, 1327 Rn. 10. Auch bei Vorliegen eines Gutachtens der Schlichtungsstelle wird die Darlegungslast des Patienten nicht erhöht und dieses ist kein Ersatz für ein Gerichtsgutachten, BGH NJW 2019, 2399 Rn. 10.

Äußerungsrecht: → „Einstweilige Verfügung" (zur Waffengleichheit).

Begründungspflicht des Gerichts: → Rn. 43.

Berufung: Will das Berufungsgericht die Aussage eines Zeugen inhaltlich anders verstehen als die Vorinstanz, muss es grundsätzlich den Zeugen erneut vernehmen, BVerfG NJW 2017, 3218 Rn. 55; BGH BeckRS 2021, 10633 Rn. 7; NJW-RR 2021, 718 Rn. 7; NJW-RR 2020, 1519; 2012, 704; NJW 2018, 2334. Umgekehrt ist in der Berufungsinstanz eine Beweisaufnahme regelmäßig nicht angezeigt, wenn die Partei, so der Patient in Arzthaftungssachen, der auf eine sachverständige Begutachtung gestützten Beweiswürdigung der ersten Instanz nur seine abweichende Meinung entgegenstellt, Dresd NJW-RR 2022, 536. Bei einer anderen **Beweiswürdigung** und bei einer anderen tatsächlichen Wertung muss auch ein Hinweis nach § 139 erfolgen, BVerfG NJW-RR 2017, 3218; BAG NZA 2020, 132. Hat die erste Instanz von der Würdigung einer Zeugenaussage abgesehen, kann die Berufung das Protokoll über die Aussage nur verwerten, wenn es auf den persönlichen Eindruck nicht ankommt, ansonsten muss die Beweisaufnahme wiederholt werden, BGH NJW-RR 2021, 1074.

Kommt das Berufungsgericht zu einer anderen rechtlichen oder tatsächlichen Wertung als die Vorinstanz und ist dies für die Parteien nicht erkennbar, muss rechtzeitig zur Vermeidung einer Überraschungsentscheidung ein rechtlicher Hinweis erfolgen, damit die Parteien ihren Vortrag darauf ausrichten können, BVerfG NJW 2021, 3525 Rn. 13–15; 2015, 1746; BGH BeckRS 2022, 2092; 2021, 6250 Rn. 16 ff.; BeckRS 2020, 12568 = NJW 2020, 2730 (Abweichen von BGH-Rspr., auch wenn die zweite Instanz an den tatsächlichen Vorstellungen der ersten Instanz nicht zweifelt); BeckRS 2020, 3624 = NJW-RR 2020, 574 (Hinweis erst in der mündlichen Verhandlung ohne § 283 und ohne Vertagung); BGH NJW-RR 2017, 672; NJW-RR 2005, 39 (Vertragsauslegung); → § 139 Rn. 29, 51, 64 „Überraschungsentscheidung". Gegenüber dem Berufungsbekl. hat das Berufungsgericht eine erhöhte Hinweispflicht nach § 139, wenn es von der Wertung der ersten Instanz abweichen will; denn der Berufungsbekl. kann sich ohne Hinweis des Gerichts darauf beschränken, das zu seinen Gunsten ergangene Urteil zu verteidigen und nur auf neue Angriffsmittel zu reagieren, BVerfG NJW 2015, 1746.

Hält das Berufungsgericht die Klage entgegen der ersten Instanz für unzulässig, muss ein Hinweis nach § 139 III erfolgen und der Partei muss aufgrund der Gebotes des rechtlichen Gehörs die Möglichkeit gegeben werden, darauf zu reagieren; ändert die Partei daraufhin den Klageantrag oder stellt eine neuen Antrag hilfsweise, kann das Berufungsgericht jedenfalls dann nicht nach § 522 II vorgehen und den zusätzlichen Antrag nach § 524 IV analog als wirkungslos ansehen, wenn das Erstgericht einen gegenteiligen Hinweis erteilt hatte, BGH NJW 2016, 2508.

Im ersten Rechtszug nicht zurückgewiesenes Vorbringen wird in der zweiten Instanz auch ohne erneuten Vortrag Prozessstoff, soweit die Berufung zulässig ist, BGH NJW-RR 2020,1454; 2020, 60. Die Zurückweisung eines in der Berufungsinstanz wiederholten Beweisangebotes mit der Begründung, die Nichterhebung des Beweises sei nicht innerhalb der Berufungsbegründungsfrist beanstandet worden, verletzt daher das rechtliche Gehör, BGH BeckRS 2020, 11007 = NJW-RR 2020, 822. Eine Gehörsverletzung kann sich daraus ergeben, dass das Berufungsgericht den Tatbestand des angefochtenen Urteils fehlerhaft interpretiert, BGH NJW-RR 2021, 740; vgl. auch NJW-RR 2021, 953 Rn. 9 (offensichtliche Fehlerfassung des ärztlichen Befundberichts).

Will das Gericht einer anwaltlichen oder **eidesstattlichen Versicherung** zu einem Wiedereinsetzungsantrag bezüglich der Berufungsbegründung nicht folgen, muss es darauf hinweisen und der Partei Gelegenheit zum Zeugenbeweis geben, BGH NZFam 2021, 232 = NJW-RR 2021, 505; BeckRS 2020, 3411 = NJW 2020, 1225; NJW 2007, 1457; → § 139 Rn. 64 „Glaubhaftmachung".

Bei falscher Rechtsmittelbelehrung → „Wiedereinsetzung".

Bestreiten: → „Substantiierung des Parteivortrages".

Betreuungsverfahren: Ein Absehen von einer persönlichen Anhörung des Betroffenen nach § 278 I 1 FamFG ist nur unter den engen Voraussetzungen und jedenfalls dann nicht, wenn von der Anhörung neue Erkenntnisse zu erwarten sind, zulässig; aus dem den Beteiligten zu gewährenden Gesundheitsschutz folgt nichts anderes, so dass auch in **Corona**-Zeiten eine Anhörung grundsätzlich erforderlich ist, BGH NJW 2021, 2508 und 2296; NJW 2021, 71= NJW-RR 2021, 1; vgl. Dodegge NJW 2021, 2695. Das Beschwerdegericht kann von der Anhörung absehen, wenn diese im ersten Rechtszug ordnungsgemäß erfolgt ist und wenn davon keine neuen Erkenntnisse zu erwarten sind, auch wenn sich der Betroffene nicht auf ein persönliches Gespräch eingelassen hat, BGH NJW-RR 2021, 1010; 2021, 722; NZFam 2021, 1079 (neue Tatsachengrundlage). Holt das erstinstanzliche Gericht die erforderliche Anhörung erst im Abhilfeverfahren nach, liegt keine ordnungsgemäße Anhörung in dieser Instanz vor; das Beschwerdegericht darf dann nicht von der gebotenen Anhörung absehen, BGH BeckRS 2022, 2963 = NZFam 2022, 426 mAnm Gietl; NJW 2022, 546 = NZFam 2021, 1078; → „Unterbringungsverfahren". Werden in der Beschwerdeinstanz Tatsachen herangezogen, die nach der amtsgerichtlichen Entscheidung datieren, ist eine neue persönliche Anhörung erforderlich, BGH NJW-RR 2022, 74; NJW 2021, 2296; 2019, 237. Dasselbe gilt, wenn das Beschwerdegericht mit einem neuen oder ergänzenden Gutachten eine neue Tatsachengrundlage heranzieht, die im Zeitpunkt der Anhörung des Betroffenen

(53) durch das Amtsgericht nicht vorlag, BGH NZFam 2022, 235. Ergeben sich im Beschwerdeverfahren Anhaltspunkte dafür, dass der Betroffene seinen in erster Instanz geäußerten Betreuerwunsch geändert hat, ist eine Anhörung zwingend, BGH NJW-RR 2021 386 Rn. 10 ff.; NJW 2021, 2296. Bei einer nach §§ 278, 295 FamFG erforderlichen Anhörung des Betroffenen ist ein vom Gericht bestellter Verfahrenspfleger (§ 276 FamFG) im selben Umfang wie der Betroffene zu beteiligen; ansonsten ist das rechtliche Gehör verletzt, BGH NJW-RR 2021, 385. Die Verwertung eines Gutachtens als Grundlage einer Entscheidung in der Hauptsache gemäß § 37 II FamFG setzt voraus, dass nicht nur dem Verfahrenspfleger, sondern auch dem Betroffenen das **Gutachten** rechtzeitig vor dem Anhörungstermin in vollem Wortlaut zur Verfügung gestellt wird, BGH NJW-RR 2021, 866; 2021, 653; 2020, 946; 2020, 769. Wenn der Sachverständige sein Gutachten telefonisch ergänzt, muss der Betroffene auch darüber vorher unterrichtet werden, BGH NJW-RR 2022, 148. Ein gemäß § 295 I 2 FamFG einzuholendes **ärztliches Zeugnis,** muss dem Betroffenen ebenfalls vor dem Anhörungstermin zur Verfügung gestellt werden, BGH NJW-RR 2022, 145 = NZFam 2022, 331; 2020, 945. Das gilt auch dann, wenn das Gericht von der Betreuerbestellung absehen will; ansonsten würde die Ermittlungspflicht verkürzt, da die Anhörung nicht nur dem rechtlichen Gehör dient, sondern auch den unmittelbaren Zweck hat, dem Gericht einen persönlichen Eindruck von dem Betroffenen zu verschaffen, BGH NJW-RR 2022, 651 Rn. 13.

Der Pflicht zur persönlichen Anhörung kann grundsätzlich nach § 278 III FamFG nur unter den dort genannten Voraussetzungen im Wege der **Rechtshilfe** nachgekommen werden; das gilt auch, wenn die Anhörung durch einen ersuchten Richter im Verfahren der einstweiligen Anordnung zulässiger Weise nach § 300 I 2 FamFG erfolgt ist, BGH NJW 2021, 77 Rn. 9; → „Unterbringungsverfahren".

Beweisantrag: Das unberechtigte Übergehen eines Beweisantrages stellt einen Verstoß gegen die Pflicht zur Erschöpfung der angebotenen Beweismittel als Ausfluss des Art. 103 I GG dar, BGH NJW 2022, 935 Rn. 15 (Dieselskandal); BeckRS 2021, 36639 und NJW-RR 2021, 1093 (überspannte Anforderungen an Vortrag); NJW-RR 2021, 1294 Rn. 16, 127; 2021 861; 2021, 58 = GRUR-RS 2020, 32886 (unterbliebene Zeugenvernehmung wegen mangelnder Wahrnehmung des Zeugen bzw. Unwahrscheinlichkeit der Tatsache); NJW-RR 2020, 1019 (Absehen von Gesundheitsgutachten beim Härteeinwand des Mieters nach § 574 I BGB unter Berufung auf gesundheitliche Beeinträchtigung); NJW 2020, 1679; BAG NZA 2022, 944 (überspannte Anforderungen an Vortrag) = NJW 2022, 1558; Nürnb BeckRS 2021, 22636 = NJW-RR 2022, 112 Rn. 15 (Absehen von Sachverständigenbeweis bei Vorliegen von Privatgutachten); Hamm BeckRS 2020, 8963 = NJW-RR 2020, 979. Wird der Partei eine Schriftsatzfrist eingeräumt, kann sie auch zur Beweisaufnahme Stellung nehmen; dies umfasst das Recht, neue Beweisanträge zu stellen; werden diese nach § 296a nicht berücksichtigt, liegt ein Verstoß gegen Art. 103 I GG vor, BGH BeckRS 2021, 9648. Auch → „Betreuungsverfahren"; → § 279 Rn. 15.

Beweiswürdigung: → „Rechtsansichten"; → „Substantiierung des Parteivortrages".

Eidesstattliche Versicherung: → „Berufung".

Eigene Sachkunde des Gerichts: → „Gerichtskundige Tatsache".

Einschlägige Normen: Wenn das Gericht ohne Auseinandersetzung mit der Sach- und Rechtslage eine offensichtlich einschlägige Norm nicht berücksichtigen will, ohne darauf hinzuweisen, oder deren Inhalt bei der Auslegung und Anwendung in krasser Weise missdeutet, liegt ein Verstoß gegen Art. 103 GG dar, BVerfG BeckRS 2019, 18988 = NJW 2019, 3137.

Einstweilige Verfügung: Der Grundsatz der prozessualen Waffengleichheit nach Art. 3 I, 20 III GG, → Rn. 45, gilt grundsätzlich auch im Einstweiligen Verfügungsverfahren; nur wenn der Zweck eines solchen Verfahrens vereitelt würde, wenn der Gegner vor der Entscheidung angehört und ihm Gelegenheit gegeben würde, auf die Entscheidung Einfluss zu nehmen, reicht eine nachträgliche Anhörung aus, BVerfG NJW 2021, 1587 Rn. 29; 2018, 3631 Rn. 14–16. Ein solcher Ausnahmefall ist im **Presse**- und **Äußerungsrecht** grundsätzlich nicht anzunehmen, weil speziell im Gegendarstellungsrecht das vorherige Veröffentlichungsverlangen eine materiell-rechtliche Voraussetzung für den Anspruch ist, BVerfG NJW 2022, 1083 Rn. 26; 2021, 1587 Rn. 29; 2018, 3634 Rn. 31; vgl. auch BVerfG NJW 2021, 1585 (zur Gegendarstellung ohne Tatsachenbehauptung). Von der Frage einer vorherigen Anhörung vor der Entscheidung zu unterscheiden ist, ob auf eine mündliche Verhandlung nach § 937 II wegen Dringlichkeit oder bei Zurückweisung des Antrages verzichtet werden kann; zur Einhaltung des Gebots der prozessualen Waffengleichheit können im Einzelfall auch eine **Schutzschrift** nach § 945a oder sonstige Erwiderungsmöglichkeiten vor der Entscheidung ohne mündliche Verhandlung genügen, BVerfG NJW 2021, 1587 Rn. 32; 2021, 615; 2018, 3634; Mantz NJW 2019, 953; → § 937 Rn. 9; → Rn. 45. Eine vorangegangene **Abmahnung** im Hinblick auf eine Unterlassung reicht als Erwiderungsmöglichkeit in diesem Sinn aber nur dann, wenn der Verfügungsantrag im Anschluss an die Abmahnung unverzüglich nach Ablauf einer angemessenen Frist eingereicht wird und die abgemahnte Äußerung sowie die Begründung mit dem gerichtlichen Unterlassungsbegehren identisch sind; bei fehlender Deckungsgleichheit kann der Verzicht des Antragsgegners auf eine Äußerung zu einer außergerichtlichen Abmahnung nicht als Verzicht auf die prozessual erforderliche Anhörung verstanden werden, BVerfG NJW 2022, 1083 Rn. 28; 2021, 615. Nach § 32 I BVerfGG kann die Vollziehung rechtsstaatswidriger Verfügungen bis zur Heilung der Gehörsverstöße im Widerspruchsverfahren ausgesetzt werden, BVerfG NJW 2021, 615 Rn. 13; GRUR-RS 2020, 13380 = ZUM-RD 2020, 421. Erteilt das Gericht im Eilverfahren dem Antragsteller **Hinweise,** insbesondere, um einen Antrag nachzubessern, ohne den Gegner einzubeziehen, ist dessen prozessuale Stellung nicht gleichwertig mit der des Antragstellers und ist als Verstoß gegen den Grundsatz der Waffengleichheit zu werten, BVerfG NJW 2022, 1083 Rn. 29; 2021, 1587 Rn. 33; 2021, 615 Rn. 23 ff.; Petersenn/Peters NJW 2021, 725 (728).

Das BVerG hat im Zusammenhang mit dem Erlass einer einstweiligen Anordnung nach § 32 BVerfGG bei Verletzung des Gebotes der Waffengleichheit im einstweiligen Verfügungsverfahren, → Rn. 45, in jüngeren Entscheidungen unterschiedliche Anforderungen an die Darlegung eines besonders gewichtigen Feststellungsinteresses gestellt.. Während es teilweise die Unterlassungsverfügung allein wegen Nichtanhörung des Gegners (Verletzung der prozessualen Waffengleichheit) und wegen Fortdauer einer schwerwiegenden Rechtsbeeinträchtigung aufgehoben hat, BeckRS 2022, 4400; NJW 2022, 1083 Rn. 22; 2021, 1587 Rn. 26; 2020, 2021; wurden zwei andere Verfassungsbeschwerden nicht angenommen unter Hinweis darauf, dass nicht jede Verletzung der Waffengleichheit ausreiche, vielmehr die Darlegung eines schweren Nachteils, dh ein hinreichend gewichtiges Feststellungsinteresse vorliegen müsse, jedenfalls dann, wenn die Abweichung zwischen der Abmahnung und den gerichtlichen Anträgen gering und alsbald mit einer Verhandlung zu rechnen sei, NJW 2020, 3023; 2021, 618. Möller Editoral NJW 2020, Heft 41 und NJW 2021, 1640 (1643), hielt dies wohl für widersprüchlich, jedenfalls vermisste er eine klare Linie: vgl aber auch Möller, Editorial NJW 2020, Heft 41 und NJW 2021, 1640 (1643): 2022 Heft 12; https://rsw.beck.de/arbeitshilfe-moeller; vgl. auch → Rn. 51 f. (zu den Rechtsfolgen der Verletzung des Grundsatzes des rechtlichen Gehörs allgemein). Insbesondere in den Entscheidungen des BVerfG vom 30.3.2022, NJW 2022, 2102, vom 11.1.2022, BeckRS 2022, 4400, vom 1.12.2021, NJW 2022, 1083 Rn. 20 ff., insb. 22, und vom 23.9.2020, NJW 2021, 618, wird besonders deutlich, welche tatsächlichen Unterschiede den einzelnen Entscheidungen zugrunde lagen; danach ist die Darlegung des besonderen Feststellungsinteresses ausnahmsweise nur dann entbehrlich, wenn eine offenkundig prozessrechtswidrig erlassene Verfügung noch fortwirkt, das Widerspruchsverfahren zügig beschritten wurde und noch andauert sowie schwere, grundrechtlich erhebliche Nachteile iSv §§ 32 I, 90 BVerfGG geltend gemacht werden, die ein Einschreiten während des laufenden fachgerichtlichen Verfahrens gebieten, vgl. auch Sajuntz NJW 2021, 592, 599. In seinen Entscheidungen vom 24.3.2022, NJW 2022, 2100 Rn. 9, 12, und 9.12.2021, NJW 2022, 1083 Rn. 21, hat das BVerfG auch klargestellt, dass ein auf Widerholungsgefahr gestütztes Feststellungsinteresse voraussetzt, dass die Zivilgerichte die aus dem Grundsatz der prozessualen Waffengleichheit folgenden Anforderungen grundsätzlich verkennen und ihre Praxis hieran unter Missachtung der verfassungsrechtlichen Maßstäbe nicht ausrichten; allein der Vortrag, andere Gerichte könnten sich auf die betreffenden Rechtssätze stützen, reiche nicht aus. Ein hinreichend gewichtiges Feststellungsinteresse, das ein Einschreiten des BVerfG trotz fehlender Erschöpfung des fachgerichtlichen Rechtswegs ausnahmsweise erforderlich macht, setzt grundsätzlich voraus, dass durch die Vollstreckung der einstweiligen Verfügung ein schwerer grundrechtlich erheblicher Schaden droht, der nicht durch die Schadensersatzpflicht nach § 945 kompensiert werden kann; das ist in einer untersagten Presseveröffentlichung regelmäßig der Fall, während in kartell- und lauterkeitsrechtlichen Fällen eine Kompensation durch § 945 die Regel ist, BVerfG NJW 2022, 2100 Rn. 14 ff. mAnm von Lerach GRUR-Prax 2022, 191; 2022, 2099; vgl. auch Möller NJW 2022, 2084, 2089. (53)

Elektronisches Dokument: Wird ein elektronisch eingereichter Schriftsatz in schwarzweiß ausgedruckt, obwohl er möglicherweise Farbbestandteile enthält, beurteilt das Gericht das eingereichte Dokument nicht authentisch, sondern in abgewandelter Form und verstößt damit gegen das Gebot des rechtlichen Gehörs, KG NJW-RR 2020, 1116.

Fremdsprachige Urkunden: Deren unterlassene Verwertung stellt einen Verstoß dar, wenn sie aus finanziellen Gründen nicht übersetzt werden und wenn sie bedeutsam sind, BVerfG NVwZ 1987, 785; BVerwG NJW 1996, 1553.

Fristen: Welche Zeit eine Partei benötigt, um ausreichend Stellung nehmen zu können, hängt von den Umständen des Einzelfalles ab; die Fristen müssen angemessen sein, BGH NJW 2018, 3316 Rn. 8; BSG NJW 2021, 2138 (Stellungnahme zu umfangreichen Gutachten). Gesetzliche Mindestfristen reichen unter dem Gesichtspunkt des Art. 103 I GG nicht immer aus, → § 283 Rn. 12. Sie sind aber als Rahmenbedingungen des Gesetzgebers Anhaltspunkte dafür, welche Fristen das Gericht oberhalb der gesetzlichen Mindestfristen im Allgemeinen als ausreichend ansehen darf. Hat das Gericht eine Frist gesetzt, liegt ein Verstoß gegen Art. 103 vor, wenn es diese Frist nicht abwartet, sondern vorher entscheidet BGH BeckRS 2019, 3561 = NJW-RR 2020, 248 (§ 283); → § 283 Rn. 16.

Gegendarstellungsanspruch: → „Einstweilige Verfügung".

Gerichtskundige Tatsachen: Eine gerichtskundige Tatsache oder eine eigene Sachkunde muss das Gericht bei Verwertung in den Prozess einführen und den Parteien Gelegenheit zur Stellungnahme und zum Gegenbeweis geben, BVerfG NJW 2021, 50 = BeckRS 2020, 24423; BGH BeckRS 2019, 13440; = NJW 2019, 2607; → „Offenkundige Tatsache"; → § 139 Rn. 64 „Sachkunde des Gerichts".

Internetrecherche: → „Offenkundige Tatsache"

Kindschaftssachen: Nach § 159 I FamFG ist die Anhörung der Kinder altersunabhängig zwingend, sofern kein Ausnahmefall des § 159 II 1 FamFG vorliegt; von der persönlichen Anhörung der Eltern kann nach § 160 FamFG nur aus schwerwiegenden Gründen abgesehen werden; dazu gehört nicht ein unentschuldigtes Fernbleiben im Termin; § 160 I 1 FamFG eröffnet kein freies Ermessen, Bambg NZFam 2022, 176; Ffm NZFam 2021, 1028.

Mietverhältnis: Das Auswechseln von Kündigungsgründen durch das Berufungsgericht kann ohne Hinweis eine Verletzung des rechtlichen Gehörs darstellen, BGH NJW-RR 2022, 86.

Offenkundige Tatsachen: Will das Gericht offenkundige Tatsachen iSd § 291 seiner Entscheidung zugrunde legen, muss es diese den Parteien zugänglich machen und ihnen die Möglichkeit zur Stellungnahme geben, BVerfG r+s 2021, 302 Rn. 15; BGH NJW 2022, 321 Rn. 8 mAnm Koch = NJW-RR 2022, 499; NJW-RR 2020, 868 Rn. 15; 2013, 1013 Rn. 8; → „Gerichtskundige Tatsachen". Zu solchen Tatsachen gehören auch diejenigen, die das Gericht dem **Internet** entnommen hat; das gilt nur dann nicht, wenn es sich um Umstände handelt, die den Parteien ohne weiteres gegenwärtig sind und von deren Entscheidungserheblichkeit sie wissen, BGH NJW 2022, 321 Rn. 8 = NJW-RR 2022, 499; NJW-RR 2020, 868 Rn. 15.

Persönliche Anhörung: Eine Verletzung des rechtlichen Gehörs ist anzunehmen, wenn tatsächliche Annahmen des Gerichts ohne nähere Wertung des Sachverhalts im Widerspruch zu den Angaben der Parteien bei ihrer persönlichen Anhörung stehen, BGH BeckRS 2019, 27794 = MDR 2020, 57.

Präklusionsvorschriften: Weist der Tatrichter Vorbringen in offenkundig fehlerhafter Anwendung von Präklusionsvorschriften zurück, ist das rechtliche Gehör der Partei verletzt, BGH NJW-RR 2021, 56; 2020, 1454; 2020, 60; Anders/Gehle Assessorexamen ZivilR S Rn. 5 Fn. 15.

Presserecht: → „Einstweilige Verfügung".

Rechtsansichten: Das Gericht ist grds nicht verpflichtet, die Parteien über seine Rechtsansichten zu informieren und diese mit ihnen zu erörtern; entspr. gilt für die Beweiswürdigung; eine Hinweispflicht besteht aber dann, wenn ein gewissenhafter und kundiger Prozessbeteiligter mit der Rechtsansicht nicht rechnen kann, BVerfG NJW 2017, 3218; WuM 2002, 23; MüKoZPO/Rauscher Einl. Rn. 266; → § 139 Rn. 29, 51, 64 „Überraschungsentscheidung". Überraschungsentscheidungen müssen vermieden werden, so dass im Einzelfall zB auch ein Hinweis auf eine gefestigte Rechtsprechung erforderlich sein kann, der das Gericht nicht folgen will, BVerfG BeckRS 2019, 2004; BGH NJW 2020, 2730; MüKoZPO/Rauscher Einl. Rn. 266; → § 139 Rn. 29,

(53) 51, 64 „Überraschungsentscheidung". Überraschungsentscheidungen müssen vermieden werden, sodass im Einzelfall auch ein Hinweis erforderlich ist, wenn das Gericht der gefestigten Rspr. nicht folgen will, BVerfG BeckRS 2019, 2004; BGH NJW 2020, 2730; MüKoZPO/Rauscher Einl. II Rn. 266; → § 139 Rn. 29, 51, 64 „Überaschungsentscheidung". Ein Verstoß kann uU angenommen werden, wenn kein Hinweis nach § 139 erfolgt, obwohl die Parteien erkennbar nicht richtig beurteilen, welche Tatsachen entscheidungserheblich sind, BVerfG NJW 2017, 3218; → § 139 Rn. 29, 54. Will das Gericht von einer zuvor geäußerten Auffassung abweichen, ist ebenfalls ein Hinweis erforderlich, BVerfG NJW 2021, 2581; BGH NZA 2017, 226. Will die Berufung anders rechtlich werten als die Vorinstanz und müssen die Parteien damit nach dem bisherigen Prozessverlauf nicht rechnen, ist ein Hinweis erforderlich, damit die Parteien ihren Vortrag darauf ausrichten können; ansonsten ist Art. 103 I GG verletzt, BVerfG NJW 2021, 3525 Rn. 13–15; BGH BeckRS 2021, 6259 Rn. 16 ff. = VersR 2022, 264; → „Berufung"; → § 139 Rn. 29, 51, 64 „Überraschungsentscheidung". Vertritt das Gericht eine andere Ansicht als in früheren, vergleichbaren Fällen, kann eine Hinweispflicht angenommen werden, wenn die Parteien möglicherweise von der früheren Meinung ausgehen, BGH NJW 2020, 2730.

Zur Frage der Verletzung des Art. 103 I GG bei einem unterbliebenen Hinweis zu Rechtsfragen → § 139 Rn. 29, 51, 64 → „Rechtl. Gehör", → „Rechtsauffassung", → „Rechtsgespräch" und → „Überraschungsentscheidung".

Richterwechsel: Hat die mündliche Verhandlung vor einem Richter stattgefunden, der danach ausgeschieden ist, und hat sein Nachfolger „für Recht erkannt", ohne die mündliche Verhandlung wieder zu eröffnen, wird der Anspruch auf rechtliches Gehör verletzt, BVerfG NJW 2019, 2919. Hat ein nicht mehr zur Entscheidung berufener ehrenamtlicher Richter noch an der Beratung mitgewirkt und hat das Gericht dies den Verfahrensbeteiligten nicht mitgeteilt sowie die mündliche Verhandlung nicht wieder eröffnet, liegt ein Verstoß gegen das rechtliche Gehör vor, BVerwG BeckRS 2021, 9816 Rn. 7–9 = NVwZ-RR 2021, 722.

Sachverständigengutachten: Ein Verstoß gegen das rechtliche Gehör ist anzunehmen,

– wenn das Gericht entscheidungserhebliche Widersprüche zwischen Privatgutachten und gerichtlich eingeholtem Gutachten nicht aufklärt und einem dieser Gutachten ohne hinreichende Begründung folgt, BGH NJW-RR 2020, 186; Oldb NJW 2021, 244 Rn. 23,
– wenn das Berufungsgericht den Sachverständigen nicht anhört, obwohl es das Gutachten abweichend von der ersten Instanz würdigen will, BGH NJW-RR 2020, 1259 = BeckRS 2020, 21075; 2019, 665,
– wenn das Gericht dem Antrag einer Partei auf mündliche Erläuterung des schriftlichen Sachverständigengutachtens gemäß § 411 III nicht nachgeht, auch wenn es selbst keinen Erläuterungsbedarf sieht, BGH NJW 2020, 1141, oder wenn es nach Anhörung der Sachverständigen in der mündlichen Verhandlung der Partei den beauftragten **Schriftsatznachlass** nicht gewährt, BSG NJW 2021, 2138,
– wenn das Gericht sich nicht mit Einwendungen der Partei zu einem schriftlichen Gutachten auseinandersetzt und nicht deutlich macht, warum es den Sachverständigen nicht geladen hat, auch wenn die Partei dies nicht beantragt hat, Brdbg BeckRS 2021, 2223,
– wenn Aussagen Dritter, die ein Sachverständiger in seinem Gutachten lediglich zitiert, ohne sie zu werten, zur Grundlage der Entscheidung gemacht werden, obwohl die Parteien sich diese Aussagen Dritter nicht (hilfsweise) zu eigen machen BGH NJW 2020, 934; → § 138 Rn. 17 (zu eigen machen).
– zur Frage eines Sachverständigengutachten im Zusammenhang mit der Anhörung des Betroffenen im FamFG-Verfahren: → „Betreuungsverfahren", → „Kindschaftssachen", → „Unterbringungsverfahren".

Schiedsverfahren: Der Grundsatz des rechtlichen Gehörs gilt auch im Schiedsverfahren, BGH SchiedsVZ 2020, 46 und 94; → § 1042 Rn. 5; → § 1059 Rn. 22, 28 und § 1060 Rn. 19, je „Rechtliches Gehör".

Schriftsatz: Wird ein fristgerecht eingereichter Schriftsatz versehentlich nicht berücksichtigt, ist das rechtliche Gehör verletzt, BGH NJW-RR 2022, 286 Rn. 5. Wurde ein **Schriftsatznachlass** nach § 283 gewährt, ist das Gericht verpflichtet, den fristgerecht eingereichten Schriftsatz bei seiner Entscheidung zu berücksichtigen und gegebenenfalls die mündliche Verhandlung wieder zu eröffnen, BGH NJW 2021, 921 Rn. 11; BeckRS 2019, 36246 = NJW-RR 2020, 284; → § 283 Rn. 16. Das setzt allerdings voraus, dass der Schriftsatz bei Gericht eingegangen ist; allein der Umstand, dass der ProzBev. den Schriftsatz rechtzeitig zur Post gegeben hat, reicht für die Verletzung des rechtlichen Gehörs nicht aus; dies kann aber für einen Wiedereinsetzungsantrages von Bedeutung sein, BGH NJW-RR 2022, 995 Rn. 10; → Vor § 284 Rn. 40 „Zugang von Schriftstücken" (zur Frage des Anscheinbeweises). → „Fristen". Erteilt das Gericht einen Hinweis in der mündlichen Verhandlung, muss es der Partei genügend Gelegenheit zur Reaktion hierauf geben, und bei einem Antrag nach § 139 V einen Schriftsatznachlass gewähren bzw. vertagen oder ins schriftliche Verfahren gehen, BGH NJW-RR 2021, 249. Zum Schriftsatznachlass nach Anhörung der Sachverständigen → „Sachverständigengutachten".

Substantiierung des Parteivortrages: Die Nichtberücksichtigung von Parteivortrag wegen mangelnder Substantiierung oder nicht ausreichenden Bestreitens verletzt Art. 103 I GG, wenn dies in offenkundig unrichtiger Weise geschieht, so wenn Substantiierungsanforderungen offenkundig überspannt werden, BGH NJW-RR 2022, 775; 2021, 147 (Mängel bei Dachabdeckung); 2020, 1320 (Eisenbahnunfall); 2020, 593 (Nichtberücksichtigung von einfachem Bestreiten); BGH BeckRS 2020, 17823 = NJOZ 2021, 456 (Anforderungen an das Bestreiten); NJW 2022, 935 (Dieselskandal, Folgeschäden durch Software-Update); 2021, 398 (überhöhte Anforderungen zu medizinischen Fragen im Produkthaftungsprozess); NJW 2019, 346 (Nichtberücksichtigung von Klägervortrag). Dasselbe gilt, wenn das Gericht wegen überspannter Anforderungen an den Parteivortrag ein Beweisangebot nicht berücksichtigt, BGH BeckRS 2022, 1468 (Dieselskandal); NJW-RR 2022, 86; 2021, 1093; Mü GRUR-RR 2021, 525 Rn. 35 (Abgrenzung zur Ausforschung); BAG NZA 2022, 944 = NJW 2022, 1558; → Vor § 284 Rn. 53 f.; → „Beweisantrag", oder das Gutachten dem Betroffenen nicht rechtzeitig vor der Anhörung bekannt gibt, BGH NJW-RR 2021, 1009. Ein Verstoß gegen Art. 103 liegt auch vor, wenn das Gericht einen Vortrag wegen mangelnder Substantiierung nicht berücksichtigt, ohne vorher einen nach § 139 erforderlichen Hinweis gegeben zu haben, Brdb BeckRS 2020, 1644 Rn. 11–12; → § 139 Rn. 29.

Terminverlegung: Aus dem Grundsatz des rechtlichen Gehörs und dem Recht auf Teilnahme an einer mündlichen Verhandlung, → Rn. 46, folgt, dass grundsätzlich eine Pflicht des Gerichts zur Terminverlegung besteht, wenn ein erheblicher Grund dafür vorliegt und diese ordnungsgemäß beantragt wird, BVerfG NJW 2021, 3384 Rn. 9–10; BSG NJW 2020, 423. Nicht ausreichend für eine Terminverlegung wegen einer Infektionsgefahr **(Corona)** ist der pauschale Hinweis, nur ein „absolutes Kontaktverbot" könne die Infektion verhindern; vielmehr muss sich der Antragsteller in tatsächlicher Hinsicht mit den von dem zuständigen Gericht angebotenen Schutzmaßnahmen auseinander setzen, BVerfG BeckRS 2020, 4107; 2020, 3985 (Hauptverhandlung). Die Gründe für die Terminverlegung müssen im Antrag detailliert vorgetragen werden; geschieht dies nicht, besteht grundsätzlich eine Hinweispflicht, BVerfG NJW 2021, 3384.

Überraschungsentscheidung: → „Rechtsansichten"; → Einl. II Rn. 23; → § 139 Rn. 29, 51 ff., 64 „Überraschungsentscheidung".

Unterbringungsverfahren: Wegen der besonderen Bedeutung der persönlichen Anhörung des Betroffenen im Unterbringungsverfahren, auch in der Beschwerde, kann eine solche vor Genehmigung einer Unterbringungsmaßnahme nur in eng begrenzten Ausnahmefällen im Wege der Rechtshilfe erfolgen (§ 319 IV FamFG); die Gründe sind in nachvollziehbarer Weise in der Entscheidung darzulegen, BGH NJW 2020, 2728; LG Freiburg NJW 2020, 2122 (auch zur Frage der persönlichen Anhörung in der Corona-Krise); Dodegge NJW 2020, 2683 Rn. 13; → „Betreuungsverfahren". Wird dem Betroffenen ein für die Entscheidung maßgebliches Gutachten nicht oder nicht rechtzeitig vor der Anhörung bekannt gegeben oder wird er entgegen § 319 I 1 FamFG nicht persönlich angehört, liegt ein schwerwiegender Verfahrensmangel vor, der auch nach Erledigung der Unterbringungssache durch Zeitablauf die Feststellung nach § 62 I FamFG rechtfertigt; allerdings ist eine erneute Anhörung nicht erforderlich, wenn das Gutachten ohne neue Tatsachen ergänzt wird, BGH NJW-RR 2022, 865; 2021, 1230 und 1009; NJW 2021, 1590. Die Verletzung des rechtlichen Gehörs kann nicht durch eine Anhörung im Abhilfeverfahren geheilt werden, sondern nur dadurch, dass das Beschwerdegericht eine eigene Anhörung durchführt, BGH NJW 2022, 2189 Rn. 7 ff.; BeckRS 2022, 1078 = NZFam 2022, 426 mAnm Gietl; NZFam 2021, 1078. Eine erneute Anhörung ist bei einer neuen Tatsachengrundlage im Gutachten grundsätzlich erforderlich, BGH NZFam 2021, 851; NJW-RR 2021, 1369. Auch wenn das Gericht die Betreuung ablehnen will, jedoch der Entscheidung das Gutachten als Tatsachengrundlage zugrunde zu legen beabsichtigt, muss es den Betroffenen anhören, BGH NZFam 2021, 802.

Verfahrenspfleger: → „Betreuungsverfahren".

Vieraugengespräch: → Rn. 45; → „Anhörung/Parteivernehmung von Amtswegen".

Waffengleichheit: → Rn. 45; → „Einstweilige Verfügung".

Wiedereinsetzung in den vorigen Stand: Dieses Rechtsinstitut dient in besonderer Weise dazu, den Rechtsschutz und das rechtliche Gehör zu garantieren; werden die von der Partei vorgetragenen Gründe mit unzutreffenden Erwägungen übergangen, ist das rechtliche Gehör verletzt, BGH NJW 2021, 1467 (ausreichende Ausgangskontrolle im RA-Büro bei Übersendung per Telefax). Ein Verstoß gegen den Grundsatz des fairen Verfahrens kann angenommen werden, wenn eine unrichtige Rechtsmittelbelehrung erteilt wurde, das Gericht aber keine Wiedereinsetzung gewährt, obwohl der RA auf die Richtigkeit der Belehrung vertrauen durfte; der Anspruch der Beteiligten auf ein faires Verfahren aus Art. 2 I GG iVm dem Rechtsstaatsprinzip untersagt dem Gericht, aus eigenen oder ihm zurechenbaren Fehlern, Versäumnissen oder Unklarheiten Verfahrensnachteile für die Beteiligten abzuleiten, BVerfG NJW 2021, 915 Rn. 29 ff., 38; → § 234 Rn. 13 „Gerichtsfehler". Schenkt das Gericht einer zur Glaubhaftmachung vorgelegten anwaltlichen Versicherung keinen Glauben, muss es darauf hinweisen und Gelegenheit zum Zeugenbeweis geben, BGH BeckRS 2022, 2221. Scheitert der fristwahrende Eingang eines Schriftsatzes aus nicht zu vertretenen Gründen bei einem zulässigen Übermittlungsweg und hält das mit der Wiedereinsetzung befasste Gericht einen anderen Übermittlungsweg für zumutbar, muss es vor der Entscheidung darauf hinweisen., BGH NJW-RR 2022, 853.

VII. Prozesshandlung

Schrifttum: Jacoby, Der Musterprozeßvertrag, 2000; Wagner, Prozeßverträge, Privatautonomie im Verfahrensrecht, 2000.

1. Begriff und Arten. Prozesshandlung im **weiteren Sinn** ist eine auf die Prozessentwicklung gerichtete 54
Handlung des Gerichts, BGH NJW 1997, 1777 (Zugang maßgeblich für eine Prozesshandlung des Gerichts nach § 204 II 3 BGB – ehemals § 211 II BGB aF), einer Partei gegenüber einer Partei, auch Parteiprozesshandlung genannt, oder gegenüber dem Gericht. Zur Prozessentwicklung gehören die Einleitung, die Führung und die Beendigung des Prozesses. Zu den Handlungen gehören auch solche Unterlassungen, bei denen die Handlungen mit dem Willen der Parteien unterbleiben, wie zB die Nichterhebung einer Prozessrüge, etwa nach § 1032 I. Den Handlungen der Parteien stehen nach §§ 51 II, 85 II, 90 diejenigen ihrer gesetzlichen Vertreter, ProzBev, Beistände und Nebenintervenienten gleich, Thomas/Putzo/Seiler Einl. III Rn. 3 ff. Wirkt sich eine Prozesshandlung der Parteien erst bei Tätigwerden des Gerichts auf den Prozess aus, spricht man von **Erwirkungshandlung,** BGH NJW 2015, 2425, Rn. 28. Hierzu gehören zB Anträge, Tatsachenbehauptungen und Beweisführungen, MüKoZPO/Rauscher Einl. Rn. 445. Demgegenüber beeinflussen **Bewirkungshandlungen** der Parteien, wie zB die Klagerücknahme, den Prozess unmittelbar, MüKoZPO/Rauscher Einl. Rn. 444; Musielak/Voit/Musielak Einl. Rn. 61; Prütting/Gehrlein/Prütting Einl. Rn. 53. Diese Unterscheidung ist nicht rein theoretischer Natur, sondern hat Bedeutung für die Wirksamkeit, Widerruflichkeit und die Folgen einer Fehlerhaftigkeit, Schlesw NJW 2018, 638; MüKoZPO/Rauscher Einl. Rn. 444; → Rn. 62 (Bedingungsfeinsdlichkeit). Die Bewirkungshandlungen der Parteien werden auch mit Prozesshandlungen im engeren oder mit Parteiprozesshandlungen bezeichnet.

Prozesshandlungen werden auch in reale Handlungen oder Realakte, BGH NJW 1983, 123, oder in Willens- 55
erklärungen und Wissenserklärungen eingeteilt. Diese Unterscheidungen haben grundsätzlich keine praktische Bedeutung. Eine reale Handlung, zB die Einreichung eines Schriftsatzes nach §§ 129, 130, gibt auch einen Willen kund. Auch die Einteilung in Prozessrechtsgeschäfte und Prozessrechtshandlungen führt in der Praxis kaum weiter. Ein rein materiell-rechtliches Rechtsgeschäft ist keine Prozesshandlung; jedoch kann in einer Prozesshandlung auch ein materiell-rechtliches Rechtsgeschäft liegen, wie zB beim Prozessvergleich oder bei der im Prozess erklärten Aufrechnung, Thomas/Putzo/Seiler Einl. III Rn. 5. Ein Prozessvergleich hat eine Doppelnatur; er regelt materiell-rechtliche Beziehungen zwischen den Parteien und hat gleichzeitig unmittelbaren Einfluss auf das Prozessrechtsverhältnis zwischen den Parteien, BGH NJW 2005, 3576; BAG NZA 2012, 1244; MüKoZPO/Rauscher Einl. Rn. 465; → § 278 Rn. 13.

2. Abgrenzung zum Prozessvertrag und zur Prozessvereinbarung. Von der einseitigen Prozesshand- 56
lung zu unterscheiden ist die Vereinbarung der Parteien über prozessuale Beziehungen; soweit sie unmittelbar prozessuale Wirkungen entfalten, werden sie als Prozessvertrag oder auch als Prozessrechtsvertrag bezeichnet, BGH NJW 1986, 1438; MüKoZPO/Rauscher Einl. Rn. 464; Musielak/Voit/Musielak Einl. Rn. 66; Musielak/

Voit/Heinrich § 38 Rn. 3; Prütting/Gehrlein/Prütting Einl. Rn. 54; Thomas/Putzo/Seiler Einl. III Rn. 6; Zöller/Greger Vor § 128 Rn. 26 ff. Beispiele für einen Prozessvertrag sind ua Gerichtsstandvereinbarung (Prorogationsvertrag – § 38), die Schiedsvereinbarung (§ 1029), → Rn. 58 und der Mediationsvertrag. Von den Prozessverträgen zu unterscheiden sind wiederum Vereinbarungen, durch die die Parteien sich zu einem bestimmten Prozessverhalten verpflichten; diese Vereinbarungen, die schuldrechtlicher Natur sind, werden als Prozessvereinbarungen bezeichnet, BGH NJW-RR 2006, 632; Zöller/Greger Rn. 26.

57 Auf die Terminologie kommt es aus unserer Sicht nicht entscheidend an, da die Voraussetzungen und Wirkungen sowohl für Prozessverträge als auch für Prozessvereinbarungen einheitlich beurteilt werden. Anerkannt ist, dass eine Vereinbarung der Parteien über prozessuale Beziehungen unzulässig ist und keine Wirkungen entfaltet, wenn sie in die Justizhoheit oder in gesetzlich geregelte Tätigkeiten der Staatsorgane eingreift, MüKoZPO/Rauscher Einl. Rn. 468 ff.. Wirksam sind sie grundsätzlich, soweit die Parteien auf die Einhaltung von Verfahrensregeln verzichten können; das folgt indirekt aus § 295 II, Diekmann NJW 2021, 605 (606). Für das Zustandekommen einer solchen Vereinbarung sind die Vorschriften des BGB maßgeblich, während sich deren Wirkungen nach dem Prozessrecht richten; soweit die Vereinbarungen im anhängigen Rechtsstreit getroffen werden und unmittelbare Auswirkungen haben, müssen die Parteien wie bei Prozesshandlungen partei-, prozess- und postulationsfähig sein bzw. sich durch einen RA vertreten lassen, Musielak/Voit/Musielak Einl. Rn. 66; Zöller/Greger Rn. 28; → Rn. 59. Im Übrigen unterliegt die Vereinbarung zwischen den Parteien auch im Anwaltsprozess keinem Anwaltszwang, BGH NJW-RR 1987, 307.

3. Beispiele zum „Prozessvertrag/Prozessvereinbarung"

58 **Begründungsverzicht:** Zulässig ist die Prozessvereinbarung zwischen den Parteien nach § 313a I 2, gegenüber dem Gericht auf dessen Begründung seiner Entscheidung zu verzichten, wenn ein Rechtsmittel unzweifelhaft nicht gegeben ist; ohne Verzicht bedarf es der Entscheidungsgründe in einem solchen Fall nicht, wenn ihr wesentlicher Inhalt in das Protokoll aufgenommen wurde,; eine Ausnahme bildet § 313a IV; Entsprechendes gilt für Beschlüsse, Thomas/Putzo/Seiler § 313a Rn. 1. Die Verzichtserklärung gegenüber dem Gericht ist dagegen eine Prozesshandlung.

Beweiswürdigung: Unzulässig ist eine Vereinbarung über die freie richterlichen Beweiswürdigung nach § 286 oder über das Beweismaß, → § 286 Rn. 31.

Commercial Courts: → „Verfahrensregeln".

Geständnis: Dies kann sich auch aus einem Prozessvertrag ergeben, BGH NJW 2001, 2550 (2551); 1999, 579, 580.

Gerichtsstandvereinbarung: Zulässig unter den Voraussetzungen des §§ 38–40

Klagerücknahme/Rechtsmittelrücknahme: Zulässig ist die Vereinbarung einer Klagerücknahme nach § 269, → § 269 Rn. 13, 37 (zu § 269 III 2 aE), oder einer Rechtsmittelrücknahme nach § 516, BGH NJW-RR 1987, 307.

Klageverzicht: Zulässig ist ein vereinbarter Verzicht auf eine Klagemöglichkeit, BGH FamRZ 1982, 784; BAG BB 1985, 1071 (Ausgleichsquittung).

Mediationsvertrag: Zulässig ist ein solcher Vertrag mit einer Vertraulichkeitsklausel, Eckardt/Dendorfer MDR 2001, 790; Wagner NJW 2001, 1498; → § 278 Rn. 39; → § 278a Rn. 15.

Rechtsmittelrücknahme: → „Klagerücknahme".

Rechtsmittelverzicht: → „Klagerücknahme".

Schiedsvereinbarung: Zulässig ist eine solche Vereinbarung, mit der die Vertragspartner vereinbaren, dass bestimmte zivilrechtliche Streitigkeiten nicht durch ein Gericht, sondern durch ein neutrales und unabhängiges Schiedsgericht endgültig und verbindlich entschieden werden, BGH NJW-RR 2018, 1402; → § 1029 Rn. 5, 16. Dabei handelt es sich um einen Prozessvertrag, da er mit dem Ausschluss der staatlichen Gerichtsbarkeit den Justizgewährungsanspruch betrifft; ob die Schiedsvereinbarung ausschließlich ein Prozessvertrag ist, ist umstritten, kann nach unserer Auffassung aber offen bleiben, → § 1029 Rn. 16 f. (zur Rechtsnatur im Einzelnen).

Sprungrevision: Zulässig ist die Vereinbarung, dass der Verlierer statt der Berufung nur eine Sprungrevision nach § 566 einlegen darf, BGH NJW 1986, 198.

Teilentscheidung: Haben die Vertragsparteien sich verpflichtet, ihre weitere Vertragsgestaltung an einer entsprechenden beantragten Teilentscheidung auszurichten, ist aufgrund dieser Prozessvereinbarung eine darüber hinausgehende Klage unzulässig, BGH NJW-RR 2006, 632 (Belastungsausgleich nach dem Erneuerbare Energien-Gesetz).

Verfahrensregeln: Soweit die Parteien auf die Einhaltung von Verfahrensregeln verzichten können, sind auch Prozessvereinbarungen über eine Modifizierung grundsätzlich zulässig, Diekmann NJW 2021, 605 (606). Das ergibt sich indirekt aus § 295 II. Diese Diskussion spielt bei der Einführung von Commercials Courts eine nicht unwesentliche Rolle, Diekmann NJW 2021, 605 (606); → § 139 Rn. 49.

59 **4. Form- und Auslegungsfragen zur Prozesshandlung.** Die Prozesshandlungen sind nach dem (dt.) Prozessrecht und nicht (allein) nach den Vorschriften des bürgerlichen Rechts zu beurteilen, Zöller/Greger Rn. 15. Die Prozesshandlungsvoraussetzungen müssen vorliegen, dh die Partei-, Prozess- und Postulationsfähigkeit, bei einer Vertretung auch die Vertretungsmacht; im Anwaltsprozess kann nur der RA wirksame Prozesshandlungen vornehmen, BGH BeckRS 2019, 24106; NJW-RR 2010,67; Zöller/Greger Rn. 16. Das gilt unabhängig davon, wo die Prozesshandlungen erfolgen. Es entscheidet der Zeitpunkt der Vornahme der Prozesshandlung. Prozesshandlungen können schriftlich, elektronisch, mündlich oder zu Protokoll der Geschäftsstelle erfolgen. Dabei sind die Formvorschriften des Prozessrechts, nicht hingegen die des BGB zu beachten. Bestimmende Schriftsätze müssen grundsätzlich unterschrieben sein, BGH BeckRS 2011, 00117; → § 129 Rn. 7 ff., insb. 10; → § 130 Rn. 27 ff. Bei elektronischer Einreichung gelten §§ 130a ff., dh nach § 130a III sind eine qualifizierte Signatur oder eine einfache Signatur sowie ein sicherer Übermittlungsweg erforderlich, → § 130a Rn. 21 ff. Eine Erklärung zu Protokoll der Geschäftsstelle (§ 129a) ersetzt in manchen Fällen eine etwa notwendige Schriftform, so nach §§ 44 I, 129 II, 496, 702. Mündlich ist die Prozesshandlung vorzunehmen, wenn sie in der mündlichen Verhandlung erklärt werden muss. Die Prozesshandlung ist in den meisten Fällen empfangsbedürftig, wobei als Empfänger das Gericht oder/und die Gegenpartei in Betracht kommen, MüKoZPO/Rauscher Einl. Rn. 451; Thomas/Putzo/Seiler Einl. III 12. Bei einem Prozessvergleich kann ein vereinbarter Widerruf sowohl gegenüber dem Gericht als auch gegenüber der gegnerischen Partei erfolgen, wenn keine abweichende Vereinbarung getroffen wurde, BGH NJW 2005,

3576. Grundsätzlich muss die Prozesshandlung zum Prozessvorgang und damit zu den Gerichtsakten gelangen. Oft ist auch eine Zustellung an den Gegner oder jedenfalls eine formlose Mitteilung erforderlich, MüKoZPO/Rauscher Einl. Rn. 453. Die Prozesshandlung kann ausdrücklich oder grundsätzlich konkludent erfolgen, Jena FamRZ 2003, 1843 = BeckRS 2003, 5409. In Einzelfällen knüpft das Gesetz prozessuale Folgen an die Untätigkeit bzw an das Schweigen, wie zB in §§ 39, 43, 138 III, 267, 295.

Bei Unklarheiten ist die Prozesshandlung auszulegen. Die **Auslegung** ist eine rechtliche Wertung des Gerichts, → Rn. 36; dieses muss die Prozesshandlung in jeder Lage des Verfahrens, auch in der Revision, auf ihren Inhalt überprüfen, BVerfG NJW 2014, 291; BGH NJW-RR 2021, 230 Rn. 24 (Klageantrag – Auslegung in der Revision); NJW 2019, 3295; GRUR 2017, 918; BAG NZA 2015, 812. Das gilt auch in der Zwangsvollstreckung, LAG Kiel NZA-RR 2013, 101. Daraus folgt auch, dass der BGH nicht an die Auslegung des Berufungsgerichts gebunden ist, BGH FamRZ 2001, 1704 = BeckRS 2001, 2384. Das Gericht muss den Willen der Partei erforschen, etwa durch eine Befragung nach § 139. Es kommt aber nur derjenige Wille in Betracht, den die Erklärung verkörpert, BGH NJW 2007, 1460 Rn. 11; GRUR 2001, 1036. Maßstab für die Auslegung ist ähnlich wie bei Willenserklärungen nach §§ 133, 157 BGB dasjenige, das durch die Formulierung innerhalb der Auslegungsgrenze liegt sowie das nach den Maßstäben der Rechtsordnung vernünftig ist und der wohlverstandenen Interessenlage entspricht, BVerfG NJW 2014, 291; BGH NJW-RR 2021, 230; NJW 2019, 3295; GRUR 2017, 918; Düss GRUR-RR 2017, 251; BAG NZA 2015, 812; BVerwG NZA-RR 2015, 446. Ein klarer Wortlaut und Sinn sind beachtlich, BGH NJW-RR 2002, 646. 60

Im Einzelfall kommt eine **Umdeutung** einer Prozesshandlung (§ 140 BGB) in Betracht, wenn bei einer unwirksamen Prozesshandlung die Voraussetzungen einer wirksamen anderen erfüllt sind, die Umdeutung dem mutmaßlichen Willen der Partei entspricht und keine schutzwürdigen Interessen des Gegners entgegenstehen, BGH NJW 2007, 1460 Rn. 11 (Klagerücknahme/Erledigungserklärung); NJW-RR 2001, 279; Zöller/Greger Rn. 25. So kann zB ein unzulässiger Rechtsbehelf in einen zulässigen Rechtsbehelf umgedeutet werden, BGH NJW 1983, 2200; BVerwG ZIP 2011, 1870; MüKoZPO/Rauscher Einl. Rn. 461. Ebenso kann die Umdeutung einer nach § 516 unwirksamen Rechtsmittelrücknahme in einen Rechtsmittelverzicht nach § 515, oder die Umdeutung einer unzulässigen Nachforderungsklage in eine nach § 323 zulässige Abänderungsklage in Frage kommen, BGH NJW-RR 2005, 371. Auch eine **Berichtigung** einer Prozesshandlung ist nicht ausgeschlossen, wenn es sich um einen offensichtlichen Irrtum handelt, BGH NJW 2014, 155; BVerwG NVwZ-RR 2005, 739. Doch muss bei einer empfangsbedürftigen Prozesshandlung die Unrichtigkeit dem Empfänger irgendwie erkennbar gewesen sein, BGH NJW 2014, 155 Rn. 30; BVerwG NVwZ-RR 2005, 739. 61

5. Bedingungsfeindlichkeit. Prozesshandlungen dürfen grundsätzlich nicht unter eine Bedingung gestellt werden; ein Verstoß gegen diesen Grundsatz hat im Allgemeinen zur Folge, dass die Handlung als unwirksam oder unzulässig anzusehen ist, BGH NJW-RR 2020, 246 Rn. 21 (Einreichung von Dokumenten); 2017, 1145; → Rn. 63 „Vertraulichkeitsvorbehalt für Aktenbestandteile". Insbesondere verträgt eine Prozesshandlung keinen Schwebezustand, wenn es um die Einleitung oder Beendigung eines Prozesses oder einer Instanz geht, BVerwG NJW 2006, 2648; Karlsr NJW 2010, 621.. Die Bedingungsfeindlichkeit gilt nicht bei **innerprozessualen Erwirkungshandlungen,** die dieselben Parteien betreffen, weil insoweit durch Entscheidungen des Gericht während desselben Prozesses Klarheit geschaffen wird und deshalb kein Schwebezustand für den Prozess zu befürchten ist, Hamm BeckRS 2013, 15962; MüKoZPO/Rauscher Einl. Rn. 454; Thomas/Putzo/Seiler Einl. III Rn. 14; Zöller/Greger Vor § 128 Rn. 20; → Rn. 4 (zur Bedingungsfeindlichkeit eines Prozessrechtsverhältnisses); → Rn. 63 „Hilfsantrag", „Hilfsaufrechnung". Bewirkungshandlungen beeinflussen hingegen den Prozess unmittelbar, und können deshalb auch nicht von einer innerprozessualen Bedingung abhängig gemacht werden, BGH NJW-RR 2008, 85; MüKoZPO/Rauscher Einl. Rn. 454; → § 253 Rn. 15; → Rn. 54 (Begriff der Er- und Bewirkungshandlungen). So ist es nicht zulässig, die Klage unter der Bedingung zu erheben, dass dem Kläger Prozesskostenhilfe gewährt wird, MüKoZPO/Rauscher Einl. Rn. 454; → § 253 Rn. 15 ff. Bei **Anschlussrechtsmitteln** ist die innerprozessuale Bedingung, dass der Antrag derselben Partei in Bezug auf das Rechtsmittel des Gegners keinen Erfolg hat, zulässig; unzulässig ist hingegen die Bedingung, die sich auf ein anderes Rechtsverhältnis bezieht, auch wenn beide in einem Rechtsstreit zusammengefasst sind, BGH BeckRS 2021, 10633 Rn. 16 ff.; → Rn. 63 „Anschlussberufung" 62

6. Beispiele zur Bedingungsfeindlichkeit von Prozesshandlungen

Anerkenntnis: Die Klageerhebung unter der Bedingung, dass der Bekl. anerkennt, ist unzulässig, MüKoZPO/Becker-Eberhard § 253 Rn. 17. 63

Anschlussberufung: Diese nach § 524 kann auch bedingt eingelegt werden, so zB unter der Bedingung, dass den Antrag in der Hauptsache, die Berufung des Gegners zu verwerfen oder zurückzuweisen, nicht entsprochen wird; BGH BeckRS 2021, 10633 Rn. 16; NJW-RR 1989, 1099. Unzulässig ist hingegen, wenn die Bedingung ein anderes selbständiges Prozessrechtsverhältnis betrifft, auch wenn dieses in einem Rechtsstreit zusammengefasst ist, so zB, wenn ein klagender Streitgenosse die Anschlussberufung unter der Bedingung einlegt, dass die Klage des anderen abgewiesen wird; dasselbe gilt für die Anschlussberufung unter der Bedingung, dass die Hauptberufung des Gegners Erfolg hat, BGH BeckRS 2021, 10633 Rn. 17 f.; → Rn. 62.

Beitritt zum Verfahren: Unzulässig ist der bedingte Beitritt zu einem Verfahren, Karlsr NJW 2010, 621 (Beweisverfahren).

Berufung: Unstatthaft ist eine nur bedingte Berufung nach §§ 511 ff. Das gilt auch bei einer Berufung für den Fall der Unzulässigkeit einer gleichzeitig eingelegten sofortigen Beschwerde nach §§ 567 ff.; möglicherweise hilft aber eine Auslegung, welches Rechtsmittel gewollt ist → Rn. 60, 61 (allgemein zur Auslegung).

Dritter: Nicht zulässig ist, eine weitere Person hilfsweise zu verklagen; unzulässig ist auch, dass ein Dritter hilfsweise dem Rechtsstreit beitritt, BGH NJW-RR 2004, 640; Karlsr NJW 2010, 621 (Beweisverfahren); → § 260 Rn. 9; „Hilfsantrag"; → § 263 Rn. 25 (bedingter Parteiwechsel). Die Bedingung für eine Klageerhebung, dass ein Dritter zustimmt, ist unzulässig, MüKoZPO/Becker-Eberhard § 253 Rn. 17.

Hilfsantrag: Der echte H. steht unter der auflösenden Bedingung, dass die Klage mit dem Hauptantrag Erfolg hat; es handelt sich um eine zulässige innerprozessuale Bedingung, BGH NJW 2015, 1609; 2014, 920; → § 260 Rn. 9–17. Der unechte H. ist ebenfalls zulässig; er steht unter der Bedingung, dass der Hauptantrag Erfolg hat; hier wirkt sich das Alternativverhältnis erst in der Zwangsvollstreckung aus, → § 255 Rn. 10 ff. Zur hilfsweisen Klageerhebung gegen oder durch einen Dritten „Dritter". Auch Prozessanträge können, soweit es sich um

Erwirkungshandlungen handelt, → Rn. 54, hilfsweise gestellt werden, zB ein Antrag auf Verweisung an das zuständige Gericht, BGH NJW-RR 2017, 525 Rn. 16; 2012, 503 Rn. 14; → § 281 Rn. 9.

Hilfsaufrechnung: Statthaft ist, dass der Bekl. im Rechtsstreit die Aufrechnung unter der Bedingung geltend macht, dass seine übrige Verteidigung keinen Erfolg hat, MüKoZPO/Rauscher Einl. Rn. 455; Zöller/Greger § 145 Rn. 13. Die Aufrechnung im Prozess ist nicht nur eine materiell-rechtliche Erklärung, sondern zugleich wegen der Wirkung des § 322 II eine Prozesshandlung; bei der genannten Bedingung handelt es sich aber um eine innerprozessuale, da das Bestehen der Klageforderung ohne die Aufrechnung feststeht.

Hilfsvorbringen: Zulässig ist, dass der Kläger sein Hilfsvorbringen, das dem Hauptvorbringen widerspricht, unter die innerprozessuale Bedingung stellt, dass die Klage mit seinem Hauptvorbringen ohne Beweisaufnahme keinen Erfolg hat; sind Haupt- und Hilfsvorbringen schlüssig und verteidigt sich der Bekl. erheblich nur zum Hauptvorbringen, kann der Klage ohne Beweisaufnahme stattgegeben werden, und zwar alternativ auf der Grundlage beider Sachverhaltsvarianten, BGH NJW 2018, 2412; BeckRS 2019, 15717 = NZG 2019, 1181; → § 138 Rn. 17 ff.

Klage: Unstatthaft ist grds. eine nur bedingte Klageerhebung nach § 253, BGH NJOZ 2007, 5605; MüKoZPO/Becker-Eberhard § 253 Rn. 17; → § 253 Rn. 15; → „Hilfsantrag“. Das gilt vor allem bei der Frage, wer Partei sein soll, → „Dritter“. Zum PKH-Antrag und gleichzeitiger Klageeinreichung „Prozesskostenhilfe“.

Klagerücknahme: Unstatthaft ist eine nur bedingte Klagerücknahme, → § 269 Rn. 22.

Nebenintervention: „Streithilfe“.

Prozesskostenhilfe: Nicht zulässig ist, die Klage unter der Bedingung zu erheben, dass PKH bewilligt wird, → Rn. 62. Zur Bedeutung der gleichzeitigen Einreichung eines PKH-Antrages und einer Klageschrift → § 253 Rn. 16, 17.

Scheidungsantrag: Unstatthaft ist ein nur bedingter Scheidungsantrag nach § 133 FamFG, (zum alten Recht) Ffm FamRZ 1978, 432.

Streithilfe: Unstatthaft ist eine nur bedingte Streithilfe nach §§ 66 ff.

Streitverkündung: Unstatthaft ist eine nur bedingte Streitverkündung nach § 72, BGH NJW-RR 1989, 766.

Vertraulichkeitsvorbehalt für Aktenbestandteile: Für die Frage, ob Unterlagen zu den Akten zu nehmen sind, muss grundsätzlich von Anfang an Klarheit bestehen; eine Bedingung ist insoweit unzulässig, BGH NJW-RR 2020, 246 Rn. 21 = GRUR 2020, 327 (offen gelassen, ob die Einreichung von Unterlagen eine Prozesshandlung ist).

Verzicht auf Tatbestand und Entscheidungsgründe: Statthaft ist ein Verzicht nach § 313a II, III unter der Bedingung des Obsiegens oder Unterliegens, weil es sich um eine innerprozessuale Bedingung handelt, Prütting/Gehrlein/Thole § 313a Rn. 4; Stein/Jonas/Althammer § 313a Rn. 11.

Zuständigkeitsfrage: Die Bedingung für einen Verweisungsantrag nach § 281, dass das Gericht sich für zuständig oder unzuständig hält, ist als innerprozessuale Bedingung zulässig, BGH NJW-RR 2017, 525 Rn. 16; 2012, 503; → § 281 Rn. 9; „Hilfsantrag“.

64 **7. Willensmangel.** Willensmängel einer Partei sind bei einer Prozesshandlung unerheblich, soweit nicht ein Widerruf oder Rücktritt zulässig ist, → Rn. 66 f. Die Grundsätze des materiellen Rechts über eine Nichtigkeit oder Anfechtbarkeit sind in diesem Zusammenhang nicht anwendbar, BGH NJW 2007, 1460 Rn. 13; Düss NJW-RR 1999, 1514 (Anfechtbarkeit nach §§ 119, 123 BGB); BSG BeckRS 2019, 14852 (§ 119 BGB); LAG Bln-Brdb BeckRS 2019, 6839. Entsprechendes gilt für Billigkeitserwägungen und den Grundsatz von **Treu und Glauben;** diese Grundsätze, die im materiellen Recht einen Arglist- oder Rechtsmissbrauchseinwand ergeben können, dürfen im Prozess nicht zur Rechtsunsicherheit führen, Karlsr NJW 1975, 1933.. Etwas anderes gilt nur bei Prozessverträgen, soweit sie eine Doppelnatur haben, d. h. sowohl Wirkungen für den Prozess als auch für das materielle Recht entfalten, wie zB der **Prozessvergleich;** insoweit sind die BGB-Regeln über Willensmängel bezüglich des materiellen Teils anwendbar und diese können den prozessrechtlichen Teil über § 139 BGB beeinflussen; das bedeutet, dass der Prozessvergleich nur wirksam ist, wenn sowohl die materiell-rechtlichen Voraussetzungen als auch die prozessualen Anforderungen erfüllt sind, BGH NJW 2015, 2965 Rn. 12; 2005, 3576; BAG NZA 2012, 1244 Rn. 13; MüKoZPO/Rauscher Einl. Rn. 443, 462, 465; → Rn. 68 „Vergleich“; → § 278 Rn. 13.

65 **8. Fehlerhafte Prozesshandlungen und Heilung.** Bei einer fehlerhaften Prozesshandlung ist das darauf beruhende Urteil wirksam, der Fehler kann aber bei Vorliegen der Zulässigkeitsvoraussetzungen mit einem Rechtsmittel überprüft werden, Hamm NJW 2015, 357 Rn. 39. Eine fehlerhafte Prozesshandlung kann aber grundsätzlich geheilt oder neu unter Vermeidung des Fehlers vorgenommen werden, MüKoZPO/Rauscher Einl. Rn. 459. Es kann allerdings die Gefahr bestehen, dass bei einer Neuvornahme Fristen, wie die Rechtsmittelfristen oder die Klagefristen, zB nach § 4 KSchG, nicht eingehalten werden. Handelt es sich bei den fehlerhaften Prozesshandlungen um solche, die verzichtbar sind, tritt Heilung nach § 295 durch **Rügeverzicht** oder Nichtrüge ein. Bei elektronischen Dokumenten kommt bei Eignungsmängeln eine Heilung nach § 130a VI in Betracht, → § 130a Rn. 42. Fehlen die persönlichen Prozesshandlungsvoraussetzungen, → Rn. 59, werden sie durch Genehmigung der handlungsfähigen Person rückwirkend geheilt (vgl. §§ 89, 549 II, 551 IV, 579 I Nr. 4), BGH NJW 1992, 2575; MüKoZPO/Rauscher Einl. Rn. 459. Allerdings tritt keine Heilung bei einer Klageerhebung durch einen beschränkt Geschäftsfähigen ein, da für die Prozessfähigkeit des Vertreters nicht auf § 165 BGB, sondern auf die eigene Prozessfähigkeit abgestellt wird, MüKoZPO/Rauscher Einl. Rn. 459. Eine Rücknahme der Klage ist möglich, wenn diese von einem Vertreter ohne Vertretungsmacht erhoben wurde, LAG Bln-Brdb BeckRS 2019, 6839; MüKoZPO/Rauscher Einl. 459.

66 **9. Widerruf/Rücknahme und Wiederaufnahmegrund.** Das Gesetz sieht an verschiedenen Stellen die Möglichkeit des Widerrufs bzw. einer Rücknahme einer Prozesshandlung vor, wie zB in §§ 290, 269 I, 346, 516 I, 566. Zudem kann der Widerruf eines Prozessvergleichs zulässigerweise vereinbart werden, wobei die Widerrufserklärung mangels anderer Absprachen sowohl gegenüber dem Gericht als auch gegenüber der gegnerischen Partei erfolgen kann, BGH NJW 2005, 3576; → Rn. 59. Darüber hinaus ist eine Bewirkungshandlung, dh eine Prozesshandlung, die sich unmittelbar auf den Prozess auswirkt, → Rn. 54, grundsätzlich unwiderruflich, weil sie keinen Schwebezustand verträgt, BGH JR 1994, 2 (zust. Zeiss); Schlesw NJW 2018, 639; → § 128 Rn. 34. Erwirkungshandlungen, → Rn. 54, hingegen können widerrufen werden, solange noch keine schützenswerte Position des Prozessgegners entstanden ist, BGH BeckRS 2015, 10626 = NJW 2015, 2425; MüKoZPO/

Rauscher Einl. Rn. 457. So darf eine Partei ihr tatsächliches Vorbringen im Prozess regelmäßig ändern, ohne einen Grund angeben zu müssen. Sie muss aber die Wahrheitspflicht nach § 138 I, II beachten, → § 138 Rn. 13ff.

Liegen die Voraussetzungen einer **Restitutionsklage** entsprechend §§ 580 Nr. 4, 581, 586 vor, kann eine fehlerhafte Prozesshandlung widerrufen werden,; ansonsten müsste nämlich erst ein Urteil ergehen und dessen Rechtskraft müsste abgewartet werden, was aber widersinnig ist, BGH JR 1994, 22; BSG BeckRS 2019, 14852; Hamm NJW 2017, 1401; OVG Münster BeckRS 2019, 15223; MüKoZPO/Rauscher Einl. Rn. 463; Zöller/Greger Rn. 24. 67

10. Beispiele zum Widerruf/Rücknahme

Anerkenntnis: Ein solches nach § 307 ist grds. unwiderruflich, es sei denn, es liegt ein Restitutionsgrund nach § 580 vor, BGH NJW 2002, 436 (438;) Hamm NJW 2015, 357 Rn. 39; → Rn. 67. Bei einem Dauerschuldverhältnis ermöglicht auch ein nachträglicher Abänderungsgrund einen Widerruf, wenn die übrigen Voraussetzungen für eine Abänderungsklage gegeben sind, BGH NJW 2002, 436 (438). 68

Aufrechnung: Erklärt eine Partei die Aufrechnung mit einer Gegenforderung, hat dies bei Vorliegen der Voraussetzungen (kein Aufrechnungsverbot/materiell wirksame Aufrechnungserklärung nach § 388 BGB/Aufrechnungslage nach § 387 BGB) nach § 389 BGB das Erlöschen der Forderungen in dem Zeitpunkt zur Folge, in dem sie zur Aufrechnung geeignet einander gegenüber getreten sind; als Geltendmachung eines Verteidigungsmittels stellt die Berufung auf eine Aufrechnung auch eine Prozesshandlung dar, die aufgrund der Parteiherrschaft bis zum Schluss der letzten mündlichen Verhandlung zurückgenommen werden kann, und zwar ohne Zustimmung des Gegners, BGH NJW 2009, 1071 Rn. 12; Anders/Gehle Assessorexamen ZivilR G Rn. 1f.; Thomas/Putzo/Seiler § 145 Rn. 14; Zöller/Greger § 145 Rn. 11. Streitig ist lediglich, ob das Fallenlassen des Aufrechnungseinwandes im Prozess bei einer Prozessaufrechnung, dh bei einer erstmalig im Prozess erklärten Aufrechnung, auch die materiell-rechtlichen Wirkungen des § 389 entfallen lässt, bejahend: BGH NJW 2009, 1071 Rn. 12; NJW-RR 1991, 157; Schlesw NJW-RR 2010, 216; Leichsenring NJW 2013, 2155; Anders/Gehle Assessorexamen ZivilR G Rn. 2; verneinend: Zöller/Greger § 145 Rn. 11c. Wegen der Parteiherrschaft und der Rechtskraftwirkung des § 322 II folgen wir der Meinung der Rspr.

Begründungsverzicht: Unwiderruflich ist grds. ein Verzicht auf Entscheidungsgründe nach § 313a I 2, Ffm NJW 1989, 841.

Geständnis, § 288: Widerruflich ist es unter den Voraussetzungen des § 290; die Vorschrift gilt nur bei einem Geständnis nach § 288, nicht aber bei einem Nichtbestreiten, auch wenn er konkludent erfolgt (§ 138 III) oder einem außergerichtlichen, Thomas/Putzo/Seiler § 290 Rn. 1; → § 138 Rn. 47f.

Insolvenzverfahren: Unwiderruflich ist grds. die Ablehnung der Aufnahme durch den Insolvenzverwalter nach § 85 II InsO, OVG Lüneb NVwZ-RR 2008, 358.

Klagerücknahme: Unwiderruflich ist grds. eine Klagerücknahme nach § 269, → § 269 Rn. 22; BGH NJW-RR 2008, 85 (zur Rücknahme des Rechtsmittels). Bis zur Einwilligung des Bekl. kann sie aber mit dessen Zustimmung zurückgenommen werden, MüKoZPO/Becker-Eberhard § 269 Rn. 18; → § 269 Rn. 22. Grundsätzlich kann ein säumiger notwendiger Streitgenosse die Prozesshandlungen des anderen, die für ihn wirken, widerrufen, da § 62 I keine Strafsanktion enthält, BGH NJW 2016, 716 Rn. 19f.

Rechtsmittelrücknahme: Unwiderruflich ist grds. eine Rechtsmittelrücknahme zB nach §§ 516, 565, BGH NJW-RR 2008, 85; LAG Köln AnwBl 2001, 71 = BeckRS 2000, 41012.

Rechtsmittelverzicht: Unwiderruflich ist grds. ein Verzicht auf ein Rechtsmittel nach §§ 515, 565, BGH FamRZ 1994, 301.

Vergleich: Der Prozessvergleich hat eine Doppelwirkung, dh eine materiell-rechtliche und eine prozessuale, → § 278 Rn. 13 und Rn. 65ff.; ist ein Widerruf vereinbart worden, kann er mangels anderweitiger Vereinbarung durch Widerrufserklärung sowohl gegenüber dem Gericht als auch gegenüber dem Prozessgegner wiederrufen werden; ist keine Widerrufsvereinbarung erfolgt, ist er unwiderruflich; wegen seiner materiell-rechtlichen Wirkung gelten aber die allgemeinen materiellen Regeln zur Anfechtbarkeit und zur Unwirksamkeit im Übrigen; das hat auch prozessuale Auswirkungen, dh Auswirkungen auf den Prozessvergleich als Prozesshandlung, → Rn. 64. Unwiderruflich ist eine wirksame Zustimmung nach § 278 VI, Schlesw NJW 2018, 639; Köln MDR 2016, 547 = BeckRS 2016, 5712; → § 278 Rn. 67.

Verzicht: Unwiderruflich ist grds. ein Verzicht auf den Klaganspruch nach § 306; MüKoZPO/Musielak § 306 Rn. 1; es gelten dieselben Gesichtspunkte wie bei einem → „Anerkenntnis".

Wiederaufnahmegrund: Bei Vorliegen der Voraussetzungen der §§ 580 Nr. 4, 581, 586 ist eine Prozesshandlung widerruflich, → Rn. 67.

VIII. Prozessleitung. 1. Begriff. Die Prozessleitung dient der Vorbereitung der Endentscheidung durch das Gericht und umfasst den gesetz- und zweckmäßigen Verfahrensverlauf, Thomas/Putzo/Seiler § 136 Rn. 1. Eine sichere, sorgfältige und souveräne Prozessleitung durch das Gericht hat für einen sachgemäßen Verlauf des Prozesses die größte Bedeutung,Wassermann DRiZ 1986, 41. Die formelle Prozessleitung nach § 136 umfasst die förmliche Leitung, die Sorge für ein geordnetes Verfahren. Hierher gehören die Aufrechterhaltung der äußeren Ordnung (Sitzungspolizei) nach §§ 176ff. GVG und die Sorge für einen äußerlich geordneten Prozessbetrieb. Dieser umfasst die Terminbestimmung, die Ladung, den Aufruf zur Sache und die Reihenfolge sowie Art der mündlichen Vorträge nach §§ 136 I, II, IV, 137 ZPO, § 28 FamFG; → § 137 Rn. 1, 2; → § 279 Rn. 7ff. (Gang der mündlichen Verhandlung). Zur Prozessleitung gehört ferner die sachliche Leitung, also die Sorge für ein gesetzmäßiges und zweckmäßiges Verfahren, BGH NJW-RR 1986, 1061. Das gilt von der Terminbestimmung nach § 216 über Fristenänderungen etwa nach § 226 III, über eine Entscheidung nach § 227 oder die Bestimmung des Vorbereitenden Einzelrichters nach § 527 bis zur Verkündung des Urteils nach §§ 310, 311. § 140 enthält den Ausdruck „Sachleitung". 69

2. Formelle und materielle Prozessleitung. Die ZPO unterscheidet nicht immer hinreichend zwischen diesen beiden Arten der Prozessleitung. Man kann nur aus dem Zusammenhang einer Vorschrift ersehen, was jeweils gemeint ist. Die beiden Arten der Prozessleitung sind wie folgt zu unterscheiden: Während die formelle Prozessleitung die äußere Ordnung des Prozesses sicherstellen soll, umfasst die materielle Prozessleitung die inhaltliche Ausgestaltung des Prozesses, so die Beschaffung des Prozessstoffs, soweit das Gericht zB nach §§ 139, 273 bei seiner Beschaffung durch Hinweise, Fragen oder Auflagen mitwirken muss, → § 139 Rn. 1, ferner die 70

Erörterung der Sach- und Rechtslage mit den Prozessbevollmächtigten und den Parteien persönlich, § 278 II 2, 3, den jederzeitigen Versuch einer gütlichen Einigung nach § 278 I und die Durchführung der Beweisaufnahme, Musielak/Voit/Stadler § 136 Rn. 2; Prütting/Gehrlein/Prütting § 136 Rn. 5; Thomas/Putzo/Seiler § 136 Rn. 1, 2; → § 136 Rn. 12 ff. Sie bürdet dem Richter eine Verantwortung für die sachgemäße und schnelle Erledigung des Prozesses auf. Der Richter und nicht die Partei ist auch nach dem jetzt geltenden Recht in weitem Umfang der Gestalter des Verfahrens. Zu den wichtigsten Pflichten des Gerichts gehören die Aufklärungs- und Fragepflicht nach § 139. Das ist die Pflicht, durch Fragen und Anregungen die Klärung und Vervollständigung des Parteivorbringens herbeizuführen. Ferner gehört hierher der gerichtliche Förderungspflicht, dh die Pflicht, auf eine rasche Prozesserledigung bedacht zu sein; diese ist von der parteilichen Förderungspflicht zu unterscheiden. Die gerichtliche Prozessförderungspflicht folgt aus vielen Vorschriften, wie etwa aus den §§ 141, 251a, 272, 273, 275, 278, 279, 296, 530. Nichts schädigt das Ansehen der Zivilrechtspflege mehr als eine vermeidbare Verzögerung der Prozesserledigung. Allerdings darf die Güte der Bearbeitung dabei nicht leiden, so dass es auf die schnellstmögliche Erledigung bei Beachtung aller Regeln ankommt. Eine besondere Bedeutung kommt in diesem Zusammenhang auch der Abschichtungs- und Strukturierungsmöglichkeit nach § 139 I 3 zu, → § 139 Rn. 42 ff., eine Neuregelung aus dem Jahr 2020, die das Erfordernis des **Verfahrensmanagement** in den Vordergrund rückt und der Relationsmethode, → Vor § 253 Rn. 50 ff., zu einer neuen Renaissance verhilft, → § 139 Rn. 47. § 139 I 3 ist im Zusammenhang mit der Einführung der **E-Akte** und dem Erfordernis einer Modernisierung des Zivilprozesses im Zeitalter der Digitalisierung von besonderer Bedeutung, → Rn. 3; → § 139 Rn. 47; → Einl. I Rn. 9.

Titel 1. Mündliche Verhandlung

128 *Grundsatz der Mündlichkeit; schriftliches Verfahren.* **I Die Parteien verhandeln über den Rechtsstreit vor dem erkennenden Gericht mündlich.**

II [1]Mit Zustimmung der Parteien, die nur bei einer wesentlichen Änderung der Prozesslage widerruflich ist, kann das Gericht eine Entscheidung ohne mündliche Verhandlung treffen. [2]Es bestimmt alsbald den Zeitpunkt, bis zu dem Schriftsätze eingereicht werden können, und den Termin zur Verkündung der Entscheidung. [3]Eine Entscheidung ohne mündliche Verhandlung ist unzulässig, wenn seit der Zustimmung der Parteien mehr als drei Monate verstrichen sind.

III Ist nur noch über die Kosten oder Nebenforderungen zu entscheiden, kann die Entscheidung ohne mündliche Verhandlung ergehen.

IV Entscheidungen des Gerichts, die nicht Urteile sind, können ohne mündliche Verhandlung ergehen, soweit nichts anderes bestimmt ist.

Schrifttum: auf der Heiden, Prozessrecht in Zeiten der Corona-Pandemie, NJW 2020, 1023; Gross, Die Zukunft der mündlichen Verhandlung, FS Krüger, 2017, 383; Rauscher, COVID-19-Pandemie und Zivilprozess, COVuR 2020, 2; Schneider, Entbehrlichkeit mündlicher Verhandlung in Familiensachen, NZFam 2020, 271.

Übersicht

1 **I. Systematik.** § 128 enthält mehrere Verfahrensgrundsätze, so den Grundsatz der **Mündlichkeit,** der mit dem Grundsatz der **Öffentlichkeit** nach §§ 169 ff. GVG korrespondiert, BVerfG NJW 2022, 2677 (Fall „Pechstein"); auf der Heiden NJW 2020, 1023 (zur Frage des Ausschlusses der Öffentlichkeit in der Corona-Krise); → Vor § 128 Rn. 31, 46 f. Der Grundsatz der Mündlichkeit wird in II–IV und in §§ 495a S. 1 (Kleinverfahren), 251a I, 307 S. 2, 320 III, 341 II eingeschränkt. Wie § 272 I, II verdeutlicht, ist auch bei einem schriftlichen Vorverfahren nach § 276 genauso wie beim frühen ersten Termin nach § 275 eine mündliche Verhandlung vorgesehen; jedoch gilt beim schriftlichen Vorverfahren die Sonderreglung gemäß § 331 III, soweit der Bekl. nicht innerhalb der Frist seine Verteidigungsbereitschaft angezeigt hat, → § 331 Rn. 18. Wie IV verdeutlicht, gilt der Mündlichkeitsgrundsatz grundsätzlich für alle Entscheidungen, die durch **Urteil** ergehen, darüber hinaus in den gesetzlich vorgeschriebenen Fällen auch für Beschlüsse, wie zB nach § 1063 II, → § 1063 Rn. 4, 7, oder nach § 113 I 1, 2 *FamFG in Ehe*- und Familienstreitigkeiten Thomas/Putzo/Seiler Rn. 5; Thomas/Putzo/Hüßtege § 113 FamFG Rn. 2a; → Rn. 8 zu § 32 FamFG. Zur Durchführung der mündlichen Verhandlung im einstweiligen Rechtsschutz und damit zur Entscheidung durch Urteil (§§ 922 I 1, 936, 937 II) im Zusammenhang mit dem rechtlichen Gehör → Vor § 128 Rn. 53 „Einstweilige Verfügung"; → § 922 Rn. 3, 4; → § 937 Rn. 7.

§ 128 I enthält ferner den Grundsatz der **Unmittelbarkeit,** → Vor § 128 Rn. 30. Unmittelbarkeit bedeutet: Die Parteien müssen vor dem erkennenden Gericht selbst verhandeln, nicht vor einem Dritten oder vor einem anderen Gericht, das nur dasjenige übermitteln kann, das vor ihm geschehen ist. Das ergibt sich aus der Regelung des I, die durch § 355 I 1, 2 für die Beweisaufnahme ergänzt wird. Darüber hinaus bestimmt § 309, dass das Urteil nur von denjenigen Richtern gefällt werden kann, die der dem Urteil zugrunde liegenden Verhandlung beigewohnt haben. **§ 128a,** der in der **Corona-Krise** eine besondere Bedeutung erlangt hat, Windau NJW 2020, 2753 („Dunkelnorm"), enthält keine Ausnahme vom Mündlichkeitsgrundsatz, sondern eine Ausnahme vom Unmittelbarkeitsgrundsatz für eine Partei und/oder ihren Prozessbevollmächtigten bei Video- und Ton-Übertragungen, → § 128a Rn. 7. Darüber hinaus gab es nach § 114 ArbGG und § 211 SGG bis 31.12.2020 in der Corona-Krise Ausnahmen für die ehrenamtlichen Richter, → § 128a Rn. 2. 2

II. Regelungszweck. Die Vorschrift dient in beiden unterschiedlichen Bereichen von I einerseits (Mündlichkeit), II–IV andererseits (schriftliches Verfahren) im Grunde denselben Prinzipien, nämlich der Gerechtigkeit und der Prozesswirtschaftlichkeit. Die Vorschrift dient auch dem rechtlichen Gehör nach Art. 103 I GG, BayObLG NZM 2004, 392; → Vor § 128 Rn. 42 ff. (zum rechtlichen Gehör). 3

Zum Teil ergehen vor der mündlichen Verhandlung über einen längeren Zeitraum mehrere prozessleitende Verfügungen. Das kann im Rahmen einer ordnungsgemäßen Prozessleitung erforderlich sein. Für die Parteien und die ProzBev. bietet ein solches Vorgehen möglicherweise einen Zeitgewinn für einen ergänzenden Vortrag. Da nur ein möglichst schneller Prozess mit einer gründlichen und kompetenten Bearbeitung den heutigen Anforderungen an ein rechtsstaatliches Gerichtsverfahren entspricht, sollte das Gericht immer bemüht sein, die vorbereitenden Maßnahmen nach Möglichkeit zu bündeln und zu straffen sowie zu strukturieren. Das setzt eine möglichst frühe umfassende und systematische Prüfung der gesamten Sach- und Rechtslage voraus und spricht grundsätzlich gegen ein stufenweises Bearbeiten. In Überlastungssituationen kann dies bei besonders umfangreichen Verfahren zu Schwierigkeiten führen, die möglicherweise durch die Präsidien der Gerichte aufzufangen sind. Auch kann in diesen Fällen die neue Regelung des § 139 I 3, die eine Abschichtung und Strukturierung ermöglicht, helfen, → § 139 Rn. 42 ff., 47 (auch zur Renaissance der Relationsmethode). 4

III. Geltungsbereich. → Vor § 128 Rn. 3. II setzt voraus, dass grundsätzlich mündlich verhandelt werden muss, → Rn. 6, 26. II 1 ist im Hinblick auf die Widerrufsmöglichkeit bei Einverständnis mit einer Entscheidung durch den Einzelrichter entsprechend anwendbar, BGH BeckRS 2020, 31246. Im Arrestverfahren kann IV eingreifen, wenn das Gericht nach pflichtgemäßem Ermessen ohne mündliche Verhandlung entscheidet (§ 922 I 1); im einstweiligen Verfügungsverfahren ist eine Entscheidung durch Beschluss, wie § 937 II verdeutlicht, die Ausnahme, so dass in der Regel IV nicht einschlägig ist, BGH NJW 2020, 2474 Rn. 1; Musielak/Voit/Stadler Rn. 5; → Rn. 1. Im Schiedsverfahren gilt § 1047, dh in erster Linie ist die Parteivereinbarung und bei Fehlen ein Antrag der Parteien maßgeblich; ansonsten entscheidet darüber das Schiedsgericht, → § 1047 Rn. 3. Im Aufhebungsverfahren nach § 1059 ist die mündliche Verhandlung nach § 1063 II zwingend; dasselbe gilt für das Vollstreckbarkeitsverfahren nach § 1060, wenn Aufhebungsgründe nach § 1059 II in Betracht kommen. Im FamFG gelten § 32 I, II und in Ehe- und Familiensachen über § 113 I 1, 2 FamFG der I, Thomas/Putzo/Hüßtege § 113 FamFG Rn. 2a; Schneider NZFam 2020, 271. Im Urteilsverfahren vor dem ArbG ist II unanwendbar (§ 46 II 2 ArbGG); → Rn. 1. Im Übrigen ist die Vorschrift im arbeitsgerichtlichen Verfahren nach §§ 46 II, 64 VI, 72 V ArbGG anwendbar, ferner nach § 82 I MarkenG im markenrechtlichen Verfahren, BGH GRUR 2003, 547. 5

IV. Mündlichkeit, I. 1. Grundsatz: Notwendigkeit einer Verhandlung. Der Mündlichkeitsgrundsatz bedeutet, dass der Entscheidung grundsätzlich nur der mündliche Parteivortrag zu den Tatsachen und nicht der schriftliche Akteninhalt zugrunde gelegt werden kann und dass alle mündlichen Verhandlungstermine eine Einheit bilden; ohne mündliche Verhandlung darf grundsätzlich nicht entschieden werden, BGH NJW 1997, 397; BAG NJW 1996, 2749; MüKoZPO/Fritsche Rn. 11; → Vor § 128 Rn. 28 f., 46. Nach §§ 128 I, 309 muss der tatsächliche Parteivortrag in der mündlichen Verhandlung vor dem erkennenden Gericht erfolgt sein. Das bedeutet auch, dass bei einem Richterwechsel nach der mündlichen Verhandlung diese zu wiederholen ist, BVerfG NJW 2019, 2919; → Vor § 128 Rn. 53 „Richterwechsel". Allerdings muss der schriftliche Akteninhalt einschließlich der vorgelegten Urkunden nicht vollständig in der mündlichen Verhandlung wiederholt werden; vielmehr ist nach § 137 III eine **Bezugnahme** möglich und im Zweifel auch erfolgt, BGH NJW 1984, 128; → § 137 Rn. 28 ff. Darüber hinaus wirken erfolgte Prozesshandlungen von Parteien und dem Gericht auch bei einem Richterwechsel fort, MüKoZPO/Fritsche Rn. 7; Musielak/Voit/Stadler Rn. 1; → Vor § 128 Rn. 54 ff. (Prozesshandlungen). Der Mündlichkeitsgrundsatz gilt im gesamten Erkenntnisverfahren und muss vor jedem Urteil neu gewahrt werden, also zB auch nach einem Grundurteil nach § 304, BGH NJW 1979, 2307 oder nach einer Zurückverweisung gemäß § 538 II 1 Nr. 1. 6

Grundsätzlich hat in jedem Verfahren nach der ZPO und in jeder Tatsacheninstanz eine mündliche Verhandlung vor dem erkennenden Gericht stattzufinden, → Vor § 128 Rn. 28 f. **Ausnahmen** von dem Mündlichkeitsgrundsatz ergeben sich nach §§ 128 II–IV, 495a und in den Sonderfällen zB §§ 307 S. 2, 331 III, 341 II, in denen auf das schriftliche Vorbringen entschieden werden kann, → Rn. 1. Jedenfalls im Verfahren über die Nichtzulassungsbeschwerde (§ 544) findet § 307 I 2 auch für ein Verzichtsurteil nach § 306 Anwendung, BGH NJW 2022, 790 – offengelassen für Verzichtsurteile im Übrigen. Im Einzelfall ist für die Durchführung einer mündlichen Verhandlung ein Parteiantrag erforderlich, so zB bei § 321 III 1(Urteilsergänzung um einen Hauptanspruch) und bei § 495a S. 2 (Verfahren beim AG, wenn der Streitwert 600 EUR nicht übersteigt). Neben dem Mündlichkeitsgrundsatz sind weitere Verfahrensgrundsätze zu beachten, die mit dem Grundsatz der Mündlichkeit korrespondieren, aber nicht mit ihm identisch sind, wie die Förderungspflicht der Parteien, → Vor § 128 Rn. 14, der Grundsatz der Parteiherrschaft, → Vor § 128 Rn. 20 ff., zu der der Beibringungsgrundsatz (die Verhandlungsmaxime), → Vor § 128 Rn. 21 ff., und der Dispositionsgrundsatz gehören, → Vor § 128 Rn. 26, der Grundsatz des rechtlichen Gehörs, → Vor § 128 Rn. 42 ff., und der Grundsatz der Einheit der mündlichen Verhandlung, → Vor § 128 Rn. 30; Prütting/Gehrlein/Prütting Rn. 6 (allgemein zum Verhältnis zu anderen Verfahrensgrundsätzen). So ergibt sich zwar aus dem rechtlichen Gehör nicht unmittelbar ein Anspruch auf eine mündliche Verhandlung; ist aber eine solche erforderlich, haben die Parteien und ihre Prozessbevollmächtigten das Recht, sich in der mündliche Verhandlung zu äußern, → Vor § 128 Rn. 44. Das rechtliche Gehör kann aber auch durch Gelegenheit zur schriftlichen Äußerung beachtet sein, Zöller/Greger Rn. 1; → Vor § 128 Rn. 42 ff. (zum recht- 7 lichen Gehör und der Mündlichkeit im Einzelnen). Aus dem Mündlichkeitsgrundsatz folgt auch für eine behinderte Partei kein Anspruch auf eine mündliche Verhandlung in Form eines Online-chats, BVerfG NJW 2019, 291.

8 **2. Verhandlung vor dem erkennenden Gericht.** Nach §§ 128 I, 309 ist eine Verhandlung der Parteien vor dem erkennenden Gericht vorgeschrieben, → Vor § 128 Rn. 53 „Richterwechsel". „Verhandlung" ist die Abgabe einer den Prozess betreffenden Erklärung. Die Erklärung kann einseitig, zB auch bei Säumnis des Gegners, oder zweiseitig sein und muss die Hauptsache betreffen, Musielak/Voit/Stadler Rn. 8. Bei einer einseitigen Erklärung verhandelt der Erklärende nur mit dem Gericht, bei einer zweiseitigen verhandelt er außerdem mit seinem Gegner. Die Erklärung kann die Hauptsache, eine Prozessfrage oder eine Vorfrage betreffen. Nach § 184 S. 1 GVG ist in deutscher Sprache zu verhandeln, wobei für dieser Sprache nicht mächtigen Personen ein Dolmetscher zuzuziehen ist, § 185 GVG; bei hör- und sprachgehinderten Personen kann schriftlich oder unter Zuziehung einer Hilfsperson nach § 186 GVG verhandelt werden. Nicht alle Prozesshandlungen, → Vor § 128 Rn. 54 ff., und Erklärungen des Gerichts oder der Parteien während des Prozesses müssen Gegenstand einer mündlichen Verhandlung vor dem erkennenden Gericht sein, sondern nur solche, die Grundlage für das Urteil sind und damit die Hauptsache betreffen, → Rn. 11. Die nach § 278 II 1 vorgeschaltete Güteverhandlung ist keine mündliche Verhandlung iSd I, Musielak/Voit/Stadler Rn. 8. Dasselbe gilt für die Beweisaufnahme und die Verkündung einer Entscheidung, Musielak/Voit/Stadler Rn. 8. Nicht mündlich verhandelt werden muss zB auch über ein Ablehnungsgesuch nach § 46 I oder über ein Prozesskostenhilfegesuch nach § 118 I 3, wobei diese Punkte aber auch in der mündlichen Verhandlung behandelt werden können, Thomas/Putzo/Seiler Rn. 4. Die Beweisaufnahme als solche ist nach §§ 355 ff. keine Verhandlung, wohl aber die Erörterung ihrer Ergebnisse nach §§ 285 I, 370. Das Gericht kann einen Zeugen nach § 373 sogar ohne Zustimmung der Parteien unter den Voraussetzungen des § 377 III zu einer schriftlichen Beantwortung der Beweisfragen veranlassen, um das Verfahren zu beschleunigen. Nicht Gegenstand der mündlichen Verhandlung müssen ferner sein: eine Maßnahme der Prozessleitung, etwa eine Terminbestimmung nach § 216; eine Prozessverbindung nach § 147; eine Aussetzung des Verfahrens nach §§ 148 ff.; ein Zwischenstreit zwischen der einen Partei oder beiden Parteien einerseits und einem Dritten andererseits nach §§ 71, 135, 387; die beidseitigen Erledigungserklärungen der Parteien nach § 91a I 1; eine Verweisung wegen Unzuständigkeit nach § 281 I 1; im FamFG-Verfahren nach § 32 I 1 FamFG, wobei in Familien- und Ehestreitigkeiten § 128 über § 113 I 1 gilt, → Rn. 1.

9 Das **erkennende Gericht** nach § 309 ist der Spruchkörper, der die Entscheidung trifft. Das kann auch der Einzelrichter nach §§ 348 I, 348a, 526, 568 und der Vorsitzende der Kammer für Handelssachen nach § 349 sein. Nicht zum erkennenden Gericht gehören der beauftragte oder der ersuchten Richter nach §§ 361, 362, ferner Maßnahmen des Vorsitzenden außerhalb der Verhandlung, des Rpflegers und des Urkundsbeamten der Geschäftsstelle, des Zustellungsbeamten und Maßnahmen der Justizverwaltung, Thomas/Putzo/Seiler Rn. 4.

10 Die Verhandlung muss zwischen den **Parteien** und dem erkennenden Gericht erfolgen. Zu den Parteien gehören auch: Der Streithelfer nach §§ 66 ff., ein Vertreter der Partei, auch ein gesetzlicher Vertreter nach § 51, ein ProzBev. nach §§ 78 ff., ein Beistand nach § 90. Sie alle unterliegen dem Mündlichkeitsgebot. Teilweise schreibt das Gesetz für einen Zwischenstreit mit Nichtprozessbeteiligten eine mündliche Verhandlung oder eine Entscheidung durch Urteil vor, zB §§ 71 I 1, 135 II, 387, 408 iVm 402, Musielak/Voit/Stadler Rn. 9.

11 **3. Mündlicher Vortrag, Unbeachtlichkeit und Bezugnahme.** Nach § 309 darf Entscheidungsgrundlage im Urteil nur sein, was mündlich vor dem erkennenden Gericht verhandelt wurde, wenn eine mündliche Verhandlung erforderlich ist oder durchgeführt wird, BGH NJW 1997, 397; → Rn. 6. Auf der anderen Seite muss alles, was mündlich vorgetragen wurde, grundsätzlich auch berücksichtigt werden, → Vor § 128 Rn. 42 ff. Das Gericht muss das Vorgetragene selbst dann beachten, wenn seine Auswertung dem Vortragenden Nachteile bringt, BGH NJW 1984, 128. Das Gericht darf dasjenige, das keine Partei vorträgt, allenfalls als einen Erfahrungssatz berücksichtigen, BGH WM 1978, 244 = BeckRS 1977, 31117275; → Vor § 128 Rn. 21 ff. (Beibringungsgrundsatz).

12 Im Einzelfall ist der mündliche Parteivortrag **unbeachtlich;** dann darf er der Entscheidung nicht zugrunde gelegt werden; deshalb muss das Gericht vor der Subsumtion gedanklich immer den Parteivortrag auch in tatsächlicher Hinsicht prüfen, gegebenenfalls einen Hinweis nach § 139 erteilen und Ausführungen zur Unbeachtlichkeit im Urteil machen, Anders/Gehle Assessorexamen ZivilR A Rn. 100, 105, 118; B Rn. 32; → Vor § 128 Rn. 33 ff. Der Parteivortrag ist zB unbeachtlich, wenn er unsubstantiiert ist, → § 138 Rn. 25, wenn kein hinreichendes Bestreiten vorliegt, § 138 Rn. 27 ff., 47 ff., 52 ff., wenn der Vortrag widersprüchlich ist bzw. wenn die Partei gegen die Wahrheitspflicht verstößt, → § 138 Rn. 13 ff. Darüber hinaus kann das Gericht an Entscheidungen außerhalb oder im Rechtsstreit oder an Erklärungen der Partei gebunden sein mit der Folge, dass unabhängig vom mündlichen Tatsachenvortrag der Parteien dasjenige der Entscheidung zugrunde zu legen ist, auf das sich die **Bindungswirkung** erstreckt. Das ist zB der Fall im Umfang der Nebeninterventionswirkung des Vorprozesses nach § 68, bei Vorliegen eines Vorbehaltsurteils nach § 302 oder eines Grundurteils nach § 304, soweit endgültig über entscheidungserhebliche Fragen entschieden wurde und im Berufungsverfahren, soweit das Berufungsgericht nach §§ 513, 529 I Nr. 1 nur die im ersten Rechtszug festgestellten Tatsachen zugrunde legen darf; soweit der Bekl. anerkennt (§ 307) oder der Kläger auf die Klageforderung verzichtet (§ 306), muss das Gericht ohne Wertung der Sach- und Rechtslage entsprechend entscheiden, Anders/Gehle Assessorexamen ZivilR A Rn. 105; → Vor § 128 Rn. 33 ff.

13 Der Grundsatz der Mündlichkeit bedeutet nicht, dass die Parteien in der mündlichen Verhandlung ihre Anträge und ihren gesamten Tatsachenvortrag in freier Rede darstellen und rechtlich bewerten müssen (§ 137 II). Eine ordnungsgemäße mündliche Verhandlung setzt aber voraus, dass die Parteien ordnungsgemäß zum Termin geladen wurden und die Möglichkeit hatten, sich qualifiziert zum Verfahrensgegenstand zu äußern, Brschw NJW 2020, 1819 (zu § 57 S. 2 FamF: „mündliche Erörterung" iSd Vorschrift sei mit „mündlicher Verhandlung" iSd § 54 II FamFG gleichzusetzen); → Vor § 128 Rn. 42 ff. (rechtliches Gehör). Die mündliche Verhandlung beginnt grundsätzlich mit dem Stellen der Sachanträge, → § 137 Rn. 5; erforderlich ist zudem eine Einlassung zur Sache; wenn der RA des Bekl., der über den Prozessstoff nicht informiert ist, lediglich einen Klageabweisungsantrag stellt, liegt keine mündliche Verhandlung vor, Prütting/Gehrlein/Prütting Rn. 8. Da die mündliche Verhandlung beim LG nach § 129 I und üblicherweise auch beim AG (§ 129 II) durch Schriftsätze vorbereitet

wird, kann darauf nach § 137 III auch **Bezug** genommen werden. Umgekehrt können die Parteien sich auch auf Tatsachen, die nicht schriftsätzlich vorgetragen wurden, in der mündlichen Verhandlung berufen, wobei dann die Erklärungsfrist für den Gegner nach § 132 zu beachten und auf Antrag nach § 283 zu verfahren ist, Zöller/Greger Rn. 1. In der Regel ist durch die uneingeschränkte Stellung der angekündigten Anträge der gesamte Akteninhalt einschließlich der Anlagen zu den Schriftsätzen zum Gegenstand der mündlichen Verhandlung gemacht worden, da eine stillschweigende Bezugnahme grundsätzlich genügt, BGH NJW 2019, 1950 (bei Bezugnahme auf Schriftsatz sind im Zweifel alle dort angekündigten Anträge gestellt); 1999, 2123; → § 137 Rn. 11, 30. Eine andere Frage ist, ob eine pauschale oder allgemeine Bezugnahme auf eine als Anlage beigefügte Urkunde für einen substantiierten Vortrag ausreicht oder unbeachtlich ist, → Rn. 12. Ist eine Beweisaufnahme erfolgt, muss nach § 285 zum Sach- und Streitstands und zum Ergebnis der Beweisaufnahme (erneut) verhandelt werden, wobei auch insoweit Bezugnahmen nach § 137 III möglich sind, → § 285 Rn. 8. Wenn die Richter auch nur zum Teil gewechselt haben, muss trotz der Einheit der gesamten Verhandlung wegen § 309 eine neue mündliche Verhandlung stattfinden, → Vor § 128 Rn. 30 und 53 „Richterwechsel"; → Rn. 6.

Manche empfinden die mündliche Verhandlungen als lästiges Übel, vgl. Redeker NJW 2002, 193. Sicherlich ist insbesondere wegen der Bezugnahmemöglichkeit nach § 137 III die mündliche Verhandlung in Zivilsachen für Außenstehende manchmal nicht verständlich. Zwar kommt es nicht in erster Linie auf die Öffentlichkeit, sondern auf die Verständnismöglichkeit der Parteien an. Jedoch sind in der Öffentlichkeit nachvollziehbare Gerichtsentscheidungen gerade in der heutigen Zeit für den Rechtsstaat, insbesondere für die Akzeptanz der Justiz von besonderer Bedeutung. Die mündliche Verhandlung ist zwar kein Selbstzweck und kein Ritual; sie dient vielmehr den Interessen der Parteien und es sollen vermeidbare Verzögerungen vermieden werden. Neben einer effektiven Justiz-Pressearbeit leisten aber auch die Richter mit der Gestaltung der mündlichen Verhandlung in Zivilsachen in der Regel einen guten Beitrag zum Rechtsstaat. 14

4. Verstoß. Ein Verstoß gegen die Grundsätze der Mündlichkeit und Unmittelbarkeit ist ein wesentlicher Verfahrensmangel nach § 538 II 1 Nr. 1, BGH NJW 1990, 838; MüKoZPO/Fritsche Rn. 9. Durch einen solchen Verstoß wird aber ein auf ihm beruhendes Urteil nicht etwa zu einem Scheinurteil. Der Betroffene muss es vielmehr wie jedes andere Urteil mit dem zulässigen Rechtsbehelf anfechten; ist zB die Berufungssumme nicht erreicht, ist die Berufung auch nicht bei einem Verstoß gegen das rechtliche Gehör entsprechend § 513 II zulässig, BGH NJW 1990, 838; → Vor § 128 Rn. 51. Die Grundsätze der Mündlichkeit und Unmittelbarkeit dienen den Belangen der Parteien und II zeigt, dass die Parteien darauf verzichten und ein schriftliches Verfahren vereinbaren können. Es liegt nach § 547 auch kein absoluter Revisionsgrund vor, BAG NJW 1996, 2749. Zur Frage der Entscheidungserheblichkeit des Verstoßes → Vor § 128 Rn. 51 f. (Verstoß gegen den Grundsatz des rechtlichen Gehörs). 15

V. Freigestellte mündliche Verhandlung. 1. Kostenentscheidung, sonstige Nebenforderungen, III. Wenn das Gericht nur noch eine Kostenentscheidung zB nach §§ 91 ff. § 91a I 1, § 269 IV 1, § 516 III 2 treffen muss, kann es nach III zur Erleichterung und Beschleunigung des Verfahrens und zur Begrenzung des Kosten- und Zeitaufwands der Prozessbeteiligten von Amts wegen von einer mündlichen Verhandlung absehen, BGH NJOZ 2021, 173 (zu § 78 GWB – Freigabe eines Zusammenschlusses für Wettbewerber des Zielunternehmens). Das gilt auch zB beim bloßen Kostenwiderspruch im Eilverfahren vorrangig vor § 924 II 2, → § 924 Rn. 12. Soweit die Kostenregelungen eine Entscheidung im Beschlussweg vorschreiben, wie zB §§ 91a I1, 269 IV 1, hat III gegenüber IV keine eigenständige Bedeutung. Der Hauptanwendungsfall ist das Kostenschlussurteil nach einem Teilurteil und anschließender Teilrücknahme oder teilweisen beiderseitigen Erledigungserklärung in Bezug auf den Rest, MüKoZPO/Fritsche Rn. 20. 16

III gilt auch bei Entscheidungen über **sonstige Nebenforderungen.** Für den Begriff der Nebenforderungen ist auf § 4 I zurückzugreifen, dh nicht nur bei Kosten, sondern auch bei Früchten, Nutzungen, Kosten im Übrigen und Zinsen kann ohne mündliche Verhandlung entschieden werden, wenn nur noch eine solche Entscheidung aussteht. Voraussetzung ist, dass es sich dabei um Nebenforderungen handelt. Das ist dann der Fall, wenn die Forderung auf einem eigenen Entstehungsgrund beruht, zur Hauptsache in materiell-rechtlicher Abhängigkeit steht und in selben Rechtsstreit wie die Hauptforderung gegen dieselbe Partei geltend gemacht wird, Zöller/Herget § 4 Rn. 8; Fölsch NJW 2020, 801 (805). Wenn die Nebenforderung dagegen zur Hauptforderung wird, so zB, weil die Klage mit der ursprünglichen Hauptforderung zurückgenommen wird, greift III nicht ein, Fölsch NJW 2020, 801 (805). 17

Das Gericht ist zu einem Verfahren ohne eine mündliche Verhandlung nach III berechtigt, aber keineswegs verpflichtet. Es trifft seine Entscheidung dazu im Rahmen eines pflichtgemäßen Ermessens. Ein Antrag nach III ist zulässig, aber nicht notwendig und jedenfalls auch nicht bindend. Eine Anhörung der Parteien ist nicht notwendig. 18

2. Entscheidung durch Beschluss, IV. a) Allgemeines. IV stellt in Anpassung an §§ 101 III VwGO, 124 III, SGG, 90 II 2 FGO klar, dass grundsätzlich alle Entscheidungen des Gerichts, die nicht Urteile sind, ohne mündliche Verhandlung ergehen können. Das ist der Fall, wenn das erkennende Gericht durch einen Beschluss nach § 329 entscheidet, Karlsr JurBüro 2005, 596. Ferner werden Verfügungen des Gerichts und alle Entscheidungen des beauftragten oder ersuchten Richters sowie des Rechtspflegers erfasst, Thomas/Putzo/Seiler Rn. 12. Ausgenommen sind die Beschlüsse, in denen das Gesetz eine mündliche Verhandlung vorschreibt, zB § 1063 II. Von IV Hs. 2 nicht erfasst wird ein wirksamer Verzicht der Parteien oder des Gesetzes auf eine mündliche Verhandlung im Urteilsverfahren, wie zB nach II, §§ 331 III, 341 I. Dem IV entsprechende Regelungen sind in § 32 I 1 FamFG und in § 90 I 2 FGO, § 124 III SGG und § 101 III VwGO enthalten. Für das arbeitsgerichtliche Verfahren gilt über § 46 II ArbGG auch § 128 IV. 19

b) Antragserfordernis und Ermessen. Die Einleitung des Verfahrens setzt grundsätzlich einen Antrag voraus, falls nicht das Gesetz etwas anderes bestimmt, wie zB in § 319 I. Ein Anwaltszwang besteht für das Gesuch nur dann, wenn keine Erklärung zu Protokoll der Geschäftsstelle nach § 78 III Hs. 2 zulässig ist, also zB insoweit, als das Gericht von der Möglichkeit der mündlichen Verhandlung auch Gebrauch macht. Die Anordnung oder Ablehnung der freigestellten mündlichen Verhandlung erfolgt nach einem zwar pflichtgemäßen, jedoch in der betreffenden Instanz für die Parteien nicht überprüfbaren richterlichen **Ermessen.** Nur im Einzelfall kann eine Ermessenreduzierung auf Null gegeben sein. Im Rahmen des § 522 II 1 Nr. 4 ist ausnahmsweise eine mündliche Verhandlung geboten, wenn eine erforderliche umfassend neue rechtliche Würdigung im schriftlichen Verfahren 20 nicht sachgerecht erörtert werden könnte, KG BeckRS 2019, 36788 Rn. 19 = MDR 2020, 568. Der Antrag kann bis zur Entscheidung zurückgenommen werden. Außerhalb der Verhandlung muss die **Rücknahme** in derselben Form wie die Einlegung des Gesuchs erfolgen. Innerhalb der Verhandlung erfolgt die Rücknahme mündlich. Der Gegner kann die Rücknahme nicht verhindern. Er hat aber nach einer wirksamen Rücknahme ein Recht auf den Erlass einer Kostengrundentscheidung.

21 **c) Anordnung der mündlichen Verhandlung.** Die Anordnung erfolgt durch eine Ermessensentscheidung des Gerichts oder durch eine prozessleitende Verfügung des Vorsitzenden nach § 329. Wenn die Anordnung nach § 216 zugleich die Bestimmung des Verhandlungstermins enthält, muss das Gericht sie nach § 329 II 2 den Parteien förmlich zustellen. Sowohl im Parteiprozess als auch im Anwaltsprozess erfolgt in der Regel gleichzeitig nach § 168 I eine Terminbestimmung und eine Ladung von Amts wegen. Der Grundsatz, dass das Gericht in seiner Entscheidung nur das Vorgetragene verwerten darf, → Rn. 11, gilt hier nicht. Denn das Verfahren dient nur einer besseren Unterrichtung des Gerichts. Deshalb darf das Gericht neben dem Ergebnis der mündlichen Verhandlung auch den Akteninhalt zugrunde legen. Es kann zB auch ein Geständnis nach § 288 I in einem Schriftsatz verwerten. Die Beweisaufnahme erfolgt wie sonst nach §§ 355 ff. Eine Parteivernehmung nach §§ 445 ff. ist statthaft, auch eine Parteibeeidigung nach § 452.

22 Die Entscheidung ergeht durch einen **Beschluss** nach § 329, es sei denn, dass eine Vorschrift ausdrücklich ein Urteil vorschreibt, etwa bei § 341 II. Das Gericht muss seinen Beschluss begründen, wenn das Gesetz es vorschreibt, wie zB § 922 I 2, oder wenn dies aus Rechtsstaatsgründen geboten ist, so zB, wenn ein Antrag abgelehnt wird oder wenn ein Rechtsmittel statthaft ist, Mü NJW-RR 2008, 1091; Köln NJW-RR 1991, 1280; Thomas/Putzo/Seiler § 329 Rn. 10. Das Verfahren läuft wie bei einer notwendigen mündlichen Verhandlung ab. Ein Anwaltszwang besteht ab der Anordnung einer Verhandlung unter den Voraussetzungen des § 78. Ein Versäumnisverfahren nach §§ 330 ff. ist nicht möglich. Das Gericht muss die Säumnis der einen oder der anderen Partei nach § 286 frei würdigen, soweit es sich nicht um eine Versäumung einer einzelnen Prozesshandlung handelt. Diese unterliegt den allgemeinen Vorschriften. Im Verfahren auf den Erlass eines Arrests oder einer einstweiligen Verfügung nach §§ 916 ff., 935 ff. findet ein notwendiges Versäumnisverfahren wie bei einer mündlichen Verhandlung nach §§ 330 ff. statt. Denn es handelt sich dann um ein Verfahren wie vor einem Urteil. Das Gericht muss eine Kostengrundentscheidung dann treffen, wenn sein Beschluss eine Endentscheidung nach § 91 darstellt. Bei einer Antragsrücknahme ist § 269 III anwendbar.

23 **d) Unterbleiben einer mündlichen Verhandlung.** Grundsätzlich muss der Gegner vor einer Entscheidung angehört werden, jedenfalls dann, wenn sie ihm nachteilig ist, Art. 103 I GG, → Vor § 128 Rn. 45 (Waffengleichheit). Eine Anhörung erfolgt grundsätzlich schriftlich. Das Gericht setzt dem Gegner eine zumutbare Frist zur Äußerung durch eine förmlich nach § 329 II 2 zugestellte Verfügung des Vorsitzenden. Die Anhörung des Gegners darf ausnahmsweise dann unterbleiben, wenn das Gericht auch ohne diese Anhörung zu Lasten des Antragstellers entscheiden muss. Denn das rechtliche Gehör dient nur dazu, die Interessen des Antragsgegners zu schützen.

24 Soweit eine **Anhörung** des Antragsgegners notwendig ist, wäre eine Entscheidung vor dem Ablauf der ihm gesetzten Äußerungsfrist ein wesentlicher Verfahrensmangel nach § 538 II 1 Nr. 1, sofern das Gericht bei einer rückschauenden Betrachtung einen erheblichen Vortrag des Antragsgegners unbeachtet gelassen hat, → Vor § 128 Rn. 51. Wenn das Gericht den Antragsgegner mündlich anhören will, muss es eine mündliche Verhandlung anordnen. Wenn das Gericht keine bestimmte Äußerungsfrist gesetzt hat, muss es vor seiner Entscheidung während einer angemessenen Zeit abwarten, ob sich der Antragsgegner meldet. Auch nach einer Fristsetzung genügt es, dass die Äußerung des Antragsgegners bis zu demjenigen Zeitpunkt beim Gericht eingeht, in dem das Gericht seine Entscheidung in den Geschäftsgang gibt. Anwaltszwang besteht unter den Voraussetzungen des § 78.

25 Die Entscheidung ergeht durch einen Beschluss nach § 329. Er wird mit dieser Bekanntmachung wirksam. Er bindet das Gericht vom Zeitpunkt der „Hinausgabe", nicht aber schon vom Zeitpunkt der Beschlussfassung oder der Unterschrift. Bis zur Hinausgabe bleibt der Beschluss also ein innerer Vorgang des Gerichts und ist frei abänderlich, → § 329 Rn. 14. Zur Begründungspflicht und zur Kostengrundentscheidung gilt dasselbe wie bei Durchführung einer mündlichen Verhandlung, → Rn. 22; → § 329 Rn. 6.

26 **VI. Schriftliches Verfahren mit Zustimmung der Parteien, II. 1. Grundsatz: Zulässigkeit bei Entbehrlichkeit einer Verhandlung.** II mildert den Mündlichkeitsgrundsatz des I im Interesse der Vereinfachung und Beschleunigung, nicht etwa zwecks Verschleppungsmöglichkeit. Eine mündliche Verhandlung ist dann entbehrlich, wenn alle Prozessbeteiligten zustimmen. Das schriftliche Verfahren ist grundsätzlich auch nach einer mündlichen Verhandlung zulässig (Ausnahme: Entscheidungsreife: → Rn. 27). II ist in allen Verfahrensarten und Instanzen vor dem ordentlichen Gericht anwendbar, soweit eine Entscheidung an sich nur aufgrund einer mündlichen Verhandlung ergehen dürfte; das ist bei einer **Nichtzulassungsbeschwerde** nach § 544 nicht der Fall, BGH NJW 2022, 790 Rn. 15 ff., 18; Musielak/Voit/Stadler Rn. 10. Im FamFG-Verfahren passt II wegen § 32 I 1 FamFG nicht. Im arbeitsgerichtlichen Verfahren gilt II nicht im Urteilsverfahren nach § 46 II 2 ArbGG. II stellt auch eine Möglichkeit dar, in Krisenzeiten mit Kontaktbeschränkungen, zB in der **Corona-Krise,** eine Unterbrechung nach § § 244, 245 oder eine Aussetzung nach § 247 zu vermeiden und die Funktionsfähigkeit der Rechtspflege zu erhalten; Rückstände, die sich in Krisenzeiten anhäufen, gefährden die Funktionsfähigkeit, der Justiz wenn sie von dem vorhandenen oder zu gewinnenden Personal in einer angemessener Zeit nicht abzubauen sind, Greger NJW 2020, Heft 13 (Editoral); Rauscher COVuR 2020, 2 Rn. 12; Mantz/Spoenle LSK 2020, 26809045 = MDR 2020, 703; → § 244 Rn. 6; → § 245 Rn. 3; → § 247 Rn. 2. Das Gericht kann das Verfahren nach § 128 II anregen, ohne dass daraus die Besorgnis der Befangenheit zu folgern wäre, Dresd BeckRS 2019, 27068; Rauscher COVuR 2020, 2 Rn. 12.

27 **2. Grenzen der Zulässigkeit.** Das Gericht darf das schriftliche Verfahren wegen des Grundsatzes der Prozesswirtschaftlichkeit nur dann anwenden, wenn es vereinfacht und verkürzt, BGH NJW 1992, 2146. Bei einem Verfahren ohne Anwaltsvertretung darf aus Fairnessgründen eine schreibungewandte Partei nicht benachteiligt werden. Das schriftliche Verfahren ist dann unzulässig, wenn bereits eine mündliche Verhandlung nach I stattgefunden hat und **Entscheidungsreife** eingetreten ist, BGH NJW 1992, 2146; Thomas/Putzo/Seiler Rn. 22; Zöller/Greger Rn. 3. Das gilt selbst dann, wenn ein besonderer Verkündungstermin nach § 310 I in Betracht kommt. Das Gericht muss diese Entscheidungsreife also zunächst prüfen. Es handelt sich insofern aber nicht um

einen absoluten Revisionsgrund nach § 547. Eine Entscheidung im schriftlichen Verfahren ist nach II 3 auch dann unzulässig, wenn seit der Zustimmung der Parteien mehr als drei Monate verstrichen sind. Dann ist auch die Nachholung einer versäumten Verkündung nicht mehr zulässig, BGH NJW 1992, 2146.

3. Zustimmung. a) Beide Parteien. Eine schriftliche Entscheidung nach II 1 setzt die Zustimmung beider Parteien voraus. Nicht ausreichend ist, dass eine Partei zustimmt und erst nach deren zulässigen Widerruf die andere Partei die Zustimmung erteilt, BGH NJW 2001, 2479 (zum Einzelrichter). Bei einer gewöhnlichen **Streitgenossenschaft** nach § 59 handelt jeder Streitgenosse nur für sich, Mü WM 2010, 2116. Bei einer notwendigen Streitgenossenschaft nach § 62 müssen alle zustimmen, bei einer mündlichen Verhandlung alle anwesenden Streitgenossen; das Fehlen einer Zustimmung des Nebenintervenienten ist dagegen unerheblich, Mü WM 2010, 2116. Eine außerhalb der Verhandlung fernmündlich abgegebene und in einem Aktenvermerk festgehaltene Zustimmung reicht jedenfalls dann nicht, wenn der Inhalt der Erklärung streitig ist, BVerwG NJW 1981, 1852. Der **Streithelfer** kann seine Zustimmung für seine Partei in der mündlichen Verhandlung nach § 67 dann wirksam erklären, wenn die Partei abwesend ist oder nicht widerspricht oder auch nach § 71 nicht mehr widersprechen darf. Im letzteren Fall kann er seine Zustimmung auch schriftlich erklären. Im Übrigen ist seine Zustimmung weder notwendig noch ausreichend, Düss BauR 2012, 547 = BeckRS 2011, 26886. Ein streitgenössischer Streithelfer nach § 69 kann die Zustimmung durch seinen Widerspruch vereiteln. Bei § 387 ist auch die Zustimmung der Zeugen notwendig. Soweit eine notwendige Zustimmung fehlt, kommen eine Trennung nach § 145 oder ein Teilurteil nach § 301 dann in Betracht, wenn nicht das Gericht ganz vom schriftlichen Verfahren absieht. 28

b) Prozesshandlung. Die Zustimmung nach II 1 ist eine einseitige, dem Gericht gegenüber erforderliche Prozesshandlung, → Vor 128 Rn. 54. Sie muss deshalb zwar nicht ausdrücklich, aber **eindeutig** sein, so dass allein die Bitte um Fristverlängerung keine konkludente Zustimmung ist, BGH GRUR 2012, 180 (183); NJW 2007, 2122; → Vor § 128 Rn. 60. Maßgeblich ist der objektive Erklärungsinhalt, der uU durch **Auslegung** zu ermitteln ist, Zweibr FamRZ 1999, 456 = BeckRS 1998, 31343517; → Vor § 128 Rn. 60. Das Schweigen einer Partei auf Anordnung des schriftlichen Verfahrens genügt grundsätzlich nicht, auch nicht in **Corona-Zeit,** Düss BeckRS 2020, 31040 Rn. 3, 4. Auch wenn das Gericht der Partei geschrieben hat, es werde beim Schweigen auf seine Anfrage eine Zustimmung annehmen, kann das Schweigen der Partei nicht in eine wirksame Zustimmungserklärung umgedeutet werden, BGH NJW 2007, 2122; Düss BauR 2012, 547 = BeckRS 2011, 26886; Rauscher COVuR 2020, 2 Rn. 12. Das Gericht darf einen Antrag auf eine Entscheidung nach Lage der Akten nach §§ 251a, 331a nicht als eine Zustimmung zum schriftlichen Verfahren umdeuten. Denn eine Entscheidung nach Lage der Akten nach §§ 251a, 331a setzt eine mündliche Verhandlung voraus, → § 331a Rn. 6. 29

Als Prozesshandlung duldet die Zustimmung grundsätzlich keine Bedingung, es sei denn, es handelt sich um eine innerprozessuale, MüKoZPO/Fritsche Rn. 32; → Vor § 128 Rn. 62. Sie ist zB statthaft unter der innerprozessualen Bedingung, dass ein Beweisbeschluss ergeht. Zulässig ist eine Zustimmung ausnahmsweise für den Fall des Vergleichswiderrufs. Zulässig ist auch die „Bedingung", das Gericht müsse noch einen Sachvortrag bis zu einem angemessenen Fristablauf berücksichtigen. Nicht zulässig ist hingegen, die Zustimmung von einer bestimmten Entscheidung oder einer bestimmten Besetzung des Gerichts abhängig zu machen, Thomas/Putzo/Seiler Rn. 26. Wenn noch keine mündliche Verhandlung stattgefunden hat, kann sich der Bekl. allerdings beim Antrag auf ein schriftliches Verfahren nach II die Rüge der örtlichen Unzuständigkeit vorbehalten. 30

c) Form. Die Parteien können die Zustimmung in der mündlichen Verhandlung und auch schriftsätzlich erklären. Das kann auch elektronisch nach § 130a oder per Telefax erfolgen. Nach § 496 kann die Zustimmung zudem zu Protokoll jeder Geschäftsstelle erklärt werden. Außerhalb der mündlichen Verhandlung ist die Schriftform nicht zwingend, jedoch muss die mündliche Erklärung eindeutig sein; eine **fernmündliche** Erklärung reicht, allerdings nur, wenn der Inhalt der Erklärung sowie die Identität des Erklärenden nicht streitig und eindeutig sind, BVerwG NJW 1981, 1853; Gehrlein ZMR 2020, 257; Rauscher COVuR 2020, 2 Rn. 12. Eine mündliche Abgabe der Zustimmungserklärung muss sich entweder aus dem Sitzungsprotokoll nach § 160 II, III Nr. 3, einem Aktenvermerk oder aus dem Tatbestand der anschließenden Entscheidung zB nach § 313 II ergeben. Wenn die Partei ihre Zustimmung nicht zu Protokoll gegenüber der Geschäftsstelle des Prozessgerichts abgibt, wird sie nach § 129a II 2 erst mit dem Eingang bei dieser Geschäftsstelle wirksam, → § 129a Rn. 15. **Anwaltszwang** besteht unter den Voraussetzungen des § 78. 31

d) Teilzustimmung. Die Zustimmungserklärung kann sich auf einen solchen Teil des Prozessstoffs beschränken, den das Gericht durch eine selbständige Entscheidung nach § 301 erledigen kann, auch auf ein Vorbehaltsurteil nach §§ 302, 599 oder auf eine Vorabentscheidung über den Grund nach § 304, MüKoZPO/Fritsche Rn. 30. Sie kann sich aber nicht auf einen Teil des in demselben Rechtsstreit geltend gemachten materiellrechtlichen Anspruchs beschränken, also auch nicht auf die Kostenfrage, solange die Hauptsache noch anhängig ist, es sei denn, dass ein Teil der Hauptsache nach § 91a erledigt ist oder dass die Entscheidung den noch anhängigen Teil nicht berührt. 32

e) Nächste Entscheidung. Die Zustimmung bezieht sich immer nur auf die nächste Entscheidung des Gerichts, also nicht nur auf ein Endurteil, sondern auch auf solche Entscheidungen, die die Endentscheidung nur vorbereiten, BSG MDR 1978, 348; Thomas/Putzo/Seiler Rn. 28. Das können zB sein: Ein Beweisbeschluss nach § 358; ein Zwischenurteil nach §§ 280, 302; eine Verweisung nach § 281; aber auch ein Hinweis- oder Auflagenbeschluss. Eine rein förmliche prozessleitende Maßnahme des Gerichts, ein Hinweis nach § 139 oder eine Auflage des Gerichts gegenüber einer Partei mit dem Ziel einer Erklärung nach § 273 können ohne mündliche Verhandlung getroffen werden, so dass ein Vorgehen nach II nicht erforderlich, aber auch nicht schädlich ist. Das gilt auch für einen Beweisbeschluss nach § 358a. Die Zustimmung gegenüber dem Vorsitzenden bezieht sich auch auf die Entscheidung durch die Kammer für Handelssachen nach §§ 95 ff. GVG. Die Zustimmung vor dem Einzelrichter nach §§ 348a, 527 bezieht sich nicht auf die Entscheidung durch das Kollegium nach §§ 348 III 2, 348a II 3. 33

f) Widerruf, Anfechtung. Die Zustimmung ist ein Verzicht auf die Unmittelbarkeit, → Rn. 2. Sie ist unanfechtbar. Sie ist widerruflich, solange der Gegner noch nicht zugestimmt hat, danach aber grundsätzlich unwiderruflich, wie sich aus II 1 ergibt, BGH BeckRS 2016, 5316; Ros BeckRS 2021, 25330; → Vor § 128 Rn. 66. Ein Widerruf ist ausnahmsweise möglich bei Vorliegen der Voraussetzungen einer Restitutionsklage, 34

Zöller/Greger Rn. 5; → Vor § 128 Rn. 67. Die Partei darf ihre Zustimmungserklärung zudem nach II 1 sogar rückwirkend widerrufen, wenn sich eine wesentliche Änderung der Prozesslage ergeben hat. Dabei ist die Prozesslage bei Abgabe der Zustimmung mit der im Zeitpunkt des Widerrufs zu vergleichen; nur solche Veränderungen können als wesentlich angesehen werden, die gerade für die Frage des Erfordernisses einer mündlichen Verhandlung bedeutsam sind, BGH BeckRS 2016, 5316; Ros BeckRS 2021, 25330 Rn. 26. Das kann der Fall sein bei neuen gegnerischen Sachanträgen (§ 297), anderer Beurteilung der Beweismitteln nach §§ 371 ff. oder neuem Tatsachenvortrag, Kramer NJW 1978, 1412. Auch ein rechtlicher Hinweis nach § 139 II kann eine solche wesentliche Veränderung der Sachlage mit sich bringen, BGH BeckRS 2020, 31246; NJW 2001, 2480; 1989, 229 (je zur entspr. Widerrufsmöglichkeit bei Zustimmung zu einer Einzelrichterentscheidung analog § 128 II 1). Ein ungünstiger Ausgang der Beweisaufnahme reicht aber nicht, OVG Lüneb NVwZ-RR 2004, 390 = BeckRS 2004, 20463. Entscheidend ist der Umstand, dass die Partei dem Gericht durch die Zustimmungserklärung erlaubt.

35 **4. Entscheidung des Gerichts, II. a) Einreichungsfrist und Termin zur Verkündung einer Entscheidung, II 2, 3.** Mit ihren Zustimmungserklärungen erlauben die Parteien dem Gericht, von dem gewöhnlichen Verfahrensablauf abzuweichen und ohne mündliche Verhandlung die nächste Entscheidung zu treffen. Es steht aber im Ermessen des Gerichts, ob es ohne mündliche Verhandlung entscheidet; diese Entscheidung ist nicht beschwerdefähig, Thomas/Putzo/Seiler Rn. 30. Hält das Gericht eine mündliche Verhandlung für zweckmäßig, ist eine Terminsbestimmung nach § 216 erforderlich. Ansonsten ordnet das Gericht durch Beschluss nach § 329 die schriftliche Entscheidung an; gleichzeitig muss es nach II 2 den **Zeitpunkt,** bis zu dem Schriftsätze eingereicht werden können, und den Termin zur Verkündung einer Entscheidung bestimmen. Es muss den Beschluss entweder verkünden oder „alsbald" nach dem Eingang der letzten notwendigen Zustimmungserklärung mitteilen und den Beschluss wegen § 329 II 2 Hs. 2 förmlich zustellen. Der Zeitpunkt der Einlassungsfrist muss nicht stets für alle Beteiligten derselbe sein. Der Termin, bis zu dem Schriftsätze eingereicht werden können, steht im Falle eines Endurteils dem Verhandlungsschluss nach §§ 136 IV, 296a gleich. Deshalb hat er Bedeutung insbesondere für die Rechtskraft (§§ 322, 323 II 1, 767 II), Mü NJW-RR 1986, 1512. Wenn das Fristende auf einen Samstag, Sonntag oder allgemeinen Feiertag fällt, muss das Gericht nach § 222 II einen am nächsten Werktag eingehenden Schriftsatz berücksichtigen.

36 Der Verkündungstermin darf nach II 3 wegen des Beschleunigungszwecks nicht später als drei Monate seit der letzten Zustimmungserklärung angesetzt werden. Andernfalls muss das Gericht einen Verhandlungstermin bestimmen, Zöller/Greger Rn. 16a. Das gilt aber nicht, wenn die Parteien nach Ablauf der drei Monate erneut ihre Zustimmung zur Entscheidung im schriftlichen Verfahren erteilen; darauf kann das Gericht hinwirken, BGH MDR 2017, 1140 = NJOZ 2018, 946. Die Frist läuft auch in der Zeit vom 1.7. bis 31.8. weiter. Denn § 227 III betrifft nur eine Terminverlegung innerhalb dieser Zeit, nicht eine Frist.

37 **b) Entscheidungsgrundlagen.** Entscheidungsgrundlage ist das gesamte mündliche und schriftsätzliche Vorbringen, dh das Ergebnis einer etwaigen mündlichen Verhandlung, einer durchgeführten Beweisaufnahme, der Inhalt der Schriftsätze, die bis zu dem bestimmten Zeitpunkt nach II 2 eingereicht wurden, und im Zweifel der gesamte Akteninhalt bis zu diesem Zeitpunkt, Schlesw NJW-RR 2016, 73; Thomas/Putzo/Seiler Rn. 34. Allerdings bezieht sich die Beweiskraft des Tatbestandes eines Urteils gemäß § 314 bei einer Entscheidung im schriftlichen Verfahren nach II nur auf Parteivorbringen, das Gegenstand einer früheren mündlichen Verhandlung war, BGH NJW-RR 2008, 1566 Rn. 16; Kobl BeckRS 2020, 37663 Rn. 43. Ein Versäumnisverfahren im schriftliche Verfahren ist unstatthaft, BGH NJW 2014, 3784. Soweit das Gericht das Ergebnis der Beweisaufnahme nicht nach §§ 159 ff. protokolliert hat, ist eine Verwertung nach § 286 nur möglich, falls sich richterliche Aufzeichnungen bei den Akten befinden. Ein zusätzlicher Vortrag in der mündlichen Verhandlung, der von dem schriftsätzlichen Vortrag abweicht, muss ebenfalls aktenkundig sein, BGH NJW-RR 1992, 1065. Bei Widersprüchlichkeit maßgeblich ist im Zweifel grundsätzlich der spätere Vortrag, Thomas/Putzo/Seiler Rn. 34.

38 Für verspätete Schriftsätze gilt § 296a, die zur Wiedereröffnung der mündlichen Verhandlung gemäß § 156 oder zur nachträglichen Bestimmung eines späteren Zeitpunktes für die Einreichung der Erwiderung, gegebenenfalls auch zur Verlegung des Verkündungstermins in den Grenzen des II 3 führen können, Thomas/Putzo/Seiler Rn. 34. Das Gericht muss den Grundsatz des rechtlichen Gehörs beachten; denn Art. 103 I GG gilt auch bei II, BVerfG AnwBl 2009, 151 = BeckRS 2009, 26753; → Vor § 128 Rn. 42 ff. Auch wenn erst kurz vor dem Ablauf der Schriftsatzfrist ein umfänglicher Schriftsatz eingeht, auf den der Gegner nicht mehr vor dem Fristablauf erwidern kann, muss das Gericht wegen Art. 103 I GG die mündliche Verhandlung nach § 156 wieder eröffnen oder den Verkündungstermin in den Grenzen des II 3 nach § 227 verlegen, BVerfG BeckRS 1979, 106450. Das Gericht darf auch bei II nicht eine Ergänzung des Vorbringens und der bisherigen Beweisantritte durch Urkunden nach §§ 415 ff. auferlegen und dann entscheiden, ohne den Parteien Gelegenheit zur Erörterung geben. Denn in dieser Situation hätte als Entscheidung im schriftlichen Verfahren ein Auflagen- und Beweisbeschluss nach §§ 139, 273, 358 ergehen müssen, und das Gericht hätte dann mündlich verhandeln müssen. Im schriftlichen Verfahren werden **Verfahrensmängel** durch rügeloses Einlassen nach § 295 I geheilt, wenn die Partei den Mangel in ihrem nächsten eingereichten Schriftsatz nicht rügt, obwohl sie ihn kennt oder schuldhaft nicht kennt, BGH NJOZ 2021, 1228 Rn. 29; BAG NJW 2022, 2058.

39 Ob eine genügende Klärung des Sachverhalts die Voraussetzung einer Entscheidung nach II ist, richtet sich nach dem Sinn der Zustimmungs- oder sonstigen Erklärung. Wenn die Erklärung den Inhalt hat, dass die Partei im schriftlichen Verfahren keineswegs etwas Neues vorbringen will, verzichtet sie dadurch auf eine weitere etwa mögliche Klärung des Sachverhalts. Andernfalls muss das Gericht einen rechtzeitig eingereichten Schriftsatz in seinem ganzen Umfang wie nach § 283 S. 2 Hs. 1 berücksichtigen. Soweit der Schriftsatz etwas Wesentliches enthält, muss das Gericht dann in der Regel die mündliche Verhandlung nach § 156 wiedereröffnen, um dem Gegner das rechtliche Gehör zu geben.

40 **c) Erlass der Entscheidung.** Das Gericht kann jede nach der zu berücksichtigenden Prozesslage zulässige und das Verfahren fördernde Entscheidung treffen. Das Gericht muss sie wie sonst verkünden, § 310. Ein **Endurteil** setzt Entscheidungs*reife* voraus und ist auch möglich, wenn überhaupt noch keine mündliche Verhandlung stattgefunden hat. Insoweit unterscheidet sich ein Vorgehen nach II von einem solchen nach § 251a. Im Rubrum kann nach der Bezeichnung der Parteien, ihrer gesetzlichen Vertreter und der ProzBev. (§ 313 I Nr. 1) anstelle des Tages der letzten mündlichen Tatsachenverhandlung wie folgt formuliert werden: *„hat … (Gericht) im*

schriftlichen Verfahren mit einer Erklärungsfrist bis zum … (Datum des Fristablaufs nach II 2) durch die … (Richter) für Recht erkannt:". (§ 313 I Nr. 2), Anders/Gehle Assessorexamen ZivilR B Rn. 24. Im Übrigen gelten für das Endurteil dieselben Anforderungen wie für ein solches nach mündlicher Verhandlung. Auch andere Arten des Urteils, wie ein Teilurteil nach § 301 oder ein Grundurteil nach § 304 können bei Vorliegen der Voraussetzungen im schriftlichen Verfahren nach II erlassen werden. Ein Versäumnisverfahren nach §§ 330 ff. ist unstatthaft.

Ist die Sache **nicht entscheidungsreif,** wird die nächste zu treffende Entscheidung des Gerichts verkündet. 41
Das kann eine Terminbestimmung für eine mündliche Verhandlung, ein Beweisbeschluss, ein Hinweis- und Auflagenbeschluss oder jede andere verfahrensfördernde Entscheidung sein, → Rn. 33.

5. Verstoß, II. Soweit die Voraussetzungen des II nicht vorlagen, das Gericht gleichwohl im schriftlichen 42
Verfahren entschieden hat, liegt in diesem Verfahren ein Verstoß gegen das Gebot des rechtlichen Gehörs. Ist ein Urteil erlassen worden, ist dieses zwar wirksam. Man kann es mit dem gegen dieses Urteil zulässigen Rechtsmittel anfechten, erfolgreich allerdings nur, wenn das Urteil auf dem Verstoß beruht, BGH NJW-RR 2012, 622 Rn. 33, 34; NJW 1986, 3080; → Vor § 128 Rn. 51 f. Dann kommt eine Zurückverweisung nach § 538 II 1 Nr. 1 in Betracht, Köln NJW-RR 1987, 1152. Unter den Voraussetzungen der § 321a kann auch eine Anhörungsrüge nach § 321a erhoben werden. Der Verstoß ist kein absoluter Revisionsgrund (§ 547) und kein Grund zur Erhebung der Nichtigkeitsklage nach § 579 I Nr. 4, BGH NJW-RR 2012, 622 Rn. 33,34; NJW 1986, 3080. Nach einer anderen Entscheidung als einem Urteil kann eine Heilung des Verstoßes nach denselben Grundsätzen wie bei § 295 I eintreten.

128a *Verhandlung im Wege der Bild- und Tonübertragung.* I [1]**Das Gericht kann den Parteien, ihren Bevollmächtigten und Beiständen auf Antrag oder von Amts wegen gestatten, sich während einer mündlichen Verhandlung an einem anderen Ort aufzuhalten und dort Verfahrenshandlungen vorzunehmen.** [2]**Die Verhandlung wird zeitgleich in Bild und Ton an diesen Ort und in das Sitzungszimmer übertragen.**

II [1]**Das Gericht kann auf Antrag gestatten, dass sich ein Zeuge, ein Sachverständiger oder eine Partei während einer Vernehmung an einem anderen Ort aufhält.** [2]**Die Vernehmung wird zeitgleich in Bild und Ton an diesen Ort und in das Sitzungszimmer übertragen.** [3]**Ist Parteien, Bevollmächtigten und Beiständen nach Absatz 1 Satz 1 gestattet worden, sich an einem anderen Ort aufzuhalten, so wird die Vernehmung auch an diesen Ort übertragen.**

III [1]**Die Übertragung wird nicht aufgezeichnet.** [2]**Entscheidungen nach Absatz 1 Satz 1 und Absatz 2 Satz 1 sind unanfechtbar.**

Schrifttum: Berlit, Kollegialberatung und richterliche Entscheidung per Video?, JM 2020, 310; Frank, Rechtliche Aspekte der Videoverhandlung in F-Sachen, FuR 2020, 331; Francken, Die Novellierung des § 114 ArbGG durch das Sozialschutz-Paket II, NZA 2020, 681; Francken/Natter, Die arbeitsgerichtliche Videoverhandlung, NZA 2021, 153; Freye, Digitale Gerichtsverhandlung – Datenschutzrechtliche Analyse einer Verhandlung nach § 128a ZPO, ZD 2020, 502; Gielen/Wahnschaffe, Die virtuelle Verhandlung im Schiedsverfahren, SchiedsVZ 2020, 257; Glunz, Psychologische Effekte beim gerichtlichen Einsatz von Videotechnik, 2012; Gehrlein, Zivilprozessrecht in Zeiten des Corona-Virus, ZMR 2020, 257; Greger, Der Zivilprozess in Zeiten der Corona-Pandemie und danach, MDR 2020, 509; Köbler, Die Videoverhandlung im Zivilprozess – Vorschlag einer Neuregelung, NJW 2021, 1072; Prütting AnwBl 2013, 330; Rauscher, COVID-19-Pandemie und Zivilprozess, COVuR 2020, 2 Rn. 18–21; Sanders, Videoverhandlungen in Europa und die Covid-19-Pandemie, DRiZ 2021, 68; Schmidt/Saam,Videokonferenzen im Zivilprozess, DRiZ 2020, 216; Schupp, Praktische Erwägungen zu Verhandlungen nach § 128a ZPO, DRiZ 2021, 66; Sensburg DRiZ 2013, 126; Stadler ZZP 111, 413; Werner/ Lamsfuß, Pandemie und Video-Verhandlungen in der Praxis, DRiZ 2021, 50; Windau, Die Verhandlung im Wege der Bild- und Tonübertragung, NJW 2020, 2753; Windau, Grenzüberschreitende Verhandlung und Besweisaufnahme im Wege der Bold- und Tonübertragung, JM 2021, 178.

I. Systematik. Die Vorschrift ermöglicht die sog. Videoverhandlung in Abweichung von § 128 I auch im 1
Zivilprozess und lockert damit das Erfordernis der körperlichen Präsenz in der mündlichen Verhandlung. Sie ändert nichts am Sitzungsraum des Prozessgerichts. Sie gilt nur für die eigentliche „mündliche" Verhandlung nach § 137. Sie geht als eine Sonderregel den anderen Vorschriften zur Anwesenheitspflicht vor. Sie macht diese aber ergänzend anwendbar, soweit keine Besonderheiten nach § 128a bestehen. § 128a setzt außerdem die Einführung brauchbarer technischer Vorrichtungen bei allen Beteiligten voraus und gibt keine Möglichkeit, dergleichen bei einem Beteiligten zu erzwingen.

Obwohl diese Vorschrift schon am 1.1.2002 in Kraft getreten ist, ist von ihr in der Vergangenheit nur 2
zurückhaltend Gebrauch gemacht worden und die technischen Voraussetzungen sind in den Gerichten, aber auch bei den übrigen Beteiligten immer noch nicht optimal, Rauscher COVuR 2020, 2 Rn. 18; Freudenberg NJW-aktuell 52/2020, 15. Die **Corona**-Pandemie und die Notwendigkeit der zeitgemäßen Digitalisierung der gesamten Justiz und der Anwaltschaft haben dies besonders deutlich gemacht. Windau NJW 2020, 2730, meint sogar, dass dadurch „die bisherige Dunkelnorm des § 128a ins helle Licht gerückt" wurde, vgl. auch Werner/ Lamsfuß DRiZ 2021, 50 (Erfahrungen eines Pilotprojektes); Schupp DRiZ 2021, 66; vgl. auch Rebehn NJW 2022 Heft 14, Vorblätter S. 17 (zu den Zahlen der Videoverhandlungen). Der Gesetzgeber hat im arbeitsgerichtlichen und sozialgerichtlichen Bereich durch die Novellierung des § 114 ArbGG und des § 211 SGG (Sozialschutz-Paket II: BGBl. 2020 I 1055) sogar weitergehend reagiert. Mit diesen Vorschriften, die am 1.1.2021 wieder außer Kraft getreten sind, wurde die Möglichkeit einer Videoverhandlung bei einer epidemischen Lage von nationaler Tragweite nach § 5 I 1 IfSG auf die ehrenamtlichen Richter erweitert, wenn es ihnen aufgrund dieser Lage unzumutbar ist, persönlich an der Gerichtsstelle zu erscheinen, Berlit JM 2020, 310 (zur Entscheidungsfindung per Video); Francken NZA 2020, 681; Francken/Natter NZA 2021, 153 (zu den Erfahrungen mit § 114 ArbGG). Entsprechendes galt nach diesen Vorschriften für die Beratung; ansonsten muss die erforderliche Beratung im Beisein aller beteiligter Richter, auch der ehrenamtlichen Richter, erfolgen, wobei eine Beratung

per Videokonferenz, dh bei gleichzeitiger Ton- und Bildübertragung möglich ist, BGH BeckRS 2020, 31807 (Landwirtschaftssache).

3 Durch die Corona-Pandemie ist die Zahl der Videoverhandlungen stark gestiegen, vgl. Rebehn, DRiZ 2022, 150 (zu einer Online-Umfrage des DRB zum Einsatz der Videotechnik); Figgener/Quaisser NJW-Spezial 2021, 585 (zu den Vor- und Nachteilen unter Einbeziehung des Klimagesichtspunkts). Auf die verstärkte Anwendung von § 128a in Coronazeiten führt Jung, DRiZ 2021, 368, zurück, dass die Erledigungsquoten im Corona-Jahr 2020 nahezu das Vorjahresniveau erreichten. Allerdings zeigen sich auch die Schwächen des § 128a, der vor dem Internetvideo-Zeitalter konzipiert wurde. Daher ist es nicht verwunderlich, dass die Reform der Norm diskutiert wird, vgl. Köbler NJW 2021, 1072. Zu den Beanstandungen gehören: Das Gericht kann den Parteien und ihren Vertretern nicht verwehren, im Sitzungssaal zu erscheinen, → Rn. 12; hier wird genau wie bei II die Möglichkeit einer verpflichtenden Teilnahme vorgeschlagen, vgl. Müller/Windau DRiZ 2021, 332 (335) (krit.). Ferner wird gefordert, dass auch die Richter eine Videoverhandlung im Home-Office durchführen können, vgl. **Arbeitsgruppe** der **Gerichtspräsidenten** des OLG, des KG und des BGH, Beckonline FD-2 VR 2021, 439564; → Rn. 16. Köbler, NJW 2021, 1072, hält auch III 1 für nicht mehr zeitgemäß und will eine Aufzeichnung in das Ermessen des Gerichts stellen, → Rn. 22. Die BRAK fordert in einem aktuellen Positionspapier die Anpassung des Zivilprozesses an die veränderte Lebenswirklichkeit; ua soll danach ein Anspruch der Parteien auf Durchführung einer Videoverhandlung bei Überein- bzw. Zustimmung eingeführt werden; dem haben sich die Justizminister der Länder in ihrer Herbsttagung am 11.11.2021 angeschlossen; Kern der Überlegungen des BMJV ist die Einrichtung eines Justizportals, das ein bundeseinheitliches Videokonferenzsystem, Chat-Bots für Rechtsantragsstellen und ein online-Verfahren bieten soll, Göcken NJW 2021, Heft 48 Vorblätter S. 17; Sudhof DRiZ 2021, 362. Darüber hinaus wird zu Recht darauf hingewiesen, dass es flächendeckend nach wie vor teilweise an der Ausstattung und geeigneten technischen Vorrichtungen, wie leistungsfähige Videokonferenzanlagen, ein starkes WLAN, und leistungsfähige Datenleitungen, mangelt, vgl. Limperg DRiZ 2022, 6. Es ist aber zu erwarten, dass diese Mängel alsbald behoben werden.

4 § 128a steht im Kontext zum Justizkommunikationsgesetz, das am 1.4.2005 in Kraft getreten ist und die gesetzlichen Grundlage für eine elektronische Aktenbearbeitung geschaffen hat, BGBl. I 837. Verschiedene weitere Regelungen, mit denen die elektronische Kommunikation zwischen Anwälten und Gerichten geregelt werden sollte, wurden durch das Gesetz zur Förderung des elektronischen Rechtsverkehrs in die ZPO eingefügt, Gesetz v. 10.10.2013, BGBl. I 3786.

5 **II. Regelungszweck.** Die Vorschrift dient der **Prozesswirtschaftlichkeit.** Durch die Digitalisierung kann der Prozess vereinfacht und beschleunigt werden. Ziel ist eine Verbesserung der Effizienz, der Bürgerfreundlichkeit und des Zugangs zum Recht durch den Einsatz von Technik in den Zivilprozess. Dem kann der Verlust der Atmosphäre bei einer persönlichen Anwesenheit aller Beteiligten im Sitzungssaal entgegenstehen. Es hängt wesentlich von technischen und psychischen Faktoren ab, ob die Videoverhandlung die tatsächlichen Begebenheiten authentisch wiedergeben kann. Wenn die Kamera das Erröten des Betroffenen nicht erkennbar macht, wenn der Bildausschnitt des Schwörenden nicht die „Abschwör"-Bewegung seiner linken Hand mitzeigt, wenn gar der hinter der Kamera postierte heimliche „Zuflüsterer" oder „Teleprompter" dem Gericht nicht bekannt wird, können erhebliche Täuschungseffekte eintreten, Francken NZA 2020, 681 (zu den Nachteilen einer Videokonferenz).

6 Der Grundsatz der **Unmittelbarkeit,** → § 128 Rn. 2, ist im Rahmen des I aufgrund der Simultanübertragung gewahrt, Musielak/Voit/Stadler Rn. 3. Das gilt nicht für die Beweisaufnahme nach II; jedoch ist der Grundsatz der Unmittelbarkeit der Beweisaufnahme im Zivilprozess nicht zwingend, wie die Ausnahmeregelungen zB der §§ 355 I 2, 372 II, 375, 402, 434, 451 verdeutlichen, Thomas/Putzo/Seiler § 355 Rn. 2 ff. Die evtl. Schwächen der Video-Beweisaufnahme muss das Gericht bei der Beweiswürdigung nach § 286 berücksichtigen und gegebenenfalls die Beweisaufnahme im Gerichtssaal wiederholen, Musielak/Voit/Stadler Rn. 6, 7.

7 Durch mündliche Verhandlungen oder Beweisaufnahmen im Wege der Bild- und Tonübertragung nach dieser Vorschrift können insbesondere in Krisenzeiten (Gesundheitsgefährdungen/ Kontaktbeschränkungen), wie die **Corona-Krise** gezeigt hat, ein vorübergehender Stillstand der Rechtspflege oder zumindest erhebliche Rückstände und Verzögerungen jedenfalls teilweise vermieden werden, Prütting/Gehrlein/Anders § 244 Rn. 8; Bernhardt, JM 2022, 90 (92); Müller/Windau DRiZ 2021, 332; Greger NJW 2020, Heft 13 (Editoral); MDR 2020, 509 und 957; Rauscher COVuR 2020, 2 Rn. 18–21; Windau NJW 2020, 2753; → § 244 Rn. 6, 14; → § 245 Rn. 3; → § 247 Rn. 3. In Zeiten von Corona haben einige Richter die technischen Lücken in ihren Gerichten bei Einverständnis aller Beteiligten durch **eigene IT-Lösungen** überbrückt, um die Funktionsfähigkeit der Justiz aufrecht zu erhalten, KG BeckRS 2020, 8170 = NJW 2020, 3656 Rn. 16 (mit ausf. Begründung zur Zulässigkeit des Videoeinsatzes). Verpflichtet sind die Richter natürlich dazu nicht und die Richter, die ihre eigene IT-Technik verwenden, übernehmen insbesondere wegen des Datenschutzes besondere Verantwortung. Für unzulässig halten wir ein solches überobligationsmäßiges Vorgehen nicht. § 128a beschränkt den Anwendungsbereich nicht auf eine digitale Technik, die die Justiz den Richtern zur Verfügung stellt; vielmehr ist von § 128a auch die Benutzung von Notebooks und einer Webkonferenz-Software der Richter oder anderer Beteiligter gedeckt, KG BeckRS 2020, 8170 = NJW 2020, 3656 (wobei Berlin nach § 23 I AGGVG Bln sogar die Benutzung privater Technik erlaubt hat); so auch Thomas/Putzo/Seiler Rn. 1; Greger MDR 2020, 509 und 957; Mantz/Spaenle MDR 2020, 637; Windau NJW 2020, 2753; Schupp DRiZ 2021, 66. Dafür spricht der Wortlaut der Vorschrift, aber auch Art. 9 VideokonfIntensG, der noch in der Vorauflage abgedruckt war und keine Geltung mehr hat. Danach konnten Landesregierungen für ihren Bereich durch Rechtsverordnung bestimmen, dass § 128a vorübergehend (bis 31.12.2017) keine Geltung haben sollte. Dem lagen Haushaltsgesichtspunkte zugrunde, weil die technische Ausstattung einen hohen finanziellen Aufwand erfordert. Die Bedeutung dieser Vorschrift wäre eingeschränkt, wenn die Durchführung von Videokonferenzen nach § 128a nur mit technischen Mittel möglich wäre, die über die Landesregierungen zur Verfügung gestellt werden. Zu bedenken ist auch, dass es sich bei der Frage, ob eine Videokonferenz nach § 128a durchgeführt wird, um eine richterliche Entscheidung handelt, für die nach § 40 BDSG, § 55 III DSGVO die Aufsichtsbehörde nicht zuständig ist. Natürlich müssen die Richter auch beim Einsatz eigener technischer IT-Lösungen den Datenschutz, die Persönlichkeitsrechte der Beteiligten wahren und auch die Öffentlichkeit herstellen. Einen gewissen Daten- und Persönlichkeitsschutz bietet III, der auch beim Einsatz des privaten Equipment der Richter zu beachten ist. Sicherlich ist empfehlens-

wert, dass die Richter vor der Nutzung des eigenen Equipments für eine Videoverhandlung die Gerichtsverwaltung informieren und sich gegebenenfalls auch mit dem örtlichen Datenschutzbeauftragten austauschen. Vielleicht ist aber in Zukunft der Einsatz von dem privaten Equipment der Richter nicht (mehr) erforderlich. Es ist aufgrund der Erfahrungen aus der Corona-Krise, die viele Vorteile von Videoverhandlung verdeutlicht hat, davon auszugehen, dass die Landesregierungen die Gerichte noch weitergehender als bisher mit den nötigen technischen Mitteln für Videokonferenzen ausstatten werden, vgl. hierzu näher Rebehn DRiZ 2020, 202; Schupp DRiZ 2021, 66; Sanders, DRiZ 2021, 68 (jeweils zu den technischen Anforderungen). Auch bei den Anwälte fehlen teilweise, von sog. repeat playern abgesehen, noch Erfahrungen im Umgang mit § 128a; welche technischen Voraussetzungen auf dieser Seite erforderlich sind, hängt nicht nur vom Datenschutz, sondern auch von den Systemen ab, die die Landesjustizverwaltungen in den Gerichtssälen zur Verfügung stellen, Schmidt/Saam DRiZ 2020, 216; → Rn. 3, 4. Vgl. auch zur Übersicht privater und staatlich entwickelter Systeme in Europa im Einzelnen: Sanders DRiZ 2021, 68.

III. Geltungsbereich. Die Vorschrift gilt in allen Verfahrensarten nach der ZPO und der auf sie verweisenden anderen Gesetze, so nach § 32 III FamFG-Verfahren, AG Darmst FamRZ 2015, 271; Lorenz MDR 2016, 956, auch im WEG-Verfahren. Sie gilt nach I für die mündliche Verhandlung, → § 128 Rn. 6 ff.; die I und III gelten seit 1.1.2022 über den Verweis in § 278 II 4 auch für die Güteverhandlung, → § 278 Rn. 14. Für die **Fachgerichtsbarkeit** gilt inhaltlich Entsprechendes nach § 91a FGO, § 102a VwGO, § 110a SGG und §§ 46 II, 80 II ArbGG iVm § 128a, → Vor § 128 Rn. 3. § 128a findet ferner im patentgerichtlichen Verfahren Anwendung, BPatG GRUR 2003, 176. Entsprechende Regelungen sind enthalten in §§ 58b, 118a II 2, 3, 138d IV 2, 163a I 2, 233 II 3, 247 II, 462 II 2 StPO, § 115 I a StVollzG. Im **Schiedsverfahren** ist § 128a ebenso wie § 128 nicht direkt anwendbar, weil §§ 1042 III, IV, 1047 I spezielle Regelungen enthalten; jedoch kann durch Parteivereinbarung eine Videoverhandlung ausgeschlossen, ermöglicht oder angeordnet werden; fehlt eine Parteivereinbarung, kann das Gericht dies nach freiem Ermessen bestimmen, wobei dieselben Gesichtspunkte wie im Gerichtsverfahren maßgeblich sind, Gielen/Wahnschaffe SchiedsVZ 2020, 257 (260 ff.); → § 1042 Rn. 14 „Videoverhandlung"; → § 1047 Rn. 4; → Rn. 18–20 (zu den maßgeblichen Gesichtspunkten). Nach Art. 17 EuBVO kann das Prozessgericht in einem Zivilverfahren unmittelbar in EU-Mitgliedstaaten – außer Dänemark – Beweis erheben und hierzu auch Video- oder Telefonkonferenztechnik einsetzen; die Justizminister haben auf der Justizministerkonferenz im Juni 2021 das BMJV aufgefordert, sich auf EU-Ebene dafür einzusetzen, auch eine Videoverhandlung zur Sache im Ausland zu ermöglichen, näher: Kohake DRiZ 2021, 378 (auch zu Videovernehmungen außerhalb der EU). 8

II ist nur anwendbar, wenn es um eine Zeugenvernehmung, einen Sachverständigenbeweis oder eine Parteivernehmung nach §§ 445 ff. geht. Die Vorschrift gilt nicht für die anderen Streng-Beweismittel, den **Augenschein** oder den **Urkundenbeweis,** weil es sich um eine Ausnahmeregelung handelt und der Wortlaut „Vernehmung" eindeutig ist, MüKoZPO/Fritsche Rn. 13; Musielak/Voit/Stadler Rn. 5; aM Schultzky NJW 2003, 313. 9

IV. Kein Einverständnis, I, II. Für die Gestattung einer Videoverhandlung ist kein Einverständnis der Beteiligten erforderlich, obwohl sich die Einholung des Einverständnisses aller Beteiligten in der Praxis regelmäßig anbieten dürfte. Das gilt nach I 1 für die Parteien, ihre ProzBev., die sonstigen Bevollmächtigten nach § 79 oder Beistände, aber auch nach II 1 für Zeugen nach § 373, Sachverständige nach § 402 und für die Partei bei ihrer Parteivernehmung nach §§ 445 ff. Insoweit unterscheidet sich II 1 von § 284 S. 2. Auch § 114 ArbGG und § 211 SGG, die nur bis zum 31.12.2020 galten, erforderten kein Einverständnis der ehrenamtlichen Richter. 10

Das Gericht muss das Einverständnis der **Zuhörer,** die an einer per Videokonferenz veranstalteten Verhandlung im Sitzungssaal teilnehmen wollen, vorher nicht einholen, MüKoZPO/Fritsche Rn. 6; Zöller/Greger Rn. 8; Schultzky NJW 2003, 315. Mit Blick auf Art. 1, 2 GG empfiehlt sich aber, die Zuhörer auf die Videokonferenz vorher aufmerksam zu machen und ihnen damit Gelegenheit zu geben, sich aus dem Sitzungssaal zu entfernen, auch wenn es an einem öffentlichen Verbreiten (§ 22 KunstUrhG) und einer Aufzeichnung fehlt (III 1), Musielak/Voit/Stadler Rn. 2a; MüKoZPO/Fritsche Rn. 6. 11

Eine **Pflicht** der Beteiligten iSd I, II, sich per Video zu einer Verhandlung zuzuschalten, besteht nicht. Das ergibt sich aus dem Wortlaut der I 1, II 1, wonach das Gericht eine Videoverhandlung „gestatten kann", MüKoZPO/Fritsche Rn. 5, 10. Entsprechendes gilt für entsprechenden Regelungen in den Fachgerichtsbarkeiten, so für § 91a FGO, BFH BeckRS 2020, 43625; → Rn. 8. Die Beteiligten müssen dann aber bei ordnungsgemäßer Ladung im Gerichtssaal erscheinen. **Säumig** ist ein Beteiligter, wenn er trotz ordnungsgemäßer Ladung weder im Gerichtssaal erscheint noch eine Bild- und Tonübertragung zustande kommt, Windau NJW 2020, 2753 Rn. 24 ff.; → § 337 Rn. 6 (Verschulden in Corona-Zeiten). Auch ohne Pflicht zur Einholung des Einverständnisses wird das Gericht die Videoverhandlung mit den Beteiligten absprechen, zumal die Vorbereitung einer solchen Verhandlung aufwändig ist, wenn nicht jeder Sitzungssaal im Gericht entsprechend technisch ausgestattet ist. Mit einer Absprache können auch die Nachteile jedenfalls abgemildert werden, die entstehen, wenn trotz Gestattung eine der Parteien im Sitzungssaal erscheint, → Rn. 3 (zu den Reformüberlegungen). Ob die Beteiligten, wenn sie trotz Gestattung der Videoverhandlung im Sitzungssaal erscheinen, einen Anspruch auf Reisekosten pp. geltend machen können, hängt vom Einzelfall und der Bewertung der Erforderlichkeit ab, verneinend wohl für Zeugen: MüKoZPO/Fritsche Rn. 10; Schultzky NJW 2003, 313 (316). Auch ein im Wege der Videoverhandlung anberaumter Verhandlungstermins kann Gegenstand eines Verlegungsantrages nach § 227 (§§ 173 S. 1 VwGO, 202 S. 1.SGG, 46 II 1 ArbGG, 155 S. 1 FGO) sein, etwa bei einem Defekt der Übertragungstechnik, Baudewin/Scheffer NJW 2021, 3489, 3498. 12

V. Antrag oder von Amts wegen, I, II. Nach I 1 ist eine Videoverhandlung sowohl auf einen Antrag als auch von Amts wegen zulässig, nach II 1 ist ein Antrag erforderlich. Dabei reicht der Antrag einer Partei, Prütting/Gehrlein/Prütting Rn. 5; MüKoZPO/Fritsche Rn. 5. Für einen förmlichen Antrag besteht unter den Voraussetzungen des § 78 Anwaltszwang, nicht aber für die bloße Anregung zur Anordnung von Amts wegen im Rahmen von I 1 (im Zweifel Umdeutung möglich). Die Prozessvollmacht nach § 80 umfasst eine solche Erklärung auch für den Auftraggeber. 13

VI. Anderer Ort. Da die Bestimmung auf die Normalsituation des Termins nach § 219 I zugeschnitten ist, umfasst dieser Begriff jeden beliebigen anderen Ort außerhalb des Sitzungssaales, in dem die Verhandlung jedenfalls in Anwesenheit des Gerichts stattfindet, LArbG Düss, BeckRS 2021, 4281 Rn. 18; 2021, 171 Rn. 29–31, 78; MüKoZPO/Fritsche Rn. 5. Insbesondere auch wegen der Ausnahmebestimmungen der §§ 114 14

ArbGG und 211 SGG, die nur bis zum 31.12.2020 für die ehrenamtlichen Richter galten, kann 128a nicht dahin erweitern ausgelegt werden, dass auch die erkennende Richter im Übrigen an verschiedenen Orten per Video zugeschaltet sind, Rauscher COVuR 2020, 2 Rn. 19. Der andere Ort kann eine andere Räumlichkeit im Gerichtsgebäude oder außerhalb des Gerichtsgebäudes in derselben Stadt oder in einer anderen Stadt sein, Thomas/Putzo/Seiler Rn. 5. Der Raum mag sich in einem privaten oder öffentlichen Gebäude befinden, soweit die technischen Voraussetzungen dort gegeben sind, Resch/Erden JM 2022, 46, 48,, wobei es auf die Eigentumsverhältnisse an dem Gebäude nicht ankommt. Wegen Art. 35 I GG, § 158 GVG muss jedes andere Gericht, jede andere Staatsanwaltschaft oder Behörde grundsätzlich im Rahmen des Zumutbaren ihre Geräte und Vorrichtungen dem Prozessgericht und den von ihm dorthin beorderten Beteiligten zur Verfügung stellen. Eine öffentlich-rechtliche oder privatrechtliche Fernsehanstalt ist dazu nicht schon kraft Gesetzes verpflichtet. Nach hA ist für eine Zuschaltung aus dem Ausland eine zwischenstaatliche Regelung notwendig, zumindest ein Rechtshilfeersuchen, Zöller/Greger Rn. 10; Schaumburg ZRP 2002, 315 (FGO); Reuß JZ 2020, 1135. Nach Auffassung des VG Freiburg, NJW 2022, 1761, übt hingegen das Gericht durch die Gestattung der Teilnahme an der mündlichen Verhandlung in Deutschland im Wege der Bild- und Tonübertragung vom Ausland keine Hoheitsgewalt im Ausland aus; vielmehr werde lediglich die Anwesenheit im Gerichtssaal durch diese Übertragung ersetzt. Nach Meinung von Windau JM 2021, 178 (179) kann grundsätzlich bei einer Verhandlung eine Zuschaltung aus dem **Ausland** erfolgen, da der „andere Ort" nicht der Verhandlungsort ist und deshalb keine unmittelbarer hoheitlichen Wirkungen im Ausland entfaltet werden; das soll nach seiner Auffassung aber bei einer Parteianhörung und bei grenzüberschreitenden Beweisaufnahmen nicht gelten, da diese Maßnahmen justizielle Informationsbeschaffungsmaßnahmen darstellen und nur im Rahmen der völkerrechtlichen Regelungen (so EuBVO und HBÜ) zulässig seien. Einen Sonderfall bilden Europäische Verfahren bei geringfügigen Forderungen (sog. small claims) gem. Art. 8 VO (EG) Nr. 861/2007 iVm Art. 8 der ÄnderungsVO (EU) Nr. 2015/2421 vom 16.12.2015. Praktisch wird das Gericht jedoch nur einen konkreten Ort vorher zulassen müssen, damit eine Teilnahme an der Verhandlung in einem fahrenden Zug, aus einem Auto oder der Wartehalle einer Flughafens heraus schon vom Ansatz her ausgeschlossen ist.

15 **VII. Vornahme einer Verfahrenshandlung, I 1.** Mit Verfahrenshandlungen nach I 1 sind alle Prozesshandlung gemeint, die in einer mündlich en Verhandlung denkbar sind, so die Stellung von Anträgen, die Vorträge in freier Rede (§ 137 II), die Erklärung der Klagerücknahme, der Erledigung, des Verzichts und die Verhandlung zum eingelegten Rechtsmittel, → § 128 Rn. 6 ff.; → Vor § 128 Rn. 54 (Prozesshandlung). Die Handlung muss nur verfahrensbezogen sein. Auch eine Frage, ein Vorhalt, eine Einwendung oder Rüge gehören hierher. Es ist unerheblich, ob die Handlung die Zulässigkeit oder Begründetheit der Klage oder die Zulässigkeit einer Prozesshandlung betrifft und ob sie sich an das Gericht, den Gegner oder einen sonstigen Verfahrensbeteiligten richtet.

16 Bei der Videoverhandlung gelten alle Grundsätze des Zivilprozesses, → Vor § 128 Rn. 20 ff. Abweichendes gilt für die nichtöffentliche Güteverhandlung vor dem Güterichter, der nach § 278 V sein Verfahren frei bestimmen und auch eine Mediation ohne Öffentlichkeit im Home-Office durchführen kann, → § 278 Rn. 44 ff. Eine Videoverhandlung nach § 128a im Home-Office der Richter ist nicht möglich, → Rn. 3 (zu den Reformbestrebungen). Wegen des Grundsatzes der **Öffentlichkeit** muss der Verhandlungssaal, in der Regel der Sitzungssaal, nach § 169 GVG für die Öffentlichkeit zugänglich sein und die Öffentlichkeit muss über die Videoschaltung ihre Kontrollfunktion ausüben können; dabei genügt für die Öffentlichkeit der akustische Eindruck, MüKoZPO/Fritsche Rn. 4; Musielak/Voit/Stadler Rn. 2. Dabei dürfte die Übertragung der Verhandlung in einen benachbarten Sitzungssaal ausreichen. **Sitzungspolizeiliche Maßnahmen** können nur im Verhandlungssaal getroffen werden; bei Störungen an dem anderen Ort muss möglicherweise die Videoverhandlung unter- oder abgebrochen werden, Musielak/Voit/Stadler Rn. 2; aA Schultzky NJW 2003, 313 (316). Auch der Grundsatz des **rechtlichen Gehörs** und das Gebot eines fairen Verfahrens müssen im Besonderen beachtet werden; wenn sich aus der Art der Verhandlung hier Zweifel ergeben, muss das Gericht ebenfalls zur herkömmlichen mündlichen Verhandlung wechseln, um nicht einen erheblichen Verfahrensmangel zu riskieren, Schaumburg ZRP 2002, 314; → Vor § 128 Rn. 42 ff. (zum rechtlichen Gehör).

17 **VIII. Zeitgleiche gegenseitige Übertragung, I 2, II 2, 3.** Voraussetzung der Wirksamkeit einer Verhandlung per Videokonferenz ist die zeitgleiche, dh ständige Live-Übertragung von jedem beteiligten Ort zu jedem anderen, evtl. also zwischen einem ProzBev. in München, einem anderen in Berlin, einem Zeugen nach § 373 in Köln und dem Gericht in Hamburg. Das setzt voraus, dass sowohl der Übertragungs- als auch der Sitzungsraum mit Geräten zur Aufnahme und Wiedergabe von Bild und Ton ausgestattet sein müssen. Zugeschaltete Prozessbeteiligte müssen alle anderen Beteiligten einschließlich der Richter sehen und hören können, was den Einsatz von mindestens zwei Kameras nahegelegt. Lediglich den Zuhörern muss nur die Tonübertragung zugänglich sein, → Rn. 13, wobei eine zentrale Mikrofon-/Lautsprecher-Lösung zum Einsatz kommen sollte, Schupp DRiZ 2021, 66. Sobald die Übertragung auch nur auf einem Teil dieser Wege und/oder auch nur für entscheidende Sekunden gestört ist, muss das Gericht schon wegen des Grundsatzes des rechtlichen Gehörs, → Vor § 128 Rn. 42 ff., die Prozesshandlung unverzüglich nachholen oder mangels einer sofortigen Nachbesserungsmöglichkeit diese Verhandlung abbrechen und sie später unter einer erneuten Einhaltung von Ladungsfristen nach § 217 auf dieselbe Art oder am Gerichtssitz in herkömmlichen Weise fortsetzen. Unstatthaft ist also eine bloß akustische oder bloß optische Übertragung oder eine nur in einer Richtung mögliche Bild- und Tonübertragung. Es muss auch eine Sicherung vorhanden sein, die die Teilnahme von Dritten außerhalb des Sitzungssaals verhindert, BFH BeckRS 2021, 18176. Nimmt ein ProzBev an der Videoverhandlung aufgrund technischer Probleme lediglich durch Tonübertragung und nicht unter gleichzeitiger Bildübertragung teil, kann dieser Verstoß gegen § 128a allerdings gemäß § 295 geheilt werden, Saarbr BeckRS 2021, 29631.

18 **IX. Ermessen, I, II.** Selbst bei Vorliegen der Voraussetzungen, insbesondere auch bei übereinstimmenden Anträgen der Parteien, steht die Anordnung der Gestattung zur Videokonferenz im pflichtgemäßen Ermessen des Gerichts, weil „kann" in I 1, II 1 nicht nur die Zuständigkeit bedeutet, Zöller/Greger Rn. 11; Baudewin/Scheffer NJW 2021, 3489, 3499; Schaumburg ZRP 2002, 314 (FGO). Das Ermessen kann allerdings im Einzelfall auf Null reduziert sein. Umgekehrt besteht die Möglichkeit, eine unbefriedigend abgelaufene Videoverhandlung durch eine normale mündliche Verhandlung mit allen Beteiligen zu ersetzen. Bei der Ermessensentscheidung sind die widerstreitenden Interessen und Grundsätze gegeneinander abzuwägen. Bei den bis 31.12.2020 geltenden §§ 114 ArbGG, 211 SGG standen zB dem Grundsatz der Unmittelbarkeit, dh die gleichzeitige Anwesenheit aller

Beteiligten in der mündlichen Verhandlung die Gesundheitsinteressen des ehrenamtlichen Richter gegenüberstehen, Francken NZA 2020, 681. In jeweils III dieser Vorschriften kam der Wille des Gesetzgebers zum Ausdruck, dass bei der Ermessensausübung nach diesen Vorschriften bei einer epidemischen Lage von nationaler Tragweite nach § 5 IfSG grundsätzlich die Gesundheitsinteressen Vorrang vor dem Grundsatz der Unmittelbarkeit haben. Das kann aus unserer Sicht auch auf den Zivilprozess übertragen werden, so dass eine gewisse Ermesseneinschränkung in derartigen Fällen auch bei § 128a anzunehmen ist.

Aus Art. 3 III 2 GG folgt kein uneingeschränkter Anspruch eines **behinderten Menschen** auf die Gestaltung der mündlichen Verhandlung (hier Sozialgericht) nach seinen Vorstellungen Einfluss zu nehmen, so zB auf Kommunikation von zu Hause mittels Computer ähnlich einem Online-Forum; die Möglichkeit, sich im Verfahren durch einen Bevollmächtigten vertreten zu lassen oder sich eines Beistandes zu bedienen, können den Anforderungen des Art. 3 III 2 GG genügen, BVerfG NJW 2019, 291. Dementsprechend hat auch ein behinderter Mensch grundsätzlich keinen zwingenden Anspruch auf eine Videoverhandlung, auch wenn seine Interessen bei der Ermessensentscheidung zu berücksichtigen sind. 19

Wegen der denkbaren Unzulänglichkeiten einer Videoübertragung, insbesondere der Filterwirkung durch das technische Medium und des erhöhten Konzentrations- und Belastungsniveaus, eignet sich ein Vorgehen nach § 128a möglicherweise nicht, wenn es entscheidend auf den persönlichen Eindruck von den Parteien oder den Zeugen ankommt, Rauscher COVuR 2020, 2 Rn. 20, oder wenn es um komplizierte Tatsachen- oder Rechtsfragen geht, die nur in einer Interaktion durch Nachfragen und Ergänzungen für alle Beteiligten nachvollziehbar sind. Eine erhebliche Erleichterung kann aber durch eine Videoverhandlung eintreten, wenn es um einen überschaubaren Sach- und Streitstand geht, evtl. nur eine nicht komplizierte Rechtsfrage erörtert werden muss, der Sachverständige sein Gutachten zu wenigen Punkten nach § 411 III erläutern soll, die anschaulich und nachvollziehbar im schriftlichen Gutachten erklärt worden sind, oder wenn ein Zeuge zu Tatsachen befragt werden soll, die er nur anhand von Aufzeichnungen erfahrungsgemäß darstellen kann (zB beim Arzt, Verkehrspolizist, Buchhalter). Bei Zeugen werden dieselben Umstände, die für eine schriftliche Zeugenaussage nach § 377 III 1 sprechen, bei § 128a II von Bedeutung sein. Auch bei Verfahren mit wiederkehrenden, gleichgelagerten Sachverhalten, so bei Masseverfahren, wie zB Fluggastrechteverfahren, bei denen auf beiden Seiten spezialisierte Prozessbevollmächtigte agieren, ermöglicht § 128a eine effiziente Bündelung von Verhandlungen, Schmidt/Saam DRiZ 2020, 216; Freudenberg NJW-aktuell 52/2020, 15. 20

Darüber hinaus wird die Bedeutung des § 128a mit zunehmender Weiterentwicklung der Digitalisierung, insbesondere, wenn die E-Akte in der Justiz vollständig eingeführt sein wird, immer größer werden. In Zeiten von Corona hat sich in allen Lebensbereichen herausgestellt, dass Videoverhandlungen unverzichtbar sind. Bei der Ermessensentscheidung ist auch im Hinblick auf den zu beachtenden Datenschutz das Verhältnismäßigkeitsprinzip zu beachten. Da es sich grundsätzlich um eine öffentliche Sitzung handelt, müssen dann, wenn ohne eine Videoverhandlung der Rechtsschutz gänzlich oder jedenfalls teilweise verwehrt würde (zB in der Corona-Krise), Art. 19 IV GG und der Datenschutz abgewogen werden; eine solche Abwägung können die Datenschützer dem Richter nicht abnehmen. 21

X. Keine Aufzeichnung, III 1. Zwar muss das Gericht im Protokoll nach § 160 I Nr. 4 neben den Beteiligten vermerken, an welchen Orten diese an der Videoverhandlung teilgenommen haben. Eine Aufzeichnung der Übertragung ist aber weder im Bild noch im Ton statthaft, → Rn. 3 (zu den Reformbestrebungen). Davon ist nach unserer Auffassung wegen des eindeutigen Wortlautes des III auch dann keine Ausnahme zu machen, wenn alle Beteiligten ihr Einverständnis erklärt haben, MüKoZPO/Fritsche Rn. 16; Musielak/Voit/Stadler Rn. 10; Schultzky NJW 2013, 313 (317); aM wohl Thomas/Putzo/Seiler Rn. 8. Das dient dem Datenschutz und dem Persönlichkeitsrecht. Etwaige Beweiserschwerungen sind hinzunehmen, wobei eine ausführliche Protokollierung genau wie in einer „normalen" mündlichen Verhandlung hilfreich sein kann. Dem steht nicht entgegen, dass technisch nicht verhindert werden kann, dass ein Prozessbeteiligter verbotswidrig Aufnahmen erstellt, so wie auch bei herkömmlichen Sitzungen nicht vollständig Aufnahmen insbesondere über Handys ausgeschlossen werden können. Missbrauchsmöglichkeiten sprechen aber nicht gegen eine Videoverhandlung, zumal der Gesetzgeber diese Gefahr gesehen, aber gleichwohl solche Verhandlungen im Interesse der modernen Kommunikation ermöglicht hat. Nicht ausgeschlossen ist durch III die unmittelbare Aufzeichnung von Zeugen- und Sachverständigenvernehmungen, Müller/Windau DRiZ 2021, 332 (335). 22

XI. Unanfechtbarkeit, III 2. Eine Entscheidung nach I 1 oder II 1 ist grundsätzlich unanfechtbar, Schaumburg ZRP 2002, 314 (FGO). Das gilt sowohl für die Gestattung einer Übertragung als auch für ihren Abbruch, für ihre Wiederaufnahme, für eine Einschränkung und für eine andere zugehörige Entscheidung, natürlich auch für die Ablehnung einer Gestattung. Allein zuständig für die Entscheidung ist das Gericht, nicht hingegen etwa der auswärtige Beteiligte. Das gerichtliche Ermessen soll nicht zum Gegenstand irgendwelcher isolierter Auseinandersetzungen werden. Eine Überprüfung im Rahmen eines Rechtsmittels gegen die Entscheidung auf Rechtsfehler ist durch III 2 nicht ausgeschlossen, MüKoZPO/Fritsche Rn. 17. Auf eine formlose Gegenvorstellung ist die Maßnahme abänderbar. 23

Greifbare Gesetzwidrigkeit können schon wegen § 567 nicht zur Anfechtbarkeit einer Entscheidung mithilfe der §§ 252, 567 ff. führen. Man darf einen Ausfall der Technik nicht zu Lasten der Parteien hinnehmen. Ein Verstoß gegen das Gebot eines fairen Verfahrens nach → Einl. II Rn. 55 könnte eine Verfassungswidrigkeit bedeuten, Schaumburg ZRP 2002, 314 (FGO). 24

129 *Vorbereitende Schriftsätze.* **I In Anwaltsprozessen wird die mündliche Verhandlung durch Schriftsätze vorbereitet.**

II In anderen Prozessen kann den Parteien durch richterliche Anordnung aufgegeben werden, die mündliche Verhandlung durch Schriftsätze oder zu Protokoll der Geschäftsstelle abzugebende Erklärungen vorzubereiten.

Schrifttum: Heinemann, Neubestimmung der prozessualen Schriftform, 2002; Michel/von der Seipen, Der Schriftsatz des Anwalts im Zivilprozeß, 6. Aufl. 2004.

1 **I. Systematik.** Die Vorschrift enthält eine Grundregel für vorbereitende Schriftsätze im **Anwaltsprozess** (I) und regelt in II, dass das Gericht auch im **Parteiprozess,** dh im Prozess ohne Anwaltszwang (§§ 78, 79) eine Vorbereitung durch Schriftsätze oder Erklärungen zu Protokoll der Geschäftsstelle aufgeben kann. Im Verfahren vor dem Amtsgericht gilt II über § 495. Die §§ 129a ff. gestalten § 129 näher aus; sie sind aber keineswegs die einzigen Vorschriften über Schriftsätze, → Rn. 6. Solche finden sich vielfach verstreut zB in § 253 (Klageschrift), dort insbesondere IV (Verweisung auf die allgemeinen Vorschriften über die vorbereitenden Schriftsätze), ferner in § 273 II Nr. 1 (Anordnung eines ergänzenden Schriftsatzes), in § 275 III, IV (Anordnung einer schriftlichen Klagerwiderung oder einer Stellungnahme auf diese), in § 283 (Regelung des nachgereichten Schriftsatzes) und in § 296 (Zurückweisung eines verspäteten Schriftsatzes). Soweit ein Schriftsatz elektronisch eingereicht wird, enthalten §§ 130a–130d Spezialregelungen gegenüber §§ 129 ff. und ergänzen diese teilweise.

2 **II. Regelungszweck.** Zwar ist erst der Vortrag in einer vorgeschriebenen mündlichen Verhandlung für die Entscheidung maßgeblich, → § 128 Rn. 6. Die Vorschrift dient jedoch mit der „Vorbereitung" der mündlichen Verhandlung nach § 128 I der **Prozesswirtschaftlichkeit,** dh der Verfahrensbeschleunigung, und der **Rechtssicherheit.** Durch die vorbereitenden Schriftsätze sollen der Prozessstoff vor dem mündlichen Verhandlungstermin gesammelt und dem Gegner sowie dem Gericht eine Übersicht über das Vorbringen der Partei ermöglicht werden; Ziel ist, zu einem möglichst frühen Zeitpunkt die Entscheidungsreife herbeizuführen, idealerweise nach der ersten mündlichen Verhandlung. Die ZPO bietet hierzu Instrumente, die vor der mündlichen Verhandlung ergriffen werden können, wie zB prozessleitende Anordnungen und Hinweise nach §§ 139, 273, einen Beweisbeschluss vor dem Termin nach § 358a S. 1 und die Durchführung der Beweisaufnahme vor dem Termin unter den Voraussetzungen des § 358a S. 2. Darüber hinaus soll durch § 129 auch die **Wahrheitspflicht** der Parteien nach § 138 I, II gefördert werden. Die Vorschrift dient zudem der Vermeidung unnötiger **Prozesskosten** durch überflüssige Beweisaufnahmen wegen einer ungenügender Erklärung zu der Frage, ob eine Partei den gegnerischen Vortrag bestreitet. Sie dient der Information eines Dritten, etwa des Streitverkündeten nach § 72.

3 **III. Geltungsbereich.** I gilt nur im Anwaltsprozess, II gilt in allen „anderen" Prozessen, also im Parteiprozess, → Rn. 1. Die Vorschrift gilt in allen Verfahrensarten nach der ZPO und in jeder Lage des Prozesses, auch im WEG-Verfahren und im Bereich des § 113 I 2 FamFG (nicht bei einem Amtsverfahren nach § 26 FamFG). II ist im arbeitsgerichtlichen Verfahren grundsätzlich anwendbar, BAG NJW 2001, 316. Bei einer arbeitsgerichtlichen Güteverhandlung hat aber § 47 II ArbGG den Vorrang.

4 Die Vorschrift gilt für alle Parteien, für den ProzBev, für den gesetzlichen Vertreter nach § 51, für den vertretungsberechtigten Bevollmächtigten nach § 79, für den Beistand nach § 90, für jeden Streitgenossen nach § 59, für den gewöhnlichen und streitgenössischen Streithelfer nach §§ 66, 69. Andere, die sich als Dritte im Prozess melden, mögen zwar grundsätzlich etwa wegen ihrer Wahrheitspflicht inhaltlich im Kern denselben Regeln wie die Parteien unterliegen. Sie brauchen aber § 129 jedenfalls nicht förmlich zu beachten, solange sie nicht mit dem Anspruch auftreten, förmliche Prozessbeteiligte zu sein oder werden zu wollen.

5 **IV. Arten von Schriftsätzen. 1. Vorbereitender Schriftsatz.** § 129 I bezieht sich direkt nur auf zwingende vorbereitende Schriftsätze im Anwaltsprozess, während im Parteiprozess hierzu eine richterliche Anordnung erforderlich ist und Schriftsätze nach § 496 durch eine Erklärung zu Protokoll der Geschäftsstelle ersetzt werden können, wenn das Gericht keine andere Bestimmung getroffen hat. In vielen Prozessen vor dem Amtsgericht, bei dem wegen §§ 78 I 1, III, 496 kein Anwaltszwang besteht, treten Rechtsanwälte für die Parteien auf (§ 79 II 1) und reichen Schriftsätze auch ohne Aufforderung durch das Gericht ein. Soweit das freiwillig geschieht, gelten die Regeln zum Inhalt wie beim Schriftsatzzwang. Die vorbereitenden Schriftsätze dienen der **Ankündigung** des Vortrages in der **mündlichen Verhandlung,** § 129 steht damit in einem engen Zusammenhang zu § 128 I. Erst mit dem Vortrag in der mündlichen Verhandlung wird der schriftliche Parteivortrag zum Prozessstoff und damit zur Grundlage der Entscheidung, wobei nach § 137 III eine Bezugnahme auf den Inhalt der vorbereitenden Schriftsätze möglich ist, → § 128 Rn. 6, 13; → § 137 Rn. 12, 28 ff. Darüber hinaus ist es nicht von vorneherein unzulässig, den Vortrag trotz Verpflichtung zu vorbereitenden Schriftsätzen in der mündlichen Verhandlung zu ergänzen, MüKoZPO/Fritsche Rn. 7; → § 128 Rn. 11; → Vor § 128 Rn. 42 ff. (rechtliches Gehör); vgl. auch Hettenbach/Müller NJW 2022, 815 (zur Frage der Übergabe von Papierschriftsätzen im Termin in Zeiten der beA-Nutzungspflicht); → § 130d Rn. 5,6. Grenzen ergeben sich im Zusammenhang mit der Substantiierung eines Vortrages; so reicht zB eine Bezugnahme auf ein umfangreiches Anlagekonvolut ohne Konkretisierung im Schriftsatz nicht aus, BGH NJW 2016, 3092; → § 131 Rn. 9; → § 138 Rn. 25, während aber eine konkrete Bezugnahme auf eine Anlage möglich ist BGH NJW 2019, 1082 Rn. 8. Nur im schriftlichen Verfahren, so nach § 128 II–IV, 495a, → § 128 Rn. 16 ff., 26 ff., ersetzt der Schriftsatz den Vortrag in der mündlichen Verhandlung.

6 Soll-Vorgaben sind für vorbereitende Schriftsätze enthalten für den Inhalt in §§ 130, 277 I, für die Form in §§ 129a, 130a und für die Frage, welche Unterlagen beigefügt werden müssen, in §§ 131, 133, MüKoZPO/Fritsche Rn. 1. Darüber hinaus sind in §§ 132, 274 I, 277 III, 282 II, III Fristregelungen für diese Schriftsätze vorgesehen. Die §§ 139 V, 273 II, 283 regeln die Möglichkeit für das Gericht, Fristen zu setzen. Strukturierungsvorgaben enthalten diese Vorschriften nicht. Mit §§ 146, 273, 495a wird dem Gericht aber ermöglicht, eine gewisse Strukturierung des Parteivortrages im Hinblick auf dessen Aufbau und den Zeitpunkt des Vorbringens vorzugeben. Die Diskussion und die Forderungen nach weiteren **Strukturierungsvorgaben** im Zeitalter des elektronischen Rechtsverkehrs und mit Blick auf Möglichkeiten durch die Digitalisierung haben zur Einführung des§ 139 I 3 geführt, → § 139 Rn. 42 ff.; vgl. zur Diskussion: Musielak/Voit/Stadler Rn. 3; Greger NJW 2019, 3429; Gaier NJW 2020, 177; Schultzky MDR 2020, 1; Zwickel MDR 2016, 988. Wünschenswert wäre, die Parteien und ihre Vertreter anzuhalten, ihren Vortrag zu den entscheidenden Sachfragen strukturiert und aufeinander bezogen im Sinne der Relationsmethode, → Vor § 253 Rn. 50 ff., in einem Dokument gegenüber zu stellen, Köbler AnwBl online 2018, 399; Zwickel MDR 2016, 988; → § 139 Rn. 42 ff.; → Einl. I Rn. 9. Ob dies durch § 139 I 3 zu erreichen ist, bleibt abzuwarten, vgl. auch zum Vorschlag eines **elektronischen Basisdokumentes** der Arbeitsgruppe, die von den Präsidentinnen und Präsidenten der OLG, des KG und des BGH zur „Modernisierung der ZPO" eingesetzt wurde, → Vor § 128 Rn. 3; → § 139 Rn. 47.

7 **2. *Bestimmender* Schriftsatz. a) Grundsätze.** Die Vorschrift gilt nicht direkt für bestimmende, sondern nur für vorbereitende Schriftsätze, → Rn. 5. Der Begriff stammt aus den Motiven. Die ZPO verwendet ihn nicht. Bei einem bestimmenden Schriftsatz wird nicht nur der mündliche Vortrag vorbereitet; es handelt sich vielmehr um einen Schriftsatz, der eine für das Verfahren wesentliche Prozesshandlung mit seiner Einreichung oder

Zustellung unmittelbar vollzieht oder vollziehen soll oder der eine Parteierklärung enthält, für die die Schriftform vorgeschrieben ist, BGH,NJW 1985, 328; Thomas/Putzo/Seiler Rn. 5; → Vor § 128 Rn. 54 ff. (zur Prozesshandlung). Insbesondere gehört hierher jeder Schriftsatz, der ein Verfahren einleiten oder beenden soll. Der notwendige Inhalt der bestimmenden Schriftsätze ergibt sich nicht aus einer allgemeinen Regelung, sondern aus den jeweiligen besonderen Vorschriften. In einzelnen Vorschriften, die sich auf bestimmende Schriftsätze beziehen, wird auf die allgemeinen Vorschriften über vorbereitende Schriftsätze verwiesen, wie zB in §§ 70 II, 253 IV, 519 IV, 520 V, 524 III 2, 549 II, 554 III 2, 585. Darüber hinaus schreiben einzelne Vorschriften den jeweils notwendigen Inhalt vor, wie zB § 70 I, 253 II, 321a II, 340 II, III, 519 II, 520 III 524 III, 549 I, 551 III. Da die meisten bestimmenden Schriftsätze zugleich den Sachvortrag der Parteien in der mündlichen Verhandlung vorbereiten, gelten auch darüber hinaus für sie grundsätzlich die Regeln über die vorbereitenden Schriftsätze; mitunter wird aus der Sollvorschrift des § 130 für bestimmende Schriftsätze sogar eine zwingende Voraussetzung, wie zB für die Unterschrift nach § 130 Nr. 6, → Rn. 10. MüKoZPO/Fritsche Rn. 14 ff.; Musielak/Voit/Stadler Rn. 7. Manche Formerfordernisse gelten aber nicht für bestimmende Schriftsätze; so muss ein Aktenzeichen im bestimmenden Schriftsatz nicht angegeben werden; unschädlich ist sogar ein vorwerfbar falsches Aktenzeichen, auch wenn der Schriftsatz beim richtigen Gericht einer falschen Akte zugeordnet wird, BVerfG NJW 2013, 925; BGH NJW-RR 2017, 385. Etwas anderes ergibt sich allerdings, wenn im Schriftsatz auch eine falsche Parteibezeichnung enthalten ist, und die Berufungsschrift sich damit nicht einordnen lässt, BGH BeckRS 2015, 20202 Rn. 10–12. Soweit ein bestimmender Schriftsatz elektronisch eingereicht wird, gelten nach unserer Auffassung § 130a–§ 130d unmittelbar, zumindest aber über die vorgenannten Grundsätze, → § 130a Rn. 11. Bei Verfahren ohne mündliche Verhandlung, zB bei § 128 II–IV, wird das schriftlich Vorgetragene unmittelbar prozessual wirksam, so dass insoweit nicht zwischen bestimmendem und vorbereitendem Schriftsatz zu unterscheiden ist, Musielak/Voit/Stadler Rn. 6; Prütting/Gehrlein/Prütting Rn. 4; → § 128 Rn. 37. Mit einer Email wird die Schriftform für einen bestimmenden Schriftsatz nicht gewahrt, BGH NJW-RR 2009, 357.

b) Beispiele für bestimmende Schriftsätze

Arrest, einstweilige Verfügung: Antrag nach § 920 oder § 936. 8

Einspruch: Einspruch nach §§ 340 I, 700 I, BGH NJW 1987, 2588; LG Bln NJW 2000, 3291; → § 340 Rn. 7 ff.

Erledigungserklärung: Des Klägers und auch Zustimmung des Bekl. (§ 91a); auch die schriftsätzliche Umstellung des Klageantrages bei einer einseitigen Erledigungserklärung des Klägers auf Feststellung, dass der Rechtsstreit sich in der Hauptsache erledigt hat, → § 91a Rn. 207, ist ein bestimmender Schriftsatz.

Klageänderung: Nach §§ 263, 264,, MüKoZPO/Fritsche Rn. 10.

Klage: Klageschrift nach § 253, Thomas/Putzo/Seiler Rn. 5.

Klagerücknahme: Nach § 269, MüKoZPO/Fritsche Rn. 10.

Prozesskostenhilfeantrag: Bestimmender Schriftsatz, BGH NJW 1994, 2097.

Rechtsmittelschrift (Einlegung und Begründung): Nach §§ 519, 520 I, 549, 551, 569, 571 I, 575,, BGH VersR 2002, 589 = NJW 2001, 2888; BAG NJW 1990, 3165; LAG Niedersachsen DB 1999, 644 = BeckRS 1998, 30464548.

Streitverkündung: Nach § 72, BGH NJW 1985, 328.

Widerspruch nach § 694: LG Mü NJW 1987, 1340.

V. Unterschriftenzwang. 1. Anwendungsbereich des § 130 Nr. 6. Bei **elektronischen** Dokumenten 9 gilt die vorrangige Regelung des § 130a III, dh es ist eine **elektronische Signatur** in diesem Sinn erforderlich, → § 130a Rn. 21 ff. Ansonsten schreibt § 130 Nr. 6 als Sollvorschrift für die **vorbereitenden** Schriftsätze eine Unterzeichnung der Person vor, die den Schriftsatz verantwortet. Das ist im Anwaltsprozess der Anwalt, BGH NJW 2001, 2888, und in Prozessen, in denen keine Vertretung durch einen Anwalt stattfindet, die Partei selbst oder derjenige, der für sie als Bevollmächtigter handelt, → § 130 Rn. 27. Nach hM ist bei **bestimmenden** Schriftsätzen, → Rn. 7, 8, anders als bei vorbereitenden Schriftsätzen die Unterschrift nach § 130 Nr. 6 nicht nur grundsätzlich erforderlich, sondern sogar Wirksamkeitsvoraussetzung; nur in Einzelfällen, so beim Computerfax, nicht aber beim herkömmlichen Telefax hat das Fehlen oder der Fehler bezüglich der Unterschrift keine Auswirkungen; beim Computerfax reicht die eingescannte Unterschrift des Erklärenden oder der Hinweis auf dem Schriftsatz aus, dass der benannte Urheber in der gewählten Übertragungsart nicht unterzeichnen kann, BVerfG NJW 2007, 3117; BGH BeckRS 2021, 1705; NJW-RR 2020, 648; 2020, 309; 2019, 441 Rn. 8; BeckRS 2018, 34148; MüKoZPO/Fritsche Rn. 14 ff. (auch zum Meinungsstreit); Thomas/Putzo/Seiler Rn. 6; aA: Prütting/Gehrlein/Prütting Rn. 7; Musielak/Voit/Stadler Rn. 8; Zöller/Greger § 130 Rn. 21 ff. Begründet wird die hM damit, dass grundsätzlich nur durch die Unterschrift die Identifizierung der Person, die die Prozesshandlung zu verantworten hat, möglich ist. Wir schließen uns der hM ab. Dafür spricht auch die Argumentation, dass Prozesshandlungen keinen Schwebezustand vertragen, → Vor § 128 Rn. 62, und ohne hinreichende Unterschrift die Gefahr besteht, dass sich der Unterzeichner später von der Prozesshandlung distanziert. Auch spricht die 2001 erfolgte ergänzende Regelung des § 130 Nr. 6 (Übermittlung durch einen Telefaxdienst) für das grundsätzliche Unterschriftserfordernis, weil der Gesetzgeber trotz vieler Diskussionen daran festgehalten hat, so auch Musielak/Voit/Stadler Rn. 9; MüKoZPO/Fritsche Rn. 16. Dass das BVerfG, NJW 2007, 3117, auf Ausnahmen verwiesen, aber nicht klargestellt hat, um welche es sich handelt, erklärt sich das damit, dass das Gericht sich (nur) mit der Frage auseinander setzen musste, ob die unterschiedliche Anforderung an die Unterschriften beim Computerfax (eingescannte Unterschrift) und beim herkömmlichen Fax (eigenhändige Unterschrift) gegen Art. 3 I, 2 I GG verstößt, was verneint wurde, → Rn. 15 „Telefax".

2. Notwendigkeit eigenhändiger und handschriftlicher Unterzeichnung, Ausnahmen und Folgen 10 **bei Fehlen.** Das BVerfG, NJW 2007, 3117, hat ausgeführt, dass vorbereitende, insbesondere aber bestimmende Schriftsätze grundsätzlich die eigenhändige und mit dem vollen Nachnamen handschriftliche Unterschrift der Person, die den Schriftsatz zu verantworten hat, tragen muss, und zwar auf dem Original. Mündliche oder fernmündliche Erklärungen ersetzen die Unterschrift nicht, MüKoZPO/Fritsche Rn. 19. Eine Schreibhilfe ist zulässig, wenn keine vollständige Fremdbestimmung vorliegt, Musielak/Voit/Stadler Rn. 9. Dagegen erfüllt eine rein mechanische Reproduktion, wie ein Faksimilestempel, nicht das Erfordernis der Eigenhändigkeit, BAG NJW 2019, 698; 2009, 3596; Musielak/Voit/Stadler Rn. 9; → Rn. 15 „Namensstempel". Nach der hM reicht eine persönliche Abgabe eines bestimmenden Schriftsatzes auf der Geschäftsstelle nicht aus, wenn er keine Unterschrift aufweist, BGH NJW 1980, 291. Gegen die Unterschrift als zwingendes Wirksamkeitserfordernis bestimmender Schriftsätze sind wegen des Wortlautes des § 130 Nr. 6, insbesondere aber wegen der vielen Ausnahmen und Einschränkungen in der Rechtsprechung und Literatur – diese werden im Folgenden behandelt – zum Teil erhebliche Bedenken erhoben und Forderungen an den Gesetzgeber gestellt worden, vgl. näher Zöller/Greger § 130 Rn. 21–23. Mit zunehmender Digitalisierung der Justiz, insbesondere mit der flächendeckenden Einführung der elektronischen Akte, mit beA nach § 130a IV Nr. 2 und der Verpflichtung nach § 130d für Anwälte, Behörden und juristischen Personen des Öffentlichen Rechts seit 1.1.2022, Schriftsätze zwingend als elektronisches Dokument einzureichen, wird sich das Problem der Unterschrift auf die Signatur gemäß § 130a III (qualifiziert oder einfach bei sicherem Übermittlungsweg) verlagern, → § 130a Rn. 21 ff.

11 Von dem Erfordernis der eigenhändigen und handschriftlichen Unterzeichnung werden bei Vorliegen besonderer Umstände **Ausnahmen** gemacht, wenn sich aus anderen Gesichtspunkten sicher eine der Unterschrift vergleichbare Gewähr für die Urheberschaft und den Willen ergibt, das Schriftstück in den Verkehr zu bringen, BGH BeckRS 2022, 8565 = NJW-RR 2022, 716 Rn. 9 f.; NJW-RR 2020, 648 (zu § 64 II 4 FamFG); 2020, 309 (Rechtsmittelbegründung); VersR 2005, 136 = NJW-RR 2004, 1364. Eine Ausnahme wird auch gemacht, wenn das Originalschriftstück nur elektronisch und ohne Unterschrift vorhanden ist; dann werden Übermittlungswege ohne Originalunterschrift auch ohne Einhaltung des § 130a akzeptiert, Hamm NJW 2016, 1896 (E-Post-Brief der Deutschen Post AG); Musielak/Voit/Stadler Rn. 9; → Rn. 15 „Computerfax". Zudem genügt bei Schriftsätzen von Behörden sowie Körperschaften oder Anstalten des öffentlichen Rechts die maschinenschriftliche Wiedergabe des Namens des Unterzeichnenden mit Beglaubigungsvermerk, soweit keine Vertretung durch einen RA erforderlich ist, Thomas/Putzo/Seiler Rn. 6; → Rn. 15 „Beglaubigung". Bei bestimmenden Schriftsätzen ersetzt die beglaubigte Abschrift die Urschrift, wenn der **Beglaubigungsvermerk** von dem den Schriftsatz zu Verantwortenden handschriftlich vollzogen wird; bei Einreichung eines solchen Dokuments kann das Gericht nämlich die Überzeugung gewinnen, dass das Schriftstück von dem Anwalt, der den Beglaubigungsvermerk vollzogen hat, herrührt und er die volle Verantwortung für den Schriftsatz übernimmt, BGH BeckRS 2022, 8565 = NJW-RR 2022, 716 Rn. 9 f.; NJW 2012, 1738 (Berufung). Auch darüber hinaus ist das Fehlen einer eigenhändigen Unterschrift ausnahmsweise unschädlich, wenn sich solche Feststellungen treffen lassen.

12 Bei bestimmenden Schriftsätzen, die fristgebunden sind, muss die zwingend erforderliche Unterschrift bei Fristablauf vorliegen, während es bei der Prüfung der Identität und der Postulationsfähigkeit auf den Zeitpunkt der Entscheidung über die Zulässigkeit ankommt, so dass insoweit eine Heilung möglich ist, BGH NJW-RR 2020, 648 Rn. 13; 2012, 1142 Rn. 10; NJW 2006, 3775; Thomas/Putzo/Seiler Rn. 6. Das gilt auch bei Fehlen der letzten Seite, BGH NJW 2009, 2311. Bei fristgebundenen Prozesshandlungen mag bei einem fehlenden, aber erforderlichen Hinweis nach 139 ein Wiedereinsetzungsgesuch nach §§ 233 ff. möglich sein, → § 233 Rn. 42 „Rechtsanwalt: Unterschrift". Bei vorbereitenden Schriftsätzen ist der Vortrag in der mündlichen Verhandlung maßgeblich und die Unterschrift kann nachgeholt werden.

13 **3. Verantwortungsübernahme.** Sinn und Zweck des Unterschriftenerfordernis nach § 130 Nr. 6 bei bestimmenden Schriftsätzen ist, dass es sich um eine endgültige Erklärung des Unterzeichnenden, dh um die prozessual gewollte Prozesshandlung oder Erklärung handelt; es muss feststehen, dass kein bloßer Entwurf vorliegt, auch kein versehentlich etwa vom Büropersonal vor der Genehmigung durch den Verfasser und daher zu früh in den Postweg gegebener „auf Verdacht" abgezeichneter Text, wie es in der Praxis mitunter vorkommt, BGH NJW-RR 2019, 441; 2017, 445. Es soll feststehen, dass der Unterzeichner den Schriftsatz zumindest geprüft hat und dass er für seinen gesamten Inhalt nach eigener Prüfung die zivilrechtliche, strafrechtliche, berufsrechtliche und sonstige volle Verantwortung übernimmt, BGH NJW-RR 2021, 567 und 375; 2020, 648 (zu § 64 II 4 FamFG); 2017, 686 Rn. 9; NJW 2018, 1689. Bei fristwahrenden Schriftsätzen gehört zu den nicht dem Büropersonal zu übertragenden Aufgaben des Anwalts, das Arbeitsergebnis auf Vollständigkeit und Richtigkeit zu überprüfen; unterschreibt der Anwalt ohne eine solche Prüfung, handelt er schuldhaft iSd § 233; das gilt auch, wenn ihm der Schriftsatz zum zweiten Mal vorgelegt wird, BGH BeckRS 2022, 7011 Rn. 9, 10; NJW-RR 2016, 16 Rn. 9. Verantwortung kann auch derjenige Anwalt übernehmen, der den Schriftsatz nicht verfasst hat, aber die Verantwortung übernimmt; eine Stellvertretung ist unter diesen Voraussetzungen zulässig, BGH FamRZ 2020, 435 Rn. 14 = BeckRS 2019, 34723 (i. V.); → Rn. 15 „i. V.". Von der Übernahme der Verantwortung kann man grds. bei einer einwandfreien Unterschrift ausgehen, BGH BeckRS 2021, 4852 (Berufung) = NJW-RR 2021, 567. Ausnahmen hiervon werden für zwei Fallgruppen gemacht, nämlich zum einen, wenn der Anwalt sich durch einen Zusatz von dem unterschriebenen Schriftsatz distanziert, und zum anderen, wenn nach den Umständen außer Zweifel steht, dass der RA den Schriftsatz ohne eigene Prüfung unterschrieben hat, so zB, wenn der Schriftsatz weitgehend unverständlich ist, BGH BeckRS 2021, 4852 = NJW-RR 2021, 567; NJW-RR 1998, 574 (späterer Vorbehalt kann unschädlich sein). Es muss auch stets erkennbar sein, dass der Unterzeichner den Schriftsatz endgültig einreichen will.

14 **4. Anforderungen an die Unterschrift.** Das Prozessrecht dient der Rechtssicherheit, so dass gewisse Anforderungen an die Unterschrift gerechtfertigt sind. **Lesbarkeit** ist nicht erforderlich, aber ein die Identität des Unterschreibenden ausreichend kennzeichnender Schriftzug, der individuelle und charakteristische Merkmale aufweist, die eine Nachahmung erschweren, wobei insbesondere von Bedeutung ist, ob der Unterzeichner auch sonst oder in ähnlicher Weise unterschreibt; es genügt, dass jeder, der den Namen kennt, ihn aus der Unterschrift als beabsichtigten vollen Namenszug herauslesen kann, BVerfG NJW 1998, 1853; BGH NJW-RR 2021, 314 Rn. 9; 2017, 445; 2015, 699 Rn. 8; NJW 2005, 3775; Brbg NJW-RR 2021, 807 Rn. 28; Ffm MDR 2005, 919 = BeckRS 2005, 6529; Thomas/Putzo/Seiler Rn. 8; Anders/Gehle Assessorexamen ZivilR A Rn. 41, insb Fn. 163; → Rn. 15 „Buchstaben"; → Rn. 15 „Individualität"; → Rn. 15 „Schlangenlinie"; vgl. auch BGH NJW-RR 2017, 386 (Unterschrift unter Verhandlungsprotokoll). Bei einem Doppelnamen kann ein Teil genügen, BGH NJW 1996, 997. Bei fristgebundenen Schriftsätzen kommt es auf den Zeitpunkt des Ablaufs der Frist an und die zu diesem Zeitpunkt bekannten Umstände an; eine Klärung der Identität und Postulationsfähigkeit zu einem späteren Zeitpunkt ist nur zulässig, wenn bis zum Fristablauf klar ist, dass eine Unterschrift vorliegt, die von einem Rechtsanwalt stammt, BGH GRUR-RS 2020, 41053 Rn. 17 = NJW-RR 2021, 314; NJW 2013, 237 Rn. 14. Dabei darf man die Anforderungen an den Nachweis der Echtheit der Unterschrift nicht überspannen,

BVerfG NJW 2002, 3534; BGH GRUR-RS 2020 41053 = NJW-RR 2021, 314; NJW 2013, 237. Bei einer gewissen Verschiedenartigkeit der Unterschriften eines Anwalts, die natürlich ist, kann in der Regel von einer ordnungsgemäßen Unterschrift ausgegangen werden, BGH NJW 2001, 2888.

5. Beispiele zu den Anforderungen an die Unterschrift

Ablichtung, Abschriften, Begleitschreiben: Zwar muss grds. eine ordnungsgemäß unterzeichnete Urschrift als Original des Schriftsatzes eingereicht werden; da das Unterschriftserfordernis aber kein Selbstzweck ist, kann darauf verzichtet werden, wenn der RA rechtzeitig eingereichte Abschriften oder Kopien handschriftlich beglaubigt hat; der Mangel der Unterschrift ist auch geheilt, wenn ein rechtzeitig eingereichter Begleitschriftsatz, der mit dem maßgeblichen Schriftsatz fest verbunden ist, die ordnungsgemäße Unterschrift des RA enthält, BGH NJW-RR 2020, 648 Rn. 13; NJW 2012, 1738; → „Beglaubigung". 15

Absicht der Unterschrift: Man muss aus dem Schriftsatz erkennen können, dass der Unterzeichner auch die Absicht hatte, eine volle Unterschrift zu leisten und nicht nur mit einem Namenskürzel (Paraphe) abzuzeichnen, BGH NJW-RR 2017, 445; → Rn. 13; → „Namensabkürzung".

Adelsname: Ein vor dem 14.8.1919 erworbener Adelstitel ist nach Art. 109 III Weimarer Reichsverfassung als ein Bestandteil des Namens bestehen geblieben. Das gilt auch seit dem Inkrafttreten des GG zumindest als Gewohnheitsrecht. Daher muss der Adlige einen Schriftsatz unter einer Hinzufügung des Adelsprädikats unterschreiben, wenn er eine ganz korrekte Unterschrift vornehmen will. Das könnte im Einzelfall bei formgebundenen Schriftsätzen durchaus erheblich sein, wobei auch hier die Frage der Identität im Vordergrund steht, → Rn. 14.

Amtlich bestellter Vertreter: Der Zusatz unter dem eigenen Namen „als amtlich bestellter Vertreter für ..." ist korrekt. Der Umstand, dass er nach § 54 I BRAO dieselben anwaltliche Befugnisse wie der vertretene Anwalt hat, gibt ihm nicht das Recht, nur mit dem Namen des Vertretenen, oder zwar unter seinem eigenen Namen, jedoch insofern nicht nach den für ein Handeln im eigenen Namen notwendigen Regeln zu unterzeichnen, → „Im Auftrag".

Für einen anderen Anwalt: Die Unterzeichnung „für" einen anderen Anwalt kann genügen, BGH NJW-RR 2017, 760; 2012, 1142; Conrad MDR 2014, 877 = LSK 2014, 340175; → „Im Auftrag".

Aufkleben: Reicht für eine Unterschrift nicht, BGH NJW 2015, 3246.

Im Auftrag: Ausreichen kann die Unterschrift „für XY", auch mit Zusatz „nach Diktat verreist"; damit übernimmt der Unterzeichnende im Zweifel die Verantwortung für den Schriftsatz, BGH NJW2012, 1142; 2003, 2028; → „Nach Diktat verreist". Grundsätzlich unzureichend ist eine Unterschrift nur „im Auftrag" oder „i. A." (statt: „in Vertretung"), weil dies auf einen Erklärungsboten hinweist, selbst wenn der Unterzeichnende auch Anwalt ist; etwas anders kann gelten, wenn der Rechtsanwalt Sozius ist, BGH NJW 2018, 1689; 2013, 237; NJW-RR 2012, 1269; Deichfuß NJW 2016, 3132; → „Für einen anderen Anwalt".

Beglaubigung: → „Ablichtung, Abschrift, Begleitschreiben". Eine eigenhändig und handschriftlich beglaubigte Ablichtung oder Abschrift kann die Stelle der Urschrift einnehmen, BGH NJW 2012, 1738 Rn. 9; BAG NZA 2006, 259 Rn. 17; → Rn. 11.

Behörde: Bei ihr oder einer Körperschaft oder Anstalt des öffentlichen Rechts reicht eine maschinenschriftliche Unterzeichnung, wenn ein handschriftlicher Beglaubigungsvermerk des dazu zuständigen Beamten mit oder ohne Beifügung eines Dienstsiegels beiliegt, BGH BeckRS 1979, 106211 = NJW 1980, 172 (GS); LG Köln JurBüro 1991, 1410; → Rn. 11.

Berufungsbegründungsschrift: Wird eine solche innerhalb der Begründungsfrist nicht eingereicht und innerhalb der Wiedereinsetzungsfrist ohne Unterschrift nachgereicht, gelten die Grundsätze zur ausnahmsweisen Wirksamkeit nicht unterzeichneter Rechtsmittelbegründungsschriften nicht, BGH NJW-RR 2020, 309; vgl → Rn. 11.

Blankounterschrift: Die Fertigstellung eines blanko unterschriebenen Schriftsatzes reicht aus, wenn der Anwalt den Inhalt genau festgelegt hat; eine nur stichwortartige Vorgabe reicht aber nicht BGH NJW 2005, 2709.

Briefkopf: Selbst eine eigenhändige „Oberschrift" ist keine Unterschrift, Düss NJW-RR 2002, 437.

Buchstaben: Die Unterschrift muss nicht lesbar sein, → Rn. 14. Es genügt, dass jeder, der den Namen bereits kennt, ihn aus der Unterschrift herauslesen kann, → „Individualität". Man muss allerdings auch herauslesen können, dass der Unterzeichner eindeutig beabsichtigte, seinen vollen Namen zu schreiben, BGH NJW-RR 2015, 699; BAG NJW 2005, 3775, und dass er nicht nur eine bloße Namensabkürzung (Paraphe) vornehmen wollte, BGH NJW 1985, 1227; LAG Bln NJW 2002, 990 (Anfangsbuchstaben); → „Namensabkürzung". Eine Auflösung des Schriftbilds in willkürliche Striche und Linien ohne charakteristische Merkmale und ohne Erkennbarkeit von Buchstaben ist nicht ausreichend, BGH GRUR-RR 2020, 41053 Rn. 9 ff. = NJW-RR 2021, 314 (spitzwinkeliger Aufschwung zu Beginn mit anschließender kurzer Wellenbewegung); NJW-RR 2017, 445; 2015, 699; → „Individualität"; → „Schlangenlinie".

Büropersonal: Grundsätzlich reicht die Unterschrift eines Mitarbeiters des Anwalts im Anwaltsprozess nur dann aus, wenn er seinerseits ein Anwalt ist und „in Vertretung" unterzeichnet; nicht ausreichend ist die Unterzeichnung „im Auftrag", BGH NJW 2013, 237; → „Im Auftrag". Befindet sich unter dem Schriftsatz neben der Unterschrift des Rechtsanwalts mit dem Zusatz i. V. die Unterschrift einer Büroangestellten ebenfalls mit dem Zusatz i. V., ist nicht anzunehmen, dass der Rechtsanwalt entgegen § 84 S. 2 als Gesamtvertreter mit der Angestellten die Verantwortung übernehmen wollte, BGH NJW 2020, 618.

Computerfax. Dazu Salamon NZA 2009, 1249. Es finden §§ 129, 130 Nr. 6 und nicht § 130a Anwendung, BGH BeckRS 2021, 1705 Rn. 12 = NJW-RR 2021, 373; NJW-RR 2015, 624 Rn. 9 ff.; → § 130a Rn. 10. Die Schriftform wird durch eine eingescannte Unterschrift des Erklärenden oder dadurch gewahrt, dass auf dem Schriftsatz der Hinweis angebracht wird, dass der benannte Urheber wegen der gewählten Übertragungsform nicht unterzeichnen kann, BVerfG NJW 2007, 3117; BGH BeckRS 2021, 1705 = NJW-RR 2021, 373; NJW-RR 2015, 624 Rn. 10; NJW 2005, 2086 ohne eingescannte Unterschrift); 2000, 2340; Brschw NJW 2004, 2024 (ohne eingescannte Unterschrift);→ Rn. 10; → „Telefax"; ein maschinenschriftlicher Name kann genügen, wenn sich zweifelsfrei ergibt, von wem die Erklärung herrührt und dass es sich nicht um einen bloßen Entwurf handelt, LG Köln NJW 2005, 79.

Digitale Signatur: Es gilt der gegenüber § 129 vorrangige § 130a, → § 130a Rn. 22 ff. (auch zur Benutzung der Signaturkarte durch einen Dritten) (Anwaltsgehilfen).

(15) **Nach Diktat verreist:** Unterzeichnung mit diesem Zusatz kann reichen, BGH NJW-RR 2012, 1142; 2003, 2028; → „Im Auftrag".

Doppelname: Es reicht aus, dass sein Träger den einen Bestandteil lesbar voll geschrieben hat, den anderen aber gar nicht oder nur abgekürzt hat, BGH NJW 1996, 997; → Rn. 14.

Druck: Eine gedruckte Unterschrift reicht nicht, selbst wenn sie eine Wiedergabe der Handschrift zeigt, → Rn. 10.

Einschreiben: Auch mit Rückschein ersetzt es nicht die Unterschrift, BVerwG NJW 1991, 120.

E-Mail: Ist ein elektronisches Dokument und wahrt die Schriftform des § 130 Nr. 6 nicht; nur wenn die Voraussetzungen des § 130a erfüllt sind, ist der elektronischer Schriftsatz formgemäß, BGH NJW-RR 2009, 357; BAG NZA 2013, 983; VG Arnsberg BeckRS 2013, 55342. Wird eine E-Mail mit einem eingescannten, im Original unterschriebenen Schriftsatz eingereicht, der nicht die Voraussetzungen des § 130a erfüllt, wird erst mit dem Ausdruck der Schriftform Genüge getan; die zur Übersendung eines Telefax ergangene Rechtsprechung, dass eine einzuhaltende Frist bereits durch den vollständigen Empfang der gesendeten Signale vom Telefax des Gerichts gewahrt ist, kann bei einer E-Mail mit eingescanntem Schriftsatz nicht übertragen werden, BGH NJW 2019, 2096; 2015, 1527; 2006, 2263; NJW-RR 2009, 357; → „Telefax (Schriftform)"; → § 130a Rn. 10.

Hinnahme einer objektiv unzureichenden Unterschrift: Bei langjähriger Akzeptanz des betreffenden Gerichts ist eine unerwartete Beanstandung im nächsten Fall unzulässig, BGH FamRZ 2015, 854 (Vertrauendürfen bei Signatur); LAG Bln BeckRS 2003, 30455303..

i. A.: → „Im Auftrag".

Individualität: Die Unterschrift muss nicht lesbar sein; erforderlich ist ein die Identität des Unterzeichnenden ausreichend kennzeichnender Schriftzug, der individuelle, charakteristische Merkmale aufweist, die die Nachahmung durch einen beliebigen Dritten erschweren, wobei insbesondere von Bedeutung ist, ob der Unterzeichner auch sonst in gleicher oder ähnlicher Weise unterschreibt, vgl. BGH GRUR-RS 2020, 41053; NJW-RR 2017, 386 (Unterschrift unter Protokoll); NJW-RR 2015, 699; BAG NJW 2001, 316; Ffm MDR 2005, 919. Nürnb NJW 1989, 235; → Rn. 14; → „Buchstaben"; → „Lesbarkeit"; → „Namensabkürzung", → „Schlangenlinie".

i. V.: Ein Anwalt, der für einen anderen einen bestimmenden Schriftsatz unterzeichnet, übernimmt mit seiner Unterschrift auch dann die Verantwortung für den Inhalt, wenn er seiner Unterschrift maschinenschriftlich den Namen des anderen hinzu fügt, BGH FamRZ 2020, 435 Rn. 14 = BeckRS 2019, 34723; NJW-RR 2017, 760; 2012, 1139; BAG NJW 1990, 2706. Stellvertretung ist bei der Unterzeichnung zulässig, wenn der Unterzeichner die volle Verantwortung für den Inhalt übernimmt. Die Unterzeichnung mit i. V. wird diesem Erfordernis gerecht, BVerfG AnwBl 2016, 358; BGH NJW-RR 2012, 1139 und 1140; LAG Ffm DB 2002, 1116 „Im Auftrag" (i. A.) reicht grundsätzlich nicht, → „Im Auftrag".

Klebestreifen: Nicht ausreichend ist eine so angeklebte Unterschrift, BFH DB 1983, 2041.

Lesbarkeit: → Rn. 14.

Maschinenschrift: Ersetzt die Unterschrift nicht. Unschädlich ist die maschinenschriftliche Beifügung des Namens des anderen Sozius, für den man handschriftlich unterschreibt, BAG NJW-RR 2017, 760. Denn daraus ergibt sich nicht, ob der Namensträger die Verantwortung für den Schriftsatz übernehmen will, → Rn. 10.

Namensabkürzung (Paraphe): Reicht grundsätzlich nicht aus, → Rn. 10, 12. Dem in Rechtsprechung und Lehre klaren Grundsatz der Notwendigkeit einer eigenhändigen und handschriftlichen Unterzeichnung mit dem vollen Namen als Gewähr für die Übernahme der vollen inhaltlichen Verantwortung und der Absicht der endgültigen Einreichung, → Rn. 10, steht eine in der Praxis verbreitete Übung der Unterzeichnung mit einer bloßen mehr oder minder knappen oder klaren Namensabkürzung auch unter bestimmenden Schriftsätzen gegenüber. Bei der Prüfung kommt es auf das äußere Erscheinungsbild an. Ausreichend ist ein paraphenähnlicher Schriftzug, der den ganzen, Namen darstellen soll und den man von anderen unterscheiden kann, BGH NJW-RR 2017, 445; BAG NJW 2001, 316; → Rn. 14 (zur Lesbarkeit); → „Buchstaben"; → „Schlangenlinie".

Namensstempel (Faksimile) Ein Namensstempel reicht grds. weder in der Form von Druckbuchstaben noch in der Form einer von einem Original abkopierten handschriftlichen Form des Schriftzugs aus, Salamon NZA 2009, 1249; → „Computerfax"; → Rn. 10.

Parallelprozess: Grundsätzlich muss die Unterschrift unter demjenigen Schriftsatz stehen, dessen Original beim Prozessgericht vorliegt und der sich auf diesen und keinen anderen Prozess bezieht. Das gilt jedenfalls, solange keine Verbindung mehrerer Verfahren nach § 147 stattgefunden hat. Ab einer Verbindung und bis zur Trennung nach § 145 ist es unerheblich, ob die Geschäftsstelle den Schriftsatz richtig eingeheftet hat. Maßgeblich ist, welches Gericht und welcher Prozess betroffen sein sollte. Das gilt selbst dann, wenn der Absender das derzeitige oder frühere Aktenzeichen irrig falsch angegeben hat, → Rn. 7.

Rechtsmittelschrift/Rechtsmittelbegründung: → „Berufungsbegründungsschrift"; → Rn. 11 (handschriftlicher Beglaubigungsvermerk).

Schlangenlinie: Die Auflösung des Schriftbilds in willkürliche Striche und Linien ohne charakteristische Merkmale ist nicht ausreichend, BGH GRUR-RS 2020, 41053; Köln NJW 2008, 3649 (2 Striche, 1 Haken). Hier fehlen die individualisierenden Merkmale ebenso wie bei einer Paraphe, BGH NJW 1999, 60 und bei großgeschriebenen Anfangsbuchstaben; BGH NJW-RR 2012, 1140; → „Buchstaben"; → Rn. 14 (zur Lesbarkeit). Es soll grds. bereits aus dem Schriftsatz selbst erkennbar sein und feststehen, dass kein bloßer Entwurf vorliegt, sondern dass der Unterzeichner eine prozessual gewollte Erklärung endgültig einreichen will und für ihren gesamten Inhalt die volle Verantwortung übernimmt, → Rn. 10. Es ist trotz des Verbots einer Überspannung im Allgemeinen erforderlich, dass ein individuell gestalteter Namenszug vorliegt, der eine Unterscheidung gegenüber anderen Unterschriften zulässt und die Absicht einer vollen Unterschrift erkennen lässt, BGH NJW 2005, 3775; Köln NJW 2008, 3649, und der die Nachahmung durch einen beliebigen Dritten mindestens erschwert, BGH GRUR-RS 2020, 41053..

Sozius: *Ausreichend ist grds. seine* Unterschrift; etwas anderes gilt aber bei einem freien Mitarbeiterverhältnis, BGH NJW 2018, 1689; → „Im Auftrag".

Telefax. Das Telefax wahrt die Schriftform, BVerfG NJW 1987, 2067; BAG NJW 2019, 698; 2001, 989; LG Köln NJW 2005, 79; FG Hmb NJW 2001, 99; → „(Unterschrift)". Bei Übersendung eines Schriftsatzes per

Telefax kommt es für den Eingang auf den Empfang der gesendeten Signale vom Telefax des Gerichts an, auch wenn erst der Ausdruck an die Stelle der Schriftform tritt, BGH NJW 2019, 2096; 2007, 2045; 2006, 2263; → „E-Mail" (PDF-Datei). (15)

Beim Telefax, → „Telekopie", gelten im Wesentlichen folgende Regeln.

– **(Adressierung):** Sie entspricht der richtigen Empfängernummer, BAG NJW 1995, 2742. Von welchem Apparat gesendet wurde, spielt keine Rolle, Thomas/Putzo/Seiler Rn. 13.
– **(Computerfax):** Es reicht – anders als beim normalen Telefax – auch eine eingescannte Unterschrift, aus; dasselbe gilt, wenn sich zweifelsfrei aus anderen Umständen ergibt, von wem die Erklärung herrührt und es sich nicht um einen bloßen Entwurf handelt, → „Computerfax".
– **(Frist):** Scheitert bei einer Telefax-Übertragung der rechtzeitige Eingang innerhalb der Frist allein wegen eines technischen Mangels des Empfangsgerätes, muss der Absender grundsätzlich nicht unverzüglich für eine andere Übertragungsart sorgen, BVerfG NZA 2000, 789 (§§ 4, 5 KSchG); vgl. auch BGH BeckRS 2022, 7564 (Hinweispflicht bei Zumutbarkeit eines anderen Übermittlungsweges iRd Wiedereinsetzungsverfahrens, → § 139 Rn. 64 „Berufung (Berufungs- und -begründungsfrist)". Die Frist ist nicht gewahrt, wenn der fristgebundene Schriftsatz ohne Unterschrift eingeht, Kblz NJOZ 2004, 407 (§ 12 III VVG). Bei einer Übersendung vorab per Fax innerhalb der Frist muss das später eingehende Original identisch sein, LG Wiesb NJW 2001, 3636. Der Versender muss übliche Verzögerungen, wie schwankende Übertragungsgeschwindigkeiten und Belegung des Empfangsgerätes bei Gericht, einkalkulieren (ca. 20 Minuten) und bei technischen Störungen zumutbare Maßnahmen zur Fristwahrung ergreifen, zB die Ermittlung weiterer Telefaxnummern; ist der Zustellversuch per Fax an den Außensenat gescheitert, muss in der verbleibenden Zeit eine Faxzustellung an die Hauptstelle des OLG erfolgen, BGH NJW-RR 2021, 54 = BeckRS 2020, 26041. Die Partei muss den rechtzeitigen Zugang im gerichtlichen Empfangsgerätes – darauf kommt es für den Eingang an nachweisen; das ist durch den Sendebericht des Absendergerätes nicht möglich; er ist ein bloßes Indiz und kein Anscheinsbeweis; jedoch muss das Gericht die Partei über ihr nicht zugängliche gerichtsinterne Vorgänge des Faxempfanges uU von Amts wegen aufklären, BVerfG NJW 2020, 142 Rn. 14, 15; BGH BeckRS 2022, 7002; NJW-RR 2020, 499 Rn. 14; NJW 2020, 1225 Rn. 8; Thomas/Putzo/Seiler Rn. 1; → § 233 Rn. 31 „Rechtsanwalt: Elektronischen Dokumente". Gehen bei Gericht 11 leeren Faxseiten ein, kann eine Verletzung des rechtlichen Gehörs angenommen werden, wenn das Gericht einem beantragten Sachverständigengutachten zu einem behaupteten Fehler in der Sphäre des Gerichts nicht nachkommt, BGH NJW 2013, 2514 Rn. 11; vgl auch → „(Unlesbar)".
– **(Datenschutz):** Seit vielen Jahren ist das Telefax anerkannt und ausdrücklich in § 130 Nr. 6 benannt. Aufgrund einer Entscheidung des OVG Lüneburg NJW 2020, 2743 ist eine Diskussion über seine datenschutzrechtliche Zulässigkeit entbrannt, weil das OVG die Übermittlung personenbezogener Daten über ein unverschlüsseltes Telefax als Verstoß gegen das niedersächsische Datenschutzgesetz wertete; Bremen zog daraus die Konsequenzen und benutzt die Faxtechnik nicht mehr, vgl. näher hierzu Werner/Hohl DRiZ 2021, 276. Es ist Werner/Hohl DRiZ 2021, 276 zuzustimmen, dass sich diese Diskussion mit § 130d, der ab 1.1.2022 gelten wird, zum elektronischen Rechtsverkehr hin verlagern wird; es ist auch zu begrüßen, dass der BGH zu der jetzigen Diskussion um beA bezüglich einer Ende-zu-Ende- Verschlüsselung iSd einschlägigen europäischen Patentschrift eine klare Entscheidung getroffen hat; der BGH sieht beA in der jetzigen Form als sicheren Übermittlungsweg an und verneint einen Anspruch eines Anwalts gegenüber der RA-Kammer auf eine Ende-zu-Ende-Verschlüsselung, BGH NJW 2021, 2206; → § 130a Rn. 33.
– **(Postulationsfähigkeit):** Der Absender muss als ProzBev. postulationsfähig sein, Kblz NZA 2004, 407.
– **(Unlesbar):** Ein unlesbares oder „verstümmeltes" Telefax gilt als vollständig eingereicht, wenn sich der vollständige Inhalt nachträglich feststellen lässt, und der Fehler in der Sphäre des Gerichts liegt, BGH NJW 1988,2788; BVerwG NJW 1991, 1193; vgl. auch → „(Frist)" Beim Telefax bestätigt aber der sog. Übertragungsbericht nicht den Inhalt und das Fehlen einer etwaigen Störung des Empfangsgeräts, Köln NJW 1989, 594.
– **(Unterschrift):** Der Absender muss die Kopiervorlage unterschreiben; eine aufgeklebte oder eingescannte Unterschrift reicht nicht beim Telefax, anders als beim Computerfax, BVerfG NJW 2007, 3117; BGH NJW-RR 2019, 441 = BeckRS 2019, 2056; NJW 2015, 3246; 2006, 3784; Kblz MDR 2004, 409, LG Wiesb NJW 2001, 3636; BAG NJW 2019, 698 Rn. 17; → „– (Computerfax)"; → „Namenskürzung – (Paraphe)"; → § 130 Rn. 27; → § 340 Rn. 10 „Telefax". Zur kaum sichtbaren Unterschrift auf dem Originalschriftsatz → „Telekopie". Bei einem unvollständigen Fax als fristgebundener Schriftsatz, bei dem die letzte Seite mit der Unterschrift fehlt und das am vorletzten Tag vor Fristablauf eingeht, muss am Folgetag kein Hinweis erfolgen, BGH NJW-RR 2017, 686. Ist die Unterschriftenzeile leer geblieben, kann dies auf ein Versehen zurückzuführen sein; etwas anderes gilt bei einem faksimilierten Signum; dieses lässt den Schluss zu, dass der Betreffende bei Absendung nicht anwesend war; hier kann eine inhaltliche Verantwortungsübernahme nicht angenommen werden, BAG NJW 2019, 698 Rn. 19.

Telefon: Wenn die Schriftform gilt, reicht eine telefonische Erklärung nicht, BFH NJW 1965, 174. Wegen des grundsätzlichen Erfordernisses einer eigenhändigen handschriftlichen Unterschrift, reicht grds. nicht einmal eine persönliche Abgabe eines nicht unterzeichneten Schriftsatzes auf der Geschäftsstelle aus, BGH NJW 1980, 291; → Rn. 10. Von der lediglich telefonischen Einreichung muss man den Fall unterscheiden, dass man den Schriftsatz per Telefax einreicht oder übermittelt oder zustellt und dass man auf diesem Übermittlungsweg auch das Telefon einschaltet, BFH NJW 1965, 174

Telegramm: Eine telegrafische Übermittlung steht der Schriftform gleich, ohne dass eine eigenhändige Unterschrift erforderlich ist; das Ankunftstelegramm ist nie unterschrieben; eingereicht ist die telegrafische Erklärung mit Eingang des Ankunftstelegramms bei Gericht, BVerfG NJW 1980, 580; BGH NJW 1987, 2586; Thomas/Putzo/Seiler Rn. 11.

Telekopie: Sie ist als schriftliches Dokument nach § 130 Nr. 6 einzuordnen; enthält der Originalschriftsatz eine kaum sichtbare (blasse) Unterschrift und kann der RA nicht damit rechnen, dass diese auf die Telekopie übertragen wird, hat er nachteilige Folgen für seinen Mandanten verschuldet, BGH BeckRS 2019, 2056 = NJW 2019, 441; → „Telefax (Unterschrift)".

Titel: Der akademische oder sonstige Titel ist grundsätzlich kein Bestandteil des bürgerlichen Namens mit Ausnahme der früheren Adelstitel, → „Adelsname". Daher ist seine Aufnahme in die Unterschrift nicht

erforderlich. Sofern sie erfolgt, ist ihre etwaige Unvollständigkeit oder sonstige Mangelhaftigkeit unerheblich, soweit der Unterzeichner feststeht.
Untervertreter/ Untervollmacht: → „i. V." vor der Unterschrift kann reichen, wenn der Unterzeichnende die Verantwortung mit übernimmt, → „i.V." und „Im Auftrag" (reicht nicht).
Urheberschaft/Verantwortlichkeit: → Rn. 13.
Vorname: Er reicht nicht aus, BGH BeckRS 2003, 964 = NJW 2003, 384 (zu § 13 BeurkG).

16 **VI. Besonderheiten im Parteiprozess, II. 1. Allgemeines.** Die Parteien müssen nach § 496 grundsätzlich nur die Klage, Klageerwiderung sowie sonstige Anträge und Erklärungen, die zugestellt werden sollen, schriftlich einreichen oder mündlich zu Protokoll bringen. Daraus folgt im Vergleich zwischen II und I, der im Anwaltsprozess gilt, dass die mündliche Verhandlung nach der Gesetzeslage sonst nicht durch Schriftsätze vorbereitet werden muss.

17 Das Gericht kann aber entsprechend seiner ausdrücklichen Befugnis nach II durch eine Anordnung der einen oder der anderen oder beiden Parteien aufgeben, „die mündliche Verhandlung durch Schriftsätze oder durch zum Protokoll der Geschäftsstelle abzugebende Erklärungen vorzubereiten". In der Anordnung des schriftlichen Vorverfahrens (§§ 272 II, 276 I) liegt zugleich eine Anordnung nach II für beide Parteien, Zöller/Greger Rn. 2. Das ergibt sich zwar nicht unmittelbar kraft Gesetzes, wohl aber wegen der zwingenden gesetzlichen Anweisung an den Vorsitzenden, dem Bekl. nach § 276 I 2 eine Frist zu einer schriftlichen Klagerwiderung zu setzen, und wegen der auch dort vorgesehenen Möglichkeit zu weiteren Fristsetzungen nach §§ 276 III, 277. Eine Anordnung nach II ist nach § 275 I 1, III, IV auch im Verfahren mit einem frühen ersten Termin zulässig. Die Möglichkeit einer Anordnung nach II liegt im pflichtgemäßen Ermessen des Gerichts („kann"). Sie besteht auch in allen anderen Verfahrensarten außerhalb des Anwaltszwangs und in jedem Verfahrensstadium, zB nach § 273 I, II Nr. 1, 2. Ohnehin kann jede Partei mit oder ohne einen Anwalt oder sonstigen ProzBev. oder nach § 79 vertretungsberechtigten Bevollmächtigten auch im Parteiprozess jederzeit einen bestimmenden oder einen vorbereitenden Schriftsatz einreichen, was üblicherweise auch geschieht, wenn die Partei durch einen RA vertreten wird, → Rn. 1.

18 **2. Unterschriftszwang.** Da es um die Frage der Verantwortungsübernahme für den Schriftsatz geht, muss ein solcher auch dann unterschrieben werden, wenn kein Anwaltszwang nach § 78 besteht. Das gilt unabhängig davon, ob es sich um einen bestimmenden, → Rn. 7, 8, oder vorbereitenden Schriftsatz, → Rn. 5, 6, handelt, Musielak/Voit/Stadler Rn. 14. Deshalb gelten auch dieselben Anforderung wie im Anwaltsprozess, → Rn. 9 ff. Das gilt auch für den ProzBev, BGH NJW 1985, 328, oder für einen nach § 79 vertretungsberechtigten Bevollmächtigten, der strafrechtliche, berufsrechtliche Verantwortung übernimmt.

19 **3. Erklärung zu Protokoll.** Das Gericht kann in seiner Anordnung der Partei aufgeben, einen Schriftsatz einzureichen. Es kann ihr aber auch anheimstellen oder aufgeben, eine Erklärung zu Protokoll der Geschäftsstelle abzugeben. Das Gericht übt insofern ein pflichtgemäßes Ermessen aus. II bedeutet nicht, dass das Ermessen bei der Partei verbleibt, ob ein Schriftsatz oder eine Erklärung zu Protokoll erfolgen soll. Der Wortlaut von II würde zwar beide Auslegungen zulassen. Auch kann eine Erklärung zu Protokoll der nicht anwaltlich vertretenen Partei zunächst Kosten zB eines Vorschusses gegenüber einem Anwalt ersparen und eine Formulierungshilfe durch die Rechtsantragsstelle bedeuten. Gerade wegen dieser unterschiedlichen Auswirkungen soll zunächst das Gericht entscheiden, welche Form der Erklärung die Partei einhalten muss. Wenn das Gericht beide Möglichkeiten zulässt oder keine von ihnen ausdrücklich als allein zulässige nennt, hat die Partei das Wahlrecht zwischen einem Schriftsatz und einer Erklärung zum Protokoll. Soweit sie einen Schriftsatz wählt, gelten die im Anwaltsprozess notwendigen Regeln zur Unterschrift wie sonst nach → Rn. 9 ff. Soweit eine Erklärung zu Protokoll der Geschäftsstelle zulässig ist und gewählt wird, gelten §§ 129a, 496.

20 **VII. Verstoß der Partei, I, II.** Bei einem Verstoß gegen eine erforderliche Unterschrift können prozessuale, strafrechtliche, berufsrechtliche und materiell-rechtliche Folgen eintreten. Der Vortrag kann rechtlich bedeutungslos sein. Für einen Verstoß ihres gesetzlichen Vertreters oder ProzBev. kann die Partei im Außenverhältnis nach §§ 51 II, 85 II verantwortlich sein, während sie im Innenverhältnis ihnen gegenüber einen Rückgriff nehmen mag. Bei einem Verstoß im Parteiprozess können dieselben Folgen wie im Anwaltsprozess eintreten. Es kann auch eine Zurückweisung wegen Verspätung nach § 296 in Betracht kommen. §§ 282, 335 I 3 müssen beachtet werden. Eine **Heilung** ist bei fristgebundenen Prozesshandlungen nach Ablauf der Frist nicht möglich, BGH NJW-RR 2020, 648 (Beschwerde); BAG NJW 2019, 698; → Rn. 12. Bei nicht fristgebundenen bestimmenden Schriftsätzen ist sie nach § 295 nur möglich, wenn die Gegenpartei wirksam verzichten kann, MüKoZPO/Fritsche Rn. 25. Eine Nachholung der fehlenden Unterschrift erst nach dem Schluss der mündlichen Verhandlung nach §§ 136 IV, 296a kann nach §§ 296a, 156 unbeachtlich sein.

21 **VIII. Rechtsbehelfe, I, II.** Bei einem Verstoß des Gerichts gegen § 129 durch eine zu großzügige Anerkennung einer Unterschrift als wirksam oder wegen einer zu strengen Zurückweisung kann nach § 567 I Nr. 2 die sofortige Beschwerde wegen der Zurückweisung eines das Verfahren betreffenden Gesuchs statthaft sein. Eine Rechtsbeschwerde kommt unter den Voraussetzungen des § 574 in Betracht. Im Übrigen ist erst gegen die auf dem Verstoß beruhende Endentscheidung das dafür statthafte Rechtsmittel möglich. Das Revisionsgericht muss die Ordnungsmäßigkeit der Unterschrift von Amts wegen selbständig überprüfen, BGH NJW 1992, 243. Soweit in der Zurückweisung ein Verstoß gegen Art. 103 I GG liegt, mag nach der Erschöpfung des Rechtswegs auch die Verfassungsbeschwerde in Betracht kommen, → Vor § 128 Rn. 42 ff.

129a *Anträge und Erklärungen zu Protokoll.* **I Anträge und Erklärungen, deren Abgabe vor dem Urkundsbeamten der Geschäftsstelle zulässig ist, können vor der Geschäftsstelle eines jeden Amtsgerichts zu Protokoll abgegeben werden.**

II [1]Die Geschäftsstelle hat das Protokoll unverzüglich an das Gericht zu übermitteln, an das der Antrag oder die Erklärung gerichtet ist. [2]Die Wirkung einer Prozesshandlung tritt frühestens ein, wenn das Protokoll dort eingeht. [3]Die Übermittlung des Protokolls kann demjenigen, der den Antrag oder die Erklärung zu Protokoll abgegeben hat, mit seiner Zustimmung überlassen werden.

I. Systematik. Die Vorschrift gilt in den Fällen, in denen Anträge und Erklärungen vor dem Urkundsbeamten der Geschäftsstelle zu Protokoll abgegeben werden können. Sie regelt selbst nicht, wann dies möglich ist. I betrifft die Zuständigkeit des Gerichts, bei dem die Anträge und Erklärungen zu Protokoll erfolgen können. II behandelt ua Verfahrensfragen. Die Vorschrift ist im Zusammenhang mit §§ 78, 129 II und den Vorschriften zu sehen, die die Möglichkeit einer Erklärung zu Protokoll der Geschäftsstelle vorsehen. Eine solche Möglichkeit ist grundsätzlich im Anwaltsprozess nicht gegeben, wobei es insoweit Ausnahmen gibt, → Rn. 4. Nach § 78 I, II müssen sich die Parteien vor einem Kollegialgericht grundsätzlich durch einen Anwalt oder, soweit es um Behörden oder juristische Personen des öffentlichen Rechts einschließlich der von ihnen zur Erfüllung ihrer öffentlichen Aufgaben gebildeten Zusammenschlüsse geht, durch die in 78 II genannten Personen vor Gericht vertreten lassen, (sog. Anwaltsprozess). In amtsgerichtlichen Zivilverfahren können Anträge und Erklärungen nach § 496 grundsätzlich zu Protokoll der Geschäftsstelle abgegeben werden (sog. **Parteiprozess,** §§ 78 III, 79), wenn nicht eine nach § 129 II abweichenden Anordnung des Gerichts zur schriftlichen Einreichung erfolgt ist. Möglich und häufig auch praktiziert ist aber auch im Parteienprozess die Einreichung eines Schriftsatzes, auch durch einen Bevollmächtigten, wobei § 130d zu beachten ist. 1

II. Regelungszweck. Mit der Möglichkeit nach I, eine Erklärung mündlich zu Protokoll der Geschäftsstelle eines jeden AG und nicht nur bei dem für den Prozess zuständigen Gericht abzugeben, erleichtert die Vorschrift den Zugang zu Gericht. Damit dient die Vorschrift dem effektiven Rechtsschutz, MüKoZPO/Fritsche Rn. 1. Die Vorschrift soll dazu beitragen, dass die Partei die Fach- und Rechtskunde des Urkundsbeamten der Geschäftsstelle nutzen kann, statt ihre Erklärungen in einem vielleicht unklar formulierten missverständlichen und zu Rechtsnachteilen führenden Schriftsatz niederzulegen oder einen Anwalt einzuschalten mit dem entsprechenden Kostenrisiko. Damit dient § 129a nicht nur der Erleichterung der Prozessführung, sondern auch der Rechtssicherheit und der Gleichheit vor dem Gesetz. Allerdings bleibt der Erklärende für den Inhalt in erster Linie selbst verantwortlich. Ob eine vom Urkundsbeamten missverständlich oder fehlerhaft aufgenommene Erklärung eine Amtshaftung wegen Verschuldens des Beamten auslösen kann, ist eine andere Frage, → Rn. 20. Im Übrigen gibt § 129a nur eine örtliche Erleichterung, keine zeitliche. Das stellt II 2 klar. Andernfalls könnte man jede gesetzliche oder richterliche Frist dadurch verlängern, dass man bis zum letzten Moment wartet und dann zum nächsten AG geht, statt dafür zu sorgen, dass die Erklärung fristgerecht beim Prozessgericht eingeht. 2

Während für Anträge und Erklärungen in Schriftform mit §§ 130a ff. eine digitale Entsprechung geschaffen wurde, setzt § 129a die Anwesenheit der zu beratenden Person bei der Protokollierung voraus, → Rn. 10 ff. Mit Blick auf Rechtssuchende, die das nächstgelegene Amtsgericht nur mit großem Aufwand erreichen können, wird im Zeitalter der Digitalisierung auch über eine **Online-Rechtsantragsstelle** nachgedacht werden müssen, vgl. Vorschläge der Präsidentinnen und Präsidenten des BGH, des KG, der OLG's und des BayObLG zur **„Virtuellen Rechtsantragsstelle"**, Beckonline FD-ZVR 2021, 439564; vgl. auch Dickert DRiZ 2020, 296; → Einl. I Rn. 9. 3

III. Geltungsbereich. Die Vorschrift gilt in jeder Verfahrensart nach der ZPO und in jedem Verfahrensstadium, soweit kein Anwaltszwang besteht, also grundsätzlich in amtsgerichtlichen Zivilprozessen, §§ 78 III, 79, 496, → Rn. 1. Sie ist aber auch im Anwaltsprozess anwendbar, wenn die Prozesshandlung vom Anwaltszwang freigestellt ist, MüKoZPO/Fritsche Rn. 2. Das ist nach § 78 III in Verfahren vor dem ersuchten oder beauftragten Richter der Fall. Anwendbar ist § 129a generell auch bei Erledigungserklärungen außerhalb der mündlichen Verhandlung, 91a I 1, 3. Fall, sowie in zahlreichen weiteren Fällen, in denen die Erklärung zu Protokoll der Geschäftsstelle abgegeben werden kann, → Rn. 7. § 129a gilt auch im WEG-Verfahren. I ist ferner im arbeitsgerichtlichen Urteilsverfahren anwendbar,dh das AG leistet dem Arbeitsgericht nach § 13 I 2 ArbGG Amtshilfe durch Aufnahme von Anträgen und Erklärungen, während für das Beschlussverfahren die Sonderregelungen der §§ 81, 82 Arb GG gelten, Philippsen NJW 1977, 1133. Nach § 25 I FamFG können die Beteiligten Anträge und Erklärungen zur Niederschrift der Geschäftsstelle abgeben, soweit kein Anwaltszwang in FamFG-Verfahren besteht; § 25 II und III FamFG enthalten dem § 129a entsprechende Regelungen. Anwaltszwang besteht nach § 114 grundsätzlich in Ehe- und Folgesachen sowie für Beteiligte in selbständigen Familienstreitsachen, wobei in §§ 114 IV, 134 FamFG Ausnahmen enthalten ist. 4

Die Vorschrift ist zugunsten jeder Partei und derjenigen Personen anwendbar, die am Verfahren beteiligt sind. Dazu gehören zB der Streithelfer nach § 66, der Zeuge nach § 373, der Sachverständige nach § 402, ein Beauftragter; ein Bevollmächtigter nach § 79, auch der ProzBev, falls er diesen Weg wählt, ein sonst wie Beteiligter, etwa der andere Elternteil im Kindschaftsverfahren nach §§ 151 ff. FamFG. 5

IV. Aufnahme der Erklärung, I. 1. Inhalt der Erklärung. Innerhalb des sachlichen und persönlichen Geltungsbereichs nach → Rn. 4, 5 erfasst § 129a jeden Antrag und jede Erklärung, soweit kein Anwaltszwang besteht, → Rn. 4, 7. Zu den Anträgen und Erklärungen gehören nicht nur die Prozesshandlungen, → Vor § 128 Rn. 54 ff., sondern jede wie immer geartete Äußerung, die man gegenüber dem Gericht abgeben möchte oder etwa nach §§ 129 II, 273 abgeben muss. In Frage kommen zB: Der Mahnantrag nach § 690; der Antrag auf eine Prozesskostenhilfe nach § 117; die Klageschrift nach § 253; die Klagerwiderung nach §§ 275 I 1, 277; eine Widerklage; eine Streitverkündung nach § 72; der Beitritt zum Prozess nach § 74; ein Gesuch um eine Terminverlegung oder Fristverlängerung nach §§ 224, 227; eine Stellungnahme zu einem gegnerischen Schriftsatz zB nach § 283; die Beantwortung einer gerichtlichen Anfrage oder Auflage; ein Rechtsmittel oder ein Rechtsbehelf, soweit man ihn auch ohne einen Anwalt wirksam einlegen kann, etwa ein Einspruch gegen ein amtsgerichtliches Versäumnisurteil nach § 340; ein Arrestantrag nach § 920; ein Antrag auf eine einstweilige Anordnung oder Verfügung nach §§ 916 ff., 935 ff. ZPO, §§ 49 ff. FamFG; ein Kostenfestsetzungsgesuch nach § 103 II; ein Antrag auf die Einstellung der Zwangsvollstreckung zB nach §§ 707, 719, 769; ein Vollsteckungsschutzantrag nach § 765a; ein Räumungsfristgesuch nach § 721. 6

2. Statthaftigkeit. Ein Antrag oder eine Erklärung zu Protokoll der Geschäftsstelle ist statthaft, wenn kein Anwaltszwang besteht, → Rn. 4. Das ist im Parteienprozess der Fall, dh grundsätzlich in Zivilsachen vor dem Amtsgericht, soweit keine andere Anordnung des Gerichts nach § 129 II getroffen wurde, §§ 78 III, 79, 496. Nach § 78 III besteht generell auch kein Anwaltszwang bei Verfahren vor dem ersuchten oder beauftragten Richter (§§ 361, 362) sowohl im Parteiprozess als auch im Anwaltsprozess, in Anwaltsprozessen darüber hinaus,, soweit gesetzliche Regelungen einen Antrag oder eine Erklärung zu Protokoll der Geschäftsstelle zulassen. Das Gesetz enthält solche Fälle in großer Zahl, wie zB in §§ 91a I 1, 44 I, 109 III 1, 117 I, 248 I, 381 II, 386 IV, 406 7

II 3, 486 IV, 569 III, 571 IV, 696 IV 2, 697 IV 2, 700 III 2, 702, 715 II, 920 III, 936. § 129a gilt auch für Erklärungen und Anträge, für die keine Form vorgeschrieben ist, zB §§ 37, 103 I, 732, sowie dann, wenn der Urkundsbeamte der Geschäftsstelle in eigener Zuständigkeit entscheidet, wie zB bei §§ 724 II, 797 I, MüKoZPO/Fritsche Rn. 2. Soweit das Gesetz die Schriftform vorschreibt, erlaubt es meistens ausdrücklich wahlweise auch die Abgabe zu Protokoll. Andernfalls kann die Erklärung zu Protokoll unzureichend sein, auch wenn ein angefertigtes gerichtliches Protokoll grundsätzlich jede andere Form ersetzt.

8 **3. Gebühren.** Die Tätigkeit nach § 129a ist als solche nach § 1 I 1 GKG gebühren- und auslagenfrei. Das gilt auch für die Kosten der Weiterleitung an das Prozessgericht. Denn die Weiterleitung als solche erfolgt zwar auch aufgrund eines gestellten Sachantrags nebst einer Bitte um die Weiterleitung, aber doch in der Erfüllung einer auch ohne eine solche Bitte bestehenden Amtspflicht, also von Amts wegen, → Rn. 12. Ob das Prozessgericht für die weitere Bearbeitung etwa der Klage nach § 253 einen Vorschuss nach § 12 GKG fordern kann, ist eine andere Frage.

9 **4. Zuständigkeit für die Aufnahme der Erklärung.** Soweit eine Erklärung zu Protokoll der Geschäftsstelle statthaft ist, → Rn. 7, ist **jedes AG** zur Entgegennahme berechtigt und verpflichtet, MüKoZPO/Fritsche Rn. 5. Es ist unerheblich, ob der Erklärende im Bezirk dieses AG wohnt, sich dort aufhält oder dort seinen gewöhnlichen Aufenthalt hat. Es ist ebenso unerheblich, ob das Prozessgericht nahe oder weit entfernt ist und ob das aufnehmende AG im Bezirk des Prozessgerichts liegt. Da die Tätigkeit der Geschäftsstelle keine richterliche Aufgabe ist, wird sie nicht im Geschäftsverteilungsplan geregelt, MüKoZPO/Fritsche Rn. 4. Vielmehr wird die zuständige Abteilung durch die Justizverwaltung, zB in einem Organisationsplan, bestimmt. Im Allgemeinen ist die bei jedem AG vorhandene Rechtsantragsstelle zuständig. Andernfalls ist zumindest diejenige Geschäftsstelle zuständig, die den Vorgang bearbeiten müsste, falls ein solches Verfahren bei dem angerufenen AG anhängig wäre. Wegen einer Ablehnung des Urkundsbeamten vgl. § 49. **Funktionell** zuständig ist grundsätzlich der Urkundsbeamte (§ 153 II GVG); bestimmte Erklärungen müssen nach § 24 RPflG vom Rechtspfleger aufgenommen werden. Der Zuständige muss ein amtliches Protokoll aufnehmen. Das Protokoll hat die Beweiskraft einer öffentlichen Urkunde nach §§ 415, 418.

10 **5. Abgabe der Erklärung.** Der Erklärende muss die Erklärung in **körperlicher Anwesenheit** vor dem Urkundsbeamten der Geschäftsstelle abgeben; eine telefonische Erklärung reicht nicht, BGH NJW-RR 2009, 852 (Beschwerde); MüKoZPO/Fritsche Rn. 10; Musielak/Voit/Stadler Rn. 4. Der Erklärende braucht keine schriftliche Fassung anzufertigen oder gar mitzubringen. Er braucht sein Anliegen nicht in einer bereits rechtlich geordneten Form vorzutragen. Man kann aber von ihm eine in der Laiensphäre klare Zielrichtung seiner Wünsche erwarten. Immerhin muss der Urkundsbeamte infolge seiner Fürsorgepflicht bemüht sein, das Anliegen in rechtlich relevante Worte zu kleiden. Das gilt insbesondere auf der Rechtsantragsstelle. Soweit der Antragsteller dem Antrag oder der Erklärung Unterlagen beifügen will, muss er sie grundsätzlich bei der Abgabe zum Protokoll übergeben, und zwar im Original. Soweit das nicht erfolgt, ist jedoch das aufnehmende AG gleichwohl nach II 1 zur unverzüglichen Weiterleitung des Protokolls auch ohne Anlagen berechtigt und verpflichtet, soweit nicht der Antragsteller nach II 3 die Übermittlung selbst vornehmen will. Das aufnehmende AG muss dann die Nachforderung der Anlagen dem Prozessgericht überlassen. Der Antragsteller muss das Protokoll nicht unterschreiben; aus Gründen der Klarheit ist die Unterschrift aber empfehlenswert; der Antragsteller sollte das Protokoll auch wie bei § 162 nach ratsamer Vorlesung genehmigen, MüKoZPO/Fritsche Rn. 8; → Rn. 11.

11 **6. Pflicht zur unverzüglichen Entgegennahme.** II 1 spricht nur von der Pflicht zur unverzüglichen Übermittlung an das Prozessgericht. Aber auch die unverzügliche Entgegennahme ist eine Amtspflicht nach § 839 BGB. Das gilt nur gegenüber dem Erschienenen, nicht aber bei einer unzulässigen Erklärung, so einer telefonischen oder bei einer solchen durch E-Mail. Gerade bei einer fristgebundenen Prozesshandlung kann es auf eine unverzügliche Aufnahme ankommen. Deshalb darf der Urkundsbeamte die Aufnahme der Erklärung zu Protokoll nicht verzögern. Die Einzelheiten der Protokollierung richten sich nach den Erfordernissen des Einzelfalls. § 160 gilt nur für das Sitzungsprotokoll; allerdings sollte das Protokoll den Ort, das Datum, die Bezeichnung des aufnehmenden Gerichts, den Namen des Urkundsbeamten und des Erklärenden sowie den Inhalt des Antrages und der Erklärung enthalten, MüKoZPO/Fritsche Rn. 6. Ein Recht oder sogar ein Pflicht zur inhaltlichen Überprüfung besteht für den Urkundsbeamten nicht; jedoch muss er sich um einen klaren Inhalt bemühen, das Ziel des Erklärenden erforschen und bei der Formulierung behilflich sein sowie sachdienliche Anträge aufnehmen, MüKoZPO/Fritzsche Rn. 6. Es empfiehlt sich, den Antrag dem Erklärenden nach § 162 I vorzulesen und von diesem genehmigen zu lassen und einen entsprechenden Vermerk anzufertigen. Denn hiervon kann die Wirksamkeit des Antrags, einer öffentliche Urkunde nach §§ 415, 418, abhängen.

12 **V. Übermittlungspflicht, II 1. 1. Unverzüglichkeit.** Der Urkundsbeamte der Geschäftsstelle muss das Protokoll unverzüglich an das Gericht übermitteln, an das die Erklärung oder der Antrag gerichtet ist, und zwar von Amts wegen. Unverzüglich bedeutet ohne schuldhaftes Zögern (vgl. § 121 I 1 BGB). Schuldhaft ist ein vorwerfbares Verhalten. Vorsatz ist nicht erforderlich. Einfache, leichte Fahrlässigkeit genügt. Durch das Merkmal „übermitteln" (vormals übersenden) wird deutlich, dass heute schon vor der flächendeckenden Einführung der E-Akte auch elektronische Dokumente erfasst werden, MüKoZPO/Fritsche Rn. 9. Da im Falle des II eine Eilsache vorliegt, müssen andere Aufgaben evtl. zunächst zurückstehen; es ist auch der Übermittlungsweg zu wählen, der möglich ist und zu einer größtmöglichen Beschleunigung beiträgt, vgl. OVG Lüneb NJW 2007, 3225 (keine Pflicht zur Benutzung eines Faxgerätes). Im Eilfall kann auch ratsam, sein, den Erklärenden auf die Möglichkeit aufmerksam zu machen, dass er die Übermittlung des Protokolls nach II 3 selbst vornehmen kann, dass er zB das nun erst einmal ausreichend formulierte Gesuch mit dem eigenen Pkw zum Nachtbriefkasten des Prozessgerichts bringt, wo es auf dem Amtsweg keineswegs mehr vor 24.00 Uhr eintreffen könnte, oder das Gesuch selbst im Rahmen seiner technischen Möglichkeiten weiterleitet.

13 **2. Empfangsgericht der Weiterleitung.** Die Übermittlung muss in der Regel an das Prozessgericht erfolgen, gelegentlich auch an ein anderes, etwa bei einem Beweissicherungsantrag an das Gericht des § 486 II oder *beim Antrag auf eine einstweilige* Verfügung an das Gericht der Belegenheit der Sache nach § 942 I. Der Urkundsbeamte muss das richtige Gericht herausfinden, soweit ihm dies möglich ist. Ihn bindet diejenige Bezeichnung und Adressierung, die der Antragsteller nach einer Belehrung wünscht. Darauf sollte der Urkundsbeamte im Protokoll oder in einem Vermerk hinweisen, um nicht eine Amtshaftung zu riskieren, → Rn. 20.

3. Art und Form der Übermittlung. Sie richtet sich nach den Umständen und vor allem nach dem etwaigen Zeitdruck. Im Zweifel sollte der Urkundsbeamte die dem Gericht schnellstmögliche Übermittlungsart wählen, → Rn. 12. Der Urkundsbeamte nach § 129a kann nicht immer zuverlässig übersehen, ob die Frist wirklich erst in drei oder vier Tagen abläuft. Die Postlaufzeiten lassen sich leider in der Praxis keineswegs immer zuverlässig berechnen. Andererseits muss der Urkundsbeamte eine zulässige und sichere Übermittlungsart wählen, die auch einen gesetzmäßigen Eingang sicherstellt. Der Urkundsbeamte wählt die Übermittlungsform nach seinem pflichtgemäßen Ermessen. Ihn binden Weisungen des Antragstellers nicht. Wenn diesem die vom Urkundsbeamten beabsichtigte Übermittlungsart nicht gefällt, mag er nach II 3 die Übermittlung selbst vornehmen. Übermitteln muss der Urkundsbeamte bei einer schriftlichen Übersendung die Urschrift des Protokolls und der Anlagen. Denn meist muss die Urschrift eingehen, damit überhaupt ein wirksames Gesuch beim Prozessgericht eingeht. Das gilt nicht bei einer elektronischen Übermittlung, die, soweit sie flächendeckend eingeführt ist, zu einer erheblichen Erleichterung führen wird, deren Formvorschriften aber zu beachten sind. 14

VI. Wirksamkeit einer Prozesshandlung, II 2. Wenn die Partei die Erklärung nicht vor der Geschäftsstelle des Prozessgerichts zu Protokoll abgegeben hat, sondern vor der Geschäftsstelle eines anderen AG, tritt ihre Rechtswirkung erst mit dem Zeitpunkt des Eingangs bei demjenigen Gericht ein, an das sich der Antrag oder die Erklärung richtet bzw. das letztlich zuständig ist, → Rn. 16. Mit Prozesshandlung nach II 2 ist jede Prozesshandlung der Parteien gemeint, → Vor § 128 Rn. 54 ff. 15

Die Wirkung der Prozesshandlung tritt ein mit dem tatsächlichen Eingang bei dem letztendlich objektiv zuständigen Gericht, Musielak/Voit/Stadler Rn. 7. Das gilt auch und gerade bei einer fristgebundenen Maßnahme oder Prozesshandlung. Andernfalls könnte der Antragsteller die Frist auch dann retten, wenn er einfach einen nahen, aber falschen Adressaten nennt. Deshalb besagt II 2, die Rechtswirkung trete „frühestens" mit dem eben genannten Eingang beim in Wahrheit zuständigen Gericht ein. Das kann auch eine ausgelagerte Abteilung sein. Deshalb muss nach → Rn. 11–13 ein zunächst angegangenes objektiv nicht zuständiges Gericht für eine unverzügliche Weiterleitung sorgen und notfalls die schnellstmögliche Weiterleitung vornehmen. Maßgeblich ist bei dem letztendlich zuständigen Gericht der Zeitpunkt des Eingangs schon bei der Posteingangsstelle. Es kommt nach § 418 auf den Eingangsstempel an. Der Nachweis seiner Unrichtigkeit ist nach § 419 zulässig. Beim Nachtbriefkasten gelten die üblichen Regeln. 16

VII. Überlassung der Übermittlung, II 3. 1. Wahlfreiheit des Erklärenden. Der Urkundsbeamte darf die Übermittlung dem Antragsteller nur dann überlassen, wenn dieser seine Zustimmung dazu erklärt. Er hat also die Wahlfreiheit einer Übermittlung von Amts wegen oder der persönlichen Übermittlung. Wenn er den letzteren Weg nicht wählt, muss der Urkundsbeamte unverzüglich amtlich übermitteln. Der Urkundsbeamte muss den Antragsteller über beide Übermittlungsmöglichkeiten aufklären. Er darf keinen Druck auf ihn ausüben. Er muss dem Antragsteller die Vor- und Nachteile des einen oder anderen Übermittlungswegs verständlich erläutern. Je eilbedürftiger die Übermittlung ist, um so eher kann es ratsam sein, sie dem Antragsteller insbesondere dann zu überlassen, wenn dieser elektronisch ausgerüstet oder motorisiert ist und sich imstande sieht, selbst zum vielleicht weit entfernten Empfangsgericht sofort zu fahren. Beim Fristablauf an demselben Tag kann aber eine Übermittlung von Amts wegen durch Telefax oder elektronisch die bessere Lösung sein. Es kommt also auf die Umstände des Einzelfalles an. 17

2. Wirkung. Auch bei einer Übermittlung durch den Antragsteller nach II 3 tritt die Wirkung einer Prozesshandlung nach II 2 frühestens beim Eingang des Protokolls beim Empfangsgericht ein. Auch darauf muss der Urkundsbeamte den Antragsteller eindeutig und unmissverständlich hinweisen. Es empfiehlt sich, diesen Hinweis in das Protokoll oder in einen Vermerk zu den Akten aufzunehmen. 18

VIII. Verstoß, I, II. 1. Prozessuale Folgen. Eine nicht rechtzeitig beim Prozessgericht eingegangene Erklärung (Protokoll) wahrt eine Frist auch dann nicht, wenn die Verzögerung auf einem Verschulden nur des aufnehmenden Urkundsbeamten oder einer weiteren an der Übermittlung von Amts wegen beteiligten Gerichtsperson beruht. Das ergibt sich eindeutig aus II 2. Ein Verschulden des gesetzlichen Vertreters oder des ProzBev. gilt nach §§ 51 II, 85 II wie sonst als Verschulden der Partei, LAG Bln MDR 2004, 1378; OVG Münst NJW 2009, 2615. Soweit das beim Prozessgericht eingehende Protokoll gegenüber der Originalfassung lückenhaft oder sonst wie nachteilig verändert ist, etwa durch den Verlust von Teilen auf dem Übermittlungsweg, gilt nur diejenige Fassung, die beim Prozessgericht tatsächlich eingeht. Man muss die Verschuldensfragen wie beim Fristablauf beurteilen. Soweit der Antragsteller die Übermittlung nach II 3 selbst übernommen hat, endet die Verantwortlichkeit des aufnehmenden Urkundsbeamten mit der Aushändigung des Protokolls an den Antragsteller. Wegen einer Wiedereinsetzung → Rn. 24. 19

2. Amtshaftung, Wiedereinsetzung. Soweit der aufnehmende Urkundsbeamte oder eine weitere bei der Übermittlung beteiligte Gerichtsperson vorsätzlich oder fahrlässig ihre Amtspflicht verletzt, kommt eine Amtshaftung nach Art. 34 GG, § 839 BGB oder eine Haftung der Beamten im Einzelfall nach § 839 I, III BGB in Betracht. Außerdem kann eine Wiedereinsetzung in Frage kommen, → Rn. 24. 20

3. Bestrafung. Aus dem Bereich der Urkundendelikte nach §§ 276 ff., 348 StGB kommt vor allem § 274 StGB (Urkundenunterdrückung) in Betracht. 21

IX. Rechtsbehelfe. 1. Sofortige Beschwerde gegen Ablehnung der Aufnahme. Soweit der Urkundsbeamte die Aufnahme eines Antrags oder einer Erklärung nach I oder die Übermittlung des Protokolls nach II 1 ablehnt, hinauszögert oder untätig bleibt, ist die befristete Erinnerung nach § 573 I 1 statthaft; beim Rpfleger gilt § 11 II RPflG, KG Rpfleger 2009, 304; NJW-RR 1995, 637; Thomas/Putzo/Seiler Rn. 1; aA Musielak/Voit/Stadler Rn. 4 (nur Dienstaufsichtsbeschwerde, da keine Entscheidung). Es liegt eine Entscheidung iRd Rechtspflege und kein JustizVA iSd § 23 EGGVG vor, durch die ein das Verfahren betreffendes Gesuch zurückgewiesen wird. Der Rechtsbehelf ist nach §§ 569 I 1, 2, 573 I 2 entweder bei dem ablehnenden Gericht oder beim Beschwerdegericht einzulegen. 22

2. Anfechtung der Endentscheidung. Soweit die Verweigerung einer Aufnahme oder die fehlerhafte und insbesondere verzögerte Aufnahme oder Weiterleitung an das Prozessgericht zum Nachteil des Antragstellers den Prozessausgang beeinflusst hat, kommen gegen die Endentscheidung des Prozessgerichts die sofortige Beschwerde nach §§ 567 ff. nicht in Betracht. Das Rechtsmittelgericht muss dann über das Verhalten des nach § 129a 23 angegangenen Gerichts im Rahmen des zulässigen Rechtsmittels gegen die Endentscheidung mitentscheiden. Beim Rpfl gilt nach § 104 der § 11 RPflG.

24 **3. Wiedereinsetzung.** Wenn der Einreicher die Frist nicht eingehalten hatte, etwa wegen einer nicht unverzüglichen Aufnahme der Erklärung oder Weiterleitung des Protokolls an das Gericht iSd II 1, kommt unter den Voraussetzungen der §§ 233 ff. eine Wiedereinsetzung in den vorigen Stand in Betracht. Das Gericht muss sie evtl. auch dann gewähren, wenn der Antragsteller die Übermittlung nach II 3 selbst übernommen und nun schuldlos die Frist versäumt hat, etwa durch einen unverschuldeten Unfall auf dem Weg zum Prozessgericht.

25 **4. Dienstaufsichtsbeschwerde.** Gegen denjenigen, der bei der Aufnahme oder Weiterleitung bis zum Eingang beim Prozessgericht Amtspflichten verletzt hat, kann eine Dienstaufsichtsbeschwerde in Betracht kommen, KG NJW-RR 1995, 637. Sie richtet sich an den Dienstvorgesetzten desjenigen Beamten, der den Fehler begangen haben soll. Die Dienstaufsichtsbeschwerde hat auf den Fortgang des Prozesses keinen Einfluss.

26 **5. Verfassungsbeschwerde.** Soweit etwa infolge einer fehlerhaften Behandlung des Antrags oder seiner Übermittlung ein Grundrecht verletzt wurde, insbesondere infolge einer verzögerten Weiterleitung der Anspruch auf rechtliches Gehör nach Art. 103 I GG, kommt nach der Erschöpfung des Rechtswegs eine Verfassungsbeschwerde in Betracht.

130 ***Inhalt der Schriftsätze.*** **Die vorbereitenden Schriftsätze sollen enthalten:**
1. die Bezeichnung der Parteien und ihrer gesetzlichen Vertreter nach Namen, Stand oder Gewerbe, Wohnort und Parteistellung; die Bezeichnung des Gerichts und des Streitgegenstandes; die Zahl der Anlagen;
1a. die für eine Übermittlung elektronischer Dokumente erforderlichen Angaben, sofern eine solche möglich ist;
2. die Anträge, welche die Partei in der Gerichtssitzung zu stellen beabsichtigt;
3. die Angabe der zur Begründung der Anträge dienenden tatsächlichen Verhältnisse;
4. die Erklärung über die tatsächlichen Behauptungen des Gegners;
5. die Bezeichnung der Beweismittel, deren sich die Partei zum Nachweis oder zur Widerlegung tatsächlicher Behauptungen bedienen will, sowie die Erklärung über die von dem Gegner bezeichneten Beweismittel;
6. die Unterschrift der Person, die den Schriftsatz verantwortet, bei Übermittlung durch einen Telefaxdienst (Telekopie) die Wiedergabe der Unterschrift in der Kopie.

Schrifttum: Heinemann, Neubestimmung der prozessualen Schriftform, 2002; Michel/Bruns, Der Schriftsatz des Anwalts im Zivilprozess, 7. Aufl. 2022.

1 **I. Systematik.** Die Soll-Vorschrift regelt nicht das Ob, sondern den Inhalt eines vorbereitenden Schriftsatzes. Zur Anwendbarkeit bei bestimmenden Schriftsätzen über den Wortlaut hinaus, → Rn. 4. Sie enthält nur die Grundregeln. Ergänzungen finden sich zB in §§ 129, 130a–130d, 131 ff., 138, 356, 373 ff. Für die Klageschrift als eine besondere Form des vorbereitenden Schriftsatzes gilt zunächst der vorrangige § 253 I–III, V. Sein IV verweist ergänzend auch auf §§ 130 ff. Entsprechendes gilt zB für die Berufungsbegründungsschrift nach § 519 II. Ähnliche Vorschriften über den wesentlichen Inhalt des Parteivortrags finden sich bei den Regelungen zum Protokoll nach §§ 160 ff. und zum Urteilsinhalt nach § 313.

2 **II. Regelungszweck.** Die Vorschrift will die Parteien veranlassen, klarzustellen, wer Beteiligter ist, und den gesamten tatsächlichen Prozessstoff, wie er in der mündlichen Verhandlung vorgetragen werden soll, einschließlich der Anträge schriftsätzlich vorzutragen, damit das Gericht und der Gegner sich optimal vorbereiten können. Rechtsausführungen sind grundsätzlich nicht erforderlich, weil die rechtliche Würdigung dem Gericht obliegt, → Vor § 128 Rn. 36; aber eine rechtliche Auseinandersetzung in Schriftsätzen kann für eine Anwalt insbesondere nach Hinweisen des Gerichts gemäß § 139 II ratsam sein und ihn vor einer Haftung schützen, BGH NJW 2016, 957 Rn. 7 ff.; Musielak/Voit/Stadler Rn. 1. Mit den nach dieser Vorschrift erforderlichen Angaben sollen zunächst der Kreis der Prozessbeteiligten einschließlich der Vertreter und die Art sowie der Umfang des Streitgegenstands, klargestellt werden → § 253 Rn. 26. Die Vorschrift dient darüber hinaus im Interesse der Prozesswirtschaftlichkeit auch der Prozessförderung und der Wahrheitspflicht der Parteien nach § 138 I, II. Diese Verfahrensziele tragen zur Straffung, und Beschleunigung des Prozesses bei. Durch die im Einzelnen in der Vorschrift genannten Angaben soll auch eine gewisse Strukturierung des Parteivortrages erreicht werden. Diese Zielrichtung wird ergänzt durch weitere Vorschriften, wie §§ 138, 253 II Nr. 2, 282. Das Gericht kann zudem über § 139 und insbesondere jetzt auch nach dessen I 3 auf eine Strukturierung hinwirken, → § 139 Rn. 42 ff. Welche Folgen sich bei fehlender Strukturierung ergeben, hängt vom Einzelfall ab. Möglicherweise ist das Vorbringen dann unsubstantiiert oder es wird bei (neuer) Klarstellung als verspätet zurückgewiesen, BGH NJW 2019, 607; 2019, 430; Anders/Gehle Assessorexamen ZivilR A Rn. 34, A Rn. 89 (zur Frage der Substantiierung); → § 138 Rn. 25; → § 139 Rn. 42 ff. Zu geplanten grundsätzlichen Strukturierungsvorgaben, insbesondere einem **strukturierten Basisdokument** → § 139 Rn. 47.

3 Allerdings ist den Parteien bei Erstellung von Schriftsätzen auch ein **taktisches Vorgehen** zuzugestehen. Oft kann die Partei nicht genau voraussagen, welche rechtlichen Wertungen das Gericht vornimmt und ob es eine Einzelheit überhaupt für entscheidungserheblich hält. Ferner ist ungewiss, ob der Gegner eine Tatsache überhaupt oder qualifiziert bestreiten wird. Wegen der richterlicher Frage- und Hinweispflichten nach § 139 mag es im Einzelfall deshalb statthaft und sogar sinnvoll sein, zunächst im Zweifel abzuwarten, welche Details und Beweisantritte man noch nennen soll. Die Parteiherrschaft ist aber kein Freibrief für eine übertriebene Taktik. Das wird ua durch § 296 verdeutlicht. Auch wenn das Gericht nach § 139 IV 1 so bald wie möglich auf Lücken und Unklarheiten aufmerksam machen muss, kann es trotz taktischer Überlegungen im Einzelfall ratsam sein, sofort umfassend vorzutragen.

4 **III. Geltungsbereich.** Die Vorschrift gilt nach ihrem Wortlaut für den sog. vorbereitenden Schriftsatz, der nach § 129 I im Anwaltsprozess zwingend ist und nach § 129 II im Parteiprozess angeordnet werden kann,

→ § 129 Rn. 5 f. Sie gilt aber auch weitgehend für den sog. bestimmenden Schriftsatz, wobei ua Nr. 6 sogar zwingend, is → § 129 Rn. 7, 9 ff.; → Rn. 7, 27 ff. Die Vorschrift gilt also grundsätzlich für jeden Schriftsatz in jeder wie immer gearteten Prozessart nach der ZPO, in jedem Verfahrensstadium, in jedem Rechtszug und für alle Prozessbeteiligten, auch im WEG-Verfahren und im Bereich des § 113 I 2 FamFG. Das gilt unabhängig davon, ob und welche etwaigen vorrangigen Spezialvorschriften vorhanden sind, etwa in § 253 II (Klageschrift), § 275 I, III, IV, § 276 I 2, III (schriftliches Vorverfahren), in § 518 II (Berufungsschrift), in § 519 II (Berufungsbegründung), in § 553 I (Revisionsschrift), in § 554 III (Revisionsbegründung), in § 587 (Wiederaufnahme). Diejenigen Vorschriften, die einen wesentlich präziseren Vortrag als nach § 130 erforderlich machen, gehen dem § 130 als Sonderregeln vor. § 130 Nr. 1 gilt indirekt auch für den beliehenen Zustelldienstleister, indem dieser seiner Prüfpflicht aus § 5 I PDLV genügt, wenn er sich eine den Anforderungen dieser Vorschrift genügenden Anschrift nachweisen lässt, Köln GRUR-RR 2011, 468.

IV. Schriftsatz. Die Vorschrift nennt **vorbereitende** Schriftsätze. Alle Schriftsätze, die die mündliche Verhandlung vorbereiten (§ 129 I, II), sind solche Schriftsätze iSd § 130, → § 129 Rn. 5, 6. Das, was die Parteien in der mündlichen Verhandlung vortragen wollen, soll in einem solchen Schriftsatz enthalten sein. Auf die Entscheidungserheblichkeit des Vortrages kommt es insoweit nicht an. Ferner ist für § 130 unerheblich, in welchem Stadium des Prozesses der Schriftsatz eingebracht wird. Das kann allerdings für die Frage der Verspätung nach § 296 von Bedeutung sein. Auch der in der mündlichen Verhandlung übergebene Schriftsatz kann zu den vorbereitenden Schriftsätzen zählen. 5

Bestimmende Schriftsätze sind Schriftsätze, die Prozesshandlungen der Parteien enthalten, die unmittelbare Folgen für das Verfahren auslösen, wie zB seine Einleitung oder Beendigung, oder für die die Schriftform vorgesehen ist, → § 129 Rn. 7, 8. Der vorbereitende Schriftsatz kann gleichzeitig ein bestimmender Schriftsatz sein. Dem Wortlaut nach bezieht sich § 130 nur auf vorbereitende Schriftsätze. Die Soll-Vorschrift gilt aber weitgehend auch für bestimmende Schriftsätze, wobei die einzelnen Regelungen teilweise zwingend, dh wie eine Mussvorschrift zu beachten sind, wie zB Nr. 6; darüber hinaus gibt es für die bestimmenden Schriftsätze zahlreiche Sonderregelungen, MüKoZPO/Fritsche Rn. 1; → Rn. 4; → § 129 Rn. 7, 9 ff. 6

V. Voraussetzungen nach Nr. 1–6. 1. Allgemeines. Es werden mehrere Anforderungen an den Inhalt der Schriftsätze gestellt. Soweit § 130 für die bestimmenden Schriftsätze gilt, → Rn. 6, sind seine Regelungen teilweise sogar zwingend und stellen nicht nur Sollvorschriften dar. Das gilt zB für Nr. 6, BVerfG NJW 2007, 3117; BGH NJW-RR 2020, 648, → § 129 Rn. 9 und teilweise für Nr. 1, → Rn. 12, Nr. 1 nennt die erforderlichen Einzelheiten zur Festlegung der Prozessbeteiligten und des Gerichts grundsätzlich abschließend. Im Übrigen enthalten Nr. 2–6 zahlreiche weitere Regelungen zum Inhalt des Schriftsatzes. Die Angabe des etwa schon vorhandenen **Aktenzeichens** ist in § 130 nicht vorgeschrieben, aber ratsam. Sie ist nur dann notwendig, wenn die vorwerfbare Unterlassung dieser Angabe zB bei einem fristgebundenen Schriftsatz zur Versagung der Wiedereinsetzung nach §§ 233 ff. führen könnte, falls das Gericht den Schriftsatz nicht rechtzeitig an das in Wahrheit richtige Gericht weiterleiten konnte. Für die Frage, ob eine Frist eingehalten wurde, kommt es auf den Eingang des Schriftsatzes bei Gericht an, dh auf den Einwurf in den Gerichtsbriefkasten, auf die Speicherung des elektronischen Schriftsatzes auf dem zentralen Eingangsserver oder auf die vollständige Speicherung durch das Empfangsfaxgerät, MüKoZPO/Fritsche Rn. 5. 7

2. Nr. 1. Grundsätzlich sind die in Nr. 1 genannten Angaben erforderlich und es gelten dieselben Regeln wie bei → § 253 Rn. 23 ff., BGH NJW 2009, 1009 (Aufenthaltsort des Klägers trotz ProzBev.). Indessen kann sich aus der Eigenart des konkreten Prozesses ergeben, dass weitere Angaben erforderlich sind. Stehen umgekehrt unüberwindliche Schwierigkeiten, zB bei einer Klage des Nachlassverwalters bei unbekannten Erben, oder schutzwürdige Belange, zB bei einer Inkognito-Adoption, entgegen, müssen diese anstelle der sonst erforderlichen Angaben dargelegt werden, Musielak/Voit/Stadler Rn. 3. 8

a) Parteien. Nach Nr. 1 sind die Parteien zu bezeichnen. Das sind diejenigen Personen, die tatsächlich klagen oder verklagt werden, auf die sich also die prozessbegründenden Erklärungen beziehen. Das ist nach der Klageschrift zu beurteilen, wobei evtl. eine Auslegung erforderlich, vgl. ist BGH NJW 2017, 2472 Rn. 41. Bei einer Partei kraft Amts, wie zB beim Insolvenzverwalter, muss man beachten, dass sie nicht ein bloßer gesetzlicher Vertreter, sondern selbst Partei ist. Daher ist bei der Parteibezeichnung eine entsprechende Klarstellung erforderlich, zB *„Herr … in seiner Eigenschaft als Insolvenzverwalter über das Vermögen der Fa.…“*, Anders/Gehle Assessorexamen ZivilR B Rn. 13. Zu den Einzelheiten → § 253 Rn. 23 f. 9

b) Gesetzlicher Vertreter. Das ist derjenige, der eine nicht prozessfähige Partei nach § 51 I im Prozess vertreten muss. Wer tatsächlich der richtige Vertreter ist, muss das Gericht uU durch eine Auslegung ermitteln. Denn an diese muss zugestellt werden (§§ 170 I, 191). Beispiele einer gesetzlichen Vertretung: → § 51 Rn. 20 ff. Bei Minderjährigen empfiehlt sich die Angabe des Geburtsdatums. Bei juristischen Personen des bürgerlichen Rechts und bei Personengesellschaften ist ebenfalls der gesetzliche Vertreter genau zu bezeichnen, zB wie folgt: *„der … AG, vertreten durch ihre Vorstandsmitglieder …“*, Anders/Gehle Assessorexamen ZivilR B Rn. 15. Auch die BGB-Gesellschaft, die am Rechtsverkehr teilnimmt, ist prozessfähig, BVerfG NJW 2002, 3533; BGH NJW 2009, 1610. Hier kann formuliert werden: *„… Gesellschaft bürgerlichen Rechts, vertreten durch den allein vertretungsberechtigten Gesellschafter …“* Anders/Gehle Assessorexamen ZivilR B Rn. 17. Nach dem nun geltenden § 9a WEG ist die Gemeinschaft der Wohnungseigentümer, auch Wohnungseigentümergemeinschaft (WEG) genannt, rechtsfähig und wird nach § 9b I WEG grundsätzlich durch den Verwalter vertreten; diese Vertretungsmacht ist nach dem Gesetz, sieht man vom Abschluss eines Grundstücks- und Darlehensvertrages ab, umfassend; soweit kein Verwalter bestellt ist, wird die Gemeinschaft der Wohnungseigentümer von den Wohnungseigentümern gemeinschaftlich vertreten, Hügel/Elzer § 9a Rn. 1, 58 ff. Die Parteibezeichnung kann dann lauten: *„die Wohnungseigentümergemeinschaft .....straße 1, 50333 …, vertreten durch den Verwalter Frau.....“*. Schon nach alter Rechtslage wurde kraft richterlicher Rechtsfortbildung für die WEG eine Teilrechtsfähigkeit anerkannt, BGH NJW 2005, 2061, und durch § 44 I 2 WEG aF wurde eine Erleichterung für die Parteibezeichnung bei Klageeinreichung eingeräumt. Der Kläger kann die Benennung eines gesetzlichen Vertreters insbesondere bei einer Kapitalgesellschaft nachholen. Allerdings trägt der Kläger das Risiko einer nicht nach § 271 ordnungsgemäßen Klagezustellung etwa bei § 204 I Nr. 1 BGB, vgl. Ffm ZIP 1984, 110. Wegen einer Vollmachtsurkunde → Rn. 30. 10

11 **c) Namen, Stand oder Gewerbe.** Dem Zweck der Festlegung der Identität der Prozessbeteiligten entsprechend sind grundsätzlich alle Angaben notwendig, die zur Abgrenzung des Betreffenden von einer anderen natürlichen oder juristischen Person unentbehrlich sind. Grundsätzlich erforderlich sind wenigstens der Rufname, Nachname, ferner eine möglichst genaue Bezeichnung des erlernten oder gegenwärtigen Berufs. Bei mehreren etwa in demselben Haus wohnenden Leuten mit denselben Vor- und Nachnamen kann die Hinzufügung der unterscheidenden Merkmale erforderlich werden, etwa „junior" oder „Vater". Einzelheiten → § 253 Rn. 23f. Nach § 17 II HGB kann der Kaufmann auch unter seiner Firma klagen und verklagt werden. Ergibt sich aus dem Firmennamen gleichzeitig der Name des Inhabers, reicht die Angabe der Firma aus. Ist das nicht der Fall, empfiehlt sich folgende Formulierung: *„... unter der Firma ... handelnde Kaufmann ..."*, Anders/Gehle Assessorexamen ZivilR B Rn. 12.

12 **d) Wohnort.** Entsprechend dem Sinn der Vorschrift, den Prozess zu fördern, ist grundsätzlich die volle ladungsfähige Anschrift anzugeben soweit das ohne Weiteres möglich ist und keine schutzwerten Interessen entgegenstehen; im Einzelfall kann allerdings eine öffentliche Zustellung erfolgen, → § 253 Rn. 24 „Anschrift". In der Klageschrift, ist die ladungsfähige Anschrift des Klägers grundsätzlich zwingend, und zwar auch bei einer Vertretung durch einen Prozessbevollmächtigten; dies ist für die Angabe des Wohnsitzes des Bekl. und für die Berufungs- oder Beschwerdeschrift nicht zwingend, aber ratsam, BGH NJW-RR 2009, 1009 Rn. 11; 2004, 1503; NJW 2013, 1681 Rn. 12;1988, 2164; BVerwG NJW 1999, 2609; MüKoZPO/Fritsche Rn. 4; → § 253 Rn. 24 „Anschrift". Dadurch kann dazu beigetragen werden, dass der Verantwortliche für die jeweilige Prozesshandlung identifiziert werden kann, → § 129 Rn. 9ff. Durch das Bundesmeldegesetz (vgl. § 44 I BMG) sind die Möglichkeiten, die Anschrift des Gegners zu ermitteln, erleichtert worden, MüKoZPO/Fritsche Rn. 4. Es kann innerhalb der ladungsfähigen Postanschrift ein weiterer Zusatz notwendig werden, etwa die Etage oder die Bezeichnung der Wohnung im Mehrparteienhaus oder die Angabe „rechts" oder „Hinterhaus", damit eine ordnungsgemäße Zustellung und eine Ladung erfolgen können. Wird die ladungsfähige Anschrift des Klägers in der Klageschrift nicht angegeben, obwohl kein Ausnahmetatbestand vorliegt, ist die **Klage unzulässig;** wird hingegen diese Anschrift im Laufe des Verfahrens unrichtig, darf die Klage nicht deswegen als unzulässig abgewiesen werden, BGH NJW-RR 2004, 1503; → § 253 Rn. 23.

13 **e) Parteistellung.** Entsprechend dem Zweck der Klarstellung der Rolle der Prozessbeteiligten ist anzugeben, ob das Gericht den Betreffenden als den Kläger oder Antragsteller, als den Bekl. oder Antragsgegner, als einen Widerkläger, → Anh. § 253, als Rechtsmittelkläger zB nach § 519 behandeln soll oder als einen Streitverkündeten nach § 72, als einen Dritten im Beanspruchерstreit nach § 75 oder als einen Sachbesitzer bei der Urheberbenennung nach §§ 76, 77.

14 **f) Gericht.** Jeder vorbereitende Schriftsatz muss das Gericht nennen, an das sich der Absender wendet. Das Gericht muss so genau bezeichnet sein, dass Fehlleitungen unterbleiben. Bei einem fristgebundenen Schriftsatz kann bei Fristüberschreitung die vermeidbare Falschbezeichnung des Gerichts zur Versagung einer Wiedereinsetzung nach §§ 233ff. führen. Die zutreffende Gerichtsbezeichnung ist aber auch bei jedem anderen Schriftsatz bedeutsam, um Verzögerungen zu vermeiden. Dabei kann eine nähere Bezeichnung derjenigen Funktion erforderlich oder zweckmäßig sein, in der der Absender das Gericht anspricht, etwa beim AG der Zusatz „Familiengericht" oder „Abteilung für freiwillige Gerichtsbarkeit". Beim LG empfiehlt sich der Zusatz „Kammer für Handelssachen", wobei in jedem Fall das Antragserfordernis nach § 96 GVG zu beachten ist. Da üblicherweise die Schriftsätze in der Posteingangsstelle des Gerichts gesammelt und von dort an die nach dem Geschäftsverteilungsplan zuständige Abteilung beim AG oder an die zuständige Kammer beim LG bzw. den zuständigen Senat beim OLG verteilt werden, ist sie Angabe des Spruchkörpers nicht erforderlich, aber unschädlich, allerdings auch nicht bindend. Unschädlich ist selbst ein vorwerfbar falsches Aktenzeichen, BVerfG NJW 2013, 925; → Rn. 7 (Fehlen des Aktenzeichens); → § 129 Rn. 7.

15 **g) Streitgegenstand.** Dem Zweck der Vorschrift, den Prozess nicht nur von vornherein möglichst präzise festzulegen, sondern auch zu fördern, entspricht eine Umschreibung des Streitgegenstands. Der Streitgegenstand selbst wird durch den Klageantrag und durch die Schilderung des Lebenssachverhalts (§ 253 II Nr. 2) bestimmt, → § 253 Rn. 26. Im Rahmen des § 130 Nr. 1 ist eine stichwortartige Umschreibung, etwa „wegen Kaufpreisforderung" oder „wegen Verkehrsunfalls". gemeint. Zwingend sind diese Angaben als Stichwort aber nicht, zumal in Einzelfällen sich hier Schwierigkeiten ergeben und die Umschreibung für das Gericht und für die Parteien nicht bindend ist, MüKoZPO/Fritsche Rn. 5. Der genaue Streitgegenstand muss sich gemäß § 253 II Nr. 2 aus der Klageschrift und nach § 130 Nr. 2, 3 aus den Schriftsätzen ergeben und diese Anforderung in der Klageschrift ist eine Zulässigkeitsvoraussetzung, → Vor § 253 Rn. 25; → § 253 Rn. 26.

16 **h) Zahl der Anlagen.** Die Vorschrift schreibt die Angabe der Anzahl der Anlagen vor. Empfehlenswert ist daneben die Nummerierung der Anlagen, soweit mehrere eingereicht werden und dadurch ein besserer Überblick geschaffen wird, MüKoZPO/Fritsche Rn. 5. Die Vorschrift unterscheidet nicht zwischen Anlagen, ohne die der Schriftsatz unvollständig oder nicht verständlich ist, und solchen, die weder zwingend (wie zB das Formular nach § 117 III, IV beim PKH-Antrag) noch zum Verständnis des Schriftsatzes erforderlich sind, sondern erläuternden Charakter haben. Nur Anlagen der ersten Gruppe müssen zur Wahrung von Fristen zusammen mit dem Schriftsatz zwingend eingereicht werden; ansonsten kann die Einreichung grundsätzlich nachgeholt werden, was dann aber nicht immer folgenlos ist, Thomas/Putzo/Seiler Rn. 2. Auch dient die Beifügung der Anlagen nicht zuletzt der Selbstkontrolle des Absenders. Mit ihr soll es unterbleiben, dass er durch eine Nachlässigkeit bei der Zusammenstellung eines mit Anlagen zu versehenden Schriftsatzes prozessuale Nachteile erleidet, weil sich etwa der Prozessgegner nicht zu solchen Anlagen äußern kann, die der Absender nicht einmal dem Gericht vorgelegt hatte. Das kann zu einer Verzögerungsgebühr nach § 38 GKG führen, auch zu einer besonderen Kostenauferlegung nach § 95, vor allem aber zur Zurückweisung wegen verspäteten Nachreichens nach § 296 oder zur Zurückweisung eines Antrages auf Erlass eines Versäumnisurteils; → § 335 Rn. 13. Deshalb ist Sorgfalt auch bei der Angabe der Anlagen und deren Beifügung ratsam.

17 **3. Elektronische Übermittlung, Nr. 1a.** Für die elektronischen Schriftsätze gelten grundsätzlich Nr. 1 und Nr. 2–6. Nach Nr. 1a sind zusätzlich Angaben zu den zugelassenen elektronischen Postfächern erforderlich, und zwar zu dem eigenen und dem des Gegners bzw. zu dem elektronischen Postfach der Personen, an die die Zustellungen und Mitteilungen zu erfolgen haben; damit soll sichergestellt sein, dass das Gericht auf elektro-

nischem Weg mit den Beteiligten von vorneherein kommunizieren kann; die Vorschrift ist im Zusammenhang mit § 174 I, III 1, 2, 4 zu sehen, MüKoZPO/Fritsche Rn. 6. Soweit Übermittlungen an das elektronische Anwaltspostfach (beA),§ 31a BRAO, erfolgen sollen, reichen die Bezeichnung des RA mit Vor- und Nachnamen sowie die Anschrift aus; bei Übermittlung an ein De-Mail-Postfach ist die genaue De-Mail-Adresse erforderlich, Musielak/Voit/Stadler Rn. 3; Zöller/Greger Rn. 3. Die Vorschrift hat mit der aktiven Nutzungspflicht nach § 130d durch die erhebliche Zunahme elektronischer Dokumente an Bedeutung gewonnen, → § 130a Rn. 3; → § 130d Rn. 5 ff.

4. Anträge, Nr. 2. Bei bestimmenden Schriftsätzen sind Sachanträge regelmäßig durch spezielle Formvorschriften zwingend vorgeschrieben, wie zB für die Klageschrift in § 253 II Nr. 2 und für die Berufungsbegründung in § 520 III 2 Nr. 1, → § 129 Rn. 7 ff (bestimmende Schriftsätze), wobei in der Berufung ein förmlicher Antrag nicht erforderlich ist, wenn sich der Umfang der Anfechtung zweifelsfrei ermitteln lässt, BGH NJW 2020, 3728; NJW-RR 2020, 1188. Der Sachantrag nach § 253 II Nr. 2 ist Zulässigkeitsvoraussetzung, im Einzelnen → § 253 Rn. 26, 34 ff., 38. Aber auch im Übrigen sollen die **Sachanträge** in vorbereitenden Schriftsätze nach Nr. 2 grundsätzlich schriftlich formuliert werden; das dient dem Zweck einer möglichst klaren und frühzeitigen Festlegung des Streitgegenstands, → § 253 Rn. 26, und desjenigen Umfangs, über den das Gericht nach § 308 I entscheiden soll; außerdem sollen die Sachanträge verlesen werden können; § 297 I, 1, II gilt aber auch für sog. **Prozessanträge,** damit die mündliche Verhandlung optimal vorbereitet werden kann, streitig, so auch MüKoZPO/Fritsche Rn. 8; Musielak/Voit/Stadler Rn. 5; Prütting/Gehrlein/Prütting Rn. 5; aA wohl Zöller/Greger Rn. 4 „Sachanträge"; → § 129 Rn. 2 (optimale Vorbereitung); → § 297 Rn. 4, 5 (zu den Begriffen Sach- und Prozessantrag). Nr. 2 findet auch Anwendung auf einen Hilfsantrag, → § 260 Rn. 9 ff., einen Widerklageantrag, Anhang § 253 Rn. 2, eine Änderung der bisher angekündigten Anträge und eine Anschließungserklärung nach §§ 524 I, 554 I, 567 III. Eine Bezugnahme, sogar in einem anderen Schriftsatz, etwa in einem Prozesskostenhilfegesuch nach § 117, kann bei einem engen zeitlichen und sachlichen Zusammenhang ausreichen, vgl. BGH NJW 1992, 840; Köln FamRZ 2018, 893 (zust. Bergschneider). Allerdings kann, wie § 261 II verdeutlicht, ein erst im Laufe des Prozesses erhobener Anspruch auch in der mündlichen Verhandlung geltend gemacht werden, so dass die Ankündigung des Antrages in einem Schriftsatz nicht zwingend ist, sieht man von den besonderen Formvorschriften für bestimmende Schriftsätze ab, → § 261 Rn. 7. Auch die Rücknahme eines bereits schriftsätzlich angekündigten oder mündlich gestellten Antrags ist nach § 269 II 2 schriftsätzlich oder in der mündlichen Verhandlung zu erklären, → § 263 Rn. 13; → § 269 Rn. 19. Üblicherweise werden schriftsätzlich angekündigte Anträge in Anlehnung an § 313 II 1 **hervorgehoben** und deutlich von den sonstigen Ausführungen getrennt, etwa durch ein Einrücken, MüKoZPO/Fritsche Rn. 8; Prütting/Gehrlein/Prütting Rn. 5. 18

5. Angabe der tatsächlichen Verhältnisse, Nr. 3. a) Umfassende tatsächliche Angaben. Nach Nr. 3 sollen die Schriftsätze den umfassenden Tatsachenvortrag enthalten, durch den das Gericht und die jeweilige Gegenpartei in die Lage versetzt werden, die Zulässigkeit der Klage sowie die Schlüssigkeit des Klägervortrages und die Erheblichkeit des Bekl-Vortrages, bezogen auf die Sachanträge rechtlich zu überprüfen, → Vor § 253 Rn. 12 ff. (Zulässigkeit der Klage); → Vor § 253 Rn. 48 ff., → § 139 Rn. 23 ff. (jeweils zur Relationsmethode). Bei der Klageschrift, dh im Zusammenhang mit § 253 II Nr. 2, ist Nr. 3 eine Mussvorschrift, und wirkt sich auf die Zulässigkeit aus, → § 253 Rn. 18. Nr. 3 korrespondiert mit §§ 138, 282 und dem Beibringungsgrundsatz, → Vor § 128 Rn. 21. Der Umfang des Erforderlichen richtet sich nach den Umständen und nach derjenigen konkreten Prozesslage, in der Schriftsatz dem Gericht zugeht. Die Darlegungs- und die Beweislast sind nach § 138 I maßgeblich dafür, welche Tatsachen die jeweilige Partei vortragen und uU beweisen muss, → § 138 Rn. 21 ff. Maßgeblich für den Umfang des Tatsachenvortrages ist grundsätzlich das nach Treu und Glauben Zumutbare, → § 138 Rn. 5, 24, 34, 41. Wie detailliert der Tatsachenvortrag des Darlegungspflichtigen sein muss, hängt grundsätzlich auch von der Reaktion des Gegners ab, → § 138 Rn. 21 ff., wobei den Gegner im Einzelfall eine sekundäre Darlegungslast treffen kann, → § 138 Rn. 32 ff. Reicht der Vortrag des Darlegungspflichtigen nicht aus, um die entscheidungserhebliche Norm auszufüllen, spricht man von mangelnder Substantiierung; das Gericht muss grundsätzlich einen Hinweis nach § 139 erteilen; bei endgültiger fehlender Substantiierung muss das Gericht vom Tatsachenvortrag des Gegners ausgehen, BGH NJW 2013, 3180; → § 138 Rn. 21. Allerdings handelt es sich bei der Frage des ausreichenden Vortrages (Substantiierung) um eine Frage der Begründetheit, → § 138 Rn. 25, während die erforderlichen Angaben zum Streitgegenstand nach § 253 II Nr. 2 zur Zulässigkeit gehören, → § 253 Rn. 26. Dasselbe gilt für die Frage, ob die Klageerhebung nach §§ 253 I, 261 I eine Ausschlussfrist wahren kann, wenn sich die Ausschlussfrist auf die Zulässigkeit und nicht auf die Begründetheit bezieht, vgl. näher → Vor § 253 Rn. 41 (Klagbarkeit). 19

Nr. 3 erfasst dasjenige, was die Partei selbst in den Prozess an Tatsachen einführt, während Nr. 4 die Erklärungspflicht zum gegnerischen Tatsachenvortrag betrifft, § 138 II. Beruft sich die Partei auf **Anlagen,** kann eine allgemeine Bezugnahme auf eine kurze Urkunde ausreichen; der Inhalt der Urkunde gehört dann zum Parteivortrag; das gilt aber nicht bei einer Bezugnahme auf ein umfangreiches **Anlagekonvolut;** dann muss eine konkrete Bezugnahme auf den maßgeblichen Teil der Urkunde erfolgen; es ist weder dem Gericht noch dem Prozessgegner zumutbar, sich das möglicherweise „Passende" aus umfangreichen Unterlagen des Einreichers herauszusuchen, BVerfG NJW 1994, 2683; BGH BeckRS 2018, 33393 = NJW 2019, 1082 mAv Skamel; Hamm NJW-RR 2005, 893; → § 131 Rn. 9. Anlagen können nur den Tatsachenvortrag ergänzen bzw. erläutern, ihn aber nicht ersetzen, MüKoZPO/Fritsche Rn. 9. 20

b) Rechtsausführungen. Im Interesse der Prozessförderung stellt Nr. 3 mit dem Wort „tatsächlich" klar, dass Rechtsausführungen grundsätzlich nicht erforderlich sind. Das ergibt sich daraus, dass nur das Gericht für die rechtliche Bewertung der von den Parteien vorgetragenen Tatsachen zuständig und an rechtliche Wertungen der Parteien nicht gebunden ist, → Vor § 128 Rn. 36 f. (Würdigungsfreiheit des Gerichts); → § 138 Rn. 12 (Wahrheitspflicht); → Vor § 284 Rn. 29 (Tatsachenbegriff). Eine Ausnahme ergibt sich bei den sog. Rechtstatsachen (= juristische Tatsachen), bei denen eine Partei anstelle der zugrunde liegenden Tatsachen einen Rechtsbegriff vorträgt, was zulässig ist, wenn es sich um einen einfachen Rechtsbegriff handelt, der Gegner nicht bestreitet und keine Anhaltspunkte dafür bestehen, dass die Parteien den Rechtsbegriff falsch verstanden haben, → Vor § 128 Rn. 24; → § 138 Rn. 11; → Vor § 284 Rn. 33. Allerdings kann eine rechtliche Darlegung im Einzelfall in der Tatsacheninstanz ratsam sein, um etwa im Interesse der Partei Irrtümer oder Versehen des Gerichts zu verhindern. Das Gericht darf eine Partei auch im Rahmen des § 139 zwar grundsätzlich nicht zu einer Darlegung einer 21

Rechtsauffassung oder zu einer Stellungnahme zu einer gegnerischen Rechtsauffassung nötigen. Es darf aber im Rahmen des Zumutbaren eine gewisse aktive Teilnahme auch an einem schriftlichen Rechtsgespräch im Rahmen der allgemeinen Prozessförderungspflicht des § 282 und daher auch im Rahmen des § 130 erwarten und voraussetzen. Für den RA können uU Rechtsausführungen im Zusammenhang mit Haftungsfragen eine Rolle spielen.

22 **6. Erklärung über die tatsächlichen Behauptungen des Gegners, Nr. 4. a) Umfassende tatsächliche Erklärung.** Die Vorschrift entspricht dem § 138 II. und hat insbesondere iRd § 138 III eine Bedeutung. Die Erklärung bzw. Nichterklärung zum Tatsachenvortrag des Gegners stellt klar, welche Tatsachen bestritten oder (konkludent) zugestanden werden; davon hängt auch die Frage der Beweisbedürftigkeit ab, MüKoZPO/Fritsche Rn. 11; → Vor § 284 Rn. 4 ff. (Beweisbedürftigkeit). Im Rahmen des nach § 138 Zumutbaren ist eine umfassende Erklärung über die gesamten tatsächlichen Vortrag des Gegners notwendig. Der Umfang des Zumutbaren richtet sich nach der Darlegungslast, nach Treu und Glauben, nach dem Umfang des gegnerischen Vortrags und der Art des Rechtsstreits, etwa danach, ob es sich um eine sog. Posten- oder Punktesache handelt; → § 138 Rn. 31 „Posten- und Punkteprozess" bzw. ob eine sekundäre Darlegungslast gilt, → § 138 Rn. 32 f.

23 **b) Rechtsausführungen.** Grundsätzlich sind solche nicht notwendig, → Rn. 21. Die rechtliche Würdigung obliegt dem Gericht, → Vor § 128 Rn. 36 f.

24 **7. Beweismittel, Nr. 5. a) Notwendigkeit genauer Angaben.** Auch hier korrespondiert die Vorschrift mit § 138. Aus den Vorschriften über die Beweismittel (§§ 355 ff.) ergibt sich, dass eine Beweisaufnahme grundsätzlich nur zu erfolgen hat, wenn dies vom Beweisbelasteten ordnungsgemäß beantragt wurde; nur in Ausnahmefällen kann die Einnahme des Augenscheins und die Begutachtung durch einen Sachverständigen nach § 144 auch von Amts wegen erfolgen, → Vor § 284 Rn. 46; → Vor § 284 Rn. 4 ff. (Beweisbedürftigkeit); → § 138 Rn. 25 (Beweislast). Dasselbe gilt für die Parteivernehmung von Amts wegen nach § 448. Wie ein ordnungsgemäßer Beweisantrag auszusehen hat, ergibt sich aus § 371 (Augenschein), § 373 (Zeugen), § 403 (Sachverständiger), §§ 420 ff. (Urkunden), §§ 445, 447 (Parteivernehmung), Anders/Gehle Assessorexamen ZivilR A Rn. 154 ff., F Rn. 3, 18, 32, 41, 51. Gerade bei der Bezeichnung der Beweismittel der Partei nach §§ 373 ff. enthalten vorbereitende Schriftsätze mitunter ungenaue Angaben. Diese können zum Verlust des Rechtsstreits führen, zB beim „Zeugnis NN", → § 139 Rn. 38, 64 „NN". Ferner ist beim Urkundenbeweis die bloße Bezeichnung „auf Anfordern nachzureichen" nach § 420 unzureichend. Auch ist die bloße pauschale Bezugnahme auf Parallelakten, Ermittlungsakten, Vorprozessakten ebenso wie eine pauschale Bezugnahme auf andere einzelne Schriftsätze grundsätzlich unzulässig BGH BeckRS 2018, 33393 = NJW 2019, 1082 mAv Skamel (Bezugname auf Anlagekonvolut unzulässig); Hamm NJW-RR 2005, 893; → Rn. 20. In einem solchen Fall ist möglicherweise schon der Tatsachenvortrag nicht hinreichend substantiiert, jedenfalls ist dann trotz Beweisbedürftigkeit mangels ordnungsgemäßen Beweisantrags kein Beweis zu erheben, sondern es ist davon auszugehen, dass der Beweispflichtige beweisfällig geblieben ist, → Vor § 284 Rn. 58 f.; Anders/Gehle Assessorexamen ZivilR A Rn. 150 ff. In diesen Fällen muss aber das Gericht § 139 beachten, dh hinweisen, → § 139 Rn. 36 ff.

25 **b) Notwendigkeit von Angaben zum Hauptbeweis und Gegenbeweis.** Schon nach dem Wortlaut von Nr. 5 ist klargestellt, dass nicht nur der Hauptbeweisantrag, sondern auch ein Gegenbeweisantrag des nicht Beweispflichtigen erforderlich ist, dh dass auch diejenigen Beweismittel nach §§ 373 ff. zu bezeichnen sind, deren man sich lediglich nach § 138 II zur Widerlegung des gegnerischer Tatsachenvortrages bedienen will. Die Beweismittel sind demnach auch dann präzise zu bezeichnen, wenn man sich nicht für beweispflichtig hält. Ansonsten besteht die Gefahr einer Zurückweisung wegen Verspätung nach § 296. Nur durch die genaue und rechtzeitige Angabe der Beweismittel kann das Gericht die mündliche Verhandlung und die Beweisaufnahme hinreichend vorbereiten. Allerdings verstößt im Parteiprozess eine Präklusion von Beweismitteln, die in der Klageschrift nicht angegeben waren, gegen Art 103 I GG, wenn keine Anordnung nach § 129 II ergangen ist, BVerfG NJW 1993, 1319; → Vor § 128 Rn. 42 ff. (zum rechtlichen Gehör).

26 **c) Notwendigkeit umfassender Angabe der Beweismittel.** Aus den Erwägungen nach → Rn. 24, 25 folgt auch: Die Bezeichnung der Beweismittel muss so umfassend erfolgen, wie es dem Absender nach den Umständen in der konkreten Prozesslage zumutbar ist. Trotz der Zulässigkeit einer gewissen Taktik im Zivilprozess bleiben die in § 138 festgesetzten Grundsätze maßgeblich, → § 282 Rn. 10. Sie müssen auch im Inhalt der vorbereitenden Schriftsätze ihren Niederschlag finden.

27 **8. Unterschriftszwang, Nr. 6. a) Grundsätzliche Notwendigkeit eigenhändiger und handschriftlicher Unterzeichnung.** Der Absender soll den Schriftsatz unterschreiben, beim sog. bestimmenden Schriftsatz, → § 129 Rn. 7 ff., ist das zwingend, → § 129 Rn. 9. Unterschreiben setzt Eigenhändigkeit und Handschriftlichkeit voraus, → § 129 Rn. 10. Lesbarkeit ist nicht erforderlich; jedoch muss die Unterschrift eine Individualität aufweisen, die sie von anderen Unterschriften abgrenzt, dh sie muss charakteristische Merkmale aufweisen, BGH NJW-RR 2021, 807 Rn. 28; 2021, 314 Rn. 9; 2017, 445 (das muss das Revisionsgericht ohne eine Bindung an das Berufungsgericht prüfen); im Einzelnen: → § 129 Rn. 14, → Rn. 15 „Buchstaben", „Individualität", „Schlangenlinie" und „Urheberschaft".

28 **b) Verantwortung.** Den Schriftsatz muss derjenige unterschreiben, der ihn „verantwortet", auch im Anwaltsprozess, BGH NJW-RR 2021, 567= BeckRS 2021, 4852; näher: → § 129 Rn. 13. Nr. 6 verlangt nur die Unterschrift des Verantwortenden, keine weiteren Angaben über ihn. Ein Zusatz „als amtlich bestellter Vertreter" oder „als Abwickler" ist nicht notwendig. Er ist aber zur Vermeidung unnötiger Rückfragen zweckmäßig. Der Unterbevollmächtigte darf „für" einen anderen oder „i. V." unterzeichnen, soweit er selbst erkennbar die Verantwortung (mit)übernimmt, und postulationsfähig ist, BGH BeckRS 2019, 34723 = FamRZ 2020, 435 Rn. 14; → § 129 Rn. 13, → Rn. 15 „i. V.". Der Praxisvertreter oder Abwickler muss im Text des Schriftsatzes diese Funktion zu erkennen geben. Wegen der Übermittlung durch Telefax → § 129 Rn. 15 „Telefax". Auch im sog. Parteiprozess ohne einen Anwaltszwang muss die Partei persönlich oder derjenige unterzeichnen, der für sie als gesetzlicher Vertreter, → § 129 Rn. 13 ff.

29 **c) Telefax/Telekopie/E-Mail.** Im Einzelnen: → § 129 Rn. 15 „Telefax" und „Telekopie". Ein Schriftsatz kann durch ein Telefax *eingereicht* werden, wobei erforderlich ist, dass die Telekopie die Originalunterschrift wiedergibt, dass man also dort das Bild des Originalschriftzugs erkennt; BGH BeckRS 2019, 2056 = NJW-RR 2019, 441; → § 129 Rn. 15 „Telefax (Unterschrift)". Nicht ausreichend wäre etwa stattdessen ein maschinenschriftlicher Vermerk „gez. Name", das bloße Aufkleben einer Unterschrift, BGH NJW 2015, 3246, oder das

gänzliche Fehlen der Unterschrift, → § 129 Rn. 15 „Maschinenschrift". Der ProzBev. handelt schuldhaft iSd § 233 S. 1, wenn das Original bereits eine kaum sichtbare Unterschrift trägt und er deshalb damit rechnen muss, dass diese nicht auf die Telekopie übertragen wird, BGH BeckRS 2019, 2056 = NJW-RR 2019, 441; → § 129 Rn. 15 „Telekopie". Auch ein Computerfax fällt unter Nr. 6, wobei die eingescannte Unterschrift hier ausnahmsweise reicht, → § 129 Rn. 15 „Computerfax". Eine E-Mail ersetzt nicht die Schriftform; sie ist ein elektronisches Dokument, so dass die Anforderungen des § 130a erfüllt sein müssen, NJW-RR 2009, 357; BAG NZA 2013, 983; → § 129 Rn. 15 „E-Mail".

9. Prozessvollmacht. Der ProzBev. (§§ 79 ff.) ist kein gesetzlicher Vertreter. § 130 erwähnt ihn auch nicht. 30
Für den Nachweis der Prozessvollmacht gilt nicht § 130, sondern es gelten die §§ 80, 88. Der ProzBev. sollte aber schon wegen § 172 ausreichend genau benannt werden und es empfiehlt sich, auch den gegnerischen ProzBev. namhaft zu machen, sobald er bekannt ist, MüKoZPO/Fritsche Rn. 14. Bei einer Sozietät genügt deren Angabe. Stets ist die dafür maßgebende unter mehreren Kanzleianschriften erforderlich, näher Anders/Gehle Assessorexamen ZivilR B Rn. 19.

VI. Verstoß. 1. Mögliche Folgen. Wird gegen § 130 verstoßen, können die in §§ 138, 253 oder in den 31
Sonderregelungen dargestellten Rechtsfolgen eintreten, → § 138 Rn. 68; → § 253 Rn. 21. Wenn ein Schriftsatz zB wegen einer ungenügenden Beachtung von Nr. 1 nicht zu den richtigen Akten gelangt, trägt die Partei für das Verschulden die Folgen. So kann uU eine „demnächstige" Zustellung iSd § 167 zu verneinen sein. Ein falsches Aktenzeichen im Schriftsatz ist allerdings grundsätzlich unschädlich, → Rn. 7. Bei fristgebundenen Prozesshandlungen führt die fehlende oder die nicht hinreichende Unterschrift grundsätzlich zur Unzulässigkeit, wenn sie nicht innerhalb der Frist nachgeholt oder geheilt wird; bei anderen bestimmenden Schriftsätzen kann die Heilung bis zur letzten mündlichen Tatsachenverhandlung erfolgen; bei vorbereitenden Schriftsätzen kommt es auf den Vortrag in der mündlichen Verhandlung an, → § 129 Rn. 12, 20. Nachgeholt werden kann die Unterschrift nur, wenn der Unterschreibende die Verantwortung für den nicht oder nicht hinreichend unterschriebenen Schriftsatz übernimmt, → § 129 Rn. 13 und 15 „i. V.". Das Fehlen einer erforderlichen Unterschrift lässt sich deshalb auch nicht durch die Unterschrift eines Anwalts unter einem bloßen Verweisungsantrag nach § 281 I 1 heilen; denn damit deckt er nicht eindeutig den Inhalt des von ihm nicht unterzeichneten Schriftsatzes des Kollegen ab.

2. Verschulden des Vertreters oder des Prozessbevollmächtigten. Ein etwaiges Verschulden (Vorsatz 32
oder Fahrlässigkeit) des gesetzlichen Vertreters oder des ProzBev. gilt auch hier nach §§ 51 II, 85 II als ein Verschulden der Partei. Rückfragepflichten des Gerichts mögen nach § 139 bestehen. Sie mögen auch zu einer Auflage nach § 273 Veranlassung geben. Das Gericht darf einen nicht unterzeichneten bestimmenden Schriftsatz im Säumnisverfahren nach §§ 330 ff. bei der Entscheidung nicht berücksichtigen, → § 335 Rn. 4.

3. Unlesbarer/völlig unklarer/unangemessener Schriftsatz. Auch wenn ein Schriftsatz insgesamt oder in 33
Teilen und nicht nur bezüglich der Unterschrift unlesbar oder völlig unklar ist, kann das Gericht diesen nicht zurückgeben, sondern muss den Absender im Rahmen seiner Fürsorgepflicht nach § 139 – eventuell auch durch Ausübung seines Fragerechts – auffordern, ein lesbares Stück einzureichen, und für Klarheit sorgen, → § 139 Rn. 21 ff. In jedem Fall ist der Originalschriftsatz in die Gerichtsakte zu nehmen. Der Absender riskiert mit einem unlesbaren Schriftsatz, dass erst der Eingangszeitpunkt eines daraufhin verbesserten Schriftsatzes diejenigen Rechte wahrt, die fristgebunden sind. Ferner können der nicht lesbare Klägervortrag nicht schlüssig und damit die Klage auch nicht erfolgreich sein, wobei grundsätzlich vor Annahme der Entscheidungsreife ein Hinweis erfolgen muss, → Vor § 253 Rn. 50 ff. und → § 139 Rn. 23 (je zur Schlüssigkeit). In der Regel ist auch der Vortrag, der unklar ist, unbeachtlich, wenn keine hinreichende Reaktion auf den Hinweis des Gerichts erfolgt, BGH BeckRS 2018, 33393 = NJW 2019, 1082 (Bezugnahme auf ein ungeordnetes Anlagenkonvolut); → § 131 Rn. 9 (Grenzen der Bezugnahme); → § 138 Rn. 21–26 (mangelnde Substantiierung) und → § 138 Rn. 27 ff. (Anforderungen an das Bestreiten). In jedem Fall hat das Gericht die Fürsorgepflicht, auch eine anwaltlich vertretene Partei von Anfang an und mit allem Nachdruck dazu anzuhalten, selbstverständliche Mindestanforderungen im Schriftverkehr generell und speziell für den Prozess zu erfüllen, → § 139 Rn. 8 ff.

Der vorbereitende Schriftsatz soll die mündliche Verhandlung vorbereiten; er erfüllt am besten diesen Zweck, 34
wenn er vollständig ist, sich auf das Wesentliche beschränkt und nicht überfrachtet ist mit Textbausteinen, deren Inhalt im konkreten Fall nicht bzw. nicht vollständig entscheidungserheblich ist; außerdem ist er dann effizient, wenn er strukturiert ist. Nach § 139 I 3 kann das Gericht darauf hinwirken, dass der Streitstoff strukturiert und abgeschichtet wird, um einen Effizienzgewinn zu erzielen, → § 139 Rn. 42 ff. Auch wenn § 139 Hilfestellungen des Gerichts zugunsten der Parteien umfasst, gelten aber § 130 und der Beibringungsgrundsatz unverändert fort, → § 139 Rn. 5, 45.

Enthält der Schriftsatz unsachliche, unangemessene, beleidigende Passagen, verstößt es nicht gegen den 35
Justizgewährungsanspruch, wenn diese Passagen im Einzelfall als unbeachtlich gewertet werden, EGMR NJW 2012, 3501 (grober Missbrauch des Beschwerderechts); MüKoZPO/Fritsche Rn. 16. Soweit aber der Schriftsatz einen sachlichen Bezug aufweist, fehlt für die Sachentscheidung grundsätzlich nicht das Rechtsschutzinteresse und er ist insoweit zu berücksichtigen, BGH NJW 2012, 1659 (kein Rechtsschutzbedürfnis bei Äußerungen zur Rechtsverfolgung oder Rechtsverteidigung in anderen Gerichtsverfahren); MüKoZPO/Fritsche Rn. 16.

130a

Elektronisches Dokument; Verordnungsermächtigung. **I Vorbereitende Schriftsätze und deren Anlagen, schriftlich einzureichende Anträge und Erklärungen der Parteien sowie schriftlich einzureichende Auskünfte, Aussagen, Gutachten, Übersetzungen und Erklärungen Dritter können nach Maßgabe der folgenden Absätze als elektronische Dokumente bei Gericht eingereicht werden.**

II [1]Das elektronische Dokument muss für die Bearbeitung durch das Gericht geeignet sein. [2]Die Bundesregierung bestimmt durch Rechtsverordnung mit Zustimmung des Bundesrates technische Rahmenbedingungen für die Übermittlung und die Eignung zur Bearbeitung durch das Gericht.

III [1]Das elektronische Dokument muss mit einer qualifizierten elektronischen Signatur der verantwortenden Person versehen sein oder von der verantwortenden Person signiert und auf einem sicheren

Übermittlungsweg eingereicht werden. ²Satz 1 gilt nicht für Anlagen, die vorbereitenden Schriftsätzen beigefügt sind.

IV ¹Sichere Übermittlungswege sind

1. der Postfach- und Versanddienst eines De-Mail-Kontos, wenn der Absender bei Versand der Nachricht sicher im Sinne des § 4 Absatz 1 Satz 2 des De-Mail-Gesetzes angemeldet ist und er sich die sichere Anmeldung gemäß § 5 Absatz 5 des De-Mail-Gesetzes bestätigen lässt,

2. der Übermittlungsweg zwischen den besonderen elektronischen Anwaltspostfächern nach § 31a der Bundesrechtsanwaltsordnung oder einem entsprechenden, auf gesetzlicher Grundlage errichteten elektronischen Postfach und der elektronischen Poststelle des Gerichts,

3. der Übermittlungsweg zwischen einem nach Durchführung eines Identifizierungsverfahrens eingerichteten Postfach einer Behörde oder einer juristischen Person des öffentlichen Rechts und der elektronischen Poststelle des Gerichts,

4. der Übermittlungsweg zwischen einem nach Durchführung eines Identifizierungsverfahrens eingerichteten elektronischen Postfach einer natürlichen oder juristischen Person oder einer sonstigen Vereinigung und der elektronischen Poststelle des Gerichts,

5. der Übermittlungsweg zwischen einem nach Durchführung eines Identifizierungsverfahrens genutzten Postfach- und Versanddienst eines Nutzerkontos im Sinne des § 2 Absatz 5 des Onlinezugangsgesetzes und der elektronischen Poststelle des Gerichts,

6. sonstige bundeseinheitliche Übermittlungswege, die durch Rechtsverordnung der Bundesregierung mit Zustimmung des Bundesrates festgelegt werden, bei denen die Authentizität und Integrität der Daten sowie die Barrierefreiheit gewährleistet sind.

²Das Nähere zu den Übermittlungswegen gemäß Satz 1 Nummer 3 bis 5 regelt die Rechtsverordnung nach Absatz 2 Satz 2.

V ¹Ein elektronisches Dokument ist eingegangen, sobald es auf der für den Empfang bestimmten Einrichtung des Gerichts gespeichert ist. ²Dem Absender ist eine automatisierte Bestätigung über den Zeitpunkt des Eingangs zu erteilen.

VI ¹Ist ein elektronisches Dokument für das Gericht zur Bearbeitung nicht geeignet, ist dies dem Absender unter Hinweis auf die Unwirksamkeit des Eingangs und auf die geltenden technischen Rahmenbedingungen unverzüglich mitzuteilen. ²Das Dokument gilt als zum Zeitpunkt der früheren Einreichung eingegangen, sofern der Absender es unverzüglich in einer für das Gericht zur Bearbeitung geeigneten Form nachreicht und glaubhaft macht, dass es mit dem zuerst eingereichten Dokument inhaltlich übereinstimmt.

Elektronischer-Rechtsverkehr-Verordnung (ERVV)

Vom 24.11.2017, BGBl. I 3803 (FNA 310-4-19), in Kraft seit 1.1.2018
Zuletzt geändert durch Artikel 6 des Gesetzes vom 5.Oktober 2021 (BGBl. I 4607)

Kapitel 1. Allgemeine Vorschrift

§ 1 ERVV Anwendungsbereich

I ¹Diese Verordnung gilt für die Übermittlung elektronischer Dokumente an die Gerichte der Länder und des Bundes sowie die Bearbeitung elektronischer Dokumente durch diese Gerichte nach § 130a der Zivilprozessordnung, § 46c des Arbeitsgerichtsgesetzes, § 65a des Sozialgerichtsgesetzes, § 55a der Verwaltungsgerichtsordnung und § 52a der Finanzgerichtsordnung. ²*(betrifft Strafsachen).*

II Besondere bundesrechtliche Vorschriften über die Übermittlung elektronischer Dokumente und strukturierter maschinenlesbarer Datensätze bleiben unberührt.

Kapitel 2. Technische Rahmenbedingungen des elektronischen Rechtsverkehrs

§ 2 ERVV Anforderungen an elektronische Dokumente

I ¹Das elektronische Dokument ist im Dateiformat PDF zu übermitteln. ²Wenn bildliche Darstellungen im Dateiformat PDF nicht verlustfrei wiedergegeben werden können, darf das elektronische Dokument zusätzlich im Dateiformat TIFF übermittelt werden. ³Die Dateiformate PDF und TIFF müssen den nach § 5 Absatz 1 Nummer 1 bekanntgemachten Versionen entsprechen.

II Das elektronische Dokument soll den nach § 5 Absatz 1 Nummer 1 und 6 bekanntgemachten technischen Standards entsprechen

III Dem elektronischen Dokument soll ein strukturierter maschinenlesbarer Datensatz im Dateiformat XML beigefügt werden, der den nach § 5 Absatz 1 Nummer 2 bekanntgemachten Definitions- oder Schemadateien entspricht und mindestens enthält:

1. die Bezeichnung des Gerichts;
2. sofern bekannt, das Aktenzeichen des Verfahrens;
3. die Bezeichnung der Parteien oder Verfahrensbeteiligten;
4. die Angabe des Verfahrensgegenstandes;
5. sofern bekannt, das Aktenzeichen eines denselben Verfahrensgegenstand betreffenden Verfahrens und die Bezeichnung der die Akten führenden Stelle.

§ 3 ERVV Überschreitung der Höchstgrenzen

¹Wird glaubhaft gemacht, dass die nach § 5 Absatz 1 Nummer 3 bekanntgemachten Höchstgrenzen für die Anzahl oder das Volumen elektronischer Dokumente nicht eingehalten werden können, kann die Übermittlung als Schriftsatz nach den *allgemeinen Vorschriften* erfolgen, möglichst unter Beifügung des Schriftsatzes und der Anlagen als elektronische Dokumente auf einem nach § 5 Absatz 1 Nummer 4 bekanntgemachten zulässigen physischen Datenträger.

§ 4 ERVV Übermittlung elektronischer Dokumente mit qualifizierter elektronischer Signatur

[I] Ein elektronisches Dokument, das mit einer qualifizierten elektronischen Signatur der verantwortenden Person versehen ist, darf wie folgt übermittelt werden:

1. auf einem sicheren Übermittlungsweg oder
2. an das für den Empfang elektronischer Dokumente eingerichtete Elektronische Gerichts- und Verwaltungspostfach des Gerichts über eine Anwendung, die auf OSCI oder einem diesen ersetzenden, dem jeweiligen Stand der Technik entsprechenden Protokollstandard beruht.

[II] Mehrere elektronische Dokumente dürfen nicht mit einer gemeinsamen qualifizierten elektronischen Signatur übermittelt werden.

§ 5 ERVV Bekanntmachung technischer Standards

[I] Die Bundesregierung macht folgende technische Standards für die Übermittlung und Eignung zur Bearbeitung elektronischer Dokumente im Bundesanzeiger und auf der Internetseite www.justiz.de bekannt:

1. die Versionen der Dateiformate PDF und TIFF;
2. die Definitions- oder Schemadateien, die bei der Übermittlung eines strukturierten maschinenlesbaren Datensatzes im Format XML genutzt werden sollen;
3. die Höchstgrenzen für die Anzahl und das Volumen elektronischer Dokumente;
4. die zulässigen physischen Datenträger;
5. die Einzelheiten der Anbringung der qualifizierten elektronischen Signatur am elektronischen Dokument und
6. die technischen Eigenschaften der elektronischen Dokumente.

[II] [1]Die technischen Standards müssen den aktuellen Stand der Technik und die Barrierefreiheit im Sinne der Barrierefreie-Informationstechnik-Verordnung vom 12. September 2011 (BGBl. I 1843), die zuletzt durch Artikel 4 der Verordnung vom 25. November 2016 (BGBl. I 2659) geändert worden ist, in der jeweils geltenden Fassung, berücksichtigen und mit einer Mindestgültigkeitsdauer bekanntgemacht werden. [2]Die technischen Standards können mit einem Ablaufdatum nach der Mindestgültigkeitsdauer versehen werden, ab dem sie voraussichtlich durch neue bekanntgegebene Standards abgelöst sein müssen.

Kapitel 3. Besonderes elektronisches Behördenpostfach

§ 6 ERVV Besonderes elektronisches Behördenpostfach; Anforderungen

[I] Die Behörden sowie juristischen Personen des öffentlichen Rechts können zur Übermittlung elektronischer Dokumente auf einem sicheren Übermittlungsweg ein besonderes elektronisches Behördenpostfach verwenden,

1. das auf dem Protokollstandard OSCI oder einem diesen ersetzenden, dem jeweiligen Stand der Technik entsprechenden Protokollstandard beruht,
2. bei dem die Identität des Postfachinhabers in einem Identifizierungsverfahren geprüft und bestätigt wurde,
3. bei dem der Postfachinhaber in ein sicheres elektronisches Verzeichnis eingetragen ist und
4. bei dem feststellbar ist, dass das elektronische Dokument vom Postfachinhaber versandt wurde.

[II] Das besondere elektronische Behördenpostfach muss

1. über eine Suchfunktion verfügen, die es ermöglicht, andere Inhaber von besonderen elektronischen Postfächern aufzufinden,
2. für andere Inhaber von besonderen elektronischen Postfächern adressierbar sein und
3. barrierefrei sein im Sinne der Barrierefreie-Informationstechnik-Verordnung.

[III] Das elektronische Gerichts- und Verwaltungspostfach eines Gerichts, einer Staatsanwaltschaft, einer Amtsanwaltschaft, einer Justizvollzugsanstalt oder einer Jugendarrestanstalt steht einem besonderen elektronischen Behördenpostfach gleich, soweit diese Stelle Aufgaben einer Behörde nach Absatz 1 wahrnimmt; § 7 findet keine Anwendung.

§ 7 ERVV Identifizierungsverfahren

[I] [1]Die von den obersten Behörden des Bundes oder den Landesregierungen für ihren Bereich bestimmten öffentlich-rechtlichen Stellen prüfen die Identität der Behörden oder juristischen Personen des öffentlichen Rechts und bestätigen dies in einem sicheren elektronischen Verzeichnis. [2]Die obersten Behörden des Bundes oder mehrere Landesregierungen können auch eine öffentlich-rechtliche Stelle gemeinsam für ihre Bereiche bestimmen.

[II] Bei der Prüfung der Identität ist zu ermitteln, ob

1. der Postfachinhaber eine inländische Behörde oder juristische Person des öffentlichen Rechts ist und
2. Name und Sitz des Postfachinhabers zutreffend bezeichnet sind.

§ 8 ERVV Zugang und Zugangsberechtigung; Verwaltung

[I] Der Postfachinhaber bestimmt die natürlichen Personen, die Zugang zum besonderen elektronischen Behördenpostfach erhalten sollen, und stellt ihnen das Zertifikat und das Zertifikats-Passwort zur Verfügung.

[II] [1]Der Zugang zum besonderen elektronischen Behördenpostfach erfolgt ausschließlich mithilfe des Zertifikats und des Zertifikats-Passworts des Postfachinhabers. [2]Die Zugangsberechtigten dürfen das Zertifikat nicht an Unbefugte weitergeben und haben das Zertifikats-Passwort geheim zu halten.

[III] Der Postfachinhaber kann die Zugangsberechtigungen zum besonderen elektronischen Behördenpostfach jederzeit aufheben oder einschränken.

[IV] [1]Der Postfachinhaber hat zu dokumentieren, wer zugangsberechtigt ist, wann das Zertifikat und das Zertifikats-Passwort zur Verfügung gestellt wurden und wann die Zugangsberechtigung aufgehoben wurde. [2]Er stellt zugleich sicher, dass der Zugang zu seinem besonderen elektronischen Behördenpostfach nur den von ihm bestimmten Zugangsberechtigten möglich ist.

[V] Unbeschadet der Absätze 1, 3 und 4 kann die Verwaltung des besonderen elektronischen Behördenpostfachs behördenübergreifend automatisiert und an zentraler Stelle erfolgen.

§ 9 ERVV Änderung und Löschung

[I] Der Postfachinhaber hat Änderungen seines Namens oder Sitzes unverzüglich der nach § 7 Absatz 1 bestimmten Stelle anzuzeigen.

II [1]Der Postfachinhaber kann jederzeit die Löschung seines besonderen elektronischen Behördenpostfachs veranlassen. [2]Er hat die Löschung seines besonderen elektronischen Behördenpostfachs zu veranlassen, wenn seine Berechtigung zur Nutzung des besonderen elektronischen Behördenpostfachs endet.

Kapitel 4. Besonderes elektronisches Bürger- und Organisationenpostfach; Postfach- und Versanddienst eines Nutzerkontos

§ 10 ERVV Besonderes elektronisches Bürger- und Organisationenpostfach

I Natürliche Personen, juristische Personen sowie sonstige Vereinigungen können zur Übermittlung elektronischer Dokumente auf einem sicheren Übermittlungsweg ein besonderes elektronisches Bürger- und Organisationenpostfach verwenden,

1. das auf dem Protokollstandard OSCI oder einem diesen ersetzenden, dem jeweiligen Stand der Technik entsprechenden Protokollstandard beruht,
2. bei dem die Identität des Postfachinhabers festgestellt worden ist,
3. bei dem der Postfachinhaber in ein sicheres elektronisches Verzeichnis eingetragen ist,
4. bei dem sich der Postfachinhaber beim Versand eines elektronischen Dokuments authentisiert und
5. bei dem feststellbar ist, dass das elektronische Dokument vom Postfachinhaber versandt wurde.

II das besondere elektronische Bürger- und Organisationenpostfach muss

1. über eine Suchfunktion verfügen, die es ermöglicht, Inhaber eines besonderen elektronischen Anwaltspostfachs, eines besonderen elektronischen Notarpostfachs oder eines besonderen elektronischen Behördenpostfachs aufzufinden,
2. für Inhaber besonderer elektronischer Anwaltspostfächer, besonderer elektronischer Notarpostfächer oder besonderer elektronischer Behördenpostfächer adressierbar sein und
3. barrierefrei sein im Sinne der Barrierefreie-Informationstechnik-Verordnung.

III Wird für eine rechtlich unselbständige Untergliederung einer juristischen Person oder sonstige Vereinigung ein besonderes elektronisches Bürger- und Organisationenpostfach eingerichtet, so muss der Postfachinhaber so bezeichnet sein, dass eine Verwechslung mit der übergeordneten Organisationseinheit ausgeschlossen ist.

§ 11 Identifizierung und Authentisierung des Postfachinhabers

I Die Länder oder mehrere Länder gemeinsam bestimmen jeweils für ihren Bereich eine öffentlich-rechtliche Stelle, die die Freischaltung eines besonderen elektronischen Bürger- und Organisationenpostfachs veranlasst.

II [1]Der Postfachinhaber hat im Rahmen der Identitätsfeststellung seinen Namen und seine Anschrift nachzuweisen. [2]Der Nachweis kann nur durch eines der folgenden Identifizierungsmittel erfolgen:

1. den elektronischen Identitätsnachweis nach § 18 des Personalausweisgesetzes, nach § 12 des eID-Karte-Gesetzes oder nach § 78 Absatz 5 des Aufenthaltsgesetzes,
2. ein qualifiziertes elektronisches Siegel nach Artikel 38 der Verordnung (EU) Nr. 910/2014 des Europäischen Parlaments und des Rates vom 23. Juli 2014 über die elektronische Identifizierung und Vertrauensdienste für elektronische Transaktionen im Binnenmarkt und zur Aufhebung der Richtlinie 1999/93/EG (ABl. L 257 vom 28.8.2014, S 73; L 23 vom 29.1.2015, S 19; L 155 vom 14.6.2016, S. 44),
3. bei öffentlich bestellten und beeidigten Personen, die Dolmetscher- oder Übersetzungsleistungen erbringen, eine Bestätigung der nach dem Gerichtsdolmetschergesetz oder dem jeweiligen Landesrecht für die Bestellung und Beeidigung dieser Personen zuständigen Stelle, auch hinsichtlich der Angaben zu Berufsbezeichnung sowie zur Sprache, für die die Bestellung erfolgt,
4. bei Gerichtsvollziehern eine Bestätigung der für ihre Ernennung zuständigen Stelle, auch hinsichtlich der Dienstbezeichnung, oder
5. eine in öffentlich beglaubigter Form abgegebene Erklärung über den Namen und die Anschrift des Postfachinhabers sowie die eindeutige Bezeichnung des Postfachs.

[3]Eine nach Satz 2 Nummer 5 angegebene geschäftliche Anschrift ist durch eine Bescheinigung nach § 21 Absatz 1 der Bundesnotarordnung, einen amtlichen Registerauszug oder eine beglaubigte Registerabschrift nachzuweisen. [4]Geht eine angegebene geschäftliche Anschrift nicht aus einem öffentlichen Register hervor, so stellt die Stelle nach Absatz 1 diese durch geeignete Maßnahmen fest. [5]Die Übermittlung von Daten nach Satz 2 Nummer 3 bis 5 an die in Absatz 1 genannte öffentlich-rechtliche Stelle erfolgt in strukturierter maschinenlesbarer Form. [6]Im Falle des Satzes 2 Nummer 5 ist der öffentlich-rechtlichen Stelle zusätzlich eine öffentlich beglaubigte elektronische Abschrift der Erklärung zu übermitteln.

III Der Postfachinhaber hat sich beim Versand eines elektronischen Dokuments zu authentisieren durch

1. den elektronischen Identitätsnachweis nach § 18 des Personalausweisgesetzes, nach § 12 des eID-Karte-Gesetzes oder nach § 78 Absatz 5 des Aufenthaltsgesetzes,
2. ein Authentisierungszertifikat, das auf einer qualifizierten elektronischen Signaturerstellungseinheit nach dem Anhang II der Verordnung (EU) Nr. 910/2014 gespeichert ist, oder
3. ein nichtqualifiziertes Authentisierungszertifikat, das über Dienste validierbar ist, die über das Internet erreichbar sind.

§ 12 Änderung von Angaben und Löschung des Postfachs

I [1]Bei Änderung seiner Daten hat der Postfachinhaber unverzüglich die Anpassung seines Postfachs bei der nach § 11 Absatz 1 bestimmten Stelle zu veranlassen. [2]Das betrifft insbesondere die Änderung seines Namens oder seiner Anschrift, bei juristischen Personen oder sonstigen Vereinigungen auch die Änderung des Sitzes.

II Der Postfachinhaber kann jederzeit die Löschung seines besonderen elektronischen Bürger- und Organisationenpostfachs veranlassen.

§ 13 Elektronische Kommunikation über den Postfach- und Versanddienst eines Nutzerkontos

I Zur Übermittlung elektronischer Dokumente auf einem sicheren Übermittlungsweg kann der Postfach- und Versanddienst eines Nutzerkontos im Sinne des § 2 Absatz 5 des Onlinezugangsgesetzes genutzt werden, wenn bei diesem Postfach- und Versanddienst

1. eine technische Vorrichtung besteht, die auf dem Protokollstandard OSCI oder einem diesen ersetzenden, den jeweiligen Stand der Technik entsprechenden Protokollstandard beruht,

2. die Identität des Nutzers des Postfach- und Versanddienstes durch ein Identifizierungsmittel nach § 11 Absatz 1 Satz 2 Nummer 1 oder 2 festgestellt ist,
3. der Nutzer des Postfach- und Versanddienstes sich beim Versand eines elektronischen Dokuments entsprechend § 11 Absatz 3 authentisiert und
4. feststellbar ist, dass das elektronische Dokument von dem Nutzer des Postfach- und Versanddienstes versandt wurde.

II Der Postfach- und Versanddienst muss barrierefrei sein im Sinne der Barrierefreie-Informationstechnik-Verordnung.

Kapitel 5. (Strafsachen) (§§ 14, 15)

Bekanntmachung zu § 5 der Elektronischer-Rechtsverkehr-Verordnung (Elektronischer-Rechtsverkehr-Bekanntmachung 2022 – 2. ERVB 2022), Bek. d. BMJ vom 10.2.2022, **in Kraft ab 1.4.2022**

Nach § 5 der Elektronischer-Rechtsverkehr-Verordnung vom 24. November 2017 (BGBl. I 3803), die zuletzt durch Artikel 6 des Gesetzes vom 5. Oktober 2021 (BGBl. I 4607) geändert worden ist, wird bekannt gemacht, dass ab dem 1. April 2022 Folgendes gilt:

1. Versionen der Dateiformate PDF und TIFF gemäß § 5 Absatz 1 Nummer 1 der Elektronischen-Rechtsverkehrs-Verordnung sind bis mindestens 31. Dezember 2022
   a) PDF einschließlich PDF 2.0, PDF/A-1, PDF/A-2, PDF/UA:
   Der Dokumenteninhalt soll orts- und systemunabhängig darstellbar sein. Ein Rendering für spezifische Ausgabegeräte soll vermieden werden. Die Datei soll kein eingebundenes Objekt enthalten, da für die Darstellung der Inhalte kein externes Anwendungsprogramm und keine weitere Instanz des PDF-Darstellungsprogrammes verwendet wird. Zulässig ist das Einbinden von Inline-Signaturen und Transfervermerken. Die Datei soll keine Aufrufe von ausführbaren Anweisungsfolgen, wie z. B. Skripts, beinhalten, insbesondere soll weder innerhalb von Feldern in Formularen noch an anderer Stelle JavaScript eingebunden sein, da diese Aufrufe nicht ausgeführt werden. Zulässig sind Formularfelder ohne JavaScript. Zulässig sind Hyperlinks, auch wenn sie auf externe Ziele verweisen.
   b) TIFF Version 6.
2. Bei Übermittlung eines strukturierten maschinenlesbaren Datensatzes gemäß § 5 Absatz 1 Nummer 2 der Elektronischer-Rechtsverkehr-Verordnung ist die XJustiz-Nachricht „uebermittlung_schriftgutobjekte" des XJustiz-Standards in der jeweils gültigen XJustiz-Version zu verwenden.
   Seit dem 31.Oktober 2021 ist die Version XJustiz 3.2 gültig. Einmal jährlich wird eine neue XJustiz-Version gültig werden. Diese löst die bis dahin gültige Version ab. XJustiz-Versionen werden immer 12 Monate vor Gültigkeit auf www.xjustiz.de veröffentlicht.
3. Gemäß § 5 Absatz 1 Nummer 3 der Elektronischen-Rechtsverkehrs-Verordnung werden ab dem 1.April 2022 bis 31. Dezember 2022 Anzahl und Volumen elektronischer Dokumente in einer Nachricht wie folgt begrenzt:
   a) auf höchstens 200 Dateien
   b) auf höchstens 100 Megabyte.
   Ab dem 1. Januar 2023 bis mindestens 31. Dezember 2023 werden die Anzahl und das Volumen wie folgt begrenzt:
   a) auf höchstens 1000 Dateien
   b) auf höchstens 200 Megabyte.
4. Zulässige physische Datenträger gemäß § 5 Absatz 1 Nummer 4 der Elektronischen-Rechtsverkehrs-Verordnung sind bis 31. Dezember 2022
   a) DVD und
   b) CD.
5. Qualifizierter elektronische Signaturen sind gemäß § 5 Absatz 1 Nummer 5 der Elektronischen-Rechtsverkehrs-Verordnung bis mindestens 31. Dezember 2022 nach folgenden Vorgaben anzubringen:
   a) nach dem Standard CMS Advanced Electronic Signatures (CAdES) als angefügte Signatur („detached signature") gemäß ETSI EN 319 122-1 v1.2.1 oder ETSI TS 103 173 v2.2.1 oder,
   b) nach dem Standard PDF Advanced Elektronic Signatures (PAdES) als eingebettete Signatur („inline signature") gemäß ETSI EN 319 142-1 v1.1.1 oder ETSI TS 103 172 v2.2.2 oder
   c) nach den Spezifikationen fortgeschrittener elektronischer Signaturen des Durchführungsbeschlusses (EU) 2015/1506 der Kommission vom 8. September 2015 zur Festlegung der Spezifikationen für Formate fortgeschrittener elektronischer Signaturen und fortgeschrittener Siegel, die von öffentlichen Stellen gemäß Artikel 27 Absatz 5 und Artikel 37 Absatz 5 der Verordnung (EU) Nr. 910/2014 des Europäischen Parlaments und des Rates über elektronische Identifizierung und Vertrauensdienste für elektronische Transaktionen im Binnenmarkt anerkannt werden (ABl. L 235 vom 9.9.2015, S. 37).
6. Technische Eigenschaften der Dokumente sind gemäß § 5 Absatz 1 Nummer 6 der Elektronischen-Rechtsverkehrs-Verordnung bis mindestens 31. Dezember 2022:
   a) Druckbarkeit,
   b) maximale Länge von Dateinamen beträgt einschließlich der Dateiendungen: 90 Zeichen und
   c) Dateinamen bestehen ausschließlich aus:
      aa) Buchstaben des deutschen Alphabetes einschließlich der Umlaute ä, ö, ü und ß,
      bb) Ziffern und
      cc) den Zeichen Unterstrich und Minus,
      dd) Punkten, wenn sie den Dateinamen von Dateiendungen trennen, und
      ee) einer logische Nummerierung, wenn mehrere Dateien übermittelt werden.

Diese Bekanntmachung tritt an die Stelle der Elektronischer-Rechtsverkehr-Bekanntmachung 2022 vom 22. November 2021 (BAnz AT 26.11.2021 B2), der Elektronischer-Rechtsverkehr-Bekanntmachung 2019 vom 20. Dezember 2018 (BAnz AT 31.12.2018 B3) und der Elektronischer-Rechtsverkehr-Bekanntmachung 2021 vom 21. Dezember 2020 (BAnz AT 30.12.2020 B5).

Schrifttum: Bernhardt, Grundlegende Prinzipien der weiteren E-Justice-Entwicklung, JM 2022, 277; ders., Quo vadis Ampel? – Digitalisierung der Justiz, JM 2022, 90; ders. NJW 2015, 2775; Brosch/Lummel/Sandkühler/Freiheit, Elektronischer Rechtsverkehr mit dem beA, 2017; Degen/Emmert, Elektronischer Rechtsverkehr, 2016; Dickert, Thesen zur Modernisierung des Zivilprozesses, NJW 2020, 296; Fritzsche, Die Pflicht zum elektronischen Rechtsverkehr – Chancen und Risiken, NZFam 2022, 1; Günther, Haftungsfallen rund ums beA,

NJW 2020, 1785; Heimann/Steidl, Nutzungspflicht des Elektronischen Rechtsverkehrs (ERV) für Syndikusrechtsanwälte, NZA 2021, 521; Hettenbach/Müller, Die Übergabe von Papierschriftsätzen im Termin in Zeiten der „beA-Nutzungspflicht“, NJW 2022, 815; Leuering, Das beA und bestimmende Schriftsätze, NJW 2019, 2739; Lindemann, Grenzüberschreitende Kommunikation in Zivil- und Strafverfahren, (e-CODEX), DRiZ 2021, 464; Mardorf, Das elektronische Dokument im Sinne des elektronischen Rechtsverkehrs – Update, JM 2022, 2; Möller, Der digitale Postausgang, NJW 2021, 2179 (mit Checkliste, 2182); Müller, Formanforderungen an Dateien im elektronischen Rechtsverkehr, NZA 2018 1315; Müller, eJustice-Praxishandbuch, 6. Auflage 2021; ders.,E-Justice 2022, Aktive Nutzungspflicht und neue Übermittlungswege, NJW 2021, 3281; Mzee AnwBl 2018, 52; Natter/Haßel NZA 2017, 1017 (ArbGG); Neubert, Der Einsatz von Künstlicher Intelligenz in der deutschen Justiz, DRiZ 2021, 108; Oltmanns/Fuhlrott, Die Nutzungspflicht des elektronischen Rechtsverkehrs: Unverhältnismäßige Einschränkung des Justizgewähranspruchs?, NZA 2020, 897; Pielsticker/Rehbehn, Justiz braucht Update, DRiZ 2020, 202; Römermann, Der schwierige Umgang mit Legal Tech in der gerichtlichen Praxis, NJW 2020, 2678; Schindler, Praktische Probleme mit den technischen Vorgaben im elektronischen Rechtsverkehr, NJW 2020, 2943; Siegmund, Die Pflicht zur elektronischen Kommunikation mit den Gerichten, NJW 2021, 3617; Ulrich/Schmieder NJW 2019, 113 (Einreichung und Übermittlung); Vogelgesang, Verschiedene E-Akten-Systeme, JM 2021, 51; Voigt/Danz, Die elektronische Signatur und ihre Einsatzmöglichkeiten für digitale Vertrtagsabschlüsse, NJW 2020, 2991; Wagner/Ernst, Falsche oder verzögerte Empfangsbekenntnisse im ERV, NJW 2021, 1564; Werner/Hohl, Datenschutz im richterlichen Alltag, DRiZ 2021, 276.

Übersicht

1 **I. Regelungszweck.** Der Zweck der Vorschrift ist die Überführung der Justiz von einer analogen in eine digitale Welt. Das Zeitalter des elektronischen Rechtsverkehr hat schon vor einiger Zeit auch in der Justiz begonnen. Mit der Möglichkeit der Einreichung elektronischer Dokumente und der Pflicht hierzu für bestimmte Berufsgruppen, → Rn. 3, sollen die gerichtlichen Verfahren in Zukunft beschleunigt und bürgerfreundlicher gestaltet werden; außerdem soll die flächendeckende Einführung der E-Akte erreicht werden, Zöller/Greger Rn. 1. Die Eröffnung des elektronischen Rechtsverkehrs dient auch der Barrierefreiheit, MüKoZPO/Fritsche Rn. 2. In der Umstellungsphase ist es aufgrund der außerordentlichen Dimension der Aufgabe naturgemäß schon zu einigen Schwierigkeiten gekommen und es wird auch weitere bis zur vollständigen Umstellung geben. Aber sowohl die Rechtsanwalts- und Notarkammern als auch die Justizministerien, die gesamte Justizverwaltung und fast alle Justizbedienstete sind seit langem nach Kräften bemüht, den vollständigen Übergang der analogen Justizwelt in eine digitale bei laufendem Justizbetrieb so schnell und so gut wie möglich zu bewerkstelligen. Viele können es gar nicht erwarten und freuen sich auf jeden Fortschritt in diese Richtung bis zur vollständigen Einführung der E-Akte. Unabhängig davon ist die vollständige Digitalisierung in der Justiz unabdingbar und jeder innerhalb und außerhalb der Justiz muss ein rechtsstaatliches Interesse an einem guten Gelingen haben. Das dient auch dem Interesse, das Vertrauen in die Justiz und die Verfahren zu sichern. Ein Rechtsstaat, der in technischer Hinsicht „hinter dem Mond“ lebt, verliert an Akzeptanz, Scholz/Dörr NJW 2020, Heft 34, Vorblätter S. 15. Die Notwendigkeit der möglichst raschen umfassenden Digitalisierung der Justiz hat sich gerade in der **Corona-Krise** gezeigt, → § 128a Rn. 2, 7. Nachdem die technischen Anfangsschwierigkeiten von beA weitgehend behoben waren, wurde das Postfach von den Anwälten auch schon vor 2022 vermehrt genutzt und gerade in Corona-Zeiten von vielen als Hilfestellung empfunden, Günther NJW 2020, 1785 (insb auch zu den Haftungsfallen); vgl. auch Wagner NJW-aktuell 43/2020, 10 (zu den nach wie vor bestehenden Schwierigkeiten).

2 **II. Systematik. 1. Passive Nutzungspflicht.** Wie § 298a verdeutlicht, ist das Ziel der die Digitalisierung betreffenden Vorschriften eine ausschließlich geführte elektronische Akte, → Rn. 1. § 130a, und alle in den anderen Verfahrensordnungen entsprechende Regelungen, → Rn. 9, bilden den Kern für den Einsatz eines elektronischen Dokuments anstelle oder zusammen mit einem Schriftstück. Nur bei Vorliegen der Voraussetzungen der II–IV wahrt das elektronische Dokument die Schriftform, dh nur dann ist seine Einreichung zulässig, Prütting/Gehrlein/Prütting Rn. 4. II wird ergänzt durch die ERVV, → Text Vor Rn. 1, die gewährleisten soll, dass eingereichte elektronische Dokumente für die Bearbeitung durch das Gericht geeignet ist, Kobl BeckRS 2020, 32096 Rn. 9. Während bis zum 31.12.2017 bzw. bis zu den in LandesVO'en bestimmten Zeitpunkten die Einreichung elektronischer Dokumente durch eine VO besonders zugelassen werden musste, ist nun nach I diese Einreichungsform generell möglich, sofern die Voraussetzungen der II–IV erfüllt sind. Ergänzt wird § 130a durch § 133 I 2, wonach bei einer elektronischen Einreichung keine Abschriften beigefügt werden müssen. § 130b bezieht sich auf elektronische Dokumente des Gerichts und § 130c betrifft elektronische Formulare. Die Vor-

schrift ist das prozessuale Gegenstück zu § 126 III BGB, wonach die Schriftform durch die elektronische Form gemäß § 126a BGB ersetzt werden kann. Ergänzend gelten §§ 173 ff., 193 ff. (Zustellung), und für den Anwalt die §§ 31a ff. BRAO zum „besonderen" elektronischen Anwaltspostfach **(beA)**; vgl. zur Nutzungspflicht für Syndikusanwälte: Heimann/Steidle NZA 2021, 521. Nach § 173 II besteht für die Anwälte und andere iSd § 173 II 1 die Pflicht, einen sicheren Übermittlungsweg nach § 130a IV für die Zustellung von elektronischen Dokumenten zu eröffnen (sog. **passive Nutzungspflicht**). Das besondere elektronische Anwaltspostfach (beA) musste von der BRAK nach § 31a BRAO für jeden RA errichtet werden. Die fehlende Aktivierung von beA wird als Berufspflichtverstoß angesehen, AnwG BeckRS 2020, 7099.

2. Aktive Nutzungspflicht. Eine Pflicht für Anwälte, Behörden und juristische Personen des öffentlichen Rechts einschließlich der zur Erfüllung ihrer öffentlichen Aufgabe gebildeten Zusammenschlüsse zur elektronischen Übermittlung von Schriftsätzen und deren Anlagen besteht gemäß **§ 130d ab 1.1.2022,** wobei die Länder das Inkrafttreten vorverlegen konnten (Art. 24 II des Gesetzes zur Förderung des elektronischen Rechtsverkehr mit den Gerichten vom 10.10.2013, BGBl. I 3786), Zöller/Greger § 130d Vor Rn. 1 (sog. **aktive Nutzungspflicht**); → Vor § 130d. Darüber hinaus ist für andere Personen (derzeit) kein Zwang zur Nutzung der elektronischen Form vorgesehen, weil anderenfalls der Zugang zu den Gerichten unangemessen erschwert würde, MüKoZPO/Fritsche Rn. 2. In den Prozessordnungen der **Fachgerichtsbarkeit** sind eigenständige Regelungen zur aktiven Nutzungspflicht enthalten, nämlich in § 52d FGO, § 55d VwGO, § 65d SGG und in § 46g ArbGG, wobei diese Vorschriften nahezu mit § 130d identisch ist, Brune/Merkens NZA 2022, 242 (zum Widerspruch zwischen §§ 46a und 72a II 1 ArbGG),. § 46g ArbGG galt schon ab 1.1.2020 in Schleswig-Holstein, LAG Schlesw BeckRS 2020, 10446; in Bremen war die aktive Nutzungspflicht ab 1.1.2021 für die Arbeitsgerichtsbarkeit, die Finanzgerichtsbarkeit und die Sozialgerichtsbarkeit eingeführt worden, → Vor § 130d. Zu den Besonderheiten im Verfahren der freiwilligen Gerichtsbarkeit vgl. Fritzsche NZFam 2022, 1. Gewerkschaften und Arbeitgeberverbände müssen ab dem 1.1.2024 elektronisch über einen sicheren Übermittlungsweg empfangsbereit sein und ab 1.1.2026 selbst aktiv elektronisch einreichen, → Rn. 37 (zum sicheren Übermittlungsweg über **ebO,** → Rn. 5). 3

3. Gerichtsakten. Was die Prozessakten anbelangt, wird § 130a ergänzt durch § 133 I 2, wonach bei elektronischer Einreichung von Schriftsätzen **keine Abschriften** erforderlich sind, ferner durch die Vorschriften zur Prozessakte gemäß §§ 298, 298a und hinsichtlich der Akteneinsicht durch § 299 III. Um ein einheitliches elektronisches **Gerichtsaktensystem** für alle 16 Bundesländer in allen Justizbereichen mit einheitlichen Schnittstellen zu erreichen, hat der E-Justice-Rat im März 2017 die Entscheidung für die Entwicklung eines einheitlichen bundesweiten Fachverfahrens **(gefa)** getroffen, das beginnend mit dem Zivilbereich sukzessive alle Fachbereiche der ordentlichen Gerichtsbarkeit – außer Handelsregister, Grundbuch und Mahnverfahren –, die Staatsanwaltschaften und die Fachgerichte erfassen soll; einige Komponenten sind bereits konzipiert; die Pilotierung für die Zivilgerichtsbarkeit soll Ende 2024/Anfang 2025 abgeschlossen sein, Vogelgesang JM 2021, 51, 54. 4

Seit 1.1.2022 gibt es nicht nur die in § 130d normierte **aktive Nutzungspflicht** für die dort genannten Personen, → Rn. 3. Zu diesem Zeitpunkt traten auch weitere wichtige Änderungen durch das Gesetz zum Ausbau des elektronischen Rechtsverkehrs mit den Gerichten und zur Änderung weiterer Vorschriften **(GAeR)** in Kraft, BGBl I 4607. Mit dem GAeR wird der rechtliche Rahmen für eine einfacher zu bedienende Technologie innerhalb der bereits bestehenden und noch auszubauenden Infrastruktur der elektronischen Gerichts- und Verwaltungspostfächer geschaffen; Bürger, Unternehmen, Organisationen sowie Verbände erhalten die Möglichkeit, über das elektronische Bürger- und Organisationenpostfach **(eBO)** mit dem Gericht und teilweise untereinander zu kommunizieren, so nach § 130a IV Nr. 4, 5 nF, Bellardita DGVZ 2022, 4. Die Identifizierung und Authentifizierung erfolgen nach den angepassten §§ 10–13 ERVV, → Vor Rn. 1. 5

Grundlegend geändert wurde zum 1.1.2022 auch die Systematik der **Zustellungsvorschriften;** in § 173 ist nun die Zustellung elektronischer Dokumente die Grundform der Zustellungsmöglichkeiten, während bei der „Parteizustellung" die Zustellung von Schriftstücken (§ 193) vor der Zustellung elektronischer Dokumente nach § 193a vorgesehen ist. Die zahlreichen Binnenverweisungen in der alten Fassung des § 174 III und IV wurden durch Aufteilung in zwei Vorschriften, §§ 173, 175 vermieden, vgl. näher zu den Änderungen der Zustellungen und der Gerichtsvollzieherpraxis: Bellardita DGVZ 2022, 4. An die in § 173 II genannten Stellen, so an den Anwalt, wird nach § 173 III die elektronische Zustellung durch ein **elektronisches Empfangsbekenntnis (eEB)** nachgewiesen. Wegen des Wortlautes „Nachweis" kann die bisher vertretene Ansicht, dass die Abgabe des eEB Wirksamkeitsvoraussetzung für die Zustellung ist, nicht mehr aufrecht erhalten werden, Zöller/Schultzky § 173 Rn. 6; vgl. zum alten Recht BGH NJW-RR 2015, 953 Rn. 7; OVG Münster BeckRS 2020 32558 = NJW 2021, 1113 Ls. (Beweiskraft); OVG Saarlouis NJW 2019, 3664 (Gegenbeweis); Biallaß NJW 2019, 3494. Dasselbe gilt auch für § 175, dh das Fehlen des eEBs ist kein Zustellungsmangel und die Frage der Zustellung gegen EB steht weiterhin im Ermessen des Urkundsbeamten (§ 168), Zöller/Schultzky § 175 Rn. 5. Bemängelt wird die in der Praxis anzutreffende Verspätung des Rücksendung des eEB's; Wagner/Ernst, NJW 2021, 1564, schlagen deshalb die gerichtliche Anordnung der Vorlage des beA-Nachrichtenjournals vor, wenn der Beweisbelastete substantiiert den Verdacht einer Rückdatierung vorträgt. Zu angeblichen Mängeln des eEB's (keine Benennung des zugestellten Schriftstückes; vgl. Möller, NJW 2021, Heft 15, Editoral). 6

Mit den aktuellen Gesetzesänderungen sind die notwendigen Änderungen im Zusammenhang mit der Digitalisierung der Justiz keineswegs abgeschlossen. Auf die Diskussion zu den weiterreichenden Vorschlägen einer Reform der ZPO zum elektronischen Rechtsverkehr, die eine von den Präsidentinnen und Präsidenten des BGH, der BayObLG, der OLG's und der KG eingesetzten Arbeitsgruppe erarbeitet hat, abrufbar: Beck Online FD-ZVR 2021, 439564; vgl. NJW 2020, Heft 32 „Gesetzgebung", S. 8; Richter NJW 2021, Heft 5 Editoral; Dickert DRiZ 2020, 296; Müller/Gromm JM 2021, 222; → § 139 Rn. 47 (zum elektronischen Basisdokument), kann man gespannt sein. Inwieweit neben der Einführung der elektronischen Akte und den Verbesserungen im elektronischen Rechtsverkehr in der Justiz der Einsatz von **„Legal Tech"** in Betracht kommt, wird sich ebenfalls erst in der Zukunft zeigen, BGH BeckRS 2020, 17044 (zur Fristenkontrolle eines Legal-Tech-Anwaltes); Köln NJW 2020, 2734 (Dokumentengenerator keine erlaubnispflichtige Rechtsdienstleistung); Müller/Gromm JM 6 2021, 222, 226; Römermann NJW 2020, 2678. Dabei wird die Frage von besonderer Bedeutung sein, ob und inwieweit Maschinen das Recht anwenden, d. h. einen Sachverhalt werten und ihn mit den rechtlichen Voraussetzungen einer Norm, die teilweise auszulegen sind, abgleichen können, vgl hierzu Timmermann/Gelbrich 7

NJW 2022, 25. Unabhängig davon ist aber für die Juristen eine saubere methodische und strukturierte Arbeitsweise besonders wichtig und diese ist mit Unterstützung der Technik leichter möglich, → § 139 Rn. 42 ff. Als Hilfsmittel für die Rechtsanwendung ist daher die Nutzung der digitalen Möglichkeiten unabdingbar.

8 **III. Geltungsbereich.** Die Vorschrift gilt in allen Verfahren nach der ZPO, auch für das Mahnverfahren, und aufgrund der Verweisungen in § 12b S. 2 RVG und § 14 II 2 FamFG für Vergütungsfestsetzungsanträge im Beratungshilfeverfahren. § 690 III, der für die Einreichung Anträge auf MB und VB in maschinell lesbarer Form galt, ist aufgehoben und § 702 II enthält nun fast wortgleich eine allgemeine Formvorschrift für alle Anträge im Mahnverfahren. Nach § 702 II 3 können die Anträge unter Nutzung des elektronischen Identitätsnachweises (§ 18 PersonalausweisG, § 78 V Aufenthaltsgesetz) gestellt werden, vgl. Biallaß NJW 2020, 2941 (zur Erklärung über die persönlichen und wirtschaftlichen Verhältnisse). Nach § 753 IV können Vollstreckungsanträge und andere Schriftstücke beim Gerichtsvollzieher elektronisch eingereicht werden, wobei nach Satz 2 §§ 130a, 298 und die ERVV, → Vor Rn. 1, entsprechend gelten. Nach § 753 V gilt § 130d ebenfalls entsprechend. Auch Schutzschriften nach § 945a müssen elektronisch eingereicht werden, und zwar zum Schutzschriftenregister (§ 49c BRAO); entsprechendes gilt für den Schriftverkehr mit dem vom Bundesamt der Justiz betriebenen Klageregister im Rahmen der Musterfeststellungsklage (§§ 606, 609 I), vgl. §§ 2 II, 5 MFKRegV, MüKoZPO/Fritsche Rn. 1.

9 In den **anderen Verfahrensordnungen** gelten vorrangig die betreffenden – wenn auch inhaltlich fast gleichen – Spezialvorschriften, § 32a StPO, §§ 14 II, 14a, 14b FamFG, § 135 GBO und § 46c ArbGG, § 55a VwGO, § 65a SGG, § 52a FGO; zu den aktiven Nutzungspflichten vgl. → Rn. 3; → § 130d Rn. 3. Nach § 125a PatG finden in Bezug auf die elektronische Signatur für bestimmte Verfahren vor dem Patentamt und für Verfahren vor dem Patentgericht, insbesondere für Patentnichtigkeitsverfahren die §§ 130a–130d Anwendung, soweit nicht nach dem PatG etwas anderes geregelt ist, BGH GRUR-RS 2020, 16803 Rn. 8 (zu § 130a V 1). Darüber hinaus bestimmt § 95a I MarkenG für das Verfahren vor dem Patentamt die Anwendbarkeit des § 130a I, II 1, V, VI und für das Verfahren vor dem Patentgericht finden grundsätzlich nach § 95a II 2 MarkenG die §§ 130a–130d Anwendung, soweit nichts anderes geregelt ist. Der Gesetzgeber hat davon abgesehen, in das Gesetz über das BVerfG entsprechende Regelungen aufzunehmen, so dass die Einreichung einer Verfassungsbeschwerde per De-Mail unzulässig ist, BVerfG NJW 2019, 355. Zur Anwendung im Anwendungsbereich der ERVV für den BGH und das BPatG → Rn. 28.

10 **IV. Elektronische Dokumente. 1. Allgemeines.** Die Vorschrift enthält keine Begriffsbestimmung. Sie nennt nur eine Reihe von Bedingungen für die Wirksamkeit. Nach dem allgemeinen Sprachgebrauch ist Elektronik zwar auch elektrisch, erschöpft sich aber nicht in ihr. Ob auch ein Telefax als ein elektronisches Dokument gelten könnte, lässt sich sprachlich nicht klären. Es gilt aber schon wegen seines Papieranteils sowohl beim Absender als auch beim Empfänger, aber auch wegen der Regelung des § 130 Nr. 6 nicht als elektronisches Dokument nach §§ 130a–130d, so auch im Ergebnis BGH NJW-RR 2021, 373 Rn. 12; 2015, 624; Zöller/Greger Rn. 3; Dästner NJW 2001, 3470; → § 129 Rn. 15 „Computerfax", → § 129 Rn. 15 „Telefax (Computerfax)". In Abgrenzung zu § 129, 130 Nr. 6 besteht ein elektronisches Dokument iSv § 130a aus einer in einer elektronischen Datei enthaltenen Datenfolge, die dem Empfänger dauerhaft, aber nicht unmittelbar, sondern nur maschinell lesbar zugehen; es wird als „Option zur Schriftform" bzw. als „modifizierte Schriftform" verstanden, BGH NJW-RR 2015, 624 Rn. 12. Demgegenüber sind eingescannte Schriftsätze, die per E-Mail übersandt werden, oder auch ein Computerfax zwar elektronisch auf den Weg gebracht worden, jedoch ist erst ihr Ausdruck das maßgebliche Dokument, während es bei einem elektronischen Dokument auf den Zugang der Datei beim Empfänger, nicht aber auf deren Ausdruck ankommt, BGH NJW-RR 2021, 373 Rn. 12; 2015, 624 Rn. 11 f.; NJW 2015, 1527 Rn. 9; 2008, 2649 Rn. 11; 2000 2340; Prütting/Gehrlein/Prütting Rn. 2; → § 129 Rn. 15 „Computerfax", → § 129 Rn. 15 „E-Mail", → § 129 Rn. 15 „Telefax (Computerfax)". Solange allerdings noch keine rein elektronische Akte geführt wird, ist nach § 298 I ein Ausdruck des elektronischen Dokumentes für die Papierakte anzufertigen, MüKoZPO/Fritsche Rn. 3. Ein bloßer Entwurf ist ebenso wie bei einem Papier-Schriftstück kein Dokument nach I–VI; denn es fehlt die Verantwortungsübernahme, → § 129 Rn. 13.

11 Durch die Änderung des I (nun Plural „als elektronische Dokumente") hat der Gesetzgeber klargestellt, dass die Schriftsätze und deren **Anlagen** als separate Dokumente übermittelt werden können und nicht mehr in einem Dokument zusammen gefasst werden müssen, Föltsch NJW 2020, 801 (804). Außerdem müssen die Anlagen, wenn sie dem Schriftsatz als separates Dokument angefügt und mit ihm zusammen übermittelt werden, nach III S. 2 nicht mehr einzeln signiert werden. Wird ein Schriftsatz elektronisch eingereicht, sind entgegen § 133 I 1 **Abschriften** nicht beizufügen (§ 133 I 2); die Partei ist auch nicht verpflichtet, diese in Papierform nachzureichen; eine Dokumentenpauschale nach KV 9000 Nr. 1 und 2 GKG zB für die zusätzliche Übermittlung des Schriftsatzes per Telefax fällt nicht an, Nürnb NJW 2021, 2123 Rn. 14.

12 **2. Schriftsätze.** Nach dem Wortlaut wird durch die Begriffe „**vorbereitende** Schriftsätze" ein Bezug zu § 129 hergestellt. Die vorbereitenden Schriftsätze, die die mündliche Verhandlung vorbereiten, → § 129 Rn. 5, 6, verlieren ihren Charakter nicht dadurch, dass sie in Form eines elektronischen Dokuments entstehen. Das ist sprachlich eigentlich ein Widerspruch. Indessen zeigt auch das elektronische Produkt Schriftzeichen und ist lesbar. Das gilt auch für die Anlage. Nach unserer Auffassung gelten die §§ 130a–130d auch für alle **bestimmenden** Schriftsätze, dh. Schriftsätze, die Prozesshandlungen enthalten, die sich unmittelbar auf den Prozess auswirken oder für die zwingend die Schriftform vorgeschrieben ist, so auch: MüKoZPO/Fritsche Rn. 3; Prütting/Gehrlein/Prütting Rn. 3; Thomas/Putzo/Seiler Rn. 2; → § 129 Rn. 7, 8. Ob mit den Begriffen „Anträge, Parteierklärungen" in § 130a bestimmende Schriftsätze umfasst sind, erscheint wegen der Entstehungsgeschichte zu § 130a nicht ganz eindeutig; man kann auch daran denken, die Anwendbarkeit der §§ 130a–130d auf bestimmende Schriftsätze aus §§ 253 IV, 519 IV, 520 V, 549 II, 551 IV abzuleiten oder von einer analogen Anwendung auszugehen, hierzu näher Leuering NJW 2019, 2739. Die Argumente, die für die Anwendbarkeit der §§ 129, 130 auf bestimmende Schriftsätze gelten, → § 129 Rn. 7, sind auf § 130a übertragbar. In jedem Fall sind die Vorschriften der §§ 130a – 130d auf die bestimmenden Schriftsätze, wie schon § 253 V 2 verdeutlicht, anzuwenden. Wir vertreten die Auffassung, dass sich die Anwendbarkeit schon aus dem Wortlaut des I („Anträge, Parteierklärungen") ableiten lässt, → § 253 Rn. 8; → § 129 Rn. 7, 8, 9 ff. (zur Anwendbarkeit des § 130 Nr. 6 auf bestimmende Schriftsätze).

3. Sonstige Dokumente. Neben Schriftsätzen werden in der Vorschrift auch (sonstige) schriftliche Anträge und Parteierklärungen sowie Auskünfte, Aussagen, Gutachten, Übersetzungen und Erklärungen Dritter genannt. Bei Übersetzungen ist § 142 III ergänzend heranzuziehen. Erklärungen Dritter können zB schriftliche Zeugenaussagen nach § 377 III, Sachverständigengutachten nach § 410 I oder amtliche Auskünfte nach § 273 II Nr. 2 sein. 13

4. Dokumente im Beratungshilfeverfahren. Da die Vorschrift für die Vergütungsfestsetzungsanträge in diesem Verfahren über § 12b S. 2 RVG und § 14 II 2 FamFG gilt, können auch die erforderlichen Anlagen, wie der **Berechtigungsschein,** als elektronische Dokument eingereicht werden; als höherrangige Norm geht § 130a I der BerHFV vor, nach deren Anlage 2 die Pflicht zur Vorlage des Berechtigungsscheins im Original vorgesehen ist; reicht dem Festsetzungsorgan das eingescannte Dokument zur Glaubhaftmachung aus, ist die Vorlage des Originals nicht erforderlich; aus § 371 BGB folgt nichts anderes, da der Berechtigungsschein kein Schuldschein ist, Saarbr NJW-RR 2020, 444 = NJW 2020, 1824. 14

5. Elektronische Einreichung, I. Die Objekte, → Rn. 12 ff., können als elektronisches Dokument eingereicht werden. Den Begriff Einreichung bestimmt das Gesetz nicht direkt, aber indirekt durch den Ausdruck „Eingang" in V 1. Dabei sind hinsichtlich der Eignung zur Bearbeitung, der Signatur und des Übermittlungsweges II, III und IV zwingend zu beachten. Eine aktive **Pflicht,** Schriftstücke als elektronisches Dokument einzureichen, besteht derzeit nach § 130d für Rechtsanwälte, Behörden und juristische Personen des öffentlichen Rechts nicht aber für andere Personen, → Rn. 2, 3 (auch zur passiven Nutzungspflicht); → Vor § 130d. Scheiterte die Übertragung eines fristgebundenen Schriftsatzes per Telefax vor Geltung des aktiven Nutzungspflicht, weil das gerichtliche Faxgerät nicht funktionierte oder andere vom RA nicht zu vertretene Ursachen vorlagen, war im Zusammenhang mit § 233 (Verschulden) streitig, ob dieser verpflichtet war, den Schriftsatz über das elektronische Anwaltspostfach **(beA)** zu versenden, bejahend: Dresd NJW 2019, 3312 Rn. 8; LG Krefeld NJW 2019, 3658; verneinend: BGH NJW 2021, 390; LG Mannheim BeckRS 2020, 400 = NJW 2020, 940. Solange noch keine aktive Nutzungspflicht bestand, war aufgrund der aufgetretenen Störanfälligkeit von beA grundsätzlich ein Wechsel des zulässigen Kommunikationsweges vor Fristablauf jedenfalls dann nicht zumutbar, wenn der RA beA bisher nicht aktiv benutzt hatte; jedoch musste im gewählten Übermittlungsweg nach Alternativen gesucht werden, soweit diese sich aufdrängten, BGH NJW 2021, 390 Rn. 18 ff. = BeckRS 2020, 38867; NJW-RR 2017, 1084 Rn. 14; so wohl auch Günther NJW 2020, 1785; vgl. auch Hiss/Staudiger GRUR-Prax 2021, 39 (Computerfax als praktikablen Reserveweg bei fristgebundenen Schriftsätzen). Das hat der BGH NJW 2020, 2194 = GRUR 2020, 779, auch indirekt bestätigt; dabei ging es um einen Patentanwalt, für den beA nicht gilt und dieser schon deshalb nicht verpflichtet ist, vom Telefax bei Störungen zu beA zu wechseln. Wir meinen sogar, dass vor dem 1.1.2022 bei Störanfälligkeit zulässiger anderer Kommunikationswege in keinem Fall eine aktive Nutzungspflicht für beA bestand, soweit der Landesgesetzgeber keine andere Regelung getroffen hatte. Das entspricht dem Willen des Gesetzgebers in § 130d, so auch: Radke JM 2021, 144 (Besprechung zu BGH NJW 2021, 390). 15

V. Eignung zur Bearbeitung, II. Für die Bearbeitung durch das Gericht geeignet (Satz 1) sind elektronische Dokumente nach den Vorgaben der aktuellen ERVV, die auf der Grundlage von Satz 2 ergangen ist, → Vor Rn. 1 abgedruckt. Alle für die Darstellung des Dokuments notwendigen Inhalte müssen grundsätzlich nach § 2 I 1 ERVV in der zulässigen Dateiversion PDF enthalten sein, BAG NZA 2021, 347 Rn. 28; 2020, 607 Rn. 2. Einzelheiten zur Frage der Eignung ergeben sich aus der Bekanntmachung zu § 5 ERVV, der Elektronischer Rechtsverkehrt-Verordnung – ERVB – abgedruckt → Vor Rn. 1. Gemäß § 2 I 3 ERVV muss das verwendete Dateiformat den nach § 5 I Nr. 1 ERVV im Internet bekanntgemachten Versionen entsprechen; das sind nach der ERVB (Nr. 1) bis mindestens 31.12.2022 grundsätzlich **PDF** einschließlich PDF 2.0, PDF/A-1, PDF/A-2 und PDF/UA, vgl. näher zu sicheren Methoden: Mardorf, JM 2022, 2. Vorteile des vorgeschriebenen PDF-Formats sind die kostenfreie Verfügbarkeit und der Schutz vor Schadsoftware, zumal das besondere PDF/A-Format einen zusätzlichen Schutz bietet und eine Langzeitarchivierung ermöglicht, Schindler NJW 2020, 2943 (2944). Bildliche Darstellungen können nach § 5 I Nr. 1 ERVV auch im Dateiformat TIFF (derzeit Version 6) übermittelt werden Das elektronische Dokument soll den nach § 5 I Nummer 1 und 6 bekanntgemachten technischen Standards entsprechen, vgl. ERVB 2022, → Vor Rn. 1. Dem elektronischen Dokument soll nach § 2 III ERVV ein strukturierter maschinenlesbarer Datensatz im **Dateiformat XML** beigefügt werden, der den nach § 5 I Nr, 2 ERVV bekanntgemachten Definitions. und Schemadateien entspricht und die Mindestangaben des § 2 III Nrn. 1 bis 5 ERVV enthält. Elektronische Dokumente, die zu Beweiszwecken eingereicht werden, müssen nicht den Anforderungen des § 2 ERVV entsprechen, MüKoZPO/Fritsche Rn. 5; Mardorf, JM 2022, 2; Schindler NJW 2020, 2943 (2945). Bezüglich der Beweiskraft von elektronischen Dokumenten gelten §§ 371a, 371b und ergänzend im EU-Raum die elDAS, Bacher NJW 2015, 2753 (2759); zur elDAS näher → Rn. 24. Die Verwendung von Umlauten in Dateinamen ist ausdrücklich in Nr. 6 2. ERVB 2022 – vor Rn. 1 – erlaubt und war bis dahin auch nicht verboten, so dass dieser Umstand dem wirksamen Eingang eines Dokumentes nicht entgegensteht, → Rn. 39. Eine verschlüsselte oder schädliche Software, zB bei Viren, ist nicht geeignet, MüKoZPO/Fritsche Rn. 4. Soweit die Schriftform nicht vorgeschrieben ist, können elektronische Dokumente auch in anderen als in § 2 ERVV vorgeschriebenen Formaten eingereicht werden, MüKoZPO/Fritsche Rn. 6; → Rn. 15 (zur E-Mail mit eingescanntem Schriftsatz und zum Computerfax). Deshalb kann zB die vom Amtsgericht angeforderte Handakte eines „Umgangs"-Pflegers, die nicht der Formenstrenge der § 14 FamFG, § 130a unterliegt, auch in anderen Formen zur Verfügung gestellt werden, Brdbg FamRZ 2019, 1726 = BeckRS 2019, 18258. 16

Nach § 2 I 1 ERVV aF sollte sichergestellt sein, dass das elektronische Dokument für das Gericht **lesbar** und **bearbeitungsfähig** ist; Verstöße gegen die Verordnung führten dann zur – nach VI heilbaren – Formunwirksamkeit, wenn ihre Verletzung der Lesbarkeit und Bearbeitbarkeit durch das Gericht entgegenstand, nicht aber, wenn die verletzte Norm lediglich einen bestimmten Bearbeitungskomfort sicherstellen sollte, Kobl BeckRS 2020, 32096. Nach § 2 I 1 ERVV aF musste außerdem die **Durchsuchbarkeit** der Dokumente sichergestellt sein; das war dann der Fall, wenn es in textanerkannter Form (OCR –„optical character regocnition") eingereicht wurde; lässt sich das Dokument mit „Strg + A „ markieren, ist es auch durchsuchbar, BAG NZA 2020, 970 (sämtliche Schriften in PDF-Datei); NZA 2020, 607; MüKoZPO/Fritsche Rn. 4; vgl. auch Schindler NJW 2020, 2943, 2945; Oltmanns/Fuhlrott NZA 2020, 897 (zu den Anforderungen nach §§ 46c II 2, 46g ArbGG); 17

Müller NZA 2018, 1315 (1317). Bestritten war, ob ein Dokument unwirksam ist bei fehlender Durchsuchbarkeit, so: BAG NZA 2020, 970; 2020, 607 = NJW 2020, 1694; aA Kobl BeckRS 2020, 32096. Uns erschienen die Argumente des OLG Kobl, Hinweis auf den Wortlaut des § 2 I 1 ERVV aF und Sinn der Durchsuchbarkeit (barrierefreier Zugang und Volltextsuche bei der E-Akte) überzeugend. Mit der Neuregelung des § 2 I ERVV wurden die meisten Anforderungen der alten Fassung gestrichen, so dass sich insoweit die Problematik der Wirksamkeit nicht mehr stellt; erhalten geblieben ist aber das Erfordernis des PDF-Formats und, dass das Dokument konkret zur Bearbeitung geeignet ist, BAG NJW 2022, 1832 = NZA 2022, 804; Lembke/Fischels/Djordjevic, NJW 2022, 292 (298).

18 Bis 31.12.2021 wurde die Frage der eingebetteten Schriftarten im Rahmen der Eignung nach § 130a II problematisiert. Nach der ERVB 2019 mussten alle für die Darstellung des Dokuments notwendigen Inhalte in der Datei enthalten sein; damit war gemeint, dass die Schriftarten **eingebettet** werden mussten, dh die auf dem Computer installierten Schriftarten bzw. die verwendeten Zeichen waren an das PDF-Dokument anzuhängen, damit bei einem Wegfall der Schriftart aus dem Betriebssystem das Dokument unverändert angezeigt und deshalb archiviert werden konnte, Schindler NJW 2020, 2934 (2944). Nach einer Entscheidung des BAG, NJW 2020, 1694 Rn. 2, muss sich die Darstellung des Dokumentes (nur) auf den notwenigen Inhalt erstrecken. Das LAG Hessen, NZA-RR 2021, 34, mAnm Möllenkamp NZA-RR 2021, 36, sah einen Schriftsatz als formatfehlerhaft an, wenn das eingereichte PDF-Dokument Schriften enthielt, die nicht **eingebettet** waren; das sollte auch für den Kanzleibriefkopf und die Fußzeile gelten. Das LAG Hessen hat die Frage, ob alle Schriftarten eingebettet sind, anhand des PDF-Viewer überprüft. Dies beanstandete Möllenkamp für den Fall, dass diese Frage streitig ist – was bei dem zu entscheidenden Fall nicht zutraf; er hielt insoweit uU die Einholung eines Sachverständigengutachten für erforderlich. Möllenkamp bezweifelte allerdings, ob sich die erforderliche Einbettung auf die Bankverbindung des RA, einen Kanzlei-Slogan und ähnliches beziehen musste. Durch die ab 1.1.2022 geltende Nr. 1a) ERVB zu § 5 ERVV (abgedruckt → Vor Rn. 1) ist auch die Frage der eingebetteten Schriftarten sozusagen vom Tisch, Mardorf JM 2022, 2 f. (mit praktischen Tipps zum richtigen Dateiformat).

19 Ob ein Schriftsatz im Format **„docx"**, dh in der aktuellen Version des Microsoft Word Dateiformats, den Anforderungen des II entspricht, wenn das betreffende Gericht mit diesem Format arbeiten kann, so bejahend LG Mannheim MDR 2021, 177, erscheint nicht unproblematisch, Radke JM 2020,,461; Schindler NJW 2020, 2943 (2944). Um kein Risiko einzugehen, sollten die Reglungen der ERVV und der ERVB beachtet und das Format „docx" vermieden werden, Zweibr BeckRS 202036589 (nicht zur Bearbeitung durch das Gericht geeignet); vgl.auch Krumm, NJW 2021, 3761, 3767 mwN (Unzulässigkeit von „docx" und „zip

20 Anhänge zu den Schriftsätzen, die über beA versandt werden, überschreiten nicht selten die zulässige **Dateigröße.** Nach Nr. 3 2. ERVB 2022 zu § 5 ERVV dürften sie bis 1.4.2022 60 Megabyte groß sein und bis zu 100 Dateien umfassen; ab diesem Zeitpunkt werden die Werte auf 100 Megabyte und 200 Dateien und ab 2023 auf 1.000 Dateien und 200 Megabyte erhöht. Es mehren sich aber schon jetzt die Stimmen, dass auch die geänderte Datengröße zu Schwierigkeiten führt; die BRAK und auch der Deutsche Anwaltsverein schlagen deshalb eine Ablageplattform zum Up- und Download elektronischer Dokumente vor, um insbesondere einen Teilen der Anhänge oder physische Datenträger, wie eine CD oder DVD, auf der Grundlage des § 5 Nr. 4 ERVV zu vermeiden, Flocke, NJW-Forum 10/2022 Seite 15.

21 **VI. Einreichungsform und Übermittlungsweg, III, IV. 1. Allgemeines.** Die elektronische Einreichung erfordert entweder eine besondere Signatur, BSG NJW 2017, 1200 (e-mail reicht nicht), nämlich eine „qualifizierte elektronische", oder eine einfache Signatur mit einem „sicheren Übermittlungsweg" nach IV, vgl. Möller NJW 2021, 2179; Voigt/Danz NJW 2020, 2991 (bei digitalen Vertragsabschlüssen). Bei einer einfachen Signatur ist eine sichere Übermittlungsart notwendig, nicht aber auch bei einer qualifizierten Signatur. Das ergibt sich daraus, dass die Alternative „sichere Übermittlung" nur nach dem Wort (gemeint: einfach) „signiert" mit „und" fortfährt, MüKoZPO/Fritsche Rn. 7; Möller NJW 2021, 2179. Zur Frage, ob in schriftlicher Vergleichsvorschlag der Parteien iSd § 278 VI qualifiziert signiert werden muss, vgl. → § 278 Rn. 66.

22 **2. Einfache elektronische Signatur (eeS), III 1 Hs. 2.** Eine **Signatur** wird durch Wiedergabe des Namens des das Dokument zu Verantwortenden am Ende des Textes bewirkt, und zwar maschinenschriftlich oder durch eingescannte Unterschrift; die eingescannte Unterschrift kann nur dann als einfache Signatur angesehen werden, wenn die Unterschrift entzifferbar ist und von dem Empfänger ohne Sonderwissen und Beweisaufnahme einer bestimmten Person zugeordnet werden kann, BSG NJW 2022, 1334; Bambg NJW 2022, 1260 = NZFam 2022, 278 (zur Beschwerdeschrift nach § 64 II 4 FamFG); Möller, NJW 2021, 2179 (zu den Gefahren eingescannter handschriftlicher Unterschriften). Für die maschinenschriftliche Unterzeichnung sind weder der Vorname noch der Zusatz „Rechtsanwalt" erforderlich; die bloße Unterzeichnung mit „Rechtsanwalt" reicht aber auch dann nicht aus, wenn ein bestimmter Rechtsanwalt im Briefkopf der Kanzlei namentlich genannt ist, BAG NJW 2020, 3476 Rn. 14, 15 = NZA 2020, 1502, Bespr. von Radtke JM 2021, 26; Hamm BeckRS 2022, 11453; Karlsr NJW 2021, 3733 mAv Dahns, NJW-Spezial 2021, 766; Brschw NJW 2019, 2176; LAG BaWü NZA-RR 2020, 377; OVG Hmb NJW 2021, 3207 Rn. 12–15, 18; Zöller/Greger Rn. 9; Krumm, NJW 2021, 3761, 3767; Ulrich/Schmieder NJW 2019, 114; Leuering NJW 2019, 2739; Müller NZA 2018, 1315 (1317). Bei nicht ordnungsgemäßer Signatur ist das Gericht uU zu einem Hinweis verpflichtet, so zB, wenn der Formfehler leicht erkennbar ist; bei einem Verstoß kommt eine Wiedereinsetzung in Betracht, BAG NJW 2020, 3476 = NZA 12020, 1502; Bespr. von Radtke JM 2020, 26 (fehlende einfache Signatur, Eingang 1 Tag vor Fristablauf).

23 Bei einfacher Signatur muss zwischen dem Absender und der das elektronische Dokument zu verantwortenden Person **Personenidentität** bestehen; das ergibt sich zwar nicht eindeutig aus dem Wortlaut, jedoch aus der Systematik und dem Sinn der Vorschrift; danach sollen Authentizität und Integrität der Daten gewährleistet sein; die Postfächer des beA besitzen eine eindeutige SAFE-ID, die stets mit DE-BRAK beginnt und bei der ein Mitarbeiter des beA-Inhabers nicht in Erscheinung tritt; daher kann bei einer einfachen Signatur beA als sicherer Übermittlungsweg nur angesehen werden, wenn der Inhaber des beA das elektronische Dokument selbst übermittelt, weil das überprüfbar ist, BGH BeckRS 2022, 10296 Rn. 8 ff. = NZFam 2022, 707 = NJW 2022, 2415; BSG NJW 2022, 1334; BAG NZA 2020, 965 = NJW 2020, 2351 Rn. 24 ff. (mit weiteren Einzelheiten); Oldb NJW 2021, 786 Rn. 10 ff.; Brschw NJW 2019, 2176; Musielak/Voit/Stadler Rn. 6; Müller NZA 2018, 1315 (1317); aA Schmieder/Liedy NJW 2018, 1640; anders für das besondere elektronische Behördenpostfach **(BeBPo):** VGH BaWü NJW 2019, 1543; → § 129 Rn. 13 ff. (zur Verantwortungsübernahme bei Papier-

Schriftsätzen). In den meisten Anwaltsbüros wird der Absendevorgang wohl einem Sekretariat überlassen, so dass dann die qualifizierte elektronische Signatur erforderlich ist.

3. Qualifizierte elektronische Signatur (qeS), III 1 Hs. 1. a) Allgemeines. Sie muss gerade von der das Dokument „verantwortenden Person" stammen. Hierzu gelten die Grundsätze zur Verantwortungsübernahme bei einem Schriftsatz in Papierform, → § 129 Rn. 13 ff., entsprechend, da das elektronische Dokument ein Schriftsatz bleibt. Ein **Dritter,** zB ein Anwaltsgehilfe, kann bei Überlassung der Signaturkarte und PIN das Dokument übermitteln, wenn der RA zuvor den Inhalt geprüft und sich zu eigen gemacht hat, BGH NJW 2011, 1294; MüKoZPO/Fritsche Rn. 12; Prütting/Gehrlein/Prütting Rn. 6; Siegmund, NJW 2021, 3617, 3620; Möller NJW 2021, 2179. Bei der Signierung eines fristwahrenden elektronischen Dokumentes gehört es zu den **nicht auf das Büropersonal übertragbaren** Pflichten des Anwalts, das zu signierende Dokument zuvor selbst sorgfältig auf Richtigkeit und Vollständigkeit zu prüfen, selbst wenn es nach einer Korrektur zum zweiten Mal vorgelegt wird, BGH BeckRS 2022, 7011 Rn. 11. Zum Fehlen einer Signatur Schmieder/Liedy NJW 2018, 1640. Zu überschießenden Erfordernissen vgl. Lamminger/Ulrich/Schmieder NJW 2016, 3274. 24

b) Anforderungen. Die den Schriftsatz enthaltene Datei wird bei der qualifizierten elektronischen Signatur von der den Schriftsatz verantwortenden Person unter Verwendung einer von einem zertifizierten Anbieter herausgegebenen Chipkarte und Angabe der Identifizierungsnummer signiert, Müller NZA 2018, 1315 (1317) (zu den zugelassenen Arten der Signaturen). Eine **Containersignatur** ist nicht möglich, → Rn. 28. Jedes Dokument muss signiert werden, nicht jedoch nach III 2 die den Dokumenten als separate Dokumente beigefügten Anlagen. Nach III ist eine qualifizierte elektronische Signatur statt einer herkömmlichen handschriftlichen Unterschrift (§ 130 Nr. 6) erforderlich. Früher galten die Regelungen des SigG. Dieses Gesetz ist durch Art. 12 I Nr. 1 eIDAS-DurchführungsG v. 18.7.2017, BGBl. 2745, zum 29.7.2017 aufgehoben worden. Stattdessen gilt jetzt die VO (EU) Nr. 910/2014 v. 23.7.2014, ABl. (EU) L 257, 73 v. 28.8.2014, Sartorius ErgBd Nr. 924. Dazu gilt das deutsche eIDAS-Durchführungsgesetz v. 18.7.2017, BGBl. I 2745. Dieses enthält als Art. 1 ein Vertrauensdienstegesetz (VDG) zur Durchführung der VO (EU), vgl. MüKoZPO/Fritsche Rn. 9. Nach Art. 25 II hat eine qualifizierte elektronische Signatur die gleiche Rechtswirkung wie eine handschriftliche Unterschrift. Zur Signaturkarte eines Sachverständigen Schlehe DS 2018, 166. 25

Qualifizierte elektronische Signatur ist nach Art. 3 Nr. 12 VO (EU) eine „Fortgeschrittene elektronische Signatur, die von einer qualifizierten elektronischen Signaturerstellungseinheit erstellt wurde und auf einem qualifizierten Zertifikat für elektronische Signaturen beruht". „Fortgeschrittene elektronische Signatur" ist nach Art. 3 Nr. 11 VO (EU) „eine elektronische Signatur, die die Anforderungen des Artikels 26 erfüllt". Nach Art. 26 VO (EU) gelten folgende Anforderungen: „a) Sie ist eindeutig dem Unterzeichner zugeordnet; b) sie ermöglicht die Identifizierung des Unterzeichners; c) sie wird unter Verwendung elektronischer Signaturerstellungsdaten erstellt, die der Unterzeichner mit einem hohen Maß an Vertrauen unter seiner alleinigen Kontrolle verwenden kann; d) sie ist so mit den auf diese Weise unterzeichneten Daten verbunden, dass eine nachträgliche Veränderung der Daten erkannt werden kann". „Identifizierung" ist nach Art. 3 Nr. 1 VO (EU) „der Prozess der Verwendung von Personenidentifizierungsdaten in elektronischer Form, die eine natürliche oder juristische Person … eindeutig repräsentieren". 26

c) Übermittlungsweg bei qeS. Das qualifiziert elektronisch gesicherte Dokument kann nach § 4 I ERVV entweder auf einem sicheren Übermittlungsweg nach IV, → Rn. 29 ff., oder nach § 4 I Nr. 2 ERVV an das Elektronische Gerichts- und Verwaltungspostfach (EGVP-OSCI) übermittelt werden, vgl. Möller NJW 2021, 2179. Ein anderer Übermittlungsweg, so zB per E-Mail, scheidet grundsätzlich aus, soweit nicht die Voraussetzungen des § 3 ERVV erfüllt sind, MüKoZPO/Fritsche Rn. 12. Die Übermittlung an das EGVP, das zwar bei IV eine Bedeutung hat, → Rn. 30, aber allein keinen sicheren Übermittlungsweg darstellt, ist aber auch interessant für Einreicher, die weder über beA noch über das Notarpostfach (BeNo) oder das Behördenpostfach (beBPo) verfügen, MüKoZPO/Fritsche Rn. 12 ff. 27

d) Unzulässige Containersignatur. Nach § 4 II ERVV ist es seit 1.1.2018 nicht mehr zulässig, mehrere Dokumente mit einer gemeinsamen qualifizierten Signatur zu versenden; die Form des III ist nicht gewahrt, wenn die qualifizierte elektronische Signatur nur an dem an das EGVP übermittelten Nachrichtencontainer angebracht ist; die **Containersignatur** umfasst nicht das einzelne elektronische Dokument, sondern die elektronische Sendung, auch wenn nur ein Dokument übermittelt wird; aus dem bei Gericht erstellten Transfervermerk ist das nicht zu ersehen und dies soll aus Gründen der Rechtssicherheit und Rechtsklarheit durch § 4 II ERVV verhindert werden, BGH NJW 2019, 2230 mAnm von Ulrich/Schmieder; BSG NJW 2018, 2222; BAG NZA 2020, 1427 Rn. 12; NJW 2018, 2978 mAnm von Müller; aM Brdbg NJW 2018, 1482. Der von Brdbg NJW 2018, 1482 (krit. Müller), angeführte Verstoß gegen Art. 20 I, III GG wurde vom BAG, NJW 2018, 2978 zu Recht verneint, weil den Rechtssuchenden andere Übermittlungswege zur Verfügung stehen. § 4 II ERVV gilt nicht im Anwendungsbereich der Verordnung über den elektronischen Rechtsverkehr beim BGH und beim BPatG **(BGH/BPatGERVV);** nach § 2 IIa Nr. 1 BGH/BPatGERVV reicht eine qualifizierte Signatur, die sich auf den gesamten Inhalt einer über das elektronische Gerichts- und Verwaltungspostfach eingereichten Nachricht einschließlich der darin enthaltenen Dateien bezieht, BGH GRUR-RS 2022, 14137. 28

4. Sicherer Übermittlungsweg bei eeS, III 1 Hs. 2, IV. a) Allgemeines. Statt der Einreichung mit einer qualifizierten elektronischen Signatur, → Rn. 24 ff., ist auch die Einreichung mit einer einfachen Signatur dann ausreichend, wenn die Einreichung auf einem „sicheren Übermittlungsweg" nach IV erfolgt, → Rn. 21 (zu den Anforderungen der eeS). Das Gesetz nannte bisher abschließend vier Arten der Übermittlung. Seit dem 1.1.2022 wird zusätzlich das elektronische Bürger- und Organisationenpostfach **(ebO)** zur Verfügung gestellt, das ebenso wie bereits das beA als sicherer Übermittlungsweg nach III, IV Nrn. 4, 5 ausgestaltet ist. Der Einreicher hat zwischen ihnen die freie Wahl. 29

b) De-Mail-Dienst, IV Nr. 1. Als sicherer Übermittlungsweg nach III 1 Hs. 2, IV Nr. 1 gilt zunächst der Postfach- und Versanddienst eines De-Mail-Kontos nach § 5 De-Mail-G v. 28.4.2011 (BGBl. I 666), bisher nicht einschlägig geändert. Die De-Mail weist die Besonderheit auf, dass sie derzeit der einzige Übermittlungsweg ist, dem das Elektronische Gerichts- und Verwaltungspostfach **(EGVP)** nicht als Basistechnologie dient, Ulrich/Schmieder NJW 2019, 113. Der DeMail-Dienst setzt zweierlei voraus: Zunächst eine sichere Anmeldung nach § 4 I 2 De-Mail-G bei Versand der Nachricht, zum zweiten eine Bestätigung dieser sicheren Anmeldung gemäß 30

§ 5 V De-Mail-G. Fehlt die Absenderbestätigung des Diensteanbieters, wird das erforderliche Schriftstück nicht durch das elektronische Dokument ersetzt, auch wenn ein De-Mail-Konto benutzt wurde; der Umstand, dass die D-Mail im Gericht ausgedruckt wird, führt zu keiner Heilung des Formmangels; die Regeln über die sicheren Übermittlungswege dienen dem Integritäts- und Authentizitätsschutz des elektronischen Rechtsverkehrs, so dass Formerleichterungen durch Ausdrucken des Dokuments nicht zuzulassen sind, Düss NJW 2020, 1452 (zu § 32a IV Nr. 1 StPO – Revision); vgl. auch BFH NJW 2012, 334.

§ 4 DeMailG Anmeldung zu einem De-Mail-Konto

I [2]Für die sichere Anmeldung hat der akkreditierte Diensteanbieter sicherzustellen, dass zum Schutz gegen eine unberechtigte Nutzung der Zugang zum De-Mail-Konto nur möglich ist, wenn zwei geeignete und voneinander unabhängige Sicherungsmittel eingesetzt werden; soweit bei den Sicherungsmitteln Geheimnisse verwendet werden, ist deren Einmaligkeit und Geheimhaltung sicherzustellen.

§ 5 DeMailG Postfach- und Versanddienst

V [1]Der akkreditierte Diensteanbieter muss dem Nutzer ermöglichen, seine sichere Anmeldung im Sinne von § 4 in der Nachricht so bestätigen zu lassen, dass die Unverfälschtheit der Bestätigung jederzeit nachprüfbar ist. [2]Um dieses dem Empfänger der Nachricht kenntlich zu machen, bestätigt der akkreditierte Diensteanbieter des Senders die Verwendung der sicheren Anmeldung nach § 4.

31 **c) beA und EGVP, III Nr. 2.** Als sicherer Übermittlungsweg nach III 1 Hs. 2, IV Nr. 2 gilt auch der Weg zwischen einem besonderen elektronischen Anwaltspostfach **(beA)** nach § 31a, (ab 1.8.2022) nach § 31b BRAO oder einem entsprechenden auf gesetzlicher Grundlage errichteten anderen elektronischen Postfach einerseits und der bereits vorhandenen empfangsbereiten elektronischen Poststelle des Adressatgerichts (EGVP) andererseits. Die Übermittlung eines elektronischen Dokumentes durch einen zugelassenen Verbandsjuristen **(Syndikusanwalt)** über das für ihn eingerichtete beA ist gemäß 130 III, IV Nr. 2 (§ 46c III 1 Hs. 2 ArbGG) auch dann wirksam, wenn zur Prozessvertretung nur der Verband bevollmächtigt wurde, ArbG Stuttg NZA-RR 2022, 92. Die BRAK hat eine neue beA-Anwaltskomponente (3.8.7) als Update zur Verfügung gestellt wegen der vom Bundesamt für Sicherheit in der Informationstechnik kritisierten Schwachstelle in der Java-Bibliothek „log4j". Der Anwalt ist nicht verpflichtet, beA zu nutzen, er kann sich auch der anderen vorgesehenen Übermittlungswege bedienen, Möller NJW 2021, 2179. Ob die Einreichung eines Schriftsatzes mit eeS über das beA eines **anderen Anwalts** möglich ist, ist fraglich, verneinend: Brschw NJW 2019, 2176; vgl. auch BAG NJW 2020, 258 Rn. 10. Zur Nachbetreuung des beA nach Ausscheiden der Anwaltskanzlei: Pfrogner/Vielmeier NZA 2020, 903; zur Personenidentität bei einfacher Signatur; → Rn. 23. Nach § 27a I EuRAG kann ein dienstleistender europäischer Rechtsanwalt bei der zuständigen Rechtsanwaltskammer die Einrichtung von beA beantragen; eine Verpflichtung besteht aber nicht.

32 Ab 1.8.2022 hat die BRAK nach § 31b BRAO auch für jede im Gesamtverzeichnis eingetragene Berufsausübungsgesellschaft ein beA empfangsbereit einzurichten. Das war bisher nicht vorgesehen, BGH NJW 2019, 2031 (Rechtsanwalts-AG). Da sich die Berufsausübungsgesellschaft durch einen Rechtsanwalt vertreten lassen muss (§ 59l II BRAO), hat die BRAK bei Übermittlung von Dokumenten ohne qeS, → Rn. 22, 24, nach § 20 III Nr. 2 RAVPV zu gewährleisten, dass der Versand durch einen zur Vertretung der Gesellschaft berechtigten RA für den Empfänger feststellbar ist, Zöller/Greger Rn. 11a.

33 Die Diskussion um die Frage, ob beA ein sicherer Übermittlungsweg ist oder ob eine **Ende-zu-Ende-Verschlüsselung** iSd einschlägigen europäischen Patentschrift erforderlich ist, hat der BGH, NJW 2021, 2206, mit hinreichender Klarheit entschieden; danach hat ein Anwalt keinen Anspruch gegen die RA-Kammer auf eine solche Verschlüsselung, vielmehr ist nach Ansicht des BGH die jetzige Form von beA sicher. Das OVG Lüneburg. NJW 2020, 2743, hat im Zusammenhang mit einem gerichtlich versandten Computerfax, das personenbezogene Daten enthielt, eine datenschutzrechtliche Diskussion entfacht, → § 129 Rn. 15 „Telefax". Werner/Hohl, DRiZ 2021, 276, haben sich im Zusammenhang mit dieser OVG-Entscheidung mit der Zulässigkeit von E-Mails, USB-Sticks und der Beratung mit WhatsApp & Co. im gerichtlichen Alltag unter **datenschutzrechtlichen** Gesichtspunkten beschäftigt und Sicherheitsrisiken aufgezeigt; sie vertreten zu Recht die Ansicht, dass mit dem flächendeckenden elektronischen Rechtsverkehr, der elektronischen Akte und der umfassenden Ausstattung der Richterschaft mit mobilen Endgeräten eine datenschutzrechtlich unsichere Kommunikation massiv reduziert werden wird.

34 Wird ein die Frist zu wahrender Schriftsatz über das beA an das Gericht gesandt, muss der Anwalt sein Kanzleipersonal dahin belehren, dass es stets den Erhalt der automatisierten Eingangsbestätigung **kontrolliert** und gegebenenfalls die erneute Übermittlung des Schriftsatzes veranlasst, BGH NJW 2021, 3471 Rn. 12, 13; 2021, 2201 Rn. 21 ff. mBv Schmidt, JA 2021, 1041; Schlesw NJW 2022, 708 = BeckRS 2021, 41613; Drsd NJW 2021, 2665; Saarbr NJW-RR 2020, 183 (stichprobenweise Überprüfungen durch RA); BAG NJW 2019, 2793; OVG Magdeburg NJW 2019, 3663 = BeckRS 2019, 22643 (§ 55a V 2 VwGO); Stögmüller, NJW 2021,3761, 3767; Günther NJW 2020, 1785 (Haftungsfallen). Bleibt die **automatisierte Bestätigung des Gerichts** über den Zeitpunkt des Eingangs des elektronischen Dokumentes aus, hat der RA sich um die Klärung der Ursache zu kümmern und eine erneute Übermittlung versuchen, BGH NJW-RR 2022, 1069 Rn. 11; NJW 2022, 1820 Rn. 11; Kobl NJW 2020, 1823. Bei der Eingangsbestätigung ist nicht nur zu prüfen, ob die Datei überhaupt versandt wurde, sondern auch, ob die Übermittlung vollständig erfolgte; die Kontrolle darf sich nicht auf den Ausschluss bloßer Fehlermeldungen beschränken, BGH NJW 2021, 2201; Drsd NJW 2021, 2665; BAG NJW 2019, 2793; RhPfVerfGH NJW 2020, 604 (zu §§ 11a, 46 I, II RhPfVerfGHG). Bei der Ausgangskontrolle des beA genügt bei fristgebundenen Schriftsätzen auch nicht die Feststellung, dass die Versendung irgendeines Schriftsatzes mit passendem Aktenzeichen an das Gericht erfolgt ist, sondern anhand des Dateinamens ist zusätzlich zu prüfen, welcher Art der Schriftsatz war, BGH NJW 2020, 1809. Ein zu signierendes Dokument muss der Anwalt zuvor selbst sorgfältig auf seine **Richtigkeit** und **Vollständigkeit** zu überprüfen, BGH BeckRS 2022, 7011 = NJW 2022, 1964 mBespr von Dahns NJW-Spezial 2022, 319. Ferner darf er die Überprüfung einer ordnungsgemäßen einfachen Signatur nicht seinen Angestellten überlassen, Hamm BeckRS 2022, 11453. Eine andere Frage bei einem gescheiterten rechtzeitigen Eingang von Schriftsätzen bei einem Versand aus beA ist, was der Anwalt iRd **Wiedereinsetzungsantrages** für sein fehlendes Verschulden an der Fristsäumnis vortragen und glaubhaft machen muss; da ein Bedienungsfehler genau so wahrscheinlich ist wie ein vorübergehender Computerdefekt, bedarf es in Anlehnung an die Sorgfaltspflichten bei Schriftsätzen per Telefax der näheren Darlegung zur Art des Defekts und seiner

Behebung, BGH BeckRS 2022, 4368 Rn. 10; NJW 2021, 2201 Rn. 21; BAG NJW 2019, 2793; LAG SchleswH NJW 2021, 2308 Rn. 15; → § 233 Rn. 31 „Nutzung von beA". Hat eine **Kanzleikraft,** die sich bisher als zuverlässig erwiesen hat, die Versendung per beA fehlerhaft ausgeführt, ist ein Verschulden des Anwalts grundsätzlich nicht gegeben, wenn er eine konkrete und präzise Einzelanweisung erteilt hat, die bei Befolgung die Fristwahrung gewährleistet hätte; die anwaltlichen Sorgfaltspflichten entsprechen bei einer Versendung per beA denjenigen bei Übersendung von Schriftsätzen per Telefax, BGH BeckRS 2022, 4368. Wird kurz vor Ablauf der Frist ein unzulässiger Dateiname der Prozessvollmacht verwendet und scheitert deshalb die Übermittlung des Schriftsatzes, ist der Anwalt seiner Sorgfaltspflicht nicht nachgekommen, Ffm NJW 2022, 250.

Wegen der immer wieder beklagten Störanfälligkeit von beA verweist Lapp NJW-aktuell 40/2020, 19, auf die 35
Verordnung über elektronische Identitäten und Vertrauensdienste für elektronische Transaktionen **(eIDASV)** vom 1.7.2016 (Eu Nr. 910/2014), mit der europaweit Fernsignaturen zugelassen wurden und die eine Identifizierung mit dem neuen Personalausweis ermöglicht; er meint, mit der Infrastruktur dieser Verordnung könne ein dezentrales, stabileres und preisgünstigeres beA eingerichtet werden.

d) BeBPo und EGVP, IV Nr. 3. Als sicherer Übermittlungsweg nach III Hs. 2, IV Nr. 3 gilt ferner auch der 36
Weg zwischen einem Postfach einer Behörde oder juristischen Person des öffentlichen Rechts (BeBPo). und einer elektronischen Gerichtsposststelle (EGVP). Dazu ist ein Identifizierungsverfahren nach § 7 ERVV, abgedruckt → Vor Rn. 1, durchzuführen. Die Authentizität des Dokuments wird nach § 8 II ERVV durch Zertifikat und Passwort sichergestellt. Die Integrität soll durch § 6 I Nr. 1 ERVV (Ende-zu-Ende-Verschlüsselung) sichergestellt werden.

e) Elektronisches Bürger- und Organisationenpostfach (eBO), IV Nr. 4, 5. Durch die Neuregelungen 37
der Nr. 4, 5 wird die Möglichkeit geschaffen, dass Bürger, Unternehmen, privatrechtliche Organisationen und Verbände sowie andere professionelle Verfahrensbeteiligte, z. B. Dolmetscher, Sachverständige und Inkassodienstleister, auf sichere Art mit den Gerichten digital kommunizieren können, und zwar über das ebO. Das ebO ist ebenso wie das beA als sicherer Übermittlungsweg iSv III, IV ausgestaltet, dh es kann zur Wahrung der prozessualen Schriftform genutzt werden, Dahns, NJW-Spezial 2021, 735. Der rechtliche Rahmen wird durch die neuen §§ 10 bis 12 ERVV gesetzt. Für bestimmte professionelle Nutzer, wie zB Gewerkschaften und prozessvertretene Arbeitgeber- und Sozialverbände, gilt ab dem 1.1.2024 die passive Nutzungspflicht und ab1.1.2026 die aktive Nutzungspflicht, wobei diesen Organisationen schon vorher die Nutzung empfohlen wird, Schrade/Elking NZA 2021, 1675. Bis zur technischen Einsatzbereitschaft und organisatorischen Umsetzung des eBO bleibt das beA des **Syndikusrechtsanwaltes** bei einem Verband eine sinnvolle, rechtssichere und unproblematisch nutzbare Alternative zur Teilnahme am elektronischen Rechtsverkehr, ArbG Stuttg NZA-RR 2022, 92, → Rn. 31.

f) VO-Festlegung, IV Nr. 6. Als sicherer Übermittlungsweg nach III Hs. 2 gilt schließlich auch ein sonstiger 38
Weg, den die Bundesregierung durch Rechtsverordnung mit Zustimmung des Bundesrats nach Art. 80 II G bundeseinheitlich künftig festlegt oder schon festgelegt hat. Damit kann die elektronische Kommunikation künftigen Entwicklungen angepasst werden. Auf dieser Grundlage können Notare über das besondere elektronische Notarfach (**beN,** § 78n BNotO; Einzelheiten in NotVPV (Notarverzeichnis- und -postfachVO) elektronische Dokumente an das EGVP einreichen, MüKoZPO/Fritsche Rn. 18. Zu verweisen ist auch auf das **eBO,** das elektronische Bürger- und Organisationenpostfach, das seit dem 1.1.2022 als sicherer Übermittlungsweg zur Verfügung steht und den Arbeitgeberverbänden und Gewerkschaften schon vor der passiven und aktiven Benutzungspflicht empfohlen wird, → Rn. 37. Voraussetzung für die elektronischen Postfächer ist, dass die Authentizität und Integrität der Daten sowie eine Barrierefreiheit festzustellen sind. Diese Begriffe definiert IV Nr. 6 nicht. Sie spiegeln den Gesetzeszweck wieder.

VII. Eingangszeitpunkt, V. Der Eingang des elektronischen Dokuments liegt nach V 1 vor, sobald es auf 39
der für den Empfang bestimmten Einrichtung des Gerichts gespeichert ist, BGH NJW-RR 2020, 1519 = BeckRS 2020, 24565 mAv Elzer FD-ZVR 2020, 432829 (Fristwahrung durch einen solchen Eingang); GRUR-RS 2020, 16803 = NZA 2020, 1199. Ob es von dort aus rechtzeitig an andere Rechner innerhalb des Gerichtsnetzes weitergeleitet oder von solchen Rechnern abgeholt werden konnte bzw. abgeholt worden ist, ist demgegenüber unerheblich, BGH NJW-RR 2020, 1519; GRUR-RS 2020, 16803 Rn. 12 = NZA 2020, 1199 (Vorgaben des VO-Gebers sind einzuhalten); Müller NZA 2019, 1120. Besteht die Möglichkeit, dass das Dokument eingegangen und nur nicht von anderen Rechnern abgeholt werden konnte, hat das Gericht die Frage des Eingangs aufzuklären, BGH BeckRS 2022, 9854 = NJW 2022, 1820. Da die Verwendung von Umlauten in Dateinamen nicht verboten, sondern nach Nr. 6 2. ERVB 2022 sogar ausdrücklich erlaubt ist, steht dem wirksamen Eingang eines Dokumentes nicht entgegen, dass es wegen des Umlautes im Dateinamen im Gerichtsnetz nicht weitergeleitet bzw. nicht vom Rechner abgeholt wird, BGH BeckRS 2022, 9854 Rn. 15 = NJW 2022, 1820. Den Eingang kann der Absender nicht ohne Einsicht in die Gerichtsunterlagen sicher ermitteln. Die nach V 2 von Amts wegen und unverzüglich zu erteilende automatisierte und damit nicht unterschriftsbedürftige formfreie elektronische Bestätigung mag in aller Regel zuverlässig sein. Zur Überprüfungspflicht der Eingangsbestätigung insbesondere bei fristwahrenden Schriftsätzen → Rn. 34. Um das Gebot des rechtlichen Gehörs zu wahren, muss der **Ausdruck** des elektronischen Schriftsatzes bzw. der Anlagen für die (noch) maßgebliche Papierakte authentisch sein, dh ein Schwarzweißdruck reicht nicht, wenn möglicherweise in dem elektronischen Dokument Farbbestandteile enthalten sein können, KG NJW-RR 2020, 1116 Rn. 8 f.

VIII. Eignungsmangel, VI. 1. Hinweispflicht des Gerichts, VI 1. Die besondere Hinweispflicht gilt nur, 40
wenn das eingegangene Dokument nicht zur Bearbeitung geeignet ist. Verantwortlich für den Hinweis ist das Gericht, nicht die Verwaltung, wobei Absprachen zwischen dem Richter und der Geschäftsstelle zur technischen Abwicklung insbesondere im Zeitalter der E-Akte denkbar sind, Klasen/Schreiner/Spaniol JM 2021, 90, 94 (Clearingstelle?). Aus § 130a II ist nicht abzuleiten, dass ein im internen Gerichtsbetrieb auftretender Fehler zur Unwirksamkeit der Einreichung führt; maßgeblich sind vielmehr die Regelungen, die der Verordnungsgeber auf der Grundlage von § 130a II 2 (§ 125a III Nr. 1 PatG) getroffen hat, BGH GRUR-RS 2020, 16803 Rn. 15 = NZA 2020, 1199 (Vorgaben des VO-Gebers sind einzuhalten). Ist das Dokument nicht zur Bearbeitung geeignet, muss das Gericht dem Absender die Unwirksamkeit mitteilen und auf die geltenden technischen Rahmenbedingungen unverzüglich hinweisen; die Hinweispflicht gilt nicht bei Übermittlungsfehlern, zB bei einer Containersignatur; hier werden uU § 139 oder §§ 233 ff. bzw. § 5 KSchG relevant, BSG NJW 2018, 2222;

BAG NZA 2020, 1427 (nachträgliche Zulassung der Klage bei Ablauf der Frist nach § 4 KSchG wegen Heranziehung von § 5 KSchG); NJW 2018, 2978; Ffm NJW-RR 2018, 1456; Müller NZA 2020, 1381 (Bespr. von BAG NZA 2020, 1427); → Rn. 16 ff. Für die besondere Hinweispflicht muss zunächst objektiv feststehen und nicht nur möglich oder wahrscheinlich sein, dass ein elektronisches Dokument zur Bearbeitung für dieses Gericht überhaupt nicht, nur bedingt oder teilweise „nicht geeignet" ist. Warum eine Nichteignung vorliegt, ist unerheblich. Sie mag technisch oder anders bedingt sein → Rn. 16 ff. Eine einfache Rückfrage mag durchaus zumutbar und ausreichend sein, um eine Eignung zu klären.

41 **Hinweise** des Gerichts müssen sich zum einen auf die Unwirksamkeit des Eingangs und deren nachvollziehbare Begründung und zum anderen auf die „geltenden technischen Rahmenbedingungen" erstrecken, also auf die gesetzlichen und durch einschlägige VO ergänzten Bedingungen. In Anlehnung an § 139 muss die Partei in die Lage versetzt werden, die Beanstandung des Gerichts konkret nachzuvollziehen und zu korrigieren; das bedeutet, dass nach unserer Auffassung der Mangel konkret bezeichnet werden muss. Insoweit haben wir Zweifel, ob der allgemeine Hinweis des LAG Hessen, NZA-RR 2021, 34, auf einen Formatfehler mangels vollständiger Einbettung ohne Konkretisierung der betreffenden Stelle im Dokument ausreichte, so auch Möllenkamp in seiner Anm zu der Entscheidung, NZA-RR 2021, 36.

42 **2. Nachreichung, VI 2.** Die Vorschrift enthält eine Eingangsfiktion. Sie kann zur Unterstellung eines Eingangs im früheren Zeitpunkt und daher zur Fristwahrung führen. Dann erübrigt sich ein Wiedereinsetzungsverfahren nach §§ 233 ff. Die Vorschrift gilt nur für Dokumente, bei denen die Formvorschriften der III und IV eingehalten sind, BAG NZA 2020, 607. Der Einreicher muss aber zwei Bedingungen erfüllen, nämlich die unverzügliche Nachreichung in geeigneter Form und die Glaubhaftmachung der inhaltlichen Übereinstimmung des Nachgereichten mit dem zuvor Eingereichten iSd § 294. Letzteres prüft das Gericht im Freibeweis, BAG NZA 2021, 347. Für die Frage der Unverzüglichkeit kommt es darauf an, dass die Partei entsprechend handelt, wobei eine taggleiche Korrektur in jedem Fall ausreicht; ob das Gericht seiner Mitteilungspflicht unverzüglich nachgekommen ist, ist nicht entscheidend, BAG NZA 2020, 970 (zu § 46a VI ArbGG); Siegmund, NJW 2021, 3617, 3619.. Unerheblich ist auch, ob der Absender die Einreichung eines ungeeigneten elektronischen Dokumentes verschuldet hat, BAG NZA 2021, 347 Rn. 38. Erfüllt der Einreicher nach dem gerichtlichen Hinweis die genannten Bedingungen -unverzügliche Nachreichung in geeigneter Form und Glaubhaftmachung der Identität des Nachgereichten mit dem zuvor Eingereichten – nicht, ist eine erneute Mitteilung bezüglich fortbestehender Mängel nicht geboten; das ergibt sich schon daraus, dass das Gesetz eine mehrfache Hinweispflicht nicht vorsieht; sie wäre auch mit dem „unverzüglichen Nachreichen" nicht vereinbar, BAG NZA 2020, 607 = NJW 2020, 1694. Folge bei nicht eintretender Heilung ist die Unwirksamkeit des Eingangs und damit bei einer Klageschrift die Unzulässigkeit der Klage, Schindler NJW 2020, 2943 (2945).

43 **IX. Verstoß.** Es gelten die allgemeinen Regeln, so § 189 und §§ 233 ff., 295.

130b *Gerichtliches elektronisches Dokument.* **[1]Soweit dieses Gesetz dem Richter, dem Rechtspfleger, dem Urkundsbeamten der Geschäftsstelle oder dem Gerichtsvollzieher die handschriftliche Unterzeichnung vorschreibt, genügt dieser Form die Aufzeichnung als elektronisches Dokument, wenn die verantwortenden Personen am Ende des Dokuments ihren Namen hinzufügen und das Dokument mit einer qualifizierten elektronischen Signatur versehen. [2]Der in Satz 1 genannten Form genügt auch ein elektronisches Dokument, in welches das handschriftlich unterzeichnete Schriftstück gemäß § 298a Absatz 2 übertragen worden ist.**

1 **I. Systematik, Regelungszweck, Geltungsbereich.** Während § 130a das elektronische Dokument einer Partei, eines ProzBev. und eines anderen Beteiligten regelt, enthält § 130b eine Regelung für gerichtliche Dokumente. Wann dergleichen technisch und rechtlich umfassend praktiziert wird, richtet sich nach der flächendeckenden Einführung der elektronischen Akte in der Justiz und damit nach den Rechtsverordnungen des Bundes und der Länder für ihre Gerichte. Unabhängig davon, ob die Papierakte rechtlich (noch) führend oder schon auf eine führende E-Akte umgestellt ist, ist es nach § 130b und auch in den Fachgerichtsbarkeiten nach § 46d ArbGG, § 55a VII VwGO, § 65a VII SGG, § 52a VII FGO sowie nach §§ 32b, 32e StPO möglich, mit der Signaturkarte qualifiziert elektronisch zu signieren, Müller/Windau DRiZ 2021, 332. Im FamFG-Verfahren gilt § 14 FamFG.

2 Zum Regelungszweck und zum Geltungsbereich wird auf → § 130a Rn. 2, 8 verwiesen.

3 **II. Voraussetzungen.** Die Vorschrift eröffnet für alle gerichtlichen Dokumente, für die eine Unterschrift erforderlich ist, die Aufzeichnung als elektronisches Dokument. Sie gilt für Urteile, Beschlüsse, das Sitzungsprotokoll, Verfügungen und Vermerke, wie zB nach § 315 III, MüKoZPO/Fritsche Rn. 2. Eine Vollstreckungsklausel nach § 725 kann nicht in elektronischer Form erteilt werden, weil die Gefahr der Mehrfachvollstreckung besteht, BGH MDR 2008, 712. Sie kann die nach der ZPO sonst etwa erforderliche handschriftliche Unterzeichnung ersetzen, soweit eine elektronische Bearbeitung nach § 130a II in Betracht kommt, vgl. zur Unterschrift→ § 129 Rn. 9 ff., → § 130 Rn. 27 ff.

4 Soweit eine handschriftliche Unterschrift vorgeschrieben ist, können Richter, Rechtspfleger, Urkundsbeamte der Geschäftsstelle oder Gerichtsvollzieher anstelle einer Unterschrift am Ende der elektronischen Aufzeichnung ihren Namen hinzufügen und mit einer qualifizierten elektronischen Signatur versehen, vgl. → § 130a Rn. 24. Es ist erforderlich und ausreichend, dass alle das Dokument verantwortenden Personen gerade am Ende des Dokuments und nicht etwa als eine sog. Oberschrift vorweg oder nur zwischendurch mindestens ihren vollen Nachnamen hinzufügen, damit der Empfänger nachvollziehen kann, wer es zu verantworten hat, MüKoZPO/Fritsche Rn. 2. Einzelheiten Viefhues NJW 2005, 1011 (Smartcard).

5 ***III. Verstoß.*** Fehlt die qualifizierte Signatur oder stimmen die Namensangabe und der Signaturinhaber nicht überein, liegt ein Formmangel vor. Hier gelten dieselben Rechtsfolgen wie bei einem Mangel der Unterschrift, MüKoZPO/Fritsche Rn. 4.

130c ***Formulare; Verordnungsermächtigung.*** **[1]Das Bundesministerium der Justiz und für Verbraucherschutz kann durch Rechtsverordnung mit Zustimmung des Bundesrates elektronische Formulare einführen. [2]Die Rechtsverordnung kann bestimmen, dass die in den Formularen enthaltenen Angaben ganz oder teilweise in strukturierter maschinenlesbarer Form zu übermitteln sind. [3]Die Formulare sind auf einer in der Rechtsverordnung zu bestimmenden Kommunikationsplattform im Internet zur Nutzung bereitzustellen. [4]Die Rechtsverordnung kann bestimmen, dass eine Identifikation des Formularverwenders abweichend von § 130a Absatz 3 auch durch Nutzung des elektronischen Identitätsnachweises nach § 18 des Personalausweisgesetzes, § 12 des eID-Karte-Gesetzes oder § 78 Absatz 5 des Aufenthaltsgesetzes erfolgen kann.**

I. Systematik, Regelungszweck. Die Vorschrift enthält eine Verordnungsermächtigung für die Bundesregierung zur Einführung elektronischer Formulare für das gerichtliche Verfahren mit einigen inhaltlichen Vorgaben zwecks Ermöglichung und Erleichterung des elektronischen Rechtsverkehrs mit den Gerichten, wie er stufenweise Realität werden wird. Ein Zwang zur Nutzung bereitgestellter Formulare besteht nicht, MüKoZPO/Fritsche Rn. 2. 1

II. Rechtsverordnung, S. 1–4. Sie ist statthaft, aber nicht zwingend, ab wirksamem Erlass verbindlich. Als inhaltliche Beispiele werden in der Gesetzesbegründung der Kostenfestsetzungsantrag und der Einspruch gegen ein Versäumnisurteil oder einen Vollstreckungsbescheid genannt, BT-Drs 17/12634, 27. Möglich wäre auch ein Grundformular für die in einem Prozess gewechselten Schriftsätze, um eine inhaltliche Strukturierung des Prozessstoffes vorzugeben, MüKoZPO/Fritsche § 130c Rn. 2; → § 139 Rn. 47 **(strukturiertes Basisdokument)** 2

III. Maschinenlesbare Form, S. 2. 3

IV. Bereitstellung auf Internetplattformen, S. 3. Die Vorschrift ist zur Wirksamkeit der VO zwingend. 4

V. Identifikation, S. 4. Die Möglichkeit in Satz 4, einen Authentizitätsnachweis durch einen Identitätsnachweis nach § 18 PAuswG, § 12 des eID-Karte-Gesetzes oder § 78 V AufenthG zu führen, stellt eine Erweiterung gegenüber § 130a dar. 5

130d ***Nutzungspflicht für Rechtsanwälte und Behörden.*** **[1]Vorbereitende Schriftsätze und deren Anlagen sowie schriftlich einzureichende Anträge und Erklärungen, die durch einen Rechtsanwalt, durch eine Behörde oder durch eine juristische Person des öffentlichen Rechts einschließlich der von ihr zur Erfüllung ihrer öffentlichen Aufgaben gebildeten Zusammenschlüsse eingereicht werden, sind als elektronisches Dokument zu übermitteln. [2]Ist dies aus technischen Gründen vorübergehend nicht möglich, bleibt die Übermittlung nach den allgemeinen Vorschriften zulässig. [3]Die vorübergehende Unmöglichkeit ist bei der Ersatzeinreichung oder unverzüglich danach glaubhaft zu machen; auf Anforderung ist ein elektronisches Dokument nachzureichen.**

Eingefügt durch Art. 1 Nr. 4 Gesetz v. 10.10.2013, BGBl. I 3786, mit Wirkung ab 1.1.2022, Art. 26 VII G, ÜbergangsR → Einl. I Rn. 7. Die Länder konnten das Inkrafttreten seit dem 1.1.2020 vorverlegen (Art. 24 II Gesetz zur Förderung des elektronischen Rechtsverkehrs mit den Gerichten vom 10.10.2013, BGBl. I 3786 (ERFöG); Schleswig-Holstein hat für § 46g ArbGG als erstes Land von dieser Möglichkeit Gebrauch gemacht und das Inkrafttreten dieser Vorschrift durch LänderVO über die Pflicht zur Nutzung des elektronischen Rechtsverkehr vom 13.12.2019 (Gesetz- und VO-Blatt Schleswig-Holstein vom 23.12.2019, S. 782) auf den 1.1.2020 vorverlegt. Auch Bremen hatte für schriftformbedürftige Schreiben an das Arbeitsgericht sowie das Landesarbeitsgericht (§ 46 ArbGG), an das Sozialgericht (§ 65d SGG) und an das Finanzgericht (§ 52d FGO) die aktive Nutzungspflicht ab 1.1.2021 vorgesehen, VO über die Pflicht zur Nutzung des ERV vom 8.12.2020.14366. Die genannten Vorschriften für die Fachgerichtsbarkeiten entsprechen § 130d.

I. Systematik, Regelungszweck. Die Vorschrift ergänzt mit Vorrang als Spezialregelung zu §§ 130a–130c den Übergang von Papier auf Elektronik in einem ganz wesentlichen Teil. 1

→ § 130a Rn. 1, 2. 2

II. Geltungsbereich. Betroffen sind bestimmende und vorbereitende Schriftsätze, → § 129 Rn. 5–7; → § 130 Rn. 7. Entspr. Regelungen finden sich für die Fachgerichtsbarkeiten in § 46g ArbGG, § 65d SGG, § 55d VwGO, § 52d FGO. § 46g ArbGG gilt nicht nur für das Urteilsverfahren vor den Arbeitsgerichten, sondern auch im Berufungsverfahren vor dem Landesarbeitsgericht, LAG Schlesw BeckRS 2020, 10446 Rn. 15. In Familiensachen muss eine sofortige Beschwerde, die durch einen Rechtsanwalt eingelegt wird, auch dann, wenn sie keine Familienstreitsache ist, elektronisch übermittelt werden, um die Beschwerdefrist zu wahren; eine Wiedereinsetzung in den vorigen Stand kommt auch dann nicht in Betracht, wenn die Rechtsmittelbelehrung keinen Hinweis auf § 14b I FamFG enthalten hat, Ffm NZFam 2022, 511. 3

Der Einreicher muss ein **Anwalt,** eine Behörde oder eine juristische Person des öffentlichen Rechts einschließlich eines von ihr zur Erfüllung ihrer öffentlichen Aufgaben gebildeten Zusammenschlusses sein. Das sind dieselben Einreicher wie bei § 78 I, II 1 Hs. 1. Maßgeblich ist der Eigenschaft bei Eingang des eingereichten Dokuments. Wird der Anwalt in eigener Angelegenheit gerichtlich tätig, besteht für ihn jedenfalls dann die Pflicht zur elektronischen Einreichung von Schriftsätzen, wenn er explizit als Anwalt auftritt, VG Berlin BeckRS 2022, 9921 mAnm Dahns NJW-Spezial 2022, 414. 4

III. Übermittlungspflicht als elektronisches Dokument, S. 1. Es besteht für die Einreicher seit 1.1.2022 eine aktive Nutzungspflicht mit Ausnahmen nur in den Fällen von S. 2, 3. Liegt kein Ausnahmefall vor, ist die Prozesserklärung bei Nichteinhaltung der nach S. 1 vorgeschriebenen Übermittlungsform des § 130a nicht wirksam, Düss BeckRS 2022, 9657 = ZinsO 2022, 1178. Die bisherige Wahlmöglichkeit zwischen Papier und Elektronik ist also entfallen, → § 130a Rn. 1. Ob mit der Einführung der aktiven Nutzungspflicht für die in S. 1 genannten Personen die Möglichkeit der Übergabe von **Papierschriftsätzen im Termin** nicht mehr besteht, erscheint fraglich, zumal die Digitalisierung von Gerichtsverfahren kein Selbstzweck sein soll; auf S. 2 (vorübergehende technische Störung) kann nicht in jedem Fall zurückgegriffen werden, vgl. näher hierzu Hettenbach/Müller NJW 2022, 815; → Rn. 6. Der Anwalt sollte sich des Risikos bewusst sein, das nicht nur aufgrund der 5

Verspätungsvorschriften besteht, und in Situationen, in denen aus taktischen Gründen erst im Laufe der mündlichen Verhandlung vorgetragen werden soll, eher den Weg des mündlichen Vortrages oder den über § 283 wählen.

6 **IV. Vorübergehende Unmöglichkeit, S. 2.** Ausreichen kann eine Einreichung ohne Elektronik ausnahmsweise nur beim Zusammentreffen der nachfolgend beschriebenen Bedingungen, die man wie bei jeder Ausnahmevorschrift eng auslegen muss. Nach 2, 3 kann weiterhin auf die nach allgemeinen Vorschriften zulässigen Einreichungsformen, Papierform oder Übermittlung durch den Telefaxdienst gemäß § 130 VI ausgewichen werden, wenn die elektronische Übermittlung vorübergehend aus technischen Gründen nicht möglich ist. Dabei spielt keine Rolle, ob die Ursache für die Unmöglichkeit in der Sphäre des Gerichts oder des Einreichers zu suchen ist; allerdings muss der professionelle Einreicher iSd Vorschrift die notwendigen Einrichtungen für die Einreichung elektronischer Dokumente vorhalten und bei technischen Ausfällen unverzüglich für Abhilfe sorgen, Düss BeckRS 2022, 9657 Rn. 11 f. = NJW-RR 2022, 999.

7 **1. Technische Gründe.** Sie müssen eindeutig vorliegen. Den Gegensatz bilden zB wirtschaftliche, psychische, aber auch rein sprachliche oder taktische Gründe. Auch eine rechtliche Problematik reicht nicht. Erfasst werden alle technischen Störungen jeder Art, zB auch beim Adressaten. Auf eine Verschulden kommt es nur insofern an, als sich das technische Problem etwa bei gehöriger Bemühung durchaus besser oder schneller hätte lösen lassen. Der Begriff der technischen Störung ist zudem nur der Weg bis zum Intermediär des Gerichts, nicht die gerichtsinterne technische Weiterleitung, da das Dokument, das auf dem Intermediär des Gerichts gespeichert ist, unabhängig von der Abholung und Dauer der Weiterleitung wirksam eingegangen ist, BGH NJW-RR 2020, 1519 Rn. 7; Hettenbach/Müller NJW 2022, 815.,

8 **2. Nur vorübergehend.** Die technische Störung darf nur vorübergehend vorliegen. Das bedeutet, dass sie nicht von Dauer oder jedenfalls für längere Zeit bestehen darf. Entsprechend dem Begriff „Verhinderung" in § 315 I 2 können etwa 2 Wochen schon über eine bloß vorübergehende Störung hinausgehen, vgl. BAG NZA-RR 2007, 672 (§ 315 I 2). Keine vorübergehende Störung liegt vor, wenn der Absender die Voraussetzungen für den elektronischen Versand noch nicht geschaffen oder in zumutbarer Zeit nicht wiederhergestellt hat; so reicht der Hinweis auf einen länger zurückliegenden Diebstahl der beA-Karte und der dadurch bedingten Unmöglichkeit der Übermittlung eines qualifiziert signierten Dokumentes nicht aus, weil auch eine Übermittlung eines einfach signierten Dokumentes auf sicherem Weg möglich ist, Düss BeckRS 2022, 9657 Rn. 11, 12 = ZInsO 2022, 1178; → § 130a Rn. 21.

9 **V. Glaubhaftmachung, S. 3 Hs. 1.** Die vorübergehende Störung muss der Einreicher nach § 294 glaubhaft machen, auch wenn sie dem Gericht bekannt ist, Zöller/Greger Rn. 2. Es sind also alle Beweismittel nach §§ 371 ff. einschließlich einer eidesstattlichen Versicherung des Einreichers statthaft, soweit eine mögliche Beweisaufnahme „sofort" möglich ist. Allerdings ist die Ersatzeinreichung auch dann nach S. 3 Hs. 1 erlaubt, wenn die Glaubhaftmachung „unverzüglich danach" erfolgt. Im Ergebnis kann zur Glaubhaftmachung die Versicherung einer zumutbaren Bemühung um Beendigung der vorübergehenden Unmöglichkeit ausreichen, Zöller/Greger Rn. 2

10 **VI. Nachreichung, S. 3 Hs. 2.** Im Fall einer ausreichenden Ersatzeinreichung, → Rn. 6–9, muss ein elektronisches Dokument zumindest „auf Anforderung" nachgereicht werden. Zur Anforderung ist natürlich der Adressat berechtigt. Ob auch ein weiterer Beteiligter ein Anforderungsrecht hat, regelt S. 3 Hs. 2 nicht.

11 **VII. Folgen der Verletzung der aktiven Nutzungspflicht.** Die Verpflichtung zur elektronischen Einreichung betrifft alle einzureichenden Schriftsätze, auch die **Verteidigungsanzeige** nach § 276 I 1; liegt kein Ausnahmetatbestand nach S. 2, 3 vor, kann bei nicht rechtzeitiger formgerechter Einreichung ein Versäumnisurteil im schriftlichen Vorverfahren erlassen werden, wenn die sonstigen Voraussetzungen erfüllt sind, LG Ffm BeckRS 2022, 434.

131 *Beifügung von Urkunden.* **I Dem vorbereitenden Schriftsatz sind die in den Händen der Partei befindlichen Urkunden, auf die in dem Schriftsatz Bezug genommen wird, in Abschrift beizufügen.**

II Kommen nur einzelne Teile einer Urkunde in Betracht, so genügt die Beifügung eines Auszugs, der den Eingang, die zur Sache gehörende Stelle, den Schluss, das Datum und die Unterschrift enthält.

III Sind die Urkunden dem Gegner bereits bekannt oder von bedeutendem Umfang, so genügt ihre genaue Bezeichnung mit dem Erbieten, Einsicht zu gewähren.

1 **I. Systematik.** Die Vorschrift stellt eine Ergänzung zu § 130 dar, der den Inhalt regelt, den ein Schriftsatz enthalten soll. § 131, der auch bei der elektronischen Einreichung nach § 130a gilt, zwingt den Einreicher dazu, auch ohne Aufforderung des Gerichts die dort genannten Urkunden bereits bei der Einreichung des Schriftsatzes beizufügen. Der Vorsitzende kann nach § 273 II Nr. 1 auch von sich aus die Vorlegung einer Urkunde fordern, noch bevor die Partei den zugehörigen Schriftsatz überhaupt eingereicht hat. Eine solche Anordnung kann das Gericht erst recht zur Ergänzung oder Erläuterung des vorbereitenden Schriftsatzes treffen. Soweit es um die Durchführung eines Urkundenbeweises geht, enthalten §§ 420 ff. vorrangige Sonderregeln. Im Urkundenprozess gelten vorrangig § 593 II, im Wechsel- oder Scheckprozess iVm §§ 602, 605a. Soweit es um die bloßen Kopien des Schriftsatzes und seiner Anlagen geht, die formell ebenfalls Urkunden sind, gilt § 133. Im Übrigen enthalten §§ 134, 135, 142 in allen Fällen des § 131 besondere Regeln zur Durchführung der in § 131 nur grundsätzlich festgelegten Beifügungspflicht. Der Tarnschutz eines gefährdeten Zeugen hat nach § 10 II ZSHG Vorrang.

2 **II. Regelungszweck.** Die Vorschrift dient der in § 138 I, II genannten Pflicht der Parteien zur Vollständigkeit und Wahrheit. Sie dient darüber hinaus der Beschleunigung des Prozesses in allen Verfahrensstadien. Sie dient *insbesondere* der Vorbereitung der mündlichen Verhandlung und der Herbeiführung einer Entscheidungsreife möglichst schon im ersten Termin. Diese Regelungszwecke sind bei der Auslegung zu beachteten. Verlust der Urkunde ist eine häufig befürchtete Gefahr der Einreichung des Originals. Deshalb sind nach dem klaren Wortlaut von I zunächst nur eine einfache Kopie beizufügen, solange nicht ein Beweisantritt nach § 420

notwendig wird. Eine unnötige Offenbarung eines voraussichtlich zwar den Gegner interessierenden, aber nicht entscheidungserheblichen Teils eines Vertrags oder einseitigen Dokuments lässt sich nach II ebenfalls durchaus vermeiden, ohne das ganze Dokument zurückzuhalten. Das Gericht müsste ein Dokument ohnehin sicher verwahren. Deren Rückgabe nach einer sofortigen amtlichen Anfertigung von Kopien für die Beteiligten löst ein solches Problem erfahrungsgemäß.

III. Geltungsbereich. Die Vorschrift gilt in allen Verfahren nach der ZPO, auch im WEG-Verfahren und im Bereich des § 113 I 2 FamFG. Das gilt unabhängig davon, ob diese dem Beibringungsgrundsatz, → Vor § 128 Rn. 21, oder dem Amtsermittlungsgrundsatz, → Vor § 128 Rn. 39 ff., unterfallen. Die Vorschrift gilt in allen Instanzen und Verfahrensabschnitten innerhalb und außerhalb der mündlichen Verhandlung. Wegen der vorrangigen Sonderregeln → Rn. 1. 3

Die Vorschrift gilt für alle Parteien, also auch zB für die Partei kraft Amts, ferner für den Streitgenossen nach §§ 59, 62 und für den unselbständigen und selbständigen Streithelfer nach §§ 66, 69. Soweit sich eine Urkunde in Händen nicht der Partei persönlich befindet, sondern in denjenigen ihres ProzBev. oder ihres gesetzlichen Vertreters nach § 51, ist § 131 unmittelbar anwendbar. Soweit ein sonstiger Dritter die Urkunde in Händen hat, ist § 131 unanwendbar; evtl. ist aber § 142 anwendbar. §§ 420 ff. bleiben unberührt. 4

IV. „Vorbereitender" Schriftsatz. Nach dem Wortlaut bezieht sich die Vorschrift auf solche Urkunden, auf die die Partei in einem vorbereitenden Schriftsatz, dh einem Schriftsatz, der den Vortrag in der mündlichen Verhandlung vorbereiten soll, bezieht, → § 129 Rn. 5, 6. Bezug genommen hat. Soweit die Bezugnahme in der mündlichen Verhandlung ohne die Einreichung eines solchen Schriftsatzes erfolgt, ist § 131 auch dann unanwendbar, wenn kraft Gesetzes oder richterlicher Anordnung ein Schriftsatzzwang besteht. § 131 wird allerdings anwendbar, soweit die Partei den Schriftsatz bereits vorher eingereicht hat oder soweit sie ihn gleichzeitig angekündigt oder später etwa nach § 283 nachreicht. Entsprechend anwendbar ist § 131 auch auf einen bestimmenden Schriftsatz, dh auf einen Schriftsatz, der eine Prozesshandlung enthält, die unmittelbare Auswirkungen auf den Prozess hat, oder bei der Schriftlichkeit vorgeschrieben ist, BGH NJW 2007, 775; → § 129 Rn. 7, 8. 5

V. Urkundenbegriff. Die Vorschrift erfasst alle Arten von Urkunden nach §§ 415 ff. Sie erfasst auch die in § 142 I gesondert genannten sonstigen Unterlagen. § 131 bezieht sich auch und gerade auf die fremdsprachige Urkunde. Das zeigen die Worte „Urschrift oder Abschrift" in I. Ob man sie vorher übersetzen muss, richtet sich nach § 142 III und nach § 184 GVG. Erfasst werden Schriftstücke, die im Zusammenhang mit für den Rechtsstreit maßgeblichen materiellen und prozessualen Verträgen stehen, aber auch alle anderen Unterlagen, wie Skizzen, Notizen, Lichtbilder, Berechnungen, auf die sich die Partei bei Ihrem Vortrag beruft, MüKoZPO/Fritsche Rn. 3. 6

VI. Beifügungspflicht. 1. Allgemeines. Die Vorschrift stellt klar, dass grundsätzlich eine Partei die in Bezug genommene Urkunde dem Schriftsatz beifügen muss. Sie darf sie also nicht nur zitieren oder erläutern, sondern muss sie körperlich beifügen. Denn erst durch die Inaugenscheinnahme lässt sich oft erst der prozessentscheidende Eindruck von der Brauchbarkeit oder Bedeutung der Urkunde gewinnen. Wie der Vergleich mit II zeigt, muss man nach I grundsätzlich die gesamte in Bezug genommene Urkunde beifügen. Das gilt unabhängig von ihrem Umfang, ihrem Format, ihrer Art, ihrem Gewicht und ihrer Empfindlichkeit. Natürlich hat das Gericht eine der Urkunde entsprechende Sorgfaltspflicht bei der Verwahrung. Die Einreichung soll grundsätzlich gleichzeitig mit dem Schriftsatz erfolgen. Eine alsbaldige Nachreichung kann unschädlich sein. Zur Dateigröße von Anhängen zu Schriftsätzen, die über beA versandt werden, → § 130a Rn. 20. 7

2. In Händen der Partei. Beizufügen sind nur solche Urkunden, die sich im Zeitpunkt der Bezugnahme wie Einreichung des vorbereitenden Schriftsatzes schon und noch in den Händen der Partei befindet. Ob die Partei auf eine Anordnung des Gerichts etwa nach § 273 II Nr. 1 zur Herbeischaffung auch einer derzeit nicht in ihren Händen befindlichen Urkunde verpflichtet ist, richtet sich jedenfalls nicht nach § 131. Wie schon der Wortlaut von I zeigt, muss das Original (Urschrift) in Händen der Partei sein. Das umfasst auch den mittelbaren Besitz, Prütting/Gehrlein/Prütting Rn. 2. Hat die Partei nur eine Kopie in Händen und bezieht sie sich auf diese, ist sie auch nur zu deren Vorlegung verpflichtet. 8

3. Bezugnahme. Weitere Voraussetzung ist, dass die Partei auf die betreffende Urkunde im Schriftsatz Bezug nimmt. Eine Bezugnahme kann auch konkludent erfolgen. Sie muss aber eindeutig sein. Was eine Partei nicht in Bezug genommen hat, gilt als nicht vorgetragen und unterliegt daher jedenfalls zunächst nicht dem § 131. §§ 142, 273 II Nr. 1 können aber dann zu einer gerichtlichen Anordnung der Vorlegung oder Herbeischaffung führen. §§ 420 ff. enthalten für das Beweismittel „Urkunde" vorrangige Sonderregeln. Eine Erwähnung der Urkunde kann als Bezugnahme dann reichen, wenn diese nicht zu umfangreich ist, etwa eine Arztrechnung nach der GOÄ. Man braucht dann ihren Text nicht zusätzlich im Schriftsatz nachzubeten. Eine pauschale Bezugnahme auf eine umfangreiche Anlage reicht zwar für § 131, möglicherweise aber nicht für die Substantiierung des Tatsachenvortrages aus; das ist eine Frage der Begründetheit, BGH BeckRS 2018, 33393 = NJW 2018, 1082; Anders/Gehle Assessorexamen ZivilR A-15; A-101; → § 131 Rn. 9; → § 138 Rn. 25. Die Bezugnahme auf ein Privatgutachten reicht als Beweismittel nach §§ 420 ff. nicht aus, kann aber ein Mittel der Substantiierung des Parteivortrages sein, → § 138 Rn. 21 ff. Einer fremdsprachigen Anlage muss schon wegen § 184 S. 1 GVG eine Übersetzung zumindest des Kerns beiliegen, Hmb GRUR-RR 2008, 102. 9

4. Vorlage. Wird eine Kopie beigefügt, ist deren Beglaubigung grundsätzlich nicht erforderlich. Das Gericht kann nach § 131 die Vorlage weder der Urschrift noch einer Kopie erzwingen. Es kann aber eine Anordnung nach §§ 142, 273 II Nr. 1 erlassen. Die etwa eingereichte Urschrift der Urkunde bleibt bei einer Zustellung von Anwalt zu Anwalt nach § 195 ebenfalls bis zum Instanzende in den Handakten des empfangenden Anwalts nach § 135. Sonst bleibt sie bei den Gerichtsakten. Der Gegner und bei einer Zustellung von Anwalt zu Anwalt auch das Gericht erhalten nach § 133 eine Kopie. Der Gegner kann sich auch durch die Geschäftsstelle im Rahmen des Zumutbaren nach § 299 Kopien fertigen lassen. 10

5. Ausreichen eines Auszugs, II. Abweichend von dem Grundsatz in I, dass man die gesamte Urkunde beifügen muss, gestattet II die Einreichung eines bloßen Auszugs unter bestimmten Voraussetzungen. Nach II reichen Auszüge einer Urkunde aus, wenn nur Teile aus ihr entscheidungserheblich sein werden, → Vor § 253 Rn. 50 ff.; → § 139 Rn. 23; → Vor § 284 Rn. 4 ff. (jeweils zur Relationsmethode). Auf den Umfang der ent- 11 scheidungserheblichen Teile kommt es nicht an. Es muss jedenfalls klar sein, dass nicht die gesamte Urkunde benötigt wird. Im Zweifel gilt § 142 I.

12 Entscheidend ist weder die subjektive Auffassung des Einreichers noch diejenige des Prozessgegners. Vielmehr kommt es allein auf die Wertung des Gerichts an, wobei dieses möglicherweise zu einem Hinweis nach § 139 verpflichtet ist. Das gilt trotz des Umstands, dass jedenfalls im Verfahren mit dem Beibringungsgrundsatz an sich der Umfang des Tatsachenvortrags nach § 138 I zunächst von der Partei abhängt und dass sie das Risiko des Unterliegens bei einem unzureichenden Vortrag trägt. § 131 zwingt die Partei grundsätzlich auch dann zur Einreichung der Urkunde, wenn sie auf diese pauschal Bezug nimmt, → Rn. 9 (Frage der Substantiierung).

13 Den Mindestumfang eines ausreichenden Auszugs bestimmt II ausdrücklich. Der Auszug muss jedenfalls den Eingang mit Absender und Empfänger, die zur Sache gehörende Stelle, den Schluss, das Datum und die Unterschrift enthalten. Was „zur Sache gehört", bewertet das Gericht, → § 139 Rn. 23 (Frage der Entscheidungserheblichkeit), wobei der Tatsachenvortrag der Parteien zugrunde zu legen ist.

14 **6. Ausreichen des Einsichtserbietens, III.** In einer Abweichung von I und auch von II kann nach III die bloße Bezeichnung mit dem Einsichtserbieten genügen. Das gilt unter den folgenden Voraussetzungen.

15 **a) Urkunde dem Gegner bekannt.** Es reicht aus, dass die Urkunde dem Prozessgegner bereits bekannt ist. Das muss nicht nur nach der Ansicht derjenigen Partei so sein, die auf die Urkunde Bezug nimmt, sondern auch nach der Ansicht des Gerichts. Sofern das Gericht nach seiner pflichtgemäßen Prüfung zu diesem Ergebnis kommt, ist die bloße Behauptung des Gegners unbeachtlich, er kenne die Urkunde noch nicht, nicht mehr oder nicht vollständig. Ob die Urkunde dem Gegner bereits bekannt ist, muss notfalls diejenige Partei beweisen, die das behauptet.

16 Eine frühere Kenntnis kann ausreichen. Es kommt aber auf die Umstände zum Schluss der letzten mündlichen Verhandlung nach §§ 136 IV, 296a an. Maßgeblich ist nach dem Sinn und Zweck, ob der Gegner jetzt schon und noch nach Treu und Glauben jedenfalls im Kern eine solche Kenntnis vom Urkundeninhalt hat, dass es also überflüssig wäre, ihm die Urkunde auch nur in einem Auszug wenigstens abschriftlich vorzulegen. Es kommt nicht darauf an, ob auch dem Gericht die Urkunde bereits bekannt ist oder war. Das zeigt sich schon am Wortlaut von III. Das bloße Kennenkönnen oder Kennenmüssen steht dem Bekanntsein nicht gleich. Selbst eine grob fahrlässige Unkenntnis ist also für III nicht ausreichend. Indessen sind die Grenzen zum Bekanntsein fließend. Im Zweifel ist III als eine Ausnahmevorschrift unanwendbar.

17 **b) Urkunde von bedeutendem Umfang.** Statt der Voraussetzungen → Rn. 14 ff. genügt es auch, dass die Urkunde einen bedeutenden Umfang hat. III erfasst auch eine Vielzahl von Urkunden, die einzeln keinen besonderen Umfang haben, sofern der Gesamtumfang aller Urkunden bedeutend ist. Ob eine Urkunde einen bedeutenden den Umfang hat, hängt von der Beurteilung des Gerichts ab. Es ist weitgehend von Darstellung des Umfangs durch die vortragende Partei abhängig. Es darf aber auch die Bewertung durch den Prozessgegner berücksichtigen.

18 **Beispiele:** Große Handelsbücher; wissenschaftliche Nachschlagewerke; eine schon im prozessentscheidenden Teil ungewöhnlich zahlreiche Sammlung von Belegen; eine jahrelange Korrespondenz; die Unterlagen einer langfristigen Abrechnung.

19 **c) Notwendigkeit einer genauen Bezeichnung.** Unter den Voraussetzungen von entweder → Rn. 14 ff. oder von → Rn. 17 ist III unter der weiteren stets beachtlichen Voraussetzung anwendbar, dass die Partei diejenige Urkunde, denjenigen Auszug oder diejenigen Urkundenteile genau bezeichnet, die sie lediglich zur Einsicht anbietet. Auch hierbei kommt es weder auf die Ansicht der Partei an noch auf diejenige des Prozessgegners, sondern auf diejenige des Gerichts. Denn dieses muss im Rahmen der Sachaufklärung prüfen, ob der Einsichtnehmende durch die von der Partei gegebenen Bezeichnungen ausreichend fähig wird, auch wirklich das Entscheidungserhebliche einzusehen. Die Art der Bezeichnung im Einzelnen hängt von der Buchführung und von der Beschriftung der Urkunden ab.

20 **d) Notwendigkeit des Erbietens einer Einsichtnahme.** Unter den Voraussetzungen von entweder → Rn. 14, 16 oder von → Rn. 17 und → Rn. 19 hängt die Anwendbarkeit von III schließlich davon ab, dass die Partei sich eindeutig erbietet, eine Einsicht zu geben. Das bezieht sich auf eine Einsicht zunächst durch den oder die Prozessgegner. Dazu gehören auch deren ProzBev. oder gesetzlichen Vertreter nach § 51. Die Partei muss aber die Einsicht auch jedem Mitglied des erkennenden Gerichts gestatten, sei es in der Regel im Gericht, sei es in den Räumen der Partei, etwa bei einer nur dort lagerfähigen Dokumentensammlung. Das Erbieten kann sich aus dem gesamten Inhalt des Schriftsatzes auch konkludent ergeben. Es darf nicht unter einengenden Bedingungen stehen. Solche Bedingungen technischer Art, die sich vernünftigerweise nicht umgehen lassen, stören nicht. Infrage kommt etwa eine Einsicht in Mikrokopien unter einer Beachtung von Schutzvorschriften in dem Einsichtsraum oder das Einverständnis mit der Einsicht nur zu derjenigen Zeit, in der die Bank in ihren Tresorräumen dem Kunden (Einreicher) eine Einsicht geben muss. Es ist unerheblich, ob die Partei die durch die Einsicht dem Prozessgegner oder dem Gericht entstehenden Kosten vorschießt. Solche Kosten können als Prozesskosten nach §§ 91 ff. gelten.

21 **VII. Verstoß der Partei, I–III.** Die Zustellung einer Klageschrift, der die in Bezug genommenen Urkunden nicht beigefügt sind, ist nicht unwirksam, BGH NJW 2013, 387; Prütting/Gehrlein/Prütting Rn. 6; → § 253 Rn. 9. Das Gericht kann die Vorlage der Urkunde ebensowenig direkt erzwingen wie eine Einsichtserlaubnis. Es kann aber eine Anordnung nach § 142 I erlassen. Ein Verstoß der Partei hat jedenfalls dieselben Folgen wie ein Verstoß gegen § 129. Etwas anderes gilt im Urkundenprozess nach § 593 II 1, bei dem die Vorlage der Urkunden grundsätzlich Zulässigkeitsvoraussetzung ist, BGH NJW 2008, 523; Anders/Gehle Assessorexamen ZivilR A Rn. 6; A Rn. 25. Soweit es um die Nichtbeifügung oder Verweigerung der Vorlage oder Einsichtserlaubnis im Rahmen eines vom Gericht bereits angeordneten Urkundenbeweises geht, können die in §§ 420 ff. genannten vorrangigen Sonderregeln eingreifen. Auch kann ein vorwerfbarer Verstoß der Partei eine Beweisvereitelung sein. Ansonsten würdigt das Gericht den Verstoß der Partei bei der Bewertung des Sachvortrages auf seine Substantiierung oder frei nach § 286. Möglicherweise ist der Vortrag der Partei ohne die Urkunde unsubstantiiert und damit nicht beachtlich, → § 138 Rn. 21 ff.

22 **VIII. Heilung eines Verstoßes.** Ein Verstoß kann nach § 295 I durch eine rechtzeitige Nachreichung vor dem Schluss der letzten mündlichen Verhandlung der Instanz nach §§ 136 IV, 296a heilen. Das Gericht braucht

allerdings nicht schon wegen der Nachreichung im letzten Moment eine Verhandlung nach § 227 zu vertagen oder die bereits ordnungsgemäß nach § 296a geschlossene Verhandlung nach § 156 wiederzueröffnen, soweit es sein Verfahren im Übrigen ordnungsgemäß durchgeführt hatte. Daran ändert grundsätzlich auch Art. 103 I GG nichts, → Vor § 128 Rn. 42 ff. Der Prozessgegner der Partei erfährt durch die Nichtbeachtung des verspätet Angebotenen ohnehin keine Verkürzung seiner Rechte. Das Gericht muss vor der Gewährung einer Nachfrist nach § 283 prüfen, ob sich der Einreicher auf II, III berufen kann. Dem Prozessgegner ist in einem solchen Fall die Möglichkeit zur Stellungnahme zu geben, um zB eine Unterstellung nach § 138 III, IV oder eine Zurückweisung wegen Verspätung nach § 296 zu vermeiden.

IX. Rechtsbehelfe. Gegen einen Verstoß des Gerichts kann die davon benachteiligte Partei grundsätzlich erst zusammen mit dem auf ihm beruhenden Endurteil durch das dann statthafte Rechtsmittel vorgehen. Soweit im Verhalten des Gerichts die Zurückweisung eines das Verfahren betreffenden Gesuchs liegt, kommt eine sofortige Beschwerde nach § 567 I Nr. 2 und unter den Voraussetzungen des § 574 in Betracht. Beim Rpfl. gilt nach → § 104 Rn. 52 ff. der § 11 RPflG. 23

132 *Fristen für Schriftsätze.* **I [1]Der vorbereitende Schriftsatz, der neue Tatsachen oder ein anderes neues Vorbringen enthält, ist so rechtzeitig einzureichen, dass er mindestens eine Woche vor der mündlichen Verhandlung zugestellt werden kann. [2]Das Gleiche gilt für einen Schriftsatz, der einen Zwischenstreit betrifft.**

II [1]Der vorbereitende Schriftsatz, der eine Gegenerklärung auf neues Vorbringen enthält, ist so rechtzeitig einzureichen, dass er mindestens drei Tage vor der mündlichen Verhandlung zugestellt werden kann. [2]Dies gilt nicht, wenn es sich um eine schriftliche Gegenerklärung in einem Zwischenstreit handelt.

I. Systematik. Die Vorschrift enthält Ergänzungen zu den für den jeweiligen Schriftsatz geltenden gesetzlichen Fristen. Soweit das Gericht eine Frist gesetzt hat (§§ 273–277), hat seine Anordnung Vorrang vor § 132, Musielak/Voit/Stadler Rn. 1. Das gilt auch dann, wenn das Gericht die Fristen des § 132 unterschreitet. Allerdings kann dann ein Verstoß zB gegen Art. 103 I GG vorliegen → Rn. 12 f.; → Vor § 128 Rn. 42 ff. Soweit keine gesetzliche oder gerichtliche Frist gilt, greift § 132 ein, wobei man seinen sachlichen Geltungsbereich beachten muss, → Rn. 3. 1

II. Regelungszweck. Die Vorschrift dient der rechtzeitigen und umfassenden Vorbereitung der mündlichen Verhandlung, um möglichst bereits im ersten Verhandlungstermin zur Entscheidungsreife zu kommen. Sie ist zusammen mit § 282 II Ausdruck der allgemeinen Prozessförderungspflicht, MüKoZPO/Fritsche Rn. 1. Die Vorschrift dient auch dem rechtlichen Gehör des Gegners, → Vor § 128 Rn. 42 ff. Bei einer frühen Terminierung ist die Einhaltung der Vorschrift manchmal schwierig. Das Gericht kann bei seiner Terminierung nicht immer wissen, ob es noch wegen § 132 zusätzlich Zeit geben muss. Im Ergebnis kann daher der Vorschrift nur eine begrenzte Bedeutung zukommen. 2

III. Geltungsbereich. § 132 gilt nur für den Tatsachenvortrag, nicht für Rechtsausführungen, → Rn. 8. Dem Wortlaut nach bezieht sich die Vorschrift auf vorbereitende Schriftsätze. Diese sind nach § 129 I im Anwaltsprozess iSd § 78 gesetzlich vorgeschrieben, während sie im Parteiprozess nach § 129 II nur bei einer richterlichen Anordnung erforderlich sind, → § 129 Rn. 5. In amtsgerichtlichen Prozessen besteht grundsätzlich kein Anwaltszwang (§§ 78 III, 79, 496). Nach § 114 I FamFG ist aber in Ehe- und selbständigen Familienstreitsachen die Vertretung durch einen Rechtsanwalt vorgeschrieben ist. Werden Unterlagen in der mündlichen Verhandlung eingereicht und besteht keine Pflicht zu vorbereitenden Schriftsätzen, sind die Fristen nach § 132 nicht maßgeblich, MüKoZPO/Fritsche Rn. 1. 3

§ 132 gilt dem Wortlaut nach für den **vorbereitenden** Schriftsatz, → § 129 Rn. 5, 6. Auf **bestimmende** Schriftsätze, → § 129 Rn. 7, 8, ist die Vorschrift nicht anwendbar, wenn für die Prozesshandlungen eigene Einlassungsfristen gelten, wie zB §§ 274 III, 523 II, 553 II, 585, weil diese Regelungen Sondervorschriften sind, MüKoZPO/Fritsche Rn. 3. Ansonsten gilt § 132 auch für bestimmende Schriftsätze, → § 129 Rn. 7. Die Erklärungsfristen des § 132 gelten wegen der Eilbedürftigkeit nicht in Verfahren auf Erlass eines Arrests oder einer einstweiligen Verfügung nach §§ 916 ff., 935 ff., Hambg GRUR-RR 2014, 137; MüKoZPO/Fritsche Rn. 1. Im Urkunden- und Wechselprozess enthalten §§ 593 II 2, 602 vorrangige Sonderregeln. 4

Wegen des persönlichen Geltungsbereichs wird auf → § 131 Rn. 4 Bezug genommen. 5

IV. Voraussetzungen nach I. 1. Art des Vortrages. a) Neue Tatsachen. Der Schriftsatz nach I 1 muss jedenfalls auch neue Tatsachen enthalten, und zwar unabhängig davon, ob es sich um anspruchsbegründende bzw. anspruchsleugnende Tatsachen oder Einreden iSd ZPO bzw. um Angriffs- oder Verteidigungsmittel handelt, → Vor § 253 Rn. 55 ff.; → § 138 Rn. 12; → Vor § 284 Rn. 29 ff. (je zum Tatsachenbegriff); → Rn. 8. Ob eine Tatsache neu ist, richtet sich nach den Umständen des Einzelfalles. Maßgeblich ist die pflichtgemäße Beurteilung durch das Gericht, nicht die Bewertung durch die Partei oder den Prozessgegner. Was die Partei jedenfalls im Kern bereits vorgetragen hatte, braucht trotz einiger klärender weiterer Einzelheiten insgesamt nicht neu zu sein. Was die Partei nur scheinbar bereits vorgetragen hatte, kann gerade deshalb neu sein, weil sie die wesentliche Einzelheit erst jetzt vorträgt. 6

b) Anderes neues Vorbringens. Es reicht auch aus, dass statt neuer Tatsachen ein anderes Vorbringen vorliegt, wenn es nur ebenfalls „neu" ist. Scheinbar umfasst diese Alternative alle anderen denkbaren Inhalte eines vorbereitenden Schriftsatzes. In Wahrheit bezieht sich I 1 aber nicht auf Rechtsausführungen, → Rn. 8. Die Vorschrift bezieht sich zudem nicht auf die Sachanträge der Klageschrift nach § 253 II Nr. 2. Sie bezieht sich aber auf eine Klageerweiterung oder Klageänderung nach §§ 263, 264 sowie auf neue Beweisanträge, Beweismittel und Beweiseinreden, MüKoZPO/Fritsche Rn. 2. 7

c) Unanwendbarkeit auf Rechtsausführungen. Aus dem Regelungszweck → Rn. 2, und dem Wort „Tatsachen" in I 1 folgt, dass die Fristen des § 132 nur für Tatsachen gelten, → Rn. 6. Den Gegensatz zur Tatsache bildet eine bloße rechtliche Würdigung (Rechtsansicht), Thomas/Putzo/Seiler Rn. 2, 3; → § 138 Rn. 12 und Vor § 284 Rn. 29 ff. (jeweils Abgrenzung Tatsachen/Rechtsansichten), Es ist grundsätzlich allein 8

Aufgabe des Gerichts, die von den Parteien vorgetragenen Tatsachen rechtlich zu werten; eine Rechtsansicht der Parteien bindet das Gericht grundsätzlich nicht, → Vor § 128 Rn. 36 f.; → § 130 Rn. 21; → § 253 Rn. 33 „Rechtliche Würdigung". Daher braucht der Gegner auch grundsätzlich keine Frist zu einer Äußerung auf Rechtsansichten. Unberührt bleiben die Pflichten des Gerichts, die Partei vor einer rechtlichen Überrumpelung zu schützen und daher im Rahmen eines etwa nach § 139 II erforderlichen Rechtsgesprächs auch dem Betroffenen eine Gelegenheit zur Stellungnahme zur gegnerischen Rechtsansicht oder zu derjenigen des Gerichts zu geben,→ § 139 Rn. 29, 51 ff.

9 **2. Rechtzeitigkeit der Einreichung, I 1.** Sofern die Voraussetzungen → Rn. 6–8 vorliegen, muss die Partei den Schriftsatz so rechtzeitig einreichen, dass das Gericht ihn mindestens eine Woche vor der mündlichen Verhandlung zustellen bzw. seinen Zugang erreichen kann. Das gilt nicht vor einem frühen ersten Termin ohne eine Fristsetzung nach § 275 und nicht bei der Unzumutbarkeit einer früheren Einreichung etwa wegen eines erst kurz vor dem Termin erhaltenen Hinweises des Gerichts.

10 **a) Begriff der Einreichung.** Maßgeblich ist der Eingang bei der Posteingangsstelle des erkennenden Gerichts. Das ergibt sich aus dem Sinn der Vorschrift. Bei elektronischer Einreichung gilt §§ 130a V, → § 130a Rn. 39. Grundsätzlich kann erst das erkennende Gericht die in I 1 genannte Zustellung an den Prozessgegner wirksam veranlassen. Daher reicht auch eine Einreichung bei einem anderen Gericht nur dann, wenn der Schriftsatz rechtzeitig beim erkennenden Gericht eingeht. § 129a II 2 ist insoweit entsprechend anwendbar. Eine Zustellung von Anwalt zu Anwalt nach § 195 ist statthaft, Druckenbrodt NJW 2013, 2390.

11 **b) Fristberechnung.** Zwischen der Zustellung bzw. dem Zugang des Schriftsatzes beim Gegner und dem Beginn der mündlichen Verhandlung zur Hauptsache, → § 137 Rn. 5, muss mindestens eine Woche liegen; auf den Zeitpunkt der Einreichung bei Gericht kommt es hingegen nicht an; denn mit der Frist soll der Gegner geschützt werden, MüKoZPO/Fritsche Rn. 4; Musielak/Voit/Stadler Rn. 2; Prütting/Gehrlein/Prütting Rn. 3; Zöller/Greger Rn. 2. Die (Rückwärts-)Frist, berechnet sich nach § 222 iVm §§ 187 ff. BGB entsprechend vom Tag der mündlichen Verhandlung sozusagen rückwärts, wobei nach § 187 I BGB analog der Tag der mündlichen Verhandlung nicht mitgerechnet wird, Druckenbrodt NJW 2013, 2390 (2392). Wird der Schriftsatz bei Gericht eingereicht, müssen mindestens einige Tage hinzu gerechnet werden, damit die Zustellung bzw. der Zugang beim Gegner rechtzeitig erfolgen kann. Allerdings sind Unwägbarkeiten in der Sphäre des Gerichts und auch außerhalb, so zB ein Poststreit, schwer abzuschätzen. Um das Haftungsrisiko für einen Anwalt zu minimieren, ist für die Einhaltung der Frist eine Zustellung von Anwalt zu Anwalt nach § 195, die zulässig ist, am sichersten und zu empfehlen, wobei dann § 133 II zu beachten ist, Druckenbrodt NJW 2013, 2390 (2392). Streitig ist, ob der tatsächliche Zugang beim Gegner, so: Druckenbrodt NJW 2013, 2390, 2393, oder das im Empfangsbekenntnis (§§ 174 I, IV, 195 II) genannte Datum, so: MüKoZPO/Fritsche Rn. 5; Stackmann NJW 2011, 3537 (3538), ankommt. Der Meinungsstreit dürfte sich in der Praxis nicht auswirken, da die Partei einen früheren Zeitpunkt als den im Empfangsbekenntnis genannten nicht nachweisen dürfte, so auch MüKoZPO/Fritsche Rn. 5.

12 Eine Abkürzung der Mindestfrist ist zwar nach § 226 grundsätzlich möglich; sie darf aber nicht zur Versagung eines ausreichenden rechtlichen Gehörs führen, MüKoZPO/Fritsche Rn. 7. → Vor § 128 Rn. 42 ff. Eine Verlängerung der Frist nach § 132 ist möglich, zwar nicht nach § 224 II, aber faktisch über § 227 und durch eine ausreichende Fristsetzung nach §§ 273 II Nr. 1, 275 I 1, III, 276 III; diese Fristsetzung kann unter dem Gesichtspunkt des rechtlichen Gehörs zwingend sein, MüKoZPO/Fritsche Rn. 7.

13 **c) Nichteinhaltung der Frist.** Unter den Voraussetzungen des § 296 II führt dies zur Nichtberücksichtigung des betreffenden Vortrages. Neben der Verzögerung des Rechtsstreits ist eine grobe Nachlässigkeit erforderlich, BGH MDR 1997, 680 = NJW 1997, 2244; MüKoZPO/Fritsche Rn. 8. Der Gegner kann eine Stellungnahme zu dem neuen Vorbringen nicht allein wegen Verspätung iSd § 132 I verweigern. Wenn er sich aber bei einem nicht rechtzeitigen Zugang des Schriftsatzes nicht ausreichend äußern kann und damit sein rechtliches Gehör tangiert ist, kann das Gericht gezwungen sein, die Verhandlung nach §§ 227 zu vertagen oder nach § 283 einen Schriftsatznachlass zu gewähren, Dötsch MDR 2015, 566 = LSK 2015, 260157 (zur Frage der Verletzung von II durch beide Parteien). Die Unterlassung einer insofern notwendigen Maßnahme wäre eine Verweigerung des rechtlichen Gehörs, Art. 103 I GG, BVerfG NJW 2018, 3631 und 3634; BGH NJW 2019, 1754; 2018, 3315 und 3316; 1989, 716; Hamm NJW 1980, 294; → Vor § 128 Rn. 42 ff. Bei Verschulden kommt im Falle der Vertagung eine Verzögerungsgebühr nach § 38 GKG in Betracht, Zöller/Greger Rn. 4; Dötsch MDR 2015, 566 = LSK 2015, 260157. Wird die Frist des I nicht eingehalten, kann bei Nichterscheinen des Gegners zum Termin bei neuem erheblichen Vorbringen wegen § 335 I Nr. 3 kein Versäumnisurteil ergehen, MüKoZPO/Fritsche Rn. 8; → § 335 Rn. 10. Wird der Schriftsatz erst im Termin überreicht, gilt das Vorstehende entsprechend. Insoweit liegt allerdings kein vorbereitender Schriftsatz mehr vor, so dass der Vortrag mündlich eingeführt werden muss und eine Bezugnahme nach §§ 137 III, 297 nicht möglich ist, Prütting/Gehrlein/Prütting Rn. 5.

14 **3. Besonderheiten beim Zwischenstreit, I 2, II 2.** I 2 enthält eine Sonderregel wegen eines Schriftsatzes in einem sog. Zwischenstreit, in dem ein Zwischenurteil ergehen kann zB nach §§ 280, 303, 304, 387. Ein solches Urteil ist ein Feststellungsurteil, das nur über einzelne verfahrensrechtliche Vorfragen oder Streitpunkte ergeht, wie zB über Verfahrensfragen oder Zulässigkeitsfragen nach § 280, → § 303 Rn. 1, 6. Der einzelne Streitpunkt kann zwischen den Parteien oder zwischen einer von ihnen und einem Dritten bestehen, und er kann für den Hauptprozess entscheidungserheblich, muss es aber nicht sein.

15 Aus dem Wortlaut „Das Gleiche gilt" in I 2 ergibt sich, dass die Wochenfrist nur gilt, wenn der Schriftsatz für den Zwischenstreit neue Tatsachen oder neues Vorbringen iSv I 1 enthält, MüKoZPO/Fritsche Rn. 9; → Rn. 6 ff. (zu neuem Vorbringen). Warum ansonsten dem Gegner im Zwischenstreit eine Vorbereitungszeit gewährt werden soll, wenn es sich nicht um neues Vorbringen handelt, ist nicht ersichtlich. Bei Gegenerklärungen ist im Zwischenstreit nach II 2 keine Frist zu beachten.

16 **V. Gegenerklärung auf neues Vorbringen, II 1.** Auch die Stellungnahme auf ein neues gegnerisches Vorbringen kann eine gewisse Überlegungsfrist vor der mündlichen Verhandlung erforderlich machen. Dasselbe gilt für den Vortrag in der Klageschrift nach § 253 II Nr. 2. Dann liegt die Gegenerklärung in der Klagerwiderung nach §§ 275 I 1, III, 276 I 2. Die Gegenerklärung kann aber auch eine Erwiderung auf die Äußerung des Bekl. darstellen, beispielsweise auf seine Klagerwiderung. Sie stellt dann eine „Stellungnahme" nach §§ 275 IV, 276 III dar.

Der Schriftsatz auf das neue gegnerische Vorbringen muss nach II 1 so rechtzeitig eingereicht werden, dass der Gegner ihn mindestens drei Tage vor der mündlichen Verhandlung erhält. Hier gelten dieselben Gesichtspunkte, die für die Frist nach I maßgeblich sind, → Rn. 9 ff, Die Frist ermittelt sich ebenfalls nach § 222 iVm §§ 187 ff. BGB entsprechend, → Rn. 11. Maßgeblich ist ebenfalls der Zeitraum zwischen dem Zugang des Schriftsatzes und dem mündlichen Verhandlungstermin, wobei der Tag der mündlichen Verhandlung nicht mitgerechnet wird, → Rn. 11. Zum Zwischenstreit → Rn. 14 f., und zu den Folgen der Nichteinhaltung der Frist → Rn. 13. 17

VI. Rechtsbehelfe. Gegen einen Verstoß des Gerichts kann die Partei grundsätzlich nur nach dem darauf beruhenden Endurteil durch das insoweit statthafte Rechtsmittel vorgehen. Soweit man das Verhalten des Gerichts als eine Zurückweisung eines das Verfahren betreffenden Gesuchs beurteilen muss, kann aber die sofortige Beschwerde nach § 567 I Nr. 2 statthaft sein. Eine Rechtsbeschwerde kommt unter den Voraussetzungen des § 574 in Betracht. Soweit das Gericht durch seinen Verstoß das Gebot des rechtlichen Gehörs verletzt hat, kommt nach der Erschöpfung des Rechtsmittelzugs eine Verfassungsbeschwerde in Betracht. Beim Rpfl. gilt nach → § 104 Rn. 48 ff. der § 11 RPflG. 18

133 ***Abschriften.*** **I [1]Die Parteien sollen den Schriftsätzen, die sie bei dem Gericht einreichen, die für die Zustellung erforderliche Zahl von Abschriften der Schriftsätze und deren Anlagen beifügen. [2]Das gilt nicht für elektronisch übermittelte Dokumente sowie für Anlagen, die dem Gegner in Urschrift oder in Abschrift vorliegen.**

II Im Falle der Zustellung von Anwalt zu Anwalt (§ 195) haben die Parteien sofort nach der Zustellung eine für das Prozessgericht bestimmte Abschrift ihrer vorbereitenden Schriftsätze und der Anlagen bei dem Gericht einzureichen.

I. Systematik. Die Vorschrift ergänzt § 129. Sie gilt für jeden Schriftsatz unabhängig davon, ob das Gericht ihn angefordert hat, ob er eine Erwiderung auf einen gegnerischen Schriftsatz darstellt oder ob er ein Verfahren einleitet oder beendet. Zusätzlich kann das Gericht zB nach § 273 in einer vorbereitenden Anordnung auch die Zahl von Ablichtungen oder Abschriften der Schriftsätze und deren Anlagen bestimmen und über denjenigen Umfang Anordnungen treffen, in dem die Partei etwa Anlagenteile auch in einer Ablichtung oder Abschrift beifügen soll. Im Urkundenprozess enthalten §§ 593 II, 602, 605a vorrangige Sonderregeln. Beim förmlichen Urkundenbeweis reicht die Einreichung einer Kopie nach § 420 grundsätzlich nicht aus. Das gilt nach § 428 auch dann, wenn sich die Urkunde nach der Behauptung des Beweisführers in den Händen eines Dritten befindet. Das Gericht kann aber die Vorlage einer Kopie anordnen. 1

II. Regelungszweck. Die Vorschrift soll dem Gericht und dem Prozessgegner die Vorbereitung des Verhandlungstermins ermöglichen oder wenigstens erleichtern. Sie dient damit der Prozesswirtschaftlichkeit, der Verfahrensförderung, der Beschleunigung und letztlich auch der Kostenreduzierung. Soweit die Geschäftsstelle eine von der Partei nicht eingereichte notwendige Ablichtung oder Abschrift herstellt, kann eine Dokumentenpauschale entstehen, Toussaint/Toussaint GKG KV 9000 Rn. 4 ff. Die Geschäftsstelle kann die fehlenden Abschriften und Anlagen, die von Amts wegen zuzustellen sind (§ 166 II), auch nachfordern. Die Vorschrift wird mit der zunehmenden Umsetzung des elektronischen Rechtsverkehrs wegen I 2 an Bedeutung verlieren. 2

III. Geltungsbereich. § 133 betrifft sowohl den Anwaltsprozess als auch den Parteiprozess, Musielak/Voit/Stadler Rn. 1; → § 129 Rn. 1, und gilt im WEG-Verfahren. Nach I 2 gilt S. 1 nicht für elektronisch übermittelte Dokumente sowie für Anlagen, die dem Gegner vorliegen, → Rn. 11. In Ehe- und Familienstreitsachen greift § 113 I 2 ein. Im Übrigen gilt die Vorschrift in jeder Verfahrenslage und in jeder Instanz. Nach dem Schluss der letzten mündlichen Verhandlung nach §§ 136 IV, 296a hat allerdings eine Partei außerhalb einer ihr etwa nach § 283 gewährten Nachfrist grundsätzlich nicht mehr das Recht, einen Schriftsatz einzureichen. Allerdings muss das Gericht einen trotzdem eingereichten Schriftsatz durchprüfen, etwa unter dem Gesichtspunkt, ob die Wiedereröffnung der Verhandlung nach § 156 notwendig ist. Deshalb muss die Partei auch § 133 vorsorglich mitbeachten, wenn sie einen Schriftsatz nachreicht. 3

Die Vorschrift gilt für jede Partei. Soweit sie durch einen ProzBev. oder durch einen vertretungsberechtigten Bevollmächtigten nach § 79 oder durch ihren gesetzlichen Vertreter nach § 51 einreicht, müssen diese § 133 beachten. Die Vorschrift gilt auch für den gewöhnlichen und streitgenössischen Streithelfer nach §§ 66, 69 und für den Widerkläger oder den Widerbeklagten, Anh. § 253, für Streitgenossen nach § 59, ferner in einem Zwischenstreit zB nach § 280. 4

IV. Schriftsatz. § 133 gilt für jeden von der Partei oder ihrem Vertreter bei Gericht eingereichten oder einzureichenden Schriftsatz. Es kann sich um einen vorbereitenden Schriftsatz handeln, aber auch um einen bestimmenden Schriftsatz, so dass zB die Klageschrift nach § 253, die Klagerwiderung etwa nach § 275 I 1 oder § 277, eine Widerklage (s. Anh. § 253) erfasst werden, MüKoZPO/Fritsche Rn. 1; → § 129 Rn. 5 ff. (zu den Begriffen). Zum Einreichungsbegriff → § 132 Rn. 10. Auch **nachgereichte** Schriftsätze, dh solche nach der letzten mündlichen Verhandlung. müssen zu den Akten genommen werden und die Abschriften sind dem Gegner formlos (§ 270) mitzuteilen, MüKoZPO/Fritsche Rn. 10. Dies gilt schon im Hinblick auf die Möglichkeit nach § 156. Außerdem muss die Verspätung aktenkundig gemacht werden. 5

V. Beifügung von Abschriften und Anlagen, I 1. Grundsätzlich soll die Partei dem bei Gericht eingereichten Schriftsatz die für die Zustellung erforderliche Zahl von Ablichtungen oder Abschriften sowohl des Schriftsatzes selbst als auch seiner etwaigen Anlagen beifügen. Das gilt auch beim Telefax, VGH Kassel NJW 1991, 316. 6

1. Umfang der Schriftstücke. Vom eigentlichen Schriftsatz sind stets vollständige Abschriften/Kopien erforderlich. Dasselbe gilt aber auch von denjenigen Anlagen, die zum Original des Schriftsatzes gehören sollen. Selbst wenn die Partei etwa nach § 131 II nur Teile einer Urkunde beifügt, muss sie diese Teile abschriftlich auch der Abschrift/Kopie des Schriftsatzes beifügen. Dieser Grundsatz gilt nicht, soweit der Prozessgegner eine Urschrift oder Kopie des betreffenden Teils besitzt. 7

8 **2. Anzahl der Abschriften.** Den Parteien obliegt es, ihre Schriftsätze nebst Anlagen allen Beteiligten zugänglich zu machen. Während üblicherweise das Original mit der erforderlichen Anzahl von Anlagen bei den Gerichtsakten verbleibt, veranlasst das Gericht die Zustellung oder Zuleitung der Abschriften oder Kopien an den Gegner, MüKoZPO/Fritsche Rn. 1. Die Anzahl der einzureichenden Abschriften und Kopien sollte sich nach der Zahl der Gegner und ihrer Anwälte richten. Zwar muss die Zustellung nach § 172 nur an den ProzBev. erfolgen, so dass jeweils ein Exemplar für die beteiligten gegnerischen Anwälte genügt; üblich ist indessen eine solche Zahl von Kopien, dass jeder Prozessgegner und jeder, der ihn vertritt, ein Exemplar erhalten kann, also bei einem Gegner und einem RA zwei Abschriften und Kopien neben der Urschrift und den Originalanlagen bzw. Kopien von ihnen, Düss NJOZ 2004, 35; MüKoZPO/Fritsche Rn. 2; Zöller/Greger Rn. 2; aA wohl LG Hann JurBüro 2015, 34 = BeckRS 2015, 1954. Die Probleme stellen sich bei den elektronischen Dokumenten nach §§ 130a ff. nicht mehr.

9 **3. Ausreichen einfacher Abschriften.** § 133 fordert anders als § 270 keine Beglaubigung oder Beurkundung. Das gilt selbst dann, wenn das Original eine solche Form braucht. Auch ein Anwalt braucht die von ihm hergestellte Kopie nicht zu beglaubigen. Zweckmäßig vermerkt er bei einer eigenen Zustellung deren Tag auf der Kopie. Eine materiell-rechtliche Erklärung kann formbedürftig sein.

10 **4. Prozessvollmacht.** Eine Prozessvollmacht ist zwar nach § 80 im Original einreichen, auch eine sog. Generalvollmacht. Üblicherweise erfolgt dies aber nur auf gerichtliche Anforderung, die lediglich in Zweifelsfällen erfolgt. Etwas anderes kann gelten, wenn der Schriftsatz auch materiell-rechtliche Erklärungen enthält.

11 **VI. Ausnahmen beim elektronischen Dokument und bei Anlagen, I 2.** Für die elektronische Einreichung nach § 130a bestimmt I 2, dass Abschriften und Anlagen für die Zustellung an den Gegner nicht beigefügt werden müssen; diese Unterlagen sind auch nicht nachzureichen, Nürnb BeckRS 2021, 7571 = NJW 2021, 2123.. Dasselbe gilt für Anlagen, die dem Gegner in Urschrift oder Abschrift im maßgeblichen Umfang vorliegen. Soweit er sie bereits früher erhalten hatte, jetzt aber glaubhaft nicht mehr besitzt, greift I 2 nicht ein. Soweit der Prozessgegner nicht über einen zulässigen elektronischen Zugang verfügt, muss die Geschäftsstelle den Schriftsatz nebst Anlagen ausdrucken und dem Gegner in der erforderlichen Form übermitteln, MüKoZPO/Fritsche Rn. 6. Soweit keine Verpflichtung zur Einreichung der Abschriften besteht, entfällt insoweit die Verpflichtung zur Zahlung von Auslagen nach KV 9000 Nr. 1 GKG und zur Zahlung von Auslagen für den Medientransfer nach KV 9000 Nr. 2 GKG, Nürnb BeckRS 2021, 7571 Rn. 14 = NJW 2021, 2123; MüKoZPO/Fritsche Rn. 6.

12 **VII. Zustellung von Anwalt zu Anwalt, II.** Während I die Einreichung des Schriftsatzes bei Gericht und die Zustellung an den Prozessgegner von Amts wegen meint, enthält II eine vorrangige Sonderregel für eine zulässige Zustellung von Anwalt zu Anwalt nach § 195. In diesem Fall müssen sofort nach der Zustellung Abschriften des Schriftsatzes und der Anlagen bei Gericht eingereicht werden. Die Voraussetzungen einer Zustellung von Anwalt zu Anwalt nach § 195 müssen erfüllt sein. Nicht erforderlich ist, dass dem gegnerischen Anwalt der Originalschriftsatz zugestellt wird; es kann sich auch um einfache Abschriften handeln, MüKoZPO/Fritsche Rn. 7. Wenn das Original bei Gericht eingereicht wird, sollte allerdings ein Hinweis auf § 195 erfolgen, um zu vermeiden, dass nochmals zugestellt wird.

13 Bei einer Zustellung von Anwalt zu Anwalt nach II handelt es sich ebenfalls um einen zur Kenntnis des Gerichts bestimmten Schriftsatz, auch wenn die Partei ihn nicht direkt dort im Original einreicht. Bei einem Schriftsatz, den sie zwar aus Anlass des Prozesses verfasst und absendet, aber nur Kenntnis des Prozessgegners oder eines Dritten bestimmt hat, ist § 133 unanwendbar. Natürlich steht es der Partei frei, dem Gericht nachträglich eine Kenntnis auch von ihm zu geben.

14 Erst mit der **Einreichung** der Abschrift oder des Originals des von Anwalt zu Anwalt zugestellten Schriftsatzes nebst der Anlagen bei Gericht werden die daraus folgenden Rechtswirkungen ausgelöst. Die Unterlagen werden zu den Gerichtsakten genommen. Maßgeblich ist auch dann der Eingang auf der Posteingangsstelle, nicht erst derjenige auf der Geschäftsstelle des erkennenden Gerichts. Bei einem elektronischen Dokument genügt nach § 130a III zur Einreichung die Aufzeichnung durch die für den Empfang bestimmte Stelle des Gericht, → § 130a Rn. 15. Wird dem Gericht nicht der Originalschriftsatz, sondern eine Abschrift eingereicht, – was beides möglich ist, → Rn. 12 – muss dieser beglaubigt werden, wenn es sich um einen bestimmenden Schriftsatz handelt, MüKoZPO/Fritsche Rn. 7. Die Beglaubigung ersetzt die Urschrift, wenn der Beglaubigungsvermerk von demjenigen, der den Schriftsatz zu verantworten hat, handschriftlich vollzogen wird, BGH NJW 2012, 1738 Rn. 9 (Berufungs- oder Berufungsbegründungsschrift); → § 129 Rn. 11.

15 Die Einreichung muss **sofort** nach der Zustellung von Anwalt zu Anwalt erfolgen. Andernfalls wäre das erkennende Gericht über den Prozessstand schlechter informiert als die Parteien. Das würde niemandem nützen. Der übermittelnde Anwalt ist nicht gehindert, dem Gericht schon vor der Zustellung an den anderen Anwalt die Unterlagen zu übersenden. Denn mit der Zustellung von Anwalt zu Anwalt soll dem Anwalt kein Wissensvorsprung verschafft werden, vielmehr dient dies nur der Beschleunigung, MüKoZPO/Fritsche Rn. 7.

16 **VIII. Verstoß der Partei, I, II.** Soweit die Partei gegen die Sollvorschrift I oder gegen die Mussvorschrift II verstößt, muss zunächst die Geschäftsstelle das Fehlende unter einer angemessenen Fristsetzung nachfordern oder nach ihrem pflichtgemäßen Ermessen auch sogleich Kopien der fehlenden Abschriften veranlassen, um die Zustellung der Klageschrift sogleich durchzuführen, Düss BauR 2014, 302. Das gilt insbesondere bei einem bereits anberaumten nahen Termin. Die Anfertigung der Kopien erfolgt nach KV 9000 GKG auf Kosten des nach § 133 Verpflichteten, AG Bersenbrück JurBüro 2011, 604 BeckRS 2011, 26496.

17 Ein Verstoß der Partei zieht grundsätzlich keinen sachlichen Nachteil nach sich. Allerdings kann er bei der Frage der „demnächstigen" Zustellung iSd § 167 von Bedeutung sein, Düss BauR 2014, 302. Das Gericht muss möglicherweise auch den Verhandlungstermin notfalls nach § 227 von Amts wegen vertagen, um sich genügend vorbereiten zu können. Es kann auch erforderlich sein, den Prozessgegner nach Art. 103 I GG anzuhören, soweit das Gericht überhaupt noch einen Vortrag des Einreichers berücksichtigen muss, → Vor § 128 Rn. 42 ff. Das Gericht kann nach § 95 eine Verzögerungsgebühr nach § 38 GKG verhängen. Er kann auch dem Säumigen Kosten nach § 95 auferlegen.

134 *Einsicht von Urkunden.* [I] **Die Partei ist, wenn sie rechtzeitig aufgefordert wird, verpflichtet, die in ihren Händen befindlichen Urkunden, auf die sie in einem vorbereitenden Schriftsatz Bezug genommen hat, vor der mündlichen Verhandlung auf der Geschäftsstelle niederzulegen und den Gegner von der Niederlegung zu benachrichtigen.**

[II] [1]**Der Gegner hat zur Einsicht der Urkunden eine Frist von drei Tagen.** [2]**Die Frist kann auf Antrag von dem Vorsitzenden verlängert oder abgekürzt werden.**

I. Systematik. Die Vorschrift stellt eine Ergänzung zu §§ 131, 133 dar. Eine weitere Ergänzung enthält § 135, nach dem die Vorlage der Urkunde unter Rechtsanwälten von Hand zu Hand erfolgen kann. Die Abgrenzung beruht auf den unterschiedlichen Regelungszwecken der Vorschriften, vgl. ihre jeweiligen → Rn. 2. Im Urkundenprozess ist § 134 trotz § 593 II anwendbar. Beim förmlichen Urkundenbeweis gelten die vorrangigen Sonderregeln der §§ 420 ff. Wegen der Handelsbücher enthalten §§ 258 ff. HGB vorrangige Sonderregeln. 1

II. Regelungszweck. Der Zweck des § 134 besteht darin, dem Prozessgegner die Einsicht der Urkunde im Original zu ermöglichen. Diese Einsicht kann bedeutsam sein, wenn sich die Partei über die Echtheit der Urkunde nach §§ 437 ff. klar werden und notfalls unverzüglich dazu eine Erklärung abgeben muss. § 131 würde zu dieser Frage oft nicht weiterhelfen. Denn danach reicht die Beifügung einer unbeglaubigten Ablichtung oder Abschrift aus. § 133 wäre aus demselben Grund nicht ausreichend. Dem Regelungszweck nach enthält § 134 ähnliche Gedanken wie §§ 420 ff. Letztere gelten aber nur beim förmlichen Urkundenbeweis, nicht für den Tatsachenvortrag und die Prozesshandlungen, die in den eingereichten Schriftsätzen erfolgen. Auch dem Gericht dient § 134. Denn auch das Gericht soll unverzüglich imstande sein, sich über die Brauchbarkeit und Echtheit einer Urkunde nicht nur nach einer Kopie Gewissheit zu verschaffen, sondern durch eine Einsicht in das Original. Insofern dient die Vorschrift ebenfalls der Prozessförderung und Beschleunigung. Erst die Einsicht in das Original ergibt oft den entscheidungserheblichen Eindruck, nicht nur für den Sachverständigen. Häufig wird in der Praxis nicht der Weg des § 134 beschritten; vielmehr wird das Original mit rechtzeitiger Ankündigung erst in der mündlichen Verhandlung vorgelegt. Das beruht ua darauf, dass die Partei nicht gerne das Original aus der Hand gibt, MüKoZPO/Fritsche Rn. 2. 2

III. Geltungsbereich. Die Vorschrift gilt in jeder Verfahrensart, in jedem Verfahrensstadium und in jeder Instanz. Sie gilt im Anwalts- und im Parteiprozess, auch im WEG-Verfahren und im Bereich des § 113 I 2 FamFG. 3

Die Vorschrift gilt für alle Parteien. Bei der Vertretung durch einen ProzBev. oder durch einen Bevollmächtigten nach § 79 oder durch einen gesetzlichen Vertreter nach § 51 gilt sie auch für diese Personen. Sie gilt auch für den Widerkläger oder Widerbeklagten, Anh. § 253, sowie für den Streitgenossen nach § 59, den gewöhnlichen und streitgenössischen Streithelfer nach §§ 66, 69 und für den an einem Zwischenstreit zB nach § 280 Beteiligten. 4

IV. Voraussetzungen. 1. Rechtzeitigkeit der Aufforderung, I. Erste Voraussetzung einer Niederlegungspflicht ist, dass die Partei „rechtzeitig aufgefordert wird". Die Aufforderung kann durch den Prozessgegner oder durch das Gericht erfolgen. Das Gericht wird auch nach §§ 142, 273 von Amts wegen tätig, und zwar formlos. Die Aufforderung der Partei kann auch stillschweigend erfolgen, sofern nur eindeutig der Willen erkennen ist, in das Original einen Einblick nehmen zu können. 5

Rechtzeitig bedeutet: So früh, dass die Partei der Aufforderung bei einer unverzüglichen Bemühung nachkommen kann, also ohne schuldhaftes Zögern noch vor dem Schluss der nächsten mündlichen Verhandlung zur Sache, im schriftlichen Verfahren vor dem diesem Schluss nach §§ 128 II, 495a S. 1 gleichstehenden Zeitpunkt. Es richtet sich nach den Umständen, welcher Zeitraum dazu erforderlich ist. Er kann Wochen betragen, sich aber auch auf wenige Minuten beschränken, wenn zB die Herbeischaffung durch einen Mitarbeiter des Anwaltsbüros aus den dort lagernden Handakten noch im Lauf desselben Termins möglich ist. Im Rahmen des § 134 besteht kein Anwaltszwang nach → § 78 Rn. 1, also auch nicht für die Aufforderung. 6

2. Urkunde in Parteihänden, I. Eine weitere Voraussetzung der Niederlegungspflicht ist, dass sich die Urkunde derzeit schon und noch in den Händen derjenigen Partei befindet, die auf sie im vorbereitenden Schriftsatz Bezug genommen hat. → § 131 Rn. 8 f. Eine gerichtliche Anordnung nach §§ 142, 273 reicht hier nicht. 7

V. Niederlegung auf Geschäftsstelle, I. Unter den Voraussetzungen → Rn. 5–7 besteht eine solche Verpflichtung. Es handelt sich nicht nur um eine Sollvorschrift. Man muss diese Verpflichtung bereits vor der mündlichen Verhandlung erfüllen, soweit das noch möglich ist. Erfolgt die Aufforderung zu spät, kann § 134 zur entsprechenden Anwendung während der Verhandlung führen. Die Niederlegung erfolgt grundsätzlich auf der Geschäftsstelle des Prozessgerichts. Deshalb besteht wie bei § 78 III Hs. 2 kein Anwaltszwang, Brdb NJW-RR 1995, 1471. Eine Versendung an ein auswärtiges Gericht ist nicht vorgesehen und kann nur mit Zustimmung des Einreichenden erfolgen, Karlsr NJW-RR 2013, 312; MüKoZPO/Fritsche Rn. 3. 8

Zusätzlich zu der Pflicht zur Niederlegung entsteht die weitere Pflicht, den Prozessgegner von der Niederlegung zu **benachrichtigen.** Die bloße Niederlegung reicht also selbst dann nicht aus, wenn sie rechtzeitig erfolgt ist. Der Sinn besteht darin, dem Prozessgegner die möglichst baldige Einsicht in das Original zu ermöglichen. Er soll nicht ständig beim Gericht rückfragen müssen, ob die Urkunde dort vorliegt. Die Benachrichtigung muss ebenfalls rechtzeitig und unverzüglich nach der Niederlegung erfolgen. Sie kann formlos geschehen. Sie muss aber unmissverständlich sein. Gegenüber dem anwaltlich vertretenen Prozessgegner erfolgt die Benachrichtigung an ihn, 9

VI. Einsichtsfrist, II. Der Prozessgegner hat zur Einsicht des Originals auf der Geschäftsstelle des Prozessgerichts eine Frist von grundsätzlich drei Tagen. Der Vorsitzende kann nach II 2 auf einen Antrag die Frist verlängern oder abkürzen. Anders als bei § 224 II ist eine Friständerung nicht nur aus erheblichen Gründen statthaft. Allerdings muss der Vorsitzende im Rahmen seines pflichtgemäßen Ermessens abwägen, ob der Antrag ausreichend begründet ist. Er muss dabei einerseits den Grundsatz der Prozessförderung beachten, andererseits das Gebot eines ausreichenden rechtlichen Gehörs, → Vor § 128 Rn. 42 ff. Die Frist ist nach § 222 zu berechnen. Das Verfahren bei einer Friständerung richtet sich nach § 225. Daher ist eine Abkürzung oder wiederholte Verlängerung nach § 224 nur nach einer Anhörung des Gegners statthaft. 10

11 **VII. Verbleib der niedergelegten Urkunde, I, II.** Durch die Niederlegung entsteht ein öffentlich-rechtliches Verwahrungsverhältnis zwischen dem Staat und der Partei, Hambg BeckRS 2011, 17275. Soweit der Richter oder der Urkundsbeamter eine ordnungsgemäß niedergelegte Urkunde vorwerfbar unsachgemäß behandelt, beschädigt, vernichtet oder abhanden kommen lässt, kann eine Staatshaftung nach Art. 34 GG, § 839 BGB in Betracht kommen. Die Urkunde wird abgesehen von der Prozessvollmacht im Parteiprozess nach § 80 I nicht zum Bestandteil der Gerichtsakten, so dass sich darauf nicht das Akteneinsichtsrecht nach § 299 nicht bezieht, Karlsr NJW-RR 2013, 312; Hmbg BeckRS 2011, 17275; MüKoZPO/Fritsche Rn. 3. Sie wird zwar grundsätzlich dort eingeheftet oder im hinteren Aktendeckel verwahrt. Der Urkundsbeamte muss sie aber bei einer korrekten Behandlung beim Prozessende von Amts wegen dem Einreicher zurückgeben, zweckmäßig durch ein Einschreiben gegen Rückschein nach § 175, durch ein Empfangsbekenntnis nach § 174 oder durch eine Zustellungsurkunde nach § 182. Die Partei kann die Urkunde auch jederzeit zurückfordern. Sie muss allerdings die Einsichtsfrist des Gegners beachten. Bei einer „verdächtigen" Urkunde gilt § 443. Der Vorsitzende entscheidet über den Umfang und Zeitpunkt der Rückgabe.

12 **VIII. Folgen einer verzögerten oder unterlassenen Niederlegung oder Einsicht bzw. Aufforderung dazu.** Die Bezugnahme der Partei auf die Urkunde und damit der betreffende Vortrag der Partei können bei Verweigerung der Niederlegung unbeachtlich sein. Bei einer Verzögerung können §§ 282 II, 296 II in Betracht kommen, Zöller/Greger Rn. 4. Soweit der Gegner der niederlegenden Partei eine ihm mögliche und ihm zumutbare Einsicht unterlässt, verliert er uU nach § 296 II das Recht, aus der Unkenntnis der Urkunde etwas herzuleiten, so zB Einwendungen gegen die Echtheit der Urkunde geltend zu machen, MüKoZPO/Fritsche Rn. 7; Zöller/Greger Rn. 5 Dasselbe gilt für das Fehlen einer Aufforderung zur Niederlegung, Musielak/Voit/Stadler Rn. 4. Im Übrigen wirkt ein Verstoß gegen I wie ein solcher gegen § 129, → § 129 Rn. 19 ff.

13 **IX. Rechtsbehelfe.** Die Partei kann grundsätzlich erst die auf einem Verfahrensfehler des Gerichts beruhende Endentscheidung anfechten. Die Anfechtung eines Beschlusses nach § 329, durch den das Gericht ein Gesuch um eine Fristverlängerung nach II 2 zurückgewiesen hat, ist nach § 225 III unzulässig. Im Übrigen kann § 567 I Nr. 2 bei einer Zurückweisung eines Antrags anwendbar sein. Eine Rechtsbeschwerde kommt unter den Voraussetzungen des § 574 in Betracht. Beim Rpfl. gilt nach → § 104 Rn. 48 ff. der § 11 RPflG.

135 *Mitteilung von Urkunden unter Rechtsanwälten.* **I Den Rechtsanwälten steht es frei, die Mitteilung von Urkunden von Hand zu Hand gegen Empfangsbescheinigung zu bewirken.**

II Gibt ein Rechtsanwalt die ihm eingehändigte Urkunde nicht binnen der bestimmten Frist zurück, so ist er auf Antrag nach mündlicher Verhandlung zur unverzüglichen Rückgabe zu verurteilen.

III Gegen das Zwischenurteil findet sofortige Beschwerde statt.

1 **I. Systematik.** I bezieht sich anders als § 133 II weder auf den von Anwalt zu Anwalt nach § 195 zuzustellenden Schriftsatz noch auf dessen Ablichtungen oder Abschriften oder auf die Kopien seiner Anlagen, sondern auf die im Schriftsatz in Bezug genommenen Originalurkunden, die dem Schriftsatz als Anlage in Ablichtung beigefügt sind oder die der Absender nur erwähnt. Die Vorschrift, die von § 195 ergänzt wird, gilt unabhängig von einem Einsichtsverlangen nach § 134, dh auch dann, wenn die Partei dem Gegner das Original unabhängig von einer solchen Aufforderung zukommen lassen will. II, III enthalten Verfahrensregeln für den Fall, dass der Empfänger die Urkunde nicht ordnungsgemäß zurückgibt. Ergänzend ist § 195 bei I, § 280 bei II anwendbar. Die §§ 592 ff. (Urkundenprozess) enthalten zu II, III keine Sonderregeln.

2 **II. Regelungszweck.** Die Vorschrift knüpft an § 134 an und wie bei → § 134 Rn. 2 besteht auch bei § 135 der Zweck insgesamt darin, das Verfahren zur Hauptsache zwecks Prozesswirtschaftlichkeit zu erleichtern und zu beschleunigen. Neben der Einsichtnahme auf der Geschäftsstelle können die Anwälte danach auch unter sich klären, ob sie die Urkunde für echt halten. Die materiell-rechtliche Haftung des jeweiligen Gewahrsamsinhabers der Urkunde gegenüber dem Gericht oder den anderen Prozessbeteiligten bleibt unberührt. § 135 enthält eine rein prozessuale Vorschrift. II dient auch der Rechtssicherheit. Durch die Möglichkeiten nach II, III soll das Vertrauen des bisherigen Urkundenbesitzers auf den Rückerhalt gestärkt werden, indem mit dem Rückgabe-Zwischenurteil nach § 303 ein Vollstreckungstitel nach §§ 704 ff. geschaffen werden kann.

3 **III. Geltungsbereich.** Die Vorschrift setzt voraus, dass beide Parteien anwaltlich vertreten sind. Sie gilt unter dieser Bedingung aber auch im Parteiprozess, MüKoZPO/Fritsche Rn. 1 Sie gilt in jeder Verfahrenslage und in allen Instanzen, auch im WEG-Verfahren und im Bereich des § 113 I 2 FamFG. Beim förmlichen Urkundenbeweis kann sich aus §§ 420 ff. eine vorrangig geregelte abweichende Art der Vorlage oder Übermittlung von Urkunden ergeben.

4 Die Vorschrift bezieht sich auf die „Rechtsanwälte" der Parteien, dh auf den oder die jeweiligen ProzBev, insbesondere auch nach deren Ausscheiden aus dem Amt nach §§ 86, 87 und auch bei einem Mangel der Prozessvollmacht nach §§ 88, 89. Soweit ein Anwalt als gesetzlicher Vertreter der Partei nach § 51 auftritt, kann § 135 genau wie § 195 ebenfalls anwendbar sein. § 135 gilt auch für denjenigen Anwalt, der sich als Partei selbst nach § 172 zum ProzBev. bestellt. Dem Anwalt steht ein Kammerrechtsbeistand nach §§ 1 II 1, 3 I Nr. 1 RDGEG gleich.

5 **IV. Voraussetzungen, I. 1. Wahlrecht des Anwalts.** Die Vorschrift stellt klar, dass der Anwalt das in I genannte Verfahren wählen darf, aber nicht einhalten muss. Er kann die Übermittlung auch dadurch bewirken, dass er die Urkunde dem Gericht einreicht und von dort die Zustellung nach §§ 166 ff. von Amts wegen vornehmen lässt. Dieses Verfahren kann im Interesse des Auftraggebers ratsam und ausnahmsweise sogar notwendig sein. Das gilt etwa dann, wenn er in früheren Prozessen mit dem gegnerischen Anwalt wegen einer Urkundenrückgabe schlechte Erfahrungen gemacht hatte oder wenn der ProzBev. schon häufiger auf die Rückgabe des Empfangsbekenntnisses nach § 195 oder auf dessen ordnungsgemäße Unterzeichnung durch den gegnerischen Kollegen nach § 195 hatte warten müssen. Die Art der Wahl muss dem Gericht gegenüber nicht begründet werden. Allerdings muss der gegnerische Anwalt aus praktischen Gründen mit dem Vorgehen einverstanden sein, weil er die Entgegennahme verweigern kann, MüKoZPO/Fritsche Rn. 2.

6 **2. Mitteilung von Hand zu Hand.** Der Anwalt darf also die Mitteilung einer Urkunde von Hand zu Hand gegen eine Empfangsbescheinigung bewirken. Gemeint ist das in § 195 im einzelnen geregelte Verfahren. Die

Art der Übermittlung von Hand zu Hand steht dem Übermittler frei. Sie kann zB durch eine direkte Aushändigung erfolgen, aber auch durch eine Übersendung mit der Post auf den verschiedenen zulässigen Postwegen, MüKoZPO/Fritsche Rn. 2.

3. Empfangsbescheinigung. Die Vorschrift stellt klar, dass das ohnehin nach § 195 II notwendige anwaltliche Empfangsbekenntnis bei einer Übermittlung von Hand zu Hand stets erforderlich ist. Einzelheiten bei § 195. 7

V. Zwischenstreit, II. Gibt ein Anwalt die ihm ausgehändigte Urkunde nicht fristgemäß zurück, muss das Gericht ihn auf einen Antrag nach einer mündlichen Verhandlung zur unverzüglichen Rückgabe verurteilen. 8

1. Rückgabefrist. Der empfangene Rechtsanwalt muss seine Pflicht zur rechtzeitigen Rückgabe verletzt haben. Er ist zur Rückgabe nach Ablauf der in 134 II genannten und evtl. vom übergebenden Anwalt verlängerten oder abgekürzten Frist von sich aus unverzüglich verpflichtet. Im Zweifel hat der übergebene Anwalt eine solche Frist „bestimmt", die zu einer gründlichen und unverzüglichen Prüfung der Echtheit ausreichte und angemessen war. Eine zu kurz bemessene verlängert sich automatisch in eine an gemessene, MüKoZPO/Fritsche Rn. 3 9

Die Art der Rückgabe mag wiederum durch eine Übermittlung von Hand zu Hand nach § 195 sollen, über das Gericht oder formlos, etwa auf dem Postweg, erfolgen. Maßgeblich ist, ob der ursprünglich aushändigende Anwalt die Urkunde vom gegnerischen Kollegen tatsächlich zurückerhalten hat. Der Einwurf in das Anwaltsfach im Gerichtsgebäude reicht. 10

2. Antragserfordernis. Der in II geregelte Zwischenstreit erfolgt nicht von Amts wegen, sondern nur „auf Antrag", und zwar des ursprünglich aushändigenden Anwalts oder seines Auftraggebers gegen die Partei des gegnerischen Anwalts; diese sind die Beteiligten des Zwischenstreits, MüKoZPO/Fritsche Rn. 4. Der Antrag braucht keine Form. Es besteht bei § 135 kein Anwaltszwang nach § 78. Daher kann zB die nun nicht mehr anwaltlich vertretene Partei den Antrag auf eine Rückgabe an sich selbst auch persönlich stellen. Sie muss dazu nicht einen anderen Anwalt beauftragen. 11

3. Notwendigkeit mündlicher Verhandlung. Erforderlich ist grundsätzlich eine mündliche Verhandlung vor dem Prozessgericht im Zwischenstreit über die Rückgabepflicht. Da der Streit nicht zwischen den Parteien erfolgt, → Rn. 11, ist eine Säumnisentscheidung nicht möglich, MüKoZPO/Fritsche Rn. 4. Das Gericht kann anordnen, dass der Zwischenstreit eine gesonderte Verhandlung erhält. Es kann über ihn aber zusammen mit der Hauptsache verhandeln lassen. Das Gericht sollte das zur Vermeidung einer Verzögerung möglichst tun. Eine mündliche Verhandlung ist allerdings dann nicht erforderlich, wenn das Gericht ein schriftliches Verfahren nach § 128 II zur Hauptsache durchführt. 12

4. Verurteilung zur Rückgabe. Soweit das Gericht die Rückgabepflicht bejaht, muss es den Bekl. des Zwischenstreits zur Rückgabe verurteilen. Andernfalls erfolgt eine Abweisung des Antrags des Zwischenklägers. Das Wort „unverzüglich" in II hat allerdings nicht nur die Bedeutung eines Handelns ohne schuldhaftes Zögern wie bei § 121 I 1 BGB. Vielmehr ist eine sofortige Rückgabe gemeint, so dass der Begriff im Tenor nicht aufgeführt werden sollte, MüKoZPO/Fritsche Rn. 5; Prütting/Gehrlein/Prütting Rn. 4. Auch bei einer Säumnis des einen oder anderen Beteiligten des Zwischenstreits muss ein Urteil ergehen, weil ein Dritter, der empfangene Rechtsanwalt, beteiligt ist, → Rn. 11, 12. Das Urteil ist ein Zwischenurteil nach § 303, das nach §§ 794 Nr. 3, 883 sofort vollstreckbar ist, → Rn. 15. Es ergeht also nicht nur ein Beschluss nach § 329. Hat das Gericht seine Entscheidung trotzdem als einen Beschluss bezeichnet oder gemeint, muss man sie in ein Zwischenurteil umdeuten. Das gilt zumindest wegen des Rechtsbehelfs, III. 13

5. Kosten. Die Kosten trägt je nach dem Ausgang des Zwischenstreits entweder der beklagte Anwalt persönlich, also nicht sein Auftraggeber, oder der Auftraggeber des Klägers des Zwischenstreits. **Gebühren:** des Gerichts: Für das Zwischenurteil keine, weil der Zwischenstreit nicht im KV aufgeführt ist, § 1 I 1 GKG. Wegen des Rechtsmittels → Rn. 16. Gebühren des Anwalts: Gehört erstinstanzlich nach § 19 I 2 Nr. 3 RVG zum Rechtszug. Wegen des Rechtsmittelzugs → Rn. 16. 14

6. Vollstreckung. Da die sofortige Beschwerde keine aufschiebende Wirkung hat, § 570 I, ist eine sofortige Zwangsvollstreckung nach §§ 794 I Nr. 3, 883 statthaft, Zöller/Greger Rn. 2; → Rn. 16. 15

VI. Sofortige Beschwerde, III. Gegen das Zwischenurteil nach II ist nach III die sofortige Beschwerde nach § 567 I Nr. 1 statthaft. Sie hat nach § 570 I keine aufschiebende Wirkung. Eine Rechtsbeschwerde kommt unter den Voraussetzungen des § 574 in Betracht. Für das Beschwerdeverfahren entstehen bei einer Verwerfung oder Zurückweisung der sofortigen Beschwerde Kosten nach KV 1812 GKG (Gericht) und VV 3500, 3513 RVG (Anwalt). 16

136 *Prozessleitung durch Vorsitzenden.* ^I **Der Vorsitzende eröffnet und leitet die Verhandlung.**

^II ^1Er erteilt das Wort und kann es demjenigen, der seinen Anordnungen nicht Folge leistet, entziehen. ^2Er hat jedem Mitglied des Gerichts auf Verlangen zu gestatten, Fragen zu stellen.

^III Er hat Sorge zu tragen, dass die Sache erschöpfend erörtert und die Verhandlung ohne Unterbrechung zu Ende geführt wird; erforderlichenfalls hat er die Sitzung zur Fortsetzung der Verhandlung sofort zu bestimmen.

^IV Er schließt die Verhandlung, wenn nach Ansicht des Gerichts die Sache vollständig erörtert ist, und verkündet die Urteile und Beschlüsse des Gerichts.

Übersicht

1 **I. Systematik.** Die Vorschrift betrifft die Prozessleitung des Vorsitzenden in der Verhandlung. Sie ist Teil eines Geflechts von Regeln, die sich an verschiedenen Stellen der ZPO, so auch in § 139, 278 II, § 396, und des GVG, so in §§ 176 ff. GVG, befinden. Dabei muss grundsätzlich zwischen der formellen Prozessleitung und der materiellen Prozessleitung unterschieden werden. § 136 betrifft die formelle und auch die materielle Prozessleitung durch den Vorsitzenden während der Verhandlung, MüKoZPO/Fritsche Rn. 1; näher → Rn. 11 f. I, II und III stellen die umfassende Befugnis des Vorsitzenden zur Leitung der gesamten Verhandlung klar. III nennt den Grund dieser Befugnis, nämlich die Pflicht zur erschöpfenden Erörterung des Tatsachenstoffs. I 2 und IV verdeutlichen ein gewisses Spannungsverhältnis zwischen dem Kollegium und dem Vorsitzenden, aber auch seinen Vorrang bei der Verhandlungsleitung.

2 **II. Regelungszweck.** Die gesamte Verhandlung muss in der Hand nur eines der Mitglieder des Kollegiums liegen, eben des Vorsitzenden. Andernfalls bestünde die Gefahr endloser Diskussionen und eines erheblichen Autoritätsverlusts des Gerichts. Während der Vorsitzende bei der Beratung und Abstimmung nach §§ 192 ff. GVG lediglich eine gleichberechtigte Stimme hat, wäre es fast undurchführbar, jede einzelne Frage des Fortgangs der Verhandlung durch eine Abstimmung (Beratung) klären zu müssen. Die Vorschrift dient also der Straffung der Verhandlung, der Konzentration auf das Wesentliche und der Eindämmung von Störungen. Sie enthält in II 2 durch das Fragerecht eine ausreichende Möglichkeit der Kontrolle durch jeden Beisitzer, → Rn. 21. Zwar ist das Gericht für die Parteien da, nicht umgekehrt. Es kann seine Aufgabe aber nur auf der Basis einer klaren Leitungsbefugnis erfüllen. Daher muss auch der Anwalt der Partei trotz seiner Stellung als unabhängiges Organ der Rechtspflege nach § 1 BRAO in den Grenzen der §§ 176 ff. GVG die Anordnungen des Vorsitzenden befolgen. Das gilt erst recht für alle übrigen Prozessbeteiligten und sonstige Anwesenden bis hin zum Gerichtspräsidenten oder Justizminister. Eine souveräne Verhandlungsleitung erfordert grundsätzlich die vollständige Kenntnis des Gesamtvortrags bis zum Urteil und die Absprache der tatsächlichen und rechtlichen Wertung unter den Richtern bei einem Kollegialgericht, dh also auch eine Beratung vor der Verhandlung, → Rn. 24 (III). Das geltende Recht, insbesondere auch der neu eingefügte § 139 I 3 zur Frage der Strukturierung, → § 139 Rn. 42 ff., gibt hinreichend Möglichkeiten, Unwesentliches kurz und knapp zu behandeln, und zwar von Prozessanfang an.

3 Ausnahmsweise kann die Parteiherrschaft den kurzfristigen Vorrang vor § 136 haben, so zB, wenn man im letzten Moment der Verhandlung eine Berufung nach § 516 zurücknimmt, Hartmann NJW 2001, 2577 (2591). Dann muss man auch ohne eine förmliche Wortbitte und -erteilung sprechen dürfen. Kein vernünftiger Vorsitzender wird dergleichen als Ungebühr ahnden. Man darf ja eine Frist bis zur letzten Sekunde ausnutzen, vgl.BVerfG NJW 2001, 3473.

4 **III. Geltungsbereich.** Die Vorschrift gilt während der Verhandlung, nicht außerhalb einer solchen. Sie gilt auch im WEG-Verfahren und im Bereich des § 113 I 2 FamFG (§ 28 FamFG entspricht nur § 139 ZPO). Im arbeitsgerichtlichen Verfahren gilt nach §§ 53 II, 80 II ArbGG mit Abweichungen in § 53 I 1 ArbGG grundsätzlich dasselbe. Die Vorschrift wird ergänzt zB durch die Pflicht des Vorsitzenden, nach §§ 186, 191a GVG auf einen Behinderten Rücksicht zu nehmen.

5 **IV. Vorsitzender.** Der Begriff ist funktionell zu verstehen; er erfasst nicht nur den eigentlichen Vorsitzenden des Spruchkörpers (§ 21f I GVG) und seinen vom Präsidium bestimmten Stellvertreter (§ 21f II GVG), sondern auch den Vorsitzenden der KfH, wenn er allein entscheidet (§ 349 II, III), den Einzelrichter nach §§ 348, 348a, den beauftragten oder ersuchten Richter nach §§ 361 ff., 372 II, 375 und den Richter beim Amtsgericht nach §§ 495 ff. oder beim Familiengericht nach §§ 1 ff. FamFG, MüKoZPO/Fritsche Rn. 1. Im Sprachgebrauch werden diese Richter in der Verhandlung als Vorsitzender bezeichnet. Soweit der Vorsitzende verhandlungsunfähig wird, geht seine Aufgabe auf den Stellvertreter über. Dabei kann das Kollegium zunächst beschlussunfähig werden. Der einspringende Beisitzer ist dann nur zu den unaufschiebbaren Maßnahmen ähnlich § 47 I zwecks einer Beendigung dieses Termins befugt und verpflichtet. Soweit im Kollegialgericht der Vorsitzende in der Verhandlung einen der übrigen Richter oder einen Referendar mit einem Teil seiner Aufgaben betraut, etwa mit der Einführung in den Sach- und Streitstand oder mit der Vernehmung von Zeugen nach §§ 394 ff., übernimmt dieser Beisitzer oder der Referendar die Funktion des Vorsitzenden, aber nur bis zu demjenigen Zeitpunkt, in dem der eigentliche Vorsitzende diese Funktion wieder an sich zieht. Die Übertragung der gesamten Prozessleitung ist nur bei dauernder Verhinderung möglich und hierzu bedarf es grundsätzlich Regelungen im Geschäftsverteilungsplan (§ 21e GVG), MüKoZPO/Fritsche Rn. 6. Der Vorsitzende darf eine teilweise Aufgabenübertragung auch keineswegs systematisch und ohne einen sachlichen Grund vornehmen. Verstößt der Vorsitzende dagegen, bleibt allerdings eine formell ordnungsgemäße Übertragung wirksam. Seine Haftung etwa bei einem ungenügenden rechtlichen Gehör durch den Vertreter bleibt bestehen, auch dienstrechtlich.

6 Obwohl das Gesetz unter dem Ausdruck Gericht grundsätzlich den für die Verhandlung zuständigen gesamten Spruchkörper versteht, also das Kollegium, und in verschiedenen Regelungen den Vorsitzenden nennt, ist der Sprachgebrauch des Gesetzes keineswegs einheitlich. Man muss im Einzelfall prüfen, ob das Gesetz im Verfahren vor dem Kollegialgericht unter dem Ausdruck Gericht das Kollegium oder doch nur seinen Vorsitzenden meint. Beispielsweise obliegt dem Vorsitzenden die Aufrechterhaltung der Ordnung in der Sitzung nach § 176 I GVG; allerdings kann er Maßnahmen nur gegenüber Personen treffen, die bei der Verhandlung nicht beteiligt sind, wie zB Zuschauer, während im Übrigen das Gericht zuständig ist (§ 177 S. 2 GVG). Soweit das Kollegium gemeint, ist der Vorsitzende nicht ausgeschlossen, sondern ein gleichberechtigtes Mitglied. Nicht zum Gericht zählen der etwa noch nach § 159 I 2 gesondert vorhandene Protokollführer.

V. Eröffnung und Leitung der Verhandlung, I. 1. Allgemeines. Diese Gesetzesworte umfassen eine Fülle unterschiedlichster Aufgaben. Anwesenheit des gesamten Spruchkörpers ist eine in § 136 wie auch in §§ 137 ff., 220 als selbstverständlich unterstellte Amtspflicht der Richter. Auch vor dem Beginn der Stellung der Sachanträge und damit der „mündlichen" Verhandlung (§ 137 I) läuft schon die „Verhandlung". Der Vorsitzende darf sie nicht förmlich in Abwesenheit auch nur eines Beisitzers eröffnen oder einleiten. Er würde gegen Art. 101 I 2 GG (gesetzlicher Richter) verstoßen und damit evtl. auch einen absoluten Revisionsgrund nach § 547 Nr. 1 liefern. Erlaubt und oft sinnvoll bleibt eine eindeutig noch nicht als Aufruf oder gar Verhandlung auslegbare formlose Vorerörterung mit den schon anwesenden Prozessbeteiligten etwa über eine sogleich wohl bevorstehende Zuständigkeitsrüge und dergleichen. 7

2. Begriff der Verhandlung. Das Gesetz verwendet den Begriff mit einer unterschiedlichen Bedeutung. Dabei bestehen insbesondere zwischen dem Prozessrecht und dem Gebührenrecht teilweise erhebliche Unterschiede. Infolge des Wegfalls des früheren Worts „mündliche" (Verhandlung) stellt I klar, dass die Vorschrift nicht nur die „mündliche" Verhandlung nach § 279 I 1, sondern jede „Verhandlung", also auch die Güteverhandlung des § 278 II–IV erfasst, MüKoZPO/Fritsche Rn. 1; → § 278 Rn. 14 ff., 42 ff. Entsprechend dem Regelungszweck nach → Rn. 2 ist mit „Verhandlung" nach § 136 der gesamte Ablauf der Ereignisse im Sitzungssaal und auch vor der Saaltür gemeint, zB der Aufruf, der Aushang des Terminzettels bzw. die Aktivierung der elektronischen Rolle. Darüber hinaus meint die Vorschrift dasjenige, was zur Durchführung der Verhandlung im Sitzungssaal erforderlich ist. Allerdings überschneiden sich die Befugnisse des Vorsitzenden zum Teil mit denjenigen des Behördenleiters, soweit ihm das Hausrecht zusteht. So kann zB der Vorsitzende einen Pressefotografen aus dem Sitzungssaal weisen, nicht aber auch aus dem gesamten Gerichtsgebäude. Andererseits darf der Hausherr den Verlauf im Sitzungssaal nur in absoluten Ausnahmefällen, etwa bei Attentatsdrohungen, bei Feuergefahr oder bei einer Pandemie, stören oder unterbrechen. Ansonsten unterliegt auch der Behördenleiter der Sitzungspolizei des Vorsitzenden. 8

3. Begriff der Eröffnung. Da der Termin mit dem Aufruf der Sache nach § 220 I beginnt, gehört schon diese Aufgabe zur Eröffnung der Verhandlung, nicht erst der nochmalige Aufruf im Saal mit der Feststellung derjenigen, die erschienen sind. Soweit der Vorsitzende den Aufruf einem Wachtmeister, dem Protokollbeamten nach § 159 I 2 oder einem hilfsbereiten Dritten (etwa einem Anwalt) überträgt, bleibt der Vorsitzende für die ordnungsmäßige Durchführung des wichtigen Aufrufs verantwortlich. 9

4. Begriff der Verhandlungsleitung. a) Allgemeines. § 136 bezieht sich sowohl auf die formelle als auch die materielle Prozessleitung durch den Vorsitzenden, → Rn. 1. I, II, IV treffen Regelungen zur formellen Prozessleitung, während sich III auf die materielle Prozessleitung bezieht; dabei sind die Grenzen fließend, Prütting/Gehrlein/Prütting Rn. 2. Mit beiden Bereichen, formelle und materielle Prozessleitung, hat der Vorsitzende Aufgaben der unterschiedlichsten Art und Bedeutung. Der Vorsitzende übt seine Aufgaben unabhängig von dem Kollegium nach pflichtgemäßem **Ermessen** aus, BGH NJW 1990, 840; MüKoZPO/Fritsche Rn. 5, 7. Die Prozessleitungsbefugnis des Vorsitzenden hat nur in den gesetzlich bestimmten Sonderfällen durch eine Entscheidung des Kollegiums (zB § 227 IV 1 Hs. 2), durch ein Votum des Kollegiums nach § 140 oder etwa durch ein wirksames Ablehnungsgesuch nach §§ 42 ff. Grenzen. Auch die Verteilung der Geschäfte unter den Mitgliedern des Spruchkörpers gehört nicht zur Prozessleitungsbefugnis des Vorsitzenden. 10

b) Formelle Prozessleitung. Mit der formellen Prozessleitung (I, II, IV) hat der Vorsitzende einen ordnungsgemäßen äußeren Ablauf des Verfahrens zu gewährleisten, Musielak/Voit/Stadler Rn. 2. Dieser Bereich umfasst die Verhandlung, zB den Aufruf zur Sache (§ 202) und den Schluss der Verhandlung (IV), die sitzungspolizeilichen Maßnahmen nach §§ 176 ff. GVG, die Anordnung von Pausen, die Erteilung des Wortes und den Entzug des Wortes ((II), MüKoZPO/Fritsche Rn. 2. Der Vorsitzende bestimmt auch die Reihenfolge in der Verhandlung, → § 137 Rn. 5; vgl. BVerwG NJW 1984, 191 (zu anwaltlichen „Vortrittslisten" beim sog. Sammeltermin). Außerhalb der Verhandlung gilt nicht § 136, aber es finden sich an anderen Stellen zahlreiche weitere Regelungen zur formellen Prozessleitung des Vorsitzenden. Zur formellen Prozessleitung des Vorsitzenden gehört zB auch die Anberaumung von Terminen (§§ 216, 361), die Bezeichnung des beauftragten Richters (§ 361), die Bestimmung von Einlassungs- und Ladungsfristen (§§ 134 II, 226, 239 III, 274 III, 275 I 276 I, III, 520 II, 521 II 551 II), die Wahl zwischen einem frühen ersten Verhandlungstermin oder einem schriftlichen Vorverfahren (§ 272 II), die Aufhebung oder Verlegung eines Termins (§ 227 – nicht Vertagung, § 227 IV 1), die Verkündung einer Entscheidung (IV) und die Anfertigung des Protokolls neben dem Protokollführer (§ 159 I 2, 163 I 1), MüKoZPO/Fritsche Rn. 3. 11

c) Materielle Prozessleitung. Zur materiellen Prozessleitung gehört die Verantwortung für eine sachgemäße sorgfältige Behandlung des Falles bis zur Entscheidungsreife, die Gewährung des rechtlichen Gehörs, ein faires Verfahren und die Entscheidungsfindung selbst, Prütting/Gehrlein/Prütting Rn. 5; → Vor § 128 Rn. 42 ff. (zum rechtlichen Gehör). Nach III muss der Vorsitzende dafür sorgen, dass die Sache erschöpfend erörtert und möglichst in einen Termin erledigt wird, → Rn. 24. Ergänzend enthalten neben III ua die §§ 139, 140, 278 II 2, 3, 279 weitere entsprechende Kernregelungen zur materiellen Prozessleitung. Diese ist beeinflusst durch die gebotene Vorberatung im Kollegium, wobei der Vorsitzende in der Verhandlung davon unabhängig ist, MüKoZPO/Fritsche Rn. 1. 12

VI. Worterteilung, Wortentzug, II 1. 1. Worterteilung. An sich umfasst die Verhandlungsleitung schon nach I auch die Worterteilung und den Wortentzug. II stellt diese Befugnisse zusätzlich klar. Der Vorsitzende hat mit der Worterteilung keine Befugnis zur Willkür. Er hat andererseits ein weites Ermessen, insbesondere zum Zeitpunkt und zur Reihenfolge der Worterteilungen, BGH NJW 1990, 840; → Rn. 10. Das Ermessen hat Grenzen durch die vom Gesetz zwingend vorgeschriebenen Pflichten, zB zur der Erteilung des rechtlichen Gehörs nach Art. 103 I GG, → Vor § 128 Rn. 42 ff. Das Recht auf rechtliches Gehör gibt aber auch wegen des Grundsatzes der Einheit der Verhandlung, → Vor § 128 Rn. 30, nicht schon in demjenigen Augenblick einen Anspruch auf das Wort, in dem der Anlass zur Äußerung entsteht, sondern erst dann, wenn der Vorsitzende der Wortmeldung stattgibt, spätestens vor Schluss der Verhandlung, → Vor § 128 Rn. 42 ff. (zum rechtlichen Gehör). Soweit man die Entscheidung über die Erteilung und den Entzug des Worts noch mit sachlich vertretbaren Argumenten begründen kann, muss jeder Anwesende sie unbedingt beachten. Jeder Verstoß gegen die Anordnung des Vorsitzenden führt zu den gesetzlich vorgesehenen Folgen, zB nach §§ 176 ff. GVG. 13

14 Insbesondere liegt es beim Vorsitzenden, ob und wann er einem Beisitzer nach II 2, einem Anwalt, einem nach § 79 Bevollmächtigten, einer Partei oder einem Dritten, etwa einem Zeugen nach §§ 394 ff. oder einem Zuhörer das Wort erteilt. Auch eine Abweichung vom „normalen" Gang einer Verhandlung bei der Worterteilung muss respektiert werden. Denn sie kann sich aus einer ungewöhnlichen und unvermuteten Situation ergeben, etwa dadurch, dass der Anwalt des Bekl. erklärt, er wolle nur zunächst rasch seinen Sachantrag stellen und verzichte dann auf eine weitere Teilnahme an der Verhandlung, so dass das Gericht zunächst den Antrag des Bekl., dann erst später denjenigen des Klägers aufnimmt. Die Befugnis zur Worterteilung ist ein wesentliches Instrument der geordneten Verhandlungsleitung. Das müssen alle Beteiligten stets beachten.

15 Es ist die Pflicht des Vorsitzenden dafür zu sorgen, dass immer nur einer zur selben Zeit spricht, dass auch ein Angegriffener sich zurückhält, bis auch er das Wort erhält, und dass eine ruhige, sachliche Atmosphäre entsteht. Er braucht zur Ausübung dieser Pflicht viel Fingerspitzengefühl. Wer ein kritisches Argument hat, wird es meist auch einige Zeit später noch rechtzeitig vortragen können.

16 Selbst ein Ablehnungsgrund nach § 42 rechtfertigt grundsätzlich nicht ein völlig ungezügeltes Dazwischenreden, nur um ihn in derselben Sekunde bereits vorzubringen. Würde man ihn gleichwohl derart unkontrolliert vortragen, würde sich der Vorsitzende im Rahmen des § 47 I befinden, wenn er sich etwa in der Zeugenvernehmung nicht mitten im Satz unterbrechen lässt, → Rn. 36 f. (zur Ablehnung des Vorsitzenden). Eine nach Ansicht eines Prozessbeteiligten vom Vorsitzenden unkorrekt in den bloßen Protokollentwurf nach § 160a I diktierte Maßnahme oder Äußerung gibt dem Betroffenen schon deshalb kein Recht, das Wort an sich zu ziehen, weil überhaupt noch kein fertiges Protokoll vorliegt. Entsprechend muss man alle vergleichbaren anderen Situationen beurteilen.

17 Auch wenn sich der Vorsitzende aus irgendwelchen Gründen in einer sich plötzlich zuspitzenden Situation nicht sofort als ein souveräner Verhandlungsleiter zeigt, verliert er seine Funktion als der die Verhandlung leitende Vorsitzende nicht. Das gilt auch dann, wenn sich der Vorsitzende etwa gegenüber einem Zeugen nach der Ansicht der Partei oder ihres Anwalts nicht richtig verhält oder wenn er den Sachverhalt nicht richtig verstanden zu haben scheint. Der Vorsitzende mag im Rahmen seines auch hier weiten Ermessens durchaus die Notwendigkeit oder doch Berechtigung sehen so zu verfahren, um die Wahrheit herauszubekommen oder ein besseres Bild von der Glaubwürdigkeit zu gewinnen.

18 **2. Wortentzugs.** Auch der Wortentzug ist eine Maßnahme der Verhandlungsleitung. Seine bloße Möglichkeit soll einen heilsamen Einfluss auf die Selbstdisziplin aller Anwesenden ausüben. Deshalb hat der Vorsitzende auch hier ein weites Ermessen. Dessen Grenzen beginnen erst bei einem klaren Missbrauch ohne jegliche sachlich vertretbare Erwägung. Der Wortentzug stellt keineswegs stets eine Verletzung des rechtlichen Gehörs nach Art. 103 I GG. dar. Das gilt jedenfalls dann, wenn das Gericht nicht mit ihm zugleich den Verhandlungsschluss nach IV verkündet. Denn der Betroffene mag in der restlichen Verhandlung sehr wohl das Wort von Amts wegen oder zumindest auf einen Antrag erneut erhalten können. Sogar dann bleibt der in der Unterbrechung liegende vorübergehende Wortentzug meist im Rahmen des Ermessens des Vorsitzenden und schon deshalb beachtlich, wenn der Vorsitzende etwa die Verhandlung unterbricht, um zB in einer später anberaumten Sache lediglich einen Antrag auf ein Versäumnisurteil nach §§ 159 ff., 330 ff. zu protokollieren und dann in der unterbrochenen umfangreichen Verhandlung fortzufahren. Ein bloßer Vorhalt, eine Ermahnung, die Androhung von Rechtsfolgen bei einer Fortsetzung der bisherigen Ausführungen sind kein Wortentzug. Dasselbe gilt für eine lediglich technisch bedingte Unterbrechung der Anhörung, etwa deshalb, weil sich das Gericht nach § 176 GVG um einen plötzlich unruhigen oder kranken Dritten kümmern muss. Wer das Wort nicht sofort erhalten hatte, dem entzieht es der Vorsitzende dadurch nicht. Der Wortentzug kann auch stillschweigend erfolgen, etwa dadurch, dass der Vorsitzende ersichtlich nicht nur vorübergehend nicht mehr zuhört. Wird das Wort entzogen, empfiehlt sich vorher eine ernsthaften Androhung und danach, den Vorgang nach § 160 II in den Protokollentwurf aufzunehmen.

19 Der Wortentzug hat grundsätzlich keinen Einfluss auf die Anwesenheit des Betroffenen, es sei denn, er wird gleichzeitig nach § 177 GVG des Sitzungssaales verwiesen. Er muss zumindest beobachtend seine bisherige Funktion zur Vermeidung von Rechtsnachteilen weiter ausüben. So darf der Anwalt nicht wegen eines Wortentzuges durch den Vorsitzenden für die gesamte weitere Verhandlung den Saal verlassen, ohne zB ein Versäumnisurteil gegen seine Partei nach §§ 330 ff. zu riskieren. Bis zur Wiedererteilung des Wortes darf sich der Betroffene aber nur zum Zweck dieser Wiedererteilung äußern. Die noch anwesende Partei bleibt trotz eines Wortentzugs der Sitzungsgewalt des Vorsitzenden §§ 176 ff. GVG unterworfen. War die Wortentziehung rechtmäßig, kann sich die betroffene Partei nicht mehr auf eine Verletzung des rechtlichen Gehörs berufen, es sei denn, dass nach dem Wortentzug eine prozessual neue Situation eintritt, die keinen weiteren Wortentzug mehr rechtfertigt. Beanstandet ein Beteiligter die Prozessleitung als unzulässig, entscheidet das Gericht nach § 140, → Rn. 38.

20 **VII. Gestattungspflicht, II 2. 1. Fragerecht der beteiligten Beisitzer.** Der Vorsitzende muss nach II 2, auch nach §§ 396 III, 402, jedem beteiligten Beisitzer des entscheidenden Spruchkörpers in der Verhandlung auf Verlangen Fragen zu gestatten. Die Vorschrift enthält eigentlich eine selbstverständliche Pflicht des Vorsitzenden. Deren Klarstellung stärkt aber die Stellung jedes Beisitzers im Kollegium. Sie engt das Ermessen des Vorsitzenden bei der sachlichen Verhandlungsleitung ein. Der Vorsitzende sollte grundsätzlich bereits unmittelbar nach seiner eigenen Darstellung oder nach der eigenen Vernehmung eines Zeugen einem Beisitzer ergänzende Fragen gestatten, noch bevor andere Beteiligte, so der Beweisführer, das Wort erhalten. Gleichwohl bleibt die etwa zu Unrecht getroffene Entscheidung des Vorsitzenden wirksam, dem Beisitzer das Wort noch nicht zu gestatten. Dabei kann aber keine Rolle spielen, dass der Zeitplan ins Wanken gerät.

21 Der Wortlaut von II 2 stellt klar, dass der Beisitzer das Wort nur zu einer Fragestellung fordern kann, nicht zur Übernahme der Verhandlungsleitung oder zu Erörterungen bzw. Hinweisen nach § 139, erst recht nicht zu irgendeinem Referat oder Plädoyer. Notfalls bittet der Vorsitzende den Beisitzer, eine präzise Frage zu formulieren. Er kann im äußersten Notfall nach II 1 auch einem Beisitzer trotz II 2 das Wort entziehen. Der Vorsitzende ist aber nicht berechtigt, die Sachdienlichkeit einer Frage des Beisitzers zu beurteilen. Natürlich darf er auf einen etwa in Wahrheit schon geklärten Punkt in Form einer höflichen Gegenfrage reagieren, sollte sich aber auch insoweit möglichst zurückhalten. Eine gewissenhafte Protokollierung der Vorgänge nach § 160 II kann sinnvoll sein, für deren zutreffende Darstellung nach § 163 der Vorsitzende und der Protokollführer verantwortlich sind. Denn ein Verstoß kann erhebliche Verfahrensfolgen haben.

2. Nur auf Verlangen. Der Vorsitzende braucht nicht von sich aus zu fragen, ob die Beisitzer das Wort wünschen. Er kann abwarten, ob sie es fordern. Nach dem eindeutigen Sinn der Vorschrift hat der Vorsitzende seine Gestattungspflicht zu dem sachlich gebotenen Zeitpunkt erfüllen. Er kann in einem gewissen Rahmen die Worterteilung zurückstellen, wenn er zB in der Befragung eines Zeugen nach §§ 394 ff. zunächst noch selbst fortfahren möchte und wenn er bei einer pflichtgemäßen Abwägung auch die Zurückstellung der Worterteilung verantworten kann. Andernfalls könnte jeder Beisitzer durch Fragestellungen die Verhandlungsleitung des Vorsitzenden nahezu zu einer Farce machen. Andererseits mag die besondere Entwicklung etwa bei der Vernehmung eines Zeugen oder Sachverständigen eine vom Vorsitzenden noch nicht gestellte Frage so unaufschiebbar machen, dass der Beisitzer das Wort mit guten Gründen sogleich fordern kann. Es gehört auch hier zum Fingerspitzengefühl des Vorsitzenden, die Leitung straff in den eigenen Händen zu behalten, ohne den Beisitzer zu brüskieren. 22

Nur „auf Verlangen" ist nicht nur nach dem klaren Wortlaut von II 2 Voraussetzung einer Worterteilung, sondern auch nach dem klaren Sinn der Vorschrift. Keineswegs darf ein Beisitzer, selbst als Berichterstatter, dem Vorsitzenden außerhalb eines wirklichen Notfalls einfach ins Wort fallen, selbst bei einer sachlich noch so berechtigten Frage und bei Zeitdruck. Der Vorsitzende und er allein erteilt und entzieht jedem im Raum das Wort. Das darf kein Beisitzer durch noch so naheliegende Argumentation unterlaufen. Mag er deren Notwendigkeit dem Vorsitzenden zunächst leise zuflüstern und abwarten, ob dieser die Anregung aufgreift. Auch kann im Einzelfall sinnvoll sein, dass der Beisitzer sein Fragerecht indirekt ausübt, indem er dem Vorsitzenden einen Zettel mit entsprechenden Stichworten zukommen lässt, bevor er sein Verlangen für alle Beteiligten wahrnehmbar ausspricht. Eine kurze Pause durch Anordnung des Vorsitzenden zwecks Beratung des Wortverlangens mag eine sinnvolle Art der Behandlung bei Spannung im Kollegium sein, und zwar im Beratungszimmer und nicht im Sitzungssaal. 23

VIII. Erschöpfende Sacherörterung und Fortsetzung der Verhandlung, III. 1. Begriff. Die Vorschrift umschreibt die wesentliche Pflicht des Vorsitzenden zur erschöpfenden Sacherörterung in der Verhandlung und umfasst damit die materielle Prozessleitung, die ergänzend in anderen Vorschrift, wie in §§ 139, 273, 278 I 2, geregelt ist, → Rn. 1, und teilweise schon vor dem Termin schriftlich oder auch mündlich wahrgenommen wird, → § 139 Rn. 65. Nach § 272 I soll der Rechtsstreit in der Regel in einem umfassend vorbereiteten mündl. Verhandlungstermin (Haupttermin) erledigt werden. Ergänzt wird dieser Grds. durch die Wendung „vollständig erörtert" in IV. Der Vorsitzende bzw. der Spruchkörper muss deshalb zumindest den gesamten Tatsachenstoff nach §§ 139, 273, 286, 358a so weit klären, dass möglichst Entscheidungsreife im ersten Haupttermin eintritt, so zB durch schriftliche Hinweisbeschlüsse nach § 139, durch Anordnungen nach § 273 und durch Beweisbeschlüsse und Beweisaufnahmen vor der mündlichen Verhandlung nach § 358a; dabei sind die Grundsätze des rechtlichen Gehörs zu beachten, → Vor § 128 Rn. 42 ff. (zum rechtlichen Gehör). Für den Vorsitzenden kann darüber hinaus im Einzelfall in der Verhandlung eine Pflicht zu einem Rechtsgespräch bestehen,→ § 139 Rn. 64 „Rechtsgespräch". Der Vorsitzende muss dieses Rechtsgespräch im Rahmen des § 139 II auf entscheidungserhebliche rechtl. Gesichtspunkte erstrecken, um den Parteien eine Ergänzung oder Änderung des bisherigen Tatsachenvortrages zu ermöglichen. Das setzt voraus, dass vor dem Haupttermin der tatsächliche Vortrag der Parteien von ihren Rechtsansichten getrennt sowie zeitlich nach unstreitigen und streitigen Tatsachen geordnet ist (Sachverhaltsermittlung) und dass auf der Grundlage des jeweiligen Vortrages des Klägers und des Bekl. rechtlich geprüft wurde, ob und inwieweit der Sachantrag gerechtfertigt ist; bei danach unterschiedlichen Ergebnissen muss zur Entscheidungsreife auch geklärt sein, von welchem Tatsachenvortrag das Gericht auszugehen hat, evtl mit Hilfe einer Beweisaufnahme, die vor dem Termin stattfinden kann (§ 358a), → Vor § 253 Rn. 50 ff.; → § 139 Rn. 23 ff.; → Vor § 284 Rn. 4 (je zur Relationsmethode). Vor der Entscheidung des Vorsitzenden darüber, ob die Erörterung „erschöpfend" war, sollte er sich zumindest kurz mit den Beisitzern darüber verständigen, ob er auch nach deren Ansicht die Sache „vollständig" nach IV erörtert hat. Üblich ist, dass der Berichterstatter rechtzeitig vor dem Termin ein Votum zu den vorgenannten Fragen erstellt und der Spruchkörper darüber berät. Soweit die mündliche Verhandlung durch Schriftsätze nebst Anlagen und durch Hinweise sowie Anordnungen durch das Gericht vorbereitet ist, kann die Erörterung durch Bezugnahmen nach § 137 III kurz gehalten werden, MüKoZPO/Fritsche Rn. 4; → § 137 Rn. 26 ff. 24

Es kommt nicht darauf an, ob auch die Partei oder deren gesetzliche Vertreter nach § 51 oder ProzBev. die Erörterung für erschöpfend halten. Wegen des Grundsatzes der Einheit der Verhandlung, → Vor § 128 Rn. 29, gilt im Zweifel der gesamte Akteninhalt als mündlich vorgetragen und erörtert; im Zweifel sind auch alle Anträge aus der Klageschrift gestellt, BGH NJW 2019, 1950; → § 137 Rn. 9 ff. Notfalls kann die Verhandlung nach § 156 wiedereröffnet werden. Dessen ungeachtet sollte der Vorsitzende im Zweifel einen von der Partei noch gewünschten tatsächlichen oder rechtlichen Gesichtspunkt wenigstens stichwortartig anschneiden. Der Vorsitzende darf mit Blick auf die Grundsätze des rechtlichen Gehörs und des fairen Verfahrens nicht eine Gefahr laufen, die Partei tatsächlich oder rechtlich zu überrumpeln, → Vor § 128 Rn. 42 ff. Es kann nach § 160 II ratsam sein, im Protokoll zu vermerken, dass die Parteien auf Fragen das Wort nicht mehr wünschen. Nach einer Beweisaufnahme ist eine nochmalige Verhandlung oder evtl. eine Erörterung, auch zum Ergebnis der Beweisaufnahme nach §§ 279 III, 285 I, II, 370 I ohnehin notwendig. Das **Protokoll** kann dann lauten: „Die Parteien verhandelten mit den gestellten Anträgen zum Ergebnis der Beweisaufnahme und zur Sache", wobei eine Bezugnahme auf die schon gestellten Anträge nicht zwingend ist, → § 285 Rn. 6. 25

2. Verhandlung ohne Unterbrechung bis zum Ende. Aus dem Konzentrationsgrundsatz folgt, dass der Vorsitzende durch seine erschöpfende Erörterung in der Verhandlung dafür sorgen muss, dass die Sache grundsätzlich ohne eine Unterbrechung bis zu dem an diesem Tag möglichen und zumutbaren Punkt gefördert wird, möglichst bis zur Entscheidungsreife. Das schließt je nach Situation eine kurze Pause oder gar längere Unterbrechung an demselben Sitzungstag nicht aus, zumal eine Unterbrechung durchaus verfahrensfördernd wirken, etwa um den Parteien eine Gelegenheit zur Vereinbarung eines Prozessvergleichs zu bieten oder um einen ausgebliebenen Prozessbeteiligten herbeizuschaffen. Auch mögen eine vorgerückte Terminstunde, eine schon lange Verhandlungsdauer, eine Ermüdung eines Prozessbeteiligten eine Pause oder Unterbrechung sogar notwendig machen. Eine Zwischenberatung nach §§ 192 ff. GVG ist keine Unterbrechung nach Hs. 1. Der streitigen Verhandlung soll nach § 279 II eine Beweisaufnahme nach §§ 355 ff. grundsätzlich unmittelbar folgen. 26

3. Fortsetzung der Verhandlung. Die Regelung ist eine Folge der Förderungspflicht gerade auch des Vorsitzenden. Wenn der Rechtsstreit entgegen § 272 I nicht in einem Haupttermin zu erledigen ist, dh keine 27

Entscheidungsreife besteht, regelt Hs. 2 die Anberaumung eines neuen Verhandlungstermins, während § 310 I diejenige eines Verkündungstermins erfasst. Das gilt nach § 218 auch dann, wenn der Vorsitzende dann im Verkündungstermin einen neuen Verhandlungstermin anberaumen muss.

28 Wenn am Ende der Verhandlung ein neuer Termin zur Verhandlung erforderlich wird, muss ihn der Vorsitzende nach § 216 II nicht nur „sofort" anberaumen, also noch in der bisherigen Verhandlung, sondern unverzüglich. Eine Ladung der erschienenen Prozessbeteiligten zum nächsten Verhandlungstermin ist dann entbehrlich, wenn der Vorsitzende den neuen Termin entweder noch während der bisherigen Verhandlung oder in einem in ihr bestimmten Verkündungstermin nach § 218 bekanntgibt. Auch eine bloße Beweisaufnahme vor dem Prozessgericht ist eine „Fortsetzung der Verhandlung" nach Hs. 2. Überdies muss das Gericht allerdings schon nach § 285 auch zur Vermeidung eines Verstoßes gegen Art. 103 I GG, → Vor § 128 Rn. 42 ff., über das Ergebnis der Beweisaufnahme und zu Sache stets noch streitig oder unstreitig „verhandeln", → Rn. 25. Es ist dringend ratsam, den Charakter des neuen Termins „zur Beweisaufnahme und Fortsetzung der mündlichen Verhandlung" nach § 370 I klarzustellen. Soweit das Kollegium den Rechtsstreit nach dem Beginn der ersten Verhandlung dem Einzelrichter nach §§ 348, 348a, 526, 527 oder dem nach § 361 beauftragten oder nach § 362 ersuchten Richter überträgt, bleibt die Bestimmung eines Termins diesem anderen Richter überlassen.

29 **IX. Verhandlungsschluss, IV. 1. Prozessuale Bedeutung.** Der Verhandlungsschluss kann eine prozessual erhebliche Bedeutung haben, so insbesondere bei Entscheidungsreife für den Eintritt der materiellen Rechtskraft und für die Fragen des Schriftsatznachlasses sowie der Wiedereröffnung (§§ 156 I, 283 S. 1). Es tritt auch die Präklusionswirkung nach §§ 323 II, 767 II ein. Der Verhandlungsschluss bewirkt ferner den Eintritt der Folgen einer Versäumnis nach §§ 220 II, 231 II, und damit die grundsätzliche Möglichkeit eines Versäumnisurteils nach §§ 330 ff. Er bewirkt den Ausschluss des Rechts auf einen weiteren Vortrag nach § 296a. Es tritt nach § 309 auch die Folge ein, dass sich die Gerichtsbesetzung bei einer Entscheidungsreife nicht mehr ändern darf. Die Unterbrechung nach Schluss der mündlichen Verhandlung hindert gemäß § 249 III nicht die Verkündung einer Entscheidung aufgrund dieser Verhandlung.

30 Der Verhandlungsschluss beendet nicht die **Sitzungsgewalt** nach §§ 176 ff. GVG. Das gilt selbst dann, wenn mit dieser Verhandlung der Sitzungstag endet. Zumindest aus der letzten Verhandlung dieses Tages ergibt sich gegenüber allen noch Anwesenden, auch Zuhörern, das Recht und die Pflicht des Vorsitzenden, im Rahmen des Schlusses jener Verhandlung und der Sitzung für eine geordnete Beendigung des Geschehens im Sitzungsraum zu sorgen, notfalls unter einer Hinzurufen der Wachtmeisterei.

31 **2. Begriff des Verhandlungsschlusses.** Damit ist der Schluss des einzelnen Verhandlungstermins gemeint; insoweit hat der Grundsatz der Einheit der mündlichen Verhandlung keine Bedeutung, MüKoZPO/Fritsche Rn. 9; → Vor § 128 Rn. 28 (Einheit der mündlichen Verhandlung). Die Schließung durch den Vorsitzenden geschieht formlos. Der Verhandlungsschluss kann ausdrücklich oder konkludent erfolgen.

32 Wie sich aus dem Gesetzeswortlaut ergibt, kommt es darauf an, ob auch nach der Ansicht „des Gerichts" eine vollständige Erörterung der Sache (gemeint: an diesem Sitzungstag) erfolgt ist. Daher muss der Vorsitzende sich mit dem übrigen Kollegium abstimmen. Das kann ohne eine förmliche Beratung nach §§ 192 ff. GVG im Sitzungssaal geschehen. Ein Stillschweigen der Beisitzer bedeutet durchweg ihre Zustimmung. Trotz der Pflicht zur Abstimmung mit den Beisitzern bleibt der Vorsitzende zur Anordnung des Verhandlungsschlusses nach außen allein funktionell zuständig. Er handelt auch ohne eine Abstimmung mit dem Kollegium wirksam. Das ergibt sich aus dem Wort „Er" in Hs. 1.

3. Beispiele zum Verhandlungsschlusses

33 **Aufruf anderer Sache:** Ein Verhandlungsschluss kann konkludent durch den Aufruf einer anderen Sache nach § 220 erklärt worden sein, MüKoZPO/Fritsche Rn. 9; Musielak/Voit/Stadler Rn. 7.

Beweisbeschluss: Ein Verhandlungsschluss kann mit der Verkündung eines Beweisbeschlusses nach § 358 erfolgen.

Nachfrist: Die etwaige Notwendigkeit einer Frist zum weiteren Vortrag nach § 283 oder zur Wiedereröffnung der bereits geschlossenen Verhandlung nach § 156 ergibt, dass der Vorsitzende zumindest die bisherige Verhandlung konkludent für beendet erklärt hat.

Pause: Weder eine größere oder längere Pause bis zur Fortsetzung an demselben Tag noch eine Unterbrechung aus irgendeinem Grund bis zu einer späteren Terminstunde an demselben Tag bedeuten einen Verhandlungsschluss.

Schriftliches Verfahren: Im schriftlichen Verfahren entspricht dem erklärten Verhandlungsschluss der Ablauf der Frist nach § 128 II 2, innerhalb der Schriftsätze eingereicht werden können, → § 128 Rn. 35 ff.

Schriftsatznachlass: → „Nachfrist".

Unterbrechung: → „Pause".

Vergleich: Mit dem Prozessvergleich, einem Vollstreckungstitel nach § 794 I Nr. 1, wird grundsätzlich die Rechtshängigkeit beendet, → § 278 Rn. 12, 65. Besonderheiten ergeben sich aber beim Vergleich mit einem Widerrufsvorbehalt; der wirksame Widerruf stellt die auflösende oder aufschiebende Bedingung für den Vergleich dar. Üblicherweise wird im Zusammenhang mit dem Widerrufsvorbehalt ein Verkündungstermin für den Fall des Widerrufs anberaumt und darin liegt konkludent die Erklärung des Verhandlungsschlusses. In diesem Verkündungstermin wird bei wirksamen Widerruf im Falle einer Entscheidungsreife ein Urteil verkündet oder es ergeht die nächste zu treffende Entscheidung durch Beschluss oder Verfügung, etwa die Anberaumung eines weiteren mündlichen Verhandlungstermins oder ein Beweis- bzw. Hinweisbeschluss. Da mit dem Vergleich mit Widerrufsvorbehalt im Falle einer auflösenden Bedingung die Rechtshängigkeit in der Regel entfällt, sollte der Verkündungstermin vor der Protokollierung des Vergleichs ins Protokoll aufgenommen werden.

Verkündung einer Entscheidung: Stellt die konkludenten Erklärung des Verhandlungsschlusses dar, MüKoZPO/Fritsche Rn. 9.

Verkündungstermin: Ein Verhandlungsschluss wird konkludent mit der Verkündung eines Verkündungstermins nach § 310 erklärt, Liebscher/Steinbrück ZIP 2016, 895. Der Schluss der Verhandlung erfolgt dadurch, dass der Vorsitzende mitteilt, dass er oder das Kollegium nunmehr zunächst beraten und eine Entscheidung an einem anderen Tag verkünden werden, oder dass die bereits verkündeten Maßnahmen wie etwa ein Beweisbeschluss erst an einem anderen Sitzungstag stattfinden sollen, wenn auch evtl. am folgenden.

Vertagung: Auch die Entscheidung über eine Vertagung in der mündlichen Verhandlung (§§ 227, 335 II, 337) stellt die Beendigung dieser Verhandlung dar, da zwar nicht die prozessualen Folgen eintreten, es aber trotz des Grundsatzes der Einheit der mündlichen Verhandlung, → Vor § 128 Rn. 28, bei IV nur auf den konkreten Verhandlungstermin ankommt, → Rn. 30.
Widerruf: „Vergleich".

34 **4. Verkündung, IV Hs. 2.** Nach § 310 I 1 kann das Gericht sein Urteil in dem Termin verkünden, in dem der Vorsitzende die mündliche Verhandlung geschlossen hat, oder in einem sofort anzuberaumenden Verkündungstermin Entsprechendes gilt für die anderen möglichen Entscheidungen, so Verfügungen oder Beschlüsse (§ 329). Nach § 309 muss das Urteil von den Richtern gefällt werden, die an der zugrunde liegenden Verhandlung teilgenommen haben, während die Verkündung in einem Verkündungstermin diese Personenidentität nicht erfordert (vgl. § 311 IV). Die Verkündung ist Aufgabe des Vorsitzenden Die Form der Verkündung eines Urteils ergibt sich aus § 311. § 310 enthält Fristen und Formvorgaben für ein in einem gesonderten Termin verkündeten Urteil. Beim Beschluss oder der Verfügung sind § 311 I–III grundsätzlich unanwendbar, § 311 IV anwendbar, § 329 I 2.8

35 Wegen der erheblichen Bedeutung der korrekten Verkündung jedenfalls eines Urteils auch bei einer befugten oder unbefugten Abwesenheit der betroffenen Partei ergibt sich die Folge eines Verstoßes nach den in → § 310 Rn. 3, 33, → § 311 Rn. 18 genannten Regeln. Im Übrigen gelten die in → Rn. 38 ff. dargestellten Rechtsbehelfe.

36 **X. Rechtsbehelfe. 1. Ablehnung des Vorsitzenden.** Es gelten §§ 42 ff. Die Ablehnung wegen Besorgnis der Befangenheit kann sich ergeben zB aus der Ausdrucksweise des Vorsitzenden, aus dem Verharren auf einem Irrtum, einer politischen Äußerung in der Verhandlung, aus einem unerlaubten Ratschlag, einer in der Verhandlung aufgetretenen Spannung zwischen ihm und einem übrigen Prozessbeteiligten, überhaupt bei irgendeiner Unsachlichkeit und insbesondere auch bei einem unberechtigten Wortentzug. Nach § 43 kann die Partei eine Ablehnung dann nicht mehr anbringen, wenn sie sich auf eine Verhandlung eingelassen oder Anträge gestellt hat, ohne den ihr bekannten Ablehnungsgrund geltend zu machen. Das gilt selbst dann, wenn der Ablehnungsgrund objektiv erst unmittelbar vorher eintrat.

37 Ein auch nur möglicherweise begründetes Ablehnungsgesuch kann dazu führen, dass die bisherige Verhandlung geschlossen wird. Der Vorsitzende muss aber darauf achten, dass die Partei nicht durch ein Ablehnungsgesuch versucht, eine ihr ungünstige, erkennbar direkt bevorstehende Sachentscheidung in letzter Minute abzuwenden. Nach § 47 I kann der abgelehnte Richter vor Erledigung des Ablehnungsgesuches unaufschiebbare Handlungen vornehmen. Nach § 47 II kann bei einer Ablehnung während der Verhandlung diese fortgesetzt werden, wenn die Entscheidung über die Ablehnung eine Vertagung erfordern würde. Unabhängig von der Zulässigkeit eines Ablehnungsgesuchs unterliegt der Ablehnende nach § 47, §§ 176 ff. GVG weiterhin der Sitzungspolizei bis zum Verhandlungsschluss.

38 **2. Anrufung des Kollegiums.** .Beanstandet ein Prozessbeteiligter eine auf der Sachleitung beruhende Anordnung des Vorsitzenden in der Verhandlung, so zB eine Worterteilung, ein Wortentzug, oder eine von dem Vorsitzenden oder einem Beisitzer gestellte Frage als unzulässig, entscheidet darüber nach § 140 das Kollegium. Zur Frage, ob ein Vorgehen nach § 140 erforderlich ist, damit ein ev.Verfahrensfehler nicht nach § 295 geheilt, sondern in der Rechtsmittelinstanz noch gerügt werden kann → § 137 Rn. 38.

39 **3. Beschwerde.** Soweit der Vorsitzende einen Antrag eines Prozessbeteiligten zurückweist, der das Verfahren betrifft, ist nach § 567 I Nr. 2 eine sofortige Beschwerde nur dann zulässig, wenn die Entscheidung des Vorsitzenden keine mündliche Verhandlung erforderte. Ansonsten ist die sofortige Beschwerde nicht statthaft. § 136 erfasst aber grundsätzlich die Entscheidungen des Vorsitzenden in der mündlichen Verhandlung. Erfasst wird aber auch die Güteverhandlung nach § 278 II–V, die gerade keine „mündliche" Verhandlung ist, wie § 279 I 1 zeigt, → Rn. 7. Insofern kommt eine sofortige Beschwerde in Betracht. Ansonsten ist § 140 maßgeblich.

40 **4. Rechtsmittel gegen die Sachentscheidung.** Soweit eine Maßnahme des Vorsitzenden in der Verhandlung einen Einfluss auf die in ihr oder später verkündete Sachentscheidung des Gerichts oder des Vorsitzenden hatte, ist der gegen eine solche Entscheidung jeweils statthafte Rechtsbehelf (Berufung/Revision) nach den für ihn geltenden Regeln möglich.

41 **5. Dienstaufsichtsbeschwerde.** Neben oder anstelle der anderen Rechtsbehelfe ist die Dienstaufsichtsbeschwerde denkbar. Diese Möglichkeit ist auf Art. 17 GG zurückzuführen und ist bei staatlichem Handeln immer möglich. Sie findet die Grenzen ihrer Zulässigkeit dort, wo der Bereich der richterlichen Unabhängigkeit nach Art. 97 GG beginnt. Der Dienstvorgesetzte entscheidet über die Dienstaufsichtsbeschwerde unter Beachtung des Art. 97 GG. Derjenige Vorsitzende, der sich eindeutig erheblich vorwerfbar im Ausdruck oder in der sonstigen Verhaltensweise vergreift, kann im Einzelfall der Dienstaufsicht unterliegen.

42 **6. Verfassungsbeschwerde.** Soweit der Vorsitzende insbesondere das Wort unberechtigt nicht erteilt oder entzogen hat oder keine erschöpfende Sacherörterung durchführte, kann grundsätzlich erst nach der Erschöpfung des Rechtswegs eine Verfassungsbeschwerde insbesondere wegen eines Verstoßes gegen Art. 103 I GG durch den Richter in Betracht kommen.

137 *Gang der mündlichen Verhandlung.* I Die mündliche Verhandlung wird dadurch eingeleitet, dass die Parteien ihre Anträge stellen.

II Die Vorträge der Parteien sind in freier Rede zu halten; sie haben das Streitverhältnis in tatsächlicher und rechtlicher Beziehung zu umfassen.

III 1Eine Bezugnahme auf Dokumente ist zulässig, soweit keine der Parteien widerspricht und das Gericht sie für angemessen hält. 2Die Vorlesung von Dokumenten findet nur insoweit statt, als es auf ihren wörtlichen Inhalt ankommt.

IV In Anwaltsprozessen ist neben dem Anwalt auch der Partei selbst auf Antrag das Wort zu gestatten.

1 **I. Systematik.** Die Vorschrift enthält einige, aber keineswegs alle Regeln zum Gang der eigentlichen mündlichen Verhandlung nach § 279, der grundsätzlich eine Güteverhandlung nach § 278 II–V, dh eine „bloße Verhandlung" vorausgehen soll. Sie gilt sowohl im Anwaltsprozess als auch im Parteiprozess, wobei für den Anwaltsprozess in IV die besondere Regelung enthalten ist, der Partei auf Antrag neben dem Anwalt das Wort zu erteilen. § 137 regelt für den Ablauf der mündlichen Verhandlung die Antragstellung (I) und den anschließenden Vortrag der Parteien (II, III). Ergänzend regeln §§ 136, 220 I die Eröffnung der mündlichen Verhandlung und § 136 sonstige Leitungsbefugnisse des Vorsitzenden in der Verhandlung. In § 275 II–IV sind Besonderheiten für den frühen ersten Termin enthalten. § 279 betrifft den Haupttermin, dem nach dessen II die Beweisaufnahme unmittelbar folgen soll und der in seinem III die Fortsetzung der mündlichen Verhandlung nach der Beweisaufnahme regelt. Für die Durchführung der Beweisaufnahme gelten ergänzend § 357 I, für dessen Beendigung §§ 279 III, 285 I, 370 I und für die Zeugenvernehmung §§ 394 ff. Auch § 139 ergänzt § 137 durch Regelungen über die Erfüllung von Hinweispflichten des Gerichts vor oder in der mündlichen Verhandlung.

2 **II. Regelungszweck.** Die Vorschrift dient unterschiedlichen Zwecken. I, der die Antragstellung betrifft, soll neben dem Vortrag zum Sach- und Streitstand nach II zur Klärung des Streitgegenstands beitragen, → § 253 Rn. 26 (zweigliedriger Streitgegenstandsbegriff). II, III enthalten nicht nur den Mündlichkeitsgrundsatz, sondern auch das Gebot der freien Rede zum Zweck der in aller Öffentlichkeit und in Rede sowie Gegenrede sich entwickelnden Klärung des Streitstoffs bis zur erschöpfenden Erörterung und Herbeiführung der Entscheidungsreife. IV dient vor allem der Verhinderung prozessualer und materiell-rechtlicher Nachteile der Partei infolge einer ungenügenden Information des ProzBev.

3 **III. Geltungsbereich.** → Vor § 128 Rn. 3. Die Vorschrift gilt auch im WEG-Verfahren und im Bereich des § 113 I 2 FamFG. Im verwaltungsgerichtlichen Verfahren gilt die Vorschrift über § 173 S. 1 VwGO, insb. IV, BVerwG NJW 2017, 1497.

4 **IV. Antragstellung, I. 1. Einleitung der mündlichen Verhandlung.** Während der Aufruf der Sache nach § 220 I den Beginn des Termins unabhängig von seinem Inhalt darstellt, also den zeitlich ersten Abschnitt des Gesamtgeschehens, meint I mit dem Ausdruck „mündliche Verhandlung" einen späteren Vorgang. Zwischen dem Aufruf und dem Zeitpunkt nach I liegt grundsätzlich die Eröffnung der Verhandlung nach § 136 I. UU führt das Gericht zunächst auch in den Sach- und Streitstand ein, Nürnb NJW-RR 1994, 1343 (für die Berufungsinstanz) und hört die Parteien persönlich an, soweit es zB um die Zulässigkeit und evtl. sogar um die Begründetheit geht, um die Möglichkeit eines Vergleichs in diesem Verfahrensabschnitt zur Diskussion zu stellen. Die in I erfasste Einleitung der mündlichen Verhandlung bezieht sich daher erst auf die eigentliche streitige Verhandlung. Sie wird grundsätzlich durch die Antragstellung eingeleitet, wobei diese selbst noch keine Verhandlung zur Sache ist, Hambg NJW-RR 2012, 634; Mü NJW-RR 1989, 575; Jena MDR 1999, 501 = BeckRS 1998, 16286; MüKoZPO/Fritsche Rn. 3; → Rn. 11 (konkludente Bezugnahme), → Rn. 15 f.. Unabhängig von den Stellen eines Sachantrages fällt die Termingebühr der Anwälte nach VV 3104 RVG in jedem Fall mit dem Aufruf zur Sache und der verhandlungsbereiten Anwesenheit des Anwalts im Sitzungssaal oder im Fall einer Videoverhandlung nach § 128a durch die entsprechende Zuschaltung an,Toussaint/Toussaint RVG VV 3104 Rn. 6.

5 **2. I als Sollvorschrift.** I ist trotz des scheinbar zwingenden Wortlauts („wird eingeleitet") eine bloße Sollvorschrift; nicht zwingend ist, dass immer die Anträge zu Beginn der streitigen Verhandlung gestellt werden MüKoZPO/Fritsche Rn. 2. Die Reihenfolge kann nach pflichtgemäßem **Ermessen** frei bestimmt werden, BGH NJW 1987, 3263; MüKoZPO/Fritsche Rn. 2. Im Einzelfall kann es sachgerecht sein, die Sachanträge zunächst zurückzustellen, wenn es z. B. um Vergleichsverhandlungen, um Erwägungen einer Erledigungserklärung, einer Klagerücknahme, eines Anerkenntnisses oder einer Widerklage geht. Auch mag etwa bei einer sich abzeichnenden Unzuständigkeit des Gerichts nach § 281 eine Erörterung vor Antragstellung mit dem Ziel erfolgen, dass der Kläger seinem angekündigten Sachantrag zumindest sogleich hilfsweise einen Verweisungsantrag hinzufügt, → § 281 Rn. 9 f. und Rn. 13 (zum Problem der Erledigung vor Stellen eines Antrages nach § 281). Der Akteninhalt bis zum Terminbeginn sowie derjenige von etwa unmittelbar nach dem Aufruf nach § 220 dem Gericht überreichten Schriftsätzen können dazu führen, dass der Vorsitzende es für ratsam hält, die Entgegennahme der Sachanträge zunächst zurückzustellen und zuvor in den Sach- und Streitstand einzuführen, BGH NJW 1987, 3263.

6 Auf der anderen Seite sind auch die Nachteile einer späten Antragstellung zu berücksichtigen. Vor Stellen der Anträge ist eine Klagerücknahme ohne Zustimmung des Gegners nach § 269 I möglich, → § 269 Rn. 27. Darüber hinaus besteht für den Kläger, der ein negatives Urteil befürchten muss, die Möglichkeit einer „Flucht in die Säumnis", → Vor § 330 Rn. 3, 13; → § 279 Rn. 7 ff. Erst mit den Anträgen ist der Antragsteller zumindest in diesem Termin nicht mehr nach §§ 330 ff. säumig ist, selbst wenn er aus welchem Grund auch immer die Sitzung verlässt, → Vor § 330 Rn. 3. Das gilt unabhängig davon, ob er etwa (wie praktisch durchaus nicht selten) erklärt, unter den gerade eingetretenen weiteren Umständen „stelle er eben keinen Antrag (mehr)". Seine etwaige Hoffnung, es werde dann höchstens ein Versäumnisurteil gegen ihn ergehen, so dass er Zeit zum Einspruch erhalte und dann Wochen oder Monate später in derselben Instanz einfach wegen § 342 weiterkämpfen könne, realisiert sich nicht, vgl. auch BAG NZA 2007, 1450 = NJW 2007, 3742 (keine Säumnis bei Verhandeln zur Sache ohne Stellen der Anträge). Nach Stellen der Anträge kann ein die Instanz beendendes Urteil ergehen. Deswegen ist grundsätzlich die anfängliche Antragstellung ratsam und von der in I vorgesehenen Reihenfolge sollte nur in besonderen Ausnahmefällen abgewichen werden.

7 **3. Formen der Antragstellung.** Weder I noch §§ 139, 297 enthalten gesetzliche Bestimmungen des Begriffs „Anträge". Gemeint ist jeweils der sog. **Sachantrag** nach § 297, Nürnb NJW-RR 1994, 1343 (für die Berufungsinstanz), im Gegensatz zum bloßen Prozessantrag. Denn die Sachantragstellung nach I leitet die eigentliche streitige Verhandlung zur Sache ein. Das schließt nicht aus, dass die Partei einen Prozessantrag etwa auf eine Verweisung nach § 281 oder auf das Ruhen des Verfahrens nach § 251 zumindest gleichzeitig mit dem Sachantrag stellt, → Rn. 15 (Verweisungsantrag ohne Sachantrag). Bei einem isolierten Prozessantrag kann aber *nicht von einer mündlichen* Verhandlung ausgegangen werden, so zB bei einem bloßen Aussetzungsantrag oder bei Ablehnung der Richter wegen Besorgnis der Befangenheit, BGH NJW 1984, 626; → Rn. 15 (zu § 281).

8 Die Form ergibt sich aus § 297 I, II. Die Vorschrift enthält mehrere grundsätzlich gleichberechtigte Formen, in denen der Sachantrag wirksam gestellt werden kann. Jede Partei ist in der Wahl einer dieser Formen unabhängig

von der anderen frei. Bei einer der Formen muss allerdings der Vorsitzende genehmigend mitwirken, um den Sachantrag wirksam werden zu lassen. Wegen der erheblichen Auswirkung einer wirksamen Antragstellung empfiehlt sich nach § 160 III Nr. 2 eine gewissenhafte Beachtung des § 297 bei der erforderlichen Protokollierung. Ein Anwaltszwang besteht wie sonst nach → § 78 Rn. 1. Zulässig sind nach § 297: Die Verlesung aus einem vorbereitenden Schriftsatz nach § 297 I 1 oder aus einer dem Protokoll als Anlage beizufügenden Schrift nach § 297 I 2; die Erklärung zu Protokoll nach § 297 I 3, soweit der Vorsitzende sie eindeutig gestattet; die Bezugnahme auf einen Schriftsatz nach § 297 II.

In der Praxis kann der **Vorsitzende** die schriftsätzlich angekündigten Anträge vorlesen oder – was üblich ist – auf ihre Fundstelle in den Gerichtsakten (Datum des Schriftsatzes und Blattzahlen) hinweisen. Er befragt die Partei in der Regel nur, ob sie bei diesen Anträgen bleibt. Sie braucht dann nur etwaige Abänderungen oder Ergänzungen von sich aus zur Sprache zu bringen. Die **Bezugnahme** auf Anträge in den Schriftsätzen ist die Regel und wird im **Protokoll** wie folgt formuliert: *„Der Kläger nimmt Bezug auf die Anträge in der Klageschrift (bzw. in dem Schriftsatz) vom … (Bl. … d. A.)"*. Erfolgt bei der Bezugnahme keine Einschränkung, sind alle angekündigten Anträge gestellt, BGH NJW 2019, 1950; Anders/Gehle Assessorexamen ZivilR A Rn. 14. 9

Die Partei hat aber keinen Anspruch auf eine Einhaltung dieser praxisüblichen Methode. Sie muss ganz besonders bei der Antragstellung streng darauf achten, ihre Rechte zu wahren. Zwar soll der Vorsitzende nach § 139 I 2 Hs. 2 in jeder Verfahrenslage für sachdienliche Anträge sorgen, → § 139 Rn. 41. Dennoch ist eine korrekte und vollständige Stellung derjenigen Anträge, die das Gericht beurteilen soll, in allererster Linie die Aufgabe (Obliegenheit) der Partei auch und gerade der anwaltlich vertretenen. Die Hinweispflicht des Gerichts darf nicht dazu führen, dass man etwa eine Art gewohnheitsrechtlicher Entlastung von der Parteipflicht bejaht, die Anträge in eigener Verantwortung vorzubereiten und zu stellen. 10

Stillschweigend kann man den Antrag nicht verlesen, da dies ein Vorgang des unmittelbaren Sprechens ist. Stillschweigend kann man auch nicht die Erklärung nach §§ 159 ff. zu Protokoll geben. Denn auch sie erfordert ebenfalls ein Sprechen. Wohl aber kann die **Bezugnahme** auf einen Schriftsatz auch **konkludent** erfolgen, BGH NJW 2019, 1950; → Vor § 128 Rn. 60. So kann auch im Einzelfall in dem Stellen eines Sachantrages ein konkludenter Antrag auf Erlass eines Versäumnisurteils liegen, Kobl WM 1997, 1566 = BeckRS 1997, 04417, während der umgekehrte Fall rein theoretischer Natur sein dürfte, da das Gericht bei Stellen eines Antrages auf Erlass eines Versäumnisurteils nach § 139 immer nachfragen muss, welcher Sachantrag gemeint ist. Das Gericht muss das gesamte Verhalten einer Partei, ihres gesetzlichen Vertreters nach § 51 und ihres ProzBev. als den Inbegriff ihrer Prozesshandlungen wie jede Willenserklärung auslegen und zwar nach Treu und Glauben, → Vor § 128 Rn. 60. Dabei ist immer zu berücksichtigen, dass die Schriftsätze der Vorbereitung der mündlichen Verhandlung dienen und daher im Zweifel eine vollständige Bezugnahme auf die Schriftsätze erfolgt. Wegen des Grundsatzes der Einheit der Verhandlung kann diese konkludente Antragstellung als sogar schon an einem früheren Termintag erfolgt gelten, → Vor § 128 Rn. 29 (Einheit der mündlichen Verhandlung); → Vor § 253 Rn. 37. Die Anknüpfungspunkte für die Auslegung sind im Protokoll zu verdeutlichen, auch durch eine nachträgliche Klarstellung oder Berichtigung nach § 164. Das kann erhebliche Auswirkungen auf den gesamten Prozessverlauf haben. 11

4. Verhältnis zur Anhörung oder Erörterung. Mit dem Sachantrag legt die Partei zusammen mit dem geschilderten Lebenssachverhalt den Umfang ihres Angriffs bzw. ihrer Verteidigung und damit fest, über was das Gericht nach § 308 I entscheiden muss, → § 253 Rn. 26 **(Streitgegenstand).** Demgegenüber zählen die Anhörung und die Erörterung zu denjenigen vorbereitenden oder nachbereitenden Formen, in denen das Gericht mit der einen oder anderen oder beiden Parteien etwa nach § 139 in Kontakt tritt und sich nicht nur vortragen lässt. Das kann jederzeit erfolgen, Greger NJW 2014, 2554. Diese Maßnahmen können der Herbeiführung oder der Verhinderung von Sachanträgen dienen. Dabei können streitige und unstreitige Tatsachen zugrundeliegen. Die Anhörung oder Erörterung kann zu einem prozessbeendenden Vergleich führen. Diese Maßnahmen können einseitig oder beiderseitig stattfinden. Natürlich kann auch bei Anwesenheit einer Partei ihr Sachantrag aus welchen Gründen auch immer unterbleiben, so dass sie nach § 333 „nicht verhandelt" und daher säumig ist, → § 333 Rn. 4. 12

5. Wiederholung der Sachanträge. Bei mehreren mündlichen Verhandlungsterminen in demselben Rechtszug vor denselben Richtern ist bei gleichbleibenden Anträgen eine Wiederholung der schon nach § 160 III Nr. 2 zu Protokoll gestellten Sachanträge grundsätzlich entbehrlich, BGH NJW 2004, 2019, 2021; Hmb MDR 1986, 65; Jena OLGR 2004, 170. Das ergibt sich aus dem Grundsatz der Einheit der mündlichen Verhandlung und aus dem Grundsatz der Gleichwertigkeit aller Verhandlungsteile, → Vor § 128 Rn. 29 (Einheit der mündlichen Verhandlung). Das gilt auch beim Wechsel der Besetzung des Gerichts, Jena OLGR 2004, 170; Thomas/Putzo/Seiler Rn. 1, und bei Wiedereröffnung der mündlichen Verhandlung, MüKoZPO/Fritsche Rn. 5. Die erneute Feststellung der Anträge zu Protokoll nach § 160 III Nr. 2 in einem weiteren Verhandlungstermin kann sich aber zur Klärung der Rechtsfolgen empfehlen. Der Umfang des entscheidungserheblichen Streitstoffs sollte in jedem mündlichen Verhandlungstermin eindeutig klarliegen. Üblich ist, dass bei neuen Verhandlungsterminen eine Wendung wie: *„Die Parteien verhandelten mit den in der Sitzung vom … gestellten Anträgen (Bl… d.A) erneut zur Sache."* ins Protokoll aufgenommen wird. 13

Zwingend ist eine erneute Protokollierung bei Änderungen des Antrages. Das gilt nach unserer Auffassung auch, wenn sich der neue Antrag eindeutig aus dem Gesetz oder einer Auslegung ergibt, so zB eventuell bei Veränderungen eines Zinsantrages, bei einer teilweisen Klagerücknahme, bei einem teilweisen Anerkenntnis nach § 307oder einem teilweisen Verzicht nach § 306, nach einer teilweisen einseitigen Erledigungserklärung oder nach dem Einspruch gegen ein Versäumnisurteil bzw. einen Vollstreckungsbescheid. Das Gericht sollte eine Veränderung der Formulierung des Antrages sofort ins Protokoll aufnehmen, damit alle Prozessbeteiligten übersehen können, über welche (restlichen) Anträge das Gericht noch entscheiden muss. 14

6. Rechtsfolgen der Antragstellung. Die Sachanträge nach § 297 haben eine ganze Reihe von prozessualen Auswirkungen. Sie bestimmen zusammen mit dem vorgetragenen Lebenssachverhalt den **Streitgegenstand,** → § 253 Rn. 26, und damit den Umfang der Entscheidungsbefugnis des Gerichts nach § 308 sowie den Umfang der Rechtskraft einer Entscheidung. Die Antragstellung ist maßgeblich für die Beurteilung der Zulässigkeit und der Begründetheit, dh der Schlüssigkeit der Klägervortrages, der Erheblichkeit des Beklagtenvortrages und der Beweisbedürftigkeit, → Vor § 253 Rn. 50 ff.; → § 139 Rn. 23; → Vor § 284 Rn. 4 (je zur Relationsmethode). 15

Allerdings kann ein **Verweisungsantrag** nach § 281 auch ohne den Sachantrag gestellt werden, → § 281 Rn. 8. Das Gericht kann die Fragen der örtlichen und sachlichen Zuständigkeit auf der Grundlage des Vortrages der Parteien in den vorbereitenden Schriftsätzen (§ 129) beurteilen. Das ergibt sich aus dem Wortlaut des § 281, insbesondere aus dessen II, nach dem ein Verweisungsantrag auch vor dem Urkundsbeamten der Geschäftsstelle und damit nicht zwingend in der mündlichen Verhandlung gestellt werden kann; die Verweisungsbeschluss kann dann nach § 128 IV ohne mündliche Verhandlung ergehen, BGH MDR 2013, 481 Rn. 8; → § 281 Rn. 8. Der Verweisungsantrag kann aber auch gleichzeitig mit dem Sachantrag, auch hilfsweise gestellt werden, → Rn. 7 (Verhältnis von Prozessantrag und Sachantrag); → § 281 Rn. 9.

16 Der bloße Sachantrag ist zunächst nur ein bloß formeller Vorgang, der die Verhandlung einleitet und selbst noch keine Verhandlung zur Sache ist; vielmehr gehören zur Verhandlung zwingend auch der Vortrag der Parteien nach II bis IV und die sich daraus ergebenden Erörterungen, MüKoZPO/Fritsche Rn. 3; Zöller/Greger Rn. 1. Deswegen ist folgender Vermerk im **Protokoll** ratsam: *„Der Kläger stellt den Antrag aus der Klageschrift vom., Bl.... d. A. Der Bekl. beantragt Klageabweisung gemäß Schriftsatz vom ..., Bl.... d. A. Mit diesen Anträgen verhandelten die Parteien zur Sache.“*. Fehlt aber im Protokoll der zweite Satz und findet sich dort nur die Antragstellung, ist in der Regel gleichwohl von einer Verhandlung auszugehen. Stellen nämlich die Parteien die Sachanträge, verhandeln sie im Zweifel durch eine konkludente Bezugnahme auch zur Sache, wenn keine einschränkenden Erklärungen erfolgen, MüKoZPO/Fritsche Rn. 6; → Rn. 11. Dementsprechend treten dann auch die Rechtsfolgen der §§ 39, 43, 282 III 269 I, 516 I ein. So kann dann eine Klage nicht mehr ohne Einwilligung des Bekl. zurückgenommen werden (§ 269 I). Eine Partei kann den Richter danach nicht mehr wegen Besorgnis der Befangenheit ablehnen (§ 43). Entsprechendes gilt für die Zuständigkeitsrüge im Falle des § 39, für Rügen zur Zulässigkeit (§ 282 III) oder für die Berufungsrücknahme (§ 516 I).

17 Der Wegfall einer **Säumnis** nach §§ 330 ff. ist eine ganz wesentliche weitere Folge einer Antragstellung bei gleichzeitiger Verhandlung; ab diesem Zeitpunkt ist eine Flucht in die Säumnis nicht mehr möglich, selbst wenn die Partei im Anschluss an ihren Sachantrag ihre Beteiligung an der weiteren mündlichen Verhandlung beendet, BAG MDR 2007, 1025; Anders/Gehle Assessorexamen ZivilR H Rn. 5; → Rn. 6; → Vor § 330 Rn. 2, 9. Sie kann sich jetzt nicht mehr in eine bloße Säumnis mit der Folge retten, dass gegen sie allenfalls ein Versäumnisurteil ergehen kann und daher die Möglichkeit eines Einspruchs nach § 338 und einer weiteren Verhandlung noch in dieser Instanz nach §§ 342 ff. erhalten bleibt.

18 **V. Vorträge der Parteien, II. 1. Mündlichkeit und rechtliches Gehör.** Die Vorschrift enthält eine konsequente Durchführung des Mündlichkeitsgrundsatzes. → § 128 Rn. 6, und sie dient dem rechtlichen Gehör, → Vor § 128 Rn. 42 ff. Mit dem Vortrag der Parteien in der mündlichen Verhandlung sollen alle entscheidungserheblichen Punkte des Rechtsstreits in tatsächlicher und rechtlicher Hinsicht erörtert werden (§§ 136 III, 139, 278 III); diesen soll und muss das Gericht zur Kenntnis nehmen sowie der Entscheidung zugrunde legen.

19 **2. Parteivortrag.** Der Parteivortrag soll nach §§ 136 III, 138 I, II, 139 eine zumindest im Bereich der **Tatsachen** erschöpfende Erörterung bewirken. Der Vortrag umfasst sämtliche Äußerungen in der Verhandlung einschließlich aller Bezugnahmen auf vorbereitende Schriftsätze. Er umfasst darüber hinaus aber auch Reaktionen der Partei auf ein gegnerisches Vorbringen oder auf Hinweise des Gerichts. Dabei spielen die Fragen der Darlegungslast, des konkludenten Bestreitens oder des stillschweigenden Zugestehens nach § 138 III eine Rolle, → § 138 Rn. 21 ff., 27 ff., 45 ff.

20 Mit **Partei** ist auch der Streithelfer nach § 66 gemeint und deshalb erfasst die Vorschrift auch seine Anträge und seinen Vortrag.

21 Der Parteivortrag muss sich auf das **Streitverhältnis** beziehen. Damit ist zunächst der Streitgegenstand gemeint, der sich nach dem zweigliedrigen Streitgegenstandsbegriff aus dem Klageantrag und dem von den Parteien vorgetragenen Sachverhalt ergibt, aus dem der Kläger seinen prozessualen Anspruch ableitet, → § 253 Rn. 26. Die mündliche Verhandlung dient aber auch einer erschöpfenden Erörterung der streitentscheidenden Punkte und umfasst damit die Grundlage der rechtlichen Bewertung des Tatsachenvortrages des Klägers und des Tatsachenvortrages des Beklagten einschließlich der in Betracht kommenden Einreden iSd ZPO durch das Gericht, → Vor § 253 Rn. 50 ff. (relationsmäßiges Denken); → Vor § 253 Rn. 60 ff. (Einreden iSd ZPO). Dass auch die rechtliche Beziehung des Streitverhältnisses in den Vortrag gehört, also nicht nur der Tatsachenstoff, bedeutet allerdings nur scheinbar eine Pflicht der Partei zu einer umfassenden eigenen rechtlichen Beurteilung. Grundsätzlich braucht die Partei die von ihr erstrebten Rechtsfolgen nicht juristisch zu benennen. Denn das Gericht ist in der **rechtlichen Würdigung** des ihm unterbreiteten Tatsachenstoffes ohnehin frei, → Vor § 128 Rn. 36. Immerhin verpflichtet schon Hs. 2 und darüber hinaus auch die allgemeine Mitwirkungs- und Förderungspflicht wenigstens bei einem Rechtsgespräch nach § 139 die Partei dazu, im Rahmen des ihr Zumutbaren auf die rechtlichen Gesichtspunkte wenigstens im Kern einzugehen.

22 Alle Beteiligten müssen die einmal wirksam mündlich vorgetragenen Tatsachen wegen der Grundsätze der Einheit der Verhandlung und der Gleichwertigkeit aller Verhandlungsteile, → Vor § 128 Rn. 29, solange beachten, bis die Partei ihre Erklärung, → § 138 Rn. 12 ff.; → Vor § 253 Rn. 53 ff. (Tatsachenbehauptung, Angriffs- oder Verteidigungsmittel) wirksam widerrufen oder zurückgenommen oder sonst wie aufgegeben hat. Eine **Wiederholung** eines erfolgten Vortrages oder eine erneute Bezugnahme in späteren mündlichen Verhandlungen, auch in der zweiten Instanz, ist nicht erforderlich.

23 Eine **Änderung** des Tatsachenvortrages macht den früheren keineswegs automatisch unbeachtlich. So kann zB ein anfängliches bloßes Bestreiten mit Nichtwissen nach einem Hinweis auf dessen Unzulässigkeit nach § 138 IV nicht durch die bloße Erklärung, dann wolle man eben unbedingt bestreiten, zu einem ausreichenden Bestreiten werden, → § 138 Rn. 60 ff. Vielmehr kann die Widersprüchlichkeit des Parteivortrags solange bestehen und beachtlich sein, bis sie eine befriedigende Aufklärung findet. Ein Geständnis nach § 288 I bleibt bis zum wirksamen Widerruf nach § 290 wirksam. Entsprechendes gilt für alle anderen prozessual oder materiell-rechtlich wirksam abgegebenen Erklärungen. Die Erklärung kann unabhängig davon wirksam sein, ob das Gericht sie ordnungsgemäß protokolliert hatte. Jedoch muss das Gericht darauf achten, dass alle wesentlichen Vorgänge und daher auch alle wesentlichen Teile des Parteivortrags nach § 160 II grundsätzlich in das Protokoll aufgenommen werden, soweit sie sich nicht unabhängig davon aus dem Akteninhalt ergeben und eine Protokollierung nicht zwingend ist, wie zB bei § 160 III Nr. 1–3, 8, 9.

3. Begriff der freien Rede. Nach II sollen die Parteien in Rede und Gegenrede zur Sache verhandeln. Sie dürfen sich nicht auf eine bloße Bezugnahme auf vorbereitende Schriftsätze beschränken, soweit eine solche nicht nach III 1 zulässig ist. Der „Ausnahmefall" der Bezugnahmemöglichkeit ist in der Praxis allerdings grundsätzlich der Regelfall. Das Erfordernis einer Vorlesung von Dokumenten besteht nur unter den Voraussetzungen III 2. Nach II kann der Vorsitzende jede Partei, ihren gesetzlichen Vertreter nach § 51, ihren ProzBev. oder Bevollmächtigten nach § 79 auffordern, alle nach der Auffassung der Partei in tatsächlicher und rechtlicher Beziehung derzeit schon und noch entscheidungserheblichen Gesichtspunkte, Tatsachen, Beweismittel auch dann mündlich zusammenfassend vorzutragen, wenn sie schon umfangreiche Schriftsätze eingereicht hatte. Gerade in einem schwierigen Fall kann in einem Ausnahmefall ein solcher Zwang zum Vortrag in freier Rede sinnvoll sein und dem Gericht zeigen, auf was es der Partei eigentlich überhaupt noch ankommt und was sie noch für streitig hält. Dadurch kann das Gericht den weiteren Verfahrensablauf im Einzelfall vereinfachen und beschleunigen, wobei dieses Ziel eher durch die Möglichkeiten des § 139, insbesondere auch des neuen § 139 I 3 (Strukturierung des Prozessstoffes) als durch die freie Rede erreicht werden kann. Auch bei einem erst dem Gericht und dem Gegner übergebenen umfangreichen Schriftsatz im Termin kann der Vortrag in freier Rede zum wesentlichen Inhalt und Kern dieses Schriftsatzes sinnvoll sein. In keinem Fall aber sollte das Gericht die Aufforderung zum Vortrag in freier Rede dazu benutzen, einen Prozessbeteiligten vorzuführen. Das entspricht nicht einer fairen Verhandlungsführung und berücksichtigt nicht, dass manche nicht so sprachgewandt sind. Oberster Grundsatz muss das rechtliche Gehör sein, MüKoZPO/Fritsche Rn. 8; → Vor § 128 Rn. 42 ff. (Einzelheiten zum rechtlichen Gehör). 24

Da die Partei mit einem Vortrag in freier Rede rechnen muss, besteht die Notwendigkeit zur Vorbereitung. Deshalb sollten die Partei und ihr Anwalt nicht erklären, sie seien auf einen solchen mündlichen Vortrag nicht **vorbereitet.** Das gilt auch und gerade für denjenigen ProzBev, der für einen Sozius oder einen verhinderten anderen Anwalt eingesprungen ist. Das Gericht ist keineswegs dazu da, einem ersichtlich überhaupt nicht mit dem Sachverhalt vertrauten ProzBev. aus den Akten klarzumachen, um was es sich handelt, oder gar, wen er eigentlich vertritt. Der Vortrag eines Richters, auch die Einführung in den Sach- und Streitstand (§ 139 I 1) ersetzt den Parteivortrag nicht. Dasselbe gilt für Ausführungen etwa des Vorsitzenden oder des Berichterstatters zu seiner Auslegung des Akteninhalts. Das Gericht darf sich im Anschluss an einen mündlichen Parteivortrag aber auch nicht rein zuhörend verhalten, solange es noch einen Punkt nach § 139 klären muss. Das Gericht muss selbstverständlich jeder Ausführung einer Partei im tatsächlichen und rechtlichen Bereich folgen und durch Rückfragen reagieren. 25

VI. Bezugnahme auf Dokumente, III 1. 1. Allgemeines. Eine Verlesung ist abgesehen von III 2 nicht vorgesehen und kann nach § 136 II zum Wortentzug führen, Zöller/Greger Rn. 3. Wegen des Grundsatzes des freien Parteivortrags, → Rn. 24 f., ist auch eine bloße Bezugnahme auf den Akteninhalt nur unter den Voraussetzungen der Sonderregelung nach III 1 statthaft, wobei die Bezugnahme auf die gewechselten Schriftsätze regelmäßig konkludent durch die Antragstellung erfolgt, BGH NJW 2004, 1876 (1879); → Rn. 16. Das kann nicht nur für die eigenen Dokumente, sondern auch für Dokumente des Gegners, oder eines anderen Prozessbeteiligten, auch eines Zeugen nach § 373 oder eines Sachverständigen nach § 402 gelten, soweit sich diese schriftlich oder elektronisch zB nach §§ 377 III, 411 geäußert haben. 26

2. Begriff des Dokuments. Der Begriff des Dokumentes umfasst die Schriftsätze nach § 129, ein elektronisches Dokument nach §§ 130a, eine Erklärung einschließlich eines Antrages, den die Partei bereits nach § 129a zu Protokoll gegeben hat, alle dem Gericht eingereichten Urkunden und sonstigen Anlagen und Ergänzungen nach §§ 131 ff., BGH BeckRS 2018, 33393 = NJW 2019, 1082 (Anlagekonvolut); NJW 2002, 681 (Beiakten). Das gilt unabhängig von ihrer Form. Daher gehören hierher auch zB Fotos, Fotokopien, Telefax- und Teletex-Schriftstücke, Tonbänder und sonstige technische Aufzeichnungsmittel. Eine andere Frage ist, ob die Bezugnahme auf Dokumente als ausreichender (substantiierter) Vortrag anzusehen ist, → Rn. 28. 27

3. Begriff der Bezugnahme. Es genügt eine Erklärung der Partei dass sie den Inhalt des Dokuments zum Gegenstand ihres mündlichen Vortrags macht, aber nur, wenn das Dokument zu den Akten gereicht ist, BGH NJW 1995, 1841. Eine nicht beigefügte und auch nicht nachgereichte Anlage wird trotz einer „Bezugnahme" in der mündlichen Verhandlung nicht zum Vortrag, soweit die Partei sie nicht im Hauptdokument oder der mündlichen Verhandlung inhaltlich wiedergibt, BGH NJW 1995, 1841. Soweit der Schriftsatz erst im Termin präsentiert wird, ist eine Bezugnahme in der Regel unangemessen iSd III 1, Zöller/Greger Rn. 3. Die Partei braucht nicht ausdrücklich „Bezug zu nehmen". Im Zweifel gilt mit der Sachantragstellung ohnehin der gesamte Inhalt der bisher dem Gericht vorgelegten Dokumente nebst Anlagen als zumindest stillschweigend vorgetragen. Die mündliche Verhandlung und insbesondere die vorbehaltlose Sachantragstellung erstreckt sich im Zweifel auf den gesamten bis zum Termin angefallenen Akteninhalt, BGH NJW 2004, 1876; 1999, 2123; 1996, 379; Hamm NJW-RR 1997, 764; Lange NJW 1989, 444; → Rn. 11, 16, und zwar auch auf den vorinstanzlichen Akteninhalt; evtl. muss das Gericht nach § 139 nachfragen, BVerfG NJW-RR 1995, 828; BGH NJW 1998, 2977 (Fallenlassen von Vortrag). Ein ausdrücklicher Hinweis auf einen der schriftsätzlich erfolgten Beweisanträge nach §§ 371 ff. enthält daher grundsätzlich nicht den Verzicht auf die übrigen. Man braucht einen solchen Beweisantritt im Verhandlungstermin nicht ausdrücklich zu wiederholen Hamm NJW-RR 1997, 764. Die pauschale Bezugnahme auf zB eine gesamte Beiakte oder ein umfangreiches Anlagekonvolut reicht aber grundsätzlich nur insoweit, als die Partei sie näher eingrenzt; ansonsten ist der Vortrag **unsubstantiiert** und damit unbeachtlich, BGH BeckRS 2018, 33393 = NJW 2019, 1082; NJW 1994, 3296; → § 131 Rn. 9; → § 138 Rn. 21 ff. Die konkrete Bezugnahme kann im **Protokoll** durch die Worte *„Die Partei nahm Bezug auf S. 2 – 4 des …(Beschreibung des Dokuments)"* festgehalten werden; dies ist besser als die Formulierung *„Die Partei verhandelt mit dem Dokument vom…."* Allerdings kann sich durch eine Auslegung des Protokolls oder einer nach Treu und Glauben auslegbaren Prozesshandlung, eine Konkretisierung ergeben. 28

4. Kein Parteiwiderspruch. III 1 setzt voraus, dass keine der übrigen Parteien widerspricht. Sie braucht nicht ausdrücklich oder stillschweigend zuzustimmen. Es genügt, dass sie nicht erkennbar Bedenken hat. Anfängliche Bedenken mögen sich im Lauf der Verhandlung beiseite räumen lassen. Es empfiehlt sich, den Vorgang im Protokoll nach § 160 II zu verdeutlichen. Das bloße Schweigen des Prozessgegners ist noch kein erkennbarer Widerspruch. Sein Bestreiten ist keineswegs stets auch ein Widerspruch nach III 1. Da der Prozess die Auseinandersetzung zweier gleichberechtigter Parteien ist und der Parteiherrschaft, dem Beibringungsgrundsatz und 29 dem Dispositionsgrundsatz unterliegt, → Vor § 128 Rn. 20 ff (zu diesen Grundsätzen), mag sich die Partei erkennbar widersprechend melden. Daher liegt im Zweifel kein Widerspruch vor.

30 **5. Angemessenheit der Bezugnahme.** Zusätzlich muss aber auch das Gericht nach III 1 die Bezugnahme für angemessen halten, damit sie zulässig ist. Das Gericht hat dabei ein pflichtgemäßes Ermessen. Es darf weder eine Bezugnahme grundsätzlich unbeschränkt zulassen noch sie ausnahmslos verbieten. Maßgeblich ist der Sinn und Zweck der Vorschrift. Das Gericht muss dafür sorgen, dass der Parteivortrag nicht durch eine bloße Bezugnahme unklar, uferlos oder unübersehbar wird, BGH BeckRS 2018, 33393 = NJW 2019, 1082 (zur Frage der Substantiierung); → § 130 Rn. 33. Es muss den Grundsatz der Prozesswirtschaftlichkeit beachten. Es muss auch nach § 139 dafür sorgen, dass die Erklärungen der Partei eindeutig und präzise sind, LG Ffm NJW-RR 2001, 589; Lange NJW 1989, 442; → § 138 Rn. 21 ff. Jedenfalls darf das Gericht sich nicht zwingen lassen, sich das Wesentliche selbst aus umfangreichen Dokumenten, Anlagen oder Beiakten, aus Ermittlungsakten zusammenzusuchen, BGH Beck RS 2018, 33393 = NJW 2019, 1082; NJW 1994, 3296. Nach Gutdeutsch/Maaß NJW 2022, 1567, kann das Gericht in Masseverfahren mit einem regelmäßig überschaubaren Sachverhalt, so in den **Dieselskandalfällen,** die Bezugnahme auf Schriftsätze insbesondere in Parallelverfahren für unzulässig halten, wenn zuvor eine Auflage nach § 139 I 3 zur exakten Strukturierung erteilt wurde; dadurch könne die richterliche Belastung verringert werden, vgl. auch Rebehn NJW-aktuell 22/2022 S. 17 (zum Reformpaket gegen die Klageflut). Im Berufungsrechtszug ist eine Bezugnahme auf ein erstinstanzliches Vorbringen eher zulässig und im Zweifel erfolgt, auch im Hinblick auf Beweisantritte, BGH BeckRS 2020, 11007 = NJW-RR 2020, 822; NJW-RR 2020, 60; → Vor § 128 Rn. 53 „Berufung".

31 **VII. Vorlesung von Dokumenten, III 2.** Eine Vorlesung des Antrags aus einem vorbereitenden Schriftsatz ist in dem vorrangigen § 297 I 1 vorgesehen, wird aber in der Praxis grundsätzlich durch eine Bezugnahme nach § 297 II ersetzt, → Rn. 8 ff. Eine Vorlesung anderer Teile von Dokumenten, → Rn. 27, ist von den weiteren Voraussetzungen des III 2 abhängig. Dabei ist mit dem Begriff **„Vorlesung"** das direkte Ablesen vom Papier oder vom Bildschirm, wenn auch das Dokument vielleicht nur aus Kürzeln oder Telegrammstil besteht. Natürlich muss das abgelesene Dokument anschließend zur Gerichtsakte kommen, wenn das noch nicht der Fall ist.

32 Nach dem Wortlaut von III 2 findet die Vorlesung nur insoweit statt, als es auf ihren **wörtlichen Inhalt** des Dokumentes ankommt. Das ist eine Zulässigkeitsvoraussetzung, die zusätzlich zu den Voraussetzungen des III 1, dh zum Fehlen eines Widerspruchs des Prozessgegners und zur Erlaubnis durch das Gericht, → Rn. 29, 30, erfüllt sein muss. Andernfalls könnte die Partei zwar nicht eine Bezugnahme, wohl aber eine Vorlesung leichter erzwingen, was im Widerspruch zum Grundsatz der Prozesswirtschaftlichkeit stehen würde. Bei der Zulässigkeitsvoraussetzung des III 2 kommt es auf die Wertung des Gerichts an. Es muss sich seine Meinung nach dem gesamten bisherigen Akteninhalt und Verhandlungsinhalt bilden. Wenn alle anderen Prozessbeteiligten den Wortlaut bereits in Händen haben, mag eine Vorlesung wesentlich sein, um etwa die nach der Ansicht der Partei erforderliche besondere Art der Betonung oder Aussprache etwa eines fremdsprachlichen Ausdrucks zu klären oder um darzustellen, dass sie das Gesetz anders liest. Liest eine Partei oder der ProzBev. bzw. der sonstige Vertreter ein Dokument vor, statt in freier Rede nach II vorzutragen, kommen Maßnahmen nach § 136 II und § 79 III 3 in Betracht, Thomas/Putzo/Seiler Rn. 2.

33 **VIII. Vortrag der Partei persönlich im Anwaltsprozess, IV. 1. Allgemeines.** Die zwingende Vorschrift dient der Prozesswirtschaftlichkeit und Art. 103 I GG, der Verhütung von Unklarheiten, Auslassungen oder Widersprüchlichkeiten infolge einer mangelhaften Information des ProzBev. Sie soll unnötige Verzögerungen durch sonst notwendige Rückfragen verhindern. Oft kann nur die Partei etwa aus einer Zeugenaussage zB zu einem Vorfall, den sie miterlebt hat, die widersprüchliche Stelle erkennen und zur Sprache bringen. Damit wird ihre Kenntnis des Sachverhalts nutzbar gemacht. Durch die aktive Mitwirkung wird auch die Akzeptanz der gerichtlichen Entscheidung erhöht, MüKoZPO/Fritsche Rn. 13. Bei einem persönlichen Vortrag der Partei nach IV können sich uU Maßnahmen nach § 141 oder § 448 erübrigen, BVerfG NJW 2008, 2170.

34 **2. Voraussetzungen.** IV gilt für den **Anwaltsprozess,** → § 129 Rn. 1, und gibt der Partei neben ihrem ProzBev ein Recht auf einen eigenen Vortrag. §§ 141 und 278 II 3 ergänzen die Möglichkeit einer persönlichen Anhörung der Partei unabhängig davon, ob ein Anwaltsprozess vorliegt. Umgekehrt muss in einer Patent-, Gebrauchsmuster- oder Markensache das Gericht aufgrund eines Antrags der Partei auch ihrem Patentanwalt nach § 4 I PAO das Wort gestatten. Neben der **Partei** ist auch der Streithelfer nach §§ 66 ff., der gesetzliche Vertreter nach § 51 und der rechtsgeschäftliche Vertreter der Partei oder des Streithelfers vortragsberechtigt nach IV. Ein Dritter hat keinen Anspruch darauf, persönlich zu Wort zu kommen. Das Gericht kann der Partei aber gestatten, das Recht auf eine persönliche Erklärung ausnahmsweise durch einen Dritten auszuüben, etwa durch ihren Verkehrsanwalt oder durch einen Beistand nach § 90. Einen Prokuristen muss das Gericht in dieser Eigenschaft als Zeugen behandeln. Im Anwaltsprozess nach § 78 erhält die Partei das Wort nur „neben" dem Anwalt, nicht „anstelle" ihres ProzBev; das gilt auch bei einer Anwesenheit des ProzBev. eines Streithelfers nach §§ 66 ff., Ffm NJW-RR 2010, 140; BVerwG NJW 1984, 625. Daher hat die Partei im Anwaltsprozess dann keinen Anspruch nach IV, wenn ihr Anwalt entweder nicht erscheint oder nicht verhandelt, MüKoZPO/Fritsche Rn. 14. Dasselbe gilt für den anstelle der Partei zum persönlichen Vortrag berechtigten Verkehrsanwalt. Soweit eine Erklärung aufgrund materieller Formvorschriften persönlich erfolgen muss, wie zB ein Erbverzicht nach § 2347 II BGB oder ein Erbvertrag nach § 2274, ist auch im Prozess die persönliche Parteierklärung zwingend, Zöller/Greger Rn. 5. Dass Erklärungen im Prozess auch materiell-rechtliche Wirkungen haben können, wie zB der Prozessvergleich aufgrund seiner Doppelnatur, → § 278 Rn. 13, 65 ff., oder die erstmals erklärte Aufrechnung, erfordert zur Wirksamkeit insoweit nicht die persönliche Parteierklärung im Prozess, wenn der ProzBev eine entsprechende Vollmacht hat.

35 Die Partei erhält das Wort nur **auf Antrag,** also nicht zwingend von Amts wegen. Das ändert natürlich nichts an der Befugnis des Gerichts, der Partei Fragen zu stellen und sie zum ergänzenden Vortrag aufzufordern, sofern es sie nicht ohnehin kraft Gesetzes persönlich anhören muss. Andererseits darf nicht der Prozessgegner erzwingen, dass *die Partei selbst* neben dem Anwalt das Wort ergreift. Es kommt auf den Antrag gerade derjenigen Partei an, die neben dem Anwalt sprechen will oder soll. Auch ohne einen Parteiantrag sollte das Gericht die erschienene Partei in der Regel auch im Anwaltsprozess zum Sach- und Streitstand, jedenfalls zu einzelnen Punkten anhören, um klarzustellen, dass es um Ihren Rechtsanspruch geht und sie keine Statistenrolle einnimmt.

Unter den Voraussetzungen des IV hat die Partei einen Anspruch darauf, das Wort neben dem Anwalt zu 36
erhalten, und, soweit sie der deutschen Sprache nicht mächtig ist, dass ein **Dolmetscher** hinzugezogen wird, BGH NJW-RR 2018, 506;Thomas/Putzo/Seiler Rn. 4; Zöller/Greger Rn. 4. Sie kann das Wort grundsätzlich jederzeit fordern. Allerdings darf sie es nicht zur Unzeit verlangen. Sie darf es auch nicht nach §§ 177, 178 GVG ungehörig missbrauchen. Der Vorsitzende muss aber wegen Art. 103 I GG großzügig sein, wobei er die Reihenfolge der Wortbeiträge bestimmt, Prütting/Gehrlein/Prütting Rn. 6; → § 136 Rn. 13 ff. Er mag durchaus Gründe dafür haben, die Partei noch ein wenig warten zu lassen, bevor sie neben ihrem Anwalt persönlich zu Wort kommt.

3. Widerspruch zwischen Partei und ProzBev. Soweit die Partei neben ihrem Anwalt gesetzmäßig zu 37
Wort kommt, sind ihre Erklärungen auch im Anwaltsprozess für alle Prozessbeteiligten wirksam und beachtlich. Sie kann lediglich nicht „anstelle" des ProzBev. wirksame Anträge stellen und sonstige Prozesshandlungen vornehmen, weil sie nicht postulationsfähig ist. Soweit der Vortrag der Partei persönlich von einer Erklärung ihres ProzBev. abweicht, kann er sogar den Vorrang haben oder der Widerspruch kann im Rahmen der Würdigung berücksichtigt werden; das folgt aus dem Rechtsgedanken des § 85 I 2, Prütting/Gehrlein/Prütting Rn. 6. In der Regel wird der Anwalt aber in einem solchen Fall seinen Vortrag korrigieren, weil er seine Informationen von der Partei erhalten hat.

IX. Rechtsbehelfe. Bei einer Verletzung des § 137 kommen grundsätzlich dieselben Rechtsbehelfe wie bei 38
→ § 136 Rn. 38 ff. in Betracht. Entscheidet der Vorsitzende, kann nach § 140 die Entscheidung des Kollegiums herbeigeführt werden. Darüber hinaus kann eine Verletzung des § 137 als Verfahrensfehler mit dem statthaften Rechtsmittel (Berufung oder Revision) gerügt werden, wenn die Entscheidung darauf beruht, MüKoZPO/Fritsche Rn. 16. Fehlt ein Vorgehen nach § 140, kommt eine Heilung nach § 295 nur bei Verletzung der formellen, nicht aber der materiellen Prozessleitung in Betracht, da sich Fehler in der materiellen Prozessleitung auf die Entscheidungsfindung auswirken, MüKoZPO/Fritsche § 140 Rn. 8; zur Begrifflichkeit in Bezug auf die Prozessleitung → § 136 Rn. 11, 12. Entscheidet das Gericht zB trotz fehlender Anträge über die Klage, liegt ein Verfahrensverstoß gegen §§ 137 I, 308 vor, der mit dem Endurteil durch eine Berufung oder Revision zu rügen ist und in der Revision zur Aufhebung und Zurückverweisung nach § 538 II Nr. 1 führen kann, Kobl NJOZ 2002, 1745. Das gilt auch, wenn in der Berufung nicht alle in der Klageschrift enthaltenen Anträge berücksichtigt werden, obwohl keine Anhaltspunkte für eine Einschränkung bestehen, BGH NJW 2019, 1950. Auch stellt eine unberechtigte Versagung des persönlichen Vortrags nach IV einen Verfahrensmangel dar, der mit dem zulässigen Rechtsmittel gerügt werden kann, BVerwG NJW 1984, 625. Mit einem solchen Verstoß ist aber nicht gleichzeitig immer auch eine Versagung des rechtlichen Gehörs nach Art. 103 I GG verbunden, BVerwG NJW 1984, 625; BayVerfGH NJW 1984, 1026; → Vor § 128 Rn. 42 ff. (zum rechtlichen Gehör). Liegt eine Verletzung nach Art. 103 GG vor, kann nach Erschöpfung des Rechtsweges Verfassungsbeschwerde eingelegt werden.

138 *Erklärungspflicht über Tatsachen; Wahrheitspflicht.*

I Die Parteien haben ihre Erklärungen über tatsächliche Umstände vollständig und der Wahrheit gemäß abzugeben.

II Jede Partei hat sich über die von dem Gegner behaupteten Tatsachen zu erklären.

III Tatsachen, die nicht ausdrücklich bestritten werden, sind als zugestanden anzusehen, wenn nicht die Absicht, sie bestreiten zu wollen, aus den übrigen Erklärungen der Partei hervorgeht.

IV Eine Erklärung mit Nichtwissen ist nur über Tatsachen zulässig, die weder eigene Handlungen der Partei noch Gegenstand ihrer eigenen Wahrnehmung gewesen sind.

Schrifttum: Brand, Grenzen zivilprozessualer Wahrheit und Gerechtigkeit, NJW 2017, 3558; Brost/Hassel, Die Beweiskraft anonymer Informanten im Presserecht, NJW 2021, 1351; Butzhaus, Die Bewältigung von Informationsdefiziten bei der Sachverhaltsaufklärung, 2010; Dyck/Ittner, Das Sachvortragsverwertungsverbot, NJW 2021, 1633; Gilles, Zur Demontage des Wahrheitspostulats im Zivilprozess durch die vorherrschende deutsche Doktrin, FS Gottwald, 2014, 189; Gomille, Informationsproblem und Wahrheitspflicht, 2016; Grootens/Egner, Erklärung mit Nichtwissen – keine Informationsbeschaffungspflicht bei bloßer Gesamtschuldnerschaft, NJW 2019, 3182; Heese, Sachaufklärung im Dieselskandal, NJW 2021, 887; Kaya, Die Mitwirkungspflicht der Parteien des Zivilprozesses, 2018; Koch, Mitwirkungsverantwortung im Zivilprozess, 2013; Michel/Bruns, Der Schriftsatz des Anwalts im Zivilprozess, 7. Aufl. 2019; Oberheim, Erfolgreiche Taktik im Zivilprozess, 8. Aufl. 2020; Prütting, Wahrheit im Zivilprozess?, FS Gottwald, 2014, 507; Prütting, Die sekundäre Darlegungslast und die nicht existierende sekundäre Beweislast, FS Krüger, 2017, 433; Ren, Wahrheitspflicht und Kooperationsmaxime im Zivilprozess (rechtsvergleichend), 2013; Saueressig, Darlegen und Beweisen im Zivilprozess, 4. Aufl. 2019; Wach/Bücheler, Die Behauptung trotz Nichtwissens – Der „Vortrag ins Blaue hinein", FS Geimer, 2017, 765.

Übersicht

1 **I. Systematik.** Während § 136 einige der Hauptaufgaben des Vorsitzenden in der Sitzung regelt sowie § 137 den Gang der mündlichen Verhandlung und § 139 Hinweispflichten des Gerichts in und außerhalb der mündlichen Verhandlung erfassen, enthält § 138 einige wichtige Hauptregeln zum Vortrag der Parteien und ihrer ProzBev. Die Bestimmung steht zwar im Abschnitt über die mündliche Verhandlung. Sie gilt aber auch für jedes schriftsätzliche Vorbringen, auch im Parteiprozess ohne Anwaltszwang nach § 78. Die Vorschrift regelt die Pflichten der Parteien keineswegs umfassend. Sie steht in einem Geflecht weiterer Regeln. Zu ihnen zählen vor allem §§ 282, 283, aber auch zB die Vorschriften über den Beweisantritt, zB § 371 (Augenschein), § 373 (Zeugenbeweis), § 403 (Sachverständiger), §§ 420, 428 (Urkunden), §§ 446, 447 (Parteivernehmung). Ergänzend sind zB bei der Parteivernehmung § 453 II mit seinen Folgen der Verweigerung der Aussage zu beachten. Ergänzend anwendbar sind auf die Klagerwiderung im schriftlichen Vorverfahren § 277 I und auf die Stellungnahme zur Klagerwiderung § 277 IV. Abzugrenzen sind II, III von einem Geständnis nach § 288 I insbesondere wegen § 290; im Einzelfall kann bei einem fehlenden Geständnis ein Zugeständnis nach III angenommen werden, BGH NJW 1999, 579.

2 **II. Regelungszweck. 1. Allgemeines.** Der Hauptzweck besteht in der Herbeiführung eines möglichst hohen Grades von Wahrheit und Aufrichtigkeit bei der Aufklärung des entscheidungserheblichen Sachverhalts. Ein wahrheitsgemäßer Parteivortrag gehört zu den Grundbedingungen eines rechtsstaatlichen Verfahrens vor Gericht, dessen Hilfe die Partei zur Durchsetzung ihres Rechts beansprucht und deshalb im Gegenzug die Wahrheitspflicht erfüllen muss, damit ein redliches und faires Verfahren sichergestellt ist, Prütting/Gehrlein/Prütting Rn. 2. Die Wahrheitspflicht gilt in jedem Prozessstadium und zu jeder erkennbar entscheidungserheblichen Frage, ferner auch und gerade gegenüber dem eigenen ProzBev.. Ein erfahrener Anwalt kennt die Schwierigkeiten, den Sachverhalt vollständig und zutreffend zu erfahren. Es gibt auch bewusst wahrheitswidrige Schilderungen. Unrichtige, lückenhafte Darstellungen des Mandanten erfolgen aber häufig nicht bewusst, vielmehr aus Gedankenlosigkeit, Vergesslichkeit, einer falschen bzw. unvollständigen Wahrnehmung von Geschehnissen oder einer falschen Einschätzung, welche Tatsachen entscheidungserheblich sind. Das ändert nichts an Vermeidbarkeit und Folgenschwere des Fehlers.

3 Jede Partei hat sowohl gegenüber dem Prozessgegner als auch gegenüber dem Gericht die prozessuale Pflicht, ihre Erklärungen über Tatsachen durch Behauptungen, Bestreiten, Beweisantritt, Beweiseinrede entsprechend ihrer notgedrungen subjektiven Vorstellung wahrheitsgemäß abzugeben, Brand NJW 2017, 3558; → Rn. 15 (zur subjektiven Wahrheit). Darüber hinaus muss sie ihre Erklärungen auch vollständig abgeben; sie darf sich nicht auf lückenhafte Halbwahrheiten beschränken; sie ist auch nicht berechtigt, die ihr unerheblich erscheinenden Tatsachen falsch darstellen oder das ihr Günstige heraussuchen, BGH NJW 2011, 2794. Die Wahrheitspflicht gilt grundsätzlich unabhängig von der Frage der Darlegungs- und Beweislast, → Rn. 21.

4 **2. Keine Amtsermittlung.** Aus der Vorschrift folgt keine Amtsermittlung; vielmehr gelten neben dem Dispositionsgrundsatz grundsätzlich der Beibringungsgrundsatz, → Vor § 128 Rn. 39 ff. und 21 ff.; → Vor § 253 Rn. 14. Durch die Vorschrift wird somit klargestellt, dass die Wahrheitspflicht keinen Gegensatz zum Beibringungsgrundsatz und zum Dispositionsgrundsatz darstellt, Prütting/Gehrlein/Prütting Rn. 2; Brand, NJW 2017, 3558. Die Wahrheitspflicht nach § 138 gilt unabhängig von einem materiell-rechtlichen Auskunftsanspruch, so zB nach §§ 242, 666, 1379, 2027, 2028, 2314 BGB, → § 254 Rn. 8 ff. Es gibt auch keine allgemeine Aufklärungspflicht der Parteien, → Rn. 8. Wenn das Gesetz aber schon den Parteien gestattet, denjenigen Streitstoff selbst beizubringen, über den das Gericht entscheiden soll, muss zur Vermeidung einer bloßen Willkür eine Wahrheitspflicht bestehen.

5 **3. Treu und Glauben.** Die Vorschrift soll eine faire Prozessführung sichern. Sie ist im Grunde ein Ausfluss von Treu und Glauben im Prozess. Daher darf keine Partei bewusst Unwahres gegen besseres Wissen vorbringen. Sie darf auch nicht bewusst eine zur Klarstellung erkennbar erforderliche Tatsache verschweigen. Sie darf nicht lügen, weder bei einer Behauptung noch bei deren Bestreiten, mag sie noch so sehr von ihrem Recht überzeugt sein und mag die Wahrheit ihre Aussichten im Prozess auch noch so stark gefährden. Treu und Glauben beherrschen die gesamte Prozessführung. Darüber hinaus entnimmt Peters, FS Schwab, 1990, 399 (407) auch dem I eine allgemeine Prozessförderungspflicht der Parteien, die auch bei der Sammlung des Tatsachenstoffes gilt. Diese Zwecke sind bei der Auslegung von I–IV zu berücksichtigen.

6 Bestreiten mit persönlichem (Noch-)Nichtwissen ist eine häufige Art der Einlassung. Verständlich ist das oft. Jeder Anwalt weiß, wie oft der Auftraggeber absichtlich oder arglos solche Einzelheiten „vergisst" mit zu erwähnen, die juristisch eine entscheidende Bedeutung haben, ohne dem Auftraggeber immer als so wichtig zu erscheinen. Deshalb ist es für einen Anwalt ratsam, direkt zu Beginn des Mandantenverhältnisses den gesamten

Sach- und Streitstand aufgrund der Mandanteninformationen (relationsmäßig, → Vor § 253 Rn. 50 ff., → § 139 Rn. 23) aufzuarbeiten und notfalls auf eine Ergänzung oder Richtigstellung durch den Mandanten hinzuwirken.

III. Geltungsbereich. Die Pflichten zur Wahrheit und Vollständigkeit gelten grundsätzlich in der mündlichen Verhandlung und für das schriftsätzliche Vorbringen, und zwar in jedem Verfahren nach der ZPO, auch im Eilverfahren, LG Hmb GRUR-RR 2014, 137, 139, auch im WEG-Verfahren. Sie gelten in allen Instanzen und in jeder Verfahrenslage, also auch in der Revisionsinstanz, im Kostenfestsetzungsverfahren nach §§ 103 ff. KG BeckRS 2020, 972; Kblz BeckRS 2011, 20547, und grundsätzlich in der Zwangsvollstreckung nach §§ 704 ff. Sie gelten an sich auch in denjenigen Verfahrensarten, in denen der Amtsermittlungsgrundsatz, → Vor § 128 Rn. 39; → Vor § 253 Rn. 14, oder der Grundsatz der Amtsprüfung, → Vor § 128 Rn. 42; → Vor § 253 Rn. 14, herrschen. Allerdings gilt III grundsätzlich nur in einem Verfahren mit dem sog. Beibringungsgrundsatz, → Rn. 53 (auch zu den Ausnahmen zB bei den Zulässigkeitsvoraussetzungen). In FamFG-Verfahren gelten §§ 26, 27 FamFG und grundsätzlich in Ehe- und Familienstreitigkeiten, wobei nach § 113 I, IV Nr. 1 FamFG in Ehesachen III keine Anwendung findet, → Rn. 53. III ist auch bei einem Verfahren nach § 727 unanwendbar, BGH JurBüro 2009, 163 = BeckRS 2008, 24483; Hmb BeckRS 2020, 44159 Rn. 12. I–IV können nach § 46 II ArbGG auch im arbeitsgerichtlichen Verfahren gelten, BAG NZG 2018, 272 Rn. 25; Reitz NZA 2017, 273 (274). 7

IV. Informationsobliegenheit der Partei gegenüber ihrem ProzBev. Die Partei hat im Prozess eine Obliegenheit zur Mitwirkung an einer Aufklärung des Sachverhalts, Gaier NJW 2013, 2871 (2874). Sie hat aber trotz allen sozialen Ausgleichszwecks des Zivilprozesses **keine allgemeine Aufklärungspflicht,** insbesondere nicht für die nicht darlegungspflichtige Partei, BGH NJW 1990, 3151; → Rn. 41. Verletzt aber die Partei ihre Pflicht zum wahrheitsgemäßen und vollständigen Tatsachenvortrag, kann dies für sie im Prozess nachteilig sein, → Rn. 68 ff. Der Prozessbevollmächtigte ist auf die Informationen durch seine Partei angewiesen, um für sie diese Pflicht zu erfüllen und seine Prozesstaktik zu überlegen. Ein Anwalt darf keineswegs schon dann eine gegnerische Behauptung bestreiten, wenn er zwar persönlich bisher über diesen Punkt nichts weiß, wenn aber seine Partei im Rahmen der Prozessförderungspflicht Veranlassung gehabt hätte, ihn bereits zuvor auch über diesen Punkt aufzuklären, oder wenn der Anwalt im Rahmen seiner Vertragspflichten gegenüber seinem Auftraggeber und im Rahmen seiner Stellung als ein Organ der Rechtspflege nach § 1 BRAO verpflichtet gewesen wäre, sich über diesen Punkt zuvor Näheres sagen zu lassen oder dazu Ermittlungen anzustellen. Ein Anwalt darf nur dann bestreiten, wenn er von der Unrichtigkeit der gegnerischen Behauptung überzeugt ist und auch sein darf, → Rn. 13 f. 8

Die vorstehenden Grundsätze gelten auch dann, wenn der Prozessgegner eine Behauptung erstmalig in der Verhandlung aufstellt. Das Gericht muss in einer solchen Lage zu klären versuchen, ob diese angeblich neue Behauptung wenigstens dem Auftraggeber des Anwalts schon vor dem Termin bekannt gewesen sein soll, etwa durch eine schriftliche Mitteilung in der vorprozessualen Korrespondenz. Bei einer solchen Konstellation kann der Anwalt nicht erklären, er bestreite den Zugang eines solchen Schreibens. Den Anwalt persönlich trifft häufig kein Verschulden, wenn ihn der Auftraggeber über bestimmte Vorgänge nicht umfassend informiert hatte. Dieser Umstand ermächtigt den Anwalt aber noch nicht, einfach ins Blaue hinein vorsorglich wegen seiner nur höchstpersönlich derzeitigen Noch-Unkenntnis zu bestreiten, → Rn. 16, 37. Auch muss der ProzBev. nach Bewertung des Sachverhalts beider Seiten in tatsächlicher und rechtlicher Hinsicht und in jedem Fall nach Hinweisen des Gerichts nach § 139 durch gezielte Fragen an seinen Mandanten versuchen, dass er umfassend rechtzeitig vor dem Termin über die entscheidungserheblichen Tatsachen informiert ist. 9

Viele verkennen bei dieser Problematik die Stellung des Gerichts. So verständlich es ist, dass der im Termin „überraschte" Anwalt Zeit zu gewinnen versucht, so sehr muss er bedenken, dass das Gericht wegen des Gebots seiner Unparteilichkeit, → § 139 Rn. 18, auch die Interessen des Prozessgegners wahren muss. Die **Förderungspflicht** ergibt deshalb für jede Partei die Obliegenheit, ihren ProzBev. schon im schriftlichen Vorverfahren nach §§ 276 ff. bis zur vom Gericht geforderten Stellungnahme, spätestens aber bis zum Termin umfassend auch über solche Umstände zu unterrichten, die vernünftigerweise im Prozess entscheidungserheblich sein können. Das gilt trotz des Grundsatzes, dass keine Partei sich selbst ans Messer liefern muss. Sie kann ihrem Anwalt die Prüfung überlassen, wieviel er aus taktischen Gründen von ihrer Information er dann tatsächlich dem Gericht und dem Gegner gegenüber verwendet. Das ändert nichts an ihrer internen Obliegenheit, ihn rechtzeitig umfassend auch über solche Umstände zu informieren, die ihr möglicherweise unangenehm sind, die aber im Termin zur Sprache kommen können. 10

V. Wahrheitspflicht, I. 1. Tatsachen. Bereits der Gesetzeswortlaut stellt klar, dass sich die Wahrheitspflicht nach I nur auf „tatsächliche Umstände", dh auf Tatsachen bezieht. Tatsachen sind alle Vorgänge, die der Nachprüfung durch einen Dritten offenstehen, dh alle gegenwärtigen und vergangenen, äußeren und inneren, positiven und negativen Daten der realen Welt des Seins, Zöller/Greger § 286 Rn. 9; Anders/Gehle Assessorexamen ZivilR A Rn. 27; → Vor § 284 Rn. 29 f.; vgl. auch BAG NJW 2017, 1193 Rn. 20 (zur Frage der Pflicht des Bestreitens bei rechtswidrig erlangten Informationen). Zum Begriff der inneren Tatsache → Vor § 284 Rn. 32. Auch eine **juristische Tatsache (Rechtstatsache)** ist als Tatsache und nicht als rechtliche Wertung anzusehen, wenn es sich um einen einfachen Rechtsbegriff handelt (zB Kauf oder Miete), beide Parteien übereinstimmend davon ausgehen und keine Anhaltspunkte dafür bestehen, dass die Parteien den Begriff nicht richtig verwendet haben; dann ersetzt die Rechtstatsache den Parteivortrag zu den zugrunde liegenden Tatsachen, → Vor § 284 Rn. 33; → Vor § 128 Rn. 24. Entsprechendes gilt für einen Erfahrungssatz, → Vor § 284 Rn. 34. 11

2. Abgrenzung der Tatsachen von Rechtsausführungen. Die Wahrheitspflicht nach I bezieht sich grundsätzlich nur auf Tatsachen, nicht auf Rechtsausführungen oder Wertungen, Anders/Gehle Assessorexamen ZivilR A Rn. 28. Zur Darstellung von Rechtsansichten ist die Partei grundsätzlich auch nicht verpflichtet (Jura novit curia); nur das Gericht hat die Rechtslage zu bewerten und ist grundsätzlich auch nicht gebunden, wenn die Parteien übereinstimmend eine rechtliche Wertung vornehmen, dh wenn diese zwischen ihnen „unstreitig" ist, BGH BeckRS 2017, 112694 Rn. 20; → Vor § 128 Rn. 36 f. (Würdigungsfreiheit des Gerichts). Die Abgrenzung ist nicht immer einfach. Da nur Tatsachen dem Beweis zugänglich sind, kann folgende Kontrollfrage weiterhelfen: „Was ist, wenn der Zeuge den Vortrag einer Partei bestätigt; kann dann das Gericht bei Glaubwürdigkeit des Zeugen davon ausgehen oder muss es unabhängig davon noch eine eigene rechtliche Wertung vornehmen, BGH MDR 2017, 839 Rn. 20 = BeckRS 2017, 112694; Anders/Gehle Assessorexamen ZivilR A Rn. 29; → Vor 12

§ 284 Rn. 29 ff. Unabhängig von der Würdigungsfreiheit des Gerichts mag die Partei allerdings im Rahmen einer rechtlichen Erörterung etwa nach § 139 II insofern eine Stellungnahme abgeben, als sie rechtskundig oder anwaltlich vertreten ist. Ein Anwalt riskiert im Einzelfall auch einen Regress, wenn er sich rechtlich nicht äußert. Wegen des ausländischen Rechts → § 293 Rn. 10 ff.; vgl. auch Mü NJW 1976, 489. mabwA von Küppers.

13 **3. Begriff der Wahrheit.** I soll eine redliche Prozessführung sichern. Deshalb greift I nicht ein, wenn die Partei ihr ungünstiges Vorbringen des Gegners, von deren Unrichtigkeit sie überzeugt ist, nicht bestreitet oder ihr Günstiges verschweigt, solange damit nicht ein Dritter geschädigt wird, MüKoZPO/Fritsche Rn. 12; Thomas/Putzo/Seiler Rn. 7. Bei der Frage, was die Partei im Rahmen ihrer Wahrheitspflicht vorzutragen hat, kommt es nicht darauf an, ob sie den tatsächlichen Umstand für entscheidungserheblich hält und ob er auch wirklich entscheidungserheblich ist, BGH NJW 2011, 2794; MüKoZPO/Fritsche Rn. 3; → Rn. 17 (zu den Besonderheiten beim Hilfsvorbringen). Die Partei hat nach I kein Recht, bewusst die Unwahrheit zu sagen; sie riskiert damit einen Rechtsverlust, Oldb FamRZ 2018, 680 = NJW-Spezial 2018, 164 (Betrugsversuch bei Unterhaltsfragen); → Rn. 16 (Behauptung ins Blaue); → Rn. 36 (zu den Grenzen). Die Partei darf unabhängig von der Entscheidungserheblichkeit weder Behauptungen aufstellen, deren Unrichtigkeit sie kennt, noch grundsätzlich Behauptungen des Gegners bestreiten, die sie für richtig hält,, BGH NJW 2011, 2794; MüKoZPO/Fritsche Rn. 3. Aus dem Wort **„vollständig"** ergibt sich für die Wahrheitspflicht ferner, dass die Partei nicht bewusst eine ihr ungünstige Einzeltatsache verschweigen und damit den Gesamteindruck verfälschen darf; sie darf also nicht bei einer sog. Halbwahrheit stehen bleiben, Brdb NJW-RR 2010, 636; MüKoZP/Fritsche Rn. 5. Auch prozesstaktische Überlegungen rechtfertigen einen bewusst unvollständigen Vortrag nicht, Köln BeckRS 2004, 15562 Rn. 7 = MDR 2005, 168. Die Wahrheitspflicht besteht auch im Hinblick auf **innere Vorgänge** beim Prozessgegner, zB beim angeblichen Vorsatz im Rahmen der unerlaubten Handlung. Soweit der Kläger Anhaltspunkte für mindestens eine Gleichgültigkeit des Gegners und damit für dessen bedingten Vorsatz hat, muss er die Anhaltspunkte seiner subjektiven Überzeugung entsprechend wahrheitsgemäß schildern.

14 Dieselbe Wahrheitspflicht wie die Partei hat ihr **ProzBev.** zu beachten, der die Informationen in erster Linie von seinem Mandanten erhält, → Rn. 8 f. Ein Anwalt darf insbesondere die Behauptung eines Prozessgegners nur dann bestreiten, wenn er von der Unrichtigkeit der gegnerischen Behauptung überzeugt ist. Er darf sich also eine als unwahr erkannte Behauptung seines Auftraggebers nicht aufstellen. Allerdings ist er zu eigenen Ermittlungen grundsätzlich nicht verpflichtet, es sei denn, er hat Zweifel, MüKoZPO/Fritsche Rn. 4. Ein prozesstaktisches Verhalten ist nur in den Grenzen des I erlaubt, Köln MDR 2005, 168 Rn. 7 = BeckRS 2004, 15562. Der ProzBev. muss wegen seiner Treuepflicht gegenüber seinem Mandanten dessen Unwahrheit nicht offenlegen, MüKoZPO/Fritsche Rn. 4. Er ist nach § 280 BGB seinem Mandanten gegenüber zum Schadensersatz verpflichtet, wenn er eigenmächtig bewusst unwahr vorträgt, Köln BeckRS 2004, 15562; → Rn. 9 f.

15 Mit den Worten „der Wahrheit gemäß" meint I eine **subjektive,** der Überzeugung der Partei entsprechende Wahrheit, also eine „Wahrhaftigkeit", MüKoZPO/Frische Rn. 3. „Unsere Augen, unsere Ohren, unser Geruchssinn, unser Geschmack schaffen so viele Wahrheiten, als es Menschen auf Erden gibt" (de Maupassant, „Der Roman"). Genau diese Erkenntnis zur „subjektiven" Wahrheit hat auch die Gehirnforschung. Begrenzt hat die Natur beim Menschen die Fähigkeit seiner Sinne, die Wahrnehmungen so im Kopf zu verarbeiten, dass er sie bewusst aufnehmen, behalten und später wiedergeben kann. „Es kam keiner von rechts" kann auch dann subjektiv wahr sein, wenn objektiv sehr wohl ein anderer von rechts vor den Wagen gefahren war. Denn jeder Mensch kann nur eine begrenzte Anzahl von Eindrücken gleichzeitig bewusst wahrnehmen, wobei diese Fähigkeit bei jedem Einzelnen unterschiedlich ausgeprägt ist, Hamacher/Happe NZA 2021, 665; → Vor § 284 Rn. 58. Dabei kommt es auch auf die Interessenlagen, die intellektuellen Fähigkeiten, die Profession und die jeweilige körperliche Konstitution des Einzelnen an. Nur in den Grenzen der „subjektiven" Wahrheit besteht eine Pflicht zur Darstellung „der Wahrheit gemäß".

16 **4. Keine Erklärung ins Blaue (aufs Geratewohl).** Eine ins Blaue hinein aufgestellte Behauptung, die die Partei erkennbar willkürlich und ohne jeden tatsächlichen Anhalt aufstellt, ist grundsätzlich unzulässig und damit nicht beachtlich, BGH BeckRS 2022, 16872 Rn. 16; 2022, 1468 und 2021, 38634 (je zur unzulässigen Abschalteinrichtung im Dieselskandal) mkritAnm Elzer FD-ZVR 2022, 444925; BeckRS 2021, 41003 Rn. 12; 2021, 39860 Rn. 21; 2021, 38393 Rn. 22; NJW 2020, 1740 Rn. 8; → § 256 Rn. 65 „Dieselskandal". Das gilt sowohl für den Darlegungspflichtigen als auch für den Gegner, so dass auch die Erklärungen nach II erfasst sind. So darf der Gegner des Darlegungspflichtigen nicht deshalb bestreiten, weil er nicht übersehen kann, ob der Prozessgegner die Wahrheit sagt oder lügt. Erst recht darf er in solcher Lage keine zusätzlichen abweichenden Schilderungen geben, die er erfunden hat oder die nur irgendwelchen denkgesetzlichen Möglichkeiten entstammen. Allerdings sollte nur in Ausnahmefällen von einer unzulässigen Behauptung ins Blaue hinein auszugehen; das Gericht kann grundsätzlich keine Einzelheiten verlangen und die Wahrheitspflicht ist nur bei bewusst Unwahrem verletzt, BGH BeckRS 2022, 1468; 2019, 7939 Rn. 13; NJW-RR 2021, 886 Rn. 20 (Arzthaftung); 2015, 829 Rn. 13; NJW 2020, 1740. Hier gilt nichts anderes als bei einem unzulässigen Ausforschungsbeweis, der prozessual unzulässig ist, wenn die Partei ihn ohne greifbare Anhaltspunkte für das Vorliegen eines bestimmten Sachverhalts willkürlich anbietet, Celle NJW-RR 2020, 345 (Dieselskandal – unzulässige Abschalteinrichtung bei anderen Fahrzeugtypen desselben Herstellers); Stgt NJW-RR 2019, 1489 Rn. 54; → Vor § 284 Rn. 52 ff. (Ausforschung). Eine unzulässige Behauptung ins Blaue kann das Gericht erst nach einer Erörterung mit der Partei über deren Anhaltspunkte für das Behauptete feststellen; denn das Gericht kann zwar zumutbare Bemühungen, darf aber keine unzumutbaren Kenntnisse verlangen, da die Partei Behauptungen zu Umständen aufstellen kann, über die sie keine näheren Kenntnisse hat, sie aber für wahrscheinlich hält, BGH BeckRS 2020, 2199 (§ 45 II LuftVG – technischer Defekt); NJW-RR 2021, 886 Rn. 20 (Arzthaftung); 2015 829; Celle NJW-RR 2020, 345; VersR 2012, 1430. Dasselbe gilt grundsätzlich für Vermutungen, BGH NJOZ 2015, 1329 Rn. 16; NJW-RR 2002, 1419. Zulässig ist auch, dass der Kläger trotz fehlender Erinnerung für eine ihm günstige Tatsache einen Zeugen benennt, wenn er Anhaltspunkte dafür vorträgt, dass der Zeuge das notwendige Wissen hat, BGH NJW–RR 2004, 337 = FamRZ 2003, 1741 Bei inneren Tatsachen kann eine Behauptung ins Blaue hinein grundsätzlich *nicht angenommen werden*, wenn die Partei für die innere Tatsache auch äußere Umstände darstellt, BAG NZA-RR 2008, 457.

17 **5. Haupt- und Hilfsvorbringen.** Stellt der Kläger widersprechende Behauptungen kumulativ auf, verstößt er grundsätzlich gegen die Wahrheitspflicht nach I. Das Gericht kann sich bei seiner Entscheidung nicht eine

Variante herausgreifen. Der Vortrag ist dann insgesamt unbeachtlich, wobei ein Hinweis nach § 139 zu erfolgen hat; → § 139 Rn. 35. Ein Verstoß gegen die Wahrheitspflicht liegt aber grundsätzlich nicht vor, wenn der Kläger verschiedene, sich widersprechende Behauptungen als Haupt- und Hilfsvorbringen darstellt, BGH NJW 2018, 2412 Rn. 39; BeckRS 2019, 15717 Rn. 25; 2017, 100843; Anders/Gehle Assessorexamen ZivilR A Rn. 126, J Rn. 10. In diesen Fällen stellt der Kläger das Hilfsvorbringen im Zweifel unter die innerprozessuale Bedingung, dass seine Klage mit dem schlüssigen Hauptvorbringen ohne Beweisaufnahme aus tatsächlichen Gründen keinen Erfolg hat, weil der Bekl. zum Hauptvorbringen erheblich vorgetragen hat, BGH BeckRS 2019, 15717 = NZG 2019, 1181; Düss GRUR-RS 2020, 43243. **Beispiel:** Der Bekl. meint, er habe die eingeklagte Forderung bereits bezahlt, sei sich aber nicht sicher. Er darf behaupten, er habe bezahlt, und hilfsweise, zumindest habe der Kläger ihm die Schuld gestundet. Von einem zulässigen Hilfsvorbringen ist dann auszugehen, wenn der Kläger entweder im Rahmen der einschlägigen Anspruchsgrundlage hilfsweise eine Sachverhaltsvariante vorträgt oder sich hilfsweise auf Tatsachen beruft, die eine andere Anspruchsgrundlage ausfüllen, er die Leistung jedoch nur einmal fordern kann, Anders/Gehle Assessorexamen ZivilRecht J Rn. 10. Dabei kann sich der Kläger unter den genannten Voraussetzungen auch den streitigen Vortrag des Gegners oder das Ergebnis der Beweisaufnahme mit einer anderen Sachverhaltsvariante **hilfsweise zu eigen** machen, ohne gegen I zu verstoßen, BGH NJW 2018, 2412; 2014, 1804 Rn. 6; Düss BeckRS 2017,100843 (im Zweifel stillschweigend zu eigen gemacht).. Wenn sich der Kläger insoweit nicht eindeutig ausdrückt, was auch konkludent geschehen kann, muss das Gericht nach § 139 klären, ob von einem Hilfsweise zu eigen machen auszugehen ist.

Liegt ein zulässiges Haupt- und Hilfsvorbringen vor, kann der Klage ohne Beweisaufnahme stattgegeben **18** werden, wenn sowohl das Haupt- als auch das Hilfsvorbringen schlüssig sind und der Bekl. erheblich nur zu dem Hauptvorbringen, nicht aber zum Hilfsvorbringen vorgetragen hat, → Vor § 253 Rn. 50 ff.; → § 139 Rn. 23 (zur Schlüssigkeit und Erheblichkeit); in derartigen Fällen wird die Entscheidung auf beide Sachverhalte oder Sachverhaltsvarianten gestützt und offen gelassen, welcher Sachverhalt tatsächlich zutrifft, Anders/Gehle Assessorexamen ZivilR A Rn. 126; J Rn. 18. Hierin unterscheidet sich Haupt- und Hilfsvorbringen von einem Haupt- und Hilfsantrag; über den echten Hilfsantrag kann nur entschieden werden, wenn die Klage mit dem Hauptantrag aufgrund eines feststehenden Sachverhaltes abgewiesen wird, → § 260 Rn. 10.

Die Entscheidung des BGH vom 4.7.2019, BeckRS 2019, 15717 Rn. 25–29 = NZG 2019, 1181, steht der **19** beschriebenen Behandlung von Haupt- und Hilfsvorbringen nicht entgegen, sondern bestätigt sie. Nach dieser Entscheidung ist das mit dem Hauptvorbringen unvereinbare Hilfsvorbringen einer Partei unbeachtlich, wenn das Gericht das Hauptvorbringen seiner Entscheidung zugrunde legt, dieses jedoch unschlüssig ist und damit nicht zum rechtlichen Erfolg führt. Der BGH hat klargestellt, dass der Kläger sich in diesem Fall nicht auf zwei einander widersprechende Vorträge kumulativ berufen kann, weil dies einen Verstoß gegen die Wahrheitspflicht nach § 138 I bedeutet. Nicht entschieden hat der BGH, dass § 138 I eingreift, soweit der Kläger eine zweite Sachverhaltsvariante hilfsweise geltend macht. Er hat nur betont, dass der Hilfsvortrag unter der Bedingung steht, dass der Hauptvortrag nur aus tatsächlichen und nicht allein aus rechtlichen Gründen für den Kläger ohne eine Beweisaufnahme nicht zum Erfolg führt. Damit hat der BGH lediglich festgestellt, dass bei Unschlüssigkeit des Hauptvortrages nicht auf den Hilfsvortrag zurückgegriffen werden kann, weil die Bedingung für dessen Berücksichtigung nicht eingetreten ist und es dann auch nicht auf den Beklagtenvortrag ankommt. Jedoch hat der BGH sich nicht dagegen ausgesprochen, dass bei Haupt- und Hilfsvorbringen alternativ ohne Beweisaufnahme das Haupt- und Hilfsvorbringen der Entscheidung zugrunde gelegt werden kann, wenn der Haupt- und der Hilfsvortrag des Klägers schlüssig sind und der Bekl. nur erheblich gegen den Hauptvortrag vorgetragen hat. Damit lässt sich die Entscheidung des BGH mit der bisherigen Rechtsprechung, BGH NJW 2018, 2412, in Einklang bringen, dass sich Haupt- und Hilfsvortrag widersprechen können und ein Verstoß gegen § 138 I nicht anzunehmen ist,wenn beide Vorträge schlüssig sind, so wohl auch MüKoZPO/Fritsche Rn. 11. Die vom BGH entwickelten Grundsätze ergeben sich ohne weiteres bei Anwendung der Relationsmethode, nach der bei Unschlüssigkeit des Klägervortrages auf der Grundlage des Hauptvorbringen ein endgültiges Ergebnis, Unbegründetheit der Klage, erzielt wird und es mangels Bedingungseintritts nicht auf das Hilfsvorbringen und wegen Unschlüssigkeit des Klägervorbringens nicht auf den Beklagtenvortrag ankommt, → Vor § 253 Rn. 50 ff.; → § 139 Rn. 23; Anders/Gehle Assessorexamen ZivilR A Rn. 126, J Rn. 18, jeweils zur Relationsmethode.

6. Gleichwertiges (äquipollentes) Parteivorbringen. Ein weiteres Problem besteht, wenn das Klägervor- **20** bringen schlüssig, das Bekl.-Vorbringen hierzu erheblich, aber gleichzeitig nach dem Bekl.-Vorbringen die Klage aus einem anderen rechtlichen Grund gerechtfertigt ist. Nach der Lehre vom sog. gleichwertigen oder äquipollenten Parteivorbringen sind die Parteivorträge des Klägers und des Bekl. gleichwertig und diese Lehre kommt bei einer solchen Konstellation in jedem Fall zur Begründetheit der Klage, Anders/Gehle Assessorexamen ZivilR A Rn. 127 (zum Meinungsstand). Wir folgen dieser Lehre wegen des Beibringungsgrundsatzes nicht, so hM: BGH BeckRS 2019, 15717 = NZG 2019, 2408; NJW 2018, 2412 Rn. 39; 2000, 1641; 1989, 2756; Musielak/Voit/Musielak Einl. Rn. 42; Thomas/Putzo/Seiler Rn. 6, → Vor § 128 Rn. 21–25 (Beibringungsgrundsatz); Der Kläger hat es in der Hand, sich den Vortrag des Bekl. **hilfsweise zu eigen** zu machen. Nur dann kann der Klage auf der Grundlage beider Vorbringen ohne Beweisaufnahme stattgegeben werden, wenn der Hauptvortrag schlüssig ist, → Rn. 17 ff. Ohne das Hilfsweise-zu-eigen-machen muss durch eine Beweisaufnahme geklärt werden, ob dem Vortrag des Klägers zu folgen ist. Die Lehre vom gleichwertigen Parteivorbringen hat in der Praxis wenig Bedeutung, da es dem Kläger grds. darum geht, den Prozess zu gewinnen und er sich deshalb in der Regel, möglicherweise nach einem Hinweis des Gerichts, hilfsweise, uU auch konkludent auf den gegnerischen Vortrag stützt. Dann finden die dargestellten Grundsätze zum Haupt- und Hilfsvorbringen Anwendung, → Rn. 17 ff. und es kommt nicht auf die Lehre vom gleichwertigen Parteivorbringen an.

7. Darlegungslast, Substantiierung. Von der Pflicht zu einem vollständigen Vortrag, die zur Wahrheits- **21** pflicht gehört, → Rn. 13 ff., zu unterscheiden ist die Darlegungslast, dh die Frage, in welchem Umfang mit welchen Einzelheiten eine Partei zu einer Tatsache vortragen und somit ihren Vortrag substantiieren muss (sog. **Substantiierungslast**), Das Gericht hat auf der Grundlage des Tatsachenvortrages der Parteien zu prüfen, ob danach der Klageantrag gerechtfertigt, dh ob der Rechtsstreit entscheidungsreif oder ob weiterer Vortrag erforderlich ist; die Partei ist dem Gericht in der Regel keine Rechenschaft darüber schuldig, wie sie ihre Kenntnis von einer Tatsache erlangt hat; Angaben, wer— wann – mit wem- warum usw. etwas getan oder unterlassen hat, gehören grundsätzlich nicht zur Substantiierung, BGH NJW-RR 2015, 829 Rn. 14 (zum

Beweisantritt); Köln NJW-RR 1999, 1155. Es kommt auch nicht darauf an, ob der vorgetragene Sachverhalt wahrscheinlich ist, BGH BeckRS 2008, 14546 Rn. 7; MüKoZPO/Fritsche Rn. 20.

22 Die Prüfung, ob der Vortrag substantiiert ist, sollte grundsätzlich nach der Relationsmethode erfolgen, dh es sollte geprüft werden, ob der Klägervortrag geeignet ist, den Klageantrag zu rechtfertigen (Schlüssigkeit); wenn dies der Fall ist, ob der Bekl.-Vortrag geeignet ist, den Klageantrag zu verneinen (Erheblichkeit) und wenn dies bejaht ist, von welchen Vortrag – ev. nach einer Beweisaufnahme – auszugehen ist (Beweiserheblichkeit/Entscheidungsreife), → Vor § 253 Rn. 50 ff.; → § 139 Rn. 23 ff.; → Vor § 284 Rn. 4 (je zur Relationsmethode). Die Partei genügt ihrer **Darlegungslast,** wenn sie Tatsachen vorträgt, die in Verbindung mit einem Rechtssatz geeignet sind, das geltend gemachte Recht in ihrer Person entstanden erscheinen zu lassen; die Angabe näherer Einzelheiten ist nicht erforderlich, wenn sie für die Rechtsfolge nicht erforderlich sind, BGH BeckRS 2022, 11342 = NJW-RR 2022, 88 f.; BeckRS 2021, 36639 Rn. 23 (unberechtigte Untervermietung) = NJW-RR 2022, 86; BeckRS 2019, 7939 Rn. 11; 2017, 114636; NJW 2022, 935 Rn. 17 (Folgeschäden beim Dieselskandal); 2021, 3721 Rn. 21 (Dieselskandal); 2019, 3236 Rn. 10 und 607; 2018, 1089 Rn. 9; 2017, 2819 Rn. 39; NJW-RR 2022, 775 Rn. 13; 2021, 886 Rn. 19; 2017, 2819 Rn. 39; BAG NZA 2013, 471 = NJOZ 2012, 2076; –MüKoZPO/Fritsche Rn. 20; → § 139 Rn. 26.

23 Bestreitet der Gegner des Darlegungspflichtigen den Vortrag, zwingt dies allein nicht zu einer Ergänzung; vielmehr kommt es allein auf die Schlüssigkeit und Erheblichkeit an, BGH BeckRS 2008, 14546 Rn. 8; MüKoZPO/Fritsche Rn. 20. Wird allerdings der schlüssige Klägervortrag durch das Bestreiten des Bekl. unklar und lässt er nicht mehr den Schluss auf das geltend gemachte Recht zu, muss er ergänzt werden, BGH BeckRS 2008, 14546 Rn. 7; MüKoZPO/Fritsche Rn. 20. Zwischen den Vorträgen der Parteien besteht eine **Wechselwirkung,** die sich auf die Anforderungen an die Substantiierung auswirken können, Saabr NJW-RR 2022, 964 Rn. 19; → Rn. 27, 29.

24 Die Frage, welcher Vortrag notwendig und welcher entbehrlich ist, beurteilt sich auch nach dem Grundsatz von **Treu und Glauben;** dabei kommt es im Einzelnen auf den Kenntnisstand und die Sachkunde der Partei sowie darauf an, inwieweit sie sich in zumutbarer Weise Informationen beschaffen kann; bedeutsam ist ferner, ob der eigene Wahrnehmungsbereich des Darlegungspflichtigen oder der des Gegners betroffen ist, BVerfG BeckRS 2019,23559 (zur Substantiierung der überlangen Dauer des umgangsrechtlichen Eilverfahrens); BGH NJW-RR 1999, 2360 = BeckRS 1998, 30035527; Köln, NJW 2018, 2336; → Rn. 33 „Arzthaftung"(sekundäre Darlegungslast). Im Zweifel sollte die Partei lieber etwas zu viel als etwas zu wenig vortragen. Man darf die Anforderungen an den Vortrag nicht überspannen; ansonsten liegt ein Verstoß gegen Art. 103 I GG vor, BGH BeckRS 2019, 20659 Rn. 5; NJW 2022, 935 Rn. 15; 2019, 3236 Rn. 10; → Vor § 128 Rn. 42 ff. (rechtliches Gehör). Einzelheiten sind nur erforderlich, wenn sich nur so die Rechtslage prüfen lässt, BGH NJW-RR 2009, 1236; Köln NJW-RR 1999, 1155. Eine gewisse Prozesstaktik ist erlaubt, → § 282 Rn. 10. Unzulässig ist ein prozessuales Vorgehen dann, wenn die Partei ohne greifbare Anhaltspunkte Behauptungen ins „Blaue" hinein aufstellt, BGH NJW 2020, 393; → Rn. 16.

25 Während es bei der Darlegungslast um die Frage geht, wer die entscheidungserheblichen Tatsachen vortragen und gegebenenfalls substantiieren muss, → Rn. 21 f., regelt die Beweislast die Fragen, wer Beweis anzubieten hat und zu wessen Lasten eine Beweisfälligkeit geht, → Vor § 284 Rn. 44, 59 f. Die Darlegungs- und Beweislast für die einzelnen entscheidungserheblichen Tatsachen hat in der Regel dieselbe Partei. Grundsätzlich trägt die jeweilige Partei die **Darlegungs**- und **Beweislast** für die Normen, die ihr günstig sind; das sind in der Regel für den Kläger die anspruchsbegründenden Tatsachen und für den Beklagten die Tatsachen einer Einrede iSd ZPO, dh einer rechtshindernden und rechtsvernichtenden Einwendung und Einrede iSd materiellen Rechts, Anders/Gehle Assessorexamen ZivilR A Rn. 66, 97; → Vor § 253 Rn. 61 ff.; → § 139 Rn. 64 „Einreden". Im Einzelfall kann aber nach dem Gesetz etwas anderes gelten, wie zB nach § 280 I 2 BGB für das Verschulden oder nach § 93 II 2 AktG für die Pflichtverletzung der Vorstandsmitglieder, Köln NZG 2020, 110; zur analogen Anwendung der § 93 II AktG bei einer kleineren VVaG (Versicherungsverein auf Gegenseitigkeit) trotz Fehlens eines Verweises (§ 210 I VAG) wegen der Beweisnähe: Ries NZG 2020, 334, 336. Derjenige, der die Darlegungslast trägt, muss hinreichend substantiiert vortragen, dh alle Tatsachen, die eine Subsumtion unter die entscheidungserhebliche Norm ermöglichen; dabei sind Einzelheiten nur erforderlich, wenn sie für die Rechtsfolge von Bedeutung sind, der Vortrag infolge der Einlassung des Gegners unklar wird oder die Angabe weiterer Umstände erforderlich ist, um dem Gegner eine Nachprüfung und Gegenbeweise zu ermöglichen, BGH BeckRS 2020, 2119 = NJW 2020,1760 (Dieselskandal); BeckRS 2019, 21878 = NJW 2019, 3236; NJW.2019, 607; NJW-RR 2020, 392 (Mängelrüge der Mietsache); 2020, 294 (Inso-Verwalter bei Zahlungsaufstellungen); 2004, 45; Thomas/Putzo/Seiler Vor § 253 Rn. 40, → Rn. 21 ff. Werden von der darlegungspflichtigen Partei keine Tatsachen vorgetragen, kommt die Anwendung der betreffenden Norm nicht in Betracht. Wenn aber nur Teilstücke der erforderlichen Tatsachen dargelegt werden, gilt Folgendes: Kann nach dem Parteivortrag ein Tatbestandsmerkmal der streitentscheidenden Norm endgültig weder positiv noch negativ beurteilt werden, muss der Darlegungspflichtige weiter substantiieren; ansonsten liegt eine **mangelnde Substantiierung** vor und der Vortrag des Klägers ist – nach einem (erfolglosen) Hinweis gemäß § 139 II – unbeachtlich, dh das Gericht muss dann von dem Tatsachenvortrag des Gegners ausgehen, Brdg BeckRS 2020, 1644; = NJW-Spezial 2020, 229.

8. Beispiele zur Substantiierung durch den Darlegungspflichtigen:

26 **Arzthaftung/medizinische Produkte:** Besonderheiten gelten in **Arzthaftungsprozessen** für die Substantiierung des klagenden Patienten, an die aus Gründen der Waffengleichheit im Hinblick auf medizinische Fachfragen nur maßvolle und geringe Anforderungen gestellt werden, BGH NJW-RR 2019, 1360 Rn. 10; 2019, 467 Rn. 15; NJW 2016, 1328 Rn. 14; Spickhoff NJW 2022, 1718; → Rn. 32 f. (sekundäre Darlegungslast). Darüber hinaus greifen zugunsten des Patienten eine Reihe von gesetzlichen Beweiserleichterungen ein, wie zB §§ 630 f, 630h I BGB, vgl. Frahm NJW 2021, 216. Auch kann der Vortrag der in medizinischen Fragen nicht vorgebildeten Partei im **Produkthaftungsprozess** (Prothesen) nicht überspannt werden, BGH BeckRS 2020, 44019 = NJW 2021, 1398 mAnm Klindt. Die Herabsetzung der Substantiierungslast kann auf den Regressprozess gegen den medizinischen **Gerichtssachverständigen** nach § 839a BGB nicht übertragen werden; der klagende Patient ist vielmehr gehalten, schlüssig darzulegen, dass der Bekl. zumindest grob fahrlässig ein unrichtiges Gutachten erstattet hat, BGH NJW 2020, 856 = BeckRS 2020, 1960; Katzenmeier NJW 2020, 1856. Beruft sich der behandelnde Arzt im Falle einer fehlerhaften Eingriffsaufklärung darauf, der

Patient hätte auch bei zutreffender Aufklärung eingewilligt **(hypothetische Einwilligung),** trifft ihn die Beweislast für diese Behauptung dann, wenn der Patient zur Überzeugung des Gerichts plausibel macht, er wäre bei ordnungsgemäßer Aufklärung in einen Gewissenskonflikt geraten, wobei an die Substantiierung keine zu hohen Anforderungen zu stellen sind, BGH BeckRS 2021, 40567 = NJW-RR 2022, 462; NJW 2005, 1718. Entsprechendes gilt bei **Neulandmethoden;** hier bestehen auch erhöhte Anforderungen an die Aufklärung des Patienten; vor Beurteilung der Frage des Gewissenskonfliktes muss der Tatrichter dem Patienten mitteilen, welche Aufklärung im Einzelnen ordnungsgemäß gewesen wäre, BGH NJW-RR 2021, 886 Rn. 14 f.; NJW 2019, 3072.

Beschlussmängelstreitigkeit: Geht es um die Frage der ordnungsgemäßen Einberufung der Gesellschafterversammlung, muss die bekl. Gesellschaft darlegen, dass sie die Einladungen rechtzeitig an die von den Gesellschaftern angegebenen Adressen versandt hat; dann muss der Kläger den Nichtzugang darlegen und ev. beweisen, Brdb NZG 2020, 1110.

DS-GVO: Bei Schadensersatzklagen wegen Datenschutzverstößen nach Art. 82 DS-GVO muss der datenschutzrechtlich Verantwortliche, der in Anspruch genommen wird, nicht umfassend darlegen und beweisen, dass er alle Vorgaben der DS-GVO eingehalten hat; eine solche Nachweispflicht besteht nur gegenüber den Aufsichtsbehörden; weder Art. 5 II noch Art. 24 I DS-GVO betreffen die Beweislast im Zivilverfahren; eine Beweislastumkehr ist daher nicht anzunehmen; in Betracht kommt aber eine sekundäre Darlegungslast, Stuttg BeckRS 2021,6282 Rn. 45 ff., 48; LAG Köln ZD 2021, 168 Rn. 37; Wybitul NJW 2021, 1190, 1191; Paal MMR 2020, 14, 17; → Rn. 25; → Rn. 32, 33 „DS-GVO".

Dieselskandal: Aus der objektiven Unzulässigkeit der Abschalteinrichtung in Form eines Thermofensters allein folgt nicht zwingend das Bewusstsein des Handelnden für die Unzulässigkeit dieser Einrichtung und damit für die Sittenwidrigkeit iRd § 826 BGB; deshalb muss der Anspruchsteller weitere Umstände dazu vortragen, wobei die Grundsätze der sekundären Darlegungslast eingreifen können, BGH NJW 2021, 3721 Rn. 21; 2021, 921; vgl. auch Menhofer NJW 2021, 3692 mwN; Heese NJW 2021, 887 (889), insb. Fn. 38; → Rn. 33 „Dieselskandal". Bei **Folgeschäden,** die durch ein **Software-Update** zur Beseitigung einer unzulässigen Abschalteinrichtung hervorgerufen werden, hat der BGH zur Frage der Verantwortlichkeit für die unzulässige Abschaltvorrichtung einen reduzierten Vortrag des darlegungspflichtigen Anspruchstellers für genügend substantiiert angesehen, während einige Instanzgerichte von einem unzulässigen Vortrag „ins Blaue hinein" ausgegangen sind, BGH BeckRS 2022, 1468; NJW 2022, 935 Rn. 17 ff.; vgl. Menhofer NJW 2021, 3692 mwN.

Leiharbeitnehmerentgelt: Für die Höhe eines Anspruchs nach §§ 8 I, 10 IV AÜG auf gleiches Arbeitsentgelt ist der Leiharbeitnehmer darlegungspflichtig; er muss substantiiert zu allen für die Berechnung erforderlichen Tatsachen vortragen; beruft er sich auf ein allgemeines Entgeltschema, hat er nicht nur den Inhalt, sondern auch dazulegen, dass ein solches im Betrieb des Entleihers im Überlassungszeitraum tatsächlich Anwendung fand und wie er danach fiktiv einzugruppieren wäre; nicht ausreichend ist hingegen der Hinweis auf einen Tariflohn der Branche, BAG NZA 2021, 642 Rn. 18 ff.

Patentrecht: An ein wirksames Bestreiten der Verletzungsvorwürfe bezüglich eines Patentes werden hohe Anforderungen gestellt; in der Regel ist eine Gegendarstellung erforderlich, Düss GRUR-RS 2019, 31327; LG Düss GRUR-RS 2019, 47921; Hoppe/Donle GRUR-RR 2020, 465 (473).

Unterhalt: Der Unterhaltspflichtige (§ 1603 II BGB) trägt die Darlegungs- und Beweislast für seine fehlende Leistungsfähigkeit; erst wenn er dem nachgekommen ist, stellt sich die Frage nach fiktiven Einkünften, Schlesw NZFam 2022, 702.

Vorschäden: Von einer Behauptung ins Blaue kann bei Vorschäden, die der Geschädigte nicht kennt, nicht ausgegangen werden, wenn er sich auf eine Vermutung in Bezug auf solche Punkte stützt, über die er kein zuverlässiges Wissen hat und auch nicht erlangen kann, und ein Sachverständigengutachten beantragt, BGH NJW 2020, 1679 (zu § 45 II LuftVG – vermuteter technischer Defekt); 2020, 393 (Sachschäden); 2019, 3236 (Personenschäden); vgl. auch Hamm BeckRS 2022, 14294.

Wiedereinsetzungsantrag: Beruht die Fristversäumnis für den rechtzeitigen Eingang eines Schriftsatzes auf dem Versehen eines Büroangestellten, muss die Partei alle Umstände darlegen, die ein Organisations- oder sonstiges Verschulden ihres Anwalts ausschließen, BGH NJW-RR 2022, 855.

9. Bestreiten. a) Einfaches Bestreiten. Aus II folgt, dass sich auch die nicht darlegungspflichtige Partei zu 27
dem vom Darlegungspflichtigen vorgetragenen Sachverhalt äußern muss, → Rn. 21 (zur Darlegungslast). Äußert sich der nicht Darlegungspflichtige zu einer Tatsache, die der Gegner vorgetragen hat, nicht oder bestätigt er eine solche, ist sie unstreitig; bei der gerichtlichen Entscheidung ist diese Tatsache ohne Beweisaufnahme zugrunde zu legen. Grundsätzlich reicht ein einfaches Bestreiten, dh eine Verneinung der Tatsache, BGH BeckRS 2020, 17823 Rn. 12; NJW-RR 2020, 593 (auch bei Vorlage von Fotos durch Gegner); NJW 2019, 430 (SV-Rechnung); NZG 2018, 343 Rn. 19 = NJW 2018, 1089. Das gilt auch dann, wenn die bestreitende Partei weitergehende Informationen hat, BGH NJW 2008, 1801 Rn. 30. Der Umfang des Bestreitens hängt auch von dem Vortrag des Darlegungspflichtigen ab; insoweit besteht eine **Wechselwirkung** zwischen den Vorträgen der Parteien, → Rn. 22, 29. Unabhängig vom Umfang des Bestreitens ist ein solches nach I dann unbeachtlich, wenn es bewusst auf einem falschen Sachverhalt beruht, BGH NJW 2021, 93. Bestreitet der Bekl. zulässigerweise **mit Nichtwissen,** ist ein substantiiertes Bestreiten auch dann nicht erforderlich, wenn er gleichzeitig den Versuch unternimmt, das Bestreiten näher zu begründen, selbst wenn er dabei eine Behauptung ins Blaue hinein aufstellt, BGH NJW 2021, 3464 Rn. 25; 2019, 607; → Rn. 52 ff. (näher zum Bestreiten mit Nichtwissen).

b) Pauschales Bestreiten. Die Floskel, man „bestreite alles, was man nicht im folgenden ausdrücklich 28
zugestehe", oder ähnliche Ausführungen, zB das Gericht möge erkennen, *„was rechtens ist"*, sind als Leerformeln unbeachtlich, Schlesw SchlHA 1981, 189; Anders/Gehle Assessorexamen ZivilR A Rn. 36. Ein solches pauschales Bestreiten kann zur Zurückweisung einer späteren „Ausfüllung" als verspätet führen, § 296. Das gilt natürlich erst recht für den Versuch, dem Gericht die Ermittlung des Sachverhalts dadurch aufzubürden, dass man verlangt, das Gericht möge zusätzliche Fragen stellen, soweit ihm das als erforderlich erscheine. § 139 macht keineswegs § 138 I, II überflüssig.

c) Qualifiziertes Bestreiten, sekundäre Darlegungslast. aa) Allgemeines. Im Einzelfall ist qualifiziertes 29
Bestreiten, dh eine Gegendarstellung, unter Berücksichtigung des auch im Prozessrecht geltenden Grundsatz von

Treu und Glauben, der Zumutbarkeit sowie der Mitwirkungs- bzw. Prozessförderungspflicht nach I, II erforderlich, BGH NJW 2017, 1961 (sekundäre Darlegungslast); NJW 1990, 3151 (keine allg. Aufklärungspflicht, → Rn. 42); BAG NZA 2005, 1130; Anders/Gehle Assessorexamen ZivilR A Rn. 66. Ob und inwieweit die nicht darlegungsbelastete Partei ihren Vortrag näher darlegen muss, lässt sich nur aus dem Wechselspiel von Vortrag und Gegenvortrag bestimmen, wobei Ergänzungen und Aufgliederungen des Sachvortrages immer zunächst eine Sache des Darlegungspflichtigen sind, BGH BeckRS 2022, 5871 (Reisemangel); 2020, 17823 Rn. 12 = NJOZ 2021, 456; NJW 2021, 3465 Rn. 22; 2019, 2080 Rn. 22; 2019, 430; 2018, 343 Rn. 19 = NZG 2018, 343.; NJW-RR 2020, 1320 Rn. 10 = BeckRS 2020, 24324; NJW NJW-RR 2017, 842 Rn. 19; Düss GRUR-RR 2021, 421 Rn. 63 (Patentverletzung-Montagegrube); GRUR-RS 2021, 6714 (Patent) = GRUR-RR 2021, 335; GRUR-RR 2021, 337 Rn. 79 (Patentverletzung); BAG NZA 2022, 39 Rn. 14 (Bestreiten der Arbeitsunfähigkeit bei Vorlage einer entsprechenden Bescheinigung); NJW 2018, 3331. Je detaillierter der Vortrag des Darlegungspflichtigen ist, desto höher ist grundsätzlich die Erklärungslast des Gegners, BGH NJW 2019, 2080 Rn. 22. Allerdings reicht auch bei einem detaillierten Vortrag des Darlegungspflichtigen ein einfaches Bestreiten aus, wenn dem Gegner ein substantiiertes Bestreiten nicht möglich ist, weil er keine Kenntnis hat und sie sich auch nicht beschaffen kann, BGH NJW-RR 2001, 1294; MüKoZPO/Fritsche Rn. 22. Bestreitet der Bekl. nicht qualifiziert, obwohl dies ausnahmsweise erforderlich ist, gilt der Vortrag des Klägers als vom Bekl. nach **§ 138 III** zugestanden und damit unstreitig, BGH WuM 2017, 3035, 3039.

30 **bb) Zur Herbeiführung der Entscheidungsreife.** Qualifiziertes Bestreiten ist erforderlich, wenn ohne die Gegendarstellung des nicht Darlegungspflichtigen nach einer eventuellen Beweisaufnahme zu seinen Gunsten nicht klar wäre, welcher Sachverhalt der Entscheidung zugrunde zu legen ist, dh keine Entscheidungsreife eintreten könnte, (zB Streit über die Kaufpreishöhe ohne Angaben durch den Bekl. über die Kaufpreishöhe aus seiner Sicht) oder unklar ist, über welchen Punkt Beweis erhoben werden muss, zB bei generellem Bestreiten von verschiedenen Rechnungsposten, BGH NJW-RR 2017 842 Rn. 19 (Wohnungsfläche bei Mietpreisverlangen); Celle BeckRS 2020, 9401; Anders/Gehle Assessorexamen ZivilR A Rn. 66.

cc) Beispiele für Bestreiten

31 **Posten-** oder **Punkteprozess:** Jede Partei muss grundsätzlich zu allen vorgetragenen, entscheidungserheblichen Punkten Stellung beziehen und evtl. eine eingehende Gegenrechnung aufstellen, wobei ratsam ist, die vom Gegner gewählte Reihenfolge möglichst einzuhalten, Köln MDR 1975, 848. Dasselbe gilt nicht nur bei einer Zahlungsklage, sondern auch beim materiell-rechtlichen Auskunftsanspruch des Gegners, Köln FamRZ 1979, 179. Allerdings gibt es nach **Treu und Glauben** Grenzen. Begründet zB der Kläger seinen Schadensersatz der Höhe nach mit einer chronologisch, nicht sachbezogenen Aufstellung mit 180 Positionen unter Bezugnahme auf zahlreiche Unterlagen, kann dem Bekl. eine Stellungnahme zu den einzelnen Positionen unzumutbar sein; dann reicht ein einfaches Bestreiten aus, BGH NJW-RR 1990, 78, 80. Hat der Bekl. in einem **Widerrufsprozess** in der Öffentlichkeit Behauptungen über Geschäftspraktiken mit vielen Einzelpunkten aufgestellt und damit zu seiner Glaubwürdigkeit Insiderwissen vorgegeben, darf er aber auf den Vortrag der Gegenseite mit detailliertem Zahlenmaterial nicht nur mit einfachen Bestreiten reagieren, BGH NJW-RR 1987, 754, 755.

Reisemangel: Legt der klagenden Schiffsreisende mehrere Lichtbilder über Mängel seiner Kabine vor, kann der Reiseveranstalter nicht mit einem pauschalen Bestreiten reagieren; vielmehr muss er im Einzelnen darlegen, dass und aus welchen Gründen die jeweiligen Lichtbilder die Mängel nicht belegen sollen, Celle BeckRS 2020, 9401 Rn. 15 ff. Beruft sich der Reisende zur Begründung des Mangels darauf, dass während des Aufenthaltes nachts teils mehrfach pro Stunde Flugzeuge in niedrigem Abstand über das von ihm gebuchte Hotel geflogen seien, wodurch seine Nachtruhe erheblich beeinträchtigt worden sei, ist sein Vorbringen hinreichend vollständig iSd I; der Reiseveranstalter kann einfach bestreiten, BGH BeckRS 2022, 5871

Strafurteil (Verurteilung des Bekl.): Bezieht sich der Kläger zur Begründung seiner Klage darauf, muss der Bekl. den in Bezug genommenen strafgerichtlichen Feststellungen nicht spiegelbildlich entgegnen; er kann auch einzelne tragende Feststellungen herausgreifen und nur diese bestreiten, BGH NJW-RR 2018, 1534.

Übersetzung: Bestreitet der Bekl. deren Richtigkeit und ist er der Sprache, in der das Original verfasst ist, mächtig, muss er die nach seiner Ansicht richtige Übersetzung darlegen, Kobl NJW 1986, 870; MüKoZPO/Fritsche Rn. 10.

Wettbewerbsrecht: Beim wettbewerbsrechtlichen Leistungsschutz muss der Kläger zu seinem Produkt und dessen Merkmalen, die seine wettbewerbliche Eigenart begründen, vortragen; dann trifft den Bekl. die Darlegungslast für die Tatsachen, die das Entstehen der an sich gegebenen wettbewerblichen Eigenart verhindern oder schwächen; dazu gehört das wettbewerbliche Umfeld des in Rede stehenden Produktes, BGH GRUR-RS 2021, 33502 (Kaffeebereiter).

32 **dd) Allgemeines zur sekundären Darlegungslast.** Qualifiziertes Bestreiten ist auch dann erforderlich, wenn dem Darlegungspflichtigen ein substantiierter Vortrag nicht möglich oder zumutbar ist, der Gegner hingegen die erforderlichen Informationen hat oder diese sich leicht beschaffen kann, BVerfG NJW 2000, 1483 (Sphäre); BGH NJW 2020, 2804 Rn. 16; 2014, 2797 Rn. 19; NJW-RR 2002, 1280 (Sphäre); Kobl NJW 2016, 2964. Solche Ausnahmefälle können vornehmlich bei sog. negativen Tatsachen und aus dem Vermögens- und Steuerbereich des Gegners vorliegen, BGH BeckRS 2017, 117730 = ZIP 2017, 1492; BAG NZA 2022, 407 Rn. 31. In diesen Fällen wird die Darlegungslast nicht umgekehrt und es gibt auch keine Beweiserleichterungen; der Gegner muss aber qualifiziert bestreiten, dh eine Gegendarstellung geben, damit der Darlegungspflichtige darauf seinen Vortrag aufbauen kann; man spricht insoweit von **sekundärer Darlegungslast,** BGH NJW 2021,1669 Rn. 26 ff.; ZIP 2021, 368 Rn. 16 = BeckRS 2021, 1283; NJW 2020, 2806 Rn. 11 ff.; 2020, 2804 Rn. 16 und 2020, 1962 Rn. 39 (jeweils Dieselskandal); BeckRS 2008, 13018; Mü NJW-RR 2020, 342 (Dieselskandal, Kenntnis des Käufers); → Rn. 33 (Beispiele). Eine **sekundäre Darlegungslast** scheidet aber aus, wenn zwar die Sphäre des Prozessgegners betroffen ist, jedoch der Darlegungspflichtige selbst oder seine Hilfsperson über eine eigene Sachkunde verfügt, Köln NJW 2018, 2336. Auch greift sie nicht bei einer gesetzlichen Vermutung ein, Saarbr NJW-RR 2014, 1241 (§ 1006 BGB). Genügt die Gegenpartei ihrer sekundären Darlegungslast nicht, gelten die Behauptungen des Darlegungspflichtigen nach **§ 138 III** als zugestanden, BGH NJW 2021, 1669 Rn. 27 (Dieselskandal); ZIP 2021, 368 = BeckRS 2021, 1283; GRUR 2016, 836 Rn. 111; NJW 2004, 3035, 3039; Düss NJOZ 2014, 1622; BAG NZA 2021, 1656 Rn. 61. Da bei einer sekundären Darlegungslast die Beweislast nicht umgekehrt wird, kann die Weigerung des nicht Beweispflichtigen, Namen und Anschrift

eines ihm bekannten Zeugen anzugeben, nicht als Verletzung der sekundären Darlegungslast, sondern evtl. als Beweisvereitelung iRd § 286 gewertet werden, BGH NJW 2008, 982; → Rn. 41. Zu dem europarechtlichen Einfluss auf Erweiterungen der parteilichen Mitwirkungspflicht bei der Sachverhaltsaufklärung im Immaterialgüter- und Kartellrecht vgl. Brand NJW 2017, 3558.

ee) Beispiele zur sekundären Darlegungslast

Arbeitsrecht: Der Arbeitgeber trägt die Darlegungs- und Beweislast für das Vorliegen der Voraussetzungen der **Anrechnung** auf den **Arbeitslohn** nach § 615 S. 2 BGB bzw. § 11 Nr. 1 und 2 KSchG; da er in der Regel keine Kenntnis von den maßgeblichen Umständen hat und sich diese auch nicht beschaffen kann, während dem Arbeitnehmer nähere Angaben ohne Weiteres möglich und zumutbar sind, trifft diesen eine sekundäre Darlegungslast und eine Pflicht zur Auskunft § 242 BGB, BAG NJW 2020, 2746 Rn. 27 = NZA 2020, 1113; NJW 2018, 3331; NZA 2016, 287 Rn. 28; Jena GRUR 2018, 305; Witteler/Brune NZA 2020, 1689 (1692). 33

Der Arbeitgeber trägt die Darlegungs- und Beweislast für die von ihm behaupteten **Kündigungs-** und **Auflösungsgründe,** auch wenn es um negative Tatsachen geht; ev. trifft dann den Arbeitnehmer aber die sekundäre Darlegungslast, BAG NZA 2022, 407 Rn. 31 mwN. Bei einer Kündigung wegen **häufiger Kurzerkrankungen** muss der Arbeitgeber zu diesen Kurzerkrankungen vortragen; der Arbeitnehmer muss dann darlegen, weshalb die Besorgnis weiterer Erkrankungen unberechtigt ist, BAG NJW 1990, 2340 und 2341. Für das Vorliegen der Voraussetzungen einer Rückzahlungspflicht von Fortbildungskosten bei einer Eigenkündigung des Arbeitnehmers vor Ablauf der Bindungsfrist trägt der Arbeitgeber die Darlegungs- und Beweislast; es reicht zunächst aber, dass er vorträgt, dass die Eigenkündigung nicht auf unverschuldetem personenbedingten Gründen beruht; dann obliegt es dem Arbeitnehmer, vorzutragen, durch unverschuldete Gründe in seiner Person zur vorzeitigen Eigenkündigung veranlasst worden zu sein; der Arbeitgeber hat diesen Vortrag konkret zu bestreiten und erforderlichenfalls zu widerlegen, BAG NZA 2022, 786 Rn. 28; vgl. auch Blumauer/Niemeyer NZA 2022, 755, 758.

Arzthaftung/Hygienemaßnahmen: Der Arzt bzw. der Betreiber des Krankenhauses trägt die sekundäre Darlegungslast hinsichtlich der Hygienemaßnahmen für ein behandlungsfehlerfreies Vorgehen, BGH NJW-RR 2021, 93 Rn. 15; 2020, 720 Rn. 10; 2019, 1360 und 467; 2016, 1360 Rn. 14; Arz NJW 2021, 3004, 3006; → Rn. 26 „Arzthaftung".

Bewertungsportal (Ärzte): Den Portalbetreiber trifft hinsichtl. der Löschung von positiven Bewertungen erst dann eine sekundäre Darlegungslast zu den eingesetzten Algorithmen, wenn der Bewertete konkrete Anhaltspunkte vorträgt, dass die Löschung willkürlich oder aus sachfremden Gründen erfolgt ist, Mü NJW-RR 2020, 611.

Dieselskandal/Unzulässige Abschalteinrichtung: Vgl Rspr-Übersicht bei BeckRS 2021, 22455, Ziffer 1 der redaktionellen Leitsätze. Die Haftung einer juristischen Person aus § 826 BGB iVm § 31 BGB setzt voraus, dass einer ihrer verfassungsmäßig berufenen Vertreter den objektiven und subjektiven Tatbestand persönlich verwirklicht hat; dafür trägt der Geschädigte die Darlegungs- und Beweislast; es kann aber eine sekundäre Darlegungslast für den bekl. Autokonzern in Bezug auf die Person bestehen, die die deliktische Handlung begangen haben soll; allerdings setzt dies voraus, dass das unstreitige oder nachgewiesenen Parteivorbringen des Klägers hinreichende Anhaltspunkte dafür enthält, die einen solchen Schluss nahelegen, BGH BeckRS 2022, 12048; 2021, 44363 Rn. 14; NJW-RR 2021, 1464, 1249 und 1029; NJW 2021, 1669 Rn. 24 ff.; NJW 2020, 2804 Rn. 16; 2020, 1962 Rn. 37 ff.; Kblz NJW 2019, 2237 (Vorinstanz); Köln BeckRS 2020, 30204; Schrader JA 2022, 600; Altmeppen NJW 2020, 2833; Heese NJW 2021, 887 (890); Heintz JM 2021, 270 (je zur Frage des **Entscheiders** bezüglich des Einsatzes der unzulässigen Abschalteinrichtung und „Wissen" des Vorstandes). Auch wenn das Gericht auf den Vortrag des Abnehmers, der Vorstand des bekl. Autokonzerns habe Kenntnis über den Einsatz der unzulässigen Abschalteinrichtung gehabt, den Vorstandsvorsitzenden als Zeugen geladen und dieser sich auf das Zeugnisverweigerungsrecht nach § 384 Nr. 2 berufen hat, bleibt die sekundäre Darlegungslast des Bekl. bestehen; Ausführungen des Klägers, welche Aufklärungsschritte der Bekl. weiter zumutbar und möglich gewesen wären, sind nicht erforderlich, BGH NJW-RR 2021, 1029 Rn. 18 ff., 21; krit. Elzer FD-ZVR 2021, 439801.

Beruft sich der Verkäufer bei einem **Nacherfüllungsverlangen** des Käufers auf die Einrede der Unverhältnismäßigkeit nach § 439 IV BGB, trägt er die Darlegungs- und Beweislast, dass die dem Käufer angebotene Nachbesserung den Verkaufsgegenstand in den geschuldeten vertragsgemäßen Zustand versetzt, insbesondere den vorhandenen Sachmangel beseitigt; der Käufer muss dann für seine sekundäre Darlegungslast im Rahmen des ihm Zumutbaren konkret vortragen, aus welchen Gründen die angebotene Nachbesserung nach seiner Auffassung nicht zu einem mangelfreien Zustand führt; dabei darf er sich auf nur vermutete Tatsachen stützen, wenn er mangels eigener Sachkunde keine genauen Kenntnisse hat (Funktionsweise eines Software-Updates), BGH NZG 2022, 620 Rn. 61 ff. Zur Darlegung von Folgeschäden, die durch ein **Software-Update** zur Beseitigung einer unzulässigen Abschalteinrichtung bei Dieselfahrzeugen hervorgerufen wurde, vgl. BGH BeckRS 2022, 1468. Beruft sich der bekl. Autokonzern im Zusammenhang mit der Kenntnis iSv § 199 I Nr. 2 BGB für den **Verjährungsbeginn** auf die zahlreichen Veröffentlichungen in Presse, Rundfunk, Fernsehen und Internet vom Diesel- und Abgasskandal allgemein und von der Betroffenheit des betreffenden Fahrzeuges bereits im September 2015, reicht ein schlichtes Bestreiten des Klägers zu seiner Kenntnis nicht aus; vielmehr muss er substantiiert darlegen, warum er die Veröffentlichung nicht wahrgenommen hat, Schlesw NJW-RR 2021, 472 Rn. 9 f.; Mü NJW-RR 2020, 342. Zur Frage des substantiierten Vortrages des Abnehmers zu einer unzul. Abschalteinrichtung und zur Frage der sekundären Darlegungslast des Herstellers in diesem Zusammenhang: Schlesw BeckRS 2021, 8806 Rn. 40, 42; vgl. auch zur Frage der Sittenwidrigkeit: BGH NJW 2021, 1814. Zur Frage des Minderwertes und § 287: → § 253 Rn. 48 „Dieselskandal". Zum rechtlichen Gehör im Zusammenhang mit „Offenkundigen Tatsachen" → Vor § 128 Rn. 53 (Stichwort dort).

DS-GVO: Den datenschutzrechtlich Verantwortlichen, der wegen eines Datenschutzverstoßes auf Schadensersatz nach Art. 82 DS-GVO in Anspruch genommen wird, kann eine sekundäre Darlegungslast und in diesem Zusammenhang eine Nachforschungspflicht treffen, wenn der Darlegungspflichtige keine näheren Kenntnis der maßgeblichen Umstände und auch keine Möglichkeit zur Sachaufklärung hat, während der Bestreitende alle wesentlichen Tatsachen kennt oder kennen könnte und es für ihn zumutbar ist, nähere Angaben zu machen, Stgt BeckRS 2021, 6282 Rn. 48; Wybitul NJW 2021, 1190 (1192).

Geschäftsführerhaftung: Sprechen Indizien dafür, dass der Geschäftsführer einer GmbH, die Alleingesellschafter einer ausländischen Gesellschaft ist, das auf dem deutschen Markt ausgerichtete Geschäftsmodell steuert, muss sich dieser im Rahmen der sekundären Darlegungslast entlasten; er kann sich nicht darauf beschränken, seine Verantwortlichkeit pauschal zu bestreiten, Ffm GRUR-RR 2021, 450 Rn. 27.

Filesharing-Fälle: „Internetanschluss".

Insolvenz: Will der Verwalter im Anfechtungsprozess die Vermutung der Fortdauer der Zahlungseinstellung für sich in Anspruch nehmen, nachdem die Verbindlichkeit, die die Annahme der Zahlungseinstellung des Schuldners trägt, erfüllt wird, ist er unter dem Gesichtspunkt der sekundären Darlegungslast gehalten, zum Zahlungsverhalten des Schuldners im übrigen vorzutragen, BGH NJW-RR 2022, 483.

Internetanschluss: Es besteht eine sekundäre Darlegungslast in Bezug auf die Benutzung eines solchen Anschlusses durch Familienangehörige; Art. 6 GG soll gegenüber 14 GG nicht vorrangig sein, BVerfG NJW 2019, 1510; BGH NJW 2018, 68 und 65; 2017, 1961; 2014, 2360; Köln GRUR-RS 2012, 330; Musielak/Voit/Stadler Rn. 10a; Schaub NJW 2018, 17 (Filesharing). Die Rspr. des BVerfG und des BGH ist europakonform, EuGH GRUR 2018, 1234. Eine Nachforschungsobliegenheit besteht nicht schon mit Erhalt der Mahnung, sondern erst innerhalb des gerichtlichen Verfahrens, LG Düss GRUR-RS 2020, 27936.

Mängelbeseitigung: Wird dem Verkäufer eines Hausgrundstückes im Zusammenhang mit Mängeln Arglist vorgeworfen und beruft er sich darauf, vor dem Verkauf einen Dritten mit der Mängelbeseitigung beauftragt zu haben, muss er die insoweit ergriffenen Maßnahmen darlegen, BGH NJW 2016, 2315.

Nachbargrundstück: Kommt es infolge eines Werkvertrages bei Abdichtungsarbeiten am Haus zu einer Beschädigung des Nachbargrundstückes, muss der Unternehmer konkret vortragen, welche Arbeiten er im Einzelnen vorgenommen und welche Sicherungsmaßnahmen er für das Nachbargrundstück ergriffen hat, Köln BeckRS 2021, 38366 mAnm Hänsel NJW-Spezial 2022, 12.

Negative Tatsachen: BGH NJW 2011, 1280; 2009, 1494; 2008, 982; 2005, 2546.

Notar: Eine sekundäre Darlegungslast besteht bei Ansprüchen aus Amtspflichtverletzung für Tatsachen, die im Kenntnisbereich des Notars liegen, BGH NJW-RR 2020, 305 Rn. 29.

Partnerschaftsvermittlungsvertrag/Lockvogelangebot: Die Weigerung des Partnerschaftsvermittlungsinstitutes, die Daten des „Lockvogels" preiszugeben, stellt keine Verletzung der sekundären Darlegungslast dar, ist aber iRd Beweisvereitelung von Bedeutung, BGH NJW 2008, 982, 984.

Presserecht/anonyme Informanten: Der Betroffene trägt bei Geltendmachung von Ansprüchen wegen einer angeblich unrichtigen Tatsachenberichterstattung die Darlegungs- und Beweislast für die Anspruchsvoraussetzungen; jedoch trifft die Journalisten und die Medien eine sekundäre Darlegungslast, weshalb sie konkret von der Richtigkeit der aufgestellten Behauptung ausgehen, um dem Betroffenen den Negativbeweis zu ermöglichen; BVerfG NJW 1999, 1322 (1324); BGH NJW 1974, 1710; Brost/Hassel NJW 2021, 1351 (1353). Dabei müssen sie wegen des Informantenschutzes die geheime Informationsquelle nicht preisgeben; jedoch sind zum Schutz der Ehre so viele Einzelumstände offenzulegen, dass ein Rückschluss auf die Richtigkeit der Berichterstattung möglich ist, BGH NJW 2008, 2262 Rn. 22; Köln BeckRS 2001, 12401 Rn. 33; LG Köln BeckRS 2018, 25558 Rn. 27; 2007, 8818; Brost/Hassel NJW 2021, 1351 (1354); → § 920 Rn. 12 (einstw. RSchutz).

Produktfälschungen (Plagiate): Wird die Einrede der Nichtbenutzung geltend gemacht, müssen Umstände zur Nichtbenutzung dargelegt werden, Ffm GRUR-RR 2020, 102 = BeckRS 2019, 29283.

Schadensersatz: Die sekundäre Darlegungslast kann auch bei einem Anspruch wegen Verletzung von strafrechtlichen **Schutzgesetzen** bestehen, so zB bei Verdacht der Veruntreuung anvertrauter Gelder, BGH NJW-RR 2015, 1279. Stützt der Kläger seinen Schadensersatzanspruch auf ein Strafurteil und ein Geständnis des Bekl. im Strafverfahren, trifft diesen die sekundäre Darlegungslast, aber nicht die Beweislast hinsichtlich konkreter Umstände, die an der Wahrheit der getroffenen Feststellungen zweifeln lassen, BGH NJW 2022, 705 Rn 11-10; = MDR 2021, 1376 mAnm. Laumen; Stackmann, NJW 2022, 224, 229 (zum Kapitalanlagerecht). Auch bei einer vom Kläger dargestellten **Schmiergeldabrede** zwischen dem Bekl. und dem Bevollmächtigten des Klägers trägt der Bekl. eine sekundäre Darlegungslast; er kann sich nicht darauf berufen, dass der Kläger bei seinem Bevollmächtigten Erkundungen einholen könnte, BGH NJW 2018, 2412 Rn. 30; vgl. auch Petzold JA 2022, 317 (kollusives Zusammenwirken der Gegenseite). Auch → „Dieselskandal"; → „Schneeballsystem".

Schneeballsystem: Der Geschädigte genügt seiner Darlegungslast regelmäßig bereits dadurch, dass er Umstände vorträgt, die das weitere Betreiben eines solchen Schneeballsystems naheliegend erscheinen lassen; den Gegner trifft in solchen Fällen eine sekundäre Darlegungslast; er muss sich nach II zu den Behauptungen der beweispflichtigen Partei äußern; andernfalls gilt das Vorbringen des Gegners gemäß III als zugestanden, BGH BeckRS 2021, 9970 = NJW 2021, 1759.

Telefax: Der O. K.-Vermerk auf dem Sendebericht belegt das Zustandekommen einer Verbindung mit dem im Faxbericht genannten Nummer; der Empfänger kann sich nicht auf ein bloßes Bestreiten beschränken, sondern muss im Rahmen seiner sekundären Darlegungslast klarstellen, welches Gerät er betreibt, ob der Vorgang gespeichert ist und auf welche Weise er ein Empfangsjournal führt, BGH NJW-RR 2014, 683 Rn. 30.

Transportwesen: Der Auftraggeber kann beim Verlust der Ware während des Transportes den Nachweis für ein qualifiziertes Verschulden iSd § 439 HGB, Art. 29 CMR mangels Einblicks in die Struktur des Transportunternehmens faktisch nicht führen; deswegen trifft das bekl. Transportunternehmen eine sekundäre Darlegungslast zum Sendungslauf, insbesondere auch zu den Kontrollen an den Schnittstellen, bei denen das Gut aus dem Verantwortungsbereich konkreter Personen wechselt; nur so kann der Schadensort räumlich, zeitlich und personell eingegrenzt werden, Köln TranspR 2021, 8; Gran, NJW 2021, 981, 983.

Unterhalt: Zur sekundären Darlegungslast des Unterhaltsberechtigten hinsichtlich ehebedingter Nachteile: BGH NJW 2013, 1447 (nachehelicher Unterhalt). Vgl. auch → Rn. 26 „Unterhalt" (zur fehlenden Leistungsfähigkeit).

Versicherungsrecht: Schulz VersR 2014, 930.

34 **ff) Allgemeine prozessuale Aufklärungspflicht.** Eine solche Pflicht des nicht Darlegungspflichtigen ist nicht anzunehmen, BGH NJW 1990, 3151; Prütting/Gehrlein/Prütting Rn. 20; Thomas/Putzo/Seiler Rn. 12; aA *wohl: MükoZPO/Fritsche Rn. 25*; Musielak/Voit/Stadler Rn 11 (Arg.: Rechtsgedanke aus I, II). Das ergibt sich aus dem Beibringungsgrundsatz, → Vor § 128 Rn. 21; ansonsten würde auch die Darlegungslast im Ergebnis umgekehrt; außerdem ist bedeutsam, dass der Gesetzgeber bisher trotz entsprechender Diskussionen nicht reagiert hat, vgl. zum Meinungsstreit im Einzelnen: Musielak/Voit/Stadler Rn. 11. Soweit im Einzelfall der Grundsatz

von **Treu und Glauben** eine Mitwirkung des nicht Darlegungspflichtigen gebietet, können sich bei fehlender Mitwirkung Konsequenzen dadurch ergeben, dass das einfache Bestreiten des Gegners nicht beachtlich ist, BGH NJW 2021, 1669 Rn. 27; → Rn. 29, 32 f., uU von einer Beweisvereitelung ausgegangen werden kann, BGH NJW 2008, 982; → Rn. 40, oder aber über § 242 BGB auch in gesetzlich nicht geregelten Fällen ein materielles Auskunftsrecht besteht, → § 254 Rn. 17.

10. Hilfsantrag. Nicht nur Haupt- und Hilfsvorbringen ist grundsätzlich auch bei Widersprüchlichkeiten zulässig, → Rn. 17 ff., sondern auch ein echter Hilfsantrag, der im Widerspruch zu dem Hauptantrag steht. Im Einzelnen, BGH NJW 2014, 3314; → § 260 Rn. 9 ff., 33. Der echte Hilfsantrag unterscheidet sich vom Hilfsvorbringen dadurch, dass der Kläger nicht nur mehrere Begründungen für einen Anspruch gibt, sondern mehrere Streitgegenstände, die auch getrennt behandelt werden könnten, in ein Hilfsverhältnis stellt, Anders/Gehle Assessorexamen ZivilR K Rn. 1; → § 253 Rn. 26 (Streitgegenstand). Der echte Hilfsantrag ist auflösend bedingt; die Rechtshängigkeit des Hilfsantrages, die mit Klageerhebung eintritt, entfällt rückwirkend, wenn das Gericht dem Hauptantrag stattgibt; es entscheidet über den Hilfsantrag nur, wenn die Klage mit dem Hauptantrag abgewiesen wird, BGH NJW 2017, 1180; 2002, 3478; Anders/Gehle Assessorexamen ZivilR K Rn. 5; → § 260 Rn. 10. Entsprechendes gilt nicht für den **unechten** Hilfsantrag, der nur für den Fall gestellt wird, dass der Kläger mit dem Hauptantrag erfolgreich ist; das Gericht muss immer über beide Anträge entscheiden, so dass der zugrunde liegende Tatsachenvortrag nicht widersprüchlich sein kann; hier wirkt sich das Alternativverhältnis erst in der Vollstreckung aus, → § 255 Rn. 10; → § 260 Rn. 12. 35

11. Grenzen der Wahrheitspflicht. Aus dem Beibringungsgrundsatz → Vor § 128 Rn. 21, folgt, dass ein prozessuales **Anerkenntnis** zulässig und unter den Voraussetzungen des gegenüber § 138 vorrangigen § 307 wirksam ist. Das Gericht prüft dann nicht den Tatsachenvortrag der Parteien auf seine Wahrheit und rechtliche Relevanz. Das bedeutet aber nicht, dass die Partei schon vor einem Anerkenntnis mit Rücksicht auf die bloße Absicht, es vielleicht abzugeben, beliebig lange mit der Wahrheit zurückhalten dürfte. 36

Die Grenzen der Wahrheitspflicht ergeben sich, abgesehen von ungünstigen Tatsachen, → Rn. 13, aus Folgendem: Nach hM muss die Partei sich grundsätzlich nicht selbst einer ehrenrührigen Handlung, einer **strafbaren Handlung** oder einer Ordnungswidrigkeit bezichtigen; dabei wird, teilweise unausgesprochen, auf die Voraussetzungen des § 384 Nr. 2 zum Aussageverweigerungsrecht des Zeugen zurückgegriffen; die Partei muss dann schweigen oder eine Erklärung ablehnen, riskiert aber, dass bei der Entscheidung der Vortrag des Gegners zugrunde gelegt wird, BGH NJW 2018, 65 Rn. 27; MüKoZPO/Fritsche Rn. 14; Musielak/Voit/Stadler Rn. 3, 3a; Thomas/Putzo/Seiler Rn. 7; Zöller/Greger Rn. 3, 3a. Das bedeutet, dass sie anders als der Zeuge, der ohne seinen Willen in den Prozess hinein gezogen wird, prozessuale Nachteile trotz eines „Schweigerechtes" in Kauf nehmen muss, BGH NJW 2018, 65 Rn. 27; MüKoZPO/Fritsche Rn. 14; Musielak/Voit/Stadler Rn. 3; Thomas/Putzo/Seiler Rn. 7; Zöller/Greger Rn. 3. 37

Besteht bezüglich des Vortrages des Gegners ein **Beweisverwertungsverbot,** kommt die Partei in die schwierige Lage, wenn die betreffenden Tatsachen zutreffend sind. Auch in einem solchen Fall kann nach unserer Auffassung wegen I ein Recht zur Lüge nicht angenommen werden, aA Saarb BeckRS 2009, 29388. Manche halten eine teleologische Reduktion von III für gerechtfertigt, so dass auch ohne Bestreiten die Geständnisfiktion in einem solchen Fall nicht eintritt, BAG NZA 2011, 571; Zöller/Greger Rn. 3a; Schreiber ZZP 122, 241. Manche nehmen ein **Sachvortragsverwertungsverbot** an mit der Folge, dass der Vortrag des Gegners unbeachtlich ist, vgl. BAG NZA 2019, 893 Rn. 49; 2018, 1329 Rn. 16; Musielak/Voit/Stadler Rn. 3a; vgl. auch zu den Auswirkungen: Dyck/Ittner NJW 2021, 1633, 1636. Von diesen Meinungen, die zum selben Ergebnis führen, halten wir die erste Meinung für vorzugswürdig; der zweiten Meinung steht der Beibringungsgrundsatz entgegen; das Gericht muss den Vortrag der Parteien grundsätzlich berücksichtigen und dieser kann nur als unsubstantiiert, unschlüssig (unerheblich) oder unbewiesen gewertet werden, so auch BAG NZA 2008, 1008. Da aber ein Beweisverwertungsverbot nur in Ausnahmefällen bei höherwertigen Interessen in Betracht kommt, halten wir in diesen Ausnahmefällen eine teleologische Reduktion von III für sachgerecht, vgl. zu diesem Problem im Arbeitsrecht eingehend: Schindler DRiZ 2021, 370; Dyck/Ittner NJW 2021, 1633; Lunk NZA 2009, 457. 38

12. Zeitraum. Alle vorstehenden Anforderungen gelten in jeder Lage des Verfahrens bis zum Verhandlungsschluss nach § 136 IV. Sie gelten nach §§ 283, 156 bei einem nachgereichten Vortrag evtl. noch später. Das gilt für jede Instanz. Im schriftlichen Verfahren nach § 128 II, III oder § 495a S. 1 gilt der dem Verhandlungsschluss entsprechende Zeitpunkt. Dabei kommt es auf den Zeitpunkt an, in dem die Erklärung erfolgt, vgl. BGH NJW-RR 2002, 612; BAG NJW 2008, 1179. Die Partei muss eine Änderung der Verhältnisse während der Instanz mitteilen, und zwar ungefragt, BGH NJW 1999, 2804 (Unterhalt). 39

VI. Erklärungspflicht, II. 1. Vom Gegner behauptete Tatsachen. Schon aus dem Prozessrechtsverhältnis, → Vor § 128 Rn. 4, aber auch aus der Wahrheitspflicht einschließlich der Pflicht zum vollständigen Tatsachenvortrag, → Rn. 13, ergibt sich für die Partei die Notwendigkeit, auf eine vom Gegner aufgestellte Behauptung zu erwidern, BAG NJW 2013, 3197 Rn. 42; NZA 2006, 171, 174. II umschreibt die Pflicht, sich über die vom Gegner behaupteten Tatsachen zu erklären, wobei die Wahrheitspflicht zu beachten ist. Die Erklärungspflicht gilt unabhängig von der Darlegungslast, → Rn. 21. Dies ist nur bedeutsam für die Terminologie; der Darlegungspflichtige legt dar oder substantiiert, während der Nichtdarlegungspflichtige bestreitet, → Rn. 25 f. (Substantiierung), 27 ff. (Bestreiten), 32 f. (sekundäre Darlegungslast). Zum Tatsachenvortrag des Prozessgegners gehört auch der des gegnerischen Streithelfers nach § 66, des Streitgenossen nach § 59, ferner eines Dritten, auf dessen Erklärung der Prozessgegner Bezug nimmt und sie so zu seinem Vortrag macht. Seine Behauptungen muss er gerade im Prozess aufgestellt haben, wobei eine konkrete Bezugnahme auf vorprozessuale Dokumente ausreicht, BAG NZA 2017, 861; Düss NJW-RR 2014, 1368. Der gegnerische Vortrag muss sich auf Tatsachen beziehen, während eine Erklärungspflicht zu Wertungen grundsätzlich nicht besteht, zur Abgrenzung: → Rn. 11 f. Allerdings kann eine scheinbare Wertung im Einzelfall ein Tatsachenvortrag sein, → Vor § 284 Rn. 29 ff.. Zudem ersetzen die Rechtstatsachen (juristischen Tatsachen) die dahinterstehenden Tatsachen, wenn die Voraussetzungen erfüllt sind, BAG NZA 2015, 102; → Vor § 128 Rn. 24; → Rn. 11; → Vor § 284 Rn. 33. 40

2. Zumutbarkeit, Treu und Glauben. Auch iRd II gilt der Grundsatz von Treu und Glauben, → Rn. 5 f., 24. Es gibt auch bei II keine allgemeine Auskunftspflicht, BGH NJW 1990, 3151; BAG NJW 2004, 285; 41

→ Rn. 5, 24, 34. Soweit die Partei die Darlegungslast trägt, muss sie alle Tatsachen so vortragen, dass dem Gericht eine Subsumtion der entscheidungserheblichen Tatsachen unter die maßgeblichen Tatbestandsvoraussetzungen und dem Gegner eine Stellungnahme möglich ist, → Rn. 21 ff. Nach II muss sich die Partei unabhängig davon zu allen Tatsachen erklären, die vom Gegner behauptet werden. Ansonsten besteht die Gefahr, dass die betreffende Tatsache als unstreitig gewertet wird mit der Folge, dass sie der Entscheidung zugrunde gelegt wird.. Der Umfang der Erklärungslast nach II richtet sich grundsätzlich danach, wie die andere Partei vorgetragen hat; insoweit besteht eine Wechselwirkung, BAG NJW 2018, 3331; näher → Rn. 27, 29. Allerdings setzt die Erklärungspflicht des nicht Darlegungspflichtigen erst dann ein, wenn der Gegner seinerseits schlüssig vorgetragen hat, → Rn. 21; → Vor § 253 Rn. 50 ff. (zur Relationsmethode). Grundsätzlich muss keine Partei dem darlegungspflichtigen Gegner den Tatsachenstoff verschaffen, über den dieser selbst verfügt, Zöller/Greger Rn 8; → Rn. 32 f. (Besonderheiten bei der sekundären Darlegungslast).

42 Die nicht darlegungspflichtige Partei kann die vom Gegner vorgetragenen Tatsachen zugestehen, und zwar ausdrücklich oder konkludent, sie kann keine Erklärung abgeben, was nach III grundsätzlich fiktiv als Geständnis anzusehen ist, → Rn. 45, oder sie kann die Tatsachen durch eine entsprechende Erklärung bestreiten. Dies hat in Form eines einfachen Bestreitens, dh durch eine Verneinung der vom Gegner behaupteten Tatsachen, oder durch qualifiziertes Bestreiten, dh durch eine Gegendarstellung, geschehen, Anders/Gehle Assessorexamen ZivilR A Rn. 34; näher: → Rn. 29 ff. Im Einzelfall ist auch ein Bestreiten mit Nichtwissen nach IV zulässig, → Rn. 52. Nur bei einem Geständnis, einem Nichtbestreiten oder einem fiktiven Geständnis nach III ist die Tatsache, soweit sie entscheidungserheblich ist, nicht beweisbedürftig, → Vor § 253 Rn. 55 ff.; → § 139 Rn. 23; → Vor § 284 Rn. 4. Grundsätzlich reicht ein **einfaches Bestreiten** aus; aus der Wahrheitspflicht folgt nichts anderes, → Rn. 27. Jedoch kann **qualifiziertes** Bestreiten erforderlich sein nach Treu und Glauben, aufgrund der Mitwirkungspflicht nach I, II und im Rahmen der Zumutbarkeit, → Rn. 29 ff., Nach einer gegnerischen Erklärung iSd II ist uU auch eine weitere Ergänzung des ursprünglichen Vortrages des Darlegungspflichtigen notwendig, insbesondere bei qualifiziertem Bestreiten, BGH NZG 2018, 343; → Rn. 29 ff.

43 Wenn dem Darlegungspflichtigen ein substantiiertes Vortrag ohne sein Verschulden nicht möglich oder zumutbar ist, der Gegner aber die erforderlichen Informationen hat oder diese sich leicht beschaffen kann, greift das Institut der **sekundären Darlegungslast** ein, dh der Gegner muss soviel Tatsachen vortragen, dass der Darlegungspflichtige darauf seinen Vortrag aufbauen kann; dieses Institut hat insbesondere bei negativen Tatsachen eine Bedeutung, näher → Rn. 32 f. Das Erfordernis des qualifizierten Bestreitens wird aber auch bejaht, wenn ohne die Darstellung des nicht Darlegungspflichtigen keine Entscheidungsreife eintritt oder unklar bleibt, über welche Punkte Beweis zu erheben ist; dabei kommt es auf den Einzelfall an, zB wie präzise und ausführlich der Prozessgegner vorgetragen hat, näher → Rn. 29.

44 **3. Zeitraum.** Wie bei I, → Rn. 47, gelten alle vorstehenden Anforderungen in jeder Lage des Verfahrens bis zum Verhandlungsschluss nach § 136 IV, auch bei einem verspäteten Schriftsatz, §§ 282, 296, und bei einem nachgereichten Vortrag nach §§ 156, 283. Das alles gilt für jede Instanz. Im schriftlichen Verfahren nach § 128 II, III oder § 495a S. 1 gilt der dem Verhandlungsschluss entsprechende Zeitpunkt.

45 **VII. Nichtbestreiten, III. 1. Anwendungsbereich.** Auch iRd III gilt I mit der Folge, dass unwahre Behauptungen grundsätzlich nicht als zugestanden gelten, MüKoZPO/Fritsche Rn. 27. III greift grundsätzlich uneingeschränkt ein, soweit der **Beibringungsgrundsatzes** zum Tragen kommt, → Vor § 128 Rn. 21; die Vorschrift gilt aber nicht beim Untersuchungsgrundsatz (Ermittlungsgrundsatz), → Vor § 128 Rn. 37; Thomas/Putzo/Seiler Rn. 14; MüKoZPO/Fritsche Rn. 27; Prütting/Gehrlein/Prütting Rn. 12; → Rn. 7. III greift nach unserer Auffassung aber ein, soweit für entscheidungserhebliche Punkte in einem Zivilprozess eine Prüfung von Amts erfolgt; auch insoweit ermittelt das Gericht den Sachverhalt nicht selbst, sondern die Parteien müssen die Tatsachen vortragen und es gelten die Beweislastregeln, so zB, bei den Zulässigkeitsvoraussetzungen, Musielak/Voit/Stadler Rn. 12; → Vor § 128 Rn. 40 (zur Prüfung von Amts wegen); → Vor § 253 Rn. 14 ff.; aA wohl MüKoZPO/Fritsche Rn. 27; Prütting/Gehrlein/Prütting Rn. 12; Thomas/Putzo/Seiler Rn. 14. Dagegen gilt III nicht für den Wiedereinsetzungsgrund, BGH BeckRS 2016, 18820 Rn. 20 = NJW-RR 2017, 308, und nicht im Kostenfestsetzungsverfahren, BPatG GRUR 1992, 503, 507. Soweit nach § 26 FamFG der Amtsermittlungsgrundsatz gilt und die Beteiligten nach § 27 FamFG bei der Ermittlung nur mitwirken sollen, gelten § 138 und damit III nicht, vgl. BGH NJW 2010, 1351 Rn. 28; Thomas/Putzo/Seiler § 26 FamFG Rn. 1, 2 und § 27 Rn. 2.; → Rn. 7. Für Ehe- und Familienstreitsachen gilt nach § 113 I FamFG zwar nicht § 26 FamFG; jedoch greift auch insoweit nach § 113 IV Nr. 1 FamFG die Vorschrift des § 138 nicht ein, Thomas/Putzo/Seiler § 113 FamFG Rn. 8; → Rn. 7. Schweigt der Schuldner im Insolvenzeröffnungsverfahren zum Eröffnungsgrund, greift III nicht ein, Rugullis KTS 2007, 1001.

46 III gilt nur, wenn die Parteien mündlich verhandelt haben, es sei denn, ausnahmsweise kann eine Entscheidung im schriftlichen Verfahren ergehen, → § 128 Rn. 16, 19, 26 ff. Bei einer Säumnis, → Vor § 330 Rn. 4 ff. (Begriff der Säumnis), gelten die Sonderregelungen der §§ 330 ff., 539. III greift auch bei einem nicht rechtzeitigen Vorbringen des Gegners ein; notfalls muss der Gegner nach § 283 vorgehen, Musielak/Voit/Stadler Rn. 12. Zur Frage der teleologischen Reduktion von III bei einem Beweisverwertungsverbot: → Rn. 38.

47 **2. Frage des Bestreitens.** Stellt die nicht darlegungspflichtige Partei den Vortrag der Darlegungspflichtigen unstreitig oder bestreitet sie diesen nicht, gilt dieser nach III als zugestanden. Das Unstreitigstellen oder die fehlende Reaktion der Partei muss sich auf den **Tatsachenvortrag** des Gegners und nicht auf eine Rechtsansicht beziehen, BGH NJW 2017, 68; Mü NZM 2015, 388 Rn. 32 ff; → Rn. 11 f. (zur Abgrenzung). Eine sog. **Rechtstatsache** (juristische Tatsache) kann wie eine Tatsache behandelt werden, wenn die Voraussetzungen erfüllt sind, insbesondere wenn es sich um einen Begriff des täglichen Lebens handelt, die Parteien übereinstimmend von ihr ausgehen und keine Anhaltspunkte dafür bestehen, dass die Parteien den Rechtsbegriff nicht richtig verstanden haben, → Rn. 11; → Vor § 128 Rn. 24; → Vor § 284 Rn. 33. Auch bei einem Nichtbestreiten von Rechtstatsachen idS kann ein fiktives Geständnis nach III vorliegen, BGH NJW 1998, 2058, 2060 (öffentlicher Weg); Mü NZM 2015, 388 Rn. 32 ff. Trägt die darlegungspflichtige Partei aber neben einem juristischen Begriff des täglichen Lebens Tatsachen vor, die dem widersprechen, kann die Rechtstatsache nicht berücksichtigt werden, BGH NJW 2008, 706 Rn. 15 (Beschluss in der Gesellschafterversammlung).

48 Die Geständnisfiktion nach III kann eintreten, wenn die Partei die gegnerische Behauptung nicht bestritten hat; auch wenn in III von einem „ausdrücklichen" Bestreiten die Rede ist, verdeutlicht der zweite Halbsatz, dass

konkludentes Bestreiten reicht, BGH NJW-RR 2001, 1294; MüKoZPO/Fritsche Rn. 28. So kann aus den übrigen Erklärungen der Partei hervorgehen, dass sie bestreiten will, so zB, wenn die Partei einzelne Punkte eines Sachkomplexes bestreitet; dann will sie im Zweifel alle Punkte streitig stellen, BGH NJW-RR 2001, 1294; Anders/Gehle Assessorexamen ZivilR A Rn. 33. Daher darf man sich nicht auf die Prüfung beschränken, was die Partei ausdrücklich bestritten oder ob sie eine Gegendarstellung gegeben hat. Vielmehr ist der gesamte Vortrag zu berücksichtigen und die Frage zu stellen, ob sich aus dem Gesamtzusammenhang der **Wille zu bestreiten,** dh ein konkludentes Bestreiten, ergibt, Anders/Gehle Assessorexamen ZivilR A Rn. 33. Ein konkludentes Bestreiten kann auch in einem früheren widersprechenden Vortrag liegen. Auf die zeitliche Reihenfolge des Vortrages kommt es nicht an, sondern nur auf die Umstände, aus denen der Wille, eine konkrete Tatsache bestreiten zu wollen, hervorgeht, BGH NJW 2001, 1294. Von einem konkludenten Bestreiten ist entgegen der Formulierung in III im Zweifel auszugehen, Anders/Gehle Assessorexamen ZivilR A Rn. 33. Jedenfalls muss das Gericht dies bei Zweifeln nach § 139 klären. Zur Abgrenzung von einem bloßen Bestreiten mit Nichtwissen: → Rn. 52.

III kann auch eingreifen, wenn ein ev. Bestreiten **nicht ausreichend** ist. Das ist der Fall, wenn die Partei nur einfach bestreitet, obwohl ein qualifiziertes Bestreiten erforderlich ist;,dann ist das Bestreiten unbeachtlich und es ist von einer unstreitigen Tatsache auszugehen, → Rn. 32f. (sekundäre Darlegungslast); → Rn. 29 (Herbeiführung der Entscheidungsreife,). In dem Klageabweisungsantrag kann kein ausreichendes Bestreiten der gegnerischen Tatsachenbehauptungen gesehen werden, MüKoZPO/Fritsche Rn. 28. Ein nicht ausreichendes Bestreiten ist auch die bloße Bitte, das Gericht möge erkennen, „was rechtens ist“, BAG NJW 1990, 2643. Eine unzulässige sog. Leerformel, zB „Es wird alles bestritten, was nicht zugestanden wird.“, ist ebenfalls unbeachtlich, → Rn. 28. 49

3. Zeitraum: Bis zum Verhandlungsschluss. Hier gilt dasselbe wie bei I und II, → Rn. 47, 52. Die Partei kann bis zum Verhandlungsschluss nach §§ 136 IV, 296a eine Tatsache bestreiten oder nicht mehr bestreiten, Zöller/Greger Rn. 9. Ein Nicht-mehr-Bestreiten muss eindeutig sein; im Zweifel hat das Gericht iRd ihm obliegenden Erörterungs- und Fragepflicht nach § 139 eine Klärung herbeizuführen, BGH MDR 2008, 633 = DStR 2008, 680; → Rn. 53f. Anders als bei einem Geständnis tritt bei III keine Bindungswirkung nach § 290 ein. Allerdings kann im Einzelfall ein „spätes“ Bestreiten verspätet iSd §§ 296, 528 sein. 50

4. Folge: Fiktion eines Zugeständnisses. Nach III führt ein Nichtbestreiten oder nicht ausreichendes Bestreiten von Tatsachen grundsätzlich zur Fiktion eines Geständnisses, dh das Gericht muss von einer nicht bestrittenen Tatsache ausgehen mit der Folge, dass diese nicht beweisbedürftig und der Entscheidung zugrunde zu legen ist, KG WuM 2011, 712 = BeckRS 2011, 22827; LAG Hamm NZA-RR; 2011, 8,10; → Rn. 29ff.; zur Frage der Beweisbedürftigkeit: → Vor § 284 Rn. 4ff. und → Vor § 253 Rn. 55ff. Relevant wird dies allerdings für die Entscheidung nur, wenn der Vortrag schlüssig bzw. erheblich ist, → Vor § 253 Rn. 50ff. (Relationsmethode). Wegen der erheblichen Wirkungen des § 290 reicht ein bloßes Nichtbestreiten für ein Geständnis nach § 288 nicht aus, BVerfG NJW 2001, 1565; BGH NJW 2006, 2181; Anders/Gehle Assessorexamen ZivilR A Rn. 33. Zum Unterschied von III zum gerichtlichen Geständnis, BVerfG NJW 2001, 1565. 51

VIII. Bestreiten mit Nichtwissen, IV. 1. Erklärung der Partei. a) Allgemeines. Es handelt sich um eine gegenüber der Mitwirkungspflicht nach I, II eng auslegbare Ausnahmevorschrift, bei der zwingend die in IV genannten Voraussetzungen vorliegen müssen; das ergibt sich schon aus dem Wort „nur“ und darüber hinaus aus der äußerlichen Stellung des IV als Sonderregel gegenüber I–III. Grundsätzlich ist deshalb von IV nur auszugehen, wenn die Partei ausdrücklich mit Nichtwissen bestreitet. Allerdings kommt auch hier ein **konkludentes Bestreiten** mit Nichtwissen in Betracht, so zB bei Tatsachen, die offenkundig außerhalb der eigenen Wahrnehmung der Partei liegen, BGH MDR 2013, 486. Daher kommt nicht allein auf den Wortlaut an, sondern auf den Sinn und die Umstände. Zu unterscheiden und abzugrenzen ist ein Bestreiten mit Nichtwissen von der Ablehnung einer Erklärung, vom ausdrücklichen oder konkludenten Bestreiten, vom bloßen Schweigen und vom Geständnis nach § 288 I. Die Frage, ob das eine oder das andere vorliegt, lässt sich oft nur schwer beantworten, → Rn. 48f. Gerade derjenige, der die nachteiligen Rechtsfolgen einer unzulässigen Erklärung mit Nichtwissen kennt, bemüht sich erfahrungsgemäß, statt der schlichten Worte „Ich weiß es nicht“ um den „heißen Brei“ herumzureden, BAG NZA 2005, 600. Dergleichen Versuche dürfen das Gericht keineswegs davon abhalten, ganz klar und unmissverständlich herauszuarbeiten, ob die Partei bestreiten will oder ob sie sich nur mit Nichtwissen erklärt. Denn die Rechtsfolgen sind unterschiedlich. Das bloße Bestreiten mit Nichtwissen ist bei Fehlen der Voraussetzungen des IV – einer Ausnahmeregelung – unzulässig; das ergibt sich aus II und der Wahrheitspflicht; wenn die Partei keine Kenntnis hat, darf sie nicht bestreiten, weil die Darstellung des Gegners möglicherweise der Wahrheit entspricht; hierüber hilft die Möglichkeit eines Bestreitens mit Nichtwissen hinweg, LAG Hamm NZA-RR 2015, 117, 119; MüKoZPO/Fritsche Rn. 31; → Rn. 67. Wegen der besonderen Voraussetzungen in IV ist im Zweifel von einem bloßen Bestreiten auszugehen; erst wenn feststeht, dass die Partei mit Nichtwissen bestreiten will, kommt es auf diese Voraussetzungen an. 52

Auch das Bestreiten mit **Noch-Nicht**-Wissen oder **Nicht-mehr**-Wissen ist eine Erklärung nach IV, BGH NJW-RR 2002, 612; NJW 1995, 130; Celle BeckRS 2017, 101112 Rn. 12; BAG NZA-RR 2015, 9 Rn. 32; Naumb NJW-RR 2013, 564, 565. Das gilt auch bei einer entsprechenden Erklärung, die ein gesetzlicher Vertreter oder ein ProzBev. abgegeben hat, → Rn. 8ff. Eine andere Frage ist, ob diese Erklärung zulässig ist. Da die Partei grundsätzlich eine Erklärungspflicht hat, II, ist ein solches Bestreiten mit Nichtwissen nur zulässig, wenn die Partei darlegen und zumindest nach § 294 glaubhaft machen kann, dass sie sich auch beim besten Willen wirklich nicht erinnern kann und alles ihr Zumutbare getan hat, um das zu ändern, BGH NJW-RR 2002, 612, 613; NJW 1995, 130; Celle BeckRS 2017, 101112; MüKoZPO/Fritsche Rn. 33; → Rn. 69ff. (näher zu den Informationsbeschaffungspflichten und ihren Grenzen). Zur Auffrischung des Gedächtnisses muss die Partei neben der Befragung von Personen aus ihrem Geschäfts- und Verantwortungsbereich alle ihr zugänglichen Unterlagen, auch E-Mails, durchforsten, soweit keine Zumutbarkeitsgrenze überschritten ist, BGH BeckRS 2019, 13940 Rn. 19f. = MMR 2019, 617; Musielak/Voit/Stadler Rn. 17; → Rn. 61. 53

b) Pflichten des Gerichts. Wegen der oft prozessentscheidenden Bedeutung der Unterschiede zwischen einem bloßen Bestreiten und einem Bestreiten mit Nichtwissen, das auch konkludent erfolgen kann, → Rn. 60, ist eine präzise Protokollierung der jeweiligen Äußerungen der Partei nach § 160 II ratsam. Dabei sollte sich das Gericht bemühen, die Partei zu einem ausdrücklichen Bestreiten mit Nichtwissen zu veranlassen, wenn diese eine solche Erklärung will. 54

55 Das Gericht sollte sich mit unklaren Formulierungen der Partei, so zB, sie könne sich zu einer gegnerischen Behauptung nicht erklären, nicht zufrieden geben. Es muss wegen der unterschiedlichen Rechtsfolgen der Art des Bestreitens nach § 139 II vorgehen, und zwar auch bei einer anwaltlich vertretenen Partei. Das gilt unabhängig davon, ob ein Grund für die Unfähigkeit der Partei zu einem weiteren Vortrag angegeben wird oder ein solcher aus den Akten erkennbar ist. Wenn die Partei nach einem gerichtlichen Hinweis auf die möglichen Rechtsfolgen des bloßen Bestreitens mit Nichtwissen dann antwortet, unter diesen Umständen „bestreite sie eben", wechselt sie ihre Einlassung und verpflichtet das Gericht zur Prüfung, welche der widersprüchlichen Einlassungen nun die maßgebliche sein kann. Dabei ist keineswegs stets die zeitlich nachfolgende Art des Bestreitens die allein maßgebliche.

56 Soweit einer Partei auf eine Behauptung des Darlegungspflichtigen nicht sofort zumutbar reagieren kann, etwa weil die Behauptung erst in der mündlichen Verhandlung erfolgt, muss das Gericht auf einen Antrag der Partei grundsätzlich mit einer **„Nachfrist"** Gelegenheit zur Information und Nachholung geben, so über den Weg des § 283 oder durch eine Vertagung nach § 227; ohne Hinweis und gegebenenfalls ohne Anregung eines Antrages nach § 283 kann das Gericht den Vortrag des Gegners nicht als verspätet zurückweisen, BGH NJW 1985, 1539.

57 **2. Voraussetzungen. a) Allgemeines.** Aus dem Wortlaut des IV ergibt sich, dass sich ein Bestreiten mit Nichtwissen nur auf Tatsachen und nicht auf Rechtsansichten beziehen kann, wobei die Rechtstatsachen den Tatsachen gleichgestellt sind, → Rn. 11; → Vor § 284 Rn. 33. Darüber hinaus verdeutlicht das Wort „bestreiten", dass IV nicht gilt, soweit die Partei die Darlegungs- und Beweislast für die betreffende Tatsache trägt, BGH NJW 2015, 468 Rn. 12; NJW-RR 2009, 1666; Thomas/Putzo/Seiler Rn. 19; → Rn. 21 (zur Darlegungslast). Die Voraussetzungen von IV sind nicht erfüllt, wenn **qualifiziert bestritten** werden muss, so bei einer sekundären Darlegungslast, BGH GRUR 2016, 836 Rn. 109 ff.; → Rn. 29 ff. (zum qualifizierten Bestreiten). Aus dem Wort „nur" in IV wird zudem deutlich, dass das Gesetz von dem Grundsatz der Unzulässigkeit der Erklärung mit einem bloßen Nichtwissen ausgeht und sie nur unter den genannten Voraussetzungen ausnahmsweise zulässig ist, BGH NJOZ 2013, 1333 BAG NZA-RR 2007, 646 Rn. 15; NZA 2005, 1233; Mühlhausen NZA 2006, 967, 969; → Rn. 60. Eine Erklärung des **Streithelfers** mit Nichtwissen ist unzulässig, wenn sie eine Tatsache betrifft, die entweder eine eigene Handlung der unterstützten Hauptpartei oder Gegenstand von deren Wahrnehmung gewesen ist, BGH NJW 2021, 1957; ZIP 2021, 1484 Rn. 26 f. = BeckRS 2021, 18616. Ein Bestreiten mit Nichtwissen durch den Streithelfer ist auch unzulässig, wenn es um Tatsachen geht, die eine eigene Handlung oder Gegenstand der Wahrnehmung des Streithelfers gewesen ist, BGH NJW-RR 2022, 61 Rn. 26 f. = BeckRS 2021, 18616. Für die Frage des zulässigen Bestreitens mit Nichtwissen kommt es auf den **Zeitpunkt** an, zu dem sich die Partei im Prozess erklärt, BAG NJW 2008, 1179. Im Rahmen der Auslegung sind aufgrund des Ausnahmetatbestandes des IV strenge Anforderungen an das Vorliegen der nachfolgenden Zulässigkeitsvoraussetzungen stellen. Unzulässig kann das Bestreiten mit einem bloßen Nichtwissen schon dann sein, wenn nach der Lebenserfahrung ein eigenes Wissen durchaus vorhanden sein muss, BAG NZA 2005, 600. Ist Bestreiten mit Nichtwissen aber zulässig, besteht keine Pflicht zu einem qualifizierten Bestreiten; durch ein zulässiges Bestreiten mit Nichtwissen erhöhen sich die Anforderungen an die Substantiierung des Darlegungspflichtigen nicht, BGH NJW 2021, 3464 Rn. 25; 2019, 607; → Rn. 27; → Rn. 29 ff. (zum qualifizierten Bestreiten), Das gilt unabhängig davon, ob die Gegenseite detailliert vorträgt; eine Pflicht, eigene Ermittlungen anzustellen, um dem detaillierten Vortrag zu begegnen, besteht nicht, BGH NJW 2015, 468 Rn. 12 f.

58 **b) Fehlen eigener Handlung.** Ein Bestreiten mit Nichtwissen ist grundsätzlich unzulässig, soweit es um eine eigene Handlung der Partei geht. Zu den „eigenen Handlungen" zählen sowohl aktive Vorgänge in Wort und Tat als auch passive eigene Verhaltensweisen, also Unterlassungen in Wort oder Tat, sofern der Gegner gerade eine Unterlassung behauptet. Es kommt nicht darauf an, ob der Gegner meint, man habe etwas pflichtwidrig getan oder unterlassen, sondern nur darauf, ob er behauptet, man habe überhaupt eine eigene Handlung oder Unterlassung vorgenommen. Geht es um die Echtheit einer Urkunde, ist ein Bestreiten mit Nichtwissen unzulässig, wenn die Partei an der Erstellung der **Urkunde** mitgewirkt hat, BGH NJOZ 2013, 1333. Hat die Partei bei eigenen Handlungen keine aktuelle Kenntnis (mehr), muss sie sich etwa durch Einsicht in Unterlagen kundig machen, Dölling NJW 2013, 3121 (3125); Lange NJW 1990, 3233; Zöller/Greger Rn. 14. Führt das zu keinem Ergebnis, weil keine Unterlagen existieren oder die Partei die Tatsache vergessen hat, muss sie den Grund für ihre Nichtkenntnis darlegen; hält das Gericht dies nicht für glaubhaft, greift **III e**in; ansonsten ist ein Bestreiten mit Nichtwissen zulässig, zumal es bei IV nur auf den Zeitpunkt ankommt, zu dem sich die Partei im Prozess erklärt, BGH NJW-RR 2002, 612 (613); NJW 1995, 130; BAG NJW 2008, 1179 Rn. 19; LAG Hamm NZA-RR 2015, 117, 119; MüKoZPO/Fritsche Rn. 30; Thomas/Putzo/Seiler Rn. 20; Zöller/Greger Rn. 14; Dölling NJW 2013, 3121 (3125), → Rn. 57. Für IV ist aber nicht entscheidend, ob die Partei ihre Kenntnis vorwerfbar vereitelt; das ist eine Frage der Beweisvereitelung, Zöller/Greger Rn. 14; aA Dölling NJW 2013, 3121 (3125).

59 Den eigenen Handlungen der Partei stehen diejenigen ihres gesetzlichen **Vertreters** gleich, wobei es bei juristischen Personen auf die Wahrnehmung ihrer Organe ankommt, BGH NJW-RR 2019, 747; 2016, 1251 Rn. 20; 2002, 612; NJW 1999, 53, 54; Lange NJW 1990, 3233 (3235). So kann auch eine juristische Person den behaupteten Abschluss eines Vertrages nicht mit Nichtwissen bestreiten, wenn ihr an den Verhandlungen beteiligter Vertreter zwischenzeitlich unter Mitnahme der Unterlagen aus dem Unternehmen ausgeschieden ist, Dresd NZA 2020, 712 = BeckRS 2020, 7147. Anders als bei dem gesetzlichen Vertreter stellt das Handeln eines rechtsgeschäftlichen Vertreters oder eines „Gehilfen" der Partei, insbesondere iSv §§ 278, 831 BGB, oder das Handeln sonstiger mit der Partei verbundenen Personen, wie zB ein Versicherer, keine eigene Handlung oder Unterlassung der Partei. dar, BGH NJW 2019, 3788 Rn. 10 f. (Kfz-Haftpflichtversicherer); Zöller/Greger Rn. 15. Gleichwohl kann bei einem Handeln solcher Personen ein Bestreiten mit Nichtwissen über den Wortlaut des IV hinaus unzulässig sein, weil für die Partei unter dem Gesichtspunkt der Zumutbarkeit Informationspflichten bestehen können, so bei Vorgängen in ihrem Geschäfts- und Verantwortungsbereich, → Rn. 61 f.

60 **c) Nicht Gegenstand eigener Wahrnehmung.** Eine Erklärung mit einem bloßen Nichtwissen ist nach IV ferner nicht zulässig, wenn es sich um Tatsachen handelt, die Gegenstand der eigenen Wahrnehmung der Partei gewesen *sind.; hier gelten dieselben Gesichtspunkte wie bei den eigenen Handlungen der Partei*, → Rn. 57 ff. So darf derjenige den Schaden, den er selbst nach dem Ereignis vorprozessual entdeckt hatte, nicht mehr mit Nichtwissen bestreiten, Düss NJOZ 2006, 403 (Frachtführer). Die Wahrnehmung kann auch indirekt erfolgt sein, zB über ein Medium, etwa über das Fernsehen oder durch das Internet. Auch Wahrnehmungen des gesetzlichen

Vertreters, nicht des rechtsgeschäftlichen Vertreters oder Gehilfen sind als Wahrnehmungen der Partei zu werten, → Rn. 59.

61 **d) Teleologische Reduktion von IV. aa) Informationsbeschaffungspflichten.** Hat die Partei oder ihr gesetzlicher Vertreter selbst gehandelt oder die betreffende Tatsache selbst wahrgenommen, kommt ein Bestreiten mit Nichtwissen schon nach dem Wortlaut des IV nicht in Betracht. Die Rspr. hat IV erweiternd dahin ausgelegt, dass ein Bestreiten mit Nichtwissen auch nicht möglich sein kann, wenn die Partei zwar nicht selbst gehandelt oder wahrgenommen hat, es jedoch um Tatsachen aus dem **Geschäfts-** oder **Verantwortungsbereich** der Partei geht; die Partei soll sich durch eine Delegation ihrer Handlungspflichten oder durch eine arbeitsteilige Organisation nicht ihrer Erklärungspflicht nach II entziehen können. Unter dem Gesichtspunkt von Treu und Glauben, dh aufgrund von Mitwirkungspflichten aus dem Prozessrechtsverhältnis, → Vor § 128 Rn. 4 ff., 14, insbesondere wegen II und im Rahmen des ihr Zumutbaren ist die Partei verpflichtet, Erkundigungen bis zum Schluss der letzten mündlichen Tatsachenverhandlung einzuholen und entsprechend vorzutragen, wenn es um Vorgänge in ihrem eigenen Geschäfts- und Verantwortungsbereich geht. Die Partei ist verpflichtet, sich von denjenigen Personen, die unter ihrer Anleitung, Aufsicht oder Verantwortung tätig geworden sind, informieren zu lassen; wenn sie dadurch in zumutbarer Weise Kenntnis erlangen kann, ist ihr nach Treu und Glauben ein Bestreiten mit Nichtwissen verwehrt, BGH NJW 2019, 3788 Rn. 10; 2015, 468 Rn. 12; BGH NJW-RR 2019, 747; 2016, 1251 Rn. 22; 2009, 1666 Rn. 16; 2004, 92 (93); 2002, 612 Rn. 30; Düss GRUR-RR 2021, 337 Rn. 76 (Patentverletzungsprozess); Köln NJW-RR 2016, 343; → Rn. 64 „Gesamtschuld". Unter der Verantwortung der Partei handeln nicht nur Personen, die in ihre Organisation eingegliedert sind, sondern auch solche, die als Untervermittler in ihrem Auftrag selbständig tätig werden, BGH NJW-RR 2016, 1251 Rn. 22. Eine Erkundigungspflicht besteht auch bei Geltendmachung eines Rechts, das ursprünglich einem Dritten zustand oder zusteht, so zB bei einer Abtretung, einem Forderungsübergang kraft Gesetzes oder einer Prozessstandschaft, weil auch hier der Verantwortungsbereich der Partei betroffen ist, → Rn. 64 „Abtretung".

62 Mit dieser teleologischen Reduktion von IV können den eigenen Handlungen und Wahrnehmungen grundsätzlich die Vorgänge im eigenen Geschäfts- und Verantwortungsbereich gleichgestellt sein; es besteht dann grundsätzlich eine Erkundigungspflicht für die Partei bei den Personen, die Kenntnis von den maßgeblichen Tatsachen haben und die unter ihrer Anleitung, Aufsicht oder Verantwortung tätig geworden sind. Zulässig wird aber das Bestreiten mit Nichtwissen bei solchen Handlungen und Wahrnehmungen im Geschäfts- und Verantwortungsbereich der Partei, wenn sie die erforderlichen Erkundigungen in zumutbarer Weise eingeholt hat, diese jedoch nicht zu einem Ergebnis geführt haben; denn es geht nicht um die Zurechnung von Kenntnis, sondern um die Möglichkeit, sich eine eigene Kenntnis zu verschaffen, BGH NJW 2019, 3788 Rn. 11; 1999, 53; 1990, 453 (widersprüchliche Angaben eines vom Vermieter beauftragten Handwerkers); NJW-RR 2009, 1666, 2002, 612. Das negative Ergebnis der Erkundigungen ist offenzulegen, Thomas/Putzo/Seiler Rn. 20. An die Erfüllung von Informationspflichten sind **keine hohen Anforderungen** zu stellen, weil die Rspr ohnehin eine über den Wortlaut des IV hinausgehende Auslegung vorgenommen hat, BGH NJW 1990, 453, 454. Das ergibt sich auch vor dem Hintergrund der prozessualen Waffengleichheit; so ist der Partei grundsätzlich nicht zuzumuten, etwaige Auskunftsrechte mit einem Kostenaufwand gerichtlich geltend zu machen, bevor sie mit Nichtwissen bestreitet, Grootens/Egner NJW 2019, 3182 (3185); Lange NJW 1990, 3233 (3228).

63 **bb) Wahrnehmungsmöglichkeiten.** Entsprechendes gilt für die Wahrnehmungsmöglichkeit, die eine Partei nach Treu und Glauben in zumutbarer Weise ohne weiteres ergreifen kann; diese ist der eigenen tatsächlichen Wahrnehmung gleichgestellt; auch das folgt aus dem Ausnahmecharakter der Zulässigkeit des Bestreitens mit Nichtwissen und dem Grundsatz von Treu und Glauben; eine Partei muss alles ihr Zumutbare unternehmen, um ihrer Erklärungspflicht nach II nachzukommen, BGH NJW 2014, 1441 Rn. 26 (Zugang einer Erklärung); Bbg NJW 2015, 1533 Rn. 44 ff. (Bauunternehmer hätte eine Ersatzvornahme des Bauherrn wahrnehmen können); → Rn. 64 „Baumängel". Jedenfalls soweit der Prozessgegner nachvollziehbar darlegt, sein Prozessgegner könne eine Tatsache ohne Schwierigkeiten wahrnehmen, besteht grundsätzlich eine Informationspflicht, Bbg NJW 2015, 1533 Rn. 46. Zur Erfüllung der Wahrnehmungsmöglichkeit reicht nicht immer der bloße Augenschein aus; uU sind Feststellungen durch Analysen oder Messungen oder durch einen sachkundigen Dritten erforderlich und auch zumutbar, Düss BeckRS 2017, 162300 Rn. 121; → Rn. 64 „Patentverletzungsprozess". Wenn die Partei von der Wahrnehmungsmöglichkeit Gebrauch macht, sich aber keine weiteren Erkenntnisse ergeben, ist ein Bestreiten mit Nichtwissen zulässig, BGH NJW 2019, 3788 Rn. 11.

cc) Beispiele für Erkundigungspflichten

64 **Abtretung:** Der Zessionar darf nicht mit Nichtwissen bestreiten, wenn es ihm möglich ist, sich die erforderlichen Kenntnisse von dem Zedenten über §§ 412, 402 BGB zu verschaffen, BGH NJW 2019, 3788 Rn. 9 ff.; BeckRS 2011, 4467 Rn. 2; Hmb NJW 2011, 2663, 2669; Düss BeckRS 2002, 30240554.

Arbeitnehmerentsendegesetz (AEntG): Setzt ein Bauunternehmer einen Subunternehmer zur Erbringung der Bauleistungen ein, haftet er nach § 1a AEntG gegenüber der Kasse wie ein Bürge; diese Vorschrift schließt nicht ein Bestreiten des „Bürgen" mit Nichtwissen über die Zahl und die Einsatzzeiten der vom Subunternehmer eingesetzten Arbeitnehmer aus, da diese Vorschrift nur die Einrede der Vorausklage betrifft, BAG NZA-RR 2007, 646.

Betriebsratsanhörung: Im Kündigungsschutzprozess kann der Arbeitnehmer die Betriebsratsanhörung, zu der der Arbeitgeber substantiiert Stellung genommen hat, nicht mit Nichtwissen bestreiten, sondern muss den Betriebsrat befragen, LAG Köln NZA-RR 2000, 32 (33).

Auskunftsanspruch: Keine Erkundigungspflicht; allein aufgrund eines solchen Anspruchs aus materiellem Recht, → § 254 Rn. 11 ff., ist ein Bestreiten mit Nichtwissen nicht von vorneherein ausgeschlossen, BGH NJW-RR 2009, 1666.; Grootens/Egner NJW 2019, 3182.

Baumängel/Ersatzvornahme des Bauherrn: Der Bauunternehmer kann eine Ersatzvornahme des Bauherrn nicht mit Nichtwissen bestreiten, wenn ihm eine Augenscheinnahme ohne weiteres möglich ist, Bbg NJW 2015, 1533 Rn. 16. Rn. 44 ff.

Dieselskandal: Es besteht eine sekundäre Darlegungslast für den bekl. Autokonzern zur Frage, welche Person in der Organisation die deliktische Handlung begangen hat, BGH ZIP 2021, 368; Kobl NJW 2019, 2237; → Rn. 40, 41 „Dieselskandal". Deshalb ist grundsätzlich ein Bestreiten mit Nichtwissen unzulässig, → Rn. 65.

Fluggastrechte: Ein Fluggast darf behauptete außergewöhnliche Umstände innerhalb der Sphäre des Flugunternehmens iSd Art. 5 III FluggastrechteVO grundsätzlich mit Nichtwissen bestreiten; ein Fluggastrechteportal, das gewerblich Forderungen von Fluggästen ankauft, kann aber substantiierten Vortrag der Fluggesellschaft zu einer Flugverspätung (Fluglotsenstreik/Vogelschlag) nicht mit Nichtwissen bestreiten, sondern muss Erkundigungen einziehen, AG Brem NJW-RR 2020, 1379.

Forderungspfändung: LG Lünebg BeckRS 1999, 01101; → „Abtretung".

Forderungsübergang kraft Gesetzes: → „Abtretung".

Gesamtschuld: Allein das Bestehen eines solchen Verhältnisses kann nach unserer Auffassung unabhängig davon, ob sich aus § 426 I BGB ein materieller Auskunftsanspruch ergibt, nicht zur Unzulässigkeit eines Vorgehens nach § 138 IV führen; bei Umständen, die in der Sphäre des anderen Gesamtschuldners liegen, handelt es sich grundsätzlich nicht um Vorgänge im eigenen Geschäfts- und Verantwortungsbereich des in Anspruch genommenen Gesamtschuldners, so auch Grootens/Egner NJW 2019, 3182; aM Karlsr NJOZ 2018, 528 Rn. 55 (Grauzementkartell); Düss NZKart 2018, 477 Rn. 146 = BeckRS 2018, 23117. Die Rechtfertigung der Rspr. zu einer teleologischen Ausweitung des IV und damit der Grund für eine prozessuale Erkundungspflicht liegt darin, dass die nicht darlegungspflichtige Partei sich nicht durch eine arbeitsteilige Organisation ihres Betätigungsbereiches ihren prozessualen Mitwirkungspflichten entziehen soll, vgl. BGH NJW-RR 2016, 1251 Rn. 20; MüKoZPO/Fritsche Rn. 35; → Rn. 61. Eine solche Arbeitsteilung kann bei Gesamtschuldnern grundsätzlich aber nicht angenommen werden, so wohl auch Thomas/Putzo/Seiler Rn. 20; Musielak/Voit/Stadler Rn. 17.

Insolvenzverwalter: Ist der Insolvenzverwalter der Prozessgegner, kann er mit Nichtwissen nur bestreiten, wenn er aus den Unterlagen und durch eine Befragung des Schuldners in vertretbarer Weise keine Kenntnis erlangen kann; hierzu muss er vortragen, BGH NJW 2014, 3570 Rn. 15; NJOZ 2013, 1333 = MDR 2013, 486 (zur Frage der Echtheit einer Urkunde); NJW-RR 2012, 1004 Rn. 16.

Juristische Person: Soll der mittlerweile ausgeschiedene Geschäftsführer der GmbH den Vertrag geschlossen haben, kann die GmbH nicht mit Nichtwissen bestreiten, weil der behauptete Vertragsabschluss als Gegenstand ihrer Wahrnehmung gilt; außerdem trifft die GmbH eine Erkundigungspflicht, Dresd BeckRS 2020, 7147.

Kapitalanlageberatungsgesellschaft: Wird diese wegen fehlerhafter Beratung in Anspruch genommen, darf sie die Behauptung des Anlegers, ihm sei der Emissionsprospekt für die Kapitalbeteiligung erst am Tag seines Beitritts übergeben worden, nicht mit Nichtwissen bestreiten, Celle NZG 2016, 1424 = BeckRS 2016, 17035; BeckRS 2017, 101112 Rn. 12–15.

Negative Tatsachen: „Unterlassungen".

Patentverletzungsprozess: Der bekl. Händler, der das angeblich patentverletzende Produkt vertreibt (LED-Leuchten), kann die Patentverletzung nicht mit Nichtwissen bestreiten, wenn er die relevanten Tatsachen durch Analysen bzw. Messungen im eigenen Haus oder durch einen sachkundigen Dritten in Erfahrung bringen kann, Düss BeckRS 2017, 162300 Rn. 121; Musielak/Voit/Stadler Rn. 17; → Rn. 71.

Prozessstandschaft: → „Abtretung".

Spediteur: Wird er auf Vernichtung angeblich patentverletzender Ware in Anspruch genommen, braucht grundsätzlich nicht die Beschaffenheit der Ware zu prüfen, BGH GRUR 2009, 1142 Rn. 14 ff.

Steuerberater: Wird diesem bei einer steuerrechtlichen Beratung vorgeworfen, er habe eine gebotene Belehrung pflichtwidrig unterlassen, kann er nicht mit Nichtwissen bestreiten, weil sein Verantwortungsbereich betroffen ist; das gilt auch für den Rechtsnachfolger, BGH BeckRS 2011, 4467; → „Abtretung"; → „Unterlassungen im Geschäftsbereich".

Streithelfer: → Rn. 57.

Unterlagen: Im Rahmen der Erkundigungspflicht muss die Partei auch mit den ihr zugänglichen Unterlagen, so E-Mail-Verkehr eines Mitarbeiters,, im Rahmen der Zumutbarkeit versuchen, sich die erforderliche Kenntnis zu verschaffen, BGH BeckRS 2019,13940 Rn. 19 f.

Unterlassungen im Geschäftsbereich: Wird dem Vertragspartner eine pflichtwidrige Unterlassung vorgeworfen, kann er diese negative Tatsache grundsätzlich nicht mit Nichtwissen bestreiten, da sein Verantwortungsbereich betroffen ist, BGH BeckRS 2011, 4467 und → „Steuerberater"; Celle BeckRS 2017, 101112 Rn. 12–15 und → „Kapitalanlageberatungsgesellschaft".

Verkehrsunfall: Bei Verdacht des kollusiven Zusammenwirkens zwischen Fahrer und Unfallgegner ist ein Bestreiten mit Nichtwissen für die Versicherung und den Halter erlaubt sein, LG Erfurt VersR 2003, 193.

Versicherung: Grundsätzlich ist es der Versicherung zumutbar, sich bei ihrem Versicherungsnehmer zu erkundigen, so dass ihr Bestreiten mit Nichtwissen dann entfällt; sie kann aber mit Nichtwissen bestreiten, wenn die Erkundigungen zu keinem Erfolg geführt haben, auch wenn der Versicherungsnehmer gehindert ist, Auskünfte zu erteilen, BGH NJW 2019, 3788 Rn. 10 ff., 18 (KFZ-Versicherung- Verkehrsunfall).

Zwangsverwalter: Bei einer Zwangsverwaltung eines mit einem Miethaus bebauten Grundstück darf er die Betriebskostenrechnung des Vermieters vor der Zwangsverwaltung nicht mit Nichtwissen bestreiten, Ros NZM 2006, 520.

65 **3. Beiderseitiges Bestreiten mit Nichtwissen.** Soweit sich beide Parteien zu einer vom Gericht für entscheidungserheblich gehaltenen und daher zur Sprache gebrachten tatsächlichen Frage übereinstimmend mit ihrem bloßen Nichtwissen erklären, kommt es nicht darauf an, ob eine solche Erklärung dann zulässig wäre, wenn der Gegner die Tatsache behauptet hätte. Denn IV setzt gerade eine derartige Behauptung einer Partei voraus, so dass diese Tatsache der Entscheidung nicht zugrunde gelegt werden kann und die Entscheidung dann zu Lasten des Darlegungspflichtigen geht.

66 **4. Zeitraum: Bis zum Verhandlungsschluss.** Es gelten dieselben Erwägungen wie → Rn. 47, 58. Für die Beurteilung der Zulässigkeit des Bestreitens mit Nichtwissen ist der Zeitpunkt der Erklärung durch die Partei maßgeblich, BGH BB 2001, 2187; BAG NJW 2008, 1179; → Rn. 57 f. Eine Ausnahme gilt bei einem Schriftsatznachlass nach § 283, BGH NJW 2016, 2315 Rn. 25.

67 **5. Rechtsfolgen.** Soweit die Erklärung mit einem bloßen Nichtwissen zulässig ist, handelt es sich um ein echtes schlichtes Bestreiten, das ohne weiteres zulässig ist und keiner weiteren Angaben bedarf; die Zulässigkeit wird nicht dadurch in Frage gestellt, dass sich die Partei selbst um einen weiteren Vortrag bemüht, BGH NJW 2021, 3465 Rn. 25; 2019, 607 = BeckRS 2019, 31250; → Rn. 57. Das gilt selbst dann, wenn der weitere Vortrag

eine Behauptung „ins Blaue hinein" darstellt, BGH MDR 2019, 242 = BeckRS 2018, 34954. Das Gericht muss sich bei zulässigem Bestreiten mit Nichtwissen mit der Frage der Beweiserheblichkeit, auseinandersetzen, Köln GRUR-RR 2014, 282; → Vor § 253 Rn. 55; → § 139 Rn. 23; → Vor § 284 Rn. 4 (zur Beweiserheblichkeit). Ein **Verstoß** gegen IV führt zur Geständniswirkung nach III, die vom Darlegungspflichtigen vorgetragene Tatsache ist dann unstreitig und der Entscheidung zugrunde zu legen; gegebenenfalls muss vorher ein Hinweis nach § 139 erfolgen, → Rn. 58; vgl. auch → Rn. 68.

IX. Verstoß, I–IV. 1. Prozessrechtliche Folgen. Das Gericht prüft den Tatsachenvortrag der Parteien zunächst in tatsächlicher Hinsicht, → Vor § 253 Rn. 53 f. (Sachverhaltserarbeitung). Dazu gehört die Frage, ob dieser überhaupt beachtlich ist. So kann widersprüchlicher Vertrag wegen eines Verstoßes gegen I unbeachtlich sein, Ffm NZFam 2021, 466; Köln MDR 2004, 391. Hat zB der Ehegatte im Zugewinnverfahren das vom Gegner dargelegte Miteigentum an einem Depot nicht oder nicht ausreichend bestritten und im Folgeverfahren betreffend die Auflösung des Miteigentums substantiiert dargelegt, er sei Alleineigentümer, ist sein Vortrag wegen widersprüchlichen Verhaltens (venire contra factum proprium, § 242 BGB) unbeachtlich, Ffm NZFam 2021, 466 = BeckRS 2020, 44964 Rn. 31. Zur tatsächlichen Prüfung gehört ferner die Frage, ob der Tatsachenvortrag der Parteien streitig oder unstreitig ist. Ein Geständnis oder ein nicht ausreichendes oder unzulässiges Bestreiten, → Rn. 27 ff., oder ein Nichtbestreiten nach III, → Rn. 45 ff., führt zur Bewertung des Tatsachenvortrages des Gegners als unstreitig mit der Folge, dass diese Tatsache ohne Beweisaufnahme der Entscheidung, ev. nach einem Hinweis nach § 139, zugrunde zu legen ist. Das gilt auch bei einem Verstoß gegen IV, der zur Geständnisfiktion des III führt mit der Folge, dass der Vortrag des Darlegungspflichtigen zugrunde zu legen ist, → Rn. 67. Ist die vom Darlegungspflichtigen vorgetragene Tatsache dagegen zulässig bestritten worden, muss zunächst in rechtlicher Hinsicht geprüft werden, ob die Tatsache entscheidungserheblich ist, dh ob der Klägervortrag schlüssig und der Bekl.-Vortrag erheblich ist. Ist die Entscheidungserheblichkeit zu bejahen, kommt es auf die Beweisbedürftigkeit an. Dazu gehören die Fragen, ob eine Tatsache auch ohne Beweisaufnahme feststeht, zB bei Offenkundigkeit, und ob die beweispflichtige Partei ordnungsgemäß Beweis angetreten hat. Hat der Beweispflichtige keinen ordnungsgemäßen Beweis angetreten, auch nicht nach dem erforderlichen Hinweis nach § 139, ist er beweisfällig geblieben mit der Folge, dass dann der Entscheidung der Tatsachenvortrag des Gegners zugrunde zu legen ist, BGH NJW 2006, 157; KG JR 1978, 379. Diese Schritte gehören im Einzelnen zur sog. **Relationsmethode,** → Vor § 253 Rn. 50 ff.; → § 139 Rn. 23; → Vor § 284 Rn. 4 ff. (näher zur Beweisbedürftigkeit). 68

Ist zu einer entscheidungserheblichen Tatsache Beweis erhoben worden, muss das Gericht im Rahmen der Beweiswürdigung nach § 286 prüfen, ob die vom Darlegungspflichtigen behauptete Tatsache bewiesen ist. Soweit feststeht, dass die Tatsache unwahr ist, kommt evtl. eine Verzögerungsgebühr nach § 38 GKG in Betracht. Im Übrigen entsteht der Partei kein unmittelbarer prozessrechtlicher Nachteil. Die Partei darf eine unwahre Erklärung jederzeit berichtigen. Eine fehlerhafte Beurteilung der Darlegungs- und Beweislast kann ein Verfahrensfehler des Gerichts nach §§ 529 II 1, 557 III 2 sein, auch ein Verstoß gegen Art. 103 I GG, BGH NJW 2017, 1878; → Vor § 128 Rn. 42 ff. Eine Verletzung der Wahrheitspflicht kann im Übrigen ein Anlass für eine Restitutionsklage nach § 580 Nr. 4 sein, auch wenn sich die Partei nicht auf ein falsches Beweismittel beruft, Reitz NZA 2017, 274. 69

2. Materiell-rechtliche Folgen. Eine Schadensersatzpflicht kann nach § 826 BGB und ev. nach § 823 II BGB iVm § 263 StGB (Prozessbetrug) bestehen, wenn die bewusste Unwahrheit der Partei zu einer Schädigung des Gegners führt. § 138 I ist nach unserer Auffassung kein Schutzgesetz nach § 823 II BGB; der Sinn der Vorschrift besteht darin, zur staatlichen Ordnung des Zivilprozesses beizutragen; die Gegenmeinung brächte auch die Gefahr des Wiederaufrollens einer rechtskräftig erledigten Sache mit sich, so auch: Reitz NZA 2017, 273, 274; aA MüKoZPO/Fritsche Rn. 15; Musielak/Voit/Stadler Rn. 8. Allerdings dürfte sich der Meinungsstreit, ob I ein Schutzgesetz ist, praktisch nicht auswirken; nur bei einem kausalen Schaden durch den Verstoß kann ein Schadensersatzanspruch bestehen; dann liegt aber in der Regel auch ein Prozessbetrug vor, vgl. BGH BeckRS 2017, 148459 Rn. 18. Der ProzBev. kann vertraglich, vertragsähnlich, deliktisch haften, wenn er eigenmächtig gegen die Wahrheitspflicht verstößt und dadurch ein Schaden entsteht, Zöller/Greger Rn. 3. 70

3. Strafrechtliche Folgen. Ein Verstoß gegen die Wahrheitspflicht kann zumindest ein versuchter Prozessbetrug sein, wenn er sich auf entscheidungserhebliche Tatsachen bezieht und ein kausaler Schaden entsteht oder beabsichtigt ist; das gilt nicht, wenn der Anwalt wahrheitswidrig darlegt, es gäbe für seine Ansicht mehrere Entscheidungen, Kblz NJW 2001, 1364; Reitz NZA 2017, 274. Ein falscher Vortrag, den ein Zeuge nach §§ 478 ff. eidlich bekräftigt hat, kann für die Partei ein Verfahren wegen Beihilfe zum Meineid oder zur uneidlichen Aussage zur Folge haben, die es unterlässt, diesem Vortrag entgegenzutreten. Eine eidesstattliche Versicherung zB nach § 294 I ist schon dann falsch, wenn man in ihr so Wesentliches verschwiegen hatte, dass man dadurch die Bedeutung des Erklärten grundlegend veränderte. Es kann infolge der Straftat ein Restitutionsgrund vorliegen, § 580 Nr. 4. 71

4. Berufsrechtliche Folgen. Derjenige Anwalt, der gegen I, II verstößt, kann uU berufsrechtlich zur Verantwortung gezogen werden. Hinzu treten können auch für den Anwalt Schadensersatzansprüche des durch ihn Geschädigten, wenn er eigenmächtig gegen I verstößt, → Rn. 69. 72

139 ***Materielle Prozessleitung.*** I [1]**Das Gericht hat das Sach- und Streitverhältnis, soweit erforderlich, mit den Parteien nach der tatsächlichen und rechtlichen Seite zu erörtern und Fragen zu stellen.** [2]**Es hat dahin zu wirken, dass die Parteien sich rechtzeitig und vollständig über alle erheblichen Tatsachen erklären, insbesondere ungenügende Angaben zu den geltend gemachten Tatsachen ergänzen, die Beweismittel bezeichnen und die sachdienlichen Anträge stellen.** [3]**Das Gericht kann durch Maßnahmen der Prozessleitung das Verfahren strukturieren und den Streitstoff abschichten.**

II [1]**Auf einen Gesichtspunkt, den eine Partei erkennbar übersehen oder für unerheblich gehalten hat, darf das Gericht, soweit nicht nur eine Nebenforderung betroffen ist, seine Entscheidung nur stützen,**

wenn es darauf hingewiesen und Gelegenheit zur Äußerung dazu gegeben hat. [2]Dasselbe gilt für einen Gesichtspunkt, den das Gericht anders beurteilt als beide Parteien.

III Das Gericht hat auf die Bedenken aufmerksam zu machen, die hinsichtlich der von Amts wegen zu berücksichtigenden Punkte bestehen.

IV [1]Hinweise nach dieser Vorschrift sind so früh wie möglich zu erteilen und aktenkundig zu machen. [2]Ihre Erteilung kann nur durch den Inhalt der Akten bewiesen werden. [3]Gegen den Inhalt der Akten ist nur der Nachweis der Fälschung zulässig.

V Ist einer Partei eine sofortige Erklärung zu einem gerichtlichen Hinweis nicht möglich, so soll auf ihren Antrag das Gericht eine Frist bestimmen, in der sie die Erklärung in einem Schriftsatz nachbringen kann.

Schrifttum: Bumke, Abstrakt-generelle Hinweise des Gerichts – (k)eine judikative Handlungsform, NJW 2021, 1366; Chang, Das Verhältnis der gerichtlichen Aufklärungspflicht aus § 139 Abs. 1 S. 2 ZPO und der gerichtlichen Hinweispflicht aus § 139 Abs. 2 ZPO, 2003; Gaier, Erweiterte Prozessleitung im zivilgerichtlichen Verfahren, NJW 2020, 177; Greger, Der Zivilprozess auf dem Weg in die digitale Sackgasse, NJW 2019, 3429; Heil, Modernisierung im Anwaltsprozess, ZIP 2021, 502; Kunz, Rechtsmittelbelehrung durch die Zivilgerichte, 2000; Nober/Ghassemi-Taber, Die Hinweispflicht im Zivilprozess NJW 2017, 3265; Peters, Wachsende Beachtung der richterlichen Hinweispflicht, FS Beys, Athen 2004, 1243; Prütting, Die materielle Prozessleitung, FS Musielak, 2004, 397; Riehm/Thomas, Deutschlands „Commercial Courts" auf dem Prüfstand, NJW 2022, 1725; Sticken, Die „neue" materielle Prozessleitung (§ 139 ZPO) und die Unparteilichkeit des Richters, 2004; Strodthoff, Die richterliche Frage- und Erörterungspflicht im deutschen Zivilprozess in historischer Perspektive, 2004; vom Stein, Digitaler Arbeitsgerichtsprozess, NZA 2021, 1057.

Übersicht

1 **I. Systematik.** Die Vorschrift regelt die richterliche Aufklärungs-, Frage- und Fürsorgepflicht im Tatsächlichen wie im Rechtlichen. Sie knüpft an den von den Parteien beigebrachten Streitgegenstand an und scheidet als rechtliches Fundament für abstrakt-generelle Hinweise der Tatsacheninstanzen aus, Bumke NJW 2021, 1366 ff (auch zum Richterrecht und der Gewaltenteilung); → § 253 Rn. 26 (Streitgegenstand). Bei § 139 handelt sich um eine der wichtigsten Vorschriften der ZPO zur **materiellen Prozessleitung,** → § 136 Rn. 11 f. (zum Begriff). Sie bildet neben anderen Vorschriften das Kernstück der Mitverantwortung des Gerichts für eine umfassende tatsächliche und rechtliche Klärung und Strukturierung des Prozessstoffes. Innerhalb und außerhalb der Verhandlung gelten ergänzend zahlreiche weitere teilweise vorrangige Vorschriften, zB §§ 141, 142, 144, 273, 278, die denselben Zweck verfolgen. Im amtsgerichtlichen Verfahren ist zusätzlich § 504 zu beachten.

2 **II. Regelungszweck.** Die Vorschrift dient der Strukturierung sowie Konzentration und der Vervollständigung des Prozessstoffes auf die entscheidungserheblichen Tatsachen durch frühzeitige Hinweise und durch eine offene Diskussionen über die Sach- und Rechtslage. Es gilt zwar die Parteiherrschaft; jedoch soll das Gericht nach § 139 den Parteien helfen, indem es durch seine materielle Prozessleitung auf einen vollständigen und konzentrierten Vortrag *durch eine materielle* Prozessleitung der Gerichte hingewirkt werden, Zöller/Greger Rn. 1; → Vor § 128 Rn. 20 ff. (zur Parteiherrschaft). Die Vorschrift will durch die Hinweis- und Aufklärungspflicht zu allen entscheidungserheblichen Fragen ein faires Verfahren mit dem Ziel der Erfüllung der **materiellen Gerechtigkeit** sicherstellen. § 139 dient insgesamt vor allem dazu, die materiell-rechtlich richtige Entscheidung herbei-

zuführen; allerdings kommt es im Rahmen des § 139 nicht auf die Richtigkeit der rechtlichen Wertung durch das Gericht an, BGH NJW 2009, 355.

Die Neuregelung des § 139 I 3 sieht im Interesse des Effektivierung des Zivilprozesses insbesondere in komplexen Verfahren vor, dass das Gericht den Streitstoff „strukturieren und abschichten" kann; damit sollen auch die Voraussetzungen für ein effizientes Verfahren, insbesondere für einen effizienten IT-Einsatz im Verfahrensrecht geschaffen werden, Gaier NJW 2020, 177; Schultzky MDR 2020, 1. Damit stellt die Neuregelung eine Ergänzung der übrigen Regelungen dieser Vorschrift dar, → Rn. 42 ff. Ob mit der sehr offen formulierten Neuregelung das Ziel eines strukturierten Vortrages mit der richtigen Schwerpunktsetzung zur Effizienzsteigerung immer erreicht wird, erscheint fraglich und hängt von der praktischen Handhabung im Einzelfall ab. In jedem Fall ist ein **relationsmäßigen Denken** aller Beteiligter von Anfang an hilfreich und nach unserer Auffassung erforderlich, um möglichst schnell die relevanten Punkte für die Entscheidung herauszuarbeiten und klarzustellen, auf welche Tatsachen es aus Sicht des Gerichts für die Entscheidung des Rechtsstreits ankommt, Köbler AnwBl online 2018, 399; zur Relationsmethode: Anders/Gehle Assessorexamen ZivilR A Rn. 1 ff.: → Vor § 253 Rn. 50 ff. und → Rn. 23; → Vor § 284 Rn. 4 ff. (zur Frage der Beweiserheblichkeit). Beeinflusst wird der Inhalt der materiellen Prozessleitung durch die Grundsätze des Zivilprozesses und durch die Besonderheiten des Einzelfalles, → Vor § 128 Rn. 20 ff. (Grundsätze des Zivilprozesses). Insoweit hat immer eine Abwägung stattzufinden. 3

III. Sachlicher Geltungsbereich. Die Vorschrift gilt in allen Verfahrensarten der ZPO, auch im Eilverfahren, BVerfG NJW 2014, 51 = BeckRS 2013, 56022. Sie gilt in jeder Lage des Verfahrens, BGH FamRZ 2006, 262; Stuttg NJW 2001, 1145. Alle Pflichten nach dieser Vorschrift gelten in allen Tatsacheninstanzen, BGH NJW 2018, 3652 (Berufung); → Rn. 64 „Berufung". Sie gelten während der mündlichen Verhandlung, aber auch im schriftlichen Verfahren nach § 128 II, III oder § 495a, MüKoZPO/Fritsche Rn. 4, 5. § 139 gilt ab einem Schriftsatzeingang in allen Verfahrensabschnitten auch außerhalb der mündlichen Verhandlung, Stgt NJW 2001, 1145. § 139 gilt trotz der Neuregelung des I 3 unverändert fort, so dass sich für den Inhalt der Schriftsätze insoweit nichts geändert hat, Gaier NJW 2020, 177. 4

Die Pflichten des Gerichts nach § 139 gelten auch bei einer anwaltlichen Vertretung, und zwar unabhängig davon, ob Anwaltszwang besteht, BGH NJW 2008, 2036; 2003, 3626, 3628; 2002, 3317, 3320; NJW-RR 2002, 1436; Bambg NJW 2016, 3315; Brdbg NJW-RR 2014, 574; Köln NJW-RR 2001, 1724; MüKoZPO/Fritsche Rn. 5; Nober/Ghassemi-Tabar NJW 2017, 3265. Nach dem Wortlaut der Vorschrift wird nicht zwischen **Anwalts-** und **Parteiprozessen** unterschieden, → § 129 Rn. 1 (Begriffe). § 139 enthält auch kein Verschuldensprinzip, so dass § 85 II nicht anzuwenden ist. Aus den Umständen, dass der Anwalt durch die zweite juristische Staatsprüfung die Befähigung zum Richteramt erworben hat und nach § 1 BRAO Organ der Rechtspflege ist, kann keine Einschränkung des § 139 abgeleitet werden. Die einschränkenden Ausführungen des BGH, die Hinweispflicht gelte gegenüber einer durch einen ProzBev. vertretenen Partei jedenfalls dann, wenn dieser die Rechtslage falsch beurteile, BGH NJW 2003, 3626; NJW-RR 2007, 17, ergibt keine andere Wertung. Vielmehr ist mit diesem Gesichtspunkt nur die Frage betroffen, wann im Einzelfall ein Hinweis erforderlich ist und wie konkret er gestaltet werden muss. Hier können sich Unterschiede zwischen Prozessen mit und ohne anwaltliche Vertretung ergeben, Nober/Ghassemi-Tabar NJW 2017, 3265; so wohl auch Musielak/Voit/Stadler Rn. 6. So reicht bei einem ProzBev., anders als bei der Naturalpartei zB der Hinweis auf eine Norm aus, ohne dass der Text angegeben werden muss, Hamm NJW-RR 2014, 446. Auch können Pressemitteilungen des Gerichts zu einer Rechtsfrage in einem Parallelverfahren bei einem RA dazu führen, dass insoweit ein Hinweis entbehrlich ist oder jedenfalls verkürzt erfolgen kann, BAG NZA 2020, 895; → Rn. 64 „Anwaltliche Vertretung (Umfang der Hinweispflicht)". 5

Beispiele zum Geltungsbereich

Anwaltsvertretung: Keine Einschränkung der Hinweispflichten bei Vertretung durch einen ProzBev., → Rn. 5; → Rn. 64 „Anwaltliche Vertretung". 6

Arbeitsgericht: § 139 gilt gemäß § 46 II ArbGG auch im Urteilsverfahren, BAG NZA 2012, 817. Weitergehende Aufgaben hat das ArbG im Beschlussverfahren

Arrest, einstweilige Verfügung: → „Einstweiliger Rechtsschutz".

Berufung: § 139 gilt gemäß § 525, wenn zB das Berufungsgericht von der Auffassung der Vorinstanz abweichen will, BGH NJW 2018, 3652; → Vor § 128 Rn. 53 „Berufung".

Ehe- und Familienstreitsachen (§§ 112, 121 FamFG): § 139 gilt gemäß 113 I 2 FamFG, während bei den übrigen fG-Sachen vorrangig § 28 FamFG eingreift, und zwar unabhängig davon, ob es sich um ein Antrags- oder Amtsverfahren handelt, Düss NJW-RR 2010, 229; Zöller/Feskorn FamFG § 28 Rn. 1.

Einstweiliger Rechtsschutz: § 139 gilt grundsätzlich auch bei §§ 916 ff., 935 ff., BVerfG NJW 2018, 3634 (einstweilige Verfügung, Waffengleichheit); Zöller/Greger Rn. 2; krit. Teplitzky GRUR 2008, 34 („einseitigen" Verfahren).

Freiwillige Gerichtsbarkeit (fG): „Ehe- und Familienstreitsachen".

Geschäftsgeheimnis Nach § 19 GeschGehG kann das Interesse am rechtlichen Gehör durch das Geheimhaltungsinteresse der anderen Partei und damit die Hinweispflicht eingeschränkt sein.

Grundbuchsache: Eine „Zwischenverfügung" nach § 139 ist keine Zwischenverfügung nach § 18 GBO und damit nicht anfechtbar, BayObLG DNotZ 1993, 595.

Insolvenzverfahren: Neben § 20 II InsO gilt § 139 über § 4 InsO, BGH NJW 2020, 60 Rn. 29 ff. (kein Hinweis auf Möglichkeit vorzeitiger Restschuldbefreiung); Musielak/Voit/Stadler Rn. 3.

Kostenfestsetzungsverfahren: § 139 findet auch im Kostenfestsetzungsverfahren Anwendung, Köln BeckRS 1998, 12506 = JurBüro 1999, 257.

Mündliche Verhandlung: § 139 gilt auch gegenüber einer anwesenden und verhandlungsbereiten Partei, → Rn. 4.

Patentsache: Statt § 139 gilt zB im Nichtigkeitsverfahren § 83 I PatG, BGH GRUR 2013, 1174. Eine Verpflichtung des Patentamtes nach § 139 besteht nicht, BPatG GRUR 1992, 604; BPatG GRUR 1987, 286.

Prozesskostenhilfe: § 139 gilt im Verfahren nach §§ 114 ff.

Revision: Nur eingeschränkt gilt § 139 im Revisionsverfahren.

Schiedsverfahren: § 139 gilt, wenn die Parteien es vereinbart haben oder wenn der Grundsatz des rechtliches Gehörs (§ 1042 I 2) es gebietet, Musielak/Voit/Stadler Rn. 3; → § 1042 Rn. 5 f., 14 „Hinweis- und Aufklärungspflicht".

Schriftliches Verfahren → Rn. 4.
Selbständiges Beweisverfahren: § 139 gilt bei §§ 485 ff.
Versäumnisverfahren: Bei §§ 330 ff. ist § 139 nur anwendbar, soweit das Verfahren eine Fragetätigkeit überhaupt zulässt. Es erfolgt keine Befragung des Säumigen.
Verzögerungsrüge nach § 198 GVG: Eine Hinweispflicht auf die Möglichkeit einer solchen Rüge besteht nicht, Thomas/Putzo/Seiler Rn. 1; Althammer/Schäuble NJW 2012, 1.
Vorbereitungsmaßnahme: Vorrangig gilt § 273.
WEG-Verfahren: § 139 gilt.
Wiedereinsetzung: § 139 gilt auch bei §§ 233 ff., BGH NJW 2014, 77.
Zwangsvollstreckung, -versteigerung: § 139 gilt und hat eine besondere Bedeutung zB bei §§ 704 ff., 864 ff., BVerfG NJW 2019, 3294 (Zuschlagsbeschwerde); NJW-RR 2005, 936; BGH NJW-RR 2014, 63; Jena BeckRS 2002, 30243798.

7 **IV. Persönlicher Geltungsbereich.** § 139 greift schon nach seinem klaren Wortlaut in allen Teilen des Verfahrens für jedes Mitglied des Gerichts ein, also auch bei der Tätigkeit des Rpfl., LG Potsd GRUR-RR 2005, 240. Das gilt unabhängig von den Aufgaben des Vorsitzenden etwa nach §§ 136, 216, 273 II. Daraus folgt unter anderem für jeden Beisitzer das Recht und die Pflicht, das Wort nach § 140 zu Fragestellungen und Hinweisen zu fordern, → § 136 Rn. 20. Aus der Fürsorgepflicht des Gerichts, → Rn. 8 ff., ergibt sich ein Rechtsanspruch der Partei, ihres ProzBev. und ihres gesetzlichen Vertreter nach § 51 auf eine entsprechende Betreuung des gesamten Spruchkörpers. Ob ein Hinweis nach I oder II erforderlich ist, muss grundsätzlich auch zuvor im Spruchkörper beraten werden, → Rn. 52.

8 **V. Fürsorgepflicht. 1. Allgemeines.** Aus dem Rechtsstaatsprinzip nach Art. 2 I, 20 III GG folgt ein Anspruch der Parteien auf ein **faires Verfahren,** → Vor § 128 Rn. 42, und damit eine Fürsorgepflicht des Gerichts; die inhaltliche Ausgestaltung dieser Fürsorgepflicht ergibt sich aus den zivilprozessualen Grundsätzen, und den Besonderheiten des Einzelfalles; insoweit hat jeweils eine Abwägung der einzelnen Gesichtspunkte zu erfolgen, BVerfG NJW 2006, 1579; Gaier NJW 2013, 2871; → Vor § 128 Rn. 20 ff. (Grundsätze des Zivilprozesses); → Rn. 13 ff., 19. Die Fürsorgepflicht wird durch die Pflicht zur Gewährung des rechtlichen Gehörs geprägt, geht aber wegen der anderen Grundsätze darüber hinaus, BVerfG NJW 1994, 848; → Rn. 13; → Vor § 128 Rn. 42 ff. Der Richter muss unter Beachtung dieser Grundsätze alles tun, um eine sachlich richtige Entscheidung herbeizuführen, → Rn. 2. Er muss den Prozess in jeder Verfahrenslage im Rahmen des ihm Erlaubten und Zumutbaren nach Kräften bis zur Entscheidungsreife fördern. § 139 nennt nur einzelne Arten dieser richterlichen Förderungspflicht. I–V bestimmen dabei den Mindestumfang. Soweit im Verfahren ausnahmsweise der Ermittlungsgrundsatz, → Vor § 128 Rn. 37 f.; vgl. § 26 FamFG, oder derjenige der Prüfung von Amts wegen, → Vor § 128 Rn. 40, gilt, kann sich aus § 139 eine weitergehende Fürsorgepflicht ergeben.

9 Jeder beteiligte Richter, der Vorsitzende und die Beisitzer, haben bei der Erfüllung aller Aufgaben zumindest tatsächlich einen weiten Gestaltungsspielraum, wobei § 139 keine Ermessensvorschrift, sondern eine **Mussvorschrift** darstellt; das ergibt sich schon aus den Worten „hat dahin zu wirken" in I 2, MüKoZPO/Fritsche Rn. 3. Dabei darf der Richter auch außerhalb einer Verhandlung gegenüber beiden Parteien und auch nur gegenüber einer von ihnen tätig werden, auch per Telefon, Telefax, Internet, Videoschaltung. Die Förderungspflicht umfasst alle technisch möglichen, im Rahmen der nötigen Unparteilichkeit zulässigen Handlungen oder auch Unterlassungen. Bei einer einseitigen Kontaktaufnahme mit einer Partei muss der Gegner im Anschluss daran immer auf den neuesten Sachstand gebracht werden, → Vor § 128 Rn. 45 (Waffengleichheit). Das Gericht hat den Spielraum pflichtgemäß, insbesondere unparteiisch auszufüllen, → Rn. 19 f. Es muss nach §§ 186, 191a GVG auf einen Behinderten Rücksicht nehmen. Eine besondere Bedeutung haben §§ 128 II, 128a in Zeiten der **Corona**-Krise erlangt, der eine Videoverhandlung als mündliche Verhandlung und damit im Einzelfall trotz Kontaktsperren und Gesundheitsgefährdungen eine Prozessförderung ermöglicht, → § 128 Rn. 2, 26; → § 128a Rn. 7.

10 Zu den in § 139 konkretisierten Fürsorgepflichten des Gerichts gehören **Hinweis**- und **Hinwirkungspflichten.** Wie I 2 ausdrücklich bestimmt, muss das Gericht darauf hinwirken, dass sich die Parteien rechtzeitig und vollständig erklären und sachdienliche Anträge nach § 297 stellen.. Dafür muss ein konkreter Anlass bestehen, dh bezogen auf die entscheidungserheblichen Tatsachen müssen Unklarheiten, Widersprüche, Lücken im Vortrag der Parteien oder eine Beweisbedürftigkeit ohne hinreichende Beweisanträge bestehen, Mü NJW-RR 2012, 309; → Rn. 23. Das Gericht muss dabei als Maßstab § 138 beachten und auch solche Erklärungen und Vervollständigungen veranlassen, die eine Partei bei der Erfüllung ihrer Wahrheitspflicht, → § 138 Rn. 11 ff., nicht für notwendig halten mag. Das Gericht sollte ohne Angst vor einem Befangenheitsantrag dabei offen sein, Piepenbrock NJW 1999, 1360. Die Beurteilung des Gerichts hinsichtlich des Sach- und Streitstandes sollte grundsätzlich ausdrücklich „vorläufig" erfolgen, dh unter dem Vorbehalt des darauf folgenden Vortrages der Parteien stehen, Redeker NJW 2002, 192. Die Grenzen solcher Richterpflichten bestehen unabhängig von der Wahrung der Unparteilichkeit schon aufgrund des Umstandes, dass im Zivilprozess der Beibringungsgrundsatz und die Parteiherrschaft gelten, → Rn. 14; → Vor § 128 Rn. 20 ff. Daher darf das Gericht nicht auf einen möglichen neuen Klagegrund hinweisen, den die Partei nicht einmal andeutungsweise genannt hat, → Rn. 14, 18; → Rn. 64 „Antrag" und „Klageänderung". Das Gericht muss immer bestimmte Tatsachen oder Gesichtspunkte mit konkreten und unmissverständlichen Hinweisen erörtern. Hinweise wie „der Vortrag ist unvollständig" oder die Frage, ob die Partei noch etwas vortragen wolle, reichen grundsätzlich nicht aus, BGH NJW 2002, 3317; 1999, 2123; → Rn. 30. Erfolgt ein richterlicher Hinweis nach I, II oder III, müssen die Parteien unter dem Gesichtspunkt des rechtlichen Gehörs auch die Möglichkeit zu einer Reaktion eingeräumt bekommt, → Vor § 128 Rn. 44; → Rn. 13.

11 Es gibt keine allgemeine **Aufklärungs**- und **Fragepflicht** des Gerichts, BVerfG NJW 1994, 1274. Wie I 1 Hs. 2 aber ausdrücklich bestimmt, muss das Gericht im Rahmen der Erörterungspflicht aber auch Fragen stellen. Das bedeutet eine Steigerung gegenüber einer bloßen Hinweispflicht. Denn es sind gezielte und konkrete Fragen zu stellen, soweit sie zur sachgerechten Erledigung des Rechtsstreits erforderlich sind. Damit trägt jeder Richter die Verantwortung für eine hilfreiche präzise Formulierung seiner Hinweise und Fragen, → Rn. 30 (Einzelheiten). Zwar *darf er nicht den Parteien* die Darlegungslast nach § 138 I, II, → § 138 Rn. 21, abnehmen, soweit er nicht den Sachverhalt von Amts wegen aufklären muss. Im Rahmen des Beibringungsgrundsatzes gibt es aber erfahrungsgemäß eine Fülle von Situationen, in denen die Aufklärungs- und Fragepflicht einsetzt, einzelne Beispiele → Rn. 64.

2. Zivilprozessuale Grundsätze. a) Materielle Gerechtigkeit. Die materielle Prozessleitung ist durch verschiedene Grundsätze des Zivilprozesses geprägt und diese bestimmen den Umfang der Hinweispflichten, → Vor § 128 Rn. 20 ff. (Grundsätze). Die Vorschrift will durch die Hinweis- und Aufklärungspflicht zu allen entscheidungserheblichen Fragen ein faires Verfahren mit dem Ziel der Erfüllung der materiellen Gerechtigkeit sicherstellen, → Rn. 2. § 139 dient insgesamt vor allem dazu, die materiell-rechtlich richtige Entscheidung herbeizuführen, wobei es bei den Pflichten nach § 139 auf den rechtlichen Standpunkt des entscheidenden Gerichts ankommt, unabhängig davon, ob er richtig ist, BGH NJW 2009, 355 Rn. 7. 12

b) Rechtliches Gehör. § 139 konkretisiert das Prozessgrundrecht des **rechtlichen Gehörs** nach Art. 103 I GG, BVerfG → Vor § 128 Rn. 42 ff. (näher mit vielen Beispielen → Rn. 53). Ein Verstoß gegen § 139 stellt nicht stets eine Verletzung des Art. 103 I GG dar; dies ist nur anzunehmen, wenn das Gericht bei der Auslegung oder Anwendung des § 139 die Bedeutung und die Tragweite des Grundrechts auf rechtliches Gehör verletzt hat, BAG BeckRS 2021, 9138 = NJW 2021, 1621. Art. 103 I GG verpflichtet die Gerichte, die Ausführungen der Prozessbeteiligten zur Kenntnis zu nehmen und in Erwägung zu ziehen; der Grundsatz des rechtlichen Gehörs soll bewirken, dass die Entscheidung frei von Verfahrensfehlern ergeht, welche ihren Grund in unterlassener Kenntnisnahme des Sachvortrages der Parteien haben; mit dieser Pflicht des Gerichts korrespondiert der Anspruch aller Beteiligten nach Art. 103 I GG, sich zur Sach- und Rechtsanlage zu äußern und Anträge zu stellen, BVerfG BeckRS 2018, 37116; BGH NJW 2019, 1754; 2018 (3315); Einzelheiten: → Vor § 128 Rn. 42 ff. Im Interesse der **Fairness** erlegt der Gesetzgeber dem Gericht umfängliche Hinweispflichten auf, die den Parteien helfen sollen, möglichst umfassend und konzentriert zu den entscheidungserheblichen Tatsachen vorzutragen sowie erforderliche Beweisanträge und sachdienliche Anträge zu stellen, Nober/Ghassemi-Tabar NJW 2017, 3265; → Rn. 8; → Vor § 128 Rn. 42. Dabei müssen die gerichtlichen Äußerungsfristen angemessen sein, BGH NJW 2018, 3316; → Vor § 128 Rn. 53 „Fristen". Der jeweilige Gegner soll außerdem immer in den selben Kenntnisstand gesetzt werden; es gilt das Gebot der **Waffengleichheit,** BVerfG NJW 2018, 3631; 2018, 3634; → Vor § 128 Rn. 45; → Rn. 8. Eine Pflicht zu einen umfassenden **Rechtsgespräch** folgt aus § 139 allerdings nicht, BVerfG BeckRS 2020, 13380; NJW 2020, 2021; 2018, 3631 und 3634; 2017, 3218; → Vor § 128 Rn. 53 „Rechtsansichten". 13

c) Parteiherrschaft, Beibringungsgrundsatz, Dispositionsgrundsatz. Bei § 139 muss auch beachtet werden, dass im Zivilprozess die aus dem Grundrecht der informationellen Selbstbestimmung ableitbare Parteiherrschaft, → Vor § 128 Rn. 20, der Beibringungsgrundsatz, → Vor § 128 Rn. 21, und der Dispositionsgrundsatz, → Vor § 128 Rn. 25 sowie die Grundsätze Darlegungs- und Beweislast, → § 138 Rn. 21, gelten. Aufgrund dieser Prinzipien darf die Hinweispflicht des Gerichts nicht zur „sozialen" Bevormundung, aber auch nicht dazu führen, dass den Parteien ihre Pflicht zur Beibringung des tatsächlichen Prozessstoffes abgenommen wird, Henke JZ 2005, 1034. Aufgrund des Beibringungsgrundsatzes und des Dispositionsgrundsatzes bestimmen die Parteien durch ihre Anträge (§ 308 I) und die Darlegung des Prozessstoffes (§ 138) nicht nur den Umfang des Streitgegenstands, → § 253 Rn. 26 (zum Begriff). Sie haben auch im Rahmen des nach § 138 Zulässigen die Möglichkeit zu einer gewissen Prozesstaktik; sie bestimmen den Inhalt und den Zeitpunkt ihres Tatsachenvortrages, so zB, auch, welche Einwendungen oder Einreden erhoben werden, wobei Grenzen durch die Wahrheitspflicht nach § 138 I, → § 138 Rn. 11 ff., und die Verspätungsvorschriften gesetzt sind. Die Parteien können sich jederzeit vergleichen. Sie können nach § 307 anerkennen oder nach § 306 verzichten. Sie können nach §§ 330 ff. ein Versäumnisurteil gegen sich ergehen lassen, die Klage oder das Rechtsmittel zurücknehmen oder den Rechtsstreit für erledigt erklären. Auf diese prozessualen Gestaltungsmöglichkeiten darf das Gericht grundsätzlich über § 139 keinen Einfluss nehmen, MüKoZPO/Fritsche Rn. 8. Dasselbe gilt für materielle Gestaltungsmöglichkeiten, wie zB die Erhebung einer Verjährungseinrede, vgl. BGH NJW 2004, 164 (Besorgnis der Befangenheit); vgl. näher → Rn. 18 ff. 14

d) Würdigungsfreiheit des Gerichts. Grundlage für die Entscheidung durch das Gericht ist neben den Anträgen der Tatsachenvortrag der Parteien, → § 138 Rn. 11 ff. Das Gericht bleibt in der Würdigung des Tatsachenvortrages in tatsächlicher und rechtlicher Hinsicht frei; das ergibt sich für die Beweiswürdigung aus § 286, → Vor § 128 Rn. 36 f. Das gilt unabhängig vom Umfang der Pflichten nach § 139 und auch bei einem Verstoß dagegen. Die Würdigungsfreiheit besteht auch dann, wenn das Vorbringen einer Partei trotz der Bemühung des Gerichts nicht ausreicht, um ihr Klageziel hinreichend zu stützen. Mag der Verlierer gegen die Entscheidung das zulässige Rechtsmittel einlegen. Dieser Gesichtspunkt darf den Richter nicht zur Missachtung des § 139 verleiten. Er darf sich von dieser Vorschrift aber auch keineswegs in seiner stets verbleibenden Würdigungsfreiheit beeinträchtigen lassen. 15

e) Funktionsteilung zwischen Parteien und Gericht. Die Pflichten des Gerichts nach § 139 hängen von der Funktionsteilung zwischen dem Gericht und den Parteien im Zivilprozess ab. Es ist Aufgabe der Parteien alle relevanten Tatsachen vorzutragen, die Anträge zu formulieren und Beweise anzubieten, → Vor § 128 Rn. 21 ff.; → § 138 Rn. 3, 21 ff.; → § 253 Rn. 26 (Streitgegenstand). Durch die materielle Prozessleitung nach § 139 soll das Gericht den Parteien bei der Erfüllung dieser Aufgaben helfen, Prütting/Gehrlein/Prütting Rn. 2. Solange es sich um eine helfende, fördernde oder lenkende Sachaufklärung mit Blick auf die zu treffende Entscheidung handelt, ist der Anwendungsbereich der Vorschrift betroffen und das Gericht bewegt sich im Rahmen seiner Fürsorgepflicht. 16

3. Abwägung. Wie weit die richterlichen Pflichten nach § 139 im Einzelnen gehen, hängt von den Umständen in der jeweiligen Prozesssituation ab. Das Gericht hat eine recht weite, aber keine allgemeine Aufklärungs-, Frage- und Hinweispflicht, → Rn. 11. Die Grundsätze der materiellen Gerechtigkeit, des rechtlichen Gehör, der Waffengleichheit, der Parteiherrschaft mit dem Beibringungs- und Dispositionsgrundsatz, der Funktionsteilung zwischen Gericht und Parteien und der Würdigungsfreiheit des Gerichts sind bei der Auslegung des § 139 stets miteinander abzuwägen. Das klingt selbstverständlich. Es kann aber in der Praxis ein Problem und mit einer Gratwanderung verbunden sein. Derjenige Richter, der sich nur von dem Bestreben nach einer materiellen Gerechtigkeit leiten lässt, kann Gefahr laufen, sich zum Rechtsberater einer oder beider Parteien zu machen, Henke JZ 2005, 1035. Im konkreten Einzelfall und dort in jeder Einzelsituation im Lauf des Prozesses ist daher eine oft recht schwere Abwägung zwischen den genannten Grundsätzen notwendig. Den richtigen Mittelweg zu finden ist nicht nur eine Sache des Fingerspitzengefühls, sondern auch eine Aufgabe, die vom Grundverständnis des Zivilprozesses mitbestimmt wird. Hinzu kommt die durch die Neutralitätspflicht gezogene Grenze des § 139; → Rn. 18 ff. Auch derjenige, der immer nur seine Neutralitätspflicht betont, wird möglicherweise seiner richterlichen Fürsorgepflicht nicht gerecht. 17

18 **VI. Pflicht zur Unabhängigkeit, Unparteilichkeit (Neutralitätspflicht). 1. Allgemeines.** Das Gericht muss in jeder Lage des Verfahrens und gegenüber jedem Prozessbeteiligten seine Unabhängigkeit nach **Art. 97 I GG** bewahren, BVerfG NJW 1979, 1928; 1976, 1391; BGH NJW 2004, 164; BPatG GRUR 2004, 950, 953; Henke JZ 2005, 1035. Nur in diesem Rahmen darf es seine Fürsorgepflicht gegenüber den Parteien ausüben. Die richterliche Unabhängigkeit ist kein wertfreies Prinzip, vielmehr hat sich der Richter an den Grundwerten der Verfassung zu orientieren, insbesondere an dem Gebot sachgerechter Entscheidungen unter dem Blickpunkt der materiellen Gerechtigkeit, BVerfG NJW 1976, 1391; → Rn. 2, 12. Zur Unabhängigkeit gehört die Pflicht zur Unparteilichkeit, dh das Gericht darf mit seinen fürsorglichen Maßnahmen nicht auch nur den Anschein der Parteilichkeit erwecken und sich damit der Gefahr der Ablehnung wegen Befangenheit nach § 42 aussetzten, BGH NJW 2004, 164; Ros NJW-RR 2002, 576. Das Gericht muss in jeder Lage des Verfahrens seine Neutralitätspflicht/Unparteilichkeit beachten; dadurch wird gleichzeitig eine Grenze für die Hinweispflicht gezogen, BVerfG NJW 1976, 1391; BGH NJW 2004, 164; Henke JZ 2005, 1035. Das kommt zwar nicht im Wortlaut des § 139 direkt zum Ausdruck, ergibt sich aber aus der Stellung des Gerichts als unparteiisches und unabhängiges Organ. Dies ist bei der Bestimmung des Umfanges der Hinweispflicht zu berücksichtigen.

19 **2. Abgrenzung der Neutralitätspflicht von der Fürsorgepflicht.** Die Abgrenzung der Fürsorge von der Unparteilichkeit gehört zu den schwierigen Aufgaben des Gerichts, Henke JZ 2005, 1035. Notwendige Hinweise nach § 139 können nicht zur Befangenheit des Richters führen; die Tatsache allein, dass durch den Hinweis dem Adressaten prozessuale Nachteile erspart bleiben, stellt noch keinen Verstoß gegen die Neutralitätspflicht dar; etwas anderes gilt aber, wenn der Hinweis weder durch den Prozessverlauf noch durch den Parteivortrag oder die rechtliche Bewertung des entscheidenden Gerichts veranlasst war, BVerfG NJW 1976, 1391; BGH BeckRS 2018, 25408 Rn. 5; NJW 2004, 164; Jena BeckRS 2017, 102372; Mü NJW-RR 2012, 309; Ros NJW-RR 2002, 576; Musielak/Voit/Stadler Rn. 5. So wenig der Richter die Parteien mit seinen Entscheidungen überraschen darf, so wenig darf er dem Prozess eine andere Wendung geben, als die Parteien es bezweckten. Die Grenze der Neutralität ist überschritten, wenn das Gericht durch Fragen und Hinweise nach § 139 die Einführung neuer Anspruchsgrundlagen, Einreden oder Anträge anregt, die in dem Vorbringen der Parteien nicht wenigstens andeutungsweise eine Grundlage haben; dasselbe gilt für die prozessualen Gestaltungsmöglichkeiten, MüKoZPO/Fritsche Rn. 8; → Rn. 14. Das schließt aber ein Rechtsgespräch und die Bekanntgabe der Beweiswürdigung nicht aus. Dies ist zwar ist nicht vorgeschrieben, soweit ein solches Vorgehen nicht zur Vermeidung von Überraschungen zwingend ist, BVerfG NJW 2017, 3218 (Hinweis des Berufungsgerichts bei Abweichen der Beweiswürdigung der ersten Instanz); näher → Rn. 51. Jedoch vergibt sich der Richter nichts, wenn er die Parteien offen an seinen bisherigen vorläufigen tatsächlichen und rechtlichen Erwägungen und Beurteilungen teilnehmen lässt, auch wenn er nicht verpflichtet ist, die Parteien über alle Verästelungen seines Denkprozesses in jeder Lage des Verfahrens vollständig zu informieren. Er zeigt ja gerade durch eine freie Äußerung in der Verhandlung unter Hinweis auf die Vorläufigkeit seine Unparteilichkeit und Bereitschaft, sich eines Besseren belehren zu lassen. So ist keine Befangenheit des Richters anzunehmen, wenn er seine vorläufige Meinung mitteilt, Drsd BeckRS 2019, 27068; → Rn. 20 „Erfolgsaussichten".

3. Beispiele zur Neutralitätspflicht

20 **Antrag:** Das Gericht darf keinen Antrag anregen, der von dem erkennbar verfolgten Klageziel nicht gedeckt ist, MüKoZPO/Fritsche Rn. 8. Eeine Hinweispflicht besteht nur in Bezug auf sachdienliche Anträge, wenn die Partei im Rahmen ihrer erkennbaren Zielrichtung nicht den richtigen Antrag gestellt hat, → Rn. 40 f.

Aufrechnung: → „Gestaltungserklärungen".

Einreden im materiellen Sinn: → Rn. 64 „Gestaltungserklärungen".

Erfolgsaussichten/Rechtliche Einschätzungen: Bei Hinweisen auf fehlende Erfolgsaussichten eines Klageantrages oder auf sonstige rechtliche Einschätzungen des Gerichts ist grundsätzlich keine Verletzung der Neutralitätspflicht anzunehmen, vielmehr ist ein solches Vorgehen uU im Einzelfall geboten, Dresd BeckRS 2019, 27068 Rn. 8; Celle BeckRS 2018, 36518; Mü NJOZ 2003, 2868; Ros NJW-RR 2002, 576.

Flucht in die Säumnis: Der richterliche Rat zur Flucht in die Säumnis, um der Präklusion zu entgehen, stellt einen Verstoß gegen die Neutralitätspflicht dar, Mü NJW 1994, 60; → Vor § 330 Rn. 3 (Flucht in die Säumnis).

Gestaltungserklärungen: Das Gericht darf auf die Gestaltung des Sachverhaltes keinen Einfluss nehmen, wenn dadurch die Rechtslage gestaltet wird, BGH GRUR 2012, 1044 (1046) (Zurückbehaltungsrecht); NJW 2004, 164 (Hinweis auf Verjährung); MüKoZPO/Fritsche Rn. 8, 35, 37; Musielak/Voit/Stadler Rn. 9; → Rn. 64 „Anfechtung"; → Rn. 64 „Aufrechnung"; → Rn. 64 „Einreden"; → Rn. 64 „Gestaltungserklärungen"; → Rn. 64 „Kündigung"; → Rn. 64 „Schiedsvereinbarung; → Rn. 64 „Verjährung".

Neuer Tatsachenkomplex: Wenn die Parteien zu den anspruchsbegründenden Tatsachen oder zu Einwendungen überhaupt nicht vorgetragen haben, besteht keine Hinweispflicht in Bezug auf neue Tatsachenkomplexe; Die Hinweise des Gerichts dürfen nicht erteilt werden, damit durch Hinzufügen eines neuen Tatsachenkomplexes der Klägervortrag erst **schlüssig** oder der Beklagtenvortrag erst **erheblich** wird, BGH NJW 2007, 2414 Rn. 22; NJW-RR 2004, 495; BAG NJW 2006, 2716 Rn. 11; MüKoZPO/Fritsche Rn. 35; → Vor § 253 Rn. 50 ff.; → Rn. 23 ff. (jeweils zur Relationsmethode).

Schiedsvereinbarung: Zur Einrede nach § 1032 I → Rn. 64 „Gestaltungserklärungen".

Schriftliches Verfahren: Die Anregung zu einem solchen Verfahren nach § 128 II stellt keinen Verstoß gegen die Neutralitätspflicht dar, Dresd BeckRS 2019, 27068.

Verjährung: → Rn. 64 „Gestaltungserklärungen".

21 **VII. Erörterungs- und Fragepflicht, I 1. 1. Allgemeines.** Es gibt keine allgemeine Aufklärungs- und Fragepflicht des Gerichts, → Rn. 11. I 1 stellt aber klar, dass das Gericht im Einzelfall und in jeder Lage des Verfahrens die konkrete Pflicht hat, mit den Parteien den Sach- und Streitstand zu erörtern und Fragen zu stellen, insbesondere um auf eine materiell gerechte Entscheidung zum frühstmöglichen Zeitpunkt hinzuwirken und zu vermeiden, dass die Parteien von der Entscheidung überrascht werden und bei Hinweisen anders reagiert hätten, *näher: → Rn. 51; → Rn. 2 (allgemein zum Regelungszweck)*. Das Ziel der Erörterung und der Fragen ergibt sich aus I 2, wonach das Gericht darauf hinwirken muss, dass die Parteien sich rechtzeitig und vollständig zu den entscheidungserheblichen Tatsachen äußern, ungenügenden, so unvollständigen oder widersprüchlichen Vortrag ergänzen bzw. korrigieren, die Beweismittel ordnungsgemäß bezeichnen und sachdienliche Anträge stellen.

2. Erforderlichkeit. Das Gesetz stellt nach I 2 darauf ab und damit ist klar, dass die Erörterungspflicht keineswegs grundsätzlich alle entscheidungserheblichen Punkte umfassen muss. Sie besteht aber dann, wenn aus der **Sicht des Gerichts** noch keine vollständigen Erklärungen zu den entscheidungserheblichen Tatsachen vorliegen, keine sachdienlichen Anträge gestellt worden sind oder Beweismittel nach §§ 371 ff. ungenügend bezeichnet wurden. Dabei kommt es allein auf die Wertung des Gerichts in tatsächlicher und rechtlicher Hinsicht und nicht auf die der Parteien an, → Rn. 69; → Vor § 128 Rn. 36 f. Das Gericht hat unter Berücksichtigung der Darlegungs- und Beweislast zu überprüfen, ob der Klageantrag bei Zugrundelegen des Tatsachenvortrages der Parteien gerechtfertigt ist, → Rn. 23 ff.; → § 138 Rn. 21 ff. (Darlegungs- und Beweislast). Nur im Rahmen des vom Gericht für erforderlich gehaltenen Umfangs ist das Sach- und Streitverhältnis erörterungsbedürftig, wobei es auf die konkrete Wertung des entscheidenden Gerichts und nicht auf die Richtigkeit der Wertung ankommt, MüKoZPO/Fritsche Rn. 10; → Rn. 69. Die Pflicht zur Erörterung und Fragestellung besteht auch gegenüber einer anwaltlich vertretenen Partei, → Rn. 5. 22

3. Sach- und Streitverhältnis, Prüfungsumfang. Um die Erörterungs- und Fragepflicht nach I 1 beurteilen zu können, muss das Gericht das gesamte Sach- und Streitverhältnis nach der **Relationsmethode** überprüfen. Hierzu gehören zunächst die Prüfung in **tatsächlicher Hinsicht;** dabei ist eine Abgrenzung der Tatsachen von den Rechtsansichten erforderlich; zudem ist zu klären, ob eine Tatsache bestritten oder unstreitig ist sowie, ob der Darlegungspflichtige ausreichend, dh genügend substantiiert vorgetragen hat, und ob das Bestreiten zulässig und ausreichend ist, → Vor § 253 Rn. 53 f.; → § 138 Rn. 11 f. (Abgrenzung der Tatsache von der Rechtsansicht); → § 138 Rn. 21 ff. (Substantiierung des Klägervortrages), → Rn. 27 ff. (Bestreiten), → Rn. 29 ff. (qualifiziertes Bestreiten), (Nichtbestreiten – § 138 III), → § 138 Rn. 52 ff. (Bestreiten mit Nichtwissen). 23

Ferner muss eine Überprüfung in **rechtlicher Hinsicht** zu folgenden Punkten erfolgen (näher zur Relationsmethode → Vor § 253 Rn. 50 ff.): 24

Zulässigkeit der Klage: Die Voraussetzungen werden weitgehend von Amts wegen geprüft; es findet aber keine Amtsermittlung statt, sondern der Vortrag der Parteien wird zugrunde gelegt, → Vor § 253 Rn. 14, insb. → Rn. 17; Anders/Gehle Assessorexamen ZivilR A Rn. 82. Dieser Vortrag ist uU ergänzungsbedürftig. 25

Schlüssigkeit des Klägervortrages: Es wird geprüft, ob der Vortrag des Klägers schlüssig ist, dh sein Klageziel rechtfertigt, und ein sachdienlicher Antrag gestellt wurde; das Gericht muss anhand des Tatsachenvortrages des Klägers beurteilen können, ob die gesetzlichen Voraussetzungen der begehrten Rechtsfolge erfüllt sind, dh ob der Kläger die erforderlichen Tatsachen vorgetragen hat, die in Verbindung mit dem Rechtssatz geeignet sind, das geltend gemachte Recht in seiner Person als entstanden erscheinen zu lassen, BGH NJW-RR 2022, 86; NZG 2020, 1149 Rn. 14; NJW 2022, 935 Rn. 17; BeckRS 2019, 21878 = NJW 2019, 3236; NJW 2019, 607; Anders/Gehle Assessorexamen ZivilR A Rn. 89 ff.; → § 138 Rn. 21 ff. (Darlegungslast); → Vor § 253 Rn. 48 ff.; → Vor § 284 Rn. 4 (je zur Relationsmethode). Kann nach dem bisherigen Klägervortrag ein Tatbestandsmerkmal einer entscheidungserheblichen Norm nicht bejaht werden, ist zu prüfen, ob dieses Ergebnis endgültig ist oder ob der Antrag und/oder der Tatsachenvortrag ergänzungsbedürftig und -fähig sind. 26

Erheblichkeit des Beklagtenvortrages: Es wird geprüft, ob der Beklagte erheblich bestreitet oder schlüssig zu einer Einrede- oder Einwendungsnorm, → Rn. 64 „Einreden", vorträgt, dh ob nach seinem Vortrag das Klageziel nicht oder nicht vollständig positiv zu beantworten ist, Anders/Gehle Assessorexamen ZivilR A Rn. 115 ff.; → Vor § 253 Rn. 59 ff. Zur Frage der Ergänzungsbedürftigkeit gelten die Ausführungen zur Schlüssigkeit entsprechend. 27

Nach der Rechtsprüfung auf der Grundlage der Anträge und der Vorträge beider Parteien muss sich das Gericht mit **§ 139** auseinander setzen und prüfen, ob es auf eine Ergänzung des Tatsachenvortrages und der Beweisangebote oder auf eine Änderung des Antrages hinwirken muss. Das setzt voraus, dass Ansatzpunkte für die Schlüssigkeit oder Erheblichkeit gegeben sind, diese für ein endgültiges Ergebnis nicht ausreichen und sich dies durch eine Reaktion der Parteien ändern kann; es müssen auch Anhaltspunkte bestehen, dass die darlegungspflichtige Partei oder bei der sekundären Darlegungslast, Anders/Gehle Assessorexamen ZivilR A Rn. 34; → § 138 Rn. 32 f., der Gegner den Tatsachenvortrag, die Beweisangebote oder den Antrag ergänzen kann. Nur unter diesen Voraussetzungen besteht eine Erörterungs- und Fragepflicht. Ansonsten ist bei unstreitigen entscheidungserheblichen Tatsachen die **Entscheidungsreife** oder bei **Beweisbedürftigkeit** die Notwendigkeit einer Beweisaufnahme zu den beweisbedürftigen, streitigen Tatsachen zu prüfen; bei Notwendigkeit einer Beweisaufnahme kommt es weiter darauf an, ob die beweispflichtige Partei ordnungsgemäß Beweis angetreten hat, Anders/Gehle Assessorexamen ZivilR A Rn. 74 ff.; → Vor § 253 Rn. 50 ff.; → Vor § 284 Rn. 4 ff. (Beweisbedürftigkeit). 28

4. Tatsächliche und rechtliche Seite. I 1 stellt klar, dass sich die Erörterungs- und Fragestellungspflicht des Gerichts sowohl auf die tatsächliche Seite als auch auf die rechtliche Seite bezieht, auch wenn der Beibringungsgrundsatz und der Grundsatz der Würdigungsfreiheit des Gericht gelten, dh die Parteien den Tatsachenstoff vorzutragen haben, das Gericht diesen tatsächlich und rechtlich bewerten muss und dabei an die Rechtsansichten der Parteien grundsätzlich nicht gebunden ist, → Rn. 15. Das Gericht soll den Parteien helfen, ausreichend, verständlich und nicht widersprüchlich zu den entscheidungserheblichen Tatsachen vorzutragen, → § 138 Rn. 11 f. (zum Tatsachenbegriff). Es soll keine Überraschung der Parteien durch eine von ihnen nicht gesehene rechtliche Würdigung der Tatsachen und demgemäß durch eine andere rechtliche Beurteilung des Gerichts eintreten, → Rn. 21, 51. Eine solche **Überraschungsentscheidung,** die sich auf Tatsachen und die rechtliche Wertung beziehen kann, ist unzulässig, wie sich aus II ergibt, → Rn. 51 ff. In der Regel liegt darin zwar nicht zwingend, aber häufig ein Verstoß gegen Art. 103 I GG (rechtliches Gehör), BVerfG NJW 2021, 2581; 2021, 615; 2020, 2021; 2018, 3631 und 3634; BGH NJW 2020, 2730; BeckRS 2021, 6259 Rn. 15 ff.; 2019, 30695; NJW 2011, 487; → Vor § 128 Rn. 42 ff. (auch zu weiteren Rspr.-Nachweisen). Aus I, II und auch aus Art. 103 I GG kann sich im Einzelfall auch die Pflicht zu einem gezielten Rechtsgespräch ergeben,, BGH MDR 2017, 168 = NJW-RR 2017, 535 Rn. 10; Einzelheiten → Rn. 64 „Rechtsgespräch". Das Gericht ist nicht allgemein verpflichtet, seine Rechtsauffassung kundzutun, und umfassende Rechtsgespräche zu führen, zB klarzustellen, welcher der von den Parteien unterschiedlich vorgetragenen Ansichten es folgen will, → Rn. 64 „Rechtsgespräch". Das Gericht muss aber nach II, ev. auch nach I einen Hinweis erteilen, wenn es einen Sachverhalt oder ein Vorbringen in einer Weise würdigt, mit der ein gewissenhafter Prozessbeteiligter nach dem Verfahrensablauf nicht rechnen konnte oder eine Partei oder beide von einer anderen Würdigung ausgehen, so zB bei Änderung 29 einer zuvor geäußerten Ansicht oder bei Abweichen von der höchstrichterlichen Rspr., BGH NJW 2020, 2730 mAnm Thora; NZA 2017, 226; → Vor § 128 Rn. 53 „Rechtsansichten". Mit den Hinweisen müssen die Parteien auch die Möglichkeit haben, vor der Entscheidung zu Wort zu kommen, dh sich zu äußern und ev. Einfluss zu nehmen, BGH Beck RS 2021, 6259 Rn. 16; NJW 2014, 2796; NJW-RR 2013, 969 Rn. 8; 2008, 973. Wird der Hinweis erst in der mündlich en Verhandlung erteilt und kann sich die Partei nicht sofort äußern, muss vertagt oder ins schriftliche Verfahren übergegangen werden, wenn die Partei keine Schriftsatznachlass nach § 283 beantragt, BGH NJW 2008, 973 Rn. 8. Eine in erster Instanz siegreiche Partei kann darauf vertrauen, dass sie vom Berufungsgericht rechtzeitig einen Hinweis und Gelegenheit zur Äußerung erhält, wenn dieses in einem entscheidungserheblichen Punkt nicht der Rechtsansicht der Vorinstanz folgen will und deshalb eine Ergänzung des Vortrages oder einen Beweisantritt für erforderlich erachtet, BGH BeckRS 2021, 6259; NJW-RR 2013, 969 Rn. 8; Nober/Ghassemi NJW 2017, 3265 (3269); → Einl. II Rn. 23; → Vor § 128 Rn. 53 „Berufung"; → Rn. 51 und Rn. 64 „Überraschungsentscheidung". Entsprechendes gilt, wenn das Gericht von einer zuvor geäußerten Meinung abweichen will, BGH NJW 2014, 2796.

30 **5. Unmissverständliche Hinweise.** Für die Erörterung und Fragestellung sind gezielte, konkrete und unmissverständliche Hinweise erforderlich; pauschale Hinweise reichen nicht, BGH NJW-RR 2013, 655; NJW 2008, 2036; 2005, 2624; 2002, 3317; Bambg 2016, 3315; MüKoZPO/Fritsche Rn. 17; Prütting/Gehrlein/Prütting Rn. 8. Zum klaren und eindeutigen Hinweis gehört, dass das Gerichts die ergänzungsbedürftigen Punkte genau bezeichnet und klarstellt, warum der Vortrag als ergänzungsbedürftig erscheint. Damit wird die Verantwortung des Gerichts für eine möglichst vollständige Aufklärung erhöht. Die Erörterungs- und Fragepflicht ist ein Kernstück der prozessualen Fürsorgepflicht; sie gilt für I insgesamt und auch für II. Sie besteht nicht in einer allgemeinen umfassenden Fragepflicht; vielmehr geht es um die Aufklärung des Sachverhalts im Rahmen des vom Kläger oder Widerkläger bestimmten Streitgegenstands, → § 253 Rn. 26, unter Berücksichtigung der vom Gericht vorgenommenen tatsächlichen und rechtlichen Prüfung, → Rn. 23 ff., → Vor § 128 Rn. 36 f. und → Vor § 253 Rn. 50 ff. (je zur Relationsmethode). Das Gericht muss die einzelnen Tatbestandsmerkmale, zu denen der Tatsachenvortrag ergänzungs- oder klarstellungsbedürftig ist, ansprechen und nachfragen, um den Parteien vor der Entscheidung die Möglichkeit zu geben, Unklarheiten, Unvollständigkeiten und Irrtümer auszuräumen, BGH NJW-RR 2013, 655; NJW 2005, 2624; 2002, 3317; Bambg NJW 2016, 3315; Nober/Ghassemi-Tabar NJW 2017, 3266; → Rn. 11, 21 f. Auf der anderen Seite darf die Partei sich aber nicht um ihre Pflicht zur vollständigen Darlegung dadurch drücken, dass sie das Gericht auffordert, es möge ergänzende Fragen stellen; damit kann sie keine allgemeine Fragepflicht zu einem substanzlosen Vortrag erzwingen, Brdb BauR 2011, 1546 = NZBau 2011, 690.

31 **6. Wiederholung eines Hinweises/Hinweis durch den Prozessgegner.** War ein gerichtlicher Hinweis eindeutig und unmissverständlich, → Rn. 30, sind weitere Hinweise grundsätzlich weder nach I noch nach II erforderlich, auch wenn der betreffende ProzBev. darauf nicht oder nicht hinreichend reagiert; dies kann verschiedene Gründe haben und das Gericht könnte wegen seiner Neutralitätspflicht den Hinweis auch nur noch einmal wiederholen, BGH NJW 2008, 2036; Nober/Ghassemi-Tabar NJW 2017, 3265; aM Mü NJW-RR NJW 1997, 1425; Thomas/Putzo/Seiler Rn. 17. Etwas anderes kann gelten, wenn das Gericht erkennt, dass die Partei bzw. der ProzBev. den Hinweis nicht richtig verstanden hat und dieser präzisiert werden kann, BGH NJW 2002, 3317; 1999, 1264; Kobl BeckRS 2007, 9882. Das Gericht muss auch auf Bedenken gegen die Schlüssigkeit des Klägervortrages hinweisen, wenn es den Kläger in der mündlichen Verhandlung anhört und die Bedenken nicht für ausgeräumt hält, BGH NJW-RR 2004, 281, 282; Zöller/Greger Rn. 14d. Die Hinweispflicht des Gerichts entfällt grundsätzlich nicht durch einen entsprechenden Hinweis des **Gegners,** weil es sowohl in tatsächlicher als auch in rechtlicher Hinsicht allein auf die Wertung des Gerichts ankommt; davon wird eine Ausnahme gemacht, wenn die Partei zu erkennen gibt, dass sie die Ausführungen des Gegners verstanden hat und darauf reagiert, BGH BeckRS 2016, 04424; Ffm BauR 2016, 1804 = LSK 2016, 105232; Nober/Ghassemi-Tabar NJW 2017, 3265; weiter wohl BGH NJW 2013, 1733 Rn. 17; Hamm NJW 2013, 1541. Nach Auffassung des OLG Köln, GRUR-RR 2021, 282 Rn. 52, ist ein Hinweis bei einem nicht ausreichenden Unterlassungsantrag entbehrlich, wenn der Gegner mehrfach darauf hingewiesen hat, dass der Verbotsantrag zu weit gefasst ist. In jedem Fall ist ein Hinweis erforderlich, wenn die Partei erkennbar die Bedenken des Gegners falsch aufgenommen hat, BGH NJW 2001, 2548. Ist in der ersten Instanz in der mündlichen Verhandlung erörtert worden, dass der Klägervortrag entgegen § 138 I nicht vollständig ist, muss das Berufungsgericht grundsätzlich nicht erneut auf diesen Punkt hinweisen, BGH ZIP 2016, 1626 = BeckRS 2016, 10871.

32 **VIII. Hinwirken auf vollständige Erklärungen I 2. 1. Erheblichkeit einer Tatsache.** Das Gericht muss alle von den Parteien vorgetragenen Tatsachen berücksichtigen, die nach seiner pflichtgemäßen vorläufigen Beurteilung entscheidungserheblich sind, → Vor § 253 Rn. 50 ff.; → Rn. 23 ff. (je zur Relationsmethode). Dagegen darf es nicht darauf hinwirken, dass die Parteien zusätzlich zu einem neuen Tatsachenkomplex Stellung nehmen, weil dies gegen den Beibringungsgrundsatz und die Neutralitätspflicht verstoßen würde, → Rn. 14, 18 ff. Bei der Frage der Erheblichkeit kommt nicht auf die Wertung der Parteien oder der ProzBev., sondern allein auf die rechtliche und tatsächliche Beurteilung des Gerichts zur Frage der Entscheidungserheblichkeit an, → Rn. 15, 22, 69; → Vor § 128 Rn. 36 f.; zur Relationsmethode: → Vor § 253 Rn. 50 ff.; → Rn. 23 ff.; → Vor § 284 Rn. 4. Das Gericht muss auch solche Tatsachen benennen, erwirken oder klären lassen, die nach der erkennbaren Meinung der Partei entweder nicht erheblich sind oder von denen die Partei glaubt, sie bereits vollständig vorgetragen zu haben. Das Gericht braucht andererseits keineswegs auf eine weitere Klärung solcher Tatsachen hinzuwirken, die nur nach der Ansicht der Partei noch eine Bedeutung haben könnten.

33 **2. Rechtzeitigkeit einer Erklärung.** Das Gericht muss dahin wirken, dass sich die Parteien rechtzeitig erklären. Es soll nach Möglichkeit keine Gefahr der Zurückweisung wegen einer Verspätung nach § 296 entstehen. Ebenso wenig soll eine Nachfrist nach § 283 erforderlich werden, soweit sie vermeidbar ist. Natürlich bleibt die Parteiherrschaft bestehen, → Rn. 14; → Vor § 128 Rn. 20 ff. Daher muss das Gericht auch eine gewisse zeitliche Parteitaktik respektieren. Während I 2 auf die Rechtzeitigkeit des Parteivortrages abstellt, sieht IV 1 die Pflicht des Gerichts vor, Hinweise so früh wie möglich zu erteilen, → Rn. 65. Beide Vorschriften ergänzen sich und bezwecken die Einhaltung des Gebotes des rechtlichen Gehörs, → Rn. 2, 13; → Vor § 128 Rn. 42 ff. (zum rechtlichen Gehör).

3. Vollständigkeit einer Erklärung. Das Gericht muss darauf hinwirken, dass die Parteien sich vollständig erklären; auch insofern kommt es auf die Entscheidungserheblichkeit an, → Vor § 253 Rn. 50 ff.; → Rn. 23 ff. (zur Relationsmethode). Dabei ist die Vollständigkeit aus dem Blick des Gerichts und nicht der Parteien zu beurteilen, → Rn. 15, 22, 32, 69. Allerdings kann oft nur die Partei übersehen, ob sie wirklich vollständig vorgetragen hat. Der Richter muss sich dann mit dem Hinweis auf die möglichen Rechtsfolgen des bisherigen möglicherweise unvollständigen Vortrags begnügen. 34

4. Ergänzung ungenügender Angaben. I 2 stellt klar, dass das Gericht eine Pflicht hat, auf ergänzende Angaben hinzuwirken, soweit die bisherigen Angaben mit Blick auf das Tatbestandsmerkmal und die Entscheidungserheblichkeit, → Vor § 253 Rn. 50 ff.; → Rn. 23 ff., als ungenügend erscheinen, BGH NJW 2016, 874; Kblz MDR 2007, 1411; Mü NJW-RR 1997, 1425; → Rn. 64 „Schlüssigkeit". Es darf also nicht vor einem solchen Versuch zu einer Entscheidung kommen, die sich zum Nachteil der Partei darauf stützt, sie habe ungenügende tatsächliche Angaben gemacht, Brdb BeckRS 2020, 1644. Das gilt trotz der Pflicht der Partei nach § 138 I,II, schon von sich aus vollständige Angaben zu machen. Ergänzungsbedürftig kann zB die Auflösung von Rechtsbegriffen in einen Tatsachenvortrag, von Widersprüchen zwischen Schriftsätzen und eingereichten Unterlagen oder von zweifelhaften bzw. mehrdeutigen Darstellungen sein, BGH NJW-RR 2003, 742; Thomas/Putzo/Seiler Rn. 4, 5; → Vor § 284 Rn. 33 (Zulässigkeit von Rechtstatsachen). Dabei muss der erforderliche Hinweis des Gerichts unmissverständlich sein, → Rn. 30. Eine Wiederholung des Hinweises ist grundsätzlich nicht erforderlich, → Rn. 31. 35

5. Beweismittel. a) Bezeichnung. I 2 stellt ferner klar, dass das Gericht die Partei zur ausreichenden Bezeichnung ihrer Beweismittel nach §§ 371 ff. auffordern muss, BGH GRUR 2010, 314, 317. Eine Hinweispflicht besteht auch, wenn das Gericht Beweise von Amts wegen erheben könnte (§ 144), es aber nicht will, BGH NJW 1991, 493, 495; Musielak/Voit/Stadler Rn. 14; vgl. auch Brdb BeckRS 2020, 17748 Rn. 26 ff. (Hinweis durch Gegner). Bei einem Hinweis in Bezug auf Beweismittel ist eine besonders vorsichtige Abwägung der Fürsorgepflicht einerseits und der Unparteilichkeit andererseits erforderlich, → Rn. 18 ff.; → Rn. 64 „Beweisaufnahme". Keine Bedenken bestehen in der Regel dagegen, dass das Gericht eine beweispflichtige Partei auf die Beweisbedürftigkeit einer streitigen Tatsache, → Vor § 284 Rn. 4 ff., ihre Beweislast, → § 138 Rn. 21, oder die Mängel eines Beweisangebotes hinweist, BGH NJW 2007, 3069; NJW 1991, 493; → Vor § 284 Rn. 44 ff. (Beweisangebot). Das gilt auch für das Berufungsgericht, wenn die anwaltliche und eidesstattliche Versicherung des ProzBev. einer Partei keinen vollen Beweis für die fristgemäße Einreichung der Berufungsbegründung erbringt; dann ist die Partei darauf hinzuweisen und ihr Gelegenheit zu geben, Zeugenbeweis anzutreten oder auf andere Beweismittel zurückzugreifen; allein ein Hinweis auf das Freibeweisverfahren reicht nicht, BGH BeckRS 2020, 39914 = NJW-RR 2021, 505; NJW 2020, 1225; → Vor § 128 Rn. 53 „Berufung". Zu weitgehend wäre aber eine Aufforderung, überhaupt oder weitere Beweise anzubieten, wenn eine streitige und beweiserhebliche Tatsache nach durchgeführter Beweisaufnahme nicht feststeht, so wohl auch Zöller/Greger Rn. 16; aM bei einer Naturalpartei im Medizinrecht: LG Mü NVersZ 2000, 568. Vielfach ist einer Naturalpartei die Regelung des § 447 unbekannt; da der Prozessgegner das erforderliche Einverständnis nach Hs. 2 verweigern kann, halten wir einen richterlichen Hinweis zu § 447 für zulässig. Will das Gericht aufgrund die angebotenen Beweise nicht erheben, ist ein Hinweis erforderlich, BGH BeckRS 2018, 7093 Rn. 16. 36

Soweit es um Beweismittel geht, kann neben einem Hinweis eine Fristsetzung nach § 356 erforderlich sein. § 356 steht neben V, der allg. die Möglichkeit für eine Fristsetzung bietet, soweit die Partei auf richterliche Hinweise nicht sofort reagieren kann, → Rn. 68. 37

b) Parteisorgfalt bei Beweisangeboten. Das Gericht ist nicht verpflichtet, der nachlässigen oder ungenügend informierten Partei oder ihrem ProzBev. die erforderliche Sorgfalt beim Ermitteln und Zusammenstellen der prozessual richtigen Beweisantritte abzunehmen, Hamm NJW-RR 2003, 525. Das gilt erst recht nach einem schon vom Gegner gemachten Hinweis, Brdbg BeckRS 2020, 17748 Rn. 26; Oldb NJW-RR 2000, 949. Gibt zB der Beweisführer beim Zeugenbeweis nur eine Arbeitsanschrift statt der im Einzelfall erforderlichen vollständigen ladungsfähigen Privatanschrift an, weist er darauf hin, die Anschrift werde „erforderlichenfalls nachgereicht" oder findet man nur die Angabe N. N. (nihil nomen), ist der Beweisantritt prozessual grundsätzlich unstatthaft. Jedenfalls in den beiden zuletzt genannten Fällen ist ein Hinweis nicht erforderlich, weil der Beweisführer selbst zu erkennen gibt, dass er den Beweisantritt für unvollständig hält, so wohl auch: Musielak/Voit/Stadler Rn. 14; → Rn. 64 „NN". 38

c) Urkundenvorlegung. Schwierig kann die Lage für das Gericht auch dann werden, wenn eine Urkundenvorlegung nur durch den Prozessgegner nach §§ 421 ff. oder durch einen Dritten nach §§ 430 ff. in Betracht kommt. Da das Gesetz die Rechte und Pflichten des Besitzers der Urkunde jeweils regelt, kann der Prozessgegner des Beweisführers dem Gericht einen Hinweis auf solche oft unbekannte Möglichkeiten des Urkundenbeweises nicht als Parteilichkeit auslegen. Auch kann es notwendig sein, auf das Fehlen von Unterlagen für den Sachverständigen hinzuweisen, sogar nach einer entsprechenden Rüge durch den Gegner des Beweisführers. Weitere Einzelheiten → Rn. 64 „Beweisaufnahme". 39

6. Sachdienlichkeit des Antrags. Das Gericht muss nach I 2 darauf hinwirken, dass jede Partei einen sachdienlichen Sachantrag nach §§ 297, 308 I stellt; dazu gehört, dass der Antrag klar und bestimmt iSd § 253 II Nr. 2 ist, BGH GRUR 2011, 1140 Rn. 14 (Markenrecht); BAG NZA 2020, 783 Rn. 21 (Unzulässigkeit der Klage), → § 253 Rn. 34. Nur dann können der Streitgegenstand und der Umfang der Rechtskraft ermittelt werden; außerdem ist ein bestimmter (vollstreckungsfähiger) Tenor für die Zwangsvollstreckung unabdingbar; → § 253 Rn. 26. Die Hinweispflicht zu sachdienlichen Anträge betrifft die Aufforderung, unvollständige, schlecht formulierte und nicht hinreichend bestimmte Anträge zu präzisieren, unklare oder widersprüchliche Anträge neu zu formulieren und das Verhältnis zu mehreren Anträgen klarstellen kumulativ, alternativ oder eventualiter, BGH NJW 2017, 2623 Rn. 11; BAG NJW 2003, 2771,2273; → § 260 Rn. 6 ff.(Verhältnis der Klageanträge zueinander); sie umfasst auch die Pflicht, auf solche Anträge hinzuweisen, die die Partei zwar gewollt, aber infolge der Verkennung der Rechtslage nicht dargestellt hat, BGH NJW 2013, 1149 Rn. 22; Nober/Ghassemi-Tabar NJW 2017, 3265. Ferner sind die Parteien auf die Unzulässigkeit eines Antrages im Übrigen hinzuweisen, damit sie den Mangel beheben können, Nober/Ghassemi-Tabar NJW 2017, 3265. Dies gilt unabhängig davon, dass das Gericht unklare Anträge möglicherweise auch auslegen kann bzw. muss, BVerfG NJW 2014, 291; BAG NJW 2021, 3801 40

Rn. 25.. Entsprechende Anforderungen an die Hinweispflicht gelten auch für einen **Prozessantrag,** etwa auf Verweisung, BGH NZM 2017, 262; 2014, 395. Zulässig sind Hinweise bezüglich des Haupt- und Hilfsantrages, BAG NJW 2003, 2771, 2773; → § 260 Rn. 9. Wenn die Partei mehrere Anträge gestellt hat und das Verhältnis zueinander nicht klar ist, muss das Gericht klären, ob sie kumulativ, alternativ oder eventualiter in welcher Reihenfolge gestellt werden sollen. Entspr. gilt, wenn sich die Klageforderung aus mehreren Positionen zusammensetzt, so zB mehreren Schadenspositionen, und diese die Gesamtsumme die Klageforderung übersteigen, → § 260 Rn. 7 ff.

41 **„Sachdienlich"** bedeutet: Das Gericht muss dafür sorgen, dass ein Antrag gestellt wird, der den Prozesszweck fördern könnte und der sich gleichzeitig auch zur etwaigen Zwangsvollstreckung nach §§ 704 ff. eignet, BGH BAG NJW 2021, 3801; NZA 2020, 783 Rn. 21. Das Gericht muss also darauf achten, dass der Antrag nach § 253 II Nr. 2 bestimmt genug ist, BGH GRUR 2005, 569; → § 253 Rn. 34 ff., und dass er der wirklichen Erledigung der Streitfrage dient. Die Grenze der Antragsklärung liegt dort, wo die Partei sich klar äußert und bestimmte Anträge stellt, BPatG GRUR 1981, 350. Eine weitere Grenze ist die Unparteilichkeit bzw. die Neutralitätspflicht des Gerichts; es hat zwar die Aufgabe, die Partei zu einem sachdienlichen Antrag zu veranlassen; es ist aber nicht berechtigt, der Partei einen ihr günstigeren, aber nicht gestellten Antrag auch nur nahezulegen; auf eine Änderung von Anträgen kann das Gericht nur hinwirken, wenn es sich im Rahmen des Prozessbegehrens der Partei hält, BVerfG NJW-RR 2012, 302 Rn. 28; Zöller/Greger Rn. 15; → Rn. 18 ff. Hinweise auf mögliche Klageerweiterungen verlassen grundsätzlich die von der Neutralitätspflicht gezogenen Grenzen; das Gericht hat nach I 2 nur darauf hinzuwirken, dass die Parteien Anträge stellen, die eine Übereinstimmung zwischen dem prozessualen Antrag und dem materiellen Prozessziel herstellen, BAG NJW 2021, 3801; Nober/Ghassemi-Tabar NJW 2017, 3265; → Rn. 64 „Antragsänderung". Der Hinweis auf die „Flucht in die Säumnis" verstößt ebenfalls gegen die Neutralitätspflicht Mü NJW 1994, 60; → Rn. 20; → Vor § 330 Rn. 3. Dasselbe gilt für den Hinweis auf Anspruchsgründe, die das Prozessziel wesentlich ändern, BGH NJW-RR 2011, 378. Das Gericht würde gegen den Beibringungsgrundsatz verstoßen, wenn es von sich aus einen anderen Antrag als denjenigen herbeiführen würde, den die Partei im Kern selbst stellen will oder schon gestellt hat.

42 **IX. Strukturierung und Abschichtung, I 3.** Die seit 2020 geltende Regelung sieht vor, dass das Gericht das Verfahren strukturieren und den Prozessstoff abschichten kann, → Rn. 2 (Regelungszweck). Insoweit ergänzt sie die bisherigen Regelungen in § 139 und die §§ 146, 273, die schon vorher eine gewisse Strukturierung ermöglichten. Dabei ist mit **Verfahren** nicht der äußere Verfahrenslauf gemeint; aus der Systematik und der Entstehungsgeschichte ergibt sich vielmehr, dass die Maßnahme als materielle Prozessleitung auf den Streit- und Prozessstoff zielen muss, Fölsch NJW 2020, 801, 804; Gaier NJW 2020, 177, 178.

43 **Abschichten** ist das Splitten des Prozessstoffes; das kann jeden abtrennbaren Teil betreffen; nicht erforderlich ist, dass sich die Teile auf selbständige Anspruchsgrundlagen oder Gegenrechte beziehen, Gaier NJW 2020 177; Vorwerk NJW 2017, 2326. Bei einer Abschichtung werden die Parteien vom Gericht aufgefordert, zunächst nur zum abgeschichteten Teil vorzutragen, bis das Gericht durch einen Hinweis den Rechtsstreit wieder für den weiteren Vortrag öffnet, Gaier NJW 2020, 177. Ergeht nach der Abschichtung und dem entsprechenden Vortrag der Parteien kein Teil-, Zwischen- oder Vorbehaltsurteil, kann auch zum abgeschichteten Punkt bis zum Schluss der mündlichen Verhandlung vorgetragen werden. Eine Abschichtung kann sich insbesondere bei komplexen Verfahren für notwendige Zwischenentscheidungen anbieten.

44 Bei der **Strukturierung** muss das Gericht auf Parteivorbringen hinwirken, das an der für das erkennende Gericht maßgeblichen Rechtslage, dh an der Entscheidungserheblichkeit ausgerichtet ist und sich auf diese konzentriert, → Rn. 42. Besondere Bedeutung hat insoweit die Relationsmethode, mit der der Richter auf die schnellste und effektivste Art herausarbeiten kann, welche Tatsachen für die Entscheidung aus seiner Sicht relevant sind und wie er die Rechtslage bewertet, Köbler AnwBl online 2018, 399; → Vor § 253 Rn. 50 ff.; → Rn. 23 ff.; → Vor § 284 Rn. 4 ff. (jeweils zur Relationsmethode). Dabei wird die flächendeckende Einführung der elektronischen Akte hilfreich sein, zumal die Programme eine Ordnung und Systematisierung des Prozessstoffes mit elektronischer Unterstützung schon beim ersten Durchlesen ermöglichen und der Prozessstoff bei Eingang weiterer Schriftsätze systematisch ergänzt werden kann.

45 Das Hinwirken auf Strukturierung und Abschichtung ist für das Gericht unter Effizienzgesichtspunkten verpflichtend; jedoch ist dem Gericht ein Beurteilungsspielraum zuzugestehen, weil es auf die jeweilige Bewertung der Rechtslage ankommt; dabei sind Grenzen gesetzt bei einem offenkundig widersprechenden Fehlgebrauch, zB bei unnötigen Verzögerungen oder bei Missachtung des Grundsatzes des fairen Verfahrens, Gaier NJW 2020, 177. Die Verletzung der Pflicht zur materiellen Prozessleitung kann als Verfahrensfehler zur Aufhebung des Urteilsführen, Zöller/Greger Rn. 20. Inhaltlich muss der Hinweis des Gerichts zur Abschichtung und Strukturierung so ausführlich sein, dass sich die Parteien in der gegebenen Situation darauf einstellen und entsprechend handeln können; in der Regel wird ein Beschluss des jeweiligen Prozessgerichts erforderlich sein, wobei sich auch eine Fristsetzung nach § 273 II Nr. 1 empfiehlt, Gaier NJW 2020, 177. I 3 berührt den Beibringungsgrundsatz der Partei nicht; die Parteien bleiben für das Einbringen des Prozessstoffes verantwortlich und alle Maßnahmen des § 139 sind (nur) Hilfestellungen für die Parteien, → Rn. 14. § 296 greift nicht ein, wenn die Partei ihre Mitwirkung an der Strukturierung oder Abschichtung verweigert; auch das Überschreiten einer Frist nach § 273 II Nr. 1 führt nicht zur Präklusion, Gaier NJW 2020, 177. Es gelten auch weiterhin §§ 130, 253 II, so dass für die vorbereitenden Schriftsätze in inhaltlicher Hinsicht nicht mehr und nicht weniger erforderlich ist als bisher, Gaier NJW 2020, 179.

46 Das Gericht hat aber die Möglichkeit, Maßnahmen des **Verfahrensmanagement** zu ergreifen und zB in einem gut vorbereiteten frühen ersten Termin auf Abschichtung und insbesondere Strukturierung hinzuwirken, Gaier NJW 2020, 177; Schultzky MDR 2020, 1. Greger NJW 2019, 3429, plädiert dafür, dass das Gericht mit Hinweisen nach I 3 und mit Hilfe der Digitaltechnik anhand der vorgetragenen Tatsachen ein umfassendes **Basisdokument** entwickelt, mit dem der Tatsachenstoff für alle Instanzen konzentriert wird (Einführung eines digitalen Vorverfahrens), vgl. auch Gomm JM 2021, 266; Köbler NJW-aktuell 52/2020, 19. Das ist sicherlich wünschenswert und auch hilfreich, kann aber nach unserer Auffassung jedenfalls nach der derzeitigen Gesetzeslage nicht zu einer Bindungswirkung, d. h. zu einer frühen Festlegung des maßgeblichen Sachverhalts führen. Auch nach Erstellung eines Basisdokumentes, an dem alle beteiligt waren, müssen die Parteien schon mit Blick auf Art. 19 IV GG die Möglichkeit zu weiterem, auch geändertem Vortrag haben, soweit nicht das Gesetz unter

bestimmten Voraussetzungen einen Ausschluss regelt, wie zB durch die Verspätungsvorschriften oder durch § 529. Auch müssen die Prozessbeteiligten, insbesondere die Richter, weiterhin in der Lage sein, ihre rechtlichen Wertungen im Laufe des Prozesses zu überdenken und zu ändern; dann aber sind möglicher Weise andere Tatsachen entscheidungserheblich; das Gericht muss dann einen entsprechenden Hinweis erteilen und die Parteien zur Ergänzung bzw zum Überdenken ihres Vortrages auffordern. Jedoch können durch ein einvernehmlich hergestelltes Basisdokument mit Hilfe der modernen Technik auch ohne Bindungswirkung eine bessere Strukturierung sowie eine Effizienzsteigerung erreicht werden.

Eine Arbeitsgruppe zur „Modernisierung des Zivilprozesses", die von den Präsidentinnen und Präsidenten der Oberlandesgerichte, des Kammergerichts, des BayOlG und des BGH eingesetzt wurde, schlägt ein verbindliches **elektronisches Basisdokument** vor, das von den Parteien anstelle der Schriftsätze erstellt und ergänzt werden soll, und zwar in einer vorgegebenen Relationstabelle in chronologischer Reihenfolge, zum Muster einer Relationstabelle vgl. Anders/Gehle Assessorexamen ZivilR A Rn. 2a, 38a; dabei sollen sich Vortrag und Gegenvortrag unmittelbar gegenüber stehen; späterer Vortag soll nicht angefügt, sondern ergänzend in das jeweilige Feld eingetragen werden, vom Stein NZA 2021, 1057 (1060); Streyl NJW 2021 Heft 8 Editoral. Dieser Vorschlag sowie andere Vorschläge der Arbeitsgruppe wurden in dem virtuellen Zivilrichtertag am 2.2.2021 in Nürnberg vorgestellt und von den Präsidentinnen und Präsidenten auf einer Tagung am 8.6.2021 weitgehend gebilligt, vgl. beck-online FD-ZVR 2021, 439564; Köbler NJW 2022, Heft 12, Vorblätter S. 19 (zum Stand der Vorschläge); → Einl. I Rn. 9. Ob das wünschenswerte Ziel der Strukturierung und Effizienzsteigerung des Zivilprozesses durch ein solches Basisdokument erreicht werden kann, erscheint nicht ganz unproblematisch. Auch der Sachvortrag in einer vorgegebenen Relationstabelle kann durch eine falsche Einordnung, durch eine Vermengung von Tatsachen und Rechtsansichten, durch den Vortrag nicht entscheidungserheblicher Tatsachen sowie durch eine Überfrachtung mit teilweise nicht relevanten Textbausteinen unstrukturiert sein. Außerdem ist allein das Gericht für die tatsächliche und rechtliche Wertung zuständig und erst mit dieser Wertung wird verdeutlicht, welche Tatsachen entscheidungserheblich sind, → Vor § 128 Rn. 36. Durch umfassende sachdienliche Hinweise des Gerichts auf der Grundlage des § 139 und auch mit Hilfe der Elektronik kann eine effektive Strukturierung durch das Gericht auch ohne zwingende Relationstabelle veranlasst und erreicht werden. Das sieht auch die Arbeitsgruppe der Präsidentinnen und Präsidenten der OLG, des KG und des BGH mit ihrem Vorschlag zu einer „zivilprozessualen Revolution", Streyl NJW 2021 Heft 8 Editoral. Sicherlich ist eine elektronische Relationstabelle mit Vorgaben hilfreich. Fraglich ist aber, ob die von der Arbeitsgruppe vorgeschlagene Verbindlichkeit des durch die Parteien erstellten Basisdokuments, das den Tatbestand ersetzen soll, mit Art. 19 IV GG, dem Grundsatz des rechtlichen Gehörs und dem Grundsatz der Waffengleichheit, → Einl. II Rn. 37, 47; → Vor § 128 Rn. 20 ff. (Grundsätze des Zivilprozesses), vollständig vereinbar sind, vgl. hierzu auch Heil ZIP 2021, 502. Darüber hinaus muss den Anwälten auch eine gewisse Prozesstaktik in den Grenzen der gesetzlichen Vorgaben, so nach § 138, zugestanden werden, ohne dass von vorneherein eine später nicht mehr wünschenswerte Bindung entsteht. Insoweit scheint der Vorschlag von Horwath, NJW 2021 Heft 25, IT-Special, Vorblätter S. 26, überlegenswert, mit Hilfe eines digitalen Strukturierungstool die aus den Aktendokumenten relevanten Informationen in Relationsstrukturen zu überführen; dabei können nach seiner Ansicht ein gemeinsam von Gericht und Anwälten genutzter Aktenspiegel sowie die Information des Anwalts an das Gericht über die von ihm bei der Erstellung des Schriftsatzes berücksichtigte Relationsstruktur hilfreich sein. Wir stimmen Horwath auch zu, dass den Richtern die Aufgabe der Strukturierung des Parteivortrages aus den dargelegten Gründen überlassen bleiben, jedoch das Gericht dabei durch eine Strukturierungssoftware und semantische Textanalyse unterstützt werden sollte. Die spannende Diskussion über die Vorschläge der Arbeitsgruppe sowie über andere Vorschläge zur Strukturierung und Effizienzsteigerung des Zivilprozesses im Zeitalter der Digitalisierung bleibt abzuwarten; das gilt auch für das gemeinsame Forschungsprojekt 2022 von Bayern und Niedersachsen mit der Uni Regensburg zum „strukturierten Parteivortrag". Die schlichte Abbildung der Papierakte in elektronischer Form kann auf keinen Fall ausreichen. 47

Im Zusammenhang mit der Digitalisierung sind auch die Fragen der Künstlichen Intelligenz **(KI)** und **Legal Tech** insbesondere dort bedeutsam, wo es um einfache „Masseverfahren" geht, Neubert DRiZ 2021, 108 (zur KI auch in begrifflicher Abgrenzung zu Legal Tech). Die fortschreitende Algorithmisierung unserer Gesellschaft und die Frage nach der Bedeutung für die Rechtsanwendung wird intensiv diskutiert. Spannend ist die Frage, ob und inwieweit Algorithmen subsumieren können und wo Maschinen die von Menschen durchgeführte Rechtsanwendung nicht ersetzen können, vgl Timmermann/Gelbrich NJW 2022, 25 (zu den Möglichkeiten und Grenzen von Legal Tech). 48

Die Strukturierung durch das Gericht und damit ein aktives Verfahrensmanagement spielt auch bei der Frage der internationalen Aufstellung der deutschen Justiz im Zusammenhang mit **Commercial-Court-Initiativen** eine Rolle, vgl. Riehm/Thomas NJW 2022, 1725; Pfeiffer DRiZ 2021, 46; Diekmann NJW 2021, 605 (auch zur Frage von Parteivereinbarungen zu Verfahrensregeln); Flockermann NJW Heft 5/2022, Editoral; Zeyher NZG 13/2021, Editoral; → GVG § 184 Rn. 3; → Vor § 128 Rn. 58 „Verfahrensregeln". Bereits jetzt bieten die Landgerichte Berlin, Bonn, Frankfurt am Main, Hamburg und Köln International Chambers und in Mannheim und Stuttgart Commercial Courts an, Stuttgarter Commercial Court: https://commercial-court.de. 49

Auf der Grundlage des § 13a GVG hat NRW aus den Bereichen der Unternehmenskäufe und – transaktionen, der IT und Medientechnik sowie der Erneuerbaren Energien durch Verordnung **Wirtschaftsprozesse** mit hohen Streitwerten bei Spezialkammern in Düsseldorf, Köln, Essen und Bielefeld konzentriert; für die Berufungen sind Spezialsenate bei den OLG´s in Düsseldorf, Hamm und Köln zuständig, vgl. Biesenbach DRiZ 2022, 106. Zur Frage der Wirtschaftsmediation bei Gericht → § 278 Rn. 46. 50

X. Verbot der Überraschungsentscheidung, II. 1. Grundsatz. Nach II ist ein Hinweis des Gerichts vorgeschrieben, wenn die Partei einen Gesichtspunkt erkennbar übersehen oder für unerheblich gehalten hat oder wenn das Gericht einen Gesichtspunkt anders beurteilt als die Parteien. Damit wird das Verbot einer Überraschungsentscheidung als Ausgestaltung des Grundsatzes des fairen Verfahrens und des rechtlichen Gehörs konkretisiert, BVerfG NJW 2021, 3525 Rn. 13–15; 2017, 3218; BeckRS 2019, 2004 Rn. 24; NJW-RR 2002, 69; BGH BeckRS 2021, 6259 Rn. 16 ff.; 2019, 30695 = NJW-RR 2020, 188 (mwN); 2013, 969; NJW 2020, 2730; BAG NJW 2021, 1621; NZA 2020, 132; 2008, 432; Berl VerfGH 1999, 898; Brdb BeckRS 2020, 1644; Kblz VersR 2015, 1172 = BeckRS 2014, 22705; → Einl. II Rn. 23; → Vor § 128 Rn. 42 ff.; → Rn. 64 51

„Berufung"; „Überraschungsentscheidung". Absatz 2 geht allerdings teilweise über diese Grundsätze hinaus; daher ist nicht jeder Verstoß gegen II zugleich ein Verstoß gegen Art. 103 I GG, BVerfG NJW-RR 2012, 302,303; 2005, 936,937; NJW 1994, 849; BAG NJW 2021, 1621 Rn. 4. Aus einer notwendigen Erörterung nach II kann kein Ablehnungsgrund abgeleitet werden, Dresd BeckRS 2019, 27068; → Rn. 19, 20 „Erfolgsaussichten". Soweit der Hinweis in der mündlichen Verhandlung erfolgt, ist ihre Protokollierung nach § 160 II oder jedenfalls ein Aktenvermerk bzw. eine Ausführung im Tatbestand des Urteils wegen IV notwendig, BGH NJW 2006, 60; → Rn. 66.

52 II enthält eine Hinweispflicht für das Gericht und bezieht sich sowohl auf rechtliche als auch auf tatsächliche Gesichtspunkte, Musielak/Voit/Stadler Rn. 17. Niemand soll aus dem Urteil mit Staunen erfahren müssen, dass das Gericht völlig andere tatsächliche und rechtliche Erwägungen als diejenigen für entscheidungserheblich hielt, die in der mündlichen Verhandlung zur Sprache kamen, so, wenn das Gericht seine vorher geäußerte Ansicht ohne erneuten Hinweis ändert, BVerfG NJW 2021, 2581; BeckRS 2019, 2004 Rn. 24; NJW 1996, 3202; BGH BeckRS 2021, 6259 Rn. 16 ff.; 2019, 35637; NJW-RR 2020, 188; Brdb BeckRS 2020, 1644. Das gilt auch, wenn das Gericht in einem früher zwischen den Parteien geführten Rechtsstreit eine andere Meinung vertreten hat, die aufgrund der vorbereitenden Schriftsätze zugrunde gelegt wurde, BGH NZG 2020, 317. Hat das Gericht in der mündlichen Verhandlung auf die Unschlüssigkeit des Klägervorbringens hingewiesen und dem Kläger einen Schriftsatznachlass gewährt hat, und hält es den nachgelassenen Vortrag nach wie vor für unschlüssig, eröffnet die mündliche Verhandlung aber erneut, kann es ohne einen neuen Hinweis die Klage nicht abweisen, selbst wenn die Gegenseite die fortbestehende Unschlüssigkeit moniert hat, BGH NJW-RR 2008, 581; Kblz NZFam 2021, 1029. Hat das Gericht den Parteien einen Vergleichsvorschlag unterbreitet, den diese nicht angenommen haben, wäre es für den Kläger eine Überraschung, wenn die Klage ohne Hinweis wegen Unschlüssigkeit seines Vortrages abgewiesen würde, Zweibr BeckRS 2006, 14442. Kein Verstoß gegen § 139 soll dagegen vorliegen, wenn das Gericht nach der Beweisaufnahme einen Vergleichsvorschlag zum geltend gemachten Schadensersatz unterbreitet, ohne Hinweis aber im Urteil zu einem davon abweichenden Betrag kommt; zwar liegt üblicherweise einem Vergleichsvorschlag eine Einschätzung des Gerichts zu den Erfolgsaussichten der Klage zugrunde; die Parteien wissen aber, dass diese Einschätzung nicht bindend und vorläufig ist Schlesw NJW-RR 2021, 962 Rn. 25.Wird das persönliche Erscheinen des Partei in der mündlichen Verhandlung zur „Aufklärung des Sachverhalts" angeordnet, weist das Gericht die erschienene Partei dann aber nicht auf Unklarheiten in einen entscheidungserheblichen Rechenwerk hin, muss die Partei nicht mit einer entsprechenden negativen Entscheidung rechnen, BAG NJW 2021, 1621 Rn. 7; → Rn. 64 „Persönliches Erscheinen". Das gilt auch in der Berufungsinstanz, die sich auf eine Aspekt stützen will, den weder die Parteien noch die erste Instanz erwogen haben, BGH BeckRS 2021, 6259 Rn. 16 ff.; 2019, 25750. Entsprechendes gilt, wenn die Berufungsinstanz der Beurteilung der Vorinstanz in einem entscheidungserheblichen Punkt nicht folgen will; hier ist ein Hinweis so rechtzeitig vor der mündlichen Verhandlung zu erteilen, damit die Partei darauf reagieren kann, BGH BeckRS 2021, 6259 Rn. 16 ff.; 2020, 3624; → Rn. 29; → Vor § 128 Rn. 53 „Berufung".

53 **2. Abgrenzung zu I.** II ist einerseits enger, andererseits weiter gefasst als I. Während I im Schwerpunkt eine Aufklärungspflicht zum Sachverhalt begründet, allerdings auch rechtliche Hinweise erfassen kann, → Rn. 29, verpflichtet II gleichrangig zu tatsächlichen oder rechtlichen Hinweisen auf Gesichtspunkte, die eine Partei übersehen oder für unerheblich gehalten hat oder die das Gericht anders beurteilt als beide Parteien. Aber auch im Rahmen von II ist nicht stets eine allgemeine, umfassende Erörterung in beide Richtungen erforderlich, vielmehr kommt es auch bei II den Einzelfall an, BGH NJW-RR 2017, 535; Zweibr NJW-RR 2017, 338 Rn. 27, 30; → Rn. 29. Dabei ist unabhängig von der Hinweispflicht eine Offenheit des Gerichts bezüglich seiner vorläufigen rechtlichen Wertung häufig für den gesamten Rechtsstreit förderlich. Während nur I die Anträge nennt, fordert II eine Erörterung der wesentlichen tatsächlichen und rechtlichen Gesichtspunkte insgesamt und erfasst damit diese auch. Insgesamt überschneiden sich die Anwendungsbereiche beider Absätze in der Regel, MüKoZPO/Fritsche Rn. 46. Eine genaue Abgrenzung ist grundsätzlich nicht erforderlich, so dass im Zweifel wegen der Überschneidungen beide Absätze zitiert werden können. Die Rspr. zu I ist auch weitgehend bei II bzw. umgekehrt mitverwertbar. Da sich die Hinweispflicht sowohl bei I als auch bei II auf alle Mitglieder des Spruchkörpers bezieht, ist es in beiden Fällen notwendig, dass das Kollegium über ein Vorgehen nach I und /oder II zuvor beraten und abstimmen muss, → Rn. 7.

54 **3. Tatsächlicher oder rechtlicher Gesichtspunkt.** Eine Hinweispflicht besteht dann, wenn es sich um einen rechtlichen oder einen tatsächlichen Gesichtspunkt handelt, den die Parteien erkennbar übersehen oder den sie für unerheblich angesehen haben, → Rn. 51, 64 „Überraschungsentscheidung"; Nebenforderungen iSd § 4 I Hs. 2 sind ausgenommen, → Rn. 58. Der Gesichtspunkt muss entscheidungserheblich sein, → Rn. 57. Ein rechtlicher „Gesichtspunkt" kann zB sein: eine in Betracht kommende gesetzliche Vorschrift, die Anwendbarkeit einer neu in Kraft getretenen Vorschrift, die Anwendbarkeit ausländischen Rechts statt des von den Parteien angenommenen deutschen Rechts, die Wirksamkeit einer Vertragsklausel, die Schadenshöhe, BGH NJW-RR 2017, 535, jede in Rspr. und/oder Lehre vertretene Ansicht, die Anwendung von Gewohnheitsrecht, die Anwendbarkeit einer tatsächlichen oder rechtlichen Vermutung, → Vor § 284 Rn. 34 ff., und die Art der Schadensberechnung, Musielak/Voit/Stadler Rn. 19. Zu dem tatsächlichen „Gesichtspunkt" gehören Tatsachen in Abgrenzung zu Rechtsansichten, zB ein tatsächlicher Vorgang, ein Ereignis, ein Gesprächspunkt, ein äußerer oder innerer Begleitumstand, ein Organisationspunkt, darüber hinaus auch Rechtstatsachen (= jur. Tatsachen) → § 138 Rn. 11; → Vor § 284 Rn. 29 ff., 33, aber auch die Umstände, nach denen ein Tatsachenvortrag möglicher Weise unzulässig oder unbeachtlich ist, → § 138 Rn. 21 ff. (Frage der Substantiierung), → § 138 Rn. 27 ff. (Frage des ausreichenden Bestreitens), → § 138 Rn. 47 f. (Frage des konkludenten Bestreitens und des fiktiven Nichtbestreitens,), → § 138 Rn. 52 ff. (Frage des zulässigen Bestreitens mit Nichtwissen). Die Abgrenzung der rechtlichen zu den tatsächlichen Gesichtspunkten kann fließend sein. **Beispiel:** Ob jemand eine Überholspur benutzt hat, ist eine tatsächliche Frage, wenn es um den Fahrverlauf in Metern geht, jedoch eine Rechtsfrage, wenn es darum geht, ob man den so ermittelten oder unstreitigen Fahrverlauf als Benutzung einer Überholspur werten muss. Klären muss das Gericht evtl. auch, ob die Partei einen Beweisantrag nach §§ 371 ff. gestellt hat und ob sie ihn aufrechthält.

55 **4. Erkennbar übersehen oder für unerheblich gehalten.** Eine Hinweispflicht besteht dann, wenn wenigstens eine Partei, ihr gesetzlicher Vertreter oder ihr ProzBev. den tatsächlichen oder verfahrens- bzw. materiell-

rechtlichen Gesichtspunkt erkennbar übersehen oder für unerheblich gehalten hat, BVerfG NJW 2017, 3218; BGH NJW-RR 2020, 188; 2017, 535; 2010, 1363; 2002, 1436 (erkennbar andere Wertung durch den ProzBev); Hamm NJW 2003, 2543; Köln NJW-RR 2001, 1724. Ein Verschulden der Partei schließt die Hinweispflicht nicht aus, Schneider MDR 1977, 882. Dasselbe gilt natürlich schon nach II 1 und auch nach II 2 erst recht dann, wenn beide Parteien etwas übersehen haben, BGH FamRZ 2006, 1270 = NJW-RR 2006, 1501.

Die **Erkennbarkeit** ist ein Rechtsbegriff. Er ist nachprüfbar. Maßgeblich ist eine möglichst objektive Beurteilung aus der Sicht eines mit dem bisherigen Prozessverlauf vertrauten und gewissenhaften Prozessbeteiligen, BGH NJW-RR 2020, 188. Dabei kommt es auf die Beurteilung des Gerichts und nicht auf die der Parteien an, und zwar ohne Rücksicht auf die Richtigkeit, BGH NJW-RR 1990, 340, 341. Die Partei hat einen tatsächlichen oder rechtlichen Gesichtspunkt auch dann **übersehen,** wenn sie ihn zwar irgendwann selbst genannt hatte, aber jedenfalls jetzt erkennbar nicht mehr an ihn denkt oder ihn jetzt offenbar anders versteht. Entsprechendes gilt für den Begriff „**unerheblich.** Im Zweifel ist ein Hinweis erforderlich, und zwar auch dann, wenn bereits der Prozessgegner Bedenken erhoben, die Partei aber diese Bedenken falsch aufgefasst hat, BGH NJW 2001, 2548. 56

5. Entscheidungserheblichkeit. Eine Hinweispflicht zu den tatsächlichen oder rechtlichen Gesichtspunkten besteht auch bei II nur dann, wenn diese entscheidungserheblich sind, dh wenn das Gericht die nächste Entscheidung auf diese Gesichtspunkte (mit)stützen will. Das bedeutet, dass wie bei I eine Prüfung der Erfolgsaussichten der Klage erforderlich ist, → Rn. 23 ff.; → Vor § 253 Rn. 50 ff.; → Vor § 284 Rn. 4 ff. (Relationsmethode). Das gilt auch bei einem Beweisbeschluss nach §§ 358, 358a, für eine Abgabe oder Verweisung nach § 281 und die Anordnung des Ruhens des Verfahrens nach § 251. Eine Hinweispflicht besteht also keineswegs nur vor einem Endurteil. Eine Absicht der bloßen Mitverwertung genügt. Entscheidungserheblich kann sowohl eine tatsächliche Wertung des Tatsachenvortrages als auch eine prozessuale oder materiell-rechtliche Frage sein, → Rn. 29, 53. Nicht entscheidungserheblich ist eine Frage, die das Gericht nur im Rahmen einer Hilfsbegründung erörtern will. Denn das Gericht geht in einem solchen Fall über den zwingenden Inhalt seiner Entscheidung hinaus. Etwas anderes gilt, soweit das Gericht eine weitere Hauptbegründung gibt. Fragen, die offen bleiben können, sind nicht entscheidungserheblich, → Rn. 23 ff., wie zB die endgültige Klärung des Sachverhaltes bei zulässigem und schlüssigem Haupt- und Hilfsvorbringen, → § 138 Rn. 17. 57

6. Hauptforderung/Nebenforderung. Eine Hinweispflicht besteht nach II 1 nur für die Hauptforderung, nicht aber für Nebenforderungen, etwa Früchte, Nutzungen, Zinsen, Kosten nach § 4 I Hs. 2, BGH NJW-RR 2011, 487 (zur MWSt). Aber auch ein geringfügiger Teil der Hauptforderung bleibt Hauptforderung, da das rechtliche Gehör nicht von der Höhe der Klageforderung abhängig sein kann, Musielak/Voit/Stadler Rn. 20; MüKoZPO/Fritsche Rn. 44; Franzki DRiZ 1977, 164; aM Bauer NJW 1978, 1239; Prütting/Gehrlein/Prütting Rn. 15; Thomas/Putzo/Seiler Rn. 24; Zöller/Greger Rn. 5 (wirtschaftliche Betrachtung). Auf der anderen Seite kommt es auch nicht darauf an, ob mit der Nebenforderung ein erhebliches Kostenrisiko verbunden ist; das ergibt sich aus dem Wortlaut der Vorschrift, aA MüKoZPO/Fritsche Rn. 44; Prütting/Gehrlein/Prütting Rn. 15. 58

7. Art des Hinweises und Gelegenheit zur Äußerung. Da § 139 das Prozessgrundrecht des rechtlichen Gehörs nach Art. 103 I GG konkretisiert, muss das Gericht der Partei gerade bei einem Hinweis nach II immer auch Gelegenheit zur Stellungnahme geben, BGH NJW 1999, 1264; → Rn. 13; → Rn. 29 (zu I). Der Hinweis kann im mündlichen Termin, im Gütetermin oder vorher, so bei der Terminierung oder in einer prozessleitenden Maßnahme (Beschluss oder Verfügung) nach § 273 I erfolgen, → Rn. 65. In welcher Form der Hinweis außerhalb der mündlichen Verhandlung erfolgt, so zB schriftlich in einem Hinweis-, Auflagen- oder Beweisbeschluss, in einem Vergleichsvorschlag, telefonisch, elektronisch, ist unerheblich; erforderlich ist im Hinblick auf die Waffengleichheit nur, dass beide Parteien beteiligt werden und der Hinweis wegen IV 2 aktenkundig gemacht wird, bei mündlichen Hinweisen durch das Protokoll, einen Aktenvermerk oder im Tatbestand des Urteils, BGH BeckRS 2014, 14711 Rn. 14 = WM 2014, 1786; NJW 2006, 60; Bre NJW-RR 2013, 573; → Rn. 13 (Waffengleichheit); → Rn. 51. II gilt auch im schriftlichen Verfahren nach § 128 II oder § 495a S. 1, → Rn. 4. Die Äußerungen der Parteien können schriftlich, evtl. elektronisch, mündlich oder telefonisch geschehen, Franzki DRiZ 1977, 164. Das Gericht muss wegen IV 2 den erteilten Hinweis zumindest kurz im Urteil darlegen, wenn es vorher den Hinweis nicht aktenkundig gemacht hat, weil ansonsten davon auszugehen ist, dass kein Hinweis erfolgt ist, BGH BeckRS 2014, 14711 = WM 2014, 1786. 59

Auch der Hinweis nach II muss so konkret und **unmissverständlich** sein, dass die Parteien Gelegenheit erhalten, sich effektiv zu äußern, BGH WM 2014, 1786 = BeckRS 2014, 14711; → Rn. 30 (zu I). Wenn der Prozessgegner Hinweise in tatsächliche oder rechtlicher Hinsicht erteilt, so zB zur Frage der Substantiierung, entfällt damit grundsätzlich nicht die Hinweispflicht des Gerichts; etwas anderes gilt aber, wenn die andere Partei den Prozessgegner tatsächlich versteht und darauf reagiert, BGH NJW 2001, 2548; vgl. auch BGH NZV 2017, 226. Der Umfang des richterlichen Hinweises hängt von seinem Inhalt und den Auffassungsmöglichkeiten der Parteien ab. Darüber hinaus ergeben sich Grenzen durch die Neutralitätspflicht des Gerichts und den Beibringungsgrundsatz, der für die Parteien gilt, → Rn. 14 (Beibringungsgrundsatz), → Rn. 18 ff. (Neutralitätspflicht). insbesondere → Rn. 19 (Abgrenzung). Nach II braucht sich das Gericht mit der Hinweiserteilung auch nicht schon vor der Beratung rechtlich endgültig festzulegen oder wegen jeder Nuance der rechtlichen Beurteilung nach § 227 zu vertagen. Für die Frage der Wiederholung eines Hinweises gilt dasselbe wie bei I, → Rn. 31. Zum Zeitpunkt der Hinweise → Rn. 65. 60

XI. Hinweispflicht, III. 1. Anwendungsbereich. Die Vorschrift enthält für den Bereich der „von Amts wegen zu berücksichtigenden Punkte" eine zusätzliche Hinweispflicht und ergänzt damit I. Das hängt damit zusammen, dass die Aufgaben des Gerichts in diesem Bereich ohnehin weiter gehen als bei den der Parteiherrschaft unterliegenden Punkten, → Vor § 128 Rn. 20 ff. Zu den von Amts wegen zu berücksichtigen Punkten gehören die Zulässigkeits- und die Rechtsbehelfsvoraussetzungen; Beispiele für die Klage: BGH NJW 2016, 2508 (fehlendes Rechtsverhältnis bei § 256); FamRZ 2014, 553 (Prozessfähigkeit/Bestellung eines Betreuers); BeckRS 2021, 20203 = NJW-RR 2021, 1648; NJW-RR 2011, 115 Rn. 19; → Vor § 253 Rn. 22 „Prozessfähigkeit" (Bedenken gegen Prozessfähigkeit); NJW-RR 1989, 396; MüKoZPO/Fritsche Rn. 49; → Rn. 64 „Feststellungsklage"; → Vor § 253 Rn. 14; **Beispiele** für die Berufung: BGH NJW-RR 1992, 314; NJW 1991, 2081; BAG NZA 2008, 432. Bei den von Amts wegen zu berücksichtigenden Punkte findet keine Amtsermittlung statt, → Vor § 128 Rn. 37 f. (zum Begriff). Vielmehr muss die beweisbelastete Partei, in der Regel der Kläger oder der Rechtsbehelfsführer, die für die Beurteilung notwendigen Tatsachen vortragen, MüKoZPO/Fritsche Rn. 49; 61

Zöller/Greger Rn. 9; → Vor § 128 Rn. 40, 41; → Vor § 253 Rn. 14. Soweit das Gericht sich für den Rechtsstreit maßgebliche Kenntnisse aus seinem Geschäftsbereich beschafft hat, zB durch die Prozessakte oder eine telefonische Auskunft der Geschäftsstelle, muss es den Parteien einen entsprechenden Hinweis erteilen, BGH NJW-RR 2006, 1435.Die Hinweispflicht gilt nicht für die **Prozesshindernisse,** solange der Gegner die betreffende prozessuale Einrede nicht erhoben hat, MüKoZPO/Fritsche Rn. 50; Musielak/Voit/Stadler Rn. 24; → Vor § 253 Rn. 15. Das Gericht darf wegen der Neutralitätspflicht die Geltendmachung der Rüge nicht anregen, → Rn. 64 „Gestaltungserklärung".

62 **2. Begriff der Bedenken.** Die Hinweispflicht betrifft alle tatsächlichen oder rechtlichen Umstände oder Gesichtspunkte, die von Amts wegen zu berücksichtigen sind und die sich aus dem bisherigen Vortrag der Partei nach der Beurteilung des Gerichts in entscheidungserheblicher Weise ergeben können, → Rn. 23, 24; → Vor § 253 Rn. 50 ff. Ein Bedenken liegt schon dann vor, wenn vorläufig zweifelhaft ist, ob der Vortrag der Partei ausreichend und entscheidungserheblich ist. Es muss also noch keineswegs feststehen, dass die Partei tatsächlich oder rechtlich unvollständig oder widersprüchlich vorgeht. Es ist unerheblich, ob der Mangel behebbar ist; allerdings richtet sich der Umfang des Hinweises danach, ob der Mangel behebbar ist; bei einem unbehebbaren Mangel reicht das Aufzeigen des Mangels aus, zB die Unzulässigkeit des Rechtsmittels, während bei einem behebbaren Mangel unter dem Gesichtspunkt der Fürsorge zusätzlich das Aufzeigen der Möglichkeiten zur Abhilfe bestehen kann, BGH NJW-RR 2011, 284, 285) 2011, 115, 116; MüKoZPO/Fritsche Rn. 51; Prütting/Gehrlein/Prütting Rn. 17; → Rn. 8 ff. (Fürsorgepflicht). Da III ein Unterfall von I ist, kann wegen der Einzelheiten auf → Rn. 21 ff. (I), → Rn. 8 ff. (Fürsorgepflicht), → Rn. 18 ff. (Neutralitätspflicht) verwiesen werden.

63 Das Gericht, dh der gesamte Spruchkörper, muss auf seine Bedenken zur Zulässigkeit konkret und unmissverständlich hinweisen, → Rn. 30, und der betreffenden Partei Gelegenheit geben, behebbare Mängel zu beseitigen; dabei sind im Rahmen der Neutralitätspflicht auch Möglichkeiten zur Abhilfe aufzuzeigen, wenn der Mangel behebbar ist, → Rn. 62. Zum Zeitpunkt der Hinweiserteilung und eventueller Konsequenzen bei einem Verstoß → Rn. 65 ff., 69.

XII. Beispiele zu den Pflichten des Gerichts, I–III

64 **Abänderungsklage:** Hält das Gericht bei einer solchen Klage nach § 323 den abzuändernden Titel mangels Bestimmtheit für nicht vollstreckungsfähig, kann es auf den Übergang zu einer Vollstreckungsabwehrklage nach § 767 hinweisen, BGH NJW 2006, 695; → § 323 Rn. 7, 8.

Abtretung: → „Aktivlegitimation".

Aktenbeiziehung: Will das Gericht die in den Akten protokollierten Angaben eines Zeugen im Wege des Urkundenbeweises verwerten, reicht der allgemeine Hinweis auf die „Beiziehung der Akten, die Gegenstand der mündlichen Verhandlung waren", nicht aus; vielmehr muss es die Parteien auch konkret über die Verwertungsabsicht unterrichten, BGH VersR 2017, 1230.

Aktivlegitimation: Bei der Frage der Aktivlegitimation handelt es sich um eine Rechtsfrage, so dass es auf die Wertung des Gerichts ankommt, auch wenn der Bekl. diese nicht bestritten hat, → Rn. 15; → Vor § 128 Rn. 36 f. (Würdigungsfreiheit des Gerichts). Bei Zweifeln an der Sachbefugnis des Klägers darf das Gericht zwar keine Gestaltung, wie zB eine Abtretung nach § 398 BGB an den Kläger, anregen, → „Gestaltungserklärung". Jedoch kann es auf seine Bedenken zur Sachbefugnis hinweisen und ergänzenden Vortrag des Klägers fordern, Hamm NJW-RR 1995, 579 (Übergang auf Sozialhilfeträger). Das gilt erst Recht nach einer erstinstanzlichen Bejahung bei einem zweitinstanzlichen Zweifel, BGH MDR 2002, 1139 = NJW-RR 2002, 1436. Ist eine Änderung der Sachbefugnis während der Rechtshängigkeit erfolgt, kann eine Umstellung des Klageantrages erforderlich werden; dann muss das Gericht auf den sachdienlichen Antrag hinweisen, → § 265 Rn. 17; → „Klageänderung".

von Amts wegen: Besonders geregelte Hinweispflicht bei Zulässsigkeits- und Rechtsbehelfsvoraussetzungen in III, → Rn. 61.

Anfechtung: → „Einreden"; → „Gestaltungserklärungen"; → „Verjährung".

Anscheinsbeweis: Das Gericht muss nach II darauf hinweisen, wenn ein Anscheinsbeweis in Betracht kommt und entscheidungserheblich ist, wenn die Parteien dies erkennbar übersehen haben, → Rn. 54–57; → Vor § 284 Rn. 39 f. (zum Anscheinsbeweis).

Anschlussrechtsmittel: Das Gericht darf nicht auf eine solche Möglichkeit hinweisen wegen der bestehenden Neutralitätspflicht, Ros NJW-RR 2002, 576 (Anschlussberufung); → Rn. 18 ff.

Anspruchsgrundlage: Das Gericht muss auf sie hinweisen, soweit sich diese aus dem Tatsachenvortrag der Parteien ergeben kann und die Parteien diese übersehen haben; ist hingegen nicht derselbe Streitgegenstand betroffen, → § 253 Rn. 26, kann ein Verstoß gegen die Neutralitätspflicht bei einem Hinweis denkbar sein, da der Prozessgegner bei Entscheidungsreife einen Anspruch auf das für ihn günstige Urteil hat, Mü VersR 1991, 103; → Rn. 18 ff.

Antragsänderung:. Im Rahmen der Pflicht zur Hinwirkung auf „sachdienliche Anträge" nach I 1 kann auch ein Hinwirken auf eine Antragsänderung notwendig sein; allerdings ist dies nur möglich, wenn sich das Gericht im Rahmen des Prozessbegehrens hält und die Neutralitätspflicht beachtet, BGH FamRZ 2017, 465 = NZV 2017, 226; → Rn. 41; → Rn. 18 ff. (Neutralitätspflicht); → „Klageänderung".

Zulässig sind zB folgende Hinweise auf ungenügende Bestimmtheit: eines Feststellungsantrages, eines Unterlassungsantrages, oder eines Beseitigungsantrages, BGH NZV 2017, 226 = FamRZ 2017, 465; NJW-RR 2010, 70, auf eine Klage nach § 767 statt einer Abänderungsklage nach § 323, BGH NJW 2006, 695; → „Abänderungsklage"; auf Duldung der Zwangsvollstreckung statt Zahlung, Musielak/Voit/Stadler Rn. 12; auf Bezifferungspflicht bezüglich des Zinsantrages BGH BeckRS 2004, 05427; auf Auseinandersetzung statt Zahlung des halben Gesellschaftsvermögens, BGHZ 8, 249; auf das Erfordernis einer ausdrücklichen Aufrechnungserklärung und die Wirkung der Geltendmachung eines Zurückbehaltungsrechtes bezüglich des Klageabweisungsantrages, BVerfG NJW-RR 1993, 764.

Antragsmehrheit: Es kann erforderlich sein, eine Klärung des Verhältnisses mehrerer Anträge zueinander herbeizuführen (*kumulativ, alternativ,* eventualiter), BGH MDR 2012, 1301 = NJW-RR 2012, 1506; → Rn. 41; → § 260 Rn. 9 ff.; → § 255 Rn. 10 (je Haupt- und Hilfsantrag).

Antragsrücknahme: Ein Verstoß gegen die Neutralitätspflicht, → Rn. 18, liegt nicht vor, wenn das Gericht je nach Einzelfall darauf aufmerksam macht, dass bei einer Klagerücknahme nach § 269 keine Gefahr des Verlusts des materiell-rechtlichen Anspruchs bestehe, während bei einer Abweisung der Klage wegen § 322 mit der Aberkennung des Anspruchs zu rechnen sei, vgl.→ § 269 Rn. 33 ff. (Wirkung der Rücknahme). **(64)**

Anwaltliche Vertretung: Eine anwaltliche Vertretung einer oder gar beider Parteien ändert grundsätzlich nichts an der Hinweispflicht des Gerichts nach § 139, und zwar unabhängig davon, ob es sich um einen Partei- oder einen Anwaltsprozess handelt, zum Meinungsstand und den Argumenten für diese Meinung: → Rn. 5, 6 „Anwaltsvertretung".
- **(Anwaltszwang):** Keine Hinweispflicht des AG besteht in Bezug auf den zweitinstanzlichen Anwaltszwang, BGH FamRZ 2005, 2062 = NJW-RR 2005, 1726.
- **(Rechtsgespräch):** Ein solches Gespräch zwischen dem Gericht und gerade der anwaltlich vertretenen Partei ist oft das wirksamste Mittel, Missverständnisse auszuräumen und Überraschungsentscheidungen zu vermeiden, → Rn. 51 ff. Zwingend ist ein solches Gespräch grundsätzlich nur, wenn eine Überraschungsentscheidung dadurch vermieden werden kann und der Grundsatz des rechtlichen Gehörs dies gebietet, BVerfG NJW 2017, 3218; BGH BeckRS 2021, 6259 Rn. 16; NZG 2020, 317; → Rn. 51 ff.; → „Rechtsgespräch".
- **(Umfang der Hinweispflicht):** Bei anwaltlicher Vertretung kann der Umfang der zu erteilenden Hinweise geringer sein als bei einer Naturalpartei; zB muss bei einen Anwalt der Normtext nicht angegeben werden, BGH NJW-RR 1990, 1241; Nober/Ghassemi-Tabar NJW 2017, 3265; → Rn. 5, 6 „Anwaltsvertretung"; nimmt ein Gericht in einem Parallelverfahren zu Rechtsfragen in einer Pressemitteilung Stellung, kann es grundsätzlich davon ausgehen, dass ein gewissenhafter und auf dem betreffenden Gebiet kundiger RA davon Kenntnis nimmt und deshalb ein Hinweis nicht erforderlich ist, BAG NZA 2020, 895;
- (**Zeuge N. N.**): Es besteht keine Hinweispflicht, → Rn. 38.

Anwaltsprozess: → „Anwaltliche Vertretung".

Architekt: Geht das Gericht bei Anwendung der HOAI von einer unwirksamen Pauschalvereinbarung aus, muss es darauf hinweisen, dass die Möglichkeit einer Abrechnung auf der Grundlage von Honorarmindestsätzen möglich ist, Stgt NJW-RR 2018, 853 Rn. 49.

Arrest, einstweilige Verfügung: → Rn. 6 „Einstweiliger Rechtsschutz".

Aufrechnung: Da die Aufrechnung ein Gestaltungsrecht ist, darf das Gericht eine Partei nicht zur Aufrechnungserklärung auffordern; ein Hinweis kann aber bei Geltendmachung der Aufrechnung erforderlich sein, wenn der Aufrechnende nicht hinreichend zu den Aufrechnungsvoraussetzungen vorgetragen hat, Hamm NJW-RR 1999, 364; MüKoZPO/Fritsche Rn. 37; → „Einreden"; → „Gestaltungserklärung"; → „Verjährung". In Ausnahmefällen kommt aber, abgesehen von einer Auslegung, ein Hinweis in Betracht, so wenn sich die Partei in zweiter Instanz auf ein Zurückbehaltungsrecht beruft, nachdem der Gegner in der ersten Instanz zur Unzulässigkeit der Aufrechnung vorgetragen hat, das erkennbare Ziel der Partei aber nur durch eine Aufrechnung zu erreichen ist, BVerfG NJW-RR 1993, 764.

Ausländisches Recht: Das Gericht kann nach § 293 verpflichtet sein, den Parteien einen Hinweis darauf zu geben, dass ausländisches Recht in Betracht kommt und welchen Inhalt es hat; dasselbe kann sich umgekehrt aus § 139 ergeben, BGH NJW 2013, 2662, Rn. 50 NJW 1976, 474; Thomas/Putzo/Seiler Rn. 23. Das gilt insbesondere auch dann, wenn der erstinstanzliche Richter einen solchen Hinweis unterlassen hat, BGH NJW 1976, 474. Eine Aufforderung zum Nachweis des ausländischen Rechts nach § 293 fällt nicht unter § 139.

Auslegung des Klageantrages: Hält das Gericht nach der von ihm vorgenommenen Auslegung des Klageantrages (Feststellung) die Klage für nicht begründet, muss es einen Hinweis erteilen und den Parteien die Möglichkeit zur Stellungnahme und Reaktion geben, BGH NJW- RR 2010, 1363.

Beibringungsgrundsatz: Bei der Frage, ob ein Hinweis zu erteilen ist, muss das Gericht die zivilprozessualen Grundsätze, insbesondere auch den Beibringungsgrundsatz beachten, wenn nicht der Ermittlungsgrundsatz, etwa nach § 26 FamFG, gilt, → Rn. 14. Das Gericht ermittelt grundsätzlich nicht von Amts wegen, vielmehr müssen die Parteien den Tatsachenstoff beibringen. Das gilt auch für die von Amts wegen zu beachtenden Zulässigkeitsvoraussetzungen, → Rn. 61 ff. Der Richter, der diese Gesichtspunkte missachtet, verstößt gegen seine Pflicht zur Unparteilichkeit, näher:→ Rn. 18 ff.

Berichtigung: Das Gericht muss die Hinweise so rechtzeitig erteilen, dass die Partei behebbare Mängel berichtigen kann, → Rn. 65. Dabei müssen die Hinweise unmissverständlich sein und dürfen sich nicht auf allgemeine Floskeln beschränken, BGH BeckRS 2020, 3411; Hamm MDR 1977, 940; → Rn. 30. Das Gericht muss auch einen Widerspruch zwischen mehreren Schriftsätzen oder zwischen dem Schriftsatz der Partei und dem mündlichen Vortrag bzw. einer vorgelegten Urkunde klären.

Berufung: Unter dem Gesichtspunkt des rechtlichen Gehörs sind ein Hinweis und die Gelegenheit zur Äußerung immer dann erforderlich, wenn ansonsten eine Überraschungsentscheidung ergehen würde, so bei einer in der zweiten Instanz von der ersten Instanz abweichenden Beweiswürdigung oder einer anderen tatsächlichen oder rechtlichen Wertung; eine erhöhte Hinweispflicht besteht gegenüber dem Berufungsbeklagten, weil dieser ohne richterlichen Hinweis von der Richtigkeit des erstinstanzlichen Urteils ausgehen kann und für ihn dann nur die Notwendigkeit besteht, sich zusätzlich gegen neue Angriffsmittel zu verteidigen, → Rn. 29, 59; → Vor § 128 Rn. 53 „Berufung" (im Einzelnen).
- **(Anschlussberufung):** → „Anschlussrechtsmittel".
- **(Berufungs- und -begründungsfrist):** Bestehen Bedenken, muss nach III unabhängig von der Behebbarkeit ein Hinweis erfolgen, → Rn. 61 ff. Reicht dem Berufungsgericht die anwaltliche und eidesstattliche Versicherung des Prozessbevollmächtigten zum vollen Beweis für die fristgemäße Einreichung der Berufung bzw. der Berufungsbegründung nicht aus, ist ein konkreter Hinweis erforderlich; allein der Hinweis auf die Entscheidung im Freibeweis reicht nicht, BGH BeckRS 2020, 3411. Scheitert die Übermittlung eines fristwahrenden Schriftsatzes aus von dem ProzBev nicht zu vertretenen Gründen und hält das mit dem Wiedereinsetzungsgesuch befasste Gericht einen anderen Übermittlungsweg für zumutbar, womit der ProzBev nicht rechnen brauchte, muss das Gericht hierauf vor der Entscheidung hinweisen und Gelegenheit zur Stellungnahme zur Zumutbarkeitsfrage geben, BGH BeckRS 2022, 7564.
- **(Wiederholung des Vortrags aus der ersten Instanz):** Im ersten Rechtszug nicht zurückgewiesenes Vorbringen wird im Zweifel auch ohne ausdrücklichen Vortrag Prozessstoff in der zweiten Instanz; das gilt auch für die nicht erledigten Beweisangebote, BGH BeckRS 2020, 11007 = NJW-RR 2020, 822; NJW-

(64) RR 2020, 1454; → Vor § 128 Rn. 53 „Berufung". Es besteht aber keine nochmalige Aufklärungspflicht des höheren Gerichts über einen Punkt, auf den schon das Erstgericht ersichtlich hingewiesen hat, → Rn. 31.

Beschränkte Erbenhaftung: Das Gericht darf wegen der Neutralitätspflicht, → Rn. 18 ff., auf den Vorbehalt nach § 780 nicht hinweisen, Düss MDR 2004, 469 Rn. 9; = BeckRS 2003, 30331088; → „Einreden".

Bestreiten: Wenn das Gericht das einfache Bestreiten nicht für ausreichend hält, ist grundsätzlich ein Hinweis zu erteilen; etwas anderes gilt, wenn deutlich ist, dass die Partei zu diesem Punkt nicht mehr vortragen will, → § 138 Rn. 29 ff. (qualifiziertes Bestreiten).

Beweisaufnahme:

– **(Angebot):** Das Gericht darf grundsätzlich ein bestimmtes Beweismittel wegen des Beibringungsgrundsatzes und der Neutralitätspflicht nicht anregen, BVerfG NJW 2000, 945; BGH NJW-RR 2009, 244; Henke JZ 2005, 1035; → Rn. 18 ff.; → Rn. 36; auch → „Glaubhaftmachung". Das Gericht darf nicht zugunsten der einen Partei mit Hinweisen auf Beweismöglichkeiten die prozessuale Stellung der Gegenpartei schwächen. Hinweise zur Beweisbedürftigkeit, zur Beweislast und zu Mängeln des Beweisangebotes sind aber grundsätzlich zulässig, → Rn. 36. Es kann notwendig sein, den Beweisführer zur Präzisierung, Klarstellung oder Ergänzung im Hinblick auf sein Beweisangebot zu veranlassen. Das gilt auch bei einer anwaltlich vertretenen Partei, → „Anwaltliche Vertretung". Bestehen Zweifel, ob die Partei ihr Beweisangebot zu Tatsachen, die die erste Instanz für nicht entscheidungserheblich gehalten hat, in der zweiten Instanz aufrechterhalten will, muss das Berufungsgericht dies durch einen Hinweis klären, BVerfG NJW-RR 1995, 828; NJW 1982, 1637. Allerdings ist grundsätzlich davon auszugehen, dass der Vortrag erster Instanz einschließlich der Beweisangebote auch ohne Wiederholung in der zweiten Instanz Prozessstoff ist, → „Berufung (Wiederholung)". Will das Gericht ein Beweisangebot wegen Verspätung zurückweisen, ist ein Hinweis erforderlich, BVerfG NJW 2000, 945,,946; BGH NJW-RR 2009, 244. Bei einem inhaltsleeren Beweisangebot, zB Zeugenbeweis NN, ist ein Hinweis nicht erforderlich, Mayer NJW 1983, 858; → Rn. 38.

– **(Beweisbeschluss):** II gilt bei beabsichtigten Abweichen vom bisher erlassenen Beweisbeschluss nach §§ 358, 358a, Bambg NJW-RR 1998, 1608; Köln NJW-RR 1987, 505.

– **(Beweislast):** Bei Verkennung der Beweislast greift II ein, BGH; NJW 1982, 581, → Rn. 36; → § 138 Rn. 25 (zur Darlegungs- und Beweislast).

– **(Nach Beweisaufnahme):** Das Gericht braucht nach dem Schluss der Beweisaufnahme nicht zu einem weiteren oder neuen Beweisantritt oder Gegenbeweisantritt aufzufordern, → Rn. 36. Nicht erforderlich ist auch, dass das Gericht neben der Möglichkeit für die Parteien zur Erörterung des Sach- und Streitstandes einschließlich der Beweisaufnahme nach §§ 279 III, 285 I, 370 I seine vorläufige Beweiswürdigung bekannt gibt, BGH NJW 2016, 3100 Rn. 29 ff.; Schulz/Sticken MDR 2005, 5 = BeckRS 2005, 070387; → § 279 Rn. 18. Die Beweiswürdigung nach § 286 gehört zwingend erst in die Schlussberatung. und das Ergebnis muss den Parteien nicht vorher mitgeteilt werden, → „Beweiswürdigung".

– **(Urkunde):** Der Richter muss den Beweisführer zur Vorlage einer von ihm benannten Urkunde nach § 420 auffordern,→ Rn. 36.

Beweiswürdigung: Das Gericht muss seine beabsichtigte Beweiswürdigung nach § 286 grundsätzlich nicht nach § 139 mit den Parteien erörtern, BGH NJW 2016, 3100 Rn. 29 ff.; → „Beweisaufnahme (Nach Beweisaufnahme)"; → § 279 Rn. 18. Das gilt selbst dann, wenn ein Rechtsgespräch erforderlich war, → „Rechtsgespräch". Es ist ein Unterschied, ob das Gericht einen von der Partei erkennbar übersehenen rechtlichen Gesichtspunkt mit ihr erörtert oder weitergehend auch seine eigene vorläufige Gesamtbeurteilung oder Einzelbeurteilung mitteilt. Das Gericht braucht einer Partei grundsätzlich auch keine Beweiswürdigung in einer Nachfrist nach § 283 aufzugeben; geschieht dies aber und übergeht das Gericht den Parteivortrag in einem zum Zwecke der Beweiswürdigung nachgelassenen Schriftsatz, liegt eine Verletzung des rechtlichen Gehörs vor, BGH NJW 2019, 2477 (Arzthaftungssache); 1991, 1547. Ein Hinweis ist erforderlich, wenn das Gericht Vernehmungsprotokolle aus einer beigezogenen Akte als Urkundenbeweis verwerten will, BGH NJW-RR 2016, 957. Dasselbe gilt, wenn sich das Gericht selbst für sachkundig und deshalb die Einholung eines Sachverständigengutachtens nicht für erforderlich hält, oder wenn es ein Gutachten anders als die Vorinstanzen werten will, BGH BeckRS 2019, 13440 Rn. 9 = NJW 2019, 2607; BeckRS 2018, 7093 Rn. 16 = NJW 2018, 2730; MüKoZPO/Fritsche Rn. 28; → „Gerichtskundige Tatsache". Zur Abweichung der Beweiswürdigung der Vorinstanz → Vor § 128 Rn. 53 „Berufung".

Bezugnahme: Es kann ein Hinweis darauf notwendig sein, dass eine allgemeine Bezugnahme auf Akten oder mehrseitige Unterlagen nicht zulässig ist oder dass unklar ist, was mit der Bezugnahme vorgetragen werden soll, BGH NJW 2019, 1950 (Anträge); BeckRS 2018, 33393 (umfangreiches Anlagekonvolut) = NJW 2019, 1082; → „Rechtsgespräch (Bezugnahme)".

Einreden im Sinne der ZPO: Darunter sind alle Tatsachen zu verstehen, die den Tatbestand einer materiellen Einwendungs- oder Einredenorm ausfüllen, wie rechtshindernde (zB §§ 104, 117, 125, 138 BGB) und rechtsvernichtende Einwendungen (zB § 142 BGB) sowie Einreden im Sinne des materiellen Rechts (zB § 214 I BGB); in allen Fällen trägt grundsätzlich der Bekl. die Darlegungslast, → § 138 Rn. 25; → Vor § 253 Rn. 61 ff.; der Unterschied zwischen Einwendungen und Einreden im materiellen Sinn besteht darin, dass die Wirkungen der Einreden iSd materiellen Rechts nur eintreten, wenn der Beklagte die Einrede erhebt, Anders/Gehle Assessorexamen ZivilR A Rn. 66, 97. Soweit die Einrede iSd ZPO eine **Gestaltungserklärung** erfordert (zB Aufrechnungserklärung nach § 388 BGB, Anfechtungserklärung nach § 143 BGB, Kündigung, Rücktritt nach § 349 BGB, Verjährungseinrede, § 214 BGB, Einrede der Schiedsgerichtsvereinbarung nach § 1032 I), darf der Richter wegen seiner Neutralitätspflicht eine solche Erklärung nicht anregen, da er ansonsten zugunsten des Bekl. auf die Gestaltung des Sachverhalts Einfluss nehmen würde, BGH NJW 2004, 164 (Verjährung); MüKoZPO/Fritsche Rn. 37; Musielak/Voit/Stadler Rn. 9, 24 (Rüge bei Zulässigkeitsvoraussetzungen); → Rn. 18 ff. (Neutralitätspflicht); → „Gestaltungserklärung"; „Verjährung" (mit Rspr.-Nachweisen zur Verjährungseinrede); näher: → Vor § 253 Rn. 60 ff. Ist die Gestal*tungserklärung abgegeben worden*, das ist uU durch Auslegung zu ermitteln, kann ein Hinweis nach § 139 zur Einrede iSd ZPO auch in diesen Fällen erforderlich sein, und zwar zu Rechtsfragen nach II oder nach I dann, wenn der Vortrag ergänzungsbedürftig ist, weil Lücken oder Widersprüchlichkeiten vorhanden sind, → „Verjährung".

Entscheidungserheblichkeit: Zum Prüfungsumfang → Rn. 23 ff.; → Vor § 253 Rn. 50 ff.; → Vor § 284 Rn. 4 ff. (jeweils zur Relationsmethode). Das Gericht muss klarstellen, welchen Punkt es für entscheidungserheblich und aufklärungsbedürftig hält, Düss BauR 2013, 124; → Rn. 57. (64)

Erfolgsaussicht: Das Gericht hat grds. keine Pflicht zu einer verbindlichen oder umfassenden Mitteilung, wie es die Aussichten des jeweiligen Vorbringens beurteilt und die Beweise voraussichtlich würdigen will; der Umfang des Hinweises hängt von der Frage des rechtlichen Gehörs ab, → „Beweiswürdigung"; → „Rechtsgespräch"; → Vor § 128 Rn. 42 ff. (allg. zum rechtlichen Gehör).

Erklärungsfrist: Wenn eine Partei auch unter Beachtung des § 138 eine angemessene Zeit zur Beantwortung einer Frage braucht, wenn man ihr also eine sofortige Antwort nicht zumuten kann, muss das Gericht in der mündlichen Verhandlung entweder nach § 227 vertagen, die Sitzung unterbrechen, der Partei eine angemessene Erklärungsfrist nach § 283 gewähren oder die mündliche Verhandlung wieder eröffnen; Art. 103 I GG verpflichtet nicht zu einer förmlichen Fristsetzung, BGH NJW-RR 2020, 574 Rn. 9; 2020, 284 Rn. 14; 2011, 877; NJW 2018, 2202 Rn. 8; 2002, MüKoZPO/Fritsche Rn. 56; Thomas/Putzo/Seiler Rn. 33; → Rn. 37 (Frist bei Beweismitteln); → Rn. 68 (allgemein zu V).

Erledigung der Hauptsache: Das Gericht muss bei einer Erledigungserklärung durch den Kläger bei Unklarheiten klären, ob der Bekl. sich anschließt; dann entfällt die Rechtshängigkeit und es ist lediglich noch über die Kosten nach § 91a zu entscheiden; das ergibt sich für eine schriftsätzliche Erledigungserklärung des Klägers schon aus § 91a I 2 aE (Belehrungspflicht), gilt aber auch für die Erklärung in der mündlichen Verhandlung, da das Gericht von Amts wegen feststellen muss, ob Rechtshängigkeit noch besteht oder infolge der beidseitigen Erledigungserklärung weggefallen ist, so auch BGH NJW 2009, 1973 (zur Frage der ordnungsgemäßen Belehrung). Schließt sich der Bekl. der Erledigungserklärung des Klägers nicht an, liegt in der einseitigen Erledigungserklärung des Klägers konkludent der Sachantrag auf Feststellung, dass der Rechtsstreit in der Hauptsache erledigt ist, dh dass die Klage nach ihrer Zustellung zulässig und begründet war und dann durch ein Ereignis unzulässig und unbegründet geworden ist, BGH NJW 2019, 2544 (zu § 281);Anders/Gehle Assessorexamen ZivilR P Rn. 34; → § 269 Rn. 10, 44; → § 281 Rn. 13 f. Ein Hinweis, dass der Antrag bei der einseitigen Erledigungserklärung auf die „Feststellung der Erledigung der Klage in der Hauptsache" umzustellen ist, ist nicht zwingend, weil die Frage durch eine Auslegung geklärt werden kann, aber auch nicht schädlich. Musielak/Voit/Stadler Rn. 12, und Thomas/Putzo/Seiler Rn. 10 f., empfehlen wohl einen Hinweis.

Ersatzzustellung: Der Vorsitzende muss nach III auch auf Bedenken wegen der möglichen Unwirksamkeit oder Unzulässigkeit einer Ersatzzustellung nach §§ 178 ff. hinweisen, BGH NJW 1976, 149.

Feststellungsklage: Das Gericht muss nach III auf das Fehlen des Feststellungsinteresses oder die fehlende Bestimmtheit des Antrages hinweisen, BGH NJW 2016, 2508; NJW-RR 2010, 70; → § 256 Rn. 11. Eine Antragsänderung nach §§ 263, 264 ist ausnahmsweise unter dem Gesichtspunkt eines sachdienlichen Antrages anzuregen, wenn statt eines Leistungsantrags bei wesentlich identischem Sachverhalt ein Feststellungsantrag nach § 256 notwendig wäre, BGH NJW 1981, 870 (Feststellung des Versicherungsschutzes statt Haftungsfreistellung des Versicherungsnehmers); Nober/Ghassemi-Tabar NJW 2017, 3265; → § 256 Rn. 41 ff. (grundsätzlicher Vorrang der Leistungsklage vor der positiven Feststellungsklage).

Fragepflicht: → Rn. 11.

Freistellungsantrag: Kommt bei gleichbleibendem Sachverhalt statt einer Freistellung eine Zahlungsklage in Betracht, kann grundsätzlich ein Hinweis erfolgen, ohne dass die Neutralitätspflicht verletzt wird, BGH NJW 2013, 1149 (Anspruch auf Nutzungsausfallentschädigung, wenn kein Anspruch auf Ersatz von Mietwagenkosten besteht).

Frist: Eine Fristsetzung im Zusammenhang mit einem Hinweis nach § 139 ist nicht zwingend, → „Erklärungsfrist"; → Rn. 37 (§ 356), → Rn. 68. Eine Frage des Gerichts ohne eine Frist verpflichtet aber grundsätzlich zu einer Antwort innerhalb einer Zeit, die einer objektiv ordnungsgemäßen Prozessführung entspricht, BGH NJW 2007, 1887. Wird eine Frist gesetzt, muss sie ausreichend sein, KG MDR 2005, 1071. Das Gericht darf nicht vor ihrem Ablauf entscheiden, BVerwG NJW 1992, 327; → Vor § 128 Rn. 42.

Fürsorgepflicht: → Rn. 8 ff.

Gegnerischer Hinweis: Nur in Ausnahmefällen wird dadurch ein Hinweis des Gerichts überflüssig, weil es auf die Wertung des Gerichts und nicht des Gegners ankommt; eine Ausnahme wird gemacht, wenn die Partei den Vortrag verstanden und darauf reagiert hat, → Rn. 31. Dagegen ist ein Hinweis in jedem Fall erforderlich, wenn Anhaltspunkte bestehen, dass die Partei die Bedenken des Gegners nicht richtig aufgenommen hat, BGH NJW 2012, 3035; 2001, 2548.

Gerichtskundige Tatsachen: Will das Gericht eine streitige, entscheidungserhebliche Tatsache als gerichtskundig bewerten, muss es wegen des Gebots des rechtlichen Gehörs vorher einen Hinweis erteilen, um der Partei Gelegenheit zum Gegenbeweis zu geben, BVerfG NJW 2021, 50; BGH BeckRS 2019, 13440 Rn. 9 = NJW 2019, 2607; → „Beweiswürdigung"; → Vor § 128 Rn. 53 (Stichwort dort).

Gerichtsstand: → „Zuständigkeit".

Gesellschaft: Es kann ein Hinweis dahin notwendig sein, dass der Kläger eine Auseinandersetzung statt der begehrten Leistung bezüglich eines bestimmten Anteils an der Gesellschaft fordern kann, → Rn. 40 f.

Gesetzesänderung: Es kann ein Hinweis auf sie notwendig sein, wenn die Parteien oder ihre ProzBev. diese erkennbar nicht vor Augen haben, BGH AnwBl 2013, 74 = NJW 2012, 3035.

Gestaltungserklärungen: Setzt eine Einrede iSd ZPO (Einwendung und Einrede im materiellen Sinn) eine Gestaltungserklärung einer Partei voraus oder kann eine Zulässigkeitsvoraussetzung nur bei Rüge beachtet werden (zB §§ 113 S. 3, 269 VI, 1032 I), kann das Gericht wegen seiner Neutralitätspflicht nicht die Abgabe einer solchen Erklärung anregen; ist die Erklärung aber abgeben worden, gelten die allgemeinen Hinweisregeln, → „Aufrechnung"; → „Einreden"; → „Verjährung".

Glaubhaftmachung: Die Partei muss sich zumindest auch selbst nach Kräften um eine solche nach § 294 bemühen, BPatG GRUR 2000, 900. Das Gericht soll aber in der Regel auf eine ungenügende Glaubhaftmachung nach § 294 hinweisen. Reicht dem Berufungsgericht im Wiedereinsetzungsverfahren die eidesstattliche Versicherung nicht aus, muss es den Rechtsmittelführer darauf hinweisen und ihm Gelegenheit zur Stellungnahme geben, BGH NZFam 2021, 232 = BeckRS 2020, 39914; → Vor § 128 Rn. 53 „Berufung".

Gleichberechtigung: → Vor § 128 Rn. 45; → „Waffengleichheit".

(64) **Herrschende Meinung:** Ob man die beabsichtigte Abweichung erörtern muss, hängt von den Umständen ab. Immerhin zwingt II 2 fast stets zur Erörterung, soweit das Gericht von der Ansicht beider Parteien abweichen will, → Rn. 53 f.; → „Rechtsgespräch"; → Vor § 128 Rn. 53 „Berufung".

HOAI-Abrechnung: → „Architekt".

Klageänderung: Das Gericht muss sich wegen der Neutralitätspflicht, → Rn. 18 ff., und wegen des Beibringungsgrundsatzes, → Rn. 14, mit Hinweisen und Anregungen in Richtung auf eine Klageänderung nach §§ 263, 264 zurückhalten. Das Gericht darf insbesondere einer Partei nicht anheimgeben, neue Klagegründe vorzutragen oder einen neuen Antrag zu stellen, der vom bisherigen Klageziel abweicht und nicht schon im Kern angelegt ist, Naumb NJW-RR 2015, 1050 Rn. 54. Eine unzulässige Beeinflussung des Prozesses kann in der Regel angenommen werden, wenn die Klageänderung nicht sachdienlich iSd § 263 wäre, MüKoZPO/Fritsche Rn. 24. Innerhalb der vorgenannten Grenzen sind Hinweise möglich, um sachdienliche Anträge zu bewirken oder den Prozessstoff zu vervollständigen, MüKoZPO/Fritsche Rn. 22 ff.; → Rn. 40 f.; → „Anspruchsgrundlagen"; → „Antragsänderung"; → „Aktivlegitimation". Auch der Hinweis auf die Erstreckung des Rechtsstreits auf einen Dritten ist nur zulässig, wenn dies bereits im bisherigen Prozessstoff angelegt ist, Brdb NJW-RR 2009, 1224; MüKoZPO/Fritsche Rn. 22.

Klageerweiterung: Grundsätzlich verstößt ein Hinweis darauf die Neutralitätspflicht, → Rn. 18; → „Antragsänderung"; „Klageänderung".

Kündigung: Hängt die Rechtsposition einer Partei von der Abgabe der Kündigungserklärung ab, kann das Gericht die Abgabe dieser Erklärung grundsätzlich nicht anregen, → „Einreden"; → „Gestaltungserklärungen".

Mehrdeutigkeit: Eine solche bei einem Antrag oder bei dem Tatsachenvortrag gibt immer einen Anlass zu einer gerichtlichen Aufforderung, den Vortrag oder die Anträge bzw. ihre Reihenfolge klarzustellen, BGH BB 2002, 804; → Rn. 40 f.

Mehrheit von Anträgen: → § 260 Rn. 6 ff.; → „Antragsmehrheit".

Missverständnis: Ein Hinweis muss unmissverständlich sein, BAG NZA 2008, 1206; → Rn. 30. Ein Missverständnis der Partei kann einen nochmaligen Hinweis notwendig machen, BGH FPR 2009, 184.

Neutralitätspflicht: → Rn. 18 ff. → „Unparteilichkeit".

NN: Die Bezeichnung „NN" (nihil nomen = kein Name) im Zusammenhang mit einem Zeugenangebot ist offenkundig (bewusst) unvollständig, so dass ein Hinweis nicht erforderlich ist, → Rn. 38. Allerdings kann eine Fristsetzung zweckmäßig sein, wenn das Gericht zu anderen Punkten ohnehin einen Beweisbeschluss erlässt *(„Dem … wird aufgegeben, bis zum den Beweisantrag … ordnungsgemäß zu ergänzen (Name und ladungsfähige Anschrift))"*, → Rn. 38

Obligatorische Streitbeilegung: Ist ein solches Verfahren nach § 15a I 1, V EGZPO durch Landesrecht vorgeschrieben, handelt es sich um eine besondere Zulässigkeitsvoraussetzung, die von Amts wegen zu beachten ist, und bei deren Fehler zum Zeitpunkt der Rechtshängigkeit ein Prozessurteil nach einem Hinweis zu erlassen ist, BGH NJW-RR 2018, 394; Thomas/Putzo/Hüßtege EGZPO § 15a Rn. 2; → Vor § 253 Rn. 22. Deshalb besteht eine Hinweispflicht nach III, bevor die Klage als unzulässig abgewiesen wird, → Rn. 61. Eine Aussetzung oder das Ruhen des Verfahrens zur Herbeiführung der außergerichtlichen Streitbeilegung kann nicht angeordnet werden, weil dies den gesetzlichen Zweck des § 15a verfehlen würde; das bedeutet, dass diese Voraussetzung bei Klageerhebung vorliegen muss und nicht nachgeholt werden kann, BGH NJW-RR 2018, 394; vgl. auch Herberger ZAP 2021, 761 (zur Frage der Nachholung zwischen Anhängigkeit und Rechtshängigkeit).

Parteianhörung: → „Persönliches Erscheinen".

Parteibezeichnung: Das Gericht muss darauf achten, dass eine unrichtige Parteibezeichnung berichtigt wird. Diese Pflicht gilt nach III in allen Instanzen, Hamm MDR 1977, 940; → Rn. 61; → § 253 Rn. 23.

Pauschalhinweis: Der Hinweis muss unmissverständlich sein, → Rn. 30. Nur wenn klar ist, welche Ergänzungen aus welchen Gründen erforderlich sind, kann ein Pauschalhinweis reichen, BGH WM 2011, 1971 = NJW-RR 2011, 1556 (pauschaler Vermerk); Düss BauR 2011, 554.= NJOZ 2011, 439.

Persönliches Erscheinen: Hat das Gericht das persönliche Erscheinen nach § 141 „zur Aufklärung des Sachverhalts" angeordnet, kann die Partei einen Hinweis erwarten, wenn das Gericht ihre Erklärungen im Termin nicht für ausreichend hält, BVerfG NJW 2017, 3218 Rn. 59 ff.; BGH NVersZ 1999, 216; BAG NJW 2021, 1621 Rn. 7; → Rn. 52.

Postulationsfähigkeit: Das Gericht muss nach III auf ihren Mangel hinweisen, → Rn. 61.

Protokollierung des Hinweises: Nach IV ist in Bezug auf den Hinweis eine „Aktenkundigkeit" notwendig; das kann bei einem Hinweis in der mündlichen Verhandlung durch Protokollierung nach § 160 II, durch einen Aktenvermerk oder im Tatbestand des Urteils erfolgen, BGH WM 2011, 1971 = NJW-RR 2011, 1556; → Rn. 65 ff.; → Vor § 128 Rn. 49. Wird im Sitzungsprotokoll nur ein pauschaler Hinweis aufgenommen, ergibt aber der nachfolgende Schriftsatz der Prozesspartei einen ausreichenden Hinweis, ist von der ordnungsgemäßen Erfüllung der Hinweispflicht auszugehen, BGH NJW-RR 2011, 1556.

Prozessantrag: Die Pflicht des Gerichts auf sachdienliche Anträge hinzuwirken bezieht sich auch auf einen Prozessantrag, → Rn. 40 f.

Prozessbevollmächtigter: → „Anwaltliche Vertretung".

Prozessunfähigkeit: Das Gericht muss nach III auf sie hinweisen, → Rn. 61; → Vor § 253 Rn. 22.

Prozessurteil: Eine Abweisung der Klage als unzulässig zB wegen einer fehlenden Bestimmtheit des Klageantrags ist ohne eine vorherige Bemühung des Gerichts um eine Aufklärung und Berichtigung grds. unzulässig; in jedem Fall ist nach III ein Hinweis erforderlich, und zwar unabhängig davon, ob der Mangel behebbar ist, → Rn. 61 ff.; vgl. auch „Prozesskostenhilfe".

Prozesskostenhilfe: Auch in diesem Verfahren muss das Gericht grundsätzlich hinweisen, wenn die Entscheidung in diesem Verfahren davon abhängt, so zB auf Mängel des PKH-Gesuchs, BGH NJW 2019, 3727; BeckRS 2014, 68588, oder auf die fehlende Erfolgsaussicht der Klage, Naumb NVwZ-RR 2016, 359. Ist dem Kläger Prozesskostenhilfe gewährt worden und hat damit das Gericht die Erfolgsaussichten der Klage in diesem Verfahren bejaht, ergibt sich allein daraus noch keine Hinweispflicht vor der Abweisung der Klage wegen fehlender Schlüssigkeit des Klägervortrages, weil im PKH-Verfahren keine endgültige Entscheidung des Rechtsstreits erfolgt, BGH GRUR 2012, 317 (Nichtzulassungsbeschwerde). Das Berufungsgericht muss die erstinstanzlich unterlegene Partei darauf hinweisen, dass der von ihr gestellte Antrag auf Bewilligung von PKH zur Einlegung der Berufung unvollständig und innerhalb der Berufungsfrist zu ergänzen ist, BGH NJW 2019, 3727 (Vordruck der persönlichen und wirtschaftlichen Verhältnisse). **(64)**

Prozessvoraussetzung: → „Zulässigkeit".

Prozesszinsen: II bezieht sich nur auf Hauptforderungen, und zwar unabhängig von der Höhe der Zinsforderung, → Rn. 58. Eine Hinweispflicht kann sich aber nach I ergeben. Das Gericht darf einer Partei einen Antrag auf eine Zinsforderung nicht nahelegen, den sie bisher gar nicht nach § 308 I erhoben hat, → Rn. 18 ff. (Neutralitätspflicht) → „Unparteilichkeit". Wenn die Partei mehr als gesetzliche Zinsen unter dem Gesichtspunkt eines Verzugsschadens verlangt, kann ein Hinweis zur Ergänzung des Vortrages zur Schadenshöhe (zB „Bankkredit") oder zu dem betreffenden Beweisantritt („Auskunft der Bank" oder „Bankbescheinigung") erforderlich sein, wenn keine Schätzung in Betracht kommt, Anders/Gehle Assessorexamen ZivilR A Rn. 107.

Rechtliches Gehör: Dieser Grundsatz nach Art. 103 I GG gibt Anlass zu Maßnahmen nach I–III, BVerfG BeckRS 2020, 13380; NJW 2018, 3631 und 3634 (Waffengleichheit, Äußerungsfristen); BGH BeckRS 2021, 2640 (andere Beurteilung der Zeugenaussage als Vorinstanz); NJW 2019, 1754 (Nichteingehen auf den Kernvortrag der Parteien); → Rn. 13; → Vor § 128 Rn. 42 ff.(Einzelheiten) mit Beispielen → Rn. 60. Aus dem Grundsatz des rechtlichen Gehörs folgt eine Hinweispflicht dahin, dass die Parteien erkennen können, auf welchen Tatsachenvortrag es nach Sicht des Gerichts bei der Entscheidung ankommt. Daraus ergibt sich auch eine Anhörungspflicht und die Pflicht des Gerichts, den Vortrag der Parteien zur Kenntnis zu nehmen, angemessene Fristen zur Äußerung zu setzten und die Parteien gleich zu behandeln (Waffengleichheit), → Rn. 13; → Vor § 128 Rn. 45. Das gilt auch im Eilverfahren nach §§ 916 ff., 935 ff., LG Hmb GRUR-RR 2014, 139; → Rn. 6 „Arrest, einstweilige Verfügung".

Rechtsauffassung, Änderung: Ändert das Gericht seine schon geäußerte rechtliche Meinung, ist zur Vermeidung einer Überraschungsentscheidung in jedem Fall ein neuer Hinweis erforderlich, BVerfG NJW 2021, 2581; 2017, 3218; BGH NJW 2014, 2796; → Rn. 53. Etwas anderes kann gelten, wenn es sich dabei um einen zentralen Punkt im Rahmen der Rechtsmittelsbegründung gehandelt hat und die gegnerische Partei dadurch in vollen Umfang im Bilde ist, Hamm NJW 2013, 1541 (Beschwerdebegründung). Auch bei einem Richterwechsel kann wegen § 309 eine Hinweispflicht bestehen. Das gilt ferner, wenn das Gericht in einem früher zwischen den Parteien geführten Rechtsstreit eine andere Rechtsauffassung vertreten hat, und eine Partei erkennbar davon ausgeht, es werde daran festhalten, BVerfG NJW 2021, 2581; BGH BeckRS 2019, 35637. Das Verbot der Überraschungsentscheidung gilt auch bei einem unterlassenen rechtlichen Hinweis zu Punkten, mit denen ein gewissenhafter und kundiger Prozessbeteiligter nicht rechnen musste, BGH NJW 2020, 2730 Rn. 12, 13; 2014, 2796; BeckRS 2016, 17236; → „Rechtsgespräch".

Rechtsgespräch: Es besteht grds. keine Pflicht zu einem umfassenden Rechtsgespräch; auch wenn die Rechtslage umstritten oder problematisch ist, müssen die Parteien grundsätzlich alle vertretbaren rechtlichen Gesichtspunkte in Betracht ziehen und ihren Vortrag darauf einstellen, wobei sich aus dem Grundsatz des rechtlichen Gehörs, insbes. aus II im Einzelfall etwas anderes ergeben kann, BVerfG NJW 2021, 2581; 2017, 3218; BGH BeckRS 2021, 6259 Rn. 16 = NJOZ 2021, 1289; Mü BauR 2014, 322 = Beckrs 2014, 1199; → Rn. 13, 29, 51 ff.; → „Anwaltliche Vertretung (Rechtsgespräch)"; → „Rechtliches Gehör"; → Vor § 128 Rn. 42 ff., 53 „Rechtsansichten" (Einzelheiten zum rechtlichen Gehör). Die Gewährung rechtlichen Gehörs voraus, dass die Beteiligten erkennen können, auf welchen Tatsachenvortrag es bei der Entscheidung ankommt, BVerfG NJW 2021, 2581; 2017, 3218. Im Rahmen seiner Fürsorgepflicht, → Rn. 8 ff., und in den Grenzen seiner Pflicht zur Unparteilichkeit, → Rn. 18 ff., muss das Gericht je nach Lage aber auch die rechtliche Seite erörtern und auch diesbezügliche Fragen stellen. Außerdem ist ein Rechtsgespräch geboten, wenn dadurch eine Überraschungsentscheidung vermieden werden kann, → Rn. 13, 29, 51 ff.; → „Anwaltliche Vertretung (Rechtsgespräch)".

- **(Änderung der Rechtsansicht):** → „Rechtsauffassung".
- **(Herrschende Meinung):** → „Herrschende Meinung".
- **(Kosteninteresse):** Eine Hinweis- oder Erörterungspflicht besteht grds. nicht bei bloßem Kosteninteresse einer Partei nach §§ 91 ff. Es kommt aber auch hier auf die Umstände an, zB auf die voraussichtliche Kostenhöhe. Bei einem möglichen materiellen Kostenerstattungsanspruch kann ein Hinweis erforderlich sein, dass der Kläger mit einer einseitigen Erledigungserklärung oder mit einer Klagerücknahme auf der Grundlage des § 269 III 3 bei Erledigung seines Klagebegehrens keinen für ihn günstigen Kostentitel erlangen kann. Zum Hinweis auf eine mögliche eine Umstellung auf Feststellung des Kosteninteresses: → Rn. 40 f.; → § 269 Rn. 47; → § 256 Rn. 47, 48.
- **(Rechtsfortbildung):** Das Rechtsgespräch kann nach II erforderlich sein, wenn das Gericht erwägt, das Recht fortzubilden.
- **(Rechtsprechung):** Bei einem beabsichtigten Abweichen von einer höchstrichterlichen Rechtsprechung greift II ein, BGH NJW 2020, 2730 (Überraschungsentscheidung). Auch bei einer Änderung der höchstrichterlichen Rechtsprechung kann ein Hinweis auf sie notwendig sein.
- **(Rechtsunsicherheit):** Sie kann zu einem Hinweis verpflichten, zB bei einer noch nicht ständigen Rechtsprechung LAG Mü NZA-RR 2009, 218.
- **(Würdigung):** Die Parteien müssen nach II eine Gelegenheit zur Äußerung erhalten, wenn das Gericht aus den vorgetragenen Tatsachen andere rechtliche Schlüsse als die Parteien zieht, → Rn. 51 ff. Das gilt auch dann, wenn das Gericht von den ausdrücklichen Ausführungen der Parteien zu rechtlichen Erwägungen abweichen will, insbesondere dann, wenn das Berufungsgericht zu einer solchen Würdigung kommt, die keine Partei vertritt oder die das Erstgericht anders vorgenommen hatte, BVerfG NJW 2017, 3218, oder wenn eine Partei rechtliche Bedenken des Gegners falsch verstanden hatte, BGH NJW 2001, 2548.

Rechtshängigkeit: Nach III muss das Gericht auf eine anderweitige Rechtshängigkeit nach § 261 III Nr. 1 hinweisen, BGH NJW 1989, 2064, → Rn. 61.

Rechtsmittel: §§ 232, 233 S. 2 gehen § 139 vor. Das Gericht hat im Zivilprozess nach § 232 S. 1 eine Belehrungspflicht über Rechtsbehelfe oder Rechtsmittel gegen anfechtbare Entscheidungen; das gilt nach Satz 2 grundsätzlich nicht in Anwaltsprozessen. Die Rechtsfolgen eines Verstoßes ergeben sich aus § 233 S. 2, dh im Rahmen der Wiedereinsetzung wird im Falle einer Fristversäumnis das Fehlen des Verschuldens vermutet.

(64) Legt der ProzBev einen unstatthaften Rechtsbehelf oder einen statthaften Rechtsbehelf bei einem unzuständigen Gericht ein, ist das Gericht grundsätzlich nicht verpflichtet, ihn rechtzeitig vor Ablauf der Rechtsmittelfrist darauf hinzuweisen; der gerichtlichen Fürsorgepflicht sind im Interesse der Funktionsfähigkeit der Justiz Grenzen gesetzt; grundsätzlich ist ausreichend, dass der Richter die Zulässigkeit eines Rechtsbehelfs erst bei der Bearbeitung der Akte prüft, BGH BeckRS 2022, 1311 Rn. 14 = NJW-RR 2022, 1311; 2021, 43351 (WEG) = NJW-RR 2022, 567; NJW 2016, 2042 Rn. 31.

Rechtsnachfolge: Soweit eine Rechtsnachfolge nach § 265 in Betracht kommt, liegt eine prozessual wichtige Veränderung vor. Das Gericht muss grundsätzlich dafür sorgen, dass die klagende Partei ihren Antrag auf Leistung an den Rechtsnachfolger umstellt, → „Antragsänderung"; → § 265 Rn. 17–19.

Rechtsprechung: → „Rechtsgespräch".

Rechtsschutzbedürfnis: Das Gericht muss auf sein Fehlen nach III hinweisen, → Rn. 61 ff.; → Vor § 253 Rn. 43 ff..

Rechtsunkenntnis: Soweit sie erkennbar wird, ist das Rechtsgespräch auch gegenüber einem ProzBev. erforderlich, → „Rechtsgespräch". → „Anwaltliche Vertretung".

Rechtsanwendung/Richtigkeit: Die Hinweispflicht hängt von der rechtlichen Wertung des entscheidenden Gerichts unabhängig von der Richtigkeit ab; deshalb kann eine falsche Rechtsanwendung nicht in eine Verletzung der Hinweispflicht umgedeutet werden, BGH NJW 2012, 304; 2009, 355; → Rn. 2, 69.

Rechtsweg: Zu den nach III von Amts wegen beachtenden Bedenken kann die Frage der Zulässigkeit des Rechtswegs nach § 13 GVG zählen, → Rn. 61 ff.

Rücknahme eines Antrags: → „Antragsrücknahme".

Rügerecht: Das Gericht darf keine Gestaltungserklärung anregen, → „Gestaltungserklärungen".

Sachantrag: Die Notwendigkeit, nach I 2 auf sachdienliche Anträge hinzuwirken, bezieht sich sowohl auf die Prozessanträge als auch auf die Sachanträge, → Rn. 40 f.; → „Antragsmehrheit".

Sachbefugnis: → „Aktivlegitimation".

Sachdienlichkeit: → „Sachantrag".

Sachkunde des Gerichts: Das Gericht muss auf die eigene Sachkunde hinweisen, wenn er ein beantragtes Gutachten deshalb nicht einholen will, BVerfG NJW 2021, 50; BGH BeckRS 2019, 13440 Rn. 9 = NJW 2019, 2607; → „Beweiswürdigung"; → Vor § 128 Rn. 53 „Gerichtskundige Tatsachen".

Sachvortrag: Das Gericht hat einen Hinweis zu erteilen, wenn ein entscheidungserheblicher Sachvortrag, → Rn. 23 ff.; → Vor § 253 Rn. 50 ff., ergänzungsbedürftig oder mehrdeutig bzw. widersprüchlich ist, BGH NJW-RR 2003, 1718; → Rn. 29, 51. Wegen der Neutralitätspflicht, → Rn. 18 ff., darf das Gericht keinen Hinweis geben, ein von der Partei nicht vorgetragener anderer Sachverhalt könne die begehrte Rechtsfolge rechtfertigen, BAG NJW 2006, 2717.

Säumnis: → „Versäumnisverfahren".

Schadensersatz: Das Gericht darf einen Antrag auf Zahlung eines Geldersatzes anregen, soweit der Kläger die geltend gemachte Naturalherstellung nicht verlangen kann. Ein Hinweis auf eine Schadensersatzmöglichkeit ohne Sachvortrag ist aber nicht zulässig, BGH NJOZ 2004, 3251 Rn. 20; Düss NJOZ 2017, 1099 Rn. 48.Bei der Schätzung zur Schadenshöhe nach **§ 287** wird die Darlegung des Geschädigten zwar erleichtert; jedoch muss er greifbare Anhaltspunkte für eine Schätzung darlegen und das Gericht kann bei ungenügendem Vortrag insoweit eine Ergänzung aufgeben, da die Vorschrift eine völlig abstrakte Berechnung und einen Mindestschaden ohne Anhalt nicht zulässt, BGH NJW 2020, 393 Rn. 8. Nimmt das Gericht iRd § 287 eigene Sachkunde in Anspruch, muss es wegen des Gebots des rechtlichen Gehörs einen Hinweis erteilen und darlegen, woher es diese Sachkunde herleitet, BVerfG NJW 2021, 50; → Vor § 128 Rn. 53 „Gerichtskundige Tatsache"; → „Sachkunde des Gerichts".Vgl. auch → „Schmerzensgeld".

Schiedsvereinbarung: Das staatliche Gericht darf die Rüge der Schiedsvereinbarung nach § 1032 I nur beachten, wenn der Beklagte sich darauf beruft und die Schiedsvereinbarung nicht unwirksam ist; das Gericht darf die Rüge wegen der Neutralitätspflicht nicht anregen, → „Gestaltungserklärungen".

Schlüssigkeit/Erheblichkeit: Die Hinweispflicht bezieht sich auf die entscheidungserheblichen Gesichtspunkte, → Rn. 23 ff., 26, 33 f., 41, 46. Das Gericht muss in jeder Lage des Verfahrens prüfen, ob die Klage bzw. das Rechtsmittel zulässig ist sowie, ob der Tatsachenvortrag des Klägers schlüssig ist, dh das begehrte Klageziel rechtfertigt, und ob der Tatsachenvortrag des Bekl. erheblich ist, dh ob danach das begehrte Klageziel ganz oder teilweise nicht erreicht werden kann; soweit Schlüssigkeit und Erheblichkeit zu bejahen sind, kommt es auf die Beweiserheblichkeit sowie darauf an, an, von welchem Tatsachenvortrag auszugehen ist, → Rn. 23 ff.; → Vor § 253 Rn. 50 ff.; → Vor § 284 Rn. 4 ff. (Relationsmethode). Ist der Klägervortrag nicht schlüssig oder der Vortrag des Bekl. nicht erheblich, ist ein Hinweis nach II auch gegenüber einer anwaltlich vertretenen Partei erforderlich, BGH NJW-RR 2008, 1649; 2004, 281; 2002, 1436; Kblz NJW 2016, 1524; → Vor § 128 Rn. 42 ff. (rechtliches Gehör); → „Anwaltliche Vertretung"; → „Überraschungsentscheidung"; → „Unparteilichkeit". Darüber hinausgehende Maßnahmen können uU gegen die Neutralitätspflicht verstoßen; denn möglicherweise würde dies die bisher erfolgreiche Position des gleichberechtigten Prozessgegners dieser Partei gefährden; so darf das Gericht zB einen anderen Streitgegenstand nicht anregen, → Rn. 18 ff. (Neutralitätspflicht); → § 253 Rn. 26 (zweigliedriger Streitgegenstandsbegriff).

Schmerzensgeld: Das Gericht muss darauf hinwirken, dass die maßgeblichen Tatsachen für die Beurteilung der Schmerzensgeldhöhe dargelegt werden; zudem muss die ungefähre Größenordnung mitgeteilt werden, BGH NJW 1974, 1551; Köln ZMR 2002, 660; Anders/Gehle Assessorexamen ZivilR F Rn. 156; → § 253 Rn. 39; vgl. auch → „Schadensersatz".

Schriftsatzfrist: Wird ein Hinweis erst in der mündlichen Verhandlung erteilt und kann die Partei darauf nicht sofort reagieren, ist auf Antrag ein Schriftsatznachlass nach § 283 zu gewähren, BGH NJW-RR 2021, 249; 2020, 574 Rn. 9; 2008, 973; BeckRS 2019, 35015; Rensen MDR 2008, 5; → Rn. 68; → Rn. 59; → Vor § 128 Rn. 53. Nicht notwendig ist grundsätzlich ein Hinweis nach wiederholten vergeblichen Hinweisen ohne einen Antrag nach § 283, Hamm NJW-RR 2004, 646 (Substantiierung); → Rn. 31.

Schriftsatzlänge: Das Gericht darf sie wegen des Beibringungsgrundsatzes nicht nach § 139 festlegen, Ffm NJW-RR 2008, 1080.

Substantiierung: → „Schlüssigkeit".

Teilungsplan: Bei einer Erbauseinandersetzungsklage, die auf einem unzutreffenden Teilungsplan beruht, muss das Gericht auf seine Änderung hinwirken; ist der gerichtliche Hinweis erfolglos, ist die Klage abzuweisen, da das Gericht den Teilungsplan nicht von sich aus abändern darf, Jena FamRZ 2009, 458. (64)

Überraschungsentscheidung: Die Parteien sollen nicht erst aus dem Urteil erfahren müssen, dass das Gericht den Prozess für die Parteien unvorhersehbar entschieden hat, so ohne eine genügende Kenntnis der Parteien von der maßgeblichen Streitfrage, BVerfG NJW 2021, 2581; BeckRS 2019, 2004 Rn. 24; BGH NJW 2020, 2730; NJW-RR 2020, 188 (mwN der BGH-Rspr.); BeckRS 2021, 6259 Rn. 16 ff. = NJOZ 2021, 128 (andere Ansicht des Berufungsgerichts als die Vorinstanz); Saarbr MDR 2003, 1372 (Beweisaufnahme und dann Zurückweisung der betreffenden Tatsache als unsubstantiiert); → Rn. 29, 51 f. (weitere Einzelheiten). Das Gericht muss den Prozess fair gestalten. Es darf die Parteien insbes. weder tatsächlich noch rechtlich „überrumpeln", BVerfG BeckRS 2019, 2004 Rn. 24; BGH BeckRS 2021, 6259 Rn. 16 f. Eine Überraschungsentscheidung mit einer von den Parteien nicht gesehenen Würdigung der Tatsachen und demgemäß mit einer völlig anderen und nach dem bish. Prozessverlauf nicht vorauszusehenden rechtlichen Beurteilung soll nach II vermieden werden, BAG NZA 2020, 132 (Abweichen von der Beweiswürdigung der Vorinstanz); → Rn. 29, 51 f. Davon kann aber bei einem Vergleichsvorschlag des Gerichts grundsätzlich nicht ausgegangen werden, auch wenn dem Vorschlag üblicherweise eine Einschätzung des Gerichts zu den Erfolgsaussichten der Klage zugrunde liegt und diese bei der Entscheidung anders gewertet,werden Schlesw NJW-RR 2021, 962 Rn. 25.

Überrumpelung: → „Überraschungsentscheidung".

Unparteilichkeit; Aus der Verpflichtung zur Unparteilichkeit (Neutralitätspflicht), → Rn. 18 ff., folgt, dass das Gericht nicht Berater einer oder beider Parteien sein darf. § 139 verpflichtet das Gericht unter Beachtung des Grundsatzes der Waffengleichheit, beiden Parteien zu helfen, im Rahmen der Anträge und des Klageziels alle entscheidungserheblichen Tatsachen in dem erforderlichen Umfang vorzutragen, ordnungsgemäße Beweisangebote zu machen und sachdienliche Anträge zu stellen. Dabei muss in allen Bereichen von den Parteien ein Ansatz schon in dem bisherigen Parteivortrag einschließlich der Anträge gelegt worden sein; das Gericht hat jeden Anschein einer Parteilichkeit zu vermeiden, → Rn. 18 ff.

Unterschrift: Das Gericht muss auf ihr Fehlen oder einen Mangel hinweisen, wenn sie erforderlich ist, vgl. BGH NJW 2012, 3378; → § 129 Rn. 9 ff. (erforderliche Unterschrift).

Verfahrensmangel: Eine Hinweispflicht kann nach II bestehen. Ob dies auch gilt, wenn der Mangel nur auf Rüge hin zu beachten ist, hängt vom Einzelfall ab; möglicherweise hat die betreffende Partei auf die Rügemöglichkeit verzichtet. Soweit § 295 anwendbar ist, darf das Gericht eine Aufklärung nur insoweit vornehmen, als es sonst die Partei unzumutbar überraschen würde, Zöller/Greger Rn. 19.

Verjährung: Zwar muss das Gericht materiell-rechtlich richtige Entscheidung anstreben, → Rn. 2, 12. Keine noch so soziale Zielsetzung des Prozesses berechtigt aber den Richter dazu, sich zum Rechtsberater einer Partei zu ernennen. Deshalb darf er nicht die Geltendmachung einer Verjährungseinrede anregen, auch wenn die Partei anwaltlich nicht vertreten ist, weil erst durch die Erhebung der Einrede das Gegenrecht entsteht, § 214 I BGB, und der Richter keinen Einfluss auf die Gestaltung des Sachverhalts ausüben darf, BGH NJW 2004, 164; MüKoZPO/Fritsche Rn. 37; Musielak/Voit/Stadler Rn. 9; → „Einreden"; → „Gestaltungserklärungen"; aM wohl KG NJW 2002, 1732 (bei fehlender anwaltlicher Vertretung). Etwas anderes kann gelten, wenn die Naturalpartei erkennbar auch wegen des Zeitablaufs Bedenken gegen den Anspruch erhebt; dann kann uU die Erhebung der Einrede durch Auslegung ermittelt werden, Arens FS Schwab, 1990, 32. Liegt eine Verjährungseinrede vor, kann ein Hinweis zur Ergänzungsbedürftigkeit des zugrunde liegenden Vortrages und zu Rechtsfragen erforderlich sein.

Versäumnisverfahren: Eine Hinweispflicht besteht in der mündlichen Verhandlung nicht gegenüber der säumigen Partei; die §§ 330 ff. regeln speziell die Frage, unter welchen Voraussetzungen gegen sie ein Versäumnisurteil oder ein Urteil nach Lage der Akten ergehen kann, Thomas/Putzo/Seiler Rn. 1. Wenn kein Versäumnisurteil ergeht, muss vertagt werden. Das Gericht braucht nach dem Erhalt der Mitteilung, eine Partei wolle nicht zum Termin erscheinen, grds. den Gegner darüber vor dem Termin nicht zu informieren, selbst wenn er von weither anreist. Gegenüber der nicht säumigen Partei besteht in der mündlichen Verhandlung dieselbe Hinweis- und Aufklärungspflicht, die auch bei Anwesenheit beider Parteien bestehen würde. Das Gericht muss die Grundsätze der materiellen Gerechtigkeit und des rechtlichen Gehörs, seine Neutralitätspflicht sowie die Parteiherrschaft, insbesondere den Beibringungsgrundsatz beachten und alle Grundsätze miteinander abwägen, → Rn. 12 ff. Notwendig ist zB bei einem Antrag des Klägers auf Erlass eines Versäumnisurteils gegen den säumigen Bekl. ein Hinweis darauf, dass mangels Zulässigkeit der Klage oder mangels Schlüssigkeit des Klägervorbringens, → Rn. 23 ff., → Vor § 253 Rn. 50 ff., kein echtes Versäumnisurteil gegen den säumigen Bekl., sondern ein echtes Versäumnisurteil auf Klagabweisung (Prozessurteil oder nach § 331 II Hs. 2) ergehen könnte; aufgrund eines solchen Hinweises ist wegen Art. 2 I, 20 III, 103 I GG, in der Regel eine Frist zur Stellungnahme einzuräumen, BGH GRUR-RR 2001, 48; NJW-RR 1986, 1041; → Vor § 330 Rn. 19 ff. und → § 330 Rn. 6 (unechtes Versäumnisurteil). Sind beide Parteien im mündlichen Verhandlungstermin erschienen und droht einer Partei der Prozessverlust wegen verspäteten Vortrages, darf das Gericht wegen seiner Neutralitätspflicht nicht auf die Möglichkeit einer „Flucht in die Säumnis" hinweisen, Mü NJW 1994, 60; → Rn. 18; → Vor § 330 Rn. 3 (zur Flucht in die Säumnis).

Verspätung des Vortrags: Das Gericht muss vor einer Zurückweisung wegen Verspätung nach § 296 hinweisen und der betreffenden Partei die Möglichkeit zur Reaktion geben, zB zur Entschuldigung; es muss auch bei einem verspäteten Eingang den Inhalt des Schriftsatzes zur Kenntnis nehmen, BVerfG NJW 1987, 485. Das Gericht darf aber nicht eine Partei beraten, wie sie die Folgen der Verspätung vermeiden könnte, Mü NJW 1994, 60; Zöller/Greger Rn. 19; → „Versäumnisverfahren" (Flucht in die Säumnis). Das Gericht darf auch nicht einen durch einen notwendigen Hinweis veranlassten Vortrag oder Beweisantritt als verspätet zurückweisen; geschieht dies, ist zugleich das rechtliche Gehör verletzt, BGH NJW-RR 2020, 60 Rn. 9; 2014, 1431 Rn. 10; NJW 2018, 3652 Rn. 15; Düss WM 2008, 2310 = BeckRS 2008, 20206; Hamm NJW-RR 2003, 1651.

Vertagung: Sie kann nach § 227 notwendig sein, wenn sich die Partei zu einem gerichtlichen Hinweis in der mündlichen Verhandlung nicht sofort äußern kann und kein Antrag nach § 283 gestellt wird, BGH NJW-RR 2020, 574 Rn. 9; 2008, 973; NJW 2018, 2202 Rn. 8; → Rn. 29, 68.

(64) **Verweisungsantrag:** Grundsätzlich hat das Gericht nicht auf einen solchen Antrag nach § 281 hinzuwirken, weil das Gericht wegen des Neutralitätsgebotes keinen Einfluss auf die prozessuale Gestaltung nehmen darf, → Rn. 18 ff. Allerdings muss nach III auf die Unzuständigkeit hingewiesen werden. Ausnahmsweise ist ein Hinweis auf einen Verweisungsantrag nach § 281 erforderlich, wenn ein landesgesetzlich bestimmtes Konzentrationsgericht zuständig sein kann (zB § 43 WEG, § 105 UrhG), die Voraussetzungen für diese Zuständigkeit aber höchstrichterlich nicht geklärt sind und verschiedene Meinungen hierzu nicht unvertretbar sind; dann ist es der Partei nicht zumutbar, mehrere Gerichte anzurufen bzw. das Rechtsmittel bei mehreren Gerichten einzulegen, NJW-RR 2017, 525 Rn. 15 = NZM 2017, 263 (§ 43 WEG); NJW 2014, 1879. Das gilt nicht für eine unzutreffende Rechtsmittelbelehrung; hier ist aber eine Lösung über § 233 möglich, → § 281 Rn. 6, 9.

Verzugsschaden: → „Prozesszinsen".

Vollmacht:

– **(Prozessvollmacht):** Tritt ein Rechtsanwalt als Vertreter auf, wird gemäß § 88 I ein Mangel der Vollmacht nur auf Rüge des Gegners beachtet. Das Gericht darf wegen seiner Neutralitätspflicht nicht zur Geltendmachung der Rüge anregen, → „Gestaltungserklärungen"; → „Rügerecht"; → „Verfahrensmangel". Bei allen übrigen Vertretern gilt § 88 II, dh der Mangel der Vollmacht wird von Amts wegen berücksichtigt. Hier gilt eine Hinweispflicht nach III. Es ist nach III erforderlich, auf den Mangel der Vollmacht nach § 88 II und die Folgen des Auftretens eines vorläufig zugelassenen vollmachtlosen Vertreters hinzuweisen.

– (**Vollmacht nach §§ 164 ff. BGB**): Mängel wirken sich auf die Wirksamkeit von Willenserklärungen aus, §§ 177 ff. BGB, so dass eine Einwendung im materiellen Recht gegeben sein kann; hier gelten für die Hinweispflicht die allgemeinen Grundsätze zu Einreden iSd ZPO und zu Gestaltungserklärungen, → „Einreden", → „Gestaltungserklärungen".

Vollständigkeit: Das Gericht muss darauf hinwirken, dass jede Partei nach § 138 vollständige Erklärungen über alle materiell-rechtlich und prozessual erheblichen Tatsachen abgibt. Es muss dafür sorgen, dass unzureichende Erklärungen und Beweisantritte nach §§ 371 ff. präzisiert, klarstellt oder ergänzt werden, BGH NJW 2021, 3132; 2016, 874 und FamRZ 2010, 636 = BeckRS 2010. 5009 (jeweils zum Wiedereinsetzungsantrag); Hamm FamRZ 2014, 1722 = BeckRS 2014, 1722 (Arbeitsunfähigkeitsbescheinigung); → Rn. 34 f. Das gilt auch nach § 28 I 1 FamFG. Ob ein wiederholter Hinweis erforderlich ist, hängt vom Einzelfall ab, Hamm FamRZ 2014, 1722 = BeckRS 2014, 6518; Kblz MDR 2007, 1411= BeckRS 2007, 9882; → Rn. 34 f.; → „Wiedereinsetzung".

Vollstreckungsabwehrklage: Im Rahmen der Hinwirkung auf einen sachdienlichen Antrag, → Rn. 40 f., kann die Anregung notwendig werden, von einer Abänderungsklage nach § 323 zu einer Vollstreckungsabwehrklage nach § 767 überzugehen, BGH NJW 1981, 979; → „Abänderungsklage"; → § 323 Rn. 7.

Vollstreckungsschutz: Das Gericht darf wegen seiner Neutralitätspflicht einen solchen Antrag nicht anregen, → Rn. 18 ff. (Neutralitätspflicht).

Waffengleichheit: Die Parteien müssen sich auf Augenhöhe begegnen können, → Vor § 128 Rn. 44, 45. Wegen Art. 3, 20 III GG und wegen des Neutralitätsgebots, → Rn. 18 ff., muss das Gericht stets bedenken, dass beide Parteien eine gleichberechtigte Stellung haben; es darf durch seine Hinweise, Ratschläge und Anregungen diese Gleichberechtigung nicht unterlaufen oder umgehen; es gilt das Gebot der Waffengleichheit, BVerfG NJW 2021, 615 Rn. 19; BGH GRUR 2021, 118 Rn. 9; → Vor § 128 Rn. 45, 53 „Einstweilige Verfügung".

Widerklage: Die Anregung, eine solche Klage zu erheben, kann gegen die Neutralitätspflicht verstoßen; etwas anderes kann im Ausnahmefall gelten, wenn das Vorbringen der Partei auf ein bestimmtes Prozessziel gerichtet und nur auf diese Art erreichbar ist, MüKoZPO/Fritsche Rn. 25; Zöller/Greger Rn. 19 (unzulässig); → Rn. 18 ff. (Neutralitätspflicht); → „Anschlussrechtsmittel".

Widersprüchlichkeit: Das Gericht muss einen Widerspruch im Vortrag einer Partei im Schriftsatz oder in der mündlichen Erklärung aufzuklären versuchen, BGH NJW-RR 2003, 1718; 2003, 742. Es muss jedenfalls auf die beabsichtigte eigene Auslegung hinweisen. Das gilt bei einem Widerspruch zwischen mehreren Schriftsätzen, bei demjenigen zwischen einem Schriftsatz und dem mündlichen Vortrag, zwischen einem Antrag und seiner Begründung und bei einem Widerspruch zwischen dem Vortrag und Unterlagen, BGH NJW-RR 2003, 1718; 2003, 742. Das Gericht darf nicht widersprüchlich handeln, insbesondere darf eine Partei nicht durch einen dem Gericht zurechenbaren Fehler benachteiligt werden, BVerfG NJW 2014, 205.

Wiedereinsetzung: Das Gericht muss auf etwaige Unklarheiten und Unvollständigkeiten im Wiedereinsetzungsgesuch nach § 234 hinweisen und Gelegenheit zu ergänzenden Hinweisen auch nach Fristablauf geben, BGH NJW 2021, 3132 Rn. 17; 2020, 3041 und 2415; 2016, 874; NJW-RR 2019, 500 Rn. 19; → „Vollständigkeit"; → § 233 Rn. 23 „Gericht: (Hinweispflicht)". Es darf nicht ohne eine Rückfrage eine Unterlassung bei der Führung des Fristenkalenders unterstellen, BGH NJW 2006, 2269. Es darf die Anforderungen an ein Wiedereinsetzungsgesuch nach § 236 aber nicht überspannen, BGH AnwBl 2008, 715 = GRUR 2008, 837. Zu den anwaltlichen Sorgfaltspflichten im Zusammenhang mit der Übermittlung fristgebundener Schriftsätze im Wege des elektronischen Rechtsverkehrs per beA → § 233 Rn. 31 „Rechtsanwalt: Besonderes elektronisches Anwaltspostfach".

Wiedereröffnung der mündlichen Verhandlung: Das Gericht kann die Verhandlung nach § 156 dann wiedereröffnen müssen, wenn es einen Hinweis erst in der mündlichen Verhandlung gegeben hat und die Partei daraufhin nicht sofort reagieren kann, BGH GRUR 2011, 61, 63; → Rn. 29.

Zinsen: → „Prozesszinsen".

Zulässigkeit: Zu der Hinweispflicht nach III gehören von Amts wegen zu beachtenden Punkte, dh alle Zulässigkeitsvoraussetzungen für die Klage und den Rechtsbehelf, soweit nicht ausnahmsweise eine Rüge erforderlich ist, so bei §§ 113 S. 2, 269 VI, 1032 I, → Rn. 61 ff.; → § 1032 Rn. 4, 7. Das gilt für die Klage, → Rn. 61 (Beispiele), und für die Rechtsmittel, BGH NJW 2016, 2508; NJW 1991, 2081; NJW-RR 1992, 314; BAG NZA 2008, 432; → Rn. 61. Bei Erforderlichkeit einer Rüge → „Gestaltungserklärungen; → „Rügerecht"; → „Einreden". Zu den Besonderheiten bei dem Merkmal „Prozessfähigkeit" vgl. → Vor § 253 Rn. 12. Zur Frage einer Hinweispflicht bei einem unstatthaften Rechtsbehelf oder einen statthaften Rechtsbehelf bei einem *unzuständigen Gericht* → *„Rechtsmittel"*.

Zurückbehaltungsrecht: Das Gericht darf wegen seiner Neutralitätspflicht nicht zur Geltendmachung eines solchen Rechts anregen, → „Einreden"; → „Gestaltungserklärungen"; → Rn. 18 ff. (Neutralitätspflicht). Eine Auslegung kann aber die Geltendmachung eines solchen Rechts ergeben, → „Aufrechnung".

Zurücknahme: → „Antragsrücknahme".
Zuständigkeit: Das Gericht muss unverzüglich auf seine Unzuständigkeit nach III hinweisen, LAG Mü NZA-RR 2009, 218, 219; → Rn. 61 ff.; → „Verweisungsantrag".
Zwangsversteigerungsverfahren: § 139 gilt auch in einem solchen Verfahren; Anlass zu einem Hinweis kann bestehen, wenn ein Beteiligter die Rechtslage erkennbar falsch einschätzt, BGH WM 2013, 2324 = NJW-RR 2014, 63.

XIII. Frühzeitigkeit, Aktenkundigkeit, IV. 1. Zeitpunkt. Nach IV 1 sind Hinweise so **früh** wie möglich zu erteilen, gegebenenfalls auch im PKH-Verfahren, BGH BauR 2010, 246; BeckRS 2009, 86576; Naumbg FamRZ 2016, 842 = BeckRS 2015, 20041. Die Vorschrift erfasst alle Maßnahmen nach I–III, dh nicht nur einen Hinweis, sondern auch Fragen, eine Aufklärung, eine Erörterung und eine Fristsetzung. Frühzeitigkeit ist ein ausdrückliches Gebot in IV 1 Hs. 1. Der Gesetzeszweck liegt darin, dass der Betroffene noch Einfluss auf das Verfahren nehmen kann.. Dabei ist unerheblich, in welcher Form die Maßnahmen ergriffen werden. Das Gericht kann sie nicht nur in der mündlichen Verhandlung, sondern auch im frühen ersten Termin nach § 275, im schriftlichen Vorverfahren nach § 276 mit der ersten Verfügung oder bei einer Terminvorbereitung nach § 273 und in einem Gütetermin nach § 278 treffen, auch wenn § 139 im Titel 1 „Mündliche Verhandlung" steht, → Rn. 59. Ein Hinweis in der mündlichen Verhandlung ist im Einzelfall insbesondere wegen des gegenseitigen Austauschs sinnvoll. Ein Nachteil bei Hinweisen erst in der mündlichen Verhandlung kann darin liegen, dass nach den Erklärungen der Parteien auf den Hinweis eine Beweisaufnahme durchgeführt werden muss und deshalb ein neuer Termin erforderlich ist, was zu einer Verzögerung der Erledigung des Rechtsstreits führen kann. Zudem sollte der erforderliche Hinweis mit Blick auf das rechtliche Gehör und dem sich daraus ergebenden Recht der Parteien zur Äußerung, → Rn. 13; → Vor § 128 Rn. 42 ff., grundsätzlich rechtzeitig vor dem Termin erteilt werden, insbesondere wenn nicht auszuschließen ist, dass sich die Partei im Termin dazu nicht abschließend äußern kann; dann muss auf Antrag ein Schriftsatznachlass nach § 283 erteilt oder auch ohne Antrag vertagt werden; es kommt auch der Übergang ins schriftliche Verfahren in Betracht; nach der mündlichen Verhandlung ist uU eine Wiedereröffnung nach § 156 II Nr. 1 erforderlich, BGH NJW-RR 2021, 249; 2020, 574 und 284 (mwN); NJW 2018, 2202; BauR 2013, 1728; Hamm BeckRS 2022, 14294 (Schriftsatznachlass von Amts wegen); NJW 2003, 2543; Rensen MDR 2008, 3; → Rn. 29; → Rn. 64 „Schriftsatzfrist". Das Gericht braucht aber nicht wegen jeder Nuance in der rechtlichen Wertung erneut in die mündliche Verhandlung einzutreten, Zweibr NJW-RR 2017, 338 Rn. 27 f.. Im Einzelfall kann auch ausreichen, dass das Gericht die mündliche Verhandlung unterbricht und eine Pause einlegt, um einem ProzBev. eine Internetrecherche oder das Nachschlagen in der Gerichtsbibliothek zu ermöglichen. Je nach Inhalt des Hinweises, so zB bei einfachen tatsächlichen Fragen, ist der Partei bzw. ihrem ProzBev. uU eine sofortige Stellungnahme zumutbar; in diesen Fällen reicht der Hinweis in der mündlichen Verhandlung aus, Schlesw NJW-RR 2010, 1031, 1032 (übersichtlicher Prozessstoff). Der sicherste Weg für das Gericht ist aber, die Hinweise nach IV 1 so früh wie möglich zu erteilen, damit die Parteien in jedem Fall ausreichend Zeit haben, sich vor dem Termin zu äußern, Nober/Ghassemi-Tabar NJW 2017, 3265. 65

2. Akteninhalt. Was die Aktenkundigkeit nach IV anbelangt, ähnelt die Vorschrift teilweise § 165. Ihre Notwendigkeit folgt daraus, dass das Gericht auch außerhalb einer mündlichen Verhandlung Hinweise geben muss, BGH NJW-RR 2011, 1556; → Rn. 29, 59, 65, und dass mit IV sichergestellt werden soll, dass auch ohne Protokollierung in der mündliche Verhandlung für eine Aktenkundigkeit gesorgt wird, damit überprüft werden kann, ob dem verfassungsrechtlichen Anspruch nach Art. 103 I auf rechtliches Gehör, → Rn. 13, Genüge getan wurde. Unter Beachtung der Unterschiede sind Rspr. und Lehre zu § 165 verwendbar. Im FamFG-Verfahren gilt der inhaltlich übereinstimmende § 28 III FamFG. Die Aktenkundigkeit kann durch das mündliche Verhandlungsprotokoll, durch einen Aktenvermerk, durch Ausführungen im Tatbestand eines Urteils oder durch die Ausführungen im Hinweisbeschluss erfolgen, BGH NJW 2020, 2730 Rn. 21; 2006, 60; NJW-RR 2016, 957; 2011, 1556 Rn. 5; Ffm MDR 2005, 647 = BeckRS 2004, 11180; → Rn. 59. Für die Aktenkundigkeit reicht grundsätzlich kein allgemeiner Hinweis, zB „auf die Unschlüssigkeit des Klägervorbringens", aus; vielmehr müssen in dem aktenkundigen Vermerk die tatsächlichen und rechtlichen Gesichtspunkte für die Maßnahme sichtbar sein, damit überprüft werden kann, ob das Gericht seinen Pflichten aus § 139 nachgekommen ist, BGH NJW 2020, 2730 Rn. 21; NJW-RR 2016, 957; 2011, 1556; NJW 2006, 60; Thomas/Putzo/Seiler Rn. 30. 66

Ist der Hinweis nicht aktenkundig, wird grundsätzlich unwiderleglich vermutet, dass er nicht erteilt wurde; es kann nach IV 3 lediglich der Nachweis der Fälschung vorgebracht werden, BGH NJW 2020, 2730 Rn. 21; BeckRS 2014, 14711; NJW-RR 2011, 1556; 2005, 1518; Ffm NJW-RR 2004, 428; Greger NJW 2002, 3049. Eine Stellungnahme des beteiligten Richters oder eine Beweisaufnahme scheiden aus, Ffm NJW-RR 2004, 428; Thomas/Putzo/Seiler Rn. 30. Das Gericht kann das Protokoll evtl. ergänzen. Hat die betroffene Partei von der gegnerischen Partei die erforderliche Unterrichtung erhalten, mag sich im Einzelfall ein gerichtlicher Hinweis erübrigen; das gilt aber auf keinen Fall für die gerichtliche Pflicht, auf sachdienliche Anträge hinzuwirken, BAG NZA 2020, 783 Rn. 22; → Rn. 40. 67

XIV. Fristsetzung, V. Die Partei muss bei jedem Hinweis des Gerichts Gelegenheit zu einer Reaktion haben, BVerfG NJW 2018, 3631 und 3634; 2016, 1166; BGH NJW 2019, 1754; 2018, 3315 und 2202; 2009, 1112; → Rn. 29, 59, 65; näher: → Vor § 128 Rn. 44. Soweit eine sofortige Erklärung nicht möglich ist, ist der Partei auf Antrag nach V eine angemessene Schriftsatzfrist zur Äußerung einzuräumen, BGH NJW-RR 2021, 249; 2014, 505; 2011, 877; → Rn. 64 „Schriftsatzfrist", Die Vorschrift ist § 283 nachgebildet, BGH NJW-RR 2021, 249; 2014, 505. Sie ergänzt § 283 insoweit, als eine Fristsetzung auch schon vor der mündlichen Verhandlung notwendig sein kann. Unter Beachtung dieser Unterschiede sind Rspr. und Lehre zu § 283 hier mit verwendbar, insbesondere auch zu § 283 S. 2, BGH NJW-RR 2014, 505. Wie der Wortlaut der V verdeutlicht, kann nur die Erklärung nachgebracht werden, die zur Stellungnahme auf den Hinweis erforderlich ist. Das soll ein beliebiges Nachschieben verhindern. Unzumutbarkeit sofortiger Erklärung ist der leitende Gedanke. Soweit eine Partei die gestellte Frage oder eine selbst nur umrissene Äußerung nicht in der vom Gericht geforderten Klarheit oder Vollständigkeit sogleich beantworten kann, so zB wenn sie sich erst mit Dritten beraten muss, muss das Gericht der Partei ohne Antrag auf Schriftsatznachlass nach § 227 vertagen, BGH NJW 2018, 2202; NJW-RR 2021, 249 = BeckRS 2021, 1196; 2011, 878; Greger NJW 2002, 3049. Dabei kann ein Hinweis auf die Möglichkeit eines Antrages nach V erforderlich sein, Hamm NJW 2003, 2543. Als weitere Möglichkeiten für das Gericht kommen neben der Schriftsatzfrist nach V, § 283 und der Vertagung (§ 227 I) der Übergang ins 68 schriftliche Verfahren mit Zustimmung der Parteien (§ 128 II) oder die Wiedereröffnung der mündlichen Verhandlung gemäß § 156 nach einem fristgemäß eingereichten und nachgelassenen Schriftsatz in Betracht, BGH NJW-RR 2021, 249; 2020, 284 Rn. 14; NJW 2011, 76 Rn. 39. In jedem Fall muss der Grundsatz des rechtlichen Gehörs gewährleistet sein, MüKoZPO/Fritsche Rn. 56; → Rn. 13; → Vor § 128 Rn. 42 ff. (Einzelheiten zum rechtlichen Gehör). V wird ergänzt durch § 356, soweit es um Beweismittel geht, → Rn. 36.

69 **XV. Verstoß, I–V und Folgen. 1. Verstoß des Gerichts.** Die Verletzung einer Verpflichtung des Gerichts nach § 139 stellt einen Verfahrensfehler dar. Beruht das Urteil darauf, ist es in der Berufung oder Revision aufzuheben (§§ 513, 546) und eventuell nach § 538 II Nr. 1 an die Vorinstanz zurückzuverweisen, wenn die Voraussetzungen erfüllt sind. Maßgeblich ist dabei nicht die objektive Fehlerhaftigkeit, sondern die **Sicht des Gerichts;** wenn nach der Rechtsauffassung des Gerichts kein Anlass für einen Hinweis bestand, liegt kein Verfahrensfehler vor und § 538 II Nr. 1 findet keine Anwendung; jedoch kann das Urteil dann möglicher Weise wegen der materiellen Fehlerhaftigkeit aufgehoben werden, BGH NJW 2012, 304; 2009, 355; 1991, 704; Zöller/Greger Rn. 20; → Rn. 64 „Rechtsauffassung", „Rechtsgespräch". Eine unrichtige Rechtsansicht des erstinstanzlichen Gerichts kann nicht auf den Umweg über eine angebliche Hinweispflicht nach § 139 in einen Verfahrensmangel umgedeutet werden; BGH NJW 2012, 304; 2009, 355; → Rn. 2, 22; → Rn. 64 „Rechtsanwendung/Richtigkeit". Damit die Rechtsmittelinstanz die Kausalität zwischen der Verletzung des § 139 und des Urteils prüfen kann, muss in der Rechtsmittelbegründung (§§ 520 III 2 Nr. 2, 551 III 1 Nr. 2a) angegeben werden, was bei einem entsprechenden Hinweis vorgetragen worden wäre, BGH NJW-RR 2016, 1267 Rn. 11; 2016, 952 Rn. 14; 2015, 757 Rn. 8; 2015, 511 Rn. 12; 2004, 495; GRUR 2008, 1126; Anders/Gehle Assessorexamen ZivilR S Rn. 54. Bei einem Verstoß gegen § 139 ist neues Vorbringen nach § 531 II 2 zuzulassen, MüKoZPO/Fritsche Rn. 61; vgl. BVerfG NJW 2005, 1768 (1769). Wenn der Verstoß zur Verletzung des rechtlichen Gehörs nach Art. 103 I GG führt, was nicht zwingend ist, BVerfG NJW 2017, 3218; 1994, 849; BGH BauR 2011, 1850 = BeckRS 2011, 21926; Zuck NJW 2005, 3753, kommen eine Verfassungsbeschwerde nach Erschöpfung des Rechtsweges und ein Vorgehen nach § 321a I bei nicht rechtsmittelfähigen Entscheidungen in Betracht, Möhring/Nirk FS 25 Jahre BGH, 1975, 312 (323); Zöller/Greger Rn. 20. Bei einem eindeutigen Verstoß des Gerichts kann nach § 21 GKG, § 20 FamGKG von der Geltendmachung der dadurch verursachten Gerichtskosten von Amts wegen abgesehen werden.

70 Geht das Gericht in unzulässiger Weise über die Grenzen seiner Hinweispflicht hinaus, kann die Neutralitätspflicht verletzt und die Besorgnis der Befangenheit nach § 42 II zu bejahen sein, Nober/Ghassemi-Tabar NJW 2017, 3265. Bei Verletzung der Pflicht zu frühzeitigen Hinweisen nach IV 1 liegt noch kein Verfahrensfehler vor, der Konsequenzen hat; wenn das Gericht bei verspäteten Hinweisen durch eine Vertagung, einen Schriftsatznachlass oder durch die Wiedereröffnung der mündlichen Verhandlung reagiert, wird grundsätzlich die Kausalität zwischen Verletzung und Entscheidung fehlen, Nober/Ghassemi-Tabar NJW 2017, 3265.

71 **2. Verstoß der Partei.** Soweit eine Partei einen Hinweis, eine Frage, eine Anregung des Gerichts vermeidbar ungenügend, falsch oder lückenhaft beantwortet oder gar nicht beachtet, verstößt sie gegen ihre Prozessförderungspflicht, die sich schon aus der bloßen Tatsache eines Prozessrechtsverhältnisses ergibt, → Vor § 128 Rn. 4 ff. Sie verstößt dann auch gegen den Beibringungsgrundsatz, → Vor § 128 Rn. 21, sofern für das Verfahren dieser Grundsatz gilt. Dadurch können für sie Rechtsnachteile eintreten, die man später nicht mehr ausgleichen kann, zB weil das Rügerecht inzwischen nach § 295 I verlorengegangen ist, BGH NJW-RR 1998, 1005. Auch kann sich die Partei dann grundsätzlich nicht mehr auf einen Verfahrensfehler des Gerichts berufen. Ferner kann zB ein Verzicht auf einen Zeugen nach § 399 eingetreten sein. Ein derartiger Parteiverstoß zwingt keineswegs stets zu einer Wiederholung des Hinweises, → Rn. 31.

140 *Beanstandung von Prozessleitung oder Fragen.* **Wird eine auf die Sachleitung bezügliche Anordnung des Vorsitzenden oder eine von dem Vorsitzenden oder einem Gerichtsmitglied gestellte Frage von einer bei der Verhandlung beteiligten Person als unzulässig beanstandet, so entscheidet das Gericht.**

1 **I. Systematik.** Die Vorschrift betrifft allein die formelle und sachliche Prozessleitung in der mündlichen Verhandlung, einschließlich der vorhergehenden Güteverhandlung, § 278 II. Sie regelt nicht die Beanstandung von Verfügungen außerhalb der mündlichen Verhandlung, wie die Entscheidung über Akteneinsicht (vgl. § 299, Beschwerde, Musielak/Voit/Stadler Rn. 1). Systematisch ist sie demgemäß bei den Regelungen zur Prozessleitung verortet, §§ 136, 139. Gerügt werden können das Verhalten des Vorsitzenden nach §§ 136–139 und eine Frage eines Gerichtsmitglieds, etwa nach §§ 136 II 2, 139, 141 oder 395 ff. In diesen Fällen „entscheidet das Gericht", § 140 aE, durch Beschluss, § 128 IV.

2 **II. Regelungszweck.** Die Vorschrift bezweckt die zeitnahe Entscheidung des Kollegiums, Anordnungen des Einzelrichters werden somit nicht erfasst; anderenfalls müsste dieser über seine eigenen Entscheidungen allein befinden, MüKoZPO/Fritsche Rn. 2. Die Anrufung des gesamten Kollegiums dient der Prozesswirtschaftlichkeit, der Vereinfachung und Beschleunigung, OLG Brdb NJW-RR 2000, 1455. Ein Verhalten kann so aufgrund eines unmittelbaren Eindrucks des Richterkollegiums und zeitnah für unzulässig erklärt werden. § 140 sieht eine Entscheidung des Kollegiums, nicht des Rechtsmittelgerichts vor. Wird eine Rüge versäumt und kein Gerichtsbeschluss herbeigeführt, kann ein anschließendes Rechtsmittel nicht auf eine Unzulässigkeit nach § 140 gestützt werden, Thomas/Putzo/Seiler Rn. 5.

3 **III. Anwendungsbereich.** Beanstanden darf jeder an der Verhandlung Beteiligte, nicht aber ein Mitglied des erkennenden Kollegiums. Dem Wortlaut entsprechend ist die Regelung nicht auf Fragen von Parteien und ihren Vertretern anwendbar, vgl. hierzu § 397 III.

4 ***IV. Anordnung des Vorsitzenden.* 1. Sachleitung.** § 140 verweist auf die „Sachleitung" und erfasst damit die formelle und sachliche Prozessleitung des Vorsitzenden während der mündlichen Verhandlung nach § 136 und der ihr vorhergehenden Güteverhandlung nach § 278 II. Nicht erfasst werden sitzungspolizeiliche Maßnahmen („auf die Sachleitung bezügliche Anordnung").

2. Anordnung des Vorsitzenden. Hierunter ist jede Anordnung zu verstehen, nicht aber eine pflichtwidrige Unterlassung, beispielsweise eines Hinweises, Zöller/Greger Rn. 1. Erfasst werden Anordnungen der Prozessleitung durch den Vorsitzenden. 5

V. Einzelne Fragen des Gerichts. Neben der Prozessleitung des Vorsitzenden können auch Fragen des Gerichts, also des Vorsitzenden oder Beisitzers, gerügt werden. 6

1. Gericht. Es handelt sich um ein richterliches Mitglied des Spruchkörpers, das an der Verhandlung teilnimmt. Soweit der Vorsitzende einem zur Ausbildung zugewiesenen Referendar Maßnahmen der Sachleitung oder Fragen gestattet hat, bleibt der Vorsitzende verantwortlich. Hat er die Maßnahmen oder Fragen ersichtlich gebilligt, wenn auch stillschweigend, ist § 140 anwendbar. 7

2. Frage. Der Begriff ist weit auszulegen. Erfasst werden sämtliche Fragen des Vorsitzenden und Beisitzers nach §§ 136 II 2, 139, 141, 395, 396 III. 8

VI. Beanstandung als unzulässig. Es ist jeweils zu prüfen, ob eine zur Beanstandung berechtigte Person einen geeigneten Beanstandungsgrund vorträgt. 9

1. Berechtigung zur Beanstandung. Berechtigt ist jeder, der an der Verhandlung teilnimmt, und zwar als Partei, als vertretungsberechtigter Bevollmächtigter nach § 79, als ProzBev., als Zeuge nach § 373, als Sachverständiger nach § 402, als Streithelfer nach § 66, als Beistand nach § 90 oder als Beigeladener etwa nach § 48 WEG. Das gilt, solange der Vorsitzende ihm nicht aufgrund sitzungspolizeilicher Maßnahmen nach §§ 176 ff. GVG oder nach § 136 II 1 das Wort entzogen hat. Ein Mitglied des Spruchkörpers ist in seiner Eigenschaft als erkennender Richter nicht nach §§ 177, 178 GVG, § 158 „an der Verhandlung beteiligt". Deshalb ist § 140 auch dann unanwendbar, wenn ein Beisitzer die Frage des Vorsitzenden missbilligt (oder umgekehrt) oder wenn der Vorsitzende die Verhandlung gegen den Willen der Beisitzer nach §§ 136 IV, 296a geschlossen hat. Die Beisitzer können eine Wiedereröffnung der mündlichen Verhandlung nach § 156 erst in einer Beratung nach §§ 192 ff. GVG erzwingen. 10

2. Grund der Beanstandung. Die Beanstandung muss gerade den Vorwurf der rechtlichen Unzulässigkeit beinhalten. Unzulässig kann zB eine Frage entgegen § 383 III sein. Der Vortrag, eine Maßnahme oder Frage sei unerheblich oder unzweckmäßig, kann nicht nach § 140 geltend gemacht werden. Um eine Heilung nach § 295 I zu vermeiden, hat die Beanstandung, der Antrag auf Entscheidung des Gerichts, unmittelbar in der mündlichen Verhandlung zu erfolgen. 11

VII. Entscheidung des Gerichts. Beim Vorliegen der Voraussetzungen ist das an dieser Verhandlung als Spruchkörper teilnehmende Kollegium einschließlich des Vorsitzenden und desjenigen Beisitzers, dessen Frage jemand beanstandet hat, zu einer förmlichen Entscheidung über die Zulässigkeit der Maßnahme der Frage berechtigt und verpflichtet. Die Entscheidung ergeht aufgrund Beratung nach §§ 192 ff. GVG. 12

1. Beschluss. Die Entscheidung ergeht durch einen zu verkündenden förmlichen Beschluss nach § 329 I, der grundsätzlich auch zu begründen ist. Das Gericht weist die Beanstandung als unzulässig oder unbegründet zurück oder erklärt die beanstandete Anordnung oder Frage als unzulässig. 13

2. Folgen der Entscheidung. Ist die Beanstandung begründet, wird sich die Entscheidung häufig auf die Feststellung, dass eine Anordnung oder Frage unzulässig gewesen ist, beschränken. Die Antwort auf eine unzulässige Frage ist in der späteren Sachentscheidung nicht zu berücksichtigen, Musielak/Voit/Stadler Rn. 5. Die Vorschriften zur Ablehnung einer Gerichtsperson nach §§ 42, 48 bleiben unberührt. 14

VIII. Rechtsbehelfe. 1. Keine sonstige gesonderte Anfechtbarkeit. Mit der Entscheidung tritt für diese Instanz eine endgültige Klärung der Streitfrage ein. Man kann die Entscheidung nach § 140 grundsätzlich nicht mit einer sofortigen Beschwerde nach § 567 I anfechten, da es sich um eine Entscheidung aufgrund mündlicher Verhandlung handelt, § 567 I Nr. 2, BGH NJW 1990, 840. Im Rechtsmittelverfahren zur Hauptsache kann man nach §§ 512, 557 II vorgehen und die Entscheidung zusammen mit dem Endurteil anfechten. War die Beanstandung nach § 140 allerdings in der Verhandlung unterblieben, kann man das Rechtsmittel nach § 295 I nicht auf Fehler der formellen Prozessleitung stützen, anderes gilt nach überzeugender Ansicht für die materielle Prozessleitung, → § 137 Rn. 38; Musielak/Voit/Stadler Rn. 6. Denn Rechtsverletzungen der materiellen Prozessleitung und der Fragestellung finden Eingang in die Entscheidungsfindung und führen zu einem fehlerhaften Endurteil. Ein Ausschluss mangels rechtzeitiger Beanstandung ist daher sachlich nicht zu rechtfertigen, MüKoZPO/Fritsche Rn. 8. 15

2. Dienstaufsichtsbeschwerde. Nur in seltenen Fällen dürfte eine Dienstaufsichtsbeschwerde überhaupt in Betracht kommen. Häufig wird es sich um solche Maßnahmen handeln, die als Teile der richterlichen Spruchtätigkeit nach Art. 97 GG, § 26 DRiG nicht unter die Dienstaufsicht fallen. 16

3. Verfassungsbeschwerde. Gleiches gilt für die in diesem Zusammenhang weniger praxisrelevante Verfassungsbeschwerde. Nur in Ausnahmefällen wird eine Entscheidung nach § 140 Einfluss auf eine sonst nicht anfechtbare Endentscheidung haben, sodass wegen Erschöpfung des Rechtswegs eine Verfassungsbeschwerde in Betracht käme. 17

141 *Anordnung des persönlichen Erscheinens.*

I [1]Das Gericht soll das persönliche Erscheinen beider Parteien anordnen, wenn dies zur Aufklärung des Sachverhalts geboten erscheint. [2]Ist einer Partei wegen großer Entfernung oder aus sonstigem wichtigen Grund die persönliche Wahrnehmung des Termins nicht zuzumuten, so sieht das Gericht von der Anordnung ihres Erscheinens ab.

II [1]Wird das Erscheinen angeordnet, so ist die Partei von Amts wegen zu laden. [2]Die Ladung ist der Partei selbst mitzuteilen, auch wenn sie einen Prozessbevollmächtigten bestellt hat; der Zustellung bedarf die Ladung nicht.

III [1]Bleibt die Partei im Termin aus, so kann gegen sie Ordnungsgeld wie gegen einen im Vernehmungstermin nicht erschienenen Zeugen festgesetzt werden. [2]Dies gilt nicht, wenn die Partei zur Verhandlung einen Vertreter entsendet, der zur Aufklärung des Tatbestandes in der Lage und zur

Abgabe der gebotenen Erklärungen, insbesondere zu einem Vergleichsabschluss, ermächtigt ist. [3]Die Partei ist auf die Folgen ihres Ausbleibens in der Ladung hinzuweisen.

Schrifttum: Laumen, Der Grundsatz „nemo tenetur edere contra se" in der Rechtsprechung des Bundesgerichtshofs, FS Prütting, 2018, 391; Reinkenhofer, Die Informationsbeschaffung durch Parteianhörung im Zivilprozess usw., 2012; Stackmann NJW 2012, 1249 (Grdz.).

Übersicht

1 **I. Systematik, I–III.** Im Abschnitt 3 Titel 1 „Mündliche Verhandlung", insbesondere im Kontext von §§ 128 I, 272 II, 273 II Nr. 3, 278 III, konkretisiert die Vorschrift die Prozessleitung durch den Vorsitzenden nach § 136 und ergänzt die materielle Prozessleitung nach § 139.

2 **II. Regelungszweck, I–III.** Die Vorschrift dient vorrangig der Verfahrensförderung, BAG MDR 2015, 166; BGH NJW-RR 2011, 1363. Zweck der Anordnung ist, die Aufklärung des Sachverhalts zu fördern und damit das Verfahren zu beschleunigen, OLG Stuttgart NJW-RR 2015, 358. Zugleich kann die Anordnung ein Mittel sein, in der mündlichen Verhandlung eine konsensuale Lösung zu finden, eine gütliche Einigung zu fördern. Auch der Gedanke der Waffengleichheit ist bei der Anordnung des persönlichen Erscheinens zu berücksichtigen, OLG Frankfurt NJW 2013, 75; das gilt insbesondere für Vier-Augen-Gespräche, BGH WM 2006, 548.

3 Die Festsetzung eines Ordnungsmittels erfolgt nur, wenn durch das unentschuldigte Fernbleiben die Sachaufklärung erschwert und das Verfahren dadurch verzögert wird, BGH NJW-RR 2011, 1363; OLG Brandenburg FamRZ 2015, 270. Sind indes sowohl eine weitere Sachverhaltsaufklärung als auch ein Vergleichsabschluss ausgeschlossen, kommt die Festsetzung eines Ordnungsgelds nicht in Betracht, BGH NJW-RR 2007, 1365; BAG NJW 2008, 252. Die Festsetzung eines Ordnungsgelds ist auch dann ausgeschlossen, um eine Missachtung des Gerichts oder des Gesetzes zu sanktionieren, BAG MDR 2015, 166, oder um einen Vergleichsabschluss zu erzwingen, BGH NJW-RR 2007, 1364.

4 **1. Verfahrensförderung, Aufklärung.** § 141 bezweckt vor allem eine Verfahrensförderung und die erleichterte Aufklärung des Sachverhalts durch das Gericht durch einen persönlichen Eindruck von der Partei und ihrer Sicht, BAG NZA 2014, 1421; OLG Stgt MDR 2015, 116. Die Parteien sollen auch im Anwaltsprozess selbst zu Wort kommen, § 137 IV. Zugleich bietet sich so die Möglichkeit, Unklarheiten unmittelbar in der mündlichen Verhandlung zu klären und das Vorgehen des Gerichts zu erläutern. Die Parteien, um deren Interessen es im Rechtsstreit allein geht, können häufig (und ausschließlich) den Sachverhalt aus unmittelbarer Perspektive schildern. Es besteht so die Möglichkeit, im Parteivortrag Widersprüche zum schriftsätzlichen Vortrag auszuräumen und Lücken zu ergänzen. Das gilt insbesondere auch insoweit, als zwischen dem Vortrag des ProzBev. und demjenigen seines Auftraggebers ein Widerspruch erkennbar wird. Denn in der Regel hat dann der Vortrag der Partei selbst den Vorrang, wobei Widersprüche zwischen Vortrag von Prozessbevollmächtigten und Partei wie sonst in die richterliche Würdigung eingehen. Auch ein Schweigen kann für die richterliche Überzeugung von

Bedeutung sein, wenn auch keine Einlassungspflicht besteht und nicht allein aus der Nichtäußerung der einen auf die Richtigkeit der Ausführungen der anderen Partei geschlossen werden kann, Eschelbach/Geipel MDR 2012, 198 (199). Eine Einbindung der Parteien in das Verfahren erhöht zudem die Akzeptanz einer späteren Entscheidung, Lange NJW 2002, 483. Die Vorschrift regelt die Ladung der Partei zur Aufklärung des Sachverhalts und lässt weitere Ladungsvorschriften, § 214, unberührt.

Daraus folgt unter anderem: Maßnahmen nach § 141 sind unzulässig, soweit sie einem anderen Zweck als der Aufklärung des Sachverhalts dienen, OLG Brdb MDR 2014, 1172; OLG Naumb MDR 2010, 518. Das Gericht kann bei der Erörterung mit der erschienenen und zur Aufklärung des Sachverhalts bereiten Partei auch solche Fragen erörtern, die streitig sind, Bruns MDR 2010, 421. Für eine förmliche Vernehmung muss das Gericht zu dem Verfahren nach §§ 445 ff. übergehen, die Parteianhörung ist im Unterschied zur Parteivernehmung nicht Teil der Beweisaufnahme. 5

2. Abgrenzung zur Parteivernehmung. Die Anhörung der Partei ist also nicht mit der Parteivernehmung nach §§ 445 ff. gleichzusetzen, BGH WM 2018, 53: Handelt es sich bei Ersterer um eine informatorische Anhörung ohne Eidesleistung im Rahmen des Parteivortrags, unterliegt allein Letztere den klaren Vorgaben nach §§ 445–455 für eine Beweiserhebung. Denn die Parteianhörung ist kein Beweismittel, sie dient im Rahmen der allgemeinen richterlichen Aufklärungspflicht insbesondere der Präzisierung des Sachvortrags und hat klarstellenden Charakter, BGH BeckRS 2019, 30065. Sie wird durch Beschluss oder Verfügung, § 273 II Nr. 3, angeordnet. Eine Parteivernehmung als Beweismittel nach den Vorgaben des Strengbeweises erfolgt hingegen aufgrund eines Beweisbeschlusses nach § 450 und ist nur unter den genannten Voraussetzungen, §§ 445 ff., zulässig. Dabei sind die Anforderungen an die Parteivernehmung nicht zu niedrig anzusetzen; insbesondere die Anfangswahrscheinlichkeit bei einem Unfallhergang kann nicht im Fall mangelnder Kenntnis der Partei vom Unfallhergang und fehlender Beweismittel begründet sein. Eine solche Annahme käme einem unzulässigen Überdecken von Beweisschwierigkeiten der Partei gleich, OLG Naumb NJOZ 2017, 488. Andererseits ist es im Rahmen der von § 448 vorgegebenen Subsidiarität (Parteivernehmung nur „wenn das Ergebnis der Verhandlungen und einer etwaigen Beweisaufnahme nicht ausreicht") nicht erforderlich, dass die beweisbelastete Partei eine im Lager des Gegners stehende Person als Zeuge benennt oder die Parteivernehmung des Gegners beantragt, BGH BeckRS 2019, 33271. Fehlen andere Beweismittel, kann im Rahmen der freien Würdigung die richterliche Überzeugung allein auf die Erklärungen im Rahmen von § 141 gestützt werden, OLG Dresden NJW-RR 2021, 612. 6

Ein direktes Fragerecht des Gegners besteht nicht, anders bei der Parteivernehmung nach §§ 451, 397, Zöller/Greger Rn. 1. Auch in zeitlicher Hinsicht unterscheidet sich die Anhörung, die häufig nach § 278 III bereits in der Güteverhandlung erfolgen wird, von der Parteivernehmung, die regelmäßig erst in der streitigen Verhandlung im Rahmen der Beweisaufnahme erfolgt, § 279 II, Prütting/Gehrlein/Gehrlein Rn. 2. 7

Diese Unterschiede hindern allerdings nicht, dass das Gericht die Ergebnisse der Anhörung später im Urteil zulässigerweise verwertet, BGH WM 2018, 53, und es so zu Überschneidungen von Parteianhörung und -vernehmung im Rahmen von § 286 kommt, BGH NJW-RR 2016, 583. Dabei ist grundsätzlich dem Aussagegehalt einer Parteianhörung derselbe Wert wie einer Parteivernehmung beizumessen, BGH NJW 2013, 2601; OLG Koblenz MDR 2017, 1301 (1302); aA Zöller/Greger Rn. 1a. Das Gericht kann seine Überzeugung allein auf den Parteivortrag stützen, wenn die Voraussetzungen für eine Parteivernehmung, insbesondere für die nach § 448 erforderliche Anfangswahrscheinlichkeit, nicht vorliegen, BGH WM 2018, 53. Dem Gericht steht es auch frei, den Erklärungen den Vorzug vor Bekundungen eines Zeugen oder Erklärungen des Gegners, der als Partei vernommen wurde, einzuräumen, BGH WM 2018, 53 (54). Ein Geständnis der Partei nach § 288 ist weder im Rahmen der Anhörung noch der Vernehmung möglich, EGMR NJW 1995, 1414; BGH NJW-RR 2009, 1272; NJW-RR 2006, 672. 8

Die Regelungen zur Parteianhörung/-vernehmung sind auch mit den Grundsätzen zur gebotenen Waffengleichheit vereinbar. Mit Blick auf EGMR NJW 1995, 1413 und dem dort thematisierten Gebot der Waffengleichheit bei Vier-Augen-Gesprächen gilt Folgendes: Dem Gebot wird durch die Regelungen auch bei einem Vier-Augen-Gespräch genügt, bei dem eine Partei allein beteiligt war, während die andere einen Zeugen aus ihrem Lager benennen kann, OLG Köln BeckRS 2019, 34362. Da das Gericht nach § 286 der Aussage einer Partei (gleich, ob Anhörung oder Vernehmung) gegenüber Zeugenbekundungen den Vorzug geben kann, bestehen auch im Fall eines Vier-Augen-Gesprächs keine Bedenken hinsichtlich der Wahrung der Waffengleichheit, KG NJW 2018, 239. 9

III. Sachlicher Geltungsbereich, I–III. Die Parteianhörung iSv § 141 erfolgt in der mündlichen Verhandlung. Die Parteien können auch Bezug auf ihre in der Güteverhandlung protokollierten Angaben, § 278 II 3, nehmen und sie zum Gegenstand ihrer Anhörung nach § 141 machen. Die Anordnung des persönlichen Erscheinens der Parteien erfolgt innerhalb der mündlichen Verhandlung durch Beschluss, außerhalb durch Verfügung nach § 273 II Nr. 3. Der Geltungsbereich ist abzugrenzen von der Anordnung anlässlich eines Güteversuchs, § 278 III 1, wobei die Vorschrift auf § 141 I 2, II, III verweist, § 278 III 2. Da der Verlauf – wenn auch nicht der Zweck – einer Güteverhandlung iSv § 278 weitgehend dem einer mündlichen Verhandlung ähnelt, findet sich bei § 278 II 3 auch eine Parallelvorschrift, die die persönliche Anhörung im Rahmen der Güteverhandlung vorsieht, Thomas/Putzo/Seiler Rn. 9. im FamFG-Verfahren iVm § 113 I FamFG, OLG Saarbr NJW 2014, 559 (561), in Ehesachen § 128 FamFG. Im arbeitsgerichtlichen Verfahren ist § 141 anwendbar, soweit nicht der vorrangige § 51 ArbGG abweicht, BAG NJW 2008, 252. 10

Im Prozesskostenhilfeverfahren nach §§ 114 ff. ist § 141 nicht anwendbar. Es handelt sich in diesem Verfahren nicht um eine streitige Verhandlung zwischen den Parteien. 11

IV. Persönlicher Geltungsbereich, I–III. 1. Partei. Die Vorschrift findet auf alle Parteien Anwendung, „beider Parteien" in I 1, OLG Brdb MDR 2000, 585. Hierher zählt auch die Partei kraft Amts, zB der Nachlasspfleger, Testamentsvollstrecker oder Insolvenzverwalter. Das Gericht kann die Partei auch gegen den Willen ihres ProzBev. anhören, OLG Hamm BeckRS 2019, 33478. 12

2. Prozessunfähige Partei. Adressat der Anordnung ist auch im Fall der Prozessunfähigkeit die Partei. Dies gilt ungeachtet der Tatsache, dass eine prozessunfähige Partei nur durch sie vertretende natürliche Personen Prozesshandlungen vornehmen kann, LAG Rheinland-Pfalz, BeckRS 2007, 45765. Die Anordnung ergeht gegenüber der juristischen Person, deren gesetzlicher Vertreter dann zu laden ist und vor Gericht auftritt, BGH 13

NJW-RR 2011, 1363. Die Frage ist insbesondere mit Blick auf die Festsetzung eines Ordnungsgelds – gegen die Partei, nicht den gesetzlichen Vertreter – von Bedeutung.

14 **3. Prozessbevollmächtigter.** Das Gericht kann nicht nach § 141 das persönliche Erscheinen eines ProzBev. anordnen oder gegen ihn nach dieser Vorschrift ein Ordnungsgeld verhängen. Eine Parteianhörung kann auch gegen den Willen des ProzBev. erfolgen, OLG Hamm BeckRS 2019, 33478.

15 **4. Streitgenössischer Streithelfer.** Als Partei gilt auch der streitgenössische Streithelfer nach § 69.

16 **5. Einfacher Streithelfer.** Der einfache Streithelfer nach §§ 66 ff. ist nicht Partei. Er beteiligt sich am Verfahren nur freiwillig. Es reicht aber aus, dass er statt der Partei erscheint.

17 **V. Zuständigkeit, I–III.** Zuständig ist grundsätzlich das Prozessgericht; zu unterscheiden sind folgende Situationen:

18 **1. Außerhalb der Verhandlung.** Außerhalb der mündlichen Verhandlung kann der Vorsitzende nach § 273 II Nr. 3 auch über eine Anordnung nach § 141 entscheiden. Ihm stehen der Einzelrichter nach §§ 348, 348a, 526, 527, 568 und nach § 349 der Vorsitzende der Kammer für Handelssachen nach §§ 93 ff. GVG gleich. Der Vorsitzende kann auch einen Beschluss des Kollegiums herbeiführen.

19 **2. Ersuchter/beauftragter Richter.** Die Anhörung erfolgt vor dem Prozessgericht und kann uU auch von dem ersuchten oder beauftragten Richter vorgenommen werden, so im Verfahren auf Vollstreckungsschutz nach § 765a, BGH NJW-RR 2016, 583 (584); aM Zöller/Greger Rn. 6. Es ist kein zwingender Grund ersichtlich, die Partei zur Sachverhaltsaufklärung vor dem Prozessgericht anzuhören, während die Beweisaufnahme, die zur Bestätigung/Widerlegung von Parteibehauptungen dient, vor dem ersuchten oder beauftragten Richter durchgeführt werden kann. Es ist daher zulässig, dass auch der beauftragte, ersuchte Richter nach §§ 361, 362 im Rahmen des bloßen Aufklärungsbedürfnisses entsprechend §§ 375 Ia, 451 aus Gründen der Verfahrensökonomie das persönliche Erscheinen nach I, II anordnet, BGH WM 2016, 517; Thomas/Putzo/Seiler Rn. 2; aM Zöller/Greger Rn. 6. Eine Anhörung durch den ersuchten/beauftragten Richter wird in der Praxis indes häufig ausgeschlossen sein. Denn sie ist jedenfalls dann nicht möglich, wenn es auf den – wie häufig – unmittelbaren Eindruck von der Parteianhörung ankommt, BGH NJW-RR 2016, 583 (584 f.).

20 **3. In der Verhandlung.** Vom Beginn bis zum Ende der mündlichen Verhandlung nach §§ 136 IV, 296a ist das Kollegium zuständig, LAG Brem BB 1993, 1952. Ihm steht der Einzelrichter gleich.

21 **VI. Anordnung des persönlichen Erscheinens, I 1. 1. Ermessen.** Die Vorschrift enthält nach dem Wortlaut eine Sollregelung, es handelt sich um eine Ermessensentscheidung des Gerichts, ein Anspruch der Parteien besteht nicht. Das richterliche Ermessen wird sowohl durch I 1 Hs. 2 als auch durch I 2 begrenzt, BGH NJW-RR 2007, 1365. Das Gericht muss unter den Aspekten von effizientem Rechtsschutz und rechtlichem Gehör das Erscheinen anordnen, soweit eine Aufklärung anders nicht möglich erscheint, BGH NJW 2011, 1361, bei zugleich bestehender Zumutbarkeit des Erscheinens. Eine solche Pflicht zur Anordnung besteht insbesondere, wenn der (Gegen-)Beweis einer Partei nur mit ihrer Aussage zu führen ist, ohne dass die Voraussetzungen für eine Parteivernehmung vorliegen, BVerfG NJW 2017, 3218.

22 Beispiele sind das Gespräch, an dem neben der Partei nur die Gegenpartei oder ein Zeuge aus dem Lager der Gegenpartei beteiligt waren, BVerfG NJW 2008, 2170; NJW 2001, 2531. Die Partei hat die Möglichkeit, sich durch Wortmeldung und Befragung des gegnerischen Zeugen zu beteiligen, §§ 137 IV, 397 II, Zöller/Greger Rn. 3a. Die Anhörung kann die für die Vernehmung erforderliche Anfangswahrscheinlichkeit oder sogar die Überzeugung des Gerichts bewirken, Zöller/Greger Rn. 3a. Die Anordnung ergeht dann von Amts wegen ohne Parteiantrag, so auch Zöller/Greger Rn. 3a.

23 **2. Erscheinen beider Parteien.** Die Vorschrift stellt klar, dass die Anordnung beide Parteien betreffen kann, OLG Brdb MDR 2000, 585. Das wird sich empfehlen, um das Verfahren zu beschleunigen. Ferner bietet sich für das Gericht die Gelegenheit, die Möglichkeiten einer gütlichen Einigung auszuloten und die Entscheidungsakzeptanz durch umfassende Erörterung des Sach- und Streitstandes zu erhöhen.

24 **3. Zur Aufklärung des Sachverhalts geboten.** Nach dem Verhandlungsgrundsatz ist Gegenstand der Anhörung der zur Entscheidung stehende Sachverhalt. Auch wenn die Anhörung den Streitgegenstand betrifft, wird eine Anhörung häufig zu einer umfassenderen Darstellung des Verfahrensstoffes durch Erläuterungen zu Ursachen und Zusammenhängen des Rechtsstreits, Verbindungen der Parteien, Mitteilung von Randgeschehen und auch ergänzendem/konkretisierendem Tatsachenvortrag führen. Dies entspricht dem Zweck umfassender Sachverhaltsaufklärung (Zöller/Greger Rn. 8).

25 **VII. Keine Anordnung bei Unzumutbarkeit, I 2.** Von einer Anordnung ist trotz Aufklärungsbedürftigkeit abzusehen, wenn die Voraussetzungen von I 2 vorliegen.

26 **1. Große Entfernung.** Als ein Ausschlussgrund der Anordnung nennt I 2 eine große Entfernung des Wohnsitzes oder Aufenthaltsorts der Partei nach §§ 12 ff. vom Sitz des Prozessgerichts, OLG Düss VersR 2005, 855 (zu § 278). Dabei muss das Gericht die Verkehrsverhältnisse ebenso berücksichtigen wie zB den Gesundheitszustand, den Beruf (geschäftliche Nachteile eines selbständigen Unternehmers), LG Mönchengladb NJW-RR 1997, 764, oder die Bedeutung der Sache. Eine längere Fahrtzeit macht die Anordnung nicht ohne weiteres unzumutbar, so für Anfahrt von Norddeutschland nach Ulm, OLG Stuttgart NJW-RR 2015, 358 (359). Im Übrigen kommt es auf die Umstände des Einzelfalls an. Das alles gilt auch beim Beteiligten im Ausland.

27 **2. Sonstiger wichtiger Grund.** Hierzu zählen zB der Grundsatz der Waffengleichheit, soweit seitens des Gegners keine Anhörung erfolgen kann; so beim Tod des maßgeblichen Ansprechpartners auf Beklagtenseite, OLG Saarbr NJW-RR 2011, 990 (992). Die Partei muss am Terminstag ein dringendes berufliches, nicht anderweitig organisierbares Geschäft vornehmen, Unentbehrlichkeit als Unternehmer auf einer Großbaustelle bei kurzfristiger Terminierung LG Mönchengladb NJW-RR 1997, 764; allerdings genügt nicht jede berufliche Verpflichtung, AG Meldorf MDR 2010, 520. Ein sonstiger wichtiger Grund besteht zudem, wenn die Partei erkrankt ist; ferner wenn eine Entbindung nahe bevorsteht; die Partei beabsichtigt, in einen bereits gebuchten Urlaub zu fahren.

28 **3. Unzumutbarkeit der Terminswahrnehmung.** Jedenfalls muss zu den Bedingungen hinzutreten, dass gerade infolgedessen der Partei die persönliche Wahrnehmung des Termins nicht zumutbar ist.

4. Unterlassung oder Rücknahme der Anordnung. Eine unrichtig getroffene Anordnung ist unverzüglich unter Mitteilung an die Partei aufzuheben. 29

VIII. Entscheidung, I 1, 2. 1. Form der Anordnung. Das Gericht entscheidet innerhalb wie außerhalb der Verhandlung durch Beschluss oder prozessleitende Verfügung nach § 273 II Nr. 3. Die Entscheidung ergeht dahin, dass das Gericht das persönliche Erscheinen der betreffenden Partei anordnet oder dass es die etwa beantragte Anordnung des Erscheinens ablehnt. Die Unterlassung beinhaltet eine Nichtanordnung. Eine Anordnung/Ablehnung ist unanfechtbar, §§ 329, 567 I; allerdings kann ein Urteil, das ohne Anordnung ergeht, ggf. wegen Verstoßes gegen die Aufklärungspflicht nach § 139 anfechtbar sein, MüKoZPO/Fritsche Rn. 11; Thomas/Putzo/Seiler Rn. 2. 30

2. Mitteilung. Die Partei ist von Amts wegen bei Anordnung des persönlichen Erscheinens zu laden, § 141 II 1. Die Ladung erfolgt formlos an die Partei, auch wenn sie anwaltlich vertreten ist, § 141 II 2. Der Prozessbevollmächtigte wird hingegen nach § 172 formell geladen. 31

IX. Ladung der Partei von Amts wegen, II 1, 2. 1. Ladung der Partei selbst, II 1. Die Anordnung des persönlichen Erscheinens der Partei ist von der Ladung zu unterscheiden. Soweit das Gericht das Erscheinen einer Partei angeordnet hat, muss es diese Partei persönlich von Amts wegen laden. Die Ladung ergeht bei einer nach § 50 prozessunfähigen Partei an ihren gesetzlichen Vertreter. Das gilt insbesondere bei der Ladung einer juristischen Person, § 170, BGH NJW-RR 2011, 1363; OLG Hamm NZG 2016, 796. Sie geht also an das nach der Satzung berufene Organ. Sind mehrere Personen gesetzliche Vertreter, muss die Ladungsanordnung klar ergeben, wer von ihnen erscheinen soll, OLG Köln OLGR 1997, 103; LAG Düss MDR 1996, 98. Den ProzBev. informiert das Gericht zusätzlich formlos. 32

2. Mitteilung trotz Anwalts, II 2. Die Vorschrift stellt klar, dass die Ladung der Partei persönlich auch dann mitzuteilen ist, wenn sich ein ProzBev. bestellt hat. Das gilt im Anwalts- wie im Parteiprozess. Das Gericht benachrichtigt auch ProzBev. und Prozessgegner. 33

3. Ladungsinhalt, II 1, 2. Die Ladung muss klarstellen, zu welchem Zweck sie erfolgt, also „zur Aufklärung des Sachverhalts", I 1, nicht etwa „zur Beweisaufnahme" oder „zur Vernehmung als Partei" nach §§ 445 ff., auch nicht nur „zwecks Güteversuchs" nach § 278 oder aus anderen Gründen. Eine Mitteilung konkreter Fragen oder klärungsbedürftiger Punkte ist hingegen nicht notwendig, OLG Stuttgart NJW-RR 2015, 358 (359). Im Übrigen ist die Partei nach III 2 auf die Folgen eines Ausbleibens bereits in der Ladung hinzuweisen. Soweit das nicht geschieht, kann das Gericht kein Ordnungsgeld nach III 1 festsetzen. Die Partei muss dabei erkennen können, dass die Ladung zumindest auch der Aufklärung dient und insbesondere nicht nur einem Güteversuch. Denn § 278 III 2 verweist auch auf II. Es ist auch auf die Möglichkeit der Entsendung eines sachverhaltskundigen und zur Abgabe der gebotenen Erklärungen bevollmächtigten Vertreters nach III 2 hinzuweisen. 34

X. Zwang zum Erscheinen, jedoch nicht zur Einlassung, III 1. Die Vorschrift regelt nur die Folgen des Ausbleibens der Partei im Termin. Daraus ergibt sich: Die Partei muss unter den Voraussetzungen von III erscheinen, OLG Brdb FamRZ 2009, 800. Das gilt trotz einer etwaigen abweichenden Erklärung ihres ProzBev. Sie braucht sich aber nicht zur Sache einzulassen, OLG Brdb FamRZ 2009, 800. 35

Allerdings kann das Gericht das **Schweigen** der zur Aufklärung geladenen und erschienenen Partei nach den Umständen nach §§ 282 I, 286 I, 296 II würdigen. Die schweigende Partei hat ferner die üblichen Nachteile eines möglicherweise unsubstantiierten Vortrags, eines Nichtbestreitens, § 138 Abs. 3, und ausbleibender Beweisantritte zu tragen, MüKoZPO/Fritsche Rn. 13. Nicht zulässig sind allerdings sitzungspolizeiliche Maßnahmen nach §§ 177, 178 GVG. Auch eine entsprechende Anwendung von §§ 453 II, 446 (Verweigerung der Aussage der zur Beweisaufnahme förmlich geladenen Partei) ist ausgeschlossen, die Vorschriften betreffen eine andere Prozesslage, eine förmliche Beweisaufnahme nach §§ 355 ff. Gegen eine aus dem Ausland geladene ausländische Partei ist kein Zwang möglich, OLG Mü NJW-RR 1996, 60. 36

XI. Ausbleiben nach III 1. Möglichkeit eines Ordnungsgelds, III 1. Dazu Zapf MDR 2017, 554. 37

1. Ausbleiben im Verhandlungstermin. Voraussetzungen für die Festsetzung eines Ordnungsgeldes sind: Das Gericht muss das persönliche Erscheinen der Partei ordnungsgemäß zu einem Verhandlungstermin, nicht nur zu einem Gütetermin nach § 278, angeordnet haben, BGH NJW-RR 2011, 1364, und die Partei ordnungsgemäß nach §§ 166 ff. geladen haben, OLG Brdb MDR 2001, 411. Gleichwohl ist die Partei unentschuldigt ausgeblieben, OLG Köln FamRZ 1993, 339. Ob sie ihr Ausbleiben genügend entschuldigt hat, ist nach den Umständen zu beurteilen. Das gilt unter Abwägung der von der Partei geltend gemachten Hinderungsgründe einerseits, ihrer Pflicht zur Prozessförderung andererseits. Man kann die an sich nicht unmittelbar anwendbaren Voraussetzungen einer Vertagung nach § 337 S. 1 Hs. 2 (Verhinderung der Partei am Erscheinen ohne ihr Verschulden) entsprechend anwenden. Das Gericht hat das Ausbleiben der Partei nach § 286 frei zu würdigen, soweit nicht das Erscheinen ihres Vertreters nach III 2 genügt. 38

Nach dem Wortlaut von III 1 wird das Ordnungsgeld wie gegen einen Zeugen festgesetzt, also insbesondere nach § 381, wonach für die Verhängung die ungenügende oder nicht rechtzeitige Entschuldigung und in diesem Zusammenhang das eigene Verschulden des Zeugen vorausgesetzt werden. 39

Es wird sich in der Regel empfehlen, Ordnungsmittel nur zurückhaltend zu verhängen, OLG Brdb JurBüro 1999, 155. Das Ausbleiben der Partei wird nur dann zu ihrem Nachteil ausgewertet, wenn sie schuldhaft handelte, also vorsätzlich oder fahrlässig, OLG Düss OLGZ 1994, 577. Ein Verschulden nur des gesetzlichen Vertreters oder nur des ProzBev. reicht für ein Verschulden der Partei trotz § 85 II nicht, LAG Hmb NZA-RR 2005, 213. Es kommt allein auf die Partei an, BGH NJW-RR 2011, 1363. Die Partei ist auch dann „im Termin ausgeblieben", wenn nur ihr ProzBev. erscheint und wenn sie ihn nicht nach III 2 informiert und ermächtigt hat, OLG Naumb JurBüro 2011, 320. War der Geschäftsführer einer Partei geladen, kommt es auf sein Ausbleiben an, LAG Hamm BB 1999, 908. Das Ordnungsgeld darf aber nur gegen die Partei ergehen, BGH NZG 2017, 662. 40

2. Abgrenzung von der Verweigerung der Einlassung. Man hat das Ausbleiben der Partei mit oder ohne Entschuldigungsgründe von ihrem Erscheinen bei gleichzeitiger Verweigerung der Einlassung zu unterscheiden. Soweit sie lediglich die Einlassung verweigert, gelten die Regeln → Rn. 35. 41

3. Abgrenzung von der Säumnis der Partei. Das Ausbleiben der Partei nach III 1 ist von ihrer Säumnis nach §§ 330 ff. zu unterscheiden, OLG Köln NJW-RR 2004, 1723. Säumig ist die Partei nach § 333 ins- 42 besondere auch dann, wenn sie zwar erscheint, aber nicht wirksam nach § 297 verhandelt. Soweit aufgrund einer Anordnung des persönlichen Erscheinens zwar die Partei selbst oder ein Vertreter nach III 2 erscheinen, nicht aber ihr ProzBev., ist die Partei in einem Verfahren mit Anwaltszwang säumig. Dasselbe gilt beim Sichentfernen des ProzBev. vor der Einlassung oder Verhandlung. Es ergeht auf Antrag des Prozessgegners eine Säumnisentscheidung gegen die persönlich erschienene Partei, sie wird nicht angehört. Bei einer solchen Säumnisentscheidung unterbleibt ein Ordnungsmittel gegen den Säumigen, OLG Zweibr FamRZ 2006, 1687.

43 **4. Abgrenzung vom Erscheinen des Prozessbevollmächtigten.** Soweit nach einer wirksamen Anordnung des persönlichen Erscheinens der Partei und ihrer ordnungsgemäßen Ladung nicht die Partei, wohl aber ihr ProzBev. erscheint, prüft das Gericht, ob die Voraussetzungen nach III 2 vorliegen. Falls nicht, hat das Gericht nach → Rn. 37 das Ausbleiben der Partei nach § 286 frei zu würdigen und über die Anordnung eines Ordnungsgeldes zu entscheiden, → Rn. 44.

44 **XII. Entscheidung über Ordnungsgeld, III 1.** Unter den Voraussetzungen → Rn. 37–40 „kann" das Gericht gegen die ausgebliebene Partei ein Ordnungsgeld wie gegen einen im Vernehmungstermin nicht erschienenen Zeugen nach § 380 festsetzen. Es handelt nach pflichtgemäßem Ermessen, OLG Brdb MDR 2014, 1172; OLG Stgt WM 2014, 94. Das Ordnungsgeld wird im Fall der nicht erschienenen juristischen Person gegen sie, nicht aber gegen ihren gesetzlichen Vertreter festgesetzt, BGH ZIP 2017, 1183. Denn auch wenn der Vertreter zu laden ist, wird regelmäßig nicht das persönliche Erscheinen des Vertreters, sondern das der juristischen Partei angeordnet.

45 **1. Beschlussform.** Das Gericht verhängt ein Ordnungsgeld durch Beschluss. Wegen der Zustellung gilt § 172, OLG Brem MDR 2012, 428.

46 **2. Höhe des Ordnungsgeldes.** Das Gericht setzt ein Ordnungsgeld von 5–1.000 EUR nach Art. 6 I EGStGB fest. Zulässig sind die Stundung dieses Betrags oder eine Bewilligung von Ratenzahlung.

47 **3. Verfahrensförderung.** Bei Bemessung der Höhe eines Ordnungsgeldes ist zu beachten, dass der Sinn nicht in einer Bestrafung, sondern in der Verfahrensförderung liegt, BGH NJW-RR 2011, 1363. So kann die Anordnung nicht mehr das Verfahren beschleunigen, wenn ohnehin die Klage zurückgenommen wird, ein Versäumnisurteil ergeht, Entscheidungsreife trotz des Ausbleibens eintritt, BGH NJW-RR 2011, 1363, oder ein Vergleich zustande kommt. Für die Verhängung ist also regelmäßig erforderlich, dass die Sachverhaltsaufklärung durch das Nichterscheinen erschwert und das Verfahren so verzögert wird, BGH NJW-RR 2011, 1363. Ist dies nicht der Fall, ist eine Festsetzung ermessensfehlerhaft.

48 **4. Begründung.** Der Beschluss ist grundsätzlich zu begründen, OLG Brdb JurBüro 1999, 155. Das Gericht muss verdeutlichen, dass es im Rahmen seines Ermessens eine pflichtgemäße Abwägung der für und gegen ein Ordnungsgeld sprechenden Gesichtspunkte vorgenommen, OLG Köln VersR 1992, 254, und dass es eine Entschuldigung der ausgebliebenen Partei verneint hat, OLG Brdb JurBüro 1999, 155.

49 **XIII. Unzulässigkeit einer Maßnahme, III 1. 1. Keine Ordnungshaft.** Die Anordnung von Ordnungshaft ist anders als beim unentschuldigt ausbleibenden Zeugen unzulässig, OLG Köln FamRZ 1993, 339. Das ergibt sich schon daraus, dass § 141 anders als § 380 I 2 nur das Ordnungsgeld erwähnt, OLG Brem FamRZ 1989, 306, und dass die Partei im Gegensatz zum Zeugen unter keinen Umständen zu einer Einlassung verpflichtet ist. Sie trägt bei Verweigerung die üblichen prozessualen Nachteile einer freien Würdigung nach § 286. Das Ordnungsgeld dient nicht der Bestrafung, sondern der Prozessförderung, → Rn. 47.

50 **2. Kein Ordnungsgeld bei ausreichender Entschuldigung oder Entscheidungsunerheblichkeit.** Voraussetzung für die Anordnung eines Ordnungsgeldes ist stets das Verschulden der Partei. Soweit die Partei ihr Ausbleiben entschuldigt, kommt auch kein Ordnungsgeld in Betracht, LAG Hamm NZA-RR 2013, 491. Mögliche Entschuldigungsgründe sind: weite Entfernung; Erkrankung, auch eines nahen Angehörigen; unaufschiebbarer wichtiger beruflicher Termin; Störung der Verkehrsverbindung; Entscheidungsreife; nach den wirtschaftlichen Verhältnissen unzumutbare Fahrtkosten, KG FamRZ 2007, 2084.

51 Ein Verschulden des Anwalts ist der Partei, abweichend von § 85 II, nicht zuzurechnen, BGH NJW-RR 2011, 1363. III 1 nimmt bezüglich der Festsetzung von Ordnungsgeld auf die Vorschriften zum Nichterscheinen eines Zeugen Bezug. Diese erfordern ein eigenes Verschulden des Zeugen, § 381, die Zurechnung eines Verschuldens Dritter ist danach nicht vorgesehen, BGH NJW-RR 2011, 1363. Bei einer unzutreffenden anwaltlichen Auskunft ist daher das Verschulden der Partei im Einzelfall zu prüfen: Die Partei hat zumindest glaubhaft zu machen, dass sie ihren Anwalt über ihre persönliche Ladung informiert hat, bevor er ihr abschließend erklärte, sie brauche gleichwohl nicht zu erscheinen. Das Erscheinen einer im Ausland lebenden Partei kann grundsätzlich nicht durch die Verhängung eines Ordnungsgelds erzwungen werden, OLG Hamm NJW 2009, 1090. Eine unterlassene Vorlage einer schriftlichen Vollmacht nach § 141 III durch den Anwalt im Prozess ist der Partei nicht zuzurechnen, BGH NJW-RR 2011, 1363.

52 **3. Kein Ordnungsgeld bei nicht ordnungsgemäßer Anordnung des Erscheinens oder Ladung.** Die Verhängung eines Ordnungsgeldes ist ausgeschlossen, soweit die Anordnung des persönlichen Erscheinens nicht ordnungsgemäß erfolgt war, OLG Hamm MDR 2014, 50, etwa wegen zu kurzer Ladungsfrist nach § 217 oder soweit die Partei nicht ordnungsgemäß geladen wurde, OLG Ffm FamRZ 1992, 73.

53 **4. Kein Ordnungsgeld vor Einlassung des Beklagten zur Sache oder Erlass eines Versäumnisurteils.** Ein Ordnungsgeld gegen den Beklagten ist unzulässig, wenn er sich noch nicht zur Sache auf den Prozess eingelassen hatte. Soweit ein Versäumnisurteil gegen die nicht erschienene Partei ergeht, ist die Anordnung eines Ordnungsgelds unzulässig, OLG Köln NJW-RR 2004, 1722. Denn ist die Sache entscheidungsreif, wird ein Versäumnisurteil auf Grundlage des Vortrags der Gegenseite erlassen, fehlt eine Rechtfertigung, ein Ordnungsgeld zwecks Verfahrensförderung zu verhängen, OLG Köln NJW-RR 2004, 1722.

54 **5. Keine Vorführungsanordnung.** Die Partei trifft eine Pflicht zum Erscheinen, nicht aber, sich zu erklären. Auch beim unentschuldigten Ausbleiben ist die Anordnung einer Vorführung der Partei nach § 141 nicht zulässig, OLG Karlsr OLGZ 1984, 451. Das gilt auch dann, wenn das schon festgesetzte Ordnungsgeld nicht beigetrieben werden kann. Die Partei kann erneut geladen werden, wenn weiterhin ein Aufklärungsbedürfnis besteht, die Partei entschuldigt nicht erschienen ist und nur vorübergehend an einem Erscheinen gehindert war, Zöller/Greger Rn. 20.

6. Nur begrenzt Kostenfolgen des Ausbleibens. Das Gericht kann der Partei zwar unter den Voraussetzungen des § 38 GKG eine Verzögerungsgebühr auferlegen oder ihr nach § 95 wegen der Versäumung eines Termins oder einer Frist die dadurch verursachten Kosten auferlegen. Es ist aber zwischen der Versäumung und der Nichtbefolgung der Anordnung des persönlichen Erscheinens zu unterscheiden. Das Gericht darf die Partei nicht auch zu den durch die bloße Nichtbefolgung der Anordnung nach § 141 verursachten Kosten verurteilen, OLG Köln FamRZ 1993, 339. 55

XIV. Unterbleiben von Ordnungsgeld beim Auftreten eines Vertreters, III 2. Das Gericht darf ein Ordnungsgeld unabhängig von den Fällen → Rn. 49–53 insbesondere auch dann nicht verhängen, wenn die Partei zur Verhandlung einen solchen Vertreter entsendet, der zur Aufklärung des Sachverhalts in der Lage ist und den sie zur Abgabe der notwendigen Erklärungen ermächtigt hat, insbesondere zu einem Vergleichsabschluss. 56

1. Fähigkeit zur Aufklärung des Tatbestands: ausreichende Sachverhaltskunde. Ein Vertreter ist nur dann hinreichend sachverhaltskundig, wenn er bei klärungsbedürftigen Umständen wie die Partei selbst Auskunft geben kann, OLG Stuttgart NJW-RR 2014, 447. Voraussetzung ist, dass der Vertreter ebenso viel wie die Partei mitteilen kann, soweit es um die vom Gericht gewünschte Aufklärung geht. Der Begriff „Aufklärung" ist weit zu fassen, OLG Karlsr MDR 2012, 1062. Mögliche Vertreter sind instruierte Mitarbeiter eines großen Unternehmens in leitender Funktion, OLG Karlsr VersR 2005, 1104, in Kenntnis gesetzte Angehörige oder Bekannte der Partei, Mitarbeiter zB des Reparaturbetriebs, dessen Arbeiten streitgegenständlich sind. Der Vertreter braucht nicht die Voraussetzungen des § 79 zu erfüllen. Auch der ProzBev. selbst kann als Vertreter nach III auftreten, OLG Karlsr VersR 2014, 120. 57

2. Fehlende Sachverhaltskunde des Vertreters: Risiko der Partei. Diese Anforderungen gelten für jeden Vertreter. Bei dem in der Praxis als Vertreter auftretenden ProzBev. ist allerdings zu berücksichtigen, dass er häufig nicht über die zur Sachverhaltsaufklärung erforderliche eigene Sachkenntnis verfügt, da sich sein Wissen in der Regel auf den beruflichen Kontakt zu der Partei beschränkt, OLG Stuttgart NJW-RR 2014, 447; LAG Kiel NZA-RR 2004, 154. 58

3. Höchstpersönliche Kenntnis. Der ProzBev. der Partei kommt als ihr Vertreter nach III ohnehin nicht infrage, wenn es auf höchstpersönliche Kenntnisse der Partei ankommt, OLG Karlsr MDR 2012, 1062, oder auf einen persönlichen Eindruck von der Partei, OLG Karlsr VersR 2014, 120. 59

4. Ermächtigung zur Abgabe der gebotenen Erklärungen. Schließlich muss der als Vertreter nach III Erschienene auch entsprechend bevollmächtigt sein, OLG Naumb JurBüro 2011, 320. Die Aufnahme eines Protokolls über die Anhörung ist zwar nicht nach § 160 III Nr. 4 notwendig, wird aber in der Praxis nach § 160 II, IV regelmäßig erforderlich sein. Die Einlassung ist nur insoweit verwertbar, als sie im Protokoll oder Urteil wiedergegeben wird. 60

5. Vollmacht. Der Vertreter muss im Übrigen im Verhältnis zu seiner Partei eine jedenfalls nach III 2 umfassende Vollmacht haben, OLG Karlsr VersR 2005, 1104. Sie muss insbesondere zum Abschluss eines Prozessvergleichs ausreichen, wie das Gesetz ausdrücklich verlangt, OLG Karlsr VersR 2005, 1104. Sie hat sich aber schon dem Wortlaut nach auf „sämtliche gebotene Erklärungen" zu erstrecken, zB Erledigungserklärung, Verzicht, § 306, Anerkenntnis, § 307, OLG Naumb MDR 2011, 943. Die Bereitschaft, nur unter Einräumung einer Widerrufsfrist einen Vergleich zu schließen, dürfte ausreichen. Da der Vertreter lediglich an die Stelle der Partei tritt, muss er nicht „vergleichsbereiter" als diese sein, sondern nur ihre ggf. fehlende Bereitschaft abbilden, LG Brschw NJW-RR 2004, 390. 61

Die häufige Äußerung, der ProzBev. dürfe einen Vergleich nicht ohne telefonische Rücksprache nach dem Termin mit der Partei abschließen, wird indes als unzureichend gewertet, Zöller/Greger Rn. 16. Eine konkrete Abstimmung dürfte bei tatsächlicher Erreichbarkeit der Partei in der Praxis unschädlich sein. 62

6. Folge unzureichender Vertretung: Ordnungsgeld. Soweit die Voraussetzungen → Rn. 57–61 nicht vorliegen, ist das Gericht zur Verhängung eines Ordnungsgeldes gegen die Partei berechtigt. Das Gericht hat den Beschluss trotz § 172 der anwaltlich vertretenen Partei selbst zuzustellen, LAG Köln NZA-RR 2008, 491 (auch zu Verstoßfolgen). 63

XV. Notwendigkeit des Hinweises auf die Folgen des Ausbleibens, III 3. Das Gericht muss die Partei nach dem zwingenden Wortlaut auf die Folgen ihres Ausbleibens bereits in der Ladung hinweisen. Der Wortlaut nach III 3 versteht sich aus Sinn und Zweck dahin, dass einerseits der Hinweis auf ein mögliches Ordnungsgeld notwendig ist, andererseits der Zusatz, dass dieses unterbleiben werde, wenn die Partei einen solchen Vertreter entsende, der zur Aufklärung in der Lage sei und der auch alle notwendigen Erklärungen abgeben dürfe, insbesondere zum Vergleichsabschluss. Ausreichend ist, den Wortlaut von III 1, 2 mitzuteilen. Anzuordnen ist das persönliche Erscheinen einer Partei oder eines gesetzlichen Vertreters. Beschreibungen wie ein „besonders bevollmächtigter, sachorientierter Vertreter der Partei" ist nicht ausreichend präzise, OLG Köln NJW-RR 2004, 1722. Der Partei muss verdeutlicht werden, welche Rechtsfolgen ihr persönliches Ausbleiben oder eine mangelnde Information ihres Vertreters haben können. 64

XVI. Nachholung des Hinweises, III 3. Soweit der Hinweis nicht schon mit der Ladung erfolgte, ist er rechtzeitig nachzuholen, sodass die Partei ihre Entscheidungen noch rechtzeitig treffen, insbesondere auch für die rechtzeitige Entsendung eines etwa noch zu informierenden Vertreters sorgen kann. Soweit das Gericht einen ordnungsmäßigen Hinweis nach III 3 unterlassen hat, kann nach → Rn. 66 eine Maßnahme nach III 1 unzulässig und aufzuheben sein. 65

XVII. Aufhebung der Anordnung des Erscheinens, I, II. Das Gericht darf die Anordnung des persönlichen Erscheinens jederzeit aufheben. Es ist dazu nach I 1 auch verpflichtet, sobald und soweit sich ergibt, dass das Erscheinen der Partei persönlich zur Aufklärung des Sachverhalts nicht mehr nötig ist. Das Gericht hat zudem seine Anordnung des Erscheinens unter den Voraussetzungen I 2 unverzüglich aufzuheben. Es muss seine Anordnung des Erscheinens schließlich aufheben, sofern sich ergibt, dass die Ladung nicht ordnungsgemäß war. 66

XVIII. Aufhebung des Ordnungsgeldes, III. Unabhängig davon, ob die Anordnung des Erscheinens ordnungsgemäß war, hat das Gericht das Ordnungsgeld aufzuheben, sobald und soweit sich die Partei nachträglich genügend entschuldigt hat. Eine solche Entschuldigung kann zB dann vorliegen, wenn die Partei den Termin ohne Verschulden versäumt hat. Eine Aufhebung des Ordnungsgelds ist ferner dann notwendig, wenn das Gericht 67 zunächst im Termin ordnungsgemäß eine solche Maßnahme getroffen hatte, dann aber noch in demselben Termin ein nach III 2 ausreichender Vertreter erscheint und Auskünfte abgibt.

68 **XIX. Rechtsmittel, I–III. 1. Gegen das Unterbleiben der Anordnung.** Hier ist erst das Urteil wie sonst anfechtbar, nicht mit einer diesbezüglichen Verfahrensrüge, wohl aber evtl. mit einer Rüge der Verletzung der Aufklärungspflicht nach § 139.

69 **2. Gegen die Anordnung des Erscheinens.** Diese Anordnung ist als solche nach § 567 I ebenfalls unanfechtbar.

70 **3. Gegen die Anordnung eines Ordnungsmittels.** Sowohl gegen die grundsätzlich statthafte Verhängung eines Ordnungsgelds als auch gegen die grundsätzlich unstatthafte Anordnung einer Ordnungshaft oder Vorführung ist die sofortige Beschwerde nach § 567 I Nr. 1 statthaft, LAG Köln NZA-RR 2008, 491. Das ergibt sich aus der Bezugnahme von III auf das Verfahren gegenüber einem ausgebliebenen Zeugen, also auch auf § 380 III.

71 Zur Einlegung der sofortigen Beschwerde ist die beschwerte Partei auch im Anwaltsprozess persönlich berechtigt, OLG Hamm FamRZ 1984, 183. Deshalb herrscht für sie im Beschwerdeverfahren im Rahmen von § 569 III kein Anwaltszwang. Auch eine nachträgliche Entschuldigung kommt wie bei § 381 I 2 in Betracht, OLG Hamm NJW-RR 1987, 815. Gerichtskosten entstehen bei einer erfolgreichen Beschwerde nicht für die Beschwerdeinstanz; ob im Fall einer erfolgreichen Beschwerde eine Kostenentscheidung zulasten der Staatskasse nach § 46 I OWiG, § 467 StPO analog veranlasst ist, ist streitig, verneinend BGH NJW-RR 2011, 1363; OLG Brdb MDR 2001, 411; aA MüKoZPO/Fritsche Rn. 26.

72 **4. Kosten.** Weder für die Anordnung des persönlichen Erscheinens noch für die Festsetzung des Ordnungsgelds fallen Gerichtsgebühren an. Auch durch die Anhörung der Partei entstehen keine zusätzlichen Gerichts-/Rechtsanwaltsgebühren. Gegen die Versagung von Reisekosten ist entsprechend § 127 die sofortige Beschwerde zulässig, entsprechend § 569 II 2 kein Anwaltszwang.

142 *Anordnung der Urkundenvorlegung.* I [1]**Das Gericht kann anordnen, dass eine Partei oder ein Dritter die in ihrem oder seinem Besitz befindlichen Urkunden und sonstigen Unterlagen, auf die sich eine Partei bezogen hat, vorlegt. [2]Das Gericht kann hierfür eine Frist setzen sowie anordnen, dass die vorgelegten Unterlagen während einer von ihm zu bestimmenden Zeit auf der Geschäftsstelle verbleiben.**

II [1]**Dritte sind zur Vorlegung nicht verpflichtet, soweit ihnen diese nicht zumutbar ist oder sie zur Zeugnisverweigerung gemäß den §§ 383 bis 385 berechtigt sind. [2]Die §§ 386 bis 390 gelten entsprechend.**

III [1]**Das Gericht kann anordnen, dass von in fremder Sprache abgefassten Urkunden eine Übersetzung beigebracht wird, die ein Übersetzer angefertigt hat, der für Sprachübertragungen der betreffenden Art in einem Land nach den landesrechtlichen Vorschriften ermächtigt oder öffentlich bestellt wurde oder einem solchen Übersetzer jeweils gleichgestellt ist. [2]Eine solche Übersetzung gilt als richtig und vollständig, wenn dies von dem Übersetzer bescheinigt wird. [3]Die Bescheinigung soll auf die Übersetzung gesetzt werden, Ort und Tag der Übersetzung sowie die Stellung des Übersetzers angeben und von ihm unterschrieben werden. [4]Der Beweis der Unrichtigkeit oder Unvollständigkeit der Übersetzung ist zulässig. [5]Die Anordnung nach Satz 1 kann nicht gegenüber dem Dritten ergehen.**

Schrifttum: Goldkamp, Akteneinsicht beim Gegner? Die Urkundenvorlegung nach § 142 ZPO, ZAP 2019, 355; Krapfl/Mann, Die Grenzen der Urkundenvorlage usw., FS Schütze, 2014, 279; Lang, Die Urkundenvorlagepflicht der Gegenpartei gemäß § 142 Abs. 1 Satz 1 ZPO, 2007; Timke, Die Vorlagebefugnisse von Amts wegen (rechtsvergleichend), 2014; Zekoll/Haas JZ 2017, 1140 (je: ausf).

1 **I. Systematik, I–III.** § 142 regelt wie §§ 139, 141 die sachliche Prozessleitung durch das Gericht und kann der Bereitstellung von Beweismitteln dienen, BGH NJW 2007, 155. Sie ergänzt damit die Vorschrift nach § 131, nach der dem vorbereitenden Schriftsatz die in Bezug genommenen Urkunden, zumindest auszugsweise II, beizufügen sind. Da diese Beifügung nicht erzwungen werden kann, bietet § 142 dem Gericht nach freiem Ermessen die Möglichkeit, die Vorlage anzuordnen und eine Nichtbefolgung frei zu würdigen (Musielak/Voit/Stadler § 131 Rn. 3).

2 Für die Terminsvorbereitung verweist § 273 II Nr. 5 auf die Vorschrift, sodass die Anordnung außerhalb der mündlichen Verhandlung als Verfügung, währenddessen als Beschluss ergeht. § 142 bleibt von § 378 unberührt, dort I 2. § 428, der nach dem Beweisantritt behauptete Urkundenbesitz bei Dritten, macht auch § 142 anwendbar. §§ 102, 258 ff. HGB enthalten Spezialregeln für Handelsbücher. Für den förmlichen Urkundenbeweis enthalten §§ 420 ff. vorrangige Sonderregeln, BGH NJW 2014, 3312. Ein Beweisantritt nach den dortigen Vorgaben ist mithin nicht erforderlich (so auch Zöller/Greger Rn. 1). Für den Schutz gefährdeter Zeugen gilt § 10 II ZSHG.

3 **II. Regelungszweck, I–III.** § 142 dient der Sachverhaltsaufklärung im Rahmen der materiellen Prozessleitung des Gerichts und darüber hinaus auch der Klärung streitigen Vortrags durch Bereitstellung von Beweismitteln, der Vorbereitung einer etwaigen Beweisanordnung nach §§ 358, 358a, BGH NJW 2007, 155, damit auch dem Rechtsschutzbedürfnis des Benachteiligten, BAG NZA 2014, 1261. Allerdings werden der Sachaufklärung und der Feststellung streitigen Vortrags durch das Verbot des Ausforschungsbeweises Grenzen gesetzt: Erforderlich ist stets ein schlüssiger Vortrag der darlegungs- und beweisbelasteten Partei, BGH MDR 2019, 825; OLG Braunschweig BeckRS 2020, 32401. Die mittels Anordnung nach § 142 zu belegenden Tatsachen müssen ferner entscheidungserheblich sein, BGH MDR 2017, 357. Es bleibt abzuwarten, ob Art. 15 DS-GVO, der die Möglichkeit, personenbezogene Daten vom Gegner zu erlangen, eröffnet, auch die Möglichkeiten nach § 142 weitet, zum Datenauskunftsanspruch nach Art. 15 Abs. 1 u. 3 DS-GVO Riemer DAR 2022, 127.

III. Sachlicher Geltungsbereich, I–III. § 142 gilt in jedem Verfahren, auf das die ZPO anwendbar ist, in jeder Verfahrenslage und Instanz, auch im WEG-Verfahren, BGH, MDR 2018, 920, auch im Bereich des § 27 FamFG, OLG Karlsr FGPrax 2013, 174, oder des § 113 I 2 FamFG, BayObLG 1996, 165. § 142 I, III gilt nach § 89b I GWB auch im Auskunftsverfahren nach § 33g GWB. II ist nach § 89b II GWB im Rahmen von § 33g III–VI GWB anwendbar. Die Regelung findet hingegen keine Anwendung im selbständigen Beweisverfahren nach §§ 485 ff., BGH BauR 2017, 767, oder im schiedsrichterlichen Verfahren nach §§ 1025 ff., Haller SchiedsVZ 2011, 182. Im Patentverletzungsverfahren gilt § 142 eingeschränkt, § 140c PatG, BGH GRUR 2013, 318; vgl. im Bereich des geistigen Eigentums auch §§ 101a UrhG, 19a MarkenG; vgl. zum Datenauskunftsanspruch nach Art. 15 DS-GVO, hierzu Riemer DAR 2022, 127. 4

IV. Persönlicher Geltungsbereich I–III. Die nach § 142 in Betracht kommende Anordnung kann sich nach dem Wortlaut „eine Partei oder ein Dritter" auf jeden Besitzer erstrecken. Die Anordnung kann also gegenüber jeder Partei ergehen, BGH MDR 2017, 1143. Das gilt unabhängig von der Beweislast. Die Anordnung kann also zB auch gegenüber einer Partei kraft Amts oder gegenüber dem gewillkürten Prozessstandschafter ergehen. Bei einer juristischen Person als Partei wird wie stets ihr gesetzlicher Vertreter verpflichtet. Die Anordnung nach I kann nicht gegenüber dem Streithelfer nach §§ 66 ff. als Partei erfolgen, er ist Dritter nach I, II. 5

Einen Dritten kann das Gericht im Rahmen von I, II ebenfalls zur Vorlegung verpflichten, Schäfer DS 2004, 182 (Haftpflichtversicherer). Das gilt aber nicht im Rahmen von III, vgl. III 5. Auch bei I muss das Gericht den Grundsatz der Zumutbarkeit beachten. Ob eine Vorlage einem unbeteiligten Dritten zugemutet werden kann, ist im Rahmen des Ermessens nach I und der Prüfung der Weigerungsrechte nach II iVm §§ 383–390 mit der gebotenen Zurückhaltung zu prüfen, BGH NJW 2007, 155. Hier sind die Persönlichkeitsrechte des Dritten und die Bedeutung für das Verfahren abzuwägen. Es geht insbesondere um eine umfassende Abwägung von effektivem Rechtsschutz, Waffengleichheit, rechtlichem Gehör und Geheimnisschutz, BGH WM 2014, 1613 (Notar); Prütting/Gehrlein/Gehrlein Rn. 19. Ein geltend gemachtes Zeugnisverweigerungsrecht nach §§ 383 ff. schließt die Anwendbarkeit von I aus. Zu den Grenzen OLG Stgt NJW-RR 2007, 251. 6

V. Ermessen, I–III. Das Wort „kann" in I–III bedeutet nicht nur eine Zuständigkeitsregelung, sondern die Aufgabe des Gerichts, innerhalb pflichtgemäßen Ermessens zu entscheiden, BGH MDR 2017, 1143. Es sind dabei alle Umstände und Interessen im Rahmen der Zumutbarkeit zu prüfen, BGH MDR 2017, 1143. Die Ermessensausübung ist in der Revisionsinstanz grundsätzlich nicht zu überprüfen. Eine Ausnahme besteht zB bei der Zurückweisung eines Beweisantrags nach § 296 als verspätet, BeckOK ZPO/von Selle Rn. 11, 11.1. 7

Bei der Ausübung des Ermessens muss das Gericht den Regelungszweck berücksichtigen und darauf achten, dass es nicht – entgegen dem Beibringungsgrundsatz – zu einer Ausforschung kommt. Andererseits hat das Gericht sich entsprechend der Prozessförderungspflicht die Anschauung zu verschaffen, die der sachgerechten Entscheidung dienen kann, BGH NJW 2007, 2991. Das gilt etwa bei einer Schadensberechnung nach § 287, Greger NJW 2002, 1478. Kostenerwägungen sind dabei von eher nachrangiger Bedeutung. 8

VI. Urkunde in Besitz von Partei oder Drittem, I 1. Erste Voraussetzung einer Anordnung nach I 1 ist, dass sich die betreffende Urkunde im Besitz einer Partei oder eines Dritten befindet, auch des WEG-Verwalters, LG Nürnb ZmR 2011, 243. Dritter kann zB im Prozess des Patienten gegen seine Krankenversicherung auch der Arzt sein, LG Saarbr VersR 2003, 234, oder eine Dokumentation. Maßgeblich ist der Zeitpunkt der Anordnung, also ihrer Verkündung oder gesetzmäßigen Mitteilung an den Betroffenen. Insofern entspricht I 1 den §§ 131 I, 134 I. Gerade weil § 142 eine grundsätzliche Aufklärungspflicht unabhängig von der Beweislastverteilung begründet, ist der Anwendungsbereich zu präzisieren: Er wird weit gefasst, sodass auch als ausreichend angesehen wird, wenn sich die beweisbelastete Partei auf die Urkunde, die sich im Besitz der nicht beweisbelasteten befindet, beruft, BGH NJW 2007, 2989. Es ist also ohne Relevanz, welche Partei sich auf die Urkunde beruft. Vor dem Hintergrund der Intention des Gesetzgebers, die erste Instanz zu stärken und daher „Regelungen zur Erweiterung prozessualer Aufklärungs- und Vorlagepflichten" u. a. im Urkundenbereich zu schaffen, BT-Drs. 14/4722, 61, entspricht das weite Verständnis auch dem gesetzgeberischen Willen. Das Gericht soll in die Lage versetzt werden, BT-Drs. 14/4722, 78, „sich im Interesse der Sachaufklärung möglichst früh einen umfassenden Überblick über den dem Rechtsstreit zugrunde liegenden Sachverhalt zu verschaffen". 9

1. Urkundenbegriff. I 1 erfasst jede Urkunde nach §§ 415 ff., also auch eine Privaturkunde nach § 416, BGH NJW 2013, 1004 (zust. Briesemeister WuM 2013, 346). Sie muss identifizierbar sein, BGH NJW 2017, 3304. Es kommt nach § 419 nicht darauf an, ob die Urkunde einwandfrei oder etwa fehlerhaft ist oder sein soll. Es ist unerheblich, ob es sich auch um eine Urkunde im strafrechtlichen Sinn handelt. Es reicht aus, dass es sich nach dem Vortrag derjenigen Partei, die sich auf die Unterlagen bezieht, bei seiner rechtlichen Würdigung um eine Urkunde handeln dürfte. Auch ein Schriftwechsel gehört hierher, Greger NJW 2002, 1477, ferner die SCHUFA-Datei, LG Bln MDR 2006, 352, auch eine elektronische Datei oder eine Eigentümerliste der WEG, LG Nürnb ZMR 2011, 243. Die Anordnung ist auch statthaft, wenn es sich um das Handelsbuch eines Vollkaufmanns nach § 258 II HGB oder um das Tagebuch eines Handelsmaklers nach § 102 HGB handelt. Wegen der Vorlage von Handelsbüchern im Übrigen §§ 258 I, 259, 260 HGB; wegen der Vorlage von Unterlagen auf Bild- oder Datenträgern § 261 HGB. Zur Problematik bei Geschäftsunterlagen Bergwitz NZA 2018, 333. Nicht erfasst wird die Vorlage von Vergleichsurkunden, die die Un-/Echtheit einer Urkunde nach § 441 I belegen sollen. Die Regelung nach § 441 III, IV ist vorrangig, BGH NJW 2017, 3304. 10

2. Besitzbegriff. „In ihrem oder seinem Besitz befindlich(en)" bezieht sich vorrangig auf den unmittelbaren Besitz. Mittelbarer Besitz kann genügen, wenn kraft mittelbaren Besitzes der unmittelbare Besitz verschafft werden kann. Andernfalls kommt nur eine Anordnung gegenüber dem unmittelbar Besitzenden in Betracht, BeckOK/von Selle Rn. 8. Ist andererseits eine Anordnung gegenüber dem unmittelbaren Besitzer nach II ausgeschlossen, wird sie gegenüber dem mittelbaren Besitzer erfolgen, Musielak/Voit/Stadler Rn. 3; Zekoll/Bolt NJW 2002, 3130. Normadressat sind regelmäßig sowohl natürliche als auch juristische Personen. Auch wenn die Vorlage der Urkunde bei juristischen Personen durch deren Organe zu erfolgen hat, ist Adressat der Anordnung – im Unterschied zu § 384 Nr. 1 – allein die juristische Person, BGH NJW 2007, 155. Nach dem Wortlaut der Norm kommt es ferner ausschließlich auf den aktuellen Besitz an. Daher kommt eine Anordnung nicht direkt nach § 142 in Betracht, wenn die Partei oder der Dritte eine Urkunde erst noch anfertigen müsste; allerdings ist 11 die Vorschrift in diesen Fällen analog anwendbar, sodass eine Auskunft oder die Anfertigung einer Urkunde danach verlangt werden kann, BGH NJW-RR 2018, 974.

12 **VII. Bezugnahme, I 1.** Weitere Voraussetzung einer Anordnung nach I 1 ist, dass sich die Partei gerade im Zusammenhang mit dem Streitgegenstand auf eine in ihrem Besitz oder in demjenigen des Gegners oder eines Dritten befindliche Urkunde bezogen hat, BGH MDR 2017, 1143, ausdrücklich oder konkludent. Die in jedem Fall erforderliche Bezugnahme muss nicht explizit, sondern kann auch aus Sachvortrag oder eingereichten Unterlagen folgen. Dabei entbindet § 142 die Partei nicht von der Pflicht zu ausreichender Darlegung und Substantiierung, BGH WM 2010, 1451. Erforderlich bleibt ein schlüssiger, auf konkrete Tatsachen bezogener Vortrag der Partei, BGH NJW 2007, 2989.

13 **VIII. Sonstige Unterlagen I 1.** Eine Anordnung nach I 1 kommt auch dann in Betracht, wenn es sich um sonstige Unterlagen, unabhängig von ihrer Urkundseigenschaft, handelt. Dazu kann zB wegen § 44 I 2 WEG eine Eigentümerliste zählen, LG Stgt NZM 2009, 166. I 1 erfasst alle solchen Unterlagen, die sich im Besitz einer Partei oder eines Dritten befinden und auf die sich Parteien beziehen. In Anlehnung an den früheren Gesetzeswortlaut werden auch Stammbäume, Pläne, Risse und sonstige Zeichnungen erfasst (Prütting/Gehrlein/Gehrlein Rn. 4). Über Dokumente in Papierform hinaus kommt aufgrund des weiten Aufklärungszwecks auch die Vorlage von Bild-, Daten- und Tonträgern, insbesondere auch von elektronischen Dokumenten, in Betracht.

14 **IX. Fristsetzung, Verwahrung, I 2.** Das Gericht kann sich zwar auf die Vorlegungsanordnung nach I 1 beschränken oder nach I 2 anordnen, dass die Vorlegung innerhalb einer von ihm nach II 2 Hs. 1 bestimmbaren Frist erfolgt, BGH NJW 2013, 1004. Es kann darüber hinaus auch anordnen, dass die vorgelegten Schriftstücke während einer von ihm bestimmbaren Zeit auf der Geschäftsstelle verbleiben.

15 **1. Einsichtszweck.** Es soll jeder Prozessbeteiligte die Möglichkeit erhalten, Einsicht zu nehmen. Das Gericht kann die Frist der Niederlegung selbst bestimmen. Es kann bestimmen, dass die Urkunden vorübergehend auf der Geschäftsstelle verbleiben sollen, zur Sicherstellung der Urkunde oder nach § 443 MüKoZPO/Fritsche Rn. 17.

16 **2. Verbleib auf der Geschäftsstelle.** Die Anordnung nach I 2 Hs. 2 ergeht durch Beschluss oder Verfügung unter entsprechender Begründung jeweils dahin, dass das vorgelegte Schriftstück auf der Geschäftsstelle verbleibt. Das hat Bedeutung für den Fall, dass die Geschäftsstelle die Akte etwa nach § 299 versendet oder auch nur an eine andere Abteilung desselben Gerichts schickt, etwa als zu einem Parallelverfahren angeforderte Beiakte. Auch dann verbleibt das Schriftstück für die Dauer der jeweiligen Instanz bei derjenigen Geschäftsstelle, die die Hauptakte führt.

17 **3. Verbleibzeitraum.** Das Gericht muss nach pflichtgemäßem Ermessen auch die Dauer des Verbleibs des Schriftstücks auf der Geschäftsstelle bestimmen und dabei die Interessen des Vorlegenden und der Verfahrensförderung abwägen. Es kann seine Entscheidung nachträglich ändern, etwa nach §§ 224 ff. durch eine Verlängerung, Abkürzung, teilweise Aufhebung oder Erweiterung. Spätestens mit Rechtskraft der Entscheidung ist das Schriftstück von dem Prozessgericht von Amts wegen zurückzugeben, MüKoZPO/Fritsche Rn. 17.

18 **4. Verwahrungsverhältnis, Akteneinsicht.** Durch die Anordnung nach I 2 Hs. 2 begründet das Gericht für das vorgelegte Schriftstück während der von ihm bestimmten Zeit ein öffentlich-rechtliches Verwahrungsverhältnis, ohne dass es Teil der Gerichtsakte wird, MüKoZPO/Fritsche Rn. 17. Ob das Gericht gestattet, auch das so verwahrte Schriftstück auf Anfordern dem Prozessbeteiligten zu übersenden, ist analog § 299 zu entscheiden: § 299 ist nicht unmittelbar anwendbar, da es sich bei den nach § 142 zugezogenen Urkunden nicht um Teile der Prozessakte handelt. Indes erfordert der Grundsatz des rechtlichen Gehörs eine Einsichtnahme in Unterlagen, auf deren Grundlage die richterliche Entscheidung ergehen soll, OLG Dresden BeckRS 2021, 18979.

19 **X. Übersetzung, III.** Das Gericht kann nach dem Wortlaut von III anordnen, dass für fremdsprachige Urkunden von der einbringenden Partei eine Übersetzung beigebracht wird, vgl. § 184 GVG. Ob eine Übersetzung eingeholt werden muss, entscheidet sich nach den Sprachkenntnissen des Gerichts, also sämtlichen Mitgliedern des Kollegiums, nicht nach denen der Parteien. Letztere sind gehalten, sich selbst, soweit erforderlich, Übersetzungen anfertigen zu lassen, BPatG BeckRS 2012, 18664. Im Übrigen steht es nach III im Ermessen des Gerichts, ob es eine Übersetzung nach § 144 anordnet oder der Partei aufgibt, die Übersetzung eines amtlich bestellten Übersetzers beizubringen. Eine fremdsprachige Urkunde ist nach § 420 nicht schon deshalb unbeachtlich, weil sie ohne Anordnung einer Übersetzung im Original vorliegt, BGH NJW 1989, 1433; Bacher/Nagel GRUR 2001, 873.

20 **1. Fremdsprachigkeit.** Der Verzicht auf eine Übersetzung setzt Sprachkenntnisse des Gerichts insoweit voraus, dass alle Mitglieder des erkennenden Spruchkörpers ausreichende Sprachkenntnisse haben. Die Kenntnis nur des Vorsitzenden oder Berichterstatters reicht nicht.

21 Auf die Kosten der Übersetzung sind die Grundsätze nach § 91 anwendbar.

22 **2. Beibringung einer Übersetzung.** Das Gericht kann stets nach III 1 schon im Interesse eines allseits übereinstimmenden Sprachverständnisses und zumindest mangels eigener Fremdsprachenkenntnis verlangen, dass die Partei von jeder von ihr eingereichten fremdsprachigen Urkunde eine Übersetzung beibringt. Gegenüber einem Dritten ist die Anordnung nach III 1 unstatthaft. Das stellt III 5 klar.

23 **3. Anfertigung durch Übersetzer.** Nach III 1 kann das Gericht – wohl als Regelfall – die Beibringung einer Übersetzung eines nach landesrechtlichen Vorschriften ermächtigten oder öffentlich bestellten Übersetzers anordnen, eine privatschriftliche oder mündliche Übersetzung dürfte eine in der Praxis seltene Ausnahme sein. Denn die widerlegbare Richtigkeitsvermutung nach III 2 gilt nur bei entsprechender Bescheinigung durch einen nach Landesrecht ermächtigten oder öffentlich bestellten Übersetzer.

24 **XI. Verfahren, I–III. 1. Zuständigkeit.** Zuständig ist „das Gericht", grundsätzlich das gesamte erkennende Kollegium, der Einzelrichter im Rahmen seines Zuständigkeitsbereichs. Zuständig ist außerhalb der mündlichen Verhandlung der *Vorsitzende*, während der Verhandlung einer Kammersache das Kollegium.

25 **2. Entscheidungsform: Verfügung oder Beschluss.** Außerhalb der mündlichen Verhandlung kann der Vorsitzende durch Verfügung nach § 273 II Nr. 5 oder Beschluss nach § 329 entscheiden. Die Entscheidung ergeht in der Verhandlung durch Beschluss.

3. Kosten. Alle aufgrund einer Anordnung entstehenden Kosten werden Teil der Prozesskosten. Sie sind im Rahmen der §§ 91 ff. erstattungsfähig, KV 9000 ff. GKG, Rechtsanwalt: VV 3100, Vorb. 3 Abs. 2 RVG (so auch Musielak/Voit/Stadler Rn. 14 f.), Dritter: § 23 II 1 JVEG. Er kann damit allein Ersatz der in §§ 19 ff. JVEG genannten Aufwendungen verlangen, kein darüber hinausgehender Ersatzanspruch zB Gebühren durch Beauftragung eines Rechtsbeistands, OLG Frankfurt a. M. NJOZ 2021, 727. 26

XII. Verstoß der Partei oder eines Dritten, I–III. Er unterliegt freier Würdigung nach §§ 286, 427 S. 2, BGH WM 2014, 1613. Dabei kann es eine Verweigerung der Vorlage annehmen, OLG Brdb FamRZ 2005, 1842. Wegen der Nichteinhaltung einer Frist kommt eine Zurückweisung nach § 296 I in Betracht, der dort genannte § 273 II Nr. 5 verweist auf § 142. Im Übrigen können die Regeln zur Beweisvereitelung auch außerhalb eines förmlichen Beweisverfahrens nach §§ 355 ff. entsprechend anwendbar sein, BGH NJW 2013, 1004. Gegen den verpflichteten Dritten ist die Vorlage mit Ordnungsmitteln (Ordnungsgeld oder -haft) erzwingbar. 27

XIII. Rechtsbehelfe, I–III. Weder Anordnung noch Ablehnung der Anordnung ist selbständig mit der Beschwerde anfechtbar, BGH VersR 2017, 908. Da die Anordnung von Amts wegen ergeht, ein Antrag nicht erforderlich und als Anregung auszulegen ist, ist im Fall der Ablehnung auch eine sofortige Beschwerde nach § 567 I Nr. 2 nicht statthaft, Prütting/Gehrlein/Gehrlein Rn. 16. 28

143 *Anordnung der Aktenübermittlung.* **Das Gericht kann anordnen, dass die Parteien die in ihrem Besitz befindlichen Akten vorlegen, soweit diese aus Dokumenten bestehen, welche die Verhandlung und Entscheidung der Sache betreffen.**

Schrifttum: Niehr, Die zivilprozessuale Dokumentenvorlegung im deutsch-englischen Rechtshilfeverkehr, 2004.

I. Systematik. Die Vorschrift betrifft anders als § 432 nur solche Akten, die sich im Besitz einer Partei befinden. Der Anwendungsbereich ist als Ergänzung zu §§ 142, 144 begrenzt. 1

II. Regelungszweck. Es soll ermöglicht werden, durch Anforderung von Duplikaten durch die Parteien vollständige Gerichtsakten wiederherzustellen, OLG Braunschweig BeckRS 2020, 32401; Zöller/Greger Rn. 1; Prütting/Gehrlein/Gehrlein Rn. 2; aM auch für Akten des Gegners Musielak/Voit/Stadler Rn. 1. Diese können aus unterschiedlichen Gründen unvollständig (geworden) sein, wenn etwa ein Dokument einen Adressaten nicht erreicht hat, ein Schriftsatz beim Versand verlorengegangen ist. Die Regelung ist Teil der materiellen Prozessleitung des Gerichts, wie auch weitere Aufklärungs- und Hinweispflichten nach §§ 139, 273, 278 I und II, 136 III, 141 ff., LG Stuttgart BeckRS 2018, 28202. 2

III. Geltungsbereich. Im Bereich des § 113 I 2 FamFG ist § 143 entsprechend anwendbar, ferner im Verfahren nach § 4 InsO, AG Gött ZIP 2015, 1137. 3

IV. Akten. Die Anordnung nach § 143 betrifft „Akten", die „aus Dokumenten bestehen", auch solche in elektronischer Form, die bereits Aktenbestandteil waren oder sein sollten und es wegen eines Versehens, beispielsweise eines Übertragungsfehlers, gegenwärtig nicht sind. 4

V. Parteibesitz. § 143 erfasst nur solche Akten, die sich im Besitz einer Partei, nicht eines Dritten, befinden. Der Begriff des Besitzes ist wie bei → § 142 Rn. 11 zu verstehen. 5

VI. Bezug auf Prozess. Es muss sich um solche Dokumente handeln, die gerade zur Kenntnis des Gerichts und des Prozessgegners bestimmt sind. Als Ergänzung zu §§ 142, 144 regelt die Vorschrift daher nur die Übermittlung von Akten, die eigentlich zu der Gerichtsakte gehören, Zöller/Greger Rn. 1; Prütting/Gehrlein/Gehrlein Rn. 2. 6

1. Anwendbarkeit auf Prozessvorgänge. Es muss sich also um solche Dokumente handeln, die Aktenbestandteile waren, sein oder werden sollten, von denen also das Gericht und der Prozessgegner Kenntnis nehmen sollen. 7

2. Unanwendbarkeit auf interne Vorgänge. Es reicht nicht aus, dass sich die Dokumente nur auf die Vorbereitung, Begleitung oder Abwicklung des Prozessrechtsverhältnisses beziehen, ohne Bestandteil der Gerichtsakte zu werden. Es genügt also nicht, dass sie nur eine interne Bedeutung haben, dass sie zB nur für die Handakten der Partei oder ihres ProzBev. bestimmt sind, unabhängig von ihrer evtl. Entscheidungserheblichkeit. Schon das Berufsgeheimnis des ProzBev., geschäftliche Geheimnisse der Partei, die Grundsätze der Parteiherrschaft und des Beibringungsprinzips erfordern diese Einschränkung. 8

3. Entbehrlichkeit einer Bezugnahme. Allerdings ist es nicht notwendig, dass sich eine der Parteien auf die Dokumente ausdrücklich oder stillschweigend bezogen hat. Es reicht aus, dass es sich um Vorgänge mit dem vorgenannten Verfahrensbezug handelt und diese fehlen. 9

4. Anwendbarkeit auf Kopien. Es können auch Duplikate unter § 143 fallen, soweit sie oder „nur" die zugehörigen Originale (zumindest intendierte) Aktenbestandteile waren, nicht aber schon ein Entwurf. 10

VII. Ermessen. Das Gericht ist zur Anordnung der Vorlage befugt und im Rahmen seines Ermessens auch verpflichtet. 11

VIII. Vorlageanordnung. 1. Zuständigkeit. Zuständig ist „das Gericht"; in der mündlichen Verhandlung das Kollegium, außerhalb der Verhandlung der Vorsitzende, auch der Einzelrichter. 12

2. Form. Die Anordnung erfolgt durch Beschluss oder durch prozessleitende Verfügung nach § 273 II Nr. 1, bei § 432 auch für eine behördliche Akte. 13

3. Mitteilung. Die Mitteilung erfolgt wie üblich, durch Anordnung im Termin nach § 329 I 1, außerhalb der Verhandlung formlos nach § 329 II 1, im Fall einer gesetzten Vorlagefrist nach § 329 II 2 Hs. 2 förmlich an die Partei zugestellt, an den Prozessgegner formlos mitgeteilt. 14

IX. Verstoß. Soweit die Partei gegen eine wirksame Vorlageanordnung unentschuldigt verstößt, würdigt das Gericht die Nichtbefolgung der Anordnung nach § 286 frei. Es hängt von den Umständen des Einzelfalls ab, ob es eine Nachfrist nach § 283 setzt. 15

16 **X. Rechtsbehelfe.** Sowohl die Unterlassung einer Vorlegungsanordnung als auch die Anordnung selbst sind nur zusammen mit dem Endurteil anfechtbar.

144 *Augenschein; Sachverständige.* **I [1]Das Gericht kann die Einnahme des Augenscheins sowie die Hinzuziehung von Sachverständigen anordnen. [2]Es kann zu diesem Zweck einer Partei oder einem Dritten die Vorlegung eines in ihrem oder seinem Besitz befindlichen Gegenstandes aufgeben und hierfür eine Frist setzen. [3]Es kann auch die Duldung der Maßnahme nach Satz 1 aufgeben, sofern nicht eine Wohnung betroffen ist.**

II [1]Dritte sind zur Vorlegung oder Duldung nicht verpflichtet, soweit ihnen diese nicht zumutbar ist oder sie zur Zeugnisverweigerung gemäß den §§ 383 bis 385 berechtigt sind. [2]Die §§ 386 bis 390 gelten entsprechend.

III Die Vorschriften, die eine auf Antrag angeordnete Einnahme des Augenscheins oder Begutachtung durch Sachverständige zum Gegenstand haben, sind entsprechend anzuwenden.

1 **I. Systematik, I–III.** Die Vorschrift stellt entsprechend ihrer unterschiedlichen Regelungszwecke eine Ergänzung einerseits zu §§ 142, 273 dar, auch iVm §§ 138, 139, andererseits zu §§ 371 ff., 402 ff. Sie durchbricht als „von Amts wegen angeordnete Beweisaufnahme" den Beibringungsgrundsatz, BGH NJW 2000, 743. Wenn sie ihn auch nicht außer Kraft setzt, schränkt sie ihn in ihrem Anwendungsbereich doch erheblich ein.

2 **II. Regelungszweck, I–III.** Die Regelung bezweckt, dem Gericht die zum Verständnis des Parteivortrags erforderliche Anschauung oder Sachkunde von Amts wegen beizubringen, MüKoZPO/Fritsche Rn. 24. Die Vorschrift dient sowohl der Sachaufklärung als auch der Klärung durch Beweisaufnahme, jeweils in den Grenzen des Ausforschungsverbots, BGH GRUR 2010, 317. Sie bezweckt nicht den Ausgleich von Versäumnissen einer Partei, sie wird von ihrer Darlegungs- und Beweislast nicht entbunden, das Neutralitätsgebot bleibt zu beachten, MüKoZPO/Fritsche Rn. 24. Soweit dem Gericht das Fachwissen fehlt und es von sachverständigen Erklärungen nach § 144 absehen will, ist es grundsätzlich gehalten, die beweisbelastete Partei auf die Erforderlichkeit eines Beweisantrags nach § 403 aufmerksam zu machen, MüKoZPO/Fritsche Rn. 26.

3 **1. Sachverhaltsaufklärung.** § 144 bezweckt zunächst wie § 142, dem Gericht im Rahmen seiner Förderungspflicht umfassende Sachverhaltsaufklärung zu ermöglichen, BGH MDR 2017, 1144, bei unstreitigen oder streitigen Tatsachen, OLG Ffm JurBüro 2000, 138. Ziel ist es, „dem Gericht für das zutreffende Verständnis des Parteivortrags die erforderliche Anschauung oder Sachkunde von Amts wegen zu verschaffen, (…) jedoch nicht (…), die hierfür erforderliche Tatsachengrundlage erst herzustellen", BGH MDR 2017, 1144. Die Aufklärung mag sich auf eine technische Funktion beziehen, BGH GRUR 2004, 413, oder auf eine Verfahrensweise, auf den wahrnehmbaren Zustand einer Sache oder einer Person, unabhängig von der Komplexität des Vorgangs. Es reicht, dass das Gericht beabsichtigt, einen Umstand mit eigenen Sinnen wahrzunehmen oder die Erklärungen eines Fachmanns einzuholen, BAG DB 1999, 104.

4 **2. Klärung einer streitigen Tatsache durch Beweisaufnahme.** Ebenso kann es um eine für notwendig gehaltene erstmalige oder zusätzliche Aufklärung einer streitigen Tatsache gehen, KG NJW-RR 2006, 241. Das gilt, wenn der Beweisführer unzutreffend davon ausgeht, er brauche einen Beweisantrag zur Inaugenscheinnahme nach §§ 371 ff. nicht zu stellen, BGH NJW 2001, 2465, die gerichtliche Hinweispflicht bleibt unberührt. Das ist zudem auch dann der Fall, wenn der Beweisführer einen Antrag auf Einholung eines Gutachtens nach §§ 402 ff. ersichtlich nur deshalb unterlassen hat, weil er die Sachkunde des Gerichts unzutreffend als ausreichend ansah, ferner wenn bei Prüfung des Zustellungszeitpunkts die Reihenfolge von Unterschrift und Datumsstempel auf einem Empfangsbekenntnis nach § 174 oder § 195 streitig ist, BGH NJW-RR 2006, 1436.

5 **III. Geltungsbereich, I–III.** Die Regelung sieht allein Vorlageanordnungen zur Inaugenscheinnahme sowie die Hinzuziehung eines Sachverständigen vor, nicht indes die Beiziehung von Akten und die Vorlage von Urkunden, OLG Braunschweig BeckRS 2020, 32401. Die Vorschrift gilt in jedem Verfahren nach der ZPO, auch im WEG-Verfahren, auch im Bereich des § 113 I 2 FamFG, BayObLG 1996, 165; nicht aber im selbständigen Beweisverfahren nach §§ 485 ff., OLG Karlsruhe GRUR-Prax 2014, 184; KG NJW 2014, 85. Sie findet insbesondere in Verfahren mit Ermittlungsgrundsatz wie im FamFG-Verfahren Anwendung. Es kommt eine solche Aufklärung aber auch im Verfahren mit Beibringungsgrundsatz in Betracht. Sie gilt in jeder Prozesslage, auch in zweiter Instanz, innerhalb und außerhalb der mündlichen Verhandlung. Im Patentverletzungsverfahren findet § 144 eingeschränkt Anwendung, BGH GRUR 2013, 318.

6 **IV. Ermessen, I.** Das Wort „kann" in I 1–3 bezieht sich nicht nur auf die Zuständigkeit, sondern räumt dem Gericht Ermessen ein, BGH GRUR 2010, 317. Das Gericht kann also auch von Amts wegen vorgehen, BGH MDR 2017, 1143. Immer dann, wenn es um eine Inaugenscheinnahme oder um die Hinzuziehung eines Sachverständigen gehen könnte, wird das Gericht prüfen, ob es von § 144 Gebrauch macht und etwa mangels ausreichender Sachkunde – aufgrund Ermessensreduzierung auf Null – auch muss, BGH GRUR 2010, 317; zur Abgrenzung von Ermessensentscheidung und Pflicht aufgrund Ermessensreduzierung → Rn. 12.

7 **1. Sachverhaltsaufklärung.** Eine Anordnung nach I 1–3 kommt unabhängig von der Streitigkeit einer Tatsache immer dann in Betracht, wenn das Gericht keine ausreichende Entscheidungsgrundlage hat, BGH NJW 1992, 2019. Eine umfassende Prüfung des ihm unterbreiteten Tatsachenstoffs ist in jeder Verfahrensart und in jedem Verfahrensstadium notwendig. Zwar ist das Gericht schon nach §§ 138, 139 dazu berechtigt und grundsätzlich verpflichtet, die Parteien anzuregen, Umstände ausreichend zu präzisieren. Allerdings kann gerade das Gebot der Waffengleichheit eine gerichtliche Anordnung – beispielhaft aufgrund der eingeschränkten primären Darlegungslast des Patienten – erfordern, BGH NJW-RR 2019, 1360.

8 **2. Fehlen eines Beweisantrags.** Der Antritt eines Beweises durch Sachverständigengutachten stellt nur eine Anregung an das Gericht dar. Das Gericht hat den Sachverständigenbeweis nach pflichtgemäßem Ermessen von Amts wegen zu erheben, wenn seine eigene Sachkunde nicht ausreicht, um schlüssig vorgetragene und wirksam bestrittene Tatsachen festzustellen, BGH BeckRS 2021, 38267. Eine Maßnahme nach I 1–3 kommt ferner dann in Betracht, wenn der Beweisführer für eine entscheidungsbedürftige streitige Tatsache keinen bestimmten Beweisantrag nach §§ 371 ff. gestellt hat, BGH 66, 68. Das Gericht darf also eine Entscheidung nicht darauf

stützen, die Partei habe weder die Einnahme eines Augenscheins nach § 371 noch die Einholung eines Sachverständigengutachtens nach § 402 beantragt, also keinen Beweis angetreten. Das Gericht kann im Einzelfall von Amts wegen die Einholung eines Gutachtens und des Augenscheins anordnen, BGH NJW-RR 2019, 719. Das Gericht kann hiervon auch nach entsprechendem Hinweis, § 139 I 2, von dem erforderlichen Beweisantritt absehen, BGH GRUR 1990, 1054; OLG München NJW-RR 2014, 1123.

3. Fehlen eines Vorschusses. Die angeordnete Beweisaufnahme nach § 144 I darf nicht von der Zahlung eines Kostenvorschusses nach § 68 III 1 GKG abhängig gemacht werden. Andernfalls würde die Durchbrechung des Beibringungsgrundsatzes auf Ebene der Kostenerhebung konterkariert, BGH NJW 2000, 743. 9

4. Verfahren mit Ermittlungsgrundsatz. Im Verfahren mit Ermittlungsgrundsatz vor allem im FamFG-Verfahren nach § 26 FamFG wird das Gericht ohnehin von Amts wegen eine Inaugenscheinnahme oder die Begutachtung durch einen Sachverständigen – nach § 144 allgemein die Hinzuziehung eines Sachverständigen – anordnen, soweit das zur Aufklärung einer entscheidungsbedürftigen Tatsache erforderlich ist. Das gilt unabhängig davon, ob die Tatsache streitig ist. Bei einer Streitigkeit empfiehlt sich ein Beweisbeschluss nach §§ 358, 371. 10

5. Grenzen bei Unzulässigkeit eines Beweisantrags. Eine Anordnung nach I 1–3 soll nicht erfolgen, soweit das Gericht einen entsprechenden Beweisantrag zB nach § 296 I ablehnen müsste oder wenn die Anordnung auf eine Ausforschung hinausliefe, OLG Naumb FamRZ 2003, 386. 11

6. Grenze: Beibringungsgrundsatz. Die Partei wird durch § 144 nicht von ihrer Darlegungs- und Beweislast befreit, BGH MDR 2015, 448; NZM 2019, 334. § 144 dient nicht dem Ausgleich von Nachlässigkeiten der Parteien oder der beliebigen Informationsbeschaffung von Amts wegen, → Rn. 2. Wenn auch die nach § 144 möglichen Maßnahmen von Amts wegen aufgrund einer Ermessensentscheidung ergehen, somit der Beibringungsgrundsatz eingeschränkt wird, tritt er nicht gänzlich außer Kraft. Der Grundsatz der Parteiherrschaft bestimmt den Zivilprozess einschließlich der Beweiserhebung. Die Parteien geben vor, worüber und mit welchen Mitteln Beweis erhoben werden soll, die beweisbelastete Partei hat primär zu erklären, welche Beweismittel angeboten werden, BGH NZM 2019, 334. Es bleibt zulässig, dass das Gericht beispielsweise kein Gutachten von Amts wegen einholt, wenn es vor Ermessensausübung den Beweisführer nach § 139 I 2 darauf hinweist. So wird ihm die Möglichkeit auf einen entsprechenden Beweisantrag nicht abgeschnitten, BGH NJW-RR 2019, 719. Erforderlich, aber auch ausreichend, ist, wenn das nicht ausreichend sachkundige Gericht, das kein Gutachten von Amts wegen einholen will, die beweisbelastete Partei auf die Erforderlichkeit eines Beweisantritts hinweist. Auch wenn das Gericht eine Beweiserhebung von Amts wegen vornimmt, bleibt diese auf den Parteivortrag mit den dortigen Anknüpfungstatsachen beschränkt und darf nicht die Grenzen zu einer unzulässigen Ausforschung überschreiten, BGH BeckRS 2019, 3577. 12

V. Einnahme des Augenscheins, I 1. In Betracht kommt zunächst die Anordnung einer Inaugenscheinnahme nach § 371. Das gilt unabhängig davon, ob und wie der Beweisführer einen Beweisantrag formuliert hat. Maßgeblich ist allein, ob das Gericht weitere Sachverhaltsaufklärung für erforderlich hält, BGH NJW 1992, 2019. Die Anordnung nach I 1 erstreckt sich auch auf elektronische Speichermedien als Gegenstände des Augenscheins. Gleiches gilt für die Vorlageanordnung nach I 2, Berger NJW 2005, 1016 (1017). 13

VI. Hinzuziehung von Sachverständigen. I 1. In Betracht kommt ferner die Hinzuziehung eines Sachverständigen zur weiteren Sachverhaltsaufklärung. Das Gericht kann nach pflichtgemäßem Ermessen von Amts wegen einen Sachverständigen als Berater hinzuziehen. Dies kann schon in einem frühen Verfahrensstadium unabhängig von einer Beweisaufnahme erfolgen. Er ist dann nicht Beweismittel, sondern Berater, BR-Drs. 366/19, S. 14 f. 14

VII. Vorlegungsanordnung. Vorlegungsanordnung, I 2, 3. Dazu Basler/Meßerschmidt NJW 2014, 3329. Das Gericht kann zum Zweck nach I 1 der Partei oder einem Dritten die Vorlegung eines im dortigen Besitz befindlichen Gegenstands evtl. mit Fristsetzung oder auch die Duldung einer solchen Maßnahme aufgeben. Ein praxisrelevanter Aspekt ist die Frage der Bauteilöffnung nach §§ 142, 144. Von der Anordnungsbefugnis werden auch Bauteilöffnungen erfasst, OLG Hamm BauR 2017, 1732. Nach § 144 I 3 kann das Gericht die Duldung der Maßnahme aufgeben, soweit nicht eine Wohnung, Art. 13 I GG, betroffen ist. Maßgeblich für die Bestimmung des Wohnungsbegriffs ist, dass die Räumlichkeiten privaten Zwecken dienen. Der Begriff ist weit zu verstehen und erfasst die gesamte räumliche Sphäre, in der sich das Privatleben entfaltet, also Raum, der zu Aufenthalts- oder Arbeitszwecken bestimmt und benutzt wird, einschließlich der Nebenräume und des sich anschließenden umschlossenen freien Geländes, Keller, Speicher, Treppen, Garagen, indes nicht allgemein zugängliche Geschäfts- und Büroräume sowie (Vor-)Gärten. Träger von Art. 13 I GG sind natürliche wie juristische Personen und sonstige privatrechtliche Personenvereinigungen, BGH NJW 2013, 2687. Nach § 144 II sind Dritte allerdings nicht zur Duldung verpflichtet, soweit ihnen diese unzumutbar ist. Unzumutbarkeit kann aus der Verletzung berechtigter Interessen folgen, wie aufgrund erheblichen Aufwands und Störungen im eigenen Geschäftsablauf, Verletzung der Privatsphäre, der Schwere des Substanzeingriffs und tatsächlicher Auswirkungen wie Zeit- und Kostenaufwand, OLG Hamm BauR 2017, 1732. 15

VIII. Anordnungsgrenzen, II. Es gelten gegenüber einem Dritten dieselben Grenzen wie bei § 142 II, OLG Stgt NJW 2011, 1746. 16

IX. Verfahren: Maßgeblichkeit der Vorschriften eines Antragsverfahrens, III. Die Vorschrift stellt klar, dass sich das gesamte Verfahren der Anordnung und ihrer Durchführung im Übrigen nach denjenigen Regeln richtet, die eine auf Antrag angeordnete Inaugenscheinnahme oder Beweisaufnahme durch Sachverständige zum Gegenstand haben. Vgl. daher §§ 285, 357, 358a Nr. 5, 371 ff., 402 ff.; insbesondere auch §§ 404, 406. 17

X. Entscheidung, III. 1. Verfügung des Vorsitzenden. Soweit es nur um eine Vorlage, § 144 I 2, zur Sachverhaltsaufklärung geht, nicht um eine förmliche Beweisaufnahme nach §§ 358 ff., kann die Anordnung nach I 2 nicht nur durch Beschluss, sondern auch durch prozessleitende Verfügung nach § 273 II Nr. 5 ergehen. Das Verfahren richtet sich im Übrigen gemäß III nach §§ 371 ff., 402 ff. 18

2. Beschluss des Gerichts. Eine Begutachtung wird ausschließlich durch Beschluss angeordnet, § 144 I 1, innerhalb oder außerhalb der mündlichen Verhandlung. Wegen des Vorsitzenden der Kammer für Handelssachen § 349 I 2. 19

20 **3. Mitteilung.** Die Mitteilung erfolgt außerhalb der mündlichen Verhandlung nach § 329 II 1 formlos, in der Verhandlung durch Verkündung, § 329 I 1.

21 **XI. Vorschussfragen, I–III.** Für eine Beweisaufnahme nach § 144 I, die von Amts wegen angeordnet wurde, kann ein Kostenvorschuss nicht erhoben werden. Eine solche Vorschusspflicht nach § 68 III 1 GKG würde im Widerspruch zu der Durchbrechung des Beibringungsgrundsatzes in § 144 I stehen, BGH NJW 2000, 743.

22 **XII. Kosten, I–III.** → § 142 Rn. 26.

23 **XIII. Verstoß der Partei oder eines Dritten, I–III.** Soweit eine Partei einer Anordnung nach I, II nicht folgt, kann ihr Verhalten im Rahmen von §§ 286, 427 S. 2 berücksichtigt werden, eine Sanktionsmöglichkeit besteht nicht. Im Übrigen kommt in den Grenzen eine Zurückweisung nach § 296 I in Betracht. Der dort genannte § 273 II Nr. 5 nimmt auch auf § 144 Bezug. Teilweise wird für eine Nichtvorlage die Bewertung als Beweisvereitelung nach § 371 III erwogen, Thomas/Putzo/Seiler Rn. 3. Soweit ein Dritter der gerichtlichen Anordnung nicht nachkommt und kein Weigerungsrecht nach II besteht, ist er wie ein Zeuge zu behandeln, II 2 iVm §§ 386–390, ein Ordnungsmittel kann festgesetzt werden, § 390.

24 **XIV. Rechtsbehelfe, I–III.** Eine selbständige Anfechtung einer Anordnung oder Unterlassung einer Anordnung ist ausgeschlossen, sie ist nur zusammen mit dem Endurteil möglich.

145 *Prozesstrennung.*

I [1]Das Gericht kann anordnen, dass mehrere in einer Klage erhobene Ansprüche in getrennten Prozessen verhandelt werden, wenn dies aus sachlichen Gründen gerechtfertigt ist. [2]Die Entscheidung ergeht durch Beschluss und ist zu begründen.

II Das Gleiche gilt, wenn der Beklagte eine Widerklage erhoben hat und der Gegenanspruch mit dem in der Klage geltend gemachten Anspruch nicht in rechtlichem Zusammenhang steht.

III Macht der Beklagte die Aufrechnung einer Gegenforderung geltend, die mit der in der Klage geltend gemachten Forderung nicht in rechtlichem Zusammenhang steht, so kann das Gericht anordnen, dass über die Klage und über die Aufrechnung getrennt verhandelt werde; die Vorschriften des § 302 sind anzuwenden.

Schrifttum: Bork, Die Aufrechnung des Beklagten im internationalen Zivilverfahren, FS Beys, Athen 2004, 119; Junglas, Forderungsmehrheiten in der Prozessaufrechnung, 2012.

1 **I. Systematik, I–III.** Die Prozesstrennung ist eine Maßnahme der Prozessleitung, OLG Saarbr MDR 2017, 211. Sie trennt einen einheitlichen Prozess in mehrere selbständige Prozesse. Wenn ein Anspruch zur Entscheidung reif ist, soll das Gericht indes über diesen Anspruch durch Teilurteil, § 301, entscheiden; im Fall der Aufrechnung hinsichtlich der Forderung ein Vorbehaltsurteil ergehen, § 302 I, und hinsichtlich der Gegenforderung im Nachverfahren entschieden werden, § 302 IV. Bei Entscheidungsreife ist wie üblich zu entscheiden, ein Zwischenurteil ist nur nach § 303 zulässig.

2 **II. Regelungszweck, I–III.** Die Vorschrift bezweckt eine größere Übersichtlichkeit, OLG Saarbr MDR 2017, 211, und die zügige Erledigung einzelner, abtrennbarer Teile des Prozesses im Interesse der Beschleunigung und Prozessökonomie. Mehrere Ansprüche, ebenso Klage und nicht konnexe Widerklage können in unterschiedliche Prozesse verwiesen werden, jedes Verfahren kann sodann eigenständig betrieben werden, MüKoZPO/Fritsche Rn. 1. Durch die Trennung wird auch die Möglichkeit einer Teilaussetzung geschaffen, BT-Drs. 17/11385, 18. Die Anwendung kommt insbesondere bei drohender Verfahrensverzögerung eines wesentlichen Prozessteils bis zur vollständigen Entscheidungsreife in Betracht, OLG Saarbr MDR 2017, 211. § 146 ermöglicht die Beschränkung auf einzelne Angriffs- und Verteidigungsmittel.

3 **III. Geltungsbereich, I–III.** Die Vorschrift gilt auch im WEG-Verfahren, OLG Hamm MDR 2012, 1335, im Urkundenprozess, §§ 592 ff., BGH NJW 2003, 2386. Im FamFG-Verfahren gelten §§ 20, 140 FamFG. Vgl. auch Schneider NZFam 2017, 599. Unanwendbar ist § 145 bei Patentteilung, BPatG GRUR 2011, 950; zur Unanwendbarkeit auch bei zweiter Patentverletzungsklage BGH GRUR 2021, 462.

4 **IV. Anordnung, I.** Das Gericht „kann" trennen. Es besteht also ein pflichtgemäßes, nach den Grundsätzen der Prozessökonomie auszuübendes Ermessen in den Grenzen von I 2, BGH NJW 2003, 2386. Die Trennung erfolgt entweder aufgrund eines Antrags oder von Amts wegen. Die Gefahr sich widersprechender Entscheidungen hindert eine Trennung nicht, die Zulässigkeitsvoraussetzungen unterscheiden sich von denen eines Teilurteils nach § 301, BGH NJW 2003, 2386, sodass eine Umgehung dieser Vorschriften nicht auszuschließen ist. Die Trennung kann ferner verpflichtend sein; so bei unzulässiger Anspruchsverbindung, insbesondere wenn die Ansprüche unterschiedliche Prozessarten betreffen, etwa nach §§ 592 ff. und im ordentlichen Prozess.

5 **1. Voraussetzungen.** Vorausgesetzt werden eine Klagehäufung, ein Trennungsgrund und kein Ausschluss der Trennung:

6 § 145 regelt sowohl die subjektive Klagehäufung nach §§ 59, 60, OLG Mü MDR 1996, 642, als auch die objektive Klagehäufung nach § 260. Im Fall der objektiven Klagehäufung kann das Gericht die Trennung auch dann anordnen, wenn der Kläger die selbständigen prozessualen Ansprüche in einer rechnerisch ermittelten Gesamtsumme, zB Schmerzensgeld, Arztkosten, Verdienstausfall, geltend macht. Maßgeblich ist allein, dass die Ansprüche jeweils einen selbständigen Streitgegenstand betreffen. Voraussetzung ist, dass die Verfahrensteile Ansprüche betreffen, über die unabhängig voneinander entschieden werden kann, BGH BeckRS 2021, 18256. Die Trennung erfolgt nur, sofern die Ansprüche rechtshängig geworden sind, also noch nicht im Mahnverfahren nach § 688. Im Vollstreckungsverfahren findet die Vorschrift hingegen entsprechende Anwendung, BeckOK ZPO/Wendtland Rn. 3.

7 Die Trennungsanordnung ist nach I 1 Hs. 2 nur dann statthaft, wenn sie aus sachlichen Gründen „gerechtfertigt" ist. Sachliche Gründe sind nach BT-Drs. 17/11385, 18 „insbesondere die Vermeidung einer verzögerten Erledigung einzelner abtrennbarer Teile des Rechtsstreits, die Förderung der Übersichtlichkeit des Prozessstoffes sowie die Ermöglichung einer Teilaussetzung". Gleiches gilt bei Unzuständigkeit des Gerichts bezüglich eines von mehreren Beklagten. Der Verweisung nach § 281 geht eine Trennung nach § 145 voraus, OLG Hamm BeckRS 2018, 16342.

Die Trennung ist ausgeschlossen, wenn der Kläger seinen einheitlichen prozessualen Anspruch lediglich mit mehreren sachlich-rechtlichen Gesichtspunkten begründet, BGH FamRZ 1983, 156, wenn es zB um widersprechende Anträge zum Umgangsrecht geht, OLG Mü NJW-RR 1998, 1080, oder wenn durch eine Trennung erhebliche vermeidbare Kosten entstünden, BVerfG NJW 1997, 649; BGH NJW-RR 1997, 832. Gleiches gilt, wenn eine Verzögerung einträte, oder wenn wenigstens teilweise Entscheidungsreife vorliegt, OLG Mü OLGR 2000, 279; BayObLG NZM 1999. Eine Trennung ist auch ausgeschlossen, wenn der Gegenstand des abgetrennten Verfahrens in einem zulässigen Eventualverhältnis zum ursprünglichen Gegenstand steht, BGH BeckRS 2021, 18256. Ein rechtlicher Zusammenhang hindert eine Trennung nicht. Er macht sie aber meist unzweckmäßig. Die Gefahr widersprüchlicher Entwicklungen getrennter Prozesse ist unbeachtlich, BGH NJW 2003, 2386. 8

Soweit das Gesetz eine Verbindung nach § 147 vorschreibt, ist eine Trennung unzulässig, so zB nach §§ 62, 518, ferner §§ 246 III, 249 II, 275 IV AktG, §§ 51 III, 112 I GenG. 9

2. Jede Verfahrenslage. Die Trennungsanordnung ist in jeder Lage des Verfahrens zulässig, BGH FamRZ 2007, 370, auch in der zweiten Instanz nach §§ 511 ff., 567 ff., BGH NJW 1979, 427, oder in der Revisionsinstanz nach §§ 542 ff., BGH ZNER 2019, 126. Vor der Entscheidung sind die Parteien anzuhören. 10

Wenn von zwei Mahnverfahren gegen verschiedene Personen das eine Verfahren nach dem Übergang in das streitige Verfahren an ein LG kommt, das andere Verfahren dagegen nach einem Einspruch gegen den Vollstreckungsbescheid nach § 700 beim AG verbleibt, erfolgt eine Trennung auch ohne besondere Anordnung. Einer Trennungsanordnung steht nicht die etwaige Folge entgegen, dass in den getrennten Prozessen nun kein Rechtsmittel mehr zulässig ist, es sei denn, die Trennung wäre gesetzwidrig, BGH NJW 1995, 3120. 11

3. Trennungsbeschluss. Die Trennungsanordnung erfolgt nach I 2 Hs. 1 durch begründeten Beschluss, BGH FamRZ 2007, 126. Das Gericht teilt ihn durch Verkündung oder schriftlich mit. Eine mündliche Verhandlung ist nicht erforderlich, § 128 IV. Der Beschluss ist grundsätzlich nur zusammen mit dem Endurteil anfechtbar, BGH NJW 1995, 3120; OLG Mü MDR 2015, 1320, auch bei unterbliebener Anhörung, OLG Mü NJW 1984, 2228. Das Gericht kann die Trennung jederzeit aufheben, § 150. 12

4. Wirkung. Mit Wirksamwerden des Trennungsbeschlusses werden die getrennten Prozessteile zu selbständigen Prozessen. Die vor der Trennung liegenden Prozessvorgänge bleiben in allen neuen Prozessen wirksam. Das gilt zB für die Rechtshängigkeit, die Zuständigkeit, auch wenn durch § 5 oder durch § 33 begründet, die Beweiserhebung oder ein Geständnis. Die Rechtsmittelsumme nach § 511 II Nr. 1 ist für jeden neuen Prozess getrennt zu bestimmen, VerfGH Mü NJW 2001, 2962. Daher kann eine Trennung zur Unanfechtbarkeit führen. Der Kostenberechnung liegen die neuen, nach der Trennung entstandenen Streitwerte zugrunde, OLG Köln JurBüro 2018, 647. Zu der vor Trennung anteilig entstandenen Verfahrensgebühr, VGH Mü NVwZ-RR 2017, 992. Gesamtschuldnerische Haftung bleibt grds. bestehen, OLG Saarbr MDR 2017, 211. Bei einer willkürlichen und damit unwirksamen Verfahrenstrennung ergehen die Urteile als nur äußerlich getrennte Teile einer tatsächlich einheitlichen Entscheidung, BGH MDR 2019, 757. Eine unzulässige Trennung hat auch keinen Einfluss auf die Rechtsmittelfähigkeit, VerfGH Mü NJW 2001, 2962. 13

V. Widerklage, II. Wenn Klageanspruch und Gegenanspruch in keinem rechtlichen Zusammenhang stehen und noch keiner zur Entscheidung reif ist, kann das Gericht Klage und Widerklage trennen, KG MDR 2004, 962. Das kann zB dann erforderlich sein, wenn die Klage einen FamFG-Anspruch betrifft, die Widerklage aber einen andersartigen, OLG Düss FamRZ 1982, 513. Der Begriff des rechtlichen Zusammenhangs entspricht dem des § 33. Bei mehreren Klageansprüchen ist jeweils separat zu prüfen, ob Konnexität ausgeschlossen werden kann, MüKoZPO/Fritsche Rn. 5. Bei einer Zwischenfeststellungswiderklage nach § 256 II ist die Trennung ausgeschlossen, da stets der rechtliche Zusammenhang besteht. Auch eine Abtrennung der Hilfswiderklage ist unzulässig. Da das Gericht die Widerklage nach Trennung als selbständige Klage behandeln muss, ändern sich die Parteirollen. Verfahren und Wirkung sind dieselben wie nach I. 14

VI. Aufrechnung, III. Die Vorschrift ermöglicht, über die Klage- und Aufrechnungsforderung in zwei zeitlich und gegenständlich getrennten Verhandlungen zu verhandeln, ohne dass der Rechtsstreit aufgespaltet würde. Hintergrund ist, dass auch die Entscheidung über die Aufrechnungsforderung mit hohem Aufwand verbunden sein kann, eine Trennung der Verfahrensökonomie dient, MüKoZPO/Fritsche Rn. 6. Voraussetzung ist nach dem klaren Wortlaut auch hier, dass keine Konnexität zwischen Klage- und Aufrechnungsforderung besteht. Instruktiv zur Prozessaufrechnung Anders/Gehle Assessorexamen ZivilR G Rn. 1 ff. 15

1. Zulässigkeit. Die Aufrechnung ist zumindest eine empfangsbedürftige Willenserklärung nach § 387 BGB. Der Bekl. kann sie vor oder während des Prozesses erklären. Sie liegt nicht vor, soweit der Bekl. nur einen solchen Umstand geltend macht, der schon für den Klageanspruch erheblich ist, vor allem zur Forderungshöhe, BGH MDR 1986, 131. Keine Aufrechnung ist ein bloßer Hinweis, BGH BauR 2018, 556. Der Aufrechnung darf keine Schiedsvereinbarung nach § 1029 zugrunde liegen, OLG Zweibr MDR 2013, 1368. Allein der Beklagte kann im Regelfall eine Prozessaufrechnung erklären. Der Kläger kann seinerseits grundsätzlich nicht aufrechnen. Er kann sich nicht gegen eine Aufrechnung des Beklagten wenden, indem er seinerseits aufrechnet. Dem steht die Rückwirkung der Aufrechnung nach § 389 entgegen. In Betracht kommt allein eine Klageerweiterung. Eine Aufrechnung durch den Kläger ist nur dann zulässig, wenn er sich bezüglich der streitgegenständlichen Forderung in der Position eines Schuldners befindet, zB bei negativer Feststellungsklage, Vollstreckungsabwehrklage, Zöller/Greger Rn. 12. Nur der Schuldner kann die Aufrechnung wirksam erklären, Dritte wie Streithelfer oder Bürge können die (bereits erklärte) Aufrechnung allerdings geltend machen. 16

2. Vor dem Prozess. Wenn der Bekl. die Aufrechnung wirksam mit einer durchsetzbaren Gegenforderung vor Beginn des Prozesses erklärt hat, sind der Klageanspruch und der zur Aufrechnung gestellte Gegenanspruch nach § 389 BGB mit Rückwirkung auf den Zeitpunkt des Eintritts der Aufrechenbarkeit erloschen. Folglich muss das Gericht eine gleichwohl erhobene Klage als von Anfang an unbegründet abweisen. Insofern gilt dasselbe wie dann, wenn der Bekl. die Klageforderung tatsächlich bereits vor dem Prozess bezahlt hatte. Wenn der Beklagte erst im Prozess die Aufklärung einer bereits vor Klageerhebung aufrechenbar gegenüberstehenden Forderung erklärt, empfiehlt sich für den Kläger, zur Vermeidung einer Klageabweisung die Hauptsache für erledigt zu erklären, BGH NJW 2003, 3134; Zöller/Greger Rn. 22. 17

18 **3. Hauptaufrechnung im Prozess.** Der Bekl. kann die Aufrechnung gegen eine unstreitige Klageforderung während des Prozesses erklären, sog. Hauptaufrechnung (auch Primäraufrechnung). Das gilt auch im Urkundenprozess nach §§ 592 ff., BGH NJW 1986, 2767. Dann ist zwischen der sachlich-rechtlichen Aufrechnung nach §§ 387 ff. BGB und der prozessualen Erklärung zu unterscheiden, einer Parteiprozesshandlung, BGH MDR 1995, 407. Diese Erklärung ist keine Klage nach § 253, 261 I, sondern ein Verteidigungsmittel zwecks Erlöschens der Klageforderung nach § 389 BGB, für das zB §§ 277 I, 282 I, 533 gelten. Beide fallen oft zusammen. Das gilt zB dann, wenn der ProzBev. vor dem Landgericht die Aufrechnung in der mündlichen Verhandlung erklärt. Seine Vollmacht nach § 80 erstreckt sich auch dann auf die Prozesshandlung, wenn sie die sachlich-rechtliche Erklärung nicht erlaubt. Die Partei kann eine sachlich-rechtliche Aufrechnung auch selbst während des Prozesses erklärt haben, jedoch außerhalb des Verfahrens. Diese Erklärung ist sachlich-rechtlich wirksam, auch durch eine Leistungsverweigerung nach §§ 387 ff. BGB. Sie wird aber erst durch eine entsprechende Erklärung innerhalb des Verfahrens prozessual wirksam: Die Prozessaufrechnung ist materiell-rechtliche Willenserklärung nach §§ 387 ff. BGB und ihre Geltendmachung im Prozess Prozesshandlung.

19 Wer dazu berechtigt ist, eine Aufrechnung im Prozess geltend zu machen, dem kann gleichwohl ein sachliches Aufrechnungsrecht fehlen. Das gilt etwa für den Streithelfer nach § 66 oder für einen im Prozess beklagten Bürgen, → Rn. 15. Die Prozesshandlung und die sachlich-rechtliche Erklärung der Aufrechnung unterliegen eine jede ihrem eigenen Recht. Soweit die sachlich-rechtliche Aufrechnungsmöglichkeit fehlt, ist eine im Prozess erklärte Aufrechnung wirkungslos. Das gilt auch beim Bekl. insoweit, als der Kläger schon seinerseits die Forderung des Bekl. von der Klageforderung abgezogen und insoweit mit seiner eigenen Forderung gegen diejenige des Bekl. sachlich-rechtlich aufgerechnet hatte. Soweit die Aufrechnung sachlich-rechtlich wirksam erfolgt, kann die Partei jedoch persönlich gehindert sein, diese Aufrechnung im Verfahren prozessual geltend zu machen. Ein solches Verbot mag sich aus zwingenden prozessualen Vorschriften ergeben, etwa aus dem Anwaltszwang im Anwaltsprozess. Es kann sich auch aus einer prozessualen Vereinbarung ergeben, BGH NJW 1979, 2478, etwa aus einer Schiedsvereinbarung nach §§ 1025 ff., OLG Düss NJW 1983, 2149. Andernfalls muss das Gericht aufgrund eines Antrags des Klägers die Hauptsache nach § 91a für erledigt erklären. Soweit der Kläger diesen Antrag allerdings nicht stellt, hat das Gericht die Klage durch Sachurteil als unbegründet abzuweisen. Eine bloße Hilfs-Erledigungserklärung, eine Erledigungserklärung bei aufrechterhaltenem, vorrangig von dem Gericht zu prüfenden Klageantrag, kommt zwar in Betracht. Sie ist aber nur schwer mit dem Gedanken, dass durch die Erledigungserklärung gerade eine Sachentscheidung entfällt, vereinbar, Zöller/Greger Rn. 22.

20 **4. Endgültigkeit.** Eine sachlich-rechtliche Aufrechnung wird mit ihrer Erklärung endgültig. Die prozessuale Aufrechnung wird erst durch den ordnungsgemäßen Vortrag in der mündlichen Verhandlung wirksam. Der Beklagte kann sich auf eine vorprozessual erklärte Aufrechnung berufen. Eine – auch unsubstantiierte – Behauptung einer vorprozessualen Aufrechnung kann für eine konkludente Wiederholung der Aufrechnungserklärung genügen, BGH MDR 1994, 1144. Eine „nochmalige" Aufrechnung ist ohnehin eindeutig, Zöller/Greger Rn. 11. Die prozessuale Aufrechnung kann als eine Prozesshandlung ohne Zustimmung des Gegners zurückgenommen werden, BGH NJW 2009, 1071. Der Bekl. muss die zur Aufrechnung gestellte Forderung im Einzelnen darlegen und evtl. beweisen. Andernfalls erfolgt eine insoweit nach § 322 II rechtskraftfähige Aberkennung der zur Aufrechnung gestellten Forderung, BVerfG NJW 2000, 1937. Das Gericht muss zuständig sein und grundsätzlich – jedenfalls außerhalb des Anwendungsbereichs der Brüssel Ia-VO – auch international, soweit sich die Zuständigkeit nicht schon in analoger Anwendung von § 33 (Konnexität der Forderungen) ergibt, BGH NJW 2015, 1118.

21 **5. Eventualaufrechnung.** Die Eventualaufrechnung (Hilfsaufrechnung) ist eine Erklärung der Aufrechnung lediglich für den Fall, dass die Hauptverteidigung nicht durchdringt. Das Gericht berücksichtigt die Eventualaufrechnung daher erst dann, wenn es die Hauptforderung für begründet hält, VerfGH Bln ZMR 2001, 880. Die Eventualaufrechnung ist keine bedingte Aufrechnung. Sie hängt nicht von einem zukünftigen ungewissen tatsächlichen Ereignis ab, sondern vom Bestehen der Klageforderung, also von einem bestimmten gegenwärtigen rechtlichen Umstand, KG MDR 2006, 1252. Eine Aufrechnung neben anderen Verteidigungsmitteln erfolgt immer hilfsweise. Indes klärt das Gericht zumindest im Zweifel auch gegenüber einem anwaltlich vertretenen Bekl., ob er die Aufrechnung als Primär- oder Eventualaufrechnung erklärt. Man kann auch mehrere selbständige Gegenforderungen bei klarer Rangfolge als Eventualaufrechnung geltend machen, BGH NJW-RR 1995, 508, dabei mehrere unselbständige Teilbeträge derselben Forderung zB nicht in einem Eventualverhältnis zum Gegenstand von Eventualaufrechnungen machen, BGH MDR 1995, 407.

22 **6. Abgrenzung.** Bei einer Primäraufrechnung bestreitet der Bekl. den Klageanspruch grundsätzlich nicht. Er will lediglich durch Einführung eines nach seiner Meinung zur Aufrechnung geeigneten Gegenanspruchs eine Verurteilung im Ergebnis vermeiden. Er ist zugleich bereit, den zur Aufrechnung gestellten Anspruch in demjenigen Umfang, in dem das Gericht diesen Anspruch als zur Aufrechnung geeignet hält, schon wegen § 322 nicht mehr anderweitig gegenüber dem Kläger geltend zu machen. Bei einer Eventualaufrechnung wendet sich der Bekl. demgegenüber grundsätzlich auch gegen den Klageanspruch. Bezweckt wird eine Klageabweisung, unabhängig von der – nur hilfsweise geltend gemachten – Aufrechnung. Der Bekl. sieht den Gegenanspruch nur für den Fall als verbraucht an, dass seine Verteidigung gegenüber dem Klageanspruch erfolglos bleiben sollte.

23 **VII. Aufrechnung und Rechtshängigkeit, I–III.** Eine Aufrechnung macht den zur Aufrechnung gestellten Anspruch nicht nach § 261 rechtshängig, BGH MDR 1995, 349. Das gilt für eine Haupt- wie für eine Hilfsaufrechnung, BGH NJW 1999, 1180; OLG Kblz WuM 2007, 545. Dies erklärt sich – trotz Rechtskrafterstreckung gemäß § 322 II – daraus, dass Rechtshängigkeit allein durch Klagezustellung eintritt, §§ 253 I, 261 I, ferner der Beklagte für die Verfahrensdauer die Aufrechnungsforderung nicht in einem selbständigen Prozess einklagen könnte, er auch im Fall einer Eventualaufrechnung seine Forderung nicht eigenständig geltend machen könnte, MüKoZPO/Fritsche Rn. 29.

24 **1. Eventualwiderklage.** Einer Sachentscheidung über die zur Aufrechnung gestellte Gegenforderung kommt Rechtskraft zu, § 322 II. Sollte die Gegenforderung gleichwohl im Klagewege erneut geltend gemacht werden, wäre die Klage als unzulässig abzuweisen. Die Rechtskraftwirkung reicht allein soweit, wie das Gericht über die Gegenforderung entschieden hat, Anders/Gehle Assessorexamen ZivilR G Rn. 3. Mangels Rechtshängigkeit

kann die Aufrechnung, soweit eine rechtskräftige Sachentscheidung nicht ergangen ist, im weiteren Prozess auch mit einer Eventualwiderklage verbunden werden, übliche Praxis für viele BGH NJW 2008, 2254.

2. Prozessvoraussetzungen. Die Frage, ob das Gericht über den Anspruch entscheiden kann, der der Aufrechnung zugrunde liegt, ist davon abhängig, ob zwingendes Prozessrecht oder eine prozessuale Vereinbarung eine solche Entscheidung ausschließen, BGH NJW 1979, 2478. Das Gericht wird zB das Fehlen der Gerichtsbarkeit nach §§ 18 ff. GVG beachten, BGH 60, 88, oder evtl. zur Vermeidung widersprüchlicher rechtskräftiger Entscheidungen den Prozess mit der Hilfsaufrechnung nach § 148 aussetzen, BGH FamRZ 1989, 167; BVerwG NJW 1999, 161. 25

Gleiches gilt für das Fehlen des ordentlichen Rechtswegs nach §§ 13, 17 GVG, BGH WM 2013, 134. Das kommt in Betracht zB bei einer öffentlich-rechtlichen Gegenforderung, soweit sie streitig ist, BGH WM 2013, 134. Etwas anderes gilt dann, wenn der Bestand der öffentlich-rechtlichen Gegenforderung, unbestritten oder rechtskräftig, feststeht, BGH WM 2013, 134; BVerwG NJW 1987, 2530. Für diese Lage bieten sich zwei Vorgehensweisen: Das Gericht setzt bei rechtswegfremder Gegenforderung nach § 148 aus, bis eine Entscheidung des zuständigen Gerichts über die Gegenforderung des Beklagten vorliegt, BFH NJW 2002, 3126. Ferner erscheinen Erlass eines Vorbehaltsurteils und Verweisung an das andere Gericht möglich, BAG NJW 2008, 1020. 26

3. Schiedsrichterliches Verfahren. Das Gericht prüft ferner, ob der Bekl. die Aufrechnung mit einem solchen Anspruch erklärt, der dem schiedsrichterlichen Verfahren unterliegt, BGH 60, 89. Eine Vereinbarung der alleinigen Zuständigkeit eines ausländischen Gerichts kann auch die Wirksamkeit einer Aufrechnung hindern. 27

4. Zuständigkeit. Demgegenüber ist es für die Wirksamkeit der zur Aufrechnung gestellten Forderung unerheblich, ob das Gericht für die Aufrechnungsforderung nach §§ 23 ff., 71 GVG sachlich zuständig wäre oder ob es sich bei der Aufrechnungsforderung um eine Familiensache nach § 111 FamFG handelt, BGH FamRZ 1989, 167. Es ist auch unerheblich, ob ein anderes ordentliches Gericht ausschließlich zuständig wäre oder ob zB ein Gericht des FamFG, BGH FamRZ 1989, 167, oder ein ArbG, BGH FamRZ 1989, 167, oder ob ein LwG zur Entscheidung über diese Forderung zuständig wäre, BGH 60, 88, und umgekehrt. Evtl. wird das Gericht den Prozess aussetzen, BGH FamRZ 1989, 167. Das gilt insbesondere bei einer Aufrechnung auch in einem weiteren Prozess (Zweitaufrechnung), BGH BB 2004, 576. 28

Eine Aufrechnung im Prozess hemmt die Verjährung nach § 204 I Nr. 5 BGB. Das gilt auch dann, wenn sie prozessual unzulässig (aber materiell-rechtlich zulässig) ist, BGH MDR 2008, 875. Vgl. aber § 215 II BGB, BGH MDR 1981, 44. Das gilt nicht für einen überschießenden Anspruch, BGH NJW-RR 1986, 1079 (nicht für unzulässige Gegenaufrechnung des Klägers, Klageerweiterung möglich). 29

5. Rechtlicher Zusammenhang. Wenn zwischen dem Klageanspruch und der zur Aufrechnung gestellten Forderung Konnexität besteht, kommt als Einschränkungsmöglichkeit nur eine Beschränkung der Verhandlung nach § 146 in Betracht. Wenn der rechtliche Zusammenhang fehlt, darf das Gericht vor einer Entscheidungsreife des ganzen Prozesses nach seinem pflichtgemäßen Ermessen eine Trennung des Klageanspruchs und des zur Aufrechnung gestellten Anspruchs anordnen. 30

Soweit der Klageanspruch nach dieser Trennung entscheidungsreif wird, erlässt das Gericht entweder ein Vorbehaltsurteil, § 302, OLG Mü FamRZ 1985, 85, oder weist die Klage ab; evtl. auch Teilurteil bzgl. von Aufrechnung unabhängigen Teils. Eine Klageabweisung erledigt beide Prozessteile. Soweit die zur Aufrechnung gestellte Forderung zuerst entscheidungsreif wird, kann das Gericht kein Teil-, § 301, oder Zwischenurteil, § 303, erlassen; es kann Aufhebung der Trennung, § 150, anordnen. 31

6. Kein Versäumnisurteil. Das Gericht wird über die beiden Prozessteile unter Umständen in verschiedenen Verhandlungsterminen entscheiden. Es kann aufgrund der zur Aufrechnungsforderung bestimmten Verhandlung ein Versäumnisurteil erlassen, ein klageabweisendes Versäumnisurteil aufgrund Säumnis des Klägers. Auch im umgekehrten Fall der Säumnis des Beklagten in der Verhandlung über den Klageanspruch kann auch gegen den Beklagten ein Versäumnisurteil zulässig ergehen, Prütting/Gehrlein/Dörr Rn. 30. 32

7. Urkundenprozess. Soweit im Verfahren nach §§ 592 ff. die zur Haupt- oder Hilfsaufrechnung gestellte Gegenforderung unstreitig oder urkundlich belegt ist und der Kläger sich nicht dagegen mit den im Urkundenprozess nach §§ 592 ff. statthaften Mitteln verteidigt, muss das Gericht die Klage nach § 597 II als in der gewählten Prozessart unzulässig abweisen, BGH NJW 1986, 2767. Soweit der Bekl. die zur Aufrechnung gestellte Forderung nicht belegt, erlässt das Gericht ein Vorbehaltsurteil nach § 599. 33

8. Gegenaufrechnung. Eine Aufrechnung des Klägers gegenüber der vom Bekl. zur Aufrechnung gestellten Forderung ist unbeachtlich. Denn beim Fehlen der ursprünglichen Klageforderung kommt es auf die Aufrechnung des Bekl. nicht an. Beim Erfolg der Aufrechnung erlischt in Höhe der Klageforderung die Aufrechnungsforderung des Bekl., KG MDR 2006, 1252. Der Kläger kann die Forderung des Bekl. bereits vor deren Erklärung von der eigenen „abgesetzt" und insofern reduziert haben. 34

VIII. Keine analoge Anwendung, III. Weitere Einwendungen und Einreden stehen der Aufrechnung wegen des eindeutigen Wortlauts, der auf das Vorbehaltsurteil nach § 302 verweist, nicht gleich. III ist auf sie nicht analog anzuwenden, die Vorschrift ist bei der Geltendmachung zB eines Zurückbehaltungsrechts durch den Beklagten nicht anwendbar. 35

146 ***Beschränkung auf einzelne Angriffs- und Verteidigungsmittel.*** **Das Gericht kann anordnen, dass bei mehreren auf denselben Anspruch sich beziehenden selbständigen Angriffs- oder Verteidigungsmitteln (Klagegründen, Einreden, Repliken usw.) die Verhandlung zunächst auf eines oder einige dieser Angriffs- oder Verteidigungsmittel zu beschränken sei.**

I. Systematik, Regelungszweck. Die Vorschrift ist eine Ergänzung zu § 145. § 146 dient lediglich der Übersichtlichkeit der Verhandlung. Der Anwendungsbereich der Vorschrift ist sehr gering. Denn bereits § 136 erlaubt dem Vorsitzenden dieselben prozessleitenden Anordnungen wie § 146. Nur selten wird die Vorschrift in der praktischen Anwendung eine zeitweilige Konzentration fördern können, da sie sich kaum mit dem Postulat, den Rechtsstreit nach Möglichkeit in einem Haupttermin zu erledigen, § 272, in Einklang bringen lässt. Ferner 1 sind für die bedeutendsten Gebiete ohnehin eigene Regeln vorgesehen, §§ 301 f., 304. Ein Zwischenurteil für einzelne Angriffs- und Verteidigungsmittel ist nach § 303 nicht vorgesehen, MüKoZPO/Fritsche Rn. 1.

2 **II. Geltungsbereich.** Die Vorschrift gilt auch im WEG-Verfahren und im Bereich des § 113 I 2 FamFG.

3 **III. Beschränkung der Verhandlung.** Das Gericht kann nach pflichtgemäßem Ermessen anordnen, dass sich die mündliche Verhandlung zunächst auf eines von mehreren Angriffs- oder Verteidigungsmitteln beschränken soll. Wegen dieser Ausnahme vom Grundsatz nach § 272 sollte eine Anordnung nur bei ungewöhnlich umfangreichem und/oder schwierigem Prozessstoff erfolgen, ggf. auch auf einzelne Prozessvoraussetzungen begrenzt, zB die entgegenstehende Rechtskraft eines Schiedsspruchs, OLG Hamm BeckRS 2019, 38848. Sie ist unter folgenden Voraussetzungen zulässig:

4 **1. Selbständigkeit.** Das fragliche Angriffs- oder Verteidigungsmittel muss selbständig sein. Es hat also bereits aus sich heraus rechtsbegründend, rechtsvernichtend, rechtshindernd oder rechtserhaltend zu wirken, unabhängig davon, ob aus sachlichem Recht oder Prozessrecht.

5 **2. Zugehörigkeit zu demselben Anspruch.** Das Angriffs- oder Verteidigungsmittel muss sich grundsätzlich auf denselben prozessualen Anspruch beziehen. Es genügt, dass einem Angriffsmittel ein Verteidigungsmittel gegenübersteht. § 146 ist evtl. auch bei Mehrheit von Ansprüchen, § 260, anwendbar, auch bei Haupt- und Hilfsanspruch.

6 **IV. Entscheidung.** Das Gericht entscheidet durch Beschluss, durch Verkündung oder formlose Mitteilung. Er ist nur zusammen mit dem Endurteil nach § 300 anfechtbar und jederzeit abänderbar.

7 **V. Wirkung.** Die Wirkung der Beschränkungsanordnung ist rein tatsächlich. Der Beschluss schneidet keine Einrede ab und wirkt nicht über das Ende der Instanz hinaus. Das Gericht darf über die einzelnen Rechtsbehelfe keine getrennten Verhandlungen anordnen. Soweit der Prozess entscheidungsreif ist, muss das Gericht trotz einer Trennung ein Endurteil erlassen, auch bei Säumnis ein Versäumnisurteil nach §§ 330 ff. Eine Entscheidung durch Teil- oder Zwischenurteil ist ausgeschlossen.

147 *Prozessverbindung.* **Das Gericht kann die Verbindung mehrerer bei ihm anhängiger Prozesse derselben oder verschiedener Parteien zum Zwecke der gleichzeitigen Verhandlung und Entscheidung anordnen, wenn die Ansprüche, die den Gegenstand dieser Prozesse bilden, in rechtlichem Zusammenhang stehen oder in einer Klage hätten geltend gemacht werden können.**

Schrifttum: Schumacher, Prozeßtrennung (§ 145 ZPO) und -verbindung (§ 147 ZPO), Diss. Bonn 1999.

1 **I. Systematik.** Prozessverbindung ist die vom Gericht durch die Verbindung mehrerer Prozesse herbeigeführte subjektive Klagehäufung (Streitgenossenschaft) nach § 59 oder objektive Klagehäufung nach § 260. Sie folgt nach pflichtgemäßem Ermessen §§ 25, 254, 260, BGH NJW-RR 2018, 81. Vgl. § 47 WEG.

2 **II. Regelungszweck.** Eine Prozessverbindung soll widersprechende tatsächliche Feststellungen und unterschiedliche rechtliche Würdigungen eines einheitlichen Sachverhalts verhindern, BAG NZA 2016, 1352, zugleich Aufwand und Kosten sparen, eine einheitliche Beweisaufnahme und -würdigung erreichen. Die Vorschrift dient damit der Verfahrenseffizienz, BGHZ 68, 81.

3 Eine Prüfung der damit regelmäßig auch in Betracht kommenden Abgabe an eine andere Abteilung oder Kammer erfolgt unter Beachtung des verfassungsrechtlichen Anspruchs auf den gesetzlichen Richter, Art. 101 I 2 GG. Problematisch erscheint, dass bei einer Verbindung Abteilung oder Kammer ausgetauscht werden, während § 147 zugleich ein Ermessen des Gerichts hierzu eröffnet, BAG NZA 2016, 1352. Neben einer pflichtgemäßen, den widerstreitenden Interessen gerecht werdenden Ermessensentscheidung hat daher der aufnehmende Spruchkörper vor Verbindung die Parteien anzuhören und ihnen Gelegenheit zur Stellungnahme einzuräumen, BAG NZA 2016, 1352. Eine Zustimmung ist nicht erforderlich, allerdings eine ausreichende Regelung in dem Geschäftsverteilungsplan des Gerichts, welcher Spruchkörper bei Vorliegen der Voraussetzungen für einen Verbindungsbeschluss zuständig ist, BAG NZA 2016, 1352; aA Prütting/Gehrlein/Dörr Rn. 2.

4 **III. Geltungsbereich.** Die Vorschrift findet auch im Arbeitsgerichtsverfahren, BAG NZA 2007, 1456, und im WEG-Verfahren Anwendung, vgl. § 47 WEG. Im FamFG-Verfahren gelten §§ 20, 126 II FamFG.

5 **IV. Ermessen.** Die Verbindung erfolgt durch Beschluss und nach pflichtgemäßen Ermessen des Gerichts:

6 **1. Notwendigkeit.** Das Gericht kann aus Gründen der Verfahrensökonomie und Einheitlichkeit der Entscheidung insbesondere dann eine Verbindung anordnen, wenn die Ansprüche gegenüber Gesamtschuldnern auf demselben Lebenssachverhalt beruhen oder die Haftung akzessorisch aufeinander aufbaut. Sie ist ausgeschlossen bei sachfremden Erwägungen, zB soweit sie nur der Erhöhung der Rechtsmittelsumme dienen soll MüKoZPO/Fritsche Rn. 7. Zwingend ist sie aber stets, soweit sie gesetzlich vorgeschrieben ist, zB nach §§ 238, 518 S. 2; §§ 246 III 6, 249 II, 250 III 1, 251 III, 253 II, 254 II 1, 257 II 1, 275 IV 1 AktG; §§ 51 III 5, 112 I 3 GenG; § 47 WEG, BGH NJW 2013, 65. Sie kommt auch bei einer Drittwiderklage infrage, OLG Stgt BauR 2012, 1693.

7 **2. Unzweckmäßigkeit.** Die Prozessverbindung kann mit Blick auf Kosten, Überwiegen der Unterschiede in Sach- und Streitstand und damit verbundene unterschiedliche Entscheidungsreife auch zu Erschwerungen führen. Deshalb ist es uU zweckmäßig, statt einer Verbindung beide Prozesse rechtlich selbständig mit eigenständigen Entscheidungen zu lassen und die Verbindung lediglich „zum Zwecke der gleichzeitigen Verhandlung" anzuordnen, Grabolle/Wilske MDR 2007, 1409. Ein solches Vorgehen kann sich aus Gründen der Verfahrenseffizienz anbieten, insbesondere um Wiederholungen von aufwändigen Beweisaufnahmen zu vermeiden. Dabei errechnen sich dann die Gebühren nach den Werten jedes einzelnen Prozesses, OLG Braunschweig NJOZ 2006, 1922.

8 **3. Unzulässigkeit.** Eine Verbindung kann ausnahmsweise unstatthaft sein, zB nach § 578 II ZPO; § 126 II FamFG. Ferner kann eine Nicht-Handelssache nicht an die KfH verbunden werden, Verbindung erfolgt nur nach Antrag, § 98 GVG; vgl. für die umgekehrte Lage § 97 GVG. Auch die Verbindung von Einzelrichter- und Kammersachen ist – soweit nicht zunächst auf den Einzelrichter übertragen oder von der Kammer übernommen – unzulässig, Zöller/Greger Rn. 2. Man kann nicht im Wechselprozess nach § 602 und hilfsweise im normalen Urkundenprozess nach §§ 592 ff. klagen, BGH MDR 1982, 298. Formell unzulässig ist auch die Verbindung des

Eilverfahrens zB nach §§ 916 ff., 935 ff. mit dem Hauptsacheprozess, Meyer JurBüro 2011, 407. Bei Zusammenführung, Wiedervereinigung getrennter Patentanmeldungen ist § 147 nur bedingt entsprechend anwendbar, BPatG GRUR 1981, 348.

V. Voraussetzungen im Einzelnen. Eine Verbindung ist unter folgenden Voraussetzungen zulässig: 9

1. Anhängigkeit mehrerer Prozesse. Eine Verfahrensverbindung kommt nur in Betracht, wenn die Verfahren bei demselben Gericht anhängig sind, OLG Köln BeckRS 2021, 17555. Rechtshängigkeit ist nicht erforderlich. LG Detm Rpfleger 1992, 427 wendet § 147 entsprechend bei mehreren Pfändungsanträgen desselben Gläubigers nach § 829 bei demselben Drittschuldner nach § 840 an. Eine Verbindung tritt nicht schon stets dadurch ein, dass zB der bisherige Streitgenosse des Bekl. nun den Kläger und einen Dritten verklagt, BGH ZZP 1986, 67. 10

2. Dasselbe Gericht. Die bisherigen Prozesse müssen bei demselben Gericht anhängig sein, BPatG GRUR 1981, 347; OLG Stuttgart WM 2019, 1059. Sie können grundsätzlich bei verschiedenen Abteilungen, Kammern oder Senaten anhängig sein. Deren Verbindung verletzt auch nicht etwa mangels Zustimmung der Parteien das Recht aus Art. 101 I 2 GG, BAG NJW 2016, 3613. 11

3. Dieselbe Instanz. Die zu verbindenden Prozesse müssen in derselben Instanz anhängig sein, damit eine einheitliche Entscheidung ergehen kann, BPatG GRUR 1981, 347; in der Berufungsinstanz ggf. auch mit einer Beschwerde, OLG Stuttgart, NJW-RR 2018, 1276. In der Revisionsinstanz muss eine Revision in jedem der bisher getrennt geführten Prozesse zulässig sein, BGH NJW 1977, 1152. 12

4. Dieselbe Prozessart. Alle zu verbindenden Prozesse müssen in derselben Prozessart anhängig sein, BGH NJW 1978, 44 (§§ 807, 900 ff.). 13

5. Gleichzeitigkeit der Verhandlung und Entscheidung. Die Verbindung muss den Zweck haben, eine gleichzeitige Verhandlung und Entscheidung in allen bisher einzeln geführten Prozessen herbeizuführen, OLG Mü Rpfleger 1990, 184. 14

6. Rechtlicher Zusammenhang, objektive/subjektive Klagehäufung. Zwischen den Klageansprüchen der verschiedenen Prozesse muss ein rechtlicher Zusammenhang iSv § 33 bestehen oder es müssen die Voraussetzungen einer Parteien- oder Anspruchshäufung nach §§ 59, 60, 260 vorliegen. Ein rechtlicher Zusammenhang besteht, wenn die Forderungen auf ein gemeinsames Rechtsverhältnis zurückgehen oder aus dem gleichen Rechtsverhältnis hervorgehen, Prütting/Gehrlein/Dörr Rn. 3; ferner § 33. Eine Gleichartigkeit der Ansprüche genügt. Es braucht nicht derselbe Streitgegenstand vorzuliegen. Mehrere Kläger oder Beklagte werden mit der Verbindung Streitgenossen. Es ist nicht erforderlich, dass der Kläger des einen Prozesses auch im anderen Prozess Kläger ist. Dasselbe gilt für die Rolle des Bekl. Eine so verbundene Klage wird eine Widerklage. 15

7. Keine Entscheidungsreife. Keiner der bisher getrennt geführten Prozesse darf allein entscheidungsreif sein. 16

8. Keine Zustimmungsnotwendigkeit. Die Zustimmung ist nicht erforderlich, Anhörung und Regelung in der Geschäftsverteilung genügen. 17

VI. Entscheidung. Das Gericht entscheidet über die Prozessverbindung auf Antrag oder von Amts wegen durch Beschluss, BPatG GRUR 1981, 348. Zuständig ist das Kollegium. Der Einzelrichter ist nach §§ 348, 348a, 526, 527, 568 nur insoweit zuständig, als er alle zu verbindenden Sachen kraft Gesetzes oder durch einen Kollegialbeschluss bearbeiten muss. Eine Abgabe durch eine Verbindung ist unstatthaft. Der Beschluss ist eine prozessleitende Maßnahme. Er erfordert nach § 128 IV keine mündliche Verhandlung, LG Lpz MDR 2005, 648. Wenn sich ein Gericht in mehreren bisher getrennten Prozessen über rechtlich zusammenhängende Ansprüche für unzuständig erklärt, handelt es sich meist nicht um eine Verbindung, BGH NJW 1980, 192. Das Gericht hat seine Entscheidung trotz ihrer Unanfechtbarkeit grundsätzlich zu begründen, vgl. zur Prozesstrennung, mit dortiger Begründungspflicht, § 145 I 2, BAG NZA 2016, 1352. Es verkündet seine Entscheidung oder teilt sie den Parteien formlos mit. Die Entscheidung kann nach § 150 jederzeit abgeändert werden. 18

VII. Rechtsmittel gegen Verbindung. 1. Grundsatz: Unanfechtbarkeit. Gegen den Verbindungsbeschluss ist grundsätzlich kein Rechtsbehelf statthaft, BPatG GRUR 1985, 1041; OLG Mü MDR 2015, 1320. Er ist im Rahmen des Urteils beschränkt daraufhin überprüfbar, ob die Verbindung willkürlich aufgrund sachfremder Erwägungen erfolgt ist, evtl. kommt auch die Erhebung einer Verfassungsbeschwerde in Betracht, BeckOK ZPO/Wendtland Rn. 10. 19

2. Ausnahme: Sofortige Beschwerde. Soweit eine Verbindung auf einen auch nur teilweisen Verfahrensstillstand hinausläuft, OLG Ffm NJW-RR 1992, 32, zB bei einer unzulässigen Verbindung eines Eilverfahrens etwa nach §§ 916 ff., 935 ff. mit dem Hauptsacheprozess, kann die sofortige Beschwerde nach §§ 252, 567 I Nr. 1 oder 2 zulässig sein. Hintergrund ist, dass mit einer unzulässigen Verbindung zugleich tatsächlich die Aussetzung des Eilverfahrens verbunden ist, BeckOK ZPO/Wendtland Rn. 10. 20

VIII. Kein Rechtsmittel gegen Ablehnung einer Verbindung. Es ist kein Rechtsbehelf statthaft, BPatG GRUR 1985, 1041. Auch die Ablehnung kann im Rahmen des Urteils überprüft werden. 21

IX. Wirkung. Es kommt auf die Entscheidungsart an. 22

1. Verbindung. Die bisher selbständigen Prozesse sind von der Wirksamkeit des Verbindungsbeschlusses an nur für die Zukunft miteinander verbunden. Die in den bisherigen Prozessen erzielten Ergebnisse und Wirkungen bestehen also fort. Eine Beweisaufnahme wird in der Regel zu wiederholen sein, §§ 355, 397, soweit die Parteien nicht auf eine Wiederholung verzichten, § 295. Da mehrere Parteien in derselben prozessualen Stellung zu Streitgenossen werden, BGH NJW 2011, 2654, wird dadurch die Zeugnisfähigkeit entfallen, sie sind dann ggf. nach § 141 anzuhören, OLG Kblz BauR 2014, 153. Eine Ausnahme kommt nur in Betracht, soweit der Gegenstand ihrer Aussage sich deutlich vom Streitgegenstand ihrer Klage trennen lässt, insbesondere nur einen anderen Streitgenossen betrifft, Zöller/Greger Rn. 8; Prütting/Gehrlein/Dörr Rn. 6. 23

2. Gleichzeitigkeit, Einheitlichkeit. Das Gericht muss über die verbundenen Ansprüche gleichzeitig und einheitlich verhandeln und, soweit es nicht nur um eine „Verbindung" beispielsweise zur gemeinsamen Beweisaufnahme geht, entscheiden. Soweit das Gericht trotzdem getrennt entschieden hat, liegt für die Frage der Statthaftigkeit eines Rechtsmittels ein einheitlicher Spruch vor. 24

25 Das Gericht kann im Anschluss an den Verbindungsbeschluss nur dann sofort verhandeln, wenn es den Termin für alle nunmehr miteinander verbundenen Prozesse bestimmt hatte. Die Berufungssumme, § 511 II Nr. 1, berechnet sich nach dem Gesamtwert der verbundenen Ansprüche, BGH NJW 1977, 1152. Eine vorher nicht erreichte Rechtsmittelsumme kann so erreicht werden. Die sachliche Zuständigkeit des Amtsgerichts bleibt allerdings unberührt, → Rn. 26.

26 **3. Kosten.** Für die Gebührenberechnung sind nach § 45 I GKG die nach der Verbindung vorgenommenen Handlungen nach dem neuen, sich durch eine Zusammenrechnung ergebenden Streitwert zu berechnen, soweit sie nicht denselben Streitgegenstand betreffen. Eine bereits vor der Verbindung entstandene Gebühr bleibt bestehen, OLG Köln JurBüro 2012, 651. Die Höchstgrenze des § 36 II GKG ist zu beachten, Meyer JurBüro 1999, 240. Bei der Streitgenossenschaft nach §§ 59 ff. vgl. auch § 7 RVG. Eine Prozessverbindung lässt die sachliche Zuständigkeit nach §§ 23 ff., 71 GVG grundsätzlich unberührt, vgl. auch § 261 III Nr. 2, OLG Rostock MDR 2018, 549.

Vorbemerkung zu § 148
Aussetzung

Schrifttum: Fichtner, Grenzen des richterlichen Ermessens bei Aussetzung und Ruhen des Verfahrens in der ZPO, 1996.

1 §§ 148 ff. regeln die Aussetzung des Verfahrens, ergänzt durch weitere Sondervorschriften, → § 148 Rn. 1. Eine Aussetzung bedingt einen Stillstand des Verfahrens aufgrund einer gerichtlichen Anordnung im Gegensatz zu demjenigen kraft Gesetzes nach §§ 239 ff.

2 **I. Zulässigkeit der Aussetzung.** Die Aussetzung ist nur in den gesetzlich vorgesehenen Fällen zulässig, also nicht aufgrund von Zweckmäßigkeitserwägungen, etwa im oder nach einem Ablehnungsverfahren nach §§ 42 ff., OLG Hamm MDR 1999, 374.

3 **II. Unzulässigkeit der Aussetzung.** Insbesondere in eilbedürftigen Verfahren ist eine Aussetzung des Verfahrens ausgeschlossen: In Verfahren auf Erlass eines Arrests oder einer einstweiligen Verfügung nach §§ 916 ff., 935 ff. ist eine Aussetzung grundsätzlich unzulässig, ebenso im Eilverfahren nach §§ 49 ff. FamFG, ferner bei Entscheidungsreife, im Urkundenprozess, in der Zwangsvollstreckung und im Insolvenzverfahren, BGH NZI 2006, 642.

4 **1. Wirkung.** Die Wirkung der Aussetzung richtet sich nach § 249, BVerwG NVwZ-RR 2016, 364. Eine Aufnahme des Verfahrens erfolgt nach § 250. Das Gericht kann die Aussetzung jederzeit aufheben, § 150.

5 **2. Wegfall des Aussetzungsgrundes.** Soweit der Grund für die Aussetzung des Verfahrens wegfällt, ist die Aussetzung auch ohne eine Aufnahmeerklärung von selbst beendet, BGH NJW 1989, 1729. Das gilt zB wegen § 325, BAG NZA 2006, 315, oder beim Erlass der vorgreiflichen Entscheidung. Dann beginnt die Verjährung ohne weiteres neu zu laufen, BGH 106, 298. Dasselbe gilt von einer sonstigen Frist. Evtl. kommt eine Wiedereinsetzung nach § 233 infrage, BVerfG NJW-RR 1997, 188. Im Übrigen kann die Partei das Verfahren entsprechend § 246 aufnehmen. Das gilt bei § 148 dann, wenn der andere Prozess erledigt ist. Bei § 149 gilt es dann, wenn das Strafverfahren, bei §§ 151–154 wenn das betreffende Verfahren erledigt ist; bei § 65 dann, wenn das Gericht nach § 705 formell rechtskräftig entschieden hat.

148 ***Aussetzung bei Vorgreiflichkeit.*** **[I] Das Gericht kann, wenn die Entscheidung des Rechtsstreits ganz oder zum Teil von dem Bestehen oder Nichtbestehen eines Rechtsverhältnisses abhängt, das den Gegenstand eines anderen anhängigen Rechtsstreits bildet oder von einer Verwaltungsbehörde festzustellen ist, anordnen, dass die Verhandlung bis zur Erledigung des anderen Rechtsstreits oder bis zur Entscheidung der Verwaltungsbehörde auszusetzen sei.**

[II] Das Gericht kann ferner, wenn die Entscheidung des Rechtsstreits von Feststellungszielen abhängt, die den Gegenstand eines anhängigen Musterfeststellungsverfahrens bilden, auf Antrag des Klägers, der nicht Verbraucher ist, anordnen, dass die Verhandlung bis zur Erledigung des Musterfeststellungsverfahrens auszusetzen sei.

1 **I. Systematik, I, II.** Neben § 148 eröffnen weitere Bestimmungen die Möglichkeit, uU die Pflicht zur Aussetzung, zB: §§ 65, 104 III 2, 149, 152 ff., 246 f., 578 II; ferner Art. 29 I, 30, 33, 34, 38, 51 Brüssel Ia-VO; Art. 267 II, III AEUV; Art. 100 GG; §§ 4 IV UKlaG; 97 V, 98 VI ArbGG; 108 II SGB VII; 8 I KapMuG; 11 IV RVG analog; 17a III, 201 III 2 GVG; 34b DesignG; 21, 136, 221 FamFG; vgl. Zöller/Greger Rn. 2 f.; Thomas/Putzo/Seiler Rn. 1. Zum Verfahren nach Art. 267 AEUV, BGH GRUR 2016, 523.

2 **II. Regelungszweck, I, II.** Die Vorschrift dient der Verfahrenseffizienz und der Vermeidung widersprüchlicher Entscheidungen. Zugleich bleiben – mit Blick auf die Gefahr einer Verfahrensverzögerung – eine ausreichende Verfahrensförderung und die Wahrung des Rechts auf effektiven Rechtsschutz zu beachten, BVerfG NJW 2013, 3432; BAG NZA 2015, 184. Vorrangig zu prüfen bleibt die Frage, ob eine zur Aussetzung führende Vorgreiflichkeit besteht. Das gilt insbesondere angesichts der häufigen Ungewissheit, ob und wann – mit Blick auf angemessene Verfahrensförderung – im anderen Verfahren eine Sachentscheidung ergehen wird. Es kann eine erhebliche Verlängerung etwa mit Folgen nach §§ 198 ff. GVG drohen.

3 **III. Geltungsbereich, I, II.** § 148 gilt auch im WEG- und im PKH-Verfahren, OLG Koblenz MDR 2016, 297; vgl. → Rn. 1. Die Vorschrift findet ferner im Markenbeschwerdeverfahren Anwendung, da § 43 III MarkenG nicht abschließend ist, § 148 iVm § 82 I 1 MarkenG, BPatG MarkenR 2019, 177. § 148 findet ferner zwar auch im Urkundenprozess Anwendung, indes ist eine Aussetzung hier nicht die Regel, sondern erfordert besondere Umstände, BGH NJW-RR 2021, 638.

4 **IV. Vorgreiflichkeit, I.** Voraussetzung für die Aussetzung ist, dass eine andere Entscheidung für die Entscheidung des Rechtsstreits vorgreiflich ist, dort mit zumindest teilweise präjudizieller Wirkung für das hiesige Verfahren entschieden wird, evtl. unter Ermessensreduzierung auf Null, BGH WM 2016, 652 (655).

1. Begriff. Erforderlich ist, dass die Entscheidung in dem Rechtsstreit von dem Ausgang in dem anderen Verfahren abhängt. Das ist zu bejahen, wenn die Entscheidung in dem Rechtsstreit zumindest teilweise abhängig ist von dem Bestehen oder Nichtbestehen eines Rechtsverhältnisses, das Gegenstand des anderen Verfahrens ist oder von einer Verwaltungsbehörde festzustellen ist, BGH NJW-RR 2011, 1343 (1344). Das gilt auch bei einem nur hilfsweise gestellten Aussetzungsantrag, LG Mü GRUR-RR 2015, 512. Rechtsverhältnis ist eine bestimmte rechtlich geregelte Beziehung einer Person zu einer anderen oder zu einem Gegenstand, BGH NJW 1998, 1957; BAG NJW 2011, 1836. Über gerade dieses Rechtsverhältnis muss grundsätzlich gerade ein anderes Verfahren vor einem Gericht oder einer Verwaltungsbehörde schweben, BGH GRUR-RR 2013, 528; BPatG GRUR-RR 2016, 397. Die bloße Eignung oder Möglichkeit einer Abhängigkeit reicht nicht aus, BAG NZA 2009, 1436 (1437). 5

Es genügt jeder rechtliche Einfluss des anderen Verfahrens auf den auszusetzenden Prozess, BGH NJW-RR 2011, 1343 (1344). Das ist beispielsweise der Fall, wenn in einem verfassungsgerichtlichen Verfahren die Wirksamkeit einer Norm geprüft wird, Entscheidungen des BVerfG sind bindend, vgl. auch § 31 BVerfGG; oder auch Verfahren nach Art. 267 AEUV und § 47 VwGO, BAG NZA 2009, 1436 (1438). Allein tatsächliche Auswirkungen genügen nicht, die Entscheidung im anderen Rechtsstreit muss in rechtlicher Hinsicht Einfluss auf den Verfahrensausgang des aussetzenden Gerichts haben, BAG NZA 2009, 1436. Auch die reine Klärung einer Rechtsfrage genügt nicht, OLG Düsseldorf WM 2016, 1180. Soweit Teilansprüche aus demselben Rechtsgrund geltend gemacht werden, ist eine Aussetzung mit Blick auf einen abtrennbaren Teil unzulässig, BGH NJW-RR 2019, 1212. 6

Eine Aufrechnung mit einer anderweitig rechtshängigen Forderung kann genügen. Die Abhängigkeit muss sich aus dem Parteivorbringen ergeben, LG Mü GRUR-RR 2015, 512. Auch im Fall einer Aufrechnung mit einer Gegenforderung, für die eine Schiedsvereinbarung besteht, ist eine Aussetzung zulässig, OLG Celle MDR 2016, 546. Mit Beendigung des Schiedsverfahrens entfällt die Aufrechnungssperre vor den Gerichten, BGH NJW-RR 2008, 556. 7

2. Entsprechende Anwendbarkeit. § 148 ist ferner dann entsprechend anwendbar, wenn eine ähnliche Sache beim BVerfG anhängig ist, oder wenn im Insolvenz-Eröffnungsverfahren ein allgemeines Verfügungsverbot ergeht, OLG Jena NJW-RR 2000, 1075. Allerdings besteht keine Pflicht zur Aussetzung, wenn eine Partei gegen einen Beschluss, mit dem ein Ablehnungsgesuch abgelehnt wurde, Verfassungsbeschwerde eingelegt hat, BGH NJW 2018, 3252. 8

V. Fremde Entscheidung, I. Vorgreiflich muss gerade die Entscheidung eines Gerichts oder einer Verwaltungsbehörde sein. 9

1. Gericht. Im Zeitpunkt der Aussetzung des vorliegenden Verfahrens muss ein anderer Rechtsstreit vor einem Gericht anhängig sein, BGH GRUR-RR 2013, 528. Seine Anhängigkeit im Mahnverfahren nach §§ 688 ff. vor Beginn des Übergangs in das streitige Verfahren nach § 697 genügt nicht. Es ist aber unerheblich, ob die Rechtshängigkeit im anderen Verfahren später als im auszusetzenden Verfahren eingetreten ist. Es ist auch unerheblich, ob der andere Prozess zB vor einem Arbeits- oder Schiedsgericht, §§ 1025, 1040, oder vor einem rechtswegfremden Gericht anhängig ist, LG Mannh ZMR 1978, 86. Auch ein WEG-Verfahren kann ausreichen, OLG Hmb WuM 1991, 310. Auch ein Rechtsstreit vor einem ausländischen Gericht ist erfasst, OLG Köln IPRax 1992, 89. Allerdings prüft das Gericht analog § 148 die Bindungswirkung der ausländischen Entscheidung, ob es auf staatsvertraglicher Grundlage anerkannt wird, OLG Köln NJW-RR 1999, 81. 10

2. Verwaltungsbehörde. Ein Fall der Vorgreiflichkeit ist auch zu bejahen, wenn ein fremdes Verfahren vor einer Verwaltungsbehörde schwebt, BGH VersR 1988, 75. Demnach erfolgt eine Aussetzung, soweit das Gericht an die Entscheidung der Verwaltungsbehörde oder an die ggf. im Anfechtungsverfahren ergehende gerichtliche Entscheidung gebunden ist, zB bzgl. der Unzulässigkeit einer im Fahrzeug eingebauten Abschalteinrichtung. Soweit ein verwaltungsgerichtliches Verfahren über die Unzulässigkeit anhängig ist, ist der Rechtsstreit bis zum rechtskräftigen Verfahrensabschluss auszusetzen, OLG Dresden BeckRS 2021, 21572. Für den auszusetzenden Prozess muss naturgemäß der ordentliche Rechtsweg zulässig sein. Andernfalls weist das Prozessgericht die Klage nach Hinweis durch Prozessurteil als unzulässig ab. Indes wäre auszusetzen, soweit die Zulässigkeit der Klage von einer Vorentscheidung der Verwaltungsbehörde abhängt, OLG Köln NJW-RR 1986, 935. 11

Auch Verfahren bei einer ausländischen Behörde oder einer Behörde der EU können eine Aussetzung bedingen. Allerdings besteht nur dann Vorgreiflichkeit, wenn die Verwaltungsentscheidung Rückwirkung entfaltet, OLGR Brandenburg 2000, 112; Zöller/Greger Rn. 6a. 12

VI. Wirkung, I, II. Die Wirkungen der Aussetzung bestimmen sich nach § 249 und enden, sobald das andere Verfahren endgültig abgeschlossen worden ist. Eine Parteierklärung, das Verfahren wieder aufzunehmen, ist nicht erforderlich. 13

VII. Beispiele zur Frage einer Aussetzung nach I, II

Ablehnung: Eine Aussetzung ist unzulässig, soweit es um die Anfechtung einer Zurückweisung der Ablehnung nach § 46 II Hs. 2 geht, OLG Hamm NJW-RR 1999, 651. 14

Abtretung: Eine Aussetzung ist dann zulässig, wenn in dem einen Prozess ein Zessionar klagt, in dem anderen die Nichtigkeit der Abtretung streitig ist oder wenn der Zedent zum Zeugen werden soll, OLG Köln NJW-RR 1999, 140.

Arbeitsrecht: Beschleunigungsgebot ist insbesondere zu beachten, LAG Köln BB 2006, 2476.

– **(Kündigung – Kündigungsschutzklage):** Zulässig ist eine Aussetzung indes, wenn es in dem einen Prozess um eine Kündigung geht, in dem anderen um die nachträgliche Zulassung einer Kündigungsschutzklage, LAG Hamm DB 1990, 796. Unzulässig ist eine Aussetzung bis zum rechtskräftigen Abschluss des Widerspruchs-/Klageverfahrens, LAG Rostock JurBüro 2017, 375.

– **(Kündigungsschutz – Abhängiges Entgelt):** Unzulässig ist eine Aussetzung dann, wenn es in dem einen Prozess um einen Kündigungsschutz geht, in dem anderen Verfahren um einen von der Kündigung abhängigen Entgeltanspruch, BAG NZA 2015, 184.

– **(Kündigungsschutz – Annahmeverzug):** Zulässig ist eine Aussetzung dann, wenn es in dem einen Prozess um einen Kündigungsschutz geht, in dem anderen um einen nicht eilbedürftigen Annahmeverzugslohn, BAG NZA 2006, 315; LAG Kiel NZA-RR 2009, 672.

Arrest, einstweilige Verfügung: Wegen der besonderen Eilbedürftigkeit ist eine Aussetzung grds. unzulässig, BVerfG NJW 1992, 2749.

Aufrechnung: Eine Aussetzung ist dann zulässig, wenn es in dem einen Prozess um eine Aufrechnung mit einer in dem anderen Prozess früher rechtshängig gewordenen Forderung geht, OLG Drsd NJW 1994, 139, oder um eine Aufrechnung mit einer solchen Forderung, über die auch das FamG entscheiden dürfte, BGH FamRZ 1989, 169, oder über die ein Gericht im anderen Rechtsweg entscheiden muss; ferner wenn der Bekl. in einem Prozess mit einer solchen Forderung aufrechnet, die er in einem weiteren Prozess mit einer Widerklage erhebt, KG MDR 2008, 283, oder mit einer solchen Forderung, für die eine Schiedsvereinbarung nach § 1029 besteht, OLG Celle MDR 2016, 546. Unzulässig ist die Aussetzung dann, wenn das Gericht nur über die Aufrechnungsbefugnis entscheiden kann, nicht nach § 322 II über Bestand und Umfang der Gegenforderung, BGHZ 95, 112.

Aussagegenehmigung: Eine Aussetzung ist bis zur Klärung der Frage zulässig, ob einem Zeugen oder Sachverständigen eine Aussagegenehmigung zu erteilen ist, OLG Zweibr MDR 1995, 202.

Beweisaufnahme: Ihre Möglichkeit berechtigt anders als zB bei § 485 I grds. nicht schon als solche zur Aussetzung, BGHZ 162, 375; OLG Schlesw FGPrax 2010, 301.

EU-Recht: Eine Aussetzung kann notwendig sein, LG Hann BauR 2016, 1526, zB nach Art. 29 Brüssel Ia-VO oder im Vorlageverfahren an den EuGH nach Art. 267 II, III AEUV, EuGH NJW 2007, 3555; BGH NJW 2007, 71. Sie ist auch dann statthaft, soweit die Vorlage von dem entscheidenden Gericht bejaht wird und dieselbe Rechtsfrage dem zur Gültigkeitsentscheidung berufenen Gericht bereits zur Entscheidung von einem anderen Gericht vorgelegt wurde, OLG Frankfurt BeckRS 2019, 3830. Die Aussetzung ist allerdings unzulässig, soweit die aufgeworfenen Fragen derart offenkundig zu beantworten sind, dass kein Raum für vernünftige Zweifel bleibt, BGH BeckRS 2020, 2755.

Ehescheidung: Es gilt § 21 FamFG. Eine Aussetzung ist dann zulässig, wenn in dem einen Verfahren ein Scheidungsbegehren vorliegt, in dem anderen ein Wiedereinbürgerungsantrag, oder wenn es im einen Verfahren um die Gewährung einer Sozialversicherungsrente geht, in dem anderen um die Forderung gegen den geschiedenen Ehegatten auf Zahlung des Differenzbetrages zwischen angemessenem und dem notwendigem Lebensbedarf, oder wenn es in einer Ehesache nach § 107 FamFG um die Anerkennung einer ausländischen Entscheidung geht, OLG Nürnb FamRZ 2009, 637; oder im anderen Verfahren um Fragen des Versorgungsausgleichs geht, BGH FamRZ 2009, 301 (305).

Ehewohnung: Es gilt § 21 FamFG. Eine Aussetzung ist im Verfahren nach §§ 200 ff. FamFG dann zulässig, wenn im einen Verfahren ein früherer Ehegatte verauslagte Wohnungskosten einfordert und der andere Ehegatte mit solchen Unterhalts- und Zugewinnausgleichsansprüchen aufrechnet, die er in dem anderen Verfahren vor dem FamG geltend macht, OLG Mü FamRZ 1985, 85.

Erbrecht: Eine Aussetzung kann dann zulässig sein, wenn es im einen Prozess um eine Auskunft über erbrechtliche Vorgänge geht, in dem anderen um den Erbschein, OLG Mü NJW-RR 1995, 779.

Erledigung: Nach beiderseits wirksamen Erledigungserklärungen kommt grds. keine Aussetzung mehr in Betracht, auch nicht zB in einer Kartellsache, OLG Köln MDR 1976, 1025.

Europäischer Gerichtshof: In entsprechender Anwendung kann ein Rechtsstreit auch dann ausgesetzt werden, wenn die zum Streit stehende Rechtsfrage schon Gegenstand eines Vorabentscheidungsverfahrens vor dem EuGH nach Art. 267 AEUV ist, BAG BeckRS 2021, 21673; BGH GRUR 2016, 523. Die Aussetzung erfolgt in doppelt analoger Anwendung der Norm: Bei der Auslegung von Unionsrecht handelt es sich nicht direkt um ein Rechtsverhältnis, ferner hängt das Verfahren nicht unmittelbar von der Entscheidung des EuGH im Rahmen des Vorabentscheidungsverfahrens ab, BAG BeckRS 2021, 21673. Das Vorabentscheidungsverfahren nach Art. 267 I, II AEUV ermöglicht im Rahmen der gerichtlichen Ermessensentscheidung, II, zwei Vorlageoptionen (Auslegungsvorlage Ia, Gültigkeitsvorlage, Ib); ferner eine Pflicht zur Vorlage nach III. Eine Aussetzung kommt auch bei Beschwerde zum EGMR infrage, OLG Nürnb WM 2012, 2057.

FamFG: Es gilt § 21 FamFG. Eine Aussetzung ist dann zulässig, wenn es in dem einen Verfahren um einen Zivilprozess geht, in dem anderen um ein Verfahren der freiwilligen Gerichtsbarkeit. § 148 ist dann zumindest entsprechend anwendbar, OLG Hamm FamRZ 2004, 888. Dasselbe gilt beim Zusammentreffen mehrerer FamFG-Verfahren, OLG Brem NZFam 2014, 417, oder von FamFG-Verfahren und schiedsrichterlichem Verfahren nach §§ 1025 ff., OLG Düss NJW-RR 1995, 832, oder beim Zusammentreffen von Adoption und Sorgerecht, OLG Naumb FamRZ 2004, 811 (krit. Geimer).

Feststellungsklage: Eine Aussetzung einer parallelen Leistungsklage zwischen denselben Parteien ist meist zulässig und zweckmäßig, KG MDR 2013, 546.

Gegenseitigkeit der Aussetzung: Eine Aussetzung ist unzulässig, soweit das andere Gericht schon wegen der Frage des jetzt aussetzenden dasselbe getan hatte, BGH BB 2005, 1136.

Gesellschaftsrecht: Die wirksame Bestellung eines besonderen Vertreters ist nicht vorgreiflich für eine von Aktionären in Prozessstandschaft erhobene Klage, OLG Mü ZIP 2010, 2203.

Gesetzesänderung: Das Gericht darf ein Verfahren nicht schon deshalb aussetzen, weil zu der Streitfrage eine bestimmte gesetzliche Änderung demnächst bevorsteht.

Hauptintervention: Aussetzung des Hauptprozesses bis zur rechtskräftigen Entscheidung über die Hauptintervention von Amts wegen nach § 148 oder auf Antrag nach § 65.

Identität: Identität der Parteien braucht nicht vorzuliegen. Andererseits berechtigt die Identität der Parteien und eine Gleichartigkeit der Ansprüche in beiden Verfahren nicht schon als solche zu einer Aussetzung, OLG Celle ZMR 1986, 120. Ebenso wenig berechtigt eine Identität der Streitgegenstände zur Aussetzung, LG Ffm NJW-RR 1987, 1424 (WEG); vgl. § 261 III Nr. 1.

KapMuG: Es gilt § 8 KapMuG. § 148 ist unanwendbar, BGH WM 2014, 992.

Kindschaftssache: Es gilt § 21 FamFG.

Kostenfestsetzung: Eine Aussetzung des Hauptprozesses ergreift grundsätzlich auch das Kostenfestsetzungsverfahren, OLG Hamm MDR 1988, 870; aM OLG Mü MDR 1990, 252.

Leasingvertrag: Eine Aussetzung ist dann zulässig, wenn es in dem einen Prozess um den Rücktritt von einem Leasingvertrag mit dem Lieferanten geht, in dem anderen um die Forderung auf Leasingraten, BGH NJW 1986, 1744.

Maklervertrag: Eine Aussetzung ist zulässig, wenn im einen Prozess der Kläger einen Maklerlohn fordert, im anderen streitig ist, ob der Vertrag wirksam zustande gekommen ist.

Markenrecht: Eine Aussetzung ist mit Blick auf ein gegen die Klagemarke gerichtetes Löschungsverfahren an sich zulässig, BGH GRUR 2015, 1204. Die Aussetzung eines markenrechtlichen Verletzungsverfahrens scheidet aber im Regelfall aus, wenn keine überwiegende Wahrscheinlichkeit für den Erfolg des Löschungsverfahrens besteht, BGH GRUR 2014, 1101 (1102).

Mietrecht: Eine Aussetzung ist zulässig, um die Verfassungsmäßigkeit einer Mietpreisbremse klären zu lassen, LG Bln WuM 2018, 417. Eine Aussetzung ist in folgenden Fällen unzulässig: Es geht in dem einen Prozess vor dem VG um die Berechnung einer Kostenmiete, in dem anderen vor dem Zivilgericht um die Wirksamkeit einer Mieterhöhungserklärung, LG Bochum WuM 1984, 335; es geht im einen Prozess um eine Mieterhöhung, im anderen um eine Räumung, AG Hmb-Altona ZMR 2008, 543; es geht im einen Prozess um Räumung gegen den Hauptmieter, im anderen um das Verhältnis Vermieter – Untermieter, LG Bln WuM 2012, 390.

Musterprozess anderer Art: Dazu Kähler NJW 2004, 1132. Eine Aussetzung nach § 148 kommt bei Muster- und Parallelprozessen, ferner wenn der Kläger in verschiedenen Verfahren jeweils Teilbeträge geltend macht, grundsätzlich nicht in Betracht (anders Art. 30 Brüssel Ia-VO). Eine Aussetzung ist ausnahmsweise möglich, wenn die große Zahl von Parallelverfahren ohne Durchführung von Pilotverfahren oder vor Entscheidung in dem anhängigen Revisionsverfahren nicht zu bewältigen ist, BGH NJW 2015, 1312, ferner, wenn die entscheidungserhebliche Frage bereits in einem anderen Prozess dem BVerfG vorliegt, OLG Stgt FamRZ 2003, 538.

Notar: Eine Aussetzung ist unzulässig, soweit es um die Anfechtbarkeit der Erteilung einer vollstreckbaren Ausfertigung einer Urkunde nach §§ 794 ff. geht, OLG Mü FGPrax 2008, 175.

Pachtrecht: Eine Aussetzung ist unzulässig, soweit es einerseits um einen vertragswidrigen Gebrauch der Pachtsache geht, andererseits um einen Pachtverzug, OLG Hamm NZM 1994, 1051.

Patentrecht: Eine Aussetzung ist dann zulässig, wenn es in dem Patenterteilungsverfahren um eine unübersichtliche Schutzrechtslage des anderen Verfahrens geht, OLG Mü GRUR 1990, 352 (353). Für einen Aussetzungsstreit wegen einer gegen das Klagepatent erhobenen Nichtigkeitsklage ist eine hohe Wahrscheinlichkeit für den Erfolg der Nichtigkeitsklage notwendig, BGH GRUR 2014, 1237 (1238), und umgekehrt, OLG Düss GRUR-RR 2008, 333. Das gilt erst recht bei einem zweiten Nichtigkeitsverfahren, BGH GRUR 2012, 1072. Dann muss das Gericht die neue Tatsache der Patentvernichtung beachten, und zwar auch noch im Revisionsrechtszug, BGH 81, 399. Im Verletzungsprozess ist die Aussetzung der Beschwerde gegen die Nichtzulassung der Revision bis zur Entscheidung im Nichtigkeitsprozess zulässig, BGH GRUR 2004, 710. Wegen einer einstweiligen Verfügung des Erstgerichts, OLG Brschw GRUR-RR 2012, 98.

Pflegschaft: Eine Aussetzung ist dann zulässig, wenn es in dem einen Verfahren um die Sachbefugnis des Antragstellers geht, in dem anderen um die Beendigung der Pflegschaft.

Prozesskostenhilfe: Eine Aussetzung kommt im Verfahren nach §§ 114 ff. grds. nicht in Betracht, OLG Dresden MDR 2015, 356; aM OLG Koblenz MDR 2016, 297.

Räumung: Das Gericht muss den Zweck des Familienschutzes des Haushaltsverfahrens nach §§ 200 ff. FamFG beachten, BVerfG FamRZ 2006, 1596.

Rechtsfrage: Grds. unzulässig ist eine Aussetzung wegen einer Rechtsfrage vor dem BGH in einem anderen Verfahren, BGH FamRZ 2012, 873; OLG Karlsr NJW-RR 2012, 192.

Rechtskraft: Der Aussetzungsgrund besteht bis zum Eintritt der Rechtskraft fort, BGH EuZW 2020, 201. Es ist nicht erforderlich, dass die Entscheidung im anderen Verfahren für das auszusetzende eine materielle Rechtskraft schafft.

Rechtsschutzversicherung: Eine Aussetzung des Prozesses mit einer Rechtsschutzversicherung darf nicht bis zur Beendigung des Hauptprozesses erfolgen, OLG Hamm VersR 1994, 1184.

Revision: Eine Aussetzung in der Revisionsinstanz ist wegen Vorgreiflichkeit zulässig, wenn ein anderes Verfahren mit dem Ergebnis ausnahmsweise in der Revisionsinstanz zu berücksichtigen ist; anderenfalls besteht die Gefahr widersprechender vollstreckbarer Titel, BGH NJW-RR 1992, 1149.

Schiedsgericht: Eine Aussetzung ist wegen § 1032 I im Fall der Aufrechnung mit einer schiedsbefangenen Gegenforderung zulässig, da eine gerichtliche Prüfung mit der Schiedsabrede regelmäßig ausgeschlossen werden soll, OLG Celle MDR 2016, 546.

Selbständiges Beweisverfahren: Eine Aussetzung des Hauptprozesses ist (auch teilweise) grds. zulässig. Aus Gründen der Prozessökonomie und der Gefahr widersprechender Beweisergebnisse sind mehrfache Beweiserhebungen zu vermeiden, BGH NJW-RR 2007, 307; aM OLG Düss NJW-RR 2000, 288. Soweit beide Parteien mit der Verwertung des Ergebnisses des selbständigen Beweisverfahrens einverstanden sind, kann das Gericht erst nach Abschluss das Hauptsacheverfahren fortsetzen. Es handelt sich nicht um eine Aussetzung nach § 148, BGH NJW 2004, 2597.

Sozialrecht: Eine Aussetzung kann insbesondere nach § 114 II SGG zulässig sein, BSG MDR 1993, 61; zu den Voraussetzungen nach § 114 II 2 SGG, BSG NJOZ 2017, 683 (685 ff.).

Streitverkündung: Eine Aussetzung ist nach § 148 direkt wie analog unzulässig, um zunächst die Zustellung einer Streitverkündungsschrift zu ermöglichen, BGH GRUR 2018, 853.

Teilforderung: Eine Aussetzung ist grds. unzulässig, zB dann, wenn in dem einen Prozess ein Teilbetrag einer Gesamtforderung oder eines Dauerschuldverhältnisses streitig ist, in dem anderen ein weiterer Teilbetrag. Denn eine Entscheidung in dem anderen Prozess schafft für den ersten keine Bindungswirkung, OLG Ffm OLGR 1999, 39; aM KG BauR 2010, 1267. Dasselbe gilt, wenn in dem anderen Prozess der dortige Kläger einen Bürgen in Anspruch nimmt, LAG Ffm NZA-RR 2006, 382.

Urkundenprozess: Während des Urkundenverfahrens ist eine Aussetzung der Verhandlung bei Vorgreiflichkeit nur unter besonderen Umständen angemessen. Dies gilt insbesondere mit Blick auf den Zweck der Verfahrensart, dem Kläger schnell einen vollstreckbaren Titel zu verschaffen, BGH NJW-RR 2021, 638.

Verfassungsrecht: Eine Aussetzung kommt beim Vorlageverfahren nach Art. 100 GG zur Prüfung der Verfassungsmäßigkeit eines Gesetzes in Betracht, BVerfG NJW 2003, 3264. Wenn in einem anderen Verfahren bereits eine Vorlage erfolgt ist, ist streitig, ob dann eine Aussetzung des Gerichts genügt oder ebenfalls eine Vorlage zu erfolgen hat, für Letzteres Zöller/Greger Rn. 3a; aM BVerfG NJW 2004, 501, 502.

Vergleich: Eine Aussetzung ist unzulässig, soweit „nur“ Unklarheiten über die Auslegung des Vergleichs oder Unklarheiten im anderen Prozess bestehen, OLG Drsd FamRZ 2000, 834.

Verkehrsunfall: Bei einer Klage gegen den Halter und den Versicherer ist eine Aussetzung gegenüber nur einem der beiden Bekl. unzulässig, OLG Kblz VersR 1992, 1536; im Fall von zwei selbständigen Verfahren wird eine Aussetzung teilweise als zulässig angesehen, § 124 I VVG, OLG Celle NZV 1988, 182; aM OLG Karlsuhe NJW-RR 1990, 1369 (1370); eine Verfahrensverbindung dürfte regelmäßig zweckmäßiger sein. Keine Aussetzung, wenn zwei Unfallbeteiligte ihre Schadensersatzansprüche in selbständigen Verfahren einklagen, LG Köln NJOZ 2006, 1681.

Verwaltungsrechtsweg: Mit Rücksicht auf die Unzulässigkeit des ordentlichen Rechtswegs nach § 13 GVG ist das Verfahren wegen § 322 II auch dann auszusetzen, wenn der Bestand einer zur Aufrechnung stehenden Gegenforderung streitig und nicht rechtskräftig festgestellt ist, die man im Verwaltungsrechtsweg klären lassen muss. Dann ist ein Vorbehaltsurteil nach § 302 zweckmäßig.

Vorbehaltsurteil: Eine Aussetzung ist unzulässig, soweit sich ein nach § 302 oder nach § 600 zulässiges Vorbehaltsurteil aufdrängt, OLG Schlesw MDR 2006, 707.

Vorfrage: Unzulässig ist eine Aussetzung evtl. dann, wenn eine bloße Vorfrage ohne Rechtskrafterstreckung auf das auszusetzende Verfahren besteht, VGH Mannh NVwZ-RR 2013, 622.

Wohnungseigentum: § 148 ist im Einzelfall anwendbar; so beispielsweise keine Aussetzung im Zahlungsklageverfahren mit Blick auf ein Beschlussanfechtungsverfahren, BGH ZMR 2015, 235.
Gleiches gilt bei der Anfechtung einer Ermächtigung des Verwalters, LG FfO ZMR 2018, 432 (433).

Zeuge: Eine Aussetzung, um dadurch eine zeugenschaftliche Vernehmung einer Partei zu ermöglichen, ist unzulässig, OLG Köln NJW-RR 1999, 140.

15 **VIII. Aussetzungsverfahren, I, II. 1. Zuständigkeit.** Die Aussetzung ist von Amts wegen in jeder Verfahrenslage möglich, BGH GRUR 2015, 1204. Sie steht dem Prozessgericht zu, soweit es eine Sachentscheidung zu treffen hat; nicht, wenn die Klage durch Prozessurteil als unzulässig abzuweisen ist. Die Aussetzung kommt auch in der höheren Instanz in Betracht, LAG Bln BB 1988, 2040. Der Einzelrichter ist bei I im Rahmen von §§ 348, 348a, 526, 527, 568 zuständig, der Vorsitzende der Kammer für Handelssachen bei I im Rahmen von § 349 II Nr. 3, der Vorsitzende im arbeitsgerichtlichen Verfahren nach § 55 I Nr. 8 ArbGG. Soweit in einem Anfechtungsprozess außerhalb des Insolvenzverfahrens, den der Gläubiger aufgrund eines nach §§ 708 ff. vorläufigen vollstreckbaren Urteils führt, das Revisionsgericht das vorläufig vollstreckbare Urteil aufhebt und diese Sache nach § 563 IV an das vorinstanzliche Gericht zurückverweist, kann auch das Revisionsgericht das Anfechtungsverfahren aussetzen, BGH NJW 1983, 1331. Soweit der Rpfl. die Sache bearbeitet, muss er sie nach § 5 I Nr. 1 RPflG dem Richter vorlegen, soweit eine Entscheidung des BVerfG oder eines LVerfG wegen Art. 100 GG notwendig wird.

16 **2. Ermessensreduzierung.** Das dem Gericht eingeräumte pflichtgemäße Ermessen kann im Einzelfall auf Null reduziert sein, so bei vorgreiflicher Frage der Begründung des Rücktritts mit Blick auf die Zahlungsklage, BGH WM 2016, 652 (655), vgl. §§ 152 ff. zu gebundenen Entscheidungen.

17 **3. Ermessensfehler.** Eine Aussetzung kann ausnahmsweise ermessensfehlerhaft sein, wenn sich der Erlass eines Vorbehaltsurteils aufdrängt, OLG Schlesw MDR 2006, 707.

18 Das Prozessgericht wägt im Rahmen seines Ermessens die Vor- und Nachteile einer Aussetzung gegeneinander ab, BGH MDR 2011, 1449. Es setzt den Prozess in der Regel dann nicht aus, wenn man nicht alsbald mit einer Entscheidung in dem anderen Verfahren rechnen kann oder wenn die Partei den anderen Prozess vorwerfbar verspätet begonnen hatte, BGH MDR 2011, 1441.

19 **4. Anhörung.** Einräumung rechtlichen Gehörs ist zwingend, mündliche Verhandlung nicht, BGH MDR 2011, 1441.

20 **5. Entscheidung.** Das Gericht entscheidet durch Beschluss, der grundsätzlich zu begründen ist, OLG Brdb OLGR 1996, 183. Er kann sich auch auf einen Teil des Klageanspruchs beschränken. Die Wirkung der Aussetzung richtet sich nach § 249. Das Gericht trifft grundsätzlich keine Kostenentscheidung, es liegt kein selbständiges Verfahren vor.

21 **IX. Verstoß, I, II.** Soweit das Gericht einen Verfahrensfehler begangen hat, zB über einen Aussetzungsantrag überhaupt nicht entschieden und daher sein Ermessen nicht erkennbar ausgeübt hat, kommt ein Vorgehen nach § 252 oder ein Antrag auf Aufhebung nach § 150 in Betracht. Soweit kein Aussetzungsgrund vorliegt, ist kein Raum für eine Ermessensentscheidung nach § 150, es besteht Pflicht zur Fortsetzung, BGH NJW-RR 2014, 758 (759).

22 **X. Rechtsbehelfe, I, II.** Das Beschwerdegericht prüft die tatbestandliche Voraussetzung (Vorgreiflichkeit) uneingeschränkt, die Rechtsfolge des Ermessens nur auf Ermessensfehler, BGH NJW-RR 2006, 1289 (1290).

23 **1. Gegen Aussetzung.** Gegen die Aussetzung des Verfahrens ist die sofortige Beschwerde statthaft, § 252 Alt. 2, BAG NZA 2009, 1436 (1437); OLG Frankfurt JurBüro 2019, 133, im FamFG-Verfahren das dortige Rechtsmittel, OLG Köln FamRZ 2002, 1124.

24 **2. Gegen Ablehnung der Aussetzung.** Gegen die Ablehnung der Aussetzung ist ebenfalls die sofortige Beschwerde nach § 252 Alt. 2 statthaft, MüKoZPO/Fritsche Rn. 16; aM Prütting/Gehrlein/Dörr Rn. 26.

25 **XI. Keine Verfassungsbeschwerde, I, II.** Eine Verfassungsbeschwerde kommt grundsätzlich nicht in Betracht, BVerfG NJW 2004, 501.

149

Aussetzung bei Verdacht einer Straftat. [1] **Das Gericht kann, wenn sich im Laufe eines Rechtsstreits der Verdacht einer Straftat ergibt, deren Ermittlung auf die Entscheidung von Einfluss ist, die Aussetzung der Verhandlung bis zur Erledigung des Strafverfahrens anordnen.**

II [1]**Das Gericht hat die Verhandlung auf Antrag einer Partei fortzusetzen, wenn seit der Aussetzung ein Jahr vergangen ist.** [2]**Dies gilt nicht, wenn gewichtige Gründe für die Aufrechterhaltung der Aussetzung sprechen.**

I. Systematik, I, II. Ein Strafurteil bindet den Zivilrichter grundsätzlich nicht. Indes ermöglicht § 149 eine Aussetzung nach pflichtgemäßem Ermessen des Gerichts. Dieses Ermessen besteht im Rahmen der zeitlichen Grenzen nach II, § 150 S. 2. 1

II. Regelungszweck, I, II. Es sollen widersprechende Entscheidungen vermieden werden und die Erkenntnisse aus dem Strafverfahren die Entscheidungsqualität erhöhen. Die Ergebnisse können den Parteivortrag beeinflussen und für Beweisaufnahmen und -würdigung relevant sein, beispielsweise im Fall widersprüchlicher Angaben im Straf- und Zivilverfahren. Indes bleibt die Beweiswürdigung nach § 286 eigenverantwortliche Aufgabe des Zivilrichters, der mit Zustimmung der Parteien anstelle von Beweisaufnahmen Zeugenaussagen und Sachverständigengutachten, § 411a, aus dem Strafverfahren verwerten kann, MüKoZPO/Fritsche Rn. 2. Allerdings hat jede Partei das Recht, die unmittelbare Anhörung des Zeugen zu beantragen. Dann ist die ausschließliche Verwertung der protokollierten Aussage unzulässig, BGH MDR 2014, 1184. Eine Verfahrensverzögerung ist bei der Abwägung in Rechnung zu stellen. 2

III. Geltungsbereich, I, II. Die Vorschrift ist in allen Verfahrensarten der ZPO anwendbar, auch im WEG-Verfahren. Sie ist beim Verdacht einer Ordnungswidrigkeit entsprechend anwendbar, nicht aber beim Verdacht eines Disziplinarverstoßes, Prütting/Gehrlein/Dörr Rn. 1. Das gilt insbesondere dann, wenn man im Bußgeldverfahren eine Klärung der Umstände eines solchen Verkehrsunfalls erwarten kann, von der die beiderseitigen Schadensersatzansprüche der Unfallbeteiligten abhängen können. Im Urkunden-, Scheck- und Wechselprozess nach §§ 592 ff. ist eine Aussetzung in der Regel nicht angezeigt. Im FamFG-Verfahren gilt § 21 FamFG. 3

IV. Voraussetzungen, I. 1. Verdacht einer Straftat. Voraussetzung für eine Aussetzung nach § 149 ist, dass die streitigen Umstände, auf die es im Zivilverfahren ankommt, im Strafverfahren einfacher und leichter geklärt werden können, BGH NJW-RR 2020, 423. Im Verlauf des Zivilprozesses muss sich der Verdacht einer Straftat ergeben, auch schon vorher entstanden sein, OLG Ffm VersR 1982, 656, oder an anderer Stelle, BGH WM 2018, 1302. Nur ein vager Verdacht genügt grundsätzlich nicht, OLG Brdb NJW-RR 2015, 1361, erforderlich ist ein sog. Anfangsverdacht nach § 152 II StPO, nicht zwingend ein hinreichender Tatverdacht nach § 203 StPO. Ausreichend aber auch erforderlich ist daher, dass zureichend tatsächliche Anhaltspunkte für eine Straftat vorliegen, KKStPO/Diemer, § 152 Rn. 7. Die bloße Parteibehauptung schafft indes keinen Verdacht, OLG Mü SchiedsVZ 2011, 168. Ein staatsanwaltschaftliches Verfahren ist nicht zwingend, es genügt auch, wenn der Anfangsverdacht iSv § 152 II StPO im Laufe des Zivilverfahrens entsteht, OLG Mü SchiedsVZ 2011, 168. Der Verdacht mag eine Partei oder ihren Rechtsvorgänger betreffen, einen Nebenintervenienten, einen Zeugen, einen Sachverständigen, einen anderen Prozessbeteiligten oder einen Dritten. 4

2. Ursächlichkeit. Die Ermittlung der möglichen Straftat muss überdies Einfluss auf die Entscheidung des Zivilprozesses haben können, OLG Kblz MDR 2006, 289. Es braucht noch kein Ermittlungsverfahren oder gerichtliches Strafverfahren anhängig zu sein. Vielmehr reicht es, dass das Gericht die Akten der Staatsanwaltschaft zB nach § 183 GVG zuleitet. Ein solches Verfahren darf aber auch noch nicht abgeschlossen sein, in dem Fall § 273 II Nr. 2. Der Einfluss muss sich auf die abschließende Beweiswürdigung nach § 286 erstrecken, BayObLG FamRZ 1992, 976. Anlass zur Aussetzung kann bei Notwendigkeit der Vernehmung von Zeugen im Ausland bestehen, OLG Brem MDR 2011, 881. 5

Einfluss hat die strafrechtliche Ermittlung unabhängig davon, ob das dortige Verfahren mit Urteil oder Einstellung endet. 6

3. Keine Aussetzung. Das Gericht kann den Prozess in folgenden Fällen nicht aussetzen: Die Klage ist abweisungsreif, da das Ermittlungsergebnis im Strafverfahren für das Verfahren dann ohne Bedeutung ist; für eine Aussetzung muss die Klage daher schlüssig, erheblich und beweiserhebungsbedürftig sein, OLG München BeckRS 2022, 670. Eine Aussetzung kommt ferner nicht in Betracht, wenn das Verfahren erst im Prozesskostenhilfeverfahren nach §§ 114 ff. anhängig ist; es ist bereits nach §§ 542 ff. in der Revisionsinstanz rechtshängig; es geht nur um eine Rechtsfrage, BayObLG FamRZ 1992, 976; der Prozess geht nur noch um den Betrag der Forderung nach § 304 II, während die mögliche Straftat nur den Grund des Anspruchs betrifft. Ein Zeuge will im Zivilprozess erst nach dem rechtskräftigen Abschluss des Strafverfahrens aussagen (evtl. ist § 387 zu beachten), KG MDR 1983, 139, eine Verurteilung im Strafverfahren ist eine Prozessvoraussetzung für den Zivilprozess nach § 581; die Aussetzung dient nicht dazu, diese Prozessvoraussetzung erst zu schaffen. Der Bekl. müsste mit einer ihm nachteiligen Auswirkung auf ein Ermittlungsverfahren rechnen, LAG Düss MDR 2002, 54, es bestünde die Gefahr einer Selbstbezichtigung aufgrund der Wahrheitspflicht nach § 138, OLG Brandenburg BeckRS 2019, 2727; nicht bei Verdacht auf Begehung einer Steuerstraftat, KG MDR 2016, 351. Nicht erfasst wird auch der Fall, dass sich ein Strafverfahren auf eine Strafanzeige stützt, die den Vorwurf des versuchten Prozessbetrugs durch falschen Vortrag im laufenden Rechtsstreit zum Gegenstand hat. Die Würdigung des Parteivortrags und einer ggf. anschließenden Beweiserhebung bleibt originäre Aufgabe des Zivilrichters, OLG Oldenburg NJW-RR 2019, 1408. Gleiches gilt in Arzthaftungssachen mit Blick auf ein gegen den Arzt anhängiges Strafverfahren, OLG Dresden BeckRS 2019, 19721. 7

V. Verfahren; Entscheidung, I. Form und Wirkung einer Aussetzung nach § 149 entsprechen denen bei § 148. Dasselbe gilt für die Notwendigkeit einer mündlichen Verhandlung. Das Gericht prüft im Rahmen pflichtgemäßen Ermessens unter Beachtung des Beschleunigungsgebots und wägt ab, ob durch eine Aussetzung eine Verzögerung des Zivilprozesses eintritt und man die Streitfragen evtl. im Strafverfahren besser aufklären kann, BGH MDR 2010, 280; auch unter Berücksichtigung des Interesses des Klägers, alsbald einen Vollstreckungstitel nach §§ 704 ff. zu erhalten, OLG Ffm NJW-RR 2001, 1649. Das Gericht hat vor der Aussetzung den Gegner anzuhören, OLG Ffm MDR 1986, 943. Die Entscheidung des Gerichts ist grundsätzlich zu begründen, BGH MDR 2010, 280. Es ist konkret darzulegen, inwiefern Erkenntnisse aus dem Strafverfahren für eine Entscheidung im zivilgerichtlichen Verfahren sinnvoll verwertet werden können, OLG Karlsruhe BeckRS 2021, 19459. Eine Aussetzung muss nicht stets das zugehörige Prozesskostenhilfeverfahren nach §§ 114 ff. mitumfassen, OLG Drsd MDR 2015, 357. 8

VI. Aufhebung der Aussetzung, II. Das Gericht kann die Aussetzungsanordnung nach § 150 jederzeit aufheben. Das gilt auch dann, wenn die Aussetzung vor dem Inkrafttreten von II erfolgt war, OLG Mü MDR 2003, 1011. Der Grund der Aussetzung fällt weg, sobald das Strafverfahren endgültig abgeschlossen ist. 9

10 Das Gericht muss nach § 150 S. 2 auf Antrag einer Partei, also nicht von Amts wegen, die Verhandlung im Rahmen pflichtgemäßen Ermessens fortsetzen, OLG Kblz MDR 2011, 1202, und zwar dann, wenn einerseits nach II 1 seit der Aussetzung ein Jahr vergangen ist, und wenn andererseits nach II 2 keine gewichtigen Gründe für eine weitere Aussetzung sprechen. Die Anforderungen an die „Gewichtigkeit" sind mit Blick auf den Beschleunigungsgrundsatz hoch, OLG Kblz MDR 2011, 1202.

11 **VII. Rechtsmittel, I, II.** Gegen die Ablehnung der Fortsetzung ist die sofortige Beschwerde nach § 252 statthaft, OLG Kblz MDR 2011, 1202. Der Prüfungsumfang des Beschwerdegerichts ist umstritten: Teilweise wird vertreten, die Aussetzungsentscheidungen seien unbegrenzt überprüfbar, MüKoZPO/Stackmann Rn. 18. Demgegenüber wird aus der Rspr. des BGH, nach der in der Beschwerde allein die Nachprüfung auf Ermessensfehler und Vorliegen des Aussetzungsgrunds geboten sei, abgeleitet, dass es dem Beschwerdegericht nicht möglich sei, die Bewertung von Sach- und Rechtslage durch das Erstgericht zu prüfen, Zöller/Greger Rn. 5; für eine vermittelnde Lösung OLG München BeckRS 2022, 670. Es erscheint mit Blick auf die Stellung eines Beschwerdegerichts überzeugend, die Prüfung dem Rechtsmittel gegen die spätere Sachentscheidung zu überlassen, Das Beschwerdegericht prüft nur das Vorliegen eines Aussetzungsgrundes und von Ermessensfehlern, vgl. BGH NJW-RR 2006, 1289.

150 *Aufhebung von Trennung, Verbindung oder Aussetzung.* **[1]Das Gericht kann die von ihm erlassenen, eine Trennung, Verbindung oder Aussetzung betreffenden Anordnungen wieder aufheben. [2]§ 149 Abs. 2 bleibt unberührt.**

1 **I. Systematik, Regelungszweck, S. 1, 2.** Die Aufhebung der Aussetzung ist von der Aufnahme des Verfahrens durch eine Partei zB nach §§ 151–154, 246 abzugrenzen. Die Vorschrift ermöglicht im Interesse ordnungsgemäßer Verfahrensförderung eine zeitnahe Anpassung nicht nur bei einer Veränderung der tatsächlichen – beispielsweise im Fall der Aussetzung u. a. einer unerwartet langen Dauer des Bezugsverfahrens, OLG Dresden BeckRS 2019, 4666 – oder rechtlichen Verhältnisse, sondern auch bei Änderung der rechtlichen Beurteilung, insbesondere in derjenigen Frage, die zur Aussetzung führte.

2 **II. Verfahren, S. 1, 2.** Das Gericht, nicht allein der Vorsitzende, „kann" eine Trennung nach § 145, eine Verbindung nach § 147 oder eine Aussetzung nach §§ 148, 149, 152 ff. jederzeit aufheben; dem Gericht kommt bei der Aufhebung Ermessen zu, verpflichtet ist es hierzu nicht, MüKoZPO/Fritsche Rn. 3. Das Ermessen bewegt sich in den Grenzen zwischen Aussetzungszwang einerseits und Fortsetzungspflicht andererseits, BGH BeckRS 2020, 15968. Die Aufhebung erfolgt ferner nach Maßgabe von S. 2 iVm § 149 II, sodass das Gericht auf Antrag das Verfahren fortzusetzen hat, wenn seit der Aussetzung ein Jahr vergangen ist und nicht gewichtige Gründe für die weitere Aussetzung sprechen. Das gilt auch in zweiter Instanz. Die Aufhebung ist allerdings nicht zulässig, soweit die Sache bereits entscheidungsreif ist. Das Rechtsmittelgericht kann eine Aufhebungsanordnung des Erstgerichts dann aufheben, wenn sämtliche getrennten Prozesse in der zweiten Instanz anhängig sind.

3 Nach gerichtlichem Ermessen kann ein Aussetzungsbeschluss bei unerwartet langer Dauer des Bezugsverfahrens oder eines unerwarteten Geschehensablaufs von Amts wegen aufgehoben werden, OLG Dresden BeckRS 2019, 4666. Soweit das Gericht eine Aussetzung nach §§ 151–154 angeordnet hatte, kann es diese Anordnung nur nach § 155 aufheben. Eine mündliche Verhandlung vor Aufhebung ist nicht erforderlich. Das gilt sowohl dann, wenn die Aufhebung aufgrund eines Parteiantrags erfolgt als auch bei einer Aufhebung von Amts wegen, § 128 IV.

4 **III. Entscheidung, S. 1.** Die Entscheidung erfolgt durch grundsätzlich begründeten Beschluss. Er ist nach § 329 III Hs. 2 förmlich zuzustellen, soweit ein Rechtsmittel in Betracht kommt, andernfalls formlos mitzuteilen.

5 **IV. Rechtsmittel, S. 1, 2.** Gegen die Aufhebung einer Trennung nach § 145 und gegen die Aufhebung einer Verbindung nach § 147 ist kein gesonderter Rechtsbehelf statthaft, sie können nur im Rechtsmittel gegen das Urteil gerügt werden. Gegen die Aufhebung einer Aussetzung ist die sofortige Beschwerde nach § 252 zulässig, ArbG Mannh IPRax 2008, 38. Freilich mag die Aussetzung tatsächlich unabhängig von dem Beschluss enden. Das gilt etwa wegen des Erlasses der Entscheidung im vorgreiflichen anderen Verfahren, OLG Hmb ZZP 1976, 476. Gegen die Ablehnung einer Aufhebung der Aussetzung des Verfahrens ist die sofortige Beschwerde entsprechend § 252 statthaft, OLG Nürnb MDR 2004, 231.

151 **(weggefallen)**

152 *Aussetzung bei Eheaufhebungsantrag.* **[1]Hängt die Entscheidung eines Rechtsstreits davon ab, ob eine Ehe aufhebbar ist, und ist die Aufhebung beantragt, so hat das Gericht auf Antrag das Verfahren auszusetzen. [2]Ist das Verfahren über die Aufhebung erledigt, so findet die Aufnahme des ausgesetzten Verfahrens statt.**

1 **I. Systematik, Regelungszweck, S. 1, 2.** Bis die Aufhebung der Ehe durch rechtskräftiges Urteil des Familiengerichts festgestellt worden ist, § 1313 BGB, nach § 45 FamFG ist von der Gültigkeit der Ehe auszugehen. Die Gerichte dürfen also weder die Aufhebung vorgreiflich prüfen, noch vom Bestehen oder Fehlen von Aufhebungsgründen ausgehen. Die Klärung der Fragen kann allein nach §§ 1313 ff. BGB, 121 Nr. 2 FamFG durch das Familiengericht, § 111 FamFG iVm § 23a Abs. 1 Nr. 1 GVG, erfolgen.

2 **II. Verfahren, S. 1.** Eine mündliche Verhandlung ist nicht nötig, die Gewährung rechtlichen Gehörs genügt. Das Gericht setzt zur Einreichung des Aufhebungsantrags keine Frist. Es kann sich um die Ehe der Beteiligten nach § 7 FamFG oder um die Ehe eines Dritten handeln. Eine Aussetzung nach § 152 erfolgt entweder aufgrund eines Antrags. Zum Antrag ist derjenige befugt, der die Aufhebung der Ehe geltend macht. Anderenfalls prüft das Gericht, ob eine Aussetzung von Amts wegen nach § 148 vorzunehmen ist, nach den vorgenannten Gründen, um eine unzulässige Inzidentprüfung zu vermeiden, ist das Gericht zur Aussetzung verpflichtet, MüKoZPO/Fritsche Rn. 1.

III. Entscheidung, S. 1. Sie erfolgt durch begründeten Beschluss. 3

IV. Aufnahme, S. 2. Die Aufnahme des Verfahrens erfolgt nach § 250. Bei Verzögerung des Aufhebungsverfahrens kann das Prozessgericht auch nach § 155 vorgehen. Wenn das Aufhebungsverfahren infolge des Todes eines Ehegatten nach § 131 FamFG erledigt ist, befindet das Gericht im Rahmen seines pflichtgemäßen Ermessens über die Gültigkeit der Ehe. 4

153 ***Aussetzung bei Vaterschaftsanfechtungsklage.*** **Hängt die Entscheidung eines Rechtsstreits davon ab, ob ein Mann, dessen Vaterschaft im Wege der Anfechtungsklage angefochten worden ist, der Vater des Kindes ist, so gelten die Vorschriften des § 152 entsprechend.**

I. Systematik, Regelungszweck. Solange ein Kind nicht im Vaterschaftsanfechtungsverfahren nach §§ 169 ff. FamFG für nicht von diesem Mann abstammend erklärt worden ist, wird grundsätzlich nach § 1600c I BGB die bisherige Vaterschaft vermutet. Der Fall liegt ähnlich wie derjenige einer Eheaufhebung. Daher ist § 152 entsprechend anwendbar. Das Kind, seine Mutter oder der Mann brauchen nicht Partei des auszusetzenden Prozesses zu sein. 1

II. Verfahren. Das Gericht darf ein Verfahren auf Erlass einer einstweiligen Anordnung oder Verfügung mit Rücksicht auf den Zweck einer vorläufigen Unterhaltssicherung nicht nach § 153 aussetzen, OLG Hamm FamRZ 1987, 1189; Zöller/Greger Rn. 2; aM OLG Düss FamRZ 1982, 1230. Im Übrigen kann eine etwaige Verwirkung eine Aussetzung begründen, OLG Brem MDR 1998, 417. 2

III. Aufnahme. Die Aufnahme erfolgt nach § 250. 3

154 ***Aussetzung bei Ehe- oder Kindschaftsstreit.*** [I] **Wird im Laufe eines Rechtsstreits streitig, ob zwischen den Parteien eine Ehe oder eine Lebenspartnerschaft bestehe oder nicht bestehe, und hängt von der Entscheidung dieser Frage die Entscheidung des Rechtsstreits ab, so hat das Gericht auf Antrag das Verfahren auszusetzen, bis der Streit über das Bestehen oder Nichtbestehen der Ehe oder der Lebenspartnerschaft im Wege der Feststellungsklage erledigt ist.**

[II] **Diese Vorschrift gilt entsprechend, wenn im Laufe eines Rechtsstreits streitig wird, ob zwischen den Parteien ein Eltern- und Kindesverhältnis bestehe oder nicht bestehe oder ob der einen Partei die elterliche Sorge für die andere zustehe oder nicht zustehe, und von der Entscheidung dieser Fragen die Entscheidung des Rechtsstreits abhängt.**

I. Systematik, Regelungszweck, I, II. I erfasst ein Ehe- oder Lebenspartnerschafts-Feststellungsverfahren und ein Verfahren im Verhältnis zwischen Eltern und Kindern nach §§ 169 ff. FamFG. Der sog. Statusprozess bleibt dem Familiengericht vorbehalten, §§ 98, 111 Nr. 1 u. 3, 113 I, 121 Nr. 3, 122, 123, 1; § 269 I Nr. 2 FamFG, vgl. MüKoZPO/Fritsche Rn. 1. Dort wirkt das Urteil für und gegen alle. Ein Zwischenfeststellungsantrag ist wie bei § 256 II unzulässig. 1

II. Ehestreit, Lebenspartnerschaftsstreit, I. I soll eine einheitliche Feststellung aller derjenigen Verhältnisse sichern, die durch die Ehe oder Lebenspartnerschaft bedingt sind, soweit es sich zudem um einen Streit über den Bestand der Ehe oder Lebenspartnerschaft der Beteiligten nach § 7 FamFG handelt. Bei der Ehe eines Dritten kann § 148 iVm § 113 I 1 FamFG anwendbar sein, anders als bei §§ 152 f. geht es bei § 154 schon nach dem Wortlaut ausschließlich um die Parteien des auszusetzenden Verfahrens. I gilt dann, wenn §§ 152 f. unanwendbar ist, wenn also nicht die Aufhebbarkeit einer Ehe oder eine Vaterschaft streitig sind. Eine Aussetzung nach I erfolgt aufgrund eines Antrags und sodann zwingend, „hat (...) auszusetzen". Soweit ein Antrag fehlt, entscheidet das Gericht nach § 148 und ist zur Aussetzung verpflichtet, soweit eine Feststellungsklage im Rahmen eines familiengerichtlichen Verfahrens schon anhängig ist, § 121 Nr. 3 oder §§ 269 I Nr. 2, 270 I 1 2. Alt. FamFG, MüKoZPO/Fritsche Rn. 2. Eine Rechtshängigkeit des Ehe- oder Partnerschaftsverfahrens ist für § 154 allerdings nicht zwingend erforderlich. Es genügt, wenn der Aspekt „im Laufe eines Rechtsstreits streitig" wird, das Verfahren vor dem Familiengericht muss noch nicht anhängig sein. § 155 ist nach dem Wortlaut nicht anwendbar. Es bleibt den Beteiligten überlassen, eine Feststellung wie bei § 256 zu verlangen. Die Aussetzung endet durch Aufnahme des Rechtsstreits nach Abschluss des familiengerichtlichen Verfahrens, vgl. § 250, → § 152 Rn. 2 ff. 2

III. Kindschaftsstreit, II. Die Vorschrift gilt bei einem maßgeblichen Streit über ein Kindschaftsverhältnis nach §§ 151 ff. FamFG, außer einer Anfechtung der Vaterschaft, § 154 II ist auch anwendbar bei einem Streit, ob die Anerkennung der Vaterschaft von vornherein wirksam oder unwirksam war. Eine verneinende Feststellung ist für einen Unterhaltsanspruch des Kindes vorgreiflich, OLG Hamm NJW-RR 1988, 1354 (1355). §§ 169 ff. FamFG ordnen das Verfahren entsprechend den Ehesachen. Darum behandelt II diese Fälle wie diejenigen nach I. 3

155 ***Aufhebung der Aussetzung bei Verzögerung.*** **In den Fällen der §§ 152, 153 kann das Gericht auf Antrag die Anordnung, durch die das Verfahren ausgesetzt ist, aufheben, wenn die Betreibung des Rechtsstreits, der zu der Aussetzung Anlass gegeben hat, verzögert wird.**

I. Systematik, Regelungszweck. In den Aussetzungsfällen der §§ 152, 153 kann das Gericht wegen seiner Förderungspflicht den Aussetzungsbeschluss auf Antrag dann aufheben, wenn der Beteiligte nach § 7 FamFG das Aufhebungs- oder Anfechtungsverfahren schuldhaft verschleppt. Daneben kommt eine Anwendung von § 150 als allgemeine Vorschrift für die Aufhebung einer Aussetzung in Betracht, allerdings mit der Maßgabe, dass die Vorschriften nach §§ 152 f. nicht umgangen werden: Musste das Verfahren nach §§ 152 f. auf Parteiantrag ausgesetzt werden, so kann die Aufhebung der Aussetzung in diesen Fällen auch nur mit Zustimmung des Antragstellers erfolgen, Zöller/Greger Rn. 1; aM MüKoZPO/Fritsche Rn. 1; Prütting/Gehrlein/Dörr Rn. 2. § 155 ist schon nach dem Wortlaut in den Fällen des § 154 unanwendbar. 1

II. Ermessen, Verfahren. Das Wort „kann" im Gesetz verweist auf das Ermessen des Gerichts, in das die Aspekte von Umfang und Verschulden der Verzögerung sowie die Folgen der Nichtberücksichtigung der 2

Bezugsentscheidung eingehen, MüKoZPO/Fritsche Rn. 3. Ob die Verzögerung verschuldet sein muss, ist streitig. Mit Blick auf §§ 282, 296 und die erhebliche Folge der Aufhebung – Ehe wird zB als gültig angesehen – dürfte dies zu bejahen sein, so MüKoZPO/Fritsche Rn. 1; Zöller/Greger Rn. 1; aM Stein/Jonas/Roth Rn. 3. Die Entscheidung ergeht durch Beschluss, eine mündliche Verhandlung ist nicht erforderlich. Das Gericht hat in der Entscheidung die Vorwerfbarkeit der Verzögerung festzustellen. Das Verfahren verläuft wie bei → § 150 Rn. 3. Gegen die Aufhebung der Aussetzung ist die sofortige Beschwerde nach § 252 zulässig. Gegen die Zurückweisung des Antrags ist ebenfalls die sofortige Beschwerde nach § 252 statthaft. Nach Aufhebung der Aussetzung muss das Gericht die Ehe als gültig behandeln, für das Kind vgl. §§ 1593, 1600d BGB.

156 *Wiedereröffnung der Verhandlung.* **I Das Gericht kann die Wiedereröffnung einer Verhandlung, die geschlossen war, anordnen.**

II Das Gericht hat die Wiedereröffnung insbesondere anzuordnen, wenn

1. das Gericht einen entscheidungserheblichen und rügbaren Verfahrensfehler (§ 295), insbesondere eine Verletzung der Hinweis- und Aufklärungspflicht (§ 139) oder eine Verletzung des Anspruchs auf rechtliches Gehör, feststellt,

2. nachträglich Tatsachen vorgetragen und glaubhaft gemacht werden, die einen Wiederaufnahmegrund (§§ 579, 580) bilden, oder

3. zwischen dem Schluss der mündlichen Verhandlung und dem Schluss der Beratung und Abstimmung (§§ 192 bis 197 des Gerichtsverfassungsgesetzes) ein Richter ausgeschieden ist.

1 **I. Systematik, I, II.** § 156 stellt eine Ausnahme vom Grundsatz des § 296a dar, dass mit dem Verhandlungsschluss nach §§ 136 IV, 296a auch die Möglichkeit endet, zum Sachverhalt weiter vorzutragen und Anträge zu stellen, VerfGH Mü NJW-RR 2001, 1646. § 321a ergänzt § 156.

2 **II. Regelungszweck, I, II.** Eine sachgerechte Verfahrensführung, ein Erörterungsbedarf in tatsächlicher und rechtlicher Hinsicht kann es erfordern, dass nach Schluss der mündlichen Verhandlung, § 136 IV, die mündliche Verhandlung wiedereröffnet wird, BGH NJW 2007, 1357 (1360). Relevant für die Wiedereröffnung sind insbesondere die Aspekte von Mündlichkeit und rechtlichem Gehör nach Art. 103 I GG, BVerfG 101, 404; BGH MDR 2001, 568; Zöller/Greger Rn. 1. Die Vorschrift soll sicherstellen, dass die Entscheidung frei von Verfahrensfehlern ergeht, die auf unterlassener Kenntnisnahme und Nichtberücksichtigung des Parteivortrags beruhen, BGH NJW-RR 2020, 574. So wird die Möglichkeit geschaffen, einen Fehler des Gerichts noch in derselben Instanz zu korrigieren oder erst jetzt verwertbar gewordene Umstände noch einzubeziehen. Schriftsätzliches Nachschieben von Tatsachen, die schon vor Schluss der mündlichen Verhandlung, § 136 IV, eingetretenen waren, darf nicht ohne Weiteres zur Wiedereröffnung nach § 156 führen, BGH GRUR 2016, 62 (64); vgl. auch § 296a. Eine Pflicht zur Wiedereröffnung nach II besteht neben den dort genannten Sonderfällen nur ausnahmsweise: So, wenn aus dem nicht nachgelassenen Vortrag folgt, dass er wegen eines nicht ordnungsgemäßen Vorgehens des Gerichts nicht rechtzeitig in das Verfahren eingebracht wurde (Verstöße gegen Aufklärungspflicht und Recht auf rechtliches Gehör). Reine Nachlässigkeit einer Partei genügt nicht, BGH NJW 2007, 1357 (1360).

3 **III. Geltungsbereich, I, II.** Die Vorschrift gilt auch im WEG-Verfahren, im Bereich des § 113 I 2 FamFG sowie vor den Arbeitsgerichten, BAG NZA-RR 2012, 13.

4 **IV. Verfrühter Verhandlungsschluss, I, II.** Die in II genannten Gründe für eine Anordnung der Wiedereröffnung sind nicht abschließend, „insbesondere". Bei den aufgeführten Gründen in II hat das Gericht die Wiedereröffnung anzuordnen, es besteht kein Ermessen. Wesentliche Bedeutung kommt dabei dem Grund nach II Nr. 1 zu, der dann zu bejahen ist, wenn das Gericht den Sachverhalt nicht hinreichend geklärt hat. Das gilt insbesondere dann, wenn das Gericht in diesem Zusammenhang seine Hinweis- und Fragepflicht nach § 139 in entscheidungserheblicher Weise vernachlässigt hat, BGH BB 2006, 2552. Das ist der Fall, wenn die bisherige Verhandlung lückenhaft war und wenn in der letzten Verhandlung bei einem sachgemäßen Vorgehen eine Veranlassung zur Ausübung des Fragerechts bestanden hätte, ferner wenn das Gericht die Partei durch sein Verhalten von einer richtigen Antragstellung abgehalten hat, OLG Köln MDR 1998, 1307; OLG Kblz FamRZ 1990, 770. Gleiches gilt, wenn ein Schriftsatznachlass nach § 283 nötig war, BGH MDR 2011, 160.

5 **V. Ermessen, I.** Das Wort „kann" in I eröffnet gerichtliches Ermessen, BVerwG NVwZ-RR 2016, 428 (431), bei dem einerseits der Grundsatz der Verfahrenskonzentration und andererseits der Aspekt, Rechtsmittel- und Wiederaufnahmeverfahren nach Möglichkeit zu vermeiden, in Ausgleich zu bringen sind, Zöller/Greger Rn. 5.

6 **1. Von Amts wegen.** Keine Partei kann aber grundsätzlich durch Antrag eine Wiedereröffnung der Verhandlung erzwingen, BGH NJW 1979, 2110. Sie kann die Wiedereröffnung lediglich anregen, ein Antrag ist als Anregung auszulegen. Die Entscheidung erfolgt von Amts wegen, BGH NJW 1979, 2110. Wegen des Fehlens eines förmlichen Antragsrechts braucht das Gericht einen etwaigen Antrag auch nicht zu bescheiden. Ein Verstoß gegen § 139 kann dazu zwingen, auch wegen eines zB nach §§ 282, 296 verspäteten Vortrags doch erneut in die mündliche Verhandlung einzutreten, OLG Köln MDR 1980, 674. Das gilt evtl. sogar nach der Abstimmung nach §§ 192 ff. GVG bis zur Verkündung nach §§ 310, 311, auch bei einem nicht nach § 283 nachgelassenen Schriftsatz, BGH MDR 2002, 658. Im Übrigen bleibt das Rügerecht der Partei nach § 321a bestehen.

7 **2. Aspekte für die Ermessensausübung nach I.** Die Wiedereröffnung nach I kommt in folgenden Fällen jedenfalls in Betracht, bleibt aber einzelfallabhängig, zB Rechtsausführungen nach Ablauf einer Stellungnahmefrist, BGH MDR 2017, 107, neue entscheidungserhebliche Angriffs- und Verteidigungsmittel entgegen § 296a, auch am Verkündungstag vor der Verkündung, BGH MDR 2016, 1111, einschränkend, nur bei „konkreten Gründe(n)", BAG NJW 2008, 1097; bei späterem Bekanntwerden einer Hauptsacheerledigung, zur Ermöglichung einer gütlichen Einigung, neben Möglichkeit nach §§ 278 VI, 278a, 796a; Zöller/Greger Rn. 5; Thomas/Putzo/Seiler Rn. 8; aM Prütting/Gehrlein/Dörr Rn. 2; Anwaltswechsel BVerwG NJW 1986, 339.

8 Die Wiedereröffnung kommt hingegen nicht in Betracht: bei einem verspäteten, nicht ausreichend substantiierten Vortrag, BGH BeckRS 2006, 12676; bei fehlender Entscheidungserheblichkeit, BGH NJW 1993, 2312

(2314); bei einer Aussetzungsentscheidung, da diese nach §§ 128 IV, 248 II ohne mündliche Verhandlung ergehen kann, BGH WM 2020, 836.

3. Keine Umgehung von § 296. § 156 soll nicht dazu verleiten, die Vorschriften zur Zurückweisung verspäteten Vorbringens nach § 296 zu umgehen. Das gilt unabhängig davon, dass das Gericht im Rahmen seiner allgemeinen Fürsorgepflicht von einem Vorbringen auch dann mindestens Kenntnis nehmen muss, wenn es erst nach Schluss der Verhandlung nach §§ 136 IV, 296a eingeht, BGH MDR 2016, 1111. 9

VI. Pflicht zur Wiedereröffnung, II. Das in I grundsätzlich eröffnete Ermessen entfällt jedenfalls in den Fällen, die II aufzählt. Danach muss das Gericht eine Wiedereröffnung „insbesondere" dann von Amts wegen anordnen, wenn eine der in II Nr. 1–3 genannten Situationen vorliegt. 10

VII. Verfahrensfehler, II Nr. 1. Eine Wiedereröffnung ist zunächst insoweit notwendig, als das Gericht einen Verfahrensfehler begangen hat, BGH GRUR 2012, 309, jeder Verfahrensfehler unter folgenden Voraussetzungen: 11

1. Entscheidungserheblichkeit. Die Voraussetzung der Entscheidungserheblichkeit des Verfahrensfehlers, BGH GRUR 2012, 309, wird bei dem Hauptanwendungsfall von II Nr. 1, der Verletzung der Hinweispflicht, regelmäßig zu bejahen sein. 12

2. Rügbarkeit. Ferner ist eine Rügbarkeit nach § 295 erforderlich, BGH GRUR 2012, 309. Es dürfen also kein wirksamer Rügeverzicht und kein Verlust infolge einer Rügeunterlassung vorliegen. Dabei ist trotz der Verweisung in II Nr. 1 auf § 295 zu beachten, dass es oft um einen solchen Verstoß des Gerichts geht, den der Betroffene gar nicht oder nur begrenzt vor dem Verhandlungsschluss nach §§ 136 IV, 296a rügen konnte. 13

3. Verletzung der Hinweis- oder Aufklärungspflicht. Bei dem Verstoß, der entscheidungserheblich und rügbar sein muss, handelt es sich vorwiegend um eine Verletzung der Hinweis- oder Aufklärungspflicht nach § 139, BGH GRUR 2012, 309, ferner auch des Rechts auf Gewährung rechlichen Gehörs, BGH GRUR 2012, 309. Die Hinweispflicht wird insbesondere verletzt, wenn die Partei sich zu einem erteilten Hinweis nicht mehr erklären kann, sodass regelmäßig ein Schriftsatznachlass für Hinweise in der mündlichen Verhandlung einzuräumen ist, so insbesondere auch im Fall abweichender zweitinstanzlicher Entscheidung, BGH NJW 2011, 76; NJW-RR 2020, 574. 14

4. Versagung rechtlichen Gehörs. Das Recht auf rechtliches Gehör garantiert, dass der Einzelne nicht zum Objekt des Verfahrens degradiert wird, sondern vor einer seine Rechte betreffenden Entscheidung zu Wort kommt, BVerwG NVwZ-RR 2021, 722. Als Ausdruck des Mündlichkeitsgrundsatzes fordert II Nr. 1 mehr als eine bloße Gelegenheit einer schriftlichen Äußerung, BAG NJW 1996, 2749, solange kein schriftliches Verfahren nach § 128 II oder nach § 495a S. 1 vorliegt. Das gilt insbesondere, wenn in den mündlichen Ausführungen eines Sachverständigen neue, von den bisherigen abweichende Mitteilungen enthalten sind und ein anschließender Schriftsatz auf sie Bezug nimmt, BGH NJW-RR 2011, 428. Ferner setzt die Möglichkeit zur Äußerung voraus, dass er über die hierfür erforderlichen Informationen verfügt. Das Gericht ist verpflichtet, die Beteiligten über alle zur Entscheidungsfindung relevanten Aspekte zu unterrichten, so zB über die ordnungsgemäße Besetzung BVerwG NVwZ-RR 2021, 722. Sie sollen die Gelegenheit erhalten, sich vor Entscheidung zu dem entscheidungserheblichen Sachverhalt, den Beweisergebnissen und Rechtsauffassungen zu äußern. Soweit das Gericht von der in einem Hinweis mitgeteilten Rechtsauffassung in der Entscheidung abweicht, ist den Prozessbeteiligten zuvor Gelegenheit zur Stellungnahme einzuräumen, BVerfG BeckRS 15517. 15

VIII. Wiederaufnahmefähige Tatsache, II Nr. 2. Eine Wiedereröffnung ist auch insoweit notwendig, als es um solche Tatsachen geht, die einen Wiederaufnahmegrund nach §§ 578 ff. bilden würden. Die Partei darf die Tatsache erst „nachträglich" vorgetragen haben, also nach dem Schluss der bisherigen letzten mündlichen Verhandlung nach §§ 136 IV, 296a, BAG NZA-RR 2013, 42, ferner im schriftlichen Verfahren nach § 128 II oder § 495a S. 1 nach dem ihm gleichstehenden Zeitpunkt. Die Glaubhaftmachung muss nach § 294 ausreichend erfolgt sein. II Nr. 2 ist ausgeschlossen, wenn ein nach § 283 zulässiger Vortrag etwas Neues enthält, das über eine Stellungnahme zum Gegner hinausgeht, BGH NJW 1993, 134. 16

IX. Ausscheiden eines Richters, II Nr. 3. Eine Wiedereröffnung ist auch dann notwendig, wenn ein Richter zwar erst nach dem Schluss der mündlichen Verhandlung nach §§ 136 IV, 296a ausgeschieden ist, aber doch noch vor dem Schluss der Beratung und Abstimmung nach §§ 192–197 GVG, BAG MDR 2003, 48, oder vor dem Ablauf einer nach § 283 gesetzten Schriftsatzfrist, vgl. § 309, BGH WM 2015, 1242. 17

X. Verfahren, I, II. 1. Entscheidungsform: fakultativer Beschluss. Die Wiedereröffnung kann durch Beschluss erfolgen, eine mündliche Verhandlung ist nicht erforderlich. Die Entscheidung trifft der Spruchkörper in der – ggf. verbleibenden – Besetzung, nicht der Vorsitzende allein, BAG NZA-RR 2013, 41; BGH NJW 2002, 1426, aber bei Verstoß keine vorschriftswidrige Besetzung nach § 547 Nr. 1, BAG NZA 2018, 1357. Indes ist ein Beschluss, aber kein ausdrücklicher Beschluss der Wiedereröffnung erforderlich; auch ein Beweisbeschluss kann zugleich eine Wiedereröffnung enthalten, ebenso die Anberaumung eines weiteren Verhandlungstermins. Die Verhandlung kann sich sofort anschließen, soweit beide Parteien anwesend und verhandlungsbereit sind. Indes erfolgt kein Versäumnisurteil, soweit sich eine Partei entfernt oder im Verkündungstermin nicht anwesend ist, MüKoZPO/Fritsche Rn. 17. 18

Auch die Ablehnung einer Wiedereröffnung erfordert keinen singulären Beschluss: Ein Antrag einer Partei ist als Anregung auszulegen, die nicht zu bescheiden ist. Es genügt, wenn die Ablehnung des Gerichts nachträglich nach § 313 III in den Urteilsgründen begründet wird, hierzu Fischer NJW 1994, 1320. Soweit ein ausdrücklicher Wiedereröffnungs- oder Ablehnungsbeschluss ergeht, ist dieser nicht anfechtbar, § 567 I. 19

2. Begründung des Absehens von Wiedereröffnung. Im Urteil ist eine besondere Erörterung der Ablehnung der Wiedereröffnung nach § 313 III notwendig, um eine Überprüfung der Ermessenserwägungen zu ermöglichen. Das Fehlen einer Begründung kann zu einer Zurückverweisung wegen eines Verfahrensfehlers nach § 538 II 1 Nr. 1 führen, BGH NJW 2000, 143. So sollte beispielsweise zumindest erörtert werden, dass das Gericht zB einen einfach nachgereichten Schriftsatz trotz § 296a vorsorglich nach § 156 geprüft hat. Das ist keine Zurückweisung nach § 296, OLG Celle NJW-RR 2011, 107. 20

3. Neue Angriffs- und Verteidigungsmittel. Mit Blick auf den Grundsatz der Einheit der mündlichen Verhandlung wird der gesamte bisherige Prozessstoff Gegenstand der Verhandlung, also sämtliche bisherigen 21

Angriffs- und Verteidigungsmittel sowie Beweisantritte und -ergebnisse, MüKoZPO/Fritsche Rn. 18. Die Parteien können nach Wiedereröffnung darüber hinaus neue Angriffs- und Verteidigungsmittel geltend machen. Sie können die Klage erweitern, Beweis antreten, Schneider MDR 1990, 123. Die Wiedereröffnung gibt den Parteien ein „Recht auf neues rechtliches Gehör".

22 **XI. Verstoß, I, II.** Ein Verstoß gegen II Nr. 2 kann zu einem Verfahren nach § 321a führen. Im Übrigen gilt: Ein Verstoß ist nur zusammen mit dem Urteil als Verfahrensfehler in der Berufungsinstanz anfechtbar, OLG Saarbr NJW-RR 2011, 1007. Ob ein wesentlicher Verfahrensfehler vorliegt, der zur Zurückverweisung führt, beurteilt sich aus Sicht des Erstgerichts, BGH NJW 2000, 142 (143). Das Revisionsgericht führt allein eine Rechtsprüfung durch; so hinsichtlich der Ermessensentscheidung, ob sie von rechtsfehlerhaften Erwägungen getragen ist, BGH RdL 2014, 335; WM 2006, 2328.

157 *Untervertretung in der Verhandlung.* **Der bevollmächtigte Rechtsanwalt kann in Verfahren, in denen die Parteien den Rechtsstreit selbst führen können, zur Vertretung in der Verhandlung einen Referendar bevollmächtigen, der im Vorbereitungsdienst bei ihm beschäftigt ist.**

Schrifttum: Kleine-Cosack BB 2007, 2637 (Übers. zum RDG).

1 **I. Systematik.** Die Vorschrift regelt die Untervertretung durch einen sog. Stationsreferendar, § 59 BRAO, im sog. Parteiprozess des § 79 I 1. Sie schließt an die Aufzählung der vertretungsbefugten Bevollmächtigten nach § 79 II 2 Nr. 1–4 für eine bloße Unter-Terminsvollmacht an. Sie klärt im Umkehrschluss, dass ein Anwalt einen Nicht-Stationsreferendar nicht zum Termins-Unterbevollmächtigten nach § 157 ernennen darf, also keine Untervertretung durch weitere in Nebentätigkeit beschäftigte Referendare oder wissenschaftliche Mitarbeiter; einschränkend, nur für regelmäßiges Auftreten Prütting/Gehrlein/Dörr Rn. 3. Ggf. kann der Rechtsanwalt einen bei ihm nicht im Vorbereitungsdienst beschäftigten Referendar, soweit er mindestens zwölf Monate im Vorbereitungsdienst beschäftigt ist, nach § 53 IV 2 BRAO zu seinem allgemeinen Vertreter bestellen, bei fehlender Eignung weist das Gericht ihn nach § 73 III 1 zurück, → Rn. 4.

2 **II. Regelungszweck.** Sowohl die Befugnis als auch deren personelle Beschränkung dienen Aspekten sowohl der Verfahrensökonomie als auch der Rechtssicherheit.

3 **III. Stationsreferendar.** Nur den gerade „bei ihm" und gerade „im Vorbereitungsdienst" beschäftigten Referendar darf der ProzBev. unterbevollmächtigen.

4 **IV. Verstoß.** Er führt zur Unwirksamkeit der Untervollmacht und daher der nur aufgrund dieser Scheinvollmacht vorgenommenen Terminshandlungen des Referendars. Auch der nicht unterbevollmächtigte Stationsreferendar handelt unwirksam. Das Gericht weist nicht vertretungsbefugte Bevollmächtigte nach § 79 III durch nicht anfechtbaren Beschluss zurück.

5 Heilungsmöglichkeiten nach § 295 I erscheinen begrenzt. § 85 II ist anwendbar. Der Auftraggeber kann einen Schadensersatzanspruch zumindest gegenüber dem Anwalt haben, evtl. auch gegenüber dem Referendar.

158 *Entfernung infolge Prozessleitungsanordnung.* **Ist eine bei der Verhandlung beteiligte Person zur Aufrechterhaltung der Ordnung von dem Ort der Verhandlung entfernt worden, so kann auf Antrag gegen sie in gleicher Weise verfahren werden, als wenn sie freiwillig sich entfernt hätte.**

1 **I. Systematik, Regelungszweck.** Die Vorschrift dient der Prozessförderung und regelt die prozessualen Folgen einer Maßnahme der Ordnungsgewalt nach §§ 177 ff. GVG und des Wortentzugs nach § 136 II 1. Der Entfernte wird mit dem nunmehr Säumigen nach §§ 333 ff. gleichgestellt, sodass nicht nur eine Vertagung angeordnet, sondern ein Versäumnisurteil oder eine Entscheidung nach Aktenlage ergehen kann, ggf. auch eine Beweisaufnahme nach § 367 durchgeführt wird. Einen Anwalt als ProzBev. dieses Verfahrens nach § 81 kann man grundsätzlich nicht entfernen. Beim Zeugen oder Sachverständigen tritt nach §§ 380, 402 eine entsprechende Gleichstellung mit demjenigen ein, der sich vor der Entlassung unerlaubt entfernt hat.

2 **II. Persönlicher Geltungsbereich: Beteiligte.** Die Vorschrift erfasst die „bei der Verhandlung beteiligten Personen". Hierzu gehören: die Parteien; ihre gesetzlichen Vertreter nach § 51; ein Streithelfer nach § 66; ein nichtanwaltlicher Prozessbevollmächtigte nach § 79; ein Beistand nach § 90; ein Zeuge nach § 373; ein Sachverständiger nach § 402. Sie müssen nach §§ 177, 179 GVG gezwungen gewesen sein, den Verhandlungsraum wegen Ungehorsams oder Ungebühr zu verlassen. Einen Anwalt, den das Gericht wegen der Verletzung eines Berufs-/oder Vertretungsverbots nach §§ 150, 156 II BRAO zurückgewiesen hat, muss das Gericht entsprechend behandeln.

3 **III. Wirkung der Entfernung.** Wenn das Gericht eine unter § 158 fallende Person entfernt hat, darf es nur aufgrund eines Antrags so gegen sie verfahren, als ob sie sich freiwillig entfernt hätte. Die Entfernung des gesetzlichen Vertreters der Partei nach § 51 gilt als die Entfernung der Partei selbst; die Entfernung eines ProzBev. im Anwaltsprozess als die Entfernung der Partei, selbst wenn sie anwesend bleibt; die Entfernung des ProzBev. im Parteiprozess nach § 79 I 1 ebenso, soweit die Partei nicht persönlich zugegen ist.

4 Das Verfahren nach § 158 steht im pflichtgemäßen Ermessen des Gerichts. Das Gericht kann auch nach § 227 vertagen oder das Ruhen des Verfahrens nach § 251a anordnen. Es kann gegenüber einem Zeugen oder gegenüber einem Sachverständigen so vorgehen, als ob er nach §§ 380, 390, 409 von vornherein ausgeblieben sei, einschränkend, nur soweit nicht § 178 GVG, Prütting/Gehrlein/Dörr Rn. 1. Es kann bei einer Entfernung der Partei so verfahren, als ob die Partei säumig sei. Es kommt auf Antrag eine Versäumnisentscheidung nach §§ 330 ff. in Betracht. Wenn das Gericht das persönliche Erscheinen dieser Partei nach § 141 angeordnet hatte, kann es die Erklärung als nach § 141 III verweigert ansehen, einschränkend, nur soweit nicht § 178 GVG, Prütting/Gehrlein/Dörr Rn. 1.

5 **IV. Rechtsmittel.** Neben §§ 177, 181 GVG sind die gegen die folgende Entscheidung statthaften Rechtsbehelfe möglich, zB gegen ein echtes erstes Versäumnisurteil der Einspruch, § 338.

Vorbemerkung zu § 159
Protokoll

I. Systematik. Die ZPO kennt verschiedene Arten der Beurkundung von Vorgängen: das über jede Verhandlung notwendige Sitzungsprotokoll nach §§ 159 ff.; das gerichtliche Protokoll außerhalb der Sitzung, etwa für eine Verhandlung vor dem Richter nach §§ 159 II, 288 I, 361, 362 oder vor dem Rpfl.; das Protokoll des Urkundsbeamten der Geschäftsstelle, das Parteierklärungen außerhalb eines Anwaltszwangs beurkundet, zB nach § 118 I 2, und das nach § 129a II 2 erst vom Zeitpunkt des Eingangs beim zuständigen Gericht an wirkt. Beim Letzteren fehlen Formvorschriften, die Unterschrift des Erklärenden empfiehlt sich, ist aber nicht wesentlich, im Übrigen sind §§ 159 ff. entsprechend anwendbar. Eine Erklärung zum Sitzungsprotokoll genügt auch dann. Ferner kennt die ZPO das Protokoll des Gerichtsvollziehers in der Zwangsvollstreckung, §§ 762 f., 826. Auch die Zustellungsurkunde nach § 182 ist im Grunde ein Protokoll. 1

II. Regelungszweck. Das Protokoll ist Nachweis für Ablauf des Termins, BGH VersR 1985, 46. Seine Bedeutung liegt in seiner Beweiskraft als öffentliche Urkunde über die beurkundeten Vorgänge nach §§ 139 IV, 165, 415, 418, BGH NJW-RR 2007, 1451. Diese geht evtl. selbst dem Tatbestand des Urteils nach § 313 II vor, §§ 165, 314. Sie hält jede andere privatschriftliche Formvorschrift nach §§ 127a, 925 I 3 BGB ein, BGHZ 105, 200, soweit das Protokoll auch inhaltlich den gesetzlichen Erfordernissen entspricht. Außerdem sichern die Vorschriften über das Protokoll, die im Kontext zu den Strafvorschriften zur Falschbeurkundung nach §§ 348 ff. StGB stehen, in einem erhöhten Maß die Einhaltung eines gesetzmäßigen Sitzungsablaufs, BGH NJW 1978, 2509. Das Protokoll ist grundsätzlich eine Bedingung für die Wirksamkeit eines Prozessvergleichs, soweit sein Inhalt nicht anders feststeht, BGHZ 107, 147, und für ein Geständnis (nur) vor dem beauftragten oder ersuchten Richter nach § 288 I. 2

Eine Protokollauslegung ist grundsätzlich zulässig, auch bei Lückenhaftigkeit. Die Berichtigung eines fehlerhaften Protokolls erfolgt nach § 164. Ein noch fehlerhaftes Protokoll ist nach §§ 286, 419 frei zu würdigen, soweit nicht § 165 entgegensteht. Vgl. auch die Sonderregelungen im BeurkG. Der gesonderte Protokollführer ist in der Praxis nahezu ausnahmslos durch das Diktiergerät oder sonstige Aufnahmegeräte ersetzt. An Bedeutung haben die Regelungen schon wegen der enormen Beweiskraft des Protokolls nach §§ 165, 314 S. 2 nicht eingebüßt. 3

III. Sachlicher Geltungsbereich. §§ 159 ff. gelten für jede Art von Verhandlung in einem der ZPO unterliegenden Verfahren, also auch im Gütetermin des § 278. Sie finden Anwendung auch im ZVG-Verfahren, BGH WM 2013, 1360, ferner auch im WEG-Verfahren. Im FamFG-Verfahren gelten für die Protokollierung eines Vergleichs §§ 159 ff. nach § 36 II 2 FamFG direkt, OLG Hamm FGPrax 2011, 209. Im Bereich des § 113 I 2 FamFG wird ein Terminvermerk nach § 28 IV FamFG gefertigt. Für Ehesachen und Familienstreitsachen gelten die §§ 159 ff. nach § 113 I FamFG, Zöller/Schultzky Rn. 1. Für die Erklärung zur Niederschrift der Geschäftsstelle, § 64 II 1 FamFG, kann sich insbesondere im Streitfall eine vollständige Protokollierung anbieten, Obermann NZFam 2019, 1018. 4

IV. Persönlicher Geltungsbereich. Urkundsperson ist grundsätzlich sowohl der Richter (Vorsitzender, Einzelrichter nach §§ 348, 348a, 526, 527, 568, Richter nach §§ 361, 362) oder der Rpfl., auch der etwa landesrechtlich im Mahnverfahren als Gericht tätige Urkundsbeamte der Geschäftsstelle, ferner der zur Protokollführung zugezogene Urkundsbeamte nach § 49 ZPO, § 153 GVG und der vom Gericht nach § 159 I 2 zugezogene Urkundsbeamte. Der Richter ist in erster Linie für die Richtigkeit und Vollständigkeit des Inhalts verantwortlich. Der Urkundsbeamte der Geschäftsstelle überwacht bei § 159 I 2 die formelle Korrektheit und Richtigkeit der etwaigen Übertragung einer vorläufigen Aufzeichnung. Möglich ist ferner eine Tätigkeit des Urkundsbeamten der Geschäftsstelle nur bei Übertragung einer vorläufigen Aufzeichnung nach § 163 I 2. Maßnahmen zur vorläufigen oder endgültigen Herstellung des Protokolls sind nur bei offensichtlicher Gesetzwidrigkeit durch die Dienstaufsicht nachprüfbar, BGHZ 67, 187. 5

159 *Protokollaufnahme.* I [1]**Über die Verhandlung und jede Beweisaufnahme ist ein Protokoll aufzunehmen. [2]Für die Protokollführung kann ein Urkundsbeamter der Geschäftsstelle zugezogen werden, wenn dies auf Grund des zu erwartenden Umfangs des Protokolls, in Anbetracht der besonderen Schwierigkeit der Sache oder aus einem sonstigen wichtigen Grund erforderlich ist.**

II [1]**Absatz 1 gilt entsprechend für Verhandlungen, die außerhalb der Sitzung vor Richtern beim Amtsgericht oder vor beauftragten oder ersuchten Richtern stattfinden. [2]Ein Protokoll über eine Güteverhandlung oder weitere Güteversuche vor einem Güterichter nach § 278 Absatz 5 wird nur auf übereinstimmenden Antrag der Parteien aufgenommen.**

Schrifttum: Stürner JZ 2016, 137 (Übers.).

I. Systematik, I, II. Die Vorschrift regelt das Ob und durch Wen; §§ 160–163 regeln das Wie eines Protokolls. 1

II. Protokollzwang, I 1. Jede Verhandlung nach §§ 118 I 3, 128 I, 136 I, 251a, 278, insbesondere auch § 278 II, §§ 279, 330 ff., 495a S. 2 vor dem erkennenden Gericht erfordert ein Protokoll. Das gilt unabhängig davon, ob sich die Verhandlung auf die Bemühung um eine gütliche Beilegung beschränkt, ob die Verhandlung einseitig oder zweiseitig, streitig oder unstreitig ist, ob sie sich nach § 280 auf Fragen der Zulässigkeit oder auf einen Zwischenstreit beschränkt, ob sie zu einer Verkündung nach § 320 I 1, Vertagung nach § 227 oder Verweisung nach § 281 führt, ob sie vor dem vollbesetzten Spruchkörper oder dem Einzelrichter stattfindet, und ob sie mit einem Urteil nach § 300 endet oder mit einem Prozessvergleich, mit einer Klagerücknahme, mit der Erledigung der Hauptsache nebst Kostenentscheidung nach § 91a oder in anderer Weise. Ort der Verhandlung und Zeitpunkt sind unerheblich. Auch eine Beweisaufnahme nach §§ 355 ff., 361, 362 erfordert die Anfertigung eines Protokolls. Das gilt selbst dann, wenn sich der Termin in der Beweisaufnahme erschöpft und keine Anträge gestellt werden, oder die Beweisaufnahme vor dem beauftragten oder ersuchten Richter stattfindet. Zu Ausnahmen vgl. § 161. 2

Der Protokollzwang gilt auch im selbständigen Beweisverfahren nach §§ 485 ff., soweit es vor dem Gericht stattfindet. Die Regelungen nach §§ 159 ff. sind als Teil des Buchs 1 grundsätzlich zu beachten. 3

4 Der Protokollzwang besteht ferner für einen bloßen Verkündungstermin nach § 311 IV. Er besteht auch im Verfahren auf Erlass eines Arrests oder einer einstweiligen Verfügung nach §§ 916 ff., 935 ff. Die Bezeichnung des Protokolls ist unerheblich, sofern eindeutig klar ist, dass ein Protokoll vorliegen soll. Ein Protokoll nach § 159 liegt nicht vor, sofern die Aufzeichnung vollständig unbrauchbar ist.

5 **III. Urkundsbeamter der Geschäftsstelle, I 2.** Die Hinzuziehung eines gesonderten Urkundsbeamten der Geschäftsstelle ist eine Kannbestimmung und in der Praxis eine selten angewandte Ausnahmeregelung.

6 **1. Wichtiger Grund.** Das richterliche Ermessen ist auf den Fall begrenzt, dass die Hinzuziehung „erforderlich" ist, ein „wichtiger Grund" vorliegt. Es muss also entweder ein solcher Umfang des Protokolls oder eine derart besondere Schwierigkeit der Sache oder ein sonstiger wichtiger Grund bevorstehen oder schon vorliegen, dass man eine nichtrichterliche zusätzliche Protokollführung braucht.

7 **2. Zuteilungspflicht der Verwaltung.** Das Gericht zieht entweder in seltenen Fällen einen Urkundsbeamten der Geschäftsstelle hinzu oder übernimmt – üblicherweise – diese Aufgabe selbst. Die Gerichtsverwaltung wird dem Gericht ausnahmsweise auf Verlangen einen Urkundsbeamten zuteilen.

8 **3. Auswahl des Protokollführers.** Die Verwaltung entscheidet über die geeignete Person des Protokollführers, BGH NJW 1988, 417.

9 **4. Entscheidung des Gerichts.** Die Prüfung, ob das Gericht einen Urkundsbeamten der Geschäftsstelle hinzuziehen will, kann in jeder Lage des Verfahrens erfolgen. Für ein Verkündungsprotokoll wird nahezu ausnahmslos von der Hinzuziehung abgesehen, die unanfechtbare Entscheidung bedarf weder einer Verfügung noch eines Beschlusses und ist nicht zwingend aktenkundig zu machen, BGH WM 2010, 1518 (1519).

10 **5. Keine Dienstaufsicht.** Die Entscheidung des Vorsitzenden oder des Gerichts über die Hinzuziehung eines Urkundsbeamten der Geschäftsstelle ist grundsätzlich der Dienstaufsicht entzogen, BGH NJW 1988, 417.

11 **IV. Ohne Hinzuziehung eines Urkundsbeamten, I 2. 1. Keine besondere Anordnung.** Der Vorsitzende braucht nicht besonders anzuordnen, keinen Urkundsbeamten der Geschäftsstelle als Protokollführer hinzuzuziehen. Ob er die Protokollführung in seltenen Ausnahmefällen auch einem Beisitzer, ggf. Proberichter, übertragen kann, ist streitig, MüKoZPO/Fritsche Rn. 5; aM Zöller/Schultzky Rn. 4; ein praktischer Anwendungsfall kaum erkennbar.

12 **2. Ermessen.** Der Verzicht auf eine Hinzuziehung erfordert weder eine vorherige Anhörung, spätere Begründung noch eine Verkündung. Seine Aufnahme in das Protokoll oder in die Akten ist allerdings zweckmäßig.

13 **3. Änderung.** Der Vorsitzende kann seine Anordnung in jeder Lage des Verfahrens ohne Begründung aufheben, um nunmehr einen Urkundsbeamten der Geschäftsstelle hinzuzuziehen oder hiervon abzusehen. Änderungen sind in einem Protokollvermerk aufzunehmen.

14 **V. Außerhalb der Sitzung, II 1.** Eine Verhandlung außerhalb der Sitzung unterliegt nach II 1 ebenfalls dem Protokollzwang, sofern sie vor dem AG oder vor einem beauftragten oder ersuchten Richter stattfindet, zB nach §§ 118 I 3, 361, 362, 375, 434, 479, 492, 764 III; §§ 78, 80 ZVG. Insofern gilt I entsprechend.

15 **VI. Güteverhandlung oder -versuch, II 2.** Im Gegensatz zu I 1, II 1 kann ein Protokoll über eine Güteverhandlung oder einen jeden weiteren Güteversuch vor einem Güterichter nach § 278 V – abzugrenzen von § 278 II, der unter I 1 fällt – nur dann entstehen, wenn beide Parteien gerade dies übereinstimmend beantragt haben. Hintergrund ist, dass die vor dem Güterichter nach § 278 V erfolgenden Verhandlungen nicht öffentlich sind, der Inhalt in der Regel vertraulich ist, vgl. § 383 I Nr. 6 als Zeugnisverweigerungsrecht des Güterichters, BeckOK ZPO/Wendtland § 159 Rn. 4. Damit soll das Zustandekommen einer Einigung erleichtert und den Vorgaben der Mediationsrichtlinie, RiLi 2008/52/EG v. 21.5.08, genügt werden. Soweit eine Protokollierung beantragt wird, entscheidet der Güterichter analog § 160 IV über den Inhalt; rechtliche Beurteilungen sind nicht zu protokollieren, BeckOK ZPO/Wendtland § 159 Rn. 4.

160 *Inhalt des Protokolls.* [I] **Das Protokoll enthält**

1. den Ort und den Tag der Verhandlung;
2. die Namen der Richter, des Urkundsbeamten der Geschäftsstelle und des etwa zugezogenen Dolmetschers;
3. die Bezeichnung des Rechtsstreits;
4. die Namen der erschienenen Parteien, Nebenintervenienten, Vertreter, Bevollmächtigten, Beistände, Zeugen und Sachverständigen und im Falle des § 128a den Ort, von dem aus sie an der Verhandlung teilnehmen;
5. die Angabe, dass öffentlich verhandelt oder die Öffentlichkeit ausgeschlossen worden ist.

[II] **Die wesentlichen Vorgänge der Verhandlung sind aufzunehmen.**

[III] **Im Protokoll sind festzustellen**

1. Anerkenntnis, Anspruchsverzicht und Vergleich;
2. die Anträge;
3. Geständnis und Erklärung über einen Antrag auf Parteivernehmung sowie sonstige Erklärungen, wenn ihre Feststellung vorgeschrieben ist;
4. die Aussagen der Zeugen, Sachverständigen und vernommenen Parteien; bei einer wiederholten Vernehmung braucht die Aussage nur insoweit in das Protokoll aufgenommen zu werden, als sie von der früheren abweicht;
5. das Ergebnis eines Augenscheins;
6. die Entscheidungen (Urteile, Beschlüsse und Verfügungen) des Gerichts;
7. die Verkündung der Entscheidungen;
8. die Zurücknahme der Klage oder eines Rechtsmittels;
9. der Verzicht auf Rechtsmittel;
10. das Ergebnis der Güteverhandlung.

IV [1]Die Beteiligten können beantragen, dass bestimmte Vorgänge oder Äußerungen in das Protokoll aufgenommen werden. [2]Das Gericht kann von der Aufnahme absehen, wenn es auf die Feststellung des Vorgangs oder der Äußerung nicht ankommt. [3]Dieser Beschluss ist unanfechtbar; er ist in das Protokoll aufzunehmen.

V Der Aufnahme in das Protokoll steht die Aufnahme in eine Schrift gleich, die dem Protokoll als Anlage beigefügt und in ihm als solche bezeichnet ist.

I. Systematik, I–V. Die Vorschrift regelt den zwingenden Inhalt und damit den Kern des Protokolls. §§ 160a ff. enthalten Ergänzungen. § 164 regelt eine Berichtigungsmöglichkeit. Im FamFG-Verfahren gilt §§ 28 IV, 36 II 2 FamFG, OLG Hamburg NZFam 2019, 730. 1

II. Regelungszweck: Nachprüfbarkeit, I–V. Das Protokoll muss grundsätzlich alles enthalten, was ein Beteiligter oder ein fachkundiger Dritter zur Kennzeichnung der Sache gegenüber einem anderen Prozess braucht, zur Nachprüfbarkeit des Verfahrenshergangs sowie zur Klärung aller wesentlichen Anträge, sonstigen Erklärungen und Vorgänge. Es soll zB auch einem erst nach dem Termin beauftragten Anwalt oder dem Rechtsmittelgericht dienen, BFH BeckRS 2015, 95598; BGH NJW 1990, 121, 122. Ein vollständiges Protokoll ist auch mit Blick auf die Beweiskraft als öffentliche Urkunde nach §§ 165, 415 ff. und die Anfechtbarkeit der späteren Entscheidung erforderlich. Die Anforderungen nach § 160 stehen nicht zur Disposition der Parteien, ein Verstoß gegen die Vorgaben ist nicht nach § 295 heilbar, OLG Hamm NJW-RR 2003, 1006. Eine Ausnahme vom Protokollzwang besteht nur bei § 161 I. Nur die Beachtung der „für die Verhandlung vorgeschriebenen Förmlichkeiten", der Hergang der Verhandlung, unterfällt der ausschließlichen Beweiskraft des Protokolls, § 165. Soweit Prozesshandlungen außerhalb des Bereichs von § 165 nicht protokolliert, aber unstreitig erfolgt oder auf andere Weise festzustellen sind, sind sie wirksam, BGH NJW-RR 2007, 1451. 2

III. Aufgabenteilung, I–V. Ein evtl. hinzugezogener Urkundsbeamte der Geschäftsstelle ist für die Abfassung des Protokolls verantwortlich. Nicht zu klärende Meinungsverschiedenheiten müssen wahrheitsgemäß im Protokoll zum Ausdruck kommen: Hierbei ist die Auffassung des Urkundsbeamten im Protokoll festzuhalten; der Vorsitzende legte seine abweichende in einem Zusatz nieder, Zöller/Schultzky § 159 Rn. 6. 3

IV. Kennzeichnung der Sache und der Beteiligten, I. Nr. 1–5 enthalten die wichtigsten Formalien. 4

– **I Nr. 1:** Notwendig ist die Angabe des Sitzungstags und -orts, nicht auch des Sitzungsraums oder der genauen Uhrzeit, OLG Köln NJW-RR 1992, 1022. Bei Erlass eines Versäumnisurteils empfiehlt es sich, die genaue Uhrzeit des Verhandlungsbeginns zu protokollieren, um zu belegen, wie lange das Gericht auf einen verspäteten Beteiligten gewartet hat. Auch die Besonderheiten einer Videoverhandlung, § 128a, erfordern genaue Protokollierung.

– **I Nr. 4:** Das Protokoll muss nicht nur eine gesetzliche Vertretung nach § 51 klären, sondern jede Art einer etwaigen Vertretung, zB eine Vertretung nach §§ 79, 141 III 2. Auch die nach § 128a bei einer Videoschaltung erforderlichen Feststellungen gehören hierher. Soweit das Protokoll einen Vollstreckungstitel nach § 794 darstellt, wird teilweise entgegen verbreiteter Praxis wegen § 313 I 1–3 die Wiedergabe der vollen Anschriften verlangt, Zöller/Schultzky Rn. 2. Beim Zeugen und Sachverständigen ist die Protokollierung des Erscheinens schon wegen §§ 380, 402 und wegen des JVEG auch dann notwendig, wenn keine Aussage, Vernehmung oder Begutachtung stattfindet. Dann ist die zusätzliche Angabe der Uhrzeit der Entlassung zweckmäßig. Der Verzicht auf Vergütung oder Entschädigung sollte stets protokolliert werden.

– **I Nr. 5:** Vgl. §§ 169 ff. GVG. Gegen die Protokollangabe, es sei eine öffentliche Sitzung gewesen, ist nur der Nachweis der Fälschung nach § 165 S. 2 statthaft, BAG NJW 2008, 1021. Ein Vermerk, es sei keine an der Verhandlung unbeteiligte Person anwesend, genügt nicht. Bei einer nicht-öffentlichen Sitzung empfiehlt es sich – auch mit Blick auf eine spätere Zeugenschaft –, die Anwesenden mit Ausnahme der Richter und Dienstaufsichtsführenden, § 175 III GVG, namentlich aufzuführen, Zöller/Schultzky Rn. 3. Die Vorschriften über die Öffentlichkeit sind nicht nach § 295 I verzichtbar, OLG Köln NJW-RR 1986, 560.

V. Wesentliche Vorgänge, II. Es sind alle wesentlichen Vorgänge anzugeben. 5

1. Ermessen des Vorsitzenden. Was wesentlich ist, bestimmen zunächst I, III und IV, ferner zB Art. 103 I GG, §§ 139, 278, 279, 285, BGH NJW 1990, 122. Die Bestimmung trifft im Übrigen der Vorsitzende im Rahmen eines weiten Ermessens, OLG Köln FamRZ 1998, 1444. IV 2, 3 begrenzt das Antragsrecht der Parteien. § 314 kann ergänzend wirken, BGH NJW 1991, 2085. Vor dem AG gilt ferner § 510a. 6

2. Beispiele zur Frage wesentlicher Vorgänge, II

Aktenbeiziehung: Zu II gehört die Erörterung einer beigezogenen Akte. 7

Befangenheit: Zwecks Aufklärbarkeit bietet sich eine präzise Darstellung des Streits an.

Beweisantrag: Wird von II erfasst, BVerwG NVwZ 2012, 512.

Beweisbeschluss: Zu II gehört ein solcher nach § 358.

Beweisverhandlung: Zu II gehört eine solche zB nach §§ 278, 279, 285, BGH NJW 2012, 2354.

Frist: Zu II gehört Setzung zB zu Erklärung, Nachreichung, vgl. §§ 283 S. 1, 296, 538, 545, 546.

Hinweis: Hinweise des Gerichts in der mündlichen Verhandlung sind grds. in das Protokoll aufzunehmen, können aber auch nachträglich im Urteil dokumentiert werden, soweit im Protokoll versehentlich unterlassen, § 139 IV 2, BGH NJW 2006, 60 (62); aM Zöller/Schultzky Rn. 3.

Neuer Vortrag: Zu II gehört ein Vorgang nach § 531 II.

Persönliches Erscheinen: Die Erklärungen im Rahmen der persönlichen Anhörung nach § 141 sind zweckmäßig, nicht aber zwingend zu dokumentieren, BGH GRUR 2011, 509 (511).

Prozessleitende Verfügung: Zu II gehört sie.

Schriftsatznachlass: Zu II gehört ein solcher zB nach § 283, BVerwG NVwZ 2014, 888.

Streitige Verhandlung: Zu II gehört stets die Klärung, ob eine solche stattgefunden hat.

Urkunde: Es kann sich eine Klarstellung empfehlen, ob das Gericht eine Urkunde nur zur Erörterung etwa nach § 142 oder zwecks Beweises nach §§ 420 ff. betrachtet hat.

Verweisung: Zu II gehört jede solche Entscheidung zB nach § 281.

VI. Weiterer Hauptinhalt, III. Nr. 1–10 gelten wegen II und IV nicht abschließend, geben indes Anhaltspunkte dafür, was wesentlicher und notwendiger Bestandteil des Protokolls ist. 8

9 **1. Anerkenntnis, Verzicht, Vergleich, III Nr. 1.** In das Protokoll aufzunehmen sind: ein Anerkenntnis nach § 307, auch ein „Anerkenntnis" im Kindschaftsverfahren nach §§ 151 ff. FamFG, OLG Hamm Rpfleger 1987, 414, ferner ein Verzicht nach § 306 oder ein Prozessvergleich, BGH VersR 2004, 395, eine Einigung über den Versorgungsausgleich zB nach §§ 217 ff. FamFG, OLG Brdb FamRZ 2000, 1157. Ins Protokoll gehören diese Erklärungen jeweils entweder nach V oder im Wortlaut, der die Vorlesung und Genehmigung nach § 162 I 1 vorbereitet und dokumentiert. Das gerichtliche Protokoll ersetzt die notarielle Beurkundung, § 127a BGB. Ein nicht protokollierter Vergleich ist kein wirksamer Prozessvergleich, OLG Köln FamRZ 1994, 1048. Beim Prozessvergleich stellt die Einhaltung der Bestimmung des § 160 Abs. 3 Nr. 1, § 162 Abs. 1 eine Wirksamkeitsvoraussetzung dar, BGH NJW 1984, 1465; NJW-RR 2007, 1451; OLG Saarbrücken BeckRS 2019, 22002. Es handelt sich bei Verstoß nicht um einen wirksamen Vollstreckungstitel nach § 794 I Nr. 1. Wird in dem Vergleich Bezug genommen auf außerhalb des protokollierten Vergleichs liegende Schriftstücke, so sind diese für die Wirksamkeit als Anlage zum Vergleich zu nehmen, für den Fall gutachterlich festgestellt erforderlicher Arbeiten, OLG Hamm MDR 2000, 350. Auch ein nachträglich vereinbartes Widerrufsrecht unterliegt den Formvorgaben für den Prozessvergleich, BGH NJW-RR 2018, 1023.

10 **2. Anträge, III Nr. 2.** Gemeint sind nur die Sachanträge, BAG NZA 2009, 277, nicht auch die unter II fallenden Prozessanträge, BVerwG NVwZ-RR 2011, 383. Die Vorschrift gilt auch im Anwaltsprozess.

11 **3. Geständnis, Erklärung über einen Antrag auf Parteivernehmung, III Nr. 3.** Das Gericht muss ein Geständnis nach §§ 288 ff. oder eine Erklärung über den Antrag auf Parteivernehmung nach §§ 445 ff., 453 II protokollieren. Das gilt auch ohne entsprechenden Antrag von Amts wegen. Eine Prüfung der Wesentlichkeit oder Erforderlichkeit erfolgt grundsätzlich nur im Rahmen des § 510a. Die Protokollierung ist beim Geständnis vor dem Richter nach §§ 361, 362, 375 eine Voraussetzung seiner Wirksamkeit, nicht bei Abgabe vor dem Prozessgericht, MüKoZPO/Fritsche Rn. 6. Unter Nr. 3 fällt auch eine Protokollierung nach § 389 I, ferner nach § 134 FamFG.

12 **4. Aussagen, Videokonferenzort, III Nr. 4.** Notwendig ist die Protokollierung der Aussagen von Zeugen, Sachverständigen und Parteien in der Parteivernehmung, BGH NJW 2019, 2538, ferner amtlich erteilte Auskünfte, BVerwG NJW 1988, 2492. Eine Protokollierung im Wortlaut ist indes nicht notwendig, BGH BeckRS 2019, 2927, wenn auch eine wörtliche Wiedergabe bei Streit um die exakte Formulierung sachgerecht ist. Gleiches gilt, soweit der Zeuge widersprüchliche Angaben macht oder sich während der Vernehmung korrigiert. Eine wörtliche Wiedergabe kann unter Umständen auch nach IV aufgrund eines Antrags notwendig sein. Die Vorschrift gilt auch vor dem Berufungsgericht, BGH NJW 2001, 3270. Bei einer erneuten Vernehmung oder Sachverständigendarstellung ist nach §§ 398, 411 III nur im Umfang einer etwaigen Abweichung ein weiteres Protokoll notwendig, BGH VersR 2006, 823, vgl. I 3; im Übrigen § 161.

13 **5. Weitere Fragen zu III Nr. 4.** III Nr. 4 ist neben den Aussagen von Zeugen und Sachverständigen auch auf eine Parteivernehmung nach §§ 445 ff. anwendbar, auf eine Anhörung nach § 141 hingegen nicht, BGH FamRZ 1989, 158. Sie ist ebenso unanwendbar auf eine Anhörung nach § 279. Dann gilt jeweils II. Das Protokoll muss auch bei einer Videokonferenz nach § 128a den jeweiligen Ort angeben, von dem aus das Gericht einen Auswärtigen zu der Verhandlung zugeschaltet hat. Eine bloße mündliche Erläuterung des eigenen Gutachtens zählt nicht hierher, LG Bln WuM 2017, 144.

14 Es empfiehlt sich, die Aussageperson vor der Protokollierung auf die Möglichkeit einer Korrektur unzutreffender Protokollierung hinzuweisen, andererseits auch Klarstellungen und Änderungen der Aussage als solche zu protokollieren. Entscheidend ist, das tatsächlich Gesagte chronologisch, in direkter Rede und ohne richterliche Änderungen aufzunehmen. Auch wenn ein Wortlautprotokoll nur in Ausnahmefällen erforderlich ist, sollten die Formulierungen der Aussageperson nicht durch die des Richters ersetzt werden, MüKoZPO/Fritsche Rn. 8.

15 Den Umfang der Wiedergabe bestimmt II. „Er sagte aus" oder „Er erstattete sein Gutachten" reicht in der Regel nicht aus, BGH NJW 2004, 3270. Die Wiedergabe in den Urteilsgründen nach § 313 III kann ausnahmsweise genügen, BGH NJW 2001, 3270, ebenso in einem Vermerk des Berichterstatters, auf den das Urteil nach § 313 II 2 verweist, BGH WM 2010, 2329, erst recht mit Zustimmung der Parteien, BGH NJW 1995, 779, krit. Dötsch MDR 2014, 757. § 285 ist zu beachten. Das Gericht muss einen Vermerk so formulieren, dass das Rechtsmittelgericht ihn nachprüfen kann, BGH VersR 2006, 823. Eine bloße Erwähnung der Tatsache einer inhaltlich nicht wiedergegebenen Aussage im Protokoll reicht grundsätzlich nicht aus, BGH DS 2004, 262. Ein Verstoß ist bei einer Entscheidungserheblichkeit ein nach § 295 II unheilbarer Verfahrensmangel, OLG Celle NJW-RR 2011, 457. Er kann auf einen Antrag zur Zurückverweisung nach § 538 II 1 Nr. 1 führen, BGH NJW-RR 1993, 1034.

16 **6. Ergebnisse des Augenscheins, III Nr. 5.** Aufzunehmen sind sämtliche Sinneswahrnehmungen des Gerichts, die festgestellten Befunde, indes nicht die daraus gezogenen Schlussfolgerungen des Gerichts, MüKoZPO/Fritsche Rn. 10; hierzu OLG Hamm MDR 2003, 830. Festzuhalten sind damit entscheidungserhebliche Umstände wie aus der Skizze einer Unfallstelle, Schäden einer Mietwohnung oder der Eindruck von Lärm und Gerüchen, MüKoZPO/Fritsche Rn. 10. Auch der beauftragte Richter muss III Nr. 5 beachten, BayObLG MDR 1984, 324 (FamFG-Verfahren). Ein Vermerk des beauftragten Richters über seinen Augenschein, den er den Parteien bekanntgegeben hat und den sie nicht beanstandet haben, hat auch dann vollen Beweiswert, wenn der Spruchrichter und/oder der beauftragte Richter inzwischen gewechselt haben. § 161 ist zu beachten.

17 **7. Entscheidungen, III Nr. 6.** Urteile nach § 311 II, III, Beschlüsse und Verfügungen nach § 329 sind nach Form und Inhalt ihrer Verkündung Protokollbestandteil, BSG NJW 2013, 3677; BGH NJW 2004, 1666, nicht hingegen prozessleitende Verfügungen, § 136, MüKoZPO/Fritsche Rn. 12.

18 **8. Zum Urteil, III Nr. 6.** Der Urteilstenor (nicht die Entscheidungsgründe) ist nach § 311 II 1 u. 2 durch Verlesung oder Bezugnahme zu verkünden. Die Urteilsformel muss wörtlich in dem Protokoll oder der Protokollanlage, V, enthalten sein. Grund- und Teilurteil werden auch erfasst. Bei einem abgekürzten Urteil nach § 313b II genügt eine Verweisung auf die Klageschrift. Für das Berufungsurteil nach § 540 I 2, „Protokollurteil", muss das Protokoll Urteilsformel, die Darlegungen nach § 540 I und die Urteilsverkündung enthalten, BGH NJW 2004, 1666. Ferner ist das Urteil mit verbleibendem Inhalt mit dem Protokoll zu verbinden. Ein bloßer Hinweis nach § 540 I 2 auf das Protokoll ersetzt nicht die Verbindung, BGH NJW 2004, 1666. Im Fall der

wirksamen Angabe sämtlicher Urteilsbestandteile genügen für ein vollständiges wirksames Urteil dortige Protokollunterschriften, BGH MDR 2008, 996.

9. Verkündung, III Nr. 7. Im Protokoll ist die Verkündung einer Entscheidung festzustellen. Das Gericht muss sie nach §§ 310 ff., 329 I unabhängig davon protokollieren, ob sie in demselben Termin oder in einem späteren stattfindet, BSG NJW 2013, 3677; BGH NJW 2004, 1666. Die Angabe, welche der beiden Verkündungsarten des § 311 II 1 (Verlesen der Urteilsformel) einerseits, II 2 (Bezugnahme auf Urteilsformel) andererseits stattgefunden hat, ist nicht erforderlich, BGH NJW-RR 2015, 508. Es reicht eine Formulierung, die Entscheidung sei „erlassen" oder „verkündet", BGH NJW 2015, 2342. Das gilt selbst dann, wenn diese Fassung zu Zweifeln über die Form der Verlautbarung führen kann, BGH NJW 1994, 3358. Unabhängig davon, ob die Verkündung durch Verlesung oder Bezugnahme auf die Urteilsformel erfolgt, muss diese jedenfalls – mit Ausnahme von § 311 II 3 – zum Zeitpunkt der Verkündung schriftlich vorliegen, BGH NJW 2015, 2342. Sollte eine Verkündung fehlen, handelt es sich – auch bei Zustellung an die Parteien – um ein rechtsmittelfähiges Scheinurteil, OLG Brandenburg NJW-RR 2002, 356 (357). 19

Die Protokollierung der Verkündung nach Nr. 7, die der Richter mitunterzeichnet, ist abzugrenzen von dem Verkündungsvermerk nach § 315 III, den allein der Urkundsbeamte der Geschäftsstelle unterschreibt, BGH FamRZ 1990, 507, und der das Verkündungsprotokoll nicht ersetzt, BGH MDR 2012, 930. Die Protokollierung der Verkündung dient auch der Klärung des Beginns der Rechtsmittelfrist nach §§ 517, 548, 552, 569, 575, BGH NJW 1999, 794. Die Verkündung wird nicht ordnungsgemäß im Protokoll erfasst, wenn der Gegenstand der Verkündung weder aus dem Protokoll selbst erkennbar ist, noch aus einer dem Protokoll beigefügten und im Protokoll als solche bezeichneten Anlage besteht, BGH FamRZ 1990, 507. Eine Verbindung von Protokoll und Urteil muss nicht körperlich erfolgen, BGH NJW-RR 2004, 1651 (1652). 20

10. Zurücknahme der Klage oder eines Rechtsmittels, III Nr. 8. Das Protokoll muss eine Klagerücknahme, § 269, die Rücknahme eines Einspruchs, §§ 346, 700, eines Rechtsbehelfs oder Rechtsmittels enthalten, KG NZM 2005, 745. Es kommt nicht auf die Wirksamkeit der Rücknahme an. Eine evtl. erforderliche Zustimmung und ein etwaiger Kostenantrag des Prozessgegners sind nach II zu protokollieren (MüKoZPO/Fritsche Rn. 14). Das Gericht hat neben der Protokollierung der Erklärungen nach III Nr. 8 die Erklärungen auch nach § 162 vorzulesen/abzuspielen und zu genehmigen, die Wirksamkeit der Klagerücknahme wird aber nicht durch die ordnungsgemäße Protokollierung bedingt. Ein Verstoß gegen §§ 160, 162 lässt allein die Beweiskraft des Protokolls entfallen, für den Rechtsmittelverzicht, BGH NJW-RR 2007, 1451. 21

11. Rechtsmittelverzicht, III Nr. 9. Vgl. §§ 346, 515, 565. Einzelheiten wie bei → Rn. 21, BGH NJW-RR 2007, 1451. 22

12. Ergebnis der Güteverhandlung, III Nr. 10. Vgl. § 278. Jedes Ergebnis ist aufzunehmen, also auch ein Scheitern; der Vergleichsabschluss unterfällt III Nr. 1. 23

VII. Antragsrecht der Beteiligten, IV. 1. Voraussetzungen. Jeder Beteiligte hat nach IV 1 bis zum Schluss der mündlichen Verhandlung ein Antragsrecht, dass bestimmte Vorgänge oder Äußerungen protokolliert werden, OVG Saarlouis NJW 2006, 1752. Als Beteiligter gilt jede in I Nr. 4 genannte Person, außerdem der ProzBev. oder ein Bevollmächtigter nach § 79. Der Urkundsbeamte der Geschäftsstelle ist kein Beteiligter, er protokolliert indes seine abweichende Meinung, Dötsch MDR 2014, 1123. Unter einem Vorgang versteht das Gesetz sämtliche Umstände, die zur Beurteilung des Verfahrens während der Verhandlung und bei § 159 II auch außerhalb der Verhandlung erheblich sein können. 24

Unter Äußerungen versteht das Gesetz auch eine Erklärung außerhalb der Beweisaufnahme nach §§ 355 ff., BVerwG NVwZ 2018, 1076, etwa bei einer Anhörung, einem Güteversuch oder eine Rechtsansicht, soweit sie zB zur Prüfung der Glaubwürdigkeit oder der Frage, ob ein Hinweis nach § 139 zu erteilen war, beachtlich ist. Der Antrag ist formlos und nur bis zum Schluss der Verhandlung nach §§ 136 IV, 296a statthaft, OLG Ffm NJW-RR 2005, 459. Im Anwaltsprozess braucht das Gericht einen solchen Antrag der Partei persönlich, den ihr ProzBev. nicht seinerseits aufgenommen hat, nur dann nach IV 2 zu bescheiden, wenn es die Partei persönlich hört oder vernimmt. 25

2. Verfahren. Vor einer Entscheidung über die Aufnahme ins Protokoll oder die Ablehnung dieser Aufnahme muss das Gericht den Antragsgegner grundsätzlich anhören. Die Anordnung der Aufnahme in das Protokoll erfolgt durch den Vorsitzenden. Das Gericht darf die Aufnahme nach IV 2 nur dann ablehnen, wenn der Vorgang oder die Äußerung unerheblich sind. Die Ablehnung der Aufnahme erfolgt durch Beschluss. Die Entscheidung muss unverzüglich erfolgen. Es ist allein die ablehnende Entscheidung zu protokollieren, nicht der Antrag im Wortlaut, da andernfalls die ablehnende Entscheidung umgangen würde, Musielak/Voit/Stadler Rn. 14. 26

3. Rechtsmittel. Der Beschluss ist nach IV 3 Hs. 1 grundsätzlich unanfechtbar. Der Beteiligte kann die abgelehnte Erklärung schriftsätzlich zu den Akten einreichen. 27

VIII. Protokollanlage, V. Die im Protokoll und nicht notwendig auch auf der Anlage als solche bezeichnete und dem Protokoll beigefügte Urkunde ist Bestandteil des Protokolls, OLG Zweibr Rpfleger 2004, 508. Sie hat auch dessen Beweiskraft nach §§ 165, 415, 418. Die Regelung gilt überall bei § 160. Die Anlage ist dem Protokoll beizufügen, im Protokoll ist auf die Anlage Bezug zu nehmen. Es sind dabei weder eine feste Verbindung der Anlage mit dem Protokoll noch eine Unterzeichnung der Anlage erforderlich, BGH NJW-RR 2014, 61. Ein vorbereitender, in der Verhandlung übergebener Schriftsatz ist keine Protokollanlage. 28

Das Gericht hat seine Überreichung zu protokollieren. 29

160a *Vorläufige Protokollaufzeichnung.* **I Der Inhalt des Protokolls kann in einer gebräuchlichen Kurzschrift, durch verständliche Abkürzungen oder auf einem Ton- oder Datenträger vorläufig aufgezeichnet werden.**

II 1Das Protokoll ist in diesem Fall unverzüglich nach der Sitzung herzustellen. 2Soweit Feststellungen nach § 160 Abs. 3 Nr. 4 und 5 mit einem Tonaufnahmegerät vorläufig aufgezeichnet worden sind, braucht lediglich dies in dem Protokoll vermerkt zu werden. 3Das Protokoll ist um die Feststellungen zu ergänzen, wenn eine Partei dies bis zum rechtskräftigen Abschluss des Verfahrens beantragt

oder das Rechtsmittelgericht die Ergänzung anfordert. [4]Sind Feststellungen nach § 160 Abs. 3 Nr. 4 unmittelbar aufgenommen und ist zugleich das wesentliche Ergebnis der Aussagen vorläufig aufgezeichnet worden, so kann eine Ergänzung des Protokolls nur um das wesentliche Ergebnis der Aussagen verlangt werden.

III **[1]Die vorläufigen Aufzeichnungen sind zu den Prozessakten zu nehmen oder, wenn sie sich nicht dazu eignen, bei der Geschäftsstelle mit den Prozessakten aufzubewahren. [2]Aufzeichnungen auf Ton- oder Datenträgern können gelöscht werden,**

1. soweit das Protokoll nach der Sitzung hergestellt oder um die vorläufig aufgezeichneten Feststellungen ergänzt ist, wenn die Parteien innerhalb eines Monats nach Mitteilung der Abschrift keine Einwendungen erhoben haben;

2. nach rechtskräftigem Abschluss des Verfahrens.

[3]Soweit das Gericht über eine zentrale Datenspeichereinrichtung verfügt, können die vorläufigen Aufzeichnungen an Stelle der Aufbewahrung nach Satz 1 auf der zentralen Datenspeichereinrichtung gespeichert werden.

IV **Die endgültige Herstellung durch Aufzeichnung auf Datenträger in der Form des § 130b ist möglich.**

Schrifttum: Natter/Mohn/Hablitzel NJW 2013, 1770 (Übers.).

1 **I. Systematik, I–IV.** Sie ergänzt und konkretisiert das Protokollierungsgebot aus § 159 I 1, Musielak/Voit/Stadler Rn. 1.

2 **II. Regelungszweck, I–IV.** Die Vorschrift ermöglicht zur erleichterten Protokollerstellung den Einsatz technischer Geräte und damit eine praktische Umsetzung des Protokollierungsgebots aus § 159 I 1.

3 **III. Vorläufige Aufzeichnung, I. 1. Grundsatz: Zulässigkeit.** In der Sitzung braucht das Gericht noch keine endgültige Langschriftfassung herzustellen. Relevant dürfte allein I Var. 3, die vorläufige Aufzeichnung auf einen Ton- oder Datenträger, sein. Hier ist eine unverzügliche Herstellung des Protokolls nach der Sitzung, vgl. § 121 BGB, erforderlich. In der Sitzung braucht das Gericht noch keine endgültige Langschriftfassung herzustellen. Die Vorläufigkeit der Aufzeichnung bezieht sich auf die Art, nicht den Inhalt der Aufnahme: So ist es unzulässig, zu protokollierende Angaben nur teilweise aufzunehmen, um dann nach der Verhandlung weitere nach Erinnerung des Richters zu ergänzen. Die Beweiskraft des Protokolls würde diesbezüglich fehlen, Zöller/Schultzky Rn. 2a.

4 **2. Verfahren bei Unstimmigkeit.** Solange keine endgültige Aufzeichnung vorliegt, kann die Partei anregen, die vorläufige Formulierung zu überdenken. Sie hat aber noch nicht diejenigen Rechte, die gegenüber einem endgültigen Protokoll vorhanden sein können, so insbesondere das Antragsrecht auf Protokollberichtigung.

5 Vorsitzender und Urkundsbeamter klären bei Abweichungen vor der endgültigen Abfassung des Protokolls, welche Fassung zutreffend ist; im Übrigen → § 160 Rn. 3.

6 **3. Aufzeichnungstechnik.** Unter diesen Bedingungen ist die Art der vorläufigen Aufzeichnung beliebig. I nennt die in Betracht kommenden Techniken. Zu ihnen gehören vornehmlich das vom Richter eingesetzte Diktiergerät, ferner ein mitlaufendes Tonaufnahmegerät oder eingesetzte Computertechnik, also vorläufige Aufzeichnungen auf Ton- und Datenträgern, I Var. 3. Sammelton- oder Datenträger für mehrere Verhandlungen sind zulässig.

7 Die Zuziehung eines Urkundsbeamten der Geschäftsstelle nach § 159 I 2 ist also keine Voraussetzung der Zulässigkeit einer vorläufigen Aufzeichnung. Es entspricht gängiger Praxis, dass der Richter alleinverantwortlich für die vorläufige Aufzeichnung des Protokolls in der Verhandlung ist.

8 **IV. Endgültige schriftliche Herstellung, II. 1. Grundsatz: Unverzüglichkeit, II 1.** Nach der Sitzung muss das Gericht nach S. 1 eine vorläufige Aufzeichnung stets grundsätzlich in endgültiger vollständiger Fassung unverzüglich herstellen, BayObLG 2001, 218. Alle nach § 163 Unterschreibenden verantworten das Protokoll. Die derart unverzüglich hergestellte endgültige Fassung hat dieselbe Beweiskraft wie eine von vornherein endgültig hergestellte nach § 165, BGH NJW 1999, 794; offen BGH NJW 2011, 1741. Das gilt auch bei einer verzögerten Herstellung, BGH BeckRS 2004, 02766, aber nicht bei einer späteren Herstellung nur nach dem Gedächtnis oder nach Ablauf der Berufungsfrist nach Urteilsverkündung, BGH NJW 2011, 1741 (1742). Eine Frist etwa für ein Rechtsmittel kann unabhängig vom Zeitpunkt der endgültigen Herstellung des Protokolls zB nach §§ 517 Hs. 2, 548 Hs. 2 schon mit der Verkündung der Entscheidung beginnen, BayObLG 2001, 218.

9 **2. Bloßer Vermerk, II 2.** Die Vorgaben nach II 2 bis 4 sind mittlerweile von nachrangiger praktischer Bedeutung. Insbesondere mit Blick auf II 3 und 4 entsprechen die Vorschriften nicht einer effizienten Verfahrensführung, nach der regelmäßig die Feststellungen direkt in die Reinschrift der Sitzungsniederschrift aufgenommen werden, BeckOK ZPO/Wendtland Rn. 10.

10 **3. Volle Ergänzung des Protokolls, II 3.** Eine Ergänzung erfolgt – ggf. nach Anhörung der Gegenseite – auf formlosen Antrag einer Partei nach II 3, wegen §§ 67, 74 auch auf Antrag des Nebenintervenienten oder auf Anforderung des Rechtsmittelgerichts, vgl. → Rn. 9.

11 **4. Verfahren, II 1–3.** Der Ergänzung unterliegt alles, was das Gericht nur vorläufig aufgezeichnet hatte. II 2 bezieht sich nur auf § 160 III Nr. 4, 5. Nach dem Ablauf der Monatsfrist nach III 2 Nr. 1 kann die Partei eine Berichtigung nur noch beschränkt fordern.

12 Das Antragsrecht erlischt mit Eintritt der Rechtskraft in demjenigen Prozess, in dem das Protokoll entstanden war, zur praktischen Relevanz, vgl. → Rn. 9.

13 **5. Eingeschränkte Ergänzung des Protokolls, II 4.** Eine eingeschränkte Ergänzung nach II 4 findet dann statt, wenn das Gericht die Aussage unmittelbar auf einen Ton- oder Datenträger aufgenommen und das Gericht bereits während der Verhandlung wenigstens eine Zusammenfassung der wesentlichen Ergebnisse der Aussage vorläufig aufgezeichnet hatte. Dann kann die Ergänzung dieser Zusammenfassung verlangt werden. In der Praxis dürfte der Anwendungsbereich von II 4 – schon wegen der nur selten vorgenommenen Zusammenfassung – äußerst gering sein, vgl. → Rn. 9.

V. Aufbewahrung der vorläufigen Aufzeichnung, III. 1. Aufbewahrungsort, III 1. Die vorläufige Aufzeichnung ist keine Anlage zum Protokoll. Das Gericht braucht sie aber evtl. noch zB für eine Ergänzung des Protokolls nach II 2, 3 oder bei einem Antrag auf Berichtigung nach §§ 164, 320. Deshalb kommt die vorläufige Aufzeichnung dann zu den Prozessakten, wenn sie, insbesondere als Kurzschrift, zu dieser Aufbewahrung geeignet ist, ansonsten als Ton- oder Datenträger eines PC zur Geschäftsstelle. Das in der Praxis verbreitete digitale Speichermedium wird auf einem Gerichtsserver aufbewahrt, BT-Drs 16/6634, 56: „Abhängig von dem jeweils zum Einsatz kommenden technischen System sollen die Daten dabei auf einem geeigneten mobilen Speichermedium (SD-Karte) oder unmittelbar auf dem Aufnahmegerät gespeichert werden. Anschließend soll die Protokolldatei auf ein Verzeichnis des zentralen Servers des Gerichts überspielt werden. Der Datenträger kann beim bzw. im Anschluss an die Übertragung gelöscht werden. Die Protokolldatei kann für die gemäß § 160a Abs. 3 Satz 2 Nr. 1 und 2 ZPO erforderliche Dauer auf dem Server gespeichert bleiben." Die Parteien haben auch wegen dieses Aktenteils bis zur Löschung ein Einsichtsrecht nach § 299 I, OLG Karlsr Rpfleger 1994, 312. 14

2. Abhör- oder Ablesemöglichkeit, III 1. Die vorläufigen Aufzeichnungen werden zu den Prozessakten genommen (zB Tonbänder) oder, wenn sie sich dafür nicht eignen, auf der Geschäftsstelle verwahrt. Die Partei darf zwecks einer Überprüfung der Richtigkeit des Protokolls oder des darauf gründenden Urteilstatbestands nach §§ 164, 320 die Aufzeichnung nach § 299 I auf der Geschäftsstelle abhören oder ablesen, OLG Ffm ZIP 2017, 179. Diese Befugnis endet nicht schon mit dem Ablauf der Monatsfrist des III 2 Nr. 1, sondern erst mit der Löschung, Zöller/Schultzky Rn. 10. Die Justizverwaltung hat die Möglichkeiten nach III 1 organisatorisch zu eröffnen. Die Partei darf die Aufzeichnung nicht von dem Einsichts- oder Abspielort entfernen oder auf einen eigenen Ton- oder Datenträger überspielen, solange nicht sämtliche betroffene Beteiligte einverstanden sind. Eine Erlaubnis erteilt der Vorsitzende unter Beachtung der Interessen von Persönlichkeits- und Datenschutz der Beteiligten, Zöller/Schultzky Rn. 10. In diesem Zusammenhang stellt sich die Frage nach der Zulässigkeit von Tonaufnahmen der Beteiligten während der Verhandlung. Es ist nicht allein Entscheidung des Vorsitzenden, derartige Aufzeichnungen zu gestatten, da es sich um die Verbreitung personenbezogener Daten nach Art. 4 Nr. 1 u. 2 DSGVO handelt, die nur in bestimmten Fällen zulässig ist, Art. 6 I c, e, III b DSGVO. Nach der ZPO sind nur Aufzeichnungen des Gerichts zulässig, MüKoZPO/Fritsche Rn. 11. Mitschriften der Parteien dürften indes nach Art. 4 Nr. 2 DSGVO zulässig sein, MüKoZPO/Fritsche Rn. 11. 15

3. Löschungsvoraussetzungen, III 2. Die Voraussetzungen sind abschließend in III 2 geregelt. Eine Löschung nach III 2 erfolgt nicht sofort nach Herstellung des Protokolls. Es wird zunächst je eine Ablichtung oder Abschrift des Protokolls ohne den Inhalt des Ton- oder Datenträgers an jede Partei oder an den ProzBev. nach § 172 förmlich zugestellt. Nach Versendung wartet das Gericht, ob entweder nach III 2 Nr. 1 binnen eines Monats oder nach III 2 Nr. 2 bis zu der formellen Rechtskraft des Verfahrensabschlusses Einwendungen erhoben werden. 16

4. Löschungszuständigkeit, III 2. Der Urkundsbeamte ist für Aufbewahrung und Löschung allein verantwortlich, MüKoZPO/Fritsche Rn. 8; aM Zöller/Schultzky Rn. 9. Vor einer etwa beantragten Entscheidung über eine beantragte oder von Amts wegen beabsichtigte Berichtigung nach § 164 darf keine Löschung erfolgen. Auch insofern sind bis zum Erlass etwaiger Verwaltungsvorschriften die AktO und deren Durchführungsverordnungen entsprechend anwendbar. 17

5. Zentrale Speicherung, III 3. Sie ist nach pflichtgemäßem Ermessen statthaft, aber nicht zwingend. Der Vorsitzende sollte zumindest entscheiden, wenn eine allgemeine Anordnung oder Übung im Einzelfall zu Nachteilen oder sonstigen Unzumutbarkeiten für auch nur einen der Prozessbeteiligten führen könnte. 18

VI. Endgültige elektronische Herstellung, IV. Sie ist durch eine Aufzeichnung auf Datenträger nach den Voraussetzungen für die Formwirksamkeit eines gerichtlichen elektronischen Dokuments nach § 130b iVm § 163 I zulässig, wobei für die Unterschriften die Anforderungen an eine qualifizierte elektronische Signatur einzuhalten sind, vgl. die Kommentierung zu § 130b. 19

VII. Rechtsbehelfe, I–IV. Gegen die Anordnung einer vorläufigen Aufzeichnung oder gegen die Art der Aufzeichnungstechnik ist grundsätzlich kein Rechtsmittel statthaft. Gegen eine verzögerte Anfertigung des endgültigen Protokolls ist die Dienstaufsichtsbeschwerde nach § 26 II DRiG zulässig. 20

161 *Entbehrliche Feststellungen.* [I] **Feststellungen nach § 160 Abs. 3 Nr. 4 und 5 brauchen nicht in das Protokoll aufgenommen zu werden,**

1. wenn das Prozessgericht die Vernehmung oder den Augenschein durchführt und das Endurteil der Berufung oder der Revision nicht unterliegt;

2. soweit die Klage zurückgenommen, der geltend gemachte Anspruch anerkannt oder auf ihn verzichtet wird, auf ein Rechtsmittel verzichtet oder der Rechtsstreit durch einen Vergleich beendet wird.

II [1]**In dem Protokoll ist zu vermerken, dass die Vernehmung oder der Augenschein durchgeführt worden ist.** [2]**§ 160a Abs. 3 gilt entsprechend.**

I. Systematik, I, II. § 160 I–III bestimmt den zwingend erforderlichen Protokollinhalt. Die Feststellungen der Aussagen von Zeugen, Sachverständigen, zu Beweiszwecken vernommenen Parteien sowie des Ergebnisses eines Augenscheins sind in den in I genannten zwei Fallgruppen nicht erforderlich. Das gilt auch, soweit deren Voraussetzungen nur für einen abgrenzbaren Bereich vorliegen, dann beschränkt auf diese Abschnitte. Es bleibt indes erforderlich, soweit die Vernehmung vor dem nach §§ 361, 362 zuständigen Richter stattfindet oder soweit der Kläger seine Klage nicht zurückgenommen hat. 1

II. Regelungszweck, I, II. Die Vorschrift dient vor allem der Verfahrensökonomie und der Entlastung des Protokolls in den in I genannten Fällen. Ein Protokollzwang entfällt allerdings nur, soweit überhaupt ein ausscheidbarer Vorgang vorliegt. Wenn das Endurteil nicht der Berufung oder Revision unterliegt, I Nr. 1, oder die Klage zurückgenommen, der Anspruch anerkannt, auf ihn verzichtet, auf ein Rechtsmittel verzichtet oder der Rechtsstreit durch Vergleich beendet wird, I Nr. 2, entfällt nach der Vorschrift das Bedürfnis für eine Pro- 2 tokollierung. In allen anderen Fällen und im Zweifel ist im Interesse der Rechtssicherheit ein vollständiges Protokoll notwendig, BVerwG NJW 1988, 579.

3 **III. Geltungsbereich, I, II.** I ist im Beschlussverfahren entsprechend anwendbar.

4 **IV. Entbehrlichkeit einer Feststellung, I.** Maßgeblich ist das pflichtgemäße Ermessen des Vorsitzenden.

5 **1. Kein Rechtsmittel, I Nr. 1.** Wenn das Prozessgericht einen Zeugen oder Sachverständigen vernommen oder einen Augenschein durchgeführt hat, können die Ergebnisse im Protokoll entbehrlich sein, soweit das Endurteil weder mit der Berufung noch Revision anfechtbar ist; weil entweder das Rechtsmittel unstatthaft, die Berufungssumme nach § 511 II Nr. 1 nicht erreicht oder keine Zulassung der Revision erfolgt ist. Etwas anderes gilt dann, wenn eine Nichtzulassungsbeschwerde nach § 544 in Betracht kommt, BGH NJW 2003, 3057; NJW 2003, 3352 (3353). Bei einem unanfechtbaren Beschluss ist I entsprechend anwendbar. Als Prozessgericht gilt auch der Einzelrichter nach §§ 348, 348a, 526, 527, 568, nicht aber der beauftragte oder ersuchte Richter nach §§ 361, 362, 375. Auch nach einem Richterwechsel ist I Nr. 1 anwendbar.

6 In Zweifelsfällen, insbesondere mit Blick auf die Rechtsmittelsumme, ist zu bedenken, dass das Rechtsmittelgericht an die Streitwertfestsetzung nicht gebunden ist, es sollte von einem verkürzten Protokoll abgesehen werden, MüKoZPO/Fritsche Rn. 3. Die Statthaftigkeit des Rechtsmittels ist auch dann vorerst bejahen, wenn es von einer Zulassung abhängen kann, BGH MDR 2004, 44. Wenn entweder die Berufung oder Revision statthaft sein kann, muss das Protokoll auch die Ergebnisse der Vernehmungen oder des Augenscheins enthalten, BVerwG NJW 1977, 313.

7 **2. Klagerücknahme, I Nr. 2.** Die Feststellungen sind nicht erforderlich, da der Rechtsstreit in diesen Fällen ohne Endurteil endet, MüKoZPO/Fritsche Rn. 5. Die Feststellungen sind namentlich entbehrlich, soweit eine Klagerücknahme, ein Anerkenntnis, ein Verzicht, ein Rechtsmittelverzicht oder ein Prozessvergleich vorliegt, auch zur Kostenfrage, OLG Hamm OLGR 1997, 23; nicht aber bei beiderseitigen teilweisen oder vollständigen wirksamen Erledigungserklärungen, soweit nicht § 91a II 2 greift, Prütting/Gehrlein/Dörr Rn. 3; ähnlich OLGR 1997, 23; aM Musielak/Voit/Stadler Rn. 4. Man kann I Nr. 2 bei der Rechtsmittelrücknahme nach §§ 516, 565 entsprechend anwenden. Im Übrigen gelten die Voraussetzungen wie bei I Nr. 1.

8 **3. Weitere Fälle, I Nr. 1, 2.** Die Parteien können nicht wirksam auf die Anforderungen nach §§ 160 f. verzichten. Eine Heilung nach § 295 I ist damit ausgeschlossen, BGH NJW-RR 2003, 1006; aM BVerwG NJW 1976, 1283. Unberührt bleibt die Notwendigkeit der Feststellung nach § 160 I Nr. 4, wer erschienen ist, und die Fertigung eines Vermerks nach II, dass Vernehmung und Augenschein erfolgten, → Rn. 9.

9 **V. Vermerk, II 1.** Ein Vermerk, dass die Vernehmung (ggf. Beeidigung) oder der Augenschein erfolgten, ist im Protokoll notwendig. Da keine Niederschrift, sondern nur ein Vermerk erforderlich ist, ist die Zuziehung einer Hilfsperson genauso zulässig wie ein Vermerk des Berichterstatters, Doms MDR 2001, 74; krit. Dötsch MDR 2014, 755; mangels Berufungs-/Revisionsfähigkeit vgl. § 321a. Im Urteil ist weder ein Vermerk noch die Wiedergabe der Aussage notwendig.

10 **VI. Aufbewahrung, II 2.** Eine Aufbewahrung kommt dann infrage, wenn das Gericht bei I eine vorläufige Aufzeichnung oder einen sonstigen Vermerk anfertigt. Zwar kommt eine Ergänzung des Protokolls anders als bei § 160a II 3, 4 nicht in Betracht. Denn es besteht ja nach I kein diesbezüglicher Protokollzwang. Dennoch ist eine vorläufige Aufzeichnung nach dem entsprechend anwendbaren § 160a III zu behandeln. Vgl. → § 160a Rn. 14 ff.

11 **VII. Verstoß, II 2.** Eine Heilung nach § 295 I ist grundsätzlich nicht möglich, BGH NJW-RR 1993, 1034; OLG Hamm NJW-RR 2003, 1006; aM BVerwG NJW 1988, 579. Der Verstoß führt regelmäßig zur Aufhebung des angefochtenen Urteils, eine Prüfung, ob eine angemessene Berücksichtigung in dem Urteil erfolgte, ist ohne Protokollierung nicht möglich, BGH NJW 2019, 2538. Ausnahmsweise bleibt die Möglichkeit, den Verstoß durch die Feststellungen im Urteil zu beheben; BFH BFH/NV 2015, 1259; BGH NJW-RR 1993, 1034; OLG Hamm NJW-RR 2003, 1006. Voraussetzung ist, dass sich der Inhalt zB der Zeugenaussage aus dem Urteil selbst eindeutig ergibt und keine Anhaltspunkte ersichtlich sind, nach denen der Zeuge in der Vernehmung weitere möglicherweise entscheidungserhebliche Aussagen getätigt hat. Die Wiedergabe der Aussage muss sich klar von ihrer Würdigung abgrenzen und den gesamten Inhalt wiedergeben, BGH NJW 2019, 2538.

162 *Genehmigung des Protokolls.*

I [1]Das Protokoll ist insoweit, als es Feststellungen nach § 160 Abs. 3 Nr. 1, 3, 4, 5, 8, 9 oder zu Protokoll erklärte Anträge enthält, den Beteiligten vorzulesen oder zur Durchsicht vorzulegen. [2]Ist der Inhalt des Protokolls nur vorläufig aufgezeichnet worden, so genügt es, wenn die Aufzeichnungen vorgelesen oder abgespielt werden. [3]In dem Protokoll ist zu vermerken, dass dies geschehen und die Genehmigung erteilt ist oder welche Einwendungen erhoben worden sind.

II [1]Feststellungen nach § 160 Abs. 3 Nr. 4 brauchen nicht abgespielt zu werden, wenn sie in Gegenwart der Beteiligten unmittelbar aufgezeichnet worden sind; der Beteiligte, dessen Aussage aufgezeichnet ist, kann das Abspielen verlangen. [2]Soweit Feststellungen nach § 160 Abs. 3 Nr. 4 und 5 in Gegenwart der Beteiligten diktiert worden sind, kann das Abspielen, das Vorlesen oder die Vorlage zur Durchsicht unterbleiben, wenn die Beteiligten nach der Aufzeichnung darauf verzichten; in dem Protokoll ist zu vermerken, dass der Verzicht ausgesprochen worden ist.

1 **I. Systematik, Regelungszweck, I, II.** Die Vorschrift dient der Vermeidung von Missverständnissen und der Gewährleistung der inhaltlichen Richtigkeit der Sitzungsniederschrift, OLG Brandenburg BeckRS 2021, 10069. Sie enthält im allseitigen Interesse liegende und der Rechtssicherheit dienende Anordnungen. Bei dem Regelausnahmeverhältnis von I und II erweisen sich insbesondere I 2, 3 und II 2 als praxisrelevant: der Grundsatz des Vorspielens und Genehmigens in den in I genannten Fällen, die Entbehrlichkeit des Vorspielens bei Verzicht *aller Beteiligten, II 2.*

2 **II. Verlesen, Vorspielen, Vorlage, I 1.** Feststellungen nach § 160 III Nr. 1, 3, 4, 5, 8, 9 und zu Protokoll erklärte Anträge, § 297 I 3, sind den Beteiligten vorzulesen oder zur Durchsicht vorzulegen. Beteiligte sind die im Termin anwesenden Parteien, gesetzlichen Vertreter nach § 51, vertretungsberechtigte Bevollmächtigte nach

§ 79, ProzBev., Beistände nach § 90, Nebenintervenienten nach §§ 66 ff., ferner wegen ihrer Aussagen oder Beurteilungen Zeugen und Sachverständige. Dabei ist die Genehmigung von dem Erklärenden oder der Partei zu erwirken, also nicht nur zB vom Zeugen. Bei einem Erbvertrag muss das Protokoll die Genehmigungen nicht nur der ProzBev., sondern auch der anwesenden Parteien persönlich enthalten, OLG Düss Rpfleger 2007, 77. Ein Verzicht der Beteiligten auf Vorlesen/Vorlage, zur Einsicht/Abspielen nach I ist nicht möglich, Ausnahmen hiervon regelt allein II. Bei einem bloßen Vermerk nach § 161 II ist § 162 nicht anwendbar.

III. Vorläufige Aufzeichnung, I 2, II. 1. Grundsatz: Notwendigkeit des Abspielens oder Vorlesens, I 2. Im Allgemeinen reicht das Verlesen/Abspielen der vorläufigen Aufzeichnung, um so eine Richtigkeitskontrolle zu sichern, MüKoZPO/Fritsche Rn. 2. Vorzulesen/Abzuspielen ist zB der Wortlaut des Prozessvergleichs, auch wenn er als Anlage zum Protokoll kommt, OLG Hamm NJW 2000, 3222; OLG Zweibr Rpfleger 2000, 461. Für die Vorlesung oder das Abspielen genügt ein lautes Diktat grundsätzlich nicht, OVG Münst NJW 1976, 1228, auch nicht im Fall der Genehmigung des Diktats, OLG Schlesw SchlHA 1980, 73; zu den Wirksamkeitsvoraussetzungen bei unterlassenem Abspielen, OLG Brdb NJW-RR 2000, 741, und des Ausschlusses rechtsmissbräuchlicher Geltendmachung (Geltendmachung nach Zeitablauf von mehr als drei Jahren, OLG Brandenburg BeckRS 2021, 10069). Ebenso wenig reicht die bloße Vorlage zur Durchsicht. Die Pflicht zum Vorlesen/Vorspielen besteht nicht bei § 63 IV ZVG, BGH MDR 2010, 1215. 3

2. Ausnahme bei unmittelbarer Aufzeichnung, II 1. Ausnahmsweise braucht das Gericht weder vorzulesen noch abzuspielen, wenn es die Aussage des Zeugen, Sachverständigen oder der vernommenen Partei nach § 160 III Nr. 4 unmittelbar in ihrem vollen Wortlaut auf einen Tonträger aufgenommen hat. Es darf also nicht bloß eine Kurzschriftaufnahme erfolgt sein, BVerwG NJW 1976, 1283. Ein stillschweigender Verzicht ist zulässig, Zöller/Schultzky Rn. 5; BVerwG NJW 1976, 1282; offen gelassen BGH NJW-RR 1988, 395. Derjenige, dessen Aussage das Gericht aufgezeichnet hat (nicht ein anderer Beteiligter), kann nach II 1 Hs. 2 ein Abspielen verlangen. 4

3. Weitere Ausnahme bei Diktat und Verzicht, II 2. Das Gericht braucht ferner nach II 2, bei Zeugen- und Sachverständigenaussagen sowie dem Augenschein, weder vorzulesen noch abzuspielen, wenn es den Text auf einen Daten- oder Tonträger diktiert hat und alle Beteiligten auf die Verlesung wirksam verzichtet haben. Den Verzicht müssen alle Beteiligten ausgesprochen haben, nicht nur die Beweispersonen, Putzo NJW 1975, 188. Das hat nach der Aufzeichnung zu erfolgen, nicht nur vor ihr oder während der Aufzeichnung. Der Verzicht ist zu protokollieren. 5

IV. Protokollvermerk, I 3, II. Das Gericht fertigt grundsätzlich wegen I 3, II letzter Hs. einen Protokollvermerk über das Verlesen/Abspielen, die Genehmigung/das Erheben von Einwendungen oder über den Verzicht. Das gilt insbesondere dann, wenn das Protokoll einen Vollstreckungstitel schafft. Ausreichend ist zB: „nach Diktat genehmigt“, ferner zB „v. g.“, „a. g.“, „auf V. verz.“. 6

V. Verstoß, I, II. 1. Grundsatz: Nachholung. Ein Verstoß kann die Beweiskraft des Protokolls als öffentlicher Urkunde nach §§ 165, 415, 418 beeinträchtigen, BGH NJW-RR 2007, 1451. Er zwingt das Gericht nach § 156 grundsätzlich zur Nachholung in einer neuen mündlichen Verhandlung. Soweit die Nachholung nicht möglich ist, ist grundsätzlich kein wirksames Protokoll entstanden, BGH NJW 1984, 1466. Soweit die Protokollierung Wirksamkeitsvoraussetzung ist wie bei einem Prozessvergleich, ist der ebenso unwirksam; in Betracht kommt allein materiell-rechtlicher Vergleich nach § 779 BGB. Allerdings kann das Berufen auf die Unwirksamkeit gegen den Grundsatz von Treu und Glauben verstoßen, wenn seit des Vergleichsabschlusses ein erheblicher Zeitraum – zB mehr als drei Jahre, OLG Brandenburg BeckRS 2021, 10069. – vergangen ist. 7

2. Ausnahmen. Indes ist die Wirksamkeit des Protokolls – zB für die Ersetzung einer notariellen Beurkundung nach § 127a BGB – nicht stets von einer Genehmigung abhängig, BGH NJW 1999, 2806. Im Übrigen ist die Wirksamkeit der protokollierten Handlung grundsätzlich nicht von der Ordnungsmäßigkeit des Protokolls abhängig, BGHZ 107, 146; BGH NJW-RR 2007, 1451. Ausreichend für die Wirksamkeit der einseitigen Prozesshandlung ist, dass die Abgabe und der Inhalt der Erklärung in anderer Weise festzustellen sind, BGH NJW-RR 2007, 1451, 1452. Das gilt, wie dargestellt → Rn. 7, nicht in gleicher Weise für den Prozessvergleich: Dieser ist nur wirksam, wenn die Vorgaben nach §§ 160 III Nr. 1, 162 I 1 u. 2, das Vorlesen/Vorlegen zur Durchsicht, Vorlesen/Abspielen und Genehmigung, erfolgt sind, BGH NJW-RR 2007, 1451 (1452), vgl. aber zur rechtsmissbräuchlichen Geltendmachung → Rn. 7 a. E. 8

Ein Verstoß kann auch die Wirksamkeit einer Vereinbarung über den Versorgungsausgleich im Verfahren nach §§ 217 ff. FamFG beseitigen, OLG Saarbr OLGR 1998, 40. 9

163

Unterschreiben des Protokolls. **I [1]Das Protokoll ist von dem Vorsitzenden und von dem Urkundsbeamten der Geschäftsstelle zu unterschreiben. [2]Ist der Inhalt des Protokolls ganz oder teilweise mit einem Tonaufnahmegerät vorläufig aufgezeichnet worden, so hat der Urkundsbeamte der Geschäftsstelle die Richtigkeit der Übertragung zu prüfen und durch seine Unterschrift zu bestätigen; dies gilt auch dann, wenn der Urkundsbeamte der Geschäftsstelle zur Sitzung nicht zugezogen war.**

II [1]Ist der Vorsitzende verhindert, so unterschreibt für ihn der älteste beisitzende Richter; war nur ein Richter tätig und ist dieser verhindert, so genügt die Unterschrift des zur Protokollführung zugezogenen Urkundsbeamten der Geschäftsstelle. [2]Ist dieser verhindert, so genügt die Unterschrift des Richters. [3]Der Grund der Verhinderung soll im Protokoll vermerkt werden.

I. Systematik, I, II. Die Vorschrift schließt die Reihe der gesetzlichen Anordnungen über die Herstellung des Protokolls. Sie ist mit §§ 130 Nr. 6, 315 vergleichbar. 1

II. Regelungszweck, I, II. Es soll sichergestellt sein, dass jede Urkundsperson die in ihren Zuständigkeitsbereich fallende Verantwortung für die Beweiskraft einer öffentlichen Urkunde nach §§ 165, 415, 418 übernimmt, OLG Ffm DNotZ 2011, 50. Der Richter als gleichzeitiger Protokollführer nach § 159 I 1 unterschreibt das Protokoll ebenso wie ein ggf. besonderer Protokollführer nach § 159 I 2, BGH WM 2010, 1519. 2

(nicht besetzt) 3

4 **III. Gemeinsame Unterschrift, I 1.** Die Vorschrift gilt auch für eine Protokollergänzung oder -berichtigung nach § 164, BVerwG NJW 1977, 264. Unterschreiben müssen sowohl der Vorsitzende eines Kollegiums oder der Einzelrichter sowie der nach § 159 I 2 als Protokollführer zugezogene Urkundsbeamte der Geschäftsstelle. Sie unterschreiben das als eine einheitliche Urkunde erforderliche Protokoll jeweils in eigener Verantwortung, BGH VersR 1989, 604. Das gilt auch für Vorgänge nach § 160a II 3, 4, BVerwG NJW 1977, 264.

5 Dabei ist der Protokollführer nicht für die inhaltliche Richtigkeit der etwa nach § 313a I 2 ins Protokoll aufgenommenen Entscheidungsgründe mitverantwortlich, wohl aber für die inhaltlich richtige und vollständige Übertragung des Diktats in Reinschrift.

6 Die vollständigen und ordnungsgemäßen Unterschriften sind Voraussetzungen der Wirksamkeit, BGH MDR 2017, 417, und der Beweiskraft nach § 165, BGH VersR 1989, 604. Es gelten dieselben Formerfordernisse, BGH NJW 1988, 713. Insbesondere eine bloße Namensabkürzung (Paraphe) genügt nicht, BGH NJW 2007, 3210. Alle Unterschriften müssen unverzüglich erfolgen, § 121 I 1 BGB; eine gleichzeitige Unterzeichnung ist nicht erforderlich. In der Regel unterschreibt zunächst der etwa nach § 159 I 2 als Protokollführer zugezogene Urkundsbeamte.

7 **IV. Tonaufnahme, I 2.** Der Tonaufnahme steht eine Übertragung aus einer Kurzschrift über den Wortlaut von I 2 hinaus gleich, Thomas/Putzo/Seiler Rn. 1. Dann ist der Urkundsbeamte der Geschäftsstelle für die Richtigkeit der Übertragung in die Langschrift stets allein verantwortlich. Die Vorschrift gilt unabhängig davon, ob der Urkundsbeamte bei der Tonaufnahme anwesend war, BVerwG NJW 1977, 264.

8 Die Bestätigung einer richtigen Übertragung erfolgt nur durch die Unterschrift des Urkundsbeamten der Geschäftsstelle. Es ist also kein besonderer Bestätigungsvermerk wie „für die Richtigkeit der Übertragung“ notwendig, wenn er zur Vermeidung von etwaigen Missverständnissen auch zweckmäßig sein kann. Das gilt insbesondere dann, wenn nicht derselbe Urkundsbeamte das übrige Protokoll angefertigt hat. Der Vorsitzende bleibt für die inhaltliche Richtigkeit und für die Vollständigkeit des Übertragenen insofern mitverantwortlich, BVerwG NJW 1977, 264, als er nach seiner Erinnerung prüft.

9 **V. Verhinderung an der Unterschrift, II. 1. Voraussetzungen.** In Betracht kommen als Verhinderungsgründe eine längere Erkrankung, Urlaubsabwesenheit, ein Ausscheiden aus dem Richterdienst, des Urkundsbeamten aus dem Justizdienst, nicht aber Änderungen im Geschäftsverteilungsplan oder Versetzungen, Zöller/Schultzky Rn. 5.

10 **2. Folgen.** Wenn der Vorsitzende verhindert ist, unterschreibt der dienstälteste, nicht der an Lebensjahren älteste, bei gleichem Dienstalter aber der lebensälteste Beisitzer nach II 1 Hs. 1, §§ 21 f. II, 197 GVG, § 315 I 2. Er zeichnet zusätzlich zur eigenen Unterschrift „zugleich für den verhinderten Vorsitzenden“. Bei einer Verhinderung des Vorsitzenden und des dienstältesten Beisitzers unterschreibt der im Dienst nächstälteste Beisitzer, nicht etwa der Urkundsbeamte allein. Wenn sämtliche Richter des Kollegiums oder der allein amtierende Richter verhindert sind, unterschreibt der Urkundsbeamte der Geschäftsstelle, soweit er nach § 159 I 2 als Protokollführer während der Sitzung hinzugezogen wurde, also nicht, wenn er nur nach § 163 I 2 Hs. 2 tätig wurde. Im letzteren Fall ist kein wirksames Protokoll möglich.

11 Bei Verhinderung des zur Unterschrift als Protokollführer nach § 159 I 2 befugten Urkundsbeamten der Geschäftsstelle nach II 2 genügt die Unterschrift des Vorsitzenden oder notfalls diejenige des dienstältesten Beisitzers. Das gilt nach § 160a I auch dann, wenn der Urkundsbeamte eine vorläufige Aufzeichnung aufgenommen hatte. Sind alle Personen verhindert, deren Unterschrift erforderlich ist oder ausreicht, ist kein wirksames Protokoll möglich.

12 **3. Vermerk.** Das Gericht soll, nicht muss nach II 3 den Verhinderungsgrund im endgültigen Protokoll kurz vermerken, zB „Vorsitzender X ist wegen einer Erkrankung an der Unterschrift verhindert“.

13 **VI. Verstoß, I, II.** Mängel in der Unterschriftsleistung beeinträchtigen die Beweiskraft des Protokolls, es liegt dann keine öffentliche Urkunde vor. Allerdings ist die Nachholung einer fehlenden Unterschrift jederzeit – auch noch in der Rechtsmittelinstanz – möglich, Prütting/Gehrlein/Dörr Rn. 4.

164 *Protokollberichtigung.* **[I] Unrichtigkeiten des Protokolls können jederzeit berichtigt werden.**

[II] Vor der Berichtigung sind die Parteien und, soweit es die in § 160 Abs. 3 Nr. 4 genannten Feststellungen betrifft, auch die anderen Beteiligten zu hören.

[III] [1]Die Berichtigung wird auf dem Protokoll vermerkt; dabei kann auf eine mit dem Protokoll zu verbindende Anlage verwiesen werden. [2]Der Vermerk ist von dem Richter, der das Protokoll unterschrieben hat, oder von dem allein tätig gewesenen Richter, selbst wenn dieser an der Unterschrift verhindert war, und von dem Urkundsbeamten der Geschäftsstelle, soweit er zur Protokollführung zugezogen war, zu unterschreiben.

[IV] [1]Erfolgt der Berichtigungsvermerk in der Form des § 130b, ist er in einem gesonderten elektronischen Dokument festzuhalten. [2]Das Dokument ist mit dem Protokoll untrennbar zu verbinden.

1 **I. Systematik, I–IV.** Die Vorschrift entspricht dem beim Urteil geltenden § 319, OLG Kblz JurBüro 2007, 316. Sie geht aber über dessen Unrichtigkeitsbegriff hinaus. Die Vorschrift ist nach § 278 VI 3 auf die gerichtliche Feststellung eines schriftlichen Vergleichsabschlusses entsprechend anwendbar; ferner auf die Berichtigung der Insolvenztabelle, § 4 InsO; BGH MDR 2020, 1147.

2 **II. Regelungszweck, I–IV.** Die Vorschrift entspricht wie § 319 einem praktischen Bedürfnis für sachliche Gerechtigkeit und zugleich Verfahrensökonomie, sie vermeidet Folgeverfahren.

3 **III. Berichtigungspflicht, I. 1. Von Amts wegen oder auf Antrag.** Das Protokoll kann insgesamt oder teilweise unrichtig sein oder durch Übertragungsfehler aus der vorläufigen Aufzeichnung unrichtig werden. Seine Berichtigung ist jederzeit von Amts wegen zulässig, OLG Mü OLGZ 1980, 466. Sie ist auch aufgrund eines Antrags statthaft. Das gilt auch dann, wenn eine Partei oder ein sonstiger Beteiligter die Unrichtigkeit in der

Rechtsmittelinstanz gerügt hatte, BGH NJW 2016, 1083. Die Berichtigung ist auch nach Ablauf einer Frist zum Vergleichswiderruf zulässig.

2. Unrichtigkeit. Es kommt jede förmliche oder inhaltliche Unvollständigkeit oder Unrichtigkeit in Betracht, BGH MDR 2013, 618. Dabei ist es für eine Berichtigung nicht erforderlich, dass die Unrichtigkeit offensichtlich, „offenbar" iSv § 319, ist. Die öffentliche Urkunde des Protokolls, § 418, muss wegen ihrer allgemeinen Beweiskraft richtig sein. Eine Richtigstellung im Urteil oder in einer anderen Sachentscheidung erübrigt das Verfahren nach § 164 nicht. Eine Berichtigung offensichtlicher Übertragungsfehler aus der vorläufigen Aufzeichnung kann auch ohne Anhörung erfolgen, Franzki DRiZ 1975, 101. Wer die Unrichtigkeit als Partei behauptet, muss sie beweisen. Bei Abweichungen von Protokoll und vorläufiger Aufzeichnung, auf deren Grundlage das Protokoll erstellt wurde, besteht grundsätzlich die Beweiskraft für das Protokoll, § 165. Indes ist das Protokoll ggf. zu berichtigen. So kann der Beweis einer unzutreffenden Protokollierung mit der vom Protokoll abweichenden vorläufigen Aufzeichnung geführt werden, deren Vorlage sich nach § 299 richtet, OLG Stuttgart NJW-RR 2021, 640; zu den Anforderungen des Nachweises ferner, BGH NJW-RR 2008, 804. 4

3. Zuständigkeit. Das Gericht ist zuständig, das Wort „kann" deutet allein auf die Zuständigkeit, nicht auf einen Ermessensspielraum hin. Jede erwiesene Unrichtigkeit ist zu berichtigen, OLG Düss AnwBl 2002, 119. Ob eine Unrichtigkeit vorliegt, müssen die Verantwortlichen zur Erzielung einer einheitlichen Entscheidung prüfen. Wenn es allein um Übertragungsfehler geht, ist der Urkundsbeamte zuständig. Berichtigen kann zunächst nur derjenige, der mitgewirkt hat, OLG Mü OLGZ 1980, 467; die in § 163 I, II genannten Hinderungsfälle gelten für die in § 164 III nicht geregelten Verhinderungen entsprechend, MüKoZPO/Fritsche Rn. 8. Das gilt selbst dann, wenn der Richter inzwischen versetzt worden ist. Bei Verhinderungen erfolgt eine Vertretung, analog § 163 II, bei Verhinderung aller Richter durch den Urkundsbeamten allein, Zöller/Schultzky Rn. 6. 5

4. Unzulässigkeit. Unstatthaft ist eine Berichtigung weit außerhalb von § 319, OLG Ffm MDR 1986, 153, zB ein schlichtes Vergessen oder Übersehen eines Haupt- oder Nebenanspruchs, BGH NJW 2014, 1305 (dann § 321), oder einer Kostenregelung im Prozessvergleich, OLG Nürnb MDR 2003, 652. Soweit es ferner um die Berichtigung einer solchen Tatsache geht, die das Gericht als „vorgelesen und genehmigt" protokolliert hat, ist eine Berichtigung des bisherigen Protokolls grundsätzlich unzulässig, etwa bei einem Prozessvergleich, OLG Nürnb MDR 2003, 652. Das Gericht holt dann evtl. in einem neuen Termin eine zutreffende Protokollierung nach, OLG Hamm MDR 1983, 410. Zulässig ist aber die Berichtigung nur der an eine vorläufige Aufzeichnung nach § 160a anschließenden späteren Niederschrift, OLG Ffm MDR 1986, 152. 6

IV. Anhörung, II. Die grundsätzlich (mündlich oder schriftlich) vorzunehmende Anhörung, § 164 II, dient der Sachverhaltsaufklärung sowie der Gewährung rechtlichen Gehörs, MüKoZPO/Fritsche Rn. 4. Die Parteien sind anzuhören, §§ 165, 313 II. Das gilt einschließlich des Streithelfers nach §§ 66, 69, nicht aber des nicht beigetretenen Streitverkündeten nach § 74 II, Zöller/Schultzky Rn. 4; Musielak/Voit/Stadler Rn. 3; aM MüKoZPO/Fritsche Rn. 4. Anzuhören ist ferner der Zeuge nach § 373, der Sachverständige nach § 402 und die vernommene Partei nach §§ 445 ff. persönlich, soweit die Berichtigung die Feststellung von deren Aussagen betrifft. Erforderlich ist die Setzung einer angemessenen Frist zur Stellungnahme, OLG Mü OLGZ 1980, 467; Foerster/Sonnabend NJW 2010, 978. 7

V. Durchführung der Berichtigung, III, IV. 1. Vermerk. Die Berichtigung ist jederzeit statthaft, BGH NJW 2016, 1083. Sie erfolgt durch Vermerk, BGH VersR 1986, 488. Das Gericht bringt ihn entweder auf dem unzutreffenden Protokoll selbst oder auf einer mit ihm zu verbindenden Anlage an. Im letzteren Fall ist aus Klarstellungsgründen ein Hinweis auf die Anlage im Protokoll selbst erforderlich, BGH VersR 1986, 487. Wenn den Parteien oder ihren ProzBev. das Protokoll schon übermittelt wurde, genügt die Übersendung der Berichtigung. Die berichtigte Stelle muss in ihrer unrichtigen früheren Form erkennbar bleiben. Bei einer elektronischen Aktenführung erfolgt der Vermerk nach IV iVm § 130b in einem gesonderten elektronischen Dokument nach IV 1, das der Urkundsbeamte mit dem Protokoll nach IV 2 elektronisch verbinden muss, ähnlich wie bei § 105 I 2, 3. 8

2. Unterschrift oder Signatur: bisheriger Richter und Urkundsbeamter. Die Berichtigung erhält unabhängig von ihrer Form grundsätzlich die Unterschrift oder nach § 130b die elektronische Signatur desjenigen Richters, der das Protokoll unterschrieben oder signiert hatte, ebenso des allein tätig gewesenen, aber an der Unterschrift des Protokolls verhinderten Richters, III 2 Var. 2. Der als Protokollführer etwa nach § 159 I 2 zugezogene Urkundsbeamte der Geschäftsstelle unterschreibt oder signiert nach III 2 gemeinsam mit dem Richter, OLG Hamm Rpfleger 1984, 193. Die Unterschrift oder Signatur erfolgt auf dem berichtigten Protokoll, nicht allein auf der berichtigten Anlage. 9

Zur Verhinderung des Richters oder des Urkundsbeamten → Rn. 5. Die Berichtigung hat grundsätzlich Rückwirkung, Kanzleiter DNotZ 1990, 484. Das gilt aber nicht, soweit das Protokoll eine sachlich-rechtlich notwendige Form ersetzen soll. 10

Formlose Mitteilung der Berichtigung genügt, § 329 II 1. 11

3. Berichtigung: Grundsatz der Unanfechtbarkeit. Die Berichtigung ist grundsätzlich unanfechtbar, BGH MDR 2013, 618. Denn das Rechtsmittelgericht ist zu einer Beurteilung, ob es sich um eine zu berichtigende inhaltliche Unrichtigkeit handelte, nicht in der Lage, BGH MDR 2005, 46. Selbst wenn das Gericht während der mündlichen Verhandlung unterlaufene Rechen- und Kalkulationsfehler im Wege der Berichtigung ändert, also schon kein Fall der Protokollberichtigung vorliegt, ist die sofortige Beschwerde mangels ausdrücklicher gesetzlicher Regelung – auch bei etwaiger Kenntnis bezüglich des Verhandlungsablaufs – mangels Kompetenz des Rechtsmittelgerichts unstatthaft, BAG NJW 2009, 1161. Anderes gilt, wenn es um das Verfahren der Berichtigung selbst geht, also um die Zulässigkeit der Berichtigung und die Ordnungsgemäßheit des Verfahrens. Dann ist eine sofortige Beschwerde analog § 567 statthaft, LAG Berlin-Brandenburg MDR 2019, 442. 12

VI. Ablehnung der Berichtigung, III, IV. Das Gericht lehnt eine Berichtigung nach Anhörung in Form eines begründeten Beschlusses ab. Der Beschluss ergeht allein durch den Richter, ohne Beteiligung des Urkundsbeamten, Prütting/Gehrlein/Dörr Rn. 5. 13

VII. Rechtsmittel gegen Ablehnung der Berichtigung: Grundsatz der Unanfechtbarkeit, III, IV. 14
Der Ablehnungsbeschluss ist ebenfalls grundsätzlich unanfechtbar, BGH MDR 2005, 46. Das gilt auch dann,

wenn ein Beteiligter eine Ergänzung beantragt hatte, OVG Hmb NVwZ-RR 2008, 852. Eine zutreffende Protokollierung lässt sich nicht auf ihre rechtliche Richtigkeit überprüfen, KG MDR 2007, 106. Soweit das LG als Berufungs- oder Beschwerdegericht entschieden hat, ist eine sofortige Beschwerde nach § 567 III 1 ohnehin unzulässig.

15 **VIII. Rechtsmittel gegen Ablehnung der Berichtigung: Grundsatz der Unanfechtbarkeit, III, IV.** Die sofortige Beschwerde nach § 567 I Nr. 2 oder befristete Erinnerung nach § 573 I ist auch im Fall der Ablehnung der Berichtigung ausgeschlossen, es gilt das zur Berichtigung Ausgeführte: → Rn. 12. Sie ist regelmäßig statthaft, wenn die Zulässigkeit und das Verfahren der Berichtigung beanstandet werden, also zB eine überhaupt nicht zur Entscheidung berufene Person die Berichtigung als unzulässig abgelehnt hatte, BAG NJW 2009, 1161; OLG Stuttgart NJW-RR 2021, 640; OLG Stgt JurBüro 2014, 264, vgl. → Rn. 12.

165 *Beweiskraft des Protokolls.* **[1]Die Beachtung der für die Verhandlung vorgeschriebenen Förmlichkeiten kann nur durch das Protokoll bewiesen werden. [2]Gegen seinen diese Förmlichkeiten betreffenden Inhalt ist nur der Nachweis der Fälschung zulässig.**

1 **I. Systematik und Regelungszweck, S. 1, 2.** Die Beweiskraft des Protokolls bezüglich der „vorgeschriebenen Förmlichkeiten" geht über die Beweiskraft von öffentlichen Urkunden nach §§ 415, 416a ff. klar hinaus, OVG Bautzen BeckRS 2021, 1608. Soweit eine Förmlichkeit im Protokoll ausgewiesen ist, gilt sie als tatsächlich erfolgt, fehlt sie im Protokoll, gilt sie als nicht erfolgt. Es handelt sich um eine den §§ 286 II, 415 II, 418 II vorgehende gesetzliche Beweisregel für die Förmlichkeiten der Verhandlung, vgl. hierzu § 160, und insofern um eine Einschränkung des Grundsatzes der Freiheit der Beweiswürdigung. Sie schließt den Gegenbeweis aus, MüKoZPO/Fritsche Rn. 1.

2 Die Vorschrift hat ihren Grund in der zentralen Bedeutung der Förmlichkeiten für den weiteren Prozessverlauf. Diesbezügliche Unklarheiten sollen unterbleiben.

3 **II. Anwendungsbereich, S. 1, 2.** Die Vorschrift gilt seit der Streichung des früheren Worts „mündliche" (Verhandlung) in S. 1 auch für die Güteverhandlung des § 278 II 1 Hs. 1. „Protokoll" ist das endgültig hergestellte und unterschriebene, BGH NJW 1999, 794. Im VwGO-Verfahren gilt § 165 nach § 105 VwGO entsprechend, VGH Mü NVwZ-RR 2018, 375. Unanwendbar ist § 165 im FamFG-Verfahren, § 28 IV FamFG, BGH 7.4.2020 – XIII ZB 37/19 –, und beim Patentamt nach § 46 II 2 PatG, BPatG GRUR 2013, 103.

4 **III. Förmlichkeit, S. 1, 2.** Gemeint ist mit „Förmlichkeiten" nur der äußere Hergang der Verhandlung, im Gegensatz zu ihrem Inhalt. Nur insoweit kommt dem Protokoll die erhöhte Beweiskraft zu, BGH NJW 2004, 1666.

IV. Beispiele zur Frage einer Förmlichkeit, S. 1

5 **Anerkenntnis, Verzicht, Vergleich, § 160 III Nr. 1:** Nicht zu den Förmlichkeiten gehören Inhaltsangaben über ein Anerkenntnis, einen Anspruchsverzicht oder einen Prozessvergleich, BGH 142, 89, oder über einen außergerichtlichen Vergleich nach § 779 BGB, BGH 142, 88.

Antrag, § 160 III Nr. 2: Zu den Förmlichkeiten zählen die Angaben über die Sachanträge, BGH VersR 1986, 488, nicht hingegen die Angaben über einen Prozessantrag, OLG Kblz MDR 1975, 63.

Anwesenheit: Zu den Förmlichkeiten gehören die Angaben zur Ab- oder Anwesenheit eines Beteiligten, BGH NJW-RR 1990, 342.

Aufruf: Zu den Förmlichkeiten gehören die Angaben über den Aufruf der Sache nach § 220.

Augenschein, § 160 III Nr. 5: Nicht zu den Förmlichkeiten gehören die Ergebnisse eines Augenscheins nach § 371.

Aussage, § 160 III Nr. 4: Nicht zu den Förmlichkeiten gehören die Angaben über den Inhalt der Aussage eines Zeugen nach §§ 394 ff., eines Sachverständigen nach § 402 und einer nach §§ 445 ff. förmlich vernommenen Partei, BGH FamRZ 1994, 301.

Beweisantrag: Zu den Förmlichkeiten gehört er, BVerwG NVwZ 2012, 512.

Beweisergebnis: Zu den Förmlichkeiten gehören die Angaben über eine Verhandlung zu den Beweisergebnissen nach §§ 279 III, 285, BGH NJW 1990, 122; OLG Bamberg BeckRS 2021, 3523.

Bezeichnung des Rechtsstreits, § 160 I Nr. 3: Zu den Förmlichkeiten gehört die Bezeichnung des Prozesses nach seinem Aktenzeichen.

Entscheidung, § 160 III Nr. 6: Nicht zu den Förmlichkeiten gehören die Angaben über die Entscheidungen (Urteile, Beschlüsse, Verfügungen).

Erledigungserklärung: Zu den Förmlichkeiten gehören nach § 160 II die Angaben über eine oder mehrere erfolgte gänzliche oder teilweise Erledigungserklärungen, Zöller/Schultzky Rn. 2; aM Thomas/Putzo/Seiler Rn. 2.

Erörterung: Zu den Förmlichkeiten gehört die Angabe über eine Erörterung der Sach- und/oder Rechtslage, BGH NJW 1990, 121.

Geständnis, § 160 III Nr. 3: Nicht zu den Förmlichkeiten gehören Angaben über ein Geständnis nach § 288 I, über einen Antrag auf Parteivernehmung nach §§ 446, 447 und über eine sonstige Erklärung, deren Feststellung notwendig ist, OLG Stgt FamRZ 1985, 609.

Güteverhandlung: Zu den Förmlichkeiten gehört die Tatsache einer Güteverhandlung, § 278.

Inhalt des Parteivorbringens: Grundsätzlich nicht zu den Förmlichkeiten gehören Angaben über den Inhalt eines Parteivorbringens, Zöller/Schultzky Rn. 3.

Klagerücknahme, § 160 III Nr. 8: Nicht zu den Förmlichkeiten gehören die Angaben über den Text einer Klagerücknahme nach § 269.

Kostenfestsetzung: Ihr etwaiges Protokoll kann Förmlichkeiten enthalten.

Namen der Gerichtspersonen, § 160 I Nr. 2: Zu den Förmlichkeiten gehören die Angaben über die Namen der Richter, der sich evtl. nach § 159 I 2 als Protokollführer abwechselnden Urkundsbeamten der Geschäftsstelle und der etwa nach §§ 185, 189 GVG hinzugezogenen Dolmetscher.

Namen der Parteien, § 160 I Nr. 4: Zu den Förmlichkeiten gehören die Angaben über die Namen der erschienenen Parteien, der Nebenintervenienten nach §§ 66 ff., der gesetzlichen Vertreter (Prozess- oder sonstigen) nach § 51, der Bevollmächtigten nach §§ 79 ff., der Beistände nach § 90, der Zeugen nach §§ 373 ff. und Sachverständigen nach §§ 402 ff., BGH NJW-RR 1990, 342.

Öffentlichkeit, § 160 I Nr. 5: Zu den Förmlichkeiten gehören die Angaben dazu, dass das Gericht nach § 169 GVG öffentlich verhandelt oder die Öffentlichkeit nach §§ 170 ff. GVG ausgeschlossen hat, BAG NJW 2008, 1021.

Offensichtlichkeit einer Unrichtigkeit (zB Schreibfehler): Sie bleibt unschädlich, BGH NJW 2016, 950, 951.

Ort und Tag der Verhandlung, § 160 I Nr. 1: Zu den Förmlichkeiten gehört die Angabe über Ort und Tag der Verhandlung.

Rechtsmittelrücknahme, § 160 III Nr. 8: Nicht zu den Förmlichkeiten gehören die Angaben über den Text einer Rechtsmittelrücknahme, zB nach §§ 516, 555.

Rechtsmittelverzicht: Nicht zu den Förmlichkeiten gehören die Angaben über den Text eines Rechtsmittelverzichts nach § 515, BGH WuM 2010, 765.

Verhandlungsablauf: Nicht zu den Förmlichkeiten gehört seine Darstellung, BVerwG NVwZ 2010, 1438.

Verkündung, § 160 III Nr. 7: Zu den Förmlichkeiten gehören die Angaben über die Verkündung einer Entscheidung nach §§ 311, 329, BAG NZA 2021, 187; NZA 2021, 892; BGH NJW 2015, 2342.

Vorläufige Aufzeichnung, § 160a: Nicht zu den Förmlichkeiten gehören die Angaben über die Vorläufigkeit der Aufzeichnung nach § 160a, BGH VersR 1985, 46.

Wesentlicher Vorgang, § 160 II: Zu den Förmlichkeiten gehören die Angaben über jeden wesentlichen äußeren Vorgang der Verhandlung nach § 160 II, OLG Bbg JurBüro 1991, 1642. Dazu kann zB die Protokollierung einer oder mehrerer Erledigungserklärungen zählen.

Zuständigkeit: Zu den Förmlichkeiten gehört ein Hinweis nach § 504. Nicht zu den Förmlichkeiten gehören Angaben über den Text einer Zuständigkeitsrüge.

V. Weitere Prüfung, S. 1. Unzulässig ist zB der Hinweis, dass das Gericht etwas anderes verkündet habe oder dass ein Beteiligter andere Anträge gestellt habe, BAG NJW 1991, 1631. Das Protokoll beweist das Geschehen wie das Nichtgeschehen, BGH NJW 2007, 3210. Jeder andere Beweis oder Gegenbeweis ist grundsätzlich unstatthaft. Eine Ausnahme gilt nach S. 2, → Rn. 8. Das Protokoll geht wegen der Förmlichkeiten dem Urteilstatbestand nach § 314 vor, OLG Stgt FamRZ 1985, 609. Soweit das Protokoll schweigt, während der Tatbestand des Urteils etwas feststellt, widerlegt das Protokoll den Tatbestand nicht. **6**

Auch dem berichtigten Protokoll kommt die erhöhte Beweiskraft zu, MüKoZPO/Fritsche Rn. 10. Soweit das Protokoll in wesentlichen Teilen lückenhaft oder inhaltlich widersprüchlich ist, würdigt das Gericht es im Wege der Auslegung BAG NJW 2008, 1021. Die Beweiskraft des § 165 entfällt. **7**

VI. Entkräftung, S. 2. Man kann den Beweis einer Förmlichkeit nur durch seine Berichtigung nach § 164 oder durch den Nachweis der Fälschung entkräften, BAG NZA 2017, 394, 395, also durch den Nachweis einer wissentlich falschen Beurkundung oder einer nachträglichen Fälschung nach §§ 267, 271, 348 StGB, BAG NJW 2008, 1021; BGH VersR 1985, 47. Der Nachweis ist mit allen Beweismitteln zulässig. Erforderlich ist der Nachweis einer Fälschung sowohl in objektiver als auch subjektiver Hinsicht, Fahrlässigkeit genügt insoweit nicht, MüKoZPO/Fritsche Rn. 11. Ein Anscheinsbeweis kann unter Umständen ausreichen, um den Schwierigkeiten des Nachweises entgegenzuwirken, BGH MDR 2008, 706, auch hinreichend vorgetragene Anzeichen, BGH FamRZ 2010, 1326. Man braucht nicht unbedingt den Erlass eines Strafurteils oder dessen Rechtskraft abzuwarten. Es reicht, dass das Gericht das Protokoll eindeutig erst nachträglich vervollständigt hat, BGH VersR 1986, 488. Der Nachweis eines Irrtums oder einer bloßen Unrichtigkeit genügt nicht, OLG Ffm JurBüro 1978, 447 (nur für § 11 RVG), ebenso wenig ein bloßer Zweifel oder die Wahrscheinlichkeit einer Unrichtigkeit. **8**

Titel 2. Verfahren bei Zustellungen

Vorbemerkung zu § 166

Schrifttum: Eyink MDR 2011, 1389, Hartmann NJW 2001, 2580; Rohe, Zur Neuorientierung des Zustellungsrechts, FG Vollkommer, 2006, 291; Sadler/Tillmanns, Verwaltungs-Vollstreckungsgesetz, Verwaltungszustellungsgesetz, 10. Aufl. 2020; Schultze/Tenner, Zustellungsrecht, 3. Aufl. 2018.

Übersicht

1 **I. Systematik.** Seit Änderung der §§ 166 ff. ZPO durch das Zustellungsreformgesetz (ZustRG v. 25.6.2001, BGBl. I 1206; in Kraft seit 1.7.2002; ausf. Stein/Jonas/Roth Rn. 6) ist die Zustellung von Amts wegen (§§ 166–190) der Regelfall. Die Zustellung auf Betreiben der Parteien (§§ 191–195) bildet die Ausnahme und muss gesetzlich zugelassen oder vorgeschrieben sein (§ 191 Hs. 1). Ist dies der Fall, finden die Vorschriften über die Zustellung von Amts wegen entsprechende Anwendung, sofern sich aus den §§ 192–195 keine Abweichungen ergeben (§ 191 Hs. 2). Eine Zustellung im Partei- statt im vorgesehenen Amtsbetrieb ist ebenso unwirksam wie umgekehrt. Allerdings besteht bei einer versehentlichen Zustellung von Amts wegen die Möglichkeit der Heilung nach § 189 ZPO, die bei einer fehlerhaft im Parteibetrieb erfolgten Zustellung nicht möglich ist (BGH NJW 2011, 1965 Rn. 41; BGH NJOZ 2010, 2115 Rn. 15 ff.).

2 §§ 166 ff. regeln allein die Durchführung der Zustellung. Die Frage, ob die Zustellung eines Dokuments erforderlich ist und in welcher Zustellart sie zu erfolgen hat, ergibt sich aus dem Verfahrensrecht oder der Anordnung des Gerichts, von Amts wegen zuzustellen (§ 166 II).

3 **II. Regelungszweck.** Die Zustellung soll dem Adressaten eine angemessene Gelegenheit geben, das Dokument zur Kenntnis zu nehmen (BT-Drs. 14/4554, 15), und gewährleitet damit den Anspruch auf rechtliches Gehör (Art. 103 I GG; BVerfG NJW 1988, 2361). Sie ist aber gleichermaßen von Bedeutung für den im Justizgewährungsanspruch begründeten Anspruch auf wirksamen Rechtsschutz in angemessener Zeit (Art. 19 IV GG) und für die Rechtssicherheit als wesentliches Element des Rechtsstaatsprinzips (Art. 20 III GG) (BT-Drs. 14/4554, 13; vgl. auch BGH NJW 2017, 2472 Rn. 53). §§ 166 ff. dienen der tatsächlichen Kenntnisnahme von einem prozessualen Vorgang, setzen diese für eine wirksame Zustellung aber nicht voraus und stellen deshalb zumindest die ungehinderte Möglichkeit einer Kenntnisnahme sicher (BVerfG NJW 1988, 2361). Der Zweck der Zustellung besteht ferner darin, den Zeitpunkt und die Art der Übergabe des Schriftstücks nach § 418 nachweisen zu können (BVerfGE 67, 211).

4 **Rechtssicherheit** ist ein weiteres Hauptziel aller Zustellungsvorschriften. Das gilt insbesondere bei der öffentlichen Zustellung nach §§ 185 ff. Die Möglichkeit der Kenntnisnahme ist zwar nur die erste von mehreren Voraussetzungen einer wirklich eigenverantwortlichen Entscheidung, ob, wann und wie man sich in einem Verfahren mit oder ohne eine Parteiherrschaft auf das Gericht und den Gegner einlassen will. Diese Möglichkeit muss aber zuverlässig nachweisbar bestehen.

5 **III. Geltungsbereich.** Die Regelungen in §§ 166 ff. gelten nicht nur für den Zivilprozess, sondern für sämtliche Verfahren der ordentlichen Gerichte sowie der Arbeits-, Verwaltungs-, Sozial- und Finanzgerichtsbarkeit, soweit die jeweilige Verfahrensordnung keine gerichtszweigspezifischen Ausnahmen vorsieht. Für das Vorverfahren von Behörden bleibt es bei der Zustellung nach dem Verwaltungszustellungsgesetz (BT-Drs. 14/4554, 14).

6 Für die Arbeitsgerichtsbarkeit sind die Sonderregelungen des § 50 ArbGG zu beachten. In der Freiwillige Gerichtsbarkeit ist nach § 15 II FamFG zusätzlich eine Bekanntgabe durch Aufgabe des Schriftstücks zur Post mit einer widerleglichen Zugangsfiktion nach drei Tagen möglich (zum früheren Zugangs BGH FamRZ 2012, 1867). Im Insolvenzverfahren finden sich Sonderregelungen in § 8 InsO; zudem spielt die öffentliche Bekanntmachung nach § 9 InsO eine erhebliche Rolle. Für das Strafverfahren bestimmt § 37 Abs. 2 StPO, dass bei einer Zustellung an mehrere Empfangsberechtigte, sich die Berechnung einer Frist nach der zuletzt bewirkten Zustellung berechnet. §§ 3–7 ZVG enthalten für Zwangsversteigerung und -verwaltung für den Zeitraum nach der Anordnung der Zwangsvollstreckung (§ 8 ZVG) in weitgehend eigenständige Regelungen über die Zustellung.

7 **IV. Begriffsbestimmungen. 1. Zustellung, Zusteller.** Zustellung ist nach der Legaldefinition des § 166 I die Bekanntgabe eines Dokuments an eine Person in der Form, die in §§ 166–195 bestimmt ist. Die Zustellung idS wird auch als förmliche Zustellung bezeichnet. Den Gegensatz hierzu bildet die formlose Mitteilung.

8 Zusteller ist derjenige, der die Zustellung durchführt. Dies kann die Geschäftsstelle selbst sein (§ 168 I 1). Im Regelfall bedient sie sich aber eines beliehenen Unternehmens (§ 168 I 2 Hs. 1) oder beauftragt – in eher seltenen Fällen – einen Justizbediensteten (§ 168 I 2 Hs. 2). Bei der Amtszustellung kann ausnahmsweise auch der Gerichtsvollzieher oder eine andere Behörde Zusteller sein (§ 168 II). Bei der Parteizustellung im Inland ist – außer bei der Zustellung von Anwalt zu Anwalt (§ 195) – der Gerichtsvollzieher generell Zusteller (§ 192).

9 **2. Zustellungsadressat, Zustellungsempfänger.** Zustellungsadressat ist nach § 182 II Nr. 1 die Person, an die das Dokument zugestellt werden soll. Das können natürliche oder juristische Personen als Partei, Streitverkündete (§ 73 S. 2) oder Nebenintervenient (§ 66 ZPO) sein. Ist eine Person prozessunfähig (§ 52), ist Zustelladressat ihr gesetzlicher Vertreter (§ 170 I 1). Hat sie rechtsgeschäftlich einen Bevollmächtigten (§ 171 S. 1 oder einen Prozessbevollmächtigten (§ 172) bestellt, ist dieser jeweils Zustellungsadressat.

10 Zustellungsempfänger gesetzlichen Sinn ist, die Person, der das zuzustellende Dokument tatsächlich übergeben wird (§§ 178, 182 II Nr. 2), nicht auch diejenige, der es ggf. weitergegeben wird.

11 **V. Begriff der unterstellten (fingierten) Zustellung.** Zu ihr gehören drei Zustellungsarten.

12 **1. Öffentliche Zustellung.** Das Gericht ordnet sie nach §§ 185–188 an. Bei § 882c II 2 entscheidet über die öffentliche Zustellung der Gerichtsvollzieher. Der Urkundsbeamte der Geschäftsstelle führt sie nach § 168 I 1 aus.

13 **2. Aufgabe zur Post.** Hierher gehört ferner die Zustellung durch eine Aufgabe zur Post nach § 184.

14 **3. Niederlegung.** Hierher gehört schließlich die Zustellung durch eine Niederlegung nach §§ 183, 184.

15 **VI. Geltung außerhalb der ZPO.** Die Vorschriften der ZPO über die Zustellung sind insgesamt oder mit gewissen Abweichungen vielfach anderweitig anwendbar. Das gilt zB: Bei der Unterstellung des Zugangs einer Willenserklärung nach § 132 I 2 BGB; in einer Strafsache nach § 37 StPO; im markenrechtlichen Verfahren der Rechtsbeschwerde nach § 88 I 1 MarkenG. → Rn. 5.

16 **VII. Zustellungsarten.** Die Zustellung geschieht teils im Schwerpunkt von Amts wegen, teils im Parteibetrieb.

17 **1. Amtszustellung.** Die Amtszustellung nach §§ 166–190 ist die Regel. Bei ihr kommen die Urschrift des zuzustellenden Schriftstücks und die Zustellungsurkunde nach § 182 zu den Gerichtsakten. Die Partei kann den Tag der Zustellung nach § 173 nur aus diesen Akten erfahren. Wenn das Gericht eine Entscheidung von Amts wegen zustellen muss, muss die Geschäftsstelle nach § 168 I 1 auch ohne eine besondere richterliche Anordnung vorgehen. Sie sollte allerdings – mit Blick auf die Voraussetzungen der Heilung nach § 189 – ihren Zustellungs-

willen dokumentieren. Die Amtszustellung erfolgt auf ihre Veranlassung nach § 168 I 2 durch einen Justizbediensteten oder durch die Post, auf eine besondere Anordnung des Vorsitzenden auch nach § 168 II durch den Gerichtsvollzieher.

2. Parteizustellung. Im Parteibetrieb nach §§ 191–195 erfolgt oft eine Zustellung des Vollstreckungsbescheids nach § 699 IV 2, ferner durchweg eine Zustellung in der Zwangsvollstreckung nach §§ 726–729, 750, 751 II, 756, 765, 794 I Nr. 1, 5, 795, 798, 802c, 826 II, 829 III, 835 III, 843, 845. Schließlich erfolgt eine Parteizustellung im Eilverfahren nach §§ 922 II, 929 II, III, 936. Die Parteizustellung eines sonstigen Urteils oder Beschlusses hat nur unter den Voraussetzungen der §§ 750 1, 751 II, 756, 765 eine Bedeutung. Bei der Parteizustellung stellt der Gerichtsvollzieher nach § 192 I selbst zu oder mithilfe der Post nach §§ 168 I 1, 191, 192 I 1. Der Antragsteller erhält die Urschrift der Zustellungsurkunde, der Zustellungsempfänger erhält eine beglaubigte Ablichtung oder Abschrift. 18

VIII. Zustellungsorgane. Die Zustellung nehmen unterschiedliche Organe vor. 19

1. Gericht. Das Gericht wird bei einer Zustellung im Ausland oder an einen Exterritorialen tätig. 20

2. Gerichtsvollzieher, Justizbediensteter. Der Gerichtsvollzieher wird nach §§ 9 ff. GVGA unmittelbar oder mithilfe der Post tätig. Ein Justizbediensteter steht bei der Zustellung an einen Gefangenen dem Gerichtswachtmeister gleich. 21

Der Gerichtsvollzieher führt eine Zustellung nach § 5 III 1 Nr. 1 GVGA grundsätzlich binnen drei Tagen nach Auftragsempfang aus, möglichst gleich am Tag nach Auftragserhalt. Außerhalb des Amtssitzes geschieht das nach § 5 III 1 Nr. 2 GVGA auf der ersten Dienstreise und spätestens binnen einer Woche. Eine Eilbedürftigkeit kann nach § 5 III 2 GVGA noch kürzere Zeitabläufe erfordern. Ein Sonnabend, Sonntag oder gesetzlicher Feiertag nach → § 758a Rn. 26 zählt – abhängig vom anwendbaren Recht der Bundesländer- nach § 5 III 3 GVGA nicht mit. § 750 I 2 und die Notwendigkeit der Mitbeachtung einer Urkunde als Vollstreckungsgrundlage mögen Ausnahmen von § 5 III GVGA nach § 5 IV GVGA erlauben. 22

3. Urkundsbeamter. Der Urkundsbeamte der Geschäftsstelle ist nach § 153 GVG unabhängiges Organ der Rechtspflege. Er wird mithilfe des Gerichtsvollziehers oder der Post tätig, soweit er die Zustellung nach → Rn. 16 im Parteibetrieb vermittelt. Soweit er die Zustellung von Amts wegen veranlasst, nimmt er sie nach § 168 I 1, 2 mithilfe der Post, eines Justizbediensteten oder an einen Anwalt vor. 23

4. Anwalt. Der Anwalt wird bei einer Zustellung von Anwalt zu Anwalt nach § 195 tätig sowie bei der Entgegennahme der Zustellung und Rücksendung des Empfangsbekenntnisses nach § 174 tätig. 24

5. Sonstiger Beamter. Ein Beamter wird gegenüber dem an der Amtsstelle Erschienenen nach § 173 tätig. 25

6. Diplomat, Konsul. Ein deutscher Diplomat oder Konsul amtiert nach § 183 I Nr. 2, § 16 KonsG gegenüber einer Person in seinem Bezirk aufgrund des Ersuchens eines deutschen Gerichts. 26

7. Deutsche Post AG, andere Lizenznehmer. Dazu Heinze 2000, 111 (Grdz., krit.). Die Deutsche Post AG und andere Lizenznehmer sind zur Zustellung nach § 33 I PostG, § 168 I 2, § 6 GVGA berechtigt und verpflichtet. 27

IX. Zustellungsempfänger. 1. Unmittelbare Zustellung. Die unmittelbare Zustellung erfolgt an denjenigen, der das Dokument tatsächlich erhält. → Rn. 7. 28

2. Ersatzzustellung. Bei einer sog. Ersatzzustellung gehören hierher auch, §§ 181 ff.: Der erwachsene Hausgenosse; der Hauswirt; ein Vermieter; ein Gewerbegehilfe im Geschäftsraum; Beamte und Angestellte einer öffentlichrechtlichen Körperschaft oder eines derartigen Vereins. 29

3. Zustellungsbevollmächtigter. Soweit er nach § 184 I benannt wir, ist er gleichfalls Zustellungsempfänger. 30

X. Weitere Bedingungen. Man kann im Prozess nach § 172 I 1 grundsätzlich nur an den ProzBev. der Instanz wirksam zustellen. Etwas anderes gilt nur bei einer Unterbrechung des Verfahrens nach §§ 239 ff. oder bei der Anordnung des persönlichen Erscheinens einer Partei nach § 141 II 2. 31

XI. Zustellungsurkunde. Über jede Zustellung muss nach § 182 eine Zustellungsurkunde angefertigt werden. Der Einwand, man habe die Zustellung nicht gekannt, ist prozessual durch das Wesen der Zustellung unzulässig. Materiell-rechtlich ist er beachtlich. Eine unverschuldete Nichtkenntnis von der Zustellung ermöglicht ausnahmsweise eine Wiedereinsetzung nach → § 233 Rn. 23 ff. „Partei" (Zustellung). 32

XII. Mangelhafte Zustellung. Einem Grundsatz stehen mehrere Ausnahmen gegenüber. 33

1. Grundsatz: Unwirksamkeit. Grundsätzlich ist eine solche Zustellung unwirksam, die wesentliche Vorschriften verletzt, BVerfG NJW 1988, 2361 (Art. 103 I GG), BGH NJW 2007, 303, Mü NJW-RR 1987, 895 (keine Wohnung). Für die Möglichkeit einer Heilung nach § 189 ist grundsätzlich entscheidend, ob und wann der Zustellungsempfänger das zuzustellende Dokument vollständig erhalten hat, Mü NJW 2005, 1130. Denn nur diesem Zweck dient die Zustellung nach → Rn. 3 34

Eine unwirksame Zustellung kann auch **wiederholt** werden Eine Rückwirkung auf den Zeitpunkt der früheren Zustellung tritt selbstverständlich nicht ein 35

2. Heilung. §§ 189, 295 I lassen eine evtl. sogar rückwirkende Heilung zu. Das gilt auch dann, wenn es sich um eine Notfrist nach § 224 I 2 handelt oder bei § 750 dann, wenn die Zustellung die Voraussetzungen der Zwangsvollstreckung begründen soll. 36

3. Verzicht. Ein Verzicht (§ 295 I) auf eine förmliche Zustellung kann eine Zustellung trotz etwaiger Mängel rückwirkend voll wirksam machen, BGH NJW 1992, 2100, soweit die Verfügungsmacht der Parteien reicht. Das Gericht muss eine etwaige Unwirksamkeit der Zustellung nach → Vor § 128 Rn. 46 von Amts wegen beachten. Unwirksam sind ein vorheriger Verzicht auf eine formgültige Zustellung oder eine Vereinbarung dahin, statt einer förmlichen Zustellung solle eine formlose Mitteilung genügen, Thomas/Putzo/Hüßtege § 183 Rn. 3, aM Schmidt IPRax 2004, 14, Zöller/Geimer § 183 Rn. 27. 37

4. Haftung. Der Gerichtsvollzieher und der Urkundsbeamte der Geschäftsstelle handeln bei der Zustellung nur als Beamte, nicht auch als Vertragspartner eines „Auftraggebers". Deshalb gründet sich ihre Haftung für ein Verschulden bei der Zustellung nur auf eine etwaige Verletzung der Amtspflicht gemäß Art. 34 GG, § 839 BGB. 38

39 **XIII. Ausreichen einer formlosen Mitteilung.** Vielfachbegnügt sich das Gesetz mit einer formlosen Mitteilung statt der förmlichen Zustellung. Dazu iE → § 166 Rn. 7.

40 **XIV. Zustellung an Soldaten.** Besonderheiten für Zustellungen an Soldaten bestehen nach dem Erlass über Zustellungen, Vorführungen und Zwangsvollstreckungen bezüglich Soldaten der Bundeswehr (SchlAnh. II) sowie nach dem Zusatzabkommen zum NATO-Truppenstatut (SchlAnh. III Art. 32–37).

Untertitel 1. Zustellungen von Amts wegen

166 *Zustellung.* **I Zustellung ist die Bekanntgabe eines Dokuments an eine Person in der in diesem Titel bestimmten Form.**

II Dokumente, deren Zustellung vorgeschrieben oder vom Gericht angeordnet ist, sind von Amts wegen zuzustellen, soweit nicht anderes bestimmt ist.

1 **I. Systematik, Regelungszweck, Geltungsbereich.** Die Vorschrift enthält in I eine Legaldefinition für den Begriff der Zustellung. II verdeutlicht den Vorrang der Zustellung von Amts wegen vor derjenigen auf Betreiben der Parteien nach §§ 191 ff.

2 **II. Regelungszweck, I, II.** Das Ziel jeder Zustellung ist nach → Vor § 166 Rn. 3 die Kenntnis**gabe** des Inhalts. Deshalb ist eine Antragszustellung „zur Kenntnis" wirksam. Die zugehörige Kenntnis**nahme** bleibt dem Zustellungsadressaten überlassen. Die Möglichkeit der Kenntnisnahme ist ein Gebot der Rechtsstaatlichkeit nach Art. 20 GG und der Rechtssicherheit. Beides lässt sich am ehesten mit der Amtszustellung erreichen. Sie sichert auch am besten das Gebot des rechtlichen Gehörs nach Art. 103 I GG.

3 **III. Geltungsbereich, I, II.** Die Vorschrift gilt in allen Verfahren nach der ZPO und den auf sie verweisenden Gesetzen nach → Vor § 166 Rn. 5.

4 **IV. Bekanntgabe eines Dokuments, I.** Nach der Legaldefinition in I ist die Zustellung die Bekanntgabe eines Dokuments an eine Person in der in §§ 166–195 bestimmten Form.

5 **1. Dokument.** Der Begriff des Dokuments iSv I umfasst nicht nur Schriftstücke im herkömmlichen Sinn, die an die Papierform gebunden sind (vgl. BT-Drs. 15/4067, 32), sondern auch elektronisch abgefasste und aufgezeichnete Texte (vgl. §§ 130a, 130b). I bestimmt nicht, in welcher Form das jeweilige Dokument zuzustellen ist. Maßgeblich sind die betreffenden Vorschriften des materiellen Rechts oder des Prozessrechts. Im Fall eines Schriftstücks kommt die Zustellung in Urschrift, Ausfertigung oder als beglaubigte Abschrift in Betracht (BT-Drs. 14/4554, 16). Sofern keine abweichende gesetzliche Regelung existiert, ist der Regelfall nach § 169 Abs. 2 ZPO die Beglaubigung des zuzustellenden Schriftstückes durch die Geschäftsstelle oder den Anwalt (BGH NJW 2016, 1517 Rn. 9; NJW 2010, 2519 Rn. 13). Das zuzustellende Dokument kann auch Anlagen umfassen, auf die verwiesen wird. Wird die Klageschrift ohne die in Bezug genommenen Anlagen zugestellt, entspricht die Zustellung nicht den gesetzlichen Anforderungen und ist grundsätzlich unwirksam (BGH NJW 2007, 775 Rn. 13).

6 **2. Bekanntgabe.** Bekanntgabe iSd I meint, dem Adressaten angemessene Gelegenheit zur Kenntnisnahme eines Schriftstücks zu verschaffen (BGH NJW 2011, 1965 Rn. 47; BT-Drs. 14/4554, 14). Wie genau die zumutbare Möglichkeit der Kenntnisnahme verschafft wird, bestimmt sich nach §§ 166–195). Auch nach der Streichung der Regelung in § 170 Abs. 1 ZPO aF, die ausdrücklich die Zustellung durch Übergabe einer Ausfertigung oder einer beglaubigten Abschrift des zuzustellenden Schriftstücks vorsah, geht das Gesetz weiterhin davon aus, dass Schriftstücke grundsätzlich (nur) in Urschrift, Ausfertigung oder beglaubigter Abschrift zugestellt werden können (vgl. BT-Drs. 14/4554,16). Die Zustellung einer beglaubigten Abschrift ist ausreichend, wenn das Gesetz keine andere Regelung enthält (BGH NJW 2017, 3721 Rn. 11; NJW 2017, 411).

7 **V. Amtszustellung, II. 1. Gesetzliche Anordnung.** Ob eine Zustellung iSd II gesetzlich vorgeschrieben ist, ergibt sich aus einzelnen Vorschriften des Verfahrensrechts. Dort ist geregelt, welche Schriftstücke „zuzustellen" sind. Eine Zustellung ist im Regelfall dann erforderlich, wenn daran für den Adressaten Rechtsfolgen oder Pflichten geknüpft sind.

8 Vgl. zB in § 70 S. 2 (Beitritt des Nebenintervenienten), § 73 S. 2 Hs. 1 (Streitverkündung), § 104 I 3, 4 (teilw. im Kostenfestsetzungsverfahren), § 239 III 1 (Ladung nach Unterbrechung durch Tod der Partei), § 241 I, II (Unterbrechung durch Prozessunfähigkeit), § 244 I (Unterbrechung durch Anwaltsverlust, § 246 II (Ladung nach Aussetzung bei Tod und Nacherbschaft auch an einen früheren Prozessbevollmächtigten), § 250 (Aufnahme von unterbrochenen und ausgesetzten Verfahren sowie sämtliche im Titel 5 erwähnten Anzeigen), § 253 I iVm § 271 I (Klageschrift), § 269 II 3 (Klagerücknahme bei erforderlicher Einwilligung), § 270 1 (Schriftsätze mit Sachantrag – das gilt nicht für bloße Verteidigungsanträge, BGH NJW 1970, 99), § 274 II (Ladung bei Bestimmung eines frühen ersten Termins), § 317 I 1 (Urteile, verkündete Versäumnisurteile nur an unterliegende Partei), § 321 III 2 (Antrag auf mündliche Verhandlung bei Urteilsergänzung), § 329 II 2, III (Verfügungen und Beschlüsse bei Terminsbestimmung oder Fristbeginn; Vollstreckungstitel sowie der sofortigen Beschwerde oder Erinnerung unterliegende Entscheidungen), § 340a 1 (Einspruchsschrift), § 491 I (Ladung des Gegners zur Beweisaufnahme im selbständigen Beweisverfahren), § 498 (Protokoll einer zu Protokoll der Geschäftsstelle angebrachten Klage), § 521 I (Berufungsschrift; Berufungsbegründung), § 544 VI 3 (Nichtzulassungsbeschwerde), § 550 II (Revisionsschrift), § 566 V 2 (Entscheidung über Sprungrevision), § 575 IV 2 (Rechtsbeschwerde und Begründungsschrift), § 693 I (Mahnbescheid), § 699 IV 1 (Vollstreckungsbescheid); ferner im Vollstreckungsrecht: § 763 II § 802f IV 1 § 826 II, § 829 II, § 843 S 2u 3, § 850h I 3, § 850k IX 4, § 922 II.

9 **2. Gerichtliche Anordnung.** Ist keine Zustellung vorgeschrieben, hält der Gesetzgeber grds. eine formlose Mitteilung, etwa durch mündliche Benachrichtigung oder einfachen Brief, für ausreichend. Die Bekanntmachung dient dann nur der Information des Adressaten, ohne für ihn zugleich Rechte, Pflichten oder prozessuale Wirkungen zu begründen (MüKoZPO/Häublein/Müller Rn. 25). In diesen Fällen entscheidet über die Frage einer dennoch vorzunehmenden Zustellung das Gericht, dh der Vors, Einzelrichter oder Rpfl durch die entsprechende Verfügung (BGH NJW 2012, 2588 Rn. 22).

10 Das gilt zB in § 73 2 (Gegner des Streitverkünders), § 104 I 3, 4 (teilw. im Kostenfestsetzungsverfahren, § 141 II 2 (Ladung bei Anordnung des persönlichen Erscheinens), § 251a II 3 (formlose Mitteilung des Ver-

kündungstermins ggü. der säumigen Partei bei Entscheidung nach Lage der Akten, § 270 1 (Schriftsätze ohne Sachanträge), § 329 II 1 (nicht verkündete Beschlüsse oder Verfügungen, die keinen Termin bestimmen oder eine Frist in Lauf setzen), § 357 II 1 (Ladung zur Beweisaufnahme, wenn sie durch ein Mitglied des Prozessgerichts oder ein anderes Gericht durchgeführt wird), § 360 4 (Änderung des Beweisbeschlusses), § 362 II (Protokoll der Beweisaufnahme des beauftragten Richters), § 364 IV 1, (zur Beweisaufnahme im Ausland), § 365 S. 2, § 377 I 2 Hs. 2 (Zeugenladung), § 386 IV (Unterrichtung der Partei von der Zeugnisverweigerung eines Zeugen), 497 I 1 (Ladung des Klägers vor dem Amtsgericht), 693 II, 694 II 2, 695 S. 1, 696 I 3, 733 II (Übersendung nur zur Kenntnisnahme).

Die Anordnung der Zustellung in diesen Fällen erfolgt dann, wenn das Gericht dies nach pflichtgemäße Ausübung seines Ermessens für geboten erachtet. Auf eine nähere Ausgestaltung der Ermessensausübung hat der Gesetzgeber wegen der Unterschiedlichkeit möglicher Fallgestaltungen bewusst verzichtet (BT-Drs. 14/4554, 15). Soweit das Gesetz die in II Alt. 2 ermöglichte Anordnung an einzelnen Stellen wiederholt (zB bei der Zeugenladung, § 377 I 2) kommt dem keine weitergehende Bedeutung zu. Ist eine Zustellung nach pflichtgemäßer Prüfung nicht erforderlich, sollte das Gericht zum Zweck der Ersparnis von Arbeitskraft und Kosten von einer förmlichen Zustellung absehen. Eine ermessensfehlerhaft angeordnete und vorgenommene förmliche Zustellung ist allerdings wirksam. Auch ein Niederschlagen der hierfür nach dem KV 9002 GKG der unterlegenen Partei entstehenden Kosten nach § 21 GKG, § 20 FamGKG kommt im Regelfall nicht in Betracht, sondern nur bei offensichtlichem Überschreiten des Ermessens in schwerwiegender Weise (vgl. Schneider/Volpert/Fölsch, Gesamtes Kostenrecht, Teil 1: Justiz, Anwaltschaft, Notariat Kostenverzeichnis Teil 9 Auslagen KV 9002 Rn. 12 GKG). 11

In der Praxis kann insbesondere bei der Ladung von Zeugen (§ 377) oder auch der Partei nach Anordnung des persönlichen Erscheinens (§ 141 II) eine Zustellung angezeigt sein, wenn bei deren Ausbleiben die Sache voraussichtlich nicht zur Entscheidung reif sein wird. Zum einen führt die förmliche Zustellung – neben dem Hinweis auf die Folgen des Ausbleibens (§ 380 bzw. § 141 III 3) – dem Geladenen die Bedeutung seines Erscheinens vor Augen. Zum anderen hat bei Vorliegen eines Zustellnachweises die Auferlegung der entstandenen Kosten (§ 380 I 1) bzw. die Verhängung eines Ordnungsgelds (§ 141 III 1; § 380 I 2) eher Bestand. In den meisten Fällen bedeutet nämlich dann die Erklärung, der Geladene habe die Ladung nicht erhalten, keine genügende Entschuldigung (§ 381). 12

Die gerichtliche Anordnung nach II Alt. 2 bindet den Urkundsbeamten. Sie hat nun auch formell den Vorrang. 13

VI. Verstoß, I, II. Ein Verstoß gegen zwingende Zustellungsvorschriften macht die Zustellung unwirksam. Mängel der Zustellung können nach Maßgabe des § 189 (BGH NJW 2016, 1518) oder durch rügelose Einlassung iSv § 295 (BGH FamRZ 2008, 680 Rn. 12 mwN) geheilt werden. Bei der Verletzung zwingender Zustellungsvorschriften kommt eine Amtshaftung nach Art. 34 GG, § 839 BGB in Betracht. Ein Zustellungsbeamter, der entgegen den Vorschriften der ZPO eine Zustellung falsch bewirkt, verletzt eine Amtspflicht, die ihm sowohl dem Absender als auch dem Empfänger gegenüber obliegt. Allerdings wirkt sich die Heilung des Zustellmangels den Eintritt und Umfang eines ersatzfähigen Schadens aus (BGH NJW 2019, 1374 Rn. 16). 14

Eine Zustellungsmangel kann einen Wiedereinsetzungsantrag nach §§ 233 ff. erübrigen, weil mangels einer Zustellung keine Frist an- oder abgelaufen ist. 15

Es gibt keine sofortige Beschwerde gegen eine solche Zwischenverfügung nach → § 567 Rn. 11, Mü MDR 2008, 1299. 16

167 *Rückwirkung der Zustellung.* **Soll durch die Zustellung eine Frist gewahrt werden oder die Verjährung neu beginnen oder nach § 204 des Bürgerlichen Gesetzbuchs gehemmt werden, tritt diese Wirkung bereits mit Eingang des Antrags oder der Erklärung ein, wenn die Zustellung demnächst erfolgt.**

I. Systematik. Die Vorschrift regelt die Rückwirkung der Zustellung auf den Zeitpunkt des Eingangs von Anträgen oder Erklärungen. Sie wurde aus systematischen Gründen in das Verfahren bei der Zustellung von Amts wegen eingefügt (BT-Drs. 14/4555, 16); § 167 entspricht inhaltlich den §§ 207, 270 Abs. 3 und 693 Abs. 2 aF, so dass die zu diesen Vorschriften ergangene Rechtsprechung grundsätzlich weiterhin Gültigkeit beansprucht. 1

II. Regelungszweck. § 167 soll den Veranlasser der Zustellung vor Rechtsverlusten durch Zustellungsverzögerungen schützen, die er auch bei gewissenhaftem Verhalten nicht hätte vermeiden können, die also nicht seiner Sphäre zuzurechnen sind, sondern ihren Ursprung im gerichtlichen Geschäftsbetrieb haben (vgl. NJW-RR 2018, 763 Rn. 16; NJW 2015, 3101 Rn. 15). Die Regelung enthält ein zeitliches Element („demnächst") sowie ein – ungeschriebenes – Zurechnungselement, nach dem die Verspätung nicht auf nachlässigem Verhalten des Zustellungsveranlassers oder von ihm eingeschalteter Personen beruhen darf (Wieczorek/Schütze/Rohe § 167 Rn. 3). Sie garantiert für beide Seiten Rechtssicherheit: Einerseits gibt dem Zustellungsveranlasser die Möglichkeit, die Fristwahrung durch eigenes Handeln, nämlich die rechtzeitige Einreichung eines Schriftstücks bei Gericht sicherzustellen; andererseits schützt das Erfordernis der Zustellung „demnächst" das Vertrauen des Zustellungsadressaten, eine durch Fristablauf erlangte günstige Rechtsposition nicht wieder auf unabsehbare Zeit hinaus verlieren zu können (Zöller/Greger Rn. 1; Stein/Jonas/Roth Rn. 1). Gleichzeitig dient § 167 damit dem Recht auf ein faires Verfahren als Ausprägung des Rechtsstaatsprinzips (Art. 2 Abs. 1 iVm Art. 20 Abs. 3 GG (MüKoZPO/Häublein/Müller Rn. 17; vgl. auch BGH NJW-RR 2006, 798 (799); offen gelassen in BVerfG NJW 2012, 2869). 2

III. Geltungsbereich. Die Vorschrift gilt in allen Verfahrensarten nach der ZPO und nach den auf sie verweisenden anderen Verfahrensgesetzen, → Vor § 166 Rn. 5. Sie erfasst sowohl die Zustellung von Amts wegen als auch über § 191 die Zustellung auf Betreiben der Parteien, und findet gleichermaßen Anwendung bei Auslandzustellung (§ 183) und öffentlicher Zustellung (§ 185). 3

1. Prozessuale und materiell-rechtliche Fristen. Unter die Norm fallen nicht nur prozessrechtliche, sondern auch materiell-rechtliche Fristen. Dies gilt aus Gründen der Rechtssicherheit und des Vertrauensschutzes grundsätzlich unabhängig davon, ob die Partei auf die Mitwirkung des Staats angewiesen ist oder ihre Rechte 4 auch durch einfachen Brief hätte wahren können (BGH NJW 2014, 2568 Rn. 28 f.; NJW 2009, 765 Rn. 23 ff.; aA Stein/Jonas/Roth Rn. 3). Wer mit der Klage die stärkste Form der Geltendmachung von Ansprüchen wählt, muss sich darauf verlassen können, dass die Einreichung der Klageschrift die Frist wahrt (BGH NJW 2014, 2568 Rn. 28; NJW 2009, 765 Rn. 24 f.) Im kann nicht vorgeworfen werden, er habe es versäumt, parallel dazu private Erklärungen gleichen Inhalts an den Adressaten zu richten (MüKoZPO/Häublein/Müller Rn. 4). § 167 erfasst auch die erst durch eine Heilung wirksam gewordene Zustellung, solange diese insgesamt noch „demnächst" erfolgt (BGH NJW 2015, 1760).

5 **2. Fristwahrung, Verjährungsneubeginn, Verjährungshemmung.** Die in § 167 angeordnete Rückwirkung beschränkt sich allerdings auf Fälle, in denen durch die Zustellung eine laufende Frist gewahrt oder die Verjährung neu beginnen oder gehemmt werden soll. Nicht, auch nicht entsprechend anwendbar ist die Vorschrift bezogen auf sonstige Wirkungen der Zustellung. Zu diesen sonstigen Wirkungen zählen insbesondere rechtsbegründende oder rechtsverstärkende Folgen, die Vorschriften des materiellen Rechts oder des Verfahrensrechts an die Rechtshängigkeit bzw. an die gerichtliche Geltendmachung und damit an die Zustellung einer Antrags- oder Klageschrift knüpfen (zB §§ 286 I 2, 291 1, 407 II, 818 IV, 1002 I BGB; § 323 III; aM, vgl. BGH NJW 2011, 528 Rn. 9). Die Vorschrift soll den Zustellungsveranlasser vor den Nachteilen aus Zustellungsverzögerungen innerhalb des gerichtlichen Geschäftsbetriebs bewahren, ihm aber keine Vorteile verschaffen. Sie ist gleichfalls nicht anwendbar, wenn die Rückwirkung auf den Zeitpunkt der Klageerhebung für den Kläger nachteilig ist (zB die sechsmonatige Wartefrist bei der Verzögerungsrüge nach § 198 V 1 GVG; BGH NJW 2014, 2588 Rn. 21).

6 **3. Beispiele zur Frage des Geltungsbereichs.** Die Vorschrift hat durch ihren umfassenden Anwendungsbereich erhebliche praktische Bedeutung.

7 **Aktiengesetz:** § 167 ist auf eine Nichtigkeitsklage nach § 242 II AktG(Hauptversammlungsbeschluss) anwendbar (B NJW 1989, 905) ebenso auf § 245 Nr. 1; Anfechtungsklage nach § 246 AktG (BGH NJW-RR 2011, 976 Rn. 11; NJW-RR 2011, 618 Rn. 13), und auf die Frist zur Feststellung der Nichtigkeit des Jahresabschlusses nach § 256 VI 2 AktG, BGH ZIP 2020, 1064 Rn. 14; ZIP 2020, 1118 Rn. 64). Anfechtungsklage bei der Aktiengesellschaft (BGH ZIP 2011, 637 Rn. 13 mwN).

Anfechtungsgesetz: § 167 ist auf eine Klage nach §§ 3, 4 AnfG anwendbar (BGH JurBüro 2008, 269 Rn. 11 = BeckRS 2008, 00508; OLG Ffm OLGR 1994, 263; ArbG Bln DB 1988, 1608.

Anfechtung von Willenserklärung: § 167 ist **unanwendbar,** soweit es um die Anfechtungsfrist der §§ 121, 124 BGB geht (BGH NJW 2014, 2568 Rn. 30; BGH NJW 2009, 765 Rn. 26; NJW 1975, 39 f.; bestätigend BAG AP ZPO § 167 Nr. 2 Rn. 27 = BeckRS 2015, 72934 Rn. 23).

Arbeitsrecht: § 167 ist grds. anwendbar → Vor § 166 Rn. 5 (BAG NJW 2014, 2893; BAG NJW 2020, 170 Rn. 43); Nägele/Gertler NZA 2010, 1377. Nicht anwendbar auch auf die Rüge einer unzureichenden Anpassung einer Betriebsrente nach § 16 BetrAVG (BAG ZIP 2015, 798 Rn. 33 ff.; offen gelassen für die Klage Rn. 33). Nicht anwendbar auf die Wahrung einer tariflichen Verfall- oder Ausschlussfrist (BAG NZA 2016, 1154 Rn. 20, 36).

Arrest, einstweilige Verfügung: § 167 ist auf die Frist zur Klageerhebung nach § 926 I anwendbar (OLG Ffm. BeckRS 2016, 110807 Rn. 4). Auch Vollziehungsfrist.

Außergerichtliche Geltendmachung: § 167 ist auch bei einer Frist anwendbar, die man außergerichtlich wahren kann, BGH NJW 2014, 2568 Rn. 28; NJW 2009, 767; BAG NZA 2016, 1156, Gehlhaar NZA-RR 2011, 169.

Ausschlussfrist, vertraglich: § 167 ist anwendbar (BGH NJW 1991, 1745).

Bürgschaft: § 167 ist anwendbar, auch soweit eine befristete Bürgschaft vereinbart wurde. Die entgegenstehende Rechtsprechung (BGH NJW 1982, 172) wurde aufgegeben (BGH NJW 2014, 2568 Rn. 27 ff.

Erbrecht: § 167 ist **unanwendbar,** soweit es um den Ausschluss des gesetzlichen Erbrechts des überlebenden Ehegatten nach § 1933 BGB geht, weil dadurch weder eine Frist gewahrt noch die Verjährung unterbrochen werden soll (BGH NJW 1990, 2382; BayObLG NJW-RR 1990, 517).

Handelsvertreter: § 167 ist auf den Ausgleichsanspruch nach § 89b II HGB anwendbar (BGH NJW 2009, 765 Rn. 23).

Insolvenzverfahren: § 167 ist auf die Anfechtung anwendbar, Düss KTS 1999, 534.

Internationales Recht: Materiell-rechtlich gilt deutsches Recht. Prozessrechtlich muss das Verfahren vor einem deutschen Gericht laufen, Nordmeier ZZP 124, 121.

Mahnverfahren: § 167 ist auf Mahnverfahren nach §§ 688 ff. anwendbar, vgl. auch § 204 I Nr. 3 BGB (BGH NJW 2019, 2162 Rn. 36; BGH NJW 2015, 3162 Rn. 14; WM BAG NZA 2015, 1259, Ebert NJW 2003, 732.

Mieterhöhung: § 167 ist im Prozess um die Zustimmung zu einme Mieterhöhungsverlangen nach §§ 558b II BGB anwendbar (allgM vgl. MüKoBGB/Artz BGB § 558b Rn. 12; Grüneberg/Weidenkaff BGB § 558b Rn. 9; vgl. auch LG Berlin BeckRS 2020, 3499 Rn. 13; LG Wuppert WuM 2017, 327 (328).

Mietvertragsverlängerung: § 167 ist auf die Frist für die Erklärung des Widerspruchs gegen die stillschweigende Verlängerung des Mietverhältnisses (§ 545 Abs. 1 BGB) **anwendbar.** Die Frist wird durch eine vor Fristablauf eingereichte und gemäß § 167 ZPO „demnächst" zugestellte Räumungsklage gewahrt (BGH NJW 2014, 2568 Rn. 25),

Prozesskostenhilfeantrag: Für die Einreichung isolierter Prozesskostenhilfeanträge kommt § 167 wegen § 204 Nr. 14 BGB keine Bedeutung zu → Rn. 10. Auf eine unbedingte Klageerhebung findet § 167 weiterhin Anwendung (vgl. BGH NJW-RR 2018, 763 Rn. 17; NJW 2015, 3101 Rn. 22).

Selbständiges Beweisverfahren: § 167 ist auf §§ 485 ff. anwendbar. Die Verjährung wird gehemmt mit der in § 204 Abs. 1 Nr. 7 BGB ausdrücklich vorgeschriebenen Zustellung des Antrags; erfolgt diese „demnächst", ist schon der Eingang des Antrags maßgeblich (Musielak/Voit/Huber § 485 Rn. 4.

Stationierungsschaden: § 167 ist auf eine Klage wegen eines Stationierungsschadens anwendbar, BGH NJW 1979, 2110, Karlsr NJW 1990, 845.

Strafverfolgungsentschädigungsanspruch: § 167 ist auf eine Klage nach § 13 StrEG anwendbar, BGH NJW-RR 2018, 763 Rn. 15; NJW 2007, 440 und 442.

Streitverkündung: § 167 ist auch bei ihr anwendbar, BGH NJW 2010, 857.

Stufenklage: § 167 kann auf eine Stufenklage nach § 254 anwendbar sein, aM Celle NJW-RR 1995, 1411 (aber das verkennt die Regel → § 254 Rn. 23).
Unterhalt: § 167 ist nach → Rn. 3 auf den nachehelichen Unterhalt nach § 1585b III BGB entsprechend anwendbar, (zum alten Recht) Brdb FamRZ 2009, 801, Düss FamRZ 2002, 327.
Unwirksamkeit: § 167 ist **unanwendbar** bei der Zustellung einer unwirksamen Klage nach § 253 oder einer Klageerweiterung nach §§ 263, 264, BGH 103, 26.
Unzuständigkeit: § 167 ist grds. auch anwendbar, soweit der Kläger ein unzuständiges Gericht anruft (aber → Rn. 8), BGH NJOZ 2014, 1001 Rn. 26 f.; NJOZ 2011, 1736 Rn. 7.
Urheberrecht: § 167 ist auf den Auskunftsanspruch nach § 26 IV UrhG anwendbar (NJW 2009, 765 Rn. 17 ff.)
Vaterschaftsanfechtungsverfahren: § 167 ist nach → Rn. 3 bei §§ 169 ff. FamFG entsprechend anwendbar, (zum alten Recht) BGH FamRZ 1995, 1485.
Vereinfachtes Unterhaltsverfahren: § 167 ist nach (jetzt) § 251 II FamFG entsprechend anwendbar, Düss FamRZ 2008, 1456.
Verjährungsverzicht: § 167 ZPO findet Anwendung. Wird eine Klage innerhalb der Verzichtsfrist eingereicht und „demnächst", wenn auch nach Ablauf der Verzichtsfrist zugestellt, kann sich der Schuldner nicht auf sein Leistungsverweigerungsrecht berufen (BGH NJW 2009, 1598 Rn. 22)
Versorgungsausgleich: § 167 ist bei §§ 217 ff. FamFG auf den Antrag nach § 1408 II 2 BGB (jetzt) über § 113 I 2 FamFG usw. entsprechend anwendbar, BGH NJW-RR 1992, 1346, Bbg FamRZ 1984, 485.
Vertragsrecht: § 167 kann anwendbar sein, LAG Mü ZVertriebsR 2015, 270.
Vollziehungsfrist: § 167 gilt für die Monatsfrist zur Vollziehung von Arrest und einstweiliger Verfügung nach §§ 936, 929 II (OLG Ffm GRUR-RR 2015, 183).
Verzögerungsrüge: § 167 ist unanwendbar auf die sechsmonatige Wartefrist nach § 198 V 1 GVG (BGH NJW 2014 1200 Rn. 20 f.).
Werkvertrag: § 167 ist bei § 16 Nr. 3 II VOB anwendbar, BGHZ 75, 307.
Die Vorschrift ist dagegen bei § 13 Nr. 5 VOB/B **unanwendbar,** LG Lpz MDR 1999, 1493.
Widerruf: § 167 ist **unanwendbar** auf einen solchen nach § 355 I 2 BGB, BGH NJW 1982, 173.
Widerklage: § 167 ist anwendbar auf die Rechtzeitigkeit der Ergebung der Widerklage vor Rücknahme der Klage. Eine zwischen der An- und Rechtshängigkeit der Widerklage erfolgende Klagerücknahme führt nicht zur Unzulässigkeit der Widerklage (BAG AP ZPO § 167 Nr. 2 = BeckRS 2015, 72934 Rn. 23).
Wohnungseigentumsgesetz: § 167 ist für eine Anfechtungsklage nach § 46 WEG anwendbar (BGH NJW 2011, 2050 Rn. 12; NJW 2009, 3655 Rn. 18; LG Hmb ZMR 2012, 988, AG Dortm WuM 2014, 107).
Zwangsversteigerung: § 167 ist auf das Rangverhältnis nach § 10 I ZVG unanwendbar. Die Festlegung, welche Ansprüche in welche Rangklasse fallen, bestimmt sich nach dem Zeitpunkt der Beschlagnahme. Die Wirkungen der Beschlagnahme sind nicht auf den Zeitpunkt zurückzubeziehen, in dem der Antrag auf Anordnung der Zwangsversteigerung bei dem Vollstreckungsgericht eingegangen ist (BGH BeckRS 2020, 13398 Rn. 26; NJW 2011, 528 Rn. 6 f.).

IV. Eingang. 1. Rechtzeitiger Eingang bei Gericht. Voraussetzung dafür, dass eine Fristwahrung, die Verjährungshemmung oder der Verjährungsneubeginn überhaupt möglich sind, ist der rechtzeitige Eingang. Eingang meint das tatsächliche Gelangen des Dokuments in die Verfügungsgewalt des Gerichts (BVerfG NJW 2005, 3346; BVerfG 57, 117, 120, BGH BeckRS 2003, 2241; NJW-RR 2000, 1730, 1731 oder die Beendigung der Erklärung zu Protokoll der Geschäftsstelle nach § 496. Rechtzeitig erfolgt der Eingang, wenn das Dokument am Tage des Fristablaufs bis 24 Uhr in die Verfügungsgewalt des Gerichts gelangt ist (vgl. BGH NJOZ 2018, 824; NJW 2017, 2337). Für die Rechtzeitigkeit des Eingangs eines per Telefax übersandten Schriftsatzes kommt es darauf an, ob die gesendeten Signale noch vor Ablauf des letzten Tags der Frist vom Telefaxgerät des Gerichts vollständig empfangen (gespeichert) worden sind (BGH NJW 2017, 2337 Rn. 13 mwN). Ein elektronisches Dokument ist gleichfalls gem. § 130a V 1 eingegangen, sobald es auf der für den Empfang bestimmten Einrichtung des Gerichts gespeichert ist. 8

2. Beispiele zur Frage des rechtzeitigen Eingangs
Adresse: Nicht rechtzeitig erfolgt der Eingang im Regelfall bei der Adressierung an ein falsches Gericht. 9
Gleiches gilt, wenn der persönliche Einwurf nicht beim adressierten Gericht erfolgt. Der Eingang iSd § 167 erfolgt erst, wenn das Dokument beim „richtigen" Gericht eingeht. Allerdings ist das Gericht verpflichtet, fristgebundene Schriftsätze, die bei ihm eingereicht werden, im ordentlichen Geschäftsgang weiterzuleiten (vgl. zum Eingang einer Rechtsmittelschrift beim unzuständigen Gerichts BGH NJW-RR 2018, 314 Rn. 5 mwN); auch Unzuständigkeit.
Austauschfach: Nicht ausreichend ist der rechtzeitige Eingang in einem gerichtsinternen Postaustauschfach. Allerdings muss der Veranlasser nicht damit rechnen, dass die Zustellung dort eingelegter Post verzögert erfolgt (BGH NJW-RR 2017, 687 Rn. 14.
Auswärtiger Spruchkörper: Der dortige Eingang erfolgt auch für das Stammgericht rechtzeitig (BGH BeckRS 1982, 31077556).
Eingangsstelle mehrerer Gerichte: Rechtszeitig ist der Eingang nur für das Gericht, an das er gerichtete ist (BGH NJW-RR 2018, 56 Rn. 5).
Elektronisches Dokument: Ausreichend ist eine die Speicherung eines den Anforderungen des § 130a III entsprechenden Eingangs, § 130 V 1 → § 130a Rn. 12.
Elektronischer Zugang: Ein im Original eigenhändig unterzeichnetes, eingescanntes Schriftstück, das im Anhang zu einer E-Mail an das Gericht versandt wird, wahrt erst ab dem Ausdrucken die nach § 130 ZPO erforderliche Schriftform und ist deshalb auch erst zu diesem Zeitpunkt zugegangen (BGH FamRZ 2020, 847 Rn. 16; NJW 2019, 2096 Rn. 14 ff.; NJW 2015, 1527 Rn. 11).
Empfangsfach: Ausreichend ist der Eingang (BVerfG NJW 2005, 3346).
Gerichtskasse: Ausreichen kann die Abgabe bei ihr, wenn die Justizverwaltung den Zahlungsverkehr so organisiert, dass Schecks ab einem bestimmten Betrag nicht bei der Gerichtskasse des zuständigen Gerichts, sondern nur bei einer bestimmten Gerichtskasse angenommen werden, dabei die Klageschrift mit eingereicht

werden muss und an das Gericht, an das sie adressiert ist, weitergeleitet wird (BGH NJW 1984, 1239; NJW-RR 2016, 1199 Rn. 16).

Postfach des Gerichts: Ausreichend ist der dortige Eingang (BGH NJW 1986, 2646).

Sammelumschlag: Er kann auch bei Adressierung an eine andere Stelle ausreichen, wenn auch das Gericht, an das ein innenliegendes Dokument gerichtet ist, Gewahrsam an einem gemeinsamen Briefkasten hat (BGH NJW-RR 2005, 75).

Telefax: Ausreichend ist der Eingang per Telefax; entscheidend für die Rechtzeitigkeit ist die vollständige Speicherung beim Empfänger (BGH NJW 2017, 2337 Rn. 13 mwN).

Übergabe: Ausreichend ist die Übergabe an den Richter, wenn dieser zur Annahme bereit ist. IÜ muss bei grds. Empfangsbereitschaft die Entgegennahme verkehrsüblicher Weise in den Aufgabenbereich der Person gehört (MüKoZPO/Häublein/Müller Rn. 8), zB Mitarbeiter der Geschäftsstelle. Entscheidend ist, dass die Verfügungsgewalt auf das Gericht übergeht (BGH NJW-RR 2014, 1401 Rn. 5).

Unterschrift: Fehlen der Unterschrift kann unschädlich sein, wenn sich aus anderen Anhaltspunkten eine der Unterschrift vergleichbare Gewähr für die Urheberschaft und den Willen ergibt, das Schreiben in den Rechtsverkehr zu bringen (BGH NJW 2006, 1521 Rn. 6).

Unzuständigkeit: Auch Gericht, anderes; der bloße Umstand, dass ein Gericht für die Sachentscheidung unzuständig ist, hindert den rechtzeitigen Eingang nach § 167 dann nicht, wenn eine Verweisung nach § 281 erfolgt, da diese Rechtshängigkeit Sache voraussetzt BGH NJW-RR 1997, 1161.

Zweigstelle: Ausreichend ist im Regelfall der Eingang bei der Zweigstelle des Gerichts. Vgl. „Auswärtige Spruchkörper".

10 **3. Besonderheiten zum Eingang beim Prozesskostenhilfeantrag.** Wird der Prozesskostenhilfeantrag mit der (unbedingten) Klageschrift eingereicht, bedarf es für die Rückwirkung allein des Vorliegens der Voraussetzungen des § 167. Gleiches gilt für den Fall, dass der Prozesskostenhilfeantrag erst nach der Vorschussanforderung gestellt wird. Dass das Verfahren bis zur Zustellung der Klage nach Stellung eines ordnungsgemäßen Prozesskostenhilfeantrags länger dauert als bei einer Vorschusseinzahlung, ist unerheblich Die Prüfung des Antrags und die Anhörung des Gegners nach Maßgabe des § 118 I stellen im Bewilligungsverfahren angelegte Verzögerungen dar, die der Möglichkeit einer Zustellung „demnächst" iSd § 167 ZPO nicht entgegenstehen (BGH NJW 2015, 3101 Rn. 22).

11 Dagegen wird bei einem isoliert gestellten Prozesskostenhilfeantrag danach differenziert, ob die Verjährung gehemmt oder eine Frist eingehalten werden soll.

12 Vor Einführung des § 204 I Nr. 14 BGB mit dem Gesetz zur Modernisierung des Schuldrechts (BGBl. I 3138) war nach der Rspr. Voraussetzung der Hemmungswirkung, dass vor Eintritt der Verjährung oder des Ablaufs einer Frist, ein ordnungsgemäß begründetes und vollständiges Prozesskostenhilfegesuch einreicht wurde (BGH NJOZ 2005, 1293; NJW-RR 2003, 1558, mwN). Jetzt bestimmt sich die Frage, ob der Eingang des Prozesskostenhilfeantrags ohne gleichzeitige unbedingte Klageerhebung die Verjährung hemmt, nach § 204 I Nr. 14 BGB. Soweit der Anwendungsbereich dieser Regelung reicht, kommt § 167 keine (eigenständige) Bedeutung zu (BGH NJW 2016, 151 Rn. 9 ff.; MüKoZPO/Häublein/Müller Rn. 19; Stein/Jonas/Roth Rn. 14). Wird deshalb ein isolierter Prozesskostenhilfeantrag gestellt wird nach § 204 I Nr. 14 wird die Verjährung durch die Einreichung eines Prozesskostenhilfeantrags gehemmt, wenn er dem Gegner bekannt gegeben wird. In Anlehnung an § 167 lautet § 204 I Nr. 14 Hs. 2 BGB: „wird die Bekanntgabe demnächst nach Einreichung des Antrags veranlasst, so tritt die Hemmung der Verjährung bereits mit der Einreichung ein." Das Verständnis von „demnächst" entspricht dem des § 167 (BGH NJW 2016, 151 Rn. 15). Das Gericht ist in diesem Fall allerdings nicht verpflichtet, von sich aus den Prozesskostenhilfeantrag dem Gegner bekannt zu geben. Vielmehr obliegt es nach der Rspr. dem Antragsteller, der mit seinem Prozesskostenhilfegesuch die Hemmung einer laufenden Verjährungsfrist nach § 204 Abs. 1 Nr. 14 BGB erreichen will, das Gericht darauf hinzuweisen und – unabhängig von den Erfolgsaussichten des Prozesskostenhilfegesuchs – um umgehende Bekanntgabe an die Gegenseite zu bitten (BGH NJW 2008, 1939 Rn. 17; vgl. auch BVerfG NJW 2010, 3083 Rn. 15; EGMR NJW 2018, 527).

13 Jenseits des Geltungsbereichs des § 204 I Nr. 14 BGB, nämlich dann, wenn nicht die Verjährung droht, sondern die Einhaltung von Ausschlussfristen in Rede steht, gilt nach der Rspr. dagegen § 167. Dies hat zur Folge, dass in diesen Fällen eine Rückwirkung auf den Zeitpunkt des Antrags auf Gewährung von Prozesskostenhilfe angenommen wird, wenn die Partei danach alles ihr Zumutbare für die alsbaldige Zustellung der Klage tut, also die Klage unverzüglich nach der vom Kläger nicht verzögerten (positiven oder negativen) Entscheidung über den Prozesskostenhilfeantrag einreicht (NJW-RR 2018, 763 Rn. 17).

14 **V. Zustellung „demnächst".** Die Frist gilt nur dann als gewahrt, wenn eine Zustellung vom Fristablauf an gemessen „demnächst" erfolgt. Eine Zustellung „demnächst" nach Eingang des Antrags oder der Erklärung meint eine Zustellung innerhalb einer nach den Umständen angemessenen Frist. Diese Frist ist nicht starr, sondern erfordert eine wertende Betrachtungsweise (vgl. BGH, WM 2022, 754 Rn. 17; NJW 2021, 1598 Rn. 18). Sie kann auch länger sein, wenn die Partei unter Berücksichtigung der Gesamtsituation alles Zumutbare für die alsbaldige Zustellung getan hat. Dagegen ist eine Zustellung nicht mehr „demnächst" erfolgt, wenn die Partei, der die Fristwahrung obliegt, durch nachlässiges Verhalten zu einer nicht bloß geringfügigen Zustellungsverzögerung beigetragen hat. Auch ein nur leicht fahrlässiges Verhalten ist idS nachlässig. Dabei sind der Partei auch die Verzögerungen zuzurechnen, die ihr Prozessbevollmächtigter (§ 85 Abs. 2 ZPO) oder ihr gesetzlicher Vertreter (§ 51 ZPO) bei gewissenhafter Prozessführung hätte vermeiden können. Hat der Zustellungsveranlasser die Zustellung nicht vorwerfbar verzögert oder fällt ihm nur eine geringfügige Verzögerung zur Last, überwiegen regelmäßig seine Interessen gegenüber den Belangen des Zustellungsadressaten (stRspr vgl. BGH WM 2022, 745 Rn. 18; NZG 2020, 238 Rn. 8; NJW-RR 2019, 1465 Rn. 23; NJW 2015, 3101 Rn. 15).

15 Bei der Bemessung einer Verzögerung ist auf die Zeitspanne abzustellen, um die sich der ohnehin erforderliche Zeitraum für die Zustellung der Klage als Folge der Nachlässigkeit des Klägers verzögert. Dem Zustellungsveranlasser zuzurechnende Verzögerungen von bis zu 14 Tagen gelten regelmäßig als geringfügig und sind deshalb *hinzunehmen (BGH NZG 2020, 238 Rn. 8 mwN).*

16 Vom Gericht verursachte Verzögerungen sind bei der Frage, ob eine Zustellung „demnächst" erfolgt, grds. nicht zu berücksichtigen. Mit Blick darauf, dass die Klage von Amts wegen zuzustellen ist, müssen die Parteien vor Nachteilen durch Verzögerungen innerhalb des gerichtlichen Geschäftsbetriebes bewahrt werden (BGH,

WM 2022, 754 Rn. 17; NJW 2021, 1598 Rn. 18). Eine Pflicht, das gerichtliche Vorgehen zu kontrollieren und durch Nachfragen auf die beschleunigte Zustellung hinzuwirken, besteht nicht mehr, wenn der Kläger alle von ihm geforderten Mitwirkungshandlungen für eine ordnungsgemäße Klagezustellung erbracht hat (BGH, NZI 2021Rn. 16).

1. Zumutbare Fristbemühung. Da der Gegner nicht unbillig belastet werden darf (BGH NJW 1999, 3125; Düss ZMR 1996, 609; Ffm FamRZ 1988, 83) muss derjenige, der die Frist wahren will, seinerseits alles ihm Zumutbare tun, damit die Zustellung auch demnächst erfolgen kann (BGH NZG 2017, 305, Saarbr NJW-RR 2009, 130; LG Nürnb-Fürth NJW 2009, 374). Er muss mithin nicht nur Verzögerungen vermeiden, sondern auch mit aller ihm möglichen Beschleunigung wirken (BGHZ 69, 363; Ffm NVersZ 2000, 430; LG Hann NZM 1998, 628). Auch dies gilt für das gerichtliche Verfahren bei Einreichen einer ordnungsgemäßen Klageschrift nur bis zur erfolgten Vorschusseinzahlung. **17**

Bis dahin werden dem Zustellungsveranlasser allein die im Ablauf üblichen Verzögerungen zugestanden. Insbesondere darf er grundsätzlich zunächst die nach richterlicher Festsetzung des vorläufigen Streitwerts erstellte Gerichtskostenrechnung abwarten (BGH NZG 2020, 238 Rn. 10 mwN). Im Fall der Zwischenschaltung eines Bevollmächtigten darf dieser die Gerichtskostenrechnung prüfen und an die Partei weiterleiten. Der dafür erforderliche Zeitraum führt nicht zu einer der Partei zuzurechnenden Verzögerung, sondern zählt zum normalen Ablauf (BGH NZG 2020, 238 Rn. 10; NJW-RR 2018, 461 Rn. 14 f.). Er ist im Allgemeinen mit drei Werktagen zu veranschlagen unter Ausklammerung des Eingangstags und von Wochenendtagen (vgl. BGH NZG 2020, 238 Rn. 10; NJW 2015, 2666 Rn. 8). Zur Bewirkung der Einzahlung ist der Partei anschließend in der Regel eine Erledigungsfrist von insgesamt einer Woche zuzugestehen (BGH NZG 2020, 238 Rn. 11; NJW-RR 2018, Rn. 9; NJW-RR 2018, 970 Rn. 36). Auch von einer auf die Wahrung ihrer prozessualen Obliegenheit bedachten Partei nicht verlangt werden, an Wochenend- und Feiertagen für die Einzahlung des Kostenvorschusses zu sorgen (BGH NZG 2020, 238 Rn. 11 mwN). **18**

Bei der Prüfung einer der Partei zuzurechnenden Verzögerung ist zu beachten, dass eingeräumte Frist bis zum letzten Tag ausgenutzt werden dürfen. Wird deshalb eine Klage bereits vor Ablauf einer durch Zustellung zu wahrenden Frist eingereicht, die Klage aber erst nach Ablauf der Frist zugestellt, sind bis zum Fristablauf eingetretene Versäumnisse nicht mit einzurechnen (BGH, NJW 2022, 2196 Rn. 18 mwN). **19**

2. Beispiele zur Frage der Schädlichkeit einer Verzögerung

Ablichtung, Abschrift: Schädlich ist die verzögerte Einreichung der zur Zustellung erforderlichen Abschriften, §§ 133 I 1, 253 V, es sei denn, die Partei wäre insofern schuldlos. **20**

Aktenzeichen: Schädlich ist es, wenn man nur das Aktenzeichen, nicht aber das Gericht richtig bezeichnet hat, AG Buxtehude VersR 1987, 1024. **Unschädlich** ist es, wenn man bei der Klageinreichung eine Gebühr zu einem falschen Aktenzeichen gezahlt und diesen Irrtum auf eine Anfrage des Gerichts sogleich mitgeteilt hat, Stgt VersR 1980, 158. Andernfalls muss sich die Partei § 85 II entgegenhalten lassen, BGH NJW-RR 1995, 255.

Allgemeines Gleichbehandlungsgesetz: § 167 ist **anwendbar,** soweit es um einen Anspruch nach § 15 I, II AGG geht (BAG NZA 2014, 925).

Anschrift: Schädlich dann, wenn konkrete Anhaltspunkte für einen Wohnungswechsel des Schuldners bestehen, etwa dann, wenn der Insolvenzverwalter dem vorgerichtlichen Schriftwechsel mit dem Schuldner entnehmen konnte, dass dieser und mithin auch seine zu verklagende Ehefrau verzogen (BGH NJW 2016, 151 Rn. 15) oder die Anschrift unzureichend ist, **Unschädlich** sind eine vom Adressaten oder Gegner stammende Falschadresse, BGH NJW-RR 2006, 791, oder ein dem Absender schuldlos unbekannter Umzug des Adressaten, BGH NJW 1993, 2614, 2615.

Auslandszustellung: Hinsichtlich der Grundfragen gelten keine Besonderheiten → „Verzögerungsdauer". Insbesondere führt die Möglichkeit einer Zustellung mit oder ohne Übersetzung nach 5 I, 8 EuZVO nicht zu verschärften Anforderungen, etwa hinsichtlich des Beibringens einer Übersetzung oder Nachfragepflichten. Die Zustellung der Klage in einem anderen EU-Mitgliedstaat erfolgt auch dann „demnächst", wenn der Kläger sie mit einer durch das Gericht einzuholenden Übersetzung beantragt und den vom Gericht angeforderten Auslagenvorschuss unverzüglich einzahlt. In dieser Situation darf er erwarten, dass das Gericht im Weiteren das Zustellungsverfahren in eigener Zuständigkeit ordnungsgemäß betreibt, BGH NJW 2021, 1598 Rn. 42. Im Übrigen braucht der Kläger weder eine besondere Zustellungsart zu beantragen noch unaufgefordert ein Doppel beizulegen, BGH NJW 2003, 2831; aM Brand NJW 2004, 1140. Es kann eine Zustellung 2 Monate nach der Klageinreichung noch „demnächst" sein. Das gilt auch für eine solche nach fast 4 Monaten, BGH NJW 2003, 2831; aM Brand NJW 2004, 1140, ebenfalls für eine solche auf diplomatischem Weg nach 6 Monaten, BGH VersR 1975, 374, oder sogar nach 9 Monaten, BGH VersR 1983, 832, oder sogar nach 19 Monaten, BAG NJW 2013, 252. Auch → „Verjährungsfrist".

Berichtigung: Sie kann **unschädlich** sein, BGH NJW 2002, 3110; LG Düss NZM 2008, 814 (je: Bezeichnung der nämlichen Partei).

Beweislast: Der Gläubiger muss grds. seine Schuldlosigkeit beweisen, Kblz VersR 1989, 164. Ausnahmen sind denkbar, BGH NJW-RR 2006, 1436.

Ehesache: → „Scheidung".

Einfaches Schreiben: Schädlich ist es grds. nicht, wenn man die Frist durch ein einfaches Schreiben hätte einhalten können,

Fehlbuchung: Schädlich ist es, wenn der ProzBev. nach → § 172 Rn. 7 monatelang unterläßt, eine Fehlbuchung des rechtzeitig gezahlten Vorschusses zu rügen, Ffm VersR 1976, 346.

Fristablauf: → „Letzter Tag".

Gerichtsbezeichnung: → Rn. 20 „Aktenzeichen".

Gerichtskostenvorschuss: → „Vorschussanforderung", „Vorschusszahlung".

Gerichtsverschulden: Eine vom Gericht verschuldete Verzögerung der Klagezustellung nach § 271 **hemmt** den Fristablauf, BVerfG NJW 1982, 1453; BGH GRUR 2016, 1287; LG Hmb ZMR 2013, 215; aM LG Hmb ZMR 2010, 189 (systemwidrig). Das gilt aber grundsätzlich höchstens für 4 Wochen, Hamm NJW-RR 1998, 1104; großzügiger BGH NJW 2002, 2794 (Mahnverfahren); Mü NJW-RR 2008, 946 (7 Wochen); AG Mü ZMR 2016, 158 (6 Monate); Hamm FamRZ 2007, 1468 (8 Monate). Ein Gerichtsverschulden verlängert für seine Dauer die Frist, LG Lüneb ZMR 2012, 729, und zwar selbst dann, wenn auch ein Parteiverschulden vorliegt, BGH NJW 2000, 2282. Ein Gerichtsverschulden liegt nach → „Vorschussanforderung" bei einer nicht schriftlichen Anforderung vor, Hmb NVersZ 2002, 133. Ein Gerichtsverschulden kann zu Nichterhebung von Gerichtskosten nach § 21 GKG, § 20 FamGKG führen, Ffm NJW-RR 2012, 894. Bei einem „Bringservice" des Gerichts liegt der Zugang schon im Eingang beim Postfach seines Dienstleisters, Celle NJW 2013, 1971.

Gesetzlicher Vertreter: → „Verschulden Dritter".

Güteantrag: Er hilft **nicht,** aM Hmb NJW-RR 2008, 1090 (aber man kann nicht einfach mit seinem Erfolg rechnen).

Heilung: Die Zustellung muss bei einem Mangel infolge einer Nichtrüge **geheilt** sein, um „demnächst" erfolgt zu sein, BGH NJW 2015, 1761. Auch → „Klagezustellung".

Hinweis des Gerichts: Das Gericht braucht nicht auf den Ablauf einer durch die Zustellung zu wahrenden Frist besonders hinzuweisen.

Inlandszustellung: → „Verzögerungsdauer".

Klageänderung: Eine solche nach §§ 263, 264 ist schädlich, BGH NJW 1978, 1058.

Klageschrift: Ihr Mangel nach § 253 ist grds. schädlich, BGH FamRZ 1988, 1154 (Anschrift); BGH NJW 1992, 1822 (Vorname); AG Bln-Charlottenb NZM 2008, 534 (Klagefrist).

Eine **Ausnahme** gilt bei falschen Angaben des Adressaten, BGH NJW 1988, 413, oder evtl. bei dessen Wohnungswechsel, BGH NJW 1993, 2615.

Klagezustellung: Wenn eine wirksame Klagezustellung nach § 271 fehlt und wenn dieser Mangel nach → § 253 Rn. 18, 19 durch eine Unterlassung der entsprechenden Rüge **geheilt** worden ist, muss der Zeitpunkt derjenigen Nichtrüge, durch die die Rechtshängigkeit nach → § 261 Rn. 1 dann eintritt, noch einer „demnächst" erfolgenden Zustellung entsprechen.

Kostenvorschuss: → „Vorschussanforderung", → „Vorschusszahlung".

Letzter Tag: Unschädlich ist es, eine solche Klage, die eine Frist wahren soll, erst am letzten Tag der Frist einzureichen (BGH WM 2022, 745 Rn. 18). Das gilt auch bei einem Antrag auf eine Prozesskostenhilfe nach § 117, BGH VersR 1989, 642.

Mahnverfahren: Es gelten bei §§ 688 ff. grds. keine Besonderheiten(BGH NJW 2015, 3162; NJW 2002, 2794; BAG NZA 2018, 391).

Nachfrage: Ihre bloße Unterlassung ist meist **kein** Verschulden gegenüber einer gerichtlichen Verzögerung. Ein Kläger ist grundsätzlich nicht gehalten, das gerichtliche Vorgehen zu kontrollieren und durch Nachfragen auf die beschleunigte Zustellung hinzuwirken, wenn er alle von ihm geforderten Mitwirkungshandlungen für eine ordnungsgemäße Klagezustellung erbracht, insb den Gerichtskostenvorschuss eingezahlt hat, BGH NJW 2006, 3206; NJW 2021, 1598 Rn. 45.

Prozessbevollmächtigter: → „Fehlbuchung", → „Unzuständigkeit", → „Verschulden Dritter".

Prozesskostenhilfe: Es ergeben sich verschiedene Situationen.

- **(Ablehnung):** Der Kläger, der zunächst nur ein Prozesskostenhilfegesuch eingereicht hat, genügt seiner Verpflichtung auf eine „demnächstige" Zustellung der Klage auch, wenn er für eine Beschwerde gegen die Ablehnung von Prozesskostenhilfe die Frist des § 127 II 2, 3 ausschöpft (BGH NJW 2012, 612 Rn. 20 ff.).
- **(Bedingte Klage):** Schädlich ist es, wenn die Partei eine Klage nur für den Fall der Bewilligung einer Prozesskostenhilfe eingelegt hatte und nach deren Ablehnung erst 15 Monate später neue Tatschen vorträgt.
- **(Belege):** Schädlich ist eine unvollständige Vorlage der zusätzlich zum Formular notwendigen Belege, BGH NJW 2007, 442.
- **(Beschwerde):** „– (Ablehnung)".
- **(Formular):** Schädlich ist eine vorwerfbar verzögerte Nachreichung nach → § 117 Rn. 40, 43.
- **(Gerichtsverzögerung): Unschädlich** ist eine Verzögerung trotz eines vollständigen Prozesskostenhilfeantrags ohne Mitschuld der Parteien, BGH WM 2014, 2315; Celle VersR 2006, 101, Hamm FamRZ 2007, 1468.
- **(Klageentwurf):** Schädlich ist es, eine bisher nur als Entwurf eingereichte Klage nach der Entscheidung über den Prozesskostenhilfeantrag nicht wie bei § 121 I 1 BGB unverzüglich einzureichen, LAG Hamm AnwBl 2000, 62, und nicht auf das PKH-Verfahren hinzuweisen, Karlsr VersR 1992, 1205.
- **(Rechtsschutzversicherung):** Schädlich ist es, statt eines Prozesskostenhilfeantrags die Entscheidung einer solchen Versicherung abzuwarten, Karlsr VersR 2008, 1250.
- **(Teilbewilligung):** Schädlich ist es, nach einer bloßen Teilbewilligung eine Klage nicht binnen etwa 2 Wochen einzureichen oder sich nach der Zustellung zu erkundigen, LG Brem VersR 2011, 1042.
- **(Überlegungsfrist):** Schädlich ist das Verstreichen einer wenn auch vielleicht nur kurzen Frist etwa nach einer Ablehnung von Prozesskostenhilfe, Düss KTS 1999, 534 (über 2 Wochen); Schlesw MDR 1978, 235 (neuer Antrag heilt nicht); aM Hamm VersR 1983, 64.

Prüfung durch einen Bevollmächtigten: Sie rechnet nicht mit (BGH NZG 2020, 238 Rn. 10; NJW-RR 2018, 461 Rn. 14 f., BGH WuM 2017, 738). Der erforderliche Zeitraum ist im Allgemeinen mit drei Werktagen zu veranschlagen unter Ausklammerung des Eingangstages und von Wochenendtagen (BGH NZG 2020, 238 Rn. 10)

Rückfrage des Antragstellers: → „Nachfrage".

Rückfrage des Gerichts: Unschädlich kann eine Verzögerung sein, die infolge einer Rückfrage des Gerichts eintritt, BGH VersR 1992, 433, insbesondere einer überflüssigen, BGH NJW 1984, 242. Bei gerichtlichen Nachfragen ist die Verwendung des Postwegs bzw. BeA statt des Telefons grds. unschädlich; Nachfragen können im normalen Büroablauf erledigt werden. Der Vorwurf der Nachlässigkeit besteht nur dann, wenn die Beantwortung aufgeschoben wird (zum Postweg BGH VersR 1992, 434).

Streitwert: Es ist **unschädlich,** den Streitwertvorschlag nicht schon entsprechend (jetzt) § 61 S. 1 GKG iVm § 253 III *in* der Klageschrift mitzuteilen, Düss MDR 1976, 848; Hmb MDR 1976, 320; allerdings ist bei ausbleibender Vorschussanforderung eine Nachfrage beim Gericht erforderlich (BGH NJW 2021, 1598 Rn. 40 mwN → „Vorschussanforderung").

Übersetzung: muss bei Auslandszustellung nicht eingereicht werden, BGH NJW 2021, 1598 Rn 42, 44.

Ursächlichkeit: Unschädlich ist eine solche Verzögerung, die sich nicht auf den Prozessgang ausgewirkt hat, BGH NJW 2003, 1949 (zum alten Recht), insbesondere Verzögerungen vor Fristablauf (BGH, WM 2022, 745 Rn. 18).

Unzuständigkeit: Schädlich kann die Einreichung beim unzuständigen Gericht schon dann sein, wenn dieses nicht an das zuständige verweist, sondern formlos abgibt, BayObLG 1995, 70, und zwar nicht unverzüglich.

Verjährung: Sie kann infolge § 167 gehemmt sein, BGH GRUR 2016, 1286. Eine Klage gegen eine nach → Vor § 50 Rn. 22, 25 nicht mehr bestehende Partei ist unwirksam, auch bei (jetzt) § 167, BGH NJW 2002, 3111 (evtl. auch nach Verschmelzung).

Die Länge der Verjährungsfrist ist **unerheblich,** aM Köln MDR 2000, 1151 (aber das würde den Begriff „demnächst" in § 167 in unverjährter Zeit unverantwortbar ausdehnen). Eine verschuldete Säumnis zwischen der Klageeinreichung und dem Ablauf der Verjährungsfrist ist meist schädlich, BVerfG NJW 2010, 3084. Sie ist aber insoweit unschädlich, als den Kläger jedenfalls keine Schuld an der Verzögerung zwischen dem Ablauf der Verjährungsfrist und der Zustellung trifft, BVerfG NJW 2012, 2870; BGH NJW 2013, 1730; Hamm FamRZ 2006, 1616; aM Köln NZM 1998, 768 (zu streng). Eine Einreichung der Streitverkündung beim Gericht lässt die Hemmung der Verjährung schon dann eintreten, wenn die Zustellung noch vor dem Ablauf der Verjährungsfrist folgt, BGH NJW 2010, 857. Auch → „Rückfrage des Gerichts".

Verschulden Dritter: Der Partei zurechenbar ist ein Verschulden des gesetzlichen Vertreters nach § 51 II oder des ProzBev. nach § 85 II, BGH NJW 2003, 2831; Düss NZM 2008, 614; LG Hmb ZMR 2012, 988, oder des Versicherers, BGH NJW-RR 1995, 255; Saarbr OLGR 2008, 557; LG Mü NJW-RR 2011, 1384. Dabei ist schon eine leichte Fahrlässigkeit schädlich, BGH NJW-RR 1995, 255; Ffm FamRZ 1988, 83; LG Ellwangen WuM 1997, 118. Auch ist ein Mitverschulden des Gerichts evtl. unerheblich, LG Ellwangen WuM 1997, 118. Man sollte insofern aber auf die Gesamtumstände abstellen, BGH NJW-RR 2006, 790.

Verschulden des Gerichts: → „Gerichtsverschulden".

Versicherer: → „Verschulden Dritter".

Verzögerungsdauer: Es gibt keine absolute Zeitgrenze, BGH VersR 2011, 679; AG Kblz WuM 2011, 540; Taufkirch/Geiger WuM 2016, 16. Man muss vielmehr den Einzelfall betrachten, BGH NJW-RR 2012, 527. Eine vermeidbare, aber noch unerhebliche Verzögerung ist grds. **unschädlich,** BGH VersR 2011, 679.

Die nachfolgende Auflistung von Entscheidungen zur Verzögerungsdauer mit einerseits Schädlichkeit schon nach 1 Woche, andererseits Unschädlichkeit auch noch nach evtl. über 2 Jahren zeigt die Maßgeblichkeit der Umstände des Einzelfalls für die Frage, ob die Zustellung „demnächst" erfolgt ist.

Sie erfolgt beispielhaft. Entscheidend ist immer die Dauer der dem Zustellungsveranlasser zurechenbaren Verzögerung:

- **4 Tage: unschädlich,** BGH NJW 1993, 2320 (dort sogar unvermeidbar); Brdb NJW-RR 2005, 872; bei bloßer Überarbeitung evtl. schädlich, BGH NJW-RR 2018, 763.
- **1 Woche:** evtl. schon schädlich, Hamm VersR 2005, 391; LG Nürnb-Fürth NJW 2009, 374; **unschädlich,** BGH WuM 2017, 738; Hamm VersR 2002, 1140; Köln NVersZ 2000, 375;
- **8 Tage: unschädlich,** BAG NZA 2016, 1486;
- **10 Tage: unschädlich,** BGH VersR 1977, 666; BAG NZA-RR 2018, 41;
- **11 Tage: unschädlich,** BGH NJW 2004, 3776;
- **12 Tage: unschädlich,** BGHZ 113, 394; AG Bln-Charlottenb ZMR 2017, 335;
- **13 Tage: unschädlich,** soweit vom Gericht mitverschuldet, BGH 116, 375;
- **14 Tage: unschädlich,** BGH NZG 2017, 305; Kblz JurBüro 2011, 149; Saarbr NJW-RR 2011, 1006;
- **mehr als 14 Tage:** schädlich, BGHZ 161, 146; LG Köln ZMR 2012, 899; AG Darmst ZMR 2012, 998; **unschädlich,** BGH NJW 2010, 3093; BayObLG 2002, 165; LG Kref NJW-RR 2008, 502;
- **16 Tage:** schädlich, LG Hmb ZMR 2012, 217; evtl. **unschädlich,** BGH NJW-RR 2012, 527;
- **18 Tage:** schädlich, BGHZ 96, 1061; Hamm NJW 1977, 2364; Karlsr MDR 2004, 581;
- **mehr als 18 Tage: unschädlich,** KG VersR 1994, 922; Saarbr NJW-RR 2011, 1005;
- **14–21 Tage: unschädlich,** Kblz VersR 1989, 164 (zu § 693 aF);
- **19 Tage: unschädlich,** Hamm NJW-RR 1992, 480; AG Syke ZMR 2013, 156; aM Hamm VersR 1991, 1237;
- **3 Wochen: unschädlich,** LG Ffm NZG 2018, 784; schädlich, LG Düss ZMR 2015, 779;
- **ca. 21 Tage: unschädlich,** BAG NZA-RR 2017, 79; schädlich, Brschw MDR 2003, 772, LG Düss ZMR 2015, 623, jedenfalls mangels eigener Nachfrage, AG Hmb-StGeorg ZMR 2010, 236; **unschädlich,** BGH NJW 2016, 568; BAG NZA 2016, 170, Mü WM 2009, 221;
- **über 21 Tage:** im Allgemeinen schädlich, BGH VersR 1983, 663; KG MDR 2010, 503; LG Ffm NJW 2015, 2130;
- **24 Tage:** schädlich, Köln VersR 2005, 1521;
- **knapp 28 Tage:** evtl. noch **unschädlich,** BGHZ 86, 322;
- **1 Monat oder mehr:** kann noch unschädlich sein, BGH WM 2017, 1651. BGH NJW 2018, 943 (ca. 5 Wochen);
- **6 Wochen: unschädlich,** BAG NJW 2009, 3320; Ffm NVersZ 2000, 430; aM AG Detm WuM 2012, 143;
- **49 Tage:** schädlich, Düss JurBüro 1994, 302; Hamm VersR 1992, 303;
- **2 Monate:** kann schädlich, BGH ZIP 2011, 638; aber auch unschädlich BGHZ 103, 28 (zu § 696 III), Hamm FamRZ 2004, 1973, sein;
- **mehr als 2 Monate:** kann schädlich, BGH NJW 2017, 3708; Hamm VersR 1998, 1493; LG Ffm NVersZ 2002, 121, aber auch unschädlich BGH NJW 2005, 1195 sein;
- **3 Monate:** schädlich, Kblz NJW 2015, 2895; LG Hann NZM 1998, 628; AG Wiesb ZMR 2008, 581;
- **6 Monate:** schädlich, Karlsr FamRZ 2000, 1290; **unschädlich,** Hamm NZM 2002, 562;
- **9 Monate:** schädlich, Ffm VersR 2002, 599; Naumb NJW-RR 2003, 1663;
- **10 Monate:** schädlich, BGH MDR 2004, 959; LG Düss VersR 2004, 853;
- **1 Jahr:** Schädlich, Brdb FamRZ 2009, 801;
- **über 1 Jahr:** schädlich, BVerfG NJW 2010, 3084;
- **fast 2 Jahre:** schädlich, BGH NJW 1988, 1082;

– **über 2 Jahre: unschädlich,** soweit unverschuldet oder vom Gericht mitverschuldet, Ffm FamRZ 1988, 83. Besonderheiten gelten bei einer → **Auslandszustellung.**

Auch → „Prozesskostenhilfe".

Vorschussanforderung: Wegen des Zeitraums nach der Anforderung durch das Gericht s. „Vorschusszahlung". Bis zum Erhalt der Anforderung gilt: Zur gesetzmäßigen Anforderung gehört die Anforderung bei der Partei selbst, BGH JurBüro 2015, 603, und die Schriftform. Eine nur telefonische Anforderung reicht nicht, Hmb NVersZ 2002, 133. Mindestens drei Wochen können unschädlich sein, BGH NJW 2016, 568. Freilich sollte man jedenfalls nach einigen Wochen vorsorglich beim Gericht anfragen, BGH VersR 1994, 455; Hamm VersR 2005, 390; Nies NZM 2000, 275 (WEG).

Der Kläger oder Antragsteller darf grds. bis zur gesetzmäßigen Anforderung warten, BVerfG NJW 2001, 1126; BGH WuM 2016, 314; LG Düss ZMR 2015, 779. Der Kläger darf auch dann noch mindestens 1 Woche warten, BGH WuM 2016, 314. Das gilt zumindest dann, wenn eine Streitwertfestsetzung nach §§ 3 ff. nötig ist. Freilich kann die Wertfestsetzung eine Nachfrage nach weiterem Vorschuss seitens des Zahlers nötig machen, Ffm NJW 2014, 3667 (reichlich streng). Ein Zuwarten reicht grds. im Übrigen auch dann, wenn er die Klage erst kurz vor dem Ablauf der Verjährungsfrist einreicht, Hmb NVersZ 2002, 133; Hamm FamRZ 1977, 553; Saarbr NJW-RR 2002, 1027. Es gilt ferner bei einer Klageerweiterung nach §§ 263, 264, Ffm WM 2011, 2231. Der Bekl. muss einen Vorschuss weder berechnen noch zahlen, Kblz JurBüro 2011, 149. Bei Raten ist der letzte Teilbetrag maßgebend, LG Köln ZMR 2012, 899. Der Kläger braucht auch nicht beim Ausbleiben einer Anforderung anzufragen, aM Brem NJW 2014, 945 (aber das hebt den obigen Grundsatz praktisch auf). Ein ProzBev. darf sich nicht mit einer Einzugsermächtigung begnügen, LG Ffm NJW 2015, 2130.

Unschädlich ist es, wenn das Gericht oder der Gerichtsvollzieher gar keinen Vorschuss fordern durfte und dann erst Monate nach dem Vorschusseingang die Zustellung veranlasste, Hamm WuM 2005, 796; Köln NZM 2002, 299.

Vorschusszahlung: Wegen des Zeitraums bis zur Anforderung durch das Gericht s. „Vorschussanforderung". Nach Erhalt der Anforderung ist es schädlich, den Vorschuss nicht unverzüglich zu zahlen, also ohne schuldhaftes Zögern wie bei § 121 I 1 BGB, BGH NJW 2015, 2666, also nicht schon am Wochenende oder an einem Feiertag, BGH NZG 2017, 305, wohl aber evtl. schon am übernächsten Werktag, KG MDR 2010, 503, oder doch wenigstens binnen etwa zwei Wochen, BGH NJW 2015, 2666; Celle VersR 2010, 1638; LG Düss ZMR 2015, 779, oder höchstens drei Wochen, LG Ffm WuM 2015, 114. Ein Scheck kann reichen, BGH NJW-RR 1993, 429. **Schädlich** ist eine Zahlung erst nach fast 6 Monaten, Ffm VersR 2009, 1395. Man muss sich ein Versäumnis der Rechtsschutzversicherung zurechnen lassen, AG Aachen ZMR 2011, 754. Maßgeblich ist stets erst der Kasseneingang, LG Düss ZMR 2015, 623.

Wohnungswechsel: Unschädlich ist evtl. eine Verzögerung wegen desjenigen des Adressaten, BGH NJW 1993, 2615. Es kommt aber auf die Umstände an.

Zahlungserinnerung: Es gelten dieselben Regeln wie nach einer Anforderung, → „Vorschussanforderung", Köln VersR 1975, 1001.

Zustellempfänger: Schädlich ist die unzureichende Bezeichnung des Empfängers, BGH VersR 1983, 662, AG Düss ZMR 2010, 807 (Ersatzzustellungsbevollmächtigter), oder die Angabe einer längst überholten Anschrift, Düss JurBüro 2002, 654. **Unschädlich** für die Partei ist die Nichtbeachtung der richtigen Bezeichnung des Empfängers durch das Gericht trotz eines Hinweises der Partei, Brdb NJW-RR 1999, 545.

168 *Aufgaben der Geschäftsstelle.* I [1]**Die Geschäftsstelle führt die Zustellung nach §§ 173 bis 176 Absatz 1 aus. [2]Sie kann einen nach § 33 Abs. 1 des Postgesetzes beliehenen Unternehmer (Post) oder einen Justizbediensteten mit der Ausführung der Zustellung beauftragen. [3]Den Auftrag an die Post erteilt die Geschäftsstelle auf dem dafür vorgesehenen Vordruck.**

II **Der Vorsitzende des Prozessgerichts oder ein von ihm bestimmtes Mitglied können einen Gerichtsvollzieher oder eine andere Behörde mit der Ausführung der Zustellung beauftragen, wenn eine Zustellung nach Absatz 1 keinen Erfolg verspricht.**

1 **I. Systematik, Regelungszweck, I, II.** Die Vorschrift regelt jede Art von Amtszustellung, auch diejenige aus Gründen der Klarheit der Zuständigkeitsverteilung bei einer Ladung nach § 214. Das gilt, soweit dazu überhaupt eine förmliche Zustellung angeordnet wird oder erforderlich ist, zB nicht bei einer mündlichen Ladung eines Zeugen oder Sachverständigen oder bei § 497 I. Wegen des Formularzwangs gelten § 190 ZPO, § 24a EGZPO und dazu die in → § 190 Rn. 2 abgedruckte ZustVV.

2 **II. Geltungsbereich, I, II.** Die Vorschrift gilt nach → Vor § 166 Rn. 5 in allen Verfahren nach der ZPO und den auf sie verweisenden Gesetzen, also zB im Bereich des § 113 I 2 FamFG. § 50 III ArbGG hat den Vorrang.

3 **III. Zuständigkeit des Urkundsbeamten, I 1.** Zuständig ist der Urkundsbeamte der Geschäftsstelle nach § 153 GVG desjenigen Gerichts, bei dem der Prozess schon und noch nach → § 261 Rn. 1 anhängig ist. Er handelt als ein Organ der Rechtspflege, Ffm OLGR 2002, 167. Vgl. freilich → Rn. 5. Er muss für jede von Amts wegen zu bewirkende Zustellung sorgen, BGH NJW-RR 1989, 58. Das gilt entgegen der nur scheinbar auf §§ 173–175 beschränkten Zuständigkeit umfassend, soweit nicht zB nach §§ 183, 184 andere Ausführungsorgane zuständig sind. Denn sonst würden Durchführungslücken entstehen. Das wäre nicht der Sinn der §§ 166 ff.

4 Der Urkundsbeamte muss nach → Vor § 166 Rn. 19 die Zustellung einschließlich der Überwachung der Durchführung und des Eingangs einer ausreichenden Zustellungsurkunde nach § 182 oder eines ordnungsgemäßen Empfangsbekenntnisses nach § 174 auch **ohne** eine **Anweisung des Richters** oder des Rpfleger aufgrund einer eigenen Prüfung veranlassen, sobald sie erforderlich ist, BGH NJW 1990, 177; Köln Rpfleger *2008, 585. Bei der Einschaltung* einer Hilfskraft, etwa eines Auszubildenden, behält er natürlich die Verantwortung. Diese Vorschrift ist vielen unbekannt. Das führt zu überflüssigen Anweisungen. Eine Anweisung des Vorgesetzten, nur ein bestimmtes Unternehmen nach I 2 zu beauftragen, mag anfechtbar sein, nach § 23 EGGVG aber nicht durch einen Richter desselben Gerichts (keine eigene Rechtsverletzung), Düss NJW 2008, 385.

IV. Vorrang des Richters, I 1. Andererseits ist eine ausdrückliche richterliche Bestimmung der förmlichen Zustellung zulässig. Köln Rpfleger 2008, 585 (nur vordergründig aM). Sie ist bei §§ 183 I Nr. 2, 3, 184 I 1, 186 I, 187 notwendig. Sie ist im Übrigen bei so mancher richterlichen Verfügung ratsam. Das gilt insbesondere dann, wenn das Gericht bestimmt, welche Beweispersonen usw. der Urkundsbeamte laden soll. Denn der zusätzliche Hinweis auf die Notwendigkeit einer förmlichen Zustellung vermindert Terminsaufhebungen usw. infolge fehlerhafter Rechtskenntnisse des Urkundsbeamten der Geschäftsstelle. Eine Anweisung zur förmlichen Zustellung durch den Richter ist wirksam. Sie ist für den Urkundsbeamten der Geschäftsstelle auch dann verbindlich, wenn er eine förmliche Zustellung nicht für notwendig hält, BGH NJW-RR 1993, 1214. Freilich darf und soll er schon zur Vermeidung einer etwa notwendigen Niederschlagung von Gerichtskosten nach § 21 GKG oder § 20 FamGKG im Zweifel beim Richter rückfragen, ob es bei der Anweisung zur förmlichen Zustellung bleiben soll. 5

Im Übrigen bleiben die Pflichten des Urkundsbeamten nach → Rn. 3 auch bei einer richterlichen Weisung bestehen, BGH NJW-RR 1993, 1214; Köln Rpfleger 2008, 585. Unberührt bleibt auch nach → Rn. 9 seine Prüfungspflicht, ob er vor einer Zustellung die Akte dem Richter vorlegen muss, etwa wegen einer Terminsbestimmung nach § 216 II oder eines Beweisbeschlusses nach § 358a oder wegen einer prozessleitenden Verfügung nach § 273, und ob überhaupt eine formlose Übersendung ausreicht. 6

Solche **Ablichtungen** oder Abschriften, die die Partei entgegen § 133 I 1, II nicht beigefügt hat, fordert der Urkundsbeamte nach KV 9000 GKG unter einer kurzen Fristsetzung an oder veranlaßt ihre Anfertigung durch den Schreibdienst usw. auf Parteikosten. 7

V. Zustellungsweg, I 1–3. Den Zustellungsweg bestimmt der Urkundsbeamte der Geschäftsstelle beim Fehlen näherer gesetzlicher Vorschriften oder einer richterlichen Anweisung nach seinem pflichtgemäßen Ermessen selbst, BGH NJW 1990, 2125; BVerwG NJW 1975, 1796. Dabei sollte er den sichersten Weg wählen und zugleich auf eine Vermeidung unnötiger Unkosten achten, Nies MDR 2002, 69. Er entscheidet auch darüber, wie oft ein Zustellungsversuch erfolgen soll, auch nach postalischen Fehlern. Eine Rücksprache beim Richter zwecks dessen mahnender Verfügung an die Post kann ratsam sein. Der Urkundsbeamte prüft auch, ob notfalls eine öffentliche Zustellung nach § 185 stattfinden soll. Der Urkundsbeamte stellt selbst nur an den Anwalt nach § 172 oder an eine beliebige Person an der Amtsstelle nach § 173 zu. Er kann auch die Zustellung durch ein Einschreiben mit Rückschein nach § 175 S. 1 wählen. 8

VI. Hilfskräfte, I 1–3. Der Urkundsbeamte muss sich im Übrigen zunächst der Kanzlei seines Gerichts für das Schreibwerk bis zum Hinausgehen der zuzustellenden Sendung und sodann mangels eines abweichenden Richteranweisung nach seiner Wahl der Post bedienen. Dazu gehört nach § 33 I PostG jedes beliehene Unternehmen. Dieses braucht nicht unbedingt eine volle Ortskenntnis zu haben, BGH ZIP 2010, 396 (großzügig!). Er kann sich ferner nach I 2 eines Justizbediensteten bedienen, dazu zB in Schleswig-Holstein AV v. 26.9.2002, SchlHA 253 (Wachtmeister, „Serviceeinheit", Schreibdienst, evtl. in Nebentätigkeit). Dabei muss er grundsätzlich nach § 1 Nr. 3 ZustVV, abgedruckt in → § 190 Rn. 2, den in Anlage 3 ZustVV vorgeschriebenen Vordruck benutzen. Er kann nach § 2 II ZustVV ein Sichtfenster verwenden usw. und andere Abweichungen nach § 2 III Nr. 1–3 ZustVV vornehmen. Er kann bei einer Zustellung an den Anwalt das Schriftstück einem Justizbediensteten übergeben, der es dem Anwalt gegen ein Empfangsbekenntnis aushändigt. Dieser Weg ist zB bei einem besonderen Eilbedürfnis nötig, Schlesw NJW 1988, 569. Er kann sich auch der etwaigen Anwaltsfächer im Gericht bedienen. Er muss überwachen, mahnen und notfalls wiederholen. Das gilt auch beim Eingang der Zustellungsurkunde, BGH NJW 1990, 177. 9

VII. Formlose Mitteilung, I, II. Bei ihr benutzt der Urkundsbeamte ebenfalls die Post oder bedient sich des Justizbediensteten etwa bei §§ 270, 377 I. Er muss die vermittelnden Zustellungsstellen überwachen, auch der Partei gegenüber. Die Urschrift und die Zustellungsurkunde kommen nach → § 169 Rn. 1 zu den Gerichtsakten, anders als bei der Parteizustellung nach → § 192 Rn. 9. 10

VIII. Beteiligung des Gerichtsvollziehers, II. Der Gerichtsvollzieher oder eine andere Behörde nehmen am Verfahren der Amtszustellung nach § 9 II GVGA grundsätzlich nur aufgrund einer nach pflichtgemäßem Ermessen getroffenen richterlichen Anordnung auch des Einzelrichters oder des als Gericht tätigen Rpfleger oder des nach → Vor § 688 Rn. 7 ermächtigten anderen Urkundsbeamten unter den Voraussetzungen II teil. Ihre Teilnahme kommt nur ausnahmsweise in Betracht, soweit eine Zustellung nach I keinen Erfolg verspricht. Das gilt etwa dann, wenn die Partei hartnäckig behauptet, die Zustellungsurkunden der Post nach § 182 seien fehlerhaft. Eine bloße Arbeitserleichterung reicht für II nicht. Die Durchführung dieser Zustellung erfolgt nach §§ 176 ff. § 49 ist unanwendbar. 11

IX. Gerichtsvollzieher bei ausländischem Auftrag. Der Gerichtsvollzieher legt die Sache nach § 10 I 1 GVGA grundsätzlich seiner vorgesetzten Dienststelle vor und wartet nach § 126 ZRHO deren Weisung ab. Die Vorlage ist aber entbehrlich, soweit entweder ein ausländischer Vollstreckungstitel ohne weiteres vollstreckbar ist, zB nach der Brüssel Ia-VO, SchlAnh. V C 2, § 10 I 2 Nr. 1 GVGA, oder eine direkte Zustellung statthaft ist, zB nach Art. 15, 16 VO (EG) Nr. 1393/2007, §§ 1067 ff., § 10 I 2 Nr. 2 Fall 1 GVGA. 12

X. Verstoß, I, II. Amtshaftung nach Art. 34 GG, § 839 BGB kommt in Betracht, soweit der Urkundsbeamte eine der in → Rn. 3–10 erläuterten Amtspflichten verletzt, BGH NJW 1990, 177. Auch kann die in → Rn. 5 genannte Niederschlagung von Gerichtskosten notwendig sein. Ein Verstoß gegen II lässt die erfolgte Zustellung nicht schon deshalb unwirksam sein. 13

169 ***Bescheinigung des Zeitpunktes der Zustellung; Beglaubigung.*** **I Die Geschäftsstelle bescheinigt auf Antrag den Zeitpunkt der Zustellung.**

II 1Die Beglaubigung der zuzustellenden Schriftstücke wird von der Geschäftsstelle vorgenommen. 2Dies gilt auch, soweit von einem Anwalt eingereichte Schriftstücke nicht bereits von diesem beglaubigt wurden.

III 1Eine in Papierform zuzustellende Abschrift kann auch durch maschinelle Bearbeitung beglaubigt werden. 2Anstelle der handschriftlichen Unterzeichnung ist die Abschrift mit dem Gerichtssiegel zu versehen. 3Dasselbe gilt, wenn eine Abschrift per Telekopie zugestellt wird.

IV ¹Ein Schriftstück oder ein elektronisches Dokument kann in beglaubigter elektronischer Abschrift zugestellt werden. ²Die Beglaubigung erfolgt mit einer qualifizierten elektronischen Signatur des Urkundsbeamten der Geschäftsstelle.

V Ein elektronisches Dokument kann ohne Beglaubigung elektronisch zugestellt werden, wenn es
1. nach § 130a oder § 130b Satz 1 mit einer qualifizierten elektronischen Signatur der verantwortenden Personen versehen ist,
2. nach § 130a auf einem sicheren Übermittlungsweg eingereicht wurde und mit einem Authentizitäts- und Integritätsnachweis versehen ist oder
3. nach Maßgabe des § 298a errichtet wurde und mit einem Übertragungsnachweis nach § 298a Absatz 2 Satz 3 oder 4 versehen ist.

1 **I. Systematik, Regelungszweck, I–V.** Die Vorschrift enthält eine Ergänzung zu §§ 130ac, 166–168 ff. im Interesse der fristgerechten Einlegung eines Rechtsmittels oder einer zügigen Vollstreckbarkeit. Der Gläubiger muss nämlich den Zustellungszeitpunkt zB zur Errechnung einer Rechtsmittelfrist etwa nach §§ 517, 548, 569 I 1, 575 I 1 kennen und auch nach § 750 I (falls er nicht nach dessen S. 2 selbst zustellt) oder nach § 798 nachweisen, um die Zwangsvollstreckung beginnen zu können. Soweit die Zustellungsurkunde nach § 182 wegen der Amtszustellung nach §§ 317 I, 329 II 2, III bei den Akten ist, hilft I. Er schafft eine öffentliche Urkunde nach § 418 I, Köln Rpfleger 1997, 31 (auch zur Widerlegbarkeit nach § 418 II. Aber → § 418 Rn. 8 ff.); LG Neubrdb Rpfleger 2005, 37.

2 Bei der Zustellung von Amts wegen lässt der Urkundsbeamte **nicht die Urschrift** zustellen, sondern eine von Amts wegen beglaubigte auch elektronische Kopie des bei der Akte bleibenden Dokuments. Evtl. muss das Gericht auch eine Ausfertigung zustellen, Begriff → § 317 Rn. 22 ff. Das gilt etwa bei §§ 377, 402. Die Beglaubigung dient der Rechtssicherheit. Es soll sicher sein, dass die Kopie mit der Urschrift übereinstimmt. Eine Zustellung kann auch nach I 3 per Telekopie erfolgen, etwa per Telefax.

3 **II. Geltungsbereich, I–V.** → Vor § 166 Rn. 5.

4 **III. Bescheinigung, I–V.** Es ist ein Antrag erforderlich. Er unterliegt nach § 78 III Hs. 2 keinem Anwaltszwang. Er liegt auch im Antrag auf die Erteilung einer vollstreckbaren Ausfertigung des Vollstreckungstitels nach → § 317 Rn. 22, §§ 724, 795, oder auf den Erlaß eines Vollstreckungsbescheids nach § 699, 796 I. Der Urkundsbeamte der Geschäftsstelle ist für die Erteilung einer Bescheinigung nur über den Zeitpunkt der Zustellung zuständig, Meyer-Stolte Rpfleger 1982, 43. Er muss die Wirksamkeit der Zustellung prüfen. Er bescheinigt nicht nur mit einem Handzeichen (Paraphe), sondern mit seiner eigenhändigen vollen Unterschrift wie bei → § 129 Rn. 9, BGH NJW 1985, 1227; LG Bln MDR 1978, 411, aber nach III 1, 2 auch elektronisch. Dann ist eine qualifizierte elektronische Signatur nötig. Er bescheinigt unter der Angabe der Dienstbezeichnung. Vgl. aber auch § 703b. Ein Siegel ist anders als bei §§ 317 III, 725 bei einer Schriftform nicht notwendig, LG Bln MDR 1978, 411, bei einer elektronischen Zustellung aber nach III 2 nötig und nach III 2 ausreichend. Die Bescheinigung hat die Beweiskraft einer öffentlichen Urkunde nach → § 418 Rn. 1. Sie lässt sich extra ausfertigen oder auf eine Ausfertigung oder Kopie des zugestellten Schriftstücks setzen. Der Urkundsbeamte vermerkt ihre Erteilung in der Akte. Die Bescheinigung bindet das Vollstreckungsorgan, LG Neubrdb Rpfleger 2005, 37.

5 **IV. Beglaubigung, I–V.** Die Vorschrift besagt, wer eine beglaubigte Kopie erteilt, nicht aber, wann sie ausreicht. Die Beglaubigung nach II 2 reicht, soweit das Gesetz nichts anderes fordert (BGH NJW 2017, 3721). Die Zustellung einer Ausfertigung ist grds. nicht erforderlich, um die Zwangsvollstreckungsvoraussetzungen nach § 750 I herbeizuführen, solange kein Fall des § 750 II vorliegt (NJW 2022, 393). Die Beglaubigung kann nach III 1 auch maschinell erfolgen. Der Urkundsbeamte der Geschäftsstelle nimmt die Beglaubigung der Kopie vor, sofern das nicht bereits der auch bei einer Amtszustellung zur Beglaubigung befugte und die derartige Kopie einreichende Anwalt oder der ihm nach §§ 1 II 1, 3 I Nr. 1 RDGEG, § 209 BRAO gleichstehende Kammerrechtsbeistand getan hat, AG Halle/S DGVZ 2014, 245. Deshalb wirken sich Mängel der beglaubigten Kopie oder gar deren Fehlen auf die Wirksamkeit der Zustellung aus, BGH NJW 1995, 2231; Brdb FamRZ 1998, 1439. Zur Heilungsmöglichkeit nach § 189 bei fehlender qualifizierter elektronischer Signatur Brschw 30.6.2020 – 8 U 116/19, BeckRS 2020, 35781. Im Verfahren nach dem AUG kann das Bundesamt für Justiz als Zentrale Behörde nach § 4 I 1 AUG, Anh. § 169 GVG, die Beglaubigung vornehmen. Es muss erkennbar sein, dass ein Urkundsbeamter den Beglaubigungsvermerk unterzeichnet oder nach IV 2 signiert hat. Ein bestimmter Wortlaut ist nicht für die Beglaubigung nötig, BGHZ 76, 228. Der Beglaubigungsvermerk muss erkennbar alle Teile umfassen, BGH NJW 2017, 3721. V nennt die ohne Beglaubigung statthaften Lagen.

6 **V. Rechtsmittel; Kosten, I–V.** Rechtsbehelfsbelehrung, Verstoß: §§ 232, 233 S. 2. Gegen die Entscheidung des Urkundsbeamten ist die befristete Erinnerung nach § 573 I zulässig, Meyer-Stolte Rpfleger 1982, 43. Dasselbe gilt bei einer pflichtwidrigen Untätigkeit. Sodann ist die sofortige Beschwerde nach § 573 II statthaft. Eine Rechtsbeschwerde kommt unter den Voraussetzungen des § 574 in Betracht.

7 **Gebühren:** des Gerichts: In erster Instanz keine, § 1 I 1 GKG, bei der Verwerfung oder Zurückweisung einer sofortigen Beschwerde KV 1811 GKG; des Anwalts: § 19 I 2 Nr. 9, VV 3500 RVG.

170

Zustellung an Vertreter. **I ¹Bei nicht prozessfähigen Personen ist an ihren gesetzlichen Vertreter zuzustellen. ²Die Zustellung an die nicht prozessfähige Person ist unwirksam.**

II Ist der Zustellungsadressat keine natürliche Person, genügt die Zustellung an den Leiter.

III Bei mehreren gesetzlichen Vertretern oder Leitern genügt die Zustellung an einen von ihnen.

1 **I. Systematik, Regelungszweck, I–III.** Die prozessunfähige Person, → Vor § 50 Rn. 9, → § 51 Rn. 1, kann nicht Zustellungsadressat sein; die Vorschrift bestimmt daher den gesetzlichen Vertreter als Zustellungsadressaten. II, III dienen der Vereinfachung zwecks Prozesswirtschaftlichkeit, Morawietz (bei → § 50 Rn. 9) 112.

2 **II. Geltungsbereich, I–III.** → Vor § 166 Rn. 5.

3 **III. Zustellung an gesetzlichen Vertreter, I.** Die Vorschrift gilt für natürliche und juristische Personen. Bei der Bestimmung des Zustellungsadressaten nach I 1 sind Ausschlüsse der Vertretung zu beachten, zB § 1795 I

Nr. 3 BGB. I 2 regelt die prozessuale Wirksamkeit einer Zustellung. Die unter Verstoß gegen § 170 I erfolgte Zustellung eines Vollstreckungsbescheids an eine aus dem zuzustellenden Titel setzt allerdings im Falle der Nichterkennbarkeit der Prozessunfähigkeit die Einspruchsfrist in Gang, BGH WM 2014, 321. Die Unwirksamkeit kann nach § 189 geheilt werden, BGH NJW 2015, 1760.

IV. Beispiele zur Frage einer Zustellung an gesetzlichen Vertreter, I

Anschrift: Auch bei juristischen Personen des Privatrechts müssen unter der Anschrift tatsächlich Zustellungen an den Leiter oder gesetzlichen Vertreter bewirkt werden können, vgl. BGH NJW-RR 2019, 61 Rn. 18. 4

Benennung: Der Absender muss den gesetzl Vertreter nach → § 51 Rn. 20 grds. benennen.

Drittschuldner: Es gilt bei § 840 dasselbe wie beim → „Streithelfer".

Einstweilige Anordnung: Wegen §§ 49 ff. FamFG Saarbr NJW 1979, 2620 (zum alten Recht).

Ersatzzustellung: Statthaft ist eine solche nach §§ 178 ff. grds. durch eine Übergabe an den Vertretenen. Auch „Heilung".

Gerichtsvollzieher: Mangels Benennung des Adressaten-Vertreters muss der Gerichtsvollzieher nach § 18 I 3 GVGA beim Auftraggeber nachfragen.

Heilung: Eine Zustellung ist mangels Genehmigung des gesetzlichen Vertreters auch nach § 295 I dann nach § 189 **unheilbar** unwirksam, wenn sie nur an den Prozessunfähigen erfolgt, nicht wenigstens durch eine Ersatzzustellung nur oder auch an den gesetzlichen Vertreter, BGH NJW 2015, 1761, großzügiger BGH WM 2014, 320 (inkonsequent). Das gilt auch bei unerkannter Prozessunfähigkeit.

Insolvenz: Eine Zustellung an den Schuldner ist nicht schon wegen der Eröffnung des Insolvenzverfahrens über sein Vermögen unwirksam, KG RPfl. 1990, 311.

Mehrheit von Adressaten: Bei ihrem gesetzlichen Vertreter reicht nach § 11 II 1 GVGA eine einzige Ausfertigung usw. Das gilt aber nach § 11 II 2 GVGA **nicht** entsprechend beim bloßen gemeinsamen Zustellungsbevollmächtigten.

Nachholung: Sie kann evtl. notwendig sein, und zwar auch nach → § 56 Rn. 15, 16 an einen inzwischen Volljährigen.

Prozesspfleger: Evtl. muss das Gericht ihn nach § 57 schon für die Zustellung bestellen, wenn die Partei nicht prozessfähig ist, vgl. BGH WM 2021, 346 Rn. 12

Prozessunfähigkeit: I 2 erfordert eine Zustellung an mindestens **einen** gesetzlichen Vertreter, BSG NJW 2017, 2704. Die zunächst eintretende Unwirksamkeit einer Zustellung an ihn nach I 2 lässt sich nach § 189 durch die tatsächliche Aushändigung an den gesetzlichen Vertreter heilen, BGH NJW 2015, 1761.

Selbstzustellung: Man kann nicht nach § 178 II wirksam an sich selbst als dem gesetzlichen Vertreter des Gegners zustellen, BGH NJW 1984, 58; LG Ffm RPfl. 1988, 72. § 178 II ist auf eine Zustellung nach § 170 nicht entsprechend anwendbar, BVerfGE 67, 211; BGH NJW 1984, 57.

Staatsaktwirksamkeit: Trotz Fehlerhaftigkeit kann eine etwa ergangene Entscheidung wirksam bleiben, mangels etwaiger rechtzeitiger Anfechtung auch nach §§ 322, 705 rechtskräftig werden, nur im Ergebnis richtig BGH NJW 2008, 2125 (Folge evtl. § 579 V Nr. 4; abl. Sujecki).

Streithelfer: Eine Zustellung an einen nicht prozessfähigen solchen nach §§ 66 ff. geht wirksam nur an seinen gesetzlichen Einzelvertreter als den Zustellungsadressaten nach § 182 II Nr. 1, BVerfG 75, 214; BGH DB 1988, 1210; LG Hmb ZMR 2008, 420. Wegen dieses Begriffs → Vor § 50 Rn. 9.

Streitverkündeter: Es gilt bei § 72 dasselbe wie beim → „Streithelfer".

Unterbrechung: Eine solche kann nach § 241 dann eintreten, wenn eine Prozessunfähigkeit nach § 51 im Laufe des Verfahrens eintritt und wenn § 86 unanwendbar ist.

Wiederaufnahme: → „Staatsaktwirksamkeit".

Wirksamkeit: → „Staatsaktwirksamkeit".

Zustellungsbevollmächtigter: → „Mehrheit von Adressaten".

V. Keine natürliche Person, II. Infrage kommt eine nicht natürliche Person beliebiger Konstruktion, zB 5
eine Behörde, Gemeinde, Körperschaft, juristische Person nach → § 50 Rn. 12 (Hager NJW 1992, 353, oder ein rechtsfähiger Verein. Bei ihnen kann die Zustellung grundsätzlich an den Leiter erfolgen, mag er der gesetzliche Vertreter sein oder nicht (vgl. Hager NJW 1992, 353; vgl. auch § 18 II 1 GVGA; wegen eines ausgeschiedenen Vorstandsmitglieds vgl. BGH NJW-RR 1991, 926; Ffm RPfl. 1978, 134; aM Hager NJW 1992, 353. Leiter ist derjenige, der die Behörde usw. nach dem Gesetz oder nach der Satzung nach außen vertritt (Morawietz bei → § 50 Rn. 9) zB der Vorstand, Behördenleiter, Präsident des Gerichts, aufsichtsführende Richter, Bürgermeister. Bei einer Ersatzzustellung erlaubt § 178 I Nr. 3 die Zustellung auch an jeden dazu ermächtigten Vertreter einer Gemeinschaftseinrichtung.

VI. Mehrere Vertreter oder Leiter, III. Die Vorschrift ist mit dem GG vereinbar, BVerfGE 67, 211. Es 6
genügt auch nach § 18 II 2 GVGA die Zustellung an einen von ihnen, auch wenn er nur eine Gesamtbefugnis hat, BGH NJW 1984, 57; Ahrens ZZP 103, 52. Es genügt also zB grundsätzlich die Zustellung an einen Elternteil nach § 1629 I 2 BGB, BFH NJW 1977, 544; LG Ravensb RPfl. 1975, 370.

VII. Beispiele zur Frage des Geltungsbereichs, I–III

Abwickler: Auf ihn ist III anwendbar. 7

Aktiengesellschaft. Dazu Pfeiffer, Zustellungsfragen bei Vertretung einer AG durch den Aufsichtsrat, FS Spellenberg, 2010, 111. II ist auf die Aktiengesellschaft anwendbar. Bei §§ 246 II 2, 249 I, 250 III, 251 III, 253 II, 254 II, 255 III, 256 VII, 257 II, 275 IV AktG, § 51 GenG, § 75 GmbHG sind nach § 18 III 2 GVGA der Vorstand und der Aufsichtsrat zusammen Zustellungsadressat, also mindestens je ein Mitglied dieser Gremien, BGH NJW 2009, 2214. Eine Heilung tritt nach § 189 ein. Sie tritt auch nach § 295 I durch das rügelose Verhandeln des ProzBev. beider Organe nach → § 172 Rn. 7 ein. Das alles gilt auch dann, wenn Vorstand und Hauptversammlungsmehrheit personengleich sind, Drsd NJW-RR 1997, 739. Das Gericht muss die Klage eines ausgeschiedenen Vorstandsmitglieds wegen § 112 AktG dem Aufsichtsrat zustellen, nicht dem jetzigen Vorstand, BGH NJW-RR 1991, 926; Hager NJW 1991, 353 (teleologische Reduktion). Auch III ist nach § 78 II AktG anwendbar, BGH NJW 2009, 2214.

Anstalt: Auf sie ist I anwendbar.

BGB-Gesellschaft: I ist anwendbar, BGH NJW 2007, 995 (Zustellung an den Geschäftsführer); aM Celle Rpfleger 2004, 508; Müther MDR 2002, 989 (II, III). Die Zustellung muss an den Geschäftsführer oder sonst an einen Gesellschafter erfolgen, BGH NJW 2006, 2191.

Behörde: II ist schon nach seinem Wortlaut anwendbar, BayObLG 1990, 256 (Vollstreckungsbehörde). Ferner → Rn. 6 „Fiskus".

Betreuer: Auf ihn ist III anwendbar.

Betriebsrat: II ist auf ihn anwendbar. Zustellungsadressat ist sein Vorsitzender, BAG BB 1976, 510.

Bundesamt für Justiz: II ist nach → Vor § 78 Rn. 1, 12 auf diese Behörde als Zentrale Behörde im Verfahren nach dem AUG anwendbar.

Doppelte Eigenschaft: Eine Zustellung ist nicht schon deshalb unwirksam, weil die Sendungsanschrift bei einer in doppelter Eigenschaft tätigen Person irrig nicht die maßgebende Funktion angegeben hat. Auch → „Mehrere Organe".

Doppelvertretung: → „Mehrere Organe".

Drittschuldner: Auf ihn nach §§ 829, 840, 845 ist I–III anwendbar.

Eheleute: An mehrere Parteien muss das Gericht getrennt zustellen, selbst wenn sie miteinander verheiratet sind, BAG BB 1975, 1486 (bei einem Verstoß kann aber jetzt nach § 189, evtl. iVm§ 113 I 2 FamFG, eine Heilung eintreten).

Fiskus: Auf ihn ist II nach → „Behörde" anwendbar.

Gemeinde: II ist anwendbar. Leiter ist der Bürgermeister. Ferner → „Fiskus".

Genossenschaft: II ist auf die Genossenschaft anwendbar. Bei § 51 III GenG sind der Vorstand und der Aufsichtsrat zusammen Zustellungsadressat, also mindestens je ein Mitglied dieser Gremien, BGH NJW 1992, 2099. Eine Heilung tritt nach § 189 oder nach § 295 I durch das rügelose Verhandeln des ProzBev. beider Organe nach → § 172 Rn. 7 ein. Bei einer Genossenschaft in Liquidation nach §§ 84 ff. GenG sind Liquidatoren und Aufsichtsrat Zustellungsadressat.

Auch III ist anwendbar, aM Düss NJW 1987, 2524 (es übersieht III).

Gericht: I–III sind anwendbar, BayObLG 1990, 256 (Gläubiger von Zwangsgeld).

Gesellschaft mit beschränkter Haftung: I ist anwendbar, LG Hmb ZIP 2017, 192. II, III sind nach § 35 II GmbHG auf die GmbH anwendbar, BGH DB 1983, 1971. Die Zustellung erfolgt also grds. an den Geschäftsführer, BAG NJW 2009, 2324.

Gesellschaft bürgerlichen Rechts: → „BGB-Gesellschaft".

Inkassounternehmen: Soweit der Schuldenbereinigungsplan es als den Vertreter des Gläubigers bezeichnet, kommt eine Zustellung an das Inkassounternehmen infrage, Köln NJW-RR 2001, 267.

Juristische Person: Vgl. zunächst bei den einzelnen Arten juristischer Personen nach → § 50 Rn. 12. Bei ihr kann die Zustellung grds. an den Vorsteher erfolgen, mag er der gesetzliche Vertreter sein oder nicht, Hager NJW 1992, 353; aM VGH Kassel NJW 2009, 1625 (evtl. an die juristische Person **und** an ihren gesetzlichen Vertreter).

Kommanditgesellschaft: II ist auf die KG anwendbar. Auch III ist nach § 161 II HGB anwendbar, BGH DB 1988, 1210; Ahrens ZZP 103, 35.

Körperschaft: II ist anwendbar.

Liquidator: Auf ihn ist III anwendbar.

Löschung: Der gesetzliche Vertreter bleibt, Mührer Rpfleger 1999, 13.

Mehrere Organe: Wie bei der Genossenschaft und der Aktiengesellschaft können auch sonst dann, wenn mehrere Organe die juristische Person vertreten, diese mehreren Organe zusammen Zustellungsadressat sein. Denn man könnte sonst den mit der Doppelvertretung angestrebten Zweck infragestellen. Auch → Rn. 5 „Doppelte Eigenschaft".

Minderjähriger: I–III sind auf den Minderjährigen anwendbar, Ffo DGVZ 2002, 92; LG Bielef DGVZ 2003, 93; AG Würzb DGVZ 2008, 160.

Offene Handelsgesellschaft: II ist auf die OHG anwendbar. Auch III ist nach § 125 II HGB anwendbar, Ahrens ZZP 103, 35.

Partei kraft Amts: III ist anwendbar, soweit mehrere als Parteien kraft Amts gemeinsam verwalten.

Pfleger: Auf ihn ist III anwendbar.

Post, Postbank, Telekom: Wegen III → § 18 Rn. 11 „Bundespost".

Sachverständiger: I–III sind auf einen Sachverständigen nach §§ 402 ff. **unanwendbar.**

Stiftung: I, II ist auf eine Stiftung anwendbar, aM Zöller/Schultzky Rn. 5 (zu streng).

Strafprozess: I–III sind im Strafverfahren auch **nicht entsprechend anwendbar,** Düss MDR 1993, 70.

Testamentsvollstrecker: Auf ihn ist III anwendbar. Das gilt auch bei Gesamtvollstreckern nach § 2224 BGB.

Verein: Ist ein nicht rechtsfähiger Verein Bekl., kann man nach III jedem Vorstandsmitglied zustellen.

Vermögensmasse: Auf sie ist I anwendbar.

Vormund: Auf ihn ist III anwendbar.

Wohnungsverwalter: Es ist nach § 45 WEG zu differenzieren, Drasdo ZMR 2010, 740; Schmid MDR 2008, 662; 2009, 297.

Zeuge: I–III sind auf einen Zeugen nach §§ 373 ff. grds. **unanwendbar.** Es gilt § 377.

Zweckvermögen: II, III sind anwendbar.

[Ab 1.1.2023:]

170a ***Zustellung bei rechtlicher Betreuung.*** ***[I] Wird an eine Person zugestellt, für die ein Betreuer bestellt ist, ist diesem eine Abschrift des zugestellten Dokuments mitzuteilen, soweit er bekannt ist und sein Aufgabenkreis betroffen ist.***

[II] Wird nach § ZPO § 170 Absatz ZPO § 170 Absatz 1 an den Betreuer zugestellt, ist dem Betreuten eine Abschrift des zugestellten Dokuments mitzuteilen.

I. Systematik, Regelungszweck, I, II. Der neue § 170a wurde im Zusammenhang mit der Neufassung des → § 53 eingefügt **mWv 1.1.2023** durch Gesetz vom 4.5.2021 (BGBl. I 882). Sie soll sicherstellen, dass das Gericht sowohl die Partei, für die ein Betreuer bestellt ist, als auch deren Betreuer stets ausreichend über ein anhängiges Gerichtsverfahren in Kenntnis setzt (BT-Drs. 19/27287, 27) und fortlaufend über den wesentlichen Prozessverlauf informiert (vgl. BT-Drs. 19/27287, 27). Mit Blick darauf, dass die Betreuerbestellung als solche keinen Einfluss auf die Prozessfähigkeit des Betreuten hat (vgl. BT-Drs. 19/24445, 460), muss das Gericht bei konkreten Anhaltspunkten Zweifel an der Prozessfähigkeit weiterhin von Amts wegen prüfen → § 56. Die Information nach § 170a ermöglicht aber bei Fehleinschätzungen des Gerichts oder Veränderungen der Prozessfähigkeit ein Eingreifen des Betreuers oder des Betreuten → § 53 Rn. 6. Außerdem erleichtert die unmittelbare Information des Betreuers die Unterstützung des prozessfähigen Betreuten. I bezweckt die effektive Betreuung zum Schutz der Betreuten, II dient der Stärkung des Selbstbestimmungsrechts des Betreuten (vgl. BT-Drs. 19/27287, 29). 1

II. Zustellung an Betreuten, I. Bei einem **prozessfähigen Betreuten** ist nach § 170 I weiterhin an diesen zuzustellen (BT-Drs. 19/27287, 29). Eine vorrangige Zustellung an den Betreuer, soweit dessen Aufgabenkreis reicht, ist – anders als im Gesetzentwurf (BT-Drs. 19/24445, 457) – nicht vorgesehen. Hat das Gericht Kenntnis von der Betreuung, ist dem Betreuer das zugestellte Dokument – soweit dessen Aufgabenbereich betroffen ist – zusätzlich formlos zu übermitteln, um diesen fortlaufend über den wesentlichen Prozessverlauf zu informieren. 2

III. Zustellung an Betreuer, II. Für **prozessunfähige Betreute** und solche, die infolge einer **Ausschließlichkeitserklärung** nach → § 53 Rn. 6 als prozessunfähig anzusehen sind, ist nach § 170 I an den Betreuer zuzustellen. In diesem Fall ist dem Betreuten das zugestellte Dokument abschriftlich mitzuteilen, II. 3

IV. Pflicht zur Mitteilung, I, II. Nach § 170a **muss** die jeweilige Information allein **erfolgen,** wenn eine **Zustellung vorgeschrieben** ist → § 166 Rn. 7 f., nicht dagegen im Fall der formlosen Übersendung. Bei Dokumenten, die formlos übersandt werden, ist das Gericht – etwa aufgrund eines gleichwohl für wichtig erachteten Inhalts – berechtigt, aber nicht verpflichtet, Abschriften hiervon an den Betreuten (vgl. BT-Drs. 19/27287, 27) oder den Betreuer zu übersenden. 4

V. Verstoß, I, II. Die **Wirksamkeit** der förmlichen Zustellung wird durch ein Unterbleiben der Mitteilung an den Betreuer, I, bzw. den Betreuten, II, **nicht beeinflusst.** Es handelt sich um eine bloße Ordnungsvorschrift (vgl. BT-Drs. 19/27287, 29). 5

171 *Zustellung an Bevollmächtigte.* [1]**An den rechtsgeschäftlich bestellten Vertreter kann mit gleicher Wirkung wie an den Vertretenen zugestellt werden.** [2]**Der Vertreter hat eine schriftliche Vollmacht vorzulegen.**

I. Systematik, Regelungszweck, S. 1, 2. § 172 geht dem § 171 vor. Dasselbe gilt für § 27 II Nr. 1 WEG. Eine Zustellung im anhängigen Prozess muss auch dann, wenn eine Bevollmächtigung nach § 171 besteht, an den ProzBev. nach → § 172 Rn. 7 erfolgen. Dagegen hindert eine Bevollmächtigung nach § 171 ZPO nicht die Zustellung an den Empfänger persönlich (AGH Celle LSK 2017, 135572 [juris Rn. 33]. Für den nicht prozessbevollmächtigten anwaltlichen Vertreter gilt gleichfalls § 171 (MüKoZPO/Häublein/Müller Rn. 1). S. 1 betrifft sowohl den Fall, in dem die Vertretung dem Zusteller erstmals bei Ausführung der Zustellung zur Kenntnis gebracht wird, als auch denjenigen, in dem der Vertreter bereits im Zustellungsauftrag als Adressat der Zustellung bezeichnet ist (BGH NJW 2017, 564 Rn. 44; BT-Drs. 14/1445, 17). Der Zusteller handelt nach seinem pflichtgemäßen Ermessen („kann"; vgl. BT-Drs. 14/1445, 17). Die Vorschrift stellt klar, dass an den rechtsgeschäftlich bestellten Vertreter mit gleicher Wirkung wie an den Vertretenen selbst zugestellt werden kann (BT-Drs. 14/4554, 17) und dient damit der Rechtssicherheit und -klarheit. 1

II. Sachlicher Geltungsbereich, S. 1, 2. → Vor § 166 Rn. 5. § 170 III ist entsprechend anwendbar. § 171 gilt auch für die Zustellung im Parteibetrieb nach §§ 191 ff. (BGH NJW-RR 2017, 58 Rn. 7). 2

III. Persönlicher Geltungsbereich: Rechtsgeschäftlich bestellter Vertreter, S. 1, 2. § 171 lässt in den Grenzen des vorrangigen § 172 nach → Rn. 2 eine Zustellung für und gegen den Vertretenen an jeden wirksam gerade durch ein Rechtsgeschäft bevollmächtigten Vertreter bindend zu (BGH NJW 2017, 564 Rn. 44). Ob der Zustellungsempfänger rechtsgeschäftlich bestellter Vertreter ist, ergibt sich aus den Vorschriften des bürgerlichen Rechts (BGH NJW-RR 2017, 58 Rn. 7). Der Auftraggeber muss ihn ausreichend bezeichnen. An einen in doppelter Eigenschaft tätigen Adressaten kann eine Zustellung auch dann wirksam erfolgen, wenn das zuzustellende Schriftstück nicht die hier maßgebliche Eigenschaft angibt, sondern die andere (BAG NZA 2004, 455). 3

1. Grundregeln. Bevollmächtigter ist jeder rechtsgeschäftlich bestellte Vertreter, dessen Vollmacht sich auf die Entgegennahme von Postsendungen erstreckt oder sich hierin erschöpft (MüKoZPO/Häublein/Müller Rn. 2 mwN). Die Vertretungsbefugnis für den konkreten Prozess ist unerheblich, solange die Vollmacht hinreichend umfassend ist. Auch eine Ersatzzustellung nach §§ 178 ff. ist zulässig. Zustellungsadressat nach § 182 II Nr. 1 bleibt der Vertretene. Gegen ihn wirkt nach § 164 I BGB auch die Zustellung. § 171 schließt die Zustellung an einen anderen zum Zustellungsempfang durch eine Sondervollmacht oder durch ein Gesetz Ermächtigten nicht aus. Grundsätzlich unerheblich ist, wenn der Bevollmächtigte des Empfängers sich weigert, ein zugestelltes Schriftstück anzunehmen. Ausreichend ist, dass das Dokument in den Machtbereich des Bevollmächtigten gelangt ist (OLG Stuttgart IPRax 2015, 430 [juris Rn. 219) Die Beweislast für das Bestehen der Vollmacht zum Zeitpunkt der Zustellung und ihren Umfang bestimmt sich nach allgemeinen Regeln. Wer sich auf eine Zustellung nach § 171 beruft, muss die Empfangsberechtigung zum maßgeblichen Zeitpunkt beweisen. Dies gilt auch dann, wenn eine Vollmacht zwar erteilt, aber wieder erloschen ist. Steht dagegen allein fest, dass eine entsprechende Vollmacht erteilt worden ist, muss das Erlöschen der Vollmacht derjenige beweisen, der sich darauf beruft. (BGH NJW-RR 2017, 58 Rn. 10). Bei einer Adressierung an den Vertretenen eigenhändig oder persönlich kann § 171 unanwendbar sein (vgl. VGH München BeckRS 2008, 42656; BayObLG WuM 2000, 566. 4

2. Arten der Vollmacht. Die Vorschrift gilt für sämtliche rechtsgeschäftlichen Vollmachten, auch den für die Entgegennahme von Postsendungen schriftlich bevollmächtigten Nachbarn (BT-Drs. 14/4554, 17). Maßgeblich 5 ist, dass die Vollmacht bei der gebotenen Auslegung ihrem Umfang nach zumindest zum Empfang dieser Zustellung ermächtigen (vgl. OLG Düss NJW 2010, 3729). Mit Blick darauf umfasst eine Vollmacht für ein Abmahnverfahren evtl. keine Zustellungsvollmacht für ein Eilverfahren nach §§ 916 ff., 935 ff. (OLG Köln GRUR-RR 2005, 143).

6 Die Vorgängerregelung in § 173 aF, die eine Zustellung nur an den Generalbevollmächtigten sowie – in den durch den Betrieb eines Handelsgewerbes hervor gerufenen Rechtsstreitigkeiten – an den Prokuristen vorsah, ist überholt. Maßgebend ist, ob die Vollmacht die Zustellung des in Rede stehenden Schriftstücks umfasst. Selbstverständlich kann die Zustellung weiterhin an einen Generalbevollmächtigten erfolgen (BGH NJW-RR 2017, 58 Rn. 7; BeckRS 2011, 27449 Rn. 8), also an eine solche Person, die für alle Vermögensangelegenheiten eine umfassende Vollmacht hat (vgl. OLG Hamm MDR 1993, 1237.

7 Gleiches gilt für die Zustellung an den Prokuristen nach §§ 48 ff. HGB. Die Prokura umfasst nach § 49 HGB alle Geschäfte, die zum Betrieb eines Handelsgewerbes gehören, also auch die Entgegennahme von Zustellungen. Soweit es sich um unternehmensbezogene Angelegenheiten handelt, hat der Prokurist – für alle Rechtszweige – Vertretungsmacht für gerichtliche Geschäfte (MüKoHGB/Krebs HGB § 49 Rn. 20) Die (passive) Zustellungsvollmacht des § 171 ZPO kann sogar darüber hinausgehen und – bei entsprechender Bevollmächtigung – Angelegenheiten umfassen, die nicht unter die Vertretungsmacht gem. § 49 Abs. 2 HGB fallen (MüKoHGB/Krebs HGB § 49 Rn. 21). Ebenso wie bei mehreren Bevollmächtigten, genügt bei einer Gesamtprokura die Zustellung an einen der Prokuristen nach § 170 III. Auch der Handlungsbevollmächtigte nach § 54 HGB ist berechtigt, jedenfalls Zustellungen entgegenzunehmen, die sich auf den Betrieb des Handelsgewerbes bzw. auf die Geschäfte beziehen, für die er generell bevollmächtigt ist. Eine Vorsorgevollmacht wird gleichfalls von § 171 erfasst (Zimmermann DGVZ 2010, 221 (222)). Maßgeblich ist, dass sie wirksam erteilt wurde und die Bedingungen, unter der sie erteilt wurde, zum Zeitpunkt der Zustellung eingetreten waren (MüKoZPO/Häublein/Müller Rn. 2). Handelt es sich um dabei eine Vollmacht, die eine gesetzliche gesetzliche Betreuung entfallen lässt (§ 1896 II 2 BGB), steht der Bevollmächtigte nach § 51 III ohnehin einem gesetzlichen Vertreter gleich (→ § 51 Rn. 25 ff.).

8 **IV. Vorlage schriftlicher Vollmacht, S. 2.** Für die Wirksamkeit der Zustellung an den rechtsgeschäftlichen Vertreter ist entscheidend, dass im Zeitpunkt der Zustellung eine wirksame schriftliche Vollmacht besteht (BT-Drs. 14/4554, 17; aA MüKoZPO/Häublein/Müller Rn. 5). Dabei steht einer schriftlichen Vollmacht eine anderweitige verkörperte Legitimation – wie ein Handelsregisterauszug – gleich (MüKoZPO/Häublein/Müller § 171 Rn. 4). Ob bei der Zustellung selbst eine schriftliche Vollmacht vorgelegt wird, ist dagegen ohne Belang. Sie ist keine Voraussetzung für eine wirksame Zustellung gem. S. 1 (BGH NJW-RR 2017, 58 Rn. 7; BeckRS 2011, 27449 Rn. 8; aA noch 78. Aufl. 2020, → Rn. 8). Auch der Zusteller muss sich die Vollmacht nicht vorlegen lassen, erst recht nicht ihre Ordnungsmäßigkeit prüfen (BT-Drs. 14/4554, 17).

9 **V. Verstoß, S. 1, 2.** Die bloße Nichtvorlage einer vorhandenen Vollmacht ist unerheblich → Rn. 8. Die Zustellung ist aber unwirksam, wenn eine Vollmacht nicht besteht oder ihr Umfang die Entgegennahme des zuzustellenden Schriftstücks nicht abdeckt (BGH NJW 2017, 564 Rn. 45). Soweit eine Empfangsberechtigung fehlt, kommt eine Heilung nach §§ 189, 295 I in Betracht, dies auch bei späterer wirksamer Bevollmächtigung des Empfängers (BGH NJW 2017, 2472 Rn. 44).

172

Zustellung an Prozessbevollmächtigte. **I [1]In einem anhängigen Verfahren hat die Zustellung an den für den Rechtszug bestellten Prozessbevollmächtigten zu erfolgen. [2]Das gilt auch für die Prozesshandlungen, die das Verfahren vor diesem Gericht infolge eines Einspruchs, einer Aufhebung des Urteils dieses Gerichts, einer Wiederaufnahme des Verfahrens, einer Rüge nach § 321a oder eines neuen Vorbringens in dem Verfahren der Zwangsvollstreckung betreffen. [3]Das Verfahren vor dem Vollstreckungsgericht gehört zum ersten Rechtszug.**

II [1]Ein Schriftsatz, durch den ein Rechtsmittel eingelegt wird, ist dem Prozessbevollmächtigten des Rechtszuges zuzustellen, dessen Entscheidung angefochten wird. [2]Wenn bereits ein Prozessbevollmächtigter für den höheren Rechtszug bestellt ist, ist der Schriftsatz diesem zuzustellen. [3]Der Partei ist selbst zuzustellen, wenn sie einen Prozessbevollmächtigten nicht bestellt hat.

1 **I. Systematik, I, II.** Die Vorschrift stellt einerseits eine Ausnahme von dem Grundsatz dar, dass Zustellungen zB nach §§ 270, 271 an die Parteien erfolgen müssen. Sie enthält andererseits einen eigenen Grundsatz, nämlich den Vorrang eines ProzBev. für alle Zustellungen und die Pflicht, nur an ihn zuzustellen, BVerfG AnwBl 2016, 856; BGH NJW 2002, 1783, zB nach § 178, BAG DB 1996, 2088. Von diesem Grundsatz gilt es wieder in anderen Vorschriften Ausnahmen, zB bei §§ 141 II 2, 239 III 1, 244 II 3, 246 II, 273 IV 2, 278 IV 2, 450 I 3, 900 III 3. I 2 ergänzt den wichtigen I 1. II regelt die Zustellung einer Rechtsmittelschrift vorrangig.

2 **II. Regelungszweck: Vereinigung des Prozessstoffs, I, II. I 1** soll im Interesse der Prozesswirtschaftlichkeit die Vereinigung des gesamten Prozessstoffs in einer Hand fördern, BGH MDR 2011, 183; Ffm OLGZ 1986, 121; Hmb NJW-RR 1988, 1278, und zwar in der berufensten und verantwortlichsten. Das Gesetz geht davon aus, dass die Partei durch die Erteilung einer Prozessvollmacht nach § 80 auf die persönliche Fortführung des Prozessbetriebs verzichtet hat, Ffm Rpfleger 1978, 376. Die Vorschrift ist ihrem umfassenden Zweck entsprechend nach → Einl. II Rn. 70 ff. weit auszulegen.

3 **I 2** bezweckt eine Klärung und Vereinfachung im Interesse der Prozessförderung und Prozesswirtschaftlichkeit wie auch im Interesse der Rechtssicherheit. Der Instanzbegriff geht sehr weit, um die Zustellung zu erleichtern. Damit bürdet das Gesetz zunächst dem bisherigen ProzBev. vielerlei Zusatz- und Abwicklungspflichten auf. Im Anwaltsprozess erlangt die Kündigung des Mandats erst durch die Anzeige der Bestellung eines anderen Rechtsanwalts für diese Instanz rechtliche Wirksamkeit, § 87 I 2; im Übrigen muss der Rechtsanwalt das Ende des Mandats nach § 87 anzuzeigen, um das Ende der Pflichten aus I 2 herbeizuführen.

4 **II** dient einer möglichst frühzeitigen Information des Prozessgegners und damit der Prozessförderung. Die Vorschrift hat praktisch nur eine geringe Tragweite. Denn man legt das Rechtsmittel im Allgemeinen nach §§ 519 I, 549 I, 569 I 1 durch seine Einreichung beim Gericht ein. Jedenfalls ist die Zustellung nach II für die

Wirksamkeit der Einlegung des Rechtsmittels nicht wesentlich. Wegen des Übergangs vom Mahnverfahren nach §§ 688 ff. in das streitige Verfahren → Rn. 13.

Zustellungsabsicht gerade an diesen Beteiligten ist Wirksamkeitsvoraussetzung, Karlsr BauR 2015, 724. 5

III. Sachlicher Geltungsbereich: Alle „anhängigen" Verfahrensarten, I, II. Darum gilt die Vorschrift zB: In allen schon und noch nach → § 261 Rn. 1 „anhängigen" Verfahrensarten der ZPO nach → Vor § 166 Rn. 5, Ffm OLGZ 1986, 121; Köln MDR 2007, 484, also grundsätzlich nicht mehr ab dem Eintritt der formellen Rechtskraft nach § 705, Naumb FamRZ 2006, 1401. Sie gilt in allen Instanzen, auch im Mahnverfahren nach §§ 688 ff., Köln MDR 2007, 484, grundsätzlich im Eilverfahren nach → Rn. 15 „Arrest, einstweilige Verfügung", im Prozesskostenhilfeverfahren nach §§ 114 ff., Brdb (3. FamS) FamRZ 2009, 630; Brschw FamRZ 2008, 72; LAG Ffm JurBüro 2017, 146; aM Brdb (1. FamS) FamRZ 2005, 47; Kblz FamRZ 2005, 531 (je: systemwidrig). 6

IV. Persönlicher Geltungsbereich: Prozessbevollmächtigter, I, II. Beispiele → Rn. 15 ff. 7

1. Begriff. Zunächst → § 80 Rn. 1, § 81. Vor dem BGH muss der Anwalt nach § 78 I 3 dort zugelassen sein, (je zum alten Recht) BGH VersR 1984, 873; Hmb GRUR 1981, 91; Hamm GRUR 1992, 887. Neben dem Vollvertreter behält der Anwalt selbst die Befugnis auch für eine Ersatzzustellung nach §§ 178 ff. Wenn es sich nicht um die Vertretung vor einem Kollegialgericht oder dort nicht um einen Hauptsacheantrag handelt, kann der ProzBev. ein Nichtanwalt sein, BGH MDR 1985, 30, zB ein vertretungsberechtigter Bevollmächtigter nach § 79, etwa ein Prokurist oder ein Generalbevollmächtigter, BAG DB 1996, 2088, auch aufgrund seiner allgemeinen Vertretungsbefugnis, oder die Ehefrau, Zweibr Rpfleger 2001, 558. 8

2. Bestellung. Die Partei muss den ProzBev. im Zeitpunkt der Zustellung nach § 18 I 1 GVGA schon und noch wirksam gerade als solchen „bestellt" haben, Pardey ZIP 1985, 462. Das kann auch schon vorprozessual geschehen sein, wenn mit Bezug auf den kommenden Prozess, zB durch Einreichen einer Schutzschrift, § 945a. Es muss erkennbar werden, dass der Vertreter eine Prozessvollmacht haben soll, BGH NJW-RR 2006, 356, also eine das ganze Verfahren umfassende Vertretungsmacht, BGH MDR 1985, 30; Düss GRUR 1984, 80; Mü FGPrax 2006, 186. Es genügt daher, dass man jemanden eindeutig dem Gericht oder bei einer Parteizustellung nach §§ 191 ff. dem Gegner gegenüber gerade für diesen Prozess als den ProzBev. gekennzeichnet hat, BVerfG NJW 2007, 3488; BGH MDR 2011, 620; Hamm NJW-RR 2001, 1088; aM Ffm NJW-RR 1986, 587. Das mag durch ihn selbst erfolgt sein, BGH NJW-RR 2013, 1173 (Unterzeichnung des Empfangsbekenntnisses); NJW 2017, 1736; Ffm NJW-RR 2018, 252 (dort verneint); KG MDR 1987, 329, oder durch den Auftraggeber, BGH NJW 1987, 440; aM KG MDR 1987, 329 (aber das ist ebenfalls typisch). 9

3. Beispiele zur Frage einer Bestellung, I, II

Anwalts-GmbH: Man kann sie nach § 59 S. 1 BRAO zur ProzBev. bestellen. 10

Anwalts-Partnerschaft: Man kann sie nach § 7 IV 1 PartGG zur ProzBev. bestellen.

Außerprozessuales: Nicht ausreichend ist eine Bestellung erkennbar nur für außergerichtliche Maßnahmen, Hmb NJW-RR 1993, 958; Hamm NJW-RR 2001, 1088.

Bloße Bestellungsbehauptung: Es besteht eine Zustellungspflicht gegenüber dem ProzBev. erst ab dessen wirksamer Bestellung, BGH NJW 2002, 1783; Zweibr FamRZ 2006, 129. Demgemäß besteht kein Zustellungsrecht, erst recht keine Zustellungspflicht an diesen ProzBev., sondern eine Zustellungspflicht an die Partei selbst, soweit und solange nur der Gegner die Bestellung behauptet, etwa in der Klageschrift ohne zugehörige Belege. Der Kenntnis steht das Kennenmüssen gleich, BGH NJW 1981, 1674; BAG DB 1977, 920; Ffm NJW-RR 2018, 252; aM Stein/Jonas/Roth Rn. 21; Zöller/Schultzky Rn. 10. Das Gericht prüft aber nach → Rn. 9 nicht von Amts wegen.

Empfangsbekenntnis: Seine Unterschrift reicht, BGH NJW-RR 2013, 1173.

Form: Eine Bestellung kann ausdrücklich oder stillschweigend geschehen, BGH NJW 2002, 1783; Hamm NJW-RR 2001, 1088; Schlesw MDR 2007, 1187. Ein Telefonat kann ausreichen, Oldb OLGR 1996, 129, natürlich erst recht ein Schriftsatz nach § 129, KG NJW-RR 1994, 3111.

Heilung: Eine nachträgliche Bestellung heilt eine frühere Zustellung usw. an den noch nicht wirksam Bestellten nach § 189. Solange eine Heilung noch möglich ist, erfolgt keine Klageabweisung wegen Fehlens der Rechtshängigkeit nach → § 261 Rn. 1, BGH MDR 2011, 121.

Mehrere Personen: Man kann auch mehrere Personen zu ProzBev. bestellen, zB mehrere Einzelanwälte, BVerfG 1981, 128; BGHZ 118, 322 (je: Zustellung an **einen** genügt), oder eine Sozietät, BGH NJW 1980, 999 (Zustellung an jeden Sozius genügt). Maßgeblich ist die erste Zustellung, BGH FamRZ 2004, 856; BVerwG NJW 1998, 3582; Naumb OLGR 2008, 404; aM Brdb FamRZ 2009, 630; Brem FamRZ 2008, 1545 (aber **wen** begünstigt § 172 eher?).

Parteiladung usw.: Ab einer wirksamen Bestellung ist bis zu deren Ende weder eine zusätzliche Ladung der Partei noch ein zusätzlicher Hinweis usw. an sie direkt nötig, LAG Mü VersR 1986, 692. Daher kann die Partei während der Wirksamkeit der Bestellung ihres ProzBev. auch zB keine Vertagung nach § 227 wegen einer persönlichen Nichtladung fordern. Eine Zustellung auch an sie ersetzt diejenige an ihren ProzBev. nicht, BGH FamRZ 2016, 1259.

Prozesskostenhilfe: Zum Überprüfungsverfahren Romeyko FamRZ 2017, 267.

Sozietät: Man kann eine Sozietät als ProzBev. bestellen, „Mehrere Personen". Bevollmächtigt ist dann auch ein später eintretender Sozius, BGH VersR 1994, 874. Bei einer überörtlichen Sozietät hat zumindest auch der am Gerichtsort kanzleiführende Sozius grds. eine Prozessvollmacht, KG NJW 1994, 3111; LG Bln NJW-RR 2003, 429; Boin MDR 1995, 883; großzügiger LG Bln NJW-RR 2003, 428.

Vollmachtsbeilage: Die Prozessvollmacht nach § 80 braucht der Bestellungsanzeige nicht beizuliegen, BGH FamRZ 1992, 665.

Vollmachtserteilung: Man muss einen solchen Vorgang nach § 80 und seine Wirksamkeit von einer Bestellung nach § 172 unterscheiden, BGH NJW 2002, 1729; Ffm FamRZ 1994, 835; Köln MDR 2007, 484; aM Naumb FamRZ 2000, 166; Stgt WettbR 1996, 281; LAG Köln BB 1996, 1119 (aber → § 80 Rn. 5, 9). Das gilt schon deshalb, weil das Gericht die Vollmachtserteilung nach § 88 II nicht von Amts wegen prüft, soweit ein Anwalt als Bevollmächtigter auftritt.

Zeitpunkt: Maßgeblich ist der Beginn der Zustellung, also die Aushändigung des zuzustellenden Schriftstücks an den Gerichtsvollzieher oder an den Urkundsbeamten der Geschäftsstelle im Parteibetrieb nach §§ 191 ff., an den Justizbediensteten oder an die Post im Amtsbetrieb nach §§ 166 ff., BGH NJW 1981, 1674; Hmb NJW-RR 1988, 1278. Im Zweifel ist die an demselben Tag wie die Durchführung der Zustellung an die Partei beim Gericht eingegangene Bestellung nach → Rn. 9 dort erst später eingegangen, aM Mü OLGR 1999, 10 (ein solcher Beweis sei der Partei unmöglich. Aber auch das Gericht hat durchweg keine Uhrzeitangabe auf der Zustellungsurkunde nach § 182).

Zustellungsbevollmächtigung: Keine Bestellung zum ProzBev. ist eine Bestellung nur zum Zustellungsbevollmächtigten usw., BGH MDR 1981, 126; Bbg OLGR 2001, 27; Düss GRUR-RR 2005, 102.

Das gilt unabhängig, ob die Voraussetzungen der §§ 183, 184 vorlägen. Denn der ProzBev. hat eine ganz andere und viel umfassendere Stellung. Das weiß man als sorgfältiger Anwalt. Man kann ihm daher auch nicht im Zweifel einen bloßen Bezeichnungsirrtum unterstellen.

11 **4. Rechtszug.** Der ProzBev. muss ein solcher für den Rechtszug sein, also für die Instanz. Der Begriff der Instanz schwankt. Er ist für die einzelnen Prozessgesetze und sogar innerhalb der ZPO nicht gleich. Hier bedeutet Instanz das gesamte Verfahren in demselben Rechtszug, Hamm GRUR 1992, 888.

12 **Zum Rechtszug gehören:** Das Verfahren nach einem Einspruch nach §§ 338, 700; das Verfahren mit dem Ziel oder nach einer Zurückverweisung nach §§ 538, 563 I, 566 VIII, 572 III, 577 IV; ein Wiederaufnahmeverfahren nach §§ 578 ff.; ein Verfahren zwecks einer Einleitung der Zwangsvollstreckung, zB auf die Vornahme einer Zustellung nach §§ 750, 751 II, 756, 765, LG Köln JurBüro 1990, 916; das Verfahren vor dem Vollstreckungsgericht des § 764; ein Verfahren infolge eines neuen tatsächlichen Vorbringens in der Zwangsvollstreckungsinstanz nach §§ 731, 767 ff., 781 ff. Das ist ein Streit aus Anlaß einer Zwangsvollstreckung zwischen den Parteien und nicht etwa mit einem Dritten, etwa ein Streit nach § 767 I 2 reicht aber nicht so weit wie §§ 81 ff. Nach den letzteren Vorschriften darf in den dortigen Fällen eine Zustellung an den ProzBev. gehen. In den Fällen I 2 muss die Zustellung an ihn gehen.

13 **5. Beginn und Ende der Instanz.** Die Zustellung hat im anhängigen Verfahren ausschließlich an den für den jeweiligen Rechtszug bestellten Prozessbevollmächtigten zu erfolgen. Dazu gehören die den Rechtszug abschließenden Entscheidungen auch dann, wenn bereits ein Rechtsanwalt für eine höhere Instanz bestellt ist (vgl. BGH, BeckRS 2022, 3794 Rn. 24 ff. mwN), es sei denn der Rechtsanwalt bestellt sich auch für die untere Instanz. Die Instanz beginnt mit der Einreichung des verfahrenseinleitenden Antrags, Gesuchs, Schriftsatzes, zB: Mit dem Mahnantrag nach § 690; mit dem Arrestantrag nach § 920; mit dem Scheidungsantrag nach § 121 FamFG oder mit der Einreichung der Klage nach § 253, also mit der bloßen Anhängigkeit nach → § 261 Rn. 1, also nicht erst mit der Rechtshängigkeit, mithin nicht erst mit der Zustellung der Klageschrift nach § 271, BGH NJW 1984, 926; nach → Rn. 15 „Prozesskostenhilfe" mit dem zugehörigen Prozesskostenhilfeantrag nach § 117, Brdb Rpfleger 2008, 265. Die Instanz endet noch nicht mit der Verkündung nach § 311, BGHZ 111, 109, auch nicht mit der Urteilszustellung nach § 317, sondern erst mit der formellen Rechtskraft des Urteils nach → § 705 Rn. 3, BGH NJW 1995, 1095; Kblz MDR 2008, 645. Beim Fehlen eines Urteils endet die Instanz mit der formellen Rechtskraft zB der Kostenentscheidung. Sie endet grundsätzlich auch mit der Einlegung eines statthaften Rechtsmittels (BGH NJW 1995, 1096; vgl. aber BGH, BeckRS 2022, 3794). Nach einer Abgabe oder Verweisung zB nach § 281 bleibt die Bestellung grundsätzlich bestehen. Die Kostenfestsetzung gehört nach → Rn. 15 „Kostenfestsetzung" zur Instanz.

14 Danach muss man eine die Rechtsmittelfrist etwa nach § 517 in Lauf setzende Zustellung nach II 1 an den ProzBev. der **unteren** Instanz bewirken, wie noch kein ProzBev. für die höhere Instanz nach II 2 besteht, BGH DGVZ 2013, 20. Das gilt sogar dann, wenn das Rechtsmittel vorher eingegangen war. Sofern sich der neue ProzBev. zwar nach dem Erlass der Entscheidung bestellt hat, aber noch vor dem Zeitpunkt ihrer Herausgabe nach → § 329 Rn. 20, 21, muss die Zustellung an ihn erfolgen.

V. Beispiele zur Frage des sachlichen und persönlichen Geltungsbereichs, I, II

15 **Abgabe:** → „Mahnverfahren".

Abmahnung: Die Vollmacht nur zu ihr reicht **nicht,** Hmb NJW-RR 1993, 958.

Amtszustellung: § 172 gilt bei einer Zustellung von Amts wegen nach §§ 166 ff., Köln NJW 1983, 460.

Anderer Prozess: Die Bestellung zum ProzBev. kann auch durch eine Mitteilung in einem anderen bei demselben Gericht nach → § 261 Rn. 1 anhängigen Prozess erfolgen. Die Weiterleitung ist dann eine Amtspflicht.

Anhängigkeit: § 172 gilt im Stadium zwischen der Anhängigkeit und der Rechtshängigkeit nach → § 261 Rn. 1, soweit schon ein ProzBev. tätig geworden ist, BGH NJW 1984, 926, etwa durch die Einreichung eines Antrags auf eine Prozesskostenhilfe nach § 117.

Anhörungsrüge: § 172 gilt nach dem klaren Wortlaut und Sinn von I 2 auch bei einer Anhörungsrüge nach § 321a.

Annahme der Zustellung: → „Entgegennahme der Zustellung".

Antragstellung: Die Bestellung zum ProzBev. kann durch die Stellung eines Prozess- und/oder Sachantrags nach → § 297 Rn. 4, 5 im Termin erfolgen, BGH VersR 1979, 255; Düss GRUR 1984, 80.

Anwalts-GmbH: → Rn. 9.

Anwaltsprozess: § 172 gilt natürlich im Anwaltsprozess nach → § 78 Rn. 1.

Arrest, einstweilige Verfügung: § 172 gilt grds. im Verfahren nach §§ 916 ff., 935 ff., Celle GRUR-RR 2017, 144; Hmb MDR 2006, 1123; Stgt WettbR 1996, 281, nur ausnahmsweise dann nicht, Nürnb MDR 2002, 232. Auch → § 82 Rn. 1. Eine Bestellung für das Eilverfahren kann sich auf das Hauptverfahren erstrecken, Ffm FamRZ 1994, 835.

Aufgabe der Anwaltszulassung: → „Vertretungsunfähigkeit".

Aufnahme des Verfahrens: Bei §§ 239 III, 246 ist eine persönliche Ladung der Partei unabhängig von der Bestellung eines ProzBev. notwendig.

Auftritt: In ihm vor Gericht kann nach → Vor § 128 Rn. 59 eine Bestellung liegen, BGH NJW-RR 1992, 699.

Ausländischer Anwalt: SchlAnh. VII § 5.

Außergerichtlicher Zustand: Während seiner Dauer ist § 172 unanwendbar, BGH NJW 2011, 1006.

Baulandsache: § 172 gilt in einer Baulandsache, BGH MDR 1985, 30.

Beiordnung: → „Ehesache".
Berufsrecht: → „Vertretungsverbot", „Widerruf usw.".
Drittwiderspruchsklage: Die Klage nach § 771 fällt zwar unter die Vollmacht nach § 80. Daher kann die Zustellung an den ProzBev. erfolgen. Es handelt sich aber **nicht** um den anhängigen Prozess. Daher ist eine Zustellung an den Gläubiger persönlich zulässig.
Ehesache: → Rn. 6. Dem nach § 138 FamFG beigeordneten Anwalt kann man nur dann wirksam zustellen, wenn er außerdem der ProzBev. ist, (zum alten Recht) BGH NJW 1995, 1225.
Eidesstattliche Versicherung: → „Vermögensauskunft".
Einmischungsklage: → § 82 Rn. 1.
Einstweilige Zulassung: Eine einstweilige Zulassung nach § 89 genügt als Bestellung zum ProzBev.
Einzelne Handlung: Eine Vollmacht nur für sie reicht **nicht.**
Empfangsbekenntnis: Seine Unterzeichnung und Rückgabe an das Gericht nach § 174 kann evtl. genügen, Schlesw MDR 2007, 1187. Aber Vorsicht, → Rn. 9.
Entgegennahme der Zustellung: Die Bestellung zum ProzBev. kann auch durch die Entgegennahme der Zustellung durch einen Sozius erfolgen, BGHZ 67, 13.
Familiensache: → Rn. 6.
Formlose Mitteilung: § 172 gilt bei einer formlosen Mitteilung, BGH NJW-RR 1986, 287, BAG DB 1977, 920.
Gegner: → „Klageschrift".
Hauptintervention: → § 82 Rn. 1.
Insolvenz: § 172 gilt auch im Insolvenzverfahren, BayObLG NJW-RR 2002, 988. Der ProzBev. der Partei wird nach → § 86 Rn. 14 **nicht** schon dadurch, dass sie zum Schuldner wird, zum Zustellungsbevollmächtigten des Verwalters, BGH DB 1989, 377.
Internationales Übereinkommen: § 172 ist bei einem solchen Übereinkommen **unanwendbar,** BGHZ 65, 298, soweit an die Partei selbst zuzustellen ist und das Übereinkommen nicht auf die Vorschrift Bezug nimmt.
Justitiar: Man kann ihn zum ProzBev. bestellt haben.
Klageschrift: Die Angabe des Klägers in der Klageschrift, der Anwalt X sei der ProzBev. des Bekl., genügt grds. BGH NJW-RR 2000, 445.
Kostenfestsetzungsverfahren: Es gehört nach → Rn. 13 zur Instanz, BGH DGVZ 2013, 20. § 172 gilt im Verfahren nach §§ 103 ff., BVerfG 81, 127 (nicht stets zwingend), BGH MDR 2011, 184; KG NJW 1994, 3111. Das gilt **nicht** in einem Verfahren nach (jetzt) § 11 RVG, solange die Partei nicht auch dafür eine Prozessvollmacht erteilt hat, Mü Rpfleger 1984, 74.
Kündigung: → „Widerruf usw.".
Landwirtschaftsverfahren: § 172 gilt in einem Landwirtschaftsverfahren.
Mahnverfahren: § 172 gilt im Mahnverfahren nach §§ 688 ff., Zweibr VersR 1979, 143; aM KG NJW 1987, 1339, (aber Buch 1 gilt auch für Buch 7). Das gilt auch nach einer Abgabe oder Verweisung zB nach § 281, Düss MDR 1987, 503; Zweibr FamRZ 1989, 192.
Niederlegung: → „Widerruf usw.".
Notanwalt: Eine Beiordnung als Notanwalt nach § 78c genügt **nicht.** Wohl aber genügt eine einstweilige Zulassung.
Notarielle Urkunde: § 172 gilt **nicht,** Nürnb MDR 2018, 175.
Parteibetrieb: § 172 gilt bei einer Zustellung im Parteibetrieb nach §§ 191 ff.
Parteiprozess: § 172 gilt im Parteiprozess nach → § 78 Rn. 1, Köln MDR 1976, 50.
Parteivernehmung: Bei § 450 I 2 ist eine persönliche Ladung der Partei unabhängig von der Bestellung eines ProzBev. notwendig.
Partnerschaft: → Rn. 15.
Passivrubrum: → „Klageschrift".
Persönliches Erscheinen: Bei §§ 141 II 1, 2, 239 III 1, 273 II Nr. 3, 279 II 2, IV 2, 450 I, bei § 33 FamFG usw. ist eine persönliche Ladung der Partei unabhängig von der Bestellung eines VerfBev notwendig, Brdb JurBüro 1999, 155.
Prokurist: Man kann ihn im Parteiprozess nach → § 78 Rn. 1 zum ProzBev. bestellen.
Prozesskostenhilfe: § 172 gilt im Verfahren nach §§ 114 ff., BGH MDR 2011, 183; Brdb MDR 2013, 1245; LG Saarbr FamRZ 2012, 1658. Das gilt auch nach dem Abschluss des Hauptsacheverfahrens, BGH MDR 2011, 1314. Freilich muss sich der ProzBev. auch für das Prozesskostenhilfeverfahren bestellt haben, BGH MDR 2011, 1314; Brdb MDR 2013, 1245; LG Saarbr FamRZ 2012, 1658. Das Gericht muss zwar eine Meldung zunächst nur mit einem Prozesskostenhilfegesuch nach § 117 ohne weiteren Zusatz zurückhaltend würdigen. Eine solche Meldung gibt aber doch wohl meist eine Bestellung zum ProzBev. zumindest bis zur etwa erfolgenden Ablehnung der Beiordnung zu erkennen, BGH NJW 2002, 1728. Freilich kann eine Rückfrage ratsam sein. Es kommt auf die Umstände an.

Nicht ausreichend ist die bloße Beiordnung nach § 121. Denn zu ihr muss nach → § 121 Rn. 21 eine Prozessvollmacht gerade hinzutreten. Freilich kann eine einstweilige Zulassung nach § 89 vorliegen. Nach dem vollen Ende des Hauptsacheverfahrens gilt § 172 nicht mehr, Brem FamRZ 2008, 1545; Drsd FamRZ 2009, 1425; Kblz FamRZ 2008, 1358. Eine Aufhebungsentscheidung nach § 120 IV oder nach § 124 kann außerhalb des Hauptverfahrens erfolgen.
Rechtshängigkeit: → Rn. 15 „Anhängigkeit".
Rechtsmittelinstanz: § 172 gilt in allen Instanzen.
Sachverhalt: Eine Bestellung zum ProzBev. kann durch den Sachverhalt erkennbar sein.
Schiedsspruch: §§ 1042 II, 1054 IV.
Schriftsatz: Eine (Selbst-)Bestellung kann natürlich in erster Linie durch die Einreichung eines Schriftsatzes des ProzBev. erfolgen, BGH VersR 1986, 371; Karlsr NJW-RR 1992, 701. Das kann aber auch durch den Schriftsatz eines **nicht** zum Verhandeln Befugten geschehen, LG Hagen WuM 1988, 281 (er ist ein Zustellungsbevollmächtigter).
Schutzschrift: §§ 945a, b.

Selbständiges Beweisverfahren: § 172 gilt auch bei §§ 485 ff. Der Anwalt des Beweisverfahrens mag auch als ProzBev. des direkt anschließenden Hauptprozesses gelten, Düss MDR 1991, 1197.

Sozietät: Bei der örtlichen Sozietät hat der Auftraggeber grds. jeden Sozius mitbestellt, BGH NJW 1980, 999, auch der später eintretende, BGH VersR 1994, 874. Denn jeder arbeitet für jeden, ist Gesamtgläubiger und Gesamtschuldner. Bei der überörtlichen Sozietät will der Auftraggeber nach → Rn. 9 im Zweifel nur diejenigen Sozien mitbestellen, die vor dem oder den Gericht(en) als ProzBev. auftreten sollen und wollen.

Termin: Das Aufttreten im Termin wie ein ProzBev. lässt sich als seine Bestellungsanzeige bewerten, BGH NJW-RR 1992, 699.

Terminsvertreter: Der bloß für einen oder mehrere Termine Bestellte ist **nicht** schon deshalb auch ProzBev., BGH BB 2007, 182.

Tod usw. des Prozessbevollmächtigten: Die Prozessvollmacht endet nach → § 86 Rn. 7, 8 mit diesem Ereignis. Das Verfahren wird nach § 244 unterbrochen. Eine Zustellung der Rechtsmittelschrift mag nach II 3 an die Partei selbst notwendig werden.

Unterbrechung: → „Aufnahme des Verfahrens".

Unterschrift: Die Bestellung zum ProzBev. kann auch durch die Unterzeichnung eines zugestellten Schriftsatzes erfolgen.

Untervertreter, -bevollmächtigter: Er ist nicht stets (auch) ProzBev., BGH BB 2007, 182; VerfGH Mü NJW-RR 1992, 1645; Nürnb OLGZ 1976, 481; aM Zöller/Schultzky Rn. 3 (aber man sollte nach → Vor § 128 Rn. 15, 60 prozesswirtschaftlich auslegen).

Verkehrsanwalt: Er ist **gerade nicht** der ProzBev. Das gilt auch dann, wenn er gegen den Kostenfestsetzungsbeschluss nach § 104 vorgeht. Er kann allerdings zB im Kostenfestsetzungsverfahren ein weiterer ProzBev. sein, Kblz VersR 2000, 1039.

Vermögenskauskunft: Bei § 802f I ist schon nach dessen Wortlaut eine persönliche Ladung des Schuldners unabhängig von der Bestellung eines ProzBev. notwendig.

Vertretungsberechtigter Bevollmächtigter: Derjenige nach § 79 **kann** ProzBev. im Parteiprozess nach → § 78 Rn. 1 sein.

Vertretungsunfähigkeit: Die Prozessvollmacht endet nach → § 86 Rn. 7, 8 mit dem Eintritt der Vertretungsunfähigkeit des bisherigen ProzBev. Hierher gehört nicht eine Mitteilung ans Gericht, aber zB der Wegfall der Zulassung, BGH NJW-RR 2008, 1290.

Vertretungsverbot: Es ändert nach § 155 V 2 BRAO nichts an der Wirksamkeit einer Zustellung an den Anwalt.

Verweisung: → „Mahnverfahren". Die Prozessvollmacht endet nicht mit der Verweisung an ein anderes Gericht, sondern allein nach → § 87.

Vollmachtloser Vertreter: Für einen zugelassenen vollmachtlosen Vertreter tritt das Ende der Befähigung nach § 172 mit seiner Zurückweisung nach § 89 ein, Zweibr MDR 1982, 586.

Vollstreckungsabwehrklage: Die Klage nach § 767 gehört zur Instanz.

Vollstreckungsgericht: → „Zwangsvollstreckung".

Vollstreckungstitel: Die Bestellung zum ProzBev. kann sich nach → Vor § 300 Rn. 34 aus seiner Anführung in einem Vollstreckungstitel nach §§ 704, 794 ergeben, LG Gießen Rpfleger 1981, 26.

Wegfall der Zulassung: → „Vertretungsunfähigkeit".

Widerruf usw.: Das Ende der Bevollmächtigung tritt dem Wirksamwerden einer Niederlegung des Mandats ein, BGHZ 118, 322. Es tritt auch mit der Wirksamkeit eines Widerrufs oder einer Kündigung des Vollmachtsvertrags nach § 87 ein. Darum darf man im Anwaltsprozess nach → § 78 Rn. 1 dem an die Stelle des bisherigen ProzBev. getretenen neuen ProzBev. eine Zustellung erst dann zuleiten, wenn er die Übernahme auch wirksam angezeigt hat, BGH NJW 1980, 999; Düss OLGZ 1988, 119. Im Parteiprozess nach → § 78 Rn. 1 genügt aber bei einer Kündigung oder Niederlegung die Kenntnis des Gerichts, BGH NJW 1991, 296; Hamm NJW 1982, 1887; LG Bln MDR 1994, 307. Aber → § 87 Rn. 6.

Der Anwalt muss ein ihm nach § 172 zugestelltes Schriftstück grds. schon berufsrechtlich und auch im Rahmen der Abwicklung des Anwaltsvertrags auch noch eine angemessene Zeit nach der Beendigung des Auftrags an die Partei **weiterleiten.** Das alles entfällt ab der Bekanntgabe des Erlöschens der Zulassung. Das braucht aber in der Regel nicht noch nach einer Reihe von Monaten zu geschehen. Es entscheiden die Umstände. Die Mitteilung der Partei vom Ausscheiden des bisherigen ProzBev. kann im Parteiprozess nach → § 78 Rn. 1 genügen, LG Gießen Rpfleger 1981, 26, ebenso diejenige von der Bestellung eines neuen, Ffm Rpfleger 1986, 39, LG Gießen Rpfleger 1981, 26, oder die Mitteilung der Partei vom Wegfall eines ProzBev. überhaupt, LG Trier Rpfleger 1988, 29.

Wiederaufnahmeverfahren: Das Verfahren nach §§ 578 ff. gehört zur Instanz.

Wohnungseigentumssache: § 172 gilt auch hier, Schlesw MDR 2007, 1187. Wegen des Verwalters als Zustellungsvertreters Anh. § 170.

Zulassung: → „Vertretungsunfähigkeit".

Zustellungsbevollmächtigter: Wer nicht ProzBev. ist, kann doch zumindest ein Zustellungsbevollmächtigter sein, § 184, BGH VersR 1984, 873; Düss MDR 1985, 852; LG Hagen WuM 1988, 281. Auch in manchem Anwaltsschriftsatz gehen die Begriffe durcheinander. Im Zweifel ist eine Rückfrage beim Einreicher ratsam. Beim angeblichen ProzBev. des Gegners ist sie freilich nicht stets überhaupt statthaft (Schweigepflicht vor Beginn des Prozessrechtsverhältnisses!). Sie ist überhaupt keineswegs immer eine Amtspflicht. Das übersieht leider manchmal eine Rechtsmittelentscheidung. Denn die Aufgabenbereiche decken sich nicht annähernd, auch nicht kostenmäßig. Das sollte man vor der Annahme einer Bestellung als ProzBev. mitbedenken.

Zwangsvollstreckung: Das Verfahren nach §§ 704 ff. gehört zur Instanz, → Rn. 16. § 172 gilt in der Zwangsvollstreckung mit Ausnahme des Verfahrens auf die Abgabe (jetzt) einer Vermögensauskunft nach § 802f II, III, Ffm NJW 1978, 1442; LG Gießen Rpfleger 1981, 26; LG Köln NJW 1986, 1180; aM LG Bochum Rpfleger 1985, 33 (aber die Vorschrift regelt einen Sonderfall). Auch → „Drittwiderspruchsklage", → „Formlose Mitteilung".

16 **VI. Verfahren vor dem Vollstreckungsgericht, I 3.** Das Verfahren vor diesem Gericht und damit fast die gesamte Zwangsvollstreckung nach → Rn. 15 gehört stets zum ersten Rechtszug, LG Würzb DGVZ 1979, 126.

Vgl. nur §§ 764, 766, 789, 793, 822ff., 828ff. Dasselbe gilt nach § 1 I ZVG für Zwangsversteigerung und -verwaltung nach § 869. Es ist also eine Zustellung an den erstinstanzlichen ProzBev. nötig, Zweibr Rpfleger 2001, 558 (Ehefrau), LG Köln JurBüro 1990, 916. Das ist auch dann so, wenn die Zwangsvollstreckung aus einem in zweiter Instanz zustandegekommenen Titel stattfindet, zB aus einem dort geschlossenen Vergleich, LG Köln JurBüro 1990, 916. Dabei kommt es nicht auf den Wohnort des ProzBev. an. § 802f II, III enthält eine Sonderregelung für die Ladung im Verfahren zur Abgabe einer Vermögensauskunft. I 3 gilt auch dann, wenn das Gericht des ersten Rechtszugs nicht das Vollstreckungsgericht ist, LG Gießen Rpfleger 1981, 26.

Der Auftraggeber mag einen **neuen** ProzBev. für die Zwangsvollstreckung bestellen, Ffm Rpfleger 1986, 391, LG Gießen Rpfleger 1981, 26. Die Partei mag im Verfahren ohne einen Anwaltszwang selbst tätig werden. Sie mag mitteilen, das bisherige Mandat sei erloschen, LG Gießen Rpfleger 1981, 26. Zu allen diesen Fällen ist § 172 allenfalls auf den neuen ProzBev. anwendbar, Mü Rpfleger 1979, 465; LG Gießen Rpfleger 1981, 26; LG Trier Rpfleger 1988, 29. 17

VII. Reihenfolge, II. Das Gericht muss einen Schriftsatz den folgenden Personen in der folgenden Reihenfolge zustellen. 18

1. Prozessbevollmächtigter der unteren Instanz, II 1. Die Zustellung ist nach I zunächst an den ProzBev. der unteren Instanz nach § 81 nötig. Zunächst muss die Zustellung an den ProzBev. derjenigen Instanz versuchen, die die angefochtene Entscheidung erlassen hat. 19

2. Prozessbevollmächtigter der höheren Instanz, II 2. Die Zustellung muss allerdings an denjenigen ProzBev. erfolgen, den die Partei oder ihr erstinstanzlicher ProzBev. etwa inzwischen für die höhere Instanz bestellt hat. Vor diesem Zeitpunkt bleibt der erstinstanzliche ProzBev. der richtige Adressat, BGH NJW 1975, 120. Wenn es um mehrere Rechtsmittel in derselben Sache geht, muss man hier wiederum wie folgt unterscheiden. Wenn sich die Rechtsmittel auf verschiedene Urteile beziehen, etwa auf ein Teil-, Zwischen-, Grund- oder Schlußurteil, ist immer eine neue Prozessvollmacht nach § 80 erforderlich. Man muss die Bestellung daher jeweils neu prüfen. Wenn sich die Rechtsmittel auf dasselbe Urteil beziehen, genügt die frühere Vollmacht. Hat das Gericht die Sache zB nach §§ 538, 563 zurückverwiesen, ist der frühere Anwalt nach → Vor § 166 Rn. 19 der Zustellungsadressat. Etwas anderes gilt dann, wenn die Sache wieder in die Revisionsinstanz kommt. Nach dem AUG, Anh. § 168 GVG, ist der mitwirkende Generalstaatsanwalt als Zentrale Behörde der Zustellungsadressat. 20

3. Fehlen eines Prozessbevollmächtigten, II 3. Wenn ein ProzBev. fehlt, dem das Gericht nach → Rn. 19 oder → Rn. 20 zustellen müßte, dann muss es die Klageschrift oder die Rechtsmittelschrift der Partei selbst zustellen. 21

VIII. Wirkung, I, II. Das Gericht und der Prozessgegner sind nicht nur berechtigt, sondern verpflichtet, mit Ausnahme der Fälle → Rn. 15 „Persönliches Erscheinen" und einer Vermögensauskunft nach § 802c an den ProzBev. zuzustellen, Schlesw MDR 2001, 231, soweit die Voraussetzungen des § 172 im Zeitpunkt der Heraus- oder Weggabe des zuzustellenden Schriftstücks vorliegen, BGH NJW 1981, 1673; Ffm OLGZ 1986, 121. Bei einer Mehrheit von ProzBev. genügt nach → Rn. 9 die Zustellung an einen von ihnen. Bei mehreren Zustellungen ist für einen Fristlauf die erste wirksame maßgeblich, BGHZ 112, 347; BVerwG NJW 1998, 3582; Zweibr Rpfleger 2002, 567. 22

IX. Verstoß, I, II. Jedes Gericht muss in jeder Instanz einen Verstoß prüfen, BGH NJW 1976, 1940. Ein Verstoß kann zur Zurückverweisung nach § 538 II 1 Nr. 1 führen. Jeder Verstoß macht die Zustellung jedenfalls zunächst grundsätzlich wirkungslos, BVerfG AnwBl 2016, 856; BGH NJW 2002, 1783; Hamm FamRZ 2006, 1553. Daher läuft zB die Rechtsmittelfrist zB nach § 517 nicht an, BayObLG NJW-RR 2002, 988. Zunächst gilt der sog. → Vor § 511 Rn. 29, Brdb FamRZ 2009, 630; Brem FamRZ 2008, 1545. Das gilt trotz des stets zu beachtenden § 189 mit seiner Heilungsmöglichkeit nach → Rn. 25, BGHZ 84, 562. Bei Willkür kann eine Verfassungsbeschwerde statthaft sein, BVerfG AnwBl 2016, 856. 23

Alles das gilt wohl selbst dann, wenn der ProzBev. das Schriftstück aus **dritter** Hand erhalten hat oder wenn die Zustellung auch oder nur an den Vertretenen erfolgt ist, BGHZ 61, 310; Köln MDR 1976, 50; LG Köln NJW 1986, 1180. Daraus können ein Anspruch auf einen neuen Termin nach § 227 und auf eine neue Amtshaftung nach Art. 34 GG, § 839 BGB entstehen. Man kann freilich evtl. eine Zustellung an den Zustellungsbevollmächtigten des § 184 annehmen, BGH VersR 1984, 873; BAG BB 1977, 1152. Wegen der Vollziehungsfrist des § 929 Hmb GRUR 1987, 66. 24

Eine **Heilung** erfolgt nach § 189, BGH MDR 2011, 121 (vor ihrer noch möglichen Wirkung keine Klageabweisung); Hamm FamRZ 2006, 1553; KG GRUR-RR 2011, 287, strenger Hmb MDR 2018, 424, und nach § 295 I. Sie erfolgt aber nach der letzteren Vorschrift jedenfalls dann nicht rückwirkend, wenn sonst eine zwingende Frist verletzt wäre, etwa eine Klageausschlußfrist oder Klageerwiderungsfrist etwa nach §§ 275 I 1, 277 oder wenn es zB um § 1587 II BGB geht, BGH NJW 1984, 926, oder im Eilverfahren nach §§ 49ff. FamFG oder nach §§ 916ff., 935ff. ZPO, Celle GRUR 1989, 541. Soweit der ProzBev. mehrere Beteiligte vertritt, wirkt die Zustellung im Zweifel für oder gegen alle, wenn nicht § 182 II Nr. 2 etwas anderes ergibt. 25

173 *Zustellung von elektronischen Dokumenten.* **I Ein elektronisches Dokument kann elektronisch nur auf einem sicheren Übermittlungsweg zugestellt werden.**

II [1]Einen sicheren Übermittlungsweg für die elektronische Zustellung eines elektronischen Dokuments haben zu eröffnen:

1. Rechtsanwälte, Notare, Gerichtsvollzieher [Fassung ab 1.1.2023: *Steuerberater*] sowie
2. Behörden, Körperschaften oder Anstalten des öffentlichen Rechts.

[Fassung ab 1.1.2024:]

1. Rechtsanwälte, Notare, Gerichtsvollzieher, Steuerberater sowie sonstige in professioneller Eigenschaft am Prozess beteiligte Personen, Vereinigungen und Organisationen, bei denen von einer erhöhten Zuverlässigkeit ausgegangen werden kann, sowie
2. Behörden, Körperschaften oder Anstalten des öffentlichen Rechts.

²Steuerberater und sonstige in professioneller Eigenschaft am Prozess beteiligte Personen, Vereinigungen und Organisationen, bei denen von einer erhöhten Zuverlässigkeit ausgegangen werden kann, sollen einen sicheren Übermittlungsweg für die elektronische Zustellung eröffnen.

III **¹Die elektronische Zustellung an die in Absatz 2 Genannten wird durch ein elektronisches Empfangsbekenntnis nachgewiesen, das an das Gericht zu übermitteln ist. ²Für die Übermittlung ist der vom Gericht mit der Zustellung zur Verfügung gestellte strukturierte Datensatz zu verwenden. ³Stellt das Gericht keinen strukturierten Datensatz zur Verfügung, so ist dem Gericht das elektronische Empfangsbekenntnis als elektronisches Dokument (§ 130a) zu übermitteln.**

IV **¹An andere als die in Absatz 2 Genannten kann ein elektronisches Dokument elektronisch nur zugestellt werden, wenn sie der Zustellung elektronischer Dokumente für das jeweilige Verfahren zugestimmt haben. ²Die Zustimmung gilt mit der Einreichung eines elektronischen Dokuments im jeweiligen Verfahren auf einem sicheren Übermittlungsweg als erteilt. ³Andere als natürliche Personen können die Zustimmung auch allgemein erteilen. ⁴Ein elektronisches Dokument gilt am dritten Tag nach dem auf der automatisierten Eingangsbestätigung ausgewiesenen Tag des Eingangs in dem vom Empfänger eröffneten elektronischen Postfach als zugestellt. ⁵Satz 4 gilt nicht, wenn der Empfänger nachweist, dass das Dokument nicht oder zu einem späteren Zeitpunkt zugegangen ist.**

1 **I. Systematik, Regelungszweck, I–IV.** Der neue § 173 betrifft die elektronische Zustellung elektronischer Dokumente. Die Vorschrift wurde eingefügt mWv 1.1.2022 durch G v. 5.10.2021 (BGBl. I 4607). Ihr Zweck ist es, die bisher lediglich punktuellen Regelungen zu den Zustellungsmöglichkeiten im elektronischen Rechtsverkehr in einer gesonderten Vorschrift zu regeln (BT-Drs. 19/28399, 33). I regelt den Weg der elektronischen Zustellung. Mit II wird die Regelung des bisherigen § 174 III S. 4 und die Aufzählung der Personengruppen aus § 174 I übernommen (BT-Drs. 19/28399, 34) und bestimmt, an welche Personen, Vereinigungen und Organisationen elektronisch zugestellt werden kann. III betrifft das elektronische Empfangsbekenntnis, während IV die Zustellung elektronischer Dokumente an nicht in II genannte Verfahrensbeteiligte regelt.

2 **II. Elektronische Zustellung, I.** An alle in I genannten Personen kann unter den Voraussetzungen dieses Absatzes ein elektronisches Dokument iSd §§ 130a, 139b zugestellt werden, siehe die dortigen Erläuterungen sowie § 31a I, VI.

2a Ein elektronisches Dokument kann elektronisch nur auf einem sicheren Übermittlungsweg iSd § 130a IV zugestellt werden. Diese Möglichkeit schließt nicht aus, dass elektronische Dokumente ausgedruckt und in Schriftform gemäß § 175 oder § 176 zugestellt werden (BT-Drs. 19/28399, 34 f. Zur eindeutigen Identifizierung des Empfängers ist Voraussetzung für die Teilnahme am elektronischen Rechtsverkehr, dass dieser ein zuordenbares Postfach einrichtet (BT-Drs. 19/28399, 36). Entsprechende Übermittlungswege zwischen einem besonderen elektronischen Postfach und der elektronischen Poststelle des Gerichts sind bisher für Rechtsanwälte („beA“), für Notare („beN“) und für Behörden sowie Körperschaften des öffentlichen Rechts („beBPo“) gesetzlich geregelt und eingerichtet worden.

3 **III. Verpflichteter Personenkreis, II.** An die in II genannten Personen, Vereinigungen und Organisationen kann ein elektronisches Dokument gegen elektronisches Empfangsbekenntnis auf einem sicheren Übermittlungsweg zugestellt werden. Diesen Beteiligtenkreis, der stufenweise erweitert wird, trifft die Pflicht, einen sicheren Übermittlungsweg zu eröffnen.

3a **1. Verpflichtete Beteiligte. Bis 31.12.2023** sind nur die in II S. 1 Nr. 1, 2 ausdrücklich genannten Gruppen verpflichtet, ab 1.1.2023 zählen hierzu auch die Steuerberater. **Ab 1.1.2024** besteht auch für sonstige in professioneller Eigenschaft am Prozess Beteiligte → Rn. 4 nach I Nr. 1 die Pflicht, einen sicheren Übermittlungsweg für die elektronische Zustellung eines elektronischen Dokuments zu eröffnen.

4 **2. Sonstige professionellen Beteiligten.** Sonstige in professioneller Eigenschaft am Prozess beteiligte Personen, Vereinigungen und Organisationen, bei denen von einer erhöhten Zuverlässigkeit ausgegangen werden kann, **sollen** nach II S. 2 einen sicheren Übermittlungsweg für die elektronische Zustellung eröffnen. Für sie besteht damit die Möglichkeit, die Einrichtung eines sicheren Übermittlungswegs vorzubereiten. Ist der sichere Übermittlungsweg eingerichtet, ist an sie auch ohne Teilnahmepflicht nach III gegen eEB und nicht nach IV zuzustellen (Zöller/Schultzky Rn. 7). Die Pflicht nach I Nr. 1 besteht **ab 1.1.2024.** Die Frage, wann eine **erhöhte Zuverlässigkeit** vorliegt, ist nicht individuell zu bestimmen, sondern bedarf der typisierenden Betrachtung. Die dem Gericht bekannte persönliche Zuverlässigkeit genügt daher nicht (MüKoZPO/Häublein/Müller § 174 Rn. 4). Eine gesetzliche Konkretisierung auf bestimmte Personengruppen ist nicht erfolgt. Die in der Gesetzesbegründung angesprochenen Personengruppen, Vereinigungen und Organisationen sind nicht abschließend (BT-Drs. 19/28399, 34), die weitere Konkretisierung bleibt weiterhin den Gerichten überlassen (vgl. BT-Drs. 14/4554, 18). Einen Anhaltspunkt bietet insoweit, dass der Gesetzgeber solche Berufsgruppen beispielhaft benannt hat, die besonderen standesrechtlichen Regelungen unterliegen oder denen institutionell Aufgaben der Rechtspflege zugewiesen sind (Wieczorek/Schütze/Rohe § 174 Rn. 9).

3. Beispiele zu sonstigen professionellen Beteiligten

5 **Arbeitgebervereinigungen,** Arbeitnehmervereinigungen, Gewerkschaften: Ja; diese und weitere vor den Arbeitsgerichten vertretungsbefugte Personen und Vereinigungen iSd § 11 II ArbG sind sonstige professionelle Beteiligte iSd II 2 (BT-Drs. 19/28399, 34; Zöller/Schultzky Rn. 10).

Arbeitnehmervereinigungen, ja → Arbeitgebervereinigungen.

Beamte: Nein; sie sind ebenso wie Richter keine professionellen Beteiligten, auch nicht bei Beteiligung in dienstlicher Eigenschaft, zB als Zeuge (BT-Drs. 19/28399, 34).

Dolmetscher und Übersetzer: ja sofern öffentlich bestellt und vereidigt, da ihnen institutionell Aufgaben der Rechtspflege zugewiesen sind (aA Zöller/Schultzky Rn. 10, mangels standesrechtl Bindung → Rn. 4).

Inkassodienstleister. Ja; die Registrierung nach § 10 I S. 1 Nr 1 RDG erfordert die besondere Zuverlässigkeit *II 2 (Zöller/Schultzky Rn. 10).*

Patentanwälte: Ja (Zöller/Schultzky Rn. 10 8; MüKo/Häublein/Müller § 174 Rn. 4).

Rentenberater: Ja (BT-Drs. 19/28399, 34); Registrierung nach § 10 I S. 1 Nr. 2 RDG erfordert Zuverlässigkeit.

Richter: Nein → „Beamte".
Sachverständige: Ja, sofern sie öffentl bestellt und beeidigt sind, da ihnen institutionell Aufgaben der Rechtspflege zugewiesen sind (Wieczorek/Schütze/Rohe § 174 Rn. 9; MüKo/Häublein/Müller § 174 Rn. 4; aA Zöller/Schultzky Rn. 10 (mangels standesrechtl Bindung → Rn. 4).
Verbraucherzentralen und -verbände: ja (BT-Drs. 19/28399, S. 34).

IV. Elektronisches Empfangsbekenntnis, III. Elektronisches Empfangsbekenntnis ist nach **III 1** die notwendige Nachweisform bei einer Zustellung nach III. **III 2** zwingt zur Benutzung eines „strukturierten Datensatzes", sofern das Gericht diesen zur Verfügung stellt. Der Zwang zur Benutzung des strukturierten Datensatzes unterscheidet das elektronische Empfangsbekenntnis vom einfachen elektronischen Dokument (Arg. aus IV 6; *Schmieder* jM 2020, 222; unklar, OVG Saarlouis NVwZ 2020, 735). Um die elektronische Übermittlung auch zu ermöglichen, wenn das Gericht einen solchen Datensatz aufgrund technischer Probleme ausnahmsweise nicht bereitstellt, kann nunmehr nach III 3 das elektronische Empfangsbekenntnis auch als bloßes elektronisches Dokument übermittelt werden (BT-Drs. 19/13828, 19), also nur den Anforderungen des § 130a genügend. Im Übrigen bleibt es jedoch dabei, dass ein elektronisches Empfangsbekenntnis in strukturierter maschinenlesbarer Form zu übermitteln ist. Ein Ausdruck des EB und eine Rücksendung per Post oder Fax führt die Wirksamkeit der Zustellung mangels der Form des III 3 nicht herbei, *Schmieder* jM 2020, 222 (223), aber Heilung nach § 189 → Rn. 28 möglich; der Nachweis der Zustellung bei einem dürfte ausgedruckten und unterschriebenen EB oder der bloßen Mitteilung des Empfangs per Schriftsatz im Regelfall auf andere Weise erbracht sein. 6

Das elektronisch zurückgesandte Empfangsbekenntnis erbringt nach Maßgabe der §§ 371a I, 416 als solches ebenso wie ein auf dem Postweg zurückgesandtes Empfangsbekenntnis Beweis sowohl für die Entgegennahme des in ihm bezeichneten Schriftstücks als auch für den Zeitpunkt von dessen Empfang; der Gegenbeweis, dass das in einem elektronisch zurückgesandten Empfangsbekenntnis ausgewiesene Zustellungsdatum unrichtig ist, ist – ebenso wie bei einem auf dem Postweg zurückgesandten Empfangsbekenntnis – möglich, vgl. insoweit OVG Saarlouis NVwZ 2020, 735. 7

Der strukturierte Datensatz kann durch einfaches „Klicken" bestätigt werden und als zurücklaufender Datensatz sofort dem zugestellten Dokument zugeordnet und dokumentiert werden. Nimmt der Inhaber des besonderen elektronischen Postfachs den Versand nicht selbst vor, muss er nach § 130a Abs. 3 eine zusätzliche qualifizierte elektronische Signatur an dem Strukturdatensatz anbringen. Nur der Versand über den konkret dem Empfänger persönlich zugeordneten sicheren Übermittlungsweg erfüllt die Vorgabe des § 130a Abs. 3, Abs. 4 Nr. 2. Abs. 3 Satz 3 regelt die Rücksendung des elektronischen Empfangsbekenntnisses als elektronisches Dokument für den Fall, dass vom Gericht aufgrund technischer Probleme ausnahmsweise kein strukturierter Datensatz übermittelt werden kann (zum Ganzen BT-Drs. 19/28399, 35). 8

V. Elektronische Zustellung in anderen Fällen, IV. 1. Zustimmung für das konkrete Verfahren, IV 1. An nicht in I nicht genannte Verfahrensbeteiligte kann nach IV 1 durch Übermittlung eines elektronischen Dokuments auf einem sicheren Übermittlungsweg zugestellt werden, wenn sie der elektronischen Übermittlung in diesem Verfahren zugestimmt haben. Zwar muss – anders als nach der bisherigen Regelung des § 174 III 2 – die Zustimmung nicht ausdrücklich erklärt werden, sondern es reicht aus, wenn sich diese im Einzelfall aus den konkreten Umständen ergibt (Drs. 19/28399, 35). 9

2. Zustimmungsfiktion, IV 2. Nach **IV 2 gilt** die Zustimmung **als erteilt,** wenn der sichere Übermittlungsweg des besonderen elektronischen Postfachs oder Nutzerkontos initiativ durch den Inhaber genutzt wird, um in einem Verfahren ein Schriftstück an das Gericht zu übermitteln. In diesem Fall ist regelmäßig davon auszugehen, dass die Person in diesem Verfahren auch auf dem „Rückweg" die Zustellung gegen sich auf diesem Übermittlungsweg gelten lassen muss. Da das Zustimmungserfordernis dem Schutz der anderen Verfahrensbeteiligten wegen der an Übermittlungs- und Zustellungsvorgänge geknüpften Rechtsfolgen dient (BT-Drs. 19/28399, 35), setzt die Annahme einer konkludenten Zustimmung in anderen Fällen Eindeutigkeit voraus. Es muss erkennbar sein, dass die im eigenen Interesse bestehende Sorgfaltspflicht zur regelmäßigen Kontrolle des besonderen elektronischen Postfachs dem Postfachinhaber deutlich vor Augen steht (BT-Drs. 19/28399, 35). Die bloße Einrichtung eines besonderen elektronischen Postfachs genügt im Regelfall (BT-Drs. 19/28399, 35) ebenso wenig wie die allgemeine Angabe eines entsprechenden Übermittlungswegs im Briefkopf (Zöller/Schultzky Rn. 21). 10

3. Generalzustimmung durch nicht natürliche Personen, IV 3–5. IV 3 sieht für „andere als natürliche Personen", also juristische Personen, Personengruppen, Organisationen und Vereinigungen, die nicht unter die II fallen, die Möglichkeit vor, eine allgemeine Generalzustimmung zur elektronischen Übermittlung zu erteilen (BT-Drs. 19/28399, 35). Für diese **anderen Verfahrensbeteiligten** soll der Nachweis der Zustellung nicht von einem willentlichen Akt wie der Rücksendung eines Empfangsbekenntnisses abhängig gemacht werden. Zugleich sollen die Vorteile der Nutzung elektronischer Übermittlungswege ausgeschöpft werden, indem die ohnehin eingehende automatische Eingangsbestätigung zum Nachweis des Zugangs genutzt werden soll. Nutzen die Gerichte oder Staatsanwaltschaften die sicheren Übermittlungswege als Rückkanal, um elektronische Dokumente zu übermitteln, wird im Zeitpunkt der Speicherung des Dokuments auf der für den Empfang bestimmten Einrichtung des Empfängers eine automatische Eingangsbestätigung an das Gericht oder den jeweiligen Absender erteilt. Diese gibt präzise an, wann das elektronische Dokument an das besondere Postfach übermittelt und dort gespeichert, also empfangen wurde. Um etwaigen Verzögerungen bei der Kenntnisnahme durch den Empfänger Rechnung zu tragen, wird zudem eine Zugangsfiktion geschaffen. Mit der großzügigen **Fiktion von drei Tagen** soll ein Anreiz geschaffen, die elektronische Übermittlung zu wählen, weil anders als die Postzustellung, bei der regelmäßig die (Ersatz-) Zustellung bereits mit Einwurf in den Briefkasten als bewirkt gilt, bei der elektronischen Zustellung drei Tage mehr Zeit bleibt, um vom Inhalt des Dokuments Kenntnis zu erlangen (zum Ganzen BZ-Drs. 19/28399, 36). Der Nachweis eines fehlenden oder späteren Zugangs bleibt möglich, **IV 5.** 11

4. Besonderheiten bei ausländischen Zustellungsersuchen. Bei eingehenden **Zustellungsersuchen aus dem Ausland,** die durch ein deutsches Gericht erledigt werden, muss die **Zustimmung des Empfängers** für eine elektronische Zustellung an ihn nach durch das deutsche Rechtshilfegericht geprüft werden. Eine im ausländischen Gerichtsstaat erteilte Zustimmung für eine elektronische Zustellung durch das dortige Prozessgericht genügt für die Annahme einer bestehenden Einwilligung im deutschen Rechtshilfeverfahren nicht, kann 12 aber als Indiz herangezogen werden. Die Zustimmung für eine elektronische Zustellung durch das Rechtshilfegericht kann allerdings auch gegenüber dem ausländischen Gericht abgegeben werden (zum Ganzen BT-Drs. 19/28399, 36).

174 ***Zustellung durch Aushändigung an der Amtsstelle.*** **[1]Ein Schriftstück kann dem Adressaten oder seinem rechtsgeschäftlich bestellten Vertreter durch Aushändigung an der Amtsstelle zugestellt werden. [2]Zum Nachweis der Zustellung ist auf dem Schriftstück und in den Akten zu vermerken, dass es zum Zwecke der Zustellung ausgehändigt wurde und wann das geschehen ist; bei Aushändigung an den Vertreter ist dies mit dem Zusatz zu vermerken, an wen das Schriftstück ausgehändigt wurde und dass die Vollmacht nach § 171 Satz 2 vorgelegt wurde. [3]Der Vermerk ist von dem Bediensteten zu unterschreiben, der die Aushändigung vorgenommen hat.**

1 **I. Systematik, S. 1–3.** In § 174 wird der bisherige § 173 ohne Änderung übernommen. Die Vorschrift betrifft nicht nur die Fälle des § 173 II, 175 I, sondern ermöglicht die Zustellung an jede Person und jeden rechtsgeschäftlichen Vertreter.

2 **II. Regelungszweck, S. 1–3.** § 174 lässt eine vereinfachte Zustellung durch Aushändigung an den Zustellungsadressaten oder seinen Vertreter zu. Das Risiko des Fehlschlagens der Möglichkeit einer Kenntnisnahme trägt bei der Aushändigung an einen Vertreter – wie auch ansonsten bei rechtsgeschäftlicher Vertretung – der eigentliche Adressat. Voraussetzung für die Zulässigkeit der Zustellung an einen rechtsgeschäftlichen Vertreter ist grds. die Vollmachtvorlage.

3 **III. Geltungsbereich, S. 1–3.** Die Vorschrift gilt nach → Vor § 166 Rn. 5 in allen Verfahren nach der ZPO und den auf sie verweisenden anderen Verfahrensgesetzen.

4 **IV. Aushändigung an der Amtsstelle, S. 1–3.** Die Vorschrift gilt für jede beliebige Zustellung. Sie gilt auch bei §§ 59, 60 S. 3 SGB VIII, auch für eine Zustellung, die eine Notfrist nach § 224 I 2 in Lauf setzen soll.

5 **1. Möglichkeit der Kenntnisnahme.** Die Vorschrift verlangt nur eine Aushändigung des verschlossenen oder anders als bei § 176 I auch eines unverschlossenen Schriftstücks, MüKoZPO/Häublein/Müller Rn. 1; Zöller/Schultzky Rn. 2; Stein/Jonas/Roth Rn. 3; Thomas/Putzo/Hüßtege Rn. 2. Aushändigung ist die persönliche Übergabe durch Verschaffung der Sachherrschaft am Schriftstück. Gegenstand der Zustellung ist grds. das gesamte Schriftstück, einschließlich etwaiger Anlagen, dies auch dann, wenn der Antrag aus sich heraus verständlich ist, Mü NJW-RR 2003, 1722.

6 **2. Annahmebereitschaft, Nachweis.** Der Adressat kann auf eine Bitte oder zufällig erschienen sein. Der Adressat oder sein Vertreter muss aber zur Annahme bereit. § 179 ist nicht anwendbar. Ein Verzicht auf eine anderweitige Zustellung ist nicht erforderlich. Für den Nachweis der Zustellung ist nach S. 2, 3 ist grds. ein vom Bediensteten unterschriebener Vermerk auf den Akten und dem Schriftstück. Er ersetzt die Zustellungsurkunde nach § 182 und muss klar ergeben, welches Schriftstück, wem und wann zum Zwecke der Zustellung übergeben wurde. Im Fall der Übergabe an einen (nicht anwaltlichen) Vertreter ist außerdem zu vermerken, dass die Vollmacht vorlag. Für die Wirksamkeit der Zustellung ist der Vermerk allerdings nicht konstitutiv und daher nachholbar (zum alten Recht: BGH NJW 1983, 884; aM Saarbr FGPrax 1995, 252). Eine Bestätigung des Empfangs durch den Empfänger ist nicht notwendig, verdeutlicht aber die Annahmebereitschaft

7 **3. Amtsstelle.** Amtsstelle ist nicht nur die Geschäftsstelle des betreffenden Gerichts iSv § 153 GVG. Hierunter fallen auch sonstige Geschäftsräume, das Richterzimmer oder ein Sitzungsraum oder der Raum/die Stelle bei einem Ortstermin (§ 219). Eine Zustellung an einen rechtsgeschäftlich bestellten Vertreter des Zustellungsadressaten nach S. 1 zulässig, wenn er seine schriftliche Vollmacht nach § 171 S. 2 vorgelegt hat.

8 Unerheblich ist, welcher „Bedienstete" aushändigt. Es kann sich um jeden mit einer Aktenbearbeitung Betrauten handeln, zB um einen Urkundsbeamten der Geschäftsstelle, dessen Stellvertreter, um einen Justizwachtmeister, um einen Angestellten, auch um den Richter oder Rpfleger, nicht aber um sonstiges Behördenpersonal. Das Einwerfen in ein Postfach oder Schrankfach genügt allerdings nicht. Zur Vollmachtvorlage im Sinn von S. 2 → § 171 Rn. 8.

9 **V. Verstoß, S. 1–3.** Er macht die Zustellung unwirksam; ein fehlender Vermerk kann aber nachgeholt werden → 6. § 295 ist anwendbar → § 295 Rn. 3.

175 ***Zustellung von Schriftstücken gegen Empfangsbekenntnis.*** **I Ein Schriftstück kann den in § 173 Absatz 2 Genannten gegen Empfangsbekenntnis zugestellt werden.**

II [1]Eine Zustellung gegen Empfangsbekenntnis kann auch durch Telekopie erfolgen. [2]Die Übermittlung soll mit dem Hinweis „Zustellung gegen Empfangsbekenntnis" eingeleitet werden und die absendende Stelle, den Namen und die Anschrift des Zustellungsadressaten sowie den Namen des Justizbediensteten erkennen lassen, der das Dokument zur Übermittlung aufgegeben hat.

III Die Zustellung nach den Absätzen 1 und 2 wird durch das mit Datum und Unterschrift des Adressaten versehene Empfangsbekenntnis nachgewiesen.

IV Das Empfangsbekenntnis muss schriftlich, durch Telekopie oder als elektronisches Dokument (§ 130a) an das Gericht gesandt werden.

1 **I. Systematik, I–IV.** § 175, der den früheren § 174 ersetzt, eröffnet einen weiteren, einfache Weg der Zustellung. Bei einer Parteizustellung gilt § 195, BGH NJW 2010, 3381.

2 **II. Regelungszweck, I–IV.** Die Vorschrift ergänzt die Regelung des § 173 für die Fälle, in denen eine Zustellung auf elektronischem Weg nicht möglich ist. Die Zustellungsart benötigt als Grundlage die Zuverlässigkeit und Ehrlichkeit des Empfängers bei der Datierung, Unterzeichnung und alsbaldigen Rücksendung des Empfangsbekenntnisses. In der Praxis kann die Unzuverlässigkeit des Empfängers dazu führen, dass in Zukunft gegenüber diesem Adressaten von der Zustellung gegen Empfangsbekenntnis abgesehen wird, vgl. OLG Kblz BeckRS 2001, 30162196.

III. Sachlicher Geltungsbereich, I–IV. Die Vorschrift gilt nach → Vor § 166 Rn. 5 in allen Verfahren nach der ZPO und den auf sie verweisenden Gesetzen, also auch zB im Bereich des § 113 I 2 FamFG, auch nach § 50 II ArbGG im arbeitsgerichtlichen Verfahren, auch im finanzgerichtlichen Verfahren nach → Vor § 166 Rn. 11, OFD Magdeb BB 2001, 2205, auch im Insolvenzverfahren nach § 8 I 1 InsO, BayObLG 2001, 239. § 8 I 2 InsO hindert das Insolvenzgericht nicht, mangels Vorliegens von (jetzt) § 174 nach seinem pflichtgemäßen Ermessen → Rn. 6 förmlich oder durch eine Aufgabe zur Post zuzustellen, BGH NJW-RR 2003, 626. 3

IV. Persönlicher Geltungsbereich, I–IV. Die Vorschrift verweist hinsichtlich des persönlichen Geltungsbereichs auf § 173 II und gilt demnach für Rechtsanwälte, Notare, Gerichtsvollzieher, Behörden, Körperschaften oder Anstalten des öffentlichen Rechts, Steuerberater und sonstige in professioneller Eigenschaft am Prozess beteiligte Personen, Vereinigungen und Organisationen, bei denen von einer erhöhten Zuverlässigkeit ausgegangen werden kann. 4

V. Keine Zustellungsbescheinigung, I–IV. Eine Zustellungsbescheinigung wie bei § 169 ist nicht erforderlich. Denn der Zustellungsempfänger erhält bei einer Amtszustellung keine Zustellungsurkunde. 5

VI. Ermessen, I–IV. Eine Zustellung nach § 174 erfolgt aufgrund eines pflichtgemäßen Ermessens des Richters, Rpfleger oder des Urkundsbeamten der Geschäftsstelle, BGH NJW 1990, 2125 wenn die Voraussetzungen einer Amtszustellung vorliegen, zB der Adressat unter den persönlichen Anwendungsbereich fällt. 6

Eine Einschränkung der Zustellung auf **Teile des Schriftstücks** ist wirkungslos. Die Beifügung des Vordrucks eines Empfangsbekenntnisses zeigt grundsätzlich die Zustellabsicht. Eine solche Beifügung ist aber nicht notwendig, BGH FamRZ 2000, 1565. Eine ausdrückliche Zustellerklärung ist nicht erforderlich. Ein Vermerk „Vereinfachte Zustellung" ist unnötig, aber unschädlich, BGH VersR 1978, 563. Der Urkundsbeamte vermerkt die Zustellungsart und deren Absendedatum in der Akte. Ein Rückruf zur Berichtigung hebt den Zustellungswillen nicht auf, BGH NJW-RR 1993, 1214. Wohl aber hebt die Forderung der Rückgabe eines nicht unterzeichneten Empfangsbekenntnisformulars auf, BGH NJW-RR 1992, 252. 7

VII. Annahmebereitschaft, I–IV. Es gelten dieselben Regeln wie bei der Zustellung von Anwalt zu Anwalt nach § 195, BGH NJW-RR 1993, 1213; Düss AnwBl 1989, 291; LAG Köln MDR 1987, 699. Der bloße Eingang einer Urteilsausfertigung reicht als solcher also nicht. Es muss vielmehr zunächst eine Prüfung erfolgen, ob der Adressat die Zusendung als eine Zustellung gelten lassen will, BGH WM 2017, 2197; BFH NJW-RR 2007, 1002. Dazu muss dann eine Empfangsbereitschaft des Anwalts usw. hinzutreten, BVerfG NJW 2010, 3381; BGH NJW 2007, 601; Jena NJW-RR 2011, 1695. Die bloße tatsächliche Kenntnisnahme nach → Rn. 11 oder die bloße Unterlassung der Rücksendung des Empfangsbekenntnisses bedeuten auch nach → Vor § 128 Rn. 59 nicht stets eine Annahmebereitschaft, KG FamRZ 1988, 323. Wohl aber kann eine anschließende Rechtsmitteleinlegung nebst einem Bezug auf das zugestellte Ersturteil genügen, BVerwG NJW 2007, 3223. Eine Übersendungsbitte kann reichen. Die bloße Eingangsbestätigung ist insbesondere bei einer Notfrist nach § 224 I 2 grundsätzlich nicht stets als eine Annahme zwecks Zustellung auslegbar, BGH NJW-RR 1989, 58. Eine automatisierte Zugangsbestätigung ist evtl. als Annahmebereitschaft auslegbar sein. Die Unterschrift nach → Rn. 9–17 begründet eine Vermutung der Empfangsbereitschaft, BVerfG NJW 2001, 1564; BGH NJW 2007, 601. Das gilt zB dann, wenn der Anwalt das Empfangsbekenntnis nach seiner Unterschrift zwecks einer Berechnung der Rechtsmittelfrist zB nach § 517 noch zurückhält, BGH BB NJW 2007, 601, oder wenn sein Mitarbeiter das vom Anwalt unterschriebene Empfangsbekenntnis weisungswidrig zurücksendet, BGH NJW 2007, 601. Ein Anwaltsbrief kann ausreichen, BGH NJW 1994, 2297. 8

VIII. Empfangsbekenntnis, I–IV. 1. Grundsatz: Vollzugsbedingung. Der Zustellungsadressat nach übersendet das datierte und unterschriebene oder elektronisch signierte Empfangsbekenntnis üblicherweise als Zustellungskarte, BGH VersR 1995, 113, nach → Rn. 6 auch nach einer Zustellung an ihn per Telefax, Ffm NJW 2000, 1654 (StPO). Das geschieht infolge IV 1 Hs. 2 auf Adressatenkosten, aM Hamm JurBüro 1997, 601 (aber der Anwalt kann ins Gerichtsfach legen, wie auch sonst). Er kann aber auch eine andere Form wählen, BGH FamRZ 2000, 1565, zB ein Telefax oder die Briefform, BGH NJW 1994, 2297 (Rückwirkung), BayObLG FGPrax 1997, 74, bei II eine Telekopie, bei III die elektronische Übersendung oder eine Rechtsmittelschrift zB nach § 519 oder einen Antrag auf die Wiedereinsetzung nach § 236 je mit der Erklärung, wann die Zustellung erfolgt sei, BGH FamRZ 2000, 1565. 9

Die unverzügliche ordnungsgemäße Erteilung dieses Bekenntnisses ist grundsätzlich eine **Bedingung** des Vollzugs der Zustellung, BGH VersR 2007, 1147; LAG Bln MDR 2003, 1376; OVG Magdeb NVwZ-RR 2016, 984; aM BFHE 159, 427. Andererseits ist der Wiedereingangszeitpunkt beim Gericht nicht wesentlich, sofern der Empfänger das Empfangsbekenntnis überhaupt unterschrieben oder signiert hat, BGH NJW 1990, 2125. Die Zustellung erfolgt also noch nicht mit dem Eingang der Urteilsausfertigung nach § 317, sondern erst mit der Unterschrift, BGH VersR 2007, 1147; BAG DB 1995, 1920; OVG Magdeb NVwZ-RR 2016, 984. 10

Die bloße **Empfangsbestätigung** wegen eines gegnerischen Schriftstücks reicht nicht, BGH NJW 1994, 2295. Noch weniger reicht die bloße Kenntnisnahme, BGH NJW 2010, 3381, oder das bloße Behalten der Sendung, BGH AnwBl 2015, 349. Freilich kann dann ein Anscheinsbeweis der Annahmebereitschaft vorliegen, BGH VersR 2007, 1147; BVerwG NJW 2007, 3223. Natürlich fehlt eine Annahmebereitschaft erst recht dann, wenn der Anwalt seine Unterschrift nach → Rn. 14, 17 verweigert, BGH NJW-RR 1989, 57; BAG NJW 1995, 1917; oder wenn er die Sendung sonstwie zurückweist, BGH NJW 1989, 1154. Die Erteilung des Empfangsbekenntnisses ist eine verantwortungsvolle Beurkundungstätigkeit des Anwalts, BGH NJW 1989, 838. Er muss vor seiner Unterschrift oder qualifizierten elektronischen Signatur auch prüfen, ob dasjenige Schriftstück überhaupt beiliegt, dessen Empfang er bestätigen soll, BGH BB 2000, 1267; OVG Saarlouis NJW 2012, 100. Er muss nach → Rn. 19 den zugestellten Schriftsatz eindeutig bezeichnen, BGH VersR 2001, 607, und zwar lesbar, BGH NJW-RR 1986, 1254, ebenso das Zustelldatum. 11

2. Berufspflicht. Die Erteilung eines Empfangsbekenntnisses ist keine prozessuale Pflicht eines jeden Empfängers. Letztere ergibt sich auch nicht aus IV 1 Hs. 2. Denn diese Formulierung setzt voraus, dass der Empfänger überhaupt ein Empfangsbekenntnis erteilen will, BGH AnwBl 2015, 349. Das Empfangsbekenntnis war aber in der Regel bei einem Anwalt nach → Rn. 19 eine Berufspflicht, BGH NJW-RR 1989, 58; KG MDR 1984, 593; LG Würzb JurBüro 1977, 563; zu § 59b BRAO vgl. aber BGH NJW 2015, 3672. Es besteht jedenfalls eine besondere Sorgfaltspflicht, BGH NJW 1992, 574. Der Anwalt braucht nicht zu bescheinigen, dass er das Schrift- 12 stück „zugestellt" erhalten habe, BGH VersR 1985, 551. Er braucht nicht das vielfach übliche Formular zu benutzen, BGH FamRZ 2000, 1565, auch wenn er es nach → Rn. 9 vom Gericht erhalten hat. Das Empfangsbekenntnis ist als gleichzeitige Rechtsmittel-„Schrift" etwa nach § 519 ungeeignet, Hmb NJW 1986, 3090; aM Schneider MDR 1987, 374.

13 **Keine Einschränkung** der Berufspflicht ergibt sich etwa schon daraus, dass der Anwalt die ihm übermittelte Sendung formell oder inhaltlich für mangelhaft oder gar unwirksam hält. Diese Bedenken kann im Empfangsbekenntnis zum Ausdruck bringen. Das Empfangsbekenntnis ist zwar mehr als eine bloße Empfangsbestätigung, aber weniger als eine inhaltliche Annahme- oder gar Richtigkeitsbestätigung. Auch das Gericht darf ja zB die Entgegennahme einer Eingabe nicht einfach schon deshalb ablehnen, weil es sich für unzuständig oder die Eingabe aus anderen Gründen für fehlerhaft oder unbeachtlich hält.

14 **3. Unterschrift, Signatur usw.** Eine Unterschrift oder qualifizierte elektronische Signatur, muss vom Anwalt selbst erfolgen, BGH NJW 1994, 2295 (keine Heilung durch den Anwalt der nächsten Instanz); BSG NJW 2010, 317; Ffm FamRZ 2018, 517. Sie kann allerdings auch durch einen der in → Rn. 3, 4 genannten dem Anwalt gleichgestellten Bevollmächtigten erfolgen, BGH NJW 1982, 1650, nicht aber durch andere Mitarbeiter, BSG NJW 2010, 137, auch nicht bei deren Ermächtigung, BGH NJW 1982, 1650; Schlesw NJW 1982, 1570; OVG Hmb NJW 1999, 965. Bei einer Behörde muss der Leiter nach § 170 II, sein Vertreter oder der nach der Geschäftsverteilung zuständige Mitarbeiter unterzeichnen, BAG NJW 1995, 1916. Die etwaige handschriftliche Unterschrift muss auch eigenhändig erfolgen, BGH NJW-RR 1992, 1150 (ein Faksimile-Stempel reicht also nicht); BAG DB 1994, 2638.

15 Es gelten dieselben Maßstäbe wie bei einem **bestimmenden Schriftsatz** nach → § 129 Rn. 9 ff., BGH VersR 1997, 989.

16 Beim **elektronischen Dokument** reicht zwar nach IV 3 anstelle der Unterschrift die Angabe des Namens des Adressaten. Aber auch bei III ist die Annahmebereitschaft nach → Rn. 8 wesentlich. Daher muss der sonst Unterschriftspflichtige seinen Namen gerade zwecks eines Empfangsbekenntnis freigegeben haben. Ob das erfolgt ist, lässt sich nur nach den Umständen klären.

4. Beispiele zur Frage einer Unterschrift usw.

17 **Anfangsbuchstabe:** Er reicht **nicht,** BGH NJW 1995, 533; Hamm NJW 1982, 3289.

Eigenhändigkeit: Sie ist bei der Schriftform nötig, BGH NJW-RR 1992, 1150; Ffm FamRZ 2018, 517. **Nicht** nötig ist sie bei elektronischer Form.

Erkennbarkeit: Der Schriftzug muss einem solchen Dritten, der den Namen des Unterzeichners nicht kennt, die Identifizierung des Namens ermöglichen, BGH VersR 1997, 989.

Faksimile-Stempel: Er reicht **nicht,** BGH NJW-RR 1992, 1150.

Flüchtigkeit: Ausreichen kann sogar eine gewisse solche des Schriftzugs, BGH VersR 1985, 503.

Individualität: Nötig ist ein individueller Charakter des Schriftbilds nach → § 129 Rn. 9, 13 ff.

Kanzleistempel: Er reicht **nicht,** BGH FamRZ 1999, 579.

Lesbarkeit: Sie ist nicht nötig, BGH VersR 1985, 571.

Nachahmbarkeit: Sie muss nur schwer möglich sein, BGH VersR 1985, 571.

Paraphe: Sie reicht **nicht,** BGH NJW 1995, 533; Hamm NJW 1982, 3289.

Unbedingtheit, Unanfechtbarkeit, Unwiderruflichkeit: Sie richtet sich ab dem Zugang dieser Parteiprozesshandlung nach → Vor § 128 Rn. 55, 62, 64, 66.

Vereinfachung: Ausreichend ist eine solche des Schriftzugs, BGH VersR 1985, 571.

18 **5. Gewahrsam.** Der Empfänger muss einen Gewahrsam erhalten, BAG NJW 1995, 1917. Er muss zumindest vor der Unterzeichnung oder Signatur einen solchen gehabt haben, BGH FamRZ 1992, 168. Die Kenntnis vom Inhalt ist aber entbehrlich, BGH FamRZ 1992, 168. Der Anwalt usw. hat auch dann einen Gewahrsam, wenn die Geschäftsstelle das zuzustellende Schriftstück in das für den Anwalt zur Abholung bestimmte Fach gelegt hat. Dieser Weg setzt aber voraus, dass der Anwalt an dem Fach ähnlich einem Postschließfach die alleinige tatsächliche Gewalt besitzt, BAG MDR 1983, 962; Brause AnwBl 1978, 166. Eine solche alleinige tatsächliche Gewalt fehlt jedenfalls in der Regel dann, wenn sich Anwälte verschiedener Sozietäten ein gemeinsames Fach nehmen. Das gilt nicht nur dann, wenn sie im konkreten Fall auch noch Prozessgegner sind. Bei einer bloßen Bürogemeinschaft, die in der Regel denselben Mitarbeiter zur Entleerung des Fachs entsendet, mag jeder der Bürogenossen den Alleingewahrsam haben. In Ausnahmefällen mag ein Alleingewahrsam auch dann vorliegen, wenn zB mehrere Anwälte seit langen Jahren dasselbe Fach benutzen, ohne dass sich jemals die geringsten Probleme ergeben haben.

19 **6. Zeitpunkt.** Es ist im Übrigen prozessual unerheblich, wann die Erteilung oder Verweigerung des Empfangsbekenntnisses geschieht, BGH WM 2017, 2197; Kblz JurBüro 2002, 40. Beim Fehlen eines Datums gilt § 286, BGH NJW 2005, 3217. Im Zweifel reicht insofern ein Eingangsstempel des Anwalts, Kblz Rpfleger 1996, 207. Bei einer nachträglichen Bestätigung muss klar sein, dass sie gerade auch ein Empfangsbekenntnis sein soll. **Hat** der Anwalt das Empfangsbekenntnis im zeitlichen Zusammenhang mit dem Empfang erteilt, ist unerheblich, ob er das Schriftstück noch besaß und gelesen hat, als er das Empfangsbekenntnis unterschrieb, BGH VersR 2007, 1147. Es ist auch unerheblich, ob der Anwalt nach der Unterschrift noch eine Prüfung vornehmen wollte, wenn das Empfangsbekenntnis aber gegen seinen so begrenzten Wunsch hinausging, BGH VersR 2007, 1147. Aber auch → Rn. 2. Der Anwalt muss die Kosten der Rücksendung nach I 2 selbst tragen. Ein unrichtiges Datum kann zwar unschädlich sein, BGH NJW-RR 1992, 1151. Natürlich darf der Anwalt aber keine willkürliche Vor- oder Rückdatierung vornehmen, OVG Münst NJW 2010, 3385.

20 **7. Beweiskraft.** Das Empfangsbekenntnis erbringt vollen Beweis nach → § 418 Rn. 4, 15 „Empfangsbekenntnis", → § 195 Rn. 29. Wegen äußerlicher Mängel § 419 und BGH NJW 1988, 62. Es beweist insbesondere nach IV und der darin enthaltenen Beweisregel, § 286 II, das angegebene Zustelldatum (BGH NJW-RR 2021, 1584 Rn. 10 mwN). Der nach → § 418 Rn. 15 erforderliche volle Gegenbeweis nach → Vor § 284 Rn. 21 ist grds. *möglich, BGH* NJW 2012, 2117. Das gilt zB dafür, dass der Empfang gar nicht erfolgte, BGH VersR 1980, 555, oder dass er nach → § 418 Rn. 8 ff. zB zu einem früheren Zeitpunkt als dem bescheinigten erfolgte (BGH NJW-RR 2021, 1584 Rn. 10; NJW 2006, 1207). Dabei muss die Beweiswirkung vollständig entkräftet werden, es muss also jede Möglichkeit ausgeschlossen sein, dass die Angabe im Empfangsbekenntnis doch richtig ist. Ein

ungewöhnlich langer Zeitraum zwischen Verfügung und Zustellung genügt für sich genommen nicht (BGH NJW-RR 2021, 1584 Rn. 10).

IX. Telekopie, elektronisches Dokument, II, IV. Die Bedeutung der Telekopie wird mit Blick auf § 130a zunehmend gering. Zur Telekopie nach II 1 zählen alle technisch möglichen Formen der originalgetreuen, also auch optisch gleichen Fernübermittlung, zB das Telefax. III ermöglicht die auch bei Wahl von II 1 nach IV 2 Hs. 2 erforderliche Rücksendung an das Gericht in schriftlicher Form (Brief, Zurückgabe durch Boten usw.) oder ebenfalls durch eine Telekopie oder als elektronisches Dokument → §§ 130a, b. 21

X. Verstoß, I–IV. Es gibt drei Aspekte. 22

1. Schädlichkeit. Eine wirksame Zustellung fehlt nicht schon dann, wenn der ProzBev. das Mandat niedergelegt hat und dem Gericht mitteilt, dass er die Zustellung nicht mehr entgegennehmen wolle, BGH NJW 2005, 3216. 23

2. Unschädlichkeit. Es ist aber unschädlich, wenn das Empfangsbekenntnis das Urteil nur objektiv unrichtig bezeichnet, BGH NJW-RR 1993, 1213; Brdb MDR 1997, 1064, oder wenn der Anwalt usw. die Datierung nachholt, BGH VersR 1986, 372, auch zB in der Rechtsmittelschrift, BGH NJW 1987, 2680; KG FamRZ 1988, 313, oder wenn er die Datierung korrigiert, BGH AnwBl 1990, 628 (StPO), oder wenn er im Betreff nur einen seiner Auftraggeber nennt, oder wenn er dem Gericht nach dessen Absendung eines zuzustellenden Schriftstücks zwar die Widerlegung des Mandats mitteilt, dennoch aber das Empfangsbekenntnis unterschreibt und zurücksendet. Es muss in allen diesen Fällen wenigstens die Nämlichkeit der zugestellten Entscheidung feststehen, BGH VersR 1987, 989. Liegt ein Empfangsbekenntnis über ein nach dem Datum gekennzeichnetes Urteil vor, darf und muss man davon ausgehen, dass eine Ausfertigung oder beglaubigte Ablichtung oder Abschrift zugegangen ist. Eine bewußte Falschdatierung des Zeitpunkts der wahren Annahmebereitschaft nach → Rn. 8 ist zwar schwer nachweisbar. Sie ist aber natürlich unzulässig. Sie ist wegen ihrer erheblichen auch strafrechtlichen Rechtsfolgen zB für einen Fristablauf in jeder Hinsicht verwerflich. 24

3. Heilbarkeit. Eine Heilung des etwaigen Mangels kann nach § 189 erfolgen, BGH AnwBl 2015, 349; Düss Rpfleger 1989, 36. Das gilt also auch bei einer solchen Zustellung, die eine Notfrist nach § 224 I 2 in Gang setzen soll. Es gibt aber keine Heilung zB dann, wenn eine evtl. wenigstens rückwirkende Empfangsbereitschaft nach → Rn. 8 fehlt, BGH AnwBl 2015, 349, oder wenn der erstinstanzliche Anwalt nicht ordnungsgemäß unterschrieben hatte und wenn nun ein zweitinstanzlicher oder ein Verkehrsanwalt den Schriftsatz lediglich in anderen Schriftsätzen mit einem angeblichen Zustelldatum erwähnen, BGH NJW 1994, 2295. Maßgebend für einen Fristablauf ist das korrigierte Datum dann, wenn das Gericht von seiner Richtigkeit überzeugt ist, BGH AnwBl 1990, 628 (StPO). Beim elektronischen Empfangsbekenntnis tritt eine Heilung bei fehlender Rücksendung nicht bereits mit einer automatisch generierten Eingangsbestätigung ein, Schmieder jM 2020, 222. Nach OVG Lüneburg BeckRS 2019, 10125 beseitigt ein nach Rechtsmitteleinlegung verspätet und rückdatiert übersandtes elektronisches Empfangsbekenntnis nicht eine zwischenzeitlich nach § 189 erfolgte Heilung. 25

176 *Zustellung durch Einschreiben mit Rückschein; Zustellungsauftrag.*

I [1]Ein Schriftstück kann durch Einschreiben mit Rückschein zugestellt werden. [2]Zum Nachweis der Zustellung genügt der Rückschein.

II [1]Wird die Post, ein Justizbediensteter oder ein Gerichtsvollzieher mit der Zustellung eines Schriftstücks beauftragt oder wird eine andere Behörde um die Zustellung ersucht, so übergibt die Geschäftsstelle das zuzustellende Schriftstück in einem verschlossenen Umschlag und ein vorbereitetes Formular einer Zustellungsurkunde. [2]Die Zustellung erfolgt nach den §§ 177 bis 181.

I. Systematik und Regelungszweck, I, II. Die Vorschrift übernimmt die Regelungen der bisherigen – **bis zum 31.12.2021** geltenden – § 175 I, 176 I, II. 1

I dient einerseits der Prozesswirtschaftlichkeit durch Erleichterungen gegenüber den Förmlichkeiten einer Zustellung mit Zustellungsurkunde nach § 182. Sie dient andererseits der wenigstens im Kern erzielbaren Sicherung des tatsächlichen Zugangs und seines Nachweises nach → Vor § 166 Rn. 3. Die Zustellung durch ein Einschreiben gegen Rückschein ist eine Unterart der Zustellung durch eine Aufgabe zur Post. Sie unterscheidet sich aber durch den Formzwang und die damit verbundenen Nachweise des Zugangs vom einfachen Brief. Zur derartigen Zustellung im EU-Ausland Art. 14 VO (EG) 1393/2007, abgedruckt in → Vor § 1067. Zur übrigen derartigen Auslandszustellung Schmidt IPRax 2004, 20 (grundsätzlich zulässig, soweit der Empfangsstaat nicht widersprochen hat).

II dient einer möglichst zuverlässigen Übermittlung und damit der Rechtssicherheit. 2

II. Einschreiben mit Rückschein, I S. 1, 2. Diese Zustellungsart ist eine eigenständig zulässige Form. Vollzogen wird die Zustellung mit Aushändigung des Einschreibebriefs an den Adressaten oder einen Bevollmächtigten. Zustellungsnachweis ist der zu den Akten zu nehmende Rückschein, IS. 2, der die Zustellungsurkunde ersetzt. Es reichen also weder das sog. Übergabe-Einschreiben als eine vom Empfänger dokumentierte Übergabe, Brdb FamRZ 2006, 213, noch das sog. Einwurf-Einschreiben als ein von der Post dokumentierter bloßer Einwurf in den Briefkasten. 3

Der Rückschein ist Privaturkunde, für den § 418 gilt, → § 418 Rn. 5 „Post". (vgl. § 416; BSG NJW 2005, 1303; Schmidt IPRax 2004, 13). Der Der Inhalt der Zustellungssendung lässt sich mit dem Rückschein nicht beweisen (Zöller/Schultzky Rn. 5). Sowohl das Einlegen des Schriftstücks als auch die Aufgabe zur Post sollten deshalb in den Akten vermerkt werden.

Wird die **Annahme** der Sendung vom Adressaten oder Ersatzempfänger **verweigert** oder eine niedergelegte Sendung nicht abgeholt, ist sie als **unzustellbar** zurückzusenden. In diesen Fällen ist eine Zustellung nach § 176 I nicht möglich und ggf. eine nach II erforderlich. 4

III. Zustellungsauftrag, II S. 1, 2. 1. Zustellungspersonen. Bei der Zustellung von Amts wegen bedient sich der Urkundsbeamte der Geschäftsstelle beim Fehlen einer richterlichen Anweisung (§ 168 I, II) nach → § 168 Rn. 4 nach seinem pflichtgemäßen Ermessen entweder der Post und dabei auch eines nach § 33 I PostG beliehenen Unternehmens oder eines Justizbediensteten, meist des Gerichtswachtmeisters, BayObLG 1991, 244, 5 des letzteren zB bei einem besonderen Eilbedürfnis, Schlesw NJW 1988, 569, → § 168 Rn. 7. Die Beauftragung des Gerichtsvollziehers oder einer anderen Behörde liegt in der Verantwortung des Prozessgerichts oder eines von ihm bestimmten Mitglieds (§ 168 II).

6 **2. Ausführung der Zustellung, II S. 2.** Mehrere Schriftstücke können in einer Sendung zugestellt werden (OLG Stuttgart 29.11.2005 – 8 W 310/05, NJW 2006, 1887).

7 Der Urkundsbeamte hat das bei Zustellung zu übergebende Schriftstück in einem verschlossenen und beschrifteten Umschlag (Anl. 2 zu § 1 Nr 2 ZustVV – innerer Umschlag; abweichende Verwendung von Umschlägen mit Sichtfenster zulässig, § 2 II ZustVV) mit einem vorbereiteten Formular der Zustellungsurkunde (Anl. 1 zu § 1 Nr 1 ZustVV) in einem äußeren Umschlag (Anl. 3 zu § 1 Nr. 3 ZustVV) zu übergeben.

8 Ist ein Gerichtsvollzieher oder eine andere Behörde mit der Zustellung beauftragt (§ 168 II), obliegt die Ausführung der Zustellung gleichfalls dem Urkundsbeamten. Er leitet das Dokument unter Hinweis auf den richterlichen Zustellungsauftrag in einem verschlossenen Umschlag mit einem vorbereiteten Formular der Zustellungsurkunde zu (Zöller/Schultzky Rn. 6).

9 **IV. Verstoß, S. 1, 2.** Es gilt § 189. Eine Annahmeverweigerung ist keine Übergabe an den Verweigernden, BSG NJW 2003, 382. Die Nichtabholung bei der Post ist eine Annahmeverweigerung.

177 *Ort der Zustellung.* Das Schriftstück kann der Person, der zugestellt werden soll, an jedem Ort übergeben werden, an dem sie angetroffen wird.

1 **I. Systematik.** Vgl. zunächst den in → Vor § 166 Rn. 1 dargestellten Zweck jeder Zustellung, die Ermöglichung einer tatsächlichen Kenntnisnahme, BGH BB 145, 364. Eine Folgerung zieht § 177 als den Grundsatz, BGH NJW 2001, 887. Eine andere zieht das in §§ 178 ff. geregelte Institut der sog. Ersatz-Zustellung. Eine weitere zieht zwecks einer Heilung von Zustellungsmängeln § 189.

2 **II. Regelungszweck.** § 177 dient der Vereinfachung und Beschleunigung und damit der Prozessförderung und Prozesswirtschaftlichkeit. Daher sollte man zB den Begriff des Antreffens nach → Einl. II Rn. 70 ff. großzügig auslegen. Natürlich darf es nicht dazu kommen, dass ein ahnungsvoller „Freund" des ahnungslosen wahren Adressaten sich zB auf der Straße gegenüber dem Urlaubsvertreter des Postboten als Adressat ausgibt und dass der Urlaubsvertreter die Nämlichkeit noch so gutgläubig einfach annimmt. Andererseits darf man einen draußen am ständigen Postboten vorbeikommenden Angehörigen des Adressaten natürlich praktisch diesem letzteren gleichsetzen, auch wenn er dann vergessen hat, den Brief richtig zu Hause weiterzuleiten.

3 **III. Geltungsbereich.** Die Vorschrift gilt nach → Vor § 166 Rn. 5 in allen Verfahren nach der ZPO und den auf sie verweisenden anderen Verfahrensgesetzen, also zB im Bereich des § 113 I 2 FamFG.

4 **IV. Zustellungsort.** Der Zustellungsbeamte darf das zuzustellende Schriftstück dem Zustellungsadressaten nach § 182 II Nr. 1 im Inland überall dort nach § 177 übergeben, wo er ihn antrifft, zB an der Arbeitsstelle, BGHZ 145, 364; Ffm VersR 2006, 81, oder in seinem Geschäfraum, OVG Bln-Brdb NJW 2012, 951, oder auf der Straße, oder in einer Haftanstalt. Freilich soll er nach § 27 GVGA einen angemessenen, den Empfänger nicht unnötig störenden Platz wählen. Eine förmliche Zustellung an ein Postfach ist wegen § 180 S. 1 nicht möglich. „Ort" bedeutet: Ortsgemeinde, nicht Ortschaft. Eine Zustellung ist daher auch außerhalb der bebauten Fläche statthaft, also auch gegenüber dem Landwirt auf dem Feld. Eine Ersatzzustellung ist aber nur unter den Voraussetzungen der §§ 180 ff. statthaft und wirksam, LG Hagen MDR 1984, 1034. Freilich ist die „an den Geschäftsführer" einer juristischen Person nach → § 50 Rn. 12 gerichtete Zustellung nach § 177 zulässig, BayObLG 1991, 244. Bei einer Annahmeverweigerung gilt § 179.

5 **V. Verstoß.** Ein Verstoß macht die Zustellung nicht unwirksam, Ffm JurBüro 1998, 209.

Vorbemerkung zu § 178
Ersatzzustellung

1 **I. Systematik.** §§ 178 ff. sind mit dem GG vereinbar, so schon BVerfG NJW 1980, 1480; BVerwG NJW 1980, 1480. Die Vorschriften stellen eine Not- und Hilfslösung der Aufgabe dar, BGH NJW 2001, 887. Diese Aufgabe besteht ja nach → Vor § 166 Rn. 1 darin, dem Empfänger eine tatsächliche Kenntnisnahme als das Ziel jeder Zustellung zu ermöglichen, BGH 145, 364. Bei der Ersatzzustellung sind der Zustellungsadressat nach Vor § 166 und der Zustellungsempfänger nach → Vor § 166 Rn. 21 verschiedene Personen. Das zuzustellende Schriftstück erhält ein anderer. Er gilt als gesetzlicher Vertreter des Zustellungsadressaten für die Zustellung, nicht als ein Vertreter nach § 85 II. Jedermann darf einen besonderen Zustellungsempfänger bestellen, den Zustellungsbevollmächtigten nach § 184. Dann darf der Zustellende diesen nicht geflissentlich umgehen. Er muss also nach § 171 zunächst die Zustellung an ihn versuchen.

2 **II. Regelungszweck.** Die Vorschriften dienen dem Interesse des Absenders wie des Empfängers, Düss FamRZ 1990, 75. Man muss verhindern, dass sich jemand den Rechtswirkungen einer Zustellung entzieht. Man muss auch sicherstellen, dass sich ein Prozess ohne eine endlose Fahndung nach dem zur üblichen Zustellzeit immer abwesenden, wenn auch dort wohnhaften oder aufhältlichen Adressaten ungebührlich verzögert. Dem dient auch hilfsweise die öffentliche Zustellung nach §§ 185–188 bei der Unauffindbarkeit.

3 **Risiken** sind bei der Ersatzzustellung unverkennbar, Gerecke JurBüro 2011, 510. Ob die Ersatzperson die Sendung wirklich weiterleitet, insbesondere unverzüglich, kann ebenso unsicher sein wie etwa, ob die Mitteilung über eine Niederlegung nach § 181 fest genug angeheftet bleiben wird und ob sie nicht irgendein Unbefugter entfernen wird. Auch kann sich eine formell scheinbar einwandfrei erfolgte Ersatzzustellung etwa deshalb als unwirksam herausstellen, weil der Adressat dort tatsächlich gar nicht mehr wohnte.

4 **Hochproblematisch** würde eine Ersatzzustellung mit ihren selbst für den Fachmann wahrhaft komplizierten Einzelüberprüfungen nach → Rn. 8 dann, wenn zB die Deutsche Post AG völlig unzureichend ausgebildete „Unterbeliehene" aus Kostenersparnisgründen einschalten sollte.

5 **Zeitgemäß** sind §§ 178 ff. schon aus den in → Vor § 166 Rn. 3 genannten Gründen. Zwar ist eine Ersatzzustellung selbst für einen erfahrenen Postzusteller alles andere als tatsächlich wie rechtlich einfach. Das gilt bei

weiterer Zunahme der Übertragung in Form einer „Beleihung" auf private Zustelldienste erst recht. Die anfängliche Beweiskraft einer derartigen Zustellungsurkunde nach § 418 gilt allerdings auch dann.

III. Geltungsbereich. Zunächst → Vor § 166 Rn. 5. §§ 178 ff. sind auch im Zwangsversteigerungsverfahren anwendbar, BVerfG NJW 1992, 225; ferner im Strafverfahren, Düss NJW 2000, 3511, oder im Unterbringungsverfahren, (zum alten Recht) BayObLG FamRZ 2002, 848. Sie sind bei der Übersendung eines Abdrucks aus dem Schuldnerverzeichnis nach § 10 I 2 SchuVVO unanwendbar. 6

IV. Eigenart der Ersatzzustellung. Bei ihr ist zunächst belanglos, ob und wann der Zustellungsadressat das Schriftstück ausgehändigt bekommt oder ob er auch nur von seinem Vorhandensein eine Kenntnis erhält, Stgt JurBüro 2012, 380, LG Bln Rpfleger 1997, 120. Das folgt aus der Natur des Ersatzempfängers als des gesetzlichen Vertreters. Die Wirkung der Zustellung tritt also sofort mit der Übergabe an den Zustellungsempfänger oder mit der Niederlegung ein, BVerwG NJW 1980, 1480. Vgl. freilich → Rn. 8. Die Ersatzperson ist aber gesetzlich verpflichtet, das Schriftstück dem Zustellungsadressaten auszuhändigen. Vgl. auch §§ 246, 274 Nr. 1 StGB, §§ 677, 678, 681, 823 II BGB. Der Zustellungsadressat darf und muss nach → § 418 Rn. 11 evtl. beweisen, dass die äußerlich korrekte Ersatzzustellung unwirksam war, Köln Rpfleger 1975, 260, AG Hmb-Altona FamRZ 1992, 83, dass ihm zB die Ersatzperson das Schriftstück nicht ausgehändigt hat und dass er deswegen vom Inhalt des Schriftstücks keine Kenntnis hat. 7

V. Mängel. Der Zustellende muss nach § 19 II 1 GVGA den Zustellungsgegner und die Voraussetzungen einer Ersatzzustellung immer durch eine eigene Prüfung feststellen, BGHZ 111, 6; Zweibr MDR 1985, 1048. Das gilt nach § 19 II 4 GVGA zB dann, wenn er einem Einzelkaufmann unter der Firma zustellt. Seine Feststellung bindet das Gericht nicht. Die Zustellung an einen ungesetzlichen Ersatzmann ist nach → Vor § 166 Rn. 33 grundsätzlich unwirksam. Das mag nach → Rn. 6 in Wahrheit auch bei der Einhaltung so mancher „Unterbeliehenen" gelten. Die Berufung auf einen Mangel kann nach → Einl. II Rn. 122 rechtsmißbräuchlich sein, Düss FamRZ 1990, 75. Eine Heilung erfolgt nach § 189. Sie erfolgt aber auch durch eine Genehmigung des Zustellungsadressaten oder durch eine rügelose Einlassung nach § 295 I, AG Hmb-Altona FamRZ 1992, 83, soweit diese Vorschrift überhaupt anwendbar ist. Denn wer einen Zustellungsbevollmächtigten bestellen kann, kann nach allgemeinen Rechtsgrundsätzen das Handeln desjenigen genehmigen, der als Zustellungsbevollmächtigter auftritt, aM Stein/Jonas/Roth Vor § 166 Rn. 30 (aber → Vor § 166 Rn. 36, 37). 8

Eine **gescheiterte** Übergabe lässt sich nicht in eine wirksame Ersatzzustellung umdeuten, Düss JurBüro 1995, 41. Der Gerichtsvollzieher darf nach § 19 IV GVGA nach seinem Ermessen statt einer Ersatzzustellung eine Normalzustellung zu wiederholtem Mal versuchen. Eine nicht beurkundete Ersatzzustellung ist unwirksam, BFH NJW 1979, 736. Eine Ersatzzustellung nach dem Tod des Adressaten ist nach § 19 III GVGA unwirksam. Eine Ersatzzustellung ist nicht schon deshalb unwirksam, weil der Urkundsbeamte sie rechtswidrig im Zustellungsauftrag ausgeschlossen hatte, BGH BB 2003, 124. Eine durch Täuschung vereitelte Zustellung kann als wirksam gelten, VGH Mü NJW 2012, 950. Denn Rechtsmissbrauch ist stets nach → Einl. II Rn. 103 unstatthaft. 9

Wegen § 418 ist zwar grundsätzlich derjenige **beweispflichtig,** der sich auf die Unrichtigkeit der Zustellungsurkunde beruft. Sie beweist aber nur, dass weder der Adressat noch ein zur Entgegennahme der Ersatzzustellung in Betracht kommender anderer anwesend war. Sie beweist nicht auch, dass der Empfänger schon und tatsächlich dort auch „wohnhaft" war, Hamm NJW-RR 1995, 224. Insoweit besteht nach → § 418 Rn. 5 immerhin ein Anzeichen. Einschreiben mit Übergabe erspart eine Ersatzzustellung mit deren Mängeln, BVerwG NVwZ-RR 2015, 922. 10

178 ***Ersatzzustellung in der Wohnung, in Geschäftsräumen und Einrichtungen.*** **I Wird die Person, der zugestellt werden soll, in ihrer Wohnung, in dem Geschäftsraum oder in einer Gemeinschaftseinrichtung, in der sie wohnt, nicht angetroffen, kann das Schriftstück zugestellt werden**

1. in der Wohnung einem erwachsenen Familienangehörigen, einer in der Familie beschäftigten Person oder einem erwachsenen ständigen Mitbewohner,
2. in Geschäftsräumen einer dort beschäftigten Person,
3. in Gemeinschaftseinrichtungen dem Leiter der Einrichtung oder einem dazu ermächtigten Vertreter.

II Die Zustellung an eine der in Absatz 1 bezeichneten Personen ist unwirksam, wenn diese an dem Rechtsstreit als Gegner der Person, der zugestellt werden soll, beteiligt ist.

I. Systematik, I, II. Zunächst → Vor § 178 Rn. 1. Das Gesetz bezieht eine Reihe von solchen Menschen in den Kreis der Prozessbeteiligten ein, die dem eigentlichen Zustellungsadressaten mehr oder auch durchaus weniger nahestehen. Denn der tatsächliche Empfänger erhält vom Gesetz nach → Vor § 178 Rn. 7 mittelbar die Rechtspflicht zur sogar noch unverzüglichen Weiterleitung der Sendung an den wahren Adressaten. Andernfalls wäre ja überhaupt eine Zustellung mit ihren Rechtswirkungen auf dem in § 178 geregelten Weg unverantwortbar. Das Vertrauen des Gesetzes auf das Funktionieren einer Familien-, Haus-, Berufs-, Wohnungsgemeinschaft ist heute freilich keineswegs mehr unproblematisch. Es lässt sich aber nach → Rn. 2 immer noch durch die tatsächlich erfolgende Weiterleitung rechtfertigen. § 178 hat den Vorrang vor § 180, Drsd BauR 2016, 2133. II regelt die Grenzen von I vorrangig. Die Möglichkeit einer Zustellung an einem anderen Ort nach dem vorrangigen § 177 bleibt unberührt, OVG Münst NVwZ-RR 2009, 365. 1

II. Regelungszweck, I, II. Die Vorschrift dient unterschiedlichen Zwecken. Bei **I** hat der Gedanke der Prozesswirtschaftlichkeit8 einen wesentlichen Raum. Erfahrungsgemäß kann man auch nach → Rn. 1 im Allgemeinen auf die Zuverlässigkeit der in I Nr. 1–3 genannten unmittelbaren Empfänger bei der Weiterleitung an den eigentlichen Adressaten vertrauen, BGH NJW-RR 1997, 1161. Die mit jeder Ersatzzustellung auch ohne eine Preisgabe des Sendungsinhalts verbundene deutliche Verringerung des Datenschutzes allein durch die Lesbarkeit des Absenders ist unerfreulich. Sie ist aber gerade noch vertretbar, solange nicht dadurch zB eine Sensationspresse Wind bekommt. 2

II hat eine ziemlich entgegengesetzte Zielrichtung. Jede Ersatzzustellung hat Gefahren, nämlich die tatsächliche Nichtaushändigung des zuzustellenden Schriftstücks oder wenigstens der Benachrichtigung über dessen Nieder- 3 legung usw. Man kann solche Gefahren nicht unbegrenzt in Kauf nehmen. Denn der Interessengegensatz von Prozessgegnern würde diese Gefahren für den Absender unzumutbar vergrößern. Man darf den Edelmut desjenigen Menschen nicht überstrapazieren, der auch noch an seinen Gegner weiterleiten soll. Dem trägt II vorrangig bei I Nr. 1–3 Rechnung.

4 Der **Grund des II** liegt in der im Allgemeinen berechtigten Besorgnis, der Prozessgegner werde das Schriftstück dem Zustellungsadressaten nicht aushändigen, BGH NJW 1984, 57; Celle DGVZ 2003, 8; Karlsr Rpfleger 1984, 25. Er liegt aber auch im Schutzbedürfnis des Zustellungsadressaten, BAG NJW 1981, 1400; Karlsr Rpfleger 1984, 25; LG Fulda Rpfleger 1987, 27.

5 **III. Geltungsbereich, I, II.** → Vor § 178 Rn. 6 I Nr. 1 gilt nach → Vor § 166 Rn. 11 auch im finanzgerichtlichen Verfahren, OFD Magdeb BB 2001, 2205. II gilt nur im Bereich der Ersatzzustellung, BVerfG 67, 208.

6 **IV. Nichtantreffen, I.** Gemeinsame Voraussetzung für die Ersatzzustellung ist, dass der Zustellungsadressat nicht angetroffen wird (BT-Drs. 14/4554, 20). Das ist schon der Fall, wenn sich der Adressat in diesem Zeitpunkt nicht für den Zusteller erkennbar dort aufhält. Das Merkmal des „Nichtantreffens" des Zustellungsadressaten ist etwa als Voraussetzung für eine Ersatzzustellung in Geschäftsräumen bereits dann erfüllt, wenn der Adressat von einer dort beschäftigten Person als abwesend oder verhindert bezeichnet wird; weitere Nachforschungen des Zustellers sind regelmäßig nicht veranlasst (BGH NJW 2017, 2472 Rn. 29; NJW-RR 2015, 702 Rn. 10). Eine tatsächliche Abwesenheit nicht Voraussetzung für die Wirksamkeit der Ersatzzustellung. Wird der Zustelladressat dagegen angetroffen, kommt eine Ersatzzustellung nach § 178 nicht in Betracht (BGH NJW 2017, 2472 Rn. 30).

7 **1. Wohnungsbegriff.** Dazu Neuhaus/Köther MDR 2009, 537 (Grdz.). Eine Ersatzzustellung nach I Nr. 1 darf grundsätzlich nur in der Wohnung des Zustellungsadressaten stattfinden, Hamm NJW-RR 1995, 682. Ein scheinbar einfacher Begriff enthält Tücken. Man muss vom Regelungszweck nach → Rn. 2 ausgehen. Daher muss man prüfen, ob man vernünftigerweise damit rechnen kann, dass eine Sendung den Adressaten auch einigermaßen sicher und bald erreicht, BGH NJW 2011, 2441; Düss FamRZ 1990, 75; OVG Münst NJW 2011, 2683. Die Ersatzzustellung kann nach § 20 I 2 GVGA dann stattfinden, wenn der mit den örtlichen Verhältnissen vertraute Zusteller den Zustellungsadressaten nach → Vor § 166 Rn. 7 nicht in dessen für ihn vernünftigerweise als Wohnung erkennbaren Räumlichkeit antrifft, BGH WuM 2004, 677. Das gilt trotz des Postgeheimnisses, BVerwG BB 1985, 152 (zu § 51 PostO usw.). Derjenige Personenkreis, dem gegenüber eine Ersatzzustellung nach Nr. 1 zulässig ist, entspricht dem Empfangsboten bei § 130 I 1 BGB, BGH NJW 1978, 1858; Brschw MDR 1997, 884; VG Mainz NVwZ-RR 2011, 431. Wohnung ist ohne Rücksicht auf den Wohnsitz des § 13 gemeint, BGH NJW 1978, 1858. Wohnung ist jeder Raum, den der Zustellungsadressat zur Zeit der Zustellung tatsächlich für eine gewisse Zeit schon und noch bewohnt, BGH NJW 2011, 2441; Drsd Rpfleger 2005, 269; VG Mainz NVwZ-RR 2011, 431, den er regelmäßig aufsucht, BGH NJW-RR 1997, 1161, wo er tatsächlich vorwiegend, nicht aber unbedingt ständig schläft, BGH WuM 2004, 677; LG Mü DGVZ 2016, 131; VG Saarlouis NVwZ-RR 2011, 392, der also sein derzeitiger räumlicher Lebensmittelpunkt ist, BGH WuM 2007, 713; Celle ZIP 2014, 1124 (verneint freilich eine Wohnung); Hamm NJW-RR 1995, 224.

2. Beispiele zur Frage einer Wohnung, I Nr. 1

8 **Altenheim:** I Nr. 1 ist nach § 20 III GVGA anwendbar.

Anmeldung, Abmeldung: → „Meldebehörde".

Annahmeverweigerung: Soweit der Zustellungsadressat die Annahme verweigert, gilt § 179. Es ist unerheblich, ob der dort wohnende Zustellungsadressat dem Zusteller das Einlegen in den Briefkasten usw. „verboten" hat, BayObLG NJW-RR 1988, 509.

Anschein: Auch der selbst erweckte Anschein kann – jedenfalls bei Arglist – zur Annahme oder Aufgabe einer Wohnung ausreichen, BGH NJW 2011, 2441.

Das gilt **nicht,** soweit der Zusteller die von der Anscheinswohnung getrennte wahre Wohnung kennt und die Zustellung dort bewirken könnte, Ffm NJW 1985, 1910; LG Bonn MDR 1997, 783.

Anwesenheit: Es ist unerheblich, ob der Zustellungsadressat tatsächlich anwesend ist, solange sich nicht der Lebensmittelpunkt an eine andere Stelle verlagert, BGH NJW-RR 1994, 565. Es genügt nach § 20 IV 1 GVGA, dass man dem Zusteller in der Wohnung sagt, der Zustellungsadressat sei abwesend, BFHE 173, 215, oder er sei schwerkrank usw. Das braucht der Zusteller nicht zu überprüfen. Er darf es auch gar nicht etwa mittels Durchsuchens überprüfen. Es genügt nach § 20 IV 2 GVGA auch, dass man dem Zusteller den Zutritt zur Wohnung oder zum Zustellungsadressaten verwehrt. Diese Umstände muss der Zusteller freilich in der Zustellungsurkunde nach § 182 angeben. Soweit der Zustellungsadressat die Annahme verweigert, gilt § 179.

Arbeiterwohnheim: I Nr. 1, 3 ist nach § 20 III GVGA anwendbar.

Arbeitsstelle: Diejenige Arbeitsstelle, an der der Zustellungsadressat nicht lebt und nicht ständig schläft, ist **keine** Wohnung, LG Hagen MDR 1984, 1034. Ausnahmen gelten evtl. dann, wenn ein Bauführer einer Großbaustelle monatelang im dortigen Aufsichtscontainer nächtigt. Ausnahmen gelten auch bei I Nr. 2, aM Köln NJW-RR 1989, 443 (aber es kommt wesentlich auf die tatsächlichen Verhältnisse an). Auch → „Geschäftsraum".

Arglist: → „Scheinwohnung".

Asylbewerber: I Nr. 1, 3 ist nach § 20 III GVGA auf seine Unterkunft anwendbar.

Aufgabe: Sie liegt vor, sobald man die Wohnung erkennbar, endgültig oder doch für recht lange Zeit nicht mehr als den Ort des Lebens und Schlafens nutzen und anderswo leben will, BGH NJW-RR 1994, 565. Eine Wohnung fehlt bereits, soweit ein mit den Verhältnissen vertrauter Dritter erkennen kann, dass man sie aufgegeben hat, BGH NJW-RR 1994, 565; LG Bln WuM 1995, 121.

Aushändigung: Es kommt darauf an, ob der Zustellungsempfänger die Sendung dem Adressaten in absehbarer Zeit aushändigen kann, Mü NJW-RR 1991, 1470.

Auslandsreise: Es kommt auf die Länge der Reise an. Eine ungewöhnlich lange Reise führt evtl. zum **Wegfall** der inländischen Wohnung, BGH NJW-RR 1997, 1161 (beruflicher Auslandsaufenthalt); BGH NJW-RR 2002, 137; Brschw MDR 1997, 884 (je: nicht beim Bewohnen durch Angehörige), AG Duisb NJW-RR 1995, 953. *Eine einjährige* Auslandsreise kann trotz des Fortbestehens äußerlicher Wohnbedingungen zum Fehlen einer Wohnung an der bisherigen Stelle führen, LG Hagen DGVZ 1999, 156. Auch → „Weltreise".

Außentreppe: Sie kann zur Wohnung zählen, BGH WuM 2013, 436.

Auszug: Eine Wohnung **entfällt** nach ihm.

Bodenraum: Er begründet als solcher **keine** Wohnung.

Briefkastenanschrift: Die bloße Briefkastenanschrift begründet jedenfalls **keine** Zuständigkeit, BGHZ 132, 196, und wohl auch meist **keine** Wohnung nach I Nr. 1. Auch → „Namenschild".

Bundeswehr: Es kommt nach SoldErl Teil A Nr. 1, SchlAnh. II auf die Dauer des Aufenthalts an. Ein längerer dortiger Aufenthalt begründet eine Wohnung, ein kürzerer **nicht,** Düss JurBüro 1992, 54; Mü NJW-RR 1992, 1470; LG Aachen DGVZ 1984, 40; aM Thomas/Putzo/Hüßtege Rn. 4 (aber es kommt wesentlich auf die tatsächliche Dauer an). Ein Auslandseinsatz kann die Kaserne der Stammeinheit als Wohnung wegfallen lassen, Düss MDR 1999, 497.

Ersatzdienst: Es gelten dieselben Regeln wie bei der → „Bundeswehr".

Fahrradraumvgl. BGH WuM 2013, 436.

Ferienwohnung: Sie reicht grds. nicht.

Festnahme: → „Haft".

Frauenhaus: Es dürfte meist I Nr. 3 anwendbar sein („Gemeinschaftseinrichtung"). Unabhängig davon gilt: Ein kurzer Aufenthalt in einem Frauenhaus während eines Ehe- oder Familienverfahrens begründet **keine** Wohnung, AG Warendorf NJW-RR 1987, 394; großzügiger Karlsr NJW-RR 1995, 1220.

Garten: Ein vorübergehendes Wohnen im allein benutzten eigenen Garten genügt. Ein bloßer Vorgarten reicht **nicht.**

Gefängnis: → „Haft".

Gemeinschaftseinrichtung: I Nr. 1, 3 kann nach § 20 III GVGA anwendbar sein.

Geschäftsraum: Man muss einen Geschäftsraum als Wohnung nach I Nr. 2 beurteilen, BVerfG NJW 1998, 1631; BAG NJW 2009, 2325; OVG Bln-Brdb NJW 2012, 951. Er kann zB bei einer Einmannfirma evtl. auch mit dem Wohnraum zusammenfallen, Coenen DGVZ 2004, 70. Eine Eintragung der Adresse im Handelsregister genügt, Drsd BauR 2016, 2133, evtl. sogar eine frühere, großzügig LG Ffm NZG 2018, 784. Auch → „Arbeitsstelle".

Geschäftsreise: Ein kurzer Aufenthalt während einer Geschäftsreise begründet **keine** Wohnung, Köln NJW 1980, 2720; Mü NJW-RR 1991, 1470 (Hotel).

Getrenntleben: Innerhalb der Wohnung ist es unschädlich, LG Bln MDR 1998, 926.

Gewaltschutz: Cirullies FamRZ 2012, 1854 (ausf.).

Gewerberaum: → „Geschäftsraum".

Grund der Ersatzzustellung: Der Zusteller muss ihn nach § 182 II Nr. 4 in die Zustellungsurkunde aufnehmen.

Haft: Es dürfte meist I Nr. 2 anwendbar sein („Gemeinschaftseinrichtung"), VGH Mannh NJW 2001, 3569. Unabhängig davon gilt: Es entsteht schon dann eine Wohnung dort, wo jemand eine einmonatige Strafhaft verbüßt. Daher ist dann während dieser Haft eine etwa erfolgende Ersatzzustellung in der sonst benutzten Wohnung unwirksam, Hamm Rpfleger 1977, 177. Dasselbe gilt erst recht bei einer mehrmonatigen Strafhaft, BGH NJW 1978, 1858; BFH DB 1988, 378; KG NZM 2006, 376; aM Drsd Rpfleger 2005, 269 (systemwidrig). Das alles gilt auch dann, wenn bei einer längeren Haft der Kontakt des Gefangenen zu dem derzeitigen Benutzer der sonstigen Wohnung nicht abreißt, BFH DB 1988, 378; Düss FamRZ 1980, 179; Mü NJW-RR 1987, 895; aM VGH Kassel FamRZ 1992, 831; OVG Münst NJW 2011, 2683 (je: inkonsequent). Bei einer Untersuchungshaft ist die tatsächliche Abwesenheitsdauer bis zur Zustellung maßgeblich, Drsd Rpfleger 2005, 269, Hamm Rpfleger 2003, 377, sowie ein Restkontakt, VG Saarlouis NVwZ-RR 2011, 392. **Keine Wohnung** begründen aber zB: Die bloße Festnahme, LAG Mü DB 1988, 1608 (Auslieferungshaft); ein nur kurzer Aufenthalt im Gefängnis, BGH NJW 1985, 2197; Hamm Rpfleger 2003, 377 (17 Tage U-Haft); VGH Kassel FamRZ 1992, 831 (auch je zum Krankenhaus).

Hof: Ein vorübergehendes Wohnen im allein benutzten Hof genügt.

Hotel: Ein kurzer Aufenthalt in einem Hotel begründet **keine** Wohnung, Mü NJW-RR 1991, 1470.

Kaserne: → „Bundeswehr".

Keller: Er begründet als solcher **keine** Wohnung.

Kontaktadresse: Sie begründet **keine** Wohnung, BGH NJW-RR 1993, 1083.

Krankenhaus: Es mag I Nr. 3 anwendbar sein („Gemeinschaftseinrichtung"). Unabhängig davon gilt: Es kommt auf die Dauer des Aufenthalts an. Ein längerer dortiger Aufenthalt begründet eine Wohnung, ein kürzerer **nicht,** BGH NJW 1985, 2197; Zweibr MDR 1984, 762; VGH Kassel FamRZ 1992, 831. Auch ein längerer hebt die sonstige Wohnung nicht stets auf, LG Bln ZMR 1999, 174 (anders in geschlossener Anstalt).

Kur: Ein kurzer Aufenthalt während einer, wenn auch mehrwöchigen, Kur begründet dort **keine** Wohnung, BayObLG 1980, 267. Auch → „Reise".

Lebensgemeinschaft: → „Nichteheliche Lebensgemeinschaft".

Lebensmittelpunkt: Es kommt für den Wohnungsbegriff grds. nach → Rn. 6 auf den Lebensmittelpunkt an, BGH WuM 2007, 713; Hamm NJW-RR 1995, 224. Wenn der Aufenthalt zwar bekannt ist, wenn aber kein dauerhafter Mittelpunkt des Lebens besteht, kann man an dem Ort des relativen Lebensmittelpunkts zustellen, Köln MDR 1983, 139.

Lebenspartnerschaft: Sie kann eine Wohnung begründen.

Marktstand: Es ist **keine** Wohnung, AG Hmb DVGZ 1981, 63.

Mehrheit von Wohnungen: Man kann unabhängig von den Meldeamtsvorschriften iSv § 7 II BGB mehrere Wohnungen an demselben Ort oder an verschiedenen Orten im In- oder Ausland haben, Köln NJW-RR 1989, 443. S. aber auch bei den einzelnen Arten weiterer Aufenthalte.

Meldebehörde: Es ist unter den Voraussetzungen → Rn. 6 unerheblich, ob sich der Zustellungsadressat polizeilich oder ordnungsbehördlich gemeldet hat, BGH WuM 2004, 677, Mü NJW-RR 1991, 1470; VG Mainz NVwZ-RR 2011, 431; Mü DGVZ 2018, 17 (Indizwirkung, zu großzügig). Das gilt auch dann, wenn der Zustellungsadressat die Wohnung zwar abgemeldet hat, aber noch tatsächlich innehat, oder wenn er nach → Rn. 8 „Anschein" eine Ab- oder Ummeldung bewußt unterläßt, LG Kblz Rpfleger 1996, 165. BGH FamRZ 1990, 143 verlangt von demjenigen Zustellungsadressaten, der sich darauf beruft, am Zustellungsort nicht gewohnt zu haben, eine klare und vollständige Angabe seiner tatsächlichen Wohnverhältnisse.

Nachsendeauftrag: → „Postnachsendeauftrag".

Namensschild: Seine Entfernung durch den Namensträger kann die **Wohnungsaufgabe** signalisieren.

Nebenraum: Er kann zur Wohnung gehören, BGH WuM 2009, 539 (zu § 144 I 2). Aber auch → „Garage".
Nichteheliche Lebensgemeinschaft: Sie kann eine Wohnung begründen, OFD Magdeb BB 2001, 2205. Es ist dann unerheblich, ob der Zusteller das Verhältnis kennt, Köln VersR 2001, 1536.
Persönliche Habe: Es ist unerheblich, ob sich am bisherigen Aufenthaltsort des Zustellungsadressaten noch eine persönliche Habe von ihm befindet.
Postnachsendeauftrag: Wer einen Postnachsendeauftrag stellt, „wohnt" an der dort genannten neuen Anschrift auch dann, wenn er sich dort in Wahrheit nicht aufhält, LG Ffm Rpfleger 1981, 493; Zöller/Schultzky Rn. 7; aM Bbg OLGR 1998, 83; Mü NJW-RR 1995, 59 (aber der Nachsendeauftrag signalisiert einen derzeitigen anderen Lebensmittelpunkt). Das gilt aber nur dann, wenn der Postkunde auch die Nachsendung von förmlichen Zustellungssendungen beantragt hat, BGH NJW 1988, 1999; VGH Mannh NJW 1997, 3330. Die Adresse eines Dritten reicht **nicht,** solange der Adressat der Sendung nicht auch dort wohnt, Hmb MDR 1982, 1041; Mü NJW-RR 1995, 59.
Postvermerk: Ein Vermerk auf der Zustellungsurkunde, etwa „Empfänger soll verzogen sein", nimmt **nicht** an der Beweiskraft des § 418 teil, Hamm NJW-RR 1995, 224.
Reise: Eine Zustellung nach Nr. 1 erfolgt auch dann, wenn der Zustellungsadressat normal verreist ist, Köln NJW 1980, 2720. Wer nämlich verreist, muss grds. dafür Vorsorge treffen, dass ihn Zustellungen erreichen können. Das gilt zumindest dann, wenn er einen Eingang von Post erwarten muss, BVerfG NJW 2007, 3487. Die Beauftragung eines minderjährigen, aber verständigen Kindes, telefonisch Nachricht zu geben, kann selbst bei einer Auslandsreise reichen, BGH NJW-RR 2002, 137. Auch → „Auslandsreise", → „Kur", „Weltreise".
Renovierung: Ein kürzerer Aufenthalt an einer Stelle während der Renovierung der sonstigen Wohnung begründet an der ersteren **keine (weitere)** Wohnung, BayObLG NJW-RR 1988, 509.
Scheinwohnung: Vgl. BGH NJW 2011, 2441: Wohnung bei arglistigem Verhalten; der Rechtsmissbrauch BVerfG NJW-RR 2010, 421, ist hier entscheidend.
Schiff: Ein Wohnen auf einem Schiff kann genügen, auch ein vorübergehendes, LG Stade DGVZ 1977, 175.
Schlafgelegenheit: Auch eine bloße Schlafgelegenheit kann nach → Rn. 6 genügen. Es kommt auf die Umstände an, BGH NJW 1978, 1858; Köln NJW-RR 1989, 443; Stgt Rpfleger 1981, 152.
Schwesternheim: I Nr. 1, 3 ist nach § 20 III GVGA anwendbar.
Soldat: → „Bundeswehr".
Strafvollzug: → „Haft".
Tiefgarage: Sie kann zur Wohnung zählen, BGH WuM 2013, 436.
Unbewohnbarkeit: Es liegt dann **keine** Wohnung mehr vor, wenn der klagende Vermieter sie unbewohnbar gemacht hat, Köln WuM 1996, 483.
Untersuchungshaft: → „Haft".
Urlaub: Ein kurzer Aufenthalt während eines Urlaubs begründet am Urlaubsort keine Wohnung, Köln NJW 1980, 2720; Mü NJW-RR 1991, 1470 (Hotel), und hebt die Heimatwohnung nicht auf, BGH NJW-RR 1994, 565; BayObLG 1980, 267 (Kur).
Verweigerung der Annahme: → „Annahmeverweigerung".
Vorübergehend: Ein vorübergehendes Wohnen kann genügen, LG Mü DGVZ 2016, 131. Eine vorübergehende Abwesenheit schadet nicht, VG Saarlouis NVwZ-RR 2011, 392. Vgl. bei den Schlafstellenarten.
Weltreise: Eine siebenmonatige Weltreise kann zum **Wegfall** der vorherigen Wohnung führen, LG Bln MDR 1992, 791 (StPO). Auch → „Auslandsreise", → „Reise".
Wochenendhaus: Ein kurzer Aufenthalt in einem Wochenendhaus begründet **keine** Wohnung, Celle DGVZ 1992, 41 (Fallfrage).
Wohnungsaufgabe: Die erkennbare reicht **nicht** mehr, BGH NJW-RR 2005, 415.
Wohnungsmehrheit: → „Mehrheit von Wohnungen".
Wohnwagen: Ein Wohnen im Wohnwagen kann genügen, auch ein vorübergehendes, Mü NJW-RR 1991, 1470.
Zutritt: → „Anwesenheit".
Zweitwohnung: Ein kurzer Aufenthalt in einer Zweitwohnung begründet **keine** Wohnung, BGH NJW-RR 1994, 565; Celle DGVZ 1992, 41 (Wochenendhaus, Fallfrage); großzügiger LG Hmb ZMR 2015, 818; Wesser NJW 2002, 2138. Aber auch → „Mehrheit von Wohnungen".

9 **3. Familienangehöriger.** Eine Ersatzzustellung kann an einen „erwachsenen Familienangehörigen" erfolgen. Er braucht kein Hausgenosse zu sein. Er braucht keine Vollmacht, BSG WuM 2010, 709. Eine häusliche Gemeinschaft oder Hausgemeinschaft ist kein alleiniges Merkmal.

10 Zur **Familienangehörigkeit** kommt nicht nur ein familienrechtliches Verhältnis infrage, BGH NJW-RR 1997, 1161. Natürlich zählen aber die echten Familienangehörigen dazu, also Verwandte, Coenen DGVZ 2002, 183, auch in der Seitenlinie; näher Verschwägerte, Coenen DGVZ 2002, 183; Ehegatten, auch nach der Scheidung oder Trennung zurückgekehrte, den Haushalt wieder führende, LG Flensb MDR 1982, 238; Coenen DGVZ 2002, 183; aM BFH NJW 1982, 289; Hamm MDR 1981, 602 (aber es kommt auf die rechtlich gebilligten tatsächlichen Verhältnisse und Anschauungen an); evtl. sogar ein Dauerbesuch, Celle FamRZ 1983, 203; das Kind, LG Köln MDR 1999, 889; das Pflegekind, Celle FamRZ 1983, 203, Coenen DGVZ 2002, 183; ein Verlobter, Celle FamRZ 1983, 203.

11 **4. Zugehörigkeit.** Es reicht zB: Eine Stellung als Schwiegervater, auch wenn er gleichzeitig der Hauswirt ist, Schlesw JurBüro 1991, 123; ein längerer Besuch, Celle FamRZ 1983, 203. Der Empfänger muss auch ständig dem Hausstand angehören, also mit dem Zustellungsadressaten zusammenwohnen, Coenen DGVZ 2002, 183. Ein bloßer Freund reicht nicht.

12 **5. Nichtzugehörigkeit.** Der Lebenspartner zählt hierher BGH NJW 1990, 1666,

13 **6. Hausangestellter.** Eine Zustellung kann auch an eine in der Familie beschäftigte Person erfolgen. Sie muss anders als ein Familienangehöriger oder ein ständiger Mitbewohner nach dem klaren Text von I Nr. 1 nicht ebenfalls erwachsen sein. Die Beschäftigung muss für die Dauer bestehen, Hamm MDR 1982, 516. Es genügt aber dann auch eine nur stundenweise Tätigkeit, Hamm MDR 1982, 516. Auch eine Raumpflegerin kann evtl. hierher zählen, Nürnb NJW-RR 1998, 495; FG Bln NJW 1986, 344, und zwar auch im Haushalt eines Junggesellen. Es kommt nicht darauf an, ob den Hausangestellten die Partei oder zB ihr Ehemann angestellt hat,

FG Bln NJW 1986, 344. Die Person braucht nicht in demselben Haus zu wohnen. Sie muss auch nicht unbedingt gerade beim Zustellungsadressaten persönlich tätig sein. Es mag sich auch um einen Dienst höherer Art handeln, etwa um denjenigen eines Hauslehrers. Ein faktisches Dienstverhältnis aus einer Gefälligkeit ohne ein Entgelt unter Verwandten reicht aus, Hamm MDR 1982, 516.

Nicht ausreichend ist die bloße Weiterleitung von Post, Nürnb NJW-RR 1998, 495. Eine bloße vorüber- 14 gehende Aushilfe reicht nicht aus. Eine vom Zwangsverwalter des Hauses angestellte Person reicht aber **nicht** aus.

7. Ständiger Mitbewohner. Die Zustellung ist schließlich auch an einen „erwachsenen ständigen Mit- 15 bewohner" möglich. Er kann zu einer Wohngemeinschaft zählen. Er braucht nicht zur Familie zu gehören. Man muss ihn von der in der Familie beschäftigten Person unterscheiden. Es kann sich um den in demselben Haus wohnenden Vermieter handeln, freilich nur um ihn als einen Mitbewohner. Ein gemeinsamer Haushalt ist nicht nötig. Hierher können sich nach → Rn. 12 der Lebenspartner oder der nichteheliche Lebensgefährte zählen. Eine bloße Untermiete reicht **nicht.** Ein bloß vorübergehendes Mitbewohnen reicht nicht, BGH NJW 2001, 1947, auch nicht ein bloßer Mitbewohner im Mehrfamilienhaus.

8. Erwachsensein. Erwachsensein bedeutet: Körperlich genügend entwickelt sein, BGH NJW-RR 2002, 16 137; LG Frankenth Rpfleger 1982, 384; LG Konst NJW-RR 1999, 1508. Eine Minderjährigkeit ist unter diesen Voraussetzungen unerheblich, BGH NJW-RR 2002, 137; LG Frankenth Rpfleger 1982, 384; LG Köln MDR 1999, 889. Heute wirken zwar zB elfjährige Kinder noch nicht erwachsen, KG Rpfleger 2007, 616. Es wirken wohl aber evtl. zB 13jährige Kinder oft schon einigermaßen erwachsen, LG Konst NJW-RR 1999, 1508; erst recht 14jährige, BSG MDR 1977, 82; LG Köln MDR 1999, 889; LG Konst NJW-RR 1999, 1508, oder 15jährige, BSG MDR 1977, 83, LG Frankenth Rpfleger 1982, 384, AG Bonn WuM 1997, 559. Es entscheidet der Sprachgebrauch des täglichen Lebens, Schlesw SchlHA 1980, 214. Es reicht aus, dass man erwarten kann, dass der Empfänger das Schriftstück ordnungsgemäß weitergeben werde, BGH NJW 1981, 1614; LG Köln MDR 1999, 889; LG Konst NJW-RR 1999, 1508. Das gilt nach → GVG § 175 Rn. 2 selbst dann, wenn er die Partei ist. Es handelt sich um eine nach der äußeren Erscheinung zu beurteilende Tatfrage. Die Auffassung des Zustellers bindet insofern das Gericht nicht. Es darf aber seiner Beurteilung meist folgen, BSG MDR 1977, 83; LG Konst NJW-RR 1999, 1508.

V. Ersatzzustellung im Geschäftsraum, I Nr. 2. Dazu Gerecke JurBüro 2011, 508; Neuhaus/Köther 17 MDR 2009, 537 (Grdz.). Sie kommt unter ihren gesetzlichen Voraussetzungen nach einem pflichtgemäßen Ermessen des Zustellers statt derjenigen nach I Nr. 1 oder 3 in Betracht. Es müssen die folgenden Voraussetzungen zusammentreffen.

1. Geschäftsraum. Eine Zustellung kann auch in einer nicht geschäftlichen Sache erfolgen. Sie ist nach 18 § 20 II 1 GVGA nur dann zulässig, wenn es sich im Zeitpunkt der Zustellung um einen „Geschäftsraum" handelt. Dort kann die Zustellung auch in einer Privatsache erfolgen, Mü Rpfleger 1976, 223. Geschäftsraum nach I Nr. 2 ist nach § 20 II 2 GVGA der für die Berufstätigkeit gerade des Zustellungsempfängers bestimmte Raum, BGH NJW 1998, 1958; Ffm VersR 2006, 81 (Krankenhaus); KG ZMR 2014, 974. Er muss also für den Betrieb gerade dieser Firma, Gesellschaft, der Behörde, Gemeinde, des Vereins usw. bestimmt sein, BFH DB 1988, 1935.

2. Beispiele zur Frage eines Geschäftsraums, I Nr. 2

Anderes Geschäft: Kein Geschäftsraum liegt dort vor, wo der gesetzliche Vertreter usw. nur ein anderes 19 Geschäft oder Gewerbe betreibt, BGH DB 1988, 1210.

Anschein: Geschäftsraum sein kann ein Bereich auch beim entsprechenden Anschein, BGH NJW 1998, 1959.

Anwalt: Kein Geschäftsraum liegt mehr ab Widerruf seiner Zulassung vor, BGH AnwBl 2011, 295.

Archiv: Meist **kein** Geschäftsraum ist ein bloßes internes Archiv.

Auslieferungsstelle: Kein Geschäftsraum ist ihr bloßer Betrieb, Köln MDR 1990, 1021 (zust. Schneider).

Betriebs- oder Produktionsstätte: Kein Geschäftsraum ist ihr bloßer Betrieb.

Betriebsrat: → „Posteingangsstelle".

Briefkopf: Geschäftsraum sein dürfte meist der im Briefkopf angegebene Bereich, BGH NJW 1998, 1958; BVerwG NVwZ 2005, 1332. **Nicht stets** diese Lage ergibt sich beim Nachsendeauftrag, BGH NJW 1998, 1958.

Dauerzweck: Geschäftsraum ist nur der auf Dauer angelegte. Es kann ein Messestand reichen.

Erkennbarkeit: Geschäftsraum ist (nur) derjenige Bereich, der erkennbar dem Kunden, Besucher, Patienten, Auftraggeber usw. dient, Ffm MDR 1999, 498; Gerecke JurBüro 2011, 509.

Erreichbarkeit: Geschäftsraum ist nur derjenige Bereich, in dem man den Adressaten grds. auch tatsächlich erreichen kann.

Fabrik: → „Betriebs- oder Produktionsstelle".

Filiale: → „Zweigniederlassung".

Freier Beruf: Geschäftsraum kann auch bei ihm vorliegen. Das folgt aus § 20 II 1 GVGA. S. aber auch „Anwalt".

Juristische Person: Kein Geschäftsraum liegt dann vor, wenn ihr Vertreter eine Ladung usw. nur persönlich erhalten soll, LAG Ffm NZA-RR 2007, 266.

Messestand: → „Dauerzweck".

Name: Geschäftsraum ist nur derjenige Bereich, der den Namen des Zustellungsadressaten aufweist. Das folgt aus § 19 II 2, 3 GVGA. **Kein** Geschäftsraum besteht schon wegen eines bloßen Namens- oder Firmenschilds.

Posteingangsstelle: Geschäftsraum kann sie sein, zB bei einer Zustellung an den Betriebsrat, BAG BB 1976, 510.

Warenlager: → „Betriebs- oder Produktionsstelle".

Zweigniederlassung: Geschäftsraum kann auch sie sein.

3. Dortige Beschäftigung. „Dort beschäftigt" ist jeder, den der Zustellungsempfänger mit einem Dienst für 20 ihn tatsächlich betraut hat. Das gilt ohne Rücksicht auf ein Arbeits- oder Angestelltenverhältnis, BFH BB 1984, 460. Eine leitende Funktion ist nach → Rn. 22 „Leitung" nicht nötig. Man ist nicht schon deshalb Beschäftigter, weil der Adressat eine stillschweigende Zustellungsvollmacht erteilt hat, BayObLG WuM 2000, 566.

21 **Nicht hierher** gehört ein zum Wohnen und Arbeiten benutzter Raum, Zöller/Schultzky Rn. 8, aM Stein/Jonas/Roth Rn. 10 (aber dann kann man das Merkmal „Geschäftsraum" meist nicht als den Schwerpunkt der Gesamtnutzung erkennen, auf die es ankommt).

4. Beispiele zur Frage einer Beschäftigung usw., I Nr. 2

22 **Abwesenheit usw.:** Die Behauptung kann reichen, Piper WM 2016, 1677.
Alleingesellschafter: → „Handelsgesellschaft".
Angestellter: Er ist Beschäftigter nach I Nr. 2, BGH NJW 1998, 1958.
Anwalt: I Nr. 2 ist bei ihm anwendbar.
Apotheker: I Nr. 2 ist bei ihm anwendbar.
Arbeiter: Er ist Beschäftigter nach I Nr. 2.
Arbeitszimmer: I Nr. 2 ist anwendbar.
Architekt: I Nr. 2 ist bei ihm anwendbar.
Arzt: I Nr. 2 ist bei ihm anwendbar, BSG MDR 1977, 700.
Aufseher: Er kann Beschäftigter nach I Nr. 2 sein.
Aufsichtsrat: I Nr. 2 ist **unanwendbar.** Denn der Aufsichtsrat ist keine im Geschäftsraum beschäftigte Person (engruppe), so schon BGH NJW 1993, 2688 (zum alten Recht).
Auslieferungsstelle: Sie ist **kein** Geschäftsraum nach I Nr. 2, Köln MDR 1990, 1021.
Auszubildender: I Nr. 2 ist bei ihm anwendbar, OVG Münst Rpfleger 1976, 223.
Beamter: Er ist nach § 20 II 4 GVGA Beschäftigter nach I Nr. 2.
Bote: Er kann Beschäftigter nach I Nr. 2 sein.
Briefkastenanschrift: Sie reicht **nicht** zur Annahme eines Geschäftsraums nach I Nr. 2 aus, BGH MDR 1993, 900 (krit. Zeiss JR 1994, 160).
Büro: Es ist Geschäftsraum nach I Nr. 2.
Büroangestellter: Er ist nach § 20 II 4 GVGA Beschäftigter nach I Nr. 2.
Ehegatte: Ob man ihn als Beschäftigten nach I Nr. 2 oder als Familienangehörigen nach I Nr. 1 ansehen muss, ist eine Fallfrage, BSG MDR 1977, 700, Düss JurBüro 1987, 1743.
Eingetragener: Wer sich durch eine Eintragung im Handelsregister als Gewerbetreibender ausgibt, muss eine Zustellung nach I Nr. 2 gegen sich gelten lassen. Das gilt selbst dann, wenn ein Nachfolger den Betrieb ohne sein Wissen verlegt hat, solange er selbst seine Namensführung duldet, Köln DB 1988, 2303.
Eisdielenbesitzer: I Nr. 2 ist bei ihm anwendbar, LAG Hamm MDR 1983, 612.
Entgegennahme: Die widerspruchslose bedeutet die (stillschweigende) Erklärung, der Adressat sei abwesend, BGH NZG 2015, 403.
Fabrikant: I Nr. 2 ist bei ihm anwendbar.
Filiale: → „Zweigniederlassung".
Firmenschild: Es gelten dieselben Regeln wie bei → „Eingetragener".
Gastwirt: I Nr. 2 ist bei ihm anwendbar.
Geschäftsführer: Eine Zustellung nach § 178 ist dann erlaubt, wenn der Geschäftsführer für den Zusteller eindeutig erkennbar mit dem Inhaber identisch ist. Das gilt freilich dann **nicht,** wenn er eine formell unkorrekte Zustellung selbst veranlaßt und gewollt hat, die eine Notfrist in Gang setzen soll, BayObLG ZMR 1985, 133. Der Geschäftsführer muss in diesem Geschäftsraum nicht üblicherweise selbst arbeiten, LAG Bln-Brdb NZA-RR 2016, 646.

Man darf eine an den Geschäftsführer einer Gesellschaft mit beschränkter Haftung usw. persönlich gerichtete Zustellung, **nicht** nach I Nr. 2 durchführen, BayObLG MDR 2000, 105; Brdb NJW-RR 1996, 766; Nürnb MDR 1998, 1369; aM VGH Mannh NJW 2018, 2507; Gerecke JurBüro 2011, 510. Das gilt auch dann, wenn der Geschäftsführer alleiniger Gesellschafter ist, Hamm GRUR 1992, 888, Zweibr JurBüro 1991, 721, oder wenn er Haupt- oder Mitgesellschafter ist, Hamm GRUR 1992, 888; Nürnb MDR 1998, 1369. Man darf die Zustellung auch nicht an den Angestellten ausführen, wenn der Geschäftsführer kein Gewerbetreibender ist, sondern seinerseits ein Angestellter der gewerbetreibenden Gesellschaft, BGHZ 97, 343; Coenen DGVZ 2004, 70. Das gilt auch dann, wenn es sich um den Alleingeschäftsführer handelt, Hamm NJW 1984, 2372.

Bei einer **Inhaftierung** des Geschäftsführers muss seine Firma dafür sorgen, trotzdem für Zustellungen erreichbar zu sein, BGH MDR 2008, 1177.
Gesellschafter: Auf den nicht von der Vertretung ausgeschlossenen Gesellschafter einer OHG ist I Nr. 2 anwendbar. **Unanwendbar** ist I Nr. 2 auf den Gesellschafter einer GmbH, BGHZ 97, 843; Hamm NJW 1983, 2372; Zweibr JurBüro 1991, 721. Auch „Geschäftsführer".
Gewerbegehilfe: I Nr. 2 ist nach § 20 II 4 GVGA bei ihm anwendbar.
Halbtagstätigkeit: Sie ändert nichts an der Anwendbarkeit von I Nr. 2.
Handelsgesellschaft: I Nr. 2 ist auf eine solche Gesellschaft auch dann anwendbar, wenn der Zustellungsadressat sie praktisch allein betreibt.
Handwerker: I Nr. 2 ist bei ihm anwendbar.
Insolvenzverwalter: Er kann hierher zählen, ArbG Bln JurBüro 2004, 367.
Kanzlei: I Nr. 2 ist bei ihr anwendbar.
Kaufmann: I Nr. 2 ist bei ihm anwendbar.
Kellner: Er ist Beschäftigter nach I Nr. 2.
Kommanditist: I Nr. 2 ist bei ihm anwendbar, soweit er vertretungsberechtigt sein sollte.
Komplementär: I Nr. 2 ist auf den Komplementär einer KG anwendbar, soweit die Zustellung in deren Geschäftsraum erfolgt.
Kontaktadresse: → „Briefkastenanschrift".
Laden: Er ist Geschäftsraum nach I Nr. 2.
Lager: I Nr. 2 kann anwendbar sein.
Leitung: Sie ist nicht erforderlich, Köln JurBüro 2009, 658.
Lokal: I Nr. 2 ist bei ihm anwendbar.
Messestand: I Nr. 2 ist bei ihm anwendbar, BGH NJW-RR 2008, 1082.
Minderjähriger: Die Minderjährigkeit eines Gewerbegehilfen ist unerheblich.

Mitinhaber: I Nr. 2 ist auf ihn anwendbar.
Nachsendeauftrag: Er begründet **keinen** Anscheinsbeweis nach → Anh. § 286 dafür, dass auch am neuen Ort ein Geschäftslokal liegt, BGH NJW 1998, 1958.
Nießbraucher: I Nr. 2 ist beim Nießbraucher am Gewerbebetrieb anwendbar. Er betreibt aus eigenem Recht. Sein Büro ist Geschäftsraum nach I Nr. 2.
Pächter: I Nr. 2 ist bei ihm anwendbar.
Patentanwalt: I Nr. 2 ist bei ihm anwendbar.
Pförtner: Er kann Beschäftigter nach I Nr. 2 sein.
Postnachsendeauftrag: → „Nachsendeauftrag".
Praxis: I Nr. 2 ist bei ihr anwendbar.
Prokurist: I Nr. 2 ist bei ihm **nicht** anwendbar. Denn der betreibt nicht aus eigenem Recht. Sein Büro ist Geschäftsraum nach I Nr. 2.
Raumpflegerin: Sie ist Beschäftigte nach I Nr. 2.
Rechtsschein: I Nr. 2 kann bei ihm ausreichen, wie bei einer Anscheinsvollmacht nach → Anh. § 286, BGH NJW-RR 1993, 1083. Ein Postnachsendeauftrag reicht dazu **nicht,** BGH NJW 1998, 1898.
Registratur: Sie ist Geschäftsraum nach I Nr. 2.
Scheininhaber: I Nr. 2 ist auf den Konzessionsträger als Scheininhaber anwendbar, LAG Brem BB 1996, 539.
Sekretariat: Es ist Geschäftsraum nach I Nr. 2.
Sprechzimmer: I Nr. 2 ist auf es anwendbar.
Steuerberater: I Nr. 2 ist bei ihm anwendbar.
Täuschung: Sie ist bei Kenntnis der wahren Lage unbeachtlich, Drsd BauR 2016, 2133.
Teilinhaber: → „Mitinhaber".
Teilzeitbeschäftigter: Es kommt darauf an, ob er nur ausnahmsweise oder nur mit untergeordneten Hilfsdiensten beschäftigt ist, BGH VersR 1995, 1074.
Tierarzt: → „Arzt".
Türsteher: Er kann Beschäftigter nach I Nr. 2 sein.
Unentgeltlichkeit: Sie ändert nichts an der Anwendbarkeit von I Nr. 2.
Verkäufer: Er ist Beschäftigter nach I Nr. 2.
Vertraglosigkeit: Sie ändert nichts an der Anwendbarkeit von I Nr. 2, BFH 94, 960.
Volontär: Er ist Beschäftigter nach I Nr. 2, OVG Münst Rpfleger 1976, 223.
Vorraum: Er ist Geschäftsraum nach I Nr. 2, soweit zB dort Mitarbeiter einer anderen Firma Arbeiten ausführen, die der Geschäftstätigkeit des Zustellungsadressaten dienen, BFH BB 1984, 460.
Warenlager: Es ist **kein** Geschäftsraum nach I Nr. 2.
Wartezimmer: Es ist Geschäftsraum nach I Nr. 2, BFH BB 1984, 460.
Werkstatt: Sie ist Geschäftsraum nach I Nr. 2, Düss JurBüro 1982, 1743.
Wirtschaftsprüfer: I Nr. 2 ist bei ihm anwendbar.
Wohnung: Ein Geschäftslokal nach I Nr. 2 braucht von einer Wohnung nicht räumlich getrennt zu sein. Wenn es in der Wohnung liegt, gilt → Rn. 19.
Zweigniederlassung: Sie ist Geschäftsraum nach I Nr. 2.

VI. Ersatzzustellung in Gemeinschaftseinrichtung, I Nr. 3. Eine Zustellung kommt schließlich unter den gesetzlichen Voraussetzungen nach dem pflichtgemäßen Ermessen des Zustellers statt derjenigen nach I Nr. 1 oder 2 in Betracht. Sie kommt in einer Gemeinschaftseinrichtung infrage. Sie erfolgt dann an den Leiter oder einen dazu nach § 167 BGB ermächtigten Vertreter. Letzterer muss seine Ermächtigung ähnlich wie bei § 171 S. 2 zumindest im Zweifelsfall nachweisen. Es kann aber ein Anscheinsbeweis für seine Ermächtigung nach → Anh. § 286 vorliegen. 23

Vorsicht vor zu großzügiger Annahme solcher Ermächtigung! Nicht jeder bei einer solchen größeren Einrichtung in deren Verwaltung oder Leitung Vorgefundene ist ein gerade auch zur Entgegennahme einer Ersatzzustellung Ermächtigter. 24

Gemeinschaftseinrichtung ist ein weiter Begriff. Dazu können alle möglichen Formen zählen, seien sie öffentlichrechtlich oder privatrechtlich organisiert, groß oder klein, religiös, politisch, wirtschaftlich, karikativ, gemeinnützig oder nicht, mit einem obrigkeitlichen Zwangsrecht versehen, Stgt JurBüro 2012, 380 (Haftanstalt), oder nur auf eine freiwillige Nutzung hin geschaffen. **Wohnen** muss der Adressat auch bei I Nr. 3 dort. 25

VII. Keine Ersatzzustellung bei Interessengegensatz, II. Die Vorschrift gilt bei jeder Art von Interessengegensatz, Düss FamRZ 1993, 583. Sie verbietet nur eine Ersatzzustellung an den Prozessgegner des Zustellungsadressaten nach Vor § 166. Dazu zählt auch ein ihm Nahestehender, BGH NJW 1984, 57, oder sein Untergebener, Karlsr MDR 1984, 151. Sie verbietet auch eine Zustellung nach § 171, LG Ffm Rpfleger 1988, 72. Sie verbietet ferner einen Einwurf in einen gemeinschaftlichen Briefkasten, Mü BauR 2014, 147; Nürnb MDR 2004, 1140; Saarbr DGVZ 2010, 83; aM MüKoZPO/Häublein/Müller Rn. 1 (aber es kommt auf einen Alleingewahrsam an). Sie verbietet nicht zB eine Zustellung nach § 170 III, BVerfGE 67, 211; BGH NJW 1984, 57. 26

1. Weite Auslegung. Wegen der Gründe → Rn. 2 muss man II nach → Einl. II Rn. 70 ff. weit auslegen, BGH NJW 1984, 57; Celle DGVZ 2003, 8; Düss FamRZ 1993, 584 (Zustellung an den Schuldner statt an den Drittschuldner). **§ 181 BGB** ist hier **unbeachtlich,** LG Ffm Rpfleger 1988, 72. 27

2. Beispiele zur Frage einer Ersatzzustellung, II

Angehöriger: Zulässig ist eine Ersatzzustellung an einen Angehörigen des Zustellungsadressaten, selbst an die minderjährige Partei. 28

Eine Ersatzzustellung ist nach II **unzulässig,** soweit es um die Zustellung an einen nahen Angehörigen des Prozessgegners des Zustellungsadressaten geht, BGH NJW 1984, 57. Das gilt etwa für den Ehepartner, Karlsr Rpfleger 2000, 405, für einen Sohn, eine Tochter oder ein Geschwister.
Beteiligter: → „Streitgenosse", ferner §§ 7, 8 FamFG.
Betreuer: → „Streitgenosse".
Betriebsrat: Zulässig ist eine Ersatzzustellung an den Betriebsrat zu Händen desjenigen Arbeitnehmers, der in der Posteingangsstelle des Betriebs ständig auch für den Betriebsrat tätig ist, BAG BB 1976, 510.

Dritter: Eine Ersatzzustellung ist nach II **unzulässig,** soweit es um die Zustellung an einen solchen Dritten geht, der von Weisungen des Prozessgegners abhängig ist, etwa an seine Sekretärin, Karlsr Rpfleger 1984, 26. Auch → „Interessengegensatz".

Drittschuldner: Zulässig kann eine Ersatzzustellung an den Drittschuldner nach § 840 statt an den Schuldner sein, LG Siegen JurBüro 1995, 161.

Wegen Unterschlagungsgefahr ist eine an den Drittschuldner gerichtete Zustellung durch eine Ersatzzustellung an den Schuldner nach II **unzulässig,** BAG NJW 1981, 1399; Celle DGVZ 2003, 8; Köln DGVZ 2002, 42; aM LG Bonn DGVZ 1998, 12 (aber → § 829 Rn. 31).

Ehefrau: „Angehöriger", „Beteiligter", „Dritter", → „Streitgenosse".

Eltern: „Angehöriger", „Beteiligter".

Gefangener: Gegner kann seine Haftanstalt sein.

Geschwister: „Angehöriger", „Beteiligter".

Gesetzlicher Vertreter: Eine Ersatzzustellung ist nach II an den Minderjährigen grds. dann zulässig, wenn Zustellungsadressat nach § 51 der gesetzliche Vertreter ist. Das gilt aber nicht in einer eigenen Sache, Ffm Rpfleger 1988, 72.

Interessengegensatz: Eine Ersatzzustellung ist nach II bei der nach → Rn. 27 notwendigen weiten Auslegung unabhängig davon **unzulässig,** ob es sich um denselben Prozess handelt, soweit es eben um einen Empfänger geht, zu dem ein Interessengegensatz besteht, BGH NJW 1984, 57; Celle NJW-RR 2000, 485; Düss FamRZ 1993, 584. Auch → Rn. 28 „Dritter".

Juristische Person: Zulässig ist bei der juristischen Person nach → § 50 Rn. 12 eine Ersatzzustellung an einen Mitarbeiter gleich welcher Rangstufe. **Unzulässig** ist im Prozess der Komplementär-GmbH gegen die KG eine Zustellung an die letztere zu Händen des Geschäftsführers der Klägerin, Celle NJW-RR 2000, 485.

Kenntnis des Zustellers: Die Kenntnis des Zustellers ist für die Frage der Zulässigkeit oder Unzulässigkeit einer Ersatzzustellung nach II unerheblich. Es empfiehlt sich, auf dem Briefumschlag zu vermerken, wer ausscheidet.

Kind: → „Angehöriger", „Gesetzlicher Vertreter".

Minderjähriger: → „Angehöriger", „Beteiligter", „Gesetzlicher Vertreter".

Mitgesellschafter: II ist evtl. **unanwendbar,** BVerfGE 67, 208; BGH NJW 1984, 57.

Pfleger: → „Streitgenosse".

Prozessbevollmächtigter: Eine Ersatzzustellung ist dann nach II zulässig, wenn Zustellungsadressat der ProzBev. ist.

Rechtskrafterstreckung: Eine Ersatzzustellung ist nach II **unzulässig,** soweit es um die Zustellung an eine solche Person geht, auf die sich die materielleKlag Rechtskraft nach §§ 325–327 erstrecken kann. Eine Folge ist: Das Gericht muss die natürlich durch den ahnungslosen Postboten vorgenommene Zustellung wiederholen.

Strafprozess: Gegner ist auch der Verletzte.

Streitgenosse: Eine Ersatzzustellung ist nach II **unzulässig,** soweit es um die Zustellung von einem oder an einen am Ausgang des Prozesses unmittelbar Beteiligten geht, etwa an den notwendigen Streitgenossen nach § 62, zB an die gütergemeinschaftliche Ehefrau oder auch an den Pfleger des Prozessgegners, KG Rpfleger 1978, 106.

Streithelfer: Eine Ersatzzustellung ist nach II **unzulässig,** soweit es um eine Zustellung an einen Streithelfer des Prozessgegners nach §§ 66 ff. oder an einen nach § 72 Streitverkündeten geht, Köln DGVZ 2002, 42.

Überleitungsanzeige: Sie ändert nichts an der Anwendbarkeit von II.

Vertreter: II kann **unanwendbar** sein, § 170.

Wohnungseigentum: → Vor § 166 Rn. 5. Entgegen § 27 II Nr. 3 WEG ist eine Zustellung der vom Verwalter eingelegten sofortigen Beschwerde gegenüber den Eigentümern nicht an den Verwalter statthaft und daher unwirksam, BGH NJW 2007, 2777.

Zeuge: Unzulässig ist eine Ersatzzustellung nach II an den Gegner eines nur formell als früherer Gläubiger zum Zeugen gewordenen Klägers, Saarbr DGVZ 2010, 83.

Zustellungsbevollmächtigter: Zulässig ist eine Ersatzzustellung an den nach § 171 Zustellungsbevollmächtigten beider Parteien. Denn er gilt nicht als Prozessgegner, LG Kaisersl Rpfleger 1993, 256.

29 **VIII. Verstoß, I, II.** Wer ihn behauptet, muss ihn nach → § 418 Rn. 9 ff. beweisen, BGH FamRZ 1990, 143; Karlsr NJW-RR 1992, 701. Das gilt zB beim Wohnort, BGH FamRZ 1990, 143, Karlsr NJW-RR 1992, 701; Köln Rpfleger 1975, 260. Ein Verstoß macht die Zustellung unter den Voraussetzungen → § 182 Rn. 21 unwirksam, BayObLG FamRZ 2002, 848 (nicht bei bloßer Verwechslung in der Zustellungsurkunde); Celle DGVZ 2003, 8; LG Ffm Rpfleger 1988, 72. Das gilt wegen § 189 freilich nach → Vor § 166 Rn. 32 nur dann, wenn der Zustellungsadressat das Schriftstück tatsächlich nicht erhält, Mü BauR 2014, 147. Es gilt unabhängig von einer Kenntnis des Zustellers. Freilich darf er ab seiner Kenntnis nicht nach II zustellen. Er muss notfalls beim Postauftrag hinzufügen: „Keine Zustellung an …". Es ist aber eben eine Heilung nach §§ 189, 295 I möglich. Im Übrigen kommt eine Wiedereinsetzung in Betracht, §§ 233 ff. Ein bloßer Irrtum des Urkundsbeamten kann unschädlich sein, BGH NJW-RR 2003, 208.

179

Zustellung bei verweigerter Annahme. **[1]Wird die Annahme des zuzustellenden Schriftstücks unberechtigt verweigert, so ist das Schriftstück in der Wohnung oder in dem Geschäftsraum zurückzulassen. [2]Hat der Zustellungsadressat keine Wohnung oder ist kein Geschäftsraum vorhanden, ist das zuzustellende Schriftstück zurückzusenden. [3]Mit der Annahmeverweigerung gilt das Schriftstück als zugestellt.**

1 **I. Systematik, Regelungszweck, S. 1–3.** Bei § 195 ist § 179 unanwendbar. Man kann die vom Gesetz erstrebte tatsächliche Kenntnisnahme vom Inhalt eines zuzustellenden Schriftstücks nicht physisch erzwingen, ebensowenig wie die Vornahme einer Handlung nach §§ 887, 888 oder die Abgabe einer Willenserklärung, § 894. Das Gesetz muss sich mit Hilfskonstruktionen wie dort begnügen. Eine solche stellt § 179 dar. Die Vorschrift schafft eine begrenzte öffentlichrechtliche Bürgerpflicht. Dabei ist nach → Einl. II Rn. 70 ff. eine behutsame gleichzeitig nicht zu enge Auslegung des Worts „unberechtigt" unter Berücksichtigung der konkreten

Situation, um einen Rechtsmissbrauch nach → Einl. II Rn. 103 ebenso wie eine Verletzung der Grenzen des Prozessrechtsverhältnisses gleichermaßen zu vermeiden.

II. Geltungsbereich, S. 1–3. Die Vorschrift gilt nach → Vor § 166 Rn. 5 bei allen Verfahren nach der ZPO und den auf sie verweisenden anderen Verfahrensgesetzen, also zB im Bereich des § 113 I 2 FamFG. 2

III. Unterstellung einer Zustellung, S. 1, 3. Die Verweigerung der Annahme eines zuzustellenden Schriftstücks bei einem wirksamen Zustellungsversuch steht der Zustellung gleich, soweit die Verweigerung ohne einen gesetzlichen Grund erfolgt, also entgegen den Vorschriften der ZPO, Saarbr NJW-RR 1994, 638. Dann kommt es nach S. 1 darauf an, ob es eine Wohnung oder einen Geschäftsraum des Zustellungsadressaten gibt. Diese Frage muss man nach § 178 I Nr. 1, 2 beantworten. Falls ja, lässt der Zusteller das Schriftstück in der Wohnung oder im Geschäftsraum zurück. „Im" Raum heißt weder vor noch hinter ihm noch außerhalb des Raumes. Ausreichen kann zB das Hindurchschieben unter der Wohnungstür, ein bloßes Ankleben oder sonstiges Festheften oder auch ein bloßes Ablegen vor der Tür. Das Zurücklassen duldet keine Frost- oder Nässe- oder Entwendungsgefahr. Einen Briefkasten muss der Zusteller nach § 180 benutzen. Mit der Zurücklassung ist die Zustellung bewirkt, Saarbr NJW-RR 1994, 638. Das gilt unabhängig davon, wann, wo und wie der Adressat dann davon tatsächlich eine Kenntnis erhält. Der Zusteller darf die Sendung aber nicht einer solchen Person übergeben, die das Gesetz nicht zum Empfang des Schriftstücks berechtigt. 3

IV. Weigerungsrecht, S. 1–3. Die Verweigerung der Annahme ist dann berechtigt, wenn die Voraussetzungen einer Ersatzzustellung nach § 178, §§ 180 ff. fehlen. Das gilt etwa in folgenden Fällen: Beim Zweifel an der Nämlichkeit des Adressaten; bei einem bloßen Besucher; bei einem Angehörigen außerhalb von Wohnung oder Geschäftslokal; bei einer falschen Anschrift, sofern die Nämlichkeit zweifelhaft ist; bei gleichen Vornamen mehrerer Träger des Nachnamens, soweit ein Zusatz „senior" usw. fehlt; beim Prozessgegner des Zustellungsadressaten nach § 178 II, LG Fulda MDR 1987, 14; wenn das Zustellungsorgan nicht als solches für den Empfänger einwandfrei erkennbar ist; bei einem Zustellungsversuch zur Nachtzeit nach § 758a IV 2, Coenen DGVZ 2002, 184, an einem Sonn- oder Feiertag oder zur sonstigen Unzeit, zB während einer Trauerfeier. Denn auch das sind unpassende Gelegenheiten. Auf diese sollte man im Kern abstellen, Coenen DGVZ 2004, 69. 4

Nicht hierher gehört der Fall, dass der Postbote zB wegen gefährlicher Angriffe des Hundes des Zustellungsempfängers überhaupt nicht direkt zustellen muss, (zum alten Recht) OVG Kblz NJW 1990, 64. Dann erfolgt die Zustellung am besten nach § 181. Auch → § 182 Rn. 2. 5

V. Beurkundung, S. 1–3. Der Zusteller beurkundet eine Verweigerung der Annahme und die Zurücklassung des zuzustellenden Schriftstücks nach § 182 II Nr. 5, Saarbr NJW-RR 1994, 638. 6

VI. Zurücksendung, S. 2. Wenn der Zustellungsadressat im Zeitpunkt des Zustellungsversuchs jedenfalls dort keine Wohnung und keinen Geschäftsraum nach § 178 I Nr. 1, 2 hat, muss der Zusteller das zuzustellende Schriftstück zurücksenden. Denn in einer Gemeinschaftseinrichtung nach § 178 I Nr. 3 kann es zu leicht verlorengehen usw. Er darf es also nicht zurücklassen und auch keine Ersatzzustellung nach § 178, §§ 180 ff. durchführen. 7

VII. Verstoß, S. 1–3. Es kann in den Grenzen von → § 189 Rn. 12 „Annahmeverweigerung" eine Heilung eintreten. Sonst mag ein weiterer und diesmal korrekter Zustellungsversuch erfolgen. Es kommt also nicht darauf an, ob der Adressat irgendwo sonst eine Wohnung hat, aM Coenen DGVZ 2002, 184 (aber S. 2 ist nur dem Wortlaut nach weiter, nicht auch dem Sinn nach. Denn die ganze Vorschrift erfaßt gerade nur diesen konkreten Zustellversuch). 8

180 ***Ersatzzustellung durch Einlegen in den Briefkasten.*** **[1]Ist die Zustellung nach § 178 Abs. 1 Nr. 1 oder 2 nicht ausführbar, kann das Schriftstück in einen zu der Wohnung oder dem Geschäftsraum gehörenden Briefkasten oder in eine ähnliche Vorrichtung eingelegt werden, die der Adressat für den Postempfang eingerichtet hat und die in der allgemein üblichen Art für eine sichere Aufbewahrung geeignet ist. [2]Mit der Einlegung gilt das Schriftstück als zugestellt. [3]Der Zusteller vermerkt auf dem Umschlag des zuzustellenden Schriftstücks das Datum der Zustellung.**

I. Systematik, S. 1–3. Die Vorschrift regelt bei der Undurchführbarkeit einer Zustellung nach § 178 I Nr. 1, 2 eine Möglichkeit der Bekanntgabe, die der Zusteller **vor** einer Niederlegung nach § 181 erproben muss. Das ergibt dessen I. Sie hat also den Nachrang nach § 178 I Nr. 1, 2, Drsd BauR 2016, 2133, und den Vorrang vor § 181. § 180 gilt **nicht** bei einer Gemeinschaftseinrichtung nach § 178 I Nr. 3. 1

II. Regelungszweck, S. 1–3. Die Vorschrift dient ebenso der Prozesswirtschaftlichkeit8 wie der Rechtssicherheit. Denn ein Briefkasten ist ebenso wie bei § 130 BGB der Machtbereich des Besitzers. Das gilt jedenfalls dann, wenn er heil ist. Seine Ausnutzung soll den immer noch komplizierten Weg einer Niederlegung und die Gefahren ihrer bloßen Zugangsunterstellung vermeiden. Deshalb muss man § 180 im wohlverstandenen Interesse von Absender wie Adressat nach → Einl. II Rn. 70 ff. möglichst weit auslegen, BGH WM 2012, 1498. 2

III. Geltungsbereich, S. 1–3. Es gelten grundsätzlich keine Besonderheiten. Nach anderen Gesetzen ist im dortigen Geltungsbereich evtl. keine Ersatzzustellung nach §§ 181 ff. statthaft, zB § 57 II IStGHG, → Vor § 166 Rn. 15. 3

IV. Unausführbarkeit der Zustellung nach § 178 I Nr. 1, 2 oder § 180, S. 1. Vgl. die dortigen Ausführungen zu den Voraussetzungen solcher Zustellungen. Ihre Durchführung darf nicht nur schwierig sein. Sie muss sich vielmehr als praktisch unmöglich erwiesen haben, sei es auch „nur" bei ähnlichen Versuchen in anderen Fällen der letzten Tage oder wenigen Wochen. Ein Zustellversuch vor oder nach den Geschäftszeiten kann genügen BGH NJW 2007, 2187; BVerwG NJW 2007, 3222. 4

V. Einlegung in Briefkasten usw., S. 1. Unter den Voraussetzungen → Rn. 4 kann der Zusteller die Sendung in einen zur Wohnung oder zu einem Geschäftsraum (das verkennt Celle ZIP 2014, 1924 möglicherweise) erkennbar gehörenden Briefkasten oder in eine ähnliche Vorrichtung einlegen, BVerwG NJW 2007, 3222; LG Mü Rpfleger 2006, 650, also zB nach § 21 II GVGA in ein Postfach, BGH WM 2012, 1498; Grohmann DRiZ 2014, 221, oder in einen Brief-Türschlitz oder Türspalt. Ein Gemeinschaftskasten usw. kann genügen, BGH NJW 2011, 2441, strenger § 21 III 2 GVGA. Es muss aber natürlich ein klarer Briefkasten vorhanden sein, 5

BGH ZIP 2010, 396. Er muss sich nach § 21 I 1 GVGA in einem brauchbaren Zustand befinden. Nicht notwendig ist die Ausgabe, in welche Empfangseinrichtung der Zusteller eingelegt hat, BGH NJW 2006, 151.

6 **Unzulässig** wäre diese Zustellungsart freilich bei einer Zugriffsmöglichkeit auch des Prozessgegners des Zustellungsempfängers auf diesen Briefkasten, Nürnb NJW-RR 2004, 1517; AG Bergisch Gladb FamRZ 2004, 956; Eyinck MDR 2006, 786. Dann gilt § 178 II, Eyink MDR 2006, 786. Unzulässig ist die Einlegung bei einem noch nicht oder nicht mehr nach S. 1 genutzten Raum, BGH DGVZ 2010, 14, oder nach § 21 I 2 GVGA bei einem jetzt offenbar nicht regelmäßigen Leerungsbrauch.

7 **1. Einrichtung zum Postempfang.** Den Briefkasten usw. muss gerade der Zustellungsadressat für den Zusteller im Zeitpunkt der Zustellung erkennbar für einen Postempfang eingerichtet haben. Das lässt sich nur nach den Umständen klären. Ein offener oder gar beschädigter Briefkasten mit immerhin auch oder nur dem Namen des Adressaten mag in einem wenig gepflegten Haus reichen. Das gilt jedenfalls mangels Erkennbarkeit des Mangels für den Zusteller, VG Gött NVwZ-RR 2011, 968. Ein geschlossener Kasten ohne eine klare Besitzerangabe dürfte im Einfamilienhaus reichen, evtl. auch im Mehrfamilienhaus dann, wenn der Zusteller die Verhältnisse kennt, sonst eher **nicht.**

8 Ein Gemeinschaftskasten gehört **nicht** stets auch gerade diesem Adressaten.

9 **2. Eignung für sichere Aufbewahrung.** Neben der Bedingung → Rn. 5 muss der Briefkasten auch in einer zur Zeit der Zustellung für den Zusteller eindeutig erkennbaren Weise „in der allgemein üblichen Art für eine sichere Aufbewahrung geeignet" sein. Der Zusteller muss ein Schloß grundsätzlich abgeschlossen vorgefunden haben. Auch ein Haken kann dort genügen, wo man kaum mit einem Diebstahl rechnen muss. Aber wo findet man noch eine solche Ehrlichkeit? Am abgeschlossenen Briefkasten mag eine kleine offene Ecke der Tür unschädlich sein. Eine Unverschließbarkeit darf nicht erkennbar sein, Nürnb NJW 2009, 2229 (StPO). Im Zweifel Vorsicht!

10 **Ungeeignet** ist ein erheblich beschädigter oder aufgebrochener oder überquellender oder gar nicht oder höchst unklar bezeichneter Behälter usw. Ein zu kleiner Briefkasten reicht zumindest bei einer bequemen Zugriffsmöglichkeit jedes Unbefugten von außen **nicht.**

11 **VI. Unterstellung der Zustellung, S. 2.** Soweit beide Bedingungen → Rn. 5, 9 vorliegen, bewirkt die Einlegung die Fiktion des Zugangs, ähnlich wie bei § 181 I 3. Jetzt beginnt zB eine Frist zu laufen. Das gilt unabhängig davon, ob und wann der Adressat tatsächlich eine Kenntnis nimmt. Freilich kann eine Wiedereinsetzung nach § 233 infragekommen, etwa nach einer Urlaubsabwesenheit usw. Die Wirkung tritt freilich zB beim Einlegen am 31.12. nachmittags in einen Bürobriefkasten erst am nächsten Werktag ein, BGH DGVZ 2008, 87.

12 **VII. Vermerk des Zustelldatums, S. 3.** Die dem § 181 I 4 entsprechende Vorschrift bringt dem Adressaten eine Klarheit über den Zustellzeitpunkt. Man darf sie nicht mit der Beurkundung nach § 182 verwechseln. Es ist nicht nötig, auch den genauen Zustellort mitzuvermerken, BGH NJW 2006, 150.

13 **VIII. Verstoß, S. 1–3.** Es gelten dieselben Regeln wie bei § 181, BFH NJW 2014, 2524 (§ 189). Vgl. auch BFH NJW 2013, 2848 (Vorlage). Der Gerichtsvollzieher vermerkt in der Zustellungsurkunde nach §§ 182, 191 ff. die Art der Zustellung und den Grund einer solchen nach § 180, § 21 III 1 GVGA.

181 *Ersatzzustellung durch Niederlegung.* **I [1]Ist die Zustellung nach § 178 Abs. 1 Nr. 3 oder § 180 nicht ausführbar, kann das zuzustellende Schriftstück auf der Geschäftsstelle des Amtsgerichts, in dessen Bezirk der Ort der Zustellung liegt, niedergelegt werden. [2]Wird die Post mit der Ausführung der Zustellung beauftragt, ist das zuzustellende Schriftstück am Ort der Zustellung oder am Ort des Amtsgerichts bei einer von der Post dafür bestimmten Stelle niederzulegen. [3]Über die Niederlegung ist eine schriftliche Mitteilung auf dem vorgesehenen Formular unter der Anschrift der Person, der zugestellt werden soll, in der bei gewöhnlichen Briefen üblichen Weise abzugeben oder, wenn das nicht möglich ist, an der Tür der Wohnung, des Geschäftsraums oder der Gemeinschaftseinrichtung anzuheften. [4]Das Schriftstück gilt mit der Abgabe der schriftlichen Mitteilung als zugestellt. [5]Der Zusteller vermerkt auf dem Umschlag des zuzustellenden Schriftstücks das Datum der Zustellung.**

II [1]Das niedergelegte Schriftstück ist drei Monate zur Abholung bereitzuhalten. [2]Nicht abgeholte Schriftstücke sind danach an den Absender zurückzusenden.

Schrifttum: Graßhof, Sein und Schein – wie weit reicht die Beweiskraft der Zustellungsurkunde über die Niederlegung hinsichtlich der Wohnung des Zustellungsadressaten?, FS Merz, 1992.

1 **I. Systematik, I, II.** Die Vorschrift schafft eine nach ihrem Wortlaut eindeutig auch gegenüber §§ 178 I Nr. 3, 180 nur hilfsweise geltende Ausnahme vom Grundsatz, dass eine Zustellung erst mit der tatsächlichen Aushändigung wirksam ist. Niederlegung ist nach I 3 ein Fall der unterstellten (fingierten) Zustellung. Denn bei ihr entfällt eine Übergabe. Es handelt sich methodisch um ein ähnliches Verfahren wie bei der öffentlichen Zustellung nach §§ 185 ff. Diese letztere ist aber dort wegen ihrer noch strikteren Unterstellung sogar ohne eine individuelle Benachrichtigung nur unter den noch strengeren dortigen Voraussetzungen statthaft. Zur materiellrechtlichen Wirkung bei einer Nichtabholung BGH DB 1998, 618.

2 **II. Regelungszweck, I, II.** Die Zustellung durch eine Niederlegung erfolgt zwecks Rechtssicherheit nach bei einem solchen Vorgang, von dem wichtige prozessuale und sonstige Wirkungen abhängen, BFH NJW 1988, 2000. Sie dient dem Interesse des Absenders wie demjenigen des Empfängers, Düss FamRZ 1990, 75. Ihre Wirkung entfällt nicht durch das Recht auf einen ungestörten Urlaub nach BVerfGE 35, 298, → § 233 Rn. 15 ff.; BGH NJW-RR 1999, 1150. § 181 verstößt nicht schon wegen einer manchmal recht weiten Entfernung des Niederlegungsorts vom Zustellort gegen Art. 103 I GG, aM Hintzen Rpfleger 2005, 335; Zöller/Schultzky Rn. 3 f. (aber es gibt Autos usw.). Die Vorschrift ist unabhängig davon freilich gefährlich. Das Gericht sollte sie mit aller Vorsicht behandeln, BVerfG NJW 1988, 817; Zweibr MDR 1985, 1048; LG Aachen MDR 1991, 451.

3 Das alles gilt auch wegen der nachlassenden **Postqualität,** LG Bonn DGVZ 2004, 45. Freilich darf man den Postzusteller schon generell nicht überbeanspruchen. Zwar darf die Zuverlässigkeit einer Zustellung mit ihren

weitgehenden Rechtsfolgen nicht von unzulänglicher Postausbildung und einer in der Praxis offenbar ständig und überall zunehmenden Überlastung auch dieses Berufsstands abhängen. In Fristsachen ist ohnehin stets ziemliche Strenge notwendig. Man darf aber nun auch nicht jeden winzigen Formverstoß zum Anlass nehmen, eine ganze Zustellung als unwirksam zu erklären, selbst wenn sich dadurch ein Fristverstoß und eine etwaige Notwendigkeit eines Wiedereinsetzungsverfahrens nach §§ 233 ff. erübrigen ließe.

Ein **Vordruck** lässt sich nicht beanstanden, BVerfG NJW 1988, 817; Braun JZ 1983, 623; aM LAG Mannh JZ 1983, 621 (aber man darf nach → Vor § 166 Rn. 33 nicht zu formalistisch vorgehen). Die bei § 178 genannten Probleme gelten bei § 181 vielfach ganz ähnlich. Sie führen auch in der Praxis eher als bei § 178 zum angeblichen oder tatsächlichen Verlust hier der Benachrichtigung von der Niederlegung. Man muss daher zurückhaltend beurteilen, ob eine Ersatzzustellung nach § 181 erfolgreich war. 4

Wiedereinsetzung nach §§ 233 ff. setzt eine wirksame Ersatzzustellung voraus. Das übersehen manche. Das führt dann zu unnötigen Anträgen auf eine solche Wiedereinsetzung, für die kein Bedürfnis besteht. 5

III. Geltungsbereich, I, II. → Vor § 178 Rn. 6. 6

IV. Voraussetzungen, I. Es müssen die folgenden Voraussetzungen zusammentreffen. 7

1. Bestehen einer Wohnung usw. (§ 178 I Nr. 1–3). Der Absender muss den Zustellungsadressaten im Zweifel auch mit dem Vornamen bezeichnen, LG Paderb NJW 1977, 2077. Der Adressat muss am Niederlegungsort nach § 178 I Nr. 1–3 tatsächlich schon oder noch eine Wohnung oder einen Geschäftsraum oder einen Schlafplatz in einer Gemeinschaftseinrichtung innehaben, Drsd Rpfleger 2005, 269; Naumb FamRZ 2007, 2086; LG Lübeck DGVZ 2005, 141. Dafür ist eine behördliche Anmeldung ein Anzeichen, OVG Lüneb NVwZ-RR 2005, 760. Ein Geschäftsraum nach → § 178 Rn. 17 genügt aber. Die Zustellungsurkunde nach § 182 wirkt insoweit nicht nach § 418, sondern nur als ein Indiz, KG MDR 2005, 107. Man muss es schlüssig widerlegen, BVerfG NJW 1992, 225; Düss MDR 1999, 1499; OVG Lüneb NJW 2007, 1079. Zum Problem Graßhof FS Merz, 1992. Der Anschein einer Wohnung usw. reicht evtl. nach → § 178 Rn. 8, Karlsr NJW-RR 1992, 701. Der Zustellungsadressat muss eine natürliche Person sein, BayObLG 1991, 244. Ein Postfach reicht nach → § 177 Rn. 4 nur bedingt aus. 8

2. Keine Anwesenheit. Der Zusteller darf nach § 178 I den Zustellungsadressaten in der jetzigen Wohnung usw. nicht angetroffen haben, BFH NJW 1988, 2000; BayObLG Rpfleger 1984, 105. 9

3. Erfolgloser Versuch anderer Ersatzzustellung. Es muss bei objektiver Prüfung ein erfolgloser Versuch der Ersatzzustellung nach §§ 178–180 stattgefunden haben, BayObLG Rpfleger 1984, 105; LG Aachen MDR 1991, 451. § 181 ist anwendbar zB gerade beim Fehlen eines Briefkastens, aM LG Ffm DGVZ 2007, 44 (mit Recht abl. Schriftleitung). Die bloße Niederlegung weist nicht auch die Erfolglosigkeit dieses vorgenannten Zustellungsversuchs aus, LG Aachen MDR 1991, 451. Eine Übergabe in der Wohnung usw. muss also unmöglich sein. 10

Ein Versuch im bloßen **Geschäftsraum** nach → § 178 Rn. 17 ist jetzt erforderlich. Er reicht grundsätzlich aus. Das gilt auch dann, wenn der Zusteller irrig annimmt, es handle sich um die Wohnung des Zustellungsadressaten. Es reicht auch dann, wenn der Zustellungsadressat den Geschäftsraum als seine Wohnung angegeben hat, BFH BB 1975, 1142; OVG Lüneb NVwZ-RR 2005, 760, oder wenn er den Geschäftsraum tatsächlich auch als seine Wohnung benutzt. Die Voraussetzungen nach I liegen auch dann vor, wenn der Zustellungsadressat die Post beauftragt, alle Eingänge für eine gewisse Zeit an den Absender zurückgehen zu lassen. Auf eine Zustellung durch Einschreiben nach § 175 ist (jetzt) I **unanwendbar,** BSG NJW 1991, 63. 11

V. Ausführung, I 1–3, 5. Es ist → Rn. 12, 16, 21 und eine der Arten → Rn. 17–20 erforderlich und ausreichend. 12

1. Niederlegung, I 1, 2. Der Zusteller muss das zuzustellende Schriftstück tatsächlich niederlegen, Düss NJW 2000, 3511 (StPO). Das geschieht entweder nach I 1 gemäß § 23 I 1 GVGA auf der Geschäftsstelle des für den Niederlassungsort zuständigen AG oder nach I 2 bei der Beauftragung der Post mit der Ausführung der Zustellung am Ort der Zustellung nach §§ 168 I 2, 176 I oder am Ort des AG bei der von der Post für die Niederlegung bestimmten Stelle und daher evtl. auch bei einer Postagentur, BGH NJW 2001, 832, oder nach § 23 I 2 GVGA bei ihrer Eildienststelle. Eine Niederlegung bei der Polizei kommt nicht mehr in Betracht, ebensowenig diejenige beim Gemeindevorsteher oder Bürgermeister. Manche halten eine Ersatzzustellung auch an einem Sonnabend durch eine Niederlegung in einem geschlossenen Postgebäude für wirksam, OVG Münst NJW 1982, 2395. Diese Auffassung bleibt hinter der Sonnabendregelung nach § 222 II auffällig zurück. Sie schafft unnötige Wiedereinsetzungsmöglichkeiten nach § 233. Der Zusteller wählt die für den Zustellungsadressaten voraussichtlich beste Art der Zustellung. 13

Niederlegung ist die Übergabe in den dortigen Geschäftsgang zwecks einer Aushändigung an den Adressaten, BVerwG Rpfleger 1992, 71. Die weitere Bearbeitung ist dann unerheblich, BayObLG NJW-RR 1999, 1379. 14

Folgt die Niederlegung zeitlich der Mitteilung in Wahrheit **erst nach,** wie meist, gilt der spätere Zeitpunkt als derjenige der Zustellung und des Beginns einer erst daran geknüpften Frist und umgekehrt. Denn die Zustellung ist rechtlich erst beim Zusammentreffen aller ihrer Bedingungen erfolgt. Es kommt dann aber evtl. nicht darauf an, ob der Postbote das Schriftstück zB erst nach dem Schalterschluss bei dem Postamt abliefert, BayObLG FamRZ 1999, 1667. Freilich darf er nicht tagelang trödeln und dadurch die Abholmöglichkeit verkürzen. 15

2. Mitteilung über die Niederlegung: Übliche Weise, I 3. Außerdem muss der Zusteller nach § 23 II 1 GVGA dem Zustellungsadressaten eine schriftliche Mitteilung über die erfolgte Niederlegung machen. Es reicht aus, dass die Mitteilung in den Zugriffsbereich des Empfängers kommt, BayObLG FamRZ 1990, 429. Dabei muss man nach § 1 Nr. 4, § 4 ZustVV, abgedruckt in → § 190 Rn. 2, grundsätzlich nach § 23 II 2 GVGA das Formular der Anlage 4 zur ZustVV benutzen. Abweichungen sind nach § 2 III Nr. 1–3 ZustVV möglich. Die Mitteilung muss nach § 23 II 5 GVGA die Art der erfolgten Niederlegung und ihren Ort angeben. 16

3. Bei gewöhnlichem Brief übliche Weise. Man muss die Mitteilung nach → Rn. 16 sowohl vom zuzustellenden Schriftstück als auch von der Zustellungsurkunde unterscheiden. Die Mitteilung kann nach → Rn. 2, § 23 II 2 GVGA dadurch erfolgen, dass der Zusteller sie in der Wohnung usw. des Zustellungsadressaten „in der bei gewöhnlichen Briefen üblichen Weise" abgibt, wenn dieser Weg einen Erfolg verspricht. Grundsätzlich kommt es auf die vom Postzusteller beim einzelnen Zustellungsadressaten praktizierte und von diesem jedenfalls 17 hingenommene Übung an, BFH NJW 1988, 2000; BVerwG NJW 1988, 817; Mü AnwBl 2000, 141. Es reicht also zB meist ein Einwurf in den Briefkasten nach § 23 II 2 GVGA, BFH NJW 1988, 2000; LG Darmst JurBüro 1975, 669; aM Zöller/Schultzky Rn. 4 (§ 181 nur beim Fehlen eines Briefkastens usw. Aber eine vorrangige Zustellung nach §§ 178–180 kann auch beim Vorhandensein eines Briefkastens usw. fehlschlagen).

18 Es reicht auch ein Einwurf in den einzigen Briefkasten oder Briefschlitz eines **Mehrfamilienhauses,** Mü AnwBl 2000, 141; aM Köln JurBüro 1979, 607; LG Neuruppin NJW 1997, 2337 (StPO, abl. Eyink NJW 1998, 206; Westphal NJW 1998, 2413). Natürlich reicht auch die Aushändigung an jemanden in der Wohnung, wenn das dort üblich ist und wenn nicht schon § 178 I Nr. 1 anwendbar ist. Eine Aushändigung an einen Nachbarn (ein unscharfer Begriff, Hmb MDR 1993, 685) zur Weitergabe an den eigentlichen Empfänger ist nicht mehr zulässig.

19 Der Briefkasten **muss weder verschlossen** noch verschließbar sein und auch den Namen nicht aufweisen, BayObLG NJW-RR 1988, 509. Er darf aber nicht erheblich beschädigt oder praktisch unbrauchbar oder überfüllt sein, Valentin DGVZ 1997, 5. Es reicht auch das Schieben unter die Türschwelle usw., Karlsr MDR 1999, 498; Kblz WM 2013, 1434, oder sogar die Ablage vor der Wohnungstür, BVerwG NJW 1985, 1180. Zur sachlich-rechtlichen Wirkung nach § 130 BGB AG BergGladb WuM 1994, 193. Wenn ein zusätzlicher Aufkleber fehlt, mag die Behauptung der Unkenntnis durch den Empfänger unschädlich sein, BGH NJW 1994, 2898.

20 **4. Anheftung an der Wohnungstür usw.** Die nach I 3 hilfsweise Befestigung an der Wohnungstür usw. nach § 23 II 3 GVGA, erfordert eine Verbindung des Schriftstücks mit der Tür in einer solchen Weise, die die Gefahr der Beseitigung durch einen Unbefugten oder einer anderen Einwirkung möglichst gering hält, BFH BB 1981, 230, Kblz WM 2013, 1434. Das kann geschehen zB mit einem Klebeband, mit Reißzwecken, mit einer Schnur usw., hier aber nicht mit einem bloßen Einklemmen, BFH NJW 1990, 1500; Kblz WM 2013, 1434. Diese Art der Mitteilung kommt nur als äußerster Notbehelf infrage. Denn die Gefahr der Beseitigung durch einen Unbefugten ist groß, erst recht im Geschäftsraum nach → § 178 Rn. 17 oder gar in einer Gemeinschaftseinrichtung nach → § 178 Rn. 23 (dort nach § 23 II 4 GVGA evtl. an einer Zimmertür). Man muss die Regeln über die Ersatzzustellung ohnehin nach → Einl. II Rn. 70 ff. formstreng auslegen, BVerfG NJW 1988, 817. Daher reicht zwar vielleicht eine Haustür auch dann aus, wenn es nur einige oder wenige Wohnungstüren gibt, also zB nicht im Hochhaus oder sonstigen Vielparteienhaus, noch strenger Düss DGVZ 1998, 121. Es reicht auch nicht eine bloße Gartentür, BVerfG NJW 1988, 817, auch nicht beim ständig bewohnten Gartengrundstück.

21 **5. Formular.** Für die Mitteilung über die Niederlegung muss der Zusteller das amtlich dafür vorgesehene Formular benutzen. Man darf ihn nicht mit der in → Rn. 22 geschilderten Beurkundung verwechseln.

22 **6. Beurkundung.** Die Beurkundung erfolgt nach § 182. Der Zusteller macht den in I 5 vorgesehenen Vermerk auf dem Umschlag des zuzustellenden Schriftstücks für den Adresssaten. Die Beurkundung beweist zwar grundsätzlich, dass der Zusteller die Mitteilung über die Niederlegung eingeworfen hat

7. Beispiele zur Frage einer Mitteilung über die Niederlegung, I 1–3

23 **Aufkleber:** Wenn ein zusätzlicher Aufkleber fehlt, mag die Behauptung der Unkenntnis durch den Empfänger unschädlich sein, BGH NJW 1994, 2898.

Aushändigung an Ersatzperson: Ausreichend kann eine solche Maßnahme sein.

Blankoform: Schädlich ist eine solche Mitteilung, in der weder der Name des Zustellungsempfängers noch ein Aktenzeichen oder eine sonstige Angabe vorhanden ist, AG BadBad NJW 2001, 839.

Hund: Soweit der Postbote wegen der Gefährlichkeit eines Hundes des Zustellungsadressaten nach § 2 Nr. 4 S. 3 PUDLV überhaupt nicht direkt zustellen muss, kommt die Aushändigung der Mitteilung über eine Niederlegung an einen Nachbarn in Betracht, OVG Kblz NJW 1990, 64.

Kind: Unzureichend ist die Aushändigung der Sendung an ein zehnjähriges Kind des Zustellungsadressaten, LAG Hamm MDR 1978, 82.

Küchentisch: Unzureichend ist die Hinterlassung der Sendung irgendwo in der Wohnung, zB auf dem Küchentisch.

Nachsendeantrag: Wenn der Zustellungsadressat einen Nachsendeantrag an die Post gestellt hatte, ohne von der Möglichkeit Gebrauch zu machen, zusätzlich die Nachsendung niedergelegter Sendungen zu beantragen, die VGH Mannh NJW 1997, 3330 nicht erwähnt, reicht zur Wirksamkeit der Zustellung die Abgabe der Mitteilung über die Niederlegung in der Wohnung aus, BFH NJW 1988, 2000; BayObLG MDR 1981, 60. Zu weitgehend hält BVerwG NJW 1991, 1904 auch einen Antrag auf eine Nachsendung von Zustellungsaufträgen für unerheblich. Der Zustellungsadressat darf grundsätzlich darauf vertrauen, dass die Post einen ordnungsgemäßen Nachsendeauftrag auch korrekt ausführt, BGH VersR 1988, 1162. Für die Zustellungswirkung ist ein diesbezüglicher Postverstoß freilich unerheblich, BGH MDR 1994, 484; BVerwG Rpfleger 1992, 71.

Nachträgliche Übersendung: Unzureichend ist eine nachträgliche einfache Übersendung durch die Post, AG Haßfurt DGVZ 1989, 74.

Postlagerung: Eine Zuleitung der Mitteilung über die Niederlegung muss auch dann erfolgen, wenn der Zustellungsadressat im Übrigen seine Post postlagernd empfängt.

Postschließfach: Ein Einwurf der Mitteilung über die Niederlegung in ein Postschließfach reicht grds. **nicht** aus, BFH NJW 1984, 448; BVerwG NJW 1999, 2608; Düss NJW-RR 1993, 1151. Erst recht unzureichend ist der Einwurf in das Schließfach des Ehegatten des Zustellungsadressaten.

Postsendung: Die Mitteilung nur durch deren Übersendung per Post **reicht nicht aus.**

Schiffsbesatzung: Sie kann unter § 178 I Nr. 3 fallen. Aber Vorsicht (bloßer Notbehelf)!

Türschwelle: Ausreichen kann das Schieben unter die Türschwelle usw., Karlsr MDR 1999, 498; Kblz MDR 2013, 808. Zur materiell-rechtlichen Wirkung dieser Methode nach § 130 BGB AG BergGladb WuM 1994, 193. **Unzureichend** ist meist die bloße Ablage vor der Tür. Denn das ist keine „Anheftung" nach → Rn. 20 mehr, aM BVerwG NJW 1985, 1180 (aber das Gesetz ist eindeutig, → Einl. II Rn. 76).

Türspalt: Unzureichend ist das Einschieben des zuzustellenden Schriftstücks ohne ein Festkleben oder Reißzwecke in einen seitlichen Türspalt, BFH BB 1981, 230; Kblz MDR 2013, 808; VGH Kassel NJW 1990, 1500.

Wegwurf: Es ist grds. unerheblich, ob der Zustellungsadressat die Mitteilung über die Niederlegung weggeworfen hat, LAG Ffm BB 1986, 1092. Man kann dann grds. nicht etwa ein Verschulden nach § 337 verneinen, großzügiger LAG Mannh JZ 1983, 621 (krit. Braun). Indessen kann auch bei einer einwandfreien Empfangsorganisation ein Benachrichtigungszettel einmal verlorengehen. Er kann etwa zwischen Werbematerial geraten, BGH NJW-RR 2001, 571.

Zeitungsrolle: Ausreichend ist die Ablage in einer Zeitungsrolle, wenn es keinen Briefkasten gibt und wenn der Postbote Briefe stets in der Rolle ablegt.

VI. Wirkung, I 4. Bei einer Einhaltung von I 1–3 gilt das Schriftstück als bereits mit der Abgabe der Mitteilung über die Niederlegung zugestellt, BVerfG NJW-RR 2002, 100; BGH NJW-RR 1999, 1151. Es kommt dann für die Wirksamkeit der Zustellung nicht darauf an, ob der Zustellungsadressat die Niederlegung beachtet. Es ist dann insbesondere unerheblich, ob er oder das niedergelegte Schriftstück erhalten oder gar abgeholt hat, ob er also von der Mitteilung auch tatsächlich eine Kenntnis genommen hat, BGH NJW-RR 2006, 563; BFH DB 1988, 2548; BayObLG WuM 1999, 187; aM Hamm MDR 1982, 501 (aber es reicht stets die bloße Möglichkeit der Kenntnisnahme, → § 166 Rn. 2). 24

VII. Bereithaltung, Rücksendung, II. Die Geschäftsstelle des AG oder die Post muss nach II 1 die zuzustellende Sendung nach § 222 berechnet drei Monate lang aufbewahren. Sie muss nach II 2 und § 6 PUDLV die Sendung an den Absender zurücksenden oder (im Prozessgericht) zurückgeben, falls sich der Zustellungsadressat nicht binnen dieser drei Monate meldet. Die Rücksendung ändert nichts an der Wirksamkeit der Zustellung. Der Adressat kann sich die zurückgesandte Sendung dort abholen. Die Post braucht eine Anfrage, ob der Adressat das niedergelegte Schriftstück abgeholt hat, nach der DUDLV nur im Notfall telefonisch durch einen Rückruf beantworten. Sie gibt in anderen Fällen eine schriftliche Formularauskunft. Sie darf die Sendung nur an den Zustellungsadressaten oder an denjenigen aushändigen, den er mit einer bei der Post niedergelegten Postvollmacht versah, BGH NJW 1986, 2827. Die anderen Behörden benötigen eine Empfangsvollmacht. 25

VIII. Verstoß, I, II. Ein Verstoß macht die Zustellung nach → Vor § 166 Rn. 32 grundsätzlich unwirksam, Düss NJW 2000, 3511 (StPO); Mü NJW-RR 1987, 895; LG Bln NJW 2001, 238 (StPO). Daher ist evtl. eine Wiedereinsetzung nach §§ 233 ff. möglich und nötig, BGH NJW 1994, 2298. Das übersieht AG BadBad NJW 2001, 839. Das gilt auch dann, wenn nur eine Beurkundung über die tatsächliche Niederlegung fehlt, Düss NJW 2000, 3511 (StPO), oder wenn nur die schriftliche Mitteilung über die tatsächlich sehr wohl erfolgte Niederlegung fehlt oder fehlerhaft ist, BGH Rpfleger 1989, 418; BayObLG MDR 1990, 346; Hmb MDR 1979, 851. Indessen können §§ 189, 295 I heilen lassen, BFH NJW 2014, 2524 (ohne Vorlage nach dem RsprEinhG, Anh. § 140 GVG). Eine Vertauschung der Reihenfolge bei der schriftlichen Mitteilung über die Niederlegung nach → Rn. 16 ist unerheblich. Wegen der Unsicherheit dieser Zustellung muss man die Förmlichkeiten der Ersatzzustellung nach → Rn. 1 durch eine Niederlegung im Übrigen ernst nehmen. Indessen ist eine übertriebene Vorsicht auch hier verfehlt. 26

Unschädlich ist es, wenn die ordnungsgemäß vorgenommene Mitteilung über die Niederlegung nach → Rn. 16 nicht zur Kenntnis des Adressaten kommt, BayObLG FamRZ 1990, 429, aus welchem Grunde auch immer. 27

182 *Zustellungsurkunde.*

I [1]**Zum Nachweis der Zustellung nach den §§ 171, 177 bis 181 ist eine Urkunde auf dem hierfür vorgesehenen Formular anzufertigen.** [2]**Für diese Zustellungsurkunde gilt § 418.**

II Die Zustellungsurkunde muss enthalten:

1. **die Bezeichnung der Person, der zugestellt werden soll,**
2. **die Bezeichnung der Person, an die der Brief oder das Schriftstück übergeben wurde,**
3. **im Falle des § 171 die Angabe, dass die Vollmachtsurkunde vorgelegen hat,**
4. **im Falle der §§ 178, 180 die Angabe des Grundes, der diese Zustellung rechtfertigt und wenn nach § 181 verfahren wurde, die Bemerkung, wie die schriftliche Mitteilung abgegeben wurde,**
5. **im Falle des § 179 die Erwähnung, wer die Annahme verweigert hat und dass der Brief am Ort der Zustellung zurückgelassen oder an den Absender zurückgesandt wurde,**
6. **die Bemerkung, dass der Tag der Zustellung auf dem Umschlag, der das zuzustellende Schriftstück enthält, vermerkt ist,**
7. **den Ort, das Datum und auf Anordnung der Geschäftsstelle auch die Uhrzeit der Zustellung,**
8. **Name, Vorname und Unterschrift des Zustellers sowie die Angabe des beauftragten Unternehmens oder der ersuchten Behörde.**

III Die Zustellungsurkunde ist der Geschäftsstelle in Urschrift oder als elektronisches Dokument unverzüglich zurückzuleiten.

I. Systematik, I–III. Die Vorschrift regelt nach § 24 I GVGA eine wesentliche Einzelheit jeder Zustellung, nämlich den im Interesse der Rechtssicherheit notwendigen Vorgang einer Beurkundung. Dabei muss man nach I 1 gemäß § 1 Nr. 1, § 3 ZustVV, abgedruckt in → § 190 Rn. 2, grundsätzlich das Formular der Anlage 1 zur ZustVV verwenden. Abweichungen sind nach § 2 III Nr. 1–3 ZustVV möglich. Die Zustellung ist ja eine beurkundete Übergabe. Daraus folgt aber nur, dass eine wirksame Zustellung fehlt, soweit ein grundlegender Mangel vorliegt, soweit zB in Wahrheit überhaupt keine Beurkundung erfolgte. Es macht nach → Vor § 166 Rn. 33, 36 nicht etwa jeder Mangel der Urkunde die Zustellung unwirksam. Der Zusteller soll die Urkunde am Zustellungsort aufnehmen. Er kann eine versehentlich falsch ausgefüllte Zustellungsurkunde berichtigen, indem er einen entsprechenden eindeutigen Vermerk unterschreibt, BVerwG DGVZ 1984, 149; aM Mü MDR 2002, 414 (aber das wäre nach → Rn. 2 zu formell). Im Übrigen gelten zur Beweiskraft nach I 2 die §§ 415, 418, → § 415 Rn. 6, BVerfG NJW-RR 2002, 1008; BGH VersR 1986, 787; Ffm NJW-RR 1997, 957. Man muss nach → Rn. 2 den § 419 beachten. Dabei muss die Leserlichkeit erhalten bleiben. Jedenfalls ist eine Heilung nach § 189 möglich. Es entscheidet also die Übergabe. Ein bloßer Mangel der Urkunde macht die Zustellung nicht unwirksam, Hamm NJW-RR 1987, 1279. 1

II. Regelungszweck, I–III. Es wäre nach → Vor § 166 Rn. 33, 36 ein reiner Formalismus, jedes einzelne Erfordernis des II als für die Wirksamkeit der Zustellung notwendig anzusehen, KG Rpfleger 1976, 222; OVG 2

Bln NVwZ-RR 2004, 724. Die Vorschrift soll ja nur sicherstellen, dass dem Zustellungsadressaten nach Vor § 166 das für ihn bestimmte Schriftstück zugeht und dass er sich darüber klar werden kann, dass er der Adressat ist, ArbG Bln Rpfleger 1980, 482. Die Eintragungen brauchen mit Ausnahme der Unterschrift nach II Nr. 8 nicht eigenhändig zu erfolgen. Sie müssen in einem zeitlichen Zusammenhang mit der Zustellung erfolgen, BGH NJW 1990, 177. Eine Ergänzung ist nach § 419 zulässig. Berichtigungen müssen die Lesbarkeit bestehenlassen. Der Inhalt der Zustellungsurkunde ist aber teilweise für die Wirksamkeit der Zustellung überhaupt nicht wesentlich, → Rn. 1, Stgt NJW 2006, 1887.

3 Für die Wirksamkeit der Zustellung ist nach § 418 II etwa beim Verlust der Zustellungsurkunde oder bei deren Fehlerhaftigkeit ein anderer **Beweis** als derjenige durch die Urkunde möglich, BGH NJW 1981, 1614; Düss JurBüro 1995, 41; Köln FamRZ 1992, 1082. Es genügt zB zum Nachweis der Klagezustellung nach § 271, dass die Partei in einem früheren Termin verhandelt hat. Ebenso lässt sich ein Mangel der Zustellungsurkunde durch den zB aus dem Zusammenhang folgenden Nachweis einer ordentlichen Zustellung entkräften. Gegen die Zustellungsurkunde ist auch ein Gegenbeweis nach → Vor § 284 Rn. 21 statthaft. Er ist auch nach → § 418 Rn. 9 zwecks einer Entkräftung notwendig. Bloße Behauptungen reichen nicht zum Gegenbeweis, wohl aber evtl. ein Anscheinsbeweis nach → Anh. § 286.

4 **III. Geltungsbereich, I–III.** → Vor § 166 Rn. 5. Auf die anders geartete Zustellung von Anwalt zu Anwalt nach § 195 ist § 182 **unanwendbar.**

5 **IV. Inhalt der Zustellungsurkunde, II Nr. 1–8.** Man hüte sich nach → Rn. 1 vor Übertreibung. Ausreichend und notwendig ist das gesetzlich eingeführte Formular. Man muss es grundsätzlich vollständig ausfüllen, LG Ffo BauR 2018, 715. Eigenhändig muss nur die Unterschrift nach → Rn. 18 erfolgen.

6 **1. Inhalt des Briefs, II Nr. 1–8.** Das Wichtigste fehlt in § 182: Die Zustellungsurkunde muss in örtlichem und zeitlichem Zusammenhang entstehen, BGH NJW 1990, 177. Sie muss angeben, was der Brief usw. als Inhalt äußerlich darstellte. Denn gerade das soll sie ja vor allem beurkunden. Unzureichend wäre das bloße Aktenzeichen, LG Stendal DGVZ 2003, 188; aM Eyink MDR 2006, 787 (aber die bloße Formularverweisung klärt nicht genug). Im Übrigen gilt im Wesentlichen folgendes.

7 **2. Zustellungsadressat, II Nr. 1.** Begriff → Vor § 166 Rn. 7.

3. Beispiele zur Frage eines Zustellungsadressaten, II Nr. 1

8 **Aktenzeichen: Nicht** notwendig ist eine Angabe des Aktenzeichens des parteiinternen Bearbeiters oder des Geschäftszeichens, Stgt NJW 2006, 1887; ArbG Regensb JurBüro 1991, 435. Sie ist auch nicht ratsam.

Auftraggeber: Notwendig ist nach § 24 III 2 GVGA seine Angabe.

Behörde: „Juristische Person".

Geschäftszeichen: „Aktenzeichen".

Gesetzlicher Vertreter: Notwendig ist grds. die Angabe des gesetzlichen Vertreters nach → § 51 Rn. 20, § 170, KG Rpfleger 1976, 222; AG Ansbach DGVZ 1994, 94; VGH Kassel NJW 1998, 920, zur Ausnahme vgl. BGHZ 107, 299.

Irrtum: Er schadet nur dann nicht, wenn die richtige Bezeichnung für den Zustellungsadressaten erkennbar ist, Düss JurBüro 1982, 1742 (Namensänderung infolge Heirat); Kblz JurBüro 1998, 312 (Vorname); LG Marbg Rpfleger 1979, 67 (senior oder junior); und wenn die Zustellung im Übrigen ordnungsgemäß ist, BGH BB 2001, 1706; BAG DB 1979, 409, ArbG Bln Rpfleger 1980, 482.

Juristische Person: Er reicht ihre genaue Bezeichnung ohne Angabe des gesetzlichen Vertreters nach seinem Namen usw. BGH ZIP 2016, 237.

Mehrere Zustellungsadressaten: Wenn mehrere eine Partei vertreten, ist die Anführung aller zulässig. Wegen mehrerer gesetzlicher Vertreter oder Leiter § 170 III.

Partei: Notwendig ist die Angabe der Partei nur dann, wenn der Zustellungsadressat mehrere vertritt. Die Angabe nur des Vertretenen kann BGH NJW 1989, 2689.

Prozessbevollmächtigter: Notwendig ist die Angabe des ProzBev. nach § 172. Denn die Zustellung muss an ihn und nicht an den Vertretenen erfolgen.

Rechtsgeschäftlicher Vertreter: Notwendig ist die Angabe des derartig bestellten Vertreters nach § 171. Denn die Zustellung muss eben an ihn und nicht an den Vertretenen erfolgen.

9 **4. Zustellungsempfänger usw., II Nr. 2.** Begriff → Vor § 166 Rn. 31. Die Zustellungsurkunde muss zunächst angeben, wem der Zusteller den Brief oder das Schriftstück tatsächlich übergeben hat, Hmb MDR 1993, 685. Das gilt nach § 166 I auch dann, wenn er es dem Zustellungsadressaten nach Vor § 166 übergeben hat. Er muss insbesondere bei einer Ersatzzustellung nach §§ 180 ff. die Nämlichkeit von Zustellungsadressat und -empfänger einwandfrei angeben, BGHZ 93, 74. Das gilt zB dann, wenn Vater und Sohn in demselben Haus wohnen, Schlesw SchlHA 1984, 91. Soweit feststeht, dass der Zusteller die Sendung dem nach einer Zustellungsvorschrift Ausreichenden übergeben hat, ist eine fehlerhafte Bezeichnung unschädlich, Saarbr MDR 2004, 51; FG Hmb NJW 1985, 512.

10 **5. Vollmacht, II Nr. 3.** Bei einer Zustellung an den rechtsgeschäftlich bestellten Vertreter nach § 171 muss die Zustellungsurkunde angeben, dass die nach § 171 S. 2 „vorzulegende" Vollmacht auch wirklich „vorlag" (dazu aber → § 171 Rn. 8). Angeben muss der Zusteller sowohl die Form als auch das Datum der Vollmacht, nicht aber auch den Inhalt. Letzere Angabe kann freilich helfen.

11 **6. Ersatzzustellung, II Nr. 4.** Die Zustellungsurkunde muss nach § 20 V GVGA ergeben, dass und warum eine Ersatzzustellung stattfand, BSG MDR 1977, 700; Düss JurBüro 1995, 41 (in Wahrheit Direktzustellung); LG Aachen MDR 1991, 451 (dass also unter anderem ein erfolgloser „normaler" Zustellungsversuch erfolgte). Sie muss auch ergeben, in welchem Verhältnis der Zustellungsempfänger zum Zustellungsadressaten steht und ob die Ersatzperson nach § 178 I Nr. 1 erwachsen war.

12 Die Angabe der Straße und Hausnummer ist unentbehrlich, Mü MDR 2002, 414. Die Angabe nur einer **unrichtigen** Hausnummer ist unschädlich, Ffm JurBüro 1998, 209, ebenso diejenige eines unrichtigen Grundes, wenn die Zustellung iVmdem sonstigen Inhalt der Zustellungsurkunde anderweit als ordnungsgemäß nachweisbar ist. Schädlich ist das Fehlen der Bezeichnung derjenigen Ersatzperson, an die die Zustellung erfolgte, BGHZ 93, 74. Unschädlich ist die unrichtige Angabe einer Hilfsperson, etwa einer Angestellten X des Anwalts statt der Angestellten Y oder der Ehefrau statt der Mutter oder Schwester, Hamm NJW-RR 1987, 1279, oder des

Hauswirts als Hausgenosse (Angehöriger); Schlesw JurBüro 1991, 122. Nach BGH Rpfleger 1989, 418; BVerwG DGVZ 1984, 150; Hmb MDR 1993, 685 liegt ein nach § 189 unheilbarer Mangel dann vor, wenn die Zustellungsurkunde eine ordnungsgemäße Ersatzzustellung nicht erkennen läßt. Indessen kann jetzt § 189 sehr wohl heilen lassen.

7. Niederlegung, II Nr. 4. Bei einer Niederlegung muss die Zustellungsurkunde erkennen lassen, dass der Zusteller (jetzt) § 181 beachtet hat, BGH NJW 1990, 176; Kblz JurBüro 1975, 671; LG Aachen MDR 1991, 451. Sie muss über den Text des Formulars nach § 190 hinaus die konkrete Art der Mitteilung erkennen lassen, BGH NJW 1990, 176, Düss MDR 2005, 109, AG Neuruppin NJW 2003, 2250. Sie braucht natürlich nicht zu ergeben, dass der Adressat die Mitteilung über die Niederlegung nicht nur nach § 181, sondern auch tatsächlich erhalten hat, BGH VersR 1984, 82; aM Hamm MDR 1982, 501 (aber § 181 lässt doch gerade den Ersatz einer wirklichen Zustellung genügen. Das gilt auch wegen der zugehörigen Mitteilung). Ein Vermerk des Postbediensteten über eine „Zustellung" der niedergelegten Sendung durch deren Aushändigung (fehlerhaft: Denn maßgebend ist der Zeitpunkt der Niederlegung und Benachrichtigung) entschuldigt nicht nach § 233, BGH NJW-RR 1992, 315. Es gibt nicht schon aus der Zustellungsurkunde den Beweis, dass der Adressat unter der angegebenen Anschrift auch tatsächlich eine Wohnung hatte, BGH FamRZ 1990, 143; LG Bln MDR 1987, 503. Die Angaben zu → Rn. 9–11 können dann von verschiedenen Postbediensteten stammen, wenn sie nur in derselben Urkunde vorliegen, LAG Hamm MDR 1986, 172. 13

8. Annahmeverweigerung, II Nr. 5. Vgl. § 179 und Saarbr NJW-RR 1994, 638. Der Zusteller muss auch einen etwa mitgeteilten Verweigerungsgrund angeben. 14

9. Übergabevermerk, II Nr. 6. Vgl. § 166 I. 15

10. Ort und Zeit der Zustellung, II Nr. 7. „Ort": § 177. Eine Zustellung außerhalb der Wohnung oder des Geschäftsraums nach § 177 macht eine nähere Angabe nach § 179 dann zweckmäßig, zB die Bezeichnung der Straße und Hausnummer usw., Mü MDR 2002, 414, wenn der Empfänger mit Rücksicht auf den „Ort" die Annahme verweigert. Dasselbe gilt für eine Ersatzzustellung nach §§ 180 ff. 16

Als **Zeit** genügt regelmäßig das Datum, BGH NJW 1984, 57. Es darf keineswegs unklar sein oder fehlen, BVerwG Rpfleger 1983, 160; LG Bln NJW 2001, 238 (StPO). Eine Angabe der Uhrzeit kann auf eine Anordnung der Geschäftsstelle zB in folgenden Fällen notwendig sein: Es handelt sich um eine Stundenfrist wegen § 24 II 1 GVGA; es geht um die Zustellung zur Nachtzeit usw. nach § 758a IV; es handelt sich um die Zustellung eines Pfändungs- und Überweisungsbeschlusses wegen § 804 III, § 24 II 2 GVGA; es geht um eine Benachrichtigung nach § 845 an den Drittschuldner nach § 840 wegen § 24 II 2 GVGA. Der Nachweis einer rechtzeitigen Zustellung nach → § 418 Rn. 8 ff. heilt eine unklare oder unrichtige Datierung, BVerwG Rpfleger 1983, 160; Ffm OLGZ 1976, 311; aM Hamm NJW 1975, 2209 (aber § 418 erlaubt jeden Gegen-Vollbeweis, → § 418 Rn. 9 ff.). Eine förmliche Zustellung ist mit dem nach Nr. 7 ermittelbaren Zeitpunkt und nicht erst 3 Tage später erfolgt, FG Hmb NJW 1988, 848. 17

11. Unterschrift usw., II Nr. 8. Der Zustellungsbeamte muss nach § 22 S. 1 GVGA die Zustellungsurkunde zum Abschluß der Beurkundung eigenhändig und handschriftlich wie bei → § 129 Rn. 9 unterschreiben, BGH FamRZ 1981, 250; Ffm NJW 1993, 3079. Das geschieht in der Praxis ohne Vornamen. Eine Namensabkürzung (Paraphe) reicht nach → § 129 Rn. 16 nicht, BGH FamRZ 2008, 51 (aber Nachholbarkeit, → Rn. 21). Eine Unterschrift des Empfängers ist entbehrlich. Die Nachholung der Unterschrift des Zustellungsbeamten ist zulässig, BGH NJW-RR 2008, 218. Auch eine Berichtigung durch einen unterschriebenen Vermerk ist statthaft, BVerwG DGVZ 1984, 149. 18

Der Zusteller fertigt nach § 24 IV 1, V 1, 2 GVGA eine **beglaubigte Abschrift** der Zustellungsurkunde und setzt sie auf das zuzustellende Schriftstück oder auf einen damit haltbar zu verbindenden Bogen. Stattdessen kommt nach § 24 IV 2 GVGA auch ein Vermerk des Zustellzeitpunkts nach → Rn. 17 auf dem zuzustellenden Schriftstück infrage. Das gilt jedoch nach § 24 IV 3 GVGA dann nicht, wenn der Adressat ein anerkennbares Interesse an der Nachprüfbarkeit der Wirksamkeit der Zustellung hat oder haben dürfte. 19

V. Verbleib der Zustellungsurkunde, III. Die Zustellungsurkunde gehört nach § 24 III 1 GVGA auf die Urschrift des zuzustellenden Schriftstücks oder auf einen damit zu verbindenden Vordruck nach Anlage 1 ZustVV, abgedruckt bei → § 190 Rn. 2. Sie geht im Original oder als elektronisches Dokument unverzüglich an die Geschäftsstelle, also ohne vorwerfbares Zögern des Zustellers und seiner Hilfspersonen. Der Urkundsbeamte heftet die Urkunde in die Akte ein. Er erteilt auf einen Antrag nach § 169 I eine Bescheinigung des Zustellungszeitpunkts. Die Parteien dürfen die Zustellungsurkunde in den Gerichtsakten einsehen. Sie dürfen sich nach § 299 I eine Kopie erteilen lassen. Auslagen: KV 9002 GKG. 20

VI. Verstoß, I–III. Ein Verstoß gegen § 182 hat die Unwirksamkeit der Zustellung zur Folge, soweit ein wesentlicher Mangel vorliegt, so schon BGH NJW 1990, 177; BayObLG FamRZ 2002, 848; aM Eyink MDR 2008, 1257 (aber mancher Grundgedanke überdauert auch eine Änderung einzelner Regelungen). Im Übrigen vermindert oder beseitigt er nach § 419 nur die Beweiskraft, BGH FamRZ 2008, 51; Düss MDR 2005, 109; Eyinck MDR 2006, 787. Eine Heilung ist nach § 189 möglich, BGH FamRZ 2008, 51. Die ausreichend erfolgte Zustellungsurkunde erbringt als eine öffentliche Urkunde zwar nach → §§ 415, 418 den vollen Beweis der beurkundeten Tatsachen, BGH VersR 1984, 82; BayObLG FamRZ 1990, 429. Es ist aber ein Gegenbeweis nach → § 418 Rn. 15 oder eine Ergänzung durch ein anderes Beweismittel statthaft, Stgt NJW 2006, 1887. Im Einzelnen bei → Rn. 3 ff. Die Deutsche Post kann haften, Hamm DGVZ 2014, 238. 21

183 *Zustellung im Ausland.* I [1]**Für die Durchführung**

1. **der Verordnung (EU) 2020/1784 des Europäischen Parlaments und des Rates vom 25. November 2020 über die Zustellung gerichtlicher und außergerichtlicher Schriftstücke in Zivil- oder Handelssachen in den Mitgliedstaaten (Zustellung von Schriftstücken) (ABl. L 405 vom 2.12.2020, S. 40) in ihrer jeweils geltenden Fassung sowie**
2. **des Abkommens zwischen der Europäischen Gemeinschaft und dem Königreich Dänemark vom 19. Oktober 2005 über die Zustellung gerichtlicher und außergerichtlicher Schriftstücke in Zivil-**

oder Handelssachen (ABl. L 300 vom 17.11.2005, S. 55; L 120 vom 5.5.2006, S. 23), das durch die Mitteilung Dänemarks vom 22. Dezember 2020 (ABl. L 19 vom 21.1.2021, S. 1) geändert worden ist,

gelten § 1067 Absatz 1, § 1069 Absatz 1 sowie die §§ 1070 und 1071. [2]Soweit nicht für die Zustellung im Ausland die vorgenannten Regelungen maßgeblich sind, gelten für die Zustellung im Ausland die Absätze 2 bis 6.

II [1]**Eine Zustellung im Ausland ist nach den völkerrechtlichen Vereinbarungen vorzunehmen, die im Verhältnis zu dem jeweiligen Staat gelten. [2]Wenn Schriftstücke aufgrund solcher Vereinbarungen unmittelbar durch die Post zugestellt werden dürfen, dann soll dies durch Einschreiben mit Rückschein oder mittels eines gleichwertigen Nachweises bewirkt werden, anderenfalls soll die Zustellung auf Ersuchen des Vorsitzenden des Prozessgerichts unmittelbar durch die Behörden des ausländischen Staates erfolgen. [3]Eine Zustellung durch die zuständige deutsche Auslandsvertretung soll nur in den Fällen des Absatzes 4 erfolgen.**

III **Bestehen keine völkerrechtlichen Vereinbarungen zur Zustellung, so erfolgt die Zustellung vorbehaltlich des Absatzes 4 auf Ersuchen des Vorsitzenden des Prozessgerichts durch die Behörden des ausländischen Staates.**

IV **Folgende Zustellungen in den Fällen der Absätze 2 und 3 erfolgen auf Ersuchen des Vorsitzenden des Prozessgerichts durch die zuständige deutsche Auslandsvertretung:**

1. **Zustellungen, deren Erledigung durch die Behörden des ausländischen Staates nicht oder nicht innerhalb einer angemessenen Zeit zu erwarten ist oder für die ein sonstiger begründeter Ausnahmefall vorliegt,**
2. **Zustellungen an ausländische Staaten sowie**
3. **Zustellungen an entsandte Beschäftigte einer deutschen Auslandsvertretung und die in ihrer Privatwohnung lebenden Personen.**

V [1]**Zum Nachweis der Zustellung nach Absatz 2 Satz 2 erster Halbsatz genügt der Rückschein oder ein gleichwertiger Nachweis. [2]Im Übrigen wird die Zustellung durch das Zeugnis der ersuchten Behörde nachgewiesen.**

VI [1]**Soweit völkerrechtliche Vereinbarungen eine Zustellung außergerichtlicher Schriftstücke ermöglichen, ist für die Übermittlung solcher Schriftstücke in das Ausland das Amtsgericht zuständig, in dessen Bezirk die Person, die die Zustellung betreibt, ihren Wohnsitz oder gewöhnlichen Aufenthalt hat. [2]Bei notariellen Urkunden ist auch das Amtsgericht zuständig, in dessen Bezirk der beurkundende Notar seinen Amtssitz hat. [3]Bei juristischen Personen tritt an die Stelle des Wohnsitzes oder des gewöhnlichen Aufenthalts der Sitz der juristischen Person.**

Schrifttum: Fahrbach/Schiener, Die Zustellung aus dem Inland in das Ausland, IWRZ 2017, 16; Geimer, Internationales Zivilprozessrecht, 8. Aufl. 2020; Wagner, Neuigkeiten zum internationalen Zivilverfahrensrecht, EuZW 2022, 733.

1 **I. Systematik, I–VI.** § 183 regelt ausschließlich „Zustellungen im Ausland", dh solche, die außerhalb des Staatsgebiets der Bundesrepublik Deutschland bewirkt werden sollen. Eine im Inland befindliche ausländische Partei wird bei einer (inländischen) Zustellung wie einen Inländer behandeln. Demgegenüber bestimmt sich auch eine Zustellung an Deutsche oder Ausländer, die sich im Ausland befinden oder an die eine Zustellung im Ausland erfolgen soll, nach § 183. Die Vorschrift regelt nur das Verfahren der Zustellung, nicht aber, ob eine Zustellung erforderlich ist und ob sie im Ausland zu erfolgen hat. Grds. Vorrang hat die direkte Postzustellung durch Einschreiben mit Rückschein sofern völkerrechtl Vereinbarungen dies zulassen; es ist der einfachste, kostengünstigste und effektivste Weg, Zöller/Geimer Rn. 1.

2 § 183 wurde **mWv 1.7.2022** durch das Gesetz zur Durchführung der EU-Verordnungen über grenzüberschreitende Zustellungen und grenzüberschreitende Beweisaufnahmen in Zivil- oder Handelssachen, zur Änderung der Zivilrechtshilfe, des Vormundschafts- und Betreuungsrechts, zur Anpassung von Rechtsvorschriften zum Verbraucherschutz und zur Verbraucherschutzrechtsdurchsetzung sowie zur Änderung sonstiger Vorschriften v. 24.6.2022 (BGBl. I BGBL 2022. S. 959) neu gefasst. **I S. 1** aktualisiert die Verweise auf das Unionszustellungsrecht, I S. 2 verdeutlicht seinen Anwendungsvorrang. **II-V** betreffen nur die Zustellung an Drittstaaten. Besteht ein völkerrechtlicher Vertrag zur Zustellung, gilt grundsätzlich **II.** Besteht kein völkerrechtlicher Vertrag findet grundsätzlich **III** Anwendung. **IV** regelt – sowohl beim Bestehen als auch beim Nichtbestehen völkerrechtlicher Verträge (II, III) – die Fälle, in denen Zustellungen durch deutsche Auslandsvertretungen durchgeführt werden können oder nur unter ihrer Einbindung durchgeführt werden dürfen. Der neue **VI** bestimmt die nationale Zuständigkeit, sofern völkerrechtlichen Vereinbarungen die Zustellung außergerichtlicher Schriftstücke. Ob und unter welchen Voraussetzungen eine öffentliche Zustellung erfolgen kann, bestimmt sich nach § 185. Eine Zustellung nach § 183 im Anschluss an eine solche nach § 184 lässt keine neue Einspruchsfrist anlaufen (Hamm NJW-RR 2012, 62). § 167 ist auch bei der Zustellung im Ausland anwendbar (vgl. zur Zustellung nach EuZVO BGH NJW 2021, 1598 Rn. 14).

3 **II. Regelungszweck, I–V.** Zweck der Vorschrift ist, die effektive Durchsetzung von Rechten bei Verfahren mit Auslandbezug, aber auch die Einhaltung völkerrechtlicher Verträge sowie die Gewährung rechtlichen Gehörs für die Adressaten sicherzustellen. Aus § 183 ZPO ergibt sich ein klares Rangverhältnis zwischen den einzelnen Zustellungswegen (BT-Drs. 20/1110, 2, 21).

4 **III. Geltungsbereich.** → Vor § 166 Rn. 5. **Innerhalb des Prozesses** erfolgt eine Auslandszustellung grundsätzlich nur nach I–V (Stgt NJW 2015, 2514) iVm §§ 1067 ff. Lässt sich eine Zustellung auf diesem Weg nicht durchführen, ist öffentlich zuzustellen → § 185. Von den Pflichten nach §§ 841 (Streitverkündung des Schuldners), 844 II (Anhörung des Gegners), 875 II (Ladung des Schuldners zum Termin im Verteilungsverfahren) sind Gericht bzw. Gläubiger entbunden, wenn eine Zustellung im Ausland erforderlich wäre. Das Mahnverfahren kann nach § 688 III sowie VO (EG) Nr. 1896/2006, §§ 1087 ff. auch dann statthaft sein, wenn man den Mahnbescheid im Ausland zustellen muss. Außerhalb der EU ist erforderlich, dass das AVAG dies vorsehen, § 688 III. Die Zustellung im Ausland **außerhalb des Prozesses nach § 132 BGB** oder die sonstige **Auslandszustellung**

von Schriftstücken im Parteibetrieb (z. B. die Zustellung von Arrest u einstweiliger Verfügung, § 922 II 2) bestimmt sich gleichfalls über § 191 nach § 183, da der Gerichtsvollzieher im Ausland nicht tätig werden kann. Die Neufassung des § 192 S. 1 stellt klar, dass Gericht und nicht der **Gerichtsvollzieher** zur Anordnung der Auslandszustellung befugt ist (BT-Drs. 18/10714, 18). Dem vor der Neuregelung bestehende Streit, ob der Gerichtsvollzieher eine Zustellung durch Einschreiben mit Rückschein bewirken kann, kommt keine Bedeutung mehr zu (vgl. VorAufl. Rn. 7).

Besonders zu behandeln sind Zustellungen an in Deutschland stationierte NATO-Truppen; für sie gelten die Art. 32 bis 37 Zusatzabkommen zum NATO-Truppenstatut; → Vor § 166 Rn. 18 sowie SchlAnh III Art. 32, 36. 5

IV. Veranlassung der Zustellung. Bei der Zustellung von Amts wegen nach §§ 166 ff. erfolgt die Zustellung ins Ausland auf Veranlassung des Vorsitzenden. Nur im Fall der internationalen Zustellung im Parteibetrieb ist ein Antrag der Partei erforderlich (Stein/Jonas/Roth, § 191 Rn. 2). Ist der Antrag Prozesshandlung, besteht außer im Parteiprozess Anwaltszwang, § 78. Bei Zurückweisung ist die sof. Beschwerde statthaft, § 567 I Nr. 2. Die Entscheidung über die Zustellung erfolgt stets ohne eine Prüfung der Zweckmäßigkeit der Zustellung. Ebenso wenig ist bei Zustellung einer Klageschrift nach § 253 vom Vorsitzenden die Zuständigkeit des Gerichts in der Sache selbst zu prüfen. 6

Bei Einreichung einer im Ausland zuzustellenden Klage muss der Kläger weder eine besondere Art der Zustellung beantragen noch Handlungen ohne Aufforderung durch das Gericht vornehmen (Stein/Jonas/Roth, Rn. 39). 7

V. Durchführung der Zustellung. Auch für das **Ersuchen** selbst ist der Vorsitzende des Prozessgerichts **zuständig,** auch der Einzelrichter. Soweit für das Verfahren insgesamt der Rpfleger zuständig ist, ist er auch für das Ersuchungsschreiben zuständig (§ 4 I RPflG). Der Gerichtsvorstand und seine Verwaltung sind nicht zuständig. Sie bereiten aber das Ersuchen im Einzelnen nach der ZRHO bis zur Unterschriftsreife vor. 8

Für die Durchführung iE gelten nach I: § 1067 I, § 1069 I, §§ 1070, 1071. Der **Rechtshilfeverkehr** mit dem Ausland ist ausschließlich nach → GVG Anh. § 168 Rn. 1 **Angelegenheit der Justizverwaltung.** Die Partei kann auf eine ordnungsmäßige Maßnahme der Justiz vertrauen, (BGH, NJW 2003, 2830 f.). In der Folge liegt auch die Verantwortung für die korrekte und effiziente Auslandszustellung allein bei den Justizbehörden (Stein/Jonas/Roth Rn. 39; Wieczorek/Schütze/Roth, Vor §§ 183, 184 Rn. 41). Unterstützung gewährt das Bundesamt für Justiz als zentrale Behörde (Art. 4 EuZVO) sowie Anlauf- und Vermittlungsstelle im Rechtshilfeverkehr mit dem Ausland in Zivil- und Handelssachen sowohl im vertraglichen als auch im vertraglosen Rechtshilfeverkehr (vgl. BT-Drs. 20/1110, S. 2). Regelmäßig muss das Gericht eine Auslandszustellung so durchführen, dass es unter einer Beachtung der Rechtshilfeordnung für Zivilsachen (ZRHO), die auch die Regelungen der EuZVO abbildet, die zuständige fremde Behörde oder den zuständigen Konsul oder diplomatischen Vertreter des Bundes ersucht (vgl. iE Länderteil ZRHO). 9

VI. Zustellung in der Europäischen Union. I nimmt die für Zustellungen in der Europäischen Union geltenden Regelungen in Bezug. Nach **I S. 1 Nr. 1** gilt künftig die EuZVO „in ihrer jeweils geltenden Fassung". Damit trägt der Gesetzgeber dem Umstand Rechnung, **dass für die Übermittlung von Schriftstücken zwischen Übermittlungs- und Empfangsstellen bis 30.4.2025 Art. 4, 6 EGZVO fortgelten** (Art. 36 I, 37 II EuZVO). Die EuZVO ist in Zivil- oder Handelssachen anzuwenden, in denen ein gerichtliches oder außergerichtliches Schriftstück von einem in einen anderen Mitgliedstaat zum Zwecke der Zustellung zu übermitteln ist, Art. 1 I 1 EuZVO. Sie ist nicht anwendbar, wenn die Anschrift des Empfängers des Schriftstücks unbekannt ist, Art. 1 II EuZVO, oder an einen inländischen Bevollmächtigten zugestellt werden soll (Art. 1 III EuZVO Erwägungsgrund 6; BGH NJW 2021, 1598 Rn. 15). Die EuZVO betrifft nur den eigentlichen Vorgang der Übersendung des Schriftstücks. Die Frage, wann ein Schriftstück zugestellt ist, folgt aus dem Recht des Empfangsstaats, Art. 11 EuZVO (vgl. BGH NJW 2021, 1598 Rn. 16). Ob eine Übersetzung des zuzustellenden Schriftstücks anzufertigen ist, entscheidet die Person, in deren Interesse die Zustellung erfolgt, die darüber zu informieren ist, dass die Annahme verweigert werden darf, wenn das Schriftstück nicht in einer Sprache abgefasst, die der Empfänger versteht oder die im Empfangsstaat Amtssprache ist Art. 9, 12 EuZVO). Gibt die Person keine Erklärung zur Frage der Übersetzung ab, sind keine Übersetzungen anzufertigen (BGH NJW 2007, 775 Rn. 16; NJW 2021, 1598 Rn. 25). Entscheidet sich der Antragsteller für eine Zustellung mit Übersetzung, kann er die Übersetzung entweder selbst beschaffen oder durch das Gericht einholen lassen. Nachteile bezogen auf eine Zustellung „demnächst" iSv 167 sind mit dieser Entscheidung nicht verbunden (BGH NJW 2021, 1598). 10

I S. 1 Nr. 2 ist erforderlich, weil Dänemark mangels allgemeiner Beteiligung an der ziviljustiziellen Zusammenarbeit in der EU nicht unmittelbar an die EuZVO gebunden ist (vgl. Erwägungsgrundes 48 EuZVO), die Regelungen der EuZVO jedoch infolge eines Abkommens (vgl. BT-Drs. 20/110) auch im Verhältnis zu Dänemark anzuwenden sind. 11

I S. 2 enthält den deklaratorischen Hinweis auf den Anwendungsvorrang der EuZVO und die Geltung von II – V für die Zustellung in Drittstaaten. Eine Zustellung durch die deutsche Auslandsvertretung iSv IV Nr. 3 an entsandte **Beschäftigte deutscher Auslandsvertretungen** und die in deren Privatwohnung lebenden Personen dürfte aber in gleicher Weise nach Art. 17 EuZVO möglich sein. 12

VII. Zustellungen in Drittstaaten, II – V. Jenseits der Situation von I ist zu prüfen, ob ersichtlich ein **Fall des IV** vorliegt, der auf Ersuchen des Prozessgerichts die Zustellung durch die deutsche Auslandvertretung ermöglicht. Ist dies nicht der Fall, ist zu unterscheiden zwischen der Zustellung in Staaten, mit denen eine völkerrechtliche Vereinbarung besteht, II, und der Zustellung bei vertragsloser Situation, III. 13

1. Zustellungen auf Ersuchen des Prozessgerichts durch die zuständige deutsche Auslandsvertretung, IV Nr. 1 – 3. Nr. 1 betrifft Zustellungen in Drittstaaten, die nicht oder zumindest **nicht zuverlässig oder nicht zeitnah Rechtshilfe** leisten, sowie sonstige besonders **begründete Ausnahmen.** Welche Ausnahmen denkbar sind, wird der Praxis überlassen. Die Gesetzesbegründung (BT-Drs. 20/1110, 23) bietet insoweit keinen Aufschluss. Jedenfalls werden die Ausnahmen ihrer Qualität nach dem Nichtleisten von Rechtshilfe entsprechen müssen. 14

Zustellungen an **Drittstaaten als Zustellungsempfänger** erfolgen nach **Nr. 2** durch die deutsche Auslandsvertretung. Zustellungen an ausländische Staaten waren bislang in der ZPO nicht explizit geregelt, sind aber nach 15 dem Völkergewohnheitsrecht grundsätzlich auf dem diplomatischen Weg zu bewirken, also unter Vermittlung der deutschen Auslandsvertretung in dem betreffenden Staat (BT-Drs. 20/1110, 23).

16 **Nr. 3** regelt die Zustellungen an **entsandte Beschäftigte deutscher Auslandsvertretungen** und die in deren Privatwohnung lebenden Personen. Vgl. auch → Rn. 12.

17 **2. Zustellung aufgrund völkerrechtlicher Vereinbarung, II. II S. 1** betont den Vorrang der Zustellung nach im Verhältnis zum jew. Staat geltender **völkerrechtlicher Vereinbarungen.** Völkerrechtliche Vereinbarungen zur grenzüberschreitenden Zustellung von Schriftstücken bietet jedoch **mehrere Wege,** um Auslandszustellungen zu bewirken. Das bedeutsame Haager Übereinkommen über die Zustellung gerichtlicher und außergerichtlicher Schriftstücke im Ausland in Zivil- oder Handelssachen vom 15. November 1965 (HZustlÜbk) sieht neben der Zustellung über Zentrale Behörden (Art. 2 – 6 HZustlÜbk) die Zustellung durch diplomatische oder konsularische Vertreter (Art. 8 HZustlÜbk), die Zustellung auf dem konsularischen oder diplomatischen Weg (Art. 9 HZustlÜbk), die Postzustellung (Art. 10 Buchst. a HZustlÜbk) und die unmittelbare Zustellung durch Justizbeamte vor (Art. 10 Buchst. b und c HZustlÜbk). Ein Rangverhältnis zwischen den Zustellungswegen besteht nach dem HZustlÜbk nur insoweit, als der diplomatische Weg außergewöhnlichen Umständen nach IV → 14 – 16 vorbehalten ist (Art. 9 HZustlÜbk).

18 Ob es mit dem betreffenden Staat eine **völkerrechtliche Vereinbarung** im Bereich Zivil- und Handelssachen gibt und welche Art der Zustellung danach möglich ist, wird im **Länderteil zur ZRHO** aufgeführt, der vom Bundesamt für Justiz ständig aktualisiert wird und unter „https://www.bundesjustizamt.de/DE/Themen/InternationaleZusammenarbeit/Zivilsachen/RechtshilfeordnungfuerZivilsachen/RechtshilfeordnungfuerZivilsachen_node.html" abrufbar ist.

19 Besteht nach einer solchen Vereinbarung die Möglichkeit der Zustellung unmittelbar durch die Post, soll dies – letztlich wegen der damit verbundenen Vereinfachung (vgl. MüKo/Häublein/Müller Rn. 7) – durch **Einschreiben mit Rückschein** oder mittels eines vergleichbaren Nachweises bewirkt werden, **II S. 2.** Beim Einschreiben mit Rückschein ist die Zustellung mit Übergabe des Einschreibebriefs an den Adressaten, den Ehepartner oder den Prozessbevollmächtigten oder einem Ersatzempfänger, dem die Sendung nach den im Bestimmungsland geltenden Postbestimmungen ausgehändigt werden kann, wirksam vollzogen (Musielak/Voit/Wittschier Rn. 2). **Andernfalls,** d. h. bei fehlender Zulässigkeit des Postwegs oder Erfolglosigkeit der Zustellung durch Einschreiben mit Rückschein, soll die Zustellung auf Ersuchen des Vorsitzenden unmittelbar durch die Behörden des ausländischen Staats erfolgen.

20 **II S. 3,** nach dem eine Zustellung durch die zuständige deutsche Auslandvertretung nur in den Fällen des IV erfolgen soll, kommt keine eigenständige Bedeutung zu. Schon aus **IV Nr. 1** „sonstiger begründeter Ausnahmefall" ergibt sich, dass entsprechende Zustellungen nur ausnahmsweise in Betracht kommen.

21 **3. Zustellung ohne völkerrechtliche Vereinbarung, III.** Besteht keine völkerrechtliche Vereinbarung, ist die praktische Möglichkeit der postalischen Zustellung durch Einschreiben mit Rückschein → 19 verschlossen; iÜ bestehen keine Besonderheiten.

22 **VIII. Zustellungsnachweis, II 2, V 2.** Insoweit ist zwischen den Zustellungsarten zu unterscheiden.

23 **1. Beim Einschreiben: Rückschein, II 2 Hs. 1.** Soweit eine Zustellung durch Einschreiben gegen Rückschein nach II 2 Hs. 1 erfolgt, genügt als Zustellungsnachweis der Rückschein, Schmidt IPRax 2004, 14. Der Hausmeister kann ein PostBev sein, wenn das Einwerfen in den Briefkasten u die Bestätigung des Empfangs zu seinen Aufgaben gehört (Celle NJW-RR 2005, 1589). Eine Annahmeverweigerung gilt hier als Zustellung (BGH NJW 1997, 2052).

24 **2. Beim Ersuchen: Zeugnis der ersuchten Behörde, V 2.** Soweit eine Zustellung auf Ersuchen des Vorsitzenden bei einer ausländischen Behörde erfolgt, ist ein Zeugnis der ersuchten Behörde erforderlich (BAG NZA-RR 2014, 35) und ausreichend (BGH MDR 2013, 363, BVerwG NJW 2000, 683). Der Zustellungsnachweis ist eine öffentliche Urkunde mit deren Beweiskraft nach § 418 (BGH MDR 2013, 363). Die Echtheit richtet sich nach § 438. Ein Gegenbeweis ist nach → § 418 Rn. 11 zulässig (BAG NZA-RR 2014, 35). Die Partei kann ihn aber nicht darauf stützen, dass eine Vorschrift des ausländischen Rechts verletzt worden sei, (Stein/Jonas/Roth Rn. 6, Zöller/Geimer Rn. 2, aM MüKoZPO/Häublein/Müller Rn. 2). Das Zeugnis beweist die Übergabe. Ohne sie ist begrifflich keine Zustellung denkbar, abgesehen von der unterstellten Zustellung nach § 184 II.

25 Aus dem Zeugnis muss zur **Wirksamkeit** hervorgehen, dass die Zustellung erfolgt ist. Eine bestimmte Form ist nicht vorgesehen. Anzugeben sind mindestens der Zustellungsempfänger, das zuzustellende Schriftstück sowie der Zeitpunkt der Zustellung. Die bloße Mitteilung einer erfolgten Zustellung ohne nähere Angaben genügt grds. nicht (BVerwG NJW 2000, 683). Für Zustellungen im Anwendungsbereich der EuZVO sieht Art. 10 I die Verwendung eines Formblatts vor. Im Geltungsbereich des HZustlÜbk sind nach Art. 6 II Form, Ort und Zeit der Erledigung sowie die Person anzugeben, der das Schriftstück übergeben worden ist. Ähnliches gilt nach manchem Staatsvertrag. Eine Zustellung fehlt, wenn der Empfänger die **Annahme des Schriftstücks verweigert** und wenn der Zusteller das Schriftstück nicht am Zustellungsort ausweislich des Zeugnisses nach V 2 zurückgelassen hat. Im Übrigen entscheidet das ausländische Recht über die Art der Ausführung der Zustellung.

26 **IX. Zustellung außergerichtlicher Schriftstücke, VI.** Der neu eingefügte **VI** trifft eine Zuständigkeitsregelung für die Zustellung außergerichtlicher Schriftstücke in Drittstaaten im Rahmen völkerrechtlicher Vereinbarungen. Einige völkerrechtliche Vereinbarungen (z. B. Art. 17 HZustlÜbk und Art. 2 ff. des deutsch-britischen Abkommens über den Rechtsverkehr vom 20. März 1928) gelten auch für die **Zustellung außergerichtlicher Schriftstücke.** In VI, der weitgehend der entsprechenden Zuständigkeitsbestimmung zur EuZVO (§ 1069 Abs. 1 Nr. 2 ZPO entspricht, ist erstmals geregelt, dass für die Übermittlung solcher Schriftstücke in das Ausland das Amtsgericht zuständig ist, in dessen Bezirk die Person ihren gewöhnlichen Wohnsitz oder Aufenthalt hat, die die Zustellung betreibt. Für die Zustellung **notarieller Urkunden** ist das Amtsgericht zuständig, in dessen Bezirk der beurkundende Notar seinen Amtssitz hat.

27 **X. Verstoß, I–VI.** § 189 ist anwendbar (BGH NJW 2011, 3582, krit. Rauscher; BGH Beschl. v. 24.9.2015 – IX ZB 91/13, BeckRS 2015, 17308 Rn. 19); grds. auch bei der Zustellung im Parteibetrieb (offen gelassen in BGH, NJW 2019, 1374 Rn. 12 ff.)

184 *Zustellungsbevollmächtigter; Zustellung durch Aufgabe zur Post.* **I [1]Das Gericht kann bei der Zustellung nach § 183 Absatz 2 bis 5 anordnen, dass die Partei innerhalb einer angemessenen Frist einen Zustellungsbevollmächtigten benennt, der im Inland wohnt oder dort einen Geschäftsraum hat, falls sie nicht einen Prozessbevollmächtigten bestellt hat. [2]Wird kein Zustellungsbevollmächtigter benannt, so können spätere Zustellungen bis zur nachträglichen Benennung dadurch bewirkt werden, dass das Schriftstück unter der Anschrift der Partei zur Post gegeben wird.**

II [1]Das Schriftstück gilt zwei Wochen nach Aufgabe zur Post als zugestellt. [2]Das Gericht kann eine längere Frist bestimmen. [3]In der Anordnung nach Absatz 1 ist auf diese Rechtsfolgen hinzuweisen. [4]Zum Nachweis der Zustellung ist in den Akten zu vermerken, zu welcher Zeit und unter welcher Anschrift das Schriftstück zur Post gegeben wurde.

I. Systematik, I, II. Die Vorschrift bezieht sich ausdrücklich nur auf eine Auslandszustellung, BGH MDR 2008, 872. Sie bewirkt nach Zustellung nach I eine fingierte Inlandszustellung, BGH NJW 2002, 522. § 184 wird seinerseits ergänzt durch § 189. § 184 ist dann unanwendbar, wenn das Gericht schon nach (jetzt) der VO (EG) 2020/1784 → Vor § 1067 Rn. 1 ff., vorgehen muss oder vorgegangen war, BGH WM 2012, 1501, Düss Rpfleger 2008, 432, Heiderhoff EuZW 2006, 2370, aM (zum alten Recht) Kblz VersR 2011, 238. Wegen des IntFamRVG → Anh. § 183 Rn. 1. Wegen des Zustellungsbevollmächtigten beim NetzDG Anh. § 184. 1

II. Regelungszweck, I, II. Die Vorschrift dient dem Interesse an den Vermeidungen von Komplikationen, speziell von Verzögerungen bei der Zustellung, BGH FamRZ 1996, 347. Sie dient damit auch der Prozesswirtschaftlichkeit, BGH NJW 2000, 3285. Auch wenn die Frist des I 1 zunächst eine gewisse Verzögerung mit sich bringt, kann § 184 doch wegen der vielfach immer noch beträchtlichen zeitlichen und sonstigen Probleme einer Zustellung im Ausland eine ganz wesentliche Erleichterung schaffen. Deshalb ist es oft ratsam, von der Möglichkeit des § 184 Gebrauch zu machen. Natürlich braucht der inländische Zustellungsbevollmächtigte Zeit zur Weiterleitung. Er mag nach § 294 durchaus glaubhaft machen, dass er keinen Kontakt mehr habe. Die Fiktion des II 1 macht dergleichen nur bedingt unbeachtlich. Immerhin ist sie ein beträchtliches Druckmittel. 2

III. Geltungsbereich, I, II. → Vor § 166 Rn. 5. Die Vorschrift gilt nur für eine Partei u Streithelfer → Rn. 12. Sie gilt nicht für einen Dritten. Sie gilt auch bei einer Zustellung in der Türkei, Hamm NJW-RR 2012, 62. Vgl. auch zum EU-Datenschutz § 44 III DSAnpUG – EU – v. 30.6.2017, BGBl. 2097 (lässt § 184 unberührt). 3

Unanwendbar ist § 184 mit seiner Unterstellung nach II 1 im Bereich der EuZVO, BGH NJW 2011, 2218. Das stellt I 1 mit seiner Beschränkung auf § 183 II–V klar. 4

IV. Bevollmächtigungsrecht, I, II. Eine Partei oder ihr ProzBev. kann jederzeit eine andere nach § 51 prozessfähige natürliche oder juristische Person nach → § 50 Rn. 5–12 mit (Wohn-)Sitz im Inland „zum Empfang der für sie bestimmten Schriftstücke" bevollmächtigen. Sie kann ihn also zu ihrem Zustellungsbevollmächtigten bestellen, ohne ihn gleich zum ProzBev. zu machen, LG Hagen WuM 1988, 281. Dann darf eine Zustellung an den Zustellungsbevollmächtigten erfolgen. Dann muss das Gericht mangels auch eines ProzBev. nach § 172 grundsätzlich diesen Weg wählen, auch wenn die Bestellung nicht notwendig war. Allerdings bleibt auch eine Zustellung an die Partei selbst zulässig, BGH NJW-RR 1995, 257, freilich nicht durch eine Aufgabe zur Post nach I 2. Auch der ProzBev. darf einen Zustellungsbevollmächtigten ernennen. Prozessgegner dürfen nicht für denselben Prozess denselben Zustellungsbevollmächtigten bestellen, aM Zöller/Schultzky Rn. 1 (vgl. aber den Grundgedanken des § 178 II). Der Ehegatte ist selbst nach → Vor § 128 Rn. 59 keineswegs stets ein Zustellungsbevollmächtigter, LAG Mü NJW 1987, 2542. 5

Nicht ausreichend ist ein administrativer oder technischer inländischer „Ansprechpartner" eines Ausländers, Stgt MDR 2014, 924. 6

V. Keine Bevollmächtigungspflicht vor Anordnung, I, II. Ein Bevollmächtigungszwang besteht für die im Ausland wohnende oder sitzende inländische oder ausländische Partei zwar unabhängig von einem gegnerischen Antrag. Er besteht aber nur aufgrund einer etwaigen entsprechenden gerichtlichen Anordnung, falls die Partei keinen ProzBev. bestellt hat. Eine Zustellungsvollmacht erlischt auch dann, wenn ihre Voraussetzungen weggefallen sind. Sie erlischt also nicht schon durch die Kündigung, sondern entsprechend § 87 I erst durch deren Anzeige beim Gericht. 7

Die Bestellung des Zustellungsbevollmächtigten wahrt ausschließlich die **Interessen des Zustellenden.** Deshalb ist eine ordnungsmäßige Zustellung trotz des Daseins eines Zustellungsbevollmächtigten voll wirksam. Ist dieser dem Zustellenden benannt, verstößt die Umgehung nach → Einl. II Rn. 103 gegen Treu und Glauben. Der Zustellungsgegner braucht sie dann nicht gelten zu lassen. Wegen des Regelungszwecks nach → Rn. 2 kommt es auf den Wohnsitz des gesetzlichen Vertreters nach § 51 an. 8

Man muss die Bestellung einer **Personenmehrheit** zu Zustellungsbevollmächtigten zulassen, LG Kaisersl Rpfleger 1993, 256. Ferner kann eine juristische Person nach → § 50 Rn. 12 als eine Zustellungsbevollmächtigte möglich sein. Dann ist ihr gesetzlicher Vertreter nach § 51 bestellt. Der Vorsteher des Postamts ist kein Zustellungsbevollmächtigter. Daher genügt die Angabe des Postfachs ohne die Mitteilung der Anschrift für eine Zustellung nach § 39 PostO nicht. Ein Zustellungsbevollmächtigter ist nicht stets auch ein ProzBev. Die Zustellung der Rechtsmittelschrift zB nach § 519 erfolgt an ihn, mag er auch nur für die erste Instanz der ProzBev. sein. Das gilt insbesondere auch dann, wenn die Prozessvollmacht nach § 87 weggefallen ist. 9

Der Zustellungsbevollmächtigte muss **nicht am Ort** des Prozessgerichts oder in dessen AG-Bezirk ansässig sein. Es genügt vielmehr nach § 178 I und ist nach I 1 notwendig, dass er im Inland wohnt oder dort einen Geschäftsraum hat. Der Zustellungsbevollmächtigte muss nach § 50 prozessfähig sein wie nach → § 78 Rn. 28 jeder, der einen anderen vor Gericht vertreten will, Zöller/Schultzky Rn. 4, aM Stein/Jonas/Roth Rn. 12, Thomas/Putzo/Hüßtege § 175 Rn. 2 (aber die Prozessfähigkeit ist nach → § 51 Rn. 6 eine Grundvoraussetzung einer wirksamen Teilnahme am Prozess in irgendeiner Funktion). 10

VI. Gerichtliche Anordnung, I 1, 2. Man muss die Voraussetzungen, Form und Anfechtbarkeit unterscheiden. 11

1. Voraussetzungen, I 1. Es muss um eine Zustellung gerade im Ausland gehen, BGH NJW-RR 2008, 1082. Partei ist hier auch der Streithelfer nach § 66. Man muss Streitgenossen § 59 getrennt beurteilen, auch 12 notwendige nach § 62. Sie brauchen nicht denselben Zustellungsbevollmächtigten zu haben. „Einen Geschäftsraum haben" kann auch eine juristische Person nach → § 50 Rn. 12. Die Anordnung erfolgt, soweit nach einem pflichtgemäßen Ermessen für sie ein Bedürfnis besteht („kann … anordnen"). Ein solches Bedürfnis mag auch erst im Verlauf des Prozesses eintreten, zB durch einen Wegzug ins Ausland. Es besteht zB dann, wenn eine Zustellung sonst voraussichtlich langwierig oder schwierig wäre, etwa wegen eines bloßen Postfachs oder wegen einer ständigen Abwesenheit oder Entlegenheit des Wohnorts.

13 Es **fehlt,** wenn der gesetzliche Vertreter, Generalbevollmächtigte, Prokurist nach § 171 am Ort des Prozessgerichts oder im Amtsgerichtsbezirk wohnt. Es fehlt ferner, wenn die Partei einen ProzBev. nach § 172 hat, der entsprechend wohnt. Es fehlt schließlich, falls eine Zustellung noch an den ProzBev. der Vorinstanz erfolgen muss. Wenn der ProzBev. aufhört entsprechend zu wohnen, greift § 184 ein.

14 I setzt einen anhängigen Prozess voraus, nicht notwendig einen nach → § 261 Rn. 1 rechtshängigen. Der Kläger kann die Anordnung also schon mit der Klageschrift nach § 253 beantragen. Das Gericht kann sie sogleich nach dem Klageeingang erlassen. Ein Antrag der Gegenpartei ist in jeder Lage des Verfahrens statthaft, auch im höheren Rechtszug. Das ändert aber nichts daran, dass man das verfahrenseinleitende Schriftstück noch nicht nach § 184 zustellen kann, KG NJW-RR 2008, 1023. Denn I 1 erlaubt eine solche Anordnung erst „bei" der Zustellung nach § 183 nicht schon „vor" ihr.

15 **2. Entscheidung, I 2.** Die Entscheidung ergeht nach pflichtgemäßem Ermessen durch dasjenige Gericht, bei dem der Prozess nach → § 261 Rn. 1 anhängig ist BGH NJW 2012, 2589, Köln MDR 2011, 1069, Stein/Jonas/Roth Rn. 5. Es kann auch der Rpfleger nach § 4 I RPflG zuständig sein. Die Entscheidung ergeht aufgrund einer nach I 2 freigestellten mündlichen Verhandlung nach § 128 IV durch einen Beschluss nach § 329, Ffm NJW-RR 2010, 285. Das Gericht muss seinen Beschluss nach → § 329 Rn. 6 grundsätzlich begründen. Es teilt ihn beiden Parteien nach § 329 II 1 formlos mit. Denn er setzt gerade keine Frist in Lauf. Daher ist § 329 II 2 unanwendbar, aM Zöller/Schultzky Rn. 4 (aber § I 1 macht die Rechtsnachteile der Nichtbefolgung der bloßen Obliegenheit nicht von einem Fristablauf abhängig). Rechtsbehelfsbelehrung, Verstoß: §§ 232, 233 S. 2.

16 **VII. Benennung, I 1.** Die Partei muss einen Zustellungsbevollmächtigte allenfalls für die Dauer des Prozessrechtsverhältnisses angeben. Sie muss ihn innerhalb einer gerichtlich bestimmten oder zumindest angemessenen Frist benennen. Angemessen ist eine zumutbare weder zu kurze noch zu lange Frist. Ihre Länge richtet sich nach den vorsichtig abgewogenen Umständen. Man muss Postlaufzeiten ins Ausland und zurück ebenso berücksichtigen wie in- und ausländische Feiertage, Urlaubszeiten, Krisengebiete usw. Zwei bis sechs Wochen dürften oft ausreichen.

17 Die Benennung ist grds. nur **Prozesshandlung,** aM Thomas/Putzo/Hüßtege Rn. 2 (sie sei ein Rechtsgeschäft nach § 167 I BGB. Aber ihr Hauptinhalt ist prozessual). Enthält sie gleichzeitig eine Außenvollmacht ist sie Rechtsgeschäft (MüKo/Häublein/Müller Rn. 11). Sie kann gegenüber dem Gericht oder gegenüber dem Gegner erfolgen. Eine Bevollmächtigung oder eine Annahme des Amts sind nicht erforderlich. Es besteht keine prozessuale Pflicht zur Übernahme. Die Benennung berechtigt das Gericht und den Gegner zur Zustellung an den Zustellungsbevollmächtigten mit einer Wirkung für und gegen die vertretene Partei. Sie verpflichtet aber nicht dazu, BGH FamRZ 1994, 1521. Sie gilt für alle Instanzen. Das gilt selbst dann, wenn der Zustellungsbevollmächtigte nach der Annahme des Amts die Annahme des Schriftstücks verweigert und damit die Rechtsfolge des § 179 auslöst. Die Benennung ist jederzeit widerruflich. §§ 86, 87 (Tod, Wirkung der Kündigung) sind entsprechend anwendbar. Nach einem Widerruf oder bei einer Unmöglichkeit der Zustellung tritt der Zustand vor der Benennung wieder ein.

18 Der Zustellungsbevollmächtigte hat kein Recht zur Erteilung einer **Untervollmacht.** Er hat nur eine Vollmacht zum Empfang, keine Vollmacht zum Handeln. Wenn aber die Auslandspartei mit einem ProzBev. im Ausland einen Anwalt im Inland unterbevollmächtigt hat, darf und muss man diesen Unterbevollmächtigten im Allgemeinen auch als einen Zustellungsbevollmächtigten ansehen. Der Vorsteher eines Postamts ist kein Zustellungsbevollmächtigter. Es besteht keine Belehrungspflicht, BGHZ 98, 268, Mü MDR 1997, 1150, Zöller/Geimer § 199 Rn. 20, aM Kblz Rpfleger 1978, 261, Zöller/Schultzky § 174 Rn. 5.

19 **VIII. Unterbleiben der Benennung, I 2.** Die Vorschrift ist mit Art. 6 I EMRK vereinbar und auch mit dem Völkerrecht und ist ferner verfassungsgemäß, BGH NJW 2012, 2589. Die Partei gibt evtl. keinen Zustellungsbevollmächtigten oder ProzBev. oder nur jemanden an, der nicht Zustellungsbevollmächtigter sein kann, zB weil er nicht am Ort oder im Bezirk des Prozessgerichts wohnt, BGH FamRZ 1994, 1521. Dann sind von demjenigen Augenblick an, in dem die Benennung hätte erfolgen müssen, alle Zustellungen dadurch zulässig, dass das Gericht die Sendung als einen einfachen Brief usw. zur Post aufgibt, BGH FamRZ 1989, 1288, LG Ffm NJW 1990, 652, Mü MDR 1997, 1150, und zwar auch ohne Übersetzung, BGH NJW 1999, 1872. Das gilt auch für die Zustellung eines streitigen oder sonstigen Urteils nach §§ 300 ff., auch des Versäumnisurteils nach §§ 330 ff., BGH NJW 1992, 1702. Es gilt ferner für die Zustellung der Rechtsmittelschrift zB nach § 519, falls die Sache noch nach § 261 I rechtshängig ist. Eine gewöhnliche Zustellung ist daneben zulässig und voll wirksam.

20 Man darf die Zustellung durch eine **Aufgabe zur Post** nach → Rn. 21 nicht mit der Zustellung durch die Post nach §§ 193 ff. verwechseln. Die Zustellung durch die Aufgabe zur Post sieht von einer Übergabe an den Zustellungsgegner ganz ab. Sie ist also eine unterstellte (fingierte) Zustellung. Die Befugnis nach § 175 erlischt mit dem Wegfall ihrer Voraussetzungen und mit der Anzeige der Bestellung eines ProzBev. oder eines Zustellungsbevollmächtigten. Eine zu Unrecht durch eine Aufgabe zur Post vorgenommene Zustellung ist grundsätzlich unwirksam, BGHZ 73, 390, Ffm OLGZ 1979, 41 (Adressenmangel), LG Aachen Rpfleger 1983, 75. Vgl. freilich § 187 S. 1.

21 **IX. Aufgabe zur Post, I 2.** Sie ist mit Art. 6 I EGV vereinbar, BGH NJW 1999, 1871, und auch mit dem GG vereinbar, BVerfG NJW 1997, 1772, BGH NJW 2000, 3285, Stadler FS BGH, 2000, III 651.

22 **1. Übergabe an Post.** Die Aufgabe erfolgt im Gegensatz zu einer nach §§ 168, 176 erfolgenden Zustellung durch die Post schon mit der Übergabe auch der Anordnung nach → Rn. 11 ff. an die Post (Leerungstag), BGH *FamRZ 1988, 827; BayObLG Rpfleger 1978, 447;* Köln NJW 1981, 2264. Das gilt, selbst wenn der Empfänger die Sendung tatsächlich nicht erhält, BGH NJW-RR 1996, 388, oder wenn die Sendung als unzustellbar zurückkommt, es sei denn, die Adressierung wäre fehlerhaft gewesen, Düss VersR 2001, 612. Sie ist deshalb rechtlich ausnahmslos eine Zustellung im Inland, BVerfG NJW 1997, 1772; BGH NJW 1999, 1872; BayObLG Rpfleger

1978, 447 (Auslandswohnsitz, Zustellanschrift zusätzlich im Inland). Das Haager Zustellungsübereinkommen nach Anh. § 183 steht nicht entgegen, Mü NJW 1987, 3086; LG Kref Rpfleger 1990, 226. Zum Verhältnis zu Belgien LG Bln NJW 1989, 1434.

Eine **Übersetzung** in die Sprache des ausländischen Empfängers ist nach § 184 GVG nicht erforderlich, BGH FamRZ 1996, 347. Schlosser FS Stiefel, 1987, 693 hält die Vorschrift für einen Verstoß gegen völkerrechtliches Vertragsrecht. Entgegen seiner Ansicht reicht es aber, dass der evtl. ja auch deutsche Auslandsbewohner die Verfahrenseinleitung zuvor erfahren hat. 23

Die Einspruchsfrist gegen ein nach einer mündlichen Verhandlung oder Schriftsatzeinreichung durch den Säumigen ergehendes Versäumnisurteil ist also die gewöhnliche nach § 339, BGH MDR 1992, 515; Mü Rpfleger 1983, 75. Manche Länder machen freilich nach einer solchen Art von Zustellung Schwierigkeiten bei der Vollstreckung, zB Sudan, Bericht der dt. Botschaft Khartoum v. 13.2.1991, RK 520 – BerNr 140/91. Insofern sollte man formell zustellen lassen. 24

2. Wirksamkeit. Die Zustellung geschieht durch die Aufgabe unter der Anschrift der Partei. Diese Anschrift muss vollständig sein, BGH 73, 390; Köln MDR 1986, 244 (bei der Zustellung im Ausland genügt ein kennzeichnender Länderbuchstabe). Die Anschrift muss auch richtig sein, Ffm OLGZ 1979, 41. Andernfalls ist die Zustellung grundsätzlich unwirksam. Das Gericht ermittelt die Richtigkeit nicht von Amts wegen, BGH NJW 1999, 1189. Solange die Partei keine andere Anschrift mitgeteilt hat, geschieht die Zustellung auch durch eine Aufgabe unter der Anschrift einer Person nach §§ 170, 171. Die Übergabe an die Post kann durch den Einwurf in den Briefkasten erfolgen. Eine Freimachung ist theoretisch nicht notwendig. Ohne sie kann die Post aber die Beförderung verweigern. Dann kann die Zustellwirkung natürlich nicht eintreten. Ein Einschreiben ist anders als bei § 175 nicht notwendig. Es ist aber zulässig. Eine Luftpost ist nicht notwendig, aber evtl. ratsam, BVerfG NJW 1997, 1772. Wegen der Einzelheiten der Amtszustellung BGH Rpfleger 1987, 205. 25

X. Unterstellung des Zugangs, II 1, 2. Das ordnungsgemäß nach I zur Post aufgegebene Schriftstück gilt als zwei Wochen nach der Aufgabe zur Post nach → Rn. 21 zugestellt, BGH ZIP 2010, 396. Das gilt auch dann, wenn die Zustellung eine Frist beginnen läßt, BGH NJW 1992, 1701. Man berechnet die Frist nach § 222. Das Gericht kann nach seinem pflichtgemäßen Ermessen eine längere Frist bestimmen. Insofern gelten die Erwägungen → Rn. 3 hier entsprechend. 26

XI. Hinweispflicht, II 3. Die Vorschrift wahrt Art. 103 I GG, BGH NJW 2012, 2589. Das Gericht muss zur Erzielung der Unterstellung des Zugangs nach → Rn. 21 auf diese Rechtsfolge hinweisen. Der Hinweis muss klar und unmißverständlich sein. Die Wiedergabe des Gesetzestextes genügt nur mit der vorgenannten Einschränkung. 27

XII. Aktenvermerk, II 4. Eine förmliche Zustellungsurkunde nach § 182 entfällt. An ihre Stelle tritt ein Vermerk des Urkundsbeamten der Geschäftsstelle, BGH NJW 2016, 566. Ein Einlieferungsschein ersetzt den Vermerk nicht. Der Vermerkt ergeht über den Zeitpunkt der Aufgabe und über die Anschrift des Zustellungsadressaten. Der Vermerk muss beides ausreichend kennzeichnen, BGH NJW 2012, 2589. Dazu gehören: Die Beschreibung des zuzustellenden Schriftstücks, BayObLG NJW 1975, 2150; der Tag der Aufgabe zur Post. Eine Bezugnahme zB auf die Zustellungsverfügung des Gerichts reicht ergänzend, BGH ZIP 2010, 396. 28

Ein **Datum** des Vermerks ist unwesentlich, BGH NJW 2012, 2589. Den Vermerk braucht nicht derjenige zu fertigen, der die Zustellung veranlaßt hat, BGH MDR 2012, 1306. Der Vermerk lässt sich nachholen, BGH WM 2012, 1503. Das gilt auch nach einer Rechtsmitteleinlegung, BGH NJW 2012, 2589. Der Vermerk ist an sich ebensowenig wesentlich wie die Zustellungsurkunde, BGH MDR 2012, 1306; aM Düss NJW-RR 1994, 5 (aber er vertritt ja eine Zustellungsurkunde). Doch lässt sich die Zustellung ohne den Vermerk kaum nachweisen, BGH NJW 2012, 2589. 29

XIII. Verstoß, I, II. Soweit trotz eines schon und noch bestehenden Bevollmächtigungszwangs keine Bestellung erfolgt, greift grundsätzlich § 175 ein. Im Übrigen zieht ein Verstoß grundsätzlich die Unwirksamkeit der Zustellung nach sich, nur teilweise richtig Stgt NJW-RR 2011, 1632, zB bei einer unrichtigen oder unvollständigen Anschrift, BGHZ 73, 390; Ffm OLGZ 1979, 41, oder bei einem sonstigen Formfehler, BGH NJW 1987, 1707; Ffm NJW-RR 2010, 285. Eine Ausnahme kann beim Fehlen einer Verwechslungsgefahr bestehen, BGH NJW-RR 2001, 1361. 30

Anhang zu § 184
Zustellungsbevollmächtigter nach dem NetzDG

§ 5 NetzDG Inländischer Zustellungsbevollmächtigter

I [1]Anbieter sozialer Netzwerke haben im Inland einen Zustellungsbevollmächtigten zu benennen und auf ihrer Plattform in leicht erkennbarer und unmittelbar erreichbarer Weise auf ihn aufmerksam zu machen. [2]An ihn können Zustellungen in Bußgeldverfahren und in aufsichtsrechtlichen Verfahren nach den §§ 4 und 4a oder in Gerichtsverfahren vor deutschen Gerichten wegen der Verbreitung oder wegen der unbegründeten Annahme der Verbreitung rechtswidriger Inhalte, insbesondere in Fällen, in denen die Wiederherstellung entfernter oder gesperrter Inhalte begehrt wird, bewirkt werden. [3]Das gilt auch für die Zustellung von Schriftstücken, die solche Verfahren einleiten, für Zustellungen von gerichtlichen Endentscheidungen sowie für Zustellungen im Vollstreckungs- oder Vollziehungsverfahren.

II [1]Für Auskunftsersuchen einer inländischen Strafverfolgungsbehörde ist eine empfangsberechtigte Person im Inland gegenüber der in § 4 genannten Verwaltungsbehörde zu benennen. [2]Die empfangsberechtigte Person ist verpflichtet, auf Auskunftsersuchen nach Satz 1 48 Stunden nach Zugang zu antworten. [3]Soweit das Auskunftsersuchen nicht mit einer das Ersuchen erschöpfenden Auskunft beantwortet wird, ist dies in der Antwort zu begründen. [4]Die in § 4 genannte Verwaltungsbehörde führt eine Liste der empfangsberechtigten Personen. [5]Sie gibt inländischen Strafverfolgungsbehörden hierüber auf Anfrage Auskunft.

Schrifttum: Guggenberger NJW 2017, 2017 (Grdz.); Kalscheuer/Hornung NVwZ 2017, 1721 (Grdz., krit.); Kaufmann/Tappert/Vetter DRiZ 2017, 154 (Grdz.).

I. Systematik und Regelungszweck, I 1–3. Die Vorschrift ergänzt für den zivilrechtlichen Bereich des NetzDG teilweise den § 184 ZPO und soll die Erreichbarkeit der Anbieter sozialer Netzwerke verbessern I verpflichtet die Anbieter, einen Zustellungsbevollmächtigten zu benennen, der für die in genannten Verfahren – 1 einschließlich verfahrenseinleitender Schriftstücke – dauerhaft zur Verfügung steht (BT-Drs. 18/13013, 23). Die Regelung macht damit für bestimmte Bereiche die Aufforderung zur Benennung eines Zustellungsbevollmächtigten entbehrlich. Sie gilt – anders als § 184 – außerhalb eines bereits laufenden Verfahrens und auch innerhalb der europäischen Union Allerdings ist der Anwendungsbereich der Vorschrift nicht umfassend. Für den Zivilprozess gilt er nur in Gerichtsverfahren wegen der Verbreitung oder wegen der unbegründeten Annahme der Verbreitung rechtswidriger Inhalte, insbesondere in Fällen, in denen die Wiederherstellung entfernter oder gesperrter Inhalte begehrt wird, bewirkt werden.

2 Auch im hier interessierenden zivilrechtlichen Bereich soll § 5 NetzDG die praktische Verfolgung eines Anspruchs nach diesem Gesetz wesentlich erleichtern, oft wohl überhaupt erst ermöglichen.

3 **II. Benennungspflicht, I 1 Hs. 1.** Sie besteht für den Anbieter eines sozialen Netzwerks nach § 1 I 1 NetzDG, also nicht für eine Plattform mit journalistisch-redaktionell gestaltetem Angebot.

4 **Im Inland** muss der Zustellungsbevollmächtigte sein. Er muss also im Inland wohnen oder dort einen Geschäftsraum haben. Geschäftsraum ist praktisch jeder in → § 178 Rn. 17, 19 dargestellte Raum. Angesichts des offenen Gesetzeswortlauts kommen als Zustellungsbevollmächtigte natürliche Personen ebenso in Betracht wie juristische Personen (BeckOK InfoMedienR/Knoke/Krüger NetzDG § 5 Rn. 9).

5 Der Anbieter muss über die Benennung nach → Rn. 3 hinaus auf seiner Plattform auf die Bestellung in leicht erkennbarer und unmittelbar erreichbarer Weise auf den Zustellungsbevollmächtigten aufmerksam machen.

6 **III. Zustellungsmöglichkeit, I 2, 3.** Sie besteht nach I 2 sowohl im Bußgeldverfahren nach 4 NetzDG als auch im hier interessierenden Gerichtsverfahren vor einem deutschen Gericht wegen einer Verbreitung eines rechtswidrigen Inhalts unabhängig davon, ob sie streitig oder schon bewiesen ist, nach I 3 auch für die Zustellung eines Einleitungsschriftstücks, also zB der Klage nach § 253 ZPO oder eines Mahnantrags nach § 690 ZPO, auch eines Eilantrags nach §§ 487, 920, 936, 945a ZPO.

7 **IV. Keine Zustellfiktion, I 1–3.** Die Nichtbenennung eines Zustellungsbevollmächtigten begründet – mangels ausdrücklicher Regelung – keine Zustellungsfiktion, wie sie § 184 I 2 ZPO für den Fall anordnet, dass eine Partei trotz gerichtlicher Anordnung keinen Zustellungsbevollmächtigten benannt hat (BeckOK InfoMedienR/Knoke/Krüger NetzDG § 5 Rn. 26)

8 Der Umstand, dass derjenige, der entgegen § 5 NetzDG keinen Zustellungsbevollmächtigten benennt, nach § 4 NetzG eine Ordnungswidrigkeit begeht, kann allenfalls die Einhaltung der Pflicht zur Benennung gewährleisten.

185 *Öffentliche Zustellung.* **Die Zustellung kann durch öffentliche Bekanntmachung (öffentliche Zustellung) erfolgen, wenn**

1. der Aufenthaltsort einer Person unbekannt und eine Zustellung an einen Vertreter oder Zustellungsbevollmächtigten nicht möglich ist,
2. bei juristischen Personen, die zur Anmeldung einer inländischen Geschäftsanschrift zum Handelsregister verpflichtet sind, eine Zustellung weder unter der eingetragenen Anschrift noch unter einer im Handelsregister eingetragenen Anschrift einer für Zustellungen empfangsberechtigten Person oder einer ohne Ermittlungen bekannten anderen inländischen Anschrift möglich ist,
3. eine Zustellung im Ausland nicht möglich ist oder keinen Erfolg verspricht oder
4. die Zustellung nicht erfolgen kann, weil der Ort der Zustellung die Wohnung einer Person ist, die nach den §§ 18 bis 20 des Gerichtsverfassungsgesetzes der Gerichtsbarkeit nicht unterliegt.

Schrifttum: Briesemeister, Öffentliche Zustellung und rechtliches Gehör, FS Wenzel 2005, 3.

1 **I. Systematik, Nr. 1–4.** Die Vorschrift regelt die Voraussetzungen einer öffentlichen Zustellung. §§ 186, 187 regeln die Ausführung, § 188 regelt die Rechtswirkungen einer korrekten derartigen Zustellung. § 185 ist verfassungsgemäß, BVerfG NJW 1988, 2361; BGH NJW 2003, 1328. Im Mahnverfahren ist § 185 nach § 688 II Nr. 3 unanwendbar. Den Vorrang hat Art. 32 ZAbk NTrSt, SchlAnh. III.

2 **II. Regelungszweck, Nr. 1–4.** § 185 dient einerseits der Verwirklichung des rechtlichen Gehörs, Art. 103 I GG BVerfG NJW-RR 2010, 421; BGH NJW 2012, 1646; BGH NJW-RR, 2019, 294 Rn. 16, andererseits soll sie im Interesse der Rechtssicherheit die Zustellung gegenüber einer solchen Partei oder gegenüber einer sonstigen Person ermöglichen, die sich freiwillig aus ihrem bisherigen Lebenskreis entfernt, ohne dafür zu sorgen, dass ihr neuer Aufenthaltsort bekannt wird, Büttner DGVZ 2013, 223. Die Vorschrift gilt also zB gegenüber demjenigen, der sich aus solchen Gründen verborgen hält, die man nicht gutheißen kann, Celle MDR 2007, 171. Allerdings darf man den Geltungsbereich der öffentlichen Zustellung nicht auf solche Fälle beschränken. Der Sinn der öffentlichen Zustellung besteht nicht darin, dem Betroffenen die Kenntnis oder auch nur die bequeme Möglichkeit der Kenntnis vom Inhalt einer Zustellung zu verschaffen. Denn die öffentliche Zustellung ist lediglich die Unterstellung (Fiktion) einer Zustellung nach (jetzt) § 188, BVerfG NJW 1988, 2361; BGH NJW 1992, 2281; Zweibr FamRZ 2002, 469. Der Betroffene muss sich in einem ihm zumutbaren Umfang selbst bemühen, um sich eine Kenntnis vom Inhalt des öffentlich zugestellten Schriftstücks zu verschaffen, BVerfG NJW 2000, 1634; BGH MDR 2004, 1231 (auch wegen Verjährung); Karlsr NJW-RR 2013, 1472.

3 **Gefahr der Ungerechtigkeit** und einer materiell-rechtlich fehlerhaften Entscheidung ist Folge dieser Zustellungsform. Zwar können §§ 233 ff. mit ihrer Wiedereinsetzungschance einen gewissen Gefahrenausgleich schaffen, Barnert ZZP 116, 458. Dennoch verschlechtert sich die Rechtslage natürlich dramatisch für denjenigen Ahnungslosen, der nur infolge irgendeines behördlichen, postalischen oder nachbarlichen Irrtums als im Aufenthalt unbekannt gilt. Gottlob kommt eine solche völlige Ahnungs- und vor allem Schuldlosigkeit in der Praxis nicht allzu oft vor. Dennoch bleibt alle Sorgfalt vor und bei einer Anwendung der öffentlichen Zustellung eine nicht immer ernst genug genommene Aufgabe **aller** Beteiligten, nicht zuletzt des ProzBev. Jedenfalls gilt das Verbot des *Rechtsmissbrauchs* nach → Einl. II Rn. 103 auch hier. Es kann zur Unwirksamkeit der öffentlichen Zustellung führen, aM Barnert ZZP 116, 458.

4 Die **Mühen** beim Versuch, auf alle zumutbare Art und Weise einen neuen Aufenthaltsort zu ermitteln, treffen natürlich in erster Linie den dazu etwa überhaupt geeigneten Auftraggeber, BGH MDR 2004, 1231. Aber sie

bleiben doch oft genug beim ProzBev. hängen. Die Auskunft des Meldeamts oder des Postboten reicht keineswegs stets. Fantasie und ein Beharrlichkeit im letzten Arbeits- oder Wohnumfeld sind schon erforderlich und oft auch erfolgreich. Auch das Gericht darf es sich insoweit mit seinen Anregungen, Auflagen, Nachfristen nicht zu leicht machen. Mehr tun muss es natürlich schon wegen der Parteiherrschaft nicht, darf es wohl auch gar nicht, von einer Anfrage bei Behörde oder Post abgesehen. Die Mobilität nimmt in der Bevölkerung zu. Dafür darf man den einzelnen nicht durch eine zu rasche Annahme seiner Unauffindbarkeit bestrafen, so wenig wie man ihm eine Nachlässigkeit oder gar Böswilligkeit beim „Verschwinden" nachsehen sollte.

III. Geltungsbereich, Nr. 1–4. → Vor § 166 Rn. 5. Die Vorschriften gelten auch bei §§ 191 ff., Bbg DGVZ 2016, 227, auch bei §§ 704 ff.; LG Hann JurBüro 2018, 164, und bei §§ 916 ff., Bbg MDR 2013, 673. Sie gelten auch im FamFG-Verfahren, BGH MDR 2013, 1058; Düss NZG 2015, 1111, ferner nach § 37 I StPO im Strafverfahren, Hamm NJW 2007, 933; KG NJW 2012, 246; Stgt NJW 2007, 936. Auch manche Verwaltungsvorschrift verweist auf §§ 185 ff., etwa beim UVG, Nürnb FamRZ 2002, 1042. Trotzdem gilt dann § 185 evtl. nicht, LG Köln FamRZ 2005, 1867 (Rechtswahrungsanzeige). 5

IV. Notwendigkeit der Zustellung, Nr. 1–4. Eine Zustellung an die Partei oder sonstige Person selbst muss notwendig, aber tatsächlich unmöglich sein. Daher muss das Gericht die Bewilligung der öffentlichen Zustellung nach Nr. 1 dann ablehnen, wenn der Adressat verstorben ist, Celle FamRZ 2005, 1492, oder wenn die Zustellung an einen gesetzlichen oder bevollmächtigten Vertreter nach §§ 51, 171 möglich ist, BayObLG 1998, 366, zB bei §§ 170–172, 184 I, insbesondere an einen Abwesenheitspfleger, ProzBev., Generalbevollmächtigten oder Zustellungsbevollmächtigten, aM BayObLG Rpfleger 1978, 446 (aber diese Personen sollen ja unter anderem gerade eine „normale" Zustellung ermöglichen, auch im Interesse der Prozesswirtschaftlichkeit8). Der Vorsteher einer Postanstalt ist aber kein Zustellungsbevollmächtigter. Daher genügt die bloße Angabe eines Postfachs nicht. Eine Ersatzzustellung nach §§ 178 ff. und eine öffentliche Zustellung schließen sich nicht notwendig aus. Als Partei gelten hier auch der Streithelfer nach § 66 oder der Streitverkündungsgegner nach § 72, ferner der Gläubiger und der Schuldner der Zwangsvollstreckung nach §§ 704 ff. Nicht Partei, aber „Person" nach Nr. 1–3 sind: Der ProzBev; der Zeuge nach § 373; ein Sachverständiger nach § 402; ein Drittschuldner nach § 840. Eine Parteiberichtigung ist unzulässig. 6

Wegen der Bedeutung der Zustellung für die Gewährung rechtlichen Gehörs sowie der Intensität eines Eingriffs durch eine öffentliche Zustellung sind hohe Anforderungen zu stellen, BGH, NJW 2012, 3582 Rn. 17; BGH NJW 2019 Rn. 16. Die Zustellfiktion der öffentlichen Bekanntmachung ist verfassungsrechtlich nur zu rechtfertigen, wenn eine andere Art der Zustellung aus sachlichen Gründen nicht oder nur schwer durchführbar ist, BGH NJW 2019 Rn. 16. 7

Umgekehrt ist die **Ablehnung** der öffentlichen Zustellung nicht schon mit der Begründung zulässig, sie sei sei sinnlos, Düss FamRZ 1995, 1281, oder es fehle die internationale Zuständigkeit deutscher Gerichte, Köln MDR 2003, 231 (sie ist Sachurteilsvoraussetzung). 8

V. Unbekanntheit des Aufenthalts, Nr. 1. Dazu Fischer ZZP 107, 163 (ausf.). Der Aufenthalt des Zustellungsadressaten nach → Vor § 166 Rn. 19 ist dann unbekannt, wenn er zwar existiert, Celle FamRZ 2005, 1492, wenn er aber nicht nur der Partei und ihrem gesetzlichen Vertreter nach § 51, Stgt MDR 2005, 472, oder ihrem ProzBev. unbekannt ist, Düss NJW-RR 2000, 875, sondern wenn ihn überhaupt niemand kennt, BGH NJW 2012, 1646; Hamm MDR 2013, 97; Büttner DGVZ 2013, 223. Der Aufenthalt ist ferner dann unbekannt, wenn derjenige, der ihn kennt, ihn nicht nennt, BGHZ 64, 5. Der Antragsteller muss bei einer Zustellung im Parteibetrieb nach §§ 191 ff. in einem zumutbaren Umfang darlegen, dass er bei einem ziemlich strengen Maßstab nun wirklich alles ihm Mögliche zur Ermittlung unternommen hat, BGH NJW 2017, 1736; Hamm MDR 2013, 97; Karlsr NJW-RR 2013, 1472, zB durch eine Bescheinigung des Einwohnermeldeamts, noch strenger BGH NJW 2012, 3583, oder in einer sonst geeigneten Weise, Büttner DGVZ 2013, 224. Bei einer Zustellung im Amtsbetrieb nach §§ 166 ff. muss man entsprechende Anforderungen an den Urkundsbeamten stellen, Bbg OLGR 2000, 165; Köln FamRZ 1997, 430; Büttner DGVZ 2013, 224. Das Gericht sollte strenge Anforderungen stellen, BGH NJW-RR 2014, 377; BFH 201, 431; Ffm NJW 2013, 2913. Das gilt auch für die eigene Prüfung, Hamm NJW 2006, 3511 (StPO); Stgt JurBüro 2005, 159. Es darf solche Anforderungen aber auch nicht überspannen, BGH NJW 2003, 1530; Celle MDR 2007, 171; Lpz JurBüro 2007, 268. 9

Es sind **eindeutige Anzeichen** für die Unbekanntheit des Aufenthaltsorts nach I Nr. 1 notwendig. Das Gericht muss den Antragsteller notfalls persönlich anhören. Eine leichtfertige Bewilligung dieser Zustellungsart kann einen Verstoß gegen Art. 2 I, 20 III bzw. 103 I GG bedeuten. Sie kann auf einen Antrag zur Zurückverweisung nach § 538 II 1 Nr. 1 führen, BVerfG NJW 1988, 2361, Stgt JurBüro 2005, 159. Man muss die Unbekanntheit des Aufenthalts objektiv nachweisen, BVerfG NJW 1988, 2361. Es ist auch bei einer von Amts wegen erforderlichen Zustellung im Zivilprozess grundsätzlich nicht die Aufgabe des Gerichts, die etwa möglichen Erkundigungen einzuziehen, Saarbr NJW-RR 2013, 680, Zweibr FamRZ 2002, 469. Strengere Anforderungen gelten nur beim Verfahren mit einer Amtsermittlung nach → Vor § 128 Rn. 44, BayObLG 2000, 15 (FGG). Vielmehr darf und muss sich das Gericht grundsätzlich nach → Vor § 128 Rn. 46 auf den Hinweis beschränken, dass der Antragsteller die Voraussetzungen einer öffentlichen Zustellung darlegen und nachweisen muss, Hamm OLGZ 1994, 453; aM LG Darmst WuM 1994, 486 (aber → Vor § 128 Rn. 46). Das Gericht kann dazu allenfalls Anregungen geben. Liegen die erforderlichen Nachweise usw. nicht vor, muss das Gericht die Bewilligung der öffentlichen Zustellung ablehnen. Es genügt also nicht eine bloße Angabe, der Antragsteller kenne den derzeitigen Aufenthalt persönlich nicht. Er muss vielmehr eingehend weitere Umstände darlegen, zB denjenigen, dass der Gegner vor Jahren verhaftet wurde und dass seitdem jede Spur von ihm fehlt. 10

Die pauschale Feststellung, die Zustellung von Schriftstücken sei bei einer Person nicht möglich, genügt grds. nicht. Die Bewilligung erfolgt jeweils nur für ein konkret bezeichnetes Schriftstück, nicht etwa für den ganzen Rechtszug; die Voraussetzungen sind deshalb jeweils gesondert zu prüfen (BGH, NJW-RR 2019, 294 Rn. 17). 11

VI. Beispiele zur Frage einer Unbekanntheit des Aufenthalts, Nr. 1

Abmeldung: Es kann aus praktischen Gründen eine ergebnislose Auskunft der zu einer solchen Mitarbeit auch unter dem Datenschutz (kein Anschriftenschutz) verpflichteten Behörde oft doch ausreichen, BGH NJW 2003, 1530. Zum Ausreichen einer solchen Auskunft BVerfG NJW 1988, 2361 (auf ihr Datum achten!); LG Lpz JurBüro 2015, 430; LG Mönchengladb Rpfleger 2007, 37, strenger Bbg FamRZ 2018, 117, Zweibr FamRZ 1983, 630. Man sollte indessen keinen Schematismus zulassen. 12

Eine Abmeldung beim Einwohnermeldeamt genügt **nicht stets,** Ffm MDR 1999, 1402; KG MDR 1998, 125. Denn sie besagt allenfalls, dass der Adressat dort nicht mehr wohnt und sich noch nicht zur Kenntnis dieser einzelnen Behörde anderswo gemeldet hat.

Aktiengesellschaft: → Rn. 13.

Allgemeininteresse: Eine Abwägung der Interessen der Allgemeinheit und des Bekl. kann nicht für die Bewilligung einer öffentlichen Zustellung maßgeblich sein, KG FamRZ 1975, 693.

Arbeitgeber: „Auskunft".

Auskunft: Es kann eine Auskunft der Meldebehörde, des letzten Vermieters oder eines früheren Hausgenossen oder Nachbarn oder des letzten Arbeitgebers oder bekannter Verwandter notwendig sein, Ffm MDR 1999, 1402; KG MDR 1998, 124; Karlsr NJW-RR 2013, 1472; aM LG Bln NJW-RR 1991, 1152 (für eine Großstadt. Aber gerade dort mag es eher zumutbar sein, wenigstens einen derartigen Ermittlungsversuch im letzten engeren Umfeld zu machen). Es kann sogar eine Auskunft etwa einer Auskunftei notwendig sein, KG MDR 1998, 125, oder eine solche eines Geschäftsfreundes oder einer Justizvollzugsanstalt, der Polizei, der Sozialversicherung oder des Suchdienstes für US-Bürger, AG Landstuhl NJW-RR 1994, 332. **Nicht nötig** ist eine Anfrage beim früheren Vermieter noch 5 Jahre nach dem Mietende, LG Lpz JurBüro 2007, 268. Auch „Abmeldung".

Ausländer: Wenn es um einen Ausländer geht, ist meist unter anderem eine Anfrage bei der Ausländerbehörde ratsam, etwa im Heimatland, Mü FamRZ 1999, 446; LG Darmst WuM 1994, 487, am besten wohl beim Bundesverwaltungsamt, 50728 Köln, Tel 0221/7580, Stgt MDR 1976, 775 (StPO). Dieses erteilt derzeit eine Auskunft an eine Privatperson über ihr Ausländerzentralregister und die zuständige Ausländerbehörde nur dann, wenn eine Nachfrage bei der zuletzt zuständigen Meldebehörde erfolglos blieb und wenn der Antragsteller ein berechtigtes Interesse an der Kenntnis des Aufenthaltsorts nachweisen kann. Es hält einen solchen Nachweis nur dann für erbracht, wenn der Anfrager einen Vollstreckungstitel nach §§ 704, 794 ff. oder eine gerichtliche Aufforderung zur Einholung einer Auskunft aus dem Register oder eine solche Behördenbescheinigung vorlegt, aus der sich ergibt, dass die Erteilung der Auskunft zur Durchführung eines dort anhängigen Verfahrens erforderlich ist, Saarbr NJW-RR 2013, 680. Auch kommt eine Anfrage beim Bundeszentralregister, bei einem Landratsamt, bei einer Krankenkasse oder bei Angehörigen in Betracht, Stgt FER 1999, 218.

Beibehaltung der Wohnung: Der Umstand, dass der Zustellungsadressat eine Wohnung oder einen Wohnsitz formell beibehalten hat, steht der Bewilligung einer öffentlichen Zustellung nicht entgegen, soweit eine Zustellung und vor allem eine Ersatzzustellung nach §§ 178 ff. dort unausführbar ist. Auch → „Namensschild".

Detektiv: Es kann durchaus zumutbar und daher notwendig sein, einen Detektiv zur Ermittlung der Anschrift einzuschalten. Seine Kosten können nach → § 91 Rn. 29 „– (Detektiv)" erstattungsfähig sein.

Ehegatte: Es kann zumutbar sein, sich beim Ehegatten des Zustellungsadressaten nach dessen Anschrift zu erkundigen, Zweibr FamRZ 2002, 469.

Ehescheidung: Wegen ihrer weitreichenden Wirkungen ist beim Scheidungsantrag eine besondere Vorsicht vor der Annahme der Unbekanntheit des Aufenthalts des Antragsgegners ratsam, Hamm MDR 2013, 97; AG Landstuhl NJW-RR 1994, 332;, AG Bad Säckingen FamRZ 1997, 611. Aber auch → „Tod".

Einwohnermeldeamt: → „Abmeldung".

E-Mail-Anschrift: Sie macht § 185 selbst dann **unanwendbar,** wenn sie bisher nicht bekannt war, Ffm NJW 2009, 2544 (streng).

Erfolgsaussicht: Die Erfolgsaussicht kann **nicht** für die Bewilligung einer öffentlichen Zustellung maßgeblich sein, ebensowenig ein Allgemeininteresse, s. dort.

Erschleichung: Sie ist als Rechtsmissbrauch nach → Einl. II Rn. 103 unzulässig. Dabei kommt es auf die Kenntnis nur des Erklärenden an, nicht eines Dritten, KG DNotZ 2006, 932.

Firmenschild: → „Namensschild".

Geschäftsfreund: → „Auskunft".

Gesellschaft mit beschränkter Haftung: → Rn. 13.

Gesetzlicher Vertreter: → „Prozessunfähigkeit".

Handelsregister: Seine Unvollständigkeit erlaubt eine Zustellung nach § 185, Saarbr NJW-RR 2013, 680.

Hausgenosse: → „Auskunft".

Juristische Person: → Rn. 13. Auch „Prozessunfähigkeit".

Justizvollzugsanstalt: → Rn. 9 „Auskunft"

Leben: Das Gericht darf keinen Nachweis darüber verlangen, dass der Zustellungsadressat noch lebt, KG FamRZ 1975, 693 (freilich sei eine Klage bei einem ernstlichen Zweifel unzulässig).

Mehrheit von Betroffenen: Großzügig stellt BVerfG NJW 1988, 2361 der Unbekanntheit den Fall gleich, dass eine Vielzahl oder Unüberschaubarkeit des Kreises der Betroffenen vorliegt.

Melderegister: → „Abmeldung", „Auskunft".

Minderjährige: „Prozessunfähigkeit".

Nachbar: → „Auskunft".

Namensschild: Das bloße Firmen- oder Namensschild des Ausgezogenen an der bisherigen Wohnung usw. ist kein Hindernis einer öffentlichen Zustellung, Scholz WuM 1990, 100. Auch → Rn. 9 „Beibehaltung der Wohnung".

Öffentliches Interesse: → „Allgemeininteresse".

Polizei: → „Auskunft".

Post: Es kann eine Anfrage beim Zustellpostamt sinnvoll sein, Naumb NJW-RR 2001, 1948. Dieses muss freilich den Datenschutz mitbeachten.

Prozessbevollmächtigter: Ist sein Aufenthalt unbekannt, ist § 185 anwendbar. Ist er bekannt, ist § 185 **unanwendbar,** Düss BauR 2015, 1718.

Prozessunfähigkeit: Ist der Aufenthalt des gesetzlichen Vertreters des Prozessunfähigen nach § 170 I 1 unbekannt, sind §§ 185 *ff. nach* → Rn. 5 anwendbar.

Unanwendbar sind §§ 185 ff., soweit überhaupt kein gesetzlicher Vertreter nach § 51 bekannt ist.

Rechtshilfe: Bei einer allzu langen Verzögerung einer ausländischen Rechtshilfe gibt Köln MDR 1998, 434 die öffentliche Zustellung (Vorsicht!).

Sozialversicherung: → „Auskunft".
Telefon: Ein dem Gericht bekannter Anschluß kann die Unbekanntheit beseitigen (das Gericht muss dort nachfragen), Ffm NJW 2009, 2544, Saarbr FamRZ 2010, 2085.
Tod: Mit dem sicheren Tod des Zustellungsadressaten **endet** die Anwendbarkeit von §§ 185 ff., Celle FamRZ 2005, 1492. Das Gericht kann keinen Nachweis fordern, dass der Adressat noch lebt, Celle FamRZ 2005, 1492.
Verjährung: BGH NJW 2012, 1646.
Vermieter: → „Auskunft".
Verwandter: → „Auskunft".
Zustellungsurkunde: Eine Mitteilung auf einer Zustellungsurkunde, der Adressat sei dort unbekannt, genügt entgegen einer verbreiteten Ansicht **nicht stets.** Denn die Beweiskraft des § 418 erstreckt sich nur auf die in der Urkunde genannte Anschrift und nur auf die Kenntnis dieses einzelnen Zustellers. Erforderlich ist aber nach → Rn. 6 weit mehr.

Eine solche Mitteilung kann aber dann **ausreichen,** wenn der Empfänger vorher selbst erklärt hatte, keinen gewöhnlichen Aufenthaltsort zu haben, wenn man ihn mit einem Haftbefehl sucht und wenn weitere Nachforschungen erfolglos waren, Hamm MDR 1997, 1155.

VII. Unbekanntheit der Anschrift bei inländischen juristischen Personen, Nr. 2. Die Vorschrift betrifft 13 eine solche juristische Person nach → § 50 Rn. 12 als Zustellungsadressaten, die zur Anmeldung einer inländischen Geschäftsanschrift zum Handelsregister verpflichtet ist, KG JurBüro 2010, 546; Saarbr NJW-RR 2013, 680; LG Zwickau WM 2010, 2098. Eine Zustellung an sie muss sich nach → Rn. 2, 9 ff. als nicht möglich erweisen, BGH NJW-RR 2019, 294; KG JurBüro 2010, 546; LG Hmb ZIP 2017, 192. Diese Unmöglichkeit muss sich sowohl unter der eingetragenen Anschrift ergeben als auch unter einer solchen ebenfalls eingetragenen Anschrift einer für Zustellungen empfangsberechtigten Person, KG JurBüro 2010, 546; LG Zwickau WM 2010, 2098. Der Zustellversuch unter der im Handelsregister eingetragenen Anschrift muss – abhängig vom Zeitablauf, jedenfalls nach sechs Monaten – auch dann erfolgen, auch Zustellungen unter dieser Anschrift in der Vergangenheit erfolglos waren, BGH NJW-RR 2019, 294 Rn. 19 f.; anders für einen Zeitablauf von zwei Monaten BGH NJW 2007, 303 Rn. 20. Etwas anderes dürfte bei Hinzutreten besonderer Umstände gelten, offengelassen BGH NJW-RR 2019, 294 Rn. 18. Es darf außerdem auch keine andere inländische Anschrift der oben genannten juristischen Person bekannt sein. Hier ist es unerheblich, ob Ermittlungen einen Erfolg haben könnten.

VIII. Auslandszustellung: Besondere Sorgfalt der Prüfung, Nr. 3. Zum Auslandsbegriff → § 183 Rn. 1. 14 Die Auslandszustellung muss unter den Voraussetzungen der Nr. 3 erfolgen, Bindseil NJW 1991, 3071. Das Gericht muss aber die Voraussetzungen besonders sorgfältig prüfen. Denn auch hier könnte eine Bewilligung einen Gehörsverstoß bedeuten, Art. 2 I, 20 III GG, BVerfGE 101, 404 (Rpfl.), Art. 103 I GG (Richter) → § 185 Rn. 1, 2; BGH NJW-RR 2009, 856 (über 1 Jahr Dauer); BAG NZA-RR 2015, 552; Zweibr FamRZ 2002, 469; AG Bad Säckingen FamRZ 1997, 611 (2 Jahre Frist). Sie könnte auch gegen den deutschen ordre public verstoßen, Hamm NJW-RR 2007, 1723. Ihr Versuch muss aber nicht stets vorausgehen, Saarbr NJW-RR 2013, 680.

1. Unausführbarkeit. Die Auslandszustellung ist in denjenigen Ausnahmefällen unausführbar, in denen eine 15 Inlandszustellung nicht möglich ist, etwa wegen Exterritorialität nach §§ 18 ff. GVG oder im Mahnverfahren nach § 688 II Nr. 3 oder dann, wenn eine Inlandszustellung nicht möglich ist und wenn die Justizverwaltung auch keine Auslandszustellung zuläßt, sei es auch nach → § 183 Rn. 9 aus politischen Gründen, oder wenn es an einer geordneten staatlichen Einrichtung im betreffenden Land fehlt.

2. Voraussichtliche Erfolglosigkeit. Bei der Prüfung, ob eine Zustellung im Ausland Erfolg verspricht, 16 dürfen sich die Gerichte auf die Feststellungen der Justizverwaltung nach § 9 ZRHO verlassen, BAG NZA-RR 2015, 546 Rn. 55. Die Auslandszustellung ist voraussichtlich erfolglos, schon weil zu lange Zeit beanspruchend, im Urkunden-, Scheck- oder Wechselprozess nach §§ 592 ff., oder zB: Im Krieg; beim Abbruch der diplomatischen Beziehungen; bei einer unzureichenden Vornahme der Zustellung; dann, wenn man befürchten muss, dass die Zustellung unzumutbar lange dauern wird, BGH MDR 2009, 462; BAG NZA-RR 2015, 552; Köln MDR 1998, 434. Im Nicht-Eilfall ist eine Dauer von einem Jahr zumutbar, Köln MDR 2008, 1061, erst recht eine solche von 6–9 Monaten, BGH MDR 2009, 462. Die Auslandszustellung ist ferner voraussichtlich erfolglos, schon weil zu lange Zeit beanspruchend, in einem Arrestverfahren nach §§ 916 ff., Hamm MDR 1988, 589, oder wenn die Rechtshilfe nicht erfolgen wird, evtl. bei der Zustellung des Scheidungsantrags eines solchen Deutschen, der früher ein Sowjetbürger war, nach der Union der russischen Republiken, oder wenn die Justizverwaltung nicht ausreichend hilft, AG Bonn NJW 1991, 1430 (krit. Geimer: Ungeachtet des Art. 97 GG sei der Richter evtl. an die ZRHO gebunden.

3. Weiteres Verfahren. Soweit das Gericht auch nach Monaten nicht bereits eine klare Kenntnis davon hat, 17 dass die Rechtshilfe nicht erfolgen wird oder dass die Zustellung nur unzureichend möglich sein wird, muss es einen Zustellungsversuch vornehmen, Hamm NJW 1989, 2203 (zust. Geimer). Das Gericht kann nicht fordern, dass der Antragsteller zunächst eine private Benachrichtigung versuchen solle. Denn das würde über die gesetzlichen Erfordernisse hinausgehen. Wenn sich jemand an einem solchen Ort befindet, den das Gericht zwar kennt, an dem den Adressaten förmliche Zustellungen aber nicht erreichen, ist die Zustellung unausführbar, die Voraussetzungen von Nr. 3 liegen also vor, Köln FamRZ 1985, 1279; aM Zöller/Schultzky Rn. 3 (aber die Prozesswirtschaftlichkeit8 setzt immer weiteren Versuchen Grenzen). Freilich muss das Gericht zunächst eine Zusendung mit Einschreiben möglichst gegen einen Rückschein nach § 175 oder wenigstens eine formlose Zusendung versuchen, Köln MDR 1998, 434; Geimer NJW 1989, 2205. Das Gericht braucht aber im letzteren Fall nicht endlos auf eine Reaktion als den Zugangsnachweis zu warten. Es darf grundsätzlich nicht aus der Nichtrückkehr des einfachen Auslandsbriefs auf dessen Zugang schließen. Wegen einer „Tschernobyl"-Sache Mansel IPRax 1987, 212.

IX. Exterritorialer, Nr. 4. Wenn der nach §§ 18–20 GVG exterritoriale Dienstherr eines nach diesen 18 Vorschriften nicht exterritorialen ausländischen oder deutschen Hausgenossen das Betreten seiner Wohnung zur Vornahme der Zustellung nicht erlaubt, ist die öffentliche Zustellung zulässig. Der Antragsteller muss einen entsprechenden Nachweis erbringen. Eine Zustellung an einen Exterritorialen selbst darf nur dann nach § 185 stattfinden, wenn sie nach §§ 183, 184 unmöglich ist.

19 **X. Verstoß, Nr. 1–4.** → § 186 Rn. 24.

186 *Bewilligung und Ausführung der öffentlichen Zustellung* . I [1]**Über die Bewilligung der öffentlichen Zustellung entscheidet das Prozessgericht. [2]Die Entscheidung kann ohne mündliche Verhandlung ergehen.**

II [1]**Die öffentliche Zustellung erfolgt durch Aushang einer Benachrichtigung an der Gerichtstafel oder durch Veröffentlichung der Benachrichtigung in einem elektronischen Informations- und Kommunikationssystem, das im Gericht öffentlich zugänglich ist. [2]Die Benachrichtigung muss erkennen lassen**

1. die Person, für die zugestellt wird,
2. den Namen und die letzte bekannte Anschrift des Zustellungsadressaten,
3. das Datum, das Aktenzeichen des Schriftstücks und die Bezeichnung des Prozessgegenstandes sowie
4. die Stelle, wo das Schriftstück eingesehen werden kann.

[4]**Die Benachrichtigung muss den Hinweis enthalten, dass ein Schriftstück öffentlich zugestellt wird und Fristen in Gang gesetzt werden können, nach deren Ablauf Rechtsverluste drohen können. [5]Bei der Zustellung einer Ladung muss die Benachrichtigung den Hinweis enthalten, dass das Schriftstück eine Ladung zu einem Termin enthält, dessen Versäumung Rechtsnachteile zur Folge haben kann.**

III **In den Akten ist zu vermerken, wann die Benachrichtigung ausgehängt und wann sie abgenommen wurde.**

1 **I. Systematik, I–III.** Während § 185 die Voraussetzungen einer öffentlichen Zustellung nennt, regeln §§ 186, 187 das Verfahren, die Ausführung, und § 188 die Rechtswirkungen.

2 **II. Regelungszweck, I–III.** Zunächst → § 185 Rn. 2. Die Durchführung der öffentlichen Zustellung von Amts wegen dient vor allem der **Rechtssicherheit.** Ihr kommt bei dieser folgenschweren Zustellungsart besondere Bedeutung zu, weil schon die gewährte Möglichkeit einer Kenntnisnahme ausreicht. Wegen des **erhöhten Schutzbedürfnisses** des Adressaten, der vielfach keine Kenntnis vom zugestellten Schriftstück erlangt, ist bei der Prüfung der Voraussetzungen nach → § 185 ein strenger Maßstab anzulegen. Die Änderung des I (BGBl. I 4607) mWv 1.1.2022, nach der die elektronische Veröffentlichung nicht zusätzlich zum Papieraushang, sondern alternativ erfolgen kann, bezweckt eine stärkere Nutzung dieser Möglichkeit (BT-Drs. 19/31119, 4). Für die Umsetzung muss die elektronische Veröffentlichung allerdings für die Gerichtsöffentlichkeit **im Gericht öffentlich zugänglich sein,** d. h. es müssten entsprechende Abfrageplätze öffentlich zur Verfügung stehen. II schützt iÜ die **Persönlichkeitsrechte** des Adressaten, weil nur noch der für seine Information unerlässliche Teil und kein Auszug des Schriftstücks (§ 204 II aF) veröffentlicht wird. III dient dem Nachweis.

3 **III. Geltungsbereich, I–III.** → Vor § 166 Rn. 5.

4 **IV. Bewilligungsverfahren, I. 1. Zuständigkeit des Prozessgerichts, I 1.** Für die Bewilligung der öffentlichen Zustellung ist nach I 1 das **Prozessgericht** zuständig. Das ist dasjenige Gericht, bei dem das Verfahren, in dem zugestellt werden soll, **zumindest anhängig** ist, dem das zuzustellende Schriftstück eingereicht wird. Ein Kollegialgericht entscheidet in voller Besetzung, nicht durch den Vorsitzenden (BayObLG Rpfleger 1978, 446; VGH Mannh NVwZ-RR 2009, 504) oder den Berichterstatter (Büttner DGVZ 2013, 124). Ist der Einzelrichter zuständig (§§ 348, 348a), entscheidet dieser (VGH Mannh NVwZ-RR 2009, 504), ebenso der Vorsitzende der Kammer für Handelssachen nach § 349 II oder mit Zustimmung der Parteien, § 349 II (vgl. Ffm MDR 1987, 414). Soweit der Rpfleger für das Verfahren insgesamt zuständig ist, ist er nach § 4 I RPflG auch zur Bewilligung nach I zuständig (vgl. Mü MDR 1988, 679; Büttner DGVZ 2013, 124). Dies betrifft auch das Kostenfestsetzungsverfahren nach §§ 103 ff. Ob eine internationale Zuständigkeit für den Rechtsstreit besteht ist für die Zustellung selbst unerheblich (Köln MDR 2003, 230).

5 Über die Zustellung der **Rechtsmittelschrift** zB nach § 519 entscheidet das Rechtsmittelgericht, auch dessen Einzelrichter nach §§ 526, 568, 527 II und soweit die Zustellung vom Katalog des § 527 II erfasst ist. In der Zwangsvollstreckung nach §§ 704 ff. entscheidet das Vollstreckungsgericht nach § 764. Bei § 882c II 2 entscheidet der Gerichtsvollzieher (Musielak/Voit/Wittschier Rn. 3), ebenso für die öffentliche Zustellung der Ladung zum Termin auf Abgabe der Vermögensauskunft nach § 802 f (BGH NJW-RR 2018, 503 Rn. 4 ff.). Die Zustellung aufgrund einer vollstreckbaren notariellen Urkunde nach § 794 I Nr. 5 fällt nach § 797 III in dies Zuständigkeit des AG.

6 **2. Von Amts wegen, I 1.** Bei der **Amtszustellung** bedarf es keines Antrags der Parteien (BGH, Beschl v 19.5.22 – I ZB 73/21, BeckRS 2022, 19465; VersR 1987, 986). Jeder Einzelvorgang erfordert eine gesonderte Entscheidung. Die Bewilligung ist also nicht für den ganzen Rechtszug zulässig (BGH NJW-RR 2019, 294 Rn. 17; Bbg FamRZ 1995, 1281) oder gar für den gesamten Prozess oder „bis auf weiteres“ oder für alle künftigen Fälle. Von dieser Regel gilt nur dann eine Ausnahme, wenn das Gericht gleichzeitig die öffentliche Zustellung eines Versäumnisurteils nach §§ 330 ff. und des Beschlusses nach § 339 II bewilligt. Für die **Parteizustellung** ist für jeden einzelnen Fall ein Antrag erforderlich (Stein/Jonas/Roth Rn. 2). Eine Anregung oder ein Antrag des Gerichtsvollziehers reichen bei einer Zustellung im Parteibetrieb nach §§ 191 ff. nicht aus. Eine Bewilligung von Amts wegen ist auch wegen der prozessualen Fürsorgepflicht denkbar (vgl. BGH VersR 1983, 832).

7 **3. Weiteres Verfahren, I 1.** Eine mündliche Verhandlung steht nach I 2 gemäß § 128 IV frei. Das Gericht muss die vom etwaigen Antragsteller eingereichten Nachweise nach § 286 würdigen. Es müssen Tatsachen vorliegen, die einen der Gründe des § 185 Nr. 1 bis 4 ausfüllen. Es soll nach → § 185 Rn. 1 vorsichtig vorgehen. Denn die Zustellung ist selbst dann wirksam, wenn die Voraussetzungen des § 185 fehlen, Ffm NJW 2004, 3050. Die Rechtskraft einer aufgrund der öffentlichen Zustellung ergangenen Entscheidung lässt sich nicht mit dem Nachweis des Fehlens der Voraussetzungen der öffentlichen Zustellung bekämpfen.

Das Gericht prüft das **Rechtsschutzbedürfnis.** Dieses ist von den Erfolgsaussichten der Sache unabhängig, erst recht von der Bedeutung des Streitgegenstands. Es kann zB dann fehlen, wenn das Gericht sein Verfahren nach § 240 unterbrochen istWenn es um die Zustellung einer Klageschrift nach § 271 geht, braucht das Gericht seine Zuständigkeit zur Entscheidung über die Sache selbst auch nicht zu prüfen, Köln MDR 2002, 230. Freilich soll es auf eine Unzuständigkeit bereits jetzt hinweisen. Es kann bei einer offensichtlichen Unzuständigkeit das Rechtsschutzbedürfnis verneinen. 8

Das Wort **„kann"** in § 185 I bedeutet nicht, dass das Gericht ein pflichtgemäßes Ermessen hätte. Es gibt dem Gericht vielmehr lediglich die rechtliche Möglichkeit und die Zuständigkeit. Das Gericht **muss** die öffentliche Zustellung also bewilligen, soweit ihre gesetzlichen Voraussetzungen vorliegen (Stein/Jonas/Roth Rn. 5; aM KG MDR 1998, 125, Köln NJW-RR 1993, 446, AG Landstuhl FamRZ 1993, 212. 9

4. Entscheidung, I 2. Die Entscheidung erfolgt durch einen Beschluss nach § 329, da nach I 2 eine mündliche Verhandlung nicht erforderlich ist. Das Gericht muss ihn nach → § 329 Rn. 6 grundsätzlich begründen. Es bewilligt die öffentliche Zustellung des genau zu bezeichnenden Schriftstücks oder weist den Antrag als unzulässig oder unbegründet zurück. Das Gericht verkündet seinen Beschluss oder teilt ihn den Parteien nach § 329 II 1 formlos mit, dem Gegner im ersteren Fall mit dem zuzustellenden Schriftstück zusammen, also öffentlich nach → Rn. 14. Ein späterer Aufhebungsbeschluss macht eine vorgenommene öffentliche Zustellung nicht unwirksam. Fehlten die Voraussetzungen des § 185, muss das Gericht zustellen und nach § 227 umterminieren (Ffm NJW 2004, 3050). 10

5. Rechtsbehelf, I 1, 2. Gegen einen **ablehnenden Beschluss** kann der Antragsteller die sofortige Beschwerde nach § 567 I Nr. 2 einlegen, BGH NJW 2015, 1308 (Scheidungsantrag). Beim Rpfleger gilt nach → § 104 Rn. 48 ff. der § 11 RPflG. Ein **Dritter** hat keinen Rechtsbehelf. 11

Gegen einen **stattgebenden Beschluss** ist kein eigener Rechtsbehelf zulässig. Der Adressat kann allein die nachfolgende Entscheidung angreifen u die Unzulässigkeit der öffentlichen Zustellung geltend machen. Das Verfahren bei Entdeckung des Fehlers fortzusetzen ist, ohne dass es einer Wiedereinsetzung bedürfte (BGH NJW-RR 2019, 294 Rn. 11; NJW-RR 2013, 307 Rn. 21). 12

V. Ausführung, II, III. Nach der Bewilligung erfolgt die Ausführung der öffentlichen Zustellung durch den Urkundsbeamten der Geschäftsstelle nach § 153 GVG. Das folgt zwar nicht schon aus dem Wortlaut des § 168 I 1. Denn er nennt scheinbar nur das Verfahren nach §§ 173–175. Ohne richterliche Weisung ist die Geschäftsstelle entsprechend § 168 I 1 auch zur Veranlassung der Maßnahmen nach II zuständig (Stein/Jonas/Roth Rn. 6). 13

1. Benachrichtigung II 1, 2, III. Eine Benachrichtigung muss den Anforderungen von II S. 3–5 genügen und die Angaben II S. 2 Nr. 1–4 enthalten. Das Gericht muss sie nach II 1 Hs. 1 für die in § 188 S. 1, 2 genannte Dauer an der Gerichtstafel des bewilligenden Gerichts aushängen (Hamm NJW 2007, 933; Stgt NJW 2007, 936, je: StPO), **oder** nach II 1 Hs. 2 in ein im Gericht nicht nur theoretisch, sondern auch praktisch mühelos öffentlich zugängliches elektronisches Informationssystem einstellen. Außerdem kann das Gericht eine Veröffentlichung nach § 187 anordnen. Die Anheftung einer vollständigen Ausfertigung oder beglaubigten Ablichtung oder Abschrift des zuzustellenden Schriftstücks findet zum Schutz der Persönlichkeitsrechte des Betroffenen nicht mehr statt. 14

Auch in einer Sache im Bereich des **§ 113 I 2 FamFG** kommt zum Schutz der Privatsphäre nur die Benachrichtigung an die Gerichtstafel bzw. in das elektronische System in Betracht. Allerdings ist es notwendig, auch den Tenor der öffentlich bekanntzugebenden Entscheidung mitzuteilen, BVerfG NJW 1988, 1255. Eine Beglaubigung erfolgt nicht mehr. 15

Das Gericht muss den **Bewilligungsbeschluss** mit der auszuhängenden oder einzustellenden Benachrichtigung verbinden. Die in das elektronische Informationssystem eingestellten Dokumente kommen zu den Gerichtsakten. Der Urkundsbeamte der Geschäftsstelle vermerkt in den Akten nach III den Zeitpunkt der elektronischen Einstellung und ihrer Beendigung. Seine volle Namensunterschrift wie nach → § 129 Rn. 9 oder Signatur ist für die Wirksamkeit der öffentlichen Zustellung nicht erforderlich. Man kann den Einstellungsvorgang mit jedem Beweismittel nachweisen. Der Urkundsbeamte darf sich bei der elektronischen Einstellung und bei der Beendigung der Einstellung des Dokuments des Justizbediensteten oder einer sonstigen Hilfsperson bedienen. Eine Zustellungsbescheinigung richtet sich nach § 169 I. 16

2. Inhalt der Benachrichtigung, II 3–5. Das Gesetz schreibt den Mussinhalt einer wirksamen Benachrichtigung vor. 17

3. Person, für die zugestellt werden soll, II 3 Nr. 1. Das ist nicht der Zustellungsadressat. Ihn nennt Nr. 2. Es sind diejenigen Angaben erforderlich, die zur Erkennbarkeit ausreichen, also zur Identifizierung und Abgrenzung von anderen, wie bei jedem Prozessbeteiligten erforderlich, zB → § 50 Rn. 4 ff., → § 253 Rn. 24 ff., → § 373 Rn. 5, 7, → § 403 Rn. 3. 18

4. Zustellungsadressat, II 3 Nr. 2. Das ist die auch in § 182 II Nr. 1 genannte Person. Neben dem zur Identifizierung notwendigen vollen Vor- und Nachnamen nebst etwaigem Zusatz muss die die letzte dem Gericht bekannte Anschrift genannt werden. 19

5. Schriftstück, Prozessgegenstand, II 3 Nr. 3. Es sind erforderlich und ausreichend Datum und Aktenzeichen mit Kurzangabe wie „Klageschrift" oder „Schriftsatz vom …" sowie Kurzangaben des Gegenstandes wie zB „wegen Mietzahlung", „in der Ehesache". 20

6. Einsichtsstelle, II 3 Nr. 4. Notwendig ist die eine konkrete Bezeichnung, zB „Geschäftsstelle Abt. …" sowie der Raum, in dem sich die Einsichtsstelle zum Zeitpunkt der Bekanntmachung befindet. 21

VI. Verstoß, I–III. Dazu Nastansky MDR 2017, 128 (Grdz.). Es gilt an sich der Grundsatz der Unwirksamkeit nach → Vor § 166 Rn. 33. Das bloße Fehlen des Aktenvermerks, III ist unschädlich, da dieser nur Beweiszwecken dient. Dagegen macht ein Verstoß gegen die Voraussetzungen der öffentlichen Zustellung sie grds. unwirksam BGH NJW 2007, 303; vgl. auch Ffm FamRZ 2013, 1480; KG NJW 2012, 246 (StPO). Dies gilt für die Bewilligung durch ein unzuständiges Gericht, die Nichteinhaltung der Formalien nach II. Darüber hinaus löst die öffentliche Zustellung jedenf dann die Zustellungsfiktion des § 188 nicht aus u setzt keine Frist in Lauf, wenn sie bei sorgfältiger Prüfung der Unterlagen nicht hätte angeordnet werden dürfen. In einem solchen 22

Fall, in dem die Fehlerhaftigkeit für das Gericht erkennbar war, kommt das Verfahren nicht zum Abschluss. Es ist bei Entdeckung des Fehlers fortzusetzen, ohne dass es dazu einer Wiedereinsetzung bedürfte (BGH WM 2021, 346 Rn. 24; NJW-RR 2019, 294 Rn. 11). Eine Heilung gemäß §§ 189, 295 ist grds. möglich.

187 *Veröffentlichung der Benachrichtigung.* **Das Prozessgericht kann zusätzlich anordnen, dass die Benachrichtigung einmal oder mehrfach im Bundesanzeiger oder in anderen Blättern zu veröffentlichen ist.**

1 **I. Systematik.** Die Vorschrift ergänzt § 186 für alle Fälle einer öffentlichen Zustellung ohne eine Beschränkung auf die Ladung oder Aufforderung nach § 276 I 1. Sie ist eine Kannvorschrift, keine Mussbestimmung.

2 **II. Regelungszweck.** Die Vorschrift dient der Rechtssicherheit u soll möglichst zur Kenntniserlangung durch den Adressaten führen.

3 **Mehrkosten** können beträchtlich sein. Das ist zwar nach → Rn. 5 mitzubeachten, aber nicht entscheidend.

4 **III. Geltungsbereich.** Die Vorschrift gilt nach → Vor § 166 Rn. 5 in allen Verfahren nach der ZPO und nach den auf sie verweisenden Gesetzen. Die Einrückung erfolgt auch dann, wenn das Schriftstück keine Ladung oder Terminsbekanntmachung enthält. Denn auch dann trifft der Sinn der Vorschrift zu. Das Gericht kann im Rahmen eines pflichtgemäßen Ermessens von Amts wegen die Einrückung in andere Blätter zusätzlich anordnen, so schon LG Kblz FamRZ 2000, 171. Es darf und muss evtl. auch mehrmals und auch nachträglich eine solche Anordnung treffen. Da der elektronische Bundesanzeiger ohnehin tatsächlich für manchen noch nur schwer einsehbar ist, kommt zumindest **eine** zusätzliche Veröffentlichung in Betracht, etwa in der örtlichen Presse. § 21 GKG, § 20 FamGKG sind nur in extremen Fällen anwendbar → Rn. 7.

5 **IV. Ermessen.** Das Wort „kann" bedeutet: Das Gericht hat ein pflichtgemäßes Ermessen dazu, ob, wie oft, wo und wann es die Benachrichtigung des § 186 II außer an der Gerichtstafel auch noch anderweitig veröffentlichen lässt. Die Abwägung der Umstände muss unter einer Beachtung des Regelungszwecks nach → Rn. 2 ergeben, welche Lösung erforderlich ist. Die Kosten der weiteren Veröffentlichung(en) sind zu beachten. Sie sind aber nach → Rn. 2 nicht maßgeblich.

6 Das Gericht muss jetzt die **ganze Benachrichtigung** nach § 186 veröffentlichen. Denn die frühere Beschränkung auf einen „Auszug" ist dem Wort „die" (Benachrichtigung) gewichen. Eine Veröffentlichung auch einer Ausfertigung oder Ablichtung oder Abschrift oder eines Auszugs des zuzustellenden Schriftstücks erfolgt nur auf eine gerichtliche Anordnung. Rechtsbehelfsbelehrung, Verstoß: §§ 232, 233 S. 2.

7 **V. Verstoß.** Eine falsche oder unvollständige zusätzliche Veröffentlichung kann neben der Notwendigkeit einer Kostenniederschlagung nach § 21 GKG, § 20 FamGKG zu einer Staatshaftung nach Art. 34 GG, § 839 BGB führen, auch zur Wiedereinsetzung nach §§ 233 ff. Die Wirksamkeit der Zustellung ist von einer zusätzlichen Veröffentlichung selbst dann nicht abhängig, wenn das Gericht sie richtigerweise nach → Rn. 5 für notwendig oder doch ratsam halten durfte.

188 *Zeitpunkt der öffentlichen Zustellung.* **[1]Das Schriftstück gilt als zugestellt, wenn seit dem Aushang der Benachrichtigung ein Monat vergangen ist. [2]Das Prozessgericht kann eine längere Frist bestimmen.**

1 **I. Systematik, S. 1, 2.** Die Vorschrift regelt die Rechtsfolgen einer nach §§ 185–187 wirksamen öffentlichen Zustellung, KG FGPrax 2014, 278. Sie bleiben bestehen, wenn der Antragsteller erst nach ihrem Eintritt eine Kenntnis von einer Zustellungsmöglichkeit erhält, Stgt NJW-RR 2007, 953.

2 **II. Regelungszweck, S. 1, 2.** Der Weg einer Unterstellung (Fiktion) des Zugangs der Mitteilung nach → § 185 Rn. 2 ist aus Gründen der Rechtssicherheit unentbehrlich. Deshalb muss das Gericht die Voraussetzungen wie den Umfang dieser Unterstellung streng prüfen. § 188 soll vermeiden, dass eine öffentliche Zustellung deshalb unwirksam wird, weil das Gericht eine Frist unrichtig berechnet hatte. Wenn man überhaupt mit einer Unterstellung des Zugangs arbeiten muss, sollte auch nur unter besonderen Umständen eine Wartefrist von über einem Monat sinnvoll sein.

3 **III. Geltungsbereich, S. 1, 2.** → § 185 Rn. 5.

4 **IV. Voraussetzungen, S. 1, 2.** § 188 bringt nach → Vor § 166 Rn. 7 eine Unterstellung zum Zeitpunkt der Zustellung. Diese Unterstellung ist unabhängig von dem etwaigen **späteren Wegfall** der Voraussetzungen der Zustellung. Sie ist auch unabhängig davon, ob und wann der Adressat tatsächlich eine Kenntnis von der Zustellung erhalten hat. Sie gilt also zB auch dann, wenn sich der Zustellungsadressat nach Vor § 166 meldet. Freilich kann dann eine Zustellung nach § 173 erfolgen. Die Fristen in S. 1 und 2 sind sog. uneigentliche Fristen nach → Vor § 214 Rn. 18. Man berechnet sie nach § 222. Der Aushangstag rechnet nach § 187 I BGB nicht mit.

5 **V. Verstoß, S. 1, 2.** Er kann die Wirkung nach § 188 beseitigen, NJW-RR 2014, 377. Eine Amtshaftung nach Art. 34 GG, § 839 BGB bleibt von S. 1, 2 unberührt.

189 *Heilung von Zustellungsmängeln.* **Lässt sich die formgerechte Zustellung eines Dokuments nicht nachweisen oder ist das Dokument unter Verletzung zwingender Zustellungsvorschriften zugegangen, so gilt es in dem Zeitpunkt als zugestellt, in dem das Dokument der Person, an die die Zustellung dem Gesetz gemäß gerichtet war oder gerichtet werden konnte, tatsächlich zugegangen ist.**

1 **I. Systematik.** Die Vorschrift regelt die Heilung von Zustellungsmängeln. Daneben kann eine fehlerhafte Zustellung durch Rügeverzicht nach § 295 wirksam werden. Anders als nach § 187 aF besteht kein Ermessen. Die Heilung tritt bei Vorliegen der Voraussetzungen zwingend ein. § 170 I 2 schließt die Anwendbarkeit des § 189 nicht generell aus → Rn. 5, BGH NJW 2015, 1760 Rn 15; NJW 2017, 2472 Rn. 45.

II. Regelungszweck. § 189 enthält einen allgemeinen Gedanken. Die Heilungsmöglichkeit hat den Sinn, die förmlichen Zustellungsvorschriften nicht zum Selbstzweck erstarren zu lassen; die Zustellung soll dann als bewirkt anzusehen sein, wenn der Zustellungszweck anderweitig erreicht wird. Die Vorschrift ist daher nach → Einl. II Rn. 85 ff. weit auszulegen, BGH NJW 2011, 1968; GRUR 2020, 776 Rn. 25. Das gilt nicht auch bzgl. des Inhalts des Dokuments, da die Vorschrift nur Formheilung betrifft, aM Stgt NJW-RR 1989, 1534. § 189 soll im Interesse der Rechtssicherheit wie auch der Prozesswirtschaftlichkeit zwar nur den Nachweis der Tatsache und den Zeitpunkt des Zugangs sicherstellen, BGH 130, 74. Die Vorschrift soll aber auch insofern den Formalismus bei der Zustellung in Grenzen halten, Celle RPfl 1991, 167. Das bedeutet nicht, dass das Gericht keinen Wert auf eine korrekte Zustellung legen muss. Es bedeutet freilich auch nicht, dass jede irgendwie mangelhafte Zustellung nichtig wäre, solange das Gericht sie nicht zulässt. Im Übrigen mag das Gericht eine unwirksame Zustellung wiederholen müssen. 2

Die Vorschrift dient mit ihrer uneingeschränkten Heilbarkeit auch der materiellen **Gerechtigkeit** nach → Einl. II Rn. 12, 70. Das Prozessrecht darf niemals zum Selbstzweck werden. Allerdings muss mangels einer Einhaltung der gesetzlichen Form mindestens ein tatsächlicher Zugang vorliegen. Dieses Wort sollte man ziemlich streng auslegen. Nicht jeder Briefkasten ist so intakt und lässt sich so eindeutig dem Adressaten zuordnen, dass man den dortigen Einwurf als einen Zugang werten darf. Im gepflegten Einfamilienhaus reicht aber der einzige Briefkasten für alle Angehörigen. Auch bei § 189 muss in solchen Grenzen die bloße Möglichkeit der Kenntnisnahme als Zugang ausreichen. Es kommt also wiederum auf die Einzelsituation an. 3

Zeitgemäß ist § 189 allemal. Gerade wegen der nicht selten ganz erheblichen Probleme bei dem Versuch, etwa die Wirksamkeit einer Ersatzzustellung nach §§ 178 ff. oder sogar schon das Vorliegen ihrer Voraussetzungen zu klären, hat die Möglichkeit der Heilung durch tatsächlichen Zugang unverändert bedeutsam. 4

III. Geltungsbereich. Zunächst → Vor § 166 Rn. 5. Die Vorschrift betrifft jede Art des Zugangs förmlich zustellbarer Dokumente, BGH 100, 238 (Verfügung des Bundeskartellamts). Auch die Unwirksamkeit der Zustellung an eine prozessunfähige Person, § 170 I 2 kann dadurch geheilt werden, dass das zuzustellende Schriftstück deren gesetzlichen Vertreter tatsächlich zugeht, sofern die Zustellung nach den gesetzlichen Bestimmungen an diesen hätte gerichtet werden können. Sie betrifft grundsätzlich jede Art von Zustellung im Parteibetrieb nach §§ 191 ff., Drsd NJW-RR 2003, 1721; wie im Amtsbetrieb nach §§ 166 ff., BVerfG NJW 1988, 1774 (Insolvenzverfahren); BGH NJW 2003, 2688 (Anwaltszustellung); Hamm NJW-RR 1994, 63 (Klagefrist); Düss Rpfleger 1989, 36 (Terminsladung nach [jetzt] § 174); Köln VersR 2002, 908 (Klagezustellung); BGHZ 76, 238 (§§ 296 I, 530); LG Aachen NJW-RR 1990, 1344 (Arrestbefehl); AG Biedenkopf MDR 1983, 588 (Zustellung einer Vorpfändung); aM KG NJW-RR 1999, 72 (Beschlussverfügung); LG Hechingen DGVZ 1986, 189. Das gilt grundsätzlich auch im internationalen Rechtsverkehr, BGH NJW 2011, 3581 Rn. 22, BayObLG FamRZ 1975, 215 (zust. Geimer); Hamm FamRZ 2000, 898. § 189 gilt auch im WEG-Verfahren, (zum alten Recht) BayObLG WuM 2000, 34, Hmb ZMR 1998, 713, und im Bereich des § 113 I FamFG. Die Vorschrift betrifft also nicht nur eine Ersatzzustellung nach §§ 178 ff. Sie betrifft auch nach → Rn. 15 eine solche Zustellung, die eine Notfrist nach § 224 I 2 in Gang setzen soll. 5

Unanwendbar ist § 189 im Verfahren nach § 23 EGGVG, Ffm NZG 2010, 1314; Karlsr OLGZ 1985, 201. 6

IV. Heilung. Es müssen mehrere Voraussetzungen zusammentreffen. Stets muss nach → Rn. 12 „Versehentliche Zustellung" ein erkennbarer Zustellungswille des Absenders gerade an diesen Adressaten vorliegen, BGH NJW 2017, 2472; BayObLG NJW 2004, 3722. Die Heilung setzt also voraus, dass das Gericht eine förmliche Zustellung mit Zustellungswillen bewirken wollen. Dabei muss sich der Zustellungswille auf einen bestimmten Adressaten beziehen. Diesem muss das Dokument zugehen. Eine Heilung tritt dagegen nicht ein, wenn das Dokument zwar der Person, an die hätte zugestellt werden müssen, tatsächlich zugeht, das Gericht aber nicht an diese Person zustellen wollte, BGH NJW 2017, 2472 Rn. 37; WM 2021, 346 Rn. 8. 7

1. Grundsatz: Zwingende Rechtsfolge. Nach § 189 heilt eine Zustellung kraft einer zwingenden Zustellungs-Unterstellung („gilt als zugestellt") schon dadurch rückwirkend, dass das Dokument tatsächlich in die Hand des Zustellungsadressaten nach Vor § 166 kommt. Das Gericht muss die Zustellung als in demjenigen Zeitpunkt erfolgt behandeln, in dem der Zustellungsadressat das Dokument so erhalten hat, dass er es in seinen Besitz bekam und behalten sollte, BGH NJW 1984, 926; Mü FamRZ 1981, 167; Rostock FamRZ 1999, 1076, und dass er von seinem Inhalt Kenntnis nehmen konnte, Celle Rpfleger 1991, 167. Das Gericht muss die Zustellung erst recht dann als bewirkt ansehen, wenn eine gegenteilige Auffassung auf eine leere Förmelei hinauslaufen würde und wenn der Zustellungszweck offensichtlich anderweitig erreichbar war, wenn also für keinen Beteiligten ein Schaden entstehen kann, so schon BGH NJW 1984, 927; GRUR 2020, 776 Rn. 25; Mü MDR 1986, 944; Hundt-Eßwein DB 1986, 2460. 8

2. Tatsächlicher Zugang. Es ist ein tatsächlicher Zugang des vollständigenSchriftstücks notwendig, BGH AnwBl 2015, 349; BFH NJW 2014, 2524; Mü BauR 2014, 147. Allerdings ist nicht der tatsächliche Zugang im Original erforderlich, vielmehr genügt eine vollständige Übermittlung einer technischen Reproduktion, bspw. eines Scans des Schriftstücks per E-Mail, ausf. BGH GRUR 2020, 776 Rn. 25. Dagegen reicht eine handschriftliche oder maschinenschriftliche Abschrift wegen der Fehleranfälligkeit nicht aus, BGH NJW-RR 2018, 970 Rn. 30; GRUR 2020, 776 Rn. 25. Der Zugang muss nach § 170 gerade beim beabsichtigten Zustellungsadressaten nach Vor § 166 erfolgen, BGH NJW 2017, 2472 Rn. 34; WM 2021, 346 Rn. 8; Brdb FamRZ 1998, 1440; Hmb ZMR 1998, 713. Gerade dieser Adressat muss also den Besitz erhalten, BGH WM 2015, 1527; Karlsr RPfl 2004, 642. Bei § 170 I ist nach → Rn. 12 „Prozessunfähigkeit" der Zugang an den gesetzlichen Vertreter nach § 51 erforderlich. Erforderlich ist aber auch, dass die Zustellung an diesen vom Zustellungswillen des Gerichts umfasst war. Umgekehrt kann die Verletzung zwingender Zustellungsvorschriften nicht durch tatsächlichen Zugang bei der vertretenen Partei eintreten, wenn der Wille auf Zustellung an den gesetzl Vertreter gerichtet, BGH WM 2021, 346 Rn. 8. Bei § 172 ist der Zugang an den ProzBev. und nicht an die Partei erforderlich und ausreichend, BGH 84, 926, Zweibr FamRZ 2006, 129. Nach → Rn. 12 ein Empfangsbekenntnis nach §§ 174, 195 hinzutreten müssen, BGH AnwBl 2015, 349. Beim späteren ProzBev. kann der frühere Zugang reichen, BGH NJW 1989, 1154. 9

Ausreichend ist wie beim Zugang nach § 130 BGB ein Gelangen in den Bereich des Empfängers derart, dass dieser unter normalen Verhältnissen die Möglichkeit hat, vom Inhalt Kenntnis zu nehmen, BGH NJW-RR 2011, 1185; BAG NJW 1993, 1093; BSG 17.2.2021 – B 8 SO 87/20 B, BeckRS 2021, 8585. Eine tatsächliche 10

Kenntnisnahme ist also nicht nötig. Kann sich ein persönlicher Vorgang beim Empfänger oder seinem persönlichen oder beruflichen Umfeld dahin auswirken, dass die Verhältnisse im fraglichen Zeitpunkt hier nicht mehr und auch noch nicht wieder „normal" waren? usw. Wieder einmal muss das Maß an Überzeugung wie bei → § 286 Rn. 18 genügen.

11 Die **bloße Unterrichtung** über den Inhalt reicht nicht aus, BGH NJW 1992, 2100, GRUR 2020, 776 Rn. 25. Ebenso wenig reichen der Zugang eines inhaltsgleichen anderen Dokuments, soweit es abgeschrieben wurde, ein per E-Mail eingeganger Scan des Schriftstücks genügt, BGH GRUR 2020, 776 Rn. 25 (anders Voraufl. oder eine Akteneinsicht durch den ProzBev. nach § 299 I, BGH DB 1981, 368; BayObLG NJW 2004, 3722; Nürnb MDR 1992, 238. Unzureichend ist auch eine ins Postfach gelegte Nachricht über einen Eingang, Der übereinstimmende Wille der Parteien bindet das Gericht nicht, insbesondere nicht bei einer Notfrist nach § 224 I 2. Es ist unerheblich, ob nur ein Formverstoß vorliegt, ob etwa eine unzulängliche oder gar keine Zustellungsurkunde nach § 182 entstand, oder ob nur der Nachweis der in Wahrheit korrekt erfolgten Zustellung unmöglich ist, etwa weil die Zustellungsurkunde verlorengegangen ist.

3. Beispiele zur Frage einer Anwendbarkeit

12 **Abschrift:** → „Fehlerhaftigkeit".

Aktiengesellschaft: → „Prozessunfähigkeit usw.".

Amtszustellung: § 189 kann anwendbar sein, soweit es um eine Amtszustellung nach §§ 166 ff. statt einer Parteizustellung nach §§ 191 ff. geht, BGH NJW 2016, 1519. Denn es kommt nach → Rn. 9 meist auf den tatsächlichen Zugang an.

Annahmeverweigerung: Bei einer nach § 179 S. 1 berechtigten Verweigerung muss dasselbe gelten wei beim → „Empfangsbekenntnis". Auch „Einschreiben".

Anwaltszustellung: Für § 189 ist ein Empfangsbekenntnis nach § 174 nicht erforderlich, Ffm NJW 2003, 2688.

Arrest, einstweilige Verfügung: § 189 ist anwendbar, soweit es zugleich um die Vollziehung nach §§ 929, 936 geht, Brschw NJW-RR 1996, 380.

§ 189 ist **unanwendbar,** soweit es um einen Zustellungsmangel einer nach § 922 im Beschlussweg erlassenen Unterlassungsverfügung geht, Hmb GRUR-RR 2007, 296.

Ausfertigung: → „Fehlerhaftigkeit".

Ausland: § 189 ist anwendbar, soweit das Gericht die Zustellung der Klageschrift nach § 271 an einen inländischen vollmachtlosen Vertreter des im Ausland wohnenden Bekl. anordnet oder soweit der Adressat keinen Zustellungsbevollmächtigten nach § 184 benannt hat.

Beglaubigung: → „Fehlerhaftigkeit".

Behörde: „Prozessunfähigkeit usw.".

Beschluss: § 189 ist auf einen Beschluss wie auf eine Verfügung nach § 329 anwendbar, Hamm NJW 1976, Nürnb NJW 1976, 1101. Aber auch → Rn. 12 „Arrest, einstweilige Verfügung".

Datumsverstoß: → „Fehlerhaftigkeit".

Einschreiben: § 189 ist anwendbar, Brdb FamRZ 2006, 213.

Eine Annahmeverweigerung ist **keine** Übergabe an den Verweigernden, BSG NJW 2003, 382.

Einstweilige Verfügung: → Rn. 12 „Arrest, einstweilige Verfügung".

Empfangsbekenntnis: Die zur Wirksamkeit der Zustellung an einen Anwalt erforderliche Annahmebereitschaft zB nach → § 174 Rn. 6 lässt sich durch den tatsächlichen Zugang nach § 189 gerade **nicht** heilen, BGH AnwBl 2015, 349; OVG Hmb NVwZ 2005, 236.

Fax: Die bloße Faxübermittlung ersetzt grds. **keine** Zustellung, Karlsr Rpfleger 2004, 643, LG Lübeck DGVZ 2005, 141; Klute GRUR 2005, 927. Aber auch → „Prozessbevollmächtigter".

Fehlerhaftigkeit: Anwendbar ist § 189 bei einem Verstoß nur gegen § 180 S. 3, BFH NJW 2014, 2524. § 189 ist **unanwendbar,** soweit die Ausfertigung oder Beglaubigung oder ihr Vermerk unvollständig oder sonstwie fehlerhaft sind, BGH NJW 1995, 2217; Hamm (14. ZS) NJW 1978, 830; Karlsr OLGZ 1992, 371; aM Düss JurBüro 2001, 148 (bei Urteil bei § 929); Hamm (4. ZS) OLGZ 1979, 358 (anders MDR 1981, 60); Stgt NJW-RR 1989, 534 (aber Formvorschriften muss man trotz ihrer Lästigkeit einhalten). § 189 ist ferner unanwendbar, soweit eine zB bei → § 317 Rn. 22 erforderliche Ausfertigung oder ihr Vermerk völlig fehlen, Celle WRP 1993, 181; Düss GRUR 1989, 542; LG Brschw DGVZ 1982, 75; aM Ffm OLGZ 1981, 99; Hamm OLGZ 1979, 357, oder soweit nicht nur ein Schreibfehler vorliegt, keine bloß falsche Bezeichnung des richtigen Adressaten, sondern soweit man eine andere Person als Adressat angegeben hatte, ob schuldhaft oder schuldlos.

Gemeinde: → „Prozessunfähigkeit usw.".

Genossenschaft: → „Prozessunfähigkeit".

Gesellschaft: → „Prozessunfähigkeit usw.".

Gesellschaft mit beschränkter Haftung: → „Prozessunfähigkeit".

Klageerweiterung: § 189 ist auf eine Klageerweiterung nach §§ 263, 264, 533 anwendbar, BGH NJW 1992, 2236.

Klageschrift: § 189 ist auf eine Klageschrift nach § 253 anwendbar, BGH NJW 2016, 1519, Köln VersR 2002, 908, ebenso iVm§ 113 I 2 FamFG auf einen Scheidungsantrag nach § 133 FamFG, (je zum alten Recht) BGH NJW 1984, 926; Brdb FER 2001, 81; Rostock FamRZ 1999, 1076. Aber auch → „Ausland".

Kommanditgesellschaft: → „Prozessunfähigkeit usw.".

Ladung: § 189 ist auf eine Ladung nach §§ 214 ff. anwendbar, BGH NJW 1978, 427.

Mahnverfahren: § 189 ist auch im Verfahren nach §§ 688 ff. anwendbar, BGH NJW-RR 2010, 1439.

Minderjähriger: → „Prozessunfähigkeit".

Notfrist: → Rn. 15 ff.

Öffentliche Zustellung: § 189 kann an sich auch bei ihr nach §§ 185 ff. anwendbar sein. Freilich fehlt dann meist gerade ein tatsächlicher Zugang.

Öffnung: § 189 ist **unanwendbar,** soweit eine Ersatzperson nach § 178 die Sendung unbefugt öffnet und dadurch erfährt, dass sie Zweitbekl ist.

Offene Handelsgesellschaft: → „Prozessunfähigkeit usw.".

Partei kraft Amts: → „Prozessunfähigkeit usw.".

Parteizustellung: § 189 ist auch bei ihrer Fehlerhaftigkeit nach §§ 191 ff. anwendbar, Drsd NJW-RR 2003, 1722. Das gilt bei § 929 nicht mangels einer Erkennbarkeit des Vollziehungswillens auf andere Weise, → § 929 Düss MDR 2010, 652; aM Mü FGPrax 2005, 196 (zu großzügig). Auch → „Amtszustellung".
Prozessbevollmächtigter: § 189 ist anwendbar, soweit es um die Zustellung an die Partei statt an ihren ProzBev. geht. Das gilt insbesondere dann, wenn sie eine Kopie an den ProzBev. weiterleitet, Brschw NJW-RR 1996, 380; Karlsr Rpfleger 2004, 642; aM Mü GRUR 2018, 446 (aber es kommt auf dessen tatsächliche Kenntnisnahme an). Die Vorschrift ist anwendbar, soweit eine Zustellung an einen solchen Anwalt erfolgte, der bei seiner späteren Bestellung zum ProzBev. noch im Besitz war, BGH NJW 1989, 1154, oder soweit sie an denjenigen ProzBev. erfolgt ist, der das Mandat nach § 87 II niedergelegt hatte, Zweibr FER 1999, 130.
Prozesskostenhilfe: „Versehentliche Zustellung".
Prozessunfähigkeit usw.: § 189 ist bei § 170 grds. anwendbar, LG Hann DGVZ 1996, 138. Der Zugang beim gesetzlichen Vertreter nach § 51 reicht auch dann, wenn die Sendung als Adressaten den Vertretenen aufwies, BGH NJW 1984, 926; Celle Rpfleger 1979, 63.

§ 189 ist jedoch ausnahmsweise **unanwendbar,** soweit jede Beteiligung der Vertreter am Prozess unterblieben ist oder wenn unklar bleibt, ob der Verein tatsächlich eine Kenntnis erhielt, LG Kblz FamRZ 2005, 1778; VGH Kassel NJW 2009, 1625.
Rechtshängigkeit: Ihr Fehlen nach → § 261 Rn. 1 kann heilbar sein, Zweibr FER 1999, 130.
Scheidungsantrag: „Klageschrift".
Signatur, qualifizerte elektronische: Ihr Fehlen bei der Zustellung eines Urteils durch den Urkundsbeamten, § 169 Abs. 4, kann nach § 189 geheilt werden, Brschw, 30.6.2020 – 8 U 116/19, BeckRS 2020, 35781.
Unbefugtheit: „Öffnung".
Unzulässigkeit: § 189 ist **unanwendbar,** soweit eine förmliche Zustellung jedenfalls derzeit unzulässig ist.
Urteil: § 189 ist grds. auf ein Urteil nach § 313 anwendbar. Aber → Rn. 15.
Verein: „Prozessunfähigkeit usw".
Verfügung: § 189 ist auf eine Verfügung oder einen Beschluss nach § 329 anwendbar, Hamm NJW 1976, 2026; Nürnb NJW 1976, 1101.
Versäumnisurteil: Unanwendbar ist § 189 nach → § 310 Rn. 34 bei einem solchen nach § 331 III, Hamm FamRZ 2015, 1125.
Versehentliche Zustellung: § 189 ist dann anwendbar, wenn der Richter oder Rpfleger ausdrücklich oder auch (meist) erkennbar stillschweigend eine erforderliche förmliche Zustellung nach § 270 S. 1 verfügt hat und wenn der Urkundsbeamte der Geschäftsstelle das Dokument versehentlich nur formlos hat übersenden lassen, wenn die Partei aber aus den Erklärungen des Klägers in der Klageschrift nach § 253 erkennen kann, dass er die Klage unabhängig von der Bewilligung einer Prozesskostenhilfe nach §§ 114 ff. erheben wollte, Zöller/Schultzky Rn. 2; aM LG Marbg DGVZ 1983, 26 (aber dann tritt klar zutage, dass wirklich nur ein Formfehler vorliegt).

§ 189 ist **unanwendbar,** soweit der Richter oder Rpfleger oder der Urkundsbeamte oder der Gerichtsvollzieher eine förmliche Zustellung überhaupt nicht beabsichtigt hatte, BGH NJW 2011, 1969; LG Lübeck DGVZ 2005, 141; OVG Bautzen NVwZ-RR 2006, 854. So liegt es auch dann, wenn der Absender das Dokument durch einen Boten in den Briefkasten werfen ließ oder nur per Fax übermittelte, LG Lübeck DGVZ 2005, 141, oder wenn ein Angehöriger bei der Ersatzzustellung nach § 178 erst durch das Öffnen der Sendung erfährt, dass sie sich zumindest auch an ihn als einen nunmehr weiteren Prozessbeteiligten richtet.
Vollmachtloser Vertreter: → „Ausland".
Zustellungsbevollmächtigter: Eine Zustellung unter einem Verstoß gegen § 178 I Nr. 2 kann heilbar sein, LG Kaisersl Rpfleger 1993, 256. Auch → „Ausland".
Zustellungswille: „Versehentliche Zustellung".

4. Adressierung. Das Gericht muss die Zustellung dem Gesetz gemäß an den Zustellungsgegner nach → Vor § 166 Rn. 28 oder 11 gerichtet haben oder wenigstens richten haben wollen, BAG NJW 2008, 1611; VGH Kassel NJW 2009, 1625; Hundt-Eßwein DB 1986, 2460. Die Anschrift muss also zB bei einer anwaltlichen Vertretung nach § 172 den Anwalt genannt haben. Zumindest muss derjenige Anwalt, der das Dokument tatsächlich in Händen hat, der richtige Zustellungsgegner im weiteren Sinn nach → Vor § 166 Rn. 28, 11 sein. Dann ist es unerheblich, ob sich das Dokument auch an ihn richtete, BPatG GRUR 1987, 813. Wenn sich das Dokument also zB an die Partei richtete und wenn sie das Dokument ihrem Anwalt ausgehändigt hat, kann das Gericht die Zustellung als in dem Augenblick der Aushändigung bewirkt ansehen. Dasselbe gilt dann, wenn die Zustellung an eine Person mit zwei Eigenschaften zB als Vorstandsmitglied und als Liquidator unter derjenigen Bezeichnung erfolgt ist, die die in diesem Prozess maßgebliche Eigenschaft nicht betrifft. Denn dann hat auch die richtige Person die Zustellung empfangen. 13

5. Beweis. Der Empfang des Dokuments und sein Zeitpunkt lassen sich mit jedem Beweismittel nach §§ 371 ff. dartun, § 286. Beweispflichtig ist derjenige, der aus der Zustellung ein Recht herleitet, Hmb MDR 1979, 851; Heß NJW 2002, 2421. Die Erklärung des Zustellungsadressaten kann nach der Lage der Sache genügen. Sie tut das auch regelmäßig. Die Erklärung kann formlos erfolgen. Sie kann nach → Vor § 128 Rn. 59 auch in einer schlüssigen Handlung liegen. Das gilt etwa dann, wenn der Zustellungsadressat einen Mangel der Zustellung behauptet. Bei einer Ersatzzustellung an einen Hausgenossen spricht die Lebenserfahrung für den Empfang durch den Zustellungsadressaten. 14

V. Notfrist. Die Heilung einer solchen Frist nach § 224 I 2 ist nach § 189 uneingeschränkt möglich. Sie ist also auch dann möglich, wenn die Zustellung eine Notfrist in Lauf setzen soll. Das gilt erst recht dann, wenn sie eine Notfrist bloß „wahren" soll. Dasselbe gilt für einen notfristähnlichen Fall. 15

VI. Entscheidung. Das Gericht braucht nur dann zu entscheiden, wenn es die Zustellung in einer freien Würdigung nach § 286 als bewirkt ansieht, Karlsr Rpfleger 2004, 642. Andernfalls bleibt die Wirksamkeit zweifelhaft. Es reicht aus, dass sich die Zulassung aus einer anderen Entscheidung ergibt. Bei einem Zwischenstreit über die Zulassung ist ein Beschluss nach § 329 ratsam. Die Zulassung wirkt für und gegen den Zustellungsadressaten nach → Vor § 166 Rn. 21. Sie wirkt zB als eine Unterlage für ein Ordnungsmittel oder bei einer rechtzeitigen Zustellung als eine Grundlage der Versäumnisentscheidung nach §§ 330 ff. Das Gericht kann durch einen Beschluss entscheiden. Es muss ihn nach → § 329 Rn. 6 grundsätzlich begründen. Es muss ihn bei einer 16

Ablehnung wegen → Rn. 17 dem Antragsteller nach § 329 III förmlich zustellen. Das Gericht kann auch in den Entscheidungsgründen des Urteils nach § 313 III mitentscheiden. Rechtsbehelfsbelehrung, Verstoß: §§ 232, 233 S. 2.

17 **VII. Rechtsmittel.** Rechtsbehelfsbelehrung, Verstoß: §§ 232, 233 S. 2. Gegen die Ablehnung der Zulassung ist die sofortige Beschwerde nach § 567 I Nr. 2 zulässig. Eine Rechtsbeschwerde ist unter den Voraussetzungen des § 574 denkbar. Gegen die Zulassung durch einen besonderen Beschluss ist kein Rechtsmittel statthaft. Im Übrigen gelten die für das Urteil vorgesehenen Rechtsmittel.

190 ***Einheitliche Zustellungsformulare.*** **Das Bundesministerium der Justiz und für Verbraucherschutz wird ermächtigt, durch Rechtsverordnung mit Zustimmung des Bundesrates zur Vereinfachung und Vereinheitlichung der Zustellung Formulare einzuführen.**

1 **I. Ermächtigung.** Erforderlich ist eine dem Art. 80 GG genügende Rechtsverordnung. Sie muss dem ausdrücklichen Ziel der Vereinfachung und Vereinheitlichung entsprechen. Formulare enthalten leider bisweilen Fehler. Daher muss man notfalls vom Formular abweichend vorgehen, um eine den §§ 166 ff. genügende und damit erst wirksame Zustellung zu erreichen. Das gilt zB wegen des vorrangigen § 182 II Nr. 4, dort → § 182 Rn. 13. Abweichungen sind aber nur im Rahmen von § 2 ZustVV statthaft, auch zB bei einer Zustellung in einer Haftanstalt. Das gilt unabhängig von Kostenfragen.

2 **II. Vordruckverordnung.** Erlassen ist die nachfolgend abgedruckte **ZustVV** vom 12.2.2002 (BGBl. I 671, ber. 1019), geänd. durch VO vom 23.4.2004 (BGBl. I 619):

§ 1 ZustVV Vordrucke

Für die Zustellung im gerichtlichen Verfahren werden eingeführt:
1. der in Anlage 1 bestimmte Vordruck für die Zustellung von Schriftstücken mit Zustellungsurkunde nach § 182 Abs. 1 und 2 der Zivilprozessordnung (Zustellungsurkunde),
2. der in Anlage 2 bestimmte Vordruck für den Briefumschlag nach § 176 Abs. 1 der Zivilprozessordnung (innerer Umschlag),
3. der in Anlage 3 bestimmte Vordruck für den Postzustellungsauftrag nach § 168 Abs. 1 der Zivilprozessordnung (äußerer Umschlag/Auftrag),
4. der in Anlage 4 bestimmte Vordruck für die schriftliche Mitteilung über die Zustellung durch Niederlegung nach § 181 Abs. 1 Satz 2 der Zivilprozessordnung (Benachrichtigung).

§ 2 ZustVV Zulässige Abweichungen

I [1]Für den Vordruck nach § 1 Nr. 1 (Zustellungsurkunde) kann abweichend von dem in Anlage 1 bestimmten Muster einfarbiges gelbes Papier verwendet werden. [2]In diesem Fall sind die im Muster in weißer Farbe hervorgehobenen Ankreuz- und Ausfüllfelder durch Umrandung oder in anderer Weise kenntlich zu machen.

II [1]Für die Vordrucke nach § 1 Nr. 2 (innerer Umschlag) und Nr. 3 (äußerer Umschlag/Auftrag) dürfen Umschläge mit Sichtfenster verwendet werden. [2]In diesen Fällen bedarf es der Angabe des Aktenzeichens und der Vorausverfügungen auf dem inneren Umschlag nicht.

III Im Übrigen sind folgende Abweichungen von den in den Anlagen 1 bis 4 bestimmten Vordrucken zulässig:
1. Berichtigungen, die auf einer Änderung von Rechtsvorschriften beruhen;
2. Anpassungen, Änderungen oder Ergänzungen, die es, ohne den Inhalt der Vordrucke zu verändern oder das Verständnis der Vordrucke zu erschweren, den Gerichten ermöglichen, die Verfahren maschinell zu bearbeiten und für die Bearbeitung technische Entwicklungen nutzbar zu machen oder vorhandene technische Einrichtungen weiter zu nutzen;
3. Anpassungen, Änderungen oder Ergänzungen, die es, ohne den Inhalt der Vordrucke zu verändern oder das Verständnis der Vordrucke zu erschweren, ermöglichen, technische Einrichtungen der üblichen Briefbeförderung für das Zustellungsverfahren zu nutzen.

§ 3 ZustVV Überleitungsvorschrift

Der Vordruck nach Anlage 1 zu § 1 Nr. 1 in der bis zum 30. April 2004 geltenden Fassung kann bis zum 31. Dezember 2004 weiterverwendet werden.

§ 4 ZustVV Inkrafttreten

Diese Verordnung tritt am 1. Juli 2002 in Kraft.

Untertitel 2. Zustellungen auf Betreiben der Parteien

191 ***Zustellung.*** **Ist eine Zustellung auf Betreiben der Parteien zugelassen oder vorgeschrieben, finden die Vorschriften über die Zustellung von Amts wegen entsprechende Anwendung, soweit sich nicht aus den nachfolgenden Vorschriften Abweichungen ergeben.**

1 **I. Systematik.** Über die Parteizustellung im Allgemeinen → Vor § 166 Rn. 15, über die Mangelhaftigkeit einer Parteizustellung → Vor § 166 Rn. 32. § 183 hat Vorrang vor § 191, 192 → § 183 Rn. 4.

2 **II. Regelungszweck: Möglichkeit der Kenntnisnahme.** Wie bei der Amtszustellung nach §§ 166 ff. dient auch das Verfahren der Zustellung auf Betreiben der Parteien der Möglichkeit einer tatsächlichen Kenntnisnahme nach → Vor § 166 Rn. 5. Es dient damit dem rechtlichen Gehör als einem prozessualen Grundrecht nach → Einl. II Rn. 22. Damit dient auch eine Parteizustellung der Rechtssicherheit.

3 **Ob und Wann** der Zustellung sind Ausgangspunkte dafür, eine Zustellung überhaupt der Parteiherrschaft mitzuüberlassen. Das Wie ist auch bei ihr weitgehend dem Parteiwillen entzogen und auf das Wahlrecht Gerichtsvollzieher- oder Anwaltszustellung beschränkt. Diese Unterscheidung entspricht einerseits dem Parteibedürfnis, aus vielen auch über diesen Prozess hinausgehenden Erwägungen die Freiheit zu behalten, ob und ab wann man den Druck auf den Gegner durch eine förmliche Zustellung nebst einem etwaigen Fristbeginn verstärken will.

Die Vorschrift dient andererseits der Notwendigkeit einer möglichst einwandfreien Überprüfbarkeit der Art und Weise der Durchführung solcher Maßnahmen.

III. Geltungsbereich. Zunächst → Vor § 166 Rn. 5. Grundsätzlich sind die Vorschriften über die Zustellung von Amts wegen nach §§ 166 ff. auch auf eine Parteizustellung nach §§ 9 ff., 17 GVGA entsprechend anwendbar, ferner vor dem Beschwerdegericht nach § 73 Nr. 2 GWB. Das gilt auch gegenüber dem Bezirksrevisor, LG Gött Rpfleger 2001, 31. In einer Markensache gelten nach § 88 I 1 MarkenG vor dem Patentamt und dem PatG § 94 MarkenG, vor dem BGH (Rechtsbeschwerde) §§ 191 ff. entsprechend. 4

192 *Zustellung durch Gerichtsvollzieher.* **[1]Die von den Parteien zu betreibenden Zustellungen erfolgen unbeschadet der Zustellung im Ausland (§ 183) durch den Gerichtsvollzieher. [2]Im Verfahren vor dem Amtsgericht kann die Partei den Gerichtsvollzieher durch Vermittlung durch die Geschäftsstelle des Prozessgerichts mit der Zustellung beauftragen. [3]Insoweit hat diese den Gerichtsvollzieher mit der Zustellung zu beauftragen.**

I. Systematik und Regelungszweck, S. 1–3. Die Vorschrift wurde mWv 1.1.2022 durch das Gesetz zum Ausbau des elektronischen Rechtsverkehrs mit den Gerichten und zur Änderung weiterer Vorschriften v. 5.10.2021 (BGBl. I 4607) neu strukturiert. Die Regelung gilt sowohl für **Zustellungen von Schriftstücken** (§ 193) als auch von **elektronischen Dokumenten** (§ 193a; BT-Drs. 19/31119, 4). Nach S. 1 ist im Parteibetrieb grds. der Gerichtsvollzieher Zustellungsorgan. Vorrang hat → § 183 Rn. 4. Daher darf zB auch im Eilverfahren nach §§ 916 ff. das Gericht eine Auslandszustellung anordnen. Zur Unterstützung der Partei kann diese im amtsgerichtlichen Verfahren den Gerichtsvollzieher durch Vermittlung der Geschäftsstelle mit der Zustellung beauftragen, S. 2, 3. Im Fall der Parteizustellung eines Vollstreckungsbescheides ist eine Vermittlung durch die Geschäftsstelle nach § 699 IV S. 2 Hs. 2 ZPO allerdings ausgeschlossen. 1

Die Parteizustellung hat im Gegensatz zur Amtszustellung nach §§ 166 ff. ihren Sinn in einer möglichst weitgehenden Wahrung der Parteiherrschaft. Das Gesetz überlässt es hier der Partei, ob und wann sie die mit einer Zustellung regelmäßig verbundenen Rechtsfolgen in Gang setzt, etwa eine Frist. Das gilt selbst dann, wenn darunter die Rechtssicherheit scheinbar leidet, weil unklar bleibt, ob und wann zB ein Vollstreckungsbescheid nach § 699 rechtskräftig wird vgl. → Rn. 1. 2

II. Zustellung durch den Gerichtsvollzieher, S. 1, 2. S. 1 bestimmt, dass die Zustellung im Parteibetrieb durch den Gerichtsvollzieher erfolgt. 3

1. Zuständigkeit des Gerichtsvollziehers, 1 – 3. Örtlich zuständig ist nach § 14 S. 1 GVGA der Gerichtsvollzieher, in dessen Bezirk die Zustellung auszuführen ist, bei mehreren Drittschuldnern nach § 840 derjenige am Ort des im Vollstreckungstitel Erstgenannten (§ 14 S. 2 GVGA). Das Überschreiten der örtlichen Zuständigkeit macht die Amtshandlung des Gerichtsvollziehers jedoch nicht unwirksam (arg. § 513 Abs. 2 ZPO, § 14 Abs. 2 GVO). 3a

2. persönlicher Auftrag, 1, 2. Die Partei oder ihr ProzBev. muss den Gerichtsvollzieher mit der Zustellung beauftragen (Drsd NJW-RR 2003, 1722). Im Anwaltsprozess nach → § 78 Rn. 1 ersucht die Partei den Gerichtsvollzieher grundsätzlich unmittelbar (Arg. S. 2, 3). Die Beauftragung ist formfrei, es besteht kein Anwaltszwang. Der Gerichtsvollzieher muss dem Adressaten seinen Auftrag nicht nachweisen (BGH NJW 1981, 1210). Eine Zurückweisung gem. § 174 BGB kann nicht erfolgen, weil der Gerichtsvollzieher nicht als Stellvertreter, sondern bei Zustellung von Willenserklärungen als öffentliches Organ tätig wird (vgl. (MüKoZPO/Häublein/Müller Rn. 3). 4

Auch im Verfahren vor dem AG (§§ 495 ff., 764, 829 II, 835 III 1 oder familienrechtlichen Verfahren) kann die Partei den Gerichtsvollzieher selbst beauftragen, soweit es sich um eine Parteizustellung handelt. 5

3. Vermittlung der Geschäftsstelle, S. 2, 3. Sie kann aber im **amtsgerichtlichen Verfahren** nach S. 2,3 die Vermittlung der Geschäftsstelle in Anspruch nehmen. Dies betrifft auch einen im Anwaltsprozess errungenen Vollstreckungstitel; die Vollstreckung ist auch dann ein amtsgerichtliches Verfahren, wenn aus Titeln anderer Gerichte vollstreckt wird, § 764 I. 6

In diesem Fall beauftragt nach dem Wortlaut die mit der Vermittlung beauftragte Geschäftsstelle ihrerseits den Gerichtsvollzieher. Sie kann auch den zuständigen Gerichtsvollzieher eines anderen Bezirks mit der Vornahme der Zustellung beauftragen (Stein/Jonas/Roth, § 192 Rn. 9). 7

Auch insoweit handelt es sich um einen **Zustellungsauftrag der Partei** (vgl. Thomas/Putzo/Hüßtege Rn. 5), vermittelt durch die Geschäftsstelle. Die Geschäftsstelle handelt also für die Partei, die in keiner unmittelbaren Beziehung zum Gerichtsvollzieher steht. 8

4. Zustellung. Der Gerichtsvollzieher entscheidet – unabhängig ob die Beauftragung unmittelbar oder vermittelt durch die Geschäftsstelle erfolgt – nach pflichtgemäßem Ermessen, ob er persönlich zustellt (§ 193) oder die Post beauftragt (§ 194). Bei der Ermessensausübung leitet ihn § 15 GVGA. Er darf grds. er neben den Umstände des konkreten Einzelfalls auch seine allgemeinen Erfahrungswerte berücksichtigen (OLG Stuttgart NJW 2015, 2513). In den Fällen des § 15 II GVGA hat er persönlich zuzustellen, insbesondere wenn die Sache eilbedürftig ist oder besondere Umstände es erfordern (Nr. 1). 9

III. Verstoß. Eine auftragslose Zustellung ist unwirksam, allerdings auch unwahrscheinlich. Der Auftraggeber kann sie im Übrigen mit Rückwirkung genehmigen. 10

193 *Zustellung von Schriftstücken.* **I [1]Soll ein Dokument als Schriftstück zugestellt werden, so übermittelt die Partei dem Gerichtsvollzieher das zuzustellende Dokument**

1. in Papierform zusammen mit den erforderlichen Abschriften oder
2. als elektronisches Dokument auf einem sicheren Übermittlungsweg.

[2]Im Falle des Satzes 1 Nummer 1 beglaubigt der Gerichtsvollzieher die Abschriften; er kann fehlende Abschriften selbst herstellen. [3]Im Falle des Satzes 1 Nummer 2 fertigt der Gerichtsvollzieher die erforderlichen Abschriften als Ausdrucke selbst und beglaubigt diese.

II [1]Der Gerichtsvollzieher beurkundet im Falle des Absatzes 1 Satz 1 Nummer 1 auf der Urschrift des zuzustellenden Schriftstücks oder auf dem mit der Urschrift zu verbindenden hierfür vorgesehenen Formular die Ausführung der Zustellung nach § 182 Abs. 2 und vermerkt die Person, in deren Auftrag er zugestellt hat. [2]Im Falle des Absatzes 1 Satz 1 Nummer 2 gilt Satz 1 mit der Maßgabe, dass der Gerichtsvollzieher die Beurkundung auf einem Ausdruck des zuzustellenden elektronischen Dokuments oder auf dem mit dem Ausdruck zu verbindenden hierfür vorgesehenen Formular vornimmt. [3]Bei Zustellung durch Aufgabe zur Post ist das Datum und die Anschrift, unter der die Aufgabe erfolgte, zu vermerken.

III Der Gerichtsvollzieher vermerkt auf dem zu übergebenden Schriftstück den Tag der Zustellung, sofern er nicht eine beglaubigte Abschrift der Zustellungsurkunde übergibt.

IV Die Zustellungsurkunde ist der Partei zu übermitteln, für die zugestellt wurde.

1 **I. Systematik, Regelungszweck, I–III.** MWv 1.1.2022 (BGBl. 2021 I, 4607) regelt § 193 allein die Zustellung von **Schriftstücken.** Für die Zustellung **elektronischer Dokumente** gilt **§ 193a.** Durch die Möglichkeit, auch dem Gerichtsvollzieher in Papierform zuzustellende Dokumente in elektronischer Form zu übermitteln (I S. 1 Nr. 2) soll der elektronische justizielle Rechtsverkehr weiter ausgebaut werden (BT-Drs. 19/31119, 4). § 193 bestimmt, welche Schriftstücke dem Gerichtsvollzieher zu übergeben sind (I) und wie im Sinne der Rechtssicherheit und des Nachweises zu verfahren ist (II–IV).

2 **II. Zuzustellende Dokumente, I.** I übernimmt den Regelungsinhalt des früheren § 192 II (BT-Drs. 19/31119, 4). Die Partei kann das zustellende Schriftstück auf **zwei Wegen** übermitteln, nämlich in **Papierform** zusammen mit den erforderlichen Abschriften (I S. 1 Nr. 1) oder als **elektronisches Dokument** auf einem sicheren Übermittlungsweg (I S. 1 Nr. 2).

3 Im Fall des von S. 1 Nr. 1 beglaubigt der Gerichtsvollzieher die Abschriften, sofern sie nicht bereits vollständig beglaubigt sind (Musielak/Voit/Wittschier Rn. 2) und kann fehlende Abschriften herstellen (I S. 2). Bei der Frage, ob er sie selbst anfertigt oder anfordert, wird er zu berücksichtigen haben, ob der Partei höhere Kosten entstehen. Bei der Übersendung als elektronisches Dokument (S. 1 Nr. 2) fertigt er die Abschriften als Ausdrucke und beglaubigt sie.

4 **III. Beurkundung der Ausführung, II, IV.** Im Fall des **I 1 Nr. 1** wird die Zustellung des in **Papierform erhaltenen Dokuments** auf der Urschrift dieses Dokuments oder dem mit der Urschrift zu verbindenden, hierfür vorgesehenen Formular die Zustellung nach § 182 II beurkundet. **Zusätzlich** wird der Auftraggeber vermerkt. Dies ist im Fall des § 192 S. 2, 3 derjenige, der das Amtsgericht mit der Vermittlung beauftragt → § 192 Rn. 8. Gleiches gilt im Fall des **I 1 Nr. 2** mit der **Maßgabe,** dass die Beurkundung auf dem Ausdruck des Dokuments oder dem ausgedruckten Formular vorzunehmen ist.

5 Eine Zustellung im Parteibetrieb erfolgt nach § 12 I GVGA je Angelegenheit gesondert, bei einer Angelegenheit nach § 12 II GVGA einheitlich. Handelt es sich um gesonderte Vorgänge, sind gesonderte Zustellungsaufträge nach § 192u für jede Zustellung eine Beurkundung erforderlich.

6 Die Beurkundung der Aushändigung nach II muss nach **IV** die betreibende Partei enthalten.

7 **IV. Aufgabe zur Post, II S. 3.** Die Zustellung **durch Aufgabe zur Post** in **nur in den gesetzlich bestimmten Fällen** (§§ 184, 829 II, 835 II) **zulässig.** Sie ist vom Zustellungsauftrag an die Post (§ 194) zu unterscheiden. Bei der Zustellung durch Aufgabe zur Post sind allein das Datum und die Anschrift unter der die Aufgabe erfolgte, zu vermerken.

8 **V. Zustellungsvermerk, II S. 1u 2, III.** Soweit der Gerichtsvollzieher das Schriftstück durch eine **Übergabe an den Adressaten** zustellt (II S. 1, 2), muss er das **Zustelldatum auf dem Schriftstück vermerken,** aber nicht notwendig auch unterzeichnen. Das gilt nicht, sofern er eine beglaubigte Ablichtung oder Abschrift der Zustellungsurkunde übergibt. In beiden Fällen soll der Empfänger eine amtliche Kenntnis des Zustelldatums erhalten, um einen etwaigen Fristenlauf errechnen zu können. Der Zustellvermerk hat die Beweiskraft des → § 418 Rn. 5.

9 Diese Vorschrift ist **nicht wesentlich.** Bei einer Abweichung der Zustellungsurkunde von der Urschrift gilt zugunsten des Zustellungsadressaten nach → Vor § 166 Rn. 21 dasjenige, das er erhalten hat. Etwas anderes kann nur dann gelten, wenn der Fehler eindeutig erkennbar ist.

10 **VI. Verstoß, I–IV.** Mängel der Zustellungsurkunde nach II iVm § 182 begründen **keine Unwirksamkeit** der Zustellung → Rn. 6, erschweren aber den Nachweis der wirksamen Zustellung. Wenn der Gerichtsvollzieher auf dem bei der Zustellung zu übergebenden Schriftstück den ProzBev. als denjenigen angegeben hat, für den er das Schriftstück zur Post gibt, steht dieser Vorgang schon der Wirksamkeit der Postzustellung nicht entgegen. Denn der Zustellungsadressat kann keinen Zweifel haben, dass die Postzustellung von der durch diesen ProzBev. vertretenen Gegenpartei kommt. Auch ein fehlender oder fehlerhafter Zustellungsvermerk führt nicht zur Unwirksamkeit der Zustellung. Ein Verstoß gegen III und hemmt auch nicht den Beginn einer Notfrist. Wird sie versäumt, so kommt Wiedereinsetzung in Betracht (Stein/Jonas/Roth, § 193 Rn. 5). Ein Zustellungsmangel ist auch dann geheilt, wenn durch die Zustellung der Lauf einer Notfrist in Gang gesetzt werden soll (vgl. BT-Drs. 14/4554, S. 25, 27; BGH, Beschluss vom 29.7.2022 – AnwZ (Brfg) 28/20, BeckRS 2022, 21373 Rn. 28).

193a *Zustellung von elektronischen Dokumenten.* **I [1]Soll ein Dokument als elektronisches Dokument zugestellt werden, so übermittelt die Partei dem Gerichtsvollzieher das zuzustellende Dokument**

1. elektronisch auf einem sicheren Übermittlungsweg oder
2. als Schriftstück.

[2]Im Falle des Satzes 1 Nummer 2 überträgt der Gerichtsvollzieher das Schriftstück in ein elektro*nisches Dokument.*

II [1]Als Nachweis der Zustellung dient die automatisierte Eingangsbestätigung. [2]Der Zeitpunkt der Zustellung ist der in der automatisierten Eingangsbestätigung ausgewiesene Zeitpunkt des Eingangs in dem vom Empfänger eröffneten elektronischen Postfach. [3]Im Falle des Absatzes 1 Satz 1 Num-

mer 1 ist die automatisierte Eingangsbestätigung mit dem zuzustellenden elektronischen Dokument zu verbinden und der Partei zu übermitteln, für die zugestellt wurde. [4]Im Falle des Absatzes 1 Satz 1 Nummer 2 fertigt der Gerichtsvollzieher einen Ausdruck der automatisierten Eingangsbestätigung, verbindet den Ausdruck mit dem zuzustellenden Schriftstück und übermittelt dieses der Partei, für die zugestellt wurde.

I. Systematik und Regelungszweck, I, II. Die Vorschrift wurde mWv 1.1.2022 (BGBl. 2021 I, 4607) einfügt. Zwar konnte der Gerichtsvollzieher schon nach der bisherigen Rechtslage Zustellungen elektronisch vornehmen (BT-Drs. 19/31119, 5). § 193a stellt dies ausdrücklich klar und steht im Zusammenhang mit der Zustellung von Schriftstücken in Papierform nach § 193. Maßgeblich für die Zustellung nach § 193a sind im Übrigen die Regelungen für die Amtszustellung elektronische Dokumente in § 173. Ein ausdrücklicher Verweis auf diese Vorschrift hielt der Gesetzgeber mit Blick auf die entsprechende Anwendung nach § 191 nicht für erforderlich (BT-Drs. 19/31119, 5). 1

Die Vorschrift hat das Ziel, den Anwendungsbereich für die elektronische Zustellung elektronischer Dokumente zu erweitern (vgl. BT-Drs. 19/31119, 5) u sieht zu diesem Zweck auch die Möglichkeit vor, das zuzustellende Dokument dem Gerichtsvollzieher als Schriftstück zu übermitteln (I Nr. 2). II gilt für elektronische Zustellungen des Gerichtsvollziehers in der Zwangsvollstreckung sowie andere Zustellungen im Parteibetrieb, beispielsweise bei Zustellungen von Willenserklärungen (§ 132; BT-Drs. 19/31119, 5). 2

II. Übermittlung des Dokuments an den Gerichtsvollzieher, I. I sieht – ebenso wie § 193 – die Möglichkeit der Übermittlung des Dokuments als Schriftstück (Nr. 2) und als elektronisches Dokument (Nr. 1) vor. Wird dem Gerichtsvollzieher das Dokument in Papierform übermittelt, überträgt dieser es zum Zweck der Zustellung in ein elektronisches Dokument. 3

III. Zustellungsnachweis, II. II regelt den **Nachweis der Zustellung** eines elektronischen Dokuments durch den Gerichtsvollzieher. 4

1. Zeitpunkt der Zustellung, II S. 1, 2. Vor allem im Sinne einer effektiven Zwangsvollstreckung wird – anders als nach § 173 III – auch bei Zustellungen an den in § 173 II genannten Empfängerkreis auf die automatisierte Eingangsbestätigung und nicht auf das elektronische Empfangsbekenntnis abgestellt. Dementsprechend ist nach S. 2 Zeitpunkt der Zustellung der in der **automatischen Eingangsbestätigung** ausgewiesene Zeitpunkt. Anders als bei § 173 IV S. 5 ZPO gilt weder die 3-Tages-Fiktion noch besteht für den Empfänger die Möglichkeit nachzuweisen, dass das Dokument nicht oder zu einem späteren Zeitpunkt zugegangen ist (BT-Drs. 19/31119, S. 5). 5

2. Elektronische Verbindung und Zuleitung, II S. 3. Nach S. 3 ist das zugestellte Dokument mit der automatisierten Eingangsbestätigung elektronisch zu verbinden und der Partei, für die zugestellt wurde, elektronisch zuzuleiten. Eine Möglichkeit, diese Untrennbarkeit herzustellen, besteht darin, eine **neue, einheitliche elektronische Datei** herzustellen BeckOK/Elzer, § 319 Rn. 52; Schmieder/Ulrich NJW 2015, 3482, 3483; BT-Drs. 19/31119, S. 5). Auf diese Weise wird dem Gläubiger der Nachweis ermöglicht, dass ein bestimmtes Dokument mit einem bestimmten Inhalt zugestellt wurde. Für die **Beweiskraft** des Ausdrucks gilt § 416a ZPO. 6

3. Körperliche Verbindung und Zuleitung, II S. 4. Soweit dem Gerichtsvollzieher das elektronisch zuzustellende Dokument nach I Nr. 2 in **Papierform** zugeleitet wurde, ist nach S. 4 ist ein Ausdruck der automatisierten Eingangsbestätigung mit einem Ausdruck des zuzustellenden elektronischen Dokuments zu verbinden und dem Auftraggeber zu übermitteln. 7

194 ***Zustellungsauftrag.*** **I [1]Beauftragt der Gerichtsvollzieher die Post mit der Ausführung der Zustellung, vermerkt er auf dem zuzustellenden Schriftstück, im Auftrag welcher Person er es der Post übergibt. [2]Auf der Urschrift des zuzustellenden Schriftstücks oder auf einem mit ihr zu verbindenden Übergabebogen bezeugt er, dass die mit der Anschrift des Zustellungsadressaten, der Bezeichnung des absendenden Gerichtsvollziehers und einem Aktenzeichen versehene Sendung der Post übergeben wurde.**

II Die Post leitet die Zustellungsurkunde unverzüglich an den Gerichtsvollzieher zurück.

I. Systematik, I, II. Der Gerichtsvollzieher darf die Ausführung der Zustellung wegen des Verweises in § 191 indirekt auch auf § 168 I 2, 3 der Post übertragen, statt die Zustellung persönlich auszuführen, soweit die Partei keinen letzteren Auftrag nach § 753 erteilt hat, LG Offenbg DGVZ 2014, 259; aM KG DGVZ 2016, 110; AG Lichtenberg DGVZ 2014, 205; AG Limburg DGVZ 2014, 704 (aber der Gläubiger ist Herr der Zwangsvollstreckung auch bei solchem Detail). Der Umschlagsvordruck erhält auch nach § 26 II 1 Nr. 1–5 GVGA die folgenden Angaben des Gerichtsvollziehers: Eine Bitte um bestimmte Zustell-Uhrzeit; zu einer Ersatzzustellung die Weisung, sie nicht an eine bestimmte Person oder durch Einlegen in einen Briefkasten auszuführen; keine Niederlegung nach § 181 vorzunehmen; den Auftrag evtl. innerhalb des AG-Bezirks, des LG-Bezirks oder des Inlands auf schon erfolgten Gläubigerwunsch weiterzuleiten. Die Einschaltung der Post verlangt die in I, II genannten Schritte. 1

II. Regelungszweck, I, II. Die Einschaltung der Post dürfte meist der Prozesswirtschaftlichkeit8 dienen, etwa nach § 15 II 1 Nr. 1 GVGA bei keiner Eilbedürftigkeit. Sie kann aber im Einzelfall auf Kosten der Rechtssicherheit gehen. Deshalb muss man abwägen. Ist § 194 anwendbar, sollte man die Vorschrift nach → Einl. II Rn. 70 ff. den Praxisbedürfnissen nach großzügig auslegen. 2

III. Geltungsbereich, I, II. Die Vorschrift gilt nach → Vor § 166 Rn. 5 in allen Verfahren nach der ZPO und den auf sie verweisenden Gesetzen. 3

IV. Auftrag an Post mit Formular, I 1. Nach §§ 191, 168 I 3 erteilt der Gerichtsvollzieher den Zustellungsauftrag an die Post nach § 25 S. 1 GVGA auf dem dafür vorgesehenen Formular. Er beachtet dabei die ZustVV, abgedruckt → § 190 Rn. 2, vgl. § 25 S. 3 GVGA, aM § 15 I 1 GVGA (Zulässigkeit nur in gesetzlich bestimmten Fällen wie zB bei §§ 829 II 2, 835 III. Aber die dortigen Erlaubnisse sind keine abschließende Aufzählung). 4

5 Der Gerichtsvollzieher wählt diese Zustellart grundsätzlich also nach pflichtgemäßem **Ermessen,** aM § 15 I 2 GVGA (nur auf ausdrückliches Verlangen des Auftraggebers. Aber §§ 191 ff. nennen solche Begrenzung nicht. Vgl. freilich auch unten). Die Aufgabe zur Post erfolgt auch zB bei einer Auslandszustellung nach §§ 829 II 3, 835 III insofern ebenso § 15 I 3 GVGA. Die Wahl der Zustellart beachtet auch den Regelungszweck nach → Rn. 2. Der Gerichtsvollzieher muss nach § 15 II 1 Nr. 2 GVGA auch die Postkosten mitbeachten. Er überwacht eine Eilzustellung nach § 15 III GVGA durch Aufgabe zur Post, soweit ihm möglich. Nach § 15 IV GVGA ist eine Zustellung nach § 194 unstatthaft bei einem Pfändungsbeschluss im Fall des § 840 und bei einer solchen Willenserklärung, bei der eine Urkunde vorzulegen ist. Dasselbe gilt nach § 15 V GVGA bei § 99 InsO.

6 **Örtlich zuständig** ist nach § 16 S. 1 GVO derjenige Gerichtsvollzieher, in dessen Bezirk der Auftraggeber (Partei, ProzBev) oder ein Zustellungsempfänger seinen Wohnsitz, Geschäftssitz, Amtssitz, Sitz der Niederlassung oder Aufenthaltsort hat. Eine eilige Zustellung durch die Post von einer Vorpfändungsbenachrichtigung nach § 845 I darf nach § 16 S. 2 GVO jeder Gerichtsvollzieher ausführen. Das kann auch durch einen Einwurf in den Postbriefkasten geschehen.

7 **V. Vermerk des Auftraggebers, I 1.** Der Gerichtsvollzieher muss auf dem zuzustellenden Schriftstück vermerken, im Auftrag welcher Person er es der Post übergibt. Deren Anschrift braucht er nicht anzugeben. Die Nämlichkeit des Auftraggebers muss aber einwandfrei erkennbar sein.

8 **VI. Bezeichnung des Zustellungsadressaten, I 2.** Die Sendung muss nach § 26 I 1 Nr. 3, S. 2, 3 GVGA den Namen und die genaue Anschrift des Adressaten nach → Vor § 166 Rn. 21 enthalten. Dessen Nämlichkeit muss für den Zusteller erkennbar sein. Deshalb gibt der Gerichtsvollzieher nach § 26 I 4 GVGA zB bei einer Behörde zusätzlich etwa „Leitung" oder „zu Händen der Leitung" an.

9 **VII. Bezeichnung des Gerichtsvollziehers, I 2.** Die Sendung muss nach § 26 I 1 Nr. 1 GVGA auch die Personalien des absendenden Gerichtsvollziehers so enthalten, dass der Zusteller die Sendung notfalls zurücksenden und der Empfänger den Absender erkennnen kann.

10 **VIII. Aktenzeichen, I 2.** Die Sendung muss nach § 26 I 1 Nr. 2 GVGA das Aktenzeichen des Gerichtsvollziehers oder des Gerichts aufweisen, am besten beide. Denn der Adressat soll erkennen können, in welcher Sache ihm der Gerichtsvollzieher über die Post zustellen läßt.

11 **IX. Bezeugung der Angaben, I 2.** Schließlich muss der Gerichtsvollzieher die Angaben → Rn. 7–10 auf der Urschrift des zuzustellenden Schriftstücks oder auf einem mit ihr zu verbindenen sog. „Übergabebogen" bezeugen. Denn man soll später erkennen können, was die Post erhalten hatte. Diese Angabe ist keine Zustellungsurkunde. Die Angabe muss der Auftraggeber erhalten.

12 einstweilen frei

13 **X. Verstoß, I, II.** Mangels einer Aushändigung ist die Zustellung unwirksam. Selbst dann können aber §§ 189, 295 I heilen. Die Post kann nach ihren Vorschriften haften. Für den Gerichtsvollzieher kommt eine Amtshaftung nach Art. 34 GG, § 839 BGB in Betracht.

195 ***Zustellung von Anwalt zu Anwalt.*** I [1]**Sind die Parteien durch Anwälte vertreten, so kann ein Dokument auch dadurch zugestellt werden, dass der zustellende Anwalt das Dokument dem anderen Anwalt übermittelt (Zustellung von Anwalt zu Anwalt).** [2]**Auch Schriftsätze, die nach den Vorschriften dieses Gesetzes von Amts wegen zugestellt werden, können stattdessen von Anwalt zu Anwalt zugestellt werden, wenn nicht gleichzeitig dem Gegner eine gerichtliche Anordnung mitzuteilen ist.** [3]**In dem Schriftsatz soll die Erklärung enthalten sein, dass von Anwalt zu Anwalt zugestellt werde.** [4]**Die Zustellung ist dem Gericht, sofern dies für die zu treffende Entscheidung erforderlich ist, nachzuweisen.** [5]**Für die Zustellung von Anwalt zu Anwalt gelten § 173 Absatz 1 und § 175 Absatz 2 Satz 1 entsprechend.**

II [1]**Zum Nachweis der Zustellung eines Schriftstücks genügt das mit Datum und Unterschrift versehene Empfangsbekenntnis desjenigen Anwalts, dem zugestellt worden ist.** [2]**§ 175 Absatz 4 gilt entsprechend.** [3]**Die Zustellung eines elektronischen Dokuments ist durch ein elektronisches Empfangsbekenntnis in Form eines strukturierten Datensatzes nachzuweisen.**[4]**Der Anwalt, der zustellt, hat dem anderen Anwalt auf Verlangen eine Bescheinigung über die Zustellung zu erteilen.**

1 **I. Systematik und Regelungszweck, I, II.** § 195 regelt die Zustellung von Anwalt zu Anwalt. Sie betrifft zum einen die Fälle, in denen eine **Parteizustellung** nach §§ 191 ff. in Betracht kommt (I S. 1). Sie ist aber auch in Fällen der **Amtszustellung** zulässig, wenn dem Gegner nicht gleichzeitig eine gerichtliche Anordnung mitzuteilen ist (I S. 2). Die Vorschrift dient der Vereinfachung und Beschleunigung (BAG NZA 2016, 365), weil sie eine einfache und kostensparende Möglichkeit der Zustellung bei anwaltlicher Vertretung beider Seiten schafft (Musielak/Voit/Wittschier Rn. 1).

2 § 195 wurde infolge der Änderungen der §§ 173 ff. mWv 1.1.2022 (BGBl. 2021 I, 4607) angepasst und ermöglicht nunmehr auch die **Zustellung eines elektronischen Dokuments** von Anwalt zu Anwalt per beA oder auf einem anderen sicheren Übermittlungsweg. Im Übrigen bleibt die Rechtslage der Zustellung von Anwalt zu Anwalt unverändert, dh ein Schriftstück kann weiterhin auch per Briefpost oder durch Telekopie zugestellt werden (vgl. BT-Drs. 19/28399, 37).

3 Auch soweit eine Zustellung nach § 195 zulässig ist, hat sie nicht stets die gleiche Wirkung wie eine Amtszustellung. Sie bringt zB beim Urteil und bei einem sonstigen Vollstreckungstitel zB nach § 794 zwar eine Voraussetzung der Zwangsvollstreckung nach § 750 II, löst aber nicht den Beginn der Rechtsmittelfrist nach §§ 317 I, 329 II 2, 569 I 1 aus. Rechtsmittel- oder Einspruchsfristen werden nur durch Zustellungen von Amts wegen in Gang gesetzt.

4 Die Vorschrift *privilegiert* Rechtsanwälte unter Berücksichtigung ihrer Berufspflicht als Organs der Rechtspflege nach § 1 BRAO.

5 **II. Sachlicher Geltungsbereich: auch im Parteiprozess, I, II.** Zunächst → Vor § 166 Rn. 5. Eine Zustellung von Anwalt zu Anwalt ist bei jedem „Dokument" möglich, auch zB bei einer Klageerweiterung nach

§§ 263, 264, Hmb FamRZ 2003, 1198. Sie ist dann zulässig, wenn alle an **diesem** Zustellungsvorgang beteiligten Parteien hierzu bevollmächtigte Anwälte nach § 81 haben. Partei idS ist auch der Nebenintervenient.

Das gilt im Anwaltsprozess wie auch im Parteiprozess nach → § 78 Rn. 1, soweit eine Zustellung im Partei- 6
betrieb nach § 191 erfolgen soll. Im Verhältnis zwischen Prozessbeteiligten ohne eine anwaltliche Vertretung erfolgt die Zustellung auf andere Weise als nach § 195. **Unzulässig** ist die Zustellung von Willenserklärungen nach § 132 BGB nach § 195; hierzu bedarf es der Einschaltung eines Gerichtsvollziehers (Musielak/Voit/Wittschier Rn. 1).

III. Persönlicher Geltungsbereich, I, II. Die Vorschrift gilt zwischen Anwälten als ProzBev. nach §§ 81, 7
172. Sie gilt auch bei einer Selbstvertretung eines Anwalts nach § 78 IV oder dann, wenn der Anwalt eine Partei kraft Amts nach → Vor § 50 Rn. 10 ist, also etwa Insolvenz- oder Zwangsverwalter oder Betreuer. Das gilt selbst dann, wenn die zuständige Behörde gegen den Anwalt ein Vertretungsverbot nach § 155 V BRAO erlassen hatte. Der zustellende wie der empfangende Anwalt müssen aber in dem Prozess nach § 87 selbst dann als der Vertreter der Partei oder als der Vertreter des ProzBev. aufgetreten sein, wenn die Partei ihm im Zeitpunkt der Zustellung bereits den Auftrag gekündigt hatte, falls diese Kündigung dem Prozessgegner noch nicht zugegangen war. Ein Berufsverbot ist schädlich.

Dem Anwalt **stehen gleich:** Sein Vollvertreter nach § 53 BRAO, und der Praxisabwickler nach § 55 BRAO, 8
auch wenn diese keine Anwälte sind, BAG NJW 1976, 991; sein ständiger Zustellungsbevollmächtigter nach § 30 BRAO, BGH NJW 1982, 1650; sein Sozius; der ihm für einen Sonderfall bestellte Bevollmächtigte; der Kammerrechtsbeistand nach §§ 1 II 1, 3 I Nr. 1 RDGEG, § 209 BRAO. Die Bestellung zum Vertreter für die Zustellung kann sogar darin liegen, dass der Anwalt häufig ein solches Empfangsbekenntnis von einem anderen Anwalt unterschreiben läßt, Schwendy DRiZ 1977, 48 (ausreichend sei auch der ohne eine besondere Vollmacht angestellte Anwalt). Für die Bestellung (Ermächtigung) gelten die allgemeinen Regeln einer Anscheins- oder Duldungsvollmacht, BGH NJW 1975, 1652.

Nicht ausreichend ist ein nichtanwaltlicher ProzBev., etwa ein Rechtsbeistand oder eine Behörde, selbst 9
wenn § 174 anwendbar wäre, oder der nichtanwaltliche vertretungsberechtigte Bevollmächtigte nach § 79.

IV. Annahmebereitschaft, I, II. Ein klarer Grundsatz zeigt viele Einzelprobleme. 10

1. Grundsatz: Bereitschaft als wesentliche Bedingung, I 1. Für die Wirksamkeit einer Zustellung von 11
Anwalt zu Anwalt ist wie bei § 174 die Bereitschaft des empfangenden Anwalts unbedingt notwendig, das bestimmte Dokument als zugestellt entgegenzunehmen, BGH NJW 2003, 2460, BVerwG NJW 1979, 1998, BayObLG Rpfleger 1982, 385. Die Zustellung ist erst dann wirksam erfolgt, wenn der empfangende Anwalt oder sein amtlich bestellter Vertreter von dem durch den Eingang in der Kanzlei erlangten Gewahrsam auch eine formelle Kenntnis erhalten hat, BGH VersR 1982, 273. Sie allein reicht aber noch nicht, BGH NJW 1989, 1154. Notwendig ist nämlich ferner, dass der Anwalt zumindest die Möglichkeit auch einer eigentlichen inhaltlichen Kenntnisnahme hat, BGH NJW-RR 1992, 252. Außerdem muss er sich entschlossen haben, das Dokument endgültig gerade als ihm zugestellt zu behalten, BayObLG Rpfleger 1982, 385.

2. Beispiele zur Frage einer Annahmebereitschaft, I 1

Kein Anerkenntnis: Nicht ausreichend ist natürlich eine Erklärung des Anwalts beim Empfang, er könne den 12
Vorgang nicht als eine wirksame Zustellung anerkennen, BGH NJW 1989, 1154.

Anfechtung: Nicht statthaft ist nach → Vor § 128 Rn. 64 eine Anfechtung wegen Irrtums.

Anfrage: → „Erkennbarkeit".

Annahmepflicht: Sie besteht zwar nicht prozessual, wohl aber evtl. berufsrechtlich. Aus ihr folgt auch eine Sorgfaltspflicht, BGH NJW 1992, 574. **Keine** berufsrechtliche Pflicht soll am letzten Tag einer Vollzugspflicht zB nach § 929 bestehen, AnwG Düss AnwBl 2014, 663.

Anwaltsfach: → „Eingang".

Beurkundung: Sie besteht **nicht** über ein etwaiges Empfangsbekenntnis hinaus.

Bloßes Behalten: Nicht ausreichend ist ein bloßes Behalten eines Dokuments. Denn der Anwalt mag zB meinen, er sei nicht mehr der Vertreter der Partei.

Eingang: Nicht ausreichend ist der bloße Eingang der Sendung, BGH VersR 1985, 143. Ein diesbezüglicher Irrtum des Anwalts ist unbeachtlich, BGH NJW 1979, 2566. Deshalb ist es bedenklich, das Einverständnis desjenigen Anwalts mit einem Anwaltsbriefkasten im Gericht mit der Empfangnahme aller derjenigen Sendungen zu unterstellen, die in dieses Fach gelangen. Denn der Anwalt muss von dem Umstand eine Kenntnis erhalten haben, dass das Dokument tatsächlich in seinen Gewahrsam gelangt ist (vgl. aber auch § 174), OVG Greifsw NJW 2002, 1141.

Erkennbarkeit: Ausreichend ist nur eine solche Bereitschaft, die auch nach → Vor § 128 Rn. 59, 60 erkennbar wird, BGH MDR 1994, 718 (Antwort auf Anfrage nach dem Verbleib des Empfangsbekenntnisses).

Heilung: Sie ist nach § 189 möglich.

Rückwirkung: Ausreichen kann es, dass der Anwalt zwar eine Zustellungsvollmacht erst nach dem Erhalt des Dokuments bekommt, nun aber das Dokument noch im Besitz hat und auch zur Empfangnahme rückwirkend bereit ist, BGH NJW 1989, 1154.

Selbstvertretung: Notwendig ist eine Annahmebereitschaft auch bei einer Selbstvertretung nach § 78 IV, BGH VersR 1985, 143.

Sorgfaltspflicht: → „Annahmepflicht".

Tatsächliche Kenntnis: Ausreichend ist die bloße Möglichkeit der Kenntnisnahme vom Inhalt im einzelnen, LG Karlsr VersR 1976, 53.

Verweigerung: Nicht ausreichend ist natürlich ein Vorgang der Verweigerung einer Unterschrift oder Signatur des Anwalts, BGH NJW-RR 1989, 57; BAG NJW 1996, 1917.

Vorläufige Entgegennahme: Nicht ausreichend ist die bloß vorläufige Entgegennahme zu einer nur vorläufigen Verwahrung, BGH VersR 1977, 1131.

Widerruf: Ein Widerruf des Zustellenden muss bis zum Wirksamkeitszeitpunkt zugehen.

Zwangszustellung: Eine Zwangszustellung ist nach § 195 nicht möglich. Erst der Wille des Empfängers macht die Zustellung wirksam, BGH NJW 1979, 2566; Nürnb AnwBl 1976, 294.

13 **3. Grenzen der Zulässigkeit, I 2.** Man kann einen Schriftsatz an sich auch von Anwalt zu Anwalt zustellen. Das gilt aber dann nicht, wenn es sich um einen beim Gericht einzureichenden Schriftsatz handelt, zB um die Klageschrift nach § 253 V, um eine Scheidungsantragsschrift nach § 133 FamFG, um eine Rechtsmittelschrift nach §§ 519 I, 549 I, 569 I oder um eine Rechtsmittelbegründungsschrift nach §§ 520 III 1, 551 II 1, die das Gericht nach § 549 I stets von Amts wegen zustellen muss, oder wenn das Dokument nach I 2 gleichzeitig eine gerichtliche Anordnung enthält, etwa eine Terminsbestimmung nach § 274 oder eine Frist nach §§ 275, 276. Das übersehen viele Anwälte und Gerichte. Einen fälschlich von Anwalt zu Anwalt „zugestellten" Schriftsatz muss das Gericht daher nach § 166 II von Amts wegen zustellen. Erst diese Zustellung ist wirksam. Deshalb genügt es auch keineswegs, etwa eine fristschaffende Verfügung mit einer bloßen Bezugnahme auf den „von Anwalt zu Anwalt zugestellten Schriftsatz" zu versehen. Eine Gerichtsentscheidung ist zwar kein Schriftsatz. Das Gericht muss sie aber nach §§ 317, 329 zwecks einer Ingangsetzung der etwaigen Rechtsmittelfrist nach §§ 166 ff. von Amts wegen zustellen. Diese Frist lässt sich also nicht nach § 195 herbeiführen. Die Zustellung von Anwalt zu Anwalt reicht jedoch, soweit sie nach § 750 I erforderlich ist.

14 **4. Verbleibende Möglichkeiten, I 2.** Zulässig ist aber auf dem Weg von Anwalt zu Anwalt die Zustellung eines solchen Schriftsatzes, der eine Widerklage nach Anh. § 253 oder eine Klageänderung oder Klageerweiterung nach §§ 263, 264 enthält, BGH NJW 1992, 2235. Im Schriftsatz soll der Absender angeben, dass die Zustellung von Anwalt zu Anwalt erfolgt. Diese Angabe ist aber nicht wesentlich. Notfalls muss die Partei die Zustellung dem Gericht nachweisen. Das Gericht darf und sollte im Zweifel oder zur Vermeidung unnötiger Rückfragen usw. auch dann eine Zustellung von Amts wegen veranlassen, wenn ein ihm eingereichter Schriftsatz den Vermerk enthält, der Absender habe ihn von Anwalt zu Anwalt zugestellt. Wenn die Zustellung von Anwalt zu Anwalt gleichwohl tatsächlich erfolgt ist und wenn von ihr eine Frist abhängt, ist der erste wirksame Zustellungszeitpunkt maßgeblich. Soweit es auf den Zustellungszeitpunkt nicht ankommt, kann nach einer etwa zusätzlich erfolgten rechtzeitigen und auch im Übrigen wirksamen Zustellung von Amts wegen offen bleiben, ob auch die Zustellung von Anwalt zu Anwalt ordnungsgemäß erfolgt ist. Allerdings darf das Gericht stets den insoweit erforderlichen Nachweis fordern.

15 **5. Erklärung, I 3.** Der zuzustellende Schriftsatz „soll", muss also nicht, die Erklärung „Ich stelle zu" oder „Zustellung von Anwalt zu Anwalt" oder ähnliches enthalten. Ihr Fehlen macht die Zustellung nicht unwirksam.

16 **6. Zustellungswille, I 3.** Der Absender muss den Willen haben, das Dokument förmlich zuzustellen, nicht bloß formlos mitzuteilen, BGH NJW 2010, 3381. Im letzteren Fall macht auch ein Empfangsbekenntnis nach → Rn. 10 die Zustellung nicht als solche wirksam. Das Motiv und der Zweck der Zustellung sind unerheblich, soweit der Wille zur Herbeiführung einer förmlichen Zustellung vor allem nach I 3 eindeutig erkennbar ist. Die Zustellungsabsicht kann sich nach → Vor § 128 Rn. 59, 60 aus den Umständen ergeben. Die Beifügung eines Formulars des Empfangsbekenntnisses kann ausreichen. Die Übersendung einer Ausfertigung statt einer beglaubigten Ablichtung oder Abschrift ist unschädlich. „Gegner hat Abschrift" deutet nicht auf einen Zustellungswillen hin, Ffm FamRZ 1986, 809. Ein gleichzeitig zugehender Widerruf der Zustellungsabsicht ist wirksam, wie bei § 130 I 2 BGB.

17 **7. Zustellungsnachweis für das Gericht, I 4.** Die Partei muss eine von Anwalt zu Anwalt erfolgte Zustellung dem Gericht nachweisen, sofern das für seine Entscheidung erforderlich ist. Diese Erforderlichkeit dürfte praktisch stets vorliegen. Jedenfalls bestimmt § 133 II, dass die Partei sofort nach der Zustellung von Anwalt zu Anwalt eine für das Gericht bestimmte Ablichtung oder Abschrift auf der Geschäftsstelle niederlegen muss.

18 **8. Telekopie, elektronisches Dokument, I 5, II 2.** Vgl. §§ 130ad. § 174 II 1 (Telekopie) und § 174 III 1, 3 (elektronisches Dokument) gelten entsprechend, BGH NJW 2010, 3381 (krit.). Auch § 174 IV 2–4 gelten entsprechend. Vgl. bei den genannten Vorschriften.

19 **V. Empfangsbekenntnis, II 1, 2.** Ein Empfangsbekenntnis des Anwalts ist wie bei § 174 ein wesentliches Erfordernis der Wirksamkeit dieser Zustellungsart, BGH NJW 2010, 3381; LG Stgt NJW 2002, 3791. Es genügt anstelle einer Zustellungsurkunde nach § 182 als ein Zustellungsnachweis nur beim Zusammentreffen der folgenden Voraussetzungen.

20 **1. Bezeichnung des Dokuments.** Das Empfangsbekenntnis muss das zugestellte Dokument formell lesbar angeben, BGH NJW-RR 1986, 1254. Es muss das zugestellte Dokument auch inhaltlich ausreichend bezeichnen, in der Regel mit dessen Datum. Eine Ungenauigkeit ist nur dann unschädlich, zB beim Aktenzeichen oder bei der Parteibezeichnung, solange die Nämlichkeit des Dokuments trotzdem zweifelsfrei feststeht, BGH VersR 1994, 1496. Das Empfangsbekenntnis braucht aber über die Rechtsnatur des zugestellten Dokuments nichts anzugeben, zB nicht dazu, ob es die Urschrift, eine Ausfertigung oder Ablichtung oder Abschrift oder eine elektronische Fassung ist. Die Verwendung des üblichen Formulars ist nicht notwendig, BGH NJW 1981, 463.

21 **2. Empfangsbestätigung.** Sie muss nach → Rn. 10 gerade zum Zweck der Zustellung bestätigen, und zwar unzweideutig, BGH NJW 2010, 3381; Köln NZM 1999, 418. Das Wort „Zustellung" ist nicht erforderlich, wohl aber nach → Rn. 10 eben die Annahmebereitschaft, BGH NJW 2010, 3381.

22 **3. Datum.** Das Empfangsbekenntnis muss das Datum des Empfangs enthalten, also den Tag der Erteilung des Bekenntnisses, BGH FamRZ 1995, 799. Der Anwalt muss unverzüglich und wahrheitsgemäß datieren. Der Eingangsstempel reicht nicht ohne die in → Rn. 10 genannte Empfangsbekundung, BGH NJW 1992, 574. Im Zweifel kann aber eine Unterschrift nebst einem Eingangsstempel reichen, Kblz Rpfleger 1996, 207. Eine Parteivereinbarung über ein anderes als das wahre Datum ist unbeachtbar. Eine Unklarheit kann zur Annahme des spätestmöglichen Datums zwingen, BGH VersR 1981, 354. Das Fehlen des Zustelldatums macht die Zustellung unwirksam. Denn dann liegt keine vollständige Beurkundung vor, BGH NJW 1994, 526; Kblz Rpfleger 1996, 207. *Dasselbe gilt bei einer Unleserlichkeit*, BGH NJW 1994, 526. Unschädlich ist eine versehentlich unrichtige Datumsangabe, BGH NJW-RR 1992, 1151. Der Anwalt muss vor seiner Unterschrift prüfen, ob er das zu bestätigende Dokument auch tatsächlich erhalten hat und ob er im Kalender neben dem Zustelldatum auch das Fristende hat eintragen lassen, Schlesw MDR 2005, 769.

4. Unterschrift des Anwalts. Der empfangende Anwalt oder ein nach → Rn. 1, 3 Ermächtigter müssen das Empfangsbekenntnis grundsätzlich eigenhändig und handschriftlich unterschrieben haben, BGH NJW-RR 1992, 1150, LG Stgt NJW 2002, 3791. Zur Form der Unterschrift → § 129 Rn. 9 ff., BGH NJW-RR 1992, 1150. Bei einer elektronischen Übermittlung tritt nach § 130a I 2 eine qualifizierte Signatur an die Stelle der Unterschrift. Eine Namensabkürzung (Paraphe) genügt nach → § 129 Rn. 16 ff. meist nicht, BGH VersR 1983, 273; Hamm NJW 1989, 3289. Ein Faksimilestempel genügt grds. nicht BGH NJW 1989, 838, Zöller/Schultzky Rn. 13. Es ist unschädlich, wenn der Empfänger seinen Stempel auf die beglaubigte Abschrift statt auf die Ausfertigung gesetzt hat. 23

5. Keine Unterschrift Dritter. Die Unterschrift des amtlich bestellten Vertreters reicht natürlich aus. Die Unterschrift einer anderen Person genügt nicht. Es genügt also auch nicht die Unterschrift eines Bürovorstehers oder eines Referendars oder eines sonstigen Dritten. Das gilt selbst dann, wenn ihn der Anwalt dazu bevollmächtigt hatte, BGH NJW 1982, 1650; Schlesw NJW 1982, 1570. Das gilt erst recht dann, wenn der Dritte weder der amtlich bestellte Vertreter des Anwalts war noch wenn dieser ihn besonders ermächtigt hat, BAG NJW 1976, 991. Noch weniger genügt die Unterschrift eines vom Anwalt bevollmächtigten Justizwachtmeisters, BGH NJW 1982, 1649. Daraus folgt, dass das Büro dem empfangenden Anwalt das Empfangsbekenntnis nebst dem zugehörigen Schriftstück evtl. an seinen tatsächlichen Aufenthaltsort nachsenden muss. Eine Angabe des Orts ist entbehrlich. Eine nachträgliche Unterschrift ist zulässig, BGH NJW 1994, 2296. Das gilt auch nach einer Weiter- oder Rückgabe, sofern das Empfangsformular dem Anwalt erneut vorliegt. Es gilt auch nach dem Zeitpunkt der Einlegung eines Rechtsmittels und dann, wenn sich nun aus dem Empfangsbekenntnis ergibt, dass der Anwalt die Rechtsmittelfrist versäumt hat. Sie braucht nicht mit der Unterschrift verbunden zu sein. **Fehlt** eine ausreichende Unterschrift, ist das Empfangsbekenntnis unwirksam, BGH NJW 1995, 533. 24

6. Rückgabe. Der empfangende Anwalt muss sein Empfangsbekenntnis an den zustellenden Anwalt zurückreichen. Erst damit ist die Zustellung rückwirkend bewirkt, Nürnb AnwBl 1976, 294. Die Rückgabe des unterschriebenen Empfangsbekenntnisses begründet die Vermutung der Annahmebereitschaft nach → Rn. 10, BGH VersR 1978, 763. Eine Ersatzzustellung in dem Sinn, dass sich ein Empfangswille des Anwalts ersetzen ließe, ist nicht zulässig. Da die Zustellung von Anwalt zu Anwalt ganz auf den Empfangswillen abstellt, sind diejenigen Mehrkosten grundsätzlich erstattungsfähig, die durch die Vermeidung dieser Zustellung entstehen. Durchstreichungen der Unterschrift vor der Rücksendung beseitigen die Wirksamkeit dieser Zustellung, Nürnb AnwBl 1976, 294. Eine Anfechtung oder ein Widerruf nach der Rücksendung des unterschriebenen Empfangsbekenntnisses sind unwirksam, → Vor § 128 Rn. 64. Auch Parteivereinbarungen über das Zustelldatum usw. sind unbeachtlich. 25

7. Beweiskraft. Das Empfangsbekenntnis „genügt zum Nachweis der Zustellung". Es ersetzt also die Zustellungsurkunde. 26

Das Empfangsbekenntnis ist zwar eine Privaturkunde nach § 416, BGH FamRZ 1995, 799. Es liefert aber nach → § 418 Rn. 5 „Empfangsbekenntnis" wie eine öffentliche Urkunde einen **vollen Beweis** für die Entgegennahme und deren Zeitpunkt, BGH NJW 2003, 2460, BVerwG NJW 1994, 535; BayObLG Rpfleger 1982, 385; aM Zöller/Schultzky Rn. 15 (§ 416). Zur Beweiskraft des elektronischen Dokuments § 371a. 27

Der Anwalt muss auf eine **Berichtigung** hinwirken. An den Nachweis der Unrichtigkeit muss man strenge Anforderungen stellen, BGH FamRZ 1995, 799. Wegen dieser Problematik → § 418 Rn. 15. Überhaupt lässt sich der Inhalt eines verlorenen Empfangsbekenntnisses mit allen Beweismitteln nach §§ 371 ff. erweisen, BGH VersR 1977, 425. Wenn der Anwalt sein Empfangsbekenntnis erst nachträglich ausgestellt hat, wirkt es auf den Zeitpunkt der tatsächlichen Entgegennahme des Schriftstücks zurück. Das ist auch nach einer Rechtsmitteleinlegung zulässig. Man darf und muss die Unterlassung der Rückleitung des Empfangsbekenntnisses evtl. als den Nachweis einer Zustellung innerhalb einer angemessenen postüblichen Zeit seit der Absendung des Schriftstücks beurteilen, LG Würzb JurBüro 1977, 563. Parteivereinbarungen sind weder über das Datum der Zustellung noch zB über die Ausklammerung der Zustellungswirkung bei einem Teil der Urkunde wirksam. 28

8. Mangel. Ein äußerer Mangel führt zur freien Beweiswürdigung nach § 286, BGH NJW 1992, 512. Ein Gegenbeweis nach → Vor § 284 Rn. 21 ist in jedem Punkt nach → § 418 Rn. 9 zulässig, BGH NJW 2003, 2460; BayObLG Rpfleger 1982, 385. Dazu reicht aber die bloße Möglichkeit einer Unrichtigkeit nicht, BGH NJW 2003, 2460. Das Datum auf dem Empfangsbekenntnis kann leider erfahrungsgemäß unrichtig sein. Insofern ist daher leider nicht ganz selten ein gewisses Mißtrauen unvermeidbar. Das Datum kann auch fehlen, BFH BB 1982, 1908. In diesen beiden Fällen gilt das schließlich etwa doch noch anderswie als richtig erwiesene Datum, BGH NJW 1979, 2566; Ffm Rpfleger 1976, 233; LAG Bln MDR 1979, 524. Mangels Bereitschaft zur Abgabe eines Empfangsbekenntnisses stellt der Gerichtsvollzieher wie sonst zu, § 27 IV GVGA. 29

9. Verstoß. § 189 ist anwendbar, aber noch nicht durch die Nachreichung eines Telefax stets erfüllt, BGH NJW 2010, 3382. § 14 BORA ist unanwendbar, AGH Hamm NJW 2015, 890. Eine Weigerung des Anwalts ist kein Berufsverstoß, BGH NJW 2015, 3672 (krit. Möller). 30

VI. Gegenbescheinigung, II 3. Der zustellende Anwalt muss dem empfangenden Anwalt nur auf dessen Verlangen eine dem § 169 I ähnliche Bescheinigung über die Zustellung ausstellen. Sie soll dem Zustellungsadressaten den Nachweis der Zustellung ermöglichen. Die Bescheinigung des zustellenden Anwalts berührt die Wirksamkeit der Zustellung nicht. Ihr Inhalt ist derselbe wie derjenige eines Empfangsbekenntnisses, → Rn. 19. Natürlich tritt an die Stelle der Empfangsbestätigung nach → Rn. 21 die Erklärung, dass eine Zustellung erfolgt sei. Sie liefert bis zu ihrer Widerlegung einen vollen Beweis. Grundsätzlich reicht sie zum Nachweis der Zustellung aus. Sonst würde die Partei des Zustellungsadressaten in eine unhaltbare Lage kommen. 31

Ein **vorsichtiger Anwalt** macht die Annahme des Dokuments von der Bescheinigung des zustellenden Kollegen abhängig, freilich nur als auflösende Bedingung. Denn eine aufschiebende wäre unbrauchbar. Als Nachweis kann nach § 27 III 1 GVGA auch eine Zustellungserklärung auf dem Schriftstück genügen. Freilich kann der zustellende Anwalt dann das Zustelldatum kaum schon angeben. Im Zweifel geht das Datum auf dem Empfangsbekenntnis vor → Rn. 22 vor. Eine bloße Aktennotiz oder ein Eingangsstempel reichen nicht als eine Zustellungsbescheinigung aus. Das Fehlen oder die Unrichtigkeit der Gegenbescheinigung sind für die Zustellung unbeachtlich. Der Gerichtsvollzieher händigt nach § 27 II 3 GVGA bei seiner Einschaltung durch den zustellenden Anwalt Zug um Zug gegen die Aushändigung des Empfangsbekenntnisses zu. Der Gerichtsvollzieher soll 32 daher auch nach § 27 II 4 GVGA von einer Bereitschaft zu einer Gegenbescheinigung die Auftragsannahme mitabhängig machen. Er beurkundet nach § 27 II 5 GVGA nicht.

195a-213a (weggefallen)

Titel 3. Ladungen, Termine und Fristen

Vorbemerkung zu § 214

Schrifttum: Baudewin/Scheffler Die Terminsverlegung – Prozessführung in Zeiten der Corona-Pandemie NJW 2021, 3495; Buschbell/Kaniewski, Fristentabelle für die Anwaltspraxis, 10. Aufl. 2018; Jungbauer/Groß, Fristentabellen, 2. Aufl. 2013; Löhnig, Fristen und Termine im Zivilrecht, 2. Aufl. 2006.

1 **I. Systematik.** §§ 214–229 enthalten wesentliche Regelungen zur Vorbereitung und Abwicklung einer oder mehrerer Verhandlungen oder Verkündungen. Zum vollen Verständnis der dem Gericht vorgeschriebenen Arbeitsweise muss man aber zahlreiche weitere, nicht im Titel 3 enthaltene Vorschriften beachten, zB über die Zustellung nach §§ 166 ff., über die Wahl des Verfahrensgangs nach § 272, über vorbereitende Auflagen nach § 273 oder über eine Vertagung im Säumnisverfahren nach § 337. Dieses Zusammenwirken zeitlich zusammengehöriger, räumlich im Gesetz aber getrennter Regeln ist stets zu beachten.

2 **II. Regelungszweck.** Die Vorschriften dienen zwar im Einzelnen durchaus unterschiedlichen Zwecken. Sie haben aber gemeinsam, dass das Gericht seine Pflicht zur Prozessförderung ebenso ernst nehmen soll wie die Parteien die ihrige und dass die Prozesswirtschaftlichkeit ebenfalls zu beachten ist, ohne dass das Prozessgrundrecht des rechtlichen Gehörs darunter leiden soll.

3 Alle prozessualen Fristen sind streng einzuhalten. Man darf eine Frist bis zur letzten Sekunde ausnutzen, BVerfG NJW 2001, 3473; NJW 1996, 2857; BGH NJW 2005, 679; NJW 2004, 2525; NJW-RR 2001, 916. Dann steht mit dem Ablauf dieser Sekunde aber auch der Fristablauf fest, um Rechtssicherheit zu gewährleisten. Bei der Planung und Durchführung eines Termins kommt eher einmal eine gewisse Großzügigkeit in der Auslegung infrage. Dies darf jedoch nicht zur Ungewissheit führen, das rechtliche Gehör gefährden und damit das Gesamtergebnis des Prozesses infrage stellen. Deshalb ist bei Umterminierung, Friständerung, Umladung Sorgfalt erforderlich. Die einzelnen Vorgänge sind zu protokollieren oder sonst aktenkundig zu machen.

4 **III. Geltungsbereich.** §§ 214–229 gelten grundsätzlich in allen Verfahrensarten nach der ZPO, auch im WEG-Verfahren und vor dem Beschwerdegericht nach § 73 Nr. 2 GWB. Wegen des markenrechtlichen Rechtsbeschwerdeverfahrens § 88 I 1 MarkenG. Hinsichtlich Terminsänderung → § 227 Rn. 3. Im FamFG-Verfahren gelten vorrangig §§ 16, 32 FamFG und im Übrigen §§ 214 ff. entsprechend im Bereich des § 113 I 2 FamFG.

5 **IV. Termin.** Das ist ein im Voraus genau bestimmter Zeitpunkt für eine gemeinschaftliche Prozesshandlung des Gerichts mit den Parteien oder mit einem Dritten, VG Wiesb JurBüro 1999, 587, zB mit einem Zeugen nach § 373. Es kann sich um eine Verhandlung nach § 137 einschließlich einer Güteverhandlung nach § 278 handeln, um eine Beweisaufnahme nach §§ 355 ff. oder um die Verkündung einer Entscheidung nach §§ 310, 311, 329 I 1. Gleichbedeutend ist der Begriff Sitzung zB in §§ 136 III, 345 und bisweilen auch der Begriff Verhandlung nach § 220. Den Termin beraumt der Richter an. Falls jedoch der Rpfl. zu einer Sachentscheidung zuständig ist, beraumt dieser den Termin an.

6 **V. Ladung.** Sie hat im Zivilprozessrecht eine zentrale Bedeutung. Sie dient der Einhaltung des Gebots des rechtlichen Gehörs und kann weitreichende Konsequenzen nach sich ziehen.

7 **1. Begriff.** Unter einer Ladung versteht man die Aufforderung zum Erscheinen in einem gerichtlich bestimmten Termin, VG Wiesb JurBüro 1999, 587. Die Ladung erfolgt nach §§ 214, 274, 497 von Amts wegen. Die ZPO spricht häufig von einer Bekanntmachung oder einer Mitteilung des Termins. Solche Vorgänge unterscheiden sich sachlich wenig von einer Ladung. Sie braucht ja auch das Wort „laden" nicht zu benutzen. Der Unterschied liegt darin, dass bei einer Bekanntmachung oder Mitteilung die Aufforderung zum Erscheinen vor dem Gericht nicht enthalten ist und dass das Gesetz die Form einer Bekanntmachung oder Mitteilung nicht regelt. Es genügt dann vielmehr die Mitteilung des Termins durch den Urkundsbeamten der Geschäftsstelle. Demgegenüber muss das Gericht eine Ladung aufgrund einer nicht nach § 218 verkündeten Terminsbestimmung nach § 329 II 2 grundsätzlich förmlich zustellen, soweit nicht eine gesetzliche Ausnahme vorliegt, zB nach §§ 141 II 2, 357 II 1, 497 I.

8 Wenn das Gericht einen Termin nach §§ 311 IV, 329 I 1 verkündet hat, sind eine Ladung und eine Bekanntmachung nach § 218 regelmäßig entbehrlich. Ein Übersehen eines so angeordneten Termins kann zu schweren Rechtsfolgen führen. Da es sich aber um eine klare gesetzliche Regelung handelt, muss eine anwaltlich vertretene Partei insofern meist ein Verschulden ihres ProzBev. nach § 85 II gegen sich gelten lassen. Beim AG kann im Übrigen nach § 497 II eine mündliche Mitteilung gegenüber dem Kläger zum ersten Termin genügen. Für die Ladung eines Soldaten gelten die im Erlass in SchlAnh. II abgedruckten Vorschriften. Wegen der Ladung eines Mitglieds der ausländischen Streitkräfte Art. 37 ZAbkNTrSt, SchlAnh. III. In einer Markensache gelten §§ 214 ff. vor dem BGH (Rechtsbeschwerde) nach § 88 I 1 MarkenG entsprechend.

9 **2. Funktion und Form.** Die Ladung kann der Einleitung oder der Fortsetzung eines Prozesses dienen. Das Prozessrechtsverhältnis entsteht grundsätzlich mit der Zustellung der Klageschrift nach § 271. Jede Ladung nach § 216 setzt eine vorherige richterliche Terminsbestimmung voraus. Man kann die Ladung aber durch diese Terminsbestimmung allein noch nicht ersetzen. Der Gebrauch des Begriffs „Ladung" ist nicht erforderlich.

10 Die Ladung muss enthalten: Die Bezeichnung der ladenden Stelle; die Bezeichnung des Geladenen; die Bezeichnung des Gerichts, zumindest nach seiner Postanschrift; die Angabe der Zeit des Termins nach Tag, Stunde und Minute, regelmäßig durch die Mitteilung einer beglaubigten Ablichtung oder Abschrift der Terminsbestimmung; die Bezeichnung des Prozesses; die Bezeichnung des Terminszwecks, jeweils zumindest mit einem Stichwort „wegen", BGH NJW 1982, 888, zumindest das Aktenzeichen; die Aufforderung, zum Termin vor dem Gericht zu erscheinen. Diese Aufforderung braucht allerdings nicht ausführlich zu erfolgen. Vor welcher

Abteilung oder welcher Kammer der Geladene erscheinen muss, kann er grds. anhand des Aktenzeichens iVm dem auf der Verwaltungsgeschäftsstelle einsehbaren Plan über die Verteilung der Sitzungssäle feststellen. Unentbehrlich ist ferner im Anwaltsprozess die Aufforderung nach § 215.

Im Zweifel ist jeder Geladene verpflichtet, so rechtzeitig zu erscheinen, dass er voraussichtliche Umwege durchführen kann, bevor der festgesetzte Termin beginnt. Eine Verspätung aus diesem Grund ist grds. nicht entschuldigt. Je größer das Gericht ist, desto mehr Zeit ist einzukalkulieren. Ebenso ist die Möglichkeit einer Personenkontrolle am Haus- oder Saaleingang zu berücksichtigen. Der Geladene hat jedoch das Recht sich im Gericht in den richtigen Saal einweisen zu lassen. 11

3. Ladungsmängel. Eine Ladung, die den Anforderungen nach → Rn. 5–11 nicht entspricht, ist grundsätzlich unwirksam, BGH DGVZ 2010, 130. Sie kann für den Geladenen nach § 335 I Nr. 2 keine Versäumnisfolgen begründen, da sie immer ordnungsgemäße Ladung voraussetzen, BGH NJW 2011, 928; Drsd NJW 2014, 1826. Eine Heilung von Zustellungsmängeln kann nach § 189 erfolgen. Die Heilung aller Ladungsmängel kann auch dadurch geschehen, dass die Parteien oder der Betroffene sie nicht nach § 295 I rügten, BGH DGVZ 2010, 130. Das Gericht muss die Ladungsfrist des § 217 stets einhalten. Davon enthält das FamFG Ausnahmen. Die Ladungsfrist gilt auch im Eilverfahren nach §§ 916 ff., 935 ff. Ein Verstoß kann die Versagung des rechtlichen Gehörs nach Art. 103 I GG bedeuten. 12

4. Ladungswunsch. Wenn eine Partei eine Ladung wünscht, hat sie dies schriftlich dem Gericht mitzuteilen. Wenn die Partei einen Termin beantragt, ist eine Ladung grds. erforderlich. Es genügt aber auch jeder Antrag, ein Verfahren mit einer notwendigen Verhandlung fortzusetzen. Das Gericht hat zu prüfen, ob eine Ladung tatsächlich notwendig ist. Sie kann zB evtl. dann entbehrlich sein, wenn sich ergibt, dass ein Einspruch gegen ein Versäumnisurteil nach § 338 oder gegen einen Vollstreckungsbescheid nach § 700 verspätet war, so dass der Antrag der nichtsäumigen Partei auf die Anberaumung eines Verhandlungstermins über den Einspruch und zur Sache nach § 341a entbehrlich ist, weil das Gericht den Einspruch zwar durch ein Urteil bescheiden muss, ihn jedoch auch dann ohne eine mündliche Verhandlung nach § 341 II verwerfen kann. 13

VI. Prozessuale Frist. Unter einer Frist versteht man den Zeitraum, innerhalb dessen die Prozessbeteiligten Prozesshandlungen vornehmen können oder müssen, BGH VersR 1985, 574. Alle Fristen laufen auch in der Zeit vom 1. Juli bis 31. August, denn § 227 III betrifft nicht Fristen sondern Termine. Zwischen folgenden Fristen ist zu unterscheiden: 14

1. Eigentliche Frist. Bei einer eigentlichen Frist (§§ 221 ff.) handelt es sich um die Zeitspanne, die das Gericht einer Partei gewährt, damit sie handeln oder sich vorbereiten kann. Das Gericht hat dabei eine Postlaufzeit zu bedenken, VerfGH Mü NJW 2006, 283. Diese Fristart ist nach verschiedenen Gesichtspunkten zu unterteilen. Es kann zB zwischen einer Handlungsfrist und einer Zwischenfrist oder Überlegungsfrist unterschieden werden. Zu der letzteren gehören die Einlassungsfrist nach § 274 III und die Ladungsfrist nach § 217. Man kann ferner zwischen einer gesetzlichen Frist und einer richterlichen Frist unterscheiden. Bei der letzteren bemisst der Richter ihre Dauer nicht nach unbestimmten Rechtsbegriffen, sondern grundsätzlich nach dem BGB, → § 222 Rn. 2 ff., und in diesem Rahmen zB nach §§ 56 II 2, 89 I 2, 109, 113, 244 II, 273 II Nr. 1, 275 I 1, III, IV, 276 I 2, III, 277 III, 356 S. 1, 769 II, 926 I. Außerdem bestehen zwischen einer richterlichen und einer gesetzlichen Frist Abweichungen bei der Möglichkeit einer Verkürzung oder Verlängerung nach § 224 II. Gesetzliche und richterliche Frist lassen sich wiederum in eine Notfrist nach § 224 I 2 oder in eine gewöhnliche Frist unterteilen, die das Gesetz nicht als Notfrist kennzeichnet. Eine Notfrist ist zwar unabänderlich, sie lässt aber eine Wiedereinsetzung in den vorigen Stand nach § 233 zu. 15

Die Fristbemessung wird dort, wo das Gericht einen zeitlichen Ermessensspielraum hat, in der Praxis unterschiedlich gehandhabt. Die Einräumung überlanger Fristen ist nicht zulässig; diese könnten bis hin zu einem Verstoß gegen Art. 19 IV 1 GG oder Art. 6 EMRK führen, → § 216 Rn. 15 ff. Aber auch eine zu knapp bemessene Frist kann unstatthaft sein und etwa gegen Art. 103 I GG (rechtliches Gehör) verstoßen. Innerhalb dieser Grenzen besteht das Gebot der Prozessförderungspflicht des Gerichts als Gegenstück zur Förderungspflicht der Parteien, → Einl. II Rn. 55; → § 139 Rn. 2. 16

Fristgebundene Prozesshandlungen sind spätestens um 24.00 Uhr des letzten Tages der Frist gegenüber dem Gericht vorzunehmen. Schriftsätze müssen innerhalb dieser Frist tatsächlich in die Verfügungsgewalt des Gerichts gelangt sein. Der Eingangsstempel des Gerichts erbringt für den fristgerechten oder fristversäumenden Eingang den vollen Beweis nach § 418 I. Ein Gegenbeweis nach § 418 II ist möglich, BGH FamRZ 2017, 1247. Für den Nachweis der Fristwahrung gilt der Freibeweis, BGH NJW 2017, 2285. Da die Partei, die eine Frist zu wahren hatte, die internen Vorgänge bei Gericht meist nicht kennt, sind an die Erbringung des Gegenbeweises nicht zu strenge Anforderungen zu stellen. Jedoch reicht eine Glaubhaftmachung z. B. durch eidesstattliche Versicherung grds. nicht aus, BGH FamRZ 2017, 1247; VersR 2006, 569. 17

2. Uneigentliche Frist. Das ist die Frist, die das Gesetz dem Gericht oder einer Gerichtsperson für eine Amtshandlung setzt oder während derer ein Verfahren ausgesetzt ist, zB nach § 136 III FamFG, BGH NJW 1977, 718 (zum alten Recht) oder gehemmt ist. Es kann sich auch um eine Ausschlussfrist handeln. Zu ihr gehört auch eine nach Jahren bemessene Frist, etwa in den Fällen des § 234 III oder des § 586 II 2, KG Rpfleger 1976, 368. Weitere Fälle: §§ 206, I, II, 216 II, 310 I, 315 II 1, 547 Nr. 6, BAG NJW 2000, 2835; § 701 S. 1, LAG Bln MDR 1990, 187, §§ 798, 1043 II 3. Auf eine uneigentliche Frist ist der Titel 3 nicht anwendbar, abgesehen von der Berechnung nach § 222. 18

VII. Begrenzung der Parteiherrschaft. Notfristen nach § 224 I 2 und uneigentliche Fristen nach → Rn. 18 sind der Parteiherrschaft gesetzlich entzogen. Eine Parteivereinbarung kann nach § 224 I 1 eine gesetzliche oder richterliche Frist verkürzen, aber nicht verlängern. Demgegenüber ändern die Beschleunigungsvorschriften nichts daran, dass eine Partei die gesetzte Frist voll ausnutzen darf. 19

214 *Ladung zum Termin.* Die Ladung zu einem Termin wird von Amts wegen veranlasst.

I. Systematik. Die Vorschrift enthält nur einen Teil der für eine wirksame Ladung zu beachtenden Regeln. Zum einen regelt das Gesetz die Form der Ladung an anderer Stelle in §§ 166 ff.; zum anderen regelt es auch den 1

Inhalt anderweitig näher, zB in §§ 141 III 3, 215, 274 II, 377 II, 402, 450 I 2. Das gilt auch für die etwaige Ladungsfrist nach §§ 217, 604 II, 605a. Auch eine Abladung folgt den Ladungsregeln. Notfalls muss hierbei die Geschäftsstelle zB telefonisch oder per Telefax vorgehen, Drsd NJW 2018, 2274.

2 **II. Regelungszweck.** Durch die Ladung von Amts wegen erhält das Gericht die Möglichkeit, alle nach dem Gesetz zur Verfügung stehenden Möglichkeiten der §§ 166 ff. zu nutzen. Das Gericht muss zugleich für einen tatsächlichen Zugang der Terminmitteilung sorgen. Er löst erst die weitreichenden Rechtsfolgen einer Säumnis nach §§ 330 ff., 495a aus. Die Vorschrift dient also der Wahrung des rechtlichen Gehörs und ist deshalb strikt anzuwenden, soweit nicht die Parteiherrschaft in einer Reihe von Fällen eine bloße Gestellung zulässt, → Rn. 7.

3 Die in der Praxis manchmal gehandhabte „formlose Ladungen", zB telefonisch mit der „Bitte", möglichst sofort in den Sitzungssaal zu kommen, oder in der Form der „Beauftragung" eines ProzBev., einen Zeugen zum alsbaldigen Erscheinen zu bewegen, kann erstaunlich gut funktionieren und zur Prozessförderung beitragen. Sie können aber beim Fehlschlagen des Versuchs im Zivilprozess keine Rechtsnachteile auslösen. Es kann andererseits beim Erfolg auch Kostenfolgen wie zB Zeugengeld zulasten des im Verfahren Unterlegenen nach § 91 haben.

4 **III. Geltungsbereich.** → Vor § 214 Rn. 4.

5 **IV. Zuständigkeit der Geschäftsstelle.** An die Stelle eines Ladungsschriftsatzes tritt der Antrag der Partei, einen Termin zu bestimmen. Nach der richterlichen Terminsbestimmung gemäß § 216 veranlasst der Urkundsbeamte der Geschäftsstelle nach § 153 GVG die Ladung. Er lädt die zum Termin erforderlichen Personen von Amts wegen nach § 168 I 1. Er nimmt dabei soweit erforderlich mit dem Vorsitzenden Rücksprache wegen der zu ladenden Personen. Ihn bindet eine etwaige Weisung des Vorsitzenden.

6 **V. Ladungsinhalt; Zustellung.** Zum Inhalt der Ladung → Vor § 214 Rn. 9 ff. Die Zustellung erfolgt von Amts wegen nach §§ 166 ff. Das gilt auch in den Fällen der §§ 63, 71, 491, 856, 942.

7 **VI. Sistierung (Gestellung).** Eine Terminsladung im Parteibetrieb nach §§ 191 ff. findet nicht statt. Die Partei kann aber eine solche Beweisperson, deren Vernehmung sie erreichen möchte, von sich aus bitten, vorsorglich zum Termin zu erscheinen. Diese sog. Sistierung (Gestellung) kann verhindern, dass das Gericht zB einen verspätet benannten Zeugen zurückweist. Jedoch hat die Partei keinen Anspruch darauf, den sistierten Zeugen im Termin vernehmen zu lassen.

215 *Notwendiger Inhalt der Ladung zur mündlichen Verhandlung.*

I [1]In der Ladung zur mündlichen Verhandlung ist über die Folgen einer Versäumung des Termins zu belehren (§§ 330 bis 331a). [2]Die Belehrung hat die Rechtsfolgen aus den §§ 91 und 708 Nr. 2 zu umfassen.

II In Anwaltsprozessen muss die Ladung zur mündlichen Verhandlung, sofern die Zustellung nicht an einen Rechtsanwalt erfolgt, die Aufforderung enthalten, einen Anwalt zu bestellen.

1 **I. Systematik.** Die Vorschrift ergänzt § 214 hinsichtlich des Inhalts der Ladung zur mündlichen Verhandlung. Es gibt außerhalb einer Rechtsmittelbelehrung nach §§ 232, 233 S. 2 keine umfassende gerichtliche Belehrungspflicht. § 215 durchbricht diesen Grundsatz in zwei wesentlichen Punkten. I sieht eine Belehrung über die Folgen einer Terminsversäumung vor. Dabei geht I über die entsprechende Belehrungspflicht nach Art. 17 VO (EG) Nr. 805/2004 (EuVTVO), abgedruckt in → Vor § 1079 Rn. 3 ff. hinaus. Während § 271 im Anwaltsprozess bereits zusammen mit der Zustellung der Klageschrift nach § 271 eine Aufforderung zur Bestellung eines Anwalts anordnet, enthält II eine entsprechende Anweisung für die Fälle, in denen eine Partei bis zur Terminsladung noch keinen Anwalt als ProzBev. nach § 172 bestellt hatte. §§ 275 I 2, 276 I 3 Hs. 2 enthalten ähnliche Aufforderungen zu bestimmten Mitteilungen über die bloße Anwaltsbestellung hinaus.

2 **II. Regelungszweck.** Die Vorschrift dient der Belehrung der Partei und damit der Vermeidung eines Zeit- und Rechtsverlusts infolge von Nachlässigkeiten insbesondere seitens einer mit dem Anwaltszwang nicht vertrauten Partei. Damit dient sie sowohl der Prozessförderung und der Prozesswirtschaftlichkeit als auch einer prozessualen Waffengleichheit. Dabei sollte aber die Parteiherrschaft auch als Ausdruck des Art. 2 GG nicht völlig zurücktreten. Sie erlaubt und fordert sogar Grenzen einer solchen Fürsorgepflicht.

3 **III. Geltungsbereich.** Zunächst → Vor § 214 Rn. 4. § 215 gilt nur für die Ladung einer Partei einschließlich des Streithelfers nach §§ 66 ff. Ein anderer Prozessbeteiligter, zB ein Zeuge nach § 373 oder Sachverständiger nach § 402, unterliegt nicht den in I 1 allein genannten §§ 330–331a. I gilt im Anwaltsprozess wie im Parteiprozess. Das Gericht müsste also theoretisch nach I sogar einen Anwalt als ProzBev. belehren. Dies lässt sich durch eine teleologische Reduktion auf das praktisch Notwendige beschränken, dass der Anwalt jedenfalls nicht mehr als den Hinweis „auf § 215 I ZPO" braucht, BGH NJW 2010, 3376. I gilt also auch im Verfahren vor dem AG nach §§ 495 ff.; II gilt nur im Anwaltsprozess.

4 **IV. Ladung zur mündlichen Verhandlung.** Die Vorschriften gelten nur, soweit eine Ladung zu einer „mündlichen" Verhandlung erfolgt, also nicht bei der Ladung zu einer Güteverhandlung nach § 278 II; denn diese geht der mündlichen Verhandlung nach § 279 gerade voraus. I, II gelten aber auch dann, wenn die Ladung sowohl zum Gütetermin als auch vorsorglich zu einem gleich anschließend für denselben Tag nach § 279 I 1 anberaumten mündlichen Verhandlungstermin erfolgt. Auch eine voraussichtliche Beschränkung auf etwa eine Zuständigkeitsfrage neben einer etwaigen Verweisung oder Abgabe verändert nicht den Charakter einer mündlichen Verhandlung. § 332 gilt unverändert.

5 **V. Folgen einer Terminsversäumung nach §§ 330–331a, I.** Es geht nur um die gerade in §§ 330–331a abschließend aufgezählten Rechtsfolgen. Jedoch verweist § 331a S. 2 auf § 251 II. Natürlich gelten auch §§ 333 ff. Andererseits weist I 1 nicht auf ein etwaiges 2. Versäumnisurteil nach § 345 hin. Die Warnfunktion des Art. 17 EuVTVO erfordert auch nicht, dass auch auf die Möglichkeit des 2. Versäumnisurteils (§ 345) hingewiesen wird, BGH NJOZ 2011, 1019.

6 **VI. Belehrung, I.** Das Gesetz fordert in I eine Belehrung, nur in II eine bloße Aufforderung. Belehrung ist ein auslegbarer Begriff. Er sollte praktisch brauchbar ohne Überdehnung angewendet werden.

1. Form. Es ist keine Schriftform notwendig. Fast alle Ladungen erfolgen jedoch schriftlich. Dann muss auch die Belehrung so erfolgen. Die Schriftform ist zumindest schon zum Nachweis einer hinreichenden Belehrung sinnvoll. Das elektronische Dokument nach § 130a steht auch hier der Schriftform gleich. 7

Der Inhalt der Belehrung kann praktisch für alle Verfahren einheitlich vorformuliert werden. Ein bloßer Hinweis auf die Paragrafen reicht jedoch nicht. 8

2. Zeitpunkt. Die Belehrung muss „in" der Ladung erfolgen, nicht vorher und nicht später. Sie ist also noch nicht zusammen mit der Zustellung der Klage nach § 271 im schriftlichen Vorverfahren nach § 276 I 1 erforderlich, auch nicht zusammen mit der Ladung zum bloßen Gütetermin nach § 278 II. „In der" ist aber auch als „zusammen mit der" Ladung auszulegen. Ein Nachschieben kann nach § 295 I dann ausreichen, wenn sie den Geladenen noch rechtzeitig erreicht. 9

3. Inhalt. I 2 gibt nur teilweise den Inhalt der Belehrung wieder. Dieser ist vor allem darauf gerichtet, den jeweiligen prozessualen Nachteil oder Rechtsverlust einer Terminsversäumung klarzustellen. Er hängt ganz von der Art des Verhandlungstermins ab. So drohen zB im ersten versäumten Verhandlungstermin dem Kläger die Rechtsfolgen des § 330, dem Bekl. diejenigen des § 331, beiden diejenigen des § 331a, allen diesen Beteiligten aber nur unter den Voraussetzungen der §§ 333 ff. 10

4. Umfang. Die Belehrung sollte nicht überfrachtet werden; andererseits kann eine zu knappe Belehrung eine Unzulässigkeit nach § 335 I Nr. 2 wegen einer nicht ordnungsmäßigen Ladung zur Folge haben. Eine formularmäßige Belehrung wird sich praktisch kaum vermeiden lassen. 11

5. Kosten, Vollstreckbarkeit. Kostenfolgen muss das Gericht nach I 2 nur aus § 91 ansprechen, nicht auch aus §§ 91a ff. Ein Hinweis auf § 708 Nr. 2 mit seiner vorläufigen Vollstreckbarkeit eines etwaigen Versäumnisurteils ohne eine Sicherheitsleistung braucht nicht einen Hinweis auch auf § 709 S. 2 mit zu enthalten, auch nicht den Hinweis nach § 712 I oder II. 12

6. Aktenkundigkeit. Um die Ordnungsmäßigkeit der Ladung überprüfbar zu machen, ist deren Inhalt am besten durch eine Abschrift oder Ablichtung in den Akten zu dokumentieren. Nur ein Hinweis, dass eine formularmäßige Belehrung erfolgt ist, reicht meistens nicht, wenn dieses Formular nicht auch der Akte beiliegt. 13

VII. Aufforderung, II. Es ist zwischen dem ersten und den weiteren Terminen zu unterscheiden. 14

1. Erster Termin. II verlangt von jeder Ladung einer Partei im Anwaltsprozess, die nicht an einen Anwalt als ProzBev., an den Zustellungsbevollmächtigten nach § 184 oder an einen Vertreter oder Abwickler nach §§ 53, 55 BRAO geht, dass sie die Aufforderung zur Bestellung eines Anwalts enthält. Die Geschäftsstelle fügt diese Aufforderung der Ladung nach §§ 523, 525 von Amts wegen hinzu. 15

2. Späterer Termin. Solange sich noch kein Anwalt für die Partei gemeldet hat, ist die Aufforderung jeder – auch der wiederholten – Ladung zB nach Vertagung (§ 337) oder Terminsverlegung (§ 227) beizufügen. Es kommt auch nicht darauf an, ob die Partei sonst um den Anwaltszwang weiß, hM MüKoZPO/Stackmann Rn. 4; Musielak/Voit/Stadler Rn. 1; Zöller/Feskorn Rn. 2. 16

VIII. Verstoß. Die Belehrung nach I und eine Aufforderung nach II sind für die Wirksamkeit der Ladung wesentlich. Sie sind also nach § 335 I Nr. 2 jeweils eine Voraussetzung des Säumnisverfahrens. Ein etwaiger Mangel kann aber dadurch geheilt werden, dass ein Anwalt im Termin für die Partei auftritt. 17

216

Terminsbestimmung. [I] **Die Termine werden von Amts wegen bestimmt, wenn Anträge oder Erklärungen eingereicht werden, über die nur nach mündlicher Verhandlung entschieden werden kann oder über die mündliche Verhandlung vom Gericht angeordnet ist.**

[II] **Der Vorsitzende hat die Termine unverzüglich zu bestimmen.**

[III] **Auf Sonntage, allgemeine Feiertage oder Sonnabende sind Termine nur in Notfällen anzuberaumen.**

Schrifttum: Fasching, Rechtsbehelfe zur Verfahrensbeschleunigung, FS Henckel, 1995, 161.

I. Systematik. Die Vorschriften über die Terminsbestimmung stehen im unmittelbaren systematischen Zusammenhang mit den Ladungsvorschriften. Sobald eine Partei ein Schriftstück einreicht, das eine Terminsbestimmung notwendig macht, muss das Gericht bei jedem Verfahren nach der ZPO grundsätzlich den Termin unverzüglich anberaumen, BGH NJW 1983, 2496. § 272 IV hat Vorrang. Eine Terminsladung ist grundsätzlich verfassungsgemäß, VerfGH Mü NJW-RR 2006, 1505. Die Geschäftsstelle muss im Anschluss an die Terminsbestimmung die Beteiligten nach § 214 von Amts wegen im Weg einer Zustellung nach §§ 166 ff. laden. Beim AG ist die Zustellung nach § 497 vereinfacht. Eine mehrmalige Zustellung oder Mitteilung schadet nicht. Soweit eine Ladung etwa nach § 335 II zu einem verkündeten Termin trotz § 218 ausnahmsweise noch erfolgen muss, kann das Gericht das Verkündungsprotokoll mit der Ladung zustellen oder einfach mit der Mitteilung laden, dass der Termin verkündet worden sei. Für den beauftragten und ersuchten Richter nach §§ 361, 362 stellt § 229 dessen Befugnis klar. 1

II. Regelungszweck. Die Terminsbestimmung stellt die Anberaumung der mündlichen Verhandlung im jeweiligen Prozess dar. Sie ist eine der wichtigsten richterlichen Handlungen zur Förderung des Verfahrens, auch wenn die Vorschrift des § 216 durch die Vereinfachungsnovelle an Bedeutung verloren hat. Soweit hiernach auch das schriftliche Vorverfahren bestimmt werden kann, treten die Fristsetzungen des § 276 zunächst an die Stelle der in II vorgeschriebenen unverzüglichen Terminierung. Die Vorschrift dient somit der Prozessförderung und damit der Prozesswirtschaftlichkeit. Dies zeigt sich in besonderem Maße an der Regelung des II. 2

Im Übrigen ist § 216 ein Ausfluss des Gebots auf rechtliches Gehör (Art. 103 I GG). Daraus folgt, dass die Terminierung grds. zwingend geboten ist. Zu den Ausnahmen → Rn. 6 ff. Die Erörterung von Zweifeln am Vorliegen von Prozessvoraussetzungen und an Erfolgsaussichten sind der mündlichen Verhandlung vorbehalten und beeinflussen nicht die Terminsanberaumung, Ffm FamRZ 1982, 316. Aus dem Gebot der Gewährung rechtlichen Gehörs folgt auch, dass bei der Terminierung ausreichend Zeit für die mündliche Verhandlung einzuplanen ist und ein zeitnaher Termin bestimmt wird. 3

4 **III. Geltungsbereich.** → Vor § 214 Rn. 4.

5 **IV. Erforderlichkeit eines Termins, I.** Gemeint ist ein Verhandlungstermin nach § 137, kein schlichter Verkündungstermin. Das ergibt schon der Wortlaut von I, aber auch Sinn und Zweck dieser Vorschrift. Terminsbestimmung nach I hat nur zu erfolgen, wenn Anträge oder Erklärungen eingereicht worden sind, über die aufgrund angeordneter mündlicher Verhandlung zu entscheiden ist, BGH NJW 2015, 3661. Der Vorsitzende prüft von Amts wegen, ob eine mündliche Verhandlung erforderlich ist. Der Vorsitzende und nicht etwa der Berichterstatter muss handeln, VGH Mannh NJW 1984, 993. Er prüft die Eingabe außerdem darauf, ob sie den gesetzlichen Anforderungen an ihre Form und an ihre Zulässigkeit entspricht. Die Partei braucht an sich keinen Antrag auf eine Terminsbestimmung zu stellen. Ein solcher Antrag kann aber evtl. zweckdienlich sein. Der Vorsitzende prüft auch, ob der Fall der deutschen Gerichtsbarkeit nach §§ 18 ff. GVG unterliegt. Denn eine Ladung von Amts wegen wäre gegenüber einer Person ein unzulässiger Hoheitsakt, die der deutschen Gerichtsbarkeit nicht unterliegt. Der Vorsitzende prüft aber nicht, ob auch die Prozessvoraussetzungen vorliegen, deren Mangel im Übrigen fast immer nach § 295 I heilbar ist. Außerdem muss das Gericht grundsätzlich gerade darüber mündlich verhandeln lassen, ob sie vorliegen, ob zB die Passivlegitimation vorhanden ist, Köln VersR 1976, 98. Noch weniger darf der Vorsitzende die Terminsbestimmung von einer Erfolgsprüfung abhängig machen.

6 **V. Zulässigkeit der Unterlassung einer Terminierung, I.** Der Vorsitzende darf eine Terminierung unterlassen, soweit die Parteien es im Rahmen der Parteiherrschaft ausdrücklich oder erkennbar hinnehmen, BGH NJW 2005, 2393. Entsprechend ihrem Zweck zur Prozessförderung ist eine Terminsbestimmung in den folgenden Fällen abzulehnen:

7 **1. Fehlen eines wesentlichen Erfordernisses.** Der Vorsitzende muss eine Terminsbestimmung ablehnen, soweit der Eingabe, etwa der Klageschrift nach § 253 ein wesentliches Erfordernis fehlt. Selbst wenn seine Heilung möglich sein kann, kann doch derzeit die Voraussetzung der Terminsbestimmung fehlen. Hierzu gehören auch sonstige Verfahrenshindernisse, zB das Fehlen einer Anspruchsbegründung nach § 697 II und eines Schuldnerantrags nach § 697 III, eine Unterbrechung nach §§ 239 ff., eine Aussetzung nach §§ 246, 247, eine Exterritorialität nach §§ 18 ff. GVG, Ffm FamRZ 1983, 316; Mü NJW 1975, 2144. Es kann auch kein rechtzeitiger und ordnungsgemäßer Antrag nach § 495a S. 2 vorliegen.

8 **2. Unzulässigkeit der Terminsbestimmung.** Der Vorsitzende muss eine Terminsbestimmung auch dann ablehnen, wenn sie derzeit unzulässig ist, etwa wegen einer Aussetzung nach §§ 148 ff., wegen einer Unterbrechung nach §§ 239 ff., wegen des Ruhens des Verfahrens nach §§ 251a, 331a oder wenn eine Partei sie nach der Beendigung eines Prozesses beantragt, Schlesw SchlHA 1977, 128, wenn jemand eine „normale" Klage vor dem OLG oder BGH erhebt oder wenn das Gericht die mündliche Verhandlung ordnungsgemäß nach §§ 136 IV, 296a geschlossen hatte und keine Wiedereröffnung nach § 156 in Betracht kommt.

9 Dagegen ist die Mitteilung des Gerichts rechtswidrig, erst nach Abschluss eines beim BGH anhängigen Revisionsverfahrens zu terminieren, da dort ein vergleichbarer Sachverhalt verhandelt werde, Karlsr NJW-RR 2012, 1912. Zulässig und notwendig ist die Terminsbestimmung aber nach § 697 I nach dem Ablauf der Anspruchsbegründungsfrist, Bank JurBüro 1980, 801.

10 **3. Schriftliches Vorverfahren.** Das schriftliche Vorverfahren nach §§ 272, 276 stellt eine Modifizierung des II dar. An Stelle der „unverzüglichen" Terminierung treten zunächst die Fristen des § 276. Vor deren Ablauf findet eine Terminierung nicht statt, → Rn. 2 f.

11 **4. Notwendigkeit von vorbereitenden Maßnahmen.** Der Vorsitzende muss eine Terminsbestimmung evtl. zunächst auch dann ablehnen, wenn er Vorbereitungsmaßnahmen nach § 273 oder zB nach § 358a oder nach § 157 GVG für notwendig hält, Kblz JurBüro 1975, 1645. Aber auch → Rn. 26 „Amtsverfahren".

12 **5. Verlust von Akten.** Der Vorsitzende muss eine Terminsbestimmung ferner notgedrungen dann zunächst ablehnen, wenn die Akten derzeit in Verlust geraten sind. Wenn sie aber endgültig abhanden gekommen sind, muss der Vorsitzende auch zB nach § 142 eine Ersatzakte anlegen lassen und auf ihrer Basis unverzüglich einen etwa erforderlichen Termin bestimmen.

13 **6. Keine Gebührenvorauszahlung.** Der Vorsitzende kann eine Terminsbestimmung schließlich dann ablehnen, wenn die Partei eine nach § 12 I GKG erforderliche Vorauszahlung nicht geleistet hat. Es handelt sich aber nur um eine Sollvorschrift. Vgl. auch die Ausnahme nach § 14 Nr. 1, 3 GKG. Auch kann der Bekl. einen Termin beantragt haben, Mü NJW-RR 1989, 64. Die Gebührenzahlung gilt als ein Terminsantrag. Hierhin gehört auch die Nichtzahlung der Prozesskostensicherheit nach § 110 „Ausländersicherheit". Die bloße Nichtzahlung macht nicht säumig.

14 **VI. Unzulässigkeit der Terminsablehnung, I.** Der Vorsitzende hat bei der Auswahl des Termins ein weites Ermessen. Dass er an die Priorität der Sache nicht unbedingt gebunden ist, ergibt sich beim Kollegialgericht auch aus § 21g II GVG.

15 **1. Verbot einer „Warteliste".** Überlastung oder besondere Umstände können wegen des Gebots der Gleichheit und Verhältnismäßigkeit evtl. zu einer weiteren Änderung nach § 21g II GVG führen. Sie berechtigt den Vorsitzenden grundsätzlich nicht zu einer Ablehnung der Terminsbestimmung oder zu einer formularmäßigen Mitteilung, das Gericht könne einen Termin derzeit noch nicht anberaumen und habe die Sache daher auf eine „Warteliste" gesetzt. Das kommt einer Ablehnung gleich. Denn der Vorsitzende muss einen Termin auch dann erst einmal ansetzen, wenn er erst nach Monaten stattfinden kann, LAG Mü MDR 1984, 877. Die Mehrarbeit etwaiger daraus folgender Terminsänderungen nach § 227 ist hinzunehmen. Der Verhältnismäßigkeitsgrundsatz steht dieser alsbaldigen Terminsanberaumung also nicht entgegen.

16 Das Abschieben auf eine „Warteliste" kann jedenfalls bei einer allzu langen Periode der Ungewissheit über den weiteren Fortgang einen Verstoß gegen Art. 19 IV 1 GG und auch gegen Art. 6 EMRK darstellen, Guillen, Einige prozessuale Probleme im Zusammenhang mit Art. 6 EMRK, FS Baur, 1981, 365. Dieser Verstoß kann zB auch dann vorliegen, wenn das Gericht den Parteien mitteilt, es werde die Sache voraussichtlich erst nach einigen Monaten fördern können. Zur Folgesache Düss FamRZ 1987, 618.

17 **2. Verbot übermäßiger Erwiderungsfrist.** Deshalb ist auch eine übermäßig lange Klageerwiderungsfrist unzulässig, wenn hierdurch eine Verweigerung des Rechtsschutzes zum Ausdruck kommt. Denn dies ist vergleichbar mit Fällen, in denen gar nicht oder sehr weit in der Zukunft terminiert wurde, Düss NJW 2009, 2388;

Saarbr NJW-RR 1999, 1290; Köln NJW 1981, 2263. Ganz unannehmbar ist die Aufforderung des Gerichts, bis auf weitere Nachricht keine Eingaben zu machen, obwohl es die Klage nach § 271 zugestellt und damit die Folgen der Rechtshängigkeit herbeigeführt hat. Ein solches Einreichungs-„Verbot" kann die Befangenheit nach § 42 begründen. Ebenfalls darf der Vorsitzende nicht „einfach gelagerte" Sachen vorziehen. Er hat allerdings die zB nach §§ 916 ff., 935 ff. eilbedürftigen Sachen vorzuziehen.

VII. Zuständigkeit, I, II. Die Terminsbestimmung geschieht von Amts wegen. Sie erfolgt durch den Vorsitzenden in der Ausübung seiner Prozessleitung, BAG NJW 1993, 1029 (auch beim auswärtigen Termin). 18

1. Grundsatz. Im Kollegialgericht erfolgt die Terminsbestimmung grds. durch den Vorsitzenden; das ergibt sich aus II. Zur Terminsbestimmung kann aber auch der Einzelrichter nach §§ 348, 348a, 526, 527, 568 zuständig sein. Auch der nach §§ 361, 362 beauftragte oder ersuchte Richter ist nach § 229 zuständig. Beim AG bestimmt der Amtsrichter oder der Familienrichter den Termin. Der Familienrichter wartet die Anhängigkeit einer Folgesache nach § 137 FamFG nicht ab, Ffm NJW 1986, 389. Soweit der Rpfl. die Verhandlung leitet, ist er zuständig. Das Kollegium bestimmt den Termin abgesehen von einer Änderung nach § 227 in keinem Fall, auch nicht während der mündlichen Verhandlung nach § 137. Der Vorsitzende muss die Terminsverfügung mit einer vollen Unterschrift versehen. Eine sog. Paraphe genügt nicht, BGH NJW 1980, 1960; BSG MDR 1990, 955; LAG Hamm MDR 1982, 1053. 19

2. Terminsabstimmung. Der Vorsitzende kann den Urkundsbeamten zu einer Terminsabstimmung mit den Parteien bzw. deren ProzBev. befugen; er behält aber die Verantwortung für eine ordnungsgemäße Terminsbestimmung. Er darf diese Bestimmung keineswegs mehr oder minder „delegieren". 20

Das gilt schon deshalb, weil der Vorsitzende selbst abschätzen muss, wie viel Zeit der Fall voraussichtlich benötigt. Er hat darauf zu achten, dass die Beteiligten in anderen zeitlich anschließenden Fällen desselben Terminstags möglichst gar nicht oder doch nicht übermäßig lange warten müssen. Er hat allerdings nicht von vornherein die bloße Möglichkeit verspätete Beweisantritte nach §§ 371 ff. mit zu berücksichtigen, Celle NJW 1989, 3024. 21

3. Wirkung. Eine Terminsbestimmung verpflichtet noch nicht als solche zum Erscheinen. Erst die Ladung hat eine verpflichtende Wirkung. Soweit der Zweck des Termins nicht klar zutage liegt, muss das Gericht ihn in der Ladung klar angeben. 22

VIII. Unverzüglichkeit, II. Die Terminsbestimmung muss ohne schuldhaftes Zögern erfolgen, Brdb FamRZ 2006, 1772; Köln MDR 2005, 1189. Das gilt schon wegen §§ 198 ff. GVG. Eine überlange Verfahrensdauer kann zum Verfassungsverstoß führen. Sie ist überdies ein Verstoß gegen Art. 6 I 1 EMRK. Der Vorsitzende muss sie deshalb auch durch eine etwaige Entlastung bei der Geschäftsverteilung innerhalb des Kollegiums vermeiden, BVerfG NJW 2001, 215. 23

1. Aufgaben des Urkundsbeamten. Der Urkundsbeamte der Geschäftsstelle muss eine Eingabe dem Vorsitzenden unverzüglich vorlegen. Auch er hat also ohne jede vorwerfbare Verzögerung zu arbeiten, vgl. auch § 121 I 1 BGB. Es gehört zu den vordringlichsten Pflichten der Geschäftsstelle, den Posteingang eines jeden Tags sogleich darauf durchzusehen, ob und welche Eilfälle vorhanden sind und ob und welche terminbedürftigen Eingaben vorliegen. Eine Klageschrift nach § 253 legt die Geschäftsstelle dem Vorsitzenden allerdings erst dann vor, wenn der Kläger eine vorweg notwendige Verfahrensgebühr nach Anh. § 271 gezahlt hat. 24

2. Aufgaben des Vorsitzenden. Der Vorsitzende hat den Termin ebenfalls unverzüglich zu bestimmen, Köln MDR 2005, 1189. Sein pflichtgemäßes Ermessen hat insoweit durchaus Grenzen. II erfasst die Zeit zwischen dem Klageeingang und der Terminsbestimmung. § 272 III erfasst die Zeit zwischen der Terminsbestimmung und dem Tag des Termins. Die Notwendigkeit einer unverzüglichen Terminsbestimmung nach dem allgemeinen Grundsatz des § 121 I 1 BGB gilt insbesondere dann, wenn ein Zuwarten die materiell-rechtliche Lage einer Partei verschlechtern würde, Schlesw SchlHA 1984, 56. Eine vorsorgliche oder bedingte Terminierung ist unzulässig, BGH MDR 2011, 252 (für den Fall des Einspruchs). 25

3. Beispiele zur Frage der Unverzüglichkeit, II

Amtsverfahren: Der Vorsitzende muss fast alle Termine von Amts wegen bestimmen. Das gilt jedoch nur im Rahmen der Parteiherrschaft, BGH BB 2005, 767. Der Vorsitzende hat einen Termin zu bestimmen, sobald eine Handlung einer Partei einen Anlass dazu gibt, BGH VersR 1976, 37. Das gilt auch im schriftlichen Vorverfahren nach § 276, Karlsr OLGR 2001, 459. Es gilt auch im Scheidungsverfahren, Ffm NJW 1986, 289. Es gilt ferner nach einer Zwischenentscheidung, zB nach einem Teilurteil nach § 301, Ffm JurBüro 1982, 613, soweit der Verfahrensfortgang statthaft ist, BGH NJW 1979, 2307. I schränkt die Verfügungsfreiheit der Parteien im Prozess nicht ein. Daher können die Parteien auf eine derzeitige Terminierung ausdrücklich oder stillschweigend verzichten, BGH BB 2005, 767. Der Vorsitzende nimmt den Parteien nur gewisse förmliche Handlungen ab. Die Terminsbestimmung erfolgt dann ohne eine Anregung, wenn der Vorsitzende den Termin von Amts wegen bestimmen muss, etwa zum Zweck einer Beweisaufnahme nach §§ 355 ff., nach einer solchen nach §§ 279 II 285, 370, nach einer Verweisung oder Abgabe oder nach einer Zurückverweisung nach §§ 281, 538, 696, BGH VersR 1976, 37. In allen anderen Fällen erfolgt die Terminsbestimmung nur aufgrund einer Anregung, etwa nach einem Widerspruch im Mahnverfahren nach §§ 688 ff., sobald außer dem Widerspruch nach § 694 auch der erforderliche Antrag auf die Durchführung des streitigen Verfahrens nach § 696 I 1 vorliegt. Auch die Aufnahme eines nach §§ 239 ff. unterbrochenen Verfahrens erfolgt aufgrund einer Anregung nach § 250. In solchen Fällen weiß der Vorsitzende sonst nicht, ob die Voraussetzungen für eine Fortsetzung des Verfahrens vorliegen. 26

Auflage: Die Pflicht zur unverzüglichen Terminsbestimmung besteht auch bei der Nichterfüllung einer gerichtlichen Auflage zB nach § 273, Hamm NVersZ 1999, 192.

Folgesache: In einer Scheidungssache darf der Vorsitzende nicht den Eingang einer Folgesache nach § 137 FamFG abwarten, (zum alten Recht) Ffm NJW 1986, 389.

Früher erster Termin: Einen solchen Termin nach § 275 I 1 sollte der Vorsitzende nach § 272 II in der Regel binnen weniger Tage nach der Aktenvorlage anberaumen.

Haupttermin: Er ist meist erst dann anzusetzen, wenn der Vorsitzende nach dem Vorverfahren gemäß § 272 II Hs. 2 übersehen kann, wann das Gericht die notwendigen Vorbereitungen abschließen kann.

Kartelltermin: → „Sammeltermin".

Sammeltermin: Ein sog. „Sammeltermin“ oder „Kartelltermin“ kann zulässig sein, BGH DRiZ 1982, 73; VerfGH Mü NJW 1990, 1654 (abl. Deubner). Bei einem solchen „Sammel-„ oder „Kartelltermin“, der ausschließlich bei frühen ersten Terminen nach § 275 praktiziert wird, treten in einer Vielzahl unterschiedlicher Prozesse nur zwei Anwälte auf, die von allen anderen beteiligten Anwälten jeweils eine Untervollmacht erhalten haben. Sie stellen lediglich die Anträge, ohne tatsächlich in der Sache zu verhandeln; zum Verfahren: Rudolph DRiZ 1986, 17; Herbst DRiZ 1979, 237. Die Bevollmächtigung eines solchen „Kartellanwalts“ lässt sich jedenfalls dann nicht mehr mit den Erfordernissen einer geordneten Rechtspflege in Einklang bringen, wenn der „Kartellanwalt“ keinerlei Informationen über die Führung des Rechtsstreits erhält, Düss NJW 1976, 1324. Durch derartige Termine kann die Verhandlung zur Farce werden, LG Duisb NJW-RR 1991, 1022; Handel DRiZ 1992, 91; Rudolph DRiZ 1986, 17; aM Bayer AnwBl 1986, 443. Dadurch kann sogar eine Staatshaftung aus Art. 34 GG entstehen. Im Übrigen kann gegen einen unzumutbar gebündelten Sammeltermin eine Dienstaufsichtsbeschwerde zulässig sein, Arndt DRiZ 1979, 142; Schneider DRiZ 1979, 239. Es kommt auch beim Sammeltermin auf die Umstände an. Solange das Gericht im Allgemeinen imstande ist, einen Sammeltermin einigermaßen pünktlich abzuwickeln, ist zumindest die Ladung zu einem solchen Termin einwandfrei. Eine gewisse geringfügige Wartezeit gehört zum Prozessbetrieb und ist hinnehmbar.

„Sommersache“: Die Pflicht zur Unverzüglichkeit gilt zunächst unabhängig davon, ob eine „Sommersache“ nach § 227 III vorliegt. Der Vorsitzende muss zB bei einem im Mai bereits bis Anfang Juli besetzten Terminkalender noch im Mai auf den nächsten freien Sitzungstag nach dem 1. Juli terminieren. Er kann aber einen Antrag nach § 227 III 1 anregen. In der Bitte der Partei um einen baldigen Termin liegt keineswegs stets ein Verzicht auf einen solchen Antrag. In der Zeit vom 1. Juli bis 31. August muss der Vorsitzende zunächst jeden sonst zur Verfügung stehenden Terminstag voll oder teilweise besetzen. Allerdings sind während der Urlaubszeit erfahrungsgemäß Termine nur schwer durchführbar.

Terminsdauer: Der Vorsitzende muss nach Art. 103 I GG die voraussichtliche Terminsdauer angemessen berücksichtigen, BVerfG NJW 1992, 300. Er hat nach seinem pflichtgemäßen Ermessen die Zeit anzuberaumen, die aufgrund des derzeitigen Sach- und Streitstands voraussichtlich erforderlich sein wird. Der Vorsitzende muss die Interessen des Prozessgegners gleichermaßen mitbedenken. Keineswegs darf die Partei auf dem Umweg über II die Vorschriften über eine Zurückweisung verspäteter Beweisantritte nach § 296 zu unterlaufen versuchen, BGH NJW 1981, 286; vgl. aber BGH NJW 1979, 1988; Hamm NJW 1980, 293. Er muss soviel Spielraum lassen, dass grundsätzlich auch noch eine Ladung eines einzelnen oder weniger Zeugen möglich bleibt, die eine Partei noch nicht benannt hat. Er darf auch die vorbereitenden Maßnahmen nach § 273 mitbedenken, BGH NJW 1981, 286; Hamm NJW 1980, 293. Dabei darf jedoch nicht der Terminsplan durch einen solchen Spielraum platzen.

Überlastung: Wenn Termine auf Wochen besetzt sind, ist eine sofortige Terminsbestimmung auf den nächsten freien Terminstag gleichwohl auch schon wegen §§ 198 ff. GVG notwendig, auch um den Prozessbeteiligten mehr eine Gelegenheit zu geben, den Termin in der Zwischenzeit in Kenntnis des Datums rechtzeitig vorzubereiten. Eine Bevorzugung „einfach gelagerter“ Fälle ist gesetzwidrig. Jedoch macht eine Terminsüberlastung in der Praxis die Terminsbestimmung oft unberechenbar, BGHZ 98, 11. Bei einer notgedrungenen weiten „Hinausschiebung“ wegen einer Überlastung ist zwar eine Begründung zulässig und oft notwendig, der Vorsitzende darf sie aber nicht zu einer allgemeinen Kritik an der Personallage ausnutzen, KG NJW 1995, 883.

Widerklage: Eine angekündigte, aber noch nicht eingegangene Widerklage ist kein Verzögerungsgrund, Köln MDR 2005, 1189.

Zustellung: Der Urkundsbeamte der Geschäftsstelle muss die Terminsverfügung des Vorsitzenden in einer beglaubigten Ablichtung oder Abschrift von Amts wegen nach §§ 168 I 1, 329 II 2 zustellen, BGH NJW 1980, 1960, ohne dass eine besondere Zustellungsverfügung des Vorsitzenden nötig wäre. Der Vorsitzende kann aber die Art der Zustellung innerhalb der gesetzlichen Vorschriften anordnen. Er kann also zB verfügen, dass die Geschäftsstelle nicht nur den Bekl. mit einer Zustellungsurkunde laden soll, sondern auch den ProzBev. des Klägers unter der Verwendung einer solchen Urkunde.

27 **IX. Termin am Sonntag, Feiertag oder Sonnabend, III.** Sonntage oder allgemeine Feiertage und auch Sonnabende sollen von Terminen möglichst frei bleiben. Es ist aber auch im Zivilprozess keineswegs schlechthin unzulässig, auf einen solchen Tag einen Termin anzusetzen. Dann müssen aber auch die technischen Voraussetzungen vorliegen, zB ein ungehinderter Zugang zum Sitzungssaal, ausreichende Beleuchtung usw. An derartigen Tagen besteht ein gegenüber dem „Normalbetrieb“ erhöhter Anspruch auf eine Vertagung nach § 227. Über das Vorliegen eines „Notfalls“ entscheidet der Vorsitzende. Er darf die Terminsbestimmung und alle zugehörigen Entscheidungen weder auf den Berichterstatter noch auf das Kollegium oder gar auf den Urkundsbeamten der Geschäftsstelle übertragen.

28 **X. Rechtsbehelfe.** Hierzu: Fasching FS Henckel, 1995, 161; Peters, Rechtsbehelfe gegen Untätigkeit des Zivilrichters, FS Schütze, 1999, 661. Beim Rpfl. gilt § 11 RPflG. Im Übrigen:

29 **1. Gegen unverzügliche Terminsbestimmung: Keine Anfechtbarkeit.** Gegen eine unverzügliche Bestimmung des Termins ist grundsätzlich kein Rechtsmittel statthaft, Mü ZIP 2016, 2088; Zweibr NJW-RR 2003, 1079. Das gilt auch bei § 118 I 3, Zweibr NJW-RR 2003, 1079. Es gilt ferner nach einem Abbruch des schriftlichen Vorverfahrens, KG MDR 1985, 416. Eine Gegenvorstellung ist statthaft, BAG MDR 1993, 547.

30 **2. Gegen Antragszurückweisung: Sofortige Beschwerde.** Gegen die Zurückweisung eines Antrags auf eine Terminsbestimmung ist neben oder nach einem Antrag nach § 227 beim Rpfl. das Verfahren nach § 11 I RPflG statthaft. Beim Richter ist dann die sofortige Beschwerde nach §§ 252, 567 I Nr. 1 statthaft, Brdb FamRZ 2006, 1772; Köln FamRZ 1998, 1607; Stgt FamRZ 1998, 1606; aM Karlsr FamRZ 1994, 1399; OVG Brem NJW 1984, 992. Das gilt nicht bei einer nach § 128 IV nur freistehenden mündlichen Verhandlung. Eine „außerordentliche“ Beschwerde kommt wegen § 574 nicht mehr in Betracht, aM Hmb NJW-RR 1989, 1022. Eine Rechtsbeschwerde kommt unter den Voraussetzungen des § 574 in Betracht. Das längere Unterlassen der Terminsbestimmung trotz eines Antrags ist der Sache nach eine Zurückweisung, Mü NJW-RR 1996, 229; aM Schlesw NJW 1983, 460. Eine Befangenheit nach § 42 liegt erst bei einer Gehörsverweigerung oder bei einer Willkür vor, Brdb NJW-RR 1999, 1291.

3. Gegen Terminszeitpunkt: Dienstaufsichtsbeschwerde. Gegen die nicht ganz unzumutbar späte Datierung des Termins ist nach § 26 II DRiG grundsätzlich nur die Dienstaufsichtsbeschwerde mit dem Ziel nur der Ermahnung statthaft, Arndt DRiZ 1979, 143 (er will aber auch eine Staatshaftung aus Art. 34 GG ermöglichen). Die Terminsauswahl ist aber grundsätzlich eine Tätigkeit in richterlicher Unabhängigkeit nach Art. 93 GG. Das Dienstrecht ist kein Instrument der Beschleunigung, Weber-Grellet NJW 1990, 1778. 31

4. Grenzen der Dienstaufsicht. Eine allgemeine Aufsichtsmöglichkeit besteht bei einer gegen die Vorschriften der ZPO verstoßenden Terminierungspraxis, BGH NJW 1985, 1471 (krit. Rudolph DRiZ 1985, 351). Grund für eine Dienstaufsichtsbeschwerde kann ebenso ein mehrfach verschobener Verkündungstermin sein, BVerfG NJW 1989, 3148 (4 Verschiebungen über mehr als 6 Monate). Teils wird auch Beschwerde (jetzt: sofortige Beschwerde nach § 567 I Nr. 2) bei „greifbarer Gesetzeswidrigkeit" zugelassen, Celle OLGZ 1975, 357; Köln NJW 1981, 2263 (richterliche Terminierungspraxis). 32

Die Dienstaufsichtsbeschwerde ist aber unbegründet, soweit sich ergibt, dass das Gericht die Terminsbestimmung aufgrund einer vorgenommenen Prüfung aus nicht völlig abwegigen Erwägungen so oder gar nicht vorgenommen hat. Denn dann bewegte es sich im Bereich seiner Unabhängigkeit, BGH MDR 1991, 150. Dazu gehört zB die „späte" Terminierung wegen der Notwendigkeit, für jede früher anberaumte Sache eine ausreichende Verhandlungsdauer einzuplanen, wie sie BVerfG NJW 1992, 300 fordert. Ihre Überprüfung durch die Dienstaufsicht ist nach § 26 DRiG grundsätzlich unstatthaft. 33

5. Bei „Sommersache": Weitere Möglichkeiten. Soweit es sich um eine sog. „Sommersache" nach § 227 III 2 handelt und soweit der Vorsitzende auf dieser Basis einen Termin bestimmen muss, ist auch ein Antrag des Inhalts zulässig, das Kollegium möge die Bestimmung des Vorsitzenden aufheben. Gegen die Entscheidung des Gerichts ist die sofortige Beschwerde nach § 567 statthaft. 34

6. Bei Untätigkeit: Sofortige Beschwerde, hilfsweise Verfassungsbeschwerde. Bei einer bloßen Untätigkeit des Gerichts trotz einer Rechtspflicht zum Tätigwerden kommt dann, wenn man den Verfahrensstillstand als eine Rechtsverweigerung werten muss, eine sog. Untätigkeitsbeschwerde in Betracht, Saarbr NJW-RR 1999, 1290; Schlesw NJW 1982, 246. Im Falle ihrer Erfolglosigkeit kommt möglicherweise eine Verfassungsbeschwerde in Betracht, BVerfG NJW 2000, 797 (überlange Prozessdauer); VerfGH Mü NJW 1991, 2896. Art. 2 I iVm Art. 20 III GG garantieren den Parteien eines zivilrechtlichen Rechtsstreits wirkungsvollen gerichtlichen Rechtsschutz, BVerfG NJW 1995, 3173. Dieser wird nur gewährleistet, wenn streitige Rechtsverhältnisse in angemessener Zeit entschieden werden, BVerfG NJW 1993, 1635; NJW 1982, 2425. Ab wann von einer überlangen, die Gewährung effektiven Rechtsschutzes unzumutbar beeinträchtigenden und deshalb verfassungsrechtlich nicht mehr hinnehmbaren Verfahrensdauer auszugehen ist, lässt sich nicht generell festlegen, BVerfG NJW 2004, 3320. 35

217 *Ladungsfrist.* **Die Frist, die in einer anhängigen Sache zwischen der Zustellung der Ladung und dem Terminstag liegen soll (Ladungsfrist), beträgt in Anwaltsprozessen mindestens eine Woche, in anderen Prozessen mindestens drei Tage.**

I. Systematik. Die Vorschrift regelt die von der zusätzlichen Einlassungsfrist nach §§ 274 III, 495, 523, 553 zu unterscheidende Ladungsfrist. Es handelt sich formell um eine „Soll"-Vorschrift. In einer anhängigen Sache soll zwischen dem Tag, an dem die Partei die Ladung erhält, und dem Terminstag – beide nicht eingerechnet – eine Ladungsfrist liegen. Ihre Dauer beträgt im Anwaltsprozess mindestens 1 Woche, in einem anderen Prozess mindestens 3 Tage. Ihre Berechnung erfolgt nach § 222. 1

II. Regelungszweck. § 217 dient wie § 274 III demselben Zweck, nämlich der Möglichkeit der Partei, sich auf den Prozess oder Termin vorzubereiten und rechtliches Gehör zu erhalten. Diesem Zweck entspricht eine Entwicklung von einer formellen Sollvorschrift zur faktischen Mussbestimmung. Jedenfalls läuft der Vorsitzende beim Unterschreiten der in § 217 genannten Zeiträume Gefahr, gegen Art. 103 I GG zu verstoßen. Das ist wegen der rasanten Beschleunigung der Kommunikationswege keineswegs naheliegend. Andererseits hat aber auch die hierdurch entstandene allseitige Überlastung ebenso zugenommen wie die gewisse Verringerung des Gewichts einer Fristsetzung durch das Gericht oder den Anwalt. Im Ergebnis sollte davon abgesehen werden, die Fristen des § 217 von Ausnahmefällen abgesehen zu unterschreiten. 2

III. Geltungsbereich. Zunächst → Vor § 214 Rn. 4. Die Vorschrift gilt bei der Ladung von Parteien für alle Verfahrensarten und Instanzen, BGH DStR 2010, 1434 Rn. 20; Drsd NJW 2002, 2722. Sie gilt auch bei Verfahren auf Erlass eines Arrests oder einer einstweiligen Verfügung – soweit eine mündliche Verhandlung angeordnet ist, → § 937 Rn. 7; MüKoZPO/Stackmann Rn. 2. Sie erstreckt sich auch auf den ProzBev. oder Bevollmächtigten nach § 79 oder Streithelfer nach §§ 66 ff., nicht aber auf andere Prozessbeteiligte wie Zeugen nach § 373 oder Sachverständige nach § 402. Die Vorschrift gilt für jede Art von Verhandlungsterminen, so zB auch bei einem Beweistermin, BGH DStR 2010, 1434 Rn. 20 (zu § 454). Sie gilt auch vor dem beauftragten oder ersuchten Richter nach §§ 361, 362, Teplitzky NJW 1973, 1675. Sie gilt jedoch nicht für einen bloßen Verkündungstermin nach § 310 I 1 Hs. 2; in ihm muss grundsätzlich kein rechtliches Gehör erfolgen. Sie gilt auch nicht für eine Partei bei § 141 oder bei §§ 445 ff. Nach § 32 II FamFG „soll" zwischen der Ladung und dem Termin nur eine „angemessene" Frist liegen. 3

Die Frist ist bei Terminsänderungen – so bei einer Verlegung oder einer Vertagung nach § 227 – jeweils neu zu beachten, soweit nicht § 218 anwendbar ist, MüKoZPO/Stackmann Rn. 3. Eine Verlegung der Terminstunde innerhalb desselben Terminstags hat keinen Einfluss auf die Frist, Brdb NJW-RR 1998, 501; LG Köln MDR 1987, 590. Das Gericht hat die Ladungsfrist auch vor einer etwaigen mündlichen Verhandlung im Verfahren auf den Erlass eines Arrests oder einer einstweiligen Verfügung nach §§ 916 ff., 935 ff. grds. einzuhalten, ebenso bei einer einstweiligen Anordnung nach §§ 49 ff. FamFG, Drsd NJW 2002, 2722. 4

Sie gilt nach § 202 SGG auch im sozialgerichtlichen Verfahren, BSG MDR 1993, 360. Im finanzgerichtlichen Verfahren gilt nach § 91 FGO eine Ladungsfrist von 2 Wochen. Da diese Frist deutlich länger bemessen ist, wird für die Auslegung des § 91 I 1 FGO nicht die Auslegung zu § 217 übernommen, dass die Frist bei jeder Terminverlegung neu zu laufen beginnt, BFH NZG 2020, 1190. 5

IV. Entbehrlichkeit. Die Ladungsfrist ist bei einem nach § 218 verkündeten Termin entbehrlich, BGH NJW 1964, 658; Oldb MDR 1987, 503 (Ausnahme bei einer Bedingung der Terminsanberaumung); MüKoZPO/ 6

Stackmann Rn. 1; aM Gerhardt ZZP 1998, 356, Zöller/Feskorn Rn. 2. Ebenso ist die Ladungsfrist bei der Ladung nur einer Beweisperson entbehrlich. Der nach §§ 361, 362 beauftragte oder ersuchte Richter muss § 357 beachten. Bei einer Ladung, die ein Verfahren einleitet, tritt an ihre Stelle die Einlassungsfrist nach § 274 III, BayObLG Rpfleger 1978, 383.

7 **V. Sonderregeln.** Im Verfahren auf den Erlass eines Arrests oder einer einstweiligen Verfügung nach §§ 916 ff., 935 ff., bei dem zwar § 217 einzuhalten ist, → Rn. 4, ist aber eine Einlassungsfrist nach § 274 III entbehrlich. Eine besondere Ladungsfrist gilt im Wechsel- und Scheckprozess nach den §§ 604 III, 605a. Bei § 239 III bestimmt der Vorsitzende die Dauer der Ladungsfrist.

8 **VI. Verstoß.** Soweit das Gericht die Ladungsfrist nicht eingehalten hat, kann ein Verstoß gegen Art. 103 I GG vorliegen, BFH DB 1981, 1446. Das Gericht darf gegen den nicht rechtzeitig Geladenen nach § 335 I Nr. 2 keine Versäumnisentscheidung erlassen, auch keine Entscheidung nach Aktenlage nach §§ 251a, 331a, BSG MDR 1993, 360; Oldb MDR 1987, 503. Es muss vielmehr von Amts wegen dann nach § 227 vertagen oder verlegen. § 295 I ist aber anwendbar. Eine vorwerfbar späte Abladung kann eine Amtshaftung nach Art. 34 GG, § 839 BGB auslösen, LG Stgt NJW-RR 1989, 190.

218 *Entbehrlichkeit der Ladung.* **Zu Terminen, die in verkündeten Entscheidungen bestimmt sind, ist eine Ladung der Parteien unbeschadet der Vorschriften des § 141 Abs. 2 nicht erforderlich.**

1 **I. Systematik.** Die Vorschrift enthält eine Ausnahme vom Grundsatz der §§ 214 ff., dass das Gericht von Amts wegen zu einem Termin laden muss. Der Grund liegt in dem Umstand, dass es den neuen Termin bereits durch dessen Verkündung nach § 329 I 1 bekanntgegeben hat und dass es eine nach §§ 330 ff. säumige Partei nicht auch vor diesen Nachteilen besonders schützen muss.

2 **II. Regelungszweck.** Die Vorschrift dient der Prozesswirtschaftlichkeit, ohne tatsächlich das rechtliche Gehör zu schmälern. Der Säumige kann sich wenigstens nach dem Ergebnis des versäumten Termins erkundigen, Zweibr FamRZ 2014, 496. Dasselbe gilt für denjenigen, der den Termin nicht bis zur Schlussentscheidung am Ende der Sitzung oder in einem besonderen Verkündungstermin nach § 310 I 1 Hs. 2 verfolgt hat. Den Entschuldigten schützen andere Vorschriften wie zB §§ 227, 337.

3 Die Vorschrift hat eine erhebliche praktische Bedeutung. Denn in dem neuen Verhandlungstermin könnte zB nicht nur ein Versäumnisurteil nach §§ 330 ff. ergehen, sondern auch ein Urteil nach Lage der Akten nach § 251a oder ein kostenauslösender Beweisbeschluss nach Lage der Akten. Ob die Parteien oder ihre ProzBev. Kenntnis von der verkündeten Entscheidung erlangt haben, ist unerheblich. Bei verkündeten Entscheidungen wird die Kenntnis von deren Inhalt vorausgesetzt (§ 312 I 2). Der Partei ist es zuzumuten, sich nach dem Ergebnis des Termins zu erkundigen, RGZ 41, 355; MüKoZPO/Stackmann Rn. 1. Dies gehört zu den Obliegenheiten der Parteien und ihren ProzBev.; sie können nicht darauf vertrauen, dass sie rechtzeitig durch den Zugang der Protokollabschrift über den Fortgang des Verfahrens unterrichtet werden.

4 **III. Geltungsbereich.** Zunächst → Vor § 214 Rn. 4. Die in der Praxis wenig beachtete Vorschrift gilt allgemein. Wenn das Gericht in einem ordnungsgemäß anberaumten Termin in einer ordnungsgemäß verkündeten Entscheidung einen weiteren Termin bestimmt hat, braucht es grundsätzlich keine der beteiligten Parteien zu diesem neuen Termin zu laden. Das gilt sowohl im Anwaltsprozess als auch im Parteiprozess. Voraussetzung ist, dass das Gericht die Parteien oder ihre ProzBev. oder Streitgehilfen nach § 66 zu dem ersten Termin ordnungsgemäß geladen hatte, in dem es seine Entscheidung verkündet hat, Nürnb Rpfleger 1977, 417, oder dass sie ordnungsmäßige Terminsmitteilungen erhalten haben, soweit diese ausreichten. Unter dieser Voraussetzung ist es aber unerheblich, ob eine Partei bei der Verkündung anwesend war. Die Partei muss sich vielmehr nach dem Ergebnis des Verkündungstermins erkundigen. Sonderregeln enthalten §§ 335 II, 337 S. 2, Köln NJW-RR 1995, 448.

5 **IV. Aufgaben der Partei.** Es gehört nach → Rn. 3 zur allgemeinen Sorgfaltspflicht jeder Partei, sich auch nach dem Ergebnis eines Verkündungstermins rechtzeitig zu erkundigen. Die Partei, die im Zeitpunkt der Verkündung eines neuen Termins nicht anwesend war, kann sich auch keineswegs darauf verlassen, ihr werde noch rechtzeitig vor dem neuen Termin ein Protokoll zugehen, auch wenn dies in einigen Regionen ortsüblich zu sein scheint. Mit der Annahme eines „Gewohnheitsrechts" sollte äußerst zurückhaltend verfahren werden. Dies gilt auch gegenüber einer anwaltlich vertretenen Partei, BGH FamRZ 1995, 800.

6 **V. Kein Anspruch auf Sofortprotokoll.** Die Partei hat keinen Anspruch darauf, ein Terminsprotokoll alsbald nach dem Termin in die Hand zu bekommen. Das gilt selbst dann, wenn sie um eine Ablichtung oder Abschrift des Protokolls gebeten hat und dann einen Anspruch auf eine Übersendung haben mag. Nach der Konstruktion des Gesetzes ist weder das Protokoll noch ein in ihm verkündeter neuer Termin von einer Kenntnisnahme durch die davon betroffene Partei abhängig. Mit der zunehmenden Ausstattung der Gerichtssäle mit Computern wird sich diese Problematik im absehbarer Zeit erledigen.

7 **VI. Aufgaben des Gerichts.** Das Gericht sollte jedoch dafür sorgen, dass eine nicht rechtskundige Partei die Bedeutung des § 218 erkennt und dass die Geschäftsstelle in der Lage ist, zumindest den Wortlaut einer am Schluss der Sitzung in Abwesenheit einer Partei verkündeten Entscheidung alsbald nach dem Ende des Termins auf eine etwaige Anfrage hin mitteilen zu können. Die Verkündung eines noch nicht schriftlich abgefassten Beschlusses in Anwesenheit der Parteien „dem wesentlichen Inhalt nach" zieht nicht die Wirkung des § 218 nach sich, da sich nicht feststellen lässt, dass auch der Termin tatsächlich verkündet wurde, Ffm NJW 1986, 731.

8 **VII. Säumnisfolgen.** Im verkündeten Termin darf dann ein Versäumnisurteil nach §§ 330 ff. ergehen, wenn das Gericht die betroffene Partei zu dem Termin ordnungsgemäß geladen hatte, in dem es seinen neuen Termin und nicht nur zB die Floskel „Weitere Entscheidung von Amts wegen" verkündet hatte. Andernfalls ist eine erneute Ladung mit einer erneuten Einhaltung der Ladungsfrist nach § 217 notwendig. Soweit ein Beteiligter erschienen ist, ist der Mangel der Ladung ihm gegenüber unschädlich. Der Anwalt, der den § 218 nicht beachtet, ist dafür verantwortlich, dass dies nach § 85 II seiner Partei zugerechnet wird, beim gesetzlichen Vertreter nach § 51 II.

VIII. Notwendigkeit einer Ladung. Eine Ladung zum verkündeten Termin ist ausnahmsweise dann erforderlich, wenn das Gericht das persönliche Erscheinen einer Partei nach § 141 II anordnet. Eine solche Ladung ist ferner bei Maßnahmen nach §§ 273 IV, 278 III, 335 II, 337 S. 2 (Ablehnung einer Versäumnisentscheidung), § 450 (Parteivernehmung) notwendig. Ferner muss das Gericht Beweispersonen nach §§ 373 ff. laden. Das Gericht muss den Termin zur Verkündung eines Urteils nach Lage der Akten der nicht erschienenen Partei nach § 251a II 3 formlos mitteilen. 9

219

Terminsort. [I] **Die Termine werden an der Gerichtsstelle abgehalten, sofern nicht die Einnahme eines Augenscheins an Ort und Stelle, die Verhandlung mit einer am Erscheinen vor Gericht verhinderten Person oder eine sonstige Handlung erforderlich ist, die an der Gerichtsstelle nicht vorgenommen werden kann.**

[II] **Der Bundespräsident ist nicht verpflichtet, persönlich an der Gerichtsstelle zu erscheinen.**

I. Systematik. Die Vorschrift stellt sicher, dass die Verhandlung am Sitz des zuständigen Gerichts stattfindet; sie ist zugleich eine Ausprägung des Grundsatzes der Öffentlichkeit der Verhandlung nach § 169 GVG. 1

II. Regelungszweck. Die Vorschrift dient mit I der Kontrolle wenigstens durch Zulassung von Zuhörern oder Zuschauern, etwa seitens der Presse, dem Interesse der Rechtsstaatlichkeit. Nach der Vernehmung eines bettlägerigen Zeugen muss das Gericht nicht etwa erst zur Verkündung seiner Entscheidung in den Gerichtssaal zurückkehren, sondern bereits zu der nach § 285 notwendigen Schlussverhandlung über das Beweisergebnis. In ihr kann das Ausbleiben einer Partei oder ihres ProzBev. oder des vertretungsberechtigten Bevollmächtigten selbst nach einer vorherigen Anwesenheit bei der Beweisaufnahme nach §§ 355 ff. nunmehr eine Säumnis nach §§ 330 ff. bedeuten. Sie kann deshalb zum Prozessverlust nach §§ 220 II, 251a, 331a, 495a führen. 2

Besonderes öffentliches Interesse kann auch zur Notwendigkeit führen, statt des im Verteilungsplan vorgesehenen Raumes einen größeren im Gerichtsgebäude oder überhaupt ein anderes Gebäude mit mehr Platz zu benutzen. Das gilt auch für mehr als nur eine einzelne „Handlung" nach I; anders ausgedrückt: „Handlung" kann dann zur ganzen „mündlichen Verhandlung" werden müssen. Andererseits zwingt § 219 nicht schon dann zu einem solchen Umzug, wenn zwei Schulklassen zuhören möchten und wenn aber nur 15 Zuhörerplätze für einen Normalprozess zur Verfügung stehen. Der Vorsitzende hat zB dann den noch nicht entlassenen Zeugen den Vorrang im Zuhörerraum zu sichern. 3

III. Geltungsbereich. → Vor § 214 Rn. 4. Die Vorschrift gilt in jedem FamFG-Verfahren, § 32 S. 2 FamFG. 4

IV. Grundsatz: An Gerichtsstelle, I. Das Gericht darf seine Termine grundsätzlich nur an der Gerichtsstelle abhalten, also im jeweiligen Gerichtsgebäude. Gerichtsstelle ist auch der Ort eines sog. Gerichtstags oder einer sog. Zweigstelle nach § 3 VO v. 20.3.1935, RGBl. 403, § 22 GVG, BAG NJW 1993, 1029. Für den nach §§ 361, 362 ersuchten oder beauftragten Richter stellt § 229 die Anwendbarkeit des § 219 klar. 5

V. Ausnahme: Ortstermin, I. Ein Termin außerhalb der Gerichtsstelle, der sog. Ortstermin oder Lokaltermin, ist nur ausnahmsweise zulässig. Ein Termin außerhalb des Gerichtsortes findet nur statt, wenn er zur ordnungsgemäßen Durchführung gerichtlicher Handlungen oder einer Beweisaufnahme erforderlich ist. I nennt ausdrücklich die Beweisaufnahme durch Einnahme eines Augenscheins und die Verhandlung mit einer am Erscheinen vor Gericht verhinderten Person, lässt aber auch weitere Fälle („oder eine sonstige Handlung") zu. 6

1. Augenschein, Verhinderung. Den häufigsten Fall stellt die Beweisaufnahme durch Einnahme eines Augenscheins (§§ 371, 372) dar, wie sie in Verkehrsunfallsachen, in Bausachen, aber auch bei Nachbarschaftsstreitigkeiten durch Besichtigung der Unfallstelle, des Tatorts, des Bauvorhabens, einer Industrieanlage oder der Nachbargrenze üblich ist. 7

Will das Gericht mit einer Person verhandeln, die vor dem Gericht nicht selbst erscheinen kann (bettlägerig, gehunfähig), kann der Aufenthaltsort in Betracht kommen, Ffm Rpfleger 1977, 146; Mü OLGZ 1976, 253. Dabei mag es sich um eine Partei handeln, einen Streithelfer nach § 66, einen Zeugen nach § 373, einen Sachverständigen nach § 402, oder einen zu Betreuenden. Auch ein Gefangener muss – wenn er geladen ist – an der Gerichtsstelle erscheinen und sich dazu evtl. vorführen lassen, um ein Versäumnisurteil nach §§ 330 ff. zu vermeiden. Um seine Vorführung muss die zuständige JVA ersucht werden. 8

2. Schwierigkeit der Verhältnisse. Das Gericht kann die erforderlichen Handlungen nicht an der Gerichtsstelle vornehmen, etwa deshalb nicht, weil das Gerichtsgebäude für die Zahl der Prozessbeteiligten nicht ausreicht. Bei schwierigen Verhältnissen ist ein Ortstermin oft im Interesse der Beteiligten auch zweckmäßig. 9

VI. Besonderheiten beim Haustermin, I. Das Gericht darf das Haus oder das befriedete Besitztum einer Partei oder gar eines Dritten nach Art. 13 GG nur mit der Erlaubnis des Inhabers des Hausrechts betreten, soweit kein Erscheinenszwang vor dem Gericht besteht. Der Inhaber des Hausrechts, kann seine Erlaubnis ohne eine Angabe von Gründen verweigern. Dann kann allerdings zB eine Beweisvereitelung nach §§ 356, 380 vorliegen, Jankowski NJW 1997, 3347. Ein Zeuge nach § 373 darf der Partei den Zutritt nicht verbieten. Er darf sich allenfalls dazu erbieten, unverzüglich an der Gerichtsstelle zu erscheinen. Dieser Bitte muss das Gericht nur dann folgen, wenn er entweder für eine Änderung seiner bisherigen Haltung zum Vernehmungsort Gründe angeben kann oder wenn das Gericht die Vernehmung außerhalb der Gerichtsstelle aufgrund eines Irrtums beschlossen hatte. Ein zur Ableistung der eidesstattlichen Versicherung zwecks Vermögensauskunft nach §§ 802c ff. vom Gerichtsvollzieher in der Wohnung geladener Schuldner darf dem Gläubiger die Anwesenheit nach denselben Grundsätzen nicht verbieten. 10

VII. Zuständigkeit, I. Ob die Handlung „erforderlich" ist, ob sie also aus sachlichen Gründen für die Entscheidung notwendig und nicht nur „nützlich" ist, steht je nach Verfahrensstand im pflichtgemäßen Ermessen des Vorsitzenden, BAG NJW 1993, 1029; Thomas/Putzo/Hüßtege Rn. 2; Zöller/Feskorn Rn. 2, oder des Einzelrichters oder im Rahmen eines Beweisbeschlusses (§ 358a) in der Entscheidung des Kollegiums, MüKoZPO/Stackmann Rn. 4; Musielak/Voit/Stadler Rn. 4. Bloße Kostenfragen sind nicht ausreichend. Der Vorsitzende kann die Verhandlung auch dann außerhalb der Gerichtsstelle anberaumen, wenn die Handlung technisch keineswegs nur an dem von ihm festgesetzten Ort möglich ist, wenn sie vielmehr im Interesse der Rechts- 11 findung auswärts stattfinden muss, BAG NJW 1993, 1029 (sehr weitgehend in einem Fall aus den neuen Bundesländern). Hierbei ist eher Zurückhaltung geboten (keine reisenden Richter). Das Einverständnis oder der Wunsch der Parteien ist jedenfalls für die Entscheidung unerheblich.

12 **VIII. Entscheidung, I.** Die Anordnung eines Ortstermins oder deren Ablehnung erfolgt durch eine Verfügung oder einen Beschluss nach § 329 ohne eine mündliche Verhandlung nach § 128 IV. Das Gericht muss diese Entscheidung grundsätzlich begründen. In der Praxis ist aber die Entscheidung – zumindest bei der Einnahme eines Augenscheins – üblicherweise Bestandteil eines Beweisbeschlusses nach § 358a.

13 **IX. Verstoß, I.** Ein Verstoß gegen § 219 befreit die Partei von einem etwaigen Erscheinenszwang. Er bleibt aber im Übrigen ohne prozessuale Folgen. Über einen Ortstermin in einem fremden Gerichtsbezirk § 166 GVG.

14 **X. Rechtsbehelfe, I.** Gegen die Anordnung des Ortstermins und gegen deren Ablehnung ist eine sofortige Beschwerde nach § 567 I Nr. 2 grds. nicht statthaft. Strittig ist die Statthaftigkeit einer sofortigen Beschwerde, wenn das Gericht einen Antrag einer Partei zurückgewiesen hat, zust. LAG Thüringen BeckRS 2011, 66085; abl. Ffm MDR 1983, 411; Musielak/Voit/Stadler Rn. 4; MüKoZPO/Stackmann Rn. 5 (da bloße „Anregung").

15 **XI. Vernehmung des Bundespräsidenten, II.** Die Vorschrift behandelt den im Zeitpunkt der geplanten Vernehmung als Bundespräsident Amtierenden, dh den Bundespräsidenten und seinen ggf. amtierenden Vertreter (Art 57 GG), unabhängig davon, in welcher Eigenschaft er am Verfahren teilnimmt, Stein/Jonas/Roth Rn. 11; MüKoZPO/Stackmann Rn. 6; Musielak/Voit/Stadler Rn. 5; aM Zöller/Feskorn Rn. 5 (nur den nach Art. 54 GG Gewählten). Er ist vom Erscheinen an der Gerichtsstelle kraft Gesetzes befreit. Er braucht für eine Weigerung, dort zu erscheinen, keine Gründe anzugeben. Dieses verzichtbare Vorrecht des Bundespräsidenten besteht allein aus staatsrechtlichen Gründen, um die ungestörte Amtsführung des Verfassungsorgans zu gewährleisten. Die Vernehmung ist entweder am Amtssitz des Bundespräsidenten oder in dessen Wohnung anzusetzen. Es versteht sich, dass der dem Staatsoberhaupt schuldige Respekt eine Terminsabstimmung gebietet, auch wenn das Gericht den Bundespräsidenten als Zeugen im Übrigen grundsätzlich wie jeden anderen Zeugen nach §§ 373 ff. zu behandeln hat. Ggf. kommt auch eine Videozuschaltung nach § 128a in Betracht.

220 *Aufruf der Sache; versäumter Termin.* **I Der Termin beginnt mit dem Aufruf der Sache. II Der Termin ist von einer Partei versäumt, wenn sie bis zum Schluss nicht verhandelt.**

1 **I. Systematik.** Die Vorschrift enthält zwei nur auf den ersten Blick ganz unterschiedliche Regelungen. In I steht eine Klarstellung, von welchem Augenblick an die Rechte und Pflichten aller Prozessbeteiligten während eines Verhandlungs-, Beweisaufnahme- oder Verkündungstermins beginnen. Insofern ist I eine Ergänzung zu § 136 I. Die Regelung des II steht in engem Zusammenhang mit dem Versäumnisverfahren und stellt klar, was in §§ 332, 333 als Voraussetzungen der dortigen Rechtsfolgen gilt. Insbesondere bei § 285 (Verhandlung über das Beweisergebnis) wird also II bedeutsam. Für den nach §§ 361, 362 ersuchten oder beauftragten Richter stellt § 229 die Anwendbarkeit des § 220 klar.

2 **II. Regelungszweck.** Die Vorschrift regelt eine wesentliche Förmlichkeit des Verfahrensablaufs. Es soll klar sein, von welchem Moment an das Kernstück des Prozesses beginnt, von wann bis wann die Ordnungsgewalt nach §§ 175 ff. GVG besteht und in welchen Zeitraum die Säumnisfolgen nach §§ 330 ff. fallen. Das alles dient vornehmlich der Rechtssicherheit. Hierbei sind die Begriffe Termin und Sitzung auseinander zu halten und diese wiederum von der mündlichen Verhandlung zu unterscheiden. Die Sitzung des Gerichts erstreckt sich meist auf mehrere Verfahren und bezeichnet sämtliche Verhandlungen an einem Sitzungstag. Mit Termin wird die Gerichtssitzung in einem konkreten Verfahren bezeichnet. Die mündliche Verhandlung hingegen kann sich über mehrere Termine erstrecken und beginnt mit der Antragstellung (§ 137 I) und endet nach § 136 IV mit der Schließung durch den Vorsitzenden. § 220 regelt den einzelnen Termin.

3 **III. Geltungsbereich.** → Vor § 214 Rn. 4.

4 **IV. Aufruf vor dem Saal, I.** Der Termin beginnt mit dem Aufruf der Sache durch den Vorsitzenden (vgl. § 136 I). Der Aufruf erfolgt ggf. zunächst vor der Saaltür oder in einem etwa vorhandenen Wartebereich, zB bei großen Gerichten, BVerfG NJW 1977, 1443; BVerwG NJW 1986, 204; LG Hmb NJW 1977, 1459. Die Aufgabe, die Sache aufzurufen, kann der Vorsitzende auf einen Beisitzer, einen Referendar oder – soweit überhaupt im Sitzungssaal vorhanden – auf einen nach § 159 I 2 amtierende Protokollführer oder gar ein Justizwachtmeister übertragen. Der Aufruf kann auch im Sitzungssaal mit Mikrophon und Flur-Lautsprecher erfolgen. Der ordnungsgemäße Aufruf ist Voraussetzung der Säumnisfolgen; vor der Annahme der Säumnis einer Partei ist deshalb zu überprüfen, ob der Aufruf mit hinreichender Sorgfalt erfolgt ist.

5 Bei Terminsüberschneidung, die ein ProzBev. oder ein vertretungsberechtigter Bevollmächtigter angezeigt hat, empfiehlt sich eine Nachfrage zu dem vom Gericht mitgeteilten anderen Saal. Evtl. übernimmt auf einen Vorschlag des Vorsitzenden auch ein in einer anderen Sache wartender Anwalt aus Kollegialität vorübergehend die Vertretung zum Protokoll nach § 160 I Nr. 4.

6 **V. Aufruf im Saal, I.** Der Aufruf ist wegen Art. 2 I, 20 III GG, Art. 103 I GG mit besonderer Sorgfalt durchzuführen, BVerfG NJW 2000, 1709.

7 **1. Bedeutung.** Zusätzlich zu dem allgemeinen Aufruf nach → Rn. 4 hat der Vorsitzende oder sein Beauftragter die bestimmte einzelne Sache nach § 136 I im Sitzungssaal aufzurufen. Erst das ist der Aufruf, mit dem nach § 220 der Termin beginnt. Wenn der Vorsitzende im Sitzungssaal gleichzeitig mehrere Sachen „aufrufen" lässt, liegt noch kein Aufruf nach → Rn. 4 vor. Vielmehr muss der Vorsitzende die einzelne Sache dann unmittelbar vor der Beschäftigung mit ihr erneut und auch für den nicht Rechtskundigen eindeutig im Sitzungssaal aufrufen. Der Zweck des Aufrufs nach → Rn. 4 besteht in der Mitteilung, dass die Verhandlung beginnt und die Beteiligten sich bereithalten sollen. Der Vorsitzende setzt kraft seines Rechts zur Prozessleitung die Reihenfolge mehrerer zu derselben Terminsstunde anstehender Sachen fest.

2. Beispiele zur Frage eines Aufrufs im Saal, I

Aufruf vor Terminszeit: Er setzt zur Wirksamkeit das Einverständnis aller Prozessbeteiligten voraus, KG NJW 1987, 1338, nicht aber auch ein „Einverständnis" Dritter, etwa der Öffentlichkeit. 8

Aufrufsart: Je nach der Zahl der Verhandlungen im Haus und im Saal kann es notwendig sein, einen Beteiligten bei seinem Aufruf näher zu bezeichnen, BVerfG NJW 1977, 1443, zB durch Hinzufügen seinen Vornamen oder seinen Beruf und nicht nur als „Kläger", „Beklagten" oder gar nur „Zeugen". Ein Aufruf nur nach dem Aktenzeichen ist nicht hinreichend, da es schwer verständlich ist und die Gefahr von Verwechslungen besteht.

Eintritt: Selbst der Eintritt aller Beteiligten ist noch kein Aufruf und steht diesem selbst dann noch nicht gleich, wenn der Vorsitzende erkennbar gleich aufrufen will.

Mehrfacher Aufruf: Insbesondere bei einem sog. „Sammel- oder Kartelltermin" nach → § 216 Rn. 26 „Sammeltermin" kann ein mehrfacher Aufruf notwendig sein, BVerfG NJW 1977, 1443. Vor dem Erlass einer Versäumnisentscheidung nach §§ 330 ff. sollte das Gericht den Säumigen schon zur Vermeidung eines Verstoßes gegen Art. 2 I, 20 III GG, Art. 103 I GG möglichst zusätzlich noch einmal vor dem Sitzungssaal und auch in ihm aufrufen, BVerwG NJW 1986, 205. Das gilt trotz der Obliegenheit der Prozessbeteiligten, sich auf einen pünktlichen Verhandlungsbeginn einzurichten, BVerwG NJW 1986, 207. Zu den übrigen Bedenken hinsichtlich eines Sammel- oder Kartelltermins → § 216 Rn. 26 „Sammeltermin".

Meldung vor Aufruf: Eine Anwesenheitsmeldung der Partei vor dem Aufruf ihrer Sache im Saal ist rechtlich nur eine Bitte, den Gegner auf ihre Anwesenheit hinzuweisen. Sie verhütet daher keine Versäumung nach §§ 330 ff.

Ohne Aufruf: Keine Versäumung liegt dann vor, wenn vor dem Sitzungssaal ein Schild „Ohne besonderen Aufruf eintreten" hing und der Vorsitzende die Sache dort nicht aufrufen ließ, LG Hmb NJW 1977, 1459.

Protokoll: Es empfiehlt sich, die Uhrzeit des letzten Aufrufs vor dem Erlass einer Versäumnisentscheidung nach §§ 330 ff. oder den Zeitpunkt ihrer Verkündung im Protokoll nach § 160 I Nr. 1, II feststellen zu lassen, damit das Gericht klären kann, dass es zB die übliche Wartefrist eingehalten hat.

Reihenfolge: Die Reihenfolge der Verhandlungssachen muss nicht mit derjenigen der Terminsliste übereinstimmen. Es kann zahlreiche vernünftige Erwägungen für Abweichungen geben, etwa das Ausbleiben eines Teils der Beteiligten in der eigentlich vorangestellten Sache oder die Vermutung, dass sich die an späterer Stelle zu derselben Zeit angesetzte Sache rascher durchführen lassen wird, etwa wegen einer angekündigten Klagerücknahme nach § 269 oder Einigung nach § 779 BGB. Mit solchen kleineren zeitlichen Verschiebungen müssen alle Beteiligten rechnen. Sie können sich aber auch nicht darauf verlassen und deshalb zunächst fehlen. Was der Vorsitzende zu einer späteren Stunde terminiert hat, sollte er nur im allseitigen Einverständnis vorziehen. Meinungsverschiedenheiten gehören wegen Art. 103 I GG, § 160 II kurz ins Protokoll.

Sitzungsliste: Keine Versäumung liegt dann vor, wenn sich die Partei in eine ausliegende sog. Sitzungsliste einträgt, dann wegen derzeitiger Überfüllung in anderen Sachen draußen wartet und nun vom Aufruf im Saal in ihrer Sache schuldlos keine Kenntnis erhält, BVerfG NJW 1977, 1443.

Terminsdauer: Das ist nicht stets dasselbe wie eine Verhandlungsdauer nach §§ 136 IV, 137 I.

Wartezeit: Der Partei ist eine Wartezeit grds. zumutbar, es sei denn, sie hätte dem Gericht ohne dessen Bedenken zB mitgeteilt, sie habe einen anderen wichtigen Termin. Ein anschließendes Sich- Entfernen aus einem triftigen Grund vor dem Aufruf im Saal kann eine Vertagung nach § 337 notwendig machen, etwa wegen einer gleichzeitigen anderweitigen Terminspflicht eines Anwalts. Üblich ist ein Zuwarten von etwa 15 Minuten, Naumb AnwBl 2014, 1055. Es kann aber auch eine längere Zeit zumutbar sein.

Zuwarten auf Anwalt: Ist die Partei anwesend, kann sie im Parteiprozess erklären, das Gericht brauche nicht auf ihren ProzBev. zu warten. Dann wird der Vorsitzende ihn bei seinem Erscheinen über den bisherigen Terminsverlauf informieren.

VI. Versäumung, II. Die Abwesenheit im Zeitpunkt des Aufrufs bewirkt für sich allein noch keine Versäumung des Termins nach §§ 330 ff. 9

1. Kein Verhandeln. Die Versäumung tritt erst dann ein, wenn die Partei vom Verhandlungsbeginn nach § 137 I bis zu dem Zeitpunkt nicht erscheint oder jedenfalls verhandelt, in dem der Vorsitzende entgegen dem etwas unklaren Wortlaut von II die mündliche Verhandlung dieser Sache ausdrücklich oder stillschweigend schließt, BGH NJW 1993, 861; KG NJW 1987, 1339, mögen sich auch die Beratung nach §§ 192 ff. GVG und die Entscheidungsverkündung nach §§ 310 I 1, 311 erst anschließen. Schluss iSd II ist nämlich nicht das Ende des Termins, sondern der Schluss der mündlichen Verhandlung. Das gilt auch nach einer Vertagung gemäß § 227 oder nach einer Wiedereröffnung nach § 156. 10

2. Keine Meldung. Wenn sich keine Partei meldet und wenn das Gericht nichts veranlasst, liegt der Verhandlungsschluss nach §§ 136 IV, 296a darin, dass der Vorsitzende die Terminsakte beiseitelegt. Er kann sie freilich auch nur vorläufig zurücklegen, um abzuwarten, ob sich noch jemand verspätet, aber immerhin noch an diesem Terminstag meldet und verhandeln möchte. Es ist unerheblich, aus welchem Grund sich die Partei beim Aufruf nicht meldet. Wenn sie den Saal verlassen möchte, bevor eine Verhandlung begonnen hat, sollte sie sich beim Vorsitzenden erkundigen, ob er einverstanden ist. Sie muss sich bei ihm zumindest abmelden. 11

3. Sachantrag. Sobald die Partei während des Termins unter einem mindestens stillschweigenden Eingehen auf den Vortrag des Gegners einen Sachantrag stellt, ist die Säumnis beendet, BGH NJW 1993, 861. Die Partei kann die Säumniswirkung nicht durch eine anschließende Erklärung erneut herbeiführen, sie nehme den Sachantrag zurück, Ffm MDR 1982, 153, und auch nicht durch ihren erst nach dem Sachantrag erfolgenden Weggang. Sie muss nach einem Versäumnisurteil Einspruch nach §§ 338 ff. einlegen. Sie hat aber auch bei einem sofortigen Einspruch keinen Anspruch auf eine sofortige Verhandlung über ihn nach § 341a, auch nicht beim Einverständnis des noch anwesenden Gegners. Das Gericht sollte jedoch wenigstens einen Prozessvergleich sofort protokollieren. Der Vorsitzende sollte überhaupt möglichst sogleich „weiter"-verhandeln lassen, auch nach der Anordnung des Ruhens nach §§ 251a, 331a. 12

4. Wiedereröffnung. Nach dem Schluss der Verhandlung nach §§ 136 IV, 296a besteht auch bei einem etwaigen Anspruch auf eine Wiedereröffnung kein Anspruch auf deren sofortige Durchführung. Es besteht dann bis zum Terminschluss nach § 136 IV Hs. 2 auch keine Pflicht zur Anwesenheit, sondern nur noch nach § 312 I eine derartige Obliegenheit mit etwaigen Rechtsnachteilen bei einer Nichtbeachtung. 13

14 **VII. Säumnisfolgen, II.** Im Säumnisfall kommen eine Vertagung nach §§ 227, 335 II, 337 in Betracht, ferner ein echtes oder unechtes Versäumnisurteil nach §§ 330ff., 345, 539, 555, das Ruhen des Verfahrens nach § 251a oder eine Entscheidung nach Aktenlage gem. §§ 251a, 331a. Beim nachträglichen Erscheinen des zuvor Säumigen und beim Einverständnis des Prozessgegners kann das Gericht einen sofortigen Einspruch nach § 338 zu Protokoll nach § 160 II entgegennehmen, obwohl es die Verhandlung ja eigentlich schon geschlossen hat, und sogleich nach § 341a zum Einspruch und zur Sache verhandeln lassen. Zur Erklärung des Einspruchs: Mü BeckRS 2008, 4988. Dasselbe kann nach einer beiderseitigen Säumnis gelten.

15 **VIII. Verstoß.** Ohne einen ordnungsgemäßen Aufruf gilt die Partei als nicht nach §§ 214ff. geladen. Dann tritt keine Säumnis nach §§ 330ff. ein, BVerfG NJW 1977, 1443; LG Hmb NJW 1977, 1459. Soweit das Gericht den Aufruf der Partei im Sitzungsprotokoll beurkundet hatte, gilt § 165. Die Erklärung einer nicht rechtskundigen Partei, der Vorsitzende habe sie trotz ihrer Anwesenheit nicht aufgerufen, bedeutet in der Regel einen Antrag auf eine Berichtigung des Protokolls nach § 164, BVerfG NJW 1977, 1443. Ein Verstoß bleibt unschädlich, soweit der verfrüht begonnene Termin bis zur Terminsstunde andauert, KG NJW 1987, 1338. Dann kann auch ein nochmaliger Aufruf unnötig sein, KG NJW 1987, 1338.

221 *Fristbeginn.* **Der Lauf einer richterlichen Frist beginnt, sofern nicht bei ihrer Festsetzung ein anderes bestimmt wird, mit der Zustellung des Dokuments, in dem die Frist festgesetzt ist, und, wenn es einer solchen Zustellung nicht bedarf, mit der Verkündung der Frist.**

1 **I. Systematik.** Im Anschluss an die Regelungen über Ladung und Termine im Titel 3 regeln die Vorschriften der §§ 221–226 die Berechnung und sonstige Behandlung prozessualer Fristen, dh gesetzlicher wie richterlicher Fristen, die an unterschiedlichen Stellen in der ZPO geregelt sind. Sie gelten aber nur für die Fristen im engeren Sinne (eigentliche Fristen). Zur Abgrenzung von eigentlichen und uneigentlichen Fristen → Vor § 214 Rn. 15ff. Die uneigentlichen Fristen fallen nicht unter diese Vorschriften, werden jedoch nach § 222 berechnet. Durch die Bezugnahme auf eine Zustellung nach §§ 166ff. und auf eine Verkündung nach §§ 310, 311, 329 I 1 erreicht § 221 eine gesetzestechnisch übliche Konzentration. Ergänzend gilt § 218. Für den nach §§ 361, 362 ersuchten und beauftragten Richter stellt § 229 die Anwendbarkeit der §§ 221–226 klar.

2 **II. Regelungszweck.** Die in § 221 genannten richterlichen Fristen dienen genau wie die gesetzlichen Fristen der Strukturierung des Verfahrens und damit seiner Beschleunigung. Der Gesamtregelung ist bei allen Besonderheiten das Bestreben gemeinsam, die Anforderungen der Prozessförderung und Prozesswirtschaftlichkeit mit den Prinzipien der Rechtssicherheit zu verbinden, insbesondere auch mit dem Prinzip des rechtlichen Gehörs. Diese unterschiedlichen Regelungszwecke werden durch eine Unterteilung in Handlungsfristen und Zwischenfristen, so MüKoZPO/Stackmann Rn. 2, deutlich. Handlungsfristen sind danach abgegrenzte Zeiträume zur Vornahme von Parteihandlungen und dienen damit der Beschleunigung. Sog. Zwischenfristen sind danach abgegrenzte Zeiträume zur Vorbereitung der Parteien auf den Termin und dienen damit dem Gebot des rechtlichen Gehörs.

3 Deshalb ist die Genauigkeit der Fristbestimmung nach Art. und Dauer eine wichtige Voraussetzung ihrer Wirksamkeit mit allen daraus evtl. folgenden Vor- oder Nachteilen. Eine Angemessenheit der Fristlänge hat dieselbe Bedeutung. Insofern regelt § 221 nur eine der Voraussetzungen. Auch §§ 222–226 enthalten tatsächlich nur Teile der Gesichtspunkte, die das Gericht bedenken muss, um keinen Verfahrensfehler zu begehen, der zur Zurückverweisung zB nach § 538 II 1 Nr. 1 führen könnte.

4 **III. Geltungsbereich.** → Vor § 214 Rn. 4. Im FamFG-Verfahren beginnt die Frist nach §§ 15, 16 I FamFG mangels einer anderen Bestimmung mit ihrer Bekanntgabe. Die Vorschrift gilt auch im WEG-Verfahren. Sie ist im Insolvenzverfahren anwendbar, BVerfG NJW 1988, 1774. Auf die Frist zum Widerruf eines Prozessvergleichs ist § 221 unanwendbar, Schlesw NJW-RR 1987, 1022.

5 **IV. Fristbeginn.** Über den Begriff der gesetzlichen und der richterlichen Frist → Vor § 214 Rn. 15. Eine gesetzliche Frist beginnt nach der jeweiligen gesetzlichen Vorschrift. Eine richterliche Frist beginnt entweder nach der Anordnung, die das Gericht bei einer nach § 329 ordnungsgemäßen Fristsetzung getroffen hat, oder mit der Zustellung der Fristanordnung, oder hilfsweise nach § 189 im Zeitpunkt der Verkündung, soweit eine Zustellung nach § 329 I nicht erforderlich ist oder nicht wirksam erfolgte, BVerfG NJW 1988, 1774 (zum alten Recht); BGH NJW-RR 2020, 248; KG MDR 2004, 770. Das gilt nach § 312 I 2 auch bei Abwesenheit der Partei, KG MDR 2004, 770. Das gilt auch bei einer Zustellungswiederholung mit einer erst jetzt falschen Belehrung, BGH NJW-RR 2006, 564. Darin liegt für den Anwalt ein gewisses Risiko nach § 85 II. Er muss damit rechnen, dass in der „am Schluss der Sitzung" verkündeten Entscheidung eine richterliche Frist steht, die nicht etwa erst mit der Übermittlung der Entscheidung oder gar des Protokolls zu laufen beginnt, KG MDR 2004, 770. Deshalb gehört es zur Anwaltspflicht, sich zumindest am nächsten Tag nach dem Ergebnis eines angekündigten Verkündungstermins zu erkundigen.

6 § 167 ist unanwendbar. Das gilt auch dann, wenn beide Parteien abwesend sind. Soweit das Gericht eine nicht verkündete Verfügung oder einen Beschluss nach § 329 II 2 zustellen muss, zB bei §§ 273 II Nr. 1, 275 I 1, III, IV, 276 I 2, III, beginnt die richterliche Frist für jede Partei mit der sie betreffenden Zustellung. Die Frist für den Streithelfer nach § 66 beginnt allerdings mit der für die Hauptpartei, BGH NJW 1986, 257.

222 *Fristberechnung.* **I Für die Berechnung der Fristen gelten die Vorschriften des Bürgerlichen Gesetzbuchs.**

II Fällt das Ende einer Frist auf einen Sonntag, einen allgemeinen Feiertag oder einen Sonnabend, so endet die Frist mit Ablauf des nächsten Werktages.

III Bei der Berechnung einer Frist, die nach Stunden bestimmt ist, werden Sonntage, allgemeine Feiertage und Sonnabende nicht mitgerechnet.

Schrifttum: → Vor § 214 Rn. 1.

1 **I. Systematik, Regelungszweck.** → § 221 Rn. 1, 2.

II. Geltungsbereich. § 222 gilt für sämtliche prozessualen Fristen, also sowohl für eine sog. berechnete als auch für eine sog. datierte Frist, BVerfG AnwBl 2015, 273, so auch im wohnungseigentumsrechtlichen Beschlussanfechtungsverfahren, BGH NJW-RR 2016, 976. Das gilt auch für eine verlängerte Frist, an sich auch für die uneigentliche Frist (Ausnahmen bei den Fünfmonatsfristen der §§ 517, 548, BAG NJW 2000, 2835), ferner für die Ausschlussfrist. Auf die Frist für die Anmeldung von Ansprüchen oder Rechtsverhältnissen zur Eintragung in das Klageregister im Musterfeststellungsverfahren findet nach interessengerechter Auslegung des § 608 im Licht seiner Entstehungsgeschichte und systematischer Stellung im Gesetz § 222 II Anwendung, BGH BeckRS 2021, 8278 = WM 2021, 846; Köln BeckRS 2020, 21763 (Vorinstanz). § 222 gilt aber nicht für eine nur mittelbar „bestimmbare" Zeitspanne, aM Saarbr OLGZ 1980, 39. Hierzu zählt auch § 721 III 2, LG Mü WuM 1980, 247, und § 802f I, AG Augsb DGVZ 2013, 140. Bei der Ladungs- und Einlassungsfrist nach §§ 217, 274 III darf man den Tag der Zustellung und denjenigen des Termins nicht einrechnen. Die Widerrufsfrist in einem Prozessvergleich ist keine prozessuale Frist. Auf diese Fälle ist § 222 und auch § 193 BGB an sich unanwendbar, weil der Widerruf eine Prozesshandlung ist. Gleichwohl kann man die Regeln des § 222 im Ergebnis auch beim Prozessvergleich anwenden, BGH MDR 1979, 49; Karlsr FamRZ 2014, 959; Schlesw NJW-RR 1987, 1022; Schneider MDR 1999, 595. Wegen der Sommerzeit § 3 ZeitG nebst der jeweiligen VO. Für den nach §§ 361, 362 ersuchten oder beauftragten Richter stellt § 229 die Anwendbarkeit des § 222 klar. Im FamFG-Verfahren ist § 222 nach § 16 II FamFG entsprechend anwendbar, BGH NJW 2014, 3730. 2

III. Berechnung, I. Eine prozessuale Frist lässt sich grundsätzlich nicht nach unbestimmten Rechtsbegriffen wie „umgehend" berechnen, sondern nur nach dem BGB, OVG Kblz NJW 1993, 2457. § 186 BGB bestimmt, dass für die in Gesetzen und gerichtlichen Verfügungen enthaltenen Fristsetzungen die Auslegungsregeln der §§ 187 ff. BGB gelten. Die Vorschrift des I verweist aber nur auf §§ 187–189, 192 BGB, BGH NJW 2014, 3730. Sie stellt somit durch die Verweisung einen Beitrag zur einheitlichen Rechtsanwendung dar, lässt aber andererseits den Nachweis eines abweichenden Willens bei einer richterlichen oder bei einer vereinbarten Frist zu. Bei einer richterlichen Frist darf die Partei nicht durch eine mögliche Unklarheit leiden. Wenn das Gericht die selbst gesetzte Frist nicht abwartet und vor deren Ablauf entscheidet, verletzt es den Anspruch auf rechtliches Gehör, BVerfG BeckRS 2018, 1782 = MDR 2018, 614; BGH NJW-RR 2020, 248. 3

1. § 187 BGB. Dieser Fall liegt zB bei einer Zustellung vor. Der Anfangstag rechnet nach § 187 I BGB auch dann nicht mit, BVerfG NJW 1982, 2367; BGH WM 2014, 419, wenn die Frist „mit einem Tag" beginnt, wie bei § 234 II. Der Tag rechnet mit: Wenn nach § 187 II BGB der Beginn des Tages entscheidet, zB bei einer Regelung „ab" oder „seit" einem Tag; nach § 187 II BGB beim Geburtstag; bei einer Stundenfrist. Man muss sie stets von Stunde zu Stunde und nach vollen Stunden berechnen. 4

2. § 188 BGB. Ein Ablauf der Frist am letzten Tag berechtigt grundsätzlich zum Handeln bis Mitternacht. Die Frist endet auf keinem Fall mit der Dienstzeit des Gerichts; es genügt vielmehr, dass der Schriftsatz bis 24.00 Uhr in die Verfügungsgewalt des Gerichts gelangt ist, BVerfG NJW 1991, 2076; BGH NJW 2001, 991; Mü NJW-RR 2014, 1405. Bei einer Zwischenfrist, etwa bei der Ladungsfrist nach § 217, ist der letzte Tag derjenige vor dem Termin. Darum ist eine dreitägige Frist dann, wenn der Termin am Montag ansteht, nach II nur bei einer Zustellung spätestens am vorangegangenen Dienstag gewahrt. Die Bezeichnung „acht Tage" muss man auslegen. Regelmäßig ist eine Woche gemeint. Wenn eine Urteilszustellung am 28. Februar oder in einem Schaltjahr am 29. Februar erfolgt, endet die Berufungsfrist bereits mit dem Ablauf des 28. oder 29. März, also nicht erst des 31. März, BGH NJW 1985, 496; Thomas/Putzo/Hüßtege Rn. 7; aM Celle OLGZ 1979, 360. Wenn die Berufungsbegründungsfrist nach § 520 II 1 am 28. Februar oder in einem Schaltjahr am 29. Februar abläuft und wenn der Vorsitzende sie rechtzeitig „um einen Monat" verlängert, läuft die Verlängerungsfrist aber erst am 31. März um 24 Uhr ab, KG VersR 1981, 1057. 5

IV. Sonntag, allgem. Feiertag oder Sonnabend, II. Die Vorschrift behandelt nur das „Ende" einer Frist, nicht ihren Anfang, OVG Greifsw NJW 2012, 953. Sie erweitert den nur für Willenserklärungen und Leistungen geltenden § 193 BGB, LG Hmb WuM 1993, 470, auf alle prozessualen Fristen. II gilt nicht nur für die nach Zeitabschnitt bemessenen Fristen, sondern auch für die nach Enddatum bestimmten, BVerfG NJW 2013, 3776. Maßgebend ist das am Ort zB der Rechtsmitteleinlegung geltende Recht, BGH NJW-RR 2012, 254; BAG NZA 2012, 112. 6

1. Fälle. II gilt also auch dann, wenn der Vorsitzende die Berufungsbegründungsfrist nach § 520 II 2, 3 oder die Frist zur Begründung der Revision nach § 551 II 5 irrtümlich bis zu einem Feiertag, Sonntag oder Sonnabend verlängert hat, BVerfG Rpfleger 1982, 478. II ist auf fast alle Arten solcher Fristen anwendbar, die für die gerichtliche Geltendmachung eines Anspruchs laufen, also auch auf eine Anschlussfrist zur Beschreitung des Rechtswegs oder auf eine Insolvenzanfechtung, nicht jedoch auf den Widerruf eines Prozessvergleichs und nicht auf den Anfang zB der Berufungsfrist nach § 517. In der Zwangsvollstreckung gilt § 758a IV 1. Bei einem nicht bundeseinheitlichen Feiertag ist der Empfangsort maßgeblich, BGH NJW-RR 2012, 254 (Mariä Himmelfahrt); Kblz NJW-RR 2017, 254. 7

2. Fristende mit folgendem Werktag. Das Fristende kann auf einen Sonnabend fallen, BVerfG FamRZ 2013, 1876, oder auf einen Sonntag oder einen dort geltenden allgemeinen Feiertag, an dem die Partei ihre Prozesshandlung vornehmen muss, BGH WM 2011, 427; BAG DB 1997, 988; OVG Ffo NVwZ 2005, 605. Das gilt unabhängig vom Kanzleiort des ProzBev., OVG Ffm NJW 2004, 3795. Maßgebend ist vielmehr das Feiertagsrecht am Sitz des Berufungsgerichts, BAG NZA 1997, 507. Dann läuft die Frist erst mit dem Ablauf des folgenden Werktags ab, BGH NJW-RR 2016, 976; WM 2014, 419; VGH Mannh NJW 1987, 1353, und beginnt die etwaige Verlängerung nach § 224 III am darauf folgenden Tag, BGH NJW 2006, 700. Bei einer Zwischenfrist fällt das Ende auf den dem Termin vorangehenden Tag. Die Nichtbeachtung dieser Vorschriften ist dann eine Verletzung des rechtlichen Gehörs nach Art. 103 I GG, wenn das Gericht einen solchen Schriftsatz nicht mehr berücksichtigt hat, der an dem auf den Feiertag folgenden Tag einging, BVerfG NJW 1965, 579. 8

Es ist unerheblich, ob die Partei eine Handlung an einem Sonntag, einem allgemeinen Feiertag oder Sonnabend vornehmen durfte. Für den Fristbeginn ist II außer bei einer Stundenfrist unerheblich, BGH FamRZ 1997, 415; LG Aachen WuM 2004, 32. Ein Werktag mit einem Sonntagsdienst laut einer behördlichen Vorschrift ist kein allgemeiner Feiertag, VGH Mannh NJW 1987, 1353 (Silvester), ebenso wenig der 24. Dezember als solcher, 9

OVG Hmb NJW 1993, 1941. Der Rosenmontag ist nicht einmal in Köln ein gesetzlicher Feiertag, BFH NJW 1997, 416; BPatG GRUR 1978, 711; VGH Mannh NJW 1987, 1353. Zu Fronleichnam BAG NZA 2012, 112.

10 **V. Stundenfrist, III.** Bei einer Stundenfrist darf man einen Sonnabend, einen Sonntag oder einen allgemeinen Feiertag nicht mitrechnen. Die Frist beginnt also mit dem Beginn des nächsten Werktags. Wenn die Frist vor einem Sonnabend oder einem Feiertag begonnen hat, unterbricht dieser Tag die Frist. Man darf ihn nicht mitrechnen. Vielmehr darf man die nächsten Stunden der restlichen Frist erst vom Beginn des nächsten Werktags an weiterzählen. Die am Anfang angebrochene Stunde rechnet nicht mit. Die Frist endet mit dem Ablauf der letzten Stunde. Dabei sind nur volle Stunden zu zählen.

223 (weggefallen)

224

Fristkürzung; Fristverlängerung. I [1]**Durch Vereinbarung der Parteien können Fristen, mit Ausnahme der Notfristen, abgekürzt werden.** [2]**Notfristen sind nur diejenigen Fristen, die in diesem Gesetz als solche bezeichnet sind.**

II **Auf Antrag können richterliche und gesetzliche Fristen abgekürzt oder verlängert werden, wenn erhebliche Gründe glaubhaft gemacht sind, gesetzliche Fristen jedoch nur in den besonders bestimmten Fällen.**

III **Im Falle der Verlängerung wird die neue Frist von dem Ablauf der vorigen Frist an berechnet, wenn nicht im einzelnen Fall ein anderes bestimmt ist.**

1 **I. Systematik.** → § 221 Rn. 1. Die vom Gesetz zugelassene Abkürzungsmöglichkeit ist praktisch bedeutungslos. Ergänzend und teilweise vorrangig gelten §§ 225, 226.

2 **II. Regelungszweck.** § 224 enthält die Definition der Notfristen und regelt die Voraussetzungen für Fristverlängerung oder -verkürzung. Damit entzieht die Vorschrift den Parteien in einer Einschränkung der Parteiherrschaft weitgehend die Herrschaft über die Fristen. Das liegt im Interesse der Prozessförderung und Prozesswirtschaftlichkeit. § 224 räumt dem Richter ein stets pflichtgemäß auszuübendes Ermessen ein. I regelt die in der Praxis so gut wie nie vorkommende Fristkürzung durch Parteienvereinbarung, II die Friständerungen durch gerichtliche Anordnung. Schließlich ergänzt III die Fristberechnung nach § 222 für den Fall der Fristverlängerung.

3 **III. Geltungsbereich.** Die Vorschrift gilt grundsätzlich für alle Fristarten; nicht jedoch für Ausschlussfristen des materiellen Rechts, BGH NJW 2009, 3655 (zu § 46 WEG). Sie bezieht sich allerdings auch nicht auf eine uneigentliche Frist, LAG MDR 1990, 187; Zöller/Feskorn Rn. 1. Die Parteien können die Widerrufsfrist in einem Prozessvergleich frei vereinbaren, BGH NJW 1974, 107; Hamm FamRZ 1988, 535, der einer Protokollierung bedarf. Die Änderung der Frist kann nur vor ihrem Ablauf erfolgen, Hamm FamRZ 1988, 535. Da die Parteien eine Frist nicht verlängern können, muss das Gericht den Fristablauf von Amts wegen beachten. Für den nach §§ 361, 362 ersuchten oder beauftragten Richter stellt § 229 die Anwendbarkeit des § 224 klar. Im FamFG-Verfahren ist nach § 16 II FamFG stets II, III entsprechend anwendbar, I auch im Bereich des § 113 I 2 FamFG.

4 **IV. Vereinbarte Fristabkürzung, I 1, 2.** Die Parteien können durch eine Vereinbarung jede gesetzliche oder richterliche Frist abkürzen, außer einer Notfrist nach I 2. Bei dieser Vereinbarung handelt es sich um einen Prozessvertrag, der keiner Form bedarf, also. auch stillschweigend erfolgen kann. Soweit sie außergerichtlich erfolgt, besteht für sie kein Anwaltszwang. Die Parteien brauchen sie dem Gericht nicht mitzuteilen.

5 **V. Begriff der Notfrist, I 1, 2.** Nach I 2 ist Notfrist nur eine solche Frist, die „dieses" Gesetz ausdrücklich als Notfrist bezeichnet, zB: §§ 104 III 2, 107 III, 269 II 4, 276 I 1, 321a II 2, 339 I, II, 340 III 1, 2, ferner zB §§ 517, 544 I 2, 548, 566 II 2, 569 I, 573 I 1, 574 IV 1, 575, 586 I, 1065 I. Damit ist allerdings nicht nur die ZPO gemeint, BAG NJW 2010, 2682; Nürnb AnwBl 1981, 499. Notfristen setzen zB auch: §§ 59, 72a, 76, 92a, 94 I, 96a, 110 III ArbGG; § 210 III BEG; §§ 30a, b I, 180 II, III ZVG; § 111 GenG.

6 Zu den Notfristen gehören aber nicht: Die Antragsfrist nach § 227 III 1; die Einspruchsbegründungsfrist nach § 340 III; die Rechtsmittelbegründungsfrist nach §§ 520 II 1, 551 II 2 oder die nach § 521 II gesetzte Frist zur Berufungserwiderung, BGH BeckRS 2022, 4375 Rn. 17; NJW 2015,2812, Rn. 36; die Frist für den Antrag auf eine Wiedereinsetzung in den vorigen Stand nach § 234 dann, wenn er die Versäumung der Berufungsfrist nach § 517 betrifft; die Klagefrist des § 558b II, III 2 BGB, AG Köln WuM 1981, 113; AG Osnabr ZMR 1976, 158; die Frist des § 5 III KSchG, BAG NJW 2010, 2681.

7 Unabhängig von der Frage, ob es sich um eine Notfrist handelt, läuft jede Frist auch in einer „Sommersache" nach § 227 III 2 weiter.

8 **VI. Auswirkungen der Notfrist, I 1, 2.** Eine Notfrist hat die folgenden Besonderheiten:

9 **1. Friständerung.** Eine Notfrist duldet keine Verkürzung oder Verlängerung, auch nicht durch eine Parteivereinbarung. Sie gilt aber als gewahrt, wenn die Partei den Schriftsatz zur Zustellung beim Gericht innerhalb der Frist einreicht und wenn das Gericht die Zustellung nach § 167, ferner § 495 demnächst vornimmt.

10 **2. Wiedereinsetzung.** Eine Notfrist lässt im Fall einer unverschuldeten Versäumung grundsätzlich eine Wiedereinsetzung in den vorigen Stand nach § 233 zu.

11 **3. Ruhen des Verfahrens.** Eine Notfrist läuft trotz eines etwaigen Ruhens des Verfahrens nach §§ 251a, 331a oder trotz eines als besondere Gestaltung des gerichtlichen Güteverfahrens (§ 278 II) durchgeführten Mediationsverfahrens weiter, BGH NJW 2009, 1149.

12 **4. Zustellung.** Eine Notfrist lässt sich nach § 189 durch einen Zugang trotz einer mangelhaften Zustellung heilen.

13 **5. Sonstiges.** Eine Prüfung der Einhaltung der Frist von Amts wegen ist keine Eigenheit der Notfrist. Denn die Partei kann keine gesetzliche oder richterliche Frist verlängern.

VII. Gerichtliche Friständerung, II. Es ist zwischen der richterlichen und gesetzlichen Frist zu unterscheiden, → Vor § 214 Rn. 15. 14

1. Richterliche Frist. → Vor § 214 Rn. 15. Das Gericht kann alle richterlichen Fristen – mit Ausnahme der Notfristen, BGH BeckRS 2014, 2108 – aufgrund eines Antrags einer Partei im Verfahren nach § 225 einmalig oder wiederholt abkürzen oder verlängern, wenn die Partei dafür nach § 294 einen erheblichen Grund nach §§ 520 II 1, 551 II 2 glaubhaft macht, LG Karlsr. NJW-RR 2020, 279. Das kann für einen anderen Zeitraum geschehen als beantragt, BGH VersR 1994, 622. Eine Vereinbarung der Parteien ist kein hinreichender Grund. Ob die Voraussetzungen für eine Verlängerung vorliegen, unterliegt der Ermessensentscheidung im Einzelfall. Dabei sind die Interessen der übrigen Parteien wie auch die Grundsätze der Prozessökonomie und Verfahrensbeschleunigung zu berücksichtigen, LG Karlsr NJW-RR 2020, 279. Je länger die bisher eingeräumte Frist war, umso höher sind die Anforderungen, Ros BeckRS 2008, 24727. 15

2. Beispiele zur Frage einer richterlichen Frist, II

Akteneinsicht: Nicht ausreichend ist die Ablehnung der Aktenherausgabe an den Anwalt in seine Kanzlei, Düss MDR 1987, 769. 16

Antrag auf „stillschweigende Fristverlängerung“: Eine Fristverlängerung muss ausdrücklich ausgesprochen und mitgeteilt werden; der Prozessvertreter kann daher nicht erwarten, dass eine beantragte Frist „stillschweigend“ verlängert wird, BGH BeckRS 2021, 31935 Rn. 13; NJW-RR 1990, 67.

Anwaltskündigung: Ausreichen kann eine grundlose Anwaltskündigung, BGH DB 1978, 1174.

Anwaltszwang: Für die Antragstellung besteht Anwaltszwang, BGH NJW 1985, 1558; Karlsr NJW-RR 2000, 1519. Zu seiner Vermeidung kommt auch ein Antrag des schon anwaltlich vertretenen Gegners für den noch nicht anwaltlich Vertretenen in Betracht, Klaes/Schöne ProzRB 2003, 226.

Auslegung des Antrags: Ein Fristverlängerungsantrag ist einer Auslegung zugänglich, grds. ist aber vom Wortlaut auszugehen insbesondere, wenn ein bestimmtes Datum genannt ist, BGH NJW-RR 2020, 313, NJW-RR 1994, 568.

Entscheidungszeitpunkt: Die gerichtliche Entscheidung kann bei einem rechtzeitig wirksam gewordenen Antrag auch nach dem Fristablauf erfolgen, BVerfG MDR 1980, 117; BGH NJW 1982, 1651.

Form: Ein Antrag kann die Schriftform erfordern, zB bei §§ 520 II 1, 551 II 2, BGH NJW 1985, 1559; im Übrigen ist keine besondere Form erforderlich.

Glaubhaftmachung: Grds. ist eine Glaubhaftmachung erheblicher Gründe erforderlich. Sie muss nicht unbedingt nach § 294 erfolgen; ein pauschaler Hinweis auf eine Erkrankung nach mehrfacher Fristverlängerung reicht jedoch nicht, LG Karlsr NJW-RR 2020, 279. Es handelt sich um eine Abwägung der Umstände. Dabei hat das Gericht die Interessen beider Parteien abzuwägen.

Kanzleibetrieb: Im Anwaltsprozess sollte das Gericht einen normalen Kanzleibetrieb des ProzBev. berücksichtigen, BAG NJW 1995, 150 (Vielzahl von Fristabläufen); Liesching NJW 2003, 1224.

Länge der Frist: Für den Umfang einer gerichtlichen Fristverlängerung ist der objektive Inhalt der Mitteilung maßgeblich, die an die Parteien gerichtet ist, BGH NJW-RR 2020, 313. Verlängert der Vorsitzende die Berufungsbegründungsfrist um eine kürzere Zeit, liegt darin zugleich eine (stillschweigende) Ablehnung des weitergehenden Antrags, BGH NJW 2015, 1966. Wenn ein Fristverlängerungsantrag sich bis zu einem bestimmten Datum richtet, ist regelmäßig nicht anzunehmen, dass abweichend vom Wortlaut eine weitergehende Fristverlängerung begehrt wird, BGH NJW-RR 2020, 313; NJW-RR 1994, 568. Wenn das Gericht eine Frist über den Antrag hinaus erstreckt oder ohne erhebliche Gründe verlängert, bleibt seine Entscheidung wirksam. Die richtige Gesamtlänge einer Frist hängt von den konkreten Fallumständen ab. Die elektronischen Techniken bewirken aber bei Übersendungen eine Dauer von Sekunden statt Tagen. Sie lassen sich durchweg mühelos nutzen, insbesondere für Rückfragen aller Art. Schon deshalb sind Verlängerungen seltener nötig als vielleicht früher. Das Gericht darf eine solche Verlängerungsbitte, die es für unbegründet hält, auch dahin bescheiden, dass es deren Ablehnung erst in der infolgedessen nötigen weiteren Entscheidung aufnimmt. Eine Äußerungsfrist für eine Partei darf nicht so kurzfristig bemessen sein, dass objektiv innerhalb dieser Frist eine sachlich fundierte Stellungnahme zu einem entscheidungserheblichen Sachverhalt und zur Rechtslage nicht abgegeben werden kann, BGH NJW 2018, 3316; Spickhoff NJW 2019, 1718; vgl. auch BGH NJW 2018, 3315 (Berücksichtigung eines Parteivortrags, der durch die Veröffentlichung in einer Fachzeitschrift belegt ist). Hierin könnte eine Verletzung rechtlichen Gehörs (Art. 103 GG) liegen.

Parteivereinbarung: Eine solche reicht trotz der grundsätzlichen Parteiherrschaft (nur über den Tatsachenvortrag!) entsprechend § 227 I Nr. 3 nicht aus.

Später Anwaltsauftrag: Nicht ausreichend ist eine zu späte Beauftragung des Anwalts, Schlesw SchlHA 1978, 117, wohl aber ein Anwaltswechsel, MüKoZPO/Stackmann Rn. 7; Musielak/Voit/Stadler Rn. 3.

Überlastung des ProzBev: Eine Überlastung des ProzBev. kann im Einzelfall einen erheblichen Grund für eine Fristverlängerung darstellen, BVerfG NJW 2007, 1149; BGH NJW 1991, 2080.

Wirksamkeit: Der Antrag muss vor dem Fristablauf wirksam geworden sein, BGH NJW 1982, 1651; Kblz NJW 1989, 987.

Zeugenanschrift: Nicht ausreichend ist eine vermeidbar späte Ermittlung einer solchen Anschrift, die nun nicht mehr stimmt.

3. Gesetzliche Frist. → Vor § 214 Rn. 15. Bei gesetzlichen Fristen sind Abkürzungen oder Verlängerungen nur dann zulässig, wenn das Gesetz diese Möglichkeit besonders vorsieht, etwa in §§ 134 II, 226 I, 520 II 2, 3, 551 II 4, 5, 566 VIII 1, nicht in anderen Fällen, Stgt ZIP 2011, 1959, also zB nicht bei § 206 II, bei § 234 I, BGH VersR 1980, 582, bei § 878. Bei einer Notfrist nach I 2 entfällt eine solche Möglichkeit an sich ganz, BVerfG NJW 1974, 847; BGH BeckRS 2014, 2014. Eine Ausnahme gilt bei § 340 III 2. Eine erstmalige Verlängerung insbesondere der Berufungsbegründungsfrist ist fast selbstverständlich, auch ohne eine besondere Begründung. Eine förmliche Zustellung vor dem Fristablauf ist entbehrlich. Denn der Verlängerungsbeschluss setzt nach § 329 II keine Frist in Lauf. Er bestimmt nur den Endpunkt der laufenden Frist anders. Eine Mitteilung an den Gegner ist zur Wirksamkeit unnötig. II gilt auch für eine Rechtsbeschwerde vor dem Arbeitsgericht, BAG MDR 1975, 347. 17

VIII. Berechnung der neuen Frist, III. Entsprechend § 190 BGB bestimmt III, dass man bei einer Verlängerung die neue Frist mangels einer abweichenden Vorschrift oder richterlichen Anordnung vom Ablauf der 18 alten Frist an berechnen muss. Wenn also der letzte Tag der alten Frist auf einen Sonnabend oder Sonntag oder auf einen allgemeinen Feiertag fällt, beginnt die neue Frist erst um 0 Uhr des übernächsten Werktags zu laufen, BGH AnwBl 2009, 388; Zöller/Feskorn Rn. 9; aM Ros NJW 2003, 3141.

225 *Verfahren bei Friständerung.* **I Über das Gesuch um Abkürzung oder Verlängerung einer Frist kann ohne mündliche Verhandlung entschieden werden.**

II Die Abkürzung oder wiederholte Verlängerung darf nur nach Anhörung des Gegners bewilligt werden.

III Eine Anfechtung des Beschlusses, durch den das Gesuch um Verlängerung einer Frist zurückgewiesen ist, findet nicht statt.

1 **I. Systematik.** Zunächst → § 221 Rn. 1. Die Vorschrift ergänzt § 224. Für den nach §§ 361, 362 ersuchten oder beauftragten Richter stellt § 229 die Anwendbarkeit des § 225 klar.

2 **II. Regelungszweck.** Zunächst → § 224 Rn. 2. Das Friständerungsverfahren dient den unterschiedlichen Interessen bald der einen, bald der anderen Partei. Das Gericht muss sowohl das Gebot des rechtlichen Gehörs und der prozessualen Waffengleichheit als auch die Grundsätze der Prozessförderung und Prozesswirtschaftlichkeit beachten. Friständerungen durch richterliche Anordnungen können nicht von Amts wegen erfolgen, sondern setzen einen Antrag voraus. Bei wiederholten Verlängerungsanträgen ist zumindest bei nur formelhafter Begründung eine gewisse Zurückhaltung geboten.

3 **III. Geltungsbereich, I, II.** → § 221 Rn. 4. Im FamFG-Verfahren ist § 225 entsprechend anwendbar, § 16 II FamFG. Holt der Verfahrensbev. eines Beteiligten aber in einer Familienstreitsache bei Stellung eines Antrags auf Verlängerung der Beschwerdebegründungsfrist über einen Monat hinaus nicht die erforderliche Zustimmung des Gegners ein, so beruht die Fristversäumung auf seinem Verschulden, BGH BeckRS 2021, 29040 Rn. 11 f = NJW-RR 2021, 1582; NJW 2004, 1742. Insoweit ist II nicht anwendbar.

4 **IV. Verfahren, I, II.** Die Entscheidung über die Abkürzung oder Verlängerung einer Frist erfolgt nur aufgrund eines mündlichen oder schriftlichen Antrags. Der mündliche Antrag ist grds. zu protokollieren. Eine telefonische Bitte reicht nicht, BGH NJW 1985, 1558. Ein Formfehler wird durch eine stattgebende Entscheidung geheilt, BGH NJW 1998, 1155. Dem Richter, Rpfl., Urkundsbeamten zB bei § 697 I bleibt eine mündliche Verhandlung frei. Der Antrag unterliegt dem Anwaltszwang (§ 78), BGH NJW 1985, 1559. Der Prozessgegner ist ebenfalls antragsberechtigt, wenn auch zu seinen unmittelbaren Gunsten die Frist geändert werden soll. Die Nichtbeachtung der bloßen Ankündigung der Partei, sie werde eine Frist überschreiten müssen, ist jedenfalls dann kein Verfahrensmangel, wenn das Gericht die Frist großzügig bemessen hatte, Köln VersR 1983, 252. Zuständig ist das Kollegium bei einem Beschluss, der Vorsitzende bei einer ihm übertragenen Verfügung, das Kollegium stets bei der Entscheidung über die Änderung einer von ihm selbst gesetzten Frist, BGH NJW 1983, 2030. Eine Unzuständigkeit berührt aber nicht die Wirksamkeit der Entscheidung, BGH NJW 1962, 1396.

5 Die Entscheidung ist zu begründen, wenn der Antrag abgelehnt wird oder der Gegner einer Verlängerung widersprochen hat. Das Gericht kann erst in der Sachentscheidung mitteilen, weshalb es keine Fristverlängerung gewährt hat. Dann kann es aber für den Antragsteller zu spät geworden sein, etwa nach einem Zweiten Versäumnisurteil nach § 345. Ein darüber hinaus – wohl nur bedingtes – Ablehnungsgesuch wäre meist rechtsmissbräuchlich. Denn andernfalls könnte die Partei die vom Gegner erhoffte Sachentscheidung mit jedem Verlängerungsantrag nach § 283 S. 2 zumindest vorerst unterlaufen und sogar einen noch überfälligen Vortrag einseitig nachschieben. Das alles macht eine sorgfältige Begründung des Verlängerungsantrags erforderlich und lässt eine baldige Entscheidung fast notwendig werden, damit sich der Antragsteller noch fristgerecht auf sie einstellen kann, BGH VersR 1982, 1192. Unterbleibt die Entscheidung über einen Verlängerungsantrag und entscheidet das Gericht sofort zur Hauptsache, kann darin eine Verletzung des rechtlichen Gehörs liegen, BVerwG NJW 1988, 1280.

6 **V. Gehör des Gegners, II.** Das Gericht muss den Antragsgegner anhören, Art. 2 I, 20 III GG, Art. 103 I GG, BVerfG NJW 2000, 1709, bevor das Gericht eine Frist wiederholt verlängert und bevor es irgendeine Frist abkürzt. Eine Ausnahme gilt nach § 226 III. Das Revisionsgericht muss den Antragsgegner nach § 551 II 4, 5 auch dann hören, wenn es eine Revisionsbegründungsfrist wiederholt verlängern will. Die Anhörung erfolgt schriftlich oder mündlich, auch telefonisch oder elektronisch nach § 130a. Ein Verstoß macht die Entscheidung des Gerichts nicht unwirksam, BAG VersR 1979, 948. II gibt dem Richter nur eine Verhaltensregel. Sie lässt sich nicht einmal immer einhalten.

7 Eine Zustimmung des Gegners ist nach II aber gerade nicht notwendig, BVerfG NJW 2000, 944.

8 **VI. Entscheidung, I, II.** Sie muss zwecks Rechtssicherheit stets ausdrücklich erfolgen, Köln JMBl NRW 1984, 131. Sie enthält bei einer Stattgabe zwei in der Wirksamkeit gesondert zu prüfende Maßnahmen: die Aufhebung der bisherigen Frist und die Bestimmung einer neuen, BGH NJW-RR 1987, 1277. Wird die neue Frist dem Antragsteller (versehentlich) nicht mitgeteilt, gilt nur die Aufhebung der Erstfrist, BGH NJW-RR 1987,1277. Das Gericht entscheidet nach seinem pflichtgemäßen Ermessen durch einen Beschluss nach § 329. Dieser liegt nicht schon darin, dass das Gericht eine Ankündigung der Partei entgegennimmt, sie werde eine Frist überschreiten müssen, Köln VersR 1983, 252. Eine „Verfügung" muss an sich schriftlich erfolgen, BGH NJW 1985, 1559. Der Vertrauensschutz fordert jedoch die Wirksamkeit auch einer mündlichen Verfügung bei einer ordnungsgemäß erfolgten Verlängerung der Rechtsmittelbegründungsfrist nach § 520 II 2, 3, BGH NJW 1994, 2364; NJW 1985, 1558. Eine Verfügung ist dann in einen Beschluss umzudeuten, BGH VersR 1980, 772. Das Gericht hat seine Entscheidung voll zu unterschreiben, BGH NJW 1980, 1167; Schneider MDR 1982, 818, ein Handzeichen genügt nicht, MüKoZPO/Stackmann Rn. 9. Es muss sie grds. begründen. Es muss sie nach § 329 I 1 verkünden oder wie folgt mitteilen:

9 Eine Entscheidung über eine Fristverkürzung bedarf einer förmlichen Zustellung nach §§ 166 ff., denn jetzt läuft eine andere Frist nach § 329 II 2. Andernfalls erhält der Antragsgegner eine formlose Mitteilung, BGH NJW 1990, 1798, auch telefonisch. Die Hinausgabe an die Post kann genügen. Dem Antragsteller stellt das

Gericht einen ablehnenden Beschluss nach § 329 III Hs. 2 förmlich zu. Eine stattgebende Entscheidung lässt sich formlos mitteilen. Denn sie setzt keine neue Frist in Lauf, BGH NJW 1994, 2365; Müller NJW 1990, 1778. Ist die neue Frist nicht oder nicht in der mitgeteilten Ausfertigung vorhanden, besteht eine Bindung nur an die Aufhebung der alten, BGH NJW 1987, 1277.

VII. Rechtsbehelfe, III. Beim Rpfl. gilt der § 11 RPflG. Im Übrigen gilt Folgendes: 10

1. Abkürzung. Soweit das Gericht eine Abkürzung ablehnt, ist beim Urkundsbeamten die befristete Erinne- 11 rung nach § 573 I und beim Richter eine sofortige Beschwerde nach § 567 I Nr. 2 statthaft, Schlesw OLGR 2007, 787; Zöller/Feskorn Rn. 8. Das gilt auch dann, wenn das Gericht seine Entscheidung irrtümlich als eine Verfügung bezeichnet hat, BGH VersR 1980, 772. Eine Rechtsbeschwerde kommt unter den Voraussetzungen des § 574 in Betracht. Soweit das Gericht eine Frist abkürzt, ist die Anfechtung des Beschlusses nur zusammen mit dem Urteil statthaft. Das gilt selbst dann, wenn das Gericht den Antragsgegner nicht angehört hatte.

2. Verlängerung. Soweit das Gericht einen Fristverlängerungsantrag zurückweist, ist kein Rechtsbehelf statt- 12 haft; dies ergibt sich aus §§ 574 I 1 Nr. 1, 225 III, BGH NJW-RR 2020, 1187; NJW 1988, 268; Ffm BB 2011, 1602. Das ist verfassungsrechtlich zulässig. Denn es gibt keinen allgemeinen Anspruch auf mehrere Instanzen. Soweit das Gericht eine Frist verlängert, ist ebenfalls kein Rechtsmittel statthaft, BGH NJW 1988, 268 (abl. Teubner JR 1988, 281). Es ist dann nur die Dienstaufsichtsbeschwerde denkbar, BAG VersR 1979, 948. Sie setzt voraus, dass das Gericht seinen richterlichen Ermessensspielraum eindeutig überschritten hat. Das ist erst dann so, wenn schlechthin keine sachlichen Gründe für eine Fristverlängerung mehr erkennbar sind. Die Dienstaufsicht sollte Zurückhaltung üben. Eine Überprüfung durch das Revisionsgericht findet bei einer prozessleitenden Verfügung nicht statt, BGH NJW 1988, 268 (abl. Teubner JR 1988, 281). Eine Ablehnung nur wegen des Fehlens einer von II ja gar nicht verlangten Zustimmung des Gegners kann aber gegen Art. 2 I, 20 III GG verstoßen, BVerfG NJW 2000, 944. Ein Befangenheitsantrag kann rechtsmissbräuchlich sein, Jena BauR 2017, 967.

3. Entscheidung zur Hauptsache ohne Bescheidung des Verlängerungsantrags. In diesem Fall liegt ein 13 Verstoß gegen Art. 2 I, 20 III GG, Art. 103 I GG, BVerfG NJW 2000, 1709 vor. Er zwingt zur Zurückverweisung zB nach § 538 II 1 Nr. 1, BVerwG NJW 1988, 1280. Er kann auch eine Verfassungsbeschwerde begründen.

226 *Abkürzung von Zwischenfristen.* [I] **Einlassungsfristen, Ladungsfristen sowie diejenigen Fristen, die für die Zustellung vorbereitender Schriftsätze bestimmt sind, können auf Antrag abgekürzt werden.**

[II] **Die Abkürzung der Einlassungs- und der Ladungsfristen wird dadurch nicht ausgeschlossen, dass infolge der Abkürzung die mündliche Verhandlung durch Schriftsätze nicht vorbereitet werden kann.**

[III] **Der Vorsitzende kann bei Bestimmung des Termins die Abkürzung ohne Anhörung des Gegners und des sonst Beteiligten verfügen; diese Verfügung ist dem Beteiligten abschriftlich mitzuteilen.**

I. Systematik. Zunächst → § 221 Rn. 1. Die Vorschrift ergänzt §§ 224, 225 und enthält für ihren Geltungs- 1 bereich eine gegenüber § 224 vorrangige Sonderregelung wegen der besonderen Bedeutung der hier erfassten Fristarten.

II. Regelungszweck. Die in § 226 enthaltenen Sonderregelungen für Zwischenfristen, die zur Aufrecht- 2 erhaltung des Termins abgekürzt werden können, dienen dem – besonders in II hervortretenden – Zweck der Verfahrensbeschleunigung. Die dem Vorsitzenden hierdurch eingeräumten Befugnisse finden jedoch ihre Grenzen in dem Gebot auf Gewährung des rechtlichen Gehörs. Das hat das Gericht unter einer Mitberücksichtigung der heutigen Mitteilungsmöglichkeiten in elektronischer Form oder per Telefax abzuwägen. Die praktische Bedeutung der Vorschrift ist gering.

III. Geltungsbereich. Zunächst → § 221 Rn. 4. § 226 meint eine Abkürzung der Einlassungsfrist nach § 274 3 III, der Ladungsfrist nach §§ 217, 604 oder eine Zwischenfrist nach § 132 (sog. Schriftsatzfrist) unter einer Beibehaltung des Termins. Die Vorschrift erfasst nicht eine Widerspruchsfrist im Mahnverfahren nach § 694 I. Wenn das Gericht auch den Termin aufhebt, ist § 227 anwendbar. Eine Abkürzung ist auch nach einer Terminsbestimmung zulässig, sofern die Zwischenfrist noch nicht läuft. Im Bereich des § 113 I 2 FamFG ist § 226 entsprechend anwendbar.

IV. Antrag. Jede Abkürzung erfordert einen Antrag einer Partei. Das gilt auch im Parteiprozess. Eine Abkür- 4 zung findet also nicht von Amts wegen statt. Eine gleichwohl von Amts wegen erfolgte Abkürzung ist allerdings wirksam. Sie ermöglicht jedoch die sofortige Beschwerde nach § 567. Denn sie hat keinerlei gesetzliche Grundlage. Der Antrag ist schriftlich oder mündlich zulässig. Ein Anwaltszwang besteht wie üblich. Die Partei muss ihren Antrag begründen. Der Antrag ist weit auslegbar; so kann er zB in der Bitte um einen möglichst baldigen Termin liegen. Der Antragsteller braucht die zur Begründung vorgetragenen Tatsachen aber nicht nach § 294 glaubhaft zu machen.

V. Anhörung. Nach III kann von einer vorherigen Anhörung der Gegenpartei abgesehen werden. Das 5 Gericht kann die Frist theoretisch auch dann abkürzen, wenn sich die Partei infolgedessen nicht mehr genügend auf den Termin vorbereiten könnte. Das Gericht muss aber auch in diesem Zusammenhang Art. 2 I, 20 III sowie, Art. 103 I GG beachten, KG NJW 1977, 1017. Daher empfiehlt es sich, nach §§ 227, 337 zu vertagen, wenn durch eine Abkürzung für eine Partei keine ausreichende Terminsvorbereitung mehr möglich würde.

VI. Entscheidung. Das Gericht entscheidet nach III grundsätzlich zusammen mit der Bestimmung des 6 Termins nach § 216 durch eine Verfügung des Vorsitzenden oder des Einzelrichters. Das Gericht übt dabei ein pflichtgemäßes Ermessen aus. Im Unterschied zu § 224 II setzt I nach seinem Wortlaut keine „erheblichen Gründe" für die Fristverkürzung voraus. Im Rahmen der Ermessensausübung kann das Gericht zur Wahrung der prozessualen Waffengleichheit aber nicht unberücksichtigt lassen, dass jede Fristverkürzung Verteidigungsmöglichkeiten beschneidet und deshalb schon entsprechende Gründe vorliegen müssen, MüKoZPO/Stackmann Rn. 2 (der sogar das Vorliegen „erheblicher Gründe" fordert). Das Gericht muss die Entscheidung grundsätzlich begründen. Es teilt sie dem Antragsteller beim Stattgeben nach § 329 II 1 formlos mit. Bei einer Ablehnung erfolgt gegenüber dem Antragsteller eine förmliche Zustellung nach § 329 III Hs. 2, dem Gegner gegenüber nach § 168 I 1.

7 **VII. Rechtsbehelf.** Ein stattgebender Beschluss lässt sich nach §§ 512, 557 II, 566 VIII 1 grundsätzlich nur zusammen mit dem Urteil anfechten. Jedoch kann dann ein Verstoß gegen das Gebot der Gewährung rechtlichen Gehörs vorliegen. Eine Ausnahme gilt dann, wenn das Gericht die Abkürzung von Amts wegen vorgenommen hat. Gegen einen ablehnenden Beschluss ist die sofortige Beschwerde nach § 567 I Nr. 2 statthaft. Eine Rechtsbeschwerde kommt unter den Voraussetzungen des § 574 in Betracht. Beim Rpfl. gilt § 11 RPflG.

227 *Terminsänderung.* **I [1]Aus erheblichen Gründen kann ein Termin aufgehoben oder verlegt sowie eine Verhandlung vertagt werden. [2]Erhebliche Gründe sind insbesondere nicht**

1. das Ausbleiben einer Partei oder die Ankündigung, nicht zu erscheinen, wenn nicht das Gericht dafür hält, dass die Partei ohne ihr Verschulden am Erscheinen verhindert ist;
2. die mangelnde Vorbereitung einer Partei, wenn nicht die Partei dies genügend entschuldigt;
3. das Einvernehmen der Parteien allein.

II Die erheblichen Gründe sind auf Verlangen des Vorsitzenden, für eine Vertagung auf Verlangen des Gerichts glaubhaft zu machen.

III [1]Ein für die Zeit vom 1. Juli bis 31. August bestimmter Termin, mit Ausnahme eines Termins zur Verkündung einer Entscheidung, ist auf Antrag innerhalb einer Woche nach Zugang der Ladung oder Terminsbestimmung zu verlegen. [2]Dies gilt nicht für

1. Arrestsachen oder die eine einstweilige Verfügung oder einstweilige Anordnung betreffenden Sachen,
2. Streitigkeiten wegen Überlassung, Benutzung, Räumung oder Herausgabe von Räumen oder wegen Fortsetzung des Mietverhältnisses über Wohnraum auf Grund der §§ 574 bis 574b des Bürgerlichen Gesetzbuchs,
3. *(aufgehoben)*
4. Wechsel- oder Scheckprozesse,
5. Bausachen, wenn über die Fortsetzung eines angefangenen Baues gestritten wird,
6. Streitigkeiten wegen Überlassung oder Herausgabe einer Sache an eine Person, bei der die Sache nicht der Pfändung unterworfen ist,
7. Zwangsvollstreckungsverfahren oder
8. Verfahren der Vollstreckbarerklärung oder zur Vornahme richterlicher Handlungen im Schiedsverfahren;

dabei genügt es, wenn nur einer von mehreren Ansprüchen die Voraussetzungen erfüllt. [3]Wenn das Verfahren besonderer Beschleunigung bedarf, ist dem Verlegungsantrag nicht zu entsprechen.

IV [1]Über die Aufhebung sowie Verlegung eines Termins entscheidet der Vorsitzende ohne mündliche Verhandlung; über die Vertagung einer Verhandlung entscheidet das Gericht. [2]Die Entscheidung ist kurz zu begründen. [3]Sie ist unanfechtbar.

Übersicht

1 **I. Systematik.** Während §§ 224–226 eine Friständerung regeln, erfasst § 227 eine Terminsänderung. Die Vorschrift unterscheidet zwischen Terminsverlegung, Terminsabsage und Vertagung. Nach IV ist für die Vertagung das Kollegialgericht zuständig, im Übrigen der Vorsitzende. Die Vorschrift stellt in ihrer Gesamtheit klar, dass die Terminsbestimmungen nicht der Disposition der Parteien unterliegen. Das gilt in einer nicht zu den „Sommersachen" nach III 2 zählenden Sache und selbst in einer „Sommersache", soweit III 3 vorliegt. § 227 gibt

den Parteien andererseits ein Recht auf die Einhaltung eines einmal anberaumten Termins. Wegen Art. 103 I GG gibt § 227 den Parteien evtl. auch unabhängig von III 1 ein Recht auf eine Terminsänderung, BVerfG MDR 1981, 470; BFH NJW 1977, 919; Hamm NJW-RR 1992, 121. Für den nach §§ 361, 362 ersuchten oder beauftragten Richter stellt § 229 die Anwendbarkeit des § 227 klar. I, II bleiben auch neben III anwendbar, Feiber NJW 1997, 160. IV 3 hat Vorrang vor § 252.

II. Regelungszweck. § 227 dient im Spannungsfeld zwischen Verfahrensbeschleunigung und dem Recht auf Gehör unterschiedlichen Zielen und damit zugleich dem Ausgleich widerstreitender Verfahrensinteressen. Der Gesetzgeber hat die Terminsänderung an strenge Voraussetzungen geknüpft und damit den Beschleunigungsgrundsatz gestärkt, Baudewin/Scheffer NJW 2021, 3495. I, II, III 2, 3, IV dienen bei einer zweckmäßigen Handhabung im Interesse einer Prozesswirtschaftlichkeit der Straffung und Beschleunigung des Verfahrens, Dölling BauR 2015, 197. Verlegungen und Vertagungen verzögern den Rechtsstreit und sind deshalb im Interesse, Rechtsfrieden herzustellen, auf ein Mindestmaß zu beschränken. Andererseits ist eine Vertagung manchmal schon wegen Art. 103 I GG eine absolute Notwendigkeit, VGH Mü NJW 2017, 103. Überlastung ist jedoch keineswegs stets ein Vertagungsgrund, auch nicht bei dem Prozbev., OVG Magdeb NVwZ 2009, 193; aM OVG Münst AnwBl 2010, 148. Demgegenüber dient III 1 dem Anspruch auf einen ungestörten Urlaub. Dieser Anspruch lässt sich auch aus Art. 1, 2 GG ableiten, begrenzt durch III 3. Diese Regelung, die Justiz möglichst auch im Dienst des Bürgers zu sehen, trägt zu einer parteien-, zeugen- und anwaltsfreundlichen Beurteilung bei. Das Gericht hat aber in erster Linie wirksam dazu beizutragen, die Verfahrensdauer zu verkürzen, OVG Magdeb NVwZ 2009, 193. § 227 verlangt allen Prozessbeteiligten oft ganz erhebliche Anstrengungen ab. Das alles liegt durchaus im Willen des Gesetzgebers. Er hat die Anforderungen der Vorschrift nicht ohne Grund erheblich verschärft, auch wenn die heutige Fassung wegen ihrer Vermengung von Regeln und Ausnahmen nicht sehr übersichtlich erscheint. 2

III. Geltungsbereich. Zunächst → Vor § 214 Rn. 4. Die Vorschrift gilt auch im WEG-Verfahren. Im FamFG-Verfahren gelten I, II, IV entsprechend nach § 32 I FamFG, BGH NJW 2006, 2492; Saarbr NJW 2019, 1084, nicht aber III, § 113 III FamFG. I ist nach § 99 PatG im Patentnichtigkeitsverfahren entsprechend anwendbar, BGH GRUR-RR 2004, 354. I 1 ist im verwaltungsgerichtlichen Verfahren nach § 173 S. 1 VwGO anwendbar, BVerwG BeckRS 2010, 45899; VGH Mü BeckRS 2019, 28123 = NZA-RR 2020, 74; NJW 2017, 103. Das Recht auf Aufhebung und Verlegung eines anberaumten Termins, wenn dies aus erheblichen Gründen geboten ist, § 227 I iVm § 202 S. 1 SGG, besteht auch im sozialgerichtlichen Verfahren, BSG NJW 2020, 423. Im finanzgerichtlichen Verfahren ist § 227 I, II sinngemäß über § 155 S. 1 FGO anzuwenden, BFH NZG 2020, 1190; BeckRS 2020, 43625 = HFR 2021, 589; BeckRS 2012, 96164 = BFH/NV 2012, 1978. 3

III 1 gilt nicht: Im arbeitsgerichtlichen Verfahren nach § 46 II 2 ArbGG; im finanzgerichtlichen Verfahren gem. § 91 IV FGO, Art. 33 III JuMiG; im sozialgerichtlichen Verfahren nach § 110 III SGG, Art. 33 IV JuMiG III 1; im verwaltungsgerichtlichen Verfahren nach § 102 IV VwGO, Art. 33 II Nr. 2 JuMiG; in folgenden weiteren Fällen: § 221 I 2 BauGB; § 209 VI BEG; § 5 II 2 InsO; § 82 I 2 MarkenG; § 99 IV PatG. 4

IV. Terminsänderungsarten. Es herrscht erhebliche praktische Unsicherheit. 5

1. Terminsaufhebung. Sie ist die Absage eines Termins vor seinem Beginn ohne die gleichzeitige Bestimmung eines neuen gleichartigen Termins, Thomas/Putzo/Hüßtege Rn. 1; Prütting/Gehrlein/Kazele Rn. 1; Zöller/Feskorn Rn. 1; aM Köln Rpfleger 1984, 281. Sie liegt in der Hand des Vorsitzenden, Düss Rpfleger 1978, 271. Er darf sie wegen des zunächst praktisch eintretenden Verfahrensstillstands nur zurückhaltend anordnen. Grds. hat die Geschäftsstelle dafür zu sorgen, dass den Verfahrensbeteiligten eine Terminsabladung so rechtzeitig zugeht, dass sie noch vor Anreise davon Kenntnis nehmen können; eine (nicht rechtzeitige) Terminsabladung ist kein Justizverwaltungsakt iSd § 23 I 1 EGGVG, Drsd NJW 2018, 2274. Eine Änderung des Terminszwecks ist eine Aufhebung, Lampe NJW 1986, 1732. 6

Beispiele: Statt eines Verhandlungstermins beraumt das Gericht nunmehr einen Verkündungstermin nach § 311 IV oder einen Termin zu einer Beweisaufnahme nach § 358 oder einen Beweis- nebst Verhandlungstermin an, §§ 270, 285. Der Vorsitzende muss in allen diesen Fällen die Zwischenfristen wahren. 7

Eine bloße Änderung der Terminsstunde ist keine Aufhebung. Denn die Terminsstunde ist für die Terminsbestimmung unwesentlich. Natürlich darf das Gericht nicht durch eine Vorverlegung der Terminsstunde das rechtliche Gehör nach Art. 103 I GG beeinträchtigen. 8

2. Terminsverlegung. Terminsverlegung bedeutet Beseitigung eines anberaumten Termins vor dessen Beginn und gleichzeitige Anberaumung eines neuen, früheren oder späteren Termins, BFH BeckRS 2019, 45184 = NZG 2020, 1190. Sie liegt in der Hand des Vorsitzenden, Düss Rpfleger 1978, 271. Sie schließt eine Terminsaufhebung ein. Eine Änderung der Terminsstunde ist keine Verlegung. Eine Vorverlegung ist von einer Anhörung des Gegners abhängig, soweit der Vorsitzende eine gesetzliche Zwischenfrist nach § 225 II verkürzt. Das bloße Bestehen einer Zwischenfrist zwingt aber nicht zu einer Anhörung des Gegners. 9

3. Terminsvertagung. Sie ist die Bestimmung, dass ein bereits begonnener Termin, der jedoch noch nicht geschlossen ist, jetzt beendet wird und zu einem späteren Zeitpunkt fortgesetzt werden soll, BGH Rpfleger 2003, 458; BFH BB 1990, 2252; Düss JurBüro 1991, 686. Sie liegt in der Hand des gesamten erkennenden Gerichts, Düss Rpfleger 1978, 271. 10

Beispiele: Eine Beweisanordnung nach § 358; eine Nachfrist nach § 283; ein neuer Termin nach §§ 278 III, IV. 11

4. Terminsunterbrechung. Die bloße Unterbrechung der Sitzung ist anders als eine Unterbrechung des ganzen Verfahrens nach §§ 239 ff. keine Vertagung, sie kann jedoch – wenn sie zu lange dauert – den Charakter einer Vertagung annehmen, Köln Rpfleger 1984, 281 (zust. Weber). 12

V. Erheblichkeit eines Änderungsgrundes, Glaubhaftmachung, I, II. Jede Art von Terminsänderung setzt – mit Ausnahme der in III 1 genannten Fälle mit ihren besonderen Bedingungen – zunächst einen erheblichen Grund für diese Maßnahme voraus, BGH NJW-RR 2019, 695; VersR 1985, 543. Das Gericht muss sein Vorliegen aufgrund eines Antrags prüfen, Schultz MDR 1981, 525. Für diesen Antrag besteht im Anwaltsprozess Anwaltszwang, Drsd BeckRS 2021, 4400 Rn. 19, 21. Das Gericht muss einen Änderungsgrund aber auch von Amts wegen prüfen. Der Antragsteller hat den erheblichen Grund so genau darzulegen, dass sich das Gericht daraus ein Urteil über die Erheblichkeit bilden kann, BFH BeckRS 2021, 18185 Rn. 12 = NJW 13

2021, 3072 (Ls.); Hmb BeckRS 2022, 14509 Rn. 15; FG Hann NVwZ-RR 2005, 440; VGH Mü NJW 2017, 103; dies gilt insbesondere, wenn er von einem Anwalt gestellt wird, von dem erwartet werden kann, dass er den erheblichen Grund darlegen kann, BSG NJW 2022, 422 Rn. 14; BFH BeckRS 2012, 94033 Rn. 6; BVerwG BeckRS 2004, 22867. Schließlich ist der Antrag unverzüglich nach Bekanntwerden der Verhinderung zu stellen, BGH NJW-RR 2019, 695 Rn. 25; BVerwG BeckRS 2017 111686 Rn. 8. Der erhebliche Grund ist darüber hinaus gemäß II nach § 294 glaubhaft zu machen, sofern dem Gericht die Richtigkeit des geltend gemachten Grundes zweifelhaft ist, Ffm AnwBl 1980, 152, und sofern bei einer Aufhebung oder einer Verlegung der Vorsitzende und bei einer Vertagung das gesamte Gericht eine Glaubhaftmachung verlangt, BGH NJW-RR 2019, 695. Das Gericht hat bei seiner Entscheidung, ob bei Vorliegen erheblicher Gründe eine Verhandlung verlegt wird, nach pflichtgemäßem Ermessen sowohl das Gebot der Beschleunigung als auch den Anspruch der Parteien auf Gewährung rechtlichen Gehörs zu berücksichtigen, BGH NJW-RR 2019, 695 Rn. 22; NJW 2009, 687 Rn. 8; GRUR 2004, 354; BVerwG NJW 1995, 1231. Das Gericht hat auch in Verfahren mit Amtsermittlung aber keine eigenen Nachforschungen anzustellen, BSG BeckRS 2018, 7213 Rn. 6. Ggfs. hat es aber auf Ungenauigkeiten oder Lücken im Antrag hinzuweisen, BVerfG NJW 2021, 3384 Rn. 13. Einem Verfahrensbeteiligten wird aber dann das rechtliche Gehör versagt, wenn das Gericht mündlich verhandelt und in der Sache entscheidet, obwohl er einen Antrag auf Terminsverlegung gemäß § 227 I gestellt und dafür erhebliche Gründe geltend gemacht hat, BFH BeckRS 2020, 43625 = HFR 2021, 589; BeckRS 2012, 96164 = BFH/NV 2012, 1978 (iVm § 155 FGO); Saarbr NJW 2019, 1084; Brdb BeckRS 2017, 118502 = FamRZ 2017, 2035. Dies gilt auch dann, wenn sich aus der Ablehnung der Terminsverlegung der Eindruck einer sachwidrigen Benachteiligung einer Partei aufdrängt, BGH NJW 2006, 2492 Rn. 31; Zweibr NJW-RR 2020, 1325. Eine formelhafte Begründung ist jedoch unzureichend. Die Gründe sind substantiiert darzulegen und glaubhaft zu machen, BFH BeckRS 2011, 95739 = BFH/NV 2011, 1381; Zweibr NJW-RR 2020, 1325. Das Gericht muss bei einer Glaubhaftmachung eine kurze Frist setzen, Köln NJW-RR 1990, 1343. Nach § 294 erfordert die Glaubhaftmachung nicht den vollen Beweis, aber die überwiegende Wahrscheinlichkeit, dass die Umstände tatsächlich vorliegen, aus denen sich der erhebliche Grund ergibt, BGH NJW-RR 2021, 931 Rn. 15. Floskeln sind keine Glaubhaftmachung. Die Verweigerung einer beantragten Terminsverlegung kann ausnahmsweise auch die Besorgnis der Befangenheit begründen, wenn erhebliche Gründe für die Terminsverlegung offensichtlich vorliegen und die Zurückweisung des Antrags für die betreffende Partei schlechthin unzumutbar wäre, Zweibr NJW-RR 2020, 1325 („Corona-Risikoperson").

14 Nur bei Notwendigkeit einer Änderung liegt ein erheblicher Grund dazu vor. Das Gericht darf also nicht verantworten können, den bisherigen Termin bestehen zu lassen. Diese Notwendigkeit muss trotz des Beschleunigungsgebots bestehen. Die Terminsänderung soll eine wirkliche Ausnahme bleiben. Sie darf weder dem Gericht noch den Parteien noch einem sonstigen Prozessbeteiligten eine vermeidbare Verzögerung erlauben. Ein erst kurz vor dem Termin gestellter Verlegungsantrag kann auch dann, wenn das Gericht den Termin bei rechtzeitiger Antragstellung hätte verlegen müssen, im Hinblick auf das Beschleunigungsgebot zurückgewiesen werden, wenn Verhandlungstermine schon mehrfach verlegt worden sind, BGH NJW-RR 2019, 695. Allgemein sind bei kurzfristigen Anträgen an den Verhinderungsgrund und dessen Glaubhaftmachung strenge Anforderungen zu stellen, BGH BeckRS 2015, 6668 Rn. 5; Baudewin/Scheffer NJW 2021, 3495 Rn. 7.

15 In diesen Grenzen hat das Gericht ein pflichtgemäßes Ermessen, BGH BeckRS 2019, 36396 = NZM 2020, 811; BVerwG NJW 1992, 2042; BSG BeckRS 2018, 36239; BayObLG MDR 1986, 416; Brdb NJW-RR 1999, 1292. Es ist weitgespannt, Dölling BauR 2015, 200. Das Gericht muss dabei Art. 2 I, 20 III GG, und Art. 103 I GG beachten, BVerfG NJW 1995, 1441; BSG NJW 1996, 678; BVerwG NJW 1993, 80. Das Ermessen ist nach II 2 grundsätzlich nicht nachprüfbar, Ffm AnwBl 1980, 152. Eine Ablehnung des Richters kommt nur in ganz seltenen Ausnahmelagen in Betracht, KG MDR 2005, 708.

16 Trotz einer Arbeitsverdichtung bei allen Prozessbeteiligten darf das Gericht einen erheblichen Grund nur zurückhaltend annehmen, BGH AnwBl 2017, 334; BSG NJW 1996, 678. Eine weite Auslegung des Begriffs „erheblich" verwässert den Gesetzeszweck, OVG Münst AnwBl 2010, 148; Schneider MDR 1977, 794. Erhebliche Gründe sind solche, die zur Gewährleistung des rechtlichen Gehörs eine Zurückstellung des Beschleunigungsgebots erfordern, BVerfG NJW 2021, 3384 Rn. 12; Baudewin/Scheffer NJW 2021, 3495 Rn. 9.

VI. Beispiele zur Frage eines erheblichen Grundes, I, II

17 **Aktenlageentscheidung:** Ein erheblicher Grund fehlt, soweit eine Partei nur eine Entscheidung nach Aktenlage nach §§ 251a, 331a vermeiden will.

Angehörige: Ein erheblicher Grund für eine Verlegung kann vorliegen, wenn ein ProzBev. einem nahen Angehörigen unmittelbar vor dessen schwerwiegender Operation beistehen möchte, BFH BeckRS 2020, 43625 = HFR 2021, 589; → „Ehe und Familie"; → „Krankheit".

Anwaltswechsel: Ein erheblicher Grund liegt vor, soweit sich die Partei zB wegen eines notwendigen Anwaltswechsels auf den Verhandlungstermin nicht genügend vorbereiten konnte und ihr rechtliches Gehör während der Tätigkeit ihres bisherigen Anwalts noch nicht hinreichend gewährt wurde, BVerfG NJW 1993, 80; BGH BeckRS 2022, 20767 Rn. 18; MDR 2008, 706. Ebenso kann ein erheblicher Grund durch eine kurzfristige Mandatsniederlegung gegeben sein, BVerwG NJW 2001, 2735; aber auch hierbei ist die Frage des Verschuldens zu berücksichtigen. Grds ist der Partei bei Mandatsniederlegung durch den Anwalt hinreichend Zeit zuzubilligen, sich einen neuen Anwalt zu suchen und diesen einarbeiten zu lassen, BGH NJOZ 2017, 1735 Rn. 11. Ein erheblicher Grund für eine Vertagung fehlt aber, soweit ein Anwaltswechsel freiwillig erfolgte, BGH NJW-RR 2008, 876. Kündigt die Partei ihrem Anwalt, hat sie mit dem Antrag auf Terminsverlegung berechtigte Gründe hinreichend darzulegen und ggf. glaubhaft zu machen, BGH NJOZ BeckRS 2020, 1305 Rn. 23. Die Behauptung einer schwerwiegenden Zerrüttung des Mandatsverhältnisses reicht nicht, VGH Mü BeckRS 2017, 124687 Rn. 8.

Anreiseschwierigkeiten: Sofern sie schuldlos die Fristversäumung verursachen, können sie einen erheblichen Grund darstellen, BVerwG NJW 1995, 1441 (Flugausfall). Dies könnte verstärkt in Zeiten der Covid-19-Pandemie mit Einschränkungen des öffentlichen Verkehrs und einem weitgehenden Ausfall des Flugverkehrs eine größere Rolle spielen, Rauscher COVuR 2020, 2. Ein Anwalt kann grds. um 9 Uhr am Ort A amtieren, um 15 Uhr am 170 km entfernten Ort B, so OVG Lüneb NJW 2013, 1691. Im Einzelfall dürfte es auf die voraussichtliche Dauer des 9-Uhr-Termins und die Anreisebedingungen ankommen. Ein erheblicher Grund für eine Vertagung liegt aber nicht allein darin, dass der ProzBev. aufgrund der Entfernung seines Kanzleisitzes zum Gerichtsort am Vortag anreisen müsste, Drsd BeckRS 2021, 17345 Rn. 8. (17)

Arbeitsunfähigkeit: → „Krankheit". Arbeitsunfähigkeit ist nicht stets ein wichtiger Grund, nicht zum Termin zu erscheinen, VGH Mü NJW 2017, 104; es kommt auf die Art. der Erkrankung an. Eine ärztliche Arbeitsunfähigkeitsbescheinigung belegt nicht ohne Weiteres die Unfähigkeit, Fristverlängerung zu beantragen, BGH NJW 2015, 171.

Arrest, einstweilige Verfügung: Ein erheblicher Grund kann nur ganz ausnahmsweise vorliegen, zB beim Streit zur Dringlichkeit, LG Hmb GRUR-RR 2014, 139.

Ausländer: Ein wichtiger Grund für eine Vertagung kann vorliegen, wenn der Auslandszeuge zu einem Termin in 2 Monaten gestellt werden könnte, BFH BeckRS 2014, 95140 = BFH/NV 2014, 1079.

Beratungsbedarf: Ein Beratungsbedarf des Gerichts nach §§ 192 ff. GVG erlaubt stets eine Vertagung. Denn das Gericht darf nicht aufgrund noch nicht abgeschlossener Überlegungen entscheiden.

Berufsrecht: Ein etwa entgegenstehendes anwaltliches Berufsrecht war schon früher keineswegs zu berücksichtigen, BGH NJW 1978, 428; Schnöbel AnwBl 1977, 404; aM Ffm AnwBl 1980, 152. Das Berufsrecht ist nicht grds. vorrangig gegenüber den materiell-rechtlichen Verpflichtungen aus dem Vertrag zwischen dem Anwalt und seinem Auftraggeber und gegenüber den prozessualen Pflichten der Partei und ihres ProzBev. aus dem Prozessrechtsverhältnis und gegenüber dem Gericht. Etwa abweichende bisherige Berufsregeln zählen kaum zu den für die Aufrechterhaltung der Funktionsfähigkeit der Rechtspflege unerlässlichen Regeln. Sie galten daher nicht einmal mehr übergangsweise weiter, BVerfG AnwBl 1987, 598. Das gilt erst recht nach der Regelung durch das Gesetz zur Neuordnung des Berufsrechts der Rechtsanwälte v. 2.9.1994, BGBl. I 2278, und seit der BORA, BRAKMitt 1996, 241.

Betriebsausflug: Ein erheblicher Grund dürfte durchweg dann fehlen, wenn ein Beteiligter einen Betriebsausflug plant. Es gilt auch für Anwaltskanzleien und natürlich auch für die Gerichtspersonen, Köln MDR 2010, 284.

Beweisergebnis: Ein erheblicher Grund kann dann vorliegen, wenn die Partei oder ihr ProzBev. keine Zeit hatten, ein umfangreiches Beweisergebnis mit einem schuldlos unbekannten Stoff durchzuarbeiten, zB wenn umfangreiches Sachverständigengutachten der Partei vom Gericht erst 3 Tage vor dem Termin mitgeteilt wird, Köln NJW-RR 2000, 591.

Beweistermin: Wenn das Gericht den Termin auch zu einer Beweisaufnahme bestimmt hatte, ist es kaum vertretbar, nur wegen der plötzlichen Sinnesänderung der einen oder der anderen Partei zum Ablauf des Prozesses solche Zeugen, die der Vorsitzende vielleicht gar nicht mehr abbestellen kann, umsonst anreisen zu lassen oder doch zumindest den eigenen Zeitplan infolge einer plötzlichen Ab- und Umladung zu belasten.

Corona (Covid 19)-Pandemie: → „Infektionsgefahr"; → „Pandemielage". Wenn das persönliche Erscheinen der Partei vom Gericht zum Termin angeordnet ist, liegt in der coronabedingten Isolation der Partei zum Zeitpunkt des Termins ein erheblicher Grund zur Terminsverlegung vor, Ros BeckRS 2022, 14302 Rn. 27.

Dienstunfähigkeit: Ein erheblicher Grund fehlt, wenn das Attest eine Dienstunfähigkeit nicht näher darlegt, Köln MDR 2014, 299.

Ehe und Familie: Möchte ein ProzBev. seiner Ehefrau bei einer Operation beistehen, muss das Gericht den besonderen Schutz der Ehe durch Art. 6 I GG in seine Ermessensentscheidung über den Verlegungsantrag einbeziehen, BFH BeckRS 2020, 43625 = HFR 2021, 589; → „Angehörige"; → „Krankheit".

Einlassungsfrist: Ein erheblicher Grund liegt dann vor, wenn das Gericht die Einlassungsfrist nach § 274 III nicht eingehalten hat.

Einvernehmen der Parteien, I 2 Nr. 3: Das bloße Einvernehmen der Parteien darüber, dass der Termin nicht stattfinden sollte, ist zwar nach § 251 beachtlich, stellt aber nach I 2 Nr. 3 keinen erheblichen Grund dar. Ein solcher liegt aber vor, wenn die Parteien übereinstimmend die Verlegung beantragen, weil sie ernsthafte Vergleichsverhandlungen führen wollen; BGH BeckRS 2019, 36396 Rn. 12, 17 = NZM 2020, 811; MüKoZPO/Stackmann Rn. 9; → „Vergleichsverhandlungen".

Erfüllung: Ein erheblicher Grund fehlt, soweit eine Partei erklärt, sie wolle noch die Erfüllung durch den Gegner abwarten. Das hätte sie schon vor dem Prozess tun können oder hat es erfolglos getan. Sollte die Erfüllung nach dem Verhandlungsschluss nach §§ 136 IV, 296a eintreten, dürfte der Gläubiger ohnehin nicht mehr zur Hauptsache vollstrecken.

Erholungsurlaub: → „Urlaub".

Familienfeier: Familienfeiern oder Urlaub zur Vorbereitung derartiger Feiern rechtfertigen grds. keine Terminsverlegung, Ffm NJW 2009,1007. Ein erheblicher Grund kann im Ausnahmefall vorliegen, soweit ein Beteiligter nach § 7 FamFG wegen einer Familienfeier nicht erscheinen kann. Auch hier ist aber kein Schematismus zulässig.

Fortbildung: Ein erheblicher Grund kann fehlen, wenn der ProzBev. an einer Fortbildung teilnimmt, aM Ffm NJW 2008, 1328; es kommt sehr auf den Einzelfall und die Art. der Fortbildung an; jedenfalls ist Fortbildung nicht mit Urlaub gleichzusetzen.

Fristablauf: Ein erheblicher Grund kann vorliegen, soweit eine gerichtliche Frist bis zum Terminsende nicht abgelaufen ist oder soweit es sich sogar um eine gesetzliche Frist handelt, zB beim Mieterhöhungsverlangen nach §§ 558 ff. BGB, Barthelmess WuM 1983, 66 (Fallfrage); Emmerich FS Lüke, 1997, 79; Lassing DRiZ 1983, 464.

Gegenrecht: Ein erheblicher Grund wegen eines erstmals im Termin geltend gemachten Gegenrechts kann je nach der Gesamtlage vorliegen oder fehlen, großzügiger Köln NJW-RR 1998, 1076.

Gemeinderat: Eine zum gleichen Zeitpunkt wie die mündliche Verhandlung anberaumte Gemeinderatssitzung stellt für dessen Mitglied regelmäßig einen erheblichen Grund dar, VGH Mannh NJW 2000, 1669. Es dürfte jedoch stets der Einzelfall zu prüfen sein.

Gericht: Das Gericht hat dieselben Maßstäbe wie an die Parteien und sonstigen Prozessbeteiligten auch an sich selbst stellen. So stellen ein Urlaub, eine Krankheit, eine Überlastung grundsätzlich keine erheblichen Gründe dar. Allerdings ist eine plötzliche Erkrankung des Richters ebenso wie bei anderen Prozessbeteiligten ein erheblicher Grund, BSG NJW 1984, 888. Aus einer fehlenden Terminierung über einen längeren Zeitraum lässt sich nicht ohne Weiteres eine Untätigkeit des Gerichts herleiten, Ros NJW-RR 2010, 1152.

Infektionsgefahr: Ob schon die Gefahr einer Infektion als erheblicher Grund einer Terminsverlegung ausreicht, wird unter dem Einfluss der Covid-19-Pandemie insbesondere diskutiert, ob über objektive Tatsachen hinaus auch das subjektive Befinden der Betroffenen zu berücksichtigen ist, hierzu Rauscher COVuR 2020, 2.

(17) Niemand ist gezwungen gegen Gesetze – etwa der Quarantäne- oder Absonderungspflicht – zu verstoßen, um an Gerichtsterminen teilzunehmen, Baudewin/Scheffer NJW 2021, 3495 Rn. 24 ff. (mit zahlreichen Einzelfällen und Hinweisen auf die Rechtsprechung). Unabhängig von den Gegebenheiten des Einzelfalles dürfte in solchen Ausnahmesituationen das Ermessen eher großzügig ausgeübt werden. Jedoch reicht ein lediglich allgemeiner Hinweis auf die Corona-Pandemie und das generelle Infektionsrisiko nicht aus, BGH NJW BeckRS 2021, 46370 Rn. 14 = MDR 2022, 389. Das BVerfG schätzt in diesem Zusammenhang ein gewisses Infektionsrisiko als allgemeines Lebensrisiko ein, BVerfG NJW 2020, 2327 Rn. 9. Der Antragsteller, der eine Terminsaufhebung wegen einer Infektionsgefahr begehrt, muss sich in seinem Antrag dezidiert in tatsächlicher und rechtlicher Hinsicht mit den aufgrund der Dauer der Pandemie inzwischen vielfältigen von den Gerichten angebotenen Schutzvorkehrungen wie Trennwände, Luftfilter und Hygienekonzepte, auseinander setzen, BVerfG BeckRS 2020, 4107. Die pauschale Behauptung, nur ein „absolutes Kontaktverbot" könne eine Infektion verhindern, reicht nicht aus, BVerfG BeckRS 2020, 3985; BeckRS 2020, 4107. Auch in Zeiten der Covid-19-Pandemie sind Ortstermine zur Beweisaufnahme durch Sachverständige durchzuführen, auch wenn eine Partei mit der Durchführung nicht einverstanden ist; die Einhaltung der üblichen Infektionsschutzregeln ist durch den Sachverständigen sicherzustellen, LG Saarbr NJW-RR 2020, 712; → „Pandemielage"; → „Corona (Covid-19)-Pandemie". Zu den besonderen Auswirkungen der infektionsbedingten Verlegungsanträgen im finanzgerichtlichen Verfahren und der hierzu ergangenen Rechtsprechung des BFH siehe Martz JM 2022, 82 (86).

Insolvenz: Im Stadium mit sog. schwachem Insolvenzverwalter liegt kein erheblicher Grund schon im Kosteninteresse des Klägervertreters, falls der Bekl. den Termin bestehen lassen möchte, LG Hmb 5.2.2014 – 310 O 283/13.

Klagerücknahme: Ein erheblicher Grund fehlt, soweit der Kläger lediglich mitteilt, er erwäge, demnächst die Klage nach § 269 zurückzunehmen.

Kostenvermeidung: Sie ist grds. kein erheblicher Grund.

Kostenvorschuss: Ein erheblicher Grund fehlt, soweit ein Beteiligter einen an sich zB nach §§ 379, 402 oder nach § 12 GKG, § 12 FamFG erforderlich gewesenen Vorschuss nicht zahlt und soweit das Gericht trotzdem einen Termin anberaumt hat, Mü NJW-RR 1989, 64.

Krankheit: Ein erheblicher Grund kann vorliegen, soweit ein Beteiligter wegen einer Erkrankung nicht erscheinen und sich auch nicht vertreten lassen kann, BVerfG NJW 1998, 3703; BVerwG NJW 2001, 2735; BSG NJW 2020, 423 (Erkrankung einer nicht vertretenen Partei); Köln NJW-RR 1990, 1341. Diese Grundsätze gelten auch bei einer Covid-19-Erkrankung, die wie jede andere Krankheit durch Attest glaubhaft gemacht werden kann, Gehrlein ZMG 2020, 257. Arbeitsunfähigkeit bedeutet nicht automatisch Unzumutbarkeit des Erscheinens und der Teilnahme an der Verhandlung oder Beweisaufnahme, VGH Mü NJW 2017, 104; OVG Bautzen NJW 2011, 3177. Ein inhaltsleeres „Dienstunfähigkeitsattest" für eine Partei reicht nicht, da die Verhandlungsfähigkeit darzulegen und glaubhaft zu machen ist, Köln MDR 2014, 299. Bei einer anwaltlichen Vertretung kann die persönliche Erkrankung aber im Einzelfall unerheblich sein, BFH NJW 1991, 2104; BVerwG NJW 1991, 2097; großzügiger Ffm AnwBl 1980, 151; Schneider MDR 1999, 58. Das Fehlen des ProzBev. im Verwaltungsprozess wegen kurzfristiger, überraschender Erkrankung ist regelmäßig ein erheblicher Grund für eine Terminsänderung, da die Partei zur sachgerechten Wahrnehmung ihrer Rechte im Prozess sich durch einen rechtskundigen ProzBev. in der mündlichen Verhandlung vertreten lassen kann, BVerwG BeckRS 2010, 45899; VGH Mü BeckRS 2019, 28123 = NZA-RR 2020, 74; OVG Lüneb NJW 2011, 1986. Der durch Krankheit verhinderte ProzBev. hat alle erforderlichen und zumutbaren Maßnahmen zu ergreifen, um das Gericht rechtzeitig von seiner Verhinderung zu unterrichten, BGH NJW 2009, 687 Rn. 10; NJW 2007, 2047; NJW 2006, 448. Eine chronische Krankheit des Anwalts kann unbeachtlich sein, BVerwG NJW 2001, 2735; Köln NJW 2014, 229. So ist eine Ablehnung des Antrags auf Terminsaufhebung gerechtfertigt, wenn der ProzBev. aus gesundheitlichen Gründen langfristig oder auf nicht absehbare Zeit daran gehindert ist, einen Gerichtstermin wahrzunehmen; der Partei ist es zuzumuten, in einem solchen Fall die Leistung eines anderen Rechtsanwalts in Anspruch zu nehmen, Karlsr BeckRS 2021, 19540 Rn. 20 f. Bei wiederholter Erkrankung kann ein ohnehin grundsätzlich stets erforderliches Attest nun aus der Hand eines Amtsarztes nötig werden, Fischer MDR 2011, 470. Es kann aber auch nicht ausreichen, VGH Mü NJW 2017, 104. Auch plötzliche schwere Erkrankungen und Pflegebedürftigkeit innerhalb des Familienkreises kann einen erheblichen Grund darstellen, BFH BeckRS 2020, 43625 = HFR 2021, 589; → „Angehörige"; → „Ehe und Familie".

Kündigung des Anwaltsvertrages: Ein erheblicher Grund kann evtl. beim Entzug des Anwaltsauftrags durch die Partei nach § 87 vorliegen, BVerwG NJW 1986, 339. Entscheidend ist, ob die Entziehung des Mandats auf erheblichen Gründen beruht, aufgrund derer es der Partei ohne eigenes Verschulden nicht mehr zugemutet werden kann, sich durch den von ihr bestellten ProzBev. weiterhin vertreten zu lassen, BGH BeckRS 2022, 20767 Rn. 18. Bei einer Kündigung des Mandatsverhältnisses wegen Verlust des Vertrauens fehlt ein Verschulden nur dann, wenn der Anwalt den Vertrauensverlust verschuldet hat und der Grund zum Anwaltswechsel erst zu diesem Zeitpunkt im Rechtsstreit offenbar wurde, BGH NJOZ 2021, 1305 Rn. 23; NJW-RR 2008, 876 Rn. 14. Soweit der ProzBev. selbst kurz vor dem Termin nach § 87 kündigt, muss die Partei sich sofort um einen anderen Anwalt bemühen. Andernfalls liegt kein erheblicher Grund vor, ungeachtet der etwaigen Haftung des bisherigen Anwalts nach § 85 II, BGH VersR 1985, 543; → „Prozessbevollmächtigter".

Ladungsfrist: Ein erheblicher Grund liegt vor, wenn das Gericht eine Ladungsfrist zB nach § 217 nicht eingehalten hat, MüKoZPO/Stackmann Rn. 8; Musielak/Voit/Stadler Rn. 4.

Lehrtätigkeit: Ein erheblicher Grund wegen einer regelmäßigen Lehrtätigkeit fehlt, wenn sie einen Einzelanwalt daran hindert, seinen Berufspflichten ordnungsgemäß nachzukommen, OVG Bln-Brdb NJW 2013, 3739.

Mangelnde Vorbereitung, I 2 Nr. 2: Die mangelnde Vorbereitung einer Partei ist nach dem Wortlaut des I Nr. 2 kein erheblicher Grund, soweit ein prozessuales Verschulden die Partei trifft, BGH BeckRS 2022, 20767 Rn. 18. Infrage kommt etwa das Verschulden, sich tatsächlich oder rechtlich nicht rechtzeitig vorbereitet zu haben. Ein grobes Verschulden ist nicht erforderlich. Vielmehr ist jede prozessuale Nachlässigkeit schädlich. Die Partei hat die Möglichkeit dies zu entschuldigen. Dann ist zu prüfen, ob die einzelnen Entschuldigungsgründe einen erheblichen Grund darstellen, → „Anwaltswechsel".

Nachfrist: Ein erheblicher Grund liegt nicht schon dann stets vor, wenn das Gericht einer Partei eine Nachfrist nach § 283 setzt oder setzen muss, Mü MDR 1980, 148. Es reicht auch grds. nicht die Erklärung einer Partei aus, sie könne sich auf einen wenn auch vielleicht gerade erst erhaltenen und äußerlich umfangreichen gegnerischen Schriftsatz nicht sogleich äußern. Das Gericht darf dem Einreicher aufgeben, den wesentlichen und den für den Gegner etwa neuen Inhalt sogleich wenigstens im Kern mündlich vorzutragen. Eine Nachfrist kann aber dann erforderlich sein, wenn die Partei innerhalb der bisherigen Frist objektiv keine sachlich fundierte Stellungnahme zu einem entscheidungserheblichen Sachverhalt abgeben kann, BGH NJW 2018, 3316 und NJW 2018, 3315 (Berücksichtigung eines gegnerischen Vortrags, der sich auf eine neue Veröffentlichung in einer Fachzeitschrift stützt) NZW 2018, 3316. (17)

„Neuer Termin (nur) auf Antrag": ist zwar eine beliebige vorläufige Befreiung von einem verschuldeten oder unverschuldeten Zeitdruck. Er ist aber in Wahrheit oft entweder ein nur nach §§ 251, 251a, 331a zulässiges Ruhenlassen des Verfahrens oder ein nur nach § 128 II zulässiger Übergang ins schriftliche Verfahren, sonst aber ein klarer Verstoß gegen die Förderungspflicht des Gerichts.

Ortstermin: Zu seiner Behinderung Dölling BauR 2015, 196. Hinsichtlich der Durchführung von Ortsterminen in Zeiten der Covid-19-Pandemie, → „Infektionsgefahr"; LG Saarbr NJW-RR 2020, 712.

Pandemielage: Ein erheblicher Grund kann darin gesehen werden, dass der Verlegungsantrag in einem frühen Stadium der Covid-19-Pandemie mit einer Lungenvorerkrankung des ProzBev. oder der Partei, deren persönliches Erscheinen angeordnet war, begründet wurde, Zweibr NJW-RR 2020, 1325. → „Infektionsgefahr". So kann sich ein erheblicher Grund für eine Terminsverlegung daraus ergeben, dass der Beteiligte an bestimmten – noch leichten – Krankheitssymtomen leidet, die für eine mögliche Corona-Infektion sprechen können; insbesondere wenn deshalb auch der Zugang zum Gericht fraglich ist, BFH BeckRS 2021, 18185 Rn. 13. Die subjektive Angst oder ein Restrisiko, sich mit dem Corona-Virus anzustecken, reicht für eine Terminsänderung aber nicht, BVerfG BeckRS 2020, 4107; BGH BeckRS 2021, 14125 Rn. 9. Ob dies der Fall ist, dürfte eine Einzelfallentscheidung sein; bejahend: LSG BW BeckRS 2020, 16170 Rn. 25; verneinend Zweibr NJW-RR 2020, 1325 Rn. 14. Ist der ProzBev. aufgrund von Vorerkrankungen in besonderem Maße darauf angewiesen, Risiken einer Corona-Infektion zu vermeiden, so kann ihm jedoch nicht auf nicht absehbare Zeit eine Terminsverschiebung gewährt werden, Karlsr BeckRS 2021, 19540 Rn. 23; → „Krankheit". Der ProzBev., der sich angesichts einer fortdauernden Pandemielage andauernd wegen seiner gesundheitlichen Situation an der Wahrnehmung von Gerichtsterminen gehindert sieht, wird Vorsorge für eine Vertretung zu treffen haben, Zweibr NJW-RR 2020, 1325. Insofern ist nicht nur an eine Vertretung durch einen anderen Rechtsanwalt – wenn möglich derselben Sozietät – zu verweisen, so Zweibr NJW-RR 2020, 1325 (unter Hinweis auf einige Literaturstellen). Sinnvoll wäre wohl ein Hinweis auf die Möglichkeit einer Verhandlung im Wege der Bild- und Tonübertragung nach § 128a; zu den Voraussetzungen → § 128a Rn. 10 ff.

Prozessbevollmächtigter: Ein Wechsel des ProzBev. kann einen erheblichen Grund iSv I insbesondere darstellen, wenn dem neuen ProzBev. keine hinreichende Zeit zur Einarbeitung bleibt, BGH BeckRS 2022, 20767 Rn. 18; BFH BeckRS 2011, 95739 = BFH/NV 2011, 1381; → „Kündigung des Anwaltsvertrages"; → „Anwaltswechsel".

Prozesskostenhilfe: Ein erheblicher Grund liegt vor, soweit das Gericht über ein Prozesskostenhilfegesuch vorwerfbar spät entschieden hat, Schneider AnwBl 1987, 466. Im Falle einer Ablehnung der Beiordnung ist dem um Verfahrenshilfe nachsuchenden Beteiligten eine angemessene Frist einzuräumen ggf. durch Verlegung des bereits anberaumten Termins, Celle NJW-RR 2014, 194 (zust. Erdrich FamFR 2013, 517), jedenfalls um das entsprechende Beschwerdeverfahren durchzuführen, Jena FamRZ 2017, 723. Eine bedürftige Partei kann nur dann eine Vertagung fordern, wenn ihre Lage vor der Entscheidung über eine beantragte Prozesskostenhilfe unverhältnismäßig schwer würde, BGH MDR 2016, 1108.

Prozessverlust: Ein erheblicher Grund fehlt, soweit ein Prozessverlust droht, etwa wegen § 3 Nr. 8 PflVG, und soweit man die Klage noch nach § 269 wirksam zurücknehmen kann, Mü NJW-RR 1989, 64.

Prozessverschleppung: Wenn Verhandlungstermine schon mehrfach verlegt worden sind und ein weiterer Verlegungsantrag rechtsmissbräuchlich allein in der Absicht gestellt wird, den Prozess zu verschleppen, kann bei der Frage der Terminsverlegung dem Beschleunigungsgebot ein erhöhtes Gewicht zukommen. Eine Verzögerungsabsicht, die im Einzelfall den Vorwurf des Rechtsmissbrauchs rechtfertigen könnte, kann sich insbesondere aus dem vorausgegangenen Prozessverhalten ergeben, BGH NJW-RR 2019, 695 Rn. 28; NJW 2009, 687 Rn. 8.

Räumungssache: § 272 IV fordert besondere Beschleunigung. Das schränkt die Möglichkeiten nach § 227 ein.

Rechtliches Gehör: Das Gericht ist jedenfalls dann verpflichtet, einem Verlegungsantrag stattzugeben, wenn die Wahrung des rechtlichen Gehörs die Terminsverlegung gebietet, BGH BeckRS 2019, 36396 = NZM 2020, 811; NJW 2010, 2440; BVerwG NJW 1995, 1441; BSG BeckRS 2007, 46332; NJW 1992, 1190. Der Verstoß selbst muss aber vorgetragen werden und ist zu überprüfen; so ist selbst bei einer Anwaltsverhinderung kein automatischer Vertagungsgrund gegeben, OVG Magdeb NVwZ 2009, 193.

Referendarausbildung: Die Unterrichtsverpflichtung eines Anwalts in der Referendarausbildung (Arbeitsgemeinschaften) kann einen Vertagungsgrund darstellen, BGH NJW 2008, 1448 (im Fall einer Dienstaufsichtsmaßnahme); es wird stets eine Einzelfallentscheidung sein.

Rückfrage: Ein erheblicher Grund fehlt meist, wenn der Ausgebliebene sich nicht die Mühe einer Rückfrage beim Gericht dazu gemacht hat, ob sein Ausbleiben entschuldigt sei, BGH NJW 1982, 888. Diese Obliegenheit entfällt nur dann, wenn eine Rückfrage unzumutbar war.

Ruhen des Verfahrens: Ein erheblicher Grund fehlt dann, wenn die Partei nur ein Ruhen des Verfahrens nach § 251 vermeiden will.

Sachbearbeiter: Ein erheblicher Grund fehlt eventuell dann, wenn in einer Firma oder Sozietät nur der „alleinige" Sachbearbeiter verhindert ist, KG MDR 2008, 878. Bei einem erstmaligen Vertagungsantrag wird man mit Blick auf die Partei, die erwarten darf, von dem Anwalt vertreten zu werden, der die Sachbearbeitung übernommen hat, einen erheblichen Grund bejahen können, Ffm NJW 2008, 1328, auch → „Terminsüberschneidung". Sowohl in einer Firma als auch in einer Sozietät sind organisatorische Maßnahmen der Unterrichtung und Einarbeitung des meist ohnehin vorhandenen oder eben zu bestellenden Vertreters in aller Regel zumutbar, BVerfG AnwBl 2015, 982; BFH AnwBl 2015, 101; OVG Magdeb NVwZ 2009, 193; dies gilt aber nicht, wenn eine Ablehnung der Verlegung wegen der zeitlichen Situation einer Versagung rechtlichen Gehörs der Partei gleich kommt, BVerwG NJW 1984, 882; kritisch zur gerichtlichen Praxis: Schneider NJW 2006, 886.

Sachverständiger: S. bei den einzelnen Hinderungsgründen.

Schiedsgerichtsbarkeit: Die zu § 227 I ergangene Rechtsprechung zur Erheblichkeit von Gründen für einen Terminverlegungsantrag kann auf die Schiedsgerichtsbarkeit übertragen werden, soweit die Besonderheiten des Schiedsverfahrens keine abweichende Beurteilung erfordern. Jedenfalls dürfen auch Schiedsgerichte die Verfahrensgrundrechte der Parteien auf rechtliches Gehör und prozessuale Waffengleichheit nicht dadurch verletzen, dass sie das Recht einer Partei, sich im Verhandlungstermin durch einen selbst gewählten ProzBev. vertreten zu lassen, in unzumutbarer Weise beschneiden, BGH BeckRS 2022, 20156 Rn. 26; → § 1042 Rn. 14 „Terminsverlegung".

Sozietät: → „Sachbearbeiter", → „Terminsvertreter".

Standesrecht: → „Berufsrecht".

Streithelfer: Für ihn gelten nach §§ 66 ff. dieselben Regeln wie für die Partei in diesem ABC.

Streitverkündung: Ein erheblicher Grund fehlt, soweit eine Partei eine Streitverkündung nach § 72 beabsichtigt, Hamm NJW-RR 1996, 969.

Terminsüberschneidung beim Anwalt: Zu den erheblichen Gründen iSv I gehört grds. der Fall, dass der ProzBev. gleichzeitig einen anderen, früher anberaumten Termin wahrzunehmen hat, BVerfG NJW 2021, 3384 Rn. 12; BFH BeckRS 2012, 96164 = BFH/NV 2012, 1978. Ein erheblicher Grund liegt aber nicht stets deshalb vor, weil der Anwalt gleichzeitig einen anderen Termin wahrzunehmen hat. Grundsätzlich reicht aber die – in diesem Verfahren erstmalige – Verhinderung des ProzBev. wegen Terminsüberschneidung aus, weil die Partei erwarten darf, im Termin von dem Anwalt vertreten zu werden, der die Sachbearbeitung übernommen hat, Ffm NJW 2008, 1328. Das kann durchaus anders gesehen werden, wenn auch Folgetermine deshalb nicht durchgeführt werden könnten. Der bloße Hinweis des ProzBev., wegen eines anderen Termins nicht erscheinen zu können, reicht hingegen nicht, BFH BeckRS 2014, 94287. Die grundsätzliche Zulassung des Arguments der Terminsüberschneidung als erheblichen Grund würde § 227 die praktische Brauchbarkeit nehmen, sobald ein Anwalt beteiligt ist, BFH BB 1980, 566; Ffm NJW-RR 1998, 1450; OVG Magdeb NVwZ 2009, 193; aM Schlesw NJW 1994, 1227. Auch ein erkrankter Alleinanwalt muss im Ergebnis oft in einem ihm noch zumutbaren Umfang für einen Vertreter sorgen, BGH VersR 1980, 386.

Dem Antrag auf Terminsverlegung in einer Unterhaltssache ist stattzugeben, wenn die Verlegung wegen einer Terminskollision mit einer Kindschaftssache beantragt wird, da eine Kindschaftssache wegen des Vorrang- und Beschleunigungsgebots des § 155 FamFG stets vorrangig ist, Brdb BeckRS 2021, 39448 Rn. 15 f = FamRZ 2022, 211; Hamm BeckRS 2019, 5610 Rn. 13 = FamRZ 2019, 1150.

Terminsüberschneidung bei der Partei: Wenn die Partei selbst gleichzeitig einen anderen, früher anberaumten Gerichtstermin wahrnehmen muss, stellt dies einen erhebliche Grund gem. I dar, BFH NZG 2020, 1190; BeckRS 2012, 96164 = BFH/NV 2012, 1978. Das Gericht hat die Interessen der grds. gleichberechtigten Parteien und der übrigen Beteiligten abzuwägen, BayObLG MDR 1986, 416. Ein später terminiertes Verfahren auf Erlass eines Arrests oder einer einstweiligen Verfügung nach §§ 916 ff., 945 ff. kann wegen seiner besonderen Eilbedürftigkeit den Vorrang haben, BFH BB 1980, 566. Ein früher angesetzter Geschäftstermin hat weder stets Vorrang noch ist er automatisch als nachrangig anzusehen.

Terminsvertreter: Ein erheblicher Grund fehlt durchweg, wenn ein Terminsvertreter tätig werden kann, BVerfG AnwBl 2015, 982; OVG Magdeb NVwZ 2009, 193; aM OVG Münst AnwBl 2010, 148. Der verhinderte Mitarbeiter oder Anwalt muss den Terminsvertreter auch dann rechtzeitig und umfassend informieren, wenn der Vertreter kein Sozius ist. Wer sich bereit erklärt, einen Kollegen im Termin zu vertreten, sollte sich darüber klar sein, dass er mit dieser Bereitschaft die Verpflichtung auch dem Auftraggeber gegenüber übernimmt, sich bis zum Termin einzuarbeiten.

Terminsvorbereitung: Ein erheblicher Grund fehlt bei einer ungenügenden Terminsvorbereitung der Partei, → „mangelnde Vorbereitung".

Tod: Ein erheblicher Grund kann beim Tod eines nahen Angehörigen oder eines Geschäftspartners vorliegen.

Überlastung: Weder bei Gericht noch bei anderen Prozessbeteiligten stellt Überlastung grds. einen erheblichen Grund dar; hier handelt es sich um eine typische Einzelfallentscheidung.

Überrumpelung: Ein erheblicher Grund liegt vor, soweit das Gericht eine Partei überrumpelt hat, wie zB durch einen Hinweis auf einen bisher noch nicht erörterten Gesichtspunkt, BVerwG DVBl 1982, 635. Dies gilt auch bei der Beurteilung des Sachverhalts.

Unschlüssigkeit: Das Gericht darf sie nicht durch Vertagung helfen, eine Unschlüssigkeit zu beseitigen, AG Wismar FamRZ 2017, 1698.

Urlaub: Ein erheblicher Grund liegt grds. vor, soweit eine Partei, ein Zeuge nach § 373 oder ein Sachverständiger nach § 402 einen längst vor dem Erhalt der Ladung geplanten oder gar gebuchten Urlaub antreten wollen, der in den Zeitpunkt des Gerichtstermins fällt. Denn jeder hat grds. das Recht auf einen ungestörten Urlaub im Zeitraum seiner Wahl, BVerfG NJW 1973, 187; BGH NJW-RR 2019, 695 Rn. 23; BFH BeckRS 2011, 95739 = BFH/NV 2011, 1381; Ffm NJW 2008, 1328; Brdb FamRZ 2002, 1042 (nur bei Auslandsurlaub); Carl BB 1989, 2018; aM Feiber NJW 1997, 162 (für die Zeit vom 1.7. bis 31.8.). Die Umstände sind aber substantiiert vorzutragen und glaubhaft zu machen, BFH BeckRS 2011, 95739 = BFH/NV 2011, 1381.

Beim ProzBev. oder beim Bev ist eher eine Zurückhaltung notwendig. Sein Beruf bringt es mit sich, dass er zumindest beim etwas längeren Urlaub ohnehin nach § 53 BRAO einen amtlich bestellten Vertreter haben und einweisen muss, vgl. aber BVerfG NJW 1998, 3703 (zu § 520 III); Ffm NJW 2008, 1328 (bei Urlaub und Fortbildung des Sachbearbeiters). Bei Urlaub in angemessenem Umfang dürfte aber ein Verschulden fehlen. Eine geplante Urlaubsreise des ProzBev. ist regelmäßig ein erheblicher Grund einer Terminsverlegung, insbesondere wenn der ProzBev. als Einzelanwalt tätig ist und eine Vertretung nicht in Betracht kommt; das gilt erst recht wenn die Reise schon gebucht ist, BGH NJW-RR 2019, 695. Auch der Urlaub des Vertrauensanwalts kann aber ein erheblicher Grund sein, Schneider MDR 1977, 793.

Vereitelung: Ein erheblicher Grund fehlt bei einer vorwerfbaren Vereitelung eines Termins, BVerwG NVwZ-RR 2016, 430.

Vergleichsverhandlungen: Ein erheblicher Grund liegt wegen I 2 Nr. 3 nicht stets deshalb vor, weil die Parteien mitteilen, sie stünden in Vergleichsverhandlungen. Beantragen die Parteien aber einvernehmlich die Verlegung eines Verkündungstermins, weil sie ernsthafte Vergleichsgespräche führen wollen, ist regelmäßig ein erheblicher Grund nach I gegeben. Das Gericht muss zumindest den Parteien die Möglichkeit einräumen, das

Ruhen des Verfahrens nach § 251 zu beantragen, BGH BeckRS 2019, 36396 Rn. 12, 17 = NZM 2020, 811; → „Einvernehmen der Parteien".

Verhinderung: Ein erheblicher Grund kann bei einer unabweisbaren Verhinderung vorliegen, BVerwG NJW 1992, 2042; vgl. aber KG MDR 2008, 878. Bei einer Verhinderung ist das Mögliche und Zumutbare zu tun, um das Gericht rechtzeitig hierüber zu informieren, BGH NJOZ 2021, 1305 Rn. 32.

Verkündungstermin: Im Grundsatz kann auch ein Verkündungstermin nur aus erheblichen Gründen verlegt werden, da sich I auf jeden Termin bezieht, BGH BeckRS 2019, 36396 = NZM 2020, 811 Rn. 10.

Verzögerung: Ein erheblicher Grund liegt nicht stets schon deshalb vor, weil sich eine vorangegangene Verhandlung vor diesem Gericht verzögerte, BVerwG NJW 1999, 2131 (75 Minuten), oder weil man erheblich viele Schriftsätze gewechselt hat, Ros NJW-RR 2010, 1152. Eine Partei, die längere Zeitn auf den Aufruf ihrer Sache warten musste und deshalb nicht mehr in der Lage ist, den verspätet beginnenden Termin wahrzunehmen, darf einen Antrag auf Verlegung des Termins stellen, Hmb BeckRS, 14509 Rn. 13.

Vorbereitungszeit: Nach der gesetzlichen Wertung des I 2 Nr. 2 ist die fehlende Vorbereitung – auch die wegen Zeitmangels – kein erheblicher Grund für eine Terminsverlegung. Ein erheblicher Grund kann jedoch vorliegen, wenn das Fehlen der Vorbereitungszeit auf einem unverschuldeten Anwaltswechsel beruht, BGH NJOZ 2017, 1735 Rn. 11; → „Anwaltswechsel".

Waffengleichheit: Die Parteien haben einen Anspruch auf eine ermessensfehlerfrei Entscheidung des Gerichts, das aus Gründen der prozessualen Waffengleichheit den Anspruch auf rechtliches Gehör und den Beschleunigungsgrundsatz abwägen muss, → Rn. 2; BGH NJW 2009, 687 Rn. 8. Liegen glaubhaft gemachte erhebliche Gründe vor, verdichtet sich das Ermessen des Gerichts grds. zu einer Rechtspflicht, den Termin zu verlegen, BGH NZM 2020, 811 Rn. 10. Ein Verstoß gegen das Prinzip der prozessualen Waffengleichheit stellt stets einen erheblichen Grund dar, zB Vertagung aus Gründen, die denen gleichwertig sind, mit denen die Gegenpartei eine Vertagung erreicht hat, Köln VersR 1972, 179, Celle NJW 1969, 1905.

Zeitgewinn: Ein erheblicher Grund fehlt, soweit die Partei tatsächlich nur Zeit gewinnen will. Das gilt ebenso, wenn beide Parteien den Staat um einen Prozess bemühen, dann aber derzeit gar nicht prozessieren wollen.

Zeuge: Ein erheblicher Grund liegt vor, soweit ein unentbehrlicher Zeuge nach § 373, insbesondere ein ausländischer, zu dem Beweistermin nicht erscheinen kann, zu dem der Beweisführer ihn rechtzeitig benannt hatte, BGH NJW 1976, 1743; Ffm AnwBl 1980, 151.

Zwangsversteigerung: Der Termin zur Verkündung des Zuschlags darf grundsätzlich nicht platzen, BGH WM 2016, 1453.

VII. Terminsverlegung im Sommer, III. III ist als Ersatz für die abgeschafften Gerichtsferien (früher § 200 GVG) eingefügt. Die Vorschrift gibt dem ProzBev. (insbesondere sachbearbeitenden Anwalt oder Einzelanwalt), aber auch der Partei die Möglichkeit, bei urlaubsbedingter Abwesenheit eine Terminsverlegung ohne Begründungsaufwand zu erreichen. III bringt eine neben I, II anwendbare, recht komplizierte Mischung von Möglichkeiten, Zwängen und Verboten, einen Gerichtstermin in der Zeit vom 1. Juli bis 31. August abzuhalten, also während des „Gerichtssommers", Feiber NJW 1997, 162. 18

1. Verlegung, III 1. Soweit III 1 anwendbar ist, → Rn. 3 f., gilt: Erste Voraussetzung ist, dass das Gericht einen Termin bereits für die Zeit vom 1. Juli bis 31. August (beide Tage eingeschlossen) anberaumt hatte. III gilt also nicht schon im Stadium vor der Anberaumung eines Termins. Das Gericht muss also nach § 216 zunächst unverzüglich terminieren. Wie weit das Gericht schon jetzt mit Rücksicht auf einen zu erwartenden Verlegungsantrag nach III 1, der nicht nach III 3 zurückgewiesen werden darf, gar nicht erst einen Termin für die Zeit vom 1. Juli bis 31. August ansetzt, ist eine nach § 216 zu entscheidende und zu überprüfende Frage, Feiber NJW 1997, 162. 19

Ein Anspruch auf eine Aufhebung oder auf eine Vertagung besteht nicht. Dies ergibt sich schon aus dem Wortlaut des III 1 („zu verlegen"), darüber hinaus kann mit einem zwingenden Anspruch auf Terminsänderung ohne Angabe erheblicher Gründe vom Sinn und Zweck der Vorschrift nur eine Verlegung, nicht aber eine Aufhebung oder Vertagung gefordert werden, MüKoZPO/Stackmann Rn. 15; Zöller/Feskorn Rn. 9; Thomas/Putzo/Hüßtege Rn. 12. 20

2. Kein bloßer Verkündungstermin, III 1. Zweite Voraussetzung ist, dass das Gericht den bisherigen Termin nicht nur nach § 311 IV „zur Verkündung einer Entscheidung" bestimmt hatte, denn bei einem Verkündungstermin ist die Anwesenheit der Partei oder des ProzBev. entbehrlich. Es ist unerheblich, ob das Gericht eine bestimmte Entscheidungsart angekündigt hatte, etwa einen Beweisbeschluss oder ein Urteil. Will es in der Zwischenzeit aber aus der bloßen Verkündung mehr machen, also den Charakter des Termins ändern, werden die weiteren Erwägungen zu III erforderlich. Eine im bloßen Verkündungstermin verkündete Entscheidung wird auch in der Zeit vom 1. Juli bis 31. August wie sonst wirksam. Ein „verkündeter" neuer Verhandlungs- oder Beweistermin ist kein bloßer Verkündungstermin. 21

3. Antragserfordernis, III 1. Dritte Voraussetzung ist ein Antrag auf eine Verlegung. Das Gericht darf also ohne ihn auch dann nicht verlegen, wenn es alle übrigen Voraussetzungen nach III bejaht. Der Antrag ist eine Prozesshandlung des ProzBev. oder der Partei. Ein Anwaltszwang besteht nach § 78. Der Antrag kann auch mündlich, elektronisch oder telefonisch oder ggf. auch stillschweigend gestellt werden. Er bedarf keiner Begründung. Ein Antrag liegt noch nicht stets in der bloßen Mitteilung einer Urlaubsabwesenheit, noch gar dann, wenn man diese nicht für die gesamte Zeit vom 1. Juli bis 31. August ankündigt. Ein Antrag, „nicht in den Ferien zu terminieren", ist ein Verlegungsantrag. Denn man kann ihn vorsorglich stellen. Der Antrag lässt sich bis zum Terminsbeginn zurücknehmen. 22

Nicht ausreichend ist der Antrag eines sonstigen Prozessbeteiligten, etwa eines Zeugen nach § 373 oder Sachverständigen nach § 402. Das ergibt sich zwar nicht aus dem Wortlaut von III 1. Es ergibt sich aber aus seinem Sinn. Andernfalls würde ein solcher Beteiligter den Fahrplan des ganzen Prozesses schon durch einen bloßen Antrag abändern können. Das ist nicht mit der Notwendigkeit vereinbar, den Prozess durch eine unverzügliche Terminierung zu fördern. 23

4. Fristerfordernis, III 1. Vierte Voraussetzung ist die Einhaltung einer Antragsfrist; der Antrag muss innerhalb einer Woche nach Zugang der Ladung oder Terminsbestimmung bei Gericht eingehen. Darüber braucht das Gericht nicht zu belehren. Zwar ergibt sich diese Antragsfrist nicht ausdrücklich aus dem Wortlaut von III 1. Indessen kann das Gericht nur dann „innerhalb einer Woche nach Zugang der Ladung oder Terminsbestimmung" 24 verlegen, wenn es bis dahin auch den wirksamen Antrag vorliegen hat. „Zugang" meint bei einer förmlichen Zustellung nach § 182 Nr. 8 diese. Bei einer Ersatzzustellung nach § 178 ist schon die Abgabe der Mitteilung über die Niederlegung maßgeblich. Bei einer formlosen Nachricht meint „Zugang" den in § 167 sowie § 497 I 2 genannten Zeitpunkt. Bei § 218 meint „Zugang" den Verkündungszeitpunkt, Brdb NJW-RR 1998, 500 (eine spätere bloße Verschiebung der Terminstunde ist unerheblich); aM Feiber NJW 1997, 161 (Protokolleingang). Die Wochenfrist gilt unabhängig von § 215. Sie ist nach § 222 iVm §§ 187, 188 II BGB zu berechnen. Es ist unerheblich, ob ein Teil der Frist in die Zeit vor dem 1. Juli fällt. Scheint die Frist erst „nach" dem Termin abzulaufen, weil man nur eine dreitägige Ladungsfrist beachten musste, läuft die Antragsfrist im Termin ab. Maßgeblich ist im Übrigen nicht der Antragseingang, sondern der Zugang der Ladung. Eine Abkürzung oder Verlängerung entfällt nach § 224 II. Gegen die Fristversäumung ist keine Wiedereinsetzung nach § 233 statthaft, denn es liegt keine Notfrist nach § 224 I 2 vor, Feiber NJW 1997, 162.

25 **5. Keine „Sommersache", III 2.** Fünfte Voraussetzung ist das Fehlen einer „Sommersache". Diesen Begriff enthält das Gesetz nicht. Er eignet sich indessen zur Zusammenfassung der Sachen, in denen das Gericht einem Verlegungsantrag nicht stattgeben darf, obwohl der Termin in die (Hoch-)Sommerzeit vom 1. Juli bis 31. August fällt. Im Einzelnen gelten zum Vorliegen einer Sommersache die folgenden Regelungen:

26 **6. Arrest, einstweilige Anordnung oder Verfügung, III 2 Hs. 1 Nr. 1.** Hierzu gehören Verfahren einer der folgenden Arten: Arrest nach §§ 916–934, einschließlich Widerspruch nach § 924, Anordnung nach § 926, Hamm zit. bei Schlee AnwBl 1985, 376, Aufhebung nach § 927, Rechtsmittelverfahren; einstweilige Verfügung nach §§ 935–944, einschließlich der nach § 936 mitanwendbaren Verfahren und des Eintragungsersuchens nach § 941; einstweilige Anordnung beliebiger Art. gerade nach der ZPO.

27 Nicht hierzu gehört eine FamFG-Sache. Denn § 32 II FamFG macht III nicht mitanwendbar, und daher hilft auch § 113 I 2 FamFG hier wohl nicht.

28 **7. Überlassung, Benutzung, Räumung, Herausgabe von Raum, Fortsetzung von Wohnraummiete, III 2 Hs. 1 Nr. 2.** Hierzu gehört eine Gruppe von Streitigkeiten um Räume, Abramenko ZMR 2014, 21, oder Wohnräume. Ein gewerblicher Raum reicht aus, erst recht ein gemischt genutzter, auch zB ein Messestandplatz. Bis auf die in Hs. 2 genannten Wohnmietstreitigkeiten nach §§ 574–574b BGB ist unerheblich, ob es sich um Miete, Pacht, Leasing, Eigentum, Erbbaurecht oder unentgeltliche Überlassung handelt und ob Eigentümer und Besitzer, Vermieter und Mieter, Mieter und Untermieter, Vermieter oder Untermieter streiten. Es ist ferner unerheblich, ob es um einen vertraglichen oder gesetzlichen Anspruch geht und ob das Ziel des Klägers in einer erstmaligen, weiteren oder erneuten Überlassung, Benutzung, Räumung oder Herausgabe oder in deren Bekämpfung liegt. Allerdings darf man Nr. 2 nun auch nicht beliebig weit auslegen. Denn „Überlassung, Benutzung, Räumung oder Herausgabe" wird nicht durch Worte wie „und dergleichen" ergänzt.

8. Beispiele zur Frage einer Überlassung usw., III 2 Hs. 1 Nr. 2

29 **Bauliche Umgestaltung:** Ein Streit über bauliche Umgestaltung gehört zu III 2 Nr. 2, LG Bln MDR 1988, 591.

Beendigung: Hierzu gehört eine Klage nach der Beendigung des Mietverhältnisses.

Eigentum: Eine Klage, die sich sowohl auf Eigentum als auch auf Miete stützt, gehört zu Nr. 2

Eingebrachte Sachen: Ein Streit zB um Zurückhaltung eingebrachter Sachen gehört hierzu.

Erbrecht: Hierzu gehört eine Klage, die sich sowohl auf Erbrecht als auch auf Miete stützt.

Feststellung: Nicht hierzu gehört eine Klage nach § 256 zur Klärung des Mietverhältnisses.

Herausgabe: Hierzu gehört auch eine Klage nach § 985 BGB.

Instandhaltung, -setzung: Ein Streit über Instandhaltung oder Instandsetzung von Räumen gehört zu III 2 Nr. 2, BGH NJW 1963, 713.

Mieterhöhung: Zu III 2 Nr. 2 gehört der Zustimmungsstreit.

Mietzahlung: Hierzu gehört ein Streit über Mietzahlungen; nicht aber Schadensersatzansprüche nach Beendigung des Mietverhältnisses, BGH NJW 1980, 1695.

Nutzungsentschädigung: → „Beendigung".

Schadensersatz: Zu III 2 Nr. 2 gehört eine auf Miete und Schadensersatz gerichtete Klage, solange die erstere Begründung entscheidungserheblich bleibt. Das folgt aus III 2 Hs. 2. Nicht hierzu zählt eine bloße Schadensersatzklage, wenn ein Mietverhältnis schon beendet ist, BGH NJW 1980, 1695.

Vertragswidriger Gebrauch: Zu Nr. 2 gehört eine auf vertragswidrigen Gebrauch gestützte Unterlassungsklage.

30 **9. Wechsel- oder Scheckprozess, III 2 Hs. 1 Nr. 4.** Zu Nr. 4 gehört nur ein Wechsel- oder Scheck-„Prozess", also ein Verfahren, das nach §§ 602–605a iVm §§ 592–599 beginnt oder begonnen hat, sei es durch eine Klage nach § 253, sei es durch den Antrag auf einen Mahnbescheid nach §§ 688, 703c. Innerhalb eines der genannten Verfahren kommt es nach III 2 Hs. 2 nicht darauf an, ob der Kläger zugleich einen Anspruch aus dem Grundgeschäft geltend macht und ob das Gericht schon ein Vorbehaltsurteil nach § 599 erlassen hat, solange der Kläger nicht vom Wechsel- oder Scheckprozess nach §§ 602–605a, 596 Abstand nimmt. Mit dieser Einschränkung gehören hierzu auch: Die Klage auf die Herausgabe eines Wechsels; eine Bereicherungsklage; die Klage auf eine Feststellung zur Insolvenztabelle nach § 256.

31 Das Nachverfahren bildet mit dem Urkundenprozess eine verfahrensmäßige Einheit. Es ist ja auch im Buch 5 „Urkunden- und Wechselprozess" mitgeregelt. Es stellt aber zugleich einen Übergang in den ordentlichen Prozess dar. Da Nr. 4 auf die Verfahrensart abstellt, ist wegen dieser gewissen formellen Widersprüchlichkeit auf Sinn und Zweck der Neuregelung abstellen. Das Gericht hat die in Nr. 4 genannten Sachen als „Sommersachen" auch in der Sommerzeit von Amts wegen zu fördern. Dieses Beschleunigungsbedürfnis liegt durchweg auch im Nachverfahren vor. Daher kann man das Nachverfahren nach III 2 Hs. 2 zumindest dann als zu Nr. 4 gehörig zählen, wenn der Kläger nur einen im Wechsel- oder Scheckprozess zulässig gewesenen Anspruch weiterverfolgt, BGH NJW-RR 1991, 1469. Abzustellen ist auf die gewählte Prozessart, MüKoZPO/Stackmann Rn. 19; Zöller/Feskorn Rn. 15; aM hinsichtlich des Nachverfahrens Musielak/Voit/Stadler Rn. 10.

32 **10. Bausache, III 2 Hs. 1 Nr. 5.** Zu Nr. 5 gehört ein Streit um ein Bauwerk nach §§ 638, 648 BGB, der vor dem Prozess angefangen und ebenfalls noch vorprozessual durch einen Abbruch oder eine Einstellung unterbrochen worden war, BGH MDR 1977, 487. Es muss bei ihm nach dem Vortrag des Klägers jetzt um das „Ob" der Fortsetzung der Bauarbeit gehen. Es ist insofern unerheblich, ob der Kläger eine Abtretung oder Schuldübernahme behauptet. Hierzu zählt auch ein Fertigbau.

Nicht zu Nr. 5 gehört ein Streit nur über das „Wie, Wo und Wann" der Fortsetzung oder sonstiger Weiterarbeit bis zur Fertigstellung, BGH MDR 1977, 487 (bloßer Umfang des Auftrags oder seiner Erfüllung). Daher kommt es auf die Abnahme nach § 640 BGB nicht an. Ebenso wenig gehört hierzu ein Streit nur um einen Lohn oder um ein Honorar, BGH MDR 1977, 487. 33

11. Überlassung oder Herausgabe einer Sache, III 2 Hs. 1 Nr. 6. Zu Nr. 6 gehört das Verfahren nach §§ 811–812 auf Überlassung oder Herausgabe einer Sache nach § 883 an eine Person, bei der die Sache unpfändbar ist. Sinn der Nr. 6 ist es, in diesen Fällen ein Ausweichen auf den Eilrechtschutz (Nr. 1) zu vermeiden, MüKoZPO/Stackmann Rn. 20; Musielak/Voit/Stadler Rn. 10. Es ist nicht erforderlich, dass der Kläger die Unpfändbarkeit ausdrücklich geltend macht. Es genügt und ist natürlich notwendig, dass sich aus seinem Tatsachenvortrag bei dessen rechtlicher Würdigung durch das Gericht die Unpfändbarkeit ergibt, sei es beim Kläger, sei es bei dem, an den der Bekl. nach dem Klägerantrag herausgeben soll. Es ist unerheblich, ob auch der Vortrag des Bekl. zu derselben Unpfändbarkeit führt. Bei einem Mietverhältnis werden Streitigkeiten wegen Zurückbehaltung eingebrachter, nicht pfändbarer Sachen auch von Nr. 6 erfasst, Zöller/Feskorn Rn. 13. 34

12. Zwangsvollstreckung, III 2 Hs. 1 Nr. 7. Zu Nr. 7 gehören grundsätzlich die nach §§ 704–898 geregelten Verfahren einschließlich eines vorbereitenden Akts. Es ist unerheblich, ob es sich um eine Maßnahme des Gerichts oder des Gerichtvollziehers handelt. 35

13. Beispiele zur Frage einer Zwangsvollstreckung, III 2 Hs. 1 Nr. 7

Arrest, einstweilige Verfügung: Unanwendbar ist Nr. 7 in einer zu Nr. 1 gehörenden Sache des Eilrechtsschutzes. 36

Drittwiderspruchsklage: Unanwendbar ist Nr. 7 bei § 771 aus denselben Gründen wie bei §§ 767 ff. vgl. → „Vollstreckungsabwehrklage".

Erinnerung: Anwendbar ist Nr. 7 zB bei § 766.

Erkenntnisverfahren: Anwendbar sein kann Nr. 7 bei einem aus einer Zwangsvollstreckung entstehenden Prozess, soweit der Vollstreckungstitel in einer „Sommersache" ergangen war, BGH NJW 1988, 1095; aM Stgt MDR 1978, 586 (je zum alten Recht).

Notfristzeugnis: Anwendbar ist Nr. 7 bei § 706.

Rechtskraftzeugnis: Anwendbar ist Nr. 7 bei § 706.

Sicherheitsleistung: Unanwendbar ist Nr. 7 bei §§ 709, 717. Denn dieses Verfahren zählt noch zum Erkenntnisverfahren, selbst wenn diese Vorschriften formell zum Buch 8 gehören.

Sofortige Beschwerde: Anwendbar ist Nr. 7 zB bei § 793.

Teilungsversteigerung: Unanwendbar ist Nr. 7 bei §§ 172 ff. ZVG. Denn das ist gerade keine echte Zwangsvollstreckung, Karlsr MDR 1991, 669; Drischler Rpfleger 1989, 85; Thomas/Putzo/Hüßtege Rn. 27; aM AG Gött Nds. Rpfleger 1995, 41; Stöber MDR 1989, 12.

Verteilungsverfahren: Anwendbar ist Nr. 7 bei §§ 872 ff.

Vollstreckbarerklärung: Unanwendbar ist Nr. 7 bei §§ 722, 723. Dann gilt vielmehr Nr. 8.

Vollstreckungsabwehrklage: Unanwendbar ist Nr. 7 bei §§ 767 ff. Denn dann beginnt ein nur aus Anlass einer Zwangsvollstreckung erforderliches (weiteres) Erkenntnisverfahren vor dem Prozessgericht. Das gilt jedenfalls, soweit der Vollstreckungstitel nicht in einer „Sommersache" ergangen war, BGH NJW 1988, 1095 (zum alten Recht).

Vollstreckungsklausel: Anwendbar ist Nr. 7 bei § 724. Unanwendbar ist Nr. 7 bei § 731 aus demselben Grund wie bei §§ 767 ff., → „Vollstreckungsabwehrklage".

Vorläufige Vollstreckbarkeit: Unanwendbar ist Nr. 7 bei einem solchen Verfahren. Denn es zählt noch zum Erkenntnisverfahren, auch wenn §§ 708 ff. formell zum Buch 8 gehören.

Zwangsversteigerung, -verwaltung: Anwendbar ist Nr. 7 bei §§ 866 ff. iVm dem ZVG.

14. Vollstreckbarerklärung im schiedsrichterlichen Verfahren, III 2 Hs. 1 Nr. 8. Hierzu gehören alle Verfahren im Verfahren nach §§ 1025 ff., soweit es nach dem Vortrag des Klägers oder Antragstellers um die Vornahme einer Handlung eines staatlichen Gerichts geht, insbesondere um eine Vollstreckbarkeitserklärung von Schiedssprüchen nach § 1060. Nr. 8 umfasst aber auch Fälle des § 722 (Vollstreckungsurteil) und der §§ 796a–796c (Anwaltsvergleich). Richterliche Handlungen im Schiedsverfahren sind zB in §§ 1032 II, 1034 II, 1035 III, IV, V, 1037 III, 1041 II, III, 1050 und 1059 ff. geregelt. 37

15. Genügen eines von mehreren Ansprüchen, III 2 Hs. 2. Dem Beschleunigungsbedürfnis der in Hs. 1 Nr. 1–8 genannten Fälle entspricht es, eine „Sommersache" auch dann anzunehmen, wenn bei einer Anspruchsmehrheit nach § 260 objektiv nur einer der Ansprüche nach dem Tatsachenvortrag des Klägers oder Widerklägers die Voraussetzungen einer der Nr. 1–8 erfüllt. Das stellt Hs. 2 klar. Unerheblich ist, welche rechtliche Würdigung gerade der Kläger seinem Tatsachenvortrag gibt. Maßgeblich ist der für eine Entscheidung auf eine Terminsbestimmung oder nach III 1 geltende Zeitpunkt und dann die infolge einer Änderung des Tatsachenvortrags etwa nunmehr am Terminsanfang vorhandene Rechtslage. 38

VIII. Keine Terminsverlegung bei besonderem Beschleunigungsbedürfnis, III 3. Die Vorschrift verbietet eine an sich nach III 1 notwendige Terminsverlegung in den nicht ohnehin schon nach III 2 als „Sommersache" geltenden Fällen unter der Voraussetzung, dass das Verfahren einer besonderen Beschleunigung bedarf. Das Gericht hat diese Voraussetzung also nur dann zu prüfen, wenn kein Fall von III 2 Hs. 1 Nr. 1–8 vorliegt. Dort begründet das Gesetz das Beschleunigungsverfahren schon aus der Natur der Sache. Die Prüfung eines besonderen Beschleunigungsbedürfnisses muss in jedem nicht unter Nr. 1–8 fallenden Verfahren von Amts wegen erfolgen. 39

1. Ermessen. Das Gericht entscheidet nach pflichtgemäßem Ermessen, ob ein besonderes Beschleunigungsbedürfnis besteht, wenn ein erheblicher Grund vorgetragen ist, BGH BeckRS 2019, 36396; NJW 2009, 687. Soweit das Gericht aber ein besonderes Bedürfnis bejaht, muss es auch in der Zeit vom 1. Juli bis 31. August terminieren und darf einen solchen Termin nicht mehr verlegen oder aufheben. Ist zweifelhaft, ob eine „Sommersache" vorliegt, macht bereits ein besonderes Beschleunigungsbedürfnis eine Verlegung unzulässig. Erst wenn ein besonderes Beschleunigungsbedürfnis nach dem Ermessen des Gerichts fehlt, besteht unter den übrigen Voraussetzungen ein Verlegungszwang, aM Feiber NJW 1997, 162 (überhaupt kein Ermessen). 40

2. „Besondere" Beschleunigung. Einer besonderen Beschleunigung bedarf ein Verfahren dann, wenn der Kläger solche Tatsachen vorträgt, aus denen sich ergibt, dass die „normale" Prozessförderung durch das Gericht 41 nicht zur Herbeiführung der notwendigen Entscheidung reicht, also zu langsam geschähe. Der gewöhnliche Zeitverlust muss also zu groß sein, BGH NJW 2010, 2440. Es müssen darüberhinausgehende rechtliche, wirtschaftliche oder sonstige Nachteile drohen. Dabei kommt es nicht darauf an, dass das Gericht die Sache in der Sommerzeit in dieser Instanz endgültig abschließen könnte. Ein schon jetzt ergehender Beweisbeschluss nach §§ 358, 358a genügt als eine besonders eilbedürftige Zwischenentscheidung. Es ist unerheblich, ob der zu hohe Zeitverlust wegen einer Partei droht oder wegen eines Zeugen, eines Sachverständigen oder wegen des Zustands einer Sache.

42 **3. Ausübung des Ermessens.** Dem Beschleunigungsgebot kommt gerade in verzögerten Verfahren (Prozessverschleppung) eine besondere Bedeutung zu, BGH NJW 2010, 2440; NJW 2009, 687. Bei der Prüfung eines besonderen Beschleunigungsbedürfnisses sollte trotz der formellen Stellung von III 3 als einer Ausnahme von III 1 eine gewisse Großzügigkeit geübt werden. Denn III 1 ist gemessen an § 216 bereits eine Ausnahme von der Regel einer unverzüglichen Terminierung. Ausnahmen von Ausnahmen sind eher weit auslegbar. Deshalb darf das Gericht auch nicht stets eine Glaubhaftmachung nach § 294 fordern, die ja grundsätzlich schon als eine Anforderung im Gesetz stehen müsste. Bestehen jedoch Zweifel an der Richtigkeit der Angaben, hat auf Verlangen des Vorsitzenden eine Glaubhaftmachung zu erfolgen.

43 **4. Urlaub.** Eine Ferienabwesenheit eines Prozessbeteiligten ist grundsätzlich kein ausreichender Grund zur Verneinung des besonderen Beschleunigungsbedürfnisses. Ist das Beschleunigungsbedürfnis zu bejahen, kann anschließend geklärt werden, ob zB eine Säumnis nach § 337 fehlt. Hierbei ist jedoch wegen des grundsätzlichen Rechts auf einen Urlaub nach eigener Zeitwahl bei einer längst nicht vorwerfbar geplanten Urlaubsabwesenheit behutsam abzuwägen.

44 **IX. Verfahren, IV 1, 2.** Da das Verfahren lediglich die Terminsänderung betrifft, ist es möglichst knapp zu fassen.

45 **1. Zuständigkeit, IV 1.** Zu einer Aufhebung oder Verlegung ist nach IV 1 Hs. 1 der Vorsitzende oder der Einzelrichter nach §§ 348, 348a, 526, 527, 568 oder der nach §§ 361, 362 beauftragte oder ersuchte Richter zuständig. Das Kollegialgericht ist zuständig, wenn es den Termin, der nun verlegt oder aufgehoben werden soll, bestimmt hat. Eine mündliche Verhandlung ist nach IV 1 Hs. 1, § 128 IV nicht erforderlich. Die Entscheidung ergeht grds. auf Antrag und bei III ausschließlich auf Antrag. Sie ergeht nur bei I auch von Amts wegen. In bestimmten Fällen kann aber eine Obliegenheit bestehen, einen Antrag zu stellen, weil die Partei sich sonst nicht auf einen Verstoß gegen Art. 103 GG berufen kann, BVerfG MDR 1981, 470.

46 **2. Anhörung, IV 1.** Wer einen Verlegungs- oder Vertagungsantrag erst kurz vor dem Termin einreicht, kann selbst bei dessen Rechtzeitigkeit bei III 1 nicht damit rechnen, dass das Gericht „alles stehen und liegen lässt", um über diesen Antrag zu entscheiden. Es müsste ja nach Art. 103 I GG vor einer stattgegebenen Entscheidung grundsätzlich auch den Prozessgegner anhören, BFH BB 1986, 1770. Der Antragsteller kann ein Recht auf die Durchführung des anberaumten Termins haben. Er muss daher zumindest vorsorglich anfragen, ob das Gericht seinem Antrag stillschweigend stattgeben werde, BGH NJW 1982, 889. Die Mitteilung des Antragstellers, er gehe davon aus, das Gericht werde seinem Antrag stattgeben, entbindet ihn nicht von der Notwendigkeit, den Termin vorzubereiten und wahrzunehmen, solange das Gericht ihn nicht ablädt. Eine solche Mitteilung der Partei oder des ProzBev. verpflichtet den Richter grds. nicht zu einer Entscheidung vor einer Anhörung des Gegners, aM Karlsr MDR 1991, 1195.

47 Eine ganz kurzfristige Verlegung kann das rechtliche Gehör verletzen, OVG Bautzen NVwZ-RR 2004, 4. Das gilt aber nicht bei einem sachlich rechtfertigenden Grund.

48 **3. Entscheidung, IV 2.** Der Vorsitzende entscheidet durch Verfügung, das (Kollegial-)Gericht entscheidet durch Beschluss, wobei eine falsche Bezeichnung nicht schadet. Die Entscheidung, die nach I ergeht, ist zu begründen, wobei die Begründung insbesondere bei übereinstimmenden Anträgen der Parteien kurz sein sollte, zB „wegen außergerichtlicher Verhandlungen der Parteien". Bei gegensätzlichen Anträgen der Parteien bedarf es eines näheren Eingehens auf die Begründung, ggf. auch auf eine Glaubhaftmachung. Eine Begründung „aus dienstlichen Gründen" kann nach Stgt AnwBl 1989, 232 bei I genügen, bleibt jedoch inhaltsleer. Liegen erhebliche Gründe vor, die zur Gewährleistung rechtlichen Gehörs eine Zurückstellung des Beschleunigungs- oder Konzentrationsgebot erfordern, verdichtet sich das Ermessen des Gerichts zu einer Pflicht, den Termin zu verlegen, Zweibr NJW-RR 2020, 1325. Wird der Antrag auf Verlegung zurückgewiesen bedarf es einer näheren Begründung, allein der Hinweis auf das bisherige Prozessverhalten der Partei reicht nicht, BGH NJW-RR 2019, 695 Rn. 29. Das Gericht hat bei seiner Entscheidung, ob bei Vorliegen erheblicher Gründe eine Verhandlung vertagt wird, nach pflichtgemäßem Ermessen sowohl das Gebot der Beschleunigung des Verfahrens als auch den Anspruch der Parteien auf Gewährung rechtlichen Gehörs zu berücksichtigen; dies muss der Begründung zu entnehmen sein, BGH NJW 2009, 687 Rn. 8; GRUR 2004, 354; BVerwG NJW 1995, 1231.

49 Bei III ist eine wenigstens knappe nachvollziehbare Auseinandersetzung mit allen Voraussetzungen erforderlich, auch eine solche mit dem etwaigen besonderen Beschleunigungsbedürfnis. Die Begründung kann im Einzelfall erst nach einer notwendigen Anhörung des Gegners, die vor dem Termin nicht mehr möglich war, erfolgen. Dann muss der Antragsteller jedenfalls zum Termin erscheinen. Grds. ist das Gericht zu einer kurzen Bescheidung verpflichtet, wenn noch technisch durchführbar und zeitlich zumutbar, BGH FamRZ 1987, 277; Karlsr MDR 1991, 1195; LG Hann MDR 1993, 82.

50 Die Vertagung nach I kann auf einen neuen Termin vor oder nach dem 31. August erfolgen. Im ersteren Fall ist jedoch im Zweifel das ganze Verfahren nach III zu wiederholen. Das Gericht verkündet die Vertagung nach § 329 I 1. Dadurch wird eine besondere Ladung nach § 218 entbehrlich. Das Gericht teilt eine ablehnende Entscheidung formlos nach § 329 II 1 mit, und zwar nur dann noch vor dem Termin, wenn das noch technisch möglich und zeitlich zumutbar ist, sonst später. Das Gericht stellt seinen stattgebenden Beschluss nach § 329 II 2 mit der Ladung förmlich zu, soweit er eine neue Terminsbestimmung enthält. Es teilt ihn im Übrigen nach § 329 II 1 formlos mit. Bei Zeitdruck empfiehlt sich eine telefonische Vorausmitteilung. Auch sie ist aber nur in zumutbarem Rahmen notwendig.

51 **X. Rechtsbehelfe, IV 3.** Beim Rpfl. gilt § 11 RPflG. Im Übrigen:

52 **1. Grundsatz: Unanfechtbarkeit.** Die Terminsbestimmung erfolgt von Amts wegen mit prozessleitender Verfügung durch das Gericht und ist nicht anfechtbar, Mü NJOZ 2017, 226. Die Ablehnung einer Maßnahme

nach § 227 wie eine stattgebende Anordnung – gleich ob durch Verfügung oder durch Beschluss – sind nach IV 3 grundsätzlich unanfechtbar, BFH BeckRS 2017, 128816 Rn. 2; Brdb MDR 2009, 406; KG MDR 2008, 226; Ffm NJW 2004, 3049; LG Gießen Rpfleger 2012, 400. Bei Ablehnung bleibt daher nur der Weg einer inzidenten Überprüfung im Rechtsweg über den Verstoß gegen das rechtliche Gehör als Verfahrensmangel iSd §§ 511 I, 538 II Nr. 1,,KG MDR 2005, 708; Baudewin/Scheffler NJW 2021, 3495. Eine Ablehnungsmöglichkeit besteht fast nie, Ffm NJW 2009, 1008; KG MDR 2005, 708; aM Drsd JurBüro 2010, 378; LG Münst NJW 2011, 3732. Ein Ablehnungsantrag im Termin kann unter die zum Rechtsmissbrauch zählenden Regeln fallen, Ffm NJW 2009, 1008. Anders ist die Lage allerdings dann, wenn entweder Gründe für eine Terminsverlegung offensichtlich vorliegen, die Zurückweisung schlechthin unzumutbar und somit das Grundrecht der Partei auf rechtliches Gehör verletzt ist oder sich eine sachwidrige Benachteiligung aufdrängt, BGH NJW 2006, 2492; Saarbr NJW 2019, 1084.

2. Ausnahme: Sofortige Beschwerde. Soweit die Entscheidung praktisch auf eine Aussetzung des Verfahrens hinausläuft, ist sie trotz des auch geltenden Grundsatzes der Unanfechtbarkeit nach IV 3 ausnahmsweise ebenso wie ein Aussetzungsbeschluss nach §§ 252, 567 I Nr. 2 anfechtbar, Brdb MDR 2009, 406; Ffm NJW 2004, 3049, oder bei willkürlicher Ungleichbehandlung KG MDR 2008, 226. Gerade wirkungsgleiche Maßnahmen zu § 252 sind äußerst selten und schwer zu begründen. Eine Aussetzung des Verfahrens liegt ja erst dann vor, wenn nach der Meinung des Gerichts jedenfalls in absehbarer Zeit nichts weiter zur Fortsetzung des Prozesses geschehen wird. Auch die Anberaumung eines erst in mehreren Monaten stattfindenden neuen Termins ist immerhin ein weiterer Schritt des Verfahrens und nicht dessen Stillstand. Die Ablehnung einer Vertagung ist natürlich keine Aussetzung. Eine Rechtsbeschwerde kommt unter den Voraussetzungen des § 574 in Betracht. 53

3. Dienstaufsichtsbeschwerde. Eine Dienstaufsichtsbeschwerde ist zwar möglich, BVerfG NJW 1989, 3148; sie ist aber in der Regel schon wegen des Grundsatzes des § 26 I DRiG wenig erfolgsversprechend. Denn die Entscheidung nach § 227 gehört grundsätzlich zum Kernbereich der richterlichen Unabhängigkeit nach Art. 97 GG. Das gilt sowohl dann, wenn das Gericht eine Terminsänderung ablehnt, als auch dann, wenn es ihr stattgibt. Denn die Entscheidung darüber, ob ein erheblicher Grund oder gar eine Situation nach III vorliegt, erfordert eine Beschäftigung jedenfalls auch mit dem konkreten Streitstoff des vorliegenden Verfahrens und die Abwägung der Interessen der Parteien unter denselben Gesichtspunkten, unter denen das Gericht zB prüfen müsste, ob eine Partei beim Ausbleiben im Termin säumig wäre oder ob ein besonderes Beschleunigungsbedürfnis vorliegt. Damit würde sich die Dienstaufsicht in den ihr verschlossenen Bereich begeben. 54

Die Dienstaufsicht darf erst dann ausnahmsweise nach § 26 II DRiG eingreifen, wenn ersichtlich keinerlei sachliche Erwägungen mehr für die Entscheidung maßgeblich waren, KG (Dienstgerichtshof) NJW 1995, 2115 (Terminsaufhebung wegen Teilnahme an einer Demonstration), nicht aber schon dann, wenn die Entscheidung irgendwie fehlerhaft sein könnte. Das erkennende Gericht hat sowohl bei I als auch zumindest bei III 3 einen beträchtlichen Ermessensspielraum. Ihn darf die Dienstaufsicht keineswegs unter einer Berufung auf diese ohnehin nur eng auslegbare Ausnahmevorschrift auch nur im Ergebnis einengen. 55

4. Strafbarkeit. Eine unter diesen Voraussetzungen hochgradig oberflächlich oder praktisch gar nicht begründete Dienstaufsichtsbeschwerde kann als eine falsche Verdächtigung nach § 164 StGB strafbar sein. 56

XI. Abänderbarkeit der Entscheidung. Die Entscheidung ist grundsätzlich jederzeit abänderbar. Dabei muss das Gericht natürlich Gründe haben und nennen und gesetzliche Fristen sowie evtl. Art. 103 I GG (erneut) beachten. 57

228 (weggefallen)

229 *Beauftragter oder ersuchter Richter.* **Die in diesem Titel dem Gericht und dem Vorsitzenden beigelegten Befugnisse stehen dem beauftragten oder ersuchten Richter in Bezug auf die von diesen zu bestimmenden Termine und Fristen zu.**

I. Systematik, Regelungszweck. Der Titel 3 überträgt die Aufgaben der Terminierung und Fristsetzung dem Vorsitzenden bzw. der Person des Prozessgerichts, vor der die Verhandlung stattfinden soll. Die Vorschrift des § 229 stellt nur klar- was ohnehin eigentlich selbstverständlich wäre – dass der beauftragte oder ersuchte Richter nach §§ 278 V 1, 361, 362 dieselben Befugnisse wie das Gericht und der Vorsitzende hat. Das gilt besonders bei §§ 216, 224, 227. 1

II. Geltungsbereich. → Vor § 214 Rn. 4. 2

III. Rechtsbehelf. Es ist zwischen der Entscheidung des beauftragten oder ersuchten Richters und den Maßnahmen des hiergegen angerufenen Gerichts zu unterscheiden. 3

1. Anrufung des Gerichts. Die Entscheidung des beauftragten oder ersuchten Richters ermöglicht stets die Anrufung des Prozessgerichts nach § 573 I 1, III. Das gilt also unabhängig davon, ob die entsprechende Anordnung des Vorsitzenden anfechtbar wäre. Das Prozessgericht kann sein Ersuchen wiederholen oder ändern. Es kann dem beauftragten oder ersuchten Richter aber keine weiteren Weisungen geben. 4

2. Sofortige Beschwerde. Gegen die Maßnahme des nach → Rn. 4 angerufenen Gerichts ist die sofortige Beschwerde nach § 573 II statthaft. Eine Rechtsbeschwerde kommt unter den Voraussetzungen des § 574 in Betracht. 5

Titel 4. Folgen der Versäumung; Rechtsbehelfsbelehrung; Wiedereinsetzung in den vorigen Stand

Vorbemerkung zu § 230

Schrifttum: Rohwetter-Kühl NJW 2022, 1990; im Anschluss an Rohwetter NJW 2018, 2019, NJW 2019, 1990, NJW 2020, 2010, NJW 2021, 2005; Bernau NJW 2017, 2001 und NJW 2016, 1999 jeweils: „Die

Rechtsprechung des BGH zur Wiedereinsetzung in den vorigen Stand", Kummer, Wiedereinsetzung in den vorigen Stand, 2003.

1 **I. Systematik.** Die §§ 230–238 (Titel 4) ergänzen einen Teil des Titels 3 dadurch, dass die Nichteinhaltung der Fristen mit einer Rechtsfolge belegt werden (§§ 230, 231); hierin sind jedoch nur die allgemeinen Voraussetzungen und Folgen geregelt, die übrigen sind im Gesetz verstreut. Für die unverschuldete Säumnis bestimmter Fristen sind jedoch Möglichkeiten vorgesehen, diese Folgen zu beseitigen. Hierbei bilden die §§ 233–238 mit der Wiedereinsetzung in den vorigen Stand den Schwerpunkt. Die Vorschriften des Titels 4 gelten nur für die Versäumungen der Partei oder des Nebenintervenienten nach § 66. Versäumt die Partei eine Prozesshandlung hat dies zur allgemeinen Folge, dass sie mit der vorzunehmenden Prozesshandlung ausgeschlossen wird. Versäumung liegt vor, wenn die Prozesshandlung innerhalb des dafür vorgeschriebenen Zeitraums nicht oder lediglich unwirksam vorgenommen wird, BGH NJW 1991, 2839.

2 Von dieser allgemeinen Versäumung kann die Versäumung des Termins zur mündlichen Verhandlung oder die Nichtanzeige der Verteidigungsbereitschaft im schriftlichen Vorverfahren (§ 276 I) unterschieden werden, da diese weitere Säumnisfolgen nach sich ziehen. Sie kann zur Versäumnisentscheidung nach §§ 330 ff. und anderen Folgen führen, §§ 141 III, 251a, 454, 877, 901. Wer eine Fristeinhaltung behauptet, hat dies nicht nur nach § 294 glaubhaft zu machen, sondern zur vollen Überzeugung des Gerichts zu beweisen, BGH VersR 2001, 733; NJW-RR 1992, 1338.

3 **II. Regelungszweck.** In allen Fällen der Säumnis sieht das Gesetz als Folge einen Rechtsnachteil vor, damit der Betroffene möglichst gar nicht erst gegen die prozessuale Obliegenheit verstößt. Eine Rechtspflicht zum Erscheinen oder zum Verhandeln besteht aber nicht. Daher ist auch § 38 GKG nicht schon wegen einer bloßen Säumnis anwendbar.

4 **III. Geltungsbereich.** §§ 230 ff. gelten grundsätzlich in allen Verfahrensarten nach der ZPO, auch im WEG-Verfahren, vgl. auch § 46, S. 3 WEG. Sie gelten auch vor dem Beschwerdegericht nach § 73 Nr. 2 GWB. Im FamFG-Verfahren gelten §§ 17, 185 FamFG.

5 **IV. Versäumungsfolgen in demselben Prozess.** Eine allgemeine Versäumung hat die folgenden Rechtsnachteile:

6 **1. Ausschluss.** Der Säumige wird nach § 230 mit der Prozesshandlung ausgeschlossen (Präklusion). Seine Handlung ist dann also unzulässig und unwirksam; die versäumte Prozesshandlung kann nicht mehr wirksam vorgenommen werden. Termine und Fristen verfallen ohne Weiteres. Eine Versäumung in der ersten Instanz kann nach §§ 530, 531 den Ausschluss für den ganzen Prozess bedeuten.

7 **2. Kosten.** Der Säumige muss Kostennachteile tragen, zB nach den §§ 95, 97 II, 238 IV.

8 **3. Unterstellung.** Das Gesetz unterstellt, dass der Säumige die ihm ungünstigste Prozesshandlung vorgenommen hat, soweit sein Handeln unentbehrlich war. Beispiel: § 138 III unterstellt sein Geständnis nach § 288 I. Weitere Beispiele: §§ 239 IV, 242, 244 II, 267, 427, 439 III, 441 III, 531 II.

9 **4. Versäumnisentscheidung.** Bei einer Versäumung des Termins zur mündlichen Verhandlung oder der Nichtanzeige der Verteidigungsbereitschaft im schriftlichen Vorverfahren ist eine Versäumnisentscheidung nach den §§ 330 ff. zulässig. Über diese Rechtsfolgen ist die Partei in der Ladung nach §§ 215 I, 335 I Nr. 2 bzw. in der Aufforderung nach § 276 I gem. §§ 276 II, 335 I Nr. 4 zu belehren, da anderenfalls eine Versäumnisentscheidung unzulässig ist. Es ergibt sich aus allgemeinen Rechtsgrundsätzen und aus den §§ 51 II, 85 II, dass die Versäumung des gesetzlichen Vertreters oder des ProzBev. als eine Versäumung der Partei gilt. Wenn es darauf ankommt, ob der Betreffende schuldhaft (vorwerfbar) handelte, etwa bei §§ 95, 356, 379 oder im Zusammenhang mit einem Wiedereinsetzungsverfahren nach § 233, bleiben diesbezügliche privatrechtliche Grundsätze unerheblich.

10 **5. Sonstige Folgen.** Über die Regelung des § 230 hinaus sind weitere Säumnisfolgen im Gesetz vorgesehen; vgl. §§ 39, 113, 295, 701.

11 **V. Versäumungsfolgen im künftigen Prozess.** Die Präklusion kann sich nicht nur auf die Berufungsinstanz (§§ 530, 531) erstrecken, → Rn. 6, sondern auch Auswirkungen auf künftige Verfahren haben. Für einen künftigen Prozess kommt eine Ausschließung in Betracht. Sie kann zB bei einer Abänderungsklage nach § 323 und bei einer Vollstreckungsabwehrklage nach § 767 eintreten. Darüber hinaus kann sie aber auch als eine Folge der inneren Rechtskraft nach § 322 für alle diejenigen Einwendungen gelten, die das Gericht in dem formell nach § 705 rechtskräftig beendeten Erstprozess behandelt hat oder die man nach § 767 II hätte vorbringen können.

12 **VI. Beseitigung der Folgen.** Die Folgen einer Versäumung sind nur in den gesetzlich genannten Fällen zu beseitigen. Evtl. kann man eine versäumte Prozesshandlung nachholen, etwa nach § 296 III. Ferner kann ein Einspruch zulässig sein, zB gegen ein Versäumnisurteil nach §§ 338 ff. Vgl. ferner §§ 364 III, 532. Außerdem kann eine Entscheidung nach Lage der Akten nach §§ 251a, 331a in Betracht kommen. Sofern es um die Versäumung einer Notfrist nach § 224 I 2 geht, kann eine Wiedereinsetzung nach § 233 zulässig sein. Sie verlangt allerdings regelmäßig, dass die Frist schuldlos versäumt wurde. Das Gesetz kennt keine Wiedereinsetzung gegen die Versäumung eines Termins. Das kann sich unbillig auswirken. Soweit zB eine Wiedereinsetzung in Betracht kommt, ist die Nichtigkeitsklage nach § 579 I Nr. 4 grundsätzlich unstatthaft, LG Konst MDR 1989, 827.

13 Das Wiedereinsetzungsverfahren regeln §§ 233 ff. Ein Antrag auf eine Wiedereinsetzung hindert weder den Eintritt der Rechtskraft nach §§ 322, 705, BGH NJW 1987, 1766, noch die Möglichkeit einer Zwangsvollstreckung nach §§ 704 ff. Die Entscheidung des Gerichts nach § 238 dahin, dass die Partei eine Wiedereinsetzung erhält, beseitigt die Rechtskraft rückwirkend.

230 *Allgemeine Versäumungsfolge.* **Die Versäumung einer Prozesshandlung hat zur allgemeinen Folge, dass die Partei mit der vorzunehmenden Prozesshandlung ausgeschlossen wird.**

1 **I. Grundsatz: Ausschlusswirkung.** Begriff der Versäumung → Vor § 230 Rn. 1 f. Versäumt ist eine Prozesshandlung, wenn sie innerhalb einer bestimmten Frist oder bis zu einem bestimmten Prozessabschnitt nicht, formell nicht vollständig oder nicht wirksam vorgenommen worden ist. Eine Versäumung durch einen Fristablauf oder

durch den Ablauf des Prozessabschnitts nach §§ 274 III, 295, 296, 323 II, 532, 767 II oder in der mündlichen Verhandlung hat grundsätzlich zur Folge, dass die Partei mit der Prozesshandlung ausgeschlossen wird, Karlsr MDR 1990, 336. Das gilt auch bei einer richterlichen Frist, BGH NJW 2008, 3495 (Ausnahme im Insolvenzverfahren). Es gilt grundsätzlich unabhängig davon, ob sie vorwerfbar handelte oder nicht. Jede dieser Fristen darf aber voll ausgeschöpft werden; deshalb sind auch Berichtigungen oder Ergänzungen bis zu deren Ablauf zulässig, BVerfG NJW 2009, 3779. In der mündlichen Verhandlung nach § 137 tritt eine Versäumung nach §§ 136 IV, 296a grundsätzlich erst mit dem Schluss der Verhandlung ein, auf die das Urteil ergeht. Das ergibt sich aus dem Grundsatz der Einheit der Verhandlung, Ffm MDR 1982, 153. Vgl. ferner § 220 II. Gelegentlich kommt es nach § 43 auch auf den Antrag, oder nach § 39 auf die erste Verhandlung an, oder nach § 295 auf die jeweils nächste. Trotz einer Rechtzeitigkeit kann eine Unwirksamkeit und damit Versäumung vorliegen.

II. Ausnahmen. Das Gesetz macht mehrfach von § 230 eine Ausnahme. Das gilt nach §§ 231 II, 295 vor allem dann, wenn es sich um die Wahrung des öffentlichen Interesses handelt. Eine Versäumung der schriftsätzlichen Vorbereitung nach § 132 hat andere Folgen. Vgl. ferner zB §§ 282, 296. 2

231 *Keine Androhung; Nachholung der Prozesshandlung.* **I Einer Androhung der gesetzlichen Folgen der Versäumung bedarf es nicht; sie treten von selbst ein, sofern nicht dieses Gesetz einen auf Verwirklichung des Rechtsnachteils gerichteten Antrag erfordert.**

II Im letzteren Fall kann, solange nicht der Antrag gestellt und die mündliche Verhandlung über ihn geschlossen ist, die versäumte Prozesshandlung nachgeholt werden.

I. Systematik. Die Vorschrift konkretisiert § 230 dahin, dass der Ausschluss als gesetzliche Folge keiner Androhung bedarf. Von diesem Grundsatz gibt es jedoch an verschiedenen Stellen in diesem Gesetz Ausnahmen, zB in §§ 141 III 3 (Anordnung des persönlichen Erscheinens), 276 II (schriftliches Vorverfahren), 277 II Klageerwiderung). II enthält eine Klarstellung, vgl. auch § 295, und eine zeitliche Begrenzung in Anlehnung an §§ 136 IV, 296a. § 39 FamFG zwingt zu einer Rechtsbehelfsbelehrung. 1

II. Regelungszweck. Die Vorschrift unterscheidet nicht zwischen Verfahren mit und ohne Anwaltszwang, so dass auch im Parteiprozess keine Belehrung oder Androhung erfolgt oder es gar eines gegnerischen Antrags bedarf. Dies ist insbesondere für Rechtsmittelfristen bedeutsam. Diese Verneinung einer Pflicht zur Rechtsmittelbelehrung im Parteiprozess wird jedoch durch den für Verfahren nach der ZPO am 1.1.2014 in Kraft getretenen § 232, der die Rechtsbehelfsbelehrung ausdrücklich anordnet, relativiert. Doch auch vor 2014 stieß diese Regelung nicht auf verfassungsrechtliche Bedenken mit der Begründung, dass aus dem verfassungsrechtlichen Anspruch auf einen wirkungsvollen Rechtsschutz (für den Zivilprozess aus Art. 2 I, Art. 20 II GG) nicht ohne Weiteres folge, dass eine Rechtsmittelbelehrung von Amts wegen (jedenfalls derzeit) nicht geboten sei, BVerfG NJW 1995, 3173; MüKoZPO/Stackmann Rn. 1; Prütting/Gehrlein/Kazele Rn. 1. 2

III. Geltungsbereich. → Vor § 230 Rn. 4. 3

IV. Androhung, I. Das Gericht braucht die gesetzlichen Folgen einer Versäumung nach dem Wortlaut von I grundsätzlich nicht anzudrohen. Von dieser Regel gibt es aber zahlreiche Ausnahmen, zB §§ 215 I, 276 II, 277 II, 340 III, 692 I Nr. 4, 890 II, → Rn. 1. Wenn eine Androhung nicht erforderlich ist, treten die Folgen kraft Gesetzes ein, soweit nicht das Gesetz einen Antrag fordert, wie bei §§ 109 II, 113 (Sicherheitsleistung), bei § 158 (Entfernung eines Beteiligten), bei den §§ 239 IV, 246 II (nach einer Unterbrechung), bei §§ 330 ff. (Versäumnisentscheidungen), bei § 379 S. 2 (kein Vorschuss) und daher entsprechend bei § 402, ferner bei § 699 I 1 (Mahnverfahren), bei § 890 I (Zwangsvollstreckung wegen Unterlassung), bei § 926 (Arrestklage). 4

V. Rechtsmittelbelehrung, I. §§ 232, 233 S. 2 (seit 1.1.2014). In arbeitsgerichtlichen Verfahren sieht § 9 V ArbGG schon lange für befristete Rechtsmittel eine Rechtsmittelbelehrung vor. 5

VI. Nachholbarkeit, II. Nach II kann eine versäumte Prozesshandlung, bei der die gesetzlichen Folgen der Versäumung nur auf Antrag eintreten, nur so lange nachgeholt werden, bis die mündliche Verhandlung über den Antrag geschlossen ist, Ffm NJOZ 2021, 727; Kblz NJW-RR 1995, 443. Soweit das Gesetz ausnahmsweise einen Antrag mit dem Ziel des Ausspruchs der Folgen einer Versäumung ausdrücklich voraussetzt und soweit eine Partei diesen Antrag auch wirksam gestellt hat, ist eine versäumte Prozesshandlung somit bis zu dem nach §§ 136 IV, 296a eintretenden Schluss einer notwendigen mündlichen Verhandlung über diesen Antrag nachholbar, So kann im Arrest- oder einstweiligen Verfügungsverfahren die vom Gericht auf Antrag des Gegners gesetzte Frist nach § 926 I zur Erhebung der Hauptsacheklage geheilt werden, wenn die Zustellung der Hauptsacheklage gem. § 231 II bis zum Schluss der mündlichen Verhandlung der 1. Instanz nachgeholt wird, Ffm NJW-RR 2020, 1327; Köln OLGZ 1979, 118. Ausnahmsweise kann man sie sogar noch bis zur Verkündung oder sonstigen Wirksamkeit der Entscheidung über den Antrag nachholen. Das gilt zB bei §§ 106, 109. Soweit nach § 128 II 2 keine mündliche Verhandlung stattfindet, genügt die Nachholung bis zum Ablauf der gerichtlich gesetzten Frist zur Einreichung von Schriftsätzen. Wenn das Gericht die Verhandlung nach § 156 wiedereröffnet, gilt II bis zum erneuten Verhandlungsschluss. II ist auch dann anwendbar, wenn nach der Versäumung einer richterlichen Frist ein Antrag nach § 224 notwendig wird. 6

232 *Rechtsbehelfsbelehrung.* **[1]Jede anfechtbare gerichtliche Entscheidung hat eine Belehrung über das statthafte Rechtsmittel, den Einspruch, den Widerspruch oder die Erinnerung sowie über das Gericht, bei dem der Rechtsbehelf einzulegen ist, über den Sitz des Gerichts und über die einzuhaltende Form und Frist zu enthalten. [2]Dies gilt nicht in Verfahren, in denen sich die Parteien durch einen Rechtsanwalt vertreten lassen müssen, es sei denn, es ist über einen Einspruch oder Widerspruch zu belehren oder die Belehrung ist an einen Zeugen oder Sachverständigen zu richten. [3]Über die Möglichkeit der Sprungrevision muss nicht belehrt werden.**

Schrifttum: Fölsch, Formulierungshilfen zur Rechtsbehelfsbelehrung im Zivilprozess NJW 2013, 970; Görk, Formulierungshilfen DNotZ 2013, 883; Schilken, Rechtsbehelfsbelehrung im Zivilprozess, FS Stürner, 2013, 403.

Übersicht

1 **I. Systematik.** Die Vorschrift ist durch das Gesetz zur Rechtsbehelfsbelehrung vom 5.12.2012 (BGBl. I 2418) zum 1.1.2014 eingefügt worden. Damit ist erstmals eine Pflicht zur Rechtsbehelfsbelehrung im Zivilprozess normiert, die bisher für Verfahren mit Amtsermittlung wie zB bei § 58 VwGO kennzeichnend war. Diese Gesetzesänderung beruht auf einer Entscheidung des BGH (NJW-RR 2009, 890), wonach eine Rechtsmittelbelehrung erforderlich sei, wenn unzumutbare Schwierigkeiten ausgeglichen werden müssten, nachdem noch 1995 das BVerfG „derzeit" eine derartige Belehrung nicht zum effektiven Rechtsschutz für erforderlich gehalten hatte, BVerfG NJW 1995, 3173, → § 231 Rn. 2. Unzumutbare Schwierigkeiten lägen bei schwer zu erfassenden Erfordernissen des Rechtsmittels in einem Parteiprozess vor, BGH NJW-RR 2009, 890; MüKoZPO/Stackmann Rn. 1 (zur Entstehungsgeschichte der Vorschrift). § 232 steht etwas unsystematisch bei den Vorschriften zur Wiedereingliederung; diese Eingliederung in das System der Zivilprozessordnung ist wohl auch seiner Nähe zu § 231 geschuldet.

2 Ähnliche und jeweils vorrangige spezielle Vorschriften gibt es vielfach in anderen Gesetzen, zB in §§ 17 II, 39 FamFG, §§ 8a, 59 II 2 FamGKG, §§ 5b, 68 I 2 GKG, §§ 7a, 83 II 2 GNotKG, §§ 26 II 2, 28 IV, 30a II 3 EGGVG, § 3a GvKostG, § 4c JVEG, §§ 12c, 33 V 2, 52 IV 2 RVG, §§ 115 IV, 115a III 2, 171 S. 2 StPO, § 58 VwGO. Der Vorrang gilt zB beim Kostenstreitwert, und zwar selbst dann, wenn das Gericht seine Festsetzung formell nicht ganz korrekt in die Hauptsacheentscheidung aufnimmt.

3 **II. Regelungszweck.** Zweck der Belehrungspflicht ist es, auch im Parteiprozess den Parteien schnell und zuverlässig Kenntnis über Anfechtungsmöglichkeiten gegen die gerichtliche Entscheidung zu geben. Nach der Gesetzesbegründung soll die Belehrung dem rechtsuchenden Publikum die Orientierung im gerichtlichen Instanzenzug erleichtern und unzulässige Rechtsmittel vermeiden helfen, indem die Belehrung Form, Frist und zuständiges Gericht zu umfassen hat (BT-Drs. 17/11385, 1), Prütting/Gehrlein/Kazele Rn. 2; Waldvogel/Schmidt JA 2021, 233.

4 Art und Umfang der Belehrung müssen dem Gesetzeszweck gerecht werden. Die Belehrungspflicht betrifft überwiegend Verfahren ohne Anwaltszwang, wobei es unerheblich ist, ob eine Partei tatsächlich anwaltlich vertreten ist, Musielak/Voit/Grandel Rn. 7. Nach S. 2 ist grds. eine Belehrung nicht erforderlich; der Gedanke hierbei ist, dass der Rechtsanwalt in der Lage ist, die Partei über mögliche Rechtsmittel zu belehren (BT-Drs. 17/10490, 12). In Verfahren mit Anwaltszwang (§ 78) ist nach S. 2 nur in Ausnahmefällen zu belehren, wenn es um die Einlegung eines Einspruchs oder Widerspruchs geht, da in diesen Fällen nicht sichergestellt ist, dass die Partei anwaltlich vertreten ist, zB Belehrung über den Einspruch beim Versäumnisurteil oder Belehrung über den Widerspruch im einstweiligen Rechtsschutzverfahren. Weiter ist die Belehrung erforderlich, wenn sie sich an einen Zeugen oder Sachverständigen richtet. Inhaltlich kann im Einzelfall schon eine bloße Wiedergabe des Gesetzestextes zum einschlägigen Rechtsbehelf ausreichen; hierbei kommt es aber auf die Umstände des Einzelfalles an.

5 Hinsichtlich des Umfangs sind die Interessen im Einzelnen abzuwägen. Im Zweifel ist eher etwas ausgiebiger zu belehren, wobei weitgehend Formularfassungen – insbesondere bei elektronischen Programmen – vorhanden sind. Sie sind hilfreich, jedoch bleibt der Spruchrichter im Einzelfall verantwortlich.

6 **III. Geltungsbereich.** Die Vorschrift gilt zeitlich für alle Verfahren nach dem 1.1.2014 und sachlich in jedem Verfahren nach der ZPO und einem auf sie verweisenden Verfahrensgesetz. Als Bestimmung des Allgemeinen Teils im Buch 1 der ZPO gilt sie an sich auch in allen Instanzen und Büchern der ZPO. Praktisch liegt die Grenze dort, wo kein Rechtsbehelf (mehr) statthaft ist, soweit es gerade um die ZPO geht.

7 Unanwendbar ist § 232 daher zB dann, wenn nur eine Verfassungsbeschwerde oder die Anrufung des EuGH oder des EGMR infrage kommt, da ein solches Verfahren nicht der ZPO unterliegt, selbst wenn das Gericht auch deren Vorschriften nachprüft. Unanwendbar ist § 232 ferner zB bei einem Behelf vor einer Verwaltungsbehörde gleich welchen Ranges. Vor dem Strafgericht kommt etwa bei §§ 403 ff. StPO eine Belehrung nach § 232 ZPO im Bereich einer Entscheidung mit Wirkung nach ZPO infrage, also zB nach § 406 III StPO. Unanwendbar ist § 232 ferner grundsätzlich vor den Arbeitsgerichten, soweit nicht das ArbGG auf die ZPO verweist. Dasselbe gilt vor den Verwaltungsgerichten, ferner vor den Sozial- oder Finanzgerichten oder vor einem Berufsgericht.

8 Internationalrechtlich ist maßgebend, ob und wieweit deutsches Zivilverfahrensrecht gerade auf einen Rechtsbehelf gilt.

9 **IV. Belehrungspflicht, S. 1.** Schon aus dem Wortlaut des S. 1 „hat zu enthalten" ergibt sich die Pflicht zur Belehrung. Die Vorschrift nennt zunächst die Voraussetzungen zum „Ob" der Belehrungspflicht. Hierzu nennt S. 1 zunächst drei Bedingungen direkt, → Rn. 10–23. Aus dem Sinn ergeben sich jedoch weitere Bedingungen. Zu den danach bei S. 1 notwendigen Prüfungen müssen diejenigen treten, die man in S. 2, 3 findet. Erst wenn sie sämtlich vorliegen, besteht eine Belehrungspflicht schon nach S. 1.

10 **V. Entscheidung, S. 1.** Voraussetzung ist zunächst, dass eine Entscheidung vorliegt. Was eine Entscheidung ist und was nicht, ergibt sich nur indirekt aus S. 1. Dort findet man aber eine Auslegungshilfe im Wort „Jede"

(Entscheidung). S. 1 ist daher weit zu fassen, anders als bei § 300 I, II, der mit dem Wort „Endentscheidung" nur das (End-)Urteil als nur eine Form von Entscheidung erfasst.

Jede Form und Art von Entscheidung zählt zu diesem Ausgangsbegriff, zB auch: eine Zwischenentscheidung, Eilentscheidung, Nebenentscheidung in jedem Verfahrensstadium sogar vor einem einleitenden Antrag etwa bei der Reaktion auf eine Schutzschrift nach §§ 945a, b kann hierzu zählen, bis hin zur letzten Maßnahme bei Kosten- oder Vollstreckungsfragen. Urteil, Beschluss, Verfügung, einstweilige Anordnung sind die üblichen Formen. 11

Keine Entscheidung ist jedenfalls zB ein interner Vermerk oder bloßer Hinweis, eine bloße Frage oder ein bloßes Bedenken. Es kommt aber auch hier auf die Umstände an. Im Zweifel ist eher eine Entscheidung anzunehmen. 12

VI. Gerichtliche Entscheidung, S. 1. Die Entscheidung nach → Rn. 10 f., muss gerade von einem Gericht – gleich in welcher Instanz – stammen. Zum Gericht gehört jeder Richter, jeder Rpfl., jeder Urkundsbeamte der Geschäftsstelle („Serviceeinheit"). Auch der Gerichtsvollzieher zählt zum Gericht. 13

Keine gerichtliche Entscheidung ist diejenige einer Verwaltungsbehörde, daher auch nicht diejenige der Gerichtsverwaltung mit Ausnahme des Präsidiums, ferner nicht diejenige einer Staats- oder Amtsanwaltschaft (auch nicht im Adhäsionsverfahren nach §§ 403 ff. StPO) und auch nicht diejenige des Grundbuchamts als solchen, soweit es zB nach der GBO handelt. 14

VII. Anfechtbarkeit, S. 1. Die gerichtliche Entscheidung muss ferner „anfechtbar" sein. Was unanfechtbar ist, kann sinnvollerweise auch keinen Rechtsbehelf ermöglichen. Anfechtung ist ein gesetzlich nicht bestimmter Begriff, der genauer zu definieren und einzugrenzen ist. Nach dem Wortlaut des S. 1 soll nicht jede Anfechtbarkeit zu einer Belehrung zwingen, sondern nur die, die durch einen Rechtsbehelf erfolgen müsste. 15

1. Rechtsbehelfsmöglichkeit. Auch der Anknüpfungspunkt „Rechtsbehelf" ist weiter einzuengen. Denn nach der allgemein üblichen Bestimmung des Begriffs „Rechtsbehelf" zählt dazu jedes erste Mittel zur Durchsetzung eines Rechts, also auch eine Klage nach § 253 oder ein sonstiger verfahrenseinleitender Antrag. Das sind aber keine gerichtlichen Schritte, sondern die einer Partei. 16

S. 1 meint somit nicht jeden Rechtsbehelf, sondern nur die dort aufgezählten. Diese Aufzählung beinhaltet zunächst zusammenfassend die Gruppe der „statthaften Rechtsmittel" und sodann den Einspruch, den Widerspruch oder die Erinnerung. 17

Zu den Rechtsmitteln zählen in der ZPO die im Buch 3 aufgeführten Möglichkeiten, also Berufung nach §§ 511 ff., Anschlussberufung nach § 524, Revision nach §§ 542 ff., Anschlussrevision nach § 554, sofortige Beschwerde nach §§ 567 ff., Anschlussbeschwerde nach § 567 III, Rechtsbeschwerde nach §§ 574 ff., Anschlussrechtsbeschwerde nach § 574 IV. Den Einspruch regeln §§ 338 ff., 700, den Widerspruch zahlreiche Vorschriften, zB § 694, eine Untätigkeitsrüge nach §§ 198, 924, 936, die Erinnerung zB nach § 766. 18

Nicht hierzu zählen: Eine Dienstaufsichtsbeschwerde oder eine Gegenvorstellung; wohl auch eine sog. Untätigkeitsbeschwerde. 19

2. Keine Befristung. Der Rechtsbehelf darf befristet sein. Das ist aber zur Belehrungspflicht nicht nötig. Ein entgegengesetzter Plan ist nicht zum Gesetz geworden. Im Gesetzgebungsverfahren hat sich der Bundesrat mit seiner Forderung, die Belehrungspflicht generell auf befristet anfechtbare Entscheidungen zu beschränken, nicht durchgesetzt, BT-Drs. 17/10490, 25. 20

3. Keine Unanfechtbarkeit. Keine Belehrungspflicht besteht, soweit eine gerichtliche Entscheidung unanfechtbar ist. Nicht zu berücksichtigen ist hierbei eine Anfechtbarkeit, die sich außerhalb der ZPO ergibt, also zB nach dem BVerfGG oder nach den Verfahrensregeln der übrigen Gesetze außerhalb der ZPO. Deshalb braucht das Gericht nicht schon wegen § 232 etwa über eine Anfechtbarkeit durch eine Verfassungsbeschwerde zu belehren. 21

Eine hochstreitige entscheidungserhebliche Anfechtbarkeitsfrage kann ganz ausnahmsweise eine Rechtsbehelfsbelehrung sinnvoll erscheinen lassen. Zumindest kann dann ein Kurz-Aktenvermerk „Keine Belehrung wegen Unanfechtbarkeit" mit stichwortartiger Kurzbegründung sinnvoll sein, Hartmann NJW 2014, 117. 22

Bei einer Wertfestsetzung in den Urteilsgründen kann die Belehrung nur zur Wertfestsetzung im Anwaltsprozess dazu führen, dass die Partei mangels Belehrung auch zur Hauptsache einen irrigen Eindruck diesbezüglicher Unanfechtbarkeit erhält, solange ihr ProzBev. sie nicht ergänzend unterrichtet. Deshalb kann eine Klarstellung dazu durch das Gericht sinnvoll sein. Gerade bei einer Abhängigkeit der Statthaftigkeit eines Rechtsmittels von einem Mindest-Beschwerdewert etwa nach § 567 II (Kostenbeschwerde) kann man über die richtige Werthöhe oft erheblich streiten. Deshalb ist eine vorsorgliche Rechtsbehelfsbelehrung dann durchaus sinnvoll und vertretbar. 23

VIII. Vorrangige Besonderheiten, S. 2, 3. Selbst wenn alle Voraussetzungen nach → Rn. 10–23 vorliegen, ist anschließend zu prüfen, ob eine Belehrung nach S. 2 oder 3 entfällt, oder ob sie trotz S. 2 Hs. 1 nach Hs. 2 nötig bleibt. 24

1. An sich keine Belehrung im Anwaltsprozess, S. 2 Hs. 1. Die Regeln des S. 1 gelten nicht, wenn sich die Parteien im Verfahren nach § 78 durch einen Rechtsanwalt vertreten lassen mussten; sie gelten nur gegenüber der Partei, die dem Anwaltszwang nach § 78 I unterlag. Denn § 78 II–IV schaffen von ihm Ausnahmen. § 232 S. 2 Hs. 1 meint das Verfahren, in dem die auf Belehrungspflicht überprüfbare Entscheidung ergeht. Nicht zu beachten sind also zB die Verhältnisse in einem früheren Rechtszug oder in einem zB durch ein Teilurteil nach §§ 301 ff. bereits beendeten anderen Teil eines Prozesses. Erst recht ist zB ein Vorprozess nicht zu berücksichtigen. Die eine Partei kann dem Anwaltszwang unterliegen, die andere nicht. Dann kann eine Belehrungspflicht nur gegenüber der ersteren evtl. nach Hs. 1 entfallen (und nach Hs. 2 dennoch bestehen bleiben). 25

Über den Wortlaut des S. 2 hinaus ist die Belehrungspflicht im Anwaltsprozess gegenüber (noch) nicht anwaltlichen Partei auszudehnen, wenn nicht sichergestellt ist, dass die Partei eine anwaltliche Beratung erhalten kann, BGH NJW 2016, 1827; Schlesw NJW-RR 2014, 1338. Eine anwaltliche Vertretung im sog. Parteiprozess macht S. 2 Hs. 1 nicht anwendbar, lässt also eine Belehrungspflicht unter den Voraussetzungen S. 1 oder S. 2 Hs. 2 bestehen bleiben. Das ist nicht selbstverständlich. Denn S. 2 Hs. 1 hat den erkennbaren Sinn, bei anwaltlicher Beratungspflicht auch über Rechtsbehelfschancen dem Gericht eine Belehrung insofern zu ersparen. Das würde auch im Parteiprozess bei einer nun faktisch anwaltlich vertretenen Partei ebenso sein. 26

27 **2. Belehrung im Anwaltsprozess bei Rückausnahmen des S. 2 Hs. 2.** Eine Belehrungspflicht gilt entsprechend dem Regelungszweck, → Rn. 3 f., ausnahmslos, wenn aufgrund der Verfahrenssituation eine Beratung oder Belehrung durch einen Rechtsanwalt nicht sichergestellt ist (BT-Drs. 17/10490, 11), MüKoZPO/Stackmann Rn. 12. Das ist der Fall, wenn eine oder gar mehrere der in S. 2 Hs. 2 abschließend aufgezählten Fälle vorliegen; u. a. wenn über einen Einspruch oder über einen Widerspruch zu belehren ist. Dahinter steht die Erwägung, dass Entscheidungen, gegen die Einspruch oder Widerspruch statthaft sind, auch vor dem Landgericht ohne anwaltliche Vertretung ergehen können, so zB über den Einspruch gegen ein echtes erstes VU nach § 338 oder über einen Einspruch gegen den einen Erlass einer einstweiligen Verfügung anordnenden Beschluss nach §§ 935, 924, Waldvogel/Schmidt JA 2021, 233. Ebenfalls ist eine Belehrung erforderlich, wenn eine Partei entgegen § 78 nicht vertreten ist und gleichwohl Rechtsbehelfe einlegt, die zu verwerfen sind, BGH NJW 2016, 1827 (PKH). Schließlich ist die Belehrung eines Zeugen nach §§ 373 ff. – auch eines sachverständigen Zeugen nach § 414 – sowie eines Sachverständiger nach §§ 402 ff. auch im Anwaltsprozess erforderlich.

28 Unerheblich ist, inwieweit zB ein Zeuge oder Sachverständiger etwa wegen beruflicher Rechtskenntnisse nicht sonderlich belehrungsbedürftig sein könnte und ob jemand um eine Belehrung gebeten oder gar erklärt hat, er brauche keine Belehrung. Unerheblich ist auch, ob der anwaltliche Parteivertreter sich erboten hat, den Zeugen oder Sachverständigen über Rechtsbehelfsmöglichkeiten mit zu informieren. Ein selbst anwaltlich etwa nach § 90 vertretener und nicht nur außergerichtlich beratener Zeuge oder Sachverständiger unterliegt ebenfalls der gerichtlichen Belehrungspflicht. Denn S. 2 Hs. 2 geht nur von der Existenz eines Zeugen oder Sachverständigen aus.

29 **3. Keine Belehrung über Sprungrevision, S. 3.** Nach S. 3 besteht keine gerichtliche Belehrungspflicht über die Möglichkeit einer Sprungrevision nach § 566. Wenn das Gericht aber eine solche Belehrung erteilt, muss es sie dann auch korrekt vornehmen. Beides folgt schon aus dem Wortlaut des S. 3: Er spricht nicht davon, es finde „keine Belehrung statt", sondern davon, dass das Gericht nicht belehren müsse.

30 Nur über die Sprungrevision entfällt eine Belehrungspflicht. Sie kann durchaus über das Rechtsmittel der Berufung nach § 566 I 1 bestehen.

31 **IX. Belehrungsform, S. 1.** Das Gesetz schreibt die Form der Belehrung nicht ausdrücklich vor. Gleichwohl reicht eine mündliche oder der Mündlichkeit gleichstehende Form, zB per Telefon, nicht aus. Dies ergibt sich nicht nur aus Sinn und Zweck der Vorschrift, sondern auch inzidenter aus deren Wortlaut. Hiernach hat „die Entscheidung" die Belehrung „zu enthalten". Eine schriftlich erfolgende oder notwendige Entscheidung muss schon deshalb auch eine schriftliche Belehrung enthalten. Dies dürfte generell für alle Entscheidungen gelten, wie sich u. a. für den Vollstreckungsbescheid aus § 699 V ergibt, Musielak/Voit/Grandel Rn. 8. Wird der anfechtbare Beschluss in der mündlichen Verhandlung verkündet und zu Protokoll diktiert, hat dies auch mit der Belehrung zu erfolgen, Thomas/Putzo/Hüßtege Rn. 7.

32 **X. Belehrungsperson, S. 1.** Wer funktionell für die Belehrung zuständig ist, ergibt sich nicht unmittelbar aus der Vorschrift. Da nach dem Wortlaut die Belehrung „in der Entscheidung" enthalten sein muss, → Rn. 33, hat derjenige zu belehren, der die anfechtbare Entscheidung trifft oder verkündet. Im letzteren Fall kann das der Vorsitzende des Kollegiums in der mündlichen Verhandlung sein, wobei die Belehrung dann ebenfalls zu verkünden und in das Protokoll aufzunehmen ist, → Rn. 31. Die schriftliche Belehrung braucht die Unterschrift aller Spruchpersonen. Im Übrigen folgt die Zuständigkeit für die Belehrung der Zuständigkeit für die Entscheidung.

33 **XI. Belehrungszeit, S. 1.** Auch der Zeitpunkt der Belehrung ist nicht unmittelbar der Vorschrift zu entnehmen. Aus der Fassung „Jede … Entscheidung hat … zu enthalten" wird aber deutlich: Grundsätzlich muss die Belehrung zugleich mit der Entscheidung erfolgen. Eine Nachholung soll also grundsätzlich unterbleiben. Sie kann jedoch insbesondere bei Unverzüglichkeit nach § 121 I 1 BGB und bei einer bloßen Ergänzung des notwendigen Mindestinhalts sinnvoll sein und die Schuldlosigkeitsvermutung des § 233 S. 2 nach § 292 entkräften helfen. Ihre Dokumentation sollte wie bei → Rn. 31 erfolgen.

34 **XII. Belehrungsinhalt, S. 1.** Über den Inhalt der Belehrung entscheidet das Gericht, das die angefochtene Entscheidung erlassen hat, → Rn. 32. Die Belehrung muss nach S. 1 das statthafte Rechtsmittel nennen, die Bezeichnung des Gerichts nebst Anschrift, bei dem das Rechtsmittel einzulegen ist, und die Angaben zur Form und Frist der Einlegung, Fölsch NJW 2013, 970. Dazu gehört auch die Belehrung über einen bestehenden Anwaltszwang, BGH NJW-RR 2012, 1473; NJW-RR 2010, 1297. Wenn eine Rechtsbehelfsbelehrung für eine dem Anwaltszwang unterliegende Beschwerde erteilt wird, obwohl sie nicht erforderlich war, muss sie einen Hinweis auf den Anwaltszwang enthalten, Drsd NJW-RR 2019, 1534.

35 **1. Rechtsbehelfsart.** Die Art des Rechtsbehelfs muss unmissverständlich in der Belehrung angegeben sein. Ob es erforderlich ist, nach dem Meistbegünstigungsgrundsatz vorzugehen und dabei etwa sogar eine der evtl. mehreren Anfechtungs- oder Handlungsmöglichkeiten vorzuschlagen oder doch als naheliegend anzudeuten, ist eine ziemlich heikle Frage.

36 **2. Rechtsbehelfsgericht.** Die Belehrung muss unzweideutig angeben, bei welchem Gericht man einen Rechtsbehelf einlegen darf oder muss. Dabei kann es nötig werden, auf die wenigstens in Rechtsprechung und/oder Schrifttum entwickelte Möglichkeit(en) hinzuweisen, ein Rechtsmittel wahlweise beim bisherigen Gericht (judex a quo) oder beim nächsthöheren (judex ad quem) einzulegen. Ob man auch auf Folgen einer zunächst am falschen Ort eingelegten Anfechtung und bei einer Berichtigung binnen noch laufender Frist mit hinweisen sollte, ist eine der vermutlich alsbald entstehenden Streitfragen.

37 Bezeichnung und Postanschrift reichen, sind aber auch nötig, LG Karlsr DGVZ 2014, 260. Telefon- oder Telefax-Nr. braucht man nicht mitanzugeben. Funktionelle Angaben zum zuständigen Senat usw. sind natürlich nicht sinnvoll. Auch Internetangaben sind entbehrlich. Sie alle könnten sogar zur Fehlerhaftigkeit führen.

38 Mehrere Gerichte sind bei deren nicht ganz entfernt parallelen Zuständigkeiten vorsorglich mit zu benennen.

39 **3. Rechtsbehelfsform und -frist.** Dem Zweck der Rechtsbehelfsbelehrung, die rechtsunkundige Partei in die Lage zu versetzen, einen formgerechten Rechtsbehelf einzulegen, widerspricht es nicht, wenn die Belehrung zu einzelnen Zulässigkeitsvoraussetzungen des Rechtsbehelfs abstrakt und nicht konkret erteilt wird, BVerfG NJW 1971, 2217 (zu § 35a StPO). Der konkret statthafte Rechtsbehelf ist aber zu benennen. Nur den Gesetzestext zu wiederholen, kann nicht von vornherein unhaltbar sein. Es kommt auch hier auf die Umstände an. Sind

mehrere Rechtsbehelfe statthaft, sind alle Rechtsbehelfsmöglichkeiten anzugeben. Es dürfte aber zB nicht nötig sein, auch die Chancen einer etwaigen Fristverlängerung anzusprechen.

4. Keine Belehrung über Zulässigkeit und Erfolgsaussicht. S. 1 fordert eine Belehrung nur über das „Statthafte", zum Begriff: BGH NJW-RR 2008, 1673. Statthaftigkeit, Zulässigkeit und Begründetheit sind jedoch durchaus verschiedene Voraussetzungen. Eine Rechtsbehelfsbelehrung bedeutet keine Beurteilung der Zulässigkeit eines Rechtsbehelfs, BGH MDR 2014, 739. Ebenso wenig betrifft sie die Erfolgsaussichten. 40

XIII. Fehlende oder unrichtige Rechtsbehelfsbelehrung. Das Fehlen oder die Fehlerhaftigkeit einer erteilten Rechtsbehelfsbelehrung hat – anders als nach § 58 II 1 VwGO, § 66 I SGG oder § 55 I FGO, aber auch § 9 V 3 ArbGG – keine Auswirkung auf den Ablauf der Rechtsbehelfsfrist. Eine fehlerhafte Rechtsmittelbelehrung kann die Zulassung zu dem Rechtsmittel nicht ersetzen, weil eine unrichtige Belehrung nicht zur Statthaftigkeit eines unstatthaften Rechtsbehelfs führt, BGH SchiedsVZ 2021, 43 Rn. 19; NJW-RR 2014, 1027 Rn. 19; MüKoZPO/Stackmann Rn. 14. Ein Verstoß gegen S. 1, 2, kann aber neben den bei jeder gerichtlichen anfechtbaren Entscheidung möglichen Rechtsfolgen auch zu einer Erleichterung einer Wiedereinsetzung nach § 233 S. 2 führen, soweit die Unrichtigkeit oder das Fehlen der Belehrung kausal für die Fristversäumnis war, BGH NJW 2017, 1112; NJW-RR 2010, 1297; LG Ffm NJW 2015, 2592. In der fehlerhaften Belehrung kann sogar ein Verstoß gegen Art. 19 VI 1 GG vorliegen, (zum alten Recht) BVerfG NJW 2013, 39. Ein fehlender Hinweis auf den Anwaltszwang kann darüber hinaus regelmäßig dazu führen, dass von Erhebung der Gerichtskosten für das Beschwerdeverfahren abgesehen wird, Drsd NJW-RR 2019, 1534. Ein Verstoß gegen S. 3 hat bei Fehlerhaftigkeit einer nun einmal erfolgten Belehrung keine Rechtsfolgen, andernfalls evtl. dieselben Folgen wie ein Verstoß gegen S. 1. 41

Auch im Anwaltsprozess kann eine fehlerhafte Rechtsbehelfsbelehrung zu einer Wiedereinsetzung nach § 233 führen, wenn hierdurch ein entschuldbarer Rechtsirrtum bei dem ProzBev. entstanden ist. Das ist dann der Fall, wenn die Rechtsmittelbelehrung nicht offenkundig fehlerhaft und der durch sie verursachte Irrtum nachvollziehbar ist, BGH NJW 2012, 2443. Erweist sich die Rechtsmittelbelehrung als offenkundig falsch und ist sie deshalb – auszugehen von dem bei einem Rechtsanwalt vorauszusetzenden Kenntnisstand – nicht geeignet, den Anschein der Richtigkeit zu erwecken, ist eine Fristversäumung als schuldhaft anzusehen, BGH NJW-RR 2018, 385; Brem NJW-RR 2021, 1160 Rn. 11. So ist z. B. die Unrichtigkeit einer Rechtsmittelbelehrung offensichtlich, wenn bei der Übernahme eines Mandats im Zusammenhang mit der Anerkennung und Vollstreckung ausländischer Titel im Inland die durch einen Rechtsanwalt zu erwartende Kenntnis der Grundzüge des Verfahrensrechts und des Rechtsmittelsystems vorausgesetzt waren, Düss BeckRS 2019, 33589 = FamRZ 2020, 772. 42

233 *Wiedereinsetzung in den vorigen Stand.*

[1]War eine Partei ohne ihr Verschulden verhindert, eine Notfrist oder die Frist zur Begründung der Berufung, der Revision, der Nichtzulassungsbeschwerde oder der Rechtsbeschwerde oder die Frist des § 234 Abs. 1 einzuhalten, so ist ihr auf Antrag Wiedereinsetzung in den vorigen Stand zu gewähren. [2]Ein Fehlen des Verschuldens wird vermutet, wenn eine Rechtsbehelfsbelehrung unterblieben oder fehlerhaft ist.

Schrifttum: Büttner, Wiedereinsetzung in den vorigen Stand, 2. Aufl. 1999; Greger, Das Rechtsinstitut der Wiedereinsetzung, 1998; Kummer, Wiedereinsetzung in den vorigen Stand, 2003; Rohwetter-Kühl, Die Rechtsprechung des BGH zur Wiedereinsetzung in den vorigen Stand, NJW 2022, 1990 (in Folge von NJW 2021, 2005; NJW 2020, 2010, NJW 2019, 1990; NJW 2018, 2019 und Bernau NJW 2017, 2001); Vossler MDR 2018, 505 und 576 (je: Rspr-Grdz.).

Übersicht

I. Systematik. §§ 233–238 bilden mit den Regeln zur Wiedereinsetzung in den vorigen Stand den Schwerpunkt des Titels 4, → Vor § 230 Rn. 1. Sie regeln die wichtigsten Folgen einer Versäumung, wenn sie unverschuldet ist. § 233 regelt die inhaltlichen Voraussetzungen für die nachträgliche Beseitigung der Folgen einer Fristversäumnis. Die Vermutungsregelung des S. 2 ist durch das Gesetz zu Rechtsbehelfsbelehrung im Zivilprozess vom 5.12.2012 zum 1.1.2014 angefügt worden, → § 232 Rn. 1. 1

II. Regelungszweck. Die Wiedereinsetzung in den vorigen Stand ist die Beseitigung eines Rechtsnachteils, der einer Partei infolge einer Versäumung entstanden ist, BGHZ 128, 283, → Vor § 230 Rn. 1. Grundsätzlich dienen Fristen – wie das Verfahrensrecht in seiner Gesamtheit – der Rechtssicherheit, BVerfG NJW 1973, 1315. Prozessverzögerungen sollen verhindert und der Eintritt der Rechtskraft gesichert werden. Das Prinzip der Fristenstrenge kann im Einzelfall zu einer unbilligen Entscheidung führen. Deshalb ist die Wiedereinsetzung in den vorigen Stand ein Korrektiv zu den Prinzipien des Verfahrensrechts. §§ 233 ff dienen der Durchsetzung des verfassungsrechtlich gewährleisteten Anspruchs auf effektiven Rechtsschutz und rechtliches Gehör (Art. 19 IV, Art. 103 I GG); sie verhindern, dass der Zugang zum Recht durch Anforderungen an die Sorgfaltspflicht, die nach höchstrichterlicher Rechtsprechung nicht verlangt werden, in einer sachlich nicht gerechtfertigten Weise erschwert wird, BVerfG NJW 2004, 2583; NJW 2000 1634; BGH NJW-RR 2018, 311; NJW 2018, 1022; WM 2

2014, 80. Deshalb dürfen bei Anwendung und Auslegung der für die Wiedereinsetzung maßgeblichen prozessrechtlichen Vorschriften die Anforderungen zur Erlangung der Wiedereinsetzung in den vorigen Stand nicht überspannt werden, BVerfG AnwBl 2015, 976; NJW 2004, 2583; BGH WM 2014, 80. Die Voraussetzungen für eine Wiedereinsetzung ist somit in verfassungskonformer Auslegung zu ermitteln. Der gesetzgeberische Hintergrund bedingt die Notwendigkeit einer richterlichen Billigkeitsentscheidung. Die Wiedereinsetzung gehört zum einfachen, dem BVerfG nur bedingt einer Überprüfung zugänglichen Verfahrensrecht, BVerfG NJW 2000, 1634.

3 Im Rahmen der Billigkeitserwägungen hat sich durch Auslegung ein umfangreiches und vielschichtiges Richterrecht, „case law", herausgebildet. Das zeigen schon die unzähligen Einzelfallbeispiele aus der Rechtsprechung in → Rn. 23–43. Systematisch ist das eigentlich im deutschen Gesetzesrecht ein Fremdkörper, ein Kampf um die „dritte Stelle hinter dem Komma", Herzog in 3sat Sendung vom 21.7.2010.

4 Die erforderliche Rechtssicherheit ist trotz solcher Überantwortung an die Gerichte nicht „auf der Strecke geblieben". Vielmehr zeigt die höchstrichterliche Rechtsprechung eine bisweilen wirklich um eine Haarspaltung nicht zu beneidende Bemühung zur Herausarbeitung von Linien etwa zur erstmaligen Verlängerung einer Rechtsmittelbegründungsfrist. Alle Härte bei Fristen, aber ein behutsames Verständnis bei der Prüfung einer Wiedereinsetzungschance bleiben reizvolle schwierige Aufgaben nicht nur für das Gericht.

5 **III. Sachlicher Geltungsbereich.** Zunächst → Vor § 230 Rn. 4. § 17 I FamFG stimmt mit § 233 teilweise praktisch überein.

6 **1. Fristversäumung.** Die Wiedereinsetzung ist nur dann statthaft, wenn eine der in § 233 genannten Fristen objektiv versäumt wurde, BGH NJW 2015, 2812 Rn. 36; NJW 2003, 2460. Es darf zumindest nicht feststellbar sein, dass die Partei die Frist eingehalten hat, BGH FamRZ 2007, 553. Wenn nicht feststeht, ob die Frist überhaupt versäumt ist, ist jedoch für einen die Wiedereinsetzung versagenden Beschluss kein Raum, BGH NJW 1998, 1155. Dies ist zB der Fall, wenn mangels Nachweises in den Akten nicht klar ist, ob eine die Frist auslösende Zustellung überhaupt ordnungsgemäß erfolgt ist, BGH NJW-RR 2021, 193 Rn. 7. Die Vorschrift benennt die Fristen für die Vornahme von Prozesshandlungen, die einer Wiedereinsetzung zugänglich sind, abschließend. Nach dem klaren Wortlaut des § 233 ist die Wiedereinsetzung also nicht beim Fehlen einer wirksamen Frist zulässig, Mü NJW-RR 1987, 895 (kein Rechtsschutzbedürfnis), oder gegenüber einer Terminsversäumung. Eine Fristversäumung liegt vor, wenn die Prozesshandlung innerhalb der Frist nicht oder nicht wirksam vorgenommen wurde. Bei mehrfachen Zustellungen an denselben Adressaten ist die erste wirksame Zustellung entscheidend, BGH NJOZ 2020, 724. Wenn vor Fristablauf kein ordnungsgemäßer Antrag auf Fristverlängerung – z.B bei fehlender Akteneinsicht – gestellt worden ist, mit dem diese ohne Einwilligung des Gegners hätte erfolgen können, ist keine Wiedereinsetzung zu gewähren, BGH NJW 2022, 1325 Rn. 8; NJW 2018, 952 Rn. 13. Eine ordnungsgemäße Versagung der Wiedereinsetzung ist kein Verstoß gegen Art. 2 I, 20 III GG, Art. 103 I GG, Köln VersR 1975, 545.

7 Soweit das Gericht der Partei die Wiedereinsetzung in den vorigen Stand zugebilligt hat, ist eine zugelassene und von der Partei nunmehr ordnungsmäßig nachgeholte Prozesshandlung ebenso wirksam, als ob sie ursprünglich rechtzeitig erfolgt wäre, Düss GRUR-RR 2014, 1, 3. Dann ist ferner die nach § 705 formelle wie die nach § 322 materielle Rechtskraft einer etwa inzwischen ergangenen verwerfenden Entscheidung beseitigt, soweit es gerade um die Fristversäumung geht, LAG Mü MDR 1994, 834.

2. Beispiele zur Frage des sachlichen Geltungsbereichs

8 **Arbeitsrecht:** §§ 233 ff. gelten im arbeitsgerichtlichen Verfahren, BAG NJW 2020, 357; NZA 2020, 64; NZA 2014, 1294: LAG Hamm JurBüro 2004, 377.

Baulandsache: §§ 233 ff. gelten nach § 218 BauGB in einer Baulandsache.

Design: §§ 233 ff. können im Verfahren (jetzt) nach dem DesignG gelten, BPatG GRUR 1983, 647.

Entschädigungssache: §§ 233 ff. gelten im Verfahren nach dem BEG, BGH VersR 1986, 966. Zur Vereinbarkeit mit dem GG, BVerfG NJW 1984, 2148.

Finanzgericht: §§ 233 ff. gelten nach § 56 FGO im finanzgerichtlichen Verfahren, BFH NJW 1994, 960 (grds. aber keine Wiedereinsetzung wegen einer unverschuldeten Terminsversäumung).

Insolvenz: §§ 233 ff. sind nach § 4 InsO im Insolvenzverfahren grds. anwendbar, BGH NZG 2014, 232; BayObLG NJW-RR 2002, 914; Köln Rpfleger 2001, 44.

Markensache: §§ 233 ff. gelten nach § 91 MarkenG in einer Markensache vor dem Patentamt und dem PatG, sowie vor dem BGH nach § 88 I 1, 2, § 91 VIII MarkenG mit einer Besonderheit entsprechend.

Nichtzulassungsbeschwerde: §§ 233 ff. sind ausdrücklich auf ein Verfahren nach § 544 anwendbar.

Patentsache: §§ 233 ff. können im Verfahren nach § 123 PatG gelten, Düss GRUR-RR 2014, 1, 3, wenn auch mit Abweichungen, BGH NJW-RR 1999, 838. Sie gelten nicht bei der Versäumung der Frist zur Zahlung einer Beschwerdegebühr in einem Patentanmeldeverfahren, BGH GRUR 1984, 337.

Rechtsbeschwerde: §§ 233 ff. sind ausdrücklich auf ein Verfahren nach §§ 574 ff. anwendbar, BGH Rpfleger 2010, 691.

Sortenschutz: §§ 233 ff. können im Verfahren nach § 40 SortenschutzG gelten.

Sozialgericht: §§ 233 ff. gelten nach § 67 I SGG im sozialgerichtlichen Verfahren.

Verfassungsbeschwerde: Es ist grds. wegen der bloßen Hilfsfunktion der Verfassungsbeschwerde notwendig, auch dann vor ihrer Einlegung eine Wiedereinsetzung zu beantragen, wenn das aussichtslos zu sein scheint, BVerfG NJW-RR 1999, 1149. §§ 233 ff. gelten im Verfahren auf eine Verfassungsbeschwerde, BVerfG NJW 2000, 574. Zum Landesrecht VerfGH Sachsen NJW 1999, 780. Rechtspolitisch krit. Zuck ZRP 1985, 299.

Verwerfung eines Rechtsmittels: §§ 233 ff. können nach einer Rechtsmittelverwerfung als unzulässig anwendbar sein, soweit es um die Versäumung der Rechtsmittelbegründung geht, BGH FamRZ 2005, 791.

Wohnungseigentum: Wegen der Anfechtungsfrist gilt § 46 WEG, BGH NJW 2009, 999.

9 **IV. Persönlicher Geltungsbereich.** § 233 schützt eine Partei und auch ihren Streithelfer nach §§ 66, 69, BGH NJW 2008, 1890. Hat die Partei einen Vertreter nach §§ 51 II, 85 II, kommt es nur darauf an, ob dieser Vertreter verhindert war. Entscheidungen im Rechtsmittelverfahren sind an den früheren Bevollmächtigten zuzustellen, bis die Bestellung eines anderen Anwalts wirksam angezeigt ist, BGH BeckRS 2017, 118360. Allerdings kann in dem Unterlassen der Bestellung eines anderen Vertreters ein Verschulden der Partei liegen. Dagegen braucht die Partei für das Verschulden eines Angestellten nicht einzustehen, den man nicht als ihren

Vertreter ansehen kann. Sie braucht erst recht nicht für solche Personen einzustehen, die weder ihr Vertreter noch ihr Angestellter sind.

V. Ablauf der Notfrist oder anderer Fristen, S. 1. Gemäß Satz 1 findet eine Wiedereinsetzung nur im Fall der unverschuldeten Versäumung einer Notfrist nach § 224 I 2 oder der Frist zur Begründung der Berufung, der Revision, der Nichtzulassungsbeschwerde oder der Rechtsbeschwerde oder der Frist für den Wiedereinsetzungsantrag statt. Die gesetzte Frist zur Berufungserwiderung ist hingegen keine Notfrist iSd § 224 I 2 und auch nicht in I aufgeführt, BGH BeckRS 2022, 4375 Rn. 17; NJW 2015, 2812 Rn. 36; Hamm NZM 2003, 685. Wiedereinsetzung kann auch zu Nachholung von Verfahrensrügen gewährt werden, sofern die Revisionsbegründungsschrift infolge Büroversehens nicht vollständig rechtzeitig an das Revisionsgericht gelangt ist, BGH NJW 2000, 364. Ob die Notfrist tatsächlich abgelaufen ist, hat das Gericht von Amts wegen gemäß §§ 233 ff. nach allgemeinen Regeln noch vorrangig vor der Wiedereinsetzungsfrage prüfen, BGH NJW 2003, 2460. Fehlt eine wirksame Frist oder war sie gar nicht abgelaufen, besteht für eine Wiedereinsetzung kein Rechtsschutzbedürfnis, BGH NJW 2006, 693; Mü NJW-RR 1987, 895. Im Übrigen stellt der Wortlaut des § 233 weitere Fälle dem Ablauf einer Notfrist gleich. 10

VI. Beispiele zur Frage des Vorliegens einer Notfrist, S. 1

Anschlussberufung: Ob bei der Versäumung der Anschlussberufungsfrist eine Wiedereinsetzung in analoger Anwendung in Betracht kommt, war lange umstritten; der BGH hatte diese Frage bislang offen gelassen, BGH NJW 2015, 2812 Rn. 38; NJW 2005, 3067. Die Befürworter einer analogen Anwendung sehen vor allem eine gebotene Gleichstellung des Berufungsbekl. mit dem Berufungskl., dem hinsichtlich seines Rechtsmittels bei schuldloser Fristversäumnis Wiedereinsetzung gewährt werden könne, als verfassungsrechtlich gebotene Angleichung der Rechtsschutzmöglichkeiten und Vergleichbarkeit mit den von der Regelung des Satz 1 erfassten Rechtsmitteln, Düss BeckRS 2005, 9166 = FamRZ 2006, 215; Zweibr NJW-RR 2003, 1299; MüKoZPO/Stackmann Rn. 22; Wieczorek/Schütze/Gerken Rn. 9; Prütting/Gehrlein/Kazele Rn. 5; Gehrlein MDR 2003, 426; Piepenbrock MDR 2002, 1142; aM Ffm MDR 2007, 1449; Hamm NJW-RR 2003, 1720; Fölsch MDR 2004, 1029; Gerken NJW 2002, 1095; Soyka FuR 2002, 481. Der BGH, der diese Frage bisher offen gelassen hatte, BGH NJW 2015, 2812 Rn. 38; NJW 2005, 3067, hat nunmehr entschieden, dass eine Wiedereinsetzung in die versäumte Anschlussberufungsfrist nicht statthaft ist, da die Voraussetzungen für eine Analogie nicht vorliegen, BGH BeckRS 2022, 4375 Rn. 20. Dieser Auffassung schließen wir uns an, denn das Vorliegen einer planwidrigen Regelungslücke kann bei der Nichterwähnung der Anschlussberufung in § 233 S. 1 nicht positiv festgestellt werden, vgl. BGH NJW 2021, 1942 Rn. 40; NJW 2020, 1303 Rn. 21 f. 11

Anschlussbeschwerde: Es dürften bei § 567 III dieselben Erwägungen gelten, die der BGH zur Anschlussberufung angestellt hat, → „Anschlussberufung"; vgl. BGH BeckRS 2022, 4375 Rn. 20 ff.

Anschlussrevision: Es dürften bei § 554 dieselben Erwägungen gelten, die der BGH zur Anschlussberufung angestellt hat, → „Anschlussberufung"; vgl. BGH BeckRS 2022, 4375 Rn. 20 ff.

Anwaltsvergütung: Die Frist nach § 52 VI RVG ist keine Notfrist, Bbg JurBüro 1993, 89.

Berufung: Die Frist zur Einlegung der Berufung ist nach § 517 Hs. 2 eine Notfrist, BGH NJW 2003, 2460; BAG NZA 2013, 984; Saarbr MDR 2009, 220. Die dem Berufungsbeklagten nach § 521 II gesetzte Frist zur Berufungserwiderung ist hingegen keine Notfrist iSd § 224 I 2 und gehört auch nicht zu den sonstigen Fristen des S. 1, BGH BeckRS 2022, 4375 Rn. 17; NJW 2015, 2812 Rn. 38. Die Berufungsbegründungsfrist nach § 520 II 1 ist zwar keine Notfrist, ist aber nach § 233 ebenfalls wiedereinsetzungsfähig. Dagegen ist § 233 unanwendbar, soweit es um den Antrag auf eine Verlängerung der Berufungsbegründungsfrist nach § 520 II 2, 3 geht, BGH VersR 1987, 308; KG OLGR 1999, 325, oder um eine nach § 522 II 2 gesetzte Frist, Kblz JurBüro 2008, 325.

Einspruch: Die Frist zur Einlegung des Einspruchs gegen ein Versäumnisurteil nach § 339 I oder gegen einen Vollstreckungsbescheid iVm § 700 I ist eine Notfrist nach § 339 I Hs. 2, Karlsr MDR 1994, 831.

Ergänzung: Eine bloße Ergänzung einer im Kern rechtzeitig eingereichten Eingabe fällt nicht unter § 233, BGH NJW 1997, 1309.

Erinnerung: § 11 II 1 RPflG enthält keine Notfrist, da die 2-Wochen-Frist nicht als solche bezeichnet ist. Auf diese Vorschrift ist gleichwohl § 233 anwendbar, BGH ZIP 2011, 1170.

FamFG: Es gibt keine Notfrist. Es reicht jede Frist zur Einlegung eines Rechtsbehelfs nach § 17 I FamFG.

Form: Die Frist ist auch dann erfolglos abgelaufen, wenn die Partei die erforderliche Schrift nicht innerhalb der Frist in einer ausreichenden Form eingereicht hat, wenn etwa ein Schriftsatz im Anwaltsprozess nicht von einem postulationsfähigen Anwalt nicht eigenhändig unterschrieben ist (§ 130 Nr. 6), es sei denn aufgrund anderer Umstände steht fest, das der Anwalt die Verantwortung für den Inhalt übernimmt, BGH BeckRS 2018, 7216; BeckRS 2018, 2891.

Insolvenzverfahren: § 287 I InsO bringt keine Notfrist, Köln Rpfleger 2001, 44.

Klagefrist: Eine Klagefrist ist grds. keine Notfrist, LAG Hamm NZA-RR 2004, 377.

Klageerwiderungsfrist: Die Frist nach § 275 I 1 ist keine Notfrist, Kblz JurBüro 2011, 43.

Klagerücknahme: Die Widerspruchsfrist des Bekl. ist eine Notfrist nach §§ 224 I 2, 269 II 4.

Kostenfestsetzung: § 104 nennt Notfristen, Mü AnwBl 2001, 521.

Kündigungsschutz: Keine Notfrist ist die des § 5 KSchG, LAG Ffm NZA-RR 2005, 322.

Mahnverfahren: Keine Notfristen sind: Die Frist zur Erhebung des Widerspruchs gegen den Mahnbescheid nach § 694 I; die Frist nach § 692 I Nr. 3, Brdb ZMR 1999, 103; die Frist nach § 697 III 1; die Frist nach § 701 S. 1, LAG Bln MDR 1990, 187.

Mieterhöhung: Die Klagefrist nach §§ 558 ff. BGB ist keine Notfrist, AG Mölln WuM 1985, 319.

Musterfeststellungsklage: Die Vorschriften zum Musterfeststellungsverfahren sehen keine Möglichkeit zur Wiedereinsetzung in die Austrittsfrist bei unverschuldeter Fristversäumung vor. Über den Verweis in § 610 V 1 käme eine Anwendung der §§ 233 ff. in Betracht, wenn es sich bei der Austrittsfrist um eine Notfrist handelte. Dies dürfte nicht der Fall sein; es handelt sich wohl vielmehr um eine Ausschlussfrist. Ist die Belehrung hinsichtlich der Austrittsmöglichkeit fehlerhaft oder unterblieben, müsste das Gericht diese erneut vornehmen, Röß NJW 2020, 2068. Für eine Wiedereinsetzung: Röthemeyer Musterfeststellungsklage § 611 Rn. 46.

NATO-Truppenstatut: Die materiell-rechtliche Frist zur Anmeldung eines nach dem NATO-Truppenstatut regulierbaren Schadens gilt nach Art. 6 III NTS-AG als eine Notfrist, Ffm VersR 1989, 265.

Nichtzulassungsbeschwerde: Die Frist zu ihrer Einlegung ist eine Notfrist nach §§ 224 I 2, 544 I 2, BAG NJW 2011, 1021.

Prozesskostenhilfe: Eine „Frist" für die Einreichung eines Antrags auf eine Prozesskostenhilfe nach § 117 ist keine Notfrist, BGH VersR 1986, 1025; Bbg FamRZ 1997, 179; LAG Brem AnwBl 1988, 123. Auch eine Frist nach § 118 II 4 ist keine Notfrist, LAG Köln JurBüro 1991, 1529; Schneider MDR 1989, 514; aM LAG Düss JurBüro 1988, 1722.

Prozessvergleich: → „Vergleich".

Räumung: Die Frist des § 765a III 1 ist keine Notfrist nach § 224 I 2 und keine notfristähnliche.

Rechtliches Gehör: Art. 2 I, 20 III und Art. 103 I GG können eine entsprechende Anwendung der §§ 233 ff. in einem Ausnahmefall erforderlich machen, BVerfGE 22, 88; BVerwG NJW 1994, 674. Die Frist des § 321a II 2 ist eine Notfrist.

Rechtsbeschwerde: Die Frist zu ihrer Einlegung ist eine Notfrist nach §§ 224 I 2, 575 I 1.

Revision: Die Frist zur Einlegung der Revision ist eine Notfrist nach § 548 Hs. 2. Die Revisionsbegründungsfrist nach § 551 II 2 ist zwar keine Notfrist; nach der Regelung des § 233 ist eine Wiedereinsetzung aber auch gegen deren Versäumung statthaft.

Sofortige Beschwerde: Die Frist zur Einlegung einer sofortigen Beschwerde ist eine Notfrist nach §§ 127 II 3, III 3, 569 I 1, BGH NJW-RR 1998, 638.

Sprungrevision: Eine Wiedereinsetzung kommt auch dann infrage, wenn die Einwilligung des Gegners nach § 566 II 4 nicht innerhalb der Sprungrevisionsfrist nach §§ 548, 566 II 2 beim Revisionsgericht einging, BGH NJW-RR 2007,1075.

Tatbestandsberichtigung: Die Frist von drei Monaten nach § 320 II 3 ist keine Notfrist.

Terminsverlegung: Gegen die Versäumung der Antragsfrist nach § 227 III 1 ist keine Wiedereinsetzung statthaft, denn es liegt keine Notfrist nach § 224 I 2 vor.

Uneigentliche Frist: Eine Wiedereinsetzung kommt nicht schon beim Verstreichen einer sog. uneigentlichen Frist in Betracht, BVerwG NJW 1986, 208.

Unterschrift: → „Form".

Urteilsergänzung: Die Antragsfrist nach § 321 II ist keine Notfrist, BGH NJW 1980, 786. Dasselbe gilt bei § 64 III a 2 ArbGG, Germelmann NZA 2000, 1023.

Vergleich: Die Ausnahmevorschrift des § 233 ist eng auszulegen, Deubner JuS 1991, 501. Daher ist die in einem Vergleich vereinbarte Frist zur Einreichung eines etwaigen Widerrufs keine Notfrist. Die Parteien können auch nicht wirksam eine Notfrist vereinbaren.

Vergleichswiderruf: Die Frist für den Widerruf eines Prozessvergleichs ist nicht wiedereinsetzungsfähig, BGH NJW 1995, 521; BAG NJW 1998, 2844; Hamm NJW 1992, 1705.

Versäumnisurteil: → „Einspruch".

Verteidigungsanzeige: Die Frist nach § 276 I 1 Hs. 1 ist eine Notfrist. Ein schon ergangenes Versäumnisurteil nach § 331 bleibt aber wirksam. Es ist ja noch nicht einmal mangelhaft, Celle OLGR 1994, 271; KG MDR 1996, 634; Rastätter NJW 1978, 95.

Vollstreckungsbescheid: → „Einspruch".

Widerspruch: Derjenige nach § 882d I 1 bringt keine Notfrist.

Wiederaufnahmeverfahren: Die Frist des § 586 I ist eine Notfrist. Gegen ihre Versäumung ist die Wiedereinsetzung statthaft, BVerfG NJW 1993, 3257.

Wiedereinsetzungsantrag: Gegen die Versäumung der Frist nach § 234 I ist die Wiedereinsetzung des § 233 in die versäumte Wiedereinsetzung statthaft, BGH NJW 2013, 698; NJW 2011, 15; BAG BB 1997, 2223; Ffm OLGZ 1979, 18.

12 **VII. Antrag, S. 1.** Eine Wiedereinsetzung in den vorigen Stand erfolgt nach § 233 S. 1 grundsätzlich nur aufgrund eines Antrags in der Form des § 236 I, es sei denn es besteht für die Wiedereinsetzung von Amts wegen nach § 236 II 2 eine hinreichende Grundlage, BGH NJW-RR 2021, 1582 Rn. 9. Der Antrag braucht nicht ausdrücklich gestellt werden, er kann auch stillschweigend in einem Schriftsatz enthalten sein, wobei es ausreicht, dass hierin konkludent zum Ausdruck gebracht wird, das Verfahren trotz Verspätung fortsetzen zu wollen, BGH NJW 2019, 1394; NJW 1975, 928; → § 236 Rn. 22 „Aktenlage" und → § 236 Rn. 22 „Offenkundigkeit". Dasselbe gilt nach § 17 I FamFG. Antragsberechtigt ist nur die säumige Partei. Der Streithelfer kann für die von ihm unterstützte Partei nur aus deren Gründen Wiedereinsetzung beantragen, es sei denn er hatte selbst Fristen zu wahren, BGH NJW 1985, 2480 (Begründungsfrist für selbst eingelegtes Rechtsmittel). Wird nach § 236 II 2 die versäumte Prozesshandlung innerhalb der Frist des § 234 nachgeholt, ist eine Wiedereinsetzung ohne Antrag möglich, BGH BeckRS 2014, 14519. Ein Hilfsantrag ist zulässig, BGH NJW 2007, 603 und 1457. Weiterhin müssen die allgemeinen Prozessvoraussetzungen vorliegen. Ein Rechtsschutzbedürfnis muss stets vorhanden sein, BVerwG NJW 1990, 1806. Das Gericht hat sein Vorliegen daher von Amts wegen zu prüfen, Hamm FamRZ 1979, 723. Ein Rechtsschutzbedürfnis kann fehlen, wenn die Frist nicht versäumt ist, BGH NJW 2003, 2460, die Versäumung zu keinen nachteiligen Folgen für die antragstellende Partei führt oder die versäumte Prozesshandlung prozessual überholt ist. Schließlich muss das Vorliegen eines Wiedereinsetzungsgrundes innerhalb eines notwendigen Antrags dann von Amts wegen geprüft werden, denn er unterliegt nicht der Parteiherrschaft, BGH WM 2016, 2170.

13 **VIII. Ohne Verschulden, S. 1.** Nur wenn die Partei „ohne ihr Verschulden" verhindert war, die Frist einzuhalten, darf ihr Wiedereinsetzung gewährt werden. Diese „Schuldlosigkeit" ist der wichtigste Anknüpfungspunkt des Wiedereinsetzungsrechts. So dürfen dem Bürger nach ständiger höchstrichterlicher Rechtsprechung Verzögerungen der Briefbeförderung oder der Briefzustellung durch die Deutsche Post AG nicht als Verschulden angerechnet werden, BGH NJOZ 2021, 603 Rn. 9; → Rn. 25 „Post – (Postlaufzeiten)".

14 ***1. Darlegungspflicht.*** Die Partei muss aus sich heraus verständlich darlegen, dass sie ohne ihr Verschulden verhindert war, die Frist einzuhalten, BGH BB 2005, 1136. Ob sie auch den etwa vorangegangenen Termin schuldlos versäumte, ist unerheblich, Karlsr MDR 1994, 831. Die unverschuldeten Umstände müssen ursächlich für die Fristversäumung sein. Nach früherem Recht war eine Wiedereinsetzung nur dann zulässig, wenn ein

Naturereignis oder ein „unabwendbarer Zufall" für den Fristablauf ursächlich gewesen waren, BVerfG NJW 2008, 429. Damit wurde eine „äußerste Sorgfalt" verlangt. Heute ist es für eine Wiedereinsetzung formell ausreichend, dass die Partei oder wenigstens einer ihrer Vertreter nach §§ 51 II, 85 II die Sorgfalt aufwendeten, die man verständiger Weise von ihnen erwarten konnte, BGH NJW 1992, 2489; BAG NZA 2005, 1133; Schlesw NJW-RR 2014, 1139, zB die von einem ordentlichen Rechtsanwalt zu fordernde übliche Sorgfalt, BGH NJW 2014, 700. Die Anforderungen an den Wiedereinsetzungsgrund dürfen nicht überspannt werden, BVerfG NJW 1997, 2941; BGH NJW 2014, 700. Das Verschulden eines Dritten und insbesondere des Büropersonals des Vertreters ist als solches unschädlich. Es kann aber als ein Verschulden auch des Vertreters gelten.

2. Üblicher Sorgfaltsgrad. Damit begnügt sich das Gesetz jetzt mit einem solchen Grad von Sorgfalt, der 15
auch bei anderen Prozesshandlungen und bei sonstigen prozessualen Ereignissen üblich ist, BGH NJW 2014, 700; AG Halle ZMR 2011, 330. Das ist grds. – wie bei § 276 – ein objektiv abstrakter Maßstab, BVerfG NJW 2004, 502, der aber für die erforderliche Sorgfalt den Umständen anzupassen ist. Man kann zB von einer intelligenten, rechtskundigen Partei ein höheres Maß von Sorgfalt erwarten, Brschw JurBüro 1978, 850; OVG Lüneb NJW 1994, 1299. Wie stets bei einer Verschuldensprüfung kommt es auch hier auf das Zumutbare an, BGH NJW 1985, 1711. Auch in diesem Zusammenhang ist die allgemeine prozessuale Sorgfaltspflicht zu beachten, die zB § 282 verlangt. Andererseits hat gerade die Gesetzesänderung von 1977, die die prozessualen Anforderungen sonst vielfach verschärft hat, im Bereich der Wiedereinsetzung spürbare Erleichterungen geschaffen, → Rn. 14. Auch das ist bei der Klärung des zumutbaren Grades der Sorgfalt zu berücksichtigen.

3. Schuldformen: Vorsatz oder Fahrlässigkeit. „Ohne Verschulden" bedeutet Fehlen von Vorsatz und 16
Fahrlässigkeit jeden Grades, vgl. § 276 BGB; es reicht also auch ein nur leichtes prozessuales Verschulden, BGH NJW 1990, 1239; Celle JurBüro 2004, 493, auch ein bloßes Mitverschulden, BGH NJW 1979, 876. Es muss individuell vorliegen. Die bloße Möglichkeit einer Schuldlosigkeit reicht nicht, BGH FER 1996, 41; Zweibr ZMR 2000, 405. Der Verschuldensbegriff des § 233 ist verfahrensbezogen zu sehen. Geschuldet ist je nachdem, wer die Versäumung zu vertreten hat, die Sorgfalt einer ordentlichen Prozesspartei oder die übliche, berufsbedingt strengere Sorgfalt eines ordentlichen Rechtsanwalts. Nach S. 2 wird ein fehlendes Verschulden vermutet, wenn eine Rechtsbehelfsbelehrung fehlerhaft ist. Dies dient jedoch in erster Linie dem Schutzbedürfnis von Parteien ohne Rechtsbeistand, BGH NJW-RR 2010, 1297. Aber auch der ProzBev. darf grds. auf die Richtigkeit der gerichtlichen Belehrung vertrauen, BGH NJW 2017, 3002; NJW 2012, 2443; Willems NJW-aktuell 2021, 19. Dies ist jedoch eine Frage des Verschuldensmaßstabs, → Rn. 17. Wiedereinsetzung in den vorigen Stand kann aber nicht gewährt werden, wenn sich die Partei darauf beruft, eine ihr günstige Entscheidung erst nach Ablauf der Frist aufgefunden zu haben, BGH NJW 2009, 2310.

4. Verschuldensmaßstab. Bei Rechtsanwälten ist Verschuldensmaßstab nicht die äußerste und größtmögliche 17
Sorgfalt, BGH NJW 2014, 700; → Rn. 14 f., sondern die von einem ordentlichen Rechtsanwalt für die Prozessführung zu fordernde, ganz allgemein übliche Sorgfalt, BGH NJW-RR 2016, 637. So darf sich der Rechtsanwalt grds. auf eine vom Gericht erteilte Rechtsbehelfsbelehrung verlassen, es sei denn sie vermag nicht einmal den Anschein der Richtigkeit erwecken, BGH NJW 2017, 1112. Führt aber die fehlerhafte Rechtsbehelfsbelehrung zu einem unvermeidbaren, zumindest aber nachvollziehbaren und daher verständlichen Rechtirrtum, ist ein Anwaltsverschulden ausgeschlossen, BGH NJW-RR 2014, 517. Bei dieser Abgrenzung spielt der bei einem Anwalt stets vorauszusetzende Kenntnisstand des Zivilprozessrechts eine wichtige Rolle, BGH NJW 2018, 69; NJW-RR 2018, 385; → Rn. 19; → Rn. 23 „Gericht-(Belehrung)". Andererseits sind an einen mit der Berufungseinlegung betrauten Rechtsanwalt hinsichtlich der Ermittlung des richtigen Rechtsmittelgerichts hohe Sorgfaltsanforderungen zu stellen, BGH NJW 2014, 2503. Bei anderen Personen, insbesondere bei der Prozesspartei, gilt ein geringerer Maßstab; gefordert wird allerdings die Sorgfalt einer ordentlichen Partei, → Rn. 15, 16. Die Sorgfaltspflicht erhöht sich, wenn die Partei die Frist bis zum letzten Tag ausnutzt, BGH NJW 2006, 2637.

IX. Schuldlosigkeitsvermutung, S. 2. Die Regelung des S. 2, die mit Wirkung zum 1.1.2014 dem § 233 18
angefügt wurde, → Rn. 1, knüpft an das nach S. 1 notwendige Fehlen eines Verschuldens an der Fristversäumung an. Hiernach wird – ebenso wie bei § 17 II FamFG – fehlendes Verschulden vermutet, wenn eine Rechtsbehelfsbelehrung fehlerhaft ist. Durch diese normierte Vermutung wird die entsprechende Klärung erleichtert.

1. Voraussetzung: Keine oder fehlerhafte Belehrung, S. 2. Diese Bedingung richtet sich nach § 232 19
S. 1, 2. Insb. → § 232 Rn. 34 ff. Die Versäumung einer Frist ist auch in den Fällen einer unrichtigen Rechtsmittelbelehrung nicht unverschuldet, wenn diese offenkundig falsch gewesen ist und nicht einmal den Anschein der Richtigkeit zu erwecken vermochte, BGH NJW 2021, 784; NJW-RR 2018, 385; Brem NJW-RR 2021, 1160 (zu § 17 II FamFG); → Rn. 23 „Gericht-(Belehrung)".

2. Folge: Tatsachenvermutung, § 292 S. 1. Unter der Voraussetzung tritt grundsätzlich eine Tatsachen- 20
vermutung ein. Denn ein Verschulden oder sein Fehlen sind sog. innere Tatsachen. Damit liegt eine gesetzliche Beweisregel vor: Es muss derjenige beweisen, der ein Verschulden behauptet, nicht etwa muss derjenige beweisen, der seine Schuldlosigkeit behauptet. Die von BGH NJW 2013, 1308; BVerwG NZA-RR 2013, 381 (je: zum alten Recht) geforderte Ursächlichkeit war nur nach jenem Recht derart nötig.

3. Aber: Gegenbeweis statthaft, § 292 S. 1. Nach dieser Vorschrift ist ein Beweis des Gegenteils „zulässig" 21
und damit statthaft. Denn eine Vermutung ist nach § 292 S. 1 aE nur dann unwiderlegbar, wenn das Gesetz dies vorschreibt. Das ist bei § 233 S. 2 gerade nicht erfolgt. Der Gegenbeweis kann nach § 292 S. 2 auch durch den Antrag auf Parteivernehmung nach § 445, die grds. subsidiär und dem Gegenbeweis nicht zugänglich ist, angetreten werden,

X. Beispiele zur Frage der Wiedereinsetzung, S. 1, 2. Vgl. dazu Rechtsprechungsübersichten: Bernau 22
NJW 2017, 2001; Rohwetter-Kühl NJW 2022, 1990; NJW 2021, 2005; Rohwetter NJW 2020, 2010; NJW 2019, 1990 und NJW 2018, 2019; Vossler MDR 2018, 505. Die Rechtsprechung und Lehre vor 1977 ist nur insofern uneingeschränkt verwertbar, als sie bereits damals nach den strengeren gesetzlichen Anforderungen eine Wiedereinsetzung gewährte. Soweit sie diese ablehnte, ist sie nur noch im Rahmen der jetzigen geringeren gesetzlichen Voraussetzungen an eine Wiedereinsetzung als Anhalt verwertbar. Im Übrigen ist die lexikalische Aufzählung, die wegen der ausgedehnten Kasuistik zur Wiedereinsetzung kaum überschaubar ist, im Folgenden in der alphabetischen Auflistung unter den Schwerpunkt-Stichworten „Gericht" (→ Rn. 23), „Partei"

(→ Rn. 24), „Post" (→ Rn. 25), „Prozesskostenhilfe" (→ Rn. 26) und „Rechtsanwalt" (→ Rn. 27–43) erneut alphabetisch geordnet.

23 **Gericht:** Die Wiedereinsetzung kommt schon wegen der Notwendigkeit eines fairen Verfahrens nach einem Gerichtsfehler in Betracht, BVerfG NJW 2004, 2887; BGH NJW 2011, 2053. Das gilt zB, soweit das Gericht ungenügende organisatorische Vorkehrungen getroffen hat. Sie entfällt in Einzelfällen, soweit die Partei nicht wenigstens mit aufgepasst hat.

– **(Adresse):** Wiedereinsetzung ist dann möglich, wenn zwar die richtige Adresse fehlte, der Inhalt aber eindeutig war, BGH NJW 1992, 1047. Es ist unerheblich, ob ein derart in der Frist beim Gericht eingegangenes Schreiben auch sofort zur richtigen Akte kam, BVerfG NJW 1982, 1453 und 1804; BGH FamRZ 1997, 172. Die Weiterleitung braucht nicht per Telefax zu erfolgen, BAG NJW 1998, 924, wohl aber nach → „– (Unzuständigkeit)" im normalen Gang. Wiedereinsetzung entfällt bei einer Adressierung nur an eine Anwaltskanzlei nebst einer Weiterleitung nur an sie, BGH NJW 1990, 2822. Auch → „– (Gemeinsame Briefannahmestelle)", → „– (Unzuständigkeit)".

– **(Akteneinsicht):** Wiedereinsetzung ist möglich, soweit das Gericht eine notwendige Akteneinsicht ohne eine Mitschuld des ProzBev. oder des Verkehrsanwalts vereitelt hat, BGH WM 2018, 398. Ein im letzten Moment gestellter Antrag entschuldigt nicht, BGH NJW-RR 2018, 312.

– **(Aktenzeichen):** Wiedereinsetzung ist möglich, soweit nur das Aktenzeichen falsch war oder gefehlt hat, BGH VersR 1982, 673. Es ist unerheblich, ob ein derart in der Frist beim Gericht eingegangenes Schriftstück auch sofort zur richtigen Akte kam, BVerfG NJW 1982, 1453 und 1804; BGH NJW 1983, 123. Die Partei und ihr ProzBev. müssen aber auch das Aktenzeichen in einem zumutbaren Umfang prüfen, ebenso ein Zustelldatum, Ffm NJW-RR 2005, 1588.

– **(Annahmestelle):** Das Einlegen in eine Mulde des Schiebekastens von außen reicht zur Fristwahrung, Hmb MDR 1999, 627. Eine Mitwirkung eines Bediensteten ist grds. nicht nötig, BVerfG NJW 1980, 580; BGH MDR 1987, 132. Mit der Annahme einer Postmappe durch die Mitarbeiterin des Gerichts, um einen Eingangsstempel auf den Schriftstücken anzubringen und die für das Gericht bestimmten Exemplare einzubehalten, sind die Schriftsätze noch nicht in die Verfügungsgewalt des Gerichts gelangt, BGH NJW-RR 2014, 1401. Eine zunächst erfolgte Annahme bleibt auch bei späterer Rückgabe wirksam. Keine Wiedereinsetzung erfolgt bei der Annahmeverweigerung wegen einer berechtigten Nachportoforderung der Post, BGH WM 2007, 1049.

– **(Anschrift):** → „–(Adresse)", → „– (Gemeinsame Briefannahmestelle)".

– **(Anwaltsverein):** Wiedereinsetzung ist möglich, soweit man am Tag des Fristablaufs das mit „Landgericht" bezeichnete Fach des im Gericht gelegenen Raums des Anwaltsvereins dann benutzt hat, wenn der Wachtmeister das Fach mehrfach täglich geleert hat, Köln NJW 1986, 859.

– **(Auskunft):** Wiedereinsetzung ist möglich, soweit das Gericht eine unrichtige Auskunft über die Rechtzeitigkeit eines Rechtsmittels gegeben hat, BGH NJW 2002, 2173; strenger Köln NJW-RR 1998, 1447. Bei einer falschen Gerichtsauskunft kann keine (Mit-)Haftung des Anwalts eintreten, BVerfG NJW 1995; 711; BGH NJW-RR 1997, 1020. Dasselbe gilt bei einer Nichtauskunft, BGH NJW-RR 2004, 786.

– **(Auswärtige Abteilung):** Wegen ihrer Beteiligung Karlsr NJW 1984, 744.

– **(Belehrung):** Bis zum In Kraft treten des § 232 am 1.1.2014 war ein Zivilgericht nicht gehalten, eine nicht anwaltlich vertretene Prozesspartei über die Rechtsbehelfsmöglichkeit zu unterrichten, BGH BeckRS 2014, 19866. Ein Berufungsgericht ist verpflichtet, die erstinstanzlich unterlegene Partei darauf hinzuweisen, dass der von ihr gestellte Antrag auf Bewilligung von PKH zur Einlegung der Berufung unvollständig ist, BGH NJW 2019, 3727. Eine auch anwaltlich vertretene Partei kann sich grds. auf die Richtigkeit einer Belehrung durch ein Gericht verlassen, BGH NJW 2020, 1525; nicht jedoch bei offenkundig fehlerhafter Rechtsmittelbelehrung, BGH NJW 2018, 165; NJW 2017, 293. Grds. begründet nach § 233 S. 2 die Unterlassung oder Fehlerhaftigkeit der nach § 232 vorgeschriebenen Rechtsmittelbelehrung eine Schuldlosigkeitsvermutung, BGH 2016 446 Rn. 8. Der Anwalt darf auf die Richtigkeit einer erteilten Rechtsmittelbelehrung grds. vertrauen. Es muss aber von ihm erwartet werden, dass er die Grundzüge des Verfahrensrechts und das Rechtsmittelsystem in der jeweiligen Verfahrensart kennt, BVerfG NJW 2021, 915 Rn. 33 ff.; BGH NJW 2022, 199 Rn. 15; NJW 2021, 784 Rn. 7; NJW-RR 2018, 385 Rn. 7; Brem NJW-RR 2021, 1160 Rn. 11 (zu § 17 II FamFG). Auch ein Rechtsanwalt, der Fachanwalt für Miet- und WEG-Recht ist, darf in der Regel darauf vertrauen, dass die Rechtsmittelbelehrung in WEG-Sachen und in Zivilsachen mit WEG-rechtlichem Bezug zutreffend ist, BGH NJW-RR 2021, 140 Rn. 7; NJW 2020, 1525 Rn. 10 f.; NJW 2018, 164 Rn. 11 f.; NJW 2017, 3002 Rn. 11 f. Bei einer offenkundig fehlerhaften Rechtsmittelbelehrung, die nicht einmal den Anschein der Richtigkeit zu erwecken vermochte, ist die Vermutung des fehlenden Verschuldens widerlegt, BGH NJW 2021, 784; NJW 2020, 1525 Rn. 10 ff.; NJW 2018, 165 (in Landwirtschaftssachen), BGH NJW 2017, 1112; NJW 2017, 3002 (WEG); RhPfVerfGH NJW 2017, 3365. Dies gilt auch bei einer von einem Familiensenat eines OLG erteilten Rechtsbehelfsbelehrung, wenn der Fehler in keiner Weise nachvollziehbar ist und sich das Vorliegen eines offensichtlichen Versehens aufdrängt; BGH NJW 2021, 784; NJW-RR 2018, 385. Ebenso liegt offenkundige Fehlerhaftigkeit vor, wenn zu dessen Erkennen nur verfahrensrechtliche Grundkenntnisse erforderlich sind, BGH NJW-RR 2018, 385; NJW 2018, 69; Brem NJW-RR 2021, 1160 Rn. 11; Düss BeckRS 2019, 33589 = FamRZ 2020, 772. Weist ein Gericht auf seine Unzuständigkeit hinsichtlich eines Rechtsbehelfs hin, kann der Anwalt nicht darauf vertrauen, dass das unzuständige Gericht auf seinen Wunsch dafür Sorge trägt, dass der Schriftsatz innerhalb der Frist beim zuständigen Gericht eingeht, BGH NJW-RR 2021, 1317 Rn. 7 ff; → „– (Hinweispflicht des Gerichts)".

– **(Berichtigung):** Wiedereinsetzung ist dann möglich, falls überhaupt notwendig, wenn das Gericht sein Urteil nach § 319 berichtigt hat, wenn die Beschwer erst aus der Berichtigung ersichtlich wurde und wenn die Partei ihr Rechtsmittel in einer seit der Zustellung der Berichtigung laufenden Frist eingereicht hat oder wenn das Gericht eine Berichtigung mitgeteilt, dann aber auf eine sofortige Beschwerde rückgängig gemacht hat, BGH NJW 1998, 3280, oder wenn das Gericht nach einer Berichtigung die zuerst nach § 317 erteilte Ausfertigung als gegenstandslos bezeichnet hat, BGH MDR 2005, 1185.

– **(Botendienst):** → „– (Gemeinsame Briefannahmestelle)".

– **(Dienstliche Äußerung):** Wiedereinsetzung ist trotz einer dienstlichen Äußerung des mit der Leerung des Nachtbriefkastens befassten Beamten möglich, er habe die Einwürfe stets sorgfältig registriert. Das gilt, soweit ein Anwalt eidesstattlich erklärt hat, er habe die Schrift rechtzeitig eingeworfen, falls die Organisation des Gerichts Fehler möglich sein lässt, KG MDR 1986, 1032; LAG Hamm DB 1981, 2132. (23)

– **(Eingangsstempel):** Wiedereinsetzung ist möglich, soweit sie überhaupt nötig ist, falls der Eingangsstempel des Gerichts unrichtig war. Die Partei muss die Unrichtigkeit beweisen, BGH NJW 1998, 461. Dazu kann ein Zeuge nach § 373 ausreichen, BGH NJW-RR 2002, 1070.

– **(elektronisch eingereichte Schriftsätze):** Enthalten elektronisch eingereichte Schriftsätze farbige Darstellungen, wie sie in Wettbewerbsstreitigkeiten häufig anzufinden sind, hat das Gericht dafür zu sorgen, dass diese auch farbig und nicht nur schwarz-weiß ausgedruckt werden, KG GRUR-RS 2020, 15836 = WRP 2020, 1209.

– **(Fehlentscheidung):** Wiedereinsetzung ist möglich, soweit das Gericht ein Rechtsmittel unrichtig zB nach § 522 I 2 verworfen hat.

– **(Fehlerhäufung):** Sind in zwei Instanzen fehlerhafte Hinweise über die Berufungszulassung gegeben worden, kommt Wiedereinsetzung in Betracht, BVerfG NJW 2004, 2887; → „– (Irreführung)".

– **(Fristirrtum):** Wiedereinsetzung ist dann möglich, wenn das Gericht auf einen offenbaren Berechnungsfehler des ProzBev. bei einem Fristverlängerungsantrag zB nach § 224 II nicht hingewiesen hatte, BGH NJW 1998, 2292, oder wenn seine nach dem Wortlaut zu großzügige Mitteilung über eine Fristverlängerung nicht offensichtlich fehlerhaft ist, BGH NJW 1999, 1036; siehe aber BGH MDR 2009, 461.

– **(Fürsorgepflicht):** Es besteht keine generelle Fürsorgepflicht des unzuständigen Rechtsmittelgerichts, durch Hinweise oder andere geeignete Maßnahmen eine Fristversäumung des Rechtsmittelführers zu verhindern. Maßgeblich ist, was im Rahmen einer fairen Verfahrensgestaltung an richterlicher Fürsorge verfassungsrechtlich geboten ist. Hierbei hat das Gericht die Interessen des Rechtssuchenden an einer möglichst weitgehenden Verfahrenserleichterung mit den Interessen der Funktionsfähigkeit der Justiz, vor zusätzlichen Belastungen geschützt zu werden, abzuwägen, BGH NJW-RR 2022, 567 Rn. 6. Grds. ist die Partei bzw deren ProzBev für die Ermittlung des richtigen Adressaten fristgebundener Verfahrenserklärungen verantwortlich; diese Verantwortung kann nicht auf das unzuständige Gericht verlagert werden, BVerfG NJW 2006, 1579 Rn. 8; BGH NJW-RR 2022, 567 Rn. 6; NZM 2016, 446 Rn. 10; Düss NJOZ 2004, 3128; → „– (Unzuständigkeit)". Etwas anderes kann jedoch gelten, wenn die Unzuständigkeit des angerufenen Gerichts „ohne Weiteres" bzw. „leicht und einwandfrei" zu erkennen ist und die nicht rechtzeitige Aufdeckung der Unzuständigkeit auf einem offenkundig nachlässigem Fehlverhalten des angerufenen Gerichts beruht, BVerfG NJW 2006, 1579 Rn. 9; BGH NJW-RR 2022, 567 Rn. 6; NZM 2016, 446 Rn. 10; → „– (Hinweispflicht des Gerichts)". Ist die Rechtsmittelschrift versehentlich an das Ausgangsgericht gerichtet und dies schon für die Geschäftsstelle ersichtlich ist, kann der Rechtsmittelführer auf eine Weiterleitung vertrauen, BGH NJW-RR 2022, 567 Rn. 6; BeckRS 2018, 2139 Rn. 13 ff; NJOZ 2016, 1582 Rn. 11 ff.

– **(Gemeinsame Briefannahmestelle):** Wiedereinsetzung ist möglich, falls der Absender die Schrift in einen gemeinsamen Nachtbriefkasten oder in eine gemeinsame Briefannahmestelle für mehrere Gerichte oder Behörden eingeworfen hat, BGH FamRZ 2004,1480; VersR 1984, 82 (Darmstadt);VersR 1978, 563; Ffm VersR 1982, 449 (je: Frankfurt/Main), BGH VersR 1987, 410 (München). Das gilt jedoch nur, soweit der Absender die Sendung richtig adressiert hat, BGH FamRZ 2004, 1480 (beim Sammelumschlag großzügig); FamRZ 1997, 172 (nicht bei einer Falschadressierung und bei einem verspäteten richtigen Eingang); BAG NJW 2002, 846; BayObLG NJW 1988, 714. Wird der Schriftsatz bei einer gemeinsamen Post- und Briefannahmestelle eingereicht, so geht er bei dem Gericht ein, an das dieser adressiert ist, BGH NJW-RR 2013, 830 Rn. 12; FamRZ 1997, 172; BAG NZA 2020, 1477 Rn. 34. Die gemeinsame Postannahmestelle kann auch Faxannahmestelle sein, für die dieselben Regeln gelten, BVerfG NJW-RR 2008, 446; BGH NJW-RR 2013, 830 Rn. 12. Der Empfangsbereich eines gemeinsamen Gerichtsgebäudes für unterschiedliche Gerichte ist keine gemeinsame Postannahmestelle, BAG NZA 2020, 1477 Rn. 33. Wenn ein Verschulden des ProzBev. an einer Falschadressierung vorliegt, ist Wiedereinsetzung nur zu gewähren, wenn der Schriftsatz bei nicht verzögerlichem Weiterleiten im ordentlichen Geschäftsgang noch fristgerecht beim Rechtsmittelgericht eingegangen wäre, BAG NJW 1998, 924; siehe auch Ffm NJW 1988, 2805. Eröffnet zB ein LG ein besonderes Fach für Schriftsätze an das OLG, kann der Anwalt auf das Funktionieren dieses amtlichen Botendienstes vertrauen, Karlsr VersR 1996, 215. Eine eindeutige Möglichkeit der Zuordnung kann zB bei einer genauen Angabe des Ersturteils reichen, BGH NJW 1992, 1047. Auch bei einer gemeinsamen Posteingangsstelle gelangt grds. der Schriftsatz in die Verfügungsgewalt des einen Gerichts, wenn er auf dem Telefax des anderen Gerichts eingeht, BGH NJW-RR 2012, 1461 (auch zu Ausnahmen).

Soweit mehrere Schriftsätze an verschiedene Gerichte in einem Umschlag mit Sichtfenster stecken, gehen dann, wenn eine der Adressen im Sichtfenster erkennbar ist, alle diesem Gericht zu. Ist keine der Adressen von außen sichtbar, geht jeder Schriftsatz dem in ihm bezeichneten Gericht zu, BAG AnwBl 2001, 72; LAG Düss DB 1999, 644.

– **(Gerichtskasse):** Wiedereinsetzung entfällt, soweit der Absender die Schrift nur in der Gerichtskasse abgegeben hat. Das gilt unabhängig von einer etwaigen solchen Übung, AG Köln WuM 1981, 113.

– **(Hinweispflicht des Gerichts):** Bei erkennbar unklaren oder ergänzungsbedürftigen Angaben in einem Antrag auf Wiedereinsetzung ist eine gerichtliche Aufklärung nach § 139 geboten; diese Angaben können auch nach Fristablauf ergänzt werden; BGH BeckRS 2021, 15151; NJW-RR 2020, 818 Rn. 26; NJW-RR 2019, 502 Rn. 7; → § 139 Rn. 64 „Wiedereinsetzung". Der gerichtlichen Fürsorgepflicht sind jedoch im Interesse der Funktionsfähigkeit der Justiz enge Grenzen gesetzt; nur unter besonderen Umständen kann das Gericht gehalten sein, einer drohenden Fristversäumung entgegenzuwirken, BGH NJW-RR 2021, 1317 Rn. 7. So darf es nicht sehenden Auges zuwarten, bis die Partei Rechtsnachteile erleidet, BGH NJW-RR 2012, 1269 Rn. 13; NJW-RR 2004, 1364. Allerdings kann der Anwalt nicht in jedem Fall darauf vertrauen, dass ein unzuständiges Berufungsgericht, das auf seine Unzuständigkeit hingewiesen hat, auf Wunsch den Schriftsatz fristgerecht an das zuständige Gericht weiterleitet, BGH NJW-RR 2021, 1317 Rn. 7 ff. War die vom ProzBev zulässigerweise gewählte Übermittlung eines fristwahrenden Schriftsatzes (hier: per Telefax) aus von ihm nicht zu vertretenden Gründen gescheitert und hält das mit dem Wiedereinsetzungsgesuch befasste Gericht einen anderen Übermittlungsweg für zumutbar (hier: Einwurf bei Gericht), hat das Gericht

(23) vor seiner Entscheidung darauf hinzuweisen und der Partei Gelegenheit zur Stellungnahme zu geben, da sonst eine Verletzung rechtlichen Gehörs und des Verfahrensgrundrechts auf wirkungsvollen Rechtsschutz gegeben ist, BGH BeckRS 2022, 7564 Rn. 25 ff. Schenkt das Rechtsmittelgericht einer eidesstattlichen Versicherung im Wiedereinsetzungsverfahren keinen Glauben, muss es darauf hinweisen und dem Antragsteller Gelegenheit geben, entsprechenden Zeugenbeweis anzutreten, BGH NJW-RR 2021, 505; NJW-RR 2020, 501. Dies gilt auch dann, wenn das Rechtsmittelgericht zu dem Ergebnis gelangt, die anwaltliche Versicherung erbringe keinen vollen Beweis für die rechtzeitige Einreichung der Begründung, BGH NJW 2020, 1225; NJW 2007, 1457; → § 139 Rn. 64 „Glaubhaftmachung"; → Vor § 128 Rn. 53 „Berufung". Unter Berücksichtigung des Grundsatzes der Chancengleichheit kann das Berufungsgericht zu dem Hinweis verpflichtet sein, dass der von einer offenkundig nicht rechtlich beratenen Partei eingereichte PKH-Antrag nicht vollständig ist, BGH NJW 2019, 3727. Bei erkennbar unklaren oder ergänzungsbedürftigen Angaben, deren Aufklärung durch das Gericht geboten ist, hat das Gericht auch nach Fristablauf durch einen entsprechenden Hinweis Gelegenheit zur Ergänzung des Vorbringens zu geben, BGH NJW 2020, 3041. Die Fürsorgepflicht des Gerichts kann einen gerichtlichen Hinweis erforderlich machen, wenn ein Schriftsatz nicht formwirksam bei Gericht eingereicht worden ist, BAG NZA 2020, 965 = NJW 2020, 2351. Das Gericht ist aber im Rahmen seiner Fürsorgepflicht nicht dazu verpflichtet, umgehend zu überprüfen, ob ein am letzten Tag einer Frist eingegangener Schriftsatz Mängel aufweist, um entsprechende Hinweise zu deren Behebung zu geben, OVG Hmb BeckRS 2020, 271 = DÖV 2020, 340 (Ls.). Ebenso besteht keine generelle Fürsorgepflicht des unzuständigen Rechtsmittelgerichts, durch Hinweise oder andere geeignete Maßnahmen eine Fristversäumung zu verhindern. Die Verantwortung für die Ermittlung des richtigen Adressaten kann nicht auf das unzuständige Gericht verlagert werden, BVerfG NZM 2016, 446 Rn. 10; NJW 2006, 1579 Rn. 9; BGH NJW-RR 2022, 567 Rn. 6. Etwas anderes kann nur gelten, wenn die Unzuständigkeit des angerufenen Gerichts ohne Weiteres leicht zu erkennen ist, BVerfG NZM 2016, 446 Rn. 10; BGH NJW-RR 2022, 567 Rn. 6; → „– (Fürsorgepflicht)". Ein Hinweis des Gericht ist aber erforderlich, wenn das Gericht einer eidesstattlichen Versicherung zum Wiedereinsetzungsgrund keinen Glauben schenken will, um der Partei Gelegenheit zu geben, etwaige Lücken im Vorbringen zu ergänzen und hierzu ggf. Beweis anzutreten, BGH NJW-RR 2021, 505 Rn. 18; NJW-RR 2020, 818; WuM 2012, 157. Außerdem hat es zu prüfen, ob nicht bereits in der Vorlage der eidesstattlichen Versicherung selbst ein Angebot zur Zeugenvernehmung des Erklärenden zu sehen ist, BGH NJW-RR 2021, 505 Rn. 19 = NZFam 2021, 232 (bespr. v Kiskel). Bei einem missverständlichen Hinweis nach § 338 S. 2 (nach altem Recht, seit 1.1.2014 aufgeh.) kann der Lauf der Wiedereinsetzungsfrist nicht beginnen; § 139 ist anwendbar, BGH MDR 2013, 1362. Ist ein elektronisch eingereichtes Dokument nicht ordnungsgemäß, ergibt sich aus dem Grundsatz eines fairen gerichtlichen Verfahrens und der hieraus hergeleiteten prozessualen Fürsorgepflicht eine Hinweispflicht des Gerichts innerhalb eines ordnungsgemäßen Geschäftsgangs, um ein drohendes Fristversäumnis zu vermeiden, BAG NZA 2020, 1427; NZA 2018, 1214; Oltmanns NZA 2021, 525. Im Übrigen → „– (Belehrung)".

– **(Internet):** Man darf grds. darauf vertrauen, dass die Hinweise des Gerichts auch bei diesem Medium alles richtig erklärt, BGH WM 2014, 80.
– **(Irreführung durch das Gericht):** Wenn Instanzgerichte nicht nur missverständliche, sondern falsche Hinweise – hier über Eingang des Antrags und Zulassung der Berufung im Berufungszulassungsverfahren vor dem VGH – ist eine Wiedereinsetzung geboten, BVerfG NJW 2004, 2887.
– **(Nachtbriefkasten):** Ein Briefkasten, der Einwürfe vor und nach 24 Uhr voneinander trennt, muss als solcher deutlich erkennbar sein, auch und gerade in der Nacht. Er muss am Gerichtsgebäude auch leicht auffindbar sein. Die fristwahrende Wirkung eines Einwurfs bis 24 Uhr muss erkennbar sein. Unter solchen Voraussetzungen ist eine Wiedereinsetzung dann möglich, wenn der Absender das Schriftstück am Tag des Fristablaufs bis 24 Uhr eingeworfen hat. Das gilt sogar dann, wenn das Gericht diesen Briefkasten mit der Aufschrift versehen hatte, eine Fristsache sei nicht dort einzuwerfen, sondern „stets bei der zuständigen Geschäftsstelle abzugeben". Denn das Gesetz sieht jedenfalls bei der Einlegung eines Rechtsmittels keine Mitwirkung des Gerichts vor. Auf den Leerungszeitpunkt kommt es dann nicht an, BGH NJW 1984, 1237.
– **(Öffentliche Zustellung):** Wiedereinsetzung erfolgt beim Fehlen der Voraussetzungen der §§ 185 ff., BGHZ 149, 311.
– **(Post):** → Rn. 21 „Post – (Nachsendeauftrag)".
– **(Poststempel):** Wird der Briefumschlag, der den Nachweis für einen fristgerechten Eingang erbringt, nicht aufbewahrt, kann dies bei der Prüfung des Wiedereinsetzungsantrags nicht zulasten der Partei gehen, BVerfG NJW 1997, 1770.
– **(Pressestelle):** Mit Eingang einer Fernkopie auf einem der Pressestelle des OLG zugeordneten Empfangsgerät ist die Berufungsbegründung beim zuständigen Berufungsgericht eingegangen, Düss NJW-RR 2011, 495.
– **(Protokollerklärung):** Wer eine Erklärung zum Protokoll einer Geschäftsstelle abgegeben hat, darf damit rechnen, dass er einen rechtzeitigen sachgemäßen Bescheid erhält, soweit notwendig.
– **(Rechtsbehelfsbelehrung):** → „– (Belehrung)".
– **(Rückschein):** Wiedereinsetzung erübrigt sich dann, wenn das Gericht nicht bis 24 Uhr einen zur Unterzeichnung eines Einschreibe-Rückscheins befugten Beamten bereitgehalten hat, LG Dortm NJW 1983, 2334.
– **(Sammelumschlag):** Der fristgerechte Einwurf der in einem Sammelumschlag befindlichen Berufungsbegründungsschrift in den gemeinsamen Nachtbriefkasten von LG und AG wahrt die Rechtsmittelfrist, BGH NJW-RR 2005, 75.
– **(Tagesbriefkasten):** Wiedereinsetzung ist möglich, soweit die Sendung in einen Tagesbriefkasten des Gerichts gelangt war, BGH NJW-RR 2001, 280. Das gilt unabhängig davon, ob man nach den Umständen (zB Dienstzeit) mit der Leerung noch an demselben Tag rechnen durfte, BVerfG NJW 1991, 2076; BGH NJW-RR *2001*, 280. Man kann grds. annehmen, dass eine solche mechanische Einrichtung vorhanden ist, die einen Einwurf bis 24 Uhr zulässt, BVerfG NJW 1980, 580. Man braucht sich also nicht besonders zu vergewissern, ob eine solche Vorrichtung besteht. Auch die Existenz eines zusätzlichen Nachtbriefkastens ändert nichts am Ausreichen des Einwurfs in den Tagesbriefkasten. Denn auch er führt zur Verfügungsgewalt

des Gerichts, BVerfG NJW 1991, 2076; BGH NJW-RR 2001, 280. Der Säumige ist beweispflichtig dafür, dass er in ihn bis 24 Uhr eingeworfen hat.

– **(Telefax):** Gelingt es einem Anwalt trotz mehrfacher Versuche nicht, einen Schriftsatz per Telefax an das Gericht zu übersenden, muss er aus allgemein zugänglichen Quellen eine weitere Fax-Nummer des Gerichts in Erfahrung bringen und den Schriftsatz an dieses Gerät versenden, BGH NJW-RR 2021, 54 Rn. 10; FamRZ 2017, 1946 Rn. 8. Die amtliche Mitteilung einer falschen Gerichts-Telefaxnummer auf Anfrage ermöglicht eine Wiedereinsetzung, BGH MDR 2012, 993; BayObLGE 2004, 230. Im Übrigen → Rn. 24 „Partei – (Telefax)" und → Rn. 41 „Rechtsanwalt: Telefax".
– **(Telefon):** Das Gericht muss einem Anwalt ein vollständiges Telefonverzeichnis zur Verfügung stellen, VG Aachen AnwBl 2013, 826.
– **(Unzuständigkeit):** Wiedereinsetzung ist möglich, soweit das Gericht eine irrig bei ihm eingereichte fristgebundene Schrift nicht unverzüglich, aber im normalen Geschäftsgang mit einem Hinweis auf ihre Eilbedürftigkeit an das zuständige Gericht weitergeleitet hat, BVerfG NJW 2005, 2138; BGH MDR 2018, 173; Düss FamRZ 2013, 1598 (auch zu Grenzen). Das gilt, sofern diese Weiterleitung als noch sinnvoll erschien, BVerfG NJW 2005, 2138; BGH FamRZ 1998, 98; Köln FamRZ 1998, 1239. Das unzuständige Gericht braucht jedoch nicht alles „stehen und liegen" zu lassen, um weiterzuleiten, denn die Ermittlung des richtigen Adressaten fristgebundener Verfahrenserklärungen kann nicht auf das unzuständige Gericht verlagert werden, BVerfG NZM 2016, 446 Rn. 10; NJW 2006, 1579 Rn. 8; BGH NJW-RR 2022, 567 Rn. 6; NJW 2016, 3668; Brem MDR 2013, 366; → „– (Hinweispflicht des Gerichts)". Das Gericht braucht nicht das Telefax zu benutzen, BGH AnwBl MDR 2018, 174. Es braucht den Einreicher auch nicht auf die Unzuständigkeit hinzuweisen, BGH AnwBl 2006, 212. Es muss zwar binnen 10 Tagen für die Nachreichung einer Unterschrift sorgen, BGH FamRZ 2009, 321, nicht aber stets für die rechtzeitige Weiterleitung, Köln MDR 2011, 941; Saarbr MDR 2009, 220. Wiedereinsetzung entfällt, soweit man die Schrift einfach im offenen leeren Raum eines in demselben Gebäude befindlichen anderen Gerichts ablegt, BGH VersR 1985, 88.
– **(Urkundsbeamter):** Er braucht eine Gesetzesänderung evtl. nicht sogleich zu kennen, BGH NJW 2012, 78.
– **(Verfügungsgewalt):** Wiedereinsetzung ist möglich, soweit der Absender damit rechnen konnte, das Schriftstück werde rechtzeitig in die Verfügungsgewalt des Gerichts kommen, also in irgendeine gerichtliche sachliche oder personelle Empfangsvorrichtung, BVerfG NJW 1991, 2076; BGH VersR 1989, 932 (Postfach) und NJW 1992, 244 (Telefax, nach Dienstschluss empfangsbereit zu halten).
– **(Wertänderung):** Wiedereinsetzung ist nicht schon wegen nachträglicher Werterhöhung durch das Vordergericht möglich, BGH MDR 2013, 741.
– **(Widersprüchliche Rechtsprechung):** Wiedereinsetzung ist dann möglich, BGH MDR 2013, 363.
– **(Zurücknahme):** Wiedereinsetzung ist dann möglich, wenn der Anwalt ein rechtzeitig eingelegtes Rechtsmittel nur aufgrund einer solchen Empfehlung des Rechtsmittelgerichts zurückgenommen hatte, die sich zu spät als rechtlich unhaltbar erwiesen hat, BGH NJW 1981, 576.
– **(Zustellung):** Wiedereinsetzung ist noch nicht deshalb stets möglich, weil der Vorsitzende telefonisch erklärt hat, er werde das Urteil „erneut" zustellen lassen, BGH FamRZ 2000, 1565. Sie erübrigt sich beim Fehlen ganzer Seiten, BGH NJW-RR 2006, 1570. Bei mehrfachen Zustellungen an denselben Adressaten ist die erste wirksame Zustellung entscheidend, BGH NJOZ 2020, 724. Auch „– (Öffentliche Zustellung)".

Gewerkschaftsvertreter: Er hat nach § 81 ähnliche Pflichten wie ein Anwalt, BGH NJW 2002, 1115. Dies gilt z. B. für die Führung eines elektronischen Fristenkalenders, bei dem sichergestellt sein muss, dass keine versehentlichen oder unzutreffenden Eintragungen oder Löschungen erfolgen, BAG NJW 2019, 2954. Das gilt auch bei der Behandlung einer Handakte und bei der Beauftragung eines ProzBev. oder Bev zB nach § 79, LAG Ros DB 1996, 944.

Gutachten: Wiedereinsetzung ist dann möglich, wenn ein Gutachten zur Urteilsgrundlage geworden war und wenn sich erst kurz nach dem Ablauf der Rechtsmittelfrist herausstellt, dass das Gutachten auf einem Versehen beruhte und dass man das Rechtsmittel nunmehr rückblickend als aussichtsvoll beurteilen kann.

Partei: Es gelten teils nur schwer zu erfüllende Anforderungen. 24

– **(Abwesenheit):** Wiedereinsetzung ist möglich, soweit die Partei nur für eine kurze Zeit abwesend war, zB von 7 Tagen, BVerfG NJW 2007, 3486 (auch zu Grenzen), von 10 Tagen, oder von 14 Tagen, LG Bln WuM 1989, 438. Das gilt auch bei einer längeren beruflichen oder privaten Abwesenheit, soweit die Partei nicht mit einer fristsetzenden Zustellung zu rechnen brauchte, BGH NJW 1986, 2958; Brschw MDR 1997, 884; LG Karlsr WuM 1989, 438, oder soweit sie zB minderjährige einsichtige Kinder angewiesen hat, täglich die Post zu lesen und die Eltern sogleich zu verständigen, auch per Telefax, BGH NJW-RR 2002, 137. Ist die Partei bereits an einem gerichtlichen Verfahren beteiligt oder gibt es konkrete Anhaltspunkte für den Beginn eines Verfahrens gegen sie und damit für den Beginn eines Fristlaufs, obliegt es ihr, den Posteingang zu kontrollieren und für eine rechtzeitige Erledigung von fristwahrenden Handlungen zu sorgen, BVerfG NJW 2007, 3486; BGH NJW-RR 2019, 124; NJW 2009, 1608. Wiedereinsetzung entfällt, soweit die Partei sich nicht während eines schon laufenden Verfahrens umfassend bei einer längeren Abwesenheit um eine Fristeinhaltung bemüht hat, BVerfG NJW 2007, 3486; BGH VersR 2001, 1051; LG Ffm NJW 2005, 688; aM LG Tüb NJW-RR 1987, 1213 (zu § 337), oder soweit sie eine unzuverlässige Hilfsperson wie zB einen Leseunkundigen zum Briefkasten entleeren nicht genau eingewiesen hat, BGH NJW-RR 2000, 444; Düss MDR 2000, 1451. Auch → „– (Geschäftsführer)", → „– (Urlaub)".
– **(kraft Amts):** Wiedereinsetzung ist möglich, auch wenn ein Anwalt als Partei kraft Amts Prozesskostenhilfe beantragt hat, aber als Anwalt selbst hätte tätig werden dürfen, BGH WM 2013, 1330.
– **(Anschrift):** Die Partei muss die richtige Anschift ebenso sorgfältig wie ein Anwalt prüfen, BGH FamRZ 2001, 417. Bei einer Behörde kommt es auf den zuständigen Sachbearbeiter an, BGH FamRZ 2001, 417. Auch → „– (Wohnungswechsel)".
– **(Anwaltswechsel):** Wiedereinsetzung kommt infrage, soweit die Partei den ProzBev. im letzten Moment gewechselt hat, soweit sie dabei sicherstellte, dass der neue ProzBev. sich noch rechtzeitig beim Gericht melden konnte, etwa mit einem aussichtsreichen ersten Fristverlängerungsantrag, BGH VersR 2000, 1258.

(24) – **(Auftrag an Rechtsmittelanwalt):** Wiedereinsetzung entfällt, soweit die Partei dem erstinstanzlichen Anwalt erklärt hat, sie wolle selbst einen Berufungsanwalt beauftragen, das dann aber nicht innerhalb einer angemessenen Frist getan hat, BGH VersR 1976, 970.

– **(Ausländer):** Wiedereinsetzung ist möglich, soweit die Fristversäumung nur darauf beruht, dass die im Inland lebende ausländische Partei die deutsche Sprache nicht angemessen beherrscht hat, BVerwG MDR 1978, 786, und soweit sie auch die deutsche Frist nicht kannte, BGH FamRZ 1988, 828, und soweit sie unverzüglich eine Übersetzung nachreicht, Ffm NJW 1980, 1173; Geimer NJW 1989, 2204; Schneider MDR 1979, 534. Wiedereinsetzung entfällt, soweit ein vermeidbarer Verstoß gegen § 184 GVG vorliegt, BGH NJW 1996, 347; Mü OLGR 1995, 94, oder soweit ein im Ausland lebender Ausländer sich nicht in einer zumutbaren Weise nach einer Frist erkundigt hat, BGH FamRZ 1995, 1136, oder soweit weder die ausländische Partei noch ihr Verkehrsanwalt eine Übersetzung einer Mitteilung des ProzBev. veranlasst hat und daher vom Inhalt erst verspätet Kenntnis genommen hat, BGH VersR 1989, 1318.

– **(Auszubildender):** Wiedereinsetzung ist möglich, soweit ein entlassener Auszubildender die Klagefrist des § 111 III 3 ArbGG versäumt hat, LAG Hamm BB 1984, 346.

– **(Bedürftigkeit):** Als unverschuldete Verhinderung ist die Bedürftigkeit der Partei anzusehen, wenn sie innerhalb der Notfrist einen vollständigen PKH-Antrag stellt sowie alle für die Bewilligung von PKH erforderlichen Unterlagen und das anzufechtende Urteil dem zuständigen Gericht vorlegt, BAG NZA 2020, 582; → „– (Prozesskostenhilfe)". Das durch Bedürftigkeit begründete Unvermögen einer Partei, einen Anwalt mit der notwendigen Vertretung zur Vornahme von fristwahrenden Prozesshandlungen zu beauftragen, begründet eine unverschuldete Versäumung von Rechtsmittelfristen, wenn die Partei alles in ihren Kräften Stehende und ihr Zumutbare getan hat, die Frist zu wahren, LAG Nieders. NZI 2022, 130 Rn. 22; LAG RhPf. BeckRS 2018, 32794 Rn. 17.

– **(Berichtigung):** Wiedereinsetzung ist möglich, soweit die Partei zunächst darauf vertraut hat, die Berichtigung zB nach § 319 werde nicht infolge ihrer Anfechtung entfallen, BGH NJW 1998, 3280. Wiedereinsetzung entfällt, soweit die Partei nicht sorgfältig genug geprüft hat, ob die Rechtsmittelfrist schon vor einer Urteilsberichtigung ablaufe, Schlesw SchlHA 1985, 106.

– **(Briefkasten):** → „– (Zustellung)".

– **(Erkundigung):** Wiedereinsetzung entfällt, soweit die Partei sich nicht in einer zumutbaren Weise erkundigt hat, zB nach einem zulässigen Rechtsmittel, BGH FamRZ 1993, 310, selbst nach einer unrichtigen Urteilsbezeichnung, Düss MDR 1985, 678, oder nach der Rechtsmittelfrist, BGH FamRZ 1991, 425, oder nach dem Ergebnis eines Verkündungstermins, BGH VersR 1992, 119, oder überhaupt nach einer zu erwartenden Entscheidung, BGH VersR 1992, 1373, oder Operation, BGH VersR 1977, 719.

– **(Erregungszustände):** Wiedereinsetzung ist möglich, soweit die Partei infolge einer seelischen Erregung außerstande war, die Frist einzuhalten. BGH VersR 1986, 96. Der Einfluss der besonderen psychischen Situation (Tod der Ehefrau) auf den Fristablauf muss hinreichend dargelegt und glaubhaft gemacht werden, BVerfG NJW-RR 2007, 1717; Ffm NJW-RR 2019, 1209. Dies könnte auch bei der Diagnose einer Covid-19-Erkrankung der Fall sein, Rauscher COVuR 2020, 2; → „– (Krankheit)".

– **(Erschöpfungszustände):** Wiedereinsetzung entfällt, soweit die Partei nur an einer vorübergehenden nervösen Erschöpfung gelitten hat, BGH VersR 1983, 138 Auch → „– (Krankheit)".

– **(Form):** Die Partei muss sich über die Form des Rechtsmittels informiert haben, BGH NJW 1997, 1989; Drsd FamRZ 1997, 825.

– **(Frist):** Die Partei muss sich über die Frist eines Rechtsmittels informiert haben, BGH NJW 1997, 1989. Sie darf aber eine Frist voll ausschöpfen, BGH NJW-RR 2018, 959. Betreibt eine Partei ein Verfahren zur Beiordnung eines Notanwalts persönlich, ist die Zustellung an diese bestimmend für den Fristbeginn des gegen die ablehnende Entscheidung einzulegenden Rechtsmittels, BGH BeckRS 2019, 6661.

Wiedereinsetzung entfällt, soweit der Geschäftsführer einer Firma eine Rechtsmittelfrist falsch berechnet hat, BGH VersR 1985, 766.

– **(Fristkontrolle):** Wiedereinsetzung entfällt, soweit die Partei keine zumutbare Fristkontrolle vorgenommen hat, BFH BB 1983, 625 (Finanzbehörde); Drsd FamRZ 1997, 825; Mü VersR 1993, 502 (Versicherung).

– **(Geschäftsführer):** Wiedereinsetzung entfällt, soweit der Geschäftsführer eine Frist falsch berechnet hat, BGH VersR 1985, 766, oder soweit der Firmeninhaber als Partei versäumt hat, für die Zeit seiner Abwesenheit einen geeigneten Vertreter zu bestellen, BGH VersR 1992, 1373, oder für die Zeit seiner Erkrankung, BGH VersR 1987, 561, oder soweit der Geschäftsführer nach der Insolvenz seiner Firma dem ProzBev. seine Anschrift nicht mitgeteilt hat, BGH VersR 1978, 422.

– **(Geschäftsunfähigkeit):** Wiedereinsetzung ist möglich, soweit die Partei infolge einer Geschäftsunfähigkeit außerstande war, die Frist einzuhalten, BGH NJW 1987, 440.

– **(Gesellschaft):** Wiedereinsetzung entfällt, soweit eine im Geschäftsleben stehende Gesellschaft sich nicht beim ProzBev. nach dem Zeitpunkt der Zustellung des nach ihrer Kenntnis ihr nachteiligen Urteils erkundigt hat, BGH VersR 1991, 123, oder nach dem Ablauf der Rechtsmittelfrist, Düss NJW-RR 1992, 97.

– **(Haft):** Wiedereinsetzung ist möglich, soweit die Anstaltsleitung einer inhaftierten Partei eine Zustellung nach § 178 I Nr. 3 nicht ausgehändigt hat, Stgt JurBüro 2012, 380, oder die telegrafische oder anderweitige sofortige Einreichung eines Rechtsmittels trotz deren Notwendigkeit versagt hat, Köln MDR 1990, 254.

– **(Insolvenz):** Wiedereinsetzung ist möglich, soweit gegen den Schuldner das Insolvenzverfahren stattfindet und der Verwalter die Aufnahme des nach § 240 unterbrochenen Prozesses des Schuldners ablehnt und letzterer keinen Anwalt als seinen Zustellungsbevollmächtigten auf die Aufnahmeerklärung bestellt hat. Wiedereinsetzung entfällt, soweit der Schuldner nach der Verfahrensaufhebung nicht sogleich für die Einhaltung einer Frist in dem vorher unterbrochenen Passivprozess wegen einer nicht erloschenen Insolvenzforderung gesorgt hat, BGH VersR 1985, 549, oder soweit die Partei nicht nachgefragt hat, ob ein Insolvenzverfahren beendet sei, BGH VersR 1982, 673.

– **(Kostenvorschuss):** Wiedereinsetzung entfällt bei seiner Nichtzahlung, BGH NJW-RR 2005, 145.

– ***(Krankheit):*** *Wiedereinsetzung* ist möglich, soweit die Partei infolge einer Erkrankung auch „nur" eines nahen Angehörigen außerstande war, einen Rechtsrat einzuholen, BGH NJW-RR 1994, 957, oder soweit sie infolge Fiebers ein ihr zugestelltes Schriftstück nicht bearbeiten konnte, AG Köln WuM 1990, 160, oder infolge ihrer Erkrankung die Fristeinhaltung „vergessen" hat, BGH NJW-RR 2001, 1648; strenger BGH

VersR 1985, 140 und 55; Naumb FamRZ 2002, 1342. Es ist ein Attest nötig, VGH Mü NJW 2011, 3177. **(24)** Eine Arbeitsunfähigkeitsbescheinigung reicht nicht, BVerfG NJW-RR 2007, 1717. Eine „psychische Ausnahmesituation" (Tod der Ehefrau) kann zur Fristversäumung führen, soweit die Kausalität glaubhaft gemacht werden kann, Ffm NJW-RR 2019, 1209. Eine solche Ausnahmesituation könnte auch in Zeiten einer Pandemie insbesondere bei Angehörigen der so genannten Risikogruppen hervorgerufen werden, Rauscher COVuR 2020, 2 (zur Covid-19-Pandemie). Dies wird aber vom Einzelfall abhängen, auf der Heiden NJW 2020, 1023. Wird das Gesuch auf Beschwernisse infolge der Corona-Pandemie gestützt, ist regelmäßig mit einer Verlängerung zu rechnen, Drsd BeckRS 2021, 17340.

– **(Kündigung des Anwalts):** Wiedereinsetzung ist möglich, soweit der Anwalt der Partei während der Rechtsmittelbegründungsfrist formlos so rechtzeitig gekündigt hat, dass man damit rechnen konnte, sie werde einen anderen früh genug beauftragen können, BGH VersR 1987, 286.
– **(Kündigung der Partei):** Wiedereinsetzung entfällt, soweit die Partei den Anwaltsvertrag gekündigt hat, ohne sich anschließend um eine Frist zu kümmern, BGH VersR 1983, 540.
– **(Letzter Augenblick):** Wiedereinsetzung ist möglich, soweit die Partei vom Fristablauf in einer schwierigen Lage schuldlos erst im letzten Augenblick eine Kenntnis erhielt, Bbg MDR 1996, 199.
– **(Mahnbescheid):** Wiedereinsetzung entfällt, soweit eine Partei den Inhalt eines ihr nach § 693 zugestellten Mahnbescheids vorwerfbar nicht zur Kenntnis genommen hat, BGH VersR 1988, 158, die Partei hat insoweit Vorsorge zu treffen. Liegen jedoch zwischen Ablauf der Widerspruchsfrist und der Zustellung des Vollstreckungsbescheids fast 3 Monate, kann ein Verschulden nicht allein damit begründet werden, dass die Partei keinen Widerspruch eingelegt hat, BGH NJW-RR 2019, 124; NJW-RR 2008, 218 (zur Zustellung eines VU im schriftlichen Verfahren). Verfolgt der Kläger eine erhebliche Forderung mit einem Mahnbescheid, muss eine Partei, die tatsächlich Kenntnis vom Mahnbescheid erhält und keinen Widerspruch eingelegt hat, erst ab einer Frist von 6 Monaten ab Zustellung des Mahnbescheids nicht mehr mit weiteren Zustellungen rechnen, BGH NJW-RR 2019, 124.
– **(Mitbewohner):** Wiedereinsetzung ist möglich, soweit ein Mitbewohner der Partei ihre gesamte Post vorenthalten hat, BGH NJW-RR 2008, 220; Karlsr MDR 1994, 831.
– **(Nachforschung):** Wiedereinsetzung ist möglich, soweit ein Arbeiter keine Nachforschung nach einem ihm von Angehörigen vorenthaltenen Urteil angestellt hat oder soweit die Partei sonst keine besonderen Nachforschungen nach einem solchen Urteil angestellt hat, das sie weder im Weg einer Normalzustellung noch durch eine Ersatzzustellung erhielt, BGH VersR 1977, 569.
– **(Nachfrage):** → „– (Rückfrage)".
– **(NATO-Truppenstatut):** → „– (Stationierungsschaden)".
– **(Naturkatastrophe):** Wiedereinsetzung ist nicht stets schon ihretwegen möglich, LAG Brem JurBüro 2003, 153 (Fallfrage).
– **(Niederlegung des Mandats):** Wiedereinsetzung entfällt, soweit die Partei ein Schreiben ihres Anwalts, der sein Mandat nach § 87 niedergelegt hat, nicht angenommen hat, BGH VersR 1982, 545.
– **(Öffentliche Zustellung):** Wiedereinsetzung ist möglich, soweit der Prozessgegner die öffentliche Zustellung nach § 185 erschlichen hat, BGH NJW 1992, 2280, oder soweit die Partei von derjenigen öffentlichen Zustellung, mit der sie nicht zu rechnen brauchte, keine Kenntnis gehabt hat, BGH VersR 1977, 836 und 932; Köln NJW-RR 1993, 446. Wiedereinsetzung entfällt, soweit die Partei keinen ausreichenden Nachsendeauftrag erteilt hatte, LG Ffm NJW 2005, 688.
– **(Personal):** Wiedereinsetzung ist möglich, soweit die Partei die Frist trotz des Einsatzes ihres zuverlässigen Personals versäumt hat, BGH VersR 1986, 146.
– **(Postabholdienst):** Wiedereinsetzung ist möglich, soweit eine Behörde ihren Abholdienst so organisiert hat, dass eine Anlieferung durch die Post schneller und rechtzeitig gewesen wäre, BVerfG NJW 1983, 560.
– **(Postporto):** Wiedereinsetzung entfällt bei einer ungenügenden Frankierung und daher Rücksendung, BGH NJW 2007, 1751.
– **(Prozesskostenhilfe):** Wiedereinsetzung ist grds. zu gewähren, wenn die rechtzeitige Vornahme einer fristwahrenden Handlung wegen des wirtschaftlichen Unvermögens einer Partei unterbleibt, BGH NJW-RR 2018, 190 Rn. 5. Dies gilt z.B wenn wegen der Bedürftigkeit die Partei nicht in der Lage war, einen Anwalt mit der notwendigen Vertretung zur Vornahme fristwahrender Prozesshandlungen zu beauftragen, LAG Nieders. NZI 2022, 130 Rn. 22; LAG RhPf. BeckRS 2018, 32794 Rn. 17; → „– (Bedürftigkeit)". Voraussetzung hierzu ist es aber, dass die Partei bis zum Ablauf der Frist einen den gesetzlichen Anforderungen entsprechenden Antrag auf PKH eingereicht und alles in ihren Kräften stehende getan hat, damit über den Antrag ohne Verzögerung sachlich entschieden werden kann, und sie deshalb vernünftigerweise nicht mit Verweigerung der PKH mangels Bedürftigkeit rechnen musste, BGH NJW-RR 2018, 190 Rn. 5; NZI 2017, 688 Rn. 4; NJW 2015, 1312 Rn. 2. Ist dies nicht geschehen, ist die Partei nicht ohne ihr Verschulden verhindert, die Frist einzuhalten. BGH BeckRS 2018, 617 Rn. 2 f; NZI 2017, 688 Rn. 4; NJW 2017, 735 Rn. 7; NJW-RR 2017, 691 Rn. 12; NJW 2012, 2042; BAG NZA 2006, 1181. Die Wiedereinsetzungsfristen beginnen erst mit Zugang des die PKH versagenden Beschlusses, unabhängig davon, ob er auf fehlende Bedürftigkeit oder mangelnde Erfolgsaussicht gestützt ist, BGH NJW-RR 2021, 568 Rn. 19; NJW 2021, 242 Rn. 6. Dies ist unabhängig von den Erfolgsaussichten, BGH NJW-RR 2018, 61. Aufgrund des Gebots der Rechtsschutzgleichheit zwischen Bemittelten und Unbemittelten hat das Gericht die Partei auf die Unvollständigkeit eines PKH-Antrags hinzuweisen, BGH NJW 2019, 3727. Die Partei darf die Frist grds. voll nutzen, wie jede Frist; siehe aber: Köln FamRZ 2013, 1504 (zu § 113 FamFG). Die mittellose Partei kann noch am letzten Tag der Rechtsmittelbegründungsfrist ein PKH-Gesuch stellen, BGH NJW-RR 2018, 6. Erst nach einer Überlegungsfrist von 3–4 Tagen nach Ablehnung des PKH-Gesuchs beginnt die Wiedereinsetzungsfrist, BGH BeckRS 2017, 139913. Wiedereinsetzung ist bei einer Partei, der finanzielle Mittel zur Einlegung eines Rechtsmittels fehlen, möglich, wenn sie innerhalb der Frist neben Antrag auf PKH eine Erklärung zu den persönlichen und wirtschaftlichen Verhältnissen nebst Nachweisen vorgelegt hat, BGH BeckRS 2019, 789 und 3047, vernünftigerweise nicht mit der Ablehnung des Antrags wegen fehlender Bedürftigkeit rechnen musste, BGH BeckRS 2020, 10643; NJW 2018, 3394; BeckRS 2018, 12857 und 15310; NJW 2001, 570. Ein mit „Berufung" überschriebenes Schreiben einer Naturalpartei ist als Prozesskostenhilfeantrag auszulegen, wenn sich aus dem Schreiben hierzu Hinweise ergeben, BGH NJW 2019,

(24) 3727 („kleine Hungerrente“ reiche „hinten und vorne nicht zum Leben“). War die Erwartung einer PKH-Bewilligung nicht gerechtfertigt, scheidet eine Wiedereinsetzung aus, BGH NJW-RR 2018, 1411; BeckRS 2018, 15310. Wiedereinsetzung entfällt, soweit sich die Partei nicht zumutbar nach dem für eine Prozesskostenhilfe nach § 117 I 1 zuständigen Gericht erkundigt hat, BGH NJW 1987, 441, oder soweit sie auch im Übrigen nicht genug § 117 beachtet hat, BGH BeckRS 2020, 10643; Brdb FamRZ 2004, 383 (krit. Gottwald) oder soweit sie nicht zumutbar auf den Wegfall ihrer Mittellosigkeit geachtet hat, BGH WM 2014, 2124. Hat der Antragsgegner vor Ablauf der Beschwerdefrist Verfahrenskostenhilfe für die beabsichtigte Beschwerde beantragt und ergeht eine Entscheidung über diesen Antrag erst nach Ablauf der Beschwerdefrist, wurde die Frist unverschuldet versäumt, Bambg BeckRS 2022, 11254 Rn. 12.

– **(Prozessunfähigkeit):** Diejenige nach § 51 kann eine Wiedereinsetzung begründen, BGH WuM 2008, 156.
– **(Rechtsmissbrauch):** Wiedereinsetzung ist möglich, soweit der Gegner einen Rechtsmissbrauch begangen hat, soweit er zB eine öffentliche Zustellung nach § 185 erschlichen hat, BGH NJW 1992, 2280.
– **(Rechtsmittelrücknahme):** Wiedereinsetzung entfällt nach einem rechtzeitigen Rechtsmittel nach dessen Rücknahme zB nach § 516 und nach dessen verspäteter Neueinlegung, BGH NJW-RR 1998, 638.
– **(Rechtsunkenntnis):** Wer auf eine eindeutige höchstrichterliche Rechtsprechung vertraut hat, muss eine abweichende Übung eines rangniedrigeren Gerichts nur dann beachten, wenn er mit ihr rechnen musste, BVerfG NJW 2003, 1657. Wiedereinsetzung entfällt, soweit eine rechtsunkundige Partei sich nicht in einer zumutbaren Weise rechtzeitig nach der Form oder nach der Frist eines Rechtsmittels erkundigt, BGH FamRZ 1991, 425; Hamm FamRZ 1997, 758.
– **(Rosenmontag):** Sehr großzügig meint BGH NJW 1982, 184, eine außerhalb des Rheinlands ansässige deutsche Partei brauche nicht damit zu rechnen, dass am frühen Nachmittag des Rosenmontags sämtliche dortigen Anwaltskanzleien geschlossen seien.
– **(Rückfrage):** Wiedereinsetzung ist möglich, soweit die Partei zunächst einen Rechtsmittelauftrag erteilt, auch telefonisch, und dann eine schriftliche Bestätigung oder Rückfrage zur Überwachung des Auftrags unterlässt, BGH VersR 1985, 140. Wiedereinsetzung entfällt, soweit die Partei es versäumt, bei dem etwa gesonderten zweitinstanzlichen Anwalt rechtzeitig rückzufragen, wie das Ergebnis seiner auftragsgemäßen Prüfung der Erfolgsaussichten des erwogenen Rechtsmittels laute, BGH VersR 1982, 444, siehe aber BGH NJW 1994, 3102.
– **(Scheidung):** → „– (Wohnungswechsel)“.
– **(Stationierungsschaden):** Wiedereinsetzung ist möglich, soweit die Partei die rechtzeitige Anmeldung eines Bagatellschadens zB nach dem NATO-Truppenstatut bei der zuständigen Dienststelle infolge ihrer Rechtsunkenntnis versäumt hat, Düss VersR 1975, 1104.

Wiedereinsetzung entfällt, soweit die Partei sich im Übrigen nicht nach der Frist und Form einer notwendigen Anmeldung erkundigt hat, Karlsr VersR 1990, 534.

– **(Telefax):** Es gelten dieselben Regeln wie beim Rechtsanwalt, → Rn. 41 „Rechtsanwalt: Telefax“. Die Partei muss den Zugang ihres Fax-Auftrags beim Revisionsanwalt und dessen Bereitschaft klären, BGH MDR 2008, 641. Man muss die Dauer der Übermittlung und zusätzlich etwa 20 Minuten einkalkulieren, BVerwG NVwZ-RR 2015, 392; BGH NJW-RR 2018, 1529, oder ca. je Seite 30 Sekunden, BGH NJW-RR 2018, 1398.
– **(Umzug):** Wiedereinsetzung ist nur dann möglich, wenn die Partei für ihren ProzBev. erreichbar bleibt, etwa durch ein Mobiltelefon, BGH NJW 2003, 903.

Wiedereinsetzung entfällt, soweit die Partei in einer Kenntnis des bevorstehenden Prozesses mehrfach umzieht, gar ins Ausland, ohne zB einen ausreichenden Nachsendeantrag zu stellen, LG Ffm NJW 2005, 688.

– **(Unterrichtung von Zustellung):** Wiedereinsetzung ist möglich, soweit die Partei damit rechnen konnte, dass ihr ProzBev. sie von der fristsetzenden Zustellung unterrichten werde, BGH VersR 1982, 582 (wegen eines Ausländers). Das gilt auch nach der Niederlegung des Mandats, BGH VersR 1988, 836; strenger BGH VersR 1986, 36 (bei der GmbH).
– **(Untersuchungshaft):** → „– (Haft)“.
– **(Unvermögen):** Wiedereinsetzung ist möglich, wenn die Partei die Frist wegen wirtschaftlichen Unvermögens nicht einhalten konnte (strenge Prüfung nötig), BGH NJW 2015, 1312. Voraussetzung hierfür ist, dass die Partei bis zum Ablauf der Frist einen den gesetzlichen Anforderungen entsprechenden Antrag auf PKH eingereicht hat, BGH MDR 2017, 418. Sonst ist zu prüfen, ob eine Deckungszusage seiner Versicherung früher hätte erlangt werden können, BGH VersR 2016, 209. Auch → „ – (Prozesskostenhilfe)“.
– **(Unzuständigkeit):** Wiedereinsetzung ist möglich, soweit das unzuständige Gericht das bei ihm 13 Tage vor dem Fristablauf eingegangene Rechtsmittel nicht rechtzeitig weitergeleitet hat, BGH FamRZ 1988, 830.

Wiedereinsetzung entfällt, soweit die Partei bei einer objektiv ungeeigneten Stelle, zB bei einem Bahn-Mitarbeiter, eine unrichtige Auskunft über den Sitz des zuständigen Gerichts eingeholt und daher die Frist versäumt hat, BGH VersR 1980, 530, oder soweit sie überhaupt nicht genug geprüft hat, bei welchem Gericht sie ein Rechtsmittel einlegen musste, Düss FamRZ 1986, 192, Köln Rpfleger 2000, 36.

– **(Urlaub):** Wiedereinsetzung ist möglich, soweit die Partei die Frist wegen eines längeren Urlaubs versäumt hat, BVerfG NJW 1973, 187; vgl. LAG Nürnb MDR 2006, 275 (6 Wochen). Wiedereinsetzung entfällt aber, soweit die Partei zwar damit rechnen musste, dass schon ein Urteil gegen sie ergehen werde oder schon ergangen sei oder soweit sie gar schon von ihm Kenntnis hatte, nun aber in einen längeren Urlaub oder auf eine längere Reise gefahren ist, ohne irgendwelche Vorsorge wegen des Rechtsmittels zu treffen, BGH NJW 2009, 1608; BFH DB 1982, 836. Auch → „ – (Abwesenheit)“.
– **(Verhinderung):** Wiedereinsetzung entfällt, soweit die Partei nach dem Ende einer unvorhersehbaren, aber nur vorübergehenden Verhinderung nicht die Restfrist ausgenutzt hat, BGH BB 1987, 671.
– ***(Verkündungstermin):*** Wiedereinsetzung entfällt, soweit sich eine Partei ohne einen Anwalt nicht alsbald nach dem Ergebnis eines Verkündungstermins zB nach § 311 IV erkundigte, BGH FamRZ 1995, 800.
– **(Wiederholung):** Wiedereinsetzung entfällt, soweit die Partei ein zB nach § 516 zurückgenommenes Rechtsmittel verspätet wiederholt hat, BGH NJW 1991, 2839.

– **(Wohnungswechsel):** Wiedereinsetzung ist dann möglich, wenn die Partei einen Nachsendeauftrag erteilt hat, BGH NJW 1988, 2672, oder wenn sie ihre Mobilfunknummer mitgeteilt hat, BGH NJW 2003, 903. Wiedereinsetzung entfällt, soweit die Partei zwar mit einem Schreiben des Gerichts rechnen musste, nun aber einen Wohnungswechsel vornahm und darauf vertraut hat, ihr in Scheidung lebender Ehegatte werde ihr die Post nachsenden, BGH VersR 1979, 644, oder soweit sie dann nicht unverzüglich dafür gesorgt hat, dass eine Verbindung zum ProzBev. aufrechterhalten blieb, BGH VersR 1989, 104, oder dass sie überhaupt in den Besitz solcher Schriftstücke kam, die noch an ihre frühere beim Einwohnermeldeamt unverändert gemeldete und von der Partei immer noch mit „angelaufene" Anschrift gingen, Köln MDR 1996, 850; Düss FamRZ 1990, 76. Das gilt auch beim Wegzug ins Ausland, Köln VersR 1993, 1127; LG Ffm NJW 2005, 688. (24)

– **(Zustellung):** Wiedereinsetzung ist möglich, soweit die Partei schon von dem Termin schuldlos nichts gewusst hatte, auf den die Zustellung eines Versäumnisurteils nach §§ 330 ff. folgte. Sie mag in der früheren Wohnung einen Briefkasten unterhalten und kontrolliert haben (lassen), Zweibr JurBüro 2006, 95. Die Partei darf grds. auf die Einhaltung von § 172 vertrauen, Stgt FamRZ 2011, 1746. Sie haftet nicht für Unfug Dritter, Karlsr FamRZ 2013, 801. Wiedereinsetzung entfällt, soweit die Partei den Posteingang nicht genau durchgesehen und daher übersehen hat, dass sich in ihm die wenn auch unscheinbare Benachrichtigung der Post über eine erfolgte Zustellung durch Niederlegung nach § 181 I 3 befand, selbst wenn diese zwischen viel alltäglicher Werbung lag, LAG Köln MDR 1994, 1245. Eine Wiedereinsetzung entfällt ferner, soweit die Partei die ihr durch eine Niederlegung zugestellte Schrift nicht noch vor ihrem Urlaub nach § 181 III abgeholt hat, obwohl ihr das zumutbar war, BGH VersR 1977, 1099, oder soweit sie eine ihr während des Urlaubs durch eine Niederlegung zugestellte Schrift oder Entscheidung nicht alsbald nach dem Urlaubsende abgeholt hat, BGH VersR 1978, 827, oder soweit die Partei eine Frist versäumt hat, obwohl sie rechtzeitig erfahren hatte, dass die Mitteilung über eine Niederlegung nach § 181 I 3 verlorengegangen war, BGH FamRZ 1987, 925 (krit. Gottwald), oder soweit sie ab der Rechtshängigkeit nicht dafür gesorgt hat, dass Zustellungen sie erreichten, BGH FamRZ 1997, 997, soweit sie zB keinen Briefkasten hatte, Karlsr MDR 1999, 498, oder keinen speziell auch für sie eingerichteten, Köln NJW-RR 2001, 1221.

– **(Zustellungsbevollmächtigter):** Trotz seiner Nichtbenennung und damit eines Verstoßes gegen § 184 kann dann eine Wiedereinsetzung infrage kommen, wenn die Sendung den Adressaten nicht erreichte, Art. 2 I, 20 III GG, BGH NJW 2000, 3285.

Patentanwalt: Es gelten grds. dieselben Regeln wie beim Rechtsanwalt, BGH GRUR 2001, 411. Jedoch ist ein Patentanwalt, der kurz vor Ablauf der dafür maßgeblichen Frist feststellt, dass die Telefax-Übermittlung einer Berufungsbegründung in einem Patentnichtigkeitsverfahren wegen von ihm nicht zu vertretender technischer Probleme voraussichtlich scheitern wird, nicht verpflichtet, nach einem Rechtsanwalt zu suchen, der den Versand für ihn über das besondere elektronische Anwaltspostfach – beA – vornehmen kann, weil ein solches Postfach nur für Rechtsanwälte eingerichtet ist, BGH NJW 2020, 2194; → Rn. 31 „Rechtsanwalt: Besonderes elektronisches Anwaltspostfach".

Post: Dem Bürger sind grundsätzlich solche Verzögerungen der Briefbeförderung und der Briefzustellung nicht zurechenbar, die er nicht vertreten muss, BVerfG VersR 2000, 470; BGH NJW 2009, 2200; BAG NJW 1995, 549 (Poststreik), LG Wuppert WuM 1996, 350 (überhaupt Laufzeit). Das gilt trotz der Poststatistik (7 % Verspätungen), BGH NJW 1999, 2118. Beruft sich ein Verfahrensbeteiligter darauf, dass ein fristgebundenes Schriftstück auf dem Postweg verloren gegangen ist, bedarf es einer aus sich heraus verständlichen, geschlossenen Schilderung der tatsächlichen Abläufe bis zur rechtzeitigen Aufgabe des Schriftstückes bei der Post, BGH NJW-RR 2021, 859 Rn. 8 (bzgl. Verfahrensbevollmächtigten); → Rn. 33 „Rechtsanwalt: Fristüberwachung – (Postverlust)". 25

– **(Abholdienst):** Wiedereinsetzung ist möglich, soweit der Empfänger seinen Postabholdienst so schlecht organisiert hat, dass die Anlieferung durch die Post schneller und rechtzeitig erfolgt wäre, BVerfG NJW 1983, 560; Drsd Rpfleger 2005, 270.

– **(Adresse):** Wiedereinsetzung entfällt grds., soweit die Partei oder ihr ProzBev. die Sendung falsch adressiert hat, BGH FamRZ 1997, 172; BVerwG NJW 1990, 1747.

– **(Anwaltsverweigerung):** Wiedereinsetzung entfällt, soweit diejenige Partei, die keinen Anwalt fand, ihn auch nicht benötigte, Köln NJW-RR 1996, 188 (sofortige Beschwerde).

– **(Aufklärbarkeit):** Wiedereinsetzung ist unabhängig davon möglich, ob der Zugang eines gewöhnlichen Briefs, BGH VersR 1978, 671, oder die Ursache einer ungewöhnlichen Postverzögerung noch aufklärbar ist, BGH VersR 1981, 1161.

– **(Beschädigung):** Wiedereinsetzung ist möglich, soweit eine nicht von der Partei verschuldete Beschädigung der Sendung zu deren verzögerter Zustellung geführt hat, BGH VersR 1979, 190, oder soweit der nach § 181 I 2 niedergelegte Umschlag ohne ein Verschulden der Partei derart beschädigt worden ist, dass man den Zustellvermerk nicht erkennen kann, BGH VersR 1980, 744.

– **(Briefkasten):** Wiedereinsetzung entfällt, soweit eine Empfängerin nicht für eine einwandfreie Beschriftung ihres Briefkastens gesorgt hat, BGH NJW 1990, 109.

– **(Erklärung der Post):** Wiedereinsetzung ist nach einer Erklärung der Post, sie werde die Sendung noch an demselben Tag ausliefern, nur dann möglich, wenn die Partei den Postmitarbeiter auf die gewählte Form der Adressierung aufmerksam gemacht hatte, LAG Ffm BB 1984, 676. Überhaupt kann man sich auch als Anwalt grds. auf die Richtigkeit einer Auskunft eines Postmitarbeiters über die voraussichtlichen Postlaufzeiten verlassen, selbst kurz vor dem Fristende, BGH NJW 2007, 2778. Ausreichend ist die nachträgliche Erklärung der Post, die Sendung hätte noch rechtzeitig ausgeliefert werden müssen, BVerfG NJW 2001, 744.

Wiedereinsetzung entfällt, soweit die Partei ein Einschreiben an das Gericht gegen Rückschein dann erst am Tag des Fristablaufs gegen 18 Uhr aufgegeben hat, selbst wenn die Post erklärte, sie werde noch an demselben Tage zustellen. Denn die Partei kann dann nicht mehr mit einem empfangsbereiten Gerichtsmitarbeiter gerechnet haben, OVG Münst NJW 1987, 1353. Eine Wiedereinsetzung entfällt dann erst recht, soweit die Post erklärt hat, „frühestens am Folgetag" zuzustellen, LAG Ffm BB 1999, 644.

– **(Ermittlungsdienst):** Wiedereinsetzung ist möglich, soweit die Partei zwar die Sendung unvollständig adressiert hat, sie jedoch so rechtzeitig abgesendet hatte, dass die rechtzeitige Zustellung nur deshalb unterblieben ist, weil die Post zuvor ihren Ermittlungsdienst eingeschaltet hatte, BAG BB 1976, 187.

– **(Falsche Zustellung):** Wiedereinsetzung ist möglich, soweit die Post einen richtig adressierten Brief verspätet oder an einen falschen Empfänger zugestellt hat.

(25) – **(Fristablauftag):** Wiedereinsetzung entfällt, soweit die Partei ein Express-Einschreiben nach auswärts erst am letzten Tag der Frist vormittags aufgegeben hat, BFH BB 1976, 1254. Das gilt erst recht bei einer unvollständigen Anschrift, LAG Ffm BB 1984, 676. Eine Wiedereinsetzung entfällt ferner, soweit die Partei ein Einschreiben an das Gericht gegen Rückschein erst am Tag des Fristablaufs aufgegeben hat, gar erst um 18 Uhr, OVG Münst NJW 1987, 1353.

– **(Häufung von Verlusten):** Wiedereinsetzung ist möglich, soweit eine auffällige Häufung von Verlusten von Postsendungen vorliegt, BGH VersR 1987, 49.

– **(Nachsendeauftrag):** Wiedereinsetzung ist möglich, soweit die Post einen Nachsendeauftrag nicht ausgeführt hat. Denn man kann grds. darauf vertrauen, dass sie ihn korrekt erledigt, BGH VersR 1988, 1162. Das passiert erfahrungsgemäß auch dann, wenn etwa ein LG jahrelang wegen Renovierung in einen ganz anderen Stadtteil umziehen muss und wenn die Post einen beträchtlichen Teil der insbesondere von auswärtigen ahnungslosen Absendern an die bisherige Adresse gerichteten Sendungen aus irgendwelchen postinternen Organisationsmängeln einfach nicht an die neue Anschrift weiterleitet. Zwar mag auch sie dafür haften. Das befreit das Empfangsgericht aber nicht davon, notfalls mittels täglicher Boten die Ankunft an der neuen Adresse sicherzustellen. Wiedereinsetzung entfällt, soweit die Partei sich als Empfängerin auf einen Nachsendeauftrag verlassen hat, obwohl die Post ihn bisher mangelhaft durchgeführt hatte, BGH VersR 1979, 1030.

– **(Niederlegung):** Wiedereinsetzung entfällt, soweit die Partei den Benachrichtigungsschein über die erfolgte Zustellung durch eine Niederlegung entgegen § 181 II 1 weggeworfen hat, Mü MDR 1994, 410, oder wenn der Postmitarbeiter bei der Aushändigung der niedergelegten Sendung irrig den Zeitpunkt der Aushändigung als den der Zustellung auf der Sendung vermerkt hat. Denn das hätte der Empfänger selbst bemerken müssen, BGH NJW-RR 1992, 315.

– **(Porto):** Wiedereinsetzung entfällt, soweit die Partei die Sendung mit einem ungenügenden Porto versehen hat, Zweibr MDR 1984, 853.

– **(Postfach):** Die Entnahme aus ihm reicht zum Zugang, BFH NJW 2007, 1616. Wiedereinsetzung entfällt, soweit unklar ist, ob die Sendung vor dem Fristablauf in das Postfach des Empfängers kam, BVerwG NJW 1994, 1672; BFH BB 1988, 1112.

– **(Postlaufzeiten):** Als Umsetzung der Richtlinie 97/671 EG des Europäischen Parlaments und des Rates v. 15.12.1997 (ABl. EG 1998 L 15, 14) dient die Post-Universaldienstleistungsverordnung (PUDLV) v. 15.12.1999, BGBl. 2418, Hamm NJW 2009, 2231. Sie bestimmt in § 2 Nr. 3 S. 1, dass von den an einem Werktag eingelieferten inländischen Briefsendungen im Jahresdurchschnitt mindestens 80 % an dem ersten auf den Einlieferungstag folgenden Werktag und 95 % bis zum zweiten auf den Einlieferungstag folgenden Werktag ausgeliefert werden müssen. Auf die Einhaltung dieser Vorschrift muss sich jeder Einlieferer eigentlich verlassen können, BVerfG NJW 2001, 744 und 1566; BGH NJW 2011, 459; GRUR-RR 2011, 159; Hamm NJW 2009, 2231 (auch beim Einschreiben). Das gilt auch bei der Zwischenschaltung eines privaten Kurierdienstes, BGH VersR 2009, 1096. Sie entspricht im Wesentlichen der bisherigen Regel. Diese lautete: „E + 1" (Zustellung am Tag nach der Einlieferung) für einen Expressbrief. Die Praxis ist teils anders, dazu im Ergebnis BGH BB 1993, 1692 (neue Bundesländer damals); Celle NJW 1992, 296, zB wegen des Wegfalls der Spätleerung. Gleichwohl darf eine Partei grds. darauf vertrauen, dass im Bundesgebiet werktags aufgegebene Postsendungen am folgenden Werktag ausgeliefert werden; BGH NJW 2022, 400 Rn. 27. Die Partei muss nicht mit Postlaufzeiten rechnen, die eine ernsthafte Gefahr der Fristversäumung begründen, BGH NJW-RR 2019, 500. Im Übrigen genügt die nachträgliche Erklärung der Post, die Sendung hätte noch rechtzeitig ausgeliefert werden müssen, BVerfG NJW 2001, 744. Es besteht kein Anlass von diesen Grundsätzen auch bei Ausgangs- und Wirtschaftsbeschränkungen während der Covid-19-Pandemie angesichts der guten Infrastruktur abzuweichen; Rauscher COVuR 2020, 2; Gehrlein ZMR 2020, 257.

– **(Postleitzahl):** Wiedereinsetzung kann bei einer fehlenden oder falschen Angabe der Postleitzahl entfallen, BGH FamRZ 2006, 544.

– **(Poststreik):** Beim Poststreik gelten erhöhte Anforderungen an die Partei, LAG Düss BB 1992, 1796, und an ihren ProzBev. Wiedereinsetzung ist dann möglich, wenn eine Sendung infolge eines Poststreiks erst irgendwann später tatsächlich zugegangen ist. Das gilt umso mehr, als man als Empfänger in solcher Lage nur durch einen Zeugen halbwegs nachweisen kann, wann genau dieser tatsächliche Zugang erfolgt ist. Der Zeuge muss dann eigentlich auch beim Öffnen der Sendung den Inhalt mitkontrollieren dürfen. Wiedereinsetzung entfällt, soweit die Partei trotz der ihr bekannten Verzögerungsgefahr wegen eines Poststreiks nicht zB den über ein noch geöffnetes Postamt oder unabhängig davon möglichen Telefaxdienst ohne eine E-Mail-Möglichkeit ausgenutzt oder die Sendung direkt beim evtl. auch auswärtigen Empfänger eingeworfen hat oder sich nicht wenigstens rechtzeitig danach erkundigt hat, ob die Sendung eingegangen ist, BVerfG NJW 1995, 1210.

– **(Postverschulden):** Wiedereinsetzung ist möglich, soweit die Verzögerung der Briefbeförderung auf einem Verschulden der Post beruht hat, etwa auf einer Nachlässigkeit eines Mitarbeiters, BVerfG NJW 1992, 1582; BGH VersR 1979, 444; BAG NJW 1978, 1495, oder auf einer vermeidbar späten Reaktion auf Krankheiten beim Personal; siehe auch → „– (Verlust auf dem Postweg)".

– **(Privatbeförderungsdienst):** Es gelten grds. dieselben Regeln, wie bei → „– (Postlaufzeiten)" beschrieben, BGH NJW-RR 2011, 70.

– **(Sonntag):** Wiedereinsetzung ist möglich, soweit die Partei einen Expressbrief an einem Sonntag 2 Tage oder 1 Tag vor dem Fristablauf im Nahverkehr eingeliefert hat, BGH VersR 1976, 88; LAG Mü JurBüro 1991, 124.

– **(Tag(e) vor Fristablauf):** Wiedereinsetzung ist möglich bei Absendung eines Ortsbriefs 5 Tage vor dem Fristablauf, BVerfG NJW 2001, 1566, erst recht bei einer Absendung 10 Tage vor dem Fristablauf, BGH WuM 2012, 158. Wiedereinsetzung entfällt, soweit die Partei einen Normalbrief mit einer unvollständigen Anschrift erst am Tag vor dem Fristablauf aufgegeben hat, BAG NJW 1987, 3278. Dasselbe gilt bei einer vollständigen Anschrift, BGH VersR 1977, 649, oder dann, wenn sie den Brief in einen solchen Briefkasten eingeworfen hat, neben dem die Post eine Zusammenstellung der Brieflaufzeiten angebracht hat, selbst wenn danach eine Zustellung am Folgetag als möglich erschien. Vgl. allerdings auch BVerfG NJW 1983, 1479; BGH VersR 1982, 298.

– **(Telebrief):** Wiedereinsetzung entfällt, soweit die Partei einen Brief im Eilfall nur als einen Normalbrief und nicht als einen Expressbrief aufgegeben hat, BFH DB 1986, 1760.
– **(Telefax):** → Rn. 41 „Rechtsanwalt: Telefax".
– **(Überlastung):** Wiedereinsetzung ist möglich, soweit die Verzögerung der Beförderung auf einer Überlastung der Post beruht hat, etwa vor Feiertagen, BVerfG NJW 1992, 1582; BGH NJW 2008, 587.
– **(Untätigkeit):** Wiedereinsetzung entfällt, soweit die Partei als Empfängerin eine ständig unkorrekte, ihr als solche bekannte Zustellungsart unbeanstandet gelassen hat, BVerwG MDR 1977, 431, oder soweit sie sich auf einen Nachsendeauftrag verlassen hat, obwohl die Post ihn bisher mangelhaft ausgeführt hatte, BGH VersR 1979, 1030.
– **(Verlust auf Postweg):** Wenn ein fristgebundener Schriftsatz auf dem Postweg verloren gegangen ist, ist Wiedereinsetzung nur dann zu gewähren, wenn die Prozesspartei dies aufgrund einer aus sich heraus verständlichen, geschlossenen Schilderung der tatsächlichen Abläufe darlegt, BGH NJW-RR 2021, 859, Rn. 8; NJW-RR 2021, 505 Rn. 15; NJW-RR 2020, 818 Rn. 15; NJW-RR 2018, 445 Rn. 14; NJW 2015, 3518. Die Partei muss aber die tatsächlichen Abläufe bis zur rechtzeitigen Aufgabe des Schriftsatzes bei der Post glaubhaft machen, BGH NJW-RR 2020, 818 Rn. 15; NJOZ 2017, 1643; → Rn. 33 „Rechtsanwalt: Fristüberwachung – (Postverlust)".
– **(Weihnachten):** Wiedereinsetzung entfällt, soweit die Partei einen Expressbrief am 24.12. bei einem Fristablauf 27.12. aufgegeben hat, BGH VersR 1975, 811.
– **(Wertsendung):** Zum Mitverschulden der Post und des Absenders beim Verlust einer Wertsendung wegen einer zu geringen Wertangabe BGH NJW 1988, 129.
– **(Wochenende):** Wiedereinsetzung ist möglich, soweit die Verzögerung der Briefbeförderung auf einer vorübergehenden Verminderung der Dienstleistung beruht hat, etwa an einem Wochenende, BVerfG NJW 1992, 1582; BGH VersR 1979, 444.

Prozesskostenhilfe: Wird ein Beschluss über die Gewährung von PKH dem ProzBev. des Antragstellers nach § 174 I gegen EB zugestellt, so muss der Anwalt mit der Unterzeichnung des EB in der Handakte prüfen, ob die damit in Gang gesetzte Wiedereinsetzungsfrist ordnungsgemäß notiert wurde. Ein Unterlassen dieser Prüfung begründet bereits ein Verschulden nach I und führt grds. zur Abweisung des Wiedereinsetzungsantrags, BGH NJOZ 2021, 688 Rn. 7; NJW-RR 2010, 417 Rn. 9. Soweit ein Antrag erforderlich ist, kommt es unter anderem darauf an, ob der Antragsteller vernünftigerweise mit einer Bewilligung nach § 119 rechnen konnte und ob er sich für bedürftig halten und davon ausgehen durfte, dass er die wirtschaftlichen Voraussetzungen einer Prozesskostenhilfe genügend dargelegt habe, BGH BeckRS 2020, 10643 Rn. 4 f.; BGH FER 2001, 58; → Rn. 24 „Partei – (Prozesskostenhilfe)". 26
– **(Abtretung):** Wiedereinsetzung entfällt, soweit der Antragsteller seine Forderung vor der Klageerhebung nach §§ 253, 261 abgetreten und nur für seine Mittellosigkeit Unterlagen rechtzeitig beigebracht hat.
– **(Änderung):** BGH MDR 2013, 1307.
– **(Antrag):** Wiedereinsetzung ist möglich, soweit der Mittellose den vollständigen Prozesskostenhilfeantrag nach § 117, BGH WuM 2013, 377, oder das Rechtsmittel vor der Ablehnung seines Antrags auf eine Prozesskostenhilfe nach § 127 I ordnungsgemäß nach § 117 begründet eingelegt hat, Brdb FamRZ 2017, 734, falls er im Zeitpunkt des Fristablaufs noch ohne einen Anwalt gewesen ist, BGH MDR 2016, 112. Sie ist der Partei zu gewähren, wenn sie vernünftigerweise nicht mit einer Ablehnung rechnen musste, BeckRS 2021, 9972 Rn. 12; BeckRS 2021, 32634 Rn. 2; BeckRS 2021, 22201 Rn. 7; BeckRS 2020, 10643; NJW 2017, 1179, und sie aus ihrer Sicht alles getan hat, damit über ihren Antrag ohne Verzögerung entschieden werden kann, BGH BeckRS 2021, 22438 Rn. 4; BeckRS 2021, 18408 Rn. 4, und den Prozesskostenhilfeantrag vor dem Fristablauf gestellt hat, BGH NJW-RR 2017, 895, oder wenn das Gericht das Rechtsmittel vor einer Entscheidung über den Prozesskostenhilfeantrag verworfen hatte, BGH MDR 2011, 1493. Ist der Antrag einer nicht rechtskundig beratenen Naturalpartei unvollständig, hat das Gericht ggf. mit Rücksicht auf die Chancengleichheit von Bemittelten und Unbemittelten in der Rechtsverfolgung eine Hinweispflicht, BGH NJW 2019, 3727. Eine unverschuldet verspätete Erklärung über die eigenen Verhältnisse nach § 117 II kann unschädlich sein, BGH FamRZ 2008, 1167. Wiedereinsetzung entfällt, soweit der Antragsteller nach der Ablehnung seines Gesuchs auf eine Prozesskostenhilfe erkennen konnte, dass die Voraussetzungen ihrer Bewilligung in der Tat nicht erfüllt waren, BGH VersR 1981, 854, oder wenn er den Antrag so spät absandte, dass er nicht bis zum Ablauf der Rechtsmittelfrist oder der Begründungsfrist beim Rechtsmittelgericht eingehen konnte, BGH NJW 2013, 1684; OVG Mannh FamRZ 2003, 104 (2 Tage vor Fristablauf Einreichung beim unzuständigen Gericht; krit. Gottwald), oder wenn er nur das Kostenrisiko scheute, BGH VersR 2016, 209. Das Auffinden einer günstigen Entscheidung erst nach dem Fristablauf reicht nicht, BGH NJW 2009, 2311, → Rn. 24 „Partei – (Prozesskostenhilfe)".
– **(Aufhebung):** Wiedereinsetzung ist möglich, soweit das Gericht einen früheren ablehnenden Beschluss aufgehoben hat.
– **(Aussichtslosigkeit):** Auch wenn ein vollständiger Verfahrenshilfeantrag wegen mangelnder Erfolgsaussichten abgelehnt worden, ist die Mittellosigkeit für die versäumte Rechtsmittelfrist kausal und führt zur Wiedereinsetzung, wenn das Rechtsmittel auf eigene Kosten eingelegt wird, BGH NJW-RR 2019, 899.
– **(Bedürftigkeit):** Wiedereinsetzung ist möglich, soweit der Antragsteller ausreichend dargelegt hat, dass er die Kosten der Prozessführung nach seinen persönlichen und wirtschaftlichen Verhältnissen nicht, nur zum Teil oder nur in Raten aufbringen könne, BGH FamRZ 2002, 1705; BSG VersR 1980, 256. Hierzu hat sie neben dem PKH-Antrag innerhalb der Frist eine vollständig und wahrheitsgemäß ausgefüllte Erklärung zu den persönlichen und wirtschaftlichen Verhältnissen unter Verwendung des amtlich vorgeschriebenen Formulars, → „– (Formular)", nebst der erforderlichen Nachweise vorzulegen, BGH BeckRS 2021, 23628 Rn. 2. Bei Unwägbarkeiten kann dem Antragsteller nicht entgegengehalten werden, er habe vernünftigerweise nicht mit der Gewährung von PKH rechnen dürfen, BGH NJW-RR 2008, 1238 (Differenz von 50 EUR). Ist dem Rechtsmittelführer bereits in der 1. Instanz Verfahrenskostenhilfe bewilligt worden, kann er bei im Wesentlichen gleichen Angaben zu den wirtschaftlichen Verhältnissen erwarten, dass er in der 2. Instanz als bedürftig angesehen wird, BGH NJW-RR 2020, 1457 Rn. 14. Wiedereinsetzung entfällt, soweit der Insolvenzverwalter nicht vor dem Fristablauf nach § 116 S. 1 Nr. 1 ausreichend dargelegt hat, dass er die Mittel zur Prozessführung von den am Prozess wirtschaftlich Beteiligten nicht aufbringen könne, BGH

(26) MDR 2012, 181, oder wenn sein Barvermögen den Schonbetrag erheblich übersteigt, Naumb FamRZ 2008, 1870.

– **(Bezugnahme):** Wiedereinsetzung ist möglich, soweit der Antragsteller keinen Zweifel daran zu haben brauchte, dass seine Bezugnahme auf eine frühere Erklärung nach § 117 ausreichen werde, BGH VersR 1985, 395. Das gilt auch dann, wenn er weitere vom Gericht angeforderte Unterlagen erst nach dem Fristablauf eingereicht hat, BGH VersR 1987, 1219; strenger BGH VersR 1984, 660.

– **(Einkommenserwerb):** Wiedereinsetzung entfällt bei einem inzwischen ausreichenden Einkommen. Auch → „– (Vermögenserwerb)".

– **(Erfolgsaussicht):** Wiedereinsetzung ist möglich, soweit der Antragsteller im erforderlichen Umfang dargelegt hat, dass sein Rechtsmittel die Rechtsmittelsumme zB nach § 511 II Nr. 1 erreicht habe. Hinsichtlich der Erfolgsaussicht bedarf es nicht einmal einer sachlichen Begründung im Prozesskostenhilfegesuch, BGH NJW-RR 2001, 570.

– **(Formular):** Wiedereinsetzung ist möglich, soweit der Antragsteller die Erklärung nach § 117 II–IV sorgfältig ausgefüllt hat, BGH VersR 1984, 660. Im Rechtsmittelzug genügt bei unveränderten Verhältnissen eine eindeutige Bezugnahme auf das erstinstanzlich eingereichte Formular, BGH BeckRS 2021, 23628 Rn. 2; BeckRS 2018, 23607, und soweit er seine Erklärung auch in der Frist eingereicht hat, BGH VersR 1988, 943, sonst aber nicht, BGH FamRZ 2005, 1537; Zweibr MDR 2008, 228. Eine mühelos schließbare Ausfülllücke ist unschädlich, BGH NJW-RR 2008, 942. Ggfs. hat das Gericht einen Hinweis zu geben, BGH NJW 2019, 3727; → Rn. 23 „Gericht: – (Hinweispflicht des Gerichts)".

– **(Frist):** Unterbleibt die rechtzeitige Vornahme einer fristwahrenden Handlung wegen des wirtschaftlichen Unvermögens einer Partei, ist die Frist unverschuldet versäumt, wenn die Partei bis zu deren Ablauf um Bewilligung der PKH nachsucht oder der verspätete Eingang des PKH-Antrags unverschuldet ist und fristgemäß – zB innerhalb der 2-Wochenfrist des § 234 I 1 – nachgeholt wird, BGH NJOZ 2021, 686 Rn. 7; BeckRS 2019, 3047 Rn. 4; BeckRS 2016, 18344 Rn. 4; NZI 2009, 899 Rn. 5. Wiedereinsetzung ist auch möglich, wenn der Antragsteller die Frist zB zur Einlegung oder Begründung des Rechtsmittels etwa nach § 520 II voll ausgenutzt hat, BGH FamRZ 2005, 105. Das gilt auch dann, wenn er das Rechtsmittel erst am letzten Tag eingereicht hat, BGH NJW 1998, 1231. Eine Wiedereinsetzung kommt ferner dann in Betracht, wenn dem Antragsteller nicht einmal eine knappe Zeit verblieben ist, sich über die Einlegung eines Rechtsbehelfs schlüssig zu werden und die Unterlagen für den Antrag auf eine Bewilligung der Prozesskostenhilfe zu beschaffen. Wiedereinsetzung entfällt, soweit der nach §§ 81, 172 zum ProzBev. bestellte Anwalt beim Eingang des Beschlusses über die Bewilligung der Prozesskostenhilfe nicht dafür gesorgt hat, die Frist für das Wiedereinsetzungsgesuch nach § 234 I notieren zu lassen, oder wenn er das Formular nicht rechtzeitig mit faxen ließ, BGH FamRZ 2007, 809, oder wenn er keinen Fristverlängerungsantrag stellte, BGH NJW 2013, 1684.

– **(Gegenvorstellung):** Wiedereinsetzung entfällt, soweit der Antragsteller nach der Ablehnung seines Gesuchs um eine Prozesskostenhilfe nach § 117 erfolglos eine Gegenvorstellung erhoben hatte. Denn nach der Ablehnung mangels einer Erfolgsaussicht gilt die Mittellosigkeit nicht mehr als ein Hindernis.

– **(Kindesunterhaltsverfahren):** Einem Beteiligten im Kindesunterhaltsverfahren ist Wiedereinsetzung hinsichtlich der Beschwerdefrist zu gewähren, wenn er innerhalb der Frist ein vollständiges Verfahrenskostenhilfegesuch eingebracht hat und vernünftigerweise nicht damit rechnen musste, dass der Antrag wegen fehlender Bedürftigkeit abgelehnt werde, BGH NJW-RR 2020, 1457 Rn. 13; BeckRS 2005, 13509 Rn. 7 = FamRZ 2006, 32.

– **(Neue Tatsache):** Wiedereinsetzung entfällt, soweit das Gericht die Prozesskostenhilfe nach einer Ablehnung des Antrags erst aufgrund neuer Tatsachen bewilligt hat, Schlesw MDR 1978, 235. Denn sonst stünde der Mittellose beim Ablauf der Rechtsmittelfrist besser da.

– **(Niederlegung des Mandats):** Es schadet dem Antragsteller nicht, dass sein Anwalt die Vertretung nach der Einreichung eines Antrags auf eine Prozesskostenhilfe nach § 87 niedergelegt hat, bevor das Gericht entschieden hat, BGH VersR 1989, 863.

– **(Prozesskostenvorschuss):** Wiedereinsetzung ist möglich, wenn der Vorschussanspruch tituliert und alsbald durchsetzbar war, sonst nicht, Zweibr FamRZ 2003, 1116.

– **(Rechtsmittel):** Ein Rechtsmittelführer, der innerhalb der Rechtsmittelfrist PKH beantragt hat, ist bis zur Entscheidung über den Antrag solange als ohne sein Verschulden an der Einlegung des Rechtsmittels verhindert anzusehen, als er nach den gegebenen Umständen vernünftigerweise nicht mit der Ablehnung seines Antrags wegen fehlender Bedürftigkeit rechnen musste, BGH BeckRS 2020, 10643; NJW 2018, 3394; NJW-RR 2001, 570. Wenn dem Rechtsmittelführer bereits im ersten Rechtszug Verfahrenskostenhilfe bewilligt worden war, kann er bei im Wesentlichen gleichen Angaben zu den wirtschaftlichen Verhältnissen damit rechnen, dass auch das Gericht des zweiten Rechtszugs ihn als bedürftig ansieht, BGH NJW-RR 2020, 1457 Rn. 14.

– **(Streitgenosse):** Wiedereinsetzung entfällt, soweit die Partei deswegen keinen Rechtsbehelf eingelegt hat, weil das Gericht einem Streitgenossen nach §§ 59 ff. in einer gleichgelagerten Sache eine Prozesskostenhilfe verweigert hatte.

– **(Unterlagen):** Wiedereinsetzung ist möglich, soweit der Antragsteller zusammen mit dem Formular oder in der Frist auch alle weiteren notwendigen Unterlagen über seine persönlichen und wirtschaftlichen Verhältnisse nach § 117 II eingereicht hat, BGH NJW-RR 2000, 879. Eine spätere Nachreichung ist unschädlich, soweit der Antragsteller alles ihm Zumutbare unternommen hatte, um die Unterlagen rascher zu erhalten, BGH VersR 1976, 564; BFH BB 1978, 292. Wiedereinsetzung entfällt, soweit es der Anwalt vorwerfbar unterlassen hat, den Nachweis des wirtschaftlichen Unvermögens in einer gesetzmäßigen Weise zu erbringen, BGH VersR 1992, 637, und zwar innerhalb der vom Gericht gesetzten Frist, BGH NJW-RR 1991, 637.

– **(Vergleichsverhandlung):** Wiedereinsetzung entfällt, soweit die Partei darum gebeten hatte, die Entscheidung über ihren Antrag auf eine Prozesskostenhilfe nach § 117 wegen einer anderweitigen Vergleichsverhandlung zurückzustellen, dann aber die Unterbrechung dieser Vergleichsverhandlung oder eine andere dortige neue Situation entgegen ihrer Ankündigung dem Gericht nicht unverzüglich mitgeteilt hat, Hamm JurBüro 1975, 1604 (abl. Burkhardt).

– **(Vermögenserwerb):** Wiedereinsetzung ist möglich, soweit die Partei ein unter eine Schongrenze fallendes kleines Sparvermögen von (jetzt ca.) 1500 EUR glaubte nach § 115 II nicht einsetzen zu müssen, BGH VersR 2000, 384. Wiedereinsetzung entfällt, soweit die Partei inzwischen ein ausreichendes Vermögen erworben, zB geerbt, hat, BGH VersR 1985, 454.

Rechtsanwalt, dazu die Schriftenangaben vor → § 85 Rn. 1 und Schiller AnwBl 2017, 480 (Grdz.). Verletzt der Anwalt schuldhaft ihm obliegende Sorgfaltspflichten, wird der Partei dieses Verschulden nach § 85 II zugerechnet, BGH NJOZ 2021, 1231 Rn. 9; MMR 2021, 634 Rn. 25. Der BGH stellt an die Sorgfaltspflicht des Anwalts mit Recht hohe Anforderungen. Sie sind aber häufig praktisch schwer erfüllbar. Die folgenden Anforderungen gelten entsprechend bei großen Firmen, BGH VersR 1989, 930. Auch das Verschulden desjenigen, der als Nichtanwalt die Korrespondenz mit dem Bevollmächtigten führt, wird bei Pflichtverletzungen der Partei zugerechnet, BGH BeckRS 2017, 136383. 27

Allgemein gilt etwa Folgendes: Der Anwalt muss alles ihm nur Zumutbare tun und veranlassen, damit er jede einzelne Frist einhält und Fehlerquellen bei der Eintragung und Behandlung von Rechtsmittelfristen ausgeschlossen sind, BGH NJW 2022, 400 Rn. 33; BeckRS 2021, 21513 Rn. 6; BGH NJW-RR 2020, 52; NJW-RR 2015, 442; BAG NJW 2013, 1468. Er muss bestimmte besonders wichtige Berechnungen, Kontrollen und Überwachungen persönlich vornehmen. Er darf sie allenfalls seinem Sozius, einem speziell mit der Sache beauftragten Volljuristen als Mitarbeiter oder einem langjährigen Bürovorsteher übertragen. So gehört es zu den Aufgaben des Anwalts, dafür Sorge zu tragen, dass ein fristgebundener Schriftsatz rechtzeitig erstellt wird und innerhalb der Frist beim zuständigen Gericht eingeht. Daher gehört die Erstellung des fristwahrenden Schriftsatzes zu den Aufgaben, die er nicht seinem Büropersonal übertragen darf, ohne das Arbeitsergebnis auf seine Richtigkeit und Vollständigkeit selbst sorgfältig zu prüfen, BGH BeckRS 2022, 7011 Rn. 9; NJW-RR 2021, 998 Rn. 14; NJW-RR 2016, 129 Rn. 9; → Rn. 31 „Rechtsanwalt: elektronische Dokumente“; → § 129 Rn. 10. Diese Prüfung bezieht sich auch auf die Adressierung an das richtige Gericht, OVG Bln-Brdb NJW 2022, 1266 Rn. 11; BeckRS 2015, 123848. Er kann andere, nicht ganz so wichtige oder schwierige Aufgaben auch anderen Mitarbeitern übertragen. Er muss aber sein gesamtes Personal sorgfältig auswählen, laufend schulen, laufend überwachen und nach Unregelmäßigkeiten besonders kontrollieren. Außerdem muss er durch Vorfristen einen Fristkalender, ein Fristenbuch, Vermerke in den Handakten und auf andere geeignete Weise auch in sachlicher Hinsicht alle überhaupt nur möglichen und zumutbaren organisatorischen Vorkehrungen dagegen treffen, dass er eine Frist versäumt, BGH BeckRS 2022, 20412 Rn. 9. Zu den Sorgfaltspflichten des Anwalts gehört es, im Rahmen des ihm Zumutbaren dafür Sorge zu tragen, dass seine Mitteilungen den Mandanten zuverlässig und rechtzeitig erreichen, BGH NJOZ 2021, 686 Rn. 16; NJW-RR 2017, 1210 Rn. 12; NJW 2007, 2331 Rn. 7; BVerwG BeckRS 2001, 31351950 Rn. 4; DVBl 1982, 643. Das Mandat ist nicht beendet, bevor der Anwalt seinem Auftraggeber das Urteil übersandt, dessen Zustellung mitgeteilt und auf Rechtsmittelmöglichkeiten mit Fristen hingewiesen hat, BGH NJW-RR 2017, 1210.

Er ist überdies in bestimmtem Umfang auch noch dann zumindest mitverantwortlich, wenn er die weitere Bearbeitung inzwischen einem Kollegen übergeben hat, sei es einem Verkehrsanwalt oder einem in der höheren Instanz tätigen Anwalt. Die Sorgfaltspflichten eines jeden dauern auch dann an, wenn sich die Partei nicht meldet oder wenn aus anderen Gründen kein Kontakt zu ihr besteht. Sie enden erst dann, wenn der Anwalt das Mandat wirksam aufgegeben hat oder wenn der Vertrag infolge einer wirksamen Kündigung endete. Auf dieser Grundlage ergibt sich im Einzelnen eine Fülle von Pflichten. Die nachfolgende Übersicht kann nur ein ungefähres Bild von der Vielfalt der Rechtsprechung bieten. Man darf die Anforderungen nicht überspannen, BAG NJW 2013, 1468. Es lassen sich im Wesentlichen etwa die folgenden Gesichtspunkte darstellen.

Auch der gewissenhafteste Anwalt muss sich auf ein leidlich geschultes und eingearbeitetes Personal im Kern verlassen dürfen. Er muss aber natürlich auch stets mitbedenken, dass gerade sein Auftraggeber dasselbe Vertrauen auf den Anwalt setzen darf und dass eben dieser nach § 278 BGB für seine Leute haftet. Das Gericht hat einen wahrhaft nicht beneidenswerten Stand bei der Aufgabe, die Fristüberschreitung in brauchbaren Grenzen zu halten. „Soll er strafen, soll er schonen, muss er Menschen menschlich sehn“ (Gustav Radbruch).

Rechtsanwalt: Abwesenheit: Der Anwalt braucht bei einer nur kurzfristigen Verhinderung keine Vorsorge zu treffen, BayObLG NJW-RR 2001, 1648. Er muss aber dafür sorgen, dass er auch bei seiner eigenen oder bei einer unvorhersehbaren Abwesenheit eines Mitarbeiters die Frist wahrt, BGH VersR 1989, 930; VGH Mü NJW 1993, 1732. Für den Fall seiner Abwesenheit hat der Anwalt dafür zu sorgen, dass die Akte rechtzeitig einem Vertreter vorgelegt wird und dieser die notwendigen Prozesshandlungen vornimmt, BGH NJW-RR 2017, 1142 (Rechtsmittelbegründung). Er muss zB einen Vertreter nach § 53 BRAO bestellen, BGH VersR 1978, 667; Mü MDR 1987, 590. Beauftragt der Anwalt einen Dritten, während seiner Abwesenheit ein Rechtsmittel einzulegen, muss der Auftrag unmissverständlich sein, BGH NJW 1997, 3244; Hmb MDR 1997, 1059.

Rechtsanwalt: Abwickler: Sein schuldhafter Rechtsirrtum über seine Befugnis hindert eine Wiedereinsetzung, BGH NJW 1992, 2158. Der dem Abwickler erteilte Rechtsmittelauftrag braucht eine Überwachung, BGH NJW 1992, 697.

Rechtsanwalt: Akteneinsicht: → Rn. 23 „Gericht: – (Akteneinsicht)“. 28

Rechtsanwalt: Aktenführung, -vermerk: Der Anwalt muss für jeden Prozess eine eigene Handakte führen, zB beim Streit gegen den Kläger und dessen Geschäftsführer, insbesondere bei unterschiedlichen Fristen, BGH NJW-RR 1999, 716. Er muss die Zustellung des Urteils, das er erhält und dessen Erhalt er bescheinigt, entweder selbst sofort in den Akten vermerken, BGH VersR 1979, 161; Oldb JurBüro 1978, 1013, oder er muss den Vermerk sofort durch einen unbedingt zuverlässigen Mitarbeiter anfertigen lassen, BGH VersR 1977, 424, oder er muss die Zustellung aus der ihm vorgelegten Postmappe aussondern und dafür sorgen, dass ein zuverlässiger Angestellter sofort einen Aktenvermerk anlegt, BGH VersR 1978, 523. Die allgemeine Belehrung und Anweisung des Personals genügt nicht. Vielmehr hat der Anwalt glaubhaft zu machen, dass der Mitarbeiter generell zuverlässig ist, BGH VersR 1978, 182, und dass er ihn in einer bestimmten Weise überwacht, BGH VersR 1977, 933.

– **(Bürovorsteher):** Nicht ausreichend ist es grds., dem Bürovorsteher die Eintragung eines Fristendes zu überlassen. Eine Ausnahme mag beim langjährigen erprobten Bürovorsteher möglich sein.

(28) – **(Erneute Vorlage):** Nötig ist eine (nochmalige) Prüfung, ob zB die Berufungsbegründungsfrist im Fristenkalender steht und ob die Handakte dazu einen Vermerk hat, wenn dem Anwalt die Berufungsschrift zur Unterschrift vorliegt oder wenn man ihm die Handakte noch einmal etwa zur Abfassung der Berufungsbegründung vorlegt.

– **(Fristablauf):** Nötig ist ihr Vermerk auf dem Aktendeckel und im Fristenkalender zumindest dann, wenn der Anwalt das Personal nicht angewiesen hat, ihn auf den Fristablauf hinzuweisen, BGH VersR 1979, 256.

– **(Fristunterlagen):** Nötig ist die Angabe, aufgrund welcher Unterlagen das Personal die Rechtsmittelfrist eintragen soll.

– **(Fristwahrung):** Der Anwalt hat durch organisatorische Maßnahmen sicherzustellen, dass fristgebundene Schriftsätze innerhalb der Frist bei Gericht eingehen. Hierzu hat er grds. sein Möglichstes zu tun, um Fehlerquellen auszuschließen, BGH BeckRS 2021, 21513 Rn. 6; NJW-RR 2021, 998 Rn. 14; NJW-RR 2020, 52; NJW 2015, 253; NJW 2010, 1363; BAG NJW 1975, 232.

– **(Urteilszugang):** Nötig ist der Tag als Vermerk in der Handakte. Das muss sogleich erfolgen.

– **(Vorfrist):** Nicht ausreichend ist ihre Notierung bei der Klärung des Ablaufs der Hauptfrist, BGH VersR 1975, 1006.

– **(Wirkliche Frist):** Nötig ist die unverzügliche Eintragung der wirklichen und nicht bloß einer hypothetischen Berufungsbegründungsfrist nach § 520 II 1 nach der Einreichung der Berufung im Fristenkalender. Es muss dazu zusätzlich ein Erledigungsvermerk in die Handakte kommen, Nürnb OLGZ 1976, 119.

– **(Zustellung an Gegner):** Nötig ist der Tag als Vermerk in der Handakte. Das muss sogleich geschehen.

Rechtsanwalt: Aktenvorlage: Sie ersetzt nicht eine systematisch organisierte Ausgangskontrolle, BGH BB 2007, 2316; BAG NJW 1993, 2957. Der Anwalt muss sicherstellen, dass ihm Akten fristgebundener Verfahren rechtzeitig zur Bearbeitung vorlegt werden, BGH NJW-RR 2017, 1142 (bei Lauf von Rechtsmittelfristen); BGH WM 2015, 2164; Drsd MDR 2017, 786; OVG Lüneb AnwBl 2018, 234, notfalls vom Autotelefon aus, BGH VersR 1994, 1324. Er darf die Akten nicht aus dem normalen Geschäftsgang herausnehmen, ohne dass man eine etwa laufende Frist im Fristenkalender vermerkt hat. Wenn der Bürovorsteher ein zugestelltes Urteil nicht vorgelegt hat und auf ein späteres Befragen erklärt, es sei noch nicht eingegangen, kann eine Wiedereinsetzung notwendig sein. Dasselbe gilt dann, wenn das Büropersonal dem Anwalt die Akten trotz einer ausdrücklichen Anordnung nicht zur abschließenden Bearbeitung wieder vorgelegt hat, BGH NJW 2001, 1579, wenn das Personal die Akten trotz einer ausdrücklichen Anordnung dem Anwalt nicht zur Unterschrift der Rechtsmittelschrift vorgelegt hat, BGH NJW 1976, 967, wenn es ihm die vorgelegten Akten ohne sein Wissen wieder weggenommen hat, BGH VersR 1977, 36, oder wenn es ihm eine falsche Auskunft über den Aktenverbleib gegeben hat, BGH VersR 1975, 1149.

– **(Abweichung von Anweisung):** Der Anwalt muss bei Erkennen einer solchen Abweichung selbst zB durch eine Anweisung zur Aktenvorlage für die Sicherung einer Notfrist nach § 224 I 2 sorgen und darf sich nicht mehr mit Einzelweisungen und Rückfragen begnügen, BGH NJW 1998, 460.

– **(Aktenwegnahme):** Der Anwalt darf die Akte weder aus dem Geschäftsgang nehmen noch in den Geschäftsgang zurückgeben und dadurch verursachen, dass eine Eintragung im Fristenkalender unterbleibt.

– **(Auszubildender):** Der Anwalt muss dafür sorgen, dass auch ein unerfahrener Auszubildender die Akten unverzüglich vorlegt, BGH VersR 1978, 960.

– **(Empfangsbescheinigung):** Der Anwalt darf eine fristschaffende Zustellung nicht annehmen und nach §§ 174 IV, 195 II bescheinigen, ohne die allgemein angeordnete Aktenvorlage abzuwarten oder zu prüfen, ob das zugehörige Urteil tatsächlich beilag, BGH VersR 1979, 283; OVG Münst BB 1976, 442.

– **(Erledigungsvermerk):** Der Anwalt muss bei einer Aktenvorlage nach einem Erledigungsvermerk wegen einer wichtigen Frist suchen, BGH VersR 1977, 836. Die Anbringung der Vermerke auf dem jeweiligen Schriftstück genügt; sie muss nicht in jedem Fall auf dem Handaktenbogen erfolgen, BGH NJOZ 2018, 609. Der Anwalt hat auch zu prüfen, ob das Personal eine Frist als im Kalender eingetragen vermerkt hat, BGH NJW 1982, 225.

– **(Falschauskunft des Personals):** Sie geht zulasten des Anwalts, soweit ihm eine persönliche Überprüfung zumutbar war, Stgt JurBüro 1976, 974 (ZVG).

– **(Fristhinweis):** Wenn dem Anwalt die Akten für die Berufungsbegründung nach § 520 im Hinblick auf den Fristablauf vorliegen, kann er sich nicht damit entlasten, sein Büropersonal habe ihn nicht nochmals auf den Fristablauf hingewiesen, BGH NJW 1998, 460; durch Bearbeitung der Sache hat der Anwalt auch die Fristenkontrolle übernommen, BGH NJW-RR 2020, 1002. Dasselbe gilt dann, wenn die Akte dem Anwalt anlässlich einer Vorfrist vorliegt, BGH BB 1999, 1575, oder zwecks der Verlängerung einer Frist, BGH BB 1979, 1429.

– **(Fristprüfung):** Ein Anwalt hat nach ständiger Rechtspr. des BGH durch organisatorische Vorkehrungen sicherzustellen, dass ein fristgebundener Schriftsatz rechtzeitig gefertigt und innerhalb der Frist beim zuständigen Gericht eingeht. Hierbei hat er sein Möglichstes zu tun, um Fehlerquellen bei Eintragung und Behandlung der Fristen auszuschließen, BGH NJW 2022, 400 Rn. 33; BeckRS 2021, 21513 Rn. 6; NJW-RR 2018, 1325 Rn. 13 f mwN.Wenn der Anwalt ein Rechtsmittel eingelegt hat, muss er die Akten zwar nicht grundsätzlich überprüfen, BGH NJW-RR 1999, 429. Er muss es aber dann tun, wenn man ihm die Akten vorlegt, BGH AnwBl 2016, 72, sei es angeblich ohne Fristbindung, BGH NJW 2011, 1600, sei es erst recht wegen einer fristgebundenen Prozesshandlung, BGH NJW-RR 2015, 441; BAG NJW 2003, 1269; Brdb FamRZ 2017, 1320. Er braucht sie aber nicht stets selbst prüfen, ohne dass Anhaltspunkte dafür bestehen, die zur Fristwahrung getroffenen Maßnahmen könnten versagt haben, BGH NJW 2008, 854. Er muss die Akten ferner dann prüfen, wenn sie ihm ohnehin bis zum Fristablauf oder nahe davor vorliegen, BGH NJW 2007, 2332. Der Anwalt muss dabei die Einhaltung seiner Anweisungen zur Notierung der Rechtsmittelfristen prüfen, wobei die Prüfung der Handaktenvermerke grds. reicht, BGH NJOZ 2018, 609; NJW-RR 2017, 953. Wenn ihm die Sache im Zusammenhang mit der fristgerechten Bearbeitung vorgelegt wird, hat der Anwalt selbständig und eigenverantwortlich zu prüfen, ob ein Fristende richtig ermittelt und *im Fristenkalender eingetragen* wurde, BGH NJW-RR 2019, 502; NJW 2018, 2895.

– **(Fristprüfung: Aktenbeiziehung):** Alle Regeln gelten erst recht dann, wenn der Anwalt die Akten „an sich gezogen hat", BGH VersR 1989, 929. Bei Rückführung der Akte in den Kanzleibetrieb muss er sicherstellen, dass die Verantwortung wieder bei seinem Personal liegt, BGH NJW-RR 2020, 1002.

– **(Fristprüfung: Berufung):** Der Anwalt muss eine Frist auch dann kontrollieren, wenn ihm die Akte zur Anfertigung einer Berufungsschrift vorliegt, BGH VersR 1987, 485, oder zu deren Unterschrift, BGH FamRZ 2004, 1183; BAG NZA 2008, 705 (dann auch gleich zur Begründungsschrift), oder zur Prüfung eines Antrags auf Zulassung eines Rechtsmittels, OVG Bautzen NJW 2015, 2680. Er muss eine Frist nochmals bei der Aktenvorlage der isolierten Berufungsbegründungsschrift nach § 520 kontrollieren, BGH WM 2015, 2164; BVerwG NJW 1991, 2097; KG ZMR 1994, 36. (28)

– **(Fristprüfung: Dringlichkeit):** Alle Regeln gelten natürlich erst recht dann, wenn sich eine Kontrolle geradezu aufdrängt, BGH VersR 1977, 836.

– **(Fristprüfung: Friständerung):** Bei ihr muss der Anwalt prüfen, ob das Personal die neue Frist eingetragen hat, BGH VersR 1980, 1047.

– **(Fristprüfung: Prozesskostenhilfe):** Bei einer Aktenvorlage nach einer Bewilligung nach §§ 114 ff. muss der Anwalt auch prüfen, ob er eine fristgebundene Prozesshandlung vornehmen und zB eine Berufung jetzt nach § 520 begründen muss, BGH FamRZ 1981, 536.

– **(Fristprüfung: Revision):** Es gelten die Regeln zu „– (Fristprüfung: Berufung)" entsprechend, BGH NJW 2003, 437; BVerwG NJW 1987, 1350.

– **(Fristprüfung: Überlastung):** Eine erhöhte Verantwortlichkeit besteht dann, wenn man dem Anwalt die Akten trotz seiner eigenen Überlastung vorlegt, BGH VersR 1977, 153. Eine Überlastung entschuldigt ihn auch dann nicht, wenn er die Fristen grds. selbst kontrolliert und das nur diesmal unterlassen hat.

– **(Fristprüfung: Unterzeichnung):** Der Anwalt muss eine Frist auch dann kontrollieren, wenn ihm die Akte „nur" zu einer Unterzeichnung vorliegt, etwa eines Empfangsbekenntnisses nach §§ 174, 195, BAG NJW 2003, 1269, oder einer Mitteilung über eine Fristauswirkung, BGH NJW 1989, 1864.

– **(Fristverfügung):** Der Anwalt braucht dann keine besondere Nachprüfung vorzunehmen, wenn er eine Frist verfügt hatte und wenn ihm die Akten nun aus einem anderen Anlass vorliegen und wenn er an die Fristwahrung noch nicht zu denken braucht, BGH NJW-RR 1999, 429.

– **(Letzter Moment):** Der Anwalt muss dem Verdacht eines Büroversehens kurz vor dem Fristablauf auch durch eine Aktenvorlageanordnung sogleich nachgehen, BGH VersR 1979, 376. Wenn sich der Anwalt mit der Einlegung der Berufung nach § 519 oder mit deren Begründung nach § 520 bis zum letzten Augenblick Zeit lässt, kann er sich zwar auf sein sonst zuverlässiges Personal grundsätzlich auch jetzt verlassen, BGH VersR 1985, 396. Er muss aber eine besondere Sorgfalt aufwenden, BGH NJW-RR 2022, 853 Rn. 15; MDR 2012, 990. Das gilt insbesondere dann, wenn er die Aktenvorlage erst auf den letzten Tag der Frist angeordnet hat, OVG Lüneb AnwBl 2018, 234.

– **(Notierungsanweisung):** Sie kann anlässlich einer Aktenvorlage reichen, etwa wegen der Frist zur Berufungsbegründung nach § 520.

– **(Organisation):** In der Organisation des Fristenwesens einer Anwaltskanzlei muss insbesondere gewährleistet sein, dass außer der eigentlichen Rechtsmittelbegründungsfrist auch eine Vorfrist notiert wird, mit der sichergestellt wird, das dem bearbeitenden Anwalt für die Fertigung des Schriftsatzes hinreichend Zeit verbleibt, BGH NJW 2022, 400 Rn. 33; NJW-RR 2018, 1325 Rn. 14 mwN.

– **(Posteingangsmenge):** Auch dann, wenn der Anwalt zulässigerweise dem Bürovorsteher eine Postvollmacht erteilt hat, kann ein besonders starker Eingang von Einschreibsendungen eine besondere Anordnung des Anwalts über eine Aktenvorlage erforderlich machen.

– **(Selbstprüfung):** Der Anwalt muss dann, wenn ihm die Akten ohne einen Hinweis auf Fristen vorliegen, selbst feststellen, ob es sich um eine Fristsache handelt, BGH FamRZ 2004, 696, oder ob er im letzten Moment etwas versäumt, BGH NJW-RR 1999, 717.

– **(Überlastung):** Wenn das Personal dem Anwalt die Handakte rechtzeitig wieder vorlegt, muss er spätestens jetzt sofort trotz eines hohen Arbeitsanfalls die Fristsicherung vornehmen, BGH NJW 2007, 2332; LAG Köln NJW 2006, 1694. Wenn das Personal die Akte dem Anwalt ganz kurzfristig vorlegt, wenn er sie aber selbst infolge einer Überlastung nicht rechtzeitig bearbeiten kann, muss er etwas veranlassen. Denn er hat immer mit unvorhersehbaren Ereignissen zu rechnen, BGH VersR 1975, 40.

– **(Übertragung in Handakte):** Der Anwalt muss auch bei einer gut geschulten und beaufsichtigten Mitarbeiterin prüfen, ob sie eine von ihm nur auf ein Tonband diktierte Wiedervorlageverfügung in die Handakte übertragen hat, BGH VersR 1982, 1192.

– **(Unterschrift):** Eine Wiedereinsetzung kommt dann in Betracht, wenn das sonst zuverlässige Personal den Entwurf der Berufungsbegründung nach § 520 nach der Billigung durch den Auftraggeber entgegen einer Weisung des Anwalts diesem nicht zur Unterschrift vorlegt. Hat es der Rechtsmittelführer versäumt, die Rechtsmittelbegründung zu unterzeichnen, hat er bis zum Ablauf der Wiedereinsetzungsfrist einen unterschriebenen Begründungsschriftsatz nachzureichen, BGH NJW-RR 2020, 309. Wenn auch ohne Unterschrift aufgrund anderer Umstände zweifelsfrei feststeht, dass der Anwalt die Verantwortung für den Inhalt der Begründungsschrift übernommen hat, darf deren Wirksamkeit nicht allein deshalb verneint werden, BGH NJW-RR 2020, 309; NJW 2005, 2086. Dies gilt auch bei einem handschriftlichen Beglaubigungsvermerk des ProzBev., BGH NJW 2012, 1738. Diese Rechtsprechung ist jedoch nicht auf die Nachholung einer Berufungsbegründung im Zusammenhang mit einem Wiedereinsetzungsantrag nach Einreichung einer mangels Unterschrift unwirksamen Begründung übertragbar, BGH NJW-RR 2020, 309.

– **(Urlaub):** Eine Wiedereinsetzung ist auch dann möglich, wenn der Anwalt vor einem Urlaub die Vorlage aller Fristsachen beim Bürovorsteher oder die Eintragung einer Frist angeordnet hat und sich auf sein eingearbeitetes Personal verlassen konnte, BGH NJW-RR 1987, 710; aber auch BGH NJW-RR 1987, 711.

– **(Vorfristsache):** In einer als Vorfristsache vorliegenden Akte braucht der Anwalt zwar an sich nicht sofort die Fristprüfung vorzunehmen, BGH NJW-RR 2012, 1205 (sondern erst am nächsten Tag), auch nicht zur Kalenderprüfung, BGH NJW-RR 2017, 954. Er muss aber sicherstellen, dass ihm die Akte in einer nichterledigten Vorfristsache rechtzeitig ohne Weiteres wieder vorliegt, BGH VersR 1975, 715; Drsd MDR 2017, 786; KG MDR 1999, 706 (spätestens am Tag des Fristablaufs). Er darf die Prüfung der Hauptfrist dann nicht bis zum letzten Moment hinausschieben, BGH NJW 2007, 2332. Diese Prüfung muss aber nicht sofort erfolgen, weil die Vorfrist gerade den Sinn hat, dem Anwalt einen gewissen Spielraum zur Bearbeitung bis zum endgültigen Fristablauf zu verschaffen, BGH NJW-RR 2012, 1204; NJW 2008, 3439. Er muss sicherstellen, dass eine Vorfrist erst bei einer tatsächlichen Aktenvorlage gestrichen wird, BGH FamRZ 2013,

1118. Wenn der Anwalt erklärt, er habe die Sache selbst in Arbeit genommen, darf er die Akte nicht mehr aus den Augen lassen.

– **(Vorlage beim Vertreter):** Der Anwalt muss auch bei einer gut geschulten und beaufsichtigten Mitarbeiterin prüfen, ob sie seine Anordnung befolgt hat, die Fristsache vor dem Fristablauf dem Vertreter vorzulegen (eine handschriftliche Anweisung mittels Büroklammer genügt nicht), BGH BB 1988, 2415.
– **(Wiedervorlageverfügung):** Der Anwalt braucht dann keine besondere Nachprüfung vorzunehmen, wenn ihm eine Akte vorlag und sein Personal eine Wiedervorlageverfügung nicht beachtet hat, BGH NJW-RR 1999, 429, oder wenn dem Anwalt die Akten wegen eines Mandantenbesuchs kurze Zeit vor dem Fristablauf vorliegen, wenn er sich nun aber mit Rücksicht auf seine Anordnungen und auf das geschulte Personal darauf verlassen kann, dass die Mitarbeiter ihm die Akte rechtzeitig wieder vorlegen oder ihn an den Fristablauf erinnern, BGH NJW 2012, 614.
– **(Zweifel):** Der Anwalt muss zumindest bei einem Zweifel über den Lauf der Berufungsfrist nach §§ 517, 518 die Handakten einsehen, zB beim Fehlen eines Eingangstempels, BGH VersR 1987, 506.

29 **Rechtsanwalt: Andere Instanz:** Wenn der vorinstanzliche Anwalt einem Kollegen für eine höhere Instanz den Auftrag zur Einlegung des Rechtsmittels in einem gewöhnlichen Brief erteilt, muss er die Rechtsmittelfrist selbst kontrollieren, BGH NJW 2001, 3195. Die Sorgfaltspflicht des einen anderen Anwalt mit der Einlegung einer Berufung beauftragenden Anwalts erschöpft sich nicht im rechtzeitigen Absenden des Auftragsschreibens. Der erstinstanzliche ProzBev., der von der Partei mit dem Rechtsmittelauftrag betraut ist, hat regelmäßig in eigener Verantwortung dafür Sorge zu tragen, dass der Rechtsmittelanwalt den Auftrag innerhalb der Rechtsmittelfrist bestätigt, und den rechtzeitigen Eingang der Bestätigung zu überwachen, BGH MDR 2017, 1203; FamRZ 2007, 1007; NJW 2001, 3195 und 1576; NJW 2000, 815.

Etwas anderes gilt dann, wenn der Rechtsmittelanwalt einen selbständigen Rechtsmittelauftrag von der Partei erhalten hat, BGH FamRZ 1993, 310, oder wenn der Rechtsmittelanwalt ausgeschieden ist und ein Abwickler seine Kanzlei betreut, BGH NJW 1992, 697, oder wenn sonst eine Unstimmigkeit vorliegt, BGH NJW-RR 2001, 426. Es reicht dann aus, dass er eine gewisse Zeit zur Überwachung einer fristgemäßen Erledigung lässt, BGH NJW 1975, 1126. Ist zwischen den Anwälten im Einzelfall oder allgemein abgesprochen, dass der zweitinstanzliche Anwalt einen Rechtsmittelauftrag annehmen, prüfen und ausführen werde, so kann sich der erstinstanzliche Anwalt darauf verlassen, BGH NJW 2001, 1576; NJW 1997, 3245. Eine Rückfrage ist auch dann nicht mehr erforderlich, wenn die Anwälte ständig zusammenarbeiten, Köln FamRZ 1997, 1091, oder wenn der Rechtsmittelanwalt den Auftrag schon angenommen hat, BGH FamRZ 2007, 1007. Eine Wiedereinsetzung entfällt dann, wenn der vorinstanzliche Anwalt dem Rechtsmittelanwalt lückenhafte oder sonst fehlerhafte Angaben übermitteln lässt, BGH NJW 1996, 394 und 853; Köln VersR 1991, 792, selbst wenn der Bürovorsteher des erstinstanzlichen Anwalts die Angaben kontrolliert. Eine Wiedereinsetzung kann aber dann möglich sein, wenn der vorinstanzliche Anwalt zwar einen Fehler macht, der Anwalt der nächsten Instanz aber die Rechtsmittelfrist unverschuldet versäumt, die er an sich hätte wahren können, BGH VersR 1981, 680; Düss AnwBl 1989, 291. Hat der vorinstanzliche ProzBev. seine Mitarbeiter nicht unmissverständlich angewiesen, den Zeitpunkt des Ablaufs der Einlegungsfrist der Partei mitzuteilen, und ist dies für die Versäumung der Einlegungsfrist zumindest mit ursächlich, entfällt eine Wiedereinsetzung, BGH MDR 2017, 1203. Das Mandat ist für den erstinstanzlichen Anwalt erst beendet, wenn er das Urteil übersandt, die Zustellung mitgeteilt und auf Rechtsmittelmöglichkeiten hingewiesen hat, BGH NJW-RR 2017, 1210.

– **(Adressat):** Zur Kontrollpflicht des vorinstanzlichen Anwalts gehört auch, ob er das Rechtsmittel beim richtigen Gericht eingereicht hat, BGH VersR 1979, 230.
– **(Auftragsbestätigung):** Der vorinstanzliche Anwalt muss dann, wenn der Anwalt der nächsten Instanz den Rechtsmittelauftrag nicht bestätigt, den Sachverhalt durch eine Anfrage aufklären, BGH MDR 2017, 1203; FamRZ 2007, 1007; NJW 2001, 1576; VersR 1982, 950; BPatG GRUR 2008, 936; Ffm NJW 1988, 1223. Das Personal darf eine Notfrist im Fristenkalender des vorinstanzlichen Anwalts erst dann streichen, wenn der Rechtsmittelanwalt eine Bestätigung des Rechtsmittelauftrags übersandt hat, BGH VersR 1984, 167. Allerdings kann eine Wiedereinsetzung ausnahmsweise bei einer irrigen Streichung der Frist im Kalender möglich sein.
– **(Auftragsprüfung):** Der zweitinstanzliche Anwalt, der vom vorinstanzlichen Kollegen den Auftrag zur Rechtsmitteleinlegung erhält, muss prüfen, ob sich aus dem Schreiben des Kollegen Zweifel darüber ergeben, ob die Rechtsmittelfrist noch läuft, BGH VersR 1985, 499. Bei einem solchen Zweifel muss der zweitinstanzliche Anwalt beim Kollegen Rückfrage halten. Eine Rückfrage ist auch wegen widersprüchlicher Weisungen des vorinstanzlichen Anwalts notwendig, BGH VersR 1981, 80. Im Übrigen darf er die Postkontrolle dem ausgebildeten und überwachten Personal überlassen, BGH NJW 2000, 1872.
– **(Berufungsanwalt):** Er darf sich nicht auf eine Angabe des erstinstanzlichen Anwalts verlassen, BGH NJW 2000, 3071; Ffm VersR 1980, 381. Das gilt sowohl dann, wenn die dem ersteren übersandten Akten nicht vollständig sind, BGH JZ 1986, 406, als auch dann, wenn der Berufungsanwalt anhand der ihm übersandten Unterlagen die Angaben des erstinstanzlichen Anwalts nachprüfen kann, BGH VersR 1975, 90. Der Berufungsanwalt darf sich bei der Kontrolle des Zustelldatums des Ersturteils nicht mit dem Ergebnis einer telefonischen Anfrage seiner Sekretärin beim erstinstanzlichen Anwalt begnügen, BGH VersR 1994, 199, siehe aber BGH VersR 1997, 598.

Der Berufungsanwalt darf die erforderliche Mitteilung über den Zeitpunkt der Zustellung des Berufungsurteils und die etwa nötige Rechtsmittelbelehrung grundsätzlich dem Auftraggeber gegenüber durch einen einfachen Brief vornehmen, BGH VersR 1985, 90. Er darf es nicht einem Auszubildenden überlassen, einen Berufungsauftrag fernmündlich entgegenzunehmen, ohne sich zu vergewissern, für welche Partei er das Rechtsmittel einlegen soll, BGH VersR 1981, 1178. Er muss überhaupt klären, für und gegen wen er ein Rechtsmittel einlegen soll, BGH VersR 1986, 471. Er muss schon bei Einlegung der Berufung wegen der Begründung eine Kontrollfrist eintragen lassen, Ffm MDR 1999, 448.

Er darf die Überwachung einer Notfrist nach § 224 I 2 nicht dem erstinstanzlichen Anwalt überlassen, und zwar auch *nicht* beim sog. „Wuppertaler Zustellungsverfahren", Düss VersR 1998, 1262, und selbst dann nicht, wenn der letztere vereinbarungsgemäß die Berufungsbegründung entwerfen soll. Der Berufungsanwalt ist bei einer Aktenvorlage ebenso wie der Revisionsanwalt zur Fristkontrolle verpflichtet, BGH VersR 1987, 561. Der Berufungsanwalt, der dem Verkehrsanwalt den Ablauf der Berufungsbegründungsfrist mitteilt, muss die Richtigkeit des Datums in der Reinschrift überprüfen, Karlsr OLGZ 1983, 95. Der Berufungsanwalt darf nicht objektiv missverständlich dem erstinstanzlichen Anwalt mitteilen, er habe die Berufung bereits fristgerecht eingelegt, BGH NJW 1992, 575.

Der Berufungsanwalt muss dem erstinstanzlichen Anwalt, der nicht Verkehrsanwalt ist und für die Tätigkeit eines Verkehrsanwalts auch keinen besonderen Auftrag hat, das Berufungsurteil mit der Bitte übersenden, die Partei über den Ablauf der Revisionsfrist zu unterrichten. Denn das gehört zur Aufgabe des Berufungsanwalts. Der Berufungsanwalt muss dem Auftraggeber das Zustellungsdatum des Berufungsurteils mitteilen. Er hat ihn darüber zu unterrichten, ob und inwiefern ein Rechtsmittel gegen das Berufungsurteil zulässig sei, BGH VersR 1978, 1160.

– **(Berufungsgericht):** Es braucht den erstinstanzlichen Anwalt nicht darauf hinzuweisen, dass die Berufung bei ihm nicht zulässig eingegangen ist, BGH VersR 1979, 230.
– **(Bestimmter Rechtsmittelanwalt):** Der erstinstanzliche Anwalt muss die richtige Ausführung seiner Anweisung, einen bestimmten Anwalt beim Rechtsmittelgericht mit der Einlegung eines Rechtsmittels zu beauftragen, selbst überwachen, BGH FamRZ 1998, 97; BPatG GRUR 2008, 936. Der vorinstanzliche Anwalt darf aber darauf vertrauen, dass eine zuverlässige Bürokraft die Anweisung durchführen werde, BGH VersR 1986, 146. Zur Kontrolle gehört zB die Prüfung der Parteibezeichnungen, BGH FamRZ 2004, 1020, sowie der richtigen Anschrift, BGH NJW 1996, 394, nicht aber auch die Kontrolle darüber, ob die Anordnung über die Absendung des Briefes stattgefunden hat. Hat sich der vorinstanzliche Anwalt die Beauftragung des Rechtsmittelanwalts vorbehalten, ist er neben dem Bürovorsteher verantwortlich, BGH VersR 1985, 964.
– **(BGH-Zulassung):** Zur Kontrolle gehört bei einer Revision die Prüfung, ob der Anwalt beim BGH zugelassen ist und ob er auch den Auftrag ausgeführt hat, BGH FamRZ 1998, 97.
– **(Bote):** Hat der vorinstanzliche Anwalt einen Kollegen als einen Boten zur Übermittlung der Rechtsmittelschrift oder -begründung an das Rechtsmittelgericht eingeschaltet, wäre es evtl. eine Überspannung, beim Boten rückfragen zu müssen, BVerfG NJW 1995, 250.
– **(Fristeinhaltung durch Kollegen):** Der andere Anwalt hat sie auch zu prüfen, BGH VersR 1997, 896; BPatG GRUR 2008, 936. Er muss sein Personal auf eine Falschberechnung des Kollegen hinweisen, BGH NJW 2008, 3706.
– **(Letzter Moment):** Der erstinstanzliche Anwalt muss prüfen, ob ein erst kurz vor dem Ablauf der Rechtsmittelfrist abgesandter Auftrag beim etwa besonderen Rechtsmittelanwalt eingegangen ist, BGH NJW 1997, 3245; Ffm NJW 1988, 1223, großzügiger BGH VersR 1979, 444. Eine mündliche eilige Anweisung „zwischen zwei Terminen" kurz vor dem Fristablauf an das eigene Personal reicht meist nicht aus, BGH VersR 1983, 81.
– **(Prozesskostenhilfe):** Der vorinstanzliche Anwalt muss nach der Bewilligung einer Prozesskostenhilfe nach §§ 114 ff. durch das Rechtsmittelgericht, die noch er selbst beantragt hatte, die Frist und eine Vorfrist notieren und den ProzBev. der höheren Instanz informieren, BGH FamRZ 2001, 1606. Der vorinstanzliche Anwalt muss die Beiordnung im Verfahren auf die Bewilligung einer Prozesskostenhilfe korrekt mitteilen, BGH FamRZ 1991, 1173. Er hat bei einer Prozesskostenhilfe selbst eine Wiedereinsetzung zu beantragen, Köln MDR 1998, 1127. Auch ein Verkehrsanwalt muss dann sofort nachfragen, BGH VersR 1975, 90.
– **(Rechtsmittelbegründung):** Wer als vorinstanzlicher Anwalt für den Auftraggeber und den Rechtsmittelanwalt nur die Einreichung der Rechtsmittelbegründungsschrift übernimmt, haftet unabhängig vom Rechtsmittelanwalt, (zum alten Recht), BGH VersR 1986, 817.
– **(Telefonauftrag):** Bei einer telefonischen Auftragserteilung von Kanzlei zu Kanzlei muss sich der Korrespondenzanwalt vergewissern, ob der Auftrag den Rechtsmittelanwalt tatsächlich rechtzeitig erreicht hat, BGH VersR 1985, 962, und ob der Rechtsmittelanwalt vom richtigen Datum der Zustellung der Entscheidung ausgegangen ist, BGH BB 2000, 1859.

Wenn der vorinstanzliche Anwalt den Auftrag zur Einlegung des Rechtsmittels telefonisch erteilt, muss er dafür sorgen, dass der Rechtsmittelanwalt den Auftrag wiederholt, BGH VersR 1980, 765, und seine Annahme zumindest am Telefon von Anwalt zu Anwalt persönlich erklärt, BGH VersR 1984, 167. Beim Telefonauftrag nur an das Personal des Rechtsmittelanwalts muss der vorinstanzliche Anwalt eine schriftliche Auftragsannahme fordern, bevor er die Frist im Kalender löschen lassen darf, BGH VersR 1984, 167. Der Rechtsmittelanwalt muss auch von sich aus für eine Kontrollwiederholung sorgen, BGH VersR 1980, 765.

– **(Unterschrift):** Der vorinstanzliche ProzBev. muss das Schreiben an den Rechtsmittelanwalt mit dem Rechtsmittelauftrag, das eine Angestellte nach den richtigen Handakten gefertigt hat, vor seiner Unterschrift selbst prüfen, BGH NJW 1985, 1710.
– **(Verkehrsanwalt):** Der Verkehrsanwalt ist ein Bevollmächtigter der Partei, BGH VersR 1988, 418, aber kein Erfüllungsgehilfe des ProzBev. der Partei, BGH NJW 1988, 1079. Der ProzBev. muss daher ein Verschulden des Verkehrsanwalts nicht gegenüber der Partei vertreten, LG Regensb AnwBl 1982, 109. Der Verkehrsanwalt muss die Rechtsmittelfrist selbst überprüfen, bevor er einem zweitinstanzlichen Anwalt den Rechtsmittelauftrag erteilt, BGH NJW 2001, 1580. Der ProzBev. muss die Richtigkeit der Frist selbst prüfen, die er dem Verkehrsanwalt mitteilt, BGH NJW 2001, 1580. Der Verkehrsanwalt darf nicht monatelang auf eine Nachricht des ProzBev. über eine Urteilszustellung nach § 317 zuwarten, Düss MDR 1985, 507. Er muss damit rechnen, dass das Urteil zugestellt wurde, sobald er vom zugehörigen Kostenfestsetzungsbeschluss oder gar von der Androhung einer Vollstreckung erfährt, BGH NJW 2001, 1431.
– **(Zustelldatum):** Der vorinstanzliche Anwalt muss dem Rechtsmittelanwalt das Zustellungsdatum des anzufechtenden Urteils richtig angeben, BGH NJW-RR 1995, 839; Köln JurBüro 1994, 687. Er darf sich insofern nicht auf eine Auskunft einer Bürokraft verlassen, BGH NJW 1987, 1334. Der vorinstanzliche Anwalt muss dem Rechtsmittelanwalt den Zeitpunkt der Urteilszustellung mitteilen.

Rechtsanwalt: Angestellter, Beauftragter. Dazu Jungk FPR 2012, 544 (Grdz.). Die ZPO kennt keine dem 30
§ 278 BGB entsprechende Vorschrift, BAG NJW 1990, 2707. Ein Anwalt darf darauf vertrauen, dass eine zuverlässige Kanzleikraft eine konkrete Einzelanweisung befolgt und den konkret erteilten Auftrag erfüllt, BGH BeckRS 2022, 4368 Rn. 6; NJW-RR 2019, 315 Rn. 11; NJW 2014, 700 Rn. 12; NJOZ 2013, 2113 Rn. 7. Ihn trifft unter diesen Umständen nicht die Verpflichtung, sich anschließend über die Ausführung seiner Anweisung zu vergewissern, BGH BeckRS 2022, 4368 Rn. 6; NJW-RR 2020, 501 Rn. 9; NJW 2020,

1809 Rn. 11. Eine Wiedereinsetzung kommt ferner dann in Betracht, wenn das an sich zuverlässige Personal eine vom Anwalt richtig getroffene Einzelanweisung nicht selbst korrekt befolgt, BGH MDR 2011, 1196; OVG Bautzen NJW 2009, 3047, oder wenn das Personal die Partei oder den Verkehrsanwalt nicht unterrichtet oder ein Informationsschreiben nicht vorlegt und wenn der Anwalt daher den Fristfehler zu spät entdeckt. Wird die Anweisung nur mündlich erteilt, müssen allerdings ausreichende Vorkehrungen dagegen getroffen werden, dass die Erledigung in Vergessenheit gerät. Dafür genügt im Regelfall die klare und präzise Anweisung, die Erledigung sofort vorzunehmen, insbesondere wenn zudem eine weitere entsprechende allgemeine Büroanweisung besteht. Die Gefahr, dass eine sofort auszuführende Weisung sogleich vergessen oder aus sonstigen Gründen nicht befolgt wird, macht eine nachträgliche Kontrolle dann nicht erforderlich, BGH BeckRS 2022, 4368 Rn. 6; NJW 2020, 1809 Rn. 11; NJW-RR 2013, 1393 Rn. 12.

– **(Belehrung, Überwachung):** Der Anwalt muss alles ihm nur Mögliche tun, um sein Personal richtig zu belehren und zu überwachen und Versehen auszuschließen, BGH NJW 2020, 2641; VersR 1977, 1130; BFH DB 1983, 1132. Er muss sich vor allem davon überzeugen, dass ein neuer Angestellter das Fristwesen voll beherrscht. Die Anweisungen müssen klar und unmissverständlich sein, BGH BeckRS 2019, 970 Rn. 7. Dabei kann es sich um allgemeine Kanzleianweisungen für alle Fälle oder um eine konkrete Einzelanweisung handeln, BGH NJW-RR 2019, 315 Rn. 11. Weicht der Anwalt von einer bestehenden Organisation ab und erteilt er für einen konkreten Fall genaue Anweisungen, sind nur diese maßgeblich, BGH NJOZ 2019, 845.

– **(Bote):** Auch bei einem beim Anwalt beschäftigten, ihm als zuverlässig bekannten Boten kann eine eingehende Belehrung ausreichen, BGH NJW 1988, 2045, selbst bei einem nicht ständig dort beschäftigten Boten, BGH VersR 1985, 455. Jedenfalls unter besonderen Umständen muss sich der Anwalt trotzdem vergewissern, ob der vom Boten beförderte Brief auch beim Gericht einging, BGH VersR 1985, 188; OVG Bautzen NVwZ-RR 2017, 755.

– **(Hilfskraft):** Eine Wiedereinsetzung kommt dann in Betracht, wenn ein angestellter Anwalt als ein nur unselbständiger Hilfsarbeiter eine Frist versäumt hat, BGH NJW-RR 1992, 1019; BVerwG NJW 1985, 1178; KG AnwBl 1982, 71. Das gilt insbesondere dann, wenn dieser Hilfsarbeiter mehrfach Hinweise auf den Fristablauf erhalten hatte, Hmb MDR 1976, 230, oder wenn er die zuständige Anwaltsgehilfin angewiesen hat, die Berufungsbegründung dem Anwalt zur Unterschrift vorzulegen, (zum alten Recht) BGH VersR 1982, 190. Er darf aber zB die Führung des Fristkalenders nicht einer Aushilfskraft anvertrauen, BGH VersR 1985, 68.

– **(Referendar):** Der Anwalt darf die Überwachung einer Notfrist nach § 224 I 2 nicht einem Referendar überlassen, selbst wenn dieser an sich gute Noten hat. Die Wiedereinsetzung kommt erst recht dann nicht in Betracht, wenn der Referendar der amtlich bestellte Vertreter des Anwalts ist, BGH VersR 1976, 92. Die Wiedereinsetzung kommt aber dann in Betracht, wenn der Anwalt unter einem Hinweis auf den Fristablauf dem Referendar die Beauftragung eines bestimmten zweitinstanzlichen Anwalts übertragen hat.

– **(Sekretärin):** Der Anwalt muss eine von einem angestellten Anwalt entworfene Rechtsmittelschrift auf ihre inhaltliche Richtigkeit kontrollieren, Ros NJW 2007, 91, und die richtige Anschrift des Bekl. prüfen. Er darf aber die Korrektur einer als zuverlässig bekannten Sekretärin überlassen, BGH VersR 1983, 838; BAG BB 1983, 65.

– **(Wiedervorlage):** Der Anwalt darf sich grds. auf eine von ihm angeordnete Wiedervorlage verlassen, BGH NJW 1982, 2670.

Rechtsanwalt: Ausgangskontrolle: → Rn. 33 „Rechtsanwalt: Fristüberwachung". Ein Anwalt genügt seiner Pflicht zur wirksamen Ausgangskontrolle fristwahrender Schriftsätze nur, wenn er seine Angestellten anweist, nach Übermittlung zu überprüfen, ob der Schriftsatz vollständig und an das richtige Gericht übermittelt worden ist, weil mögliche Fehlerquellen nur so mit einem hohen Maß an Zuverlässigkeit ausgeschlossen werden können, BGH NJW-RR 2022, 345 Rn. 6 (bei Fax-Übermittlung durch Sendeprotokoll). Gleiches gilt für die Übersendung einer E-Mail, weil auch insoweit die Gefahr besteht, dass die E-Mail-Nachricht den Empfänger wegen einer technischen Störung nicht erreicht, BGH MMR 2022, 288 Rn. 14. Bei Übermittlung von Schriftsätzen an ein elektronisches Gerichtspostfach (per beA) gelten grds. die gleichen Grundsätze der Ausgangskontrolle, da elektronische Systeme keine geringeren Kontrollstandards bieten dürfen, Ffm NJW 2022, 250 Rn. 7.

Rechtsanwalt: Auszubildender: Der Anwalt muss einen Auszubildenden auf die Durchführung des ihm erteilten Auftrags überwachen lassen, LG Kiel VersR 1988, 754.

– **(Aktenvorlage):** Der Anwalt muss den Auszubildenden darauf überwachen lassen, ob der Auszubildende die Anschrift auf dem Umschlag richtig verfasst hat. Der Anwalt hat dagegen Vorsorge zu treffen, dass ein unerfahrener Auszubildender die Sache vorlegt, BGH VersR 1978, 960.

– **(Eilsache):** Der Anwalt muss sich in einer Eilsache auch sofort vom Auszubildenden über die Durchführung des Auftrags berichten lassen, BGH VersR 1985, 88.

– **(Einreichung bei Gericht):** Der Anwalt muss dafür sorgen, dass der Auszubildende dann, wenn die Frist an demselben Tag abläuft, ein solches Schriftstück, das er vor dem Zwang zu elektronischer Einreichung „zum Gericht" bringen soll, auch auf der Geschäftsstelle abgibt oder doch in den Nachtbriefkasten wirft, großzügiger BGH NJW-RR 1998, 1140, und nicht in einem Raum eines anderen, wenn auch in demselben Gebäude befindlichen Gerichts ablegt, BGH VersR 1985, 88, oder dass der Auszubildende den mit der weiteren Bearbeitung betrauten und informierten Mitarbeiter sogleich entsprechend einschaltet, BAG NJW 1990, 2707. Dem als zuverlässig erwiesenen Auszubildenden darf der Anwalt die Einreichung einer Fristensache evtl. übertragen, BGH NJW 1994, 2958.

– **(Fehlerhäufung):** Auffällig viele Fehler sprechen gegen eine ausreichende Ausbildung, BGH FamRZ 1996, 1469.

– **(Fristberechnung):** Der Anwalt darf einem Auszubildenden die eigenverantwortliche Ausführung der Notierung und Berechnung einer Rechtsmittelfrist nicht übertragen, BVerfG NJW 2007, 3497; BGH WM 2016, 182. Der Anwalt bleibt auch bei solchen Fristen, die er nicht selbst zu berechnen hat, verpflichtet, durch allgemeine Anweisungen sicherzustellen, dass sein Büropersonal nicht eigenmächtig im Fristenkalender eingetragene Fristen ändert oder löscht, BGH BeckRS 2020, 9297. Wenn der Kalenderführer Urlaub hat, darf der Anwalt die Fristüberwachung aber nicht ohne Weiteres einem Auszubildenden überlassen.

– **(Kalender):** Der Anwalt muss auch denjenigen besonders überwachen, dem er sofort nach der Beendigung der Ausbildung den Fristenkalender anvertraut, BGH VersR 1988, 157.
– **(Telefax, Telefon):** Der Berufungsanwalt darf einem Auszubildenden die telefonische Übermittlung des Auftrags zur Berufungseinlegung nur dann überlassen, wenn er gerade dessen diesbezügliche Zuverlässigkeit hinreichend erprobt hat, BGH VersR 1984, 240. Dasselbe gilt beim Telefaxeinsatz, BGH NJW 2006, 1519. Er darf es nicht einem Auszubildenden überlassen, einen Berufungsauftrag fernmündlich entgegenzunehmen, ohne sich zu vergewissern, für welche Partei er das Rechtsmittel einlegen soll, BGH VersR 1981, 1178.
– **(Weiterübertragung):** Eine eigenmächtige Weiterübertragung einer Anweisung eines Angestellten an einen Auszubildenden ist kein Anwaltsverschulden, OVG Bautzen NJW 2009, 3047.

Rechtsanwalt: Besonderes elektronisches Anwaltspostfach (beA): Zur Problematik: Leuering NJW 2019, 2739; Günther NJW 2020, 1785 (zu Haftungsfragen), Schafhausen ArbRAktuell 2021, 410 (Spontanversagen des beA); Schiller AnwBl 2018, 79. 31

– **(Anwendungspflicht):** Nach § 31a VI BRAO ist ein Anwalt verpflichtet, das beA vorzuhalten und Zustellungen dort zur Kenntnis zu nehmen (sog. passive Nutzungspflicht). Gem. § 130d besteht die Pflicht beA zur Übermittlung von Schriftsätzen zu nutzen ab dem 1.1.2022 (sog. aktive Nutzungspflicht), wobei die Länder diese Frist vorverlegen können. Nachdem Schleswig-Holstein und Baden-Württemberg bereits von der Opt-in-Klausel des § 46e I ArbGG, nämlich der Möglichkeit Gebrauch gemacht hatte, für die Arbeitsgerichtsbarkeit die aktive Nutzungspflicht des Elektronischen Rechtsverkehrs (ERV) vorzuziehen, hat das Land Bremen durch VO vom 8.12.2020 die aktive Nutzungspflicht des ERV in der Arbeitsgerichtsbarkeit beim LAG und ArbG Bremen sowie bei dem Sozialgericht und Finanzgericht Bremen auf den 1.1.2021 vorgezogen; → Einl. I Rn. 6. Bei der Einführung des besonderen elektronischen Anwaltspostfachs (beA), das für die elektronische Einreichung genutzt werden kann, hat es in den Vorjahren heftige Kritik aus der Anwaltschaft gegeben, die auch in Entscheidungen des BGH (NJW 2020, 2194) und des BFH (NJW 2019, 2647) ihre Bestätigung fand. Die seit dem 1.1.2020 vor Schleswig-Holsteinischen ArbGen geltende Pflicht für insbesondere Rechtsanwälte, Syndikusanwälte oder Behörden Schriftsätze pp. nur noch elektronisch einzureichen, gilt auch für ältere Verfahren und für Parteien oder Parteivertreter, die nicht aus Schleswig-Holstein kommen, LAG Schlesw-Holstein BeckRS 2020, 10446.
– **(Nutzung des beA):** Die anwaltlichen Sorgfaltspflichten im Zusammenhang mit der Übermittlung von fristgebundenen Schriftsätzen im Wege des elektronischen Rechtsverkehrs per beA entsprechen denen bei Übersendung von Schriftsätzen per Telefax, BGH BeckRS 2022, 4368 Rn. 10; NJW 2021, 2201 Rn. 21; BAG NJW 2019, 2793; Drsd BeckRS 2021, 17340; OVG Magdb NJW 2019, 3663; Kblz NJW 2020, 1823; → § 130a Rn. 34. Bei Übermittlung fristgebundener Schriftstücke im Wege des elektronischen Rechtsverkehrs (beA/EGVP) ist es unerlässlich, den Versendevorgang selbst zu kontrollieren durch Prüfung des Erhalts und des Inhalts der versandten Eingangsbestätigung, BGH NJW 2021, 2201; BAG NJW 2019, 2793; Saarbr NJW-RR 2020, 183; RhPfVGH NJW 2020, 604; LAG Hamm NZA-RR 2019, 504; LSG Bayern NJW-RR 2018, 1453. Für die Ausgangskontrolle des beA bei fristgebundenen Schriftsätzen genügt jedenfalls nicht die Feststellung, dass die Versendung irgendeines Schriftsatzes mit dem passenden Aktenzeichen an das Gericht erfolgt ist, BGH NJW 2020, 1809. Wird ein elektronisches Dokument über das Anwaltspostfach beA übermittelt, ist es auch dann wirksam eingereicht, wenn es von einer anderen Person als dem Postfachinhaber unterzeichnet wurde, sofern das Dokument qualifiziert elektronisch signiert ist, BAG NJW 2020, 258. Versendet der Rechtsanwalt fristwahrende Schriftsätze auf elektronischem Weg, muss er bei Anwendung der gebotenen Sorgfalt mittels geeigneter Software für die Anzeige der automatisierten Empfangsbestätigung, § 130a V, sorgen, Drsd BeckRS 2021, 17340, oder das für beA zuständige Personal belehren, dass bei der Übermittlung von Daten per beA stets der Erhalt der Eingangsbestätigung zu kontrollieren ist; hierzu muss er stichprobenweise Überprüfungen durchführen, BGH NJW 2021, 3471 Rn. 12; NJW 2021, 2201 Rn. 21 ff.; Saarbr NJW-RR 2020, 183. Die Überprüfung kann ohne Weiteres auch durch eine Kontrolle der dem Telefax-Sendeprotokoll vergleichbaren automatisierten Eingangsbestätigung erfolgen, BGH NJW 2021, 2201 Rn. 21 ff.; BAG NJW 2019, 2793 (unter Hinweis auf § 46c V 2 ArbGG); Kulow BRAK-Mitteilung 2019, 2. Jedenfalls muss der Anwalt organisatorische Vorkehrungen für die Überprüfung treffen, ob die Eingangsbestätigung des Gerichts nach § 130a V 2 vorliegt, Schlesw NJW 2022, 708 Rn. 13. Bleibt die automatische Bestätigung des Gerichts aus, hat der Anwalt sich um die Klärung der Ursache zu kümmern und eine erneute Übermittlung, ggf. auf anderem Wege zu versuchen, Kblz NJW 2020, 1823. Entscheidend für die Fristwahrung ist der Zeitpunkt der Speicherung auf der Empfangseinrichtung des Gerichts, über die dem Absender eine automatisierte Bestätigung zu erteilen ist, Kblz NJW 2020, 1823. Tritt ein „Spontanversagen" des beA bei der Ermittlung des Sendeempfängers auf, bedarf es für den Wiedereinsetzungsantrag – wie auch beim „Computerabsturz", → „Rechtsanwalt: Computer" – einer näheren Darlegung zur Art des Defektes und seiner Behebung, LAG Schlesw-Holstein NJW 2021, 2308. Dies verlangt aber vom Anwalt besondere technische Kenntnisse; deshalb krit Anm: Kuhlow NJW 2021, 2310; Schafhausen ArbRAktuell 2021, 410. Gelangt aber eine Berufungsschrift als elektronisches Dokument nicht über einen sicheren Übermittlungsweg zu Gericht und ist ihr keine qualifizierte elektronische Signatur beigefügt, ist die Berufung nach § 130 Nr. 6 nicht wirksam eingelegt, Karlsr NJW-RR 2019 1463. Die Einreichung einer Berufungsschrift über das beA unter Aufbringung einer fortgeschrittenen elektronischen Signatur erfüllt jedoch die Voraussetzungen an die wirksame Einreichung eines elektronischen Dokuments nach § 130a III nicht, Brschw NJW 2019, 2176; LAG Schlesw-Holstein NZA 2020, 896. Eine wirksame Einreichung bestimmender Schriftsätze aus dem beA ist ohne qualifizierte elektronische Signatur nur möglich, wenn der Aussteller das Dokument eigenhändig aus seinem Postfach versendet, BAG NZA 2020, 965 = NJW 2020, 2351; Brschw NJW 2019, 2176. Ein bestimmender Schriftsatz, der formatfehlerhaft ist – zB Schriften enthält, die nicht eingebettet sind –, wahrt keine Frist, LAG Hessen NZA-RR 2021, 34. Scheitert die rechtzeitige Übermittlung des fristgebundenen Schriftsatzes per beA, weil der ProzBev um 23.46 Uhr versucht, diese gemeinsam mit der Vollmacht in das System hochzuladen, dass sodann um 23.50 Uhr eine Fehlermeldung wegen unzulässigen Dateinamens auswirft, ist der ProzBev seinen Sorgfaltspflichten nicht hinreichend nachgekommen, Ffm NJW 2022, 250 Rn. 9 f. Bei fehlerhafter elektronischer Übermittlung besteht ebenso wie bei fehlender oder fehlerhafter Unterzeichnung einer Klageschrift grds. die Möglichkeit, den Mangel durch Nachholung – für die Zukunft – zu beheben, BAG NZA 2020, 1427 Rn. 18 =

(31) NJW 2020, 3192; Müller NZA 2020, 1381. Die aus dem Gebot eines fairen Verfahrens folgende gerichtliche Fürsorgepflicht gebietet es, eine Partei auf einen leicht erkennbaren Formmangel – zB die fehlende Unterschrift – hinzuweisen, BAG NZA 2020, 1501 Rn. 27 = NJW 2020, 3476.

– **(Nutzungspflicht bei Störung des Telefax):** Zu der – zumindest bisher – strittigen Frage einer aktiven Nutzungspflicht des beA (vor dem 1.1.2022) bei Störungen des Telefaxes hat der BGH nunmehr zur derzeitigen Zumutbarkeit Stellung bezogen. Jedenfalls dann, wenn der ProzBev. einer Partei das beA bisher nicht aktiv zum Versand von Schriftsätzen genutzt hat und mit seiner Nutzung nicht vertraut ist, ist die Benutzung des beA nach gescheiterter Übermittlung per Telefax grds nicht zumutbar, BGH NJOZ 2022, 93 Rn. 31; NJW 2021, 390 Rn. 26 f. Die Bedenken an einer derzeitigen Nutzungspflicht des beA deutete sich schon in der Entscheidung des 10. Zivilsenats an (BGH NJW 2020, 2194 Rn. 16). Zuvor hatten Instanzgerichte strengere Anforderungen gestellt: Unabhängig davon, ob das Faxgerät des Gerichts nicht empfangsbereit war oder die Faxübertragung eines fristgebundenen Schriftsatzes aus anderem Grund scheiterte, hat der Anwalt einen fristgebundenen Schriftsatz per beA zu versenden, da alle Anwälte seit dem 1.1.2018 grds. zur passiven Nutzung des beA nach § 31a VI BRAO und seit dem 1.1.2019 zur Bereithaltung und Betreibung von beA verpflichtet seien, Drsd MDR 2020, 306; LG Krefeld NJW 2019, 3658. Diese gewiss für die Zukunft richtungsweisenden Entscheidungen sind jedoch mit Blick auf die Störungen bei beA laut Homepage der BRAK – so am 30.5.2019 (Einschränkung bei Nutzung von beA) oder vom 3.6.2019 (Nachrichten können nicht qualifiziert signiert werden) – derzeit noch zurückhaltend zu bewerten. So kann nach LG Mannh NJW 2020, 940 den Rechtsanwälten derzeit nicht zugemutet werden, innerhalb kürzester Zeit eine andere als die bisher vom Gericht eröffnete Zugangsart zu wählen. Der BGH hielt schon im April 2020 – unter Hinweis auf Drsd MDR 2020, 306 – eine derartige Verpflichtung für zweifelhaft insbesondere wegen der auf der Internetseite der BRAK allein für März 2020 insgesamt zwölf Störungsmeldungen; er hat diese Frage jedoch noch nicht abschließend entschieden, BGH NJW 2020, 2194 Rn. 16; krit. Schafhausen NJW 2020, Editoral Heft 30, 3. Jedenfalls ist ein Patentanwalt, der kurz vor Ablauf der Frist feststellt, dass die Telefax-Übermittlung in einem Patentnichtigkeitsverfahren wegen von ihm nicht zu vertretender technischer Probleme voraussichtlich scheitern wird, nicht verpflichtet, nach einem Rechtsanwalt zu suchen, der den Versand über das beA vornehmen kann, weil ein solches Postfach nur für Rechtsanwälte eingerichtet ist, BGH NJW 2020, 2194 Rn. 14; vertiefend zur Nutzung des beA → § 130a Rn. 15 ff., 31 ff.

Rechtsanwalt: Bürogemeinschaft: Der Anwalt muss prüfen, ob ein Kollege, mit dem er eine Bürogemeinschaft betreibt, das Rechtsmittel wie vereinbart eingelegt hat, BGH VersR 1976, 859.

Rechtsanwalt: Bürovorsteher: Wegen der herausgehobenen Stellung des Bürovorstehers gibt es hierzu einige besondere Fragestellungen.

– **(Entlastung):** Eine vorübergehende Entlastung eines langjährigen, zuverlässigen Bürovorstehers zwingt den Anwalt nicht zu einer erhöhten Verantwortlichkeit, BGH VersR 1976, 343; aM Brem JurBüro 1975, 1601.

– **(Fristberechnung, -notierung):** Eine Wiedereinsetzung kommt evtl. dann infrage, wenn der Bürovorsteher eine Frist falsch berechnet, BGH WM 2010, 1233, oder falsch notiert, BGH VersR 1988, 1141, oder nicht zu Ende notiert, BGH VersR 1985, 140.

– **(Fristenübersicht):** Der Anwalt muss den Bürovorsteher auf einen offensichtlichen Fehler in einer ihm überlassenen Fristenübersicht hinweisen, BGH VersR 1981, 78.

– **(Fristkalender):** Der Anwalt darf sich nicht damit begnügen, den Beginn und die Dauer einer Notfrist nach § 224 I 2 mündlich festzustellen und es dem Bürovorsteher zu überlassen, das Fristende genau zu berechnen und im Fristenkalender sowie in den Handakten einzutragen. Von dieser Regel kann dann eine Ausnahme gelten, wenn der Anwalt einem erprobten langjährigen Bürovorsteher die Führung des Fristenkalenders und die Benachrichtigung der Parteien von der Zustellung des Urteils überträgt. Vor einer Friststreichung darf sich der Bürovorsteher nicht auf eine Mitteilung der Chefsekretärin verlassen, die Frist sei erledigt, BGH NJW-RR 1999, 1222. Wechselt der Bürovorsteher, kann es genügen, dass der Anwalt den Nachfolger einarbeitet.

– **(Letzter Moment):** Wenn der Anwalt den Bürovorsteher am Tag des Fristablaufs beauftragt, einen anderen Anwalt telefonisch mit der Einlegung der Berufung zu beauftragen, muss der Anwalt auf eine etwaige ungewöhnliche Besonderheit hinweisen, zB auf zwei getrennte, aber im Rubrum, im Urteilsspruch und im Verkündungsdatum gleiche Urteile erster Instanz.

– **(Missverständnis):** Ein vermeidbares Missverständnis zwischen dem Bürovorsteher und dem Anwalt darf nicht für einen Fristablauf ursächlich werden, BGH VersR 1978, 1168.

– **(Telefax):** Die Versendung eines fristgebundenen Schriftsatzes per Telefax stellt eine einfache Bürotätigkeit dar, mit der geschultes und zuverlässiges Kanzleipersonal beauftragt werden darf, BGH NJW-RR 2019, 175. Der Anwalt darf den Bürovorsteher nur ausnahmsweise damit beauftragen, ein Rechtsmittel durch Telefax einzulegen. Bei Übermittlung fristgebundener Schriftsetze muss der Absender insbesondere in Abend- und Nachtstunden zusätzlich einen „Sicherheitszuschlag" von 20 Minuten einplanen, weil die Empfangsgeräte durch andere Nutzer blockiert sein können, BGH NJW-RR 2018, 1529.

– **(Urlaub):** Die Wiedereinsetzung kommt ferner dann in Betracht, wenn der Anwalt vor einem Urlaub angeordnet hat, alle Fristsachen beim Bürovorsteher vorzulegen, und wenn er sich auf sein eingearbeitetes Personal verlassen konnte.

– **(Urteilszugang):** Eine Wiedereinsetzung kommt evtl. sogar dann infrage, wenn der Bürovorsteher ein zugestelltes Urteil nicht vorgelegt hat und auf ein späteres Befragen erklärt, es sei noch nicht eingegangen.

– **(Wechselsache):** Es mag auch bei einer einfachen Sache genügen, dass der Anwalt dem geschulten Bürovorsteher einen Hinweis gibt, etwa darauf, wie dieser eine Wechselsache nach § 602 während der „Sommerzeit" nach § 227 III 1 behandeln soll.

– **(Weisung):** Der Anwalt haftet evtl. bei einer klaren Nichteinhaltung seiner Weisung, BGH FamRZ 1997, 955. Eine Wiedereinsetzung ist aufgrund einer notwendigen eingehenden Darlegung des Anwalts dann aber ausnahmsweise möglich, wenn der als zuverlässig geltende Bürovorsteher entgegen einer bestimmten Einzelanweisung des Anwalts handelt, BGH FamRZ 2010, 1067, oder wenn der Bürovorsteher eigenmächtig die vom Anwalt richtig verfügte Fristeintragung ändert, BGH VersR 1982, 757.

– **(Zuverlässigkeit):** Der Anwalt muss die Zuverlässigkeit des Bürovorstehers eingehend geprüft haben und darlegen, LAG Köln VersR 1994, 1326.

Rechtsanwalt: Computer: Den Anwalt entbindet die Anwendung selbst eines speziellen Computerprogramms nicht von der Pflicht zur Kontrolle der Rechtsmittelfrist, BGH NJW 1995, 1499. Ein unverschuldeter Absturz der Datei eine Stunde vor Fristablauf erlaubt die Wiedereinsetzung wegen des fehlenden Rests, Celle NJW-RR 2003, 1439. Nutzt der Anwalt eine Frist bis zum Ablauf des letzten Tages aus, muss er zur Vermeidung des Verlustes wesentlicher Textteile bei technischen Störungen in regelmäßigen Abständen Sicherungsdateien erstellen lassen, BGH NJOZ 2018, 869. Der Antragsteller hat aber einen Defekt oder Absturz und seine Bemühungen um dessen Behebung näher darzulegen, BGH NJW 2004, 2525; LAG Schlesw-Holstein NJW 2021, 2308 (beA). Er muss den sichersten Weg zur Fristwahrung wählen, zB beim Defekt des Druckers, BGH NJW 2006, 2637. Beim Computerfax muss der Anwalt mindestens auf Scanning auch seiner Unterschrift achten (lassen), BGH NJW-RR 2015, 625. (31)

Rechtsanwalt: Einlegung des Rechtsmittels: Der Anwalt muss gewährleisten, dass das Rechtsmittel innerhalb der Rechtsmittelfrist beim zuständigen Gericht eingeht, BGH NJW-RR 2017, 1142 und 1532; NJOZ 2017, 1643. Wird die Frist zur Einlegung des Rechtsmittels deshalb versäumt, weil der Anwalt zuvor einen unstatthaften Rechtsbehelf eingelegt hat, liegt hierin ein der Wiedereinsetzung entgegenstehendes Verschulden, da von einem Anwalt erwartet wird, dass er das Rechtsmittelsystem der jeweiligen Verfahrensart kennt, BGH NJW-RR 2022, 346 Rn. 9 (Anhörungsrüge); NJW 2017, 1112 Rn. 12; NZM 2016, 767 Rn. 5 f. Das Gericht, bei dem der unstatthafte Rechtsbehelf eingeht, ist grds. nicht verpflichtet einen Hinweis so rechtzeitig zu erteilen, dass die Partei in die Lage versetzt wird, das statthafte Rechtsmittel noch fristgerecht einzulegen, BVerfG NJW 2001, 1343; BGH NJW-RR 2022, 346 Rn. 13 f.; NJW 2016, 2042 Rn. 31. Hat der Rechtsmittelführer versäumt, eine unterschriebene und damit wirksame Rechtsmittelbegründung einzureichen, hat er bis zum Ablauf der Wiedereinsetzungsfrist einen unterschriebenen Begründungsschriftsatz nachzureichen, BGH NJW-RR 2020, 309. Lässt er eine Rechtsmittelschrift durch sein Büropersonal fertigen, muss er vor Unterzeichnung sorgfältig Vollständigkeit und Bezeichnung überprüfen, BGH NJW-RR 2022, 784 Rn. 16; NJW 2022, 1964 Rn. 9 f.; NJW-RR 2021, 998 Rn. 14 f.; NJW-RR 2018, 56; NJW-RR 2017, 956. Sie erfordert auch im Übrigen eine besondere Aufmerksamkeit, BGH AnwBl 2016, 691; Ffm MDR 2000, 1336. Der Anwalt braucht nicht stets von sich aus rückzufragen, ob er ein Rechtsmittel einlegen soll, BGH VersR 1992, 898. Er braucht es auch nicht im Zweifel vorsorglich einzulegen, BGH VersR 1989, 1167. Er darf sich nicht mit der Auskunft des Gerichts begnügen, die Rechtsmittelschrift liege noch nicht vor, sondern muss sich über den Eingang oder Nichteingang eine genaue Kenntnis durch eine Rückfrage verschaffen, BGH VersR 1993, 78. Er hat auf die Zuständigkeit des angegangenen Gerichts zu achten, Ffm NJW-RR 2005, 1156; Saarbr MDR 2009, 220; Karlsr VersR 1999, 343. Jedoch kann ein Irrtum bei unklarer Lage, die zur Gesetzesänderung führt, entschuldigen, BGH NJW 2013, 2972. Er muss ferner auf richtige Parteibezeichnungen achten, BGH NJW-RR 2004, 1148; Ffm MDR 2000, 1336, und auf die richtige Adressierung, BGH NJW-RR 2000, 1731. Ein vor einem Zwang zur elektronischen Einreichung 5 Tage vor dem Fristablauf abgesandter Brief an ein OLG braucht nicht unbedingt die Postleitzahl und Hausnummer des Gerichts zu nennen, BVerfG NJW 2001, 1566. Eine irrige Rücknahme hilft bei einer verspäteten neuen Einlegung nicht, BGH NJW-RR 1998, 1446. Der Anwalt darf keinen Berichtigungsentscheid etwa nach § 319 abwarten, Schlesw FamRZ 2016, 933. Das alles gilt auch bei Selbsteinreichung, BGH FamRZ 2016, 1153.

Rechtsanwalt: Elektronische Dokumente: → „Besonderes elektronisches Anwaltspostfach". Bei elektronischer Einreichung gelten §§ 130a–d; vertiefend zur Anwendbarkeit → § 130a Rn. 15 ff. und 31. Ein elektronisches Dokument muss in druckbarer, kopierbarer und – soweit technisch möglich – durchsuchbarer Form im Dateiformat PDF an das Gericht übermittelt werden (§ 130a II, § 2 I 1 ERVV), BAG NZA 2020, 607. Da § 2 I ERVV die zulässigen Dateiformate abschließend benennt, ist ein ZIP-Format nicht für die Bearbeitung durch das Gericht geeignet, Zweibr BeckRS 2020, 36589 Rn. 3 f = FamRZ 2021, 529. Wird durch Übermittlung einer De-Mail ohne Absenderbestätigung Revision eingelegt, scheidet eine „Heilung" des Formmangels durch Ausdrucken dann aus, wenn es sich lediglich um eine Textdatei in Systemschrift und nicht um das Abbild eines eingescannten, im Original unterzeichneten Schriftsatz handelt, Düss NJW 2020, 1452 (zu § 32a III, IV Nr. 1 StPO). Ein elektronisches Dokument ist wirksam beim BGH eingegangen, wenn es auf dem für diesen eingerichteten Empfänger-Intermediär im Netzwerk für das EGVP gespeichert worden ist, BGH GRUR 2020, 980; vgl. auch BFH NJW 2019, 2647 (für Eingang beim BFH). Ein elektronisches Dokument ist für die Bearbeitung durch das Gericht geeignet, wenn es den Vorgaben genügt, die der Verordnungsgeber auf der Grundlage von § 130a II 2 und § 125a III Nr. 1 PatG aufgestellt hat, BGH GRUR 2020, 980. Bei leicht erkennbarem Formmangel – zB Fehlen einer einfachen Signatur – gebietet die Fürsorgepflicht einen Hinweis des Gerichts, BAG NZA 2020, 1501 Rn. 27 = NJW 2020, 3476. Bei Signierung eines fristwahrenden elektronischen Dokuments gehört es zu den nicht auf das Büropersonal übertragbaren Pflichten des Anwalts, das zu signierende Dokument zuvor selbst sorgfältig auf Richtigkeit und Vollständigkeit zu prüfen, BGH BeckRS 2022, 7011 Rn. 11; → § 130a Rn. 24. Insofern bestehen dieselben Pflichten, die allgemein bei fristgebundenen Schriftsätzen bestehen, → Rn. 27 „Rechtsanwalt". Durch Verwendung spezieller Computerprogramme wird ein Anwalt nicht von der Prüfung entbunden, ob das zu versendende Dokument die die Unterschrift ersetzende Signatur aufweist, dabei hat er insbesondere Warnsignale in dem Programm zu beachten, Brschw NJW 2021, 1604 Rn 36 ff. Die anwaltlichen Sorgfaltspflichten im Zusammenhang mit der Signierung eines elektronischen Dokuments entsprechen denen bei der Leistung einer Unterschrift bei Schriftsätzen per Fax. Dazu gehört, dass der ProzBev selber den Schriftsatz dahin überprüft, ob der Schriftsatz iSv § 130a I am Ende die für die einfache Signatur erforderlichen Angaben enthält, Hamm BeckRS 2022, 11453 Rn. 23 ff. Wenn der Anwalt nicht damit rechnen musste, dass ein Dokument, dessen Dateiname Umlaute enthält, von einem internen Rechner des Gerichts nicht abgeholt werden kann, obwohl sein Versand über beA möglich ist und dessen Übermittlung bestätigt wird, ist dies bei der Prüfung der Wiedereinsetzung zu berücksichtigen, BGH BeckRS 2022, 9854 Rn. 16; GRUR 2020, 980 Rn. 21. Unvorhersehbare EDV-Störungen können eine Wiedereinsetzung dann ermöglichen, wenn der Anwalt alle 15 Minuten Sicherungskopien fertigte, BGH FamRZ 2018, 281. Kann bei Zustellung eines Urteils in beglaubigter elektronischer Abschrift nach § 169 IV die Authentizität der das Urteil beglaubigenden elektronischen Signatur des UdG nicht beim Zustellungsempfänger bestätigt werden, hat dies die Unwirksamkeit der Zustellung zur Folge, Brschw BeckRS 2020, 35781. Bei der Übermittlung der Berufungsschrift durch die elektronische Versendung einer Textdatei auf das Faxgerät des BerGer (sogen. Computerfax) muss die für bestimmende

Schriftsätze nach § 130 Nr. 6 erforderliche Schriftform entweder dadurch gewahrt werden, dass die Unterschrift des Erklärenden eingescannt wird, oder dadurch, dass auf dem Schriftsatz der Hinweis angebracht wird, dass der benannte Urheber wegen der gewählten Übertragungsform nicht unterzeichnen kann, BGH NJW-RR 2021, 373 Rn. 8; NJW 2000, 2340.

Rechtsanwalt: Elektronischer Fristenkalender: Bei Fristeingaben in den elektronischen Fristenkalender muss eine Kontrolle durch einen Ausdruck der eingegebenen Einzelfälle oder eines Fehlerprotokolls erfolgen. Dies ist erforderlich, um nicht nur Datenverarbeitungsfehler des EDV-Programms, sondern auch Eingabefehler oder -versäumnisse zu erkennen und zu beheben, BGH NJW 2019, 1456 Rn. 13; NJW-RR 2018, 1267; NJW-RR 2012, 1085; BSG NJW 2018, 2511; BFH BeckRS 2018, 16117; Stgt BeckRS 2020, 8388 Rn. 9 = MDR 2020, 880. Nicht hinreichend ist eine anschließende Eingabekontrolle in zwar mehrstufigen, aber ausschließlich EDV-gestützten und nur kurze Zeit benötigenden Arbeitsschritten am Bildschirm, BGH NJW 2019, 1456 (kritAnm Siegmund NJW 2019, 1458; Dahns NJW-Spezial 2019, 286). In der Phase der Umstellung von einem herkömmlichen auf einen elektronisch geführten Fristenkalender gelten für die Kanzleiorganisation keine reduzierten Sorgfaltsanforderungen. Daraus wird abgeleitet, dass grds. die Fertigung eines Kontrollausdrucks erforderlich ist, um mögliche Fehler zu beheben, BGH NJW-RR 2021, 444 Rn. 8; NJW 2019, 1456 Rn. 13.

Rechtsanwalt: E-Mail: Der Anwalt muss den Zugang kontrollieren, BGH NJW 2014, 557.

Rechtsanwalt: Empfangsbekenntnis: → Rn. 43 „Rechtsanwalt: Zustellung".

32 **Rechtsanwalt: Fristberechnung, -notierung:** Die Sorgfaltspflicht in Fristsachen verlangt von einem RA, alles ihm Zumutbare zu unternehmen, um dafür Sorge zu tragen, dass eine Wiedereinsetzung erst gar nicht notwendig wird, BGH NJW 2022, 400 Rn. 33; BeckRS 2021, 16492; Kblz BeckRS 2020, 19111 = FamRZ 2020, 1858. Er hat durch organisatorische Vorkehrungen sicherzustellen, dass ein fristgebundener Schriftsatz rechtzeitig gefertigt wird und innerhalb der Frist bei Gericht eingeht; Fehlerquellen bei der Eintragung sind auszuschließen, BGH NJOZ 2021, 691 Rn. 10; NJW-RR 2018, 1325 Rn. 18; NJW-RR 2017, 953 Rn. 8. Hierbei sind mehrere Hauptgruppen von Aufgaben zu beachten: Der Anwalt muss eine eigenverantwortliche Prüfung vornehmen, BGH AnwBl 2016, 691; BVerwG NZA-RR 2013, 381. Er muss sich davon überzeugen, dass die Mitarbeiter das Fristwesen voll beherrschen, die er mit der Fristberechnung betraut, BGH VersR 1986, 1083; LAG Köln MDR 2002, 1026. Er hat im Zweifel die kürzere Frist zu beachten, BGH GRUR 2001, 271. Er darf einem Mitarbeiter nach dessen sechsmonatiger Probezeit einfache Fristen überlassen, BGH NJW 2011, 1080. Der Anwalt muss dem Personal die Grundsätze des Ablaufs einer Frist nennen. Er muss angeben, aufgrund welcher Unterlagen das Personal eine Rechtsmittelfrist in den Fristenkalender eintragen soll. Er hat überhaupt zu veranlassen, dass alles zur Fristwahrung Notwendige geschieht, BGH NJW-RR 2019, 502; AnwBl 2007, 236; BVerwG NVwZ 2012, 581; Zweibr MDR 2006, 1183. Diese Pflicht entsteht für den vorinstanzlichen Anwalt auch schon mit einer Zustellung der Entscheidung an ihn, BGH VersR 1986, 1192. Der Anwalt muss vortragen, welche Weisungen er wegen der Eintragung einer Frist oder Vorfrist erteilt hat, BGH BB 2002, 68; Brdb FamRZ 2017, 1319; Ffm MDR 2005, 296.

– **(Absolute Ablauffrist):** Der Anwalt muss zumindest beim auffällig langen Ausbleiben des Urteils vorsorglich die absoluten Ablauffristen nach §§ 517, 548 (5-Monats-Fristen) notieren und überwachen, BGH AnwBl 1989, 100; Stgt MDR 2003, 1312.
– **(Aktenvorlage):** Aus ihrem Anlass hat der Anwalt eine Fristnotierung zu überprüfen, BGH WM 2014, 430; NJW-RR 2014, 697. Für die Fristeinhaltung ist der Anwalt allein zuständig, sobald ihm die Akte zur Bearbeitung vorgelegt wird. Auch bei digitaler Aktenführung liegt die Fristeinhaltung im Bereich des Anwalts, wenn er die Bearbeitung begonnen, aber noch nicht endgültig abgeschlossen hat, denn es darf keine geringere Überprüfungssicherheit gegeben sein als bei einer Papierakte, BGH NJW 2020, 2641 Rn. 11; NJW-RR 2020, 1002 Rn. 13; BGH NJW 2014, 3102; Borgmann NJW 2020, 3567 (3571).
– **(Ausfertigung):** Der Anwalt muss bedenken, dass kleinere Fehler der ihm zugestellten Ausfertigung die Wirksamkeit der Zustellung selbst dann nicht beeinträchtigen, wenn das Gericht sie dann korrigiert, BGH NJW-RR 2000, 1666.
– **(Aussetzung):** Der Anwalt muss nach einer Aussetzung des Verfahrens nach §§ 148 ff. die Mitteilung eines neuen Termins zum Anlass einer neuen Fristprüfung nehmen, BVerfG NJW-RR 1997, 188.
– **(Auszubildender):** Ihm darf der Anwalt eine Fristnotierung grds. nicht überlassen, BVerfG NJW 2007, 3497.
– **(Belehrung):** Der Anwalt muss einen mit der Fristberechnung betrauten Mitarbeiter über die Fristvorschriften belehren, BGH VersR 1986, 574; BFH BB 1984, 906.
– **(Berufungsbegründung):** Der Anwalt muss die wirkliche und nicht bloß eine hypothetische Begründungsfrist nach § 520 II 1 sogleich nach der Einreichung der Berufung eindeutig notieren lassen, BGH VersR 1977, 333 und 670; Schlesw MDR 1995, 1165. Das gilt, zumal die Begründungsfrist auch ab einer verspäteten Berufungseinlegung und nicht erst ab einer Wiedereinsetzung läuft, BGH VersR 1987, 764.
– **(Bürovorsteher):** Der Anwalt darf die Berechnung und Notierung seinem erprobten langjährigen Bürovorsteher überlassen, einem nicht derart qualifizierten aber nicht, BGH NJW 1988, 2804. Eine Wiedereinsetzung kommt grds. dann in Betracht, wenn ein an sich zuverlässiger Bürovorsteher eigenmächtig eine vom Anwalt richtig verfügte Frist falsch berechnet, BGH VersR 1979, 157, oder falsch vermerkt, BGH NJW 2001, 1579; BAG NJW 1982, 72, oder entgegen einer Weisung die falsch notierte Frist nicht streicht, BGH VersR 1996, 388, es sei denn, der Anwalt hat die Abweichung vom bei ihm üblichen Verfahren erkannt, Brdb MDR 1997, 1063.
– **(Diktat):** Die Feststellung einer Frist durch ein Diktat reicht nicht aus, BGH FamRZ 1995, 671.
– **(Einfache Sache):** Der Anwalt darf die Fristberechnung und -notierung in einer einfachen Sache seinem gutgeschulten und überwachten Büropersonal die Fristberechnung in einer einfachen Sache überlassen, die in der Praxis häufig vorkommt, BGH VersR 1980, 142, 192 und 826. Nicht jeder Fehler einer sonst zuverlässigen Angestellten zwingt den Anwalt dazu, die Frist selbst einzutragen, BGH NJW-RR 2003, 276. Der Anwalt darf darauf vertrauen, dass sein Personal eine bestimmte Einzelanweisung zur Fristnotierung befolgt, BGH MDR 2008, 814.
– **(Eingangsstempel/-bestätigung):** Der gerichtliche Eingangsstempel erbringt als öffentliche Urkunde den Beweis für den Zeitpunkt des Eingangs – zB einer Klageschrift –, so dass der Kläger einen früheren Eingang

beweisen muss, BGH NJOZ 2021, 603 Rn. 5; BeckRS 2001, 4007 Rn. 5. Dem Berufungsführer, der den rechtzeitigen Eingang der Berufungsschrift zu beweisen hat, steht gegen den durch den Eingangsstempel als öffentliche Urkunde iSd § 418 I erbrachten Beweis der im Wege des Freibeweises zu führende Gegenbeweis zu, BGH NJW-RR 2020, 499; NJW 2017, 2285. Ordnet ein Anwalt die Einholung einer Eingangsbestätigung an, obwohl er hierzu nicht verpflichtet ist, können Fehler, die ihm hierbei unterlaufen, die Versagung der Wiedereinsetzung nicht rechtfertigen, BGH NJW 2015, 2267. (32)

– **(Erledigungsvermerk):** Jede Fristnotierung muss einen Erledigungsvermerk in den Handakten erhalten, BGH NJW-RR 2019, 502; NJW 2018, 2895; FamRZ 2014, 284; Nürnb OLGZ 1976, 119. Die Fristeintragung muss ihm unbedingt vorangehen, BGH WM 2014, 424. Der Anwalt, der im Zusammenhang mit einer fristgebundenen Verfahrenshandlung mit einer Sache befasst wird, hat dies zum Anlass zu nehmen, die Fristvermerke in der Handakte zu überprüfen, BGH NJW 2020, 2641.
– **(Falschauskunft des Anwalts):** Der Erstanwalt darf den Zweitanwalt nicht über einen Fristablauf falsch unterrichten. Der Zweitanwalt muss sein Personal auf eine solche Fehlangabe hinweisen, BGH NJW 2008, 3706.
– **(Falschauskunft des Gerichts):** Ein Anwalt, den ein erfahrener zuständiger Richter fälschlich dahin informiert, die Frist sei abgelaufen, handelt nicht notwendig pflichtwidrig, wenn er eine Wiedereinsetzung beantragt, KG VersR 1981, 1057.
– **(Familiensache):** In einer Ehe- oder Familiensache muss der Anwalt grds. die Weisung geben, ihm einen Eingang sofort zur Prüfung vorzulegen, BGH NJW 1980, 2261.
– **(Fristende):** Der Anwalt muss sicherstellen, dass das Personal wenigstens das Ende jeder Rechtsmittelfrist einträgt, BGH NJW 2018, 2895; NJW 1992, 974; Zweibr MDR 2006, 1183, und zwar frühestmöglich, Nürnb NJW-RR 2005, 1086, unbedingt vor der Eintragung eines Erledigungsvermerks, BGH WM 2014, 424, und natürlich grds. bei jeder einzelnen Frist desselben Auftraggebers gesondert, BGH NJW 1992, 2488 (auch zu einer Ausnahme), dass die Mitarbeiter also nicht bloß eine „Einlassungsfrist" eintragen, BGH VersR 1989, 104, oder eine sonstige Vorfrist, BGH NJW 1988, 568, oder bloß eine Wiedervorlage einträgt, BGH VersR 1978, 538, und dass die Eintragung des Fristendes alsbald geschieht, BGH VersR 1976, 970; LAG Köln BB 2000, 1948 (bei Rechtsmitteleinlegung), jedenfalls vor oder bei der Unterzeichnung und Rückgabe eines Empfangsbekenntnisses, BGH FamRZ 1996, 1004; BSG NJW 2001, 1597; Bbg MDR 2005, 1072. Bei einem nicht bundeseinheitlichen Feiertag ist der Empfangsort maßgeblich, Kblz NJW-RR 2017, 254.
– **(Gesetzesänderung):** Hinsichtlich neuer oder auch möglicher Gesetzesänderungen ist erhöhte Aufmerksamkeit des Anwalts nötig, BGH GRUR 2011, 358.
– **(Klebezettel):** Ein bloßer Zettel auf der Handakte reicht als Fristnotierung nicht, BGH NJW 1999, 1336; OVG Brem NJW 2010, 2745.
– **(Legal-Tech-Anwalt):** Auch ein auf „Legal-Tech" spezialisierter Anwalt ist zur Überprüfung der Fristvermerke in der Handakte verpflichtet, wenn er im Zusammenhang mit einer fristgebundenen Verfahrenshandlung mit der Sache befasst wird, wobei es nicht entscheidend ist, ob die Handakte herkömmlich oder elektronisch geführt wird, BGH NJW 2020, 2641.
– **(Mehrheit von Fristen):** Bei einer Mehrheit von Fristen sind für jede Frist getrennt alle Anforderungen zu beachten, BGH NJW 2010, 3585 (gerade auch bei demselben Auftraggeber).
– **(Mitteilung des Auftraggebers):** Der Anwalt muss unabhängig von einer solchen Mitteilung vorgehen, Düss VersR 2007, 244, Köln FamRZ 1999, 1084.
– **(Mitteilung des Gerichts):** Der Anwalt muss unabhängig von einer solchen Mitteilung vorgehen, BGH VersR 1998, 71. Er muss sie zum Anlass einer (nochmaligen) Überprüfung schon der Rechtsmittelfrist (und außerdem der Begründungsfrist) nehmen, BGH NJW 2009, 854; BAG DB 1995, 152; VGH Kassel NJW 1993, 749, großzügiger Karlsr VersR 1991, 201. Der Anwalt darf die Prüfung und die Berechnung einer zur Einlegung des Rechtsmittels erforderlichen Frist auch dann nicht unterlassen, wenn ihm das Gericht insofern eine formlose Information gegeben hat, die keine amtliche Belehrung war, BVerwG NJW 1997, 2634; LG Hann NJW 1984, 2837. Er darf jedoch darauf vertrauen, dass nach einer Mitteilung des Gerichts, die erste Urteilszustellung sei unwirksam und das Gericht bereite daher eine weitere vor, erst diese weitere die maßgebliche ist, BGH VersR 1995, 680. Er darf die Berechnung und Notierung einer Rechtsmittelfrist nicht einem Auszubildenden im ersten Lehrjahr übertragen, BGH NJW 1989, 1157.
– **(Mündliche Klärung oder Anweisung):** Die derartige Klärung des Beginns und der Dauer einer Frist reicht nicht aus, BGH VersR 2013, 779, ebenso wenig eine nur mündliche Anweisung ohne organisatorische Absicherung, BGH NJW-RR 2014, 316.
– **(Referendar):** Der Anwalt muss trotz der Einschaltung eines Stationsreferendars prüfen, ob die Frist richtig ermittelt und vermerkt ist, OVG Münst NJW 2014, 3117.
– **(Revision):** Ein nicht ständig mit Revisionen befasster Anwalt muss bei der Fristnotierung das Personal auf Besonderheiten der Fristberechnung hinweisen, BFH BB 1984, 906; BVerwG NJW 1982, 2458.
– **(Samstag):** Es kann ein Mitverschulden des Anwalts vorliegen, der ein Fristende trotz § 222 II auf einen Samstag notieren lässt, BGH VersR 1985, 1149.
– **(Schriftlicher Hinweis):** Der Anwalt darf sich nicht stets mit einem schriftlichen Hinweis „Fristeintragung, falls noch nicht geschehen" begnügen, BGH VersR 1998, 1570.
– **(Schwierige Sache):** Der Anwalt darf die Berechnung in einer schwierigen oder bedeutenden Sache nicht einem Angestellten überlassen, BGH NJW 2004, 350; BAG NJW 1995, 3340; BSG NJW 1998, 1886. Er muss die Frist dann selbst feststellen, BGH NJW 1991, 2082. Das gilt insbesondere dann, wenn er der Partei den Tag des Fristablaufs mitteilt. Das gilt zB bei § 99 II, Bbg FamRZ 2000, 834, oder bei einem Verfahren auf den Erlass einer einstweiligen Verfügung, Ffm NJW 1975, 224, bei der Berufung gegen ein Scheck-Vorbehaltsurteil, BGH VersR 1987, 760 (Fehler bei der Eintragung durch gutgeschultes Personal sind aber evtl. unschädlich), bei einem Wechsel-Nachverfahren, BGH VersR 1985, 168, oder bei der Aufnahme eines durch die Insolvenz des Prozessgegners unterbrochenen Verfahrens, BGH NJW 1990, 1240.
– **(Selbstberechnung):** Der Anwalt unterläuft seine grds. ausreichende allgemeine Berechnungsanweisung (erst Kalender, dann Handakte), BGH FamRZ 1996, 1468, nicht dadurch, dass er im Einzelfall die Frist selbst berechnet, BGH VersR 1988, 78.

– **(Unrichtigkeit des Urteils):** Der Anwalt muss wissen, dass eine zur Berichtigung nach § 319 ausreichende Unrichtigkeit des Urteils an der Wirksamkeit seiner Zustellung grundsätzlich nichts ändert, BGH VersR 1980, 744.
– **(Urteilsart):** Der Anwalt muss bei einer Fristberechnung darauf achten, um welche Urteilsart es sich handelt, ob zB um ein Erstes oder um ein Zweites Versäumnisurteil nach § 345, BGH VersR 1987, 256.
– **(Urteilseingang):** Der Anwalt darf nicht die Rechtsmittel- und ihre Begründungsfrist beim Urteilseingang zugleich notieren (lassen), BGH VersR 1996, 1561, zumal der bloße Eingang noch keine Entgegennahme nach § 195 bedeutet, BGH NJW-RR 1997, 55.
– **(Verkündungstermin):** Der Anwalt muss sich in jeder zumutbaren Form nach dem Verkündungsdatum zB nach § 311 IV erkundigen. Ob dazu bloße schriftliche Anfragen statt einer Akteneinsicht nach § 299 ausreichen, so BGH FamRZ 2004, 264, ist eine Fallfrage.
– **(Vorfrist):** In der Organisation des Fristwesens muss gewährleistet sein, dass außer der eigentlichen Rechtsmittelbegründungsfrist eine Vorfrist notiert wird, mit der sichergestellt werden soll, dass der sachbearbeitende Anwalt für die Fertigung der Rechtsmittelbegründung hinreichend Zeit verbleibt, BGH NJW 2022, 400 Rn. 33 f.; NJOZ 2021, 691 Rn. 12; NJW-RR 2018, 1325 Rn. 15. Er muss sich grds zur Rechtsmittelbegründung eine einwöchige Vorfrist setzen und notieren lassen, BGH AnwBl 2007, 796; Stgt MDR 2013, 1484; Brdb MDR 2008, 709. Der Anwalt muss schon bei der Rechtsmitteleinlegung eine Vorfrist oder Wiedervorlagefrist notieren lassen, BGH FamRZ 2013, 1118. Sie muss sich von der Eintragung einer gewöhnlichen Frist deutlich abheben, BGH NJW-RR 2005, 215. Der Anwalt muss die Durchführung einer mündlichen Anweisung organisatorisch sicherstellen, BGH MDR 2012, 795. In einer Sozietät genügt eine übliche Vorfrist, BGH MDR 2015, 786.
– **(Vorläufige Notierung):** Der Anwalt muss eine bei der Herausgabe der Rechtsmittelschrift erfolgte vorläufige Fristnotierung überprüfen und evtl. korrigieren, BGH NJW-RR 1998, 269; aM Oldb JurBüro 2002, 438.
– **(Zettel):** Der Anwalt muss verhindern, dass sein Personal eine Frist nur auf einem losen Zettel vermerkt, BGH VersR 1978, 1116; BAG BB 1995, 51.
– **(Zustellung):** Kann bei Zustellung eines Urteils in beglaubigter elektronischer Abschrift nach § 169 IV die Authentizität der das Urteil beglaubigenden elektronischen Signatur des UdG nicht beim Zustellungsempfänger bestätigt werden, hat das die Unwirksamkeit der Zustellung zur Folge. Die Unwirksamkeit kann jedoch durch den tatsächlichen Zugang der elektronischen Abschrift des Urteils nach § 189 geheilt werden, Brschw BeckRS 2020, 35781 Rn. 17. Wird ein Beschluss dem Anwalt des Antragstellers gem. § 174 I gegen Empfangsbekenntnis zugestellt, hat er bei dessen Unterzeichnung anhand der Handakte zu überprüfen, ob eine durch die Bekanntgabe des Beschlusses in Lauf gesetzte Frist ordnungsgemäß notiert ist, BGH NJOZ 2021, 688 Rn. 7 (PKH-Beschluss); → Rn. 42 „Rechtsanwalt: Unterschrift – (Empfangsbekenntnis)". Wenn das eingegangene Schriftstück nur einen schwachen Stempelabdruck aufweist, muss der Anwalt evtl. wegen des Zeitpunkts der Zustellung rückfragen, BGH VersR 1985, 1142. Wenn der Eingangsstempel fehlt, muss er die Frist anhand der Handakte ermitteln und festhalten, BGH VersR 1987, 506. Er muss wissen, dass es auf den Zustellvermerk des Zustellers und nicht auf den Eingangsstempel seiner Kanzlei ankommt, BGH VersR 1984, 762. Der Anwalt hat das Zustellungsdatum des Urteils in einer jeden Zweifel ausschließenden Weise zu ermitteln und zu notieren, BGH NJW 1996, 1968.

33 **Rechtsanwalt: Fristüberwachung:** Die Fristenkontrolle gehört zu den ureigenen Aufgaben des Anwalts, BGH NJW 2015, 3519; BVerwG AnwBl 2014, 1058; Hamm MDR 1999, 900 (auch beim bloßen „Stempelanwalt"). Das gilt bei einer überörtlichen Sozietät vor allem für den Anwalt, der die Partei im Prozess vertritt, BGH NJW 1994, 1878. Das gilt für jede Art von Frist, zB für die nach § 517, BGH NJW 1994, 459, auch im FamFG-Verfahren, LG Bln ZMR 2001, 1011. Der Anwalt, der nicht selbst den Posteingang überwacht, muss dafür Sorge tragen, dass die Bearbeitung des Posteingangs und der Fristenüberwachung in Rechtsmittelangelegenheiten durch zuverlässiges und erprobtes Büropersonal vorgenommen wird, BGH NJW-RR 2022, 135 Rn. 17; NJOZ 2002, 910 Rn. 8. Nur ein erprobter Mitarbeiter darf für den Anwalt überwachen, BGH NJW 2006, 1520. Es kann zur Wiedereinsetzung ausreichen, dass der Anwalt dann, wenn ein Angestellter/Beauftragter die Frist notiert hat, wegen der Fristüberwachung Stichproben macht, BVerfG NJW 2007, 3497; BGH VersR 1982, 68. Der Anwalt braucht nicht die rechtzeitig angeordnete Einreichung der Rechtsmittelschrift ständig zu überwachen, BGH BB 2002, 803. Er ist regelmäßig nicht verpflichtet, durch Stichproben eine allgemeine Anweisung zur Ausgangskontrolle zu überwachen, BGH NJW-RR 2020, 1129. Er kann sich grds. auf die Richtigkeit einer gerichtlichen Auskunft über den Eingangstag verlassen, BVerfG NJW 1995, 711. Er braucht nicht stets die gerichtliche Empfangsbescheinigung einzusehen, es sei denn, er hätte zuvor eine fehlerhafte Anweisung erteilt, Köln FamRZ 1992, 194. Eine Pflicht zur Nachfrage oder Nachforschung kommt in Betracht, wenn hierfür ein konkreter Anlass besteht, BGH NJOZ 2018, 797. Der Anwalt ist jedoch nicht verpflichtet, durch Stichproben eine allgemeine Anweisung zur Ausgangskontrolle der Schriftsätze zu überwachen, wenn glaubhaft gemacht ist, dass die mit dieser Aufgabe betraute Bürokraft während ihrer langjährigen Tätigkeit noch nie eine Frist versäumt hatte und es sich um einen einmaligen Fehler handelte, BGH NJW-RR 2022, 135 Rn. 18; NJW-RR 2020, 1129 Rn. 13; VersR 1988, 1141 Rn. 7.
– **(Akteneinsicht):** Ein neu beauftragter Anwalt muss auch anlässlich einer von ihm beantragten Akteneinsicht nach § 299, die ihm erstmals eine Prozessübersicht verschafft, die Fristkontrolle vornehmen, BVerfG NJW 2000, 1634; BGH NJW-RR 2000, 799.
– **(Aktenentnahme):** Der Anwalt darf Akten nicht einfach aus dem normalen Geschäftsgang nehmen, ohne dass man eine Frist im Kalender vermerkt hatte.
– **(Aktenvorlage):** Der Anwalt muss dann, wenn ihm ein fristerheblicher Schriftsatz oder die Akten vorliegen, selbst feststellen, ob eine Fristsache vorliegt, BGH VersR 2008, 636; LAG Mainz BB 1996, 1776. Wird dem Anwalt die Sache im Zusammenhang mit einer fristgebundenen Verfahrenshandlung zur Bearbeitung vorgelegt, hat er die Einhaltung seiner Anweisungen zur Berechnung und Notierung laufender Rechts*mittelfristen einschließlich* deren Eintragung in den Fristenkalender eigenverantwortlich zu prüfen, wobei er sich grds. auf die Prüfung der Vermerke in der Handakte beschränken darf, BGH NJOZ 2021, 690 Rn. 8; NJW 2014, 3102 Rn. 12. Er muss dann auch den Fristlauf selbst kontrollieren, BGH NJW-RR 2020, 1002; AnwBl 2016, 72; Brem MDR 2009, 765; OVG Lüneb NJW 2010, 1391. Er muss dann zB prüfen, ob das

Personal bei einer Friständerung die neue Frist eingetragen hat, BGH VersR 1980, 1047. Er muss nach dem Erledigungsvermerk einer wichtigen Frist forschen, BGH VersR 1977, 836. Er hat bei der Übernahme eines Rechtsstreits den Ablauf einer ihm bekannten Notfrist im Fristkalender eintragen zu lassen. (33)

– **(Angestellter Anwalt):** Wenn ein angestellter Anwalt als ein bloß unselbständiger Hilfsarbeiter eine Frist versäumt, kann eine Wiedereinsetzung in Betracht kommen, BGH VersR 1979, 232. Das gilt insbes. dann, wenn der Anwalt dem Mitarbeiter mehrfach Hinweise auf den Fristablauf gegeben hatte, Hmb MDR 1976, 230, oder wenn der Mitarbeiter die zuständige Gehilfin anweist, die Berufungsbegründung dem Anwalt zur Unterschrift vorzulegen. Ein angestellter selbständig arbeitender Anwalt darf die Frist nicht versäumen. Ob er selbständig arbeitet, ist eine Fallfrage. Der Anwalt muss diesen Mitarbeiter anweisen, welche Handlungen er vornehmen soll, damit die Fristwahrung sicher ist, BGH MDR 2017, 782. Er darf sich nicht darauf verlassen, dass ein unerfahrener angestellter Anwalt die ihm zur Überprüfung zugeleitete Rechtsmittelbegründung rechtzeitig zur Unterschrift zurückreicht, BGH VersR 1995, 194. Ein Fristenbuchführer muss bei einer Abwesenheit einen geeigneten Vertreter erhalten, BGH NJW 1989, 1157. Eine Wiedereinsetzung kommt dann in Betracht, wenn der Anwalt diesen Mitarbeiter besonders mit der Fristüberwachung beauftragt hatte. Wenn die Organisation des Büros eine Fristverfügung oder Fristkontrolle des sachbearbeitenden Anwalts zulässt, muss sicher sein, dass die durch eine solche Tätigkeit bedingte Überschneidung mit dem Überwachungsbereich des verantwortlichen Fristenbuchführers keine Fehlerquelle eröffnet, BGH VersR 1981, 277.

– **(Ausfall mehrerer Mitarbeiter):** Er zwingt evtl. zu eigener Fristkontrolle, BVerfG NJW 2000, 2658; BGH NJW 2002, 3031. Wird die Bearbeitung des Posteingangs und der Notierung von Fristen bei Personalmangel im Einzelfall einer noch nicht erfahrenen Büroangestellten übertragen, muss eine umso wirksamere Kontrolle durch den Anwalt selbst gewährleistet sein, BGH NJW-RR 2022, 135 Rn. 18; NJW-RR 2016, 505 Rn. 10.

– **(Ausgangskontrolle):** Der Anwalt muss im Rahmen des Üblichen sein Möglichstes tun, durch die Einrichtung, Belehrung und Überwachung des Personals ein Versehen auszuschließen, BGH MDR 2015, 112; Brem MDR 2011, 76. Hierfür muss er eine systematische Ausgangskontrolle schaffen, die zuverlässig gewährleistet, dass Schriftsätze tatsächlich rechtzeitig hinausgehen, BGH NJOZ 2019, 845; NJW-RR 2018, 445; NJW-RR 2017, 1142 und 1532; MDR 2015, 112; BAG NJW 2012, 1021. Zu diesem Zweck hat er die Ausgangskontrolle so zu organisieren, dass sie einen gestuften Schutz gegen Fristversäumung bietet, BGH NJW-RR 2020, 52; NJW-RR 2019, 950; NJW-RR 2015, 442. Ein Postausgangsbuch allein ist hierfür nicht geeignet, wenn zwischen Eintrag und Aufgabe des Schriftstücks zur Post ein längerer Zeitraum liegt, BGH NJW-RR 2018, 445; NJOZ 2017, 1643. Eine zusätzliche allabendliche Kontrolle fristgebundener Sachen ist erforderlich, BGH NJW 2020,1809; NJW 2015, 254; NJW 2011, 2367. Auch wenn ein Rechtsanwalt am Wochenende alleine ohne Mitarbeiter in der Kanzlei arbeitet, muss er für einen Wiedereinsetzungsantrag den organisatorischen Ablauf darlegen, mit dem sichergestellt werden soll, dass die von ihm an diesem Tag versandfertig gemachte Post auch tatsächlich aufgegeben wird und nicht liegenbleibt, BGH NJW-RR 2021, 931.

– **(Ausgangskontrolle: Nach Änderung durch Personal):** Sie ist stets nötig, BGH AnwBl 2016, 72.

– **(Ausgangskontrolle: Aktenvorlage):** Die Notwendigkeit einer Aktenkontrolle besteht unabhängig von der Organisation der Aktenvorlage, BGH NJW 1991, 1178. Anhand der Akten oder des Postausgangsbuches ist zu prüfen, ob die im Fristenkalender als erledigt gekennzeichneten Schriftsätze tatsächlich abgesandt worden sind, BGH NJOZ 2017, 1643; BeckRS 2017, 111635.

– **(Ausgangskontrolle: EDV):** Elektronische Fristenkalender müssen dieselbe Überprüfungssicherheit bieten wie herkömmliche Kalender, BGH NJW 2020, 2641; BAG NJW 2019, 2954; LG Bln AnwBl 1993, 585 (Notwendigkeit der Überprüfung durch einen weiteren Mitarbeiter).

– **(Ausgangskontrolle: EGVP-Verfahren):** Hinreichende Ausgangskontrolle bei Nutzung des EGVP-Verfahrens liegt vor, wenn sichergestellt ist, dass die mit der Fristüberwachung betrauten Mitarbeiter vor Löschen der Frist auch überprüfen, ob der Schriftsatz in den hierfür vorgesehenen Signaturordner eingestellt worden und ein Abgleich im Fristenkalender mit dem Signaturfach sichergestellt ist, Ffm NJW 2017, 2563.

– **(Ausgangskontrolle: Eigeneingriff):** Greift der Anwalt in sein Kontrollsystem selbst ein, muss er sich von einer ordnungsgemäßen Absendung überzeugen, BGH NJW-RR 2009, 786.

– **(Ausgangskontrolle: Eingangskontrolle):** Nach ausreichender Ausgangskontrolle ist keine zusätzliche Eingangskontrolle durch den Absender nötig, BGH NJW 2014, 237.

– **(Ausgangskontrolle: Eintragung):** Die Fristeintragung zählt zur Kontrolle. Der Anwalt darf sie keinem Auszubildenden übertragen, BGH WM 2016, 182.

– **(Ausgangskontrolle: Einzelanweisung):** Der Anwalt muss für einen bestimmten Fall genaue Anweisungen erteilen, die eine Fristwahrung sicherstellt. Lediglich die Art und Weise, den Zeitpunkt und den Adressaten der Übermittlung zu bestimmen, genügt nicht, BGH NJW 2016, 1742; NJW 2014, 225. Eine konkrete Einzelanweisung an das Büropersonal, einen fristwahrenden Schriftsatz per Telefax zu übersenden, macht die weitere Ausgangskontrolle nicht entbehrlich, BGH NJW 2020, 1809. Auch im Fall einer Einzelanweisung, einen Schriftsatz noch am selben Tag zu versenden, sind Sicherheitsvorkehrungen zu treffen, BGH NJW 2016, 873. Sie ersetzt keine allgemeine Organisation, BGH FamRZ 2016, 1076. Erkennt aber der Anwalt die Falschadressierung eines fristgebundenen Schriftsatzes, so genügt er seinen Anforderungen, wenn er der zuverlässigen Bürokraft die Weisung erteilt, den falschen Schriftsatz zu vernichten und den neu adressierten Schriftsatz an das zutreffende Gericht zu senden, BGH NJW-RR 2022, 426 Rn. 11; NJOZ 2020, 727 Rn. 13; NJW-RR 315 Rn. 10.

– **(Ausgangskontrolle: Ergänzung):** Eine Ergänzung der Kanzleiorganisation, insbesondere zur Ausgangskontrolle kann zB bei einem Gerichtshinweis nach § 139 nötig sein, BGH NJW 2016, 87.

– **(Ausgangskontrolle: Fristberechnung):** Sie gehört zur Kontrolle, BGH FamRZ 2018, 611.

– **(Ausgangskontrolle: Häufigkeit):** Eine Ausgangskontrolle muss während desselben Zeitabschnitts sogar evtl. mehrmals täglich wechselnd durch denselben Mitarbeiter erfolgen, BGH NJW 2007, 1453 (zust. Römermann). Die Erledigung fristgebundener Sachen ist am Abend eines jeden Arbeitstages anhand des Fristenkalenders zu überprüfen, BGH NJOZ 2018, 871; BeckRS 2017, 111635; NJOZ 2017, 1643; BB 2007, 2316.

(33) – **(Ausgangskontrolle: Notierung):** Die notierte Rechtsmittelbegründungsfrist darf nicht bereits nach Unterzeichnung des Berufungsschriftsatzes gestrichen werden, sondern erst nachdem der Schriftsatz zum Transport zu Gericht bereitgelegt worden ist und zuvor geprüft wurde, dass nichts mehr zu veranlassen ist, BGH NJW-RR 2020, 52.

– **(Ausgangskontrolle: Telefax):** Der Anwalt genügt seiner Pflicht zur wirksamen Ausgangskotrolle fristwahrender Schriftsätze nur dann, wenn er seine Angestellten anweist, nach Übermittlung per Telefax anhand des Sendeprotokolls zu überprüfen, ob der Schriftsatz vollständig und an das richtige Gericht übermittelt worden ist. Dabei darf sich die Kontrolle des Sendeberichts grds. nicht darauf beschränken, die ausgedruckte Faxnummer zu vergleichen, BGH NJW-RR 2022, 345 Rn. 6; MMR 2021, 634 Rn. 27; NJW-RR 2017, 1139 Rn. 7; → Rn. 30 „Rechtsanwalt: Ausgangskontrolle". Der Anwalt darf eine Ausgangskontrolle nicht durch eine Vorabübermittlung durch Telefax ersetzen, sondern allenfalls ergänzen, BGH NJW-RR 2016, 637; BPatG NJW-RR 1998, 112; großzügiger LG Wiesb NJW-RR 2014, 191. Auch die Anweisung, einen fristwahrenden Schriftsatz per Telefax zu übermitteln, macht die Ausgangskontrolle nicht entbehrlich, BGH NJW 2020, 1809.

– **(Ausgangskontrolle: Versehen):** Es darf keinesfalls versehentlich eine Löschung oder Kennzeichnung als erledigt erfolgen, so dass die Frist bei ihrem Ablauf gar nicht mehr im Fristkalender steht, BGH MDR 2013, 239.

– **(Ausgangskontrolle: Zeitpunkt):** Die Ausgangskontrolle muss zum frühestmöglichen Zeitpunkt erfolgen, und zwar für sämtliche Einzelheiten, BGH NJW 2003, 1815; Zweibr FamRZ 2004, 1382.

– **(Auszubildender):** Der Anwalt darf einen Auszubildenden weder allein noch zusammen mit einem qualifizierten anderen Mitarbeiter die Kalenderkontrolle übertragen, BVerfG NJW 2007, 3497; BGH VersR 2000, 516. Zur Telefaxabsendung BGH MDR 2013, 1302. Wenn im Einzelfall wegen Personalmangels die Bearbeitung des Posteingangs und die Notierung von Fristen einer Auszubildenden übertragen, ist jedenfalls eine umso wirksamere Kontrolle durch den Anwalt selbst zu gewährleisten, BGH NJW-RR 2022, 135 Rn. 18; NJW-RR 2016, 505 Rn. 10; BeckRS 2009, 11471 Rn. 8.

– **(Doppelkontrolle):** Eine Übung des Anwalts, über das im Allgemeinen notwendige Maß hinaus eine organisatorische Vorsorge zu treffen, zB durch doppelte Fristkontrollen, führt nicht zu einer Verschärfung seiner Sorgfaltspflichten, BGH MDR 1998, 929. Eine solche Doppelkontrolle ist nicht stets notwendig, BGH NJW 2000, 3006. Es ist auch nicht bei jedem einfachsten Vorgang eine über den Organisationsplan hinausgehende Einzelanweisung des Anwalts notwendig, BGH AnwBl 2008, 469. Es bedarf jedoch eines gestuften Schutzes gegen Fristversäumnisse bei der Organisation der Ausgangskontrolle; BGH NJW-RR 2020, 52; → „Ausgangskontrolle: Notierung".

– **(EDV):** → „– (Ausgangskontrolle)". Die Verwendung der elektronischen Kalenderführung darf keine hinter der manuellen Führung zurückbleibende Überprüfungssicherheit bieten, BGH NJW 2020, 2641. Der Anwalt, der laufende Fristen in einem elektronischen Fristenkalender erfasst, hat durch geeignete Organisationsmaßnahmen die Kontrolle der Fristeingabe zu gewährleisten. Dies kann durch Ausdruck der eingegebenen Einzelvorgänge oder durch ein Fehlerprotokoll erfolgen; eine automatisch programmierte Eingabekontrolle reicht nicht, BGH NJW 2019, 1456 mAnm Siegmund NJW 2019, 1458; BGH NJW-RR 2018, 1267; krit.: Ory NJW-aktuell 2019, Heft 23 S. 17. Ein geschulter Mitarbeiter muss prüfen, ob ein nicht geschulter Mitarbeiter die Daten richtig eingegeben hat, Mü NJW 1990, 191; LG Lüb AnwBl 1986, 152.

– **(Einfacher Fall):** Der Anwalt darf die Fristüberwachung in einfachen Fällen dem gut geschulten und überwachten Büropersonal überlassen, BGH NJW-RR 2002, 60. Der Anwalt darf eine einfache Tatsachenfrage, anders als eine Rechtsfrage, durch einen zuverlässigen Mitarbeiter klären lassen, BGH VersR 1984, 83.

– **(Eingang beim Gericht):** Eine ausreichende Ausgangskontrolle, s. dort, erübrigt eine Kontrolle des Eingangs beim Gericht, BVerfG NJW 1992, 38 (FGO); BGH NJW 2015, 2267. Der rechtzeitige Eingang bei Gericht ist vom Berufungsführer zu beweisen, BGH NJW-RR 2014, 179. Er kann jedoch gegen den Eingangsstempel des Gerichts als öffentliche Urkunde iSd § 418 I im Wege des Freibeweises den Gegenbeweis führen, BGH NJW-RR 2020, 499.

– **(Einzelanweisung):** Überträgt der Anwalt die Notierung von Fristen einer Kanzleikraft, muss er ggf. durch konkrete Einzelanweisungen sicherstellen, dass die Fristen zuverlässig festgehalten und kontrolliert werden, BGH NJW-RR 2020, 940. Der Anwalt muss zulässige Anweisungen an sein Personal klar und präzise geben, BGH NJW 2013, 236. Auf die allgemeinen Anweisungen des Anwalts zur Fristenkontrolle kommt es nicht an, wenn er im Einzelfall durch eine besondere Anordnung eine abweichende Verfahrensweise vorgegeben hat, BGH NJW 2012, 1738; Köln FamRZ 2014, 75. Eine Ausgangskontrolle kann trotz Einzelanweisung nötig sein, BGH NJW-RR 2022, 855 Rn. 8; NJW 2012, 1145. Eine Einzelanweisung befreit den Anwalt nicht von einer ihm leicht möglichen persönlichen Kontrolle, BGH NJW 2014, 3453, oder Erledigung, BGH MDR 2011, 1448.

– **(Einzelkontrolle):** Der Anwalt braucht ein gut geschultes und überwachtes Personal bei einfachen Sachen nicht in jedem Einzelfall zu kontrollieren, BGH MDR 2017, 782; BAG BB 1976, 186 (eine Überwachung im Einzelfall sei auch nicht erforderlich, wenn eine vorübergehende Entlastung eintrete, ähnlich BGH VersR 1976, 343; aM Brem JurBüro 1975, 1601.

– **(Elektronische Handakte):** Sie muss inhaltlich der herkömmlichen entsprechen, BGH NJW 2020, 2641; MDR 2014, 1042.

– **(Endkontrolle):** Eine solche zusätzliche Kontrolle ist notwendig, da selbst bei sachgerechten Organisationsabläufen individuelle Bearbeitungsfehler auftreten können, die es nach Möglichkeit aufzufinden und zu beheben gilt, BGH NJW-RR 2020, 52; NJW 2015, 253; „(Fristenkalender)".

– **(Falschauskunft):** Eine falsche Auskunft geht dann zulasten des Anwalts, wenn man ihm eine Überprüfung zumuten kann. Er kann auch bei Gericht nachfragen oder dessen Eingangsmitteilung kontrollieren, BGH FamRZ 1997, 415. Er darf sich nicht auf eine vor längerer Zeit abgegebene Erklärung der Partei verlassen, es laufe noch keine Frist. Der Anwalt darf sich nicht auf eine nur aus dem Gedächtnis erteilte Auskunft eines Mitarbeiters verlassen, dass keine Fristsachen vorliegen.

– **(Faxanweisung):** Sie macht eine Ausgangskontrolle nicht entbehrlich, → „Ausgangskontrolle"; BGH AnwBl 2013, 294.

– **(Fristenkalender):** Ein Fristenkalender ist so zu führen, dass eine gestrichene Frist noch erkennbar und bei der Endkontrolle überprüfbar ist, BGH NJW-RR 2020, 52; NJW-RR 2019, 950; NJW 2016, 873; NJW 2015, 253; NJW 2000, 1957. Auch bei Fristen, die er nicht selbst berechnet, bleibt der Anwalt verpflichtet, durch allgemeine Anweisungen sicherzustellen, dass sein Büropersonal nicht eigenmächtig im Fristenkalender eingetragene Fristen ändert oder löscht. Dies gilt insbesondere dann, wenn eine außergewöhnliche Verfahrensgestaltung Anlass zur Prüfung der Maßgeblichkeit der eingetragenen Fristen gibt, BGH NJW-RR 2020, 1128 Rn. 9; BeckRS 2013, 22402 Rn. 16 = FamRZ 2014, 295; NJOZ 2004, 1185 Rn. 10. (33)

– **(Fristfarben):** Der Anwalt muss bei verschiedenen Farben im Zweifel die wichtigste zur Fristnotierung und -überwachung wählen, BGH VersR 1979, 961. Eine Rechtsmittel- oder Rechtsmittelbegründungsfrist muss sich von einer gewöhnlichen internen Wiedervorlagefrist deutlich abheben, BGH VersR 1983, 778.

– **(Gewöhnlicher Brief):** Für eine Wiedereinsetzung kann es ausreichen, dass der Anwalt den Auftrag zur Einlegung des Rechtsmittels in einem gewöhnlichen Brief erteilt, aber Zeit zur Überwachung einer fristgemäßen Erledigung lässt, BGH NJW 1975, 1126. Nicht ausreichend ist es, einen Brief im Kfz beim Transport zu übersehen, KG MDR 2011, 140.

– **(Gutachten):** Der Anwalt, der ein Rechtsgutachten erstatten soll, kann sich ohne eine Nachprüfung auf die Richtigkeit einer Mitteilung über den Fristablauf verlassen.

– **(Handaktennotiz):** Zur Ermöglichung einer Gegenkontrolle bei der Fristenkontrolle ist insbesondere erforderlich, dass die Rechtsmittelfristen in der Handakte notiert werden und die Handakte durch entsprechenden Erledigungsvermerk oder auf sonstige Weise erkennen lässt, dass die Fristen in den Fristenkalender eingetragen sind, BGH BeckRS 2022, 20412 Rn. 9; NJW-RR 2020, 939 Rn. 12. Der Anwalt muss dafür sorgen, dass das Personal den Ablauf der Berufungsfrist in den Handakten und nicht nur auf der Urteilsausfertigung notiert, die es dem Auftraggeber zusendet, BGH VersR 1981, 39. Ab dieser Notiz braucht der Anwalt die tatsächlich geplante Eintragung im Kalender nur ausnahmsweise zu kontrollieren, BGH MDR 2017, 1381.

– **(Lesbarkeit):** Der Anwalt muss organisatorisch klären, was bei einer Schwerlesbarkeit eines Schriftstücks oder Stempels geschehen muss, BGH VersR 1985, 1142.

– **(Mehrheit von Fristen):** Bei einer Mehrheit von Fristen sind für jede Frist getrennt alle Anforderungen zu beachten, BGH NJW 2010, 3583 (gerade auch bei demselben Auftraggeber).

– **(Mehrheit von Prozessbevollmächtigten):** Bei einer Mehrheit von ProzBev. ist derjenige maßgeblich, der die Fristkontrolle übernommen hat, BGH NJW 2003, 2100.

– **(Mitteilung des Gerichts):** Der Anwalt muss eine Eingangsmitteilung des Gerichts zum Anlass einer Fristkontrolle durch sein Personal nehmen, BGH NJW 1992, 2098; Ffm MDR 1998, 995; Karlsr MDR 1998, 996. Wenn das Gericht die einem Beteiligten selbst gesetzte und mitgeteilte Frist zur Äußerung mit seiner Entscheidung nicht abwartet, wird der Anspruch auf rechtliches Gehör verletzt, BGH NJW-RR 2020, 248; NJW 2018, 3316; vgl. auch BVerfG BeckRS 1961, 391.

– **(Neuer Mitarbeiter):** Der Anwalt muss prüfen, ob ein neuer Mitarbeiter das Fristwesen voll beherrscht, BGH NJW 1992, 3176. Eine Fristüberwachung ist dann nicht nötig, wenn er sich diese Überzeugung gebildet hat. Das gilt auch dann, wenn der Mitarbeiter an jenem Tag allein im Büro arbeitet, BFH NJW 2002, 3031.

– **(Neuer Prozessbevollmächtigter):** Der Anwalt, der anstelle des bisherigen ProzBev. die Vertretung übernimmt, muss den Lauf einer Frist, zB zur Rechtsmittelbegründung, durch eine Rückfrage beim Vorgänger oder beim Gericht genau kontrollieren, BGH VersR 1984, 586. Regelmäßig ist eine Sachstandsanfrage bei dem Gericht der Vorinstanz eine geeignete Maßnahme, BGH NJW-RR 2022, 709 Rn. 37. Bei der Übernahme von Akten in eine neue Kanzlei müssen dort die laufenden Fristen anhand des im bisherigen Büro geführten Kalenders überprüft werden, BGH VersR 1981, 959.

– **(Organisation):** Der Anwalt hat durch organisatorische Vorkehrungen sicherzustellen, dass ein fristgebundener Schriftsatz innerhalb der laufenden Frist bei Gericht eingeht. Hierzu hat er grds. sein Möglichstes zu tun, um Fehlerquellen bei Eintragung und Behandlungen von Rechtsmittelfristen auszuschließen, BGH NJW 2022, 400 Rn. 33; BeckRS 2021, 21513 Rn. 6; NJW-RR 2020, 52; NJW 2015, 253; NJW 2010, 1363. Der Anwalt muss eine zuverlässige Endkontrolle organisieren, BGH NJW-RR 2019, 827; NJW-RR 2002, 60. Diese muss er eingehend darlegen, Köln MDR 2009, 1419.

– **(Postabgang):** Der Anwalt muss den Postabgang eines fristgebundenen Schriftsatzes so kontrollieren und vermerken, dass der Abgang zweifelsfrei nachweisbar ist, BGH MDR 2018, 295; Kblz MDR 1998, 240. Ist ein vordatierter Rechtsmittelschriftsatz übungswidrig verfrüht zum Gericht gegangen, muss sicher sein, dass sein Personal auch den deshalb früheren Ablauf der Begründungsfrist erkennt und kontrolliert, BGH NJW-RR 1999, 716. Der Anwalt hat sicherzustellen, alle im Pkw mitgenommenen Briefe einzuwerfen, KG VersR 2012, 508.

– **(Postbearbeitung):** Der Anwalt muss sicherstellen, dass sein Personal die ein- und ausgehende Post sorgfältig prüft, BGH VersR 1981, 79. Er darf sich nicht darauf beschränken zu prüfen, ob ein zB für die Gerichtspost bestimmter Sammelkorb leer ist, BGH VersR 1993, 378.

– **(Posteingang):** Der Anwalt muss den Posteingang grds. selbst auf Fristen kontrollieren, BGH VersR 1994, 1368. Überwacht der Anwalt den Posteingang nicht selbst, muss er dafür Sorge tragen, dass der Posteingang in Rechtsmittelsachen durch zuverlässiges und erprobtes Büropersonal bearbeitet wird, BGH NJW-RR 2022, 135 Rn. 17; NJOZ 2002, 910 Rn. 8. Er muss durch organisatorische Anordnungen sicherstellen, dass die erfahrene Bürokraft die Eingangspost nach Fristsachen überprüft, BGH NJW-RR 2022, 135 Rn. 17; NJOZ 2002, 910 Rn. 8.

– **(Postfertigkeit):** Wenn der Anwalt ein fristwahrendes Schriftstück rechtzeitig unterzeichnet und dafür gesorgt hat, dass sein Personal es postfertig macht, BGH VersR 1977, 331, und wenn er angeordnet hat, es zur Post zu geben, etwa durch die Einlage in eine Kanzlei-Poststelle, BGH NJW 2001, 1578, braucht er seine Anordnung nicht persönlich zu überwachen, BGH MDR 2011, 1196; BAG FamRZ 1976, 622. Er braucht sich auch nicht am nächsten Tag durch eine Nachfrage bei dem Personal oder beim Gericht von der Ausführung zu überzeugen. Dann ist auch keine genauere Angabe darüber nötig, wann, durch wen und wie das Schriftstück hinauskam und ob die Absendung unterblieb.

– **(Postverlust):** Wird Wiedereinsetzung mit der Behauptung begehrt, der zur Post aufgegebene fristgebundene Schriftsatz sei verloren gegangen, bedarf dies einer aus sich heraus verständlichen, geschlossenen Schil-

(33) derung der tatsächlichen Abläufe als Grundlage für die Glaubhaftmachung, BGH NJW-RR 2021, 636 Rn. 7; NJW-RR 2021, 859 Rn. 8; NJW-RR 2020, 818 Rn. 15; BeckRS 2020, 27297 Rn. 11; BeckRS 2019, 8511 Rn. 21; Schürmann NZFam 2021, 233. Hierbei ist glaubhaft zu machen, dass der Verlust mit überwiegender Wahrscheinlichkeit nicht im Verantwortungsbereich des Anwalts eingetreten ist, BGH NJW-RR 2021, 505 Rn. 15; NJW-RR 2020, 818 Rn. 15; NJW-RR 2018, 445 Rn. 14. Ein Postausgangsbuch kann für seinen Nachweis reichen, BGH NJW-RR 2018, 445 Rn. 19; NJOZ 2014, 1476 Rn. 10. Nur eine anwaltlich versicherte Behauptung, der Schriftsatz sei an einem bestimmten Tag „bei der Post aufgegeben worden", ist zur Glaubhaftmachung eines Wiedereinsetzungsgrundes nicht geeignet, BGH NJW-RR 2021, 859 Rn. 8; BeckRS 2020, 33163 Rn. 2. Die rechtzeitige Absendung ist dann nicht glaubhaft gemacht, wenn die Angaben zum Zeitpunkt der Absendung in sich widersprüchlich sind, BGH NJOZ 2021, 603 Rn. 13.Eine auffällige Häufung von Postverlusten auch in anderen Bereichen kann Mängel einer Ausgangskontrolle unschädlich machen, BGH VersR 1987, 50.

– **(Rechtsschutzversicherung):** Es bleibt auch dann bei der Notwendigkeit einer Ausgangskontrolle, wenn der Anwalt zB einen Schriftsatz wegen einer Rechtsschutzversicherung noch zurückhalten muss, BGH VersR 1982, 971.
– **(Referendar):** Der Anwalt darf die Überwachung einer Notfrist nach § 224 I 2 nicht einem Referendar überlassen, selbst wenn dieser Mitarbeiter im Übrigen gut ist. Das gilt erst recht dann, wenn der Referendar sein amtlich bestellter Vertreter ist, BGH VersR 1976, 92. Etwas anderes kann infrage kommen, wenn der Anwalt unter einem Hinweis auf den Fristablauf dem Referendar die Beauftragung eines bestimmten zweitinstanzlichen Anwalts übertragen hat, oder wenn der Anwalt erkrankt, BGH NJW 2006, 1070.
– **(Rückfrage):** Das richtige Ende einer Frist muss notfalls durch Rückfrage bei Gericht festgestellt werden, BGH BeckRS 2018, 1122. Der Anwalt muss nach der Absendung einer Zustellungsnachricht vorsorglich beim Auftraggeber rückfragen, ob er ein Rechtsmittel einlegen soll, BGH VersR 1986, 37, und beim Rechtsmittelanwalt rückfragen, ob dieser es auch eingelegt hat, BGH FamRZ 1998, 97.
– **(Streichung im Kalender):** Die notierte Rechtsmittelbegründungsfrist darf nicht bereits nach Unterzeichnung des Schriftsatzes gestrichen werden, sondern erst wenn der Schriftsatz zum Transport zu Gericht bereit gelegt worden ist und zuvor anhand der Akte überprüft wurde, dass nichts mehr zu veranlassen ist, BGH NJW-RR 2020, 52. Die für die Kontrolle zuständigen Mitarbeiter sind hierzu anzuweisen, BGH NJW-RR 2015, 442; NJW-RR 2013, 506. Zumindest muss das Schriftstück postfertig sein, BGH MDR 2012, 665; BFH BB 1984, 842. Der Anwalt darf eine Vorfrist nicht streichen lassen, ohne dass man ihm die Akte vorlegt, BGH AnwBl 1991, 155. Jedenfalls ist der Fristenkalender so zu führen, dass man die gestrichene Frist noch erkennen und bei einer Endkontrolle überprüfen kann, BGH NJW-RR 2019, 950; NJW 2015, 253. Allerdings kommt auch bei einem irrigen Abstreichen in Ausnahmefällen eine Wiedereinsetzung in Betracht. Der erstinstanzliche Anwalt darf mangels einer allgemeinen Übernahmeabsprache die Frist erst nach dem Erhalt der Übernahmeerklärung des zweitinstanzlichen Kollegen löschen.
– **(Tägliche Kontrolle):** → „– (Ausgangskontrolle)". Die Fristkontrolle muss unter anderem in der Überprüfung fristgebundener Sachen vor dem Ende jedes Arbeitstags bestehen, BGH NJW 1997, 2121.
– **(Tatsächliche Fristwahrung):** Der Anwalt muss dafür sorgen, dass sein Personal kontrolliert, dass er eine im Fristkalender eingetragene Notfrist auch tatsächlich wahrt, BGH NJW-RR 1998, 1604.
– **(Telefax-Vorabübermittlung):** Sie ersetzt nicht eine systematische Ausgangskontrolle, BPatG NJW-RR 1998, 112.
– **(Überlastung):** Wenn der Anwalt die Fristen regelmäßig selbst kontrolliert, darf er sich nicht mit einer Überlastung entschuldigen. Er muss dann vielmehr dafür sorgen, dass sein Vertreter die Frist ebenfalls selbst kontrolliert, BGH VersR 1976, 962.
– **(Unterschrift):** Hat der Anwalt bei einer Berufungsbegründung nur deren Anlage unterschrieben, so kann der Fehler bei der Unterschriftsleistung nicht dadurch aufgefangen werden, dass das Büropersonal die generelle Anweisung hatte, Schriftstücke auf das Fehlen der Unterschrift zu kontrollieren, BGH NJW 2012, 856. Hat er versäumt, eine unterschriebene und damit wirksame Rechtsmittelbegründung einzureichen, hat er bis zum Ablauf der Wiedereinsetzungsfrist einen unterschriebenen Begründungsschriftsatz nachzureichen, BGH NJW-RR 2020, 309; auch → Rn. 28 „Rechtsanwalt: Aktenvorlage – (Unterschrift)".
– **(Urlaub):** Der Anwalt darf bei einem Urlaub zB des Kalenderführers die Fristüberwachung nicht ohne weiteres einem Auszubildenden überlassen.
– **(Vergessen):** Das Vergessen einer zur Fristwahrung notwendigen Handlung ist in der Regel schuldhaft, BGH VersR 1980, 942. Der Anwalt muss dem Verdacht eines Büroversehens kurz vor dem Fristablauf sogleich nachgehen, BGH VHR 1998, 86 (keine Streichung im Kalender). Der Anwalt darf eine Frist auch dann nicht vergessen, wenn er abgelenkt wird, BGH VersR 1975, 40. Er muss bei einem Zweifel über den Lauf der Berufungsfrist zumindest die Handakten einsehen. Eine falsche Auskunft geht zu seinen Lasten, soweit man ihm eine Überprüfung zumuten kann.
– **(Verkehrsanwalt):** Der Anwalt muss trotz der rechtzeitigen Weitergabe eines fristbegründenden Beschlusses an den Verkehrsanwalt die Frist überwachen, BGH VersR 1975, 90. Er darf dem Verkehrsanwalt nicht die Fristkontrolle überlassen, BGH VersR 1997, 896. Er darf nicht eine erkennbar zweifelhafte Frist falsch mitteilen, BGH VersR 1976, 936. Soweit der Verkehrsanwalt die Fertigung und die rechtzeitige Einreichung zB der Rechtsmittelbegründung übernimmt, müssen der jetzige ProzBev., BGH VersR 1997, 508, und der Verkehrsanwalt die Frist überwachen, BGH NJW 1990, 2126.
– **(Verkündungstermin):** Der Anwalt muss einen Verkündungstermin richtig vormerken, BGH VersR 1976, 468.
– **(Versicherung):** Der erstinstanzliche Anwalt muss den Versicherer dann, wenn er dort anfragt, ob er ein Rechtsmittel einlegen soll, darüber informieren, dass die Rechtsmittelfrist bereits läuft.
– **(Vorfrist):** Der Anwalt muss bei einer wichtigen Frist unter Umständen eine Vorfrist notieren lassen, BGH BB 1994, 1667 (wegen einer Rechtsmittelbegründungsfrist); Drsd MDR 2017, 786; Stgt MDR 2013, 1484. Bei einer Vorlage der Vorfristsache muss er die Frist zwar prüfen, BGH BB 1999, 1575, aber evtl. nicht sofort, BGH MDR 1999, 767. Er hat dann aber die rechtzeitige Wiedervorlage sicherzustellen, BGH VersR 2002, 1392 (rechtzeitig vor Fristablauf), großzügiger KG MDR 1999, 706 (spätestens am Tag des Fristab-

laufs). Es kommt darauf an, ob der Anwalt sichergestellt hat, dass er die Frist jedenfalls am letzten Tag ihres Laufs noch einhalten kann, besonders in einem Fall des § 222 II.

– **(Vorläufige Notierung):** Der Anwalt muss anordnen, dass das Personal die Berufungsbegründungsfrist schon vor der gerichtlichen Eingangsbestätigung des Rechtsmittels vorläufig notiert, BGH FamRZ 1992, 1163; Ffm MDR 1999, 448, und dass es sie nach dem Eingang dieser Bestätigung erneut überprüft, BGH NJW 1994, 458. Dasselbe gilt bei einem Fristverlängerungsantrag, BGH NJW 2011, 152.
– **(Wiederholung eines Fehlers):** Bei einer grds. ausreichenden Organisation kann ein zweimaliges organisationsunabhängiges Versagen eines Mitarbeiters noch entschuldbar sein, BGH BB 2001, 1012. Bei einer auffälligen Häufung von Mängeln im Zusammenhang mit der Wahrung von Fristen rechtfertigen sich entweder Bedenken gegen die ordnungsmäßige Ausbildung, Erprobung und Überwachung der Angestellten oder Schlüsse auf die Unvollständigkeit der Organisation, BGH NZFam 2016, 312.
– **(Zettel):** Der Anwalt muss verhindern, dass sein Personal eine Frist nur auf einem losen Zettel vermerkt, BGH VersR 1978, 1116.

Rechtsanwalt: Fristverlängerung oder -änderung: Ein Anwalt darf regelmäßig erwarten, dass einem ersten 34
Antrag auf Verlängerung der Berufungsbegründungsfrist entsprochen wird, wenn er einen erheblichen Grund vorträgt, BGH NJW 2021, 3132 Rn. 15; NJW-RR 2021, 636 Rn. 8; NJW 2018, 841 Rn. 19; NJW-RR 2017, 1532; NJW-RR 2008, 367; vgl. schon BVerfG NJW 1989, 1147. Gibt er aber keinen Grund für die Notwendigkeit der Fristverlängerung an, so kann er sich nicht mit Erfolg auf sein Vertrauen in die Gewährung der (erstmaligen) Verlängerung berufen, BGH NJW-RR 2022, 201 Rn. 12 f; NJW-RR 2019, 1392 Rn. 12; NJOZ 2008, 300 Rn. 7. Auch ein Verlängerungsantrag ist ein fristwahrender Schriftsatz, für dessen rechtzeitige Absendung der Anwalt Sorge zu tragen hat, BGH BeckRS 2021, 16492; NJW 2013, 3181; NJW-RR 1991, 1150. Bei einer Erklärung ist eine Ausgangskontrolle nötig, BGH NJW 2014, 3159, einschließlich nochmaliger Adressenkontrolle, BGH NJW-RR 1999, 1006; Naumb MDR 2000, 1219. Für den Fall eines Fristverlängerungsantrags muss als zusätzliche Fristensicherung auch das hypothetische Ende der beantragten Fristverlängerung bei Einreichung des Verlängerungsantrags im Fristenbuch eingetragen, als vorläufig gekennzeichnet und rechtzeitig – spätestens nach Eingang der gerichtlichen Mitteilung – überprüft werden, damit das wirkliche Ende der Frist festgestellt werden kann, BGH NJW 2022, 400 Rn. 34; NJOZ 2021, 691 Rn. 12; NJW-RR 2018, 1325 Rn. 15; NJOZ 2016, 265 Rn. 14; NJW 2013, 2821 Rn. 9. Zugleich ist hierfür auch eine Vorfrist einzutragen, BGH NJW-RR 2018, 1325 Rn. 15; → Rn. 32 „Rechtsanwalt: Fristberechnung – (Vorfrist)". Ein Fristverlängerungsantrag hat Vorrang vor dem Wiedereinsetzungsgesuch. So ist keine Wiedereinsetzung wegen der Versäumung der Frist zur Begründung der Beschwerde zu gewähren, wenn vor Fristablauf kein ordnungsgemäßer Antrag auf Fristverlängerung – zB wegen nichtgewährter Akteneinsicht – gestellt wurde, mit dem diese ohne Einwilligung des Gegners hätte erfolgen können, BGH NJW 2022, 1325 Rn. 8; NJW 2018, 952 Rn. 13. Eine Wiedereinsetzung kommt ferner dann in Betracht, wenn der Anwalt von der Angestellten, die er mit der Führung des Fristkalenders und der Fristüberwachung betraut hat und betrauen durfte, eine versehentlich unrichtige Auskunft über eine Fristverlängerung erhalten hat, BGH NJW 1996, 1682, oder wenn der an sich zuverlässige Bürovorsteher die vom Anwalt richtig verfügte Fristeintragung eigenmächtig geändert hat, BGH VersR 1975, 1029, oder streicht, BGH VersR 1975, 644, oder wenn das Personal den Verlängerungsantrag weisungswidrig statt in die Gerichtspost in die Allgemeinpost gibt, BGH NJW-RR 1998, 787.

– **(Aktenvorlage):** Wenn dem Anwalt die Akten für die Berufungsbegründung im Hinblick auf einen Fristablauf vorliegen, kann er sich nicht dadurch entlasten, dass ihn der Büroangestellte nicht nochmals auf den Fristablauf hingewiesen hatte. In diesem Fall muss er wieder selbst für die Einhaltung der Frist Sorge tragen, BGH NJW-RR 2020, 1002. Das gilt auch dann, wenn dem Anwalt die Akten zur Verlängerung einer Frist vorliegen, BGH VersR 1979, 159; OVG Münst NJW 2015, 2679. Der Anwalt braucht jedoch anlässlich eines Antrags auf Verlängerung der Berufsbegründungsfrist nicht auch die Einhaltung der eigentlichen Berufungsfrist zu prüfen, BGH VersR 2003, 388. Wenn das Personal die Akten aufgrund einer überholten Vorfristnotierung vorlegt, muss er nicht nur prüfen, ob er die Löschung der früheren Frist verfügt hat, sondern auch, ob man vorher die neue Frist eingetragen hat, BGH VersR 1980, 1047; LAG Düss NZA-RR 2005, 602. Zudem ist eine neue Vorfrist zu notieren, BGH NJW-RR 2018, 1325.
– **(Anschriftenprüfung):** Der Anwalt hat Fristverlängerungsanträge darauf zu überprüfen, ob sie an das zuständige Gericht adressiert sind und fehlerhafte Angaben zu berichtigen, BGH NJW-RR 2018, 56; MDR 2017, 1381.
– **(Antrag ohne Grundangabe):** Ein nicht näher begründeter Verlängerungsantrag hat meist keine solche Erfolgsaussicht, dass der Anwalt sich überhaupt nicht um ihn zu kümmern braucht, BGH NJW 1992, 2426; LAG Nürnb DB 1994, 640.
– **(Anwaltswechsel):** Bei ihm ist eine besondere Prüfung notwendig, ob das Gericht eine Verlängerung bewilligt hat, BGH VersR 2001, 1262.
– **(Arbeitsgericht):** Vor ihm gelten evtl. schon zur Erstverlängerung strengere Regeln, BAG NJW 2008, 3304; LAG Bln MDR 2001, 770.
– **(Bedingung):** Wird eine Berufungsbegründungsfrist unter einer Bedingung verlängert, ist die Bedingung unwirksam, die Fristverlängerung wirksam, BGH NJW-RR 2017, 1145.
– **(Berufungserwiderung):** Bei ihr muss der Anwalt auch an § 524 II 2 (Anschlussberufung) denken, Liesching NJW 2003, 1225.
– **(Dritte Verlängerung):** Der Anwalt darf sich keineswegs ohne eine Rückfrage auf eine dritte Verlängerung verlassen, BGH VersR 1998, 727. Eine Krankheit des Auftraggebers reicht zur dritten Verlängerung dann kaum aus, wenn der Anwalt gar keine weitere Information mehr braucht, BGH NJW 1996, 3155.
– **(Drittfinanzierung):** Eine Bemühung um sie reicht nicht stets aus, Ros NJW-RR 2006, 1727.
– **(Eigenmächtigkeit):** Der Anwalt muss organisatorisch dafür sorgen, dass eine Angestellte eine Fristeintragung nicht eigenmächtig ändert oder unbeachtet lässt, BGH FamRZ 2004, 866, oder löscht, BGH AnwBl 2007, 859.
– **(Einwilligung des Gegners):** Bei einer erstmaligen Fristverlängerung für eine Berufungsbegründung kann der Rechtsmittelführer auf die Einwilligung des Gegners vertrauen, so dass Wiedereinsetzung zu gewähren ist, BGH NJW 2009, 3100. Beantragt der Anwalt eine Verlängerung der Berufungsbegründungsfrist von über einem Monat, ohne die Einwilligung des Gegners einzuholen (§ 520 II 3), so kann er nicht unbedingt mit einer Stattgabe seines Gesuchs rechnen, BGH NJW 2018, 1022.

(34) – **(Entscheidung nach Fristablauf):** Der Anwalt darf damit rechnen, dass das Gericht einen vor dem Fristablauf gestellten Antrag auf eine Verlängerung der Rechtsmittelbegründungsfrist auch dann sachlich prüft und nicht als unzulässig oder verspätet behandelt, wenn es erst nach Ablauf der bisherigen Frist entscheidet, BGH VersR 1983, 272 (2 Entscheidungen).

– **(Erfolgszweifel):** Bei ihm muss der Anwalt besonders prüfen, ob das Gericht eine Verlängerung bewilligt hat, BGH FamRZ 2007, 1808.

– **(Erheblicher Grund):** Der Anwalt darf regelmäßig darauf vertrauen, dass sein erster Antrag auf Verlängerung der Berufungsbegründungsfrist stattgegeben wird, wenn er auf einen erheblichen Grund, wie Arbeitsüberlastung, Urlaubsabwesenheit oder Erkrankung gestützt wird, wobei eine detaillierte Darlegung des erheblichen Grundes nicht erforderlich ist, BGH NJW 2022, 400 Rn. 23; NJW-RR 2022, 201 Rn. 16; BeckRS 2021, 22196 Rn. 12; NJW 2018, 1400; NJW 2017, 2041; NJW-RR 2017, 1532. Es ist auch keine Vergewisserung vor Fristablauf erforderlich, ob dem Verlängerungsgesuch stattgegeben wurde, BGH NJW-RR 2018, 569. Im Übrigen gibt es nicht ohne Weiteres eine Erleichterung für den Anwalt, wenn er einen erheblichen Grund nach § 520 II 3 dargelegt hat, BVerfG NJW-RR 2001, 1076. Ein Anwaltswechsel reicht dazu nicht stets, BGH VersR 2001, 1262.

– **(Erkundigung):** Wenn der Anwalt mit einer Verlängerung rechnen kann, muss er sich nicht mehr unbedingt nach ihrer Bewilligung erkundigen, BGH NJW 2012, 2522; VersR 2008, 234. Bei einem ersten Verlängerungsantrag besteht keine Verpflichtung, sich innerhalb des Laufs der Begründungsfrist beim Gericht zu erkundigen, ob dem Verlängerungsantrag stattgegeben werde, BGH NJW-RR 2021, 636 Rn. 9; NJW 2018, 1400 Rn. 19; NJW-RR 2017, 1532 Rn. 12; NJW-RR 2008, 367 Rn. 9 ff.

– **(Erste Verlängerung):** Es besteht seit BGH NJW 1982, 1651 die Möglichkeit, die Begründungsfrist nach § 520 II 1 noch nach ihrem Ablauf aufgrund eines rechtzeitigen mit nicht bloß floskelhaften Gründen versehenen Antrags jedenfalls erstmalig nach § 520 II 2, 3 zu verlängern, jedoch nur dann, BVerfG NJW 2021, 3132 Rn. 15; BeckRS 2021, 10258 Rn. 7; NJW 2007, 3342; NJW 1989, 1147; BGH NJW-RR 2021, 636 Rn. 9; NJW-RR 2019, 691 Rn. 8; NJW 2018, 1400 Rn. 19; NJW 2017, 2041; BVerwG NJW 2008, 3304. Deshalb ist ein Vertrauen auf eine solche erstmalige Maßnahme vor dem ordentlichen Gericht grds. entschuldigt, BVerfG NJW 2007, 3342; BGH MDR 2017, 353; Ffm MDR 2003, 471 (nicht bei Unklarheit über den Verlängerungsantrag). Das gilt auch bei einer strengen, aber rechtswidrigen Praxis des im Einzelfall zuständigen Gerichts, BGH VersR 2002, 1576; strenger Zweibr FamRZ 2004, 1381. Bei einem Fristverlängerungsantrag, der sich bis zu einem bestimmten Datum richtet, ist regelmäßig nicht anzunehmen, dass abweichend vom Wortlaut eine nach den jeweiligen Vorschriften grds. mögliche weitere Fristverlängerung begehrt wird, BGH NJW-RR 2020, 313; NJW-RR 1994, 568.

– **(Grundsatzurteil):** Selbst dann, wenn der Anwalt ein solches Urteil abwarten will, muss er besonders prüfen, ob das Gericht eine Verlängerung bewilligt hat, Naumb AnwBl 1998, 351.

– **(Kalender):** Der Anwalt darf eine Verlängerung erst dann eintragen lassen, wenn sie tatsächlich erfolgt ist, BGH BB 2007, 2707. Vorher darf und muss er den voraussichtlichen neuen Fristablauf vorläufig eintragen (lassen), BGH NJW 2013, 2821.

– **(Kanzleiumzug):** Bei ihm muss der Anwalt besonders prüfen, ob das Gericht eine Verlängerung bewilligt hat, BGH VersR 1982, 651.

– **(Kurzbegründung):** Der Anwalt muss insbesondere bei einer nur schlagwortartigen Kurzbegründung eines Verlängerungsantrags prüfen, ob das Gericht die Verlängerung auch bewilligt hat, LAG Bln DB 1990, 1472; KAG Düss DB 1994, 1528.

– **(Letzter Tag):** Wenn der Anwalt am letzten Tag einer Frist telefonisch ihre Verlängerung beantragt, darf er sich nicht auf eine Zusage der Geschäftsstelle des Gerichts verlassen, sie werde ihn bei einem Auftreten von Hindernissen benachrichtigen, BGH VersR 1977, 373; OVG Brem NJW 2015, 2679. Er muss beim Büroauftrag am letzten Abend prüfen, ob das Gericht rechtzeitig gehandelt hat, BGH NJW-RR 1998, 932. Es genügt aber eine laufend überprüfte Anweisung an das gut geschulte Personal, BGH VersR 1986, 366.

– **(Mehrheit von Fristen):** Bei ihrer Verwaltung ist auch wegen einer Verlängerung eine erhöhte Sorgfalt nötig, BGH NJW-RR 2002, 712.

– **(Prozesskostenhilfe):** Nach ständiger Rechtspr. des BGH ist dem Rechtsmittelführer Wiedereinsetzung gegen die Versäumung der Rechtsmitteleinlegungsfrist zu bewilligen, wenn er innerhalb der Frist ein vollständiges Verfahrenskostenhilfegesuch eingereicht hat und vernünftigerweise nicht damit rechnen musste, dass der Antrag wegen mangelnder Bedürftigkeit abgelehnt werde, BGH BeckRS 2022, 5365 Rn. 10; BeckRS 2021, 9972 Rn. 12; NJW-RR 2020, 1457 Rn. 13. Wenn bereits für den ersten Rechtszug Verfahrenskostenhilfe bewilligt worden ist, kann bei im Wesentlichen gleichen Angaben zu den Vermögensverhältnissen idR erwartet werden, dass auch das Gericht des zweiten Rechtszugs ihn als bedürftig ansieht, BGH NJW-RR 2020, 1457 Rn. 14; NJOZ 2020, 307 Rn. 10.

– **(Rechtzeitigkeit):** Der Anwalt muss stets rechtzeitig prüfen, ob er eine erste oder gar weitere Fristverlängerung beantragen muss, BGH NJW-RR 2006, 1565; Zweibr FamRZ 2004, 1300, und ob das Gericht auch eine solche bewilligt hat, BGH FamRZ 2007, 1808; Ffm MDR 2001, 120. Er muss insbesondere jedem Zweifel über die Rechtzeitigkeit seines Verlängerungsantrags nachgehen und die fristgebundene Handlung unverzüglich nachholen, BGH VersR 1985, 767, jedenfalls innerhalb der von ihm selbst beantragten Frist (er hat jedoch als eine Mindestfrist die nach § 234 I), BGH NJW 1996, 1350.

– **(Üblichkeit):** Selbst bei einer allgemeinen Verlängerungsübung dieses Gerichts muss der Anwalt besonders prüfen, ob es die Verlängerung auch in diesem Einzelfall bewilligt hat, BGH VersR 1977, 1097 (krit. Späth VersR 1978, 327).

– **(Unterschrift):** Der Anwalt muss den Fristablauf bei einem ihm zur Unterzeichnung vorgelegten Verlängerungsantrag eigenverantwortlich überprüfen, BGH AnwBl 2011, 865. Das gilt auch dann, wenn ihm die Akten nicht mit vorliegen, BGH BB 1991, 932. Der Anwalt kann trotz einer fehlerhaften Unterzeichnung (falsche Adresse) grds. darauf vertrauen, das Personal werde seine Weisung zur Vorlage einer richtigen Reinschrift rechtzeitig befolgen, BGH MDR 2003, 764, strenger BGH AnwBl 2011, 865.

– **(Unzuständigkeit):** Wenn die Mitarbeiterin eines Anwalts von einem unzuständigen Gericht die Auskunft erhält, eine erstmalige Fristverlängerung werde grds. erteilt, bleibt die Versendung des Fristverlängerungsantrag am letzten Tag der Frist an das unzuständige Gericht für die Säumnis kausal, BGH NJW 2000, 2511; NJW-

RR 1996, 443. Der Anwalt darf grds. auf eine notwendige Weiterleitung binnen 5 Arbeitstagen vertrauen, wenn er versehentlich den Antrag beim unzuständigen Gericht eingereicht hat, BGH NJW 2006, 3499.

– **(Verlängerung):** Der Anwalt darf darauf vertrauen, dass eine Verlängerung nicht nur für eine unzumutbar kurze Frist erfolgt, BGH NJW-RR 2004, 785.
– **(Vollständigkeit):** Ein Fristverlängerungsantrag setzt Vollständigkeit voraus, BGH NJW 2005, 865; NJW-RR 1998, 573. Der Anwalt kann nicht mit einer Bewilligung der beantragten Verlängerung der Berufungsbegründungsfrist rechnen, wenn er die ihm gegenüber erklärte Einwilligung des Gegners nach § 520 II 2 nicht in dem Antrag erwähnt, BGH NJW-RR 2005, 865.
– **(Vorbereitung):** Eine bloße Weisung zur Vorbereitung eines Verlängerungsantrags reicht nicht, BGH NJW-RR 2006, 1565.
– **(Vormerkung):** Der Anwalt darf sich keineswegs damit begnügen, nach einem Verlängerungsantrag die neue Mitarbeiterin aufzufordern, die noch nicht einmal verlängerte Frist auf „einige Tage" vor ihrem vermutlichen Ende vorzumerken, BGH VersR 1980, 746.
– **(Weitere Verlängerung):** Auf eine weitere Verlängerung ohne eine Zustimmung des Gegners kann der Anwalt allerdings nur ganz ausnahmsweise vertrauen, BGH NJW 2004, 1742; VerfGH Mü MDR 1996, 1074, und zwar grds. nicht schon wegen eines Anwaltswechsels, Brdb MDR 2001, 171.

Rechtsanwalt: Gesetzeskenntnis: Trotz einer gewissen Formenstrenge bei der Frage einer Wiedereinsetzung in den vorigen Stand ist zu berücksichtigen, dass ein Anwalt nicht die Fülle von Rechtsprechung zu diesem Rechtsgebiet beherrschen kann. Der Anwalt muss aber den einschlägigen Gesetzestext kennen, Stgt NJW 2010, 1978. Er hat sich aber über den Stand der in den gängigen Kommentaren zur ZPO nachgewiesenen – zumindest höchstrichterlichen – Rechtsprechung zu informieren und diese zu berücksichtigen, BGH NJW-RR 2021, 314 Rn. 20; NJW-RR 2021, 2660 Rn. 9 f.; NJW 2013, 1966 Rn. 11 (jeweils Unterzeichnung bestimmender Schriftsätze). Eine Wiedereinsetzung kann in Betracht kommen, wenn ein Anwalt in einer zwar irrigen, immerhin aber vertretenen oder vertretbaren Rechtsauffassung handelt, BGH NJW 1985, 496; Düss FamRZ 1982, 82; strenger Hamm FamRZ 1997, 502 (nur bei vertretener). Das kann zB dann so sein, wenn der Leitsatz einer Entscheidung des BGH zu einem Irrtum Anlass gibt. Eine Wiedereinsetzung kommt ferner nicht schon beim Fehlen einer etwa notwendigen Rechtsmittelbelehrung in Betracht, BGH BB 1991, 1821; Schlesw NJW-RR 2014, 1339; Stgt NJW 2010, 1978. Die Wiedereinsetzung ist aber dann möglich, wenn das Gericht dem Anwalt eine unrichtige Auskunft etwa über den Zeitpunkt einer von Amts wegen erfolgten Zustellung gegeben hat, strenger Zweibr MDR 2007, 295, oder wenn es eine tatsächlich schon wirksame Zustellung aus einem Rechtsirrtum des Vorsitzenden wiederholt hat, BGH VersR 1987, 258. Dabei genügt eine telefonische Anfrage des Anwalts. Er braucht also die Gerichtsakten dazu nicht selbst einzusehen. Eine Wiedereinsetzung kommt ferner dann in Betracht, wenn der Anwalt ein rechtzeitig eingelegtes Rechtsmittel nur aufgrund einer Empfehlung des Rechtsmittelgerichts zurückgenommen hatte, die sich zu spät als rechtlich unhaltbar ergab, BGH NJW 1981, 576. 35

– **(Elektronische Eingabe):** Der Anwalt muss ihre Regeln kennen, Düss AnwBl 2014, 91.
– **(Familiensache):** Der Anwalt muss auch Gesetzesänderungen zum Abstammungs- oder Kindschaftsverfahren beachten, BGH VersR 1978, 1169. Dasselbe gilt für Gesetzesänderungen in einer sonstigen Familiensache, BGH VersR 1977, 835 und 1031; Ffm FamRZ 1978, 798; Hamm FamRZ 2010, 1839. Wegen des Übergangsrechts nach Novellen, insbesondere größeren, BGH NJW 2014, 1454; Düss NJOZ 2004, 3128 (Gerichtsverstoß gegen Fürsorgepflicht); Köln NJW-RR 2003, 284.
– **(Gerichtsfehler):** Der Anwalt kann sich grds. nicht mit einem Fehler des Gerichts entschuldigen, BGH NZM 2009, 193; Zweibr FamRZ 2018, 941. Selbst ein gerichtliches Informationsblatt zur Mediation „Während des Mediationsverfahrens soll die Berufung nicht begründet werden. Die Frist zur Begründung wird auf Antrag entsprechend verlängert" und eine entsprechende Fristverlängerung des Mediationsrichters soll keine Wiedereinsetzung nach Scheitern des Mediationsverfahrens begründen, BGH NJW 2009, 1149. (Diese Entscheidung erging, als bei verschiedenen Gerichten unterschiedliche Modelle zur Richtermediation erprobt wurden.) Auf die Richtigkeit einer Rechtsmittelbelehrung darf er aber grds. vertrauen, BGH NJW 2022, 199 Rn. 15.
– **(Honorarvereinbarung):** Der Anwalt muss klären, ob der Auftraggeber damit einverstanden ist, dass ein BGH-Anwalt nur gegen Honorarvereinbarung tätig sein will, BGH NJW 2014, 2657.
– **(Prozesskostenhilfe):** Der Anwalt muss prüfen, ob er sich damit begnügen darf, für eine juristische Person eine Prozesskostenhilfe dann zu beantragen, wenn das Zahlungsvermögen eines wirtschaftlich Beteiligten nach § 116 S. 1 Nr. 1 erkennbar ist.
– **(Rechtsirrtum):** Ein Rechtsirrtum des Anwalts über die gesetzlichen Erfordernisse ist regelmäßig nicht unverschuldet. Eine irrige Auslegung des Verfahrensrechts kann als Entschuldigungsgrund nur dann in Betracht kommen, wenn der ProzBev die volle, von einem Anwalt zu fordernde Sorgfalt aufgewendet hat, um zu einer richtigen Rechtsauffassung zu gelangen, BGH BeckRS 2022, 10296 Rn. 16; NJW 2021, 2660 Rn. 9 f. Ein Rechtsirrtum ist nur ausnahmsweise als entschuldigt anzusehen, wenn er auch unter Anwendung der erforderlichen Sorgfaltsanforderungen nicht vermeidbar war, BGH NJW 2019, 2230 Rn. 25.
– **(Sorgfalt):** Wenn ein Anwalt die in einer Anwaltspraxis gewöhnlich zur Anwendung kommenden Gesetze nicht kennt, muss er diese anhand geeigneter Quellen, ggf. Vorschriften- Datenbank, ermitteln, BGH NJW 2014, 2503 (Zuständigkeit in WEG-Sachen); BAG NZA 2011, 1445 (Parteiwechsel bei Betriebsübergang); Mü AnwBl 2001, 521 (Sorgfalt bei § 85 II). Er muss grds. Mitteilungen des Gerichts nachprüfen, LG Hann NJW 1984, 2837. Er muss sich mit zitierten Entscheidungen auch inhaltlich auseinandersetzen, BVerfG NJW 1987, 2499; BGH DRiZ 1994, 427 (neue Bundesländer). Er muss die verfügbaren Textsammlungen sorgfältig prüfen, zB den ehemals „Schönfelder", Zweibr MDR 1988, 419. Er hat ferner amtliche Entscheidungssammlungen und die Fachzeitschriften zu prüfen, BGH BB 2000, 2332; Köln NJW-RR 2003, 284; Stgt MDR 2002, 1220. Er hat auch Lehrbücher und Kommentare durchzusehen, BGH MDR 2011, 45; OVG Hmb FamRZ 1992, 79 (je: Ausnahme: Das Schrifttum war eindeutig unrichtig); Hamm FamRZ 2010, 1839; Fischer AnwBl 1993, 599; Mü NJW-RR 1991, 803. Der Anwalt muss auch als Strafrechtler eine zivilprozessual richtige Fristbelehrung erteilen, Schlesw NJW-RR 2014, 1339.

Der Anwalt muss grds. eine objektiv bekannte Entscheidungspraxis des angerufenen Gerichts in seine Vorausschau einbeziehen, soweit sie objektiv den rechtlichen Anforderungen genügt, BVerfG NJW 1989,

1147. Das gilt auch gegenüber einem erstinstanzlichen Gericht. Er muss ferner evtl. sogar beim Fehlen eines Hinweises im einem der vorhandenen Kommentare oder Lehrbücher die anderen prüfen, AG Grevenbroich MDR 1989, 459. Er muss zB die neuere Rechtsprechung zumindest des BGH, die in gängigen ZPO-Kommentaren nachgewiesen sind, in Wiedereinsetzungssachen prüfen, soweit sie in der amtlichen Sammlung der Entscheidungen des BGH oder in den üblicherweise zur Verfügung stehenden Fachzeitschriften veröffentlicht ist, BGH NJW 2021, 2660 Rn. 9 f.; Düss VersR 1980, 360 (Pflicht des Anwalts zur Fachlektüre). Der Anwalt muss zB wissen, dass § 317 Änderungen gegenüber der früheren Rechtslage bei der Zustellung eines Urteils gebracht hat, BGH NJW 1978, 1486; Zweibr VersR 1978, 767. Er hat die Wirksamkeit einer Zustellung unabhängig vom Gericht zu prüfen, BGH VersR 1987, 680. Ein Verschulden kann jedoch bei Unklarheiten in der Literatur und Rechtsprechung fehlen, BFH NJW 1996, 216. Die Prüfungspflicht besteht unverzüglich nach der jeweiligen Veröffentlichung, BGH MDR 2011, 45; Stgt MDR 2002, 1220. Grds. kann der Anwalt bei rechtlichen Streitfragen zunächst der Rechtsprechung der übergeordneten Gerichte und insbesondere der Obersten Bundesgerichte vertrauen, BVerfG NJW 1989, 1147. Er kann auch einer in den gängigen Kommentaren vertretenen Auffassung grds. vertrauen, LAG Mü NJW 1989, 1503. Das gilt jedenfalls bis zur Veröffentlichung einer ihre Unrichtigkeit eindeutig und auch einigermaßen überzeugend feststellenden höchstrichterlichen Entscheidung, BGH NJW 1985, 496, oder einer diese Unrichtigkeit mit einer näheren Begründung darlegenden Äußerung. Das gilt erst recht dann, wenn das Gericht sich in einer Mitteilung an ihn ebenfalls rechtlich irrte, BGH NZM 2009, 193.

– **(Spezialrecht):** Der Anwalt muss selbst ein entlegenes Gebiet kennen, Zweibr MDR 1988, 419; LG Hann NJW 1984, 2837; aM Schneider MDR 1987, 791.
– **(Steuerrechtswirkung):** Der Anwalt muss steuerrechtliche Auswirkungen mitberücksichtigen, BGH NJW-RR 1987, 604.
– **(Übergangsrecht):** Der Anwalt muss das Übergangsrecht und seine Geltung kennen, BGH MDR 2011, 45; KG WuM 2010, 583; Schlesw FamRZ 2011, 1247.
– **(Überlastung):** Der Anwalt kann sich nicht mit seiner starken Arbeitsbelastung entschuldigen. Denn er schuldet in jeder Sache seine volle Arbeitskraft.
– **(Überspannungsverbot):** Es gibt nach → Rn. 16 f. ein Überspannungsverbot, LG Hechingen NJW-RR 2003, 769 (funktionelle Unzuständigkeit wegen einer gerichtsübergreifenden anderen Spezialzuständigkeit). Die Justiz darf an den Anwalt keine höheren Anforderungen stellen als an sich selbst.
– **(Unverzüglichkeit):** → „– (Sorgfalt)".
– **(Verschulden):** Eine Wiedereinsetzung kommt dann nicht in Betracht, wenn der Anwalt den Urteilskopf nicht nachgeprüft und deshalb einen leicht erkennbaren Fehler übersehen hat. Dasselbe gilt dann, wenn der Anwalt aus einer unvollständigen Rechtsmittelbelehrung ungeprüft solche Schlüsse gezogen hat, die mit grundlegenden Verfahrensregeln unvereinbar sind. Ein Anwalt muss überhaupt wesentliche Fehler in der Rechtsmittelschrift selbst verantworten. Er darf die Überprüfung nicht einem angestellten Anwalt und auch nicht dem Büropersonal überlassen. Die Wiedereinsetzung entfällt dann, wenn der Anwalt einen Fehler aus einer grds. als verschuldet anzunehmenden Rechts- oder Gesetzesunkenntnis begangen hat, BGH VersR 2000, 613; VerfGH Brdb NJW 2004, 3259 (auch zu den Grenzen; krit. Rensen JZ 2005, 196); Stgt MDR 2002, 1220 (ZPO-RG).
– **(Vertrauen):** Der Anwalt darf grds. auf die BGH-Rechtsprechung vertrauen, BVerfG NVwZ 2003, 341.
– **(Zuständigkeit):** Der Anwalt muss veröffentlichte Änderungen einer Zuständigkeit kennen, BGH DRiZ 1994, 427; VerfGH Mü NJW 1994, 1858. Er muss auch eine Zuständigkeit in einer Auslandssache kennen, (zum alten Recht) Düss WuM 2009, 473.
– **(Zweifel):** Wenn dem Anwalt die Rechtslage zweifelhaft zu sein scheint oder vernünftigerweise zweifelhaft sein muss, hat er so zu handeln, dass er die Parteiinteressen auf jeden Fall wahrt, BayObLG NJW-RR 2000, 772; Mü FamRZ 1994, 311. Das gilt auch dann, wenn er zB dem Auftraggeber geschrieben hat, er werde mangels einer sofortigen Antwort unterstellen, dass er kein Rechtsmittel einlegen soll, oder wenn er trotz der eigenen Ansicht, es sei kein Rechtsmittel zulässig, den Auftraggeber nicht von der Zustellung des Urteils unterrichtet hat.

36 **Rechtsanwalt: Glaubhaftmachung:** Von der Richtigkeit einer anwaltlichen Versicherung zu einem Wiedereinsetzungsgrundes ist grds. auszugehen, BGH NJW-RR 2020, 501. Entscheidend sind aber die der anwaltlichen Versicherung zugrundeliegenden Tatsachen. So genügt die bloße – anwaltlich versicherte – Behauptung, der Schriftsatz sei an einem bestimmten Tag „bei der Post aufgegeben worden" nicht, um einen Wiedereinsetzungsgrund glaubhaft zu machen, BGH NJW-RR 2021, 859 Rn. 11. Dies gilt allerdings dann nicht, wenn konkrete Anhaltspunkte es ausschließen, den geschilderten Sachverhalt mit überwiegender Wahrscheinlichkeit als zutreffend zu erachten, BGH NJW-RR 2020, 501; NJW-RR 2018, 958; NJW 2015, 349. Die Feststellung der überwiegenden Wahrscheinlichkeit unterliegt dem Grundsatz der freien Würdigung des gesamten Vorbringens, die grds. Sache des Tatrichters ist, BGH NJW-RR 2018, 958; NJW 2015, 349. Ein Nachweis dafür, dass das Schriftstück tatsächlich in den Postlauf gelangt ist, ist – wie auch eine Glaubhaftmachung, wo und auf welche Weise es zum Verlust des Schriftstücks gekommen ist – dabei nicht erforderlich, BGH BeckRS 2022, 2221 Rn. 9. Es kann aber zur Glaubhaftmachung geboten sein, ergänzende Belege vorzulegen, die die Aufgabe zur Post dokumentieren, wie die Eintragung der Versendung in der Akte oder in einem Postausgangsbuch, BGH NJW-RR 2021, 931 Rn. 15. Schenkt das Rechtsmittelgericht einer anwaltlichen Versicherung im Verfahren der Wiedereinsetzung keinen Glauben, muss es ihm Gelegenheit geben, entsprechenden Zeugenbeweis anzutreten, BGH BeckRS 2022, 2221 Rn. 13; NJW-RR 2021, 505 Rn. 18 (eidesstattl. Vers.); NJW-RR 2020, 501 Rn. 13 (anwaltl. Vers.); NJW-RR 2020, 818 (eidesstattl. Vers.); NJW-RR 2018, 958; vgl. auch BGH NJW-RR 2020, 499 (Zeugenbeweis); Kischkel NZFam 2021, 232. Darüber hinaus ist auch zu prüfen, ob nicht bereits in der Vorlage der eidesstattlichen Versicherung schon ein Beweisangebot auf Vernehmung des Erklärenden als Zeugen zu der darin enthaltenen Aussage liegt; BGH NJW-RR 2021, 505 Rn. 19; NJW-RR 2020, 501 Rn. 13; NJW-RR 2018, 958 Rn. 12. Zumindest ist aber ein Hinweis nach § 139 I veranlasst.

Rechtsanwalt: Information: Hierbei ist zu unterscheiden, ob es um Informationen des Personals, des Auftraggebers oder eines anderen Anwalts geht.

– **(Auftraggeber):** Eine Wiedereinsetzung kann dann in Betracht kommen, wenn das grds. gut geschulte und überwachte Personal des Anwalts nicht unterrichtet war. Dasselbe gilt dann, wenn das Personal ein Informationsschreiben des Auftraggebers nicht vorgelegt hat und wenn der Anwalt daher den Fristfehler zu spät entdeckt hat. **(36)**

– **(Auftraggeber: Keine Antwort):** Wenn der Auftraggeber auf eine Anfrage des Anwalts dazu, ob er ein Rechtsmittel einlegen soll, nicht sofort antwortet, muss der Anwalt so handeln, dass er die Parteiinteressen auf jeden Fall wahrt. Das gilt selbst dann, wenn der Anwalt geschrieben hatte, er werde mangels einer sofortigen Antwort unterstellen, er solle kein Rechtsmittel einlegen.
– **(Auftraggeber: Keine Auftragsbestätigung):** Der Anwalt muss beim Ausbleiben einer Bestätigung des Auftraggebers wegen eines Rechtsmittelauftrags den Sachstand durch eine Anfrage aufklären, BGH VersR 1981, 1055.
– **(Auftraggeber: Ältere Auskunft):** Der Anwalt darf sich nicht auf eine schon vor längerer Zeit abgegebene Erklärung des Auftraggebers verlassen, zB es laufe noch keine Frist.
– **(Auftraggeber: Nachricht):** Der Anwalt muss sein Personal anweisen, dem Auftraggeber eine Nachricht von einer Zustellung zu erteilen, BGH FamRZ 1996, 1467. Das gilt selbst dann, wenn er außerdem die Weisung erteilt hatte, die Frist zu notieren. Eine solche Benachrichtigung reicht dann aber grds. auch aus, BGH VersR 1976, 1178. Die Benachrichtigung muss spätestens etwa eine Woche vor dem Fristablauf erfolgen, also zugehen, BGH FamRZ 1996, 1467. Dazu kann ein einfacher Brief reichen, BGH VersR 1985, 90.
– **(Auftraggeber: Auftrag im Prozess):** Wenn ein Anwalt den Auftrag erst während des Prozesses erhält, muss er sich auch beim Auftraggeber unverzüglich über den Sachstand informieren.
– **(Auftraggeber: Unterrichtung):** Der Anwalt muss seine Partei darüber unterrichten, ob, in welcher Weise und bei welchem Gericht gegen eine Entscheidung Rechtsmittel eingelegt werden kann; außerdem muss er den Ablauf der Rechtsmittelfrist mitteilen, BGH NJW-RR 2017, 1145. Der Anwalt muss trotz seiner eigenen Ansicht, es sei kein Rechtsmittel zulässig, den Auftraggeber von einer Urteilszustellung unterrichten, und zwar unverzüglich. Die Unterrichtung muss das etwa doch zulässige Rechtsmittel und dessen formelle Erfordernisse vollständig angeben, BGH FamRZ 1996, 1467.
– **(Auftraggeber: Versicherer):** Der erstinstanzliche Anwalt muss bei einer Anfrage an den Versicherer des Auftraggebers dazu, ob er ein Rechtsmittel einlegen soll, den Versicherer darüber informieren, dass die Rechtsmittelfrist bereits läuft. Wenn der Versicherer aufgrund solcher Anfrage die Schadensakte ohne ein Begleitschreiben an den Anwalt zurücksendet, muss der Anwalt durch eine alsbaldige Rückfrage eine Klärung herbeiführen, BGH VersR 1981 1055.
– **(Auftraggeber: Verzicht):** Der Anwalt darf nicht ohne Weiteres darauf vertrauen, ein Schweigen des Auftraggebers enthalte einen Verzicht, VGH Kassel NJW 1991, 2099. Das gilt jedenfalls dann, wenn der Auftraggeber in einem Parallelverfahren schon hatte Berufung einlegen lassen, BGH VersR 1981, 834.
– **(Kollege):** Eine Wiedereinsetzung kann dann in Betracht kommen, wenn das grundsätzlich gut geschulte und überwachte Personal des Anwalts dem Verkehrsanwalt keine Nachricht übersandt hat. Dasselbe gilt dann, wenn ein solches Personal ein Informationsschreiben eines anderen Anwalts nicht vorgelegt hat und wenn der eigene Anwalt daher den Fristfehler zu spät entdeckt hat. Der Anwalt muss dem Personal die Anweisung geben, dem Verkehrsanwalt eine Nachricht von einer Urteilszustellung zu erteilen. Das gilt selbst dann, wenn er dem Personal außerdem die Weisung gegeben hat, die Frist zu notieren. Eine solche Anweisung ist dann aber auch ausreichend, BGH VersR 1976, 1178.
– **(Rechtsmittelanwalt):** Der etwa gesonderte Anwalt der Rechtsmittelinstanz hat durch geeignete und verlässliche Erkundigungen zu ermitteln, ob und wann ein Urteil der Vorinstanz zugestellt worden ist; regelmäßig ist eine Sachstandsanfrage bei dem Gericht der Vorinstanz eine geeignete Maßnahme, BGH NJW-RR 2022, 709 Rn. 37; NJW 2016, 1180 Rn. 22; NJW 1996, 1477. Er darf sich nicht auf Angaben des erstinstanzlichen Kollegen verlassen, soweit er solche Angaben anhand der ihm übersandten Unterlagen nachprüfen kann, BGH VersR 1994, 956. Der Berufungsanwalt muss zB das anzufechtende Urteil selbst auf die Richtigkeit der Parteibezeichnung überprüfen, BGH VersR 1981, 956. Der erstinstanzliche Anwalt hat dem für das Rechtsmittel beauftragten Anwalt eigenverantwortlich in einer jeden Zweifel ausschließenden Weise die für die fristgemäße Einlegung und Begründung des Rechtsmittels erforderlichen Daten zu übermitteln, BGH BeckRS 2019, 10175; NJW 2000, 3071. Er muss dem Berufungsanwalt auch das richtige Aktenzeichen mitteilen, BGH NJW-RR 1991, 828; VersR 1986, 462. Diese Aufgaben darf der Anwalt auch nicht seinem Büropersonal übertragen, BGH NJW-RR 2004, 1148. Die Übermittlung der Daten hat grds. schriftlich zu erfolgen, BGH NJW 2003, 2100. Wenn der Auftraggeber den Auftrag zur Einlegung der Berufung telefonisch erteilen lässt, muss der erstinstanzliche Anwalt dafür sorgen, dass der Berufungsanwalt die Auftragsannahme wiederholt, BGH VersR 1981, 959. Der Berufungsanwalt hat auch von sich aus für die Kontrollwiederholung zu sorgen, BGH VersR 1981, 959. Ein Anwalt, der nur ein Rechtsgutachten erstatten soll, kann sich ohne eine Nachprüfung auf die Mitteilung über einen Fristablauf verlassen.
  Der erstinstanzliche Anwalt muss dem Rechtsmittelanwalt die Urteilszustellung oder dessen Beiordnung im Verfahren auf Bewilligung einer Prozesskostenhilfe mitteilen, BGH VersR 1977, 153. Der Verkehrsanwalt muss dann sofort nachfragen, BGH VersR 1975, 90. Der Verkehrsanwalt kann sich darauf verlassen, dass der ProzBev. ihm das zugestellte Urteil rechtzeitig übersenden werde. Der Berufungsanwalt muss die Partei selbst über den Ablauf der Revisionsfrist unterrichten. Er darf diese Aufgabe nicht dem erstinstanzlichen Anwalt überlassen, der nicht Verkehrsanwalt ist und auch hierfür keinen besonderen Auftrag hat. Der Verkehrsanwalt muss den Auftraggeber unverzüglich vom Eingang des Berufungsurteils und vom Lauf der Revisionsfrist unterrichten, BGH VersR 1980, 169.

Rechtsanwalt: Kalender: Der Anwalt muss grds. zuverlässig veranlassen, dass das Personal eine Frist mit ihrem wenigstens mutmaßlichen Ende sogleich in einem Fristenkalender notiert, BGH NJOZ 2022, 695 Rn. 10; NJW 1996, 2514; Nürnb NJW-RR 2005, 1086; LAG Mainz BB 2000, 468.
– **(Aktenentnahme):** Der Anwalt darf die Akten nicht aus dem normalen Geschäftsgang nehmen, solange das Personal nicht eine Frist im Kalender vermerkt hat.
– **(Aktenvermerk):** Der Anwalt muss dafür sorgen, dass das Personal einen Kalendereintrag durch einen Erledigungsvermerk in der Akte kennzeichnet, BGH NJW-RR 2019, 502; NJW 2018, 2895; NJOZ 2014, 1339. Er darf sich mangels sich aufdrängender Zweifel auf die Richtigkeit des Erledigungsvermerks verlassen, BGH NJW 2008, 1671. Wenn entsprechende Vermerke direkt auf dem jeweiligen Schriftstück erfolgen, kann auf einen zusätzlichen Vermerk im Kalender verzichtet werden, BGH NJW 2009, 1083.

(36) – **(Aktenvorlage):** Wenn der Anwalt ein Rechtsmittel eingelegt hat, braucht er die Handakten nur ausnahmsweise auf die Eintragung der Rechtsmittelbegründungsfrist im Kalender dann zu überprüfen, wenn ihm die Handakten ohnehin bis zum Fristablauf oder nahe davor vorliegen oder wenn sich die Notwendigkeit einer Fristprüfung sonst aufdrängt, BGH NJW-RR 2019, 502; NJW-RR 2018, 58; OVG Lüneb NJW 2010, 1391. Das gilt etwa dann, wenn die Vorlage im Zusammenhang mit einer fristgebundenen Prozesshandlung erfolgt, BGH VersR 1988, 414.

– **(Alsbaldige Erledigung):** Sofern der Anwalt nicht sofort tätig werden muss, hat er doch dafür zu sorgen, dass eine richtige Eintragung alsbald nach der Zustellung der Entscheidung erfolgt, BGH AnwBl 2007, 796; Nürnb NJW-RR 2005, 1086. Das gilt zB für das Ende der Berufungsbegründungsfrist, BGH FamRZ 2010, 370. Ausnahmsweise entfällt diese Notwendigkeit nur dann, wenn der Anwalt die sofortige Fertigstellung und Absendung des fristgebundenen Schriftsatzes in einwandfreier Weise verfügt, BGH VersR 2001, 732, oder wenn er selbst die Fristen kontrolliert, BGH VersR 2007, 131.

– **(Auszubildender):** Der Anwalt muss den Auszubildenden, dem im Einzelfall ausnahmsweise der Fristeneintrag übertragen ist, besonders überwachen, BGH NJW-RR 2022, 135 Rn. 17 f.; VersR 1988, 157.

– **(EDV):** Bei einem EDV-gestützten Kalender muss der Anwalt einen Drucker oder ein Fehlerprotokoll zur Kontrolle mit einsetzen, BGH NJW 2019, 1456; NJW-RR 2018, 1267; FamRZ 2012, 1134. Es muss eine Sicherung gegen falsche Löschung geben, BGH AnwBl 2011, 226. Zu weiteren Einzelfragen BGH VersR 2013, 1286 (ausf.).

– **(Eintragskontrolle):** Der Anwalt muss auch durch einen bewährten Mitarbeiter kontrollieren lassen, ob das Personal die Notfrist tatsächlich notiert hat, BGH AnwBl 1986, 152, nicht durch einen Auszubildenden (auch nicht neben einem qualifizierten Mitarbeiter), BGH NJW 2006, 1520, auch nicht durch einen juristisch Ungeschulten, BGH NJW-RR 2000, 1367. Er muss kontrollieren, ob sie gewahrt ist, BGH VersR 1993, 772, und zwar am Abend eines jeden Arbeitstags, BGH NJW 1996, 1541.

– **(Einzelanweisung):** Der Anwalt darf grds. auf die Befolgung einer genauen Einzelanweisung vertrauen, BGH MDR 2008, 814. Das gilt grds. auch bei einer Anweisung zur Fristnotierung, BGH NJW 2009, 1083; OVG Münst DBVl 2015, 123. Auch wenn der Anwalt das Personal im Wege der Einzelanweisung angehalten hat, eine fehlerhaft eingetragene Frist zu korrigieren, befreit ihn das nicht davon, im Rahmen der Vorbereitung einer Prozesshandlung die Richtigkeit der Eintragung eigenverantwortlich zu prüfen, BGH NJW 2014, 3453, oder geeignete organisatorische Maßnahmen zu ergreifen, dass die Eintragung nicht unterbleibt, BGH NJW-RR 2022, 855 Rn. 8.

– **(Elektronischer Kalender):** Eine „Erledigungskontrolle", s. dort, ist auch bei ihm notwendig, BGH NJW 2001, 77. Bei einer Datenspeicherung ist kein zusätzlicher schriftlicher Kalender nötig, BGH NJW 1997, 327. Der Anwalt muss aber sicherstellen, dass keine geringere Sicherheit als beim herkömmlichen Kalender besteht, BGH NJW 2015, 253; BAG NJW 2019, 2954, dass zB die Daten richtig gespeichert sind, BGH NJW 1995, 1756; Ffm NJW 2009, 605; OVG Lüneb JurBüro 2009, 101, dass der Kalender jederzeit auf seine Vollständigkeit und Richtigkeit überprüft werden kann und dass Datenverluste durch System- oder Bedienungsfehler ausgeschlossen werden können, Zweibr NJW-RR 2006, 500; Mü NJW 1990, 191; LG Lüb AnwBl 1986, 152, oder durch versehentliches Löschen, OVG Saarlouis NJW 2014, 2602. Bei einem elektronischen Fehler muss der Anwalt per Hand den Kalender korrekt halten, BGH WM 2015, 779 und 781.

– **(Empfangsbekenntnis):** Der Anwalt muss dafür sorgen, dass eine richtige Eintragung spätestens vor der Rückgabe eines Empfangsbekenntnisses erfolgt, BGH NJW-RR 2010, 414; Schlesw MDR 2005, 769.

– **(Erledigungskontrolle):** Es ist an jedem Abend eine solche Kontrolle notwendig, BGH MDR 2017, 838. Das gilt insbesondere am Tag des Fristablaufs, BGH NJW 2001, 77. Dazu kann ein Computerausdruck reichen, BGH VersR 1996, 387, der grds. auch nötig ist, BGH BB 2006, 465. Die allabendliche Kontrolle fristgebundener Schriftsätze dient auch der Prüfung, ob möglicherweise in einer als erledigt vermerkten Fristsache die fristwahrende Handlung noch aussteht, BGH NJW-RR 2020, 52; NJW-RR 2019, 950.

– **(Fristablauf):** Wenn der Anwalt das Personal nicht angewiesen hat, ihn auf den Fristablauf hinzuweisen, muss er den Fristablauf auf dem Aktendeckel und im Kalender vermerken, BGH VersR 1979, 256. Dann reicht es nicht aus, eine Vorfrist notieren zu lassen, BGH VersR 1975, 1006.

– **(Fristkontrolle):** Der Anwalt darf nicht billigen, dass eine Mitarbeiterin einen Erledigungsvermerk vor der Festnotierung vornimmt, OVG Saarlouis NJW 2008, 3801. Er muss den Fristablauf bei einer Aktenvorlage prüfen, OVG Lüneb AnwBl 2010, 294.

– **(Fristverlängerung):** Bei einem Antrag auf Fristverlängerung ist besondere Sorgfalt geboten, BGH VersR 2003, 369. Der Anwalt darf zB den Verlängerungsantrag unabhängig vom Abstand zur Erstfrist sogleich eintragen lassen, BGH NJW 2011, 1599. Er muss ferner eine endgültige Frist erst nach einer tatsächlich erfolgten Fristverlängerung eintragen lassen, BGH NJW 2011, 1971. Erst dann darf der Anwalt die bisherige Frist streichen lassen, BGH AnwBl 2006, 671; Hamm MDR 2007, 435.

– **(Fristwahrung):** Der Anwalt muss sofort veranlassen, dass auch im Kalender alles zur Fristwahrung Notwendige geschieht, BGH NJW 1995, 1682; BAG NJW 1975, 232.

– **(Handakte-Kalender):** Eine mündliche Anweisung zur Übertragung eines Vermerks aus den Handakten in den Kalender reicht nur dann aus, wenn der Vermerk unübersehbar ist, BGH VersR 1980, 746. In die Handakte gehört ein Erledigungsvermerk nach einer Fristeintragung im Kalender, BGH FamRZ 2010, 636.

– **(Letzter Tag):** Bei einer ausreichenden Erledigungskontrolle darf der Anwalt eine Frist bis zum letzten Tag ausnutzen, BGH NJW-RR 2022, 853 Rn. 15; NJW 2020, 157; NJW 2015, 171; NJW 2013, 1011.

– **(Mehrheit von Fristen):** Der Anwalt muss veranlassen, dass mehrere Fristen desselben Auftraggebers gesonderte Vermerke erhalten, BGH FamRZ 2006, 191. Wenn gleichlaufende Fristen in einer großen Zahl von Verfahren ablaufen, ist eine besonders enge Kontrolle angezeigt, Schlesw NJW-RR 2020, 124.

– **(Mehrheit von Kalendern):** Werden mehrere Kalender geführt müssen alle stimmen, BGH NJW 2011, 1598.

– **(Mehrheit von Mitarbeitern):** Der Anwalt darf eine Fristkontrolle im Kalender nicht einfach statt einer bestimmten qualifizierten Fachkraft mehreren Mitarbeitern übertragen, BGH NJW 2006, 1520.

– **(Mehrheit von Verfahren):** Bei demselben Auftraggeber muss der Anwalt besonders aufpassen (Verwechslungsgefahr), Schlesw. NJW-RR 2020, 124; Brdb AnwBl 2015, 811.

– **(Mitteilung des Gerichts):** Der Anwalt muss veranlassen, dass das Personal die Eintragung nach dem Eingang einer Mitteilung des Gerichts über das Eingangsdatum der Berufungsschrift oder über eine Verlängerung kontrolliert und evtl. korrigiert, BGH NJW 1997, 1860. Eine Eintragung aufgrund einer zunächst nur mündlichen Mitteilung des Gerichts erfordert nach dem Eingang der schriftlichen Fassung einen Abgleich, BGH AnwBl 2007, 796. (36)
– **(Neue Kanzlei):** Bei der Übernahme von Akten in eine neue Kanzlei des aus einer Sozietät ausgeschiedenen Anwalts gehört es zu seiner Pflicht, die laufenden Fristen anhand des im bisherigen Büro geführten Kalenders zu überprüfen, BGH VersR 1981, 959.
– **(Organisationsplan):** Der Anwalt hat durch organisatorische Maßnahmen (Organisationsplan) generell sicherzustellen, dass Fehlerquellen bei der Behandlung von Fristen vermieden werden, BGH NJW 2022, 400 Rn. 33; NJOZ 2021, 691 Rn. 10; NJW-RR 2020, 52 Rn. 12; NJW-RR 2018, 1325 Rn. 18; NJW-RR 2015, 442 Rn. 8; NJW-RR 2004, 1714; BVerwG NJW 1975, 228. Der Organisationsplan muss auch vorsehen, dass Eintragungen in den Fristenkalender zum frühestmöglichen Zeitpunkt vorgenommen werden, BGH NJW 2003, 1815. Ein Organisationsmangel ist jedoch noch nicht darin zu sehen, dass Mitte Dezember noch kein Fristenkalender für das kommende Jahr zur Verfügung steht, BGH NJW-RR 2004, 1714. Dann ist aber eine zuverlässige vorläufige Zwischennotierung nötig. Unter dieser Voraussetzung ist die Art der Streichung oder der sonstigen Erledigung der Fristkontrolle im Kalender unerheblich, BGH NJW 1993, 3333.
– **(Persönliche Kontrolle):** Nach ordnungsgemäßen Anweisungen braucht der Anwalt deren Durchführung nicht stets persönlich im Kalender zu kontrollieren, BGH NJW 2006, 2779.
– **(Persönliches Terminbuch):** Die Führung eines persönlichen Terminbuches hat eine Pflicht zur persönlichen Fristkontrolle zur Folge, BGH VersR 1985, 992.
– **(Posteingang):** Der Anwalt muss anordnen, dass unterschiedliche Daten des Posteingangs und eines Empfangsbekenntnisses dargestellt werden, BGH NJW-RR 1998, 1443.
– **(Rechtsmitteleinlegungs- oder -begründungsfrist):** Der Ablauf von Rechtsmitteleinlegungs- und Rechtsmittelbegründungsfristen ist in den Fristenkalender und in die Handakte einzutragen. Die Handakte muss zudem durch entsprechende Erledigungsvermerke oder auf sonstige Weise erkennen lassen, dass die Fristen in den Fristenkalender eingetragen worden sind. Stets sind die Fristen zuerst in den Kalender und dann erst der entsprechende Vermerk in die Akte einzutragen, BGH NJW-RR 2019, 502; NJW-RR 2018, 58; NJOZ 2018, 609 und 828; NJW-RR 2017, 953. Bei Rechtsmittelbegründungsfristen ist neben dem Datum des Fristablaufs eine Vorfrist zu notieren, BGH NJW-RR 2017, 953. Der Anwalt muss eine solche Frist so notieren lassen, dass sie sich deutlich von einer gewöhnlichen Wiedervorlagefrist abhebt, BGH NJW-RR 2001, 279. Das Personal muss er anweisen, im Kalender wenigstens das Ende einer Rechtsmittelfrist als solche einzutragen, BGH NJW 2001, 2975; BAG NJW 1993, 1350.
– **(Referendar):** Der Anwalt kann auf den eingewiesenen Referendar grds. vertrauen, BGH NJW 2006, 1070.
– **(Rückfrage):** Eine solche beim Empfänger reicht zur Streichung, BGH NJW-RR 2002, 60.
– **(Streichung):** Streichungen im Fristenkalender sind grds. erst vorzunehmen, wenn das Schriftstück postfertig ist, BGH NJW-RR 2020, 52; NJW-RR 2015, 253; NJW-RR 2012, 427. Nach Durchführung aller fristwahrenden Maßnahmen ist die Frist aber zügig zu streichen, BGH NJW-RR 2009, 937. Streicht der Anwalt selbst die Frist im Kalender und verhindert dadurch den üblichen Verlauf, kann darin ein ursächliches Verschulden liegen, BGH NJW-RR 2013, 1008. Er darf sie aber erst dann dulden, wenn man die fristwahrende Maßnahme durchgeführt hat, BGH MDR 2015, 112, wenn zB das Schriftstück herausgeht, BGH VersR 2000, 1564 (nicht später); Brdb MDR 2005, 167; LAG Hamm MDR 1997, 694, oder wenn man es zumindest postfertig gemacht hat, BGH FamRZ 2009, 1130; Brdb MDR 2005, 167; LAG Hamm AnwBl 1994, 142, wenn man es also im geschlossenen Umschlag in das Postausgangsfach gelegt hatte, BGH NJW 2011, 2052, und wenn man es bei einer Aufgabe im Postamt rechtzeitig nach dort mitgenommen hat, Bbg FamRZ 2001, 552. Der Anwalt muss organisatorisch für klare Zuständigkeiten sorgen, falls auch er selbst streichen kann, BGH NJW 2011, 385.

Der erstinstanzliche Anwalt darf eine Streichung erst dann dulden, wenn eine Bestätigung des Rechtsmittelanwalts vorliegt, BGH BeckRS 2019, 10175, oder diejenige des Rechtsmittelgerichts, BGH VersR 1984, 166; Hamm MDR 2007, 435, oder wenn der beim Telefax die Übermittlung bestätigende Ausdruck vorliegt, BVerfG NJW 2007, 2839; BGH NJW 2007, 2778; LAG Hamm MDR 1997, 694, oder wenn eine schriftliche Empfangsbestätigung vorliegt, Köln NJW 2007, 2778. Er darf auf die Einhaltung seiner Anweisung vertrauen, die Frist erst nach einer Rückfrage beim Empfänger zu streichen, BGH NJW-RR 2002, 60.

Der Anwalt muss darauf achten, ob ein Anhaltspunkt dafür besteht, dass seine Angestellte eine Streichung irrig vorgenommen hat, BGH NJW 2015, 253. Allerdings kann eine Wiedereinsetzung ausnahmsweise auch dann in Betracht kommen, wenn das Personal die Frist fälschlich im Kalender gestrichen hat. Eine elektronischer Kalenderführung genügt nicht den Anforderungen, wenn eine versehentliche Löschung nicht erkannt wird, BGH NJW 2000, 1957. Wenn der Anwalt einen Kollegen mit der Einlegung eines Rechtsmittels beauftragt, darf er eine Frist im eigenen Kalender erst nach dem Bestätigungserhalt löschen, → Rn. 29 „Rechtsanwalt: Andere Instanz“.
– **(Tägliche Kontrolle):** Eine allabendliche Kontrolle dient der Überprüfung, ob sich aus den Eintragungen noch unerledigte Fristsachen ergeben und ob eine bereits als erledigt notierte Fristsache noch aussteht, BGH NJW-RR 2020, 52; NJW-RR 2019, 950; NJW-RR 2017, 1532; NJW 2015, 253; NJW-RR 1998, 1604. Eine Kontrolle nur morgens reicht evtl. nicht, BGH VersR 1999, 1303.
– **(Überwachung):** Der Anwalt muss den Fristkalender von einem geeigneten und laufend überprüften Personal überwachen lassen, BGH NJW-RR 2000, 1367, und zwar täglich, BGH NJW-RR 1998, 1604.
– **(Vertrauen):** Der Anwalt darf grds. auf die Einhaltung einer klaren mündlichen Anweisung vertrauen, die der Mitarbeiter nach dem Eindruck des Anwalts auch verstanden hat, BGH NJW 1988, 1853. Das gilt aber bei einer nicht einfach zu berechnenden Frist nur eingeschränkt, Ffm MDR 2001, 1437. Im letzten Augenblick darf sich der Anwalt mangels einer Streichung im Kalender nicht auf mündliche Erklärungen verlassen, BGH NJW 1998, 460.

– **(Vorfrist):** Neben der Rechtsmittelbegründungsfrist ist eine Vorfrist zu notieren, BGH NJW 2022, 400 Rn. 33 f. Rechtsmittel- und Rechtsmittelbegründungsfristen müssen so notiert werden, dass sie sich von gewöhnlichen Wiedervorlagefristen deutlich abheben (besondere Spalten; farbliche Hervorhebung), BGH NJW-RR 2015, 215. Eine bloße Vorfrist nebst Wiedervorlage als Eintragung genügt nicht, BGH NJW 2019, 3234 Rn. 14; NJW 2001, 2975; BAG NJW 1993, 1350.
– **(Zuständigkeit):** Der Anwalt muss das zuständige Rechtsmittelgericht selbst statt eines Mitarbeiters ermitteln, BGH NJW 2009, 296.

Rechtsanwalt: Kanzlei und Wohnung: Wenn der Anwalt in demselben Haus seine Kanzlei unterhält und auch wohnt, muss er sein Personal eindringlich darüber belehren, wie es sich verhalten soll, wenn der Postbote für die Kanzlei Zustellungen anliefert. Auch wenn die Kanzlei und die Wohnung nicht in demselben Haus liegen, muss der Anwalt seine Hausbewohner bitten und im erlaubten Umfang anweisen, ihm zugehende Schriftstücke alsbald vorzulegen. Er hat allerdings insofern nach einer solchen generellen Maßnahme keine besondere Überwachungspflicht. Der Anwalt braucht grds. nicht mit einer Fehlleitung eines Briefes statt in seine Kanzlei in seine Wohnung zu rechnen.

37 **Rechtsanwalt: Krankheit:** Dazu Toussaint NJW 2014, 200 (Grdz.). Der krankheitsbedingte Ausfall des Rechtsanwalts auch am letzten Tag der Frist rechtfertigt für sich genommen noch keine Wiedereinsetzung, BGH NJW-RR 2021, 635 Rn. 9. Der Anwalt muss sich auf einen krankheitsbedingten Ausfall durch konkrete Maßnahmen vorbereiten, wenn er diesen vorhersehen kann, BGH NJW 2020, 157; NJW 2018, 1691. Hierzu hat er schon allgemeine Vorkehrungen zu treffen, dass die zur Wahrung von Fristen erforderlichen Handlungen vorgenommen werden können, wenn er unvorhergesehen (durch Krankheit) ausfällt, BGH NJOZ 2021, 690 Rn. 11; NJW 2020, 2415 Rn. 10; NJW 2020, 157 Rn. 12; NJW-RR 2019, 691 Rn. 8. Allgemeine Vorkehrungen und konkrete Maßnahmen sollten im Verhinderungsfall ineinandergreifen, BGH NJW 2020, 2415 Rn. 11. Es fehlt an einem Verschulden des Anwalts nur dann, wenn in Folge der Erkrankung weder kurzfristig ein Vertreter eingeschaltet noch ein Fristverlängerungsantrag gestellt werden konnte, BGH NJW-RR 2021, 635 Rn. 9; NJW-RR 2018, 383 Rn. 6; NJW 2015, 171 Rn. 19. Eine Erkrankung entschuldigt nur dann, wenn sie glaubhaft die Fristwahrung verhindert, BGH NJW 2018, 1691 Rn. 9, auch wenn sie unvorhersehbar ist. → „– (unvorhersehbare Erkrankung)".
– **(Eigene Sache):** Wenn sich der Anwalt in einer eigenen Sache trotz eines ProzBev. die Anfertigung der Berufungsbegründung nach § 520 selbst vorbehalten hat, muss er sich auch trotz einer Erkrankung im zumutbaren Maß um den Fristablauf kümmern.
– **(Einzelanwalt):** Alle Regeln gelten auch beim Einzelanwalt, BGH NJW-RR 2018, 383; NJOZ 2017, 849; NJW 2014, 228. Bei Erkrankung eines Einzelanwalts ist ein Vertreter mit der Erledigung fristgebundener Arbeiten zu betrauen, BGH NJW 2020, 2415; NJW-RR 2019, 691; NJW 2018, 3190.
– **(Fieber):** Hohes Fieber – insbesondere in Kombination mit Übelkeit o. Ä. – kann den Anwalt entschuldigen, BGH NJW 2018, 1691, → „– (unvorhersehbare Erkrankung)"
– **(Fristenende):** Der Anwalt braucht nicht unbedingt für den Fall einer etwa unvorhersehbaren Erkrankung der am letzten Fristtag allein zu erwartenden Mitarbeiterin organisatorisch vorzusorgen, BGH BB 2004, 1302. Bei Erkrankung am letzten Tag der Frist muss der Anwalt aber alle ihm noch möglichen und zumutbaren Maßnahmen zur Wahrung der Frist ergreifen und glaubhaft machen, dass infolge der Erkrankung weder kurzfristig ein Vertreter eingeschaltet noch eine Fristverlängerung beantragt werden konnten, BGH NJW-RR 2018, 383; NJOZ 2017, 849. Erkrankt der Anwalt unvorhersehbar am Tag vor dem Ablauf der Berufungsbegründungsfrist, ist er in der Regel nicht gehalten, einen vertretungsbereiten Kollegen mit der Anfertigung der Berufungsbegründung zu beauftragen, BGH NJW 2020, 2415.
– **(Fristkontrolle):** → „– (Krankenbettarbeit)".
– **(Fristüberwachung):** Der Anwalt darf bei eigener Erkrankung im Rahmen des ihm Zumutbaren eine Fristüberwachung nicht einem anderen Anwalt überlassen, BGH VersR 1976, 1146, auch nicht dem erstinstanzlichen Kollegen, selbst wenn dieser vereinbarungsgemäß die Berufungsbegründung nach § 520 abfassen soll. Er muss vielmehr trotz der eigenen Erkrankung im zumutbaren Maß alles Notwendige veranlassen, BGH FamRZ 2004, 182. Es kann reichen, das Personal prüfen zu lassen, BGH NJW-RR 2014, 885.
– **(Fristverlängerung):** Eine plötzliche nicht zu erwartende Erkrankung kann einen Fehler bei einem Antrag auf zweite Verlängerung entschuldigen, BGH VersR 2010, 1594. Der Anwalt muss aber im zumutbaren Fall rechtzeitig eine Fristverlängerung beantragen, BGH MDR 2018, 295.
– **(Handgelenksbruch):** Er reicht nicht, falls der Anwalt hätte für Vertretung sorgen können, BGH WuM 2012, 139.
– **(Herzanfall):** Ein solcher schwerer Vorgang kann eine Wiedereinsetzung eher ermöglichen. Es kommt darauf an, was man ihm zumuten konnte, BGH NJW 2007, 2778.
– **(Information):** Der erkrankte Anwalt muss im ihm zumutbaren Maß unverzüglich zB das Gericht etwa per Telefon oder Fax informieren, BGH FamRZ 2016, 43.
– **(Leistungsfähigkeit):** Eine unvorhersehbare Minderung der Leistungs- und Konzentrationsfähigkeit kann zur Wiedereinsetzung ausreichen, BGH BB 1999, 928.
– **(Mehrheit von Erkrankungen):** Wenn mehrere Mitarbeiter erkranken, hat der Anwalt eine erhöhte Verantwortlichkeit, BVerfG NJW 2000, 2658; BGH NJW 2002, 3031.
– **(Nachwirkung):** Die Nachwirkung auch einer schweren Erkrankung des Anwalts reicht nicht stets aus, eine Wiedereinsetzung zu gewähren, BGH VersR 1977, 374.
– **(Panikattacke):** Eine sporadische Panikattacke entschuldigt nicht stets, BGH FamRZ 2016, 221.
– **(Pkw-Benutzung):** Sie besagt nur bedingt etwas über die Schwere oder das Fehlen einer Erkrankung, BGH MDR 2018, 548.
– **(Referendarbeauftragung):** Sie kann im Einzelfall ausreichen, BGH NJW 2006, 1070.
– **(Schwere Erkrankung):** Sie kann natürlich eher eine Wiedereinsetzung ermöglichen, zumal bei einem plötzlichen Auftreten, BGH VersR 1990, 1026.
– **(Seelische Belastung):** Eine ständig schwerer werdende Depression, die mit einer dadurch bedingten Antriebslosigkeit verbunden ist, kann eine Wiedereinsetzung rechtfertigen, BAG NJW 2013, 1467; ebenso

ein unvorhersehbarer akuter Erschöpfungszustand, BGH NJW 2020, 2415: siehe auch Dahns NJW-Spezial 2020, 478. (37)

– **(Selbstmordentschluss):** Wegen der psychischen Verfassung in einer solchen Lage BGH VersR 1984, 988.
– **(Sozietät):** In ihr muss sich der gesunde Kollege um die Fristen des erkrankten kümmern, BFH BB 1977, 1389. Er muss überhaupt für eine klare Vertretungsregelung sorgen, BGH VersR 1993, 207. Das gilt auch bei einer Überlastung des gesunden Kollegen, BGH VersR 1978, 182. Der kranke Sozius muss den Gesunden soweit zumutbar unterstützen, BGH GRUR-RR 2014, 470.
– **(Unfall):** Nach dem Unfall eines Mitarbeiters hat der Anwalt evtl. eine erhöhte Verantwortlichkeit, BVerfG NJW 2000, 2658; BGH NJW-RR 1999, 1664.
– **(Unvorhersehbare Erkrankung):** Wird der Anwalt unvorhersehbar krank, muss er nur das unternehmen, was ihm möglich und zumutbar ist, BGH NJW-RR 2021, 635 Rn. 9; NJW 2020, 2415 Rn. 10 (hierzu auch Dahns NJW-Spezial 2020, 478); NJW-RR 2019, 691 Rn. 8; NJW-RR 2018, 1210; NJW 2014, 228; NJW 2008, 3571; → „Rechtsanwalt: Krankheit". Schafft es der Anwalt nach einem Krankheitsschub (Übelkeit Erbrechen, Durchfall) noch die Fahrt mit dem Auto nach Hause, lässt dies nicht den Rückschluss zu, dass er zuvor die Berufung noch hätte einlegen können, BGH NJW 2018, 1691. Die Frage der Vorhersehbarkeit wird auch mit Blick auf die Covid-19-Pandemie diskutiert. Doch selbst dann, wenn der Anwalt unter Quarantäne gestellt wird oder wegen der Pandemie im Ausland festsitzt, dürfte grds. die Möglichkeit der Beauftragung eines anderen Anwalts, ggf. um Fristverlängerung zu beantragen, gegeben sei. Unvorhersehbar könnte nur eine Infektion sein, die zur völligen Handlungsunfähigkeit des Anwalts führt, auf der Heiden NJW 2020,1023; Rauscher COVuR 2020, 2.
– **(Ursächlichkeit):** Die Erkrankung muss für den Fristverstoß ursächlich gewesen sein, BAG NJW 2013, 1467.
– **(Vertreterbestellung):** Der Anwalt muss eine allgemeine Anweisung an das Personal geben, bei einer plötzlichen nicht ganz kurzfristigen Verhinderung für seine Vertretung zu sorgen, BGH NJW-RR 2019, 691; MDR 2018, 295; Ros MDR 2008, 42; Brdb AnwBl 1997, 178. Das gilt insbesondere bei einer Vorhersehbarkeit des eigenen Ausfalls, BGH NJW 2013, 3183. Er muss evtl. bei der Landesjustizverwaltung einen Vertreter bestellen lassen, § 53 BRAO. Es kommt darauf an, ob man dem Anwalt zumuten konnte, wenigstens einen Vertreter zu bestellen, BGH NJW 2013, 3183.
– **(Vorhersehbarkeit):** Wenn ein krankheitsbedingter Ausfall vorhersehbar ist, muss sich der Anwalt durch konkrete Maßnahmen darauf vorbereiten, BGH NJW-RR 2019, 691; NJW 2013, 3183.
– **(Zuckerkrankheit):** Sie kann möglicherweise entschuldigen, BGH VersR 1987, 786.
– **(Zumutbarkeit):** Es kommt im Einzelfall darauf an, was dem erkrankten Anwalt zugemutet werden kann; BGH MDR 2018, 548; Zweibr MDR 2015, 358.

Rechtsanwalt: Kurier: Der Anwalt kann grds. darauf vertrauen, dass sich ein Kurierdienst des Anwaltsvereins an die mitgeteilten Beförderungszeiten hält, BVerfG NJW-RR 2002, 1005; BGH NJW-RR 2008, 142; siehe aber LAG Köln MDR 1999, 1343.

Rechtsanwalt: Letzter Augenblick. Dazu Späth NJW 2000, 1621 (Grdz.). Der Anwalt muss den Eingang eines Briefs beim Adressaten überwachen, wenn er ihn erst kurz vor dem Fristablauf abgesandt hat, BAG NJW 1975, 1144. Bei Erstellung oder Übermittlung der Rechtsmittelbegründung darf der Anwalt die ihm dafür eingeräumte Frist bis zum letzten Tag ausschöpfen, BVerfG NJW 1991, 2076; BGH NJW-RR 2022, 853 Rn. 15; NJW-RR 2018, 958 Rn. 11; NJW-RR 2017, 253, auch der ausländische, BGH NJW-RR 1986, 288. Er muss dann aber eine erhöhte Sorgfalt aufwenden, um die Einhaltung der Frist sicherzustellen, BVerfG NJW 2000, 574; BGH NJW 2018, 1691; NJW-RR 2018, 311; FamRZ 2018, 610. Er muss zB beim Gericht rückfragen, wann der Fristlauf begonnen hat, BGH VersR 1997, 642. Er muss eine systematische Ausgangskontrolle einrichten, BGH VersR 1982, 300. Dafür reicht eine bloße Erwähnung der Sache und ihrer Eilbedürftigkeit selbst gegenüber einer zuverlässigen Mitarbeiterin nicht aus, BGH VersR 1982, 300.

– **(Aktenrückgabe):** Im letzten Moment darf der Anwalt Akten nicht folgenschwer in den Geschäftsgang zurückgeben, BGH NJW-RR 1999, 717; LAG Köln NZA 2004, 120.
– **(Arbeitsplanung):** Beim dicht bevorstehenden Fristablauf muss der Anwalt eine vorausschauende Arbeitsplanung vornehmen, LAG Kiel NZA-RR 2005, 323 (Kanzleiumzug).
– **(Beförderung):** Der Anwalt darf mit der Beförderung auch kurz vor dem Fristablauf eine zuverlässige Angestellte dann betrauen, wenn er sie über den drohenden Fristablauf und die Notwendigkeit der Fristwahrung unterrichtet hat, BGH VersR 1985, 688. Er darf dazu auch einen zuverlässigen sonstigen Boten benutzen, BVerfG NJW 2002, 1411; BGH VersR 1989, 166.
– **(Benachrichtigung des Berufungsanwalts):** Wenn der Anwalt eine Vorlage der Akten auf den letzten Tag angeordnet hat oder wenn er den Bürovorsteher erst am letzten Tag damit beauftragt hat, einen gesonderten Berufungsanwalt telefonisch zu beauftragen, muss er auf ungewöhnliche Besonderheiten des Vorgangs hinweisen und durch eine besondere Anordnung dafür sorgen, dass die Akte fristgerecht vorliegt, BGH VersR 1993, 1420; Zweibr MDR 2004, 420.
– **(Diktat):** Es reicht im letzten Moment nicht aus, dass der Anwalt eine Anweisung auf ein Tonband diktiert, da hierdurch die Eilbedürftigkeit nicht erkennbar wird. Im Übrigen muss der Anwalt prüfen, ob man sein Tonbanddiktat auch ausgeführt hat. Wenn der Anwalt das Diktat am letzten Tag der Frist durchführt, muss er dafür sorgen, dass man ihm das Schriftstück sofort zur Unterschrift vorlegt, BGH VersR 1980, 765. Etwas anderes kann sich allenfalls ergeben, wenn der Schriftsatz schon vorher gefertigt war und nur noch Korrekturen angebracht wurden, BGH NJW 1989, 590. Der Anwalt braucht grds. nicht mit einem Reißen des bereits besprochenen Tonbands in einem Augenblick zu rechnen, in dem keine rechtzeitige Rekonstruktion des Diktats mehr möglich ist, BGH VersR 1981, 64.
– **(Erinnerung an Fristablauf):** Der Anwalt darf sich evtl. darauf verlassen, dass sein geschultes Personal ihn an einen dicht bevorstehenden Fristablauf erinnern wird.
– **(Fristenkalender):** Der Anwalt muss den Kalender von einem geeigneten und laufend überprüften Mitarbeiter überwachen lassen, BGH NJW-RR 2020, 939 Rn. 15; NJW-RR 2019, 502; Zweibr MDR 2004, 420.
– **(Fristprüfung):** Im letzten Moment vorgelegte Akten muss der Anwalt selbst auf einen Fristablauf prüfen, BGH BB 2007, 853.

(37) – **(Nachfrage des Personals):** Der Anwalt muss auch ein gut geschultes Personal darauf überprüfen, ob es am Vormittag des Fristablaufs notfalls beim Gericht nachfragt, ob dieses eine Fristverlängerung bewilligt. Er darf sich nicht darauf verlassen, das Personal werde ihn erinnern, Ffm AnwBl 2018, 363.

– **(Nachtbriefkasten):** Der Anwalt braucht vor einem Zwang zu elektronischer Einreichung einen vorhandenen solchen Briefkasten nicht unbedingt zu benutzen, sondern darf den „normalen" verwenden, wenn das rechtzeitig geschieht, → Rn. 23 „Gericht: – (Nachtbriefkasen)"; aM Ffm VersR 1981, 755. Er muss aber den nur wenig entfernten Nachtbriefkasten dann benutzen, wenn etwa das Telefax-Empfangsgerät ausgefallen ist, OVG Hmb NJW 2000, 1667. Dazu kann auch eine Hand-zu-Hand-Aushändigung zwecks Einwurfs notwendig sein, BGH FamRZ 2004, 1637. Er darf nicht einfach vergessen, den Schriftsatz am Abend des Fristablaufs selbst in den Nachtbriefkasten zu werfen, Mü VersR 1988, 1304.

– **(Postverzögerung):** Der Anwalt muss nach → Rn. 25 „Post: Erklärung der Post", eine mögliche Postverzögerung einkalkulieren. Jedoch darf er grds. darauf vertrauen, dass im Bundesgebiet werktags – innerhalb der Briefkastenleerungszeiten – aufgegebene Postsendungen am folgenden Werktag ausgeliefert werden, BGH NJW-RR 2020, 311; NJW-RR 2019, 500; → Rn. 25 „Post – (Postlaufzeiten)".

– **(Reparaturarbeiten in Anwaltskanzlei):** Hat die im Übrigen zuverlässige, gut ausgebildete und überwachte Mitarbeiterin aufgrund von, Handwerkerreparaturen in den Kanzleiräumen eine Frist versäumt, kann dies eine Wiedereinsetzung rechtfertigen, BGH NJW 2002, 1130.

– **(Überwachung):** Der Anwalt muss seine Anordnungen des letzten Augenblicks selbst überwachen, BGH NJW-RR 1998, 932.

– **(Uhrgenauigkeit):** Der Anwalt, der eine Frist zulässigerweise bis in ihre letzten Minuten ausnutzen will, darf sich nicht auf seine Uhr verlassen, BGH VersR 1985, 478.

– **(Unvorhergesehenes Ereignis):** Wenn eine Sache dem Anwalt ganz kurzfristig vorgelegt wird und er dann zB durch einen Todesfall oder eine Arbeitshäufung an der rechtzeitigen Erledigung gehindert wird, entfällt evtl. die Wiedereinsetzung. Denn ein Anwalt muss immer damit rechnen, dass derartige unvorhersehbare Ereignisse eintreten, BGH VersR 1983, 272, großzügiger (zum FamFG-Verfahren) BayObLG NJW-RR 2001, 1048 (Wehen der Ehefrau des Anwalts).

– **(Urteilszustellung):** Selbst nach monatelangem Warten muss der Anwalt eine erst 10 Tage vor dem Fristablauf erfolgende Urteilszustellung fristgerecht bearbeiten, BGH MDR 2005, 948.

– **(Verkehrsunfall):** Er kann den Anwalt entschuldigen, BGH NJW 1998, 2678.

– **(Zusage der Geschäftsstelle):** Wenn der Anwalt telefonisch am letzten Tag eine Fristverlängerung beantragt, darf er sich nicht auf eine Zusage der Geschäftsstelle verlassen, er werde beim Auftreten von Hindernissen eine Nachricht erhalten, BGH VersR 1977, 373, großzügiger BGH VersR 1983, 488.

– **(Zuverlässigkeit der Sekretärin):** Eine allgemeine Zuverlässigkeit dürfte auch im letzten Moment als Entschuldigung ausreichen, BGH NJW 2007, 2560. Das gilt zB mangels einer Löschung im Kalender, BGH VHR 1998, 86.

Rechtsanwalt: Mehrheit von Anwälten: Man muss § 84 beachten, BGH JurBüro 2003, 376. Auch der Sozius ist grds. bevollmächtigt, BGH VersR 1986, 686. Bei mehreren Anwälten muss jeder aufpassen. Alle Grundsätze, die ein Rechtsanwalt beachten muss, gelten auch, soweit er sich mit einem Patentanwalt zusammenschließt, BGH NJW 1999, 142; aber → Rn. 24 „Patentanwalt".

Rechtsanwalt: Mitwirkung des Gerichts: Eine Wiedereinsetzung kommt dann in Betracht, wenn das Gericht eine unrichtige Auskunft gegeben hat, BGH FamRZ 1989, 729. Der Anwalt darf sich in aller Regel auch auf eine unrichtige Rechtsmittelbelehrung über eine Zentralzuständigkeit in WEG-Angelegenheiten verlassen, BGH NJW 2018, 164. Dies gilt selbst dann, wenn der gegnerische Anwalt deren Richtigkeit in Zweifel zieht, BGH NJW 2020, 1525. Insbesondere wenn es nicht eindeutig ist, ob es sich um eine (WEG-) Streitigkeit handelt, die unter eine Zuständigkeitskonzentration fällt, darf der Anwalt auf die Mitteilung des Gerichts vertrauen, BGH NJW 2017, 3002. Ist aber die Rechtsmittelbelehrung des Gerichts offenkundig falsch, kommt eine Wiedereinsetzung nicht in Betracht, BGH NJW 2022, 199 Rn. 15; NJW 2018, 166 (Landwirtschaftssache); BGH NJW-RR 2018, 385. Auf die Fehlerhaftigkeit einer Rechtsbehelfsbelehrung kann sich der Beschwerdeführer aber nicht berufen, wenn ihm diese aus einem vorausgegangenen Verfahren hätte bekannt sein müssen, Drsd NJW-RR 2019, 1534. Wenn ein Schriftsatz 10 Tage vor Fristablauf ohne Unterschrift eingeht und das Gericht in dieser Zeit nicht auf das Fehlen hinweist, ist eine Wiedereinsetzung zu gewähren, BGH NJW-RR 2009, 564. Es ist verfassungsrechtlich nicht zu beanstanden, dass das LSG in dem eigenen Versäumnis, den Berufungskläger rechtzeitig auf das Fehlen der Unterschrift hinzuweisen, einen Wiedereinsetzungsgrund wegen der versäumten Berufungsfrist erblickt, BVerfG NJW 2019, 1061 (gilt auch zugunsten eines professionellen Prozessbeteiligten wie Berufsgenossenschaft). Eine Wiedereinsetzung erfolgt nicht schon deshalb, weil das Gericht seine Pflicht zur unverzüglichen Weiterleitung des irrig bei ihm eingegangenen Rechtsmittels an das zuständige Gericht verletzt hat, Kblz FamRZ 1988, 634. Hinsichtlich der Frage, ob eine Berufungsschrift den Formerfordernissen entspricht, darf ein Anwalt sich grds. nicht auf Äußerungen von Justizbeschäftigten verlassen, BGH NJOZ 2017, 1492 (richterliche Zulässigkeitsprüfung). Er darf auch nicht darauf vertrauen, dass er von der Geschäftsstelle telefonisch eine verbindliche Auskunft über eine Fristverlängerung erhalten kann, BGH NJW 2018, 1022 (Entscheidung des Vorsitzenden).

Rechtsanwalt: Neuer Mitarbeiter: Der Anwalt muss sich davon überzeugen, dass ein neuer Mitarbeiter das Fristwesen voll beherrscht, BGH VersR 1981, 853. Er muss notfalls die Frist selbst bestimmen und eintragen oder zumindest überprüfen, BGH VersR 1982, 545. Wenn der Bürovorsteher wechselt, genügt die Einarbeitung des Nachfolgers dann, wenn dieser alsbald einschlägt. Der Anwalt muss kontrollieren, ob eine bei ihm erst seit kurzem tätige Sekretärin wirklich so zuverlässig ist, wie man sie ihm empfohlen hat.

Er darf einen grds. vertrauenswürdig erscheinenden neuen Mitarbeiter mit einem einfachen Botengang zB zum richtigen Gerichtsbriefkasten betrauen, BGH FamRZ 2008, 142. Er muss auch im Übrigen die Kontrolle einer jungen Angestellten regelmäßig durchführen, BGH NJW 1996, 319. Er darf bei einer solchen Mit*arbeiterin nicht nur unregelmäßig* kurze Stichproben machen, BGH VersR 1980, 746. Wenn ein Anwalt einen Mitarbeiter einstellt, der noch nicht als Anwalt zugelassen ist, muss er auch ein gut geschultes Personal anweisen, Schriftstücke dieses Mitarbeiters vor dem Postabgang nochmals darauf zu überprüfen, ob die Unterschrift richtig erfolgt ist, BGH VersR 1977, 1130.

Rechtsanwalt: Niederlegung des Mandats: Der Anwalt muss vor der Niederlegung des Mandats während eines Prozesses selbst den Verfahrensstand anhand seiner Akte prüfen und das Notwendige zur Fristwahrung veranlassen, BGH AnwBl 1999, 55; Ffm VersR 1991, 897. Er darf nicht zur Unzeit niederlegen, BGH NJW 2006, 2334. Der Auftraggeber muss zB bei § 78b an der Niederlegung schuldlos sein, BGH MDR 2014, 979.

Rechtsanwalt: Organisation: Der Anwalt muss sein Büro ausreichend organisieren, BGH NJW-RR 2018, 1325; NJW-RR 2003, 570. Es muss also ein klarer und sachgerechter Organisationsplan vorliegen, BGH NJW-RR 2020, 52; NJW-RR 2015, 442; NJW-RR 1993, 1214; BFH NJW 1977, 600; Ffm MDR 2001, 1437. Diesen muss er eingehend darlegen, Köln MDR 2009, 1419, und sich vergewissern, ob das Personal Kenntnis von der Dienstanweisung hat, BGH NJW-RR 2017, 1266, und stichprobenartig regelmäßig kontrollieren, BGH NJOZ 2018, 829. Allgemein organisatorische Vorkehrungen können insoweit entbehrlich sein, als Einzelanweisungen erteilt werden, BGH NJW-RR 2018, 1325. Teilt aber der Anwalt der Bürokraft eine Begründungsfrist zur Eintragung in den Fristenkalender nur mündlich mit, muss er organisatorische Vorkehrungen treffen, dass die Eintragung sofort erfolgt, BGH NJW-RR 2022, 855 Rn. 8. Der Organisationsmangel muss für die Fristversäumung ursächlich geworden sein, wobei eine Mitursächlichkeit ausreicht, BGH NJW-RR 2017, 1139 und 1210. Hierfür genügt es, dass nicht festgestellt werden kann, dass nur eine bestimmte qualifizierte Fachkraft für die Fristenüberwachung verantwortlich ist, sondern nicht auszuschließen ist, dass mehrere Personen zuständig sind, BGH BeckRS 2018, 3468. 38

– **(Anweisungen):** Generelle Anweisungen des Anwalts zur Büroorganisation müssen präzise und verständlich sein, BGH NJW-RR 2018, 1325; NJW-RR 2001, 209.

– **(Ausgangskontrolle):** Es muss eine allgemeine wirksame Postausgangskontrolle geben, BGH NJW-RR 2020, 52; 2018, 1529. Diese ist so zu organisieren, dass im Fristenkalender vermerkte Fristen erst gestrichen oder als erledigt gekennzeichnet werden, wenn die fristwahrende Maßnahme tatsächlich durchgeführt, der gefertigte Schriftsatz also abgesandt oder postfertig gemacht und die weitere Beförderung organisatorisch zuverlässig vorbereitet ist, BGH NJW 2021, 400 Rn. 33 f. So kann bei fristgerechter Einreichung einer nicht unterschriebenen Rechtsmittelbegründung Wiedereinsetzung gewährt werden, wenn der Anwalt sein Büropersonal allgemein angewiesen hat, sämtliche ausgehenden Schriftsätze auf das Vorhandensein einer Unterschrift zu überprüfen, BGH NJW-RR 2021, 503 Rn. 10; NJW-RR 2020, 1129 Rn. 12; NJW 2014, 2961 Rn. 9; NJW 2012, 856 Rn. 12. Der allgemeinen Anweisung kann jedoch eine bestimmte Einzelanweisung an einen zuverlässigen Mitarbeiter vorgehen, BGH VersR 2004, 214. Wenn dieser zuverlässige Mitarbeiter in langjähriger Tätigkeit noch nie eine Frist versäumt hat, ist der RA nicht verpflichtet, durch Stichproben die allgemeinen Anweisungen oder die Einzelanweisung durch Stichproben zu überwachen, BGH NJW-RR 2020, 1129 Rn. 13.

– **(Botengang durch Ehegatten):** Wird für einen Botengang zum Fristenkasten der Ehemann eingeschaltet, so ist auch hinsichtlich dieser Person im Wiedereinsetzungsantrag vorzutragen, wie zuverlässig sie in der Vergangenheit bei der Übermittlung von Fristensachen war, BGH NJW-RR 2012, 124.

– **(Einzelweisung):** Ein Organisationsmangel kann unschädlich sein, soweit der Anwalt im Einzelfall eine ausreichende Weisung erteilt hat, BGH AnwBl 2010, 718; BAG NJW 1990, 2707. Eine Einzelanweisung ohne klare Anordnung einer Abweichung von sonst Üblichen reicht nicht, BGH NJW 2009, 3036. Der Anwalt muss bei Delegation von Aufgaben auf gut ausgebildetes und zuverlässiges Büropersonal genaue und unmissverständliche Anweisungen geben, BGH NJW-RR 2017, 1139 und 1210. Zulässig ist eine – auch nicht weiter kontrollierte – Einzelanweisung an die zuverlässige Bürokraft, wenn hinreichende organisatorische Vorkehrungen dagegen getroffen werden, dass die Anweisung in Vergessenheit gerät, oder wenn die Bürokraft zugleich die unmissverständliche Weisung erhält, den zu erledigenden Vorgang sofort auszuführen, BGH NJW-RR 2022, 855 Rn. 8; BeckRS 2021, 14120 mAnm Prinz NZFam 2021, 650; BGH NJW-RR 2016, 126; NJW-RR 2013, 1393. Betrifft die Einzelanweisung eine Fristwahrung, ist sicherzustellen, dass die Anweisung befolgt wird, BGH NJOZ 2018, 871; NJW-RR 2017, 1142. Der glaubhaft gemachte Vortrag, dass er der Bürokraft die Unterschriftenmappe mit der ausdrücklichen Anweisung übergeben habe, das unterzeichnete Schriftstück zu übersenden, reicht zur Wiedereinsetzung aus, wenn die Bürokraft irrig das nicht unterzeichnete Schriftstück für den Mandanten ans Gericht sendet, BGH NJW 2020, 3041 Rn. 8.

– **(EGVP-Verfahren):** Hinreichende Ausgangskontrolle bei Nutzung des EGVP-Verfahrens liegt vor, wenn sichergestellt ist, dass die mit der Fristenüberwachung betrauten Mitarbeiter vor Löschung der Frist auch überprüfen, ob der Schriftsatz in dem hierfür vorgesehenen Signaturordner eingestellt worden und ein Abgleich im Fristenkalender mit dem Signaturfach sichergestellt ist, Ffm NJW 2017, 2553. Verwendet der Anwalt nach dem 1.1.2018 (Zeitpunkt der Rechtsänderung) immer noch eine Container-Signatur, ist dieser Rechtsirrtum regelmäßig vermeidbar, BGH NJW 2019, 2230 mAnm Ulrich/Schmieder NJW 2019, 2233.

– **(Erkrankung):** Für ihren Fall muss der Anwalt eine präzise Weisung geben. Er hat allgemeine Vorkehrungen zu treffen, dass alles zur Wahrung von Fristen Erforderliche auch dann unternommen wird, wenn er unvorhergesehen ausfällt; er hat seinem Personal insoweit die notwendigen allgemeinen Weisungen zu geben, BGH NJW-RR 2019, 691; NJW-RR 2018, 1210. Dabei sollen allgemeine Vorkehrungen und konkrete Maßnahmen ineinandergreifen, BGH NJOZ 2021, 690 Rn. 11; NJW 2020, 2413 Rn. 10 ff.; NJW-RR 2019, 1207 Rn. 11. Konkrete Maßnahmen im Einzelfall muss er aber nur ergreifen, wenn er den krankheitsbedingten Ausfall vorhersehen kann, BGH NJW-RR 2019, 691. Es kann reichen, das Personal Fristen zunächst selbst prüfen zu lassen, BGH NJW-RR 2014, 885. Auch → Rn. 37 „Rechtsanwalt: Krankheit: – (unvorhersehbare Erkrankungen)".

– **(Frist):** Der Anwalt muss die Grundsätze des Ablaufs von Fristen dem Personal nennen, Düss AnwBl 1989, 291. Er muss sicherstellen, dass das Personal die Post sofort sorgfältig prüft, BGH VersR 1981, 79; Brdb FamRZ 2017, 1319, und dass das Personal Anweisungen dazu erhält, wie es sich bei der Entgegennahme wichtiger Anrufe verhalten soll, BGH VersR 1981, 959, oder bei der sonstigen Zuständigkeitsverteilung, BAG DB 1995, 1820. Der Anwalt muss Fehlerquellen bei der Eintragung und Behandlung von Fristen nach Möglichkeit ausschließen, BGH NJW 2022, 400 Rn. 33; BeckRS 2021, 21513 Rn. 6; Ffm NJW-RR 2006, 68. Er muss zumindest das Ende der Rechtsmittelfrist erst im Kalender und dann in der Handakte notieren lassen, BGH FamRZ 1996, 1468. Es muss gesichert sein, dass der die Frist bearbeitende Mitarbeiter die Fristvorlage rechtzeitig erhält, BGH VersR 1985, 503, und korrekt bearbeitet, BGH WM 2015, 783.

– **(Mängelhäufung):** Bei einer auffälligen Häufung von Mängeln im Zusammenhang mit der Wahrung von Fristen rechtfertigen sich entweder Bedenken gegen die ordnungsmäßige Ausbildung, Erprobung und Überwachung der Angestellten oder Schlüsse auf die Unvollständigkeit der Organisation, BGH FamRZ 1996, 1469; Düss VersR 2001, 214.
– **(Mündliche Anweisung):** Der Anwalt muss die ordnungsgemäße Erledigung einer mündlichen Anweisung, zB durch klare und präzise Anordnung der Vorrangigkeit absichern, BGH NJW-RR 2017, 1532; NJW-RR 2014, 316. Der Anwalt muss bei Delegationen von Aufgaben auch bei gut ausgebildeten und zuverlässigen Mitarbeitern klare und unmissverständliche Anweisungen geben, BGH NJW-RR 2017, 1139 und 1210. Bezieht sich die Einzelanweisung auf eine Fristwahrung, ist darüber hinaus dafür zu sorgen, dass die Anweisung auch befolgt wird, BGH NJW-RR 2022, 855 Rn. 8; NJOZ 2018, 871; NJW-RR 2017, 1142.
– **(Mehrheit von Kanzleien):** Zu den Anforderungen bei einer Vereinigung mehrerer Anwaltskanzleien BGH VersR 1985, 1163.
– **(Neuer Auftrag):** Zur Organisationspflicht jedes Sozius gehört eine Sicherstellung der unverzüglichen Vorlage eines neuen Auftrags bei einem Sozius, BGH VersR 1982, 1192, oder beim „richtigen" Sozius, Düss FamRZ 2007, 398. Denn Sozien arbeiten füreinander, wie schon ihr lateinischer Name besagt.
– **(Passwort):** Auch das Passwort im Arbeitsbereich eines Mitarbeiters muss stets greifbar sein, Oldb NJW 2011, 2306.
– **(Rechtsmittel):** Der Anwalt darf die Klärung der Frage einer Einlegung auch einem gut geschulten Personal nicht überlassen, BGH NJW-RR 2022, 346 Rn. 9; AnwBl 2016, 690. Hat der Anwalt eine den Inhalt der Rechtsmittelschrift oder den Antrag auf Verlängerung der Rechtsmittelfrist betreffende Weisung im Vorfeld der Erstellung des Schriftsatzes erteilt, entbindet ihn das grds. nicht von der Pflicht, das Arbeitsergebnis vor Unterschrift sorgfältig zu überprüfen, BGH NJW-RR 2018, 56. Er darf erst recht nicht die Klärung der Frage, ob gegen ein Urteil Berufung eingelegt werden soll, einem Telefonat des Personals überlassen, BGH NJW 2013, 1309.
– **(Telefax):** Für den Fall einer Störung des Faxgeräts muss der Anwalt eine präzise Weisung geben, → Rn. 41 „Rechtsanwalt: Telefax". Unschädlich ist die Nichtbefolgung seiner Anweisung zur Kontrolle des Sendeberichts, BGH MDR 2010, 100. Ist das Telefax des Gerichts trotz mehrfacher Anwählversuche nicht erreichbar, ist es dem Anwalt gleichwohl zumutbar, aus allgemein zugänglichen Quellen weitere Telefaxnummern in Erfahrung zu bringen, BGH NJW-RR 2017, 629, wobei ihm aber nur ein geringfügiger Aufwand bei dieser Ermittlung zugemutet werden kann, BGH MDR 2017, 1204.
– **(Telefon):** Der Anwalt darf den Telefondienst nicht stundenlang einem Auszubildenden überlassen, BGH VersR 1986, 1024. Er muss eine telefonische Anfrage zB des Gerichts unverzüglich bearbeiten lassen, BGH NJW 1998, 3570.
– **(Umzug):** Für den Fall eines Kanzleiumzugs kurz vor dem Fristende muss der Anwalt eine präzise Weisung geben, LAG Kiel NZA-RR 2005, 323.
– **(Urlaub):** Für den Fall des Urlaubs eines an sich zuständigen Mitarbeiters muss der Anwalt eine präzise Weisung geben, BGH MDR 2017, 1070; BVerwG NJW 1995, 1443; KG NJW 1595, 1434.
– **(Ursächlichkeit):** Der Organisationsmangel muss für die Fristversäumung ursächlich sein, BGH NJW-RR 2018, 1451. Hat der Anwalt nicht alle zumutbaren Maßnahmen zur Fristwahrung ergriffen, kommt eine Wiedereinsetzung nicht in Betracht, wenn nicht festzustellen ist, dass die Frist auch bei Durchführung dieser Maßnahmen versäumt worden wäre, BGH NJW-RR 2018, 1451. Wenn ein Organisationsverschulden für den Fristablauf nicht ursächlich war, kommt eine Wiedereinsetzung infrage, BGH NJW 2010, 1379. Die Nichtursächlichkeit muss aber feststehen, BGH NJW 2001, 77. Eine Mitursächlichkeit des Organisationsmangels reicht aus, BGH NJW-RR 2022, 135 Rn. 20; NJW-RR 2017, 1139 und 1210.
– **(Verhinderung):** Für den Fall der Verhinderung eines Mitarbeiters hat der Anwalt eine präzise Anweisung zu geben, BGH VersR 1983, 272. Er muss zB dafür sorgen, dass ein Kollege des erkrankten Mitarbeiters oder bei dessen Verhinderung pünktlich einspringt, BGH VersR 1978, 92.
– **(Zustellung):** Zur Organisation gehört eine Anweisung, Zustelldaten deutlich und evtl. gesondert zu vermerken.

39 **Rechtsanwalt: Personalauswahl:** Die Anforderungen richten sich nach der Art der Tätigkeit und Qualifikation, BGH FamRZ 1996, 1403. Zu einer Verrichtung einfachster Art darf der Anwalt auch eine nicht angestellte Person benutzen, BGH FamRZ 2003, 368 (Botengang). Der Anwalt darf die Überwachung einer Notfrist nicht einem Referendar überlassen, selbst wenn dieser gut ist. Er darf sich nicht darauf beschränken zu behaupten, sein Personal sei absolut zuverlässig, BGH NJW 1979, 876. Er muss dafür sorgen, dass eine Fristsache grds. nicht von einem unerfahrenen Auszubildenden vorgelegt wird, BGH NJW-RR 2022, 135 Rn. 17 f. Er darf einem Auszubildenden im ersten Lehrjahr nicht die Berechnung und Notierung einer Rechtsmittelfrist übertragen, BGH AnwBl 1989, 99. Der Anwalt muss für den Vermerk einer Zustellung in den Akten einen unbedingt zuverlässigen Mitarbeiter auswählen, BGH VersR 1977, 424. Falls der Anwalt Zustellungen nicht aus der ihm vorgelegten Postmappe selbst aussondert, muss er dafür sorgen, dass das sofort durch einen zuverlässigen Mitarbeiter geschieht, BGH VersR 1978, 523. Die allgemeine Belehrung und Anweisung des Personals genügt in diesem Punkt nicht. Vielmehr muss der Anwalt glaubhaft machen, dass der Mitarbeiter generell zuverlässig ist, BGH NJW-RR 2022, 855 Rn. 9, und dass er ihn in bestimmter Weise überwacht, BGH VersR 1977, 933. Dabei darf man die Anforderungen an die Glaubhaftmachung nicht überspannen, BGH FamRZ 2005, 267.

Rechtsanwalt: Personalüberwachung: Die Anforderungen richten sich nach der Art der Tätigkeit und Qualifikation sowie der Dauer der Tätigkeit bei dem Anwalt, BGH NJW-RR 2020, 1129 Rn. 13; OVG Bautzen NVwZ-RR 2017, 755. Eine Wiedereinsetzung kommt dann in Betracht, wenn wahrscheinlich ist, dass nur ein Versehen des gut überwachten Personals zur Fristversäumung führte, BGH MDR 2011, 1196; BFH DB 2000, 656 (Postleitzahl); BVerwG NVwZ 2012, 581, auch bei zweimaligem Versehen, BGH BB *2001, 1012.* Das gilt erst recht dann, wenn dieses Personal eine vom Anwalt richtig verfügte Fristeintragung eigenmächtig ändert, oder wenn dieses Personal die Partei nicht unterrichtet, BGH FamRZ 1981, 34, oder nicht den Verkehrsanwalt, oder wenn es einen anderen Schriftsatz als die Berufungsbegründung ansieht oder ein Informationsschreiben dem Anwalt nicht vorlegt und wenn der Anwalt den Fristfehler daher zu spät entdeckt. Der Anwalt braucht dann auch nicht zu überwachen, ob das Personal die von ihm rechtzeitig angeordnete Einreichung der Rechtsmittelschrift korrekt vorgenommen hat, BGH NJW 2022, 1964 Rn. 13; NJW-RR 2010, 1077; BAG BB 2003, 708. Er braucht dann auch die gerichtliche Empfangsbescheinigung nicht einzusehen. Nicht jeder Fehler einer sonst zuverlässigen Angestellten zwingt den Anwalt zB dazu, eine Frist selbst einzutragen, BGH NJW-RR 2003, 276. Er muss aber substantiieren, BGH NJW 2012, 2202. (39)

– **(Abschließende Bearbeitung):** Eine Wiedereinsetzung kommt dann in Betracht, wenn das Personal dem Anwalt die Akten trotz seiner ordnungsgemäßen Anweisung nicht zur ausdrücklich angeordneten Wiedervorlage zwecks einer abschließenden Bearbeitung vorgelegt hat, BGH VersR 1979, 228.
– **(Absendung):** Wenn der Anwalt ein fristwahrendes Schriftstück rechtzeitig unterzeichnet und dafür sorgt, dass sein Personal das Schriftstück postfertig macht, BGH VersR 1977, 331, und wenn er anordnet, dass das Schriftstück zur Gerichtspost kommt, BGH NJW-RR 1998, 787, oder durch Telefax gesendet wird, braucht er diese Anordnung nicht persönlich zu überwachen, BGH MDR 2011, 1196; BAG NJW 2002, 845. Er braucht sich auch nicht am nächsten Tag durch eine Nachfrage bei dem Personal oder beim Gericht von der Ausführung zu überzeugen.
– **(Adresse):** Der Anwalt darf dem gut geschulten Personal die Prüfung überlassen, ob zB die Rechtsmittelschrift eine richtige Adresse trägt. Eine Wiedereinsetzung kommt dann infrage, wenn das Personal die falsche Postleitzahl geschrieben hat, BFH DB 2000, 656, oder wenn es eine unrichtige Anschrift nicht korrigiert hat, BGH NJW 2010, 2287; BAG BB 1983, 65; BFH VersR 1999, 1171.
– **(Aktenvermerk):** BGH WM 2014, 422 fordert einen solchen zur „Gegenkontrolle". Das ist eine erhebliche Verschärfung auch bei gutgeschultem Personal.
– **(Aktenwegnahme):** Eine Wiedereinsetzung kommt dann infrage, wenn das Personal die Akten dem Anwalt weggenommen hat, BGH VersR 1977, 36. Sie erfolgt aber dann nicht, wenn der Anwalt selbst die Akten aus dem normalen Geschäftsgang herausgenommen hat, ohne dass das Personal eine Frist im Kalender vermerkt hat.
– **(Allgemeine Überprüfung):** Eine Pflicht zur stichprobenartigen Überprüfung besteht regelmäßig dann, wenn die Bürokraft erst seit kurzem bei dem Anwalt beschäftigt ist oder sonst Umstände ersichtlich sind, die eine Kontrolle erforderlich machen, BGH NJW-RR 2020, 1129 Rn. 13; NJW-RR 2016, 312 Rn. 9; NJW-RR 2014, 634 Rn. 9. Dies ist bei einer Tätigkeit von erst zwei Wochen erforderlich, BGH NJOZ 2008, 2162 Rn. 10.
– **(Amtszustellung):** Der Anwalt muss sein Personal über die Bedeutung einer Amtszustellung nach §§ 166 ff. informieren, BGH VersR 1978, 825.
– **(Andere Kanzlei):** Der Anwalt darf nicht stets auch dem Personal einer anderen Kanzlei vertrauen, Brdb MDR 1999, 511.
– **(Auszubildender):** Der Anwalt muss einen Auszubildenden auf die Durchführung eines ihm erteilten Auftrags überwachen lassen, zB auf eine richtige Adresse. Auch denjenigen, dem er sofort nach dem Ende der Ausbildung den Fristenkalender anvertraut, muss er besonders überwachen, BGH NJW 2007, 3497. Das alles gilt auch beim Telefax, BGH MDR 2013, 1302.
– **(Berufspause):** Nach einer längeren Berufsunterbrechung des Mitarbeiters muss der Anwalt ihn strenger überwachen, BGH NJW 2000, 3649.
– **(Diktat):** Der Anwalt muss die Durchführung seines Diktats prüfen; er braucht jedoch bei der Durchsicht seines Schriftsatzes nicht die postalische Anschrift des Gerichts überprüfen, wenn das Schriftstück von zuverlässigem und gut geschulten Personal gefertigt wurde, BGH NJW 1996, 393; NJW-RR 1990, 1149.
– **(Eilfall):** In Eilfällen ist eine erhöhte Vorsorge nötig, auch bei einer zuverlässigen Mitarbeiterin, BGH NJW 2008, 527.
– **(Einfache Sache):** Eine Wiedereinsetzung kommt dann in Betracht, wenn in einer einfachen Sache nur ein Versehen des im Übrigen gut überwachten Personals zur Fristversäumung führte, BGH NJW-RR 2003, 1001; BFH DB 2000, 656 (je: Postleitzahl); Ffm NJW 1988, 2805. Der Anwalt braucht ein solches Personal nicht bei einfachen Sachen in jedem Einzelfall zu kontrollieren, BGH NJW 1998, 3784 (nach Urlaub strengere Prüfungspflicht); BGH VersR 1978, 720.
– **(Eingangsstempel):** Eine Wiedereinsetzung kommt dann in Betracht, wenn das Personal zwei Eingangsstempel verwechselt hat, BGH VersR 1976, 295.
– **(Erfahrener Mitarbeiter):** Der Anwalt muss selbst ihn unregelmäßig überwachen, BGH VersR 1984, 166.
– **(Falschauskunft):** Eine Wiedereinsetzung kommt dann in Betracht, wenn das Personal dem Anwalt eine falsche Auskunft gegeben hat, BGH VersR 1975, 1149.
– **(Fristkenntnis):** Der Anwalt muss dafür sorgen, dass sein Personal das Fristwesen beherrscht. Das gilt auch bei einem neuen Mitarbeiter, auch wenn dieser eine mehrjährige Berufserfahrung hat, BGH NJW 2000, 3650.
– **(Fristüberwachung):** Der Anwalt muss vor allem personell alles dazu Notwendige veranlassen, BGH NJW-RR 2020, 940; NJW-RR 2019, 502; NJW-RR 2012, 1204; BAG NJW 1975, 232; Kblz MDR 1998, 240 (Ausgangsfachkontrolle). Er kann sich auch hier aber auf sein geschultes Personal grds. verlassen, BGH NJW-RR 2010, 1077, auch auf einen Referendar, BGH NJW 2006, 1070. Ein einfacher Wandkalender, der keine Hinweise auf die nur teilweise Geltung von Feiertagen aufweist, ist zur Fristberechnung ungeeignet, BGH NJW 2017, 3309.
– **(Mehrjährige Erfahrung):** Bei Mitarbeitern mit mehrjähriger Berufserfahrung ist eine weniger strenge Pflichtüberwachung erforderlich, BGH NJW-RR 2014, 635.
– **(Mitteilung des Gerichts):** Eine Wiedereinsetzung kommt dann in Betracht, wenn die Berufungsschrift trotz einer ordnungsgemäßen Überwachung des Personals und entgegen einer ausdrücklichen Anweisung des Anwalts nicht durch die Post, sondern durch einen Boten und daher schneller eingegangen war und wenn das Gericht das Eingangsdatum vor dem Ablauf der Begründungsfrist nicht mitgeteilt hat.
– **(Parteibezeichnung):** Eine Wiedereinsetzung ist dann möglich, wenn das Personal die Partei trotz Korrekturanweisung des Anwalts falsch bezeichnet hat, BGH MDR 2013, 482.
– **(Rechtsmittelanwalt):** Der Anwalt muss die richtige Ausführung seiner Anweisung zur Übermittlung des Rechtsmittelauftrags selbst überwachen und dem beauftragten Anwalt eigenverantwortlich in einer jeden

Zweifel ausschließenden Weise die für die fristgemäße Einlegung und Begründung des Rechtsmittels erforderlichen Daten zu übermitteln, BGH BeckRS 2019, 10175; NJW 2000, 3071.

– **(Rechtsmittelschrift):** Der Anwalt muss sie grds. selbst fertigen, BGH NJW 2012, 1592. Der Anwalt kann aber auch bei einem so wichtigen Vorgang wie der Anfertigung einer Rechtsmittelschrift einer zuverlässigen Bürokraft eine konkrete Weisung erteilen, deren Ausführung er nicht mehr persönlich überprüfen muss. Erteilt er allerdings die den Inhalt der Rechtsmittelschrift betreffende Weisung im Vorfeld der Erstellung des Schriftsatzes, entbindet ihn diese Anordnung grds. nicht von seiner Pflicht, das ihm später vorgelegte Arbeitsergebnis vor Unterzeichnung sorgfältig auf die richtige und vollständige Umsetzung der Vorgaben zu überprüfen, BGH BeckRS 2022, 8083 Rn. 17; NJW-RR 2018, 56 Rn. 10; NJOZ 2016, 1582 Rn. 8.

– **(Referendar):** Der Anwalt darf ihm unter einem Hinweis auf den Fristablauf die Beauftragung eines bestimmten anderen Anwalts übertragen.

– **(Rückfrage des Personals):** Eine Wiedereinsetzung kommt dann in Betracht, wenn das Personal den Anwalt weisungswidrig nicht gefragt hat, ob dieser zB eine Rechtsmittelschrift auch wirklich wie geplant beim Rechtsmittelgericht eingereicht habe, BGH NJW 1989, 1158.

– **(Spätere Ausführung):** Eine Anweisung, die das Personal erst später ausführen soll, braucht evtl. zusätzliche Vorkehrungen, BGH FamRZ 2006, 1663.

– **(Streichung):** Der Anwalt muss das Personal anweisen, eine Frist erst nach einer notwendigen Rückfrage beim Empfänger zu streichen, BGH NJW-RR 2002, 60. Eine solche Anweisung reicht aber auch aus, BGH NJW-RR 2002, 60.

– **(Unterschrift):** Eine allgemeine Anweisung an eine gut geschulte Bürokraft, alle ausgehenden Schriftsätze darauf zu überprüfen, ob sie Unterschriften tragen, genügt im Allgemeinen, BGH NJW 2014, 2962. Sie muss aber präzise sein, BGH NJW-RR 2001, 209. Der Anwalt darf die Unterschriftenkontrolle einer sorgfältig überwachten und als zuverlässig erprobten Bürokraft überlassen, BGH NJW-RR 2020, 1129 Rn. 13; NJW-RR 2020, 939 Rn. 12; BeckRS 2016, 5331 Rn. 5 = JurBüro 2017, 334; NJW 2014, 3452 Rn. 8.

So kommt eine Wiedereinsetzung in Betracht, wenn der Anwalt die Berufungsschrift wegen erforderlicher Verbesserungen zunächst an das Personal gegeben hatte und wenn das geschulte Personal ihm die Berufungsschrift versehentlich nicht zur Unterschrift wieder vorgelegt hat, BGH NJW 2012, 1737 oder wenn das sonst zuverlässige Personal den Entwurf der Berufungsbegründung nach der Billigung durch den Auftraggeber weisungswidrig nicht dem Anwalt zur Unterschrift vorgelegt hat, BGH NJW 1982, 2671. Auch wenn ein Anwalt einem Mitarbeiter versehentlich einen nicht unterschriebenen Schriftsatz zur Weiterleitung aushändigt, kann ausnahmsweise eine Wiedereinsetzung in Betracht kommen, wenn eine generelle Anordnung besteht, jeden Schriftsatz vor Ausgang auf die Unterschrift zu überprüfen, BVerfG NJW 1996, 309. Wiedereinsetzung ist jedoch nicht möglich, wenn die Kanzleianordnung nicht geeignet ist, den konkreten Fehler (Unterzeichnung eines falschen Schriftstücks) beim normalen Verlauf aufzufangen, BGH NJW 2012, 857. Der Anwalt muss auch ein gut geschultes Personal anweisen, eine Schrift vor dem Postabgang nochmals darauf zu überprüfen, ob er richtig unterschrieben hat. Lässt sich bei einem bei Gericht eingegangenen Faxausdruck die Unterschrift nicht erkennen, kann schuldhaftes Handeln vorliegen, wenn schon die (blasse) Unterschrift auf dem Originalschriftsatz kaum sichtbar war, BGH BeckRS 2019, 2056.

Eine Wiedereinsetzung kommt dann in Betracht wenn das Personal zB die Rechtsmittelschrift weisungswidrig nicht zur Unterschrift vorgelegt hat, BGH VersR 1983, 641. Im Übrigen → Rn. 28 „Rechtsanwalt: Aktenvorlage – (Unterschrift)".

– **(Urlaub):** Vor einem Urlaub muss der Anwalt zwar die Vorlegung aller Fristsachen mindestens beim Bürovorsteher anordnen. Er kann sich aber insofern auf ein etwa eingearbeitetes Personal verlassen. Das gilt aber dann nicht, wenn er einem Verdacht eines Büroversehens kurz vor dem Fristablauf nicht sogleich nachgeht, BGH VersR 1979, 376. Ein Urlaubsvertreter, auch der vom Anwalt selbst nach § 53 II 1 BRAO bestellte, muss das Personal überwachen, Stgt MDR 2001, 238. Es darf auch kein Organisationsmangel vorliegen, BGH VersR 1989, 1316. Bei einer auffälligen Häufung von Mängeln im Zusammenhang mit der Wahrung von Fristen rechtfertigen sich entweder Bedenken gegen die ordnungsmäßige Ausbildung, Erprobung und Überwachung der Angestellten oder Schlüsse auf die Unvollständigkeit der Organisation, BGH VersR 1985, 270. Der Anwalt unterläuft seine allgemeine Berechnungsanweisung nicht dadurch, dass er im Einzelfall die Frist selbst berechnet, BGH VersR 1988, 78.

– **(Vollständigkeit):** Der Anwalt darf dem gut geschulten Personal die Prüfung überlassen, ob zB eine Rechtsmittelschrift formell vollständig und richtig ist, BFH VersR 1982, 770; Köln MDR 1988, 239.

– **(Zuverlässiger Mitarbeiter):** Der Anwalt muss selbst einen zuverlässigen Mitarbeiter unregelmäßig überwachen, BGH VersR 1984, 166. Das gilt erst recht im Eilfall, BGH NJW 2008, 527. Der Anwalt kann einem zuverlässigen Mitarbeiter auch bei einem so wichtigen Vorgang wie der Anfertigung einer Rechtsmittelschrift eine konkrete Weisung erteilen, deren Ausführung er nicht mehr persönlich überprüfen muss, BGH BeckRS 2022, 8083 Rn. 17. Ein Vortrag, dass die Bürokraft stichprobenartig kontrolliert worden ist, kann jedoch entbehrlich sein, wenn glaubhaft gemacht worden ist, dass während der langjährigen Tätigkeit des Mitarbeiters keine Fehler aufgetreten sind und diese sich daher als zuverlässig erwiesen hat, BGH NJW-RR 2020, 1129 Rn. 13; VersR 1988, 1141.

40 **Rechtsanwalt: Post:** S. zunächst neben dem vorliegenden Unterstichwort (zum Hauptstichwort „Rechtsanwalt") das zum Hauptstichwort „Post" unter → Rn. 25 Ausgeführte. Ergänzend ist vor einem Zwang zu elektronischer Einreichung Folgendes zu beachten:

– **(Absendung):** Der Anwalt muss den Postabgang eines fristwahrenden Schriftsatzes, so kontrollieren, BGH VersR 1983, 401, und vermerken, dass der Abgang zweifelsfrei nachweisbar ist, BGH NJW 1983, 884; OVG Brem VersR 1984, 1104. Er hat dafür zu sorgen, dass es nicht zu einer Fehlkuvertierung kommt, OVG Bln-Brdb NVwZ 2016, 423. In einer großen Anwaltspraxis genügt eine besondere Poststelle, die die fertiggemachten Sendungen entgegennimmt, frankiert und expediert. Ein Postausgangsbuch ist dann nicht erforderlich, *BGH VersR 1980, 973*. Es kann jedoch auch die allgemeine Beteuerung der mit dem Postausgang betrauten Mitarbeiterin, sie habe auch diesen Brief zur Post gebracht, genügen, OVG Brem VersR 1984, 1104. Eine Ausgangskontrolle kann dezentral erfolgen, BGH NJW 1994, 3235. Zur Ausgangskontrolle genügt es nicht, allgemein zu prüfen, ob der Postausgangskorb abends leer ist, BGH VersR 1993, 207. Seine

Prüfung zählt zur Organisation des Anwalts, BGH MDR 2016, 1282. Die Fristpost und die andere Post darf in demselben Abgangsfach liegen, wenn ein Bote mindestens einmal täglich zum Gericht geht, BGH NJW-RR 2003, 1004. (40)

Der Anwalt muss eine fristschaffende Zustellung aus der ihm vorgelegten Postmappe aussondern oder dafür sorgen, dass dies sofort durch einen zuverlässigen Mitarbeiter geschieht, BGH VersR 1978, 523. Er muss eine wirksame Postausgangskontrolle schaffen, die einen gestuften Schutz vor Fristversäumungen bietet, BGH BeckRS 2019, 29644; NJW-RR 2019, 950; NJW-RR 2015, 442; NJW 2010, 1379. Es reicht grds. aus, dass der Anwalt das Schriftstück rechtzeitig unterzeichnet und sein Personal anweist, das Schriftstück postfertig zu machen, BGH NJW 2010, 1379, und die eilbedürftige Post getrennt aufzubewahren, BGH FamRZ 1995, 670. Er muss aber auch ein gut geschultes Personal anweisen, vor dem Postabgang nochmals zu überprüfen, ob er richtig unterschrieben hat. Er darf aber die Korrektur einer als zuverlässig bekannten Sekretärin überlassen, BGH NJW 1982, 2671 (zust. Ostler). Der Anwalt muss sich vergewissern, dass ein privater Botendienst funktioniert, OVG Münst NJW 1994, 402. Bei einer Abweichung von der Telefaxübung des Anwalts sollte das Gericht ihn zu deren Grund anhören, BGH NJW-RR 2017, 627.

– **(Adressat):** Der Anwalt muss grds. darauf achten, dass eine ihm zur Unterschrift vorgelegte Rechtsmittelschrift das angefochtene Urteil und dessen Gericht angibt, BGH FamRZ 1988, 831, dass der Rechtsmittelauftrag an den richtigen Rechtsmittelanwalt adressiert ist, BGH VersR 1996, 1039, und das Rechtsmittel auch an das zuständige Gericht, BGH AnwBl 2012, 370 (auch bei Stress); Brem MDR 2011, 564. Er darf auch nicht die Sitzverlegung des BVerwG von Berlin nach Leipzig oder diejenige des BAG von Kassel nach Erfurt übersehen, BAG NJW 2000, 1669, oder die LGe München I und II verwechseln, BGH NJW-RR 1987, 319. Er darf aber das Personal anweisen, alle für das OLG München einschließlich seiner auswärtigen Senate bestimmte Post bei der allgemeinen Einlaufstelle der Justizbehörden in München einzureichen, BGH VersR 1987, 410. Die Verwechslung der Fristenkästen des OLG und der Generalstaatsanwaltschaft durch eine zuverlässige Angestellte kann unschädlich sein, BGH MDR 1989, 55; ähnlich ebenso beim falschen Adressenaufkleben durch zuverlässige Bürokraft, BGH NJW-RR 2012, 380.

Bei einer beim KG einzulegenden Berufung reicht der Eingang einer an das LG Berlin adressierten Schrift bei der gemeinsamen Briefannahme der Justizbehörden Charlottenburg nicht, BGH VersR 1987, 486. Eine falsche Adressierung kann bei einer gemeinsamen Briefannahme allenfalls dann unschädlich sein, wenn die Schrift das richtige Aktenzeichen angibt, BGH NJW 1989, 590. Der Anwalt darf die Korrektur einer zuverlässigen Sekretärin überlassen, BGH VersR 1983, 838.

Die Bezeichnung des Gerichts, des Gerichtsorts und der Postleitzahl muss im Allgemeinen genügen, wenn der Anwalt das Schriftstück sehr frühzeitig abgesandt hatte. Das Fehlen der Straßenangabe und Hausnummer ist dann unschädlich. Wenn der Anwalt aber die Straße, Hausnummer und Postleitzahl des Gerichts angibt, müssen sie grds. stimmen, BGH VersR 1994, 75. Beim Fensterumschlag braucht der Anwalt freilich das sonst zuverlässige Personal nicht auf die Einhaltung der richtigen Anschrift des sonst richtig bezeichneten Gerichts zu überprüfen, BGH BB 1990, 1230. Der Anwalt kann auf die Durchführung einer Korrekturanweisung vertrauen, BGH NJW-RR 2019, 315; NJW 2009, 296.

– **(Aktenzeichen):** Der Anwalt muss das richtige Aktenzeichen angeben, Hamm MDR 2015, 729.

– **(Brieflaufzeiten):** Der Anwalt darf sich auch auf die amtlichen oder normalen Brieflaufzeiten verlassen; ohne konkrete Anhaltspunkte muss ein Rechtsmittelführer nicht mit Postlaufzeiten rechnen, die eine ernsthafte Gefahr der Fristversäumung begründen, BVerfG NJW 1976, 513; BGH NJW-RR 2020, 311; NJW-RR 2019, 500; NJW 2008, 587, Schlesw FamRZ 2015, 429; → Rn. 25 „Post: – (Postlaufzeiten)". Eine Wiedereinsetzung kommt dann in Betracht, wenn der Anwalt in Zeiten eines grundsätzlich störungsfreien Postverkehrs einen Auftrag mit einem Expressbrief vier Tage vor dem Fristablauf erteilt. Im Nahverkehr genügt sogar die Aufgabe zur Post am Tag vor dem Fristablauf, BGH NJW-RR 2019, 500; NJW-RR 2003, 1001. Ob eine Zustellung am Tag nach Einlieferung, so BGH BB 2004, 1594, noch als Maßstab gelten kann, dürfte zweifelhaft sein. An sich genügt die Aufgabe zur Post zwei Werktage vor dem Fristablauf, BGH VersR 1984, 871 (Fernverkehr); AG Mü AnwBl 1983, 29 (Ortsverkehr). Bei einer Aufgabe am Donnerstag braucht noch nicht, bei einer solchen erst am Freitag kann ungewiss sein, ob die Post am Montag zustellen wird, es sei denn, man wählt eine Expresszustellung, BGH NJW 1990, 188; Köln VersR 1993, 1550. Bei einem Teilstreik darf der Anwalt der Postauskunft vertrauen, dieser störe hier nicht, BGH MDR 2016, 666.

Der Anwalt darf sich bei einem baldigen Fristenablauf grundsätzlich auf eine erfahrungsgemäß pünktliche Beförderung durch die Post verlassen, BVerfG NJW 1994, 244; BGH VersR 2006, 568. 9 Tage reichen, BGH WM 2016, 896. Eine fehlgeschlagene Eilpost schadet nicht, wenn dieselbe Sendung im Normalweg rechtzeitig abging, BGH BB 2004, 1594. Der Anwalt muss beim Zweifel über eine ordnungsgemäße Postbeförderung die Rechtzeitigkeit des Eingangs eines fristgebundenen Schriftsatzes durch eine Nachfrage überprüfen, BGH NJW 1993, 1332 und 1333; Schlesw FamRZ 2015, 429; Köln VersR 1993, 1550. Auch kann bei der Befürchtung einer Verzögerung im Postlauf eine Vorabinformation und deren rechtzeitiger Zugang notwendig sein, BGH VersR 1994, 497. Wenn der Anwalt ein für das OLG bestimmtes Postfach benutzt, reicht ein Einwurf jedenfalls 3 Tage vor dem Fristablauf aus. Wegen der notwendigen Einzelheiten bei der Organisation im Zusammenhang mit der Abholung der Anwaltspost beim Postfach, VGH Kassel MDR 1993, 386. Beim Poststreik gelten erhöhte Anforderungen, BGH NJW 1993, 1333. Das gilt aber nicht mehr 7 Tagen nach dem Streikende, BVerfG NJW 1994, 244.

Der Anwalt muss bei einem Fristablauf am Montag 24 Uhr und bei einem Einwurf am Abend des vorletzten Tags der Frist (Sonntag) vor der letzten Leerung auf eine von der Post neben dem Briefkasten angebrachte Zusammenstellung der Brieflaufzeiten achten, nach der nur bei einem werktags erfolgenden Einwurf eine Zustellung am nächsten Tag gewährleistet sei, BGH VersR 1982, 296. Eine unvorhersehbare Verzögerung im Bereich der Post darf der Partei nicht zugerechnet werden, BGH NJOZ 2017, 1643. Die Partei darf auf die normalen Postlaufzeiten vertrauen, BGH NJW 2022, 400 Rn. 27; NJOZ 2018, 826.

– **(Eingangskontrolle):** Der Anwalt braucht nicht grds. eine Eingangskontrolle vorzunehmen, sondern nur bei dem eindeutigen Verdacht einer Fehlleitung, BAG NZA 2011, 478.

– **(Einschreiben):** Der Anwalt muss evtl. eine Urteilskopie und einen Hinweis auf die Rechtsmittelmöglichkeit durch ein Einschreiben übersenden, BGH NJW 1990, 189. Trotz einer Erinnerungslücke des Anwalts kann ein solcher Umstand aber glaubhaft sein. Wenn der Bürovorsteher eine Postvollmacht hat und der

Anwalt ihm eine allgemeine Anweisung über die Behandlung einer eingehenden Einschreibsendung erteilt hat, reicht diese Maßnahme aus, solange nicht ein besonders starker Eingang solcher Sendungen eine besondere Anordnung über die Vorlage erforderlich macht. Wählt der Anwalt eine Rechtsmitteleinlegung durch ein Einschreiben mit Rückschein, muss er damit rechnen, dass nach dem Dienstschluss im Gericht niemand den Rückschein noch unterschreiben kann, LG Dortm NJW 1983, 2334.

– **(Fristkontrolle):** Der Anwalt muss wenigstens den Beginn einer per Post einzuhaltenden Frist kontrollieren.
– **(Gemeinsame Annahmestelle):** → „– (Adressat)".
– **(Karneval):** Der Anwalt muss zumindest bei Kenntnis der rheinischen Verhältnisse in der Karnevalszeit mit Postproblemen rechnen, BGH VersR 1980, 928.
– **(Letzter Moment):** → Rn. 37 „Rechtsanwalt: Letzter Augenblick". Der Anwalt muss dann eine erhöhte Sorgfalt aufwenden, wenn er erst im letzten Moment – vor Fristablauf – handelt, BVerfG NJW 2000, 574; BGH NJW 2018, 1691.
– **(Personalkontrolle):** Der Anwalt darf sich darauf verlassen, dass sein Personal grds. die Post ordnungsgemäß einwirft, BGH BB 1992, 1752, und dass es seine ausdrückliche Frage richtig beantwortet, ob der ihm vom Personal zur Beförderung übergebene Sammelumschlag die gesamte Gerichtspost enthalte, BGH VersR 1985, 246, und dass das geschulte Personal den richtigen Adressenaufkleber verwendet, BGH NJW-RR 2012, 380. Er muss bei einem Zweifel prüfen, ob bei einer gemeinsamen Annahmestelle die Schrift auch beim richtigen Gericht einging, BGH VersR 1985, 1164.
– **(Poststreik):** → Rn. 25 „Post; – (Poststreik)".
– **(Rechtzeitigkeit des Zugangs):** Der Anwalt muss prüfen, ob eine erst kurz vor dem Fristablauf abgesandte Sendung noch rechtzeitig eingegangen ist, BAG NJW 1975, 1144. Das gilt insbesondere dann, wenn ein Brief im Ausland aufgegeben wurde, BGH NJW-RR 1986, 288. Ebenso besteht eine Prüfpflicht, wenn der Anwalt befürchtet, dass die Sendung den Adressaten nicht erreicht haben könnte
– **(Sofortauftrag):** Der Anwalt muss den Posteingang darauf prüfen lassen, ob darunter ein Sofortauftrag ist oder ob er sonst etwas sofort veranlassen muss, BGH VersR 1985, 69. Eine Vorsortierung reicht meist nicht aus.
– **(Unterschrift):** Eine Wiedereinsetzung kommt dann in Betracht, wenn der Anwalt ein fristwahrendes Schriftstück rechtzeitig unterzeichnet hat und auch dafür gesorgt hat, dass das Büro es postfertig macht, BGH VersR 1977, 331.
– **(Unzuständigkeit):** Der Anwalt kann sich nicht stets darauf verlassen, dass das Personal eines unzuständigen Gerichts die Sendung zB nach § 129a unverzügl. an das richtige Gericht weiterleitet, BGH VersR 1981, 1126.
– **(Verlust auf dem Postweg):** Wird Wiedereinsetzung mit der Behauptung begehrt, der fristgebundene Schriftsatz sei auf dem Postweg verlorengegangen, muss der Antragsteller auf der Grundlage einer aus sich heraus verständlichen, geschlossenen Schilderung der tatsächlichen Abläufe darlegen und glaubhaft machen, dass der Verlust mit überwiegender Wahrscheinlichkeit nicht im Verantwortungsbereich der Partei oder ihres ProzBev. eingetreten ist, BGH BeckRS 2022, 2221 Rn. 9; NJW-RR 2021, 859 Rn. 8; NJW-RR 2020, 818 Rn. 15; 2019, 950 Rn. 11; 2016, 1402; auch → „– (Brieflaufzeiten)".

Rechtsanwalt: Prozesskostenhilfe: → § 234 Rn. 16 ff.
Rechtsanwalt: Rechtsirrtum: → Rn. 35 „Rechtsanwalt: Gesetzeskenntnis – (Rechtsirrtum)".
Rechtsanwalt: Rechtsprechung: → Rn. 35 „Rechtsanwalt: Gesetzeskenntnis".
Rechtsanwalt: Schließfach: Eine Wiedereinsetzung kommt dann in Betracht, wenn der Anwalt ein für das OLG bestimmtes Postfach drei Tage vor dem Fristablauf benutzt, auch wenn dieses Schließfach beim LG (für das OLG) besteht, BGH VersR 1983, 1162. Eine Wiedereinsetzung ist ferner dann möglich, wenn der Anwalt das richtige Schließfach unter sehr vielen verwechselt hat.

41 **Rechtsanwalt: Telefax.** Dazu Henneke NJW 1998, 2194; Klotz MDR 2015, 988; Toussaint NJW 2015, 3207 (je: Grdz.). Das technisch überholte und den heutigen Sicherheitsanforderungen nicht mehr genügende Telefax als Übermittlungsweg muss perspektivisch abgeschafft werden, Dickert DRiZ 2020, 296 (zu den Thesen zur Modernisierung des Zivilprozesses der Arbeitsgruppe der OLG); es ist jedoch derzeit noch nicht verzichtbar. Die Übermittlung eines fristwahrenden Schriftsatzes durch ein Telefax war in allen Gerichtszweigen vor einem Zwang zu elektronischer Einreichung noch uneingeschränkt zulässig, BVerfG NJW 2000, 579; BGH NJW-RR 1997, 250; BAG NJW 2002, 845. Das gilt auch bei einer Textdatei mit einer eingescannten Unterschrift, GmS-OGB NJW 2000, 2340. So war es in der Zeit bis zum Eintritt der aktiven Nutzungspflicht des beA ab dem 1.1.2022 dem Anwalt nicht zumutbar, wenn am Abend des Fristablaufs eine Übermittlung per Telefax aus von ihm nicht zu vertretenden Gründen scheiterte, das fristgebundene Schriftstück elektronisch über beA zu übermitteln, wenn er mit der Nutzung noch nicht hinreichend vertraut war, BGH NJOZ 2022, 93 Rn. 31; NJW 2021, 390 Rn. 26. Für die Übermittlung schriftwahrender Schriftsätze per Telefax erfordert eine wirksame Ausgangskontrolle, dafür Sorge zu tragen, dass Fristen erst gelöscht werden, wenn durch die Überprüfung des Sendeprotokolls feststeht, dass der Schriftsatz vollständig gesendet worden ist, BVerfG NJW 2007, 2839; NJW 2001, 1567; BGH NJW-RR 2022, 345 Rn. 5 f.; NJW 2022, 1180 Rn. 15. Der Anwalt ist verpflichtet, für eine Büroorganisation zu sorgen, die eine Überprüfung der durch Telefax übermittelten, fristgebundenen Schriftsätze auch auf die Verwendung der zutreffenden Empfängernummer hin gewährleistet, BGH NJW-RR 2020, 122 Rn. 11; NJW 2011, 312.

– **(Anschluss-Nr.):** Der Anwalt muss die richtige Anschluss-Nr. stets entweder selbst richtig eingeben, BGH FamRZ 2003, 667, oder abschließend kontrollieren lassen, BGH FamRZ 2018, 610; Brdb FamRZ 2000, 1228; Hamm MDR 2005, 770. Dazu gehört die Prüfung, ob die Nr. tatsächlich vom Empfangsgericht stammt, BGH NJW-RR 2020, 122; FamRZ 2018, 610; Ffm BauR 2016, 1803. Er muss diese Nr. bei auffälligen Unstimmigkeiten zusätzlich überprüfen, BGH FamRZ 2007, 1095; Brdb MDR 1999, 511 (Mitteilung des Empfangsgerichts über unvollständigen Eingang); Nürnb MDR 1998, 743. Er muss zugehörige Änderungen zuverlässig organisatorisch umsetzen, BGH FamRZ 2007, 1095 (anschließender Erledigungsvermerk); *Celle* NJW-RR 2006, 1725; LAG Mainz BB 1996, 1776. Ein Justizprüfungsamt ist selbst in demselben Gebäude kein Gericht, Köln MDR 2016, 1114.
– **(Ausdruck):** Der Eingang liegt grds. erst beim vollständigen Ausdruck vor, BGH NJW 2007, 2045; BAG NJW 2007, 3022; Hamm VersR 2005, 1604. Grundsätzlich muss der Anwalt einen Ausdruck herstellen und

kontrollieren, BGH MDR 2007, 1034; VGH Mü NJW 2006, 170. Aus dem Empfangsbericht kann man aber auf einen ordnungsgemäßen Ausdruck schließen, Brdb AnwBl 2005, 791; Zweibr FGPrax 2002, 17 (jetzt FamFG). (41)

– **(Ausgangskontrolle):** Die Weisung des Anwalts, einen Schriftsatz per Telefax ans Gericht zu senden, kann nicht jede Ausgangskontrolle ersetzen, BGH MDR 2014, 1286. Sie ist stets nötig, BGH NJW-RR 2016, 636; Brem MDR 2011, 76. Er muss aber grds. auf sein Personal vertrauen dürfen, „– (Mitarbeiter)". Er sollte jedoch bei (auch) einer Fristwahrung besonders sorgfältig sein, BGH MDR 2017, 966.

– **(ausgelagerter Spruchkörper):** Die Sorgfaltspflicht ist nicht gewahrt, wenn nach ergebnislosen Zustellversuch per Fax an einen „Außensenat" die verbliebene Zeit nicht dazu verwendet wird, eine Faxzustellung an die Hauptstelle des OLG vorzunehmen, BGH NJW-RR 2021, 54 Rn. 14 f; vgl. auch BGH NJW-RR 2003, 861 Rn. 7.

– **(Auszubildender):** Der Anwalt muss prüfen, ob er die Tätigkeit beherrscht, BGH MDR 2013, 1302. Die Überprüfung des Sendeprotokolls kann ein Anwalt einem Auszubildenden nur überlassen, wenn dieser mit einem solchen Vorgang vertraut ist und eine regelmäßige Kontrolle keine Beanstandungen ergeben hat, BGH NJW 2006, 1519.

– **(Bedienungsanleitung):** Der Anwalt muss Widersprüche zwischen ihr und Gerätesymbolen klären, KG NJW-RR 2007, 215.

– **(Checkliste):** Sie kann nicht ausreichend sein, da zu kurz, Nürnb MDR 2013, 998.

– **(Computerfax):** → Rn. 31 „Rechtsanwalt: Computer"; → Rn. 31 „Rechtsanwalt: Elektronische Dokumente". Bei der Übermittlung einer Berufungsschrift durch elektronische Versendung einer Textdatei auf ein Faxgerät des BerGer handelt es sich um ein so genanntes Computerfax. Die für bestimmende Schriftsätze erforderliche Schriftform nach § 130 Nr. 6 wird entweder dadurch gewahrt, dass die Unterschrift des Erklärenden eingescannt wird, oder dadurch, dass auf dem Schriftsatz der Hinweis angebracht wird, dass der benannte Urheber wegen der gewählten Übertragungsform nicht unterzeichnen kann, BGH NJW-RR 2021, 373 Rn. 8; NJW 2000, 2340.

– **(Empfangsgerät besetzt):** Der Anwalt muss einkalkulieren, dass das Empfangsgerät des Gerichts gerade in den Abend- und Nachtstunden durch andere eingehende Sendungen besetzt sein kann, BGH NJW-RR 2018, 312 und 1529; NJOZ 2018, 824 und 871; NJW 2015, 1028. Denn das ist kein Fehler in der Leitung oder beim Empfangsgerät und daher nicht von BVerfG NJW 2007, 2838 als Entschuldigung anerkannt. Die Einleitung des Sendevorgangs um 22:37 Uhr für einen 22-seitigen Schriftsatz reicht unter Berücksichtigung eines Sicherheitszuschlags von 20 Minuten nicht aus, BGH BeckRS 2017, 140484 Rn. 9 = FamRZ 2018, 610; ebenso wenig reicht die Einleitung um 23:52 für einen nur 7-seitigen Schriftsatz, BGH NJW-RR 2018, 312. Der Anwalt muss dann mehrfach eine freie Leitung zu erreichen versuchen, BGH NJW-RR 2018, 312; NJW 2015, 1028. Ggf. muss er aus allgemein zugänglichen Quellen, wie zB Internetstartseite des Gerichts, weitere Faxnummern des Gerichts ermitteln, wobei jedoch eine Recherche im gesamten Internetauftritt nicht erforderlich ist, BGH NJW-RR 2017, 1084.

– **(Empfangsgerätstörung):** → „– (Letzter Moment)". Grundsätzlich muss der Anwalt Verzögerungen durch technische Störungen – ebenso wie die Belegung des Empfangsgerätes mit anderen Sendungen – mit einkalkulieren, BGH NJW-RR 2018, 312; NJOZ 2018, 824 Rn. 8. Der Anwalt braucht allerdings nicht damit zu rechnen, dass nur die Speicherung, nicht aber der Ausdruck im Empfangsgerät rechtzeitig funktionieren, VGH Mannh NJW 1994, 538. Der Anwalt muss in zumutbarem Umfang eine andere Übermittlungsart versuchen, zB im Internet eine weitere Telefax-Nr. suchen, BGH NJW-RR 2022, 853 Rn. 21; NJW-RR 2021, 54 Rn. 10; NJW-RR 2017, 1084 Rn. 15; NJW-RR 2017, 629 Rn. 18. Keine Störung kann dann vorliegen, wenn das Empfangsgerät zu einer meist größeren neueren Anlage gehört, die die Aufnahme von einem älteren Sendegerät nicht zB ohne Hinzufügung einer nicht zum Anschluss zählenden Schlusszahl schafft.

– **(Falschauskunft):** Eine Wiedereinsetzung kann dann infrage kommen, wenn die Telefonzentrale des Empfangsgerichts eine unrichtige Nr. des Empfangsgeräts mitgeteilt hatte, BGH NJW 1989, 589.

– **(Fristlöschung):** Der Anwalt muss sicherstellen, dass das Personal die Frist im Kalender erst nach dem Vorliegen des die Übermittlung des fristwahrenden Schriftsatzes bestätigenden Ausdrucks oder Sendeberichts löscht, BGH MDR 2014, 1286; NJW 2006, 1519 (erst nach Kontrolle löschen); BAG NJW 2016, 2522 (telefonische Rücksprache beim Empfänger); Brdb MDR 1999, 511.

– **(Gemeinsame Empfangsstelle):** Bei ihr kann es notwendig sein, die Anschrift richtig anzugeben, BAG NJW 2002, 845, und unterschiedliche Fax-Nr. zu beachten, BGH NJW-RR 2012, 146 (auch zu Ausnahmen).

– **(Gerichtspflicht):** Das Gericht muss unabhängig von den Anforderungen an den Absender auch nach §§ 234, 236 zumutbarer Weise prüfen, ob und wann genau das Telefax nun tatsächlich herausging, BGH MDR 2008, 703, und ob und wann genau es tatsächlich auf der Eingangsstelle einging und ob es ordnungsgemäß und zeitlich richtig registriert wurde. Dazu sind Einzelnachweise des Sendeprotokolls nötig, BVerfG NJW 2007, 2839, und notfalls eine telefonische Rückfrage beim Empfänger, BGH FamRZ 2004, 1550; Naumb AnwBl 2001, 368. Sie sind aber auch ausreichend, BGH FamRZ 2005, 1534. Ein aus dem Sendeprotokoll nicht ersichtlicher Fehler der Übertragung ist unschädlich, BGH NJW 2006, 1518. Das Gericht muss die zum Vergleich vorgelegten Sendeberichte prüfen, BGH NJW 2004, 2526.

– **(Handschrift):** Bei einer handschriftlichen Übertragung der Telefax-Nr. mag ein Kontrollabgleich genügen, BGH VersR 2008, 273.

– **(Kalender):** Der Anwalt darf in ihm erst nach Kontrolle des rechtzeitigen vollständigen Eingangs des Telefax streichen, BGH NJW-RR 2019, 315; MDR 2016, 1285.

– **(Kontrollausdruck):** Notwendig und ausreichend ist zunächst ein Kontrollausdruck oder Sendeprotokoll des absendenden Geräts, BGH MDR 2010, 1145; Brdb AnwBl 2005, 791; VGH Mü NJW 2006, 170. Hilfreich ist aber zusätzlich auch eine schriftliche Eingangsbestätigung, Köln VersR 1996, 1125, oder eine eidesstattliche Versicherung der mit der Übermittlung betrauten Bürokraft, sie habe sich von der Funktion und dem richtigen Empfänger überzeugt, BGH VersR 2000, 339. Ihre wahrheitswidrige Behauptung, weisungsgemäß gehandelt zu haben, ist kein Anwaltsverschulden, BAG NJW 2002, 845.

(41) – **(Letzter Moment):** Grds. darf der Anwalt die Frist voll ausschöpfen, BGH NJW-RR 2022, 853 Rn. 15; NJW 2020, 2194 Rn. 7. Er hat aber mit der Übersendung per Telefax so rechtzeitig zu beginnen, dass das Schriftstück bis 24.00 Uhr vollständig übermittelt ist, BGH NJW 2017, 622 Rn. 10. Der Anwalt muss insbesondere im letzten Moment das Telefaxsystem nutzen, BVerfG NJW 1995, 1210; LSG Mainz NJW-RR 1993, 1216. Man darf grds. jede Frist bis zur letzten Sekunde nutzen, BVerfG NJW 2001, 3473; BGH NJW 2007, 2046; BayObLG 2004, 230.

– **(Letzter Moment: Adresstaste):** Unschädlich sein kann ihre fehlerhafte Betätigung, Mü NJW-RR 1994, 1201.

– **(Letzter Moment: Anderes Gerät):** Der Anwalt muss notfalls ein anderes Telefaxgerät zu benutzen versuchen, BVerfG NJW 2006, 829 (zu § 93 I BVerfGG); BGH NJW 2012, 3517 (krit. Jungk); Celle NJW-RR 2006, 1725. Er hat ggf. aus allgemein zugänglichen Quellen (Internetstartseite des Gerichts) eine weitere Faxnummer des Gerichts zu ermitteln, wobei eine Recherche im gesamten Internetauftritt nicht erforderlich ist, BGH NJW-RR 2017, 1084. Der Anwalt muss nicht das Gerät des Pressesprechers des Gerichts anwählen, BGH MDR 2017, 476.

– **(Letzter Moment: Anschlussprüfung):** Der Anwalt muss dann das Bestehen des von ihm gewählten Anschlusses sorgfältig prüfen, BGH FamRZ 2006, 1439; LG Ffm NJW 1992, 3043.

– **(Letzter Moment: Auszubildender):** Der Anwalt muss einen Auszubildenden besonders kontrollieren (lassen), BGH NJW 2006, 1519 (bei fristwahrenden Schriftsätzen).

– **(Letzter Moment: Besetzte Leitung):** Ist das Empfangsgerät wenige Stunden vor dem Fristablauf belegt oder gestört, sollte der Anwalt trotz der Möglichkeit, diesen Übermittlungsweg grds. bis zur letzten Minute zu nutzen, doch besser vorsorglich alle möglichen und zumutbaren anderen Möglichkeiten ergreifen, BVerfG NJW 2007, 2838; BGH NJW 2015, 1028; Celle NJW-RR 2006, 1725 (andere Telefax-Nr.). Ein Absendeversuch um 23:37 für einen 22-seitigen Schriftsatz reicht unter Berücksichtigung eines Sicherheitszuschlags von 20 Minuten nicht aus, BGH FamRZ 2018, 610; ebenso reicht nicht die Einleitung des Sendevorgangs um 23:52 für einen 7-seitigen Schriftsatz, BGH NJW-RR 2018, 312.

– **(Letzter Moment: Eingang):** Das Telefax muss bis 23.59 Uhr vollständig eingehen, BGH FamRZ 2016, 1076; Nürnb NJW-RR 2012, 1149.

– **(Letzter Moment: Fehler des Empfangsgeräts):** Der Absender hat es nicht zu vertreten, wenn der Fehler in der Sphäre des Gerichts liegt, BVerfG FamRZ 2005, 266; NJW 2001, 3473; BGH MDR 2017, 476 (technischer Fehler); FamRZ 2005, 434 (Papierstau); NJW-RR 2003, 861 (kein Papiervorrat); NJW-RR 1995, 443 (Fehlleitung im Empfangsgebäude), außer im allerletzten Moment, BGH FamRZ 2005, 266. Ein zweiter Versuch ist nötig, BGH FamRZ 2017, 1948. Aber der Anwalt muss Verzögerungen wegen technischer Störungen einkalkulieren, BGH NJW-RR 2018, 312; NJOZ 2018, 824 und 871.

– **(Letzter Moment: Fehler des Sendegeräts):** Der Anwalt muss seine Funktion nicht stets besonders prüfen, BGH NJW-RR 2017, 253.

– **(Letzter Moment: Nachtbriefkasten):** Der Anwalt muss zB dann, wenn die Telefaxleitung besetzt ist, notfalls den Nachtbriefkasten benutzen, OVG Hmb NJW 2000, 1667.

– **(Letzter Moment: Normalweg):** Scheitert der Telefaxweg, muss der Anwalt trotz der grundsätzlichen Erlaubnis, den vom Gericht eröffneten Weg bis zur letzten Sekunde auszunutzen, im Rahmen des Zumutbaren versuchen, den Normalweg einzuhalten, BAG NJW 1995, 743.

– **(Letzter Moment: Erhöhte Sorgfalt):** Sie ist bei Handeln im letzten Moment stets nötig, BGH NJW-RR 2017, 253; Brdb MDR 2005, 167; LAG Köln MDR 2000, 484. Die Übermittlungsdauer und zusätzlich etwa 20 Minuten (Sicherheitszuschlag) sind einzukalkulieren, BGH NJW-RR 2018, 312 und 1529; FamRZ 2018, 619; BVerwG NVwZ-RR 2015, 392.

– **(Letzter Moment: Störung):** Der Anwalt muss die Möglichkeit einer Störung der Eingabe und der Sendung mitbedenken, BGH MDR 2018, 223; Hmb MDR 2004, 920 (je: Abweichung bei den Seitenzahlen); BayObLG NJW 1995, 668 (Fehlen der letzten Seiten nebst der Unterschrift); Drsd NJW 2006, 1359 (zerrissene Seite); Karlsr FamRZ 1998, 434 (Stapelzuführung).

Er muss auch die Möglichkeit einer Störung der Übertragung bedenken, BGH NJW-RR 2018, 312; LG Kassel VersR 1992, 765, zumindest beim eigenen Gerät, BGH NJW-RR 1996, 1275; BSG BB 1993, 1812, aber auch beim Empfangsgerät, BVerfG NJW 2007, 2838; BGH NJW 2012, 3517; OVG Lüneb NJW 2007, 1080 (je: Belegung durch anderen Nutzer). Die Belegung des Faxgerätes eines Gerichts ist kein einer technischen Störung gleich zu achtender Umstand, sondern ein gewöhnliches Ereignis, auf das sich der Rechtsuchende einstellen und ggf. andere Übertragungsversuche anstellen muss, BVerfG NJW 2007, 2838 (160 Seiten Verfassungsbeschwerde); BGH FamRZ 2005, 266; Ros MDR 2008, 42. Etwas anderes kann bei einem defekten Empfangsgerät gelten, BGH NJW-RR 2004, 283.

Eine für ihn unerkennbare Leitungsstörung hat der Anwalt jedenfalls seit BVerfG NZA 2000, 789 grds. nicht (mehr) zu vertreten, BGH MMR 2021, 634 Rn. 32 ff.; NJW 2014, 2048; BAG DB 2001, 2253; Drsd MDR 2013, 488. Hat das Faxgerät vorher und nachher funktioniert, ist eine Störung kaum glaubhaft, BGH NJW 2007, 602.

– **(Letzter Moment: Übermittlungstempo):** Der Anwalt muss das zuvor erzielte Übermittlungstempo bis zur allein maßgeblichen vollständigen Beendigung der Übertragung mit einkalkulieren, BGH VersR 2003, 87; Saarbr NJW 2013, 3797; Naumb AnwBl 2011, 299 (je: wenige Minuten vor Restablauf 20 Seiten statt Verlängerungsantrag).

– **(Letzter Moment: Verlängerungsantrag):** Ein solcher Antrag kann statt noch fehlender 20 Seiten nötig sein, Naumb AnwBl 2011, 299. Ein ProzBev., der erkennt, eine Rechtsmittelbegründungsfrist nicht einhalten zu können, muss durch einen rechtzeitig gestellten Antrag auf Fristverlängerung dafür Sorge tragen, dass ein Wiedereinsetzungsgesuch nicht notwendig ist, BGH BeckRS 2021, 16492 Rn. 10 = MDR 2021, 915; NJW 2013, 3181 Rn. 9.

– **(Mitarbeiter):** Der Anwalt darf den technisch einfachen Absendevorgang innerhalb der nötigen organisatorischen Vorkehrungen einer hinreichend geschulten und überwachten Bürokraft übertragen, BGH NJW-RR 2019, 175; NJW 2010, 2811; KG MDR 1998, 1188; strenger BGH FamRZ 2008, 1924.

– **(Nachsendung des Originals):** wird teilweise gefordert, LG Bln MDR 2000, 970 (abl. Liwinska). Zum Problem allgemein Borgmann AnwBl 1989, 666 (Grdz.).

– **(Neuer Anschluss):** Hat das Gericht auf die Aufhebung einer gemeinsamen Fernkopierstelle hingewiesen, muss der Anwalt jedenfalls Monate später den neuen Telefaxanschluss erfragen lassen, BGH NJW 1995, 2106. **(41)**

– **(Poststreik):** Während eines solchen Streiks muss der Anwalt die etwa verbleibenden Möglichkeiten des Telefax nutzen, BGH MDR 2016, 1406; LAG Düss BB 1992, 1796; LAG Stgt DB 1992, 1588.

– **(Pressestelle des Gerichts):** Der Eingang des Schriftstücks in der Pressestelle des zuständigen Gerichts kann reichen, Düss NJW-RR 2011, 495.

– **(Sendebericht):** Der Anwalt genügt seiner Pflicht zu wirksamen Ausgangskontrolle, wenn er seine Angestellten anweist, nach einer Übermittlung per Telefax anhand des Sendeprotokolls zu überprüfen, ob der Schriftsatz vollständig und an das richtige Gericht übermittelt worden ist, Dabei ist der Einzelsendebericht auszudrucken und ein Abgleich der eingegebenen Fax-Nummer mit der sich aus zuverlässigen Quellen ergebenden Fax-Nummer des Gerichts anzustellen, BGH NJW-RR 2022, 345 Rn. 5 f.; NJW 2022, 1180 Rn. 15; BeckRS 2021, 10630 Rn. 26 = MDR 2021, 830; NJW-RR 2020, 122 Rn. 11; NJOZ 2018, 831 Rn. 7; NJW-RR 2017, 1139 Rn. 6; NJW-RR 2016, 1199 Rn. 19; Brem MDR 2011, 76; OVG Magdeb NJW 2010, 2321. Hierbei ist auch die inhaltliche Vollständigkeit zu überprüfen, BGH NJOZ 2018, 831 Rn. 7; NJW-RR 2017, 1139 Rn. 6, auch den Inhalt der Anlagen, BGH MDR 2010, 1145. Dazu gehört ein Abgleich der Seitenzahlen, BGH NJW-RR 2016, 637. Es genügt die ausgedruckte Fax-Nummer mit der schriftlich niedergelegten zu vergleichen, wenn durch Anweisung sichergestellt ist, dass diese zuvor aus sicheren Quellen ermittelt worden ist, BGH BeckRS 2021, 10630 Rn. 27 = MDR 2021, 830; NJW-RR 2020, 122 Rn. 11; NJOZ 2018, 831 Rn. 7; Brem MDR 2011, 564; VGH Mü NVwZ 2013, 600. Der bloße Sendebericht mit einer Empfangsnummer reicht nicht, BGH FamRZ 2016, 1076; KG MDR 2000, 1343; VGH Mü NVwZ 2013, 600. Noch weniger reicht sein Fehlen, Drsd MDR 2013, 488; Bbg FamRZ 2001, 1007. Das gilt umso mehr, als zB die Uhrzeitangabe im Sendebericht des Sendegeräts falsch sein kann, BGH NJW 2011, 859, etwa wegen des Vergessens der Umstellung der Sommer/Winterzeit. Besteht eine allgemeine Kanzleianweisung, nach der Übermittlung eines Schriftsatzes per Telefax anhand des Sendprotokolls zu prüfen, ob die Übermittlung vollständig an den richtigen Empfänger erfolgt ist, und die Frist erst anschließend zu streichen, muss das Sendprotokoll bei der abendlichen Erledigungskontrolle nicht (erneut) inhaltlich überprüft werden, BGH NJW 2021, 1467 Rn. 12; NJW 2016, 1664 Rn. 18; Reinken NZFam 2021, 231. Bei Fehlen einer allgemeinen Kanzleianweisung zur Übermittlung per Telefax genügt eine Einzelanweisung nur, wenn in ihr klargestellt wird, dass die Fax-Übersendung sofort und vorrangig vor allen anderen Aufgaben zu erfolgen hat, BGH NJW 2016, 1740 Rn. 12; NJOZ 2009, 2277 Rn. 20; NJW 2008, 526 Rn. 12.

Der Anwalt braucht eine Zugangskontrolle nicht sofort vorzunehmen, wohl aber so rechtzeitig, dass er sie nach einer erfolglosen Übermittlung noch fristgerecht wiederholen kann, BGH NJW 2007, 602. Andererseits braucht der Anwalt nach einer ausreichenden allgemeinen Anordnung einer Ausgangskontrolle den Sendebericht nicht persönlich zu überprüfen, BGH NJW-RR 2013, 306; BAG NJW 2001, 1596. Er braucht die Ausführung seiner Fernkontrollanweisung nicht stets zu überprüfen, BGH NJW 2010, 2812. Er braucht nach der Anwahl der ihm vom Empfänger angegebenen Telefax-Nr. nicht das Fehlen einer Empfängerkennung im Sendebericht zum Anlass einer nochmaligen Prüfung zu nehmen, BGH BB 2002, 856. Der „OK"-Vermerk auf dem Sendebericht ist lediglich ein bloßes Indiz und begründet nicht den Beweis des ersten Anscheins für den tatsächlichen Zugang der Sendung; er belegt nur das Zustandekommen einer Verbindung, BGH NJW-RR 2016, 816 Rn. 7; NJW-RR 2014, 683; NJW 2013, 2514 Rn. 11; Brdb NJOZ 2018, 1177; Kblz BeckRS 2013, 2332 = WM 2013, 1332. Der Anwalt muss auch die angeblich gesendete Seitenzahl mit der vom Empfangsgerät bestätigten vergleichen (lassen), BGH NJW 2008, 2508; Ffm MDR 2000, 1344. Ist der Schriftsatz in mehreren Teilen evtl. teils vor dem Fristablauf eingegangen, teils später, muss der Anwalt prüfen, wann die genauen Eingangszeiten lagen, BGH NJW-RR 2000, 1591. Unklarheiten reichen nicht einmal bei eidesstattlicher Versicherung stets, BGH NJW 2015, 349. Der Anwalt muss sich jedoch nicht bei Gericht versichern, ob der mit weiteren Schriftstücken übersandte Schriftsatz vollständig übermittelt worden ist, BGH NJW-RR 2017, 1140.

– **(Spracherkennung):** Der Anwalt muss die bei einer Spracherkennung auftretenden Probleme mit beachten, BGH NJW-RR 2015, 1196.

– **(Störung):** → „– (Letzter Moment)". Generell muss der Anwalt wegen etwaiger selbst zu verantwortender Störungen organisatorisch vorsorgen, BGH FamRZ 2004, 866; BAG NJW 2001, 1596. So hat er sein privates Faxgerät stets auf Funktionsstörungen hin zu überprüfen, auch wenn kein konkreter Anlass hierfür besteht, BGH NJW-RR 2017, 253. Dem ProzBev., dem es trotz zahlreicher Versuche nicht gelang, den fristwahrenden Schriftsatz zu übermitteln, ist es dennoch zuzumuten, aus allgemein zugänglichen Quellen weitere Telefax-Nr. des Gerichts in Erfahrung zu bringen, BGH NJW-RR 2022, 853 Rn. 21; NJW-RR 2017, 629. Ihm kann aber nur ein geringfügiger Aufwand zugemutet werden, BGH MDR 2017, 1204. Hat der Anwalt jedoch aufgrund Erfahrungen oder Hinweise Anlass, an einer störungsfreien Datenübertragung zu zweifeln, darf er sich – wenn er sich gleichwohl für die Telefax-Übermittlung entscheidet, nicht ohne Rückversicherung darauf verlassen, die Datenübertragung werde störungsfrei funktionieren. Das gilt auch dann, wenn das Sendeprotokoll keine Fehler enthält, OVG Hmb BeckRS 2020, 271. Wenn der Anwalt vorschnell den Versuch aufgibt, den fristgebundenen Schriftsatz an das Gericht zu übermitteln, und die aufgetretenen Übermittlungsschwierigkeiten der Risikosphäre des Gerichts zuschreibt, gereicht ihm das zum Verschulden, BGH NJW-RR 2022, 204 Rn. 17; NJW 2019, 3310 Rn 16 ff; NJW 2015, 1027 Rn 20 ff.

– **(Telefax-Nr.):** Der Anwalt muss organisatorisch die Feststellung der richtigen Telefax-Nr. des Empfangsgerichts und die Ausführung der Telefax-Übersendung sicherstellen, BGH BeckRS 2021, 10630 Rn. 26 = MDR 2021, 830; NJW-RR 2020, 122 Rn. 11; NJOZ 2018, 831 Rn. 7; MDR 2016, 1039. Er kann aber grds. die Einzelheiten dazu dem zuverlässigen, auch insoweit angewiesenen Personal überlassen, BGH NJW-RR 2013, 306; VGH Mannh DVBl 2015, 124; Hamm FamRZ 2008, 1199 (Suchmaschine). Das gilt jedoch nicht, wenn die Anweisungen an das Büropersonal nicht klar und präzise sind, BGH NJW-RR 2004, 1361; KG NJW-RR 2006, 1433. Das Personal darf aber nicht nur aus dem Gedächtnis arbeiten, BGH NJW-RR 2005, 1373. Es muss prüfen, ob eine der Gerichtspost entnommene Nr. auch wirklich vom richtigen Gericht stammt, BGH NJW-RR 2011, 313. Er darf nicht die Telefax-Nr. des Erstgerichts und des Berufungsgerichts verwechseln (lassen), Karlsr MDR 2015, 235. Er muss besonders im letzten Moment eine erkennbar falsche Telefax-Nr. auch als solche erkennen, Oldb NJW 2007, 1698. Der Anwalt kann der telefonisch beim Empfangsgericht erfragten Telefax-Nr. vertrauen, BayObLG 2004, 230. Er kann der Telefax-Nr. im Ortsverzeichnis des Deutschen Anwaltsverlags vertrauen, BGH VersR 1997, 853, auch einem amtlichen oder örtlichen Telefonbuch, BGH NJW 2007, 996; LAG Brem MDR 2002, 110, oder einem seit Jahren bewährten EDV-Programm, BGH NJW 2007, 996; NJW 2004, 2832, oder beim Ortsverzeichnis „Gerichte und Finanzbehörden", BGH FamRZ 2010, 808, nicht aber einem veralteten „Anwaltsprogramm", LAG Hmb NZA-RR 2005, 152, ferner nicht einem von Hand löschbaren, BGH NJW-RR 2005, 1373. Auf eine telefonisch erteilte Telekomauskunft kann sich der Anwalt grds. verlassen, BAG NJW 2001, 1594, es sei denn, es besteht wegen der Vielzahl von am Ort ansässigen Gerichten die Gefahr von Verwechslungen, LG Hmb NJW 1997, 2188. Bei einem gemeinsamen Telefaxbetrieb mehrerer Gerichte kann die Angabe einer unrichtigen Telefax-Nr. unschädlich sein, BGH MDR 2013, 1186. Fehlt auf der Internet-Seite des Gerichts eine Telefax-Nr., genügt die Nr. „Entscheidungs-Versand", BGH NJW-RR 2017, 566.

– **(Überholende Ursächlichkeit):** Eine Wiedereinsetzung ist dann möglich, wenn ein Verschulden durch ein späteres Ereignis seine Ursächlichkeit verliert, BGH WM 2010, 1234.
– **(Unterbrechung der Übertragung):** Bei einer Unterbrechung der Übertragung hat sich eine Endkontrolle auch darauf zu erstrecken, ob der Schriftsatz insgesamt übertragen worden ist, Brdb MDR 1998, 932; LG Würzb NJW-RR 1992, 702.
– **(Unterschrift):** Der Anwalt muss die Kopiervorlage unterschreiben, BGH FamRZ 1998, 425. Er hat dafür zu sorgen, dass die Kopie die Unterschrift einwandfrei wiedergibt, BGH MDR 2005, 1182; Ffm MDR 2000, 1344, und hinreichend kontrastreich ist, BGH NJW-RR 2019, 441. Die Unterschrift auf der Kopiervorlage kann evtl. reichen, BVerfG NJW 2004, 2583; BGH NJW 2006, 1521 (weisungswidrige Mitarbeiterin). Nach einer rechtzeitigen schriftlicher Absendung kann das Fehlen einer Unterschrift unter einer sicherheitshalber zusätzlich übermittelten Telefax-Kopie unschädlich sein, BGH NJW 2006, 1521. Das Gericht ist aber nicht verpflichtet, am Tag des Fristablaufs auf fehlende Unterschrift hinzuweisen, BGH MDR 2017, 595. Der ProzBev., der aufgrund der bereits auf dem Originalschriftsatz kaum sichtbaren (blassen) Unterschrift damit rechnen muss, dass diese entgegen § 130 Nr. 6 möglicherweise nicht auf die Telekopie übertragen wird, handelt schuldhaft, wenn das bei Gericht eingehende und dort ausgedruckte Fax eine im Original tatsächlich vorhandene Unterschrift nicht erkennen lässt und dadurch die Frist versäumt wird, BGH NJW-RR 2019, 441.
– **(Verzögerung):** Der Anwalt darf nicht die Absendung vier Tage hinauszögern lassen, BGH NJW 1999, 420.
– **(Vorabtelefax):** Eine allgemeine Vorabübermittlung per Telefax reicht nicht, BPatG NJW-RR 1998, 112.

Rechtsanwalt: Telefonstörung: Wiedereinsetzung ist möglich, zB bei einem Hackerangriff (Ende Oktober 2016: 900.000 Störungen).

Rechtsanwalt: Tod: Ob eine Wiedereinsetzung möglich ist, wenn ein Anwalt infolge des Tods eines Angehörigen das Büro erst nach dem Büroschluss wieder aufsuchte und daher eine an diesem Tag ablaufende Notfrist nach § 224 I 2 nicht einhalten konnte, hängt davon ab, was man ihm bei seinem Zustand noch zumuten konnte, BGH VersR 1975, 1149. Er muss aber grds. auch für den Fall seiner Abwesenheit am letzten Tag der Frist die erforderlichen und möglichen Vorkehrungen treffen, BGH VersR 1983, 272. Die Partei soll durch den Tod oder Freitod ihres ProzBev. oder des Verkehrsanwalts grds. keinen Nachteil erleiden, BGH VersR 1984, 988. Der Tod des einen Sozius zwingt den anderen nicht stets dazu, die Handakten vollständig durchzusehen, BGH DB 1988, 1113. Der Tod eines besten Freundes ist nicht stets als Entschuldigung ausreichend, BGH NJW-RR 2016, 1022.

Rechtsanwalt: Tonbanddiktat: Wenn der Fristablauf bevorsteht, ist eine bloße Anweisung auf ein Tonband nicht ausreichend, es sei denn der Anwalt hat das Tonband als besonders eilbedürftig gekennzeichnet. Der Anwalt muss aber prüfen, ob das Personal sein Tonbanddiktat durchführt. Der Anwalt muss einen diktierten Text in Langschrift übertragen lassen und ihn dann selbst überprüfen. Beim Diktat mittels einer „Spracherkennung" gelten keine anderen Regeln.

Rechtsanwalt: Überlastung: Einem erstmaligen, ohne jede Begründung gestellten Fristverlängerungsantrag ist grds. nicht immanent, dass der ProzBev. wegen Arbeitsüberlastung auf eine Fristverlängerung angewiesen ist, Kblz BeckRS 2020, 19111. Der Anwalt kann eine Unterlassung nicht stets damit entschuldigen, er persönlich sei überlastet, BGH NJW 2013, 2035. Er muss dann vielmehr dafür sorgen, dass zB sein Vertreter die Fristen ebenfalls persönlich kontrolliert, BGH VersR 1976, 962. An den überlasteten Anwalt können aber keine zu hohen Anforderungen gestellt werden, BGH VersR 1987, 286; BAG NJW 2013, 1469, zB nicht am Jahresschluss wegen vieler Verjährungsprobleme, BVerfG BB 2000, 1357; Kreuder BB 2000, 1348. Wenn dem Anwalt die Akten vorliegen, ist er auch bei einer eigenen Überlastung erhöht verantwortlich, BGH VersR 1977, 153. Eine Wiedereinsetzung kommt eher dann in Betracht, wenn der Fehler infolge einer vorübergehenden Überlastung des langjährigen zuverlässigen Bürovorstehers eintritt, BGH VersR 1976, 343, aM Brem JurBüro 1975, 1601. In der Regel muss der Anwalt aber bei einer Überlastung des Personals die Fristenkontrolle umorganisieren, auch wegen einer Krankheit und wegen eines Urlaubs, BGH BB 1999, 2216. Ist für den Anwalt erkennbar, dass eine Bürokraft durch mehrere Aufgaben oder erhöhten Arbeitsanfall abgelenkt ist und die Gefahr besteht, dass sie die übertragenen Aufgaben nicht fehlerfrei erledigen kann, sind besonders sorgfältige organisatorische Maßnahmen erforderlich, um für die ordnungsgemäße Erledigung der Aufgaben zu sorgen, BGH NJOZ 2018, 35.

Auch bei einer starken Inanspruchnahme muss der Anwalt stets die Gesetzeslage kennen und sich zB durch Fachlektüre auf dem Laufenden halten. Er darf sich aber auf die Übernahme einer höchstrichterl. Rspr. durch ein Instanzgericht solange verlassen, bis er dessen abweichende Praxis kennen muss, BVerfG BB 2000, 1357.

42 **Rechtsanwalt: Unterschrift:** Bestimmende Schriftsätze müssen im Anwaltsprozess grds. von einem Anwalt eigenhändig unterschrieben sein (§ 130 Nr. 6); → § 129 Rn. 10 ff.; BGH NJW-RR 2022, 716 Rn. 9; BeckRS 2021, 26108 Rn. 8. In Anbetracht der Variationsbreite, die Unterschriften ein und derselben Person aufweisen, ist ein großzügiger Maßstab anzuwenden, wenn die Autorenschaft gesichert ist, BGH NJW-RR 2021, 314 Rn. 10; BeckRS 2019, 34723 Rn. 8 = MDR 2020, 305; NJW-RR 2017, 445 Rn. 7; NJW 2015, 3104 Rn. 7. Für eine mögliche Gesamtwürdigung kommt es auf alle bei Ablauf einer Rechtsmittelfrist dem BerGer.

zur Verfügung stehenden Umstände an, BGH BeckRS 2019, 34723 Rn. 13 = MDR 2020, 305. Nur wenn feststeht, dass die Unterschrift von dem Rechtsanwalt stammt, ist auch gewährleistet, dass die eigenverantwortliche Prüfung durch den Anwalt erfolgt ist, BGH NJW-RR 2021, 314 Rn. 10. Hierbei kann auch ein vereinfachter und nicht lesbarer Namenszug als Unterschrift anzuerkennen sein, BGH NJW 2015, 3104 Rn. 9 ff. Hierbei ist bedeutsam, ob der Unterzeichner auch sonst in gleicher oder ähnlicher Weise unterschreibt, BGH NJW-RR 2017, 445 Rn. 7; NJW 2015, 3104 Rn. 7. So kann eine Wiedereinsetzung dann in Betracht kommen, wenn das Gericht einen in derselben Besetzung langjährig unbeanstandeten Namensschriftzug oder eine Namensabkürzung plötzlich als unzureichend bezeichnet hat, BVerfG NJW 1988, 2787; BGH NJW 2013, 1967; BFH NJW 1999, 2919. Das gilt ferner dann, wenn der Anwalt das Schriftstück rechtzeitig unterzeichnet hat und dafür gesorgt hat, dass das Personal es postfertig machte, BGH VersR 1977, 331, und wenn er angeordnet hat, es zur Post zu geben. Die Wiedereinsetzung kann auch dann erfolgen, wenn das Personal dem Anwalt die Akten nicht zur ausdrücklich angeordneten Vorlage zwecks seiner Unterschrift der Rechtsmittelschrift vorgelegt hat, BVerfG NJW 2004, 2583; BGH NJW 2006, 1206 (Ausnahme: ungeprüfte Unterschrift, BGH AnwBl 2011, 865). Im Übrigen → Rn. 28 „Rechtsanwalt: Aktenvorlage – (Unterschrift)". (42)

– **(Absendung):** Der Anwalt muss auch ein gut geschultes Personal anweisen, vor dem Postabgang nochmals zu überprüfen, ob seine Unterschrift richtig erfolgte, BVerfG NJW-RR 2002, 1004; BGH NJW 2006, 2414; Düss MDR 2008, 163.
– **(Adresse):** → „– (Vollständigkeit)".
– **(Blankounterschrift):** Der Anwalt darf nicht ohne eine Inhaltsprüfung blanko unterschreiben, Mü NJW 1980, 1176. Die Verwendung einer solchen Blankounterschrift, die nur in einer unvorhersehbaren Lage zulässig ist, setzt eine an sich auf jeden denkbaren Einzelfall bezogene Anleitung und Überwachung durch den Anwalt voraus, also mehr als eine nur allgemeine Anleitung und mehr als Stichproben, BAG NJW 1983, 1447.
– **(Durchlesen):** Der unterzeichnende Anwalt muss die nicht delegierbaren Kernbestandteile eines Schriftsatzes grds. selbst kontrollieren; ein bloßes „Durchlesen" reicht nicht, BGH AnwBl 2011, 865.
– **(Einzelanweisung):** Eine Wiedereinsetzung kommt dann infrage, wenn der Anwalt nach der irrigen Unterschrift statt deren Streichung dem an sich zuverlässigen Mitarbeiter eine genaue Anweisung zur Weiterbehandlung gegeben hat, BGH FamRZ 2016, 4; Hamm MDR 1988, 502. Jedoch reicht eine Mitursächlichkeit für Kausalität zwischen schuldhafter Pflichtverletzung und Fristversäumnis aus, BGH AnwBl 2011, 865.
– **(Empfangsbekenntnis):** Der Anwalt darf das Empfangsbekenntnis erst unterzeichnen, wenn er die darin genannten Schriftstücke durchgesehen hat, BGH VersR 1989, 1211. Ebenfalls darf er es unterzeichnen, wenn in den Handakten die Rechtsmittelfrist oder andere in Lauf gesetzte Fristen festgehalten und vermerkt ist, dass die Frist im Fristenkalender notiert worden ist, BGH NJOZ 2021, 688 Rn. 7; NJW 2019, 3234 Rn. 13; NJW 2010, 1080 Rn. 6; NJW-RR 2010, 417 Rn. 9; NJW 2003, 435; BAG NJW 2003, 1269.
– **(Falscher Schriftsatz):** Setzt der Anwalt seine Unterschrift nicht unter die Berufungsbegründung, sondern unter eine Anlage, liegt ein Fehler des ProzBev. vor, der ggf. auch nicht durch eine generelle Kontrollanweisung aufgefangen werden kann, BGH NJW 2012, 857.
– **(Gerichtsverschulden):** Ein Verschulden des Anwalts bei seiner Unterschrift bleibt auch dann schädlich, wenn das Gericht es versäumt hat, die Rechtsmittelschrift rechtzeitig an das Rechtsmittelgericht weiterzuleiten, an das sie sich nach dem Inhalt (wenn auch nicht nach der Anschrift) richtete, BGH VersR 1981, 63.
– **(Kopie):** Der Anwalt braucht nicht zusätzlich das Original und eine Ablichtung oder Abschrift sofort nach Fertigung als solche zu kennzeichnen, BVerfG NJW-RR 2002, 1004. Eine beglaubigte unterschriebene Kopie kann dann reichen, wenn beim Fristablauf das nicht unterschriebene Original zweifelsfrei vom Unterzeichner stammt, BGH MDR 2004, 1252.
– **(Kontrolle der Unterschrift):** Wenn im Rahmen der Büroorganisation durch eine allgemeine Arbeitsanweisung zur Kontrolle der Unterschrift ausgehender Schriftsätze Vorsorge dafür getroffen ist, dass bei normalen Verlauf der Dinge die Frist mit einem unterzeichneten Schriftsatz gewahrt worden wäre, steht ein Verschulden einer Wiedereinsetzung ausnahmsweise nicht entgegen, BGH NJW-RR 2021, 503 Rn. 10; NJW 2006, 1205 Rn. 8. Die Unterschriftenkontrolle darf der Anwalt einer zuverlässigen Bürokraft überlassen, BGH NJW-RR 2021, 503 Rn. 10; NJW 2014, 2961; vgl. auch BVerfG NJW 1996, 309.
– **(Korrektur):** Nach ihrer Vornahme braucht der Anwalt die unrichtige Erstschrift nicht selbst zu vernichten, BGH NJW 2014, 701.
– **(Letzter Moment):** Wenn der Anwalt am Tag des Fristablaufs verreist, muss er veranlassen, dass ein anderer Anwalt unterschreibt, (zum alten Recht) BGH NJW-RR 1990, 379. Eine Wiedereinsetzung kommt nicht in Betracht, wenn der Anwalt den Schriftsatz am letzten Tag des Fristablaufs diktiert hat und nicht dafür gesorgt hat, dass ihn das Personal zur Unterschrift vorlegt, BGH VersR 1980, 765.
– **(Namenskürzel):** Seine Verwendung statt des vollen Namenszugs ist schuldhaft, BGH NJW 1987, 271.
– **(Persönliche Abgabe):** Sie kann eine Unterschrift nicht ersetzen, BGH VersR 1983, 271.
– **(Rechtsmittelauftrag):** Der erstinstanzliche ProzBev. muss das Schreiben an den etwaigen Rechtsmittelanwalt mit dem Rechtsmittelauftrag, das eine Angestellte nach den richtigen Handakten angefertigt hat, vor seiner Unterschrift selbst prüfen, BGH NJW 1985, 1710. Auch wenn der Anwalt im Vorfeld der Erstellung des Schriftsatzes eine den Inhalt der Rechtsmittelschrift oder den Antrag auf Verlängerung der Rechtsmittelfrist betreffende Weisung erteilt, entbindet ihn das nicht von der Pflicht, das vorgelegte Ergebnis vor Unterschrift auf Richtigkeit und Vollständigkeit zu überprüfen, BGH BeckRS 2019, 10175; NJW-RR 2018, 56.
– **(Vergessen):** Das Vergessen der Unterschrift unter einem fristwahrenden Schriftsatz ist in der Regel schuldhaft, BGH NJW 2016, 719. Das gilt auch bei versehentlichen Unterschriften auf 2 Eingaben zu demselben Verfahren statt zu verschiedenen, OVG Hmb NVwZ 2007, 1217. Das gilt besonders dann, wenn der Anwalt den Schriftsatz nicht einmal diktiert, sondern vom Büropersonal hatte anfertigen lassen, BGH VersR 1983, 271. Das Gericht muss aber binnen 10 Tagen die fehlende Unterschrift nachfordern, BGH FamRZ 2009, 321.
– **(Verhinderung):** Der Anwalt muss bei seiner eigenen Verhinderung dafür sorgen, dass ein anderer Anwalt den Schriftsatz richtig unterschreibt, BGH NJW 2020, 157; NJW-RR 2019, 1207; LAG Stgt NZA-RR 2004, 45. Das muss auch durch eine besondere Ausgangskontrolle geschehen, BGH VersR 1989, 716; Saarbr VersR 1993, 1550.

(42) – **(Vollständigkeit):** Der Anwalt muss prüfen, ob eine Rechtsmittelschrift vollständig und richtig ist, BGH FamRZ 2016, 41; Mü MDR 2006, 540. Das gilt erst recht bei einer wiederholten Vorlage eines vorher fehlerhaft gewesenen Schriftsatzes, BGH VersR 1993, 79. Er muss zB prüfen, ob die Rechtsmittelschrift richtig adressiert ist, BGH NJW 2009, 1750; BAG NJW 2002, 846. Er muss prüfen, ob er auch das Gericht richtig angegeben hat, dessen Entscheidung er anficht, BGH NJW 1989, 2396.

– **(Wechsel des Berufungsanwalts):** Nach einem Wechsel des Berufungsanwalts bleibt das Fehlen der Unterschrift des ersteren dann unschädlich, wenn auch das Berufungsgericht das monatelang übersehen hatte, BGH MDR 2003, 43.

– **(Wiedervorlage):** Eine Wiedereinsetzung kommt dann in Betracht, wenn der Anwalt die Berufungsschrift wegen Verbesserungen ohne seine Unterschrift ins Büro gegeben hat und wenn das geschulte Personal ihm die Schrift versehentlich nicht zur Unterschrift wiedervorgelegt hat, BGH NJW 2006, 2414. Jedoch reicht eine Mitursächlichkeit für eine Kausalität zwischen schuldhafter Pflichtverletzung und Fristversäumnis aus, BGH AnwBl 2011, 865. Ebenso kommt eine Wiedereinsetzung in Betracht, wenn das sonst zuverlässige Personal den Entwurf der Berufungsbegründung nach der Billigung durch den Auftraggeber weisungswidrig nicht mit der Akte zur Unterschrift vorgelegt hat, BGH NJW 1996, 999.

Rechtsanwalt: Urlaub: Ein Urlaub entschuldigt nicht schon als solcher, BGH FamRZ 1997, 172. Vor und nach dem Urlaub hat der Anwalt eine erhöhte Prüfungspflicht, BGH VersR 1977, 425. Vor seinem Urlaub muss der Anwalt die Vorlegung aller Fristsachen beim Bürovorsteher anordnen. Er kann sich aber auf ein eingearbeitetes Personal verlassen, BGH NJW-RR 1987, 710. Einem Verdacht eines Büroversehen hat er jedoch sogleich nachzugehen, BGH VersR 1979, 376. Er muss bei einem urlaubsbedingten Arbeitsstau rechtzeitig eine Fristverlängerung beantragen, BGH VersR 1993, 1548 (zumindest Information des Vertreters nötig).

Wenn ein Mitarbeiter Urlaub hat, trifft den Anwalt eine erhöhte Verantwortlichkeit, BGH VersR 1978, 960. Der Anwalt darf sich nicht darauf verlassen, dass der Mitarbeiter seine Vertretung selbst einwandfrei regelt, BGH VersR 1987, 617. Wenn der Kalenderführer Urlaub hat, darf der Anwalt die Frist nicht ohne Weiteres von einem Auszubildenden überwachen lassen. Er muss dann vielmehr die Vertretung durch eine gleichermaßen zuverlässige Hilfskraft sicherstellen, BGH BB 1999, 2216. Der Anwalt muss vor seinem persönlichen Urlaub prüfen, ob ein amtlicher Vertreter wirksam bestellt wurde, und muss ihn stets informieren, Stgt MDR 2011, 1325. Er hat notfalls für eine ausreichende Vertretung zu sorgen. Er darf nicht mehrere Tage der Kanzlei fernbleiben, ohne einen Anwalt oder einen ihm Gleichgestellten zum Vertreter zu bestellen. Ein Urlaubsvertreter, auch der vom Anwalt selbst nach § 53 II 1 BRAO bestellte, muss das Personal überwachen, Stgt MDR 2001, 238. Eine Anweisung an den Bürovorsteher, beim Eingang eines Berufungsauftrags einen bestimmten Anwalt zu beauftragen, genügt nicht. Eine wichtige Fristsache muss sich der Anwalt nach der Urlaubsrückkehr gesondert vorlegen lassen, BGH VersR 1977, 334.

Rechtsanwalt: Ursächlichkeit: Grds. ist von einem im Übrigen pflichtgemäßen Verhalten des Anwalts auszugehen, BGH MDR 2012, 485. Für die Kausalität zwischen schuldhafter Pflichtverletzung und Fristversäumung genügt Mitursächlichkeit, BGH NJW-RR 2022, 135 Rn. 20.

Rechtsanwalt: Verkehrsanwalt: Er ist ein Bevollmächtigter der Partei, BGH VersR 1996, 606, aber nicht ein Erfüllungsgehilfe des ProzBev. der Partei, Ffm MDR 1994, 99. Der ProzBev. muss daher ein Verschulden des Verkehrsanwalts nicht gegenüber der Partei vertreten, LG Regensb AnwBl 1982, 109. Eine Wiedereinsetzung kommt dann in Betracht, wenn das gut geschulte und überwachte Personal des Anwalts den Verkehrsanwalt nicht zutreffend unterrichtet hat.

– **(Auftragsannahme):** Der Verkehrsanwalt muss prüfen, ob der Rechtsmittelanwalt den Auftrag auch angenommen hat, BGH VersR 1983, 60, und ob er ihn auch ausgeführt hat, BGH VersR 1982, 755. Ab der Auftragsannahme durch den ProzBev. braucht der Verkehrsanwalt diesen nur bei einem sich aufdrängenden Verdacht von dessen Pflichtenverstoß zu überprüfen, BGH VersR 1990, 801.

– **(Benennung des Berufungsanwalts):** Der Verkehrsanwalt muss dem Berufungsanwalt den Rechtsmittelführer angeben, BGH NJW 1998, 2221.

– **(Bestimmter Rechtsmittelanwalt):** Der Verkehrsanwalt muss die richtige Ausführung seiner Anweisung selbst überwachen, einen bestimmten Anwalt beim Rechtsmittelgericht mit der Einlegung des Rechtsmittels zu beauftragen, BGH VersR 1981, 851. Er muss in diesem Zusammenhang prüfen, ob die Anschrift richtig ist, BGH VersR 1977, 720 und 1032. Er braucht nicht zu prüfen, ob das Personal seine Anordnung über die Absendung des Briefs im Übrigen durchgeführt hat.

– **(Falschunterrichtung):** Der Verkehrsanwalt darf den Berufungskläger nicht über den Ablauf der Berufungsfrist falsch unterrichten. Er darf dem Rechtsmittelanwalt den Zeitpunkt der Zustellung des Urteils oder eine Beiordnung nicht unrichtig angegeben, BGH VersR 1977, 153, oder ihn etwa gar nicht mitteilen. Der Verkehrsanwalt muss dann sofort nachfragen, BGH VersR 1975, 90.

– **(Fristeinhaltung):** Der Verkehrsanwalt muss prüfen, ob der Rechtsmittelanwalt die Rechtsmittelfrist eingehalten hat, BGH FamRZ 1988, 942, und diese unmissverständlich mitteilen, BGH VersR 1985, 766.

– **(Letzter Moment):** Der Verkehrsanwalt kann sich zwar darauf verlassen, dass der ProzBev. ihm das zugestellte Urteil rechtzeitig übersenden werde. Er darf aber nicht monatelang einfach zuwarten, Düss MDR 1985, 507.

– **(Niederlegung durch Prozessbevollmächtigten):** Hat der ProzBev. das Mandat niedergelegt und der Verkehrsanwalt 6 Wochen nach einem Termin noch keine Nachricht vom Ergebnis erhalten, muss sich der Verkehrsanwalt beim Gericht oder beim ehemaligen ProzBev. erkundigen, ob eine Versäumnisentscheidung zugestellt ist, Düss VersR 1987, 1042.

– **(Parteiunterrichtung):** Der Berufungsanwalt muss dem erstinstanzlichen Anwalt, der kein Verkehrsanwalt ist, das Urteil mit der Bitte übersenden, die Partei über den Ablauf der Revisionsfrist zu unterrichten. Denn das gehört noch zur Aufgabe des Berufungsanwalts. Der Verkehrsanwalt muss die Partei unverzüglich über die Urteilszustellung und das zulässige Rechtsmittel unterrichten, BGH VersR 1996, 606. Dabei kann ein einfacher Brief ins Ausland unzureichend sein, BGH VersR 1986, 703.

– **(Rechtsmittelauftrag):** Der Verkehrsanwalt muss vor dem Fristablauf evtl. beim Auftraggeber erneut unmissverständlich nachfragen, ob er ein Rechtsmittel einlegen soll, BGH VersR 1996, 606.

– **(Rechtsmittelergänzung):** Der Verkehrsanwalt muss bei einer telefonischen Ergänzung des Rechtsmittelauftrags evtl. zusätzliche Kontrollen schaffen, BGH NJW 1998, 2221.

– **(Telefonauftrag):** Bei ihm muss der Verkehrsanwalt dafür sorgen, dass der Rechtsmittelanwalt den Auftrag wiederholt, BGH VersR 1981, 959, oder den Auftrag schriftlich bestätigen und dabei das Zustelldatum nochmals angeben, BGH BB 1990, 1190. Der Berufungsanwalt muss auch von sich aus für die Kontrollwiederholung sorgen, BGH VersR 1997, 508, aber nicht stets sofort, BGH VersR 1981, 680.

– **(Übersetzung):** Eine Wiedereinsetzung entfällt dann, wenn weder die ausländische Partei noch ihr Verkehrsanwalt eine Übersetzung der Mitteilung des ProzBev. veranlasst hat und wenn sie dadurch verspätet vom Inhalt Kenntnis genommen hat, BGH NJW 1975, 497.

– **(Urteilsübersendung):** Wenn der Anwalt das Urteil mit einem Zustellungsvermerk in einem einfachen Brief an den Verkehrsanwalt übersendet, ist der Anwalt zu einer Rückfrage an den Verkehrsanwalt nicht mehr verpflichtet. Denn sein Mandat ist erledigt.

– **(Zustellungsnachricht):** Der Anwalt muss auch ein gut geschultes Personal anweisen, dem Verkehrsanwalt eine Nachricht von einer Zustellung zu erteilen, und zwar zusätzlich zu der Notierung einer Frist.

– **(Zustellungszeitpunkt):** Der Verkehrsanwalt muss einen Zustellungszeitpunkt zuverlässig klären, BGH FamRZ 1998, 285. Er muss dann, wenn er mit einer Informationslücke über den Zustellungszeitpunkt rechnen muss, ebenfalls hierzu zB bei dem Auftraggeber rückfragen, BGH VersR 1996, 606; Düss MDR 1985, 507. Er muss das Zustelldatum des anzufechtenden Urteils richtig angeben, BGH NJW-RR 1995, 839.

– **(Zweifel):** Der Rechtsmittelanwalt, der vom vorinstanzlichen Anwalt den Auftrag zur Einlegung des Rechtsmittels erhält, muss dann rückfragen, wenn sich aus dem Auftragsschreiben Zweifel ergeben, ob die Rechtsmittelfrist noch läuft.

Rechtsanwalt: Verlust eines Schriftsatzes: Eine Wiedereinsetzung kommt dann in Betracht, wenn ein Schriftsatz verlorengegangen ist, BGH VersR 1992, 899. Dabei braucht der Anwalt die Art des Verlusts nicht darzulegen. Das setzt voraus, dass der Verlust mit überwiegender Wahrscheinlichkeit nicht im Verantwortungsbereich des Anwalts eingetreten ist. Das letztere muss der Anwalt glaubhaft machen, BGH NJW-RR 2021, 931 Rn. 15. Dies muss auf der Grundlage einer aus sich heraus verständlichen, geschlossenen Schilderung der tatsächlichen Abläufe bis zur rechtzeitigen Aufgabe des in Verlust geratenen Schriftstücks bei der Post geschehen, so dass glaubhaft gemacht ist, dass der Verlust mit überwiegender Wahrscheinlichkeit nicht im Verantwortungsbereich der Partei oder ihres ProzBev. eingetreten ist, BGH BeckRS 2022, 2221 Rn. 9; NJW 2021, 3132 Rn. 13; NJW-RR 2020, 818 Rn. 15; NJOZ 2017, 1643 Rn. 11; NJW-RR 2017, 627 Rn. 14. Erkennbar ergänzungsbedürftige Angaben (z. B. ausreichende Frankierung des Schriftstücks) können auf Hinweis nach § 139 auch nach Fristablauf nachgeholt werden, BGH BeckRS 2021, 15151 Rn. 19; NJW 2016, 3312 Rn. 9. Trotz einer Erinnerungslücke kann eine Angabe aber glaubhaft sein.

Rechtsanwalt: Vertreter: Die beteiligten Anwälte dürfen die Prüfung nicht dem Personal überlassen, ob der Antrag auf die Bestellung eines Anwalts als einen amtlichen Vertreters rechtzeitig gestellt und ob das Gericht ihm stattgegeben hat, Mü MDR 1987, 590. Der Vertreter muss prüfen, ob das Gericht ihn als Vertreter bestellt hat, BGH VersR 1993, 125; Mü MDR 1987, 590.

Rechtsanwalt: Vorfrist: Bei Rechtsmittelbegründungsfristen ist grds. neben dem Datum des Fristablaufs eine Vorfrist zu notieren, damit sich der Anwalt rechtzeitig auf die Fertigung der Rechtsmittelbegründung einstellen kann, BGH NJW 2022, 400 Rn. 33 f.; NJW-RR 2018, 1325 und 1451; NJW-RR 2017, 953; VersR 1997, 509; Brdb MDR 2008, 709 (auch wegen einer Ausnahme), Jena MDR 2009, 1189 (zu § 85 II). Ob dieser Fall eintritt, ist unter dem Gesichtspunkt zu prüfen, dass die Wahrung der Frist jedenfalls für den letzten Tag ihres Laufs sicher sein muss, besonders bei § 222 II. Der Anwalt braucht eine Vorfristakte nicht sofort zu bearbeiten, BGH VersR 2000, 203. Die Vorfristdauer hängt vom Einzelfall ab. Sie kann evtl. nur vier Tage betragen, BGH VersR 2000, 203. In der Regel ist aber eine Woche notwendig, BGH NJW-RR 2018, 1451; AnwBl 2007, 796. Der Anwalt muss sicherstellen, dass die Akte dann, wenn eine Vorfristsache nicht erledigt wurde, spätestens beim Fristablauf ohne Weiteres wieder vorliegt, BGH NJW 1997, 2825. Gibt er aber die Akten, die ihm auf Vorfrist zur Anfertigung der Rechtsmittelbegründung vorgelegt wurden, unbearbeitet zurück, um abzuwarten, ob das Rechtsmittel überhaupt begründet werden soll, kann er sich grds. darauf verlassen, dass ihm die Akten am Tag des Fristablaufs wieder vorgelegt werden, BGH NJW 1997, 3243. Wenn er erklärt hat, diese Sache habe er selbst in Arbeit genommen, darf er die Akte nicht mehr aus den Augen lassen. Zusätzlich zur Vorfrist muss er die eigentliche Frist notieren, BGH NJW 1988, 568; BAG NJW 1993, 1350.

Rechtsanwalt: Zuständigkeitsprüfung: Der Anwalt muss höchstpersönlich für die richtige Adressierung der Rechtsmittelschrift sorgen, BGH VersR 1988, 1209. Es bestehen hohe Anforderungen, BGH ZMR 2010, 774. Er muss daher auch klären, was der Gegenstand des Rechtsstreits ist, BGH VersR 1982, 1146. Er braucht die Ausführung seiner Anweisung an eine zuverlässige Angestellte nicht zu überprüfen, die schon unterzeichnete Rechtsmittelschrift in der Adressierung zu korrigieren, BFH BB 1988, 465. Er darf sich auf eine erkennbar unsichere Auskunft eines Rpfl. nicht verlassen, BGH DRiZ 1994, 427 (neue Bundesländer). Er kann nicht immer damit rechnen, das unzuständige LG werde die Sache sofort an das OLG weiterleiten, Oldb MDR 2007, 1036.

Rechtsanwalt: Zustellung: Der Anwalt muss das Datum der Urteilszustellung in einer jeden Zweifel ausschließenden Weise ermitteln und mitteilen, BGH NJOZ 2022, 695 Rn. 10; Düss AnwBl 1999, 351. Wenn der Anwalt das Urteil mit einem Zustellungsvermerk in einem einfachen Brief an den Verkehrsanwalt übersendet, ist der Anwalt zu einer Rückfrage an den Verkehrsanwalt nicht mehr verpflichtet. Denn sein Mandat ist erledigt. Eine Wiedereinsetzung kommt dann in Betracht, wenn das Gericht eine unrichtige Auskunft über den Zeitpunkt einer von Amts wegen erfolgten Zustellung gegeben hat, aM LG Bonn VersR 1988, 195. Dabei genügt eine telefonische Anfrage des Anwalts. Der Anwalt braucht also die Gerichtsakten nicht selbst einzusehen. Der Anwalt muss sein Personal anweisen, einer Partei oder dem Verkehrsanwalt eine Nachricht von der Zustellung zu erteilen, BGH FamRZ 1996, 1467. Diese Anweisung ist zusätzlich zur Anweisung einer Fristnotierung notwendig. Sie reicht dann aber auch aus, BGH VersR 1976, 1178. 43

– **(Adresse):** Der Anwalt muss die Adressierung an ein unrichtiges Gericht bei der Unterschrift bemerken. Er darf auch nicht die LGe München I und II verwechseln, BGH NJW-RR 1987, 319. Der Eingang einer an das LG Berlin adressierten Berufungsschrift bei der gemeinsamen Briefannahme der Justizbehörden Charlottenburg wahrt nicht die Berufungsfrist für eine beim KG einzulegende Berufung, BGH VersR 1987, 486.

(43) – **(Belehrung):** Der Anwalt muss sein Personal belehren, dass nicht der Verkehrsanwalt, sondern nur er selbst über den Zustellungszeitpunkt und einen Fristablauf verbindliche Anweisungen geben kann, Düss AnwBl 1989, 291. Eine Widersprüchlichkeit oder Unklarheit geht zulasten des Anwalts, Düss MDR 2001, 893.

– **(Bürovorsteher):** Eine Wiedereinsetzung kann auch dann eintreten, wenn der Bürovorsteher ein zugestelltes Urteil nicht vorgelegt und auf eine spätere Anfrage erklärt hat, es sei noch nicht eingegangen.

– **(Diktat):** Der Anwalt, der einen Rechtsmittelauftrag an einen anderen Anwalt diktiert, muss den geschriebenen Text einschließlich des mitgeteilten Zustelldatums des vorinstanzlichen Urteils auf Diktat- oder Übertragungsfehler überprüfen, BGH NJW 1996, 853.

– **(Eingangsstempel):** Er ersetzt einen notwendigen Fristvermerk nicht, BGH FamRZ 1999, 579. Der Anwalt darf den Eingangsstempel nicht ohne eine sorgfältige Nachforschung später „berichtigen" (lassen), Mü VersR 1984, 1155.

– **(Empfangsbekenntnis):** Wenn der Anwalt eine fristschaffende Zustellung annimmt und bescheinigt, muss er die allgemein angeordnete Aktenvorlage abwarten oder prüfen, ob das zugehörige Urteil tatsächlich beiliegt, BGH NJW 2000, 2112; Schlesw MDR 2005, 769; OVG Münst BB 1976, 442. Andernfalls muss er die Zustellung selbst sofort in den Akten vermerken, BGH VersR 1994, 371; Oldb JurBüro 1978, 1013, oder er muss sie durch einen unbedingt zuverlässigen Mitarbeiter sofort vermerken lassen, BGH NJW 2003, 436, oder er muss sie aus der ihm vorgelegten Postmappe aussondern oder dafür sorgen, dass das sofort zuverlässig geschieht, BGH NJW 2003, 436.

Der Anwalt darf das Empfangsbekenntnis über die Urteilszustellung erst dann unterzeichnen und zurückgeben, wenn das Personal in der Handakte den Ablauf der Rechtsmittelfrist und die Fristnotierung vermerkt hat, BGH NJW 2010, 1080; Bbg MDR 2005, 1072; Schlesw MDR 2005, 769. Geschieht das nicht, muss der Anwalt eine ganz besondere Sorgfalt üben, BGH NJW 2007, 602. Er muss dann zB selbst für die Vorlage der Handakte und für die Eintragung der Frist im Fristenkalender sorgen, BGH NJW 2010, 1080; BVerwG NJW 1984, 2593. Der Anwalt hat den Zeitpunkt seiner Unterzeichnung des Empfangsbekenntnisses zu sichern, BGH FamRZ 1992, 1173. Wird ein Beschluss über die Gewährung von PKH gegen Empfangsbekenntnis zugestellt, so hat der Anwalt bei Unterzeichnung anhand der Handakte zu prüfen, ob eine durch Bekanntgabe dieses Beschlusses in Lauf gesetzte Frist für einen Antrag auf Wiedereinsetzung ordnungsgemäß notiert ist, BHG NJOZ 2021, 688 Rn. 7; NJW 2019, 3234 Rn. 13; NJW 2010, 1080 Rn. 6.

– **(Fehlen einer Angabe):** Der Anwalt muss das Fehlen der Angabe des angefochtenen Urteils oder seines Gerichts merken, BGH FamRZ 1988, 831.

– **(Fristberechnung):** Der Anwalt muss bei einer Fristberechnung darauf achten, um welche Urteilsart es sich handelt, ob zB um ein Erstes oder Zweites Versäumnisurteil nach § 345, BGH VersR 1987, 256. Er muss beim Erhalt einer Urteilsausfertigung darauf achten, ob zB die Zustellung nach §§ 331 III, 310 III schon vorher erfolgt ist, BGH VersR 1982, 597, oder ob ihm schon zuvor eine weitere – für den Fristbeginn allein maßgebliche – Ausfertigung desselben Urteils zugestellt worden ist, BGH VersR 1985, 551. Auch wenn ihn das Gericht erst nach der Urteilsverkündung zum ProzBev. dieser Instanz bestellt hat, kann er darauf vertrauen, dass eine an ihn gerichtete Urteilszustellung die erste ist, auch wenn das Gericht ohne Wissen dieses neuen ProzBev. bereits eine fristschaffende Zustellung an den früheren ProzBev. bewirkt hatte, BGH NJW 1996, 1477.

– **(Kanzlei und Wohnung):** Ein Anwalt, der in demselben Haus seine Kanzlei und seine Wohnung hat, muss sein Personal eindringlich über die Zustellungsfragen belehren. Auch wenn sich die Kanzlei und die Wohnung nicht in demselben Haus befinden, muss der Anwalt Hausgenossen in erlaubten Umfang anweisen, ihm Schriftstücke alsbald vorzulegen. Er hat aber insofern keine besondere Überwachungspflicht.

– **(Kopie):** Eine Wiedereinsetzung kommt dann in Betracht, wenn infolge einer unrichtigen Ablichtung oder Abschrift aus den Akten, in denen die Urteilszustellung und das Ende der Rechtsmittelfrist richtig vermerkt sind, trotz der Kontrolle durch den Bürovorsteher dem Rechtsmittelanwalt fehlerhafte Angaben gemacht wurden, BGH NJW 1979, 46.

– **(Nachsendeauftrag):** Der Anwalt darf grds. darauf vertrauen, dass die Post einen ordnungsgemäßen Nachsendeauftrag des Auftraggebers auch korrekt ausführt, BGH VersR 1988, 1162.

– **(Parteiangaben):** Der Anwalt darf auf Zustellungsangaben des Auftraggebers nur bedingt vertrauen, BGH NJW-RR 1995, 826; Köln FamRZ 1999, 1084.

– **(Parteiunterrichtung):** Der Anwalt muss die Partei unverzüglich über eine Urteilszustellung und über deren Zeitpunkt informieren, BGH NJW 2007, 2331. Er muss sie auch über das zulässige Rechtsmittel und dessen formelle Erfordernisse vollständig unterrichten, BGH VersR 1985, 768. Das gilt auch nach der Niederlegung des Mandats, BGH NJW 2008, 234. Wenn der Anwalt der Ansicht ist, es sei kein Rechtsmittel zulässig, muss er den Auftraggeber gleichwohl vom Zeitpunkt der Urteilszustellung unterrichten.

– **(Rechtsmittelfrist):** Der Anwalt muss sie sofort nach der Zustellung notieren lassen, BGH NJW 2002, 3782, KG VersR 1982, 704.

– **(Streithilfe):** Ist im Zeitpunkt der Zustellung des Urteils an den Streithelfer nach §§ 66 ff. die für die Hauptpartei laufende Rechtsmittelfrist abgelaufen, kann sein Auftraggeber jedenfalls dann keine Wiedereinsetzung erhalten, wenn der Anwalt es schuldhaft unterlassen hat, den Zeitpunkt der Zustellung an die Hauptpartei in Erfahrung zu bringen, BGH VersR 1988, 417; BAG VersR 1986, 687.

– **(Überlastung):** Der Anwalt muss nach einer rechtzeitigen Aktenwiedervorlage trotz eines hohen Arbeitsanfalls sofort die Fristensicherung nachholen, BGH NJW 2003, 1529.

– **(Unstimmigkeit):** Der Anwalt muss jeder auffälligen Unstimmigkeit nachgehen, BGH FamRZ 2004, 1711. Das gilt selbst dann, wenn das Gericht ihn falsch belehrt hat.

– **(Urteilszugang):** Der Anwalt muss dafür sorgen, dass das Personal bei einer Weiterleitung der zugestellten Urteilsausfertigung an den Auftraggeber, BGH FamRZ 1995, 671, oder bei einer Urteilszustellung nach § 174 den Tag des Urteilszugangs, BGH NJW 1980, 1848, oder bei § 221 II den Tag der Zustellung an den Gegner sogleich in den Handakten vermerkt, BGH VersR 1983, 560.

– **(Verkehrsanwalt):** Der Verkehrsanwalt kann sich darauf verlassen, dass der ProzBev. ihm ein zugestelltes Urteil rechtzeitig übersenden wird, BGH VersR 1988, 419.

– **(Wirksamkeit):** Der Anwalt muss die Wirksamkeit der Urteilszustellung prüfen, BGH VersR 1987, 680.

– **(Zustelldatum):** Der Rechtsmittelanwalt muss das Zustelldatum des anzufechtenden Entscheids anhand seiner Unterlagen kontrollieren, auch wenn er den Auftrag vom Verkehrsanwalt erhielt, BGH BB 1990, 1990. Das gilt auch nach der Niederlegung des Mandats dann, wenn er noch eine Zustellung erhalten oder angenommen hat, BGH NJW 2008, 234. Der Berufungsanwalt muss dem Auftraggeber das Zustellungsdatum des Berufungsurteils mitteilen. Der Anwalt muss ein vom Personal falsch eingetragenes Zustelldatum anhand der Handakte kontrollieren und verbessern, OVG Lüneb NJW 2014, 1835.

Rechtsmissbrauch: Bei rechtsmissbräuchlichem Verhalten kommt für den Gegner stets eine Wiedereinsetzung in Betracht, BGH NJW 1992, 2280. 44

Rechtsschutzversicherung: Wenn eine Partei, die rechtsschutzversichert ist, ab Einreichung des Antrags auf PKH ohne vermeidbare Verzögerung um Deckungsschutz nachsucht, gelten keine Abweichungen von → Rn. 26 „Prozesskostenhilfe", BGH NJW 2017, 1179.

Wohnungseigentum: Zur Wiedereinsetzung bei versäumter Beschlussanfechtungsfrist: Drasdo NZM 2016, 809 (Grdz.).

Zustellung im Allgemeinen: Soweit sie sich nicht durch ein Verschulden des Antragstellers verzögert, ist sie grds. als nach § 167 demnächst erfolgt anzusehen. Wer mit einem unbekannten Aufenthaltsort ins Ausland verzieht, ohne Vorkehrungen für eine etwaige Zustellungsannahme zu treffen, dessen Unkenntnis von einer öffentlichen Zustellung ist nicht schuldlos, Köln VersR 1993, 1127. Ein Unternehmer muss sein Büro so organisieren, dass möglichst derselbe Mitarbeiter eine förmliche Zustellung jeweils entgegennimmt, Düss VersR 2001, 214. Auch bei einer einwandfreien Empfangsorganisation kann ein Benachrichtigungszettel über eine Niederlegung nach § 181 verloren gehen. Er kann etwa zwischen Werbematerial geraten, BGH NJW-RR 2001, 571.

234 *Wiedereinsetzungsfrist.*

I [1]Die Wiedereinsetzung muss innerhalb einer zweiwöchigen Frist beantragt werden. [2]Die Frist beträgt einen Monat, wenn die Partei verhindert ist, die Frist zur Begründung der Berufung, der Revision, der Nichtzulassungsbeschwerde oder der Rechtsbeschwerde einzuhalten.

II Die Frist beginnt mit dem Tag, an dem das Hindernis behoben ist.

III Nach Ablauf eines Jahres, von dem Ende der versäumten Frist an gerechnet, kann die Wiedereinsetzung nicht mehr beantragt werden.

I. Systematik. Im Anschluss an die inhaltlichen Voraussetzungen für eine Wiedereinsetzung in § 233 regelt die Vorschrift den Beginn des Wiedereinsetzungsverfahrens und stellt klar, dass die Wiedereinsetzung grds. nur auf Antrag gewährt wird, während §§ 237, 238 das weitere Verfahren bis zur Entscheidung bestimmen. Die Form und der Inhalt des Antrags richten sich nach § 236. § 236 II 2 enthält auch eine Ausnahme vom Antragserfordernis. 1

II. Regelungszweck. Das Antragserfordernis dient ebenso wie die Fristgebundenheit der Rechtssicherheit. Das gilt insbesondere bei der Ausschlussfrist nach III, die der des § 586 II 2 vergleichbar ist. Als Höchstfrist für den Antrag auf Wiedereinsetzung hat sie absoluten Charakter und verfolgt den Zweck, eine unangemessene Verzögerung von Prozessen zu verhindern und den Eintritt der Rechtskraft zu gewährleisten, BGH NJW 2013, 1684; NJW-RR 2008, 878; NJW-RR 2004, 1651; Schlesw NJW-RR 1990, 1216. 2

III. Geltungsbereich. → § 233 Rn. 5–9. II hat Vorrang vor § 123 II 1 PatG, BGH GRUR 2001, 271. § 234 gilt auch im arbeitsgerichtlichen Verfahren, BAG NJW 2015, 573, zB bei § 5 KSchG, siehe aber BAG NJW 2010, 2683; LAG Hmb NZA-RR 2005, 489. § 234 gilt auch im WEG-Verfahren, III gilt auch im Insolvenzverfahren, BayObLG NJW-RR 2002, 914, I 2 auch im Patentnichtigkeitsverfahren, BGH GRUR 2008, 280. Im Verfahren der GesO hat § 296 Vorrang, BGH MDR 2007, 1043. Im FamFG-Verfahren gilt der I 1, II, III inhaltlich entsprechende § 18 I FamFG. 3

IV. Fristen. Zwischen den Fristen des § 234 ist zu unterscheiden. Die Frist nach I ist – anders als die Ausschlussfrist des III – eine prozessuale Frist im engeren Sinne, für die §§ 221 ff gelten. 4

1. Antrag, I, II. Eine Wiedereinsetzung findet grds. nicht von Amts wegen statt, BAG NJW 1989, 2708. Es ist also ein Antrag nötig. Er ist wegen jeder Frist gesondert notwendig, so ist sowohl für die versäumte Einlegungsfrist als auch für die versäumte Begründungsfrist ein eigener Antrag erforderlich, Brdb NJW 2003, 2995. Eine Ausnahme vom Antragserfordernis ergibt sich aus § 236 II 2. Der Wiedereinsetzungsantrag muss nicht ausdrücklich gestellt werden, er kann auch stillschweigend in einem Schriftsatz enthalten sein, wobei es ausreicht, dass in diesem Schriftsatz konkludent zum Ausdruck gebracht wird, das Verfahren trotz verspäteter Einreichung der Rechtsmitteleinlegungs- oder Rechtsmittelbegründungsschrift fortsetzen zu wollen, BGH NJW-RR 2019, 1394; NJW 2018, 1022; NJW 2011, 1601. Bei elektronischer Einreichung gelten §§ 130a–130d. Der Wiedereinsetzungsantrag muss innerhalb der Frist so vollständig abgefasst sein, dass er mangels Offenkundigkeit nach § 291 oder Aktenkundigkeit alles enthält, was § 236 für einen ordnungsgemäßen Antrag vorsieht, BGH NJW-RR 2019, 1394; NJW 2011, 1601; Nürnb FPR 2010, 103; OVG Greifsw NVwZ-RR 2006, 77 (Prozesskostenhilfeantrag). Er muss also zB auch den Zeitpunkt nennen, in dem die Partei von der Existenz der anzufechtenden Entscheidung Kenntnis erhielt. Er muss auch zum eigentlichen Fristwahrungsverhalten Stellung nehmen, BGH VersR 1992, 900. Andernfalls ist der Antrag unzulässig. Die Partei darf bei einem zunächst in sich geschlossenen und nicht ergänzungsbedürftig scheinenden Antrag grundsätzlich auch keine Wiedereinsetzungsgründe nachschieben, BGH NJW 1998, 2678; Drsd FamRZ 2000, 834. Das gilt selbst dann, wenn der vorgetragene Sachverhalt in wesentlichen Punkten unrichtig ist. Ein stillschweigender Antrag ist zwar denkbar, aber nur selten annehmbar, BGH MDR 2012, 990; Mü MDR 2016, 1225. 5

Vielmehr darf die Partei nur in den vorstehend genannten Grenzen den ursprünglichen tatsächlichen Vortrag vervollständigen und ergänzen, soweit das Gericht es unterlassen hatte, nach § 139 darauf hinzuwirken, dass sie erforderliche tatsächliche Angaben in dieser Weise vervollständigte und ergänzte. Es findet eine Amtsprüfung statt, Ffm Rpfleger 1977, 213, aber keine Amtsermittlung. Es ist nach § 295 II kein wirksamer Verzicht auf die Einhaltung der Frist zulässig. 6

7 **2. Antragsfrist, I, II.** Die Frist für den Antrag auf die Wiedereinsetzung beträgt grundsätzlich nach I 1 zwei Wochen, BGH NJOZ 2021, 688 Rn. 5; WM 2011, 426; Ros FamRZ 2005, 385. Die Zweiwochenfrist gilt auch dann, wenn man eine kürzere oder längere Frist versäumt hat. Sie gilt auch bei einer Versäumung der Wiedereinsetzungsfrist selbst. Nach I 2 kann sie jedoch ausnahmsweise einen Monat betragen, wenn die Partei verhindert ist, die dort genannten Begründungsfristen einzuhalten, BGH NJW-RR 2020, 309; NJW 2008, 1165.

3. Beispiele zur Frage einer Antragsfrist, I, II

8 **Berechnung:** Die Antragsfrist errechnet sich nach § 222, → Rn. 4 ff.

Entscheidung vor Fristablauf: Das Gericht darf über einen Antrag auf Wiedereinsetzung in den vorigen Stand nicht vor Ablauf der Wiedereinsetzungsfrist entscheiden, selbst wenn es die Sache für entscheidungsreif hält, da der Antragsteller innerhalb der Frist noch ergänzend vortragen kann, BGH NJW 2017, 1111; NJW 2011, 1363.

Gegenvorstellung: Keine Fristverlängerung bewirkt eine Gegenvorstellung, BGH WuM 2008, 690.

Hindernis: Verhinderung meint hier praktisch dasselbe wie § 233, auch wenn hier im Gesetzestext der Zusatz „ohne ihr Verschulden" fehlt, BGH NJW 2006, 2858; BAG NZA 2005, 1262; Ffm NJW-RR 2005, 1588. Ein Hindernis muss nach II schon zwecks Beginns jeder Antragsfrist weggefallen sein, BGH WM 2011, 426. Daher sind an das Vorliegen eines Hindernisses nach I 2 strenge Anforderungen zu stellen.

Nachschieben eines neuen Wiedereinsetzungsgrundes: Weist das Berufungsgericht bei einem innerhalb der Frist des I eingelegten Wiedereinsetzungsantrag darauf hin, dass zwar nicht der geltend gemachte Wiedereinsetzungsgrund vorliegt, aber ein anderer sich aus dem Antrag ergibt, so kann die Wiedereinsetzung nicht mit der Begründung versagt werden, es handele sich um ein unzulässiges Nachschieben, wenn sich die Partei zwar nach Ablauf der Antragsfrist, aber vor Ablauf der Frist zur Stellungnahme auf den neuen Wiedereinsetzungsgrund stützt, BGH NJW 2022, 1180 Rn. 13.

Notfrist: Die Wiedereinsetzungsfrist ist zwar eine gesetzliche Frist, aber keine Notfrist nach § 224 I 2. Die Vorschriften I, II gelten auch dann, wenn der Wiedereinsetzungsantrag eine Notfrist betrifft, BGH VersR 1980, 264.

Prozesskostenhilfe: Beantragt die unbemittelte Partei Wiedereinsetzung gegen die Versäumung der Einlegungs- und Begründungsfrist für eine Rechtsbeschwerde, läuft die Frist für deren Begründung ab Bekanntgabe der Gewährung von PKH und Beiordnung eine Rechtsanwalts und nicht erst ab Bekanntgabe der Bewilligung der Wiedereinsetzung, BGH BeckRS 2021, 14228 Rn. 4 ff.; NJW 2008, 3500 Rn. 8. Auch wenn der Antragsteller auf PKH den Beiordnungsbeschluss dahin missverstanden haben kann, er brauche nichts mehr zu veranlassen, muss er sich dennoch in angemessener Zeit um den Fortgang der Sache kümmern, BGH NJW-RR 2009, 1429 Rn. 11 (6 Monate unangemessen).

Sommerzeit: Keine Fristverlängerung erfolgt schon wegen einer „Sommersache" in der Zeit vom 1. Juli bis 31. August. Denn § 227 III betrifft nur Termine, keine Fristen.

Unheilbarkeit: Sie ergibt sich aus § 295 II.

Verlängerung: Das Gericht darf die Antragsfrist zwar nach § 224 II grds. nicht verlängern, BGH VersR 1980, 582. Das darf aber ausnahmsweise etwa dann geschehen, wenn dem Rechtsmittelführer die Akten nicht zur Verfügung standen, BGH MDR 2007, 1332. Anwendbar sein kann die Wiedereinsetzung auch nach der Unterlassung eines Antrags auf Verlängerung der Beschwerdebegründung, Kblz FamRZ 2015, 775.

Verwerfung des Rechtsmittels: Im Umfang der Wiedereinsetzung nach § 238 darf das Gericht deren Erfolg nicht durch eine Verwerfung des Rechtsmittels abschneiden, BAG NJW 1995, 150.

Versäumung der Wiedereinsetzungsfrist: Dann ist ein Wiedereinsetzungsantrag statthaft, BGH NJW-RR 1999, 430. Das bestimmt nämlich § 233 ausdrücklich.

Wiederholung des Antrags: Keine Fristverlängerung bewirkt eine Wiederholung des Antrags, BGH WuM 2008, 690.

9 **4. Jahresfrist, III.** Die Jahresfrist des III hat als Höchstfrist für den Antrag auf Wiedereinsetzung absoluten Charakter und verfolgt den Zweck, eine unangemessene Verzögerung von Prozessen zu verhindern, BGH NJW-RR 2008, 878; → Rn. 2. Deshalb ist nach Ablauf eines Jahres seit Ende der versäumten Frist grds. ein Wiedereinsetzungsantrag nicht mehr berücksichtigungsfähig, BGH NJOZ 2021, 690 Rn. 5; BAG NZA 2019, 1725 Rn. 18; Stgt NJW-RR 2002, 716; Hamm NJW-RR 1998, 497. Die Jahresfrist ist eine gesetzliche Ausschlussfrist, BGH NJW 2002, 2252. Sie ist eine uneigentliche Frist. Sie läuft unabhängig von der Frist des I, BGH VersR 1987, 1237; Stgt NJW-RR 2002, 716. Sie läuft auch dann, wenn das Gericht ein Rechtsmittel erst nach ihrem Ablauf verworfen hat, BGH NJW 2002, 2252. Ungeachtet des absoluten Charakters von III ist die Bestimmung nicht anzuwenden, wenn sonst der Grundsatz des fairen Verfahrens verletzt wäre, BAG NZA 2020, 64 Rn. 16; NZA 2019, 1725 Rn. 19; krit.: Oltmanns NJW 2020, 3356.

5. Beispiele zur Frage einer Jahresfrist, III

10 **Bestandsschutz:** Anwendbar ist III wegen des Grundgedankens dann, wenn längst vor dem Ablauf der Frist ein Streit über den Bestand der angefochtenen Entscheidung entstanden war oder wenn innerhalb der Jahresfrist eine Entscheidung nach § 522 I 2 hätte ergehen können, Düss MDR 1994, 99 (auch zu Ausnahmen), aM BAG MDR 1982, 171, Schlesw NJW-RR 1990, 1216.

Entbehrlichkeit eines Antrags: Unanwendbar ist III evtl. im Fall des § 236 II 2 Hs. 2, Düss NJW-RR 2003, 137.

Entschädigungssache: Anwendbar ist III auch bei § 210 BEG, BGH VersR 1983, 376; KG NZM 1999, 569.

Gerichtssphäre: Wenn die Ursache der Fristüberschreitung nicht in der Sphäre der Partei liegt, sondern allein dem Gericht zuzurechnen ist, ist die Vorschrift des III nicht anzuwenden, BGH NJW-RR 2008, 878; NJW-RR 2004, 1651; BFH NVwZ 1998, 552. So verstößt eine Verwerfung des Wiedereinsetzungsantrags wegen Ablaufs der Jahresfrist dann gegen das Gebot des fairen Verfahrens, wenn das Gericht nach Antragstellung mehr als zwei Jahre in der Sache weiterverhandelt, BVerfG NJW 2004, 2149. Ebenso verstößt ein Berufen auf den Ablauf der Jahresfrist gegen das Recht auf effektiven Rechtsschutz, wenn das Gericht nicht auf den Einwand des Antragstellers, ihm sei das relevante Schreiben nicht zugegangen, eingegangen ist, BVerfG NJW 2019, 3137. Der Grundsatz des fairen Verfahrens wird verletzt, wenn das Gericht mindestens in zwei Verfahren die Art der Unterschrift des ProzBev. nicht beanstandet hat und sich nunmehr wegen fehlender Unterschrift auf den Ablauf der Jahresfrist beruft, BAG NZA 2020, 64 Rn. 17. Dies gilt auch dann, wenn der Schriftzug erstmals in der Revisionsinstanz außerhalb der Jahresfrist des III als nicht ausreichendes Handzeichen eingestuft würde, BAG NZA 2019, 1725 Rn. 20.

Prozesskostenhilfe: III ist nicht anwendbar, wenn die Partei innerhalb der Berufungsfrist rechtzeitig PKH beantragt, das Gericht es aber versäumt, innerhalb der Jahresfrist über den Antrag zu entscheiden, BGH BeckRS 2019, 11419 Rn. 6 ff. Wenn das Rechtsmittelgericht zwar innerhalb der Jahresfrist über einen PKH-Antrag entschieden hat, dies aber dem Antragsteller nicht mitgeteilt und dieser keine Kenntnis davon erlangt hat, ist III ebenfalls nicht anwendbar; BGH NJW-RR 2008, 878; → „Gerichtssphäre".

V. Fristbeginn, I, II. Die Frist für den Wiedereinsetzungsantrag nach I 1 beginnt nach II mit dem Tag, an dem das Hindernis behoben ist; sie wird nach § 222 I, II berechnet. 11

1. Behebung des Hindernisses. Die Frist für den Antrag auf eine Wiedereinsetzung beginnt mit dem Ablauf des Tages, an dem das Hindernis wegfiel, BGH NJOZ 2021, 688 Rn. 5; NJW 2019, 3727 Rn. 6; WM 2011, 426; BAG NZA 2011, 478; KG NJW 2010, 3588. Das gilt auch bei einer Versäumung der Wiedereinsetzungsfrist. Die Frist beginnt also mit dem Ablauf des Tages, von dem ab man bei einer Anwendung des in § 233 geregelten Verschuldensgrads nicht mehr sagen kann, das Weiterbestehen des Hindernisses sei noch unverschuldet, BGH AnwBl 2011, 787. Besteht das Hindernis für die Einlegung eines Rechtsmittels darin, dass die Partei die hierfür erforderlichen Mittel nicht aufzubringen vermag, so entfällt das Hindernis mit Bekanntgabe des Beschlusses über die Bewilligung der PKH, BGH NJOZ 2021, 688 Rn. 5. Im Anwaltsprozess wird das Hindernis der Mittellosigkeit erst mit Beiordnung eines Anwalts beseitigt, BGH NJW-RR 2021, 568 Rn. 15; → Rn. 16 ff. „Prozesskostenhilfe". 12

2. Beispiele zur Frage einer Behebung des Hindernisses, I, II

Bedenken des Gerichts: Wiedereinsetzungsfrist wird nicht schon dadurch in Gang gesetzt, dass das Gericht im PKH-Verfahren auf Bedenken hinsichtlich der Erfolgsaussichten der beabsichtigten Rechtsverfolgung hinweist, BGH NJOZ 2017, 487. 13

Berufungsverwerfung: Wenn das Gericht die Berufung wegen einer Fristversäumung nach § 522 I 2 verworfen hatte, muss es trotzdem über ein solches Wiedereinsetzungsgesuch entscheiden, das die Partei erst nach der Verwerfung eingereicht hat, sofern die Partei von ihrer Säumnis schuldlos keine Kenntnis hatte. Soweit das Gericht diesem Gesuch dann stattgibt, verliert sein Verwerfungsbeschluss die Wirkung.

Gerichtlicher Hinweis: Bei einem Wiedereinsetzungsantrag ist ein gerichtlicher Hinweis nach § 139 nur bei fristgerecht gemachten, aber erkennbar unklaren oder ergänzungsbedürftigen Angaben geboten, BGH NJW-RR 2020, 939 Rn. 18; NJW-RR 2018, 58 Rn. 12; NJW-RR 2016, 1022 Rn. 12.

Gerichtsfehler: Das Gericht darf nicht aus eigenen oder ihm zurechenbaren Fehlern, Unklarheiten oder Versäumnissen Verhaltensnachteile für die Parteien ableiten. So kann eine fehlerhafte Rechtsmittelbelehrung – auch im Anwaltsprozess – den Fristbeginn zur Wiedereinsetzung hindern, wenn nicht die Unrichtigkeit der Belehrung offensichtlich ist, BVerfG NJW 2021, 915 Rn. 27 ff. (zu § 17 II FamFG). Auch ein unklarer richterlicher Hinweis kann den Fristbeginn hindern, BGH NJW-RR 2010, 1000. Ebenso ist die Zustellung einer fehlerhaften Urteilsausfertigung ohne Auswirkung auf den Fristbeginn, BGH NJW-RR 2004, 1651. In WEG-Sachen darf sich ein Anwalt grds. auch dann auf eine unrichtige Rechtsmittelbelehrung hinsichtlich des zuständigen Berufungsgerichts verlassen, wenn der gegnerische Anwalt deren Richtigkeit in Zweifel zieht; die Frist beginnt erst, wenn das angerufene Gericht für unzuständig erklärt, BGH NJW 2020, 1525. Die Frist kann aber dann beginnen, wenn der Betroffene die Unrichtigkeit erkannt hat, BGH NJW 2012, 2445 (bei fehlerhafter Rechtsmittelbelehrung).

Gesetzlicher Vertreter: Schädlich ist sein Verschulden nach § 51 II, BGH WM 2011, 426; Zweibr JurBüro 2006, 490; Köln FamRZ 1999, 1084.

Mehrere Hindernisse: Bei der Geltendmachung mehrerer Hinderungsgründe beginnt die Wiedereinsetzungsfrist erst mit Wegfall des letzten Hinderungsgrundes, BGH NJW 2017, 1554 Rn. 9; NJW-RR 2016, 507 Rn. 14; LG Stade Nds. Rpfleger 1975, 221.

Notfrist: Die Fristbehebung kann vor dem Ablauf einer Notfrist nach § 224 I 2 liegen, BGH VersR 1990, 544. Sie kann aber auch nach ihm erfolgen, BGH NJW 2000, 592; Hamm NJW 1977, 2077.

Prozessbevollmächtigter: → „Gesetzlichen Vertreter". In einem dem Anwaltszwang unterliegendem Verfahren wird das der Rechtsverfolgung entgegenstehende Hindernis der Mittellosigkeit erst mit der Beiordnung eines Rechtsanwalts beseitigt, BGH NJW-RR 2021, 568 Rn. 15; NJW 2021, 242 Rn. 5; NJW 2019, 3727 Rn. 5; NJW-RR 2014, 699; NJW 2004, 2902.

Schuldformen: Schädlich sind Vorsatz und Fahrlässigkeit jeder Art, BGH VersR 2006, 1141; Celle JurBüro 2004, 493; KG ZMR 1994, 35.

Streithelfer: Die Regeln gelten auch bei ihm nach §§ 66 ff.

Verkehrsanwalt: Es gilt bei ihm dasselbe wie beim → „Gesetzlichen Vertreter", BGH BB 2001, 543.

3. Kenntnis der Behebung. Die Frist beginnt jedenfalls von dem Zeitpunkt an, in dem man eine zuverlässige Kenntnis davon hat, dass die Klageschrift nach § 253 oder die Rechtsmittelbegründungsschrift nach §§ 520, 521, 566 verspätet eingegangen sind, BGH NJW-RR 2005, 923; Zweibr JurBüro 2006, 490; VGH Mannh NJW 1977, 1357. Ausnahmsweise beginnt die Wiedereinsetzungsfrist erst nach Recherchen beim Versorgungsträger, BGH NJW-RR 2007, 636 (Abänderungsentscheidung nach § 10a VAHRG). Eine telefonische Nachricht der Geschäftsstelle reicht nicht aus, BGH VersR 1995, 318. Ebenso wenig reicht eine Mitteilung des Gerichts unter einem falschen Aktenzeichen, BGH NJW-RR 1999, 1665. Eine Unterbrechung infolge der Eröffnung eines Insolvenzverfahrens nach § 240 verhindert den Fristbeginn. Einer Partei oder ihrem ProzBev. sind nach einer Versäumung der Berufungsbegründungsfrist besondere Anstrengungen zur Vorlage in der Frist des I zumuten, BGH MDR 2016, 174. Der Verkehrsanwalt kann spätestens ab dem Erhalt eines Kostenfestsetzungsbeschlusses nach § 104 oder gar einer gegnerischen Vollstreckungsandrohung erkennen, dass das Urteil nach § 317 zugestellt wurde, BGH NJW 2001, 1431. Bei einer Versäumung der Fünfmonatsfrist des § 520 II 1 Hs. 2 laufen die Zweiwochenfristen für die Wiedereinsetzung in die Berufungsfrist und in die Begründungsfrist gleichzeitig, Schlesw MDR 2004, 1256. 14

4. Versäumung der Einspruchsfrist. Soweit die Partei eine Einspruchsfrist nach §§ 338, 700 versäumt hat, beginnt die Frist für den Wiedereinsetzungsantrag in dem Zeitpunkt, in dem die Partei oder ihr Vertreter 15 entweder von der zugrunde liegenden Zustellung Kenntnis erhält oder in dem ihr die weitere Unkenntnis von dieser Zustellung vorzuwerfen ist, BGH NJW 2000, 592; Ffm NJW 1987, 335; ArbG Regensb JurBüro 1990, 1199. Maßgebend ist die Kenntnis der Säumnis. Die Kenntnis ihrer Gründe ist unerheblich, BGH VersR 1995, 112. Ein Vorwurf ist trotz einer gerichtlichen Mitteilung über einen Einspruch erst dann möglich, wenn die Partei wissen kann, dass sie einen Antrag auf eine Wiedereinsetzung nur innerhalb einer gesetzlichen Frist stellen kann, BAG BB 1975, 971.

5. Prozesskostenhilfe. Überblick bei Born NJW 2007, 2088; Jungk NJW 2013, 667; Toussaint NJW 2014, 3209.

16 Unverschuldet ist das Zuwarten, solange man nicht mit einer Ablehnung nach § 127 I rechnen muss, BGH NJW-RR 2021, 568 Rn. 20; NJW-RR 2018, 61 Rn. 14; NJW-RR 2017, 895 Rn. 6; Schlesw FamRZ 2017, 1321; Oldb FamRZ 2009, 1168. Der Umstand, dass die Partei in einem Anwaltsprozess keinen Anwalt zum ProzBev. bestellt hat, wird von dem Augenblick an vorwerfbar, in dem die antragstellende Partei nicht mehr davon überzeugt sein darf, dass die Voraussetzungen für die Bewilligung einer Prozesskostenhilfe schon oder noch vorliegen. Die Partei muss außer dem eigentlichen Antrag auf eine Prozesskostenhilfe auch rechtzeitig und grundsätzlich vollständig die Formularangaben nach § 117 II gemacht haben, BGH NJW 2013, 1967; Schlesw FamRZ 2017, 1321: Oldb FamRZ 2009, 1168. Evtl. reicht dazu die Frist des § 234, BGH BB 2005, 2378. Es reicht die eindeutige Erklärung der ProzBev. werde die Begründung von der Bewilligung der Prozesskostenhilfe abhängig machen, BVerfG NJW 2010, 2567. Dasselbe gilt für Angaben nach § 116 Nr. 2, KG MDR 2005, 647. Das muss bei einem Rechtsmittel grundsätzlich in seiner Einlegungsfrist geschehen sein, BGH NJW 2012, 450; KG MDR 2007, 1449; Stgt VersR 2011, 61, oder bis zum Ablauf der Frist des § 93 I 1 BVerfGG, BVerfG NJW 2000, 3344. Eine Mitteilung des Gerichts über die Bewilligung von PKH an den Bevollmächtigten, der den Antrag auf eine Prozesskostenhilfe gestellt hat, beendet das Hindernis, BGH NJW 2008, 3500. Das gilt selbst dann, wenn die Mitteilung zulässigerweise formlos erfolgte, BGH VersR 1986, 580. Voraussetzung einer solchen Beendigung des Hindernisses ist dabei, dass der Vertreter seine Partei nicht entsprechend über die gerichtliche Mitteilung informiert, BGH VersR 1977, 626. Das gilt auch für den vorinstanzlichen ProzBev., BGH FamRZ 2001, 1606.

6. Beispiele zur Frage des Fristbeginns bei Prozesskostenhilfe, I, II

17 **Ablehnung:** Wird der Antrag auf Gewährung von Prozesskostenhilfe wegen fehlender Bedürftigkeit oder mangels Erfolgsaussicht abgelehnt, kann die Partei während eines auf 3–4 Tage zu bemessenden Überlegungszeitraums entscheiden, ob sie das Rechtsmittel auf eigene Kosten durchführen will. Die Wiedereinsetzungsfrist beginnt erst nach Ablauf dieser Frist, BGH NJW-RR 2018, 1271 Rn. 11; NJOZ 2017, 487; NJW-RR 2009, 789 Rn. 6; LAG Bln-Brdb 2020, 19043. Dies gilt nicht, wenn die fehlende Bedürftigkeit erkennbar war, BGH BeckRS 2015, 7956 Rn. 5. Will die Partei, deren PKH-Antrag für ein dem Anwaltszwang unterliegenden Rechtsmittelverfahren teilweise abgelehnt wurde, das Rechtsmittel auch insoweit einreichen, muss sie in dem Fall, dass ihr noch kein Anwalt beigeordnet worden ist, nach Ablauf der Überlegungsfrist von 3 – 4 Tagen und innerhalb der anschließenden 2-Wochenfrist des I 1 die versäumte Rechtsmitteleinlegung nachholen und Wiedereinsetzung in die versäumte Frist beantragen, BGH NJW 2021, 242 Rn. 6.

Änderung der persönlichen Verhältnisse: Besteht das zur Fristversäumung führende Hindernis in der Mittellosigkeit der Partei, so fällt dieses weg, wenn sich die Vermögensverhältnisse der Partei so ändern, dass sie objektiv in die Lage versetzt wird, die Prozesskosten aus eigenen Mitteln aufzubringen und sie dies auch erkennt oder bei Anwendung der gebotenen Sorgfalt erkennen könnte, BGH NJW-RR 2015, 753; FamRZ 2002, 1704 (nach Überweisung des zugesprochenen Zugewinnausgleichs). Dies kann sein bei einer Deckungszusage der Rechtsschutzversicherung oder Vermehrung der Insolvenzmasse, BGH NJW-RR 2015, 753. Bei im Wesentlichen gleichen Angaben zu den Vermögensverhältnissen kann der Rechtsmittelführer in der Regel erwarten, dass auch das Gericht des zweiten Rechtszugs ihn als bedürftig ansieht; er braucht nicht damit zu rechnen, dass das Rechtsmittelgericht strengere Anforderungen an den Nachweis der Bedürftigkeit stellt als das Erstgericht, BGH BeckRS 2022, 5365 Rn. 11; NJW-RR 2020, 1457 Rn. 14; NJOZ 2020, 307 Rn. 10.

Antrag: Wenn der Antrag nach § 234 rechtzeitig erfolgt war und der Antragsteller nun in Insolvenz fällt, beginnt die Frist nicht zu laufen, BGH VersR 1981, 857. Nicht auf die Zweiwochenfrist darf sich der berufen, der nicht einmal den Prozesskostenhilfeantrag nach § 117 ordnungsgemäß gestellt hat, BGH NJW 2002, 2180 (eine Bezugnahme auf einen früheren Antrag reicht nur bei einer Mitteilung unveränderter Verhältnisse).

Anwaltsverschulden: Wenn der nach § 121 beigeordnete Anwalt nicht weiß, dass die Rechtsmittelfrist abgelaufen ist, beginnt die Frist nach II mit dem Ablauf des Tages, von dem an die Unkenntnis des Anwalts vorwerfbar ist.

Auslegung: § 236 II 2 Hs. 1 ist verfassungskonform auszulegen, BGH NJW 2003, 3276. Das gilt dann, wenn das Gericht auch eine erforderliche Beiordnung nach § 121 gleichzeitig mitteilt hat, Mü FamRZ 2005, 1499.

Bedingte Klage: Sie darf nicht zur Besserstellung führen, Karlsr ZIP 2013, 1960.

Behebung der Mittellosigkeit: → „Änderung der persönlichen Verhältnisse". In einem dem Anwaltszwang unterliegendem Verfahren wird das Hindernis der Mittellosigkeit erst mit der Beiordnung eines Anwalts beseitigt, BGH NJW 2019, 3727; NJW-RR 2014, 699; NJW 2004, 2902.

Bewilligung: Der Zugang der vollen oder teilweisen Bewilligung der Prozesskostenhilfe nach § 119 beendet das Hindernis, BGH NJOZ 2017, 487; NJW-RR 2014, 699; BAG NZA 2020, 582; NZA 2014, 224; Zweibr JurBüro 2007, 438; Karlsr FamRZ 2005, 384. Es genügt aber auch schon die Möglichkeit, die Bewilligung zu erkennen, unabhängig von ihrem tatsächlichen Zugang, BGH VersR 2006, 1141 (nicht nach einem unklaren Gerichtshinweis). Bei divergierender Rechtsprechung des BGH gilt die günstigere, BGH NJW 2013, 471.

Erfolgschance: Beantragt eine Partei vor Ablauf der Rechtsmittel- oder Rechtsmittelbegründungsfrist die Bewilligung von PKH, ist sie regelmäßig schuldlos verhindert, die genannte Frist einzuhalten, wenn sie vernünftigerweise nicht mit einer Verweigerung der PKH mangels Bedürftigkeit rechnen musste. Die Wiedereinsetzungsfrist nach I beginnt auch dann, wenn das Gericht die Ablehnung der PKH nicht auf die fehlende Bedürftigkeit der Partei stützt, sondern die Erfolgsaussichten der beabsichtigten Rechtsverfolgung verneint, grds. nicht vor Bekanntgabe der Entscheidung über den PKH-Antrag, BGH NJW-RR 2021, 568 Rn. 20; NJW-RR 2020, 944 Rn. 6. Die Partei muss ihren Prozesskostenhilfeantrag nach § 117 innerhalb der Rechtsmittelfrist derart gestellt haben, dass sie mit einer Bewilligung wegen Mittellosigkeit rechnen konnte, BGH

NJW-RR 2018, 1270 Rn. 5; NJW-RR 2018, 1271 Rn. 7; NJW 2017, 1179 Rn. 11; NJW-RR 2017, 691 Rn. 8.

Formular: Eine Wiedereinsetzung kommt dann in Betracht, wenn die Partei den Prozesskostenhilfeantrag entweder mit einem nach § 117 IV vollständig ausgefüllten Formular eingereicht hat oder wenn sich dortige Lücken durch die beigefügten Unterlagen mühelos bei Gericht schließen lassen, BGH BeckRS 2019, 3047, BGH NJW-RR 2008, 942.

Fristversäumung: Hat die Partei die Rechtsmittelfrist versäumt, muss ihr das Gericht nach der Bewilligung der Prozesskostenhilfe nach § 119 unter den Voraussetzungen von §§ 234, 236 eine Wiedereinsetzung selbst dann geben, wenn sie die Begründungsfrist zB nach §§ 520 II, 551 II ebenfalls versäumt hat, BAG NJW 1984, 941.

Gegenvorstellung: Auch in einer Gegenvorstellung kann ein Wiedereinsetzungsantrag enthalten sein, BGH VersR 2007, 132. Eine Gegenvorstellung allein hemmt einen schon begonnenen Fristablauf nicht, BGH VersR 1980, 86; Ffm VersR 1998, 609.

Gerichtshinweis: Weist das Gericht vor der Entscheidung über den Antrag auf Gewährung von PKH darauf hin, dass dieser mangels Vorliegens der persönlichen und wirtschaftlichen Verhältnisse voraussichtlich keinen Erfolg haben wird, darf der Antragsteller nur dann weiterhin auf eine Bewilligung der PKH vertrauen, wenn er vernünftigerweise davon ausgehen durfte, die gerichtlichen Zweifel ausräumen zu können, und ggf. gerichtliche Auflagen erfüllt, BGH NJW-RR 2021, 568 Rn. 20; NJW-RR 2020, 944 Rn. 7; NJW-RR 2008, 1306 Rn. 12. Weist das Gericht auf Mängel in der Verfahrenskostenhilfeerklärung hin, die noch in der Vorinstanz vollständig ausgefüllt war, kann die Wiedereinsetzungsfrist bereits mit Zugang dieses Schreibens beginnen, BGH NJW-RR 2014, 1347 Rn. 24; NJW 2009, 854 Rn. 11. Eine spätere ablehnende Entscheidung des Gerichts ist dann für den Fristablauf ohne Bedeutung, BGH NJW-RR 2007, 793 Rn. 5. Wenn das Gericht lediglich auf Bedenken hinsichtlich der Erfolgsaussichten der beabsichtigten Rechtsverfolgung hinweist und Gelegenheit zur Stellungnahme gibt, wird hingegen die Wiedereinsetzungsfrist nicht in Gang gesetzt, BGH NJOZ 2017, 487 Rn. 11.

Kausalität: Unterbleibt die rechtzeitige Vornahme einer fristwahrenden Handlung wegen wirtschaftlichem Unvermögens der Partei, ist die Frist unverschuldet versäumt, sofern die Partei bis zu deren Ablauf um Bewilligung der PKH nachsucht oder der verspätete Eingang des PKH-Antrags unverschuldet ist und fristgemäß innerhalb der 2-Wochenfrist des I 1 nachgeholt wird, BGH NJOZ 2021, 686 Rn. 6 f.; BeckRS 2019, 3047 Rn. 4; NJW-RR 2018, 61 Rn. 13. Die Mittellosigkeit muss für die Fristversäumung ursächlich sein, BGH NJW-RR 2018, 6; NJW-RR 2016, 507; NJW 2013, 2823. Die Kausalität der Mittellosigkeit für die Fristversäumung entfällt nicht dadurch, dass der Antragsteller sich nach Erhalt einer ablehnenden Entscheidung über das PKH-Gesuch dazu entschlossen hat, das Rechtsmittel auch ohne Bewilligung von Verfahrenshilfe durchzuführen, BGH NJW-RR 2019, 899.

Mittellosigkeit: → „Kausalität".

Neuer Antrag: Ein neuer Antrag auf Gewährung von Prozesskostenhilfe hemmt den inzwischen begonnenen Fristlauf nicht. Es kommt nicht darauf an, ob die Partei vom Erfolg ihres neuen Antrags überzeugt ist oder ob sie gar hofft, das Gericht werde sich zu einer Änderung seiner Beurteilung bewegen lassen, BGH FamRZ 1988, 1153. Vielmehr kommt es darauf an, ob die Partei vernünftigerweise mit einer Bejahung ihrer Bedürftigkeit rechnen durfte, BGH NJW-RR 2018, 1270 und 1271; FamRZ 2007, 802.

Notanwalt: Der Beschluss über die Ablehnung der Beiordnung eines Notanwalts nach § 78b steht für den Fristbeginn einer Ablehnung der Prozesskostenhilfe nach § 127 I gleich, BGH MDR 2001, 1431.

Prozessvollmacht: Wenn das Gericht der Partei zwar schon im Verfahren auf Bewilligung der Prozesskostenhilfe einen Anwalt beigeordnet hat und die Partei diesem Anwalt aber noch keine Prozessvollmacht. erteilt hat, beginnt die Frist erst in dem Zeitpunkt, in dem das Gericht die Bewilligung der Prozesskostenhilfe der Partei oder ihrem Vertreter rechtswirksam bekannt gibt, BGH FamRZ 2001, 1144. Sie beginnt dann allerdings auch unabhängig von einer etwaigen förmlichen Zustellung an den nach § 121 beigeordneten Anwalt. Das gilt unabhängig davon, wann die Partei von der Mitteilung tatsächlich Kenntnis erlangt, BGH NJW-RR 2018, 1270 und 1271; FamRZ 1991, 425. Ab der Vollmachtserteilung kommt es auf das Verschulden auch des beigeordneten Anwalts an, BGH NJW-RR 1993, 452.

Rechtsmittelschriftsatz: Ein von der bedürftigen Partei selbst eingelegtes Rechtsmittel darf nicht als unzulässig verworfen werden, wenn die Partei innerhalb der Rechtsmittelfrist PKH beantragt und eine ordnungsgemäß ausgefüllte Erklärung über die persönlichen und wirtschaftlichen Verhältnisse eingereicht hat; zunächst muss über den PKH-Antrag entschieden werden, BGH NJW-RR 2018, 1271; NJW-RR 2017, 691. Eine Wiedereinsetzung kommt allerdings nur in Betracht, wenn die Mittellosigkeit für Fristversäumung kausal geworden ist, BGH NJW-RR 2018, 6. Ist der Beteiligte bei einer unbeschränkten Einlegung der Beschwerde bereits anwaltlich vertreten und reicht sein Anwalt zur Begründung des Verfahrenshilfegesuchs noch vor Ablauf der Begründungsfrist eine vollständige, allerdings als „Entwurf" bezeichnete Begründungsschrift ein, kann der mittellose Beteiligte dessen ungeachtet glaubhaft machen, dass der Anwalt nicht bereit war, die Beschwerde ohne Bewilligung von Verfahrenskostenhilfe ordnungsgemäß und insbesondere fristgerecht zu begründen, BGH NJW-RR 2018, 6; NJW 2012, 2041. Beim Antrag zur Rechtsmitteleinlegung und -begründung läuft die Frist wegen der letzteren ab Bewilligung der Prozesskostenhilfe zur ersteren, BGH NJW 2008, 3500.

Überlegungsfrist: → „Ablehnung". In der Regel sind für eine Überlegung, ob das Rechtsmittel auf eigene Kosten durchgeführt werden soll, 3–4 Tage ausreichend, BGH NJW 2021, 242 Rn. 6; NJW-RR 2018, 1271 Rn. 11; NJW 2012, 450; NJW-RR 2012, 308; NJW-RR 2009, 789 Rn. 6; BAG NZA 2018, 101; NZA-RR 2013, 660; Stgt JurBüro 2012, 380. Das gilt auch dann, wenn das Gericht nicht die Mittellosigkeit der Partei, sondern die Erfolgsaussicht der Rechtsverfolgung verneint hat, BGH VersR 1985, 272.

– **(Ablehnung – Bewilligung):** Wird der Partei die Prozesskostenhilfe verweigert, beginnt die Rechtsmittelfrist mit Bekanntgabe dieser Entscheidung, wenn die Partei nicht damit rechnen musste, dass der Antrag wegen fehlender Bedürftigkeit abgelehnt wird, BGH NJW 2021, 242 Rn. 5; NJW 2011, 230; NJW-RR 2008, 1306. Wenn das Gericht die Prozesskostenhilfe zunächst nach § 127 I ablehnt, sie aber aufgrund neuer Tatsachen nachträglich nach § 119 gewährt, kommt es grundsätzlich nur auf die erste Entscheidung an. Es ist ausnahmsweise aber nur die letzte maßgeblich, falls das Gericht seine Rechtsansicht in Wahrheit aufgrund desselben Sachverhalts geändert hatte.

– **(Antragsformular):** Der Antragsteller muss stets das Formular nach § 117 IV rechtzeitig und korrekt ausgefüllt haben, BGH FamRZ 2005, 196.
– **(Anwaltsbenachrichtigung):** Man muss der Partei im Anschluss an ihre eigene Überlegungsfrist noch eine gewisse Frist zur Benachrichtigung ihres Anwalts zubilligen, BGH MDR 2008, 99 (jedenfalls 3 Werktage).
– **(Kenntnis):** Die Überlegungsfrist beginnt grds. dann, wenn die Partei oder ihr Anwalt von einer Ablehnung eine Kenntnis erhält, BGH NJW 2021, 242 Rn. 5; FamRZ 2001, 1144.
– **(Rechtsmitteleinlegung):** Zur Rechtsmitteleinlegung steht der Partei, deren PKH-Antrag abgelehnt wurde, nach der Überlegungsfrist von 3–4 Tagen noch die 2-Wochenfrist des I 1 zu, die versäumte Rechtsmitteleinlegung nachzuholen, BGH NJW 2021, 242 Rn. 6.
– **(Teilbewilligung):** Wenn das Gericht die Prozesskostenhilfe nur teilweise bewilligt hat, verlängert sich die 2-Wochenfrist des I 1 grds. nicht um eine Überlegungsfrist, BGH NJW 2021, 242 Rn. 7; NJW-RR 1993, 451. Denn sie braucht in der Berufungsschrift noch keinen der Höhe nach bestimmten Antrag zu stellen. Sie kann also insofern ihre Überlegungen noch nach der Einreichung der Berufungsschrift anstellen.
– **(Vorschuss):** Großzügig wären etwa 3 Wochen Frist zwecks Zahlung eines vom ProzBev. beim Mittellosen angeforderten Vorschusses, Schlesw MDR 1993, 1241.

Ursächlichkeit: → „Kausalität".

Verbesserung der Verhältnisse: → „Änderung der persönlichen Verhältnisse". Der Anwalt muss sein Personal anweisen, bei einer solchen Verbesserung die Akten vorzulegen, BGH WM 2014, 2124. Wenn die Partei wegen einer Verbesserung ihrer Vermögensverhältnisse nicht mehr mit einer Bejahung ihrer Mittellosigkeit rechnen kann, darf sie nicht bis zur Zustellung eines Zurückweisungsbeschlusses warten, BGH VersR 1996, 1298; Ffm NJW-RR 1988, 256.

Vergleichsverhandlungen: Wenn die Partei wegen anderweitiger Vergleichsverhandlungen darum bittet, die Entscheidung über den Antrag auf eine Prozesskostenhilfe zurückzustellen, dann aber das Scheitern der Vergleichsverhandlungen dem Gericht nicht mitteilt, beginnt die Frist nach II erst mit der Klarstellung durch das Gericht, BGH NJW 1976, 330.

Verlängerungsantrag: Die bedürftige Parteien braucht ihn nicht stets zu stellen, BGH NJW-RR 2005, 1586. Wenn das Gericht von ihm ohne Parteiverschulden keine Kenntnis erhielt, steht der Partei die Monatsfrist nach I 2 offen, BGH FamRZ 2009, 1214.

Vertrauensschutz: Eine erstinstanzliche Bewilligung nach § 119 schafft grundsätzlich ein Vertrauen auch auf eine zweitinstanzliche. Das gilt selbst bei einem gröberen Fehler des Gerichts, aM Naumb FamRZ 2002, 1266 – abl. Gottwald.

Vorinstanzlicher Anwalt: Hat der erstinstanzliche ProzBev. die Bewilligung von Prozesskostenhilfe für die Berufungsinstanz beantragt, setzt eine Zustellung des Beiordnungsbeschlusses zugunsten des etwa besonderen zweitinstanzlichen Anwalts an den erstinstanzlichen Anwalt die zweiwöchige Wiedereinsetzungsfrist selbst dann in Lauf, wenn das Gericht seinen Prozesskostenhilfebeschluss auch dem zweitinstanzlichen Anwalt zugestellt hatte, (zum alten Recht) BGH NJW-RR 1993, 451.

18 **7. Beispiele zur Frage des Fristbeginns unabhängig von Prozesskostenhilfe, I, II.** Die Frist beginnt zu laufen, wenn das Hindernis, das der Fristwahrung entgegensteht, tatsächlich nicht mehr besteht oder sein Weiterbestehen nicht mehr als unverschuldet angesehen werden kann, BGH NJW-RR 2015, 441; MDR 2011, 1208. Verschulden ist dann gegeben, wenn die Partei und/oder ihr ProzBev. bei gebotener Sorgfalt hätten erkennen können und müssen, dass die Rechtsmittelfrist versäumt ist, BGH NJW-RR 2005, 435; NJW-RR 2004, 282; NJW 2001, 1430. Hierbei genügt einfache Fahrlässigkeit, BGH NJW 2001, 1430. In folgenden Fällen ist die Säumnis nicht mehr unverschuldet:

19 **Aktenvorlage:** Verschuldet hat eine Fristversäumung der Anwalt, dem sein Personal die Akten zB zwecks Rechtsmittelbegründung nach § 520 II 1 rechtzeitig vorlegt, BGH VersR 1977, 765, es sei denn, es lag noch im Verantwortungsbereich des Anwalt der Vorinstanz, LG Stade Nds. Rpfleger 1975, 221.

Anderer Anwalt: Wenn ein Anwalt einen anderen Anwalt mit der Einlegung des Rechtsmittels beauftragt hat, kommt es auf den Tag an, an dem der beauftragende Anwalt eine Erkundigung bei dem beauftragten Anwalt hätte anstellen müssen.

Berichtigung: Verschuldet hat evtl. derjenige eine Fristversäumung, dem der Gegner einen Berichtigungsantrag nach § 319 mitteilt, BGH FamRZ 1990, 989.

Brief an Anwalt: Verschuldet hat eine Fristversäumung derjenige, der nicht handelt, obwohl er seinen Anwalt wenigstens durch einen Brief erreichen könnte, BGH VersR 1985, 786.

Bürovorsteher: Es kommt nicht darauf an, ob zB dem Bürovorsteher des Anwalts die Fristversäumung schon früher bekannt war, BGH VersR 1980, 678. Der Anwalt muss eingehend darlegen und glaubhaft machen, dass er auf eine richtige weitere Behandlung der Sache durch den Bürovorsteher vertrauen durfte, BGH VersR 1983, 757.

Erkenntnis: Verschuldet hat eine Fristversäumung derjenige, der sie bemerken konnte, BGH VersR 1986, 147 (Partei); BGH VersR 1987, 53 und 765 (je: Anwalt).

Erkrankung: Bei Erkrankung eines Einzelanwalts am Tag des Ablaufs einer Rechtsmittelfrist beginnt die Wiedereinsetzungsfrist zu laufen, wenn der die Fristverlängerung abweisende Beschluss dem wiedergenesenen ProzBev. zugestellt worden ist, BGH NJW 2020, 157; vgl. auch BGH NJW 2020, 2415.

Fristverlängerungsantrag: Wenn der ProzBev. des Beschwerdeführers einen Antrag auf Akteneinsicht gestellt hat, nachdem er alle Fristverlängerungsmöglichkeiten ausgeschöpft hat, kann er mit der Begründung der Berufung insgesamt abwarten, bis ihm Akteneinsicht gewährt worden ist. Anschließend kann er innerhalb der Monatsfrist des I 2 Wiedereinsetzung gegen die Versäumung der Begründungsfrist beantragen. Ein Antrag ist dann rechtzeitig gestellt, wenn der ProzBev. mit der Einsicht so früh rechnen kann, dass er sie vor Ablauf der Frist zum Zwecke der Berufungsbegründung noch verantwortlich auswerten kann, BGH NJW 2022, 1325 Rn. 8; NJW 2018, 952 Rn. 13.

Gerichtsmitteilung: *Verschuldet* hat eine Fristversäumung derjenige, dem das Gericht das Nötige mitgeteilt hat, BGH NJW 1997, 400.

Haft: Verschuldet hat eine Fristversäumung ein Inhaftierter dann, wenn er nicht handelt, obwohl er merkt, dass man ihn nicht von Amts wegen zum Termin vorführen will, Ffm Rpfleger 1977, 213.

Kostenfestsetzung: Die Kenntnis von einem Kostenfestsetzungsbeschluss nach § 104 begründet auch eine Kenntnis vom Erlass des zugrundeliegenden Urteils.

Krankheit: Verschuldet hat eine Fristversäumung ein Erkrankter dann, wenn er die Prozessvollmacht nach § 80 nicht erteilt, sobald er dazu wenigstens imstande ist. Beim Anwalt ist das Ende seiner Erkrankung maßgeblich, BGH NJW 2011, 1601; → „Erkrankung".

Niederlegung: Verschuldet hat eine Fristversäumung der Verkehrsanwalt, dem der Berufungsanwalt die Niederlegung des Mandats nach § 87 mitteilt. Dann kommt es auch nicht auf eine zeitlich nachfolgende Mitteilung des Gerichts über das Ausbleiben des Eingangs der Rechtsmittelbegründung an, BGH VersR 1981, 280.

Notanwalt: Findet eine Partei trotz aller zumutbaren Bemühungen keinen zu ihrer Vertretung bereiten Anwalt, kann ihr Wiedereinsetzung nur gewährt werden, wenn sie vor Fristablauf einen Antrag auf Beiordnung eines Notanwalts gestellt und die Voraussetzungen hierfür dargelegt hat, BGH BeckRS 2019, 8691 Rn. 7; BeckRS 2018, 29835 Rn 7; BeckRS 2016, 19301 Rn. 9; NJW-RR 2014, 378 Rn. 8 f. Die Beiordnung eines Notanwalts kommt nach Niederlegung des Mandats aber nur in Betracht, wenn die Partei die Beendigung des Mandats nicht zu vertreten hat, BGH BeckRS 2019, 8691 Rn. 4.

Öffentliche Zustellung: Verschuldet hat eine Fristversäumung der Anwalt, den sein Auftraggeber über eine öffentliche Zustellung nach §§ 185 ff. informiert, selbst wenn er persönlich deren Einzelheiten noch nicht kennt, BGH VersR 1977, 644.

Parteikenntnis: Es kommt grds. nicht darauf an, ob die Partei selbst Kenntnis hatte oder Kenntnis haben musste, BGH VersR 1985, 786; die Kenntnis des Anwalts wirkt zu Lasten der Partei, § 85 II, BGH VersR 1976, 492. Eine Ausnahme dazu gilt nur, falls der Anwalt den Auftrag abgelehnt hätte.

Rechtsirrtum: Beruft sich eine Partei darauf, ihr ProzBev. habe sich in einem Rechtsirrtum befunden und deswegen nicht fristgerecht Rechtsmittel eingelegt, schließt dies ein Verschulden nur aus, wenn der Rechtsirrtum unvermeidbar oder entschuldbar ist, BGH NJW 2021, 2660 Rn. 9 f.; BAG NJW 2020, 357,

Rechtsmittelrücknahme: Wenn die Partei die Rücknahme eines noch unbegründeten Rechtsmittels widerruft, beginnt die Frist im Zeitpunkt der Mitteilung des Widerrufs an das Gericht.

Rückfrage: Wenn der Auftrag zur Einlegung eines Rechtsmittels dem Anwalt nicht zugeht, beginnt die Frist mit dem Tag, an dem die Partei bei dem Anwalt hätte rückfragen müssen.

Vergleich: Wenn sich die Partei mit dem Prozessgegner während der Berufungsbegründungsfrist verglichen hat, muss sie die Berufung bei einer Geltendmachung der Nichtigkeit des Vergleichs während der Frist nach I begründen und gleichzeitig die Wiedereinsetzung beantragen. Eine Fristversäumung ist dann unschädlich, wenn der Vergleich der Partei eine umfangreichere Verpflichtung auferlegt als das Ersturteil.

Zustelldatum: Verschuldet hat eine Fristversäumung derjenige, den das Gericht rechtzeitig über ein Zustelldatum informiert, BGH NJW-RR 1998, 639.

Zustellungsbevollmächtigter: Bei § 184 II 1 kann man die „Behebung" des Hindernisses noch nicht schon mit dem tatsächlichen Zugang gleichsetzen, aM Schlosser FS Stiefel, 1987, 684.

235 (weggefallen)

236 *Wiedereinsetzungsantrag.* [I] **Die Form des Antrags auf Wiedereinsetzung richtet sich nach den Vorschriften, die für die versäumte Prozesshandlung gelten.**

[II] [1]**Der Antrag muss die Angabe der die Wiedereinsetzung begründenden Tatsachen enthalten; diese sind bei der Antragstellung oder im Verfahren über den Antrag glaubhaft zu machen.** [2]**Innerhalb der Antragsfrist ist die versäumte Prozesshandlung nachzuholen; ist dies geschehen, so kann Wiedereinsetzung auch ohne Antrag gewährt werden.**

I. Systematik. Die Vorschrift regelt in I die Form und in II den Inhalt des nach § 234 grundsätzlich erforderlichen Antrags, während §§ 237, 238 das weitere Verfahren bis zur Entscheidung regeln. Für die Glaubhaftmachung nach II ist § 294 ergänzend zu beachten. 1

II. Regelungszweck. Die Vorschrift dient – wie alle Formvorschriften – der Rechtssicherheit. Wie alle Regelungen zur Wiedereinsetzung in den vorigen Stand hat sie aber auch die Rechtsschutzgarantie und den Anspruch auf rechtliches Gehör im Blick, wie sich insbesondere aus II 2 ergibt. 2

III. Geltungsbereich. → § 233 Rn. 5–9. § 236 gilt auch im WEG-Verfahren, vgl. auch § 46 S. 3 WEG. Er gilt auch im arbeitsgerichtlichen Verfahren, BAG NJW 2015, 573. Im FamFG-Verfahren gilt der II inhaltlich entsprechende § 18 II FamFG, (zum alten Recht) BayObLG FGPrax 2003, 29. 3

IV. Form, I. Der Antrag auf Wiedereinsetzung ist eine Prozesshandlung und Zulässigkeitsvoraussetzung für das Wiedereinsetzungsverfahren. Nach I ist die für die wirksame Vornahme der versäumten Prozesshandlung geltende Form einzuhalten, BGH NJW-RR 2020, 309. Es kann um die Versäumung der Einlegung eines Rechtsmittels oder um die Versäumung der Rechtsmittelbegründung gehen, so zB nach §§ 517, 520 II, 548, 551 II 2, 569 I 1, 575 I 1, II. Dann ist für den Wiedereinsetzungsantrag die Schriftform erforderlich. Wenn es um einen Einspruch nach §§ 340 I, 700 I geht, ist für den Wiedereinsetzungsantrag nach § 496 eine Erklärung zum Protokoll der Geschäftsstelle ausreichend, soweit das AG das Versäumnisurteil erlassen hatte. Bei einer sofortigen Beschwerde muss § 569 II beachtet werden, bei der Erinnerung gegen einen Kostenfestsetzungsbeschluss § 104 III. Wenn die nachzuholende Prozesshandlung dem Anwaltszwang unterliegt, was sich nach § 78 richtet, so besteht auch für den Wiedereinsetzungsantrag ein Anwaltszwang, BGH BeckRS 2014, 18095; Mü NJW-RR 1987, 895. 4

Der Antrag muss nicht ausdrücklich als Antrag oder Gesuch um eine Wiedereinsetzung bezeichnet werden, BGH NJW-RR 2019, 1394; NJW-RR 2000, 1731 (auch zu den Grenzen); Düss NJW-RR 2007, 614. Wenn die Partei konkludent zum Ausdruck bringt, das sie das Verfahren trotz verspäteter Einreichung der Rechtsmittel- oder der Begründungsschrift fortsetzen will, ist ein ausdrücklicher Antrag nicht erforderlich, BGH NJW 2019, 3310; NJW-RR 2019, 1394; NJW 2018, 1022; NJW 2011, 1601; NJW-RR 2006, 140. Ein konkludenter Antrag 5 kommt aber nicht in Betracht, wenn der fragliche Schriftsatz entgegen II keine Angaben der die Wiedereinsetzung begründenden Tatsachen enthält, BGH BeckRS 2022, 8565 Rn. 14; → Rn. 7. Ein stillschweigender Antrag liegt auch nicht vor, wenn der ProzBev. das Rechtsmittel in der irrigen Annahme eingelegt hat, die Frist sei noch nicht abgelaufen, und auch später noch an seinem Irrtum festhält, BGH VersR 1983, 559, oder wenn ein rechtskundiger Versorgungsträger in einem den Anforderungen der §§ 234, 236 im Übrigen nicht genügenden Schriftsatz unrichtige Auffassungen zu einem anderen Fristablauf geltend macht, Saarbr FamRZ 1988, 414, oder wenn jemand lediglich ankündigt, gegen eine nach seiner Darstellung noch nicht zugestellte Entscheidung vorgehen zu wollen, wenn auch „mit Sicherheit", BayObLG NJW-RR 2000, 672, oder wenn jemand nur um eine Verlängerung der Frist zur Begründung des Rechtsmittels bittet, BGH NJW-RR 2000, 1731. Der Antrag ist an das Gericht zu richten, das für die Entscheidung über die nachzuholende Prozesshandlung zuständig ist, § 237. Der Antrag ist auch als ein bloßer Hilfsantrag statthaft, BGH NJW 2000, 2280; NJW 1997, 1312. Ein unzulässiger Wiedereinsetzungsantrag kann in eine nach § 321a zulässige Gehörsrüge umgedeutet werden, Kblz JurBüro 2008, 325.

6 **V. Inhalt, II 1.** Eine Begründung des Wiedereinsetzungsantrages ist unverzichtbar.

7 **1. Wiedereinsetzungsgrund.** Die Partei muss alle Tatsachen zweifelsfrei angeben, die die Wiedereinsetzung nach § 233 zulässig machen und begründen, BGH NJW-RR 2016, 505; BAG NZA 2018, 542; Ros MDR 2008, 42. Dies hat in einer geschlossenen, aus sich heraus verständlichen Schilderung der tatsächlichen Abläufe zu geschehen, BGH BeckRS 2021, 15151 Rn. 13; NJW-RR 2021, 373 Rn. 10; NJOZ 2013, 935 Rn. 7; NJW-RR 2008, 3501 Rn. 15. Beruht zB das Versäumnis auf dem Versehen einer Bürokraft, so hat die Partei alle Umstände darzulegen, die ein Organisations- oder sonstiges Verschulden ihres ProzBev ausschließen, BGH BeckRS 2022, 6620 Rn. 9 = VersR 2022, 657; NJOZ 2009, 2277 Rn. 23. Auch nach längerem Zeitablauf ist eine derartige Darlegung erforderlich, BGH NJW 2008, 3501 Rn. 17; BAG NZA 2007, 228; Düss NJW-RR 2007, 614. Die Tatsachen müssen vollständig, ausdrücklich und bestimmt angegeben werden, BGH NJW-RR 2015, 624; NJW 2004, 2525. Zunächst sind solche Tatsachen zu benennen, die überhaupt ein Fristversäumnis ergeben, BAG NZA 2018, 542. Das sind die versäumte Frist und das Hindernis, BGH NJW-RR 2007, 1429; NJW 2000, 592. Liegt ein Fristversäumnis vor, müssen die Tatsachen vorgebracht werden, die ein Verschulden der Partei und/oder ihres Bevollmächtigten ausschließen, BGH NJW 2008, 3501; BAG NZA 2018, 542 und zwar auch ein etwa mitwirkendes Verschulden.

2. Beispiele zur Frage der Notwendigkeit einer Auslegung, II 1

8 **Aktenlage:** Nicht notwendig ist die zusätzliche Angabe einer schon nach Lage der Akten offenkundigen Tatsache, BGH NJW 2011, 1601; VersR 1987, 1237; Nürnb FPR 2010, 103. So sind Darlegungen zur Wahrung der Frist des § 234 entbehrlich, wenn die Frist nach Lage der Akten eingehalten ist, BGH NJW-RR 2011, 1284; NJW 2000, 592. Bei einer Bewilligung von Prozesskostenhilfe nach § 119 erst nach dem Ablauf der Rechtsmittelfrist ist aktenkundig, dass der Antragsteller die Versäumung der Rechtsmittelfrist nicht verschuldet hat, BGH VersR 1982, 41.

Alternativvortrag: Unzulässig ist ein Alternativvortrag dann, wenn dabei ein Verschulden bei auch nur einem der Vorgänge möglich bleibt, BGH VersR 1982, 144.

Bezugnahme: Eine pauschale Bezugnahme reicht nicht aus, insbesondere nicht auf den früheren Vortrag, LAG Ffm BB 1982, 1924.

Ergänzung: Zulässig ist eine bloße Vervollständigung und Ergänzung des Vortrags auch nach dem Ablauf der Frist des § 234 I, BGH BeckRS 2021, 15151 Rn. 17; NJW 2016, 3313; BFH BB 1985, 1717. Das Gericht hat ggf. nach § 139 einen Hinweis zu geben; aber nur bei fristgerecht gemachten, aber erkennbar unklaren oder ergänzungsbedürftigen Angaben, BGH BeckRS 2022, 6620 Rn. 10 = VersR 2022, 657; NJW-RR 2020, 939 Rn. 18; NJW-RR 2018, 58 Rn. 12; NJW-RR 2015, 1196; NJW 2014, 77. Ein Hinweis verbietet sich aber bei solchen Ergänzungen, die dem Anwalt auch ohne Hinweis bekannt sein müssten, BGH NJW-RR 2017, 956; NJW-RR 2015, 624 (je Zuverlässigkeit des Personals).

Erkrankung: Notwendig ist die Angabe der zugehörigen Tatsachen, also der Art und Dauer der Erkrankung, BVerfG NJW-RR 2007, 1717. Eine solche Tatsache kann sich auf die Tatsache beziehen, dass der Anwalt wegen der Erkrankung nicht in der Lage war, Vorsorge zu treffen, BGH NJW-RR 2019, 691.

Genauigkeit: Die Partei muss einen wesentlichen Umstand genau darlegen, BGH NJW 2008, 3501.

Nachschieben: Unzulässig ist grds. ein einfach nachgeschobenes neues Vorbringen, BGH BeckRS 2010, 10361 Rn. 12 = FamRZ 2010, 880; NJW-RR 2007, 1429. Das gilt auch im Beschwerdeverfahren nach §§ 567 ff., BGH NJW 1997, 2120. Nach Ablauf der Wiedereinsetzungsfrist ergänztes Vorbringen ist grds. nicht mehr zu berücksichtigen, BGH BeckRS 2022, 6620 Rn. 9 = VersR 2022, 657; NJW-RR 2017, 1142 Rn. 14; NJW-RR 2012, 743 Rn. 12.

Offenkundigkeit: Bei ihr gilt dasselbe wie bei → „Aktenlage", BGH NJW 2000, 592.

Prozesskostenhilfe: Bei ihrer Ablehnung muss der Antragsteller nach § 294 glaubhaft machen, weshalb er annehmen durfte, zur rechtzeitigen Einlegung des Rechtsmittels finanziell außerstande zu sein, BGH NJW 2012, 2042.

Schuldlosigkeit: Notwendig ist eine Angabe der Tatsachen, die dafür sprechen, dass die Partei und/oder ihr Anwalt die Fristversäumung nicht verschuldet haben, BGH NJW-RR 2005, 793; NJW 2004, 688; BAG NZA 2018, 542; NZA 2007, 228; NJW 2003, 1269; LAG Mü JurBüro 1991, 124. Der Vortrag darf sich nicht auf solche Schlussfolgerungen und Bewertungen beschränken, die dem Gericht eine selbständige Beurteilung der Verschuldensfrage nicht ermöglichen, BGH NJW-RR 1990, 379. Eine fehlerhafte Rechtsmittelbelehrung reicht außerhalb des FamFG nicht stets als eine Entschuldigung aus, BAG NZA 2007, 228.

Substantiierung: An einer hinreichenden Substantiierung fehlt es, wenn die Partei sich auf eine fehlgeschlagene Übermittlung beruft, nachdem sie eine Diskette mit dem Entwurf einer Berufungsbegründung, deren Inhalt verloren gegangen sei, gleichwohl bearbeitet haben will, BGH NJW-RR 2005, 793. Der Anwalt darf sich aber darauf verlassen, dass eine in der Vergangenheit zuverlässige Bürokraft einen richtig adressierten Schriftsatz aufgrund einer Einzelanweisung richtig übermittelt; eines weiteren Vortrags zum Schicksal des Schriftsatzes bedarf es nicht, BGH NJW-RR 2022, 426 Rn. 12 f; NJOZ 2020, 727 Rn. 14.

Unbestimmtheit: Unzulässig ist eine vage Darstellung der Tatsachen, BGH NJW 2008, 3501. So ist Wiedereinsetzung nicht zu gewähren, wenn nach den seitens der Partei nach II 1 glaubhaft gemachten Tatsachen zumindest die Möglichkeit offenbleibt, dass die Fristversäumung durch die Partei oder ihren ProzBev. verschuldet war, BGH NJW 2919, 3310; FamRZ 2017, 1946; NJW 2014, 2047.

Unterlagen: Vortragen muss die Partei die Tatsachen, aus denen sich ergibt, dass sie die für einen Prozesskostenhilfeantrag nach § 117 erforderlichen Unterlagen ohne ihr Verschulden nicht innerhalb der Rechtsmittelfrist beschaffen konnte und dass sie diese Unterlagen dann unverzüglich nachgereicht hat.

Urlaub: Notwendig ist eine Angabe der zugehörigen Tatsachen.

Ursächlichkeit: Der Antragsteller muss schlüssig darlegen, dass ein Gerichtsfehler für den Fristverstoß ursächlich war. Ist zB ein Belehrungsmangel im Einzelfall für die Säumnis ursächlich, so ist bei der Prüfung der Wiedereinsetzung das fehlende Verschulden unwiderlegbar zu vermuten, BGH NJW 2002, 2171.

Widerruf: Unzulässig ist ein Widerruf nebst einer Ersetzung durch einen neuen Vortrag, BGH NJW 1997, 2120.

Zumutbarkeit: Die Partei muss alle wesentlichen Umstände in den Grenzen des ihr Zumutbaren darlegen, BGH NJW-RR 1999, 428; BAG NZA 2007, 228.

Zustellung: Bei ihrer Behauptung ist eine Angabe des Zustellungstags notwendig.

3. Fristwahrung. Die Partei hat nicht nur die versäumte Frist und das Hindernis zu benennen, → Rn. 7 f., 9
sondern auch den Umstand und den Zeitpunkt des Wegfalls des Hindernisses, BGH NJW-RR 2007, 1429; NJW 2000, 592. Zur Angabe der die Wiedereinsetzung begründenden Tatsachen gehört grds. ein Sachvortrag, aus dem sich ergibt, dass der Antrag rechtzeitig nach Behebung des Hindernisses gestellt wurde, BGH NJW 2000, 592. Sie hat somit die Tatsachen anzugeben, aus denen sich ergibt, dass sie die Frist des § 234 gewahrt hat, BGH NJW-RR 2019, 950; Kblz MDR 2009, 1063. Dazu gehört unter anderem die Angabe des Zeitpunkts, in dem das Hindernis wegfiel. Das Gericht ermittelt solche Tatsachen nicht von Amts wegen. Wenn ein Anwalt behauptet, ein Angestellter habe in einer Weise gehandelt, die der Anwalt nicht vertreten müsse, muss der Anwalt die zugehörigen Tatsachen angeben. Er muss vor allem darlegen, was er persönlich unternommen hatte, um eine solche Panne zu verhindern.

Soweit es für das Gericht nach Lage der Akten offensichtlich ist, dass die Partei die Wiedereinsetzungsfrist 10
gewahrt hat, braucht die Partei hierzu keine näheren Angaben zu machen, BGH NJW 2006, 1205; NJW 2000, 592. Zur Lage bei § 72a III ArbGG BAG DB 1983, 2640. Soweit aus anderen Gründen eine Wiedereinsetzung nicht möglich ist, kommt es auf die Einhaltung der Zweiwochenfrist nicht mehr an, BGH VersR 1986, 1192. Der Antragsteller wahrt die Frist dann nicht, wenn er die zur Antragsbegründung rechtzeitig vorgetragene Tatsache widerruft und sie erst nach dem Fristablauf durch einen ganz neuen Tatsachenvortrag ersetzt, BGH NJW 1997, 2120; BAG NJW 1995, 2125.

VI. Glaubhaftmachung, II 1. Dazu Koch NJW 2016, 2994 (Grdz.). Im Rahmen des Antrags auf Wieder- 11
einsetzung in den vorigen Stand ist eine Glaubhaftmachung der die Wiedereinsetzung begründenden Tatsachen nötig, BGH BeckRS 2021, 41851 Rn. 21; NJW-RR 2021, 931 Rn. 14; WM 2016, 2170; Kblz MDR 2016, 1169. Während das Regelbeweismaß (§ 286 I) die volle richterliche Überzeugung vom Vorliegen der Tatsachen verlangt, genügt für die Glaubhaftmachung bereits eine überwiegende Wahrscheinlichkeit, die dann vorliegt, wenn mehr dafür als dagegen spricht, BGH BeckRS 2021, 15151 Rn. 13; FamRZ 2015, 1716; NJW-RR 2011, 136; NJW-RR 2007, 776; BAG NJW 2013, 1467. Die Partei hat somit einen Verfahrensablauf vorzutragen und glaubhaft zu machen, der ein Verschulden an der Nichteinhaltung der Frist zweifelsfrei ausschließt, BGH NJOZ 2021, 686 Rn. 14; NJW-RR 2020, 1129 Rn. 12; NJW 2016, 718 Rn. 8. Dazu gehört nicht nur eine Angabe der Mittel, aus denen sich die Glaubwürdigkeit ergeben soll, sondern auch die Glaubhaftmachung selbst, BGH NJW 2012, 2041. Die Partei darf die eidesstattliche Versicherung selbst abgeben, BGH FamRZ 1996, 409.

1. Grundsatz: Möglichkeit der Nachholung. Die Partei muss nach § 294 grundsätzlich sämtliche Tatsa- 12
chen glaubhaft machen, die die Wiedereinsetzung begründen, BGH NJW 2022, 1180 Rn. 10; NJW-RR 2018, 958; WuM 2012, 157; Kblz WM 2013, 1430, also auch diejenigen, aus denen sich die Rechtzeitigkeit des Wiedereinsetzungsgesuchs ergibt, BGH NJW 1990, 190. Eine Behauptung ist dann iSv II 1 Hs. 2, § 294 glaubhaft gemacht, wenn eine überwiegende Wahrscheinlichkeit dafür besteht, dass sie zutrifft. Dabei hat der Tatrichter die vom Antragsteller angebotenen Mittel zur Glaubhaftmachung frei zu würdigen, BGH BeckRS 2022, 2221 Rn. 11; NJW-RR 2018, 445 Rn. 15. Die Glaubhaftmachung braucht allerdings nicht schon mit dem Wiedereinsetzungsantrag zu erfolgen, sondern kann erst kurz vor Ablauf der Wiedereinsetzungsfrist nachgereicht werden, BGH NJW-RR 2018, 958, da der Antragsteller sonst in seinem Anspruch auf Gewährung wirkungsvollen Rechtsschutzes in unzulässiger Weise eingeengt würde, BVerfG NJW 1991, 2076; BGH NJW 2005, 678. Schließlich kommt eine Wiedereinsetzung nach II 2 von Amts wegen in Betracht, wenn die unverschuldete Fristversäumung offensichtlich ist, BGH NJW-RR 2011, 184; → Rn. 20. Im Einzelfall kann die Partei die Glaubhaftmachung bis zu dem Zeitpunkt ergänzen, in dem das Gericht über den Wiedereinsetzungsantrag nach § 238 entscheidet, BGH WuM 2012, 157. Daher kann das Gericht auch ein unter einem Verstoß gegen § 294 II, aber bis zum Verhandlungsschluss vorliegendes Mittel der Glaubhaftmachung mitberücksichtigen, BGH FamRZ 1989, 373. Eine Glaubhaftmachung kann evtl. auch noch im Beschwerdeverfahren nach §§ 567 ff. erfolgen, BGH NJW 1996, 1682, nicht aber im Rechtsbeschwerdeverfahren nach §§ 574 ff., BGH NJW 2004, 369. Das Gericht muss dem ProzBev. notfalls Gelegenheit zur Ergänzung von Lücken oder zum Antritt eines Zeugenbeweises geben, BGH BeckRS 2021, 15151 Rn. 17; WM 2016, 896; WuM 2012, 157. Will das Gericht einer eidesstattlichen Versicherung keinen Glauben schenken, muss es den Antragsteller darauf hinweisen und ihm Gelegenheit geben, einen entsprechenden Zeugenbeweis anzutreten, BGH NJW-RR 2021, 505 Rn. 18; NJOZ 2011, 648 Rn. 11; → Rn. 13 „Hinweis des Gerichts". Darüber hinaus muss das Gericht prüfen, ob in der Vorlage der eidesstattlichen Versicherung zugleich ein Beweisangebot auf Zeugenvernehmung liegt, BGH NJW-RR 2021, 505 Rn. 19 (Kanzleiangestellte); NJW-RR 2010, 217 Rn. 9 (anwaltliche Versicherung).

2. Beispiele zur Frage der Glaubhaftmachung, II 1

Anwaltsversicherung: Eine eidesstattliche Versicherung des Anwalts ist grds. zulässig, BGH BeckRS 2022, 2221 13
Rn. 9; NJW-RR 2021, 853 Rn. 8; WuM 2012, 157; VersR 2007, 131; Nürnb NJW2006, 2195. Von der Richtigkeit der anwaltlichen Versicherung ist grds. auszugehen, BGH BeckRS 2022, 2221 Rn. 13. Sie kann Vorrang vor einer abweichenden Versicherung des Auftraggebers haben, Nürnb NJW 2006, 2195. Grds. reicht aber eine sog. anwaltliche Versicherung, so ist eine Glaubhaftmachung über die Art. und Weise, wie ein Schriftstück in Verlust gekommen ist, nicht erforderlich, wenn anwaltlich versichert wird, ein fristgebundener

Schriftsatz sei verloren gegangen, BGH NJW-RR 2018, 958; NJW-RR 2017, 627; NJOZ 2017, 1643; NJW-RR 2016, 1402. Allerdings muss das Gericht ggf. auch die anwaltliche Versicherung zB auf Widersprüche prüfen, BGH NJW 2015, 349, auch auf unübliche Arbeitsweisen, BGH VersR 2007, 131 (eigene Fristkontrollen), und sonstige Unklarheiten, BGH NJW 2015, 349. Dafür muss aber ein konkreter Anhalt bestehen, BGH NJZO 2016, 588; NJW 2015, 349.

Anwaltsweigerung: Die Partei muss glaubhaft machen, dass ihr ProzBev. sich weigerte, vor einer PKH-Bewilligung zB eine Rechtsmittelbegründung einzureichen, BGH NJW 2012, 2041; NJW 2011, 230.

Begründung: Eine eidesstattliche Versicherung muss eine gewisse nachvollziehbare Begründung haben, BGH NJW 2006, 1205.

Bezugnahme: Eine bloße Bezugnahme reicht meist nicht, BGH NJW 1988, 2046; Celle JurBüro 2004, 492. Wenn die Partei auf eine eidesstattliche Versicherung Bezug nimmt, diese aber offenbar irrig nicht beifügt, muss das Gericht ihr dazu eine Gelegenheit geben, BGH VersR 1982, 273. Hierzu hat die Partei jedoch nur eine kurze Nachfrist.

Fragepflicht: Das Gericht kann dann nach § 139 eine Fragepflicht haben, wenn ihm die bisherige eidesstattliche Versicherung nicht genügt, BGH WuM 2012, 157. Die Partei darf aber keineswegs stets abwarten, ob das Gericht sie zur Glaubhaftmachung auffordert. Denn II 1 macht die Glaubhaftmachung anders als zB §§ 227 II, 296 IV nicht von einem „Verlangen" des Gerichts abhängig.

Hinweis des Gerichts: Schenkt das Rechtsmittelgericht einer eidesstattlichen Versicherung im Wiedereinsetzungsverfahren keinen Glauben, muss es den Antragsteller darauf hinweisen und ihm Gelegenheit geben, Lücken zu ergänzen und/oder Zeugenbeweis anzutreten, BGH BeckRS 2022, 2221 Rn. 13; NJW-RR 2021, 505 Rn. 18; NJOZ 2011, 648 Rn. 10. Auch bei erkennbar unklaren oder ergänzungsbedürftigen Angaben ist eine Aufklärung nach § 139 geboten, BGH BeckRS 2021, 15151 Rn. 17; NJW-RR 2020, 818 Rn. 26; NJW-RR 2019, 502 Rn. 7.

Inhaltsprüfung des Anwalts: Der Anwalt muss die eidesstattliche Versicherung seines Auftraggebers oder eines Dritten auf ihre Eignung prüfen und insoweit auf ihre Fassung Einfluss nehmen, BGH VersR 1983, 562.

Lebenserfahrung: Es kann zur Glaubhaftmachung ausreichen, dass die Lebenserfahrung keinen Anhalt für eine bestrittene Kenntnis gibt.

Nachlässigkeit des Gerichts: Nach einer Nachlässigkeit des Gerichts oder beim Fehlen besserer Mittel der Glaubhaftmachung kann ausnahmsweise sogar eine einfache Erklärung reichen, BVerfG NJW-RR 2002, 1006.

Postverlust: Es reicht grds. eine Glaubhaftmachung der rechtzeitigen Aufgabe zur Post, BGH NJW 2015, 3518. Es kann aber zur Glaubhaftmachung geboten sein, ergänzende Belege vorzulegen, die die rechtzeitige Aufgabe zur Post dokumentieren, wie die Eintragung der Versendung in der Akte oder in einem Postausgangsbuch, BGH NJW-RR 2021, 931 Rn. 15. Ein Nachweis dafür, dass das Schriftstück tatsächlich in den Postlauf gelangt ist oder eine Glaubhaftmachung, wo und auf welche Weise es zum Verlust des Schriftstücks gekommen ist, ist nicht erforderlich, BGH BeckRS 2022, 2221 Rn. 9.

Sozietät: Die (nur) einen Sozius betreffenden Angaben muss er selbst glaubhaft machen, Kblz MDR 2016, 1169.

Urlaub: Es kann eine Mitteilung genügen, die Partei sei im Urlaub gewesen. Auch eine Arztbescheinigung kann genügen. Das Gericht hat dann den Parteivortrag sorgfältig zu prüfen, BGH VersR 1985, 550. Es kann auch genügen, dass ein Anwalt eine solche Mitteilung über seinen Auftraggeber macht, BVerfG NJW 1976, 1537 (OWiG, StPO). Es kann reichen, dass er dazu eine Kopie zB seines Fristenkalenders einreicht, BGH NJW-RR 1987, 900.

Vermeidbarkeit: Eine Glaubhaftmachung ist nur dazu nötig, dass eine feststehende Fristversäumung unvermeidbar war.

Widerspruch: Eine eidesstattliche Versicherung reicht dann kaum, wenn sie im Widerspruch zum sonstigen Vortrag steht, BGH NJW 2002, 1429, oder im Widerspruch zu einer weiteren solchen Versicherung, Nürnb NJW 2006, 2195.

Zweifel: Im Zweifel muss das Gericht eine Wiedereinsetzung versagen, BGH VersR 1983, 401. Bei erkennbar unklaren oder ergänzungsbedürftigen Angaben des Antragstellers ist jedoch ein Hinweis nach § 139 geboten, BGH NJW-RR 2022, 345 Rn. 9; NJW 2022, 1180 Rn. 10; NJW 2021, 3132 Rn. 17. Soweit das Gericht einer anwaltlichen oder eidesstattlichen Versicherung keinen Glauben schenkt, → „Hinweis des Gerichts".

14 **VII. Nachholung der versäumten Prozesshandlung, II 2 Hs. 1.** Für die Wiedereinsetzung ist die versäumte Prozesshandlung in der für sie vorgeschriebenen Form nachzuholen, BGH BeckRS 2021, 26108 Rn. 8 = MDR 2021, 1349; NJW-RR 2020, 309 Rn. 9; NJW 2012, 2041; BAG NJW 2011, 3468. Das kann vor oder nach dem Antrag erfolgen oder mit ihm verbunden werden, BGH NJW-RR 2020, 818. Hat die Partei die versäumte Prozesshandlung – trotz Hinweises des Gerichts – nicht nachgeholt, ist für eine Wiedereinsetzung kein Raum, Düss BeckRS 2022, 9657 Rn. 13.

15 **1. Fristgebundenheit.** Das Nachholen der versäumten Prozesshandlung muss grds. innerhalb der Antragsfrist des § 234 geschehen, BGH NJW-RR 2020, 309; MDR 2008, 100; BAG NZA 2020, 582; NZA 2013, 984; Kblz WM 2013, 1430. Das kommt auch für eine nachholbare Verfahrensrüge in Betracht, BGH NJW 2000, 364. Ein isoliert bleibender Wiedereinsetzungsantrag ist also unzulässig, BGH VersR 1978, 88; BFH DB 1987, 873. Das Nachholen kann auch vor ihm geschehen, BGH VersR 1987, 1237. Das kann innerhalb der Frist des § 234 I auch nach ihm erfolgen, sogar nach einer Verwerfung des „verspäteten" Rechtsmittels. II 2 Hs. 1 lässt sich entsprechend verfassungskonform auslegen, BGH MDR 2003, 1308. Die Partei muss alles das nachholen, was bei einer Einreichung vor dem Ablauf der versäumten Frist ebenfalls notwendig und ihr auch zumutbar gewesen wäre, BGH FamRZ 2006, 1754. Sie muss zB eine Berufungsbegründung auch dann wiederholen, wenn sie eine solche Begründung nach dem ersten Fristablauf eingereicht hatte. Sie hat zB dem Notanwalt des § 78b einen angemessenen Gebührenvorschuss nach § 9 RVG zu zahlen, BGH VersR 1991, 122. Ein Einspruch nach §§ 338, 700 muss nicht unbedingt ausdrücklich erfolgen, soweit er nur eindeutig erkennbar ist, BVerfG NJW 1993, 1635. Wenn es um einen Antrag auf die Bewilligung einer Prozesskostenhilfe nach § 117 geht, muss die Partei sämtliche Unterlagen vorlegen, die seinerzeit notwendig gewesen wären, um dem Gericht eine Entscheidung zu ermöglichen, BGH VersR 1985, 271; BayObLG 1979, 255. Sie muss ein früheres Vorlegen schuldlos versäumt haben, Schlesw MDR 2015, 1243.

2. Bei Verlängerungsantrag. Ein Antrag auf die Verlängerung einer Frist ersetzt die Notwendigkeit des Nachholens der versäumten Prozesshandlung nicht, BGH FamRZ 2006, 1754; BAG NJW 1996, 1366; LAG Stgt NZA-RR 2005, 549; siehe aber BGH NJW 2003, 3782 (bei Mittellosigkeit); Zweibr MDR 2015, 358; Karlsr MDR 1987, 240. 16

3. Bei Rechtsmittel. Die Partei hat auch eine Rechtsmitteleinlegung nachzuholen. Diese muss grundsätzlich unbedingt sein, BGH FamRZ 2001, 416. Eine Berufungsschrift kann entbehrlich sein, soweit eine rechtzeitige Begründungsschrift nach § 520 alles Erforderliche enthält, BGH NJW 2002, 3636. Dasselbe gilt für den Wiedereinsetzungsantrag nach einer Versäumung der Einspruchsfrist zB nach §§ 339, 700, BVerfG NJW 1993, 1635, oder bei einem im Prozesskostenhilfeverfahren eingereichten Schriftsatz, BGH NJW 2008, 1740. Die Partei hat auch eine Rechtsmittelbegründung grundsätzlich innerhalb der Wiedereinsetzungsfrist nachzuholen, BGH NJW 2020, 2415; NJW 2010, 2812 (auch zu Ausnahmen); BAG NJW 1996, 1365; Oldb FamRZ 1997, 304. Eine innerhalb der Berufungsfrist mangels Unterschrift nicht wirksam eingelegte Berufung muss aber mit dem Antrag auf Wiedereinsetzung als Prozesshandlung nicht nachgeholt werden, wenn aus der vorliegenden Berufungsbegründung klar ersichtlich ist, welches Urteil von welcher Partei angefochten wird, BGH NJW 2000, 3286. 17

Wenn das Gericht nach einer verspäteten Rechtsmitteleinlegung innerhalb der Begründungsfrist weder das Rechtsmittel verwirft noch über den wegen der Fristversäumung gestellten Wiedereinsetzungsantrag entscheidet, berührt ein späterer Wiedereinsetzungserfolg den Ablauf der Frist nicht, BGH NJW 1989, 1155. 18

4. Bei Prozesskostenhilfe. Das Nachholen der versäumten Prozesshandlung innerhalb der Wiedereinsetzungsfrist ist grundsätzlich auch beim Antrag auf eine Prozesskostenhilfe nach § 117 notwendig, BGH NJW 2008, 116; Bbg MDR 1995, 1263. Die Frist beginnt grundsätzlich mit der Mitteilung des Wiedereinsetzungsbeschlusses nach § 238, BGH NJW 2007, 3354; BAG NZA 2018, 709. Ausnahmen gelten bei einer Rechtsbeschwerde nach § 574, BGH NJW 2008, 3500, oder nach einem Gerichtshinweis auf voraussichtliche Erfolglosigkeit der Bewilligung (dann schon ab seinem Zugang Fristbeginn), BGH NJW 2009, 854. Etwas anderes gilt aber dann, wenn die Partei zunächst unzulässig eine Berufung nur für den Fall der Bewilligung einer Prozesskostenhilfe eingelegt hatte, dann mangels Entscheidung über das PKH-Gesuch nach dem Fristablauf unbedingt Berufung eingelegt hatte, BGH FamRZ 2001, 416. Eine Bitte um die Weiterleitung an das wirklich zuständige Gericht kann ausreichen, sofern die Akte dort vor dem Ablauf der Frist eingeht, BGH VersR 1978, 826. Soweit die Partei die versäumte Prozesshandlung nachgeholt hat, braucht sie diese nicht zu wiederholen, BGH VersR 1978, 449; Düss FamRZ 1982, 82. 19

VIII. Entbehrlichkeit eines Antrags, II 2 Hs. 2. Die Wiedereinsetzung von Amts wegen ist ein Ausnahmefall, der jedoch manchmal zu wenig Beachtung findet. 20

1. Voraussetzungen. Grundsätzlich findet keine Wiedereinsetzung ohne einen Antrag statt, BAG NJW 1989, 2708. Er muss aber nicht ausdrücklich gestellt werden, sondern kann auch stillschweigend in einem Schriftsatz enthalten sein, BGH NJW-RR 2019, 1394 Rn. 10; NJW 2018, 1022 Rn. 17; NJW 2011, 1601 Rn. 13; NJW-RR 2006, 1518 Rn. 13. Hierzu reicht aus, das in dem Schriftsatz konkludent zum Ausdruck gebracht wird, das Verfahren trotz verspäteter Einreichung fortsetzen zu wollen, BGH NJW-RR 2019, 1394 Rn. 10; → Rn. 22 „Aktenlage"; → Rn. 22 „Offenkundigkeit". Wiedereinsetzung kann auch ohne Antrag gewährt werden, wenn die versäumte Prozesshandlung innerhalb der Antragsfrist nachgeholt worden ist, BGH BeckRS 2021, 26108 Rn. 7; NJW 2012, 3378; Celle NJW 2014, 1828. Die versäumte Prozesshandlung ist in der für sie vorgeschriebenen Form nachzuholen, BGH NJW-RR 2020, 309 Rn. 9 mwN. Einer ausdrücklichen Erklärung „die Prozesshandlung nachzuholen" bedarf es indes nicht, BGH BeckRS 2021, 26108 Rn. 10 = MDR 2021,1349; NJW-RR 2013, 692 Rn. 16. Das gilt, soweit die Partei die versäumte Prozesshandlung sowohl in der Beschwerdefrist als auch innerhalb der Antragsfrist des § 234 I nachgeholt hat, BGH NJW 2012, 3378; BAG NZA 2020, 64; NJW 1995, 2125. Das bedeutet natürlich nicht, dass das Gericht die Wiedereinsetzung schon dann ohne jede Prüfung gewähren dürfte, wenn die Partei zwar die zunächst einzuhaltende Frist versäumt hat, dann aber die Handlung innerhalb der Frist des § 234 nachholt, BGH NJW 1982, 1873. Vielmehr meint das Gesetz lediglich Folgendes: Falls die Partei die versäumte Handlung nachgeholt hat, schadet ein Formmangel ihres an sich auch dann erforderlichen Antrags nicht unbedingt. Die Wiedereinsetzung soll auch nicht an irgendeinem Behördenverschulden scheitern. 21

2. Beispiele zur Frage einer Entbehrlichkeit, II 2 Hs. 2

Aktenlage: Sind sämtliche, die Wiedereinsetzung begründende Tatsachen aktenkundig, müssen sie nicht im Einzelnen dargelegt werden, BGH NJW 2006, 1518 Rn. 14 (Fehler bei elektronischer Übertragung); NJW 1999, 3051; NJW 1995, 60; BAG NJW 1996, 1365; auch → „Offenkundigkeit". 22

Gerichtshinweis: Ist die Partei vom Gericht auf einen konkreten Mangel hingewiesen worden und ist es ihr zumutbar, die Prozesshandlung durch Einreichung des beanstandeten Schriftsatzes nachzuholen, so ist diese Handlung nicht entbehrlich, BGH NJW-RR 2020, 309 Rn. 13.

Fortsetzungswille: Ausreichen kann der Parteiwille, den Prozess trotz ihrer Kenntnis des Fristablaufs fortzusetzen, BGH NJW-RR 2013, 692; BAG NJW 1989, 2708. Dann ist ein Rechtsirrtum der Partei unbeachtlich, BGH NJW 1974, 107.

Hilfsantrag: Er kann ausreichen, BGH NJW 1997, 1312.

Irrtum: Entbehrlich sein kann ein Antrag dann, wenn das Gericht irrig eine Fristversäumung angenommen hatte, LAG Hamm BB 1977, 1706. Nicht entbehrlich ist ein Antrag dann, wenn der Rechtsmittelkläger nur meint, er sei gar nicht säumig, BAG BB 1975, 971; Ffm FamRZ 1983, 197 (je: angeblich noch kein Fristanlauf oder gar -ablauf), siehe aber BGH NJW-RR 2013, 692.

Nachschieben: Nicht hinnehmbar ist ein grundloses Nachschieben eines Wiedereinsetzungsgrunds.

Offenkundigkeit: Entbehrlich kann ein Antrag dann sein, wenn unter anderem die Voraussetzungen für die Wiedereinsetzung innerhalb der Frist des § 234 I offenkundig sind oder nach einem erforderlichen Hinweis offenkundig geworden sind, BGH NJW-RR 2015, 628 Rn. 12; BeckRS 2013, 07560 Rn. 2; NJW-RR 2007, 793 Rn. 10; NJW 2006, 1518 Rn. 14; BAG NJW 1995, 2125; KG ZMR 1994, 35. Auch nach Fristablauf können erkennbar unklare Angaben noch durch Erläuterungen offenkundig werden, sofern sie schon innerhalb der Frist angedeutet waren, BGH NJW 2018, 1022; NJW 2014, 1390.

Revision: Entbehrlich ist natürlich ein Antrag bei einer Bewilligung von Amts wegen durch das Revisionsgericht, BGH NJW 1985, 2651.

Schuldlosigkeit: Entbehrlich kann ein Antrag dann sein, wenn sich aus den Daten ergibt, dass die Partei zB eine Rechtsmittelschrift schuldlos versäumt hatte, BGH FamRZ 2001, 416; Borgmann FamRZ 1978, 46.

23 **3. Folgen.** Fehlt es an einem Wiedereinsetzungsgrund, darf das Gericht nicht von Amts wegen Wiedereinsetzung gewähren. Liegt ein Wiedereinsetzungsgrund vor, kann das Gericht nach Ermessen Wiedereinsetzung gewähren, BGH MDR 2013, 672; BRAK-Mitt. 1987, 91; BAG NJW 1989, 2708, wobei das Ermessen gebunden ist, BGH NJW-RR 2014, 1532 Rn. 16; MüKoZPO/Stackmann Rn. 25; Thomas/Putzo/Hüßtege Rn. 9. Soweit vertreten wird, entgegen dem Wortlaut „kann" bestehe kein Ermessen des Gerichts, sondern es müsse Wiedereinsetzung gewähren, Zöller/Greger Rn. 5; Musielak/Voit/Grandel Rn. 8; Prütting/Gehrlein/Kazele Rn. 12, führt dies letztlich im Vergleich zu einem gebundenen Ermessen nicht zu einem anderen Ergebnis.

24 **IX. Verstoß.** Ein Verstoß gegen die Darlegungspflicht macht den Antrag unbegründet. Ein Verstoß heilt nach § 295 II nicht. Ein Verstoß gegen § 139 ist evtl. ein solcher gegen Art. 103 I GG, BGH MDR 2008, 877. Ein verspäteter oder nicht nach II 2 Hs. 2 ersetzter Antrag ist unzulässig.

237 *Zuständigkeit für Wiedereinsetzung.* **Über den Antrag auf Wiedereinsetzung entscheidet das Gericht, dem die Entscheidung über die nachgeholte Prozesshandlung zusteht.**

1 **I. Systematik, Regelungszweck.** Die Vorschrift enthält für das Wiedereinsetzungsverfahren eine vorrangige Sonderregelung für die Zuständigkeit, zumal es sich bei dem Wiedereinsetzungsverfahren nur um ein Nebenverfahren handelt. Aus Gründen der Prozesswirtschaftlichkeit und Verfahrensökonomie ist das Gericht, das über die nachgeholte Prozesshandlung zu entscheiden hat (Hauptverfahren), auch zur Entscheidung über die Wiedereinsetzung berufen.

2 **II. Geltungsbereich.** → § 233 Rn. 5–9. Im FamFG-Verfahren gilt inhaltlich entsprechend § 19 I FamFG.

3 **III. Zuständigkeit.** Für die Entscheidung über den Antrag auf eine Wiedereinsetzung wie für eine Entscheidung von Amts wegen nach § 236 II 2 Hs. 2 ist grundsätzlich das Gericht zuständig, das über die nachgeholte Prozesshandlung entscheiden muss, selbst wenn es das verspätete Rechtsmittel bereits verworfen hat, BGH JurBüro 2016, 280, NJW-RR 2013, 702; NJW-RR 1989, 963; BAG NZA 2020, 1477 Rn. 66; NZA 2020, 64 Rn. 22. Schließlich ist auch das Gericht zuständig, das beim Fehlen einer Prozesshandlung entschieden hat, BAG NZA 2018, 543. Etwas anderes gilt aus Gründen der Verfahrensökonomie dann, wenn nach Aktenlage Wiedereinsetzung ohne Weiteres zu gewähren ist, BGH NJW-RR 2013, 702.

IV. Beispiele zur Frage einer Zuständigkeit

4 **Beauftragter oder ersuchter Richter:** Bei einer befristeten Erinnerung gegen seine Entscheidung nach §§ 361, 362 ist nach § 573 I zunächst das Prozessgericht zuständig. Erst bei einer sofortigen Beschwerde gegen dessen Entscheidung wird das nach §§ 572 I 1, 573 II zuständige Gericht tätig.

Berufungsbegründungsfrist: Über einen Antrag auf Wiedereinsetzung gegen die Versäumung der Berufungsbegründungsfrist hat grds. das Berufungsgericht zu entscheiden. Das gilt auch dann, wenn die Berufung schon als unbegründet zurückgewiesen worden ist, BGH NJW-RR 2013, 702; BAG NZA 2013,636 Rn. 35 ff. = NJW 2013, 1620.

Berufungsfrist: Nach ihrer Versäumung ist das Berufungsgericht zuständig, BAG NZA 2013, 636 Rn. 35 ff. = NJW 2013, 1620.

Einspruchsfrist: Nach ihrer Versäumung ist dann, wenn das Erstgericht darüber entschieden hat, nun evtl. das höhere Gericht zuständig, BGH MDR 2014, 1103.

Entscheidungsreife: Anstelle des nach § 237 zuständigen Gerichts kann ausnahmsweise das Rechtsmittelgericht die Wiedereinsetzung aussprechen, wenn diese nach Aktenlage zu gewähren ist, sofern Entscheidungsreife vorliegt, BGH NJW-RR 2014, 1532.

Rechtsbeschwerde: Nach einer Versäumung ihrer Einlegungsfrist nach § 575 I 1 oder ihrer Begründungsfrist nach § 575 II 1 ist das Rechtsbeschwerdegericht zuständig, BGH NJW 1996, 2581.

Revisionsgericht: Grundsätzlich darf kein anderes Gericht die Entscheidung vorwegnehmen; das zuständige Gericht muss die Gelegenheit haben, über die Wiedereinsetzung zu entscheiden, BGH NJW-RR 2014, 1532 Rn. 11 ff.; VersR 1993, 500; NJW 1987, 2588; BAG NZA 2020, 1477 Rn. 66; NZA 2020, 64 Rn. 22. Allerdings kann das Revisionsgericht gegen die Versäumung einer Frist des Berufungsverfahrens auch ohne einen Antrag unter den Voraussetzungen des § 236 II 2 Hs. 2 in einem klaren Fall, wenn zB Wiedereinsetzung nach Aktenlage ohne Weiteres zu gewähren ist oder zugunsten der säumigen Partei unterstellt werden kann, ausnahmsweise statt einer Aufhebung und Zurückverweisung selbst die Wiedereinsetzung gewähren, BGH NJW-RR 2014, 1532 Rn. 11 ff.; NJW 1996, 2581; BAG NZA 2020, 1477 Rn. 66; NZA 2020, 64 Rn. 22; NZA 2018, 541 Rn. 23; NJW 2004, 2112; BFH DB 1983, 1132. Die Wiedereinsetzung kann zB unterstellt werden, wenn die Entscheidung über die Revision materiell-rechtlich zu demselben Ergebnis führt wie die Versagung der Wiedereinsetzung, BAG NZA 2013, 636 Rn. 36 ff. = NJW 2013, 1620. Das ist jedoch nicht ganz unproblematisch, denn das Revisionsgericht darf die Wiedereinsetzung grds. auch in einem klaren Fall nicht verweigern, sondern muss dazu nach § 563 I zurückverweisen, BGH NJW 1987, 2588.

Sofortige Beschwerde: Grds. ist allein das Beschwerdegericht zuständig, über die Zulässigkeit der Beschwerde zu entscheiden, BGH NJW-RR 2009, 718. Nach einer Versäumung ihrer Einlegungsfrist ist das nach § 572 I 1 Hs. 1 zur Abhilfe maßgebliche Gericht zunächst zuständig, Stgt NJOZ 2008, 2067; Musielak/Voit/Grandel Rn. 1. Nach dessen Nichtabhilfe und mit Vorlage der Akten an das Beschwerdegericht soll das Erstgericht keine Abhilfebefugnis mehr haben, Stgt FamRZ 2008, 2133 mAnm Hüßtege. Bei § 104 III ist zunächst der Rpfl. zuständig, soweit er abhelfen will, Kblz AnwBl 2003, 315.

238 *Verfahren bei Wiedereinsetzung.* I [1]**Das Verfahren über den Antrag auf Wiedereinsetzung ist mit dem Verfahren über die nachgeholte Prozesshandlung zu verbinden.** [2]**Das Gericht kann jedoch das Verfahren zunächst auf die Verhandlung und Entscheidung über den Antrag beschränken.**

II [1]Auf die Entscheidung über die Zulässigkeit des Antrags und auf die Anfechtung der Entscheidung sind die Vorschriften anzuwenden, die in diesen Beziehungen für die nachgeholte Prozesshandlung gelten. [2]Der Partei, die den Antrag gestellt hat, steht jedoch der Einspruch nicht zu.

III Die Wiedereinsetzung ist unanfechtbar.

IV Die Kosten der Wiedereinsetzung fallen dem Antragsteller zur Last, soweit sie nicht durch einen unbegründeten Widerspruch des Gegners entstanden sind.

I. Systematik. Die Vorschrift regelt im Anschluss an die Klärung des Antragserfordernisses nach §§ 234, 236, der Fristen nach § 234 und der Zuständigkeit nach § 237 die verbleibenden weiteren Verfahrensfragen. Ergänzend sind die allgemeinen Verfahrensvorschriften des Buchs 1 anwendbar. Auf die Entscheidungsform und -mitteilung finden ergänzend §§ 313 ff., 329 Anwendung. 1

II. Regelungszweck. Die Vorschrift dient in allen Teilen der Verfahrensökonomie; sie dient außerdem der Rechtssicherheit, BGH NJW-RR 1999, 839 (keine Überprüfung des Berufungsgerichts durch das Revisionsgericht; Patentsache). IV dient der Kostengerechtigkeit in einer Anlehnung an § 97. 2

Eine Prozessförderung wird durch den Grundsatz der Verbindung der Verfahren nach I 1 erreicht. In einer gemeinsamen Entscheidung liegt auch durchweg eine Möglichkeit zur Vereinfachung und Arbeitserleichterung wegen klarerer Bezugnahme auf den anderen Entscheidungsteil. Bei einer Zurückweisung des Wiedereinsetzungsgesuchs wegen ihrer Anfechtbarkeit kann auch die umgekehrte Vorgehensweise sinnvoller scheinen. Eine mögliche Einschränkung des Regelungszwecks „Verfahrensökonomie" könnte I 2 darstellen, in dem sie eine Vorabentscheidung über die Wiedereinsetzung in das Ermessen des Gerichts stellt. 3

III. Geltungsbereich. → § 233 Rn. 5–9 und wegen III den ähnlichen § 123 IV 4 PatG, BGH NJW-RR 1999, 839. I 2 gilt auch im arbeitsgerichtlichen Verfahren, BAG NZA 2008, 1207. Im FamFG-Verfahren gilt statt II § 19 III FamFG, statt III § 19 II FamFG. Im Bereich des § 113 I 2 FamFG gilt I entsprechend, BGH NJW-RR 2019, 1340. Statt IV gelten im FamFG-Fall §§ 80 ff. FamFG. Vgl. ferner § 173 S. 1 VwGO, VGH Mannh NJW 2018, 1273. 4

IV. Verfahren, I. Die nach § 238 I möglichen zwei Verbindungsarten mit dem Verfahren über die nachgeholte Prozesshandlung oder mit der Sachverhandlung werden im Folgenden getrennt dargestellt. 5

1. Verbindung mit der Verhandlung über das Versäumte. Das Gericht muss das Verfahren über den Wiedereinsetzungsantrag grundsätzlich mit dem Verfahren über die versäumte Prozesshandlung verbinden, VGH Mannh NJW 2018, 1273, zB mit dem Verfahren über den Einspruch nach §§ 338, 700, Hamm FamRZ 2015, 1124, oder über die Berufung nach §§ 511 ff. 6

2. Beispiele zur Frage einer Verbindung mit der Verhandlung über das Versäumte, I

Amtsprüfung: Das Gericht prüft die Zulässigkeit des Antrags auf eine Wiedereinsetzung von Amts wegen, soweit nicht der Antragsteller wie nach §§ 330 ff. säumig ist. Es beschränkt sich aber im Übrigen auf die Prüfung der vom Antragsteller nach § 234 genannten Gründe, da nach § 233 S. 1 keine Wiedereinsetzung von Amts wegen in Betracht kommt. 7

Anhörung: Das Gericht muss schon wegen Art. 103 I GG den Antragsteller wie -gegner vor einer ihm nachteiligen Entscheidung Gelegenheit zur Äußerung geben. Das ist verfassungsrechtlich zwingend geboten (Art 103 I GG), BVerfG NJW-RR 2002, 1004; NJW 1982, 2234; NJW 1980, 1095; BGH NJW-RR 2020, 311; NJW 2014, 700. Das rechtliche Gehör hat deshalb ein besonderes Gewicht, weil die gewährte Wiedereinsetzung für den Gegner nach III unanfechtbar ist.

Anwaltszwang: Für das Verfahren besteht Anwaltszwang nach Maßgabe des § 78, entsprechend dem Verfahren für die versäumte Prozesshandlung; BGH NJW-RR 2006, 342; BAG NZA 2018, 541.

Erfolgsaussicht: Bei einer Prüfung der Zulässigkeit bleiben die materiell-rechtlichen wie prozessualen Aussichten des Rechtsstreits unbeachtlich.

Glaubhaftigkeit: Aus § 236 II 1 folgt, dass ein verfahrensfehlerhaft erlangtes und bis zum Verhandlungsschluss vorliegendes Mittel der Glaubhaftmachung im Ergebnis doch mit verwertet werden kann, BGH FamRZ 1989, 373.

Hinweise: § 139 ist anwendbar. Wenn das Gericht Ergänzungen oder Erläuterungen zum Wiedereinsetzungsgrund oder zu dessen Glaubhaftmachung für erforderlich hält, die sich nicht der Partei aufdrängen, hat das Gericht entsprechende Hinweise zu erteilen, BGH BeckRS 2022, 2221 Rn. 13; NJW-RR 2021, 505 Rn. 18; NJW-RR 2019, 500; VersR 1976, 732.

Mündliche Verhandlung: Das Gericht muss grds. eine mündliche Verhandlung anberaumen, Düss MDR 1984, 763. Das gilt zB bei §§ 585, 586 I. Frei steht eine mündliche Verhandlung aber nach § 128 IV zB in folgenden Fällen: §§ 104 III 3; 341 II; 522 I 2; 552 II, 572 II 2, IV; 577 I 2, VI 1.

Parteiherrschaft: Weder die Zulässigkeitsvoraussetzungen noch die Wiedereinsetzungsgründe unterliegen der Parteidisposition; es gilt der Grundsatz der Prüfung von Amts wegen, BGH NJW-RR 2017, 308; FamRZ 1989, 373.

Sachanträge: Das Gericht darf den Wiedereinsetzungsantrag nicht nach den gestellten Sachanträgen aufspalten. Es darf zB das Vorliegen einer Doppelehe nach der etwaigen Wiedereinsetzung gegenüber einem Scheidungsausspruch nicht beachten.

Terminsbestimmung: Sie erfolgt wie bei der versäumten Prozesshandlung gemäß § 216 von Amts wegen.

Unheilbarkeit: Unheilbar ist die Nichtbeachtung einer Formvorschrift, die Voraussetzung für das Entstehen der Entscheidung ist, BGH FamRZ 1989, 373. Das ergibt sich auch aus dem Zweck der Wiedereinsetzung und daraus, dass die Parteien die formelle Rechtskraft nach §§ 329, 705 wie die materielle nach § 322 nicht von sich aus willkürlich beseitigen können.

Zustellung: Sie erfolgt nach § 168 von Amts wegen.

Zwangsvollstreckung: Ihre Einstellung kann nach § 707 erfolgen.

3. Verbindung mit der Sachverhandlung. Das Gericht kann zwar die Verhandlung über den Wiedereinsetzungsantrag mit der Verhandlung zur Streitsache verbinden. Das ist auch oft zweckmäßig, BGH NJW-RR 2008, 218. Es kann die Verhandlung aber auch nach I 2 auf den Wiedereinsetzungsantrag beschränken. Die letztere Entscheidung erfolgt durch einen unanfechtbaren Beschluss nach § 329, BAG NZA 2008, 1207. Das 8

Gericht muss ihn grundsätzlich wenigstens kurz begründen. Es verkündet seinen Beschluss nach § 329 I 1. Bei einer solchen Abtrennung ist eine Verhandlung und die Entscheidung über die Sachfrage erst nach der auch stillschweigend möglichen Aufhebung der Beschränkung zulässig, Zweibr MDR 1985, 771. Eine Sachentscheidung ist vor der Entscheidung über den Wiedereinsetzungsantrag unzulässig, BGH NJW 1982, 887. Zulässig ist aber eine Wiedereinsetzung gegen die Versäumung der Berufungsfrist nach § 517 dann, wenn das Berufungsgericht die Berufung bereits wegen der Fristversäumung nach § 522 I 2 als unzulässig verworfen hat. Wenn das Gericht eine Wiedereinsetzung gewährt, wird der Verwerfungsbeschluss gegenstandslos. Eine Entscheidung über die Wiedereinsetzung und eine Einstellung der Zwangsvollstreckung sind nicht gleichzeitig notwendig, BVerfG NJW 1982, 2234.

9 **V. Entscheidung, II, III.** Vor Ablauf der Antragsfrist zur Wiedereinsetzung darf das Gericht die Wiedereinsetzung nicht ablehnen, da sonst das rechtliche Gehör des Antragstellers verletzt würde. Dieser hat nämlich die Möglichkeit bis Fristende ergänzend vorzutragen.

10 **1. Gegenstand, Zeitpunkt, Form.** Das Gericht darf nicht vor dem Ablauf der Wiedereinsetzungsfrist nach §§ 234 I, 236 II entscheiden, da hierin ein Verstoß gegen den Anspruch auf rechtliches Gehör liegt und die Zulassung einer Rechtsbeschwerde nach § 574 II Nr. 2 begründet, BGH NJW-RR 2018, 1149; NJW 2017, 1111; NJW 2011, 1363. Dasselbe gilt, wenn das Gericht einen Hinweis erteilt hat, bei einer Entscheidung vor Ablauf der Äußerungsfrist, BGH NJW-RR 2019, 827; Musielak/Voit/Grandel Rn. 3. Das Gericht entscheidet im Tenor oder in den Entscheidungsgründen über die Zulässigkeit des Wiedereinsetzungsantrags, BGH NJW-RR 2014, 758, ebenso wie über die Zulässigkeit der nachgeholten Prozesshandlung. Das Gericht muss auch einen ordnungsgemäßen Antrag auf eine Prozesskostenhilfe nach §§ 114 ff. grundsätzlich zuvor bescheiden, BGH NJW-RR 2017, 691. Es muss eine ausdrückliche Entscheidung treffen und die versäumte Frist bezeichnen. Eine stillschweigende Entscheidung ist deshalb unzulässig, Ros NJW-RR 1999, 1507; MüKoZPO/Stackmann Rn. 10; Zöller/Greger Rn. 2; aM Thomas/Putzo/Hüßtege Rn. 5. Eine Entscheidung kann auch im Allgemeinen nicht darin liegen, dass das Gericht das Verfahren in der Sache selbst fortsetzt oder dass es einen Beweisbeschluss nach § 358 erlässt oder zur Hauptsache entscheidet, Ros NJW-RR 1999, 1507. Hat aber der Antragsteller Wiedereinsetzung beantragt, obwohl tatsächlich keine Frist versäumt wurde, bedarf es keiner Entscheidung, BGH NJW-RR 2014, 1532. Soweit die nachgeholte Prozesshandlung keine mündliche Verhandlung erfordert oder eine solche nach § 128 IV freistellt, kann das Gericht seine Entscheidung durch einen Beschluss nach § 329 treffen. Das gilt bei §§ 341 II, 522, 552 aber nur, soweit das Gericht eben auch keine Verhandlung durchführt. Im Fall des § 341 I ist jedoch wegen § 341 II stets durch Urteil zu entscheiden, BGH NJW-RR 2008, 218; Thomas/Putzo/Hüßtege Rn. 9.

11 Soweit das Gericht bei §§ 341 II, 522, 552 eine freistehende Verhandlung durchführt oder soweit die nachgeholte Prozesshandlung eine mündliche Verhandlung erfordert, muss es durch ein Urteil entscheiden. Das gilt zB bei der Zubilligung einer Wiedereinsetzung gegen die Versäumung der Einspruchsfrist gegen ein Versäumnisurteil oder einen Vollstreckungsbescheid.

12 **2. Verwerfung; Zurückweisung.** Soweit das Gericht den Antrag auf die Wiedereinsetzung als unzulässig verwirft oder ihn als unbegründet zurückweist, gilt: Wenn es schon sachlich erkannt hatte, erlässt es ein Endurteil, durch das es den Wiedereinsetzungsantrag verwirft. Es genügt, wenn in den Urteilsgründen auch die Ausführungen zur Versagung der Wiedereinsetzung gemacht werden. Soweit es noch nicht sachlich erkannt hat, erlässt es ein Urteil in der Sache und teilt in den Entscheidungsgründen nach § 313 III mit, warum es das Wiedereinsetzungsgesuch zurückweisen musste. Es ist unschädlich, dass die Entscheidung über die Wiedereinsetzung nicht ausdrücklich im Tenor, sondern nur in den Gründen der Hauptsacheentscheidung erfolgt, BGH NJW-RR 2007, 278.

13 **3. Stattgabe.** Soweit das Gericht dem Wiedereinsetzungsantrag nach einer mündlichen Verhandlung stattgibt, kann es dann ein unselbständiges Zwischenurteil nach § 303 fällen, wenn das Gericht die Verhandlung auf den Wiedereinsetzungsantrag beschränkt hatte. Es kann aber auch ein Urteil in der Sache selbst fällen. In dessen Entscheidungsgründen nach § 313 III erörtert das Gericht die Zulässigkeit der Wiedereinsetzung trotz III kurz. Wird Wiedereinsetzung gewährt und war vor dem Wiedereinsetzungsantrag das Rechtsmittel bereits als verspätet verworfen, wird die Verwerfungsentscheidung durch die Gewährung der Wiedereinsetzung ohne Weiteres gegenstandslos, BGH NJW-RR 2008, 942; NJW 1982, 887; → Rn. 17. Eine ausdrückliche Aufhebung ist unschädlich.

14 **4. Versäumnisverfahren.** Sowohl bei der Durchführung einer freistehenden Verhandlung bei §§ 341a II, 522, 552 als auch bei der Notwendigkeit einer mündlichen Verhandlung ist bei einem Versäumnisverfahren zu unterscheiden:

15 Bei einer Säumnis des Antragstellers weist das Gericht den Wiedereinsetzungsantrag ohne Rücksicht auf seine Zulässigkeit und Begründetheit durch ein Versäumnisurteil nach §§ 330 ff. zurück. Es verwirft zugleich das nunmehr unzulässige Rechtsmittel. Dieses Versäumnisurteil ist nach II 2 nicht mit einem Einspruch anfechtbar. Es lässt eine Berufung nur nach §§ 514 II, 565 zu.

16 Bei einer Säumnis des Antragsgegners prüft das Gericht den Wiedereinsetzungsantrag von Amts wegen. Dabei ist zu unterscheiden: Bei einem begründeten Antrag erlässt das Gericht ein Versäumnisurteil nach § 331 I, II oder eine Entscheidung nach der Aktenlage in der Sache selbst nach §§ 251a, 331a. Bei einem unbegründeten Antrag weist das Gericht den Wiedereinsetzungsantrag zurück oder verwirft ihn nach der Aktenlage oder durch ein unechtes Versäumnisurteil, das den Einspruch nach § 331 II als unzulässig erklärt.

17 **5. Wirkung im Übrigen.** Mit der Wiedereinsetzung sind die nach § 230 entstandenen Rechtsnachteile rückwirkend beseitigt. Die Rechtzeitigkeit der nach § 236 II 2 nachgeholten Prozesshandlung wird fingiert, BGH NJW 1987, 327; BayObLG BeckRS 2004, 8252. Es gilt zB ein Rechtsmittel als rechtzeitig eingelegt, BGH NJW 2006, 2269; BayObLG BeckRS 2004, 8252. War das Rechtsmittel schon vorher verworfen worden, wird diese Entscheidung durch die erteilte Wiedereinsetzung beseitigt, BGH NJW-RR 2008, 942; NJW-RR 2007, 1718; NJW 2006, 2269. Sie kann auch zur Zurückverweisung der Sache an das Berufungsgericht führen, BGH NJW 2020, 2415. Eine formelle Aufhebung ist nicht erforderlich, BGH NJW 1987, 327. An die Entscheidung, mit der die Wiedereinsetzung gewährt wurde, ist das Gericht entspr. § 318 grds. gebunden, unabhängig davon, ob durch Urteil oder Beschluss entschieden wurde, BGH NJW 1995, 2497. Die Bindungswirkung erstreckt sich

auch auf das Rechtsmittelgericht, BVerfG NJW 1980, 1095. Die Monatsfrist zur Berufungsbegründung beginnt mit der Zustellung der Wiedereinsetzung nach Versäumung der Einlegungsfrist, BGH NJW-RR 2014, 758.

6. Verstoß. Wenn das Gericht formfehlerhaft entschieden hatte, etwa durch einen Beschluss statt durch ein Urteil, BGH NJW-RR 2008, 367, ist die Versäumung trotzdem geheilt. Denn das Gericht kann seine eigene Entscheidung nach §§ 318, 329 nicht wieder beseitigen. Soweit das Gericht über einen tatsächlich noch fehlenden und erst angekündigten Antrag entschieden hat, ist diese letztere Entscheidung zwar nichtig, sie ist aber zwecks einer Klarstellung anfechtbar, BayObLG NJW-RR 2000, 672. 18

VI. Rechtsbehelfe, II, III. Bei getrennter Entscheidung über den Antrag auf Wiedereinsetzung muss diese Entscheidung zur Vermeidung der Rechtskraft mit dem statthaften Rechtsmittel angegriffen werden, BGH NJW-RR 2020, 309; NJW 2017, 1554. Gesondert ergangene Beschlüsse über die Ablehnung der Wiedereinsetzung einerseits und die Verwerfung der Berufung als unzulässig andererseits sind gesondert anzufechten, BGH NJW-RR 2020, 309; NJW-RR 2016, 952. 19

1. Gegen Wiedereinsetzung. Gegen den die Wiedereinsetzung gewährenden Teil der Entscheidung ist nach III grundsätzlich kein Rechtsbehelf statthaft, BAG NZA 2018, 543; Kblz MDR 2012, 428; Dötsch ZMR 2015, 912. Das gilt unabhängig davon, in welcher Form das Gericht entschieden hat, ob durch ein Zwischenurteil, im Endurteil, in einem Versäumnisurteil, durch eine Entscheidung nach der Aktenlage oder durch einen Beschluss. Die Gewährung bindet auch das Rechtsmittelgericht, BVerfG NJW 1980, 1095; BGH NJW-RR 1999, 839; LAG Brem JurBüro 2003, 153. Soweit das Gericht allerdings ohne jede gesetzliche Grundlage eine mündliche Verhandlung unterlassen hatte, ist nach § 567 die sofortige Beschwerde statthaft, Kblz VersR 1997, 208; Düss MDR 1984, 763 (je zum alten Recht); LAG Brem DB 2002, 2732 (zum neuen Recht). Im Übrigen kommt nach einer Verletzung des rechtlichen Gehörs zumindest aufgrund einer unverzüglichen Gegenvorstellung oder einer sofortigen Beschwerde nach §§ 567 ff. eine abändernde Entscheidung des bisherigen Gerichts nach § 572 I 1 Hs. 1 in Betracht, BGH NJW 1995, 2497 (zust. Roth JZ 1996, 375; krit. Hoeren JR 1996, 199); Kblz MDR 1997, 976; LAG Brem JurBüro 2003, 153. Beim Rpfl. gilt der § 11 RPflG. Eine Rechtsbeschwerde kommt unter den Voraussetzungen des § 574 in Betracht; BGH NJW-RR 2019, 3310; NJW-RR 2019, 1207. Auch wenn die Berufung noch nicht als unzulässig verworfen worden ist, kann gegen den die Wiedereinsetzung versagenden Beschluss Rechtsbeschwerde eingelegt werden, BGH NJW 2020, 311; NJW-RR 2004, 1150. Soweit sie nach § 574 I 2 unstatthaft ist, ändert daran auch ihre rechtswidrige Zulassung nichts, BGH NJW 2003, 212. Eine Verfassungsbeschwerde gegen den Wiedereinsetzungsentscheidung ist grundsätzlich statthaft, BVerfG NJW 1982, 2234. Stützt sich die Verfassungsbeschwerde auf die Verletzung rechtlichen Gehörs muss die Gegenpartei zuvor erfolglos Gehörsrüge nach § 321a erhoben haben, BGH NJW-RR 2009, 642. 20

2. Gegen Ablehnung. Wenn das Gericht die Wiedereinsetzung abgelehnt hat, ist nach II 1 nur der Rechtsbehelf statthaft, den die Entscheidung erfordert, BGH NJW 2011, 230; Stgt JurBüro 2012, 380; Brdb AnwBl 2002, 65. Soweit also das Gericht die Wiedereinsetzung durch ein Versäumnisurteil nach §§ 330 ff. verworfen hat, kommt nur der Einspruch nach § 338 in Betracht, Brdb AnwBl 2002, 65, und bei §§ 514 II oder 565 wegen II 2 nur eine Berufung oder Revision, Hamm AnwBl 1983, 515. Gegen den Beschluss, durch den das Gericht einem Antrag auf eine Wiedereinsetzung nicht stattgegeben hatte, ist die sofortige Beschwerde nach §§ 567 ff. zulässig, sofern die Revision zulässig wäre, BGH NJW 2002, 2397. Für sie ist in einer Abweichung vom allgemeineren § 571 II 1 kein neuer Sachvortrag erforderlich, sondern nur eine Ergänzung aufgrund eines unklaren früheren Vortrags, dessen Aufklärung durch das Gericht nach § 139 notwendig gewesen war, Ffm MDR 1999, 1522. Mangels Beschwerde tritt die Rechtskraft wie sonst ein, BGH MDR 2016, 412. Jedoch sind neue Wiedereinsetzungsgründe auch nach Rechtskraft denkbar, BGH MDR 2016, 412. Bei § 522 I 2–4 ist die Rechtsbeschwerde unter den Voraussetzungen des § 574 statthaft, BGH NJW-RR 2020, 1002; FamRZ 2004, 1550 (keine neuen Tatsachen erlaubt). Ihre Durchführung ist eine Voraussetzung einer Verfassungsbeschwerde, BVerfG AnwB 2015, 976. 21

Diese Möglichkeit entfällt aber evtl. insoweit, als das LG als Berufungs- oder Beschwerdegericht entschieden hat, oder wegen § 542 II 1 im Verfahren auf Erlass eines Arrests oder einer einstweiligen Verfügung (dann keine Rechtsbeschwerde, BGH BB 2003, 1200) oder in einem Enteignungs- oder Umlegungsverfahren. Das gilt ferner, soweit das OLG als Berufungsgericht entschieden hat, BGH NJW 2020, 2119; NJW 2006, 694 (dann nur Rechtsbeschwerde nach § 574), oder soweit das Revisionsgericht nach § 552 entschieden hat, oder soweit überhaupt in der Hauptsache ein Rechtsmittel nicht statthaft ist, Kblz Rpfleger 1989, 79. 22

Soweit das Gericht nach § 280 durch ein Zwischenurteil entschieden hat, muss man dieses Zwischenurteil wegen der Anfechtbarkeit wie ein Endurteil behandeln, Düss OLGR 2001, 254. Denn es ist ein unnötiger Umweg. Es ist also eine selbständige Anfechtung zulässig, zB mit Revision, BGH VersR 1979, 960; Zweibr MDR 1985, 771. 23

Eine Gegenvorstellung ist jedenfalls dann erfolglos, wenn die Entscheidung wegen des Fristablaufs nach § 234 nicht mehr abänderbar ist, Zweibr FamRZ 1984, 1031. 24

VII. Kosten, IV. Die Kosten der Wiedereinsetzung fallen stets dem Antragsteller zur Last, soweit nicht der Gegner einer Wiedereinsetzung unbegründet widersprochen hat. Das gilt auch beim Erfolg des Wiedereinsetzungsgesuchs, Karlsr AnwBl 1984, 456. Die Kosten der Wiedereinsetzung erfassen auch die Kosten eines vom Antragsteller erfolgreich geführten Beschwerdeverfahrens, Ffm NJW 1987, 334; Hamm MDR 1982, 501. Über die Kosten der Wiedereinsetzung ist erst in der Hauptsacheentscheidung zu befinden, BGH NJW 2000, 3284; MüKoZPO/Stackmann Rn. 16; Zöller/Greger Rn. 11 IV ist gegenüber § 269 III 2 nachrangig, Hamm MDR 1977, 233 (abl. Schneider); Zöller/Greger Rn. 11. Es entstehen nach § 1 I 1 GKG, § 1 I 1 FamGKG, § 19 I 2 Nr. 3 RVG keine besonderen Gerichts- oder Anwaltsgebühren, sondern nur Auslagen nach KV 9000 ff. GKG/KV 2000 ff. FamFG/VV 7000 ff. RVG. 25

Titel 5. Unterbrechung und Aussetzung des Verfahrens

Vorbemerkung zu § 239

Schrifttum: auf der Heiden, Prozessrecht in Zeiten der Corona-Pandemie, NJW 2020, 1023; Gehrlein, Zivilprozessrecht in Zeiten des Corona-Virus, ZMR 2020, 257; Greger, Stillstand der Rechtspflege, NJW 2020,

Heft 13 (Editoral); Meyer, Die Auswirkungen der Insolvenz, Umwandlung und Vollbeendigung von Gesellschaften auf den anhängigen Zivilprozess, 2005; Rauscher, COVID-19-Pandemie und Zivilprozess, COVuR 2020, 2; Schmidt, Das Prozessrechtsverhältnis bei Umstrukturierung, Auflösung und Konkurs einer Handelsgesellschaft, FS Henckel, 1995, 749; Siegmann AnwBl 2011, 131 (Grdz.); Vorwerk, Corona/Covid-19 – Wiedereinsetzung oder Unterbrechung?, NJW 2020, 1196.

1 **I. Systematik.** Die Vorschriften des Titels 5 (§§ 239–252) regeln den Stillstand des Verfahrens (Unterbrechung, Aussetzung; Ruhen) aufgrund verschiedener Ereignisse; darüber hinaus enthalten sie für diese Fälle Verfahrensregelungen. Zu unterscheiden ist zwischen einem tatsächlichen und einem rechtlichen Stillstand. Beide Fälle setzen Rechtshängigkeit (§ 261) voraus. Die Vorschriften der §§ 239 ff beziehen sich nur auf den rechtlichen Stillstand. Er hat die Wirkung, dass prozessuale Fristen zu laufen aufhören und nach Beendigung des Stillstandes von vorn beginnen (§ 249 I). Ferner sind Handlungen des Gerichts mit Außenwirkung unzulässig und Prozesshandlungen einer Partei dem Gegner gegenüber unwirksam (§ 249 II). Ein tatsächlicher Stillstand des Verfahrens kann eintreten, wenn keine Partei das Verfahren betreibt oder das Gericht es nicht fortsetzt. Er hat jedoch nicht die prozessualen Konsequenzen des rechtlichen Stillstands. Beide Fälle haben lediglich gemein, dass nach der AktenO die Akten nach 6 Monaten weggelegt werden.

2 **II. Regelungszweck.** Die Vorschriften tragen den tatsächlichen Ereignissen Rechnung, die zu einem vorläufigen Einhalten mit dem Fortgang des bisherigen Prozesses zwingen (Unterbrechung). Diese Regelungen stehen somit dem Beschleunigungsgrundsatz entgegen. Dieser rechtliche Stillstand ist deshalb auf bestimmte, als wichtig angesehene Anlässe beschränkt. Es handelt sich damit um Ausnahmeregeln, was auch bei Auslegung dieser Vorschriften zu beachten ist. Der Regelungszweck ergibt sich aus zahlreichen Gründen, sei es unter den Gesichtspunkten der Rechtsstaatlichkeit nach Art. 20 III GG, des Gebots eines fairen Verfahrens, und des rechtlichen Gehörs, BVerfG NJW 2003, 1924; BGH NJW 1997, 2526. Ggf. könnte auch ein Verstoß gegen die Mitwirkungspflicht gegeben sein.

3 **III. Geltungsbereich.** Die Vorschriften des Titels 5 gelten für das Erkenntnisverfahren in allen Instanzen, so auch in der Revisionsinstanz, BGH NJW 2012, 3725.

4 **1. Direkte Anwendbarkeit.** Titel 5 regelt den rechtlichen Stillstand des Verfahrens und seine Wirkung nicht vollständig. Die Vorschriften sind im Gesetz verstreut; vgl. auch §§ 148–155. In der Zwangsvollstreckung gelten zB §§ 727 ff., 779, → Rn. 6. Die Vorschriften des Titel 5 gelten auch bei Beschlussklagen im WEG-Verfahren, Hügel/Elzer § 44 WEG Rn. 121; Drasdo ZMR 2014, 426; vgl auch BGH NZG 2018, 32 Rn. 15 (bei Gesellschafterbeschlüssen); im arbeitsgerichtlichen Verfahren über die Verweisungen nach §§ 46 II, 64 VII, 72 V ArbGG, BAG NZA 2021, 375 Rn. 5 = NJW 2021, 874; im verwaltungsgerichtlichen Verfahren nach § 173 VwGO, Ffo BeckRS 2020, 27208; im sozialgerichtlichen Verfahren nach § 202 SGG und im finanzgerichtlichen Verfahren nach § 155 FGO, BFH NJW-RR 2018, 586; BeckRS 2010, 25016519. Das Ruhen des Verfahrens nach §§ 251, 251a ist ein Sonderfall der Aussetzung. Es unterscheidet sich von der Aussetzung nur durch den Anlass und durch die Bedeutungslosigkeit für die Notfristen nach § 224 I 2 sowie für die Rechtsmittelbegründungsfristen zB nach §§ 520 II, 551 II. Es tritt nur aufgrund einer gerichtlichen Anordnung ein.

5 **2. Entsprechende Anwendbarkeit.** Die Vorschriften des Titels 5 sind auch in folgenden Fällen anwendbar: Wenn nur noch über die Kosten entschieden werden muss, zB bei Klagerücknahme oder beiderseitiger Erledigungserklärung, BFH ZIP 2013, 1791; LSG Bln-Brdb ZIP 2009, 2360; in Verfahren mit freigestellter mündlicher Verhandlung (jedoch mit Ausnahme des § 251a, der nur im Urteilsverfahren gilt), ebenso wie beim schriftlichen Verfahren nach § 128 II. Weiter gelten §§ 239 ff. im Mahnverfahren, BGH NJW 1974, 493, im Arrest- und einstweiligen Verfügungsverfahren, BGH NJW 2004, 1388, im Kostenfestsetzungsverfahren, BGH ZIP 2012, 1263 NZI 2006, 128; Brdb JurBüro 2007, 147; Karlsr FamRZ 2009, 1702; Kblz JurBüro 2008, 152 (jedoch erstreckt sich die Aussetzung des Hauptverfahrens nicht stets auf das Kostenfestsetzungsverfahren); im Verfahren um den Übergang des Vermögens einer BGB-Gesellschaft auf den letzten verbleibenden Gesellschafter, BGH NJW 2002, 1207 oder in einem Vergabenachprüfungsverfahren, Naumb ZIP 2010, 1620. Entsprechende Anwendung finden die Vorschriften im Einspruchsverfahren gegen Steuerfestsetzung, BFH NJW 2020, 566. Ferner sind die §§ 239 ff. – mit Ausnahme von § 240 – im Schiedsverfahren entsprechend anwendbar, → § 1042 Rn. 9 „Aussetzung". Da es auf die Prozessart nicht ankommt, gelten §§ 239 ff. auch bei Vollstreckungsgegenklagen nach § 767, BGH NJW-RR 2009, 60, oder bei Verfahren nach §§ 722, 723, BGH FamRZ 2008, 1749.

6 **3. Unanwendbarkeit.** Der Titel 5 ist in folgenden Fällen unanwendbar: Vor Rechtshängigkeit gelten die §§ 239 ff nicht; Ereignisse nach Klageerhebung, aber vor Zustellung führen nicht zu einer Unterbrechung oder Aussetzung, BGH NJW-RR 2009, 566; Hamm NZI 2012, 680; Prütting/Gehrlein/Anders Rn. 1. Grundsätzlich gelten sie nicht in der Zwangsvollstreckung, da zumindest §§ 727 ff, 779 den Geltungsbereich der §§ 239 ff verdrängen, BGH NJW 2020, 1143; NJOZ 2018, 1923; NJW 2008, 918 und 3363. Sie sind nicht anwendbar im Verfahren auf Bewilligung einer Prozesskostenhilfe, das dieses Verfahren noch nicht zum Hauptsacheverfahren gehört, BGH NJW-RR 2006, 1208; BAG NJW 2016, 424; Düss NJW-RR 2016, 1531; KG FamRZ 2008, 286; Brdb NJW-RR 2003, 796; Köln NJW-RR 1999, 276; aM Hamm MDR 2006, 1309 (wenn Beklagter, der selbst PKH beantragt hat, von Insolvenz betroffen ist); LG Hann BeckRS 2019, 31047 (allerdings für einen Fall, in dem noch keine Klagezustellung erfolgte; vgl. Celle BeckRS 2019, 31048). Die Vorschriften gelten ebenfalls nicht bei einer Wertfestsetzung nach §§ 3 ff., BGH NJW 2000, 1199; im selbständigen Beweisverfahren, soweit die Beweisaufnahme nicht beendet ist, BGH NJW 2011, 1679; NJW 2004, 1388; Mü MDR 2004, 170; Ffm NJW-RR 2003, 51; aM LG Karlsr NJW-RR 2002, 266. Dies gilt auch für das Befangenheitsverfahren nach §§ 42 ff, da es sich um eine Nebenentscheidung handelt, BGH NJW 2016, 1022 Rn. 8; → § 246 Rn. 5 „Befangenheitsverfahren"; aM Stgt BeckRS 2022, 2468 Rn. 12 ff (Teil des Hauptsacheverfahrens). Die Vorschriften sind ebenso nicht anwendbar für die gerichtliche Zuständigkeitsbestimmung nach § 36, da sie nicht die Hauptsache betrifft, sondern nur der Vorbereitung des Verfahrens dient, BGH NJW-RR 2014, 248 Rn. 7; BeckRS 2009, 5200 *Rn. 12; BayObLG BeckRS* 2020, 23929. Wenn die Tatsache der Unterbrechung streitig ist, liegt ein Zwischenstreit vor. Das Gericht muss über ihn aufgrund einer mündlichen Verhandlung entscheiden. Im FamFG-Verfahren gilt der weit gefasste § 21 FamFG und macht evtl. § 239 anwendbar, Karlsr NZFam 2017, 415, möglicherweise auch nur § 249 entsprechend anwendbar, nicht zB § 240, LG Bonn ZIP 2011, 2032.

IV. Beispiele zur Frage des Vorliegens eines rechtlichen Stillstands

Aufgebotsverfahren: Neben der Regelung des § 21 FamFG siehe für das Aufgebotsverfahren § 440 FamFG. 7

Betreuung: Es gilt § 21 FamFG. Mangels einer anwaltlichen Vertretung (dann §§ 86, 246) tritt bis zur Bestellung eines Betreuers evtl. eine Unterbrechung ein, (zum alten Recht) Bork MDR 1991, 99.

Ehesache: § 113 I 2 FamFG verweist auf den allgem. Teil der ZPO und damit auch auf §§ 239 ff. Es bestehen aber auch eine Sonderregelung in § 21 FamFG (allgemein) und § 131 FamFG (für Ehesachen).

Erlöschen einer juristischen Person ohne Liquidation: → „Tod der Partei".

Hauptintervention: Eine Aussetzung steht dem Gericht nach § 65 frei.

Insolvenz: Es tritt kraft Gesetzes eine Unterbrechung des Verfahrens nach § 240 ein, bis es nach den für das Insolvenzverfahren geltenden Vorschriften aufgenommen oder das Insolvenzverfahren beendet wird; ein mittelbarer Bezug zur Insolvenzmasse reicht, BGH NJW 2010, 2213. Dies gilt auch, wenn mehrere Ansprüche geltend gemacht werden, von denen nur ein Teil die Insolvenzmasse betrifft, BGH NJW-RR 2019, 1032; NJW-RR 2015, 433.

Kindeswohlgefährdung: Zur Aussetzung in Verfahren wegen Kindeswohlgefährdung in Corona-Zeiten siehe Lack NJW 2020, 1255.

Kontaktsperre: Wenn das Gericht sie gegen einen Gefangenen verhängt, tritt eine Unterbrechung kraft Gesetzes nach § 34 IV EGGVG ein.

Nacherbfolge: Es tritt kraft Gesetzes eine Unterbrechung des Verfahrens ein. Soweit es sich um einen ProzBev. handelt, ist eine Aussetzung des Verfahrens nach §§ 242, 246 notwendig.

Nachlassverwaltung: Es tritt eine Unterbrechung des Verfahrens kraft Gesetzes ein. Soweit es sich um einen ProzBev. handelt, ist eine Aussetzung des Verfahrens nach §§ 241, 246 notwendig.

Prozessfähigkeit, Wegfall: Es tritt kraft Gesetzes eine Unterbrechung des Verfahrens ein. Soweit es sich um einen ProzBev. handelt, ist eine Aussetzung des Verfahrens nach §§ 241, 246 notwendig.

Rechtsanwalt, Wegfall: Es tritt kraft Gesetzes eine Unterbrechung des Verfahrens nach § 244 ein. Unterbrechung des Verfahrens tritt auch dann ein, wenn ein sich in einem Rechtsstreit selbst vertretender Anwalt verstirbt und die Vertretungsbefugnis des für ihn bestellten allgemeinen Vertreters mit dem Tod des Anwalts endet, BGH NJW-RR 2018, 567.

Stillstand der Rechtspflege: Es tritt kraft Gesetzes eine Unterbrechung des Verfahrens nach § 245 ein.

Testamentsvollstreckung: Die Kündigung des Testamentsvollstreckeramts führt nicht zur Unterbrechung, Kblz NJW-RR 1993, 462.

Tod der Partei: Es tritt kraft Gesetzes eine Unterbrechung des Verfahrens ein; es kann auch eine Aussetzung beantragt werden. Lediglich Nachforschungen über den Verbleib der Partei reichen jedoch nicht aus, Saarbr NJW 2019, 1468. Soweit es sich um einen ProzBev. handelt, ist eine Aussetzung des Verfahrens nach §§ 239, 246 notwendig; antragsberechtigt ist nur der ProzBev., nicht die Partei, BAG NZA 2021, 375 Rn. 9 = NJW 2021, 874.

Verkehrsstörung: Dem Gericht steht eine Aussetzung des Verfahrens nach § 247 frei.

Verfassungsbeschwerde: Das Gericht ist nicht verpflichtet, das Verfahren bis zur Entscheidung des BVerfG auszusetzen, wenn Partei gegen einen Beschluss, durch den ein Ablehnungsgesuch rechtskräftig abgewiesen wurde, Verfassungsbeschwerde eingelegt hat, BGH NJW 2018, 3252 (zu § 148).

Versäumnis beider Parteien: Es kommt ein Ruhen des Verfahrens nach § 251a in Betracht.

Versorgungsausgleich: Es gilt § 21 FamFG, (je zum alten Recht) BGH NJW 1984, 2830; Ffm FamRZ 2004, 1043; Karlsr FamRZ 2004, 1039.

Vertreter, gesetzlicher, Wegfall: Es tritt kraft Gesetzes eine Unterbrechung des Verfahrens ein. Soweit es sich um einen ProzBev. handelt, ist eine Aussetzung des Verfahrens nach §§ 241, 246 notwendig.

Vorgreiflichkeit (Präjudizialität): Dem Gericht steht eine Aussetzung des Verfahrens teilweise frei, teilweise ist eine Aussetzung nach §§ 148–155 notwendig. Das Verfahren ist auszusetzen, wenn eine Vorabentscheidung des EuGH gem. Art. 267 AEUV über die internationale Zuständigkeit des angerufenen Gerichts nach Art. 15 I LugÜ II eingeholt wird, BGH BeckRS 2020, 14145 = WM 2020, 1305.

Wiederaufnahmeklage: Bei einer Häufung einer Nichtigkeits- und einer Restitutionsklage muss das Gericht das Verfahren nach §§ 578 ff. aussetzen.

Zuständigkeit: (Kompetenzkonflikt, bejahender): Die Frage, ob kraft Gesetzes bei § 36 I Nr. 5 eine Unterbrechung des Verfahrens eintritt oder ob das Gericht das Verfahren aussetzen kann oder muss, richtet sich nach § 15 EGZPO nach dem Landesrecht.

Zweckmäßigkeit des Stillstands: Auf Grund eines beiderseitigen Antrags ordnet das Gericht das Ruhen des Verfahrens nach § 251 an.

239

Unterbrechung durch Tod der Partei. **I Im Falle des Todes einer Partei tritt eine Unterbrechung des Verfahrens bis zu dessen Aufnahme durch die Rechtsnachfolger ein.**

II Wird die Aufnahme verzögert, so sind auf Antrag des Gegners die Rechtsnachfolger zur Aufnahme und zugleich zur Verhandlung der Hauptsache zu laden.

III 1Die Ladung ist mit dem den Antrag enthaltenden Schriftsatz den Rechtsnachfolgern selbst zuzustellen. 2Die Ladungsfrist wird von dem Vorsitzenden bestimmt.

IV Erscheinen die Rechtsnachfolger in dem Termin nicht, so ist auf Antrag die behauptete Rechtsnachfolge als zugestanden anzunehmen und zur Hauptsache zu verhandeln.

V Der Erbe ist vor der Annahme der Erbschaft zur Fortsetzung des Rechtsstreits nicht verpflichtet.

I. Systematik. → Vor § 239 Rn. 1. 1

II. Regelungszweck. Mit dem Tod einer Partei im anhängigen Rechtsstreit wird das Verfahren nach I grds. unterbrochen. Zwar tritt mit dem Tod (Erbfall) nach § 1922 I BGB der Erbe die Gesamtrechtsnachfolge an, so dass er im Zeitpunkt des Todes der Partei an deren Stelle in den Prozess eintritt, dies geschieht aber meistens ohne Kenntnis des Erben. Da häufig die Erben erst ermittelt werden müssen (gesetzliche Erbfolge, Testament, Aus- 2 schlagung), bedarf es eines Zeitraums, bis die Rechtsnachfolger feststehen und Kenntnis haben. Deshalb ordnet I an, dass das Verfahren erst mit Aufnahme durch den Rechtsnachfolger fortgesetzt wird. Dies dient dem Schutz des Rechtsnachfolgers; aber auch der Gegner muss die Gelegenheit haben, sich auf die neue Situation einzustellen. Hierdurch wird vermieden, dass die Klage als unzulässig abgewiesen wird und der Kläger eine neue Klage gegen den Rechtsnachfolger erheben müsste, BGH NZG 2017, 394 Rn. 22. Der Verfahrensstillstand ermöglicht es, den Rechtsnachfolger zu ermitteln, der den Rechtsstreit in dem Verfahrensstand übernehmen muss, in dem er sich befindet, und gibt diesem Gelegenheit, sich auf den gesetzlichen Parteiwechsel einzustellen, BGH NZG 2017, 394 Rn. 22; Prütting/Gehrlein/Anders Rn. 1. Bei dem Untergang der juristischen Personen, deren Untergang keine Liquidation, sondern eine Gesamtrechtsnachfolge mit sich zieht, ist § 239 anzuwenden, BGH NZG 2017, 394 Rn. 22; NZG 2004, 611; NZG 2002, 322.

3 II, III und vor allem IV mit seiner Fiktion dienen dem Schutz des Prozessgegners und zugleich der Prozessbeschleunigung. V wiederum schützt den Erben, der nicht vor Annahme der Erbschaft in einen Rechtsstreit gezwungen werden soll.

4 **III. Geltungsbereich.** Zunächst → Vor § 239 Rn. 3–6. Durch die Regelung des § 246 ist § 239 nur dann anwendbar, wenn die verstorbene Partei im Todeszeitpunkt keinen ProzBev. hat, BAG NJW 2021, 874 Rn. 5 = NZA 2021, 375. Die Vorschrift ist wohl auch anwendbar, wenn der Tod eintritt, nachdem der Anwalt das Mandat nach § 86 niedergelegt hat. Wenn der Rechtsmittelbeklagte vor der Bestellung eines ProzBev. für die Rechtsmittelinstanz stirbt, ist § 239 unabhängig davon anwendbar, ob der vorinstanzliche Anwalt die Rechtsmittelschrift zB nach § 519 entgegennehmen darf. Maßgeblich ist also der Zustand in der jeweiligen Instanz, BGH FamRZ 2009, 113, und zwar unabhängig davon, ob Anwaltszwang (§ 78) besteht, MüKoZPO/Stackmann Rn. 4; Prütting/Gehrlein/Anders Rn. 2. Ist der Prozessgegner der Alleinerbe der verstorbenen Partei, ist das Verfahren als „In-sich-Prozess" beendet, BGH NJW-RR 2011, 488; Stgt MDR 2015, 1103. Wird beim Tod des Klägers der Beklagte nur sein Miterbe, behält er seine prozessuale Stellung, BGH NJW 2014, 1886. Eine Unterbrechung der Zwangsvollstreckung erfolgt grundsätzlich nicht, → Vor § 239 Rn. 6 IV ist im Verfahren mit dem Untersuchungsgrundsatz unanwendbar. Das gilt zB im finanzgerichtlichen Verfahren, BFH BB 1987, 673. § 239 gilt auch im WEG-Verfahren. Wegen des FamFG-Verfahrens Zweibr FGPrax 2000, 67 (entsprechende Anwendung von § 239 ZPO möglich). Im sozialgerichtlichen und im VwGO-Verfahren gilt § 239 entsprechend, VGH Kassel NVwZ-RR 2018, 287 Rn. 10 ff. (auch zu Grenzen). Zum Grundbuchverfahren Mü FamRZ 2018, 865.

5 **IV. Unterbrechung durch Tod, Erlöschen einer Gesellschaft, I.** Voraussetzungen und Möglichkeiten der Unterbrechung nach I werden unter folgenden Aspekten unterteilt dargestellt:

6 **1. Tod der Partei.** Der Tod einer Partei unterbricht grundsätzlich ein schon und noch anhängiges Verfahren, Karlsr NZFam 2017, 415; Kblz MDR 2008, 292 (auch dasjenige nach §§ 103 ff.); Stöber MDR 2007, 757 (762 ausf.). Das gilt wegen der zunächst eintretenden Unklarheit darüber, ob der Erbe die Erbschaft nach § 1942 I BGB ausschlägt, ob also ein anderer als Erbe von Anfang an gilt, § 1953 II BGB. Vgl. aber § 246. Hat das Gericht Zweifel an dem behaupteten Aussetzungsgrund – Tod einer Partei –, muss es den Sachverhalt von Amts wegen aufklären und notfalls Beweis erheben. Dies gilt aber nur, wenn der Tod behauptet wird, und nicht, wenn der Gegner lediglich um Aussetzung bittet, um diesbezüglich Nachforschungen anzustellen, Saarbr NJW 2019, 1468.

2. Beispiele zur Frage Tod, Erlöschen, I

7 **Auflösung:** Sie steht dem Tod nur bei einer Gesamtnachfolge gleich. Diese fehlt bei einer bloßen Abwicklung. Denn dann besteht die Gesellschaft fort. Zumindest werden die bisherigen Gesellschafter zur Partei.

Auslands-Gesellschaft: Die Löschung einer Limited im englischen Register führt zwar dazu, dass die Gesellschaft ihre Rechtsfähigkeit und damit ihre Partei- und Prozessfähigkeit verliert, aber nicht zu einer Gesamtrechtsnachfolge, da das etwaiges (Aktiv-)Vermögen der englischen Krone zufällt, Nürnb NZG 2008, 76. Wegen der vergleichbaren Interessenlage ist jedoch eine entsprechende Anwendung des § 239 geboten, wenn die Wiedereintragung der Limited betrieben wird oder betrieben werden kann, BGH NZG 2017, 394 Rn. 25; → § 241 Rn. 4.

Betriebsübergang: Nicht anwendbar ist § 239 bei einem Betriebsübergang nach § 613a BGB, BAG BB 2007, 395.

Firma: Der Tod einer natürlichen Person unterbricht das Verfahren, auch wenn dieses unter der Firmenbezeichnung (§ 17 HGB) geführt worden ist.

Gesellschaftertod: Er unterbricht das Verfahren nur ihm gegenüber, BGH NJW 2001, 1056. Das Gericht hat jedoch das Verfahren der Gesellschaft bis zur Ernennung eines Liquidators auszusetzen, Brem BB 1978, 275.

Gesellschafterwechsel: Er steht dem Tod nicht gleich, solange eine gesetzliche Vertretung bestehen bleibt.

Juristische Person: Ihr Erlöschen steht dem Tod nur dann gleich, wenn sie ohne Liquidation untergeht und eine Gesamtnachfolge stattfindet, BGH NJW-RR 2006, 1289; BFH DB 2009, 487; Mü OLGZ 1994, 87.

Kommanditgesellschaft: Dem Tod steht gleich das Ausscheiden des einzigen Komplementärs, so dass der einzige Kommanditist die Aktiva und Passiva übernimmt, BGH NJW 2000, 1119.

Limited: → „Ausländische Gesellschaft"; BGH NZG 2017, 394 Rn. 24 f.

Löschung: Sogar die Löschung der Offenen Handelsgesellschaft unterbricht einen schwebenden Prozess nicht. Denn die Gesellschaft kann sich dem Prozess nicht einseitig entziehen. Sie gilt außerdem für den Prozess als fortbestehend, solange die Liquidation nicht auch wirklich in der Vermögenslosigkeit endet, BGH ZIP 2017, 493; BAG NJW 1988, 2637. Auch die Löschung einer Gesellschaft mit beschränkter Haftung unterbricht nicht. Die Gesellschaft ist für einen solchen Anspruch nach § 50 parteifähig, der sich nach ihrer Löschung als vorhanden herausgestellt hat oder den eine Partei behauptet. Das gilt zumindest, solange ihre Vermögenslosigkeit nicht feststeht, BGH VersR 1991, 121; BAG NJW 1988, 2637; Hamm NJW-RR 1987, 1255; aM LG Köln BB 1990, 444. Im zugehörigen Prozess vertreten die früheren Liquidatoren die Gesellschaft, Ffm Rpfleger 1979, 27; aM LG Köln BB 1990, 444 (Neubestellung, nicht gegen den Willen des bisherigen *Liquidators). Mit dem Erlöschen* einer Kommanditgesellschaft ohne Liquidation nach § 161 II HGB tritt eine Rechtsnachfolge entsprechend § 239 ein, BGH VersR 2005, 293. Sie hat einen Parteiwechsel kraft Gesetzes zur Folge.

Offene Handelsgesellschaft: Ihre Löschung unterbricht nicht, → „Löschung".

Partnerschaftsgesellschaft: Ihr Erlöschen steht dem Tod nur dann gleich, wenn eine Gesamtnachfolge stattfindet, BFH BB 1989, 690; Mü OLGZ 1994, 87.
Personenmehrheit: Das Erlöschen einer parteifähigen Personenmehrheit steht dem Tod nur bei einer Gesamtnachfolge gleich, BFH BB 1989, 690; Mü OLGZ 1994, 87.
Rechtsfähigkeitsverlust: Er steht dem Tod mangels einer Gesamtnachfolge nicht gleich.
Scheinerbe: Zwanzger ZZP 2015, 495 (Grdz.).
Sparkasse: Ihre Fusion oder Auflösung steht nach zB Art. 16 ff. BaySparkG dem Tod gleich.
Todeserklärung: Sie steht nach §§ 9, 23 VerschG dem Tod gleich.
Umwandlung: Eine übertragende Umwandlung nach dem UmwG steht dem Tod gleich, BGH NJW 2004, 1528; BFH DB 1988, 1684; Hamm ZIP 2007, 1217; Stöber NZG 2006, 577; aM Huber ZZP 82, 253. Bei einer Umwandlung nach dem AktG tritt keine Gesamtnachfolge ein. Dasselbe gilt bei einer nur formwechselnden Umwandlung nach §§ 190 ff. UmwG oder bei einer Ausgliederung nach § 123 III UmwG, BFH NJW 2003, 1479, oder bei einer Vermögensübertragung nach § 174 II Nr. 2, 3 UmwG. Zu § 155 S. 1 UmwG BAG ZIP 2013, 1435.
Verein: Der Anfall des Vereinsvermögens an den Fiskus steht dem Tod nach § 46 BGB gleich.
Vermögensübernahme: Die vertragliche Übernahme der Aktiva und Passiva steht dem Tod nicht gleich, BGH DB 1981, 366. Jedoch rechtfertigt der Vortrag des Beklagten allein, der nach Ausscheiden der Komplementärin verbliebene Kommanditist habe im Laufe des Rechtsstreits seine Kommanditeinlage auf einen Dritten übertragen, nicht ohne Weiteres, diesen anstelle der in Anspruch genommenen KG als passivlegitimiert anzusehen, BGH NJW 2000, 1119.
Verschmelzung: Sie kann bei einer Gesamtnachfolge dem Tod nach §§ 339 ff., 359 AktG, § 39a GenG gleichstehen, BAG NZA 2007, 826; Hmb GRUR 1990, 457.
Verstaatlichung: Es gilt dasselbe wie bei → „Verschmelzung".
Wiedereintragung: §§ 239, 240 können dann anwendbar sein, wenn sie zB bei einer Limited erfolgen kann, BGH IPRax 2017, 488.

3. Partei. Partei nach § 239 ist der notwendige Streitgenosse nach § 62, auch der streitgenössische Streithelfer nach § 69, Ffm ZIP 2001, 1884; Bergerhoff NZM 2007, 425, nicht aber der einfache Nebenintervenient, BGH ZIP 2010, 646. Partei ist gerade auch der sich selbst vertretende Anwalt. Der Tod eines Streitgenossen unterbricht nicht den Prozess der anderen Streitgenossen; ein Teilurteil kann aber zulässig sein, BGH NJW 2007, 156. Ein Beigeladener nach § 74 SGG ist einem gewöhnlichen Streithelfer in etwa vergleichbar, BSG MDR 1975, 434. 8

Unanwendbar ist § 239 auf die Partei kraft Amts. Das gilt etwa beim Wechsel in der Person des Testamentsvollstreckers oder bei seinem Ausscheiden, Kblz NJW-RR 1993, 462, beim Ende einer Zwangsverwaltung, BGH NJW-RR 1990, 1213, oder beim Ende einer gewillkürten Prozessstandschaft, BGH NJW 1993, 3072; aM Schilken ZZP 107, 529. Denn es tritt keine Rechtsnachfolge ein, Zweibr FGPrax 2000, 67 (sondern eine Amtsnachfolge). Dann gilt § 241, Zweibr FGPrax 2000, 67. Etwas anderes gilt dann, wenn eine wirkliche Rechtsnachfolge eintritt, wenn also etwa das Amt des Testamentsvollstreckers erlischt, BGH BeckRS 2018, 3017; NJW 1993, 3072; NJW 1982, 1765; Prütting/Gehrlein/Anders Rn. 3. 9

Die Natur des Streitgegenstands ist unerheblich. Bei einem nichtvermögensrechtlichen Streitgegenstand muss man das Verfahren wegen der Kosten fortsetzen. Dasselbe gilt dann, wenn das umstrittene Recht nicht vererblich ist. Soweit zB mit dem Tod auch der Streitgegenstand untergeht, findet keine Unterbrechung statt, sondern ist das Verfahren beendet, ebenso beim Zusammentreffen des Rechtsnachfolgers und des Gegners in derselben Person, BGH NJW-RR 1999, 1152; → Rn. 4. 10

4. Aufnahme durch den Rechtsnachfolger. Die Unterbrechung dauert so lange an, bis der Rechtsnachfolger das Verfahren nach § 250 aufnimmt. Die Aufnahme kann nur durch den Rechtsnachfolger geschehen; eine Fortsetzung des Verfahrens von Amts wegen ist nicht möglich. Rechtsnachfolger ist der, der beim Tod einer Partei deren Rechtsstellung erlangt; das ist grds. der, der Inhaber der streitbefangenen Rechtsposition geworden ist, BGH NJW 2012, 3642. Aber die prozessuale Rechtsnachfolge setzt nicht unbedingt auch eine materiellrechtliche voraus, etwa dann nicht, wenn ein benannter Urheber nach § 76 in den Prozess eintritt. Die Wirkung einer prozessualen Rechtsnachfolge besteht darin, dass der Nachfolger den Prozess in dem gegenwärtigen Zustand übernehmen muss und dass der Unterliegende die gesamten Prozesskosten trägt. Die prozessuale Rechtsnachfolge bewirkt nur dann eine Unterbrechung des Prozesses nach § 239 I, wenn ihr eine materiell-rechtliche Rechtsfolge von Todes wegen zugrunde liegt. Somit ist Rechtsnachfolger der, der bei Tod der Partei deren Rechtsstellung erlangt hat und Inhaber der streitbefangenen Rechtsposition geworden ist, BGH NJW 2012, 3642; Prütting/Gehrlein/Anders Rn. 9. Indessen muss man den Begriff der Rechtsnachfolge aus Gründen der Prozesswirtschaftlichkeit hier weit auslegen. 11

Zunächst sind grds. der Erbe oder die Erbengemeinschaft Inhaber der Rechtsposition geworden. Bei einem ungeteilten Nachlass können alle Erben gemeinsam oder auch ein einzelner Miterbe das Verfahren aufnehmen, wenn er zur Geltendmachung des Klageanspruchs berechtigt ist, BGH NJW-RR 2012, 8. Wird beim Tod des Klägers der Beklagte sein Miterbe, behält er seine prozessuale Stellung, BGH NJW 2014, 1886. Rechtsnachfolge ist auch die Nachfolge eines Abkömmlings bei einer fortgesetzten Gütergemeinschaft in Rechte und Pflichten des Verstorbenen am Gesamtgut nach § 1483 BGB oder die der nach einer Umwandlung entstandenen GmbH, BFH DB 1988, 1684 (evtl. auch die Gesellschafter der umgewandelten früheren Gesellschaft). Ferner zählt hierzu nach § 242 BGB auch eine von Todes wegen eintretende Sonderrechtsnachfolge, BGH MDR 1978, 309, etwa der Eintritt des Nacherben in den Prozess des Vorerben ohne eine Beerbung des letzteren. 12

Rechtsnachfolger sind nicht die Personen, die bei Tod des Rechtinhabers nur einen schuldrechtlichen Anspruch erlangen, wie der Vermächtnisnehmer; weiterhin sind nicht Rechtsnachfolger: der Erbschaftskäufer; der Abtretungsnehmer; der im Versicherungsvertrag für den Todesfall Begünstigte; der Pfändungs- und Überweisungsgläubiger nach §§ 829 ff. 13

5. Aufnahmeerklärung. Die Aufnahme eines Prozesses ist nicht nur ein Recht, sondern auch eine Pflicht des Rechtsnachfolgers. Dies ergibt sich aus V und inzident auch aus § 1958 BGB, Prütting/Gehrlein/Anders Rn. 13, vgl. auch BAG NJW 2017, 2138. Sie erfolgt durch die Zustellung eines Schriftsatzes nach § 250, nachdem der Aufnehmende eine entsprechende Eingabe beim Gericht eingereicht hat. Die Zustellung des Schriftsatzes beseitigt den Stillstand auflösend bedingt durch die Ablehnung der Erbfolge im Prozess. §§ 241 II, 243 enthalten Sonder- 14 vorschriften für eine Unterbrechung infolge einer Nachlassverwaltung, einer Nachlasspflegschaft, einer Nachlassinsolvenz oder einer Testamentsvollstreckung. Auch kommt eine Insolvenzfeststellungsklage in Betracht, BGH BB 2000, 1005.

15 Die Aufnahme durch einen Streitgenossen nach § 59 wirkt nur für ihn. Das gilt selbst bei einem notwendigen Streitgenossen nach § 62. Jeder Miterbe kann nach §§ 2032, 2039 BGB bei einem zum Nachlass gehörenden Anspruch und einer Mehrheit von Erben das Verfahren aufnehmen, Düss OLGZ 1979, 458. Wenn mehrere Miterben das Verfahren aufnehmen, die sich um die Rechtsnachfolge streiten, sind sie der Gegenpartei gegenüber Streitgenossen nach §§ 59 ff. Hat ein falscher Rechtsnachfolger den Prozess aufgenommen und hat das Erstgericht entschieden, kann der richtige Rechtsnachfolger nur nach einer Beseitigung des Ersturteils aufnehmen, nicht aber in der zweiten Instanz.

16 **6. Verfahren.** Bei einer Aufnahme des Verfahrens vor der Verkündung eines Urteils nach § 311 muss das Gericht nach § 216 von Amts wegen einen Verhandlungstermin bestimmen. Das geschieht am besten erst nach der Zustellung der Aufnahmeerklärung. Wenn im Termin beide Parteien erscheinen, können folgende Möglichkeiten entstehen: Wenn die Nachfolge unstreitig ist, braucht das Gericht über die Berechtigung zur Aufnahme des Verfahrens nicht gesondert zu entscheiden. Wenn die Nachfolge streitig ist, muss nach § 146 eine mündliche Verhandlung über die Berechtigung zur Aufnahme des Verfahrens zwischen dem Aufnehmenden und dem Prozessgegner stattfinden. Wer die Nachfolge behauptet, muss alle Tatsachen für die Rechtsnachfolge darlegen und beweisen (zB durch Erbschein); das folgt mittelbar aus IV.

17 Die Verhandlung findet zugleich mit der über die Hauptsache oder aufgrund einer gerichtlichen Anordnung nur über die Nachfolge statt. Die Entscheidung erfolgt stets durch ein Urteil. Soweit die Tatsachen zur Rechtsnachfolge unstreitig oder bewiesen sind, lautet es auf die Feststellung der Rechtsnachfolge. Das kann durch ein unselbständiges Zwischenurteil nach § 303 geschehen, BGH NZI 2012, 572; NJW 1982, 883. Es kann dann zugleich mit dem Ausspruch über die Verpflichtung zur Aufnahme des Prozesses erfolgen, Düss OLGZ 1979, 457. Es kann auch zugleich mit der Endentscheidung über die Hauptsache in den Gründen des Endurteils nach § 313 III mit einer Kostenentscheidung entsprechend § 94 geschehen. Sind die Tatsachen für die Rechtsnachfolge nicht hinreichend dargelegt oder bewiesen, lautet die Entscheidung auf Verneinung der Rechtsnachfolge. Diese Entscheidung ergeht durch ein Endurteil. Es weist den Aufnehmenden zurück und verurteilt ihn dazu, die Kosten des Aufnahmeverfahrens zu tragen. Mit seiner formellen Rechtskraft nach § 705 steht die Fortdauer der Unterbrechung fest. Eine neue Aufnahme durch einen anderen bleibt zulässig.

18 **7. Versäumnisverfahren.** Bei einer Säumnis beider Parteien erlässt das Gericht evtl. ein Urteil nach Aktenlage nach § 251a. Es kann auch nach § 358 einen Beweisbeschluss erlassen. Das ist jedoch nur sinnvoll, wenn die Rechtsnachfolge offensichtlich unbedenklich ist. Bei einer Säumnis nur des Aufnehmenden gilt die folgende Unterscheidung: Wenn der Gegner die Rechtsnachfolge anerkennt, findet ein Versäumnisverfahren nach §§ 330 ff. in der Sache selbst statt, BGH FamRZ 2005, 201; NJW 2004, 2983. Wenn der Gegner die Rechtsnachfolge leugnet, weist das Gericht den Antrag auf Fortsetzung des Verfahrens durch eine Versäumnisentscheidung zurück.

19 Bei einer Säumnis des Gegners des Aufnehmenden sieht das Gericht bei einem zur Rechtsnachfolge ausreichenden Tatsachenvortrag die Rechtsnachfolge aufgrund eines Antrags als nach § 288 I zugestanden an, so als ob der Rechtsnachfolger von Anfang an Partei gewesen wäre. Es ergeht eine Versäumnisentscheidung in der Sache nach § 331 II Hs. 1. Bei einem insofern unschlüssigen Tatsachenvortrag ergeht ein sog. unechtes Versäumnisurteil nach § 331 II Hs. 2.

20 **8. Zwischenurteil und Rechtsmittel.** Wenn die Aufnahme des Prozesses nach dem Zeitpunkt der Urteilsverkündung nach § 311 erfolgt, aber vor einer Rechtsmitteleinlegung zB nach § 519 I, kann die Aufnahme noch in der unteren Instanz erfolgen und dort entschieden werden, Schlesw OLGZ 1993, 230. Wenn das Rechtsmittel zulässig ist, kann der aufnehmende Rechtsnachfolger es auch iVm der Aufnahme bei dem höheren Gericht einlegen, BGH NJW 1990, 1854; NJW 1962, 589. Es ist aber auch eine Ladung vor das Erstgericht zulässig. Dann findet dort eine mündliche Verhandlung nur über die Nachfolge statt.

21 Es können folgende Entscheidungen ergehen: Das Rechtsmittelgericht kann durch ein Endurteil den Aufnahmeantrag zurückweisen und verwirft daher das Rechtsmittel als unzulässig. Das Gericht kann auch die Wirksamkeit des ergangenen Urteils für oder gegen den Nachfolger durch ein Endurteil feststellen. Es trifft daher die Sachentscheidung. Falls das Erstgericht entscheidet, ergänzt sein diesbezügliches Urteil die frühere Entscheidung und ist mit ihr zusammen anfechtbar. § 518 steht dieser Lösung nicht entgegen. Das Gericht kann dem Erben die Beschränkung seiner Haftung nach § 780 im Ergänzungsurteil vorbehalten. Bei einer Unterbrechung nach der Zustellung des Urteils läuft seit der Zustellung der Aufnahme eine neue Rechtsmittelfrist.

22 **V. Verzögerung der Aufnahme, II, III.** Eine Aufnahme des Verfahrens kann erst dann iSd II und III verzögert werden, mit der Folge, dass die Gegenpartei die Fortführung des Verfahrens durchsetzen kann, nachdem es ausgesetzt wurde, BAG NJW 2021, 874 Rn. 14 = NZA 2021, 375. Die Unterbrechung des Verfahrens soll – entsprechend den Grundsätzen der Prozessordnung – nur vorübergehend sein. Deshalb sehen II und III einen Zwang zur Aufnahme vor, der jedoch nur auf Betreiben des Gegners erfolgt:

23 **1. Grundsatz: Möglichkeit eines Terminantrags.** Der Rechtsnachfolger verzögert die Aufnahme dann, wenn er das Verfahren aufnehmen könnte, wenn er es also zumindest kennt, Zweibr NJW 1968, 1635, es aber ohne einen gesetzlichen Grund – etwa nach V – nicht tut. Er hat grds. keine weitere Überlegungsfrist. Bei einer Verzögerung kann der Gegner die Ladung des Rechtsnachfolgers zur Aufnahme und gleichzeitig zur Verhandlung der Hauptsache beantragen, BAG NZA 2017, 743. Diese Ladung beendet die Unterbrechung allerdings noch nicht. Die Unterbrechung endet nur in folgenden Fällen: Das Verfahren wird aufgenommen; das ergibt sich inzident aus IV; das Gericht entscheidet dahin, dass die Verweigerung der Aufnahme unbegründet ist. Die Ladung erfolgt immer vor das Erstgericht bis zum Zeitpunkt der Einlegung eines Rechtsmittels. Wenn das Gericht schon ein Urteil nach § 311 verkündet hat, erfolgt die Ladung nur zum Zweck der Aufnahme, nicht auch zur Verhandlung in der Sache. Bei einer Zurückverweisung nach § 538 endet die Zuständigkeit des Berufungsgerichts mit der formellen Rechtskraft seiner Entscheidung.

24 **2. Antrag des Gegners.** Der Gegner reicht einen Schriftsatz mit den Tatsachen über den Eintritt einer Rechtsnachfolge und mit der Bezeichnung des Rechtsnachfolgers ein und beantragt die Ladung. Ob Anwalts-

zwang besteht, richtet sich nach § 78. Der Vorsitzende bestimmt den Termin nach § 216 und die Ladungsfrist nach § 217. Ladung und Antragsschrift müssen nach III 1 an den Rechtsnachfolger selbst zugestellt werden. Daraus folgt, dass sie ihm persönlich zuzustellen ist, die Zustellung nur an den ProzBev. genügt nicht. Unanwendbar ist II auf den bloßen Streithelfer des Schuldners nach § 66, BGH ZIP 2010, 646.

VI. Verfahren im Aufnahmetermin, IV. Man muss mehrere Stadien unterscheiden. 25

1. Vor der Urteilsverkündung. Wenn das Verfahren vor einer Urteilsverkündung nach § 311 unterbrochen 26 worden war, ergeben sich folgende Möglichkeiten: Bei einer Säumnis beider Parteien ist die Rechtsnachfolge mangels eines Antrags nicht zugestanden. Das Gericht vertagt den Termin oder ordnet das Ruhen des Verfahrens nach § 251a an. Bei einer Säumnis nur des Prozessgegners ist zu unterscheiden: Bei einer Aufnahme durch den Rechtsnachfolger erwirkt dieser eine Versäumnisentscheidung in der Sache, vorausgesetzt, dass das Gericht die Sachanträge dem Gegner mitgeteilt hat. Beim Ausbleiben einer Aufnahme durch den möglichen Rechtsnachfolger, wenn dieser also seine Pflicht dazu leugnet, weist das Gericht den Aufnahmeantrag durch eine Versäumnisentscheidung nach §§ 330 ff. zurück. Bei einer Säumnis nur des Rechtsnachfolgers ist die Rechtsnachfolge aufgrund eines Antrags als nach § 288 I zugestanden anzusehen. Es findet dann nach IV eine Verhandlung zur Hauptsache statt, Düss OLGZ 1979, 457. Infolgedessen kann das Gericht in der Sache selbst eine Versäumnisentscheidung erlassen.

Beim Erscheinen beider Parteien ist wieder zu unterscheiden: Bei einem Zugeständnis der Nachfolge braucht 27 das Gericht über die Berechtigung zur Aufnahme des Verfahrens nicht zu entscheiden, aM Düss OLGZ 1979, 457. Es findet eine Verhandlung zur Hauptsache statt. Bei einem Leugnen der Nachfolge oder der Aufnahmepflicht stellt das Gericht die Rechtsnachfolge durch ein Zwischenurteil nach § 303 fest, Düss OLGZ 1979, 457, oder es stellt sie in den Gründen des Endurteils nach § 313 III fest oder verneint die Rechtsnachfolge durch ein Endurteil. In ihm weist es den Aufnehmenden zurück und verurteilt ihn dazu, die Kosten des Aufnahmeverfahrens zu tragen.

2. Zwischen Urteilsverkündung und Rechtsmitteleinlegung. Dann verläuft das Verfahren wie bei 28 → Rn. 20 f., Schlesw OLGZ 1993, 230. Das gilt auch bei einer Versäumnisentscheidung gegen den Geladenen. Sie ist nur nach § 518 anfechtbar. Das Ergänzungsurteil wird grundsätzlich ein unselbständiger Teil des Urteils in der Hauptsache, Schlesw OLGZ 1993, 230. Es ist selbständig anfechtbar, wenn nur die Rechtsnachfolge bestritten wird.

3. Nach Rechtsmitteleinlegung. Man muss den Antrag dann vor dem Rechtsmittelgericht stellen. Es 29 verfährt wie bei → Rn. 25–28.

VII. Erbe vor der Annahme, V. Die Vorschrift enthält eine Ergänzung des § 1958 BGB. Sie bestimmt, dass 30 der Erbe den Prozess vor der Annahme der Erbschaft nicht fortzusetzen braucht. Die Aufnahme ist also nicht vor dem Ende der Ausschlagungsfrist nach § 1944 BGB verzögert. Wenn der Erbe das Verfahren vor der Erbschaftsannahme aufnimmt, kann man in diesem Vorgang eine Erbschaftsannahme sehen. Vor der Annahme der Erbschaft sind nur der Nachlasspfleger, der Nachlassinsolvenzverwalter und der Testamentsvollstrecker prozessführungsberechtigt. Nach der Annahme der Erbschaft ist eine Verweigerung der Aufnahme unzulässig, Schlesw OLGZ 1993, 230. Der Erbe kann aber eine Haftungsbeschränkung nach den §§ 305, 780 geltend machen, Schlesw OLGZ 1993, 230.

240 *Unterbrechung durch Insolvenzverfahren.* [1]Im Falle der Eröffnung des Insolvenzverfahrens über das Vermögen einer Partei wird das Verfahren, wenn es die Insolvenzmasse betrifft, unterbrochen, bis es nach den für das Insolvenzverfahren geltenden Vorschriften aufgenommen oder das Insolvenzverfahren beendet wird. [2]Entsprechendes gilt, wenn die Verwaltungs- und Verfügungsbefugnis über das Vermögen des Schuldners auf einen vorläufigen Insolvenzverwalter übergeht.

Schrifttum (teils zum alten Recht): Brinkmann, Verfahrensrechtlicher Schutz gegen die Eröffnung des Insolvenzverfahrens, FS Schilken, 2015, 631; Henckel, Einwirkung des Insolvenzverfahrens auf schwebende Prozesse, FS Schumann, 2001, 211; Hübler, Aktuelles internationales und ausländisches Insolvenzrecht, NZI 2019, 970; Meyer, Die Auswirkungen der Insolvenz, Umwandlung und Vollbeendigung von Gesellschaften auf den anhängigen Zivilprozess, 2005; Schmidt, Unterlassungsprozesse in der Insolvenz-Debatte ohne Ende?, FS Schilken, 2015, 791; Viertelhausen, Einzelzwangsvollstreckung während des Insolvenzverfahrens, 1999; Weber, Prozessunterbrechung und materielles Recht in der Insolvenz, 2010.

I. Systematik. → Vor § 239 Rn. 1. 1

II. Regelungszweck. Der Übergang der die Insolvenzmasse betreffenden Befugnisse vom Schuldner auf den 2 Insolvenzverwalter bedingt nicht logisch zwingend ein Gebot zur auch nur vorübergehenden Unterbrechung, BFH ZIP 2013, 1792; Gundlach/Frenzel/Schmidt NJW 2004, 3223. § 240 trägt aber dem Umstand Rechnung, dass der Schuldner mit Eröffnung des Insolvenzverfahrens die Verwaltungs- und Verfügungsbefugnis über sein zur Insolvenzmasse gehörendes Vermögen verliert und an seine Stelle nach § 80 I InsO der Insolvenzverwalter tritt, BGH BeckRS 2020, 23361 = NZBau 2020, 798; NJW-RR 2013, 1461. Auch erlischt nach § 117 InsO die vom Schuldner erteilte Prozessvollmacht. Wegen der Fülle von Unklarheiten, Notaufgaben, Haftungsbegrenzungen, Vermögenszuordnungsfragen ist aber in der Praxis doch eine solche Unterbrechung kaum vermeidbar. Andererseits soll der Prozessgegner nun nicht noch mehr Unsicherheit erleiden, als sie bereits durch die Eröffnung des gegnerischen Insolvenzverfahrens eingetreten ist. Diesem starken Interessengegensatz versucht § 240 einigermaßen gerecht zu werden. Nicht bezweckt § 240 eine Änderung des materiellen Rechts, BGH GRUR 2008, 552 (Patentgebührenfälligkeit).

III. Sachlicher Geltungsbereich. Zunächst → Vor § 239 Rn. 3 ff. Die Vorschrift ist im patentamtlichen 3 Verfahren entsprechend anwendbar, Kraßer/Neuburger GRUR 2010, 591, ferner im energiewirtschaftlichen Verfahren, BGH WM 2015, 746, im Verfahren vor dem Finanzgericht nach § 155 FGO, BFH NZM 2018, 414. und im verwaltungsgerichtlichen Verfahren aufgrund der Verweisung in § 173 S. 1 VwGO, BGH NZI 2015, 127; BVerwGE 44, 148; OVG Hmb NVwZ-RR 2017, 798. § 246 gilt hier nicht (dort nicht miterwähnt).

4 **1. Grundregeln.** § 240 setzt die Eröffnung eines Insolvenzverfahrens nach §§ 11 ff., 27, 304 InsO voraus, BGH NZI 2015, 127; BAG NZA 2020, 1091; AG Bln-Charlottenb NZM 2005, 618 (wegen einer Räumung). Ausreichend ist ein wirksamer Eröffnungsbeschluss, BGH NJW 1998, 609. Die Eröffnung beginnt auch mit der Bestellung eines vorläufigen Insolvenzverwalters. Die Bestellung eines vorläufigen Insolvenzverwalters unterbricht nur, soweit die Verfügungsbefugnis nach § 22 I 1 InsO auf ihn übergeht, BGH NJW-RR 2006, 1209; BAG NJW 2002, 533; Naumb NJW-RR 2004, 8. Unterbrechung kann erst ab Rechtshängigkeit eintreten; liegt die Verfahrenseröffnung vor Klagezustellung kommt § 240 nicht in Betracht, BGH NJW-RR 2009, 566 = ZIP 2009, 240; Prütting/Gehrlein/Anders Rn. 2; Thomas/Putzo/Hüßtege Rn. 3; offen gelassen: Mü ZIP 2007, 2052. Der Rechtsstreit wird bis zur Aufnahme des Verfahrens nach den für das Insolvenzverfahren geltenden Vorschriften unterbrochen, wenn er die Insolvenzmasse betrifft, wobei ein mittelbarer Bezug zur Insolvenzmasse genügt, BGH NZI 2015, 127; NJW 2010, 2213 Rn. 17; NJW-RR 2004, 48; BAG NZA 2007, 765. Es gilt unabhängig davon, ob der Prozessgegner von der Verfahrenseröffnung auch Kenntnis hat, Brdb MDR 2010, 840. Sie erfolgt in jeder Lage des Verfahrens. Dies gilt nach dem Wortlaut und Sinn des § 240 S. 1 auch bei einer Verbraucherinsolvenz, BGH NJW-RR 2004, 48. Denn auch sie ist eine Unterart der Insolvenz. Schon das Erkenntnisverfahren fällt auch bei ihr unter § 240. Ist über das Vermögen einer Partei das Insolvenzverfahren eröffnet worden und die Unterbrechung eingetreten, kann sich das Gericht während der Dauer der Unterbrechung nicht mehr rechtskräftig iSd § 36 I Nr. 6 für unzuständig erklären, BayObLG BeckRS 2020, 23929.

2. Beispiele zur Frage des sachlichen Geltungsbereichs, S. 1, 2

5 **Abtretung:** Eine Unterbrechung erfolgt auch dann, wenn die Partei ihren Anspruch nach dem Eintritt der Rechtshängigkeit nach § 261 abgetreten hat. Eine Unterbrechung erfolgt auch bei einer anfechtbaren Abtretung vor der Insolvenzeröffnung, BGH ZIP 2010, 646.

Aktiengesetz: Eine Unterbrechung bei einer Beschlussmängelklage setzt eine Vergrößerung der Insolvenzmasse voraus, BGH ZIP 2011, 1862. Keine Unterbrechung erfolgt im Verfahren nach §§ 305 V, 306 AktG, BayObLG 1978, 211.

Anfechtungsprozess: Eine Unterbrechung tritt in ihm außerhalb des Insolvenzverfahrens auch dann ein, wenn der Schuldner keine Partei ist, § 17 AnfG. Beim WEG-Anfechtungsverfahren reicht die Insolvenz auch nur eines beklagten Miteigentümers, LG Duisb ZMR 2011, 672.

Anwaltsprozess: Eine Unterbrechung erfolgt auch in ihm (Unanwendbarkeit des § 246), BGH ZIP 1988, 1584.

Arbeitsgerichtsverfahren: Eine Unterbrechung des Arbeitsgerichtsprozesses tritt nach § 240 S. 1 ein, wenn die Insolvenzmasse zumindest mittelbar betroffen ist, BAG NZA 2020, 1091; NZA 2007, 765, zB nach §§ 46 II, 64 VI, 72 V ArbGG; LAG Mainz BB 1998, 55; Reinfelder NZA 2009, 127. Die Anordnung der vorläufigen Eigenverwaltung nach § 270a I InsO unterbricht das Arbeitsgerichtsverfahren nicht; erst die Eigenverwaltung im eröffneten Insolvenzverfahren bewirkt die Unterbrechung, BAG NZA 2020, 1091 Rn. 53 ff.; NZA 2017, 1415 Rn. 12; NZA 2015, 1331 Rn. 16. Keine Unterbrechung eines Kündigungsschutzprozesses erfolgt wegen einer Verbraucherinsolvenz, BAG NJW 2010, 956.

Arrest: Keine Unterbrechung erfolgt beim persönlichen Arrest nach § 917, Düss FamRZ 2006, 287.

Ausländische Insolvenz: Es gelten §§ 343, 352 InsO, Celle ZIP 2013, 945. Er unterbricht im Inland zumindest aus den im Verfahrensrecht besonders wichtigen Gründen der Rechtssicherheit unabhängig von seiner sonstigen Wirkung, BGH NJW 1990, 991. Das gilt allerdings nur, soweit das ausländische Recht die ausschließliche Prozessführungsbefugnis des Verwalters auch mit Bezug auf ein Schuldnervermögen in anderen Staaten vorsieht, BGH (Pressestelle) KTS 1998, 198 (damit Erledigung des Vorlagebeschlusses des 9. ZS NJW 1998, 928); Zweibr NJW-RR 2001, 985; Habscheid KTS 1998, 190. Der Gläubiger muss einen im Inland vollstreckungsfähigen Titel vor der Eröffnung des Insolvenzverfahrens erhalten haben, BGH NJW 1997, 2527. Ein Verstoß gegen den deutschen ordre public ist schädlich, BGH WM 2009, 2330. Zum Problem der Anerkennung einer ausländischen Konkursentscheidung (nach altem Recht): Trunk KTS 1987, 427. Im Verhältnis zu Österreich ist das Recht des Insolvenzgerichts-Sitzes maßgeblich, Art. 14 des deutsch-österreichischen Vertrags vom 4.3.1985, BGBl. II 411. Die Beschlagnahmewirkung erstreckt sich nicht auf das inländische Vermögen. Die Legitimation geht also nicht auf den Insolvenzverwalter über, BPatG GRUR 1983, 199; Hamm DB 1984, 1922. Ein US-amerikanisches Verfahren nach Chapter 11 Bankruptcy Code reicht, BGH MDR 2010, 108 (krit. Kubis KTS 2010, 333), auch ein entsprechendes englisches Verfahren, Celle ZIP 2013, 945. Wegen der abweichenden Rechtslage (nach altem Recht) bei einem Konkurs in der Schweiz Mü KTS 1982, 315. Eine abweichende Rechtslage kann auch bei einer Auslandsinsolvenz einer juristischen Person ausländischen Rechts bestehen, soweit sie nach dem Heimatrecht dadurch erlischt. Keine Unterbrechung erfolgt wegen eines französischen Überschuldungsverfahrens, Mü ZIP 2012, 2420; Brdb JurBüro 2011, 263.

Befriedigung: Eine Unterbrechung erfolgt auch nach einer schon vor der Eröffnung des Insolvenzverfahrens eingetretenen Befriedigung durch einen nach §§ 708 ff. vorläufig vollstreckbaren Titel, KG OLGZ 1977, 365.

Berufungsinstanz: Über die Berufung kann keine Entscheidung ergehen, wenn das Verfahren durch Insolvenzeröffnung unterbrochen ist, BGH GRUR 2021, 1382 Rn. 8. Eine Unterbrechung erfolgt auch in der Berufungsinstanz, BGH NJW 1995, 2563; Köln Rpfleger 2003, 40; Brdb NJW-RR 2002, 265.

BGB-Gesellschaft: Ein Insolvenzverfahren über das Vermögen einer BGB-Außengesellschaft unterbricht den Prozess gegen einen Gesellschafter, der seine persönliche Haftung für Verbindlichkeiten der Gesellschaft zum Gegenstand hat, BGH NJW 2003, 590 (krit. Häsemayer LMK 2003, 77); LG Saarbr ZIP 2010, 1824; Schmidt FS Kreft, 2004, 524 (Massebezogenheit unerheblich). Ein Binnenprozess ist aber wohl nur bei einer Massebezogenheit unterbrochen, Mü ZIP 1994, 1021; aM Schmidt FS Kreft, 2004, 524. Mangels Außengesellschaft unterbricht die Eröffnung auch ein Verfahren über die persönliche Haftung eines Gesellschafters, Kblz MDR 2010, 470.

Doppelunterbrechung: Hat nach dem Tod einer Partei der Rechtsnachfolger den Rechtsstreit noch nicht aufgenommen und wird nun das Insolvenzverfahren über den Nachlass eröffnet, so wird die Unterbrechung der §§ 246, 239 durch die (zusätzliche) Unterbrechung nach § 240 überlagert. In diesem Fall kann nur für und gegen den Verwalter das Verfahren aufgenommen werden, denn den Rechtsnachfolgern des Verstorbenen fehlt es an der Prozessführungsbefugnis, BAG NZA 2022, 217 Rn. 22; → § 243 Rn. 2.

Eigenverwaltung: Es erfolgt keine Unterbrechung, LG Freib/Br ZIP 2014, 1351.

Einspruchsverfahren: Einspruchsverfahren gegen Steuerbescheide werden in entsprechender Anwendung des § 240 durch die Eröffnung des Insolvenzverfahrens über das Vermögen des Einspruchsführers unterbrochen, BFH NJW 2020, 566. Gleiches gilt für das amtliche Widerspruchsverfahren bei patentamtlichen Schutzrechtsverfahren, BPatG BeckRS 2019, 4275.

Einstweilige Anordnung: Keine Unterbrechung erfolgt, soweit während des vom Schuldner geführten Prozesses eine einstweilige Anordnung nach § 21 InsO ergeht, BGH NJW-RR 1987, 1276. Später ist die Aufnahme durch diesen Kläger unabhängig vom Verlauf des Insolvenzverfahrens zulässig, BGH NJW 1979, 162.

Finanzgerichtsverfahren: Eine Unterbrechung kann auch in Verfahren vor den Finanzgerichten erfolgen, BFH ZIP 2013, 1790.

Freigabe: Keine Unterbrechung erfolgt, soweit der Insolvenzverwalter die Forderung vor der Klageerhebung nach §§ 253, 261 freigegeben hat, BGH NJW 2005, 215; BAG NJW 1984, 998 (bei einer späteren Freigabe endet die Unterbrechung erst mit der Aufnahme durch den Schuldner).

Gerichtsstandsbestimmung: § 36 bleibt anwendbar.

Gesamtvollstreckung: § 240 gilt auch in noch fortdauernden Verfahren nach der GesO, Brdb NJW-RR 1999, 1428.

Gewerbeerlaubnis: Es erfolgt beim Streit um sie wegen ihrer Personenbezogenheit keine Unterbrechung, BVerwG KTS 2016, 78.

Gläubigerverzicht: Keine Unterbrechung erfolgt, soweit ein Insolvenzgläubiger ausdrücklich auf eine Teilnahme am Insolvenzverfahren verzichtet hat, BGH NJW 1979, 162; BAG NJW 1984, 998.

Insolvenzverfahren: Maßgeblich ist der von § 240 teilweise abweichende § 352 InsO, BAG NZA-RR 2014, 35. Eine Unterbrechung tritt noch nicht im Prüfungsverfahren vor der Eröffnung ein, Naumb NJW-RR 2004, 8. Sie tritt auch mit der Eröffnung nur ein, soweit der Prozess wenigstens teilweise die Insolvenzmasse nach §§ 35, 36 InsO betrifft, BGH VersR 1982, 1054; Karlsr FamRZ 2006, 957; Kblz FamRZ 2003, 109 (also nicht im Eröffnungsmonat fälligen Unterhalt und solchen, der nach § 850c pfändungsfrei bleibt); → „Kartellrecht". Sie tritt auch evtl. im Anfechtungsprozess ein, zu deren Fortführung der Insolvenzverwalter im Insolvenzplan eine Ermächtigung erhalten hat, BGH ZIP 2014, 331.

Kartellrecht: Durch den Beschluss der Vergabekammer, mit dem die Unwirksamkeit des zwischen Antragsteller und Beigeladenen geschlossenen Vertrags festgestellt wird, wird die Insolvenzmasse nicht – auch nicht unmittelbar – berührt; die Voraussetzungen für eine Unterbrechung des Verfahrens liegen damit nicht vor, BGH BeckRS 2020, 23361 = NZBau 2020, 798. Die Unterbrechungswirkung tritt nur in Verfahren ein, in denen der Verfahrensgegenstand ein Vermögensgegenstand ist, der zur Insolvenzmasse gehören kann; diese muss zumindest mittelbar betroffen sein, BGH NJW 2010, 2213.

Klageerhebung: Keine Unterbrechung erfolgt, soweit das Gericht das Insolvenzverfahren bereits vor der Klageerhebung nach §§ 253, 261 eröffnet hatte, Ffm AnwBl 1980, 291.

Kostenfestsetzung: Eine Unterbrechung erfolgt auch im Kostenfestsetzungsverfahren nach §§ 103 ff., BGH WM 2012, 1200; Brdb MDR 2010, 840; LG Detm ZIP 2011, 1028; aM Nürnb ZIP 2017, 939. Das gilt selbst dann, wenn die Kostengrundentscheidung im Zeitpunkt der Eröffnung des Insolvenzverfahrens schon nach §§ 329, 705 formell rechtskräftig war, BGH WM 2012, 1200; Brdb JurBüro 2011, 263; KG FamRZ 2008, 1204; aM Hmb MDR 1990, 350; Kblz VersR 1988, 588 (das erstinstanzliche Verfahren laufe beim Insolvenzverfahren während der höheren Hauptsache-Instanz fort).

Markenrecht: Über eine auf Nichtigkeitserklärung einer Marke gerichtete Klage kann, wenn das Verfahren gegen einen der Kläger nach § 240 unterbrochen ist, gegenüber dem anderen durch Teilurteil entschieden werden, BGH GRUR 2017, 520 Rn. 20. Eine Unterbrechung kann nach § 82 I MarkenG auch im Löschungsverfahren erfolgen, BPatG GRUR 1997, 834.

Mehrere Streitgegenstände: Betrifft nur einer von mehreren im Prozess geltend gemachten Ansprüchen die Insolvenzmasse, wird grds. – zunächst – der gesamte Rechtsstreit einheitlich unterbrochen, BGH NZI 2021, 173 Rn. 18; NJOZ 2018, 1924 Rn. 38; NJW-RR 2015, 433 Rn. 15; Prütting/Gehrlein/Anders Rn. 6; Reinfelder NZA 2009, 127.

Nachlassinsolvenz: Die Nachlassinsolvenz unterbricht nach S. 1 die Prozesse der Erben, d. h. im Fall des Passivprozesses die Klagen, mit denen Nachlassverbindlichkeiten geltend gemacht werden, Köln NJW-RR 2003, 47. Die Vollstreckbarerklärung ausländischer Urteile nach §§ 722 f ist – wie auch die inländischer Urteile – als Verfahren iSd S. 1 anzusehen, das durch die Eröffnung des inländischen Insolvenzverfahrens unterbrochen wird, BGH NZI 2008, 681. Zur Doppelunterbrechung durch eine Nachlassinsolvenz, BAG NZA 2022, 217 Rn. 22; → „Doppelunterbrechung".

Nachlassstundung: Eine Unterbrechung erfolgt nicht schon durch eine solche Maßnahme nach Schweizer Recht, BGH ZIP 2012, 1527.

Nichtvermögensrecht: Keine Unterbrechung erfolgt, soweit es um einen solchen Gegenstand geht, Mü DB 1994, 1464.

Nichtzulassungsbeschwerde: Die Eröffnung unterbricht das Verfahren zB nach § 544, BGH ZIP 2011, 592.

Notarkosten: Keine Unterbrechung erfolgt im Verfahren nach § 127 GNotKG, KG MDR 1988, 329.

Offene Handelsgesellschaft: Ein Insolvenzverfahren über das Vermögen der Offenen Handelsgesellschaft nach § 11 II Nr. 1 InsO unterbricht nicht für das Vermögen der Gesellschafter und umgekehrt. Bei einer Insolvenz der Offenen Handelsgesellschaft bleibt eine Klageerweiterung nach §§ 263, 264 in der Form des § 253 gegen die Gesellschafter zulässig. § 249 II steht dieser Möglichkeit nicht entgegen.

Partnerschaftsgesellschaft: Eine Unterbrechung erfolgt beim Insolvenzverfahren über das Vermögen eines Partners nach § 9 II PartGG nur dahin, dass er aus der Partnerschaft ausscheidet.

Patentnichtigkeitsverfahren: Eine Unterbrechung kann grds. auch dort erfolgen, BGH NJW-RR 1995, 573. Über eine auf Nichtigkeitserklärung eines Patents gerichtete Klage mehrerer Kläger kann – wenn das Verfahren gegen einen der Kläger nach § 246 unterbrochen ist – gegenüber den anderen Klägern durch Teilurteil entschieden werden, BGH GRUR 2021, 1382 Rn. 11; BeckRS 2016, 8735 Rn. 6 f.

Prozessbevollmächtigter: Die Vollmacht des ProzBev. des Schuldners erlischt nach §§ 115 I InsO, 168 BGB, BGH VersR 1982, 1054.

Prozesskostenhilfe: Keine Unterbrechung erfolgt im Verfahren nach §§ 114 ff., BGH NJW-RR 2006, 1208; Ros MDR 2015, 297; Gäullein Rpfleger 2014, 409; aM Saarbr OLGR 2008, 567; Hamm MDR 2006, 1309; Zweibr FamRZ 2006, 359.

Prozessstandschaft: Eine Unterbrechung erfolgt bei ihrem Wechsel, BGH ZIP 2012, 1531.

Rechtsbeschwerdeinstanz: Eine Unterbrechung erfolgt auch in ihr nach §§ 574 ff. wie bei einer Revision nach §§ 542 ff.

Rechtshängigkeit: Sie endet nicht infolge Insolvenz, Celle ZIP 2011, 2127.

Rechtskraft: Eine Unterbrechung erfolgt auch zB bei der Kostenfestsetzung nach dem Eintritt der formellen Rechtskraft nach §§ 329, 705.

Revisionsinstanz: Eine Unterbrechung erfolgt auch in der Revisionsinstanz, BGH KTS 1986, 734; BAG KTS 1986, 691; KG KTS 1999, 139.

Schiedsrichterliches Verfahren: Bei §§ 1025 ff. ist § 240 unanwendbar, Köln SchiedsVZ 2008, 153. Zum Problem aber auch Braem SchiedsVZ 2011, 152. Die Vorschrift gilt nur bei §§ 1059 ff., Nacimiento/Bähr NJW 2010, 414.

Schifffahrtsrechtliches Verteilungsverfahren: Es gilt § 8 II SVertO, BGH NJW 1988, 3093; Rheinschifffahrtsobergericht Köln VersR 1980, 42.

Spruchverfahren: wird durch die Eröffnung des Insolvenzverfahrens über das Vermögen eines Antragsgegners nicht entsprechend § 240 unterbrochen, BGH NZG 2019, 470.

Steuerbescheid: Er darf noch ergehen für einen Zeitraum vor der Insolvenzeröffnung, BFH ZIP 2009, 1632 (Erstattung).

Testamentsvollstreckung: Bei einer Testamentsvollstreckung kann der Gläubiger nur auf eine Duldung der Zwangsvollstreckung durch den Testamentsvollstrecker oder auf eine Leistung aus dem von diesem verwalteten Nachlass vorgehen, Köln Rpfleger 2005, 363.

Unerlaubte Handlung: Eine Unterbrechung bleibt auch dann bestehen, wenn es auch um eine unerlaubte Handlung und um andere Rechtsgründe geht, BGH NJW 2000, 1260.

Unterhaltsverfahren: § 240 gilt auch im Unterhaltsverfahren, Jena FamRZ 2012, 641.

Unvertretbare Handlung: § 240 gilt nicht bei § 888, Naumb FamRZ 2008, 620.

Verbraucherinsolvenz: Eine Unterbrechung erfolgt auch bei ihr.

Verbundverfahren: § 240 ist anwendbar, Köln FamRZ 2012, 1669.

Versicherungsbeitrag: Keine Unterbrechung erfolgt seinetwegen, Schlesw ZIP 2015, 1040.

Vertretbare Handlung: § 240 gilt nicht bei § 887, soweit der Anspruch eine Insolvenzforderung ist, Stgt NJW-RR 2011, 1590.

Verwaltungsgerichtliches Verfahren: § 240 ist aufgrund der Verweisung in § 173 S. 1 VwGO anwendbar, BGH NZI 2015, 127; BVerwGE 44, 148; OVG Hmb NVwZ-RR 2017, 798; OVG Kblz ZIP 2013, 240. So stellt die Genehmigung der Befreiung von Netzentgelten einen wirtschaftlichen Wert dar, der die Insolvenzmasse betrifft, BGH NZI 2015, 127. Die infolge der Eröffnung des Insolvenzverfahrens eingetretene Unterbrechung endet mit Aufhebung des Insolvenzverfahrens nach § 200 InsO, denn sie lässt die Voraussetzungen des § 240 S. 1 entfallen, VG Ffo BeckRS 2020, 27208.

Vollstreckungsabwehrklage: Eine Unterbrechung erfolgt auch bei § 767, BGH MDR 2008, 1421.

Vollstreckungsklausel: Keine Unterbrechung erfolgt im Verfahren auf die Erteilung der Klausel nach §§ 724 ff., BGH NJW 2008, 919.

Widerklage: Auch bei einer Widerklage erfolgt eine Unterbrechung, Düss NJW-RR 2001, 522. Das gilt auch bei einer sog. Eigenverwaltung nach §§ 270 ff. InsO, BGH MDR 2007, 612; Mü MDR 2003, 413; Gundlach/Frenzel/Schmidt NJW 2004, 3225.

Zugewinn: § 240 gilt nicht für diese Folgesache, Jena FamRZ 2013, 658.

Zustellungsbevollmächtigter: Der Schuldner braucht dem Gegner die Aufnahme nicht dadurch zu erleichtern, dass er einen Zustellungsbevollmächtigten bestellt, falls der Insolvenzverwalter die Aufnahme ablehnt.

Zwangsverwaltung: Keine Unterbrechung erfolgt bei einer Zwangsverwaltung.

Zwangsvollstreckung: Eine Zwangsvollstreckung für oder gegen den Schuldner bleibt unberührt. Sie duldet keine Unterbrechung.

6 **IV. Persönlicher Geltungsbereich.** Das Insolvenzverfahren muss sich auf das Vermögen einer am Rechtsstreit beteiligten Partei beziehen.

7 **1. Partei.** Voraussetzung einer Unterbrechung nach § 240 ist der Umstand, dass die „Partei" nach § 27 InsO in Insolvenz fällt, BGH NJW 1998, 157; Schlesw KTS 1989, 925. Das gilt auch dann, wenn das Gericht eine Eigenverwaltung durch den Schuldner anordnet, BGH NJW-RR 2007, 629; Bbg ZIP 2014, 77. Es gilt auch bei einer Verbraucherinsolvenz, BGH NJW-RR 2002, 282. Es gilt unabhängig von einem etwaigen ProzBev. des Schuldners. Dessen Vollmacht erlischt ja dann, §§ 168 BGB, 115, 116 InsO, BGH VersR 1982, 1054.

2. Beispiele zur Frage des persönlichen Geltungsbereichs

8 **Abtretung:** Keine Partei ist der Abtretende, BAG NJW 2002, 3122, oder der neue Gläubiger der Klageforderung, BGH NJW 1998, 157.

Gesellschafter: Ein Insolvenzverfahren über das Vermögen eines Gesellschafters unterbricht den Prozess der BGB-Gesellschaft nicht, Drsd MDR 2007, 163, und evtl. umgekehrt, BGH MDR 2009, 279.

Partei kraft Amtes: Keine Unterbrechung erfolgt beim Insolvenzverfahren über das Vermögen einer Partei kraft Amtes im Prozess über das verwaltete Vermögen.

Prozessführungsrecht: Ausreichen kann ein solches Recht, LG Görlitz MDR 1998, 1308; Vollkommer MDR 1998, 1271 (Sicherungsgeber).

Streitgenosse: Ein einfacher Streitgenosse nach § 59 ist nicht Partei, Düss MDR 1985, 504. Die Eröffnung des Insolvenzverfahrens über das Vermögen eines Streitgenossen unterbricht wegen der anderen Streitgenossen nur bei einer notwendigen Streitgenossenschaft nach § 62, BGH BB 2003, 604; Kblz MDR 2010, 282; Schlesw *SchlHA 1985*, 155, also im Allgemeinen auch bei einer Klage gegenüber der Versicherung und dem Versicherungsnehmer.

Streithelfer: Der Streithelfer nach § 66 ist zwar keine Partei, BGH NJW-RR 1995, 573; Düss MDR 1985, 504. Trotzdem kann durch ein Insolvenzverfahren über sein Vermögen eine Verhinderung der Prozessführung wie bei einer Unterbrechung eintreten. Eine Unterbrechung wegen der Hauptpartei kann auch dann eintreten, wenn ein Streithelfer beigetreten ist, BGH WM 2014, 1141.

Vorläufiger Insolvenzverwalter: S. 2 gilt bei ihm, BGH WM 2013, 1472. Es ist unerheblich, ob der vorläufige Insolvenzverwalter nach § 22 InsO den Prozess vor der Eröffnung des Insolvenzverfahrens geführt hatte, Schlesw KTS 1989, 925 (abl. Wessel). § 246 ist hier unbeachtlich.

Wohnungseigentümergemeinschaft: Ein Insolvenzverfahren über das Verwaltungsvermögen der Wohnungseigentümergemeinschaft ist nach § 9a V WEG unstatthaft.

V. Insolvenzmasse. Eine Unterbrechung findet nur statt, wenn das Verfahren unmittelbar oder mittelbar die Insolvenzmasse (§§ 35, 36 InsO) betrifft, BAG NJW 2016, 2364; Bbg ZIP 2014, 78; OVG Lüneb NVwZ-RR 2016, 417; Vallender NJW 2020, 1411. 9

1. Begriff. Die Insolvenzmasse nach §§ 35, 36 InsO ist dann betroffen, wenn der Streitgegenstand ganz oder teilweise dem Schuldner zur Zeit der Verfahrenseröffnung gehört, BGH ZIP 2017, 2380; Celle FamRZ 2005, 1746, oder wenn er während des Verfahrens hinzugelangt und wenn er auch der Zwangsvollstreckung unterliegt, § 36 I InsO (Soll-Masse im Gegensatz zur Ist-Masse). Es muss also eine wirtschaftliche Beziehung vorliegen, OVG Kblz ZIP 2013, 240. Eine mittelbare Betroffenheit kann reichen, BGH NJW 2010, 2213; BAG NJW 2016, 2364; Vallender NJW 2020, 1411; auch eine abstrakte Eignung kann genügen, FG Köln NZI 2017, 118. Es ist unerheblich, ob der Insolvenzverwalter das Vermögensstück tatsächlich zur Ist-Masse gezogen hat. Betrifft nur einer von mehreren im Prozess geltend gemachten Ansprüchen die Insolvenzmasse, wird (zunächst) der gesamte Rechtsstreit einheitlich unterbrochen, BGH NJW-RR 2015, 433. Es tritt eine Unterbrechung nur dann ein, wenn eine Zuerkennung den Bestand oder die Verwertbarkeit der Masse beeinflussen würde. Das trifft beim Insolvenzverfahren des Klägers allerdings meist zu. Bei einem solchen des Bekl. trifft es nur dann zu, wenn er ein eigenes Recht behauptet. Die Prozessaufnahme erfolgt dann, wenn der Schuldner Bekl. ist, nach § 86 I InsO. Das Gericht muss die Fragen der Massezugehörigkeit in der Kostengrundentscheidung klären, BAG NZA 2008, 1208. 10

2. Beispiele zur Frage einer Betroffenheit der Insolvenzmasse

Absonderungsrecht: Betroffen ist die Insolvenzmasse bei einer solchen Forderung, Mü MDR 2000, 602. 11

Arztpraxis: Nicht betroffen ist die Insolvenzmasse bei einer Arztpraxis.

Auskunft: Ein Auskunftsanspruch kann ausreichen, BGH NJW 2010, 2214. Dies gilt aber nicht für den Anspruch auf Drittauskunft, die dazu dient Rechte gegenüber Dritten vorzubereiten, die am Insolvenzverfahren nicht beteiligt sein können, BGH NJW 2010, 2213; BAG NJW 2016, 2364.

Betriebsrat: Betroffenheit bei einem derartigen Zustimmungsverfahren, LAG Bln-Brdb ZIP 2012, 1480.

Feststellung: Betroffen ist die Insolvenzmasse bei einer Feststellungsklage nach § 256 zur Vorbereitung eines Anspruchs, BAG NJW 1984, 998, auch bei einer solchen Klage, BGH NJW 1995, 1750.

Finanzdienstleistung: Betroffen ist die Insolvenzmasse bei einem behördlichen Verbot solcher Leistungen, VGH Kassel WM 2012, 1967.

Freiberufler: Betroffen ist die Insolvenzmasse beim Einkommen eines Freiberuflers, Hamm NJW 2005, 2788 (Zahnarzt).

Generalversammlung: Betroffen ist die Insolvenzmasse bei der Verteidigung eines Beschlusses der Generalversammlung.

Gesellschaft: Betroffen ist die Insolvenzmasse meist bei einem Beschlussmängelprozess, BGH ZIP 2017, 2380.

Gewerbeverbot: Nicht betroffen ist die Insolvenzmasse bei einem Gewerbeverbot wegen Unzuverlässigkeit, OVG Lüneb NVwZ-RR 2016, 417; VG Gießen KTS 2006, 449 (abl. Klement KTS 2006, 459).

Haushalt: Nicht betroffen ist die Insolvenzmasse bei den in § 36 III InsO genannten Haushaltssachen.

Höchstpersönliches Recht: Nicht betroffen ist die Insolvenzmasse bei höchstpersönlichen Rechten, BAG NZA 2015, 822.

Kündigungsschutz: Betroffen ist die Insolvenzmasse des Arbeitgebers bei einem Kündigungsschutzprozess, LAG Kiel NZA-RR 2005, 658.

Mietverhältnis: Der Prozess des Vermieters über einen Unterlassungsanspruch gegen den Mieter wird durch die Eröffnung des Insolvenzverfahrens über das Vermögen des Mieters unterbrochen, BGH NJW-RR 2019, 1032.

Neuerwerb: Er gehört zur Insolvenzmasse, Hamm NJW 2005, 2788.

Neue Verbindlichkeit: Ihretwegen erfolgt keine Unterbrechung, LG Marb JurBüro 2011, 104.

Nichtvermögensrechtlicher Anspruch: Nicht betroffen ist die Insolvenzmasse bei einer Reihe nichtvermögensrechtlicher Ansprüche, BAG NJW 1984, 998 (Feststellungsklage); Köln Rpfleger 2005, 363; Zeising KTS 2002, 449, oder bei einer nicht unter § 38 InsO fallenden Forderung.

Pflichtteil: Sein Anspruch zählt zur Insolvenzmasse, BGH WM 2015, 1482.

Prozesskosten: Betroffen ist die Insolvenzmasse bei einer solchen Forderung nur nach einer Erledigung der Hauptsache nach § 91a.

Prozessstandschaft: Betroffen ist die Insolvenzmasse beim Insolvenzverfahren des Rechtsinhabers dann, wenn der Kläger in einer gewillkürten Prozessstandschaft klagt, Düss JMBl NRW 1976, 42.

Rechnungslegung: Betroffen ist die Insolvenzmasse bei einer Klage auf eine Rechnungslegung zB nach § 254, LG Düss BB 1977, 1674.

Sicherungsabtretung: Betroffen ist die Insolvenzmasse bei einer zur Sicherung abgetretenen Forderung. Denn sie gibt nur ein Absonderungsrecht, Mü MDR 2000, 602.

Steuerschuld: Betroffen sein kann die Insolvenzmasse wegen einer Steuerschuld, BFH ZIP 2016, 1785.

Teilbetroffenheit: Das Verfahren wird insgesamt unterbrochen, wenn mehrere Ansprüche geltend gemacht werden, von denen nur ein Teil die Insolvenzmasse betrifft, BGH ZIP 2015, 400; NJW 2010, 2213.

Teilurteil: Werden mehrere Beklagte auf markenrechtlicher Grundlage auf Unterlassung, Auskunft und Schadensersatz in Anspruch genommen und tritt hinsichtlich eines Beklagten die Unterbrechung nach § 240 ein, darf hinsichtlich der anderen ein Teilurteil ergehen, BGH GRUR 2017, 520. Dasselbe gilt auch für eine auf Nichtigerklärung der Klagemarke gerichtete Widerklage mehrerer Beklagter, wenn der Prozess gegen einen der Beklagten nach § 240 unterbrochen ist, BGH GRUR 2017, 520.

Testamentsvollstreckung: Betroffen ist die Insolvenzmasse bei einem der Testamentsvollstreckung unterliegenden Gegenstand, BGH NJW 2006, 2698.

Unpfändbarkeit: Nicht betroffen ist die Insolvenzmasse bei einer unpfändbaren Forderung oder Sache, BAG NJW 2013, 3532; BFH/NV 2016, 1472; Hamm NJW 2005, 2788, oder bei einem unpfändbaren Anspruch nach § 811 I (Ausnahmen nach § 36 II Nr. 2 InsO: § 811 I Nr. 4, 9 ZPO) oder eben nach §§ 812, 850a ff., BAG NJW 2013, 3532, oder § 852, 857 III, 859–863, Köln Rpfleger 2005, 363; Nürnb NJW-RR 2005, 776; LAG Düss NZA-RR 2005, 317.

Unterhalt: Nicht betroffen ist die Insolvenzmasse bei einem noch nicht fälligen Unterhaltsanspruch, Naumb FamRZ 2008, 620; Hamm FamRZ 2005, 280.

Unterlassungsanspruch: Verfahren, in denen ein Unterlassungsanspruch den Streitgegenstand bildet, werden nicht zwingend durch die Insolvenz des Schuldners unterbrochen. § 240 gilt nicht, wenn der Unterlassungsanspruch höchstpersönlicher Natur ist, BGH NJW-RR 2019, 1032 Rn. 7; BAG NJW 2015, 2682; NJW 2010, 955. So gehört der Anspruch auf Unterlassung ehrkränkender Behauptungen nicht zur Insolvenzmasse, Kblz BeckRS 2018, 24170. Dies gilt auch, wenn der Unterlassungsanspruch nicht vermögensrechtlicher Art ist, BGH NJW-RR 2019, 1032 Rn. 9; MüKoZPO/Stackmann Rn. 21. Der Prozess des Vermieters über einen Unterlassungsanspruch gegen den Mieter wird durch die Eröffnung des Insolvenzverfahrens über das Vermögen des Mieters unterbrochen, BGH NJW-RR 2019, 1032 (Unterlassen von Geruchs- und Lärmemissionen). Betroffen ist die Insolvenzmasse des Verletzers bei einem Unterlassungsanspruch wegen einer Schutzrechtsverletzung, BGH NJW 2010, 2213; NJW 2003, 3060. Ähnliches könnte auch für das patentamtliche Schutzrechtsverfahren gelten, BPatG BeckRS 2019, 4275. Denn die Zulässigkeit der beanstandeten Handlung stellt einen Vermögensgegenstand des Verletzers dar. Eine Unterbrechung tritt auch wegen der insolvenzfreien Stellung des Verletzers ein. Ein Ersatzanspruch aufgrund einer einstweiligen Verfügung nach §§ 935 ff. auf eine Unterlassung reicht aus, BGH NJW 2010, 2213. Dasselbe gilt für einen Anspruch aufgrund eines vorläufig vollstreckbaren Titels nach § 717 II, KG OLGZ 1977, 366; siehe aber BGH BB 2005, 1187, oder nach § 717 III, selbst wenn der Bekl. nur eine Abweisung beantragt hat, allerdings mit dem Willen, einen Schadensersatz zu verlangen.

Versorgungsausgleich: Nicht betroffen ist die Insolvenzmasse beim Rentenstammrecht im Versorgungsausgleichsverfahren nach §§ 217 ff. FamFG, Ffm FamRZ 2004, 1043.

Wegfall: Der Wegfall des Massebezugs beendet eine Unterbrechung nicht automatisch. Nötig bleibt eine Aufnahme, BGH ZIP 2010, 646.

12 **VI. Forderung gegen die Insolvenzmasse.** Ein anmeldungsberechtigter Gläubiger, ein Insolvenzgläubiger, kann eine Forderung gegen die Insolvenzmasse auf zweierlei Weise verfolgen. Er kann nach der InsO vorgehen. Er erhält nach § 87 InsO nur so eine Befriedigung oder Sicherstellung aus der Masse. Er kann bei einer zulässigen Aufnahme grundsätzlich auch beschließen, keine neue Klage zu erheben, BGH NJW 1989, 979. Er kann bei einer noch nicht anhängigen Forderung allerdings auch außerhalb des Insolvenzverfahrens vorgehen. Dann muss er eindeutig erklären, dass er nichts aus der Masse verlange, BGH NJW 1979, 162; Zeising KTS 2002, 449. Ein solcher Vollstreckungstitel ist während des Insolvenzverfahrens nicht vollstreckbar, § 89 InsO. Einen Gläubiger, den der Schuldner vor der Eröffnung des Insolvenzverfahrens freiwillig befriedigt hat oder der seine Forderung vorher endgültig beigetrieben hat, berührt § 240 nicht. Das Gericht muss die Unterbrechung des Verfahrens von Amts wegen beachten. Das gilt auch in der Revisionsinstanz.

13 **VII. Verstoß.** Soweit das Gericht die Unterbrechung, zB wegen seiner Unkenntnis der Eröffnung des Insolvenzverfahrens nicht berücksichtigt hat, ist ein Urteil nicht etwa nichtig, sondern ein wirksamer, wenn auch fehlerhaft zustande gekommener Staatsakt. Auch bei ihm ist aber keine Zwangsvollstreckung statthaft. Es sind die allgemeinen Rechtsmittel zulässig, auch während der Unterbrechung, BGH NJW 1995, 2563; Brdb MDR 2010, 840. Es kommt aufgrund eines Rechtsmittels des Schuldners eine Zurückverweisung nach § 538 II 1 Nr. 1 in Betracht. Der Verwalter kann ohne eine Aufnahme ein Rechtsmittel einlegen, BGH NJW 1997, 1445; LG Wuppert DGVZ 1999, 184. Allerdings läuft die Rechtsmittelfrist nicht. Denn während der Unterbrechung des Verfahrens, die kraft Gesetzes vorlag und die das Gericht nur nicht beachtet hat, ist nach § 249 keine nach § 317 wirksame Urteilszustellung möglich, LG Wuppert DGVZ 1999, 184.

14 **VIII. Aufnahme.** Die Aufnahme richtet sich nach der InsO, da dort Spezialregelungen vorhanden sind, BGH NJW-RR 2014, 1270 = ZIP 2014, 1503. Es kommt auf die Prozessart an, Zeising KTS 2002, 453.

15 **1. Grundregeln.** Die Unterbrechung dauert bis zur Aufnahme (nur) nach §§ 85, 86, 179, 180 InsO an, BGH MDR 2004, 231; BFH ZIP 2013, 1791; OVG Bln-Brdb ZIP 2015, 448. Sie erfolgt nach § 250. Die Aufnahme erfolgt grundsätzlich in derselben Prozessart in der Form des § 250, Düss NJW-RR 1987, 1402, und grundsätzlich mit denselben Anträgen. Die Aufnahme eines durch die Eröffnung des Insolvenzverfahrens über das Vermögen einer Partei unterbrochenen Rechtsstreits über eine Insolvenzforderung ist nur wirksam, wenn die besonderen Sachurteilsvoraussetzungen für eine Forderungsfeststellungsklage gegeben sind. Ist sie unwirksam, bleibt das Verfahren unterbrochen, BGH NJW 2020, 3102; ZIP 2014, 1503; NJW-RR 2009, 772; NJW-RR 2007, 1693. Es ist zwischen einem Angriffs- und einem Verteidigungsprozess zu unterscheiden (Aktiv- und Passivprozess), Düss NJW-RR 2001, 522. Maßgeblich ist nicht die Parteirolle im Rechtsstreit, sondern allein der materielle Inhalt des Begehrens, BGH NJW-RR 2010, 1053; NJW-RR 2005, 989; NJW 1995, 1750. So ist zB eine verneinende Feststellungsklage nach § 256 gegen den Schuldner ein behauptender Prozess. Die Klage gegen den Schuldner auf die Feststellung der Unwirksamkeit des Widerrufs seiner Versorgungszusage ist ein Verteidigungsprozess, BAG NJW 1984, 998.

16 Der Gläubiger kann den wegen einer Insolvenzforderung geführten und durch die Eröffnung des Insolvenzverfahrens über das Vermögen des Schuldners unterbrochenen Rechtsstreit erst aufnehmen, wenn die Forderung im Insolvenzverfahren angemeldet und geprüft und bestritten geblieben ist, BGH NJW 2020, 3102 Rn. 10; NJW-RR 2014, 1270 = ZIP 2014, 1503.

17 Der Schuldner kann den unterbrochenen Rechtsstreit nach § 85 II InsO selbst aufnehmen, soweit das Insolvenzverfahren seine insolvenzfreie Stellung betrifft, siehe aber BGH ZIP 2009, 832 (nicht bei einer bestrittenen Forderung). Er kann den unterbrochenen Rechtsstreit im Übrigen dann aufnehmen, wenn der Insolvenzverwalter den Gegenstand des unterbrochenen Prozesses freigegeben oder eine Aufnahme abgelehnt hat. Der Insolvenzverwalter tritt nur insofern an die Stelle des Schuldners, als der Schuldner oder sein Gegner den Prozess weiterbetreibt, Düss NJW-RR 1987, 1402; Mü KTS 1977, 63. Wenn die Klage und die Widerklage unterbrochen sind, kann sowohl ein Aktiv- als auch ein Passivprozess vorliegen und der Insolvenzverwalter

wirksam nur im Aktivprozess eine Aufnahme erklären, Düss NJW-RR 2001, 522. Eine vom Verwalter erteilte Prozessvollmacht nach § 80 besteht für den aufnehmenden Schuldner fort.

2. Angriffsprozess zur Teilungsmasse. Es handelt sich um die Geltendmachung eines Rechts des Schuldners oder um seine Befreiung von einer Last oder Pflicht zwecks einer Verbesserung der Masse, BGH NJW-RR 2004, 925. Nur wenn es um die Pflicht zur Leistung in die Insolvenzmasse geht, liegt ein solcher Prozess vor, BGH NJW-RR 2016, 889. Einen solchen Prozess kann nach § 85 I 1 InsO nur der Verwalter aufnehmen, und zwar nur in der Lage, in der sich der Prozess befindet. Die Aufnahme erfolgt nach § 250, aM Schmidt KTS 1994, 320 (bei einer Handelsgesellschaft entsprechend § 241, da es kein insolvenzfreies Vermögen gebe). Wenn der Verwalter den Prozess ohne einen gesetzlichen Grund nicht innerhalb einer angemessenen Frist aufnimmt, muss das Gericht ihn nach § 85 I 2 InsO aufgrund eines Antrags des Gegners entsprechend § 239 II laden. Das gilt auch bei einem Prozess nach dem AnfG. Der Verwalter kann die Aufnahme ablehnen, auch formlos. Er kann auch nach einer Aufnahme die Freigabe erklären. Dann wird der Streitgegenstand jeweils frei. § 265 ist dann unanwendbar. Der Schuldner darf dann selbst prozessieren, BGH MDR 2004, 231. Beide Parteien dürfen den Prozess nach § 85 II InsO dann aufnehmen, BGH NJW 1990, 1239. Eine Abtretung durch den Insolvenzverwalter an einen Dritten reicht nicht, BGH NJW 1990, 1239; aM Schmidt KTS 1994, 320 (bei einer Handelsgesellschaft). 18

3. Verteidigungsprozess zur Teilungsmasse. Es handelt sich um einen Rechtsstreit mit dem Ziel einer Aussonderung oder einer abgesonderten Befriedigung oder der Masseverbindlichkeit nach §§ 47 ff., 86 InsO. Diesen Prozess können nach § 250 der Insolvenzverwalter und der Gegner aufnehmen. Die Aufnahme des Gläubigers ist dem Insolvenzverwalter und nicht dem ProzBev. des Schuldners zuzustellen, BGH ZIP 1999, 75. Wenn der Verwalter die Klageforderung sofort anerkennt, bleibt er nach § 86 II InsO kostenfrei. Bei einer Verzögerung gilt dasselbe wie bei → Rn. 15. Die Aufnahme durch oder gegen den Schuldner ist solange unzulässig, wie der Verwalter den Streitgegenstand nicht freigibt. Eine Freigabe ist möglich, BGH MDR 2004, 231. Eine Aufnahme „nur zur Prozessführung" reicht nicht. Wegen einer Unterlassung Schmidt ZZP 1990, 54. 19

4. Verteidigungsprozess zur Schuldenmasse. Hier geht es um einen Prozess über eine Insolvenzforderung nach § 38 InsO. Die Forderung muss nach §§ 87, 174 ff. InsO zum Insolvenzverfahren angemeldet und geprüft worden sein, BGH BeckRS 2020, 15621 = ZIP 2020, 1561; MDR 2004, 231. Selbst dann ist eine Aufnahme grundsätzlich nur durch den Gegner zulässig, nicht durch den Insolvenzverwalter, Nürnb OLGZ 1982, 380. Daher kann er auch nicht den Prozess zur Aufnahme durch den Schuldner freigeben, BGH MDR 2004, 231. Im Prüfungstermin können der Verwalter, der Schuldner und der Insolvenzgläubiger widersprechen. Wenn der Schuldner die Forderung bestritten hat, ist eine Aufnahme nach § 184 I 2 InsO auch ihm gegenüber zulässig. Der Kläger muss dann nach § 179 III 1 InsO einen Tabellenauszug vorlegen, BGH MDR 2000, 660. 20

Wenn der Gläubiger für die Forderung einen Schuldtitel, ein Endurteil oder einen Vollstreckungsbescheid nach § 699 besitzt, die eine Vollstreckungsklausel nach §§ 724 ff. aufweisen, muss nach § 179 II InsO der Widersprechende aufnehmen, also der Insolvenzverwalter, soweit er diese Forderung nach der Anmeldung zur Insolvenztabelle noch bestreitet, Nürnb OLGZ 1982, 380. Bei einer Verzögerung darf nach § 250 auch der Gläubiger das Verfahren aufnehmen. Denn einer neuen Klage würde der Einwand der Rechtshängigkeit nach § 261 III Nr. 1 entgegenstehen. 21

Soweit es sich um eine gewöhnliche Forderung handelt, kann nach §§ 179 I, 180 II InsO nur der Gläubiger den Prozess nach § 250 aufnehmen, nicht der Insolvenzverwalter. 22

5. Weiteres Verfahren. § 239 II ist unanwendbar. Es besteht kein Zwang zur Aufnahme. Der Widersprechende kann mangels eines Rechtsschutzbedürfnisses nicht aufnehmen. Bei einem leugnenden Prozess nach § 256 muss das Gericht nach der Aufnahme nur über die Teilnahme am Insolvenzverfahren entscheiden. Daher hat der Kläger den Klageantrag nach § 263 dahin zu ändern, dass er eine Feststellung des sich nach § 45 InsO immer in eine Geldforderung umwandelnden Anspruchs zur Tabelle verlangt, BGH NJW-RR 1994, 1251: BAG NJW 1984, 999, oder dass er die Feststellung seines etwaigen Aussonderungsrecht oder sonstigen Vorrechts oder die Zahlung nach dem Insolvenzende begehrt, BGH WM 1980, 164. Das gilt auch in der Revisionsinstanz. Eine im Urkundenprozess nach §§ 592 ff. erhobene Klage geht kraft Gesetzes wie bei § 596 in das ordentliche Verfahren über. 23

IX. Aufhebung des Insolvenzverfahrens. Hierbei sind drei Aspekte zu beachten. 24

1. Unterbrechungsende. Die Aufhebung des Insolvenzverfahrens nach §§ 34 III, 200 I, 258 InsO beendet die Unterbrechung des Prozesses, BGH WM 2017, 1295; NJW 1990, 1239. Einer Verfahrensaufhebung stehen die Aufhebung des Eröffnungsbeschlusses in der Beschwerdeinstanz nach § 34 II InsO ohne eine Rückwirkung und eine Einstellung des Verfahrens nach §§ 207, 211, 213 InsO gleich, BGH NJW 1990, 1239. Dabei sind die Aufhebung und die Einstellung grundsätzlich dann wirksam, wenn der Beschluss nach § 9 I 3 InsO als bekannt gilt, BGH NJW 1975, 692 (nur im Beschwerdeverfahren sei wegen § 6 III 1 InsO die Rechtskraft maßgeblich). § 301 I InsO kann die Unterbrechung beenden. 25

2. Prozessfortsetzung. Die Aufhebung wirkt immer für die Zukunft. Beide Parteien dürfen den Prozess ohne eine Aufnahme fortsetzen. Dabei tritt der Schuldner ohne Weiteres an die Stelle des Verwalters, Ffm OLGR 1997, 43; Hmb KTS 1986, 507; aM Köln ZIP 1987, 1004 (§§ 239 ff. entsprechend). Alle Beteiligten müssen ein unterbrochenes Eilverfahren nach §§ 916 ff., 935 ff. in derselben Verfahrensart fortsetzen. Soweit der Streitgegenstand eine Nachtragsverteilung berührt, führt der Verwalter den Prozess weiter. Eine vom Insolvenzverwalter erteilte Prozessvollmacht nach § 80 bleibt in Kraft, auch wenn der Schuldner den Prozess fortsetzt. 26

3. Freigabe. Die Freigabe der Sache erfolgt durch den Insolvenzverwalter. Er muss die Freigabe dem Schuldner gegenüber erklären. Die Abtretung einer streitbefangenen Forderung durch den Verwalter an einen Dritten ist keine Freigabe, BGH NJW 1990, 1239. Die Freigabeerklärung braucht keine Form. Sie kann zB darin liegen, dass der Verwalter es ablehnt, den Prozess aufzunehmen. Sie hat dieselbe Wirkung wie eine Beendigung des Insolvenzverfahrens. Sie führt also dazu, dass der Schuldner in den Rechtsstreit eintritt. Aus Gründen der Klarheit über das Ende der Unterbrechung und den Wiederbeginn des Laufs von Fristen ist eine Aufnahme notwendig. Über die Fortsetzung eines nach § 17 AnfG unterbrochenen Prozesses vgl. § 18 I AnfG. Der Schuldner kann dann nicht nach der Beendigung des Insolvenzverfahrens den Anfechtungsprozess des Verwalters fortsetzen. Der Gegner kann den Schuldner auch nicht zur Fortsetzung zwingen. 27

X. Rechtsbehelfe. § 252, insbesondere → § 252 Rn. 5 ff. 28

241 *Unterbrechung durch Prozessunfähigkeit.* **I Verliert eine Partei die Prozessfähigkeit oder stirbt der gesetzliche Vertreter einer Partei oder hört seine Vertretungsbefugnis auf, ohne dass die Partei prozessfähig geworden ist, so wird das Verfahren unterbrochen, bis der gesetzliche Vertreter oder der neue gesetzliche Vertreter von seiner Bestellung dem Gericht Anzeige macht oder der Gegner seine Absicht, das Verfahren fortzusetzen, dem Gericht angezeigt und das Gericht diese Anzeige von Amts wegen zugestellt hat.**

II Die Anzeige des gesetzlichen Vertreters ist dem Gegner der durch ihn vertretenen Partei, die Anzeige des Gegners ist dem Vertreter zuzustellen.

III Diese Vorschriften sind entsprechend anzuwenden, wenn eine Nachlassverwaltung angeordnet wird.

1 **I. Systematik.** Zunächst → Vor § 239 Rn. 1. § 241 regelt im Anschluss an §§ 239, 240 weitere Fälle der Unterbrechung, nämlich den Verlust der Prozessfähigkeit während des Prozesses, den Tod des gesetzlichen Vertreters oder die Beendigung seiner Vertretungsbefugnis. Wegen der Sonderregelung des § 246 bezieht sich § 241 in allen seinen Fällen nur auf eine Partei, für die nicht ein ProzBev. bestellt ist, BGH NZI 2011, 586; NJW 1988, 1390; BFH BB 1986, 1978; VG Ffo BeckRS 2020, 27208. War der Weggefallene ein sich selbst vertretender Anwalt, ist zugleich § 244 anwendbar, BGH NJW-RR 1989, 255.

2 **II. Regelungszweck.** Zweck der Vorschrift ist – ähnlich wie bei §§ 239, 240 – durch einen vorübergehenden Stillstand des Verfahrens Nachteile von den Parteien abzuwenden. Die in § 241 geregelten Fälle haben eine solche prozessrechtliche Bedeutung, dass bei fehlender Unterbrechung Nichtigkeitsklagen nach § 579 I Nr. 4 erhoben würden; BGH NZG 2017, 394 Rn. 23. Der kraft Gesetzes angeordnete Verfahrensstillstand bezweckt, dass die Klage nicht als unzulässig abgewiesen werden muss, sondern der Rechtsstreit fortgesetzt werden kann, sobald mit der Neuregelung der gesetzlichen Vertretung die Handlungsfähigkeit der Partei wiederhergestellt ist. Um eine zu langfristige Störung des weiteren Prozessablaufs zu vermeiden, kann der am Fortgang besonders interessierte Prozessgegner nach I selbst die Initiative ergreifen.

3 **III. Geltungsbereich, I.** Zunächst → Vor § 239 Rn. 3 ff. In I sind Gründe genannt, die in der Person der Partei liegen (Verlust der Prozessfähigkeit), und solche, die in der Person des gesetzlichen Vertreters liegen (Tod oder Vertretungsunfähigkeit):

4 **1. Verlust der Prozessfähigkeit.** Wenn die Partei die Prozessfähigkeit nach § 52 nach dem Eintritt der Rechtshängigkeit verliert, tritt eine Unterbrechung ein. Das gilt entsprechend beim Wegfall einer Partei kraft Amts, Zweibr NJW-RR 2000, 815. Wenn die Partei schon vorher prozessunfähig war, gilt § 241 nicht; das Gericht muss die Klage evtl. nach einem Hinweis nach § 139 durch ein Prozessurteil als unzulässig abweisen, Hamm NJW-RR 1998, 470, soweit es nicht auf Antrag einen Prozesspfleger nach § 57 bestellen muss, Hager ZZP 1997, 178. Das gilt auch bei der vermögenslos gewordenen gelöschten GmbH bis zur Bestellung eines Nachtragsliquidators nach § 66 V GmbHG oder eines Nachlassabwicklers entspr. § 273 IV AktG, BAG NZG 2008, 270; BFH BB 1986, 1978; VG Ffo BeckRS 2020, 27208, beim Tod des einzigen Liquidators der Gesellschaft, BFH/NV 2010, 2106. Anders ist die Lage, solange die Vermögenslosigkeit noch nicht feststeht. Verlust der Prozessfähigkeit tritt auch bei einer Limited ein, die im englischen Register gelöscht worden ist, → § 239 Rn. 7. Ist die Limited gelöscht, wird aber deren Wiedereintragung betrieben oder kann dies noch geschehen, ist der Wegfall der Prozessfähigkeit ggf. nur vorübergehend. Solange nicht feststeht, ob der Prozess nach Wiedereintragung fortgeführt werden kann, ist ein Verfahrensstillstand entsprechend §§ 239, 241 prozessökonomisch und interessengerecht, BGH NZG 2017, 394 Rn. 26. Eine dem englischen Recht vergleichbare Regelung, mit der erreicht werden kann, dass die gelöschte Kapitalgesellschaft wiederauflebt, existiert in der ZPO nicht, so dass keine planwidrige Regelungslücke vorliegt, BGH NZG 2017, 394 Rn. 27.

5 Eine Unterbrechung tritt in folgenden Fällen nicht ein: Es tritt ein nach § 53 bestellter Betreuer oder Pfleger ein; das Gericht bestellt für einen Prozessfähigen einen Pfleger, etwa einen Abwesenheitspfleger; die Partei wird während des Prozesses prozessfähig, BGH ZIP 1982, 1318; BAG NZA 2012, 495; Brdb FamRZ 2001, 115; Zweibr FamRZ 2001, 115 (in diesem Fall tritt der Prozessfähige kraft Gesetzes in den Prozess ein); eine Gesellschaft mit beschränkter Haftung ist nach dem Eintritt ihrer Vermögenslosigkeit nach § 2 LöschungsG nicht mehr nach § 61 VwGO beteiligungsfähig, OVG Münst NJW 1981, 2373; es geht gerade um die Streitfrage, ob ein gesetzlicher Vertreter weggefallen ist, Köln NJW-RR 2003, 758.

6 **2. Tod oder Vertretungsunfähigkeit des gesetzlichen Vertreters.** Wenn der gesetzliche Vertreter der Partei stirbt oder zB nach § 1886 BGB vertretungsunfähig wird, tritt eine Unterbrechung ein, sofern die Partei nicht prozessfähig geworden ist, MüKoZPO/Stackmann Rn. 9. Zur Beendigung der Vertretungsbefugnis des gesetzlichen Vertreters gehören auch: Der Sondervertreter nach §§ 57 oder 58; die Übertragung des Sorgerechts auf den Prozessgegner, BGH FamRZ 1991, 548 (auch zu einer Ausnahme); eine Vertretungsunfähigkeit infolge einer Entlassung des Vormunds; bei einer juristischen Person die Beendigung des Amtes als Vorstand oder Geschäftsführer oder Liquidator, BGH NJW 2008, 2441 Rn. 8; Hamm NJW-RR 1998, 470, auch die Bestellung eines anderen Vorstands oder der Ausschluss von der Geschäftsführung. Wenn einer von mehreren gesetzlichen Vertretern wegfällt, tritt eine Unterbrechung des Prozesses nur ein, falls die verbleibenden gesetzlichen Vertreter keine ausreichende Vertretungsmacht haben, BGH NJW 2008, 2441 (nicht bei einem ProzBev). Verstirbt der Liquidator als gesetzlicher Vertreter einer Personengesellschaft, wird trotz der eintretenden Prozessunfähigkeit der Personengesellschaft der Rechtsstreit nicht unterbrochen, wenn sie durch einen ProzBev. vertreten ist; auf Antrag ist das Verfahren jedoch nach § 246 I Hs 2 auszusetzen, BFH BeckRS 2010, 25016519 = BFH/NV 2010, 2106. Zum internationalen und ausländischem (speziell niederländischen) Recht: Hübler NZI 2019, 970 (973). Der Eintritt einer Abwicklung unterbricht den Prozess nur, soweit die bisherigen gesetzlichen Vertreter keine Abwickler sind.

7 **IV. Geltungsbereich, III.** Zunächst → Vor § 239 Rn. 3 ff. Die Anordnung der Nachlassverwaltung unterbricht den Rechtsstreit, den der Erbe führt, weil ihm das Recht entzogen wird, über den Nachlass zu verfügen. Die Unterbrechung ist an folgende Voraussetzungen geknüpft:

8 **1. Nachlassverwaltung.** Eine Unterbrechung nach III tritt bei einer Nachlassverwaltung nach § 1981 BGB ein. Diese steht der Eröffnung des Nachlassinsolvenzverfahrens praktisch gleich. Der Erbe verliert zwar nicht die

Prozessfähigkeit nach §§ 51, 52. Er verliert aber sein Prozessführungsrecht und seine sachliche Berechtigung nach § 1984 BGB, Celle MDR 2009, 989. Soweit der Erbe trotz einer Nachlassverwaltung mit seinem Vermögen nach §§ 1994 I, 2006 III, 2013 BGB haftet, tritt eine Unterbrechung nur ein, sofern es sich um einen Vollstreckungstitel nach §§ 704, 794 ff. gegenüber dem Nachlass handelt. Ein nicht vererblicher Anspruch kann die Nachlassverwaltung wegen der Kosten betreffen. Beim Tod des Nachlassverwalters gilt § 53 iVm § 241 I.

2. Weitere Voraussetzungen. Eine Unterbrechung nach III tritt nur unter folgenden Voraussetzungen ein: Entweder schwebte der Prozess von vornherein wegen eines Nachlassgegenstands für oder gegen den Erben; oder der Prozess schwebte gegen den Erblasser, der Erbe hat die Erbschaft angenommen und den Prozess nach § 239 I, V aufgenommen. Wenn der Prozess im Zeitpunkt der Anordnung der Nachlassverwaltung unterbrochen war, ist nach § 241 zu verfahren. Mit der Beendigung der Nachlassverwaltung tritt der Erbe ohne Weiteres in den Prozess ein. Die vom Nachlassverwalter nach § 80 erteilte Prozessvollmacht bleibt nach § 86 auch für die Erben wirksam. Ein Rechtsmittel, das der Nachlassverwalter eingelegt hatte, ist für den Erben eingelegt. 9

V. Anzeige, I, II. Die Unterbrechung des Prozesses beginnt mit dem Eintritt einer der in I, III genannten Umstände kraft Gesetzes ohne Rücksicht auf eine entsprechende Kenntnis der Beteiligten. Sie dauert so lange an, bis der neue gesetzliche Vertreter die Absicht der Fortsetzung des Verfahrens dem Gegner anzeigt oder bis umgekehrt der Gegner dem Vertreter seine Absicht anzeigt, das Verfahren fortzufahren, BGH NJW 1989, 255. Die Zustellung des Anzeigeprotokolls reicht, KG JurBüro 2011, 322. Das Gericht prüft die Vertretungsbefugnis nach § 56 erst im weiteren Verfahren, BGH VersR 1983, 667. Eine Ladung aufgrund einer entsprechenden Eingabe ist eine ausreichende Kundgebung der Absicht. Bei einer Verzögerung der Bestellung eines Vertreters ist kein prozessualer Rechtsbehelf statthaft. § 57 ist unanwendbar. Es bleibt dann nur möglich, die bestellende Behörde anzurufen. 10

VI. Verstoß. Soweit das Gericht eine Unterbrechung zu Unrecht annimmt, findet sofortige Beschwerde statt, §§ 252, 567 I Nr. 2, Köln NJW-RR 2003, 758. 11

242 *Unterbrechung durch Nacherbfolge.* **Tritt während des Rechtsstreits zwischen einem Vorerben und einem Dritten über einen der Nacherbfolge unterliegenden Gegenstand der Fall der Nacherbfolge ein, so gelten, sofern der Vorerbe befugt war, ohne Zustimmung des Nacherben über den Gegenstand zu verfügen, hinsichtlich der Unterbrechung und der Aufnahme des Verfahrens die Vorschriften des § 239 entsprechend.**

I. Systematik, Regelungszweck. → Vor § 239 Rn. 1, 2. Die Vorschrift regelt den Sonderfall der Nacherbschaft, der zwar auch eine Unterbrechung zum Schutz der Parteien rechtfertigt, aber von den übrigen Regelungen des Titel 5 nicht erfasst wird. § 242 schließt somit eine Regelungslücke, indem sie § 239 für entsprechend anwendbar erklärt. Bei bestehender Prozessvertretung wird § 242 von § 246 verdrängt. 1

II. Geltungsbereich. Zunächst → Vor § 239 Rn. 3 ff. Der Nacherbe ist weder materiell-rechtlich noch prozessual ein Rechtsnachfolger des Vorerben. Er ist vielmehr der Rechtsnachfolger des Erblassers. Der Eintritt der Nacherbschaft setzt auch nicht zwingend den Tod des Vorerben voraus (§§ 2103, 2106 II BGB). Da aber § 326 II die Rechtskraftwirkung auf den Nacherben erstreckt, soweit der Vorerbe nach §§ 2112, 2136 BGB ohne den Nacherben verfügen kann, sieht § 242 durch entsprechende Anwendung des § 239 dann eine Unterbrechung des Prozesses vor, wenn die Vorerbschaft endet. Die Vorschrift ist dann entsprechend anwendbar, wenn der Vorerbe mit einer Zustimmung des Nacherben verfügt hat, §§ 185, 2120 BGB. Über die der Nacherbfolge unterliegenden Gegenstände §§ 2100 ff. BGB. Hierzu gehört auch ein Prozess über den Umfang der Erbschaft des Vorerben. Eine Verfahrensunterbrechung in entsprechender Anwendung des § 242 kommt nicht in Betracht, wenn im Falle der Insolvenz (§ 240 S. 1) der Insolvenzverwalter den Rechtsstreit nicht wirksam aufgenommen hat, VG Ffo BeckRS 2020, 27208. 2

§ 242 ist nach § 246 dann unanwendbar, wenn der Vorerbe einen ProzBev. hat. § 242 findet nur Anwendung in Aktivprozessen des Vorerben über Nachlassgegenstände, über die er ohne Zustimmung des Nacherben verfügen darf (§§ 2112, 2136 BGB). Der Grund liegt in § 326 II, → Rn. 2. Ein Prozess über eine Nachlassverbindlichkeit fällt nicht unter § 242. Soweit der Vorerbe nach § 2145 BGB für eine Nachlassverbindlichkeit haftet, geht der Prozess gegen ihn weiter. Die Haftung des Nacherben ergibt sich aus den Urteilsgründen nach § 313 III. Der Tod des Vorerben unterbricht diesen Prozess nach § 239. Bei einer Ausschlagung des Nacherben gilt § 239 V. Wenn dem nicht befreiten Vorerben die Verfügungsmacht fehlt, muss das Gericht den Nacherben als nicht prozessführungsberechtigt abweisen. 3

243 *Aufnahme bei Nachlasspflegschaft und Testamentsvollstreckung.* **Wird im Falle der Unterbrechung des Verfahrens durch den Tod einer Partei ein Nachlasspfleger bestellt oder ist ein zur Führung des Rechtsstreits berechtigter Testamentsvollstrecker vorhanden, so sind die Vorschriften des § 241 und, wenn über den Nachlass das Insolvenzverfahren eröffnet wird, die Vorschriften des § 240 bei der Aufnahme des Verfahrens anzuwenden.**

I. Systematik, Regelungszweck. → Vor § 239 Rn. 1, 2. Die Vorschrift regelt Sonderfälle zu §§ 239, 242 und bezieht sich lediglich auf die Aufnahme des unterbrochenen Verfahrens. 1

II. Geltungsbereich. Zunächst → Vor § 239 Rn. 3 ff. Die Vorschrift regelt nicht den Beginn der Unterbrechung, sondern nur ihr Ende durch die Aufnahme bei einer Unterbrechung durch den Tod einer Partei nach § 239, und zwar in Fällen der Nachlasspflegschaft nach §§ 1960 ff. BGB, der Testamentsvollstreckung nach §§ 2212 ff. BGB oder der Nachlassinsolvenz nach § 1975 BGB, §§ 315 ff. InsO. Die Vorschrift ist nach § 242 entsprechend beim Eintritt der Nacherbfolge anwendbar. In den beiden ersten Fällen richtet sich die Aufnahme nach § 241, bei einem Nachlassinsolvenzverfahren nach § 240. Hat nach dem Tod einer Partei der Rechtsnachfolger den Rechtsstreit noch nicht aufgenommen und wird nun das Insolvenzverfahren über den Nachlass eröffnet, so wird die Unterbrechung der §§ 246, 239 durch die (zusätzliche) Unterbrechung nach § 240 überlagert. In diesem Fall kann nur für und gegen den Verwalter das Verfahren aufgenommen werden, denn den Rechtsnachfolgern des Verstorbenen fehlt es an der Prozessführungsbefugnis, BAG NZA 2022, 217 Rn. 22; 2

→ § 240 Rn. 5 „(Doppelunterbrechung)". Eine Aufnahme nach § 239, insbesondere dessen V, findet also nicht statt. Bei einem Todesfall zeigen der Nachlasspfleger oder der Testamentsvollstrecker dem Gegner ihre Bestellung an, oder umgekehrt zeigt der Gegner dem Nachlasspfleger oder dem Testamentsvollstrecker nach § 250 die Absicht der Fortsetzung des Prozesses an, BGH NJW 1988, 1390. Im Aktivprozess nach § 2212 BGB kann der Erbe die Aufnahme nicht wirksam erklären, BGH NJW 1988, 1390. Im wahren Passivprozess kann auch der Erbe aufnehmen, BGH NJW 1988, 1390.

3 § 243 gilt nach § 246 dann nicht, wenn ein ProzBev. vorhanden ist. Bei einem Nachlassinsolvenzfahren nach §§ 1975 ff. BGB, 315 ff. InsO ist der Prozess nach den insolvenzrechtlichen Vorschriften aufnehmen. Nach einer Beendigung des Insolvenzverfahrens erfolgt die Aufnahme nach § 239. Bei einer Aufhebung des Insolvenzverfahrens muss die Aufnahme hinzutreten.

244 *Unterbrechung durch Anwaltsverlust.* **I Stirbt in Anwaltsprozessen der Anwalt einer Partei oder wird er unfähig, die Vertretung der Partei fortzuführen, so tritt eine Unterbrechung des Verfahrens ein, bis der bestellte neue Anwalt seine Bestellung dem Gericht angezeigt und das Gericht die Anzeige dem Gegner von Amts wegen zugestellt hat.**

II [1]Wird diese Anzeige verzögert, so ist auf Antrag des Gegners die Partei selbst zur Verhandlung der Hauptsache zu laden oder zur Bestellung eines neuen Anwalts binnen einer von dem Vorsitzenden zu bestimmenden Frist aufzufordern. [2]Wird dieser Aufforderung nicht Folge geleistet, so ist das Verfahren als aufgenommen anzusehen. [3]Bis zur nachträglichen Anzeige der Bestellung eines neuen Anwalts erfolgen alle Zustellungen an die zur Anzeige verpflichtete Partei.

1 **I. Systematik.** Die Vorschrift regelt im Titel 5 (§§ 239 ff.) einen weiteren Fall Unterbrechung der den Anwaltsprozess (§ 78) betrifft und in der Praxis nicht selten zur Anwendung kommt. § 244 trägt dem Grundsatz Rechnung, dass in Anwaltsprozess die Partei nicht postulationsfähig ist.

2 **II. Regelungszweck.** Wenn die Partei in einem Prozess mit einem Anwaltszwang (§ 78) ihren ProzBev. ohne ihr eigenes Zutun verliert, muss das Gesetz dafür sorgen, dass sie nicht schutzlos wird. Die Postulationsfähigkeit, die im Anwaltsprozess nur durch den ProzBev. gewährleistet wird, ist Wirksamkeitsvoraussetzung für die jeweilige Prozesshandlung. Deshalb sieht § 244 I für den Fall des Verlustes des ProzBev. die Unterbrechung vor. Ist nämlich in einem Anwaltsprozess die anwaltliche Vertretung nicht mehr gesichert, verletzt eine Verfahrensfortsetzung das Gebot der Gewährung rechtlichen Gehörs aus Art. 103 I GG, BGH NJW-RR 2020, 1191 Rn. 17. Andererseits darf dieser Schutz nicht zu lange zulasten des Prozessgegners erfolgen. Daher begrenzt II die Unterbrechung in einer zeitlich abgestuften Weise bis hin zum Mittel der Unterstellung der Aufnahme. Dabei kann der Prozessgegner die Initiative ergreifen.

3 **III. Geltungsbereich.** Zunächst → Vor § 239 Rn. 3 ff. § 244 bezieht sich nur auf den Anwaltsprozess, BGH NJW-RR 2020, 1191; FamRZ 1992, 49. Das Gericht muss die Vorschrift in allen Instanzen von Amts wegen beachten, BGH NJW 2002, 2107; Karlsr AnwBl 1982, 434 (krit. Thomas AnwBl 1982, 528). § 244 gilt nicht, soweit eine Erklärung statthaft ist, zB bei §§ 44 I Hs. 2, 117 I 1, 920 III, 936. Im Parteiprozess tritt beim Wegfall des Anwalts die Partei kraft Gesetzes an seine Stelle, auch soweit in der Rechtsmittelinstanz kein Anwaltszwang besteht. Bei einer arbeitsrechtlichen Streitigkeit gilt § 244 für den Verbandsvertreter, der die Partei als ProzBev. vertritt, soweit nach § 11 II ArbGG ein Vertretungszwang besteht.

4 **IV. Tod, I.** Eine Unterbrechung tritt zunächst dann ein, wenn der Anwalt der Partei stirbt, BGH VersR 1984, 988. Der Parteibegriff ist identisch mit dem des § 239; → § 239 Rn. 8 ff. Anwalt im Sinne dieser Vorschrift ist der notwendigerweise wirksam beauftragte Rechtsanwalt, also der ProzBev. der jeweiligen Instanz. Ebenso verhält es sich beim Tod des streitgenössischen Streithelfers nach § 69, nicht des gewöhnlichen nach § 66. Das gilt aber nicht, wenn für den Anwalt vor dem Ereignis ein Vertreter nach § 53 BRAO bestellt worden war, BGH NJW 1982, 2324; KG NJW-RR 2008, 142, jedoch nur bis zum Ende der Vertreterbestellung, Köln FamRZ 1993, 1469. Dann bestimmt § 54 BRAO, dass eine Rechtshandlung des bestellten Vertreters des Anwalts trotz des Tods des Anwalts bis zu dessen Löschung in der Anwaltsliste wirksam ist, BGH NJW 1982, 2325. Beim Wegfall der Prozessfähigkeit ist § 244 neben § 241 anwendbar, Mü NJW 1989, 255. Vertritt der Anwalt als Partei sich selbst, wird bei seiner Vertretungsunfähigkeit das Verfahren nach § 244 unterbrochen, BGH NJW-RR 2018, 567; NJW 2002, 2107; KG NJW-RR 2008, 142; Prütting/Gehrlein/Anders Rn. 5.

5 Wegen des Abwicklers BGH MDR 1976, 487 (maßgeblich ist der Schluss der Abwicklung), aM Köln FamRZ 1993, 1469. Bei einer Bestellung mehrerer zB in einer Anwaltssozietät kommt es auf den Wegfall aller an. Wenn die Partei nach der Ablehnung eines Antrags auf eine Prozesskostenhilfe nach § 127 I keinen Anwalt findet, ist I 1 nicht entsprechend anwendbar, BGH VersR 1980, 554. Auf den Verkehrsanwalt ist I unanwendbar, BGH VersR 1984, 988, ebenso auf den Unterbevollmächtigten.

6 **V. Vertretungsunfähigkeit, I.** Eine Unterbrechung tritt ferner dann ein, wenn der Anwalt der Partei oder des streitgenössischen Streithelfers nach § 69, nicht des gewöhnlichen Streithelfers nach § 66, rechtlich an der Vertretung gehindert wird, BGH MDR 1976, 487. Nach hM bedeutet dies, dass eine tatsächliche Verhinderung nicht reicht, MüKoZPO/Stackmann Rn. 14; Prütting/Gehrlein/Anders Rn. 8; Zöller/Greger Rn. 4; Musielak/Voit/Stadler Rn. 3; → Rn. 14; kritisch hierzu: Vorwerk NJW 2020, 1196 unter Hinweis darauf, dass sich BGHZ 66, 59 = MDR 1976, 487 auf die Entscheidung des RG vom 15.3.1933, RGZ 141, 167 bezieht. Auch wenn die Entscheidung des RG eine rechtsstaatswidrige Regelung zur Grundlage hatte, dürfte dies auf die Beurteilung der Frage, ob § 244 neben rechtlichen auch auf tatsächliche Hindernisse Anwendung findet, keine Auswirkung haben, Rauscher COVuR 2020, 2. Wird ein Anwalt unfähig, die Vertretung einer Partei fortzuführen, wird das Verfahren auch unterbrochen, wenn sich der Anwalt in zulässiger Weise selbst vertritt, BGH BeckRS 2020, 10808; NJW 1990, 1854.

7 *Eine Verhinderung kann in den folgenden Situationen eintreten:*

8 **1. Ausschluss.** Der Anwalt kann nach der BRAO aus der Anwaltschaft ausgeschlossen worden sein. Die Hinderung tritt nach § 204 I 1 BRAO mit der formellen Rechtskraft der Ausschließung ein, BGH NJW 1987, 327 (abl. Vollkommer JR 1987, 230).

2. Strafurteil. Der Anwalt kann durch ein strafgerichtliches Urteil nach § 70 StGB (Erteilung eines Berufsverbotes) rechtlich gehindert sein, BGH NJW 1990, 1854. Die Hinderung tritt nach §§ 31, 33 StGB erst mit der formellen Rechtskraft des Urteils ein. Die bloße Beschuldigung, sei es auch eines Parteiverrats, reicht daher nicht, KG NJW-RR 2000, 799. 9

3. Löschung. Die Vertretungsunfähigkeit kann dadurch eintreten, dass der Anwalt nach der BRAO in der Liste der Anwälte gelöscht wird, weil er die Zulassung aufgegeben oder zurückgenommen hat, BGH VersR 1981, 679; Celle MDR 2006, 1010, auch ab der Zustellung einer Anordnung über die sofortige Vollziehbarkeit des Widerrufs der Zulassung, Karlsr AnwBl 1995, 97. 10

4. Prozessunfähigkeit. Die Vertretungsunfähigkeit kann auch dadurch eintreten, dass der Anwalt seine Prozessfähigkeit verliert, BVerfG NJW 1974, 1279; BGH BeckRS 2020, 10808; NJW 2002, 2108; Mü NJW-RR 1989, 255, bei Wegfall der Geschäftsfähigkeit, BGH NJW 1959, 1587. 11

5. Berufs- oder Vertretungsverbot. Die rechtliche Hinderung kann dadurch eintreten, dass gegen den Anwalt ein auch nur vorläufiges Berufs- oder Vertretungsverbot nach §§ 150, 155 BRAO ergeht, BGH NJW 1990, 1854; BAG NJW 2007, 3226; Hamm NJW 2008, 3075 (auch ohne Kenntnis des Gerichts). Das gilt auch in einem Anwaltsprozess, in dem der Anwalt sich nach § 78 IV selbst vertritt, BGH NJW-RR 2018, 567; NJW 2002, 2107; KG NJW-RR 2008, 142, → Rn. 4. 12

6. Sonstiger Verlust. Die Vertretungsunfähigkeit kann schließlich dadurch eintreten, dass der Anwalt auf eine andere Weise seine Postulationsfähigkeit zB durch Rückgabe der Zulassung nach § 14 II Nr. 2 BRAO verliert, BGH MDR 1976, 487, auch etwa durch die Zurücknahme oder Widerruf der Zulassung nach §§ 13 ff. BRAO, BGH NJW 2013, 2438. 13

VI. Fehlen einer Vertretungsunfähigkeit, I. Eine Unterbrechung findet in folgenden Fällen nicht statt: Die Partei entzieht dem Anwalt das Mandat; der Anwalt kündigt den Auftrag nach § 87, BGH NJW 1975, 120; er ist an der Wahrnehmung der Interessen des Auftraggebers – ebenso wie bei Erkrankungen – nur tatsächlich und nicht etwa rechtlich verhindert; bei §§ 45, 46 BRAO; bei der Bestellung eines allgemeinen Vertreters nach § 53 BRAO, BGH VersR 1981, 658; KG NJW-RR 2008, 142; beim Wegfall nur eines von mehreren zu ProzBev. bestellten Sozien; wenn nur der Verkehrsanwalt wegfällt. Eine tatsächliche Verhinderung kann allenfalls nur dann ausreichen, wenn ihr ein ähnliches Gewicht zukommt wie ein dauerhaftes Ereignis, zB beim Tod des Anwalts, Prütting/Gehrlein/Anders Rn. 8; vgl. auch Vorwerk NJW 2020, 1196; → Rn. 4 ff. Deshalb dürfte bei einer Verhinderung des Anwalts, gegen den aufgrund einer Pandemie Quarantäne angeordnet wurde (so bei Covid-19 Anfang 2020), auf die Umstände des Einzelfalls ankommen, ob es sich um eine dauerhafte Verhinderung handelt oder eine Kompensation über §§ 227, 233 möglich ist, ausführlich: Prütting/Gehrlein/Anders Rn. 8; krit. Vorwerk NJW 2020, 1196; zum Lösungsansatz: → § 245 Rn. 3; → § 247 Rn. 3; → § 128a Rn. 7. 14

VII. Instanz, I. § 244 bezieht sich nur auf den ProzBev. der jeweiligen Instanz, § 172, BGH NJW 1995, 1095. Beim Wegfall eines schon für die nächste Instanz bestellten Anwalts nach der Zustellung des Ersturteils tritt (jetzt) eine Unterbrechung ein, BGH NJW 2002, 2107; BAG NJW 2007, 3226. Die Rechtsmittelfrist kann aber unterbrochen sein, ebenso die Begründungsfrist, BGH VersR 1977, 835. Wenn der extra bestellte Anwalt der höheren Instanz wegfällt, tritt nicht der Anwalt der niedrigeren Instanz an seine Stelle, solange die höhere Instanz nicht abgeschlossen ist. Deshalb erfolgt nach einer Unterbrechung des Prozesses trotz § 172 keine Urteilszustellung nach § 317 an den Anwalt der unteren Instanz. Der Tod des ProzBev. der Instanz nach der Zustellung eines Versäumnisurteils nach §§ 330 ff. unterbricht den Prozess. Denn die Instanz dauert nach § 340 I fort. 15

Evtl. kann die Unterbrechung auch für ein Nachverfahren eintreten, etwa nach einem Vorbehaltsurteil nach §§ 302, 599. Das gilt aber dann nicht, wenn das Gericht ein Vorbehaltsurteil bereits zugestellt hat, für ein Rechtsmittel, also für den Bereich nach dem Abschluss der Instanz, siehe aber BAG NJW 1976, 1334 (Vorlagebeschluss). Soweit der Gegner das Rechtsmittel eingelegt hat, kann das Gericht die Rechtsmittelschrift der Partei selbst zustellen. Man kann den ProzBev. der unteren Instanz, der eine Beschwerde eingelegt hat, nicht als ProzBev. der Beschwerdeinstanz ansehen. Deshalb unterbricht sein Wegfall das Verfahren in der Beschwerdeinstanz nicht. Der Wegfall des im Prozesskostenhilfeverfahren nach § 121 beigeordneten Anwalts unterbricht, soweit die Partei ihn schon zum ProzBev. bestellt hatte. Wenn die Partei in der Instanz mehrere Personen zu ProzBev. bestellt hat, unterbricht erst der Wegfall der letzten dieser Personen das Verfahren. 16

VIII. Aufnahme. Die Aufnahme des unterbrochenen Verfahrens findet nach Beendigung der Unterbrechung statt. Die Unterbrechung des I beginnt mit dem Tod oder dem Verlust der Vertretungsfähigkeit. Liegt der Vertretungsunfähigkeit eine Entscheidung zugrunde, kommt es auf den Eintritt der Rechtskraft bzw. Bestandskraft an, BGH NJW 2013, 2438. Die Unterbrechung endet grds. mit der Anzeige des neuen ProzBev., hierzu gehört auch der amtlich bestellte Abwickler, BAG NJW 2016, 1754. Die Unterbrechung endet auf Antrag der Gegenseite mit Ablauf der vom Vorsitzenden wegen Verzögerung der Aufnahme gesetzten Frist, BGH BeckRS 2020, 10808. 17

1. Grundsatz: Anzeige und Zustellung. Die Unterbrechung des Prozesses endet ähnlich wie bei § 87 I Hs. 2 dann, wenn der wieder vertretungsfähig gewordene oder der bestellte neue Anwalt beim Gericht von seiner Bestellung eine Anzeige macht, BGH VersR 1981, 658, und wenn das Gericht die Anzeige dem Gegner von Amts wegen nach § 250 zustellt. Die Anzeige der Neubestellung kann auch konkludent gleichzeitig mit einem Schriftsatz in der Sache erfolgen, zB gleichzeitig mit einem Rechtsmittel, BGH NJW 1990, 1854; Karlsr AnwBl 1982, 434 (krit. Thomas AnwBl 1982, 528). Dann gilt § 295 I. Das Gericht prüft nach § 88 die Vollmacht des neuen ProzBev. erst im weiteren Verfahren. Wenn die Landesjustizverwaltung für einen verstorbenen Anwalt einen Kanzleiabwickler bestellt, erfolgt nach § 55 II 3 BRAO die Aufnahme des Rechtsstreits, für den der Abwickler als bevollmächtigt gilt, falls die Partei keine anderweitige Vorsorge getroffen hat, in derselben Weise nach § 250. Es ist also nach § 55 II 4 BRAO nicht ausreichend, dass der Kanzleiabwickler seine Ernennung dem Gericht anzeigt. Wohl aber reicht jede auf den Fortgang des Prozesses gerichtete Handlung, BAG NZA 1997, 1294, zB ein Wiedereinsetzungsgesuch nach § 236. Das gilt beim letzteren auch rückwirkend, BGH NJW 1987, 327. 18

2. Verzögerung der Anzeige. Wenn die Partei keinen neuen Anwalt bestellt oder der Anwalt die Anzeige nach § 250 verzögert, verfährt das Gericht nach II wie folgt: Das Gericht lädt auf Antrag des Gegners die Partei 19 selbst zu einer mündlichen Verhandlung über die Hauptsache. Dann hat das Gericht die Partei nach §§ 215, 525 III in Anwaltsprozess zur Bestellung eines Anwalts aufzufordern. Eine Aufgabe der Ladung zur Post ist ebenso unstatthaft wie eine Zustellung an den Anwalt der ersten Instanz. Denn II stellt eine Ausnahme von § 172 dar. Mit Zustellung der Ladung endet die Unterbrechung; das bedeutet gleichzeitig die Aufnahme des Verfahrens. Wenn im Verhandlungstermin kein Anwalt für diese Partei erscheint, kann das Gericht eine Versäumnisentscheidung zur Hauptsache nach §§ 330, 331 erlassen. Es kann auch nach § 331a nach der Aktenlage entscheiden.

20 **3. Anwaltsbestellung.** Das Gericht kann die Partei auch zur Bestellung eines Anwalts innerhalb einer vom Vorsitzenden festzulegenden und in beglaubigter Ablichtung oder Abschrift förmlich zuzustellenden Frist auffordern. Die Unterbrechung endet in diesen Fällen kraft Gesetzes dann, wenn entweder die Frist ergebnislos abläuft, vgl. BGH/NV 2009, 198, oder wenn der neue Anwalt seine Bestellung dem Gericht mitteilt. Das Gericht braucht dann über die Unterbrechungsfrage nicht mehr zu entscheiden. Diese Möglichkeit bietet sich an, wenn keine mündliche Verhandlung mehr erforderlich ist, zB wenn es nur noch um die Zustellung einer Entscheidung geht, Zöller/Greger Rn. 5a; Prütting/Gehrlein/Anders Rn. 11. Vom Fristablauf an ist eine Zustellung an eine auswärtige Partei ohne einen Zustellungsbevollmächtigten durch eine Aufgabe der Sendung zur Post zulässig.

245 ***Unterbrechung durch Stillstand der Rechtspflege.*** **Hört infolge eines Krieges oder eines anderen Ereignisses die Tätigkeit des Gerichts auf, so wird für die Dauer dieses Zustandes das Verfahren unterbrochen.**

1 **I. Systematik, Regelungszweck.** → Vor § 239 Rn. 1, 2.

2 **II. Geltungsbereich.** Zunächst → Vor § 239 Rn. 3 ff. § 245 betrifft nur einen Stillstand der Rechtspflege, das sog. iustitium, etwa wegen eines Kriegs, eines Aufruhrs oder einer Naturkatastrophe, zB eines Lawinenunglücks, einer Überschwemmung usw., also nicht eine rein tatsächliche Behinderung des Gerichts, etwa wegen des Tods aller Richter oder wenn alle erfolgreich abgelehnt oder erkrankt sind. Auch eine Verlegung des Gerichts wegen einer Kriegsgefahr fällt nicht unter § 245. Es ist unerheblich, ob das Gericht noch einzelne Sachen bearbeitet. Es muss aber insgesamt eine völlige Undurchführbarkeit eines geordneten Justizbetriebs auf eine mit Sicherheit derzeit nicht absehbare längere Dauer vorliegen. Diese Vorschrift hat zumindest seit Bestehen der Bundesrepublik Deutschland keine praktische Bedeutung mehr gehabt, MüKoZPO/Stackmann Rn. 1; Prütting/Gehrlein/Anders Rn. 2. Theoretisch gilt die Vorschrift auch für ein selbstständiges Beweisverfahren, Saarbr NJW-RR 2020, 712.

3 Durch die Covid-19-Pandemie seit Beginn des Jahres 2020 wurde erstmals die Frage aufgeworfen, ob diese zum Stillstand der Rechtspflege führen könnte, Greger NJW 2020 Heft 13, 3 (Editorial); auf der Heiden NJW 2020, 1023; Rebehn NJW 2020 Heft 16, 17; Vorwerk NJW 2020, 1196. Schließlich wurde als „anderes Ereignis" iSd Vorschrift schon früher eine Epidemie benannt. Die Störungen durch Quarantänemaßnahmen und landesweite Einschränkungen nach dem IfSG dürften jedoch für einen Stillstand der Rechtspflege nicht ausreichen, denn es geht allein um die rein faktisch zu beurteilende Frage, ob die Tätigkeit eines oder aller deutschen Gerichte für eine gewisse, unklare Dauer aufhört, Rauscher COVuR 2020, 2; Schmidt/Zschieschack § 14 Rn. 7. So sind auch in Zeiten der Covid-19-Pandemie Ortstermine zur Beweisaufnahme durch Sachverständige durchzuführen, auch wenn die Partei nicht mit der Durchführung einverstanden ist; die Einhaltung der üblichen Infektionsschutzregeln im Beweissicherungsverfahren ist durch den Sachverständigen sicherzustellen, LG Saarbr NJW-RR 2020, 712. Selbst wenn sämtliche Richter an einem Gericht durch eine Epidemie ausfielen, hörte wegen der Zuständigkeitsbestimmung durch das nächsthöhere Gericht die Tätigkeit des Gerichts nicht auf, auf der Heiden NJW 2020, 1023. Darüber hinaus ist die Funktionsfähigkeit der Justiz durch die Entwicklung der elektronischen Kommunikation zumindest teilweise aufrecht zu erhalten, Prütting/Gehrlein/Anders Rn. 2, Greger NJW 2020 Heft 13, 3. Wird die mündliche Verhandlung durchgeführt, bestehen im Falle einer Pandemie sitzungspolizeiliche Maßnahmen nach §§ 172 Nr. 1a, 173 II GVG oder § 176 I, II 2 GVG; → GVG § 172 Rn. 9, 16 ff.; → GVG § 176 Rn. 10 ff. Weiter können nach § 128a durch Bild- oder Tonübertragungen mündliche Verhandlungen einschließlich Beweisaufnahmen durchgeführt, nach § 128 II, IV kann das Verfahren schriftlich erledigt werden, Prütting/Gehrlein/Anders Rn. 2. Schließlich kann auch eine Verweisung vor den Güterichter, der nach § 278 V alle Methoden der Konfliktbeilegung (per Skype oder Online-Dispute-Resolution im Internet) anwenden kann, einen Stillstand der Rechtspflege verhindern, Greger NJW 2020 Heft 13, 3. Infolge der Covid-19-Pandemie ist es jedoch nie zu einem Stillstand der Rechtspflege gekommen, Saarbr NJW-RR 2020, 712; Kblz BeckRS 2020, 19111; Schmidt/Zschieschack § 14 Rn. 6 ff.

4 Nach § 245 ist eine förmliche Aufnahme des Verfahrens unnötig. Die Unterbrechung endet kraft Gesetzes dann, wenn der Stillstand der Rechtspflege beendet ist. Über die Tatsache des Stillstands der Rechtspflege entscheidet der Richter, also über ihren Eintritt und ihre Dauer.

246 ***Aussetzung bei Vertretung durch Prozessbevollmächtigten.*** **I Fand in den Fällen des Todes, des Verlustes der Prozessfähigkeit, des Wegfalls des gesetzlichen Vertreters, der Anordnung einer Nachlassverwaltung oder des Eintritts der Nacherbfolge (§§ 239, 241, 242) eine Vertretung durch einen Prozessbevollmächtigten statt, so tritt eine Unterbrechung des Verfahrens nicht ein; das Prozessgericht hat jedoch auf Antrag des Bevollmächtigten, in den Fällen des Todes und der Nacherbfolge auch auf Antrag des Gegners die Aussetzung des Verfahrens anzuordnen.**

II Die Dauer der Aussetzung und die Aufnahme des Verfahrens richten sich nach den Vorschriften der §§ 239, 241 bis 243; in den Fällen des Todes und der Nacherbfolge ist die Ladung mit dem Schriftsatz, in dem sie beantragt ist, auch dem Bevollmächtigten zuzustellen.

1 **I. Systematik, Regelungszweck.** → Vor § 239 Rn. 1. Die Vorschrift stellt eine Ausnahmeregelung zu §§ 239 I, 241 I, III und 242 dar. Die dort geregelte Unterbrechung findet nach I Hs. 1 nicht statt, wenn eine Vertretung durch einen ProzBev. vorliegt, da dessen Prozessvollmacht fortwirkt (§ 86), BGH NJW 2004, 1528; BAG NJW 2015, 1709 (bei § 239); VG Ffo BeckRS 2020, 27208. Es besteht aber nach I Hs. 2 die Möglichkeit einen Antrag auf Aussetzung des Verfahrens zu stellen. II regelt die Dauer der Aussetzung und die Aufnahme des

Verfahrens. Wegen des Ausnahmecharakters des § 246 schließen sich Unterbrechung und Aussetzung gegenseitig aus, BGH NJW 2008, 2441.

Die Vorschrift bezweckt in I Hs. 1 einen ungestörten Verfahrensfortgang, Schlesw FamRZ 2013, 1752; Nürnb FamRZ 1996, 175; denn aufgrund der fortwirkenden Prozessvollmacht kann der ProzBev. alle Prozesshandlungen für und gegen die Partei wirksam vornehmen. Etwas anderes gilt nur dann, wenn der ProzBev. das Mandat vor dem Tod der Partei niedergelegt hatte. 2

Die Vorschrift dient in I Hs. 2, II aber auch den Interessen des ProzBev. und einer möglichen neuen Partei. Der ProzBev. soll davor geschützt werden, im Außenverhältnis handeln zu müssen, ohne Instruktionen der möglichen neuen Partei zu haben. Zweck der Möglichkeit, eine Aussetzung zu beantragen, ist es, dem ProzBev. Zeit zu geben, sich mit dem neuen Berechtigten, dem Rechtsnachfolger der Partei, dem möglichen neuen Vertreter, dem Nacherben oder Nachlassverwalter zu besprechen und sich eine neue Prozessvollmacht (§ 86 Hs. 2) geben zu lassen, Düss ZEV 2016, 337. 3

II. Geltungsbereich. Zunächst → Vor § 239 Rn. 3 ff. § 246 gilt nur für die in §§ 239 I, 241 I, III, 242 geregelten Unterbrechungsvoraussetzungen und ist deshalb nur in allen Verfahrensarten, in denen diese Vorschriften gelten, anwendbar, sofern die Partei durch einen Verfahrensbevollmächtigten vertreten wird. § 246 einerseits und §§ 239, 241, 242 andererseits schließen sich gegenseitig aus. Eine Unterbrechung oder eine Aussetzung kommen nur alternativ in Betracht, BGH NJW 2008, 2441; Prütting/Gehrlein/Anders Rn. 1. 4

III. Beispiele zur Frage des Geltungsbereichs

Anwaltsvertreter: Anwendbar ist § 246 bei seiner Bestellung nach § 53 BRAO, KG NJW-RR 2008, 142. 5

Befangenheitsverfahren: Die Aussetzung (hier wegen Vorlage an den EuGH) hindert nicht eine Entscheidung in einem Befangenheitsverfahren nach §§ 42 ff., da es sich nicht um die Entscheidung in der Hauptsache, sondern um eine Nebenentscheidung handelt, BGH NJW 2016, 1022 Rn. 8; → Vor § 239 Rn. 6; a. M. Stgt BeckRS 2022, 2468 Rn. 12 ff. (Befangenheitsverfahren sei Teil des Hauptverfahrens).

Erlöschen: Anwendbar ist § 246 beim Erlöschen einer Partei, BGH NJW 2002, 1431; Ros NJW-RR 2007, 69; Karlsr FamRZ 2004, 1039, Unanwendbar ist die Vorschrift beim Löschen einer juristischen Person, BGH NJW 1979, 1592.

Gesetzlicher Vertreter: Anwendbar ist § 246 schon nach dem Wortlaut von I bei Wegfall des gesetzlichen Vertreters, so zB der einzige Liquidator nach § 145 ff HGB, BFH BeckRS 2010, 25016519 = BFH/NV 2010, 2106; NJW-RR 2001, 244 (iVm § 155 FGO); Hmb FamRZ 1983, 1262; aM Köln OLGR 2003, 173.

Insolvenzeröffnung: Unanwendbar ist § 246 im Eröffnungsverfahren nach § 240, BGH ZIP 1988, 1584 (Prozessvollmacht erlischt nach § 117 InsO).

Insolvenzverwalter: Anwendbar ist § 246 bei seinem Wechsel, BGH ZIP 2012, 1184.

Kostenfestsetzungsverfahren: Die Aussetzung des Rechtsstreits umfasst grds. auch das Kostenfestsetzungsverfahren, BGH NJW 2008, 2441.

Löschung im Handelsregister: → „Prozessfähigkeit".

Liquidator: Verstirbt der Liquidator als gesetzlicher Vertreter, ist § 246 anwendbar, BFH BeckRS 2010, 25016519 = BFH/NV 2010, 2106; → „Gesetzlicher Vertreter"

Mediationsverfahren: Die Aussetzung des Verfahrens nach § 246 im Mediationsverfahren dürfte nicht der Güterichter anordnen, sondern eher dem Streitgericht vorbehalten sein, Fritz/Pielsticker Mediationsgesetz § 278 Rn. 69.

Musterfeststellungsverfahren: Hier gilt die Sonderregelung des § 613 II. Hat ein Verbraucher vor Bekanntmachung der Angaben zur Musterfeststellungsklage im Klageregister eine Klage gegen den Musterfeststellungsbeklagten erhoben, die die Feststellungsziele und den Lebenssachverhalt der Musterfeststellungsklage betrifft, und meldet er seinen Anspruch zum Klageregister an, setzt das Gericht des Individualverfahrens dieses nach § 613 II bis zur Erledigung der Musterfeststellungsklage aus, BGH ZIP 2020, 935. Das Gericht ist aber insoweit auf die Informationen der Parteien angewiesen, Schneider BB 2018, 1986; → § 613 Rn. 8.

Nacherbfolge: Anwendbar ist § 246 schon nach dem Wortlaut von I beim Eintritt der Nacherbfolge.

Nachlassverwaltung: Anwendbar ist § 246 schon nach seinem Wortlaut bei einer Nachlassverwaltung. Unbekannte Erben werden durch den Nachlasspfleger gesetzlich vertreten, da der vorläufige Erbe für Ansprüche gegen den Nachlass nicht prozessführungsbefugt ist, Brschw ZEV 2020, 34.

Prozessfähigkeit: Anwendbar ist § 246 schon nach seinem Wortlaut bei ihrem Verlust oder Wegfall. § 246 gilt auch, wenn die GmbH ihre Prozessfähigkeit durch Löschen im Handelsregister verliert, selbst wenn Prozessvertreter der GmbH nach Löschung sein Mandat niederlegt, ohne aber zuvor den Vollmachtsvertrag gegenüber der GmbH wirksam gekündigt zu haben, FG Mü EFG 2015, 1181; FG Bln EFG 2010, 349. Unanwendbar ist die Vorschrift bei einer nur vorübergehenden Geistesstörung, Brschw OLGZ 1975, 443.

Prozesskostenhilfe: Unanwendbar ist § 246 bei §§ 114 ff. Einer verstorbenen Partei kann keine PKH bewilligt werden. Der ProzBev. eines verstorbenen Klägers ist nicht berechtigt, gegen einen die PKH ablehnenden Beschluss eine sofortige Beschwerde zu erheben, LAG Bln-Brdb BeckRS 2022, 8981 Rn. 10.

Rechtsform: Anwendbar ist § 246 bei ihrer Änderung etwa infolge einer Verschmelzung, BGH NJW 2004, 1528 (Verschmelzung einer GmbH auf eine AG); BAG NZA 2007, 826.

Rechtshängigkeit: Anwendbar sein kann § 246 vor und nach Eintritt der Rechtshängigkeit, BGH NJW 1993, 1654.

Selbstvertretung: Unanwendbar ist § 246 bei der Selbstvertretung eines Anwalts, BGH NJW-RR 2018, 566 (dann Unterbrechung auch beim Vollmachtsende eines Vertreters mit dem Tod des Vertretenen).

Tod: Anwendbar ist § 246 schon nach dem Wortlaut von I beim Tod einer Partei, auch grds. beim Tod schon vor der Rechtshängigkeit, Düss FamRZ 2016, 156 (auch wegen einer Ausnahme).

Verschmelzung: Anwendbar ist § 246 bei ihr, → „Rechtsform".

WEG-Verfahren: Anwendbar ist § 246 auch im WEG-Verfahren, LG Mü I NJW-RR 2013, 787.

Zwangsvollstreckung: Hat beim Tod des Schuldners die Zwangsvollstreckung bereits begonnen, ist eine Unterbrechung des Verfahrens nach §§ 239, 246 nicht zu prüfen; vielmehr kann sie in seinen Nachlass fortgesetzt werden, BGH WM 2020, 233.

IV. Vertretung durch Prozessbevollmächtigten. Die Vorschrift setzt in allen Fällen voraus, dass die Partei einen ProzBev. hat, BGH NJW 2002, 1431; BAG NJW 2015, 1710; BFH BeckRS 2010, 25016519 = BFH/NV 6

2010, 2106; LSG Stgt FamRZ 2013, 964. Das gilt auch im Verfahren ohne Anwaltszwang, also im sog. Parteiprozess. Es braucht sich außerhalb eines Anwaltszwangs nicht unbedingt um einen Anwalt zu handeln, Robrecht MDR 2004, 980. Für die Frage der Prozessbevollmächtigung kommt es auf die jeweilige Instanz an, BFH FamRZ 2009, 113.

V. Beispiele zur Frage einer Vertretung

7 **Beschränkte Zulassung:** Nicht als ein ProzBev. gilt ein nach § 83 II nur beschränkt zugelassener Vertreter.

Betreuer: Zulässig ist die Vertretung durch einen solchen Anwalt, der als Betreuer tätig ist, LSG Stgt FamRZ 2013, 964.

Dauer der Tätigkeit: Über die Dauer des ProzBev. § 172.

Gesetzlicher Vertreter: Es gilt dasselbe wie bei → „Partei kraft Amts".

Instanz: Der Auftrag muss schon und noch für diese Instanz wirksam sein, Gießler FamRZ 2003, 1846.

Niederlegung: Der Anwalt darf den Auftrag nicht schon wirksam niedergelegt haben, Karlsr BB 2004, 2324.

Partei kraft Amts: Wenn der Anwalt eine Partei kraft Amtes ist, wird § 241 und nicht § 246 anwendbar, Robrecht MDR 2004, 980. Denn die letztere Bestimmung setzt voraus, dass die Partei und ihr ProzBev. nicht identisch sind.

Rechtsmittel: Wenn das hemmende Ereignis erst nach seiner Einlegung eintritt, kommt der ProzBev. der Erstinstanz trotz einer Fortdauer seiner Vollmacht nicht mehr infrage. Denn er vertritt die Partei nach § 172 II nur duldend, nicht handelnd. Deshalb tritt dann eine Unterbrechung ein, solange ein ProzBev. der Rechtsmittelinstanz fehlt, BGH NJW 1981, 687; BFH FamRZ 2009, 113. Für die zulässige Einlegung eines Rechtsmittels durch eine Gesellschaft ohne gesetzlichen Vertreter reicht es aus, wenn sie noch als prozessfähige Gesellschaft einen Anwalt mit ihrer Vertretung und mit der Einlegung des Rechtsmittels beauftragt hat, BGH NZG 2019, 511.

Selbstvertreter: Vertritt ein Anwalt sich selbst (§ 78 IV), gilt grds. § 244 und nicht § 246; § 246 greift aber ein, wenn zuvor ein allgemeiner Vertreter nach § 53 BRAO bestellt wurde, KG NJW-RR 2008, 143; Prütting/Gehrlein/Anders Rn. 5.

Tod mehrerer Prozessbevollmächtigten: Er unterbricht den Prozess nicht.

Urteilszustellung: Wenn die Partei nach diesem Zeitpunkt stirbt und wenn der Gegner alsdann das höhere Gericht anruft, gilt dasselbe wie → „Rechtsmittel".

Vorläufige Zulassung: Als ein ProzBev. gilt auch ein nach § 89 vorläufig zugelassener Vertreter.

Zwischen Instanzen: Wenn die Partei dann stirbt und wenn sie selbst ein Rechtsmittel einlegen wollte, gilt sie insofern als durch ihren erstinstanzlichen ProzBev. noch vertreten, BGH NJW 1981, 687. Der ProzBev. muss dann nach § 86 Hs. 2 eine Vollmacht des neuen Berechtigten beibringen.

8 **VI. Verfahren.** Die Aussetzung erfolgt nur auf Antrag; eine Aussetzung von Amts wegen ist im Rahmen des § 246 ausgeschlossen.

9 **1. Antrag.** Das Prozessgericht, also das untere Gericht auch nach Erlass seines Endurteils bis zur Einlegung eines Rechtsmittels, darf den Prozess erst aufgrund eines nicht fristgebundenen Antrags evtl. nach § 248 aussetzen, BAG NZA 2006, 730; Mü BB 2005, 2436; LG Mü I NJW-RR 2013,787. Antragsberechtigt sind: In allen Fällen der ProzBev., nicht auch die von ihm vertretene Partei, BAG NJW 2021, 874 Rn. 9 = NZA 2021, 375, oder deren Streitgehilfe, § 66; beim Tod im Fall des § 239 oder bei einer Nacherbfolge nach § 242 auch der Gegner. Das gilt auch im WEG-Verfahren, LG Mü I NJW-RR 2013,787. Bei einem Streit über die Erbfolge wird ein zugehöriges Zwischenverfahren nötig, BGH WM 1982, 1170. Der Antrag braucht keine Begründung. Er ist nach § 248 I Hs. 2 vor der Geschäftsstelle zulässig. Daher unterliegt er keinem Anwaltszwang. Er ist in jeder Lage des Verfahrens zulässig, auch nach einer Verkündung des Urteils nach §§ 310, 311, solange es noch nicht nach § 705 formell rechtskräftig ist, KG NJW-RR 2006, 1146. Es ist unerheblich, wie lange das die Antragsberechtigung auslösende Ereignis – zB der Tod einer Prozesspartei – zurückliegt; BAG NJW 2021, 874 Rn. 14 = NZA 2021, 375; MüKoZPO/Stackmann Rn. 14. Es kommt nur darauf an, ob das Ereignis nach der Anhängigkeit eingetreten war. Eine unrichtige Mitteilung des ProzBev., der Auftraggeber sei verstorben, ist nicht als ein an sich zulässiger Aussetzungsantrag auslegbar, BGH VersR 1993, 1375. Bei Zweifel an der Behauptung, eine Partei sei verstorben, muss das Gericht den Sachverhalt von Amts wegen aufklären und notfalls Beweis erheben. Das gilt jedoch nur, wenn der Tod behauptet wird, und nicht schon dann, wenn nur um Aussetzung für entsprechende Nachforschungen gebeten wird, Saarbr NJW 2019, 1468. Der ProzBev. verliert sein Antragsrecht nicht dadurch, dass er für die neue Partei auftritt. Der Gegner muss evtl. ein besonderes Interesse haben, Schlesw FamRZ 2013, 1752. Er verliert sein Antragsrecht nicht durch eine Verhandlungsbereitschaft des Erben oder des Nacherben. Für das Antragsrecht ist es unerheblich, wie lange der Tod der Prozesspartei zurückliegt, BAG NJW 2021, 874 = NZA 2021, 375. Ein vorsorglicher gegnerischer Fortsetzungsantrag kann das Aussetzungsrecht nicht vereiteln, Mü BB 2005, 2436.

10 **2. Fehlen eines Antrags.** Man kann auf das Recht, eine Aussetzung zu verlangen, einseitig verzichten. Ein Verzicht liegt aber noch nicht in einem vorbehaltlosen Verhandeln zur Sache. Solange ein Antrag unterbleibt, läuft der Prozess einfach weiter. Die richtige Prozesspartei ist dann der Rechtsnachfolger, BGH NJW 1993, 1654. Das gilt selbst dann, wenn das Gericht ihn im Urteil überhaupt nicht genannt hat, VGH Mannh NJW 1984, 196. Wenn er erst nachträglich bekannt wird, muss das Gericht den Urteilskopf des § 313 I Nr. 1 nach § 319 berichtigen. Das gilt auch bei einer juristischen Person. Beim Tod eines notwendigen Streitgenossen tritt entsprechend § 62 keine Aussetzung ein.

11 **3. Beschluss.** Die Aussetzung erfolgt durch einen Beschluss nach § 329. Wegen seiner Wirkung vgl. § 249. Das Gericht muss bei Zweifeln an einem behaupteten Aussetzungsgrundes nach § 246 den Sachverhalt von Amts wegen aufklären; notfalls muss es nach Beweiserhebung im Wege freier Beweiswürdigung die Tatsachen feststellen, Saarbr NJW 2019, 1468.

12 **VII. Dauer und Aufnahme, II.** Beginn und Ende sind unterschiedlich leicht zu klären.

13 **1. Beginn der Aussetzung.** Die Aussetzung beginnt nicht schon mit der Antragstellung, sondern mit der Wirksamkeit ihrer Anordnung (§ 248), BGH NJW 1987, 2379; KG KTS 1999, 139. Infolgedessen bleibt ein Fristablauf vor diesem letzteren Zeitpunkt bestehen, BGH NJW 1987, 2379. Die Wirkung tritt schon mit der

formlosen Mitteilung nach § 329 II 1 ein und nicht erst mit der nach § 329 II 2 erforderlichen Zustellung ein, BGH NJW-RR 2011, 1282.

2. Ende der Aussetzung. Die Aussetzung dauert so lange fort, bis das Verfahren nach § 250 aufgenommen wird oder bis eine Anzeige entsprechend §§ 239, 241–243 erfolgt, KG JurBüro 2011, 321, oder bis zB die Erbfolge geklärt ist, Ros NJW-RR 2007, 69. Die Anzeige eines Nachlasspflegers genügt ohne die Notwendigkeit einer Prüfung der Wirksamkeit seiner Bestellung, KG NJW-RR 2006, 1145, und ohne eine Notwendigkeit der Darlegung seines Wirkungsumfangs, BGH NJW 1995, 2172. Beim Tod eines Liquidators einer Personengesellschaft endet die auf Antrag des ProzBev. erfolgte Aussetzung auch, wenn ein neuer Liquidator bestellt ist, BFH BeckRS 2010, 25016519 = BFH/NV 2010, 2106. Das Gericht darf die Aussetzung also nicht von Amts wegen aufheben. Im Todesfall oder bei einer Nacherbfolge stellt das Gericht die Ladung mit dem Schriftsatz zu, der den Aufnahmeantrag enthält. Die Zustellung erfolgt gegenüber dem Rechtsnachfolger oder dem Nacherben selbst, soweit er schon bekannt ist, BSG MDR 1984, 702. Andernfalls ist eine Berichtigung der Parteibezeichnung nicht erforderlich, OVG Münst NJW 1986, 1707. Die Zustellung erfolgt außerdem an den ProzBev., den der Verstorbene oder der Vorerbe für diese Instanz bestellt hatte, also nicht an den ProzBev. der unteren Instanz. § 239 IV ist nur insofern anwendbar, als die Rechtsnachfolge dann als zugestanden gilt, wenn eine Ladung nach § 246 II erfolgt ist, da hierin eine Sonderregelung liegt. Die materiell-rechtlichen Auswirkungen der Rechtsnachfolge sind auch in der Revisionsinstanz jedenfalls dann zu beachten, wenn die maßgebenden Tatsachen feststehen, BGH KTS 1986, 734. Obwohl die Aussetzung mit dem Eintritt der Unterstellung endet, muss das Gericht ein Versäumnisurteil nach §§ 330 ff. dem ProzBev. zustellen. Denn seine Vollmacht dauert nach § 86 fort. Zulässig ist ein Prozess- wie ein Sachurteil, BFH NJW-RR 2001, 244. 14

VIII. Verstoß, II. Bei einem Verstoß gegen II ist die Prozesshandlung der Partei wie die des Gerichts unwirksam. Es fehlt dann zB eine ordnungsgemäße Ladung, BGH NJW 1984, 2830. 15

247 *Aussetzung bei abgeschnittenem Verkehr.* **Hält sich eine Partei an einem Ort auf, der durch obrigkeitliche Anordnung oder durch Krieg oder durch andere Zufälle von dem Verkehr mit dem Prozessgericht abgeschnitten ist, so kann das Gericht auch von Amts wegen die Aussetzung des Verfahrens bis zur Beseitigung des Hindernisses anordnen.**

I. Systematik, Regelungszweck. → Vor § 239 Rn. 1, 2. Nach dieser Vorschrift kann das Gericht von Amts wegen das Verfahren aussetzen, wenn eine Partei aus bestimmten Gründen, → Rn. 2, nicht in der Lage ist, ihre Rechte im Verfahren geltend zu machen. Die Vorschrift bezweckt damit die Sicherstellung des Verfahrensgrundrechts auf Gewährung rechtlichen Gehörs (Art. 103 I GG). 1

II. Geltungsbereich. Zunächst → Vor § 239 Rn. 3 ff. § 247 setzt voraus, dass das Gericht anders als bei § 245 zwar tätig ist, dass aber die Partei ihre Rechte unverschuldet nicht wahrnehmen kann. Die Existenz eines ProzBev. und die Möglichkeit des schriftlichen Verkehrs mit ihm schließen eine Behinderung nicht stets aus. Die Vorschrift gilt dann nicht, wenn das Gericht einen Zeugen wegen § 247 nicht vernehmen kann. Dann kommt § 356 in Betracht. Wenn es sich um Streitgenossen nach § 59 handelt, muss das Gericht für jeden nach § 145 besonders befinden, es sei denn, dass eine notwendige Streitgenossenschaft nach § 62 vorliegt. 2

Als Gründe einer Aussetzung nennt § 247 zunächst, dass sich die Partei an einem Ort aufhält, der durch obrigkeitliche Anordnung oder Krieg vom Verkehr mit dem Gericht abgeschnitten ist. Aus der weiten Verwendung des Beispiels „andere Zufälle" lässt sich schließen, dass die Aufzählung zwar nicht abschließend ist, es sich aber um solche Umstände handeln muss, die die Partei nicht zu vertreten hat; so kommen zB Aufruhr, Überschwemmung oder andere Formen der höheren Gewalt, die von einer gewissen Dauer und von der Partei nicht zu vertreten sind, in Betracht. Ebenso ist es denkbar, dass aufgrund einer Epidemie einer Partei der Verkehr mit dem Gericht iSd Vorschrift abgeschnitten ist, Gehrlein ZMR 2020, 257; → § 245 Rn. 3. Die angeordneten Ausgangsbeschränkungen und Quarantänemaßnahmen reichen hierzu nicht, da Kontaktaufnahme über Brief oder ggf. auch Telefon ausreicht, Zweibr NJW 1999, 2907; Rauscher COVuR 2020, 2; auf der Heiden NJW 2020, 1023; Schmidt/Zschieschack § 14 Rn. 11 f. So ist es einer in der Republik Irland ansässigen Partei aufgrund der Covid-19-Pandemie nicht unmöglich, Schriftverkehr mit dem Gericht zuführen oder einen Vertreter in einen Termin zur mündlichen Verhandlung vor dem Gericht zu entsenden, AG Hmb BeckRS 2020, 11930 = CoVuR 2020, 311. Eine Einschränkung dieser Kommunikationsmittel erscheint nach den Maßnahmen, die im Rahmen der Covid-19-Pandemie Anfang 2020 nach dem IfGS angeordnet wurden, jedoch eher unwahrscheinlich, da nach § 30 III 5 IfSG Postsendungen nur zurückgehalten werden dürfen, soweit es zur Entseuchung notwendig ist; hierzu bestanden aus virologischer Sicht bisher keine Anhaltspunkte, auf der Heiden NJW 2020, 1023, Prütting/Gehrlein/Anders Rn. 2. 3

Nicht ausreichend ist eine selbst herbeigeführte Unerreichbarkeit, zB während einer weiten Urlaubsreise oder beim Einsatz in einem Krisengebiet, Zweibr NJW 1999, 2907 (Kfor-Einsatz im Kosovo). 4

III. Verfahren. Das Gericht ordnet eine Aussetzung im Rahmen eines pflichtgemäßen Ermessens auf einen Antrag oder von Amts wegen an. Das Verfahren verläuft im Übrigen wie bei § 248. Die Aussetzung endet dann, wenn die behindert gewesene Partei wieder tätig wird. Eine bloße Möglichkeit zum Tätigwerden steht aber nicht gleich. Die Aussetzung endet ferner dann, wenn das Gericht einen Beschluss über ihre Aufhebung mitteilt. Zu einem solchen Beschluss ist es auch bei einer jetzt wieder vorhandenen bloßen Möglichkeit der Partei zum Tätigwerden verpflichtet. Diese Mitteilung kann formlos erfolgen. 5

248 *Verfahren bei Aussetzung.* [I] **Das Gesuch um Aussetzung des Verfahrens ist bei dem Prozessgericht anzubringen; es kann vor der Geschäftsstelle zu Protokoll erklärt werden.**

[II] **Die Entscheidung kann ohne mündliche Verhandlung ergehen.**

I. Systematik, Regelungszweck. → Vor § 239 Rn. 1, 2. Die Vorschrift bezieht sich nur auf die Aussetzungsanträge nach §§ 246, 247. 1

II. Geltungsbereich. → Vor § 239 Rn. 3. 2

3 **III. Antrag, I.** Nach dem Wortlaut des § 246 ist bei §§ 246, 247 ein Antrag bei Gericht schriftlich oder zum Protokoll der Geschäftsstelle anzubringen. Aus der Verwendung des Wortes „Gesuch" in § 248 ist zu schließen, dass hiermit sowohl der Antrag als auch die Anregung bei einer Entscheidung von Amts wegen gemeint ist. Der Antrag ist Prozesshandlung. Es besteht nach § 78 III Hs. 2 kein Anwaltszwang. Man kann den Antrag bei dem Erstgericht bis zum Zeitpunkt der Einlegung eines Rechtsmittels einreichen, BGH NJW 1977, 718; KG NJW-RR 2006, 1146, anschließend nur beim Rechtsmittelgericht. Das örtlich unzuständige Gericht sendet den Antrag nach § 129a von Amts wegen dem zuständigen Gericht zu. Dieser Vorgang kann aber nichts daran ändern, dass eine verspätete Einlegung Rechtsnachteile für die Partei nach sich zieht.

4 **IV. Entscheidung, II.** Das Gericht kann nach II die Aussetzungsentscheidung ohne mündliche Verhandlung treffen. Dies gilt auch für § 148, da die früher vertretene Auffassung § 248 II müsse analog angewendet werden durch die Neufassung des § 128 IV obsolet ist, BGH NJW-RR 2011, 1441. Aus §§ 128 IV, 248 II ergibt sich auch, dass für die Entscheidung über die Aussetzung keine Wiedereröffnung der mündlichen Verhandlung erforderlich ist, BGH NJW 2020, 1973 Rn. 22 = ZIP 2020, 935. Einem Umkehrschluss aus § 249 III ist zudem zu entnehmen, dass der Schluss der mündlichen Verhandlung der Aussetzung nicht entgegensteht, BGH NJW 2020, 1973 Rn. 23; → § 249 Rn. 26. Das Gericht trifft seine Entscheidung grundsätzlich durch einen Beschluss nach § 329. Wenn die Aussetzung abgelehnt werden soll und dies erst in den Gründen geschieht, kann die Entscheidung auch durch Endurteil erfolgen, MüKoZPO/Stackmann Rn. 4; Prütting/Gehrlein/Anders Rn. 2.

5 Das Gericht muss seine Entscheidung grundsätzlich begründen. Zum einen müssen die Parteien wissen, auf welcher Grundlage das Verfahren ausgesetzt wurde, zum anderen muss die Entscheidung im Falle einer Anfechtung überprüfbar sein. Das Gericht verkündet den Beschluss nach § 329 I 1, BGH NJW 1987, 2379. Es stellt ihn nach § 329 II förmlich zu. Soweit das Gericht das Verfahren aussetzt, teilt es die Entscheidung beiden Parteien durch eine förmliche Zustellung nach §§ 252, 329 III Hs. 2 mit. Soweit das Gericht eine Aussetzung des Verfahrens ablehnt, stellt es seinen Beschluss nach denselben Vorschriften ebenfalls so zu. Die Aussetzung wird mit dem gesetzmäßigen Erlass des Beschlusses wirksam, BGH NJW 1987, 2379 (das ist verfassungsgemäß); Mü MDR 1990, 252; LG BadBad MDR 1992, 998. Soweit eine mündliche Verhandlung stattgefunden hat, wird der Beschluss verkündet, BGH NJW 1987, 2379.

6 Wegen der Wirkung der Aussetzung § 249. Wenn das Gericht instanziell unzuständig war, ist der Aussetzungsbeschluss wirkungslos. Denn er gilt bestimmungsgemäß für diese Instanz.

7 **Gebühren:** des Gerichts: keine; des Anwalts: gehört nach § 19 I 2 Nr. 3 RVG zum Rechtszug; sonst VV 3412 RVG.

8 **V. Rechtsbehelfe.** Vgl. § 252.

249 ***Wirkung von Unterbrechung und Aussetzung.*** **[I] Die Unterbrechung und Aussetzung des Verfahrens hat die Wirkung, dass der Lauf einer jeden Frist aufhört und nach Beendigung der Unterbrechung oder Aussetzung die volle Frist von neuem zu laufen beginnt.**

[II] Die während der Unterbrechung oder Aussetzung von einer Partei in Ansehung der Hauptsache vorgenommenen Prozesshandlungen sind der anderen Partei gegenüber ohne rechtliche Wirkung.

[III] Durch die nach dem Schluss einer mündlichen Verhandlung eintretende Unterbrechung wird die Verkündung der auf Grund dieser Verhandlung zu erlassenden Entscheidung nicht gehindert.

1 **I. Systematik.** Während §§ 239–247 die Voraussetzungen einer Unterbrechung oder Aussetzung regeln und § 248 für die Fälle, in denen eine Aussetzung in Betracht kommt, das etwaige Antragserfordernis behandelt, richtet sich das jeweilige Verfahren nach den allgemeinen Vorschriften einschließlich der über die Entscheidungen und deren Mitteilung. § 249 nennt die Rechtsfolgen eines Stillstands in Form einer Unterbrechung (§§ 239–245) oder einer Aussetzung (§§ 246–248), sobald diese wirksam ist, BVerwG NVwZ-RR 2016, 364.

2 **II. Regelungszweck.** § 249 I trifft Regelungen über die Auswirkungen auf die Fristen. Dass die Frist kraft Gesetzes wirkungslos ist, soll dem Zwischenfall Rechnung tragen, der zu einer prozessualen Reaktion gezwungen hat, und gleichzeitig dem Prozessbeteiligten seine prozessualen Möglichkeiten nicht endgültig abzuschneiden.

3 II beschränkt die Wirkung nur gegenüber dem Prozessgegner, nicht auch gegenüber dem Gericht. III erlaubt dem Gericht aber doch in einer begrenzten, aber wichtigen Art. und Weise die Fortführung, sogar eine Beendigung seiner Arbeit. Beides bezweckt eine Prozessförderung trotz der Unterbrechung oder Aussetzung. Entsprechend darf man diese Teile der Vorschrift auslegen.

4 **III. Geltungsbereich.** Zunächst → Vor § 239 Rn. 3 ff. Die Vorschrift bezieht sich auf alle Fälle einer Aussetzung und auf alle solchen Verfahrensarten, die einer Unterbrechung oder Aussetzung des Verfahrens unterliegen, zB § 246, BGH FamRZ 1991, 548; Celle FamRZ 1975, 419. So erstreckt sie sich auch auf Aussetzung bei Vorgreiflichkeit nach § 148, BGH NJW-RR 2021, 638 Rn. 12 f. Weiter betrifft sie die Aussetzung bei Verdacht einer Straftat nach § 149, BGH NJW 2004, 3418; BAG NJW 2020, 3334 Rn. 55 = NZA 2020, 1355. Schließlich bezieht sie sich sogar auf eine Aussetzung nach Art. 100 I GG (Möglichkeit der Verfassungswidrigkeit), BGH NJW 1968, 503. Auch eine Aussetzung des Verfahrens nach § 8 I KapMuG wird von § 249 umfasst, BGH BeckRS 2020, 15968 = ZIP 2020, 1518. Sie ist nach III auf eine gerichtliche Handlung anwendbar, obwohl II nur von einer Parteihandlung spricht, BGH NZG 2017, 394 Rn. 29. Die Vorschrift gilt auch für Verfahren nach dem FamFG, wie es in § 21 I 2 FamFG ausdrücklich und für Familiensachen durch Verweisung allgemein in § 113 I 2 FamFG geregelt ist.

5 Sie ist nicht anwendbar: Auf eine Gerichtsstandsbestimmung nach § 36 I Nr. 3, BGH ZIP 2014, 243; auf das Prozesskostenhilfeverfahren nach §§ 114 ff., BAG NJW 2016, 424; auf das selbständige Beweisverfahren nach §§ 485 ff.; auf das Rechtsmittel nach §§ 511 ff., 542 ff., 567 ff., LG Wu DGVZ 1999, 184; auf den Kostenansatz nach § 4 GKG, *Stgt JurBüro 1991, 952;* auf die Zwangsvollstreckung nach §§ 704 ff., Stgt Rpfleger 1990, 312; Bbg NJW-RR 1989, 576; aM LG Wu DGVZ 1999, 184. Erfolgt eine Aussetzung der Hauptsache bevor ein verkündetes Urteil Rechtskraft erlangt, ist jedoch eine Kostenfestsetzung unzulässig, Karlsr FamRZ 2009, 1702; Kblz NJW-RR 2005, 512; vgl. aber Naumb JurBüro 1994, 686. Die Wirkungen des § 249 treten bei einer

Unterbrechung kraft Gesetzes ohne Rücksicht auf die etwaige Kenntnis des Gerichts oder der Parteien von dem Unterbrechungsgrund ein, BGH NJW 1990, 1854; Köln NJW-RR 1988, 701.

Das Gericht muss die Wirkungen in jeder Lage des Verfahrens von Amts wegen beachten, BGH KTS 1988, 6 498; Mü NJW-RR 1989, 255; Köln NJW-RR 1988, 701. Bei einer Aussetzung des Verfahrens treten die Wirkungen erst dann ein, wenn der Aussetzungsbeschluss wirksam wird. Eine Aussetzung erstreckt sich nur auf diese Instanz. Man kann ein Zwischenurteil auf eine Feststellung der Unterbrechung nach § 256 bewirken und es auch evtl. wie ein Endurteil anfechten, BGH FamRZ 2006, 201.

IV. Ende des Fristlaufs, I. In I sind alle eigentlichen Fristen des Prozessrechts gemeint, auch die nach § 544 7 II, BGH WM 2016, 1747. Nicht hierunter fallen die uneigentlichen und materiell-rechtlichen Fristen, LAG Sachsen MDR 2001, 834.

1. Prozessuale Frist: Endgültiges Fristende. Eine Frist hört grundsätzlich mit dem Eintritt der Unter- 8 brechung oder Aussetzung zu laufen auf, BGH NJW 1990, 1854; BAG NJW 2009, 3531; Oldb VersR 2013, 847. Sie braucht noch gar nicht begonnen zu haben, BGH NJW-RR 2003, 1005. Das gilt für jede eigentliche Frist, BAG NJW 2009, 3531; eine gesetzliche oder eine richterliche Frist, Oldb VersR 2013, 847; eine gewöhnliche oder eine Notfrist nach § 224 I 2; auch die Berufungsbegründungsfrist nach § 520 II, BAG JurBüro 1997, 151; Wagner KTS 1997, 568; nicht aber die uneigentliche Frist. Der Fristablauf wird nicht etwa gehemmt. Vielmehr vernichten eine Unterbrechung oder eine Aussetzung den bisherigen Fristablauf. Nach der Beendigung der Unterbrechung oder Aussetzung beginnt die Frist für beide Parteien völlig neu zu laufen, soweit sie überhaupt anlaufen kann, soweit also zB eine fristschaffende Zustellung wirksam erfolgt ist, BAG NJW 2009, 3531.

Wenn es sich um eine Frist handelt, die das Gericht um einen bestimmten Zeitraum verlängert hat, ist die 9 Gesamtlänge der Frist eine volle Frist nach I. Bei einem Fristende nach der Unterbrechung bleibt eine vor Fristablauf vorgenommene Prozesshandlung unabhängig von einer erneuten Fristsetzung rechtzeitig. Wenn das Gericht eine Frist bis zu einem bestimmten Endzeitpunkt gesetzt hatte und wenn sie während der Unterbrechung des Verfahrens abgelaufen wäre, kann das Gericht sie nicht nachträglich verlängern. Vielmehr ist als volle Frist nach I die entsprechende gesetzliche Frist ansehen, zB die des § 520 II 1, die neu zu laufen beginnt. Dasselbe gilt für die Berufungszulassungsfrist nach § 124a IV VwGO, wenn der Kläger, der Prozesskostenhilfe beantragt hat, vor der Entscheidung hierüber stirbt, VGH Mü BeckRS 2012, 58036. Hilfsweise muss das Gericht eine neue Frist festsetzen, BGH NJW 1975, 692. Wenn der Bekl. nach der Zustellung des Ersturteils gestorben ist und wenn das Gericht das Verfahren deshalb ausgesetzt hat, beginnt eine neue Berufungsfrist nach § 517 nicht schon mit der Verkündung des Urteils, das die Wirksamkeit des Ersturteils gegenüber dem Rechtsnachfolger des Bekl. ausspricht.

Eine Unterbrechung und eine Aussetzung verhindern auch den Beginn eines Fristlaufs, so den Beginn der 10 Zweiwochenfrist zur Stellung des Antrags auf eine Wiedereinsetzung nach § 234 I 1 oder den Beginn der Ein-Monatsfrist nach § 517 lt. Hs., BGH NJW 1990, 1854.

2. Materiell-rechtliche Frist. Eine Aussetzung des Verfahrens beendet nicht die Unterbrechung einer 11 materiell-rechtlichen Frist, BGH VersR 1982, 651; LAG Drsd MDR 2001, 834, zB die Hemmung der Verjährungsfrist. Hier beginnt eine neue Verjährung erst beim Nichtweiterbetreiben nach dem Wegfall des Grundsatzes der Aussetzung oder Unterbrechung, BGH NJW 1987, 371.

V. Prozesshandlung, II. Die Vorschrift hat sehr unterschiedliche Auswirkungen. 12

1. Prozesshandlung dem Prozessgegner gegenüber: Grundsatz der Unwirksamkeit wegen Haupt- 13 sache. Eine Prozesshandlung ist nach II dem Prozessgegner gegenüber grundsätzlich zwar nicht nichtig, wohl aber unwirksam, BGH NJW 2005, 3070; BAG NZA 2015, 1333; Düss NJW-RR 2001, 522. Dazu gehört also jede Prozesshandlung, die eine Partei gerade zur Hauptsache und nicht zu einer Nebensache während der Unterbrechung oder der Aussetzung vornimmt, BAG NJW 2016, 424, vgl. aber → Rn. 14 „Klageänderung". Das gilt gegenüber dem Prozessgegner, nicht aber auch gegenüber dem Gericht. Andere Prozesshandlungen dem Gegner gegenüber bleiben wirksam. Das gilt etwa für die Kündigung einer Prozessvollmacht.

2. Beispiele zur Frage einer Unwirksamkeit gegenüber dem Prozessgegner, II

Aktenlageentscheidung: Unwirksam ist der Antrag auf eine solche Entscheidung nach Lage der Akten. 14

Einstellung der Zwangsvollstreckung: Wirksam bleibt ein Antrag nach § 707 oder § 719, Bbg NJW-RR 1989, 576.

Falsche Partei: Die Prozesshandlung einer fälschlich als Partei, etwa als Erbe, auftretenden Person ist für die wahre Partei ganz bedeutungslos.

Klageänderung: Unwirksam ist sie gegenüber dem Prozessgegner, Brdb ZIP 2010, 2319. Da eine Klageerweiterung in einem wegen Vorgreiflichkeit des Kündigungsschutzprozesses ausgesetzten Rechtsstreits über Vergütung wegen Annahmeverzugs keine „in Ansehung der Hauptsache" vorgenommene Prozesshandlung sei, sei sie gegenüber dem Prozessgegner wirksam, BAG NJW 2016, 424.

Kostenfestsetzung: Wirksam bleibt das Verfahren nach §§ 103 ff. als ein Nebenverfahren.

Prozesskostenhilfe: Wirksam bleibt das Verfahren nach §§ 114 ff., BAG NJW 2016, 424. Denn es sieht keine Aussetzung nach §§ 148 ff. vor und braucht sie auch nicht, Zweibr FamRZ 2006, 349; aM Köln MDR 2003, 526.

Rechtsbehelf: Wirksam bleibt ein Rechtsbehelf zur Geltendmachung der Unwirksamkeit nach II, BGH ZIP 2013, 1448; BAG KTS 2001, 371.

Rechtsmittelverzicht: Wirksam bleibt ein solcher Verzicht nach §§ 515, 565.

Sicherheitsleistung: Wirksam bleibt das Verfahren auf die Rückgabe einer Sicherheit nach § 109.

Stillstand: Wirksam bleibt eine gerade den Verfahrensstillstand betreffende Handlung, BGH NJW 1997, 1445.

Streitwert: Wirksam bleibt grds. ein Wertfestsetzungsverfahren nach §§ 3 ff., § 63 GKG, BGH NJW 2000, 1199; BAG NJW 2016, 424. Denn sonst könnte evtl. gar keine Kostenberechnung erfolgen, Karlsr MDR 1993, 471 (Ausnahme: Der Wert bestimmt die Rechtsmittelfähigkeit).

Vollmacht: Wirksam bleibt ihre Kündigung.

Vollstreckungsschutzantrag: Wirksam bleibt ein Vollstreckungsschutzantrag, BAG NJW 2016, 424.

Zuständigkeitsbestimmung: Wirksam bleibt das Verfahren nach § 36 I Nr. 3, BayObLG NJW 1986, 389.

Zustellung: Unwirksam ist eine Zustellung an den Gegner, BGH MDR 2013, 670; Düss BauR 2017, 157.

15 **3. Prozesshandlung dem Gericht oder Dritten gegenüber: Grundsatz der Wirksamkeit.** Für die vornehmende Partei ist die Prozesshandlung gegenüber dem Gericht grundsätzlich wirksam. Deshalb ist die Einreichung der Rechtsmittelschrift zB nach § 519 als eine Prozesshandlung gegenüber dem Gericht nötig und wirksam; sie muss deshalb nicht nach Ende der Unterbrechung oder Aussetzung erneut vorgenommen werden, BGH ZIP 2013, 1493; NJW 1997, 1445; Düss NZG 2019, 669; NJW-RR 2001, 522; FG Hmb ZIP 2011, 2276. Sie setzt zwar zunächst das Rechtsmittelverfahren nicht in Gang, Düss BauR 2017, 157. Sie ist aber nach einer Aufnahme dessen Grundlage, BGH NJW 1998, 2364. Eine Rechtsmittelrücknahme zB nach § 516 ist wirksam. Prozesshandlungen gegenüber einem Dritten sind grundsätzlich wirksam, etwa eine Klageerweiterung nach §§ 263, 264 oder eine Widerklage, Zöller/Greger Rn. 6.

16 Einen Verstoß beachtet das Gericht grundsätzlich nicht von Amts wegen, Musielak/Voit/Stadler Rn. 4; MüKoZPO/Stackmann Rn. 14; Prütting/Gehrlein/Anders Rn. 6. Das Gericht hat jedoch die Ordnungsmäßigkeit der etwa notwendigen Zustellung zu prüfen, BGH VersR 1981, 679. Ein Fehler kann nach § 295 I heilen. Nach einer gerichtlichen Entscheidung kann die Heilung aber nach §§ 547 Nr. 4, 579 I Nr. 4 nur durch eine ausdrückliche oder stillschweigende Genehmigung des Gegners eintreten. Die Aufnahmeerklärung nach § 250 ist auch keine Genehmigung. § 295 ist selbst bei einer Notfrist nach § 224 I 2 anwendbar, bei der ein Verzicht nur die Wirkung einer an sich form- und fristgerechten Handlung betrifft. Nur der Prozessführungsberechtigte kann heilen, daher nicht der Schuldner bei einer Unterbrechung des Insolvenzverfahrens. Wenn der Insolvenzverwalter aber die Klageforderung freigibt, heilt die Aufnahme dieses Verfahrens durch den Schuldner und die darin liegende stillschweigende Genehmigung. Die Aufnahme durch den Insolvenzverwalter bedeutet dort keinen Verzicht. Eine Heilung ist dann nicht mehr möglich, wenn das Gericht die Unwirksamkeit festgestellt hat.

17 **4. Gerichtliche Prozesshandlung beiden Parteien gegenüber: Grundsatz der Unwirksamkeit.** Gerichtliche Handlungen, die – wie eine Zustellung – mit Außenwirkung während der Unterbrechung vorgenommen werden, sind unzulässig und beiden Parteien gegenüber grundsätzlich unwirksam, BGH NZG 2017, 394 Rn. 29; NJW 2013, 2438 Rn. 14; NJW 1990, 1854; LSG Bln-Brdb ZIP 2009, 2360; OVG Münst NJW 2010, 3529; VG Ffo BeckRS 2020, 27208, und zwar unabhängig von der Kenntnis des Gerichts, BGH NJW 2013, 2438; BAG NZA 2015, 1331; OVG Münst NJW 2010, 3529. Ein Urteil kann weder erlassen noch zugestellt werden, BGH NZG 2017, 394 Rn. 29; NJW 2013, 2438. Ein gleichwohl erlassenes Urteil ist den Parteien gegenüber unwirksam; allerdings muss die Unwirksamkeit mit dem zulässigen Rechtsmittel geltend gemacht werden, BGH NZG 2017; 394 Rn. 29; NZI 2004, 341; → Rn. 27. Zu den gerichtlichen Handlungen zählen weiter zB eine Terminsbestimmung nach § 216, BGH NJW-RR 1990, 342; Gießler FamRZ 2003, 1847, eine Ladung oder Zustellung nach §§ 168, 270, Düss BauR 2017, 157; Karlsr AnwBl 1995, 97, oder ein die eigene Zuständigkeit leugnender Beschluss iSd § 36 I Nr. 6, BayObLG BeckRS 2020, 23929. Die Vorschrift ist entgegen ihrem zu engen Wortlaut auch auf Gerichtshandlungen anwendbar.

18 Das Gericht darf also grundsätzlich keine Prozesshandlung mehr vornehmen, sobald eine Unterbrechung eingetreten ist, LSG Bln-Brdb ZIP 2009, 2360. Dabei kommt es nicht auf seine Kenntnis vom Unterbrechungsgrund an, BGH FamRZ 2009, 868. Erst recht darf das Gericht nicht mehr prozessfördernd tätig werden, sobald es einen Unterbrechungsgrund erfährt oder eine Aussetzung angeordnet hat, BGH NJW 1990, 1854; KG JurBüro 1976, 378; Hamm Rpfleger 1975, 446. Dann muss das Gericht eine Beweisaufnahme nach §§ 355 ff. unterlassen, Ffm OLGZ 1994, 78; ggfs. muss es sie abbrechen. Ferner muss es einen um die Beweisaufnahme nach §§ 362, 375 ersuchten Richter oder einen nach §§ 402 ff. mit einer Feststellung beauftragten Sachverständigen sofort von der Unterbrechung oder Aussetzung benachrichtigen.

19 Zulässig bleibt eine Entscheidung über prozessuale Wirkungen der Insolvenzeröffnung, BAG NZA 2005, 1076. Das Gericht darf auch über einen Nebenspruch entscheiden, zB den Streitwert nach §§ 3 ff. ZPO, § 63 GKG festsetzen, BGH NJW 2000, 1199, sowie eine Berichtigung nach § 319 oder nach § 320 vornehmen, über eine Prozesskostenhilfe nach §§ 114 ff. oder über einen Vollstreckungsschutz nach §§ 707, 765a befinden, BGH NJW 2001, 375; Bbg NJW-RR 1989, 576. Es darf bei einer nicht von einer Unterbrechung mitbetroffenen Partei ein Teilurteil unter den Voraussetzungen des § 301 erlassen, BGH GRUR 2017, 521.

20 **5. Verstoß.** Eine demnach etwa ergangene gerichtliche Entscheidung ist abgesehen von einer sog. Nichtentscheidung ausnahmsweise wegen ihres Charakters als eines Staatshoheitsakts wirksam, BGH NJW-RR 2012, 1465; Brdb MDR 2010, 840; LG Saarbr ZIP 2010, 1824. Der Betroffene kann den Verstoß auch durch eine Genehmigung nach § 295 I heilen, BGH NJW 1984, 2830. Andernfalls besteht unabhängig von einer Kenntnis des Gerichts von der Unterbrechung eine Anfechtbarkeit wie sonst, BGH NJW-RR 2012, 1465; BAG NZA 2008, 1204; OVG Kblz ZIP 2013, 240. Hätte wegen der Unterbrechung kein Urteil ergehen dürfen, darf das Berufungsgericht bei einer Säumnis des Berufungsklägers die Berufung nicht durch ein Versäumnisurteil nach §§ 330 ff., 525 zurückweisen, Köln NJW-RR 1995, 891.

21 Wenn das Gericht trotz eines Insolvenzverfahrens ein Urteil gegen den Schuldner entgegen § 240 erlassen hat, darf jede Partei persönlich das Rechtsmittel einlegen, BGH NJW 1995, 2563; Brdb MDR 2010, 840; OVG Bln NVwZ-RR 2006, 584. Das Berufungsgericht muss nach § 538 II 1 Nr. 1 zurückverweisen, Oldb MDR 2005, 836. Allerdings hat der Verwalter keinen Rechtsbehelf gegen eine nur gegen den Schuldner ergangene Entscheidung, Köln NJW-RR 1988, 702. Eine Entscheidung des BGH bleibt unanfechtbar, BGH BB 2004, 1248.

22 **VI. Verkündung, III.** Die Verkündung einer Entscheidung ist nach III bei der Unterbrechung – nicht aber bei der Aussetzung – zulässig, wenn der Schluss der mündlichen Verhandlung noch vor Eintritt der Unterbrechung lag.

23 **1. Grundsatz: Zulässigkeit.** Die Verkündung einer Entscheidung nach §§ 311, 329 I 1 ist dann zulässig, wenn die Aussetzung oder Unterbrechung des Verfahrens erst nach dem Schluss der mündlichen Verhandlung nach §§ 136 IV, 296a oder nach dem Zeitpunkt des § 128 II 2 eingetreten ist, BFH NJW 1991, 2792. Das gilt auch für den Fall einer nach Schluss der mündlichen Verhandlung eingetretenen Unterbrechung durch ein in Luxemburg eröffnetes Insolvenzverfahren, da nach Art. 18 EuInsVO deutsches Recht anwendbar ist, Saarbr BeckRS 2021, 29631 Rn. 38. Dann werden die grundsätzlich nicht mehr anzuhörenden Parteien durch die Unterbrechung nicht mehr belastet. Das gilt sogar dann, wenn eine Äußerungsfrist der Parteien erst nach dem Eintritt der Unterbrechung endete, Mü ZIP 2011, 225. Bei § 156 und bei einem Schriftsatznachlass nach § 283 kann eine Ausnahme gelten, aM LG Mannh GRUR-RR 2011, 52. Dem Schluss der mündlichen Verhandlung steht bei §§ 251a, 331a der Schluss des Termins gleich. Aus dem Rechtsgedanken des III ergibt sich, dass das

Gericht bei einem Antrag auf Aussetzung des Verfahrens nach § 246 I nicht gehindert ist, eine Kostenentscheidung nach § 91a zu treffen, wenn vor Entscheidung über die Aussetzung der Rechtsstreit bereits übereinstimmend für erledigt erklärt wurde, LG Fulda NJW-RR 2021, 512.

Bei § 128 II steht die letzte Einverständniserklärung oder der Ablauf einer vorbehaltenen Schriftsatzfrist gleich, BFH NJW 1991, 2792. Zu streng verlangt BSG NJW 1991, 1909 dann auch noch die Beschlussfassung vor dem Eintritt des unterbrechenden Ereignisses. III erfasst einen vor der Unterbrechung eingetretenen Umstand wie etwa die Unzulässigkeit eines Rechtsmittels nicht direkt mit. Ein solcher Umstand kann evtl. durch entsprechende Anwendung von III behandelt werden, BGH ZIP 2014, 148; Düss MDR 2001, 470, da dies prozesswirtschaftlich sein kann. Ein unzulässiger Rechtsbehelf, der bereits vor Unterbrechung des Verfahrens eingelegt wurde, kann in entsprechender Anwendung des III auch während der Unterbrechung des Verfahrens als unzulässig verworfen werden, BGH BeckRS 2013, 21008; NJW 1959, 532; BFH NJW 2020, 566; BFH/NV 2017, 917. Grds kommt jedoch bei einem nicht aufgrund einer mündlichen Verhandlung ergangenen Beschluss eine entsprechende Anwendung des III nicht in Betracht, BayObLGG BeckRS 2020, 23929 Rn. 11. 24

Das Gericht muss dann eine ordnungsgemäße Verkündung nach §§ 310, 311, 329 I 1 vornehmen. Bei einem Anerkenntnisurteil nach § 307 oder einem Versäumnisurteil nach §§ 330 ff. ohne eine mündliche Verhandlung ersetzt die Zustellung nach § 310 III eine Verkündung von Amts wegen. 25

2. Ausnahmen. III ist auf die Aussetzung sowie auf das Ruhen des Verfahrens nach § 251 und auf das Kostenfestsetzungsverfahren nach §§ 103 ff. nicht anwendbar. Der Schluss der mündlichen Verhandlung steht der Aussetzung nicht entgegen; dies ergibt sich aus dem Umkehrschluss aus III. Den Fall der Aussetzung des Verfahrens bezieht III – anders als I und II – ausdrücklich nicht mit ein, da die Unterbrechung von Gesetzes wegen eintritt, während die Aussetzung eine – ggfs gebundene – Entscheidung des Gerichts erfordert, BGH NJW 2020, 1973 Rn. 23 = ZIP 2020, 935; NJW 1965, 1019; MüKoZPO/Stackmann Rn. 22. Das Gericht kann die Entscheidung vor der Aussetzung des Verfahrens verkünden. Die Ablehnung einer Verkündung auf unbestimmte Zeit ist als eine Aussetzung des Verfahrens nach §§ 148 ff. anzusehen. Sie ermöglicht die sofortige Beschwerde nach §§ 252, 567 ff. Unanwendbar ist III dann, wenn das unterbrechende Ereignis während einer zB nach § 283 gewährten Nachfrist eintrat, BGH NJW 2012, 683. 26

VII. Rechtsmittel. Die Entscheidung unterliegt dem statthaften Rechtsbehelf, BGH BB 2004, 1248 (abl. Pobuda KTS 2005, 99); Ffm OLGZ 1994, 78; LAG Stgt NZA-RR 2012, 34. Die Entscheidung ist also durch ihre Aufhebung auflösend bedingt, Köln NJW-RR 1988, 802; KG JurBüro 1976, 378. Der Betroffene kann den Rechtsbehelf gegen eine solche Entscheidung auch während der Unterbrechung des Verfahrens geltend machen, um die Unterbrechung wirksam zu machen, BGH NJW 1995, 2563; LAG Stgt NZA-RR 2012, 34; LAG Bln MDR 2003, 1438. Das Rechtsmittelgericht kann dann auch während der Unterbrechung entscheiden, BGH NJW 1997, 1445. Es kann auch zB nach §§ 538 II 1 Nr. 1, 547 Nr. 4, 563 zurückverweisen, BGH KTS 1988, 498; LAG Stgt NZA-RR 2012, 34; LAG Bln MDR 2003, 1438. Das Rechtsmittelgericht darf auch ein Rechtsmittel zB nach § 522 dann verwerfen, wenn dessen Unzulässigkeit bereits vor der Unterbrechung feststand. Mangels Statthaftigkeit eines Rechtsmittels kann § 321a entsprechend anwendbar sein, AG Bad Schwalbach JurBüro 2004, 494. 27

250 *Form von Aufnahme und Anzeige.* **Die Aufnahme eines unterbrochenen oder ausgesetzten Verfahrens und die in diesem Titel erwähnten Anzeigen erfolgen durch Zustellung eines bei Gericht einzureichenden Schriftsatzes.**

I. Systematik. Die Vorschrift regelt die Form der Rückkehr in den unterbrochenen oder ausgesetzten Prozess mithilfe einer einfachen gestaltenden Prozesshandlung, Karlsr JurBüro 1997, 138. Sie gilt für die Aufnahme des Verfahrens in den Fällen der §§ 239, 240, 242 (nur Nachlassinsolvenz), 246 II (uU) sowie für die Anzeigen in den Fällen der §§ 241, 243 (iÜ) und § 246 (uU). Sie gilt auch für die Beendigung eines zum Ruhen gebrachten Verfahrens nach §§ 251, 251 III, Düss MDR 1991, 550. 1

II. Regelungszweck. Die Vorschrift dient in erster Linie der Verfahrensökonomie, in dem sie für Aufnahme und Anzeige lediglich die Zustellung eines bei Gericht einzureichenden Schriftsatzes regelt. Die weiteren Voraussetzungen ergeben sich aus den einzelnen Vorschriften der §§ 239 ff. Aufnahme und Anzeige haben in Form eines Schriftsatzes zu erfolgen. Eine Aufnahme ist ausnahmsweise entbehrlich, wenn die Aussetzung zeitlich begrenzt war oder mit einem bestimmten Ereignis enden sollte. 2

III. Geltungsbereich. → Vor § 239 Rn. 3. Sonderregeln bestehen nach §§ 85, 86, 180 II, 184 I 2 InsO. 3

IV. Grundsatz: Notwendigkeit einer Anzeige. Aufnahme eines unterbrochenen oder ausgesetzten Verfahrens und Anzeige nach §§ 239 ff. müssen grundsätzlich durch einen Schriftsatz nach §§ 129, 130 beim Prozessgericht erfolgen. Das gilt auch nach der Gesamtvollstreckungsordnung, BAG DB 1997, 1827. Es gelten die Vorschriften §§ 130a bis 130d, so dass der Schriftsatz auch nach deren Voraussetzungen in elektronischer Form eingereicht werden können. Beim AG ist nach § 496 auch eine Erklärung zu Protokoll der Geschäftsstelle möglich. 4

1. Aufnahmerecht. Aufnahmeberechtigt ist der Rechtsnachfolger der Weggefallenen, auch ein Miterbe bei § 2039 BGB, BGH MDR 2011, 1491, auch der Nachlasspfleger, BGH NJW 2011, 990, und der Insolvenzverwalter, auch der eines Zweiten Verfahrens, BGH ZIP 2014, 331, ein Insolvenzgläubiger selbst bei einer nur insolvenzrechtlichen Einwendung, BGH ZIP 2017, 437, bei oder im Kündigungsschutzverfahren evtl. der klagende Arbeitnehmer, LAG Hamm NZA-RR 2008, 198, nicht aber der bloße Vermächtnisnehmer, BFH FamRZ 2011, 1586. Bei einer Verzögerung der Aufnahme kann auch der Prozessgegner aufnehmen. Die Unterbrechung endet dann mit Ablauf der vom Vorsitzenden auf Antrag des Prozessgegners gesetzten Frist, BGH BeckRS 2020, 10808. Jeder Streitgenosse nach § 59 kann die Aufnahme und Anzeige selbständig einreichen. Das gilt auch bei einer notwendigen Streitgenossenschaft nach § 62. Ein Anwaltszwang besteht nach § 78. Bis zur Zulassung der Revision nach §§ 543, 544 VI 1 kann auch der Berufungsanwalt aufnehmen, BGH NJW 2001, 1581. Ein Verfahren nach § 544 reicht, BAG NZA 2013, 1304. Beim AG genügt auch eine Erklärung zum Protokoll der Geschäftsstelle nach § 496. Bei elektronischer Einreichung gelten §§ 130a–130d. Zuständig ist das Gericht, bei dem der Prozess schon und noch anhängig ist. Ab der Einlegung des Rechtsmittels nach §§ 519 I, 5

524 I 2, 549, 566 II 1, 569 I 1, 575 I 1 ist das Rechtsmittelgericht zuständig, BGH NJW 1990, 1854. Im Verhältnis zu Österreich ist das Recht am Sitz des Prozessgerichts maßgeblich, Art. 14 des deutsch-österreichischen Vertrags vom 4.3.1985, BGBl. II 411. Das Gericht stellt den Schriftsatz dem Prozessgegner von Amts wegen nach § 168 zu. Ein Zustellungsmangel ist nach §§ 189, 295 I heilbar.

6 **2. Auslegung.** Die Rechtsmittelschrift nach §§ 519, 549, 566 II 569 II kann eine wirksame Aufnahme oder Anzeige enthalten, BGH NJW 1990, 1854; BezG Meiningen DtZ 1992, 354. Das gilt auch für die Rechtsmittelbegründungsschrift nach §§ 520 III, 551 II, für die Einspruchsschrift nach §§ 340, 700, oder für einen Wiedereinsetzungsantrag nach § 236. Diese Auslegungsmöglichkeit gilt zB bei einer Unterbrechung nach §§ 239 ff. zwischen der Verkündung des Urteils nach §§ 310, 311 und der Einlegung des Rechtsmittels, BGH NJW 1990, 1854. Dann ist eine Aufnahme gegenüber dem Erstgericht nicht erforderlich, BGH NJW 1990, 1854. Die etwa doch dort eingereichte Aufnahme gilt als eine Wiederholung der zunächst wirkungslosen Einlegung des Rechtsmittels, Ffm FamRZ 1990, 297. Das Gericht nimmt das Verfahren grundsätzlich nicht von Amts wegen auf. Eine Teilaufnahme eines unterbrochenen Rechtsstreits ist möglich, wenn die Gefahr einander widersprechender Entscheidungen in den beiden Teilen ausgeschlossen ist. Sie kommt mangels einer Gefahr eines Verstoßes gegen § 301 infrage, BGH WM 2013, 994.

7 **V. Ausnahmen.** Eine Aufnahme ist dann entbehrlich, wenn die Aussetzung zeitlich begrenzt oder bis zum Eintritt eines bestimmten Ereignisses ausgesprochen war, → Rn. 2. Ferner ist sie entbehrlich, wenn die Aussetzung bis zum Abschluss eines anderen vorgerichtlichen Verfahrens angeordnet wird, BGH NJW 1989, 1729; Hmb ZZP 1976, 1790. Fristen beginnen von nun an neu zu laufen, ohne dass eine Aufnahme erforderlich wäre. Eine unterbrochene Frist beginnt dann auch ohne eine Aufnahmeerklärung wieder zu laufen. Wenn das Ruhen des Verfahrens für die Dauer des außergerichtlichen Mediationsverfahrens (§ 278a II) angeordnet ist, ist bei dessen Scheitern grds. eine förmliche Aufnahme erforderlich, Oldb MDR 2008, 763. Auch wenn es sich um den Eintritt eines bestimmten Ereignisses handelt, muss das Gericht von diesem Eintritt in Kenntnis gesetzt werden.

8 **VI. Schriftsatzzustellung.** Das Gericht hat den eingereichten Schriftsatz, der die Aufnahme oder Anzeige enthält von Amts wegen nach §§ 166 ff. zuzustellen, Celle ZIP 2011, 2127; hierin ist eine klare Äußerung des Willens, den Prozess weiter zu betreiben, zu sehen, BGH NJW 2012, 3726. Der Schriftsatz muss die sachliche Berechtigung zur Aufnahme behaupten, zB den Umstand, dass der Aufnehmende der Erbe sei. Eine stillschweigende Aufnahme ist statthaft, BGH NJW 1995, 2171. Sie liegt im Zugestehen der entscheidenden Tatsachen nach § 288 I und in einer mündlichen Verhandlung zur Hauptsache, BAG KTS 1986, 691; Nürnb OLGZ 1982, 380. Eine bloße Sachstandsanfrage reicht aber nicht. Ob die Aufnahme unzulässig und deshalb unwirksam ist, hat das Gericht zu prüfen, Nürnb OLGZ 1982, 380. § 295 I ist aber anwendbar. Ein Anwaltszwang besteht nach § 78. Der Berufungsanwalt darf den Schriftsatz ausnahmsweise beim BGH einlegen, BGH NJW 2001, 1581. § 86 I Nr. 2 InsO ist zu beachten, BGH WM 2016, 1748.

9 Nicht ausreichend sind zB: Die bloße Vereinbarung zwischen den Parteien über eine Aufnahme; die Zustellung eines Urteils nach § 317; die Mitteilung des Todes durch den Kanzleiabwickler; ein bloßer Antrag auf Bewilligung einer Prozesskostenhilfe für ein Rechtsmittel nach § 117; ein Antrag, das Gericht möge die Aufnahme des Verfahrens von Amts wegen aussprechen oder zunächst dem Gegner eine Frist zur Bestellung eines Anwalts setzen. Denn dadurch kommt jeweils nicht genügend klar zum Ausdruck, dass man das Verfahren schon durch die Zustellung des Schriftsatzes aufnimmt. Ob tatsächlich eine Rechtsnachfolge vorliegt, klärt sich im Hauptsacheverfahren, Düss FamRZ 2016, 157.

10 **VII. Entscheidung.** Das Gericht erklärt die Zulässigkeit der Aufnahme durch ein Zwischenentscheid nach § 303, BGH WM 2016, 1071, oder in den Entscheidungsgründen des Endurteils nach § 313 III. Soweit der Prozessgegner die Wirksamkeit der Aufnahme bestreitet oder soweit das Gericht die Unzulässigkeit der Aufnahme von Amts wegen beachten muss, erlässt es ein Endurteil auf die Zurückweisung der Aufnahme oder auf die Verwerfung des zugehörigen Rechtsmittels.

11 **VIII. Verstoß.** Ein Verstoß gegen § 250 ist nach § 295 I heilbar, BGH NJW 1969, 48. Das gilt auch dann, wenn die Partei ihr Rechtsmittel vor der Aufnahme eingelegt hatte.

251 *Ruhen des Verfahrens.* **[1]Das Gericht hat das Ruhen des Verfahrens anzuordnen, wenn beide Parteien dies beantragen und anzunehmen ist, dass wegen Schwebens von Vergleichsverhandlungen oder aus sonstigen wichtigen Gründen diese Anordnung zweckmäßig ist. [2]Die Anordnung hat auf den Lauf der im § 233 bezeichneten Fristen keinen Einfluss.**

Schrifttum: Fichtner, Grenzen des richterlichen Ermessens bei Aussetzung und Ruhen des Verfahrens in der ZPO, 1996; Liermann, Ruhen des Verfahrens als Verwirkungsgrund, Diss. Bonn 1997.

1 **I. Systematik.** Die Vorschrift regelt gemeinsam mit § 251a III die dritte Art des Verfahrensstillstandes. Das Ruhen des Verfahrens nach § 251 ist ein Unterfall der Aussetzung nach §§ 148 ff., Ffm FamRZ 1978, 919. Die Wirkung entspricht der von Unterbrechung und Aussetzung. § 251a I, II hat Vorrang.

2 **II. Regelungszweck.** Zunächst → Vor § 239 Rn. 2. Das Gesetz hat den Parteien die Herrschaft über das Ruhen wegen ihrer Förderungspflicht grundsätzlich entzogen, Ffm FamRZ 1978, 919. Es führt auch nicht zur Verfahrensbeendigung, Düss MDR 1991, 550.

3 § 251 ermöglicht den Parteien aber, das Verfahren für angemessene Zeit zum Stillstand zu bringen, wenn es aus wichtigen Gründen zweckmäßig erscheint. Die Vorschrift dient somit einem gewissen Ausgleich zwischen der Prozessförderungspflicht und dem Dispositionsgrundsatz. Es müssen aber die Anträge beider Parteien vorliegen. Liegen solche Anträge vor, „hat" das Gericht gleichwohl nur bei einer „Zweckmäßigkeit" das Ruhen anzuordnen, OVG Bln-Brdb NVwZ-RR 2011, 624.

4 **III. Geltungsbereich.** Die Vorschrift ist grundsätzlich in allen Erkenntnisverfahren anwendbar, entsprechend auch in den „echten Streitverfahren" der freiwilligen Gerichtsbarkeit, Zweibr NJW-RR 2012, 1245 (nicht jedoch bei Amtslöschungsverfahren). Sie ist auch im SGG-Verfahren, BSG NJW 1977, 864, und im WEG-Verfahren anwendbar, (zum alten Recht) BayObLG NJW-RR 1988, 16, ferner im Bereich des § 113 I 2 FamFG, (zum alten Recht) LG Frankenth JurBüro 2006, 603, im finanzgerichtlichen Verfahren nach § 155 S. 1 FGO, BVerwG

NVwZ-RR 2017, 465, im Patentnichtigkeitsverfahren, BGH GRUR 2015, 200, und im Verfahren nach der VwGO auch dort § 173 S. 1, OVG Lüneb NJW 2012, 2376; Leroux/Sittig-Behm NVwZ 2016, 1061 (ausf.); streitig ist hierbei, ob der Beigeladene zustimmen muss, bejahend OVG Münst NVwZ-RR 2010, 166, verneinend OVG Lüneb NJW 2012, 2376.

Eine Anordnung des Ruhens kommt allerdings bei beschleunigungsbedürftigen Verfahren nicht in Betracht, etwa beim selbständiges Beweisverfahren, bei den Eilverfahren (Arrest und einstweilige Verfügung) MüKoZPO/Stackmann Rn. 3; Zöller/Greger Rn. 2; aM Düss NJW-RR 2009, 496; KG NJW-RR 1996, 1086, oder beim Urkunden- oder Wechselprozess nach §§ 592 ff., 602. Ebenso ist § 251 nicht im Insolvenzverfahren anwendbar, BGH ZIP 2010, 856. Bei einer Anspruchsmehrheit nach § 260 ist § 145 zu beachten. Beim Kostenfestsetzungsverfahren nach §§ 103 ff. wirkt sich das Ruhen des Hauptsacheverfahrens nur dann mit aus, wenn die Parteien auch das wünschen, Naumb JurBüro 1994, 686. 5

IV. Voraussetzungen, S. 1. § 251 ist nach seinem Wortlaut eine Mussvorschrift. Das im Gesetzestext stehende Wort „zweckmäßig“ bedeutet aber in Wahrheit, dass das Gericht einen Ermessensspielraum hat. Das Gericht hat sein Ermessen natürlich pflichtgemäß auszuüben. 6

1. Anträge beider Parteien, S. 1 Hs. 1. Die Vorschrift setzt voraus, dass beide Parteien das Ruhen beantragen, Düss JurBüro 1991, 686; OVG Bln-Brdb NVwZ-RR 2011, 624; BFH/NV 2010, 908. Der Antrag ist schriftlich zu stellen; er kann allerdings auch in einer mündlichen Verhandlung und im amtsgerichtlichen Verfahren auch zu Protokoll der Geschäftsstelle nach § 496 gestellt werden. Im Anwaltsprozess unterliegt er dem Anwaltszwang (§ 78). Grds. wird das Ruhen nach § 251 nicht von Amts wegen angeordnet; in gesetzlich geregelten Einzelfällen, wie bei § 251a III wird das Ruhen auch ohne Antrag von Amts wegen angeordnet (vgl. auch §§ 278 IV, 278a II); str. → § 278a Rn. 19. Bei notwendigen Streitgenossen müssen alle den Antrag stellen. Bei einfachen Streitgenossen kann jeder für sich den Antrag selbständig stellen. Wird dem Antrag stattgegeben, kommt das Verfahren nur bezüglich der antragstellenden Partei und dem Gegner zum Ruhen. Ein Ruhen des Verfahrens nur wegen einzelner Streitgenossen ist selten zweckmäßig, aber denkbar, BGH BeckRS 2014, 23277. Dieser Fall reicht nicht im Patentnichtigkeitsverfahren, BGH GRUR 2015, 200. Dann ist eine Prozesstrennung nach § 145 möglich. Ein Ruhen nur wegen einzelner Teile des Streitgegenstands ist unzulässig. Der Antrag kann bis zur Wirksamkeit der Anordnung ohne Angabe von Gründen zurückgenommen werden. 7

Nicht ausreichend sind: Der Antrag nur einer Partei, Karlsr NJW-RR 2012, 192, wenn die andere nicht zustimmt; ihre Erklärung, der Prozessgegner sei einverstanden; es soll noch ein Verfahren nach § 15a EGZPO erfolgen, BGH NJW 2005, 437; allein die Behauptung nur einer Partei, es schwebten Vergleichsverhandlungen. 8

2. Zweckmäßigkeit wegen Vergleichsverhandlungen oder sonstigen wichtigen Grundes, S. 1 Hs. 2. Das Ruhen des Verfahrens darf nur bei Vorliegen bestimmter Voraussetzungen angeordnet werden. Vergleichsverhandlungen sind in § 251 nur beispielhaft für einen wichtigen Grund genannt. Allein das Schweben von Vergleichsverhandlungen reicht nicht aus, vgl. Ros BeckRS 2014, 23277. Den Parteien muss jedoch, wenn sie ernsthafte Vergleichsgespräche führen wollen, zumindest Zeit eingeräumt werden, damit sie das Ruhen des Verfahrens beantragen können, BGH NZM 2020, 811 Rn. 15. Einem solchen einvernehmlichen Antrag der Parteien müsste das Gericht entsprechen, BVerwG NVwZ-RR 2011, 624. Das Ruhen des Verfahrens wird durch das Gericht nur angeordnet, wenn es zweckmäßig ist, AG Königstein NJW 2003, 1955; OVG Bln-Brdb NVwZ-RR 2011, 624. Es handelt sich hierbei um einen unbestimmten Rechtsbegriff, der voll überprüfbar ist, OVG Bln-Brdb NVwZ-RR 2011, 624; OVG Lüneb DVBl 2011, 649. Dabei hat das Gericht zwischen den Grundsätzen der Dispositionsmaxime und der Prozessförderungspflicht und der Verfahrensökonomie nach pflichtgemäßem Ermessen abwägen, Prütting/Gehrlein/Anders Rn. 3; Zöller/Greger Rn. 2. Vergleichsverhandlungen zwischen den Parteien können das Ruhen zweckmäßig machen, OVG Bln-Brdb NVwZ-RR 2011, 624. Das gilt selbst dann, wenn die Sache entscheidungsreif ist. Weitere Fälle der Zweckmäßigkeit liegen bei „sonstigen wichtigen Gründen“ vor. Es kommen zB in Betracht: ein Beteiligter hat den Scheidungsantrag verfrüht eingereicht (es ist aber [jetzt] § 137 FamFG zu beachten), KG FamRZ 1977, 810; Karlsr NJW 1978, 1388; es soll eine Beweisaufnahme nach §§ 355 ff. abgewartet werden, die in einer anderen Sache stattfinden soll und deren Ergebnisse für den vorliegenden Prozess nach § 148 vorgreiflich sein können; die Zustimmungsfrist des Mieters zu einem erst im Prozess ausreichend begründeten Mieterhöhungsverlangen nach §§ 558 ff. BGB ist bis zum Termin noch nicht abgelaufen, Barthelmess WuM 1983, 66. 9

Kein wichtiger Grund liegt bei einer Eilbedürftigkeit zB nach §§ 485 ff., 916 ff., 935 ff. ZPO, §§ 49 ff. FamFG vor. Ebenfalls zählt nicht die Nachholung des obligatorischen Güteverfahrens nach § 15a EGZPO zu den anderen wichtigen Gründen, BGH NJW 2005, 437. Bloßer Zeitgewinn ist jedenfalls kein wichtiger Grund, sondern höchstens Anlass zur Ansetzung eines Verkündungstermins nebst relativ kurzer Nachfrist zu etwaigen ergänzenden Schriftsätzen. Beantragen die Parteien einvernehmlich die Verlegung eines Verkündungstermins, weil sie ernsthafte Vergleichsgespräche führen wollen, muss das Gericht den Parteien zumindest Gelegenheit geben, das Ruhen des Verfahrens nach § 251 zu beantragen, weil eine derartige Anordnung auch bei Entscheidungsreife zweckmäßig iSd § 251 ist, BGH WuM 2020, 164; BVerwG NVwZ-RR 2011, 624. Zur Durchführung einer Güteverhandlung nach § 278 V (auch in Form der Mediation) vor einem nicht entscheidungsbefugten Güterichter muss ein Ruhen nicht angeordnet werden, da die Güteverhandlung Teil des Verfahrens ist, Prütting/Gehrlein/Anders Rn. 3; zur Mediation vor dem Güterichter: → § 278 Rn. 39 ff. Von der Anordnung des Ruhens des Verfahrens ist abzusehen, wenn bei Ansprüchen aus Nachbarrechten nicht zuvor eine Streitschlichtung nach § 15a EGZPO durchgeführt wurde, BGH NJW-RR 2018, 394; → § 139 Rn. 64 „Obligatorische Streitbeilegung“. 10

3. Glaubhaftigkeit. Eine Glaubhaftmachung nach § 294 ist nicht notwendig. Die Angaben zur Zweckmäßigkeit müssen aber doch im Kern glaubhaft sein. Das ergibt sich aus den Worten „wenn anzunehmen ist“ im Gesetz. Das Gericht muss darauf achten, dass die Parteien nicht auf dem Weg übereinstimmender Anträge nach § 251 in Wahrheit lediglich eine nach § 227 I Nr. 3 gerade nicht ausreichende und deshalb verschleierte Vertagungsvereinbarung durchsetzen. 11

V. Entscheidung, S. 1. Das Gericht entscheidet aufgrund einer nach § 128 IV freistehenden mündlichen Verhandlung, Karlsr JurBüro 2005, 596. Es entscheidet durch einen Beschluss nach § 329, Karlsr JurBüro 2005, 596. Der Beschluss ist schon vor einer mündlichen Verhandlung und bis zur Verkündung der Entscheidung zulässig, die den Rechtszug beendet. Das Gericht muss seinen Beschluss grundsätzlich begründen. Es verkündet 12 ihn nach § 329 I 1 oder stellt ihn nach §§ 252, 329 III Hs. 2 beiden Parteien förmlich zu. Eine Verfügung des Einzelrichters nach §§ 348, 348a, 524, 527, 568 und des Amtsrichters genügt, nicht aber eine solche des Vorsitzenden des Kollegiums.

13 Rechtsbehelfe vgl. §§ 252, 567 ff.

14 **VI. Wirkung.** Das Ruhen des Verfahrens hat grundsätzlich dieselbe Wirkung wie eine Unterbrechung oder Aussetzung, Karlsr MDR 1993, 471; Naumb JurBüro 1994, 686; LAG Drsd MDR 2001, 834. Es hat aber nicht weitere Wirkungen, Düss MDR 1991, 550. Aus S. 2 ergibt sich allerdings die Abweichung, dass das Ruhen den Lauf der in § 233 bezeichneten Fristen nicht berührt. Hierher zählen auch die weiteren Fristen, zB: Eine Notfrist nach § 224 I 2; eine Rechtsmittelfrist nach §§ 517, 548, eine Rechtsmittelbegründungsfrist nach §§ 520 II 1, 551 II 1, BGH NJW 2009, 1149; die Frist zum Antrag auf eine Wiedereinsetzung nach § 234. Daher kann eine nicht angefochtene Entscheidung eine Rechtskraft nach §§ 322, 705 erhalten. Alle anderen Fristen, ausgenommen die uneigentlichen, hören also auf, Oldb MDR 2008, 763. Sie laufen nach der Beendigung des Ruhens von vorn. Nach der Anordnung des Ruhens verkündet das Gericht keine Entscheidung mehr. Schon die Vereinbarung des Stillstands und nicht erst die entsprechende gerichtliche Anordnung, auf die BGH NJW-RR 1988, 279 (zu § 251a) abstellt, lassen grundsätzlich die Verjährung nicht neu beginnen, BGH NJW 2001, 219. Eine neue Verjährungsfrist ist bei einem Beschluss des Ruhens bis zu einer vorzeitigen Aufnahme des Verfahrens gehemmt, der das Gericht zustimmt. Eine Zustellung, ein Schriftsatz und ein Antrag an das Gericht sind jederzeit zulässig und wirksam.

15 **VII. Aufnahmegrundsätze.** Das Gericht nimmt ein ruhendes Verfahren grundsätzlich nicht von Amts wegen auf, Ffm FamRZ 1978, 920. Das gilt auch bei § 251a III, LG Bln MDR 1993, 476. Wenn das Gericht allerdings fehlerhaft das Ruhen des Verfahrens nur wegen eines Teils des Streitgegenstands angeordnet hatte, muss es nach § 216 von Amts wegen insoweit unverzüglich einen Verhandlungstermin bestimmen. Jede Partei kann das Verfahren nach § 250 wieder aufnehmen, Köln FamRZ 2003, 689. Ein wichtiger Aufnahmegrund ist nicht mehr erforderlich. Der Aufnahmeantrag braucht überhaupt keine Begründung. Man kann ihn sogar formell zulässig unmittelbar nach der Anordnung des Ruhens stellen, etwa direkt nach einer beiderseits versäumten Verhandlung. Man kann das Gericht dadurch zur sofortigen Anberaumung des neuen Termins auf den nächsten freien Sitzungstag zwingen.

16 **VIII. Aufnahmeverfahren.** Wenn das Gericht einen Aufnahmeantrag als einen Rechtsmissbrauch erkennt, ist es weder berechtigt noch verpflichtet, den Gegner über diesen Antrag anzuhören. Das Gericht kann den Antrag aber auch zunächst dem Antragsgegner zur etwaigen Stellungnahme innerhalb einer angemessenen Frist übersenden. Da das Verfahren derzeit noch ruht, sollte das Gericht seine Frist nicht zu kurz bemessen. Diese Übersendung bedeutet, dass das Gericht die Aufnahme nicht endgültig für zulässig hält. Eine bloße Terminsladung ohne eine Übermittlung des alleinigen gegnerischen Aufnahmeantrags ist nicht nach § 335 I Nr. 2 ordnungsmäßig.

17 **1. Ablehnung einer Aufnahme, S. 1 Hs. 2.** Eine Entscheidung im Aufnahmeverfahren erfolgt allenfalls, soweit das Gericht erkennt, dass kein wirksamer Aufnahmeantrag nach § 250 vorliegt. Insofern lehnt das Gericht nach einer nach § 128 IV freistehenden mündlichen Verhandlung die Aufnahme als derzeit unzulässig durch einen Beschluss nach § 329 ab. Es muss seinen Beschluss begründen und wie sonst mitteilen. Er enthält keine Kostenentscheidung.

18 **2. Verfahren nach Aufnahme.** Vgl. § 250.

19 **IX. Rechtsbehelfe im Aufnahmeverfahren.** Vgl. §§ 252, 567 ff.

251a

Säumnis beider Parteien; Entscheidung nach Lage der Akten. **I Erscheinen oder verhandeln in einem Termin beide Parteien nicht, so kann das Gericht nach Lage der Akten entscheiden.**

II [1]Ein Urteil nach Lage der Akten darf nur ergehen, wenn in einem früheren Termin mündlich verhandelt worden ist. [2]Es darf frühestens in zwei Wochen verkündet werden. [3]Das Gericht hat der nicht erschienenen Partei den Verkündungstermin formlos mitzuteilen. [4]Es bestimmt neuen Termin zur mündlichen Verhandlung, wenn die Partei dies spätestens am siebenten Tag vor dem zur Verkündung bestimmten Termin beantragt und glaubhaft macht, dass sie ohne ihr Verschulden ausgeblieben ist und die Verlegung des Termins nicht rechtzeitig beantragen konnte.

III Wenn das Gericht nicht nach Lage der Akten entscheidet und nicht nach § 227 vertagt, ordnet es das Ruhen des Verfahrens an.

Übersicht

I. Systematik. Die Vorschrift regelt in I und II eine beiderseitige Säumnis der Parteien im Termin zur mündlichen Verhandlung vor dem Prozessgericht und damit einen Sonderfall der Säumnis, der systematisch eher zu §§ 330 ff. gehört. Durch die Regelung in III, die zusammen mit § 251 das Ruhen des Verfahrens behandelt, ist die systemische Anbindung an den Titel 5 gegeben. 1

II. Regelungszweck. Die Vorschrift dient der Prozessförderung. Erscheinen oder verhandeln beide Parteien nicht, hat das Gericht die Möglichkeit, von Amts wegen nach Lage der Akten zu entscheiden (I), nach § 227 zu vertagen oder das Ruhen des Verfahrens anzuordnen (III). Welche Entscheidung zu treffen ist, liegt im pflichtgemäßen Ermessen des Gerichts. Insbesondere die Möglichkeit, nach Lage der Akten zu entscheiden, fördert das Verfahren, zumal sie auch einen gewissen Druck auf die Parteien ausübt. Das Gericht kann ohne Anhörung der Parteien zu einer die Instanz abschließenden Entscheidung (kontradiktorisches Urteil) gelangen. Aber auch ein Hinweis- oder Beweisbeschluss dient durchaus der Förderung des Verfahrens. Wenn auch in geringerem Maße stellen auch Vertagung oder Anordnung des Ruhens eine Prozessförderung dar, denn sie verhindern ein rein tatsächliches Ruhen, da eine gerichtliche Entscheidung vorliegt. 2

III. Geltungsbereich. Es gelten dieselben Regeln wie bei → § 251 Rn. 4. Die Vorschrift gilt im Erkenntnisverfahren grds. für alle Verfahrensarten in allen Instanzen. Nicht anwendbar ist § 251a, wenn ein Antrag auf Erlass eines Versäumnisurteils gestellt worden ist. I, II gelten auch im WEG-Verfahren und im arbeitsgerichtlichen Urteils- oder Beschlussverfahren, ArbG Bln NZA 1988, 260; Lepke DB 1997, 1569. Die Vorschrift gilt auch im Bereich des § 113 I 2 FamFG. In Baulandverfahren kann nach Lage der Akten entschieden werden, ohne dass die besonderen Voraussetzungen des I vorliegen (§ 227 BauGB). 3

IV. Zuständigkeit. Zuständig ist das Gericht als Kollegium, der Einzelrichter nach §§ 348, 348a, 526, 527, 568, der Vorsitzende der Kammer für Handelssachen nach § 349 II Nr. 5. 4

V. Voraussetzungen einer Aktenlageentscheidung, I. Jede Entscheidung nach Lage der Akten setzt voraus, dass beide Parteien nach einem ordnungsgemäßen Aufruf nach § 220 I unentschuldigt ausbleiben, evtl. auch die Streithelfer nach § 66. 15 Minuten Wartezeit genügen jedenfalls, erst recht 20 Minuten, Köln MDR 1991, 896. Es reicht auch aus, dass beide erschienenen Parteien nicht zur Sache verhandeln, oder dass die allein erschienene oder vertretene Partei nach § 333 keinen Antrag zur Sache stellt, Köln MDR 1991, 896. Das gilt auch dann, wenn das Gericht eine Vertagung oder eine Verlegung abgelehnt hat. Denn die Parteien können eine Vertagung nach § 227 I nicht wirksam vereinbaren. Das Gericht muss die Parteien wirksam nach §§ 216, 270 zum Termin geladen haben. Es genügt, dass sich aus den Akten ergibt, dass das Gericht die Einlassungsfrist nach § 274 III oder die Ladungsfrist nach § 217 gewahrt hat. Dieser Umstand kann sich zB nach § 189 daraus ergeben, dass die Partei eine Antwort eingereicht hat. Weitere Voraussetzung ist, dass sich die säumige Partei nicht hinreichend entschuldigt hat; anderenfalls müsste die Sache nach § 337 vertagt werden, Anders/Gehle Assessorexamen ZivilR H Rn. 5–7. Eine Entscheidung nach Lage der Akten braucht durchaus nicht nur in einem Urteil zu bestehen. Es ist zB auch ein Hinweisbeschluss oder ein Beweisbeschluss nach § 358 nach Lage der Akten zulässig, → Rn. 2. 5

„Termin" ist nur ein solcher zu einer notwendigen mündlichen Verhandlung. § 332 ist anwendbar. Nicht genügt eine Ladung zu einem arbeitsgerichtlichen Gütetermin, LAG Hamm BeckRS 2012, 75157; aM ArbG Köln BeckRS 2011, 76066. 6

Das Verfahren nach § 251a setzt keinen Antrag auf den Erlass einer Entscheidung nach Lage der Akten voraus, MüKoZPO/Stackmann Rn. 6, 10, da es sich um eine beiderseitige Säumnis der Parteien handelt. Ist nur eine Partei säumig, kann die andere Partei den Antrag stellen, nach Lage der Akten zu entscheiden (§ 331a); in dem Fall ist nur II entsprechend anwendbar. Eine Partei hat einen Antrag zur Sache nach I bereits dann gestellt, wenn sie lediglich den Erlass einer Versäumnisentscheidung nach § 330 oder nach § 331 beantragt. Ein Antrag nach I ist nicht stets auch als ein Antrag auf die Verlängerung einer laufenden Rechtsmittelbegründungsfrist zB nach § 520 II 2, 3 auslegbar, BGH NJW-RR 2001, 572. 7

VI. Entscheidung im Allgemeinen, I, II. Der Schwerpunkt der Vorschrift liegt in der Möglichkeit nach Lage der Akten zu entscheiden. 8

1. Grundsatz: Ermessen. Das Gericht erlässt im Rahmen seines pflichtgemäßen Ermessens nach der Aktenlage jede ihm als notwendig oder als ratsam erscheinende sachliche Entscheidung. Es ergeht also zB ein Urteil nach § 300, ein Teilurteil nach § 301, einen Aufklärungsbeschluss nach § 273, ein Beweisbeschluss nach § 358, eine Entscheidung auf die Verbindung mehrerer Prozesse oder auf deren Trennung nach §§ 145 ff., ein Verweisungsbeschluss nach § 281, ein Nachfrist-Bewilligungsbeschluss nach § 283 (er ist keine Aktenlageentscheidung und daher ohne deren Wirkung). Nicht zulässig ist bei einer Entscheidung nach Lage der Akten die Zurückweisung des verspäteten Vorbringens nach § 296, BVerfG NJW 1985, 3005; MüKoZPO/Stackmann Rn. 12. Diese Vorschrift ist bei § 251a nicht anwendbar, da hier der gesamte Prozessstoff, der mündlich oder schriftsätzlich bis zu dem Termin, in dem die Parteien säumig sind, vorgetragen ist, der Entscheidung zugrunde liegen muss, BGH NJW 2002, 301; Prütting/Gehrlein/Anders Rn. 4. Soweit die Voraussetzungen der §§ 227, 335 vorliegen, muss das Gericht vertagen. 9

2. Notwendigkeit der Entscheidungsreife. Ein Urteil nach Lage der Akten darf nur dann ergehen, wenn die Sache entscheidungsreif ist, BVerfG NJW 1985, 3005. Für ein Urteil nach Aktenlage ist weiter erforderlich, dass zuvor schon einmal mündlich verhandelt worden ist; anderenfalls folgt die als nächste zu treffende Entscheidung (Hinweis-, Auflagen- oder Beweisbeschluss), nach der weiter mündlich verhandelt werden muss, Prütting/Gehrlein/Anders Rn. 4. Die Entscheidungsreife fehlt, wenn sich eine Partei noch gar nicht geäußert hat, da die Geständnisfiktion des § 331 I hier nicht – auch nicht entsprechend – gilt, MüKoZPO/Stackmann Rn. 13; Anders/Gehle Assessorexamen ZivilR H Rn. 24. 10

3. Kein Versäumnisurteil. Ein Urteil nach Lage der Akten ist kein Versäumnisurteil, sondern ein streitiges Endurteil, das sich in Form und Inhalt nicht von sonstigen streitigen Urteilen unterscheidet. Deshalb kann man es nur nach §§ 511 ff., 542 ff. mit den gegen ein streitiges Endurteil statthaften Rechtsmitteln anfechten, nicht etwa mit einem Einspruch nach §§ 338, 700. 11

4. Weitere Voraussetzungen. Die Entscheidung nach § 251a hat mit der Entscheidung nach § 128 II eine Ähnlichkeit. Jedoch tritt als Ersatz für den Schluss der mündlichen Verhandlung nach §§ 136 IV, 296a anstelle des 12

Zeitpunkts der Einverständniserklärung der Zeitpunkt des Termins. Ein Einverständnis ist auch nicht erforderlich. Vielmehr kann eine Entscheidung nach Lage der Akten auch dann ergehen, wenn eine Partei ihr schriftlich widerspricht.

13 Der Unterschied zwischen § 251a und § 128 II liegt in der Natur der ersteren Vorschrift als einer Versäumnisregelung. Daher sind wegen der Säumnis geringere Anforderungen an die Klärung nötig. Da eine Entscheidung ergeht, als ob die Parteien sie beantragt hätten, gilt auch § 138 III, Zöller/Greger Rn. 5. Eine Behauptung gilt also insoweit als zugestanden, als ihr Gegner sie nicht bestritten hat, vorbehaltlich des etwa zulässigen Bestreitens in der zweiten Instanz oder im weiteren Verfahren der ersten Instanz. Deshalb darf das Gericht eine Entscheidung auch dann treffen, wenn eine Partei eine wesentliche Behauptung eingereicht hat, der Gegner aber noch nicht auf sie geantwortet hat. Es reicht aus, dass die Partei die Behauptung schriftlich aufstellen durfte und dass der Gegner ihre Abgabe bei einer sorgfältigen Prozessführung erwarten musste. Andernfalls und dann, wenn das Gericht voraussieht, dass es den Rechtsstreit zB nach §§ 36, 281 an ein anderes Gericht abgeben oder verweisen muss oder dass ein Beweisaufnahmeverfahren nach §§ 355 ff. notwendig wird, darf das Gericht noch keine Entscheidungsreife annehmen und daher kein Urteil nach Aktenlage erlassen. Jedenfalls muss das Gericht auch im Aktenlageverfahren den Grundsatz des rechtlichen Gehörs beachten, Das Gericht darf daher für seine Entscheidung nur den Streitstoff verwenden, der beiden Parteien zugänglich war.

14 **VII. Verwendbarkeit des Akteninhalts, I, II.** Bei der Entscheidung nach Lage der Akten ist der gesamte Prozessstoff zugrunde zu legen. Das Gericht hat deshalb Folgendes zu berücksichtigen:

15 **1. Antrag.** Das Gericht hat einen Antrag zu berücksichtigen, soweit ihn der Antragsgegner rechtzeitig zur Kenntnis erhalten hat oder die Möglichkeit hatte, ihn zur Kenntnis zu nehmen (rechtliches Gehör). Etwas anderes gilt bei einem reinen Prozessantrag.

16 **2. Schriftlicher Vortrag.** Das Gericht muss einen Schriftsatz, eine Urkunde, ein Gutachten o. ä. dann berücksichtigen, wenn es begründete Anhaltspunkte dafür hat, dass dieses Schriftstück dem Gegner zumindest zur Kenntnis gekommen ist oder dass er die Möglichkeit der Kenntnisnahme hatte. Natürlich hat das Gericht eine etwa wirksame Rücknahme zu berücksichtigen. Es muss einen wirksamen Widerruf ebenfalls beachten. § 296 ist grundsätzlich unanwendbar, → Rn. 9.

17 **3. Mündlicher Vortrag.** Das Gericht hat den gesamten mündlichen Vortrag beider Parteien in früheren Verhandlungsterminen zu berücksichtigen, soweit er aktenkundig oder in Erinnerung der entscheidenden Richter ist.

18 **4. Weitere Vorgänge.** Das Gericht hat den gesamten Inhalt eines Protokolls nach §§ 159 ff. über einen früheren Verhandlungs- oder Beweisaufnahmetermin zu berücksichtigen, BGH NJW 2002, 301. Das gilt nur, soweit die Parteien von diesem Protokoll Kenntnis haben oder sie bei einer sorgsamen Prozessführung haben mussten. Das gilt auch dann, wenn die Parteien an dem Termin hätten teilnehmen können und wenn sie nicht beantragt haben, ihnen ein Protokoll zu übersenden, und wenn sie auch kein Protokoll von Amts wegen erhalten haben. Ein Richterwechsel steht trotz § 309 einer Entscheidung nach Lage der Akten nicht entgegen, soweit die in den Akten befindlichen Schriftsätze oder Protokolle den Inhalt der früheren Verhandlungen ausreichend ergeben. Eine Klageerweiterung nach §§ 263, 264 steht einer Entscheidung nach Aktenlage dann nicht entgegen, wenn die Parteien die ursprüngliche Klage nach § 253 zum Gegenstand einer Verhandlung zur Sache nach § 137 gemacht hatten und wenn der materiell-rechtliche Anspruch inhaltlich im Wesentlichen unverändert ist, Düss NJW-RR 1994, 893.

19 Die Partei braucht die Frist des § 132 nicht einzuhalten. Das Gericht hat einen erst am Terminstag eingehenden Schriftsatz nur dann zu beachten, wenn er spätestens in dem Zeitpunkt zur Akte gelangt ist, zu dem der Vorsitzende sie weggelegt hatte. Dieser Zeitpunkt steht ja dem Schluss der mündlichen Verhandlung gleich. Das Gericht kann aber einen später zur Akte kommenden Schriftsatz zum Anlass nehmen, von einer Entscheidung nach Lage der Akten abzusehen.

20 **5. Fortwirkung.** Was eine Entscheidung nach Aktenlage einmal in den Prozess eingeführt hat, bleibt ebenso wie ein mündlicher Vortrag wirksam. Es lässt also einen Widerruf nur nach denselben Regeln wie beim mündlichen Vortrag zu. Das gilt aber nur bei einer endgültigen Entscheidung nach Aktenlage. Wenn das Gericht lediglich einen nach § 360 weitgehend jederzeit abänderbaren Beweisbeschluss nach § 358 nach Aktenlage erlassen hat, kann er die Partei ebenso wenig wie ihre Säumnis nach §§ 330 ff. endgültig binden, zumal sie ein Urteil abwenden kann. Auch für eine Klage nach § 323 oder nach § 767 steht das Weglegen der Akten insofern dem Schluss der mündlichen Verhandlung gleich.

21 **VIII. Urteil nach Lage der Akten, II 1–3.** Das Gericht muss ein etwaiges Urteil nach der Aktenlage verkünden. Im Urteilsrubrum heißt es statt der Angabe des Tages der letzten mündlichen Verhandlung, die Entscheidung ergehe „nach Lage der Akten am". Hier steht das Datum des versäumten Termins, Anders/Gehle Assessorexamen ZivilR H Rn. 24. Der Verkündungszeitpunkt ergibt sich nach § 315 III aus dem Verkündungsvermerk. Die vorläufige Vollstreckbarkeit richtet sich nach §§ 708 Nr. 11, 709. Das Gericht stellt das Urteil nach § 317 von Amts wegen zu. S. 1–3 gilt für jede Art. von Urteil, auch für ein Zwischenurteil zB nach § 303. Ein Urteil nach Lage der Akten ist nur beim Zusammentreffen der folgenden Voraussetzungen zulässig.

22 **1. Frühere mündliche Verhandlung.** Es muss bereits in einem früheren Termin eine mündliche Verhandlung nach § 279 I stattgefunden haben, LAG Brem MDR 2004, 112, und zwar in derselben Instanz, Karlsr MDR 1995, 637. Das frühere Verhandeln setzt eine Antragstellung voraus, BAG NJW 2003, 1548; LAG Brem MDR 2004, 112. Das gilt auch dann, wenn die Klage offensichtlich unzulässig oder unbegründet ist. Sie braucht nicht nach § 309 vor demselben Richter erfolgt zu sein. Auch eine nichtstreitige Verhandlung kann genügen, zB wegen eines Anerkenntnisses, das nur noch nicht zum Anerkenntnisurteil nach § 307 hatte führen können. Diese frühere Verhandlung braucht nur dann nicht stattgefunden zu haben, wenn beide Parteien eindeutig und unbedingt mit einem Urteil nach Lage der Akten einverstanden sind. Nach einer Zurückverweisung nach §§ 538, 563 ist keine neue Verhandlung notwendig, auch nicht vor einem anderen Kollegium, wohl aber im Nachverfahren zB nach § 600. Im Fall der Verwerfung einer Berufung bedarf es keiner vorangegangenen mündlichen Verhandlung, da gem. §§ 522 I, 128 I die Berufung im Fall ihrer Unzulässigkeit auch ohne mündliche Verhandlung verworfen werden kann, LAG Schlesw-Holst. BeckRS 2022, 9449 Rn. 33.

Eine Verhandlung vor dem Einzelrichter nach §§ 348, 348a, 526, 527, 568 genügt, Karlsr MDR 1995, 637; Ffm FamRZ 1979, 290; auch eine Verhandlung vor dem Gericht, das den Rechtsstreit anschließend verwiesen hat. Die Verhandlung braucht nicht über den gesamten Streitstoff stattgefunden zu haben, zB nicht unbedingt über eine nachträglich erhobene Widerklage und nicht über eine bloße Zinserhöhung, Düss NJW-RR 1994, 892. Sie muss aber zur Sache stattgefunden haben, und zwar zur Hauptsache, soweit das Gericht nach der Aktenlage über die Hauptsache entscheiden will. Eine Güteverhandlung im arbeitsgerichtlichen Verfahren reicht nicht, LAG Hamm BeckRS 2012, 75157; aM ArbG Köln BeckRS 2011, 76066; ArbG Bln BB 1987, 1536. Auch eine Güteverhandlung nach § 278 reicht nicht, da sie noch keine „mündliche" Verhandlung ist. Eine Verhandlung im Urkundenprozess nach §§ 592 ff. reicht nicht beim Ausbleiben erst im Nachverfahren nach § 600. Nach der mündlichen Verhandlung darf keine echte Klageerhöhung nach § 263 eingetreten sein. Es reicht nicht aus, dass die Verhandlung in irgendeinem anderen Punkt als der Hauptsache streitig war. Eine Zurückverweisung etwa nach § 538 II 1 Nr. 1 lässt einen vorangegangenen Verhandlungstermin unberührt, BAG NJW 2015, 366. 23

Hat noch keine mündliche Verhandlung stattgefunden, finden jedoch wegen einer Pandemie-bedingten Kontaktsperre keine Gerichtsverhandlungen statt und können sich die Parteien auf die Vorschläge des Gerichts zu einer einvernehmlichen Einigung nicht verständigen, sondern beharren auf einer streitigen Entscheidung, wird angeregt, auch in einem solchen Fall die Möglichkeit einer Entscheidung nach Lage der Akten zu ermöglichen, Schrader NZA 2020, 569. Ob dies nach dem eindeutigen Wortlaut des II eröffnet werden soll, erscheint fraglich, zumal es in einem solchen Extremfall die Möglichkeit des III gibt. 24

2. Verkündungstermin. Das Urteil darf im Gegensatz zu einem Beschluss nach § 311 IV nur in einem besonderen Verkündungstermin ergehen. Zwischen dem Schluss des letzten Verhandlungstermins nach §§ 136 IV, 296a und dem Termin zur Verkündung eines Urteils müssen mindestens zwei Wochen verstreichen (§§ 251a II 2, 331a S. 2). Der Sinn der Regelung besteht darin, eine schuldlos säumige Partei vor einem Schaden zu bewahren. Das Gesetz enthält also eine Art Wiedereinsetzung wegen einer Terminsversäumung. Deshalb muss das Gericht den Termin zwar nach § 310 I 1 sofort ansetzen, aber doch so, dass die Partei ihre Rechte voraussichtlich wahren kann. 25

Die Verkündung ist dann unzulässig, wenn die Post die formlose Benachrichtigung vom Verkündungstermin zurückschickt, weil die Anschrift falsch ist oder weil ein anderer Grund vorliegt, auf dessen Entstehung die säumige Partei ersichtlich keinen Einfluss hat. Das Gericht darf andererseits den Verkündungstermin dann nicht absetzen, wenn die säumige Partei zwar eine Entschuldigung einreicht, wenn das Gericht diese aber für unzureichend hält. 26

Ein Verstoß ist eine Verletzung des rechtlichen Gehörs, BVerfG NJW 2000, 1709; Art. 103 I GG. Er ist ein Revisionsgrund, falls das Urteil auf ihm beruht. Er ist aber kein Grund für eine Nichtigkeitsklage nach § 579. 27

3. Mitteilung. Das Gericht muss jeder säumigen Partei den Verkündungstermin mitteilen. Die Mitteilung erfolgt formlos; ein Beschluss ist aber zulässig. Die Mitteilung geht unter den Voraussetzungen des § 172 an den ProzBev. Das Gericht braucht die im Verhandlungstermin erschienene nicht verhandelnde Partei nicht gesondert zu benachrichtigen. Das gilt selbst dann, wenn das Gericht den Verkündungstermin nach § 218 erst am Schluss des Verhandlungstermins und dann in Abwesenheit der Partei verkündet hatte. Die bloße Verkündung des Termins reicht nicht aus, soweit auch eine Mitteilung des Verkündungstermins erforderlich ist. 28

Das Gericht kann den Verkündungstermin zugleich zu einer weiteren mündlichen Verhandlung bestimmen. Nur bei einer solchen Kombination der Ankündigung ist nach § 329 II 2 Hs. 1 eine förmliche Zustellung notwendig. Eine Ladungsfrist nach § 217 ist nur bei einer solchen Kombination wegen der geplanten Verhandlung nötig. Beim bloßen Verkündungstermin braucht man also keine Frist zwischen dem Zugang und dem Termin einzuhalten. Jedoch erfordert das Gebot der Rechtsstaatlichkeit und eines fairen Verfahrens eine gewisse Mindestzeitspanne, damit sich der Empfänger auf eine Teilnahme am Verkündungstermin einstellen kann. 29

Ein Verstoß gegen die Mitteilungspflicht macht eine im Übrigen ordnungsgemäß zustande gekommene und verkündete Entscheidung nicht unwirksam. 30

IX. Neuer Verhandlungstermin, II 4. Die Verkündung eines Urteils im Verkündungstermin muss dann unterbleiben, wenn die folgenden Voraussetzungen zusammentreffen. 31

1. Antrag. Die nicht erschienene Partei muss nach II 4 spätestens am siebenten Tag vor dem Verkündungstermin beantragen, einen neuen Verhandlungstermin anzusetzen. Ein Streitgenosse nach § 59 hat ein selbständiges Antragsrecht. Bei einer notwendigen Streitgenossenschaft nach § 62 hilft der Antrag des einen Streitgenossen dem anderen. Denn es handelt sich um die Wahrung eines Rechts des Säumigen. Der Erschienene, der nur nicht verhandelt hatte, hat kein Antragsrecht. Er hätte ja im Verhandlungstermin mindestens eine Vertagung nach § 227 beantragen können und bei einer Ablehnung dieses Antrags zur Sache verhandeln müssen. „Vor dem zur Verkündung bestimmten Termin" bedeutet: Vor dem Weglegen der Sache, nicht schon vor dem Aufruf. Der Antrag muss schriftlich erfolgen. Er ist eine Prozesshandlung. Im Anwaltsprozess unterliegt er dem Anwaltszwang (§ 78). Soweit er nicht besteht, kann der Antrag nach § 129a auch zum Protokoll der Geschäftsstelle jedes AG erfolgen. Ein Antrag nur unter der Bedingung, dass das Gericht eine dem Antragsteller günstige Entscheidung beabsichtige, gilt als nicht gestellt. Ein Eingang auf der Posteinlaufstelle bis 24 Uhr genügt, BVerfG NJW 1976, 747. 32

2. Glaubhaftmachung. Die nicht erschienene Partei muss außerdem bis zum Fristablauf nach § 294 glaubhaft machen, dass sie im Verhandlungstermin schuldlos ausgeblieben war, BAG BB 1986, 1232, und dass sie auch nicht eine Terminsverlegung nach § 227 rechtzeitig beantragen konnte. Das Verschulden eines gesetzlichen Vertreters oder eines ProzBev. gilt nach §§ 51 II, 85 II als solches der Partei. 33

Das Gericht muss unter sorgfältigen Abwägung aller Umstände im Interesse der Verfahrensförderung prüfen, ob die vorgebrachten Tatsachen zur Entschuldigung ausreichen. Eine Verpflichtung des ProzBev., im Zeitpunkt des letzten Verhandlungstermins einen anderen Termin wahrzunehmen, reicht zur Entschuldigung ebenso wenig aus wie zu einer Vertagung. Der Anwalt hat grundsätzlich für eine Terminsvertretung zu sorgen. Das Gericht kann einen zur Rechtfertigung eines Verlegungsantrags angeführten und vom Gericht inzwischen schon zurückgewiesenen Entschuldigungsgrund nicht nochmals berücksichtigen, denn die Partei hat ihn verbraucht. 34

35 **3. Von Amts wegen.** Das Gericht kann auch feststellen, dass die Voraussetzungen einer Entscheidung nach Lage der Akten tatsächlich fehlten, etwa weil eine Ladung nicht ordnungsgemäß erfolgt war. Dann muss es nach §§ 156, 216, 335 von Amts wegen einen neuen Termin bestimmen.

36 **4. Stattgebende Entscheidung.** Soweit das Gericht dem Antrag entspricht, bestimmt der Vorsitzende einen neuen Verhandlungstermin. Diesen neuen Termin kann er nach § 156 im bisher anberaumten Verkündungstermin verkünden. Er braucht dann nach § 218 keine neue Zustellung. Das Gericht kann ihn auch dadurch mitteilen, dass es den bisher bestimmten Verkündungstermin aufhebt und wie sonst einen Verhandlungstermin anberaumt. Es kann auch den bisherigen Verkündungstermin in einen Verhandlungstermin umwandeln. Dann hat das Gericht die Parteien nach §§ 168, 217 wie zu einem sonstigen Verhandlungstermin zu laden.

37 **5. Ablehnende Entscheidung.** Soweit das Gericht den Antrag nach II 4 ablehnt, braucht es hierüber keinen besonderen Beschluss zu fassen. Es verbleibt vielmehr beim Verkündungstermin. Das Gericht kann sich damit begnügen, die Gründe der Antragsablehnung im Urteil nach § 313 III darzustellen.

38 **X. Vertagung oder Ruhen, III.** Es kommt auf die Gesamtlage an.

39 **1. Vertagung.** Wenn das Gericht keine Entscheidung nach Aktenlage erlässt, kann es unter den Voraussetzungen des § 227 eine Vertagung anordnen. Die Vertagung ist die Bestimmung eines neuen Termins zur mündlichen Verhandlung. Dies ist zB dann sinnvoll, wenn es zweifelhaft ist, ob das Gericht eine Partei zum Verhandlungstermin rechtzeitig geladen hatte, oder wenn es unklar geblieben ist, ob einer Partei ein wichtiger Schriftsatz rechtzeitig zuging. Die Vertagung kann mit einer gleichzeitigen Auflage nach § 273 verbunden werden. Sie erfordert nach § 128 IV keine mündliche Verhandlung. Eine besondere Bekanntgabe des neuen Verhandlungstermins ist wegen § 218 unnötig. Das gilt unabhängig davon, ob das Gericht den neuen Termin im Verhandlungstermin oder im Verkündungstermin bestimmt. Eine Ladung bietet sich zur Verfahrensförderung an.

40 **2. Ruhen.** Das Gericht kann statt einer Vertagung das Ruhen des Verfahrens nach § 251 anordnen. Auch diese Entscheidung erfolgt in pflichtgemäßem Ermessen, Köln MDR 1991, 896. Diese Möglichkeit bietet sich an, wenn mangels erheblicher Gründe auch eine Vertagung nicht in Betracht kommt. Das Gericht muss prüfen, ob die ausgebliebenen Parteien offenbar an einer Entscheidung oder an der Weiterführung des Prozesses zumindest derzeit kein Interesse mehr haben oder ob auch nur eine Partei ersichtlich darauf vertraut hat, dass das Gericht zB ohne eine mündliche Verhandlung entscheiden oder vertagen werde. Im letzteren Fall würde die Anordnung des Ruhens ermessensfehlerhaft sein, KG FamRZ 1981, 583; LG Bln MDR 1993, 476. Eine Anordnung des Ruhens ist auch im Anschluss an ein Teilurteil nach § 301 für den Rest möglich, Schneider JurBüro 1977, 1338. Eine Anhörung des nicht Erschienenen ist nicht erforderlich, Köln MDR 1991, 896.

41 Inhalt, Form und Wirkung der Anordnung richten sich nach § 251, ebenso die Beendigung des Ruhens. II ist nicht anwendbar. Wenn die Zustellung erkennbar nicht erfolgt ist, muss das Gericht eine sofortige Aufnahme zulassen. Das Gericht muss seine Anordnung des Ruhens des Verfahrens begründen. Es verkündet seinen Beschluss nach § 329 I 1, Köln MDR 1991, 896. Es stellt ihn nach § 329 III Nr. 2 förmlich zu.

42 **XI. Rechtsbehelfe.** Gegen die Anordnung des Ruhens ist die sofortige Beschwerde nach § 567 I Nr. 1 nicht statthaft, denn es fehlt ein Rechtsschutzbedürfnis für ein Rechtsmittel, da die Parteien ohne weitere Voraussetzungen durch einen Antrag jederzeit die Aufnahme erzwingen können, Zweibr NJOZ 2001, 669; MüKoZPO/Stackmann Rn. 37; Prütting/Gehrlein/Anders Rn. 7; Zöller/Greger Rn. 11; aM Köln NJW-RR 1992, 1022. Beim Rpfl. gilt § 11 RPflG. Eine Rechtsbeschwerde kommt unter den Voraussetzungen als § 574 in Betracht. Die Vertagung nach III ist nur zusammen mit dem Endurteil anfechtbar.

252 *Rechtsmittel bei Aussetzung.* **Gegen die Entscheidung, durch die auf Grund der Vorschriften dieses Titels oder auf Grund anderer gesetzlicher Bestimmungen die Aussetzung des Verfahrens angeordnet oder abgelehnt wird, findet die sofortige Beschwerde statt.**

Schrifttum: Fasching, Rechtsbehelfe zur Verfahrensbeschleunigung, FS Henckel, 1995, 161; Fichtner, Grenzen des richterlichen Ermessens bei Aussetzung und Ruhen des Verfahrens, 1996.

1 **I. Systematik.** Die Vorschrift regelt das alleinige Rechtsmittel gegen die fast abschließenden Entscheidungen über eine Aussetzung des Verfahrens. Allerdings gehen Sonderregelungen vor. So hat § 227 IV 3 Vorrang, ebenso Art. 100 GG, Anh. § 1 GVG, Celle NJW-RR 2009, 857; Düss BauR 2009, 1933; aM Pfeiffer NJW 1994, 1996. nicht aber § 3 II 1 KapMuG, SchlAnh. VI, BGH NJW-RR 2019, 1137; Brschw. BeckRS 2020, 25514 = ZIP 2021, 31 (bis dahin streitig, ob Anfechtungsausschluss in allen Fällen gilt); → Rn. 5. Die Aussetzung nach § 8 I 1 (früher: § 7 I 4) KapMuG, ist dagegen mit der Begründung anfechtbar, dass der Anwendungsbereich des KapMuG nicht eröffnet ist, BGH NJW 2019, 3444; NJW-RR 2015, 299; (zum alten Recht: BGH NJW 2009, 2539); Brem NZG 2020, 191, Aus der Zulassung der sofortigen Beschwerde ergibt sich zugleich indirekt die Verweisung auf §§ 567–577, Köln NJW-RR 2003, 758.

2 **II. Regelungszweck.** Die Rechtsmittelmöglichkeit entspricht dem Grundgedanken einer Überprüfbarkeit in zweiter Instanz; dies erscheint auch angesichts der Bedeutung eines rechtlichen Stillstands des Prozesses für die einzelne Partei erforderlich. Bei einer entscheidungslosen bloßen Untätigkeit hilft nicht mehr eine sofortige Beschwerde wegen greifbarer Gesetzwidrigkeit, aber evtl. eine Dienstaufsichtsbeschwerde.

3 Abhilfe durch den bisherigen Richter, den „judex a quo", ist eine charakteristische Möglichkeit auch bei einer sofortigen Beschwerde nach § 572 I 1 Hs. 1. Das kann das Beschwerdeverfahren im Einzelfall etwas verlängern. Die Abhilfemöglichkeit kann es aber im Ergebnis dennoch kürzer werden lassen als bei einer zusätzlichen Einarbeitung durch das Beschwerdegericht. Auch die Kosten können dann niedriger ausfallen, wenn der Richter der sofortigen Beschwerde gegen die eigene Entscheidung abhilft. Eine floskelhafte Nichtabhilfe wäre unstatthaft. Sie könnte zur Zurückverweisung an ihn führen.

4 **III. Geltungsbereich.** § 252 betrifft grundsätzlich jede durch einen Beschluss oder eine Verfügung erfolgten *Ablehnung* oder Anordnung der Aussetzung des Verfahrens, BGH BB 2006, 465; KG NJW-RR 2006, 1146,, nicht nur die des Titels 5, wobei die größte praktische Bedeutung bei den Entscheidungen nach §§ 148, 149 liegt. Die Vorschrift gilt ferner bei einer Ablehnung der Aufnahme nach einer Aussetzung, Nürnb MDR 2004, 231, oder bei einer Tatbestandsberichtigung nach § 320, Düss NJW-RR 2004, 1723. Im FamFG-Verfahren macht

§ 21 II FamFG gegen einen Aussetzungsbeschluss §§ 567–572 entsprechend anwendbar, (zum alten Recht) Hamm FGPrax 2007, 57. Die Vorschrift betrifft weiter das Ruhen nach §§ 251, 251a, Karlsr MDR 1995, 636, im Gegensatz zum rein tatsächlichen Stillstand, Ffm FamRZ 1994, 1477; Karlsr FamRZ 1994, 1399; Zweibr FamRZ 1984, 75. Denn das Ruhen ist nur ein Sonderfall der Aussetzung nach §§ 148 ff. Die Vorschrift gilt bei § 364, Köln NJW 1975, 2349. Sie ist auch in einer WEG-Sache anwendbar, (zum alten Recht) BayObLG MDR 1994, 306. Es ist unerheblich, wie das Gericht seinen angefochtenen Beschluss genannt hat. Es kommt vielmehr darauf an, ob die Wirkung dieser Maßnahme einer Aussetzung gleichkommt, Brdb MDR 2009, 948; Hamm NJW-RR 1997, 724; Düss FamRZ 1994, 1121. Das gilt selbst dann, wenn der Beschluss zB nur auf eine Vertagung nach § 227 lautet.

IV. Sofortige Beschwerde: Grundsatz der Statthaftigkeit. Die Aussetzungsentscheidung des erstinstanzlichen Prozessgerichts kann gem. §§ 252, 567 I Nr. 1 mit der sofortigen Beschwerde angegriffen werden, BGH NJW-RR 2019, 1137 Rn. 15; Brschw BeckRS 2020, 25514 Rn. 29 = ZIP 2021, 31. § 252 ermöglicht grundsätzlich die sofortige Beschwerde nach § 567 I Nr. 1 auch gegen die erstinstanzliche Ablehnung einer Aussetzung, BGH VersR 1993, 1375; von Maltzahn GRUR 1985, 171. Eine Ablehnung liegt auch darin, dass das Gericht eine gleichwertige andere Maßnahme trifft, also den Fortgang des Verfahrens in irgendeiner Form anordnet, Ffm FamRZ 1980, 178, oder dass etwa das Beschwerdegericht nach § 150 den Aussetzungsbeschluss aufhebt. Mangels einer Beschwer kann die sofortige Beschwerde unzulässig sein, (je zum alten Recht) Karlsr FamRZ 1998, 1606; Kblz VersR 1992, 1536. Nach Ablauf der Beschwerdefrist kann das Prozessgericht die Aussetzung gem. §§ 150, 250 aufheben, BGH NJW-RR 2014, 758 Rn. 10; Brschw ZIP 2021, 31 Rn. 29. Die sofortige Beschwerde wird gegenstandlos, soweit bei einer Aussetzung nach §§ 148 ff. ein Endurteil ergeht oder soweit bei §§ 246, 247 das Endurteil nach § 705 formell rechtskräftig wird. 5

Statthaftigkeit und Zulässigkeit sind hier genau so wenig dasselbe wie zB bei einer Berufung. Es ist also wie bei jedem Rechtsmittel nach §§ 567 ff. auf die Wahrung der gesetzlichen Form und Frist der Einlegung zu achten. Eine Beschwer gehört zu den Zulässigkeitsvoraussetzungen. Ob schon zur Einlegung ein Anwaltszwang nötig ist oder nicht, zeigt § 569 III. 6

Eine Anfechtung mit der Revision ist dann unstatthaft, wenn das Gericht eine Aussetzung im Urteil abgelehnt hat. Denn der Beschluss wäre nach §§ 557 II unanfechtbar. Evtl. erfolgt aber eine Aufhebung wegen einer mangelnden Sachaufklärung. Gegen die Entscheidung des OLG kommt allenfalls eine Rechtsbeschwerde an den BGH in Betracht, wenn das Beschwerdegericht sie zugelassen hat (§ 574 I Nr. 2), BGH NJW 2009, 2539; Hamm FamRZ 2006, 703. Die Rechtsbeschwerde ist auch gegen Aussetzungsentscheidungen des OLG oder des LG als Berufungsgericht statthaft, da § 252 nur gegen im ersten Rechtszug ergangene Entscheidungen des AG oder LG Anwendung findet, BGH NJW 2019, 376; NJW 2015, 3661; NJW 2012, 2449. Eine Aufhebung in der höheren Instanz wirkt für die Zukunft. Sie berührt also die bisherige Wirkung der Aussetzung nicht. 7

V. Grenzen der Nachprüfbarkeit. Das Beschwerdegericht hat zunächst zu prüfen, ob ein Aussetzungsgrund gegeben ist, so zB die Vorgreiflichkeit iSd § 148, BGH NJW-RR 2006, 1289 Rn. 6; BAG NZA 2021, 149 Rn. 42 ff. Hierbei ist es nicht an die Rechtsauffassung des Erstgerichts gebunden, Ffm GRUR-RS 2021, 18763 Rn. 10; GRUR-RR 2021,160. Rn. 15 Das Beschwerdegericht darf die vorinstanzliche Beurteilung der Sach- und Rechtslage nur auf ihre Vertretbarkeit (so Verfahrens- oder Ermessensfehler) überprüfen, BGH BeckRS 2019, 27613 Rn. 38; NJW-RR 2006, 1289 Rn. 6. Die volle Überprüfung der Sach- und Rechtslage des Erstgerichts bleibt dagegen dem Rechtsmittelgericht gegen die Endentscheidung vorbehalten, Mü BeckRS 2022, 670 Rn. 33 ff; Karlsr NJOZ 2021, 275 Rn. 8; KG BeckRS 2006, 12513 = NJOZ 2006, 4217; LAG Düss NZA-RR 2021, 266 Rn. 8. Das Beschwerdegericht hat jedoch uneingeschränkt zu prüfen, ob ein Aussetzungsgrund gegeben ist, BGH NJW-RR 2020, 98 Rn. 38; NJW-RR 2006, 1289 Rn. 6; BAG NZA 2009, 1436 Rn. 9. 8

VI. Keine Kostenentscheidung. Das Beschwerdegericht überlässt die Kostengrundentscheidung grundsätzlich dem Erstgericht, da die Kosten des Beschwerdeverfahrens Teil der Prozesskosten sind, BGH NJW 2009, 2539; BB 2006, 465; Köln OLGR 1998, 90. Eine Annahme gilt bei einer Erstentscheidung nach der Urteilsverkündung nach §§ 310, 311, KG NJW-RR 2007, 1296. 9

VII. Beispiele zur Frage der Zulässigkeit einer sofortigen Beschwerde

Abtrennung: Unzulässig ist eine sofortige Beschwerde gegen die Ablehnung einer Abtrennung nach § 145, weil noch Ermittlungen nötig seien, Düss FamRZ 1994, 1121. 10

Arbeitsgerichtsverfahren: Zulässig sein kann eine sofortige Beschwerde nach § 97 V ArbGG auch hier, BAG NZA 2008, 490.

Aufnahme: Zulässig ist eine sofortige Beschwerde gegen einen Beschluss auf Ablehnung der Aufnahme eines unterbrochenen, ausgesetzten oder ruhenden Verfahrens, Köln FamRZ 2003, 689 (auch zur Aktenaussonderung). Das gilt insbesondere vor der Rechtskraft eines Grundurteils nach § 304 oder eines Vorbehaltsurteils nach § 599.

Aussetzung: Zulässig ist eine sofortige Beschwerde gegen eine ermessensfehlerhafte Aussetzung des Prozesses, BGH BB 2006, 465; BAG NJW 2009, 3471; Köln BeckRS 2019, 5543 (Aussetzung nach Streitverkündung); KG NJW-RR 2007, 1296. Die Entscheidung, mit der ein Aussetzungsbeschluss aufgehoben wird, ist anfechtbar, BGH NJW-RR 2014, 758. Unzulässig ist die sofortige Beschwerde gegen die Ablehnung einer Aussetzung durch ein Urteil oder gegen eine Aussetzung nebst Vorlage beim EuGH nach Art. 100 I GG, Celle EuZW 2009, 96.

Beendigung: Zulässig ist eine sofortige Beschwerde gegen eine ermessensfehlerhafte Feststellung einer Beendigung des Verfahrens, BAG NJW 2009, 3471.

Beweisaufnahme: Zulässig ist evtl. die sofortige Beschwerde gegen die Anordnung einer Parteimitwirkung bei einer Beweisaufnahme im Ausland nach § 364, Köln NJW 1975, 2349; LG Aachen NJW-RR 1993, 1407, oder gegen ein sehr weites Hinausschieben der Durchführung einer Beweisaufnahme, Zweibr FamRZ 1984, 75; Celle NJW 1975, 1230; LG Aachen NJW-RR 1993, 1407.

Europarecht: Zulässig ist eine sofortige Beschwerde gegen einen nach Art. 177 II oder III EGV unhaltbaren Beschluss, Pfeiffer NJW 1994, 1999. Unzulässig ist sie gegen eine Aussetzung nach Art. 234 EGV, Köln WRP 1977, 734. Auch → „Aussetzung".

Folgesache: Zulässig ist eine sofortige Beschwerde gegen die Nichtabtrennung einer Folgesache im Verbundverfahren nach § 137 FamFG, Ffm FamRZ 1997, 1167; aM Zweibr FamRZ 2003, 1198.

(10) Insolvenz: Zulässig ist eine sofortige Beschwerde grds. gegen eine Entscheidung nach § 240, Schlesw ZIP 2015, 1040. Unzulässig ist eine sofortige Beschwerde und folglich auch eine Rechtsbeschwerde nach § 574 im Insolvenzverfahren, BGH ZIP 2010, 856.

Kapitalanleger-Musterverfahren: Nach der Novellierung des KapMuG kann auch im Musterfeststellungsverfahren die Aussetzungsentscheidung mit der sofortigen Beschwerde nach §§ 252, 567 I Nr. 1 angegriffen werden, BGH NJW-RR 2019, 1137 Rn. 15; Brschw BeckRS 2020, 25514 Rn. 29 = ZIP 2021, 31.

Nebenintervenient: Die Beschwerde eines Nebenintervenienten nach § 252 ist statthaft, KG NJW-RR 2019, 1344.

Termin: Zulässig ist eine sofortige Beschwerde gegen die entgegen einem Aussetzungs- oder Ruhensantrag erfolgte Anberaumung eines Termins, BFH ZIP 2013, 1790; Mü BB 2005, 2436; Ffm FamRZ 1980, 178, oder überhaupt gegen die Ablehnung einer Terminierung.

Tod: Unzulässig ist eine sofortige Beschwerde gegen eine Entscheidung dann, wenn es um ein Urteil nach § 239 geht.

Unterbrechung: Zulässig ist eine sofortige Beschwerde gegen einen Beschluss über die Verneinung oder die Anerkennung einer Unterbrechung nach §§ 239 ff., Mü NJW-RR 1996, 229.

Verfahrensstillstand: Zulässig ist eine sofortige Beschwerde bei der Rüge eines tatsächlichen Verfahrensstillstands, Brdb MDR 2009, 949.

Verfassungswidrigkeit: Zulässig ist eine sofortige Beschwerde dann, wenn eine Vorlage nach Art. 100 GG unterbleibt, BVerfG NVwZ 1991, 53.

Versorgungsausgleich: Zulässig ist eine sofortige Beschwerde gegen die Aussetzung eines Versorgungsausgleichs bei §§ 217 ff. FamFG, (zum alten Recht) Drsd FamRZ 2004, 34.

Vertagung: Zulässig ist eine sofortige Beschwerde gegen die Ablehnung oder Anordnung einer Vertagung, Ffm NJW 2004, 3050.

Verzögerung: Unzulässig ist eine sofortige Beschwerde gegen eine zwar außergewöhnlich lange, aber durch eine Spezialvorschrift geregelte Verzögerung, Düss FamRZ 2002, 1574.

Wohnungseigentumssache: Zulässig ist eine sofortige Beschwerde gegen einen Beschluss in einer WEG-Sache, Düss FGPrax 2008, 55.

Buch 2. Verfahren im ersten Rechtszug

Abschnitt 1. Verfahren vor den Landgerichten

Titel 1. Verfahren bis zum Urteil

Vorbemerkung zu § 253

Schrifttum: Braun, Lehrbuch des Zivilprozessrechts, Erkenntnisverfahren, 2014; Fechner, Schutzlücken im System effektiven Rechtsschutzes, 2016.

Übersicht

1 **I. Systematik und Regelungszweck. 1. Allgemeines zum Justizanspruch.** → Vor § 128 Rn. 1, 2. Das zweite Buch der ZPO regelt das kontradiktorische Erkenntnisverfahren zwischen zwei sich gegenüber stehende Parteien in der ersten Instanz vor dem LG und mit besonderen Regelungen in §§ 495 ff. vor dem AG. Mit der Klage wird in einem auf bindende Entscheidung ausgerichteten gerichtlichen Verfahren ein staatlicher Rechtsschutz nach Art. 2 I, 19 IV, 20 III GG als Ausfluss des Selbsthilfeverbotes gewährt, und zwar jedem Deutschen und in den Grenzen des Völkerrechts, der Staatsverträge und des sonstigen internationalen Rechts auch jedem Ausländer, EGMR NJW 2011, 3703; BVerfG WM 2015, 1050 = BeckRS 2015, 9769; Zöller/Greger Rn. 1, → Einl. II Rn. 1. Dieser Rechtsschutz besteht in Form eines sog. Justizanspruchs, Justizgewährungsanspruch bzw. Rechtsschutzanspruchs. Man versteht darunter einen Anspruch der Partei auf die Herbeiführung und notfalls zwangsweise Durchsetzbarkeit einer der sachlichen Rechtslage entsprechenden Sachentscheidung des Gerichts. Es handelt sich um ein subjektives öffentliches Recht des Bürgers zum einen auf das Tätigwerden der Gerichte und der anderen Justizorgane, zum anderen auf die Garantie des Vorhandensein staatlicher Gerichte und auf ihr effektives Funktionieren, EuGH ZIP 2011, 144; BVerfG NJW 2022, 2677 Rn. 38 (Fall Pechstein); 2021, 915 Rn. 23, 27; BeckRS 2015, 97; FamRZ 2010, 1236 = FamFR 2010, 406; MDR 2009, 945, auch in angemessener Zeit nach Art. 6 EMRK (§§ 198 ff. GVG), BVerfG NJW-RR 2002, 424. Der Justizanspruch umfasst ein auf Richtigkeitsgewähr ausgerichtetes Verfahren mit Mitwirkungs- und Kontrollrechten der Beteiligten, BVerfG NJW 2018, 3699; 2011, 1497; Zöller/Vollkommer Einl. Rn. 33; → Vor § 128 Rn. 20 ff. (zu den allgemeinen Verfahrensgrundsätze); → Vor § 128 Rn. 4 ff. (zum Prozessrechtsverhältnis).

2 Zum Justizanspruch meinen manche, es sollte „nicht alles einklagbar“ sein, Herzog 3sat 21.7.10. Man kann sicherlich über den Umfang streiten, aber nicht darüber, dass das Grundgesetz eine Justizgewährung garantiert. Aus dem Rechtsstaatsprinzip nach Art. 2 I, 20 III, Art. 6 MRK folgt die **Rechtsschutzgarantie,** dh das Recht der Partei auf ein faires, rechtsstaatliches Verfahren, auf die Gewährung des rechtlichen Gehörs sowie darauf, dass nur bei Vereinbarkeit mit der rechtsstaatlichen Verfahrensordnung aus sachlichen Gründen **Grenzen** gezogen werden können, wenn dadurch der Rechtssuchende nicht unverhältnismäßig belastet wird, EGMR NJW 2018; 2015, 2095; BVerfG NJW 2021, 915; 2002, 2227; 1993, 1635; BeckRS 2015, 9769; BGH NJW 2015, 3240; → Einl. II Rn. 28 ff.; → Vor § 128 Rn. 42 ff. (zum rechtlichen Gehör). Das Gebot des effektiven Rechtsschutzes nach Art. 19 IV GG gewährleistet keine Anspruch auf die Einrichtung eines bestimmten Rechtszuges; wenn aber mehrere Instanzen geschaffen wurden, darf der Zugang zu ihnen nicht unzumutbar und durch Sachgründe nicht mehr zu rechtfertigender Weise erschwert werden, BVerfG BeckRS 2022, 6805 Rn. 22 = NVwZ 2022, 789 (zur

Darlegung von Zulassungsgründen nach § 124a IV VwGO und zur Auslegung sowie Anwendung dieser Gründe nach § 124 II VwGO).

3 **2. Begrifflichkeit.** Sowohl wegen des unmittelbar geltenden Art. 6 EMRK als auch wegen des GG ist ein effektiver Schutz des sachlichen Rechts notwendig. Einig ist man sich darüber, dass der Rechtsschutz einen funktionierenden Gerichtsapparat, den Zugang des Einzelnen zu den staatlichen Gerichten, ein rechtsstaatliches Verfahren, einen unverzüglichen Verfahrensbeginn, eine erträgliche Verfahrensdauer (§§ 198 ff. GVG), die Berücksichtigung des gesamten prozessual ordnungsgemäßen Tatsachenvortrags der Parteien und die notfalls zwangsweise Durchsetzbarkeit der gerichtlichen Entscheidung erfordert, Lisken NJW 1982, 1136; im Einzelnen → Rn. 1. Insofern kann unter dem Begriff Rechtsschutz mehr als den Justizanspruch verstehen. Andererseits ist es zumindest sprachlich problematisch, ein umfassendes allgemeines Rechtsschutz-„Grundrecht" als Oberbegriff zugrunde zu legen. Die einzelnen Grundrechte sind auch in ihren prozessualen Auswirkungen in Art. 1–19 GG abschließend geregelt. Wichtiger als die Terminologie ist die Erkenntnis, dass unser heutiges Rechtssystem sowohl das Vorhandensein als auch das unverzügliche Tätigwerden der Justizorgane und die grundsätzliche Ausrichtung des Prozessrechts als eines Instruments zur Verwirklichung sachlichen Rechts unmittelbar gewährleistet. Das ist zur **Auslegung** vieler Verfahrensvorschriften und zu ihrer effektiven Handhabung von größter Bedeutung. Neben der Gerechtigkeit und Zweckmäßigkeit gehören auch die Rechtssicherheit, zB die Möglichkeit der Zurückweisung von Vorbringen nach § 296, und die Prozesswirtschaftlichkeit zu den elementaren Grundregeln des Prozessrechts. Sie können der Durchsetzung des sachlichen Rechts aus zwingenden Gründen im Wege stehen, zu den Grundsätzen des Zivilprozesses → Vor § 128 Rn. 20 ff.

4 In Bezug auf den Justizanspruch für erforderlich gehalten werden teilweise die sog. Rechtsschutzvoraussetzungen oder **Urteilsvoraussetzungen,** also die Voraussetzungen für ein Sachurteil. Von den Prozessvoraussetzungen oder Zulässigkeitsvoraussetzungen, → Rn. 13, sollen sie dadurch abweichen, dass es bei diesen nicht nur auf das Urteil ankommt, sondern auf die gesamte Prozessgestaltung. Zu den Urteilsvoraussetzungen rechnet man den Tatbestand, die Rechtsschutzfähigkeit und das Rechtsschutzbedürfnis nach → Rn. 43, auch verschiedene weitere Zulässigkeitsvoraussetzungen, wie die Zulässigkeit des Rechtswegs nach § 13 GVG. Diese Lehre hat nicht viel praktischen Nutzen. Sie besagt in Wahrheit nichts anderes, als dass nur diejenige Klage durchdringen kann, die zulässig und begründet ist.

5 **3. Rechtsschutzgesuch.** Der Staat gewährt Rechtsschutz im Zivilprozess grundsätzlich nur auf ein Gesuch. Hau ZZP 129, 133 nennt das eine Klagelast. Als vereinfachte Form für ein solches Gesuch genügt ein Mahnverfahren nach §§ 688 ff. unter den dort genannten Voraussetzungen. Für eine Streitverhandlung im Zivilprozess muss aber das Gesuch in Form einer Klage nach § 253 erfolgen, also jeweils als Bitte um Rechtsschutz durch ein Urteil. Diese prozessuale Klage muss man von dem materiell-rechtlichen Klagerecht unterscheiden. Es entspricht der römischen actio, dem Anspruch auf ein Tun oder Unterlassen nach § 194 BGB. Nicht mit jeder Klage wird allerdings ein privatrechtlicher Anspruch geltend gemacht. Davon zu unterscheiden ist der prozessuale Anspruch, dh der Streitgegenstand (§§ 253 I, 260 I), der auf ein bestimmtes Urteil gerichtet ist, → § 253 Rn. 26.

6 **II. Geltungsbereich.** Das zweite Buch der ZPO betrifft das kontradiktorische Erkenntnisverfahren vor dem Landgericht in der ersten Instanz. Die Vorschriften finden weitgehend nach § 495 auch im amtsgerichtlichen Erkenntnisverfahren ersten Instanz Anwendung, soweit nicht in den §§ 495a ff. Sonderregelungen vorhanden sind. Von dem kontradiktorischen Verfahren nach §§ 253 ff. zu unterscheiden sind die Verfahren der Freiwilligen Gerichtsbarkeit nach dem FamFG. Im FamFG-Verfahren gilt § 23 FamFG. Entsprechend anwendbar sind §§ 253–494a in Ehesachen (§§ 121 ff. FamFG) und in Familienstreitsachen (§ 112 Nr. 1–3 FamFG) nach § 113 I 2 FamFG. Wegen der Anwendbarkeit im Übrigen → Vor § 128 Rn. 3. Die Reglungen im zweiten Buch betreffen neben dem Verfahrensablauf verschiedene Klagearten, Leistungsklagen und Feststellungsklage, sowie besondere Ausformungen dieser Klagearten, → Rn. 7 ff. Ergänzt werden diese Regelungen insbesondere für die Gestaltungsklage, die auf die gesetzlich geregelten Tatbestände beschränkt ist, durch die § 323, §§ 767 ff. (vollstreckungsrechtliche Gestaltungsklagen), § 1059 und zB durch §§ 315 III 2, 319 I 2, 343 I 1, 655 S. 1, 2048 S. 3, 2342 BGB, §§ 117, 127, 133 I, 140 I, 161 II HGB, §§ 241 Nr. 5, 246, 275 AktG, § 61 GmbHG, § 51 GenG, §§ 121 ff., 133 ff. FamFG, → Rn. 10 f.

7 **III. Klagearten. 1. Allgemeines.** Als Klagearten kommen entsprechend den Klagezielen im Erkenntnisverfahren die Leistungsklage, die Feststellungsklage und die Gestaltungsklage in Betracht. Demgegenüber sind die Widerklage (§ 33), die Stufenklage (§ 254), die Klage auf künftige Leistung (§§ 257–259), die Nichtigkeits- und Restitutionsklage (§ 578, 580), der Urkundenprozess (§§ 592 ff.), die Musterfeststellungsklage (§§ 606 ff.) sowie die Verbandsklage (§ 3 UKlaG, § 8 III UWG) lediglich besondere Formen dieser Klagearten, Zöller/Greger Vor § 253 Rn. 2.

8 **2. Leistungsklage (Verurteilungsklage).** Mit ihr erstrebt der Kläger eine Verurteilung des Gegners zu einer Leistung, einem Tun, Dulden oder Unterlassen, aufgrund eines materiell-rechtlichen Anspruchs nach §§ 194 I, 241 I BGB und damit eine Befriedigung. Eigene Verfahrensvorschriften für Unterlassungsklagen bei Verbraucherrechtsverstößen enthalten §§ 5–11 UKlaG, Thomas/Putzo/Seiler Vorb § 253 Rn. 3. Die Darstellung der Durchsetzbarkeit des Anspruchs ist grundsätzlich nicht erforderlich, → § 253 Rn. 48 „Leistungsklage". Ein Leistungsurteil enthält zwei Bestandteile: die Feststellung, dass der Bekl. eine Leistung schuldet, ferner den Befehl zur Erfüllung der Schuld. Nur Leistungsurteile ermöglichen im Hauptsachentenor grundsätzlich eine Zwangsvollstreckung. Auf welchem Rechtsgrund der Anspruch beruht, dh auf Gesetz oder Vertrag, spielt für diese Wirkung des Urteils keine Rolle. Leistungsurteile sind auch diejenigen auf Gewährleistung, Schadensersatz oder Entschädigung, auch nach § 198 GVG, auf Herausgabe (§§ 883 ff.), auf Vornahme einer Handlung (§§ 887, 888), auf Abgabe einer Willenserklärung (§§ 894 ff.), auf Unterlassung (§ 890), auf Duldung der Zwangsvollstreckung zB nach § 1147 BGB, Grüneberg/Herrler BGB § 1147 Rn. 3, auf Befriedigung aus einem bestimmten Vermögensstück, zB einer Pfandsache, aus einer bestimmten Vermögensmasse (etwa dem Nachlass) oder auf Freistellung von einer Schuld, *BGH MDR 1996,* 959; Bischoff ZZP 120, 240. Die Deckung durch einen Versicherer kann nur durch eine Feststellungsklage geltend gemacht werden, solange der dahinterstehende Anspruch nicht rechtskräftig feststeht, BGH NJW 2014, 2038. Regelmäßig dient eine Leistungsklage der Durchsetzung eines privatrechtlichen, gelegentlich auch eines öffentlich-rechtlichen Anspruchs. Zur Sonderform der sog. arbeitsrechtlichen

Einwirkungsklage s. Kasper DB 1993, 682. Auch → § 253 Rn. 34 (Bestimmtheit), → § 256 Rn. 41 ff. (Verhältnis zur Feststellungsklage)

3. Feststellungsklage. Eine solche Klage nach § 256 bezweckt keine zur Befriedigung führende Verurteilung, obwohl das Gericht auch sie für „vollstreckbar" erklärt und obwohl auch sie mitunter zur „freiwilligen" Erfüllung führt. Sie zielt vielmehr auf die Feststellung eines prozessualen oder materiell-rechtlichen Rechtsverhältnisses ab und ist deshalb im Hauptsachentenor nicht vollstreckbar, → § 256 Rn. 1, 41. Mit der Feststellungsklage kann auch nach § 256 I die Echtheit oder Unechtheit einer Urkunde festgestellt werden. Sie dient wie alle Klagen der Rechtssicherheit und der Prozesswirtschaftlichkeit, BGHZ 103, 365. Sie ist nicht immer eine „unentwickelte Leistungsklage", → Rn. 8; → § 256 Rn. 41 ff. (Verhältnis der beiden Klagearten zueinander). Denn ihr Gegenstand kann auch ein Gestaltungsanspruch sein. Sie richtet sich entweder als Klage auf eine positive Feststellung eines Rechtsverhältnisses oder auf die negative Feststellung des Nichtbestehens eines solchen Verhältnisses. Hierher gehört auch das die Leistungsklage abweisende Urteil. Die Klage des Arbeitnehmers nach § 4 KSchG ist auf Feststellung gerichtet, dass die Kündigung sozial ungerechtfertigt sei. Bei Feststellung, dass das Arbeitsverhältnis durch die sozial ungerechtfertigte Kündigung nicht aufgelöst worden ist, kann das Gericht nach § 9 KSchG auf Antrag der Arbeitnehmer nach § 9 KSchG das Arbeitsverhältnis auflösen und ihm eine angemessene Abfindung zusprechen, wenn ihm die Fortsetzung des Arbeitsverhältnisses nicht zumutbar ist. Dabei handelt es sich um eine Gestaltungsklage, → Rn. 10. Eine besondere Form der Feststellungsklage ist die Zwischenfeststellungsklage nach § 256 II. 9

4. Gestaltungsklage. Sie ist nur in einem gesetzlich vorgesehenen Fall statthaft, BGH NJW 2010, 2344; Beispiele: → Rn. 6, 11. Sie fußt auf einem materiell-rechtlichen Anspruch, gerichtet auf eine unmittelbare Rechtsänderung. Die Gestaltungsklage wirkt nicht wie die Leistungs- und Feststellungsklage rechtsbezeugend, sondern rechtsbegründend. Sie hat unmittelbare rechtsändernde Auswirkungen gegenüber den Parteien und gegenüber jedermann, und zwar ohne Zwangsvollstreckung, BGH NJW-RR 2018, 522; Zöller/Greger Vor § 253 Rn. 7. Bei ihr übt das Gericht eine verwaltende und gestaltende Tätigkeit aus, so dass diese Antragsart begrifflich eigentlich der Freiwilligen Gerichtsbarkeit zugeordnet wird. Bei statthaften Gestaltungsklagen ist das Rechtschutzbedürfnis immer gegeben, wenn die Gestaltung nur durch eine Gerichtsentscheidung zu erfolgen hat, MüKoZPO/Becker-Eberhard Vor § 253 Rn. 31. Allerdings entfällt die Grundlage für die Gestaltungsklage, wenn der Bekl. die Rechtslage durch sein Verhalten gestalten kann und dies auch macht, wie zB durch Einverständnis mit der begehrten Auflösung der OHG, BGH NJW 1998, 146; MüKoZPO/Becker-Eberhard Vor § 253 Rn. 29. 10

5. Beispiele zur Gestaltungsklage

Auflösung einer Gesellschaft: Klage auf Auflösung, §§ 131 I, 161 II HGB, ist eine Gestaltungsklage; dasselbe gilt für die Auflösung einer **Gütergemeinschaft** nach §§ 1447 ff. BGB. 11

Ausschluss: Klage auf Ausschluss eines Gesellschafters, § 140 I HGB, ist eine Gestaltungsklage.

Drittwiderspruchsklage/Vollstreckungsgegenklage: Die Klagen nach §§ 767, 771 auf Erklärung der Unzulässigkeit der Zwangsvollstreckung sind Gestaltungsklagen nach §§ 767, 771, BVerfG NJW 2000, 1936 (1938).

Erbauflage: Gestaltungsklage ist eine Klage nach §§ 2192, 2156, 315 III BGB.

Erbunwürdigkeit: Gestaltungsklage ist die Klage nach § 2342 BGB, LG Köln NJW 1977, 1783.

Herabsetzung: Einer Vertragsstrafe nach § 343 I BGB oder des Maklerlohns nach § 655 BGB stellt eine Gestaltungsklage dar.

Leistungsbestimmung: Gestaltungsklage ist die Klage auf eine Bestimmung des Leistungsinhalts zB nach §§ 315 III 2, 319 I, 2048, 2156, 2192, Musielak/Voit/Foerste Vor § 253 Rn. 17.

Marke: Gestaltungsklage ist die Klage auf die Löschung einer Marke nach §§ 52 ff. MarkenG.

Nichtigkeitserklärung: Klage bezüglich Gesellschafterbeschlüsse (§§ 241 Nr. 5, 246 AktG, § 51 GenG) und bezüglich einer AG (§ 275 AktG) sind Gestaltungsklagen, Musielak/Voit/Foerste Rn. 17.

Sachenrechtsbereinigungsgesetz: Gestaltungsklage ist eine Klage nach §§ 104 ff. SachenRBerG.

Teilungsanordnung: Gestaltungsklage ist die Klage nach § 2048 BGB.

Vollstreckungsklausel: Gestaltungsklage ist die Klage auf ihre Beseitigung nach § 768.

Vermächtnis: „Zweckvermächtnis".

Wohnungseigentum: Gestaltungsklage ist die Klage auf Anfechtung eines sog. Negativbeschlusses, BGH NJW 2010, 2129; LG Bln ZMR 2013, 820 = BeckRS 2013, 16210. Beim Ersetzungsbeschluss der WEG kann später nicht mehr geltend gemacht werden, der Beschluss sei nichtig, BGH NJW-RR 2018, 522 (auch bei VU).

Zweckvermächtnis: Nach § 2156 findet § 315 III Anwendung, „Leistungsbestimmung".

IV. Zulässigkeit der Klage

Schrifttum: Meyer-Goßner, Prozessvoraussetzungen und Prozesshindernisse, 2011; Ost, Doppelrelevante Tatsachen im internationalen Zivilverfahrensrecht, 2002.

1. Begrifflichkeiten. a) Allgemeines. Im Zusammenhang mit den Voraussetzungen für die Zulässigkeit der Klage werden zahlreiche verschiedene Begriffe verwendet, vgl. im Einzelnen Anders/Gehle Assessorexamen ZivilR A Rn. 80. Das mag daran liegen, dass die ZPO die Zulässigkeit der Klage nur lückenhaft und nicht systematisch behandelt. Eine spezielle Terminologie findet sich dort nicht. In einigen Vorschriften ist von Rügen die Rede, die die Zulässigkeit betreffen, wie zB in §§ 282 III, 296 III. Letztlich kommt es aber nicht auf die Begrifflichkeit, sondern die inhaltliche Richtigkeit an. Wir wollen im Folgenden nur einige Begriffe darstellen, → Rn. 5, 13–16. Bei Zweifeln an der richtigen Begrifflichkeit sollte man die Voraussetzungen für den Einzelfall umschreiben. 12

b) Prozess- oder Zulässigkeitsvoraussetzungen. Prozessvoraussetzungen oder Zulässigkeitsvoraussetzungen, auch Sachurteilsvoraussetzungen genannt, Balzer NJW 1992, 2722, sind keine Voraussetzungen des Prozesses; man versteht darunter Bedingungen, die zur Zeit der letzten mündlichen Verhandlung vorliegen müssen, damit das Gericht sachlich über das Klagebegehren entscheiden kann, BGH NJW 2000, 3718; Anders/Gehle Assessorexamen ZivilR A Rn. 80. Im Rechtsmittelverfahren spricht man auch von Prozessfortsetzungsvoraussetzungen, BAG NZA 2018, 542. Die Prozessvoraussetzungen oder Zulässigkeitsvoraussetzungen sind in jeder 13

Lage des Verfahrens, auch in der Revisionsinstanz und bezogen auf neues Vorbringen zu prüfen; eine Zulässigkeitsvoraussetzung kann auch im Lauf des Prozesses entfallen oder sich als fehlend ergeben, Zöller/Greger Vor § 253 Rn. 9. Dabei ist auf den Zeitpunkt des Schlusses der letzten mündlichen Verhandlung nach § 136 IV, § 296a abzustellen, BGH MDR 2008, 1183 = NZG 2008, 711. Auch im arbeitsgerichtlichen Verfahren sind die Prozessvoraussetzungen zu beachten, LAG Köln BB 1995, 1248. Über die Zulässigkeitsvoraussetzungen kann nach § 280 durch Zwischenurteil entschieden werden.

14 **c) Zulässigkeitsprüfung von Amts wegen.** Man unterscheidet zwischen Zulässigkeitsvoraussetzungen, die von Amts wegen zu berücksichtigen sind, und solchen, die eine Rüge der Partei voraussetzen, dh auf die die betreffende Partei verzichten kann, zB §§ 110 I, 269 VI, 1032 I. Das Gericht muss die von Amts wegen zu beachtenden Zulässigkeitsvoraussetzungen in jeder Lage des Verfahrens von Amts wegen prüfen, BGH BeckRS 2021, 20886; 2021, 20203; ZIP 2010, 1515 = NJW 2010, 3100 (auch in der Berufungsinstanz), auch in der Revisionsinstanz, BGH NZG 2012, 1192 Rn. 12; 2008, 711; BAG NZA 2011, 768; Ros NJW-RR 2002, 828; → Rn. 22 ff. (zu den Zulässigkeitsvoraussetzungen). Das Rechtsmittelgericht ist insoweit nicht an die Feststellungen der Vorinstanz gebunden, BGH BeckRS 2021, 20886 Rn. 7. Es findet aber **keine Amtsermittlung** statt; vielmehr gilt auch hier der Beibringungsgrundsatz und gegebenenfalls besteht eine Hinweispflicht des Gerichts nach § 139 III, Ffm NJW-RR 2013, 512; → Vor § 128 Rn. 21 ff.; → § 139 Rn. 61 ff. Deshalb müssen die Parteien den Tatsachenstoff liefern. An Rechtsauffassungen der Parteien, auch wenn sie übereinstimmen, ist das Gericht dagegen nicht gebunden, → Vor § 128 Rn. 36. Sind die betreffenden Tatsachen streitig, sind sie beweisbedürftig; eine Beweisaufnahme hat nach allgemeinen Regeln zu erfolgen, wobei der Grundsatz des Freibeweises gilt, BGH BeckRS 2021, 20203 Rn. 13; NJW 2000, 289; Hamm MDR 2017, 602; Schlesw ZIP 2015, 1253, und eine freie Beweiswürdigung nach § 286 zu erfolgen hat. Wegen des Rechtsschutzbedürfnisses → Rn. 43 ff. Maßgeblich ist der Schluss der letzten mündlichen Verhandlung nach § 136 IV, § 296a, 525. Die **Beweislast** trägt grundsätzlich die Partei, die ein für sie günstiges Sachurteil erstrebt, BGH NJW 2010, 873 (zu § 17a GVG); Anders/Gehle Assessorexamen ZivilR A Rn. 82. Das ist in der Regel der Kläger, beim Verzichtsurteil nach § 306 oder beim Versäumnisurteil gegen den Kläger aber der Bekl., BGH NJW 1989, 2064; Thomas/Putzo/Seiler Vor § 253 Rn. 13; Anders/Gehle Assessorexamen ZivilR Rn. 82. Dieser ist auch bei den nur auf Rüge zu beachtenden Zulässigkeitsvoraussetzungen und den von Amts wegen zu beachtenden negativen Zulässigkeitsvoraussetzungen beweispflichtig und damit auch darlegungspflichtig, Thomas/Putzo/Seiler Rn. 13; → Rn. 15. Negative Zulässigkeitsvoraussetzungen sind solche, deren Vorhandensein zur Unzulässigkeit der Klage führt, wie zB das Fehlen entgegenstehender Rechtshängigkeit. Liegt die Unaufklärbarkeit in der Sphäre des Gerichts, kann dies nicht zu Lasten einer Partei gehen, BGH NJW 1981, 1673.

15 **d) Prozesshindernisse, Zulässigkeitsrügen.** Neben dem Begriff „Zulässigkeitsvoraussetzungen" werden auch die Begriffe „Prozesshindernis, Prozessrügen, Zulässigkeitsrügen oder Prozesseinreden" verwendet. Wer nur von dem Begriff „Zulässigkeitsvoraussetzungen" ausgeht, versteht darunter alle Bedingungen, von deren Vorhandensein (positiv) oder Fehlen (negativ) es abhängt, dass eine Klage zulässig ist, und zwar unabhängig davon, ob eine Prüfung von Amts wegen oder nur bei Geltendmachung durch die Partei erfolgt, Thomas/Putzo/Seiler Vor § 253 Rn. 10 ff. Wer auch den Begriff „Prozesshindernis", „prozesshindernde Einreden" oder „Rügen" verwendet, versteht unter Prozessvoraussetzungen alle von Amts wegen zu prüfenden Zulässigkeitsfragen, → Rn. 14, und unter Prozesshindernisse, prozesshindernde Einreden oder Prozessrügen solche, die nur bei Einrede (Rüge) beachtlich sind, dann aber auch zur Unzulässigkeit der Klage führen, wie § 110 I, 269 VI, 1032 I, Zöller/Greger Rn. 20. Da die Geltendmachung der Einrede in den drei vorgenannten Fällen erforderlich ist und damit zu den Voraussetzungen gehört, halten wir die Terminologie nicht für bedeutsam und empfehlen, neben der Begrifflichkeit immer die Anforderungen zu verdeutlichen, die mit den maßgeblichen Merkmalen verbunden sind. Dafür spricht auch, dass der Gesetzgeber, soweit er von Rügen ausgeht, die die Zulässigkeit betreffen (§§ 282 III, 296 III), nicht unterscheidet zwischen Zulässigkeitsvoraussetzungen, die von Amts wegen und solchen, die nur auf Rüge hin zu beachten sind.

16 **e) Prozesshandlungsvoraussetzung.** Von den Prozessvoraussetzungen, den Zulässigkeitsbedingungen des ganzen Verfahrens, müssen die prozessualen Voraussetzungen einer einzelnen Prozesshandlung unterschieden werden, BGH NJW 1990, 3085; zur Prozesshandlung im Einzelnen: → Vor § 128 Rn. 54 ff. Ihr Fehlen macht zwar die einzelne Prozesshandlung wirkungslos, hindert aber grundsätzlich nicht das Sachurteil, es sei denn, dass ausnahmsweise auch eine Zulässigkeitsvoraussetzung betroffen ist. ZB beim Fehlen der Postulationsfähigkeit im Anwaltsprozess kann kein Sachurteil ergehen, aber evtl. ist der sonstige Prozessgang nicht gehindert, BGH NJW 1984, 1559; Brdb MDR 2016, 1353 = BeckRS 2016, 15707. Bei der Prüfung der Wirksamkeit muss man auf den Zeitpunkt der Vornahme der Prozesshandlung abstellen, BVerfG DRiZ 1992, 183.

17 **2. Vorrang der Zulässigkeit vor der Begründetheit. a) Grundsatz.** Der Kläger hat mit seiner Klage Erfolg, wenn diese zulässig und begründet ist. Man muss unterscheiden zwischen den prozessualen und den materiell-rechtlichen Voraussetzungen eines Urteils. Fehlen die materiell-rechtlichen, sei es auch nur zurzeit, muss das Gericht die Klage grundsätzlich durch ein **Sachurteil** abweisen, BGH NJW 2016, 1582. Vorher hat es aber zwingend zu prüfen, ob die Zulässigkeitsvoraussetzungen vorliegen. Fehlt eine solche Voraussetzung, muss das Gericht in der Regel die Klage nach einem Hinweis nach § 139 durch ein sog. **Prozessurteil** als unzulässig abweisen, ohne die Begründetheit prüfen zu dürfen; das gilt auch für die Zulässigkeit eines Rechtsmittels, BGH BeckRS 2021, 13059; NZG 2021, 1508 Rn. 11; NJW 2018, 2269; 2008, 1227; 2000, 3718; FamRZ 2012, 527; Ros NJW-RR 2002, 828; vgl. auch BGH BeckRS 2020, 33151 (keine Abhilfe bei unzulässiger Beschwerde). Anders/Gehle Assessorexamen ZivilR A Rn. 56. Dieser Vorrang der Zulässigkeit vor der Begründetheit ist grundsätzlich immer zu beachten. Das folgt schon aus dem Recht auf den gesetzlichen Richter nach Art. 101 I 2 GG, MüKoZPO/Becker-Eberhard Rn. 3; Der Vorrang der Zulässigkeit vor der Begründetheit ist auch deshalb grundsätzlich zwingend, weil es für den Umfang der Rechtskraftwirkung einen großen Unterschied macht, ob ein Prozess- oder ein Sachurteil ergeht, BGH NJW 2008, 1227; 2000, 3718; ZMR 1991, 100; OVG Schlesw MDR 1992; 525; Zöller/Greger Rn. 10; Anders/Gehle Assessorexamen ZivilR A Rn. 86. Nicht nur ein Sachurteil, sondern auch ein Prozessurteil kann in materieller Rechtskraft erwachsen; beim Prozessurteil ist und war die Klage unter den damals gegebenen prozessualen Umständen, die in den Entscheidungsgründen genannt wurden, unzulässig, BAG NJW 2017, 1500; jedoch ist eine neue Klage zulässig, wenn sich die prozessualen Umstände gegenüber dem Vorprozess in dem fraglichen Grund geändert haben, Zöller/Greger Rn. 1a. Bei

einem **Sachurteil** hingegen ist eine erneute Verhandlung und Entscheidung über die rechtskräftig festgestellte Rechtsfolge ausgeschlossen, Thomas/Putzo/Seiler § 322 Rn. 8. Wegen der unterschiedlichen Rechtskraftwirkung kann man grundsätzlich auch nicht offen lassen, ob die Klage zulässig ist; Ausführungen, wie „Es kann dahin stehen, ob die Klage zulässig ist; in jedem Fall ist sie unbegründet" sind grundsätzlich verfehlt, BGH NJW 2000, 3718; BAG NJW 2017, 1500; Düss MDR 1987, 1032; LAG Mainz NZA-RR 2004, 431. Wird die Klage als unzulässig und als unbegründet abgewiesen, sind die Ausführungen zur Begründetheit nicht entscheidungserheblich und erwachsen nicht in Rechtskraft, BGH NJW-RR 1995, 1154; BAG NZA 2017, 593 Rn. 42 (obiter dicta); BVerwG NVwZ 2019, 649; OVG Münster NJW 2019, 3738. Etwas anderes gilt, wenn das Gericht fehlerhaft die Zulässigkeit dahinstehen lässt und die Begründetheit bejaht; dann kann materielle Rechtskraft eintreten, BGH NJW 2008, 1227.

b) Doppelrelevante Tatsachen (= qualifizierte Zulässigkeitsvoraussetzungen)/Sonstige Ausnahmen. Eine Einschränkung von dem Grundsatz des Vorranges der Zulässigkeit vor der Begründetheit ergibt sich aber nach der Lehre der sog. doppelrelevanten Tatsachen, der wir folgen, BGH ZIP 2016, 424; NJW 2010, 873; Hmb MDR 2010, 1479; Kblz NJW-RR 2010, 1004; Anders/Gehle Assessorexamen ZivilR A Rn. 87. Danach reicht für die Tatsachen, die sowohl für die Zulässigkeit als auch für die Begründetheit von Bedeutung sind, sog. **qualifizierte Zulässigkeitsvoraussetzungen** oder doppelrelevante Tatsachen, für die Zulässigkeit der schlüssige Klägervortrag aus, → Rn. 50 ff.; → § 139 Rn. 23 ff.; → Rn. 50 ff. (jeweils zur Relationsmethode), während sich die Erheblichkeit des Beklagtenvorbringen und eine eventuelle Beweisbedürftigkeit erst bei der Prüfung der Begründetheit von Bedeutung sind, BGH ZIP 2016, 424; NJW 2010, 873; Mü NZG 2021, 1121 Rn. 49; Kobl NJW-RR 2010, 1004; LAG Köln NZA-RR 2010, 490; Rimmelspacher NJW 2011, 1054. Wird die Schlüssigkeit des Klägervortrages verneint, ist die Klage als unzulässig abzuweisen; ansonsten ergeht grundsätzlich ein Sachurteil. Die Lehre von den doppelrelevanten Tatsachen wirkt sich somit uneingeschränkt nur bei stattgebenden Urteilen aus. Zu rechtfertigen ist ein solches Vorgehen mit der Prozessökonomie; wenn die Klärung der qualifizierten Prozessvoraussetzung bereits vollständig in der Zulässigkeit erfolgen müsste, könnte uU bei Klageabweisung durch Prozessurteil erneut eine Klage erhoben und dann müsste dieselbe Frage neu geklärt werden, Anders/Gehle Assessorexamen ZivilR A Rn. 87. Als Beispiele für qualifizierte Prozessvoraussetzungen sind zu nennen: örtliche Zuständigkeit nach § 32 bei Geltendmachung eines deliktischen Anspruchs; Zahlungsklage einer aufgelösten und im Handelsregister gelöschten Gesellschaft, die bei Bejahung des Anspruchs noch als existent und damit als parteifähig gilt. Genauso wird bei einer positiven Entscheidung verfahren beim Feststellungsinteresse und Bestehen des Rechtsverhältnisses nach § 256 I, → § 256 Rn. 12, 29. Das Feststellungsinteresse iSd § 256 I ist zwar keine doppelrelevante Tatsache, jedoch ist es nach überwiegender Meinung aus prozessökonomischen Gesichtspunkten nur bedeutsam bei einer positiven Entscheidung, → § 256 Rn. 12, 29. Im **Arbeitsgerichtsprozess** ist die Arbeitnehmereigenschaft eine doppelrelevante Tatsache. Aus Gründen der Prozessökonomie hat die Rechtsprechung eine Unterteilung nach „Sic-non-Fälle" und andere Fälle vorgenommen; ein sog. Sic-non-Fall liegt vor, wenn die Klage nur dann begründet ist, wenn ein Arbeitsverhältnis vorliegt; dann soll die Berufung des Klägers auf ein Arbeitsverhältnis für den Rechtsweg zur Arbeitsgerichtsbarkeit ausreichen, BAG NZA 2019, 490 Rn. 20; NZA 2015, 60 Rn. 21; Horcher NZA 2020, 1433. 18

Darüber hinaus wurde die weitergehende Meinung vertreten, dass die Zulässigkeitsvoraussetzungen nur vorliegen müssen, wenn die Klage ganz oder teilweise begründet ist, Grunsky ZZP 1980, 55; KG NJW 1976, 253; Köln NJW 1974, 1515. Diese Meinung hat sich, soweit ersichtlich, nicht generell durchgesetzt. Ihr ist auch nicht zu folgen, weil die Zulässigkeitsvoraussetzungen eine Schutzfunktion gegenüber dem Prozessgegner und der Allgemeinheit haben, MüKoZPO/Becker-Eberhard Rn. 3. Nur in besonderen Ausnahmefällen, in denen das Interesse an einem Sachurteil höher zu bewerten ist als diese Schutzfunktion, kann von dem Vorrang der Zulässigkeit vor der Begründetheit abgewichen werden, so beim allgemeinen Rechtsschutzbedürfnis, → Rn. 46, und beim Feststellungsinteresse iSd § 256 I, → Rn. 18; → § 256 Rn. 29; so auch Zöller/Greger Rn. 10. 19

c) Zulässigkeit von Hilfserwägungen zur Begründetheit. Das Gericht muss die prozessualen Voraussetzungen vorrangig prüfen und darf die Zulässigkeit der Klage, sieht man von den Ausnahmen, so bei einer doppelrelevanten Tatsachen, ab, → Rn. 18, 19, nicht ungeklärt lassen, auch nicht mit dem Argument, die Klage sei jedenfalls unbegründet, → Rn. 17. Das Gericht darf aber dann, wenn es die Klage als unzulässig abweist, aus prozesswirtschaftlichen Gründen hilfsweise darauf hinweisen, dass die Klage auch unbegründet sei, BGH NJW 1992, 438 (Revisionsinstanz); BAG NZA 2017, 593 Rn. 42; Kblz VersR 1995, 1332 (Beschwerdeinstanz); Zwingend sind derartige Hilfserwägungen nicht. Sie sind keine tragenden Gründe, und sie erwachsen nicht in Rechtskraft, BGH NJW-RR 2004, 1002; → Rn. 17; vgl. auch BGH NJW-RR 2021, 721 Rn. 10 (hilfsweise Ausführungen zur Begründetheit geltender nicht geschrieben). Sie sollten sich auch auf das Wesentliche beschränken. Diese können aber im Einzelfall ratsam sein, um dem unterlegenen Kläger eine bessere Abschätzung seiner Rechtsmittelrisiken zu ermöglichen und dem Rechtsmittelgericht einen Einblick in die Gesamtproblematik zu erleichtern. Keineswegs darf das Gericht auch nur hilfsweise darlegen, die Klage sei ungeachtet ihrer Unzulässigkeit teilweise oder gar insgesamt jedoch begründet.Wird ein **Rechtsmittel** als unzulässig verworfen, gelten die Ausführungen zur Begründetheit und die dazu getroffenen Feststellungen grundsätzlich als nicht geschrieben, BGH BeckRS 2021, 11790; NJW-RR 2020, 1459. 20

3. Inhalt der Zulässigkeits- (Prozess-)voraussetzungen. a) Allgemeines. Die Zulässigkeitsvoraussetzungen gliedern sich in allgemeine und besondere. Allgemeine sind solche, die bei jedem Verfahren nach der ZPO vorliegen müssen. Besondere sind solche, die nur ein besonderes Verfahren, zB § 256, oder nur eine Instanz betreffen. Eine Rangfolge der Prüfung der Zulässigkeitsvoraussetzungen ist nicht zwingend, Escher/Reichert SchiedsVZ 2007, 73; Zöller/Greger Rn. 11. Sind mehrere Zulässigkeitsvoraussetzungen zu verneinen, kann es wegen der materiellen Rechtskraftwirkung eines Prozessurteils, → Rn. 17, aus praktischen Gründen sinnvoll sein, im Urteil diejenige Zulässigkeitsvoraussetzung zu verneinen, die nicht oder nicht ohne weiteres heilbar ist. Aus praktischen Gründen kann es aber auch sinnvoll sein, die Zulässigkeitsvoraussetzung zu wählen, über die am einfachsten bzw. schnellsten negativ zu entscheiden ist, Zöller/Greger Rn. 11; Anders/Gehle Assessorexamen ZivilR A Rn. 84. 21

b) Allgemeine Zulässigkeitsvoraussetzungen. Eine mögliche Reihenfolge der Prüfung der Zulässigkeitsvoraussetzungen ist nicht einzuhalten, → Rn. 21. Ausführungen im Urteil werden zu den allgemeinen Zulässigkeitsvoraussetzungen nur erwartet, soweit einzelne von ihnen fraglich sind oder die Parteien darüber streiten; 22

zwingend gehören in ein Prozessurteil Ausführungen zu den Zulässigkeitsvoraussetzungen, die verneint werden. Folgende allgemeine Zulässigkeitsvoraussetzungen sind aber gedanklich durchzuprüfen:

23 **Deutsche Gerichtsbarkeit (facultas juris dictionis):** §§ 18 ff. GVG, BAG NZA 2018, 469; VGH Kassel NJW 2010, 2680. Unterfällt eine Partei der Exterritorialität, ist die Klage unzulässig, Köln BeckRS 2019, 2871; → GVG Vor § 18 Rn. 1.

24 **Zulässigkeit des Rechtswegs:** §§ 13 ff. GVG. Wurde die Zulässigkeit des Rechtsweges in erster Instanz gerügt, aber kein Beschluss nach § 17a III 2 GVG gefasst, ist die Prüfung im Rechtsmittelverfahren nachzuholen, BGH BeckRS 2019, 36032.

25 **Ordnungsgemäße Klageerhebung:** → § 253 Rn. 23 ff., § 496. Die Klageschrift selbst ist keine Zulässigkeitsvoraussetzung, sondern begründet ein Prozessverhältnis zwischen dem Kläger und dem Gericht und bei Zustellung der Klage auch zu dem Bekl., → Vor § 128 Rn. 4 ff. Wird der Streitgegenstand nach § 253 II Nr. 2, → § 253 Rn. 26, nicht hinreichend individualisiert, ist die Klage unzulässig; werden hingegen nicht alle erforderlichen Tatsachen, die die beantragte Rechtsfolge rechtfertigen würden, vorgetragen, ist der Parteivortrag nicht hinreichend substantiiert und damit nicht schlüssig; dies wirkt sich auf die Begründetheit der Klage aus, Zöller/Greger Rn. 24; → Rn. 55; → § 139 Rn. 23. Beispiele zur Frage der ordnungsgemäßen Klageerhebung: BGH NJW 2018, 3098 (Bestimmtheit des Antrages -Freigabe einer Sicherheit); NJW 2017, 2472 (Zustellungsmangel); NJW-RR 2017, 380 (Bestimmtheit des Antrages-Kaufpreisklage); NJW-RR 2005, 216 (bestimmte Angabe des Klagegrundes – identifizierbar); MDR 2005, 530 = NVwZ 2005, 148 (hinreichende Bezeichnung der bekl. Körperschaft); Schlesw-Holstein JurBüro 2017, 375 (Zahlungsantrag unter „Anrechnung bereits gezahlter" Beträge), → § 253 Rn. 24, 33, 48 (jeweils Beispiele).

26 **Örtliche und die sachliche nationale oder internationale Zuständigkeit:** §§ 12 ff., §§ 23 ff., § 21 GVG, BVerfG NJW 1992, 360; BGH NJW-RR 2000, 635; Escher/Reichert SchiedsVZ 2007, 73.

27 **Parteifähigkeit:** → § 50. Beispiele: BGH NJW 2008, 2441 (Vor-GmbH); MDR 2005, 584 = NJW 2005, 1004 (BGB-Gesellschaft); Kblz NJW-RR 2008, 148; (internationale Zuständigkeit); KG MDR 2008, 1197 (nicht eingetragener Verein). Nach dem **MoPeG,** verkündet am 17.8.2021,wird mit Inkrafttreten (1.1.2924) als elementarer Reformpunkt eine klare Unterscheidung zwischen rechtsfähiger und nicht rechtsfähiger **GbR** vorgenommen; die GbR wird nach § 719 I BGB nF mit Eintragung in das Gesellschaftsregister rechtsfähig; weil das erst mit einem Auftreten nach außen bedeutsam wird, bezeichnet man die rechtsfähige Gesellschaft auch als Außengesellschaft, vgl. zur Reform näher Bachmann NJW 2021, 3073; zum Gesellschaftsregister nach dem MoPeG: John NZG 2022, 243. Eine juristische Person gilt nach Auflösung als noch existent, soweit ihre Vermögenslosigkeit noch nicht feststeht, BGH GRUR-RS 2020, 10838; NJW-RR 1986, 394; Ros NZG 2020, 267 (ausl. Gesellschaft bei Löschung der Zweigniederlassung im deutschen Handelsregister); NJW-RR 2002, 82; KG 2003, 1197 Beruft sich eine Partei auf die fehlende Parteifähigkeit, trägt sie dafür die Darlegungs- und Beweislast, BGH NJW 2004, 2523. Eine **britische Limited** mit Verwaltungssitz in Deutschland ist seit dem Vollzug des Austritts des Vereinigten Königsreichs aus der EU und dem Ablauf der Übergangsfrist am 31.12.2020 nicht mehr unter dem Gesichtspunkt der Niederlassungsfreiheit nach Art. 49, 54 AEUV rechts- und parteifähig, BGH NZG 2009, 68; Mü NZG 2021, 1518. Davon unberührt ist aber die Qualifikation einer britischen Limited als Körperschaftssteuersubjekt iSd §§ 1 I, 2 Nr. 1 KStG, so dass sie fähig ist, Beteiligte eines finanzgerichtlichen Verfahrens zu sein, BFH NZG 2022, 375.

28 **Prozessfähigkeit:** → § 51, § 125 FamG (Ehesachen). Zur Prozessfähigkeit betreuter Personen nach der Neuregelung des § 53 vgl. Beetz, BtR 2022, 22. Die Prozessfähigkeit muss von Amts wegen in jeder Lage des Verfahrens geklärt werden; bei Zweifeln oder wenn die zur Verfügung stehenden Aufklärungsmöglichkeiten nicht erschöpft sind, darf kein Sachurteil, auch kein Versäumnisurteil gegen die betroffene Partei ergehen, BGH BeckRS 2021, 20203= NJW-RR 2021, 1648; → § 335 Rn. 4. Lässt sich nach Ausschöpfung aller Möglichkeiten die Prozessfähigkeit endgültig nicht klären, sind aber hinreichende Anhaltspunkte für eine Prozessunfähigkeit gegeben, muss ein Prozessurteil zulasten der ein Sachurteil begehrenden Partei ergehen, BGH BeckRS 2021, 20203 Rn. 18 = NJW-RR 2021, 1648. Wenn nach Prüfung aber die Prozessfähigkeit weder klar zu bejahen noch zu verneinen ist, muss das Gericht den Parteien die Möglichkeit zu einer ordnungsgemäßen Vertretung geben, etwa zu einer Betreuung oder einem Prozesspfleger; führt dies nicht zum Ziel, ist ein Prozessurteil zu erlassen,. BGH BeckRS 2021, 20203 mAnm von Toussaint FD-ZVR 2021, 441052. Ein **Rechtsmittel** ist unabhängig von der Prozessfähigkeit der Parteien zulässig; die Frage der Prozessfähigkeit wird im Rahmen der Begründetheit des Rechtsmittels, dh bei der Frage der Zulässigkeit der Klage geprüft, BGH BeckRS 2021, 20203 Rn. 8 NJW-RR 2021, 1648; NJW-RR 2011, 284; NJW 2000, 289.

29 **Gesetzliche Vertretung Prozessunfähiger:** → §§ 51 I, 56. Die Partei trägt die Beweislast, die sich darauf beruft, BGH NJW 2000, 289.

30 **Ordnungsgemäße Vertretung durch einen ProzBev im Anwaltsprozess:** → § 79 (Postulationsfähigkeit)

31 **Prozessvollmacht:** → § 80.

32 **Prozessführungsbefugnis:** Sie ist im Gesetz nicht grundlegend geregelt. Sie steht grds. dem Träger des streitigen Rechts zu; das ist derjenige, der aus dem Rechtsverhältnis berechtigt und verpflichtet ist; das kann nur in Bezug auf den Streitgegenstand festgestellt werden, Thomas/Putzo/Hüßtege § 51 Rn. 20; → § 253 Rn. 26 (Streitgegenstand). So begründet die Vergemeinschaftung der Ansprüche der Wohnungseigentümer, die das Unterlassen einer zweckwidrigen Nutzung des Wohnungseigentums zum Gegenstand haben, die alleinige Zuständigkeit der Gemeinschaft, so dass ein einzelner Wohnungseigentümer nicht mehr prozessführungsbefugt ist, BGH BeckRS 2020, 10168; Urt. v. 28.1.2022 –V ZR 86/21. Dies gilt aber nur für die Abwehr von Störungen des Gemeinschaftseigentums; (§ 9 II WEG); ist zugleich das Sondereigentum betroffen, ist der einzelne Wohnungseigentümer weiterhin prozessführungsbefugt, BGH BeckRS 2021, 36653 Rn. 7 ff. Der einzelne Gesellschafter ist im Hinblick auf die Rechte einer Außen-BGB-Gesellschaft nicht prozessführungsbefugt, BGH BeckRS 2021, 20897 Rn. 28. Soweit die Prozessführungsbefugnis nicht dem Rechtsträger, sondern einem Dritten zusteht, liegt eine gesetzliche oder gewillkürte **Prozessstandschaft** vor, dh die Befugnis, im eigenen Namen über ein fremdes Recht einen Prozess zu führen, BGH NJW 2018, 3389; → Rn. 43 (Rechtsschutzbedürfnis); vgl. auch BGH BeckRS 2020, 18470; NJW 2019, 3651 (jeweils Zwangsverwalter nach Aufhebung der Zwangsverwaltung). Fehlt dem Kläger oder dem Beklagten die Prozessführungsbefugnis, eine Zulässigkeitsvoraussetzung, ist die Klage unzulässig, BeckRS 2021, 20897 Rn. 22. Davon zu unterscheiden ist die Sachbefugnis; ob dem Kläger bzw. bei einer Prozessstandschaft der dahinter stehenden Person das geltend gemachte Recht

zusteht und ob der Bekl. der richtige Anspruchsgegner ist, dh ob die Aktivlegitimation bzw. die Passivlegitimation vorliegt, ist eine Frage der Begründetheit, → Rn. 40. Im Markenrecht ist bei einer **Kollektivmarke** die zur Benutzung berechtigte Person nach § 101 I MarkenG nur bei Zustimmung des Inhabers klagebefugt, wenn die Markensatzung nichts anderes bestimmt.

Obligatorische Streitschlichtung: → Rn. 47 „Obligatorisches Güteverfahren". Sieht das Landesrecht auf der Grundlage des § 15a EGZPO ein solches Verfahren vor, ist die Klage nur zulässig, wenn es vor Eintritt der Rechtshängigkeit durchgeführt wurde, BGH NJW-RR 2018, 394; NJW 2005, 437; → § 139 Rn. 64 „Obligatorische Streitschlichtung". Zur Frage, ob eine Nachholung zwischen Anhängigkeit und Rechtshängigkeit möglich ist, vgl. Herberger ZAP 2021, 761; → § 253 Rn. 10 ff. und → § 261 Rn. 4 ff. (zur Anhängigkeit und Rechtshängigkeit). Für die Praxis spielt keine Rolle, ob man dieses Merkmal als allgemeine oder besondere Zulässigkeitsvoraussetzung ansieht. 33

Keine entgegenstehende Rechtskraft: § 322. Neue Tatsachen rechtfertigen nach Eintritt der materiellen Rechtskraft nur dann eine abweichende Entscheidung, wenn sie den Sachverhalt iSd § 253 II Nr. 2 und damit den Streitgegenstand verändern, der für die rechtskräftige Entscheidung maßgebend war, BGH BeckRS 2020, 42305; → § 253 Rn. 26 (Streitgegenstand). 34

Keine anderweitige Rechtshängigkeit: § 261, → § 261 Rn. 13 ff. 35

Rechtsschutzbedürfnis: → Rn. 43 ff. 36

c) Besondere Zulässigkeitsvoraussetzungen. Hierher zählen diejenigen Erfordernisse, die bei der jeweils gewählten Verfahrensart oder Klageart für eine Sachentscheidung zusätzlich vorliegen müssen, zB die Voraussetzungen einer Widerklage, → Anh. § 253 Rn. 18 ff., einer Klage auf künftige Leistung, §§ 257 ff., einer Feststellungsklage nach § 256, die Durchführung einer obligatorischen Streitbeilegung nach § 15a EGZPO, wenn es nach Landesrecht vorgesehen ist, BGH NJW-RR 2018, 394; → Rn. 33 „Obligatorische Streitschlichtung", die besonderen Voraussetzungen für eine **Musterfeststellungsklage** nach §§ 606 ff. oder die Voraussetzungen eines Rechtsmittelverfahrens nach §§ 511 ff., 542 ff., 567 ff. Ihr Fehlen führt zur Klageabweisung oder zur Verwerfung des Rechtsmittels als unzulässig. Fehlen die besonderen Prozessvoraussetzungen des Urkundenprozesses nach §§ 592, 593 II, 597 II, muss das Gericht die Klage ohne eine Sachprüfung als in der gewählten Prozessart abweisen. In der Regel sind Ausführungen zu den besonderen Zulässigkeitsvoraussetzungen, anders als bei den allgemeinen, → Rn. 22, im Urteil erforderlich, auch wenn sie bejaht werden. 37

Eine besondere Zulässigkeitsvoraussetzung schafft § 145 PatG für Patentverletzungsklagen. Eine zweite derartige Klage gegen den Bekl. wegen derselben oder einer gleichartigen Handlung aufgrund eines anderen Patentes verlangt den Nachweis, dass der Kläger das Patent schuldlos im früheren Prozess nicht geltend machen konnte. Bei Arbeitnehmererfindungen kann der Klageweg grundsätzlich nach § 37 I ArbNErfG erst nach einem Verfahren vor der Schiedsstelle nach §§ 28 ff. ArbNErfG beschreiten. Ist dies nicht geschehen, ist die Klage auf eine entsprechende Rüge unzulässig. 38

d) Keine Zulässigkeitsvoraussetzungen. Ein Prozessurteil ergeht nicht bei Unzulässigkeit der Streithilfe nach § 66; diese führt nur zur Zurückweisung des Beitritts, ohne dass dies Auswirkungen auf den Streit der Prozessparteien hat. Entsprechendes gilt bei Fehlen der Gerichtsbarkeit in Bezug auf eine Person (fehlende Exterritorialität) nach § 18 GVG und bei Ausschließung und die Ablehnung von Gerichtspersonen nach §§ 41 ff. 39

Die **Sachbefugnis (Aktiv- und Passivlegitimation)** ist von der Prozessführungsbefugnis zu unterscheiden; sie kann sich nur in der Begründetheit auswirken. Die Aktivlegitimation bedeutet, dass der Kläger den Klageanspruch nach materiellem Recht geltend machen, auch wenn er uU nur Leistung an einen Dritten verlangt (zB bei § 265); die Passivlegitimation bedeutet, dass der Bekl. Schuldner des Klageanspruchs ist. Wird die Sachlegitimation verneint, ist die Klage als unbegründet abzuweisen, Zöller/Greger Rn. 25; → Rn. 32 „Prozessführungsbefugnis". 40

4. Fehlende „Klagbarkeit". a) Allgemeines. Die Klagbarkeit ist grundsätzlich unverzichtbar, BGH NJW-RR 1990, 886. Jedoch führt nicht jeder materiell-rechtliche Anspruch oder jedes materielle Recht zum Erfolg der Klage. In manchen Fällen ist die materiell-rechtliche Einforderungsmöglichkeit beschränkt bzw. sie fehlt; für diesen Fall ist die Klage grundsätzlich als (derzeit) unbegründet abzuweisen; in anderen Fällen ist die gerichtliche Geltendmachung „ausgeschlossen" und die Klage ist dann als unzulässig abzuweisen, Zöller/Greger Rn. 19, 19a. Für diese Fälle wird teilweise der Begriff „Klagbarkeit" verwendet, auch wenn die Möglichkeit der Klage nicht ausgeschlossen ist, sondern die betreffende Frage nur ihren Erfolg betrifft, Thomas/Putzo/Seiler Rn. 33. Im Folgenden gehen wir von dem nicht ganz zutreffenden Begriff „Klagbarkeit" aus, empfehlen aber, diesen Begriff immer zu umschreiben. Die Klagbarkeit kann durch Gesetz, wie zB durch §§ 1297, 1958 BGB, ausgeschlossen oder an eine bestimmte Frist gebunden sein. Bei Versäumung einer Klagefrist wird die Klage grundsätzlich als unzulässig abgewiesen, im Einzelfalle, wie bei § 4 I KSchG, als unbegründet, Thomas/Putzo/Seiler Rn. 33; → Rn. 42 „Klagefrist" und „Kündigungsschutz". Auch bei anderen Hindernissen wird zwar nicht die Möglichkeit zur Klage ausgeschlossen; jedoch wird die Klage dann uU als unzulässig oder unbegründet abgewiesen, im Einzelfall mit dem Zusatz **„derzeit"**, → Rn. 42 „Fälligkeit". Ein vorläufiger Ausschluss der Klagbarkeit wird auch durch Verhandlungs-, Schlichtungs- und Mediationsabreden erreicht, die zwingend einen solchen Schlichtungsversuch vor Erhebung der Klage vorsehen, → Rn. 42 „Schieds- und Schlichtungsstellen". Bei einer wirksamen Schiedsvereinbarung gilt § 1032 I, → Rn. 42 „Schiedsgericht"; auch → Rn. 42 „Schiedsgutachten". 41

b) Beispiele zur „Klagbarkeit"

Abmahnverein: → „Verbandsklage, Gruppenklage". 42

Erbrecht: Eine Klagbarkeit kann vor der Annahme der Erbschaft nach § 1958 BGB fehlen.

Fälligkeit: Soweit der Anspruch noch nicht fällig ist, wird die Klage als derzeit unbegründet abgewiesen, BGH NJW 2007, 294 Rn. 7; → Rn. 41. Ausnahmen gelten bei §§ 257–259.

Gruppenklage: → „Verbrauchsklage, Gruppenklage".

Gütestelle: Muss eine Gütestelle zwingend vorgeschaltet werden, etwa ein obligatorisches Güteverfahren nach § 15a EGZPO, und ist das Güteverfahren bei Klageerhebung nicht durchgeführt worden, ist die Klage unzulässig. BGH NJW-RR 2018, 394; NJW 2005,437; → Rn. 33 und Rn. 47 „Obligatorisches Güteverfahren"; → „Schieds- und Schlichtungsstellen". Zur Frage der Nachholung zwischen Anhängigkeit und

Rechtshängigkeit vgl: Herberger 2 AP 2021, 761; → § 253 Rn. 5 ff. und → § 260 Rn. 4 ff. (Begriffe der Anhängigkeit/Rechtshängigkeit).

Internationales Recht: Eine Klagbarkeit kann durch ein internationales Abkommen ausgeschlossen sein, etwa beim IWF-Übereinkommen, Gehrlein DB 1995, 129 = LSK 1995, 100236.

Kirchlicher Rechtsweg: Kann vorgeschaltet sein bei kirchlichem Amtsrecht; wenn die Möglichkeit besteht, dass die Streitigkeit im Einklang mit dem kirchlichen Selbstverständnis beigelegt werden kann, muss vor Klageerhebung der kirchliche Rechtsweg ausgeschöpft sein, BVerG NJW 1999, 349.

Klagefrist: Ein Klageerfolg fehlt grds. nach Ablauf einer gesetzlichen oder zulässiger Weise vereinbarten Klagefrist, BGH MDR 2016, 541; BAG BB 1999, 909; Hamm VersR 2005, 390. Klagefristen sind zB vorgesehen in § 558b II 2 BGB, in § 4 KSchG, in § 46 I 2 WEG aF, (jetzt: § 45 WEG), WuM 2011, 186 und 481; LG Nürnb-Fürth NJW 2009, 2142, in § 246 I AktG, Kaufmann NZG 2015, 336, in § 13 I 2 StrEG, BGH MDR 2016, 541, in § 12 III VVG, Hamm VersR 2005, 390 = r+s 2005, 369, in §§ 17 S. 1, 21 TzBfG, BAG NZA-RR 2013, 43. Eine Teilklage wahrt die Frist für den Gesamtbetrag, BGH NVersZ 2001, 452 (§ 12 III VVG).

Kostenrechnung: Eine solche Rechnung, die unterschrieben sein muss, ist Voraussetzung für den Klageerfolg des Anwalts nach § 10 I 1 RVG, des Notars nach § 19 I 1 GNotKG oder des Steuerberaters.

Kündigungsschutz: Bei § 4 KSchG handelt es sich um eine materiell-rechtliche Ausschlussfrist. Bei ihrer Nichteinhaltung ist die Klage unbegründet, BAG BB 1989, 2256; Lepke DB 1991, 2040.

Künftiger Anspruch: → „Fälligkeit".

Mediationsvereinbarung: Sie kann einen evtl. zeitlich befristeten Klageverzicht bedeuten, Loos/Brewitz SchiedsVZ 2012, 310.

Mieterhöhung: Die Klagefrist des § 558b II 2 BGB auf Zustimmung der Mieterhöhung ist eine Ausschlussfrist; sie ist eine besondere Zulässigkeitsvoraussetzung, LG Hamburg ZMR 2010, 188

NATO: Eine Klagbarkeit kann vor dem Ablauf der Frist nach Art. 12 III NTS-AG fehlen, BGH NJW 1990, 3085.

Obligatorisches Güteverfahren: → „Gütestelle".

Prozessvertrag: Eine Klagbarkeit kann fehlen, soweit die Parteien wirksam ein Stillhalteabkommen, → Rn. 41, vereinbart haben, → Vor § 128 Rn. 56 ff.

Schiedsgericht: Bei einer Schiedsgerichtsvereinbarung wird eine Klage vor dem staatlichen Gericht als unzulässig abgewiesen, wenn der Bekl. die Einrede der Schiedsgerichtsbarkeit nach § 1032 I erhebt und die Schiedsvereinbarung nach §§ 1029,1031 nicht unwirksam oder nach § 242 BGB unbeachtlich ist, → § 1032 Rn. 4–12.

Schiedsgutachten: Haben die Parteien hinsichtlich des Anspruchs oder einzelner Anspruchsvoraussetzungen eine Schiedsgutachtenvereinbarung getroffen, ist regelmäßig davon auszugehen, dass die Einholung des Schiedsgutachtens Anspruchsvoraussetzung ist; dann ist bei Fehlen die Klage als derzeit unbegründet abzuweisen; das Gericht kann im Rahmen seines Ermessens zuvor eine Frist zur Beibringung des Schiedsgutachten entsprechend §§ 356, 431 setzen, BGH NJW 2021, 1593; NJW-RR 2006, 212; → Vor § 1025 Rn. 15.

Schieds- und Schlichtungsstelle: Ist nach dem Gesetz oder aufgrund einer Vereinbarung Voraussetzung für die Klageerhebung die vorherige Anrufung einer solchen Stelle, ist die Klage auf Einrede des Bekl. als unzulässig abzuweisen, wenn der Kläger vor ihrer Erhebung keinen Versuch einer solchen Konfliktbeilegung unternommen hat, BGH NJW-RR 2009, 637 Rn. 18, 19; NJW 2001, 228 (zu § 16 WahrnG, außer Kraft, nun § 128 I Verwertungsgesellschaftengesetz (VGG)); Ffm ZIP 2014, 1098; Oldb MDR 1987, 414; → „Gütestelle" (§ 15a EGZPO).

Stillhalteabkommen: Eine Klagbarkeit kann wegen eines Stillhalteabkommens fehlen (pactum de non petendo), soweit die Parteien über den Anspruch verfügen dürfen, BGH VersR 1995, 192; Thomas/Putzo/Seiler Vor § 253 Rn. 33; → „Prozessvertrag".

Verbandsklage, Gruppenklage. Dazu Basedow/Hopt/Kötz/Baetge, Die Bündelung gleichgerichteter Interessen im Prozeß-Verbandsklage und Gruppenklage, 1999; Brönneke (Hrsg.), Kollektiver Rechtsschutz im Zivilprozeßrecht usw., 2001; Einhaus, Kollektiver Rechtsschutz im englischen und deutschen Zivilprozessrecht, 2008; Gaier NJW 2013, 2871; Geiger, Kollektiver Rechtsschutz im Zivilprozess, 2015; Greger NJW 2000, 2457; Gutmann/Wernicke DRiZ 2018, 92 (93) (Musterklage pro und contra); Häsemeyer, Die Verbandsklage als Instrument öffentlicher Kontrolle, FS Spellenberg, 2010, 99; Halfmeier, Popularklagen im Privatrecht, 2006; Maurer, Grenzüberschreitende Unterlassungsklagen von Vertrautenschutzverbänden, 2001; Meller-Hannich (Hrsg.), Kollektiver Rechtsschutz im Zivilprozeß, 2008; Peter, Zivilprozessuale Gruppenvergleichsverfahren, 2018; Säckers, Die Einordnung der Verbandsklagen in das System des Privatrechts, 2006; Schmidt NJW 2002, 25; Stadler, Musterverbandsklagen nach künftigem deutschen Recht, FS Schumann 2001, 465; Stadler, Gruppen- und Verbandsklagen auf dem Vormarsch?, FS Schlosser, 2005, 939; Stadler, Beseitigungsklagen durch Verbände im AGB-Recht, FS Schilken, 2015, 481; Tilg/Schiefer NZV 2017, 14 (VW); Woopen NJW 2018, 133; grenzüberschreitend: Koch AnwBl 2015, 454.

Ein wichtiger Schritt für den kollektiven Rechtsschutz ist mit der Einführung der Musterfeststellungsklage nach §§ 606 ff. in Deutschland gemacht worden, Waclawik NJW 2018, 2921; §§ 606 ff. Die qualifizierte Einrichtung iSd § 606 macht bei der Musterfeststellungklage keine eigenen Rechte geltend, so dass von einer Prozessstandschaft in Bezug auf die zum Klageregister angemeldeten Verbraucher auszugehen ist, Musielak/Voit/Weth § 51 Rn. 33; → Vor § 606 Rn. 6; vgl. auch Röß NJW 2021, 1495 (1499) (zur Frage einer Haftung); → Vor § 128 Rn. 4 (zur Frage, ob die Verbraucher Teil des Prozessrechtsverhältnisses sind).

Im Übrigen gilt für Verbände folgendes: Soweit Verbände die satzungsmäßigen Rechte ihrer Mitglieder wahrnehmen, ist streitig, ob sie in gesetzlicher Prozessstandschaft auftreten oder eigene Rechte bzw. Interessen der Allgemeinheit geltend machen, vgl. zum Meinungsstreit Zöller/Althammer Vor § 50 Rn. 56; MüKoZPO/Lindacher/Hau Rn. 68. Eine besondere Bedeutung für Verbandsklagen der Verbraucherverbände und Verbände, die zur Förderung gewerblicher oder selbständiger beruflicher Interessen tätig werden, hat neben dem UWG das UKlaG. Das deutsche Recht ist aufgrund von EG-Richtlinien des Europäischen Parlaments und des Rates durch dieses Gesetz angepasst worden, vgl. zum EU-Recht Clausnitzer EuZW 2009, 169; Koch JZ 2011, 438. Entgegen der früheren Rspr. ist die Geltendmachung der Unterlassungsansprüchen nach UWG und UKlaG keine Frage der Zulässigkeit (mehr), vgl. Balzer NJW 1992, 2726; vielmehr hat der

Gesetzgeber die entsprechenden Voraussetzungen in § 3 UKlaG und § 8 III UWG, die die anspruchsberechtigten Stellen für bestimmte Unterlassungsansprüche nennen, der materiell-rechtlichen Ebene zugewiesen, dh den Verbänden stehen danach eigene Ansprüche zu, Musielak/Voit/Weth § 51 Rn. 33; Zöller/Greger Rn. 21. Die Klage eines solchen Verbandes oder jedes anderen Verbandes kann aber unter dem Gesichtspunkt des Missbrauchs als unzulässig abgewiesen werden, zum Missbrauch: BGH NJW 2004, 290; 2002, 2250; NJW-RR 2006, 474; → Einl. II Rn. 122. Fehlt ein gesetzliches Verbandsklagerecht, kann sich das Klagerecht aus einer gewillkürten Prozessstandschaft oder aus einer treuhänderischen Abtretung ergeben; ein Interesse des Verbandes an der Rechtsverfolgung besteht, wenn dadurch die geschäftlichen Belange der Mitglieder wahrgenommen werden, BGH NZG 2011, 1305 Rn. 16; Zöller/Althammer Vor § 50 Rn. 56; MüKo/Lindacher/Hau Vor § 50 Rn. 63, 68; → § 261 Rn. 21 „Verbandsklage". Ermächtigt werden können allerdings nur rechtsfähige Verbände, Musielak/Voit/Weth § 51 Rn. 34. Ein Umweltverband darf dann klagen, wenn es um ein Projekt mit Auswirkungen auf Mensch, Tier und Natur geht, EuGH IBRRS 2011, 1804 =ZUR 2011, 368. Die Klagebefugnis fehlt für eine Anspruch nach 37 II HGB iVm § 18 II HGB, BGH GRUR 1997, 669 (zu § 13 II Nr. 2 UWG aF). Sie kann auch bei einem bloß geschäftsmäßig tätigen „Abmahnverein" fehlen, BGH NJW 2002, 1494; Karlsr NJW-RR 1986, 529; Mü NJW-RR 1986, 529.

Verbraucherzentrale: Sie kann solche Verstöße gegen das UWG einklagen, die wesentliche Belange der Verbraucher berühren, Köln NJW 2001, 1288; Mü NJW-RR 1999, 485.

Vereinsrecht: Soll vor Klageerhebung ein Vereinsorgan oder -schiedsgericht eingeschaltet werden, wird aber ohne diese Möglichkeit sofort geklagt, ist die Klage bei einer entsprechenden Einrede unzulässig, → „Schieds- und Schlichtungsstelle".

Verlöbnis: Eine Klagbarkeit fehlt bei § 1297 I BGB.

V. Rechtsschutzbedürfnis

Schrifttum: Brehm, Rechtsschutzbedürfnis und Feststellungsinteresse, FG 50 Jahre Bundesgerichtshof, 2000, III, 89.

43 **1. Begriff.** Jede Rechtsverfolgung setzt ein Rechtsschutzbedürfnis voraus, dh ein berechtigtes Interesse des Klägers daran, zur Erreichung des begehrten Rechtsschutzes ein Zivilgericht in Anspruch zu nehmen, BGH WuM 2014, 559; NJW-RR 1989, 263; Bbg FamRZ 2013, 480; Ffm FamRZ 2012, 1818. Dieser Grundsatz ist durchaus mit dem Gebot eines effektiven Rechtsschutzes nach Art. 19 IV GG vereinbar, BGH NJW-RR 2007, 193 Rn. 7 (verfahrensrechtliche Überholung). Mit dem Erfordernis des Rechtsschutzbedürfnisses als Einschränkung des durch Art. 20 III GG iVm Art. 2 I GG verfassungsrechtlich abgesicherten Justizgewährleistungsanspruchs soll (lediglich) verhindert werden, dass die Gerichte als Teil der Staatsgewalt unnütz oder gar unlauter bemüht werden oder ein gesetzlich vorgesehenes Verfahren zur Verfolgung zweckwidriger und insoweit nicht schutzwürdiger Ziele ausgenutzt wird, BGH BeckRS 2022, 7988 = NJW-RR 2022, 660 Rn. 16 f. Das Zulässigkeitsvoraussetzung „Rechtschutzbedürfnis" ist nicht direkt im Gesetz geregelt; allerdings ist für die Feststellungsklage nach § 256 I das Feststellungsinteresse als besonders ausgestaltetes Rechtsschutzinteresse erforderlich, → § 256 Rn. 28 ff. Es ist allgemein aus Folgendem abzuleiten: Der Zivilprozess gewährt dem einzelnen Bürger einen staatlichen Schutz (Art. 19 IV GG) und verbietet grundsätzlich ein Selbsthilferecht. Das Rechtsschutzbedürfnis begründet einen Anspruch gegen den Staat, Schmid ZMR 2011, 776. Auf der anderen Seite soll niemand die Gerichte als einen Teil der Staatsgewalt unnütz oder gar unlauter bemühen; davon kann aber auch bei Minimalbeträgen grundsätzlich nicht ausgegangen werden, Musielak/Voit/Foerste Rn. 9; aA AG Stgt NJW 1990, 1054 (fehlendes Rechtsschutzbedürfnis bei 41 Pfenning). Die Grenzen des „Rechtsschutzinteresses" sind nicht ganz unproblematisch, wie die Beispiele in → Rn. 47 zeigen. Wer auch kostenmäßig riskant das Gericht um Klärung bittet, hat doch meist seine Hilfe nötig. Deshalb darf der Rechtsschutz nicht ohne erheblichen Grund versagt werden. Die §§ 91 ff. können eine Kompensation als Folge erfolgloser Inanspruchnahme der Justiz bieten.

44 **2. Zweck: Prozesswirtschaftlichkeit.** Das Rechtsschutzbedürfnis besteht jedenfalls, soweit sich ein rechtlich schutzwürdiges Ziel nur so erreichen lässt, dh dass der Antragsteller im Falle des Stattgebens in irgendeiner Weise einen schutzwürdigen Vorteil erlangen kann, Brem MDR 2013, 1482. Es besteht nicht, soweit ein anderer prozessualer Weg gleich sicher, aber einfacher oder kostengünstiger ist, so im Kostenfestsetzungsverfahren oder bei Anmeldung zur Ins-Tabelle nach § 87 InsO, BGH FamRZ 2019, 289 Rn. 15; NJW-RR 2009, 1148; Mü NZM 2017, 813 (Titelumschreibung); → Rn. 47 „Anderer Weg". Das Rechtsschutzbedürfnis dient also der Prozesswirtschaftlichkeit, → Vor § 128 Rn. 16. Bei einer Abweisung als unzulässig bleibt die Rechtskraft in Bezug auf das materielle Recht offen, so dass bei Ausräumung des prozessualen Mangels ein erneuter Prozess möglich ist, → Rn. 17.

45 **3. Zulässigkeitsvoraussetzung und Prozessurteil.** Das Rechtsschutzbedürfnis ist eine **Zulässigkeitsvoraussetzung,** BAG NZA-RR 2008, 491; MüKoZPO/Becker-Eberhard R. 11; → Rn. 22. Das Gericht muss das Rechtsschutzbedürfnis in jeder Instanz von Amts wegen prüfen, BGH GRUR 2013, 648; im Ergebnis auch BAG NJW 2015, 110; → Rn. 14. Das Rechtsschutzbedürfnis muss in der Revisionsinstanz mindestens noch bei ihrer Einlegung nach § 549 vorhanden gewesen sein. Wenn es später entfällt, bleibt das Rechtsmittel zulässig, der Kläger muss aber die Hauptsache für erledigt erklären. Eine besondere Form des Rechtsschutzbedürfnisses ist das Feststellungsinteresse nach § 256 I, eine besondere Zulässigkeitsvoraussetzung, → § 256 Rn. 28 ff., 74 (Vorgreiflichkeit nach § 256 II).

46 Fehlt das Rechtsschutzbedürfnis, muss das Gericht grundsätzlich die Klage evtl. nach einem Hinweis nach § 139 durch ein **Prozessurteil** als unzulässig abweisen, → Rn. 17. Braucht der Kläger für seinen Anspruch keinesfalls einen gerichtlichen Schutz, darf das Gericht sein Bestehen gar nicht erst prüfen, BGH NJW 1987, 3139 (Widerklage). Auch hier gilt der Grundsatz des Vorranges der Zulässigkeit vor der Begründetheit, → Rn. 17, 18. Aus Gründen der Prozesswirtschaftlichkeit wird aber dann eine Ausnahme gemacht, wenn die Unbegründetheit der Klage feststeht; dann kann eine **Sachabweisung** der Klage als unbegründet erfolgen, ohne dass das Vorliegen des Rechtsschutzinteresses festgestellt wird; das Sachurteil hat gegenüber dem Prozessurteil den Vorteil, dass eine erneute Beschäftigung des Gerichts mit der Angelegenheit nicht zulässig ist, BGH NJW 1996, 193; MüKoZPO/Becker-Eberhard Rn. 19; Zöller/Greger Rn. 10; → Rn. 17; zum Feststellungsinteresse: → § 256 Rn. 28. Eine solche Ausnahme ist für Verfahren nach dem KapMuG nicht zu machen, Brschw MDR 2019, 441.

4. Beispiele zur Frage eines Rechtsschutzbedürfnisses

47 **Anderer Weg:** Steht auch ein solcher zur Verfügung, muss man prüfen, ob die Wirkungen beider Wege oder Rechtsbehelfe dieselben sind, was nicht immer der Fall ist, Düss OLGZ 1994, 441; Saarbr FamRZ 1980, 385; Schlesw SchlHA 1979, 225. Zudem hat das Gesetz oft bewusst mehrere Wege eröffnet, BGH NJW 1979, 1508; Hamm FamRZ 1978, 817. Wenn mehrere Wege bestehen, ist zu prüfen, ob sich die verschiedenen Wege nach ihrer Einfachheit und nach den Kosten wesentlich unterscheiden; ein Rechtsschutzbedürfnis fehlt für den deutlich teureren oder sonst wie umständlicheren Weg, BGH NJW-RR 2019 Rn. 15; 2009, 1148; NJW 1996, 2035; 1993, 1996.

Anerkenntnis: Ein Rechtsschutzbedürfnis besteht trotz eines Anerkenntnisses außerhalb § 307, Schlesw SchlHA 1977, 191.

Angebot: Für eine Klage auf die Abgabe eines Angebots fehlt das Rechtsschutzbedürfnis, soweit in einem Vorvertrag der künftige Hauptvertrag vollständig ausformuliert ist; dann kann der Berechtigte mit seinem Klageantrag ein eigenes Angebot unterbreiten und dessen Annahme verlangen; ist dagegen der künftige Hauptvertrag im Vorvertrag nicht vollständig formuliert, kann uU auf Abgabe eines Angebotes geklagt werden, BGH NJW 2001, 1272.

Arrest, einstweilige Verfügung: Ein Rechtsschutzbedürfnis muss für diese Anträge gegeben sein, wobei das Rechtsschutzbedürfnis nicht zu verneinen ist, wenn bereits eine einstweilige Verfügung erwirkt wurde, deren Wirkungskreis aber unklar ist, Köln GRUR-RR 2013, 148. Bei Vorhandensein eines Arrestes oder einer einstweiligen Verfügung nach §§ 922, 936 entfällt grundsätzlich das Rechtsschutzbedürfnis für eine Hauptsachenklage nicht; BGH GRUR 1989, 115 (auch nicht bei Verzicht auf das Recht zur Erzwingung der Hauptsachenklage). Die Hauptsachenklage und der einstweilige Rechtsschutz können auch nebeneinander betrieben werden, Hamm GRUR 1991, 336

Ehrkränkende Äußerung in einem Gerichtsverfahren: → „Prozessvortrag".

Eidesstattliche Versicherung: Ein Rechtsschutzbedürfnis fehlt grundsätzlich nicht, soweit eine Bucheinsicht auch möglich ist; diese ist nicht vorrangig, BGH NJW 1998, 1636.

Feststellungsklage: Bei der Klage nach § 256 hat das Gesetz das besondere Rechtsschutzbedürfnis „Feststellungsinteresse" ausdrücklich in § 256 I aufgenommen, → § 256 Rn. 28 ff.

Forderungsübergang: Das Rechtsschutzbedürfnis besteht nach einem gesetzlichen Forderungsübergang evtl. zugunsten des neuen Gläubigers. Allerdings sind dann grds. § 265, 727 anwendbar.

Gegendarstellung: → „Presserecht".

Geringfügige Forderung: Auf die Höhe der Klageforderung kommt es nicht an, da allein daraus ein Missbrauch nicht abzuleiten ist, Buß NJW 1998, 338; Olzen/Kerfack JR 1991, 135; Schmieder ZZP 120, 208; aM AG Stgt NJW 1990, 1054 (minimale Anwaltskosten als restliche Hauptforderung); → „Anderer Weg".

Gestaltungsklage: Bei ihr liegt das Rechtsschutzbedürfnis grundsätzlich vor, weil nur ein Urteil gestalten kann, allg. → Rn. 10. Es kann zB bei einer Klage auf die Bewilligung der Löschung einer Grundbucheintragung sogar dann fortbestehen, wenn das Grundbuchamt vor der formellen Rechtskraft des erstinstanzlichen Urteils zu Unrecht gelöscht hat, BGH NJW-RR 1988, 1230.

Grundschuld: Ein Rechtsschutzbedürfnis fehlt grundsätzlich bei einer für die Forderung bestellten Grundschuld bei einer notariellen Vollstreckungsunterwerfung, einem Titel nach § 794 I Nr. 5, → „Vollstreckungstitel.

Güteverfahren: → „Obligatorisches Güteverfahren".

Herausgabeklage: Für eine Herausgabeklage aus § 546 I BGB ist das Rechtsschutzbedürfnis auch bei Vorliegen der Voraussetzungen des § 546 II BGB zu bejahen; der Titel gegen den **Mieter** wirkt nicht gegen den Untermieter, so dass Klagen gegen beide sinnvoll sind, BGH NJW 2010, 2208; Grüneberg/Weidenkaff BGB § 546 Rn. 24. Das gilt auch für eine einstweilige Verfügung auf Unterlassung der Untervermietung, Mü MDR 2017, 1415. Bei einer Räumungsklage kann es dann fehlen, wenn der Mieter vor der Klagerhebung seine Bereitschaft zum Auszug erklärt, auch, wenn der Vermieter in Annahmeverzug ist; ein Indiz für die Herausgabebereitschaft kann die Vereinbarung eines Abholungstermins sein, BGH WuM 2014, 559.

Für eine Klage auf die Herausgabe eines **Vollstreckungstitels** besteht dann ein Rechtsschutzbedürfnis, wenn die ernsthafte Möglichkeit vorliegt, dass die Partei aus dem Titel Rechte ableitet, Celle FamRZ 1993, 1333. Wird die Herausgabe des Titels (§ 371 BGB analog) mit einer Klage nach § 767 kombiniert, reicht für das Rechtsschutzbedürfnis grundsätzlich die Möglichkeit der Vollstreckung aus; der Herausgabeantrag hat ohnehin nur dann Erfolg, wenn der Antrag nach § 767 begründet ist, BGH NJW 2015, 1181; 2014, 195; NJW-RR 2008, 1512.

Kostenfestsetzung: Ein Rechtsschutzbedürfnis fehlt für eine Klage unter den Voraussetzungen → Rn. 47 „Anderer Weg", soweit das Verfahren nach §§ 103 ff. oder auch nach § 11 RVG zur Verfügung steht. Denn diese Verfahren sind einfacher und billiger, BGH NJW 1990, 2060; KG Rpfleger 1994, 31. Das gilt auch dann, wenn statt der Erinnerung ein Antrag nach § 106 II in Betracht kommt, Kblz VersR 1990, 1255.

Leistungsklage: Bei ihr, → Rn. 8, besteht ein Rechtsschutzbedürfnis grds. bereits dann, wenn der Kläger auch nur nachvollziehbar darlegt, er habe gegen den Schuldner einen materiell-rechtlichen Anspruch und dieser habe nicht erfüllt, BGH BeckRS 2022, 7988 = NJW-RR 2022, 660; NJW 2018, 1285 Rn. 10; 2010, 1135; BAG NJW 2021, 731 Rn. 17; 1999, 3576. Der Vortrag muss nicht schlüssig sein und der Kläger muss die Durchsetzbarkeit des geltend gemachten Anspruchs grundsätzlich nicht behaupten, → Rn. 8. Ausnahmsweise fehlt der Leistungsklage das Rechtsschutzbedürfnis, wenn ein stattgebendes Urteil für den Kläger erkennbar keinen schutzwürdigen Vorteil bringt, so wenn er bereits einen Titel hat oder wenn das stattgebende Urteil nicht vollstreckt werden kann, zB bei einem Vollstreckungsverbot, weil es in diesem Fall keine über die Feststellung hinausgehende Wirkung hätte, BGH NZI 2019, 505, Rn. 8; BAG NZA 2021, 731 Rn. 17 f.; Thomas/Putzo/Seiler Vor § 253 Rn. 27. In jedem Fall müssen besondere Umstände das Verlangen des Klägers, in die materiell-rechtliche Prüfung einzutreten, als nicht schutzwürdig erscheinen zu lassen, BGH BeckRS 2022, 7988 Rn. 16 = NJW-RR 2022, 660; NJW-RR 2018, 1285 Rn. 10. Das Rechtsschutzinteresse fehlt zB nicht für eine Klage, die auf § 556g III BGB gestützt ist, wenn es nicht auf die Ausnahmetatbestände der §§ 556e, 556f BGB ankommt, weil der Vermieter sich auf die ortsübliche Miete beruft; dies ist allein eine Frage der Begründetheit, BGH BeckRS 2022, 7988 = NJW-RR 2022, 660 Rn. 33 ff.

Mietverhältnis: → „Herausgabeklage"; → „Leistungsklage" (§ 556g BGB).

Obligatorisches Güteverfahren: → Rn. 22, 27 „Gütestelle", § 15a EGZPO. Ist bei Klageerhebung das obligatorische Güteverfahren nicht durchgeführt, ist die Klage wegen Fehlens der Klagbarkeit oder des Rechtsschutzbedürfnisses unzulässig, BGH NJW-RR 2018, 394; WuM 2010, 43; → § 139 Rn. 64 „obligatorische Streitbeilegung"; → Rn. 33; vgl. auch Herberger ZAP 2021, 761 (Nachholung zwischen Anhängigkeit und Rechtshängigkeit?). Weder im Mahnverfahren nach §§ 688 ff. noch im anschließenden streitigen Verfahren nach § 697 sieht das Gesetz ein obligatorisches Güteverfahren vor. Denn § 15a I EGZPO spricht nur von einer Klageerhebung. Ein Mahnantrag steht ihr nach § 688 nicht gleich und § 15a II Nr. 5 EGZPO schließt das Güteverfahren beim streitigen Verfahren nach einem Mahnverfahren aus, Hartmann NJW 1999, 3748. Daher kann eine Flucht in das Mahnverfahren stattfinden, Lauer NJW 2004, 1282. Wegen der zahlreichen weiteren Ausschlussfälle vgl. § 15a II, III EGZPO; Hartmann NJW 1999, 3747. Zu den Kosten der Gütestelle: § 15a IV EGZPO. (47)

Patentsache: Bei Verfahren vor dem Patentgericht, §§ 66 ff. MarkenG, ist grds. kein Nachweis eines besonderen Rechtsschutzbedürfnisses notwendig, BPatG GRUR 2002, 54 (auch zu Ausnahmen). Auch → „Unterlassungsklage (Patentrecht)".

Popularklage: Bei einer solchen Klage etwa nach § 55 II Nr. 1 MarkenG besteht ein Rechtsschutzbedürfnis wegen der Zugehörigkeit des Klägers zur Allgemeinheit, der das Gesetz dient und die ein Interesse zB an der Löschung der Marke hat. Daher ist auch kein Nachweis eines zusätzlichen persönlichen Interesses erforderlich.

Presserecht: Eine presserechtliche Berichtigung schließt die Unterlassungsklage nicht ohne weiteres aus, wohl aber eine Anerkennung der Gegendarstellung.

Prozesskostenhilfeverfahren: Auch das Verfahren nach §§ 114 ff. erfordert ein Rechtsschutzbedürfnis, BVerfG AnwBl 2015, 981 = BeckRS 2015, 55633 (es entfällt erst beim endgültigen Wegfall eines Kostenrisikos).

Prozessstandschaft: Bei der sog. gewillkürten Prozessstandschaft muss der Prozessstandschafter das Rechtsschutzbedürfnis und damit den berechtigten eigenen Grund darlegen und gegebenenfalls nach § 286 beweisen, → Rn. 13 f., 32 „Prozessführungsbefugnis".

Prozessvergleich: Ein Rechtsschutzbedürfnis besteht trotz eines Prozessvergleichs (§ 794 I Nr. 1), Anh. § 307, soweit er unwirksam ist oder sein dürfte, BGH NJW NJW 1986, 1962; → Anh. § 307 Rn. 47, oder soweit man mit Auslegungsproblemen rechnen muss, → „Vollstreckungstitel", → § 256 Rn. 27. Ein Rechtschutzbedürfnis ist auch bei einem auf Abgabe einer Willenserklärung gerichteter wirksamer Prozessvergleich zu bejahen, weil die Zwangsvollstreckung nach § 888 erfolgen müsste, BGH NJW 1986, 2704. Ein Schuldenbereinigungsplan nach § 308 I InsO steht einem Prozessvergleich gleich; das Rechtsschutzbedürfnis entfällt aber erst mit der Annahmen, BGH NJW-RR 2009, 1148.

Prozessvortrag/Widerruf oder Unterlassung: Für eine gesonderte Klage fehlt grundsätzlich ein Rechtschutzbedürfnis, weil der Rechtsschutz im laufenden Prozess erfolgt, BVerfG NJW-RR 2007, 840; Zöller/Greger Rn. 18d. Ein Rechtsschutzbedürfnis fehlt in der Regel für die Abwehr einer ehrkränkenden Äußerung, die der Rechtsverfolgung oder -verteidigung in einem Gerichtsverfahren oder dessen Vorbereitung dient; die Parteien dürfen grundsätzlich alles vortragen, was sie zur Wahrung ihrer Rechte für erforderlich halten, BGH NJW 2012, 1659; Mü NJW-RR 2002, 1473. Das gilt grundsätzlich auch für Äußerungen, die den Rechtskreis Dritter betreffen, soweit ein Bezug zum laufenden Verfahren besteht, BGH NJW 2008, 996; Köln AnwBl 2003, 370 = BeckRS 2003, 303012740 (gegenüber einer Sparkasse). Entsprechendes gilt für Abwehransprüche gegen die Vorlage von Personen zeigende Lichtbilder, BGH NJW 2018, 2489 Rn. 19 f. Das gilt nicht für ein Vorgehen gegen unerlaubte Tonbandaufnahmen, für eine Ehrschutzklage nach rechtskräftigem Abschluss des Verfahrens, Klein NJW 2018, 3143; Zöller/Greger Rn. 18d, sowie für ehrverletzende Äußerungen, die außerhalb des laufenden Prozesses erfolgen, BGH NJW 2005, 279. Zu wettbewerbsrechtlichen Unterlassungsklagen → „Wettbewerbssachen".

Räumung: → „Herausgabeklage".

Schiedsrichterliches Verfahren: Ein Rechtsschutzbedürfnis fehlt nach dem Schiedsspruch nach § 1054 für eine Klage vor dem Gericht über denselben Streitgegenstand, Karlsr SchiedsVZ 2008, 312.

Schuldenbereinigungsplan nach § 308 I InsO: → „Prozessvergleich".

Steuersache: Das Rechtsschutzbedürfnis fehlt für eine Klage aus zur Sicherung der Steuerschuld gegebenen Wechseln. Denn das Finanzamt kann die Forderung im Verwaltungsweg beitreiben.

Unterhalt: Man braucht keinen Abänderungsantrag des Gegners nach § 323 abzuwarten, Köln FamRZ 2008, 1545. Ein über einen vorliegenden Titel hinausgehender Spitzenbetrag mag nach § 258 und nach § 323 oder nach § 323a einklagbar sein, Zweibr FamRZ 2011, 1530. Bei der Klage des Volljährigen auf (jetzt) vertraglichen Unterhalt fehlt ein Rechtsschutzbedürfnis nach § 323 bei Vorliegen eines dynamisierten zeitlich unbegrenzten Titels, Brdb FamRZ 2009, 1692. Dasselbe gilt bei einem volljährigen Unterhaltsberechtigten für eine Widerklage, Anh. § 253, auf eine Auskunft über das Einkommen des anderen Elternteils, Ffm NJW-RR 1987, 903.

Unterlassung: → § 253 Rn. 48 (Stichwort dort). Bei der Unterlassungsklage ist das Rechtsschutzbedürfnis eine Zulässigkeitsvoraussetzung und evtl. sind dieselben Fragen auch als Teil der materiell-rechtlichen Begründung des Anspruchs prüfen, BGH NJW 1980, 1843; → Rn. 18 (doppelrelevante Tatsachen, die uU in der Zulässigkeit lediglich die Schlüssigkeit des Klägervortrages erfordern).

- **(Abschlusserklärung):** Ein Rechtsschutzbedürfnis fehlt, soweit eine Abschlusserklärung ebenso effektiv und dauerhaft wirkt, BGHZ 183, 177, und soweit der zweite Antrag zumindest einen kerngleichen Verstoß betrifft, BGH MDR 2010, 1071 = GRUR 2010, 855; Ffm GRUR-RR 2012, 404. Zur Kerntheorie bei Unterlassungsklagen → § 253 Rn. 48 „Unterlassung".
- **(Anderer Prozess):** Ein Rechtsschutzbedürfnis fehlt bei einem gegenseitigen Unterlassungsanspruch im Gewerblichen Rechtsschutz dann, wenn man die klärungsbedürftige Rechtsfrage mit Sicherheit im anderen Unterlassungsstreit entscheiden kann.

  Wahrheit nur seinem Geschäftsinteresse dient, Düss DB 1983, 766; Hamm GRUR-RR 2005, 141.
- **(Auslegung):** Ein Rechtsschutzbedürfnis besteht, soweit man mit Auslegungsproblemen (§§ 133, 157 BGB) des ergangenen Titels im Verfahren nach § 890 rechnen muss, BGH NJW 1986, 2705; Ffm WettbR 1997, 59.
- **(Ehre):** → „Ehrkränkende Äußerung in einem Gerichtsverfahren".
- **(Firmenmissbrauch):** Zur Unterlassungsklage nach § 37 II HGB: von Gamm FS Stimpel, 1985.

(47) – **(Markenrecht):** Bei einer vorbeugenden Unterlassungsklage wegen eines markenmäßigen Gebrauchs muss die Verletzungsgefahr zuverlässig beurteilbar sein.

– **(Notarielle Unterwerfungserklärung):** → „(Unterlassungsversprechen)".

– **(Patentrecht):** Die hier beschriebenen Regeln gelten auch im Patenterteilungsverfahren. Dabei muss man die Rechtsstellung des Erfinders berücksichtigen, ferner die Besonderheiten des Erteilungsverfahrens und des Patentanspruchs. Das gilt zB bei einem Verwendungs- neben dem Stoffanspruch. Das Rechtsschutzbedürfnis kann für eine Klage des Arbeitgebers gegen den Arbeitnehmer auf Rücknahme des Einspruchs gegen ein beantragtes Patent dann bestehen, wenn das Gericht dem Bekl. untersagen soll, weiteres Material nachzuschieben, BAG DB 1979, 2504.

– **(Unterlassungsversprechen):** Ein Rechtsschutzbedürfnis für eine Unterlassungsklage bleibt trotz Zugangs einer notariellen Unterlassungserklärung bestehen, weil mangels Zustellung eines Androhungsbeschlusses nach § 890 II und des Ablaufs der Wartefrist nach § 798 nicht vollstreckt werden kann, BGH NJW 2017, 171; Ffm GRUR-RR 2003, 199; Teplitzky WRP 2015, 527; aM KG GRUR 1984, 156; Köhler GRUR 2010, 6. Das gilt erst recht bei einem solchen Versprechen unter Vorbehalt, Ffm GRUR-RR 2003, 199 (Grenze: Erlassvertrag); Hamm NJW-RR 1986, 922. Ob ein angemessenes Vertragsversprechen das Rechtsschutzinteresse für eine Unterlassungsklage ausschließen kann, so wohl Thomas/Putzo/Seiler Rn. 27, erscheint uns aus denselben Gründen fraglich.

– **(Vertragsstrafe):** „– (Unterlassungsversprechen)".

– **(Widerklage):** Ein Rechtsschutzbedürfnis fehlt für eine Widerklage, soweit der Bekl. nur die Unterlassung der Klagebehauptung begehrt, BGH NJW 1987, 3139.

– **(Wiederholungsgefahr):** → „Wiederholungsgefahr".

Untervermietung: Für eine einstweilige Verfügung auf Unterlassung der Untervermietung nach Erlass eines Räumungsurteils besteht ein Rechtsschutzbedürfnis, → „Herausgabeklage".

Unterwerfung: Ein Rechtsschutzbedürfnis kann trotz einer Unterwerfung zB des Käufers wegen der Zwangsvollstreckung nach § 794 I Nr. 5 dann bestehen, wenn mit dem Notar ein Streit darüber besteht, ob der Bekl. persönlich zahlen muss, Köln VersR 2000, 731.

Verjährung: Liegt ein rechtskräftiger Titel vor, fehlt für eine Klagewiederholung grundsätzlich das Rechtsschutzinteresse, → „Vollstreckungstitel". Soweit jedoch die Verjährung droht (§ 197 I Nr. 3, 4 BGB, kann eine erneute Klage erhoben werden, BGH NJW 1985, 1712; AG BergGladb FamRZ 1986, 33.

Verlust des Titels: → „Vollstreckungstitel".

Versicherungsrecht: Ein Rechtsschutzbedürfnis kann vor Klärung des Bestands des Versicherungsverhältnisses ausnahmsweise fehlen, Naumb VersR 2014, 54.

Vertragsänderung: Ein Rechtsschutzbedürfnis fehlt für eine Klage auf eine Zustimmung zu einer Vertragsänderung, soweit man direkt auf die Leistung klagen kann, etwa beim Fortfall der Geschäftsgrundlage.

Vertretbare Handlung: Das Rechtsschutzbedürfnis kann für eine Klage auf Schadensersatz trotz eines schon vorhandenen und nach § 887 vollstreckbaren Titels bestehen, LG Bonn WuM 1992, 32.

Verwendbarkeit des Titels: Ein Rechtsschutzbedürfnis kann trotz eines vorhandenen Vollstreckungstitels bestehen, soweit der Gläubiger Zweifel über dessen Verwendbarkeit haben muss, → „Vollstreckungstitel".

Vollstreckbare Urkunde: → „Vollstreckungstitel".

Vollstreckbarkeit: Ein Rechtsschutzbedürfnis fehlt im Einzelfall, soweit das begehrte Urteil keinen vollstreckbaren Inhalt hätte, BGH DB 1976, 573; Brdb NJW-RR 1996, 725; Ffm Rpfleger 1979, 432; anders bei § 888 II, BGH DB 1977, 718. Hier fehlt aber auch schon eine ordnungsgemäßer Antrag nach § 253 II Nr. 2 und damit eine ordnungsgemäße Klageerhebung, → § 253 Rn. 34 ff. und 48 „Zwangsvollstreckung". Das Rechtsschutzinteresse kann ferner fehlen, wenn ein Vollstreckungsverbot besteht, etwa nach § 123 III 2 InsO, BAG KTS 2003, 325. Es fehlt auch, soweit das Urteil derzeit nicht im Ausland vollstreckbar ist, BGH DB 1977, 718.

Vollstreckungsabwehrklage: Ein Rechtsschutzbedürfnis besteht, soweit mit einer Vollstreckung gerechnet werden kann, BGH FamRZ 1989, 267; Brdb NJW-RR 2010, 1170. Liegt bereits ein Titel vor, kann ausnahmsweise erneut geklagt werden, wenn mit einer Vollstreckungsgegenklage zu rechnen ist, BGH ZIP 2007, 570; → „Vollstreckungstitel" Das gilt auch gegenüber einem Titel aus § 132 ZVG, Hamm NJW-RR 1998, 423.

Vollstreckungstitel:. Hat der Gläubiger schon einen Vollstreckungstitel zu seinen Gunsten erwirkt, besteht grundsätzlich kein Rechtsschutzbedürfnis für eine neue Klage, wenn der Gläubiger unschwer aus diesem Titel die Vollstreckung betreiben kann; etwas anderes gilt nur in absoluten Ausnahmefällen, soweit der Kläger sein Ziel auf keine andere Weise erreichen kann, BGH NJW 2017, 171 Rn. 13; 2006, 1124; Kobl BeckRS 2019, 4466; Hamm NJW-RR 1998, 423; so zB nach dem Verlust des Titels, wegen einer drohenden Verjährung → „Verjährung", wenn mit einer Klage nach § 767 zu rechnen ist, BGH ZIP 2007, 570, oder bei einem unklaren und nicht auslegungsfähigen Vergleich, BayObLG NZM 1998, 773; → „Prozessvergleich"; → § 256 Rn. 27. Existiert eine notarielle Unterwerfungserklärung, fehlt das Rechtsschutzinteresse auch dann, wenn die Vollstreckung aus der notariellen Urkunde durch rechtskräftiges Urteil für unzulässig erklärt wurde, Kobl BeckRS 2019, 4466. Zur Herausgabe eines Vollstreckungstitels → „Herausgabeklage".

Vorvertrag: → „Angebot".

Wettbewerbssachen: Folgt einer einstweiligen Verfügung die Abschlusserklärung des Gegners, fehlt in der Regel das Rechtsschutzinteresse in der Hauptsache, BGH NJW-RR 1991, 297. Das Rechtsschutzbedürfnis für eine wettbewerbsrechtliche Unterlassungsklage gerichtet auf eine außerhalb des Verfahrens gemachten Äußerung ist zu bejahen, wenn zwar die Äußerung im laufenden Verfahren fortwirkt, aber nicht die Rechtsverfolgung oder -verteidigung, sondern lediglich Ausführungen zu ihrer Begründung angegriffen werden, BGH NJW-RR 2020, 929.

Wiederholungsgefahr: Sie begründet bei Unterlassungsansprüchen in der Regel ein Rechtsschutzbedürfnis, BVerfG FamRZ 2009, 399. Soweit die Notwendigkeit einer Abmahnung streitig ist, kann eine Wiederholungsgefahr zu vermuten sein. Daher genügt eine einfache Erklärung nicht, eine Wiederholung unterlassen zu wollen. Das gilt auch dann, wenn eine gegen das Tun gerichtete einstweilige Verfügung vorliegt.

Widerklage: → Anh. § 253 Rn. 5.

Zwangsvollstreckung: Ein Rechtsschutzbedürfnis muss auch für sie bestehen, BGH NJW 2013, 2906 (§ 888).

VI. Relationsmethode. 1. Entscheidungsreife. Ist die Klage unzulässig, ist die Klage entscheidungsreif, d. h. durch Prozessurteil abzuweisen. Eine zulässige Klage ist entscheidungsreif und begründet, wenn das Gericht die vom Kläger begehrte Rechtsfolge nach Rechtsprüfung bejaht; dann ist der Klage stattzugeben; bei Verneinung der Rechtsfolge ist die Klage ebenfalls entscheidungsreif und abzuweisen. Entscheidend ist dabei der Zeitpunkt der letzten mündlichen Verhandlung. Von einer Entscheidungsreife kann nur ausgegangen werden, wenn der Sachverhalt (Tatbestand) für das Gericht feststeht. Das ist dann der Fall, wenn das Gericht alle erforderlichen Hinweise nach § 139 erteilt, den Parteien das notwendige rechtliche Gehör gewährt und die notwenigen Beweisaufnahmen durchgeführt hat. **48**

2. Beschleunigungsgebot. Aus Art. 19 IV GG folgt, dass der Zivilrichter verpflichtet ist, auf die schnellste und für die Betroffenen kostengünstigste Art zu einem richtigen rechtlichen Ergebnis zu kommen und die Entscheidung in verständlicher Form zu begründen; man spricht auch von **Konzentrationsmaxime** oder **Prozessökonomie,** → Vor § 128 Rn. 16; → Vor § 128 Rn. 42 ff. (rechtliches Gehör). Es gibt viele Vorschriften in der ZPO, die den Beschleunigungsgrundsatz dokumentieren, wie zB §§ 129, 138 ff., 142, 272, 273, 279, 282, 296, 356, 358a, → Vor § 128 Rn. 16. Hinzu kommen die Entschädigungsregelungen der §§ 198 ff. GVG wegen überlanger Verfahrensdauer. Zur Erreichung eines schnellen und kostengünstigen Zieles hat sich die Relationsmethode entwickelt, die der Gesetzgeber indirekt durch die Neuregelung des § 139 I 3, insbesondere durch die Strukturierungsmöglichkeit des Sachverhalts, Gaier NJW 2020, 177; Anders/Gehle Assessorexamen ZivilR A Rn. 1 ff.; → § 139 Rn. 23 ff., und der BGH in jüngeren Entscheidungen, NJW 2019, 607; 2015, 409; NJW-RR 2017, 380, bestätigt haben; vgl. auch BGH NJW 1984, 2889. **49**

3. Grundsätze der Relationsmethode. Der Student erhält auf der Universität in der Regel einen feststehenden Sachverhalt und er muss die gestellten Rechtsfragen (nur) rechtlich prüfen, dh sauber unter die maßgeblichen gesetzlichen Normen subsumieren. **Subsumtion** bedeutet das Abgleichen des Sachverhalts mit den rechtlichen Voraussetzungen einer Norm, Timmermann/Gelbrich NJW 2022, 25; Römermann NJW 2020, 2678. Der Praktiker /Zivilrichter hingegen hat auch den Sachverhalt nach bestimmten Regeln zu erarbeiten und diesen dann erst tatsächlich und rechtlich nach dem Begehren/Klageantrag zu überprüfen. Er hat zu fragen, ob die Parteien hinreichend Tatsachen vorgetragen haben, die in Verbindung mit einem Rechtssatz geeignet und erforderlich sind, das geltend gemachte Recht in der Person der Partei entstanden erscheinen zu lassen, wobei unerheblich ist, wie wahrscheinlich diese Darstellung ist; auf Einzelheiten kommt es nicht an, BGH NZG 2020, 1149 Rn. 14; BeckRS 2020, 2119; NJW 2015, 409; NJW-RR 2017, 380; zu Tatsachen in Abgrenzung zu Rechtsansichten → § 138 Rn. 11 ff.; → Vor § 284 Rn. 29. In der Regel sind einzelne oder alle Tatsachen zwischen den Parteien streitig. Hier setzt die Relationsmethode an, die auf dem Grundprinzip beruht, dass bei verschiedenen Sachverhalten auch verschiedene rechtliche Begutachtungen erfolgen müssen, im Einzelnen Anders/Gehle Assessorexamen ZivilR A Rn. 4 ff.; Arz/Gemmer JA 2019, 851; dies. JA 2020, 609. Mit dieser Methode kann zum schnellstmöglichen Zeitpunkt festgestellt werden, wann der Prozess **entscheidungsreif** ist; das setzt voraus, dass der Sachverhalt, soweit er sich auf entscheidungserhebliche Tatsachen bezieht, feststeht, dh vollständig geklärt ist, die Beweise erschöpft sind oder die Partei mit weiterem Vorbringen nicht zugelassen oder zurückgewiesen wird, BGH BeckRS 2020, 19737. **50**

Ergibt sich bereits nach dem Vortrag des Klägers, dass der Klageantrag nicht gerechtfertigt ist, muss die Klage, eventuell nach einen Vorgehen nach § 139, → § 139 Rn. 23 ff., 28, abgewiesen werden (= Entscheidungsreife). Ansonsten ist eine zweite rechtliche Prüfung auf der Grundlage des Sachvortrages des Bekl. erforderlich. Ergibt sich danach ebenfalls die Berechtigung des Klageantrages, ist der Klage, eventuell nach einem Vorgehen nach § 139, → § 139 Rn. 23 ff., 28, stattzugeben (= Entscheidungsreife). Ansonsten muss der Zivilrichter weiter prüfen, ob er bei seiner Entscheidung den Sachvortrag des Klägers oder den des Beklagten zugrunde legen muss oder ob er zuvor Hinweise nach § 139 zu geben, an der Aufklärung des Sachverhalts zur Sachdienlichkeit der Anträge oder zur Ordnungsmäßigkeit der Beweisangebote mitzuwirken (§ 139) oder vor seiner Entscheidung eine Beweisaufnahme durchzuführen hat (sog. Beweisbedürftigkeit, → Vor § 284 Rn. 4 ff.). Bei Anwendung der Relationsmethode wird das schnellstmögliche Ergebnis erzielt und es wird eine überflüssige, oft kostenintensive Beweisaufnahme vermieden. **51**

Die Relationsmethode ist ein geeignetes Strukturierungs- und Filterwerkzeug, Arz/Gemmer JA 2019, 851; → § 139 Rn. 42 ff. (zur Strukturierung). Daher ist nicht nachzuvollziehen, warum die Relationsmethode in der heutigen Zeit, in der Schnelligkeit und Flexibilität eine besondere Bedeutung haben, nicht mehr von allen Juristen beherrscht wird. Allerdings hat die Relationsmethode durch die Digitalisierung der Justiz, auch durch den neuen § 139 I 3, eine **Renaissance** erfahren und wird in den rechtspolitischen Diskussionen vielfältig diskutiert, vgl. hierzu näher → § 139 Rn. 47. Nicht nur der Zivilrichter, sondern auch jeder Anwalt kann bei Anwendung der Relationsmethode überprüfen, was er im Einzelnen in einem Rechtsstreit vortragen muss, um ein für seinen Mandanten günstiges Ergebnis zu erzielen; nach der Relationsmethode kann der Anwalt auch abschätzen, welche Risiken für seinen Mandanten bei einem Rechtsstreit bestehen. Entsprechendes gilt für einen Wirtschaftsjuristen in Unternehmen und für alle anderen in Zivilsachen tätigen Juristen. Darüber hinaus hilft eine Strukturierung entsprechend der Relationsmethode auch im Strafrecht und in den anderen Rechtsgebieten. **52**

4. Sachverhaltserarbeitung. Um zu richtigen rechtlichen Wertungen zu gelangen, muss jeder Ziviljurist in den verschiedenen juristischen Berufen den Sachverhalt (Tatbestand) richtig erarbeiten und darf ihn nicht verbiegen, Möllers § 14 Rn. 12. Der Anwalt darf sich auch nicht mit den Angaben des Mandanten zufrieden geben, sondern muss um zusätzliche Aufklärung bemüht sein, wenn den Umständen nach für eine zutreffende rechtliche Einordnung die Kenntnis weiterer Tatsachen erforderlich ist, BGH NJW 2013, 2965. Dasselbe gilt für andere juristische Tätigkeiten, zB für einen Notar und einen Unternehmensjuristen. Im Zivilprozess muss der Richter zwingend auch die Grundsätze des Zivilprozesses, → Vor § 128 Rn. 20 ff., beachten, so die Grundsätze der **Mündlichkeit** und der **Einheit der mündlichen Verhandlung,** → Vor § 128 Rn. 30. Ferner gilt der **Beibringungsgrundsatz,** dh die Parteien entscheiden darüber, welcher Tatsachenstoff der Entscheidung zugrunde gelegt wird; dagegen ist das Gericht grundsätzlich nicht an Rechtsansichten der Parteien gebunden, → Vor § 128 Rn. 21–25, es sei denn, es handelt sich um juristische Tatsachen, → § 284 Rn. 3. Zur Sachverhaltserarbeitung in allen juristischen Berufen gehört, dass der gesamte Vortrag der Parteien bzw. der gesamte Sachverhalt zur Kenntnis genommen wird, → Vor § 128 Rn. 42 ff. (Grundsatz des rechtlichen Gehörs), dass die Tatsachen von den Rechtsansichten und Wertungen getrennt werden und dass festgestellt wird, welche Tatsachen zwischen den **53**

Parteien streitig sind bzw. nicht feststehen, Anders/Gehle Assessorexamen ZivilR A Rn. 39 ff.; → § 138 Rn. 8, → Vor § 284 Rn. 29 ff. (Begriff der Tatsachen); → Vor § 284 Rn. 30 (Abgrenzung zu den Rechtsansichten); → § 138 Rn. 13, 14. Nur Tatsachen sind dem Beweis zugänglich, → § 138 Rn. 12. Ob Tatsachen beachtlich sind, hängt ua von der Darlegungslast, der Substantiierung, der Frage des Bestreitens, → § 138 Rn. 21 ff., 27 ff. und von der Frage der Bindungswirkung ab, → Vor § 128 Rn. 33. Auch spielen die Wahrheitspflicht, → § 138 Rn. 11 ff., sowie der Grundsatz von Treu und Glauben, → § 138 Rn. 24 und 41, eine Rolle. Die Wertungen des Sachverhaltes können häufig erst im Zusammenhang mit der Rechtsprüfung endgültig beantwortet werden. Deshalb sollten alle Zweifelsfragen, auch zu den Abgrenzungen Tatsachen/Ansichten und streitig/unstreitig, kenntlich gemacht und vor der Rechtsprüfung offengelassen werden.

54 Wesentlich für die Sachverhaltserarbeitung sind im Zivilprozess auch die Anträge der Parteien. Aufgrund der **Dispositionsmaxime,** → Vor § 128 Rn. 26, kann der Kläger mit seinem Klageantrag und dem Klagegrund den Streitgegenstand bestimmen und nur die Parteien können darüber verfügen, → Vor § 128 Rn. 26. Nach § 308 I besteht für das Gericht eine Bindung an die Parteianträge. Bestehen im Hinblick auf die Parteianträge Unklarheiten, ist im Zivilprozess ein Hinweis nach § 139 I erforderlich, → § 139 Rn. 40 f. Die Frage der Sachdienlichkeit iSd Vorschrift und auch evtl. Auslegungsfragen können aber grundsätzlich erst in der Rechtsprüfung beantwortet werden, Anders/Gehle Assessorexamen ZivilR A Rn. 77. Deswegen ist bei der Sachverhaltsbearbeitung grundsätzlich vom Wortlaut der Anträge auszugehen und nur ganz offensichtliche Fehler sind zu korrigieren, ev, nach eine Hinweis nach § 139. In den anderen juristischen Berufen ist die Zielrichtung desjenigen, für den man tätig ist, als Ausgangspunkt für die rechtlichen Bewertung von Bedeutung.

55 **5. Schlüssigkeit, Erheblichkeit und Beweisbedürftigkeit.** Nach der Relationsmethode hat sich eine besondere Terminologie für die Rechtsprüfung im Zivilprozess entwickelt. Die Prüfung des Klägervortrags, ob der Klageantrag danach gerechtfertigt ist, nennt man Schlüssigkeitsprüfung. Das Klägervorbringen ist **schlüssig,** wenn der Kläger Tatsachen vorträgt, die in Verbindung mit einem Rechtssatz geeignet sind, das geltend gemachte Recht in seiner Person entstanden erscheinen zu lassen; bei Verneinung ist der Klägervortrag unschlüssig, BGH BeckRS 2022, 11342; NJW-RR 2021, 147 Rn. 14; 2014, 456 Rn. 12; BauR 2017, 206; Anders/Gehle Assessorexamen ZivilR A Rn. 89 ff.; → § 139 Rn. 23 ff. Nicht zutreffend ist hingegen, von der Schlüssigkeit der Klage zu sprechen, weil der Erfolg der Klage nicht nur von dem Klägervortrag abhängt.

56 Ist das Klägervorbringen ganz oder teilweise schlüssig, muss in einer Erheblichkeitsprüfung der Vortrag des Bekl. rechtlich behandelt werden; ergibt sich danach, dass der Klageantrag ebenfalls gerechtfertigt ist, ist der Bekl.Vortrag nicht **erheblich;** anderenfalls ist von der Erheblichkeit des Bekl.Vortrages auszugehen, Anders/Gehle Assessorexamen ZivilR A Rn. 115 ff.; → § 139 Rn. 23 ff.; → Rn. 59 (zur Art des Bekl-Vortrages).

57 Bei Unschlüssigkeit oder Unerheblichkeit muss unter Umständen ein Hinweis nach § 139 erfolgen, → § 139 Rn. 23 ff. Ergibt sich danach keine Änderung in der rechtlichen Wertung, ist Entscheidungsreife eingetreten und es ist über den Klageantrag zu entscheiden.

58 Werden die Schlüssigkeit und die Erheblichkeit der Parteivorträge ganz oder teilweise bejaht, muss sich das Gericht mit der Frage auseinandersetzen, ob die entscheidungserheblichen streitigen Tatsachen **beweisbedürftig** sind oder ob sie auch ohne Beweisaufnahme feststehen, Anders/Gehle Assessorexamen ZivilR A Rn. 140 ff.; → Vor § 284 Rn. 4. Dabei spielt auch eine Rolle, ob der Beweispflichtige ordnungsgemäß Beweis angeboten hat, Anders/Gehle Assessorexamen ZivilR A Rn. 154 ff.; → § 139 Rn. 23 ff.

59 **6. Verteidigungsmöglichkeiten. a) Terminologie.** Eine weitere Terminologie hat sich im Zusammenhang mit der Verteidigung durch eine Partei entwickelt, wobei die ZPO diese Fachausdrücke nicht sorgfältig auseinanderhält. So nennt sie den Einwand der Unzulässigkeit des Rechtswegs nach § 13 GVG oder der Rechtshängigkeit (§§ 253 I, 261 I) Einrede, obwohl das Gericht beide von Amts wegen beachten muss, → Rn. 14. Grundsätzlich verteidigt sich der Bekl. gegen den klagebegründenden Vortrag des Klägers, so dass dann die Verteidigung gleichzeitig die Erheblichkeit des Bekl.-Vortrages darstellt, → Rn. 51. Aber auch eine Verteidigung des Klägers ist möglich, so gegen eine Widerklage des Bekl., Anh. § 253, oder gegen eine Einrede iSd ZPO durch diesen; man spricht bei der Verteidigung gegen eine Einrede iSd ZPO von Erheblichkeit des Klägervortrages gegen die Einrede iSd ZPO durch den Bekl.

60 **b) Einwendung, Einrede.** Der Bekl., unter den Voraussetzungen der → Rn. 59 auch der Kläger, kann Zulässigkeitsvoraussetzungen beanstanden, die anspruchsbegründenden Tatsachen bestreiten (sog. Klageleugnen), Anders/Gehle Assessorexamen ZivilR A Rn. 65; → § 138 Rn. 27 ff., oder sich auf Einreden iSd ZPO berufen, Anders/Gehle Assessorexamen ZivilR A Rn. 66; → § 139 Rn. 64 „Einreden". Grundsätzlich trägt der Kläger die Darlegungslast für die anspruchsbegründenden Tatsachen und für die positiven Zulässigkeitsvoraussetzungen, während der Bekl. zu den Einreden iSd ZPO vortragen und die maßgeblichen Tatsachen uU auch beweisen muss, Ress GS Arens, 1993, 356; → § 138 Rn. 25. Auch die negativen Prozessvoraussetzungen und die Prozessrügen, §§ 110, 269 VI, 1032 I, werden lediglich bei dem entsprechenden Vortrag des Bekl. und/oder bei Erhebung der Einrede durch ihn berücksichtigt, → Rn. 14.

61 Unter **Einreden iSd ZPO** sind alle Gegenrechte im materiellen Sinn zu verstehen, die den Tatbestand einer Gegennorm ausfüllen, dh die die Anspruchsentstehung verhindern (rechtshindernde Einwendung), den Anspruch vernichten (rechtsvernichtende Einwendung) oder die der Geltendmachung des Anspruchs entgegen stehen (Einreden im materiellen Rechts), Anders/Gehle Assessorexamen ZivilR A Rn. 66; → § 139 Rn. 64 „Einreden"). Der Unterschied zwischen Einwendung und Einrede iSd materiellen Rechts besteht darin, dass die Einrede nur berücksichtigt wird, wenn sich die Partei auf sie beruft; ihre Geltendmachung gehört damit zu den Tatbestandsvoraussetzungen. Aber auch Einwendungen im materiellen Recht erfordern zum Teil eine Gestaltungserklärung, wie zB die Anfechtung, die Aufrechnung, die Kündigung. Man kann durch einen Prozessvertrag auf die Möglichkeit einer Einwendung oder Einrede verzichten, → Vor § 128 Rn. 57. Sämtliche Einreden iSd ZPO führen, bei ihrem Durchgreifen zur Sachabweisung mit Rechtskraftwirkung nach § 322

62 Sind die der Einrede iSd ZPO zugrunde liegenden Tatsachen zwischen den Parteien unstreitig, kommt es auf die anspruchsbegründenden Voraussetzungen, die der Kläger darlegen und beweisen muss, nicht mehr an, sieht man von einer Hilfsaufrechnung wegen der materiellen Rechtskraftwirkung nach § 322 II ab; in diesem Fall ist die Klage wegen der Einrede iSd abzuweisen; der Vortrag des Klägers ist dann zu dieser Einrede unerheblich und die Klage entscheidungsreif, Anders/Gehle Assessorexamen ZivilR A Rn. 97.

c) Rechtshindernde Einwendung. Sie verhindert jeden materiell-rechtlichen Erfolg, dh die Entstehung des Rechts von Anfang an. 63

Beispiele: Der Nichteintritt einer aufschiebenden Bedingung nach § 158 I BGB; die Geschäftsunfähigkeit nach § 104 BGB; §§ 117, 125 BGB; ein gesetzl. Verbot nach § 134 BGB; eine Sittenwidrigkeit nach § 138 BGB. 64

d) Rechtsvernichtende Einwendung. Sie vernichtet den eingetretenen materiell-rechtlichen Erfolg, dh sie vernichtet das Recht und zwar ex tunc oder ex nunc. 65

Beispiele: § 142 BGB; der Eintritt einer auflösenden Bedingung nach § 158 II BGB; der Rücktritt nach § 346 BGB; die Erfüllung nach §§ 362 I, 364 I BGB; eine Aufrechnung nach § 389 BGB; ein Schulderlass nach § 397 BGB. 66

e) Rechtshemmende Einrede. Sie schließt die materiell-rechtliche Geltendmachung des Rechts aus. 67

Beispiele: Die Verjährung nach § 214 I BGB; ein Zurückbehaltungsrecht nach §§ 273, 1000 BGB; die Einrede der Nichterfüllung nach §§ 320, 321 BGB, oder der beschränkten Erbenhaftung nach §§ 1973, 1989, 1990 BGB. 68

7. Reblik, Duplik. Man spricht auch von Gegenerklärung, Gegeneinwand und Gegeneinrede, **Replik** nennt man die Erwiderung auf eine Einrede iSd ZPO, Anders/Gehle Assessorexamen ZivilR A Rn. 129. **Duplik** nennt man die Erwiderung auf die Replik, Anders/Gehle Assessorexamen ZivilR A Rn. 130. 69

Auf die Begrifflichkeiten sollte man keinen Schwerpunkt setzen. Soweit der Gesetzgeber einen Begriff einheitlich und umfassend verwendet oder sich ein solcher in der höchstrichterlichen Praxis durchgesetzt hat, ist er zu verwenden. Ansonsten sollte man auf Einheitlichkeit bedacht sein und bei einer unterschiedlichen Terminologie jeweils eine Umschreibung abgeben. 70

VII. Wirkungen der Rechtshängigkeit. 1. Prozessuale Wirkungen. Mit dem Eintritt der Rechtshängigkeit, → § 253 Rn. 10, 13; → § 261 Rn. 4 ff., treten die prozessualen Wirkungen ein des § 261 III Nr. 1 (Einrede der anderweitigen Rechtshängigkeit, (→ § 261 Rn. 13 ff.), des § 261 III Nr. 2 (Zuständigkeit des Prozessgerichts, → § 261 Rn. 22 ff.), des § 263 (Klageänderung) und des § 265 (Veräußerung der Streitsache). Zum Prozessrechtsverhältnis → Vor § 128 Rn. 4 ff. Die Beantwortung der einzelnen Fragen hängt auch mit dem Streitgegenstand zusammen, → § 253 Rn. 26; → § 261 Rn. 20. 71

Eine im Ausland erhobene Klage hat dann, wenn sie ordnungsmäßig ist, keine Rechtswirkung nach §§ 322, 705 im Inland, soweit man das ausländische Urteil im Inland nicht nach §§ 328, 722 oder nach der Brüssel Ia-VO im SchlAnh. V C 2 anerkennen kann. Sie begründet dann für das Inland keine Rechtshängigkeit nach → § 261 Rn. 8 und hemmt die Verjährung nicht. 72

2. Materiell-rechtliche Wirkungen. Mit der Rechtshängigkeit, → § 253 Rn. 10, 13; → § 261 Rn. 4 ff., treten zB folgende Wirkungen ein: Hemmung der Verjährung nach §§ 204 I Nr. 1, III, 209 BGB, BGH NJW 2004, 2228, Eintritt des Verzuges nach § 286 I 1, 2 BGB, Prozesszinsen nach § 291 BGB, Haftungsverschärfung für den Schuldner nach §§ 292, 818 IV, 987 II, 989, 991, 994 II, 2023 BGB, im Handelsrecht §§ 140 II, 372 II, 440 III HGB, Zöller/Greger Rn. 26; → § 262 Rn. 3 (weitere Beispiele). 73

Die Verjährung wird auch bei einer nicht ordnungsgemäß erhobenen Klage nach § 204 I Nr. 1 BGB mit Eintritt der Rechtshängigkeit, dh mit Zustellung der Klageschrift an den Bekl. gehemmt und nach §§ 204 II, 209 BGB wird der Zeitraum von der Rechtshängigkeit bis zum Ende der Hemmung sechs Monate nach Rechtskraft des Prozessurteils in die Verjährungsfrist nicht eingerechnet. → § 262 Rn. 3 f. 74

253 *Klageschrift.* **[I] Die Erhebung der Klage erfolgt durch Zustellung eines Schriftsatzes (Klageschrift).**

[II] Die Klageschrift muss enthalten:

1. die Bezeichnung der Parteien und des Gerichts;
2. die bestimmte Angabe des Gegenstandes und des Grundes des erhobenen Anspruchs, sowie einen bestimmten Antrag.

[III] Die Klageschrift soll ferner enthalten:

1. die Angabe, ob der Klageerhebung der Versuch einer Mediation oder eines anderen Verfahrens der außergerichtlichen Konfliktbeilegung vorausgegangen ist, sowie eine Äußerung dazu, ob einem solchen Verfahren Gründe entgegenstehen;
2. die Angabe des Wertes des Streitgegenstandes, wenn hiervon die Zuständigkeit des Gerichts abhängt und der Streitgegenstand nicht in einer bestimmten Geldsumme besteht;
3. eine Äußerung dazu, ob einer Entscheidung der Sache durch den Einzelrichter Gründe entgegenstehen.

[IV] Außerdem sind die allgemeinen Vorschriften über die vorbereitenden Schriftsätze auch auf die Klageschrift anzuwenden.

[V] [1]Die Klageschrift sowie sonstige Anträge und Erklärungen einer Partei, die zugestellt werden sollen, sind bei dem Gericht schriftlich unter Beifügung der für ihre Zustellung oder Mitteilung erforderlichen Zahl von Abschriften einzureichen. [2]Einer Beifügung von Abschriften bedarf es nicht, soweit die Klageschrift elektronisch eingereicht wird.

Schrifttum: Anders/Gehle, Antrag und Entscheidung im Zivilprozess, 3. Aufl. 1999; Bayreuther, Die Durchsetzung des Anspruchs auf Vertragsanpassung, 2004; Bieresborn, Klage und Klagerwiderung im deutschen und englischen Zivilprozeß, 1999; Breitkopf, Die Klageerhebung und -rücknahme bei vollmachtsloser Prozessvertretung und ihre kostenrechtliche Beurteilung, 2004; Dresenkamp/Sachtleber, Zivilakte: Von der Klageschrift bis zum Urteil, 3. Aufl. 2015; Grunewald, Die Gesellschafterklage in der Personengesellschaft und der GmbH, 1990; Kulaksiz, Die Teilklage im deutschen und türkischen Zivilprozessrecht, 2004; Mantz, Klage gegen unbekannten Inhaber einer ausländischen Domain im Zivilprozess?, NJW 2016, 2845; Meyke, Darlegen und Beweisen im Zivilprozess, 2. Aufl. 2001; Michel/von der Leipen, Der Schriftsatz des Anwalts im Zivilprozess, 6. Aufl. 2003;

Schmitt-Gaedke, Streitgegenstand und Antragsfassung im Gewerblichen Rechtsschutz, GRUR-Prax 2020, 351 (Teil 1); Schneider, Die Klage im Zivilprozess, 3. Aufl. 2007. Vgl. zur Rechtsfähigkeit auch Schrifttum bei § 261.

Übersicht

1 **I. Systematik.** → Vor § 253 Rn. 1, 2. **I** regelt die Klageerhebung. Über den Begriff und die Arten der Klage → Vor § 253 Rn. 8–10. Die Einleitung des Zivilprozesses durch eine Klageschrift ist Ausfluss der Dispositionsmaxime, → Vor § 128 Rn. 26. **II** regelt den zwingend notwendigen Inhalt der Klageschrift. In den nachfolgenden Absätzen III–V sind weitere Anforderungen für den Inhalt der Klageschrift enthalten, die als Sollvorgaben gestaltet sind.

2 **II. Regelungszweck.** → Vor § 253 Rn. 3. Die Vorschrift dient der Rechtsstaatlichkeit, → Einl. II Rn. 20, der Rechtssicherheit, → Einl. II Rn. 87, sowie dem rechtlichen Gehör nach Art. 103 I GG, → Vor § 128 Rn. 42 ff. Mit der Klage soll der Streitgegenstand bestimmt (II) und dadurch soll eine möglichst sichere Verfahrensgrundlage geschaffen werden, BGH FamRZ 1988, 382. Es soll Klarheit über den Umfang und die Reichweite der begehrten Entscheidung, dh über die Rechtskraft (§ 322) bestehen, → Rn. 26. Der Bekl. soll den Grund und die Höhe der Klageforderung so weit kennenlernen, dass er darauf seine Verteidigung einrichten kann, BGH NJW 2007, 775; → Rn. 27. Zu dem Projekt „Digitale Klagewege" der BMJ in Zusammenarbeit mit Tech Germany, das im ersten Schritt mietrechtliche Ansprüche erfassen soll, vgl. beck-online FD-ZVR 2021, 441268.

3 **III. Geltungsbereich.** → Vor § 253 Rn. 6. Die Vorschrift gilt grundsätzlich in allen Verfahrensarten nach der ZPO, auch bei §§ 935 ff., Ffm GRUR-RR 2017, 229; LAG Hamm NZA-RR 2017, 177, auch in WEG-Verfahren, Bergerhoff NZM 2007, 425; Jacoby ZMR 2018, 395. In einer FamFG-Sache wird das Verfahren nach § 23 FamFG durch einen Antrag eingeleitet.

4 § 253 gilt entsprechend im arbeitsgerichtlichen Urteilsverfahren nach § 46 II ArbGG mit den Besonderheiten der §§ 496, 498, BAG NZA 2015, 37, und im Beschlussverfahren nach § 80 II ArbGG, BAG NZA 2020, 783 Rn. 14; 2017, 843; LAG Kiel NZA-RR 2009, 140. Im verwaltungsgerichtlichen Verfahren finden §§ 81, 82, 173 VwGO Anwendung, Koehl NVwZ 2017, 1089; für die finanzgerichtlichen und sozialgerichtlichen Klagen gelten § §§ 64,65 FGO und § 90 SGG, wobei es in den anderen Verfahrensordnungen für die Klageerhebung nicht der Zustellung an den Bekl. bedarf, MüKoZPO/Becker-Eberhard Rn. 8. Art. 32 I Brüssel Ia-VO, SchlAnh. V C 2, kann Vorrang haben, Düss GRUR-RR 2017, 397.

5 **IV. Klagerhebung, I.** Die Klage wird nach I in zwei Stufen erhoben, nämlich grundsätzlich durch Einreichung der Klageschrift und durch deren wirksame Zustellung an den Beklagten.

6 **1. Einreichung der Klageschrift.** Der Zivilprozess wird durch Einreichung einer Klageschrift -grundsätzlich in deutscher Sprache (§ 184 GVG)-, auch elektronisch nach §§ 130a–130d, → Rn. 8, oder auf Widerspruch gegen eine Mahnbescheid nach §§ 692, 694,696 I 4. bzw. auf Einspruch gegen einen Vollstreckungsbescheid nach §§ 699, 700 eingeleitet. Beim Amtsgericht kann die Klage nach § 496 auch mündlich zu Protokoll angebracht werden. Das Protokoll ist nach § 129a II an das Gericht zu übermitteln, an das der Antrag gerichtet ist; das Protokoll ersetzt die Klageschrift. Der Urkundsbeamte bzw. der Rpfl. in den Fällen des § 24 II RPflG muss die Partei sachgemäß belehren und darf wegen §§ 167, 129a die Niederschrift nicht wegen Unzuständigkeit des Gerichts ablehnen, Thomas/Putzo/Seiler § 496 Rn. 1. Die Klageeinreichung kann auch durch ein Fernschreiben, Telefax, Computerfax oder Telekopie erfolgen, wenn die Förmlichkeiten beachtet sind, BGH NJW 2000, 2340; MüKoZPO/Becker-Eberhard Rn. 11 f.; → § 129 Rn. 7 ff. Die Wiedergabe des Schriftsatzes als PDF-Datei im Anhang einer E-Mail reicht ebenfalls aus, wenn der Anhang ausgedruckt wird, BGH NJW 2015, 1527; 2008, 2649. Eine Einreichung ist auch erfolgt, wenn eine Klageschrift per Telefax aus vom Übersender nicht zu vertretenen Gründen geteilt eingeht, BGH NJW 2004, Rn. 1; Thomas/Putzo/Seiler Rn. 1. Die Klageschrift ist ein bestimmender Schriftsatz, → § 129 Rn. 7 und für ihn gilt die Unterschriftserfordernis des § 130 Nr. 6, → § 129 Rn. 9 ff.; → Rn. 52. Zur Signatur bei elektronischen Einreichung → § 130a Rn. 21 ff.

7 Wird zusätzlich ein prozessualer Anspruch während des Prozesses schriftsätzlich erhoben oder der schon erhobene prozessuale Anspruch geändert bzw. eine Widerklage erhoben, gelten keine Besonderheiten; der Schriftsatz, der den Anforderungen von II Nr. 2 entsprechen muss, ist förmlich nach § 261 II zuzustellen. Jedoch

reicht insoweit auch eine Klageerhebung in der mündlichen Verhandlung nach § 261 II aus. Beispiele sind neben der Widerklage, Anh. § 253, die Zwischenfeststellungsklage nach § 256 II, eines Klageänderung oder Klageerweiterung nach §§ 263, 264, 267, auch im sog. Adhäsionsverfahren nach § 404 StPO, → § 261 Rn. 7; Kblz JurBüro 2006, 646.

Die Klage, ein bestimmender Schriftsatz, kann oder muss (vgl. § 130d) als **elektronisches Dokument** nach § 130a–130d eingereicht werden, weil die §§ 130a–130d auf bestimmende Schriftsätze Anwendung finden. Das verdeutlicht schon V 2. Ob sich die Anwendbarkeit der §§ 130a–130d auf bestimmende Schriftsätze aus dem Wortlaut des § 130a oder aus §§ 253 IV, 519 IV, 520 V, 549 II, 551 IV ergibt oder ob eine analoge Anwendung in Betracht kommt, kann offenbleiben, zum Meinungsstand s. Leuering NJW 2019, 2739. Wir vertreten die Meinung, dass sich die Zulässigkeit aus der Formulierung des § 130a I „Anträge und Erklärungen der Parteien" unmittelbar ableiten lässt, so wohl auch Leuering NJW 2019, 2739; → § 130a Rn. 12. 8

Die Klageschrift, dh das Rubrum, der Antrag und die Begründung, kann uU nach §§ 133, 157 BGB **ausgelegt** werden, MüKoZPO/Becker-Eberhard Rn. 25. So ist beim Klageantrag zu ermitteln, welches Ziel die Partei erreichen will und welche prozessualen Mittel dazu erforderlich sind, BGH NJW 2016, 863 und 708; NZM 2015, 329; NJW-RR 1995, 1183. Reagiert allerdings die Partei auf einen Hinweis des Gerichts nach § 139 nicht, muss sie sich grundsätzlich an den unzulänglichen Anträgen festhalten lassen, BGH NJW-RR 1998, 1005; MüKoZPO/Becker-Eberhard Rn. 25. 9

2. Zustellung. Mit der Einreichung der Klageschrift tritt **Anhängigkeit** ein, MüKoZPO/Becker-Eberhard Rn. 14; Zöller/Greger Rn. 4; → § 261 Rn. 4. Für die Klageerhebung und damit für den Eintritt der **Rechtshängigkeit** muss nach §§ 253 I, 261 I – anders als nach den anderen Verfahrensordnungen, → Rn. 4, zusätzlich die nach §§ 166 ff., 271 I von Amts wegen zu erfolgende Zustellung der Klageschrift oder des Protokolls (§ 498) an den Bekl. ordnungsgemäß bewirkt werden. Eine Zustellung von Anwalt zu Anwalt nach § 195 ist wegen V nicht möglich, Zöller/Schultzky § 195 Rn. 5. Die Zustellung von Amts wegen setzt die Zahlung der allgemeinen Prozessgebühr nach § 12 I GKG voraus, die durch Kostenklebemarken oder durch elektronische Kostenmarken (zB in NRW möglich – www.justiz.nrw.de) erfolgt, MüKoZPO/Becker-Eberhard Rn. 38. Eine nicht beglaubigte Kopie reicht nicht, Karlsr JurBüro 2015, 423. Bei Einreichung der Klageschrift entsteht zwischen dem Gericht und dem Kläger ein Prozessrechtsverhältnis, in das der Bekl. nach Zustellung der Klage an ihn einbezogen wird, Zöller/Greger Vor § 253 Rn. 27; → § 128 Rn. 6 ff. Ist dieselbe Klageschrift mehrfach eingereicht und auch mehrfach zugestellt, entstehen mehrere Rechtshängigkeiten und der Kläger muss die Klagen bis auf eine zurücknehmen, um eine Prozessabweisung zu vermeiden, Zöller/Greger Rn. 6; zur mehrfachen Rechtsmitteleinlegung vgl. BGH NJW 2021, 2121; → § 281 Rn. 4 „Funktionelle Unzuständigkeit". Ist die Klageschrift beim selben Gericht mehrfach eingereicht, muss der Kläger vor der Zustellung auf die doppelte Einreichung hingewiesen werden. Zu den prozessualen und materiell-rechtlichen Wirkungen der Rechtshängigkeit → Vor § 253 Rn. 71, 73; → § 262 Rn. 3. 10

Mit der Klageerhebung ist das Gericht grundsätzlich verpflichtet, über die Klage durch ein Prozess- oder Sachurteil nach §§ 300 ff. zu entscheiden, von Sonderfällen, wie der Klagerücknahme nach § 269, der beidseitigen Erledigungserklärung oder dem Vergleich, Anh. § 307, abgesehen. 11

Der Klageschrift ist nach V 1 die erforderliche Zahl von Ablichtungen oder Abschriften beizufügen; dies gilt nach Satz 2 nicht, wenn die Klage elektronisch nach § 130a eingereicht wird. Ergänzt wird V durch §§ 131, 253 IV, wonach grundsätzlich der Klageschrift die in den Händen des Klägers befindlichen Urkunden, auf die er Bezug nimmt, beigefügt werden müssen, → § 131 Rn. 7 ff. Fehlen die Abschriften, kann das Gericht sie anfertigen lassen und dafür Schreibauslagen nach KV 9000 GKG erheben; es kann auch die Nachreichung verlangen, MüKoZPO/Becker-Eberhard Rn. 9. In einen solchen Fall kann das Merkmal „demnächst" in § 167 zweifelhaft sein, → § 261 Rn. 8. Das Fehlen der erforderlichen Abschriften oder Ablichtungen oder der Urkunden hindert aber nicht die Zustellung der Klage und damit deren Rechtshängigkeit; die Zustellung ohne diese Unterlagen ist wirksam, BGH NJW 2013, 387; → § 131 Rn. 21; aA jedenfalls in einem besonderen Fall BGH NJW 2007, 775; Schumann JZ 2013, 532. Das folgt schon aus den Regelungen der einzelnen Absätze des § 253, der Ausnahmeregelungen in § 135 sowie aus dem Umstand, dass bei Fehlen der Voraussetzungen des II die Klage als unzulässig abgewiesen wird, BGH NJW 2013, 387; → Rn. 16, und deshalb ein Prozessrechtsverhältnis entstanden sein muss, → Vor § 128 Rn. 4 ff. (Prozessrechtsverhältnis). Dass § 253 V und § 131 der Verwirklichung des rechtlichen Gehörs dienen, steht dem nicht entgegen. Die betroffene Partei ist durch verschiedene Vorschriften, wie zB durch die Verspätungsvorschriften, § 335 I 3 und durch Kostenvorschriften, geschützt. 12

3. Rechtshängigkeit. Grundsätzlich erst mit der auf die Einreichung angeordneten und durchgeführten ordnungsgemäßen Zustellung, → Rn. 10, ist die Klage erhoben und die Rechtshängigkeit nach §§ 253 I, 261 I eingetreten; das gilt auch bei Zustellung einer fehlerhaften Klageschrift, BGH NJW 2013, 387; Musielak/Voit/Foerste § 253 Rn. 1. In den Fällen des § 167 tritt die Wirkung der Rechtshängigkeit, → Vor § 253 Rn. 71, 73, bei einer **„demnächst"** erfolgten Zustellung schon mit der Einreichung der Klageschrift bei Gericht, dh mit Anhängigkeit, ein, wenn es um die Fristwahrung oder den Eintritt der Verjährung geht. Im Falle eines **Mahnverfahrens** wird die Rechtshängigkeit nach §§ 696 III, 700 II bei Vorliegen der Voraussetzungen auf den Zeitpunkt der Zustellung des Mahnbescheids fingiert, → § 261 Rn. 6 (Mahnverfahren). 13

Voraussetzung ist eine ordnungsgemäße Zustellung nach §§ 166 ff., vgl. BGH NJW 2019, 2942 (Scheinwohnsitzes/§ 242 BGB). Die Ladung nach § 216 erfolgt nach → § 214 Rn. 1 von Amts wegen durch die Geschäftsstelle. Mit ihr muss das Gericht die Klageschrift dem Bekl. von Amts wegen unverzüglich zustellen. Fehlte eine Klagezustellung nach § 271 und ist dieser **Mangel** nach § 295 I geheilt, tritt die Rechtshängigkeit von dem Zeitpunkt an ein, in dem man nicht mehr rügen kann, Hamm VersR 2002, 1362. Das gilt auch für materiellrechtliche Fristen und die Verjährung, → § 262 Rn. 4. 14

4. Bedingungsfeindlichkeit. Die Klageerhebung ist als Prozesshandlung grundsätzlich bedingungsfeindlich, da sie keinen Schwebezustand verträgt, BGH NJOZ 2007, 5605; MüKoZPO/Becker-Eberhard Rn. 17; → Vor § 128 Rn. 62 ff. Etwas anderes gilt aber, wenn es sich um eine innerprozessuale Bedingung handelt, über die das Gericht im Prozess entscheidet und deshalb kein Schwebezustand entsteht, → Vor § 128 Rn. 62. Unzulässig ist eine Klage unter der Bedingung, dass ein Dritter zustimmt oder dass in einem anderen Verfahren in bestimmter Weise entschieden wird, MüKoZPO/Becker-Eberhard Rn. 17. Der Antrag, den Zweitbekl. nur zu verurteilen, wenn das Gericht die Klage gegen den Erstbekl. abweist, ist unzulässig, BGH MDR NJW-RR 2004, 640; BAG 15

NJW 1994, 1086; Hamm MDR 2005, 533; dasselbe gilt für eine Klage des Klägers zu 2 nur für den Fall der teilweisen oder gänzlichen Abweisung der Klage des Klägers zu 1, Saarbr NJW-RR 2008, 47. Zulässig ist aber ein echter oder unechter Hilfsantrag für den Fall, dass die Klage mit dem Hauptantrag keinen oder einen Erfolg hat; es handelt sich um eine innerprozessuale Bedingung; der Hilfsantrag ist auflösend bedingt, → § 260 Rn. 9; → § 255 Rn. 11. Wegen der Hilfswiderklage → Anh. § 253 Rn. 27, zur bedingten Wider-Widerklage → Anh. § 253 Rn. 29; weitere Beispiele für innerprozessuale Bedingungen: → Vor § 128 Rn. 63.

16 **5. Prozesskostenhilfeantrag.** Reicht der Kläger die Klageschrift gleichzeitig mit dem Prozesskostenhilfeantrag ein, gilt folgendes: Ergeben sich keine Anhaltspunkte dafür, dass der Kläger die Klageerhebung von der Bewilligung des Prozesskostenhilfeantrages abhängig machen will, hat er die Klageschrift unbedingt eingereicht und diese ist nach § 271 I von Amts wegen zuzustellen. Zulässig ist aber, dass der Kläger mit seinem Antrag auf Bewilligung von Prozesskostenhilfe gleichzeitig einen Klageentwurf einreicht. Dann handelt es sich bei der Klageschrift lediglich um eine Anlage zum Prozesskostenhilfeantrag; das muss aber deutlich gemacht werden, so ausdrücklich oder konkludent zB durch das Fehlen einer Unterschrift, BGH NJW-RR 2005, 179; FamRZ 2007, 895; MüKoZPO/Becker-Eberhard Rn. 28. Der Grundsatz der Bedingungsfeindlichkeit steht nicht entgegen, da dann noch keine Klage vorliegt.

17 Stellt das Gericht die Klageschrift ohne Terminbestimmung und ohne eine Ladung zu, kann die Klage nach §§ 253 I, 261 I dennoch wirksam erhoben sein, auch wenn das Gericht nur eine Stellungnahme zu einer Einzelfrage oder nur zum nicht vorrangig eingelegten Prozesskostenhilfegesuch bezweckte, wenn es dies nicht deutlich gemacht hat, BGH FamRZ 1987, 364; KG Rpfleger 1979, 71. Hat das Gericht trotz eines eindeutigen bloßen Prozesskostenhilfegesuchs die „Klage" zugestellt, ist zwar ein Prozessrechtsverhältnis begründet, → Vor § 128 Rn. 4 ff. Gleichwohl liegt noch keine wirksame Klageschrift vor, Drsd NJW-RR 1997, 1424. Daher kann § 21 GKG oder § 20 FamGKG anwendbar sein, OVG Hmb Rpfleger 1986, 68. Fand hingegen eine förmliche Zustellung der Klageschrift nach § 271 überhaupt nicht statt, etwa wegen einer nur formlosen Übersendung der Klageschrift zB als Anlage zum Antrag auf die Bewilligung einer Prozesskostenhilfe, liegt grundsätzlich keine Klagerhebung und damit keine Rechtshängigkeit vor, Hamm NJW-RR 1994, 63; Hamm NJW-RR 1994, 63.

18 **V. Anforderungen an eine ordnungsgemäße Erhebung, II. 1. Mängelfolgen. a) Zulässigkeitsvoraussetzung.** Die ordnungsgemäße Klageerhebung nach II gehört zu den allgemeinen Zulässigkeitsvoraussetzungen, → Vor § 253 Rn. 22. Die Prüfung der Ordnungsmäßigkeit erfolgt in jeder Verfahrenslage und jeder Instanz von Amts wegen, BGH GRUR 2015, 695; BAG NJW 2013, 3117; → Vor § 128 Rn. 40 f.; → Vor § 253 Rn. 14. Zweckmäßiger Weise geschieht die Prüfung wegen der Hinweispflicht und des Beschleunigungsgrundsatzes zum ersten Mal nach dem Klageeingang, Celle FamRZ 1978, 258. Soweit sich ein inhaltlicher Mangel durch die Zustellung eines korrigierten Schriftsatzes beheben lässt, setzt sich die Klageschrift aus mehreren Schriftstücken zusammen; eine Heilung tritt aber nur für die Zukunft ein, Kblz MDR 1980, 149; → Rn. 20.

19 **b) Mängel der Zustellung.** Einen förmlichen Mangel der nach § 168 I 1 von Amts wegen erfolgenden Zustellung muss das Gericht von Amts wegen heilen; das Gericht stellt die Klage nochmals zu, nunmehr fehlerfrei; die Rechtshängigkeit tritt dann erst mit dieser weiteren Zustellung ein, BGH NJW 2017, 2472. In Bezug auf die Verjährung und die Fristwahrung kann bei einer korrekten Klageschrift dem Kläger über § 167 geholfen werden, da in der Regel bei gerichtlichen Zustellungsfehlern von einer demnächstigen Zustellung ausgegangen werden kann und damit die Wirkungen der Rechtshängigkeit auf den Zeitpunkt der Anhängigkeit, dh auf den Zeitpunkt des Klageeingangs bei Gericht, vorverlegt sind, BGH NJW 2015, 1761; → § 261 Rn. 8. Ein Verzicht des Bekl. auf die Zustellung ist an sich nach § 295 I beachtlich, BGH FamRZ 1984, 368. Er kann aber nicht gegen den Willen des Klägers heilen.

20 **c) Mängel im Rahmen des II Nr. 2.** Liegen Mängel beim notwendigen Inhalt der Klageschrift nach II Nr. 2 vor und werden diese trotz Hinweises bis zur letzten mündlichen Tatsachenverhandlung nicht behoben, muss ein **Prozessurteil** ergehen, auch wenn sich der Bekl. rügelos einlässt; II dient nicht nur dem Schutz des Bekl., sondern auch dem öffentlichen Interesse nach Rechtssicherheit; von den Angaben nach II Nr. 2 hängen die Rechtshängigkeit und die materielle Rechtskraft ab, BGH NJW 2013, 387 Rn. 29; 1972, 1373; Thomas/Putzo/Seiler Rn. 20; Zöller/Greger Rn. 23. Ist kein gerichtlicher Hinweis erfolgt, wird das Urteil in der Revisionsinstanz aufgehoben und die Sache zurückverwiesen, damit Gelegenheit zur Behebung des Mangels gegeben wird, BGH NJW 2014, 1534. Die Behebung der Mängel wirkt bei II Nr. 2 nur ex nunc, dh es tritt keine rückwirkende Verjährungshemmung ein, BGH NJW 2001, 305, und der Ablauf der Klagefrist vor Zustellung des ordnungsgemäßen Schriftsatzes wird nicht geheilt, BGH NJW-RR 2004, 755; NJW 2016, 2747 (zu § 13 I 2 StrEG); aM BAG NJW 1986, 3224 (Wirkung ex tunc bei §§ 4 KSchG). Darüber hinaus müssen bei einer einseitigen Erledigungserklärung die Zulässigkeitsvoraussetzungen des II Nr. 2 im maßgeblichen Erledigungszeitpunkt vorgelegen haben; eine spätere Entwicklung, die für eine Heilung geeignet wäre, ist hingegen nicht zu berücksichtigen, BGH NJW-RR 2020, 125 (zur Zuständigkeit); NJW 2019, 2544; Hbg GRUR-RR 2020, 364 Rn. 52; → § 281 Rn. 8, 11 (zur Frage, wann der Verweisungsantrag gestellt werden muss).

21 **d) Mängel im Rahmen von II Nr. 1.** Liegen Mängel der Erfordernisse nach II Nr. 1 vor, gilt folgendes: Fehler in der Bezeichnung des Gerichts bewirken in der Regel, dass die Klage beim **unzuständigen Gericht** erhoben wurde; das wirkt sich nicht auf die Rechtshängigkeit und die Fristwahrung aus, Zöller/Greger Rn. 23. Der Mangel kann durch ein Vorgehen nach § 281, durch eine Prorogation nach § 38 bzw. durch rügeloses Einlassen behoben werden. Bei einer erkennbaren Falschbezeichnung der Parteien wird nicht zugestellt, wenn keine Auslegung in Betracht kommt; der Mangel kann aber behoben werden und das Gericht muss darauf hinweisen, Zöller/Greger Rn. 23.

22 **e) Besonderheiten beim Versäumnisurteil.** Im Versäumnisverfahren nach §§ 330 ff. gilt: Bei einer Säumnis des Bekl. erfolgt eine Prüfung der Ordnungsmäßigkeit der Klageerhebung von Amts wegen. Wenn keine Heilung nach §§ 189, 295 I eingetreten ist, ergeht ein Prozessurteil als unechtes Versäumnisurteil, → Vor § 330 Rn. 20 „Unzulässige Klage"; → Rn. 21. Bei einem Mangel der Zustellung erfolgt aber nur eine Zurückweisung des *Antrags auf die Versäumnisentscheidung* nach § 335 I Nr. 2. Bei einer Säumnis des Klägers liegt im Antrag auf die Versäumnisentscheidung ein Rügeverzicht nach § 295 I.

23 **2. Bezeichnung der Parteien und des Gerichts, II Nr. 1. a) Parteibezeichnung.** Der Kläger muss die Parteien auf der Aktiv- und Passivseite so genau bezeichnen, dass deren Identität feststeht und jeder verständige

Dritte die Partei ermitteln kann, BGH NJW 1977, 1686; Thomas/Putzo/Seiler Rn. 7; Mantz NJW 2016, 2845. Dabei kann § 130 Nr. 1, wie IV verdeutlicht, herangezogen werden. Zwingend ist aber nur, dass der Kläger die Parteien identifizierbar bezeichnet, nicht dagegen, wie er es macht, BGH MDR 2004, 1015; BAG NZA 2015, 1075; AG Ulm ZMR 2011, 920. Die Angabe der zustellungs- und ladungsfähigen Anschrift ist nicht in jedem Fall zwingend, da auch eine öffentliche Zustellung erfolgen kann; grundsätzlich muss die Adresse aber angegeben werden, BGH NJW-RR 2013, 1169; NJW 2011, 1738; Mantz NJW 2016, 2845; → Rn. 24 „Anschrift". Man muss den gesetzlichen Vertreter nach § 51 angeben, aber nicht stets auch dessen Namen und die korrekte Angabe des Vertretungsverhältnisses, → Rn. 24 „Gesetzlicher Vertreter". Beim Fiskus ist die Angabe der Vertretungsbehörde zwar nicht zwingend, aber ratsam und oft praktisch kaum entbehrlich, Zweibr NJW 1977, 1928. Nicht allein die formelle Parteibezeichnung ist maßgeblich, vielmehr kann sich durch eine **Auslegung** ergeben, welche Person erkennbar als Partei gemeint ist, BGH NJW 2017, 2471 Rn. 19; 2002, 459 (Arbeitgeber, obwohl im Rubrum dessen Bevollmächtigter angegeben ist); NJW-RR 2013, 1169 und 394 Rn. 13; 2004, 1503; BAG NZA 2015, 1074; NJW; LG Mönchengladb ZMR 2000, 387. Das gilt auch für die Rechtsmittelinstanz, BGH NJW-RR 2022, 785 Rn. 11; BeckRS 2021, 4029; 2020, 42302 = NJW-RR 2021, 506; → Rn. 24 „Berufung". Die Partei und die Parteistellung müssen bereits im Zeitpunkt der Klagerhebung nach §§ 253, 261 klar sein; das folgt aus der Festlegungsfunktion der Vorschrift, BGH NJW 1988, 2114; Karlsr NJW 2009, 1575; Mantz NJW 2016. 28435; Kempe/Antochewicz NJW 2013, 2797. Der Kläger muss Änderungen unverzüglich mitteilen. Allerdings führt die fehlende Mitteilung bei einer Anschriftenänderung nicht zur Unzulässigkeit der Klage, BGH NJW 2013, 1681; MDR 2009, 998; NJW-RR 2004, 1503. Wenn eine Auslegung nicht hilft, werden bei einer erkennbar fehlerhaften Parteibezeichnung die Klageschrift nicht zugestellt und ein gerichtlicher Hinweis erteilt, Thomas/Putzo/Seiler Rn. 7; → Rn. 21. Die hinreichend bezeichnete Partei erlangt die Parteistellung unabhängig von ihrer Beteiligung am materiellen Rechtsverhältnis, MüKoZPO/Becker-Eberhard Rn. 46. In einer FamFG-Sache und in Eilverfahren heißt es nach § 113 V Nr. 3, 4 FamFG, §§ 916 ff., 935 ff. ZPO statt Kläger: Antragsteller, statt Bekl.: Antragsgegner. Im WEG-Recht gelten die Sonderregelungen der §§ 43 ff. WEG.

b) Beispiele zur Parteibezeichnung

Adoption: → „Inkognitoadoption". 24

Anschrift: Die Anschriftenangabe des Klägers und des Bekl. ist grds. als eine in jeder Verfahrenslage von Amts wegen prüfbare Zulässigkeitsvoraussetzung sowohl im Parteiprozess als auch im Anwaltsprozess nach § 78 1 notwendig, soweit diese Angabe zumutbar ist, so im Hinblick auf die Zustellungen, die persönlichen Ladungen der Parteien und die Kostentragungspflicht, BGH BeckRS 2022, 9248 = NJW-RR 2022, 714 Rn. 15; NJW 2013, 1681 Rn. 12; 1988, 2114; BAG NZA 2021, 75 Rn. 24 f.; Ffm FamRZ 2017, 205; Mü MDR 2015, 53; Hamm MDR 2005, 1247; AG Ulm ZMR 2011, 920; BVerwG NJW 1999, 2608; BFH NJW 2001, 1158; → Rn. 23. Denn das Gericht kann im Verfahren aus einer Reihe von Gründen auf sie angewiesen sein, BVerfG NJW 1996, 1272; BGH NJW 2001, 885 (Angabe der Arbeitsstelle kann reichen); Hamm FamRZ 2013, 1999 (Auslandsanschrift eines Kindes). Das gilt auch im Eilverfahren nach §§ 916 ff., §§ 935 ff., BGH MDR 1992, 610; Hmb NJW-RR 2019, 361 (Promi-Anschrift); Ffm BauR 2014, 1525; Schlesw DGVZ 1993, 133. Bei einer juristischen Person kann die Angabe der im Handelsregister angegebenen Geschäftsanschrift ausreichen, sofern dort an einen Vertreter zugestellt werden kann, BGH NJW-RR 2019, 61. Bei Verstoß gegen die Anschriftenangabe können eine Auslagenhaftung, KV 9002, LAG Brem Rpfleger 1988, 165, und eine Anwaltshaftung entstehen, LAG Brem Rpfleger 1988, 165. Eine Ausnahme besteht bei der Notwendigkeit einer öffentlichen Zustellung an den Bekl. nach §§ 185 ff. Nicht ausreichend sind grundsätzlich eine bloße E-Mail-Angabe, eine bloße c/o-(„care of")-Anschrift oder ein bloßes Postfach, Stgt BeckRS 2011, 16758; BVerwG NJW 1999, 2608; BGH BeckRS 2022, 714 (offengelassen). Eine c/o-Anschrift kann aber ausreichen, wenn der ordnungsgemäße Ablauf des gerichtlichen Verfahrens sichergestellt ist, BGH BeckRS 2022, 9248 = NJW-RR 2022, 714 (rechtsfähige Stiftung bürgerlichen Rechts – c/o einer Rechtsanwaltsgesellschaft).

Arbeitsplatz: Seine Angabe kann als Anschrift ausreichen, wenn die Partei und ihre Funktion genau genug bezeichnet sind, BGH NJW 2001, 885.

Auslegung: Auch das Klagerubrum nach II Nr. 1 ist auslegbar, BGH NJW-RR 2021, 506; 2013, 1169; BeckRS 2021, 4029; NJW 1987, 1947; BAG NZA 2015, 1075; → Rn. 23.

Bauherrengemeinschaft: Diese Bezeichnung ist evtl. in die Nennung der Mitglieder ausleg- oder umdeutbar, BGH VersR 1989, 276 (zu einer Rechtsmittelschrift); Mü MDR 1987, 418.

Berichtigung: Die Partei kann eine falsche Bezeichnung grundsätzlich berichtigen, BGH BauR 2013, 635; BAG NZA 2015, 1075; Mü MDR 1990, 60. Das gilt auch in der Rechtsmittelinstanz, BGH NJW-RR 2004, 576; BAG NZA 2015, 1075, soweit die richtige Partei keine Instanz verliert. Eine Unrichtigkeit oder sogar eine Widersprüchlichkeit schadet dann nicht, wenn die Identität feststeht, BGH NVwZ-RR 2005, 149.

Berufsangabe: Sie ist grundsätzlich unwesentlich, kann aber im Einzelfall für die Identitätsfeststellung nützlich sein, Saarbr NJW 1977, 1928. IV, § 130 macht allerdings die richtige Berufsangabe zur Sollvorschrift. Ihr Fehlen kann verhindern, dass die Klagezustellung demnächst iSd § 167 erfolgt ist.

Berufung: Die notwendige Klarheit über die Person des Berufungsklägers ist nicht ausschließlich durch dessen ausdrückliche Bezeichnung zu erzielen, sondern sie kann auch im Wege der Auslegung der Berufungsschrift und der sonst vorliegenden Unterlagen gewonnen werden, BGH BeckRS 2022, 8083 = NJW-RR 2022, 784 Rn. 11; BeckRS 2021, 4029; 2020, 42302 = NJW-RR 2021, 506. Wird bei mehreren Parteien einmal ein männlicher Vorname und dann die Bezeichnung „Klägerin" gewählt und erschließt sich innerhalb der Frist nicht, ob für den Kläger oder die Klägerin das Rechtsmittel eingelegt soll, ist die Berufung unzulässig, BGH BeckRS 2022, 11661. Legt der RA bei mehreren in erster Instanz unterlegenen Streitgenossen Berufung ein, ohne innerhalb der Berufungsfrist anzugeben, wer Rechtsmittelführer ist, ist die Berufung unzulässig; allein aus dem beigefügten erstinstanzlichen Urteil kann die erforderliche Klarheit nicht gewonnen werden, BGH BeckRS 2020, 42302 = NJW-RR 2021, 506. Ist im Rubrum der Berufungseinlegungsschrift der Bekl. als Berufungskläger bezeichnet, während im Antrag von dem Kläger die Rede ist, ist aber nur der Bekl. beschwert, hatte dieser in erster Instanz keinen ProzBev und wird die Berufung nicht von dem ProzBev des Klägers in erster Instanz, sondern von einem anderen RA eingelegt, ergibt die Auslegung mangels weiterer Gesichtspunkte, dass der Bekl. der Berufungskläger ist, BGH BeckRS 2021, 4029.

BGB-Gesellschaft. Dazu Todtenhöfer, Bestimmung des Klagegegners bei personengesellschaftsrechtlichen Beschlussmängelklagen, 2016. Bei einer BGB-Außengesellschaft, die parteifähig ist, reicht die zur Feststellung der Identität erforderliche Angabe ihrer Bezeichnung im Rechtsverkehr oder eine sonstige identifizierbare Beschreibung aus, BVerfG NJW 2002, 3533; BGH ZIP 2017, 122; NJW 2009, 594; 2008, 1378; 2007, 2490; MDR 2005, 584; NJW-RR 2004, 275; BAG NJW 2007, 3740; Schmidt NJW 2008, 1844. Es ist daher nicht notwendig, die Gesellschaft durch die möglichst exakte Bezeichnung der Gesellschafter oder der gesetzlichen Vertreter (im Zweifel alle Gesellschafter) zu beschreiben. Das gilt sowohl für die Kläger- als auch für die Beklagtenrolle. Ist die BGB-Außengesellschaft Bekl., ist es wegen der persönlichen Haftung der Gesellschafter für Gesellschaftsschulden ratsam, neben der Gesellschaft auch die Gesellschafter persönlich zu verklagen, insbesondere bei Zweifeln über das Vorhandensein eines Gesellschaftsvermögens oder darüber, ob eine Außengesellschaft vorliegt, BGH NJW 2009, 594; 2008, 1378; 2001, 885. Natürlich kann man auch lediglich die Gesellschafter verklagen, BGH NJW 2001, 885. Es sind unter dieser Bedingung die Namen der Gesellschafter nur insofern notwendig, als sie selbst anstelle oder neben der Gesellschaft beteiligt sind, BGH NJW 2001, 885; Schmidt NJW 2008, 1844. Man sollte stets klar herausarbeiten, ob die Gesellschaft, nur ihre Gesellschafter oder beide auftreten, sei es als Kläger, Bekl. oder Widerkläger, Kemke NJW 2002, 2218.

Einzelkaufmann: → „Firma".

E-Mail: Eine bloße E-Mail-Adresse reicht nicht, → „Anschrift".

Erbe: Ist die Partei vor Klageeinreichung verstorben, kommt es darauf an, ob sie anwaltlich vertreten war, → „Verstorbene Partei". Eine Klage namens des unbekannten Erben ist unzulässig.

Domain: → „Internet-Domain".

Finanzmarktstabilisierung: Ausreichend ist beim Fond wie bei der Anstalt deren Name nach § 3 S. 2 und § 3a I 2 FMStG.

Firma: Der Kaufmann kann nach § 17 II HGB unter seiner Firma klagen oder verklagt werden, Gräve/Salten MDR 2003, 1097. Eine Berichtigung der Bezeichnung einer GmbH kann statthaft sein, LAG Hamm NZA-RR 2013, 46. Verklagt der Kläger einen Einzelkaufmann unter der falschen Bezeichnung als Offene Handelsgesellschaft oder GmbH, richten sich die Klage und das Urteil grundsätzlich gegen den Einzelkaufmann, BGH NJW-RR 2008, 582. Etwas anderes gilt dann, wenn der Wille klar ersichtlich ist, nur eine Gesellschaft verklagen zu wollen. Bei Unklarheiten ist ein Hinweis nach § 139 erforderlich. Das Gericht muss dem richtigen Bekl. das Urteil nach § 317 zustellen.

Geburtsdatum: Es kann zur Klärung der Identität notwendig sein, zB neben einer früheren Anschrift, BGH NJW 1988, 2114.

Geheimhaltung: Ein solches Interesse kann eine Angabe entbehrlich machen, soweit gleichwohl die Identität feststeht; allein eine frühere Tätigkeit beim Verfassungsschutz reicht nicht, KG OLGZ 1991, 466 (Anschrift); → „Inkognitoadoption".

Gemeinschaft: Grundsätzlich sind bei einer solchen die Mitglieder im Rubrum aufzuführen, so zB bei einer Erbengemeinschaft, zumindest in einer als Anlage beigefügten Liste, BGH NJW 2006, 3715; MüKoZPO/Becker-Eberhard Rn. 60; aber → „BGB-Gesellschaft"; → „Personengesellschaften"; → „Wohnungseigentümer" (nach WEG aF).

Gesetzlicher Vertreter: Seine Benennung ist erforderlich nach § 51. Die Angabe der Personalien eines gesetzlichen Vertreters nach § 51 mag auch wegen der Zustellbarkeit ratsam sein, Ffm NVwZ 2018, 96. Sie ist aber nicht stets nötig, BGH NJW 2008, 2689; 1993, 2811; 1989, 2689; Karlsr MDR2008, 408.

GmbH: → „Gesetzlicher Vertreter".

Hausbesetzung: Sind die Personen nicht namentlich bekannt, kann die Angabe anderer Merkmale genügen, wenn keine Zweifel an der Identität der Partei besteht, BGH NJW 2018, 399; Oldb NJW-RR 1995, 1164; Zöller/Greger Rn. 8a; → „Personengruppe"; → „Unbekannt". Nicht ausreichend kann eine Beschreibung sein, wenn der Kreis der zu benennenden Personen ständig wechselt; möglicher Weise kann der gestörte Eigentümer auf die Hilfe der Polizei zurückgreifen, BGH NJW 2018, 399 Rn. 19 (§ 750).

Inkognitoadoption: Es ist eine Bezeichnung zu wählen, die das Inkognito wahrt, aber die Partei eindeutig bestimmt, wie zB „das am … geborene im Register … unter dem Namen … eingetragene Kind", Karlsr FamRZ 1975, 507 und 598; Thomas/Putzo/Seiler Rn. 7.

„In pp": Diese Kurzbezeichnung reicht nicht, Köln BB 2001, 1498.

Insolvenzverwalter: → „Partei kraft Amts".

Internet-Domain: Eine Klage „gegen die Domain" wäre eine Klage gegen „Unbekannt" und daher nicht zulässig, auch wenn sich der Betreffende mit seinem Angebot mittels einer von ihm registrierten Internet-Domain in professioneller Weise an potentielle Kunden wendet, Mantz NJW 2016, 2845.

Junior/Senior: Dieser Zusatz kann im Einzelfall zur Klärung der Identität notwendig sein, Nürnb OLGZ 1987, 484.

Juristische Personen: → „Anschrift".

Künstlername: Er kann ausreichen, wenn die Identifizierung möglich ist.

Liquidationsgesellschaft: Das Fehlen des Zusatzes „i. L." ist unschädlich, BGH ZInsO 2006, 260; Zöller/Greger Rn. 8c.

Nachlasspfleger: Seine Bezeichnung kann bei unbekannten Erben ausreichen, BGH NJW 1988, 2114.

Obdachlosigkeit: Ausnahmsweise kann von der Angabe der Wohnanschrift abgeraten werden; die Erreichbarkeit kann durch Angabe einer Mobilnummer oder einer Drittadresse gewährleistet sein. AG Hann BeckRS 2021, 13565 (Verbraucherinsolvenzantrag) mAnm von Dahl/Taras NJW-Spezial 2021, 501.

Offene Handelsgesellschaft: → „Firma"; → „Personengesellschaften".

Partei kraft Amts: Man muss die Stellung der Partei kraft Amtes benennen, zB den „Kaufmann X als Verwalter im Insolvenzverfahren Y", wobei auch hier eine Auslegung möglich ist, BAG NZA 2013, 1008.

Personengesellschaften: Die OHG und die KG können nach §§ 124 I, 161 II HGB unter ihrer Firma klagen und verklagt werden. Auch → „BGB-Gesellschaft".

Personengruppe: Man muss sie nach äußeren Merkmalen abgrenzen können, zB „7 bis 10 Personen", Oldb MDR 1995, 794, oder „10 Personen auf einer schwimmenden Rettungsinsel" (LG Düss, zit. bei Raeschke-Kessler NJW 1981, 663). Ausreichend ist eine Abgrenzbarkeit, Köln NJW 1982, 1888; Oldb NJW-RR 1995, 116; vgl. auch Geißler DGVZ 2011, 37; Kleffmann, „Unbekannt" als Parteibezeichnung, 1983. Als ausreichend wurde zB erachtet „die unbekannten (derzeitigen) Besitzer von …", LG Kassel NJW-RR 1991, 382 (zu einer einstweiligen Verfügung), als nicht ausreichend zB „die namentlich bekannten" Mitglieder eines „Förderkreises", die „nicht öffentlich genannt werden möchten", LG Hmb MDR 1994, 1247, oder „gegenwärtig ca. 20 Personen als Hausbesetzer", LG Brem WuM 1990, 527; BezG Potsd OLGZ 1993, 325, oder „eine wechselnde Anzahl von etwa 20 bis 100 Personen in einem besetzten Haus", Oldb NJW-RR 1995, 1164.

Testamentsvollstrecker: → „Partei kraft Amts".

Unbekannt: Eine Klage gegen „Unbekannt" ist unzulässig, wenn die Bekl.-Partei nicht identifizierbar ist, BGH MDR 2019, 309 = NJW-RR 2018, 1460 (Aliasname); NJW 2018, 399 (Hausbesetzer); → „Internet-Domain"; → „Erbe". Eine Räumungsklage gegen → „Unbekannt" ist zulässig, wenn die Partei nach räumlichen und zeitlichen Kriterien festgestellt werden kann und es sich nicht um einen wechselnden Personenkreis handelt, Oldb NJW-RR 1995, 1164; Thomas/Putzo/Seiler Rn. 7. Auch → „Personengruppe"; → „Hausbesetzung".

Verein: Nach § 50 II kann auch ein nicht rechtsfähiger Verein klagen und verklagt werden, so dass er kraft Gesetzes genau so wie der rechtsfähige Verein parteifähig ist; dies kann unter seinem Namen erfolgen, MüKoZPO/Becker-Eberhard Rn. 59.

Verstorbene Partei: Grundsätzlich ist die Klage unwirksam, wenn der Bekl. bei ihrer Einreichung verstorben ist (Klage gegen eine nicht (mehr) existierende Partei); wird der verstorbene Kläger oder Bekl. durch eine RA vertreten, und bei Tod des Bekl. an den RA zugestellt, richtet sich die Klage gegen die Erben, weil die Vollmacht durch den Tod des Vollmachtgebers nicht erlischt, MüKoZPO/Becker-Eberhard Rn. 47, 48.

Vornamen: Dieser Zusatz kann zur Klärung der Identität notwendig sein, zB zur Unterscheidung von Familienangehörigen.

Wohnungseigentümer. Dazu Drasdo NJW 2020, 3681; Hogenschurz NZM 2017, 617. Nach dem nun geltenden § 9a WEG ist die Wohnungseigentümergemeinschaft rechtsfähig und damit parteifähig. Sie wird nach § 9a I 3 WEG als Gemeinschaft der Wohnungseigentümer bzw. als Wohnungseigentümergemeinschaft bezeichnet; konkretisiert iSd II Nr. 1 wird sie durch Angabe des Grundstückes, wobei die postalische Anschrift oder die Grundbuchbezeichnung erforderlich sind; vertreten wird die WEG nach § 9b WEG durch den **Verwalter,** Mü ZWE 2016, 256 (zu WEG aF); Hügel/Elzer WEG § 9a Rn. 40; MüKoBGB/Hogenschurz WEG § 44 Rn. 49. Der Verwalter kann nach außen alle prozessualen Erklärungen abgeben und auch einen Anwalt bestellen, BGH NJW 2020, 1134 Rn. 12 (zu WEG aF); MüKoBGB/Hogenschurz WEG § 44 Rn. 51.

Nach **altem Recht** galten für die WEG dieselben Grundsätze wie für die BGB-Außengesellschaft, soweit sie bei der Verwaltung des gemeinschaftlichen Eigentums am Rechtsverkehr teilnahm, BGH NJW 2005, 2061; Mü ZMR 2005, 729 = BeckRS 2005, 8474; → BGB-Gesellschaft". Nach § 44 I WEG aF musste der Kläger alle Eigentümer und bei einer Beschlussanfechtungsklage nach § 46 I 1 WEG aF die übrigen Eigentümer verklagen, wobei in der Klageschrift die bestimmte Angabe des Grundstückes genügte und zusätzlich der Verwalter benannt wurde; bis zum Schluss der mündlichen Verhandlung waren die Wohnungseigentümer namentlich zu bezeichnen, wobei eine Bezugnahme auf eine vom Bekl. eingereichte Liste ausreichte, BGH NJW 2011, 1738. Richtete sich die Beschlussanfechtungsklage gegen die „Wohnungseigentümergemeinschaft" und war aus dem übrigen Inhalt der Klageschrift nicht unzweifelhaft zu entnehmen, dass die Klage nur gegen die übrigen Mitglieder des Verbandes gerichtet sein sollte, war wegen § 10 VI 4 WEG der Verband verklagt; die spätere Erklärung des Klägers, er wolle nur die übrigen Mitglieder verklagen, stellte einen Parteiwechsel dar, wobei dieser nicht in der Frist des § 46 I 2 WEG erfolgen musste, sondern vielmehr unter den Voraussetzungen des § 44 I WEG nachgeholt werden konnte, BGH NJW 2010, 447; LG Köln ZMR 2009, 632; LG Düss NZM 2008, 814; LG Nürnb-Fürth NJW 2009, 2142; aM wegen § 44 WEG: LG Düss NZM 2011, 412; AG Hmb-St Georg ZMR 2008, 742.

Zeugenschutzprogramm: Bei ihm können Angaben fehlen, soweit die Identität feststeht, zB durch eine Umschreibung des Fehlenden, Haas/Beckmann FS Schumann, 2001, 171 (178).

c) Gerichtsbezeichnung. Anzugeben ist grundsätzlich nur das Gericht, nicht der Spruchkörper, der sich nach dem Geschäftsverteilungsplan richtet. Etwas anderes gilt nach § 96 GVG nur bei der KfH. Der Antrag, die Kammer für Handelssachen möge entscheiden, muss in der Klageschrift gestellt werden und ist weder nachholbar noch kann der Kläger ihn ändern, Ffm BB 1980, 552; MüKoZPO/Becker-Eberhard Rn. 65. Nach §§ 97, 98 GVG ist aber dem Bekl. ein Antragsrecht unter bestimmten Voraussetzungen eingeräumt. Im Zweifel gilt eine an das Landgericht gerichtete Klage als der normalen Zivilkammer zugedacht, MüKoZPO/Becker-Eberhard Rn. 65. Der Kläger hat bei Klageerhebung uU ein Wahlrecht nach § 35 wählen. Die funktionelle Zuständigkeit zählt nicht zu den vom Kläger darzulegenden Zulässigkeitsvoraussetzungen, BGH BB 2004, 1078. Eine unrichtige oder unvollständige Angabe kann nach §§ 38, 40, 261, 262, 281 unschädlich sein. 25

3. Streitgegenstandsbegriff/prozessualer Anspruch. Nach II Nr. 2 ist zwingend für die Klageschrift als Zulässigkeitsvoraussetzung die bestimmte Angabe des Gegenstandes und des Grundes des erhobenen Anspruchs sowie ein bestimmter Antrag vorgeschrieben. Nur wenn diese Voraussetzungen erfüllt sind, kann der Streitgegenstand bestimmt werden, BGH GRUR-RS 2020, 3164; WM 2018, 367; LAG Ffm ZVertriebsR 2016, 188. Das gilt auch für einen erstmals in der mündlichen Verhandlung eingeführten Vortrag oder Antrag, BGH NJW 1987, 3266. Der Gesetzgeber hat keine Legaldefinition für den Begriff „Streitgegenstand" gegeben, auch wenn in einzelnen Vorschriften dieser Begriff verwendet wird, wie zB in §§ 2, 148. Nach der vorherrschenden, am Wortlaut von II Nr. 2 orientierten Auffassung ist der Streitgegenstand grundsätzlich zweigliedrig, dh er ist anhand des Klageantrages und des zur Begründung vorgetragenen Lebenssachverhalts zu bestimmen, wobei dies Sache des Klägers ist, BGH BeckRS 2022, 15890 Rn. 11, 4978 Rn. 11, und 5743 Rn. 15 (je Dieselskandal); 2020, 42398; WM 2021, 139 = GRUR-RS 2020, 34118; GRUR-RS 2020, 3164; NJW 2018, 1259; WM 2015, 70; 2013, 1093, 1015, 540; NJW-RR 2021, 1650 Rn. 14; 2019, 246 Rn. 18; NZBau 2018, 201; Mü GRUR 2020, 239 Rn. 42; Köln GRUR 2020, 276; Saarbr VersR 2005, 1235; BAG NZA 2022, 1005 Rn. 12; 2022, 852 Rn. 31 ff.; NZG 2022, 869 Rn. 17; → § 261 Rn. 20; Anders/Gehle Assessorexamen ZivilR J Rn. 3. Für die Zahlungsklage ist der Standpunkt der Rspr. zwingend, da einer solchen Klage ohne Rückgriff auf den Sachverhalt nicht zu entnehmen ist, welchen Anspruch der Kläger geltend machen will, Anders/Gehle Assessorexamen ZivilR J Rn. 3. Entsprechendes gilt grundsätzlich auch bei einer Unterlassungsklage, BGH NJW-RR 2020, 929 Rn. 28; NJW 2011, 2787; 2009, 56, und für einen Grundbuchberichtigungsanspruch, BGH NJW 2019, 71. Bei 26 einer Feststellungsklage hingegen ergibt sich in der Regel schon aus dem Antrag, um welches Rechtsverhältnis es geht, so dass ein Zurückgreifen auf die Begründung oft nicht erforderlich ist, BGH NJW 2006, 3068.

27 Der Streitgegenstand darf nicht im Ungewissen bleiben, BGH WM 2018, 367; BAG NZA 2018, 516; 2017, 65; Düss MDR 2015, 980; OVG Bln DGVZ 1983, 90. Das ergibt sich aus Folgendem: Vom Streitgegenstand hängen die Entscheidungsbefugnis des Gerichts nach § 308, die Wirkungen der Rechtshängigkeit, → Vor § 253 Rn. 71, 73; → § 262 Rn. 3 f., und die der Rechtskraft nach § 322 I ab, BGH NJW 2018, 1259. Auch für eine Zwangsvollstreckung aus dem Urteil kann der Streitgegenstand bedeutsam sein, um die Fortsetzung des Streits im Vollstreckungsverfahren zu vermeiden; die Anforderungen hängen aber im Einzelnen von den Besonderheiten des anzuwendenden materiellen Rechts ab, BGH NJW 2003, 668 (Vernichtung von Vervielfältigungsstücken); 1999, 954; GRUR 2002, 1088; BAG NJW 2021, 103 Rn. 19; NZA 2020, 783 Rn. 14. Der Grundsatz, dass der Streitgegenstand nicht im Ungewissen bleiben darf, gilt auch im arbeitsgerichtlichen Beschlussverfahren, BAG NJW 2021, 103 = NZA 2020, 1650 Rn. 19; NZA 2020, 1563 Rn. 11; NZA-RR 2015, 81 und 84. Das Prozessgericht darf die Prüfung auch insoweit nicht ins Vollstreckungsverfahren verlagern, BAG NZA 2020, 783 Rn. 14; 2013, 1167. Ferner kann der Bekl. nur anhand des Streitgegenstandes, dh anhand des Klagevortrages und des Antrages iSd II Nr. 2 entnehmen, um was es geht und welches Risiko für ihn besteht. Er muss sich umfassend verteidigen können, BGH NJW 2009, 2529; BAG NZA 2020, 783 Rn. 14. Der Kläger soll auch nicht dem Kostenrisiko entgehen und das Risiko seines Unterliegens nicht durch vermeidbare Ungenauigkeiten auf den Bekl. abwälzen BGH NJW 2018, 1259; 2016, 708; Pawlowski ZZP 1982, 131.

28 Unter dem **prozessualen Anspruch** versteht man den konkreten Sachverhalt, dh den Lebensvorgang, aus dem der Kläger die begehrte Rechtsfolge ableitet, BGH BeckRS 2022, 4978 Rn. 13, und 5743 Rn. 17; GRUR-RS 2020, 3164; GRUR 2011, 522; NJW 2000 56; BAG NZA 2012, 1453; NJW 2011, 3740; Musielak/Voit/Foerste Rn. 25; Thomas/Putzo/Seiler Rn. 10; Anders/Gehle Assessorexamen ZivilR J Rn. 5. Das bedeutet, dass sich der prozessuale Anspruch genauso wie der Streitgegenstand aus den Angaben ergibt, die nach II Nr. 2 für eine ordnungsgemäße Klageschrift zwingend sind, nämlich die bestimmte Angabe des Gegenstandes und des Grundes des erhobenen Anspruch sowie einen bestimmten Klageantrag, → Rn. 29 ff. Zu unterscheiden ist der prozessuale Anspruch von den **materiellen Anspruchsgrundlagen;** es liegt nur ein einheitlicher Streitgegenstand vor, wenn sich aus einem einheitlichen Sachverhalt mehrere konkurrierende Anspruchsgrundlagen ergeben, BGH BeckRS 2020,42398; GRUR-RS 2020, 3164; NJW 2018, 1259; 1995, 967; 1990, 1795. Dann darf das Gericht auch nicht durch Teilurteil über einzelne materielle Anspruchsgrundlagen entscheiden, selbst wenn diese verschiedenen Rechtsgebieten entstammen, über die grundsätzlich in unterschiedlichen Rechtswegen zu entscheiden ist, BGH GRUR-RS 2020, 10653 = NJW 2020, 3386.

29 **4. Voraussetzungen des II Nr. 2 Hs. 1. a) Gegenstand und Grund des Anspruchs.** Nötig für eine ordnungsgemäße Klageerhebung ist die bestimmte Angabe des Gegenstandes und Grundes des erhobenen Anspruchs; zusammen mit dem Klageantrag bezeichnet man diese Angaben auch als **prozessualen Anspruch,** → Rn. 28. Unter Gegenstand und Grund des Anspruchs, dh unter dem Lebenssachverhalt, aus dem der Kläger Rechtsfolgen ableitet, ist nicht nur der Wortlaut des Klägervortrages maßgeblich; vielmehr muss bei fehlender Klarheit eine **Auslegung** des Vorgetragenen erfolgen, Mü GRUR 2020, 239 Rn. 42. Auf den Bekl.-Vortrag und auf dessen Antrag kommt es bei der Bestimmung des prozessualen Anspruchs nicht an, BGH NJW 1994, 2363. Die rechtliche Würdigung des klägerischen Sachvortrages ist Sache des Gerichts und es ist unerheblich, ob der Kläger seine Klage auf einen bestimmten rechtlichen Gesichtspunkt gestützt hat, BGH GRUR-RS 2020, 3164; BGH GRUR 2013, 952; → Vor § 128 Rn. 36 f. (Würdigungsfreiheit des Gerichts).

30 Ob **ein oder mehrere Sachverhalte** vorliegen, hängt davon ab, ob das Geschehen bei natürlicher Betrachtungsweise nach der Verkehrsauffassung einen einheitlichen Vorgang, evtl. mit marginalen Abweichungen, darstellt oder ob seinem Wesen mehrere selbständige Sachverhalte vorliegen, die sich unterscheiden; Anhaltspunkte können die Fragen sein, ob die Leistung nur einmal oder mehrfach gefordert werden kann, ob die verschiedenen Sachverhalte vom Grundsatz her auch Gegenstand in selbständigen Verfahren sein könnten oder ob sie bei natürlicher Betrachtung nur als Varianten eines einheitlichen, evtl. sich fortentwickelnden Vorgangs erscheinen, BGH NJW 2008, 3570; 2004, 1252; 2000, 1958; Anders/Gehle Assessorexamen ZivilR J Rn. 7; → § 260 Rn. 3 und 14; → § 263 Rn. 7; → § 264 Rn. 6 (Kern). Ändert sich bei einem im wesentlichen einheitlichen Sachverhalt eine Tatsache, kann nur dann ein anderer Streitgegenstand vorliegen, wenn diese Tatsache ein entscheidungserhebliches Tatbestandsmerkmal beeinflusst, BGH BeckRS 2020, 42305 Rn. 27; → Rn. 33 „Abgetretenes Recht". Sind die Ansprüche wirtschaftlich auf das Gleiche gerichtet und kann die Leistung nur einmal gefordert werden, können gleichwohl unterschiedliche Streitgegenstände vorliegen; das kommt in Betracht, wenn die Ansprüche sowohl in ihren materiell-rechtlichen Voraussetzungen als auch in ihren Folgen unterschiedlich sind, BGH NZG 2021, 505 Rn. 13 (Außenhaftung nach §§ 171,172 HGB und Innenausgleich unter den Gesellschaftern). Angesichts der schwierigen Abgrenzung sollte man in der Regel auf die umfangreiche Kasuistik zurückgreifen, Anders/Gehle Assessorexamen ZivilR J Rn. 7; → Rn. 33.

31 Gewisse Schwierigkeiten ergeben sich für die Definition des Begriffs **„Gegenstand"** in Abgrenzung zum „Antrag", vgl. MüKoZPO/Becker-Eberhard Rn. 69 ff.; Musielak/Voit/Foerste Rn. 24. Diese Abgrenzung hat aber in der Praxis keine Bedeutung, wenn man im Zusammenhang mit dem prozessualen Anspruch (Gegenstand und Grund) die aufgezeigte Definition des konkreten Sachverhalts zugrunde legt oder der Meinung folgt, dass der Gegenstandsbegriff praktisch bedeutungslos ist, weil das Klagebegehren nicht auf bestimmte materielle Ansprüche beschränkt werden kann, Musielak/Voit/Foerste Rn. 24. In jedem Fall gehören zum Klagegrund (und eventuell zum Gegenstand) alle Tatsachen, die bei einer natürlichen, vom Standpunkt des Klägers ausgehenden Betrachtungsweise zu dem durch seinen Vortrag zur Entscheidung gestellten Komplex gehören, und zwar unabhängig davon, ob Einzelheiten vorgetragen wurden, BGH NJW 2017, 2673; GRUR 2011, 522; BAG NJW 2013, 3117.

32 Im Rahmen des prozessuale Anspruch muss der Lebenssachverhalt individualisiert werden können und identifizierbar sein; davon ist auszugehen, wenn der prozessuale Anspruch sich von anderen so abgrenzen und unterscheiden lässt, dass er Grundlage eines der materiellen Rechtskraft fähigen Vollstreckungstitel sein kann, BGH BeckRS 2021, 4526; NZG 2020, 1149 Rn. 11; NJW-RR 2017, 380; NJW 2020, 3102 Rn. 22; 2000, 3492; BAG NZA 2020, 1562 Rn. 11; Zöller/Greger Rn. 11. Das ist eine Frage der Zulässigkeit, dh die Individualisierung stellt eine allgemeine Prozessvoraussetzung dar, die von Amts wegen zu beachten ist, → Vor

§ 253 Rn. 22, 14. In welchem Umfang der Kläger seinen Vortrag **substantiieren** muss, damit das Gericht die materielle Rechtslage prüfen, dh subsumieren kann, ist dagegen nicht für die Zulässigkeit, sondern für die Begründetheit der Klage von Bedeutung; dabei spielt auch die Darlegungslast eine Rolle, BGH NZG 2020, 1149 Rn. 11; 2019, 3236; 2019, 607; NJW 2015, 410; BAG DB 1986, 1578; Gremmer MDR 2007, 1175; → Vor § 253 Rn. 50 ff.; → § 139 Rn. 23 (je zur Relationsmethode); → § 138 Rn. 21. Den Maßstab bilden Treu und Glauben, → § 138 Rn. 5, 24, 34, 41. Mängel im Rahmen der Substantiierung können eine Hinweispflicht des Gerichts nach § 139 auslösen und zum Prozessverlust führen, BGH BauR 2018, 670. Eine Erweiterung der Darlegungspflicht kann sich nach § 138 II aus dem Vortrag des Bekl. ergeben, BVerfG NJW 1992, 1031, BGH NJW-RR 2017, 380; MDR 2002, 832; Düss AnwBl 1992, 144; → 138 Rn. 22 ff. Ob bei Zugrundelegen des Tatsachenvortrages der Parteien die klagebegründende Norm zu bejahen ist, ist eine Frage der Begründetheit, dh der Schlüssigkeit des Klägervortrages oder der Erheblichkeit des Bekl.-Vortrages, und evtl. eine Frage, ob die beweiserheblichen Tatsachen bewiesen sind oder Beweis erhoben werden muss, BGH NJW-RR 2020, 503; BeckRS 2020, 3531 (zur Berufung); Thomas/Putzo/Seiler Rn. 10; → Vor § 253 Rn. 50 ff. und → § 139 Rn. 23 ff.; → § 284 Rn. 4 (je zur Relationsmethode).

b) Beispiele zu II Nr. 2 Hs. 1

Abgetretung: Ansprüche aus eigenem und abgetretenem Recht betreffen unterschiedliche Lebenssachverhalte, 33
auch wenn das Ziel identisch ist, BGH BeckRS 2020, 42305 Rn. 20; MDR 2014, 980; NJW 2009, 56; 2008, 2922; 2007, 2414; BAG BeckRS 2021, 18318. Anderes gilt beim Wechsel vom Pfändungs- und Überweisungsbeschlusses zur Abtretung, BGH NJW 2007, 2560.

Änderung des Vortrags: Sie ist grds. bis zum Schluss der letzten mündlichen Verhandlung (§§ 136 IV, 296a) statthaft, BGH NJW-RR 2002, 1532. Es besteht allerdings die Gefahr der Zurückweisung wegen Verspätung. Allerdings handelt es sich im Einzelfall um eine Klageänderung iSd § 263, wenn dadurch der Streitgegenstand verändert wird, → Rn. 26.

Äquipollentes (gleichwertiges) Parteivorbringen: Ergibt das Vorbringen des Bekl. einen neuen prozessualen Anspruch, kann man ihn für die Schlüssigkeitsprüfung des Klägervortrages, → Vor § 253 Rn. 55, nur dann heranziehen, wenn sich der Kläger darauf (hilfsweise) beruft; die Lehre vom äquipollenten (=gleichwertigen) Parteivorbringen ist abzulehnen, → § 138 Rn. 20.

Ärztliche Beratungsfehler: Verschiedene Fehler in einem einheitlichen Beratungsgespräch sind Teil eines einheitlichen Lebenssachverhalts, BGH NJW 2014, 314.

Alternativklage: Zulässig ist grundsätzlich, dass der Kläger seinen prozessualen Anspruch alternativ begründet, wenn er im Kern bei demselben Sachverhalt bleibt; er verstößt jedoch gegen II Nr. 2 Hs. 1, wenn er durch die Klagebegründung zwei Streitgegenstände alternativ einführt, selbst wenn er nur einen einheitlichen Antrag stellt (zB alternativ: Kaufvertrag 2019 und 2020, Kaufpreis jeweils 1.000,00 EUR, bei einem Antrag auf Zahlung von 1.000,00 EUR), BGH NJW 2018, 1259; MDR 2014, 980; Anders/Gehle Assessorexamen ZivilR J Rn. 13; → § 260 Rn. 7, 14.

Anlagen: Diejenigen, auf die in der Klageschrift Bezug genommen wird, müssen beigefügt und im Anwaltsprozess von dem RA unterzeichnet sein, BGH NJW 2016, 2747; → „Bezugnahme". Werden der Klageschrift die nach V 1 vorgesehenen Abschriften oder entgegen § 131 die in Bezug genommenen Urkunden nicht beigefügt, führt dies aber nicht zur Unzulässigkeit der Klage; die Zustellung wird nicht verhindert und diese ist auch wirksam, BGH NJW 2013, 387; Gärtner/Mark MDR 2009, 425. Eine Frage der Begründetheit ist, ob die Bezugnahme auf Unterlagen ausreicht, BGH BeckRS 2018, 33393 (verneinend für umfangreiches Anlagenkonvolut); BGH NJW-RR 2004, 639; → § 130 Rn. 20; → § 131 Rn. 9.

Anspruchsmehrheit: → Rn. 48 (Stichwort dort).

Auslegung: Auch die Angaben nach II Nr. 2 Hs. 1 sind wie jede Prozesshandlung auslegbar, BGH ZMR 2003, 49; NJW-RR 1995, 1470 (auch zum Antrag); BAG NZA 2018, 516; → Rn. 29.

Bauunternehmer: Abschlags- und Schlussrechnungen oder die Neuerstellung einer Schlussrechnung gehen auf einen einheitlichen Sachverhalt zurück, BGH NJW-RR 2006, 390; 2005, 318; 2002, 1596. Vorschuss und Schadensersatzanspruch sind jedoch zwei Streitgegenstände, BGH NJW-RR 1998, 1006.

Berufung: Zu dem nach § 520 III Nr, 2, 3 erforderlichen Inhalt einer Berufungsbegründung gehört eine aus sich heraus verständliche Angabe, welche Punkte des angefochtenen Urteils der Berufungskläger bekämpft und welche tatsächlichen oder rechtlichen Gründe er ihnen im Einzelnen entgegensetzt; für die Zulässigkeit der Berufung ist unerheblich, ob die Ausführungen schlüssig oder rechtlich haltbar sind, BGH BeckRS 2022, 20577 (mehrere Streitgegenstände oder teilbarer Streitgegenstand); NJW-RR 2021, 189 Rn. 10; 2020, 503 = BeckRS 2020, 3531. Greift der Berufungskläger nur einen quantitativ abgrenzbaren Teil innerhalb der Berufungsbegründungsfrist an, ist die Berufung nur hinsichtlich dieses Teils zulässig, im Übrigen aber nicht hinreichend und fristgemäß begründet, BGH NJW-RR 2021, 189. Hat das Erstgericht die Klageabweisung auf mehrere voneinander unabhängige, selbständig tragende rechtliche Erwägungen gestützt, muss in der Berufungsbegründung nach § 520 III 2 Nr. 2, 3 jede dieser Erwägungen angegriffen werden, BGH NJW 2020, 2119; NJW-RR 2020, 503 = BeckRS 2020, 3531.

Bezugnahme: Der Kläger darf wegen einzelner Tatsachen konkret auf Anlagen Bezug nehmen und damit seinen prozessualen Anspruch individualisieren, BVerfG NJW 1994, 2683; BGH BeckRS 2018, 33393 (Bezugnahme auf umfangreiches Anlagekonvolut); NJW 2016, 2747; 2007, 776; BGH MDR 2004, 219; KG JurBüro 2015, 545; Hamm NJW-RR 2005, 894; Drsd NJW-RR 1999, 147; → „Anlagen". Das Gericht ist aber nicht verpflichtet, ein umfangreiches Anlagenkonvolut durchzuarbeiten, um den prozessualen Anspruch zu konkretisieren, BVerfG NJW 1994, 2683; BGH BeckRS 2018, 33393; → § 130 Rn. 20; → § 131 Rn. 9. Die Zulässigkeit der Bezugnahme ist eine Frage der Begründetheit (Substantiierung) und hängt vom Einzelfall ab, → Vor § 253 Rn. 50 ff.

c. i. c.-Anspruch und Anspruch aus Vertrag: Es liegen verschiedene Lebenssachverhalte vor, BGH NJW 2001, 1210.

Dieselskandal: Leitet der Fahrzeugkäufer seinen Schadensersatz in einem sog. Dieselfall nicht nur aus dem Fahrzeugerwerb, sondern auch im Zusammenhang mit dem Aufspielen des Software-Updates ab, handelt es sich um zwei Streitgegenstände, BGH BeckRS 2022, 15890 Rn. 11; mAnm Toussaint FD-ZVR 2022, 450146; 2022, 5743; 2022, 4978 = LSK 2022, 4978.

(33) **Garantievertrag:** Ansprüche daraus und einem anderen Rechtsverhältnis, zB Kauf, betreffen verschiedene Streitgegenstände, BGH NJW 2018, 387.

Gesellschaft: Die Haftung im Außenverhältnis betrifft einen anderen Lebenssachverhalt als Ausgleichsansprüche im Innenverhältnis, BGH NJW-RR 2021, 1650 Rn. 16; → „Kommanditistenhaftung".

Gesetzliche Ansprüche: Neben vertraglichen Ansprüchen betreffen solche Ansprüche bei demselben Kernsachverhalt zB aus GoA oder aus § 812 BGB, denselben Streitgegenstand, BGH NJW 2015, 1093 (keine Klageänderung bei Übergang).

Gestaltungsklage: Bei ihr geht es nicht um die Verletzung eines Anspruchs, sondern um die Gestaltung eines Rechtsverhältnisses, das umschrieben werden muss, → Vor § 253 Rn. 10.

Gleichwertiges Parteivorbringen: → „Äquipollentes Parteivorbringen".

Gestaltungsrechte: Kein neuer Sachverhalt liegt vor, wenn ein Gestaltungsrecht, wie zB die Anfechtung, erst später ausgeübt wird; es kommt allein auf die Entstehung des Rechts und die objektive Befugnis zur Ausübung an, BeckRS 2020, 42398 Rn. 18. Etwas anderes gilt, wenn das Gestaltungsrecht, so ein Rücktritt, erst durch die Fristsetzung und einen fruchtlosen Ablauf der Frist entsteht, wie zB bei § 323 IBGB; dann liegt ein neuer prozessualer Anspruch vor, → „Nacherfüllungsfrist".

Haupt- und Hilfsbegründung: Ein einheitlicher Streitgegenstand liegt vor, auch wenn sich Haupt- und Hilfsbegründung widersprechen, solange der Kläger seinen prozessualen Anspruch mit demselben Kernsachverhalt begründet, → § 138 Rn. 17 ff.; → § 260 Rn. 13; → § 282 Rn. 12 „Hilfsbegründung". Liegen dagegen unterschiedliche Kernsachverhalte vor, sind konkludent auch mehrere eventuell inhaltsgleiche Anträge gestellt; wenn deren Addition die Klageforderung übersteigt, muss der Kläger klarstellen, welcher selbständige Sachverhalt zum Hauptantrag und welcher in welcher Reihenfolge und in welchem Umfang zu den Hilfsanträgen gemacht werden, → Rn. 48 „Anspruchsmehrheit"; → § 260 Rn. 14 **(verdeckter Hilfsantrag).**

Insolvenztabelle: Für eine wirksame Forderungsanmeldung erfordert die Angabe des Grundes der Forderung die bestimmte Angabe des Lebenssachverhaltes, aus dem die Forderung nach der Darstellung des Gläubigers entspringt; Schlüssigkeit ist nicht erforderlich, BGH NJW 2020, 3102. Nimmt der Kläger in einem Rechtsstreit auf die von ihm vorgelegte Insolvenztabelle Bezug, kann der Klageanspruch hinreichend individualisiert sein, auch wenn die angemeldete Forderung dort nur schlagwortartig ohne Bezugnahme auf eine konkrete Berechnung und ohne Angabe eines konkreten Leistungszeitraumes erfolgt; Schlüssigkeit und hinreichende Substantiierung sind nicht erforderlich; ausreichend ist, wenn der Anspruch hinreichend identifizierbar ist, BGH BeckRS 2021, 4526; NZG 2021, 431 Rn. 17 = NJW 2021, 1165; NZG 2020, 1149 Rn. 10. Vgl. auch → „Kommanditistenhaftung".

Kommanditistenhaftung: Ihrer Außenhaftung nach §§ 171, 172 HGB einerseits und den Ausgleichsansprüchen unter den Gesellschaftern andererseits liegen auch bei Insolvenz der KG unterschiedliche Lebenssachverhalte zugrunde, BGH NZG 2021, 505 Rn. 13; → „Gesellschaft".

Kaufpreis: Bei einem Kaufpreisanspruch reicht grundsätzlich aus, dass der Kläger in der Klageschrift vorträgt, dem Beklagten Waren geliefert zu haben, und er darüber hinaus die diesbezüglich ausgestellten Rechnungen mit Betrag, Datum und Rechnungsnummer bezeichnet, BGH NJW-RR 2017, 380.

Konkrete Verletzungsform: Ihre Beschreibung ist nicht für die Zulässigkeit, aber für die Begründetheit zumindest dann erforderlich, wenn das Gesetz mehrere Verletzungsformen nennt, Hamm WettbR 2000, 63; → Rn. 28; → „Patentverletzungen"; → Rn. 48 „Unterlassung".

Kündigungsschutz: Bei einem Antrag nach § 4 S. 1 KSchG ist Ziel die Feststellung, dass das Arbeitsverhältnis nicht durch die angegriffene Kündigung aufgelöst ist; der Streitgegenstand wird durch diese Kündigung bestimmt; eine stattgebende Entscheidung enthält zugleich die Feststellung, dass das Arbeitsverhältnis zum angestrebten Auflösungszeitpunkt noch bestanden hat, selbst wenn andere Auflösungsgründe nicht vorgetragen wurden (sog. „kleines Schleppnetz"); demgegenüber ist Streitgegenstand der **allg. Feststellungsklage** der Bestand des Arbeitsverhältnisses im Zeitpunkt der letzten mündliche Tatsachenverhandlung; der Arbeitnehmer hat damit die Möglichkeit, sämtliche denkbare und künftige Beendigungsgründe im vorhinein prozessual mit aufzugreifen; er kann neben einer Klage nach § 4 KSchG eine allgemeine Feststellungsklage nach § 256 I auf Fortbestand des Arbeitsverhältnisses erheben (sog. Schleppnetzantrag), BAG NZA 2022, 1005 mwN. Zur Frage der Klageänderung bei Darlegung einer neuen Kündigung → § 264 Rn. 10 „Kündigung".

Mahnantrag: Enthält schon der Mahnantrag die für die Individualisierung erforderlichen Angaben, ist für § 253 II Nr. 2 Hs. 1 eine weitere Anspruchsbegründung nicht erforderlich, BAG NZA 2020, 1562 Rn. 11.

Mietkündigungen: Wird der Räumungsanspruch auf verschiedene Kündigungen zurückgeführt, liegen verschiedene Streitgegenstände vor, BGH NJW-RR 1994, 61.

Nacherfüllungsfrist: Setzt der Kläger erst während des Prozesses dem Bekl. eine Frist zur Nacherfüllung iSd § 323 und tritt nach fruchtlosem Ablauf der Frist vom Vertrag zurück, ändert er mit diesem Sachverhalt den Streitgegenstand, BGH BeckRS 2020, 42398; → „Gestaltungsklage".

Patentverletzungen: Die Ausführungsformen, die als Begründung für die Verletzung eines Patentes genannt werden, müssen so konkret bezeichnet sein, dass sie vom Vollstreckungsorgan identifiziert werden können, LG Düss GRUR-RS 2019, 47920.Werden während des Prozesses weitere Ausführungsformen angegriffen, die sich in Bezug auf die Merkmale des Klagepatent von den bisherigen Verletzungsformen unterscheiden, wird grundsätzlich ein neuer Gegenstand eingeführt und es liegt eine Klageerweiterung vor; das gilt aber uU nicht, wenn die bisherige Ausführungsform nur exemplarisch genannt ist, Düss GRUR-RS 2019, 38883. Bezieht sich der Verletzungsvorwurf auf mehrere Ausführungsformen, liegt ein einheitlicher Streitgegenstand vor und ein Teilurteil zu einzelnen Ausführungsformen kommt nicht in Betracht, BGH GRUR 2012, 485; LG Düss GRUR-RS 2019, 47921.

Prospekthaftung bei Banken: Begehrt der Kläger aufgrund Schadensersatzansprüchen aus § 823 II BGB iVm § 264a StGB (Kapitalanlagebetrug) und aus § 826 BGB die Rückabwicklung einer Fondbeteiligung und beruft sich dabei auf die Verwendung eines Emissionsprospektes, der ursächlich für den falschen Eindruck von den Risiken sein soll, liegt im Regelfall nur ein Streitgegenstand vor; dass unterschiedliche materielle Anspruchsgrundlagen betroffen sind, ist unerheblich, BGH NJW 2018, 1259; → Rn. 28.

Rechnungsposten: → Rn. 48 „Anspruchsmehrheit".

Rechtliche Würdigung: Der Kläger braucht keine Einordnung der anspruchsbegründenden Tatsachen unter einen Rechtssatz vorzunehmen. Das ist Aufgabe des Gerichts: „Da mihi factum, dabo tibi ius", „jura novit curia“; eine rechtliche Beurteilung der Partei bindet das Gericht grundsätzlich nicht, BGH GRUR-RS 2020, 3164; GRUR 2013, 952; NZM 2004, 188; NJW-RR 2001, 887; Celle NJW-RR 2004, 1367; → Vor § 128 Rn. 36 f. Eine Rechtsansicht ersetzt grundsätzlich nicht den notwendigen Tatsachenvortrag, es sei denn, es handelt sich um eine Rechtstatsache bzw. juristische Tatsache, BGH NJW 2003, 3564; → Vor § 128 Rn. 24, → § 138 Rn. 11 und → Vor § 284 Rn. 33 (Rechtstatsache). Zur Abgrenzung der Tatsache von der Rechtsansicht: → § 138 Rn. 11 f.; → Vor § 284 Rn. 29. (33)

Sachbefugnis: Zum Klagegrund gehören auch die etwa notwendigen Tatsachen, aus denen sich die Sachbefugnis ableiten lässt; diese ist aber erst in der Begründetheit bedeutsam, → Rn. 29. Die Prozessführungsbefugnis dagegen ist eine eigene von Amts wegen zu prüfende Zulässigkeitsvoraussetzung, die neben den Anforderungen des II steht, → Vor § 253 Rn. 22.

Saldo: → „Miete“. Der Kläger muss bei ihm grds. die Einzelzahlen so zusammenstellen, dass das Gericht eine vollständige rechnerische und rechtliche Überprüfung vornehmen kann; dabei muss er auch angeben, um welche Zahlungszeiträume es sich handelt BVerfG NJW 1994, 2683; BGH NJW 1983, 2880; Ros NJW-RR 2015, 719; AG Köln WuM 2008, 677. Das Gericht hat bei Mängeln eine Aufklärungspflicht nach § 139, BVerfG NJW 1994, 2683, Mü OLGZ 1979, 355. Das alles ist eine Frage der Begründetheit, → Rn. 30 ff.

Schadensersatzanspruch: Bei ihm muss der Kläger das zum Ersatz verpflichtende Ereignis so genau, wie es ihm möglich ist, bezeichnen, BGH NJW 2002, 3769; Köln VersR 1987, 791. Beim Verkehrsunfall reichen für die Zulässigkeit in Bezug auf den Klagegrund Angaben zu Ort und Zeit aus, → Rn. 48 „Feststellungsklage“ (Antrag).

Teilbeträge: Hier gilt dasselbe wie bei → Rn. 48 „Anspruchsmehrheit“.

Unfallhergang: Der Kläger braucht ihn nicht stets in allen Einzelheiten anzugeben, Saarbr NJW-RR 2013, 1247. Das ist aber eine Fallfrage für die Begründetheit. Zu II Nr. 2 Hs. 1 beim Verkehrsunfall „Schadensersatz“.

Unterlassung: → Rn. 48 „Unterlassung“; Richtet sich die Klage gegen eine konkrete Verletzungsform, ist diese Verletzungsform der Lebenssachverhalt, durch den der Streitgegenstand bestimmt wird, BGH GRUR-RS 2020, 34118; → Rn. 48 „Unterlassung“ (Kerntheorie).

Verbot: Sein Gegenstand und Umfang müssen klar sein, BGH GRUR 2009, 979.

Vollstreckungsgegenklage, § 767: Streitgegenstand einer solchen Klage ist die Unzulässigkeit der Zwangsvollstreckung (Antrag) wegen einer bestimmten Einwendung; werden mehrere Einwendungen erhoben, liegen mehrere Streitgegenstände und damit eine Klagehäufung vor; eine Änderung der Einwendungen stellt einer Klageänderung iSd § 263 dar, näher: Haberzettl NJOZ 2021, 289.

Vornahme von Handlungen: → Rn. 48 (Stichwort dort).

Wettbewerbs- und Kennzeichenrecht: Können verschiedene Streitgegenstände zur Folge haben, Hmb GRUR-RR 2014, 202; → Rn. 26, 34.

Zumutbarkeit: Sie ist nach → § 138 Rn. 24, ein wesentlicher Maßstab für die Substantiierung und damit die Begründetheit. Es bleibt zwar einer Partei manchmal nicht erspart, auf Vermutungen aufzubauen, BGH NJW-RR 1999, 361. Sie muss aber darauf hinweisen und sich vor einem Rechtsmissbrauch in Gestalt von einem Behaupten ins Blaue hüten, → § 138 Rn. 16; BGH NJW-RR 1999, 360 und 361; vgl. auch BGH VersR 2017, 824 (Arzthaftung).

5. Bestimmter Antrag, II Nr. 2 Hs. 2. a) Bestimmtheitsgrundsatz. Der Kläger muss zur Bestimmung und zum Umfang des Streitgegenstandes, → Rn. 26, nicht nur die Angaben gemäß Hs. 1 machen, sondern grundsätzlich auch einen bestimmten Antrag zur Sache stellen, BGH BeckRS 2019, 1785; NJW 2016, 708; VersR 2013, 1383; Hmb GRUR-RR 2014, 202; LG Essen NVwZ 2017, 735; BAG NZA 2020, 1413; NJW 2017, 1693; LAG Mü NZA-RR 2016, 98. Ein Klageantrag ist dann hinreichend bestimmt, wenn er den erhobenen Anspruch konkret bezeichnet, dadurch den Rahmen der gerichtlichen Entscheidungsbefugnis (§ 308) absteckt, Inhalt und Umfang der materiellen Rechtskraft der gerichtlichen Entscheidung (§ 322) erkennen lässt, das Risiko eines Unterliegens des Klägers nicht durch vermeidbare Ungenauigkeiten auf den Bekl. abwälzt, für diesen erkennbar macht, um was es geht, und schließlich eine Zwangsvollstreckung aus dem Urteil ohne eine Fortsetzung des Streits im Vollstreckungsverfahren erwarten lässt, BGH GRUR-RS 2021, 8861(vorbeugende Unterlassungsklage); BeckRS 2019, 28810; 2019, 12763; 2019, 1785; NJW 2018, 3448; 2016, 708 und 1094; 2003, 668; Köln GRUR 2020, 276; BAG NZA 2022, 1653 Rn. 25; 2020, 1413 Rn. 13; 2020, 784 Rn. 14 (jeweils Unterlassung); NJW 2016, 3802; LAG Ffm ZVertriebsR 2016, 188; → § 322 Rn. 2, 9 (Rechtskraft). Nötig ist die eine genaue Angabe der gewünschten Entscheidung, ArbG Düss NZA-RR 2017, 585. Das ist eine notwendige Folge der Dispositionsmaxime, → Vor § 128 Rn. 26. Welche Anforderungen an die Konkretisierung des Klageantrages zu stellen sind, hängt auch von den Besonderheiten des anzuwendenden materiellen Rechts und den Umständen im Einzelfall ab, BGH NJW 2003, 668. 34

In der Regel muss der Urteilsspruch aus sich heraus bestimmbar sein, was auch für den Antrag gilt; in Ausnahmefällen kann zur Bestimmtheit des Klageantrages und damit des Urteilsspruchs auf die beigefügten Anlage Bezug genommen werden, BGH LMuR 2021, 1199 Rn. 12–14 (Goldhase III); → Rn. 48 „Bildliche Beschreibung“; → Rn. 48 „Unterlassung (Bezugnahme im Antrag)“. Das Bestimmtheitserfordernis gilt für alle Klagearten, dh für die Leistungsklagen, die Feststellungsklagen und die Gestaltungsklagen, BGH NJW 2001, 447; BAG NZA 2016, 126; Köln FamRZ 2005, 1107; → Vor § 253 Rn. 8–10 (Klagearten). Ungenügend ist es, wenn man nicht erkennen kann, ob der Kläger ein Leistungs- oder einen Feststellungsantrag stellen will, nicht den Rahmen der gerichtlichen Entscheidungsbefugnis (§ 308) sowie den Umfang der Rechtshängigkeit absteckt, LG Kempten ZMR 17, 401, und Inhalt und Umfang der materiellen Rechtskraft bei einer positiven Entscheidung über den Klageantrag nicht feststehen, BGH NJW 1978, 1585. Der Antrag muss aus sich heraus im Rahmen des dem Kläger an Bestimmtheit der Formulierung Zumutbaren verständlich sein, BGH WuM 2011, 99; BVerwG NVwZ-RR 2016, 268; VGH Kassel NJW 1993, 3088. 35

Die bloße **Wiedergabe** des streitentscheidenden **Gesetzestextes,** der auslegungsbedürftige Rechtsbegriffe oder Weiterverweisungen auf andere Normen enthält, ist grundsätzlich zu unbestimmt; weder für den Bekl. noch für das Vollstreckungsorgan im Falle der Verurteilung ist in der Regel erkennbar, welche Verpflichtung zu erfüllen ist; dasselbe gilt für die Bezugnahme auf andere gesetzliche Regelungen; etwas anderes kann nur gelten, wenn für den Kläger eine weitere Konkretisierung nicht möglich oder zumutbar ist, andererseits für die Parteien 36 kein Zweifel an dem Inhalt des geltend gemachten Anspruchs besteht, BAG NJW 2022, 961 mAv Fuhlrott (zu **Art. 15 DS-GVO**) = NZA 2022, 362; BGH NJW 2016, 708 Rn. 10; Mü MDR 1994, 152 (Ausnahme bei § 8 UWG); → § 254 Rn. 12 ff. (zu Art. 15 DS-GVO); → Rn. 48 „Datenschutz-GrundVO". Eine Ausnahme gilt aber dann nicht, wenn das Gesetz mehrere Verletzungsmöglichkeiten nennt; dann muss die konkrete Verletzungsform bezeichnet werden, Hamm WettbR 2000, 63; → Rn. 48 „Unterlassung". Unbestimmt ist ferner ein Antrag, der Einschränkungen für die Auskunft oder Vorlage dahin enthält, dass die Verpflichtung sich nicht auf bestimmte IT-Systeme bezieht, BAG NJW 2022, 961 Rn. 17 (zu Art. 15 DS-GVO); → § 254 Rn. 12 ff. (zu Kopieansprüchen nach Art. 15 DS-GVO).

37 **b) Bezugnahme auf Unterlagen in der mündlichen Verhandlung.** Maßgeblich für die Frage, welcher Antrag gestellt ist, ist das Verhalten des Klägers in der mündlichen Verhandlung, soweit eine solche stattfindet, → Vor § 128 Rn. 29 f. (Einheit der mündlichen Verhandlung); → § 128 Rn. 6 ff.; → § 137 Rn. 11. Nimmt der Kläger in der mündlichen Verhandlung auf die Klageschrift Bezug, sind sämtliche darin angekündigte Anträge, auch Hilfsanträge, gemäß § 297 II gestellt; etwas anders gilt nur, wenn sich aus dem Verhandlungsprotokoll unmissverständlich ergibt, dass die Partei nur auf einen Teil der angekündigten Anträge Bezug nehmen wollte, BGH NJW 2019, 1950. In der mündlichen Verhandlung kann im Einzelfall die Bezugnahme auf die Anspruchsbegründung, → Rn. 29 ff., genügen, wenn sich daraus ein konkludenter Antrag ableiten lässt, BGH MDR 2003, 864; Karlsr NJW-RR 2002, 251; Köln NJW-RR 2001, 1487 (je zu §§ 935 ff.). UU reicht auch die Bezugnahme auf eine Anlage aus, so zB auf einen vom Anwalt in einem Parallelprozess vor derselben Kammer oder Abteilung gefertigten Schriftsatz oder auf das Prozesskostenhilfegesuch, BAG NZA 2021, 1417 Rn. 16; → Rn. 33 „Anlagen"; → Rn. 48 „Anlagen". Ferner kann die Bezugnahme auf den Antrag aus dem Mahnantrag genügen, wenn dieser hinreichend individualisiert ist; diese Individualisierung kann uU durch eine ankündigende E-Mail an den Antragsgegner erfolgt sein, BGH NJW 2020, 3653 Rn. 19. Insbesondere bei Unterlassungsansprüchen kann der Antrag hinreichend bestimmt sein, wenn die konkrete Verletzungsform durch eine eingereichte Anlage beschrieben wird, Mü LMuR 2020, 404 (Goldhase trotz Verlustrisiko).; Mü GRUR-RR 2021, 20; → Rn. 48 „Unterlassung".

38 **c) Amtsprüfung.** Das Bestimmtheitsgebot nach Hs. 2 ist genau wie das nach Hs. 1 eine allgemeine Prozessvoraussetzung, BAG NJW 2008, 1900; LAG Stgt NZA-RR 2015, 235; Gerstenmaier FS Schütze, 2014, 124; → Vor § 253 Rn. 14, 22. Das Gericht muss es in jeder Verfahrenslage von Amts wegen beachten, BGH GRUR 2017, 537; BAG NJW2000, 3228; Stgt NJW-RR 2014, 488; → Vor § 253 Rn. 14. Seine Missachtung führt evtl. nach einem vergeblichen Hinweis nach § 139 zur Klagabweisung als unzulässig, LG Leipzig WettbR 2000, 279. Bei einem unbestimmten Antrag, bei dem eine Individualisierung durch Nachbesserung erst nach Ablauf der Verjährungsfrist möglich ist, tritt keine Verjährungshemmung nach § 204 I Nrn. 1, 3 BGB ein, BGH NJW 2009, 56. Zur verjährungshemmenden Wirkung von unbezifferten Leistungsanträgen: BGH NJW-RR 2015, 188; 2002, 2769; → Rn. 42 ff. Die Bezifferung eines Zahlungsantrages ist in der Berufungsinstanz in den Grenzen von §§ 530, 531 nachholbar, Köln VersR 1985, 844.

39 **d) Auslegung.** Der Antrag ist wie jede Prozesshandlung nach dem erkennbaren Willen auslegungsfähig, BGH NJW-RR 2021, 232 Rn. 24; BeckRS 2019, 1785; NJW 2018, 3448 und 3098; 2016, 708 und 1094; ZMR 2017, 495; BAG NJW 2017, 1693 und 509; NZA 2020, 960; 2015, 630; Düss BauR 2013, 776, evtl. unter einer Einbeziehung der Klagegründe, BGH NJW 2018, 3448; GRUR 2001, 1036; BAG NZA 2013, 162; → Rn. 29; → Vor § 128 Rn. 60. Im Zweifel sind Anträge dahin auszulegen, dass das gewollt ist, was aus Sicht der Prozesspartei nach den Maßstäben der Prozessordnung vernünftig ist und der wohlverstandenen Interessenlage entspricht; dabei sind die schutzwürdigen Belange der Gegner zu berücksichtigen, BAG NJW 2021, 3801; NZA 2020, 960 Rn. 16; 2016, 634 Rn. 14. Die Auslegung des Klageantrages unterliegt in vollem Umfang der Prüfung auch des Revisionsgerichts, BGH NJW-RR 2021, 230 Rn. 24. Werden mehrere Ansprüche in einer Klage verbunden, muss erkennbar sein, aus welchen Einzelforderungen sich die Gesamtklage zusammensetzt; sind Teilleistungen erfolgt, kann mithilfe der Anrechnungsgrundsätze des § 366 II BGB eine entsprechende Auslegung des Klageantrages erfolgen, wenn sich keine andere Anrechnung aus anderen Gesichtspunkten ergibt, BGH NZM 2019, 206 Rn. 14; BAG NZA 2021, 143 Rn. 13, 14; → Rn. 48 „Anspruchsmehrheit". Kommt eine Auslegung wegen Eindeutigkeit des Antrages nicht in Betracht, ist im Einzelfall eine **Umdeutung** denkbar, BGH NJW 2018, 2497. Ein Leistungsantrag kann im Einzelfall in einen Feststellungsantrag umdeutbar sein, BAG MDR 2006, 33. Sprachliche Ungenauigkeiten kann das Gericht korrigieren, wenn das Klageziel sicher zu ermitteln ist; es sollte allerdings grundsätzlich spätestens in der mündlichen Verhandlung einen Hinweis erteilen. Das Gericht hat immer durch einen Hinweis nach § 139 I 2 aE auf sachdienliche Anträge hinzuwirken, → § 139 Rn. 41. Grenzen ergeben sich aus dem Beibringungsgrundsatz, → Vor § 128 Rn. 21, dem Dispositionsgrundsatz, → Vor § 128 Rn. 26, und dem Gebot der Neutralität, bei deren Verletzung sich eine Befangenheit nach § 42 ergeben kann, → § 139 Rn. 18 ff.

40 **e) Prozessuale Nebenentscheidungen.** Ein **Kostenantrag** ist nach § 308 II nicht erforderlich; vielmehr hat das Gericht von Amts wegen darüber zu entscheiden, wenn nicht ausnahmsweise ein Antrag vorgeschrieben ist, wie in §§ 269 IV 1, III 2, 3. Das gilt auch für § 308a. Auch zur **vorläufigen Vollstreckbarkeit** ist ein Antrag wegen §§ 708 ff. nicht notwendig. In der Praxis finden sich aber häufig Anträge zu der prozessualen Nebenentscheidung; sie sind in jedem Fall unschädlich.

41 **f) Zinsen als Nebenforderung.** Bei Zinsansprüchen, die als Nebenforderungen geltend gemacht werden, ist eine Bezifferung nicht erforderlich, weil erst mit Erfüllung des Hauptanspruchs feststeht, für welchen Zeitraum Zinsen anfallen; hier reichen für den Antrag iSd von Hs. 2 neben der Höhe der Hauptforderung, für die Zinsen verlangt werden, die Angabe der Zinshöhe und der Beginn der Verzinsung aus, wobei der Antrag insoweit üblicher Weise lautet: *„nebst 16 % Zinsen ab …"*, oder bei gesetzlichen Zinsen nach §§ 288 I 2, II, 291 S. 2 BGB: *„nebst Zinsen in Höhe von 5 (9) Prozentpunkten über dem jeweiligen Basiszinssatz ab …"*, BGH NJW-RR 2013, 511; Grüneberg/Grüneberg BGB § 288 Rn. 7; Anders/Gehle Assessorexamen ZivilR A Rn. 107, 112, → Rn. 48 „Zinsen". Der Antrag und auch der Tenor „5(9) Prozent über dem jeweiligen Basiszinssatz" entspricht nicht den gesetzlichen Regelungen, ist aber entsprechend auslegbar, Hamm NJW 2005, 2238; Anders/Gehle Assessorexamen ZivilR A Rn. 112.

g) Unbezifferter Zahlungsantrag, unbestimmter Leistungsantrag. Eine Ausnahme vom Bestimmtheitsgrundsatz des Hs. 2 ist in § 254 zunächst für den Haupt-Leistungsantrag vorgesehen, der erst nach den beiden ersten Stufen iSd Vorschrift zu konkretisieren ist, → § 254 Rn. 2, 29. 42

Darüber hinaus ist ein unbezifferter Zahlungsantrag auch möglich, wenn das materielle Recht einen Anspruch gewährt, dessen Höhe erst vom Gericht konkretisiert wird, wie zB die billige Entschädigung in Geld beim **Schmerzensgeldanspruchs** nach § 253 II BGB, nach § 315 III 2 BGB oder nach § 15 II AGG, → Rn. 48 „Bezifferung". Mit Rücksicht auf die Ungewissheit, in der sich der Kläger befindet, lassen die Rspr. oder das Gesetz in diesem Fall einen unbezifferten Klageantrag entgegen Hs. 2 zu; der Kläger muss aber die ungefähre Größenordnung angeben; außerdem muss er die tatsächlichen Grundlagen für die Ermessensausübung des Gerichts mitteilen; nur dann ist der unbezifferte Leistungsantrag zulässig, weil nur dann dem Regelungszweck des II Nr. 2, → Rn. 26, Genüge getan ist, BGH NJW 2011, 1152; 2002, 3769;1982, 340; BAG NZA 2022, 261 Rn. 34 (zu § 315 III 2 BGB); 2021, 635 Rn. 11 f. (zu § 15 II AGG); NJW 1984, 1651; Düss 1995, 955; Anders/Gehle Assessorexamen ZivilR F Rn. 156; Gerlach VersR 2000, 525. Bei einer Stufenklage ist der Auskunftsantrag wegen der erforderlichen Angaben zur Größenordnung auch bei einem dahinterstehenden unbezifferten Leistungsantrag zulässig, → § 254 Rn. 29. 43

Überschreitet das Gericht bei einer zulässiger Weise unbezifferten Zahlungsklage die vom Kläger angegebene Größenordnung, liegt kein Verstoß gegen § 308 vor, weil dieser die Bestimmung der Höhe in das Ermessen des Gerichts gestellt hat, BGH NJW 2002, 3769. Der Kläger ist nicht beschwert, wenn die Urteilssumme seiner angegebene Größenordnung entspricht, auch wenn das Gericht von einer anderen rechtlichen Bewertung ausgegangen ist, BGH NJW 2002, 212 (Mitverschulden). Bleibt der zuerkannte Betrag unter der angegebenen Größenordnung, ist die Klage teilweise abzuweisen und es liegt eine entsprechende Beschwer des Klägers vor; auf den angemessenen Schmerzensgeldbetrag bei Zugrundelegen des Klägervortrages kommt es für die Beschwer nicht an, BGH MDR 2016, 788; NJW-RR 2004, 863 und 102; VersR 1979, 472; Anders/Gehle Assessorexamen ZivilR S Rn. 29. Anders ist es bei der Streitwertbemessung, die sich bei einem unbezifferten Leistungsantrag am angemessenen Betrag ausrichtet; dieser kann höher sein als die angegebene Größenordnung, BGH NJW 1996, 2425; Saarbr BeckRS 2010, 00450; LAG NZA 2020, 408. Bei der Kostenentscheidung ist § 92 II Nr. 2 zu beachten. 44

Entsprechendes gilt in den Fällen, die erkennbar auf eine **Schadensschätzung** nach § 287 hinauslaufen, BGH NJW 2021, 3041 mAv Gsell (VW-Dieselskandal – Minderwert); NJW-RR 2015, 188; 2004, 863. Darüber hinaus halten wir bei § 287 einen unbezifferten Zahlungsantrag nicht für zulässig, weil die Vorschrift lediglich die Beweisführung erleichtern soll, Zöller/Greger Rn. 14a. 45

Eine unbezifferte Zahlungsklage ist auch in den Fällen zulässig, in denen nach dem Gesetz die geschuldete Leistung rechtsgestaltend durch das Gericht nach **Ermessen** bzw Billigkeitsgesichtspunkten zu bestimmen ist, wie zB nach §§ 315 III 2, 319 I 2, 343, 660 I 2, 2048 S. 3, 2156 S. 2 BGB, § 15 II AGG, BGH NJW 2010, 2970, oder § 198 GVG, NJW 2014, 939, 943. Hier gilt dasselbe wie beim Schmerzensgeldanspruch, → Rn. 43. Auch bei einer angemessenen Entschädigung wegen **nutzlos aufgewendeter Urlaubszeit** wurde eine Ausnahme von Hs. 2 gemacht, LG Hann NJW 1989, 1936; wohl auch Grüneberg/Sprau BGB § 651n Rn. 11. § 651n II BGB entspricht dem dieser Entscheidung zugrunde liegende § 651f II BGB aF fast wörtlich. Zur Höhe der angemessenen Entschädigung s. BGH NJW 2005, 1047; Ffm NJW-RR 2014, 1140; Grüneberg/Sprau BGB § 651n Rn. 11. Auch die Dauer der Frist nach **§ 255** kann in das Ermessen des Gerichts gestellt werden, sodass der Kläger diese nicht bestimmen muss, → § 255 Rn. 8. 46

Bestritten ist, ob im **Unterhaltsrecht** (§§ 231 ff., 113 I 2 FamFG, 253 II Nr. 2) ein unbezifferter Zahlungsantrag zulässig ist; die Rspr. lehnt dies grundsätzlich ab, während ein Teil der Literatur dies kritisiert, Ffm 1982, 1223; Dü 1978, 134; Dunz NJW 1984, 1735; vgl. zum Meinungsstreit im Einzelnen: MüKoZPO/Becker-Eberhard Rn. 125 ff. Dank der Leitlinien (Tabellen) fehlt grundsätzlich schon das Bedürfnis für eine unbezifferten Leistungsklage, so dass wir in diesen Fällen in der Regel von einem Bezifferungserfordernis ausgehen, so auch MüKoZPO/Becker-Eberhard Rn. 129; Musielak/Voit/Foerste Rn. 35; Zöller/Greger Rn. 14a. Wir meinen, dass generell über die gesetzlichen Fälle hinaus, in denen eine unbezifferte Leistungsklage für zulässig erklärt wird, zB § 254, oder das Gericht nach Billigkeit die Forderungshöhe bestimmen kann, eine unbezifferte Leistungsklage grundsätzlich nicht zulässig ist. Dem Umstand, dass im Einzelfall eine Bezifferung nicht möglich ist, kann durch eine Feststellungsklage, eine Stufenklage oder eine Teilklage begegnet werden, so auch MüKoZPO/Becker-Eberhard Rn. 125 ff. Das Kostenrisiko für den Kläger kann zwar nicht durch § 92 II Nr. 2 gelöst werden, wenn kein richterliches Ermessen im Gesetz vorgesehen ist, aM MüKoZPO/Becker-Eberhard Rn. 128; Musielak/Voit/Foerste Rn. 34. Jedoch kann der Kläger durch eine vorsichtige Handhabung bei der erforderlichen Angabe der Größenordnung dieses Kostenrisiko minimieren. 47

h) Beispiele zu II Nr. 2 Hs. 2.

Abänderungsantrag nach § 239 FamFG/§ 54 FamFG: Ein solcher Antrag kann entsprechend § 140 BGB umgedeutet werden in einen solchen nach § 54 FamFG auf Abänderung eines in einem Einstweiligen Anordnungsverfahren geschlossenen Vergleichs; der Wechsel vom Hauptsacheverfahren in ein Verfahren auf einstweilige Anordnung steht dem nicht entgegen, BGH NJW 2018, 2497. 48

Abzüglich/Anrechnung: Wird während des Prozesses ein Teilbetrag auf die Hauptforderung gezahlt, wird aus Praktikabilitätsgründen häufig der Antrag wie folgt umgestellt: *„… den Bekl. zu verurteilen, an den Kläger 10.000 EUR nebst 10% Zinsen ab dem … zu zahlen abzüglich am … gezahlter 5.000 EUR"* (oder *„unter Anrechnung bereits am … gezahlter Beträge"*). In dem „abzüglich" kann eine Teilerledigungserklärung des Klägers gesehen werden, Anders/Gehle Assessorexamen ZivilR P Rn. 43. Ob der gezahlte Betrag aber auf die Hauptforderung oder auf die Zinsforderung, jedenfalls teilweise, anzurechnen ist, hängt von dem Sachvortrag der Parteien und der Frage ab, ob der Bekl. eine Leistungsbestimmung nach § 366 I BGB getroffen hat oder ob hier die gesetzlichen Verrechnungsregelungen der §§ 366 II, 367 I BGB greifen; ein Leistungsbestimmungsrecht des Klägers ist nach den gesetzlichen Regelungen nicht gegeben, BGH NJW-RR 2015, 759; vgl. auch Anders/Gehle Assessorexamen ZivilR P Rn. 43. Ein Tenor entsprechend dem dargestellten Antrag wäre bei fehlenden Auslegungsmöglichkeiten zu unbestimmt, weil die vorzunehmenden Wertungen, anders als die Berechnung der Zinsforderung, nicht dem Vollstreckungsorgan überlassen bleiben können. Deshalb hat das Gericht auf einen sachdienlichen Antrag nach § 139 I hinzuwirken; entweder sind die

(48) Anrechnungsbeträge ziffernmäßig darzustellen oder der Antrag wird am Ende ergänzt um (… abzüglich gezahlter 5.000 EUR) *„auf die Hauptforderung"*, wenn nur auf diese angerechnet werden soll, Schlesw JurBüro 2017, 375; „Anrechnung".

AGG: Die Höhe der begehrten Entschädigung nach § 15 II AGG kann in das Ermessen des Gerichts gestellt werden: ausreichend sind die Angabe einer Größenordnung und die Tatsachenangabe, die das Gericht bei der Ausübung des Ermessens heranziehen soll, BAG NJW 2018, 1497 (keine Bezifferung nötig); NJW 2013, 556 NZA-RR 2017, 343; → Rn. 43 f.

Aktie: Wird eine Aktie dauerhaft im regulierten Markt entfernt, kann nach § 39 III 4 BörsG ein Anspruch auf eine angemessene Gegenleistung (Abfindung) für die Übernahme von Aktien im Rahmen des sog. Delisting-Verfahrens bestehen; der Zahlungsantrag muss beziffert werden, auch wenn bei Antragstellung das Ergebnis der maßgeblichen gerichtlichen Unternehmensbewertung nicht feststeht und der Anleger ein nicht unbeträchtliches Kostenrisiko eingeht, BGH BKR 2020, 305 Rn. 6.

Alternativantrag: → § 260 Rn. 7.

Anerkenntnisurteil: Ein Antrag auf ein Anerkenntnisurteil nach § 307 ist nicht erforderlich.

Anlagen: Grundsätzlich muss der Urteilsspruch aus sich heraus bestimmbar sein; in Sonderfällen kann aber auf Anlagen verwiesen werden; Entsprechendes gilt für die Bestimmtheit des Klageantrages, BGH LMuR 2021 1199 Rn. 12–14 (Goldhase III); → Rn. 35.

Anrechnung: Die Formulierung *„… unter Anrechnung bereits gezahlter Beträge"* ist nicht hinreichend bestimmt und zur Zwangsvollstreckung nicht geeignet; die Beträge und eventuell der Zahlungszeitpunkt bei einer auch geltend gemachten Zinsforderung sind anzugeben, Schlesw JurBüro 2017, 375; → „Abzüglich".

Anspruchsmehrheit. Dazu Jauernig, Teilurteil und Teilklage, FG 50 Jahre Bundesgerichtshof, 2000, III 311. Macht der Kläger mehrere prozessuale Ansprüche, → Rn. 28, geltend und ist die Klageforderung geringer als deren Addition, muss er klarstellen, welcher prozessuale Anspruch als Hauptantrag und welche Ansprüche in welcher Reihenfolge als Hilfsanträge geltend gemacht werden sollen, BGH WM 2018, 279; GRUR 2015, 1205;NJW 2000, 3718; BAG NZA 2011, 1118; LG Kempten WuM 2016, 444; → § 260 Rn. 9–18. Das gilt nicht, wenn sich die Forderung aus unselbständigen Rechnungsposten zusammensetzt, BGH NJW 2017, 2673 (Änderung der Schadensberechnung); BGH NJW 2015, 229; NJW-RR 2006, 253; Thomas/Putzo/Seiler Rn. 9, auch nicht bei mehreren materiellen Anspruchsgrundlagen bei einem Kerngeschehen, → Rn. 28. Der Kläger muss auch angeblich offene Restbeträge den einzelnen Forderungen unter Angabe einer Rangordnung zuordnen, wenn er nur einen Teilbetrag seiner angeblich höheren Gesamtforderung geltend macht; allerdings kann die Anrechnungsregelung des § 366 II BGB mangels anderer Anhaltspunkte zur Auslegung herangezogen werden, BGH NZM 2019, 206 Rn. 14; BAG NZA 2021, 143 Rn. 14 (Sozialkassenbeiträge); NJW 2008, 3142; → Rn. 39. Entsprechendes gilt für selbständige Einzelpositionen einer Forderung, die der Kläger nur teilweise fordert, Thomas/Putzo/Seiler Rn. 9. Bei Haupt- und Hilfsanträgen ist die vom Kläger gewählte Reihenfolge nach § 308 I für das Gericht verbindlich, BGH NJW 1998, 1140, → § 260 Rn. 15. Unzulässig ist eine Erklärung, dass die Reihenfolge der Prüfung dem Gericht überlassen bleiben solle. Auch → „Saldo"; → „Miete".

Arbeitsrecht: Auch im arbeitsgerichtlichen Urteils- und Beschlussverfahren muss der Streitgegenstand, → Rn. 26, so genau bezeichnet sein, dass das Gericht die Streitfrage mit einer Rechtskraftwirkung nach § 322 entscheiden kann, BAG NZA 2022, 121 Rn. 12; 2020, 578; 2015, 35; NJW 2017, 3403; LAG Mainz NZA-RR 2008, 249. Daher reicht zB die bloße Wiedergabe des Gesetzestextes nicht, BAG DB 1989, 536; LAG Kiel NZA-RR 2009, 140. Der Antrag lässt sich auslegen, BAG NZA 2022, 121 Rn. 12; 2017, 1215 Rn. 11; NZA-RR 2009, 260, → Rn. 39.

– **(Abfindung):** Bei § 113 I BetrVG, § 10 KSchG darf der Kläger die Bemessung dem Ermessen des Gerichts überlassen, BAG ZIP 2012, 540; → Rn. 46.

– **(Abmahnung):** Zulässig ist ein Entfernungsantrag, BAG NZA 2016, 60. Zulässig ist evtl. sogar ein sog. Globalantrag, BAG NZA 2014, 270.

– **(Abrechnung):** Unzulässig wegen fehlender Bestimmtheit ist ein Antrag, das Arbeitsverhältnis „ordnungsgemäß abzurechnen", BAG NJW 2001, 3212.

– **(Antragsauslegung):** Der Antrag auf eine behindertengerechte Beschäftigung ist zu unbestimmt, kann aber in der Regel ausgelegt werden anhand der tatsächlichen Möglichkeiten, BAG NZA 2020, 578; → Rn. 39.

– **(Arbeitnehmererfindung):** Zulässig ist bei § 38 ArbNEG ein Antrag auf die Zahlung eines vom Gericht zu bestimmenden angemessenen Betrags, wenn die Größenordnung und die erforderlichen Tatsachen angegeben werden, → Rn. 42 f.

– **(Arbeitszeit):** Ausreichend ist, die Verteilung der beantragten Verringerung der Arbeitszeit dem Arbeitgeber zu überlassen, BAG NZA 2015, 826. Ausreichen kann ein Antrag auf eine Zustimmung zur Verringerung der Arbeitszeit auf x Stunden, BAG NZA 2010, 449, oder auf eine dortige „Gutschrift", BAG NJW 2011, 1163; NZA 2011, 921. Zum Zeitkonto BAG NZA 2017, 337.

– **(Art der Maßnahme):** Sie muss klar sein, LAG Ffm NZA-RR 2011, 303.

– **(Aufnahme der Erwerbstätigkeit):** → „(Elternzeit)".

– **(Bedingungskontrollklage):** Macht der Kläger geltend, das Arbeitsverhältnis, das unter einer auflösenden Bedingung geschlossen wurde, sei nicht durch die Bedingung beendet, weil diese unzulässig sei, liegt keine Feststellungsklage, sondern eine Bedingungskontrollklage nach §§ 21, 17 S. 1 Tz-BfG vor, BAG NZA 2016, 175 Rn. 12.

– **(Befristung):** Ihre genaue Angabe, die sich auch aus der Begründung ergeben kann, reicht aus, BAG NZA 2017, 308; vgl. auch BAG NZA 2011, 507.

– **(Beschäftigungsanspruch):** Erhebt ein Arbeitnehmer Klage auf Beschäftigung und ist die Art der Beschäftigung streitig, reicht es aus, wenn im Klageantrag das Berufsbild genannt ist, nach der der Arbeitnehmer beschäftigt werden will, oder sich in vergleichbarer Weise ergibt, worin die Tätigkeit bestehen soll bzw. wenn das Berufsbild sich durch Auslegung des Antrages, auch unter Hinzuziehung sonstigen Vorbringens, ermitteln lässt, BAG NJW 2021, 3801; BeckRS 2021, 18794. Im Hinblick auf das Weisungsrecht des Arbeitgebers kann aber nicht verlangt werden, dass dieser zu einer Beschäftigung des Arbeitnehmers in einer bestimmten, eng begrenzten Weise verpflichtet wird, so dass der Klageantrag keine Einzelheiten hinsichtlich der Art der Beschäftigung oder der sonstigen Bedingungen enthalten muss und darf, BAG NZA 2022, 1651

Rn. 26, 27. Der Antrag auf Weiterbeschäftigung in einer Kündigungsschutzklage ist hinreichend bestimmt, wenn die Art der begehrten Beschäftigung beschrieben wird, BAG NZA 2009, 917; LAG Kiel NZA-RR 2005, 514. Die Darstellung wesentlicher Fallgestaltungen kann reichen, BAG NJW 2010, 3531. Bei einem Antrag auf behindertengerechten Beschäftigung muss zumindest das Berufsbild angegeben werden, BAG NZA 2020, 578. (48)

– **(Beschlussverfahren):** Der Antrag muss genau so bestimmt sein wie im Urteilsverfahren, BAG NZA 2021, 959 Rn. 20 (Auskunft an Betriebsrat).
– **(Betriebsgeheimnis):** Der Kläger muss es hinreichend genau und damit unverwechselbar bezeichnen, auch durch eine Zeichnung, ein Foto oder ähnliches, BAG NJW 1989, 3237.
– **(Betriebsrat):** Man muss ein Entsenderecht nach Art, Ort und Zeit präzisieren, BAG NZA 2011, 814. Zur Abmeldung beim Arbeitgeber BAG NZA 2012, 48. Man muss einen Freizustellenden grds. namentlich bezeichnen, BAG NZA 2013, 692. Auch „– (Eingruppierung)“, „– (Internet)“. Der Arbeitgeber hat einen Anspruch auf Einsicht in die Wahlunterlagen; der Antrag „Einsicht in die gesamten **Wahlakten**“ ist hinreichend bestimmt; die genaue Bezeichnung der einzelnen Schriftstücke ist nicht erforderlich, BAG NZA 2006, 59.
– **(Beurteilung):** Der Antrag, dass eine Neubeurteilung „unter Beachtung der Rechtsauffassung des Gerichts“ erfolgen soll, umfasst die Entfernung der beanstandeten Beurteilung aus den Personalakten, BAG NZA 2010, 117; auch → „(Zeugnis)“.
– **(„Brutto/netto“):** Gehaltsklagen sind im Zweifel Bruttoklagen; ist eine Nettolohnvereinbarung getroffen worden, dass die gesetzlichen Abgaben nicht zu Lasten des Arbeitnehmer gehen sollen, muss im Antrag die begehrte Zahlung mit dem Zusatz „netto“ versehen werden, NJW BAG NJW 2016, 1262; NJW 2001, 3570; LG Mainz Rpfleger 1998, 530; LAG Mü DB 1980, 886; Musielak/Voit/Foerste Rn. 30.
– **(Deputat):** Seine Klärung reicht aus, BAG NZA 2016, 883.
– **(Direktversicherung):** Ein Antrag, alle erforderlichen Erklärungen für die Übertragung einer bestimmten Direktversicherung abzugeben, ist zu unbestimmt, BAG NJW 2012, 2538.
– **(DS-GVO):** Zur Bestimmtheit des Klageantrages bei einem Herausgabeverlangen nach
– Art. 15 I, III DS-GVO, → „Auskunftsklage“; näher: → § 254 Rn. 12 ff.
– **(Eingruppierung):** Die Notwendigkeit einer Bezifferung gilt auch bei einem Eingruppierungsstreit, NZA-RR 2008, 1319. Ausreichend ist ein Antrag auf Ersetzung der Zustimmung des Betriebsrats zur Eingruppierung, BAG NZA 2004, 801.
– **(Einstellung):** Die Art der Tätigkeit muss klargestellt sein, LAG Ffm NZA-RR 2011, 303; „(Beschäftigungsanspruch)“.
– **Elternteilzeit:** Lehnt der Arbeitgeber ein Angebot seiner Beschäftigten ab, kann diese auf Annahme dieses Angebotes klagen; nach II Nr. 2 Hs. 2 muss der Klageantrag wegen der Fiktion des § 894 S. 1 die Willenserklärung mit dem Mindestinhalt für den Abschluss der begehrten Vertragsänderung bezüglich der Arbeitszeit enthalten, dh Art und Beginn der Arbeitsleistung; nicht erforderlich ist wegen § 612 II BGB die Angabe der Vergütungshöhe, BAG NZA 2020, 340; → „Willenserklärung“. Eine Auslegung ist möglich, BAG BeckRS 2018, 35619; → Rn. 39.
– **(Entschädigung):** UU kann die Bezifferung unterbleiben, wenn sie in das Ermessen des Gerichts gestellt werden kann und die Größenordnung sowie die erforderlichen Tatsachen angegeben werden, BAG NZA 2016, 889; 2009, 729; LAG Hmb NZA-RR 2010, 630; → Rn. 42 ff.
– **(Freie Tage):** Es kann ausreichen, ihre Klärung zu verlangen, BAG NZA 2016, 1022.
– **(Geschäftsgeheimnis):** „– (Betriebsgeheimnis)“.
– **(Höhergruppierung):** Eine genaue Angabe des Klageziels ist erforderlich, BAG NZA 2015, 827.
– **(Internet):** Der Kläger braucht die technischen Details des verlangten Zugangs nicht anzugeben, BAG NZA 2013, 51.
– **(Krankenvergütung):** → „(Restvergütung)“.
– **(Kündigungsschutz):** Der Antrag einer Kündigungsschutzklage ist auslegungsfähig, BAG NJW 2008, 1900; → Rn. 33. Es genügen solche Angaben, aus denen man ersehen kann, wo der Kläger tätig war, gegen wen er sich wendet und dass er seine Entlassung nicht als berechtigt anerkennt, BAG NJW 1982, 1174. Der Streitgegenstand einer Kündigungsschutzklage kann in der Regel nicht eingeschränkt werden auf die isolierte Feststellung, dass die Kündigung ein „möglicherweise noch bestehendes Arbeitsverhältnis nicht beendet hat“, LAG NZA-RR 2021, 266 in Abgrenzung zu BAG NZA 2013, 665 Rn. 20; → Rn. 33 „Kündigungsschutz“.
– **(Künftige Leistung):** „Auf Lebenszeit“ ist für einen Antrag nach § 258 unnötig, BAG NZA 2008, 1419.
– **(Lohnfortzahlung):** Notwendig ist eine Bezifferung des Lohnfortzahlungsanspruch, wobei eine Nettoforderung reicht, BAG NZA 2012, 564; Lepke DB 1978, 839.
– **(Mitbestimmung):** Notwendig ist die Angabe, für welche konkreten Angelegenheiten sie gelten soll, wobei der Umstand unerheblich ist, dass von den Anträgen eine Fülle von Konstellationen erfasst wird, BAG NZA 2021, 213 Rn. 19; 2020, 1413 Rn. 12 f.; 2020, 404 Rn. 24 ff.; 2017, 802; 2016, 839. Soll dem Arbeitgeber untersagt werden, eine Maßnahme ohne Beteiligung des Betriebsrates durchzuführen, reicht für die Bestimmtheit des Antrages die Benennung der Maßnahme aus, LAG Düss NZA-RR 2004, 155 (Verbot der Anordnung einer Mehrarbeit ohne Beteiligung des Betriebsrat; BAG NZA 2018, 116 (Verbot der Ausgleichung von Überstundenguthaben durch Auszahlung ohne seine Zustimmung).
– **(Nichtraucher):** Ausreichend ist „Zur-Verfügung-Stellung eines tabakfreien Arbeitsplatzes“, BAG NJW 1998, 162.
– **(Personalakte):** „(Beurteilung)“.
– **(Restvergütung):** Unzureichend ist „Restliche Vergütung für 61 Werktage im Jahr … wegen Kranken- und Urlaubsvergütung“, BAG DB 2003, 348.
– **(Rückzahlung):** Auch sie muss eine genaue Darstellung und Bezifferung erhalten, BAG NJW 2015, 2364.
– **(Ruhepausen):** Ausreichend ist die Feststellung, dass eine Lenkzeitunterbrechung von 8 Minuten nicht reicht, BAG NZA-RR 2010, 625.
– **(Schwerbehindertenvertreter):** Ausreichen kann die Klärung seines Arbeitsgebiets zB in einem Konzern, BAG NZA-RR 2016, 192.

(48) – **(Strukturausgleich):** Ausreichend kann dieser Zweck auch ohne Angabe zu seiner Höhe, BAG NZA 2015, 273.
– **(Tarif):** Notwendig ist die genaue Bezeichnung des betroffenen Arbeitnehmers, BAG NZA 2007, 1011. Zur Bestimmtheit beim koalitionsrechtlichen Unterlassungsanspruch gegen eine tarifwidrige Einheitsregelung Kocher NZA 2005, 140. Ausreichend ist die Klärung der Frage, ob man Tarifpartner sein kann, BAG NJW 2011, 1387.
– **Teilzeit:** Zur begehrter Vertragsänderung → „Elternteilzeit".
– **(Umgruppierung):** Ausreichen kann ihre nähere Darlegung, BAG NZA-RR 2014, 389.
– **(Unvertretbare Handlung):** Bei einer solchen nach § 888 kann ein Erfüllungsspielraum verbleiben, BAG NZA 2009, 776.
– **(Urlaub):** Ausreichend ist der Antrag auf 2 zusätzliche Urlaubstage ohne deren näher genannten Zeitpunkt, BAG NZA 2015, 498. Auch → „(Restvergütung)".
– **(Vergütungshöhe):** Ausreichend ist die Angabe einer bestimmten Differenz, BAG NJW 2016, 3324.
– **(Vergütungszeitraum):** Der Kläger muss ihn genau angeben, BAG DB 1996, 1344; LAG Stgt NZA-RR 2015, 234 (zB evtl. nach Tagen).
– **(Versetzung):** Ausreichen kann ein Antrag auf Aufhebung einer solchen, BAG NZA-RR 2014, 200. Es genügt die Bezeichnung der Maßnahme, BAG NZA 2017, 201.
– **(Vertragsannahme):** Ausreichen kann die Klage auf die Annahme eines auf Abschluss eines Arbeitsvertrags, wobei der Mindestinhalt, dh Art, Beginn und Umfang der Arbeitsleistung wegen § 894, S. 1 angegeben werden muss, BAG NZA 2020, 340 (Vertragsänderung); 2017, 1613; → „(Elternteilzeit)"; → „Willenserklärungen".
– **(Weisungsrecht):** Notwendig ist eine Bezifferung auch bei einem Weisungsrecht des Arbeitgebers, BAG NZA 2009, 366.
– **(Weiterbeschäftigung):** Eine solche zu den vertraglich geregelten Bedingungen und „als Chefarzt der Anästhesie- und Intensivbehandlungsabteilung" ist bestimmt genug, LAG Kiel JurBüro 2009, 610. Auch eine der Art nach genau genannte „vorläufige" Weiterbeschäftigung ist bestimmt genug, LAG Kiel NZA-RR 2013, 101. Zu unbestimmt ist eine Weiterbeschäftigung „als Lagerarbeiter", LAG Mainz MDR 2005, 1060.
– **(Wiedereinstellung):** Der Antrag auf Wiedereinstellung zu den Konditionen des ursprünglichen Vertrages … (genaue Konkretisierung) kann dahin ausgelegt werden, dass der Bekl. zur Annahme eines darin enthaltenen Angebotes des Klägers auf Abschluss eines entsprechenden Arbeitsvertrages verurteilt wird, BAG NZA 2016, 126; NJW 2001, 1297; Krieger/Willemsen NZA 2011, 1133.
– **(Zeitaufwand):** Man braucht ihn grds. nur insgesamt anzugeben, BGH BauR 2017, 721.
– **(Zeitkonto):** „Gutschrift" reicht, BAG NZA 2012, 1113, ähnlich NZA 2016, 297.
– **(Zeugnis):** → „Zeugnis".
– **(Zulagen):** Eine Klage auf monatliche Zulagen ist nur dann hinreichend bestimmt, wenn klar ist, welche Beträge für die einzelnen Monate des Klagezeitraums beansprucht werden; das gilt auch für Beiträge zu Sozialkassen, BAG NZA 2020, 1571 Rn. 14, 15.
– **(Zustimmung):** → „(Arbeitszeit)".
– **(Zutritt):** Statthaft ist seine Forderung zB für eine Betriebsversammlung, BAG NZA 2012, 1177.

Auflassung: → „Willenserklärung"; → „Zug-um-Zug-Leistung". Bei einer erfolgreichen auf Auflassung gerichteten Klage muss der Kläger das rechtskräftige Urteil dem Notar vorlegen und seine eigene Einigungserklärung beurkunden lassen, weil das Urteil nur die Abgabe der Willenserklärung des Bekl. nach § 894 fingiert und deren Form nach § 925 BGB ersetzt, MüKoZPO/Becker-Eberhard Rn. 150.

Aufrechnung: Hier gelten die Anforderungen der II Nr. 2 Hs. 2 entsprechend wegen § 322 II. Wer mit der Aufrechnung einen Teilbetrag aus mehreren selbständigen Ansprüchen geltend macht, muss angeben, welchen Teilbetrag von jedem dieser Ansprüche er in welcher Reihenfolge geltend macht, BGH NJW 2002, 2182; 2000, 958 Thomas/Putzo/Seiler § 145 Rn. 14; Anders/Gehle Assessorexamen ZivilR G Rn. 8; Jungklas ZMR 2008, 680; Schneider MDR 1988, 928. Die Partei muss auch bestimmen, welche Aufrechnung sie in welcher Reihenfolge der Prüfung des Gerichts unterbreitet. Die Reihenfolge kann geändert werden, BGH NJW 2009, 1071. Klagt der Rückgewährgläubiger auf Zahlung „Zug- und Zug" gegen Zahlung einer von ihm zu erbringenden Geldleistung, so liegt darin eine Aufrechnung, BGH NJW 2017, 2102. Auch → „Bezifferung".

Auseinandersetzung: Der Miterbe kann gegenüber den anderen Miterben auf Zustimmung zur geplanten Erbauseinandersetzung nach § 2042 BGB klagen; das Urteil wird nach § 894 vollstreckt und deshalb muss der Kläger im Klageantrag den Teilungsplan vorlegen; es empfiehlt sich, abweichende Teilungspläne in Form von Hilfsanträgen zu verlangen, Jena FamRZ 2009, 458; Dü FamRZ 2000, 1049; MüKoZPO/Becker-Eberhard Rn. 153; → „Erbrecht". Bei Klage auf Auseinandersetzung einer Gütergemeinschaft: BGH MDR 1988, 847. Bei einer Gesellschaft/Gemeinschaft → (s. Stichwort dort).

Auskunftsklage. Dazu Kiethe MDR 2003, 781. Eine Auskunftsklage, eventuell als Stufenklage nach § 254, ist genügend bestimmt, wenn der Gegenstand des Auskunfts- oder Rechnungslegungsbegehrens sowie der Zeitraum, auf den sich das Begehren bezieht, genau angegeben werden, BGH NJW-RR 2019, 961; Brdb NJW-RR 2007, 798; MüKoZPO/Becker-Eberhard Rn. 145; → § 254 Rn. 28. Für den Zeitraum reicht die Angabe „bis heute" nicht aus, AG Besigheim FamRZ 1984, 816; Ffm FamRZ 1991, 1334; Büttner FamRZ 1992, 629. MüKoZPO/Becker-Eberhard Rn. 145. Der Kläger muss diejenigen **Belege,** die der Bekl. vorlegen soll, in einem zumutbaren Umfang genau bezeichnen, BGH NJW 2021, 2379 (E-Mails im Arbeitsverhältnis); NZFam 2021, 371; NJW-RR 2019, 961; FamRZ 1988, 496; Bbg NJW-RR 2004, 476; → „Belege". Beim Antrag auf eine Auskunft zB über Einkommens- und Vermögensverhältnisse (besser: über die Brutto- und Nettoeinkünfte lt. Steuerbescheiden, Ffm FamRZ 1991, 1334) muss der Kläger die Einkommensarten möglichst näher bezeichnen, Büttner FamRZ 1992, 630. Er muss beim Verlangen nach einer Auskunft über Bemühungen zur Aufnahme von Erwerbstätigkeit genau angeben, welche Tatsachen zur Arbeitssuche und Eingliederung in das Erwerbsleben der Bekl. angeben soll, Brschw FamRZ 1987, 284, „Auskunft über die wesentlichen Arbeitsbedingungen" kann reichen, BAG NZA 2014, 369. Bei der Auskunftsklage des Pflichtteilsberechtigten gegen den Erben oder Testamentsvollstrecker kann es zulässig sein, auch die Vorlage von

Geschäftsunterlagen zwecks einer eigenen Wertermittlung zu fordern, BGH NJW 1975, 1776; Zweibr FamRZ 1987, 1198 (eine weite Antragsfassung ist statthaft). Der Wunsch nach Klärung einer Datenbasis kann reichen, LG Bln WM 2012, 1627. (48)

Eine besondere Bedeutung hat **Art. 15 I, III DS-GVO in der Arbeitsgerichtsbarkeit,** insbesondere bei Kündigungsschutzklagen, aber auch in den anderen Gerichtsbarkeiten, erlangt; Arbeitsrechtler bezeichnen ein Verlangen nach Art 15 I, III DS-GVO, dass dem Arbeitnehmer die gesamte E-Mail-Kommunikation von ihm und über ihn zur Verfügung gestellt wird, als neues Druckmittel; durch die Entscheidung des BAG vom 27.4.2021, NZA 2021, 1053 = NJW 2021, 2379 mAnm Fuhlrott; s. auch Koreng NJW 2021, 2692; Krüger/Vogelgesang JM 2021, 310, ist keine endgültige inhaltliche Klärung aller Fragen erfolgt, weil das Gericht die Klage wegen fehlender hinreichender Bestimmtheit des Antrages für unzulässig hielt; soweit ein solcher Anspruch überhaupt bestehe, müssten die begehrten E-Mails so genau bezeichnet werden, dass im Vollstreckungsverfahren unzweifelhaft sei, auf welche sich die Verurteilung beziehe; die Kopie des „gesamten E-Mail-Verkehr von ihm und über ihn" sei nicht ausreichend; dem Anspruchsteller sei dies auch möglich, weil er jedenfalls im Wege einer Stufenklage vorgehen könne. Konkrete Anforderungen zur Bestimmtheit hat aber das BAG aber in einer weiteren Entscheidung aufgestellt, BAG NJW 2022, 960 mAv Fuhlrott = NZA 2022, 362; → § 254 Rn. 12 ff. Der BGH geht von einem anderen Verständnis der I und II des Art. 15 DS-GVO aus und kommt zu geringeren Anforderungen bei der Frage der Bestimmtheit in Bezug auf die Kopien, BGH NJW 2021, 2726; im Einzelnen, auch zu den unterschiedlichen Ansätzen des BAG einerseits und des BGH andererseits: → § 254 Rn. 12 ff.

Bedingung: Die Klage ist eine Prozesshandlung, die grundsätzlich bedingungsfeindlich ist, BGH ZIP 2011, 709; → Rn. 15; → Vor § 128 Rn. 62. Allerdings kann ein Hilfsantrag gestellt werden; → „Hilfsantrag"; → § 260 Rn. 9 (echter Hilfsantrag); → § 255 Rn. 10 (unechter Hilfsantrag). Bei dem Prozesskostenhilfeantrag → Rn. 16 f.

Belege: Die Belege, die ein Auskunftspflichtiger vorlegen soll, müssen im Antrag/Titel so genau bezeichnet und jedenfalls in der Begründung/in den Entscheidungsgründen konkretisiert werden; aus dem Titel muss der Zeitraum, auf den sich die Belege beziehen müssen, angegeben werden; der Gerichtsvollzieher muss erkennen können, was vorgelegt werden soll, BGH NZFam 2021, 371; NJW-RR 2019, 961; → „Auskunftsklage". Zu den Besonderheiten für die Kopien iSd Art. 15 I, III DS-GVO im Einzelnen: → § 254 Rn. 12; → „Auskunftsklage".

Berufung: Nach § 520 III 2 Nr. 1 bedarf es nicht zwingend eines ausdrücklichen Berufungsantrages; es muss aber klar sein, inwieweit der Berufungskläger das erstinstanzliche Urteil angreifen will; es reicht aus, wenn die Begründung den Schluss auf die Weiterverfolgung des erstinstanzlichen Begehrens zulässt, BGH NJW-RR 2020, 1188 = BeckRS 2020, 22059; BB 1995, 1377.

Bezifferung: Menges, Die Zulässigkeit des unbezifferten Klageantrags, 2004:

Der Leistungskläger muss die Leistung grundsätzlich genau bezeichnen, → Rn. 34, 42 ff. (unbezifferter Zahlungsantrag). Bei einer Zahlungsklage bedeutet das, dass der Hauptanspruch genau beziffert, dh der Geldbetrag angegeben sein muss, BGH NJW 1994, 587; Ffm FamRZ 1982, 1223; → Rn. 34, 41 (Zinsanspruch als Nebenforderung). Die Notwendigkeit einer Bezifferung gilt grundsätzlich auch bei einem Unterhaltsanspruch, Düss FamRZ 1978, 134; Ffm FamRZ 1982, 1223; → Rn. 47. Ob der Zahlungsklage ein vertragliches oder gesetzliches Schuldverhältnis zugrunde liegt, ist für die Notwendigkeit der Bezifferung ohne Bedeutung. Soweit ein Mitverschulden nach § 254 BGB zu berücksichtigen ist, muss dies bei der Ermittlung der Schadenshöhe betragsmäßig in Abzug gebracht werden. Von der Notwendigkeit der Bezifferung bei der Zahlungsklage gibt es Ausnahmen, wie bei § 254, beim Schmerzensgeld nach § 253 II BGB, bei § 287 und einigen anderen Vorschriften, bei denen der „angemessene Betrag" durch das Gericht festgelegt wird, im Einzelnen: → Rn. 42 ff.

– **(„abzüglich x …"):** → „Abzüglich/Anrechnung".
– **(Feststellungsantrag):** → § 256 Rn. 23 ff., 46 „Bezifferung".
– **(Gestaltungsklage):** → (s. Stichwort dort).
– **(Gutachten):** Nicht ausreichend ist, die geforderte Leistung oder Gegenleistung von einem erst nach dem Urteil anzufordernden Gutachten abhängig zu machen, Hamm MDR 2010, 1086 = NJOZ 2010, 2692.
– **(Minderung):** Zu einer (Miet-)Minderung muss der Kläger den Betrag beziffern, KG ZMR 2002, 824.
– **(Prozesskosten):** Da das Gericht nach § 308 II von Amts wegen über sie entscheiden muss, ist ein Kostenantrag grds. ganz entbehrlich und daher auch unbeziffert zulässig, solange die Kosten nicht zur Hauptsache werden, → Rn. 40. Im letzteren Fall würde eine Verweisung auf die Möglichkeit einer Kostenfestsetzung nach §§ 103 ff. nichts an der Notwendigkeit einer Bezifferung ändern, sobald und soweit sie technisch errechenbar ist. Denkbar ist aber eine Umstellung auf einen Antrag auf Feststellung, dass der Bekl. die Kosten des Rechtsstreits zu tragen hat (sog. materieller Kostenerstattungsanspruch), → § 254 Rn. 37; → § 256 Rn. 47; → § 269 Rn. 10, 47 ff., 53 „Stufenklage".
– **(Schmerzensgeld):** → Rn. 43 f.
– **(Urlaubsfreude):** LG Hamm NJW 1989, 1936 lässt den Anspruch nach § 651f II BGB aF ohne eine Bezifferung zu, da er schmerzensgeldähnlich ist; dieser Meinung folgen wir nicht und halten eine Bezifferung für erforderlich, → Rn. 46.
– **(Vorstandsvergütung, Herabsetzung):** Bei einem Herabsetzungsbeschluss nach § 87 II AktG kann das betroffene Vorstandsmitglied gegen die Gesellschaft eine Leistungsklage auf Weitergewährung der bisherigen Bezüge klagen; bei einer nicht der Billigkeit entsprechenden Herabsetzung ist eine unbezifferte Klage auf Bestimmung der angemessenen Höhe durch das Gericht gemäß § 315 III 2 BGB statthaft; bei Herabsetzung der Höhe der Pensionszusagen hingegen ist eine Klage auf Feststellung der Rechtswidrigkeit statthaft, weil die Leistungsklage mangels konkreter Zahlungen nicht zielführend ist, Dres BeckRS 2010, 15529; Rahlmeyer/von Eiff NZG 2021, 397 (399); → § 256 Rn. 41 ff. (zur Subsidiarität der Feststellungs- zur Leistungsklage).

Bezugnahme: Auf **Schriftsätze:** → Rn. 37; → „Anlagen".

Eine Bezugnahme auf **gesetzliche Regelungen** ist nicht hinreichend bestimmt, jedenfalls wenn diese ihrerseits auslegungsbedürftige Rechtsbegriffe und Weiterverweisungen enthalten, weil dann die Probleme in die Vollstreckung verlagert würden, BAG NZA 2022, 362 = NJW 2022, 961 (zu Art. 15 DS-GVO);

(48) → Rn. 35; zur Frage der Bestimmtheit des Antrages bei Kopieansprüchen nach Art. 15 I, III DS-GVO im Einzelnen: → § 254 Rn. 12 ff.; → „Auskunfstklage".

Bildliche Beschreibung: Sie kann ausreichen, BGH LMuR 2021, 1199 Rn. 12–14 (Goldhase III) GRUR 2013, 953; → Rn. 34; → „Unterlassung (Bezugnahme im Antrag)".

Computerprogramm: Zu den Anforderungen an die Darlegungslast BGH MDR 1991, 503. Man muss das Programm so beschreiben, dass Verwechslungen möglichst ausschließbar sind, BGH GRUR 2008, 357; → „Software".

Datenschutz-Grundverordnung: → „Auskunftsklage"; im Einzelnen zu Kopieansprüchen nach Art. 15 I, III DS-GVO: → § 254 Rn. 12 ff.

Dieselskandal: Die Höhe des Minderwertes kann wegen § 287 in das Ermessen des Gerichts gestellt werden, wenn eine ungefähre Größenordnung angegeben wird, BGH NJW 2021, 3041 = BeckRS 2021, 22455 mit umfänglichen Hinweisen zur Rspr in Ziff. 1 der redaktionellen Leitsätze; → Rn. 45; → § 138 Rn. 33. „Dieselskandal".

Delisting: → „Aktie".

Digitales Speichermedium: → „Unterlassung (Bezugnahmen im Antrag)".

Duldung: Der Inhalt (Duldungserfolg) und Umfang der Pflicht müssen aus dem Klageantrag eindeutig erkennbar sein, BGH NJW 2012, 63; BAG NJW 2012, 3326; Köln NZM 2003, 200. Zur Duldung der Zwangsvollstreckung: → „Grundstück; → „Hypothek". → „Zwangsvollstreckung".

E-Mail: Zur Bestimmtheit des Klageantrages bei Herausgabe → „Auskunftsklage" (Art. 15 I, III DS-GVO).

Entschädigung nach AGG: Bei § 15 II 1 AGG darf der Kläger die Höhe einer Entschädigung dem Ermessen des Gerichts überlassen, BAG NZA-RR 2017, 343; NJW 2014, 1130; 2011, 550 Rn. 16; → Rn. 46.

Erbrecht: Bei der Klage auf eine Erbauseinandersetzung nach § 2042 BGB muss die Klage einen genauen Auseinandersetzungsplan enthalten, → „Auseinandersetzung". Beim Pflichtteilsanspruch, beim Anspruch gegen den Erbschaftsbesitzer, beim Anspruch gegen den Vorerben und beim Anspruch der Nachlassgläubiger gegen den Erben, die man jeweils noch ermitteln muss, ist eine Bezifferung nicht entbehrlich; hier kann eine Stufenklage nach § 254 oder eine Auskunftsklage auf der Grundlage der §§ 2011 S. 2, 2027, 2127, 2314 BGB helfen.

Ermessen: Bei richterlichem Ermessen kann eine Bezifferung entbehrlich sein, → Rn. 46.

Feststellungsklage: Bei einer Feststellungsklage nach § 256 ist erforderlich und genügt eine bestimmte Bezeichnung des Rechtsverhältnisses, die den Umfang der Rechtshängigkeit nach §§ 253 I, 261 I und der Rechtskraft der begehrten Feststellung nach § 322 nicht ungewiss lässt, BGH NJW 2002, 681 (bei Feststellung der Gewährleistungspflicht ist eine genaue Bezeichnung der Mängel erforderlich); 2001, 445; BAG NZA 2018, 598; Düss BauR 2013, 776; → § 256 Rn. 10. Die allgemeine Darstellung des Rechtsverhältnisses oder die bloße Wiederholung des Gesetzeswortlautes, so zB § 19 II GWB, reichen grundsätzlich nicht aus, LG Ffm NJOZ 2021, 382 („Schadensersatz bei Nichtnominierung zu … (Sport-)Turnieren"). Bei Feststellung der Schadensersatzpflicht dem Grunde nach muss das zum Ersatz verpflichtende Ereignis bestimmt bezeichnet werden, wobei bei Verkehrsunfällen das Datum und der Unfallort ausreichen; ist das nicht möglich, muss die Handlung selbst präzise im Antrag dargestellt werden, Mü NJW-RR 2019, 184 Rn. 6; Stuttg BeckRS 2019, 3220, Rn. 60; Arz NJW 2020, 3364, 3366. Aus dem Antrag muss auch hervorgehen, inwieweit Ansprüche auf den Sozialversicherungsträger übergegangen sind, sowie, ob und in welchem Umfang materielle oder immaterielle Schäden ersetzt werden sollen und in welchem Verhältnis sie zu einem gleichzeitig gestellten Leistungsantrag steht, BGH NStZ-RR 2016, 351 = BeckRS 2016, 16406; Arz NJW 2020, 3364. Auch die Frage des Mitverschuldens muss im Antrag berücksichtigt werden, wenn eine teilweise Klageabweisung vermieden werden soll, Mü BeckRS 2019, 25923.

Fondsanteile: Zielt der Antrag auf einen künftigen Rücknahmepreis für eine bestimmte Anzahl von genau bezeichneten Anteilen an Fonds oder anderen Finanzinstrumenten, ist er hinreichend bestimmt, wenn für die Ausgabe- und Rücknahmepreise dieser Anteile eine gesetzliche Veröffentlichungspflicht nach § 170 KAGB besteht, BGH BeckRS 2021, 2189 Rn. 12 = NZFam 2021, 348; FamRZ 2017, 1655 Rn. 28. Bei einer externen Teilung eines fondgebundenen Anrechts zB beim Versorgungsausgleich muss sich der vom Versorgungsträger zu übertragene Ausgleichsbetrag aus dem Antrag selbst ergeben oder zumindest durch Angaben im Antrag ohne weiteres zu berechnen sein, so durch einen (vom Versorgungsträger bereitgestellten) bezeichneten Internet-Zugang nebst Zugangscode, der am Tag der Rechtskraft der Entscheidung maßgeblich sein soll, BGH BeckRS 2021, 2189 Rn. 11 ff. = NZFam 2021, 348 mAnm Schwamb; mit Bespr. von Haußleiter/Schramm NJW-Spezial 2021, 198; vgl. auch BGH NJW 2018, 3247 Rn. 20 ff., wonach eine vereinzelte Veröffentlichung des taggenauen Geldkurses im Internet nicht ausreicht.

Freigabe der Sicherheit: Der Antrag auf Freigabe einer Grundschuld/Hypothek lässt nicht mit der für die Vollstreckung erforderlichen Bestimmtheit erkennen, welche möglichen Formen der Rückgewähr (Aufhebung, Verzicht, Abtretung) der Kläger beansprucht; deshalb ist er unzulässig, es sei denn, durch Auslegung lässt sich ermitteln, dass eine Löschung oder etwas anderes Konkretes verlangt werden soll, BGH NJW 2018, 3098; → „Hypothek".

Freistellung: Bei Freistellung von Verbindlichkeiten gegenüber einem Dritten findet eine Vollstreckung nach § 887 statt; die Forderung, von der freigestellt werden soll, ist nach Grund und Höhe zu bezeichnen, BGH BeckRS 2019, 35940; NJW 1996, 2725; 1981, 870; 1980, 654; Gerhards FamRZ 2006, 1799. Ein Antrag auf Freistellung von künftig entstehenden Forderungen kann uU als Feststellungsantrag ausgelegt werden, BGH NJW 2007, 1809; Bauer NJW 2015, 1329.

Geschäftsgeheimnis: → „Unterlassung (Geschäftsgeheimnis)".

Geschäftsgrundlage: → „Vertragsanpassung".

Gesellschaft, Gemeinschaft: Bei einer Auseinandersetzung muss der Kläger den Auseinandersetzungsplan selbst formulieren, BGH MDR 1988, 847; Zöller/Greger Rn. 13c; → „Auseinandersetzung". Nicht ausreichend ist ein Antrag, „an der Durchführung der Auseinandersetzung und an der Erstellung der Auseinandersetzungsbilanz mitzuwirken", BGH DB 1981, 366, oder ein Antrag „zusammen mit dem Kläger die Auseinandersetzung der BGB-Gesellschaft der Parteien durchzuführen", Hamm BB 1983, 1304. Zur Klage nach § 61 GmbHG Becker ZZP 1997, 314. Zur Verweigerung der Zustimmung zur Übertragung eines Gesellschaftsanteils Kblz DB 1989, 672. Zur Höhe des Abfindungsanspruchs nach § 39 III 4 BörsG → Rn. 48 „Aktie". Zur

Klage gegen einen Herabsetzungsbeschluss nach § 87 II AktG → „Bezifferung (Vorstandsvergütung/Herabsetzung)". (48)

Gestaltungsklage: Bei der Gestaltungsklage muss der Kläger betreffende Rechtsverhältnis sowie Art und Umfang der gewünschten Gestaltung bezeichnen. Er darf die Ausübung seines Bestimmungsrechts nicht über das Gesetz hinaus dem Gericht überlassen, → Vor § 253 Rn. 10 f.

Gewährleistung: Man muss den Mangel klar bezeichnen; das gilt auch für eine Klage auf Feststellung der Gewährleistungspflicht, BGH NJW 2002, 681.

Grundbuchberichtigungsanspruch: Bei einem Anspruch aus § 894 BGB ist die Frage nach der dinglichen Rechtslage (zB Eigentum) nur eine Vorfrage; der Buchberechtigte ist nicht zur Abgabe dinglicher Erklärungen verpflichtet; der Berechtigte kann lediglich Zustimmung zur Berichtigung des Grundbuches verlangen, dh Abgabe der Berichtigungsbewilligung nach § 19 GBO in der nach § 29 GBO erforderlichen Form, BGH NJW 2019, 71.

Grundstück: Bei der dinglichen Befriedigungsklage nach § 1147 BGB muss der Antrag auf die Verurteilung zur Duldung der Zwangsvollstreckung in das genau bezeichnete Grundstück und in mithaftende Gegenstände zur Befriedigung des Klägers wegen der Hypothek und der Nebenforderungen lauten. Ein Antrag auf die Annahme eines noch abzugebenden Angebots kann ausreichen, BGH NJW 1986, 1983. Ausreichend ist ein Antrag, es zu unterlassen, den Kläger an der ungehinderten Ausübung des Besitzes bezüglich eines genau zu beschreibenden Gegenstandes zu stören.

Handlungen: → „Vornahme von Handlungen".

Herausgabe: Der Kläger muss einen herausverlangten Gegenstand, auch eine Urkunde, und ein Recht ausreichend und für einen Dritten zweifelsfrei erkennbar bezeichnen, damit die Zwangsvollstreckung, so nach § 883, möglich ist, BGH NJW 2003, 668; Köln MDR 1997, 1059; Sutschet ZZP 119, 302. Im Rahmen des § 98 I UrhG kann ein Antrag auf „Herausgabe von rechtswidrig hergestellten Vervielfältigungsstücken, die im Eigentum des Bekl. stehen" zum Zwecke der Vernichtung ausreichen, soweit die Unsicherheit im konkreten Fall unvermeidbar ist, auch wenn die Vollstreckung schwierig sein wird, BGH NJW 2003, 668. Es ist ausreichend, ein genau bezeichnetes Grundstück „befreit von sämtlichen oberirdischen Aufbauten und unterirdischen Anlagen" heraus zu verlangen, Düss MDR 2002, 1394. Bei einem Foto ist eine Angabe des Bildmotivs nicht stets nötig, BGH GRUR-RR 2010, 360. Unzureichend ist, nur die Herausgabe des Betriebsvermögens zu verlangen. Nicht ausreichend ist der Antrag, „eine Zahnarztpraxis herauszugeben", KG MDR 1997, 1058, ein Antrag auf Nutzungsentschädigung „bis zur Herausgabe", BGH NJW 1999, 954, oder die Bezugnahme im Antrag auf eine Liste, aus der ein herausverlangter Gegenstand nicht sofort herauslesbar ist, BGH FamRZ 1983, 454 (Belege); → „Belege". Zur Bestimmtheit des Klageantrages auf Überlassung einer E-Mail (Art. 15 I, III DS-GVO) → „Auskunftsklage".

Hilfsantrag. Es ist statthaft, mehrere Anträge kumulativ oder eventualiter zu stellen → § 260 Rn. 9 ff.; → § 260 Rn. 7 (Alternativantrag); → § 255 Rn. 10 (unechter Hilfsantrag). Bei zwei Anträgen oder verschiedenen Hilfsanträgen muss der Kläger deren Reihenfolge nennen, BGH NJW 2015, 1609; 2000, 3719; BAG BeckRS 2021, 18318; NZA 2005, 815; → § 260 Rn. 9. Die Erklärung, dass die Reihenfolge der Prüfung dem Gericht überlassen bleiben solle, ist unzulässig. Eine vom Kläger gewählte Reihenfolge des Hauptantrages und der Hilfsanträge ist für das Gericht nach § 308 I verbindlich.

Hypothek: → „Grundstück". Bei der dinglichen Befriedigungsklage nach § 1147 BGB muss der Antrag auf die Verurteilung zur Duldung der Zwangsvollstreckung in das Grundstück (genau zu bezeichnen) und in mithaftende Gegenstände zur Befriedigung des Klägers wegen der Hypothek und der Nebenforderungen lauten; → „Duldung". Entsprechendes gilt bei der Klage aus einem Schiffspfandrecht. Ein Antrag auf Freigabe der Hypothek (Grundschuld) ist nicht hinreichend bestimmt, kann aber möglicher Weise ausgelegt werden, BGH NJW 2018, 3098 Rn. 9; → „Freigabe".

Immission: Bei Geruchsbelästigungen kann sich der Klageantrag (auch der Tenor) – anders als bei TA-Lärm – auf ein allgemeines an den Gesetzeswortlaut angelehntes Unterlassungsgebot beschränken, weil keine Grenz- und Richtwerte bestehen, BGH NJW 2009, 3377 (Lärm); NJW 1999, 356 (Schweinemästerei); → „Unterlassung (Geräusch)".

Inbegriff von Sachen: Bei diesem, etwa eines Warenlagers, ist im Rahmen des vernünftigerweise Möglichen die Aufzählung aller einzelner Gegenstände oder jedenfalls einer Kategorisierung erforderlich, Musielak/Voit/Foerste Rn. 32; Schmidt BB 1988, 6.

Insolvenz: Eine Zahlungsklage des Insolvenzverwalters gegen den Schuldner, mit der eine nach Verfahrenseröffnung eingetretene Masseverkürzung rückgängig gemacht werden soll, richtet sich gegen das insolvenzfreie Vermögen des Schuldners, BGH NJW 2022, 2276.

Internet: → „Arbeitsrecht (Internet)".

Kartellrecht: Auch hier muss der Anspruch bestimmt sein, Hmb WettbR 1997, 214.

Kapitalanlage: → „Aktie".

Klägermehrheit/Bekl.Mehrheit: Machen mehrere Kläger, die nicht Gesamtgläubiger sind, mehrere selbständige Zahlungsansprüche geltend, müssen sie angeben, welchen Betrag jeder fordert; sie dürfen sich nicht auf die Gesamtforderung aller beschränken, BGH NJW-RR 1995, 1217 (Unterhalt); NJW 1981, 2462; Ffm FamRZ 1980, 721. Verlangt der Kläger von mehreren Bekl., die nicht Gesamtschuldner sind, eine Leistung, gilt entsprechendes. Ob dies bei einer Unterhaltszahlung anders ist, ist umstritten, MüKoZPO/Becker-Eberhard Rn. 116.

Kopien: Zu Art. 15 DS-GVO → „Auskunftsklage".

Künftige Leistung: Der Kläger kann einen vertraglich begründeten Unterlassungsanspruch durch eine Leistungsklage nicht für die Vergangenheit einklagen, sondern nach § 259 nur für die Zukunft. Er muss die etwaige Leistungsdauer angeben, soweit ihm dies schon jetzt zumutbar, zB „bis zur Herausgabe", BGH NJW 1999, 954.

Leistungsklage: Der Leistungskläger muss die Leistung so genau bezeichnen, dass der Bekl. sein Risiko erkennen und sich demgemäß erschöpfend verteidigen kann, dass ferner das entsprechende Urteil klar die Grenzen der Rechtskraft nach § 322 erkennen lässt und dass es demgemäß für die Zwangsvollstreckung geeignet ist, → Rn. 34. Das gilt besonders auch für eine → „Unterlassungsklage". Der Kläger muss einen geforderten Geldbetrag grds. beziffern; Ausnahmen ergeben sich zB beim Schmerzensgeld, bei § 254 und bei einigen

(48) sonstigen Ausnahmen, in denen das Gericht ein Bestimmungsrecht hat, vgl. im Einzelnen → Rn. 42 ff.; → „Bezifferung".

Marke: Der Antrag, die markenmäßige Verwendung einer Bezeichnung zu unterlassen, ist hinreichend bestimmt, Köln GRUR 1988, 220.

Maßeinheit: Wenn es darum geht, muss der Kläger diese im Antrag angeben. Soll zB ein Durchgang zwischen zwei Gittern frei bleiben, muss klar sein, welche Breite er zwischen den quer verlaufenden Gitterfüßen haben soll, nicht nur an den oberen Gitterrändern. Das engt zumindest die Möglichkeit von Missdeutungen ein.

Mehrheit von Ansprüchen: → „Anspruchsmehrheit".

Miete. Dazu Gies NZM 2003, 545. Zu den Mindestanforderungen Brdb WuM 2006, 579. Eine Klage auf eine vertragsgemäße Betriebskostenabrechnung braucht evtl. keine Präzisierung im Einzelnen, LG Kassel WuM 1991, 358. Zum Erhöhungsverlangen: BGH DS 2016, 94; Böstinghaus DS 2016, 73. Zur Klage wegen Mietrückständen, die auf eine Forderungsaufstellung mit Bruttomieten und vom Mieter gezahlten Beträge gestützt ist, kommt ein Rückgriff auf § 366 II BGB in Betracht, wenn keine genaue Verrechnung vorgenommen wurde, BGH NJW-RR 2019, 398 Rn. 14; NJW 2018, 3457; → „Saldo"; → „Anspruchsmehrheit".

Mitverschulden: Der Kläger muss im Antrag einen von ihm nach § 254 BGB ermittelten Anteil vom Gesamtschaden abziehen, wenn er eine Teilabweisung vermeiden will, Schlesw VersR 1983, 932; → „Bezifferung".

Nachbarrecht: Ausreichend ist bei der Forderung auf der Beseitigung eines Baumes seine Lokalisierung ohne einen botanischen Namen, Köln MDR 2004, 532. Nicht ausreichend ist ein Antrag, „die Grenze so zu befestigen, dass das Nachbargrundstück so wie vor dem Abgraben belastet werden kann", BGH NJW 1978, 1584. Beim landesrechtlich geregelten Anspruch auf ein Zurückschneiden muss man darauf achten, dass die Forderung nach einem Rückschnitt nicht nur die Höhe, sondern auch den Seitenabstand zur Grenze umfasst.

Nebenforderung: → Rn. 41.

Nutzungsentschädigung: Ein Antrag nach der sog. „Karlsruher Formel", dh unter Vorgabe dieser Berechnungsformel für Nutzungsentschädigung zum Zeitpunkt der Rückgabe des streitgegenständlichen Fahrzeuges, ist nicht hinreichend bestimmt, da ein solcher Tenor nicht vollstreckungsfähig ist, BGH BeckRS 2021, 6886 (auch Darstellung des Meinungsstreits).

Patentverletzung. Dazu Lenz GRUR 2008, 565. Ein Antrag muss die konkrete Ausführungsform des Verstoßes angeben. Wird Auskunft über eine Patentverletzung begehrt, ist der Antrag regelmäßig in eine auch in die Zukunft gerichtete Verurteilung auszulegen, BGH GRUR 2004, 755. Soweit der Antrag nicht hinreichend bestimmt ist, ist ein Hinweis nach § 139 erforderlich, BGH GRUR 2005, 569. Die Größenverhältnisse von Abbildungen im Antrag müssen nicht erkennbar sein, wenn sie nicht streitentscheidend sind, Ffm GRUR-RR 2011, 183.

Pflichtteil: → „Erbrecht".

Preisbindung: Bei der Preisbindungsklage ist eine bestimmte Bezeichnung jedes einzelnen Buchs und des insoweit gebundenen Preises erforderlich. Bei der Unterbietung eines preisgebundenen Buchsortiments muss der Kläger die einzelnen Teile des Sortiments nennen. Es genügt aber ein Antrag, „die Unterbietung der jeweils hierfür geltenden Preise zu unterlassen". Auch → „Wettbewerbsrecht".

Räumung. Dazu Schuschke, Räumungsprozess und Räumungsvollstreckung, 2. Aufl. 2010. Ausreichend ist der Antrag auf Herausgabe eines Raumes „geräumt von seinen persönlichen Sachen"; dabei muss der Kläger die Lage im Haus genau angeben, Mü NZM 2009, 705; LG Mü ZMR 2017, 942. Für eine Tenorierung der Beseitigungspflicht ist ein zusätzlicher Klageantrag erforderlich, Düss ZMR 2015, 852. → „Herausgabe".

Rente: Unzureichend ist ein Antrag auf eine Rentenzahlung „bis zur Wiedererlangung der vollen Arbeitskraft", BGH NJW 1999, 954. Ein Antrag, der nicht ersehen lässt, ob der Kläger eine Kapitalabfindung oder eine Rente verlangt, ist zu unbestimmt.

Revision: Eine Antragsverbesserung ist noch im Revisionsverfahren statthaft, BGH NJW-RR 2008, 1137.

Saldo: Die Saldoklage ist zulässig, wenn die Einzelforderungen und Gutschriften in der Aufstellung nach Betrag und Monat ausgewiesen werden; bei Fehlen einer näheren Aufschlüsselung ist eine Auslegung des Antrages geboten, bei der auch Rückgriff auf die gesetzliche Anrechnungsreihenfolge des § 366 II in Betracht kommt, BGH BeckRS 2019, 1785; NZM 2019, 171; NJW 2018, 3457; 2018, 3448 (Mietsachen); → „Miete".

Schätzung: Soweit eine Schätzung nach § 287 zulässig ist, reichen ebenso wie beim richterlichen Ermessen die Angaben der Schätzgrundlage und einer Mindestgrößenordnung aus; eine Bezifferung des Antrages ist insoweit nicht erforderlich, BGH NJW 2011, 1152; → Rn. 45.

Schiffspfandrecht: Bei einer Klage aus einem Schiffspfandrecht muss der Antrag auf die Verurteilung zur Duldung der Zwangsvollstreckung in das Schiff und in mithaftende Gegenstände zur Befriedigung des Klägers wegen des Schiffspfandrechts und der Nebenforderungen lauten, → „Duldung".

Schmerzensgeld: Eine unbezifferte Leistungsklage ist zulässig, wenn die Größenordnung und die tatsächlichen Grundlagen für die Leistungsbestimmung angegeben werden, → Rn. 42 f. Wenn der zuerkannte Betrag unter demjenigen bleibt, den der Kläger als angemessen oder gar als den Mindestbetrag bezeichnet hatte, muss insofern eine teilweise Klageabweisung erfolgen, BGH VersR 1979, 472, und insofern liegt eine Beschwer vor. → Rn. 43; → „Bezifferung".

Software: → „Computerprogramm". Zur Bestimmtheit genügt, dass der Gerichtsvollzieher die Disketten anhand des im Tenor beschriebenen Inhalts mit fachkundiger Hilfe identifizieren kann, Naumbg NJW-RR 1995, 1149; Musielak/Voit/Foerste Rn. 30.

Teilbetrag. Dazu Trommler, Die Teilklage im Zivilprozess, 2018. Man muss erkennen können, welchen Teil des Gesamtanspruchs der Kläger geltend macht, BGH NJW 2008, 3143; BAG NZA 2018, 105; Rostock NJW-RR 2015, 719; → Rn. 39 (zu § 366 II BGB als Auslegungsmöglichkeit). Eine nachträgliche Klarstellung ist statthaft.

Umsatzsteuer: Nicht ausreichend ist „... nebst Umsatzsteuer"; zumindest muss der Steuersatz angegeben sein (zB 7 % oder 16/19 %,), KG ZIP 2011, 1059; Musielak/Voit/Foerste Rn. 30; MüKoZPO/Becker-Eberhard Rn. 132.

Unbezifferter Antrag: → Rn. 42 ff.; → „Bezifferung".

Unterhalt: Die ZPO gilt beim vertraglichen Unterhalt direkt, beim gesetzlichen Unterhalt nach §§ 111, 112 Nr. 1, 113 I 2 FamFG nur entsprechend. Die grundsätzliche Notwendigkeit einer Bezifferung gilt an sich auch beim Unterhaltsanspruch, Ffm FamRZ 1982, 1223; Köln NJW-RR 2003, 1229; → Rn. 47. Jeder Gläubiger muss grundsätzlich seinen Anspruch gesondert beziffern, weil wegen der Leitlinien (Tabellen) ein Bedürfnis für einen unbezifferten Antrag nicht besteht, BGH NJW 1981, 2462; → Rn. 47; aM Thomas/Putzo/Seiler Rn. 12; ausführlich zum Meinungsstreit: MüKoZPO/Becker-Eberhard Rn. 125 ff. Auch hier ist eine Auslegung zulässig, BGH FamRZ 1995, 1132; → Rn. 37; → Vor § 128 Rn. 60. Nicht hinreichend bestimmt sind Anträge: auf *„1/3 der Sätze der Düsseldorfer Tabelle"*, Ffm FamRZ 1991, 1458 (welcher ihrer Sätze?); *„... abzüglich Kindergeld"*, Düss VersR 1993, 883; die Geltendmachung von Kindesunterhalt in Prozessstandschaft und Trennungsunterhalt in einer nicht getrennt dargestellten Summe, Mü FamRZ 1994, 836. Zum sog. dynamischen Unterhalt Naumb FamRZ 2016, 833. (48)

Unterlassung. Dazu Bölling GRUR 2013, 1092; Gräbig, Streitgegenstand und Antragsfassung bei Unterlassungsansprüchen im Presse- und Äußerungsrecht, GRUR 2020, 1044; Hendricks, Zivilprozessuale Geltendmachung von Widerrufs- und Unterlassungsansprüchen im Medienrecht, 2001; Hufnagel, Der „Kern der Verletzungshandlung" in Theorie und Praxis, FS Doepner, 2008; Ritter, Zur Unterlassungsklage, Urteilstenor und Klageantrag, 1994; Schmitt-Gaedke GRUR-Prax 2020, 357; v. Ungern-Sternberg GRUR 2011, 486.

Außerhalb des Geltungsbereichs des § 1 UKlaG gilt: Bei der Unterlassungsklage gilt Nr. 2 mangels abweichender gesetzlicher Vorschriften uneingeschränkt, BGH GRUR 2017, 537, Düss GRUR 1987, 450. Der Kläger muss seinen Verbotsantrag so eindeutig fassen, dass die Entscheidungsbefugnis des Gerichts klar abgegrenzt ist (§ 308), Inhalt und Umfang der materiellen Rechtskraft erkennbar ist, sich der Bekl. erschöpfend verteidigen kann und die Entscheidung darüber, was dem Bekl. verboten ist, nicht dem Vollstreckungsgericht überlassen bleibt, BGH GRUR-RS 2021, 44203 Rn. 10 und 4282 Rn. 12; NJW 2021, 3450 Rn. 19; 2021, 1756 Rn. 15; 2012, 1589; Köln GRUR-RR 2021, 282 Rn. 39 (abstrakter Unterlassungsantrag); GRUR 2020, 276; KG GRUR 2020, 280 Rn. 38; → Rn. 34. Der Kläger muss seinen Antrag auf die tatsächlich erfolgten Zuwiderhandlungen oder auf eine Berühmung stützen, KG WettbR 1998, 160. Aus bestimmten Rechtsverletzungen kann er einen Anspruch auf bestimmte Unterlassungen herleiten. Nur über diese angebliche konkret beschriebene Verletzung befindet das Gericht nach § 308 I, wobei der Vortrag mitberücksichtigt werden kann, wenn er unzweideutig zu erkennen gibt, in welchen Merkmalen des angegriffenen Verhaltens das Unterlassungsgebot liegen soll, BGH GRUR-RS 2021, 4282 Rn. 12; WM 2021,139 = GRUR-RS 2020, 34118; NJW 2008, 3712. Man muss aber erkennen können, was der Kläger im Kern will, BGH NJW-RR 2016, 1326 = GRUR 2016, 1068; BAG NZA 2015, 562; Ffm GRUR-RR 2017, 230. Dabei kann ein **„Üblicherweise"**- oder ein **„Insbesondere"**-Unterlassungsantrag als Erläuterung des beantragten abstrakten Verbots den Klagegegenstand hinreichend verdeutlichen, BGH GRUR-RS 2021, 44203 Rn. 10 (Preisinfo bei Koppelungsgeschäften); 2019, 37304. Wie stets kann ausgelegt werden, so dass in vielen Fällen nur anhand des Antrages und des Klagegrundes die Bestimmtheit nach II Nr. 2 geprüft werden kann, BGH NJW 2016, 863; BAG NZA 2013, 453; Köln GRUR-RR 2012, 33; → Rn. 39.

Der Gegner muss sich erschöpfend verteidigen können, BGH NJW 2016, 864; KG GRUR 2020, 280; Köln GRUR 2020, 276; GRUR-RR 2013, 220; Mü GRUR-RR 2012, 435. So muss der Kläger bei einer Unterbietung eines preisgebundenen Buchsortiments die einzelnen Teile des Sortiments nennen. Andererseits genügt es zu beantragen, *„die Unterbietung der jeweils hierfür geltenden Preise"* zu unterlassen, → „Preisbindung". Beim Antrag auf eine Unterlassung mehrerer von unterschiedlichen Voraussetzungen abhängiger Handlungen muss der Kläger gesondert die konkreten Verletzungsformen umschreiben, BGH GRUR 2013, 401; Hmb MDR 2012, 1306, Köln GRUR-RR 2012, 437. Bei einer irreführenden Werbung muss der Kläger vortragen, weshalb das Verkehrsverständnis von der Wirklichkeit abweicht, BGH WM 2018, 266. Bei **Lärm** muss wenigstens annähernd erkennbar sein, ab welcher Stärke er angeblich stört, Düss NJW 2009, 3377; → „Immission". Die Abgrenzung des Verbots darf nicht der Zwangsvollstreckung überlassen werden, BGH NJW 2021, 1756 Rn. 15; 2008, 1385; BAG NJW 2015, 562; Düss Rpfleger 1998, 530. Man muss den Gegenstand und den Umfang des Unterlassungsanspruchs erkennen können, BGH ZVertriebsR 2016, 53; BAG NZA 2013, 440; Nürnb NJW-RR 2007, 1267.

Eine letzte Bestimmtheit kann man im Antrag nicht verlangen, da nicht alle Entwicklungen vorauszusehen sind und der Bekl. das Urteil nicht durch ähnliche Verhaltensweisen unterlaufen darf, BGH NJW 2012, 2277; BAG NZA 2014, 265; Düss ZMR 2003, 34; MüKoZPO/Becker-Eberhard Rn. 133. Daraus hat sich die sog. **Kerntheorie** entwickelt; danach muss der Kläger den Kern der Verletzung beschreiben, damit durch Auslegung des Urteils das veränderte Verhalten des Bekl. erfasst wird, das den Kern der maßgeblichen Verletzungsform trifft, BVerfG NJW 2022, 2324 (Auslegung eines Unterlassungstitels unter Anwendung der Kerntheorie im Vollstreckungsverfahren); NJW 2020, 3023 Rn. 21; BGH NJW 2021, 3450 Rn. 20, 21 (Instagram-Beiträge als Werbung); 2001, 3710; KG GRUR-RR 2021, 547; Hmb MDR 2015, 848; Mü GRUR-RR 2011, 33; MüKoZPO/Becker-Eberhard Rn. 133. Dabei muss aber der erstrebte Erfolg bestimmt angegeben werden, BGH GRUR 2003, 887, BAG NZA 2015, 562; LAG Mainz NZA-RR 2008, 249. Daher muss der Kläger den beanstandeten Verstoß so genau wie ihm zumutbar beschreiben, BGH GRUR 2018, 628. Der Kläger darf auch einen auslegungsbedürftigen Begriff verwenden, BGH ZVertriebsR 2016, 53; Düss ZMR 2003, 349. Der Kläger muss bei Formulierungsproblemen zumindest das Charakteristische der Duldung/Unterlassung eindeutig mit Worten beschreiben, BGH NJW-RR 2008, 125; KG GRUR 2007, 80; Stgt NJW-RR 2004, 621. Auch eine verdeckte Störung kann unter den verbotenen Kern fallen, BGH NJW 2008, 1385; Köln NJW-RR 2007, 43 (zu § 940). Stützt aber das Gericht im Erkenntnisverfahren ein Verbot nicht auf einen bestimmte Umstand, darf die Auslegung des Titels in der Regel nicht dazu führen, dass er sich gleichwohl auf die Untersagung gerade dieses Aspekts erstreckt, KG GRUR-RR 2021, 547. Den Grund der Unterlassungspflicht, zB eine Prüfpflicht, braucht der Antrag nicht zu enthalten, BGH GRUR 2013, 1231.

Eine abstrakt-verallgemeinernde Wendung im Antrag kann nur im Einzelfall reichen, BGH NJW-RR 2010, 1343 (Erinnerungswerbung im Internet); NJW 2005, 2551 (verneinend für „ohne deutlich und unübersehbar darauf hinzuweisen); 2001, 3710 (zulässig: „Aussage wie"); 1999, 3638 („unmissverständlich, unübersehbar, unüberhörbar" in einem Sofern-Satz – zulässig); Köln WettbR 1997, 158 („in sonstiger Form auf Preisvorteile hinzuweisen"); LG Ffm NJOZ 2021, 382 („Geltendmachung von Schadensersatz aufgrund Nichtnominierung zu ...(Sport-)Turnieren" reicht nicht); BAG NJW 2010, 3322 (Verbot von parteipolitischen Äußerungen

(48) unzulässig); NJW 2010, 631 (Streikaufrufe in Filialen-zulässig); NZA 2011, 364; MüKoZPO/Becker-Eberhard Rn. 133 und 134 (zur Kritik an der Kerntheorie). Auch ein allgemeiner Antrag auf eine Unterlassung von Beeinträchtigungen kann im Einzelfall ausreichen, BAG NZA 2013, 453; unstatthaft: Düss Rpfleger 1998, 530; KG GRUR 2007, 80. Bei dem Verbot gegenüber einem Kreditinstitut bestimmte Klauseln in der Zukunft zu verwenden, können künftige Klauseln mit einem geänderten Text, aber derselben Zielrichtung durch die Wendung „ Verbot von der inhaltsgleichen Klauseln" erfasst sein, Saarbr NJW-RR 2020, 423. Der Antrag darf sich grundsätzlich nicht in der Wiederholung des Gesetzestextes erschöpfen, BGH GRUR 2007, 608; Hamm WettbR 2000, 63 (bei mehreren im Gesetz genannten Verletzungsformen); Zweibr GRUR 1987, 854 (zu § 890); Düss NJW-RR 1988, 526. Davon kann bei einer Zuführung (Immission) eine Ausnahme gelten, → „Immission". Der Antrag darf keine Widersprüchlichkeit enthalten, BPatG GRUR-RR 2017, 125 (dort verneint). Der Kläger kann einen Antrag nach § 890 I, II mit dem Sachantrag verbinden, BAG NZA 2018, 194. Soweit eine verbale Beschreibung nicht möglich oder nicht hinreichend ist, kann in Ausnahmefällen eine Anlage, die zu den Akten gereicht wird, ausreichen, so BGH GRUR 2000, 22; Mü LMuR 2020, 404 (Goldhase auch bei Verlustrisiko); Mü GRUR-RR 2021, 20 Rn. 22 (Fahrzeugzeichen bei farblicher Abweichung), uU auch im Antrag eingeblendete Kopien von Produktbildern, KG GRUR 2020, 280 Rn. 38.

Beispiele für Unterlassungsanträge

– **(Abwerbung):** Ausreichend: Verbot, sie erstmals und unaufgefordert am Arbeitsplatz über erste Kontaktaufnahme hinaus vorzunehmen, BGH NJW 2004, 2083.
– **(Aufführung eines Werkes):** Ausreichend: Unterlassung einer bühnenmäßigen Aufführung eines Werkes (genaue Bezeichnung), BGH NJW 2000, 2207.
– **(Aufklärung):** Unzureichend: Verbot einer „unmissverständlichen und unübersehbaren Aufklärung", BGH NJW 1999, 3638.
– **(Auslaufmodell):** Unzureichend: Verbot, ein Modell, das seit längerer Zeit nicht mehr geführt wird, ohne die Bezeichnung Auslaufmodell anzubieten, Düss GRUR 1987, 450.
– **(Bedingung):** Ausreichend: Verbot, in den Antrag den Zusatz „wenn dies geschieht" aufzunehmen, BGH GRUR 2011, 743.
– **(Beihilfe):** Unzureichend: Verbot der Behauptung, „staatliche Beihilfen" fänden nicht statt, BGH WM 2011, 1000.
– **(Beleidigung):** Unzureichend: Verbot eines Schreibens, das den Kläger „verunglimpft oder beleidigt", oder „beleidigende verbale Äußerungen Drittem gegenüber" zu verbreiten, LG Oldb VersR 2000, 385.
– **(Betriebsrat):** → „Arbeitsrecht (Mitbestimmung)".
– **(Bezugnahmen im Antrag):** Ausreichend: Hinweis auf konkrete Verletzungsform zur Umschreibung eines Verbotes auf Anlage reicht grundsätzlich, BGH NJW 2021, 3450 Rn. 20, 21; NJW-RR 2020, 929 Rn. 17 („wie in Anlage 1 wiedergegeben"); → Rn. 35 (Goldhase III); das gilt auch für die Bestimmtheit der Urteilsformel, wenn die Anlage selbst nicht Bestandteil des Urteils ist, BGH LMuR 2021, 1199 Rn. 12–14 (Goldhase III); NJW 2020, 2540 Rn. 21 (Cookie-Einwilligung II) oder eine Kopie von Produktbildern eingeblendet wird, KG GRUR 2020, 280 Rn. 38; Verbot einer Werbung mit Worten wie „in der Ausgabe vom … geschehen", Jena GRUR-RR 2006, 248; Verbot eines Werbeverhaltens und kerngleiche Handlungen durch den Hinweis „eine „Aussage wie …" zu machen, BGH NJW 2001, 3710; wegen werblicher Angaben auf genau bezeichnete Unterlagen, BGH WRP 2000, 205; Hmb NJW-RR 2014, 221; Köln GRUR-RR 2012, 33; in den Antrag die Worte „wie geschehen" aufzunehmen, BGH GRUR 2011, 743; Bezugnahme im Antrag auf USB-Stick und Aktenordner im Hinblick auf Verletzung von Presserecht, auch wenn keine vollständige Identität besteht, BGH GRUR-RS 2021, 4526. Unzureichend: Bezugnahmen auf streitiges Parteivorbringen und die Urteilsgründe, BGH NJW 2000, 2195; Verbot einer Beanstandung von „Anzeigen derselben Art", BGH NJW-RR 2001, 684; einer Darstellung mit den Worten „ähnlich wie …", BGH NJW 1991, 1115; auf das gesamte Musikalbum beim Verstoß nur gegen einen Einzeltitel, Hmb GRUR-RR 2008, 72.
– **(Eindruck):** Unzureichend: Verbot, einen bloßen Eindruck zu erwecken, Kblz GRUR 1988, 143, wenn man nicht zugleich im Antrag die konkreten Umstände einbezieht, auf denen der Eindruck beruht, Hmb NJW-RR 1994, 290.
– **(Einstweiliger Rechtsschutz):** → § 940 Rn. 19 „Gewerblicher Rechtsschutz (Unterlassen)".
– **(E-Mail):** Unzureichend sein kann eine bloße Bezugnahme, KG MDR 2018, 487.
– **(Erforderlichkeit):** Ausreichend: Gebot, „die erforderlichen" Maßnahmen zur Verhinderung einer Beeinträchtigung … (genaue Beschreibung) zu treffen, Köln NJW-RR 1990, 1087.
– **(Formelhafte Beschreibungen):** Begriffe wie „deutlich", „ähnlich", „angemessen", „unüberhörbar" oder „unübersehbar", reichen für ein begehrtes Verbot nicht aus, BGH NJW 2005, 2550 NJW 1999, 3638; Musielak/Voit/Foerste Rn. 33. Dasselbe gilt für „marktübliche (reguläre) Preise", BGH NJW-RR 2004, 687; NJW 2000, 3551.
– **(Geräusch):** Ausreichend: Verbot von Hundegebell zu bestimmten Zeiten nebst Aufgabe von geeigneten Abwehrmaßnahmen, Köln VersR 1993, 1242; Verbot einer Überschreitung von Zimmerlautstärke beim Musikspielen oder -hören, LG Hmb MietR 1996, 6; → „Immissionen".
– **(Geschäftsgeheimnis):** Grundsätzlich muss das streitbefangene Geheimnis so konkret bezeichnet werden, dass ersichtlich ist, welches Verhalten untersagt werden soll, Ffm GRUR-RR 2021, 229 Rn. 15 ff. (GeschGehG). An die Bestimmtheit eines Unterlassungsantrages sind ausnahmsweise geringere Anforderungen zu stellen, wenn im Antrag Umstände offenbart werden müssten, an denen ein schutzwürdiges Geheimhaltungsinteresse besteht, solange das Klageziel ersichtlich ist, Schlesw GRUR-RR 2022, 404 Rn. 27.
– **(Gesetzeswortlaut):** Grundsätzlich unzureichend: Seine bloße Wiederholung, BGH WM 2014, 1776; NJW 2012, 2276. Etwas anderes kann gelten, wenn entweder der gesetzliche Verbotstatbestand selbst eindeutig und konkret gefasst oder sein Anwendungsbereich durch gefestigte Auslegung geklärt ist, BGH *NJW 2012, 2276 (Werbung mit* Hinweis auf „Neuer PKW").
– **(Hundegebell):** „– (Geräusch)".
– **(Internetseite):** Wird bei Beschreibung einer konkreten Verletzungsform auf eine bestimmte Internetseite Bezug genommen, hat das für die Frage des Streitgegenstandes keine Auswirkungen auf die Internetsuchmaschine, Köln GRUR 2020, 276.

– **(Marke):** Ausreichend: Verbot der markenmäßigen Verwendung einer Bezeichnung, BGH NJW 1991, 296; Mü MDR 1995, 174 (auch mit Zusatz „insbesondere ...", Hmb NJW-RR 1994, 290). Unzureichend: Verbot, eine Marke „für ein Lenkrad zu benutzen", Köln GRUR-RR 2008, 303; bei einer Marke nur deren Strukturprinzip nachzuahmen, Hmb GRUR-RR 2009, 323; bei mehreren Marken nicht deren Rang- oder Prüfreihenfolge zu nennen, Hamm GRUR-RR 2011, 39; Waren von „Markenherstellern" anzubieten, BGH GRUR-RR 2012, 475. Zur Bezugnahme auf Anlagen „Bezugnahme im Antrag". **(48)**
– **(Öffnungszeit):** Unzureichend: Verbot, außerhalb von ihr Waren anzubieten oder zu verkaufen, „sofern es sich nicht um ein Ausbedienen handelt", Kblz GRUR 1985, 61, oder wenn nur die Marke genannt wird, Ffm WettbR 1998, 41.
– **(Parkplatzbenutzung):** Ausreichend: Unterlassungsbegehren des Parkplatzbetreibers, gerichtet auf das Abstellen des Fahrzeuges entgegen der Abstellbedingungen des Klägers, BGH NJW 2016, 863 (durch Auslegung ermittelt).
– **(Patentverstoß):** → „Patentverletzungen"
– **(Postwurfsendung):** Ausreichend: Verbot ihrer Verbreitung mit dem Titel „Einkauf aktuell", BGH ZIP 2012, 1177.
– **(Pressebeitrag):** Unzureichend: Verbot, einen solchen Beitrag „werbenden Inhalts ohne publizistischen Anlass" zu verbreiten, Karlsr WettbR 1996, 6; „ohne publizistischen Anlass" zu berichten, KG NJW-RR 2005, 1711; einen solchen Pressebeitrag zu bringen, der „inhaltlich Werbung ist", BGH MDR 1993, 632. Ausreichend für eine vorbeugende Unterlassung einer namentlichen Berichterstattung über gegen den Kläger erhobenen Plagiatsvorwurf, (vorbeugende Unterlassungsklage)".
– **(Produktbilder):** Im Urheberrechtsstreit reichen im Antrag eingeblendete Produktabbildungen aus, insbesondere, wenn Originalbilder als Anlage dem Schriftsatz beigefügt sind und damit die Identität der Bilder festgestellt werden kann, KG GRUR 2020, 280 Rn. 38; Czychowski/Nordemann GRUR-RR 2021, 193 (197).
– **(Rechtsdienstleistungen, außergerichtlich):** Unzureichend: Verbot, „rechtliche Beratung" zu erteilen, auch wenn auf § 3 RDG Bezug genommen wird, BGH NJW 2012, 1589. Den Antrag, eine Architektin zu verurteilen, es zu unterlassen, Rechtsdienstleistungen in Form der Vertretung Dritter im Widerspruchsverfahren gegen die negative Bescheidung einer Bauvoranfrage oder im Zusammenhang mit der Kostenerstattung im Widerspruchsverfahren zu einer Bauvoranfrage zu erbringen, hält der BGH, GRUR 2021, 758, nicht für hinreichend bestimmt; zu dem weiteren Antrag in Bezug auf Ausnahmetatbestände hat der BGH darauf hingewiesen, dass diese nicht im Antrag erwähnt werden müssen, wenn die konkrete Verletzungsform beschrieben ist, vgl. hierzu Möller NJW 2021, 1640 (1643).
– **(Rechtswidrigkeit):** Unzureichend: Verbot einer Aufforderung zu rechtswidriger Handlung, Hamm NJW-RR 2010, 190.
– **(Sonn- und Feiertag):** Ausreichend: Verbot eines Verkaufs an einem solchen Tag bei einem dann verbotenen Artikel, zB in Niedersachsen, Hamm GRUR-RR 2013, 297.
– **(Vergleichbare Werbung):** Unzureichend: Verbot, Preise „herabsetzend und/oder ironisch vergleichend gegenüberzustellen", BGH NJW 2002, 377.
– **(Verwechselbarkeit):** Ausreichend: Verbot, eine Vorrichtung in Verkehr zu bringen, die „nach Farbe, Gesamtaussehen usw. zu Verwechslungen mit dem Klagemodell geeignet" sei, BGH GRUR 2002, 88.
– **(Vorbeugende Unterlassungsklage):** Für die Bestimmtheit eines auf Erstgefahr gestützten Unterlassungsantrages kommt es, soweit die konkret erwartete Verletzungsform im Einzelfall ungewiss bleibt, darauf an, ob das Klagebegehren im Rahmen des der klagenden Partei möglichen und zur Gewährleistung effektiven Rechtsschutzes für beide Seiten Gebotenen hinlänglich eindeutig formuliert und als Urteilsformel vollstreckbar ist; bei einer zu erwartenden namentlichen Presseberichterstattung über einen Plagiatsvorwurf reicht ein entsprechendes Unterlassungsbegehren für die Zulässigkeit nach § 253 II Nr. 2 aus, während die Frage, ob ein solches weit gefasstes Begehren gerechtfertigt ist, eine Frage der Begründetheit ist, BGH NJW 2021, 1756 = GRUR-RS 2021, 8861.
– **(Werbung):** Unzureichend: Verbot einer Werbung mit dem Slogan „100,-€ günstiger als 299,-€", Köln GRUR-RR 2021, 282 Rn. 39; Verbot einer Werbung ohne „einen eindeutig zuzuordnenden und leicht erkennbaren Hinweis", BGH NJW 2008, 1385; Werbung für ein Produkt mit „jetzt nur ... Euro statt ... Euro", wenn nicht deutlich wird, welcher Vergleichspreis herangezogen wird, BGH NJW 2005, 2550; Verbot der Werbung in Form eines redaktionellen Beitrags, selbst wenn unter dem Anhängsel „insbesondere" ein Beispiel für sich allein präzise genug wäre, KG GRUR 1987, 719. Ausreichend: Verbot des werblichen Charakters gegen Entgelt bei Filmen, BGH NJW 1995, 3177 (3181); Verbot, in einer Anzeige von der „Werkstatt für Ihren Opel" zu sprechen, Hamm GRUR 1990, 1087; Verbot, in einem Anzeigenblatt in einem redaktionell gestalteten und nicht als Anzeige kenntlich gemachten Beitrag für einzelne Unternehmen zu werben, Ffm GRUR 1987, 751.

Verbandsklage: Bei einer Verbandsklage → Vor § 253 Rn. 42 (Stichwort dort), muss der Klageantrag auch den Wortlaut der beanstandeten Bestimmung und die Bezeichnung derjenigen Rechtsgeschäfte enthalten, für die der Kläger die Bestimmung beanstandet.

Versorgungsausgleich: → „Fondsanteile".

Vertragsanpassung: Bei § 313 BGB muss man den neuen Vertragsinhalt bestimmt bezeichnen, wenn die Klage ist auf Zustimmung zu diesem Inhalt gerichtet ist; man kann aber uU auch direkt auf Leistung klagen, die sich aus einer als angemessen erachteten Vertragsanpassung ergibt, BGH NJW 2012, 373; MüKoZPO/Becker-Eberhard Rn. 152; Zöller/Greger Rn. 13c; Bayreuther S. 53. Es ist grundsätzlich keine Stufenklage analog § 254 nötig, Zöller/Greger Rn. 13c; aM Dauner-Lieb/Dötsch NJW 2003, 926; Schmidt-Kessel/Baldus NJW 2002, 2077. Auch eine Feststellung nach § 256 kann im Einzelfall in Frage kommen, BGH NJW-RR 2006, 699.

Vertragsstrafe: Es reicht aus, einen Antrag zu stellen, eine Vertragsstrafe „auf den angemessenen Betrag" herabzusetzen, → Rn. 42 ff. (zu unbezifferten Leistungsanträgen).

Vornahme einer Handlung: Statthaft ist eine Klage auf die Vornahme einer Handlung nach §§ 887, 888, BGH NJW 2012, 3575. Der Kläger muss deren Art und Umfang so bestimmt bezeichnen, wie es ihm zumutbar ist, BGH NJW 1996, 2725; 1978, 1584; Kblz NJW-RR 1998, 1770; BAG NJW 1990, 162. In einem Antrag auf Vornahme von Handlungen, mit denen ein bestimmter Erfolg erreicht werden soll, muss der Kläger nur den angestrebten Erfolg bestimmt bezeichnen; er darf die Auswahl zwischen verschiedenen, zur Herbeiführung des

(48) Erfolges geeigneten Mitteln dem Schuldner überlassen; hierzu ist er bei einem Anspruch auf Beseitigung einer Störung nach § 1004 BGB sogar verpflichtet, BGH BeckRS 2021, 2085 R. 10 ff. (Wiederherstellung der Funktionsfähigkeit einer gemeinsamen Giebelmauer); NJW 2002, 681; 1983, 751; NJW-RR 1996, 659 (Abwehr von Steinschlaggefahr); BAG NZA 2004, 674. Bei Vernichtung von Sachen muss genau so wie bei Herausgabeklagen das Objekt beschrieben werden, BGH NJW 2016, 1094 (Fotos); 2016, 317 und 1983, 1056 (Tonbänder); → „Herausgabe". Es kann ausreichen zu beantragen, „das Haus mit einem funktionsfähigen Fahrstuhl zu versehen", LG Hmb MDR 1976, 847. Bei einer Beseitigung von Baumängeln genügt deren bestimmte Bezeichnung und die Angabe des verlangten Erfolgs, eine Angabe der Beseitigungsmethode ist im Erkenntnisverfahren nicht erforderlich, Düss BauR 2014, 302; Mü MDR 1087, 945 (zu § 887). Unzureichend ist ein Antrag „zu veranlassen", dass eine Eintragung bei einer privaten Auskunftsstelle gelöscht wird, LAG Mü VersR 1986, 151. Auch → „Willenserklärung".

Vorvertrag: → „Willenserklärung". Wenn ein Vertragspartner aufgrund eines Vorvertrags den Abschluss des Hauptvertrags erzwingen will, ist die Klage auf die Abgabe eines vom Bekl. zu formulierenden Angebots grundsätzlich wegen fehlenden Rechtsschutzbedürfnisses unzulässig, wenn der Hauptvertrag schon ausformuliert ist; erforderlich ist dann ein Antrag auf Annahme des vom Kläger genau zu formulierenden Angebots, BGH NJW 2001, 1272; 1986, 2825; 1984, 479. Regelt der Vorvertrag nicht den vollständigen Inhalt des in Aussicht genommenen Hauptvertrages, sondern verweist lediglich auf Bestimmungen in anderen Verträgen mit Dritten, muss der Kläger kein eigenes Angebot unterbereiten, sondern kann auf Abgabe eines ausformulierten Angebotes klagen, BGH NJW 2001, 1272. Bei einer durch einen Vorvertrag begründeten Verpflichtung zum Abschluss eines Vertrages ist jede Partei berechtigt, der übernommenen Verpflichtung durch Klage auf Abgabe einer von ihr formulierten Vertragserklärung zu verlangen; der Bekl. kann dann einredeweise eine konkreten Alternativvorschlag machen, BGH NJW 2006, 2843. In Ausnahmefällen kann es notwendig sein, den gesamten Inhalt des Hauptvertrages in den Klagantrag aufzunehmen, BGH WuM 1994, 71, Köln NJW-RR 2003, 375.

Währung: Wird ein fremdes Zahlungsmittel geschuldet, ist grundsätzlich auf Zahlung in dieser Währung zu klagen, MüKoZPO/Becker-Eberhard, Rn. 98. Wird in einem solchen Fall auf Zahlung in EUR geklagt, ist dies zulässig, wenn der Bekl. insoweit keine Einwendungen erhebt und für ihn kein anderweitiges schutzwürdiges Interesse besteht; das ergibt sich mittelbar aus § 244 BGB, BGH WM 1977, 479; BAG 1996, 741; MüKoZPO/Becker-Eberhard Rn. 98; Musielak/Voit/Foerste Rn. 31. Nach § 244 I BGB kann nämlich der Schuldner mangels einer abweichenden Vereinbarung eine im Inland zahlbare Fremdwährungsschuld auch in EUR begleichen.

Wettbewerbsrecht: Es kann ausreichen zu beantragen, „Körperpflegemittel nicht in solchen Aufmachungen als Zugabe zu gewähren, die mit handelsüblichen Verkaufseinheiten verwechslungsfähig sind"; „Flaschenbier zu denjenigen Preisen und Konditionen zu liefern, die der Beklagte Großhändlern einräumt, deren Umsätze mit denen des Klägers vergleichbar sind", Kblz GRUR 1980, 753. Zur Irreführung gem. § 5 I UWG: BGH NJW-RR 2020, 929; vgl. Schmitt-Gaedke GRUR-Prax 2020, 397 (Antragsfassung im gewerblichen Rechtsschutz).

Widerruf. Dazu Hendricks, Zivilprozessuale Geltendmachung von Widerrufs- und Unterlassungsansprüchen im Medienrecht, 2002. Der Kläger muss angeben, wer einen Widerruf wem gegenüber erklären soll, BGH GRUR 1966, 272.

Willenserklärung: Eine Klage auf die Abgabe einer Willenserklärung, die nach § 894 vollstreckt wird, ist statthaft, BAG NZA 2013, 374. Dabei muss der Kläger grds. ihren Wortlaut mitteilen, so dass bei seiner unveränderten Übernahme in den Urteilstenor die nach § 894 S. 1 als abgegeben geltende Willenserklärung feststeht; das bedeutet für Erklärungen zu einem Vertragsabschluss, dh für Angebot und Annahme, dass die Willenserklärungen den für den begehrten Vertragsabschluss notwendigen Mindestinhalt enthalten müssen, BGH WuM 1994, 71; BAG NZA 2020, 340 (Annahme eines Angebotes zur Elternteilzeit); NJW 2017, 2782; LAG Stgt NZA 2015, 459; → „Auflassung"; → „Vorvertrag". Es kann ausnahmsweise ausreichen, den Antrag zu stellen, „alle Rechtsgeschäfte, die zur Übertragung des Geschäfts erforderlich sind, mit dem Kläger abzuschließen", oder auf Abgabe eines „später anzunehmenden" Angebots zu klagen, BGH NJW-RR 2005, 666. Einen Zeitpunkt braucht man wegen § 894 nicht anzugeben, BAG NJW 2013, 1836. Zur Auslegung sind §§ 133, 157 BGB heranziehbar, BAG NZA 2018, 516; Zur Auflassung → s. Stichwort dort.

Wohnungseigentum: Um den Mindestanforderungen des II Nr. 2 im Hinblick auf die Bestimmtheit des Antrages zu genügen, muss sich aus dem Klägervortrag zumindest durch Auslegung ergeben, welchen von welcher WEG gefassten Eigentümerbeschluss in welcher Eigentümerversammlung er in welchem Umfang zur Überprüfung stellen will; wenn sich das Datum der Eigentümerversammlung weder aus dem Antrag noch aus der Klageschrift nebst Anlagen ergibt, hängt deren Einhaltung von den Umständen des Einzelfalles ab und ist aus der Sicht der beklagten Wohnungseigentümer und nicht aus der Sicht des Gerichts zu ermitteln, weil die Klagefrist keine prozessuale, sondern eine materielle Bedeutung hat, BGH MDR 2021, 26 = BeckRS 2020, 30716; NZM 2019, 218 Rn. 9; AG Wilhelmshaven ZMR 2017, 938; MüKoBGB/Hogenschurz WEG § 44 Rn. 9; Bergerhoff NZM 2007, 425; Sauren NZM 2007, 858. Ob bei einer (Not-) Verwalterbestellung die Benennung einer bestimmten Person erforderlich ist, war nach WEG aF bestritten, verneinend, weil richterliches Ermessen: Sauren NZM 2007, 858; aM Bonifacio MDR 2007, 869. Bei einer Beschlussersetzungsklage nach § 21 III WEG aF brauchte entgegen II Nr. 2 der Antrag keinen konkreten Beschlussinhalt enthalten, weil das grundsätzlich den Wohnungseigentümern zustehende Ermessen vom Gericht ausgeübt wurde, BGH NJW 2016, 2181; → Rn. 42 ff. (unbestimmter Klageantrag).

Zeugnis: Bei der Klage auf die Erteilung eines qualifizierten Zeugnisses kann dessen vollständige Formulierung notwendig sein, wenn der gesamte Inhalt umstritten ist; bezieht sich der Streit nur auf Teile, sind diese anzugeben, LAG Köln NZA-RR 2013, 491; MüKo ZPO/Becker-Eberhard Rn. 143. Bei einem qualifizierten Zwischenzeugnis, das sich auf Leistung und Verhalten im Arbeitsverhältnis erstreckt, ist der Antrag nicht unbestimmt, wenn der Endzeitpunkt des Beurteilungszeitraumes nicht in den Antrag aufgenommen wird, und sich anderweitig nicht ermitteln lässt, BAG NZA 2020, 800 Rn. 67. Eine Unterzeichnung durch einen „Ranghöheren" kann dessen bloße Mitunterschrift meinen, BAG NZA 2006, 437.

Zeitungsartikel: Der Antrag auf Verbot der Vervielfältigung von Auszügen aus Artikeln einer Qualitätszeitung, die einer Reihe beispielhaft aufgeführter Auszüge entsprechen, ist bestimmt genug, LG Mü WM 2011, 1177.

Zinsen: → Rn. 41. Eine Bezifferung ist nicht erforderlich und auch nicht möglich, weil der Zeitpunkt der Erfüllung der Hauptforderung und damit das Ende des Zinslaufs nicht feststehen. Der Kläger muss aber wegen

§ 308 I 2 im Antrag die Höhe der Hauptforderung, die verzinst werden soll, den Zinssatz und den Beginn der Verzinsung bezeichnen, BGH NJW-RR 2013, 511; Köln NJW-RR 2005, 932; Ffm Rpfleger 1992, 206; BAG NJW 2003, 2404; Anders/Gehle Assessorexamen ZivilR A Rn. 112; → Rn. 41. Bei Verzugszinsen oder Prozesszinsen reicht nach §§ 288 I, II, 291 S. 2 BGB für den Zinshöhe aus, zu beantragen: *„… nebst 5 (9) Prozentpunkte über dem Basiszinssatz"* der EZB, BGH NJW 2014, 3151; NJW-RR 2013, 511; BAG NJW 2003, 2404. *„Gesetzliche Zinsen aus dem Bruttolohn"* kann reichen, BAG NJW 2001, 3570; Anders/Gehle Assessorexamen ZivilR A Rn. 112, *„aus dem Nettolohn"* grundsätzlich nicht, BAG NZA 2001, 418, Schaller/Eppelein NZA 2001, 194; → „Arbeitsrecht (Brutto/netto)". Der Kläger muss für jeden unterschiedlichen Teilbetrag und Zinssatz die jeweilige Laufzeit genau angeben, also zB *„x% Zinsen auf 1000 EUR für die Zeit vom … bis zum …, y% Zinsen auf weitere 5000 EUR für die Zeit seit dem …, z% Zinsen auf restliche 2000 EUR für die Zeit vom … bis zum …"*. Der gesetzliche Zinsfuß von x Prozentpunkten über dem Basiszinssatz ist mehr als x Prozent, Hartmann NJW 2004, 1358. Werden 5 (9) % über dem Basiszinssatz beantragt oder tenoriert, entspricht dies nicht der Gesetzeslage; jedoch ist eine entsprechende Auslegung möglich, Hamm NJW 2005, 2238. Fehlt die Angabe des Zinssatzes und ergeben sich aus dem Sachverhalt keine Besonderheiten, kann in der Regel angenommen werden, dass die gesetzlichen Zinsen begehrt werden, BAG NZA 2022, 1641 Rn. 18. Das Gericht sollte aber nach § 139 rückfragen, auch beim anwaltlich vertretenen Kläger. Der Antrag auf Zinsen **„ab Rechtshängigkeit"** kann ebenfalls ausgelegt werden; im Urteil muss das Datum der Zustellung der Klageschrift bezeichnet werden, → Rn. 10 und → § 261 Rn. 4 ff. (Rechtshängigkeit). Eine solche Formulierung oder „gesetzliche Zinsen" sind beim Auslandsbezug unzureichend, Köln NJW-RR 2005, 932. Es ist ferner unzureichend der „Drei-Monats-Liborsatz" des Londoner Geldmarkts.

Zug-um-Zug-Leistung: Erforderlich ist, dass die Gegenleistung so genau umschrieben ist, dass eine Zwangsvollstreckung nach § 756 durchgeführt werden kann; das bedeutet, dass die Umschreibung genauso zu erfolgen hat wie die des Leistungsantrages, BGH NJW 2016, 3455; 2015, 2812; 2011, 989; 1993, 325; LG Hildesh DGVZ 2000, 94 (Computerprogramm); Thomas/Putzo/Seiler Rn. 11. Nicht ausreichend bestimmt ist eine Klage auf Auflassung Zug um Zug gegen eine Vergütung des noch durch einen Schiedsgutachter für einen künftigen Zeitpunkt zu ermittelnden Verkehrswerts, BGH NJW 1994, 3221; → Vor § 1025 Rn. 14. Dasselbe kann für eine Gegenleistung „Herstellung eines lotrechten Mauerwerks" gelten, Düss NJW-RR 1999, 794, oder für die Zahlung eines „angemessenen Entgelts" statt einer bestimmten, unter einem Vorbehalt gebotenen Gegenleistung, Düss GRUR-RR 2002, 176.

Zwangsvollstreckung: Der Kläger muss die verlangte Leistung so genau bezeichnen, dass sie auch für die Zwangsvollstreckung nach § 750 genügend klar ist, → Rn. 27, 34. Auch bei der Unterlassungsklage darf der Kläger die Entscheidung nicht in das Vollstreckungsverfahren verlegen. Bei der dinglichen Befriedigungsklage nach § 1147 BGB muss der Antrag auf eine Verurteilung zur Duldung der Zwangsvollstreckung in das Grundstück und in mithaftende Gegenstände zur Befriedigung des Klägers wegen der Hypothek und der Nebenforderungen lauten, → „Grundstück"; → „Hypothek". Entsprechendes gilt bei der Klage aus einem Schiffspfandrecht.

Eine **Auslegung** eines Urteils ist möglich, muss aber von der Urteilsformel ausgehen; ergänzend können die Entscheidungsgründe und im Einzelfall der im Urteil wiedergegebene Parteivortrag herangezogen werden, nicht jedoch Umstände, die außerhalb des Titels liegen, BGH NJW 2021, 160 mAnm Biallaß = BeckRS 2020, 22690. Zum Streitgegenstand bei einer Vollstreckungsgegenklage nach **§ 767** → Rn. 33 (Stichwort dort) und Rn. 39.

VI. Angaben zur Mediation, zum Streitwert, zum Einzelrichter, III. Alle Angaben nach III sind nicht zwingend. Die Versäumung der Angaben in der Klageschrift kann aber den Fortgang des Verfahrens verzögern und zum Verlust der Vorwirkung nach § 167 führen, BGH NJW 1972, 1948; → § 261 Rn. 8. **49**

Die Klage soll nach **Nr. 1** die Angabe eines etwaigen Versuchs einer Mediation, → § 278 Rn. 39, oder eines anderen Verfahrens der außergerichtlichen Streitbeilegung, zB nach § 15a EG ZPO, enthalten. Mit dieser Regelung soll bewirkt werden, dass der Kläger vor der Klageerhebung die Möglichkeiten der außergerichtlichen Streitschlichtung ausschöpft und der RA ihn darauf hinweist, um eventuellen Ersatzansprüchen zu vermeiden, Loer ZKM 2015, 111; Zöller/Greger Rn. 20a. Nach **Nr. 2** soll die Klageschrift Angaben zum Streitwerts enthalten. Letzterer ist auch nötig zur Berechnung des Kostenvorschusses nach §§ 12, 63 GKG iVm KV 1210, 1220 zum GKG. Wichtig sind die Angabe des Streitwertes uU auch für die Beurteilung der sachlichen Zuständigkeit. Ferner soll in der Klageschrift nach **Nr. 3** eine Äußerung enthalten sein, ob Gründe gegen die Entscheidung der Sache durch den Einzelrichter nach §§ 348, 348a bestehen. Als Gründe kommen in Betracht zB eine besondere Schwierigkeit tatsächlicher oder rechtlicher Art, die grundsätzliche Bedeutung der Sache, aber auch die voraussichtlich bessere Beurteilungsmöglichkeit durch die gesamte Kammer, die zB einen Parallelprozess kennt. **50**

VII. Sonstige Erfordernisse, IV. 1. Allgemeines. Die Klageschrift ist ein bestimmender Schriftsatz, → § 129 Rn. 7. Daher sind §§ 130, 130a–130d, 131, 133 zu beachten (IV); fehlt der klägerische Wohnort (§ 130 Nr. 1), kann gleichwohl die Frist des § 4 S. 1 KSchG gewahrt sein; wird der Wohnort im zweiten Rechtszug angegeben und ist unstreitig, ist dieses Vorbringen zuzulassen, BAG NZA 2021, 75 Rn. 26 ff. = NJW 2021, 492. **51**

2. Unterschriftszwang. IV iVm § 130 enthält wie IV entgegen dem „Soll"-Wortlaut eine Mussvorschrift, BGH FamRZ 1988, 382; Mü MDR 2015, 53; → § 130 Rn. 7. Die Klageschrift muss als bestimmender Schriftsatz eigenhändig unterschrieben werden, soweit sie nicht elektronisch nach §§ 130a–130d eingereicht wird, BGH MDR 2017, 227; VersR 1985, 60; Köln MDR 1997, 500; Sauren NZM 2007, 857 (WEG); → § 129 Rn. 9 ff.; → § 130 Rn. 27. Eine Unterschrift unter einer beglaubigten Ablichtung oder Abschrift genügt, LG Amberg MDR 2000, 659, ebenso eine solche auf der Telefaxvorlage, Düss BauR 2014, 302, oder auf dem Anschreiben, BAG NJW 1976, 1285. Für die Anspruchsbegründung, → Rn. 29, mag die nachträgliche Unterzeichnung eines in Bezug genommenen Schriftstücks reichen, Mü NJW-RR 1998, 634. Eine maschinenschriftliche Namensangabe genügt nicht, ebenso wenig ein Namensstempel, BFH DB 1975, 88; → § 129 Rn. 15 „Maschinenschrift", auch nicht ein Abzug, wenn der Kläger das Original (die Matrize) eigenhändig unterschrieben hatte. Ein Zusatz „Rechtsanwalt" ist nicht erforderlich, LAG Ffm DB 1997, 938. Wegen eines Telefax → § 129 Rn. 15 „Telefax". **52**

3. Unterschriftsmangel. Die Klageschrift ist als bestimmender Schriftsatz, → § 129 Rn. 7, 8, grundsätzlich nur wirksam, wenn er ordnungsgemäß unterschrieben ist, → § 129 Rn. 9 ff. Bei Fehlen einer wirksamen Unterschrift, so auch zB wegen einer offensichtlichen Prozessunfähigkeit des Unterzeichners, leitet das Gericht grund- **53**

sätzlich keine Maßnahmen zur Verfahrenswahl und insbesondere zur Terminvorbereitung ein. Denn es ist in Wahrheit noch gar keine Klage eingereicht, auch keine mangelhafte, wobei es nicht darauf ankommt, ob ein Anwaltsprozess oder ein Parteiprozess vorliegt, BGH NJW 1985, 328. Das Gericht muss aber einen Hinweis erteilen und dem Kläger bei Behebbarkeit nach § 295 I anheimgeben, die fehlende oder mangelhafte Unterschrift nachzuholen oder nachzubessern. Das kann notfalls in der Verhandlung geschehen, wobei für eine Klagefrist keine Rückwirkung eintritt, BGH VersR 2004, 629.

54 **4. Keine bloße Bezugnahme.** Nicht ausreichend ist im Anwaltsprozess für die Begründung eine bloße Bezugnahme auf eine nur von der Partei verfasste Schrift, BGH NJW 2016, 2747. Mit einer solchen Klage treten nicht die Wirkungen der Rechtshängigkeit nach Zustellung ein, → Vor § 253 Rn. 71, 73; → § 262 Rn. 3f., insbesondere wird die Verjährung nicht gehemmt, Oldb MDR 1996, 851. Auch wird eine Klage-Ausschlussfrist nicht gewahrt. Das gilt unabhängig davon, ob der Gegner den Fehler gerügt hat. Die Wahrung von gesetzlichen der Parteiverfügung entzogenen Ausschlussfristen erfolgt erst durch eine korrekte Erhebung, BGH NJW-RR 2004, 755; BAG NJW 1976, 1285. Nach dem Übergang in das streitige Verfahren nach § 697 genügt im Anwaltsprozess die Bezugnahme auf eine vom Kläger im Mahnverfahren eingereichte und dem Bekl. zugestellte Anspruchsbegründung, BGH NJW 1982, 2002.

55 **VIII. Einreichung der Klageschrift, V.** → Rn. 5ff., 13. Sie erfolgt beim LG schriftlich oder elektronisch nach § 130a–130d, wobei es nach § 130d für die dort Genannten seit 1.1.2022 zwingend elektronisch ist, → § 130a Rn. 2f., § 130d vor Rn. 1. Wegen des Begriffs der Einreichung beim AG → § 496 Rn. 4. Die Übersendung per Telefax in mehreren vom Absender unverschuldeten jeweils rechtzeitig eingehenden Teilen ist ausreichend, BGH NJW 2004, 2228. Der Eingang auf der Post- oder Telefaxeingangsstelle reicht, BGH NJW 2004, 2228. Auch eine elektronische Einreichung nach §§ 130a–130d ist zulässig oder zwingend nach § 130a, § 130d, → Rn. 8. Das folgt auch aus V 2. Die Einreichung bewirkt den Eintritt der **Anhängigkeit** → § 261 Rn. 4; → Rn. 5, 10. Ihr Zeitpunkt ist nach § 167 bei einer nach § 167 **demnächst** erfolgenden Zustellung für den Zeitpunkt der Fristwahrung und Verjährung maßgebend, → Rn. 10ff. und § 261 Rn. 4ff. (allg. zur Rechtshängigkeit). Das Fehlen von Ablichtungen oder Abschriften hindert grundsätzlich nicht die Zustellung der Klageschrift, BGH NJW 2013, 532; LG Hmb ZMR 2013, 215; → Rn. 12. Der Urkundsbeamte der Geschäftsstelle kann beim Fehlen Ablichtungen auf Kosten des Klägers nach (jetzt) KV 9000 Nr. 1 GKG fertigen lassen, AG Bln-Charlottenb DGVZ 1981, 43, oder eine Nachreichung verlangen. Dennoch muss der Kläger grundsätzlich unaufgefordert einreichen. Das gilt unabhängig davon, ob eine Anlage oder Bezugnahme überhaupt statthaft ist, BGH NJW 2007, 775. Bei einem Verstoß tritt evtl. keine Fristwahrung nach § 167 ein, → Rn. 12. Bei einer elektronischen Einreichung entfällt eine Beifügung von Ablichtungen oder Abschriften nach V 2. Zur Rechtslage, wenn der Kläger dieselbe Klage mehrfach einreicht, → Rn. 10 aE. Die Bezugnahme auf den Antrag in einem nach § 117 mit eingereichten Klageentwurf im Hauptsachentermin gilt als Einreichung nach V, Karlsr JurBüro 2009, 263.

Anhang zu § 253
Widerklage

Schrifttum: Ackermann, Die Drittwiderklage, 2005; Arnold, Der internationale Gerichtsstand bei Drittwiderklagen usw., FS Schütze, 2014, 17; Costa Filho, Die streitgenössische Widerklage usw., 1997; Dauner-Lieb, Die sog. isolierte Drittwiderklage, FS Schilken, 2015, 223; Habermann, Die Flucht in die Widerklage zur Umgehung der Verspätungspräklusion, 2004; Leifeld ZZP 126, 509 (isolierte Drittwiderklage); Momtzouranis ZZP 127, 375 (Beteiligung Dritter); Okonska, Die Widerklage im Zivilprozessrecht der Europäischen Union und ihrer Mitgliedstaaten, 2015 (Bespr. Eichel ZZP 130, 526); Ott, Die Parteiwiderklage, 1999; Rimmelspacher, Die Bedeutung des § 33 ZPO, FS Lüke, 1997, 655; Roth, Parteierweiternde Widerklage und gerichtliche Bestimmung der Zuständigkeit, FS Beys, Athen 2004, 1353; Uhlmannsiek, Die Zulässigkeit der Drittwiderklage, 1995.

1 **I. Systematik, Regelungszweck, Geltungsbereich.** → Vor § 253 Rn. 1ff.; → § 253 Rn. 1ff. Eine – teilweise bei § 33 behandelt – Widerklage ist die vom Bekl. im Lauf des Prozesses ab Rechtshängigkeit gegen den Kläger in demselben Prozess erhobene Klage über einen anderen Anspruch als denjenigen des Klägers, Hamm FamRZ 1987, 711; zur Rechtshängigkeit → § 253 Rn. 10, 13 und → § 261 Rn. 4ff. Damit wird dem praktischen Bedürfnis der einheitlichen Verhandlung von etwas Zusammengehörigem Rechnung getragen, zumal man die gleiche Prozesslage durch eine Verbindung nach § 147 erreichen könnte, BGHZ 147, 222; Bräuer AnwBl 2018, 37. Die Widerklage dient damit der Prozesswirtschaftlichkeit; eine Zersplitterung eines einheitlichen Prozessstoffes soll vermieden werden, BGH NJW 2001, 2094 (zur ausnahmsweise zulässigen Drittwiderklage). Die Widerklage ist in der ZPO nicht umfassend, sondern nur in § 33 für einen Teilbereich geregelt. Da die Widerklage eine normale Klage ist, die vom Bekl. erhoben wird, → Rn. 3, gelten die allgemeinen Regeln für die Klage, insbesondere § 253. Streit herrscht über die systematische Einordnung von § 33, der die Widerklage nur in einem Punkt behandelt, → Rn. 23 (örtliche Zuständigkeit oder besondere Zuslässigkeitsvoraussetzung).

2 Für den Bekl. können bei der Frage, ob eine Widerklage zu erheben ist, taktische Gesichtspunkte eine Rolle spielen. Man kann im Verlauf des Prozesses zur Klage die Haltung dieses Gerichts „abtasten" und dann besser die Chancen einer Widerklage einschätzen, auch deren psychologische Wirkung auf ein vielleicht schon wegen der Klage genervtes Gericht. Man kann sich auch zu einer selbständigen Klage nach § 253 wegen der eigenen Gegenforderung vor einem anderen Gericht mithilfe eines anderen Anwalts zu einem späteren Zeitpunkt entschließen. Die Abgrenzung zur Haupt- oder Hilfsaufrechnung mit der betreffenden Gegenforderung, die im Rahmen der Klage lediglich ein Verteidigungsmittel darstellt, kann bei den taktischen Überlegungen eine Rolle spielen. Zur Prozesstaktik: Schneider MDR 1998, 21.

3 **II. Rechtsnatur.** Die Widerklage ist eine eigene Klage nach § 253, Hmb MDR 1989, 272; Gaul JZ 1984, 63, auch eine Hauptsachenklage nach § 494a bei vorangegangenem selbständigen Beweisverfahren, Ffm OLGR 2002, 295. Sie ist ein selbständiger Gegenangriff und kein bloßes Angriffs- oder Verteidigungsmittel nach §§ 282, 296, 528 II, 530, 531; vielmehr geht der Bekl. in die Rolle des Angreifers über, BGH NJW 1995, 1224; 1986, 2258; Schneider MDR 1977, 796. Daher ist eine **„Flucht in die Widerklage"** zulässig, um die Anwendung von Verspätungsvorschriften, so § 296, zu vermeiden; diese kommen nur bei Angriffs- und Verteidigungsmitteln, nicht aber bei dem Angriff selbst zum Tragen, BGH NJW 1995, 1224; aM Goulanakis MDR 1997, 216. Für

§ 36 I Nr. 3 bleibt kein Raum, BGH NJW 1993, 2120; 1991, 2838; Schröder AcP 164, 531; Wieser ZZP 1986, 45; zur „Flucht in das Versäumnisurteil → Vor § 330 Rn. 3.

Für die Widerklage entsteht ein eigenes Prozessrechtsverhältnis; sie hat gegenüber der Klage einen eigenen Streitgegenstand, BGH WM 1991, 1154; BAG NJW 2003, 991; Walter NJW 1987, 3140; → Vor § 128 Rn. 4 ff. (Prozessrechtsverhältnis); → § 253 Rn. 26 (Streitgegenstandsbegriff). Deshalb steht der negativen Feststellungs-Widerklage § 261 III Nr. 1 nicht entgegen, BGH NJW 2002, 751. Die Vorschriften über die Klageänderung nach §§ 263, 264 finden grundsätzlich keine Anwendung, BGH NJW-RR 1996, 65 (zur Wider- Widerklage), es sei denn, die Widerklage richtet sich auch gegen einen Dritten → Rn. 7. Sie ist keine Haupt- oder Hilfsaufrechnung, auch wenn bei einer Entscheidung über die zur Aufrechnung gestellte Forderung Rechtskraft nach § 322 II eintritt; gleichwohl ist die Aufrechnung lediglich ein Verteidigungsmittel und kein Angriffsmittel, Thomas/Putzo/Seiler § 145 Rn. 19; Anders/Gehle Assessorexamen ZivilR G Rn. 6. 4

III. Verhältnis zur Klage. Die Widerklage setzt Rechtshängigkeit der Klage voraus, → Rn. 18, ist aber nach ordnungsgemäßer Erhebung unabhängig vom Schicksal der Klage, Hmb MDR 1989, 272; LG Mü NJW 1978, 953. Der Widerkläger kann sie also auch nach Erledigung der Klage nach §§ 263, 264 noch erweitern. Grundsätzlich ist auch die Beschränkung der Rechtsmittelzulassung auf die Entscheidung entweder zur Klage oder zur Widerklage möglich, BGH BeckRS 2015, 16478; 2012, 4466; NJW 2010, 3015. Hängen jedoch der Erfolg der Klage und Widerklage von derselben Frage ab, ist eine beschränkte Zulassung des Rechtsmittels nicht zulässig, weil dann die Gefahr widersprüchlicher Entscheidungen besteht, BAG NZA 2020, 271. Dasselbe gilt grundsätzlich in solchen Fällen für ein **Teilurteil** hinsichtlich der Klage oder der Widerklage; bei der Gefahr sich widersprechender Entscheidungen kann grundsätzlich ein Teilurteil über die Klage oder Widerklage nicht ergehen, und zwar auch in Bezug auf Urteilselemente, die nicht in Rechtskraft erwachsen und nicht das Gericht nach § 318 binden, BGH NJW 2021, 2438 Rn. 17; 2011, 1815 Rn. 15; NJW-RR 2012, 849; Brdg NJW-RR 2020, 341 (dieselben Fragen für beide Klagen). Eine Ausnahme besteht für den werkvertraglichen Sicherungsanspruch nach § 648 BGB aF (jetzt § 650f BGB), dh ein Teilurteil über die auf einen solchen Anspruch gerichtete Widerklage kann trotz der Gefahr sich widersprechender Entscheidungen ergehen, weil dem Unternehmer möglichst schnell und effektiv eine Sicherheit für den Fall ausbleibender Zahlungen des Bestellers verschafft werden soll, BGH NJW 2021, 2438 Rn. 19, 22 ff. und Rn. 20 (zu weiteren Ausnahmen vom Verbot eines Teilurteils bei der Gefahr sich widersprechender Entscheidungen). Die Widerklage muss einen selbständigen Anspruch enthalten, Bork JA 1981, 389. Verneint sie nur den Klageanspruch, ist sie wegen des Fehlens eines Rechtsschutzbedürfnisses unstatthaft, BGH NJW 2002, 751; 1987, 3138; → Rn. 17. Daher ist eine Widerklage gerichtet auf eine negative Feststellung (§ 256 I) gegenüber der entsprechenden Leistungsklage nicht zulässig, es sei denn, die Widerklage enthält einen Überschuss, den der Kläger nicht eingeklagt hat und der Widerkläger die Feststellung des Nichtbestehens eines Mehranspruchs oder einen der Rechtskraft nach § 322 fähigen weiteren Anspruch begehrt. Gegenüber einer positiven Feststellungsklage ist eine negative Feststellungswiderklage nur ausnahmsweise statthaft, soweit ein entsprechendes berechtigtes Interesse besteht. Auch ein Antrag aus § 717 II kann eine Widerklage sein. 5

Unnötig ist die **Bezeichnung** als Widerklage. Im **Rubrum** des Urteils werden der Kläger zusätzlich als Widerbekl. und der Bekl. zusätzlich als Widerkläger bezeichnet, Anders/Gehle Assessorexamen ZivilR M Rn. 10. **Tatbestand** und **Entscheidungsgründe** werden bei einem im Wesentlichen identischen Sachverhalt einheitlich, bei Verschiedenheit hintereinander jeweils in der üblichen Form dargestellt, Anders/Gehle Assessorexamen ZivilR M Rn. 11, 12. 6

IV. Widerklage unter Beteiligung eines Dritten. 1. Gegen einen Dritten. Sie ist grundsätzlich nur zulässig, soweit sie auch gegen den Kläger erfolgt; man bezeichnet sie als **streitgenössische** Drittwiderklage; der BGH sieht darin eine Parteierweiterung, BGH NJW 2019, 1610; 2014, 1670; 2011, 460; 2008, 2855; 2007, 913 (auch zur Bedingungsfeindlichkeit); 2001, 2094 und 1272; NJW-RR 1990, 1267; Mü NJW-RR 2013, 84; Anders/Gehle Assessorexamen ZivilR M Rn. 28; Schröder MDR 2011, 522; Luckey MDR 2002, 745; aM LG Hann NJW 1988, 1601; Dräger MDR 2008, 1374, Kirschstein-Freund KTS 2004, 46. Das bedeutet, dass neben den allgemeinen Voraussetzungen die Sachdienlichkeit bzw. Zustimmung des Bekl. nach § 263 und die Voraussetzungen nach §§ 59 ff. geprüft werden müssen, Anders/Gehle Assessorexamen ZivilR M Rn. 28. § 33 gilt nicht für den Dritten, BGH NJW-RR 2008, 1516; NJW 2000, 1871. 7

Die **isolierte** Widerklage gegen den Dritten ist grundsätzlich unzulässig, BGH NJW-RR 2022, 781 Rn. 7; NJW 2014, 2014, 1670; Korte JA 2005, 534; vgl. auch Odemer JA 2020, 851. Sie kann im Einzelfall nach § 147 bei Vorliegen der Voraussetzungen mit der Klage verbunden werden; dann gelten nicht die Besonderheiten der Widerklage, Anders/Gehle Assessorexamen ZivilR M Rn. 27. Die Drittwiderklage wird außerdem aus Gründen der Prozesswirtschaftlichkeit ausnahmsweise auch isoliert für statthaft gehalten, BGH NJW-RR 2022, 781 Rn. 8 (Versicherung); NJW 2021, 1093 Rn. 24 ff. (Leasingverhältnis) mAv Skamel; 2019, 1610 Rn. 18 (ausnahmsweise isoliert gegen Zedenten); 2008, 2855; 2007, 1753 (im Ergebnis zust. Riehm JZ 2007, 1002); 2001, 2094; Stgt BauR 2012, 1693; aM Köln FamRZ 2005, 1260; Mü NJW-RR 2013, 84. Erforderlich sind ein enger tatsächlicher und rechtlicher Zusammenhang mit der Klage und die Wahrung schützenswerter Belange des Dritten, Anders/Gehle Assessorexamen ZivilR M Rn. 27. Nieder, ZZP 1985, 437, hält die isolierte Widerklage gegen einen Dritten und auch eines Dritten für statthaft, soweit das Urteil zur Hauptklage eine Rechtskraft nach § 322 gegen den Dritten entfalte (ähnlich Rüßmann AcP 172, 554 bei einer Widerklage gegen den Einziehungsermächtigenden, Greger ZZP 1988, 454); er lässt auch einen der Rechtskraft nicht unterworfenen Dritten evtl. als Streitgenossen nach § 59 im Widerklageprozess zu. Wieser ZZP 1986, 45; Zöller/Vollkommer § 33 Rn. 23 sehen alle diese Fälle als solche nach §§ 59, 60 an und behandeln sie nach §§ 145 I, 147. In allen Ausnahmefällen wendet die Rspr. § 33 analog an, BGH NJW 1993, 2120; 1991, 2838, und lehnt die entsprechende Anwendung von § 36 Nr. 3 ab, BGH NJW 2011, 146. 8

2. Von einem Dritten. Die Widerklage nur eines Dritten ist grundsätzlich unzulässig, weil dieser Dritte sich nicht in der nach § 33 privilegierten Lage des Bekl. befindet, BGH NJW 2014, 1670; Köln FamRZ 2005, 1259; Hmb NJW-RR 2004, 63; Hamm FamRZ 1987, 711; aM Dauner-Lieb FS Schilken, 2015, 223 (233); → Rn. 18. Möglicherweise kann darin eine neue Klage mit dem Antrag auf Verbindung liegen; in der Praxis werden uU die Voraussetzungen des § 147 geprüft und, bei Bejahung die Verbindung beschlossen oder andernfalls nach § 145 getrennt, Anders/Gehle Assessorexamen ZivilR M Rn. 31. 9

3. Beispiele

10 **Abtretung:** Bei Klage des neuen Gläubigers kann die isolierte Widerklage des Bekl. gegen den Zedenten zulässig, sein, BGH NJW 2019. 1610; 2008, 2852 (Widerklage auf Feststellung, dass dem Zedenten keine Ansprüche aus dem Rechtsverhältnis bezüglich der Klage zustehen); 2001, 2094 (Architekten-Honorarforderung)

Anschlussberufung: Eine Einbeziehung eines Dritten nach § 524 ist unstatthaft, BGH NJW 1995, 198.

Auseinandersetzungsguthaben: Die isolierte Widerklage gegen einen BGB-Gesellschafter ist zulässig, LG Bonn NJW-RR 2002, 1400.

Beweisaufnahme: Der neue Widerbekl. kann eine Ergänzung oder Wiederholung einer schon durchgeführten Beweisaufnahme verlangen, BGH NJW 1996, 196.

Negative Feststellungsklage: Isolierte Widerklage gegen den Zedenten im Rechtsstreit des Zessionars ist zulässig, BGH NJW 2019, 1610; 2008, 2852; → § 256 Rn. 26, 38, 39, 64; → Rn. 8.

Partei kraft Amtes: Ihre persönliche Inanspruchnahme mit einer Widerklage ist zulässig, BGH NZG 2016, 838 (Insolvenzverwalter).

Verkehrsunfall: Zulässig ist die isolierte Widerklage des Bekl. als Unfallgegner gegen den Zessionar des Klägers, BGH NJW 2007, 1753

11 **V. Allgemeine Zulässigkeitsvoraussetzungen für die Widerklage. 1. Allgemeines.** Die Widerklage ist eine selbständige Klage, → Rn. 3. Daher müssen die allgemeinen Zulässigkeitsvoraussetzungen vorliegen, BGH NJW 2018, 3016 (Nebenintervention); → Vor § 253 Rn. 22 ff. Andernfalls muss das Gericht sie evtl. nach einem vergeblichen Hinweis gemäß § 139 als unzulässig zurückweisen, Karlsr GRUR-RR 2013, 523 (zu § 533). In der Berufungsinstanz ist § 533 zu beachten. Es findet kein obligatorisches Güteverfahren nach § 15a II 1 Nr. 1 EGZPO statt, Hartmann NJW 1999, 3747.

12 **2. Erhebung der Widerklage.** Nach § 261 II kann die Widerklage mündlich bis zum Schluss der mündlichen Verhandlung über die Klage erhoben werden, BGH NJW 2000, 2513; Hmb MDR 1995, 526; Köln MDR 2004, 962; → § 261 Rn. 7; → § 253 Rn. 10. Das scheidet aber für den hereingezogenen Dritten nach → Rn. 7 ff. aus, aM Nieder MDR 1979, 11. Die Widerklage kann nach §§ 261 II, 271 auch mit der Zustellung eines den Erfordernissen des § 253 II Nr. 2 entspr. Schriftsatzes, Gaul JZ 1984, 63, elektronisch nach §§ 130a ff. oder beim AG nach § 496 zudem zu Protokoll der Geschäftsstelle erhoben werden. Der Antrag nach § 96 I GVG muss gleichzeitig gestellt werden, Gaul JZ1984, 63. Die Bezeichnung „Widerklage" ist nicht notwendig, aber ratsam, → Rn. 5. Der Bekl. wird im Rubrum zusätzlich als Widerkläger und der Kläger wird zusätzlich als Widerbekl. bezeichnet („Kläger und Widerbekl./Bekl. und Widerkläger"), Anders/Gehle Assessorexamen ZivilR M Rn. 10; → Rn. 5. Für eine in der Berufung erhobenen Widerklage ist § 533 zu beachten, → Rn. 31 (zum Wert der Beschwer).

13 **3. Zuständigkeitsfragen. a) Rechtsweg.** Zu § 33 → Rn. 23. Zum internationalen Gerichtsstand Arnold FS Schütze, 2014, 17.

14 Ist für die Widerklage ein anderer Rechtsweg als für die Klage vorgesehen, greift § 17a II, V GVG ein. Erhebt der Bekl. eine arbeitsrechtliche Widerklage, ist diese gemäß § 145 II abzutrennen und nach § 17 II 1 GVG an das zuständige Arbeitsgericht zu verweisen, BGH NJW 1996, 1532.

15 **b) Sachliche Zuständigkeit.** Da sich die Widerklage in einen nach § 261 rechtshängigen Prozess hineinschiebt, muss das für die Klage zuständige Gericht auch für die Widerklage nach dem GVG sachlich zuständig sein. Dabei ist auch ein höheres Gericht nach § 513 II grundsätzlich mit zuständig. Nur bei § 48 I ArbGG und bei einer ausschließlichen Zuständigkeit zB nach § 40 II 1 kann eine Verweisung nach einer Abtrennung gemäß § 145 nötig sein. Es kann auch eine Zuständigkeitsvereinbarung nach § 38 vorliegen. Vgl. ferner § 506 und wegen der Kammer für Handelssachen §§ 95 ff. GVG, Gaul JZ 1984, 62.

16 Was die sachliche Zuständigkeit anbelangt, ist § 5 zu beachten, wonach eine Zusammenrechnung von Klage und Widerklage nicht in Betracht kommt, sondern die beiden Klagen gesondert in Bezug auf den Zuständigkeitsstreitwert zu bewerten sind, Anders/Gehle Assessorexamen ZivilR M Rn. 3. Ist die Klage – zu Recht – beim AG erhoben worden und gehört die Widerklage auch zum AG, ist dieses selbst dann sachlich zuständig, wenn eine Zusammenrechnung der beiden Streitwerte mehr als 5.000 EUR (§§ 71 I, 23 Nr. 1 GVG) ergibt. Ist für die Klage das AG zuständig und auch angerufen worden, übersteigt aber der Zuständigkeitsstreitwert der Widerklage den Betrag von 5.000 EUR, erklärt sich auf Antrag einer Partei das AG durch Beschluss für unzuständig und verweist gemäß § 506 den Rechtsstreit insgesamt an das zuständige LG. Ist umgekehrt die Klage zu Recht beim LG erhoben worden, liegt der Zuständigkeitsstreitwert für die Widerklage aber unter 5.000 EUR, bleibt das LG zuständig, Das ergibt ein Umkehrschluss aus § 506. Ausnahmefälle regeln die §§ 33 II, 40 II, Anders/Gehle Assessorexamen ZivilR M Rn. 3.

17 **4. Rechtschutzbedürfnis.** Für die Widerklage fehlt das Rechtsschutzbedürfnis, wenn sie die bloße Verneinung des Klageanspruchs zum Gegenstand hat, wie zB die negative Feststellungs-Widerklage bei einem Leistungsantrag, BGH NJW 2002, 751; 1987, 3138; → Rn. 5.

18 **VI. Besondere Zulässigkeitsvoraussetzungen. 1. Statthaftigkeit. a) Rechtshängigkeit der Klage bei Erhebung der Widerklage.** Sie ist die erste Voraussetzung, BGH NJW-RR 2001, 60; Ffm FamRZ 1993, 1466; Zweibr FamRZ 1999, 942. Zum Begriff der Rechtshängigkeit → § 253 Rn. 10; → § 261 Rn. 4. Zwischen den Parteien muss ein Prozessrechtsverhältnis bestehen, BGH NJW-RR 2001, 60; → § 253 Rn. 10; → Vor § 253 Rn. 4 ff. (Prozessrechtsverhältnis). Daher ist die Widerklage zwischen Streitgenossen unzulässig, BGH NJW 2014, 1670; Köln NZBauR 2013, 375. Der früheste Zeitpunkt für die Erhebung der Widerklage ist der Beginn der Rechtshängigkeit nach §§ 253 I, 261 I, dh die Zustellung der Klageschrift, → § 253 Rn. 10; → § 261 Rn. 4, und der letzte Zeitpunkt in der ersten Instanz der Schluss der letzten mündlichen Tatsachenverhandlung, BGH NJW 2000, 2512; WM 1994, 311; NJW-RR 1992, 1085; Köln MDR 2004, 134; Düss NJW-RR 2000, 173; Hmb MDR 1995, 526; Anders/Gehle Assessorexamen ZivilR M Rn. 1.

19 Eine erst danach erhobene Widerklage kann, wenn keine Trennung nach § 145 erfolgt, ohne mündliche Verhandlung als unzulässig abgewiesen werden, BGH NJW 2000, 2512. Hat der Bekl. die Widerklage wirksam erhoben, kommt es auf das weitere Schicksal der Klage grundsätzlich nicht an, → Rn. 5; → Rn. 19 „Gerichtsstandsvereinbarung". In der Berufungsinstanz muss § 533 beachtet werden, BGH NJW-RR 2005, 437; Schlesw SchlHA 1985, 154; Zweibr FamRZ 1983, 930 (Sachdienlichkeit). In der Revisionsinstanz findet die Widerklage

wegen § 559 I grundsätzlich nicht statt, nur ausnahmsweise in den Fällen der §§ 302 IV, 600 II 717 II, III, Thomas/Putzo/Hüßtege § 33 Rn. 26. → § 261 Rn. 12.

b) Beispiele zur Rechtshängigkeit der Klage

Berufungsinstanz: § 533. 20

Erledigung der Hauptsache: Unstatthaft ist die Erhebung einer Widerklage nach einer beidseitigen Erledigungserklärung in Bezug auf die Klage, weil damit die Rechtshängigkeit entfallen ist. Das gilt aber nicht bei der einseitigen Erledigungserklärung durch den Kläger, weil er dann einen Antrag auf Feststellung, dass sich der Rechtsstreit erledigt hat, stellt, BGH NJW-RR 2001, 60. Nach wirksamer Erhebung der Widerklage lässt der anschließende Wegfall der Rechtshängigkeit der Klage die Widerklage unberührt, → Rn. 5.

Gerichtsstandsvereinbarung: Mit Bestimmung des zuständigen Gerichts für die Klage nach § 36 I Nr. 3 wird dieses unter den Voraussetzungen des § 33 auch für die bereits erhobene Widerklage zuständig, BayObLG NJW-RR 2020, 1006.

Klagerücknahme: Unstatthaft ist die Erhebung einer Widerklage nach einer Rücknahme nach § 269. Denn diese vernichtet die Rechtshängigkeit nach § 269 III 1 rückwirkend, BGH NJW-RR 2001, 60. Ist aber vor der Klagerücknahme die Widerklage wirksam erhoben, ist sie vom Wegfall der Rechtshängigkeit bezüglich der Klage nicht betroffen, → Rn. 5.

Mahnverfahren: Da zunächst keine Rechtshängigkeit eintritt (vgl. §§ 696 III, 697 II, 700 II), ist eine Widerklage nicht statthaft, Ffm OLGR 2007, 512; AG Lüb NJW-RR 1990, 1152. Die Widerklage wird erst statthaft mit Rechtshängigkeit, in der Regel nach der Überleitung des Mahnverfahrens ins Streitverfahren (§§ 697, 700 II, III), → § 261 Rn. 9, 12 „Mahnverfahren".

Prozesskostenhilfeverfahren: Nicht rechtshängig ist die Hauptklage bei einem bloßen Verfahren nach §§ 114 ff., → § 253 Rn. 16. Daher ist dann auch noch keine Widerklage statthaft, Ffm FamRZ 1983, 203.

Prozessvergleich: Hier gilt dasselbe wie bei der Klagerücknahme, wenn die Parteien damit die Erledigung des prozessualen Anspruchs beabsichtigen.

Prozessurteil: Wird die Klage wegen Fehlens einer Zulässigkeitsvoraussetzung durch Teil- Prozessurteil abgewiesen, bleibt die Widerklage ab eigener Rechtshängigkeit selbständig bestehen, Düss MDR 1990, 728; Kblz FamRZ 1983, 939; LG Mü NJW 1978, 953; → Rn. 5. Darum darf der Widerkläger die Zulässigkeit der Klage leugnen, ohne sich zu schaden, Celle MDR 2009, 989.

c) Beteiligung eines Dritten. Zur Statthaftigkeit einer Widerklage → Rn. 7 ff. 21

d) Dieselbe Prozessart. Die Widerklage muss der Prozessart der Hauptklage entsprechen, Düss FamRZ 1982, 512. Die Widerklage ist ansonsten unstatthaft; es handelt sich um eine unverzichtbare Zulässigkeitsvoraussetzung, BGH NJW 2002, 751, 753; Düss OLGR 1993, 217; Ffm FamRZ 1993, 1466. Sie ist zB als Klage unstatthaft im Arrest- und Verfügungsverfahren nach §§ 916 ff., 936 ff. Etwas anderes gilt für eine Gegenverfügung, Ros OLGR 2001, 279. Auch mag eine Widerklage bei § 927 in Frage kommen, Hmb NJW-RR 2007, 42; Karlsr GRUR-RR 2014, 363. Unstatthaft ist sie nach § 595 I auch im Vorverfahren eines Urkunden- oder Wechselprozesses (im Nachverfahren nach § 600 ist eine Widerklage statthaft), während bei einer Klage im ordentlichen Verfahren eine Urkundenwiderklage zulässig ist, BGH NJW 2002, 751; → § 260 Rn. 24. Statthaft ist auch bei Vorliegen der weiteren Voraussetzungen eine Widerklage als Stufenklage nach § 254, da es sich nicht um eine andere Prozessart handelt, BGH NJW 1994, 3107. Zweibr FamRZ 2004, 1885. Wäre für die Widerklage die Kammer für Handelssachen zuständig, ist die allgemeine Zivilkammer auch für die Widerklage zuständig; wird hingegen vor einer Kammer für Handelssachen eine nicht handelsrechtliche Widerklage erhoben, sind beide Klagen auf Antrag oder von Amts wegen (§§ 99 II, 97 II GVG) zu verweisen, MüKoZPO/Patzina § 33 Rn. 4. Eine Unterart der Widerklage ist die Zwischenwiderklage, dh die Zwischenfeststellungsklage nach § 256 II. Ersatzansprüche aus unberechtigter Zwangsvollstreckung nach §§ 302 IV, 600 II, 717 II, III sind mit einer Widerklage möglich. Sie lassen aber auch einen einfachen Zwischenantrag (Inzidentantrag) zu. 22

2. Konnexität, § 33. a) Allgemeines. Bestritten ist, ob § 33 eine besondere Zulässigkeitsvoraussetzung (Statthaftigkeit), so: BGH NJW 2001, 2094; 1975, 1228; LM § 1025 Nr. 7, III, oder eine Regelung der örtlichen Zuständigkeit darstellt, so: Thomas/Putzo/Hüßtege § 33 Rn. 1; Zöller/Schultzky § 33 Rn. 1; zum Meinungsstreit ausf. Huber JuS 2007, 1079. Wir neigen wegen der systematischen Stellung des § 33 und wegen § 145 II zur Meinung der Literatur. In den meisten Fällen kann aber der Meinungsstreit offenbleiben, weil die Konnexität zu bejahen und die örtliche Zuständigkeit auch nach anderen Vorschriften gegeben ist. Bei Abweichungen tritt bei rügelosem Einlassen der Parteien grundsätzlich Heilung ein, nach der Rechtsprechung nach § 295, nach der Literaturmeinung nach § 39. Deshalb ist die praktische Relevanz des Meinungsstreites nicht sehr groß. 23

Das gilt auch deshalb, weil die Praxis das Konnexitätserfordernis recht großzügig handhabt. Sicherlich ist die Konnexität gegeben, wenn der Klage und der Widerklage dasselbe Rechtsverhältnis zugrunde liegt. Jedoch lässt die Praxis ein innerlich zusammengehörendes einheitliches Lebensverhältnis, also auch einen rein wirtschaftlichen Zusammenhang zwischen dem Gegenstand der Klage und dem der Widerklage, ebenfalls ausreichen, BGH NJW 2002, 2182; 2001, 2094; KGR 2004, 91; MüKoZPO/Patzina § 33 Rn. 2; Musielak/Voit/Heinrich § 33 Rn. 1; Zöller/Schultzky § 33 Rn. 4. Man kann sich generell an den zu § 273 BGB entwickelten Grundsätzen orientieren, nach denen ein einheitliches Rechts- oder Schuldverhältnis nicht erforderlich ist, BGH NJW 1997, 2944; 1991, 2645; Ffm ZIP 2013, 277; NJW 2010, 3173; MüKoZPO/Patzina § 33 Rn. 20–23; Thomas/Putzo/Hüßtege § 33 Rn. 5; Anders/Gehle Assessorexamen ZivilR M Rn. 5. Für die dargestellte Auslegung des Konnexitätserfordernisses spricht insbesondere die engere Fassung des § 145 II, der eine Trennung von Klage und Widerklage ermöglicht, wenn die betreffenden Ansprüche nicht aus demselben Rechtsverhältnis stammen. Für die Konnexität kann ausreichen, wenn eine Tatsache für die Anspruchsbegründung oder Verteidigung sowohl im Rahmen der Klage als auch der Widerklage von Bedeutung ist, Thomas/Putzo/Hüßtege § 33 Rn. 5, 6. 24

b) Beispiele zur Konnexität

Aufrechnung: Erklärt der Bekl. mit einer Gegenforderung die Aufrechnung und erhebt er wegen dieser Gegenforderung eine Hilfs-Widerklage, besteht unabhängig von der Klageforderung Konnexität, → Rn. 27. 25

Grundbuchberichtigungsanspruch: Konnexität besteht zu einem Anspruch auf Ersatz von aufgewendeten Hypothekenzinsen, MüKoZPO/Patzina § 33 Rn. 20.

Kaufpreisklage: Konnexität besteht zu Gewährleistungsrechten aus diesem Vertrag, BGH NJW 1969, 1563; MüKoZPO/Patzina § 33 Rn. 20.

Laufende Geschäftsbeziehungen: Konnexität ist bei Ansprüche aus verschiedenen Verträgen gegeben, BGH NJW 2002, 2182; Dü NJW 1978, 703; MüKoZPO/Patzina § 33 Rn. 20.

Mehrere Rechtsgeschäfte: Konnexität besteht, wenn diese einheitlich oder untrennbar erscheinen, Thomas/Putzo/Hüßtege § 33 Rn. 5.

Nichtigkeit: Verteidigt sich der Bekl. mit diesem Einwand, besteht zwischen der Klageforderung und seinem angeblichen Bereicherungsanspruch Konnexität, Thomas/Putzo/Hüßtege § 33 Rn. 5.

Scheck- und Wechselforderung: Konnexität besteht zu Anspr. aus Grundgeschäft, BGH NJW 1991, 2838.

Werklohn: Im Verhältnis zu Gewährleistungsrechten gilt dasselbe wie beim der „Kaufpreisklage", BGH NJW 2001, 2094 (Architektenhonorar – Gegenansprüche wegen Planungsfehlern).

26 **VII. Mängel.** Fehlt für die Widerklage eine Zulässigkeitsvoraussetzung, muss das Gericht sie mangels einer Heilung nach §§ 38, 39 und mangels eines Verweisungsantrags nach §§ 281, 506, § 48 I ArbGG evtl. nach einem vergeblichen Hinweis gemäß § 139 durch ein Prozessurteil als unzulässig abweisen, auch durch ein Teilurteil nach § 301, LG Kblz MDR 1999, 1020 (Zeuge als Widerbekl.). Der Bekl. trägt die Kosten der unzulässigen Widerklage nach § 91 auch dann, wenn sich der Widerbekl. auf die Widerklage eingelassen hat und der im ersten Rechtszug abgewiesene Kläger seine Berufung nach § 516 zurücknimmt, Mü MDR 1984, 499.

27 **VIII. Hilfswiderklage. 1. Allgemeines.** Eine Hilfswiderklage, Eventualwiderklage, ist wie bei Klageanträgen nach § 260 aus Gründen der Waffengleichheit statthaft, wenn sie unter einer innerprozessualen Bedingung steht, BGH NJW 2009, 148; erklärt zB der Bekl. die Aufrechnung gegenüber der Klageforderung und beruft sich der Kläger auf ein Aufrechnungsverbot, kann der Bekl. hilfsweise die Widerklage für den Fall erheben, dass er mit seiner Aufrechnung nicht durchdringt, BGH NJW 2001, 2094; 1996, 2306; 1996, 2165; 1973, 98; Köln VersR 1998, 98; LG Kassel NJW-RR 1995, 889; → § 260 Rn. 9–17 (Haupt- und Hilfsanträge), → § 260 Rn. 25 ff. (Verfahrensfragen) und Rn. 28 (Berufung). Hat der Bekl. mit der Aufrechnung Erfolg, entfällt die Rechtshängigkeit der Widerklage rückwirkend, BGH NJW 1973, 98. Das Gericht ist nicht berechtigt, in dieser Konstellation den Einwand des Aufrechnungsverbotes dahingestellt sein zu lassen, Anders/Gehle Assessorexamen ZivilR M Rn. 25. Die Tatsache, dass der Bekl. den hilfsweise eingeklagten Anspruch gleichzeitig zur Aufrechnung gestellt hat, steht der Erhebung der Widerklage nicht § 261 III Nr. 1 entgegen, da durch die Aufrechnung der Anspruch nicht rechtshängig wird, BGH NJW-RR 1994, 379; Dü NJW-RR 1995 575; → § 261 Rn. 12 „Aufrechnung"; → Rn. 3, 5. Eine Hilfswiderklage gegen einen Dritten ist nicht zulässig, da es ein bedingtes Prozessrechtsverhältnis nicht geben kann, BGH NJW 2001, 2094; BAG 1973, 39; Drsd NJW-RR 2000, 903; → Rn. 7 ff.; → Vor § 128 Rn. 62 (Bedingungsfeindlichkeit von Prozesshandlungen). Auch wenn die Rechtshängigkeit der Hilfswiderklage entfallen kann, so zB bei positiver Entscheidung über die Aufrechnung im geschilderten Fall, findet § 506 bei der Hilfswiderklage Anwendung, sobald sie erhoben ist, → Rn. 16. Wird in der ersten Instanz die Hilfswiderklage, die für den Fall der jedenfalls teilweise Stattgabe der Klage erhoben wurde, wegen Nichteintritts der Bedingung (Klageabweisung) nicht beschieden, ist der Bekl. nicht beschwert; er kann in der zweiten Instanz eine unbedingte Widerklage nur im Wege der Anschlussberufung erheben, wobei die Umstellung des Widerklageantrages dann eine Klageänderung iSd § 264 Nr. 2 darstellt, BGH NJW 2020, 3039 Rn. 18; → § 263 Rn. 21 (zur Umstellung einer in erster Instanz nicht beschiedenen Hilfswiderklage in eine unbedingte Widerklage in zweiter Instanz). Wird in diesem Fall die Berufung zurückgenommen, verliert die Anschlussberufung nach § 524 IV ihre Wirkung, BGH NJW 2020, 3038 Rn. 21.

2. Beispiele zur Hilfswiderklage

28 **Abtrennung:** Unstatthaft ist eine solche → § 145 Rn. 13.

Aufrechnung: Hält der Kläger der vom Bekl. erklärten Aufrechnung den Einwand des Aufrechnungsverbotes entgegen, kann der Bekl. die Gegenforderung mit einer auch vertraglich nicht ausschließbaren Widerklage geltend machen, auch mit einer Hilfswiderklage, → Rn. 27.

Dritter: Unstatthaft ist eine Hilfswiderklage gegen einen Dritten, → Rn. 27.

Erfolglosigkeit: Statthaft ist eine Hilfswiderklage für den Fall einer Erfolglosigkeit der (Haupt)Widerklage, BGH NJW 2020, 3039; 1996, 2306; → Rn. 27; → § 260 Rn. 9 ff. (Haupt- und Hilfsantrag).

29 **IX. Wider-Widerklage.** Da die Widerklage eine Klage nach § 253 ist, → Rn. 3, muss man beim Vorliegen der sonstigen Voraussetzungen grundsätzlich auch eine Widerklage gegen die Widerklage zulassen, BGH NJW-RR 1996, 65; BAG DB 2002, 52 (auch zu den Grenzen); Stgt WM 2011, 357 (auch gegen eine Drittwiderklage). Dabei darf über die Widerklage bei Erhebung der Wider-Widerklage noch nicht rechtskräftig entschieden sein, BGH NJW 2009, 148. Streitgenossen nach §§ 59 ff. sind selbständig, jeder kann eine Widerklage erheben. Der Streithelfer nach § 66 ist nicht widerklagebefugt, auch nicht als streitgenössischer nach § 69, → Rn. 7; aM Nieder MDR 1979, 117 (aber die Grenzen dürfen nicht verschwimmen). Unstatthaft ist eine Widerklage erst nach einer nach § 705 formell rechtskräftigen Entscheidung über die Widerklage, BGH NJW 2009, 149.

30 **X. Streitwert und Kosten. 1. Gebührenstreitwert.** Für den Gebührenstreitwert ergeben sich Besonderheiten aus § 45 I 1, 3 GKG. Zunächst müssen die Gegenstandswerte für Klage und Widerklage jeweils getrennt voneinander nach allgemeinen Regeln ermittelt werden. Diese Gegenstandswerte sind nach § 45 I 1 GKG zu addieren, es sei denn, Klage und Widerklage betreffen denselben Gegenstand. Dann wird nur ein Wert, nämlich der höhere zugrunde gelegt. Maßgeblich für die Frage desselben Gegenstandes ist die bereits vom Reichsgericht entwickelte Abgrenzungsformel, wonach ein- und derselbe Gegenstand vorliegt, wenn die beiderseitigen Ansprüche sich gegenseitig ausschließen dergestalt, dass die Zuerkennung des einen Anspruchs notwendig die Aberkennung des anderen bedingt, RGZ 145, 164; BGH NJW 2019, 2175; NJW-RR 2005, 506; 1992,1404; Anders/Gehle Assessorexamen ZivilR M Rn. 13; → § 260 Rn. 33 (Haupt- und Hilfsantrag). Das ist zB der Fall, wenn eine Kaufpreisforderung teilweise eingeklagt wird und der Bekl. mit der Widerklage Feststellung der Nichtigkeit des Kaufvertrages begehrt. § 45 I 3 findet dagegen keine Anwendung, wenn mit Klage und Widerklage zwar Ansprüche aus demselben Rechtsverhältnis geltend gemacht werden, die sich rechtlich ausschließen, sich aber wirtschaftlich nicht überschneiden, wie zB bei einer Klage auf weitere Pflichtteilzahlungen und Widerklage auf Rückzahlung angeblich überzahlter Pflichtteilsansprüche, BGH NJW 2014, 1456; Brschw BeckRS 2021, 19375; LSG Thüringen BeckRS 2021, 20775. Satz 1 und Satz 3 des § 45 I GKG sind zu

kombinieren, wenn der Gegenstand nur teilweise identisch ist. Die Hilfswiderklage, → Rn. 27 ff., wirkt sich auf den Gebührenstreitwert erst aus, wenn über sie im Urteil entschieden wird; hier gilt § 45 III GKG analog, BGH NJW-RR 1999, 1736; Ffm JurBüro 2020, 257 = BeckRS 2020, 3385; Anders/Gehle Assessorexamen ZivilR M Rn. 25.

2. Rechtsmittelstreitwert. Für den Rechtsmittelstreitwert kommt es auf die Beschwer der Parteien hinsichtlich der Klage und Widerklage an; wenn eine Partei insoweit zweifach beschwert ist, wie zB der Bekl. bei Klagestattgabe und Abweisung der Widerklage, müssen die Werte entgegen § 5 Hs. 2, → Rn. 15, addiert werden, Anders/Gehle Assessorexamen ZivilR M Rn. 13. Eine erstmalig in der Rechtsmittelinstanz erhobene Widerklage erhöht den Wert des Beschwerdegegenstandes jedoch nicht, BGH BeckRS 2021, 37367 = NJOZ 2022, 30. Endet das Rechtsmittelverfahren, ohne dass Anträge eingereicht wurden, ist nach § 47 I 2, II GKG für das Rechtsmittelverfahrens die Beschwer des Rechtsmittelführers maßgeblich, begrenzt durch den Streitgegenstand der ersten Instanz. so dass insoweit auch § 45 I 3 GKG maßgeblich sein kann, BGH NJW 2019, 2175. Jedoch kommt es bei der Frage der Zulassung des Rechtsmittels nach § 45 III GKG allein auf die Beschwer an. 31

3. Zuständigkeitsstreitwert. → Rn. 15 f. (sachliche Zuständigkeit). 32

4. Kostengrundentscheidung. Die Kosten werden im Kostenfestsetzungsverfahren grundsätzlich nach dem Gebührenstreitwert gemäß § 45 I 1, 3 GKG berechnet. Für die Kostengrundentscheidung im Urteil ergeben sich aber Besonderheiten: Das Gericht darf über die Kosten von Klage und Widerklage nach §§ 91 ff. nur einheitlich entscheiden, auch zB nach Bruchteilen, nicht aber getrennt. Einfach ist der Fall, wenn eine Partei sowohl bezüglich der Klage als auch der Widerklage obsiegt; dann sind die Kosten des Rechtsstreits der anderen Partei aufzuerlegen. Haben Klage und Widerklage denselben Streitwert nach § 45 I 1 GKG und werden beide Klagen abgewiesen, sind die Kosten des Rechtsstreits gegeneinander aufzuheben oder hälftig zu teilen. Haben jedoch die Klage und/oder die Widerklage nur teilweise Erfolg, muss nach § 92 I eine Quote nach dem Grad des Obsiegens oder Unterliegens gebildet werden. Für diese Kostenentscheidung sind die Werte von Klage und Widerklage jeweils für sich unabhängig von der Höhe des Gebührenstreitwertes (§ 45 I 1 oder 3) zu addieren, evtl. fiktiv **(fiktiver Streitwert)**, und diese addierten Werte sind, wie es iRd § 92 I auch sonst geschieht, ins Verhältnis zu der jeweiligen Verlustquote beider Parteien im Rahmen der Klage und Widerklage zu setzen, Anders/Gehle Assessorexamen ZivilR M Rn. 16–19 mit Rechenbeispielen. Zum vergleichbaren Problem bei Haupt- und Hilfsantrag → § 260 Rn. 33. Allein die Tatsache, dass aus wirtschaftlichen Gründen nach § 45 I 3 GKG die Bemessungsgrundlage für die Kosten nicht durch eine Addition beider Werte bestimmt wird, ändert nichts daran, dass nach § 92 I eine Kostenquote nach dem Grad des Obsiegens und Unterliegens beider Parteien zu bilden ist und der Gesetzgeber nicht zwischen Kläger und Bekl. unterscheidet, → § 260 Rn. 33 (zum Meinungsstreit). 33

XI. Petitorische Widerklage. Eine Besonderheit ergibt sich bei ihr. Gemäß § 863 BGB kann der Bekl. sich gegenüber possessorischen Ansprüchen, dh Besitzschutzansprüchen, grundsätzlich nicht mit petitorischen Gegenrechten, Einwendungen aus materiellen Recht, verteidigen; Grund dafür ist, dass eine rasche Wiederherstellung des durch verbotene Eigenmacht beeinträchtigenden Besitzstandes ermöglicht wird, Grüneberg/Herrler BGB § 863 Rn. 1. Wird bei einer possessorischen Klage (Anspruch aus § 861 I BGB) eine petitorische Widerklage, zB auf Feststellung des Eigentums, erhoben, gilt aber folgendes: Sind die verbotene Eigenmacht des Beklagten und dessen Eigentum zu bejahen, müsste beiden Klagen unter Berücksichtigung des § 863 stattgegeben werden. Damit wäre dem Rechtsfrieden kein guter Dienst erwiesen, da der Kläger, wenn er seinen Anspruch aus § 861 I durchsetzt, die Sache sofort wieder an den Beklagten herausgeben müsste. Das soll durch § 864 II BGB verhindert werden, der allerdings ein rechtskräftiges Urteil voraussetzt; dieser Gesichtspunkt müsste dann mit einer neuen Klage aus § 767 geltend gemacht werden. Der BGH hat sich aus praktischen Gründen deshalb für eine analoge Anwendung des § 864 II bei einer petitorischen Widerklage ausgesprochen, wenn beide Klagen entscheidungsreif sind: Dann ist die Klage in Analogie zu § 864 II abzuweisen und der Widerklage ist stattzugeben, BGH NJW-RR 2005, 280; NJW 1999, 1358; 1979, 1358; Lehmann-Richter NJW 2003, 1717. Ist dagegen nur die Besitzschutzklage entscheidungsreif, während zur Feststellung des Eigentums eine Beweisaufnahme erforderlich ist, kann dem Kläger durch ein Teilurteil geholfen werden. Streitig ist, ob eine analoge Anwendung auch im Einstweiligen Rechtsschutz in Form einer petitorischen Gegenverfügung möglich ist, bejahend: KG ZMR 2000, 818; LG Köln ZUM 2006, 71; Prütting/Gehrlein/Wern § 33 Rn. 25; Grüneberg/Herrler BGB § 864 Rn. 3. Wir verneinen dies wegen des Rechtsgedanken aus § 940a, Anders/Gehle Assessorexamen ZivilR M Rn. 21. 34

254 *Stufenklage.* **Wird mit der Klage auf Rechnungslegung oder auf Vorlegung eines Vermögensverzeichnisses oder auf Abgabe einer eidesstattlichen Versicherung die Klage auf Herausgabe desjenigen verbunden, was der Beklagte aus dem zugrunde liegenden Rechtsverhältnis schuldet, so kann die bestimmte Angabe der Leistungen, die der Kläger beansprucht, vorbehalten werden, bis die Rechnung mitgeteilt, das Vermögensverzeichnis vorgelegt oder die eidesstattliche Versicherung abgegeben ist.**

Schrifttum: Lembke, Der datenschutzrechtliche Auskunfsanspruch im Anstellungsverhältnis, NJW 2020, 1841; Siegel, Die Kostenfrage der Stufenklage, 2009.

Übersicht

1 **I. Systematik, Klagehäufung und Bestimmtheitsgrundsatz.** → Vor § 253 Rn. 1 ff. § 254 hat in manchen Bereichen eine erhebliche praktische Bedeutung, so zB im Gewerblichen Rechtsschutz, im Urheberrecht, bei Erb- und Gesellschaftsauseinandersetzungen, bei Streitigkeiten um den Zugewinn und Unterhalt sowie um Provisionen der Handelsvertreter, Anders/Gehle Assessorexamen ZivilR N Rn. 1. § 254 stellt einen Sonderfall der objektiven Klagehäufung nach § 260 dar, BGH NJW 2012, 2180; 1994, 3102, 3103. In einem einheitlichen Prozess werden zwei oder drei Anträge gestellt, wobei der Kläger seine Klage auf die beiden ersten Stufen beschränken kann, KG FamRZ 1997, 503. Die Besonderheit der Stufenklage besteht darin, dass bei Erfolg der Klage über die Klageanträge nicht gleichzeitig, sondern stufenweise entschieden wird, BGH NJW-RR 2015,188; MDR 2010, 945; → Rn. 30.

2 § 254 regelt eine Ausnahme von dem Bestimmtheitsgrundsatz nach § 253 II Nr. 2, → § 253 Rn. 34. Der letzte Antrag darf entgegen § 253 II Nr. 2 zunächst unbestimmt gestellt werden, BGH NJW-RR 2015, 188; NJW 2011, 1815 (1816); BAG NZA 2016, 1341. Der Kläger braucht noch nicht einmal mitzuteilen, ob er am Ende Zahlung oder Herausgabe begehrt, BGH NJW 2003, 2748. Erst wenn der Beklagte die verlangte Auskunft erteilt und ggf. die eidesstattliche Versicherung abgegeben hat, muss die mit dem dritten Antrag begehrte Leistung hinreichend bestimmt beschrieben werden; ansonsten wird die Klage evtl. nach einem Hinweis nach § 139 mit diesem Antrag als **unzulässig** abgewiesen, Stgt NJW 2012, 2289; Zweibr FamRZ 1983, 1154. Der Kläger braucht die Stufenklage nicht ausdrücklich als solche zu bezeichnen. Seine Erklärungen sind auslegbar, Brdb GRUR 2011, 141; Naumb FamRZ 2008, 98.

3 **II. Regelungszweck, Wirkungen der Stufenklage.** → Vor § 253 Rn. 1 ff. Die Vorschrift dient der Prozesswirtschaftlichkeit, MüKoZPO/Becker-Eberhard Rn. 2. Die Prozessstoffe, aus denen sich die Ansprüche in den verschiedenen Stufen ergeben, hängen miteinander zusammen und können einheitlich in einem Prozess unterbreitet werden. Ein Hilfsantrag auf Leistung könnte hingegen nicht von dem Erfolg des Auskunftsanspruchs abhängig gemacht werden, Musielak/Voit/Foerste Rn. 1.

4 Die ersten beiden Anträge dienen der Konkretisierung des dahinter stehenden Haupt-Leistungsantrages iSd § 253 II Nr. 2 und haben damit einen Hilfscharakter; daher besteht die Besonderheit der Stufenklage nicht in der Zulässigkeit der Klageverbindung, BGH NJW 2011; 1815,1816; 2002, 2952; Köln BeckRS 2019, 16261 Rn. 70. Die einzelnen Anträge haben aber gleichwohl eine prozessuale Selbständigkeit; auf jeder Stufe müssen die Zulässigkeitsvoraussetzungen vorliegen und dies ist gesondert zu prüfen, OLG Zweibr 2004, 1726.

5 **III. Geltungsbereich. 1. Allgemeines.** → Vor § 253 Rn. 6. Die Vorschrift ist in allen Erkenntnisverfahren, bei denen die ZPO gilt, und in allen Instanzen anwendbar. Das Verhältnis zu anderen Zivilverfahren bestimmt sich nach den Besonderheiten der Stufenklage und danach, dass alle Anträge einer Stufenklage **Leistungsklagen** sind, BGH NJW 1994, 2896.

2. Beispiele:

6 **Abänderungsklage:** Als Stufenklage möglich, BGH NJW 1985, 195; Brdb FamRZ 2002, 1270; → § 323 Rn. 13..

Arbeitsgerichtliches Verfahren: Im Urteilsverfahren ist die Stufenklage möglich, §§ 46 I ArbGG, 495, BAG BB 2005, 1168, nicht aber im Beschlussverfahren nach § 80 ArbGG, MüKoZPO/Becker-Eberhard Rn. 5.

Ehe- und Familiensachen: Stufenverfahren möglich, § 113 I FamFG; zur Anwendbarkeit im Verbundverfahren vgl. BGH FamRZ 2016, 1766; BGH NJW 2014, 155; Hamm FamRZ 2013, 806; MüKoFamFG/Heiter FamFG § 137 Rn. 33.

Feststellungsklage: Grundsätzlich fehlt einer solchen Klage wegen der Möglichkeit, mit der Stufenklage eine Leistungsklage zu erheben, das Feststellungsinteresse, BGH NJW 2019, 662; GRUR 2001, 1177; NJW 1996, 2097; → § 256 Rn. 41 ff. (zur Subsidiarität der Feststellungs- zur Leistungsklage). Etwas anderes gilt bei kurzer Verjährung im **gewerblichen Rechtsschutz** und im Urheberrecht, BGH NJW 2003, 3274, nicht aber bei einem erheblichen Aufwand an Zeit und Kosten für die Bezifferung, BGH NJW 2018, 2479.

Gewerblicher Rechtsschutz: → „Feststellungsklage".

Insolvenzverfahren: Stufenklage möglich, wobei der Gläubiger die Auskunft vom Schuldner und die Leistung vom Insolvenzverwalter fordern muss, Naumbg NJW-RR 2002, 1704.

Öffentlich-rechtliche Verfahren: Stufenklage möglich, soweit eine Leistungsklage erhoben werden kann, § 173 I VwGO, § 155 FGG, § 202 SGB.

WEG-Verfahren: Stufenklage möglich, da es sich um eine bürgerlich-rechtliche Streitigkeit handelt, bei der nur die Sondervorschriften der §§ 43 ff. WEG gelten, Grüneberg/Wicke WEG Vorb. § 43 Rn. 1; MüKoBGB/Hogenschurz WEG § 43 Rn. 1.

Zwischenfeststellungsurteil: § 256 II findet bei einer Stufenklage bei entsprechendem Antrag Anwendung, BGH ZIP 1999, 447; zum Umfang der Rechtskraft des Auskunftstitels und Möglichkeit eines Grundurteils → Rn. 51, 53.

§ 510b: MüKoZPO/Becker-Eberhard Rn. 4 halten diesen Fall für eine Art der Stufenklage. Diese Meinung teilen wir nicht. Hier wird im Erkenntnisverfahren nicht stufenweise entschieden. Das Stufenverhältnis ergibt sich erst bei der Erfüllung bzw. Vollstreckung. Es liegt ein Fall des unechten Hilfsantrages vor, → § 255 Rn. 9.

7 **IV. Rechtshängigkeit.** Alle Anträge einer Stufenklage werden mit Klageerhebung, dh mit Zustellung der Klageschrift an den Bekl. rechtshängig, BGH NJW-RR 2015, 1093; OLG Nürnb MDR 2010, 835; → § 253 Rn. 10; → § 260 Rn. 4 (zur Rechtshängigkeit allgemein). Daraus folgt auch, dass grundsätzlich einheitlich für sämtliche Anträge über das PKH-Gesuch zu entscheiden ist, Saarbr BeckRS 2019, 25919, und es iRd **§ 93** auf das Verhalten vor Klageerhebung ankommt, → Rn. 48. Lässt der Kläger einen auf der unteren Stufe gestellten Antrag fallen und geht zum letzten Leistungsantrag über, liegt keine Klageänderung nach § 263, sondern eine zulässige Änderung nach **§ 264 Nr. 2** vor; auch ist keine Erledigung oder Klagerücknahme in Bezug auf die fallen gelassenen Anträge anzunehmen, BGH NJW 2015, 1093; 2013, 2597 (2600); 2001, 833 (zweite Stufe);

→ Rn. 42; aM Mü FamRZ 1995, 678; MüKoZPO/Becker-Eberhard Rn. 2. Jedoch ist an eine kostenmäßige Konsequenz entsprechend § 269 III 2, 3 ähnlich wie bei dem gewillkürten Parteiwechsel zu denken, → § 269 Rn. 3, 9. Die **Verjährung** wird bei Erhebung der Stufenklage für alle Anträge nach § 204 I Nr. 1 BGB gehemmt; beziffert der Kläger nach Abschluss der vorangegangenen Stufe den Leistungsantrag nicht, endet aber die Hemmung für diesen Antrag, weil eine reine Auskunftsklage die Verjährung des Leistungsanspruchs nicht hemmt, BGH NJW 2012, 2180; 1999, 1109; Ffm ZMR 2018, 924; Anders/Gehle Assessorexamen ZivilR N Rn. 3. Darüber hinaus ist § 204 II 1 BGB zu beachten.

V. 1. Stufe: Informationsansprüche. 1. Inhalt und Grundlage. a) Allgemeines. Erfasst werden Informationsansprüche jeglicher Art; sie können insbesondere auf **Auskunft** und **Rechnungslegung** gerichtet sein, BAG NZA 2016, 1341; Bbg NJW-RR 2004, 476; Zöller/Greger Rn. 6. Die §§ 259–261 BGB stellen keine Anspruchsgrundlage dar, BGH NJW 2014, 2651; Anders/Gehle Assessorexamen ZivilR N Rn. 5. Sie bestimmen lediglich Art und Umfang des Anspruchs und setzen einen solchen voraus. Im Einzelfall ist der Anspruch nicht auf die bloße Auskunft beschränkt, sondern umfasst auch die Erstellung eines **Vermögensverzeichnisses** (§§ 259 I, 260 I BGB) oder die Vorlage von Belegen, LG Mannheim GRUR-RS 2019, 47067 (Patentrecht). Art und Umfang des Auskunftsanspruchs können sich aber auch aus der Anspruchsgrundlage selbst ergeben und – wie zB §§ 402, 809 BGB – die **Herausgabe von Unterlagen** oder Sachen mit umfassen. Beim Auskunftsanspruch des Pflichtteilsberechtigten nach § 2314 BGB besteht grundsätzlich keine allgemeine Pflicht zur Vorlage von Belegen; eine Ausnahme besteht zB, wenn zum Nachlass ein Unternehmen gehört, Mü NJW-RR 2021,1376 Rn. 18. 8

Informationsansprüche können aus einer vertraglichen Vereinbarung abzuleiten sein; zudem finden sich zahlreiche gesetzliche Anspruchsgrundlagen. Allen gesetzlichen Fällen ist gemeinsam, dass der Berechtigte auf Informationen des Schuldners angewiesen ist, um seinen Leistungsanspruch in hinreichend bestimmter Weise geltend zu machen, Anders/Gehle Assessorexamen ZivilR N Rn. 4. 9

In welcher Form die Auskunft zu erteilen ist, mündlich, schriftlich und/oder elektronisch, hängt vom materiellen Recht, insbesondere auch von den Vereinbarungen der Parteien ab, LG Dü GRUR-RS 2020, 11388 (Patentrecht). 10

b) Beispiele. Für gesetzlich geregelte Informationsansprüche 11

Schuldrecht: §§ 402, 469 I, 558 IV S. 2, 666, 713, 740 II, 799 II, 809, 810 BGB.

Sachenrecht: §§ 1035, 1214 I BGB.

Familienrecht: §§ 1361 IV iVm 1605, 1379 I (vgl. BGH NJW 2022, 1255 zur Auskunft bei Beteiligung an Partnerschaftsgesellschaft), 1435 S. 2, 1580, 1605, 1686, 1698, 1799 II, 1839. 1890. 1891 BGB.

Erbrecht: §§ 1978 I, 2003 II, 2005 II, 2011 S. 2, 2012 I 2, 2027, 2028 I, 2057, 2121, 2127, 2130 II, 2218, 2314, 2362 II BGB (vgl. Roth NJW-Spezial 2022, 231 und 359).

Handelsrecht: §§ 74c II, 86 II, 87c, 118, 166, 233, 235 III 384 II HGB.

Sonstiges: §§ 131, 132 AktG, § 51a GmbHG, § 6 III PartGG, § 146 PatG, § 13 UKlaG, §§ 32d, 32e, 101 UrhG, § 24 VerlG, §§ 31, 202 VVG, § 28 III, IV WEG, Art. 15 I, III DS-GVO (Verarbeitung personenbezogener Daten; vgl. zu Art. 15 I BGH NJW 2021, 2726); § 21 II TTDSG (vgl. Schlesw NJW-RR 2022, 770).

c) Art. 15 DS-GVO. Eine besondere Bedeutung haben der Auskunftsanspruch und der Anspruch auf Übergabe entsprechender Kopien nach **Art. 15 I, III DS-GVO** im Arbeitsrecht, insbesondere im Kündigungsschutzprozess erlangt und Arbeitsrechtler haben insoweit von einem neuen „Druckmittel" gesprochen, Lembke NJW 2020, 1841. Aber auch in anderen Rechtswegen haben sich viele Gerichte mit der Reichweite dieser Ansprüche, den Besonderheiten im prozessualen Bereich und mit Sanktionen sowie Schadensersatz bei Verstößen nach Art. 82 f DS-GVO zu beschäftigen, vgl. Entscheidungsübersicht bei Leibold ZD 2022, 2022, 18, 26 ff.; Lembke/Fischels NZA 2022, 513. 12

In der **arbeitsgerichtlichen Rspr.** ist der Stand wie folgt: Ein grenzenloser Auskunftsanspruch mit einem Recht auf Kopien sämtlicher personenbezogener Daten eines mehrjährigen Arbeitsverhältnisses und Schwärzung personenbezogener Daten Dritter ist schwer zu erfüllen. Das hat teilweise zu einem Ausschluss des Anspruchs auf Kopien geführt, LAG Nds NZA-RR 2020, 571; ArbG Bonn ZD 2021, 111; manche verlangen die genaue Bezeichnung der Daten oder lassen Verhältnismäßigkeitserwägungen einfließen, LG Heidelberg ZD 2020, 313. Die Entscheidung des BAG vom 27.4.2021, NZA 2021, 1053, hat nicht zu einer abschließenden inhaltlichen Klärung geführt, weil das Gericht die Klage wegen fehlender hinreichender Bestimmtheit für unzulässig hielt. Jedoch hat das BAG einige Punkte behandelt. Nach Auffassung des BAG kann ein entlassener Arbeitnehmer nicht verlangen, dass ihm der frühere Arbeitgeber Kopien seiner gesamten E-Mail-Kommunikation von ihm und über ihn zur Verfügung stellt; ein Anspruch auf Kopien seiner eigenen elektronischen Korrespondenz habe der Arbeitnehmer auf keinen Fall; im Übrigen müsse er sein Verlangen auf bestimmte Dokumente konkretisieren; dies sei mit einer Stufenklage auch möglich, vgl. zu diesem Problemkreis: Lemke/Fischels NZA 2022, 513, 517; Fuhlrott NZA 2021, Heft 9 Editoral; → § 253 Rn. 48 „Auskunftsklage", „Belege" und „Bezugnahme", In einer weiteren Entscheidung zu § 15 I, III **DS-GVO** hat das BAG, NJW 2022, 960 (mAv Fuhlrott) = NZA 2022, 362, seine Rspr. fortgesetzt; es hat ausgeführt, dass allgemeine Einschränkungen aufgrund gesetzlicher Bestimmungen, die auslegungsbedürftige Begriffe enthalten, – wie zB §§ 27 II, 28 II. 29 I 2, 34 I BDSG, Einschränkungen bei Daten in bestimmten IT-Systemen oder nicht „in der Personalakte gespeicherte personenbezogene Daten" – ebenso wie grundsätzlich die bloße Wiederholung des Gesetzestextes von § 15 III 1 DS-GVO, zu unbestimmt seien, weil die Probleme sonst in das Vollstreckungsrecht verlagert würden. Nicht entschieden hat das BAG in der jüngsten Entscheidung, ob der Wortlaut des § 15 DS-GVO dann ausreicht, wenn der Arbeitnehmer vom Arbeitgeber überhaupt keine Auskünfte erhalten hat. Vom Ansatz her sieht das BAG den Auskunftsanspruch nach Art. 15 I DS-GVO und den Anspruch auf eine Kopie nach Art. 15 III DS-GVO als getrennte Ansprüche an, wobei dem Auskunftsanspruch ein Vorrang zukomme, vgl. näher Lembke/Fischels NZA 2022, 513, 518. 13

Der Ansatz des **BGH** in einer Entscheidung vom 15.6.2021, NJW 2021, 2726 (kapitalbildende Lebensversicherung), unterscheidet sich von dem Weg des BAG dadurch, dass er den Kopieanspruch als Unterfall des Auskunftsanspruchs nach Art. 15 I DS-GVO ansieht und damit die Auskunft durch Zurverfügungstellung einer Kopie erfüllt werden könne. Der relevante Antrag des Klägers, des Versicherungsnehmers, ging dahin, das Versicherungsunternehmen zu verurteilen, ihm eine vollständige Datenauskunft über die von der Bekl. verarbeiteten, ihn betreffenden personenbezogenen Daten durch Überlassen einer Kopie zur Verfügung zu stellen; der BGH hielt diesen Antrag für hinreichend bestimmt iSd § 253 II Nr. 2, vgl. näher Lembke/Fischels NZA 14

2022, 513, 519. Auch wenn für die Meinung des BAG praktische Gesichtspunkte sprechen, folgen wir im Ergebnis dem BGH, da der Kopieanspruch kein auf Leistung gerichteter Herausgabeanspruch, sondern ein besonders gestalteter Auskunftsanspruch ist, wie es auch in §§ 259, 260 BGB verdeutlicht wird; wir sehen auch nicht, dass bei einem nicht eingeschränkten Kopieverlangen Unklarheiten in das Vollstreckungsverfahren verlagert werden würden, so auch Lembke/Fischels NZA 2022, 513, 519 ff.

15 **d) WEG.** Ein Auskunftsanspruch gegen die **Wohnungseigentümergemeinschaft** besteht nicht, wenn sich der Eigentümer die gewünschten Informationen durch das Einsichtsrecht nach § 18 IV WEG verschaffen kann, LG Ffm BeckRS 2021, 25186 mAv Drasdo NJW-Spezial 2021, 675.

16 **e) Verfahrensrecht.** Die **zivilverfahrensrechtlichen Auskunftsansprüche** – so zB § 840, §§ 20, 22 III, 58, 97, 101 InsO, § 154 S. 2 ZVG – sind grundsätzlich nicht einklagbar, können aber mit Mitteln des Verfahrensrechts durchgesetzt werden, BGH NJW 1984, 1901; MüKoZPO/Becker-Eberhard Rn. 14.

17 **2. Auskunftsanspruch aus § 242 BGB.** Existiert weder eine vertragliche Vereinbarung noch eine spezielle Anspruchsgrundlage auf Information, ergibt sich ein ergänzender Auskunftsanspruch aus **Treu und Glauben** nach § 242 BGB, wenn zwischen den Parteien eine gesetzliche oder vertragliche Rechtsbeziehung besteht, der Berechtigte in entschuldbarer Weise über Bestehen oder Umfang seines Rechts im Unklaren ist und der Schuldner die zur Beseitigung der Ungewissheit erforderliche Auskunft unschwer erteilen kann, BGH NJW 2021, 1311 Rn. 71; 2021, 765 Rn. 51 ff.; 2018, 2629 Rn. 23; 2017, 2755; 2015, 1525; 2014, 155; 2014,2571; 2014 2651 (aus § 242 BGB folgt keine Erlaubnis nach § 12 II TMG); Karlsr GRUR-RR 2022, 108 Rn. 55; Hamm NJW 2013, 1167; BAG NJW 2020, 2746 Rn. 31. Allerdings hat der BGH, NJW 2021, 765 Rn. 51 ff., hervorgehoben, dass der Kläger zunächst alle ihm zumutbaren Anstrengungen unternehmen muss, die Auskunft auf andere Weise zu erlangen. Der Auskunftsanspruch aus § 242 BGB kann grundsätzlich nicht vor dem Hauptanspruch verjähren, BGH NJW 2017, 2755. Ein solcher Anspruch kommt zB auch für einen Anleger einer **Publikumsgesellschaft** auf der Grundlage von §§ 716, 242 BGB in Bezug auf die übrigen Mitanleger unter Berücksichtigung der Datenschutz-Grundverordnung,BGH NZG 2020, 381, und für den Arbeitnehmer gegenüber dem Arbeitgeber in Bezug auf den wirtschaftlichen Wert seiner **Arbeitnehmererfindung** in Betracht, Karls GRUR-RR 2022, 108 Rn. 54, 55.

18 **3. Erfüllung.** Die Erfüllung des Auskunftsanspruchs mit der Folge des § 362 BGB ist nicht immer leicht festzustellen. Wenn der Schuldner eine bestimmte Antwort, und sei sie nur negativ, gegeben hat, ist Erfüllung eingetreten, jedenfalls grundsätzlich, wenn der Erklärende darauf hinweist, die Auskunft sei vollständig; der Gläubiger kann bei Zweifeln an der Richtigkeit und Vollständigkeit nach §§ 259 II, 260 II BGB vorgehen, BGH NJW 2021, 765 Rn. 43; 2014, 3647 Rn. 17, Anders/Gehle Assessorexamen ZivilR N Rn. 7; → Rn. 27. Das gilt grundsätzlich auch bei einer inhaltlichen Unrichtigkeit, die aber eine Pflichtverletzung und damit einen Schadensersatz begründen kann, BGH NJW 2021, 765 Rn. 43. Bei schweren, insbesondere vorsätzlichen Pflichtverletzungen ist es ausnahmsweise gerechtfertigt, dem Gläubiger einen auf den Schadensersatz bezogenen ergänzenden Auskunftsanspruch zu gewähren, so zB, wenn die Auskunft ersichtlich unvollständig oder von vorneherein unglaubhaft ist, BGH BeckRS 2020, 23375 Rn. 49, 52 (zu § 666 BGB); BayObLG NZG 2022, 118 (zu § 132 AktG) mAv Borries, NZG 2022, 401. Liegt ein Auskunftstitel vor und ist die Frage der Erfüllung nicht einfach zu beantworten, sollen nach Ffm NJW-RR 2016, 960 Maßnahmen der Zwangsvollstreckung (§§ 888, 887) ergriffen und nicht der Weg des § 260 II beschritten werden, vgl. auch Naumbg FamRZ 2007, 1813; VerfG Brbg NZFam 2022, 691, 695 (zur Prüfung des Erfüllungseinwandes bei einem titulierten Auskunftsanspruch nach §§ 888, 887 oder nach § 767). Bei Geltendmachung einer fiktiven Lizenzgebühr wegen unbefugter kommerzieller Nutzung eines Bildnisses ist zwar ein Zahlungsanspruch im Grunde zu bejahen, jedoch ist die Auskunft zur Rechtsverfolgung nicht erforderlich, da auch für einen Bereicherungsanspruch eine Schätzung des Tatgerichts gemäß § 287 II erfolgen kann, BGH NJW 2021, 1311 Rn. 75 f.

19 Die Erfüllung setzt voraus, dass die Auskunft inhaltlich so bestimmt und nachvollziehbar ist, dass der Kläger seiner Pflicht nach § 253 II Nr. 2 auf der letzten Stufe nachkommen kann, BGH NJW 1998, 3492; Hbg NJW-NJW-RR 2002, 129. Der Schuldner muss dabei zumutbare Maßnahmen der Informationsbeschaffung ergreifen, BGH NJW 2014, 2571 (Persönlichkeitsrecht); NJW 2009, 2308.

20 Die Auskunft erfordert eine eigene Gedankenerklärung, wobei sie auch durch einen Anwalt oder einen anderen Beauftragten abgegeben werden kann; § 126 BGB gilt nicht, BGH NJW 2008, 917. Wenn der Schuldner selbst erklärt, die abgegebene Auskunft sei falsch, ist keine Erfüllung eingetreten und er kann zur Auskunft verurteilt werden, BGH NJW1986, 423.

21 **4. Hilfsfunktion des Auskunftsanspruchs.** Der erste Antrag einer Stufenklage hat gegenüber dem dahinter stehende Leistungsantrag (Hauptanspruch) eine Hilfsfunktion; fehlt für den noch unbezifferte Hauptanspruch die materiell-rechtliche Grundlage, ist deshalb die **gesamte Stufenklage** als unbegründet **abzuweisen,** auch wenn die Parteien nur auf der ersten Stufe verhandelt haben, BGH NJW 2017, 2675 (Berufungsinstanz); 2006, 217; 2002, 1042, 1044; 1989, 2821; Ffm NJW-RR 2015, 306; Thomas/Putzo/Seiler Rn. 5; Anders/Gehle Assessorexamen ZivilR N Rn. 19. Gleiches gilt für ein Versäumnisurteil nach § 330 gegen den Kläger, Hamm NJW-RR 1990, 709. Wegen der Hilfsfunktion des Auskunftsanspruchs ist dieser grundsätzlich nur gemeinsam mit dem Hauptanspruch abtretbar, BGH NJW 1989, 1601. Bei einem nicht allgemein bestehenden Auskunftsanspruch ist eine Ausforschung, ob der dahinterstehende Anspruch gegeben ist, nicht möglich, BGH NJW 2007, 679 (682).

22 **5. Zulässigkeit des Auskunftsantrages.** Die Zulässigkeit muss für die einzelnen Anträge jeweils gesondert festgestellt werden. § 253 II Nr. 2 Hs. 2 gilt zunächst nicht für den letztlich verfolgten Leistungsantrag, → Rn. 2, 3. Jedoch müssen im Auskunftsantrag nach § 253 II Nr. 2 die Belege, die der Bekl. vorlegen soll, grundsätzlich bezeichnet sein; jedenfalls muss sich aus dem Antrag ergeben, auf welchen Zeitraum sich die Belege beziehen, wenn sich die Konkretisierung durch die Begründung erfolgt, BGH BeckRS 2022, 2970 = NJW-RR 2022, 433; NZFam 2021, 371 = NJW-RR 2021, 451; NJW-RR 2019, 961;→ Rn. 12 (§ 15 DS-GVO); → § 253 Rn. 48 „Auskunftsklage". Wenn es dem Kläger um den Verbleib von Gegenständen geht und die Voraussetzungen des § 883 II vorliegen, fehlt für den Auskunftsanspruch und den Antrag auf eidesstattliche Versicherung das Rechtschutzbedürfnis, BGH MDR 1963, 204; MüKoZPO/Becker-Eberhard Rn. 7; → Vor § 253 Rn. 43 (allgemein zum Rechtsschutzbedürfnis). Zur sachlichen Zuständigkeit → Rn. 38 (Zuständigkeitsstreitwert).

Die Stufenklage ist **insgesamt unzulässig,** dh nicht statthaft, wenn die Auskunft nicht der Bestimmung des dahinterstehenden Leistungsantrages dient, sondern dem Kläger sonstige, mit der Bestimmbarkeit nicht im Zusammenhang stehende Informationen verschaffen soll; dabei ist allerdings nicht erforderlich, dass alle notwendigen Informationen durch den ersten Antrag zu erlangen sind, BGH NJW 2017, 156; MDR 2016, 700; NJW 2011, 1815; Köln BeckRS 2019, 16261 Rn. 70; Ffm ZMR 2018,924; LG Köln BeckRS 2020, 30968 Rn. 16; BAG NZA 2022, 286 Rn. 13. Das gilt auch für Tatsachen, die der Kläger bei einem **unbezifferter Leistungsantrag** als Größenordnung, zB für eine Leistungsbestimmung nach § 315 III 2 BGB, angeben muss, BAG NZA 2022, 261 Rn. 26 28 (Bonuszahlungen); Steinau-Steinrück/Benkert NJW-Spezial 2022, 148. Bei Unzulässigkeit kommt eine Umdeutung in eine ungestufte objektive Klagehäufung in Betracht, BGH, NJW 2011, 1815, die aber nicht das Privileg hat, dass in Abweichung von § 253 II Nr. 2, → Rn. 1, der Leistungsantrag zunächst unbestimmt gestellt werden kann. 23

Beispiele für Unzulässigkeit insgesamt: 24

§ 84a AMG: Auskunft dient der Frage des Ursachenzusammenhangs für einen Schadensersatz nach § 84 AMG, BGH NJW 2011, 1815.

Bewerberverfahren eines Mitkonkurrenten im öffentlichen Dienst: Auskunft dient der Frage der Amtspflichtverletzung, BGH NJW 2000, 1645.

Gegenforderung: Auskunft bezieht sich nicht unmittelbar auf die Forderungshöhe, sondern auf die Aufrechnung des Beklagten oder sein Zurückbehaltungsrecht, BGH NJW 2002, 2952.

Gespeicherte Daten des Versicherungsnehmers: Kein Stufenverhältnis zu Schadensersatzansprüchen gegen Versicherungsgesellschaft, Köln BeckRS 2019, 16261 Rn. 70; LG Köln BeckRS 2020, 30968 Rn. 16.

VI. 2. Stufe: Abgabe der eidesstattlichen Versicherung. In den Fällen der §§ 259 II, 260 II, d. h. bei Rechnungslegung oder bei Errichtung eines Bestandsverzeichnisses, ist ein Anspruch auf Abgabe der eidesstattlichen Versicherung vorgesehen, wenn der Verdacht besteht, dass die Auskunft nicht mit der erforderlichen Sorgfalt erteilt wurde. Über den Wortlaut der Vorschriften hinaus ist bei jedem wie auch immer gearteten Auskunftsanspruch ein solches Recht bei einer vergleichbaren Lage grundsätzlich gegeben, MüKoZPO/Becker-Eberhard Rn. 16; Grüneberg/Grüneberg BGB § 260 Rn. 19. Ausnahmen ergeben sich bei Auskünften im Rahmen des gesellschaftsrechtlichen Innenverhältnisses, BayObLG NJW-RR 2002, 1558, oder bei Auskunftspflichten eines Arztes, Mü NJW-RR 2007, 273, Der Anspruch auf eidesstattliche Versicherung setzt voraus, dass der Auskunftsanspruch erfüllt ist, näher → Rn. 18. und die Auskunft formal vollständig erteilt wurde; andernfalls muss auch bei vollständiger Weigerung der Auskunftstitel vollstreckt werden, → Rn. 18 ff. 25

Die Abgabe der eidesstattlichen Versicherung ist **höchstpersönlich** und kann nicht von einer Hilfsperson erfüllt werden; die Hinzuziehung eines Anwaltes ist aber möglich, insbesondere wenn Zweifel am Umfang der Verpflichtung bestehen, BGH NJW-RR 2014, 121.Wird die Auskunft durch Vorlage eines **notariellen Bestandsverzeichnisses** nach § 2014 I 3 BGB erfüllt, muss der Erbe gleichwohl unter den Voraussetzungen des § 260 II eine eidesstattliche Versicherung gegenüber dem Pflichtteilsberechtigten abgeben und die an Eides statt zu versichernde Formel entsprechend anpassen, wenn er Ergänzungen oder Berichtigungen des notariellen Verzeichnisses für erforderlich hält, BGH NJW 2022, 695 Rn. 13 ff. (in Abweichung der hM). 26

Begründet ist der Antrag nur, wenn der Kläger konkrete Anhaltspunkte für die mangelnde Sorgfalt der Auskunftserteilung darlegen und im Streitfall beweisen kann, so zB bei Verschweigen einzelner Gegenstände, bei Berichtigung der Angaben im Nachhinein sowie bei abfälligen Äußerungen des Schuldners über das Begehren des Klägers, BGH NJW 1984, 484; Köln NJW-RR 1998, 126; Anders/Gehle Assessorexamen ZivilR N Rn. 6. 27

Zur Zulässigkeit → Rn. 22 ff. Für den Antrag auf eidesstattliche Versicherung fehlt das **Rechtsschutzbedürfnis,** wenn der Kläger ein Bucheinsichtsrecht zB nach § 810 BGB hat und dieses schneller und besser als der Antrag zum Ziel führt, BGH NJW 1998, 163. 28

VII. 3. Stufe: Hauptanspruch. Die Leistung, die mit dem letzten Antrag begehrt wird, kann in einer Zahlung oder einer Herausgabe bestehen. Der letzte Antrag kann auch mit einem unechten Hilfsantrag (zB Antrag auf Herausgabe, hilfsweise Schadensersatz) verbunden sein, BGH NJW 2003, 2748; → § 255 Rn. 9. Dem Kläger ist es nicht verwehrt, neben der Stufenklage von vorneherein einen bestimmten Leistungsantrag zu stellen, wenn er von den zu erteilenden Auskünften ergänzend Gebrauch machen will und mit dem bezifferten Antrag nur einen Mindestbetrag begehrt; dann liegt nur bezüglich des unbezifferten Antrages eine Stufenklage vor, BGH NJW-RR 2003, 68; Anders/Gehle Assessorexamen ZivilR N Rn. 2. Vgl. zur Rechtshängigkeit → Rn. 7 und zur Zulässigkeit → Rn. 2, 22 f., 28. 29

VIII. Verfahrensfragen zu den einzelnen Anträgen. Über die einzelnen Anträge (Stufen) wird separat verhandelt, dh es wird der jeweilige Antrag der betreffenden Stufe gestellt, § 137 I, und nur über diesen Antrag wird grundsätzlich entschieden, BGH NJW-RR 2015, 188; → Rn. 1; → Rn. 21 (Gesamtabweisung). Erst nach Erledigung der ersten Stufe wird über den zweiten Antrag **verhandelt** und **entschieden,** allerdings nur auf Antrag, BGH FamRZ 2015, 247. Entsprechendes gilt für den dritten Antrag, dh eine Verhandlung und Entscheidung über diese Stufe erfolgt erst nach Erledigung der zweiten Stufe. Denn die Fragen, ob der Beklagte eine eidesstattliche Versicherung abgeben muss, → Rn. 25, bzw. ob der Kläger seinen Haupt-Leistungsantrag zu bestimmen hat, können in der Regel erst beantwortet werden, wenn der Beklagte zur Auskunft verurteilt ist und er diesen Anspruch, gegebenenfalls aufgrund einer Zwangsvollstreckung, erfüllt, → Rn. 18, hat, BGH NJW-RR 1996, 833; Stgt NJW 2012, 2289; Anders/Gehle Assessorexamen ZivilR N Rn. 8. In der nächsten Stufe muss der Sachvortrag, der auf der vorangegangenen Stufe wegen Verspätung zurückgewiesen wurde, berücksichtigt werden, Karlsr NJW 1985, 1349; Anders/Gehle Assessorexamen ZivilR N Rn. 9. Aus dem stufenweisen Vorgehen folgt auch, dass das Berufungsgericht grundsätzlich nur über die Ansprüche entscheidet, die Gegenstand des angefochtenen Urteils sind, Musielak/Voit/Foerste Rn. 8. Es muss in die erste Instanz zurückverweisen, wenn diese die Stufenklage insgesamt wegen Verneinung des Hauptanspruchs abgewiesen hat und die Berufungsinstanz der Klage in der ersten Stufe stattgibt, BGH NJW 2006, 2626. Im umgekehrten Fall kann das Berufungsgericht die Stufenklage insgesamt abweisen, wenn das Teilurteil, mit dem dem Auskunftsantrag in der ersten Stufe stattgegeben wurde, angefochten ist und das Berufungsgericht die materiellen Voraussetzungen des Hauptanspruchs verneint, BGH NJW 2017, 2675; → Rn. 21, 32. 30

Es ist unzulässig, gleichzeitig sämtliche Anträge abschließend zuzusprechen, BGH WM 2011, 1146. Nach der jeweiligen Verhandlung wird auf den beiden ersten Stufen bei Begründetheit, → Rn. 8, 25, ein **Teilurteil** 31 nach § 301 erlassen, BGH NJW-RR 2015, 188. Dabei wird die Gefahr widersprechender Teilurteile in Kauf genommen, BGH NJW 2011, 1815 Rn. 17; vgl. zum grundsätzlichen Verbot von Teilurteilen BGH NJW 2021, 2438 Rn. 18 mwN. Nach Abschluss der ersten beiden Stufen wird das Verfahren nur auf Antrag einer der Parteien durch Terminbestimmung zur mündlichen Verhandlung auf der nächsten Stufe fortgesetzt, BGH NJW-RR 2015, 188; Brdb FamRZ 2017, 239, Stgt NJW 2012, 2289, selbst wenn gegen das Teilurteil Rechtsmittel eingelegt wurde, Mü NJW 2013, 2690. In der letzten Stufe ergeht dann ein **Schlussurteil.** Wenn ein Fortsetzungsantrag nicht gestellt wird, droht nach § 204 II 1 BGB das Ende der Hemmung der Verjährung, BGH NJW 2012, 2180; ist ein solcher Antrag gestellt, ist es grundsätzlich Sache des Gerichts, dem Verfahren Fortgang zu geben; dann kann nicht von einer anderweitigen Beendigung des Verfahrens nach § 204 II 1 BGB ausgegangen werden, BGH NJW 2013, 1666.

32 Im Einzelfall kann der Prozess in der ersten Stufe **vollständig beendet** werden.

Beispiele:

Fehlen des Auskunftsanspruchs.

Klagerücknahme, Anders/Gehle Assessorexamen ZivilR N Rn. 9.

Unzulässigkeit der Klage, Celle JurBüro 2012, 535; → Rn. 23.

Vergleich über alle Stufen.

Verneinung des Hauptanspruchs in der ersten Stufe: Dann ist die Stufenklage insgesamt als unbegründet abzuweisen, auch wenn nur über den Auskunftsantrag verhandelt wurde, BGH NJW-RR 2021, 257; NJW 2006, 217; 2002, 1042, 1044; 1989, 2821; BAG NZA 2022, 655 Rn. 32 (Verjährung); Anders/Gehle Assessorexamen ZivilR N Rn. 19; → **Rn. 21;** → Rn. 30 (Berufung).

33 Die **Rechtskraft der Teilurteile** erstreckt sich nicht auf den Leistungsanspruch in der letzten Stufe, BGH NJW 2011, 1815; NJW-RR 2011, 189; Anders/Gehle Assessorexamen ZivilR N Rn. 15. Das gilt unabhängig davon, ob das Gericht sich bei Prüfung des Auskunftsanspruchs schon ganz oder teilweise mit dem Hauptanspruch jedenfalls dem Grunde nach beschäftigen musste.

34 In der zweiten Stufe auf Abgabe der eidesstattlichen Versicherung geht der Streit um die Frage, ob der Beklagte bei der Auskunft die erforderliche Sorgfalt hat walten lassen, → Rn. 35. Einwände gegen den Grund des Auskunftsanspruchs sind wegen der Rechtskraft des Auskunftsurteils verwehrt, BGH WM 1975, 1086; Anders/Gehle Assessorexamen ZivilR N Rn. 15.

35 Ein **Grundurteil** nach § 304 neben dem Teilurteil auf der ersten Stufe („Die Leistungsklage ist dem Grunde nach gerechtfertigt.") ist nur zulässig, wenn der Leistungsanspruch der Höhe nach streitig, aber unabhängig von der zu erteilenden Auskunft mit Wahrscheinlichkeit zumindest teilweise gegeben und bezifferbar ist, BGH NJW 1999, 281; Anders/Gehle Assessorexamen ZivilR N Rn. 16. Zur Möglichkeit eines Zwischenfeststellungsurteils → Rn. 6 (s. Stichwort dort).

36 Wenn der Beklagte nach Erhebung der Stufenklage und vor der mündlichen Verhandlung die Auskunft erteilt, ist der Auskunftsanspruch nach § 362 I BGB erloschen, → Rn. 18, und der erste Antrag müsste, wenn er in der mündlichen Verhandlung gestellt würde, abgewiesen werden. Da der Kläger jederzeit auf die nächste Stufe übergehen kann, → Rn. 3, sind die Notwendigkeit der **Erledigungserklärung** zur Vermeidung einer negativen Kostenfolge und das erforderliche Rechtschutzinteresse bei einer einseitigen Erledigung streitig, verneinend: BGH NJW 2001, 833; Köln VersR 1997, 601; Zöller/Greger Rn. 12; bejahend wegen der selbständigen prozessualen Bedeutung: MüKoZPO/Becker-Eberhard Rn. 25; offengelassen: BGH NJW 1999, 2520. Im Einzelfall kann das Interesse an der Feststellung der **Erledigung** des Auskunftsanspruchs wegen der Durchsetzung des Anspruchs auf eidesstattliche Versicherung gegeben sein, Anders/Gehle Assessorexamen ZivilR N Rn. 17. Liegt eine beiderseitige Erledigungserklärung vor, fließt § 91a in die Gesamtkostenentscheidung ein; auf das rechtliche Interesse bezüglich der Erledigungserklärung kommt es bei dieser Konstellation nicht an.

37 Ergibt sich nach erteilter Auskunft oder bei Abgabe der eidesstattlichen Versicherung, dass der Hauptanspruch nicht besteht, muss die Stufenklage insgesamt bei unveränderter Antragstellung abgewiesen werden. Eine einseitige Erledigungserklärung nutzt dem Kläger nichts, da dieser Leistungsantrag schon bei Klageerhebung unbegründet war, BGH NJW 1994, 2895; Kassebohm Kostenentscheidung NJW 1994, 2728. Auch eine analoge Anwendung des § 93 führt nicht weiter, BGH NJW 2021, 941; 1994, 2895; Bambg NJW 2020, 2649; → § 269 Rn. 53 „Stufenklage". Eine Klagerücknahme löst die Kostenfolge des § 269 III 2 aus; § 269 III 3 kann nicht analog angewendet werden, BGH NJW 2021, 941 Rn. 28; NJW-RR 2005, 1662; Hamm NJW-RR 1991, 1407; aA Stgt FamRZ 1994, 1595. War der Beklagte mit der Auskunftspflicht in Verzug, kann sich der Kläger mit der Änderung der Stufenklage in einen **Feststellungsantrag,** dass der Beklagte die **Kosten** des Rechtsstreits trägt, helfen; der Beklagte ist dann nach §§ 280 II, 286 BGB zum Schadensersatz in Höhe der Kosten des Rechtsstreits verpflichtet, BGH NJW 2021, 941 Rn. 28; 1994, 2895; Naumburg FamRZ 2001, 501; Prütting/Gehrlein/Geisler ZPO Rn. 18; Anders/Gehle Assessorexamen ZivilR N Rn. 21; → § 269 Rn. 10, 47 ff., 53 „Stufenklage"; kritisch mwN: MüKoZPO/Becker-Eberhard Rn. 27; → § 269 Rn. 47. Im Rahmen des § 91a kann dieser Schadensersatzanspruch bei der Billigkeit berücksichtigt werden, Dü NJW-RR 2013, 124; Brdg NJW-RR 2003, 795. Bei **Säumnis** des Klägers in der mündlichen Verhandlung zur ersten oder zweiten Stufe wird bei Vorliegen der weiteren Voraussetzungen die Klage insgesamt durch Versäumnisurteil abgewiesen, Musielak/Voit/Stadler Rn. 5; → Rn. 32; → § 330 Rn. 8.

38 **IX. Streitwert und Kosten. 1. Zuständigkeitsstreitwert.** Es wird teilweise die Auffassung vertreten, dass nach § 5 die Werte der einzelnen Anträge zusammengerechnet werden, Bdbg MDR 2002, 536; Zöller/Herget § 3 Rn. 16.158 „Stufenklage". Andere gehen von der wirtschaftlichen Identität aus und orientierten sich am höchsten Einzelwert, Prütting/Gehrlein/Beumers ZPO§ 5 Rn. 18. Der letzten Meinung folgen wir wegen der Hilfsfunktion der beiden ersten Anträge, → Rn. 21; vgl. auch § 38 FamGKG.

39 Der Wert des **Hauptantrages** ist nach § 3 zu schätzen, wobei nach § 4 der Zeitpunkt der Klageerhebung bzw nach § 34 FamGKG der Zeitpunkt der Einreichung des Stufenantrages maßgeblich ist. Da der Kläger selbst nicht weiß, welchen Wert sein Anspruch hat, sind seine Angaben, die er nach § 61 GKG machen muss, unter *realistischer Würdigung der Sach- und Rechtslage* zu bewerten, BGH NJW 2017, 1016; KG JurBüro2006, 594. Bei späterer Erhöhung des Hauptantrages steigt dessen Wert, Bbg 2011, 640; Anders/Gehle Assessorexamen ZivilR N Rn. 26. Beim Stufenantrag nach § 38 FamGKG ist auf den Auffangwert nach § 42 III FamGKG abzustellen, dh es ist ein Wert von 5.000 EUR anzusetzen, wenn sich keine Anhaltspunkte ergeben, mit welchen

Erwartungen zum Leistungsanspruch der Antragsteller das Verfahren eingeleitet hat, Schlesw BeckRS 2019, 32076. Auch der Verfahrenswert eines Stufenverfahrens auf **Unterhalt** bemisst sich nach den Erwartungen des Antragstellers bei Einreichung des Antrages; ist in dem noch unbezifferten Antrag nicht angegeben, ab wann Unterhalt verlangt werden soll, erfasst dieser Antrag nur die Monate ab Rechtshängigkeit, BGH NZFam 2022, 463 mAnm Schneider.

Der Wert des **Auskunftsanspruchs** bemisst sich nach dem Interesse des Klägers, die Auskunft zu erlangen. In der Praxis haben sich Werte von 1/10 bis 2/5 des letzten Leistungsbegehrens eingespielt; im Einzelfall kann der Wert sogar mit dem Wert dieses Begehrens identisch sein, Köln FamRZ 1984, 1029; Anders/Gehle Assessorexamen ZivilR N Rn. 27. Der Wert hängt davon ab, ob der Kläger überhaupt nicht weiß, woran er ist oder ob er nur ergänzende Auskünfte in welchem Umfang benötigt, BGH NJW 2006, 3060. Der Wert des Antrages auf **eidesstattliche Versicherung** richtet sich nach dem Interesse des Klägers an dieser Leistung. In der Regel nimmt man 1/20 bis ¼ des letzten Leistungsbegehrens an, BGH MDR 1992, 302; Celle MDR 2003, 55; der Wert ist in der Regel geringer als der der Auskunft, Hbg NJW 2017, 835. 40

2. Gebührenstreitwert. Gemäß § 48 I 1 GKG finden, soweit in diesem Gesetz keine Sonderregelungen vorhanden ist, die für die sachliche Zuständigkeit und die Rechtsmittelzuständigkeit geltenden Vorschriften der §§ 1 ff. Anwendung; § 23 I RVG verweist für die Rechtsanwaltsgebühren auf das GKG (und das FamGKG), Anders/Gehle Assessorexamen ZivilR A Rn. 189. Nach § 44 GKG (§ 38 FamGKG) ist für die Stufenklage allein der höchste bewertete Anspruch, dh in der Regel der Hauptantrag, maßgebend. Der unbezifferte Antrag muss gemäß § 3 wertmäßig für die Zeit der Klageerhebung (§ 4) geschätzt werden und ist auch zugrunde zu legen, wenn sich später ein niedriger Betrag ergibt, Schlesw NJW-RR 2022, 931; Stgt FamRZ 2008, 533; Köln FamRZ 2005, 1847. Der Streitwert nach § 44 GKG ist bedeutsam für die Prozessgebühren der Rechtsanwälte, die Verfahrensgebühr des Gerichts sowie alle auf der letzten Stufe anfallenden Gebühren, Anders/Gehle Assessorexamen ZivilR A Rn. 173 f. und N Rn. 29. Die endgültige Streitwertfestsetzung nach § 63 II GKG setzt voraus, dass die Entscheidung über den gesamten Streitgegenstand, also auch über den letztlich verfolgten Leistungsantrag ergeht oder sich das Verfahren anderweitig erledigt hat, Karlsr NJW-Spezial 2020, 699. Auf den beiden unteren Stufen können demgegenüber Termingebühren nach den dort geltenden Einzelwerten entstehen (§ 15 III RVG), Kblz MDR 2014, 243. Die Summe der Teilgebühren darf nach § 15 III RVG den Betrag einer nach der Gesamtsumme der Teilwerte errechneten Gebühr nicht überschreiten (Prinzip der Gebührendegression), Anders/Gehle Assessorexamen ZivilR A Rn. 175, 181. Wird die Klage bereits auf der ersten Stufe abgewiesen, → Rn. 44, ist die Termingebühr nach dem höchsten Einzelwert angefallen, Ffm FamRZ 2018, 1258; Kblz 2014, 243; Celle FamRZ 2009, 45; aA KG MDR 2008, 45. 41

Auch bei einer **steckengebliebenen** Stufenklage, dh wenn es nicht zur Bezifferung der letzten Stufe kommt, richtet sich der Gebührenstreitwert gemäß § 44 GKG bzw. § 38 FamFG nach dem Wert der letzten Stufe und nicht nach dem Wert der ersten beiden Anträge, wobei die Erwartungen des Klägers bei Einreichung des Haupt-Antrages maßgeblich sind, Köln NJW-RR 2022, 72 mAv Schneider NJW-Spezial 2022, 28 (in der Güteverhandlung entsteht die Termingebühr bereits nach dem Wert des letzten Leistungsantrages, wenn die Erörterung nicht auf den Auskunftsanspruch beschränkt ist); Mü NZFam 2021, 795 = BeckRS 2021, 19262 mAnm von Schneider NJW-Spezial 2021, 507; Schlesw NZFam 2020, 224; Ffm BeckRS 2018, 5839 Rn. 11; Toussaint/Elzer GKG § 44 Rn. 13. 42

3. Rechtsmittelstreitwert. Grundsätzlich gilt dasselbe wie für den Zuständigkeitsstreitwert. Ist der Bekl. Rechtsmittelführer, richtet sich der Streitwert auf den beiden unteren Stufen (Auskunft/Rechnungslegung und eidesstattliche Versicherung) nach seinem Interesse, die Auskunft bzw. die eidesstattliche Versicherung nicht zu erteilen, wobei in der Regel die Belastung maßgeblich ist, die ihm bei der Anspruchserfüllung erwächst (Abwehrinteresse), BGH NJW-RR 2021, 449 Rn. 7; 2020, 1137; FamRZ 2019, 818 Rn. 9; KG GRUR-RR 2021, 532 Rn. 14, 43

Beispiele zum Abwehrinteresse: 44

Aufwand an Arbeitszeit und Kosten: Zur Bewertung ist grundsätzlich auf die Stundensätze zurückzugreifen, die der Auskunftspflichtige als Zeuge in einem Zivilprozess erhalten würde, wenn er mit der Erteilung der Auskunft weder berufstypische Leistungen erbringt noch einen Verdienstausfall erleidet, BGH NJW 2019, 604; 2017, 739; BGH NJW-RR 2021, 724 und 451 Rn. 11; 2020, 1137 Rn. 9; 2014, 1028; 2009, 793; 2007, 1300. Wird der Bekl. auch zur Belegvorlage verurteilt, ist der erforderliche Aufwand mit zu berücksichtigen, Mü NJW-RR 2021, 1376 Rn. 16. Bei der Verpflichtung zur Belegvorlage sind Rechtsverfolgungskosten in Bezug auf einen Dritten zu berücksichtigen, wenn dieser zur Herausgabe der Belege nicht bereit ist und die Unterlagen nicht anderweitig beschafft werden können; dies muss substantiiert dargelegt und glaubhaft gemacht werden, BGH BeckRS 2021, 41802 = NZFam 2022, 123; NJW 2019, 1752. Der von der Partei vor dem Urteil vorgenommene Aufwand bleibt außer Betracht, auch wenn auf ihn zur Erfüllung der titulierten Verpflichtung werden kann, BGH NJW-RR 2020, 189 = BeckRS 2019, 34529. Übersetzerkosten sind zu berücksichtigen, wenn es um die Überlassung von Unterlagen in ausländischer Sprache geht und der Kläger nach Treu und Glauben vom Bekl. deren Übersetzung verlangen kann, BGH NJW-RR 2020, 705 (Unterhaltsanspruch). Auch im übrigen sind Kosten für eine Hilfsperson zu berücksichtigen, wenn der Auskunftspflichtige selbst zu einer sachgerechten Auskunft nicht in der Lage ist, GRUR-RR 2021, 532 Rn. 14.

Geheimhaltungsinteresse: Nur ausnahmsweise zu berücksichtigen, wenn der Auskunftspflichtige drohende Nachteile gerade in seiner Person substantiiert darlegt, BGH NJW 2017, 739 = GRUR-RR 2017, 185 (Derrick); BGH NJW-RR 2021, 449 Rn. 8; 2007, 1009; NJW 2005, 3349; Düss GRUR-RR 2022, 156 (Arbeitnehmererfindung).

Rechtsanwaltskosten: Wird ein Anwalt im Verfahren zur Abgabe einer eidesstattlichen Versicherung über eine bestimmte Auskunft hinzugezogen, finden seine Kosten keine Berücksichtigung, auch wenn schon wechselseitige Strafanzeigen zwischen den Parteien vorliegen, BGH NJW-Spezial 2021, 7 = BeckRS 2021, 31456.

Reisekosten: Bei einer Auskunft über Vermögen im Ausland können diese evtl. berücksichtigt werden, BGH NZFam 2021, 609 = NJW-RR 2021, 724.

Vermeidung einer nachteiligen Kostenentscheidung: Keine Berücksichtigung, BGH NJW 1999, 3050; Prütting/Gehrlein/Beumers ZPO § 3 Rn. 58.

Kosten der Zwangsvollstreckung: Grundsätzlich keine Berücksichtigung, BGH NJW 2016, 45; zu berücksichtigen aber der Aufwand, der zur Abwehr der Zwangsvollstreckung erforderlich ist, wenn der Titel keinen vollstreckungsfähigen Inhalt hat, BGH BeckRS 2022, 2970; = NJW-RR 2022, 433; NZFam 2021, 371= NJW-RR 2021, 451 Rn. 12; NJW-RR 2019, 961; 2016, 65.

45 Wird die Stufenklage auf der ersten Stufe insgesamt abgewiesen, → Rn. 21, ist auch der letztlich verfolgte Leistungsantrag, auch wenn er noch unbeziffert ist, abgewiesen und beeinflusst damit die Beschwer, BGH BeckRS 2020, 40738 = NZFam 2021, 376. Verurteilt das Berufungsgericht bei einer erstinstanzlichen Abweisung der Stufenklage insgesamt den Beklagten zur Auskunft oder Abgabe der eidesstattlichen Versicherung unter Zurückweisung der Sache im Übrigen an die erste Instanz, richtet sich der Wert des Beschwerdegegenstandes nach dem Abwehrinteresse des Beklagten, BGH FamRZ 2018, 1248.

46 **4. Kostengrundentscheidung.** In den Teilurteilen zu den beiden unteren Stufen erfolgt keine Kostenentscheidung; diese bleibt wegen des Grundsatzes der Kosteneinheit grundsätzlich dem Schlussurteil vorbehalten, Brdg FamRZ 2007, 161; Karlsr FamRZ 2003, 943; Anders/Gehle Assessorexamen ZivilR A Rn. 181. Das gilt auch, wenn der Kläger nach einer positiven Entscheidung über den Auskunftsantrag die anderen Anträge zurücknimmt, etwa dann, wenn die Auskunft ergibt, dass kein Haupt-Leistungsantrag besteht; dann ist über die Kosten des Rechtsstreits im Schlussurteil zu entscheiden, und zwar auf der Grundlage des § 91 I wegen des Auskunftsantrages und auf der Grundlage des § 269 III 2 wegen der zurückgenommenen Teilen; § 269 III 3 findet hingegen keine Anwendung, zumal die Ausnahmevorschrift keiner Analogie zugänglich ist; im Einzelfall kann statt der Rücknahme der Klageanträge zu 2) und 3) eine Umstellung dieser Anträge auf Feststellung des Kosteninteresses helfen, streitig, vgl. näher: → § 269 Rn. 53 „Stufenklage"; → § 269 Rn. 62; → Rn. 36 f. Etwas anderes gilt bei abgesondert errechenbaren Kosten, über die im Teilurteil entschieden werden kann, BGH NJW-RR 2001, 642 (zB außergerichtliche Kosten eines Streitgenossen).

47 Bei vollem Obsiegen einer Partei werden die Kosten des Rechtsstreits im Schlussurteil grundsätzlich nach § 91 dem Unterlegenen auferlegt. Wenn der Kläger nur einen Teilerfolg erzielt, muss für die Berechnung der einheitlichen Kostenquote nach § 92 I, nicht der Streitwert nach § 44 GKG, sondern der **fiktive Streitwert,** der durch Addition der Einzelstreitwerte, → Rn. 38 ff., ermittelt wird, zugrunde gelegt werden und dieser muss ins Verhältnis zu dem jeweiligen Obsiegen und Unterliegen beider Parteien in den einzelnen Stufen, bezogen auf den jeweiligen Einzelstreitwert, gesetzt werden, Anders/Gehle Assessorexamen ZivilR A Rn. 192 und N Rn. 31–33 (mit Rechenbeispielen). Zur Erledigung → Rn. 36. Fallen auf einzelnen Stufen besondere Kosten an, und führt dies bei einer reinen Orientierung am Streitwert nicht zu einer gerechten Kostenentscheidung, kann über die besonderen Kosten, etwa eines Sachverständigengutachtens in der ersten Stufe, uU nach § 96 entschieden werden, Anders/Gehle Assessorexamen ZivilR N Rn. 34.

48 Bei einer Stufenklage kommt es für die Frage, ob ein sofortiges Anerkenntnis des Bekl. iSd § 93 erfolgt ist, dh ob er Anlass zur Klageerhebung gegeben hat, auf sein Verhalten vor Klageerhebung und nicht auf das vor der jeweiligen Stufe an; das ergibt sich schon daraus, dass alle Anträge mit Klageerhebung rechtshängig werden, Brem BeckRS 2021, 46417 Rn. 5; Bambg NJW 2020, 2649 Rn. 16 ff. mAnm Weber; → Rn. 7; aA Köln NJW-Spezial 2009, 536; Zöller/Herget § 93 Rn. 6.39 „Stufenklage". Aus anwaltlicher Vorsicht sollte der Bekl. aber nicht nur zur Auskunft, sondern nach Auskunftserteilung auch zur Zahlung aufgefordert werden.

49 **X. Rechtsmittel.** Gegen jedes Urteil im Rahmen der Stufenklage, Teil- oder Schlussurteil, sind Berufung oder Revision bei Vorliegen der weiteren Voraussetzungen statthaft, Ffm NJW 2014, 2052; zum Rechtsmittelstreitwert → Rn. 60. Besonderheiten ergeben sich, wenn die höhere Instanz auf den ersten beiden Stufen zu einem anderen Ergebnis kommt als die erste Instanz. Ist der Auskunftsantrag in der ersten Instanz abgewiesen worden und verurteilt die zweite Instanz zur Auskunft, bleibt die erste Instanz für die anderen Stufen zuständig, Mü NJW-RR 2011, 717; weist das Erstgericht die Stufenklage in der ersten Stufe insgesamt ab, → Rn. 21, und verurteilt das Berufungsgericht zur Rechnungslegung, ist es regelmäßig geboten, dass das Berufungsgericht bei einem entsprechenden Antrag wegen der weiteren Stufen entsprechend § 538 II 1 Nr. 4 in die 1. Instanz zurückverweist, BGH NJW 2009, 431; 2006, 2626; Drsd BeckRS 2020. 2605; Mü NJW-RR 2011, 717; BAG NJW 2001, 3805. Fehlt ein Zurückweisungsantrag, wird der Rechtsstreit in der zweiten Instanz fortgesetzt, Anders/Gehle Assessorexamen ZivilR N Rn. 39. Verurteilt das Erstgericht zur Rechnungslegung und verneint das Berufungsgericht den Auskunftsanspruch, weil der dahinterstehenden Leistungsanspruch nicht besteht, muss es die Klage insgesamt abweisen, BGH NJW- NJW-RR 1995, 2229; 1990, 390; Kblz FamRZ 2007, 590; → Rn. 27.

50 **XI. Versäumnisurteil.** Bei einer Säumnis des **Klägers** nach § 330 kann eine Abweisung der gesamten Stufenklage erfolgen, Hamm NJW-RR 1990, 709; Stgt NJW-RR 1990, 766; MüKoZPO/Becker-Eberhard Rn. 28. Bei einer Säumnis des **Bekl.** kann nach § 331 nur auf der jeweiligen Stufe gegen ihn ein (Teil-) Versäumnisurteil ergehen, BGH NJW-RR 1994, 1186. Ein Versäumnisurteil über die Rechnungslegung und zugleich unzulässigerweise über den unbezifferten Hauptantrag gilt als Feststellungsurteil über den Grund des Anspruchs, MüKoZPO/Becker-Eberhard Rn. 29. Zum Teilurteil generell bei Säumnis einer Partei → § 331 Rn. 17 „Teilurteil".

255

Fristbestimmung im Urteil. **I Hat der Kläger für den Fall, dass der Beklagte nicht vor dem Ablauf einer ihm zu bestimmenden Frist den erhobenen Anspruch befriedigt, das Recht, Schadensersatz wegen Nichterfüllung zu fordern oder die Aufhebung eines Vertrages herbeizuführen, so kann er verlangen, dass die Frist im Urteil bestimmt wird.**

II Das Gleiche gilt, wenn dem Kläger das Recht, die Anordnung einer Verwaltung zu verlangen, für den Fall zusteht, dass der Beklagte nicht vor dem Ablauf einer ihm zu bestimmenden Frist die beanspruchte Sicherheit leistet, sowie im Falle des § 2193 Abs. 2 des Bürgerlichen Gesetzbuchs für die Bestimmung einer Frist zur Vollziehung der Auflage.

1 **I. Systematik und Geltungsbereich.** → Vor § 253 Rn. 1, 6.

2 Die Vorschrift ist eine vorrangige Sonderregel in ihrem Geltungsbereich. I ermöglicht die Aufnahme der Fristbestimmung im Urteil, wie sie zB in § 281 I 1 BGB für den Schadensersatz statt Leistung erforderlich ist.

Entsprechendes gilt, wenn nach Ablauf einer bestimmten Frist die Aufhebung des Vertrags herbeigeführt werden kann. Sie ist nur anwendbar, wenn es um eine Frist zur Erfüllung einer Leistung und nicht um eine Frist zur Ausübung eines Rechts geht, so zB nach §§ 350, 415 BGB, Thomas/Putzo/Seiler Rn. 4. Ihr gegenüber vorrangige Sonderregeln enthalten § 510b (AG) und § 61 II ArbGG (ArbG). § 510b ist nur bei Anträgen möglich, die auf Vornahme einer Handlung gerichtet sind, während § 255 einen weiteren Anwendungsbereich hat, BGH NJW-RR 2018, 331; Stamm ZfPW 2020, 86, 108. Für § 510b gilt die Sonderregelung des § 888a, der die Vollstreckung des Erfüllungsanspruchs untersagt und damit direkt zum Schadensersatzanspruch überleitet, Stamm ZfPW 2020, 86, 110 (zur Frage der Verfassungswidrigkeit).

II. Regelungszweck. → Vor § 253 Rn. 1 ff. Zur historischen Entwicklung: Stamm ZfPW 2020, 86 (88). Die Vorschrift dient der Beschleunigung der Durchsetzung von Ansprüchen, der Vermeidung zusätzlicher Verfahren und damit der Prozesswirtschaftlichkeit, BGH NJW 1999, 954; Stamm ZfPW 2020, 86, 88. Das ist bei der Auslegung mit zu beachten. Immerhin verdient auch der Bekl. einen Schutz vor jeder Übereilung. Wenn das Gericht ihm schon sogleich auch eine materiell-rechtliche Frist setzen muss, sollte es den Bekl. nicht durch zu kurze Fristen unter einen schwer erfüllbaren Druck setzen. Der Kläger gewinnt ohnehin schon Zeit durch eine Fristsetzung nach § 255. Auch: Stamm ZfPW 2020, 86, 113, der für die ersatzlose Streichung der §§ 255, 510b, 888a und für trennscharfe Unterscheidung von materiellem Recht und Verfahrensrecht plädiert. 3

III. Voraussetzungen für die Fristbestimmung. 1. Nichterfüllung. I setzt voraus, dass der Kläger oder ein Gericht nach materiellem Recht eine Frist zur Erfüllung eines Leistungsanspruchs setzen darf und dass ihm nach fruchtlosem Ablauf der Frist, dh bei Nichterfüllung innerhalb der Frist neue Rechte erwachsen, wie zB nach §§ 250, 280, 281 BGB, Karlsr NJW-RR 2014, 313; Hamm NJOZ 2013, 1006; Thomas/Putzo/Seiler Rn. 2; Grieber/Lösche NJW 2007, 2819; Gsell JZ 2004, 115; Wieser NJW 2003, 2433. Entsprechend anwendbar ist die Vorschrift bei ähnlichen Rechten, wie §§ 264 II, 637, 1133, 2193 II BGB. Die Verbindung von Urteil und Frist soll die rasche Durchsetzung des Anspruchs sichern. I ist dann entsprechend anwendbar, wenn sonst der Gläubiger dem Schuldner eine Frist mit ähnlicher Wirkung setzen darf, BGH NJW 1986, 1676 (zu § 283 aF), wie bei §§ 264 II, 354, 467, 527, 1003 II, 1133 BGB, § 375 II HGB, § 37 VerlG, Thomas/Putzo/Seiler Rn. 3. 4

Ist eine außergerichtliche Frist gesetzt oder ist die Fristsetzung entbehrlich, so zB bei einer ernsthaften und endgültigen Leistungsverweigerung nach § 281 II oder den sonstigen Fällen dieser Vorschrift, erübrigt sich der Weg über § 255. Jedoch sollte gleichwohl eine Fristsetzung wegen der anwaltlichen Fürsorgepflicht in Erwägung gezogen werden, Stamm ZfPW 2020, 86 (95). Der Vorteil einer gerichtlichen Fristsetzung besteht darin, dass Einwände gegen die Angemessenheit der Frist nur mit einem Rechtsmittel vorgebracht werden können; ist das Urteil rechtskräftig, bleibt dieser Punkt dem Streit entzogen, Anders/Gehle Assessorexamen ZivilR L Rn. 3. 5

2. Recht auf Anordnung einer Verwaltung. Dasselbe gilt nach II Alt. 1, wenn der Schuldner innerhalb der Frist keine Sicherheit leistet und dem Gläubiger dann ein Recht auf Anordnung der Verwaltung zusteht, wie zB die Verwaltung nach § 1052 BGB (Eigentümer und Nießbraucher), § 2128 II BGB (Nacherbe und Vorerbe). 6

3. Recht auf Vollziehung einer Auflage. Hat der Erblasser eine Auflage vorgesehen und das Bestimmungsrecht, wer die Auflage erhalten soll, dem Beschwerten überlassen, kann diesem nach § 2193 II BGB eine Frist zur Ausübung des Bestimmungsrechts gesetzt werden, wenn er rechtskräftig zur Vollziehung der Auflage verurteilt wurde. Dann kann der Kläger eine Fristbestimmung im Urteil verlangen. 7

IV. Verfahren. 1. Fristsetzungsantrag. Die Fristsetzung erfolgt nur aufgrund eines Antrags des Klägers, → Rn. 10 (zum Antrag/Tenor). Er kann in der Klageschrift nach § 253 oder im Lauf des Verfahrens durch eine Klageerweiterung nach §§ 261 II, 264 Nr. 2 bis zum Schluss der letzten mündlichen Verhandlung nach §§ 136 IV, 296a verlangen, dass das Gericht die Frist im Urteil bestimmt. Der Antrag ist ein Sachantrag nach → § 297 Rn. 4. Allgemein anerkannt ist, dass es um das materielle Fristerfordernis, zB nach § 281 I 1 BGB, geht und dieses über § 255 nicht zur prozessualen Frist wird, BGH NJW 2018, 786; MüKoZPO/Becker-Eberhard Rn. 3; Zöller/Greger Rn. 3. Der Kläger kann eine bestimmte Fristsetzung beantragen oder die Dauer der Frist in das **Ermessen** des Gerichts stellen, ohne dass ein Verstoß gegen § 253 II Nr. 2 vorliegt, so hM: MüKoZPO/Becker-Eberhard Rn. 3; Musielak/Voit/Foerste Rn. 2; Prütting/Gehrlein/Geisler Rn. 2; Thomas/Putzo/Seiler Rn. 5; Zöller/Greger Rn. 4; Anders/Gehle Assessorexamen ZivilR L Rn. 3; → § 253 Rn. 42 ff. (zum unbestimmten Antrag). Wir folgen nicht der Meinung von Stamm ZfPW 2020, 86, 91, der aus der Tatsache, dass es sich um eine materielle Frist handelt, folgert, dass die Frist allein vom Gläubiger zu bestimmen ist. Das ergibt sich aus dem Gesetzeswortlaut „bestimmt wird" und aufgrund einer Anlehnung an § 315 III 2 BGB. Beantragt der Kläger die Festsetzung einer bestimmten Frist, darf das Gericht trotz seines grundsätzlichen pflichtgemäßen Ermessens eine etwa vorgeschlagene Frist zwar überschreiten, aber nach § 308 I nicht verkürzen, Schmidt ZZP 1987, 66; Stamm ZfPW 2020, 86 (98) (zur Angemessenheit der Frist). Der Antrag ist auch in der Berufungsinstanz statthaft, aber nicht mehr in der Revisionsinstanz. Der Antrag nach § 255 macht den bei fruchtlosem Fristablauf möglichen Ersatzanspruch nicht nach §§ 253 I, 261I rechtshängig. Er hat daher auch keinen Einfluss auf den Streitwert. Ob es sich bei dem Fristsetzungsantrag um einen Antrag sui generis oder um einen Feststellungsantrag handelt, wird nicht einheitlich beantwortet, spielt aber für die Entscheidung über diesen Antrag auch keine Rolle, vgl. zum Meinungsstand: Stamm ZfPW 2020, 86, 93 (Stamm geht von § 256 II). 8

2. Fristbestimmung. Die vom Gläubiger zu setzende materiell-rechtliche Frist, → Rn. 8, richtet sich nach §§ 187 ff. BGB, Stamm ZfPW 2020, 86, 91; Schmidt ZZP 1987, 49. Sie beginnt mit der formellen Rechtskraft des Urteils nach § 705 zu laufen; zur Festlegung eines früheren Fristbeginns ist das Gericht nicht befugt, BGH BeckRS 2021, 45192 = NJW-RR 2022, 349; Wieser NJW 2003, 2432..Die vorläufige Vollstreckbarkeit des Urteils wegen des Klageanspruchs nach §§ 708 ff. betrifft die Frist nicht. Die formelle Rechtskraft des Urteils macht die Frist auch materiell-rechtlich unanfechtbar. Die Fristsetzung schafft keine Rechtskraft nach § 322 für das Rechtsverhältnis. Daher darf derjenige Richter, der darüber entscheiden muss, sie anders beurteilen, Schmidt ZZP 1987, 53. Soweit keiner der Fälle → Rn. 4–7 vorliegt, weist das Gericht den Antrag evtl. nach einem vergeblichen Hinweis nach § 139 als unbegründet ab. Es kommt auch eine Teilabweisung in Betracht, zB dann, wenn das Gericht die beantragte Frist von vornherein für zu kurz hält, → Rn. 8. § 321 ist entsprechend anwendbar, wenn eine Entscheidung über den Fristantrag versehentlich unterbleibt. 9

V. Unechter Hilfsantrag auf Schadensersatz bei fruchtlosen Fristablauf. Der Kläger kann seinen Anspruch (oder sein Recht), der nach fruchtlosem Ablauf der vom Gericht gesetzten Frist entsteht, sofort im 10

Rahmen der Klage mit geltend machen, wenn die Voraussetzungen nach § 259 erfüllt sind, BGH NJW 2018, 786; 2016, 3235; 1999, 954; Kaiser MDR 2004, 313; Stamm ZfPW 2020, 86, 101. Der **Antrag** lautet dann auf eine Fristsetzung und auf eine Verurteilung zur Ersatzleistung bei einem ergebnislosem Ablauf der Frist wie folgt: *„Der Kläger beantragt, 1. den Bekl. zu verurteilen, an ihn den PKW … herauszugeben, 2. eine angemessene Frist zu bestimmen, innerhalb der der Bekl. die Herausgabe zu bewirken hat, 3. den Bekl. für den Fall, dass die Herausgabe nicht fristgerecht erfolgt, zu verurteilen an ihn (Kläger) …. EUR zu zahlen."* Um im Rahmen des § 281 BGB das Wahlrecht zwischen Herausgabe und Schadensersatz zu erhalten und die Folgen des § 281 IV auszuschließen, kann der dritte Antrag auch wie folgt formuliert werden: *„Für den Fall des fruchtlosen Fristablaufs wird der Bekl. nach der noch vorzunehmenden Wahl des Klägers verurteilt, an diesen … zu zahlen."*, BGH NJW 2018, 786; Anders/Gehle Assessorexamen ZivilR L Rn. 5b.

11 Der letzte Antrag ist ein sog. unechter Hilfsantrag, Stamm ZfPW 2020, 86 (102). Von echten Hilfsanträgen, → § 260 Rn. 9f., unterscheidet er sich dadurch, dass er nicht bei Abweisung des Hauptantrages zum Zuge kommt, sondern im Gegenteil nur bei einem zusprechenden Urteil bezüglich der beiden ersten Anträge, Anders/Gehle Assessorexamen ZivilR L Rn. 4. Unter der Bedingung des fruchtlosen Fristablaufs bezüglich der Erfüllung des zuerst titulierten Anspruchs hängt auch die Zwangsvollstreckung des Zahlungstitels ab. Vorher kann der Kläger aber den Herausgabetitel nach §§ 883ff. vollstrecken. Ist diese Vollstreckung erfolgreich, ist der Zahlungstitel hinfällig. Die vom Kläger gesetzte **Bedingung** für den Zahlungstitel ist auflösend bedingt und zulässig, BGH NJW 2018, 786; 1999, 954. Der Bekl. hat es selbst in der Hand, die mit dem ersten Antrag begehrte Leistung zu erfüllen; für ihn besteht demnach wie bei innerprozessualen Bedingungen keine unzumutbare Ungewissheit. Das Vollstreckungsgericht kann anhand der Zustellungsurkunde den Fristablauf und damit die Bedingung prüfen, Anders/Gehle Assessorexamen ZivilR L Rn. 4a.

12 Der dritte Antrag ist nur unter den Voraussetzungen des **§ 259** zulässig. Die Besorgnis der Nichterfüllung wird bereits dann angenommen, wenn der Bekl. ohne triftigen Grund die Erfüllung des mit dem ersten Antrag geltend gemachten Anspruch verweigert oder den Anspruch ernsthaft bestreitet, BGH NJW 2018, 786 (auch zur Rechtslage vor Inkrafttreten der Schuldrechtsreform am 1.1.2002 – bis dahin Ableitung aus dem nicht mehr gültigen § 283 BGB aF); Anders/Gehle Assessorexamen ZivilR L Rn. 5. Auch wenn der Schadensersatzanspruch erst nach erfolglosem Fristablauf entsteht, ist für die beantragte Schadenshöhe der Zeitpunkt der letzten mündlichen Tatsachenentscheidung maßgeblich; eventuelle Veränderungen können vom Schuldner über § 767 geltend gemacht werden, BGH NJW-RR 2001, 1450; Mü NJW-RR 2018, 1245; Stamm ZfPW 2020, 86 (105). Sollte es zu Verzögerungen wegen der Ermittlung der Schadenshöhe kommen, können ein Teilurteil zu den beiden anderen Anträgen und ein Grundurteil zum Schadensersatzantrag ergehen.

13 **VI. Streitwert.** Die Einzelwerte für den ersten und dritten Antrag sind nach allgemeinen Regeln zu ermitteln. Für den Fristsetzungsantrag gilt § 3; da dadurch für den Schuldner der Druck erhöht wird, den titulierten ersten Anspruch zu erfüllen, beträgt der Streitwert nach § 3 einen Bruchteil von dem ersten Antrag, so in der Regel 1/10 bis ¼, Anders/Gehle Assessorexamen ZivilR L Rn. 8. Durch den Fristantrag wird der Streitwert nicht erhöht; § 5 findet für den ersten und dritten Antrag wegen der wirtschaftlichen Identität keine Anwendung, weder für den Zuständigkeitsstreitwert noch für den Gebührenstreitwert; der Gebührenstreitwert richtet sich nach einem dieser beiden Anträge, und zwar nach dem höheren entsprechend § 45 I 3 GKG, BGH NJW 2018, 331 Rn. 16; Ffm NJOZ 2011, 1521; MüKoZPO/Becker-Eberhard Rn. 14, 15; Prütting/Gehrlein/Geisler Rn. 2; Anders/Gehle Assessorexamen ZivilR L Rn. 8. Wird mit dem Fristsetzungsantrag gleichzeitig der Antrag auf Leistung für den Fall des fruchtlosen Ablaufs der Frist gestellt (sog. unechter Hilfsantrag), → Rn. 10, werden die Werte wegen wirtschaftlicher Identität ebenfalls nicht zusammengerechnet; vielmehr ist der höhere Wert maßgeblich; das ergibt sich aus den Rechtsgedanken der §§ 44, 45 I 3 GKG, Prütting/Gehrlein/Geisler Rn. 5; Anders/Gehle Assessorexamen ZivilR L Rn. 8.

256 *Feststellungsklage.* **I Auf Feststellung des Bestehens oder Nichtbestehens eines Rechtsverhältnisses, auf Anerkennung einer Urkunde oder auf Feststellung ihrer Unechtheit kann Klage erhoben werden, wenn der Kläger ein rechtliches Interesse daran hat, dass das Rechtsverhältnis oder die Echtheit oder Unechtheit der Urkunde durch richterliche Entscheidung alsbald festgestellt werde.**

II Bis zum Schluss derjenigen mündlichen Verhandlung, auf die das Urteil ergeht, kann der Kläger durch Erweiterung des Klageantrags, der Beklagte durch Erhebung einer Widerklage beantragen, dass ein im Laufe des Prozesses streitig gewordenes Rechtsverhältnis, von dessen Bestehen oder Nichtbestehen die Entscheidung des Rechtsstreits ganz oder zum Teil abhängt, durch richterliche Entscheidung festgestellt werde.

Schrifttum: Brehm, Rechtschutzbedürfnis und Feststellungsinteresse, Festgabe 50 Jahre Bundesgerichtshof, 2000, III 89; Dichtl, Der Prozess der negativen Feststellungsklage, 2004; Frank, Gedanken zu einer isolierten Abstammungsfeststellungsklage, GS Arens, 1993, 65; Gsell, Negative Feststellungsklage und Hemmung der Verjährung, GS Wolf, 2011, 393; Haas, Das Feststellungsinteresse, FS Gottwald, 2014, 215; Habscheid, Rechtsverhältnis und Feststellungsinteresse, ZZP 112, 37; Jacobs, Der Gegenstand des Feststellungsverfahrens, Rechtsverhältnis und rechtliches Interesse, 2005; Sack, Negative Feststellungsklagen und Torpedos, GRUR 2018, 893; Schick, Die Zwischenfeststellungsklage des § 256 Abs. 2 ZPO, 2013; Schnauder, Feststellungsklage nach Widerruf eines Verbraucherdarlehens, JZ 2018, 22; Schumann, Die Zwischenfeststellungsklage als Institut zwischen Prozessrecht und materiellem Recht, FS Georgiades, 2006, 543; Teplitzky, Zum Verhältnis von Feststellungs- und Leistungsklage im Bereich des gewerblichen Rechtsschutzes und des Wettbewerbsrechts, FS Lindacher, 2007; Thole, Aktuelle Entwicklung bei der negativen Feststellungsklage, NJW 2013, 1192.

Übersicht

I. Systematik. → Vor § 253 Rn. 1 ff. Es handelt sich um eine besondere Klageart neben der Leistungsklage und der Gestaltungsklage, → Vor § 253 Rn. 8–10. Der Hauptanwendungsfall ist die richterliche Feststellung des Bestehens oder Nichtbestehens eines Rechtsverhältnisses (Bestehen: **positive** Feststellungsklage/ Nichtbestehen: **negative** Feststellungsklage), BGH ZZP 1986, 312. Der Hauptsachentenor eines Feststellungsurteils erwächst zwar in Rechtskraft, ist aber nicht vollstreckungsfähig, dh er ist nicht auf eine zur Befriedung führende Verurteilung (Leistungsurteil) oder auf eine unmittelbare Rechtsänderung (Gestaltungsurteil) ausgerichtet, MüKoZPO/Becker-Eberhard Rn. 2. Er schafft zwischen den Parteien Rechtsklarheit über den Feststellungsgegenstand. Zwischenurteile nach § 303 sind ebenfalls Feststellungsurteile, Musielak/Voit/Foerste Rn. 1. Eine Feststellungswirkung hat auch jedes die **Klage abweisendes** Urteil; das Prozessurteil stellt das Fehlen der betreffenden Zulässigkeitsvoraussetzung fest, das Sachurteil das Nichtbestehen des geltend gemachten materiellen Rechts, MüKoZPO/Becker-Eberhard Rn. 2. 1

Eine besondere Ausprägung der Feststellungsklage ist die Ende 2018 eingeführte **Musterfeststellungsklage** nach §§ 606 ff, der bei Durchsetzung von Verbraucherrechten große Bedeutung zugemessen wird, → Vor § 606 Rn. 3. Über die Schaffung von Instrumenten zur kollektiven Durchsetzung von Ansprüchen wurde schon lange diskutiert. Ansätze hierzu finden sich bereits in der Einziehungsklage nach § 79 II Nr. 3 und im Verfahren nach dem KapMuG. Um bei der Musterfeststellungsklage der Entstehung einer Klageindustrie vorzubeugen, ist nach § 606 I 1 die Aktivlegitimation auf qualifizierte Einrichtungen und die Feststellungsziele auf Ansprüche und Rechtsverhältnisse zwischen Verbrauchern und Unternehmen beschränkt, → Vor § 606 Rn. 2. Zum Überblick über das Verfahren → Vor § 606 Rn. 5–9; zum Verhältnis von §§ 606 ff. zu § 256 → § 606 Rn. 16. 2

II. Regelungszweck. → Vor § 253 Rn. 1 ff. Die Vorschrift dient der Rechtssicherheit, dem Rechtsfrieden und der Prozesswirtschaftlichkeit, BGH NJW 1988, 2542; BAG NJW 1997, 2257. Ziel ist nach I die positive oder negative Feststellung eines Rechtsverhältnisses oder der Echtheit bzw. Unechtheit einer Urkunde mit einer abschließenden Klärung der betreffenden Streitfrage, BGH GRUR 1994, 849; BAG NZA 2010, 96; Loyal ZZP 130, 228. Die Worte „auf Anerkennung einer Urkunde" im Text sind das Überbleibsel einer überwundenen Anschauung. I meint die Klage auf eine Feststellung der Echtheit oder Unechtheit einer Urkunde. Ziel der Zwischenfeststellungsklage nach II ist die Ausdehnung der Rechtskraftwirkung auf das streitige vorgreifliche Rechtsverhältnis, Prütting/Gehrlein/Geisler ZPO Rn. 1. Die Feststellungsklage nach I hat in der Praxis große Bedeutung insbesondere in den Fällen, in denen eine Leistung noch nicht oder nicht vollständig zu beziffern ist. Das ist häufig in Verkehrsunfall- und sonstigen Haftpflichtprozessen der Fall, soweit es um künftige Schäden geht, die sich erst entwickeln. Nach § 204 I Nr. 1 BGB wird die Verjährung auch durch die positive Feststellungsklage gehemmt; bei einem positiven Feststellungsurteil verjährt der Anspruch nach §§ 197 Nr. 3 BGB erst in 30 Jahren, so dass der RA bei einer kurzen Verjährungsfrist und einer künftigen Schadensentwicklung immer an diese Klageart denken sollte, Anders/Gehle Assessorexamen ZivilR O Rn. 1; zur Verjährungshemmung im Einzelnen: Tolani NJW 2019, 2751, näher zur Verjährung: → Rn. 36 ff. 3

III. Geltungsbereich. → Vor § 253 Rn. 6. Das Gesetz regelt besondere Zulässigkeitsvoraussetzung der Feststellungsklage, Köln FamRZ 2003, 540; → Vor § 253 Rn. 37 (besondere Zulässigkeitsvoraussetzungen); → Rn. 6. Möglichkeiten nach §§ 257–259 (Klage auf künftige Leistung) schließen eine Feststellungsklage nicht aus, BGH 4

NJW 2015, 873 Rn. 33; 1987, 2364; → Rn. 46 „Künftige Leistung". In Eheverfahren gilt § 121 Nr. 3 FamFG, im Abstammungsverfahren § 169 Nr. 2 FamFG, in Familiensachen § 113 I 2, im Lebenspartnerschaftsverfahren § 269 I Nr. 2 FamFG. § 256 gilt auch im WEG-Verfahren, AG Köln ZMR 2017, 1016, im KapMuG-Verfahren nach SchlAnh. VI, BGH WM 2015, 2309, grundsätzlich im arbeitsrechtlichen Urteils- und Beschlussverfahren, BAG NZA 2016, 59; LAG Kiel NZA-RR 2009, 612. Allerdings gehen §§ 4, 7 KSchG (sozial ungerechtfertigte Kündigung) und §§ 2a I Nr. 4, 97 ArbGG (Tariffähigkeit, Tarifzuständigkeit einer Vereinigung) vor, → Rn. 65 „Arbeitsrecht (Kündigung)" und „(Tarifrecht)". In Verfahren vor den Verwaltungsgerichten stellen §§ 109, 113 I 4 VwGO Sonderregelungen dar, VGH Kassel NVwZ 2012, 1350; ansonsten gilt § 256 iVm § 173 VwGO, BVerwG NVwZ 2011, 510; Engels NVwZ 2018, 1001. § 179 InsO, § 9 AnfG und §§ 606 ff. enthalten vorrangige Spezialvorschriften.

5 Einwendungen und Einreden im materiellen Recht können auch bei einer Feststellungsklage gegenüber dem behaupteten Anspruch geltend gemacht werden, sieht man von einem Zurückbehaltungsrecht bei einer negativen Feststellungsklage ab, LG Dortm NJW-RR 1989, 1300; → Vor § 253 Rn. 60 ff.; → § 139 Rn. 65 „Einreden". Vom Zwischenurteil zB nach § 280 unterscheidet sich das Feststellungsurteil dadurch, dass es den Rechtsstreit beendet, während das Zwischenurteil nur in Bezug auf das Rechtsmittel als Endurteil gilt.

6 **IV. Allgemeine Fragen zur Zulässigkeit. 1. Verhältnis von I zu den allgemeinen Zulässigkeitsvoraussetzungen.** Wie jedes andere Zivilverfahren unterliegt auch die Feststellungsklage den allgemeinen Zulässigkeitsvoraussetzungen, → Vor § 253 Rn. 22,14; hinzu kommen die besonderen Zulässigkeitsvoraussetzungen des § 256 I, dh das Vorliegen eines Rechtsverhältnisses und das rechtliche Interesse an der alsbaldigen Feststellung; die Zulässigkeit hat das Gericht in jeder Lage des Verfahrens von Amts wegen zu prüfen, BGH WM 2017, 1605; 2012, 1632; GRUR 2016, 94; Köln VersR 2011, 1440; BAG NZA 2017, 708; 2015, 1275 und 1289; LAG NZA-RR 2016, 98; → Vor § 253 Rn. 14; → Rn. 12 ff. (Voraussetzungen des § 256 I). Die besonderen Zulässigkeitsvoraussetzungen des § 256 I sind auch in der **Revision** von Amts wegen zu prüfen; das gilt unabhängig von einer Begrenzung der Revisionszulassung, BGH NJW 2019, 1002; 2018, 227; 2010, 2794; BAG NZA 2012, 1453; → Vor § 253 Rn. 14 (Prüfung von Amts wegen).

7 Die besondere Zulassungsvoraussetzung „Feststellung des Rechtsverhältnisses" gehört zur Statthaftigkeit, während das „Feststellungsinteresse" eine besondere Ausformung des Rechtsschutzinteresses darstellt. Das Feststellungsinteresse ist neben dem allgemeinen Rechtsschutzinteresse zu prüfen, BGH WuM 2010, 145; BAG NZA 2014, 551; → Vor § 253 Rn. 43 (Rechtsschutzbedürfnis allgemein). Die zu prüfenden Tatsachen zur Zulässigkeit unterliegen der Parteiherrschaft, dem Beibringungsgrundsatz und dem Dispositionsgrundsatz; sie sind daher auch einem Geständnis nach § 288 I zugänglich, BGH NJW-RR 1990, 319; LG Ffm ZMR 2017, 426; → Vor § 128 Rn. 20 ff (Parteiherrschaft). Fehlt eine allgemeine oder besondere Zulässigkeitsvoraussetzung, muss das Gericht die Feststellungsklage grundsätzlich evtl. nach einem vergeblichen Hinweis nach § 139 durch ein **Prozessurteil** als unzulässig abweisen, BGH NJW-RR 1987, 1138; Nürnb FamRZ 1982, 1103; → Vor § 253 Rn. 17; vgl. dort auch → Rn. 18 f. und → Rn. 12 und 29 (zu den Ausnahmen insb. bei doppelrelevanten Tatsachen = qualifizierte Prozessvoraussetzungen).

8 **2. Einzelfragen zu allgemeinen Zulässigkeitsvoraussetzungen. a) Örtliche Zuständigkeit.** Für die positive Feststellungsklage gelten die allgemeinen Regeln, wie sie für die entsprechende Leistungsklage maßgeblich sind. Entsprechendes gilt spiegelbildlich für die negative Feststellungsklage, dh das Gericht ist zuständig, das für eine Leistungsklage umgekehrten Rubrums zuständig wäre, Mü NJW-RR 2010, 645; Hmb NJW-RR 1995, 1509; MüKoZPO/Patzina § 23 Rn. 6; Thomas/Putzo/Seiler Rn. 2; Zöller/Greger Rn. 20; aM Thole NJW 2013, 1192. Thole NJW 2013, 1192, beanstandet, dass bei der spiegelbildlichen Anwendung der Schuldner grundsätzlich immer an seinem Wohnsitz klagen könnte; deshalb will er die Zuständigkeitsvorschriften entsprechend auslegen, je nachdem, ob sie an die Sach- oder Parteinähe anknüpfen. Wir halten diese Meinung nicht für überzeugend, weil der Gesetzgeber die negative Feststellungsklage in § 256 vorsieht, aber keine speziellen Zuständigkeitsregelungen trifft. Wir stimmen aber Thole zu, soweit er für die besonderen oder ausschließlichen Gerichtstände, so für §§ 32, 32b. die spiegelbildliche Anwendung wegen der Sachnähe bejaht, Celle BeckRS 2012, 19781; Thole NJW 2013, 1192; aM Mannheim NJW-RR 2009, 540; Zöller/Vollkommer § 32b Rn. 5. Besonderheiten ergeben sich auch nach § 29 bei einer negativen Feststellungsklage; wegen § 269 BGB ist insoweit meist der Wohnsitz des Klägers maßgeblich; dies kann im Einzelfall aber auch bei der positiven gelten, KG BeckRS 2021, 2365 Rn. 51; NJW 2020, 1749; Celle BeckRS 2020, 6552; Mü NJW-RR 2010, 645. Dazu Foerste FS Kollhosser II, 2004, 14; Thole NJW 2013, 1192.

9 **b) Sachliche Zuständigkeit.** Insoweit kommt es auf den Zuständigkeitsstreitwert an, der sich grundsätzlich nach § 3 beurteilt, → Rn. 63. Im Einzelfall können auch §§ 5, 9 mit zu berücksichtigen sein, Nürnb NJW-RR 2020, 678 (Fortbestehen des Berufsunfähigkeitsversicherungsvertrages); Zweibr NJW-RR 2020, 703 (Verpflichtung zum Ersatz künftigen Pachtausfalles). Bei der positiven Feststellungsklage wird gegenüber dem (geschätzten) Streitwert für die entsprechende Leistungsklage grundsätzlich ein Abschlag von etwa 20 % bis 50 % gemacht, weil der Feststellungstenor nicht vollstreckbar ist, BGH NJW-RR 2012, 1107; 2006, 791; Nürnb NJW-RR 2020, 678; Zweibr NJW-RR 2020, 703; Karlsr NJW-RR 2020, 254; → Rn. 1 (keine Vollstreckbarkeit). Bei der negativen Feststellungsklage ist nach § 3 der volle (geschätzte) Wert der aus dem Rechtsverhältnis abzuleitenden Forderung maßgeblich, BGH WuM 2004, 352; Stuttg NJW-RR 2020, 255 (Nettodarlehensbetrag bei Widerruf der Kfz-Finanzierung); Anders/Gehle Assessorexamen ZivilR O Rn. 36.

10 **c) Bestimmtheit, § 253 II Nr. 2.** Dazu Kaiser NJW 2015, 1286 (Antragsvorschläge): Auch für die Feststellungsklage gilt § 253 II Nr. 2. Deshalb muss das streitige Rechtsverhältnis bzw. die Urkunde, deren Echtheit oder Unechtheit festgestellt werden soll, in der Klageschrift genau bezeichnet werden; dazu genügt, dass der Kläger die rechtsbegründenden Tatsachen näher angibt, BGH NJW-RR 2022, 23 Rn. 12; 2009, 116; NJW 2008, 2647; 2001, 445; → § 253 Rn. 34, 48 „Feststellungsklage". So kann der Kläger Feststellung des Bestehens oder Nichtbestehen eines bestimmten Vertrages, des Bestehens eines Leistungsanspruchs oder des Eigentum an einer bestimmten Sache begehren und die betreffenden Einzelheiten müssen grundsätzlich schon im Antrag genannt werden, Anders/Gehle Assessorexamen ZivilR O Rn. 2; → § 253 Rn. 34, 48 „Feststellungsklage". Bei der negativen Feststellungsklage kann auch die Höhe des angeblichen Anspruchs erforderlich sein, weil sonst ein stattgebendes Urteil nur den Anspruchsgrund betreffen würde, → Rn. 33 ff.

d) Auslegung/Umdeutung des Antrages. Der Klageantrag ist als eine Prozesshandlung **auslegbar;** nicht entscheidend allein ist der Wortlaut des Antrages; vielmehr kommt es auf den erklärten Willen an, wobei die Klagebegründung mit herangezogen werden kann, BGH NJW 2001, 3791; BAG NZA 2017, 1624; 2015, 637; NZA-RR 2014, 374; → Vor § 128 Rn. 54 (Prozesshandlungen); → § 253 Rn. 39. Im Einzelfall kann auch eine **Umdeutung** in Betracht kommen, BGH NJW-RR 2002, 771. Der Kläger kann trotz Formulierung eines Feststellungsantrages in Wahrheit auch eine Leistungsklage meinen, BAG NJW 2013, 715; Düss ZMR 1985, 235; Köln GRUR 1983, 753. Vor Abweisung der Feststellungklage als unzulässig muss auch geprüft werden, ob die Klage nicht als eine Zwischenfeststellungsklage nach II haltbar ist. In jedem Fall ist vor einem Prozessurteil ein Hinweis nach § 139 erforderlich, → § 139 Rn. 64 „Feststellungsklage". 11

V. Gegenstand, I. 1. Prüfungsumfang in der Zulässigkeit. Für die Bejahung der Zulässigkeit reicht es aus, dass der Kläger schlüssig zum Gegenstand, dh zum **Rechtsverhältnis** vorträgt; ob dieses tatsächlich besteht, ist eine Frage der Begründetheit, BGH ZIP 2016, 424; NJW 2010, 873; NJW 1972, 168; Anders/Gehle Assessorexamen ZivilR O Rn. 3. Insoweit handelt es sich um eine sog. **doppelrelevante Tatsache** bzw. eine qualifizierte Prozessvoraussetzung, → Vor § 253 Rn. 18. Das sind solche Tatsachen, die sowohl für die Zulässigkeit als auch für die Begründetheit von Bedeutung sind. Für die Zulässigkeit reicht in diesen Fällen der schlüssige Vortrag aus, → Rn. 52 (Darlegungs- und Beweislast). Wird die Schlüssigkeit verneint, ergeht ein Prozessurteil. Die Erheblichkeit des Bekl.-Vortrages, die Beweisbedürftigkeit und die Durchführung einer Beweisaufnahme, → Vor § 253 Rn. 50 ff. (Relationsmethode), haben erst im Rahmen der Begründetheit eine Bedeutung, BGH ZIP 2016, 424; NJW 2010, 873; Anders/Gehle Assessorexamen ZivilR A Rn. 87. Insoweit wird eine Ausnahme von dem Grundsatz des Vorranges der Zulässigkeit von der Begründetheit gemacht, eingehend: → Vor § 253 Rn. 18. Zu rechtfertigen ist dieses Vorgehen mit der Prozessökonomie; wenn die vollständige Klärung der qualifizierten Prozessvoraussetzung „Rechtsverhältnis" bereits in der Zulässigkeit erfolgen müsste, könnte uU bei einem Prozessurteil wegen seiner eingeschränkten Rechtskraft erneut Klage erhoben werden, Anders/Gehle Assessorexamen ZivilR O Rn. 17. Zum Vortrag bezüglich des Feststellungsinteresses: → Rn. 29; → Rn. 51 f. (Darlegungs- und Beweislast). 12

2. Vorliegen eines Rechtsverhältnisses. a) Definition. Nach I kann sich die begehrte Feststellung nur auf ein Rechtsverhältnis beziehen. Durch diese Beschränkung wird der Bezug einer begehrten Entscheidung zu einem konkreten Rechtsschutzbegehren sichergestellt, BAG NZA 2020, 3404 Rn. 30. Ein Rechtsverhältnis ist die aus einem konkreten Lebenssachverhalt resultierende Beziehung zwischen einer Person zu einer anderen oder zu einer Sache, die ein subjektives Recht enthält oder aus der ein solches Recht entspringen kann, BGH NJW 2017, 402; 2015, 873; 2013, 1744; 2000, 2280; Hamm NJW-RR 2018, 183; ZIP 2016, 2158; BAG NZA 2020, 404 Rn. 30; 2018, 516; LAG Hmb NZA-RR 2018, 26; LAG Düss NZA-RR 2016, 2151; OVG Lüneburg NJW 2020, 2743 Rn. 18. Es reicht im Einzelfall auch ein sog. Drittrechtsverhältnis, soweit es für die Rechtsbeziehungen der Parteien eine Bedeutung hat, BGH WM 2018, 1307; NJW-RR 2015, 398; NJW 1997, 318; Karlsr NJW-RR 2005, 453; Kblz NJW-RR 2006, 1523; → Rn. 26, 38 f. Zulässig ist ferner eine Klage auf Feststellung eines **Teilrechtsverhältnisses** oder einzelner Beziehungen oder Folgen aus einem Rechtsverhältnis, BGH NZM 2012, 642; Mü NJW-RR 1987, 926; BAG NZA 2021, 501 Rn. 13; 2020, 404 Rn. 30; 2018, 1061 Rn. 17 und 538 Rn. 19; NJW 2021, 103 Rn. 37; 2016, 826 Rn. 20. Dagegen ist das Merkmal „Rechtsverhältnis" iSd Vorschrift zu verneinen, wenn es um die Klärung von Rechts- oder Tatsachenfragen geht, die von einem konkreten Streit losgelöst sind; denn es ist nicht Aufgabe des Gerichts, über Meinungsverschiedenheiten der Betroffenen zu befinden und Rechtsgutachten zu erstellen, BAG NZA 2020, 404 Rn. 14; → Rn. 15, 18 ff. 13

Ein bestimmter **Anspruch** oder eine bestimmte Verpflichtung kann Gegenstand einer Feststellungsklage sein, BAG NJW 2014, 2607. UU ist aber das Rechtsverhältnis mehr als ein Anspruch und dieser kann sich erst aus ihm ergeben, BGH NJW-RR 2017, 1260; BAG ZIP 2011, 588; LAG Köln DB 1984, 1631. Das Rechtsverhältnis braucht aber überhaupt keinen Leistungsanspruch zu begründen oder vorzubereiten. Auch ein Recht des rechtlichen Könnens kann feststellbar sein. Zulässig ist eine Feststellungsklage über Schuldverhältnisse jeder Art, aus Vertrag oder Gesetz, über Ansprüche oder sonstige subjektive Rechte, so zB Kündigungsrechte und Mitgliedschaften, über dingliche Rechte und über absolute Rechte, BGH NJW 2017, 402; WM 2012, 231; Nürnb FamRZ 1982, 1102; Schlesw VersR 2002, 429 (auch zu den Grenzen); MüKoZPO/Becker-Eberhard Rn. 11. Das gilt ohne Rücksicht auf ihren Entstehungsgrund. Das Rechtsverhältnis kann sich aus einem Schuldverhältnis des Privatrechts, etwa aus einem Vertrag, BGH MDR 2005, 292; Brdb WM 2010, 651; Mü VersR 2007, 1637; Karlsr NJW-RR 2005, 453, aus dem Prozessrecht, zB bei §§ 878 ZPO, 115, 156 ZVG, oder aus dem öffentlichen Recht ergeben, sofern der Rechtsweg zulässig ist, BGH NJW 1993, 2540. Es kann auch dem ausländischen Recht angehören, vgl. auch Art. 33 II Brüssel Ia-VO, Brüssel Ia-VO Art. 33 (SchlAnh. V C 2). Über die Urkundenfeststellungsklage → Rn. 50. 14

b) Elemente/Vorfragen. Die Feststellungsklage kann sich auf einzelne Beziehungen oder Folgen aus einem Rechtsverhältnis oder auf den Umfang einer Leistungspflicht beziehen, wobei das erforderliche Feststellungsinteresse nur gegeben ist, wenn durch die erstrebte Entscheidung das Rechtsverhältnis abschließend geklärt werden kann (sog. **Elementenfeststellungsklage**), BAG NZA 2021, 1504 Rn. 19; 2020, 1613; NZA 2020, 541; 2014, 2607; NZA 2010, 968. Unzulässig ist aber eine Feststellungsklage ausschließlich zur Klärung von einzelnen Elementen, zB Anspruchskomponenten, oder Vorfragen der Rechtsbeziehungen zwischen den Parteien, wenn durch die erstrebte Entscheidung der Streit nicht beseitigt wird, BGH NJW-RR 2018, 117; NJW 2015, 873; 2013, 1744; Dresd BeckRS 2022, 17297 (Wirksamkeit eines Widerspruchs gegen Zustandekommen eines Lebensversicherungsvertrags); LG Hmb ZMR 2013, 992; BAG NJW 2020, 1613; NZA 2017, 637; 2014, 780; LAG Düss NZA-RR 2016, 215; → § 256 Rn. 73. Das gilt grundsätzlich auch für einzelne Abrechnungspositionen einer Schlussrechnung des Werkunternehmers; wird der Werkvertrag gekündigt, kann allerdings der Werkunternehmer einzelne Abrechnungsposten zum Gegenstand einer Feststellungsklage machen, soweit es um seine mögliche Inanspruchnahme durch den von ihm beauftragten Subunternehmers geht, BGH BauR 2022, 142. 15

c) Abstrakte Rechtsfragen. aa) Allgemeins. Die Feststellungsklage soll zur Klärung konkreter Streitfälle beitragen. Deshalb ist sie unzulässig, soweit es nur um eine gedachte oder abstrakte Rechtsfrage, BGH ZIP 2012, 326; NJW 12006, 377; GRUR 2001, 1036; BAG NZA 2020, 404; 2014, 804; LG Hmb ZMR 2013, 992, oder um den Bestandteil einer solchen Rechtsfrage geht, LG Mannh ZMR 1979, 319. Wenn sich der Feststellungs- 16 antrag auf eine abstrakte Rechtsfrage bezieht, muss allerdings auch geprüft werden, ob er nicht in Wirklichkeit auf einen konkreten Anspruch gerichtet ist; eine Auslegung kann zB ergeben, dass der Kläger bestimmte Schäden behauptet, um deren Ersatz er fürchtet; dann geht es nicht um eine abstrakte Rechtsfrage, BGH NJW-RR 2016, 1404; NJW 2001, 3789; 1995, 1097; Anders/Gehle Assessorexamen ZivilR O Rn. 6. Auch kann eine Klage auf Feststellung der Unwirksamkeit der Kündigung uU umgedeutet werden in eine Klage auf Feststellung des Fortbestandes des Vertragsverhältnisses, BGH NJW-RR 2017, 1260; NJW 2000, 354; Zöller/Greger Rn. 3. Rechtliche Voraussetzungen für das Nichtbestehen von Rechtsverhältnissen können hingegen Gegenstand einer Musterfeststellungsklage sein, Dresd JA 2020, 949.

bb) Beispiele für Rechtsfragen:

17 **Angemessenheit (zB Gehalt):** Rechtsfrage, BAG NZA 2006, 107.

Anspruchsgrundlagen: Keine bloße Rechtsfrage, wenn es um darum geht, welche von mehreren denkbaren Anspruchsgrundlagen zutrifft, BGH NJW1984, 1556.

Anwendbares Recht: Eine bloße Rechtsfrage, Düss NJW-RR 1998, 283.

Auslegung: Grundsätzlich reine Rechtsfrage, → Rn. 16; zB: LG Mannh ZMR 1979, 319 (Teilungserklärung – WEG).

Betriebsvereinbarung: Deren Geltung kann als Rechtsverhältnis iSd § 256 angesehen werden, BAG NZA 2020, 1548 Rn. 9.

Deckungspflicht: Rechtsverhältnis anzunehmen bei der Pflicht des Haftpflicht- oder Rechtsschutzversicherers, BGH NJW 2014, 2038; → Rn. 65 „Versicherung (Haftpflichtversicherung)".

Geschäftsfähigkeit: Bloße Rechtsfrage.

Konkurrenzklausel: Bloße Rechtsfrage bezüglich der Auslegung einer solchen Klausel.

Kündigung: Eine bloße Rechtsfrage liegt in der Frage der Rechtsfolgen einer Kündigung BGH GRUR 1992, 114.

Mitbestimmung: Rechtsverhältnis ist zu bejahen bei Feststellung des Mitbestimmungsrechts des Betriebsrates bei einer bestimmten Maßnahme, BGH NZA 2020, 960 Rn. 19 (Bildung eines Wirtschaftsausschusses durch Betriebsrat); 2012, 878. Ist in einer konkreten Angelegenheit das Mitbestimmungsrecht bereits ausgeübt worden und geht es lediglich um die Ausgestaltung, dh um eine Rechtsfrage, fehlt das Feststellungsinteresse iSd Vorschrift, BAG NZA 2020, 404; → Rn. 65 „Arbeitsrecht (Mitbestimmung)".

Nichtigkeit: Bloße Rechtsfrage.

Rechtmäßigkeit: Bloße Rechtsfrage, BGH NJW-RR 2016, 1404; NJW 2001, 3789.

Tarifvertrag: Eine bloße Rechtsfrage liegt in der Behandlung des Geltungsbereichs eines Tarifvertrags, BAG DB 1989, 1832.

Unerlaubte Handlung nach § 850 f II: Eine bloße Rechtsfrage ist die Klärung des Anwendungsbereichs der Vorschrift, Naumb Rpfleger 2012, 38.

Verfassungsmäßigkeit: Reine Rechtsfrage, § 256 I ist unzulässig, BGH NJW 1998, 1957.

Vertragsart: Keine bloße Rechtsfrage liegt in der Behandlung der Frage, ob der Vertrag zwischen den Parteien ein Dienst- oder Gesellschaftsvertrag ist, BGH GRUR 1992, 114.

Vertragsfortdauer: Keine bloße Rechtsfrage liegt in der Behandlung der Frage, ob ein Vertrag der Parteien fortdauert, BGH GRUR 1992, 114.

Verzug: Rechtsfrage, BGH NJW 2007, 83, es sei denn, der Annahmeverzug soll bei einer Zug-um-Zug-Leistung zur Erleichterung der Vollstreckung mit festgestellt werden, → Rn. 64 „Annahmeverzug".

18 **d) Reine Tatsachen.** Eine Feststellungsklage ist unzulässig, soweit es nur um eine reine Tatsache geht, selbst wenn sie rechtserheblich ist, BGH NJW 2003, 511; 1977, 1288; BAG DB 2001, 2056; LAG Köln DB 1984, 1631; → Vor § 284 Rn. 29 ff. und → § 138 Rn. 11 f. (Tatsachen in Abgrenzung zu Rechtsansichten). Unzulässig ist zB die Feststellung der Unrichtigkeit einer Kreditauskunft, des Eindringens von Rauch in eine Mietwohnung, LG Mannh MDR 1978, 25, des Zeitpunktes der Trennung von Eheleuten, FamRZ 2018, 42; Thomas/Putzo/Seiler Rn. 10, der Tatsache eines Vertragsschlusses im Gegensatz zum Bestehen und zur Auslegung des Vertrags, eines Regressanspruchs gegen den Vorstand und den Aufsichtsrat einer Aktiengesellschaft, ohne dass die dafür erforderliche Mehrheit oder Minderheit vorhanden ist, in der Hoffnung, dass sie sich finde. Unzulässig ist auch eine Feststellungsklage zur Klärung einer Eigenschaft oder Fähigkeit BAG NZA 2007, 1311.

19 Unzulässig ist ferner zB die Feststellung: der Angemessenheit der inneren Ordnung eines Vereins, über die die Mitgliedversammlung nicht beschlossen hat, der Unwahrheit einer ehrenrührigen Tatsachenbehauptung, BGH NJW 1977, 1288; Zöller/Greger Rn. 5, dass eine Abmahnung aus tatsächlichen Gründen unzulässig war. Ob eine **Abmahnung** von einem Vermieter gegenüber dem Mieter aus tatsächlichen Gründen (ruhestörender Lärm) unzulässig war, kann – anders als im Arbeitsrecht – nicht Gegenstand einer Feststellungsklage sein, weil es nur um die Feststellung von Tatsachen geht, BGH NJW 2008, 1303.

20 **e) Gegenwärtigkeit des Rechtsverhältnisses. aa) Allgemeines.** Gegenstand der Feststellungsklage kann grundsätzlich nur ein gegenwärtiges Rechtsverhältnis sein, wobei Zeitpunkt der letzten mündlichen Tatsachenverhandlung in der betreffenden Instanz maßgeblich ist, BGH ZIP 2015, 199; 2000, 354; BAG NZM 2017, 1279; NZA-RR 2010, 421; Hamm ZMR 2017, 351; LG Ffm ZMR 2017, 426. Die Feststellung des Bestehens eines vergangenen Rechtsverhältnisses ist allerdings ausnahmsweise zulässig, wenn man daraus noch Rechtsfolgen auch für die Gegenwart oder Zukunft ableiten kann, wie zB bei Unterlassungsklagen in Bezug auf die „Wiederholungsgefahr", BGH NJW-RR 2016, 1404; NJW 2010, 534; BAG NJW 2020, 3675 Rn. 12 = NZA 2020, 1637; NZA 2020, 541= NJW 2020, 1613; NJW 2018, 1992; 2016, 2972; BAG NJW 1994, 1751; LAG Düss NZA-RR 2011, 135; BVerwG NJW 1978, 335.

21 Wenn das Rechtsverhältnis während des Rechtsstreits erlischt, bleibt die Klage nur unter den genannten Voraussetzungen zulässig, BAG MDR 2004, 817. Ansonsten kann der Rechtsstreit in diesem Fall in der Hauptsache für erledigt erklärt werden, BGH NJW 1994, 1751. In Bezug auf die Frage der Gegenwärtigkeit muss der Anspruch noch nicht entstanden sein. Erforderlich ist aber, dass für die Entstehung des Anspruchs der Grund in der Art gelegt ist, dass eine gegenwärtige Rechtsbeziehung schon besteht und sich daraus der künftige Anspruch entwickeln kann, BGH NJW-RR 2014, 840; 2006, 712; NJW 2021, 1090 Rn. 31; 2003, 521; VersR 2001, 1005; Mü VersR 2007, 1637; BAG NZA-RR 2012, 290; ArbG Rheine NZA-RR 2015, 536; Anders/Gehle Assessorexamen ZivilR O Rn. 7; → Rn. 23 (Schadensentwicklung). Die Feststellung eines nur erhofften oder

befürchteten künftigen Rechtsverhältnisses, das noch nicht besteht, sondern erst in Zukunft unter Voraussetzungen, deren Eintritt völlig offen ist, entstehen kann, dessen entscheidungserhebliche Tatsachen also derzeit noch nicht feststellbar sind, ist nicht zulässig, BGH BeckRS 2021, 1440; Karlsr FamRZ 2013, 802; Kblz VersR 2010, 1359; BAG NZA 2016, 1037; LAG Mü NZA-RR 2016, 98.

bb) Beispiele zur Gegenwärtigkeit

22 **Amtshaftungsansprüche:** Kein Rechtsverhältnis bei noch nicht erlassenem Verwaltungsakt, BGH MDR 2015, 173.

Anspruchsübergang: Ist ein solcher noch nicht erfolgt, liegt allein in der Erwartung noch kein feststellbares Rechtsverhältnis, BGH NJW 2021, 1090 Rn. 31 (cessio legis im Versicherungsverhältnis).

Bedingung: Ein bedingtes oder betagtes Recht kann ausreichen, auch wenn der Eintritt der Bedingung ungewiss ist; erforderlich ist nur, dass schon die Grundlage für die Entstehung des Anspruchs gelegt ist, BGH NJW 1992, 437; Düss VersR 1999, 587; Karlsr FamRZ 1989, 185.

Erbrecht: Grundsätzlich keine Gegenwärtigkeit bei Feststellung der Erbenstellung einer noch lebenden Person → Rn. 65 „Erbrecht (Lebzeit)".

Kündigungsfrist: Keine Gegenwärtigkeit besteht schon zwei Jahre vor dem Beginn einer Kündigungsfrist, Stgt WuM 1976, 56.

Ungewissheit: Keine Gegenwärtigkeit besteht bei einer bloßen Ungewissheit über das Bestehen eines Rechtsverhältnisses, Stgt VersR 2011, 1074; LG Bonn WM 2012, 1034; → Rn. 21.

Unterlassungsanspruch: Dem Antrag auf Feststellung, dass kein Unterlassungsanspruch des Bekl. bei einem künftigen Verhalten des Klägers besteht, liegt kein gegenwärtiges Rechtsverhältnis zugrunde, auch wenn der Bekl. auf Anfrage erklärt hat, er werde gegen ein solches Verhalten rechtliche Schritte einleiten; darin liegt noch keine Behauptung eines Unterlassungsanspruchs, BGH NJW 2001, 3789.

Wahrscheinlichkeit des Schadenseintritts: → Rn. 23 ff.

23 **3. Einzelfragen. a) Schadensentwicklung.** Steht der Schaden endgültig fest, kann die Schadensersatzpflicht grundsätzlich festgestellt werden, es sei denn, die Leistungsklage hat Vorrang, → Rn. 41–45, oder der Schädiger hat die Rechtsposition des Geschädigten unbedingt anerkannt, Musielak/Voit/Foerste Rn. 10, 29. Ist der Schaden noch nicht eingetreten oder kann von einer noch nicht abgeschlossenen Schadensentwicklung ausgegangen werden, ist wegen einer drohenden Verjährung in diesen Fällen ein Interesse an der Feststellung der Schadensersatzpflicht besonders hoch, → Rn. 36, 37. Das gilt auch für das Schmerzensgeld, BGH NJW 2001, 3414; 1998, 160. Ob und wann in diesen Fällen ein gegenwärtiges Rechtsverhältnis vorliegt, → Rn. 20 ff., hängt von der einzelnen Fallkonstellation ab. Ist bereits ein Schaden an einem **absoluten Recht** eingetreten, ist aufgrund des Grundsatzes der Schadenseinheit eine Wahrscheinlichkeit für künftige Folgeschäden nicht notwendig, um eine Verpflichtung zum künftigen Schadensersatz feststellen zu können; das ist eine Frage der Begründetheit und nicht der Zulässigkeit; ein gegenwärtiges Rechtsverhältnis ist bei der Konstellation in jedem Fall zu bejahen, BGH NJW 2018, 2056; 2018, 1242 Rn. 49; NJW-RR 2007, 601 (offengelassen). Das gilt auch für eine Klage einer Krankenkasse, die aus übergegangenem Recht die Feststellung einer Ersatzpflicht für künftige Schäden begehrt, die nicht nur benannte, sondern auch noch nicht bekannte Versicherte betreffen (Verwendung von PIP-Brustimplantaten); nach dem verjährungsrechtlich zu beachtenden Grundsatz der Schadenseinheit gilt der gesamte Schaden, der auf einem einheitlichen Verhalten beruht, mit der ersten Vermögenseinbuße als eingetreten, soweit er als möglich voraussehbar ist, BGH NJW 2020, 1514.

24 Bei reinen **Vermögensschäden** ist die Ersatzpflicht feststellbar, wenn noch kein Schaden entstanden, aber der Schadenseintritt **wahrscheinlich** ist; dann ist ein gegenwärtiges Rechtsverhältnis iSd § 256 I zu bejahen, BGH GRUR-RS 2021, 18696 Rn. 30; NJW-RR 2018, 1301 (auch zum Umfang der Darlegungslast); NJW 2015, 1683; 2006, 830; NJW-RR 2002, 1346. Stützt der Klage sein Schadensersatzbegehren auf die Verletzung des **allgemeinen Persönlichkeitsrechts,** genügt die bloße Möglichkeit solcher Schäden, BGH GRUR-RS 2021, 18696 Rn. 30 = NJW 2021, 3132 (Blog als Nötigungsmittel). Keine Gegenwärtigkeit und damit keine Zulässigkeit der Feststellungsklage besteht bei einer hohen Unwahrscheinlichkeit eines (künftigen) Schadens, Düss VersR 2001, 250.

25 In **Wettbewerbssachen** muss die Schadenswahrscheinlichkeit nicht besonders hoch sein; jedoch ist die Feststellung unzulässig, soweit eine Vertragsstrafe mit einer Leistungsklage durchsetzbar ist, BGH NJW 1987, 2364; → Rn. 41 ff.; → Rn. 46 „Gewerblicher Rechtsschutz". Zur Entwicklung der Rspr. bei fehlendem Schadenseintritt (auch zur Einordnung in die Zulässigkeit oder Begründetheit) und noch nicht abgeschlossener Schadensentwicklung im Einzelnen: MüKoZPO/Becker-Eberhard Rn. 32, insb. Fn. 133.

26 **b) Drittbeziehungen.** Ein Rechtsverhältnis zu einem Dritten kann im Einzelfall ebenfalls festgestellt werden. Die Problematik der Drittbeziehungen betrifft die Fragen des Rechtsverhältnisses und des Feststellungsinteresses und kann auch ein Problem der Prozessführungsbefugnis sein. Wir besprechen diese Frage im Rahmen des Feststellungsinteresses, im Einzelnen → Rn. 38, 39.

27 **c) Feststellung der Reichweite eines vorhandenen Vollstreckungstitels.** Hat der Vollstreckungstitel keinen vollstreckbaren oder sonst wie hinreichenden Inhalt (Auslegungszweifel) und streiten die Parteien über dessen Reichweite, liegt insoweit ein Rechtsverhältnis vor; dann kann im Einzelfall eine Klage auf Feststellung des vollstreckbaren Inhalts des Titels oder dessen Reichsweite zulässig sein, ohne dass sich der Kläger auf § 766 verweisen lassen muss, BGH NJW 2018, 235 Rn. 31; 2002, 3045; 1997, 2320; Ffm ZMR 2013, 819; Karlsr MDR 2005, 533; Anders/Gehle Assessorexamen ZivilR O Rn. 10. Dass über die Auslegung des Titels im Vollstreckungsverfahren schon entschieden wurde, steht dem nicht entgegen. Das Feststellungsinteresse fehlt in derartigen Fällen aber, wenn eine Berichtigung nach § 319 in Betracht kommt.

28 **VI. Rechtliches Interesse, I. 1. Allgemeine Grundsätze. a) Bedeutung.** Das Interesse an der alsbaldigen Feststellung des Rechtsverhältnisses stellt eine besondere Zulässigkeitsvoraussetzung dar, die bis zum Schluss der letzten mündlichen Tatsachenverhandlung in jeder Instanz vorliegen muss; sie ist eine besondere Ausformung des Rechtsschutzbedürfnisses und muss bis in die Revision von Amts wegen geprüft werden, → Rn. 6. Das Feststellungsinteresse muss sowohl für eine positive (Bestehen eines Rechtsverhältnisses) als auch für eine negative Feststellungsklage (Nichtbestehen eines Rechtsverhältnisses) vorliegen. Fehlt das Feststellungsinteresse, muss die Klage grundsätzlich als unzulässig abgewiesen werden, → Rn. 7.

29 **b) Prüfungsumfang.** Nach der Rechtsprechung des BGH ist das Feststellungsinteresse echte Zulässigkeitsvoraussetzung nur für ein **stattgebendes** Urteil, dh es muss zwingend nur bei einer begründeten Klage vorliegen; steht hingegen fest, dass die Klage unbegründet ist, kann sie durch Sachurteil abgewiesen werden, ohne dass es auf das Vorliegen des rechtlichen Interesses ankäme, BGH NJW 2018, 227 Rn. 16; 2017,1823 Rn. 41; 2016, 1578 Rn. 51; 2014, 3360 Rn. 18; 2012, 1209 Rn. 45; 2010, 361; Düss GRUR-RR 2022, 213 Rn. 49; BAG NJW 2003, 1755; so auch MüKoZPO/Becker-Eberhard Rn. 38; Musielak/Voit/Foerste Rn. 7; Zöller/Greger Rn. 7. Begründet wird diese Meinung, die den Grundsatz des prozessualen Vorranges der Zulässigkeit vor der Begründetheit einschränkt, → Vor § 253 Rn. 17, 18, mit der Prozessökonomie; das Feststellungsinteresse soll verhindern, dass Rechtsverhältnisse zum Gegenstand der Klage gemacht werden, obwohl sie keiner Klärung bedürfen oder auf einfacherem Weg geklärt werden könnten; das ist ohne Bedeutung, wenn feststeht, dass die Klage unbegründet ist, Anders/Gehle Assessorexamen ZivilR O Rn. 17. Das bedeutet allerdings nicht, dass das Gericht zunächst die Begründetheit abschließend beurteilen oder sogar insoweit Beweis erheben müsste, bevor es ein Prozessurteil erlassen kann. Nur wenn Entscheidungsreife hinsichtlich der Unbegründetheit besteht, ist nach Meinung der Rspr. die Klage unabhängig vom Feststellungsinteresse als unbegründet abzuweisen, BGH NJW 2018, 227 Rn. 16. Die Rspr.-Meinung hat sicherlich einen erheblichen praktischen Vorteil. Da das Gesetz das Feststellungsinteresse aber unabhängig von der materiellen Rechtslage vorschreibt, lehnt Thomas/Putzo/Seiler Rn. 4, die Rspr.-Meinung ab. Dem Feststellungsinteresse lägen grundsätzlich keine Tatsachen zugrunde, die auch für die Begründetheit von Bedeutung sind. Zutreffend ist, dass die Gesichtspunkte, die bei doppelrelevanten Tatsachen eine Einschränkung vom Grundsatz des Vorranges der Zulässigkeit vor der Begründetheit rechtfertigen, insoweit nicht übertragbar sind, → Vor § 253 Rn. 18, (doppelrelevante Tatsachen); → Rn. 12 (Rechtsverhältnis). Jedoch folgen wir aus prozessökonomischen Gesichtspunkte der hM, nach der das Feststellungsinteresse als besondere Ausprägung des Rechtsschutzinteresses nicht abschließend geklärt werden muss, wenn feststeht, dass die Feststellungsklage unbegründet ist; der Bekl. erleidet keinen Nachteil, da die materielle Rechtskraft des Sachurteils weiter geht als das Prozessurteil und die Gerichte dann nicht noch ein zweites Mal in Anspruch genommen werden können, MüKoZPO/Becker-Eberhard Rn. 38. Aufgrund der Anforderung der Rspr. in Bezug auf die Entscheidungsreife wirkt sich der Meinungsstreit nur in wenigen Einzelfällen aus.

30 **c) Positive Feststellungsklage.** Bei einer positiven Feststellungsklage ist das Feststellungsinteresse zu bejahen, wenn der Bekl. ein Recht des Klägers oder dessen rechtliche Lage verletzt hat oder das Vorliegen der Rechtsposition **ernstlich bestreitet** und dadurch eine gegenwärtige Gefahr oder Unsicherheit für die Rechtsposition droht, die durch das erstrebte Urteil beseitigt werden kann, BGH BeckRS 2022, 16872 Rn. 11; NJW-RR 2022, 23 Rn. 15; NJW 2018, 2472 Rn. 18; 2018, 1629; 2015, 873; 2010, 1877; 1999, 3774; NJW-RR 2017, 131; BAG NZA 2017, 470; 2014, 385; 2006, 807; AG Köln ZMR 2017, 1016. Es entfällt daher in der Regel, wenn der Bekl. seine Einstandspflicht auf für die Zukunft anerkennt oder die dem Rechtsverhältnis zugrunde liegenden Tatsachen nicht bestreitet, wenn dadurch Nachteile in Bezug auf die Verjährung ausgeschlossen sind, BGH NJW-RR 2006, 929; Karlsr 2001, 1175; BAG NZA-RR 2009, 79. Ein Rehabilitierungsinteresse reicht nur bei fortdauernden Auswirkungen, BGH NJW-RR 2016, 1404. Die Frage des rechtlichen Interesses ist unabhängig von der materiellen Rechtslage zu prüfen.

31 Eine **Gefährdung** erfordert das Drohen eines Nachteils, Hmb WuM 1998, 18; Ghassemi-Tabar/Eckner NZM 2011, 873. Die Gefährdung der Rechtsposition des Klägers liegt schon dann vor, wenn er sich in seiner Entscheidungsfreiheit oder in seinen Vorkehrungen gehemmt oder gestört sieht, LG Zweibr NJW-RR 1998, 1106, oder wenn er einen erkennbaren Anlass zur Besorgnis hat, BGH GRUR 2016, 94; BAG NZA 2014, 385; LG Hmb ZMR 2013, 215. Dabei genügt, dass der Bekl. das Recht des Klägers ernstlich bestreitet, BGH FamRZ 2010, 1069; Mü VersR 2007, 1637; Hamm NJW-RR 2006, 1537; BAG NZA-RR 2009, 79 (keine Gefährdung bei unstreitigem Bestehen des Rechtsverhältnisses). Zur Frage der **Wahrscheinlichkeit** des Schadenseintritts → Rn. 23–25. Das Interesse muss auf eine **alsbaldige** Feststellung gerichtet sein, BGH WM 2017, 1941; BAG NZA-RR 2014, 261; KG VersR 2000, 1146. Das ist anzunehmen, wenn bei Schluss der letzten Tatsachenverhandlung nach §§ 136 IV, 296a noch eine begründete Besorgnis der Gefährdung besteht, BGH GRUR 2016, 94; Ffm GRUR-RR 2004, 64; LAG Ros NZA-RR 2014, 261.

32 Die Feststellung muss den Kläger zum **Ziel** führen können, BGH NJW 2018, 1629; 2011, 1609; BAG NZA 2017, 270 und 470; NZA-RR 2015, 212; Mü NJW-RR 2009, 670; LG Ulm ZIP 2015, 463. Das Feststellungsurteil muss also auch ohne Vollstreckungsmöglichkeit die Gefährdung beseitigen und ein weiteres Verfahren überflüssig machen können, so zB wenn anzunehmen ist, dass der Bekl. auf das Feststellungsurteil leisten wird, wie zB eine Behörde oder eine Versicherung, → Rn. 45, 46 „Behörden" und „Versicherungen".

33 **d) Negative Feststellungsklage.** Das Interesse an der alsbaldigen Feststellung ist bei einer negativen Feststellungsklage zu bejahen, wenn der Bekl. sich gegenüber dem Kläger eines Rechts **berühmt,** dadurch die beschriebene Unsicherheit der Rechtsposition des Klägers besteht und diese durch die begehrte negative Feststellung beseitigt werden kann; dabei kommt es nicht darauf an, ob der Bekl. behauptet, bereits eine durchsetzbare Forderung gegen den Kläger zu haben; es reicht aus, wenn der Bekl. geltend macht, aus dem bestehenden Rechtsverhältnis könne sich uU ein Anspruch gegen den Kläger unter bestimmten Voraussetzungen ergeben, BGH NJW-RR 2021, 1509 Rn. 14; NJW 2020, 3386 Rn. 96; 2019, 520; 2018, 2472 Rn. 18; 2017, 2340; 2010, 1877; 2006, 2780; FamRZ 2010, 1069; LG Hmb NZM 2008, 293; BAG NZA 2020, 1326 Rn. 55. Das bloße Betreiben eines selbständigen Beweisverfahrens stellt noch kein Berühmen eines Anspruchs dar, BGH NJW 2019, 520. Nicht erforderlich für das Feststellungsinteresse bei einer negativen Feststellungsklage ist, dass der gesamte zwischen den Parteien bestehende Streit bei einer stattgebenden Entscheidung beendet wird; vielmehr kommt es nur auf den Gegenstand des Feststellungsbegehrens an, BGH NJW-RR 2021, 1508 Rn. 16.

34 Die **Abgrenzung** der positiven von der negativen Feststellungsklage ist nicht immer einfach und durch Auslegung des Antrages und der Klagegründe zu ermitteln. Haben zB die Parteien die Rechtsbeziehungen aus einem Darlehensvertrag streitig beendet, kann sich die erhobene Feststellungsklage des Darlehensnehmers auf das Bestehen eines Rückgewährschuldverhältnisses (= positiv) oder auf die Verneinung von Ansprüchen aus Darlehen (= negativ) beziehen, BGH NJW 2017,1823; 2017, 2340; → Rn. 65 „Darlehenswiderruf" und „Verbraucherdarlehen".

35 Ein rechtliches Interesse an der negativen Feststellung ist nicht bereits dann zu bejahen, wenn der Kläger die Möglichkeit eines gegen ihn erhobenen Anspruchs aufzeigt; vielmehr muss er Tatsachen dafür **vortragen,** dass

der Bekl. die Gefahr eines ernsthaften Hindernisses geschaffen hat oder treuwidrig keine klarstellende Erklärung abgibt, so wenn er behauptet, der Kläger schulde im Geld aus einer bestimmten Rechtsziehung, BGH NJW 2009, 751; 2006, 2780; 1995, 2032; Anders/Gehle Assessorexamen ZivilR O Rn. 26. Dabei kann eine hilfsweise Verteidigung durch den Bekl. ausreichen, BGH NJW 2019, 520. Nicht genügend ist hingegen der Hinweis des Bekl. auf mögliche Rechte oder seine Erklärung, uU in eine Prüfung eines Anspruchs einzutreten, BGH NJW 2019, 520; 1992, 436.

2. Einzelfragen. a) Verjährung oder Ablauf der Klagefrist. aa) Positive Feststellungsklage. Das Feststellungsinteresses kann bei drohender Verjährung bejaht werden, wenn durch ein Feststellungsurteil die Unsicherheit beseitigt wird, Anders/Gehle Assessorexamen ZivilR O Rn. 14, 15. Entsprechendes gilt bei bevorstehendem Ablauf einer Klagefrist, Anders/Gehle Assessorexamen ZivilR O Rn. 14. Das Feststellungsinteresse ist bei der **positiven** Feststellungsklage unter dem Gesichtspunkt der drohenden Verjährung grundsätzlich zu bejahen, weil die Verjährung nach § 204 I Nr. 1 mit ihrer Erhebung gehemmt wird, auch wenn die Höhe der Forderung noch nicht endgültig feststeht, wie zB. bei einer Schadensentwicklung, die noch nicht abgeschlossen ist, BGH NJW 2020, 1514 (PIP-Brustimplantate); 2018, 2056 Rn. 18; 2005, 3275; NJW-RR 2018, 1301; 2010, 750; 2006, 923; 1996, 1743; 1993, 648; → Rn. 23–25 (Schadensentwicklung); vgl. auch Tolani NJW 2019, 2751. § 204 I Nr. 1 findet auch bei einer unzulässigen Klage Anwendung, BGH NJW 2004, 3772. Ist der Anspruch rechtskräftig festgestellt, verjährt er gemäß § 197 Nr. 3 BGB erst in 30 Jahren. Droht die Verjährung des titulierten Anspruchs, zB in den Fällen des § 197 II BGB, und ist dies durch die Vollstreckung vermeidbar, ist die Feststellungsklage unzulässig, BGH NJW-RR 2003, 1076; Brdg NJW-RR 2012, 1029. Die Frage, ob der künftige Schadenseintritt wahrscheinlich sein muss, ist keine Frage des Feststellungsinteresses, sondern eine Frage des gegenwärtigen Rechtsverhältnisses, → Rn. 20 ff. Der unbefristete Verzicht auf die Einrede der Verjährung beseitigt das Feststellungsinteresse, BGH NJW 2012, 3633; Hamm OLGR 2000, 290. 36

bb) Negative Feststellungsklage. Bei der **negativen** Feststellungsklage wird die Verjährung weder durch ihre Erhebung noch durch die Verteidigung des Bekl. gehemmt; die Verteidigung stellt kein aktives Betreiben zur Durchsetzung des Anspruchs dar, BGH NJW 2012, 3633. Daher hat die drohende Verjährung des angeblichen Anspruchs des Gegners bei einer negativen Feststellungsklage keine Auswirkungen auf das Feststellungsinteresse. Jedoch besteht bei eingetretener Verjährung ein solches trotz bestehen bleibender Aufrechenbarkeit nach § 215 BGB, Anders/Gehle Assessorexamen ZivilR O Rn. 26. 37

b) Drittbeteiligung. aa) Allgemeines. Das Feststellungsinteresse des Klägers muss gegenüber dem Bekl. bestehen, BGH NJW 1984, 2950; BAG BB 2002, 155 (Verbandsklage). In Einzelfällen hat die Rspr. aber ausnahmsweise auch ein Interesse des Klägers am Bestehen oder Nichtbestehen eines Rechtsverhältnisses zwischen dem Bekl. und einem Dritten angenommen, wenn das für die Rechtsbeziehung zwischen den Parteien relevant ist; die Rspr. vertritt dabei die Auffassung, dass wegen des offenen Wortlautes der Vorschrift auch ein Drittrechtsverhältnis Gegenstand der Feststellungsklage sein kann, BGH NJW-RR 2018, 906; ZIP 2017, 2255; GRUR 2012, 421; NJW 2011, 2195 (Bürgschaft); 2006, 510; VersR 2000, 866; Karlsr WM 2018, 1307 (Streit zwischen zwei Gläubigern oder Schuldnern, wer berechtigt oder verpflichtet ist); Düss NVersZ 2000, 347; LG Mü ZIP 2009, 584. In der Literatur wird teilweise angenommen, dass es grundsätzlich für einen Rechtsstreit über das Bestehen eines Rechtsverhältnisses zu einem Dritten oder zwischen Dritten an der erforderlichen Prozessführungsbefugnis fehlt und deshalb nur im Fall der Prozessstandschaft in Betracht kommt; dabei wird auf die §§ 322 ff. verwiesen, die die Rechtskraft grundsätzlich nicht auf Dritte erstrecken, MüKoZPO/Becker-Eberhard Rn. 36; Zöller/Greger Rn. 3b. Wir teilen die Auffassung, dass auch iRv § 256 I, bei dem es um materiellrechtliche Rechtsbeziehungen geht, Popularklagen nicht möglich sind. Jedoch kommen die verschiedenen Meinungen mit unterschiedlichen Ansätzen weitgehend zu denselben Ergebnissen, so dass der Streit offen bleiben kann. Auch in den vom BGH entschiedenen Fällen einer Drittbeteiligung ging es um Rechtsbeziehungen zwischen den Parteien, die durch ein Drittrechtsverhältnis beeinflusst wurden, so dass sich nicht das Problem von Popularklagen ergab, so auch: Zöller/Greger Rn. 3b. 38

Rechtsverhältnisse zu einem Dritten können Gegenstand einer Klage nach I sein, wenn ein Rechtsverhältnis der Parteien betroffen ist und der Kläger ein Feststellungsinteresse hat. Bei einer Drittbeteiligung können die Parteien auf derselben Vertragsseite stehen, zB als Mitverpächter. Voraussetzung ist, dass die Rechtsbeziehungen nicht eindeutig nichtig sind. Eine bloße Unklarheit darüber, wer Gläubiger ist, reicht aber nicht, BGH VersR 2000, 866. Ebenso reicht grundsätzlich ein nur wirtschaftliches nicht, vielmehr muss es um ein auch rechtliches Interesse gehen, Düss NVersZ 2000, 347; Kblz NJW-RR 2006, 1523. 39

bb) Beispiele für Drittbeteiligung

Abtretung: Die negative Feststellungsklage als isolierte Drittwiderklage gegen den Zedenten im Rechtsstreit des Zessionars als Kläger gegen den Schuldner ist zulässig, BGH NJW 2019, 1610; 2008, 2852; Skusa NJW 2011, 2697; → Anh. § 253 Rn. 10 „Negative Feststellungsklage". 40

Auseinandersetzungsbilanz bei KG in Liquidation: Aufwendungsersatzansprüche der Kommanditisten nach § 110 HGB sind dort unselbständige Rechnungsposten; sind solche Ansprüche abgetreten, kann der Zessionar nicht Feststellung gegen die KG i. L. begehren, dass diese Ansprüche zugunsten der Kommanditisten in die Auseinandersetzungsrechnung einzustellen sind, Hmb NZA 2020, 418 (fehlendes Feststellungsinteresse); → Rn. 65 „Gesellschaft (Rechnungsposten)".

Aktiengesellschaft: Klage eines Aktionärs gegen sie auf Feststellung der Pflichtwidrigkeit eines Organhandelns (Vorstand oder Aufsichtsrat) ist zulässig: BGH NJW 2006, 374. Hier wird die Verletzung des Gesellschaftsvertrages geltend gemacht, Zöller/Greger Rn. 3b.

Drittschuldner: Wegen § 840 besteht ein schutzwürdiges Interesse des Drittschuldners an der Feststellung der Unrechtmäßigkeit der Pfändung nach § 829, BGHZ 69, 147.

Freistellungsanpruch: Die Feststellung eines solchen Anspruchs ist zulässig und nicht gegenüber der Klage auf Freistellung subsidiär, solange der Kläger sich gegen seine eigene Inanspruchnahme durch den Dritten wehrt und damit zeigt, dass er den Anspruch des Dritten nicht für sicher hält, BGH NJW 2007, 1809; Köln NJW 2016, 1431; Drsd NJW-RR 2003, 306; Hmb VersR 1986, 385.

Haftpflichtversicherung: Gegen sie ist die Klage des Geschädigten auf Feststellung ihrer Deckungspflicht gegenüber dem Schädiger zulässig, BGH NJW-RR 2001, 316; → Rn. 65 „Versicherung (Haftpflichtversicherung)".

Mehrheit von Schuldnern: Feststellung zwischen zwei Schuldnern, welcher von ihnen gegenüber einem Dritten verpflichtet ist, ist zulässig, BGH NJW 2012, 2034;1993, 2539; Karlsr WM 2018, 1307.

Prätendentenstreit: Berühmt sich der Bekl. einer Forderung gegen einen Dritten, die der Kläger für sich in Anspruch nimmt, betrifft der Streit ein Rechtsverhältnis zwischen den Parteien, BGH NJW 1993, 2539; NJW-RR 1992, 1151.

41 **c) Subsidiarität der Feststellungsklage gegenüber der Leistungsklage. aa) Grundsatz.** Wann dieser Grundsatz gilt, richtet sich nach der Prozesswirtschaftlichkeit. Das rechtliche Interesse an dem begehrten Feststellungstitel fehlt, wenn dadurch der Streit nicht endgültig beendet ist. Bei der **positiven** Feststellungsklage ist deshalb in der Regel (Ausnahmen → Rn. 45) das Feststellungsinteresse zu verneinen, wenn eine erschöpfende Klage auf fällige Leistung, insbesondere eine vollständige Bezifferung des Anspruchs, möglich und zumutbar ist; denn nur mit dem Leistungstitel ist auch die Vollstreckung, die zwangsweise Durchsetzung des Anspruchs möglich, es können mehrfache Prozesse vermieden werden und die Kostenlast des Bekl. wird dadurch verringert, BGH BeckRS 2022, 16872 Rn. 11; 2022, 11335 Rn. 15 = WM 2022, 1077; NJW 2018, 2479 und 1387; 2017, 1823 Rn. 14, 21; NJW-RR 2017, 815; NJW-RR 2008, 1578; BAG NZA 2016, 1096; Drsd NJW-RR 2021, 965 (Kaskoversicherung) und Stgt MDR 2018, 338 (auch zu einer Ausnahme); LG Mönchengladb JurBüro 2014, 103; Brdb JurBüro 2010, 386; Celle MDR 2007, 582; Adam ZIP 2018, 2402. In einem solchen Fall ist die Feststellungsklage mangels Feststellungsinteresses unzulässig und der Kläger muss eine Leistungsklage erheben, auch in Form einer Freistellungs- oder Stufenklage nach § 254, BGH NJW-RR 2022, 682 Rn. 16; BeckRS 2021, 5007 Rn. 53; NJW 2019, 662; 2018, 1387; 2007, 1809 (Freistellung); 2003, 3274 (§ 254); GRUR 2001, 1177; → § 254 Rn. 7 „Feststellungsklage". Das gilt auch für eine „steckengebliebene" Stufenklage, Kblz FamRZ 2004, 1733. Das gilt erst recht bei einer hilfsweisen Feststellungsklage, BGH NJW 1998, 1633. Auch muss man beim Streit über das Zustandekommen eines **Vorvertrags** auf den Abschluss eines bestimmten Hauptvertrags klagen, nicht auf die Feststellung einer Verpflichtung zum Abschluss des Hauptvertrags. Das Feststellungsinteresse ist ferner grundsätzlich bei der Möglichkeit einer Unterlassungsklage zu verneinen. Allein aus dem Umstand, dass im Leistungsprozess eine Beweisaufnahme nötig wird, kann ein Feststellungsinteresse grundsätzlich nicht gefolgert werden, Düss MDR 1987, 1032. Das Feststellungsinteresse ist nicht zu verneinen, wenn die Leistung noch nicht fällig ist, weil eine solche Leistungsklage grundsätzlich „als derzeit unbegründet" abgewiesen würde; selbst wenn eine Leistungsklage nach §§ 257–259 zulässig ist, hat der Kläger ein Wahlrecht zwischen dieser Klage und einer Feststellungsklage, BGH NJW 2015, 873 (Dauerschuldverhältnis); 1986, 2507; BAG 2014, 410; → Rn. 46 „Künftige Leistung" und 65 „Leistungsklage (künftige Leistung)".

42 Bei der **negativen** Feststellungsklage darf der Kläger auf den Vorrang der Leistungsklage, etwa, dass er unter Vorbehalt leisten und dann kondizieren könne, nicht verwiesen werden, BGH NJW 2011, 50; 2009, 578; 1997, 870; Geimer MDR 2016, 939.

43 **bb) Erhebung einer Leistungsklage.** Die **negative** Feststellungsklage wird regelmäßig wegen fehlenden Feststellungsinteresses unzulässig, sobald eine positive Feststellungs- oder Leistungsklage erhoben wird und nicht mehr einseitig zurückgenommen werden kann, BGH NJW-RR 2013, 1105; NJW 2020, 148; 2006, 516; 1999, 2516; BAG NZA 2020, 531 Rn. 19; Mü GRUR-RR 2006, 365; Ffm GRUR 1997, 485. 8; Karlsr NJW-RR 1993, 243 (Klagerweiterung); LAG Düss BB 1975, 471. Das gilt auch, wenn das Gericht schon über sie entschieden hat, aber noch keine Rechtskraft eingetreten ist, Mü GRUR-RR 2006, 365. Wird die Leistungsklage oder die positive Feststellungsklage erhoben, bleibt dem Kläger im Hinblick auf eine für ihn möglicherweise günstige Kostenentscheidung nur die Möglichkeit, die negative Feststellungsklage für erledigt zu erklären.

44 Auch die der **positiven** Feststellungsklage folgende Leistungsklage des Gegners zwingt den Feststellungskläger in der Regel zur Erledigungserklärung. Das Feststellungsinteresse fehlt oder entfällt, wenn der Kläger die Leistungsklage erhoben hat oder erhebt und sie nach § 269 I nicht mehr einseitig zurücknehmen kann, BGH NJW 2010, 3084; NJW-RR 1990, 1532; Karlsr GRUR 1986, 31. Die Feststellungsklage bleibt aber ausnahmsweise zulässig, wenn sie entscheidungsreif ist und die später erhobene Leistungsklage nicht mehr einseitig zurückgenommen werden kann, → Rn. 45.

45 **cc) Ausnahmen von der Subsidiarität.** Die Subsidiarität der positiven Feststellungsklage gegenüber der entsprechenden Leistungsklage gilt nicht ausnahmslos, BGH NJW-RR 2016, 759; Pawlowski MDR 1988, 631. Da andere Rechtsschutzmöglichkeiten zumutbar sein müssen, BGH NJW 2000, 1256, wird teilweise darauf hingewiesen, dass es eine allgemeine Subsidiarität der Feststellungsklage gegenüber der Leistungsklage überhaupt nicht gibt, Prütting/Gehrlein/Geisler ZPO Rn. 21; Musielak/Voit/Foerste Rn. 12. Da man sich darüber einig ist, in welchen Einzelfällen wegen der Leistungsklage das Feststellungsinteresse fehlt und wann Ausnahmen zu machen sind, braucht aus unserer Sicht nicht entschieden werden, ob es sich um einen Subsidiaritätsgrundsatz handelt oder ob in jedem Einzelfall die Frage des Feststellungsinteresses vom Ansatz her überprüft werden muss. Bei der negativen Feststellungsklage gilt der Grundsatz ohnehin nicht, → Rn. 42. Wenn ohne Zweifel eine Leistungsfähigkeit und -bereitschaft des Bekl. auf einen Feststellungstitel zu erwarten ist oder wenn für den Kläger eine Leistungsklage unzumutbar ist, so zB bei fehlender Möglichkeit einer vollständigen Bezifferung, sind unter dem Gesichtspunkt der Prozesswirtschaftlichkeit in jedem Fall Ausnahmen gerechtfertigt, BGH BeckRS 2022, 16872 Rn. 11; 2022, 11335 Rn. 15 = WM 2022, 1077; → Rn. 65 „Dieselskandal". Im Einzelfall kann die Feststellungsklage sogar sinnvoller und einfacher sein, zB ohne aufwendige Beweisaufnahme zur Anspruchshöhe, wenn das Feststellungsurteil den Streit endgültig beilegen, BGH NJW-RR 2022, 682 Rn. 16; 2007, 1276; BAG NZA 2022, 864 Rn. 11 (Anspruchshöhe unstreitig); 2021, 1632 Rn. 16 (Zeitgutschriften auf dem Arbeitszeitkonto); 2021, 1423 Rn. 9 und 501 Rn. 15; NJW 2012, 2989, oder wenn die Leistungsklage die Streitfrage nicht abschließend klären kann, BGH NJW 1997, 870; Hamm VersR 2013, 1149.

dd) Beispiele für Ausnahmen von der Subsidiarität

46 **Banken:** „Geldinstitute".

Behörden: Leistungsbereitschaft und -fähigkeit bei Feststellungstitel ohne Zweifel zu erwarten; daher entfällt das Feststellungsinteresse bei Möglichkeit der Leistungsklage nicht, BGH NJW-RR 2017, 815; 1984, 1118; LG Mü VersR 2003, 1308; BAG NZA 2012, 809, VGH Mü NVwZ-RR 2008, 357; → „Versicherungen".

Bezifferung: Kann der Kläger bei Klageerhebung den im Grund und in der Höhe streitigen Anspruch nicht oder nicht vollständig beziffern, etwa, weil die Schadensentwicklung nicht abgeschlossen ist, → Rn. 23, 45, kann er sich auf einen Feststellungsantrag beschränken und muss keine Teilleistungsklage bezüglich der bezifferbaren Einzelansprüche oder -positionen erheben, BGH BeckRS 2022, 16872 Rn. 11; 2021, 45906 Rn. 11 = WM 2022, 387; GRUR 2021, 714 Rn. 15; NJW-RR 2016, 759; 2008, 1520; NJW-RR 2004, 81; BAG NZA 2011, 1352; Saarbr ZMR 2014, 280; Wird eine Bezifferung während des Prozesses bis zur letzten mündlichen Verhandlung ganz oder teilweise möglich, entfällt nicht die Zulässigkeit für die Feststellungsklage ganz oder teilweise, BGH GRUR-RS 2020, 40306 Rn. 15; NJW 2006, 436; Hamm BeckRS 2019, 12694; Karlsr NJW-RR 2017, 280; Anders/Gehle Assessorexamen ZivilR O Rn. 16. Die evtl. teilweise bezifferbaren Ansprüche stellen nur einen Teil des festzustellenden Schadens dar, BGH NJW-RR 2016, 759. Der Kläger kann natürlich bei der Möglichkeit einer Teilbezifferung auch eine Leistungsklage als Teilklage neben einer Teil-Feststellungsklage erheben und seinen Leistungsantrag bei Schadensentwicklung während des Prozesses gemäß § 264 Nr. 2 erweitern und den Feststellungsantrag reduzieren, und zwar unabhängig davon, ob die zugleich weiter verfolgte Feststellungsklage im Hinblick auf das Feststellungsinteresse zulässig bleibt, Ffm BeckRS 2021, 6730 Rn. 5. Der teilweise Wechsel von der Feststellungs- zur Leistungsklage ist ferner in der Berufung möglich, es sei denn, der ausschließliche Zweck des Rechtsmittels besteht in der Erweiterung der Klage, Ffm BeckRS 2021, 6730 Rn. 10.

Dauerschuldverhältnis: Das Feststellungsinteresse besteht in diesen Fällen, weil das streitige Verhältnis über die Einzelleistung hinaus geht, BGH NJW 2015, 873 Rn. 32.

Entscheidungsreife der Feststellungsklage: Liegt diese vor und kann die später erhobene Leistungsklage nicht mehr einseitig zurückgenommen werden, entfällt das Feststellungsinteresse aus Gründen der Prozesswirtschaftlichkeit nicht, BGH NJW 1987, 2364; → Rn. 43 f.

Geldinstitute: → Rn. 65 „Bank"; → „Behörde". BGH NJW 2018, 1823; 2017,1823; NJW 1996, 918.

Gewerblicher Rechtsschutz: Die Subsidiarität der Feststellungsklage gegenüber der Leistungsklage, insbesondere auch der Stufenklage gilt in diesem Bereich wegen der ab 1.1.2002 geltenden kurzen Verjährungsregel in der Regel nicht, BGH NJW 2003, 3274; → § 254 Rn. 6 „Feststellungsklage".

Künftige Leistung: Die Möglichkeit nach §§ 257–259 schließt eine Feststellungsklage nicht aus, wenn der Schuldner die Verpflichtung bestreitet, BGH NJW 2015, 873 Rn. 33 (§ 258); 1986, 2507 (§ 259); BAG NZA 2021, 347 Rn. 39; 2020, 582 Rn. 21, 22; 2017, 511; Thomas/Putzo/Seiler Rn. 6; → § 258 Rn. 7 „Feststellungsklage". Vgl. auch BVerfG NJW 2019, 1669 zur Begründung künftiger materieller Schäden.

Mängelhaftung vor Abnahme: Aufgrund der Änderung der Rechtsprechung des BGH zur fiktiven Abrechnung von werkvertraglichen Mängelbeseitigungskosten, BGH NJW 2018, 1463, besteht kein Vorrang der Leistungsklage mehr vor der Feststellungsklage in Bezug auf den Schadensersatz infolge der Nichtbeseitigung der Mängel innerhalb der angemessenen Frist nach § 281 I BGB; das Feststellungsinteresse ergibt sich aus der Weigerung der Mängelbeseitigung, Kobl NJW 2018, 2807.

Schadensentwicklung nicht abgeschlossen: Feststellungsinteresse besteht (dann evtl. beide Formen möglich), BGH NJW-RR 2016, 759; 2008, 1520; NJW 2006, 433; Hamm NJW-RR 2013, 39; Oldb MDR 2010, 991; „Bezifferung"; → Rn. 23, 24. Zur Frage des gegenwärtigen Rechtsverhältnisses → Rn. 23 ff.

Versicherungen: Wie → „Behörden". BGH NJW-RR 2005, 619; NJW 1999, 3774, es sei denn, auch die Anspruchshöhe ist bestritten, BGH NJW 2017, 1823; Celle VersR 2020, 830 = NJW-RR 2020, 1158; aA Drsd NJW 2021, 965 (auch im Einzelfall bei Streit über Höhe).

Weitergehende Wirkung der Feststellung gegenüber der Leistung: Feststellungsinteresse besteht, BAG NZA-RR 2017, 601; AG Hmb-St Georg WuM 2017, 470.

3. Kostenfeststellungsantrag. a) Erledigung vor Anhängigkeit. Bei **Erfüllung** der Klageforderung **vor** 47 **Anhängigkeit,** dh vor Einreichung der Klage bei Gericht, → § 253 Rn. 10, kann auf eine Feststellungsklage umgestellt werden, und zwar auf Feststellung, dass der Bekl. die Kosten des Rechtsstreits zu tragen hat (sog. Kostenfeststellungsantrag), → § 269 Rn. 47 ff. Sinnvoll ist eine solche Umstellung, wenn dem Bekl. ein materieller Kostenerstattungsanspruch zB aus Verzug nach § 280 I 1 BGB oder aus § 840 II 2 zusteht. Bei dieser Konstellation hat der Kläger grundsätzlich keine anderen Möglichkeiten, seinen eventuell bestehenden materiellen Kostenerstattungsanspruch in demselben Rechtsstreit geltend zu machen und dadurch einen zweiten Prozess zu vermeiden. Nur bei einer beidseitigen Erledigungserklärung kann ein materieller Kostenerstattungsanspruch im Rahmen der Billigkeitsentscheidung nach § 91a I auch dann berücksichtigt werden, BGH NJW 2002, 680; Anders/Gehle Assessorexamen ZivilR P Rn. 20. Die Anwendbarkeit des § 91a hängt aber von der Zustimmung des Bekl. ab. Denkbar ist daher, dass die Erledigungserklärung des Klägers einseitig bleibt. Dann hätte die in der einseitigen Erledigungserklärung des Klägers liegende Umstellung der Klage auf Feststellung, dass der Rechtsstreit erledigt ist, auch im Hinblick auf die Kostenentscheidung nur Erfolg, wenn die Erledigung nach Rechtshängigkeit gemäß §§ 253 I, 261 I eingetreten wäre, was aber bei einer Erfüllung vor Anhängigkeit nicht der Fall ist, BGH WM 2008, 1510; NJW NJW-RR 2004, 1619; Zöller/Althammer ZPO § 91a Rn. 43; Anders/Gehle Assessorexamen ZivilR P Rn. 34, 48. Auch § 269 III 3 hilft dem Bekl. uU nur bei Zahlung nach Anhängigkeit, aber vor ihrer Zustellung (§ 253 I), nicht aber bei Erfüllung vor Anhängigkeit, Anders/Gehle Assessorexamen ZivilR P Rn. 61; → § 269 Rn. 44 ff. Wir teilen nicht die Auffassung, dass § 269 III 3 als Spezialregel der Feststellung des Kosteninteresses in diesem Fall entgegensteht; das Feststellungsinteresse ergibt sich daraus, dass andere zumutbare Möglichkeiten, wie dargelegt, nicht bestehen, die konkrete Kostenhöhe ohnehin erst im Kostenfestsetzungsverfahren ermittelt wird und ein weiterer Prozess dadurch zu vermeiden ist, so auch: Ffm NJW 2019, 1158; Hamb MDR1998, 367; LG Berlin NJW-RR 2004, 647; AG Spandau ZMR 2003, 584; Wolff NJW 2003, 553; Zöller/Althammer § 91a Rn. 42; Anders/Gehle Assessorexamen ZivilR P Rn. 67; → § 254 Rn. 37; → § 269 Rn. 44 ff.; aM KG MDR 2018, 559; Thomas/Putzo/Hüßtege § 91a Rn. 36. Auch der BGH sieht wohl § 269 III 3 nicht als Spezialregelung an, die eine Kostenfeststellungsklage ausschließt, BGH GRUR-RS 2020, 40306 Rn. 17 ff.; NJW 2013, 2201.

b) Erledigung zwischen Anhängigkeit und Rechtshängigkeit. Auch in diesem Fall besteht für den 48 Kläger die Wahlmöglichkeit zwischen § 269 III 3 und der Umstellung des Klageantrags auf eine Kostenfeststellungsantrag, da ein Vorgehen nach § 91a und § 269 III 3 zwar einfacher und kostensparender ist als ein streitiger Kostenfeststellungsantrag; jedoch wird bei einer Billigkeitsentscheidung der Sachverhalt nicht unbedingt vollständig aufgeklärt und deshalb ist das Wahlrecht gerechtfertigt, BGH NJW 2013, 2201; Ffm NJW 2019, 1158; Anders/Gehle Assessorexamen ZivilR P Rn. 67.

49 Neben der Erfüllung vor Rechtshängigkeit bietet sich der Weg über die Kostenfeststellung immer dann an, wenn ein materieller Kostenerstattungsanspruch auch im Übrigen denkbar ist, so zB bei einer Stufenklage, wenn sich nach der Auskunft herausstellt, dass der dahinter stehende Leistungsantrag nicht besteht, → § 254 Rn. 37; Anders/Gehle Assessorexamen ZivilR P Rn. 67. Das Feststellungsinteresse ist aber zu verneinen, wenn nur noch die Kostenfrage ungeklärt ist und wenn man sie zB durch einen Widerspruch gegen eine einstweilige Verfügung nach → § 924 Rn. 12 einfacher und billiger klären kann, BGH MDR 1985, 467.

50 **VII. Urkundenfeststellungsklage, I.** Regelwidrig im Gesetz ist die Klage auf Feststellung der Echtheit oder Unechtheit einer Urkunde, BGH NJW 2008, 1303. Es handelt sich um den einzigen Fall, in dem eine Tatsache Gegenstand einer Feststellungsklage ist. Deshalb lässt der Ausnahmefall keine ausdehnende Auslegung zu, zB nicht auf eine Feststellung der Vollmacht eines fremden Unterzeichners. Das Rechtsverhältnis selbst ist hier, anders als in den übrigen Fällen, → Rn. 11 ff., nicht im Streit. Echt ist die Urkunde dann, wenn die Unterschrift bzw. der unterschriebene Text vom Aussteller stammt und mit dessen Willen dort steht, Musielak/Voit/Foerste Rn. 6. Wer ein Recht aus der Urkunde ableitet, muss ihre Echtheit beweisen. Hat das Gericht die Echtheit nach §§ 322, 705 rechtskräftig festgestellt, können zwar nicht die Parteien dieses Prozesses die Unechtheit noch beweisen, wohl aber kann jeder andere diesen Beweis führen, auch der Streitgenosse nach §§ 59 ff.

51 **VIII. Verfahren, I. 1. Zulässigkeitsvoraussetzungen.** Zu den allgemeinen und besonderen Zulässigkeitsvoraussetzungen wird auf → Rn. 6 ff. (allgemeine), → Rn. 12 ff. (Rechtsverhältnis) und → Rn. 28 ff. (Feststellungsinteresse) verwiesen. Die Zulässigkeitsvoraussetzungen sind von Amts wegen in jeder Lage des Verfahrens zu prüfen, → Rn. 6; → Vor § 253 Rn. 14, 22 ff. Fehlt eine der Zulässigkeitsvoraussetzungen, ist die Klage nach einem entsprechenden Hinweis nach § 139 grundsätzlich durch Prozessurteil abzuweisen, → Rn. 6. Steht fest, dass die Klage unbegründet ist, muss die Frage des Feststellungsinteresses nicht abschließend geklärt werden; hier ist die Klage als unbegründet abzuweisen, → Rn. 29. Bei der Frage des Rechtsverhältnisses handelt es sich um eine doppelrelevante Tatsache (= qualifizierte Prozessvoraussetzung), → Rn. 12.

52 **2. Darlegungs- und Beweislast. a) Zulässigkeit.** Der Kläger trägt grundsätzlich die Darlegungs- und Beweislast für die allgemeinen Zulässigkeitsvoraussetzungen; nur für die verneinenden Zulässigkeitsvoraussetzungen, zB keine anderweitige Rechtshängigkeit, und für die, die nur auf Rüge des Gegners zu beachten sind, trägt der Bekl. die Darlegungs- und Beweislast, → Vor § 253 Rn. 14, 15. Auch zum Feststellungsinteresse muss der Kläger die erforderlichen Tatsachen vortragen und notfalls beweisen, BAG NJW 1997, 3396; → Rn. 35. Allerdings muss das Feststellungsinteresse nicht abschließend geklärt werden, wenn feststeht, dass die Klage unbegründet ist; dann ergeht ein Sachurteil auf Klageabweisung, → Rn. 29. Eine Besonderheit ergibt sich auch für das Rechtsverhältnis iSd § 256 I, eine sog. doppelrelevante Tatsache, die sowohl für die Zulässigkeit als auch für die Begründetheit von Bedeutung ist; für die Zulässigkeit reicht aus, dass der Kläger die für das Rechtsverhältnis maßgeblichen Tatsachen schlüssig vorträgt, während der Vortrag des Bekl. und die Fragen des Beweises erst in der Begründetheit von Bedeutung sind; insoweit gilt der Vorrang der Zulässigkeit vor der Begründetheit nur eingeschränkt → Rn. 12.

53 **b) Begründetheit.** Hier ist zwischen einer positiven und einer negativen Feststellungsklage zu unterscheiden. Bei der **positiven** Feststellungsklage muss der Kläger die rechtsbegründenden Tatsachen zum festzustellenden Rechtsverhältnis bzw. zur Urkunde, deren Echtheit oder Unechtheit festzustellen ist, darlegen und notfalls beweisen, Drsd BauR 2010, 1097. Das gilt in jeder Instanz, BGH NJW-RR 1990, 130; BAG NZA 1998, 322. Hier gelten die allgemeinen Regeln der Darlegungs- und Beweislast, → § 138 Rn. 21 ff.

54 Bei der **negativen** Feststellungsklage sind die Parteirollen umgekehrt, dh der Angreifer ist der Schuldner; hier gelten ebenfalls die allgemeinen Grundsätze, dass jede Partei die ihr günstigen rechtsbegründenden, rechtsvernichtenden, rechtserhaltenen oder rechtshindernden Tatsachen darlegen und notfalls beweisen muss, BGH NJW-RR 2012, 3294; NJW 2001, 2096; 1994, 1353; BAG NZA 2020, 1326 Rn. 60; → § 138 Rn. 25. Damit kann der Kläger den Bekl., der sich einer Forderung berühmt, durch die negative Feststellungsklage zum Nachweis der streitigen Forderung zwingen, Mü NJOZ 2020, 1333. Der Kläger braucht bei einer negativen Feststellungsklage grundsätzlich nur die vom Bekl. behaupteten Ansprüche zu umreißen und sie bestreiten. Er trägt grundsätzlich lediglich die Darlegungs- und Beweislast für eventuell von ihm geltend gemachte Einreden iSd ZPO, → § 139 Rn. 64 „Einreden". Gleiches gilt, wenn er ausnahmsweise substantiiert bestreiten muss, → § 138 Rn. 29 ff. Den streitigen Anspruch muss der Bekl. in vollem Umfang darlegen und beweisen, Anders/Gehle Assessorexamen ZivilR O Rn. 27. Gelingt ihm dies nicht, hat die negative Feststellungsklage Erfolg.

55 **3. Rechtshängigkeit.** Sie tritt nach §§ 253 I, 261 I mit Zustellung der Klageschrift ein, → § 253 Rn. 10; → § 261 Rn. 4. Sie erfasst bei positiver und negativer Feststellungsklage das streitige Rechtsverhältnis. Ist bei Einreichung der negativen Feststellungsklage vom Gegner bereits die korrespondierende Leistungsklage rechtshängig gemacht worden, ist die Feststellungsklage nach § 261 III Nr. 1 unzulässig. Demgegenüber erfasst die Rechtshängigkeit einer negativen Feststellungsklage nicht stets eine später erhobene Leistungsklage. Die Rechtshängigkeit hat materiell-rechtliche Wirkungen nur bei der positiven Feststellungsklage. Nur bei ihr und nicht bei der negativen wird die Verjährung im Zweifel bezüglich des gesamten Anspruchs gehemmt; entsprechendes gilt für die Ersitzung (§§ 204 I Nr. 1, II, 209, 212, 939 BGB), → Rn. 43 f.; Gürich MDR 1980, 359.

56 **4. Rechtskraft. a) Prozessurteil.** Sie steht einer neuen Klageerhebung nicht entgegen, wenn durch eine neue Entwicklung der Zulässigkeitsmangel anders zu beurteilen ist, so zB bei Abweisung wegen fehlenden Feststellungsinteresses, wenn dieses später eintritt, Zöller/Greger Rn. 19.

57 **b) Sachurteil.** Die **positive** Feststellung ist nach Maßgabe des Tenors der materiellen Rechtskraft fähig, wobei zur Auslegung auf den Tatbestand und die Entscheidungsgründe zurückgegriffen werden kann; das gilt auch bei Klageabweisung; mit einem solchen Urteil wird rechtskräftig festgestellt, dass das Rechtsverhältnis nicht besteht, BGH NJW 2008, 2716; 1989, 391. Das bedeutet für diejenigen Fälle, bei denen die Wahrscheinlichkeit des künftigen Schadens im Streit ist, dass eine Klageabweisung nur in Betracht kommt, wenn sich das Gericht, eventuell durch Beweisaufnahme, über das Nichtvorhandensein eines Schadens bzw. dessen Wahrscheinlichkeit Gewissheit verschafft hat, BGH NJW 1969, 20014; Anders/Gehle Assessorexamen ZivilR O Rn. 20. Wegen der Rechtskraftwirkung darf das Gericht zulasten des Bekl. nicht offen lassen, inwieweit den Kläger eine Mithaftungsquote trifft, etwa aus § 254 BGB oder § 17 StVG; wird eine Haftung uneingeschränkt festgestellt, kann nach Rechtskraft eine Schadensminderungspflicht nur aufgrund von Tatsachen angenommen werden, die erst nach der

letzten mündlichen Tatsachenverhandlung entstanden sind, BGH BeckRS 2020, 38481 Rn. 16; NJW 1989, 105 Auch Einwendungen gegen den Grund des Anspruchs müssen im Tenor des Feststellungsurteils berücksichtigt werden, BGH NJW 2010, 3299; Anders/Gehle Assessorexamen ZivilR O Rn. 21. Mögliche Einwände, die der Bekl. bis zur letzten mündlichen Tatsachenverhandlung gegen den festgestellten Anspruch nicht erhoben hat, sind präkludiert, BGH NJW-RR 2005, 1517; NJW 1988, 2588. Das gilt auch für die Gestaltungsrechte, wobei auf den Zeitpunkt ihres Entstehens und die Befugnis zu ihrer Ausübung abzustellen ist; das gilt auch für die Aufrechnung, dh es kommt auf die Aufrechnungslage an, BGH NJW 1988, 2542; MüKoZPO/Becker-Eberhard Rn. 78. Nach rechtskräftiger Abweisung der positiven Feststellungsklage ist eine danach erhobenen Leistungsklage mit demselben Sachverhalt nicht unzulässig; jedoch wird der Klagegrund nicht noch einmal geprüft, sondern die Leistungsklage wird als unbegründet abgewiesen, BGH NJW-RR 2013, 1105; NJW 1989, 393; MüKoZPO/Becker-Eberhard Rn. 78. Die zum Schadensersatz auch für künftige Schaden verpflichtende Feststellung erfasst auch das Schmerzensgeld, wenn sich keine Einschränkungen ergeben, BGH NJW 1985, 2022.

Wird der **negativen** Feststellungsklage stattgegeben, dh festgestellt, dass das Rechtsverhältnis nicht besteht, 58
kann der Bekl. bei Eintritt der Rechtskraft Ansprüche aus dem Rechtsverhältnis nicht mehr geltend machen; wird die Klage hingegen abgewiesen, steht das streitige Rechtsverhältnis fest, BGH NJW 2019, 1610 Rn. 27; 2003, 3058; NJW-RR 2012, 1391; aM MüKoZPO/Becker-Eberhard Rn. 76. Letzteres gilt auch, wenn das Urteil hinsichtlich der Beweislast auf falschen Erwägungen des Gerichts beruht, BGH NJW 1986, 2508. Einwendungen gegen den Anspruch sind bei Klageabweisung für die Zukunft ausgeschlossen, und zwar unabhängig davon, ob sie vorgetragen wurden, BGH NJW 1995, 1757. War die streitige Forderung nicht beziffert, wird durch das abweisende Urteil das Bestehen des Anspruchs nur dem Grunde nach festgestellt, BGH NJW 1986, 2508.

5. Urteil. Fehlt eine Zulässigkeitsvoraussetzung, ist die Klage grundsätzlich durch **Prozessurteil** abzuweisen; 59
Besonderheiten können sich für die besonderen Zulässigkeitsvoraussetzungen des § 256 I ergeben, → Rn. 12, 29, 52.

Ist der Anspruch teilbar, muss das Gericht prüfen, ob es der Klage nach § 301 teilweise stattgeben kann; das gilt 60
auch für die negative Feststellungsklage, BGH ZMR 1985, 295. Das Urteil muss erkennen lassen, ob das Gericht das Rechtsverhältnis ganz oder teilweise bejaht oder verneint. Grundsätzlich unzulässig ist ein **Teilurteil,** wenn die Gefahr widersprechender Entscheidungen besteht, BGH NJW 2021, 2438 Rn. 18; 2011, 1815 Rn. 16; KG NJW 2019, 2785 (allgemein zur Zulässigkeit eines Teilurteils; vgl. auch zu den Ausnahmen: → Anh. § 253 Rn. 5 (Widerklage – werkvertraglicher Sicherungsanspruch nach § 650f BGB); → § 254 Rn. 31 (Stufenklage).

Der **Hauptsachentenor** muss genau so bestimmt gefasst werden wie der Antrag nach § 253 II Nr. 2, 61
→ Rn. 10.

Die **Kostengrundentscheidung** folgt grundsätzlich aus §§ 91 ff. Auch wenn das Urteil im Hauptsachentenor 62
nicht vollstreckbar ist, → Rn. 1, wird es nach §§ 708 ff. wegen der Kostenentscheidung für **vorläufig vollstreckbar** erklärt, und zwar je nach Konstellation gemäß § 708 (zB Nr. 11), §§ 709, 711, 713 mit oder ohne Sicherheitsleistung.

6. Streitwert. Zum Zuständigkeitsstreitwert: → Rn. 9. Dasselbe gilt auch für den **Rechtsmittelstreitwert** 63
und den **Gebührenstreitwert.** Er bestimmt sich für die Feststellungsklage gemäß § 3 nach freiem Ermessen. Soweit der Vergleich mit einem dem Feststellungsinteresse entsprechenden Leistungsbegehren in Betracht kommt, nimmt man diesen als Ausgangspunkt, wobei auch §§ 6 ff. und §§ 41 ff. GKG zur Anwendung kommen können, Anders/Gehle Assessorexamen ZivilR O Rn. 36. So bemisst sich der Antrag auf Feststellung der Nichtigkeit eines Vertrages nach dem Wert der Leistungspflicht, von der der Kläger freigestellt werden will bzw. nach dem Wert der Leistung, die ihm zurückgewährt werden soll; die Gegenleistung bleibt außer Betracht, BGH BeckRS 2020, 7450 = NJW-RR 2020, 640; Saarbr NJW-RR 2020, 1196 Rn. 10 f.; Karlsr NJW-RR 2020, 1198 Rn. 10; → Rn. 65 „Annahmeverzug". Da durch die **positive** Feststellung kein Vollstreckungstitel geschaffen wird, sind von dem (Leistungs-)Ausgangswert 20 bis 50 % abzuziehen, selbst wenn anzunehmen ist, dass der Bekl. den festzustellenden Anspruch ohne weiteres erfüllen wird, BGH DRiZ 2008, 291; NJW-RR 2006, 791; 1999, 362; Nürnb NJW-RR 2020, 678; Zweibr NJW-RR 2020, 703, Karlsr NJW-RR 2020, 254. Bei der **negativen** Feststellungsklage ist der Streitwert genauso hoch wie der eines entsprechenden Leistungsantrages, weil mit der positiven Entscheidung feststeht, dass das Rechtsverhältnis, so zB der Anspruch, nicht besteht, BGH WuM 2004, 352; Dresd JurBüro 2004, 141; dasselbe gilt für die Feststellung der Nichtigkeit, BGH NJW-RR 2020, 2341. Bei einer gemeinsam erhobenen Leistungs- und negative Feststellungsklage kann für den Gebührenstreitwert eine Wertaddition nach § 45 I 3 GKG nicht vorgenommen werden, soweit sich beide Klagen überschneiden, Anders/Gehle Assessorexamen ZivilR O Rn. 36. Der Gebührenstreitwert ist nach § 39 II GKG auf 30 Mio. Euro begrenzt; dies gilt auch für die negative Feststellungsklage, Köln BeckRS 2019, 35111.

IX. Kasuistik zur Zulässigkeit einer Feststellungsklage, I. Es hat sich eine umfängliche Kasuistik zur 64
Zulässigkeit nach I gebildet. Ergänzend wird auf die Beispielkataloge zu schon besprochenen Einzelfragen verwiesen, → Rn. 22 (gegenwärtiges Rechtsverhältnis); → Rn. 40 (Drittbeziehung); → Rn. 46 (Ausnahmen von der Subsidiarität).

Abmahnung: Im Arbeitsrecht → „Arbeitsverhältnis (Abmahnung)"; im Mietrecht → „Mietverhältnis (Abmah- 65
nung)". Zulässigkeit besteht ansonsten bei gegnerischer Abmahnung, BGH NJW-RR 1995, 1380; Köln GRUR-RR 2015, 8; Ulrici ZZP 129, 233; → „Gewerbliches Schutzrecht (Abmahnung)".

Abnahme: Die Frage, ob eine Abnahme wirksam erklärt wurde, kann Gegenstand einer Feststellungsklage sein, BGH BeckRS 2019, 15708.

Absolutes Recht: Ein Anspruch wegen Verletzung eines solchen Rechts stellt ein Rechtsverhältnis iSd Vorschrift dar, auch wenn es um künftige Schäden oder eine Schadensentwicklung geht; für das Feststellungsinteresse reicht grundsätzlich bei einer positiven Feststellungsklage die drohende Verjährung, näher → Rn. 23, 36, 37. Bei reinen Vermögensschäden muss eine Wahrscheinlichkeit des Schadenseintritts hinzu kommen, BGH NJW 2017, 265; 2015, 1683; → Rn. 23.

Abstammung: → „Vaterschaft".

Abtretung: Zulässigkeit besteht für die negative Feststellungsklage gegen den Zessionar dann, wenn sich der Zedent der Forderung berühmt, der Zessionar sich zur Berechtigung ausschweigt, BGH 1977, 1637, beim Streit über die Wirksamkeit der Abtretung, BGH NJW-RR 1992, 252, oder bei einer negativen Feststellungs-

(65) klage als isolierte Widerklage gegen den Zedenten im Prozess des Zessionars gegen den Schuldner, BGH NJW 2019, 1610; NJW 2008, 2852; → Rn. 40 „Abtretung"; → Anh. § 253 Rn. 10 „Negative Feststellungsklage.

Amtshaftung: Der aus einer behaupteten **Falschauskunft** hergeleitete Amtshaftungsanspruch begründet ein Rechtsverhältnis, das Gegenstand einer Feststellungsklage sein kann, BGH NJW 2002 1649; Düss GRUR-RR 2013, 388. Begehrt der Kläger Feststellung der Rechtswidrigkeit eines vor Klageerhebung erledigten Verwaltungsaktes, um eine Amtshaftungsklage vorzubereiten, fehlt das Feststellungsinteresse, weil er sofort auf Schadensersatz nach § 839 BGB iVm Art. 34 GG klagen kann und in diesem Verfahren auch über die Rechtswidrigkeit des Verwaltungsaktes entschieden wird; etwas anderes gilt, wenn sich der Verwaltungsakt nach Erhebung der Anfechtungsklage erledigt, weil dann an der Fortführung der Klage als Fortsetzungsfeststellungsklage ein berechtigtes Interesse bestehen kann, BGH BeckRS 2021, 5895 (Widerruf der **RA-Zulassung**); mAnm von Dahns NJW-Spezial 2021, 383; → Rn. 41 ff. (zur Subsidiarität der Feststellungsklage gegenüber der Leistungsklage).

Anerkenntnis: Die Feststellung seines Vorliegens besteht auch beim bloß deklaratorischen Anerkenntnis, Karlsr MDR 2000, 1014. Gibt der Schuldner oder der Versicherer ein wirksames Anerkenntnis ab, fehlt grundsätzlich das Feststellungsinteresse, BGH NJW 1985, 791; Oldb VersR 2011, 1028; Naumb MDR 2011, 537 (Anlass zur Erhebung der positiven Feststellungsklage).

Anfechtungsgesetz: Grds. besteht Zulässigkeit gegenüber einer drohenden Gläubigeranfechtung für die negative Feststellungsklage, BGH NJW 1991, 1061.

Annahmeverzug: Bei einer Klage auf Zahlung **Zug-um-Zug** gegen Erbringung einer Gegenleistung ist ein Interesse des Klägers an der zusätzlichen Feststellung zu bejahen, dass der Bekl. mit Annahme der Gegenleistung in Verzug ist; das ergibt sich aus der Beweisführungsmöglichkeit nach §§ 756 I, 765 Nr. 1 Hs. 1, Fall 2, BGH NJW 2018, 3030; 2015, 873; 2000, 2280; KG MDR 2009, 49. Der Feststellung des Annahmeverzuges im Falle einer Zug-um-Zug-Verurteilung kommt grundsätzlich kein eigener wirtschaftlicher Wert zu, weil diese Frage nur ein unselbständiges Element der umstrittenen Leistungsverpflichtung ist; dieser Antrag wirkt sich nicht auf den Streitwert aus, BGH NJW-RR 2020, 1517 = MDR 2021, 53; BeckRS 2020, 29269. Etwas anderes gilt für den Streitwert im Revisionsverfahren, wenn sich dieses auf die Frage des Annahmeverzuges beschränkt, BGH NJW-RR 2021, 1708.

Die **isolierte Feststellung** des Annahmeverzuges ist ebenso wie die des Schuldnerverzuges lediglich ein Element des Rechtsverhältnisses und daher nicht feststellungsfähig, BGH NJW 2000, 2280; 2000, 2663; → Rn. 15.

Anwartschaftsrecht: Zulässigkeit besteht für die Feststellung eines dinglichen Anwartschaftsrechts.

Arbeitsverhältnis: Es ergeben sich zahlreiche Aspekte.

- **(Abmahnung):** Feststellung des Abmahnrechts des Arbeitgebers oder Einfluss auf das Arbeitsverhältnis ist unzulässig LAG Köln DB 1984, 1631; Adam DZWir 1996, 126; → „Abmahnung".
- **(Altersgrenze):** Zulässig zu ihrer Klärung, BAG NZA 2017, 739.
- **(Altersteilzeit):** Zulässig zur Feststellung eines solchen Verhältnisses, BAG NZA 2008, 706.
- **(Arbeitskampf):** Unzulässig für einen Arbeitgeberverband wegen des Anspruchs seiner Mitglieder auf die Unterlassung bestimmter Arbeitskampfmaßnahmen gegen eine Gewerkschaft, da der Verband kein eigenes Interesse daran hat, BAG NJW 1983, 1751.
- **(Arbeitszeit):** Zulässig zur Klärung einer Arbeitszeiterhöhung, BAG NJW 2012, 2296, ihres Inhalts BAG NZA 2016, 248, einer unangemessenen Benachteiligung bei einer Arbeitszeitänderung, LAG Düss NZA-RR 2007, 239, eines Arbeitszeitkontos, BAG NJW 2012, 3259, ihrer Verringerung, BAG NZA 2015, 806, einer Zeit nach § 34 III TV-L, LAG Hamm NZA-RR 2016, 388. Unzulässig wegen einer Tarifbindung des Arbeitgebers, soweit sie sich nicht direkt auf den Betriebsrat auswirkt, BAG NZA 2010, 120. Unzulässig für die abstrakte Feststellung der Beschäftigungszeit ohne einen besonderen Anlass, BAG BB 2004, 223.
- **(Arbeitsunfähigkeitsbescheinigung):** Bestehen eines Rechtsverhältnisses bei einer Klage des Arbeitnehmers gegen den Arbeitgeber auf Feststellung, dass er nicht zur Vorlage einer solchen Bescheinigung ohne Einschaltung des Betriebsrates verpflichtet ist, BAG NJW 2010, 2909.
- **(Ausgestaltung):** Zulässig, BAG NZA 2014, 559; NJW 2000, 3226.
- **(Aussperrung):** Zulässigkeit besteht für Klage, dass eine Aussperrung rechtswidrig sei, ArbG Paderb DB 1975, 1655; vgl. auch LAG Hamm NJW 1983, 783.
- **(Bedingung):** Zulässig wegen der Befristung einer Vertragsbedingung, BAG NJW 2002, 3421, oder wegen ihrer Widerruflichkeit, BAG NJW 2005, 1820. Man muss aber eine Feststellungs- von einer Bedingungskontrollklage nach §§ 17 S. 1, 21 TzBfG unterscheiden, BAG NZA 2016, 174.
- **(Befristung):** Zulässig für die Feststellung, ob eine Befristung vorliegt, BAG NZA 2017, 632; NJW 2016, 1304, Eine Befristungskontrollklage nach § 17 S. 1 TzBfG hat aber Vorrang, BAG NZW 2017, 2573.
- **(Bestehen):** Zulässig für seine Feststellung, BAG NZA 2017, 1525; 2015, 363; 2014, 443; 1986, 714 (Arbeitgeber); LAG Hmb NZA-RR 2018, 26. Die Kündigungsschutzklage nach § 4 S. 1 KSchG kann mit einer Klage auf Feststellung des Fortbestandes des Arbeitsverhältnisses verbunden werden, BAG MDR 2014, 667; NJW 2006, 395; MüKoZPO/Becker-Eberhard Rn. 16.
- **(Betriebsrat):** Zulässig für die Feststellung: der Voraussetzungen, BAG ZIP 2011, 588 (Konzernbetriebsrat),der Verpflichtung des Arbeitgebers, den Betriebsrat über die Einführung und Anwendung eines neuen Finanzberichtssystems zu unterrichten und mit ihm zu beraten, BAG NJW 1983, 2838, der Zuständigkeitsfrage bei § 50 I, II BetrVG, LAG Nürnb NZA-RR 2007, 249, der Befugnis zu einer bestimmten Tätigkeit im Betriebsrat, LAG Düss NZA-RR 2011, 135, eines bestimmt bezeichneten Informationsrechts, BAG NZA 2011, 528, zur Umfangsklärung von Freistellungen, BAG NZA 2017, 1344, der Anwendbarkeit einer Betriebsvereinbarung, BAG NZA 2015, 369.

  Unzulässig für die Feststellung: der Unwirksamkeit eines Beschlusses des Betriebsrats, die man auch als eine Vorentscheidung im Rahmen eines anderen Verfahrens treffen kann, BAG NZA 2005, 171. de
- **(Betriebsrente):** → „– (Rente)".
- **(Betriebsübergang):** Zulässig ist die Feststellung zur Fortdauer des Arbeitsverhältnisses beim Betriebsübergang, BAG NZA 2018, 936; NJW 1998, 2306.
- **(Betriebsvereinbarung):** Zulässig beim Streit über ihr Bestehen, BAG NZA 2015, 369; über ihre Auslegung, BAG NZA 2014, 1434, über ihre Geltung, → Rn. 17. Die negative Feststellungsklage zu der Frage,

ob sie auf ein Arbeitsverhältnis keine Anwendung findet, ist unzulässig, wenn ihr keine Befriedungsfunktion zukommt, BAG NJW 2018, 1629. Das Feststellungsinteresse bezüglich der Geltung besteht auch bei Kündigung, wenn eine Nachwirkung vereinbart wurde, BAG NZA 2020, 1548 Rn. 10. (65)

– **(Bonussystem):** Zulässig bei Streit über eine Beteiligung, LAG Mainz NZA-RR 2012, 637.
– **(Dauer):** Zulässig zur Klärung der Dauer des Arbeitsverhältnisses, BAG MDR 2002, 777.
– **(Disziplinarrecht):** Zulässig bei einer Disziplinarmaßnahme gegen einen Arbeitnehmer im öffentlichen Dienst, LAG Bln BB 1980, 1749.
– **(Eingruppierung):** → „(Vergütung)".
– **(Einigungsstelle):** Zulässig zur Klärung der Wirksamkeit des Spruchs einer solchen Stelle, BAG NZA 2017, 1616.
– **(Erfindung):** Zulässig für die Feststellung der Alleinerfinderschaft, falls der Arbeitgeber die Miterfinderschaft Dritter schon anerkannt hat, Mü GRUR 1993, 661.
– **(Fortbestand):** Zulässigkeit kann zu seiner Klärung grds. bestehen, BAG NZA 2014, 443; Brdb GMbHR 2009, 824; → „(Kündigung)".
– **(Heimarbeitsverhältnis):** Feststellung seines Bestehens ist zulässig, BAG NJW 2017, 428.
– **(Insolvenz):** Zulässig, dass eine Masseforderung besteht, BGH ZIP 2012, 1372, auch wenn die Quote ungewiss ist, LAG Düss DB 1976, 538. Unzulässig für eine Feststellung zur Tabelle dann, wenn ein Antrag auf Insolvenzgeld rechtshängig ist, LAG Kiel NZA-RR 2009, 612; → § 253 Rn. 10; → § 261 Rn. 4 (zur Frage der Rechtshängigkeit).
– **(Kündigung):** Hält der Arbeitnehmer die Kündigung für **sozial ungerechtfertigt,** muss er nach §§ 4, 7 KSchG vorgehen, während eine allgemeine Feststellung nach § 256 nur möglich ist, wenn sie sich nicht auf die konkrete Kündigung, sondern das Fortbestehen des Arbeitsverhältnisses bis zu einem bestimmten Zeitpunkt, so der letzten mündlichen Tatsachenverhandlung bezieht; allerdings besteht das Feststellungsinteresse nur, wenn sich der Arbeitgeber weiterer Beendigungsgründe berühmt, BAG NJW 2018, 2508 Rn. 12; 2006, 395; NZA 2015, 738 und 742 (je: Ausbildungs-Probezeit); 2008, 1148; BAG MDR 1997, 849 (zum Verhältnis zwischen einer Kündigungsschutzklage und einer allgemeinen Feststellungsklage); LAG Hamm NZA-RR 2018, 98; LAG Ros NZA-RR 2018, 79; Zöller/Greger Rn. 11a. Zulässigkeit besteht neben einer Kündigungsschutzklage auch, soweit man im Kündigungsschutzprozess mit Nachkündigungen rechnen muss, BAG MDR 1994, 1128; LAG Hamm MDR 1999, 1391. Zum allgemeinen Beschäftigungsanspruch außerhalb eines Kündigungsschutzprozesses: Pallasch, Der Beschäftigungsanspruch des Arbeitnehmers (1993) 114. Zum Weiterbeschäftigungsanspruch während des Kündigungsschutzprozesses: Bötticher BB 1981, 1958.

Zulässigkeit besteht bei einer Klage auf die Feststellung der Unwirksamkeit einer **betriebsbedingten** Kündigung, BAG NJW 1997, 2257, oder einer **außerordentlichen** Kündigung, BGH NJW 2005, 3070; BAG FamRZ 1976, 622, selbst wenn nach § 103 II BetrVG die Zustimmung bereits rechtskräftig ersetzt worden ist, BAG NJW 1975, 1752. Zulässigkeit besteht grundsätzlich auch für den **Arbeitgeber,** dass die Kündigung des Arbeitnehmers unwirksam sei, BAG NZA 2014, 110. Der Arbeitgeber hat aber kein Feststellungsinteresse bei einer außerordentlichen Kündigung des Arbeitnehmers, wenn die Frist für eine ordentliche Kündigung abgelaufen ist und er keine Gründe vorträgt für sein Interesse an der Feststellung, insb. nicht im Hinblick auf eine fortwirkende rehabilitierungsbedürftige Herabsetzung, BAG NZG 2021, 123 Rn. 12 = NJW 2020, 3675. Zulässig ist die Klage für den Arbeitnehmer, dass das Arbeitsverhältnis wegen der Unwirksamkeit einer eigenen Kündigung fortbestehe, BAG NJW 2006, 395; LAG Mainz BB 1999, 800. Zulässigkeit besteht, dass das Arbeitsverhältnis trotz eines **Betriebsübergangs** fortbesteht, BAG NJW 2000, 3226; vgl. auch LAG Hamm BB 2003, 588. Unzulässigkeit besteht dann, wenn die Parteien einvernehmlich die Folgen der angegriffenen Kündigung aufgehoben haben, LAG Kiel DB 1986, 2334.

– **(Lohneinbehalt):** Zulässigkeit besteht, ArbG Marb NZA-RR 2009, 165.
– **(Lohnhöhe):** Zulässigkeit besteht, BAG NZA 2009, 368. Auch → „(Vergütung)".
– **(Mitbestimmung):** § 256 ist auch auf das Beschlussverfahren anwendbar, BAG NZA 2020, 404. Ein Antrag auf Feststellung, dass der Betriebsrat in einer bestimmten Angelegenheit mitzubestimmen hat, ist nur bei Vorliegen eines Feststellungsinteresses iSd § 256 zulässig, nicht aber, wenn eine vom konkreten Streit losgelöste Rechts- oder Tatsachenfrage geklärt werden soll; vom erforderlichen Feststellungsinteresse ist regelmäßig auszugehen, wenn der Arbeitgeber ein Mitbestimmungsrecht in einer konkreten Angelegenheit in Abrede stellt oder sich der Betriebsrat eines solchen berühmt; das Feststellungsinteresse fehlt aber, wenn die Angelegenheit schon mitbestimmt ausgestaltet ist und man sich lediglich über deren Geltungsbereich streitet, BAG NZA 2020, 404 (Beginn und Ende der täglichen Arbeitszeit); 2018, 52; 2015, 313 und 315; BVerwG NZA-RR 2015, 447. Im Antrag müssen wegen § 253 II Nr. 2 die betriebliche Angelegenheit und die Maßnahme des Arbeitgebers präzise bezeichnet sein, BAG NZA 2020, 404 Rn. 24; 2011, 1299. Das Feststellungsinteresse fehlt auch nach einer Einigung vor der Einigungsstelle, BAG DB 2002, 2727. und dann, wenn kein Streit über das Mitbestimmungsrecht besteht, BAG NZA 2014, 741. Zum Wirtschaftsausschuss → (Stichwort dort).
– **(Nachtarbeitsausgleich):** Zulässig, BAG NZA 2016, 1022.
– **(Nebentätigkeit):** Zulässig, BAG DB 2002, 1561.
– **(Pension):** „– (Rente)".
– **(Personalüberhang):** Unzulässig bei einer Zuordnung zu ihm, BAG NZA 2006, 623.
– **(Personalvertretung):** Wegen einer Zustimmung des Personalrats BVerwG NZA-RR 2017, 334; → „– (Betriebsrat)"
– **(Rente):** Zulässigkeit besteht: für den Arbeitgeber auf Feststellung gegenüber dem Versorgungsträger, BAG NZFam 2018, 685; LAG Düss NZA-RR 2016, 215, auch vor dem Versorgungsfall und dann, wenn eine Leistungsklage möglich ist, BAG NZA-RR 2013, 378; → Rn. 41 ff., gegenüber einem Pensions-Sicherungs-Verein, dass eine Kürzung oder Einstellung von Leistungen berechtigt ist, BAG NZA 2011, 210, wenn die an sich bezifferbare Rente nur von der Rechtsfrage abhängt, ob eine Abgeordnetenpension anrechenbar ist, BAG BB 1986, 1990, wenn man einen Anspruch auf Zahlung einer Betriebsrente noch nicht gegen den Träger der gesetzlichen Insolvenzsicherung geltend machen kann, BAG KTS 1988, 349, wenn der Arbeitnehmer, der teilweise in Teilzeit gearbeitet hat, gegen den Arbeitgeber die Feststellung begehrt, dass die

(65) Berechnung in der Betriebsvereinbarung zum betrieblichen Ruhegeld ihn unzulässig benachteiligt; das rechtliche Interesse besteht auch, wenn er das Rentenalter noch nicht erreicht hat, weil er dann eventuelle Versorgungslücken noch schließen kann, BAG NZA 2020, 1245 Rn. 20f., oder wenn der Arbeitnehmer gegenüber dem Arbeitgeber die Feststellung der Anwendbarkeit einer bestimmten Versorgungsordnung begehrt, wobei in Anlehnung an § 42 I 1 GKG der 36-fache Wert der monatlichen Betriebsrentendifferenz maßgeblich ist, BAG NZA 2020, 70. Zulässigkeit besteht, dass die Ehefrau einen Anspruch auf eine Witwenrente hat, BAG MDR 1998, 850, beim Anspruch auf eine Rentenanpassung, BAG NZA 2012, 1231, bei der Berechnung des Anspruchs auf Versorgungsleistungen nach Eintritt des Versorgungsfalles, BAG NZA 2022, 649 Rn. 23, oder bei der TV-Übergangsversorgung, BAG NZA 2015, 952. Unzulässigkeit besteht für die bloße Möglichkeit, dass einem Kläger Altersversorgung zustehe, falls er Arbeitnehmer war, BAG NJW 1999, 2918.

– **(Schwerbehinderter):** Zulässig zwecks Klärung, ob seine Vertretung anhörungspflichtig ist, BAG NJW 2010, 3531.
– **(Signaturkarte):** Zulässig zur Klärung der Pflicht, sie zu nutzen, BAG NJW 2014, 570.
– **(Sozialplan):** Zulässigkeit besteht, dass ein von der Einigungsstelle beschlossener Sozialplan unwirksam sei, BAG NZA 2004, 110.
– **(Sozialwidrigkeit):** → „(Kündigungsschutz)".
– **(Stellenpool):** Zulässig bei der Unterstellung unter einen Stellenpool, BAG NZA 2007, 1311.
– **(Streik):** → „(Arbeitskampf)".
– **(Stundenlohnhöhe):** Feststellungsfähig, BAG NJW 2011, 329.
– **(Tarifrecht):** Zulässig ist die Klärung: zur Anwendbarkeit eines Tarifvertrages, BAG NZA 2010, 1184, zur Klärung der Gültigkeit und zur Auslegung einer Tarifnorm, BAG NZA 2017, 1624; VersR 1981, 941, des Bestehens oder Nichtbestehens eines Rechts auf Tarifverhandlungen dann, wenn eine Gewerkschaft sie nachdrücklich fordert und gar mit Kampfmaßnahmen droht, BAG NJW 1985, 221, der Frage, ob ein Tarifvertrag besteht, BAG NZA-RR 2011, 367, der Frage, ob ein Tarifwerk auf ein bestimmtes Arbeitsverhältnis anwendbar ist, BAG NJW 2018, 3666; NZA 2016, 177; NJOZ 2010, 1828; LAG Bln DB 1992, 1300, und zwar selbst bei einem Streit über den persönlichen Geltungsbereich des Tarifvertrags; BAG DB 2002, 50.

Unzulässig ist die Klärung, solange mangels eines Tarifvertrags kein Rechtsverhältnis besteht, BAG NZA 2010, 714, zum Bestehen eines Tarifvertrags nach seinem Ende, BAG MDR 2008, 465, der Gewerkschaft gegen einen einzelnen Arbeitgeber hinsichtlich der Geltung des Tarifvertrages, da insoweit das Beschlussverfahren nach §§ 2a I Nr. 4, 97 ArbGG vorrangig ist, BAG NZA 1989 6867; Musielak/Voit/Foerste Rn. 18.

– **(Urlaub):** Zulässig beim Streit mit einem privaten oder öffentlichen Arbeitgeber über einen Urlaubsanspruch oder seinen Umfang, BAG NJW 2012, 2989; 2011, 3386; NZA-RR 2007, 520, oder über einen Ersatzurlaub, BAG NZA 2017, 655. Zulässigkeit besteht, auch wenn eine Leistungsklage möglich ist, da erfahrungsgemäß auch der private Arbeitgeber sich daran hält; das gilt auch bei einem Tarifvertrag, BAG NZA 1997, 1006; → Rn. 45 f. (Ausnahmen von der Subsidiarität).
– **(Verbandsklage):** → „(Tarifrecht)".
– **(Vergütung):** Zulässig beim Streit, ob der Arbeitgeber brutto vergüten darf, BAG NZA-RR2006, 330, und bei der Frage der Einstufung in eine bestimmte Gehaltsgruppe, BAG NZA 2017, 74; DB 2003, 2292; LAG Mainz BB 2001, 2066 (Betriebsratsmitglied).
– **(Versetzung):** Zulässig wegen der Berechtigung und Wirksamkeit einer Versetzung, BAG NJW 2011, 330.
– **(Versorgung):** → „(Rente)".
– **(Versorgungsausgleich):** Zulässig zwecks seiner Klärung, BAG NZA 2013, 1281.
– **(Vorruhestandsgeld):** Zulässig ist die Feststellung eines solchen Anspruchs, BAG NZA 2015, 1265.
– **(Weisungsrecht):** Zulässig wegen des Weisungsrechts des Arbeitgebers, BAG NZA 2009, 336; LAG Hamm NJW 2002, 2492.
– **(Wirtschaftsausschuss nach § 106 I BetrVG):** Die Feststellung, dass der Betriebsrat nicht befugt ist, einen solchen zu bestellen, ist auf ein Rechtsverhältnis gerichtet. Berühmt sich der Betriebsrat eines solchen Rechts, ist auch das Feststellungsinteresse zu bejahen, BAG NZA 2020, 960 Rn. 19. Beim Wirtschaftsausschuss ist die Frage des Umfangs der Verpflichtung nach § 106 II BetrVG (Auskunftspflicht gegenüber dem Wirtschaftsausschuss) ein feststellungsfähiges Rechtsverhältnis, BAG NZA 2020, 531 Rn. 21; das gilt auch für die Frage einer Einigung, die durch die Wirkung eines Spruchs nach § 109 S. 2 BetrVG ersetzt wird, BAG NZA 2020, 531 Rn. 21; auch → „(Mitbestimmung)".
– **(Zulage):** Unzulässig zur Klärung der Methode der Berechnung einer Zulage, BAG DB 2002, 1562.

Aufrechnung: Hat der Kläger statt einer Leistungsklage eine Feststellungsklage erhoben, ist die Berechtigung der Aufrechnung feststellbar; sie kann sogar notwendig sein, um im späteren Prozess über die Leistungsklage einen Ausschluss zu vermeiden, BGH NJW 1988, 2542; LG Mü WM 2013, 71. Ist die Klage nach § 767 wegen Präklusion der vom Kläger erklärten Aufrechnung gegen die titulierte Forderung rechtskräftig abgewiesen worden, ist die Klage auf die Feststellung, dass die titulierte Forderung durch dieselbe Aufrechnung erloschen sei, wegen fehlenden Feststellungsinteresses unzulässig, weil feststeht, dass die Aufrechnung endgültig gescheitert ist, BGH NJW 2009, 1671; Düss BauR 2017, 1705. Erklärt der Bekl. im Prozess die Aufrechnung, kann der Bestand der Gegenforderung nicht nach II festgestellt werden, weil die Vorgreiflichkeit fehlt, → Rn. 75 „Aufrechnung". Zum Aufrechnungsverbot des § 393 BGB → „Unerlaubte Handlung".

Auftragsumfang: Zulässig, Düss BauR 2017, 1705 (Architekt).

Auseinandersetzung: → „Gesellschaft"; → „Erbrecht".

Auskunft: Für die Feststellung der Auskunftspflicht fehlt idR das Feststellungsinteresse, weil direkt auf Leistung, dh auf Erteilung der Auskunft, evtl. im Rahmen einer Stufenklage nach § 254 geklagt werden kann, → *Rn. 41 ff.* Davon wird im gewerblichen Rechtsschutz und im Urheberrecht wegen der kurzen Verjährung eine Ausnahme gemacht, es sei denn, die Bezifferung ist mit einem erheblichen Aufwand verbunden, BGH NJW 2018, 2479; → „Stufenklage"; → § 254 Rn. 6 „Feststellungsklage". Der aus einer möglichen Falschauskunft abgeleitete Amtshaftungsanspruch stellt ein Rechtsverhältnis iSd von I dar, → „Amtshaftung".

Ausland: Wenn der Kläger die erstrebte Feststellung ausschließlich im Ausland verwenden will, ist das Feststellungsinteresse zu verneinen, wenn nicht mit einer Anerkennung der ausländischen Behörden oder Gerichten zu rechnen ist, BGH MDR 1982, 828. (65)

Auslegung: → Rn. 11.

Bank: Bei einer Klage gegen diese gilt grundsätzlich nicht der Vorrang der Leistungsklage vor der positiven Feststellungsklage, weil anzunehmen ist, dass diese ebenso wie Versicherungen und Behörden auf das stattgebende Feststellungsurteil leisten wird; etwas anderes gilt nur, wenn auch Streit über die Höhe besteht oder/und durch die Feststellung der Streit aus anderen Gründen nicht erledigt ist, BGH NJW 2018, 1387; 2017, 1823, → Rn. 45; → „Versicherungen". Erhebt der Bankkunde eine negative Feststellungsklage in Widerrufsfällen, ist das Feststellungsinteresse wegen eines möglichen Anspruchs auf Rückzahlung der bereits geleisteten Raten zu verneinen, Stgt NJW-RR 2019, 1067.

Baulandsachen: Auch wenn § 217 I 1 BauGB von „Anfechtung" von Verwaltungsakten spricht, kommt eine Feststellung der Rechtswidrigkeit bei Erledigung in Betracht, BGH NJW 1977, 716 (zu § 157 I BBauG aF).

Bedingung: Bedingte oder betagte Ansprüche sind feststellungsfähige gegenwärtige Rechtsverhältnisse, BGH NJW 2015, 873 Rn. 26; 2001, 3789; 1992, 436; → Rn. 20 ff.

Behörden: → Rn. 46 „Geldinstitut" (keine Subsidiarität zur Leistungsklage).

Berechnungsgrundlage: Unzulässig ist eine Feststellungsklage nur zur Klärung von Berechnungsgrundlagen, BGH NZM 2012, 641.

Besitz: Ist feststellungsfähig, soweit er Grundlage von Rechten sein kann, zB eine Ersitzung, BayObLG WuM 1989, 529; MüKoZPO/Becker-Eberhard Rn. 11, es sei denn, eine Leistungsklage geht vor, → Rn. 41–45.

Beweismittel/Beweissicherung: Grundsätzlich nicht ausreichend für eine Feststellungsklage ist die Gefahr eines Verlusts von Beweismitteln nach §§ 371 ff., weil dieser durch ein selbständiges Beweisverfahren nach §§ 485 ff. begegnet werden kann, Karlsr FamRZ 1989, 185. Im Einzelfall kann diese Gefahr aber auch das Feststellungsinteresse stützen, BGH NJW 1986, 2507; Musielak/Voit/Foerste Rn. 19. Das Durchführen des selbständigen Beweisverfahrens kann nicht als Berühmen, das für eine negative Feststellungsklage erforderlich ist, gewertet werden, BGH NJW 2019, 520: → Rn. 33 ff.

Brüssel Ia-VO. → Schlussanh. V. C.2. Dazu Lüke FS Prütting, 2018, 417; Trittmann FS Schütze, 2014, 651. Aus den Regelungen ergibt sich kein Vorrang der späteren Leistungsklage gegenüber der früheren negativen Feststellungsklage, BGH NJW 1997, 870 (zu § 21 EuGVÜ).

Darlehenswiderruf: Wird ein Verbraucherdarlehen widerrufen, ist eine Feststellungsklage, dass sich der Darlehensvertrag in ein Rückabwicklungsverhältnis umgewandelt hat, wegen des Vorranges der Leistungsklage unzulässig, BGH NJW 2017, 1823; dagegen ist die negative Feststellungsklage, dass der Bank keine Ansprüche aus dem Darlehensvertrag zustehen, zulässig, BGH NJW 2017, 2340; → „Bank"; → „Verbraucherdarlehen"; → Rn. 34 (Abgrenzung positive und negative F.). Der Streitwert bemisst sich grundsätzlich nach dem Nettodarlehensbetrag; die zusätzlich gestellten Anträge, wie zB auf Rückzahlung der geleisteten Zinsen, auf Rückgabe der Sicherheiten oder auf Feststellung des Annahmeverzuges haben demgegenüber keinen gesonderten Mehrwert, und zwar unabhängig davon, ob sie hilfsweise gestellt werden, BGH BeckRS 2015, 8006; Saarbr NJW-RR 2020, 1196 Rn. 10 f.; Karlsr NJW-RR 2020, 1198 Rn. 10.

Dieselskandal: Das Feststellungsinteresse kann nicht mit dem Hinweis begründet werden, der Schaden sei von Anfang an und immer noch in der Entwicklung, ohne zu konkretisieren, um welche Schadensposition es geht; allein die Möglichkeit, den großen oder kleinen Schadensersatz geltend zu machen, rechtfertigt die Annahme des Feststellungsinteresses nicht, zumal die abzuziehenden Nutzungsvorteile bzw. die Höhe des Minderwertes in das Ermessen des Gerichts gestellt werden können; es ist auch nicht ohne Weiteres zu erwarten, dass der bekl. Autokonzern bei einem Feststellungsurteil seinen Verpflichtungen nachkommen würde, BGH BeckRS 2022, 11336 Rn. 15 ff. = WM 2022, 1077. Auch der Hinweis auf die Gefahr einer **Nachbesteuerung** wegen der Manipulationen (erhöhte Kohlendioxidausstoß) reicht für die Annahme des Feststellungsinteresses nicht aus; ohne konkrete Anhaltspunkte handelt es sich um eine Behauptung „ins Blaue hinein", BGH BeckRS 2022, 16872 Rn. 16.

Dritter: → Rn. 26, 38 f.; → „– Abtretung".

Drittschuldner: → Rn. 26. Zulässig ist seine Klage auf Feststellung des Nichtbestehens der gepfändeten Forderung, wenn er vorher gegen den Gläubiger erfolglos nach §§ 840, 843 vorgegangen ist, BGH NJW 1977, 1881; MüKoZPO/Becker-Eberhard Rn. 63. Allerdings fehlt das Rechtsschutzinteresse für eine negative Feststellungsklage, wenn der Drittschuldner nach § 766 vorgehen kann, MüKoZPO/Becker-Eberhard Rn. 63.

Drittwiderklage: Im Prozess des Zessionars gegen den Schuldner ist eine solche isolierte Klage gegen den Zedenten als negative Feststellungsklage, dass diesem kein Anspruch zusteht, ausnahmsweise zulässig, BGH NJW 2019, 1610; 2008, 2852; → „Abtretung"; → Rn. 38, 39; → Anh. § 253 Rn. 7 ff.

Ehe/Scheidung: § 256 gilt nur entsprechend in den Grenzen von § 113 I 2 FamFG und unter Beachtung der Besonderheiten.

- **(Bestand):** Unzulässig ist die Feststellung des Bestehens oder Nichtbestehens der Ehe, weil die Sonderregelungen des FamFG vorgehen, § 121 Nr. 3 FamFG, Hamm FamRZ 1980, 706 (zu § 606 aF).
- **(Ehevertrag):** Zulässig für eine Feststellung der Nichtigkeit eines solchen Vertrages, BGH NJW 2005, 1370; Düss NJW-RR 2005, 1; Musielak/Voit/Foerste Rn. 20; vgl. auch Ffm FamRZ 2006, 713 (erst ab Scheidungsverfahren); Gomille NJW 2008, 274.
- **(Getrenntleben):** Zulässigkeit besteht ausnahmsweise für eine Feststellung des Rechts zum Getrenntleben, Saarbr FamRZ 2007, 402. Unzulässigkeit besteht aber grds. zumindest dann, wenn der andere Ehegatte dieses Recht nicht bestritten hat, Karlsr NJW-RR 1989, 1415; KG FamRZ 1988, 81. Unzulässig zum Trennungszeitpunkt, Ffm NZFam 2021, 734; Kblz MDR 2017, 1248.
- **(Unterhalt vor Scheidung):** Unzulässig für die Feststellung eines „nachehelichen" Unterhalts vor der Scheidung, Brdb NJW-RR 2002, 578.
- **(Vermögensverfügung):** Zulässig betreffend die Unwirksamkeit von Verfügungen nach §§ 1365, 1368 BGB, BGH NJW-RR 1990, 1154.
- **(Versorgungsausgleich):** Zulässig für die Höhe des schuldrechtlichen Versorgungsausgleichs dann, wenn es sich um eine Überschreitung der Höchstgrenze handelt, BGH FamRZ 1982, 43; Köln FamRZ 1987, 287. Unzulässig für die Feststellung der Zugehörigkeit einer noch nicht unverfallbaren Anwartschaft auf einen

(65) Versorgungsausgleich, BGH FamRZ 1996, 1465; Düss FamRZ 1981, 565 (je: wegen eines schuldrechtlichen Versorgungsausgleichs); aM Brem FamRZ 1982, 393 (wegen eines öffentlich-rechtlichen Versorgungsausgleichs). Unzulässig für die Feststellung, dass ein Ehegatte im Weg eines schuldrechtlichen Versorgungsausgleichs eine Ausgleichsrente zahlen müsse, BGH FamRZ 1996, 1465.

– **(Zugewinnausgleich):** Zulässig, soweit dies die Ausgleichsrechnung erleichtert, Düss MDR 1972, 782; Musielak/Voit/Foerste Rn. 20. Unzulässig für die Feststellung des Endvermögens, Köln FamRZ 2003, 539 = BeckRS 2003, 539.

Ehre: Geht es um ihrer Wahrung, ist das Feststellungsinteresse zu bejahen, BGH VersR 1985, 39, auch für die negative Feststellungsklage, LG Oldb MDR 1993, 385. Beim abgelaufenen Stadionverbot kann wegen der damit verbundenen Ehrschädigung ein Feststellungsinteresse bestehen, BGH NJW 2010, 535.

Eigentum: Zulässig ist seine Feststellung, auch für den Eigentümer gegen den derzeitigen Besitzer, dem das Gericht die Sache aufgrund gesetzlicher Vorschriften zugewiesen hat, Saarbr NJW-RR 2017, 1455. Zulässigkeit ist gegeben zur Klärung der Wirksamkeit eines Miteigentümerbeschlusses, BGH WM 2010, 1470, und der Abholpflicht durch einen Nachlasspfleger, AG Hmb-St Georg ZMR 2014, 546.

Element/Vorfrage einer Rechtsbeziehung: Nur zulässig, wenn dadurch das Rechtsverhältnis der Parteien abschließend geklärt werden kann (sog. Elementarfeststellungsklage), BAG NJW 2020, 1613 = NZA 2020, 541; näher → Rn. 15.

Energieversorgung: Durch die Stromeinspeisung aufgrund des Stromeinspeisungsgesetzes entstandenen Rechtsbeziehungen liegt ein feststellungsfähiges Rechtsverhältnis vor, Kblz NJW 2000, 2031.

Einstellung der Zwangsvollstreckung: Wenn dem Kläger eine Einstellung der Zwangsvollstreckung nach §§ 707,719, 775 helfen kann, fehlt das Feststellungsinteresse, MüKoZPO/Becker-Eberhard Rn. 62.

Erbrecht: Statthafte Feststellungsklagen ergeben sich für die in § 27 genannten Bereiche, MüKoZPO/Becker-Eberhard Rn. 11.

– **(Auseinandersetzung/Erbengemeinschaft):** Zulässig ist eine Feststellungsklage zur Klärung von die Auseinandersetzung belastenden Streitpunkte zu einzelnen Posten des Nachlasses vor seiner Teilungsreife (§ 2042), BGH NJW-RR 1990, 1220; Düss NJW-RR 1996, 1338; Köln 1996, 1352;

– **(Erbenstellung):** Das Erbrecht nach einer verstorbenen Person ist ein feststellungsfähiges Rechtsverhältnis; wird neben der Feststellung des eigenen Alleinerbrechts die Feststellung begehrt, dass der Bekl. nicht Erbe ist, fehlt es insoweit am Feststellungsinteresse, BGH ZEV 2010, 468; Mü BeckRS 2021, 22369 Rn. 18 = NJW-RR 2021, 1306; Brdb FamRZ 2009, 1610. Dass die Feststellung des Erbrechts keine Bindungswirkung für das Erbscheinsverfahren mit weiteren Beteiligten entfaltet, steht dem Feststellungsinteresse nicht entgegen, Mü BeckRS 2021, 22369 Rn. 19. Bei Feststellung des Erbrechts kann das Gericht der Entscheidung eine Verfügung von Todes wegen zugrunde legen und auslegen, auch wenn sie das konkreten Prozessrechtsverhältnis nur mittelbar betrifft; Mü Beck-RS 2021, 22369 = NJW-RR 2021, 1306.

– **(Erbvertrag):** Zulässig beim Streit unter den Vertragserben, Düss FamRZ 1995, 58.

– **(Gültigkeit des Testaments):** Zulässig ist die Feststellung gegen den Erben, dass das Testament gültig und auszuführen ist.

– **(Lebzeit):** Die Feststellung des Erbrechts nach einer noch lebender Person ist unzulässig, selbst wenn die Erbfolge mit hoher Wahrscheinlichkeit zu erwarten ist; die erbrechtlichen Beziehungen entstehen erst mit dem Tod des Erblassers und sind daher nicht gegenwärtig, BGH MDR 1992, 519; Kobl FamRZ 2003, 542; Schlesw OLGR 2003, 89; → Rn. 20. Etwas anderes gilt aber wegen der Bindungswirkung beim Erbvertrag, der schon zu Lebzeiten der Parteien Gegenstand einer Feststellungsklage sein kann, Düss FamRZ 1995, 58. Zulässig ist vor dem Tod des Erblassers auch die Feststellung der Wirksamkeit einer Vermächtnisanordnung, des Bestehens des erst bei Erbfall entstehenden Anspruchs nach § 2287 BGB gegen den vom Erblasser Beschenkten oder des Bestehens der Pflichtteilsberechtigung, zB auf Feststellung des Bestehens oder Nichtbestehens eines Pflichtteilsentziehungsrechts zu Lebzeiten des Erblassers, weil es um die Grenzen seiner Testierfähigkeit geht, BGH NJW 2004, 1874; 2003, 521 (§ 2337 BGB); DB 1974, 2051 (§ 2333 BGB); Zöller/Greger Rn. 3a, 11.

– **(Miterbschaft):** Ihre Klärung ist zulässig, BGH FamRZ 2010, 1069; Kblz NJW-RR 2013, 965.

– **(Nacherbschaft):** Die Frage der Ausgleichspflicht im Nacherbfall vor seinem Eintritt betrifft kein gegenwärtiges Rechtsverhältnis, Karlsr FamRZ 1989, 1232; → Rn. 20. Möglich ist aber eine Klage auf Feststellung, dass der Bekl. nicht Nacherbe ist, BGH NJW 1960, 1899.

– **(Pflichtteil):** Die Wirksamkeit seiner Entziehung kann Gegenstand einer Feststellungsklage sein, BGH NJW 2004, 1874; „(Lebzeit)". Unzulässigkeit besteht für den Erben, der nach dem Erbfall eine solche Klage des Erblassers gegen den Pflichtteilsberechtigten fortsetzen will; denn der Erbe hat dieses Verfügungsrecht nicht mehr, BGH NJW-RR 1993, 391.

– **(Schenkung):** Gegen den Beschenkten können auch schon vor dem Erbfall Rechte wegen einer beeinträchtigenden Schenkung (§ 2287 BGB festgestellt werden, Kblz MDR 1987, 935; Musielak/Voit/Foerste Rn. 21.

– **(Teilungsanordnung):** Zulässig im Hinblick auf die Abgrenzung zu einem Vorausvermächtnis, BGH NJW-RR 1990, 1220.

– **(Teilungsversteigerung):** Zulässig für die Feststellung, dass bei ihr der Bekl. zu viel erhielt, Köln NJW-RR 1996, 1352.

– **(Testamentsvollstrecker):** Zulässigkeit besteht für den Testamentsvollstrecker, soweit er ein eigenes rechtliches Interesse in dieser Eigenschaft hat, zB den letzten Willen zu verwirklichen und zu verteidigen, BGH NJW-RR 1987, 1091. Zulässigkeit besteht für den Testamentsvollstrecker gegen einen Erben wegen der Frage, ob eine andere Person Erbe ist, Karlsr FamRZ 2005, 1201, dass der Widerspruch des Erben gegen die Auszahlung des Vermächtnisses unbegründet ist oder dass der Erbe an der Erbauseinandersetzung mitwirken muss, BGH NJW 1981, 749 (Auseinandersetzung einer GbR). Feststellungsfähig für den Testamentsvollstrecker ist bei einem Streit auch die Gültigkeit oder Tragweite der letztwilligen Verfügung, Ffm NJW-RR *2018, 329; Grüneberg/Weidlich* BGB § 2203 Rn. 3, 4. Für den Erben feststellungsfähig ist die Frage der Gültigkeit und Auslegung der letztwilligen Verfügung, Ffm NJW-RR 2018, 329.

Erinnerung nach § 766: Ein solches Vorgehen ist der einfachere Weg, so dass bei Zielerreichung durch die Erinnerung das Feststellungsinteresse fehlt, BGH GRUR 2012, 421; Musielak/Voit/Foerste Rn. 35a.

Fälligkeit oder Nichtfälligkeit: Feststellungsfähiges Rechtsverhältnis, BGH NJW 2015, 873; MüKoZPO/Becker-Eberhard Rn. 26. (65)
Familienrechtliche Verhältnisse: Sind Rechtsverhältnisse, jedoch wird § 256 durch die vorrangig anzuwendenden Vorschriften des FamFG verdrängt, MüKoZPO/Becker-Eberhard Rn. 13; → Rn. 4.
Genossenschaft: Zulässigkeit besteht für die Feststellung der beschränkten Unwirksamkeit eines Beschlusses der Genossen. Zulässigkeit besteht für die Feststellung der Unwirksamkeit des Ausschlusses eines Genossen zumindest dann, wenn ihn nicht die Generalversammlung beschlossen hatte, Ffm DB 1988, 1487.
Geschäftsfähigkeit: Unzulässig, soweit sie eine bloße Vorfrage darstellt → Rn. 16.
Gesellschaft: Es gibt zahlreiche Einzelfragen.
– **(Abstimmung):** Zulässig zur Feststellung des Ergebnisses dann, wenn der Versammlungsleiter keine Feststellung getroffen hat, BGH MDR 2009, 1400.
– **(Aktiengesellschaft/Anfechtungsklage):** Bei Anfechtbarkeit/Nichtigkeit eines Hauptversammlungsbeschlusses hat eine Klage nach §§ 246, 249 AktG in der Regel Vorrang vor § 256; hat ein Gesellschafter eine Anfechtungs- oder Nichtigkeitsklage erhoben und kann diese nicht einseitig zurückgenommen werden, kann der Beschluss nicht mehr Gegenstand einer Feststellungsklage sein, da diese nur inter partes wirkt, Brdb NJW-Spezial 2021, 432; Musielak/Voit/Foerste Rn. 22; → „(Beschluss)"; aM für Squeeze Out: Mü MDR 2010, 37; → „(Sqeeze-out)". Zum Streitwert solcher Klagen nach § 247 I AktG: Köln NZG 2021, 469; Klett/Alfter NZG 2021, 454.
– **(Anteil an Gesellschaft):** Zulässig für die Feststellung der Wirksamkeit des Ankaufsrechts an einem Gesellschaftsanteil, Mü NJW-RR 1987, 26.
– **(Aufsichtsrat):** Zulässig zur Feststellung der Wirksamkeit seines Beschlusses oder der Nichtigkeit, BGH ZIP 2012, 1751, oder der Entsendung eines seiner Mitglieder, BGH NJW 2006, 510. Auch → „(Organhandeln)".
– **(Auseinandersetzung):** Grundsätzlich ist die Leistungsklage vorrangig, Musielak/Voit/Foerste Rn. 22; → Rn. 41–45. Vor der Auseinandersetzung oder dann, wenn keine stattfindet, ist die Feststellung eines Auseinandersetzungsanteils, oder einer **Gewinnbeteiligung** zulässig, BGH NJW 2019, 1002 (GbR). Zulässigkeit besteht auch, wenn es dem Kläger um Grundlagen der Abrechnung geht, so ob bestimmte Posten mit einbezogen wurden oder außer Ansatz bleiben müssen, BGH NJW 1985, 1898; KG OLGZ 1977, 458; → „Erbrecht". Unzulässigkeit besteht wegen der Verpflichtung zur Aufstellung einer neuen Bilanz. Dann ist vielmehr eine Leistungsklage erforderlich, bei der die bemängelten Wertansätze mit zu prüfen sind. Handelt es sich um einen auf dem Gesellschaftsverhältnis beruhenden Zahlungsanspruch, kann man diesen nach der Auflösung der Gesellschaft nicht durch eine Leistungs-, sondern nur durch eine Feststellungsklage geltend machen; denn er stellt nur einen unselbständigen Rechnungsposten innerhalb der Auseinandersetzungsrechnung dar.
– **(Ausscheiden):** Zulässig ist die Feststellung, ob ein Gesellschafter ausgeschieden ist, etwa infolge einer auflösenden Bedingung, BGH NJW-RR 2006, 183, oder infolge eines Gesellschafterbeschlusses, BGH WM 2011, 1473; LG Bln ZIP 2014, 1389. Zulässigkeit besteht für die Feststellung, dass der Geschäftsführer wegen seiner Abberufung ausgeschieden sei, BGH BB 1999, 867.
– **(Ausschluss):** Unwirksamkeit eines Ausschließungsbeschlusses aus GbR ist feststellungsfähig, BGH NJW-RR 1992, 227. Bei einer Publikums-KG sind Klagen von Kommanditisten auf Unzulässigkeit der Ausschließung von anderen Kommanditisten mangels Feststellungsinteresse unzulässig, BGH NJW 2006, 2855.
– **(Beschluss):** Dazu Rensen, Der Einwand der Anfechtbarkeit gegen die positive Beschlussfeststellungsklage im GmbH-Beschlussmängelstreit, FS Prütting, 2018, 491. Zulässig ist die Klage eines Gesellschafters auf Feststellung der Wirksamkeit eines Gesellschafterbeschlusses, soweit keine Sonderregelungen vorgesehen sind; es ist das Mitgliedschaftsrecht betroffen, BGH NZG 2013, 664 (BGB-Gesellschaft); WM 2009, 2131; NJW-RR 1992, 227; Düss NZG 2018, 298; „(Aktiengesellschaft/Anfechtungsklage)". Auch der ausgeschiedene Gesellschafter hat ein rechtliches Interesse an der Feststellung der Nichtigkeit eines Gesellschafterschlusses, BGH NZA 2013, 664.
– **(Fortbestand):** Zulässigkeit besteht für die Feststellung des Fortbestands der Gesellschaft zwischen den Parteien, Düss MDR 1988, 976.
– **(Geschäftsführer):** Feststellungsfähig sind folgende Fragen: dass der Gesellschaft gegen den Geschäftsführer kein Ersatzanspruch wegen einer Entlastungsperiode zusteht, BGH BB 1985, 1870; ob und welche Vergütung dem Geschäftsführer-Gesellschafter zusteht, BGH BB 1980, 855, – soweit nicht die entsprechende Leistungsklage vorgeht, → Rn. 41 ff.; – ob ein Gesellschafterbeschluss wirksam ist, BGH NJW-RR 2008, 706.
– **(Gesellschafterstellung):** Zulässig für ihre Klärung, BGH WM 2013, 988; aM Hamm ZIP 2014, 1503.
– **(Gewinn):** Zulässig ist die Feststellung der Art und Weise der Gewinnverwendung, LG Ffm NZG 2015, 482. Zur Frage der Gewinnbeteiligung bei einer BGB-Gesellschaft ohne Auseinandersetzung → „– (Auseinandersetzung)".
– **(Nichtigkeitsklage):** Zu § 249 AktG Hasse DB 1977, 241; Schmidt JZ 1977, 769 (dieser auch zu § 243 AktG): §§ 246, 249 AktG gehen § 256 vor; → „– (Beschluss)"; „(Organhandeln)". Zulässig sind im Übrigen (nur) eine Klage des widersprechenden Gesellschafters gegen alle übrigen, BGH NJW-RR 2007, 758; Hmb NJW-RR 1996, 1065; Köln NJW-RR 1994, 491, eine Klage eines Aufsichtsratsmitglieds, BGH NJW 1997, 1926, oder die Klage eines abberufenen Geschäftsführers, BGH MDR 2008, 579.).
– **(Organhandeln):** Bei Pflichtwidrigkeit des Vorstandes oder des Aufsichtsrates einer AG kann ein Aktionär, dessen Mitgliedschaftsrecht beeinträchtigt ist, gegen die Gesellschaft mit einer allgemeinen Klage nach § 256 I, nicht nach § 249 AktG auf Feststellung der Nichtigkeit des Organbeschlusses klagen, BGH NJW 2006, 374.
– **(Rechnungsposten):** Zulässig für einzelne solcher Posten, solange keine Auseinandersetzung möglich ist, BGH NJW 2000, 2587; Mü NJW-RR 1995, 485; → „– (Auseinandersetzung)". Das gilt auch bei einer Stufenklage nach § 254, BGH NJW 1995, 188. Haben Kommanditisten ihre auf § 110 HGB beruhenden Aufwendungserstattungsansprüche gegen die Publikumsgesellschaft an einen Dritten (Prozessfinanzierer) abgetreten, kann in der Liquidation der KG der Dritte in einem Prozess gegen die KG nicht die Feststellung begehren, dass diese Ansprüche zugunsten der Kommanditisten in die Auseinandersetzungsrech-

(65) nung einzustellen sind; hier fehlt das eigene Feststellungsinteresse des Dritten, Hmb NZA 2020, 418; → Rn. 38 f.

– **(Squeeze-out):** Zulässig, wenn der angegriffene Akt Auswirkungen auf den Abfindungsanspruch in Folge der Squeeze-out (§§ 327a ff. AktG) haben kann, Mü MDR 2010, 37 (insofern zust. Gärtner/Mark MDR 2010, 3). Das Feststellungsinteresse lässt sich nicht damit begründen, dass eine etwaige Verletzung der Mitwirkungsrechte der Hauptversammlung in das Mitgliedschaftsrecht der Aktionäre eingreift, Mü NZG 2021, 1160. Zum Streitwert einer Anfechtungs- oder Nichtigkeitsklage gegen einen Squeeze-out-Beschluss nach § 247 I AktG: Köln NZG 2021, 469; Klett/Alfter NZG 2021, 454.

– **(Treuepflicht):** Zulässigkeit besteht für die Feststellung eines Verstoßes gegen die Treuepflicht der Gesellschaft gegenüber dem klagenden Mitgesellschafter, BGH NJW 1990, 2628.

– **(Vorgesellschaft):** Die Feststellung der Auflösung einer Vorgesellschaft betrifft sowohl ein Rechtsverhältnis iSd § 256 I zwischen den Gesellschaftern untereinander als auch ein solches zwischen der Vorgesellschaft und den Gesellschaftern, BGH NJW 2007, 589.

– **(Vorstand):** → „(Organhandeln)".

Gestaltungsrecht: Die Frage der Wirksamkeit der Ausübung ist ein Rechtsverhältnis iSd Vorschrift, BGH NJW 2019, 507 (Minderung); MDR 2019, 1056 (Abnahme im Werkvertragsrecht); Gruber ZZP 117, 160.

Gewerbliches Schutzrecht: Zulässigkeit besteht wegen der Verjährungsregeln im gewerblichen Rechtsschutz oder im Urheberrecht ausnahmsweise trotz der Möglichkeit einer Leistungsklage, insbesondere einer Stufenklage nach § 254, BGH NJW 2018, 2479; 2003, 3274, insbesondere wenn die Bezifferung mit einem erheblichen Aufwand an Zeit und Kosten verbunden ist, → § 254 Rn. 6 „Feststellungsklage"; → „Stufenklage".

– **(Abmahnung):** IdR besteht Zulässigkeit für eine negative Feststellungsklage ohne eine Abmahnung, BGH MDR 1985, 467; Ffm NJW-RR 1990, 303 insbesondere sobald ein Inhaber eines Schutzrechts eine widerrechtliche Verwarnung ausgesprochen hat, Mü GRUR-RR 2006, 365; → „Abmahnung".

– **(Erfindung):** Zulässigkeit besteht für eine Feststellungsklage des Erfinders, BGH NJW 1979, 269.

– **(Gebrauchsmuster):** Zulässig kann die Feststellung eines Gebrauchsmusters sein, wenn ein Verfahren nach § 945 folgen soll, auch wenn es selbst noch nicht besteht, BPatG GRUR 1981, 124.

– **(Kartell):** Bei unzulässigen Absprachen besteht wegen der kurzen Verjährung das Feststellungsinteresse, auch wenn eine Schadensersatzklage möglich ist, BGH NJW 2018, 2479 Rn. 20 ff.; → Rn. 41 ff.

– **(Marke):** Zulässigkeit besteht für eine negative Feststellungsklage, auch wenn man die Marke beim Patentamt angemeldet hatte oder wenn dort ein Widerspruchsverfahren läuft. Denn dessen Entscheidung über eine Markenübereinstimmung bindet das Gericht nicht.

– **(Patent):** Zulässigkeit besteht dann, wenn der Verletzer eines Patents einen erheblichen Anlass zur Besorgnis einer Gefährdung des Rechts gibt, BGH GRUR 2011, 711. Ein rechtliches Interesse an der Verteidigung eines mit der Nichtigkeitsklage angegriffenen Patents ergibt sich schon aus der während des Rechtsstreits erfolgten Eintragung als neuer Inhaber des Streitpatents im Patentregister, BGH GRUR-RS 2022, 8930.

Grundschuld: Zulässig für die Feststellung, dass der Bekl. aus mehreren Grundschulden insgesamt nur in einem begrenzten Umfang vollstrecken darf, BGH NJW 1990, 1177.

Insolvenz: Ein Insolvenzanspruch ist nur nach Maßgabe der §§ 179 ff. InsO feststellbar, also auch nur im Umfang seiner Anmeldung, BGH NJW-RR 2004, 1050, zB für die Klage nach §§ 179, 184 InsO dann, wenn der Bekl. die angemeldete Forderung oder ihr Vorrecht bestreitet, BGH BB 2000, 1005; BAG NJW 1986, 1896.

– **(Aufrechnung):** Unzulässig für den Verwalter auf eine Feststellung des Nichtbestehens einer zur Aufrechnung gestellten Insolvenzforderung. Denn der Verwalter hat nur die Aufgabe, die Masse zu vergrößern, und es ist Sache der Gläubiger, eine bestrittene Forderung einzuklagen, BAG NJW 1986, 1896.

– **(Aussonderungsrecht):** Zulässig zur Klärung ihres Nichtbestehens, BAG NJW 2011, 701.

– **(Keine Bezifferung):** Unzulässig gegen den Verwalter auf die Feststellung einer unbezifferten Insolvenzforderung, BGH DB 2004, 379 (zust. Müller LMK 2004, 79).

– **(Forderungsauswechslung):** Unzulässig zur Feststellung zur Tabelle, soweit der Kläger die Forderung auf einen anderen als den in der Anmeldung genannten Grund stützt, BGH BB 2002, 804.

– **(Gesellschaft):** Zulässig für Gesellschafter einer OHG, über deren Vermögen das Insolvenzverfahren besteht, wegen des Nichtbestehens einer von ihnen bestrittenen Gesellschaftsverbindlichkeit. Unzulässig im Rahmen von § 93 InsO, BGH WM 2012, 1637.

– **(Massezugehörigkeit):** Zulässigkeit besteht: für den Verwalter gegen den Schuldner, dass ein Gegenstand in die Masse falle, dass eine Forderung eine Masseverbindlichkeit nach § 209 I Nr. 2 InsO ist, BAG NZA 2005, 355, oder eine solche nach § 209 I Nr. 3 InsO, BAG NZA 2006, 737.

– **(Sozialplan):** Zulässig wegen einer Forderung aus dem Sozialplan des Insolvenzverwalters, BAG NZA 2006, 221.

– **(Unerlaubte Handlung):** Widerspricht der Schuldner der rechtlichen Einordnung einer als aus unerlaubter Handlung zur Tabelle angemeldeten Forderung, kann der Gläubiger auf Feststellung des Forderungsgrundes klagen (§§ 184 I, 302 Nr. 1 InsO), auch wenn die Forderung durch einen Vollstreckungsbescheid rechtskräftig tituliert ist und im Vollstreckungsbescheid § 823 BGB genannt ist, BGH WM 2013, 2077; NJW 2006, 2922; KG FamRZ 2016, 157; AG Ros JurBüro 2007, 666.

– **(Vollstreckbarkeit):** Zulässig für eine negative Feststellung, solange die Vollstreckbarkeit nach Insolvenzende möglich bleibt, BGH WM 2013, 1563.

Kartellstreit: BGH NJW 2018, 2479; → „Gewerbliches Schutzrecht (Kartell)".

Kaskoversicherung: Unzulässig, wenn der Kaskoversicherer die Deckungspflicht nicht bestreitet und nur die Zuständigkeit des Sachverständigenausschusses zur Entscheidung über die Schadenshöhe einwendet, Stgt VersR 1980, 1114.

Kostenfeststellungsantrag: → Rn. 47.

Kündigung: *Zulässigkeit besteht:* dass sie wirksam ist, weil damit das Rechtsverhältnis endet, BAG NJW 2014, 538, dass sie erst in einem bestimmten Zeitpunkt wirksam ist, wenn der Kläger die Feststellung begehrt, dass ein Vertrag nicht beendet sei, BGH NJW 2000, 354; 1994, 722 (Handelsvertreter); WM 1962, 109 (Vorstandsmitglied). Zur Kündigung im Arbeitsverhältnis → „Arbeitsverhältnis (Kündigung)". Unzulässig für die Feststellung eines nicht ausgeübten Kündigungsrechts, dessen Ausübung man gar nicht beabsichtigt, Ghassemi-Tabar/Eckner NZM 2011, 873. (65)

Leistungsklage, Grundsätzlich ist die positive Feststellungsklage gegenüber der möglichen und zumutbaren Leistungsklage subsidiär, → Rn. 41, 43; unter dem Gesichtspunkt der Prozesswirtschaftlichkeit gibt es aber eine Reihe von Ausnahmen, im Einzelnen → Rn. 45.

- **(Banken):** → Rn. 45, 46 „Geldinstitute“ → „Bank“.
- **(Behörden):** → Rn. 45 f.
- **(Bezifferung):** Wenn diese bei Klageerhebung nicht vollständig möglich ist, so zB bei einer Schadensentwicklung, kann eine Feststellungsklage für schon entstandene und künftige Schäden erhoben werden, → Rn. 23, 24; → Rn. 46 „Bezifferung“.
- **(Dauerschuldverhältnis):** → Rn. 45.
- **(Entscheidungsreife der Feststellungsklage):** → Rn. 43 f.
- **(Freistellung):** → Rn. 40 „Freistellungsanspruch“.
- **(Gewerblicher Rechtsschutz):** → Rn. 46 „Gewerblicher Rechtsschutz“.
- **(Insolvenz):** Zulässigkeit besteht, soweit eine Leistungsklage unzulässig ist, Drsd NZM 2012, 868.
- **(Künftige Leistung):** Ist die Forderung nicht fällig, kann der Kläger grundsätzlich eine Feststellungsklage erheben, weil er mit der Leistungsklage nicht zum Ziel kommt; diese wird bei fehlender Fälligkeit der Klageforderung als derzeit unbegründet abgewiesen. Sind die Voraussetzungen der §§ 257–259 erfüllt, hat der Kläger ein Wahlrecht zwischen Feststellungs- und Leistungsklage nach diesen Vorschriften, BGH NJW 2015, 873 Rn. 33; 1986, 2507; BAG NZA 2017, 511; Zöller/Greger Rn. 8; → Rn. 41; → Rn. 46 „Künftige Leistung“; → § 258 Rn. 7 „Feststellungsklage“; → § 259 Rn. 1.
- **(Mängelhaftung vor Abnahme):** → Rn. 46 (s. Stichwort dort).
- **(Schadensentwicklung:)** Ist diese bei Erhebung der Feststellungsklage noch nicht vollständig abgeschlossen und lässt sich die Schadenshöhe für eine Leistungsklage nicht oder nicht vollständig beziffern, gilt die Subsidiarität der Feststellungsklage vor der Leistungsklage nicht, → Rn. 45; → Rn. 46 „Bezifferung“; auch → Rn. 23 ff. (Anforderungen an den Vortrag zum Rechtsverhältnis bei künftiger Schadensentwicklung). Das gilt auch für die Klage einer Krankenkasse, die die Feststellung künftiger Ansprüche aus übergegangenem Recht für Versicherte feststellen lassen will, die ihr noch nicht bekannt sind, wenn bereits bei anderen Versicherten der Schaden eingetreten ist (PIP-Brustimplantat), BGH NJW 2020, 1514; → Rn. 23. Hat der Kläger die Wahl zwischen einem großen und kleinen Schadensersatz und entscheidet er sich für den kleinen Schadensersatz, kann er das Feststellungsinteresse nicht mit möglichen künftigen Aufwendungen begründen, wenn diese nur beim großen Schadensersatz ersatzfähig sind **(Dieselskandal),** BGH NJW-RR 2022, 23; → „Dieselskandal“.
- **(Stufenklage):** → „Stufenklage“; → § 254 Rn. 6 „Feststellungsklage“.
- **(Unterhalt):** Zulässigkeit besteht für den vertraglichen Unterhalt in der ferneren Zukunft, statt nach § 258 vorzugehen, (zum alten Recht) BGH NJW 1983, 2197. Beim gesetzlichen Unterhalt gilt § 113 I 2 FamFG; Hamm BeckRS 2019, 12694.
- **(Vereinfachung):** Zulässigkeit besteht dann, wenn eine Feststellungsklage das Verfahren vereinfacht, beschleunigt und verbilligt oder wenn mit ihr annähernd dasselbe erreicht wird, Düss FamRZ 1996, 1338; Hamm NJW-RR 1995, 1318. Das gilt insbesondere bei derjenigen Klage, die eine Erbauseinandersetzung vorbereiten oder vermeiden soll.
- **(Versicherung):** → Rn. 46 „Versicherung“.
- **(Weitergehende Wirkungen):** Im Einzelfall kann das Feststellungsurteil weitergehende Folgen haben, so dass die Feststellungsklage dann nicht subsidiär ist, → Rn. 45.

Marke: Zulässig für den verwarnten Anmelder bei einem Abwehrinteresse. Zulässig dann für den Verletzten, wenn Schadensersatzansprüche noch problematisch sind, aber die Verjährung droht.

Mietverhältnis: Es gibt viele Aspekte.

- **(Abmahnung):** Unzulässig ist die Feststellung der Unwirksamkeit einer Abmahnung des Vermieters, BayObLG NJW-RR 2004, 1020; LG Bln NJW-RR 1997, 204; AG Münst WuM 2006, 456; Musielak/Voit/Foerste Rn. 27. Vgl. auch → „Abmahnung“.
- **(Beseitigung):** Zulässig für eine Feststellung, dass der Mieter bei Mietende Verunreinigungen beseitigen müsse, Hamm NJW-RR 1997, 489.
- **(Bestand):** Zulässig ist die Feststellung des Bestehens oder Nichtbestehens eines Mietverhältnisses, jedenfalls wenn die Räumungsklage nicht den gesamten Streitstoff zwischen den Parteien erledigt, BGH NJW 2016, 1086; Düss MietR 1996, 154; LG Bln ZMR 2000, 673 (zumindest wegen weiterer etwaiger Vermieteransprüche). Die Wirksamkeit einer evtl. Kündigung ist bei einer solchen Feststellungsklage lediglich eine Vorfrage, Brdb NJW-RR 2013, 76; Mü ZMR 1997, 234; LG Hmb WuM 2006, 528. Beruft sich der Mieter auf den Wegfall der Geschäftsgrundlage, ist die Feststellung, dass das Mietverhältnis mit einem vereinbarten Inhalt fortbesteht, trotz Möglichkeit einer Leistungsklage zulässig, BGH NJW-RR 2002, 1377.
- **(Dritter):** Zulässigkeit besteht beim Streit, wer von den Parteien mit einem Dritten einen Mietvertrag geschlossen hat; das Rechtsverhältnis ist der Mietvertrag, nicht die Kündigung, AG Hmb-Blankenese WuM 1980, 56; → Rn. 38 f.
- **(Forderungshöhe):** Eine Feststellung ist wegen Subsidiarität der Feststellungsklage unzulässig, wenn die Höhe einer Forderung bereits feststeht, Naumb NJW-RR 2001, 304.
- **(Fortbestand):** „(Bestand)“.
- **(Kaution):** Zulässigkeit besteht zur Klärung des Erlöschens des Vermieterpfandrechts nach Erlöschen seiner Ansprüche, LG Bln WuM 2013, 106.
- **(Kündigung):** Die Feststellung, dass der Mietvertrag durch eine Kündigung beendet ist, kann als Klage auf Feststellung des Bestehens des Mietverhältnisses ausgelegt werden, weil die Wirksamkeit der konkreten Kündigung lediglich eine Vorfrage ist, Brdg NJW-RR 2013, 76; Celle BB 1978, 576; → „Bestand“. Die Feststellung der Wirksamkeit der Kündigung und der Pflicht zur Räumung scheitern in der Regel am Vorrang einer Räumungsklage, Musielak/Voit/Foerste Rn. 27; → „(Räumung)“; → Rn. 41–45 (Subsidiarität).

(65) – **(Künftige Leistung):** Zulässig ist eine Feststellung. statt einer Klage nach § 259, LG Heidelb WuM 2001, 346; → Rn. 41 „– (künftige Leistung)".

– **(Miethöhe):** Zulässig ist die Feststellung der Gesamtmiete, LG Itzehoe WuM 2011, 105; AG Hmb-St Georg WuM 2017, 470.

– **(Minderung):** Zulässig zur Klärung einer solcher Möglichkeit, BGH WM 1985, 1215; Saarbr ZMR 2014, 280.

– **(Räumung):** Unzulässigkeit ist wegen der Subsidiarität der Feststellungsklage die Feststellung einer künftigen Räumungspflicht, wenn der Vermieter nach dem Ablauf der Kündigungsfrist eine Räumungsklage erheben kann, KG MDR 2006, 534; AG Löbau WuM 1993, 664.

– **(Schadensersatz):** Zulässigkeit besteht für eine Schadensersatzpflicht des Vermieters dem Grunde nach, soweit sich der Schaden noch nicht beziffern lässt, LG Bln WuM 2017, 290; → Rn. 45, 46 „Bezifferung"; → „Leitungsklage" „Bezifferbarkeit".

– **(Schönheitsreparatur):** Zulässig ist die Feststellung, dass eine Schönheitsreparatur auszuführen ist, BGH NJW 2010, 1877; LG Bln ZMR 2003, 489. Unzulässigkeit besteht, wenn der Vermieter dem klagenden Mieter längst bestätigt hat, dass dieser nichts mehr tun muss, LG Bln NJW-RR 2011, 17.

Musterprozess: Keine Gefährdung des Rechtsverhältnisses liegt schon seinetwegen vor, BAG NZA 2014, 385. Zum Verhältnis der Musterfeststellungsklage nach §§ 606 ff. zu § 256: → Rn. 2.

Notarkosten: Unzulässig für eine negative Feststellung, soweit der vorrangige § 127 GNotKG anwendbar ist, auch beim Anwaltsnotar, BGH AnwBl 1988, 115.

Pacht: Zulässigkeit besteht zur Klärung des Pachtverhältnisses, Naumb ZMR 2014, 444. Zulässigkeit besteht für die Klage eines Mitverpächters gegen den anderen Mitverpächter wegen eines Rechtsverhältnisses zu einem Dritten.

Patent: → „Gewerbliches Schutzrecht".

Persönlichkeitsrecht: Zulässigkeit besteht evtl. für die Feststellung, durch welche Tatsachenbehauptung der Bekl. es verletzt habe, selbst wenn der Kläger zugleich Unterlassung und Schmerzensgeld verlangt, LG Konst NJW 1976, 2353. Zulässig ist die Feststellung, dass ein Theaterstück das Persönlichkeitsrecht verletze, BGH NJW 2009, 751, oder dass ein Vorgang ein postmortales Persönlichkeitsrecht nicht verletzt, BGH GRUR 2009, 84. Wird die Verletzung des allgemeinen Persönlichkeitsrechts geltend gemacht, reicht die Möglichkeit von Schäden aus; anders als bei reinen Vermögensschaden kommt es auf die Wahrscheinlichkeit nicht an, BGH GRUR-RR 2021, 18696; → Rn. 24.

Pfändung einer Forderung: Unzulässig ist die Klage des Drittschuldners gegen den Gläubiger auf Feststellung, dass die Forderungspfändung unwirksam, weil er auf dem einfacheren Weg nach § 766 vorgehen kann, BGH NJW 1977, 1881 (offen gelassen, ob eine Aufforderung zum Verzicht nach § 843 ebenfalls gegen das Feststellungsinteresse spricht).

Politische Partei: Zulässig für die Feststellung der Ungültigkeit einer Wahl eines Ortsverbands. Zulässig bei einer Unsicherheit über die Fortdauer der Mitgliedschaft, Hamm NJW 2000, 523.

Prätendentenstreit: Bei einem Streit zwischen zwei möglichen Gläubigers wird aus prozesswirtschaftlichen Gründen ein Feststellungsinteresse bejaht, auch wenn durch die Entscheidung keine Bindung zwischen dem Verlierer und dem Schuldner entsteht; dasselbe gilt für das Verhältnis zwischen zwei möglichen Schuldnern, BGH NJW 1993, 2539; Karlsr Rpfleger 2018, 397; → Rn. 38 (Drittbeteiligung).

Preiserhöhung/Preisanpassung: Die Frage der Wirksamkeit ist ein Rechtsverhältnis iSd Vorschrift, BGH NJW 2010, 2793.

Presserecht: Es kann ein rechtliches Interesse an der Feststellung des Nichtbestehens des Anspruchs auf eine Gegendarstellung bestehen, Celle NJW-RR 1989, 183.

Prozessrechtliche Feststellung: Zulässigkeit besteht nur dann, wenn das Gesetz sie besonders zulässt, wie bei § 878 ZPO, §§ 115, 156 ZVG.

Rechtsfrage: → Rn. 16 f.

Sachenrechtsbereinigungsgesetz: Vgl. dessen § 108 I, II.

Schadensersatzpflicht: Zulässig ist ihre Klärung, auch bei unerlaubter Handlung, soweit nicht die Leistungsklage vorgeht, BAG NZA 2018, 516; Ffm WM 2009, 311; → Rn. 41 ff. Zur Frage der Anforderungen bei künftigem Schaden und bei künftiger Schadensentwicklung → Rn. 23 ff., zur drohenden Verjährung → Rn. 36, 37. Besteht ein Wahlrecht zwischen kleinem und großem Schadensersatz, kann der Kläger sein Feststellungsinteresse nicht darauf stützen, sich die Wahl offenzuhalten, BGH BeckRS 2022, 2418 (Dieselskandal). Zum rechtlichen Interesse bei Feststellung des Rechtsgrundes der unerlaubten Handlung → „Unerlaubte Handlung".

Schiedsvereinbarung: Nach §§ 1032 II, 1062 I Nr. 2 kann bis zur Bildung des Schiedsgerichts beim OLG Klage auf Feststellung der Zulässigkeit oder Unzulässigkeit des schiedsrichterlichen Verfahrens gestellt werden, wobei ein Rechtsschutzinteresse erforderlich ist, BGH NJW 2019, 858; MDR 12017,1261; → § 1032 Rn. 14. Ein Rechtsschutzinteresse besteht nicht, wenn bereits das Hauptsacheverfahren bei Gericht anhängig ist und der Bekl. die Einrede nach § 1032 I erhoben hat, → § 1032 Rn. 14.

Unzulässig ist Klärung der Brauchbarkeit eines Schiedsgutachtens, BGH MDR 1985, 37; → Vor § 1025 Rn. 15 (Schiedsgutachten).

Schmerzensgeld: Zulässigkeit besteht bei der Möglichkeit weiterer Verletzungsfolgen, BGH NJW-RR 2006, 712; Nürnb MDR 2018, 955; → Rn. 23 ff., selbst nach einem Grundurteil nach § 304, BGH MDR 2001, 765.

Schuldnermehrheit: Zulässig zur Klärung zwischen den Schuldnern, → „Prätendentenstreit".

Schuldnerverzug: → „Annahmeverzug".

Selbständiges Beweisverfahren: → „Beweismittel/Beweissicherung".

Stufenklage: Grundsätzlich fehlt einer Feststellungsklage bei Möglichkeit einer solchen Leistungsklage das Feststellungsinteresse, auch wenn bei § 254 in Stufen vorgegangen wird, BGH NJW 2019, 662; GRUR 2001, 1177; NJW 1996, 2097; → § 254 Rn. 6 „Feststellungsklage"; → Rn. 41–45 (Vorrang der Leistungsklage). Etwas anderes gilt bei kurzer Verjährung im gewerblichen Rechtsschutz und im Urheberrecht, BGH NJW 2003, 1304 und 3274, BGH NJW 2018, 2479; → „Auskunft"; → „Gewerbliches Schutzrecht". Zur Verjährung allg. → Rn. 36.

Tatsache: Grundsätzlich unzulässig, → Rn. 18, 19. (65)
Teilklage: Zulässig ist eine Feststellungklage für einen Teil des teilbaren Rechtsverhältnisses Mü NJW-RR 1987, 926; ArbG Paderborn DB 1975, 1655. Zulässigkeit besteht auch dann, wenn ein Teilschaden schon zu beziffern ist; in diesem Fall kann sich die Feststellungsklage auf den gesamten gegenwärtigen und künftigen Schaden beziehen, BGH NJW-RR 2016, 758; → Rn. 23–25. Erhebt der Kläger erkennbar eine Teilklage, besteht für eine negative Widerfeststellungsklage wegen etwaiger weiterer Nachforderungen grundsätzlich ein Rechtsschutzbedürfnis, weil der Kläger mit seinem Vorgehen sich weiterer Nachforderungen berühmt; verzichtet er aber auf die Geltendmachung weiterer Ansprüche, kann das Feststellungsinteresse entfallen, jedenfalls wenn, die Verzichtserklärung bindend ist, BGH NJW 2006, 2780; Düss VersR 2000, 99.
Testamentvollstreckung: → „Erbrecht (Testamentsvollstrecker)".
Titel: Trotz Vorhandensein eines Vollstreckungstitels kann eine Feststellungsklage zu dessen Inhalt oder zur Tragweite zulässig sein, → Rn. 27.
Unerlaubte Handlung: Das nach § 256 I erforderliche rechtliche Interesse an der Feststellung des Rechtsgrundes der vorsätzlich begangenen unerlaubten Handlung kann sich aus einem **Aufrechnungsverbot** nach § 393 BGB und aus den Privilegien bei der Vollstreckung nach § 850f I sowie § 302 Nr. 1 InsO ergeben, BGH BeckRS 2021, 45301 = NJW-RR 2022, 566. Eine fahrlässige Haftung nach § 823 I BGB neben § 7 I StVG ist hingegen kein feststellungsfähiges Rechtsverhältnis iSd § 256 I, Hamm BeckRS 2021, 44475
Unterhalt: Für den gesetzlichen Unterhalt aufgrund Ehe oder Verwandtschaft gilt vorrangig das FamFG und nur über §§ 113 I 2, 231 ff. FamFG die ZPO entsprechend. In diesen Grenzen:
- **(Abänderung):** Zulässigkeit besteht zur Klärung der Frage, ab wann (zB 60. oder 65. Lebensjahr) eine Abänderung möglich ist, AG Fürstenfeldbr FamRZ 2009, 1843.
- **(Bestehen/Nichtbestehen):** Feststellungsfähig bei gegnerischer Teilklage oder bei Berühmen, Hamm BeckRS 2002, 939; Musielak/Voit/Foerste Rn. 30.
- **(Einstweilige Anordnung):** Zulässig ist die Feststellung, dass man aus einer einstweiligen Anordnung keinen Unterhalt mehr schuldet, Zweibr FamRZ 2001, 424. Unzulässigkeit besteht für die negative Feststellung dann, wenn der Gegner (Gläubiger) nach der Ablehnung einer einstweiligen Anordnung längere Zeit wartet, BGH NJW 1995, 2032; Köln FamRZ 2001, 106.
- **(Künftige Ersatzpflicht):** Zulässigkeit besteht für die fernere noch nicht absehbare Zukunft, auch wenn ein Vorgehen nach § 258 zulässig ist, BGH NJW 1983, 2197; Celle NJW-RR 1988, 990; → Rn. 41.
- **(Vor Scheidung):** Unzulässig für eine Feststellung zu einem nachehelichen Unterhalt vor der Scheidung, Brdb NJW-RR 2002, 578.
- **(Sonderbedarf):** Zulässigkeit besteht für die Feststellung, ob und in welcher Höhe ein Zehnjähriger als Sonderbedarf eine voraussichtliche kieferorthopädische Behandlung bezahlt bekommen wird, Karlsr FamRZ 1992, 1317.
- **(Sozialleistung):** Zulässigkeit besteht für eine Feststellung, dass kein Anspruch des Sozialversicherungsträgers mehr bestehe, Köln NJW-RR 2001, 867. Unzulässigkeit besteht für die negative Feststellung gegen den ursprünglichen Gläubiger während des Rechtsübergangs auf den Sozialhilfeträger, KG FamRZ 2003, 1571.
- **(Verjährung):** Zulässigkeit besteht bei ihrem Drohen, Brdb FamRZ 2012, 1316; → Rn. 36.
- **(Verwirkung):** Zulässigkeit besteht grds., dass der Unterhaltsanspruch nicht ganz oder teilweise verwirkt sei, Ffm FamRZ 1993, 436.Unzulässig ist die Feststellungsklage, wenn bereits eine Abänderungsklage nach § 323 anhängig ist, Ffm FamRZ 1993, 347. Unzulässigkeit besteht für die Feststellung, dass der Gegner nicht berechtigt ist, Unterhalt nur unter Vorbehalt zu zahlen, soweit der Antragsteller in einem weiteren Verfahren die Feststellung begehrt, dass der Unterhaltsanspruch nicht ganz oder teilweise verwirkt sei, Ffm FamRZ 1993, 436.

Unterlassung: Die streitige Frage, ob ein beabsichtigtes Verhalten von dem titulierten Unterlassungsgebot erfasst wird, kann der Schuldner durch eine negative Unterlassungsklage klären lassen; das Feststellungsinteresse für eine solche Klage entfällt nicht dadurch, dass der Gläubiger wegen eines entsprechenden Verhaltens einen Ordnungsmittelantrag stellt, BGH NJW 2008, 1001; 1997, 2320; Hamm NJW-RR 2007, 1264. Zulässigkeit besteht für den Vertragsschuldner eines Unterlassungsvertrages bezüglich Werbemaßnahmen, wenn der Gläubiger auf eine Anfrage, ob eine geplante Änderung der beanstandeten Äußerung erlaubt sei, nicht reagiert, Düss GRUR 1988, 789. Zulässigkeit besteht, wenn man damit auf einen Angriff nach §§ 926, 945 reagieren kann, Mü MDR 1992, 864. Zulässigkeit besteht grundsätzlich bei einem gegnerischen Sich-Berühmen, Stgt NJW-RR 2002, 1625. Unzulässig ist die Feststellung des Nichtbestehens einer gesetzlichen Unterlassungsanspruchs, soweit der Bekl. seine vor einem anderen Gericht rechtshängige Unterlassungsklage nach § 269 I nicht mehr einseitig zurücknehmen kann, Düss GRUR 1992, 208, → Rn. 43 f. Vgl. zur Bestimmtheit eines Unterlassungsantrages: → § 253 Rn. 48 „Unterlassung".
Urheberrecht: Zulässigkeit besteht für die Klärung der urheberrechtlichen Beziehungen, Mü GRUR 2014, 264; LG Mü GRUR-RR 2008, 291. Unzulässig ist die Feststellung, dass dem Bekl. kein Unterlassungsanspruch gegen den Kläger zustehe, falls dieser in Zukunft bestimmte Produkte durch einen Kauf auf Probe vertreiben sollte, an denen der Bekl. ein Recht nach § 85 UrhG besitze, BGH GRUR 2001, 1036.
Vaterschaft. Es gelten vorrangig die §§ 169 ff. FamFG. Die Möglichkeit einer Statusklage nach § 169 Nr. 1, 3 FamFG (zB §§ 1591 ff. BGB) schließt eine allgemeine Feststellungsklage aus, BGH NJW 1973, 51; Köln NJW-RR 2002, 4, auch für die genetische Mutterschaft, Musielak/Voit/Foerste Rn. 26.
Verband: Ein rechtliches Interesse ist auch bei der Verbandsklage notwendig, BAG NZA 2011, 921. Zulässig ist die Klärung einer Mitgliedschaft, und des sich daraus ableitenden Verhältnis eines Mitglieds zu dem Verband, BGH NJW 2017, 402 Rn. 25 (Präsidiumsbeschluss).
Verbraucherdarlehen: → „Darlehenswiderruf". Bei Widerruf ist die Feststellung eines Rückgewährschuldverhältnisses wegen Vorranges der Leistungsklage grundsätzlich unzulässig, BGH NJW 2017, 1823; dagegen ist die negative Feststellungsklage, dass der Bank keine Ansprüche aus dem Darlehensvertrag zustehen, zulässig, BGH NJW 2017, 2340; vgl. auch Stgt NJW 2017, 3171; Schnauder JZ 2018, 22
Verein: Zulässig ist die Feststellung: der Nichtigkeit der in einer Mitgliederversammlung durchgeführten Vorstandswahl, Zweibr Rpfleger 1990, 77, der Nichtigkeit eines Versammlungsbeschlusses, LG Ffm NJW-RR 1998, 396 (für den Verein selbst), dass das Vorstandsmitglied, dem eine „Entlastung verweigert" wurde, nicht

(65) schadensersatzpflichtig sei, Köln NJW-RR 1997, 483. Die Frage der Mitgliedschaft betrifft ein Rechtsverhältnis, BGH NJW-RR 2013, 873 Rn. 27. Zulässig ist grundsätzlich die Feststellung der Nichtigkeit eines Beschlusses des Vereins zur Mitgliedschaft, Musielak/Voit/Foerste Rn. 32a. Hebt allerdings ein Vereinsehrengericht innerhalb seiner satzungsmäßigen Befugnis eine gegen ein Mitglied verhängte Vereinsmaßnahme auf, steht für den Verein bindend fest, dass die Maßnahme entfallen ist, so dass das staatliche Gericht nicht mehr prüfen darf, ob dies zu Recht erfolgt ist, BGH NJW-RR 2013, 873; Hamm NJW-RR 1997, 989.

Verjährung: Grundsätzlich besteht bei drohender Verjährung ein (positives) Feststellungsinteresse, wenn dadurch die Unsicherheit beseitigt werden kann, → Rn. 36, 37. Zulässig ist ihre Klärung, BGH WM 2013, 1578.

Verschulden: Unzulässigkeit besteht nach → Rn. 15, soweit es eine bloße Vorfrage darstellt.

Versicherung: → Rn. 46 „Geldinstitut", → „Bank". Die Feststellung der Verpflichtung zum Versicherungsschutz ist grundsätzlich zulässig, soweit sich der dem Versicherungsschutz zugrunde liegende Sachverhalt konkretisiert, BGH VersR 2004, 1485; NJW 1988, 774; Köln NJW-RR 2003, 1609; Musielak/Voit/Foerste Rn. 34. Der Inhaber des Versicherungsscheins hat ein rechtliches Interesse an der Feststellung, ob er Leistung fordern kann, Mü VersR 2008, 1521.

– **Auslegung:** Reine Rechtsfrage und kein Rechtsverhältnis, → Rn. 16; BGH VersR 1986, 133 (Ausschlussklausel).
– **(Deckungsprozess):** → Rn. 40 „(Haftpflichtversicherung)"; → „(Haftpflichtversicherung)".
– **(Direktklage):** → Rn. 40 „(Haftpflichtversicherung)"; → „(Haftpflichtversicherung)".
– **(Drittwiderklage):** Bei einer Klage des Versicherers aus einem gemäß § 86 I VVG übergegangenen Ersatzanspruch ist die isolierte Widerklage als negative Feststellungsklage gegen den Versicherungsnehmer grundsätzlich zulässig; das Feststellungsinteresse kann nicht mit der Begründung verneint werden, der Übergang des Anspruchs auf den Versicherer könne keinem Zweifel unterliegen, BGH NJW-RR 2022, 781 Rn. 7, 8; → Anh § 253 Rn. 5.
– **(Fortbestand):** Zulässigkeit besteht für die Feststellung des Fortbestands der Versicherung, BGH NJW-RR 2005, 260.
– **(Freistellung):** → „(Haftpflichtversicherung)".
– **(Haftpflichtversicherung):** → Rn. 40 (s. Stichwort dort). Zulässig ist die neg. Feststellungsklage des Haftpflichtversicherers gegen den Versicherungsnehmer, selbst wenn dieser im Deckungsverhältnis eine Leistungsklage erhoben hat, LG Ffm ZfS 1988, 24. Zulässig ist die Feststellung: im Deckungsprozess gegen die Kfz-Versicherung, selbst wenn der Versicherungsnehmer den Schaden beziffern könnte, Drsd NJW-RR 2021, 965 (Kaskoversicherung/Sachverständigenverfahren); Köln BeckRS 2019, 36421; Brschw VersR1994, 1293, für den Geschädigten, dass der Haftpflichtversicherer dem Schädiger Deckungsschutz gewähren müsse, BGH VersR 2009, 1485; NJW-RR 2004, 1029 (Drittbeteiligung); 2001, 316; Mü VersR 2016, 1364; Celle BauR 2012, 1824; → Rn. 38 f. (Drittbeteiligung), für einen Freistellungsanspruch des Geschädigten gegen den Haftpflichtversicherer nach einer nach §§ 322, 705 rechtskräftigen Feststellung des Anspruchs des Geschädigten, BGH NJW 1981, 870.
– **(in-vitro-Fertilisation):** Zulässig für die Feststellung der Erstattbarkeit solcher Kosten aufgrund des Versicherungsverhältnisses, BGH NJW 1988, 774.
– **(Krankenversicherung):** Zulässigkeit besteht für die Feststellung der Gewährung des Versicherungsschutzes in der Krankenversicherung, BGH VersR 2006, 535, oder zur Klärung der Haftung eines Versicherungsvertreters, Mü VersR 2012, 1292.
– **(Leistungsklage):** Grundsätzlich gilt bei einer Klage gegen die Versicherung nicht ihr Vorrang vor der Feststellungsklage, BGH NJW-RR 2022, 682 Rn. 16; VersR 1983, 125 (Rechtsschutz); → Rn. 46 „Geldinstitute". Eine Erwartung, dass der Versicherer auf ein entsprechendes Feststellungsurteil zahlt, kann aber grundsätzlich nicht angenommen werden, wenn der Versicherer die Schadenshöhe bestreitet; dann entfällt in der Regel das Feststellungsinteresse, es sei denn, dem Versicherungsnehmer steht noch in Bezug auf die Schadenshöhe ein **Sachverständigenverfahren** offen, da dieser dann auf eine gerichtliche Klärung der Anspruchshöhe nicht angewiesen ist, BGH NJW-RR 2022, 682 Rn. 18.
– **(Rabatt):** Zulässig wegen eines künftigen Rabattverlusts, BGH NJW 1992, 1035.
– **(Reparaturkosten):** Zulässigkeit besteht für die Feststellung, der Versicherer müsse kraft besonderer Vereinbarung abweichend von AVB auf Reparaturkostenbasis statt auf Totalschadenbasis abrechnen, BGH VersR 1984, 75.
– **(Startgutschrift):** Unzulässig ist die Feststellung wegen des Vorranges der Leistungsklage, Hamm VersR 2006, 1250; → Rn. 41 ff.
– **(Totalschadenbasis):** → „(Reparaturkosten)".
– **(Versorgung):** Zulässigkeit kann zu ihrer Klärung bestehen, BGH FamRZ 2017, 1101.
– **(Vorleistung):** Zulässigkeit besteht dann, wenn man dem Versicherungsnehmer eine Vorleistung ohne eine Klärung der Leistungspflicht des Versicherers nicht zumuten kann, Köln NJW-RR 2003, 1609.
– **(Zusatzversicherung):** Feststellung des Bestehens ist zulässig, BGH NJW-RR 2005, 260, KG VersR 1997, 95.

Vertrag: Zulässig ist die Feststellung zur Wirksamkeit oder Beendigung, BGH MDR 1982, 928. Beim Vertrag ist wegen des Vorranges der Leistungsklage auf Abschluss des Vertrages und nicht auf Feststellung einer entsprechenden Verpflichtung zu klagen, → Rn. 41 (zum Vorvertrag).

Vertragsstrafe: Unzulässig ist wegen des Vorranges der Leistungsklage die Feststellung einer Schadensersatzpflicht, soweit der Kläger insoweit eine Vertragsstrafe geltend machen kann, BGH NJW-RR 1994, 1273; NJW 1993, 2993.

Verzug: → „Annahmeverzug".

Vollstreckung: Soweit die vollstreckungsrechtlichen Rechtsbehelfe zum Ziel führen und der einfachere Weg sind, so zB bei § 766, ist § 256 grundsätzlich nicht anwendbar, → „Pfändung einer Forderung". Eine Entscheidung im Vollstreckungsverfahren beseitigt das Feststellungsinteresse aber nicht stets.

– **(Drittschuldner):** → Rn. 38; → Drittschuldner.
– **(Vollstreckungsabwehrklage):** Die Möglichkeit eines Vorgehens nach § 767 schließt eine Feststellungsklage nicht aus, wenn die begehrte Feststellung weiter geht als § 767, der auf die Beseitigung der Vollstreckbarkeit aus dem Titel gerichtet ist, BGH NJW 1997, 2320;, Mü NJW-RR 2001, 131; LG Mü WM 2013, 71.

– **(Vollstreckungstitel):** Auch bei seinem Vorhandensein kann die Feststellung seiner Reichweite bei Unklarheiten beantragt werden, → Rn. 27. (65)

– **(Zug um Zug):** → „Annahmeverzug".

Werkvertrag: Zur Frage des Vorranges der Leistungsklage → Rn. 46 „Mängelhaftung vor Abnahme". Die Gewährleistungspflicht kann festgestellt werden, wobei die Mängel im Einzelnen nach § 253 II Nr. 2 so genau bezeichnet werden müssen, dass keine Zweifel bestehen, für welche Mängel die Pflicht bestehen soll, BGH NJW 2002, 681; Düss NJW-RR 2000, 973 (Bauträger). Der Auftragnehmer hat ein Interesse an der Feststellung, dass aufgrund einer Kündigung des Auftraggebers ihm für nicht erbrachte Leistungen ein Vergütungsanspruch zusteht, solange der Nachunternehmer noch nicht endgültig abgerechnet hat, BGH NZBau2022, 20 = MDR 2021, 1546 mAnm von Weise/Hänel NJW-Spezial 2021, 716.

Widerklage: → Anh. § 253 Rn. 1 ff. Das Feststellungsinteresse kann sich aus § 717 II 2 ergeben, Düss BauR 2015, 276. Zulässigkeit besteht gegen den Zedenten auch als negative Drittwiderklage, BGH NJW 2008, 2854; → Rn. 38, 39. Unzulässigkeit besteht nicht schon deshalb für die Feststellungsklage, weil man sie in einem anderen Prozess als Widerklage erheben könnte.

Wiederholungsgefahr: Sie kann für die Gefährdung des Rechtsverhältnisses ausreichen, BVerwG NVwZ-RR 2016, 268.

Willenserklärung: Unzulässig ist eine Feststellungsklage zur Klärung der Wirksamkeit einer Willenserklärung (reine Rechtsfrage), BGH NJW-RR 2017, 1260; BayObLG NZM 2004, 383; → Rn. 16.

Wirtschaftsausschuss nach § 106 BetrVG: → „Arbeitsverhältnis (Mitbestimmung)".

Witwenpension: Zulässig ist die Feststellung eines solchen Anspruchs vor Eintritt der Fälligkeit, BAG NZA 2015, 232.

Wohnungseigentum: Zur Rechtsfähigkeit und Parteifähigkeit der WEG nach neuem Recht → § 253 Rn. 24 „Wohnungseigentümer" (§ 9a WEG).

– **(Abmahnung durch Verwalter):** Ihre Rechtswidrigkeit kann nicht festgestellt werden, BayObLG NJW-RR 2004, 1020; → Rn. 15; → „Abmahnung".

– **(Beschluss):** → §§ 9a, 9b, 43 II Nr. 4, 44 WEG aF. Die Feststellung des Inhaltes der WEG-Versammlung ist zulässig, BayObLG 2003, 64; NJW-RR 1990, 211. Zulässig ist auch die Feststellung, dass ein nicht angefochtener Beschluss der WEG-Versammlung für einen bestimmten Eigentümer verbindlich ist, LG Mannh ZMR 1979, 319. Das Feststellungsinteresse fehlt für die Wirksamkeit eines Beschlusses, wenn die Eigentümer dazu später einen weiteren wirksamen Beschluss gefasst haben, BayObLG WuM 1986, 356. Hat ein Wohnungseigentümer erfolglos einen Beschlussantrag gestellt und wendet er sich gegen die Antragsablehnung mit einer Anfechtungsklage nach § 44 I WEG, entfällt sein Rechtsschutzinteresse nur ausnahmsweise, wenn der Erfolg der Klage den Wohnungseigentümern keinen Nutzen mehr bringen kann; das ist nicht der Fall, wenn es um die Klärung der wohnungseigentumsrechtlichen Pflichtenlage geht, NZG 2021, 113 = BGH BeckRS 2020, 34132. Unzulässig ist die Anfechtung eines Beschlusses durch einen Ausgeschiedenen, AG Verden ZMR 2016, 161.

– **(Funkantenne):** Zulässigkeit besteht für eine Feststellung, dass der Bekl. eine Funkantenne nur mit Zustimmung des Klägers habe errichten dürfen, BayObLG NZM 1999, 1146.

– **(Nichtigkeit der Verwalterbestellung):** „(Verwalter)".

– **(Stimmrecht):** Zulässigkeit besteht zu seiner Klärung, BGH NJW 2012, 243.

– **(Verwalter):** Zu seiner Rechtsstellung → § 253 Rn. 24 „Wohnungseigentümer" (§ 9b WEG). Die Feststellung eines Vergütungsanspruchs nach Vertragsablauf ist zulässig schon bei seiner Möglichkeit, BGH NJW 2014, 1448. Zulässigkeit besteht zugunsten des Verwalters für eine Feststellung, dass seine Entlassung unwirksam sei, BGH MDR 2002, 1427; vgl. auch LG Ffm WuM 2018, 108. Zulässigkeit besteht für eine negative Feststellung zugunsten des Verwalters, wenn sich ein Eigentümer eines Anspruchs gegen ihn berühmt, Düss ZMR 1996, 622. Zulässigkeit besteht für eine Feststellung der Nichtigkeit der Verwalterbestellung selbst dann, wenn sie wegen Zeitablaufs hinfällig ist, BayObLG NZM 2004, 624.

– **(Zustimmung):** Zulässigkeit besteht für eine Feststellung der Unwirksamkeit der Ablehnung einer Zustimmung zB zu einem Verkauf, BayObLG NJW-RR 2003, 950; LG Mü ZMR 2011, 60.

Zinsen: Zulässigkeit kann wegen desjenigen Zeitraums bestehen, den § 104 I 2 nicht erfasst, AG Bad Oldsloe NJW-RR 2013, 865.

Zugewinnausgleich: → „Ehe".

Zug um Zug: → „Annahmeverzug".

Zutrittsverbot: Maßgebend ist eine objektive vernünftige Betrachtung nachträglicher Wirkungen, BGH NJW-RR 2016, 1405; zum Stadionverbot → „Ehre".

Zwangsvollstreckung: → „Vollstreckung".

X. Zwischenfeststellungsklage, II. 1. Regelungszweck. → Rn. 3. Die Rechtskraft des Urteils bezieht sich nur auf die Entscheidung über den prozessualen Anspruch selbst, nicht aber auf das zugrunde liegende Rechtsverhältnis und die tragenden Entscheidungsgründe, Thomas/Putzo/Seiler Rn. 26 II ermöglicht bei Vorliegen der Voraussetzungen die Feststellung eines die Entscheidung bedingenden und vorgreiflichen Rechtsverhältnisses, wenn der Kläger die Zwischenfeststellungsklage mit der Hauptklage oder der Bekl. die Zwischenfeststellungswiderklage erhebt, BGH WM 2016, 2197; BAG NZA 2017, 1185; NZA 2008, 185; Brdb WM 2010, 651. Ihr Zweck ist die Ausdehnung der Rechtskraftwirkung nach § 322 auf den Grund der Klage oder der Widerklage, BGH NJW 2021, 103 Rn. 46; 2011, 2196; BAG NZA 2017, 1185; BVerwG NVwZ 2011, 510. Dadurch können Gericht und Parteien entlastet und die Parteien vor widersprüchlichen Entscheidungen bewahrt werden, BGH NJW-RR 2003, 303; Musielak/Voit/Foerste Rn. 39. Die Zwischenfeststellungsklage ist eine unselbständige Feststellungsklage. 66

2. Geltungsbereich. a) Allgemeines. Im Wesentlichen ist er mit dem des I identisch, → Rn. 4. In Einzelfällen steht dem Kläger ausnahmsweise auch eine Feststellungsklage nach I offen; indessen hat II grundsätzlich den Vorrang, Naumb NJW-RR 2001, 304. Ähnlich, aber mit erheblich weiteren Wirkungen verläuft das Verfahren nach dem KapMuG, SchlAnh. VIII, mit seinem Musterentscheid des OLG. 67

b) Beispiele

68 **Arbeitsrecht:** Analog anwendbar ist II im arbeitsgerichtlichen Beschlussverfahrens, BAG NZA 2017, 1185; DB 1990, 132; Hager FS Kissel, 1994 338. Die Anwendbarkeit eines Tarifvertrags kann unter II fallen, LAG Hmb NZA-RR 2018, 314.

Arrest, einstweilige Verfügung: Unzulässig ist die Klage nach II im Eilverfahren wegen seiner Eigenart, §§ 916 ff., 935 ff., Musielak/Voit/Foerste Rn. 39.

Aufrechnung: Das Nichtbestehen der Forderung, mit der der Bekl. aufrechnet, kann grundsätzlich nicht Gegenstand von II sein, → Rn. 75 (s. Stichwort dort).

Berufungsinstanz: Zulässig ist die Klage nach II auch in der Berufungsinstanz, § 525. § 533 Nr. 1 gilt nicht, während § 533 Nr. 2 anwendbar bleibt, MüKoZPO/Becker-Eberhard Rn. 89.

Eheverfahren: Unzulässig ist ein Antrag nach II im Eheverfahren nach §§ 121 ff. FamFG, Ffm FamRZ 1983, 176.

FamFG-Verfahren: II ist grundsätzlich anwendbar, MüKoZPO/Becker-Eberhard Rn. 90; vgl. auch Gomille NJW 2008, 274 (zur Feststellung über die Nichtigkeit von Eheverträgen).

Revisionsinstanz: Unzulässig ist die Klage nach II in der Revisionsinstanz nach §§ 542 ff., BGH NJW 1982, 790; BAG MDR 1982, 526; → Rn. 71.

Stufenklage: Zulässig ist die Klage nach II auch bei einem Verfahren nach § 254, BGH MDR 1999, 350.

Urkunden- und Wechselprozess: Unzulässig ist die Klage nach II im Vorverfahren des Urkunden- oder Wechselprozesses nach §§ 592 ff. wegen seiner Eigenart, BGH NJW 1994, 1353.

Wohnungseigentum: Zulässig kann die Klage nach II auch im WEG-Verfahren sein.

69 **3. Voraussetzungen für II. a) Allgemeine Zulässigkeitsvoraussetzungen.** Sie müssen ebenso wie bei I vorliegen und sind wie die besonderen Zulässigkeitsvoraussetzungen in jeder Instanz von Amts wegen zu prüfen, BGH NJW 2007, 82; → Rn. 6–10; → Vor § 253 Rn. 14, 22 ff.; → Rn. 6 ff. **Erhoben** werden kann die Klage nach II zusammen mit der Hauptklage (§§ 253, 260) sowie nachträglich als Klage oder als Widerklage (§ 261 II) bis zum Schluss der letzten mündlichen Tatsachenverhandlung. Sie kann auch **hilfsweise** für den Fall erhoben werden, dass der Hauptantrag abgewiesen wird, BGH NJW 1992, 1897. Auch insoweit gilt für den erforderlichen Klageantrag der **Bestimmtheitsgrundsatz** nach § 253 II Nr. 2, BGH BauR 2005, 588; BAG 2016, 670; → § 253 Rn. 34 ff. Ein unzulässiger oder unklarer Antrag kann uU **ausgelegt** oder umgedeutet werden, BGH NJW-RR 2018, 1067; BAG NJW 2016, 670; 2012, 3390; BayObLG 2003, 66; → § 253 Rn. 39. Die Partei- und Prozessfähigkeit nach §§ 50, 51 muss für die Zwischenfeststellungsklage selbständig beurteilt werden. Eine Prozessvollmacht für den Hauptprozess genügt nach § 81. Das Gericht muss die Zulässigkeit des Rechtswegs nach § 13 GVG selbständig beurteilen. Die örtliche **Zuständigkeit** folgt, außer bei einem ausschließlichen Gerichtsstand, stets dem Hauptprozess. Das folgt aus dem Zweck des II. Grundsätzlich gilt dies auch für die sachliche Zuständigkeit; allerdings kann das Landgericht durch die Zwischenfeststellungswiderklage nach § 506 erst zuständig werden, Thomas/Putzo/Seiler Rn. 27. Für die Kammer für Handelssachen gilt § 99 GVG.

70 **b) Rechtsschutzbedürfnis/Feststellungsinteresse.** Für die Zwischenfeststellungsklage ist das Feststellungsinteresse, anders als bei I, als besonderes Rechtsschutzbedürfnisses grundsätzlich nicht erforderlich, BGH NJW-RR 2013, 873; NJW 1992, 1897; BAG NZA 2019, 726; 2017, 511; NJW 2003, 991. Kblz AnwBl 1989, 49; Musielak/Voit/Foerste Rn. 42; es wird durch das Merkmal „Vorgreiflichkeit" ersetzt, → Rn. 74. Ein Feststellungsinteresse ist aber erforderlich, wenn mit einer Zwischenfeststellungswiderklage ein **Dritter** einbezogen wird; dann muss für die Feststellung ihm gegenüber ein Feststellungsinteresse bestehen, weil insoweit eine Klage nach I vorliegt, BGH NJW 2011, 2195; Musielak/Voit/Foerste Rn. 40; → Rn. 38 ff.: (zur Drittbeteiligung); → Rn. 28 ff. (allg. zum Feststellungsinteresse).

71 **c) Hauptklageverfahren. Statthaft** ist die Zwischenfeststellungsklage nur, wenn das Hauptklageverfahren in einer Tatsacheninstanz rechtshängig ist; sie wird deshalb auch als unselbständige Feststellungsklage bezeichnet, BAG NZA 2019, 726; 2008, 185; MüKoZPO/Becker-Eberhard Rn. 80. In der Revisionsinstanz kann sie nicht mehr erhoben werden, → Rn. 68 „Revision". In der Regel wird die Klage nach II mit einer Leistungsklage verbunden sein; jedoch kann sie bei Vorliegen der Voraussetzungen auch bei einer Gestaltungs- und einer selbständigen Feststellungsklage erhoben werden, MüKoZPO/Becker-Eberhard Rn. 80. Unzulässig ist die Klage nach II dann, wenn die Hauptklage mangels Bestimmtheit nach § 253 II Nr. 2 unzulässig ist, BGH NJW-RR 1994, 1272. Der Streit um den Anspruchsgrund darf auch noch nicht durch ein Grundurteil nach § 304 abgeschlossen sein, Musielak/Voit/Foerste Rn. 40.

72 **Klageberechtigt** sind nur die Prozessparteien, nicht der Streithelfer nach § 66 oder der streitgenössische des § 69, MüKoZPO/Becker-Eberhard Rn. 89. Zulässig ist die Klage oder Widerklage nach II auch gegen den Prozessgegner und einen **Dritten,** BGH WM 2017, 2315; NJW 2011, 2195; → Rn. 70. Dass der Bekl. an dem Rechtsverhältnis nicht beteiligt ist, steht der Erhebung der Zwischenfeststellungsklage nicht entgegen, sofern das Merkmal „Vorgreiflichkeit" erfüllt ist, so zB bei einer Klage gegen den Bürgen bei Erhebung der Bereicherungseinrede des Hauptschuldners nach § 768 I BGB, BGH NJW 2011, 2195 Rn. 20.

73 **d) Rechtsverhältnis.** Als besondere Prozessvoraussetzung muss sich die Zwischenfeststellungsklage auf ein im Laufe des Prozesses streitig gewordenen Rechtsverhältnis beziehen. Für diesen Gegenstand von II gelten dieselben Grundsätze wie bei I, → Rn. 13 ff. Das Rechtsverhältnis kann entgegen des Wortlautes von II schon vor der Klage streitig sein, BGH NJW-RR 1990, 320. Unter einem Rechtsverhältnis ist eine bestimmte, rechtlich geregelte Beziehung einer Person zu einer anderen oder zu einer Sache zu verstehen, BGH NJW 2013, 1744; 2011, 2196; Ffm FamRZ 1983, 176; → Rn. 13. Das Rechtsverhältnis muss gegenwärtig sein, → Rn. 20 ff., es darf sich nicht um Elemente oder Vorfragen eines Rechtsverhältnisses handeln, BGH NZM 2005, 704; Dresd BeckRS 2022, 17297 und 10714 (Wirksamkeit des Widerspruchs gegen einen Lebensversicherungsvertrag wegen eines Belehrungsmangels ist eine reine Vorfrage und die Klage ist unzulässig); großzügiger OVG Magdeb NVwZ-RR 2017, 350; → Rn. 15, und abstrakte Rechtsfragen und reine Tatsachen können nicht Gegenstand sein, → Rn. 16 ff. Das Rechtsverhältnis *kann bedingt sein,* → *Rn.* 12. Im Rahmen von II kann die Echtheit oder Unechtheit einer Urkunde nicht Gegenstand sein, MüKoZPO/Becker-Eberhard Rn. 80. Als Rechtsverhältnis ausreichend sind Forderungsrechte und Ansprüche, die einem umfassenderen Rechtsverhältnis entspringen, etwa bei einem Vertrag, BGH NJW 2007, 83; Nürnb MDR 1985, 417. Der Kläger kann einen Antrag nach II schon bei einer auf

eine teilweise Leistung gerichteten Klage erheben, BGH NJW-RR 1990, 320. Im Übrigen ist unerheblich, welche Partei sich auf eine vorgreifliche Entscheidung stützt und sie herbeigeführt hat.

e) Vorgreiflichkeit. Für die Feststellung des Bestehens oder Nichtbestehens des Rechtsverhältnisses muss – anders als bei I – kein Feststellungsinteresse vorliegen, → Rn. 70. Als weitere besondere Prozessvoraussetzung muss die begehrte Feststellung jedoch für die Entscheidung über den Hauptanspruch zum Zeitpunkt der letzten mündlichen Tatsachenverhandlung ganz oder teilweise vorgreiflich sein, BGH NJW 2021, 103 Rn. 46; NZBau 2015, 170 Rn. 31; BAG 2019, 1833 Rn. 18; BVerwG NVwZ 2012, 1185; Ffm NJW-RR 2009, 955. Für das Gericht muss das Rechtsverhältnis ein notwendiges Element der Subsumtion bezüglich der anspruchsbegründenden Voraussetzungen oder der geltend gemachten Einreden iSd ZPO, sein, dh es muss für die Schlüssigkeit des Klägervortrages oder die Erheblichkeit des Bekl.-Vortrages eine Bedeutung haben, → Vor § 253 Rn. 61 ff. (Begriff der Einrede iSd ZPO), → Rn. 48 ff. (Schlüssigkeit und Erheblichkeit – Relationsmethode). Mehrere Begründungsmöglichkeiten sind dabei nicht schädlich; über die Frage des Rechtsverhältnisses muss aber in den Gründen des Urteils zur Hauptsache nach § 313 III entschieden werden, BGH NJW-RR 2010, 640; NJW 1961, 75; Thomas/Putzo/Seiler Rn. 33; Gomille NJW 2008, 274. Für die Vorgreiflichkeit reicht die Möglichkeit, dass das zu klärende Rechtsverhältnis über den Streitgegenstand hinaus Bedeutung gewinnen kann, BGH NJW 2013, 1744; 2011, 2195; 2008, 262; 2007, 82; BAG NZA 2007, 1391; Nürnb MDR 1985, 417; Thomas/Putzo/Seiler Rn. 28. Dabei bezieht die Rspr. aus prozessökonomischen Erwägungen auch rein im Tatsächlichen liegende Entwicklungen ein, BGH NJW-RR 2012, 1312 Rn. 41; NJW 2011, 2195 Rn. 21; hierzu krit. MüKoZPO/Becker-Eberhard Rn. 86. Von einer Vorgreiflichkeit ist auch auszugehen, wenn mit der Hauptklage mehrere selbständige Ansprüche aus dem Rechtsverhältnis verfolgt werden und diese in ihrer Gesamtheit die Ansprüche erschöpfen, die sich aus ihm ergeben können; dasselbe gilt, wenn mit Klage und Widerklage mehrere selbständige Ansprüche aus demselben Rechtverhältnis geltend gemacht werden; in beiden Fällen können Teilurteile ergehen, für die die Zwischenfeststellung von Bedeutung sein kann, BGH NJW 2018, 549; 2013, 1744 Rn. 19. Die Vorgreiflichkeit fehlt, wenn der Kläger auf die Geltendmachung weiterer denkbarer Folgen verzichtet, Thomas/Putzo/Seiler Rn. 29. Sie entfällt aber nicht für die negative Feststellungswiderklage durch die einseitige Erklärung des Klägers, er werde die Entscheidung über die Klageforderung, deren er sich berühmt, als verbindlich anerkennen, BGH WM 1988, 402; Thomas/Putzo/Seiler Rn. 28. 74

f) Beispiele zur Vorgreiflichkeit, II

Abweisungsreife: Die Vorgreiflichkeit fehlt, wo die Hauptklage aus formellen oder sonstigen vom Bestehen des streitigen Rechtsverhältnisses unabhängigen Gründen abweisungsreif ist, BGH WM 2010, 332; NJW 2004, 3330; Zöller/Greger Rn. 25; Hager KTS 1993, 45. 75

Aufrechnung: Rechnet der Bekl. mit einer Gegenforderung gegen die Klageforderung auf, kann das Bestehen dieser Gegenforderung nicht nach II festgestellt werden, weil mit dem Urteil über die Hauptklage die Rechtsbeziehungen der Parteien in Bezug auf die Klageforderung und die von der Rechtskraft nach § 322 II erfassten Aufrechnung erschöpfend geregelt werden, BGH NJW 2018, 549; 2007, 82. Etwas anderes gilt, wenn das Rechtsverhältnis über den Streitgegenstand hinaus Bedeutung hat oder haben kann, BGH NJW 1983, 1790; Zöller/Greger Rn. 26.

Ehevertrag: Zur Feststellung seiner Nichtigkeit krit. Gomille NJW 2008, 274.

Gesellschaft: Zulässig ist eine Klage nach II auf Klärung der Gesellschafterstellung, Hamm ZIP 2014, 1503.

Haftungsquote: Zulässig sein kann II bei einer Teil-Leistungsklage in der Hauptsache wegen der Haftungsquote bezüglich des Rests, LG Bonn MDR 2010, 1346.

Klagerücknahme: Die Hauptklage darf nicht infolge ihrer wirksamen Rücknahme nach § 269 weggefallen sein, MüKoZPO/Becker-Eberhard Rn. 87.

Mehrere Begründungen: Bei unterschiedlichen Begründungsmöglichkeiten ist die Vorgreiflichkeit nur anzunehmen, wenn das vorgetragene Rechtsverhältnis für die Hauptentscheidung von Bedeutung sein kann, Köln MDR 1981, 678; → Rn. 73.

Stufenklage: Ein Sonderfall ergibt sich bei der Stufenklage, bei der das Streitverhältnis erst auf der dritten Stufe abschließend geklärt wird; ein Antrag nach II ist aber auf der unteren Stufe (Auskunft) zulässig, BGH ZIP 1999, 447; Anders/Gehle Assessorexamen ZivilR Rn. 16

Teilklage: Hat der Kläger nur einen Teil des Anspruchs eingeklagt, kann mit der Klage nach II die ganze Vorfrage zur Entscheidung gestellt werden, MüKoZPO/Becker-Eberhard Rn. 85.

Verbundverfahren: Eine noch dort anhängige Streitfrage reicht nicht aus, Köln NJW-RR 2006, 1513.

4. Verfahren. a) Allgemeine Fragen. Zur Frage der Zulässigkeit der Klage nach II: → Rn. 69, ihrer Erhebung: → Rn. 69; der Möglichkeit der Feststellungswiderklage auch gegen einen Dritten: → Rn. 71. 76

Auf Seiten des Klägers stellt die Klage als „Zusatzklage" keine Erweiterung des Klageantrags dar. Der Bekl. erhebt mit ihr eine besondere Widerklage, Anh. § 253. Im Rahmen der Zwischenfeststellungsklage gilt dieselbe Darlegungs- und Beweislastverteilung wie für die Hauptsachenklage, BGH NJW 1994, 1353; Anders/Gehle Assessorexamen ZivilR O Rn. 31. 77

b) Entscheidung. Fehlen die von Amts wegen zu beachtenden allgemeinen oder besonderen Zulässigkeitsvoraussetzungen (II), muss das Gericht die Zwischenfeststellungsklage evtl. nach einem vergeblichen Hinweis nach § 139 durch ein Prozessurteil als unzulässig abweisen, wenn nicht eine Umdeutung einer Klage nach I möglich ist, → Rn. 69. Die Ausführungen des Gerichts über das Rechtsverhältnis im Hauptsachen-Endurteil erwachsen dann nicht in Rechtskraft nach § 322. 78

Sachlich entschieden wird über die Zwischenfeststellungsklage in dem die Instanz abschließenden Endurteil neben der Hauptsache oder durch ein Teilurteil nach § 301, nicht hingegen durch ein Zwischenurteil nach § 303, BGH MDR 1968, 36; Thomas/Putzo/Seiler Rn. 35; Anders/Gehle Assessorexamen ZivilR O Rn. 32. Dagegen darf über die Hauptklage nicht durch Teilurteil entschieden werden, soweit das Rechtsverhältnis streitentscheidend ist, MüKoZPO/Becker-Eberhard Rn. 92. Die Entscheidung nach II ist der materiellen Rechtskraft fähig; der Tenor ist aber nicht vollstreckungsfähig, → Rn. 1. 79

c) Rechtsmittel. Soweit gegen das Urteil in der Hauptsache ein Rechtsmittel statthaft ist, ist es auch gegen den Feststellungsausspruch zulässig. Ein vor der formellen Rechtskraft des Feststellungsurteils nach § 705 in der Hauptsache ergehendes Endurteil ist durch die Aufhebung des Feststellungsurteils analog § 304 II auflösend 80 bedingt. Ist das Rechtsmittel auf die Hauptsache beschränkt, so bindet die Zwischenfeststellung das Rechtsmittelgericht bezüglich des Anspruchsgrundes, soweit darüber entschieden ist (§§ 318, 512, 557 II), MüKoZPO/Becker-Eberhard Rn. 94.

81 **5. Streitwert.** Ausgangspunkt ist genau wie bei I § 3, → Rn. 63. Eine Zusammenrechnung der Streitwerte nach § 5, § 39 GKG findet aber nicht statt. Soweit es sich um eine Zwischenfeststellungswiderklage handelt, ergibt sich dies aus § 45 I 3 GKG; allein entscheidend ist der höhere Wert, dh in der Regel der Wert der Hauptklage, da derselbe Gegenstand betroffen ist, → § 253 Rn. 26 (zum Streitgegenstand). Aber auch bei einem Vorgehen des Klägers nach II werden sich die Hauptklage und die Klage nach II jedenfalls teilweise überschneiden und dann hat ebenfalls in Anlehnung an § 45 I 3 GKG eine Zusammenrechnung zu unterbleiben; nur soweit sich der Gegenstand der Klage nach II außerhalb der Hauptklage bewegt, findet eine Addition der Streitwerte statt, BGH NJW-RR 1992, 698; NJW 2013, 470; MüKoZPO/Becker-Eberhard Rn. 96.

Vorbemerkung zu § 257
Klage vor der Fälligkeit

Schrifttum: Berkowsky, Die Klage auf zukünftige Leistung im Arbeitsverhältnis, RdA 2006, 77;Both, Die Klage auf künftige Leistung im Mietrecht, DWW 2010, 82; Eichel, Künftige Forderungen, 2014; Murach, Rechtsschutzprobleme bei der Klage auf künftige Leistung nach den §§ 257–259 ZPO, Diss. Bonn 2007; Petzoldt, Die Rechtskraft der Rentenurteile des § 258 ZPO und ihre Abänderung nach § 323 ZPO, 1992; Winkler, Überlegungen zur Konkurrenz von Feststellungsklage und Klage auf künftig fällig werdenden Mietzins, ZMR 2008, 94.

1 **I. Systematik.** → Vor § 253 Rn. 1 ff. Ist der mit der Klage geltend gemachte materiell-rechtliche Anspruch nicht fällig, wird grundsätzlich die Klage als „derzeit unbegründet" durch Sachurteil abgewiesen, BGH NJW 2007, 294; Zöller/Greger § 257 Rn. 1; → Vor § 253 Rn. 41. Der Kläger erreicht damit nicht sein Klageziel, einen Vollstreckungstitel zu erlangen. Dies kann ihm erst in einem neuen Verfahren gelingen, wenn Fälligkeit eingetreten ist. Davon werden in den §§ 257–259 Ausnahmen gemacht, dh der Kläger erlangt bei Vorliegen der Voraussetzungen einen Vollstreckungstitel für eine nicht fällige Forderung, Kblz KTS 2000, 639. Dabei kommt er auf den Schluss der letzten Tatsachenverhandlung nach § 136 IV, § 296a an, BGH NJW 2008, 1662. Entsteht danach ein Leistungsverweigerungsrecht, muss der Bekl. nach § 767 vorgehen, BGH ZMR 1996, 546. §§ 257 bis 259 enthalten besondere Zulässigkeitsvoraussetzungen, Hamm NJW 1982, 1402; → Rn. 4.

2 **II. Regelungszweck.** → Vor § 253 Rn. 1 ff. Die Vorschriften dienen der Vermeidung neuer Verfahren, Hamm NJW-RR 1996, 1222. Sie dienen damit der Prozesswirtschaftlichkeit. Sie dürfen aber nicht dazu führen, den Schuldner in ein Gerichtsverfahren hineinzuziehen, das nach der Haltung des Schuldners gar nicht erforderlich wäre, weil er zur verabredeten Zeit leisten will und voraussichtlich auch können wird. Es kommt daher auch auf die erkennbare Haltung des Schuldners zum Leistungszeitpunkt an, nicht nur auf die Befürchtungen des Gläubigers, mögen sie für sich allein betrachtet auch noch so einleuchten. Das gilt nicht nur bei § 259.

3 **III. Geltungsbereich.** → Vor § 253 Rn. 6. Es geht um drei Bereiche, in denen die Fälligkeit noch nicht gegeben ist:
- bei § 257 um einen Anspruch aus einer kalendermäßig bestimmten Geldforderung oder um einen Anspruch auf eine kalendermäßige Räumung, soweit es sich nicht um Wohnraum handelt; im letzteren Fall kann § 259 gelten,
- bei § 258 um einen Anspruch auf eine mehr oder weniger oft wiederkehrende Leistung,
- bei § 259 um eine berechtigte Besorgnis der Nichterfüllung durch den Bekl.

4 **IV. Besondere Zulässigkeitsvoraussetzungen.** Die Erfordernisse nach §§ 257–259 sind besondere Zulässigkeitsvoraussetzungen → Vor § 253 Rn. 37; Zöller/Greger § 253 Rn. 19. Das Gericht muss diese Voraussetzungen von Amts wegen prüfen, → Vor § 253 Rn. 14. Maßgebend ist der Schluss der letzten Tatsachenverhandlung nach §§ 136 IV, 296a, BGH NJW 2008, 1662; → Rn. 1. Fehlen die Voraussetzungen, muss das Gericht die Klage evtl. nach einem vergeblichen Hinweis nach § 139 durch ein Prozessurteil als unzulässig abweisen, Zöller/Greger § 257 Rn. 2; → Vor § 253 Rn. 45.

5 **V. Verfahren.** Die Klagen aus §§ 257–259 sind Leistungsklagen, → Vor § 253 Rn. 8. Das Urteil ergeht auf eine Leistung. Will der Bekl. nur der Kostenlast nach §§ 91 ff. entgehen, muss er bei einer Zulässigkeit der Klage nach § 93 sofort anerkennen. Etwas anderes gilt dann, wenn der Bekl. die Zulässigkeit leugnet, wenn er etwa jeden Grund zur Besorgnis der Nichterfüllung bestreitet. Eine Verurteilung benachteiligt den Bekl. insofern, als sie ihm die nach der letzten mündlichen Tatsachenverhandlung entstehende Einreden abscheidet und er dann nur die Vollstreckungsabwehrklage nach § 767 erheben kann. Man muss aber dem Bekl. das Recht zubilligen, mit allen denjenigen Forderungen aufzurechnen, die nicht später fällig werden als die Klageforderung, Hoppenz FamRZ 1987, 1099. Denn dasjenige, was das Gesetz dem Kläger gewährt, gibt es unausgesprochen auch dem Bekl. Das Mahnverfahren nach §§ 688 ff. ist zulässig. Zur Anwendbarkeit im gestörten Arbeitsverhältnis Vossen DB 1985, 385 und 439.

257 *Klage auf künftige Zahlung oder Räumung.* **Ist die Geltendmachung einer nicht von einer Gegenleistung abhängigen Geldforderung oder die Geltendmachung des Anspruchs auf Räumung eines Grundstücks oder eines Raumes, der anderen als Wohnzwecken dient, an den Eintritt eines Kalendertages geknüpft, so kann Klage auf künftige Zahlung oder Räumung erhoben werden.**

1 **I. Systematik und Geltungsbereich.** → Vor § 253 Rn. 1, 6; → Vor § 257 Rn. 1, 3. § 258 ergänzt § 257. Die Vorschrift ist gegenüber § 259 eine vorrangige Sonderregel in ihrem Geltungsbereich. Eine Feststellungsklage nach § 256 *ist gegenüber einer Klage nach* § 257 *nicht subsidiär,* BAG NZA 2021, 347 Rn. 39; → § 256 Rn. 41.

2 **II. Regelungszweck.** → Vor § 257 Rn. 2. Liegen neben den allgemeinen die besonderen Zulässigkeitsvoraussetzungen der Vorschrift vor, → Vor § 257 Rn. 4 ff., kann ein Vollstreckungstitel im Hinblick auf einen noch nicht fälligen Anspruch ergehen und vermieden werden, dass die Klage „als derzeit unbegründet abge-

wiesen" wird. Damit steht der Vollstreckungstitel nach §§ 704 ff. schon am feststehenden Tag der künftigen Leistungspflicht zur Verfügung. Die Vorschrift hilft damit der Prozesswirtschaftlichkeit. Die Vorschrift soll auch den besonderen Problemen Rechnung tragen, vor denen oft der Räumungsgläubiger in der Zwangsvollstreckung nach § 885 steht. Das Erkenntnisverfahren soll möglichst rasch durchgeführt werden. Den Sozialschutz des Räumungsschuldners auch beim Nicht-Wohnraum bietet das Buch 8.

III. Zulässigkeitsvoraussetzungen. 1. Allgemeine Zulässigkeitsvoraussetzungen. Wie bei allen Klagen müssen die allgemeinen Zulässigkeitsvoraussetzungen vorliegen, → Vor § 253 Rn. 22. Im Antrag muss der Kalendertag nicht namentlich bezeichnet werden, wenn er aufgrund der vorgetragenen Tatsachen bestimmbar ist, Zöller/Greger Rn. 5. Ein Rechtsschutzbedürfnis, → Vor § 253 Rn. 43, ist wie stets erforderlich. Ein besonderes Interesse an der Klage vor Fälligkeit ist nicht erforderlich, Thomas/Putzo/Seiler ZPO Rn. 5. 3

2. Art des Anspruchs. a) Nicht von einer Gegenleistung abhängige Geldforderung. Es geht um eine am Schluss der mündlichen Verhandlung nach §§ 136 IV, 296a nicht, noch nicht oder nicht mehr von einer Gegenleistung abhängige, also einseitige oder einseitig gewordene Geldforderung. Der Rechtsgrund und seine Natur als eine Bring- oder Holschuld sind unerheblich. Tritt Fälligkeit während des Verfahrens ein, so ergeht ein Urteil ohne Rücksicht auf §§ 257–259, BGH NJW-RR 2010, 815. 4

b) Beispiele

Gegenseitiges Schuldverhältnis: Erfasst werden nur Ansprüche, bei denen die Gegenleistung vollständig erbracht ist. 5

Grundschuld und Hypothek: § 257 ist anwendbar, Zöller/Greger Rn. 3.

Miete: Unanwendbar ist die Vorschrift auf einen Anspruch auf künftige Miete; denn sie hängt von einer Gegenleistung ab, BGH NZA 2003, 231; Henssler NJW 1989, 139. Auch ein Anspruch auf die Zustimmung zu einer Mieterhöhung nach § 558 BGB fällt deshalb nicht unter § 257, ebenso wenig ein Anspruch auf eine Schönheitsreparatur, soweit ihr Ob und Wie noch unklar sind. Bei Schönheitsreparaturen fehlt es ist der Regel an einer kalendermäßig bestimmten Leistungszeit, → Rn. 7. Auch „Nutzungsentschädigung".

Nutzungsentschädigung: Unanwendbar ist § 257 bei einem Anspruch auf eine Nutzungsentschädigung bis zur Räumung. Denn er hängt von einer Gegenleistung des Vermieters ab, BGH NZM 2003, 231. Auch „Miete".

Quittung: Anwendbar ist § 257 bei einem Anspruch auf die Erteilung einer Quittung nach § 368 BGB, Art. 39 WG; denn es fehlt der Gegenwert, Thomas/Putzo/Seiler Rn. 2.

Scheck und Wechsel: § 257 ist wegen fehlender Akzessorietät anwendbar.

Schenkung: Anwendbar ist § 257 auf einen Schenkungsvertrag oder eine Handschenkung.

Versorgungsausgleich: Unanwendbar ist § 257 auf einen Anspruch auf einen künftigen Versorgungsausgleich nach §§ 218 ff. FamFG, BGH NJW 1984, 611. Bei einer schuldrechtlichen Ausgleichsrente ist der Eintritt der Fälligkeit nach § 20 II VersAusglG zugleich Voraussetzung für das Entstehen des Anspruchs auf Zahlung einer Ausgleichsrente, weshalb § 257 nicht in Betracht kommt, Bre NJW 2013, 946.

WEG: Anwendbar sein kann § 257, AG Mü ZMR 2017, 843.

Zug um Zug: Unanwendbar ist § 257 auf einen Anspruch auf eine Leistung Zug um Zug nach §§ 273, 322 BGB.

Zurückbehaltungsrecht: → „Zug um Zug".

Zwangsvollstreckung: Anwendbar ist § 257 auf eine Duldung der Zwangsvollstreckung nach §§ 704 ff. wegen einer einseitigen Geldforderung.

c) Räumung von Nicht-Wohnraum. Erfasst wird ein Anspruch auf Räumung eines nicht Wohnzwecken dienenden Grundstücks oder Raums, LG Hmb ZMR 2014, 645 (Gaststätte). Das gilt ohne Rücksicht auf den Rechtsgrund, der sich zB aus Vertrag, etwa Miete, Leihe, Besitz, oder aus einem dinglichen Recht ergeben kann. Nicht hierher gehört eine Klage auf die Rückgabe beweglicher Sachen, ebenso wenig auf Räumung von auch nur teilweisem Wohnraum, zB eines Wohnwagens oder eines Schiffs. Das gilt unabhängig davon, ob man gemietet, gepachtet, geliehen hat und ob man ihn aufgrund eines dinglichen Wohnrechts oder ohne Rechtsgrund bewohnt. Insofern ist nur eine Klage aus § 259 bei der Besorgnis der Nichterfüllung denkbar. 6

3. Kalendermäßige Fälligkeit. Die Fälligkeit muss nach dem Gesetz, einem Vertrag oder aufgrund einer Stundung an den Eintritt eines Kalendertages geknüpft sein. Sie muss also entweder nach dem Kalender bestimmt oder nach ihm bestimmbar sein, Kblz KTS 2000, 639. **Beispiel:** 1 Monat nach Kündigung, 2 Monate „nach Sicht", Art. 35 WG; „Ziel 3 Monate nach Empfang der Ware", sofern diese bereits empfangen ist; „Ablauf des Kalenderjahres", Karlsr VersR 2011, 529. Eine etwa notwendige Kündigung, zB nach § 608 BGB kann in der Klageerhebung liegen, Thomas/Putzo/Seiler Rn. 4. Bei Schönheitsreparaturen ist meist als Leistungszeitpunkt kein Kalendertag vereinbart oder gesetzlich geschuldet, LG Hann WuM 2001, 444. 7

IV. Verfahren. Der Kläger ist für das Vorliegen der tatsächlichen Voraussetzungen der Vorschrift beweispflichtig, → Vor § 253 Rn. 14 f. Eine Besorgnis der Nichterfüllung ist anders als bei § 259 nicht erforderlich, Thomas/Putzo/Seiler Rn. 5; Zöller/Greger Rn. 6; aM Bittmann FamRZ 1986, 420. Bei Eintritt der Fälligkeit bis zum Verhandlungsschluss nach §§ 136 IV, 296a darf das Gericht ein uneingeschränktes Leistungsurteil erlassen, → Rn. 10. Verzugszinsen nach § 288 BGB und Prozesszinsen nach § 291 BGB setzen in jedem Fall den Eintritt der Fälligkeit voraus, so dass sie für die Zeit davor nicht erfolgreich geltend gemacht werden können. Ein erst nach dem Verhandlungsschluss mögliches Leistungsverweigerungsrecht bleibt unbeachtlich; der Bekl. ist auf § 767 angewiesen, Zöller/Greger Rn. 6. 8

Hat der Kläger den Anspruch zunächst als einen fälligen eingeklagt und stellt sich im Prozess heraus, dass die Fälligkeit erst später eintritt, muss der Kläger den Antrag ändern und den Fälligkeitszeitpunkt als Leistungstermin bezeichnen. Darin liegt ein Minus iSd § 264 Nr. 2, keine Klageänderung nach § 263. Tritt die Fälligkeit im Prozess ein, kommt es auf die Zulässigkeit der Klage aus § 257 nicht mehr an, BGH NJW-RR 2010, 81; 2005, 1169; BAG NJW 2015, 1773. Das Gericht muss dann auch in der Revisionsinstanz uneingeschränkt verurteilen. 9

Auch wenn im Antrag die Bestimmbarkeit des Fälligkeitszeitpunktes ausreicht, → Rn. 3, lautet der Urteilstenor grundsätzlich auf Verurteilung zur Zahlung oder Räumung zu einem bestimmten Kalendertag; eine Umschreibung reicht aber aus, wenn der Fälligkeitszeitpunkt vom Vollstreckungsorgan unschwer zu ermitteln ist. Erkennt der Bekl. sofort an, trägt ausnahmsweise der Kläger die Beweislast für die Veranlassung der Klage nach § 93, Zöller/Greger Rn. 6. Ein Anlass zur Klagerhebung nach § 93 kann aber schon in der Nichtzahlung früherer 10

Raten liegen. Das Urteil ist nach §§ 708 ff. für vorläufig vollstreckbar zu erklären. Wegen der Zwangsvollstreckung gilt § 751 I. § 767 ist anwendbar, BGH MDR 1996, 1232. Eine vollstreckbare Ausfertigung nach § 724 vor der Fälligkeit erfolgt ohne eine Anordnung des Vorsitzenden. Denn die Frist für die Vollstreckbarkeit ergibt sich bereits aus dem Vollstreckungstitel.

258 *Klage auf wiederkehrende Leistungen.* **Bei wiederkehrenden Leistungen kann auch wegen der erst nach Erlass des Urteils fällig werdenden Leistungen Klage auf künftige Entrichtung erhoben werden.**

1 **I. Systematik und Geltungsbereich.** → Vor § 257 Rn. 1. § 258 geht § 256 vor. Den formellen Vorrang hat das FamFG. Es verweist im Bereich des § 113 I 2 auf die ZPO. Anstelle einer Abänderungsklage nach § 323 gelten die Sonderregelungen der §§ 338 ff. FamFG für die dort geregelten Unterhaltspflichten, → § 323 Rn. 4.

2 **II. Regelungszweck.** → Vor § 257 Rn. 2. Das Ziel der Prozesswirtschaftlichkeit steht im Vordergrund. Der Kläger soll mit der Klage nicht bis zur jeweiligen Fälligkeit der Forderung warten müssen, BGH NJW 2007, 294; Düss FamRZ 2007, 142; Künkel NJW 1985, 2665. Die Vollstreckung ist ohnehin von der Fälligkeit abhängig, Kblz NJW 2004, 1744. Das muss man bei der Auslegung mitbeachten. Es gilt weitere Parallelprozesse zu vermeiden, BGH NZM 2003, 913. Das Gericht muss daher die künftige Entwicklung mitberücksichtigen, BGH FamRZ 1982, 260; Düss FamRZ 2007, 142; Ffm FamRZ 1989, 83. Den zukünftigen Zeitraum darf man aber nur in zumutbaren übersehbaren Grenzen einbeziehen, Ffm FamRZ 1989, 83 (bis zum Studienabschluss). Eine erst nach dem Verhandlungsschluss nach §§ 136 IV, 296a mögliche Einwendung bleibt unbeachtlich; der Bekl. kann dann nach § 767 vorgehen, BGH MDR 1996, 1232; → § 257 Rn. 2 oder eine Abänderungsklage erheben, → § 323 Rn. 7 (Abgrenzung § 767 zu § 323).

3 **III. Zulässigkeitsvoraussetzungen. 1. Allgemeine Zulässigkeitsvoraussetzungen.** → § 257 Rn. 3. Das Gericht muss das Rechtsschutzbedürfnis ungeachtet des § 258 stets prüfen, Düss FamRZ 2007, 142. Es ist nicht immer sogleich erkennbar vorhanden. Auch bei einer klaren Bereitschaft zur künftig pünktlichen Leistung kann es zu bejahen sein; allerdings ist dann an die Anwendbarkeit des § 93 zu denken, Düss FamRZ 2007, 142; KG FamRZ 1979, 171.

4 **2. Wiederkehrende Leistungen.** § 258 ist anwendbar auf wiederkehrende Geld- und andere Leistungen, dh Leistungen jeder Art, die in gewissen Zeitabschnitten als einheitliche Folge aus demselben Schuldverhältnis fällig werden, BGH NJW 2007, 294; WM 1986, 1397; KG FamRZ 1979 171. Die Leistungen, die erst nach der letzten mündlichen Verhandlung fällig werden, müssen der Höhe nach bestimmt oder bestimmbar sein, BGH ZMR 1996, 546; BAG NZA 2017, 265. Das gilt auch, wenn die Raten ungleich hoch sind. Der Anspruch muss anders als bei § 259 als ganzer bereits entstanden sein, BGH NJW 2015, 873; GRUR 1985, 289; NJW 1982, 578; Naumb FamRZ 2008, 1546. Das ist auch beim Ruhegehaltsanspruch, der durch den Tod auflösend bedingt ist, oder einem Anspruch auf Erbbauzins der Fall, BGH NJW 2007, 2194; → Rn. 7 f. Aus dem Wort „auch" ist nicht abzuleiten, dass der Kläger eine fällige Rate mit einklagen muss; „auch" erweitert nur den Kreis der zulässigen Klagen, BGH NJW 1982, 578. Der Kläger muss eine Mahnung nicht regelmäßig wiederholen, KG FamRZ 1984, 1132.

5 Die Vorschrift ist auf einen **Unterhaltsanspruch** anwendbar, KG NJW 2011, 2674; Naumb FamRZ 2008, 1546 (vertraglicher Unterhaltsanspruch); Hmb FamRZ 1992, 328. Bei einem gesetzlichen FamFG-Anspruch findet sie über § 113 I 2 FamFG Anwendung, BGH FamRZ 1998, 1165 (Spitzenbetrag); Karlsr FamRZ 2005, 378 (Zahlung im Voraus); Düss FamRZ 1991, 1207. Allerdings müssen Bedürftigkeit und Leistungsfähigkeit für den betreffenden Zeitraum überwiegend wahrscheinlich sein, BGH NJW 1982, 578; Musielak/Voit/Foerste Rn. 3.

6 Da § 258 den § 257 ergänzt, setzt er auch eine **einseitige** Leistung voraus. Sie darf anders als bei § 259 noch nicht, überhaupt nicht oder nicht mehr von einer Gegenleistung abhängig sein, BGH NJW 2003, 1395; BAG NZA 2022, 852 Rn. 35; NZA-RR 2014, 491; LAG Düss NZA-RR 2018, 261. Bei gegenseitigen Leistungen würde der Bekl. zu sehr durch das Abschneiden seiner Einwendungen benachteiligt werden. Anders als bei § 259 braucht keine Besorgnis zu bestehen, der Schuldner werde sich der rechtzeitigen Leistung entziehen, BGH NJW 1998, 3110; BAG NZA 2022, 852 Rn. 35; 2018, 105; NZA-RR 2014, 491; LAG Düss NZA-RR 2018, 261; LAG Hamm NZA-RR 2018, 319. Das Merkmal der Fälligkeit ist zu eng. Hierher zählt evtl. auch ein betagter, bedingter, befristeter Anspruch, Roth ZZP 1998, 303. Der Rechtsgrund ist unerheblich.

3. Beispiele zur Anwendbarkeit des § 258

7 **Arbeitsunfähigkeitsrente:** Unanwendbar, Stgt VersR 2008, 1348.

Betriebsrente: Anwendbar, LAG Hmb NZA-RR 2018, 261; LAG Hamm NZA-RR 2018, 319.

Erbbauzins: Anwendbar auf den auch künftigen Erbbauzins nach dem ErbbauG, BGH NZM 2012, 642. Die Vereinbarung einer Wertsicherungsklausel steht der Verurteilung zur Zahlung von künftigem Erbbauzins nicht entgegen, BGH NJW 2007, 294.

Feststellungsklage: Einer solchen Klage nach § 256 kann im Einzelfall das Rechtschutzbedürfnis fehlen, soweit § 258 anwendbar ist, weil grundsätzlich die Feststellungsklage gegenüber der Leistungsklage subsidiär ist, → § 256 Rn. 41 ff. Sie kommt aber in Betracht, soweit zB die Anspruchshöhe unklar ist, BGH NJW 2015, 873 Rn. 33, oder soweit man mit Sicherheit eine Einwendung erwarten muss, etwa beim vertraglichen Unterhalt des Kindes über das 18. Lebensjahr hinaus, → § 256 Rn. 46 „Künftige Leistung" (auch zu weiteren Ausnahmen).

Gehalt: Unanwendbar, da der Gehaltsanspruch von einer Gegenleistung abhängt, BGH NZM 2003, 912; NJW 1986, 3142.

Haftpflichtrente: Anwendbar auf eine solche nach §§ 843 ff. BGB. Man muss bei ihr die voraussichtliche künftige Gestaltung der Erwerbsverhältnisse des Klägers berücksichtigen.

Hypothekenzinsen: Unanwendbar.

Kapitalzinsen: Anwendbar.

Krankentagegeld: Unanwendbar, Kblz VersR 2009, 104.

Leibrente: Anwendbar auf eine solche nach §§ 759 ff. BGB.

Lohn: → „Gehalt".
Miete: Unanwendbar, da von einer Gegenleistung abhängig, BGH NZM 2003, 913; Düss MietR 1996, 154; Henssler NJW 1989, 140.
Pacht: → „Miete"; Stgt OLGR 2008, 25.
Pensionszusage: → „Versorgungszusage".
Rente: Anwendbar auf einen solchen Anspruch zB nach §§ 759, 843 II, 844 II, 912 ff. BGB, BAG NZA 2015, 752.
Schadensersatz: Unanwendbar auf Anspruch, der nicht auf eine Rente hinausläuft, Düss GRUR-RR 2002, 48.
Scheidung: Unanwendbar auf einen Anspruch auf nachehelichen Unterhalt, wenn die formelle Rechtskraft des Scheidungsbeschlusses nach §§ 45, 116 II FamFG noch nicht absehbar ist, Stgt FamRZ 1995, 1427; Hamm FamRZ 1978, 815. Für diese ist beim gesetzlichen Unterhalt nur eine Abänderung nach §§ 238 ff. FamFG oder eine Feststellungsklage nach § 256 iVm § 113 I 2 FamFG zulässig, BGH NJW 1983, 2197; Köln VersR 1988, 1185.
Überbaurente: Anwendbar auf eine solche nach § 912 BGB.
Versorgungszusage: Anwendbar, BAG NZA 2008, 1419. Bei einer betrieblichen Pensionszusage hindert die Ungewissheit über die wirtschaftliche Entwicklung des Unternehmens eine Klage nach § 258 grds. nicht.
Verzugszinsen: Unanwendbar auf einen Zinsanspruch für einen künftigen und noch nicht absehbaren Verzug; Verzug setzt Fälligkeit voraus, BAG NZA 2017, 1389; Kobl BeckRS 2010, 20080; FamRZ 1980, 585.
Wertsicherungsklausel: Unanwendbar bei einem Anspruch, dessen Grund und Höhe zweifelhaft sind; aber anders bei Erbbauzinsen, → Rn. 6.

8 **IV. Verfahren.** → § 257 Rn. 8 ff. Im stattgebenden Tenor ist anzugeben, ab wann, zu welchem Zeitpunkt, wie lange und in welcher Höhe die einzelnen Beträge zu zahlen sind, Celle NJW-RR 2011, 1114; MüKoZPO/Becker-Eberhard Rn. 17. Die eventuelle Nachforderung einer Sicherheitsleistung richtet sich nach § 324, die vorläufige Vollstreckbarkeit nach §§ 708 Nr. 8, 711, der Streitwert nach § 9, der Gebührenstreitwert nach § 42 GKG. Die vollstreckbare Ausfertigung wird wegen § 751 sofort erteilt. Besonderheiten ergeben sich für die materielle Rechtskraft. Da das Gericht eine künftige Rechtsfolge ausspricht, ist insoweit das Ende der Leistungspflicht bedeutsam; da sich die Verhältnisse aber ändern können, gestattet § 323 die Durchbrechung der Rechtskraft in dem dort geregelten Rahmen, MüKoZPO/Becker-Eberhard Rn. 2; → § 323 Rn. 2, 3.

259 *Klage wegen Besorgnis nicht rechtzeitiger Leistung.* **Klage auf künftige Leistung kann außer den Fällen der §§ 257, 258 erhoben werden, wenn den Umständen nach die Besorgnis gerechtfertigt ist, dass der Schuldner sich der rechtzeitigen Leistung entziehen werde.**

1 **I. Systematik und Geltungsbereich.** → Vor § 257 Rn. 1, 3. § 259 ist eine Art Generalvorschrift für schon entstandenen und noch nicht fälligen Ansprüche aller Arten und unterscheidet sich so von §§ 257, 258, die auf bestimmte Ansprüche beschränkt sind, BAG NJW 2017, 2783; LG Bonn ZMR 2014, 284. Auch er enthält besondere Zulässigkeitsvoraussetzungen. Bei künftiger Erfüllung hat der Gläubiger die Wahl zwischen § 256 und § 259, Thomas/Putzo/Seiler Rn. 6; → § 256 Rn. 46 „Künftige Leistung"; → § 256 Rn. 65 „Leistungsklage (künftige Leistung)"; → Rn. 5 „Feststellung".

2 **II. Regelungszweck.** → Vor § 257 Rn. 2. Sinn der Vorschrift ist es, als eine Auffangbestimmung im Interesse der Prozesswirtschaftlichkeit eine baldige rechtzeitige gerichtliche Klärung ohne jeden Zeitdruck und ohne eine Notwendigkeit einstweiliger Regelungen nach §§ 916 ff., 935 ff. zu ermöglichen. Das bedeutet zunächst eine möglichst großzügige Anwendung des Begriffs „Besorgnis" im Gesetzestext. Andererseits muss das schon indirekt im Gesetzestext anklingende Rechtsschutzbedürfnis auch bei § 259 vorliegen und dadurch wird eine Grenze gezogen. Man darf nicht zu rasch einem Schuldner unterstellen, er wolle sich der Leistung entziehen. Alles das muss man bei der Auslegung mitbeachten.

3 **III. Voraussetzungen. 1. Allgemeine Zulässigkeitsvoraussetzungen.** Das Gericht muss das allgemeine Rechtsschutzbedürfnis auch hier prüfen, BGH WuM 1990, 395 (auch zum Problem eines besonderen Rechtsschutzbedürfnisses); BAG NZA 2008, 1257; → Rn. 2; → Vor § 253 Rn. 22, 43 (zum Rechtsschutzbedürfnis allg.). Mit der Besorgnis der Nichterfüllung, → Rn. 6, liegt das erforderliche Rechtsschutzbedürfnis vor.

4 **2. Art der Leistungen.** Die Klage kann auf Leistungen aller Art gerichtet sein, → Rn. 5 „Willenserklärung" (Ausnahme). Sie ist, anders als §§ 257, 258, auch zulässig, wenn die geforderte Leistung von einer Gegenleistung abhängt, BGH NJW-RR 2015, 1518; MDR 2005, 1364; Thomas-Putzo/Seiler Rn. 2. Die Vorschrift gilt grundsätzlich auch für ein bedingtes Rechtsverhältnis, BGH MDR 2005, 1365; NJW-RR 1992, 567; Köln FamRZ 1987, 165. Voraussetzung ist, dass die Bedingung einwandfrei bestimmbar ist und der Bekl. aller Voraussicht nach die verlangte Leistung dann unmittelbar schulden wird. Der Anspruch darf nicht erst künftig entstehen, er muss vielmehr schon in einem Rechtsverhältnis, dessen rechtserzeugenden Tatsachen eingetreten sind, seine Grundlage finden, BGH NJW-RR 2007, 1646; 2006, 1485; Düss GRUR-RR 2002, 48; BAG NJW 2017, 2782 Rn. 18; Thomas/Putzo/Seiler Rn. 3; → Rn. 5 „Künftiger Anspruch". Die Möglichkeit, dass ein solches Rechtsverhältnis künftig entsteht, reicht nicht, BGH NJW-RR 2001, 957. In derartigen Fällen kommt aber eine Umdeutung der unzulässigen Klage nach § 259 in eine zulässige Feststellungsklage in Betracht, BGH NJW-RR 2006, 1485.

3. Beispiele zur Art der Leistung
5 **Abmahnung:** Die Vorschrift erfasst eine vom Betriebsrat begehrte Vorlage künftiger Abmahnschreiben; allerdings ist eine solche Klage unbegründet, wenn insoweit keine betriebsverfassungsrechtlichen Aufgaben des Betriebsrates ersichtlich sind, BAG NZA 2014, 270.
Arbeitsverhältnis: Unanwendbar für künftig entstehende Vergütungsansprüche aus dem Arbeitsverhältnis, weil Voraussetzung für einen solchen Anspruch die Erbringung künftiger Arbeitsleistungen oder sonstiger Voraussetzungen ist, BAG NJW 2015, 1773. Da der Beschäftigungsanspruch zukunftsorientiert ist, müssen die Voraussetzungen des § 259 erfüllt sein, BAG NZA 2022, 1625 Rn. 22.
Arrest, einstweilige Verfügung: Einen Arrest oder eine einstweilige Verfügung nach §§ 916 ff., 935 ff. macht das Urteil nach § 259 nicht überflüssig, umgekehrt auch nicht.

Bedingung: Grundsätzlich anwendbar bei einer Bedingung, anders als bei §§ 257, 258, BGH MDR 2005, 1365; → Rn. 4. Das gilt auch, wenn für die Leistung eine behördliche Genehmigung erforderlich ist, BGH NJW 1978, 1262 (Verurteilung unter dem Vorbehalt der Erteilung); krit. Thomas/Putzo/Seiler Rn. 3.

Drittschuldner: Anwendbar gegenüber einem Drittschuldner zB nach § 840, Stgt FamRZ 1988, 166.

Feststellung: § 256 ist alternativ möglich zu § 259 bei künftiger Erfüllung, Musielak/Voit/Foerste Rn. 1; → Rn. 1; → § 256 Rn. 46 „Künftige Leistung". Sie kann auch bei Fehlen eines Leistungsanspruchs nach § 259 in Frage kommen, BGH GRUR 2010, 59.

Freistellung: Zur Frage einer künftigen Freistellung nach § 259: Schweer/Todorow NJW 2013, 3004.

Gegenleistung: Anwendbar auch auf den von einer Gegenleistung abhängigen Anspruch, BGH NJW-RR 2005, 1518; → Rn. 4.

Hilfsantrag: Kann als Klage nach § 259 erfolgen, BGH NJW 2001, 1285. Auch beim unechten Hilfsantrag müssen immer die Voraussetzungen des § 259 erfüllt sein, Köln NJW-RR 1998, 1682; → § 255 Rn. 10–12. BGH NJW 2018, 786; MDR 2005, 1364; → § 255 Rn. 9.

Künftiger Anspruch: → „Bedingung"; → Rn. 4.

Mietverhältnis: Erhebt der Vermieter nach Kündigung Räumungsklage, kann er gleichzeitig nach § 259 die künftig fällig werdende Nutzungsentschädigung bis zur Herausgabe geltend machen, BGH NJW 2003, 1395.

Räumung: Anwendbar, AG Bln-Köpenik WuM 2013, 679; AG Hmb-St Georg ZMR 2016, 465.

Restschuld-Arbeitsunfähigkeitsversicherung: Unanwendbar, Kblz NJW 2012, 2127.

Sozialhilfe: Anwendbar auf eine Leistung zugunsten des Sozialhilfeträgers, BGH NJW 1992, 1624, und zwar auch vor der jeweiligen Zahlung, Brem FamRZ 1984, 1256.

Unechter Hilfsantrag: → „Hilfsantrag".

Unterlassung: Anwendbar bei noch nicht fälligen Ansprüchen, Zöller/Greger Rn. 3. Ansonsten fällt die Unterlassungsklage nicht unter § 259, wenn die Pflicht zur Unterlassung fällig ist, auch wenn sie sich in der Zukunft auswirkt. Insoweit genügt es ist der Regel, dass eine Beeinträchtigung droht, → § 253 Rn. 48 „Unterlassung".

Weiterbeschäftigung: Anwendbar auf den Weiterbeschäftigungsanspruch, Löwisch VersR 1986, 405; → „Arbeitsverhältnis".

Widerklage: Eine Klage nach § 259 kann als Widerklage kann statthaft sein. Das gilt etwa dann, wenn der Käufer seine Aufrechnung oder Minderung vertraglich erst nach einer Zahlung des Kaufpreises geltend machen darf.

Willenserklärung: § 259 ist nicht anwendbar bei einem Anspruch, der nach § 894 vollstreckt wird, weil die erstrebte Wirkung mit der formellen Rechtskraft eintritt, Köln FamRZ 1991, 571.

Zurückbehaltungsrecht: Anwendbar, anders als bei §§ 257, 258, BGH NZM 2003, 231 (Miete nebst Nutzungsentschädigung).

6 **4. Besorgnis der Nichterfüllung.** Eine Klage auf künftige Leistung ist nach § 259 anders als bei §§ 257, 258 erst dann zulässig, wenn die Umstände die Besorgnis begründen, dass sich der Schuldner der rechtzeitigen Leistung entziehen will, BGH NJW 2018, 786 (unechter Hilfsantrag); NJW 2008, 1662; 2003, 1395; BAG NZA 2018, 105 und 109; LG Bln ZMR 2015, 305. Damit ist Voraussetzung nicht ein böser Wille oder auch nur ein bedingter Vorsatz bzw eine Fahrlässigkeit des Schuldners. Ein Sich-Entziehen ist stets anzunehmen, wenn der Schuldner die Forderung des Gläubigers nach Grund oder Höhe ernstlich, wenn auch gutgläubig bestreitet, BGH BB 2005, 1818; NJW 2019, 1674; 2003, 1395; 1999, 954. Zwingend ist ein ernstliches Bestreiten aber nicht; das Sich-Entziehen kann auch aufgrund anderer Umstände gerechtfertigt sein, BGH BB 2005, 1818; Hamm WM 2013, 347; LG Bln ZMR 2016, 30.

7 Nur unter der Voraussetzung des § 259 ist eine Klage auf eine künftige Herausgabe von auch nur teilweisem ortsfestem oder beweglichem **Wohnraum** zulässig, AG Bonn WuM 1992, 611; AG Münst WuM 1988, 364; LG Aachen WuM 1985, 150 (Wohnwagen); Henssler NJW 1989, 144; → Rn. 8 „Räumung von Wohnraum". §§ 257, 258 sind nicht anwendbar, → § 257 Rn. 5 „Miete"; → § 258 Rn. 6, 7 „Miete". Bestritten ist, ob künftig fällig werdende Nutzungsentschädigungen mit eingeklagt werden können, wenn der Schuldner voraussichtlich diese wegen Zahlungsunfähigkeit nicht zahlen wird, bejahend: Dresd NZM 1999, 173; Musielak/Voit/Foerste Rn. 5; verneinend: Kobl FamRZ 1980, 583; Zöller/Greger Rn. 5. Wir folgen der vermittelnden Meinung, nach der § 259 entsprechend anzuwenden ist, wenn der Schuldner die Sache weiter nutzt, BGH NJW 2003, 1395; MüKoZPO/Becker-Eberhard Rn. 13; LG Bln ZMR 2016, 30; → Rn. 5 „Mietverhältnis". In einer solchen Situation sind das Schutzbedürfnis des Gläubigers und das Bedürfnis nach einer wirtschaftlichen Prozessführung ebenso groß wie bei einem ernstlichen Bestreiten der Schuld. Als Schutzmaßnahme hilft uU zusätzlich ein Arrest.

5. Beispiele zur Besorgnis nicht rechtzeitiger Leistung

8 **Anfrage:** „Auskunft".

Aufrechnung: Eine Besorgnis der Nichterfüllung fehlt, soweit der Schuldner eine Hauptaufrechnung nach §§ 387 ff. BGB angekündigt hat. Denn die Aufrechnung ist ein Mittel der Erfüllung. Dann bleibt eine negative Feststellungsklage nach § 256 denkbar.

Auskunft: Fehlt, soweit der Schuldner bisher lediglich keine Auskunft oder Anfrage beantwortet hat, BGH GRUR 1985, 289; Karlsr NJW 1984, 2953; AG Bln-Charlottenb WuM 1989, 427; AG Köln ZMR 1977, 240.

Bestreiten: Anzunehmen, wenn der Schuldner den Anspruch nach Grund oder Höhe ernsthaft bestreitet, → Rn. 6. Auch → „Räumung von Wohnraum".

Herausgabezeitpunkt: Fehlt, soweit allein der Herausgabezeitpunkt noch ungewiss ist, Karlsr NJW 1984, 2953; AG Bln-Köpenik WuM 2013, 679; AG Hersbruck WuM 2012, 687.

Klage: Allein ihre Erhebung reicht für die Besorgnis nicht aus, Löwisch VersR 1986, 405 (Arbeitgeber).

Kündigung: Anzunehmen, wenn der Gegner als Mieter eine wirksame Kündigung behauptet, LG Lüneb ZMR 2012, 447.

Räumung von Wohnraum: Eine Besorgnis der Nichterfüllung liegt vor, wenn der Mieter erklärt, er werde wegen der Unwirksamkeit einer Kündigung des Vermieters nicht ausziehen, BGH NJW 2003, 1395; Düss ZMR 2010, 958; LG Bln ZMR 1998, 636. Das gilt auch für einen Wohnwagen, LG Aachen 1985, 150; → Rn. 7, sowie einen vermieteten, geliehenen, gepachteten oder aufgrund eines dinglichen Wohnrechts inne-

gehaltenen Wohnraum, wenn das Rechtsverhältnis gekündigt ist und kein sonstiger Rechtsgrund besteht, AG Düss WuM 1976, 31.
Rückstand: Eine Besorgnis bei Nichterfüllung kann vorliegen, wenn der Mieter viele Monatsmieten schuldet, BGH MDR 2011, 841; → Rn. 6, 7.
Schweigen: → „Auskunft".
Unpünktlichkeit: Eine Besorgnis der Nichterfüllung kann bei ständiger Unpünktlichkeit vorliegen. Eine einmalige Unpünktlichkeit reicht nicht, Drsd NZM 1999, 173; Gies NZM 2003, 549; Lützenkirchen WuM 2001, 70.
Widerspruch nach § 574 BGB: → „Räumung von Wohnraum". Widerspruch reicht allein nicht aus; anders ist es nur dann, wenn der Schuldner durch eindeutiges Bestreiten des Kündigungsgrundes zu erkennen gibt, dass er nicht bereit ist, fristgemäß zu räumen, LG Köln NJW-RR 1996, 778; LG Kempten WuM 1993, 45; LG Wiesb WuM 1989, 428; AG Steinfurt WuM 1989, 427; MüKoZPO/Becker-Eberhard Rn. 11. Eine Klage auf künftige Räumung ist auch statthaft, wenn der Mieter noch nach § 574b II BGB widersprechen kann, Musielak/Voit/Foerste Rn. 4.
Wohnwagen: → Rn. 7.
Zahlungsunfähigkeit: → Rn. 7.
Zurückbehaltungsrecht: → Rn. 5.

IV. Verfahren. Im Wesentlichen gilt dasselbe wie bei → § 257 Rn. 8 ff., und bei → § 258 Rn. 8. Nach § 253 II Nr. 2 muss ein bestimmter Antrag gestellt werden, die Leistung muss, auch wenn sie künftig ist, konkret beschrieben werden, Karlsr NJW-RR 1998, 1761. Das Vorhersehbare ist präzise anzugeben, BAG NZA 2009, 444. Andernfalls kann § 256 anwendbar sein, BGH NJW-RR 2006, 1485. Das Urteil muss daher die Gegenleistung und Bedingung nennen, BGH NJW 1978, 1262. Soweit bei einer Entscheidungsreife nach § 300 bereits Fälligkeit vorliegt, kann das Gericht auf eine sofortige Leistung auch ohne eine Antragsumstellung verurteilen, BAG NJW 2015, 1774; Drsd NZM 1999, 173. Der Urkundenprozess nach §§ 592 ff. ist zulässig, Bussmann MDR 2004, 674. Neben einer Leistungsklage sind als Klage nach § 259 ein echter Hilfsantrag, → § 260 Rn. 9, oder ein unechter Hilfsantrag, § 255 Rn. 8, statthaft, → Rn. 5 „Hilfsantrag". § 256 kann neben § 259 anwendbar sein, zB wenn der Schuldner die Verpflichtung bestreitet, → Rn. 1. Das Gericht muss die Besorgnis der Leistungsverweigerung als eine besondere Prozessvoraussetzung von Amts wegen prüfen. Demgemäß erfolgt bei ihrem Fehlen grundsätzlich nach einem vergeblichen Hinweis nach § 139 durch ein Prozessurteil eine Klagabweisung als unzulässig. Bei einem Anerkenntnis des Bekl. ist § 93 zu beachten. Der Anlass zur Klage kann dann mit der begründeten Besorgnis identisch sein. Die Vollstreckung des Urteils auf eine künftige Leistung richtet sich nach §§ 721 II, 726, 751. § 767 ist auf eine spätere Einwendung anwendbar. 9

260 ***Anspruchshäufung.*** **Mehrere Ansprüche des Klägers gegen denselben Beklagten können, auch wenn sie auf verschiedenen Gründen beruhen, in einer Klage verbunden werden, wenn für sämtliche Ansprüche das Prozessgericht zuständig und dieselbe Prozessart zulässig ist.**

Schrifttum: Güttler, Hilfsanträge im Zivilprozess usw., 2017; Hipke, Die Zulässigkeit der unechten Eventualklagenhäufung, 2003; Ulrici, Zulässigkeit sog. uneigentlicher Hilfsanträge, NJW 2018, 309; Wendtland, Die Verbindung von Haupt- und Hilfsantrag im Zivilprozess, 2001; Wolf, Die Zulässigkeit unechter Eventualklagen, insbesondere bei Teilklagen, FS Gaul, 1997, 805.

I. Systematik und Geltungsbereich. → Vor § 253 Rn. 1 ff., 6; → § 253 Rn. 1, 3. § 260 betrifft im Gegensatz zur Parteihäufung (subjektiven Klagehäufung nach §§ 59 ff.) die Anspruchshäufung (objektive Klagehäufung), BPatG NJW 2012, 2957; VGH Kassel NJW 2012, 3325. 1

II. Regelungszweck. → Vor § 253 Rn. 1 ff.; → § 253 Rn. 2. Die Vorschrift dient der Prozesswirtschaftlichkeit. Sie kann weitere Prozesse ersparen. Es liegt im wohlverstandenen Interesse aller Beteiligten, ein in mehrfacher Hinsicht relevantes Rechtsverhältnis der Parteien in möglichst nur einem Prozess zu klären. Die Prozesswirtschaftlichkeit muss aber ihre Grenzen in denjenigen Anforderungen finden, die die Vorschrift im Interesse der Rechtssicherheit selbst zieht; so muss dieselbe Prozessart betroffen sein, damit eine gemeinsame Verhandlung möglich ist, BGH NJW 2002, 751, 753 (Urkundenwiderklage bei Klage im ordentlichen Verfahren); → Rn. 24. Diese Gesichtspunkte müssen bei der Auslegung berücksichtigt werden. Das Gericht hat mehrere Möglichkeiten zum „Vorziehen", „Durchverhandeln", und evtl. zum Teilurteil nach § 301. Zur zügigen Erledigung des Rechtsstreits kann eine flexible Handhabung der §§ 260, 145, 147 beitragen, MüKoZPO/Becker-Eberhard Rn. 3. 2

III. Prozessuale Anspruchshäufung in Abgrenzung zu verschiedenen Anspruchsgrundlagen. 1. Mehrheit von prozessualen Ansprüchen. Die Mehrheit von Parteien ist in §§ 59 ff. geregelt und wird als subjektive Klagehäufung bezeichnet; § 260 regelt die prozessuale Anspruchshäufung, dh die objektive Klagehäufung, BPatG NJW 2012, 2957; VGH Kassel NJW 2012, 3325. Das ist eine Verbindung mehrerer Streitgegenstände, also mehrerer prozessualer Ansprüche desselben Klägers gegen denselben Bekl. in derselben Klage, BGH NJW 2014, 33142013, 543; MDR 2001, 949; KG WuM 2002, 614; BAG NZA 2007, 95; VGH Kassel NJW 2012, 3325; → § 253 Rn. 26 ff. (Streitgegenstandsbegriff). Von der Mehrheit prozessualer Anspruch ist die Mehrheit von materiell-rechtlichen Ansprüchen bzw Anspruchsgrundlagen abzugrenzen, bei denen nur ein Streitgegenstand vorliegt, → Rn. 4; → § 253 Rn. 28 ff. Bei einer Anspruchshäufung iSd Vorschrift werden mehrere prozessuale Ansprüche, dh mehrere Klageziele, verfolgt und es liegen mehrere Streitgegenstände vor, Thomas/Putzo/Seiler Rn. 1; Zöller/Greger Rn. 1. Davon kann grundsätzlich ausgegangen werden, wenn mehrere Anträge gestellt werden. Eine Antragshäufung ist auch anzunehmen, wenn der Kläger sich auf mehrere Klagegründe, dh verschiedene Sachverhalte, stützt, die getrennt voneinander den gestellten Antrag rechtfertigen und auch in verschiedenen Klagen getrennt geltend gemacht werden könnten; das ist eine Folge des zweigliedrigen Streitgegenstandsbegriffs, Thomas/Putzo/Seiler Rn. 3; Anders/Gehle Assessorexamen ZivilR K Rn. 1, im Einzelnen hierzu: → § 253 Rn. 26, 28 ff.; → Rn. 14 (verdeckter Hilfsantrag). **Beispiel:** Der Kläger klagt auf Zahlung von (einmal) 1.000 EUR und beruft sich einmal auf einen mit dem Beklagten 2019 geschlossenen Vertrag, zum anderen auf einen 2020 geschlossenen Vertrag; er meint, nach beiden Verträgen stünden ihm jeweils 1.000 EUR 3 zu. Stellt der Kläger die Sachverhalte kumulativ oder alternativ zur Entscheidung, ist die Klage mangels Bestimmtheit nach § 253 II Nr. 2 unzulässig, BGH NJW 2013, 2429. Der Kläger kann aber die Sachverhalte in ein Haupt- und ein Hilfsverhältnis stellen mit der Folge, dass dann ein Hauptantrag (1.000 EUR) und ein Hilfsantrag (1.000 EUR) vorliegen, Thomas/Putzo/Seiler Rn. 3; → Rn. 9. Von mehreren prozessualen Ansprüchen ist nicht auszugehen, wenn der zweite Antrag ein Minus zum ersten Antrag darstellt, weil kein neuer Streitgegenstand in den Prozess eingeführt wird. Beispiel: Der Kläger verlangt Schadensersatz in Höhe von 6.000 EUR, hilfsweise von 5.000 EUR und stellt entsprechende Anträge; Streit besteht, ob auch die Gutachterkosten in Höhe von 1.000 EUR ersatzfähig sind.

4 Eine **nachträgliche** Anspruchshäufung ist eine Klageänderung nach §§ 263, 264, BGH NJW 2017, 491; 2015, 1608 Rn. 13; Braun ZZP 1989, 98; → § 263 Rn. 6. Eine unzulässige Stufenklage nach § 254 mag in eine Anspruchshäufung umdeutbar sein, BGH NJW 2011, 1817. Das Gericht kann eine Anspruchshäufung nicht erzwingen. Sie steht grundsätzlich wegen der Parteiherrschaft, insbesondere der Dispositionsmaxime, → Vor § 128 Rn. 20 ff., im Belieben des Klägers. Das Gericht darf seine Entscheidung daher nicht durch eine grundlose getrennte Behandlung unterlaufen, BPatG GRUR 2006, 1047. Eine Erschleichung der Zuständigkeit durch eine objektive Klagehäufung ist nicht statthaft, LG Bln JurBüro 2005, 545. Eine etwaige Unzulässigkeit führt evtl. nach einem vergeblichen Hinweis nach § 139 zur Prozesstrennung nach § 145, zur Verweisung nach § 281 oder zur Abweisung durch ein Prozessurteil.

5 **2. Verschiedene rechtliche Gesichtspunkte.** Der Gegensatz zur prozessualen Anspruchshäufung, → Rn. 3, 4, ist das Herleiten desselben Anspruchs aus verschiedenen rechtlichen Gesichtspunkten (Anspruchsgrundlagen), etwa aus Vertrag, unerlaubter Handlung, ungerechtfertigter Bereicherung, aus Besitz und Eigentum, oder aus Nachbarrecht, grundsätzlich keine objektive Klagehäufung, BGH MDR 1997, 1022; Mü WM 2016, 261; VGH Kassel NJW 2012, 3325; → § 253 Rn. 28. Stützt der Kläger zB seinen Anspruch auf die Herausgabe von Räumen einerseits auf sein Eigentum (zB § 985 BGB) und andererseits auf die Beendigung eines Vertragsverhältnisses (zB § 546 BGB), liegt keine prozessuale Anspruchshäufung iSd Vorschrift vor; im Beispielsfall bestehen lediglich verschiedene materiell-rechtliche Anspruchsgrundlagen bei einem einheitliche Klageziel, der Herausgabe von Räumen, und einem im wesentlichen einheitlichen Sachverhalt. In derartigen Fällen liegt nur ein Streitgegenstand vor. Das Gericht ist insoweit grundsätzlich in der Reihenfolge seiner rechtlichen Prüfung selbst dann frei, wenn der Kläger verschiedene Tatsachen in ein Eventualverhältnis stellt; → Vor § 128 Rn. 36 f. Wenn also zB die erste tatsächliche Begründung streitig bleibt, während die zweite den materiellen Anspruch ohne eine weitere Beweisaufnahme trägt, hat grundsätzlich eine Beweisaufnahme zum Zweck der Klärung der ersten Anspruchsbegründung zu unterbleiben und das Gericht muss den Anspruch zusprechen. Denn die Entscheidung bleibt dann dieselbe, wenn die an erster Stelle vorgetragenen Tatsachen durchgreifen würde. Allerdings muss das Gericht seine Zuständigkeitsgrenzen beachten. Zu den Besonderheiten von Haupt- und Hilfsvorbringen → Rn. 13.

6 **IV. Arten von prozessualen Anspruchshäufungen. 1. Kumulative Klagehäufung.** Mehrere prozessuale Ansprüche (Streitgegenstände) können sowohl kumulativ als auch alternativ oder hilfsweise geltend gemacht werden, Düss FamRZ 1989, 649; Büscher GRUR 2012, 16; Stieper GRUR 2012, 5. Aus der Parteiherrschaft folgt, dass der Kläger grundsätzlich frei bestimmt, in welchem Verhältnis mehrere prozessuale Ansprüche zueinanderstehen sollen. Unter den Voraussetzungen des § 260 ist ein kumulatives Vorgehen unbedenklich, dh der Kläger darf grundsätzlich mehrere prozessuale Ansprüche gegen denselben Bekl. nebeneinander in einer Klage verbinden, auch wenn sie verschiedene Klagegründe haben, BAG NZA 2005, 1259; Saenger MDR 1994, 863. Das darf er gleichzeitig oder durch eine nachträgliche Klagerweiterung nach § 261 II tun. Grundsätzlich wird über die Anträge gemeinsam verhandelt und entschieden. Bei unterschiedlicher Entscheidungsreife kann bei objektiver Klagehäufung, grundsätzlicher Teilbarkeit des Streitgegenstandes oder erhobener Widerklage ein **Teilurteil** ergehen, wenn keine widersprüchlichen Entscheidungen zu befürchten sind, BGH NZKart 2022, 20; NJW-RR 2020, 956 Rn. 20; NJW 2021, 2438 Rn. 18; 2018, 623 Rn. 7 und 621 Rn. 10; → Anh. § 253 Rn. 5; → § 254 Rn. 31; → § 256 Rn. 60. Auch eine abgesonderte Verhandlung nach § 146 oder eine Abtrennung nach § 145 können im Einzelfall sachdienlich sein. Bei einer Teilklage ist hinsichtlich mehrerer Ansprüche wegen der Rechtskraftwirkung nach § 322 ihre genaue Abgrenzung nötig. Verbindbar sind auch solche Ansprüche, die der Kläger teils aus eigenem, teils aus fremdem Recht erhebt. Mit der Klage gegen den Zwangsverwalter als Partei kraft Amts kann er auch eine solche gegen ihn persönlich verbinden. Eine objektive Klagehäufung ist grundsätzlich auch bei einem fälligen und einem noch nicht fälligen Anspruch zulässig, soweit §§ 257–259 eingreifen.

7 **2. Alternativantrag/Wahlschuld.** Grundsätzlich verstößt eine alternative Klagehäufung, bei der der Kläger ein einheitliches Klagebegehren aus mehreren prozessualen Ansprüchen (Streitgegenständen) herleitet und dem Gericht die Auswahl überlässt, gegen das Erfordernis eines bestimmten Klageantrags nach § 253 II Nr. 2 und ist unzulässig, BGH BeckRS 2022, 4978 Rn. 13, und 5743 Rn. 17 (je Dieselskandal); NJW-RR 2021, 230 Rn. 21; NJW 2019, 1669 Rn. 11; 2018, 1259; 2013, 2429; FamRZ 1990, 38; BAG NZA 2021, 39 Rn. 21; 2007, 95; → § 253 Rn. 26 (Streitgegenstände). Das gilt zB auch bei einer Klage auf eine Mietzahlung oder auf die Räumung. Der Kläger kann bei einer unzulässigen Alternativklage noch in der Revisionsinstanz von der alternativen zur eventuellen Klagehäufung wechseln und die Reihenfolge bestimmen, BGH NJW-RR 2021, 230 Rn. 21; NJW 2019, 1669; GRUR 2015, 689; 2011, 1043; BAG NZA 2021, 39 Rn. 21; → Rn. 9 ff.

8 Ausnahmsweise zulässig sind alternative Anträge bei Bestehen einer gesetzlichen **Wahlschuld** zugunsten des Bekl. oder einer Abwendungsbefugnis des Bekl., BGH MDR 1997, 1021; Mü WM 2016, 261. Dabei kann der Kläger eine Wahlschuld nach §§ 262 ff. BGB einklagen und den einen oder anderen prozessualen Anspruch wahlweise geltend machen. Dem Bekl. kann auch eine Abwendungsbefugnis zustehen, wie bei § 528 I 2 BGB oder bei einer Wahlwährungsklausel. Steht hingegen dem Kläger ein Wahlrecht zu, muss er dieses bei Antragstellung ausüben; auch eine Ersetzungsbefugnis zugunsten des Bekl. wird im Urteil nicht berücksichtigt; der Bekl. kann aber die andere Leistung zwecks Erfüllung erbringen und dann nach § 767 vorgehen, MüKoZPO/Becker-Eberhard Rn. 23, 24; Zöller/Greger Rn. 5. Das Urteil ergeht bei einer Wahlschuld dahin, dass der Bekl. nach seiner Wahl das oder jenes leisten muss. Bei seiner Abwendungsbefugnis muss das Gericht ihn zu einer bestimmten Leistung verurteilen und den Zusatz hinzufügen *„Der Beklagte kann diese Leistung durch … abwenden"*.

9 **3. Haupt- und Hilfsantrag.** → Rn. 25–27 (verfahrensrechtliche Fragen), → Rn. 30 (Gebührenstreitwert), → Rn. 33 (Kostenentscheidung).

a) Zulässigkeit der innerprozessualen Bedingung. Eine Klagehäufung iSd Vorschrift liegt auch dann vor, wenn der Kläger gleichzeitig neben einem Hauptantrag einen oder mehrere **(echte)** Hilfsanträge (Eventualanträge) für den Fall erhebt, dass der Hauptanspruch unzulässig oder unbegründet ist; eine solche innerprozessuale Bedingung ist zulässig, BGH NJW 2020, 1141 (Werklohn und hilfsweise Abschlag); 2015, 1609; BPatG GRUR 2009, 47; Lüke/Kerner NJW 1996, 2123. Der Kläger begehrt bei einem solchen Vorgehen nur eine Entscheidung und stellt mehrere Streitgegenstände in ein Eventualverhältnis; die Entscheidung über den Hilfsantrag ist von einer **innerprozessualen Bedingung** abhängig, nämlich der Unzulässigkeit oder Unbegründetheit des unbedingt gestellten Hauptantrages, Anders/Gehle Assessorexamen ZivilR K Rn. 2, 3 ff. Nicht von mehreren Streitgegenständen und damit nicht von einem Haupt- und Hilfsantrag ist auszugehen, wenn das Begehren zum Hilfsantrag als Weniger im Hauptantrag enthalten ist; ist die Klage nur im Umfang des „Hilfsantrages" begründet, wird dem Hauptantrag in entsprechendem Umfang unter Klageabweisung im Übrigen stattgegeben, BGH NZA 2020, 734; 2020, 389. Zulässig ist auch, wenn der Kläger mehrere Hilfsanträge stellt; dabei muss er wegen § 253 II Nr. 2 nicht nur die Rangfolge von Haupt- und Hilfsantrag, sondern auch klarstellen, in welcher Reihenfolge er die verschiedenen Hilfsanträge zur Entscheidung stellen will, wenn diese in ihrer Gesamtheit den Umfang des Hauptantrages übersteigen, BGH NJW 2015, 1609; → § 253 Rn. 48 „Hilfsantrag". Dann stehen bis auf den ersten Hilfsantrag alle weiteren Hilfsanträge unter mehreren Bedingungen. Die innerprozessuale Bedingung ist zulässig, während die Antragstellung nicht von einem außerprozessualen Ereignis abhängig gemacht werden darf, Thomas/Putzo/Seiler Rn. 8. So darf die Existenz eines Prozessrechtsverhältnisses zwischen den Parteien, → Vor § 128 Rn. 4 ff., nicht ungewiss sein, BGH NJW 2007, 913. Die Grenze des Zulässigen ist zB dann überschritten, wenn der Kläger hilfsweise eine weitere Person in den Rechtsstreit einbezieht oder hilfsweise ein weiterer Kläger dem Rechtsstreit beitritt, BGH NJW-RR 2004, 640; Karlsr NJW 2010, 621 (Beweisverfahren); Hamm MDR 2005, 533; Anders/Gehle Assessorexamen ZivilR K Rn. 2. Die Bedingung würde nämlich die Grundlage für das Prozessrechtsverhältnis zum Dritten darstellen und sich daher außerhalb des Prozesses bewegen. Auch muss der Hauptantrag unbedingt sein; nicht zulässig ist zB, den Hilfsantrag unter die Bedingung zu stellen, dass bezüglich des Hauptantrages eine Beweisaufnahme stattfinden müsste, BGH NJW 1995, 1353. 10

Zum Teil wird verlangt, dass Haupt- und Hilfsantrag in einem wirtschaftlichen Verhältnis zueinander stehen bzw. zumindest ein gleichartiges Ziel verfolgen, MüKoZPO/Becker-Eberhard Rn. 12. Im Hinblick auf den eindeutigen Wortlaut der Vorschrift teilen wird diese Auffassung nicht, so auch Thomas/Putzo/Seiler Rn. 8; Zöller/Greger Rn. 4. Vielmehr folgen wir der Meinung, dass sich Haupt- und Hilfsantrag widersprechen oder gegenseitig ausschließen können; beim echten Hilfsantrag, der unter der Bedingung der Abweisung des Hauptantrages steht, wird nie beiden Anträgen zusammen stattgegeben, BGH NJW 2020, 1141 (Werklohn und bei nicht nachweisbarer Abnahme Hilfsantrag auf Abschlagzahlung); 2014, 3314 Rn. 16; Prütting/Gehrlein/Geisler Rn. 6; Zöller/Greger Rn. 4; → § 138 Rn. 35. Dasselbe gilt für die Klagegründe, dh für den zugrundeliegenden Sachverhalt; es kann der im Wesentlichen selbe Sachverhalt, Saarbr OLGR 2000, 448, oder ein unterschiedlicher Sachverhalt zugrunde liegen, BGH NJW 1992, 2080; VGH Kassel NJW 2012, 3325 11

b) Unechter Hilfsantrag. Zulässig ist auch ein sog. **unechter Hilfsantrag** für den Fall des Erfolgs des Hauptantrags (unechte Eventualklagehäufung), BGH NJW 2018, 786; 2001, 1285; BAG DB 1988, 1660. Hier werden mehrere positive Entscheidungen über alle Anträge begehrt. Wird ein unechter Hilfsantrag gestellt, wirkt sich die Frage des Verhältnisses der Anträge zueinander erst in der Zwangsvollstreckung aus. Da der unechte Hilfsantrag unter der Bedingung steht, dass dem Hauptantrag stattgegeben wird, im Einzelnen → § 255 Rn. 9, dürfen sich die Anträge und die Klagegründe, anders als beim echten Hilfsantrag, nicht widersprechen oder ausschließen, → § 138 Rn. 35. 12

c) Abgrenzung zum Haupt- und Hilfsvorbringen. Nicht verwechseln darf man einen Hilfsantrag mit einer Hilfsbegründung für denselben Antrag mit verschiedenen Sachverhaltsvarianten oder Sachverhalten. Beim Haupt- und Hilfsvorbringen, → § 138 Rn. 17 ff., kann der Kläger die Leistung nur einmal fordern. Demgegenüber führt der Kläger mit seinem Hilfsantrag einen neuen Streitgegenstand in den Rechtsstreit ein; er könnte beide Anträge auch in getrennten Verfahren geltend machen, Anders/Gehle Assessorexamen ZivilR K Rn. 3; → Rn. 10. Das Hilfsvorbringen ist grundsätzlich immer zulässig, auch wenn sich die einzelnen Begründungen widersprechen. Darin liegt kein Verstoß gegen die Wahrheitspflicht nach → § 138 Rn. 11 ff. Das Gericht kann bei Haupt- und Hilfsvorbringen ohne Beweisaufnahme der Klage alternativ nach beiden Sachverhaltskomplexen stattgeben, wenn beide Vorbringen des Klägers schlüssig sind und der Bekl. nur gegen das Hauptvorbringen erheblich vorträgt; ist hingegen das Hauptvorbringen unschlüssig, muss die Klage ohne Berücksichtigung des Hilfsvorbringens abgewiesen werden, weil dieses grundsätzlich unter der Bedingung steht, dass das Hauptvorbringen aus tatsächlichen und nicht aus rechtlichen Gründen zu keinem positiven Ergebnis, jedenfalls ohne Beweisaufnahme führt, BGH BeckRS 2019, 15717 = NZG 2019, 1181 Rn. 25; im Einzelnen → § 138 Rn. 19. Diese Fragen des Haupt- und Hilfsvorbringens müssen klar von den Besonderheiten zum Haupt- und Hilfsantrag unterschieden werden. Bei Haupt- und echten Hilfsantrag kann eine Entscheidung über den Hilfsantrag erst erfolgen, wenn feststeht, dass der Hauptantrag keinen Erfolg hat. Deshalb muss bei Beweisbedürftigkeit einer für den Hauptantrag entscheidungserheblichen Tatsache bei Vorliegen der Voraussetzungen, zB einem ordnungsgemäßen Beweisantrag der beweispflichtigen Partei, eine Beweisaufnahme durchgeführt werden, → Vor § 253 Rn. 55; → Vor § 284 Rn. 4 ff. (je zur Beweisbedürftigkeit). 13

Probleme kann die Abgrenzung des Hilfsantrages vom bloßen Hilfsvorbringen bereiten, wenn ein **verdeckter Hilfsantrag** in Betracht kommt. Von einem solchen ist dann auszugehen, wenn der Kläger äußerlich nur einen Antrag stellt, sich jedoch hilfsweise auf einen zweiten Lebenssachverhalt beruft und deshalb zwei Streitgegenstände vorliegen, Anders/Gehle Assessorexamen ZivilR K Rn. 16 ff.; → § 253 Rn. 26 (Streitgegenstand); → Rn. 3 (Beispiel). Anhaltspunkte dafür, dass mehrere Lebenssachverhalte vorgetragen werden, können durch die Fragen ermittelt werden, ob die Leistung nur einmal oder mehrfach gefordert werden kann, sowie, ob die verschiedenen Sachverhalte vom Grundsatz her in verschiedenen Prozessen vorgetragen werden könnten oder ob sie bei natürlicher Betrachtung nur als Varianten eines einheitlichen, evtl. sich fortentwickelnden Vorgangs erscheinen, BGH NJW 2008, 3570; → § 253 Rn. 30 (zu Abgrenzungsfragen). Die sog. verdeckten Anträge bei unterschiedlichen Lebenssachverhalten sind als echte Hilfsanträge zulässig; es wäre ein reiner Formalismus, den inhaltlich identischen Haupt- und Hilfsantrag zweimal formulieren zu müssen; allerdings muss der Kläger das Hilfsverhältnis und die Reihenfolge darstellen, in der die unterschiedlichen Lebenssachverhalte zur Entscheidung gestellt werden, 14

BGH NJW 1985, 18412; Anders/Gehle Assessorexamen ZivilR K Rn. 18. Alternativanträge sind bei einer solchen Konstellation nicht zulässig, → § 253 Rn. 33 „Haupt- und Hilfsbegründung"; → Rn. 13.

15 **d) Rechtshängigkeit des Hilfsantrages und Folgen.** Der **echte** Hilfsantrag steht unter der auflösenden Bedingung, dass der Hauptantrag Erfolg hat, → Rn. 9; er wird grundsätzlich mit Klageerhebung nach §§ 253 I, 261 I, dh mit Zustellung der Klageschrift, rechtshängig und die Rechtshängigkeit entfällt rückwirkend, wenn der Klage mit dem Hauptantrag stattgegeben und die Entscheidung formell nach § 705 rechtskräftig wird, BGH NJW 2017, 1180; 2003, 3202 (Erledigung); 2002, 3478; 1968, 692; BAG NZA-RR 2009, 430; MüKoZPO/Becker-Eberhard Rn. 11; → § 253 Rn. 10; → § 261 Rn. 4 (jeweils zur Rechtshängigkeit). Entsprechendes gilt beim **unechten** Hilfsantrag, der unter der Bedingung erhoben wird, dass dem Hauptantrag stattgegeben wird, → § 255 Rn. 9; → Rn. 12. Wird der Hilfsantrag später, dh nicht mit Klageerhebung gestellt, gilt § 261 II; durch die nachträgliche Anspruchshäufung liegt dann eine **Klageänderung** iSd § 263 vor; BGH NJW 2007, 913; 2004, 2152. Das gilt auch, wenn der Kläger während des Prozesses erklärt, die Reihenfolge von Haupt- und Hilfsantrag umkehren zu wollen, BGH NJW 2007, 913. Haben die Parteien in einem solchen Fall bereits über den ursprünglichen Hauptantrag verhandelt, ist dessen Herabstufung zum Hilfsantrag nur unter den Voraussetzungen des § 269 I zulässig, BGH NJW 1990, 2682; Anders/Gehle Assessorexamen ZivilR K Rn. 7. Wegen der zu beachtenden Bedingung darf das Gericht dem Haupt- und Hilfsantrag nicht gleichzeitig durch ein **Grundurteil** nach § 304 (teilweise) stattgeben; mit dem positiven Schlussurteils über den Hauptantrag und seiner Rechtskraft verliert das Grundurteil zum Hilfsantrag seine Wirkung, weil die Rechtshängigkeit rückwirkend entfällt, BGH NJW 2002, 3478. Zum Problem Rüter VersR 1989, 1241. Grundsätzlich kann der Hauptantrag durch ein **Teilurteil** abgewiesen werden; zu beachten ist jedoch das Prozesshindernis der Divergenzgefahr, BGH NJW-RR 2017, 1197; 2014, 979; Anders/Gehle Assessorexamen ZivilR K Rn. 5; N Rn. 11.

16 Ist der Hauptantrag nur **teilweise** erfolgreich, müssen die Auswirkungen auf die Rechtshängigkeit des Hilfsantrages durch Auslegung geklärt werden; entweder entfällt je nach Inhalt der Bedingung auch beim Teilerfolg die Rechtshängigkeit des Hilfsantrages insgesamt, BGH NJW 2001, 1197, oder es bleibt Raum für eine (teilweise) Entscheidung über den Hilfsantrag, BGH NJW 1981, 2418; Anders/Gehle Assessorexamen ZivilR K Rn. 5a.

17 Ein Hilfsantrag kann auch erstmals in der **Berufungsinstanz** nach §§ 511 ff. gestellt werden, BGH GRUR 2015, 1110. Dann ist § 533 zu beachten; die Zulässigkeit kann nicht allein aus der Zulässigkeit des Hilfsantrages gefolgert werden, BGH NJW 2001, 226; Mü NJW 2012, 2210. Zur Berufungssumme KG OLGZ 1979, 348. Hat der Kläger bei Abweisung des Hauptantrages und Stattgabe des Hilfsantrages Berufung eingelegt, wird das auf den Hilfsantrag ergangenen Urteil gegenstands- bzw. wirkungslos, weil die auflösende Bedingung für den Hilfsantrag eingetreten ist, wenn das Berufungsgericht der Klage mit dem Hauptantrag stattgibt; dasselbe gilt, wenn in der ersten Instanz beide Anträge abgewiesen wurden und in der Berufungsinstanz positiv über den Hauptantrag entschieden wird, BGH NJW 2017, 1180; 2001, 1127; BAG MDR 2009, 164. Ob dann die Entscheidung der ersten Instanz zum Hilfsantrag zur Klarstellung von Amts wegen aufgehoben werden sollte, wird nicht einheitlich beantwortet, bejahend (bei Stattgabe des Hilfsantrages): BGH NJW 2001, 1127; verneinend: BAG MDR 2009, 164; Zöller/Greger Rn. 4a. Hat die erste Instanz die Klage mit dem Haupt- und dem Hilfsantrag abgewiesen, und hat die Berufung des Klägers im Hauptantrag Erfolg, bedarf es in jedem Fall keiner Aufhebung, weil keine Zwangsvollstreckung zu befürchten ist, so auch: BGH NJW 2017, 1180; Anders/Gehle Assessorexamen ZivilR K Rn. 5.Wird dem Hauptantrag stattgegeben und weist das Berufungsgericht den Hauptantrag ab, kann über den Hilfsantrag entschieden werden, BGH NJW-RR 1990, 518. Hat die erste Instanz dem Hilfsantrag unter Abweisung des Hauptantrages stattgegeben, prüft das Berufungsgericht bei einer Berufung nur des Bekl. nicht den Hauptantrag, BGH NJW 1964, 772; Anders/Gehle Assessorexamen ZivilR K Rn. 5.

18 Der Hilfsantrag hemmt den Ablauf der **Verjährung,** auch wenn er auflösend bedingt rechtshängig wird, BGH NJW 2014, 920. Denn auch bei einer auflösend bedingten Rechtshängigkeit wird, wie in allen Fällen des § 204 I Nr. 1 BGB, dem Schuldner vor Augen geführt, dass der Kläger eine gerichtliche Klärung seines Anspruchs begehrt. Tritt die auflösende Bedingung, Rechtskraft der positiven Entscheidung über den Hauptantrag, ein, und entfällt damit rückwirkend die Rechtshängigkeit des Hilfsantrages, kann sich der Bekl. gleichwohl nicht auf eine Verjährung des mit dem Hilfsantrag geltend gemachten Anspruchs berufen, die ohne Klageerhebung eingetreten wäre; das folgt nach unserer Auffassung aus § 204 II BGB, weil der Eintritt der Bedingung eine anderweitige Beendigung des zum Hilfsantrag eingeleiteten Verfahrens darstellt, BGH NJW 1968, 692 (zu § 212 II BGB aF, der dem § 204 II BGB entspricht); Anders/Gehle Assessorexamen ZivilR K Rn. 6.

19 **V. Beendigung der Antragshäufung.** Die Anspruchshäufung iSd Vorschrift endet durch die Entscheidung über die Anträge insgesamt, durch eine vollständige Klagerücknahme nach § 269 oder beiderseitige Erledigungserklärungen, § 91a, ferner durch einen gerichtlichen Beschluss auf eine Verfahrenstrennung nach §§ 145, 150 oder durch teilweise Erledigung, wenn nur noch ein Antrag offen ist, und zwar durch Teilurteil, durch teilweise beidseitige Erledigungserklärung oder durch teilweise Klagerücknahme.

20 **VI. Zulässigkeitsvoraussetzungen. 1. Allgemeine.** Das Prozessgericht muss für jeden einzelnen prozessualen Anspruch diese von Amts wegen prüfen. Es müssen die allgemeinen Zulässigkeitsvoraussetzungen, → Vor § 253 Rn. 22, 14, für alle Anträge vorliegen. Gilt **§ 15a EGZPO** nur für einen der Anträge, ist eine Anspruchshäufung nicht ausgeschlossen, BGH NJW-RR 2009, 1239. In manchen Fällen schließt der Gesetzgeber eine Verbindung aus, so dass dann die Anspruchshäufung nicht **statthaft** ist und eine Trennung nach § 145 in Betracht kommt, wie z.B bei § 578 II oder bei §§ 126 II 1, 179 II FamFG, BGH NJW 2007, 909; Thomas/Putzo/Seiler Rn. 14.

21 Das Prozessgericht muss für alle Anträge sachlich und örtlich **zuständig** sein, Düss FamRZ 1980, 794. Die örtliche Zuständigkeit kann sich zB aus §§ 25, 38 ff. ergeben. Bei der kumulativen Antragshäufung werden die Streitwerte für die einzelnen Anträge nach § 5 zusammengerechnet. Bei Haupt- und **Hilfsantrag** findet eine Wertaddition nicht statt; für die Zuständigkeit kommt es auf den höheren Wert an, Prütting/Gehrlein/Beumers § 5 Rn. 14. Liegen die Streitwerte für die beiden Anträge jeweils unter 5.000 EUR und greift keine Sondervorschrift ein, ist die Zuständigkeit des Amtsgerichts nach §§ 23 Nr. 1, 71 I GVG gegeben. Unerheblich ist eine funktionelle oder geschäftsplanmäßige Zuständigkeit, abgesehen vom Verhältnis zwischen der Zivilkammer und der Kammer für Handelssachen. Dort erfolgt bei einem Widerspruch eine Trennung und Verweisung nach §§ 97 ff. GVG.

2. Anspruchshäufung. a) Allgemein. Zu den besonderen Zulässigkeitsvoraussetzungen, → Vor § 253 Rn. 37, zählt das Merkmal der prozessualen Anspruchshäufung iSd Vorschrift, im Einzelnen: → Rn. 3 ff. 22

b) Parteiidentität. Es muss sich um denselben Kläger und denselben Bekl. handeln. Andernfalls mögen nach → Rn. 1 §§ 59 ff. gelten. Die Voraussetzung besteht auch, wenn die Partei aufgrund eines eigenen Rechtsverhältnisses und in Prozessstandschaft. beteiligt ist. Sie fehlt beim Zusammentreffen von einem eigenen Anspruch und einem solchen einer Partei kraft Amts, MüKoZPO/Becker-Eberhard Rn. 33. 23

c) Dieselbe Prozessart. Für die objektive Klagehäufung muss dieselbe Prozessart zulässig sein, auch derselbe Rechtsweg nach § 13 GVG, BGH NJW 1998, 828. Zweck dieser Voraussetzung ist, keine Klagen miteinander zu verbinden, deren Verfahrensregeln gravierende Unterschiede aufweisen, so dass eine gemeinsame Verhandlung und die Durchführung eines gemeinsamen Rechtsmittels nicht oder nur mit Schwierigkeiten möglich sind, BGH NJW 2002, 751, 753. Nach Auffassung des BGH, NJW 2002, 751, 753, bestehen solche Unterschiede nicht zwischen einer Klage im ordentlichen Verfahren und der Urkundenwiderklage. Umgekehrt soll das aber der Fall sein, BGH NJW 1982, 2258. Eine Wiederaufnahmeklage nach §§ 578 ff. ist ein Rechtsbehelf eigener Art und lässt sich nicht mit einer gewöhnlichen Klage nach § 253 verbinden. Auch ein Wechselprozess nach § 602 und ein Urkundenprozess nach § 592 sind unterschiedliche Prozessarten, Ffm BauR 2015, 1022. Ferner sind Verfahren in Familien- und Kindschaftssachen (§§ 111 ff., 151 ff. FamFG) besondere Verfahrensarten, BGH NJW 1981, 2418; BayObLG FamRZ 2003, 1569. MüKoZPO/Becker-Eberhard Rn. 34. Nicht zu verbinden ist ein ordentliches Verfahren mit einem Eilverfahren, Arrest oder Einstweilige Verfügung, Thomas/Putzo/Seiler Rn. 13. Ist nicht dieselbe Prozessart gewählt, so ist die Verbindung zu trennen oder es ist nach § 597 II vorzugehen, Thomas/Putzo/Seiler Rn. 13. 24

VII. Verfahren. 1. Verhandlung und Entscheidung. Beim **Haupt- und echten Hilfsantrag** ist das Gericht bei seiner Entscheidung an die vom Kläger vorgegeben Reihenfolge gebunden. Über den Hilfsantrag darf nur entschieden werden, wenn feststeht, dass der Kläger mit dem Hauptantrag keinen Erfolg hat, was notfalls durch eine Beweisaufnahme geklärt werden muss; ansonsten entfällt mit der Rechtskraft der positiven Entscheidung über den Hauptantrag die Rechtshängigkeit des Hilfsantrages rückwirkend, BGH NJW 2003, 3282; → Rn. 15. Ob das Gericht zunächst nur über den Hauptantrag verhandelt, hängt vom Einzelfall ab. Eine gemeinsame Verhandlung wird in jedem Fall stattfinden, wenn der Hauptantrag ohne Beweisaufnahme abzuweisen ist. Bei einer **kumulativen Anspruchshäufung** iSd Vorschrift wird das Gericht über die prozessualen Ansprüche in der Regel schon wegen des Konzentrationsgrundsatzes grundsätzlich gleichzeitig verhandeln, Beweis erheben und entscheiden, BPatG GRUR 2006, 1047; → Vor § 128 Rn. 32. 25

Sind die besonderen Prozessvoraussetzungen nach § 260 nicht gegeben, kann eine **Heilung** nach § 295 nicht eintreten, Thomas/Putzo/Seiler Rn. 14. Jedoch kommt eine **Trennung** durch das Gericht nach § 145 in Betracht, BGH NJW 2007, 909; 2007, 124; MüKoZPO/Becker-Eberhard Rn. 47; Zöller/Greger Rn. 2. Das Gericht kann auch nach § 139 I 3 oder entsprechend § 146 die Verhandlung zunächst auf einen Antrag beschränken. Ein **Teilurteil** nach § 301 ist in allen genannten Fällen der Anspruchshäufung iSd Vorschrift außer bei der Wahlschuld grundsätzlich statthaft, wobei das Divergenzverbot (widersprüchliche Entscheidungen) zu beachten ist, → Rn. 15. Zum **Grundurteil** bei Haupt- und Hilfsantrag: → Rn. 15. Fehlt eine von Amts wegen beachtliche **Zulässigkeitsvoraussetzung,** etwa der ordentliche Rechtsweg nach § 13 GVG, darf das Gericht nur den davon betroffenen Antrag nach einem vergeblichen Hinweis nach § 139 durch ein Prozessurteil ganz oder teilweise als unzulässig abweisen, BGH NJW 1982, 2258. Bei Unzuständigkeit kommt eine Verweisung nach § 281 oder nach § 17a GVG in Betracht, BGH NJW 1998, 868. Zu §§ 263, 269 bei der prozessualen Anspruchshäufung: → Rn. 4. Zu §§ 263, 269 bei Haupt- und Hilfsantrag: → Rn. 4, 9 ff. 26

2. Inhalt des Urteils. Soweit das Gericht über die Anträge entscheidet, müssen diese im Tenor, im Tatbestand und in den Entscheidungsgründen behandelt werden, BGH NJW 1994, 2766; WM 1978, 194 (Klageabweisung des Hauptantrages bei Entscheidung über den Hilfsantrag). Zum Tenor bei einer Wahlschuld und einer Anwendungsbefugnis des Bekl. → Rn. 7 f. Beim Haupt- und Hilfsantrag sollte für alle Teile des Urteils die vom Kläger vorgegebenen Reihenfolge beachtet werden, wobei im Tatbestand die Tatsachen, die für alle Anträge von Bedeutung sind, auch gemeinsam dargestellt werden können, soweit die Verständlichkeit nicht darunter leidet, Anders/Gehle Assessorexamen ZivilR K Rn. 9. Das Gericht muss in den Entscheidungsgründen schon am Anfang und in der Einzelbegründung klarlegen, welche Anträge es wie beschieden hat, Hamm NJW-RR 1992, 1279; VGH Kassel NJW 2012, 3325. So kann am Anfang formuliert werden: *„Die Klage ist mit dem Hauptantrag (zulässig, aber) unbegründet und mit dem Hilfsantrag(zulässig und) in Höhe von … begründet, im Übrigen unbegründet.“* Im Anschluss daran wird zunächst die Abweisung des Hauptantrages und dann die Entscheidung zum Hilfsantrag begründet. Zur Erforderlichkeit von Ausführungen zur Zulässigkeit: → Vor § 253 Rn. 22, 37. 27

3. Berufung bei Haupt- und echten Hilfsantrag. Wegen der Besonderheit, dass bei Klageerhebung sowohl der Haupt- als auch der Hilfsantrag rechtshängig werden, treten hier Besonderheiten auf. Zu den einzelnen Konstellationen → Rn. 17. 28

VIII. Streitwert und Kosten. 1. Zuständigkeitsstreitwert. → Rn. 21. 29

2. Gebührenstreitwert. Für die **kumulativen** Anträge gibt es keine Besonderheiten. Die Streitwerte der Anträge werden nach § 39 I GKG zusammengerechnet. Besonderheiten können sich aber im Einzelfall ergeben, wenn zwar formal unterschiedliche Streitgegenstände vorliegen, diese aber wirtschaftlich denselben Gegenstand haben, vgl. Saarbr NJOZ 2020, 1556 = JurBüro 2020, 302. Eine Zusammenrechnung nach § 39 I GKG findet auch bei nur zeitweiser gleichzeitiger Anhängigkeit mehrerer prozessualer Ansprüche in einer Instanz für die Gerichtsgebühr statt, nachdem die Urteilsgebühr weggefallen ist, Düss NJW-RR 2022, 935. Bestritten ist hingegen, ob dies auch gilt, wenn die verschiedenen Streitgegenstände nacheinander verfolgt werden, vgl. zum Meinungsstand Düss NJW-RR 2022, 935 Rn. 6. Bei **Haupt-** und **Hilfsantrag** kommt es nach § 45 I 2, 3 GKG auf den höheren Anspruch an, wenn beide Anträge denselben Gegenstand betreffen. Ansonsten findet nach § 45 I 2 GKG eine Wertaddition statt, wenn über den Hilfsantrag entschieden wird. Bei der Frage desselben Gegenstandes kann nicht auf den zweigliedrigen Streitgegenstandsbegriff, → § 253 Rn. 26, abgestellt werden, weil Haupt- und Hilfsantrag immer verschiedene Streitgegenstände haben. In Anlehnung an den vergleichbaren Fall bei der Widerklage, → Anh. § 253 Rn. 30, liegt derselbe Gegenstand vor, wenn sich die beiden Ansprüche einander ausschließen, und damit die Anerkennung des einen notwendiger Weise die Aberkennung des anderen 30 bedingt; es kommt also darauf an, ob für die verschiedenen Anträge das wirtschaftliche Interesse identisch ist, RGZ 145, 164; BGH NJW 2019, 2175 (Widerklage); NJW-RR 2003, 713; 1992, 1404; Anders/Gehle Assessorexamen ZivilR K 12. Bei Haupt- und Hilfsantrag auf Aufhebung und Scheidung der Ehe liegen zwei Gegenstände iSd § 39 I 3 FamFG vor und die Werte sind zu addieren, Hmb BeckRS 2022, 3516 = NZFam 2022, 323. Dementsprechend sind verschiedene Gegenstände anzunehmen, wenn die Ansprüche aus unterschiedlichen Lebenssachverhalten hergeleitet werden, so auch bei verdeckten Hilfsanträgen, Ffm JurBüro 2006, 538; → Rn. 3. Bei einer **alternativen** Klagehäufung decken sich die Werte der Anträge, so dass der Wert wegen der wirtschaftlichen Identität nur einmal zugrunde zu legen ist, MüKoZPO/Becker-Eberhard Rn. 60.

31 **3. Rechtsmittelstreitwert.** Für den Rechtsmittelstreitwert sind die Werte der einzelnen Anträge, über die entschieden wird, gesondert zu berücksichtigen, und zwar unabhängig von der Art der Anspruchshäufung.

32 **4. Kostenentscheidung.** Bei **kumulativen** Anträgen bestehen keine Schwierigkeiten. Die Kosten des Rechtsstreits sind grundsätzlich nach dem Grad des Obsiegens und Unterliegens im Verhältnis zum Streitwert zu verteilen.

33 Bei **Haupt**- und **Hilfsantrag** gilt folgendes: Hat der Hauptantrag Erfolg, entfällt für den Hilfsantrag die Rechtshängigkeit rückwirkend und dieser ist dann kostenneutral, dh er wird bei der Kostenentscheidung nicht berücksichtigt, Zöller/Herget § 92 Rn. 8. Hat der Bekl. bei Haupt- und Hilfsantrag in vollem Umfang obsiegt (Klageabweisung insgesamt), sind grundsätzlich dem Kläger die Kosten des Rechtsstreits nach § 91 I 1 aufzuerlegen. Wird der Hauptantrag abgewiesen und hat der Kläger mit dem Hilfsantrag ganz oder teilweise Erfolg, ist eine Kostenquote nach § 92 I zu bilden. Es ergeben sich keine Schwierigkeiten, wenn bei dem Gebührenstreitwert eine Wertaddition nach § 45 I 2 GKG erfolgt, → Rn. 30. Dann ist das Verhältnis des Misserfolgsanteils der jeweiligen Partei zum Gesamtstreitwert maßgeblich.

34 Findet beim **Gebührenstreitwert** nach § 45 I 3 GKG **keine Wertaddition** statt, werden bei Stattgabe des Hilfsantrages verschiedene Meinungen vertreten: Manche halten es wegen der wirtschaftlichen Identität der Anträge für sachgerecht, die Kostenquote nur nach dem Unterliegen des Bekl. gemessen am tatsächlichen Gebührenstreitwert zu ermitteln, dh dem Bekl. bei identischem Wert der beiden Anträge grundsätzlich die Kosten des Rechtsstreits aufzuerlegen, Thomas/Putzo/Hüßtege § 92 Rn. 2; MüKoZPO/Schulz § 92 Rn. 8; MüKoZPO/Becker-Eberhard Rn. 58; Musielak/Voit/Foerste Rn. 16; Zöller/Herget § 92 Rn. 8; → § 92 Rn. 27 (dort vertreten wir diese Meinung); nach dieser Meinung kann sich der Bekl. im Einzelfall mit einem sofortigen Anerkenntnis des Hilfsantrages iSd § 93 helfen, insbesondere, wenn der dem Hilfsantrag zugrunde liegende Anspruch unzweifelhaft gegeben ist und der Kläger den Hilfsantrag möglicher Weise nur stellt, um dem Kostenrisiko im Hinblick auf den Hauptantrag zu entgehen, Anders/Gehle Assessorexamen ZivilR K Rn. 15. Nach anderer Meinung ist in derartigen Fällen für die Kostenentscheidung das Unterliegen beider Parteien (Misserfolgsquoten) ins Verhältnis zu einem **fiktiven Streitwert,** der sich unabhängig von § 45 GKG aus einer Addition der Werte der beiden Anträge ergibt, zu setzen und eine entsprechende Quote nach § 92 I zu bilden; die Kostenhöhe wird hingegen im Kostenfestsetzungsverfahren nach dem tatsächlichen Streitwert gemäß § 45 I 3 GKG berechnet, Prütting/Gehrlein/Schneider § 92 Rn. 22. Der zweiten Meinung ist zu folgen. Diese vertreten wir entsprechend auch bei Klage und Widerklage, wenn der Gebührenstreitwert nur nach dem höheren Wert zu bestimmen ist, weil es bei Klage und Widerklage um denselben Gegenstand iSd § 45 I 1, 3 GKG geht, → Anh. § 253 Rn. 30. Sowohl bei Klage und Widerklage als auch bei Haupt- und Hilfsantrag liegen jeweils zwei Streitgegenstände vor; über beide entscheidet das Gericht in der fraglichen Konstellation und beide Entscheidungen können in Rechtskraft erwachsen, → § 253 Rn. 26 ff. (allgemein zum Streitgegenstand); → Rn. 9 ff. (Haupt- und Hilfsantrag). Die verschiedenen Anträge könnten zudem in verschiedenen Prozessen gestellt werden. Warum bei Haupt- und Hilfsantrag die Kosten des einheitlichen Rechtsstreits nicht nach dem Grad des Obsiegens und Unterliegens verteilt werden sollen, wie es § 92 I unmittelbar vorsieht, ist nicht nachzuvollziehen. Allein die Höhe des Gebührenstreitwertes, bei dem auch wirtschaftliche Gesichtspunkte eine Rolle spielen, rechtfertigt dies für das kostenrechtliche Verhältnis der Parteien hinsichtlich der Kostenquoten nicht, zumal nach der Gesetzeslage ohnehin besondere Kosten unabhängig vom tatsächlichen Gebührenstreitwert verteilt werden können, wie zb bei § 344 oder §§ 95, 96. Zudem knüpft § 92 I nicht an das Unterliegen des Bekl., sondern an das teils Obsiegen und teils Unterliegen beider Parteien an. Wird aber der Hauptantrag abgewiesen und wird dem Hilfsantrag ganz oder teilweise stattgegeben, haben beide Parteien teils obsiegt und teils verloren, und zwar unabhängig von der Frage, ob die beiden Anträge eine wirtschaftlicher Identität iSd § 45 I 3 GKG aufweisen. Ein Grund, in diesem Fall den Bekl. zu benachteiligen, ist nicht ersichtlich. Es ist auch sachgerecht, dass beide Parteien von dem rein wirtschaftlich geprägten Streitwert nach § 45 I 3 GKG profitieren. In einem vergleichbaren Fall hat das OLG, Ros GRUR-RS 2021, 1794, bei der Kostengrundentscheidung nach § 92 I den fiktiven Streitwert und nicht mit dem tatsächlichen Streitwert berücksichtigt; es ging um die Berufung gegen eine Entscheidung, die in der Hauptsache ohne Erfolg blieb und zu einer Entscheidung nach § 522 II führte; das Berufungsgericht hat aber die Kostenentscheidung der ersten Instanz – dort waren erhebliche Kosten entstanden – „von Amts wegen" geändert und dabei den fiktiven Streitwert (Hauptsache + Kostenhöhe) und nicht den tatsächlichen Streitwert zugrunde gelegt. Eine Wertaddition nach § 45 I 2 GKG findet in allen Fällen statt, in denen über den Hilfsantrag entschieden wird, und zwar auch dann, wenn die Klage mit dem Hilfsantrag als unzulässig abgewiesen wird, Karlsr BeckRS 2021, 11365 Rn. 11 ff.; Kroiß NJW 2022, 441 (443).

261

Rechtshängigkeit. **I Durch die Erhebung der Klage wird die Rechtshängigkeit der Streitsache begründet.**

II Die Rechtshängigkeit eines erst im Laufe des Prozesses erhobenen Anspruchs tritt mit dem Zeitpunkt ein, in dem der Anspruch in der mündlichen Verhandlung geltend gemacht oder ein den Erfordernissen des § 253 Abs. 2 Nr. 2 entsprechender Schriftsatz zugestellt wird.

III Die Rechtshängigkeit hat folgende Wirkungen:

1. während der Dauer der Rechtshängigkeit kann die Streitsache von keiner Partei anderweitig anhängig gemacht werden;

2. die Zuständigkeit des Prozessgerichts wird durch eine Veränderung der sie begründenden Umstände nicht berührt.

Schrifttum: Bäumer, Die ausländische Rechtshängigkeit und ihre Auswirkungen auf das internationale Zivilverfahrensrecht, 1999; Dohm, Die Einrede ausländischer Rechtshängigkeit im deutschen internationalen Zivilprozeßrecht, 1996; Isenburg-Epple, Die Berücksichtigung ausländischer Rechtshängigkeit nach dem europäischen Gerichtsstands- und Vollstreckungsübereinkommen,1991; Kerameus, Rechtsvergleichende Bemerkungen zur internationalen Rechtshängigkeit, FS Schwab, 1990, 257; Nieroba, Die europäische Rechtshängigkeit nach der Brüssel Ia-VO usw., 2006; Otto, Die subjektiven Grenzen der Rechtshängigkeitssperre im deutschen und europäischen Zivilprozessrecht, 2007; Prütting, Die Rechtshängigkeit im internationalen Zivilprozeßrecht und der Begriff des Streitgegenstandes nach Art. 21 EuGVU, GS Lüderitz, 2000, 623; Reinhard, Klageerhebung und Beklagtenschutz nach US-amerikanischem und deutschem Zivilprozessrecht, 2006; Reuß, Internationale Rechtshängigkeit im Zivilprozess, Jura 2009, 1;Schütze, Zur internationalen Rechtshängigkeit im deutschen Recht, FS Beys, Athen 2004, 1501; Walter, Lis alibi pendens und forum von conveniens: Von der Konfrontation über die Koordination zur Kooperation, FS Schumann, 2001, 559; Zeuner, Zum Verhältnis zwischen internationaler Rechtshängigkeit nach Art 21 EuGVÜ und Rechtshängigkeit nach den Regeln der ZPO, FS Lüke, 1997, 1003.

I. Systematik. → Vor § 253 Rn. 1 ff. Die Vorschrift bestimmt zusammen mit § 253 I die Voraussetzungen 1 für den Eintritt der Rechtshängigkeit, zum Begriff → Rn. 4; → § 253 Rn. 10, und darüber hinaus in III einzelne prozessuale Wirkungen. Sie steht auch im Zusammenhang mit § 262, der insbesondere die materiellen Wirkungen der Rechtshängigkeit betrifft. Diese ergeben sich aus materiell-rechtlichen Vorschriften. Im Einzelnen zu den prozessualen und materiell-rechtlichen Wirkungen der Rechtshängigkeit → Vor § 253 Rn. 71, 73; → § 262 Rn. 3 ff.; → Rn. 9, 10; → 13 ff., 22 ff. (zu III.). II regelt die Rechtshängigkeit eines erst im Laufe des Prozesses erhobenen Anspruchs.

II. Regelungszweck. → Vor § 253 Rn. 1 ff.; → Vor § 128 Rn. 2. Mit dem Eintritt der Rechtshängigkeit 2 wird das Prozessrechtsverhältnis zwischen den Parteien und dem Gericht begründet, → Vor § 128 Rn. 4 ff., und damit wird für den Bekl. eine Rechtssicherheit geschaffen, indem er mit der Zustellung der Klage davon in Kenntnis gesetzt, um was es in dem Prozess geht. Die Vorschrift bezweckt auch die Sicherung der Prozesswirtschaftlichkeit. Während der Dauer der Rechtshängigkeit kann derselbe Streitgegenstand von keiner Partei ein weiteres Mal anhängig gemacht werden (III Nr. 1), BGH NJW-RR 2012, 1161; Düss GRUR 2015, 301; NZA 2007, 1246. Darüber hinaus wird durch III Nr. 1 ein zusätzlicher Aufwand an Zeit, Arbeit und Kosten durch identische Prozesse vermieden, was dem öffentlichen Interesse und dem Parteiinteresse dient, MüKoZPO/Becker-Eberhard Rn. 4, 7. Dieser Zweck wird zudem in III Nr. 2 verfolgt, indem die Zuständigkeit des angerufenen Gerichts mit der Rechtshängigkeit ressourcensparend fixiert wird, Musielak/Voit/Foerste Rn. 1.

III. Geltungsbereich. → Vor § 253 Rn. 6; → § 253 Rn. 4; → Vor § 128 Rn. 3. Die Vorschrift gilt für jede 3 Klageerhebung nach § 253 und für jede Klageart, → Vor § 253 Rn. 8–10. Sie gilt auch im arbeitsgerichtlichen Verfahren, BAG NZA 1997, 337; BAG DB 1996, 2448 (Beschlussverfahren); ArbG Wiesb NZA-RR 2018, 445. Die Vorschrift gilt ferner in Eilverfahren, Hmb GRUR-RR 2010, 266; KG ZIP 2011, 2304, Hamm WettbR 1996, 234; → Rn. 12. „Arrest und Einstweilige Verfügung". III entspricht § 17 I 2 GVG und diese Vorschrift gilt in Urteilsverfahren eines jeden Rechtswegs, Schumann FS Lüke, 1997, 767 (790); → Rn. 14. In FamFG-Verfahren ist sie nur anwendbar, soweit die ZPO gilt, wie zB nach § 113 I 2 FamFG. Bei ausländischen Gerichten: → Rn. 12 „Ausland".

IV. Rechtshängigkeit. 1. Begriff und Abgrenzung zur Anhängigkeit. Die Rechtshängigkeit vollzieht 4 sich in der Zivilgerichtsbarkeit unabhängig von der Klageart in zwei Stufen, nämlich grundsätzlich nach §§ 253 I, 261 I durch den Eingang des verfahrenseinleitenden Schriftsatzes, so der Klageschrift, bei Gericht und durch dessen Zustellung an den Bekl., → § 253 Rn. 10. In den **anderen Gerichtsbarkeiten** tritt Rechtshängigkeit bereits mit Klageeinreichung ein, → § 253 Rn. 4; → Rn. 12 „Rechtsweg", → Rn. 2. Mit dem Eingang der Klageschrift schwebt der Streit über einen prozessualen Anspruch in einem Urteilsverfahren vor einem deutschen Gericht und damit beginnt die Anhängigkeit, Bbg FamRZ 1994, 520; Ffm NJW 1993, 2448; → § 253 Rn. 10. Rechtshängigkeit tritt aber grundsätzlich erst mit der Zustellung der Klageschrift an den Gegner durch das Gericht ein, BGH WuM 2013, 559; Düss ZIP 2017, 1872, Hmb GRUR 1999, 429, Karlsr IPRax 1992, 172; → Rn. 5; → § 253 Rn. 10, 11. Mit der Anhängigkeit wird eine Beziehung zwischen dem Gericht und dem Kläger begründet; mit der Rechtshängigkeit wird auch der Gegner in das Prozessrechtsverhältnis einbezogen, Köln MDR 1985, 680; → Vor § 128 Rn. 4 (zum Prozessrechtsverhältnis).

2. Besonderheiten bei der Anhängigkeit. a) Beginn. Beim Landgericht muss die Klage durch Einrei- 5 chung eines Schriftsatzes bei Gericht erhoben werden (§ 253). Für den Eingang des Schriftsatzes bei Gericht kann die Uhrzeit bedeutsam sein, Stgt MDR 2004, 1017. Maßgeblich ist der Eingang auf der Postannahmestelle oder zB der Einwurf in den Nachtbriefkasten des Gerichts. Die Gerichtsorganisation muss sicherstellen, dass Datum und Uhrzeit für den Eingang erfasst werden. Bei elektronischer Einreichung gelten §§ 130a–130d. Beim AG kann die Klage nach § 496 auch zu Protokoll der Geschäftsstelle erhoben werden, → § 253 Rn. 5. Anhängigkeit tritt auch ein durch Eingang beim unzuständigen Gericht. Außerhalb des Urteilsverfahrens tritt Anhängigkeit mit Einreichung des verfahrenseinleitenden Antrags oder Gesuchs ein.

Darüber hinaus wird das Verfahren durch ein **Mahnverfahren** eingeleitet, wenn gegen den Mahnbescheid 6 Widerspruch erhoben wird und die Sache bei dem Gericht eingeht, an das abgegeben werden soll (§§ 696 I 4), LG Köln, NJW-RR 1991, 59; Thomas/Putzo/Seiler § 696 Rn. 11 ff.; → § 253 Rn. 5; zur Rechtshängigkeit nach Erlass des Vollstreckungsbescheides gemäß § 700 II → Rn. 12 „Mahnverfahren". Wird die Streitsache alsbald nach Erhebung des Widerspruchs abgegeben, wird die Rechtshängigkeit nach § 696 III auf den Zeitpunkt des Eingangs des Mahnbescheides fingiert, wobei alsbald mit dem Begriff „demnächst" in § 167 gleichzusetzen ist, d. h. wenn der Antragsteller in der Regel innerhalb von zwei Wochen nach Mitteilung des Widerspruchs alles Erforderliche für die Abgabe getan hat (Zahlung der Gerichtsgebühren und Antrag auf Abgabe), BGH NJW 2009, 1213 Rn. 12; Thomas/Putzo/Hüßtege § 696 Rn. 12, 13; → § 696 Rn. 24. Ergeht ein Vollstreckungsbescheid und wird Einspruch eingelegt, gilt nach § 700 II Rechtshängigkeit ebenfalls mit der Zustellung des Mahnbescheides als eingetreten. Wann bei Erlass eines Mahnbescheides Rechtshängigkeit eintritt, wenn nicht alsbald nach § 696 III abgegeben wird, ist im Gesetz nicht geregelt. Wir vertreten die Auffassung, dass auf den Zeitpunkt des Eingangs der Akten bei Gericht gemäß § 696 I 4 abzustellen ist, BGH NJW 2009, 1213 Rn. 14 ff; → § 696 Rn. 25 (eingehend, auch zur Gegenmeinung). Zur Frage der Zuständigkeit → § 261 Rn. 22 ff., 27 (Beispiele).

7 **b) Während des Prozesses erhobene prozessuale Ansprüche, II.** Weitere prozessuale Ansprüche können einbezogen werden, so durch nachträgliche Anspruchshäufung, § 260, Klageerweiterung, BAG NJW 2016, 424, § 264 Nr. 2, 3, sonstige Klageänderung, § 263, Zwischenfeststellungsklage, § 256 II, Widerklage, Köln MDR 2004, 962; Anh. § 253, Anschlussberufung, § 524. Dies kann durch Einreichung eines den Anforderungen des § 253 II Nr. 2 entsprechenden Schriftsatz erfolgen; dann tritt mit dessen Eingang Anhängigkeit und mit dessen Zustellung an den Gegner Rechtshängigkeit nach §§ 253 I, 261 I ein. Die zweite Möglichkeit ist die Geltendmachung eines weiteren prozessualen Anspruchs in der **mündlichen Verhandlung;** dann fallen Anhängigkeit und Rechtshängigkeit zusammen, BGH NJW 1987, 3265. Bei nachträglicher Klageerhebung ist keine Einlassungsfrist zu wahren; für das Versäumnisverfahren gelten aber §§ 335 I Nr. 3, 132, Thomas/Putzo/Seiler Rn. 3.

8 **c) Demnächstige/alsbaldige Zustellung.** In diesen Fällen wird nach § 167 die Wirkung der Rechtshängigkeit auf den Zeitpunkt der Anhängigkeit, → Rn. 4, vorverlegt, wenn es um die Fristwahrung oder die Verjährung geht; entsprechendes ist in § 696 III für die Abgabe nach Erhebung des Widerspruchs und ähnliches in § 691 II für die Zustellung der Zurückweisung des Mahnantrages geregelt. Sinn dieser Vorschriften ist, dass die Partei keinen unmittelbaren Einfluss auf die Zustellung der Klage oder die Abgabe hat; dementsprechend ist das Merkmal „demnächst" bzw. „alsbald" dann zu bejahen, wenn die Partei alles ihr Zumutbare getan hat, um die Zustellung/Abgabe zu bewirken; das gilt auch, wenn die Zustellung erst nach längerer Zeit erfolgt, weil dies allein in der Sphäre des Gerichts liegt, BGH BeckRS 2022, 11332 Rn. 6; NJW 2022, 2196 (erheblich verzögerte Vorschussanforderung); 2021, 1598 Rn. 18; 2016, 568; 2015, 3101; 2015, 1761; NJW-RR 2019, 1465 Rn. 23; BAG NJW 2013, 252; Anders/Gehle Assessorexamen ZivilR D Rn. 63. § 167 findet auf alle Arten von Zustellungen Anwendung, auch auf **Auslandszustellungen;** wird bei einer Auslandszustellung die Einholung einer Übersetzung beantragt und der dafür angeforderte Auslagenvorschuss unverzüglich eingezahlt, kann auch nach mehreren Monaten noch von einer „demnächstigen" Zustellung ausgegangen werden, BGH NJW 2021, 1598 Zur Rechtshängigkeit im Mahnverfahren iÜ → Rn. 62 „Mahnverfahren" (auch zu § 700 II).

9 **3. Besonderheiten bei der Rechtshängigkeit. a) Beginn und Ende.** Die Rechtshängigkeit, die grundsätzlich neben dem Eingang der Klageschrift bei Gericht die Zustellung an den Bekl. voraussetzt (§§ 253 I, § 261 I), → Rn. 4 ff., hat eine Reihe von prozessualen und materiell-rechtlichen Wirkungen, im Einzelnen: → Vor § 253 Rn. 71, 73; → 262 Rn. 3 f. Sie tritt auch ein, wenn eine Zulässigkeitsvoraussetzung fehlt, BGH NJW 2011, 2193 (Prozessführungsbefugnis/anderweitige Rechtshängigkeit); NJW 1993, 1865 (Prozessfähigkeit); NJW 1983, 1050 (sachliche/örtliche Zuständigkeit).

10 Die Rechtshängigkeit **endet** mit dem Ende des Prozesses, vor allem mit dem Eintritt der formellen Rechtskraft der Endentscheidung oder bei einem gerichtlichen Vergleich, wenn er, wie es die Regel ist, den prozessualen Anspruch erledigt, BGH NJW 1995, 1096; BAG NZA 2015, 38. Außerdem entfällt die Rechtshängigkeit ex tunc bei beiderseitigen Erledigungserklärungen, BGH NJW 2004, 506; Anders/Gehle Assessorexamen ZivilR P Rn. 7, bei wirksamer Klagerücknahme, § 269 III 1, bei eventuellen Klagehäufungen, wenn die auflösende Bedingung eingetreten ist, so zB bei Haupt- und Hilfsantrag, → § 260 Rn. 9, und beim unechten Hilfsantrag, → § 255 Rn. 10, und bei Versäumung der Antragsfrist des § 321 II, BGH NJW 2015, 1826 (Übergehen eines Feststellungsantrages). Dasselbe gilt bei der Hilfswiderklage, wenn die auflösende Bedingung eingetreten ist, → Anh. § 253 Rn. 27. Dagegen entfällt die Rechtshängigkeit nicht bei Unterbrechung, Aussetzung oder Ruhen des Verfahrens (§§ 239 ff.), Celle ZIP 2011, 2127 (Insolvenz), auch nicht bei einem tatsächlichen Stillstand, selbst wenn die Akten nach der Aktenordnung weggelegt wurden, BGH NJW-RR 1995, 513; 1993, 898; Köln FamRZ 2003, 689; AG Mölln FamRZ 2001, 292; MüKoZPO/Becker-Eberhard Rn. 39. Die Rechtshängigkeit endet auch nicht durch ein Vorbehaltsurteil nach §§ 302, 599 oder durch Verweisung nach § 281, § 17a II GVG. Zudem erlischt die Rechtshängigkeit nicht bei einem außergerichtlichen Vergleich, BGH NJW 2002, 1503, einem Verzicht, einem Anerkenntnis oder einem Klagerücknahmeversprechen. Auch bei einer einseitigen Erledigungserklärung entfällt die Rechtshängigkeit des für erledigt erklärten prozessualen Anspruchs nicht, BGH NJW 2010, 2270 Rn. 47. Bei der einseitigen Erledigungserklärung geht der Kläger auf einen Feststellungsantrag über, dass der Rechtsstreit in der Hauptsache erledigt ist, → § 263 Rn. 6.

11 **b) Prozessualer Anspruch und Verteidigungsmittel.** Die Rechtshängigkeit bezieht sich auf den prozessualen Anspruch, der mit der Klage geltend gemacht wird. Nicht rechtshängig werden die Verteidigungsmittel, so **Einreden iSd ZPO,** → § 253 Rn. 28 (proz. Anspruch); → Vor § 253 Rn. 61–67 (Einreden). Das gilt auch für die **Aufrechnung,** die im Prozess geltend gemacht wird. Erfolgt eine Entscheidung über die zur Aufrechnung gestellten Forderung, kann nach § 322 II auch insoweit Rechtskraft eintreten. Dabei kommt es entgegen des Wortlautes der Vorschrift nicht darauf an, ob die Gegenforderung verneint oder bejaht und die Klage wegen der Aufrechnung abgewiesen wird, BGH NJW-RR 2004, 1000; NJW 2002, 900. Die Aufrechnungsforderung wird aber nicht rechtshängig; wie § 261 I verdeutlicht, bezieht sich die Rechtshängigkeit nur auf die Klage, nicht dagegen auf die Verteidigungsmittel; dies wird auch durch § 322 II und durch § 204 I Nr. 5 BGB verdeutlicht; diese Vorschriften wären überflüssig, wenn die Gegenforderung rechtshängig würde, BGH NJW-RR 2004, 1000; NJW 1999, 1179; MüKoZPO/Becker-Eberhard Rn. 25, 2; Anders/Gehle Assessorexamen ZivilR G Rn. 5; → Rn. 12 „Aufrechnung".

4. Beispiele zur Rechtshängigkeit

12 **Adhäsionsprozess:** → „Strafverfahren".

Arrest, einstweilige Verfügung: Die Rechtshängigkeit beginnt für den Eilantrag bereits mit dem Eingang bei Gericht, dh Anhängigkeit und Rechtshängigkeit fallen zusammen, weil eine Entscheidung auch ohne vorheriges rechtliches Gehör ergehen kann, Düss NJW 1981, 2824; Musielak/Voit/Huber § 920 Rn. 3; → § 920 Rn. 8.

Aufrechnung: Die im Prozess zur Aufrechnung gestellte Gegenforderung wird nicht rechtshängig, auch wenn eine Entscheidung über sie nach § 322 II in Rechtskraft erwachsen kann; es handelt sich um ein Verteidigungsmittel, → Rn. 11. Daraus folgt, dass die Geltendmachung der Gegenforderung, mit der im Prozess aufgerechnet wird, in einem anderen Verfahren zulässig ist und umgekehrt, BGH NJW 1999, 1179; MüKoZPO/Becker-Eberhard Rn. 26; → Anh. § 253 Rn. 27 (Hilfswiderklage).

Auskunftsklage: → „Stufenklage".

Ausland. Dazu Bäumer Die ausländische Rechtshängigkeit und ihre Auswirkung auf das Internationale Zivilverfahrensrecht, 2000; Pabst, Entscheidung, Zuständigkeit und Beachtung ausländischer Rechtshängigkeit in Ehesachen mit Europabezug, 2009; Walter FS Schumann 2001, 559.

Das Gericht muss das Vorliegen einer Rechtshängigkeit im Ausland in Abweichung von dem Grundsatz des lex fori nach dem ausländischen Recht prüfen, BGH NJW-RR 1992, 643; Mü FamRZ 2009, 2104. Dabei erfolgt eine bloße Amtsprüfung, nicht eine Amtsermittlung, → Vor § 253 Rn. 14. Ist dieselbe Sache vor einem ausländischen Gericht anhängig, gilt im EU-Bereich dasselbe wie in Deutschland, BGH ZIP 2018, 802, Die Rechtshängigkeit im Ausland richtet sich nach dem dortigen lex fori, BGH NJW-RR 1992, 643; Mü FamRZ 2009, 2104; AG Leverkusen FamRZ 2003, 41. Das deutsche Gericht muss sie im Geltungsbereich der Brüssel Ia-VO und des LugÜ stets, AG Hmb FamRZ 2005, 285; Zeuner FS Lüke, 1997, 1003, und im Übrigen dann beachten und von Amts wegen prüfen, wenn das ausländische Gericht international zuständig ist und mit der Anerkennung seiner Entscheidung nach § 328, § 107 FamFG zu rechnen ist, BGH NJW 2001, 524; FamRZ 1994, 434; KG FamRZ 2016, 836; Musielak/Voit/Foerste Rn. 5. Bei Ungewissheit über die Anerkennung ist ein späteres inländisches Verfahren analog § 148 auszusetzen, BGH NJW 1986, 2195. Bei der Frage der Anerkennung ist eine Prognose durchzuführen. Dabei ist zu beachten, dass die Gegenseitigkeit verbürgt ist, (§ 328 I Nr. 5), und dass insbesondere kein Verstoß gegen den deutschen ordre public zu erwarten ist; außerdem muss eine Sachentscheidung wahrscheinlich sein, BGH FamRZ 1982, 917; Mü FamRZ 2009, 2104. Außerdem darf die Sperrwirkung des ausländischen Vefahrens nicht zu einer unzumutbaren Beeinträchtigung führen, BGH NJW 1983, 1270. Zur ausländischen Anhängigkeit und Widerklage Heiderhoff IPRax 1999, 392. Stets muss man Art. 6 I EMRK beachten, Krusche MDR 2000, 678.

Einrede iSd ZPO: Sie begründet keine Rechtshängigkeit, → Rn. 11; zur Terminologie → Vor § 253 Rn. 61.

Einstweilige Verfügung: → „Arrest, einstweilige Verfügung".

Gerichtsstandsbestimmung: Die Zustellung eines solchen Antrags nach § 37 begründet keine Rechtshängigkeit, Düss JurBüro 2007, 547.

Hilfsantrag: Er wird mit Klageerhebung rechtshängig; die Rechtshängigkeit entfällt beim echten Hilfsantrag rückwirkend bei positiver und rechtskräftiger Entscheidung über den Hauptantrag, BGH NJW 2017, 1180; → § 260 Rn. 9, 17, beim unechten Hilfsantrag mit der negativen Entscheidung über den Hauptantrag, → § 255 Rn. 9.

Insolvenz: Ein nach § 240 unterbrochenes Verfahren bleibt anhängig oder rechtshängig, BGH KTS 1995, 488; → Rn. 10. Eine Anmeldung zum Insolvenzverfahren begründet keine Rechtshängigkeit des Anspruchs, Musielak/Voit/Foerste Rn. 7.

Internationaler Bezug: → „Ausland".

Kündigungsschutz im Arbeitsrecht: Verschiedene Kündigungen ergeben verschiedene Streitgegenstände, so dass bei verschiedenen Verfahren eine anderweitige Rechtshängigkeit oder eine materielle Rechtskraft nicht anzunehmen ist. Ist eine allgemeine Feststellungsklage im Hinblick auf eine bestimmte Kündigung als unzulässig abgewiesen worden, ist die Rechtshängigkeit entfallen und steht einer Kündigungsschutzklage nach § 4 S. 1 KSchG nicht entgegen.

Mahnverfahren: Zur Anhängigkeit bei Einleitung des Rechtsstreits durch Mahnverfahren → Rn. 6. Zur rückwirkenden Rechtshängigkeit nach §§ 696 III, → Rn. 8. Greift die Fiktion nicht ein, stellt die hM für den Eintritt der Rechtshängigkeit nach einem Grundsatzurteil des BGH, NJW 2009, 1213, auf den Eingang der Akten bei dem Gericht, an das abzugeben ist, ab, Mü BeckRS 2016, 15298; Musielak/Voit/Voit § 696 Rn. 4; MüKoZPO/Becker-Eberhard Rn. 13; Zöller/Seibel § 696 Rn. 7, während andere die Zustellung der Anspruchsbegründung für maßgeblich halten, Mü MDR 2007, 1278. Für die hM, der wir folgen, sprechen Gründe der Rechtssicherheit, weil sich der Zeitpunkt des Eingangs bei Gericht aus den Akten leicht feststellen lässt. Damit fallen auch bei dieser Konstellation die Anhängigkeit und die Rechtshängigkeit zusammen. Ist ein Vollstreckungsbescheid erlassen, gilt die Sache nach § 700 II stets mit Zustellung des Mahnbescheides als rechtshängig; auf die Abgabe nach Einspruch gemäß § 700 III kommt es nicht an, Thomas/Putzo/Seiler Rn. 6.

Mängelheilung: Wenn der Kläger die Klage nicht formell ordnungsgemäß erhoben hat, wird der Eintritt der Rechtshängigkeit bei ordnungsgemäßer Zustellung nicht gehindert, MüKoZPO/Becker-Eberhard Rn. 1. Ist die von Amts wegen zu erfolgende Zustellung der Klageschrift nicht ordnungsgemäß, muss das Gericht erneut zustellen; die Rechtshängigkeit tritt dann erst ex nunc ein, es sei denn, die Voraussetzungen des § 167 sind gegeben, BGH NJW 2017, 2472; → § 253 Rn. 19 ff.

Prozesskostenhilfe: Der Antrag selbst bewirkt keine Rechtshängigkeit. Wird er zusammen mit einer Klage eingereicht und diese zugestellt, liegen die Voraussetzungen der §§ 253 I, 261 I vor, MüKoZPO/Becker-Eberhard Rn. 12. Handelt es sich nur um einen Klageentwurf, hat eine Zustellung zu unterbleiben. Erfolgt sie gleichwohl, tritt Rechtshängigkeit ein, MüKoZPO/Becker-Eberhard Rn. 12; → § 253 Rn. 16 f.

Rechtsweg: Die Anrufung eines im Rechtsweg nach §§ 13, 17 ff. GVG unzuständigen Gerichts hindert den Eintritt der Rechtshängigkeit nicht, BPatG GRUR 1978, 43. Zu § 17b I 2 → Rn. 5; → „Unzulässigkeit". In einem unzulässigen Rechtsweg richtet sich die Rechtshängigkeit nach dem betreffenden Verfahrensrecht; in den anderen Gerichtsbarkeiten tritt die Rechtshängigkeit nic hat erst mit Zustellung, sondern mit dem Eingang der Klageschrift bei Gericht ein, Musielak/Voit/Foerste Rn. 4; → § 253 Rn. 4 (zu den einzelnen Vorschriften); → Rn. 3 f., 17. Verweist ein solches Gericht an das ordentliche Gericht, wirkt die Rechtshängigkeit fort, Musielak/Voit/Foerste Rn. 4.

Schiedsrichterliches Verfahren: Dieses Verfahren beginnt nach § 1044, soweit die Parteien nichts anderes vereinbart haben, mit dem Tag, an dem der Bekl. den Antrag, die Streitigkeit einem Schiedsgericht vorzulegen, empfangen hat; dann tritt die Schiedsanhängigkeit ein, nicht aber eine Rechtshängigkeit; dann kann bei Anrufung des staatlichen Gerichts die Einrede der Schiedsvereinbarung nach § 1032 I erhoben werden, wenn nicht § 1032 II eingreift, → § 1044 Rn. 3.

Selbständiges Beweisverfahren: Das Verfahren nach §§ 485 ff. begründet als solches keine Rechtshängigkeit des Hauptsachenanspruchs, BGH WuM 2011, 47; Köln VersR 1992, 638.

Strafverfahren: Wer im Strafverfahren als Verletzter eine Entschädigung beansprucht, macht diesen Anspruch rechtshängig. Denn dieses Vorgehen wirkt wie eine Klage nach § 404 II StPO. Die Wirkungen der Rechtshängigkeit treten hier schon mit Antragseingang ein.

Stufenklage: Alle Anträge einer Klage nach § 254 werden mit Erhebung rechtshängig, auch wenn der letzte Antrag noch nicht beziffert ist und stufenweise vorgegangen werden muss, → § 254 Rn. 1, 29, 30; BGH NJW-RR 2015, 1093; NJW 2003, 2748, Nürnb MDR 2010, 835; Saarbr FamRZ 2009, 1172.

Unbegründetheit: Es gelten dieselben Regeln wie bei einer Unzulässigkeit, s. dort.

Unbezifferter Antrag: Beim unbezifferten Klagantrag wird der gesamte Anspruch rechtshängig.

Unterschrift: Ein Mangel oder das Fehlen der ordnungsgemäßen Unterschrift nach → § 129 Rn. 9 hindern den Eintritt der Rechtshängigkeit nicht, BGH NJW-RR 1987, 323.

Unzulässigkeit: Rechtshängigkeit tritt auch ein, wenn die Klage unzulässig ist, dh nicht alle Zulässigkeitsvoraussetzungen einschließlich der Prozesshandlungsvoraussetzungen zu bejahen sind, → Rn. 9.

Vollstreckungsgegenklage nach § 767: Streitgegenstand ist die Unzulässigkeit der Zwangsvollstreckung wegen einer bestimmten materiellen Einwendung, → § 253 Rn. 33 (Stichwort dort); insoweit tritt Rechtshängigkeit ein.

13 **V. Rechtshängigkeitssperre, III Nr. 1. 1. Negative Zulässigkeitsvoraussetzung.** Der bereits rechtshängige prozessuale Anspruch darf nach III Nr. 1 nicht zum Gegenstand einer weiteren Klage gemacht werden; das bedeutet, dass während der Dauer der Rechtshängigkeit keine Partei denselben Streitgegenstand gegen denselben Prozessgegner anderweit rechtshängig machen darf, BGH ZIP 2018, 802; BAG NZA 2017, 453; Hamm FamRZ 2018, 613. Das gilt auch für den Rechtsnachfolger unter den Voraussetzungen der §§ 325 ff., Düss GRUR 2015, 301; KblZ JZ 1989, 1075. Geschützt werden sollen der Bekl. und die Ressourcen der Justiz im öffentlichen Interesse, → Rn. 2.

14 III Nr. 1 stellt eine negative Zulässigkeitsvoraussetzung dar, für die der Bekl. die Darlegungs- und Beweislast trägt, BAG NZA 2017, 52 und 453; Thomas/Putzo/Seiler Rn. 15; → Vor § 253 Rn. 22. Das Gericht prüft das Nichtvorliegen einer anderweitigen Rechtshängigkeit von Amts wegen, auch noch in der Revisionsinstanz, ohne aber eigene Ermittlungen anzustellen, BGH NJW 2001, 524; 1989, 264; BAG NZA 2017, 52; NJW 2016, 589; DB 2011, 593; Musielak/Voit/Foerste Rn. 9; → Vor § 128 Rn. 37 ff. Liegt eine anderweitige Rechtshängigkeit vor, ist die Klage nach einem erfolglosen Hinweis nach § 139 durch Prozessurteil abzuweisen; dabei kommt es nicht auf den Zeitpunkt der Anhängigkeit, sondern darauf an, welche Klage früher rechtshängig geworden ist, BGH ZIP 2018, 802 Rn. 10; NJW-RR 2012, 1161; Stgt MDR 2004, 1017; MüKoZPO/Becker-Eberhard Rn. 42. Werden in Verkennung der Rechtshängigkeit mehrere Urteile in derselben Sache rechtskräftig, geht das ältere Urteil vor und das andere Urteil unterliegt der Restitutionsklage nach § 580 Nr. 7a, BGH NJW 1981, 1517; Musielak/Voit/Foerste Rn. 9. Ist eine solche Klage nicht erhoben worden, ist gegen das spätere Urteil die Vollstreckungsabwehrklage nach § 767 zulässig, BGH NJW 1998, 161. Das frühere Urteil lässt sich weder durch eine Vereinbarung noch durch ein späteres Urteil beseitigen.

15 **2. Rechtshängigkeit und Rechtskraft.** Beide Bereiche habe nicht immer dieselbe Tragweite. So hat eine erfolgreiche negative Feststellungsklage nach § 256 I eine Rechtskraftwirkung für eine künftige Leistungsklage. Die negative oder die positive Feststellungsklage bewirkt aber keine Rechtshängigkeit für die Leistungsklage, BGH NJW 1989, 2064; Kobl JZ 1989, 1075. → § 256 Rn. 41 ff.; → Rn. 21 „Feststellung-Leistung".

16 Da die Rechtshängigkeitssperre nach III Nr. 1 in subjektiver Hinsicht denselben Umfang hat wie die materielle Rechtskraft nach §§ 325 ff., wirkt sie auch gegenüber denjenigen, auf die sich die materielle Rechtskraft erstreckt, BGH GRUR 2013, 1269; MüKoZPO/Becker-Eberhard Rn. 51.

17 **3. Verhältnis zu den Fachgerichtsbarkeiten, § 145 PatG.** Nach § 17 I 2 GVG gilt die Rechtshängigkeitssperre im Verhältnis aller Gerichtszweige zueinander, dh Klagen vor dem Arbeitsgericht, dem Verwaltungsgericht, dem Sozialgericht oder Finanzgericht sperren Klagen mit demselben Streitgegenstand vor dem ordentlichen Gericht, BGH NJW 1959, 310; MüKoZPO/Becker-Eberhard Rn. 46. Das gilt auch, wenn die Klage im unzulässigen Rechtsweg erhoben wurde, BGH NJW 1961, 2259. Hier besteht die Möglichkeit einer Verweisung nach § 17 II GVG auf Antrag. Die bei einem Gericht eines anderen Rechtswegs eingetretene Rechtshängigkeit wirkt nach Verweisung fort (§ 17b I 2 GVG), Thomas/Putzo/Seiler Rn. 1. Dadurch kann eine vorgezogene Rechtshängigkeit erreicht werden, weil in den Fachgerichtsbarkeiten die Rechtshängigkeit bereits mit Antragseingang und nicht erst mit der Zustellung der Klageschrift eintritt (§§ 81 I, 90 VwGO, §§ 90,94 I SGG; §§ 64 I, 66 I FGO), Schlesw FamRZ 2009, 441; KG NJW-RR 2008, 744 (Diskussion über Missbrauch); Zöller/Greger Rn. 3a; → Rn. 4, 12 „Rechtsweg"; → § 253 Rn. 31.

18 Eine besondere Regelung ist in § 145 PatG für Verletzungsklagen nach § 139 PatG vorgesehen; danach kann gegen den Bekl. wegen derselben oder einer gleichartigen Handlung aufgrund eines anderen Patents nur dann eine weitere Klage erhoben werden, wenn der Kläger ohne sein Verschulden nicht in der Lage war, auch dieses Patent in dem früheren Rechtsstreit geltend zu machen; § 145 PatG ist weder direkt noch analog auf den Fall, dass eine gleichartige Handlung aus demselben Patent angegriffen wird, anwendbar, Mü GRUR 2020, 237.

19 **4. Voraussetzungen für III Nr. 1. a) Parteiidentität.** Die Rechtshängigkeitssperre setzt sie voraus, wobei die Parteien in vertauschter Stellung auftreten können, BGH NJW 2001, 3713; Köln GRUR-RR 2007, 405. Es kann zB dieselbe Partei in dem einen Prozess Kläger, im anderen Bekl. und Widerkläger sein. Es genügt auch, dass **eine** Partei eine dritte Person ist, auf die sich die Rechtskraft nach §§ 325 ff. erstreckt, Köln GRUR-RR 2007, 405; Hamm NJW-RR 1995, 510; Kblz NJW-RR 1990, 1023. Da die Parteirolle unerheblich ist, sperrt die positive Feststellungsklage für den Bekl. die negative Feststellungsklage, Musielak/Voit/Foerste Rn. 10a. **Keine Parteiidentität liegt dann vor,** wenn eine Partei in dem einen Prozess im eigenen Namen klagt oder verklagt ist und in dem anderen als gesetzlicher Vertreter nach § 51, als Partei kraft Amts oder als Mitglied einer Personenmehrheit beteiligt ist; Musielak/Voit/Foerste Rn. 10a.

20 **b) Identität des Streitgegenstands.** Diese ist die zweite Voraussetzung für die Rechtshängigkeitssperre nach III Nr. 1. Der Streitgegenstand, dh der prozessuale Anspruch, setzt sich nach der zweigliedrigen Streitgegen*standstheorie* aus *Klageantrag* und *Klagegrund* zusammen, im Einzelnen: BAG NZA 2007, 1246; Köln GRUR-RR 2007, 405; Naumb NJW-RR 2007, 1159; → § 253 Rn. 26. Der Streitgegenstand ist dann identisch, wenn aus demselben konkreten Sachverhalt dieselbe Rechtsfolge, abgeleitet wird, → § 253 Rn. 26. Das ist nicht der Fall, wenn in einem Parallelprozess dieselbe Frage eine Rolle spielt, BGH NJW-RR 2010, 640. Eine Ausdehnung

der Sperre über den Streitgegenstand hinaus auf solche Fälle, in denen die Gefahr kollidierender Entscheidungen besteht, ist nach der Rechtslage, so zB auch nach § 256 II, nicht gerechtfertigt; hier hilft uU eine Aussetzung nach § 148, MüKoZPO/Becker-Eberhard Rn. 55.

c) Beispiele zu III Nr. 1

Abänderungsklage: Bei gegenläufigen Klagen beider Parteien besteht Identität, BGH FamRZ 1997, 488. **21**

Ausland: → Rn. 12 (Stichwort dort).

Befreiung: Keine Identität des Streitgegenstandes besteht zwischen der Klage auf Erstattung des an den Gläubiger gezahlten Betrags und der Klage auf eine Befreiung von der Verbindlichkeit gegenüber dem Gläubiger, BGH WM 1974, 1245.

Einrede iSd ZPO: Rechtshängigkeit tritt nicht ein, da zwischen dem prozessualen Anspruch und der Einrde iSd ZPO, → Vor § 253 Rn. 61, keine Identität besteht; das gilt auch für die im Prozess geltend gemachte Aufrechnung, → Rn. 11.

Einziehungsermächtigung: Die Klage des Einziehungsermächtigten sperrt wegen Parteiidentität eine entsprechende Klage des Gläubigers, BGH NJW-RR 1986, 158.

FamFG: Wenn § 261 in diesen Verfahren anwendbar ist, so über § 113 I 2 FamFG in Ehe- und Familiensachen, kann die Rechtshängigkeitssperre eingreifen bei entsprechender Identität insbesondere der Streitgegenstände, zB in Haushalts- und Ehewohnungssachen, MüKoZPO/Becker-Eberhard Rn. 48.

Feststellung – Leistung: Keine Identität der Streitgegenstände besteht zwischen einer positiven bzw. negativen Feststellungs- und der zugehörigen Leistungsklage; denn beide haben verschiedene Ziele und damit verschiedene Streitgegenstände, Kblz JZ 1989, 1075. Ist oder wird Leistungsklage erhoben worden, ist die positive oder negative Feststellungsklage aber grundsätzlich subsidiär, dh es fehlt dann das Feststellungsinteresse, BGH NJW-RR 2013, 1105; → § 256 Rn. 41 ff.

Insolvenz: Identität des Streitgegenstandes kann bestehen zwischen dem Prozess, an dem der Bekl. vor dem Insolvenzverfahren beteiligt war und den man gegen den Verwalter aufnehmen müsste, und einem gegen den Verwalter neu betriebenen weiteren Feststellungsprozess, Düss NJW-RR 1987, 1401. Die Klage eines Insolvenzgläubigers kann derjenigen eines Insolvenzverwalters gleichstehen, BGH NJW-RR 1990, 47 (Parteiidentität).

Musterfeststellungsklage: Bei §§ 606 ff. gilt III Nr. 1 mangels Parteiidentität nicht; die Vorschrift wird aber zur Verhinderung mehrerer paralleler Klagen zum selben Streitgegenstand durch § 610 I ergänzt; die Vorschrift begründet eine Klagesperre ab dem Zeitpunkt der Rechtshängigkeit; nach § 610 III gilt für Individualklagen eines angemeldeten Verbrauchers ebenfalls die Klagesperre des § 610 I, → § 610 Rn. 2, 8. Zur Identität der Parteien und des Streitgegenstandes im **Kapitalanleger**-Musterverfahren bei § 8 I 1 KapMuG, vgl. BGH WM 2015, 69.

OHG/KG: Es besteht keine Parteienidentität zwischen der Gesellschaft und den Gesellschaftern wegen § 129 IV HGB; Thomas/Putzo/Seiler Rn. 11. Zöller/Greger Rn. 8 empfiehlt dann eine Aussetzung nach § 148.

Scheck: → „Wechsel".

Teilklage: Keine Identität besteht, wenn der zweite Prozess den Rest der im ersten Prozess eingeklagten Teilforderung betrifft, selbst nach einem Grundurteil nach § 304, Thomas/Putzo/Seiler Rn. 14.

Unterhalt: Keine Identität besteht zwischen dem Unterhaltsverfahren und dem Eilverfahren mit demelben Ziel, Düss FamRZ 1987, 1058.

Verbandsklage: Keine Identität der Parteien und des Streitgegenstandes besteht zwischen einer Verbandsklage der Einrichtungen nach § 8 III UWG oder nach § 3 UKlaG, wenn ein anderer Verband wegen derselben Wettbewerbshandlung denselben Wettbewerber oder wegen derselben AGB denselben Verwender verklagt, da jedem Verband ein eigener Unterlassungsanspruch zusteht, BGH GRUR 2007, 610; 1994, 307; MüKoZPO/Becker-Eberhard Rn. 53; Zöller/Greger Rn. 8a. Evtl. entfällt aber für die spätere Klage das Rechtsschutzbedürfnis. Zur Frage der „Klagbarkeit" und der Stellung eines Verbandes im Prozess → Vor § 253 Rn. 42 „Verbandsklage, Gruppenklage".

Vollstreckungsgegenklage nach § 767: → Rn. 12 (Stichwort dort).

Vorfrage: Keine Identität besteht wegen einer Vorfrage, selbst wenn ihre Klärung im Erstprozess für den Zweitprozess verbindlich ist, BGH NJW-RR 2010, 640; Naumb NJW-RR 2007, 1159.

Wechsel: Keine Identität der Streitgegenstände besteht zwischen dem Anspruch aus dem Wechsel und dem Anspruch auf eine Herausgabe des Wechsels. Dasselbe gilt bei einer Klage aus dem Wechsel und aus dem zugrunde liegenden Rechtsverhältnis, BGH NJW-RR 1987, 58.

Zurückbehaltung: „Einrede".

VI. Erhaltung der Zuständigkeit, III Nr. 2. 1. Spätere Veränderungen der für die Zuständigkeit maßgeblichen Umstände. Auf die Zuständigkeit des Gerichts zum Zeitpunkt des Eintritts der Rechtshängigkeit haben solche Veränderungen grundsätzlich keinen Einfluss, dh die einmal bestehende Zuständigkeit bleibt erhalten (sog. perpetuatio fori), BPatG GRUR 2007, 908; Hamm FamRZ 2012, 1317; Nürnb NJW 2012, 862. Das gilt für den Rechtsweg (§ 17 I GVG), für die örtliche Zuständigkeit, BGH FamRZ 2010, 205, für die sachliche Zuständigkeit, KG MDR 2017, 846; Zweibr MDR 2005, 1187, selbst wenn sich später die Zuständigkeit eines ausländischen Gerichts ergeben würde, BGH NJW 2001, 2477, ferner für ein selbständiges Beweisverfahren, BGH NJW-RR 2010, 891, auch bei einer Verweisung nach § 281, BGH NJW-RR 1995, 513, und bei einer Gerichtsstandbestimmung, Mü NJW-RR 2002, 1722. Der in III Nr. 2 enthaltene Grundsatz gilt auch bei einer **ausschließlichen** Zuständigkeit, BGH NJW 2001, 2477; KG NJW-RR 2008, 1465, oder nach §§ 802, 937 I, Karlsr MDR 2010, 1013. Auch dadurch werden die Ressourcen des Gerichts geschützt und der Bekl. soll nicht zB durch einen ständigen Wohnsitzwechsel ein Sachurteil vereiteln können, Wilske/Kocher NJW 2000, 3550; → Rn. 2. Für den Zeitpunkt kommt es nach §§ 253 I, 261 I auf den Zeitpunkt der Zustellung der Klageschrift an den Bekl. durch das Gericht an, es sei denn, dass die Rechtshängigkeit zu einem anderen Zeitpunkt eintritt, → Rn. 5, 7, 8 und 12 „Mahnverfahren". **22**

Umkehren lässt sich der Grundsatz in III Nr. 2 nicht. Die Vorschrift setzt die Zuständigkeit bei Eintritt der Rechtshängigkeit voraus, begründet die Zuständigkeit aber nicht; ein **unzuständiges** Gericht kann allerdings durch Veränderung der maßgeblichen Umstände zuständig werden, BGH NJW 2000, 626; Zweibr NJW-RR 1989, 716; MüKoZPO/Becker-Eberhard Rn. 81. Ausschlaggebend und genügend ist die Zuständigkeit bei Schluss der letzten Tatsachenverhandlung nach §§ 136 IV, 296a. **23**

24 **2. Änderung des Streitgegenstandes.** Dann gilt III Nr. 2 nicht; vielmehr muss die Zuständigkeit erneut geprüft werden, bezogen auf den Zeitpunkt dieser Veränderung, BGH NJW-RR 1995, 513; NJW 2001, 2477; 1990, 54; KG NJW-RR 2021, 62; Ffm FamRZ 2012, 1506; Hamm FamRZ 1988, 1293; Butzer NJW 1993, 2649. Es kann sich dann eine andere Zuständigkeit ergeben. Eine Änderung des Streitgegenstandes kann sich zB ergeben durch eine Klageänderung oder Klageerweiterung nach §§ 263, 264 oder durch eine Widerklage, KG NJW-RR 2021, 62; → § 253 Rn. 26 (Streitgegenstandsbegriff). Bei einer bloßen Änderung der Klagebegründung bleibt es aber bei III Nr. 2, → § 253 Rn. 28 ff.

25 **3. Geschäftsverteilung.** Kein Anwendungsbereich von III Nr. 2 ist die Zuständigkeit verschiedener Abteilungen oder Spruchkörper desselben Gerichts; hier ist die Geschäftsverteilung betroffen; die Nichtanwendbarkeit ergibt sich aus § 21e IV GVG, BGH NJW 1981, 2464; MüKoZPO/Becker-Eberhard Rn. 84; Thomas/Putzo/Seiler Rn. 17. Die Zuständigkeit der **Familiengerichte** beruht auf einer gesetzlichen Geschäftsverteilung; sie betrifft nicht die sachliche Zuständigkeit, so dass III Nr. 2 nicht gilt, MüKoZPO/Becker-Eberhard Rn. 84.

26 **4. Rechtsmittel.** Für den Instanzenzug greift III Nr. 2 nur bei einem bereits eingelegten Rechtsmittel ein. Ändern sich jedoch die Zuständigkeitsregelungen vor der Rechtsmitteleinlegung, gelten diese grundsätzlich trotz der Rechtshängigkeit, MüKoZPO/Becker-Eberhard Rn. 85; auch → Rn. 27 „Rechtsänderung".

5. Beispiele zu III Nr. 2

27 **Brüssel Ia-VO:** Anwendbar ist der Grundgedanke von III Nr. 2 auch bei der Brüssel Ia-VO, SchlAnh. V C 2, Wilske/Kocher NJW 2000, 3551.

Familiensache: Anwendbar ist III Nr. 2 auch dort, Hmb FamRZ 1984, 69, Hamm NZFam 2017, 212; aM Köln FamRZ 1999, 29 (aber in §§ 1, 121 ff. FamFG stehen grds. keine abweichenden Sonderregeln. Vgl. auch §§ 98 ff. FamFG).

Gerichtsstandsvereinbarung: „Prorogation".

Internationale Zuständigkeit. Dazu Gampp, Perpetuatio fori internationalis, 2010. Anwendbar ist III Nr. 2 auch bei der internationalen Zutändigkeit, BGH NJW 2011, 2515; 2002, 2956; BayObLG FamRZ 1993, 1469; Grunsky ZZP 1991, 85.

Kartellrechtliche Einrede iSd ZPO: Macht der Bekl. nachträglich eine solche geltend, zB eine kartellrechtliche Aufrechnung, gilt die Sonderregelung des § 87 I 2 GWB und nicht III Nr. 2, dh das LG ist ausschließlich zuständig, Klein NJW 2003, 16; MüKoZPO/Becker-Eberhard Rn. 93.

Klageänderung: III Nr. 2 setzt denselben Streitgegenstand voraus und ist deshalb unanwendbar bei §§ 263, 264, → Rn. 24; sie gilt aber für eine Ermäßigung des Streitgegenstandes nach § 264 Nr. 2, Thomas/Putzo/Seiler Rn. 17.

Mahnverfahren: → Rn. 6; → Rn. 12 (Stichwort dort); → § 696 Rn. 21 ff. Für die Rechtshängigkeitssperre nach III Nr. 2 und damit für die sachliche und örtliche Zuständigkeit des Gerichts stellen wir auf den Zeitpunkt gemäß § 696 I 4 und nicht auf die Fiktion des § 696 III, 700 II bei Vorliegen der Voraussetzungen ab, KG NJW-RR 1999, 1011; Ffm NJW-RR 1996, 1403; Thomas-Putzo/Hüßtege § 696 Rn. 25; Zöller/Seibel § 696 Rn. 7, 11. Daher sind Veränderungen (erst) ab diesem Zeitpunkt für die Zuständigkeit nicht von Bedeutung.

Prorogation: Eine solche (§ 38) ist nach Eintritt der Rechtshängigkeit ausgeschlossen, weil mit der Regelung das öffentliche Interesse gewahrt werden soll, BGH NJW 2011, 2515 (internationale Zuständigkeit); NJW-RR 2010, 891; 1995, 513; Brdb NJW 2006, 3444; Zweibr MDR 2005, 1187; Prütting/Gehrlein/Geisler Rn. 18; Zöller/Greger Rn. 12; → Rn. 2, 22. Der Gegenmeinung, MüKoZPO/Becker-Eberhard Rn. 92, die darauf abstellt, dass eine Doppelbelastung der Gerichte nicht entsteht, folgen wir nicht. Unanwendbar ist die Vorschrift dann, wenn ein zunächst unzuständig gewesenes Gericht jetzt nach § 38 zuständig wird, → Rn. 23.

Rechtsänderung: Ist die Klage vorher rechtshängig geworden, ändert sich die Zuständigkeit grundsätzlich nicht, es sei denn, das Gesetz sieht eine andere Regelung vor, BGH NJW 1978, 1163; Karlsr FamRZ 20011, 1674; Thomas/Putzo/Seiler Rn. 16; aM für geschaffene Zuständigkeit des Sozialgerichts BGH NJW 2000, 2749; MüKoZPO/Becker-Eberhard Rn. 89; → Rn. 26 (Rechtsmittelinstanz).

Rechtsprechungsänderung: Anwendbar bleibt III Nr. 2 bei einer Änderung oder Aufgabe der maßgeblichen Rechtsprechung, BGH NJW 1978, 949.

Streitwert: Seine Veränderung berührt, abgesehen von § 506, die Zuständigkeit nicht; für die Wertberechnung ist ohnehin die Klageerhebung maßgeblich nach § 4, MüKoZPO/Becker-Eberhard Rn. 91.

Verbindung: Sie ändert grds. nichts an III Nr. 2, es sei denn, es liegt Willkür vor, KG MDR 2017, 846; Hamm MDR 2013, 1307.

Völkerrecht: Unanwendbar ist III Nr. 2, soweit ein völkerrechtlicher Vertrag vorrangig etwas abweichend besagt, BGH FamRZ 2002, 1184 (zust. Henrich).

Widerklage: Anwendbar ist III Nr. 2 bei einer Widerklage, wenn die Parteien nur die Klage übereinstimmend nach § 91a für erledigt erklären, Düss FamRZ 1983, 401, oder wenn nur der Kläger die Klage nach § 269 zurücknimmt, LG Mü NJW 1978, 943.

262

Sonstige Wirkungen der Rechtshängigkeit. **[1]Die Vorschriften des bürgerlichen Rechts über die sonstigen Wirkungen der Rechtshängigkeit bleiben unberührt. [2]Diese Wirkungen sowie alle Wirkungen, die durch die Vorschriften des bürgerlichen Rechts an die Anstellung, Mitteilung oder gerichtliche Anmeldung der Klage, an die Ladung oder Einlassung des Beklagten geknüpft werden, treten unbeschadet der Vorschrift des § 167 mit der Erhebung der Klage ein.**

Schrifttum: Arens, Zur Verjährungsunterbrechung durch Klageerhebung, FS Schwab, 1990, 17.

1 **I. Systematik und Regelungszweck.** → Vor § 253 Rn. 1 ff.; → § 261 Rn. 1, 2. Die Vorschrift ergänzt den § 261. Während § 261 III prozessuale Wirkungen der Rechtshängigkeit aufzeigt, klärt die Vorschrift das Verhältnis zum materiellen Recht, soweit dieses auf die Rechtshängigkeit abstellt. Darüber hinaus stellt die Vorschrift klar, wann die Wirkungen einer Klage bei den materiell-rechtlichen Vorschriften eintreten. Sie dient damit der Rechtssicherheit.

2 **II. Geltungsbereich.** → Vor § 253 Rn. 6; → § 261 Rn. 3.

III. Materiell-rechtliche Wirkungen der Rechtshängigkeit. 1. Allgemeines. Die Rechtshängigkeit entfaltet prozessuale Wirkungen, → Vor § 253 Rn. 71; → § 261 Rn. 12f., und materiell-rechtlichen Wirkungen, → Vor § 253 Rn. 73. Die materiellen Wirkungen richten sich gemäß S. 1 ausschließlich nach dem materiellen Recht, evtl. nach dem ausländischen Recht oder nach dem Landesrecht. Bedeutsam ist die Rechtshängigkeit zB beim Verzugsschaden nach § 286 I 1, 2 BGB, für die Prozesszinsen nach § 291 BGB, für die Ersitzung nach § 941 BGB, für eine verschärfte Haftung nach §§ 292, 818 IV, 987 II, 989, 991, 994 II, 2033 BGB, für das Erlöschen oder Verstärken von Rechten nach §§ 801 I 3, 804 I 2, 864 I, 977 S. 2, 1002 I, 1188 II 2, 1965 II BGB, §§ 140 II, 372 II, 407 II, 440 III HGB. Entsprechendes gilt für die mit dem Scheidungsantrag verbundenen Wirkungen nach §§ 1379, 1384, 2077 I, 1933 BGB, (§ 124 S. 2 FamFG), BGH FamRZ 1990, 1110 (§ 1933 BGB); MüKoZPO/Becker-Eberhard Rn. 2. 3

2. Besonderheiten bei der Verjährung. Eine wesentliche Wirkung ist die Hemmung der Verjährung nach § 204 I Nr. 1, 1a BGB, BGH NJW 2004, 2228; Thomas/Putzo/Seiler Rn. 1; Zöller/Greger Rn. 3. Ein Antrag nach §§ 916, 935ff. genügt nach § 204 I Nr. 9 BGB für die Verjährungshemmung, Gürich MDR 1980, 359. Der Umfang der Hemmung richtet sich nach dem Streitgegenstand, → § 261 Rn. 20; → § 253 Rn. 26 (Streitgegenstandsbegriff). Nach § 213 BGB gilt die Hemmung auch für Ansprüche, die aus demselben Grund wahlweise neben dem Anspruch oder an seiner Stelle gegeben sind, wie zB verschiedene Mängelrechte wegen desselben Mangels, BGH NJW 2015, 2106; Zöller/Greger Rn. 3. Bei einer Teilklage wird die Verjährung nur bis zur Höhe des eingeklagten Teils gehemmt, MüKoZPO/Becker-Eberhard Rn. 7. Die Hemmung greift ein, soweit die prozessualen Ansprüche rechtshängig werden, wie zB alle Anträge einer Stufenklage nach § 254, auch wenn der letzte Antrag zunächst nicht beziffert ist, → § 261 Rn. 12 „Stufenklage", oder die auflösend bedingten Eventualanträge, wie der echte oder unechte Hilfsantrag und die Hilfswiderklage, → § 261 Rn. 12 „Hilfsantrag; → Anh. § 253 Rn. 3. Droht die Verjährung, ist in der Regel für eine positive Feststellungsklage wegen des Eintritts der Hemmung der Verjährung das Feststellungsinteresse zu bejahen; Hemmung tritt aber nicht bei der negativen Feststellungsklage ein, wenn sich der Bekl. verteidigt, BGH NJW-RR 2010, 640; NJW 2012, 3633; 1978, 1975; → § 256 Rn. 3, 36, 37. 4

IV. Zeitpunkt der Wirkungen. Die Rechtshängigkeit tritt nach §§ 253 I, 261 I grundsätzlich mit Zustellung der bei Gericht eingegangenen Klageschrift an den Bekl. ein, → § 253 Rn. 10; → § 261 Rn. 4. Besonderheiten ergeben sich nach **§ 261 II,** → § 261 Rn. 7, bei **§ 167,** → § 261 Rn. 8, und dann, wenn das Verfahren mit einem **Mahnantrag** eingeleitet wird, → § 261 Rn. 12 „Mahnverfahren". Auf die Zulässigkeit und die Begründetheit der Klage kommt es nicht an, BGH NJW 2011, 2193; NJW-RR 1996, 1409; → § 261 Rn. 12 „Zulässigkeitsvoraussetzungen". Auch bei einer nicht ordnungsgemäß erhobenen Klage treten die materiell-rechtlichen Wirkungen ein. Ist die Klage nicht ordnungsgemäß zugestellt, treten Rechtshängigkeit und damit die materiellrechtlichen Wirkungen erst mit Heilung ein, → § 253 Rn. 14. Zu weiteren Rechtshängigkeitsfragen: Beispiele → § 261 Rn. 12. Die Verjährung wird auch bei einer nicht ordnungsgemäßen Klage nach § 204 I Nr. 1 BGB gehemmt. Die Hemmung endet nach § 204 II BGB sechs Monate nach Rechtskraft der Entscheidung. Der Zeitraum der Hemmung wird nach § 209 BGB in die Verjährungsfrist nicht eingerechnet. 5

263 *Klageänderung.* **Nach dem Eintritt der Rechtshängigkeit ist eine Änderung der Klage zulässig, wenn der Beklagte einwilligt oder das Gericht sie für sachdienlich erachtet.**

Schrifttum: Gruschwitz, Die Parteiänderung im Zivilprozess, JA 2012, 689; Heinrich, Der gewillkürte Parteiwechsel, 1990; Nagel, Der nicht (ausdrücklich) geregelte gewillkürte Parteiwechsel im Zivilprozeß, 2005; Pawlowski, Klageänderung und Klagerücknahme, FS Rowedder, 1994, 309; Putzo, Die gewillkürte Parteiänderung, Festgabe 50 Jahre Bundesgerichtshof, 2000, III 149; Schiller, Die Klageänderung in der Revisionsinstanz in Zivilsachen, 1997; Uffmann, Parteiwechsel in der Revisionsinstanz, RdA 2012, 113.

Übersicht

I. Systematik. → Vor § 253 Rn. 1. Die ZPO regelt die Klageänderung an verschiedenen Stellen. § 263 stellt Regeln auf, unter denen eine Klageänderung zulässig ist. Die Vorschrift betrifft die objektive Klageänderung. Die Änderung der Parteien, die subjektive Klageänderung, ist direkt im Gesetz nicht geregelt, → Rn. 23. § 263 wird ergänzt durch § 264, der einzelne Klageänderungen aus dem Bereich des § 263 ausnimmt oder klarstellt, welche Fälle nicht als Klageänderung anzusehen sind. § 267 stellt eine unwiderlegbare Vermutung für die Einwilligung des Bekl. iSd § 263 auf. § 268 erklärt die Entscheidung bei Klageänderung für unanfechtbar. In § 533 Nr. 2 wird 1 die Klageänderung in der Berufung von weiteren Voraussetzungen abhängig gemacht, → Rn. 12 „Berufungsverfahren".

2 **II. Regelungszweck.** → Vor § 253 Rn. 1. Die Vorschrift dient der Parteiherrschaft und der Prozesswirtschaftlichkeit. Das Gesetz erschwert einerseits die Klageänderung nach Rechtshängigkeit, um den Bekl. gegen eine leichtfertige Prozessführung zu schützen. Die Prozesswirtschaftlichkeit fordert andererseits eine gewisse Großzügigkeit, sei es bei der Klärung, ob überhaupt eine Klageänderung vorliegt, sei es bei der Frage, ob eine Einwilligung des Gegners vorliegt oder ob die Klageänderung sachdienlich ist. Dadurch sollen auch die Ressourcen der Justiz geschützt werden, MüKoZPO/Becker-Eberhard Rn. 2, 5 (zur Regelungsgeschichte); Musielak/Voit/Foerste Rn. 1.

3 **III. Geltungsbereich.** → Vor § 253 Rn. 6. Die Vorschrift gilt grundsätzlich in allen Verfahren nach der ZPO, auch im WEG-Verfahren, BGH NJW 2010, 2133; Schuschke NZM 2009, 422. § 265 II geht § 263 vor, → § 265 Rn. 1. Die Vorschrift gilt für alle Klagearten, dh für die Leistungs-, Feststellungs- und Gestaltungsklage, → Vor § 253 Rn. 8–10, und für die besonderen Klagen, wie die Widerklage, Anh. § 253, die Stufenklage nach § 254, das Urkundenverfahren nach §§ 592 ff. und die Zwischenfeststellungsklage des § 256 II. In der Revisionsinstanz ist eine Klageänderung nach § 559 I 1 grundsätzlich unzulässig; uU kann der Antrag aber nach § 264 Nr. 2 umgestellt werden BGH NJW 2019, 3381 Rn. 27; BAG NZA 2020, 1650 Rn. 30; 2019, 1308 Rn. 14; 2019, 253 Rn. 26; → § 264 Rn. 5; → Rn. 21. Unzulässig ist, mit der Restitutionsklage einen neuen Streitgegenstand einzuführen, BGH NJW-RR 2021, 1650. Unstatthaft ist eine Klageänderung im Insolvenzfeststellungsverfahren nach §§ 179, 189 InsO. Erschwert ist sie im Verteilungsverfahren nach § 878, § 115 ZVG, und im aktienrechtlichen Anfechtungsprozess nach § 246 I AktG. Zulässig ist sie in einer Baulandsache, BGH NJW 1973, 175. Im Gebrauchsmusterlöschungsverfahren ist sie entsprechend anwendbar, BGH GRUR 1997, 625. In einer Ehesache ist § 263 nach § 113 IV Nr. 2 FamFG unanwendbar.

4 **IV. Objektive Klageänderung. 1. Begriff.** Die in § 263 geregelte objektive Klageänderung ist die Änderung oder Erweiterung des Streitgegenstandes nach Rechtshängigkeit; sie stellt einen selbständigen prozessualen Angriff dar, BGH NJW 2017, 491; 2008, 3570; 2007, 2414; BAG NJW 2013, 3808; Thomas/Putzo/Seiler Rn. 1; MüKoZPO/Becker-Eberhard Rn. 7. Nach der zweigliedrigen Streitgegenstandslehre setzt sich der Streitgegenstand aus dem Klageantrag und dem Klagegrund, dh dem zugrunde liegenden Sachverhalt, zusammen und ergibt den prozessualen Anspruch, → § 253 Rn. 26, 28; → § 261 Rn. 20. Dementsprechend liegt eine Klageänderung vor, wenn der Kläger anstelle des rechtshängigen prozessualen Anspruchs oder neben ihm einen anderen oder einen weiteren zusätzlichen prozessualen Anspruch erhebt, BGH NJW 2007, 2414; BAG NZA-RR 2016, 583. 1985, 1842. Sie kann den Klagegrund und/oder den Antrag betreffen, BGH NJW 2008, 3570; BAG NJW 2013, 3808; Köln FamRZ 2008, 2043. Bei Änderung des Klagegrundes muss der Kläger zweifelsfrei deutlich machen, dass er einen neuen prozessualen Anspruch verfolgt und nicht nur seinen ursprünglichen Anspruch zusätzlich begründet, BGH BeckRS 2022, 5743 Rn. 16, und 4978 Rn. 12 (Dieselskandal- Schaden bei Fahrzeugerwerb und im Zusammenhang mit dem Aufspielen des Software-Updates). Zum Parteiwechsel → Rn. 23 ff.

5 Die Klageänderung setzt eine ordnungsmäßige Klagerhebung voraus, also den Eintritt der Rechtshängigkeit nach §§ 253 I, 261 I, → § 253 Rn. 10; → § 261 Rn. 4, auch die Einhaltung einer etwaigen Klagefrist, VGH Mannh NVwZ-RR 2015, 119. Eine Heilung der mangelhaften Zustellung der Klageschrift erfasst die Klageänderung. Bis zur Heilung kann höchstens eine Klageberichtigung infrage kommen, die ohne weiteres zulässig ist. Die Klageänderung kann auch konkludent erfolgen und durch eine Auslegung zu ermitteln sein, Köln FamRZ 2008, 2043.

6 **2. Änderung des Klageantrags.** Eine objektive Klageänderung kann durch die vom Kläger vorgenommene Änderung, Reduzierung oder Erweiterung des Klageantrages oder durch neue zusätzliche Klageanträge, dh durch eine nachträgliche Klagehäufung, erfolgen, wobei die zusätzlichen Anträge auch als echte oder unechte Hilfsanträge gestellt werden können, BGH NJW 2017, 491; 2015, 3576; 2015, 1608 Rn. 13; 2014, 3314; 1985, 1842; → § 260 Rn. 4, 9, 12 (echter Hilfsantrag); → § 255 Rn. 10 ff. (unechter Hilfsantrag). Da bei der nachträgliche Klagehäufung der ursprüngliche Antrag nicht ausgewechselt wird, soll § 263 nur analog angewendet werden, BGH NJW 2015, 3576 Rn. 24; 2015, 1608 Rn. 13; 2004, 2152; MüKoZPO/Becker-Eberhard Rn. 21. Im Falle der bloßen Erweiterung oder Einschränkung des ursprünglichen Antrages kann § 264 Nr. 2 eingreifen. Eine sprachliche Korrektur des Antrages, eine klarere Fassung des Antrages, um den Anforderungen des § 253 II Nr. 2 zu genügen, → § 253 Rn. 34 ff., oder eine sonstige Berichtigung des Antrages bei gleicher Zielsetzung sind keine Klageänderungen, LAG Nds NZA-RR 2014, 140 (zu § 533); MüKoZPO/Becker-Eberhard Rn. 8. Ändert der Kläger sein Rechtschutzbegehren, gibt er gleichzeitig seinen ursprünglichen Antrag auf; darin kann eine (teilweise) **Klagerücknahme** liegen; § 263 geht aber dem § 269 vor und privilegiert den Kläger, indem die Änderung ohne Zustimmung des Bekl. bei Sachdienlichkeit zulässig ist, Zöller/Greger Rn. 6. Eine Klageänderung liegt zB bei demselben Sachverhalt vor beim Übergang: von der Leistungsklage zu der auf Vollstreckbarkeitserklärung des Schiedsspruchs, Thomas/Putzo/Seiler Rn. 2, vom Widerruf auf Unterlassung, BGH MDR 1994, 1143, von der Leistungsklage zur Feststellung, dass der Rechtsstreit in der Hauptsache erledigt ist (einseitige Erledigungserklärung), BGH NJW-RR 2004, 1619.

7 **3. Kern-Änderung des Klagegrundes.** Der Kläger ändert den Klagegrund, wenn er den Lebenssachverhalt wechselt, mit dem er seinen Antrag begründet; dabei muss durch neue Tatsachen der Kern des Lebenssachverhalts und damit der Streitgegenstand geändert werden, BGH NJW 2018, 387 Rn. 25 (kaufrechtliche Gewährleistung – Garantie); NJW 2008, 3570; 2007, 83; 2003, 2317; BAG NZA 2010, 362; → § 253 Rn. 26 (Streitgegenstandsbegriff). Eine Ergänzung der Tatsachen oder eine Berichtigung nach § 264 Nr. 1 reichen nicht. Der Kern des Lebenssachverhalts ist **nicht** betroffen, wenn sich der Kläger auf eine andere materielle Anspruchsgrundlage stützt, so zB, wenn er einen vertraglichen Anspruch geltend macht, der Bekl. sich auf die Unwirksamkeit des Vertrages beruft und der Kläger sich die zugrunde liegenden Tatsachen hilfsweise zu eigen macht unter Hinweis auf Bereicherungsansprüche, Thomas/Putzo/Seiler Rn. 4; → § 138 Rn. 17, ff.; → § 260 Rn. 13; → § 282 Rn. 12 (Haupt- und Hilfsvorbringen). Der Kern ist auch nicht betroffen bei unterschiedlichen Berechnungsgrundlagen, BGH NJW 2017, 2673; NJW-RR 1996, 891; DB 1992, 207, bei Vorlage einer neuen Schlussrechnung, BGH NJW-RR 2004, 167; 2002, 1596, oder beim Übergang vom „kleinen" zum „großen" Schadensersatz, BGH NJW 1992, 566. Der **Kern** des Sachverhalts ist aber unterschiedlich, wenn der Kläger zunächst vorträgt, er habe

mit dem Bekl. einen Vertrag geschlossen und dieser schulde ihm daraus etwas, sich später dann aber auf eine Abtretung beruft, BGH NJW 2009, 56; 2007, 2414, ferner dann, wenn der Kläger seinen Anspruch zunächst mit einer Minderung, später mit einem Rücktritt begründet, BGH NJW 2015, 2106 Rn. 18. Das gilt auch, wenn der Kläger seinen Antrag zunächst auf eine Insolvenzanfechtung stützt und später auf die Leistungsannahme durch einen Nichtberechtigten (§ 816 II BGB), die er erst während des Prozesses genehmigt, BGH NJW 2008, 3570. Eine Klageänderung liegt ferner vor, wenn der Kläger sich zunächst auf einen vertraglichen Zahlungsanspruch beruft und später den Anspruch auch damit begründet, der Bekl. sei ihm wegen vorsätzlichen Verschuldens bei Vertragsabschluss zum Schadensersatz verpflichtet, BGH NJW 2001, 1210. Ferner liegt bei einer Vollstreckungsgegenklage nach § 767 eine Klageänderung vor, wenn der Kläger sich auf eine andere materielle Einwendung gegen den titulierten Anspruch wendet, → § 253 Rn. 26 (anderer Streitgegenstand).

4. Wechsel der Verfahrensarten. Der Wechsel der Verfahrensart ist keine Änderung des Streitgegenstandes, Musielak/Voit/Foerste Rn. 5. Die Zulässigkeit eines Wechsels vom ordentlichen Prozess zum Urkunden- oder Wechsel-/Scheckprozess macht der BGH jedoch von der Einwilligung des Bekl. bzw. von der Sachdienlichkeit abhängig, BGH NJW 1977, 1883; Musielak/Voit/Foerste Rn. 5. Umgekehrt kann der Kläger nach § 596 grundsätzlich vom Urkundenprozess ins ordentliche Verfahren wechseln, jedoch in der Berufung nur unter den Voraussetzungen des § 263, BGH NJW 2012, 2662; 2011, 2796. Der Kläger kann auch vom Hauptsacheverfahren in das Eilverfahren wechseln, während im umgekehrten Fall ein Einverständnis erforderlich ist, Ffm FamRZ 1989, 296; Musielak/Voit/Foerste Rn. 5. 8

V. Zulässigkeit der objektiven Klageänderung. 1. Änderung nach Rechtshängigkeit und Verhältnis zu § 264. Ändert der Kläger seine Klage nach Rechtshängigkeit, dh nach Zustellung der Klageschrift an den Bekl., → § 253 Rn. 10; → § 261 Rn. 4, ist dies grundsätzlich nur zulässig, wenn der Bekl. einwilligt oder die Änderung sachdienlich ist, Bbg FER 2000, 297; offen Hamm NJW 2016, 2278. Bei diesen Merkmalen gemäß § 263 handelt es sich um besondere Zulässigkeitsvoraussetzungen für eine Klageänderung. Vorab ist aber immer § 264 zu prüfen, der jedenfalls teilweise auch Klageänderungen erfasst, bei denen aber die Voraussetzungen des § 263 nicht vorliegen müssen. 9

2. Einwilligung, Erklärung oder § 267. Die Einwilligung des Bekl. ist eine Prozesshandlung und damit bedingungsfeindlich sowie nicht widerruflich, → Vor § 128 Rn. 54 und 62. Sie kann nicht vor der Klageänderung erteilt werden. Der Bekl. kann seine Einwilligung schriftsätzlich oder in der mündlichen Verhandlung erklären, BGH NJW 1992, 2235, im schriftlichen Verfahren des § 128 II in einem Schriftsatz oder in einem elektronischen Dokument nach § 130a. Nach § 267 wird die Einwilligung unwiderleglich vermutet, wenn sich der Bekl. auf die Änderung ohne Widerspruch eingelassen hat. Hat sich der Kläger die abweichende Tatsachendarstellung des Bekl. zu eigen gemacht und darauf seine Klageänderung gestützt, kann bei Anhaltspunkten im Einzelfall eine vorweggenommene Einwilligung des Bekl. angenommen werden, BGH NJW-RR 1990, 505; Musielak/Voit/Foerste Rn. 6a; kritisch MüKoZPO/Becker-Eberhard Rn. 29; → § 138 Rn. 17 (Hilfsweise-zu eigen-machen). Willigt der Bekl. ein, kommt es auf die Sachdienlichkeit nicht an. 10

3. Sachdienlichkeit. Zulässig ist die Klageänderung ohne Einwilligung des Bekl. auch, wenn das Gericht sie im Rahmen seines pflichtgemäßen Ermessens für sachdienlich hält, BGH NJW 2016, 54. Maßgeblich ist dabei der Grundsatz der Prozesswirtschaftlichkeit, BGH NJW 2020, 2407 (zu § 533); 2007, 2414; 2001, 1201; 2000, 803; Düss GRUR-RR 2021, 150 Rn. 19 (Gebrauchsmusterverletzung); Hamm MDR 2001, 1186. Zu berücksichtigen sind die objektiven Interessen beider Parteien, BGH NJW 2020, 2407; 2000, 803. In der Revision ist nachprüfbar, ob sich das Gericht in den Grenzen seines Ermessens gehalten hat, BGH WM 1996, 1507; Ffm BeckRS 2009, 25528. Von einer Sachdienlichkeit ist in der Regel auszugehen, wenn mit der Klageänderung der Streit im Rahmen des anhängigen Rechtsstreits endgültig ausgeräumt wird; allein die Vermeidung eines weiteren Prozesses reicht aber nicht, weil ansonsten immer Sachdienlichkeit bestehen würde; bei einem völlig neuen Streitstoff kann Sachdienlichkeit nur angenommen werden, wenn das bisherige Ergebnis des Rechtsstreit zu berücksichtigen ist, BGH NJW 2020, 2407; 2000, 800; 2012, 2662 Rn. 20; 2011, 2796 Rn. 41; BAG NZA 2021, 881 Rn. 25; Düss GRUR-RR 2021, 150 Rn. 19. Nicht hinderlich für die Annahme der Sachdienlichkeit ist, dass sich bei Zulassung der Klageänderung die Erledigung des Rechtsstreit verzögen könnte, so zB eine Beweisaufnahme erforderlich wird oder dass der Bekl. eine hilfsweise Aufrechnung mit einem anderen Streitstoff angekündigt hat, BGH NJW 2020, 2407 (Wechsel vom Urkundenprozess ins ordentliche Verfahren in zweiter Instanz); 2007, 2414; → Rn. 12 „Verteidigung der Bekl.". Eine gewisse Verzögerung und Erschwerung ist hinzunehmen. Auf die Erfolgsaussichten kommt es nicht an, so dass ein zusätzlicher unzulässiger Antrag sachdienlich sein kann, BGH NJW-RR 2002, 930; Thomas/Putzo/Seiler Rn. 8. Hat das Gericht die Klageänderung angeregt, darf der Kläger darauf vertrauen, dass es die Sachdienlichkeit trotz eines Widerspruchs des Bekl. bejahen werde; allerdings kann der Kläger die Zulassung nicht erzwingen, BGH NJW 1988, 128. 11

4. Beispiele für Sachdienlichkeit

Berufung: Es gelten die besonderen Anforderungen des § 533. Maßgeblich ist auch die Verwertbarkeit des bisherigen Prozessstoffes, BGH NJW 2020, 2407; Hamm MDR 2001, 1186; Bbg FER 2000, 297, → Rn. 11. Der Sachdienlichkeit steht nicht entgegen, dass eine Instanz verloren ist, BGH NJW 2020, 2407 Rn. 14; 2007, 2414; MüKoZPO/Becker-Eberhard Rn. 43. Zur Sachdienlichkeit der Abstandnahme von Urkundenprozess im Berufungsverfahren „Urkundenprozess". Wird zum Zwecke der Klageänderung Berufung eingelegt, muss mit der Berufung auch die Beseitigung der vorinstanzlichen Beschwer jedenfalls teilweise unter Berücksichtigung der Berufungssumme erstrebt werden, BGH ZInsO 2015, 421; FamRZ 2006, 402; NJW 2003, 2172. 12

Einseitige Erledigungserklärung: Darin liegt der Antrag auf Feststellung, dass sich der Rechtsstreit in der Hauptsache erledigt hat; → § 91a Rn. 207; → § 269 Rn. 10, 43 f. Die Umstellung auf diesen Antrag bei einem möglichen erledigenden Ereignis nach Rechtshängigkeit, das zur Unzulässigkeit oder Unbegründetheit der ursprünglichen Klage geführt haben kann, ist eine privilegierte Klageänderung nach § 264 Nr. 2; sie ist aber grundsätzlich auch sachdienlich, BGH NJW 2008, 2580; 2004, 1619; 2000, 803; Anders/Gehle Assessorexamen ZivilR P Rn. 34, 35.

Entscheidungsreife: Wenn der bisherige Prozess entscheidungsreif ist, fehlt es grundsätzlich an der Sachdienlichkeit, BGH NJW 1975, 1229; BAG WM 1976, 598.

Gebrauchsmusterverletzungsverfahren: → „Patentverletzungsverfahren".

Künftige Leistung nach §§ 257–259: Die Sachdienlichkeit ersetzt nicht die besonderen Voraussetzungen der Vorschriften, AG Freibg WuM 1989, 573.

Patentverletzungsverfahren: In solchen Verfahren kann in der Regel keine Sachdienlichkeit angenommen werden, wenn derselbe Verletzungsgegenstand aus einem weiteren Schutzrecht angegriffen wird, ohne dass der Schutzrechtsinhaber hierzu nach § 145 PatG gezwungen ist; von einem Zwang nach § 145 PatG kann schon ausgegangen werden, wenn der Patentinhaber mit der ernsthaften Möglichkeit rechnen muss, dass ihm im Falle einer separaten Klageerhebung aus einem weiteren Schutzrecht mit gewichtigen Gründen diese Vorschrift entgegen gehalten wird; entsprechendes gilt für Gebrauchsmusterverletzungsverfahren, Düss GRUR-RR 2021, 150 Rn. 17, 21; 2010, 359.

Schuldverhältnis-Vergleich: Eine solche Umstellung kann sachdienlich sein, BGH MDR 2014, 1043.

Urkundenprozess: Nach § 596 kann der Kläger vom Urkundenprozess in das ordentliche Verfahren übergehen; nach der Rspr. ist das in zweiter Instanz nur bei Vorliegen der Voraussetzungen des § 263 möglich, auch wenn es sich insoweit nicht um eine Klageänderung im eigentlichen Sinn handelt; dabei gelten die allgemeinen Überlegungen zur Sachdienlichkeit, BGH NJW 2020, 2407; näher: → Rn. 11.

Verwendung des bisherigen Streitstoffes: Wenn dieser im Wesentlichen eine verwertbare Entscheidungsgrundlage bleibt, ist in der Regel die Sachdienlichkeit zu bejahen, BGH NJW 2001, 1210; 2000, 800. Wird ein völlig neuer Prozessstoff eingeführt und ist die bisherige Prozessführung unverwertbar, ist dies zweifelhaft, BGH NJW-RR 1994, 1143; NJW 1985, 1841.

Verteidigung des Bekl.: Wird durch zu erwartenden neuen Vortrag des Bekl. die Erledigung des Rechtsstreit verzögert, schließt das die Sachdienlichkeit nicht aus, BGH NJW 2020, 2407 Rn. 22 (angekündigte Hilfsaufrechnung); MüKoZPO/Becker-Eberhard Rn. 33.

Vorbehaltsurteil: Auch im Nachverfahren der §§ 302 IV, 600 kann die Sachdienlichkeit vorliegen; das Vorbehaltsurteil bleibt wirksam, MüKoZPO/Becker-Eberhard Rn. 39.

Wohnungseigentum: Klagen die Wohnungseigentümer, obwohl für die geltend gemachten Rechte gemäß § 10 VI 3 WEG aF eine alleinige Ausübungsbefugnis des Verbandes besteht, ist der Parteiwechsel zum Verband sachdienlich, weil die Klage dadurch zulässig wird, BGH NJW 2016, 53 (zu WEG aF).

Zulässigkeit: Sachdienlichkeit kann nur in absoluten Ausnahmefällen dann vorliegen, wenn das Gericht die geänderte Klage als unzulässig abweisen muss, BGH NJW-RR 2002, 930 (§ 91 VwGO-Richterdienstsache); Musielak/Voit/Foerste Rn. 7. Wird umgekehrt eine Klage durch die Klageänderung zulässig, ist die Sachdienlichkeit zu bejahen, BGH NJW 2016, 53; → „Wohnungseigentum".

13 **VI. Verfahrensfragen bei Klageänderung. 1. Erste Instanz. a) Rechtshängigkeit.** Insoweit gilt für den neuen prozessualen Anspruch in der Regel nach § 261 II, weil die Klageänderung die Rechtshängigkeit des ursprünglichen prozessualen Anspruchs voraussetzt. Sie tritt ein entweder mit dem Zeitpunkt, in dem der prozessuale Anspruch in der mündlichen Verhandlung geltend gemacht wird, oder mit der Zustellung eines nach § 253 II–V bestimmenden Schriftsatzes, BGH NJW 2010, 3377, → § 261 Rn. 7. Auf die Entscheidung über die Zulässigkeit der Klageänderung kommt es insoweit nicht an; Rechtshängigkeit tritt auch ein, wenn die Klageänderung unzulässig ist, Ffm JurBüro 1980, 142; Thomas/Putzo/Seiler Rn. 14. Durch eine Klagerweiterung auf insgesamt mehr als 750 EUR kann sich ein obligatorisches Güteverfahren nach § 15a EGZPO erübrigen, LG BadBad WuM 2001, 560. Das Gericht muss evtl. einen weiteren Kostenvorschuss nach § 12 I 2 GKG anfordern und bis zu seinem Eingang in Bezug auf Maßnahmen warten Da die Klageänderung kein Angriffs- und Verteidigungsmittel, sondern der Angriff selbst ist, kann sie nicht nach § 296 zurückgewiesen werden, BGH NJW 2017, 491; MDR 1985, 394.

14 Wird der neue Klageantrag kumulativ oder hilfsweise neben den alten Antrag gesetzt, tritt eine Anspruchshäufung nach § 260 ein. Soweit der **ursprünglichen** prozessualen Anspruch durch den neuen ersetzt werden soll, endet dessen Rechtshängigkeit nicht mit der Rechtshängigkeit des neuen prozessualen Anspruchs, sondern mit der Zulässigkeit der Klageänderung; bei einer unwirksamen Klageänderung bleibt die bisherige Klage nach §§ 253 I, 261 I rechtshängig und das Gericht muss über sie entscheiden, wenn sie nicht nach § 269 zurückgenommen wurde, BGH NJW 1990, 2682; 1988, 128; Prütting/Gehrlein/Geisler Rn. 25. Tritt bei einer zulässigen Klageänderung der neue Antrag an die Stelle des alten, geht § 263 dem § 269 vor; → Rn. 9. Für den Zeitpunkt ist entweder die wirksame Einwilligungserklärung des Bekl. oder die Entscheidung des Gerichts über die Sachdienlichkeit maßgeblich, MüKoZPO/Becker-Eberhard Rn. 48. Für den neuen prozessualen Antrag ist eine erneute Einhaltung der Einlassungsfrist nach § 274 III entbehrlich. Jedoch sind die Frist des § 132 und die Ladungsfrist nach § 217 beachten. Das Gericht darf nach § 308 I nur noch über den neuen Antrag entscheiden, wenn die Klageänderung zulässig ist, Ffm FamRZ 1981, 979.

15 **b) Bisheriges Prozessergebnis.** Die bisherigen Prozessvorgänge bleiben grundsätzlich wirksam, zB eine Beweisaufnahme nach §§ 355 ff., MüKoZPO/Becker-Eberhard Rn. 50. Haben sich aber diese Vorgänge speziell auf den alten Streitgegenstand bezogen, werden sie wirkungslos; das kann bei einem Anerkenntnis und einem Verzicht der Fall sein, aber auch bei einem Geständnis, wenn es jetzt um andere Tatsachen geht, MüKoZPO/Becker-Eberhard Rn. 51. Ein auf den ursprünglichen Antrag gestütztes **Vorbehaltsurteil** ist analog § 269 III 1 wirkungslos. §§ 504, 506 sind anwendbar.

16 **c) Zulässigkeitsprüfung.** Das Gericht prüft die allgemeinen und besonderen Zulässigkeitsvoraussetzungen der geänderten Klage von Amts wegen; eine Amtsermittlung findet nicht statt, vielmehr müssen die maßgeblichen Tatsachen von den Parteien vorgetragen werden, → Vor § 253 Rn. 14, 22, 37. Die Voraussetzungen des § 263 gehören zu den besonderen Zulässigkeitsvoraussetzungen, für die der Kläger die Darlegungs- und Beweislast trägt. Sie sind erfüllt, wenn der Kläger den Streitgegenstand nach Rechtshängigkeit geändert und der Bekl. eingewilligt hat oder die Klageänderung sachdienlich ist, es sei denn, die Voraussetzungen des § 264 sind erfüllt. → Rn. 2. Ist eine Zulässigkeitsvoraussetzung zu verneinen, ist die geänderte Klage evtl. nach einem vergeblichen Hinweis nach § 139 durch Prozessurteil abzuweisen, Saarbr WuM 1985, 295; MüKoZPO/Becker-Eberhard Rn. 52, 54.

17 **d) Zwischenurteil oder Endurteil.** Die Zulässigkeit der Klageänderung kann durch ein Zwischenurteil nach § 303 oder in den Entscheidungsgründen des Endurteils festgestellt werden, Thomas/Putzo/Seiler Rn. 16. Im Endurteil kann das auch konkludent durch Entscheidung über den neuen prozessualen Anspruch geschehen, Thomas/Putzo/Seiler Rn. 16. Wenn die Voraussetzungen des § 263 nicht vorliegen, kommt nur ein Endurteil als

Prozessurteil in Betracht, → Rn. 16. In diesem Fall erlangt eine unzulässige Sachentscheidung über den neuen Anspruch keine materielle Rechtskraft. Wenn die Voraussetzungen des § 263 nicht vorliegen, hat das Gericht über die ursprüngliche Klage zu entscheiden, wenn der Kläger diese nicht wirksam nach § 269 zurückgenommen hat; denn dann bleibt diese rechtshängig, BGH NJW 1988, 128; Zöller/Greger Rn. 17; → Rn. 14. Hat die ursprüngliche Klage keine Aussicht auf Erfolg, hat der Kläger auch die Möglichkeit, seine Kosten durch eigene Säumnis zu verringern (§§ 330, 333), → Vor § 330 Rn. 13.

Die **Kostenentscheidung** richtet sich nach dem Ausgang des Rechtsstreits. UU kommt eine Anwendung des § 96 in Betracht, wenn der ursprüngliche Antrag besondere Kosten, etwa durch eine Beweisaufnahme, verursacht hat, Zöller/Greger Rn. 18. Ist die Klageänderung unzulässig, fallen keine Mehrkosten an, auch wenn dies in einem Zwischenstreit entschieden wird, Zöller/Greger Rn. 18. § 269 findet grundsätzlich keine Anwendung, da § 263 dieser Vorschrift vorgeht, → Rn. 14. § 269 III 2 ist aber analog anzuwenden, wenn der Kläger bei unverändertem Klagegrund seinen Antrag nach § 264 Nr. 2 mit Einwilligung des Bekl. reduziert, Zöller/Greger Rn. 18. 18

2. Klageänderung in der Berufung und Revision. Die Zulässigkeit einer Klageänderung in der Berufungsinstanz richtet sich nach § 533, dh es müssen die Voraussetzungen des § 263 vorliegen (Nr. 1) und sie muss auf Tatsachen iSd § 529 gestützt werden (Nr. 2), BGH NJW 2004, 2154; Düss GRUR-RR 2021, 150 (Gebrauchsmusterverletzungsverfahren); Bbg FER 2000, 297; Stgt MDR 1999, 1342. Das Gesetz nimmt dann den Verlust einer Tatsacheninstanz in Kauf, BGH NJW 1985, 1842. Die Berufung muss zulässig sein; so muss eine Beschwer vorliegen und der Berufungskläger muss mit seinem Rechtsmittel beabsichtigen, diese jedenfalls in Höhe der Berufungssumme (§ 511 II Nr. 1) zu beseitigen; das bedeutet, dass er neben dem neuen prozessualen Anspruch das erstinstanzliche Urteil jedenfalls zum Teil angreifen muss, BGH BeckRS 2015, 01265 Rn. 6 f.; NJW-RR 2012, 516 Rn. 17; 2006, 1502; NJW 2011, 3653; 2003, 2172; 2001, 226; BAG MDR 1997, 95; Stgt MDR 1999, 1342; Gaier NJW 2001, 3290. Das kann, soweit es um den Hauptantrag geht, nicht hilfsweise geschehen; dann ist die Berufung mit dem Hauptantrag unzulässig, jedoch mit dem Hilfsantrag bei Vorliegen der weiteren Voraussetzungen zulässig, BGH NJW 2001, 226. 19

Zulässig kann die Klageänderung in der zweiten Instanz sein, wenn der Kläger von der Haupt-Leistungsklage zur **Stufenklage** nach § 254 übergeht, Stgt MDR 1999, 1342. Die Beschwer fehlt, wenn zB der in erster Instanz mit einer **Feststellungsklage** nach § 256 I obsiegende Kläger in der Berufungsinstanz zur Leistungsklage übergeht, BGH NJW 1988, 829 (anders bei erstinstanzlichem Unterliegen), Köln NJW-RR 1990, 1086, oder wenn der Kläger ein **Schmerzensgeld** unter der Angabe einer ungefähren Größenordnung verlangt und mit dieser Summe obsiegt, BGH NJW 1999, 1339. Wird eine in erster Instanz wegen Klageabweisung nicht beschiedene **Hilfswiderklage** in der Berufungsinstanz in eine unbedingte Widerklage umgestellt, ist dies eine Klageänderung iSd § 264 Nr. 2, die eine Anschließung an die Berufung des Klägers erfordert; unerheblich ist, wenn die Partei eine Tatsacheninstanz verliert, BGH NJW 2020, 3038 = BeckRS 2020, 17503; → Anh. § 253 Rn. 27. 20

In der **Revision** ist wegen § 559 grundsätzlich die Geltendmachung neuer prozessualer Ansprüche und damit eine Klageänderung nicht statthaft, BGH BeckRS 2022, 4978 Rn. 10, und 5743 Rn. 12; 2020, 38346; NJW 2018, 3389; BAG NJW 2021, 104. Dies gilt auch für eine n neuen Hilfsantrag, BGH NJW 2015, 1167 Rn. 15. Eine Ausnahme wird nur dann gemacht, wenn sich die Klageänderung auf den vom Berufungsgericht festgestellten Sachverhalt bezieht und der neue Antrag den alten nur beschränkt oder modifiziert, BGH NJW 2019, 3381 Rn. 27; 2012, 3725; BAG NZA 2020, 1650 Rn. 30 (§ 264 Nr. 2); MüKoZPO/Becker-Eberhard, Rn. 45; → Rn. 3; → § 264 Rn. 5. So kann der Kläger den Rechtstreit in der Hauptsache einseitig für erledigt erklären und damit zu dem Antrag auf Feststellung, dass der Rechtstreit in der Hauptsache erledigt ist, wechseln BGH NJW 2015, 699 Rn. 23; 2014, 2199 Rn. 14; 2002, 442; MüKoZPO/Becker-Eberhard Rn. 45. 21

3. Rechtsmittel. Nach § 268 ist eine Anfechtung der Entscheidung, dass keine Klageänderung vorliegt oder dass die Änderung zuzulassen ist, nicht statthaft. Daher kann in der Rechtsmittelinstanz nur die Nichtzulassung der Klageänderung überprüft werden. So begründet eine Verkennung des Begriffs der Sachdienlichkeit in diesem Sinn die Revision nach §§ 542 ff., BGH NJW 1996, 2869. Sie führt auf Antrag nach §§ 538 I 1 Nr. 2, 565 zur Aufhebung und Zurückverweisung, BGH NJW-RR 1987, 59. Das Berufungsgericht prüft nur eine Überschreitung der Ermessensgrenzen, BGH NJW 1985, 1842, → Rn. 11. Das Revisionsgericht kann diese so begrenzte Prüfung der Sachdienlichkeit nach § 559 nachholen, BGH NJW-RR 1994, 1143; NJW 1993, 3072; MüKoZPO/Becker/Eberhard Rn. 46; vgl. auch BAG NZA 2016, 1022 (Umstellung eines Antrages auf künftige Leistung in einen Feststellungsantrag in der Revision). 22

VII. Subjektive Klageänderung. 1. Gewillkürter Parteiwechsel in erster Instanz. a) Allgemeines. Ein Parteiwechsel, dh eine subjektive Klageänderung, liegt vor, wenn eine neue Partei an Stelle einer ausscheidenden Partei in den Rechtsstreit eintritt; von einer Parteierweiterung ist auszugehen, wenn eine weitere Partei als Streitgenosse einer Partei in den Rechtsstreit eintritt; in beiden Fällen spricht man von gewillkürtem Parteiwechsel, Thomas/Putzo/Hüßtege Vor § 50 Rn. 12. 23

Kein Parteiwechsel ist eine bloße **Rubrumsberichtigung** bei einer Falschbezeichnung; diese liegt vor, wenn die Identität der Partei feststeht und durch die geänderte Bezeichnung nicht berührt wird, BGH WuM 2009, 357; NJW-RR 2004, 276; Düss ZinsO 2003, 663; Saarbr VersR 1997, 436; Mü OLGZ 1981, 90; LG Marbg VersR 1993, 1424; → § 264 Rn. 6. Sie lässt sich durch eine Auslegung klären, BGH NJW-RR 2008, 582. Sie ist immer zulässig, auch wenn der Kläger denselben Bekl. unter zwei Bezeichnungen verklagt hat oder wenn zB statt der Gesamthänder (Gesellschafter) jetzt die Gesellschaft klagen muss, BGH NJW-RR 2004, 276. 24

Die Erklärung eines gewillkürten Parteiwechsels ist eine **Prozesshandlung** und daher ist ein bedingter Parteiwechsel nicht statthaft, BGH NJW-RR 2004, 640; Naumb OLGR 2008, 356; → Vor § 128 Rn. 54 ff. und 63 „Dritter". Sie setzt wie die Änderung des Streitgegenstandes Rechtshängigkeit voraus, → Rn. 4; → § 253 Rn. 10; → § 261 Rn. 4. Bei den besonderen Zulässigkeitsvoraussetzungen gelten Besonderheiten, → Rn. 26 ff. Im Übrigen müssen alle Voraussetzungen, die für § 263 maßgeblich sind, auch beim Parteiwechsel vorliegen. Das gilt auch für die verfahrensrechtlichen Fragen, → Rn. 13 ff. Ist der Parteiwechsel wirksam, übernimmt die neue Partei den Rechtsstreit so, wie sie ihn vorfindet; allerdings ist die neue Partei an ein Geständnis des der alten nicht gebunden, MüKoZPO/Becker-Eberhard Rn. 68. Eine Fristwahrung, die der ursprüngliche Kläger durch Kla- 25 geerhebung herbeigeführt hat, wirkt nicht für den neuen, Oldb MDR 2001, 814; Anders/Gehle Assessorexamen ZivilR R Rn. 18.

26 **b) Anwendbarkeit von § 263.** Die subjektive Klageänderung, dh der gewillkürte Parteiwechsel ist nicht direkt in § 263 geregelt. Nach feststehender Rechtsprechung ist der gewillkürte Parteiwechsel in erster Instanz aber entsprechend § 263 zulässig, sog. **Klageänderungstheorie,** BGH NJW 2016, 53; 2015, 2425; 2011, 1453; 2010, 2132; 1976, 239; NJW-RR 2006, 640; MDR 2004, 700; BPatG GRUR 2014, 1030; BVerwG NJW 2011, 3671; Jena FamRZ 2001, 1619 (Wechsel vom gesetzlichen Vertreter zum Vertretenen). Gegen diesen Ansatz hat die Literatur Bedenken erhoben und wendet teilweise (zusätzlich) §§ 265 II 2, 267, 269 an; teilweise wird aber auch aus praktischen Gesichtspunkten der Rspr. zugestimmt, MüKo ZPO/Becker-Eberhard Rn. 67, 68 (§ 269 I analog bei Klägerwechsel); Musielak/Voit/Foerste Rn. 13 (aber ohne Bindung an bisherige Prozesslage); Prütting/Gehrlein/Geisler Rn. 13; Zöller/Greger Rn. 19, 30 (§ 269 I analog); Thomas/Putzo/Hüßtege Vor § 50 Rn. 15, 21 (§ 269 I analog); vgl. zum Meinungsstand näher: Anders/Gehle Assessorexamen ZivilR R Rn. 4, ins. Fn. 22.

27 Der Standpunkt der Rspr. die analoge Anwendung des § 263, ist dogmatisch etwas fraglich. Eine Änderung der Parteien zerreißt das Prozessrechtsverhältnis und begründet ein neues. Tritt eine neue Partei an die Stelle der alten, liegt streng genommen stets eine neue Klage vor und die alte ist zurückgenommen, Düss ZMR 1991, 176; Hamm NJW-RR 1991, 61 (sog. **Klagerhebungstheorie**). Daran ändert nichts, dass der neue Bekl. auf eine ordnungsmäßige Klagerhebung verzichten kann und dass auch § 295 I heilt. Man wird sich den Bedenken, den gewillkürten Parteiwechsel wie eine Klageänderung zu behandeln, daher nicht ganz verschließen können. Denn § 263 ist auf eine Änderung des Streitgegenstands, → Rn. 4–8, zugeschnitten, beschäftigt sich demgemäß nicht mit dem Verhalten und dem Dulden der Parteien bei einem Parteiwechsel. Im Ergebnis folgen wir, wie auch die Literatur im Übrigen, weitgehend im Grundsatz aus prozessökonomischen Gründen der Rspr. und befürworten die analoge Anwendung des § 263 für die Frage, ob die neue Partei in erster Instanz wirksam in den Prozess eingetreten ist. Dafür können die gesetzlich geregelten Fälle des Parteiwechsels mit herangezogen werden, so §§ 75 ff., 265, 266, 239 ff., 856 II, BezG Potsd VersR 1994, 576 (zur damaligen Treuhandanstalt). Diesen Fällen ist gemeinsam, dass die neue Partei den Rechtsstreit grundsätzlich so übernehmen muss, wie sie ihn vorfindet, BGH NJW 2006, 1351, 1354; Anders/Gehle Assessorexamen ZivilR R Rn. 3. Allerdings ergeben sich auch nach der Rspr. für die Berufungsinstanz Besonderheiten, → Rn. 35. Aus unserer Sicht ist zudem noch nicht abschließend höchstrichterlich geklärt, wie sich die analoge Anwendung des § 263 auf das ursprüngliche Prozessrechtsverhältnis in der ersten Instanz auswirkt; insoweit schlagen wir vor, diese Frage über § 269 zu lösen, → Rn. 28 ff. (für den Bekl.-Wechsel); → Rn. 32 ff. (für den Klägerwechsel).

28 **c) Besonderheiten beim Beklagtenwechsel in erster Instanz.** Bezieht sich der Parteiwechsel auf den Bekl., richtet sich die Frage, ob der neue Bekl. Partei geworden ist, nach § 263 analog, → Rn. 27, 29. Es kommt demnach darauf an, ob der neue Bekl. zugestimmt hat oder der Bekl.-Wechsel sachdienlich ist. In Bezug auf die Sachdienlichkeit gelten dieselben Grundsätze wie bei einer Änderung des Streitgegenstandes; es kommt darauf an, ob unter dem Gesichtspunkt der Prozesswirtschaftlichkeit der Streitstoff bei Zulassung des Parteiwechsels im Rahmen des anhängigen Prozesses erledigt werden kann und ein neuer Prozess zu vermeiden ist. → Rn. 11 f. Der Sachdienlichkeit steht nicht entgegen, dass Beweiserhebungen erforderlich werden und sich die Erledigung des Rechtsstreits verzögert, BGH NJW 2000, 800 (803); → Rn. 11.

29 Ob der bisherige Bekl. aus dem Rechtsstreit ausgeschieden ist, hängt dagegen nicht von § 263, insbesondere nicht von der Sachdienlichkeit ab. Insoweit kommt es allein auf § 269 an, wobei offenbleiben kann, ob diese Vorschrift direkt oder analog anzuwenden ist, weil das Prozessrechtsverhältnis, wenn auch mit anderen Parteien fortsetzt wird. Wird der Parteiwechsel vor der mündlichen Verhandlung erklärt, ist die Zustimmung des ursprünglichen Bekl. nicht erforderlich. Erfolgt der Parteiwechsel hingegen ab Beginn der mündlichen Verhandlung, muss der ursprünglichen Bekl. nach § 269 I zustimmen; hier stimmen Rspr. und Literatur aus unserer Sicht überein; soweit der BGH auf eine rechtsmissbräuchliche Weigerung der Zustimmung durch den ursprünglichen Bekl. abstellt, wird bestätigt, dass grundsätzlich die Zustimmung erforderlich ist, BGH NJW 2006, 1351; 1987, 1946; 1981, 989; BAG NJW 2010, 2909; BPatG GRUR 2014, 1031; Kblz NJW 2009, 1979; MüKoZPO/Becker-Eberhard Rn. 77; Musielak/Voit/Foerste Rn. 14; Thomas/Putzo/Hüßtege Vor § 50 Rn. 22; Zöller/Greger Rn. 23; Anders/Gehle Assessorexamen ZivilR R 5–9.

30 Es empfiehlt sich, den ursprünglichen Bekl. mit der Zustellung des Schriftsatzes, in dem der Parteiwechsel erklärt wird, auf die Notfrist des § 269 II 4 (analog) hinzuweisen, Anders/Gehle Assessorexamen ZivilR R Rn. 10. Die Rechtshängigkeit nach §§ 253 I, 261 I beginnt gegenüber dem neuen Bekl. mit der Zustellung des den Anforderungen des § 253 II Nr. 2 entsprechenden Schriftsatz, in dem auch der Parteiwechsel erklärt wird. Das Verfahren kann dadurch beschleunigt werden, dass dem neuen Bekl. auch die übrigen gewechselten Schriftsätze zugestellt werden. Die Zulässigkeitsvoraussetzungen müssen im Hinblick auf den neuen Bekl. erneut geprüft werden, Zweibr NJW-RR 2001, 359; Anders/Gehle Assessorexamen ZivilR R Rn. 10.

31 Nach der Rspr. bleiben die bisherigen Prozessergebnisse gegenüber dem neuen Bekl. wirksam, BGH NJW 2012, 3725; 2006, 1354. Nach Meinung der überwiegenden Literatur gilt dies uneingeschränkt nur, wenn der neue Bekl. seinem Prozesseintritt zugestimmt hat, MüKoZPO/Becker-Eberhard Rn. 78; Thomas/Putzo/Hüßtege Vor § 50 Rn. 22. Der neue Bekl. darf in jedem Fall eine Wiederholung der Beweisaufnahme fordern, BGH NJW 1996, 196. An ein Geständnis ist der neue Bekl. nicht gebunden, BGH NJW 2006, 1351, 1354; 1996, 196 (vergleichbarer Fall der Widerklage gegen einen Dritten). Der Kläger muss eine etwaige Klagefrist erneut einhalten. Dasselbe gilt für die Einlassungsfrist nach § 274 III. Die materiellen und prozessualen Wirkungen der Rechtshängigkeit, → Vor § 253 Rn. 71, 73, treten erst ab Zustellung der Klageschrift an den neuen Bekl. ein. So ist erst dann der neue Bekl. zu Prozesszinsen verpflichtet und erst dann wird ihm gegenüber die Verjährung gehemmt.

32 **d) Besonderheiten beim Klägerwechsel.** Für den gewillkürten in erster Instanz gilt § 263 entsprechend für *die Frage, ob der neue Kläger* Partei des Rechtsstreits geworden ist, BGH NJW 2006, 54; Hamm NJW 2016, 2278. Voraussetzung ist allerdings eine entsprechende Erklärung sowohl des alten als auch des neuen Klägers; die Erklärungen können auch in der mündlichen Verhandlung abgegeben werden, Jena FamRZ 2001, 1619; Mü NJW-RR 1998, 788; Anders/Gehle Assessorexamen ZivilR R Rn. 14.

Fraglich ist jedoch, ob neben § 263 auch § 269 analog heranzuziehen ist für die Frage, ob der ursprüngliche Kläger wirksam ausgeschieden ist. Beim Eintritt eines neuen Klägers läuft zwar der bisherige Rechtsstreit gegen den bisherigen Bekl. weiter und diesem muss das Gericht den Schriftsatz mit der Eintrittserklärung zustellen, Jena FamRZ 2001, 1619. Wenn jedoch nach § 269 I der Bekl. nach Beginn der mündlichen Verhandlung nicht mehr ohne seinen Willen aus dem Prozess herausgedrängt werden kann, darf sich aus unserer Sicht der ursprüngliche Kläger auch nicht im Wege des Parteiwechsels ab diesem Zeitpunkt ohne Zustimmung des Bekl. einer Sachentscheidung entziehen. Deshalb meinen wir, dass es für die Frage, ob der ursprüngliche Kläger wirksam ausgeschieden ist, vom Zeitpunkt der mündlichen Verhandlung an auf die Zustimmung des Bekl. ankommt, so auch BGH NJW 2012, 364 Rn. 15; MüKoZPO/Becker-Eberhard Rn. 70; Zöller/Greger Rn. 30; Thomas/Putzo/Hüßtege Vor § 50 Rn. 15, 21; Anders/Gehle Assessorexamen ZivilR R 15; aM Nürnb MDR 2016, 1112. Für diese Meinung spricht auch § 265 II, nach dem die Zustimmung des Bekl. selbst für den Fall des § 265 I erforderlich ist. Das bedeutet, dass bei Fehlen der erforderliche Zustimmung des Bekl. nach § 269 entsprechend nach vollzogenem Klägerwechsel nunmehr auf der Klägerseite zwei Parteien stehen und in beiden Fällen eine Sachentscheidung zu erfolgen hat, Anders/Gehle Assessorexamen ZivilR R Rn. 17. 33

e) Beispiele zum Parteiwechsel in erster Instanz

Gesellschaft – Gesellschafter: Ein Parteiwechsel liegt dann vor, wenn statt zB einer OHG oder KG ihre Gesellschafter oder Kommanditisten klagen oder verklagt werden, da die Gesellschaft nach §§ 124, 161 II HGB rechts- und damit prozessfähig ist Dasselbe gilt für eine Außen-BGB-Gesellschaft, BGH NJW 2001, 1056. 34

Parteierweiterung: Im ersten Rechtszug müssen neben § 263 auch die Voraussetzungen der §§ 59, 60 vorliegen, Thomas/Putzo/Hüßtege Vor § 50 Rn. 25.

Patentumschreibung: Ein Parteiwechsel liegt bei ihr vor, BPatG GRUR 2014, 1030.

Prozessstandschafter – Rechtsinhaber: Ein Parteiwechsel liegt dann vor, wenn statt des Prozessstandschafters der eigentliche Rechtsinhaber den Prozess fortführt, BGH NJW 2015, 2628.

Schuldner – Insolvenzverwalter: Ein Parteiwechsel liegt dann vor, wenn der Insolvenzverwalter den Prozess des Klägers nach §§ 240 ff. fortführt, Düss Rpfleger 2005, 55; Köln KTS 1983, 452; LAG Kiel NZA-RR 2005, 658.

Vertretener – Vertreter: Ein Parteiwechsel liegt dann vor, wenn diese beiden Beteiligten eines Rechtsverhältnisses im Prozess als Partei wechseln, Jena OLGR 2001, 390; Zweibr FamRZ 1986, 289.

Wohnungseigentum: Ein Klägerwechsel liegt vor bei Umstellung der gegen die Wohnungseigentümergemeinschaft gerichteten Klage auf eine solche gegen einzelne Wohnungseigentümer (§§ 44, 46 I 1 WEG aF), BGH NJW 2010, 2132.

2. Parteiwechsel in der Berufungsinstanz. a) Klägerwechsel. Es gelten in der Berufungsinstanz dieselben Grundsätze wie in der ersten Instanz; ob der neue Kläger in den Prozess eingetreten ist, richtet sich nach § 263 analog; für die Frage, ob der ursprüngliche Kläger ausgeschieden ist, richtet sich nach § 269 analog, BGH NJW 2016, 54; Bbg OLRG 2002, 444; Rostock MDR 2005, 1011; Hamm VersR 1996, 149; Thomas/Putzo/Hüßtege Vor § 50 Rn. 23; → Rn. 32, 33. Das OLG Nürnberg, MDR 2016, 1112, verlangt zusätzlich, dass die Voraussetzungen des § 533 vorliegen. Ein Klägerwechsel ist nur zulässig, wenn überhaupt eine nach § 511 zulässige Berufung vorliegt; insbesondere muss die Berufung auf die zumindest teilweise Beseitigung der durch das erstinstanzliche Urteil geschaffenen Beschwer in Höhe der Berufungssumme nach § 511 II Nr. 1 gerichtet sein, BGH NJW 2003, 2172; 1994, 3358; BAG NJW 2005, 1884; → Rn. 19. Bei einem Klägerwechsel reicht eine rechtzeitige Berufungsbegründung des neuen Klägers nach § 520 aus, BGH NJW 2003, 2172. Eine Sachdienlichkeit, → Rn. 11, 12, ersetzt auch hier die Zustimmung des Gegners, BGH NJW 2003, 2172; Nürnb MDR 2016, 1112. Nach dem Ablauf der Begründungsfrist nach § 520 ist ein Klägerwechsel nicht mehr zulässig, BGH NJW 2003, 2172. Der Beitritt eines weiteren Klägers in der Berufungsinstanz ist eine Klageänderung, BGH NJW-RR 2016, 1016; Saarbr VersR 2002, 1091 Stgt NJW-RR 2001, 970. Auch ein zusätzlicher Widerbekl. ist denkbar, Schlesw SchlHA 1985, 154. 35

b) Beklagtenwechsel. Nach der Rspr. ist in der Berufungsinstanz der Bekl.-Wechsel grundsätzlich nur mit Zustimmung des neuen Bekl., nicht aber schon bei einer Sachdienlichkeit zulässig, da ohne seinen Willen ihm keine Instanz genommen werden soll; davon wird nur bei einer rechtsmissbräuchlichen Verweigerung eine Ausnahme gemacht, BGH NJW 2011, 1453; 2003, 2172; 1998, 1496; 1996, 2799; Mü MDR 2006, 1186; LG Ffm ZMR 2015, 332; BAG NJW 2010, 2909; MüKoZPO/Becker-Eberhard Rn. 79; Musielak/Voit/Foerste Rn. 15; Prütting/Gehrlein/Geisler Rn. 16; Thomas/Putzo/Hüßtege Vorb § 50 Rn. 23; Kirschstein-Freund KTS 2002, 662. Von einem Missbrauch ist nicht auszugehen, wenn der neue Bekl. ansonsten die versäumte Wahrung einer Klagefrist hinnehmen müsste, LG Ffm WuM 2015, 521. 36

Mangels Zustimmung des neuen Bekl. wird grundsätzlich die Berufung zurückgewiesen. Es erfolgt keine Zurückverweisung nach § 538 II 1 Nr. 1, Mü MDR 2006, 1186. Man kann einen Dritten nicht schon deshalb in die zweite Instanz hineinziehen, weil das Erstgericht eine entsprechende Klagerweiterung nicht nach § 271 zugestellt hatte, BGH BB 2000, 1061. 37

3. Parteiwechsel in der Revisionsinstanz. Im Revisionsverfahren ist eine Klageänderung wegen § 559 I grundsätzlich unstatthaft, BGH NJW-RR 2021, 187 Rn. 187 Rn. 7; NJW 2016, 54; NJW-RR 1990, 1213; BAG NZA 2011, 1275; Linck NZA 2019, 80; → Rn. 3, 21. Daher ist auch ein Parteiwechsel grundsätzlich unstatthaft, BAG NZA 2011, 1275; Schmidt NJW 2008, 1843. Das gilt auch im Verfahren nach § 544, BGH ZIP 2009, 2170. Ausnahmsweise kommt eine Klageänderung dann infrage, wenn sie sich auf eine solche neue Tatsache stützt, die das Revisionsgericht von Amts wegen ermitteln muss, BAG MDR 2008, 465; MüKoZPO/Becker-Eberhard Rn. 74, so zB wenn eine Prozessstandschaft kraft Gesetzes endet, BGH NJW-RR 1990, 323, ein Parteiwechsel aufgrund einer Gesetzesänderung eintritt, BGH FamRZ 2012, 1489, die Klage von den nach § 10 VI 3 WEG aF (vgl. jetzt § 9a WEG) nicht mehr prozessführungsbefugten Wohnungseigentümer auf die WEG umgestellt wird, BGH MDR 2015; 1057, oder wenn im Fall des § 1629 III BGB das Kind volljährig wird, BGH NJW 2013, 2595. Darüber hinaus darf der Klageantrag in den Fällen des § 264 Nr. 2 geändert werden. wenn er bei sonst unverändertem Sachverhalt lediglich quantitativ beschränkt wird, BAG NJW 2021, 103 Rn. 30; → § 264 Rn. 4; → Rn. 21. 38

39 **4. Kostenentscheidung beim Parteiwechsel.** Wegen der Einheit des Prozessverhältnisses entstehen für den Rechtsstreit vor und nach dem Parteiwechsel die Gerichtsgebühren nur einmal, Celle NJW-RR 2000,1093; MüKoZPO/Becker-Eberhard Rn. 106. Die außergerichtliche Kosten erhöhen sich in jedem Fall bei einer anwaltlichen Vertretung, MüKoZPO/Becker-Eberhard Rn. 107.

40 Für die Verteilung der Kosten des Rechtsstreits maßgeblich ist das endgültige Prozessergebnis, dh es kommt grundsätzlich auf das Obsiegen und Unterliegen der (letzten) Parteien in der Instanz an, §§ 91 I, 92 I. Der ausscheidende **Bekl.** ist an den Kosten nicht zu beteiligen, MüKoZPO/Becker-Eberhard Rn. 109. Diesem steht aber entsprechend § 269 III 2 gegen den Kläger ein Kostenerstattungsanspruch bezüglich seiner außergerichtlichen Kosten zu, BGH NJW-RR 2018, 575 RN. 10; GRUR 2015, 159; NJW 2006, 1351; Ffm MDR 1977, 410; Hamm MDR 2007, 1448; Mü OLGZ 1981, 89; MüKoZPO/Becker-Eberhard Rn. 110. Auf entsprechenden Antrag muss das Gericht diese Kostengrundentscheidung zu den außergerichtlichen Kosten des ursprünglichen Bekl. bereits vor Abschluss des Rechtsstreits in der Instanz aussprechen, Mü OLGZ 1981, 89. Über die Verteilung der Gerichtskosten und der außergerichtlichen Kosten des Klägers bzw. des neuen Bekl. wird erst im Endurteil entschieden, BGH NJW 2006, 1353; hierzu im Einzelnen: Anders/Gehle Assessorexamen ZivilR R Rn. 12.

41 Beim Parteiwechsel auf der **Klägerseite** trägt der ausscheidende Kläger seine Kosten selbst und die evtl. bis dahin entstandenen Mehrkosten nach § 96; die Entscheidung erfolgt im Endurteil, BGH GRUR 2015, 159; BPatG GRUR 1994, 609; Naumb NJW 2019, 257; Hamm MDR 2007, 1448; MüKoZPO/Becker-Eberhard Rn. 109; im Einzelnen zu verschiedenen Meinungen: Anders/Gehle Assessorexamen ZivilR R Rn. 19.

264 *Keine Klageänderung.* **Als eine Änderung der Klage ist es nicht anzusehen, wenn ohne Änderung des Klagegrundes**

1. die tatsächlichen oder rechtlichen Anführungen ergänzt oder berichtigt werden;
2. der Klageantrag in der Hauptsache oder in Bezug auf Nebenforderungen erweitert oder beschränkt wird;
3. statt des ursprünglich geforderten Gegenstandes wegen einer später eingetretenen Veränderung ein anderer Gegenstand oder das Interesse gefordert wird.

1 **I. Systematik und Regelungszweck.** → Vor § 253 Rn. 1 ff.; → § 263 Rn. 1, 2. Liegt eine Klageänderung vor und wird sie weder vom Gericht als sachdienlich angesehen noch vom Bekl. gebilligt, muss das Gericht die geänderte Klage evtl. nach einem vergeblichen Hinweis nach § 139 grundsätzlich durch ein Prozessurteil als unzulässig abweisen, → § 263 Rn. 16. Greift jedoch § 264 Nr. 2, 3 ein, kommt es auf die besonderen Zulässigkeitsvoraussetzungen des § 263 nicht an; die Klageänderung ist in der ersten und zweiten Instanz auch ohne sie zulässig, BGH NJW-RR 2006, 390, während in der Revision § 559 zu beachten ist, → Rn. 4. Entsprechendes gilt, wenn unklar ist, ob überhaupt von einer Klageänderung auszugehen ist, jedoch die Voraussetzungen der Nr. 1 zu bejahen sind. Deshalb ist § 264 immer vor § 263 zu prüfen. Kommt § 264 in Betracht, wird die Anwendung jedoch letztlich verneint, ist häufig von der Sachdienlichkeit iSd § 263 auszugehen, MüKoZPO/Becker-Eberhard Rn. 2. § 268 gilt auch für § 264, MüKoZPO/Becker-Eberhard Rn. 2.

2 Die Vorschrift dient der Prozesswirtschaftlichkeit. Zusammenhängende Fragen sollen möglichst einheitlich und rasch geklärt werden; außerdem sollen neue Prozesse vermieden und die Justiz soll dadurch entlastet werden, Musielak/Voit/Foerste Rn. 1.

3 **II. Geltungsbereich.** → Vor § 253 Rn. 6; → § 263 Rn. 3. § 264 geht in der ersten Instanz dem § 263 und im Berufungsverfahren dem § 533 Nr. 1 und 2 vor, so dass die Klageänderung unabhängig von § 263 und § 533 zulässig ist, BGH MDR 2006, 565; MüKoZPO/Becker-Eberhard Rn. 5. Liegt ein Fall von § 264 vor und erweitert der Kläger zusätzlich seinen Klageantrag iSv § 263, zB mit einem neuen Sachverhalt, greifen §§ 264 und § 263 nebeneinander ein, BGH NJW 1996, 2869; MüKoZPO/Becker-Eberhard Rn. 35.

4 **III. Voraussetzungen. 1. Allgemeines.** Die Vorschrift regelt, dass die Änderung und Berichtigung nach Nr. 1 keine Klageänderung ist und die Klageänderungen nach Nrn. 2 und 3 ohne Weiteres zulässig sind, dh die Voraussetzungen des § 263 nicht vorliegen müssen, BGH NJW-RR 2006, 390; Thomas/Putzo/Seiler Rn. 1. Alle drei Fälle haben zur Voraussetzung, dass der Klagegrund im **Kern** derselbe bleiben muss, BGH NJW 2007, 83; 1996, 2869; → Rn. 6. Wirksam werden die Prozesshandlungen mit Erklärung in der mündlichen Verhandlung oder mit Zustellung des betreffenden Schriftsatzes an den Bekl. ein, → § 263 Rn. 13. Alle Änderungen iSd § 264 sind in der **ersten** und **zweiten Instanz** zulässig, ohne dass die Voraussetzungen der §§ 263, 533 vorliegen müssen, BGH NJW 2017, 2623 Rn. 14; NJW-RR 2006, 390; NJW 2004, 2154. Allerdings müssen auch für eine Klageänderung nach § 264 Nr. 2 und 3 die sonstigen Zulässigkeitsvoraussetzungen erfüllt sein, Ffm NJW 2010, 244; → § 263 Rn. 16. Bei der durch die Erweiterung eintretenden Unzuständigkeit des AG gilt § 506. Eine Beschränkung des Klageantrags beseitigt die vorher begründete Zuständigkeit nach § 261 III Nr. 2 nicht, → § 261 Rn. 22 ff. Eine Beschränkung rechtfertigt demnach keine Verweisung vom LG an das AG. In der zweiten Instanz muss die Berufung bzw. die Anschlussberufung zulässig sein, insbesondere muss auch eine Beschwer bestehen, die mit der Berufung jedenfalls teilweise in Höhe der Berufungssumme nach § 511 II Nr. 1 beseitigt werden soll, BGH NJW 2015, 2812; → § 263 Rn. 19. Treten bei Nrn. 2 und 3 Zweifel auf, was gewollt ist, muss das Gericht nach § 139 aufklären. Die Änderungen nach § 264 sind bis zum Schluss der letzten mündlichen Tatsachenverhandlung möglich; sie werden durch eine Klagefrist nicht ausgeschlossen, MüKoZPO/Becker-Eberhard Rn. 15.

5 In der **Revision** ist eine Klageänderung wegen § 559 I 1 grundsätzlich unzulässig, BGH WM 2021, 139 = BeckRS 2020, 38346; → § 263 Rn. 3, 21; jedoch darf der Antrag in den Fällen der Nr. 2 unter bestimmten Voraussetzungen umgestellt werden, so zB ist eine Beschränkung des Antrages bei unverändertem Sachverhalt zulässig, NJW 2017, 3521 Rn. 30; BAG NJW 2021, 103 = NZA 2020, 1650; Thomas/Putzo/Seiler Rn. 1; → *Rn. 10 „Einseitige Erledigung"*. Grundsätzlich muss der Kläger der Rechtsmittelführer sein, damit die Regeln der Anschlussrevision nicht umgangen werden; im Unterschied zu einer Klageerweiterung kann die Beschränkung des Klageantrags nach Nr. 2 aber auch durch den revisionsbeklagten Kläger erfolgen, BAG NJW 2021, 103 = NZA 2020, 1650 Rn. 33. Von einem unveränderten Sachverhalt und damit von der Zulässigkeit der Antrags-

beschränkung in der Revision kann bei einem Austausch des Klagegrundes, so zB bei Teilrücknahme einer überhöhten Klageforderung in der Revision in Bezug auf die Feststellung des Annahmeverzuges, nicht ausgegangen werden, BGH NJW-RR 2021, 187 (Dieselskandal).

2. Ergänzung oder Berichtigung der Anführungen, Nr. 1. Nach Nr. 1 wird eine Klageänderung bei einer bloßen Ergänzung oder Berichtigung des Antrages oder der tatsächlichen Angaben ohne eine Veränderung des Streitgegenstandes, dh des Klageantrages und des Klagegrundes verneint, BGH GRUR 2005, 409; NJW 1996, 2869. Damit hat Nr. 1 nur eine klarstellende Funktion. Im Hinblick auf die Veränderung des Klagegrundes ist eine Abgrenzung zum **Kern** des zugrundeliegenden Sachverhalts erforderlich; nur wenn der Kern nicht verändert wird, liegt keine Änderung des Klagegrundes vor, BGH NJW 2007, 83; → § 253 Rn. 28; → § 263 Rn. 7. Eine Ergänzung oder Berichtigung iSd Nr. 1 kann in einer Substantiierung des Sachvortrages, → § 138 Rn. 21 ff., in der Angabe näherer Einzelheiten oder in der Berichtigung von Wert- und Zahlenangaben liegen, Thomas/Putzo/Seiler Rn. 2. Die Berichtigung kann sich auch auf die Parteibezeichnung beziehen, wenn die Identität gewahrt wird, Musielak/Voit/Foerste Rn. 2; → § 263 Rn. 24. Die Ergänzung oder Berichtigung muss sich auf die vorgetragenen Tatsachen beziehen, während die rechtlichen Ausführungen der Parteien insoweit keine Bedeutung haben und das Gericht auch nicht binden, → § 138 Rn. 14 (Abgrenzung Tatsachen/Rechtsansichten). Nr. 1 dient nicht dazu, einen nach § 296 verspäteten Vortrag zulässig zu machen. Zweibr MDR 1981, 586. 6

3. Erweiterung oder Beschränkung des Antrags, Nr. 2. Nr 2 gilt bei einer quantitativen Erweiterung oder Beschränkung des Klageantrags in Bezug auf die Hauptsache und die Nebenforderungen, BGH GRUR 2018, 405; Saarbr NJW-RR 2018, 145; Kblz NJW 2018, 2807; Thomas/Putzo/Seiler Rn. 3. Davon ist auch auszugehen, wenn der Kläger quantitativ mehr oder weniger erreichen will, so dass nicht nur eine rein zahlenmäßige Beschränkung oder Erweiterung erfasst wird; das setzt aber bei unverändertem Klagegrund voraus, dass keine völlig andere Rechtsfolge begehrt wird, MüKoZPO/Becker-Eberhard Rn. 11 Diese Regel gilt auch in der Berufungsinstanz, BGH NJW 2009, 3723; BAG NZA 2017, 632; BVerwG NVwZ 2017, 1142, und im Nachverfahren nach §§ 302 IV, 600. Insofern ist das Gericht für den Mehrbetrag nicht an seine Entscheidung gebunden. Zur Beschränkung des Klageantrages in der Revision → Rn. 5. Eine Klageerweiterung ist keineswegs stets ein zwingender Grund zu einer Wiedereröffnung der Verhandlung nach § 156. Über die Vorwegleistung der Verfahrensgebühr nach § 12 GKG vgl. Anh. § 271. Zu den sonstigen Kostenfragen Göppinger JurBüro 1975, 1409. 7

Streitig ist, ob bei Beschränkung des Klageantrages der Überhang des alten Antrages oder der alte Antrag selbst erledigt ist, so BAG NZA 2017, 593; MüKoZPO/Becker-Eberhard Rn. 23 (bei der qualitativen Beschränkung); Musielak/Voit/Foerste Rn. 6; aM Düss NJW 2012, 85; Zöller/Greger Rn. 4a; offen gelassen BAG NJW 2019, 3101. Einig ist man sich aber, dass der Kläger die evtl. Mehrkosten zu tragen hat nach § 269 III 2 (analog). Wenn der alte Antrag nicht erledigt ist, muss über ihn durch streitiges Urteil entschieden werden, wenn nicht der Kläger auf den Überhang verzichtet, der Rechtsstreit insoweit nicht beidseitig für erledigt erklärt wird oder der Kläger nicht wirksam, dh evtl. nur mit Einwilligung des Bekl., nach **§ 269** die Klage teilweise zurücknimmt. Wir meinen, dass sich bei § 264 der alte Antrag erledigt und lediglich die Kostenfolge nach § 269 III 2 bei evtl. Mehrkosten eintritt, weil ansonsten die Erleichterungen für den Kläger zum Nachteil des Bekl. nach Nr. 2 verlorengingen; dadurch wird der Bekl. wegen der Anwendbarkeit von § 269 III 2 analog auch nicht unvertretbar benachteiligt. 8

4. Anderer Gegenstand, Interesse, Nr. 3. Wird statt des ursprünglichen Gegenstandes bei später eingetretener Veränderung ein anderer Gegenstand verlangt, gilt die Umstellung bei unverändertem Sachverhalt nicht § 263, sondern § 264; dadurch soll ein neuer Prozess vermieden werden, BGH MDR 2005, 502; Ros JurBüro 2014, 206; Schneider MDR1987, 812. Die Veränderung muss nach Rechtshängigkeit gemäß §§ 253 I, 261 I eingetreten oder dem Kläger bekanntgeworden sein, Hamm NJW-RR 2001, 142; Ffm FamRZ 1981, 979; Altmeppen ZIP 1992, 454. Es ist unerheblich, ob die anfängliche Unkenntnis schuldhaft war; so auch Zöller/Greger Rn. 5; Thomas/Putzo/Seiler Rn. 7; aM MüKoZPO/Becker-Eberhard Rn. 27; Musielak/Voit/Foerste Rn. 8. Mit Gegenstand ist nicht der Streitgegenstand, dh der prozessuale Anspruch, → § 253 Rn. 26, sondern die materielle Rechtsfolge gemeint, Thomas/Putzo/Seiler Rn. 7. Ob die Veränderung auf dem Verhalten einer Partei oder auf einem Zufall beruht, ist unerheblich. Der neue materielle Anspruch muss demselben Klagegrund wie der alte entstammen. Eine Änderung oder Einschränkung des Antrags ist auch für denjenigen zulässig, der nach § 265 veräußert hat. Ob der Kläger einen anderen Gegenstand verlangen kann, richtet sich allein nach dem materiellen Recht. Anwendungsfälle sind zB die Umstellung von der Sache zum Surrogat (§ 285 BGB) bzw. Schadensersatz oder die Umstellung von der Wandlung zur Zahlung. Zur Anwendbarkeit des § 269 gilt dasselbe wie bei Nr. 2, → Rn. 8. 9

5. Beispiele zu Nr. 1–3

Abschlag – Werklohn: Geht der Kläger von der Abschlagzahlung zur Schlusszahlung über, ist § 264 zu bejahen, weil die Abschlagzahlung nur eine modifizierte Form des einheitlichen Werklohnes ist, BGH NJW 2015, 2812 (Nr. 3 wegen eingetretener Schlussrechnungsreife und Nr. 2 für den erhöhten Betrag); BGH NJW-RR 2006, 390 (Nr. 1, wenn Schlussrechnung schon vor Klageerhebung erteilt wurde). 10

Absonderung – Aussonderung: § 264 findet keine Anwendung, da eine Änderung des Klagegrundes vorliegt, soweit der Kläger statt der Absonderung jetzt die Aussonderung geltend macht oder umgekehrt.

Abtretung – eigener *Anspruch:* § 264 findet keine Anwendung, da verschiedene Klagegründe vorliegen, BGH NJW 2007, 2560 Rn. 17; 2005, 2004. Der Streitgegenstand verändert sich aber nicht, wenn der Kläger seinen Anspruch zunächst auf einen Pfändungs- und Überweisungsbeschluss zur Einziehung stützt und später auf eine Abtretung, weil die Pfändung und Überweisung ein eigenes Einziehungsrecht schafft, BGH NJW 2007, 2560 Rn. 18; aM Hamm MDR 2001, 1186.

Abwandlung der Verletzungsform: → „Unterlassungsantrag".

Berechnungen: § 264 Nr. 1 ist gegeben, wenn der Kläger nur die Art der Schadensberechnung auswechselt, etwa von der abstrakten zur konkreten Berechnung übergeht, BGH NJW-RR 2006, 253; NJW 1992, 568; Düss GRUR-RR 2006, 384; Ffm NJW-RR 2010, 527, oder wenn er nur Rechnungsposten auswechselt, BGH NJW 2002, 3020.

Bereicherungsanspruch: § 264 Nr. 3 liegt vor, wenn der Kläger zB wegen einer gegnerischen Vertragsanfechtung statt der Zahlung aus Vertrag nun die Herausgabe einer Bereicherung fordert oder Wertersatz bzw. Nutzungsentschädigung, BGH NJW 2015, 1093 (Miete/Nutzungsentschädigung); MDR 2008, 1359. § 263 und nicht § 264 findet Anwendung, wenn der Kläger von einer Vollstreckungsabwehrklage nach § 767 zur Forderung nach §§ 812 ff. BGB übergeht, Schlesw MDR 1991, 669, und umgekehrt, BayObLG KTS 2003, 513. Ein anderer Klagegrund und damit keine Anwendbarkeit des § 264 ist auch anzunehmen, wenn von der Zahlung wegen Insolvenzanfechtung übergegangen wird auf einen Anspruch aus § 816 II BGB und die erforderliche Genehmigung erst während des Prozesses erklärt wird, BGH NJW 2008, 3570.

Berichtigung: Werden der Klageantrag oder der Klagegrund lediglich berichtigt bzw. ergänzt, greift § 264 Nr. 1 ein, so zB wenn der Kläger die Feststellung der Unzulässigkeit einer Pfändung statt Aufhebung der Vollstreckung fordert, BGH NJW 2007, 84, GRUR 2005, 409; → § 263 Rn. 24 (Rubrumsberichtigung).

Bürgschaft: Zahlt der Bürge während des Prozesses die Bürgschaftssumme, ist § 264 Nr. 3 erfüllt, wenn er von der Herausgabe der Bürgschaftsurkunde auf Rückzahlung der Bürgschaftssumme umstellt, BGH NJW 1996, 2869.

Drittwiderspruchsklage: § 263 und nicht § 264 greift ein, wenn der Kl. von der Leistungsklage zur Klage nach § 771 übergeht, LG Bln KTS 1989, 207.

Duldung der Zwangsvollstreckung: Geht der Kläger vom Leistungsantrag zu einem solchen Antrag über, liegt eine Beschränkung nach § 264 Nr. 2 vor, BGH NJW-RR 2008, 1629; FamRZ 1998, 906.

Einseitige Erledigungserklärung des Klägers: Darin liegt die Umstellung des Antrages auf Feststellung, dass sich der Rechtsstreit in der Hauptsache erledigt hat, BGH NJW-RR 2004, 1619; NJW 1992, 2235; → § 91a Rn. 207. Das ist eine Beschränkung iSd § 264 Nr. 2, BGH NJW 2017, 3521; 2008, 2580; Musielak/Voit/Foerste Rn. 5.

Erbengemeinschaft: → „Zahlung an sich".

Erweiterung des Klageantrags: Bei gleichbleibendem Sachverhalt greift § 264 Nr. 2 ein, BAG NZA-RR 2016, 259.

Feststellung – Leistung: Beim Übergang vom Leistungs- zum Feststellungsantrag bei unverändertem Sachverhalt ist § 264 Nr. 2 zu bejahen, auch wenn ursprünglich eine künftige Leistung begehrt wurde, BAG NJW 2019, 3101 Rn. 15; NZA 2016, 1021; Kobl NJW 2018, 2807. § 264 Nr. 2 ist anzunehmen beim Übergang von der positiven Feststellungsklage zur deckungsgleichen Leistungsklage, BGH NJW-RR 2002, 283; BAG NZA 2022, 713 Rn. 14; 2009, 436; Hamm VersR 2000, 992 (je: in zweiter Instanz). Hat der Kläger im Hauptantrag Leistung und im Hilfsantrag Feststellung begehrt und stellt er während des Prozesses die Reihenfolge um, liegt eine qualitative Beschränkung iSd § 264 Nr. 2 vor, Düss NJW 2012, 85.

Freistellung: Gegenüber dem Haftpflichtversicherer ist beim Übergang von der Zahlung auf Freistellung § 264 Nr. 2 zu bejahen, Düss MDR 2012, 1435. Das gilt auch beim Übergang zur Zahlungsklage bei unverändertem Sachverhalt, BGH NJW 1994, 944 und 2896, oder umgekehrt, Schlesw NJW-RR 2015, 636.

Gebrauchsmuster – Patent: Wenn der Kläger insoweit wechselt, liegt kein Fall von § 264 Nr. 3 vor, Düss GRUR-RR 2006, 388.

Gesamtschuldnerausgleich – Zugewinnausgleich: Eine Änderung des Klagegrundes liegt dann vor, wenn der Antragsteller seine Forderung zusätzlich zum Gesamtschuldnerausgleich zwischen Ehegatten nun auch auf den Zugewinnausgleich stützt, BGH NJW-RR 1989, 68.

Haupt- und Hilfsantrag: Wird über den Hilfsantrag in der ersten Instanz nicht entschieden, weil die Bedingung nicht eingetreten ist, und stellt die betroffene Partei in der Berufung auf einen unbedingten Antrag um, liegen die Voraussetzungen des § 264 Nr. 2 vor, BGH NJW 2020, 3038; → § 263 Rn. 20. → Anh. § 253 Rn. 27; → § 260 Rn. 9, § 255 Rn. 10 ff. (allg. zum echten und unechten Hilfsantrag).

Haupt- und Hilfsvorbringen: § 264 Nr. 1 kann vorliegen, wenn der Kläger die Haupt- und die Hilfsbegründung auswechselt; jedoch kommt es darauf an, ob er sich auf einen oder mehrere Sachverhalte beruft; bei mehreren Sachverhalten liegt § 263 vor, MüKoZPO/Becker-Eberhard Rn. 10; → § 138 Rn. 17 ff. (auch hilfsweises Zueigenmachen); → § 260 Rn. 9, 13.

Hinterlegung: Bei Umstellung von Zahlung auf Hinterlegung greift § 264 Nr. 2 ein, BGH NJW-RR 2005, 955.

Insolvenz: Der Übergang von der Leistungsklage zur Insolvenzfeststellungsklage nach § 180 II InsO nach Insolvenzeröffnung während des Prozesses erfüllt den Tatbestand des § 264 Nr. 3, Hamm ZPI, 1993, 444; MüKoZPO/Becker-Eberhard Rn. 32. § 263 und nicht § 264 ist anzuwenden, wenn der Kläger von der Feststellung zur Insolvenztabelle wegen einer Masseschuld zu einer Leistungs- oder Feststellungsklage übergeht, auch in der Revisionsinstanz, BGHZ 105, 35.

Kündigung eines Arbeitsverhältnisses: Der Arbeitnehmer kann neben einer Kündigungsschutzklage eine allgemeine Feststellungsklage auf Bestehen des Arbeitsverhältnisses erheben; führt er während des Prozesses eine weitere Kündigung ein, stellt die Punktualisierung auf eine spätere Kündigung eine Einschränkung iSv Nr. 2 dar, da das Klageziel des Fortbestandes des Arbeitsverhältnisses iRd Feststellungsklage, anders als bei § 4 KSchG, nicht verändert wird, BAG NZA 2022, 1005 Rn. 17 mBespr. Steinau-Steinrück/Benkert NJW-Spezial 2022, 466; → § 253 Rn. 33 „Kündigung des Arbeitsverhältnisses" (zum Streitgegenstand).

Künftige Leistung: § 264 Nr. 2 greift ein, wenn der Kläger von der Klage auf eine künftige Leistung zur sofortigen Leistung übergeht, BAG NJW 2015, 1774, und umgekehrt, Köln OLGR 1996, 36

Markenrecht: Kein Fall von § 264, sondern ein solcher von § 263 ist gegeben, wenn statt der Verletzung einer einzelnen Marke jetzt diejenige einer Gemeinschaftsmarke gerügt wird, Hamm GRUR-RR 2017, 165.

Neue Schlussrechnung: In der Regel ist Nr. 1 zu bejahen, BGH NJW-RR 2004, 167; 2002, 1596.

Patentverletzung: Werden gestützt auf dasselbe Schutzrecht weitere Ausführungsformen während des Prozesses angegriffen, liegt eine Klageerweiterung nach § 264 Nr. 2 vor, wenn diese sich von den bisherigen Ausführungsformen unterscheiden und diese bisherigen nicht nur exemplarisch aufgeführt worden sind, Düss GRUR-RS 2019, 38883; → § 253 Rn. 26 (anderer Gegenstand). Eine Klagebeschränkung nach Nr. 2 liegt vor, wenn *während des Prozesses der Patentanspruch* beschränkt aufrechterhalten wird, Düss GRUR-RS 2019, 45774; Hoppe/Donle GRUR-RR 2020 465, 473.

Schadensersatz – Bemessungsänderung: Bei einem Austausch einzelner Schadensposten greift in der Regel Nr. 1 ein, BGH BauR 2018, 821; NJW-RR 2006, 253.

Schadensersatz – Kostenvorschuss für Mangelbeseitigung: Hier liegt eine Änderung des Klagegrundes vor, Drsd MDR 2000, 1030.

Schiedsspruch: § 263 und nicht § 264 ist anzuwenden, wenn der Kläger statt Zahlung nun die Vollstreckbarerklärung eines Schiedsspruchs nach § 1060 oder die Erteilung der Vollstreckungsklausel nach §§ 724 ff. begehrt, BGH FamRZ 2004, 180.

Stufenklage: Beim Übergang zur bezifferten Leistungsklage vor Erledigung der Auskunftsstufe bei unverändertem Sachverhalt gilt § 264 Nr. 2, BGH NJW 2015, 1093; 2013, 2597; aM MüKoZPO/Becker-Eberhard Rn. 14.

Unterlassungsantrag – Wettbewerb: § 264 Nr. 2 greift nicht ein, wenn die Verletzungsform, auf die sich der Verbotsanspruch nach dem Willen des Klägers beziehen soll, abgewandelt wird; dasselbe gilt bei Einfügung zusätzlicher Merkmale, deren Beurteilung die Prüfung weiterer Sachverhaltselemente erfordert, auf die es nach dem bisherigen Antrag nicht angekommen wäre; in beiden Fällen liegt eine Änderung des Klagegrundes vor, so dass § 263 gilt, BGH GRUR 2006, 960; → § 253 Rn. 48 „Unterlassung".

Urkunde: Verlangt der Kläger Herausgabe einer Urkunde und wechselt er dann zu einer ganz anderen Urkunde, greift § 264 nicht ein, weil eine Änderung des Klagegrundes vorliegt, Hamm NJW-RR 2003, 1720.

Vollstreckungsabwehrklage: Beim Auswechseln oder Nachschieben von Einwendungen liegt eine Änderung des Klagegrundes vor; deswegen greift § 263 und nicht § 264 ein, BGH NJW 1967, 107; Zöller/Greger § 263 Rn. 7; aM MüKoZPO/Becker-Eberhard § 263 Rn. 17. § 263 greift ein, wenn der Kläger von einem Freistellungsanspruch zur Vollstreckungsabwehrklage nach § 767 übergeht, Ffm NJW 1976, 1983. § 264 Nr. 3 liegt vor, wenn Kläger einer Klage nach § 767 nach Zahlung an den Gläubiger nun eine Rückzahlung fordert, BAG NJW 1980, 142; KG FamRZ 1988, 85; Stgt MDR 1989, 463.

Vorschuss – Schadensersatz: § 264 greift nicht ein, wenn der Kläger von einer Vorschuss- zu einer Schadensersatzklage übergeht, BGH BauR 2010, 494; Brdb NJW-RR 2001, 386; Kblz VersR 2008, 229.

Wechsel/Scheck: Beruft sich der Kläger zunächst auf einen Anspruch aus dem Grundgeschäft und später aus dem Wechsel/Scheck, liegen verschiedene Klagegründe vor und § 263, nicht aber § 264 greift ein, BGH NJW-RR 1987, 58.

Werklohn – Anspruch nach § 648 BGB: Eine Änderung des Klagegrundes liegt vor, soweit der Kläger vom Anspruch nach § 631 BGB auf denjenigen nach § 648 BGB übergeht; demnach greift § 264 nicht ein, Kblz NJW-RR 2001, 65 (zu § 649 BGB aF).

Wohnungseigentum: „Zahlung an sich".

Zahlung an sich: Wird dies ursprünglich beantragt und dann wie folgt umgestellt, liegt eine Beschränkung iSd § 264 Nr. 2 vor: an die Gesellschaft, MüKoZPO/Becker-Eberhard Rn. 17, an die Erbengemeinschaft, BGH NJW-RR 2005, 955, an die Wohnungseigentümergemeinschaft, Düss ZWE 2010, 336, an einen Dritten, BGH NJW-RR 1987, 1534.

Zug- um-Zug-Leistung: Übergang zur unbedingten Zahlung: § 264 Nr. 2, BGH NJW 2007, 3127; KG WM 2013, 1607. Das gilt auch umgekehrt, Prütting/Gehrlein/Geisler Rn. 5.

265 ***Veräußerung oder Abtretung der Streitsache.*** **[I] Die Rechtshängigkeit schließt das Recht der einen oder der anderen Partei nicht aus, die in Streit befangene Sache zu veräußern oder den geltend gemachten Anspruch abzutreten.**

II [1]Die Veräußerung oder Abtretung hat auf den Prozess keinen Einfluss. [2]Der Rechtsnachfolger ist nicht berechtigt, ohne Zustimmung des Gegners den Prozess als Hauptpartei an Stelle des Rechtsvorgängers zu übernehmen oder eine Hauptintervention zu erheben. [3]Tritt der Rechtsnachfolger als Nebenintervenient auf, so ist § 69 nicht anzuwenden.

III Hat der Kläger veräußert oder abgetreten, so kann ihm, sofern das Urteil nach § 325 gegen den Rechtsnachfolger nicht wirksam sein würde, der Einwand entgegengesetzt werden, dass er zur Geltendmachung des Anspruchs nicht mehr befugt sei.

Schrifttum: Henckel, Der Schutz des Schuldners einer abgetretenen Forderung im Prozeß, FS Beys, Athen 2004, 545; Hager, Normen ohne Anwendungsbereich – Zur Funktion der §§ 265 III, 325 II ZPO, FS W. Krüger, 2017, 389; Henckel, Der Schutz des Schuldners einer abgetretenen Forderung im Prozess, FS 2003, 545; Jänsch, Prozessuale Auswirkungen der Übertragung der Mitgliedschaft, 1996; Reiche, Die prozessualen Folgen eines Betriebsüberganges nach § 613a BGB, 2009.

I. Systematik und Regelungszweck. → Vor § 253 Rn. 1 ff. §§ 265, 266 regeln, welche Bedeutung die Veräußerung oder Abtretung der streitbefangenen Sache für einen rechtshängigen Prozess hat. Diese Vorschriften stehen im Zusammenhang mit §§ 325, 727, die die Rechtskraftwirkung und Titelumschreibung bei einer Rechtsnachfolge nach Rechtshängigkeit regeln. Dementsprechend besteht zwischen den Begriffen „Veräußerung und Abtretung" in I und dem Begriff „Rechtsnachfolger" in §§ 325, 727 ein untrennbarer Zusammenhang. Da das materielle Recht kein Verbot der Veräußerung einer Streitsache enthält, ist in § 265 I eine Selbstverständlichkeit vorgesehen. Den weiteren Absätzen des § 265 liegt die Erkenntnis zugrunde, dass niemand aus dem öffentlich-rechtlichen Prozessrechtsverhältnis ohne weiteres ausscheiden darf, insbesondere nicht durch eigenes Tun, BGH GRUR 2012, 156; BVerwG NVwZ-RR 2011, 383. Ohne §§ 265, 266 würde aber der Kläger für den Prozess die Sachlegitimation verlieren und die Klage müsste als unbegründet abgewiesen werden, BGH WM 2016, 1130. Dann wäre ein neuer Prozess zu erwarten, auf den sich der Bekl., für den der erste Prozess vielleicht sicher war, erneut mit einem anderen Gegner einlassen müsste, BGHZ 117, 146; NJW 1998, 158; BayObLG NZM 2000, 1024; BAG DB 1984, 2567; LAG Köln NZA-RR 2010, 210. Entsprechendes gilt bei Veräußerung der streitbefangenen Sache durch den Bekl. Um dies zum Schutz der gegnerischen Partei zu verhindern, wird nach II aus Gründen der Rechtssicherheit und der Prozesswirtschaftlichkeit der Veräußerer grundsätzlich am Ausgangsprozess festgehalten; BGH NJW 2001, 3340; Karlsr NJW-RR 2014, 547. Ergänzungen für den Bekl. ergeben sich aus III, wenn das Urteil nach § 325 I gegen den Rechtsnachfolger nicht wirken würde. 1

2 Neben der Veräußerung und Abtretung der streitbefangenen Sache durch eine Partei können auch andere materiell-rechtlichen Veränderungen eintreten. Für sie gelten §§ 265, 266 nicht. II geht dem § 263 vor, BGH NJW 1988, 3209; BPatG GRUR 2001, 775. § 266 hat als Sondervorschrift Vorrang vor § 265.

3 **II. Geltungsbereich.** → Vor § 253 Rn. 6. Die Vorschrift gilt grundsätzlich in allen Erkenntnisverfahren nach der ZPO unabhängig von der Klageart, → Vor § 253 Rn. 8–10, und zwar ab Rechtshängigkeit nach §§ 253 I, 261 I, → § 253 Rn. 10, → § 261 Rn. 4 (zum Begriff der Rechtshängigkeit). Deshalb gilt die Vorschrift nicht im Mahnverfahren selbst, sondern erst nach Übergang ins streitige Verfahren ab Eintritt der Rechtshängigkeit, BGH NJW 1975, 929; → § 261 Rn. 12 „Mahnverfahren". Grundsätzlich anwendbar ist § 265 in Eilverfahren, Ffm FGPrax 2009, 251; Naumbg NJOZ 2008, 646, a und im selbständigen Beweisverfahren, jedenfalls II, KG MDR 1981, 940. Darüber hinaus findet die Vorschrift Anwendung über § 113 I 2 FamFG grundsätzlich in Ehe- und Familienstreitsachen, wenn auch insoweit die Veräußerung oder Abtretung des Verfahrensgegenstandes schwerlich möglich ist, MüKoZPO/Becker-Eberhard Rn. 13. Sie findet Anwendung im Aufgebotsverfahren nach §§ 433 ff. FamFG, BGH MDR 2009, 558, im Verfahren nach §§ 174 ff. InsO, AG Köln ZIP 2016, 688, in Versicherungssachen nach § 86 VVG, KG MDR 2008, 1270 und in Wohnungseigentumssachen nach § 43 II WEG, auch wenn während des Rechtsstreits ein Wohnungseigentümer aus der Gemeinschaft ausscheidet, BGH NJW 2002, 3709; Hamm ZMR 2010, 390;); LG Ffm ZMR 2016, 644; LG Hmb BeckRS 20011, 1204 (zu § 43 WEG aF); MüKoBGB/Hogenschurz WEG § 44 Rn. 43. Entsprechend anwendbar ist II im markenrechtlichen Widerspruchs- und Anmeldeverfahren, BGH MDR 1999, 109, im Patenteinspruchs- und Patentnichtigkeitsverfahren, BGH GRUR 2008, 87, und im Zustimmungsersetzungsverfahren nach § 7 III ErbbauRG, Hamm OLGZ 1990, 385. Die Vorschrift gilt nicht bei der Rechtsnachfolge vor Rechtshängigkeit oder bei der Nachfolge in titulierte Rechte, da dann § 727 eingreift, Musielak/Voit/Foerste Rn. 2. Sie findet im Vollstreckungsverfahren keine Anwendung, MüKoZPO/Becker-Eberhard Rn. 9, 10.

4 Im verwaltungsgerichtlichen Verfahren findet § 265 entsprechend Anwendung über die §§ 173, 121 VwGO, BVerwG NVwZ-RR 2011, 383, und im sozialgerichtlichen Verfahren über § 202 SGG, BSG BeckRS 2013, 73998. Anwendbar ist § 265 im arbeitsgerichtlichen Urteilsverfahren, nicht aber anwendbar im arbeitsgerichtlichen Beschlussverfahren, BAG NZA 2015, 1531; NJW 2009, 872 (zu § 613a BGB). Die Vorschrift gilt auch im Verfahren auf Vollstreckbarkeit ausländischer Urteile nach § 722, BGH VersR 1992, 1282.

5 **III. Voraussetzungen. 1. Rechtshängigkeit.** Die Vorschrift regelt in I, dass die Rechtshängigkeit eine Veräußerung oder Abtretung der Streitsache nicht ausschließt und damit zulässig und wirksam ist, BGH NJW-RR 2011, 1691. Grundsätzlich tritt Rechtshängigkeit mit der Zustellung der Klageschrift an den Bekl. ein, → § 253 Rn. 10; → § 261 Rn. 4. Besonderheiten ergeben sich bei § 261 II, → § 261 Rn. 7, und dann, wenn dem Rechtsstreit ein Mahnverfahren voraus gegangen ist, → § 253 Rn. 10; → § 261 Rn. 12 „Mahnverfahren". Die Veräußerung oder Abtretung muss nach dem Eintritt der Rechtshängigkeit erfolgt sein, Celle NJW-RR 1998, 206. Entfällt die Sachlegitimation vor Rechtshängigkeit, greift § 265 nicht ein und die Klage ist als unbegründet abzuweisen. Für den Zeitpunkt der Veräußerung oder Abtretung kommt es auf den letzten Teilakt des Rechtserwerbs an, der sich nach materiellem Recht richtet; das kann der Eintritt der Bedingung oder die Aushändigung des Hypothekenbriefs nach §§ 1117, 1154 BGB sein, BGH NJW 1998, 156; Zöller/Greger Rn. 5a. Bei einer Rechtsnachfolge erst nach der formellen Rechtskraft nach § 705 bleibt der Rechtsvorgänger für eine Wiederaufnahme nach § 578 passivlegitimiert, auch nach einer dem Rechtsnachfolger nach §§ 727 ff. erteilten vollstreckbaren Ausfertigung. Daneben ist auch der Rechtsnachfolger passivlegitimiert.

6 **2. Streitsache. a) Sache.** Darunter fällt nicht nur eine körperliche Sache nach § 90 BGB, sondern jeder Gegenstand, also auch ein Grundstück, soweit nicht § 266 als Sonderregelung eingreift. Hierher gehören ferner ein Recht oder eine rechtsähnliche Position, Brdb NJW-RR 1996, 724, eine Forderung, Schmidt JuS 1997, 108, ein Mitgliedschaftsrecht, BGHZ 169, 221, die verpfändete Hypothek oder ein Patent, eine Lizenz oder eine Marke.

7 **b) Geltend gemachter Anspruch.** Mit der in Streit befangenen Sache ist der „geltend gemachte Anspruch" gleichgestellt. Dabei geht es um den materiell-rechtlichen Anspruch (§ 194 BGB) und nicht um den prozessualen Anspruch iSd Streitgegenstandes, → § 253 Rn. 26. Unter dem materiell-rechtlichen Anspruch ist jedes subjektive Recht mit einem materiell-rechtlichen Inhalt gemeint, Thomas/Putzo/Seiler Rn. 5. Dabei kommt es nicht darauf an, ob der Klageantrag auf Leistung oder Feststellung gerichtet ist, MüKoZPO/Becker-Eberhard Rn. 20; Zöller/Greger Rn. 4. § 265 gilt auch bei einer negativen Feststellungsklage, soweit sich die Veräußerung oder Abtretung auf den streitbefangenen Anspruch bezieht; über § 265 bleibt dann das Feststellungsinteresse des § 256 I bestehen, MüKoZPO/Becker-Eberhard Rn. 21.

8 **c) Streitbefangenheit.** „In Streit befangen" ist der Gegenstand dann, wenn auf der rechtlichen Beziehung zu ihm die Sachlegitimation einer Partei beruht, wenn also durch die Veräußerung oder Abtretung der Kläger die Aktivlegitimation oder der Bekl. die Passivlegitimation verliert, BGH WM 2016, 1130; Ffm OLGR 2006, 379; Nieder GRUR 2013, 265; Hamm NJW-RR 1991, 20. Ohne § 265 müsste in derartigen Fällen die Klage als unbegründet abgewiesen und ein neuer Prozess mit einer anderen Partei geführt werden. Von der Sachlegitimation, die eine Frage der Begründetheit ist, muss die **Prozessführungsbefugnis,** eine Zulässigkeitsvoraussetzung, unterschieden werden → Vor § 253 Rn. 22. **Persönliche** und **schuldrechtliche** Ansprüche, die auf eine Verpflichtung zu einem Rechtsübergang gerichtet sind, führen nicht zur Streitbefangenheit des geschuldeten Gegenstandes, BGH NZI 2016, 633 (§ 173 II 2 InsO); MDR 1975, 300; Schlesw FamRZ 1996,175; Thomas/Putzo/Seiler Rn. 4.

d) Beispiele zur Streitbefangenheit

9 **Anfechtung:** Ein Rückgewähranspruch nach dem AnfG oder der InsO aufgrund einer Anfechtung ist als persönlicher Anspruch nicht streitbefangen, BGH NJW 2006, 1351; Köln ZIP 1991,1369.

Besitz: Ist streitbefangen bei jeder Klage auf oder aus Besitz, BGH WM 2016, 1129; Ffm NZM 2007, 103; *Nieder GRUR 2013, 265.*

Dingliches Recht: Ist streitbefangen bei jeder Klage aus dinglichem Recht, Thomas/Putzo/Seiler Rn. 3.

Drittwiderspruchsklage: Streitbefangen ist bei § 771 der gepfändete Gegenstand; MüKoZPO/Becker-Eberhard Rn. 31.

Eigentum: Werden Rechte aus dem Eigentum geltend gemacht, ist das Eigentum streitbefangen, so zB bei einer Klage des Eigentümers gegen den Störer, BGH WM 2016, 1129; „Grundstück", oder aus dem Erbbaurecht, das auf dem Grundstückseigentum lastet, Hamm NJW-RR 1991, 20. Keine Streitbefangenheit ist anzunehmen, wenn der Miteigentümer des störenden Grundstückes seinen Anteil veräußert, SchHA 62, 130.

Erbbaurecht: Das Grundeigentum, auf dem ein Erbbaurecht lastet, ist streitbefangen, Hamm NJW-RR 1991, 20.

Erbschaftsanspruch: Die Klage aus § 2018 macht nicht die einzelnen Erbschaftsgegenstände, sondern die Erbschaft als solche streitbefangen, MüKoZPO/Becker-Eberhard Rn. 32.

Gesellschaftsanteil: Geht es im Rechtsstreit um ihn, ist er streitbefangen, so zB bei der Anfechtungsklage nach § 246 AktG oder die Nichtigkeitsklage nach § 249 AktG, BGH NJW 2007, 300 (squeeze-out); Zöller/Greger Rn. 3.

Grundstück: Streitbefangen machen öffentlich-rechtliche Eigenschaften, BVerwG NVwZ-RR 2015, 868. Bei einer Klage nach § 1004 BGB gegen den Störer ist das gestörte oder das störende Grundstück streitbefangen, BGH NJW 2018, 223; das gilt aber nicht, wenn von einem Grundstück eine Handlungsstörung ausgeht, MüKoZPO/Becker-Eberhard Rn. 25. Das Grundstück ist auch streitbefangen bei einer Klage auf Duldung der Zwangsvollstreckung nach § 1147 BGB, Musielak/Voit/Foerste Rn. 3.

Vormerkung: Der schuldrechtliche Anspruch, der durch eine Vormerkung gesichert ist, macht diesen Anspruch, aber nicht das Grundstück streitbefangen; etwas anders gilt nur, die Vormerkung selbst Gegenstand des Rechtsstreits ist, in dem nach §§ 883 II, 888 I BGB ihre dingliche Wirkung gegen den Dritten geltend gemacht wird, BGH NJW 2006, 1351; MüKoZPO/Becker-Eberhard Rn. 24; Thomas/Putzo/Seiler Rn. 4. Für den letztgenannten Fall hat der BGH, NJW 2006, 1351, offengelassen, ob bei Übernahme des Rechtsstreits durch den Rechtsnachfolger § 265 II oder § 266 I eingreift, weil die Voraussetzungen beider Vorschriften erfüllt waren, → § 266 Rn. 4 „Vormerkung".

Wechsel: Keine Streitbefangenheit tritt bei einem rücklaufenden Wechsel ein.

10 **3. Veräußerung und Abtretung.** Die Begriffe sind nicht identisch mit denen des BGB, sondern sie sind weitergehend. §§ 265, 266 erfassen jeden Einzelrechtsübergang einer Sache oder eines Rechts unter Lebenden nach Rechtshängigkeit (§§ 253 I, 261 I), der einen Wechsel der Sachlegitimation zur Folge hat, BGH NJW 2011, 219; Brem NJW-RR 2014, 1099. Grundsätzlich sind die Fragen der Veräußerung und der Abtretung identisch mit der Frage der **Rechtsnachfolge** iSd §§ 325, 727. Demgemäß wirkt grundsätzlich auch das Urteil für und gegen den Rechtsnachfolger, der die streitbefangene Sache oder den rechtshängigen Anspruch erwirbt und damit sachlich legitimiert wird. Dabei kommt es nicht auf die Art des Rechtsübergangs an, Nürnb FamRZ 1995, 237; LAG Köln NZA-RR 2010, 210. Maßgeblich ist der für den Rechtsübergang letzte notwendige Teilakt, BGH NJW 1998, 158. Abzugrenzen ist von den Vorgängen, die nach **§§ 239 ff.** zu einer Unterbrechung oder Aussetzung des Rechtsstreits führen, wie der Tod einer Partei oder das Insolvenzverfahren über das Vermögen einer Partei; die §§ 239 ff. gehen den §§ 265, 266 vor, Musielak/Voit/Foerste Rn. 5; Ramm KTS 1990, 620. Nicht anwendbar ist § 265, wenn kein Wechsel der Sachlegitimation erfolgt, sondern die betreffende Partei neben dem „Erwerber" haftet, wie zB bei Übertagung eines Handelsgeschäfts mit Firma (§ 25 HGB), → Rn. 12 „Gesellschaft"; → Rn. 12 „Betriebsübergang nach § 613a BGB". Dasselbe gilt auch bei einer identitätswahrenden Umwandlung einer BGB-Gesellschaft in eine OHG unter Fortführung des eingerichteten Gewerbebetriebes; hier kann die OHG als Gläubiger bei dem Klauselerteilungsorgan beantragen, dass ihr neuer Name auf dem Titel vermerkt wird, BGH-NJW-RR 2021, 226.

11 Zur Veräußerung und Abtretung iSd Vorschriften zählen eine rechtsgeschäftliche Übertragung eines Rechts oder Anspruchs, wie zB §§ 929, 873, 398 BGB, die dingliche Belastung, §§ 875, 876, 928 I, II, 959 BGB, Thomas/Putzo/Seiler Rn. 7 und die Aufgabe eines Rechts, zB nach §§ 875, 876 BGB. Erfasst werden auch eine Übertragung durch eine staatliche Verfügung, zB § 90 ZVG, § 817 II, § 835, und der Übergang sowie die Belastung kraft Gesetzes, → Rn. 12 „Gesetzlicher Forderungsübergang". § 265 ist auch dann anwendbar, wenn der Übergang die notwendige Folge eines anderen Rechtsgeschäfts ist, wie der Übergang einer Mietforderung als eine Folge der Veräußerung des Mietgrundstücks. Zum Nachweis der Rechtsnachfolge kann die Vorlage eines Handelsregisterauszuges genügen, wobei keine gesteigerten Anforderungen an die Aktualität zu stellen sind, Karlsr BeckRS 2020, 42726 = NJW-RR 2021, 548 (zu § 727).

4. Beispiele zur Veräußerung oder Abtretung

12 **Ablösungsrecht:** Die Vorschrift ist anwendbar, soweit ein Dritter während des Prozesses sein Ablösungsrecht ausübt und die Forderung auf ihn kraft Gesetzes nach §§ 268 III, 1249 S. 2 BGB übergeht, Thomas/Putzo/Seiler Rn. 8.

Abtretung: Die Vorschrift ist anwendbar, BGH NJW 2005, 2159; Karlsr NJW-RR 2014, 547; Köln MDR 2008 165; BGH NJW 1979, 324 (Schlusssaldo).

Abwicklungsgesellschaft: Die Umwandlung von einer Erwerbsgesellschaft in eine solche stellt keine Veräußerung oder Abtretung dar, weil die Rechtsperson identisch bleibt und sich lediglich der Gesellschaftszweck ändert, MüKoZPO/Becker-Eberhard Rn. 44.

Aneignung: Die Vorschrift ist anwendbar, soweit es um eine Aneignung zB nach §§ 928 II, 958 BGB geht.

Anfechtung: Bei einer Anfechtung des Grundgeschäftes auf der Grundlage der §§ 119 ff. BGB entsteht lediglich ein schuldrechtlicher Rückforderungsanspruch aus Bereicherungsrecht, so dass § 265 nicht zur Anwendung kommt. Wird das **Verfügungsgeschäft** wirksam angefochten, erwirbt der Anfechtende sein ursprüngliches (streitbefangenes) Recht nach § 142 I BGB ex tunc zurück; er ist damit nicht Nachfolger des Zwischenerwerbers, der ex tunc das Recht verliert; damit findet § 265 bei Anfechtung des Verfügungsgeschäftes keine Anwendung, MüKoZPO/Becker-Eberhard Rn. 41; → § 325 Rn. 32; vgl. auch BGH NJW 2008, 2852 Rn. 34 (keine Rechtsnachfolge bei von Anfang an nichtiger Abtretung); auch „Auflösende Bedingung". Etwas anderes gilt bei einem erklärten **Rücktritt,** der lediglich zu einem Rückabwicklungsverhältnis nach §§ 346 ff. führt, das bei seiner Umsetzung eine ex-nunc-Wirkungen auslöst.

Aktienrecht: → „Squeeze out". Wenn Aktionäre ihre Stellung durch erfolgreiche Freigabe der Eintragung einer Zwangseinziehung nach § 237 AktG verlieren, ist II anwendbar, Mü AG 2017, 441 Rn. 113 juris.

Aufgebotsverfahren: Die Vorschrift kann beim Eigentumsverlust anwendbar sein, BGH NJW-RR 2009, 660.

(12) **Auflösende Bedingung:** Nach hL ist bei einer Übertragung unter einer auflösenden Bedingung (§ 158 II BGB) der Erwerber bis zu ihrem Eintritt – nach Rechtshängigkeit- mit allen Rechten und Pflichten Vollrechtsinhaber und § 265 greift ein, Prütting/Gehrlein/Völzmann-Stickelbrock § 325 Rn. 21; Musielak/Voit/Musielak Rn. 8; Zöller/Vollkommer Rn. 18; kritisch→ § 325 Rn. 32. Soweit ersichtlich hat die Rspr. dieses Problem noch nicht behandelt. Sicherlich ist die Situation mit der bei erfolgter Anfechtung wegen § 142 BGB nicht ohne weiteres zu vergleichen, bei der eine Rechtsnachfolge abzulehnen ist, „Anfechtung", so dass einiges für die hL spricht. Wird die Anwendbarkeit des § 265 verneint, liegt die Alternativlösung in der Abgabe der Erledigungserklärung, → § 325 Rn. 32.

Aufspalten/Abspalten/Ausgliedern von Unternehmensteilen nach § 123 UmwG: Die Vorschrift ist unanwendbar, wenn es um einen Passivprozess geht; insoweit sollen §§ 239, 246 eingreifen, BGH NJW 2001, 1217 – zu § 123 III, im Übrigen offen gelassen); Prütting/Gehrlein/Anders § 239 Rn. 7; MüKoZPO/Becker-Eberhard Rn. 44. Beim Aktivprozess wird teilweise die Anwendbarkeit des § 265 befürwortet, Hmb MDR 2010, 1479; zum Meinungsstand: MüKoZPO/Becker-Eberhard Rn. 44; → „Verschmelzung".

Belastung: § 265 ist anwendbar bei einer zum Verlust der Sachbefugnis führenden Belastung nach § 873 BGB, Thomas/Putzo/Seiler Rn. 7.

Beschlagnahme: § 265 findet Anwendung, wenn eine rechtshängige Mietzinsforderung im Wege der Zwangsverwaltung des Mietgrundstückes beschlagnahmt wird, BGH NJW 1986, 3206.

Besitzübertragung: Bei Übertragung des mittelbaren Besitzes nach § 868 BGB greift § 265 ein, Schlesw SchlHA 1975, 48.

Betriebsübergang nach § 613a BGB: § 265 ist anwendbar bei Aktivprozessen, des bisherigen Betriebsinhabers wegen Wegfalls der Aktivlegitimation, MüKoZPO/Becker-Eberhard Rn. 42; Zeuner FS Schwab, 1990, 578. Das gilt aber nicht bei einem entsprechenden Passivprozess, soweit der alte Betriebsinhaber neben dem neuen nach § 613a II noch haftet, weil dann die Passivlegitimation nicht entfällt; haftet nur der neue Betriebsinhaber, greift § 265 auch beim Passivprozess ein, BAG NJW 1977, 1119; MüKoZPO/Becker-Eberhard Rn. 42; Zeuner FS Schwab, 1990, 594; aA BAG NJW 2010, 2909; DB 1991, 1886 (§ 265 auch bei Haftung des ehemaligen Betriebsinhabers).

Bürgschaft: Die Vorschrift ist anwendbar, wenn der Bürge den Gläubiger befriedigt und die streitbefangene Forderung nach § 774 I BGB auf ihn übergeht.

Eigentumsaufgabe: Die Vorschrift ist anwendbar, soweit es um die Eigentumsaufgabe nach zB nach §§ 928 I, 959 BGB geht. Mü BauR 2018, 127 rechnet einen Miteigentumsanteil nicht hierher.

Eigentumsübertragung: → „Übereignung".

Enteignung: Die Vorschrift ist anwendbar, soweit bei einer Enteignung das Eigentum auf den Enteignenden übergeht.

Erbschaft: Bei Ausschlagung ist I nicht anwendbar, weil kein Recht des Ausschlagenden übergeht, BGH NJW 1989, 2885. Das gilt auch für den Wegfall des testamentarischen Erben bei Anfechtung nach §§ 2078, 2079 BGB, MüKoZPO/Becker-Eberhard Rn. 46.

Gesamtschuldner: Die Vorschrift ist anwendbar, soweit ein Gesamtschuldner den Gläubiger befriedigt und die streitbefangene Forderung nach§ 426 II BGB übergeht und er von den anderen Ausgleichung verlangen kann, KG MDR 2008, 1269.

Gesellschaft: Die Vorschrift ist anwendbar bei Anwachsung oder Abtretung eines Gesellschaftsanteils, BGH NJW 2000, 291. § 265 findet keine Anwendung bei Übertragung eines Handelsgeschäfts mit Firma (§ 25 HGB), da zwar die im Handelsgeschäft begründeten Verbindlichkeiten übergehen, aber der frühere Inhaber weiter haftet, MüKoZPO/Becker-Eberhard Rn. 43. Zur Abspaltung von Unternehmensteilen nach §§ 123 ff. UmwG und zur Verschmelzung nach § 2 UmwG → „Aufspalten"; → Verschmelzung → zur Abwicklungsgesellschaft → s. Stichwort. Abs. 1 ist unanwendbar bei der Einziehung eines Geschäftsanteils nach § 34 GmbHG. Zur identitätswahrenden Umwandlung einer BGB-Gesellschaft in eine OHG → Rn. 10.

Gesetzlicher Forderungsübergang: → „Bürgschaft"; „Gesamtschuldner"; „Hypothek"; „Sozialhilfe"; „Unterhaltspflicht"; „Verpfändung"; „Zwangsvollstreckung".

Handelsgeschäft: Zur Übertragung mit Firma (§ 25 HGB) „Gesellschaft".

Hypothek: Beim gesetzlichen Übergang der Forderung nach § 1143 BGB oder der Hypothek nach § 1153 BGB findet I Anwendung.

Insolvenz: Bei Eröffnung des Verfahrens greift § 240 und nicht § 265 ein. Die Vorschrift ist anwendbar, soweit der Arbeitnehmer wegen des Übergangs des Anspruchs auf ein Ausfallgeld auf die Bundesagentur für Arbeit den Antrag auf eine Feststellung zur Tabelle zu ihren Gunsten umstellt, LAG Hamm BB 2001, 787. I ist unanwendbar, soweit das Insolvenzverfahren endet oder der Verwalter eine Sache freigibt, weil kein Übergang kraft Gesetzes stattfindet und der Schuldner in den vom Insolvenzverwalter begonnenen Prozess eingetreten kann, BGH MDR 2008, 1183; Ros ZIP n2018, 842; LG Hmb EWiR 2002, 727; MüKoZPO/Becker-Eberhard Rn. 63; Thomas/Putzo/Seiler Rn. 10. Das Prozessführungsrecht für eine vom Insolvenzverwalter eingeklagte und danach abgetretene Masseforderung geht nach der Beendigung des Insolvenzverfahrens in der Regel auf den neuen Gläubiger über, BGH NJW 1992, 2895. Der Insolvenzverwalter ist nicht Rechtsnachfolger des Schuldners, auch wenn der Prozess über eine Masseverbindlichkeit noch während der Insolvenz gegen den Insolvenzverwalter begonnen wurde und nach Aufhebung des Insolvenzverfahrens gegen den Schuldner fortgesetzt wird, BGH NJW-RR 2022, 701.

Markenrecht: Die Vorschrift ist anwendbar bei einer Übertragung der Klagemarke, Ffm GRUR-RR 2015, 205, oder bei einer Umschreibung nach § 27 III MarkenG nach Rechtshängigkeit, BGH WRP 1998, 996; Drsd NJW-RR 1999, 135; BPatG GRUR-RR 2008, 416.

Patentsache: Die Vorschrift ist anwendbar bei einer Umschreibung in der Patentrolle nach Rechtshängigkeit (§§ 253 I, 261 I); die Veräußerung eines Patents selbst hat wegen § 30 III 2 PatG keinen Einfluss auf einen vor der Veräußerung eingeleiteten Nichtigkeitsprozess, BGH GRUR 2013, 716; 2012, 149 Rn. 99 f.; NJW 1993, *203; MüKoZPO/Becker-Eberhard* Rn. 45. Der Verlust von Besitz oder Eigentum an einem patentierten Erzeugnis nach Rechtshängigkeit einer Patentverletzungsklage fällt nicht unter § 265, weil damit kein Wechsel der Sachlegitimation verbunden ist, Rinken GRUR 2015, 745.

Prozessführungsbefugnis: Der Wechsel stellt keine Rechtsnachfolge dar; § 265 kann aber im Einzelfall zu einer Analogie führen, wie zB im Verfahren um Kindesunterhalt bei Wegfall der Prozessstandschaft nach § 1629 III BGB, BGH NJW-RR 1990, 323. Auch → „Insolvenz".

Rücktritt nach §§ 346 ff. BGB: Zur Situation bei erfolgter Rückabwicklung → „Anfechtung".

Schuldübernahme. Bei der kumulativen findet § 265 keine Anwendung, weil sie nicht zum Wechsel der Sachbefugnis führt, BGH NJW 2001, 1217. Aber auch bei der befreienden nach §§ 414 ff. BGB greift § 265 nicht ein; die Vorschrift erfasst nur den Übergang der Berechtigung und der klagende Gläubiger bleibt Inhaber der Forderung und hat nur einen anderen Schuldner; er ist durch seine Mitwirkung auch nicht schutzwürdig und kann sich mit einem gewillkürten Parteiwechsel, einer Erledigungserklärung oder einer Klagerücknahme helfen, BGH NJW 2001, 1217; 1973, 1700; Brdb BeckRS 2009, 24329;, Musielak/Voit/Foerste Rn. 6; MüKoZPO/Becker-Eberhard Rn. 55.

Sozialhilfe: Die Vorschrift ist anwendbar, soweit es zu einer Überleitung der Forderung nach 94 I SGB XII. kommt, BGH NJW 2012, 3642.

Squeeze-out: § 265 II findet für diesen Fall nach §§ 327a ff. AktG analog Anwendung, dh der Minderheitenaktionär kann den Anfechtungsprozess auch nach Erlöschen seiner Mitgliedschaft durch den sog. Squeeze-out weiterführen, wenn er daran ein rechtliches Interesse hat, BGH NJW 2007, 301; Mü MDR 2010, 37; → § 256 Rn. 65 „Gesellschaft (Squeeze-out)"; aM LG Mü NJW 2009, 3796.

Übereignung: Die Vorschrift ist anwendbar, soweit es um eine Übereignung zB nach §§ 873, 929 BGB geht, auch im Fall einer Sicherungsübereignung, Brem NJW-RR 2014, 1099; Hmb NZM 2002, 523.

Unterhaltspflicht: Die Vorschrift ist anwendbar, soweit ein nachrangig haftender Verwandter den Anspruch gegen den vorrangig haftenden kraft Gesetzes wegen einer eigenen Leistung nach § 1607 II 2 BGB erwirbt.

Vermieterwechsel: Die Vorschrift ist anwendbar bei Streitbefangenheit von Mietvertragsansprüchen, wenn das Mietgrundstück nach Rechtshängigkeit veräußert wird und der Erwerber nach § 566 in die mietvertraglichen Rechte und Pflichten eintritt, BGH NJW 2010, 1068 Rn. 20; MüKoZPO/Becker-Eberhard Rn. 42. Das gilt aber nicht, wenn zum Zeitpunkt der Veräußerung kein wirksames Mietverhältnis mehr bestand oder der Mieter nicht mehr im Besitz der Mietsache war, BGH NJW 2010, 1068 Rn. 21.

Vermögensübertragung nach § 174 II 2 Nr. 1 UmwG: Hier gelten die §§ 239, 246 und nicht § 265; es gelten dieselben Gesichtspunkte wie bei einer Aufspaltung nach § 123 UmwG.

Verpfändung: Die Vorschrift ist anwendbar, soweit der Verpfänder, der nicht der persönliche Schuldner ist, wegen einer Befriedigung des Pfandgläubigers dessen Forderung nach § 1225 BGB erhält.

Verschmelzung von Gesellschaften nach § 2 UmwG: Die Vorschrift ist unanwendbar; es gelten §§ 239, 246, dh die übertragene Gesellschaft wird wie eine verstorbene Prozesspartei behandelt, BGH NJW 2004, 1528; MüKoZPO/Becker-Eberhard Rn. 44.

WEG: § 265 ist weder direkt noch entsprechend anwendbar auf Prozesse, die ein einzelner Wohnungseigentümer gegen einen anderen wegen Überschreitung der Gebrauchsrechte am Gemeinschaftseigentum vor dem 1.12.2020 eingeleitet hat; nach dem seit dem 1.12.2020 geltenden WEG ist gemäß §§ 9a II Alt. 1, 14 I Nr. 1 WEG nF nur die Gemeinschaft, nicht mehr der einzelne Wohnungseigentümer (§ 15 III WEG aF) für die Geltendmachung von Ansprüchen gegen einen Miteigentümer auf Beseitigung von Störungen am Gemeinschaftseigentum zuständig; damit hat der klagende Wohnungseigentümer seine Prozessführungsbefugnis verloren; da sich aber die Eigentumsverhältnisse nicht geändert haben, liegt kein Fall des Wechsels des Rechtsinhabers vor, LG Ffm NJW 2021, 643 Rn. 16; Hügel/Elzer WEG § 9a Rn. 98.

Veräußerte die Partei bei Geltung des WEG aF die Eigentumswohnung während des Prozesses, blieb sie bei Beschlussklagen nach II 1 Partei, → Rn. 3. An einer Eigentümerversammlung war aber nur noch der neue Eigentümer beteiligt, BGH NJW 2020, 1134; Hamm NJW-RR 2008, 1546.

Zuschlag: Die Vorschrift ist anwendbar, soweit bei der Zwangsversteigerung ein Erwerb infolge des Zuschlags erfolgt, BGH NJW 2002, 2102.

Zwangsvollstreckung: Die Vorschrift ist anwendbar bei einer **Pfändung** und **Überweisung** einer Forderung zur Einziehung oder an Zahlung statt, wobei die Überweisung nach § 835 der entscheidende Akt ist, BGH NJW 2001, 2178; 1983, 886; MüKoZPO/Becker-Eberhard Rn. 52. Zwar bleibt der Schuldner bei der Überweisung zur Einziehung nach § 836 Gläubiger der Forderung, aber er kann die Leistung nicht mehr an sich, sondern nur an den Vollstreckungsgläubiger fordern. § 265 findet aber keine Anwendung, wenn dieser nach Erhebung einer Drittschuldnerklage auf die Rechte aus dem Pfändungs- und Überweisungsbeschluss verzichtet, MüKoZPO/Becker-Eberhard Rn. 52. Eine **Zwangsversteigerung** ist als Veräußerung anzusehen, BGH NJW 2002, 2102 (zu III). Keine Veräußerung iSd Vorschrift stellt die Aufhebung des **Zwangsverwaltungsverfahrens** bei Rücknahme des Gläubigerantrages in einem vom Verwalter eingeleiteten Zahlungsprozesses wegen beschlagnahmter Ansprüche dar; insoweit verliert der Zwangsverwalter die Prozessführungsbefugnis; es findet aber kein Wechsel der Sachlegitimation statt; etwas anderes gilt bei Aufhebung der Zwangsverwaltung des beschlagnahmten Grundstücks, BGH NJW-RR 2003, 1419; Thomas/Putzo/Seiler Rn. 10.

IV. Rechtsfolgen, II 1. 1. Grundsatz, II 1. Dazu Dinstühler ZZP 112, 61. Die Veräußerung oder eine Abtretung der Streitsache oder des Streitanspruchs haben nach II 1 „auf den Prozess keinen Einfluss"; der Wegfall der Sachbefugnis bleibt also unerheblich, BGH GRUR 2013, 716; Düss ZMR 2017, 726; VGH Mü NVwZ-RR 2010, 508. Die Parteien bleiben dieselben, BGH NJW 1986, 3207; LG Bonn ZMR 2913, 535. Der Rechtsvorgänger wird kraft Gesetzes Prozessstandschafter des Nachfolgers und führt den Prozess im eigenen Namen weiter, BGH NJW-RR 2018, 719; NJW 2012, 3642; 2011, 2194. Durch den Wegfall der Sachlegitimation wird die Klage nicht unbegründet und das Feststellungsinteresse nach § 256 I entfällt nicht, Thomas/Putzo/Seiler Rn. 12. Wegen II tritt bei Wegfall der Sachlegitimation auch keine Erledigung des Rechtsstreits ein, weil dadurch die Klage nicht unbegründet wird; daher ist für den Kläger eine Erledigungserklärung nur sinnvoll, wenn die Voraussetzungen des § 265 nicht erfüllt sind, → Rn. 12 „Auflösende Bedingung"; → Rn. 20. Der Rechtsvorgänger kann alle Prozesshandlungen weiterhin vornehmen oder entgegennehmen, so Tatsachen unstreitig stellen, Beweisanträge stellen, Widerklage erheben, die Klage zurücknehmen und je nach Rolle anerkennen oder verzichten. Die Wirkungen des § 265 II 1 treten auch ein, wenn ein Dritter den Anspruch im Wege der gewillkürten Prozessstandschaft geltend macht, BGH NJW-RR 2018, 719 Rn. 35; Düss ZMR 2001, 182 (Geltendmachung einer Gesellschaftsforderung durch einen Gesellschafter in Prozessstandschaft). 13

14 Der Prozessgegner kann gegenüber dem Rechtsvorgänger grundsätzlich alle **Einreden** iSd ZPO, → Vor § 253 Rn. 61 ff., die ihm gegenüber dem Rechtsnachfolger zustehen, geltend machen. Unterlässt er das, ist er später nach § 767 II präkludiert, MüKoZPO/Becker-Eberhard Rn. 72. Der Prozessgegner kann sich allerdings nicht mit Erfolg auf Einreden iSd ZPO berufen, wenn sie materielle Verfügungen enthalten, die dem Rechtsnachfolger gegenüber nicht wirksam sind, wie zB in den Fällen von §§ 406, 407 BGB, MüKoZPO/Becker-Eberhard Rn. 72. Einem Rechtsnachfolger, der sachlegitimiert geworden ist, fehlt die Prozessführungsbefugnis; einer neuen Klage durch ihn steht die anderweitige Rechtshängigkeit entgegen, Thomas/Putzo/Seiler Rn. 12. Das Urteil wirkt nach §§ 325, 727 für und gegen den Nachfolger, Hmb NZM 2002, 523. Ob ein entsprechender Prozessvergleich möglich ist und den Rechtsnachfolger bindet, näher → Rn. 16. Auf die Kenntnis des Gerichts vom Wechsel der Sachlegitimation kommt es nicht an, Wird die Veränderung der Rechtslage nicht vorgetragen, ergeht das Urteil auf der materiell-rechtliche Grundlage vor der Veräußerung oder Abtretung. Auch dann kommt eine Titelumschreibung nach § 727 in Betracht. Wird § 265 verneint, tritt gleichwohl eine Hemmung nach § 204 I Nr. 1 BGB ein, Althammer NJW 2011, 2175.

15 Der Veräußerer kann für den Rechtsnachfolger die **Zwangsvollstreckung** betreiben. Der Rechtsnachfolger muss den Titel auf sich nach §§ 727, 731 umschreiben lassen, BGH NJW 1984, 806, Karlsr MDR 2017, 1442; vgl. auch Karlsr NZG 2021, 565 (nicht aktueller Handelsregisterauszug zum Nachweis der Rechtsnachfolge). Hat der Bekl. an den Nachfolger zur Abwendung der Vollstreckung geleistet, muss der Nachfolger nach einer Urteilsaufhebung den Betrag zurückzahlen.

2. Beispiele für mögliche Prozesshandlungen des Rechtsvorgängers

16 **Anerkenntnis:** Der Veräußerer kann es nach § 307 erklären, MüKoZPO/Becker-Eberhard Rn. 74.

Beweisanträge: → „Anerkenntnis".

Einrede iSd ZPO: Der Prozessgegner kann sie grundsätzlich auch gegenüber dem Nachfolger geltend machen, weil er ansonsten durch die Rechtsnachfolge benachteiligt würde; etwas anderes gilt nur bei einer solchen Einrede, die eine materiell-rechtliche Verfügung enthält, die gegenüber dem Nachfolger unwirksam ist, → Rn. 14.

Erfüllung: → „Einrede iSd ZPO"; → Rn. 14.

Erledigung: Der Veräußerer kann sie erklären, „Anerkenntnis".

Klageänderung: Der Veräußerer kann sie nach §§ 263, 264 vornehmen, Brdb NJW-RR 1996, 724.

Klagerücknahme: Der Veräußerer kann sie nach § 269 vornehmen, Nürnb FamRZ 1995, 237.

Prozessvergleich: Der Veräußerer kann ihn auch einen Prozessvergleich schließen, soweit sich dieser im Rahmen des Streitgegenstandes hält, ohne dazu von dem Rechtsnachfolger ermächtigt zu sein. Das gebietet der Schutz für den Prozessgegner, der von der Vorschrift beabsichtigt ist. Der Rechtsnachfolger ist an den Vergleich gebunden und ihm stehen allenfalls Schadensersatzansprüche gegen seinen Vorgänger zu, BGH NJW 2019, 310; BGH NJW-RR 1987, 30; MüKoZPO/Becker-Eberhard Rn. 75 (auch zum Meinungsstreit).; Thomas/Putzo/Seiler Rn. 12; Althammer JZ 2019, 286 (kritisch zu BGH NJW 2019, 310); Zeuner FS Schwab, 1990, 592. Geht hingegen der Vergleich über den Streitgegenstand hinaus, hängt die Wirksamkeit des Vergleichs gegenüber dem Rechtsnachfolger von dessen Genehmigung ab, LAG Düss DB 2005, 2696; MüKoZPO/Becker-Eberhard Rn. 75.

Verzicht: → „Anerkenntnis".

Widerklage: Der Veräußerer kann sie erheben, s. Anh. § 253.

17 **3. Antragsumstellung bei Veräußerung oder Abtretung durch Kläger.** Nach der sog. herrschenden Relevanztheorie muss der Kläger seinen Antrag auch ohne einen Einwand des Bekl. grundsätzlich auf Leistung an seinen Rechtsnachfolger umstellen; denn die Veräußerung oder Abtretung ist materiell-rechtlich wirksam, und der Rechtsnachfolger ist sachlegitimiert; § 265 bezweckt aber nur den Schutz des Prozessgegners, ein materiell-rechtlich unrichtiges Urteil ist nicht beabsichtigt, BGH NJW- RR 2018, 719; GRUR 2013, 716; 2011, 2884; ZMR 1985, 376; KG ZMR 2013, 529; Celle FamRZ 2006, 1204; BayObLG NZM 2000, 1024; Schlesw FamRZ 1996, 40; Nürnb FamRZ 1995, 237. Die Umstellung des Klageantrages ist nach § 264 Nr. 3 zulässig, MüKoZPO/Becker-Eberhard Rn. 87. Stellt der Kläger seinen Antrag nicht um, muss das Gericht nach § 139 eine Umstellung auf Leistung an den Rechtsnachfolger anregen, BGH NJW 1986, 3207. Soweit der Kläger nicht reagiert, weist das Gericht die Klage wegen Fehlens der Sachlegitimation als unbegründet ab, BGH NJW-RR 2018, 719 Rn. 34; NJW 1986, 3207.Die Antragsänderung ist in der Revisionsinstanz nach §§ 542 ff. nur insoweit zulässig, als das Berufungsgericht nach § 540 die Abtretung festgestellt hat, BGH NJW-RR 2006, 275.

18 Die Notwendigkeit einer Umstellung des Antrags gilt auch bei einer Sicherungsabtretung. Eine Ausnahme gilt bei § 27 III MarkenG, Drsd WettbR 1999, 135. Hat der Kläger den Anspruch **verpfändet,** muss er die Leistung nach § 1281 BGB an sich und den Pfandgläubiger gemeinsam fordern. Nach einer Pfändung nach § 829 lautet der Antrag vor einer Überweisung nach § 835 auf Feststellung oder Hinterlegung, ab Überweisung auf eine Zahlung an den Pfändungsgläubiger. Bei einem Arrest nach §§ 916 ff. lautet er auf eine Hinterlegung.

19 Die Notwendigkeit einer Antragsumstellung entfällt dann, wenn der Kläger zB bisher beantragt hatte, den unmittelbaren Besitzer nicht zu behindern, und wenn der Kläger trotz der Veräußerung der Sache ihr unmittelbarer Besitzer bleibt.

20 **4. Veräußerung oder Abtretung durch den Beklagten.** Eine Veräußerung oder Abtretung durch den Bekl. hat keine Auswirkungen auf den Antrag (sog. Irrelevanztheorie), MüKoZPO/Becker-Eberhard Rn. 91. Wird der Rechtsvorgänger, der hinsichtlich der veräußerten Sache passiv prozessführungsbefugt bleibt, verurteilt, kann sich der Kläger durch eine Titelumschreibung nach § 727 oder durch eine Klage nach § 731 einen Titel gegen den Rechtsnachfolger verschaffen, Brdb NJW-RR 1996, 724; MüKoZPO/Becker-Eberhard Rn. 91. Eine Verurteilung des Rechtsnachfolgers kommt nur bei einem zulässigen Parteiwechsel in Frage, → § 263 Rn. 23 ff. Der Kläger kann im Einzelfall seine Anträge der Veräußerung anpassen, so zB nach § 264 Nr. 3 zum Ersatzanspruch übergehen, Brdb NJW-RR 1996, 724. Eine Erledigungserklärung ist nicht angezeigt, MüKoZPO/Becker-Eberhard Rn. 92. Schließt sich der Bekl. nicht an mit der Folge des § 91a, hat der Feststellungsantrag, der *bei einer einseitigen Erledigungs*erklärung anzunehmen ist, keinen Erfolg, weil die Veräußerung oder Abtretung wegen § 265 gerade nicht zur Unbegründetheit der Klage führt, → Rn. 13.

21 **V. Beteiligung des Rechtsnachfolgers, II 2, 3. 1. Allgemeines.** Nach II 2 kann der Rechtsnachfolger unter bestimmten Voraussetzungen den Prozess als Hauptpartei anstelle des Rechtsvorgängers übernehmen.

Rechtsnachfolger ist der Nachfolger des Veräußerers oder des Abtretenden, auf den die Sachlegitimation in Bezug auf die Sache oder den Anspruch übergegangen ist, → Rn. 10 ff. Insoweit mag die Nachfolge als unmittelbares oder mittelbares Ergebnis des Rechtsvorgangs eintreten, durch die Vermittlung eines Vorgängers oder kraft Gesetzes, voll oder nur beschränkt. Zu den Einzelheiten der Rechtsnachfolge → Rn. 10 ff.

2. Übernahmeerklärung und Zustimmung beider bisherigen Parteien. Der Rechtsnachfolger darf den Prozess nach § 266 ohne weiteres übernehmen; nach II 2 sind eine Übernahmeerklärung des Rechtsnachfolgers und eine Zustimmung des Prozessgegners erforderlich. BGH NJW 1996, 2799; Stgt NJW 2018, 473; LAG Köln NZA-RR 2010, 210. Diese Erklärungen können in der mündlichen Verhandlung, schriftsätzlich oder elektronisch nach §§ 130a–130d erfolgen, Thomas/Putzo/Seiler Rn. 17. Neben den in II 2 erforderlichen Erklärungen des Übernehmers und des Prozessgegners ist nach den Regeln des gewillkürten Parteiwechsels auch die Einwilligung des Rechtsvorgängers erforderlich, auch wenn dies in der Vorschrift so nicht geregelt ist, Thomas/Putzo/Seiler Rn. 17; Zöller/Greger Rn. 7; → § 263 Rn. 23 ff. (gewillkürter Parteiwechsel). Ohne sie müsste das Gericht ihn aus dem Prozess verweisen, BGH NJW 1988, 3209. Die Erklärung des Veräußerers muss ausdrücklich sein, diejenige des Gegners ist konkludent möglich, etwa durch seine Einlassung nach § 267, also auch nachträglich. Nichterscheinen kann eine Vermutung der Einwilligung bedeuten, BPatG GRUR-RR 2012, 449. § 295 ist unanwendbar. Denn es handelt sich nicht um eine Verletzung einer Verfahrensvorschrift. Die Zustimmung des Prozessgegners ist nicht erzwingbar, auch nicht dadurch, dass das Gericht die Sachdienlichkeit bejaht, BGH NJW 2012, 3642; 1996, 2799 (zust. Schmidt JuS 1997, 109); BPatG GRUR 2001, 775; Mü OLGZ 1994, 88; aM Karlsr BauR 2015, 724 (bei §§ 485 ff.). Ist der Rechtsvorgänger aufgrund des der Veräußerung zugrunde liegende Rechtsgeschäft zur Zustimmung verpflichtet, kann im Einzelfall die Weigerung rechtsmissbräuchlich sein, MüKoZPO/Becker-Eberhard Rn. 95. 22

3. Entscheidung des Gerichts über die Übernahme. Hält das Gericht die Übernahme für wirksam, kann darüber im Endurteil (Entscheidungsgründe) oder in einem nicht anfechtbaren Zwischenurteil nach § 303 entschieden werden, MüKoZPO/Becker-Eberhard Rn. 98. Der Tenor dieses Zwischenurteil lautet: „Die Prozessübernahme durch …ist zulässig." Bei unzulässiger oder unwirksamer Prozessübernahme, so zB, wenn die Zustimmung des Prozessgegners, fehlt, wird der Dritte aus dem Prozess gewiesen; er kann gegen das Zwischenurteil das statthafte Rechtsmittel einlegen, allerdings nur mit dem Ziel, den Prozess zu übernehmen, BGH NJW 1988, 3209; MüKoZPO/Becker-Eberhard Rn. 97; Thomas/Putzo/Seiler Rn. 17. Nach unserer Auffassung hat das Gericht insoweit durch Zwischenurteil zu entscheiden, das analog § 280 II 1 mit Berufung oder Revision anfechtbar ist; der Meinung des BGH, NJW 1988, 3209, dass die Entscheidung durch Endurteil zu erfolgen hat, folgen wir nicht, da mit der Entscheidung über die Übernahme des Prozesses noch keine Entscheidung über den Streitgegenstand getroffen wird, so auch MüKoZPO/Becker-Eberhard Rn. 97; Musielak/Voit/Foerste Rn. 14; Zöller/Greger Rn. 7; aA Thomas/Putzo/Seiler Rn. 17. Ergeht vor Rechtskraft des Zwischenurteils ein Endurteil in der Hauptsache, ist dieses auflösend bedingt durch die Aufhebung des Zwischenurteils, MüKoZPO/Becker-Eberhard Rn. 93. 23

4. Rechtsfolgen. Bei zulässiger Prozessübernahme übernimmt der Nachfolger den Prozess im derzeitigen Stand und bindende Prozesshandlungen des Veräußerers binden auch ihn. Das ist wegen § 325, wonach die Rechtskraft des Urteils sich ohne Übernahme auf ihn erstrecken würde, gerechtfertigt, MüKoZPO/Becker-Eberhard Rn. 99. Ein Geständnis des Rechtsvorgängers kann der Nachfolger widerrufen, Eine Beweisaufnahme ist auf Verlangen grundsätzlich zu wiederholen, MüKoZPO/Becker-Eberhard Rn. 100. Die materiell-rechtlichen Wirkungen der Rechtshängigkeit, → Vor § 253 Rn. 73, treten für den Rechtsnachfolger erst mit der Übernahme ein, MüKoZPO/Becker-Eberhard Rn. 100. Der Veräußerer scheidet ohne Klagerücknahme und ohne gerichtliche Entscheidung aus, BGH NJW 2006, 1351. Das Urteil ergeht in der Hauptsache und grundsätzlich auch in den prozessualen Nebenentscheidungen, insbesondere den Kosten nach §§ 91 ff., nur für und gegen den Nachfolger, BGH GRUR 2013, 1270 (krit. Nieder GRUR 2013, 1196); NJW 2006, 1351; Köln JurBüro 1992, 817. Der Ausgeschiedene muss einen etwaigen Kostenersatzanspruch nach materiellen Recht, sog. materieller Kostenerstattungsanspruch, einklagen. Davon hat der BGH, NJW 2006, 1351, bei der Rechtsnachfolge auf der Bekl.-Seite nach §§ 265, 266 eine Ausnahme gemacht und die Meinung vertreten, dass § 269 III 2 keine Anwendung findet, aber über die bis zu seinem Ausscheiden entstandenen Kosten des ursprünglichen Bekl. im Urteil in entsprechender Anwendung des § 91a I wegen der vergleichbaren Situation zu entscheiden ist. Wir folgen dieser Meinung, da ohne die Regelungen der §§ 265, 266 der Kläger bei einer Veräußerung oder Abtretung nach Rechtshängigkeit iSd Vorschriften vernünftiger Weise den Rechtsstreit für erledigt erklären und dann in der Regel derjenigen die Kosten des Rechtsstreits tragen müsste, der ohne das erledigende Ereignis verloren hätte; dabei kommt es nicht darauf an, ob eine einseitige oder beidseitige Erledigungserklärung vorliegt, so auch: MüKoZPO/Becker-Eberhard Rn. 101; Musielak/Voit/Foerste Rn. 14 (wohl auch bei Übernahme auf der Klägerseite); aM Zöller/Greger Rn. 8. 24

5. Rechtsnachfolger als einfacher Streithelfer, II 3. Der Nachfolger kann nach II 3 auch als einfacher Streithelfer nach §§ 66, 70 beitreten, ohne dass es auf die Zustimmung des Prozessgegners ankommt, Thomas/Putzo/Seiler Rn. 12. Tritt der Nachfolger dem Veräußerer als Streithelfer nach §§ 66 ff. bei, ist er stets einfacher Streithelfer, kein streitgenössischer nach § 69, auch wenn an sich die Voraussetzungen gegeben sind; das ergibt sich aus II 3, BGH GRUR 2012, 156; LAG Köln NZA-RR 2010, 210. 25

VI. Schutz des gutgläubigen Erwerbers, III. 1. Veräußerung oder Abtretung durch Kläger. Veräußert der Kläger die streitgegenständliche Sache während des Prozesses oder tritt er sie ab und ist der Erwerber doppelt gutgläubig, wirkt das Urteil nach § 325 II nicht gegen den Erwerber und I und II gelten nicht. Das trifft diejenigen Fälle nach § 325 II, in denen nach dem materiellen Recht vom Nichtberechtigten kraft guten Glaubens tatsächlich erworben wird, BAG DB 1977, 681; LG Freibg WuM 1993, 127, wie nach §§ 892 ff., 932 ff. BGB, ferner die Fälle der §§ 1032, 1138, 1155, 1207, 1208, 2366, 2367 BGB, § 366 HGB. Dann erwirbt der Rechtsnachfolger auch frei von der Beschränkung durch die Rechtshängigkeit, wobei nach hM neben dem guten Glauben bezüglich der materiellen Berechtigung auch der gute Glaube an die fehlende Rechtshängigkeit erforderlich ist, bejahend: BGH NJW 2002, 2101; Thomas/Putzo/Seiler § 265 Rn. 19; Prütting/Gehrlein/Geisler Rn. 18; Musielak/Voit/Foerste Rn. 12; MüKoZPO/Becker-Eberhard Rn. 105 (zum Meinungsstreit, insb. dort Fn. 182, 183). Ohne III könnte dem Bekl. der Sieg im Prozess nicht nachhaltig helfen. Darum gibt 26

§ 265 III diesem in den Fällen, in denen sich die Rechtskraft nicht auf den Rechtsnachfolger erstreckt, den Einwand des Fehlens einer Sachlegitimation. Das führt zu einer Sachabweisung der Klage, wenn der Kläger nicht für erledigt erklärt oder die Klage zurücknimmt. Für Grundstücke kann § 266 gelten.

27 **2. Veräußerung oder Abtretung durch Beklagten.** Hat der Bekl. veräußert, gilt II, nicht aber III. Der Kläger kann den Prozess wegen der Kosten fortsetzen oder nach § 264 Nr. 3 zu einem Ersatzanspruch übergehen. Der Rechtsnachfolger darf selbständig klagen, auch nach § 64. Der Kläger kann mit einer Ermächtigung des Rechtsnachfolgers die Klage auf die Leistung an diesen ändern. Das ist meist sachdienlich.

266 *Veräußerung eines Grundstücks.*

I [1]Ist über das Bestehen oder Nichtbestehen eines Rechts, das für ein Grundstück in Anspruch genommen wird, oder einer Verpflichtung, die auf einem Grundstück ruhen soll, zwischen dem Besitzer und einem Dritten ein Rechtsstreit anhängig, so ist im Falle der Veräußerung des Grundstücks der Rechtsnachfolger berechtigt und auf Antrag des Gegners verpflichtet, den Rechtsstreit in der Lage, in der er sich befindet, als Hauptpartei zu übernehmen. [2]Entsprechendes gilt für einen Rechtsstreit über das Bestehen oder Nichtbestehen einer Verpflichtung, die auf einem eingetragenen Schiff oder Schiffsbauwerk ruhen soll.

II [1]Diese Bestimmung ist insoweit nicht anzuwenden, als ihr Vorschriften des bürgerlichen Rechts zugunsten derjenigen, die Rechte von einem Nichtberechtigten herleiten, entgegenstehen. [2]In einem solchen Fall gilt, wenn der Kläger veräußert hat, die Vorschrift des § 265 Abs. 3.

Schrifttum: S. bei § 265.

1 **I. Systematik, Regelungszweck.** → Vor § 253 Rn. 1 ff.; → § 265 Rn. 1, 2. § 266 I 1 trifft gegenüber § 265 II 2 eine vorrangige Sonderregelung für eine freiwillige oder zwangsweise Veräußerung eines Grundstücks, BGH NJW 2008, 1810. Nach I 2 gilt Entsprechendes bei einer Schiffs- oder Schiffsbauwerkslast. II betrifft ebenso wie § 265 III den Gutglaubenserwerb.

2 Die Vorschrift soll der Erkenntnis dienen, dass mit dieser Veräußerung das Interesse des vormals Berechtigten regelmäßig wegfällt und dass mit der leichteren Erkennbarkeit der mit dem dinglichen Recht verbundenen Pflichten auch eine strengere Haftung des Erwerbers eintreten soll. Ob dies die unterschiedlichen Regelungen in § 265 einerseits und in § 266 andererseits rechtfertigt, erscheint fraglich; jedenfalls ergibt sich eine Rechtfertigung für die unterschiedliche Regelung daraus, dass Grundstücksveräußerungen formbedürftig sind und eine besondere wirtschaftliche Bedeutung haben können, MüKoZPO/Becker-Eberhard Rn. 1. Damit ist ein Hauptziel des § 266 die Rechtssicherheit.

3 **II. Geltungsbereich, Art der Rechtsstreitigkeit.** → Vor § 253 Rn. 6; → § 265 Rn. 3, 4. § 266 ist anwendbar auf einen Rechtsstreit zwischen einem Besitzer an einem Grundstück und einem Dritten, bei dem es um das Bestehen oder Nichtbestehen eines von der Person des jeweiligen Eigentümers unabhängigen dinglichen Rechts, welches für ein Grundstück in Anspruch genommen wird, oder um eine auf dem Grundstück lastende Verpflichtung geht, BGH NJW 2006, 1351 Rn. 22. Erfasst wird von der Vorschrift nur eine Veräußerung, nicht eine Abtretung. Auf schuldrechtliche Ansprüche ist § 266 nicht anwendbar, Zöller/Greger Rn. 3.

4 **Beispiele für die Art der Rechtsstreitigkeit:**

Aufgebotsverfahren: Auch in diesem Verfahren nach § 433 FamFG ist § 266 anwendbar, BGH NJW 2009, 660.

Dingliche Last: Anwendbar, BGH NJW 2006, 1351.

Eigentum: Unanwendbar bei einer Eigentumsklage nach § 985 oder bei der Klage aus einer persönlichen Verpflichtung des Eigentümers, Thomas/Putzo/Seiler Rn. 1.

Eigentumsstörung: § 266 erfasst auch die Veräußerung eines Grundstückes, von dem Einwirkungen auf das Nachbargrundstück ausgehen; bis zur Übernahme führt der Rechtsvorgänger den Rechtsstreit fort, BGH NJW 2008, 1810. Ansonsten reicht ein Anspruch aus § 1004 BGB bei einem nicht nachbarschaftlichen Verhältnis nicht aus, weil die Vorschrift ein Recht zur Inanspruchnahme eines anderen Grundstückes verlangt, BGH NJW 2008, 1810; MüKoZPO/Becker-Eberhard Rn. 12.

Grundbuchberichtigung: Nicht anwendbar bei einer Klage nach § 894 BGB gegen den Eingetragenen; auch hier fehlt die Inanspruchnahme eines anderen Grundstückes, MüKoZPO/Becker-Eberhard Rn. 12; Thomas/Putzo/Seiler Rn. 1; → „Eigentumsstörung".

Grunddienstbarkeit: Anwendbar; zu diesen gehören insbesondere Grunddienstbarkeiten nach 1018 BGB sowie Reallasten und dingliche Vorkaufsrechte zugunsten des jeweiligen Eigentümers eines anderen Grundstückes (§§ 1105 II, 1094 II BGB), MüKoZPO/Becker-Eberhard Rn. 6; Musielak/Voit/Foerste Rn. 3; Zöller/Greger Rn. 3.

Grundschuld/Rentenschuld: Anwendbar, BGH NJW-RR 2009, 660; Zöller/Greger Rn. 3. (Aufgebotsverfahren); MüKoZPO/Becker-Eberhard Rn. 7; Zöller/Greger Rn. 3.

Hypothek: Anwendbar, BGH NJW-RR 2009, 6,60, auch bei einer Schiffshypothek; → „Grundschuld".

Kaufrechtliche Verpflichtung: Da es sich um eine schuldrechtliche Verpflichtung handelt, ist § 266 nicht anwendbar, auch wenn sich der Kaufvertrag auf ein Grundstück bezieht, MüKoZPO/Becker-Eberhard Rn. 11.

Luftfahrzeug: Anwendbar bei Veräußerung eines in die Rolle eingetragenen Luftfahrzeug nach § 99 I LuftRG, MüKoZPO/Becker-Eberhard Rn. 4.

Miete: Unanwendbar bei persönlichen Ansprüchen aus einem Mietvertrag, Thomas/Putzo/Seiler Rn. 1.

Nachbarrecht: → „Eigentumsstörung".

Nießbrauch: Anwendbar, MüKoZPO/Becker-Eberhard Rn. 7; Musielak/Voit/Foerste Rn. 3; „Grundschuld".

Pacht: Unanwendbar für persönliche Ansprüche, Thomas/Putzo/Seiler Rn. 1.

Rentenschuld/Grundschuld: → „Grundschuld".

Schiff, Schiffsbauwerk: Anwendbar, I 2, zB bei Veräußerung oder Belastung (Eintragung erforderlich), §§ 102 ff. SchiffRG (Rechte der Schiffsgläubiger), §§ 8, 76 SchiffRG (Hypothek), § 9 SchiffRG (Nießbrauch), MüKoZPO/Becker-Eberhard Rn. 4.

Subjektiv dingliches Recht: Anwendbar zB bei einem Recht nach §§ 1094 II, 1105 BGB; → „Grunddienstbarkeit".
Unerlaubte Handlung: Unanwendbar bei einer Klage nach § 823 BGB, Zöller/Greger Rn. 3.
Verwaltungsprozess: Grundsätzlich findet § 266 Anwendung; etwas anderes gilt aber, wenn eine Beseitigungsanordnung im Streit ist, weil entweder die Verpflichtung aus dem VA auf den Erwerber übergeht oder aber eine solche Anordnung neu erlassen werden muss, OVG Bln-Brdb BeckRS 2020, 21043 Rn. 20.
Vorkaufsrecht: Anwendbar ist § 266 auf ein solches dingliches Recht nach §§ 1018, 1094 BGB, Musielak/Voit/Foerste Rn. 3; → „Grunddienstbarkeit".
Vormerkung: Da diese kein dingliches Recht ist, ist § 266 allenfalls anwendbar, wenn ihre dingliche Wirkung gegen den Dritten geltend gemacht wird, nicht aber, wenn der durch die Vormerkung gesicherte Anspruch gegen den persönlichen Schuldner Gegenstand der Klage ist, Zöller/Greger Rn. 3; offengelassen, ob § 265 II oder § 266 in Betracht kommt: BGH NJW 2006, 1351; vgl. auch § 265 Rn.
WEG: Anwendbar ist § 266 beim Wohnungseigentum, BayObLG 1983, 76 (zum alten Recht).

III. Voraussetzungen. 1. Allgemeines. Zur Art der Rechtstreitigkeit → Rn. 3, 4. Mit **Besitzer** iSd Vorschrift ist im Allgemeinen der Eigentümer gemeint, MüKoZPO/Becker-Eberhard Rn. 13. Die Vorschrift setzt eine Veräußerung des Grundstückes nach Rechtshängigkeit voraus, → § 253 Rn. 10 und → § 261 Rn. 4 (jeweils zur Rechtshängigkeit). Die Veräußerung ist nicht allein iSd materiellen Rechts gemeint; sie muss nicht in einem Rechtsgeschäft bestehen, sondern kann auch im Rahmen einer Zwangsvollstreckung oder kraft Gesetzes erfolgen. Insoweit wird auf die Ausführungen zu § 265 Bezug genommen, → § 265 Rn. 10 ff. 5

2. Übernahme. a) Grundsatz. Der Rechtsnachfolger darf bei der Veräußerung des Grundstücks in Abweichung von § 265 II auch ohne Zustimmung des Gegners und des Veräußerers den Prozess übernehmen und muss das auf Verlangen des Gegners sogar tun. Nur der Gegner darf eine Übernahme verlangen, nicht der Veräußerer. Bis zur freiwilligen Übernahme geht der Prozess nach § 265 II unverändert weiter, BGH NJW 2008, 1810. Soweit der Veräußerer weiter mithaftet, zB bei einer nur teilweisen Veräußerung, bleibt auch er Partei als ein nach § 69 notwendiger (dingliche Mithaftung) oder als ein nach § 66 einfacher Streitgenosse. Bei einer Veräußerungsreihe haftet nur der Letzterwerber. Gemäß § 261 II erfolgt die Erklärung der Übernahme in der mündlichen Verhandlung oder in einem Schriftsatz, auch elektronisch nach §§ 130a–130d; das Gericht muss den Schriftsatz den Beteiligten nach §§ 166 ff., 270 von Amts wegen zustellen, MüKoZPO/Becker-Eberhard Rn. 17; → § 265 Rn. 22 ff. 6

Wird die Prozessübernahme verneint, ergeht ein Zwischenurteil, das entsprechend § 280 wie ein Endurteil anfechtbar ist. Insoweit gilt dasselbe wie bei § 265 II 2, MüKoZPO/Becker-Eberhard Rn. 19; → § 265 Rn. 23. Bejaht das Gericht den Rechtsübergang und lässt die Übernahme zu, entscheidet es entweder im Endurteil (Entscheidungsgründe) oder durch ein unselbständiges Zwischenurteil nach § 303 erfolgen, das nur zusammen mit dem Endurteil anfechtbar ist, → § 265 Rn. 23. Nach einer Zurückweisung geht der Prozess zwischen den bisherigen Parteien weiter. Ein Endurteil ist aber mit der auflösenden Bedingung der nach § 705 formell rechtskräftigen Zulassung des Nachfolgers durch das Rechtsmittelgericht behaftet, ähnlich der Vorabentscheidung über den Grund nach § 304, → § 265 Rn. 23. 7

Eine **Säumnis** des Veräußerers nach §§ 330 ff. ist unbeachtlich, wenn die Übernahme erfolgt ist. Bei einer Säumnis des Nachfolgers kann bei Vorliegen der Voraussetzungen ein Versäumnisurteil gegen ihn ergehen, wenn er den Prozess wirksam übernommen hat. Ansonsten geht der Prozess zwischen den bisherigen Parteien weiter. Hat der Gegner die Übernahme verlangt und ist der Rechtsnachfolger in dem darauf anberaumten Termin säumig, gilt die Rechtsnachfolge gemäß § 239 IV analog als zugestanden, so dass gegen ihn ein Versäumnisurteil in der Sache ergehen kann, MüKoZPO/Becker-Eberhard Rn. 23; Zöller/Greger Rn. 4a. Bei einer Säumnis des Gegners nach Prozessübernahme kann eine Versäumnisentscheidung gegen ihn bei Vorliegen der Voraussetzungen ergehen, wenn ihm die Erklärung der Prozessübernahme und der Antrag in der Hauptsache rechtzeitig mitgeteilt worden sind, MüKoZPO/Becker-Eberhard Rn. 20. Bei einer Säumnis aller Beteiligten gilt: War die Übernahme schriftlich erklärt, ist eine Entscheidung nach Aktenlage nach § 251a zwischen dem Nachfolger und dem Gegner möglich, aber mangels einer Verhandlung mit dem Übernehmer ist kein Urteil zulässig. Andernfalls ergeht eine Entscheidung nach Aktenlage zwischen den bisherigen Parteien. 8

b) Übernahmewirkung. Die Übernahme wirkt sich dahin aus, dass der Veräußerer als Partei ausscheidet. Nach einem formell nach § 705 rechtskräftigen Ausscheiden ist er zeugnisfähig. Der Nachfolger trägt beim Unterliegen grundsätzlich sämtliche Prozesskosten nach § 91. Das Urteil wirkt nur für und gegen den Rechtsnachfolger und die Gegenpartei; das gilt grundsätzlich auch für die Kostenentscheidung bei einem Wechsel auf der Klägerseite, nicht aber bei einem solchen auf der Bekl.-Seite; hier ist über die bei Übernahme bezüglich der bei dem ursprünglichen Bekl. angefallenen Kosten entsprechend § 91a I zu entscheiden, BGH NJW 2006, 1351; → § 265 Rn. 24. 9

IV. Schutz des gutgläubigen Erwerbers, II. Mit II, der dem § 265 III entspricht, wird ein Bezug zu § 325 hergestellt. Nach II 1 ist die Vorschrift nicht anzuwenden, wenn sich die Rechtskraft eines Urteils zwischen dem Veräußerer und dem Gegner nach § 325 II nicht auf den Rechtsnachfolger erstreckt. Dabei ist genau wie bei § 265 III die doppelte Gutgläubigkeit erforderlich, → § 265 Rn. 26. Nach §§ 892, 893, 1140, 2366 BGB, § 90 ZVG wird im Falle der Gutgläubigkeit bei dem Erwerb vom Nichtberechtigten ein Grundstück oder ein Recht am Grundstück erworben. Wenn der Kläger es veräußert, gilt grundsätzlich nicht I, sondern § 265 III. Man muss aber auch hier die in § 325 III genannten Rechte ausnehmen und nach I behandeln, Denn II soll offensichtlich nur diejenigen Fälle ausscheiden, in denen das Urteil nach § 325 II nicht gegen den Erwerber wirkt. Bei II hat der Bekl. den Einwand einer mangelnden Sachbefugnis des Veräußerers nach § 265 III, → § 265 Rn. 26 f. 10

267 *Vermutete Einwilligung in die Klageänderung.* **Die Einwilligung des Beklagten in die Änderung der Klage ist anzunehmen, wenn er, ohne der Änderung zu widersprechen, sich in einer mündlichen Verhandlung auf die abgeänderte Klage eingelassen hat.**

I. Systematik und Regelungszweck. → Vor § 253 Rn. 1 ff. Die Vorschrift ergänzt §§ 263, 264. Sie behandelt die Einwilligung des Bekl. in eine Klageänderung, die eine Prozesshandlung ist und auch konkludent 1 erklärt werden kann, → Vor § 128 Rn. 54 ff (zu den Prozesshandlungen allgemein). § 267 betrifft die vermutete Einwilligung, eine unwiderlegbare Vermutung, Thomas/Putzo/Seiler Rn. 1.

2 Die Vorschrift dient wie der sie ergänzende § 295 I der Vereinfachung und Beschleunigung und damit der Prozesswirtschaftlichkeit. Eine rügelose Einlassung ist in der ZPO vielfach als Ausdruck der Parteiherrschaft vorgesehen, → Vor § 128 Rn. 20 ff. (zur Parteiherrschaft).

3 **II. Geltungsbereich.** → Vor § 253 Rn. 6. § 267 ist bei § 263 und auch im Rahmen des § 533 Nr. 1 anwendbar, MüKoZPO/Becker-Eberhard Rn. 2; Schneider MDR 1975, 979. Wegen des Parteiwechsels in der Berufungsinstanz → § 263 Rn. 35 ff. § 267 ist nicht auf den gewillkürten Parteiwechsel in der Berufungsinstanz auf der Bekl.-Seite anwendbar, BGH NJW 1974, 750. Im patentrechtlichen Einspruchsverfahren kann § 267 unanwendbar sein, BPatG GRUR-RR 2012, 449. Im Güteverfahren nach § 278 II 1 und nach § 54 I ArbGG wird die Rechtsfolge des § 267 nicht ausgelöst, MüKoZPO/Becker-Eberhard Rn. 3.

4 **III. Voraussetzungen.** Die Einwilligung des Bekl. zu einer Klageänderung in der ersten und zweiten Instanz nach §§ 263, 533 Nr. 1 ist anzunehmen, wenn er, ohne der Änderung zu widersprechen, sich in einer mündlichen Verhandlung auf die geänderte Klage eingelassen, dh sachlich auf das neue Vorbringen erwidert hat. Dabei handelt es sich um eine unwiderlegbare Vermutung, BGH NJW-RR 1990, 506; Düss FGPrax 2006, 203; KG MietR 1997, 170; Thomas/Putzo/Seiler Rn. 1. Die Einlassung ist in jeder rügelosen objektiv sachlichen Gegenerklärung in der mündlichen Verhandlung zu sehen, BGH NJW-RR 2005, 437; BAG ZIP 2011, 445. In den Fällen der §§ 128 II, 495a ist eine schriftsätzliche Einlassung ausreichend. Sie kann vorweggenommen werden, wenn der Bekl. eine Gegendarstellung vorträgt und der Kläger sie mit seiner Klageänderung übernimmt (sog. Zueigenmachen, → § 138 Rn. 17), Thomas/Putzo/Seiler Rn. 1; aA MüKoZPO/Becker-Eberhard Rn. 7 (der von einer konkludenten Einwilligung ausgeht). Nicht erforderlich für die Rechtsfolge des § 267 ist, dass der Bekl das Vorliegen einer Klageänderung erkannt oder ohne Fahrlässigkeit nicht erkannt hat, so auch: Zöller/Greger Rn. 1; Musielak/Voit/Foerste Rn. 1; aA bezüglich des Verschuldens: MüKoZPO/Becker-Eberhard Rn. 10.

IV. Beispiele zur Einlassung

5 **Aktenlageverfahren:** Die Einlassung kann bei §§ 251a, 331a schriftsätzlich erfolgen, Thomas/Putzo/Seiler Rn. 1.

Aufrechnung: § 267 ist analog anwendbar, wenn der Bekl. über eine Aufrechnung des Klägers vorbehaltlos verhandelt, BGH NJW 1990, 2682.

Klageabweisungsantrag: Darin liegt noch keine Einlassung auf die Klageänderung in der mündlichen Verhandlung; grundsätzlich nimmt der Bekl. damit nach § 137 III auf seine Schriftsätze Bezug und wenn in diesen ein Widerspruch enthalten ist, erklärt er auch in der mündlichen Verhandlung konkludent den Widerspruch, BGH NJW 1975, 1229; Musielak/Voit/Foerste Rn. 2; Zöller/Greger Rn. 2.

Säumnis: Bei Säumnis nach §§ 330 ff. im Verhandlungstermin greift § 267 nicht ein, selbst wenn der Kläger eine Änderung angekündigt und der Bekl. sich vor dem Termin schriftsätzlich auf sie eingelassen hatte; die Fiktion des § 331 I 1 gilt insoweit nicht, MüKoZPO/Becker-Eberhard Rn. 6; Thomas/Putzo/Seiler Rn. 1.

Zulässigkeitsrüge: Eine derartige Rüge ist keine Einlassung, aM bei Äußerungen zur Zulässigkeit im Übrigen, MüKoZPO/Becker-Eberhard Rn. 5; Musielak/Voit/Foerste Rn. 2

268 *Unanfechtbarkeit der Entscheidung.* **Eine Anfechtung der Entscheidung, dass eine Änderung der Klage nicht vorliege oder dass die Änderung zuzulassen sei, findet nicht statt.**

1 **I. Systematik, Regelungszweck.** → Vor § 253 Rn. 1 ff. Eine ausdrückliche und isolierte Entscheidung über die Klageänderung nach §§ 263, 264 ergeht grundsätzlich zwecks Prozesswirtschaftlichkeit nur bei einem Widerspruch des Bekl. Abgesehen davon genügt es, dass das Urteil die stillschweigende Zulassung ergibt, → § 263 Rn. 17. Den etwaigen Zwischenstreit entscheidet das Gericht durch ein Zwischenurteil nach § 303, soweit es sachdienlich ist, oder in den Gründen des Endurteils (Entscheidungsgründe), → § 263 Rn. 17. Auch die Unanfechtbarkeit der Entscheidung, dass keine Klageänderung vorliegt oder die Klageänderung zugelassen wird, dient der Prozesswirtschaftlichkeit; dadurch soll der Entscheidung über den geänderten Antrag nicht die Grundlage entzogen werden, Musielak/Voit/Foerste Rn. 1; Zöller/Greger Rn. 1. Das gilt ungeachtet des natürlich auch bei § 268 geltenden Gebots einer etwaigen Berichtigung nach § 319 oder einer Maßnahme nach §§ 320–321a.

2 **II. Geltungsbereich.** → Vor § 253 Rn. 6. Liegt ein Aussetzungsbeschluss nach § 249 vor, gilt nicht § 268, sondern § 252 iVm §§ 567 ff.

3 **III. Nichtzulassung der Klageänderung.** Die Entscheidung des Gerichts, dass die Klageänderung nicht nach § 263 zugelassen wird, ist anfechtbar. Allerdings erfolgt die Anfechtung nach allgemeinen Regeln, dh nach §§ 512, 557 II nur zusammen mit dem Endurteil, Zöller/Greger Rn. 3; Thomas/Putzo/Seiler Rn. 4 (Unanfechtbarkeit) Die Beschwer liegt nicht in dem Übergehen des neuen Antrages und entfällt, wenn der Kläger mit dem alten Antrag Erfolg hat, Zöller/Greger Rn. 3; aM Musielak/Voit/Foerste Rn. 3. Wurde die Sachdienlichkeit verneint, kann das Rechtsmittelgericht nur eine Ermessensüberschreitung überprüfen; wird ein Ermessensfehler festgestellt, kann zurückverwiesen werden, BGH NJW 1996, 2869; 1988, 128. Das Revisionsgericht kann die Sachdienlichkeit selbst dann prüfen, wenn der Tatrichter sich dazu nicht geäußert hat, BGH MDR 1979, 829; Musielak/Voit/Foerste Rn. 3.

4 **IV. Zulassung der Klageänderung oder Bejahung des § 264.** Soweit das Gericht über den geänderten Antrag entschieden, dh eine Klageänderung nach § 263 zugelassen oder § 264 bejaht hat, ist ein Rechtsbehelf nicht statthaft, BGH GRUR 2018, 407; BAG BB 2005, 830; BayObLG WuM 1993, 700. Unanfechtbarkeit bedeutet, dass diese Fragen nicht überprüft werden dürfen, weder von dem entscheidenden Gericht noch von den Rechtsmittelgerichten, MüKoZPO/Becker-Eberhard Rn. 14. Die Unanfechtbarkeit gilt unabhängig davon, wie das Gericht zugelassen hat, ob in einem End- oder Zwischenurteil oder nur in den Gründen nach § 313 III, → § 263 Rn. 17. Eine Rechtsmittelmöglichkeit besteht auch dann nicht, wenn eine Klageänderung erst in der Berufungsinstanz erfolgte, BGH MDR 2008, 158; BAG NZA 2012, 1310. Es ist unerheblich, ob die Zulassung ausdrücklich oder stillschweigend erfolgte. Das Urteil ist wie stets auslegbar. Ein völliges Schweigen im Urteil zur Klageänderung enthält keine Zulassung mit der Folge, dass dann eine Überprüfung stattfinden kann zusammen mit derjenigen des Endurteils nach §§ 522, 557 II, BGH MDR 1979, 829; Zöller/Greger Rn. 1.

V. Ausnahmen. Nur die änderungsfreundlichen Entscheidungen sind nach § 268 unanfechtbar. Alle anderen Entscheidungen sind hingegen grundsätzlich überprüfbar, MüKoZPO/Becker-Eberhard Rn. 15. Zulässig ist deshalb die Rüge, die Einführung des neuen prozessualen Anspruchs sei wegen der nach § 705 formellen Rechtskraft des bisherigen Anspruchs unzulässig, BGH NJW 1970, 44. Ist eine Klageänderung gesetzlich unstatthaft, zB bei § 181 InsO, → § 263 Rn. 2, greift § 268 ebenfalls nicht ein. Dann ist eine Anfechtung zusammen mit derjenigen des Endurteils möglich. 5

§ 268 gilt nicht, wenn das Gericht einen Parteiwechsel zugelassen hat, BGH NJW 1981, 989 (Bekl.-Wechsel); NJW-RR 1987, 1084 (Klägerwechsel); Zöller/Greger Rn. 2; Thomas/Putzo/Seiler Rn. 3; → § 263 Rn. 23 ff. (zum Parteiwechsel). Dagegen findet § 268 bei einer Parteierweiterung Anwendung, Jena OLGR 2000, 205. 6

269 *Klagerücknahme.* **I Die Klage kann ohne Einwilligung des Beklagten nur bis zum Beginn der mündlichen Verhandlung des Beklagten zur Hauptsache zurückgenommen werden.**

II 1Die Zurücknahme der Klage und, soweit sie zur Wirksamkeit der Zurücknahme erforderlich ist, auch die Einwilligung des Beklagten sind dem Gericht gegenüber zu erklären. 2Die Zurücknahme der Klage erfolgt, wenn sie nicht bei der mündlichen Verhandlung erklärt wird, durch Einreichung eines Schriftsatzes. 3Der Schriftsatz ist dem Beklagten zuzustellen, wenn seine Einwilligung zur Wirksamkeit der Zurücknahme der Klage erforderlich ist. 4Widerspricht der Beklagte der Zurücknahme der Klage nicht innerhalb einer Notfrist von zwei Wochen seit der Zustellung des Schriftsatzes, so gilt seine Einwilligung als erteilt, wenn der Beklagte zuvor auf diese Folge hingewiesen worden ist.

III 1Wird die Klage zurückgenommen, so ist der Rechtsstreit als nicht anhängig geworden anzusehen; ein bereits ergangenes, noch nicht rechtskräftiges Urteil wird wirkungslos, ohne dass es seiner ausdrücklichen Aufhebung bedarf. 2Der Kläger ist verpflichtet, die Kosten des Rechtsstreits zu tragen, soweit nicht bereits rechtskräftig über sie erkannt ist oder sie dem Beklagten aus einem anderen Grund aufzuerlegen sind. 3Ist der Anlass zur Einreichung der Klage vor Rechtshängigkeit weggefallen und wird die Klage daraufhin zurückgenommen, so bestimmt sich die Kostentragungspflicht unter Berücksichtigung des bisherigen Sach- und Streitstandes nach billigem Ermessen; dies gilt auch, wenn die Klage nicht zugestellt wurde.

IV 1Das Gericht entscheidet auf Antrag über die nach Absatz 3 eintretenden Wirkungen durch Beschluss. 2Ist einem Beklagten Prozesskostenhilfe bewilligt worden, hat das Gericht über die Kosten von Amts wegen zu entscheiden.

V 1Gegen den Beschluss findet die sofortige Beschwerde statt, wenn der Streitwert der Hauptsache den in § 511 genannten Betrag übersteigt. 2Die Beschwerde ist unzulässig, wenn gegen die Entscheidung über den Festsetzungsantrag (§ 104) ein Rechtsmittel nicht mehr zulässig ist.

VI Wird die Klage von neuem angestellt, so kann der Beklagte die Einlassung verweigern, bis die Kosten erstattet sind.

Übersicht

1 **I. Systematik.** → Vor § 253 Rn. 1 ff. Die Klagerücknahme ist das Gegenteil der Klagerhebung nach §§ 253 I, 261 I. Sie ist ausschließlich eine Prozesshandlung, mit der Kläger den derzeitigen Verzicht auf Rechtsschutz im laufenden Verfahren erklärt, und zwar in vollem Umfang oder teilweise, Musielak/Voit/Foerste Rn. 1; → Vor § 128 Rn. 54 (allgemein zu Prozesshandlungen). Die Klagerücknahme lässt den materiell-rechtlichen Anspruch unberührt, BGH NJW 1984, 3019. Auch nach einer Klagerücknahme kann die Klage nach VI neu erhoben werden, sogar bis zur formellen Rechtskraft nach § 705 in demselben Prozess, BGH NJW 1984, 658; → Rn. 73.

2 **II. Regelungszweck.** → Vor § 253 Rn. 1 ff. Die Klagerücknahme dient der Parteiherrschaft → Vor § 128 Rn. 20 ff. Sie dient auch der Prozesswirtschaftlichkeit. Daran ändert VI mit seinem Schutzzweck zugunsten des Bekl. nichts. Die Klagerücknahme führt oft zum endgültigen Schluss des Gesamtstreits ohne neuen Prozess. Die Fälle einer nochmaligen Klage sind praktisch selten. I dient mit dem Zustimmungserfordernis der Verhinderung einer einseitigen Flucht des Klägers aus dem Prozess. Mit III, IV wird das Verfahren vereinfacht und ein neuer (Kosten-)Prozess wird vermieden.

3 **III. Geltungsbereich. 1. Allgemeines.** → Vor § 253 Rn. 6; → Rn. 15 (Beispiele). § 269 ist grundsätzlich in allen Klageverfahrensarten nach der ZPO direkt anwendbar, auch wenn sie im schriftlichen Verfahren erfolgen. Entsprechend anwendbar ist § 269 III 2 grundsätzlich für alle sonstigen Anträge, über die mündliche verhandelt werden kann, BayObLG 2004, 122 (zu § 128 IV); Dresd JurBüro 1998, 28; Hamm MDR 1993, 90; Köln MJW 1973, 2071; Zöller/Greger Rn. 1. § 321 ist auch auf einen Beschluss nach § 269 III anwendbar, Köln BeckRS 2021, 10674. Bei der entsprechenden Anwendbarkeit der gesamten Vorschrift werden allerdings teilweise Ausnahmen zu einzelnen Absätzen, zB zum Einwilligungserfordernis nach I gemacht, → Rn. 7. Für die Rücknahme eines Rechtsbehelfs oder Rechtsmittels enthalten §§ 346, 516, 565 Sonderregeln, BAG NZA 2017, 595.

4 **2. Rücknahmefiktionen.** Das Gesetz sieht in verschiedenen Bereichen, so § 54 V 4 ArbGG und in dem neuen § 697 II 2 Rücknahmefiktionen vor. Nach **§ 54 V 4 ArbGG** wird eine Rücknahme fingiert, wenn die Parteien zur Güteverhandlung nicht erschienen sind, das Ruhen des Verfahrens angeordnet wurde und binnen sechs Monaten kein Terminantrag gestellt wurde; dann finden § 269 III – VI Anwendung. Diese Ausnahmeregelung greift nicht entsprechend ein, wenn im Gütetermin erörtert wurde und danach kein Terminantrag innerhalb von sechs Monaten gestellt wird, BAG NJW 2011, 1833 Rn. 17.

5 § 269 II–VI ist bei einer Rücknahmefiktion nach **§ 697 II 2** anwendbar, dh wenn der Klageantrag in der Anspruchsbegründung hinter dem Mahnantrag zurückbleiben und der Rechtsstreit durch ein Mahnverfahren und einen Widerspruch gegen den Mahnbescheid eingeleitet wurde; Voraussetzung ist eine Belehrung. Grund für diese Neuregelung ist, dass häufig in Mahnverfahren hohe Nebenforderungen, wie Inkassokosten, Mahnkosten und Zinsen, geltend gemacht und diese dann in der Anspruchsbegründung nicht mehr beantragt werden; nach dem Gesetzeswortlaut findet die neue Rücknahmefiktion keine Anwendung, wenn ein Vollstreckungsbescheid ergangen ist, gegen den Einspruch eingelegt wurde, Fölsch NJW 2020, 801, 806. Nach dem Wortlaut des § 697 II 2 wird von der Rücknahmefiktion des § 697 II 2 keine Ausnahme gemacht, wenn der Widerspruch oder der Abgabeantrag hinter dem Mahnantrag zurückbleiben, Schneider NJW 2020, 2454 (eingehend zur Problematik). Bei einem reduzierten Widerspruch kann der Kläger für den restlichen Teil einen Vollstreckungsbescheid beantragen, dh einen Vollstreckungstitel erlangen, und insoweit findet § 697 II 2 von vorneherein keine Anwendung, Fölsch NJW 2020, 801, 806; → § 697 Rn. 24. Bleibt der Abgabeantrag hinter dem Mahnantrag zurück, will Schneider NJW 2020, 2454 im Wege der Auslegung die Rücknahmefiktion nur im Rahmen des Abgabeantrages gelten lassen. Zuzustimmen ist Schneider, dass Rechtshängigkeit nur eintritt, soweit das Verfahren aufgrund des Antrages abgegeben wurde und grundsätzlich nur eine erhobene Klage (§§ 253 I, 261 I) zurückgenommen werden kann. Jedoch ist der Wortlaut des § 697 II 2 eindeutig und dieser stellt auf dem Mahnantrag ab, so dass der Kläger nach § 269 III 2 auch mit den Kosten des reduzierten Teils zu belasten ist, → § 697 Rn. 24. Dies erscheint auch wegen des dargelegten Gesetzeszwecks und deshalb gerechtfertigt, weil bei entsprechender gesetzlicher Regelung auch Kosten vor Rechtshängigkeit einbezogen sind, zB bei III 3, → Rn. 39, 44.

6 In § 113 S. 2 ist zwar keine Rücknahmefiktion enthalten. Jedoch erklärt das Gericht hier auf Antrag des Bekl. die Klage für zurückgenommen, wenn es eine Prozesskostensicherheit nach § 110 angeordnet und eine Frist nach § 113 S. 1 bestimmt hat, der Kläger der Anordnung aber bis zur Entscheidung nicht nachgekommen ist.

7 **3. Abgrenzung zu anderen prozessualen Möglichkeiten. a) Besonderheiten der Klagerücknahme.** Maßgebliche Folgen einer Klagerücknahme sind, dass die **Rechtshängigkeit** entfällt und damit das Verfahren bis auf die Kostenentscheidung beendet ist (III) und dass eine **neue Klage** erhoben werden kann (VI). Nimmt der Kläger die Klage zurück, begibt er sich grundsätzlich freiwillig in die Rolle des Unterlegenden und hat – abgesehen von III 3 und den Ausnahmefällen des II – die **Kosten** des Rechtsstreits zu tragen, BGH NJW 2004, 223. Allerdings werden die Kosten teilweise reduziert. Unter den Voraussetzungen von KV 1211 GKG führt die Klagerücknahme zu einer Ermäßigung der Verfahrensgebühr vom dreifachen auf den einfachen Gebührensatz; das gilt aber nicht bei einer Entscheidung nach III 3. Richtet sich das Anwaltshonorar nach RVG, ermäßigt sich uU die Termingebühr nach VV 3105 RVG auf 0,5, wenn keine streitige mündliche Verhandlung stattfindet. Das sind neben der Zielrichtung des Klägers im Übrigen wesentliche Kriterien der Klagerücknahme, die sich von anderen ähnlichen prozessualen Möglichkeiten teilweise unterscheidet.

8 **b) Nichtbetreiben des Verfahrens.** Die Klagerücknahme unterscheidet sich vom Ruhenlassen nach §§ 251a, 331a, von der Unterbrechung oder Aussetzung des Verfahrens nach §§ 239 ff. und vom sonstigen Stillstand, bei dem die Akten nach der Aktenordnung nach sechs Monaten weggelegt werden. In diesen Fällen bleibt die Rechtshängigkeit bestehen und der Prozess ist nicht beendet, sondern wird nur zeitweise nicht betrieben.

9 **c) §§ 263 f.** Bei der Klageänderung einschl. eines Parteiwechsels wird der Prozess, wenn auch mit Änderungen, weitergeführt, BAG NZA 2017, 593. In einer Klageänderung nach §§ 263, 264 kann auch eine (teilweise) Rücknahme des bisherigen Klageantrages liegen; jedoch geht § 263 dem § 269 insoweit vor, als eine Zustimmung des Bekl. nach § 269 nicht erforderlich ist, → § 263 Rn. 6, 10; Walther NJW 1994, 423 (auch zu den Kostenfolgen). Ein gewillkürter **Parteiwechsel** bedeutet regelmäßig eine Rücknahme gegenüber der zunächst beteiligten Partei, → § 263 Rn. 23 ff., 33 (auch zu den Kostenfolgen). Beim Parteiwechsel iRd §§ 265 II 2, 266 II wird teilweise zugunsten der ausscheidenden Partei nicht § 269 III, sondern § 91a entsprechend angewendet, → § 265 Rn. 24.

d) Erledigungserklärung/Feststellung des Kosteninteresses. War die Klage zulässig und begründet und hat sie wegen eines Ereignisses keine Aussicht auf Erfolg mehr, wäre die Kostenfolge des § 269 III 2 unbillig, auch wenn möglicherweise die Gegenseite im Ergebnis aus materiellen Gründen die Kosten des Rechtsstreits tragen müsste. Um im laufenden Verfahren für den Kläger bei dieser Konstellation eine günstige Kostengrundentscheidung in demselben Rechtsstreit zu erreichen, ergeben sich verschiedene Möglichkeiten, so § 91a (beidseitige Erledigungserklärungen), → § 91a Rn. 139 ff., einseitige Erledigungserklärung, → § 91a Rn. 207 ff., § 269 III 3, → Rn. 39 ff., oder die Klage auf Feststellung des Kosteninteresses, → Rn. 47. 10

Mit der **Erledigungserklärung** bezüglich der Hauptsache beabsichtigt der Kläger, abgesehen vom Kosteninteresse, genau wie bei der Rücknahmeerklärung, den Rechtsstreit ohne Sachentscheidung und nur mit einer Kostenentscheidung zu beenden und eine neue Klage zu ermöglichen; das Ziel kann er aber nur erreichen, wenn sich der Bekl. der Erledigung anschließt und die Folgen des **§ 91a** eintreten, vgl. BAG BeckRS 2019, 26495 Rn. 23 (beidseitige Erledigungserklärungen bezüglich eines Rechtsmittels). Bei der **einseitigen** Erledigungserklärung bleibt hingegen die Rechtshängigkeit bestehen und es wird über einen geänderten Antrag des Klägers auf Feststellung mit Rechtskraftwirkung entschieden, ob die Klage in der Hauptsache erledigt ist, BGH NJW 2008, 2580; 2007, 1460; NJW-RR 20041619; Brdb Rpfleger 1998, 484; Köln FamRZ 1992, 334; Anders/Gehle Assessorexamen ZivilR P Rn. 7 (§ 91a); → Rn. 43, 44; → § 139 Rn. 64 „Erledigung der Hauptsache". Das Ziel des Klägers bei der einseitigen Erledigungserklärung liegt darin, dass das Gericht dem Bekl. die Kosten des Rechtsstreits auferlegt, weil die Klage zulässig und begründet war und wegen einer Erledigung des Rechtsstreits nach Rechtshängigkeit unzulässig oder begründet geworden ist, → § 91a Rn. 207. Dieses Ziel kann er mit der Rücknahme, sieht man von der Ausnahmeregelung des III 3 ab, → Rn. 36, wegen III 2 nicht erreichen. Deshalb kann die Berufung des Klägers auf ein angeblich erledigendes Ereignis grundsätzlich als Abgrenzungskriterium zwischen Rücknahme und Erledigungserklärung herangezogen werden. Soweit beide Parteien nach einem angeblich erledigenden Ereignis die Kostenfrage erörtern, können darin konkludent beidseitige Erledigungserklärungen liegen, Köln NJW-RR 1998, 143. Notfalls muss das Gericht Unklarheiten über § 139 beseitigen. Wer eindeutig zurücknimmt, statt richtigerweise für erledigt zu erklären, um sein Ziel zu erreichen, muss die Kostenfolgen seiner Rücknahme tragen, Ros MDR 2008, 593. Ist die Erledigung (möglicherweise) vor Rechtshängigkeit eingetreten, können III 3, → Rn. 39 ff., oder die Änderung des Klageantrages in einen Antrag auf Feststellung des Kosteninteresses in Betracht kommen, → Rn. 47. 11

e) Verzicht. Zu unterscheiden ist die Klagerücknahme vom Verzicht auf den Anspruch nach § 306, der materiell-rechtlich wirkt und zu einem klageabweisenden Urteil führt sowie eine neue Klage ausschließt, Mayer MDR 1985, 374. Auch beim Verzicht tritt die Gebührenermäßigung der KV 1211 zum GKG ein. 12

f) Vereinbarung, die Klage zurückzunehmen. Eine außergerichtliche Vereinbarung der Parteien zur Klagerücknahme ist zulässig, BGH NJW-RR 1987, 307; Piehler GS Arens, 1993, 329, → Vor § 128 Rn. 58 „Klagerücknahme" auch in einem Vergleich nach § 779 BGB, OVG Hmb NJW 1989, 604. Sie kann eine von III abweichende vorrangige Kostenregelung enthalten. Die Vereinbarung zur Klagerücknahme steht eben so wenig wie eine Rücknahme nach VI einer neuen Klage entgegen. Sie ist lediglich ein schuldrechtlicher Vertrag, der keinen direkten Einfluss auf den Prozess hat, aber für den Fall der Nichtbeachtung dem Bekl. die prozessuale Arglisteinrede eröffnen kann, die zur Unzulässigkeit der Klage führt, BGH NJW 2002, 1503 (zum außergerichtlichen Vergleich); 1984, 805; VGH Mü NJW 2009, 247; MüKoZPO/Becker-Eberhard Rn. 12; Musielak/Voit/Foerste Rn. 2. Der Bekl. kann auch auf die Erklärung der Rücknahme klagen, im anhängigen Prozess auch durch eine Widerklage, Anh. § 253. Die Klage ist nach § 894 mit der formellen Rechtskraft des Urteils nach § 705 zurückgenommen. Unwirksam ist in diesem Prozess eine nur einem Dritten gegenüber erklärte Verpflichtung zur Klagerücknahme, LG Bln WuM 2014, 104. 13

g) Prozessvergleich. Auch der Prozessvergleich (§ 794 I Nr. 1), → § 278 Rn. 13, 65 ff., beendet grundsätzlich die Rechtshängigkeit; für eine neue Klage zum selben Streitgegenstand fehlt aber in der Regel wegen Vorhandenseins des Titels das Rechtschutzbedürfnis; bei Unklarheiten über die Reichweite des Titels kommt uU eine Feststellungsklage in Betracht, BGH NJW 2002, 1503; → § 256 Rn. 27. 14

4. Beispiele zum Geltungsbereich von § 269

Arbeitsgerichtsverfahren: § 269 ist grundsätzlich anwendbar, BAG NZA 2017, 593. Im Urteilsverfahren kann die Klage ohne Einwilligung des Bekl. zurückgenommen werden, solange nicht beide Parteien Sachanträge in einer mündlichen Verhandlung, die nicht notwendig dieselbe sein muss, gestellt haben (§ 54 II ArbGG), LAG Mü NJW 1989, 1502; MüKoZPO/Becker-Eberhard Rn. 93. IV ist nicht anwendbar bei §§ 72a, 78, 83a II ArbGG, BAG NZA 2015, 894. 15

Arrest, einstweilige Verfügung: Entsprechend anwendbar ist § 269 im Verfahren nach §§ 916 ff., 935 ff. Saarbr GRUR-RR 2014, 91; Zweibr BeckRS 2020, 25034 und Köln NJW 1973, 2071 (Einwilligungserfordernis des I gilt nicht, auch wenn eine mündliche Verhandlung stattgefunden hat); Höfling/Gremminger NJW 2016, 2459 (zu § 269 III 1 und 2); → § 920 Rn. 26; → Rn. 17 (Zeitpunkt).

Aufrechnung im Prozess: Die Entscheidung über diese, die auch eine Prozesshandlung ist, kann nach § 322 II in Rechtskraft erwachsen; gleichwohl ist die Aufrechnung lediglich ein Verteidigungsmittel, so dass § 269 keine Anwendung findet, Mü BeckRS 2013, 10251; Musielak/Voit/Foerste Rn. 4a.

FamFG: Grundsätzlich gilt der von § 269 abweichende § 22 FamFG. In Ehesachen und Familienstreitsachen gilt grundsätzlich über § 113 I 2 FamFG § 269 entsprechend. I ist unanwendbar, soweit eine Einwilligung des „Bekl." vorgesehen ist, weil in diesen Verfahren nur im begrenzten Umfang die Parteiherrschaft gilt, BayObLG ZMR 1999, 842; LG Lpz NJW-RR 2005, 465; AG Neust/W FamRZ 2004, 1392; → Vor § 128 Rn. 20 ff. (zur Parteiherrschaft). III, IV können aber entsprechend anwendbar sein. Streitig ist, ob die Beschwerdemöglichkeit nach V gilt, so: Saarbr FamRZ 2012, 472; MüKoZPO/Becker-Eberhard Rn. 92; aA Schlesw BeckRS 2011, 28744 Rn. 30 ff. Auch → „Scheidungsantrag".

Finanzgerichtsverfahren: § 155 FGO, → „Verwaltungsgerichtsverfahren".

Insolvenzverfahren: Insolvenzanträge können zurückgenommen werden; entsprechend anwendbar sind III–V im Insolvenzverfahren, BGH WM 2016, 2315; Celle ZIP 2011, 2127; AG Köln ZIP 2016, 688; MüKoZPO/Becker-Eberhard Rn. 91.

KapMuG: SchlAnh. VI §§ 11, 13.

Kartellsache: Wegen der Anwendbarkeit im Kartellverwaltungsverfahren BGH NJW 1982, 2775.

Klageänderung/Parteiwechsel: → Rn. 9.
Kostenfestsetzung: Entsprechend anwendbar ist § 269 auf den Kostenfestsetzungsantrag nach §§ 103 ff., Kblz Rpfleger 1976, 324.
Mahnverfahren: Bis zur Rechtskraft des Vollstreckungsbescheides kann der Mahnantrag nach § 690 zurückgenommen werden und dann ist § 269 entsprechend, MüKoZPO/Becker-Eberhard Rn. 15. Bei Widerspruch gegen den Mahnbescheid und bei Einspruch gegen den Vollstreckungsbescheid kann die Rücknahme ohne Einwilligung des Gegners bis zur Abgabe ins streitige Verfahren erfolgen; nach Abgabe in das streitige Verfahren gilt § 269 unmittelbar, MüKoZPO/Becker-Eberhard Rn. 15. Unanwendbar ist die Vorschrift auf die Rücknahme des Antrags auf ein streitiges Verfahren nach § 696, BGH BB 2005, 1876. Zur Rücknahmefiktion des § 697 II 2 → Rn. 5.
Markensache: Anwendbar, ist § 269 III, IV im markenrechtlichen Widerspruchs- und Beschwerdeverfahren über § 82 MarkenG, wenn die vorangegangenen Beschlüsse des Deutschen Patent- und Markenamtes und/ oder des BPatG ohne die Rücknahme des Widerspruchs zu einer Änderung der materiellen Rechtslage geführt hätte, BGH NJW-RR 1998, 1203; BPatG GRUR 2010, 759.
Parteiwechsel: → Rn. 9.
Patentsache: Eine Patentnichtigkeitsklage kann der Kläger bis zur Rechtskraft der Entscheidung ohne Einwilligung des Bekl. zurücknehmen, BGH NJW-RR 1993, 1470 = MDR 1993, 1073. Während des Rechtsbeschwerdeverfahrens kann eine **Patentanmeldung** zurückgenommen werden; sie ist gegenüber dem BGH zu erklären; bei Rücknahme ist das Beschwerdeverfahren erledigt; Entscheidungen des Deutschen Patent- und Markenamtes sowie des BPatG werden wirkungslos (§ 269 III 1, § 99 I PatG); Kosten werden nur unter Billigkeitsgesichtspunkten erstattet (§§ 109, 80 PatG), BGH GRUR 2011, 1052; BPatG GRUR 2001, 328.
Prozesskostenhilfe: Nicht entsprechend anwendbar ist § 269 auf einen Prozesskostenhilfeantrag nach § 117, weil es an einem Prozessrechtsverhältnis fehlt und keine mündliche Verhandlung vorgesehen ist, Brschw FamRZ 2005, 1263 = BeckRS 2005, 26001; → Vor § 128 Rn. 4 ff. (zum Prozessrechtsverhältnis).
Prozesskostensicherheit nach § 110: Hat der Kläger diese innerhalb der vom Gericht nach § 113 I 1 gesetzten Frist nicht geleistet, kann der Bekl. einen Antrag nach § 113 I 2 stellen, dass die Klage für zurückgenommen erklärt wird; wird dem Antrag stattgegeben, finden II–VI Anwendung.
Revisionsverfahren: Es gilt vorrangig § 565 S. 2 und nur im Übrigen § 269 entsprechend; MüKoZPO/Wache § 113 Rn. 16 f.
Scheidungsantrag: „FamFG". Entsprechend anwendbar ist § 269 auf ihn, Stgt FamRZ 2005, 287; Naumb FamRZ 2003, 545; AG Kempten FamRZ 2003, 1117.
Schiedsrichterliches Verfahren: Entsprechend anwendbar ist § 269 auf den Aufhebungsantrag nach § 1059 und auf den Antrag auf Vollstreckbarerklärung eines Schiedsspruchs nach §§ 1060 ff., Mü SchiedsVZ 2015, 205 (Abs. 3); JurBüro 2005, 665; Hamm SchiedsVZ 2010, 56; → § 1063 Rn. 6 (zu III).
Selbständiges Beweisverfahren: → Rn. 50.
Sozialgerichtsverfahren: § 202 SGG, → „Verwaltungsgerichtsverfahren".
Teilungsversteigerung: Unanwendbar ist hier III, LG Konst JurBüro 2002, 269.
Vergabeverfahren: Entsprechend anwendbar ist III auf einen Beigeladenen im Vergabeverfahren, Brdb JurBüro 2002, 437.
Verwaltungsgerichtsverfahren: Vor den Verwaltungsgerichten gilt § 269 iVm § 173 VwGO, BVerwG NVwZ 2011, 1390; OVG Kblz NVwZ-RR 2018, 75; Entsprechendes gilt über § 202 SGG und § 155 FGO in sozialgerichtlichen und finanzgerichtlichen Verfahren.
Vollstreckungsverfahren: Es gilt § 788.
Wohnungseigentum: § 269 ist anwendbar, LG Lüneburg ZMR 2014, 668.

16 **IV. Zulässigkeit und Wirksamkeit der Rücknahme, I, II. 1. Gegenstand.** Der Kläger kann die gesamte Klage, dh den prozessualen Anspruch insgesamt, zurücknehmen mit der Folge, dass die Rechtshängigkeit des gesamten Prozesses entfällt (III 1) und über die Kosten des Rechtsstreits durch Beschluss entschieden wird (IV 1). Die Klagerücknahme kann sich aber auch auf einen von mehreren nach § 145 abtrennbaren prozessualen Ansprüchen oder auf einen dem Teilurteil nach § 301 zugänglichen prozessualen Anspruchsteil beziehen, BAG NJW 1980, 1486; Köln NJW-RR 1992, 1486; → § 253 Rn. 28 (zum prozessualen Anspruch). Bei notwendiger Streitgenossenschaft ist die Klagerücknahme für jeden Streitgenossen möglich, Ros NJW-RR 1995, 381; Musielak/Voit/Foerste Rn. 5. Bei einer teilweisen Klagerücknahme ergeht wegen des Grundsatzes der Kosteneinheit die Kostenentscheidung einheitlich im Endurteil, wobei Grundlage für die Kosten des zurückgenommenen Teils nicht §§ 91 ff., sondern III 2,3 ist, → Rn. 61, 62.

17 **2. Zeitpunkt.** Die Klage kann bis zum Eintritt der formellen Rechtskraft des Urteils nach § 705 zurückgenommen werden, MüKoZPO/Becker-Eberhard Rn. 14. Die Klagerücknahme ist in jedem Fall möglich ab Beginn der Rechtshängigkeit gemäß §§ 253 I, 261 I, dh grundsätzlich ab Zustellung der Klageschrift an den Bekl., → § 253 Rn. 10; → § 261 Rn. 4 ff (auch zu den Sonderfällen, zB § 261 II und Mahnverfahren). Der Kläger kann seine Klage in jeder Lage des Prozesses zurücknehmen, wenn auch wirksam evtl. nur mit einer Einwilligung des Bekl., → Rn. 27, 29. Eine Rücknahme ist auch zwischen den Instanzen möglich, BGH MDR 1995, 952, ferner nach einer Rechtswegverweisung nach §§ 17, 17a GVG oder in der Rechtsmittelinstanz, BGH BB 1998, 2495, sofern das Rechtsmittel an sich statthaft ist, mag es auch fehlerhaft eingelegt oder begründet worden sein.

18 Bestritten ist, ob eine Klagerücknahme auch schon nach Anhängigkeit, dh ab Eingang der Klageschrift bei Gericht, aber vor Rechtshängigkeit möglich ist, bejahend: BGH NJW 2006, 775; 2004, 1530 (vor der Neuregelung des III 3 Hs. 2); Zöller/Greger Rn. 8; Thomas/Putzo/Seiler Rn. 4, 5 (III gilt); verneinend: Prütting/ Gehrlein/Geisler ZPO Rn. 4; MüKoZPO/Becker-Eberhard Rn. 14; → § 253 Rn. 10 (zur Anhängigkeit). Wir vertreten die Auffassung, dass die Rücknahme schon vor Zustellung der Klageschrift ab Einreichung erfolgen kann, → Rn. 49. Während III 1 für das Erfordernis der Rechtshängigkeit spricht, könnte III 3 Hs. 2 für die Anhängigkeit als maßgeblichen Zeitpunkt herangezogen werden, Zu berücksichtigen ist aber weiter, dass die Zustellung der Klage möglicher Weise unnötige Kosten verursacht und das rechtliche Gehör für eine Kostenentscheidung nach § 269 III 3 auch durch eine formlose Übersendung der Klageschrift gewährleistet sein kann. Darüber hinaus hat der BGH, NJW 2005, 437, in einem anderen Zusammenhang, nämlich bei Unzulässigkeit

der Klage wegen Nichtdurchführung der obligatorischen Streitschlichtung nach § 15a EGZPO, die Rücknahme der Klage vor ihrer Zustellung ohne Einschränkung für möglich gehalten. Zudem wurde im Einstweiligen Rechtsschutz schon immer die Ansicht vertreten, dass für die entsprechende Anwendbarkeit des § 269 die Antragseinreichung ausreicht, weil damit gleichzeitig Rechtshängigkeit eintritt, → § 920 Rn. 8; → Rn. 15 „Arrest".

3. Erklärung der Rücknahme. Die Klage wird grundsätzlich durch eine entsprechende Erklärung des Klägers gegenüber dem Gericht zurückgenommen. Darüber hinaus enthält der neue § 697 II 2 die Fiktion einer teilweisen Klagerücknahme für Fälle, in denen der Rechtsstreit durch ein Mahnverfahren und den Widerspruch gegen den Mahnbescheid eingeleitet wird und der Klageantrag hinter dem ursprünglichen Mahnantrag zurückbleibt; die Fiktion gilt nicht bei einem Einspruch gegen den Vollstreckungsbescheid, Fölsch NJW 2020, 801 (806); → Rn. 5. Die Klagerücknahme muss nicht unverzüglich erfolgen., da der Gesetzgeber das Wort „unverzüglich" nicht mehr in III aufgenommen hat. 19

Die Rücknahmeerklärung erfolgt durch die Einreichung eines Schriftsatzes, der auch elektronisch sein kann nach § 130a, oder in der mündlichen Verhandlung; dann muss sie protokolliert werden nach §§ 160 III Nr. 8, 162. Beim Amtsgericht kann sie nach § 496 auch zu Protokoll der Geschäftsstelle erklärt werden. Nach II 3 ist der betreffende Schriftsatz dem Bekl. nur zuzustellen, wenn seine Einwilligung nach I erforderlich ist. 20

Die Klagerücknahme muss gegenüber dem Gericht erklärt werden (II 1). **Adressat** ist das Prozessgericht; das ist das Ausgangsgericht erster Instanz und ab Rechtsmitteleinlegung das Rechtsmittelgericht. Es besteht Anwaltszwang nach § 78, wobei bei Rechtsmitteleinlegung der Prozessbevollmächtigte der Vorinstanz zuständig bleibt, bis ein beim Rechtsmittelgericht zugelassener RA bestellt ist, BGH NJW 2015, 557 Rn. 6; 2014, 831 Rn. 5; 2001, 1581; Kblz MDR 2000, 226, Thomas/Putzo/Seiler Rn. 7. 21

Die Klagerücknahme ist als Prozesshandlung **bedingungsfeindlich,** BGH NJW-RR 2008, 85; Kblz MDR 2000, 226; → Vor § 128 Rn. 54ff., 62 (zu den Prozesshandlungen). Bis zu einer nach I notwendigen Einwilligung des Bekl. ist die Klagerücknahme auflösend bedingt und bis dahin kann der Kläger sie widerrufen, wenn der Bekl. zustimmt, MüKoZPO/Becker-Eberhard Rn. 18. Das ergibt sich daraus, dass das Prozessrechtsverhältnis der Herrschaft der Parteien unterliegt, → Vor § 128 Rn. 20f. Ansonsten ist die Rücknahmeerklärung wie alle anderen Prozesshandlungen nicht widerruflich, BGH NJW-RR 2008, 85 (zur Rücknahme eines Rechtsmittels); Saarbr OLGR 2000, 176; → Vor § 128 Rn. 68 „Klagerücknahme". 22

Die Klagerücknahme kann ausdrücklich oder **konkludent** erfolgen, wobei der Rücknahmewille eindeutig und unzweifelhaft sein muss, BGH NJW-RR 1996, 885; LAG Düss DB 1977, 1708; Thomas/Putzo/Seiler Rn. 6. Die Klagerücknahmeerklärung ist als eine Prozesshandlung **auslegbar,** BGH FamRZ 2007, 375; → Vor § 128 Rn. 54ff., 60 (zur Prozesshandlung). Die Beschränkung des Klageantrages nach § 253 II Nr. 2 kann eine konkludente teilweise Klagerücknahme enthalten, wobei die §§ 263, 264 dem § 269 grundsätzlich vorgehen, → Rn. 9. Eine konkludente Erklärung kann bei Ablehnung des PKH-Antrages darin bestehen, dass die Klage nicht weiterverfolgt wird, Köln NJW-RR 1997, 637. Eine Klagerücknahme kann sogar dann vorliegen, wenn der Kläger auf eine für den Prozessfortgang wesentliche Anfrage des Gerichts zB nach § 139 monatelang nicht antwortet. Keine Klagerücknahme liegt in der Nichtzahlung des Vorschusses, Düss MDR 2002, 603. 23

Wenn keine ausdrückliche Erklärung erfolgt, der Kläger aber zu erkennen gibt, den Prozess nicht weiter verfolgen zu wollen, kann darin auch eine Erledigungserklärung oder ein Verzicht gesehen werden, Schlesw NJW-RR 2009, 1438. Diese prozessualen Möglichkeiten, → Rn. 7ff., sind immer voneinander abzugrenzen. Eine Umdeutung einer eindeutigen Klagerücknahme in eine Erledigungserklärung ist aber unstatthaft, BGH NJW 2014, 3521. Über die Auslegung und Abgrenzung hat das Gericht die Parteien nach § 139 hinzuweisen und es muss auch von seinem Fragerecht Gebrauch machen. 24

4. Wirksamkeit der Rücknahmeerklärung und Folgen der Unwirksamkeit. Eine Rücknahmeerklärung ist als solche grundsätzlich wirksam. Ihre Wirksamkeit ist nicht davon abhängig, dass das Gericht die Protokollierungsvorschriften der §§ 160 III Nr. 8, 162 I beachtet hat, BSG MDR 1981, 612. Die Erklärung eines gesetzlichen Vertreters nach § 51 unter einem offenkundigen Missbrauch seiner Befugnis kann aber unwirksam sein. Der Schuldner kann die Rücknahme nach der Eröffnung des Insolvenzverfahrens nicht mehr wirksam erklären, BGH WM 1978, 521. Soweit die Einwilligung des Bekl. notwendig ist, ist diese zwar nicht eine Voraussetzung der Zulässigkeit, wohl aber Voraussetzung für die Wirksamkeit der Rücknahmeerklärung: Über die Wirksamkeit der Rücknahme entscheidet dasjenige Gericht, vor dem die Rücknahmeerklärung erfolgte, Celle MDR 2012, 669; BayObLG ZMR 2001, 989, 31. 25

Soweit **keine** wirksame Klagerücknahme vorliegt, nimmt der Prozess seinen Fortgang, BGH NJW 1998, 3784. Die Sachanträge nach § 297 bleiben wirksam, dh sie müssen nach einer unwirksamen Rücknahme nicht wiederholt zu werden, BGH NZM 1999, 679. Es ergeht die Entscheidung durch ein unselbständiges **Zwischenurteil** nach § 303 oder in den Gründen des Endurteils nach § 313 III, → Rn. 58. 26

5. Einwilligung des Bekl. a) Vor Beginn der mündlichen Verhandlung zur Hauptsache. Vor Beginn der mündlichen Verhandlung zur Hauptsache ist die Klagerücknahme nach I ohne Einwilligung des Bekl. möglich, Stgt NJW 1984, 2538; LG Ingolstadt NZV 2015, 345. Das ist eine Ausnahme von dem Grundsatz, dass sich keine Partei dem Prozessrechtsverhältnis einseitig entziehen kann. Der Bekl. kann in dieser Situation durchaus ein Rechtsschutzinteresse daran haben, dass das Gericht ihn durch eine Klageabweisung vor einer erneuten Klage schützt, BGH NJW 1981, 989. Voraussetzung für die Ausnahme ist, dass der Bekl. noch nicht mündlich zum Streitgegenstand, dh dem prozessualen Anspruch, verhandelt hat. Ein Verhandeln in erster Instanz genügt, BGH NJW 1998, 3784. Ist der Antrag einmal gestellt worden, ist vom Beginn der mündlichen Verhandlung iSd § 269 I auszugehen; er muss nicht noch einmal wiederholt werden, auch nicht im selben Termin und auch nicht nach der Beweisaufnahme (§ 285 I), Rupp/Fleischmann MDR 1985, 18. Nicht ausreichend für eine mündliche Verhandlung iSd Vorschrift ist eine ausschließliche Erörterung von Verfahrensfragen, Musielak/Voit/Foerste Rn. 8a. 27

b) Beispiele zum Beginn der mündlichen Verhandlung

Anträge: Nach § 137 I beginnt die mündliche Verhandlung mit dem Stellen der Sachanträge. Ob der Klageabweisungsantrag für die Annahme einer mündlichen Verhandlung ausreicht, wird nicht einheitlich behandelt, bejahend: Hamm MDR 2012, 1434; Musielak/Voit/Foerste Rn. 8a; MüKoZPO/Becker-Eberhard Rn. 23; einschränkend: Zöller/Greger Rn. 13 (nicht, wenn der Antrag erkennbar auf ein Prozessurteil gerichtet ist); 28

aM Kblz FamRZ 1981, 261. Wir meinen, dass ein Abweisungsantrag grundsätzlich ausreicht, Da die mündliche Verhandlung nach § 129 in der Regel durch Schriftsätze vorbereitet wird und die Parteien im Zweifel mit ihrer Antragstellung darauf stillschweigend Bezug nehmen, ist grundsätzlich davon auszugehen, dass mit der Antragstellung auch eine Erörterung zu Hauptsache verbunden war, jedenfalls, wenn die Parteien auf gerichtliche Aufforderung nicht über die Schriftsätze hinaus vortragen, → § 137 Rn. 13, 15 f., 28 f. Davon ist auszugehen, wenn im Sitzungsprotokoll nur das Stellen der Anträge vermerkt ist. Die Erörterung der **Sach-** und **Rechtslage** vor Stellen der Sachanträge stellt ebenfalls den Beginn der mündlichen Verhandlung dar, BGH NJW-RR 2004, 1297 (Scheidungssache); Musielak/Voit/Foerste Rn. 8a; MüKoZPO/Becker-Eberhard Rn. 23; aM wohl: Zöller/Greger Rn. 13.

Ehesache: In einer Ehesache gelten §§ 113 I 2, 121, 141 FamFG und daher auch § 269, → Rn. 15. Hier ist die einseitige Antragsrücknahme in jeder Verfahrenslage bis zur Rechtskraft der Entscheidung möglich, wenn der Antragsgegner anwaltlich nicht vertreten war, also nicht zur Hauptsache verhandeln konnte, mochte er auch geladen, erschienen und sogar gehört worden sein, BGH NJW-RR 2004, 1297; Stgt FamRZ 2005, 287 (erst recht vor einer Verhandlung); Zweibr NJW-RR 1997, 833. Keine mündliche Verhandlung stellt auch die aufgrund eines Beweisbeschlusses erfolgte Vernehmung des AG, zB nach § 128 FamFG, dar, der keinen Antrag gestellt hat, Kblz FamRZ 1981, 261; Köln FamRZ 1985, 1061 (jeweils zum Scheidungsverfahren); Thomas/Putzo/Seiler Rn. 9. Allerdings ist das Stellen eines Antrages nicht allein entscheidend für die Frage der mündlichen Verhandlung; wurde in der mündlichen Verhandlung der Sach- und Streitstand mit dem ProzBev erörtert und hat er den Standpunkt seiner Partei zum Begehren zu erkennen gegeben, ist auch ohne den Antrag eine mündliche Verhandlung anzunehmen, BGH NJW-RR 2004, 1297 (Scheidungsantrag); MüKoZPO/Becker-Eberhard Rn. 23.

Güteverhandlung: Wie § 278 II verdeutlicht, ist die Güteverhandlung noch keine mündliche Verhandlung, BGH NJW 1987, 3263; Musielak/Voit/Foerste Rn. 8a.

Insolvenz: Im Verfahren wegen einer Restschuldbefreiung bedarf es der Zustimmung des Gläubigers, wenn er einen zulässigen Versagungsantrag gestellt hat und nur noch die Entscheidung des Insolvenzgerichts zu treffen ist, BGH WM 2018, 1371 Rn. 7; Thomas/Putzo/Seiler Rn. 9.

Säumnis: Der Antrag des Bekl. auf ein Versäumnisurteil gegen den Kläger bei dessen Säumnis stellt ein einseitiges Verhandeln dar; jedoch wird diese Wirkung nach § 342 bei einem zulässigen Einspruch des Klägers wieder beseitigt, so dass eine Rücknahme ohne Einwilligung des Bekl. möglich ist, BGH NJW 1980, 2313; Musielak/Voit/Foerste Rn. 8a; Zöller/Greger Rn. 13. Soweit das Gericht ein Versäumnisurteil wegen § 335 I Nr. 3 abgelehnt hat, liegt keine mündliche Verhandlung vor, BGH NJW 1980, 2313. Der Antrag des Klägers auf Erlass eines Versäumnisurteils gegen den Bekl. stellt kein Verhandeln dar, Zöller/Greger Rn. 13.

Scheidung: → „Ehesachen".

Schriftliches Verfahren: Im schriftlichen Verfahren nach § 128 II ist die einseitige Klagerücknahme nur bis zur Erklärung des letzten Einverständnisses mit einer schriftlichen Entscheidung möglich, Kblz AnwBl 2003, 187; Musielak/Voit/Foerste Rn. 8.

Streithilfe: Zur Klagerücknahme ist eine Einwilligung des Streithelfers nach §§ 66 ff. auch nicht bei § 69 erforderlich, BGH GRUR 2014, 913.

Stufenklage nach § 254: Mit ihrer Erhebung werden alle Anträge rechtshängig; jedoch hat es der Kläger in der Hand, ob über die nächsten Stufen, insbesondere über den noch unbezifferten Leistungsantrag auf der letzten Stufe verhandelt wird; wenn die Auskunft das Fehlen dieses Anspruchs ergibt, kann der Kläger die Klage mit den anderen Anträgen ohne Einwilligung zurücknehmen, auch wenn er in der ersten Stufe verhandelt hat, → § 254 Rn. 37. Die Rücknahme nur der letzten Leistungsstufe ist eine nur teilweise Klagerücknahme, Köln NJW-RR 1992, 1480.

Verweisung nach § 281: Das Verhandeln vor dem unzuständigen verweisenden Gericht wirkt fort, Zöller/Greger Rn. 13.

29 **c) Einwilligung ab mündlicher Verhandlung.** Nach dem Beginn der mündlichen Verhandlung zur Hauptsache, → Rn. 27 f., ist zwar nicht die Zulässigkeit, wohl aber die Wirksamkeit der Klagerücknahme von der Einwilligung der Bekl. abhängig, BGH NJW 1998, 3784; BAG NZA 2007, 279. Denn jedenfalls ab diesem Zeitpunkt hat jeder Bekl. grundsätzlich einen Anspruch auf einen Schutz vor einem neuen Prozess über demselben Streitgegenstand und damit grundsätzlich ein Recht auf ein Urteil über jeden gegen ihn erhobenen prozessualen Anspruch, Mü NJW-RR 1994, 201. Die Einwilligung des Bekl. ist ebenso wie die Rücknahmeerklärung des Klägers eine Prozesshandlung, die bedingungsfeindlich ist, LAG Düss DB 1977, 1708; → Vor § 128 Rn. 54 ff., 62; → Rn. 22. Sie erfolgt formlos in der mündlichen Verhandlung, schriftsätzlich oder auch als ein elektronisches Dokument nach § 130a. Hier gelten dieselben Gesichtspunkte wie für die Rücknahmeerklärung, → Rn. 19 ff. Der Bekl. kann die Einwilligung ausdrücklich, aber auch konkludent erklären, BAG NZA-RR 2011, 610; Saarbr NJW-RR 2011, 1004. Sie kann zB konkludent mit einem Kostenantrag nach IV erteilt worden sein, Bbg FamRZ 1997, 92; Kblz VersR 1981, 1135. Sie kann auch konkludent in der Mitteilung einer außergerichtlichen Einigung oder eines außergerichtlichen Vergleichs nach § 779 BGB, aber nicht in der bloßen Einreichung einer Vergleichsabschrift liegen, BGH MDR 1981, 1002. Eine Einwilligung vor der Rücknahmeerklärung wird aus praktischen Erwägungen für zulässig angesehen. In einer Aufforderung des Bekl. an den Kläger, sich zu einer etwaigen Klagerücknahme zu äußern, liegt aber keineswegs stets eine vorweggenommene Einwilligung des Bekl. BGH NJW 1980, 839.

30 Die Einwilligung muss ebenso wie die Klagerücknahme nach II 1 dem Prozessgericht gegenüber erfolgen, → Rn. 21. Es reicht also nicht aus, dass der Bekl. sie nur außergerichtlich gegenüber dem Kläger erklärt, selbst wenn dieser sie dem Gericht mitteilt. Es gilt der Anwaltszwang nach § 78; der Bekl. muss postulationsfähig sein, Stgt OLGR 2004, 159; → Rn. 21. Den Kläger bindet seine Klagerücknahme nicht, solange der Bekl. eine notwendige Einwilligung nicht wirksam erklärt hat, Kblz VersR 1981, 1136; → Rn. 22. Hat der Bekl. seine Einwilligung versagt, kann er den Kläger nicht durch den nachträglichen Widerruf seiner Versagung an dessen zunächst erklärter Klagerücknahme festhalten, Kblz VersR 1981, 1136. Der Kläger kann mit Zustimmung des Bekl. seine Klagerücknahme widerrufen, wenn der Bekl. nicht zuvor eingewilligt hat.

31 **d) Fiktive Einwilligung, II, 4.** Wenn eine Einwilligung des Bekl. erforderlich ist, wird nach II 4 seine Einwilligung unter den dort genannten Voraussetzungen fingiert. Zunächst muss dem Bekl. eine schriftsätzliche

Klagerücknahmeerklärung des Klägers nach II 3 förmlich zugestellt worden sein. Der Bekl. muss auch auf die zwei-Wochen-Notfrist (§ 224 I 2) des II 4, deren Beginn ab Zustellung der Klagerücknahme liegt, sowie auf die Folgen hingewiesen werden, die bei fehlendem Widerspruch innerhalb der Frist eintreten. Sodann darf der Bekl. nach II 4 der Klagerücknahme binnen der Notfrist von zwei Wochen nicht widersprochen haben. Die Notfrist errechnet sich nach § 222. Der Widerspruch ist eine Prozesshandlung. Der Widerspruch muss gegenüber dem Prozessgericht erfolgen. Eine Vornahme nur gegenüber dem Kläger reicht nicht aus. Erfolgt kein Widerspruch innerhalb der Frist, gilt die Einwilligung zur Klagerücknahme als erteilt.

6. Amtsprüfung. Die wirksame Klagerücknahme ist von der Zulässigkeit oder Begründetheit der Klage unabhängig. Das Gericht muss sie in jeder Verfahrenslage von Amts wegen beachten, BGH NJW 2015, 952; → Vor § 253 Rn. 14. Denn sie beseitigt die Rechtshängigkeit nach III 1 und damit die Grundlage der richterlichen Tätigkeit. Die Klagerücknahme ist als Prozesshandlung unwiderruflich. Man darf aber aus Gründen der Prozesswirtschaftlichkeit keine neue Klage verlangen, falls die Parteien vor Erteilung der erforderlichen Zustimmung des Bekl. und damit vor Wirksamwerden der Klagerücknahme deren Rücknahme vereinbaren, was trotz Unwiderruflichkeit der Prozesshandlungen möglich ist, → Rn. 22. Das kann stillschweigend durch eine Fortsetzung des Prozesses geschehen, Eisenführ GRUR 1985, 922. Vor der Klarstellung erfolgt keine Kostenentscheidung. 32

V. Wirkungen, III. 1. Wegfall der Rechtshängigkeit, III 1. Bei wirksamer Klagerücknahme entfallen alle prozessualen Wirkungen der Rechtshängigkeit rückwirkend, BGH NJW 2015, 952; GRUR 2011, 1052 (Patentsache); BAG NJW 2009, 392; Saarbr GRUR-RR 2014, 92; AG Nürnb FamRZ 1985, 1073; Seibel MDR 2015, 493; → Vor § 253 Rn. 71; → § 261 Rn. 13 ff. (je zu den prozessualen Wirkungen der Rechtshängigkeit). Es ist so, als hätte der Kläger keine Klage nach § 253 erhoben oder keinen Mahnantrag nach § 690 gestellt, LG Itzehoe NJW-RR 1994, 1216. Das Gericht darf keine Sachentscheidung mehr treffen, sondern kann nur auf Antrag über die Wirkungen nach III entscheiden (IV 1), BVerwG NVwZ-RR 2005, 739. Der Kläger kann den Prozess bei wirksamer Klagerücknahme nicht dadurch fortsetzen, dass er – wenn auch im Einverständnis des Bekl. – den Klagantrag nach § 253 II Nr. 2 in einer späteren Verhandlung stellt, Saarbr MDR 2000, 722, statt nach IV vorzugehen. Auch Rechtsmittel können nicht mehr eingelegt werden, sieht man von solchen gegen Entscheidung nach IV ab, BGH WM 2010, 1663. Darin erschöpft sich die Bedeutung der Klagerücknahme, BGH NJW 1984, 658; Schlesw JurBüro 1991, 588, anders als bei einem Verzicht auf den Klaganspruch nach § 306, → Rn. 12. Was mit den materiell-rechtlichen Wirkungen der Rechtshängigkeit passiert, richtet sich nach materiellem Recht, so zB nach § 204 II 1 BGB, Thomas/Putzo/Seiler Rn. 13; → Vor § 253 Rn. 73; → § 262 Rn. 3 ff. (je zu den materiell-rechtlichen Wirkungen). Das gilt auch für materiell-rechtliche Erklärungen, die im Prozess abgegeben wurden, wie zB eine Aufrechnungserklärung. 33

Noch nicht rechtskräftige Entscheidungen werden wirkungslos, BAG NZA 2010, 245; BVerwG NVwZ-RR 2005, 739; Saarbr JurBüro 2018, 362 (Kosten); GRUR-RR 2014, 92; Brdb Rpfleger 1998, 485; Thomas/Putzo/Seiler Rn. 14. Eine bereits erhobene Widerklage bleibt aber rechtshängig und § 269 III findet insoweit keine Anwendung, Mü NJW 1978, 953; → Anh. § 253 Rn. 5. Eine Widerklage des Bekl. nach wirksamer Rücknahme der Klage ist hingegen nicht mehr möglich; jedoch kann der Kläger auf eine Klage des Bekl. bei Vorliegen der Voraussetzungen Widerklage mit dem Streitgegenstand seiner zurückgenommenen Klage erheben, wobei dann VI gilt, → Rn. 72. 34

2. Kostenlast des Klägers, III 2. Grundsätzlich trägt der Kläger nach III 2 bei Klagerücknahme die gesamten Kosten des Rechtsstreits, soweit über sie nicht schon rechtskräftig entschieden ist, BGH JurBüro 2017, 321; NJW 2011, 2368; Hmb NJW-RR 2012, 1152; Hamm MDR 2011, 1005; Ros MDR 2008, 593; LG Aachen VersR 1979, 1144. III 2 gilt auch für die außergerichtlichen Kosten des Streithelfers nach § 69, BGH ZIP 2010, 1772. Soweit die Kosten nach Klagerücknahme entstanden sind, wie zB eine Anwaltsbestellung nach diesem Zeitpunkt, sind sie notwendig iSd § 91 I 1 und damit erstattungsfähig, wenn die Paretei sich bei Klageeinreichung in nicht vorwerfbarer Unkenntnis von der Rücknahme befunden hat, BGH NJW 2019, 2698; 2018, 1403; NJW-RR 2019, 381; → § 91 Rn. 111; → Rn. 53 „Anwaltsbestellung nach Klagerücknahme“. Die Kostentragungspflicht des Klägers bezieht sich grundsätzlich auch auf die Kosten, die bei einer streitigen Entscheidung dem Bekl. aufzuerlegen wären, wie zB nach §§ 95, 96, Zöller/Greger Rn. 18; aM MüKoZPO/Becker-Eberhard Rn. 46. Nach unserer Auffassung geht § 269 III 2 den allgemeinen Kostenregelungen der §§ 91 ff. vor, weil sich der Kläger mit der Klagerücknahme in die Rolle des Unterlegenden begibt, → Rn. 7. Auch eine entsprechende Anwendung des § 93 kommt nicht in Betracht, Dresd MDR 2003, 1079. Dasselbe gilt bei einem außergerichtlichen Vergleich für § 98. Diese Vorrangregelung gilt aber nicht bei Spezialvorschriften gegenüber dem allgemeineren, die bisherige Verfahrenslage erfassenden § 269, wie zB bei § 344, BGHZ 159, 157; Mü MDR 2001, 533; Brdb MDR 1999, 639. 35

Der Kläger trägt die Kosten des Rechtsstreits unabhängig vom Grund der Klagerücknahme und unabhängig vom **materiellen** Recht, und zwar deshalb, weil er den Prozess eingeleitet hat und nicht darüber entschieden wird, wer im Falle einer gerichtlichen Sachentscheidung obsiegt bzw. verloren hätte, BGH NJW 2004, 223; Düss JurBüro 2007, 547; Ros MDR 1995, 212; Mü MDR 1981, 940. Der Kläger trägt die Kosten also keineswegs erst aufgrund des diese Kostenfolge feststellenden Beschlusses nach IV 1, Karlsr MDR 1994, 1245. Die gesetzliche Kostenfolge beruht nicht auf einer richterlichen Entscheidung, sondern bereits auf einer gesetzlichen Kostengrundentscheidung. Das gilt unabhängig davon, dass der beantragte feststellende Beschluss ein Vollstreckungstitel nach § 794 I Nr. 3 ist. Zu einer Billigkeitsabwägung bleibt kein Raum. Zur Kostenermäßigung bei Klagerücknahme → Rn. 7. 36

Nach **III 2 aE** hat der Kläger die Kosten des Rechtsstreits nicht zu tragen, wenn sie dem Bekl. aus einem anderen Grund aufzuerlegen sind. Grund für diese gesetzliche Regelung war primär § 93d aF, der das Unterhaltsrecht minderjähriger Kinder betraf und der mit dem Inkrafttreten des FamFG gestrichen wurde, BGH, NJW 2004, 223.. Durch die Beibehaltung dieser Regelung ist aber keine Möglichkeit geschaffen worden, materiellrechtliche Kostenerstattungsansprüche im Rahmen von III 2 aE zu berücksichtigen, zumal eine prozessuale Kostenentscheidung grundsätzlich noch Raum für materiell-rechtliche Ansprüche auf Kostenerstattung etwa aus Vertrag, Delikt oder wegen Verzugs lässt, und es deshalb nicht zu unbilligen Ergebnissen kommt, BGH BeckRS 2022, 2941 = NJW 22, 1393 mAnm. Weber (auch zum Verhältnis zu BGH NJW 2011, 2368). III 2 aE greift daher nur bei den schon vor der Gesetzesänderung anerkannten prozessualen Besonderheiten ein, so wenn die 37

Parteien sich außergerichtlich oder auch gerichtlich über die Rücknahme der Klage und über die Kosten verglichen haben; die im Vergleich getroffenen Kostenregelung geht der grundsätzlichen Kostenfolge nach III 2 vor, BGH BeckRS 2022, 2941 = NJW 22, 1393 mAnm. Weber Rn. 10; NJW-RR 2009, 566; 2004, 1506; BB 2004, 1987; Ffm NJW-RR 2015, 1024; Ros JurBüro 2008, 266; Brem MDR 2003, 1142; Thomas/Putzo/Seiler Rn. 18; vgl. auch Jena NJW-RR 2018, 510. Entsprechendes gilt bei einer unbedingten Verzichtserklärung des Bekl. in Bezug auf die Kosten, und bei § 344, BGH BeckRS 2022, 2941 = NJW 22, 1393 mAnm. Weber Rn. 10; Brem MDR 2013, 1482. Eine Beweisaufnahme zu diesen Punkten findet nicht statt, Ffm MDR 1983, 675.

38 Bei einer **teilweisen** Klagerücknahme werden dem Kläger in der Kostenentscheidung des Urteils der entsprechende Teil der Kosten auf der Grundlage der §§ 269 III 2, 92 I auferlegt, Hamm MDR 2011, 1005; Ros MDR 2008, 593; Thomas/Putzo/Seiler Rn. 15, → Rn. 61, 62. Die Kostenpflicht aus § 269 reicht nämlich nur so weit wie die Klagerücknahme. Also entsteht bei einer teilweisen Klagerücknahme nach §§ 92, 308 II auch nur eine entsprechende Kostenpflicht, Mü GRUR-RR 2006, 347; Kblz NJW-RR 1998, 71; Köln NJW-RR 1992, 1480 (Stufenklage).

39 **3. Wegfall des Klageanlasses vor Rechtshängigkeit, III 3. a) Allgemeines.** Dazu Ghassemi-Tabar/Delaveaux NZM 2011, 537; Schneider JurBüro 2002, 511; Schur KTS 2004, 373 (teilweise zum alten Recht); MüKoZPO/Becker-Eberhard Rn. 55 ff. (zur Geschichte). III 3 betrifft den Zeitraum vor Zustellung der Klage (Rechtshängigkeit); das Ereignis für den Wegfall des Anlasses zur Einreichung der Klage muss vor Rechtshängigkeit eingetreten sein, BGH BeckRS 2020, 41138 Rn. 16 = NJW 2021, 941; FamRZ 2005, 79; Naumb JurBüro 2011, 150; → § 253 Rn. 10; → § 261 Rn. 4 ff. (je zur Anhängigkeit/Rechtshängigkeit,); zur Frage des Zeitpunktes vor Anhängigkeit → Rn. 46. Soweit im maßgeblichen Zeitraum der Anlass zur Klageerhebung weggefallen ist, kommt in Abweichung von III 2 eine Kostenverteilung ausnahmsweise durch eine richterliche Kostengrundentscheidung unter Berücksichtigung des bisherigen Sach- und Streitstandes nach billigem Ermessen in Betracht, BPatG GRUR 2015, 104; Saarbr NJW-RR 2018, 209; Knauer/Wolf NJW 2004, 2858. Eine Verteilung erfasst nur die Kosten nach § 91, nicht erst später entstandene, Karlsr FamRZ 2017, 1976. Die Vorschrift ist § 91a nachgebildet, der bei beidseitigen Erledigungserklärungen eingreift, allerdings für den Bekl. weitergehende Möglichkeiten eröffnet, wenn er sich der Erledigung nicht anschließt, → Rn. 10; MüKoZPO/Becker-Eberhard Rn. 56 f. (zu den verfassungsrechtlichen Bedenken wegen dieser Unterschiede; vgl. auch BGH NJW 2006, 775 zu Art. 3, 19 IV GG). Eine einseitige Erledigungserklärung hilft dem Kläger bei Erledigung vor Rechtshängigkeit nicht weiter, weil die begehrte Feststellung, dass sich der Rechtsstreit in der Hauptsache erledigt hat, nach Rechtshängigkeit eingetreten sein muss, BGH NJW 2014, 2199; Anders/Gehle Assessorexamen ZivilR P Rn. 48; → § 91a Rn. 126; → Rn. 7 (zur Abgrenzung). III 3 hat einen Ausnahmecharakter und ist daher einer erweiterten Auslegung oder Analogie nicht zugänglich, BGH NJW-RR 2005, 1662; Oldb MDR 2019, 380; Karlr NJW 2012, 1373.

40 **b) Bisheriger Sach- und Streitstand und andere Billigkeitserwägungen.** Das Gericht darf abweichend von III 2 eine Kostenentscheidung nach III 3 nach billigem Ermessen treffen, wenn der Anlass zur Klageerhebung vor Rechtshängigkeit, dh vor Zustellung der Klage weggefallen ist, → Rn. 39; → § 253 Rn. 10 und → § 261 Rn. 4 ff (zur Rechtshängigkeit). Das ist dann der Fall, wenn die Klage bei ihrer Einreichung zulässig und begründet war oder jedenfalls zu irgendeinem Zeitpunkt vor ihrer Einreichung zulässig oder begründet gewesen wäre, BGH BeckRS 2020, 41138 Rn. 18 = NJW 2021, 941. Bei der Frage der **Billigkeit** ist vorrangig der bisherige Sach- und Streitstand zu berücksichtigen, → Rn. 41. Daneben können ausnahmsweise andere Billigkeitsgesichtspunkte eine Rolle spielen, wie zB der Rechtsgedanke des § 93, Drsd NJW 2015, 498; Ffm NZM 2007, 341; LG BadBad VersR 2013, 778, ein materiell-rechtlicher Kostenerstattungsanspruch, BGH NJW 2006, 775, oder eine anderweitige Vereinbarung zwischen den Parteien bzw. ein Anerkenntnis des Bekl., Anders/Gehle Assessorexamen ZivilR P Rn. 19. 62. Auch die Sonderregelungen des § 281 III 2 und § 344 behalten ihre Wirkung, Stuttg Justiz 1984, 19; Nürnb NJW 1975, 2296; Anders/Gehle Assessorexamen ZivilR P 14 (zu § 91a). Bei Überprüfung des Sach- und Streitstandes gelten die maßgeblichen Darlegungs- und Beweislastregelungen. Für die sonstigen Billigkeitskriterien trägt der Kläger die Darlegungs- und Beweislast, BGH NJW 2006, 775.

41 Die Berücksichtigung des **bisherigen Sach-** und **Streitstandes** bedeutet, dass der Tatsachenvortrag der Parteien bis zur Rücknahme ausgewertet und in tatsächlicher und rechtlicher Hinsicht umfassend gewürdigt werden muss, BGH NJW-RR 2009, 422; 2006, 566; NJW 2005, 2385; Ludwigslust JurBüro 2011, 42. Zur rechtlichen Würdigung sind der Tatsachenvortrag des Klägers auf seine Schlüssigkeit und der Vortrag des Bekl., soweit dieser schon Einwände erhoben hat, auf seine Erheblichkeit zu überprüfen; ist bei beweisbedürftigen Tatsachen bereits Beweis erhoben worden – was selten der Fall sein wird und sich im Normalfall auf Urkunden beschränkt–, sind auch die Beweise zu würdigen; Anders/Gehle Assessorexamen ZivilR P Rn. 61; → Vor § 253 Rn. 50 ff.; → § 139 Rn. 23 (jeweils zur Relationsmethode). Ob auch Parteivortrag nach der Rücknahme berücksichtigt werden kann, erscheint wegen des Wortlautes „bisheriger Sachstand" fraglich und kann allenfalls als Ausnahme unter dem Gesichtspunkt der Prozesswirtschaftlichkeit eine Rolle spielen, wenn er unstreitig ist, Anders/Gehle Assessorexamen ZivilR P Rn. 16 (zum Meinungsstand bei § 91a); → § 91a Rn. 142. Jedenfalls findet nach Rücknahme keine Beweisaufnahme mehr statt. Ergibt die Rechtsprüfung, dass eine Tatsache beweisbedürftig ist und liegen keine Beweise vor, ist im Rahmen einer summarischen Prüfung eine Prognose über die Wahrscheinlichkeit des Beweisergebnisses unter Berücksichtigung der Beweislast und evtl. Beweisangebote durchzuführen. Bleibt das Ergebnis ungewiss und liegen auch keine anderen Billigkeitsgesichtspunkte vor, können die Kosten gegeneinander aufgehoben werden oder den Parteien zu je ½ auferlegt werden, BGH NJW 2017, 1041; Saarbr 2017, 473. Ausnahmsweise kann auch eine schwierige Grundsatzfrage wegen der Nachrangigkeit der Kostenentscheidung ungeklärt bleiben, BGH NJW-RR 2009, 422; 2006, 566.

42 **c) Begriff des Anlasses und Entscheidungsmöglichkeiten.** Der Begriff „Anlass" ist in Anlehnung des Begriffs „Erledigung" zu definieren, MüKoZPO/Becker-Eberhard Rn. 59. Der **Anlass** zur Klageerhebung ist danach **weggefallen,** wenn die Klage nach dem bisherigen Sach- und Streitstandstand zulässig und begründet war bzw. gewesen wäre, und zwar bei Anhängigkeit oder zu irgendeinem Zeitpunkt vor ihrer Einreichung, und durch ein Ereignis unzulässig oder unbegründet geworden ist, BGH NJW 2021, 941. Ist das der Fall, sind dem Bekl. die Kosten des Rechtsstreits aufzuerlegen, es sei denn, andere Billigkeitsgesichtspunkte rechtfertigen eine andere Entscheidung, Kobl NJW-RR 2014, 766; → Rn. 40. War die Klage nie zulässig oder begründet, hat

grundsätzlich der Kläger die Kosten des Rechtsstreits zu tragen, es sei denn, ihm steht ein materiell-rechtlicher Kostenerstattungsanspruch zu. War die Klage ursprünglich nur teilweise zulässig oder teilweise begründet, sind die Kosten entsprechend § 92 I zu verteilen, Schlesw MDR 2008, 353.

Ist das angerufene Gericht sachlich oder örtlich nicht zuständig, kommt eine Verweisung nach **§ 281** wegen Wegfalls der Rechtshängigkeit nicht mehr in Betracht. War bei Erklärung der Rücknahme bereits ein ordnungsgemäßer Verweisungsantrag gestellt, ist jedenfalls im Rahmen der Billigkeit zu berücksichtigen, dass der Kläger keinen Einfluss darauf hat, wann über seinen Antrag entschieden wird. Deshalb können in einem solchen Fall dem Bekl. trotz fehlender Zuständigkeit des Gerichts die Kosten des Rechtsstreits auferlegt werden, wenn die Klage ansonsten zulässig und begründet gewesen wäre, BGH NJW-RR 2020, 12; NJW 2019, 2544; → § 281 Rn. 4 „Erledigung der Hauptsache" (zur einseitigen Erledigungserklärung). War der Verweisungsantrag hingegen bei der Rücknahmeerklärung noch nicht gestellt, war die Klage wegen fehlender Zuständigkeit unzulässig und die Kosten des Rechtsstreits sind dann dem Kläger aufzuerlegen, wenn nicht sonstige Billigkeitsgesichtspunkte eine andere Wertung ergeben. 43

d) Zeitpunkt des Wegfall. III 3 findet in jedem Fall Anwendung, wenn der tatsächliche Klageanlass nach Anhängigkeit, dh nach Einreichung der Klage, und **vor** dem Eintritt der Rechtshängigkeit weggefallen sein, also nach §§ 253 I, 261 I, 271 vor der Zustellung der eingereichten Klageschrift, BGH BeckRS 2020, 41138 Rn. 20 = NJW 2021, 941; NJW 2014, 3521; Jena NJW 2007, 371 (je: auch zum Prozesskostenhilfegesuch); Naumb JurBüro 2011, 150; AG Mü ZMR 2017, 684; aM Brdb FamRZ 2009, 1338 (zum isolierten Prozesskostenhilfeverfahren); Brschw FamRZ 2005, 1263. Damit erfasst die Vorschrift in jedem Fall den Zeitraum **zwischen Anhängigkeit** und **Rechtshängigkeit,** in dem der Anlass zur Klageerhebung entfallen sein muss. Nur ausnahmsweise fällt die Anhängigkeit mit der Rechtshängigkeit zusammen, nämlich im Eilverfahren nach §§ 916 ff., 935 ff., dazu → § 920 Rn. 8. Bei Wegfall des Klageanlasses nach Rechtshängigkeit erklärt der Kläger sinnvoller Weise die Erledigung des Rechtsstreits. Schließt sich der Bekl. an, entfällt die Rechtshängigkeit und es ergeht eine Kostenentscheidung nach § 91a. Schließt sich der Bekl. nicht an, ist in der Erledigungserklärung die Umstellung auf einen Feststellungsantrag zu sehen, dass der Rechtsstreit sich in der Hauptsache erledigt hat; diese Klage ist begründet, wenn sie mit dem alten Antrag bei Rechtshängigkeit und vor dem erledigenden Ereignis zulässig und begründet war, BGH NJW-RR 2004, 1619; NJW 1992, 2235; AG Bln-Neukölln MDR 2003, 112; Anders/Gehle Assessorexamen ZivilR P Rn. 34. 44

Nach unserer Auffassung greift III 3 zudem ein, wenn das erledigende Ereignis auf den **Tag** der **Zustellung** der Klageschrift an den Bekl. fällt und sich nicht feststellen lässt, ob dieses Ereignis vor Eintritt der Rechtshängigkeit erfolgte; dann kann ebenfalls entsprechend III 3 nach billigem Ermessen unter Berücksichtigung des Sach- und Streitstandes über die Kosten des Rechtsstreits entschieden werden, weil die Unaufklärbarkeit nicht zulasten des Klägers gehen kann, LG Wu NJW 2020, 693; AG Ludwigslust JurBüro 2013, 316. 45

Bestritten ist, ob III 3 auch Anwendung findet, wenn der Anlass zur Klageerhebung nicht nach Anhängigkeit, dh nach Einreichung der Klage, → § 253 Rn. 10; → § 261 Rn. 4, sondern bereits **vor Anhängigkeit** entfallen ist, wobei eine positive Kostenentscheidung für den Kläger nur denkbar ist, wenn ihm das betreffende Ereignis nicht bekannt war, bejahend: KG MDR 2019, 510; NJW-RR 2009, 1411; Ffm NJW-RR 2014, 1406; Hamm NJW-RR 2011,1563; Karlsr ZIP 2020, 2415; MDR 2020, 759; NJW 2012, 1373; Kobl NZI 2019, 991; Prütting/Gehrlein/Geisler ZPO Rn. 31; MüKoZPO/Becker-Eberhard Rn. 61; Musielak/Voit/Foerste Rn. 13b; Thomas/Putzo/Seiler Rn. 16; aA wohl Brdb BeckRS 2011, 24847; Karlsr NJW-RR 2007, 1166;vgl auch zu dieser Problematik: Kretschmer JM 2021, 409. Der BGH BeckRS 2020, 41138 Rn. 18 ff., 23 = NJW 2021, 941, hat diese Problematik angesprochen und umfänglich dargestellt, aber nicht entschieden; er hat lediglich ausgeführt, dass ein Anlass zur Einreichung der Klage nur angenommen werden kann, wenn die Klage zu diesem Zeitpunkt zulässig und begründet gewesen sei oder jedenfalls vor ihrer Einreichung zulässig und begründet gewesen wäre; III 3 sei hingegen auf eine zu keinem Zeitpunkt aussichtsreiche Klage nicht anwendbar. Wir folgen der hM: Der Wortlaut der Norm („daraufhin") könnte zwar die Annahme nahelegen, dass bei Einreichung der Klage der Anlass noch vorhanden gewesen sein muss. Allerdings wird diesem Begriff auch mit der Einschränkung der hM, dass dem Kläger bei Einreichung der Klage der Wegfall des Anlasses nicht bekannt gewesen sein darf, Rechnung getragen. Zudem könnte gegen die hM sprechen, dass der Gesetzgeber eine dem § 91a vergleichbare Regelung für das Stadium der bereits mit der Klageeinreichung beginnenden Anhängigkeit schaffen wollte, weil der Kläger nach Einreichung der Klage keinen Einfluss darauf hat, wann die Klage zugestellt, ihr vorher aber durch ein erledigendes Ereignis der Boden entzogen wird. Jedoch sprechen praktische Gesichtspunkte, insbesondere die Vermeidung eines weiteren Kostenprozesses, für die Anwendung des § 269 III 3 bei Erledigung vor Anhängigkeit, wenn der Kläger bei Klageerhebung keine Kenntnis von dem Ereignis hatte. Deshalb folgen wir der hM, dass III 3 auch anwendbar ist, wenn der Anlass der Klage bereits vor Anhängigkeit weggefallen ist, dies dem Kläger aber ohne sein Verschulden nicht bekannt war; unter Berücksichtigung der Entscheidung des BGH NJW 2021, 941 Rn. 18 ff. ist weiter Voraussetzung, dass die Klage vor ihrer Einreichung irgendwann einmal aussichtsreich gewesen ist. 46

e) Antrag auf Feststellung des Kosteninteresses. Mit III 3 erfasst das Gesetz einen Teil derjenigen Probleme, die sich dann ergeben, wenn man vor der Rechtshängigkeit den eingereichten Sachantrag nach § 253 II Nr. 2 unverschuldet nicht mehr aufrechthalten oder nicht erfolgsversprechend eine Erledigung der Hauptsache erklären kann, AG Mü ZMR 2017, 684; Elzer NJW 2002, 2006. Nach alledem passt III 3 auch bei aller größtmöglichen Auslegungsbemühung bei einer Erledigung vor Einreichung der Klage, dh vor Anhängigkeit – abgesehen von den absoluten Ausnahmefällen nach → Rn. 45, 46 – nicht und das Risiko für den Kläger, dass die Ausnahmeregelung des III 3 nur sehr zurückhaltend entsprechend angewendet wird, ist nicht unerheblich. Es gibt aber noch eine weitere Möglichkeit für den Kläger, in demselben Prozess bei einem materiellen Kostenerstattungsanspruch eine günstige Kostenregelung zu erreichen: 47

Wenn dem Kläger bei Erledigung vor Anhängigkeit ein **materieller Kostenerstattungsanspruch,** etwa wegen Verzuges oder nach § 840 II 2, Anders/Gehle Assessorexamen ZivilR A Rn. 180, zusteht, könnte er in einem neuen Prozess die Kosten des anhängig gemachten Rechtsstreits, die er nach Rücknahme der Klage gemäß III 2 zu tragen hat, gegenüber dem Bekl. geltend machen. Aus prozessökonomischen Gründen vertreten wir die Auffassung, dass dem Kläger in solchen Fällen in demselben Rechtsstreit mit der Umstellung der Klage auf Feststellung, dass der Bekl. verpflichtet ist, ihm die Kosten des Rechtsstreit zu erstatten, geholfen werden kann; 48

eine solche Umstellung ist nach § 264 Nr. 2 bzw zur Vermeidung eines weiteren Rechtsstreits wegen Sachdienlichkeit nach § 263 zulässig; im daran anschließenden Kostenfestsetzungsverfahren wird dann die genaue Kostenhöhe ermittelt, so auch: BGH GRUR-RS 2020, 40306; NJW 2013,2201 (§ 269 III 3 hindert nicht); 1994, 2895 (Stufenklage); 1982,1598); 1981, 990; (je zum alten Recht); Thomas/Putzo/Hüßtege Vor § 91 Rn. 13; Zöller/Herget Vor § 91 Rn. 11; Anders/Gehle Assessorexamen ZivilR P Rn. 64 ff.; → Vor § 91 Rn. 63 ff. Der Antrag kann lauten: „*… festzustellen, dass der Bekl.verpflichtet ist, ihm den in den Kosten des Rechtsstreits bestehenden Schaden zu ersetzen*" oder aus praktischen Gründen auch: „… die Kosten des Rechtsstreits dem Bekl. aufzuerlegen.". Den materiellen Kostenerstattungsanspruch kann der Kläger auch hilfsweise für den Fall geltend machen, dass ihm aufgrund der Abweisung des Hauptantrages kein prozessualer Kostenerstattungsanspruch gegen den Bekl. erwächst, BGH GRUR-RS 2020, 40306 = FD-ZVR 2021, 438759 mAnm Elzer. Mit einem Vorgehen nach § 269 III 3, IV wählt der Kläger grundsätzlich den einfacheren Weg, zumal durch Beschluss entschieden werden kann. Jedoch ist der Weg über den Kostenfeststellungsantrag nicht wegen fehlenden Rechtsschutzinteresses unzulässig, BGH NJW 2013, 2201; Ffm NJW 2019, 1158; Musielak/Voit/Foerste Rn. 13c; Anders/Gehle Assessorexamen ZivilR P Rn. 67; → § 256 Rn. 47, 48; aM KG MDR 2018, 559, und ist in jedem Fall bei Zweifeln zur Anwendung des § 269 III 3, → Rn. 45, 46, überlegenswert, vielleicht auch sicherer, → Rn. 49.

49 **f) Auswirkungen der Klagerücknahme vor Zustellung der Klage.** Die Rücknahme kann auch vor Zustellung der Klage erfolgen, → Rn. 17. Auch wenn bei fehlender Klagezustellung in Bezug auf den Bekl. kein Prozessrechtsverhältnis entsteht, → Vor § 128 Rn. 4 ff., hat eine Kostenentscheidung Bedeutung, zumal „Kosten des Rechtsstreits" auch die sog. Vorbereitungskosten umfassen. Allein deshalb ist ein Vorgehen nach III 3 bei dieser Konstellation nicht zweifelhaft. Wir vertreten die Auffassung, dass aus Kostengesichtspunkten bei einer Rücknahme von einer Klagezustellung abgesehen werden kann und das rechtliche Gehör des Bekl. zu § 269 III 3 durch eine formlose Übermittlung der Klageschrift gewahrt ist, Anders/Gehle Assessorexamen ZivilR P 62; → Rn. 17, aA die hM, → Rn. 17. Allerdings wird damit nicht sichergestellt, dass der Bekl. nicht doch einen RA einschaltet. Ist der Kläger nicht sicher, ob III 3 zu einem für ihn günstigen Ergebnis führt, etwa, weil der Anlass fraglich ist, sollte er eine Klagerücknahme ohne Kostenantrag überlegen, um sich die Ermäßigung der KV 1211 GKG bei Anwendung des III 2 zu erhalten; er kann dann mit einer neuen Klage den evtl. bestehenden materiellen Kostenerstattungsanspruch geltend machen, Anders/Gehle Assessorexamen ZivilR P Rn. 62. Einen solchen Weg oder den Weg über die Feststellung des Kosteninteresses, → Rn. 47, empfiehlt Greger generell und sieht ein Vorgehen nach III 3 als unzweckmäßig an, Zöller/Greger Rn. 18e.

50 **4. Besonderheiten beim selbständigen Beweisverfahren nach §§ 485 ff.** Diese bestehen darin, dass gesetzlich nach § 494a II 1 eine Kostenentscheidung im selbständigen Beweissicherungsverfahren nur vorgesehen ist, wenn der Antragsteller innerhalb der vom Gericht gesetzten Frist nach § 494a I keine (teilweise) Hauptsachenklage erhebt oder dafür keinen Kostenvorschuss zahlt, wobei eine verspätete Klageerhebung oder Zahlung vor Wirksamwerden des Kostenbeschlusses reicht; ansonsten wird über die Kosten des selbständigen Beweisverfahrens mit der Kostenentscheidung im Endurteil des Hauptsacheverfahrens nach §§ 91 ff. entschieden, BGH NZBau 2005, 44; → § 494a Rn. 23. Daraus ergeben sich folgende Rücknahmeprobleme:

51 Der Antrag auf ein selbständiges Beweisverfahren kann zurückgenommen werden. Einig ist man sich darüber, dass der Antragsteller dann grundsätzlich nach § 269 III 2 analog die Kosten dieses Verfahrens tragen muss; nicht einig ist man sich darüber, ob eine eigene prozessuale Kostenentscheidung im Beweisverfahren nur erfolgt, wenn kein Hauptsacheverfahren durchgeführt wird, bejahend: BGH BeckRS 2020, 30872; NJW 2011, 1292 Rn. 7 (Grundsatz), Rn. 8 (Ausnahme bei schützenswerten Interessen an sofortiger Kostenentscheidung); Kobl NJW 2015, 1896; verneinend; Zweibr NJW-RR 2004, 821; Nürnb MDR 1994, 623; MüKoZPO/Becker-Eberhard Rn. 52. Für die Gegenmeinung kann zwar angeführt werden, dass die Entscheidung in einer solchen Konstellation nicht von dem Hauptsacheverfahren abhängt; jedoch besteht nach unserer Meinung keine Notwendigkeit einer Kostenentscheidung, wenn ein Hauptsacheverfahren durchgeführt wird, weil bezüglich des zurückgenommenen Beweisantrages die Gesichtspunkte der Absätze III 1, IV, V bei der einheitlichen Kostenentscheidung im Hauptsacheverfahren berücksichtigt werden können. Auf jeden Fall findet aber III 3 keine analoge Anwendung, weil keine Regelungslücke besteht; der Antragsteller kann den Hauptsachenprozess führen oder einen materiellen Kostenerstattungsanspruch klageweise geltend machen; darüber hinaus findet § 91a im Beweisverfahren keine Anwendung, BGH BeckRS 2020, 30872; LG Lübeck BeckRS 2015, 16049; NJW 2016, 963; MüKoZPO/Becker-Eberhard Rn. 52.

52 Bestritten ist weiter, ob bei Rücknahme der Hauptsachenklage die dortige Kostenentscheidung nach III 2, 3 auch die Kosten des Beweisverfahrens erfasst, so: BGH NJW 2015, 2579; Karlsr BeckRS 2005, 01987; MüKoZPO/Becker-Eberhard Rn. 51 (einschränkend: nur bei identischem Streitgegenstand), oder ob dann analog § 494a II 1 eine eigene Kostenentscheidung im Beweisverfahren zu treffen ist, so: Düss NJW-RR 2006, 1028; Ffm NJW-RR 2004, 70; zum Meinungsstreit ausführlich: BGH NJW 2015, 1279 Rn. 11 ff. Wir halten die Argumente des BGH für überzeugend. Die Beweisaufnahme im selbständigen Beweisverfahren ist gemäß § 493 einer Beweisaufnahme vor dem Prozessgericht gleichgestellt und die Rücknahme der Klage ändert nichts an der Zugehörigkeit der Kosten in diesem Verfahren zu den Kosten des Rechtsstreits. Durch die Ausnahmeregelung in § 494a II 1 soll nur eine Lücke geschlossen werden, wenn der Antragsteller auf das Hauptsacheverfahren verzichtet. Zudem bleiben auch die Kosten der Beweisaufnahme, die im Hauptsachenverfahren durchgeführt wurde, nach Klagerücknahme Kosten des Rechtsstreits; warum das bei einem selbständigen Beweisverfahren anders sein soll, ist nicht ersichtlich. Schließlich spricht gegen die Gegenmeinung der Grundsatz der Kosteneinheit.

5. Beispiele zu Kostenfragen, III 2, 3

53 **Anerkenntnis:** Wenn der Bekl. die Klageforderung anerkennt, kann § 93 vom Rechtsgedanken iRd Billigkeitsentscheidung nach III 3 berücksichtigt werden, BGH MDR 2015, 51; NJW-RR 2006, 929; Saarbr NJW-RR 2018, 1043; 2017, 697. Erfüllt der Bekl. die Klageforderung, liegt darin kein Anerkenntnis, wenn er erkennbar ohne Anerkennung einer Rechtspflicht leistet, Celle NJW-RR 1986, 1061.

Anlass zur Klage, § 93: Dieser Gesichtspunkt kann bei der Billigkeitsentscheidung des III 3 berücksichtigt werden, → Rn. 40. Wird bei einem Unfall mit Auslandsberührung Klage gegen den Haftpflichtversicherer eingereicht, bevor die ihm zustehende Prüffrist abgelaufen ist, hat er keinen Anlass zur Klage gegeben, wenn vor Rechtshängigkeit gezahlt wird, Saabr NJW-RR 2018, 208. Wird der Kläger nicht von dem Bekl. über einen Insolvenzantrag informiert, kann ein Anlass zur Klageerhebung vorliegen, Karlsr NJW-RR 2007, 1166.

Anwaltsbestellung nach Klagerücknahme: Die durch die Einreichung einer Anwaltsbestellung nach Klagerücknahme entstandenen Kosten sind notwendig und damit erstattungsfähig iSd § 91 I, wenn die Partei sich bei Einreichung in nicht vorwerfbarer Unkenntnis von der Rücknahme befunden hat, BGH NJW 2019, 2698; 2018, 1403; → Rn. 35; → § 91 Rn. 111. (53)

Berufung: Wird die Klage zurückgenommen, weil sie sich aufgrund neuen Vorbringens des Bekl.im Berufungsverfahren als nicht erfolgreich herausstellt, greift § 97 II ein, Nürnb NJW 2013, 243; Zöller/Greger Rn. 18b. Wird die Berufung zurückgenommen, hat der Berufungsführer in der Regel auch die Kosten der Anschlussberufung zu tragen, LAG Bln-Brbg BeckRS 2022, 13143.

Erledigung am Tag der Zustellung: Lässt sich nicht feststellen, ob die Erledigung vor Zustellung der Klage eingetreten ist, gilt § 269 III 3 jedenfalls analog, LG Wu NJW 2020, 693; → Rn. 45.

Ersatzanspruch: Unanwendbar ist im Rahmen von III 2 der Gesichtspunkt des materiell-rechtlichen Kostenerstattungsanspruchs, BGH NJW-RR 2005, 1661; Becker-Eberhard JZ 1995, 814; Schneider JurBüro 2002, 50; → Rn. 47 (materieller Kostenerstattungsanspruch).

Insolvenz: Bei einer Rücknahme des Insolvenzantrags muss der Antragsteller auch die Kosten des etwaigen vorläufigen Insolvenzverwalters tragen, LG Münst MDR 1990, 453, ebenso die Kosten einer ausgeschiedenen Partei, Naumb ZIP 2015, 794. Nimmt der Kläger die Klage zurück, weil vor Rechtshängigkeit das Insolvenzverfahren über das Vermögen des Schuldners eröffnet wurde, ist allein der Inso-Verwalter prozessführungsbefugt; der gegen den Schuldner selbst gerichtete Antrag des Klägers nach III 2 ist jedoch zulässig, weil der Kläger hinsichtlich des möglichen Kostenerstattungsanspruchs Neugläubiger ist, Karlsr BeckRS 2020, 20156.

Mahnverfahren: III ist anwendbar, BGH NJW 2005, 512; Prütting/Gehrlein/Geisler Rn. 17. Die Kostenfolge des III 2 kann durch das Mahngericht, dh durch den Rechtspfleger ausgesprochen werden, MüKoZPO/Becker-Eberhard Rn. 49. Wenn der Kläger geltend macht, der Anlass des Mahnverfahrens sei vor Zustellung des Mahnbescheides entfallen, hat das für das streitige Verfahren zuständige Gericht über die Kostentragung nach III 3 zu entscheiden, BGH NJW 2005, 512; Mü NJOZ 201, 1170; Hamm NJW-RR 2007, 424. Unanwendbar ist III bei Rücknahme des Antrages auf Durchführung des streitigen Verfahrens nach § 696 IV, weil der Mahnantrag nicht zurückgenommen wird, BGH NJW-RR 2006, 201; Kobl MDR 2006, 176; Thomas/Putzo/Hüßtege § 696 Rn. 20.

Markenrecht: III gilt nicht entsprechend bei der Rücknahme eines markenrechtlichen Widerspruchs.

Mietspiegel: Bei Änderung kann III 3 anwendbar sein, AG Bln-Schöneb ZMR 2010, 202.

Nebenintervenient: Die Kosten des Nebenintervenienten des Bekl. sind Kosten, die von III 2 erfasst werden; denn diese hat nach § 101 I der unterlegene Gegner der Hauptpartei, dh bei Klagerücknahme der Kläger zu tragen, BGH NJW 2015, 557; MüKoZPO/Becker-Eberhard Rn. 53. Wenn der Nebenintervenient sein Ausscheiden aus dem Rechtsstreit erklärt, trägt er seine Kosten selbst, BGH NJW-RR 1995, 573; MüKoZPO/Becker-Eberhard Rn. 53. Haben die Parteien eine außergerichtliche Vereinbarung getroffen, dass der Kläger die Klage zurücknimmt und der Bekl. keinen Kostenantrag stellt, sind die Voraussetzungen des III 2 aE erfüllt, → Rn. 37; haben die Parteien keine Kostenregelung über die Kosten des dem Bekl. beigetretenen Nebenintervenienten getroffen, hat der Kläger nach dem Grundsatz der Kostenparallelität diese Kosten weder ganz noch teilweise zu tragen, Jena NJW-RR 2018, 510.

Partei, nicht existent: Eine solche Partei ist als parteifähig zu behandeln, wenn dargelegt wird, dass die Vermögenslosigkeit noch nicht feststeht, → Vor § 253 Rn. 22 „Parteifähigkeit"; deshalb kann eine solche Partei eine Kostenantrag nach IV stellen; die Kosten sind dann dem Kläger aufzuerlegen; eine materiellrechtliche Erwägung zu Lasten des Bekl., so ein ev. Schadensersatz wegen nicht erfolgten Hinweises auf die fehlende Existenz –scheidet aus, Köln NJW 2022, 709 Rn. 4; → Rn. 55.

Parteiwechsel: Beim gewillkürten findet § 269 III 2 in Bezug auf die ausscheidende Partei Anwendung, → Rn. 9; → § 263 Rn. 28 ff., 33 f.

Patentsache: Anwendbar ist III 2 auch bei einer Nichtigkeitsklage nach § 84 II 2 PatG, BPatG GRUR-RR 2014, 226.

Schutzschrift nach §§ 945a, 945b: Die Kosten der Schutzschrift (§ 15a JVKostG) sind nicht erstattungsfähig, wenn kein Verfügungsantrag gestellt wird und damit kein Prozessrechtsverhältnis entstanden ist; wird ein solcher Antrag gestellt, sind die Kosten auch dann erstattungsfähig, wenn der Antrag nach Einreichung der Schutzschrift abgelehnt oder zurückgenommen wird, BGH NJW-RR 2008, 1093 Rn. 10; 2007, 1575; Hmb GRUR-RS 2016, 431; Thomas/Putzo/Seiler § 945a Rn. 5; Zöller/Vollkommer § 945a Rn. 1; → § 945a Rn. 10. Bei Rücknahme des Verfügungsantrages trägt der Antragsteller entsprechend III 2 die Kosten der Schutzschrift selbst dann, wenn das Gericht von ihr keine Kenntnis genommen hat, BGH NJW-RR 2007, 1575; NJW 2003, 1257; Hambg GRUR-RR 2016, 431; Thomas/Putzo/Seiler § 945a Rn. 5; → § 945a Rn. 10; → Vor § 128 Rn. 10. Nach unserer Auffassung ändert die Entscheidung des BGH in NJW 2019, 2698, → „Anwaltsbestellung nach Klagerücknahme", grundsätzlich nichts für die Frage der Erstattungsfähigkeit der Kosten der Schutzschrift, wenn diese bei Klagerücknahme nicht eingereicht worden ist; sie sind dann grundsätzlich nicht erstattungsfähig, es sei denn, die Einreichung folgt im Anschluss an die Rücknahme in nicht vorwerfbarer Unkenntnis von ihr, → § 945a Rn. 10.

Selbständiges Beweisverfahren: → Rn. 50.

Streitverkündung: Bei deren Rücknahme hat der Streitverkündete gegen den Streitverkünder keinen Erstattungsanspruch nach III 2, und zwar unabhängig davon, ob er beigetreten ist, Köln NJW-RR 2002, 1726; MüKoZPO/Becker-Eberhard Rn. 54.

Stufenklage: Nimmt der Kläger bei der Klage nach § 254 den unbezifferten Zahlungsantrag nach einer Erledigung des Auskunftsbegehrens zurück, muss er die Kosten für die zurückgenommenen Anträge nach III 2 tragen; dass er mit dem Auskunftsantrag erfolgreich war und insoweit der Bekl. die Kosten des Rechtsstreits nach § 91 I zu tragen hat, führt zu einer Kostenteilung auf der Grundlage der §§ 91 I, (§ 92 I), 269 III 2; Mü FamRZ 1992, 1449; Prütting/Gehrlein/Geisler Rn. 15; → § 254 Rn. 31. Wir folgen nicht dem OLG Hamm, NJW-RR 1991, 1407, das in einem solchen Fall über III 2 dem Kläger die gesamten Kosten des Rechtsstreits auferlegen will, weil die Stufenklage eine objektive Klagehäufung ist und das Obsiegen mit einem Antrag sich kostenmäßig auswirken muss. Wir folgen auch nicht dem OLG Stuttgart, NJW 1969, 1216, das die Rücknahme in einem solchen Fall für unbeachtlich hält, weil keine besonderen Kosten entstanden seien. Das ist schon deshalb unzutreffend, weil der unbezifferte Leistungsantrag in jedem Fall einen höheren Streitwert als der Auskunftsantrag hat, so auch Hamm NJW-RR 1991, 1407; → § 254 Rn. 41. Die Kostenentscheidung erfolgt in dieser Konstellation im Schlussurteil, → Rn. 62. Bei teilweiser Klagerücknahme nach positiver Entscheidung über den Auskunftsantrag kommt eine analoge Anwendung des § 93, der bei III 3 eine Rolle spielt, → Rn. 40, nicht in Betracht, weil die Situationen nicht vergleichbar sind, BGH NJW 2021, 941 Rn. 28; 1994, 2895 (zur Erledigung); Bambg NJW 2020, 2649 (zu § 93); aM MüKoZPO/Becker-Eberhard Rn. 45. Helfen kann dem Kläger möglicherweise eine Umstellung der Klage auf Feststellung des Kosteninteresses, so zB, wenn der Bekl. vor Klageerhebung in Verzug geraten ist, BGH NJW 2021, 941 Rn. 28; Anders/Gehle Assessorexamen ZivilR N-21; → Rn. 47.

Teilrücknahme: → Rn. 38, 61 ff.

Vergleich: Bei einem außergerichtlichen Vergleich, mit dem die Parteien die Rücknahme der Klage und eine von III 2 abweichende Kostentragungspflicht vereinbart haben, greift III 2 aE ein, → Rn. 37. Der Prozessvergleich beendet den Rechtsstreit unmittelbar und § 269 findet keine Anwendung, → Rn. 37.

Verzögerung der Rücknahme: Sie kann iRd III 3 beachtlich sein, KG MDR 2015, 760.

Widerklage: Liegen eine Klage und eine Widerklage und die Rücknahmen beider vor, können nicht jeder Partei die Kosten ihrer Klage auferlegt werden; wegen des Grundsatzes der Kosteneinheit muss grds. eine Kostenteilung nach § 92 I erfolgen, Stgt MDR 2006, 1317; → Anh. § 253 Rn. 33. Die Rücknahme nur der Klage beeinflusst die erhobene Widerklage nicht, Düss NZM 2009, 281, → Rn. 33; → Anh. § 253 Rn. 5.

Wohnungseigentümer: III 3 ist anwendbar, → Rn. 15 „Wohnungseigentum". Eine Rücknahme ohne vorherige Einsicht in die Beschlusssammlung kann nach III 3 zur Kostenlast des Klägers aus Billigkeitsgründen führen, LG Karlsr ZMR 2010, 715.

54 **VI. Entscheidung des Gerichts, IV. 1. Voraussetzungen. a) Zuständigkeit.** Voraussetzungen für eine Entscheidung nach IV sind die Zuständigkeit des Gerichts, eine wirksame Klagerücknahme und grundsätzlich ein wirksamer Antrag iSv IV 1. Nach IV entscheidet das Gericht derjenigen Instanz, vor dem die Klagerücknahme erfolgt ist, über die Folgen des III, Düss Rpfleger 1999, 133; Hamm NJW-RR 1991, 60. Funktionell zuständig ist grundsätzlich der Vorsitzende der Kammer für Handelssachen oder der Einzelrichter nach §§ 348, 348a, 349 II Nr. 4, 526, 527 III Nr. 2, 568. Das Gericht muss die bereits mit der Wirksamkeit der Klagerücknahme unmittelbar kraft Gesetzes eingetretenen Folgen nach III 1, 2 nur feststellen und die Folgen des III 3 nach deren Voraussetzungen entscheiden, → Rn. 39. Darauf hat der Bekl. ein Recht, Jena FamRZ 2014, 965.

55 **b) Antrag oder von Amts wegen.** Die Feststellungen bzw. Entscheidungen erfolgen nach IV 1 auf Antrag einer Partei und bei einer Entscheidung über die Kosten nach IV 2 von Amts wegen, wenn dem Bekl. **Prozesskostenhilfe** bewilligt wurde, BGH NJW 2015, 558; Brschw MDR 2009, 895; Kblz MDR 2004, 297; Brdb JurBüro 2001, 264; Barschkies DRiZ 1987, 279. Der Antrag kann schriftsätzlich oder in der mündlichen Verhandlung erfolgen. Bei elektronischer Einreichung gelten §§ 130a–130d. Da der Antrag eine Prozesshandlung ist, besteht grundsätzlich **Anwaltszwang** unter den Voraussetzungen des § 78, BGH NJW 2015, 558. Davon wird aus prozessökonomischen Gründen eine Ausnahme gemacht, wenn der Antrag von dem auf Seiten des Bekl. beigetretenen Nebenintervenienten im Nichtzulassungsbeschwerdeverfahren vor dem BGH gestellt wird, aber nur, wenn die Klagerücknahme unstreitig ist, BGH NJW 2015, 557; → Rn. 19 (dasselbe gilt für die Rücknahmeerklärung). Auch eine nach § 51 prozessunfähige Partei kann den Antrag wirksam stellen, Karlsr FamRZ 1977, 563. Dasselbe gilt für eine nicht existente Partei, Köln NJW 2022, 709 Rn. 3; Kobl BeckRS 2013, 17767. In Bezug auf den Kostentitel ist der mögliche Kostengläubiger antragsbefugt, in Bezug auf die Feststellungen zu III 1 beide Parteien, BGH ZIP 2015, 147; Düss FamRZ 1977, 130; Thomas/Putzo/Seiler Rn. 20. Bei einer Entscheidung nach III 3 können beide Parteien Kostenschuldner sein; wegen der Möglichkeit des III 2 aE, → Rn. 37, gilt dies nach unserer Auffassung auch für III 2 und es ist beiden Parteien dann anzuraten, wechselseitige Kostenanträge zu stellen, MüKoZPO/Becker-Eberhard Rn. 69. Stellt nur der Bekl. einen Kostenantrag, sind dem Kläger nach III 2 die Kosten des Rechtsstreits aufzuerlegen; materiell-rechtliche Erwägungen zu Lasten des Bekl. scheiden bei der zu treffenden Kostenentscheidung aus, Köln NJW 2022, 709; → Rn. 53 „Partei, nicht existent". Ein Dritter kann den Antrag nicht stellen, auch wenn er ohne eine Veranlassung nur wegen eines Zustellungsfehlers in den Prozess geraten ist, Düss MDR 1986, 504 (458)). Insoweit kommt nur eine die Staatshaftung oder ein Schadensersatzanspruch gegen den Kläger in Betracht.

56 **c) Rechtsschutzinteresse.** Es wird iRd IV geprüft. Ein solches, → Vor § 253 Rn. 43, fehlt grds., wenn der Bekl. schon einen Kostentitel besitzt, Hamm VersR 1994, 834; Schlesw SchlHA 1984, 48; AG Bielef VersR1986, 498. Die von III 2 aE erfassten Fälle, → Rn. 37, schließen dagegen das Rechtschutzinteresse nicht aus. Insbesondere verdrängt eine außergerichtliche Vereinbarung der Parteien, dass der Kläger die Klage zurücknimmt und der Bekl. keinen Kostenantrag stellt, zwar die übliche Kostenfolge des § 269 III 2, nicht aber die Möglichkeit eines Kostenantrages nach IV 1; inhaltlich ist die Vereinbarung allerdings der gerichtlichen Kostenentscheidung zugrunde zu legen, Jena NJW-RR 2018, 510; Schlesw MDR 2014, 49; Bre NJW-RR 2014, 189; Musielak/Voit/Foerste Rn. 14; MüKoZPO/Becker-Eberhard Rn. 73. Das Rechtsschutzinteresse ist nicht zu verneinen, weil die Kosten bereits unstreitig ausgeglichen sind oder der Bekl. auf eine Kostenerstattung verzichtet hat; diese Gesichtspunkte kann der Kläger iRd Verfahrens nach IV einwenden und ist nicht auf eine Klage nach § 767 angewiesen, MüKoZPO/Becker-Eberhard Rn. 71; aM Thomas/Putzo/Seiler Rn. 20. Dagegen fehlt das Rechtsschutzinteresse, wenn der Bekl. auf einen Kostenantrag verzichtet hat, Br NJW-RR 2014, 189; MüKoZPO/Becker-Eberhard Rn. 72.

57 **d) Zulässigkeit und Begründetheit der zurückgenommenen Klage.** Zulässigkeit und Begründetheit der zurückgenommenen Klage werden bei einer Entscheidung nach III 3 im Rahmen der Billigkeit auf der Grundlage des bisherigen Sach- und Streitstandes geprüft, → Rn. 41. Für die Entscheidung nach III 2 spielen sie nach der hier vertretenen Meinung zu III 2 aE keine Rolle, weil davon kein materieller Kostenerstattungsanspruch, sondern nur die dargestellten Ausnahmefälle erfasst werden, → Rn. 37.

58 **2. Beschluss. a) Allgemeines.** Das Gericht entscheidet über die Wirkungen des III grundsätzlich durch Beschluss. Das gilt auch bei einer Antragszurückweisung wegen fehlender Zulässigkeit der Klagerücknahme, BGH NJW-RR 1993, 1470; Musielak/Voit/Foerste Rn. 17; MüKoZPO/Becker-Eberhard Rn. 35. Der Gegenmeinung, dann sei durch Zwischenurteil nach § 303 oder im Endurteil zu entscheiden, Hamm NJW 1976, 758; Zöller/Greger Rn. 19a, folgen wir nicht, da die Zuständigkeit des Gerichts nach IV auch die Prüfung der

Zulässigkeit umfasst. Etwas anderes gilt bei einem Streit über die **Wirksamkeit** der Klagerücknahme; ist diese unwirksam, wird der Prozess fortgesetzt und über die Unwirksamkeit wird durch Zwischenurteil nach § 303 oder im Endurteil entschieden, Musielak/Voit/Foerste Rn. 17; Thomas/Putzo/Seiler Rn. 23.

Eine **mündliche Verhandlung** ist nach § 128 IV freigestellt und nicht zwingend, BPatG GRUR 2015, 104. In der Regel wird keine mündliche Verhandlung stattfinden, wenn die Rücknahme und ihre Wirksamkeit nicht streitig sind. Das Gericht muss allerdings den Tatsachenvortrag beachten und evtl. Beweis erheben, BGH NJW 2006, 776. Deshalb wird es zur mündlichen Verhandlung in der Regel kommen, wenn entscheidungserhebliche Tatsachen insbesondere für die Entscheidung nach III 3 streitig sind, Musielak/Voit/Foerste Rn. 17. Der Bekl. soll mit dem positiven Beschluss sogleich einen Vollstreckungstitel nach § 794 I Nr. 3 erwerben, wenn auch die Kostenhöhe erst im Kostenfestsetzungsverfahren nach §§ 103 ff. festgestellt wird und der Kostenfestsetzungsbeschluss der maßgebliche Vollstreckungstitel ist (§ 794 I Nr. 2), Hamm AnwBl 1984, 504. Im Kostenfestsetzungsverfahren ist der Beschluss nach IV 1 dem Grunde nach bindend, nicht aber für die Frage, ob und welche Kosten dem Bekl. tatsächlich entstanden und erstattungsfähig sind, Stgt MDR 2010, 102. Findet eine mündliche Verhandlung statt, in der der Bekl. nur noch einen Kostenantrag stellt, entsteht zwar eine 1,2-Termingebühr, allerdings lediglich nach dem Kostenwert, Stuttg BeckRS 2021, 2990 m. Bespr. von Schneider NJW-Spezial 2021, 219. 59

b) § 329. § 329 ist für den Beschluss zu beachten. § 313 I Nr. 1 und 4 gelten entsprechend, so dass der Beschluss dasselbe Rubrum wie ein Urteil und einen bestimmten Tenor haben muss, BGH NJW-RR 2008, 367; Thomas/Putzo/Seiler § 329 Rn. 10. Soweit eine sofortige Beschwerde nach V zulässig ist, ist der Beschluss auch zu begründen, Mü NJW-RR 2008, 1091; Köln NJW-RR 1991, 1280; Thomas/Putzo/Seiler § 329 Rn. 10. Der Beschluss, der auch das Gericht, die Namen der Richter, das Entscheidungsdatum und die Unterschriften der Richter enthalten muss, ist nach § 329 III **zuzustellen.** 60

c) Kostenentscheidung bei Teilrücknahme. Wird die Klage teilweise zurückgenommen, kommt für die auf den zurückgenommenen Teil entfallenen Kosten nach § 269 III 2 oder 3 grundsätzlich kein Beschluss in Betracht. Vielmehr muss aufgrund des Grundsatzes der Kosteneinheit eine Kostenentscheidung im Endurteil erfolgen, BGH NJW-RR 1996, 256; Saarbr NJW-RR 2017, 473; Naumbg NJOZ 2016, 924; → § 92 Rn. 12. Ausnahmsweise ist bei einer teilweisen Klagerücknahme ein Kostenbeschluss erforderlich, nämlich bei Ausscheiden eines **Streitgenossen** nach § 59; insofern muss das Gericht auf Antrag über dessen außergerichtliche Kosten nach III 2 vorab durch Beschluss entscheiden, Karlsr MDR 1989, 268; Köln MDR 1976, 498; Thomas/Putzo/Seiler Rn. 19. Der Tenor kann dann lauten: „Der Kläger trägt die außergerichtlichen Kosten des Bekl. zu 3)." 61

Ein Beschluss nach IV ist auch unzulässig, wenn der Bekl. im Rahmen einer **Stufenklage** nach § 254 durch Teilurteil zur Auskunft verurteilt wird und dann die anderen Anträge zurücknimmt; auch insoweit liegt eine Teilrücknahme vor und über die Kosten des Rechtsstreits ist insgesamt durch Schlussurteil zu entscheiden, Kobl NJW-RR 1998, 70; MüKoZPO/Becker-Eberhard Rn. 73. Dasselbe gilt, wenn der Kläger nach einem **Teilanerkenntnisurteil** die restliche Klage zurücknimmt, BGH NJW-RR 1999, 1741. 62

d) Inhalt des Kostenausspruchs nach § 269 III 2. Hat der Kläger nach III 2 die Kosten des Rechtsstreits zu tragen, lautet der Tenor des Beschlusses: *„Der Kläger trägt die Kosten des Rechtsstreits (§ 269 III 2)."* Mit dem Klammerzusatz ist auch gleichzeitig die erforderliche Begründung gegeben. Soweit **III 2 aE** erfüllt ist, → Rn. 38, reicht zur Begründung ein Hinweis auf das Gesetz nicht aus. Hier muss ausgeführt werden, warum der Ausnahmefall eingreift. 63

Bei einer **teilweisen** Klagerücknahme, bei der über die Kosten des Rechtsstreits einheitlich im Endurteil entschieden wird, → Rn. 61, gilt folgendes: Trägt der Kläger auch die gesamten Kosten des nicht zurückgenommenen Teils, lautet die Kostenentscheidung: *„Der Kläger trägt die Kosten des Rechtsstreits."* Am Ende der Entscheidungsgründe werden in Bezug auf die Kostenentscheidung §§ 91 I, 269 III 2 zitiert. Trägt der Kläger die Kosten des nicht zurückgenommenen Teils nicht oder nicht vollständig, ist eine Kostenquote zu bilden, BGH NJW-RR 1999, 1741. Nicht richtig ist, für die Kostenquote, soweit sie auf § 269 III 2 beruht, nur von dem Verhältnis des zurückgenommenen Teils zum ursprünglichen Streitwert auszugehen. Dabei bliebe unberücksichtigt, dass möglicherweise die Termingebühren der Anwälte nur noch nach dem infolge der Klageermäßigung verringerten Streitwert anfallen, wenn die Klage teilweise vor dem Verhandlungstermin zurückgenommen wird. Auf der anderen Seite fallen die mit dem dreifachen Satz erhobene KV 1210 GKG-Gebühr und die Verfahrensgebühr nach VV 3100 RVG nach dem ursprünglichen Streitwert an, Anders/Gehle Assessorexamen ZivilR A Rn. 198. 64

Die Kostenquote kann unter Berücksichtigung dieser Besonderheiten nach der sog. **Quotenmethode,** die für den zurückgenommenen Teil von einem teilweise Unterliegen des Klägers ausgeht, dadurch ermittelt werden, dass die Verlustquote nach dem ursprünglichen Streitwert bestimmt und mit dieser Quote die einzelnen angefallenen Gebühren auf beide Parteien aufgeteilt werden, Mü BauR 1988, 634; MüKoZPO/Schulz § 92 Rn. 50. Die hM vertritt die sog. **Mehrkostenmethode,** wonach die Mehrkosten für den zurückgenommenen Teil ins Verhältnis gesetzt werden zu den tatsächlich entstandenen Kosten des Rechtsstreits, Schlesw BeckRS 2022, 8587 = NJW-RR 2022, 718; MDR 2008, 353; Prütting/GehrleinZPO/Geisler Rn. 16; Zöller/Greger Rn. 19a; Anders/Gehle Assessorexamen ZivilR A Rn. 202 (Berechnungsbeispiele). Große Unterschiede ergeben sich nach den beiden Methoden in vielen Fällen nicht. Wir folgen der hM, weil nicht einzusehen ist, dass der Bekl. bei einer teilweisen Rücknahme besser stehen soll als bei einer von vorneherein reduzierten Klage, zumal das Ergebnis für den zurückgenommenen Teil offen ist. Bei der Quotenmethode ist auch im Falle des vollständigen Obsiegens des Klägers bezüglich des nicht zurückgenommenen Teils neben §§ 91 I, 269 III 2 immer § 92 I zu zitieren. Bei der Mehrkostenmethode ist dies nicht zwingend, aber auch nicht schädlich, weil in jedem Fall die Quote nach dem Rechtsgedanken des § 92 I ermittelt wird. 65

e) Inhalt des Kostenausspruchs nach § 269 III 3. Wird die Klage vollständig zurückgenommen, bestimmt sich nach dieser Vorschrift die Kostenverteilung nach der Billigkeitsentscheidung, → Rn. 39–43. In jedem Fall muss die Entscheidung begründet werden, → Rn. 60. Für den Tenor des Beschlusses gelten keine Besonderheiten. Soweit nur eine teilweise Klagerücknahme erfolgt, ist die Billigkeitsentscheidung im Urteil am Ende nach dem üblichen Satz *„Die prozessualen Nebenentscheidungen ergeben sich aus §§ 91 I, (92 I), 269 III 3, 709 S. 1 ZPO."* wie folgt zu begründen: „Soweit der Kläger die Klage zurückgenommen hat, waren dem Bekl. nach § 269 III 3 die Kosten des Rechtsstreits aufzuerlegen. Das entspricht der Billigkeit unter Berücksichtigung des bisherigen 66

Sach- und Streitstandes …" Für die Errechnung der Quote gelten dieselben Gesichtspunkte, wie sie zu § 269 III 2 dargestellt wurden, → Rn. 63–65.

67 **f) Ausspruch der Wirkungslosigkeit des Urteils.** Wird die Klage zurückgenommen und entfällt damit die Rechtshängigkeit nach III 1 rückwirkend, werden in diesem Rechtstreit ergangene, noch nicht nach § 705 formell rechtskräftiges Urteile jeder Art, auch Versäumnisurteile oder ein Vollstreckungsbescheid nach § 700 I, wirkungslos, ohne dass das Gericht sie aufheben muss, BGH NJW 1995, 1096; Schlesw JurBüro 1992, 404; Thomas/Putzo/Seiler Rn. 14. Da der Kläger die Klagerücknahme dem Gericht gegenüber erklären muss, braucht man eine Rechtskraftbescheinigung nach § 706 nicht zu befürchten. Aus Gründen der Klarheit muss das Gericht aber auf Antrag einer Partei aussprechen, dass das Urteil wirkungslos ist und dass der Rechtsstreit als nicht anhängig geworden gilt, BAG NZA 2015, 894. Der Ausspruch erfolgt nach IV durch Beschluss, BGH NJW-RR 1993, 1470; AG Nürnb 1985, 1073; → Rn. 57 ff. Es ist eine Entscheidung nach § 775 Nr. 1 und kann folgenden Wortlaut haben: *„Der Rechtsstreit ist als nicht anhängig geworden anzusehen. Das … Urteil vom … ist wirkungslos."*

68 **VII. Sofortige Beschwerde, V. 1. Allgemeines.** Gegen den Beschluss nach IV ist unter den Voraussetzungen des V eine sofortige Beschwerde (§§ 567 I Nr. 1, 569) statthaft. Ausreichend ist ein wenigstens teilweise auch die Kostenfrage behandelnder Beschluss, BGH NJW-RR 2007, 1586, auch eine irrig als „Urteil" bezeichnete Entscheidung, Ffm FamRZ 2000, 240; Karlsr MDR 1989, 268; LG Itzehoe NJW-RR 1994, 1216. Die sofortige Beschwerde ist auch statthaft, soweit die Entscheidung nach III 2 oder 3 in einer einheitlichen Kostenentscheidung des Urteils nach einer Teilrücknahme getroffen wurde, BGH FamRZ 2007, 893; Mü MDR 2011, 1067; Düss FamRZ 1982, 723; → Rn. 61, 62. Soweit das Gericht den Kostenausspruch abgelehnt hat, ist ebenfalls die sofortige Beschwerde nach V 1, § 567 I Nr. 2 statthaft. Nach § 567 I können nur erstinstanzliche Entscheidungen des AG oder des LG mit der sofortigen Beschwerde angegriffen werden; ansonsten kommt für zweitinstanzlichen Entscheidungen des LG oder des OLG eine Rechtsbeschwerde unter den Voraussetzungen des § 574 in Betracht, Thomas/Putzo/Seiler Rn. 20a. Das gilt nicht im einstweiligen Verfügungsverfahren, BGH NJW 2003, 3565. Die sofortige Beschwerde ist nach § 569 I binnen einer Notfrist von zwei Wochen, beginnend mit der Zustellung der Entscheidung, spätestens mit Ablauf von fünf Monaten nach Verkündung der Entscheidung bei dem Gericht einzulegen, dessen Entscheidung angefochten wird. Diese Beschwerdefrist gilt auch bei einer Partei kraft Amts, Kblz NJW-RR 2000, 1370 (Insolvenzverwalter, auch beim nachträglichen Eintritt in den Prozess). Die Beschwerde wird nach § 569 II durch Einreichung einer Beschwerdefrist eingelegt. Das kann auch elektronisch nach § 130a oder nach § 569 III zu Protokoll der Geschäftsstelle erfolgen, soweit in der ersten Instanz kein Anwaltszwang besteht (§ 569 III Nr. 1). Ein Anwaltszwang für die Beschwerde besteht unter den Voraussetzungen des § 78, Köln OLGR 1994, 167.

69 **2. Wertgrenzen nach V 1 und § 567 II.** Weitere Voraussetzung für die Statthaftigkeit einer sofortigen Beschwerde ist nach V 1, dass der Streitwert der Hauptsache die Berufungssumme gemäß § 511 II Nr. 1 von 600 EUR übersteigt. Das gilt unabhängig davon, ob eine Berufung nach § 511 I Nr. 2 hätte zugelassen werden können oder müssen. Denn V 1 stellt nur auf den Betrag von mindestens 600,01 EUR ab. Darüber hinaus muss der Wert des Beschwerdegegenstandes nach § 567 II einen Betrag von 200 EUR übersteigen.

70 **3. Zulässigkeit eines Rechtsmittels gegen Kostenfestsetzung, V 2.** Unzulässig ist die sofortige Beschwerde nach V 2 bei Rechtskraft des Kostenfestsetzungsbeschlusses nach § 104. Dabei kommt es auf den Zeitpunkt der Beschwerdeentscheidung und nicht auf den der Einlegung der Beschwerde an, BGH NJW 2015, 2590.Weitere Voraussetzung einer sofortigen Beschwerde ist deshalb, dass gegen die Entscheidung über den Festsetzungsantrag noch ein Rechtsmittel zulässig sein muss. Als Rechtsmittel kommt die sofortige Beschwerde nach § 104 III oder die Rechtspflegererinnerung nach § 11 II RPflG in Betracht, die als Auffangvorschrift (§ 11 I RPflG) nur eingreift, wenn die sofortige Beschwerde wegen Nichterreichens der Beschwerdesumme unzulässig ist, BVerfG NJW-RR 2001, 1077; BGH NJW 2015, 2590; Zöller/Greger Rn. 20; vgl. auch Schneider MDR 2003, 901, oder der Rechtspfleger am OLG entschieden hat, Mü BeckRS 2016, 12875; Kobl MDR 2010, 777; Musielak/Voit/Flockenhaus § 104 Rn. 22. § 11 II RPflG findet dagegen keine Anwendung, wenn die sofortige Beschwerde aus anderen Gründen unzulässig ist, Nürnb JurBüro 2005, 366; Musielak/Voit/Flockenhaus § 104 Rn. 22.

71 **Gebühren:** Für den Beschluss fallen keine Gebühren an, da er zum Rechtszug gehört, § 19 Nr. 9 RVG; für die Beschwerde: KV 1810 GKG; VV 3500 RVG; Thomas/Putzo/Seiler Rn. 21. Soweit bei entsprechender Anwendung der Rpfl. entschieden hat, gilt nach → § 104 Rn. 48 ff. der § 11 RPflG.

72 **VIII. Neue Klage, VI. 1. Grundsatz.** Wie VI klarstellt, ist grundsätzlich eine neue Klage zulässig ist, BGH NJW 1984, 658; BAG NZA-RR 2011, 610; LG Ffm Rpfleger 1984, 472. Der Kläger darf auch eine nur teilweise wirksam zurückgenommene Klage bis zur formellen Rechtskraft nach § 705 jederzeit in einer Tatsacheninstanz wieder ganz oder teilweise erweitern oder durch einen Feststellungsantrag nach § 256 ersetzen, BGH NJW 1984, 658; Düss FamRZ 2003, 43. Hat der Bekl. eine Widerklage erhoben, kann der Kläger nach Rücknahme seiner Klage, die die Widerklage unberührt lässt, eine Widerklage erheben. Die Regelung des VI, die als Ausnahmevorschrift eng auszulegen ist, Oldb MDR 1998, 61, will verhindern, dass sich der Bekl. erneut mit demselben Streitgegenstand beschäftigen muss, ohne nicht zumindest die Kosten aus dem durch Klagerücknahme erledigten Rechtsstreit erhalten zu haben. Daher kommt es nicht auf eine Belästigungsabsicht des Klägers an, BGH NJW 1992, 2034. Unerheblich für die Einrede ist auch, wenn dem Bekl. Prozesskostenhilfe gewährt wurde, MüKoZPO/Becker-Eberhard Rn. 80.

73 **2. Zulässigkeitsrüge.** Hat der Kläger dem Bekl. die Kosten des ersten Prozesses nicht erstattet, hat der Bekl. die Möglichkeit, nach VI bis zur Erstattung eine Zulässigkeitsrüge zu erheben und die Einlassung zu verweigern, BGH MDR 1987, 137; LG Gera MDR 2002, 54; → Vor § 253 Rn. 15 (zu den Prozess- oder Zulässigkeitsrügen). Für die Rüge nach VI gelten § 282 III und § 295 VI greift ein bei Identität des früheren und des jetzigen Streitgegenstands, Düss MDR 1993, 477; → § 253 Rn. 26 (Streitgegenstandsbegriff). VI gilt auch im selbständigen Beweisverfahren nach §§ 485 ff. zu Fragen, die denselben Streitgegenstand betreffen, LG Mönchengladb JurBüro 2006, 153; → Rn. 50 f. Die Vorschrift gilt ferner, wenn der Kläger gegenüber dem nach Klagerücknahme erlassenen Kostenfestsetzungsbeschluss nach § 104 eine Vollstreckungsabwehrklage nach § 767 erhebt, die er auf eine Aufrechnung mit dem Klageanspruch der zurückgenommenen Klage stützt; allerdings ist dann die Klage bei Erhebung der Rüge nach VI nicht unzulässig, sondern unbegründet, weil sich die Rüge auf die

Aufrechnung bezieht und wie ein Aufrechnungsverbot wirkt BGH NJW 2011, 2370; 1992, 2034; LG Gera MDR 2002, 54; MüKoZPO/Becker-Eberhard Rn. 85. Die Rüge nach VI kann bei dieser Konstellation aber nicht erhoben werden, wenn die Aufrechnungsforderung unstreitig ist und die Aufrechnung deshalb Erfolg hat, weil ansonsten der Kläger zweimal leisten müsste, BGH NJW 2011, 2370. Nach einer Klageabweisung ist VI nicht entsprechend anwendbar, Oldb MDR 1998, 61.

Der Bekl. trägt die Darlegungs- und Beweislast für die Höhe der ihm zu erstattenden Kosten, der Kläger diejenige für die Zahlung oder sonstige Erfüllung. Eine Zahlung vernichtet die Rüge. VI gilt gegenüber dem Rechtsnachfolger des früheren Klägers nach § 265, auch gegenüber dem eine neue Klage erhebenden bisherigen Widerkläger, auch gegenüber der nach einer Rücknahme im Urkundenprozess nach §§ 592 ff. nun folgenden ordentlichen Klage. 74

3. Verfahren. Das Gericht setzt dem Kläger eine Frist zur Kostenerstattung, LG Gera MDR 2002, 54. Nach dem ergebnislosen Ablauf der Erstattungsfrist erfolgt auf Antrag evtl. nach einem vergeblichen Hinweis nach § 139 eine Klageabweisung durch ein Prozessurteil als unzulässig, BGH NJW 1992, 2034; LG Gera MDR 2002, 54. 75

270 *Zustellung; formlose Mitteilung.* **[1]Mit Ausnahme der Klageschrift und solcher Schriftsätze, die Sachanträge enthalten, sind Schriftsätze und sonstige Erklärungen der Parteien, sofern nicht das Gericht die Zustellung anordnet, ohne besondere Form mitzuteilen. [2]Bei Übersendung durch die Post gilt die Mitteilung, wenn die Wohnung der Partei im Bereich des Ortsbestellverkehrs liegt, an dem folgenden, im Übrigen an dem zweiten Werktag nach der Aufgabe zur Post als bewirkt, sofern nicht die Partei glaubhaft macht, dass ihr die Mitteilung nicht oder erst in einem späteren Zeitpunkt zugegangen ist.**

I. Systematik, S. 1, 2. § 270 (vgl. auch §§ 214, 261) enthält den Grundsatz, dass Schriftsätze und sonstige Erklärungen nur im Ausnahmefall zugestellt werden, und zwar im Wesentlichen bei der Klageschrift, Schriftsätzen die Sachanträge enthalten, also insbesondere bei einer Klageerweiterung/Klageänderung, und in den (Ausnahme-)fällen in denen das Gericht, also der Vorsitzende, die förmliche Zustellung gesondert anordnet (→ Rn. 5 ff.). Im Übrigen erfolgt eine Übersendung ohne besondere Form mit einfachem Brief; ggf. auch über das elektronische Postfach beA. Darüber hinaus kann der Vorschrift der Grundsatz entnommen werden, dass die förmliche Zustellung nach §§ 166 ff. von Amts wegen erfolgt, also nicht auf Betreiben der Parteien nach §§ 191 ff. Dieser Grundsatz kennt nur in den ausdrücklich im Gesetz vorgesehenen Fällen Ausnahmen. Die Vermutung in S. 2 entspricht dem Rechtsgedanken von § 41 II 1 VwVfG und kann Relevanz im Fall der Säumnis haben (§ 335 I Nr. 3, Thomas/Putzo/Seiler Rn. 1). Die Norm ist insbesondere abzugrenzen von § 253 I. 1

II. Regelungszweck, S. 1, 2. Die Vorschrift dient insbesondere der Sicherstellung des rechtlichen Gehörs nach Art. 2 I, 20 III GG (Rpfl.), BVerfGE 101, 404, Art. 103 I GG (Richter), Mü NJW 2005, 1130. Mit **Zustellung** ist gemeint, dass dem Adressaten in einer in gesetzlicher Form zu bewirkenden Verfahren nachweisbar Gelegenheit zur Kenntnisnahme von einem Schriftstück verschafft wird. Die förmliche Zustellung bezweckt, dem Empfänger die Ernsthaftigkeit bewusst zu machen. Schriftstücke, die förmlich zugestellt werden, haben für den Empfänger nämlich einen besonders wichtigen Inhalt. Darüber hinaus wird durch eine förmliche Zustellung sichergestellt, dass und wann der Empfänger das Schriftstück erhalten hat, was für den Beginn einer Frist von Relevanz ist. Ist eine förmliche Zustellung vorgeschrieben, kann der Erhalt und der Fristbeginn nur durch Nachweis der Zustellung (des Zugangs) nachgewiesen werden. Die Vorschrift dient nach § 167 auch dem Schutz desjenigen, der zur Wahrung einer Frist die Mitwirkung des Gerichts braucht, LAG Hamm AnwBl 2000, 60 (zum früheren III), zB zur Hemmung der Verjährung. 2

III. Geltungsbereich, S. 1, 2. Die Vorschrift betrifft nur Schriftsätze und Erklärungen der Parteien, nicht auch Maßnahmen des Gerichts, insbesondere nach § 317 I nicht ein Urteil, oder eine sonstige Sachentscheidung oder eine fristsetzende Verfügung oder einen derartigen Beschlusses nach § 329 II, III. Die Vorschrift enthält die **Fiktion,** dass im Bereich des Ortszustellverkehrs am folgenden, im Übrigen am zweiten Werktag nach Aufgabe zur Post das Schriftstück als zugestellt gilt, sofern nicht glaubhaft gemacht wird, dass die Mitteilung nicht oder zu einem späteren Zeitpunkt zuging. Zu einem möglichen früheren Zustellzeitpunkt trifft, LAG Baden-Württemberg, 4.3.2021 – 3 Sa 45/20. Sie gilt zB aber nicht bei einer sonstigen Verfügung etwa nach § 273, nicht bei einer Terminsbekanntmachung, nicht bei einem verkündeten Beschluss, soweit man sie nach § 329 II 2, III förmlich zustellen muss, um den Fristbeginn nachweisen zu können. Beim Schiffsgläubiger vgl. im Eilverfahren § 619 HGB (Zustellung evtl. an Kapitän oder Schiffer, soweit ein Binnenschiff betroffen ist). 3

Unanwendbar ist S. 2 außergerichtlich, aM Ffm VersR 2009, 1394 (aber das führt zu einer uferlosen Ausdehnung mit gefährlichen Folgen nicht nur wegen steigender Unzuverlässigkeit bei Postlaufzeiten). Hinsichtlich mit S. 2 einer vergleichbaren Zustellfiktion vgl. § 41 II 1 VwVfG, bei einem schriftlichen Verwaltungsakt, der im Inland durch die Post übermittelt wird § 37 SGB X, § 122 II AO. 4

IV. Förmliche Zustellung, S. 1, 2. Die förmliche Zustellung stellt die Ausnahme dar. Bei elektronischer Einreichung gelten §§ 130a–130d, auch über beA, also das besondere elektronische Anwaltspostfach. Die Unterschrift wird dann durch eine qualifizierte elektronische Signatur ersetzt, § 130a III. 5

Förmlich zustellen lassen muss das Gericht nur die folgenden Schriftstücke der Parteien (wegen der Verfügungen und Beschlüsse des Gerichts gilt § 329 II 1, 2). Stets muss man das vollständige Dokument nebst Anlagen übermitteln und darf nicht auf eine bloße Akteneinsicht verweisen, Mü NJW 2005, 1130. 6

1. Klageschrift. Zuzustellen ist die Klageschrift nach § 253 I in beglaubigter Abschrift, in der Praxis in der Regel mit einfacher Abschrift, BGH NJW 2016, 1518, eine Widerklageschrift, da es sich insofern an sich um eine Klageschrift des Beklagten handelt, und nach §§ 340, 340a die Einspruchsschrift und zwar jeweils unabhängig von der gerichtsinternen Zuständigkeitsverteilung. Ihre formlose Mitteilung zB wegen eines gleichzeitigen Antrags auf die Bewilligung einer Prozesskostenhilfe nach § 117 reicht nicht aus, Schlesw SchlHA 1977, 189, auch nicht bei einer Kenntnis des Bekl. von der Einreichung der Klageschrift. 7

Die **Aufforderung** zur **Anspruchsbegründung** nach § 697 ZPO braucht nicht zugestellt zu werden, da der Verweis in § 697 Abs. 1 Satz 2 auf S 2 sonst überflüssig wäre, vgl. BGH WM 2020, 857. 8

9 **2. Sachantrag.** Zuzustellen sind alle **Sachanträge,** also alle Anträge, die den Inhalt der begehrten Entscheidung betreffen, zB Klage-, und Zwischenfeststellungsanträge, Klageerweiterung bzw. Klageänderung, § 263, Anträge zur vorläufigen Vollstreckbarkeit, Anträge auf Anordnung einer einstweiligen Verfügung oder eines Arrestes bei mündlicher Verhandlung oder auf Widerspruch sowie der Aufhebungsantrag, Anträge auf Urteilsergänzung, Rücknahme der Klage oder eines Rechtsmittels, Rechtsmittelanträge zuzüglich der Anschließungsanträge sowie Anträge des **Beklagten,** zB Widerklage, Anerkenntnis, Klageabweisung. Anträge auf Erlass von Versäumnis-, Verzichts- oder Anerkenntnisurteilen enthalten auch Sachanträge und sind damit ebenfalls zuzustellen. Reine **Prozessanträge** sowie bloße **Verfahrensanträge** sind nicht zustellungsbedürftig, vgl. BGH NJW 2011, 1965. Ihre formlose oder noch besser: vorsorglich ebenfalls förmliche Übermittlung von Amts wegen kann im Einzelfall aber ratsam sein. Ein Antrag zur Durchführung eines **selbständigen Beweisverfahrens** ist zB auch förmlich zuzustellen, weil hiermit nicht nur ein reiner Beweisantrag verbunden ist, sondern auch ein neues kontradiktorisches Verfahren eingeleitet wird (BGH NJW 2011, 1965).

10 **3. Andere Fälle.** Zuzustellen sind andere Schriftsätze und Erklärungen auf eine besondere Anordnung des Gerichts. Eine förmliche Zustellung kann bei wichtigen Erklärungen stets ratsam sein, um einen Nachweis des Empfangs führen zu können. Das gilt bei **bestimmenden Schriftsätzen,** also einem Schriftsatz, der eine für das Verfahren wesentliche Prozesshandlung unmittelbar vollzieht oder vollziehen soll oder der eine Parteierklärung enthält, für die die Schriftform vorgeschrieben ist, nach → § 129 Rn. 7 und Erklärungen der Parteien auch bei Ladungen nach § 214, soweit sie nicht nach § 218 entbehrlich sind.

11 **4. Verfahren.** Die Zustellung erfolgt nicht nur beim LG, beim AG (§ 495), sondern auch bei den anderen ordentlichen Gerichten nach §§ 166 ff. im Regelfall **von Amts wegen.**

12 Der **Urkundsbeamte der Geschäftsstelle** besorgt die Zustellung grundsätzlich ohne eine richterliche Weisung. Eine wirksame Zustellung liegt nur dann vor, wenn die Voraussetzungen von §§ 166 ff. erfüllt sind. Die Voraussetzungen richten sich im Einzelnen nach der Zustellform. Das Gericht kann ggf. die Zustellung selbst ausführen, § 168 I, andererseits aber auch – was ganz überwiegend geschieht – ein beliehenes Unternehmen (Post) mit der Zustellung beauftragen (§§ 168 I 2, 176 I). In diesen Fällen sind die Vorschriften §§ 176 II, 177 ff. zu beachten. Verspricht dies insgesamt keinen Erfolg, kann im Ausnahmefall der Vorsitzende oder beauftragter Richter den Gerichtsvollzieher oder eine andere Behörde mit der Durchführung der Zustellung beauftragen (vgl. § 168 I, II).

13 Liegt eine **richterliche Anordnung** nicht vor, so hat der Urkundsbeamte der Geschäftsstelle nach pflichtgemäßem Ermessen zu entscheiden, ob er eine richterliche Anweisung anfordert oder ob er das Schriftstück zustellt oder formlos übersendet (vgl. auch § 166) OLG Hamm NJW-RR 2016, 1206. So ist die Ladung des Klägers bei einem Verfahren vor dem Amtsgericht zB nur dann förmlich zuzustellen, wenn das Gericht diese ausdrücklich anordnet (§ 497 I). Beifügen muss man → § 131 Rn. 7 Ablichtungen oder Abschriften in der erforderlichen Zahl (vgl. auch §§ 131, 133). Besonderheiten ergeben sich bei elektronisch übermittelten Dokumenten (§ 133 I 2).

14 Der Urkundsbeamte prüft beim Eingang eines Schriftstücks nur die Notwendigkeit der Zustellung, nicht diejenige der Eingabe. Denn der Amtsbetrieb für Zustellungen und Ladungen lässt die Parteiherrschaft unberührt, Hager NJW 1992, 354. Wegen der notwendigen Ablichtungen oder Abschriften § 133. Die Zustellung erfolgt nach §§ 166–190. Wegen der Mängelheilung → Vor § 166 Rn. 36. Der Urkundsbeamte muss schon zur Vermeidung einer Amtshaftung die ordnungsmäßige und unverzügliche Zustellung überwachen und sie notfalls wiederholen.

15 Eine Zustellung im Parteibetrieb nach §§ 191 ff. ist zulässig bei der Zwangsvollstreckung nach §§ 750 I 2, II, 751 II, 756, 765, 795, 798, 829 II, 835 III, 843, 858 IV. Sie ist nötig beim Vollstreckungsbescheid, sofern die Partei nach § 699 IV 1, 2 die Übergabe an sich zur Parteizustellung beantragt, Bischof NJW 1980, 2235, beim Arrest und bei der einstweiligen Verfügung nach §§ 916, 922 II, 929, 936.

16 Unter den Voraussetzungen von § 195 kommt auch eine Zustellung von Anwalt zu Anwalt in Betracht, wenn beide Parteien durch Anwälte vertreten werden und mit der Zustellung nicht gleichzeitig eine gerichtliche Anordnung mitzuteilen ist (§ 195 I 2).

17 **V. Formlose Übersendung, S. 1, 2.** S. 2 Hs. 1. ist im Hinblick von **Art. 103 I GG** auszulegen, BVerfGE 101, 404, BVerfGE 50, 285, Mü NJW 2005, 1130. Dabei ist zu berücksichtigen, dass auch eine formlose Zusendung prozessuale Obliegenheiten oder Pflichten des Adressaten auslösen kann. S 2 Hs 2 steht ggf. unter der Strafbarkeitsandrohung nach § 156 StGB iVm § 294 I Hs. 2 (widerlegliche Vermutung). Mängel können ggf. nach § 321a behoben werden. Bei elektronischer Einreichung gelten §§ 130ad und auch die Übersendungsmöglichkeit über beA.

18 **1. Anwaltsprozess.** Außer bei den förmlich zuzustellenden und bestimmenden Schriftsätzen (→ § 129 Rn. 7) darf man alle Parteierklärungen unbeglaubigt unmittelbar und formlos nach §§ 191 ff. von Partei zu Partei übersenden. Die Einhaltung einer Form schadet natürlich nicht. Die Übersendung von Partei zu Partei bzw. „Anwalt zu Anwalt" kann den Vorgang, vor allem wenn der Schriftsatz zeitnah vor dem Termin eingeht, beschleunigen, vgl. auch § 132). Dem Gericht sind solche Schriftsätze ebenfalls zu übermitteln, da sie sonst nicht berücksichtigt werden können; soweit sie von „Partei zu Partei" übersendet werden, ist es zweckmäßig, bei dem Schriftsatz an das Gericht hierauf hinzuweisen (vgl. § 195 I 3, 4).

19 Werden die Schriftsätze, wie in der Praxis üblich, bei Gericht eingereicht, so hat das Gericht die (beglaubigten) Abschriften der Gegenpartei zu übersenden, vgl. Art. 103 GG, § 166 II ist entsprechend anzuwenden.

20 Kommt die Sendung als **unzustellbar** zurück, steht ihr Nichtzugehen fest. Eine solche Zustellung ist ggf. unverzüglich nachzuholen, wenn Anhaltspunkte dafür bestehen, dass ein zweiter Zustellversuch erfolgreich ist; ggf. kommt eine öffentliche Zustellung in Betracht (§ 185).

21 **2. Parteiprozess.** Im Verfahren vor dem AG gelten S. 1 nach § 495 ohnehin, S. 2 nach § 497 I 2 entsprechend. Die Zugangsvermutung besteht also auch hier, LG Hmb ZMR 2012, 216. Hinsichtlich S 2 sind die Fragen des *rechtlichen Gehörs* hier besonders zu berücksichtigen, vgl. BVerfGE 50, 285, Mü NJW 2005, 1130 (vgl. auch § 321a).

22 **VI. Verstoß, S. 1, 2.** Eine wirksame Zustellung liegt dann nicht vor, wenn die Voraussetzungen von §§ 166 ff. nicht eingehalten worden sind (→ Rn. 11 ff.).

Die Unterlassung der Mitteilung ist ein Verstoß gegen Art. 2 I, 20 III GG (Rpfl.), BVerfGE 101, 404, Art. 103 I GG (Richter). Sie lässt sich weder durch ein Geheimhaltungsinteresse des Gegners noch durch eine nachträgliche Erlaubnis zur Akteneinsicht nach § 299 heilen, Mü NJW 2005, 1130. Solche Schriftsätze, die sich die Parteien dann formlos zugehen lassen, wenn förmlich zuzustellen war, sind keine vorbereitenden nach der ZPO, zB nach § 335 I Nr. 3. Sie lassen also keine Versäumnisentscheidung nach §§ 330 ff. zu. Eine Zustellung im Parteibetrieb nach §§ 191 ff. statt einer erforderlichen Zustellung von Amts wegen ist grundsätzlich unwirksam. 23

Eine unwirksame Zustellung setzt die Rechtsfolgen, die mit ihr sonst verbunden werden, nicht in Kraft. Dieser Fehler kann aber nach §§ 189, 295 I geheilt werden. Hier ist dann entscheidend, ob und ggf. wann der Zustellungsempfänger das Schriftstück vollständig erhalten hat. Ggf. kann eine Heilung auch über eine Zustellung von Anwalt zu Anwalt nach § 195 erreicht werden. 24

Wird eine **unwirksame Zustellung wiederholt,** treten die Rechtsfolgen erst mit der dann vollzogenen Zustellung ein. Eine Rückwirkung auf den Zeitpunkt der ursprünglichen Zustellung erfolgt nicht (→ Vor § 166 Rn. 33, 36). 25

Ist das Gericht für die fehlerhafte Zustellung verantwortlich, können eine Amtshaftung, Rechtsfolgen nach §§ 198 ff. GVG oder eine Dienstaufsichtsbeschwerde an die Gerichtsleitung in Betracht kommen. BGH MDR 2014, 615 (Ls.) verneint eine Beschwerdemöglichkeit. Ist die Einlassungsfrist nach § 274 III oder die Ladungsfrist nach § 217 nicht gewahrt, muss der Urkundsbeamte die Sache dem Richter unverzüglich zur Terminsverlegung nach § 227 vorlegen. 26

271 *Zustellung der Klageschrift.* **[I] Die Klageschrift ist unverzüglich zuzustellen.**

[II] Mit der Zustellung ist der Beklagte aufzufordern, einen Rechtsanwalt zu bestellen, wenn er eine Verteidigung gegen die Klage beabsichtigt.

I. Regelungszweck, I, II. Die Vorschrift enthält eine gegenüber § 270 vorrangige Sonderregel. Die Bestimmung dient der Prozessförderung, der Prozesswirtschaftlichkeit und der Rechtssicherheit durch den Hinweis auf einen etwaigen Anwaltszwang nach § 78. Wegen der vielen rechtlichen Folgen, die an die Rechtshängigkeit geknüpft werden, wie zB dass das zuständige Gericht zuständig bleibt, § 265, Klageänderung nur noch eingeschränkt möglich, Bestimmung des Streitgegenstandes und insoweit ggf. bei einem neuen Prozess der Einwand der anderweitigen Rechtshängigkeit sowie materiell-rechtliche Folgen, zB §§ 291, 292, 407, 569 III Nr. 2, 818 IV, 819, 820, 987, 988, 989, 991, 994, 996, 1361, 1384, 1479, 1568a, 1585b, 1613, 2023, 2014 BGB ist die **unverzügliche Zustellung** geboten. Der Kläger muss also von sich aus alles Zumutbare unternehmen, damit die Klage ordnungsgemäß zugestellt werden kann Tiefenbacher, WuM 2021, 370. Sie zwingt zugleich auch zur unverzüglichen Wahl der Art des Verfahrens, also der Bestimmung eines schriftlichen Vorverfahrens oder eines frühen – vollwertigen – ersten Termins, §§ 272, 275 ff. Besonderheiten bei Verf. nach dem WEG, § 44 WEG, da Urteile insoweit auch für und gegen alle Wohnungseigentümer wirken, selbst wenn sie nicht Partei sind (§ 44 III WEG). 1

II. Zustellung der Klageschrift, I. Nur eine wirksame oder wenigstens voraussichtlich zwar derzeit noch mangelhafte, aber insofern nach § 295 I heilbare Klageschrift nach § 253 fällt unter I, ebenso eine Widerklageschrift. Auch eine unzulässige Klage zählt grundsätzlich zu I. Auch eine solche Klage ist zuzustellen. Andernfalls könnte es gar nicht zur nach § 322 rechtskräftigen Klärung ihrer Unzulässigkeit kommen. Die Grenze liegt im Ausnahmefall beim eindeutigen Rechtsmissbrauch, LG Stgt NJW 1994, 1077 bzw. wenn durch die Zustellung in entsprechender Wertung von § 183 GVG eine Straftat begangen würde. Der Antragsteller ist darauf hinzuweisen, falls aus diesem Grunde eine Zustellung/Übermittlung nicht erfolgen sollte. 2

Dass die Zustellung unverzüglich, also ohne schuldhaftes Zögern, zu erfolgen hat, ist Ausdruck des allgemeinen Beschleunigungsgrundsatzes. Zu bedenken ist dabei auch, dass durch unnötige Verzögerungen eine möglicherweise spätere Beweisführung beschränkt wird (BVerfGE 130, 1). 3

Die Zustellung ist bei einem fehlenden GKG-Vorschuss (§ 12 I GKG) oder bei fehlenden Abschriften, § 253 V (Herstellung auf Kosten der Partei), zurückzustellen, wobei es einer Beifügung von Abschriften nicht bedarf, soweit die Zustellung elektronisch erfolgt (beA), vgl. § 253 V 2. 4

Eine Anspruchsbegründung nach § 697 I ist ebenfalls unverzüglich zuzustellen. Bei einer Protokollierung nach § 496 ist das Protokoll zuzustellen (§ 498). 5

III. Beispiele zur Frage einer Zustellung, I

Adressat: Die Zustellung erfolgt unter den Voraussetzungen nach § 172 an den bestellten ProzBev. 6

Anlagen: Sie dürfen allenfalls dann fehlen, wenn der Bekl. sie schon kennt, Stgt BauR 2012, 303.

Form: Die Zustellung erfolgt nach § 270 förmlich nach §§ 166 ff. Das geschieht durch die Übersendung einer vom ProzBev. oder nach § 169 II vom Urkundsbeamten beglaubigten Klagablichtung oder -abschrift, BGH NJW 2016, 1517.

Fragen, Hinweise, Auflagen: Solche nach §§ 139, 273 müssen möglichst schon mit der Zustellung erfolgen.

Heilung von Zustellmängel kommt nach § 189 in Betracht, BGH NJW-RR 2011, 417.

Früher erster Termin: Festsetzungen nach § 275 erfolgen zugleich mit der Klagezustellung.

Kammer für Handelssachen: § 96 GVG hat Vorrang.

Mahnverfahren: § 271 gilt entsprechend nach einem Widerspruch nach §§ 696, 697.

Zu Protokoll: Bei einer Klage zum Protokoll des Urkundsbeamten nach § 496 letzter Hs. erfolgt die Zustellung des Protokolls nach § 498.

Prozesskostenhilfe: Die Zustellung erfolgt auch ohne eine Vorauszahlung der Gerichtskosten nach § 122 I Nr. 1 dann, wenn das Gericht eine Prozesskostenhilfe nach § 119 bewilligt hat.

Schriftliches Vorverfahren: Festsetzungen nach § 276 erfolgen zugleich mit der Klagezustellung.

Streitwertfestsetzung: Es erfolgt keine Klagezustellung, solange das Gericht nicht unter den Voraussetzungen des § 63 I 1 GKG den Kostenstreitwert vorläufig festgesetzt hat.

Übersetzung: Sie muss zB in einem EU-Fall beiliegen, Art. 8 VO (EG) Nr. 1393/2007, abgedruckt bei Vorbemerkung zu § 1067.

Unverzüglichkeit: Eine solche wie bei § 121 I 1 BGB (bzw. keine prozesswidrige Verzögerung, MüKoZPO/Becker-Eberhard Rn. 7) ist nötig. Das gilt auch dann, wenn das Gericht noch keinen Verhandlungstermin ansetzt. Eine geringe Verzögerung zwischen Aktenvorlage und Zustellungsverfügung ist zulässig etwa wegen eines Diktats oder wegen einer Maßnahme nach § 273. Sie würde übrigens nicht an einer „demnächst" folgenden Zustellung nach § 167 ändern. Es darf aber keine Verzögerung wegen einer Unklarheit der Geschäftsverteilung nach §§ 21a ff. GVG eintreten, LG Bln ZMR 2005, 955.

Vorauszahlung: Es erfolgt keine Klagezustellung, solange der Kläger oder der Bekl., Düss OLGZ 1983, 117, seine Vorwegleistungspflicht nach § 12 I GKG, Anh. § 271, nicht erfüllt hat. Die Zustellung erfolgt aber dann, wenn der Bekl. den Vorschuss zahlt.

7 **IV. Aufforderung zur Bestellung eines Anwalts, II.** Diese Aufforderung erfolgt zugleich mit der Zustellung nach I von Amts wegen an sich formlos. Sie ist daher bei einer Nachholung nach § 329 II 1 formlos statthaft. Das alles gilt dann, wenn ein **Anwaltsprozess nach § 78** vorliegt, also beim AG nur bei § 114 I FamFG, sowie beim LG. Sie erfolgt nur, soweit der Bekl. noch nicht mitgeteilt hat, er wolle sich nicht verteidigen. Eine solche Erklärung könnte ggf. schon vor der Klagezustellung eingegangen sein. II geht dem ähnlichen § 215, vgl. insbesondere § 215 II vor. Der letztere gilt erst bei der Ladung, II jedoch schon bei der Klagezustellung, besonders bei einem schriftlichen Vorverfahren nach § 276. Eine Aufforderung nach II macht eine solche nach § 215 auch keineswegs stets überflüssig. Denn es geht zunächst nur um die Klärung nach §§ 276 I, II, 307 II, 331 III, ob das Gericht überhaupt mit einer Verteidigung rechnen soll. Deshalb geht die Aufforderung dahin, einen Anwalt zu bestellen, falls der Bekl. eine Verteidigung gegen die Klage beabsichtige. Zugleich erfolgt eine Belehrung nach § 276 II. Der Urkundsbeamte der Geschäftsstelle fügt die Aufforderung nach II von Amts wegen der Klagezustellung bei.

8 **V. Verstoß, I, II.** Ein Unterbleiben der Aufforderung ist zwar auf die **Wirksamkeit der Klagezustellung** ohne Einfluss. Jedoch ist die deshalb ohne einen ausreichenden Anwalt erscheinende Partei nicht nach § 335 I 2 ordnungsgemäß geladen. Ggf. käme eine Wiedereinsetzung in den vorigen Stand in Betracht, §§ 233 ff.

9 **VI. Rechtsmittel, I, II.** Gegen die Verweigerung der Zustellung ist die sofortige Beschwerde nach § 567 I Nr. 2 statthaft, Ffm OLGR 2007, 512. Gegen die Zustellungsanordnung und -durchführung gibt es ein Rechtsmittel erst aufgrund der zugehörigen Sachentscheidung, Ffm NJW 2004, 3050 Isoliert betrachtet ist die Anordnung der Zustellung unanfechtbar. Gegen eine Vorschussanordnung vgl. § 67 GKG.

Anhang zu § 271
Vorwegleistungspflicht des Klägers nach § 12 GKG

Schrifttum: Toussaint, Kostenrecht, 51. Aufl. 2021.

1 **I. Systematik, I–V.** Die Vorschrift regelt für fast alle Bereiche des GKG die Frage, ob und wer in welcher Höhe eine finanzielle Vorwegleistung erbringen muss, bevor das Gericht tätig werden soll oder darf, Stgt NJW-RR 1998, 648. Auf Sondergebieten enthalten §§ 15 ff. GKG vorrangige Sonderregeln. Im FamFG-Verfahren kann § 12 FamGKG gelten. Wegen Ausnahmen vgl. auch § 14 GKG.

2 **II. Regelungszweck, I–V.** Die Vorschrift dient der Verhinderung oder Verminderung des zwar nicht rechtlichen, aber oft tatsächlichen Kostenrisikos der Staatskasse, Düss NJW-RR 2000, 368. Damit dient sie auch der Kostengerechtigkeit im weiteren Sinn. So, wie den Beamten trotz einer etwaigen formellen Verfügungsmacht doch zumindest im Verhältnis zum Dienstherrn die Haushaltsvorschriften binden, „soll" der Richter oder Rpfl. die Bestimmungen zur Vorwegleistungspflicht beachten. Da der Gesetzgeber auch das Wort „muss" kennt, es aber hier nicht benutzt hat, liegt dem klaren Wortlaut nach eine bloße „Sollvorschrift" vor. Ohne konkreten Anlass darf aber – wie auch sonst – von der „Sollvorschrift" keine Ausnahme gemacht werden. Ein Verstoß hiergegen führt allerdings nicht zur Unwirksamkeit der Zustellung, was sich auch aus dem Charakter einer „Sollvorschrift" entnehmen lässt. Bei der Auslegung ist auch bei §§ 198 ff. GVG zu berücksichtigen.

3 **III. Geltungsbereich, I–V.** Im Verfahren vor den Arbeitsgerichten aller Instanzen ist § 12 GKG nach § 1 II Nr. 4 GKG ebenfalls anwendbar, ebenso im Verfahren nach dem ArbnErfG vor dem für Patentstreitsachen zuständigen Kollegium des ordentlichen Gerichts. Vgl. ferner § 12 FamGKG.

4 Ein **ProzBev.** ist persönlich nie vorschusspflichtig. Man muss aber den Vorschuss wegen § 172 von der Partei über ihn anfordern. Er kann sich verpflichtet haben, für den Auftraggeber einen Vorschuss auch dann an das Gericht zu zahlen, wenn der Auftraggeber im Innenverhältnis noch keine Deckung erbracht hat.

5 Bei einer **Nichtzahlung** legt das Gericht lediglich die Akten nach § 7 III e AktO weg, Ffm Rpfleger 1992, 26, LG Frankenth Rpfleger 1984, 288, LG Kleve NJW-RR 1996, 939.

6 Nach der Aufforderung, den Kostenvorschuss zu zahlen, ist das TBM **„demnächst"** iSv § 167 ZPO nur erfüllt, wenn sich Verzögerungen, die dem Kl. zuzurechnen sind, in einem hinnehmbaren Rahmen halten, also in der Regel nicht länger als bis zu **14 Tagen** nach dem für die Zustellung ohnehin erforderlichen Zeitraum betragen, BGH NJW 2015, 2666; ZMR 2012, 643, NJW 2011, 1227, NJW 1996, 1060. Bezüglich der Frist für **die Einzahlung selbst** wird dem Kläger in der Regel eine Frist von **einer Woche** einzuräumen sein. Die Frist kann im Einzelfall, zB wenn der Vorschussbetrag besonders groß ist oder es viele verschiedene Kostenschuldner gibt, länger sein (BGH NJW-RR 2018, 461). Wird dem **Prozessbevollmächtigten** die Gerichtskostenvorschussrechnung zugesandt, so ist dieser nur Zahlungsvermittler. Er hat die Kostenrechnung zu prüfen und dann an seine Partei weiterzuleiten. Dieser Zeitraum ist der Partei nicht zuzurechnen, soweit er sich in einem dem Beschleunigungsgrundsatz gebotenen Rahmen von in der Regel **3 Tagen** hält. Dieser Prüfzeitraum von 3 Tagen ist damit der o. g. 14 Tagesfrist hinzuzuaddieren (BGH NJW-RR 2018, 461).

7 **IV. Verfahren, I–V.** Dazu die Kommentierung bei Toussaint/Toussaint GKG § 12 Rn. 1 ff.

Vorbemerkung zu § 272
Die Vorbereitung des Haupttermins

I. Regelungszweck. §§ 272ff. dienen mehreren Grundsätzen, vor allem der Prozessförderung und Prozesswirtschaftlichkeit. Ein umfassend vorbereiteter sog. **Haupttermin** soll den Rechtsstreit als sein **Kernstück** in der Regel zu einer raschen Entscheidungsreife nach → § 300 Rn. 21 führen, damit der Rechtsstreit in **einem Termin** (§ 272 I) erledigt werden kann, wie zB bei dem Termin zu einer notariellen Beurkundung. Diesem Ziel dienen: Umfangreiche gesetzliche Anweisungen an das Gericht und die Parteien wie zB die Möglichkeit der Beweisaufnahme vor einer mündlichen Verhandlung (§ 358a), zahlreiche Fristen, Belehrungen, Auflagemöglichkeiten, eine erhebliche Prozessförderungspflicht aller Beteiligten, die oft sinnvolle, evtl. notwendige Einführung in den Sach- und Streitstand durch das Gericht zu Beginn des Haupttermins, die Pflicht zur Erörterung aller eventuell entscheidungserheblichen, erkennbar von einer Partei oder gar von beiden übersehenen oder für unerheblich gehaltenen rechtlichen Gesichtspunkte nach § 139 und erhebliche Rechte und Pflichten des Gerichts zur Zurückweisung verspäteten Vorbringens nach § 296. Zum Haupttermin führen nach der Wahl des Vorsitzenden zwei Wege: Derjenige über einen **frühen ersten Termin** oder derjenige über ein **schriftliches Vorverfahren,** wobei auch der frühe erste Termin die Qualität eines normalen Haupttermins hat. 1

Eine **Güteverhandlung** geht der mündlichen Verhandlung (§ 279), von besonderen Ausnahmen abgesehen, voraus (§ 278 II). Ggf. kann auch eine andere Art der außergerichtlichen Streitbeilegung bzw. Mediation (§ 278a) in Betracht kommen. Scheitert die Güteverhandlung, so folgt unmittelbar in der gleichen Verhandlung die mündliche Verhandlung (§§ 278 II, 279, 137 I). Im Rahmen der Güteverhandlung soll ua frühzeitig austariert werden, ob der Rechtstreit auch **ohne streitige Entscheidung,** insbesondere durch **Vergleich,** erledigt werden kann. Hierbei sollen nicht nur juristische, sondern auch weitergehende – zB wirtschaftliche, familiäre oder sonstige – Aspekte angesprochen werden. Die Güteverhandlung kann zumal dazu dienen, den Sachverhalt über den eigentlichen Streitgegenstand hinaus unter Berücksichtigung von mediativen Aspekten (ähnlich einer Mediation) zu lösen. Dies kann immer dann von Bedeutung sein, wenn die Parteien über den eigentlichen Streitgegenstand hinaus miteinander verbunden sind, wie zB bei einem (auch weitergehenden) Dauerschuldverhältnis, wirtschaftlichen Verbindungen oder familiären oder sonstigen persönlichen Verbindungen. 2

In diesem **Spannungsfeld** befindet sich auch die Verpflichtung des Gerichts, den Haupttermin umfassend vorbereiten zu müssen (§ 273 II), da bei einer frühzeitigen Erledigung mögliche auch kostenintensive Vorbereitungen vor der mündlichen Verhandlung vergebens sein können. Damit ist auch eine besondere Verantwortung des Gerichts verbunden, gerade den ersten Termin der mündlichen Verhandlung soweit vorzubereiten, dass Vergleichsverhandlungen sowie eine Erörterung der Sach- und Rechtslage sachgerecht geführt werden können, wobei das Gericht auch zu einem späteren Zeitpunkt, wenn es zweckmäßig erscheint, auf eine gütliche Einigung hinwirken soll (§ 278 I). Der Vorsitzende hat also abzuwägen, inwieweit es zweckmäßig ist, zunächst nur einen Termin ohne weitere Beweismittel stattfinden zu lassen – insbesondere ohne die Ladung von Zeugen und Sachverständigen – § 273 II 4 – auch wenn dies dem Ziel, den Rechtsstreit in nur einen Haupttermin erledigen zu können, zuwiderlaufen kann. 3

II. Aufgaben des Gerichts. Damit muss das Gericht zwischen dem Eingang der Klage nach § 253 und dem Verhandlungstermin vielfältige Aufgaben mit hohen Anforderungen zB nach §§ 129 II, 139, 273 I, II, 275 I, 276 I, III, 358a erfüllen. Dazu ist es geboten, schon die Klageschrift und sämtliche weitere Eingänge unverzüglich sorgfältig auf solche Gesichtspunkte zu prüfen, die (weitere) vorbereitende Maßnahmen zB nach §§ 273, 358a sinnvoll oder notwendig erscheinen lassen, van Bühren DRiZ 1986, 400. 4

Bereits möglichst früh, den Rechtsstreit in tatsächlicher und rechtlicher Hinsicht nach den Grundsätzen der Relationsmethode zu durchdringen, ist die Voraussetzung dafür, in der mündlichen Verhandlung der bestehenden Aufklärungs- und Erörterungspflicht nachkommen zu können. Nur in diesem Fall können bereits frühzeitig rechtliche Hinweise (§ 139) erteilt werden, soweit dies sachgerecht erscheint, um den Prozessstoff von Anfang an auf das Wesentliche konzentrieren zu können, noch fehlende Unterlagen angefordert werden oder frühzeitig Beweise nach § 358a erhoben werden, um so den Rechtsstreit möglichst zweckmäßig fördern zu können. 5

III. Aufgaben der Parteien. Die Parteien müssen zur Vermeidung unwiederbringlicher Rechtsnachteile von Anfang an zB nach §§ 129, 277 I, 282 II, III ganz erheblich intensiv und sorgfältig mitarbeiten. Der **Grundsatz der Parteiherrschaft** besteht zwar nach wie vor, ist aber in den letzten Jahren durch eine Vielzahl von Reformen der ZPO, insbesondere durch eine Ausweitung der Hinweispflicht nach § 139 eingeschränkt worden. Im Hinblick auf §§ 137 III, 129 wird die mündliche Verhandlung durch die vorhergehenden Schriftsätze, auf die – zumindest konkludent – in der mündlichen Verhandlung Bezug genommen wird, vorbereitet. Die Grundlagen des Prozesses werden damit in wesentlichen Teilen vor der eigentlichen mündlichen Verhandlung gelegt. Auch den Parteien kommt zumindest mittelbar eine allgemeine Pflicht zur Prozessförderung zu, vgl. §§ 275 I, III, IV, 276, 277, 282, 697 III, 700 III, 340 III. Sie müssen zudem **Auflagen des Gerichts** erfüllen, BGH NJW 1982, 437. Ein mögliches Verschulden des ProzBev. wäre der Partei nach § 85 II zuzurechnen, Brehm AnwBl 1983, 197. 6

272 *Bestimmung der Verfahrensweise.* [I] **Der Rechtsstreit ist in der Regel in einem umfassend vorbereiteten Termin zur mündlichen Verhandlung (Haupttermin) zu erledigen.**

[II] **Der Vorsitzende bestimmt entweder einen frühen ersten Termin zur mündlichen Verhandlung (§ 275) oder veranlasst ein schriftliches Vorverfahren (§ 276).**

[III] **Die Güteverhandlung und die mündliche Verhandlung sollen so früh wie möglich stattfinden.**

[IV] **Räumungssachen sind vorrangig und beschleunigt durchzuführen.**

I. Systematik, I–IV. Zunächst → Vor § 272 Rn. 1 ff. Vor der eigentlichen mündlichen Verhandlung nach §§ 137, 279 ist eine **Güteverhandlung** nach § 278 II durchzuführen. Die mündliche Verhandlung findet anschließend statt, und zwar nach → Rn. 9 entweder als vorbereitender oder als vollwertiger früher erster Termin nach II oder als Haupttermin nach I oder als weiterer Termin. Er kann vor oder nach dem Haupttermin liegen und ist evtl. ein 2. Haupttermin. Im Protokoll und im Urteilskopf genügt die Bezeichnung als **mündliche** 1

Verhandlung. Bei einer Auflage oder Aufforderung an eine Partei zB nach § 275 I muss aber klar sein, welche Art von Frist das Gericht setzt. Es sollte daher ganz eindeutig mitteilen, für welche Art von mündlicher Verhandlung die Partei sich äußern soll.

2 **II. Regelungszweck, I–IV.** Die Vorschrift dient insgesamt und nicht nur beim frühen ersten Termin der Förderungsaufgabe und damit der Prozesswirtschaftlichkeit und der Gerechtigkeit. Ungeachtet der Worte „in der Regel" in I (zum Haupttermin) kann auch ein geschickt vorbereiteter und vor allem durchgeführter früher „erster" Termin das Ziel der Entscheidungsreife herbeiführen.

3 Dabei hat der Vorsitzenden in jeden Einzelfall zu prüfen und nach **pflichtgemäßem Ermessen** zu entscheiden, ob der Rechtstreit am zweckmäßigsten durch einen „frühen ersten Termin" oder durch das „schriftliche Vorverfahren" gefördert werden kann. Zumindest beim frühen ersten Termin kann der Vorsitzende ebenfalls Fristen zur Klagerwiderung, zur Stellungnahme auf diese, zur Gegenäußerung des Gegners setzen oder auch keine dieser Möglichkeiten wählen, um gründlicher oder rascher voranzukommen.

4 Anordnungen nach **§§ 273, 358a** können hinzukommen, vorgezogene Beweisanordnungen mit mehr oder minder formellen Ladungen hinzutreten, Sachverständige vorweg befragt werden, um ihre Eignung zu klären und so weiter. In diesem Zusammenhang können auch rechtliche Hinweise erteilt werden, § 139.

5 Damit verbunden ist auch im Zivilprozess eine gewisse Fokussierung auf die mündliche Verhandlung. Der Nutzen einer mündlichen Verhandlung besteht zum einen in dem Rechtsgespräch, zum anderen aber vor allem in der näheren Erläuterung und Erklärung der maßgeblichen Tatsachen, gerade auch durch die Partei selbst und dient der weiteren Aufklärung des Sachverhalts. Nur wenn der Sachverhalt richtig durchdrungen worden ist, kann eine gerechte rechtliche Lösung gefunden werden. Darüber hinaus wird auch die Akzeptanz einer möglichen – sich abzeichnenden – gerichtlichen Entscheidung bei der Partei durch eine mündliche Verhandlung erhöht. Darüber hinaus hat die mündliche Verhandlung auch maßgebliche Bedeutung für die Beweisaufnahme (vgl. aber auch § 358a).

6 **III. Geltungsbereich, I–IV.** Die Vorschrift gilt grundsätzlich in fast allen Verfahren nach der ZPO und als ZPO-Vorschrift nur in ihrem Bereich, aM Abramenko ZMR 2014, 21. Sie gilt auch im WEG-Verfahren. In einer Ehesache ist § 272 nach § 113 IV Nr. 3 FamFG unanwendbar. Wegen des arbeitsgerichtlichen Verfahrens → Rn. 18, §§ 46 II 2, 56, 57 ArbGG. Vgl. ferner § 246 III 2 AktG, §§ 51 II 4, 96, 112 I 2 GenG.

7 **IV. Terminsarten, I, II. 1. Haupttermin, I.** Der Haupttermin ist diejenige mündliche Verhandlung, in der entweder nach einem frühen ersten Termin oder von vornherein nach einem schriftlichen Vorverfahren nach § 276 aufgrund einer möglichst umfassenden Vorbereitung spätestens die Entscheidungsreife entsprechend den Grundsätzen der Relationstechnik eintreten soll. Das Gesetz meint mit einer „Erledigung des Rechtsstreits" die **Entscheidungsreife.** Mit dieser erheblichen Betonung des Grundsatzes der Verfahrenskonzentration (Konzentrationsmaxime) erfolgt zT eine Annäherung an strafprozessuale Regeln. Das Gericht muss im Rahmen der ihm von Amts wegen vorgeschriebenem umfassenden Vorbereitung jetzt insoweit ähnlich wie der Strafrichter an alle nur denkbaren Eventualitäten zur Aufklärung des Sachverhalts denken und letztere nach §§ 273 ff. intensiv betreiben. Dies lässt sich auch daraus zurückschließen, dass der Rechtsstreit nach I in der Regel in nur **einem Termin** erledigt werden soll. Die Bezugnahme auf „einen Termin" ist wiederrum Ausdruck des **Beschleunigungsgrundsatzes** und setzt eine umfassende Vorbereitung voraus.

8 Diese Regelung steht im **Spannungsverhältnis** zu dem Dispositions- und Beibringungsgrundsatzes (der Parteiherrschaft) wonach jedenfalls keine Amtsermittlung stattfindet. Es gilt vielmehr der Beibringungsgrundsatz mit einer erheblichen Prozessförderungspflicht der Parteien und entsprechender Verspätungsregeln (§§ 275 ff., 282, 296, 296a, 132).

9 **2. Früher erster Termin, II.** Auch ein früher erster Termin nach § 275 ist ein **vollwertiger, möglichst abschließender Termin,** BVerfG 75, 310 (verfehlt krit. Deubner NJW 1987, 2735), BGH NJW 1987, 500, Hamm NJW 2003, 2544, AG Lübeck WuM 1983, 51, aM Düss NJW 1995, 2173, Hamm MDR 1992, 186, Mü NJW 1983, 402. Soweit das Gericht also meist pflichtgemäß eine Entscheidungsreife schon im frühen ersten Termin herbeiführen will und zumindest beim AG meist auch kann, Herget MDR 1992, 2340, muss es ihn entsprechend vorbereiten und kann nur dann § 296 schon in ihm anwenden, VerfGH Mü NJW 1990, 502.

10 **Erheblichen Wert** kann eine konsequente Anwendung des frühen ersten Termins haben. Man kann die Zeit zwischen Klageeingang und erstem Gespräch zwischen allen Beteiligten auf nicht viel mehr als die zweiwöchige normale Einlassungsfrist nach § 274 III 1 verkürzen, besonders dann, wenn man dem Bekl. keine Erwiderungsauflage und daher auch dem Kläger keine Frist zu einer Gegenäußerung setzt. Man kann den Bekl. und erst recht seinen etwaigen ProzBev. im Termin bitten, eine – vielleicht gerade soeben erst überreichte – Klagerwiderung im Kern mündlich vorzutragen. Dies kann auch dazu dienen, um sich auf das Wesentliche zu konzentrieren.

11 So lässt sich das **wirklich Klärungsbedürftige** zielorientiert herausarbeiten und möglicherweise zweckmäßiger in weitere Verfahrensschritte umsetzen, wenn mit den Parteien erörtert worden ist, um was es wirklich geht; ggf. können streitige Einzelaspekte unstreitig gestellt werden. Ggf. können auch bereits vorbereitend geladene Zeugen gehört werden, § 273 II Nr. 4.

12 Einen frühen ersten Termin als einen sog. **Durchlauf- oder Durchruftermin** geplant zu haben, dürfte in der Regel nicht zweckmäßig sein, da dann eine Erörterung der Sach- und Rechtslage nicht sachgerecht erfolgten kann, siehe auch: BVerfG 69, 140 (50 Sachen zu derselben Terminszeit!) und NJW 1992, 300; BGH NJW 1987, 499 und 500; Düss NJW 1995, 2173.

13 **V. Wahl des Verfahrens, II.** Der Vorsitzende hat ein echtes **Wahlrecht,** LG Hmb WuM 2003, 276. Seine Ausübung erfolgt äußerst unterschiedlich je nach der Richterpersönlichkeit und dem bisherigen Akteninhalt. Der Vorsitzende darf aber **nicht** etwa für den einen Beteiligten die eine Verfahrensart wählen, für den anderen die andere Art, insbesondere nicht bei Streitgenossen nach §§ 59 ff. zB nach einer Parteierweiterung. Je Verfahren und Instanz gibt es also für den Vorsitzenden schon wegen der Verhandlungseinheit nach → Vor § 253 Rn. 3 nur **eine** Verfahrenswahl in demselben Zeitpunkt.

14 ***1. Grundsatz:* Ermessen des Vorsitzenden.** Der Vorsitzende und nicht das Gericht muss die Wahl nach § 216 II unverzüglich vornehmen. Das gilt auch bei einer Überlastung; Schlesw NJW 1981, 691, auch schon wegen §§ 198 ff. GVG. Sie erfolgt nach einer freistehenden Beratung, aber ohne ein Stimmrecht der übrigen Richter und ohne eine Anhörung der Parteien, auch ohne eine Bindung an deren diesbezügliche „Anträge", die nur Anregungen sind. Sie erfolgt vielmehr nur aufgrund der voraussichtlichen Prozessentwicklung und nach pflichtgemäßem **Ermessen.** Sie erfolgt im Rahmen der richterlichen Unabhängigkeit nach Art. 97 GG, BGHZ 86, 31. Sie unterliegt keiner Dienstaufsicht nach § 26 DRiG, BGHZ 98, 11; Ffm MDR 1983, 411; Franzki DRiZ 1977, 162.

Das Ermessen kann auch dadurch beeinflusst werden, wenn die Anreise der Parteien und/oder der Öffentlichkeit (vgl. insoweit § 128a) zu einem „frühen ersten Termin" mit einem allgemeinen Risiko verbunden ist, wie zB in der **„Corona-Pandemie"**, bei der der unmittelbare persönliche Kontakt auf das Erforderliche beschränkt sein soll. Hier kann es sich anbieten, vornehmlich das „schriftliche Verfahren" zu wählen (Greger MDR 2020, 509), sofern nicht eine mündliche Verhandlung nach § 128a in Betracht kommt. 15

2. Durchführung der Wahl. Die Wahl erfolgt vor oder bei einer Änderung oder nach der Klagezustellung nach § 271, → § 273 Rn. 3. Sie erfolgt vor oder nach der Übertragung auf den obligatorischen Einzelrichter nach §§ 348a, 527. Nach der Übertragung auf ihn ist er der Vorsitzende. Zum Problem Bischof NJW 1977, 1898. Sie erfolgt vor oder nach prozessleitenden Maßnahmen zB nach § 273. Die Terminsbestimmung erfolgt beim etwaigen schriftlichen Vorverfahren nach § 276 erst nach seinem Abschluss, Mü MDR 1983, 324; Bischof NJW 1977, 1897; aM Grunsky JZ 1977, 203 (aber wann denn vorher?), oder nach seinem Abbruch. 16

Die Wahl erfolgt durch eine **Terminsverfügung** nach § 216 evtl. nebst einer Anordnung nach § 275 oder durch eine Aufforderung nach § 276 jeweils evtl. neben Maßnahmen nach § 273. Ratsam ist eine stichwortartige Klarstellung, welchen Weg der Vorsitzende meint, durch ihn in den Akten, am besten bei der Terminsbestimmung nach § 216, Brühl FamRZ 1978, 551. Der Vorsitzende muss die Einlassungsfrist des § 274 III und die Ladungsfrist nach §§ 217, 337, 495, 697 II, III beachten. Er muss auch nach § 12 GKG, § 12 FamGKG darauf achten, ob der Kläger die Verfahrensgebühr bezahlt hat. Eine bloße Terminsbestimmung gilt durchweg als früher erster Termin, sofern das Gericht nicht zuvor schon Maßnahmen nach § 276 getroffen hatte. Eine bloße Klagezustellung ohne Terminsbestimmung und Ladung ist mangels einer abweichenden Klarstellung durch den Vorsitzenden eine unvollständige Anordnung des schriftlichen Vorverfahrens nach § 276 I 1, Bischof NJW 1977, 1899. 17

3. Ausnahmen. In einer **Arbeitssache** findet nach § 46 II 2 ArbGG die §§ 275–277 keine Anwendung, Eich DB 1977, 909, ebenso wenig in einer Ehe- oder Kindschaftssache nach dem FamFG. In einer Arbeitssache muss das Gericht § 54 ArbGG beachten, Eich DB 1977, 909. Auch → Rn. 1. 18

4. Änderung der Wahl. Der Vorsitzende kann seine Entscheidung auch ohne eine natürlich mögliche nicht bindende Zustimmung der Parteien nach § 227 I aus einem erheblichen Grund ändern, Brühl FamRZ 1978, 551. Das kann geschehen zB aufgrund besserer Erkenntnis und/oder des weiteren Verfahrensablaufs, zB eines weiteren Schriftsatzes, also infolge eines sehr wohl möglichen jetzt erst eingetretenen Bedürfnisses. Die Änderung ist freilich nur in den Grenzen von → Rn. 13 statthaft. Sie ist im Interesse einer möglichst sachgerechten Terminsvorbereitung nach → Rn. 13 unanfechtbar. Sie ist ohne einen Begründungszwang möglich, KG MDR 1985, 416; Mü NJW-RR 1986, 1512; Hartmann NJW 1978, 1457; aM Mü MDR 1983, 324; Grunsky ZZP 92, 107; Zöller/Greger Rn. 3 (aber eine solche Verfahrensänderung kann sogar dringend ratsam sein. Sie verringert keineswegs von vornherein die Rechte der anderen Prozessbeteiligten). Entsprechendes gilt, wenn **irrtümlich** schriftliches Vorverfahren und früher erster Termin angeordnet wird. Im Zweifel wird der erste „Termin" dann zum „Güte- und Verhandlungstermin". 19

Natürlich muss man die aus einer Änderung folgenden **Formalitäten** beachten. Man muss zB bei einem Übergang ins schriftliche Vorverfahren nunmehr die Frist nach § 276 I 2 beachten. Bei einem Abbruch des schriftlichen Vorverfahrens und einer Terminsbestimmung nach § 216 liegt freilich in der Regel kein früher erster Termin nach § 275 vor (er ist allerdings zulässig, KG MDR 1985, 416), sondern eine Bestimmung des Haupttermins. Der Vorsitzende kann auch nach einer abweichenden Parteianregung unanfechtbar bei seiner vorherigen Wahl bleiben, Ffm MDR 1983, 411. Nach einer Terminsbestimmung ist kein Versäumnisurteil nach § 331 III mehr zulässig, KG MDR 1985, 416, Mü MDR 1983, 324; aM Nürnb MDR 1982, 943 (aber § 331 III setzt das schriftliche Vorverfahren voraus). Während oder nach einem durchgeführten frühen ersten Termin kommt ein Wechsel in das schriftliche Vorverfahren **nicht mehr** in Betracht MüKoZPO/Prütting Rn. 14. 20

5. Gesamtabwägung. Maßgeblich ist das Ziel einer möglichst baldigen Sammlung des Streitstoffs, soweit er voraussichtlich entscheidungserheblich sein wird. Welcher Weg ratsam ist, lässt sich nur aufgrund der Aktenlage beantworten. Zu beachten sind zB der Geschäftsanfall, die Erfahrung, eine etwaige Anregung des Klägers, eine schon vorliegende Äußerung des Bekl., die Kenntnis der Mentalität der Beteiligten aus anderen Prozessen und sämtliche weiteren Umstände. 21

Ein **einfacher Fall** kann schon wegen der Chance der Aussonderung durch ein Anerkenntnis- oder Versäumnisurteil nach §§ 307, 331 III das schriftliche Vorverfahren nach § 276 ratsam machen, Dittmar AnwBl 1979, 166. Es ist auch keineswegs nur ausnahmsweise statthaft, aM Zöller/Greger Rn. 7 (aber diese Lösung regelt das Gesetz überhaupt nicht erkennbar als eine bloße Ausnahme). Der Bekl. kann gegen das Versäumnisurteil jedenfalls nach § 338 Einspruch einlegt, so dass eine mündliche Verhandlung doch noch nach §§ 342, 343 notwendig wird. 22

6. Vorteile eines frühen ersten Termins. Gerade einfache Fälle können einen frühen ersten Termin nach § 275 ratsam machen, BGHZ 86, 38. Das gilt zB dann, wenn es voraussichtlich nur um Rechtsfragen geht oder wenn ein einigermaßen stoffumfassendes Prozesskostenhilfeverfahren nach §§ 114 ff. vorangegangen ist, Franzki DRiZ 1977, 161. Er mag auch sinnvoll sein, um eine Klagerücknahme nach § 269, eine Erledigungserklärung nach § 91a, einen Prozessvergleich zu erreichen oder den einzelnen prozessleitend geladenen Zeugen sogleich nach §§ 394 ff. vernehmen zu können, KG NJW 1980, 2362. Auch ein komplizierter Fall kann im Übrigen einen frühen ersten Termin sehr wohl ratsam machen, um eine Einschätzung des Gerichts erfahren zu können, damit zielorientierter vorgetragen werden kann, Dittmar AnwBl 1979, 166; Lange DRiZ 1980, 409; Lange NJW 1986, 1730, dies kann gerade auch nach Änderungen der Präklusionsvorschriften im Berufungsrecht nach §§ 529, 531. 23

Ein früher erster Termin bietet sich in der Regel immer dann an, wenn **zuvor** ein **Prozesskostenhilfeverfahren** auf Klägerseite geführt worden ist, weil dann auch die Gegenseite bereits Gelegenheit hatte, in der Sache Stellung zu nehmen. Nach Bewilligung von Prozesskostenhilfe für den Kläger würde die Anordnung eines schriftlichen Vorverfahrens den Rechtsstreit in der Regel nur verzögern. 24

25 **7. Insbesondere: Sofortige Erörterung des Gegnervortrags.** Die Notwendigkeit einer **Erörterung** des Vorbringens des Bekl. erst im Termin ändert daran nichts. Der Kläger darf dann keineswegs schon im frühen ersten Termin eine Zurückweisung wegen Verspätung nach § 296 fordern, sondern allenfalls einen Schriftsatznachlass nach § 283 erbitten. Auch ein solcher Antrag ist keineswegs automatisch begründet. Der Kläger muss dazu nachvollziehbar darlegen, dass und in welchem Punkt er zur Klagerwiderung nicht sogleich Stellung nehmen kann. Dabei kommt es nicht nur auf die Möglichkeiten des ProzBev. an, sondern auch und oft sehr wesentlich auf die dem Kläger selbst zumutbaren Möglichkeiten. Oft wiederholt der Bekl. in seiner Stellungnahme nur vorprozessuale Argumente. Auf sie hätte sich der Kläger zum Termin ebenfalls vorbereiten können und müssen. Er und sein ProzBev. hätten dabei zusammenarbeiten sollen. Schon deshalb reicht auch keineswegs stets eine Begründung aus, man müsse als ProzBev. mit dem Auftraggeber Rücksprache halten.

26 **Sofortige Erörterung** der Klagerwiderung im frühen ersten Termin ist jedenfalls erfahrungsgemäß bei eigener Bereitschaft des Gerichts zum Mitdenken ein ganz vorzügliches Mittel zur Prozessförderung, Konzentration auf den streitigen Kern und Verdeutlichung auch der vorläufigen Beurteilung durch das Gericht. Im Ergebnis zahlt sich diese anfängliche Bereitschaft meist sehr aus. Dazu kann wesentlich die Bitte des Vorsitzenden an den ProzBev. des Bekl. beitragen, den Kern der von diesem gerade vorgelegten Klagerwiderung sogleich vorzutragen, um zur Kernfrage vorstoßen zu können.

27 Andererseits ist zB bei einem vom Kläger übersichtlich dargelegten „Punkteprozess" das schriftliche **Vorverfahren** in der Regel **ratsam,** damit der Bekl. Punkt für Punkt mit Unterlagen und Gegenbeweisantritten erwidern und das Gericht den Haupttermin sehr viel mehr vorbereiten kann. Ausschlussfristen sind nach § 275 I 1, III, IV einerseits, § 276 I 2, III andererseits je iVm § 296 I bei beiden Wegen möglich. Sie sind also kein Kriterium für oder gegen den einen oder anderen Weg. Das schriftliche Vorverfahren hat immer dann Vorteile, wenn viele Einzelheiten im Detail zu beschreiben sind, da dies in einer mündlichen Verhandlung in der Regel sonst nicht verständlich geschehen kann.

28 **8. Kein Durchruf-/Durchlauftermin.** Keineswegs darf der Vorsitzende den frühen ersten Termin stets zum bloßen „Durchruf-/Durchlauftermin" nach → Rn. 7 degradieren, da dann der Förderungszweck des frühen ersten Termins verloren gehen und auch die Akzeptanz der Beteiligten leiden würde, vgl. BVerfGE 69, 140, BGHZ 88, 182, Zöller/Greger Rn. 1 („unsinnig"). In jedem Fall ist es wichtig, dass in einer mündlichen Verhandlung eine Erörterung der Sache stattfindet, die den Rechtsstreit fördert.

29 **9. Unanfechtbarkeit.** Die Verfahrenswahl des Vorsitzenden ist nicht durch eine Partei anfechtbar, BGHZ 86, 35; Ffm MDR 1983, 411; LG Hmb WuM 2003, 276. Es gibt also bei einem Verstoß des Vorsitzenden gegen diese Regeln keine direkten Folgen für das Gericht. Sie wird vom Vorsitzenden unabhängig vor einer möglichen Entscheidung des Kollegiums getroffen. Der Gesamtbereich aller obigen Erwägungen fällt in die richterliche Unabhängigkeit. Lediglich die an die Verfahrenswahl anschließenden Entscheidungen können angreifbar sein, zB die Bestimmung des Termins auf einen allzu späten Zeitpunkt nach → § 216 Rn. 31, 32.

30 **VI. Beschleunigungsgrundsatz, III.** Dass die Güteverhandlung (§ 278 II 1) bzw. die sich anschließende mündliche Verhandlung (§§ 279 I, 137 I) nach **III** so früh wie möglich, also unverzüglich, stattfinden soll, ist Ausdruck des allgemeinen Beschleunigungsgrundsatzes. Dabei ist die mündliche Verhandlung grundsätzlich auf den nächsten freien Termin anzuberaumen, der bei einer sachgerechten Vorbereitung (beachten zB Erfüllung ggf. gem. § 273 erteilter Auflagen, ggf. mit Beweisaufnahme) möglich ist, wobei dem Vorsitzenden auch dahingehend ein Ermessen zusteht, den erforderlichen Zeitaufwand und damit den geeigneten Terminstag einzuschätzen, OLG Hamm, WRP 2021, 1489. Dabei ist ergänzend zu berücksichtigen, dass eine Verzögerung des Rechtsstreits eine mögliche Beweisaufnahme wegen der länger zurückliegenden Zeit (geringeres Erinnerungsvermögen der Zeugen etc.) nachteilig beeinflussen kann (vgl. BVerfGE 130, 1). Vorrangig und besonders zu beschleunigt zu behandeln sind Räumungssachen, **IV.**

31 **1. Regelfall.** Die mündliche Verhandlung soll stets möglichst bald (unverzüglich) stattfinden, BGH NJW 1981, 286. Das gilt besonders beim frühen ersten Termin, was sich bereits auch der Bezeichnung „früh" rückschließen lässt. Das betrifft nicht nur die Zeit zwischen dem Eingang der Klage und der Terminsbestimmung nach § 216 II, sondern auch die Zeit zwischen der Terminsbestimmung und dem Terminstag nach III. Dabei sind zB etwaige Vorwegleistungspflichten und die Ladungsfrist nach § 217 und Einlassungsfrist nach § 274 III bis zur richterlichen Frist etwa nach § 273 II Nr. 1 zu beachten. Die Nichterfüllung einer Auflage ändert an III nichts, Hamm VersR 1999, 860.

32 Auch die **Güteverhandlung** nach § 278 II soll so früh wie möglich stattfinden. Damit unterliegt auch eine solche Verhandlung dem Beschleunigungsgebot. Die Güteverhandlung erfolgt ebenso „mündlich" wie ein früher erster oder ein Haupttermin. Die Bezeichnung „Güteverhandlung" soll nur von der streitigen mündlichen Verhandlung abgrenzen. Beim Verstoß gelten → § 216 Rn. 30 ff.

33 **2. Sonderfälle.** Im Eilverfahren nach §§ 916 ff., 935 ff. gilt III nicht, ferner nicht in den Verfahren nach §§ 246 III 2 AktG, 51 III 4, 96, 112 I 2 GenG. Indessen kann eine baldige Verhandlung dann notwendig sein, wenn sich sonst die Lage einer Partei verschlechtern würde, Schlesw SchlHA 1984, 56. Zumindest sollte das Gericht eine der Erhaltung der Ehe dienende Sache nach III (jetzt) iVm § 113 I 2 FamFG behandeln, Ditzen FamRZ 1988, 1010.

34 **VII. Räumungssachen. Besondere Beschleunigung, IV.** Dazu Abramenko ZMR 2014, 21; Schmid ZMR 2013, 47. Es handelt sich um eine gegenüber III vorrangige Mussvorschrift in ihrem begrenzten Anwendungsbereich. Natürlich sind alle Regeln nach III verstärkt mit zu beachten.

35 Das besondere Beschleunigungsgebot gilt nicht nur für Räumungssachen im Erkenntnisverfahren, sondern für sämtliche Räumungssachen, so zB auch im Vollstreckungsverfahren (vgl. zB § 721 III, LG Berlin Grundeigentum 2019, 667).

36 **1. Räumungssache.** Es muss sich gerade um eine solche Sache handeln. Vgl. dazu §§ 283a, 885, 885a, 940a. *Eine Räumung von Nicht-Wohnraum reicht.* Die Räumungsforderung braucht nicht der einzige Streitgegenstand zu sein. Sie muss aber zumindest schon und noch auch ein solcher sein. Vorher oder hinterher gilt IV also nicht, wohl aber III. Ein Ende der Räumungssache liegt erst bei ihrem endgültigen Ausscheiden vor, zB bei der Wirksamkeit beiderseitiger diesbezüglicher Erledigungserklärungen nach → § 91a Rn. 125. Auch eine diesbezüg-

liche Klagerücknahme nach § 269 muss wirksam sein. Die Notwendigkeit zugehöriger bloßer Kostengrundentscheidungen nach → Vor § 91 Rn. 53 macht IV nicht mehr anwendbar.

Unstatthaft ist eine „teleologische Reduktion" auf Mietzahlungsverzug, aM Emmerich WuM 2013, 330 (aber das lässt sich weder dem Gesetzestext noch dem Sinn klar entnehmen). 37

2. Vorrang und Beschleunigung. Nach **IV** sind Räumungssachen vorrangig und beschleunigt durchzuführen sind. Da die Wohnung insbesondere für den Mieter als seinen persönlichen Lebensmittelpunkt eine besondere Bedeutung hat, ist es hier im Interesse beider Seiten, den Rechtsstreit möglichst schnell zu erledigen. Darüber hinaus soll verhindert werden, dass sich die Ansprüche des Vermieters gegen den Mieter weiter durch ein längeres Verfahren erhöhen, zumal der Vermieter solche Ansprüche meistens ohnehin faktisch später nicht wird vollstrecken können, wenn der Mieter bereits zuvor nicht gezahlt hat vgl. BT-Drs. 17/11894, 24. Das Beschleunigungsgebot (vgl. in anderen Fällen § 155 I FamFG, § 61a I ArbGG) richtet sich an die Angehörigen der Justiz. Die übrigen Verfahrensbeteiligten sind mittelbar betroffen, da die Gerichte auf eine Beschleunigung hinwirken müssen Schmid ZMR 2013, 417. Dies wirkt sich auch dahingehend aus, dass das Gericht bei **Anträgen auf Fristverlängerung** einen strengen Maßstab zu stellen hat. Hier sind Einzelheiten streitig (vgl. Prütting/Gehrlein/Geisler Rn. 9; Abramenko ZMR 2014, 21). Allerdings hat der Gesetzgeber in Kenntnis der sonstigen Verlängerungsmöglichkeiten diese in IV nicht eingeschränkt. Der Rechtsstreit ist zügig zu fördern, aber nicht zu „überbeschleunigen". Fristverlängerungsgesuch etc. sind daher vom Gericht zwar strenger zu prüfen als sonst, aber nicht generell ausgeschlossen, da sonst die Interessen der antragenden Partei nicht hinreichend berücksichtigt werden könnten vgl. auch BGH NJW 2018, 1400; NJW 2017, 2041. 38

273 *Vorbereitung des Termins.* **I Das Gericht hat erforderliche vorbereitende Maßnahmen rechtzeitig zu veranlassen.**

II Zur Vorbereitung jedes Termins kann der Vorsitzende oder ein von ihm bestimmtes Mitglied des Prozessgerichts insbesondere

1. den Parteien die Ergänzung oder Erläuterung ihrer vorbereitenden Schriftsätze aufgeben, insbesondere eine Frist zur Erklärung über bestimmte klärungsbedürftige Punkte setzen;
2. Behörden oder Träger eines öffentlichen Amtes um Mitteilung von Urkunden oder um Erteilung amtlicher Auskünfte ersuchen;
3. das persönliche Erscheinen der Parteien anordnen;
4. Zeugen, auf die sich eine Partei bezogen hat, und Sachverständige zur mündlichen Verhandlung laden sowie eine Anordnung nach § 378 treffen;
5. Anordnungen nach den §§ 142, 144 treffen.

III [1]Anordnungen nach Absatz 2 Nr. 4 und, soweit die Anordnungen nicht gegenüber einer Partei zu treffen sind, 5 sollen nur ergehen, wenn der Beklagte dem Klageanspruch bereits widersprochen hat. [2]Für die Anordnungen nach Absatz 2 Nr. 4 gilt § 379 entsprechend.

IV [1]Die Parteien sind von jeder Anordnung zu benachrichtigen. [2]Wird das persönliche Erscheinen der Parteien angeordnet, so gelten die Vorschriften des § 141 Abs. 2, 3.

I. Systematik, I–IV. Die Vorschrift enthält vor allem in I als einer Ausformung von § 139 zusammen mit §§ 272, 275 ff. den Grundsatz, dass das Gericht den Prozess tunlichst in einer einzigen, möglichst frühen mündlichen Verhandlung erledigen soll **(Zusammenfassungsgrundsatz, Konzentrationsmaxime)**, Ffm AnwBl 1988, 411. Ähnlich wie bei einem Notartermin ist dies von der Vorstellung geprägt, dass der Rechtstreit mit einer einzigen mündlichen Verhandlung erledigt werden kann (§ 272 I), was nur mit entsprechender sachgerechter Vorbereitung möglich ist. Dementsprechend können gesetzte Frist als Auswirkung des hoheitlichen Staatsakts zur Präklusion führen, vgl. Prinz FF 2019, 482. 1

II. Regelungszweck, I–IV. Der Zusammenfassungsgrundsatz hat zusammen mit den vielfach möglichen weiteren Maßnahmen des Gerichts eine große Bedeutung für eine schnelle Prozesserledigung. Er führt bei sorgfältiger Handhabung idealerweise oft zur Beendigung in nur einem Termin. Zweck des § 273 ist wie bei §§ 272, 274 ff. die Förderung des Prozesses durch mögliche Herbeischaffung des gesamten zur Entscheidung nötigen Stoffes zur mündlichen Verhandlung, BGHZ 88, 182; Kblz JurBüro 1992, 610. Die Vorschrift darf aber weder zu Ermittlungen von Amts wegen führen noch die Grundsätze der Parteiherrschaft vernachlässigen. Es geht im Wesentlichen darum, den bereits vorhandenen Parteivortrag weiter aufzuklären, soweit dies erforderlich sein sollte. Daher kann die Partei nicht verlangen, dass das Gericht zB solche umfangreiche Strafakten beizieht und durchsieht, die die Partei selbst einsehen könnte, Hamm AnwBl 2002, 67. 2

III. Geltungsbereich, I–IV. Die Vorschrift gilt in fast allen Verfahren nach der ZPO, auch vor einem frühen ersten Termin nach § 275, aber nicht im Prozesskostenhilfeverfahren (Vorrang von § 118). Sie gilt nach § 525 auch in der Berufungsinstanz, BGH NJW 1991, 2760. Sie gilt ferner auch im WEG-Verfahren und nach → Rn. 4 „Arrest, einstweilige Verfügung" begrenzt auch im Verfahren nach §§ 916 ff., 935 ff., LG Aachen NJW-RR 1997, 380; aM Mü WRP 1978, 400 (zu eng). § 495a kann im Kleinverfahren zu abweichender Handhabung führen. Im arbeitsgerichtlichen Verfahren gilt § 56 ArbGG. Die Anwendung des § 273 ist dort statthaft, Grunsky JZ 1978, 81. Wegen des KapMuG SchlAnh. VIII § 10. 3

IV. Möglichkeit von Maßnahmen, I–IV. 1. Grundsatz. Wegen des Regelungszwecks nach → Rn. 2 und wegen § 139 IV 1 soll eine Anordnung nach § 273 möglichst frühzeitig und **unverzüglich** erfolgen. Dies ist Ausdruck des **Beschleunigungsgrundsatzes. I** gibt dabei unter Beachtung der sonstigen zivilprozessualen Grundsätze entsprechend einer **Generalklausel** die Möglichkeit, erforderliche vorbereitende Maßnahmen rechtzeitig zu treffen. Alle Maßnahmen, die erforderlich sind, können dabei getroffen werden. Der Grundsatz der **Parteidisposition** (Beibringungsgrundsatz) wird dabei aber nicht verändert. Das Gericht ist nur zu solchen Vorbereitungsmaßnahmen veranlasst, die im Vorbringen der Parteien eine Grundlage finden und, soweit sie auf die Beibringung von Beweismitteln nach den Vorschriften der ZPO abzielen (vgl. OLG München 8.4.2021 – 8 U 4122/20, BeckRS 2021, 9663). 4

5 Dies ist nach **pflichtgemäßem Ermessen** zu entscheiden. Was erforderlich ist, wird durch II im Einzelnen, aber nicht abschließend, konkretisiert („insbesondere"); vergleichbare Maßnahmen, die dem Katalog von II entsprechen, sind damit ebenfalls möglich.

6 **2. Vorbereitende Maßnahmen.** Im Kollegialverfahren ist in erster Linie der **Vorsitzende,** aufgrund seiner leitenden Funktion für die Kammer, für den Prozessbetrieb verantwortlichoder ein von ihm bestimmtes anderes Mitglied des Spruchkörpers, vornehmlich der **Berichterstatter**, denkbar in Ausnahmefällen auch die Handelsrichter, § 112 GVG MüKoZPO/Prütting Rn. 14. Unter den Voraussetzungen von §§ 348, 348a ist der Einzelrichter zuständig. Durch die prozessleitenden Verfügungen ist es daher durchaus möglich, den Ablauf eines Verfahrens zu prägen, so dass die Relevanz solcher Anordnungen nicht unterschätzt werden darf. Das **Kollegium** entscheidet erst im Termin und über Beweisbeschlüsse (§§ 358, 358a). Dabei ist jedoch zu bedenken, dass derartige Anordnungen nach § 273 II eine Beweisaufnahme **nur vorbereiten,** ohne selbst schon die Beweisanordnung darzustellen (OLG Hamm 28.2.2005 – 23 W 6/05, BeckRS 2005, 13059). Maßnahmen nach II stellen dabei Beweismittel dar (vgl. Laumen MDR 2020, 145).

7 In jeder Lage des Verfahrens muss das Gericht mithin die weiteren Maßnahmen im Hinblick auf möglichen neuen Vortrag sorgfältig prüfen und darf dabei auch die Zweckmäßigkeit nicht außer Acht lassen, um das **gerechte Ergebnis** erreichen zu können, BVerfG NJW 1989, 706; Deubner NJW 1977, 924. Dies setzt insgesamt das **relationsmäßige Durchdenken** des Sach- und Streitstandes voraus. Das Gericht muss möglichst frühzeitig – und nicht erst nach der mündlichen Verhandlung – die Zulässigkeitsvoraussetzungen sowie die Schlüssigkeit und ein erhebliches Vorbringen des Beklagten prüfen (BGH, NJW 2020, 391; NJW-RR 2018, 647; Anders/Gehle Assessorexamen ZivilR A 1 ff.; Schultz NJW 2017, 16).

8 Entsprechende Anordnungen brauchen zumindest dann eine volle **Unterschrift,** wenn das Gericht sie zB wegen einer Fristbestimmung förmlich zustellen muss. Dann muss die Ausfertigung diese Unterschrift zeigen, BGHZ 76, 236, bei einer elektronischen Akte genügt eine qualifizierte elektronische Signatur (§ 130a III). Eine Frist muss ausreichend lang sein, BGH NJW 1989, 575. Eine Belehrung über die Folgen einer Fristversäumung ist außerhalb von §§ 232, 233 S. 2 nicht erforderlich, Düss MDR 1985, 417; Rudolph DRiZ 1983, 225; Zöller/Greger Rn. 4. Eine unnötige Belehrung kann in Ausnahmefällen ein Ablehnungsgrund sein, vgl. BVerfG JZ 1987, 719).

9 **3. Entbehrlichkeit einer Maßnahme.** Vorbereitende Maßnahmen sind stets zumutbar und damit nicht entbehrlich, soweit sie abgrenzbare Aspekte betreffen BGH NJW 1991, 1181. Aber auch die Ladung von mehreren Zeugen nach § 273 II kann zur zügigen Erledigung des Rechtstreits häufig gestaffelt nach Uhrzeit zweckmäßig sein.

10 Das Gericht darf eine Beweisaufnahme zwar nicht zu dem Zweck vorbereiten, ein **verspätetes** Vorbringen vor einer Zurückweisung nach § 296 zu retten, BGHZ 91, 304, großzügiger BVerfG NJW 1989, 706. Allerdings ist das Gericht aufgrund seiner **Prozessförderungspflicht** gehalten, in den Fällen verspäteten Parteivorbringens im Rahmen des Zumutbaren durch alle möglichen prozessleitenden Maßnahmen die drohende Verzögerung des Verfahrens zu verhindern BGH NJW-RR 1991, 728. Unterbleiben geeignete Maßnahmen, so kommt eine Zurückweisung nach § 296 nicht in Betracht, da andernfalls die Grundsätze des rechtlichen Gehörs nach Art. 103 I GG verletzt wären BVerfG NJW 2000, 945; NJW-RR 1999, 1079. Eine **angekündigte Widerklage** braucht nicht abgewartet zu werden OLG Köln MDR 2005, 1188.

4. Beispiele zur Frage der Möglichkeit einer Maßnahme, I–IV

11 **Akteneinforderung:** Zulässig ist sie in den Grenzen von → Rn. 2, Düss MDR 1992, 812, einschließlich von Generalakten der Gerichtsverwaltung etwa zur Geschäftsverteilung oder zu einer Generalvollmacht nach → § 80 Rn. 23. Ihre Klärung kann im Verfahren mit einer mündlichen Verhandlung nur dort unter den kontrollierenden Augen der Parteien und ihrer ProzBev. korrekt erfolgen. Sie unterliegt nicht dem Datenschutz. Die Verwaltung darf die Akten daher nach Art. 35 I GG, → § 80 Rn. 23 auch nicht als unentbehrlich zurückhalten.

Akteneingang: § 273 gilt ab dem Akteneingang vom Mahngericht beim Gericht des nach § 696 I 1 folgenden streitigen Verfahrens.

Amtliche Aufklärung: Unzulässig ist dergleichen, BVerfG NJW 1994, 1210 (Neutralitätsgebot des Gerichts; Parteienherrschaft, Dispositionsgrundsatz).

Amtliche Auskunft: Zulässig ist ihre Einholung nach § 273 II Nr. 2, BGH WRP 2019, 61; GRUR 2017, 635. Dazu gehört eine solche eines Bürgermeisters, Brdb ZMR 2011, 37; in Ausnahmefällen kann eine amtliche Auskunft auch einen Sachverständigenbeweis als Beweismittel ersetzen (BGHZ 89, 119; OLGR Bremen 06, 105).

Amtsermittlung: → Rn. 9 „Parteiherrschaft".

Arrest, einstweilige Verfügung: § 273 kommt wegen der Beschränkung auf **präsente Beweismittel** nach §§ 294 II, 920 II, 936 zB nur dann in Betracht, wenn die Partei einen Zeugen nicht stellen kann.

Augenschein: Zulässig ist seine Vornahme nach § 371.

Auslandsrecht: Zulässig ist die Anordnung seines Nachweises nach § 293 S. 2.

Ausländischer Zeuge: Bei ihm ist evtl. eine Vertagung nach § 227 nötig oder eine Anheimgabe ratsam, den Zeugen im Termin nach → Rn. 28 zu gestellen (sistieren), BGH NJW 1980, 1849 (sehr weitgehend).

Aussetzung: Wenn eine solche nach §§ 148 ff. wahrscheinlich nötig wird, wäre eine Maßnahme nach § 273 oft wertlos.

Berufungsinstanz: → Rn. 3.

Beweiserheblichkeit: II Nr. 1–5 nimmt insbesondere auf die einzelnen Beweismittel – mit Ausnahme des Augenscheins – Bezug, die bei erheblichen Einwänden zu erheben sind.

Beweismittel nach §§ 294 II, 920 II, 936 zB nur dann in Betracht, wenn die Partei einen Zeugen nicht nach → Rn. 28 gestellen (sistieren) kann, Teplitzki DRiZ 1982, 41.

Einzelangaben: Das Gericht braucht keineswegs die Art und Weise seiner beabsichtigten Prozessförderung den *Parteien in allen Einzelheiten* zu verdeutlichen, BVerfG NJW 1991, 2824, BGH NJW 1983, 577.

Fragepflicht: § 139 ist neben § 273 voll anwendbar. Es ist zB stets eine Aufgabe des Gerichts, die Parteien zur rechtzeitigen und vollständigen Erklärung über tatsächliche Punkte nach → Vor § 284 Rn. 29 (über rechtliche nur ausnahmsweise) zu veranlassen.

Fristversäumung: Es besteht zumindest außerhalb des FamFG-Verfahrens keine Pflicht zur Belehrung wegen einer Fristversäumung.
Informationsbeschaffung: Zulässig ist eine Anregung oder Anordnung zwecks Beschaffung einer Information unter der Wahrung eines Vertraulichkeitsinteresses, Schlosser FS Großfeld, 1999, 997 (1015).
Klageeingang: § 273 gilt ab dem Klageeingang nach § 253.
Parteiherrschaft: Das Gericht darf im Verfahren mit einer Parteiherrschaft keineswegs seine Unparteilichkeit durch eine Amtsermittlung verletzen, BVerfG NJW 1994, 1211, siehe insoweit auch §§ 41 ff.
Registerauszug: Zulässig ist seine Einholung, Mü JurBüro 1992, 404.
Schriftliche Zeugenaussage: Zulässig ist ihre Einholung nach § 377 III, → § 377 Rn. 15.
Überstürzung: Es darf keineswegs bei § 273 zu einer überstürzten Maßnahme oder zu Überrumpelungen kommen BVerfG NJW 1991, 2824. Dies würde dem Grundsatz des fairen Verfahrens entsprechen. Das Gericht braucht überhaupt nur im Rahmen eines normalen Geschäftsgangs tätig zu werden, BVerfGE 81, 271; BGH NJW 1988, 3097; LG Hann MDR 1985, 241, also zB dann nicht, wenn nur noch wenige Werktage zur Verfügung stehen, BGH NJW 1987, 499; Schlesw SchlHA 1980, 161; aM Hamm NJW-RR 1994, 958 (aber dann klappt es evtl. schon technisch kaum noch).
Unparteilichkeit: „Parteiherrschaft".
Urkunde: Zulässig ist nach § 273 II Nr. 5 eine Aufforderung oder Anheimgabe zur Einreichung einer oder mehrerer Urkunden etwa nach §§ 142, 144, 423.
Videokonferenz: Anordnung einer mündlichen Verhandlung oder Beweisaufnahme nach § 128a in geeigneten Fällen
Verfahrenswahl: § 273 ist auch schon vor der Verfahrenswahl nach → § 272 Rn. 9 anwendbar.
Verspätung: Keineswegs darf oder muss gar das Gericht zB schon eine bloße Möglichkeit eines verspäteten Beweisantritts berücksichtigen, Celle NJW 1989, 3024. Was das Gericht trotz eines späten Parteivortrags vorher durchführen kann, das sollte auch geschehen, BGHZ 76, 178; Köln VersR 1979, 89; Zweibr JurBüro 1978, 270.
Verzögerung: Eine Maßnahme darf nach §§ 198 ff. GVG nicht zu einer vermeidbaren Verzögerungsgefahr führen.
Zeuge: Dazu Bertke/Schroeder SchiedsVZ 2014, 80. Zulässig ist nach § 273 II Nr. 4 eine Aufforderung oder Anheimgabe der Gestellung oder Sistierung eines oder mehrerer Zeugen nach → Rn. 28 oder zur Einsicht in Unterlagen durch ihn vor dem Erscheinen nach § 378. Zulässig ist auch eine Ladung vor abschließender Klärung ihrer Notwendigkeit, BGH NJW 1975, 1744.

V. Maßnahmen im Einzelnen, II. Die nicht abschließende Aufzählung II Nr. 1–5 („insbesondere") gibt 12
nur **Beispiele** zulässiger Maßnahmen, Kalthoener DRiZ 1975, 203 (→ Rn. 4). Grundsätzlich sind das Kollegium ebenso wie der Vorsitzende zu Aufklärungsmaßnahmen jeder Art zwecks materiell-rechtlicher oder prozessualer Förderung im Rahmen des Dispositionsgrundsatzes befugt und verpflichtet, Mü JurBüro 1992, 404, Wolf ZZP 94, 315, mit **Ausnahmen** derjenigen aus Nr. 4 und evtl. Nr. 5 bei einem fehlenden Widerspruch des Bekl., ferner derjenigen, die mit einem Beschluss des Gerichts im Widerspruch stehen, oder derjenigen, die eine über II hinausgehende Beweisaufnahme enthalten (dazu § 358a).

Die **Form** einer Maßnahme hängt mit von ihrer Art ab, etwa einerseits bei einer prozessleitenden Ladung 13
dann, wenn das Gericht sicher sein will, dass der Zeuge die Ladung auch wirklich erhalten hat (Zustellung), andererseits bei einem bloßen Hinweis ohne Aufgabe einer Antwort (telefonisch oder einfach schriftlich). Eine Verfügung reicht, ein Beschluss nach § 329 ist nicht erforderlich. Eine weitergehende Begründung ist möglich, aber entbehrlich. Schon auf die bloße Klage hin sind im Rahmen der Zustellung mit der Anordnung eines schriftlichen Vorverfahrens oder der Bestimmung eines frühen ersten Termins Anordnungen möglich. Die einschränkende Vorschrift des III 1 ist nur eine Sollvorschrift. Eine Anordnung mit einer Fristbestimmung ist unabhängig von § 132 und auch beim Verfahren mit einem frühen ersten Termin nach § 275 schon vor der Terminsbestimmung zulässig.

1. Auflage, II Nr. 1 Hs. 1. Zulässig ist in einer Fortführung der §§ 139, 142 eine Auflage zur Ergänzung und 14
Erläuterung schriftsätzlichen Vorbringens, auch zB zur besseren Ordnung des Vortrags oder der Anlagen, ferner zur Anfertigung und Vorlegung einer Skizze oder von Fotos oder Objekten, sowie eine Erklärungsfrist.

Die Auflage **ergeht** aufgrund einer mündlichen Verhandlung oder außerhalb dieser. Denn der Beschluss oder 15
die Verfügung sind rein prozessleitend.

2. Beispiele zur Frage einer Auflage, II Nr. 1 Hs. 1

Keine Aktenlageentscheidung: Eine Auflage ist keine solche Entscheidungsart nach → § 251a Rn. 10. 16
Behandlungsunterlagen: Es gelten §§ 142, 144, Hmb OLGR 1996, 35.
Belehrung: Das Gericht braucht sie außerhalb von §§ 232, 233 S. 1 **nicht** zu erteilen, (zum alten Recht) BGHZ 88, 183, Düss MDR 1985, 417. Sie kann aber ratsam sein, Grunsky JZ 1978, 83.
Erklärungsform: Sie braucht nicht unbedingt schriftsätzlich zu sein. Das Gericht kann freilich auch im Parteiprozess nach → § 78 Rn. 1 eine Schriftform fordern. Es verlangt sie stillschweigend im Anwaltsprozess nach → § 78 Rn. 1.
Fristsetzung: Sie ist eine richterliche nach → Vor § 214 Rn. 15. Es handelt sich um eine Ausschlussfrist. Ihre Berechnung erfolgt nach § 222. Ihre Abkürzung oder Verlängerung geschieht nach § 224. Das Gericht kann sie auf den nächsten Termin begrenzen. Dann genügt die Abgabe der Erklärung bis zum Terminschluss nach §§ 136 IV, 296a. Dasselbe muss aber auch bei einer kalendermäßig bestimmten Befristung gelten.
Mitteilung: Das Gericht verkündet eine Auflage oder lässt sie dem Pflichtigen nach §§ 166 ff. förmlich zustellen, falls sie ohne mündliche Verhandlung ergeht, BGHZ 76, 238 (ein Zustellungsmangel könne nicht heilen, insofern zu streng). Der anderen Partei lässt das Gericht die Anordnung nach § 329 II auch formlos mitteilen.
Klageschrift: Sie kann eine ausreichende Unterlage sein. Sie kann zB glaubhaft die Zweckmäßigkeit einer Zeugenladung nach §§ 373 ff. ergeben.
Rechtsklärung: Sie kann eine Auflage rechtfertigen.
Säumnis: Eine Auflage ist bei einer ein- oder zweiseitigen Säumnis nach §§ 330 ff. statthaft.
Übersetzung: Das Gericht kann ihre Beibringung trotz § 184 GVG allenfalls nach § 142 fordern, bei fehlender Übersetzung dann ggf. aber nicht verwerten.

Urkundenvorlage: Es gelten vorrangig §§ 142, 144, auch die Vorlage von Skizzen, Fotos und Gegenständen des richterlichen Augenscheins.
Verspätung: Dann gilt § 296 I, IV.
Verweigerung: Dann sind §§ 427, 444 entsprechend anwendbar.
Vorbereitung des Prozesses: Unzureichend sind dazugehörige Unterlagen nach → § 143 Rn. 6.
Zeugenanschrift: Bei einer nach → § 373 Rn. 5 ff. (mit ladungsfähiger Anschrift) ungenügenden hat § 356 den Vorrang, BGH NZI 2015, 191; NJW 1993, 1926.

17 **3. Aufklärungsfrist, II Nr. 1 Hs. 2.** Ihre Anordnung ist dann zulässig, wenn das Gericht bestimmte tatsächliche und nicht rechtliche Punkte für aufklärungsbedürftig hält, damit der Rechtsstreit im Lichte von § 139 sachgerecht gefördert werden kann, Ffm MDR 1979, 764; Grunsky JZ 1978, 83. Die Tatsachenmüssen gesamterheblich bestritten sein. Dazu genügt aber ein schriftsätzliches Bestreiten bei einer Säumnis nach §§ 330 ff. oder bei einem Beschluss außerhalb der mündlichen Verhandlung nach § 137. Die Partei muss sich auf eine andere Akte wenigstens im Kern bezogen haben, bevor das Gericht sie beizieht, BGH NJW 2004, 1325. Eine Aufrechnung nach → § 145 Rn. 14 kann nicht unberücksichtigt bleiben. Denn zu ihrer Geltendmachung fordert das Gericht auch nicht auf. Nr. 1 ist also überhaupt nicht anwendbar. Außerdem würde man durch eine Nichtberücksichtigung die zur Aufrechnung gestellte Forderung nach § 322 II aberkennen.

18 Das Gericht muss die Punkte nach § 138 II so **genau bezeichnen,** dass eine entsprechende Erklärung überhaupt möglich ist, Mü MDR 1978, 147 (Abgrenzung zur Ausforschung). Nicht etwa soll die Auflage nur allgemein zu einer Erklärung „auf den Schriftsatz des Klägers vom…“ auffordern, außer wenn dieser nur einen bestimmten Punkt behandelt. Natürlich kommt nicht eine Auflage zur Erwiderung auf ein noch gar nicht beim Gericht eingegangenes gegnerisches Vorbringen in Betracht, BGH NJW 1980, 1168. Regelmäßig muss die Auflage alle erklärungsbedürftigen streitigen Punkte betreffen.

19 **4. Ersuchen, II Nr. 2.** Verwaltungsbehördlich gewonnene Erkenntnisse und amtliche Auskünfte einer Behörde können zum Zweck von Sachaufklärung und Beweisführung in das Zivilverfahren eingeführt und verwertet werden (Laumen MDR 2020, 145). Behörden können um die Erteilung amtlicher Auskünfte, um Mitteilung von Urkunden und um die Beiziehung von Akten gebeten werden. Der Grundsatz der Parteidisposition und die Grenze zur Amtsermittlung ist solange nicht überschritten, wie es um die Aufklärung des streitigen Sachverhalts und auf die Beibringung von Beweismitteln nach den Vorschriften der ZPO geht (vgl. MüKoZPO/Prütting Rn. 3; Heese NJW 2021, 887). Dies ermöglicht es somit bei Rechtsstreitigkeiten um den sog. **„Dieselskandal“**, das KBA terminsvorbereitend um amtliche Auskünfte zu ersuchen (vgl. OLG München, 1.3.2021, 8 U 4122/20; OLG Celle Hinweisbeschl. v. 14.7.2020 – 7 U 532/18, BeckRS 2020, 19389 und Hinweisbeschl. v. 17.2.2021 – 7 U 20/20, BeckRS 2021, 2373; OLG Oldenburg Hinweisbeschl. v. 8.9.2020 – 14 U 322/19, BeckRS 2020, 28767 (VW-Motor EA 288). Betreffend EA 897 s. nur OLG Hamm Beschl. v. 18.1.2021 – 8 U 92/20, BeckRS 2021, 2196; NJW 2021, 887; Heese NJW 2021, 887).

20 Auch ein **Strafurteil** einschließlich der Strafakte können im Zivilprozess von Amts wegen oder durch den Beweisantritt einer Partei nach § 432 berücksichtigt werden, vgl. BVerfG 1 BvR 576/19, siehe Schubert, jurisPR-BKR 3/2022.

21 Zulässig ist ferner ein Ersuchen um die Mitteilung einer privaten Stelle oder von Urkunden zB nach § 142, AG Gött ZIP 2015, 1137. Hierher zählt zB die Beiziehung eines Ampelschaltplans bei einem Verkehrsunfall, sofern dieser nicht vom Sachverständigen beigezogen wird, KG VersR 2008, 798. Auch eine Staatsanwaltschaft kommt infrage, BVerfG WM 2014, 767, ferner eine ausländische Behörde, BGH NJW 1992, 3107. Behörde: § 1 IV VwVfG) (weite Auslegung). Die Übersendungspflicht richtet sich nach § 432, eine amtliche Auskunft nach → Vor § 373 Rn. 31. Ist es der Partei selbst möglich, in die Akten Einsicht zu nehmen, besteht keine Pflicht zur Beiziehung (OLG Hamm NJW-RR 2002, 504).

22 **5. Anordnung des persönlichen Erscheinens, II Nr. 3.** Die Vorschrift führt den § 141 fort. Diese Bestimmung ist voll anwendbar, auch § 141 I 1 (Anordnung auch von Amts wegen möglich). Anwendbar ist ferner § 141 I 2, obwohl IV nur § 141 II, III anführt. Denn eine Anordnung nach § 273 kann keine größeren Pflichten nach sich ziehen als diejenige aus § 141. Daher kommt auch die Ladung vor einer streitigen Erklärung der Partei grundsätzlich nicht in Betracht, Köln JurBüro 1976, 1113; Zöller/Greger Rn. 9. Sollten die Voraussetzungen für die Anordnung des persönlichen Erscheinens vorliegen, kommt bei Nichterscheinen ein Ordnungsgeld in Betracht, soweit zuvor auf die Folgen hingewiesen worden ist (IV 2 iVm 141 III, 380 f.). Man kann evtl. Nr. 3 auf den Streithelfer des § 66 entsprechend anwenden. Das persönliche Erscheinen der betroffenen Parteien ist in der Regel für Vergleichsverhandlungen hilfreich. Wegen der persönlichen Betroffenheit der Partei sind die Möglichkeiten für einen Vergleichsschluss größer, selbst wenn ein nach § 141 III 2 geeigneter Vertreter auftritt. Unabhängig von diesem faktischen Umstand lässt § 141 III 2 aber den Rückschluss zu, dass das persönliche Erscheinen nur angeordnet werden soll, wenn dies für die weitere Aufklärung des Sachverhaltes geboten ist, die Partei die tatsächlichen Umstände also besser vortragen kann als dies auf Befragen ein Vertreter könnte.

23 **6. Ladung von Zeugen und Sachverständigen, II Nr. 4.** Die Ladung eines Zeugen nach §§ 373 ff. ist nur dann möglich, wenn sich eine Partei auf diesen Zeugen berufen hat, sei es auch nur zu ihrem Hilfsvortrag nach → § 260 Rn. 9, Deubner NJW 1977, 924 (wegen einer Berufung Deubner NJW 1978, 355). Sie ist außerdem nach III 1 nur statthaft, soweit der Prozessgegner des Beweisführers das Beweisthema schon gesamterheblich bestritten hat oder etwa nach dem gegnerischen Vortrag oder auch „nur“ nach der großzügig anwendbaren Lebenserfahrung und deshalb ohne einen Verstoß gegen § 21 GKG, § 20 FamGKG erkennbar bestreiten wird. Bei Sachverständigen ist dies auch von Amts wegen möglich, § 144. Außerdem muss nach III 2 ein nach §§ 379 (402) geforderter Vorschuss vorliegen. Bei einer Maßnahme von Amts wegen stellt ein Vorschuss keine Bedingung für die Durchführung der Beweiserhebung dar. Zur Klärung der Frage, ob das Beweisthema streitig ist, kann das Gericht nach III 1 eine Frist nach Nr. 1 setzen und „soll“ so verfahren. Der Zeuge muss zu einem präzisen und überschaubaren Beweisthema aussagen sollen, BGH NJW 1987, 261. Das Gericht muss ihm dieses Beweisthema wenigstens im Kern mitteilen (§ 377 II 2). Mehr ist aber auch nach → § 373 Rn. 10–12 nicht nötig. Statt einer Ladung kommt auch eine vorbereitende Anordnung der schriftlichen Beantwortung einer Beweisfrage nach § 377 III in Betracht, dort → § 377 Rn. 9. Möglichkeiten eines Ordnungsgeldes richten sich nach § 380.

7. Beispiele zur Frage einer Ladung, II Nr. 4

Aufzeichnungen: Das Gericht darf und sollte nach Hs. 2 im Rahmen seines pflichtgemäßen Ermessens dem Zeugen wegen § 378 I 1 auch schon jetzt aufgeben, Aufzeichnungen und Unterlagen usw. einzusehen und zum Termin mitzubringen. Dabei bildet die etwaige Unzumutbarkeit eine Ermessensgrenze. Das Gericht muss den Zeugen wegen § 378 II Hs. 2 auch schon jetzt auf die Folgen der Unterlassung solcher ausreichenden Vorbereitung „vorher" hinweisen, also auf die Möglichkeit der Kostenauferlegung von Ordnungsgeld und ersatzweiser Ordnungshaft nach § 390. Soweit der Hinweis in der Ladung erfolgt, wäre an sich scheinbar dazu nach § 168 I 1 die Geschäftsstelle zuständig. Indessen sollte der Vorsitzende zumindest organisieren und kontrollieren, ob, wann und wie der Hinweis erfolgt. Er muss eine ausreichende Frist einhalten. 24

Auslandsvernehmung: Sie findet noch nicht nach § 273 statt, Köln VersR 1975, 772.

Auswärtiger: Seine Vernehmung auch durch das Prozessgericht ist bei einem eindeutigen Bedarf natürlich zulässig.

Beweisanordnung: Sie liegt bei § 273 anders als bei § 358a noch nicht vor, Mü AnwBl 1989, 110.

Gestellung, Sistierung: Das Gericht braucht keine Eilmaßnahmen anzuordnen, etwa einen verspätet benannten Zeugen nach § 373 (jetzt) per Telefax laden zu lassen, Schlesw SchlHA 1980, 161, zumal es auch dem Zeugen eine gewisse Dispositionsfreiheit belassen und sein Persönlichkeitsrecht nach Art. 1, 2 GG auch zeitlich wahren muss, Karlsr FamRZ 1995, 738. Es kann durchaus ausreichen, dass das Gericht dem Beweisführer notfalls telefonisch anheimgibt, den Zeugen im Termin zu stellen, ihn also zu „sistieren", BGH NJW 1980, 1848. Es darf auch den Sistierten vernehmen, Gießler NJW 1991, 2885; aM Schlesw NJW 1991, 303 (aber man darf auch außerhalb von § 294 II stets noch im Termin **präsente Beweismittel** zur Verfügung stellen, ungeachtet einer etwaigen Nachfrist zur Stellungnahme zum Beweisergebnis).

Das Gericht darf aber die sofortige Vernehmung des gestellten Zeugen sogar trotz einer Anheimgabe einer Sistierung unter anderem dann **ablehnen,** wenn der Terminstag durcheinander käme oder wenn es den Zeugen aus anderen nicht vom Gericht vertretbaren Gründen nicht abschließend vernehmen kann, BGH NJW 1986, 2257, VerfGH Mü NJW-RR 1993, 638; LG Köln VersR 1990, 674. Freilich entschuldigt ein Urlaub des Richters nicht, BVerfG NJW-RR 1995, 1469.

Kostenvorschuss: § 379 ist nach III 2 entsprechend anwendbar.

Ladung: Zu ihr gehört auch die Mitteilung des Gegenstands der Vernehmung nach → Rn. 26, Celle NJW 1977, 540; Ffm MDR 1979, 236 (zu § 377); Saarbr OLGR 2005, 960.

Privatgutachter: Er ist nach → Vor § 402 Rn. 41 nicht schon als solcher ein Sachverständiger nach II Nr. 4, Karlsr VersR 2003, 977.

Streitfrage: Die Ladung eines Sachverständigen nach § 402 ist schon wegen § 144, den Nr. 4 fortführt, von einem entsprechenden auch nur ohne einen Namensvorschlag gestellten Parteiantrag unabhängig. Auch sie soll aber nur zu einer Streitfrage erfolgen.

Umfangreiche Beweisaufnahme: Das Gericht darf oder muss nach → Rn. 12 keineswegs dergleichen vorbereiten.

Verspätung: Soweit ein neuer Termin erforderlich wäre, können die Voraussetzungen nach § 296 vorliegen; insoweit ist Zurückhaltung angebracht, falls eine Beweiserhebung von Amts wegen geboten gewesen ist.

8. Anordnung nach §§ 142, 144, II Nr. 5. Das Gericht kann den Beteiligten und auch einem Dritten die Vorlegung von Urkunden oder anderen Unterlagen mit oder ohne eine Fristsetzung nach § 142 und die Einnahme eines Augenscheins nach § 371 sowie die Begutachtung durch Sachverständige nach §§ 144, 402 anordnen (auch von Amts wegen möglich). Der erforderliche Vorschuss ist zu zahlen §§ 379, 402; bei einer Maßnahme von Amts wegen (§ 17 III GKG) kann die Ladung/Beauftragung aber nicht von der Vorschusszahlung abhängig gemacht werden BGH NJW 2000, 743; Musielak/Voit/Foerste Rn. 15. Auch Maßnahmen gegen **Dritte** sind möglich (§§ 142, 144). Es kann auch Akten beiziehen, Oldb OLGR 2002, 4. II Nr. 5 ist an sich eine überflüssige Wiederholung der eben genannten weiteren Vorschriften. Sie gewinnt dadurch Bedeutung, dass der Verstoß gegen eine Anordnung nach §§ 142, 144 infolge von deren Erwähnung in II Nr. 5 zur Zurückweisung nach § 296 I führen kann. Dessen abschließende Aufzählung erfasst zwar nicht direkt, aber eben indirekt über die Bezugnahme auf § 273 II Nr. 5 auch §§ 142, 144 mit. Die jeweilige Partei muss sich substantiiert auf den beweisrelevanten Gegenstand beziehen, um eine Ausforschung zu vermeiden (MüKoZPO/Prütting Rn. 26). 25

VI. Widerspruch, III. Nur dann, wenn der Bekl. dem Klagantrag widersprochen hat, soll eine Anordnung nach II Nr. 4 sowie gegenüber einem Dritten nach II Nr. 5 ergehen, dann freilich auch schon zur Vorbereitung eines frühen ersten Termins nach § 275, KG NJW 1980, 2363. Die Anordnung ist aber auch ohne einen vorherigen Widerspruch wirksam, ebenso bei einem verspäteten Widerspruch nach §§ 275 III, 276 I 1, 2. 26

VII. Benachrichtigung, IV. Das Gericht muss jede Partei bzw. jeden Prozessbevollmächtigten von jeder nicht ihr gegenüber ergangenen Aufklärungsanordnung zeitig benachrichtigen. Eine formlose Benachrichtigung ist in der Regel ausreichend. Das gilt schon wegen des rechtlichen Gehörs, BVerfG NJW 1994, 1211, aber auch mit Rücksicht auf die Parteiöffentlichkeit nach §§ 357, 397. Es gilt auch dann, wenn das Unterbleiben nach dem Ermessen des Richters eine Partei in der Wahrnehmung ihrer Rechte nicht beeinträchtigt, BVerwG NJW 1980, 900; OLG Schleswig NJW 1991, 303. Eine Beweisaufnahme ohne die Benachrichtigung ist vorbehaltlich einer Heilung nach § 295 I nicht verwertbar, BVerwG NJW 1994, 1210; Schlesw NJW 1991, 304 (erörtert nicht den § 295); Gießler NJW 1991, 2885. 27

VIII. Verstöße der Beteiligten. 1. Verstoß der Parteien. Eine Nichtbefolgung von Anordnungen durch die Parteien bei einer Erklärungsfrist nach II Nr. 1 lässt sich nach § 296 I, IV auch gegenüber einer nicht anwaltlich vertretenen Partei nach § 286 frei würdigen, BGHZ 88, 184, Karlsr FamRZ 1990, 535. Der Anwaltsvertrag begründet für beide Partner die Nebenpflicht, einander so weit zu informieren, dass eine sachgemäße und ausreichende Beantwortung einer gerichtlichen Auflage möglich ist, BGH NJW 1982, 437. Ein Verschulden des gesetzlichen Vertreters oder des ProzBev. gilt auch insofern nach **§§ 51 II, 85 II** als ein Verschulden der Partei. Das Gericht ist an solche Anordnungen nicht gebunden, die bis zum Schluss der mündlichen Verhandlung nach §§ 136 IV, 296a undurchführbar sind. Denn sonst würde gerade keine Beschleunigung erfolgen. Wird eine Vertagung nach § 227 nötig, können § 95 ZPO, § 38 GKG, Anh. § 95, anwendbar sein. Es liegt dann kein 28

Verstoß der Parteien vor, wenn ohne ihr Zutun ein Zeuge nach § 373 oder ein Sachverständiger nach § 402 nicht erscheint oder eine Behörde nicht reagiert, BGH MDR 1986, 1018 (abl. Schneider).

29 **2. Verstoß des Gerichts.** Eine Verletzung des § 273 begründet trotz § 567 keine sofortige Beschwerde, aM Schlosser FS Großfeld, 1999, 997 (1016). Sie begründet grundsätzlich auch keine Revision. Denn das Urteil kann nicht auf ihr beruhen, BAG MDR 2000, 648. Wohl aber kann eine Verzögerung nach §§ 282, 296, 530 fehlen, weil die Möglichkeiten des § 273 zur Verfügung standen, BVerfG NJW 1989, 706, BGH NJW-RR 2002, 646; KG NJW 1979, 1369; vgl. auch BGH NJW 2012, 2808; auch → Rn. 14. Es kann auch ein Verstoß gegen Art. 103 I GG vorliegen, BVerfG 65, 307; BGH NJW 1991, 2760. Zum Problem allgemein Walchshöfer NJW 1976, 697. Es liegt keineswegs etwa deshalb eine Unwirksamkeit vor, weil das Gericht keine Belehrung über eine Fristversäumung erteilt hat. Soweit der Gerichtsvorstand oder eine andere Stelle einen Verstoß begeht, etwa Generalakten entgegen nicht zur Verfügung stellt (§ 299 II, soweit nicht auf den Vorsitzenden delegiert), bleibt nur der Partei die Möglichkeit eines Antrags nach §§ 23 ff. EGGVG und dem Prozessgericht die Möglichkeit einer etwaigen diesbezüglichen Aussetzung nach § 148.

30 **3. Verstoß der Beweisperson.** Soweit ein Zeuge eine zumutbar erfolgte Aufforderung vorwerfbar nicht genug beachtet, muss das Gericht ihn gemäß II Nr. 4 Hs. 2 iVm §§ 378, 390 nach § 390 behandeln, sofern das Gericht auf diese Folge rechtzeitig hingewiesen hatte.

274 *Ladung der Parteien; Einlassungsfrist.* **I Nach der Bestimmung des Termins zur mündlichen Verhandlung ist die Ladung der Parteien durch die Geschäftsstelle zu veranlassen.**

II Die Ladung ist dem Beklagten mit der Klageschrift zuzustellen, wenn das Gericht einen frühen ersten Verhandlungstermin bestimmt.

III [1]Zwischen der Zustellung der Klageschrift und dem Termin zur mündlichen Verhandlung muss ein Zeitraum von mindestens zwei Wochen liegen (Einlassungsfrist). [2]Ist die Zustellung im Ausland vorzunehmen, so beträgt die Einlassungsfrist einen Monat. [3]Der Vorsitzende kann auch eine längere Frist bestimmen.

1 **I. Systematik, I–III.** Die Vorschrift regelt die für eine ordnungsgemäße Terminsladung erforderlichen Formalitäten. Nach dem Eingang der Klageschrift nach § 253 prüft der Vorsitzende nach freiem Ermessen zunächst, ob er einen Gütetermin nach § 278 II und sodann oder gleichzeitig nach § 272 II einen frühen ersten Termin nach § 275 oder ein schriftliches Vorverfahren nach § 276 veranlassen soll oder ob das schriftliche Verfahren nach § 128 II, § 495a S. 1 stattfinden kann und soll. Nur im ersteren Fall bestimmt er sogleich nach § 216 II einen Güte- oder baldmöglichen Verhandlungstermin nach § 272 III. Demgegenüber verfährt er beim schriftlichen Vorverfahren nach § 276 I. Erst nach dessen Abwicklung oder Abbruch erfolgt eine Terminbestimmung. I bezieht sich auf beide Wege, II auf die Wahl des frühen ersten Termins, III wiederum auf beide Wege.

2 **II. Regelungszweck, I–III. I** regelt, dass für die organisatorische Umsetzung die Geschäftsstelle originär zuständig ist. II ist im Zusammenhang mit § 276 I zu lesen. Die Klageschrift (§§ 270 S 1, 271 I) soll danach nicht isoliert, sondern stets mit der weiteren richterlichen Verfügung nach § 272 II (früher erster Termin oder schriftliches Vorverfahren) zugestellt werden. Die Zustellung dient dem Schutz des Beklagten und zur Gewährung rechtlichen Gehörs nach Art. 103 I GG. Der Urkundsbeamte der Geschäftsstelle handelt in eigener Verantwortung (§ 153 GVG, §§ 166 ff., 168, 214, 270 ZPO). Der Vorsitzende kann dabei im Einzelfall zusätzlich ergänzende Anweisungen erteilten. Auch diese Vorschrift ist Ausdruck des Beschleunigungsgebots (Klein, MDR 2021, 393).

3 **III. Geltungsbereich, I–III.** Die Vorschrift gilt grundsätzlich fast im Gesamtbereich der ZPO, auch im WEG-Verfahren. Im Kleinverfahren nach § 495a gilt zumindest grundsätzlich III. Wegen des Mahnverfahrens → § 697 Rn. 21. Die Einlassungsfrist ist immer dann notwendig, wenn eine Klage vorliegt. Sie gilt entsprechend im Berufungsverfahren nach § 523 II und im Revisionsverfahren nach § 553 II. Sie gilt auch bei einer öffentlichen Zustellung nach §§ 185 ff. Sie gilt **nicht** im vorläufigen Verfahren nach §§ 916 ff. auf einen Arrest oder nach §§ 935 ff. auf eine einstweilige Verfügung. Denn mit dessen Zweck der **raschen Verfahrensdurchführung** wäre sie nicht vereinbar. Das gilt selbst dann, wenn das Gericht eine mündliche Verhandlung nach §§ 922 I Hs. 1, 936 für erforderlich hält oder nach §§ 926 I, 936 anordnen muss. Jedoch gilt auch dort die Ladungsfrist nach § 217, Lidle GRUR 1978, 93. Im arbeitsgerichtlichen Verfahren gilt § 47 I ArbGG, Lorenz BB 1977, 1001. Im FamFG-Verfahren gilt abweichend § 32 II FamFG.

4 **IV. Ladung zur mündlichen Verhandlung, I. 1. Allgemeine Regelungen.** Zunächst ist ein Termin zur **mündlichen Verhandlung** zu bestimmen, entweder ein früher erster – vollwertiger – Termin (§§ 275 I, 279I) oder nach einem schriftlichen Vorverfahren (§§ 276, 277), wobei die Verfahrenswahl Aufgabe des Vorsitzenden ist. Letztendlich ist vor dem erkennenden Gericht grundsätzlich mündlich zu verhandeln (§§ 128 I, 128a) (Ausnahme zB § 128 II). Eine mündliche Verhandlung bietet dabei den Vorteil größerer Anschaulichkeit, die leichtere Möglichkeit den Vortrag auf den Einzelfall anzupassen, Missverständnisse zu beseitigen, den Streitstoff auf die maßgeblichen Gesichtspunkte besser konzentrieren und aufklären zu können, Argumente besser austauschen zu können und durch die Gewährung der Öffentlichkeit ein mögliches Misstrauen gegen das Gericht erst gar nicht entstehen zu lassen (vgl. Rosenberg/Schwab/Gottwald ZivilProzR § 79). Den Termin zur mündlichen Verhandlung bestimmt der **Vorsitzende** (§ 216 II) bzw. **Einzelrichter** (§§ 348, 348a).

5 Die **Ladung** zu einem jeden Verhandlungstermin erfolgt grundsätzlich nach §§ 214, 216 II, 272 II unverzüglich von Amts wegen nach §§ 166 II, 168, 214, 270 durch die Geschäftsstelle in **eigener Verantwortung.** Das geschieht gegenüber allen Parteien, ab Bestellung eines ProzBev. an diesen nach § 172. Sie erfolgt evtl. zusätzlich an die Partei in den Fällen §§ 141, 273 II 3, 278 II, 445 ff. Die Terminsverfügung ist dabei **zuzustellen** *(§ 329 II 2)*. Die **Ladungsfrist** nach § 217 ist zu wahren. Der Urkundsbeamte der Geschäftsstelle prüft nicht, ob, sondern wen er laden muss. Er muss vor allem § 63 Hs. 2 bei der Ladung von Streitgenossen nach §§ 59 ff. und § 71 III bei der Zuziehung des Streithelfers beachten. Er muss eine Beiladung nach § 48 I WEG mitbeachten. Für die Beiladung von Streitgenossen nach § 63 muss die Partei die Unterlagen der Ladung der Geschäftsstelle

liefern. Ob und welche Belehrung das Gericht beifügen muss, das muss es von Amts wegen nach den infrage kommenden Vorschriften prüfen. Der Urkundsbeamte muss jede Ladung nach ihrer Art und ihrem Zeitpunkt nachvollziehbar aktenkundig machen.

2. Ausnahmen bei Verfahren vor dem Amtsgericht. Im Verfahren vor dem AG erfolgt die Ladung des Klägers nach § 497 I 1 zum ersten Verhandlungstermin formlos, wodurch in der Regel nicht wird nachgewiesen werden können, dass die Ladung wirksam bewirkt worden ist. Jedoch muss das Gericht ihn bei § 340a S. 1 auch zum ersten Termin förmlich laden. Den Bekl. lädt das AG wie sonst. 6

3. Verkündungstermine. Zu Terminen, in denen nur eine Entscheidung verkündet wird (Verkündungstermin – VT), ist eine Ladung der Parteien nicht erforderlich (§ 218). In der Regel erscheint zu solchen Terminen auch niemand. § 141 II bleibt jedoch unberührt (§ 218 aE). 7

V. Früher erster Termin, II. Soweit ein früher erster Termin (§ 275) angeordnet worden ist, muss das Gericht zugleich mit der Klageschrift auch die Ladung nach § 253, 217 I zwingend zustellen. Der Vorsitzende kann auch bei der Bestimmung eines frühen ersten Termins zugleich vorbereitende Maßnahmen nach § 273 treffen. Erst mit der **Klagezustellung** ist die **Klage** nach § 261 I **erhoben,** so dass deren Wirkungen eintreten. Vgl. im Übrigen §§ 271, 275, 276. Ohne Zustellung der Klageschrift wird nämlich kein Prozessverhältnis begründet, Nastansky MDR 2017, 128. Nach einem schriftlichen Vorverfahren nach § 276 erfolgt die Ladung, sobald der Vorsitzende den Termin nach § 216 bestimmt hat. Die Vorschusspflicht nach § 12 GKG ist auch hier zu berücksichtigen. 8

VI. Einlassungsfrist, III. 1. Grundsatz: Gesetzliche Überlegungsfrist. Einlassungsfrist ist nach **III 1** entsprechend der „Klammerdefinition" nur die gesetzliche Frist zwischen der Zustellung der Klageschrift nach §§ 253, 261 (Klageerhebung) und dem ersten Termin zur „mündlichen" Verhandlung nach §§ 137, 279 und beträgt **mindestens zwei Wochen.** Für **vorbereitende Schriftsätze** (§ 129) gilt mindestens die **Wochenfrist** des § 132 ZPO. Im Lichte von **Art. 103 I GG** dürften diese Fristen nicht unterschritten werden. Die Güteverhandlung nach § 278 II 1 geht der mündlichen Verhandlung, die mit dem Stellen der Anträge nach § 137 I eingeleitet wird, gerade voraus. Die Güteverhandlung ist zwar selbst gerade noch keine – streitige – „mündliche Verhandlung", auch nicht eine solche nach III 1. Infolgedessen wäre zwar eine Einlassungsfrist vor einer Güteverhandlung noch nicht notwendig. Da aber die mündliche Verhandlung nach § 279 – anders als in der Regel im Arbeitsprozess, da die ehrenamtlichen Richter in der Regel nicht geladen sind – vgl. § 54 I, IV ArbGG) – sich einer erfolglosen Güteverhandlung unmittelbar anschließend, ist letztendlich doch dieser Termin maßgeblich. Ein Verstoß ist nach § 295 als „Ordnungsvorschrift" heilbar. Daher ist auch ein Verzicht zulässig. Man sollte ihn nach § 160 II protokollieren. 9

Die Einlassungsfrist ist eine **Zwischenfrist** (Überlegungsfrist) zum Schutz für den Beklagten und dient der Möglichkeit der sachgerechten Erörterung, BGH NJW-RR 1994, 1213. Die Übersendung desjenigen Schriftsatzes im **Prozesskostenhilfeverfahren** nach §§ 114 ff., der den Klageentwurf mitenthält, zur bloßen Stellungnahme zum Prozesskostenhilfegesuch an den Antragsgegner lässt die Einlassungsfrist noch nicht beginnen. Anders ist dies dann, wenn beim Prozesskostenhilfeverfahren bereits **unabhängig von der Bewilligung von PKH** Klage erhoben worden ist. Für alle späteren Termine gelten nur noch §§ 132, 217 und das Gebot **rechtlichen Gehörs,** Düss NJW-RR 1999, 860. Das gilt auch bei einer Klagerweiterung oder -änderung nach § 263, Düss NJW-RR 1999, 860, und bei einer Widerklage. Bei einer Terminsänderung wäre § 227 I zu beachten. 10

Die Überlegungsfrist ist auch von Bedeutung für ein „sofortiges" Anerkenntnis, vgl. § 93, OLG VersR 2020, 58. 11

Die Ladungs- und die Einlassungsfrist können an **verschiedenen** Tagen beginnen, zB die Einlassungsfrist bereits mit der noch terminlosen Zustellung der Klageschrift, mit der das Gericht die Fristen nach § 276 setzt, Büttner NJW 1975, 1349. Das muss man besonders nach einem schriftlichen Vorverfahren beachten. 12

2. Dauer. Die Dauer der **Einlassungsfrist** beträgt nach III 1 mindestens 2 Wochen. Das gilt nach § 495 auch beim AG und in einer Wechsel- und Schecksache. Insoweit gibt es nach §§ 604, 605a nur Besonderheiten bei den Ladungsfristen (vgl. Thomas/Putzo/Seiler § 604 Rn. 3). Bei einer **Auslandszustellung** (§ 183) beträgt sie nach der Änderung durch Gesetz vom 11.6.2017 (BGBl. I 1607), in Kraft getreten am 17.6.2017, nach III 2 einen Monat Der Vorsitzende kann sie nach pflichtgemäßem Ermessen nach III 3 im Lichte von Art. 103 II GG **länger** (nicht kürzer) **festsetzen.** Die längere Frist ist bei einer Auslandssache wegen des zusätzlichen Aufwandes, den der Beklagte in der Regel haben dürfte, sachgerecht. Der Urkundsbeamte muss die Festsetzung in einer beglaubigten Ablichtung oder Abschrift zustellen. Für eine öffentliche Zustellung nach §§ 185 ff. gilt nichts Besonderes. Der Zustellungstag bestimmt sich nach § 188. 13

Ihre **Berechnung** richtet sich nach § 222. Eine Verlängerung ist nach § 224 II Hs. 2 unstatthaft. Ihre Unterbrechung richtet sich nach § 249, ihre Hemmung nach § 223. Sie ist **keine** Notfrist nach § 224 I 2. Deshalb ist keine Wiedereinsetzung nach § 233 möglich. Im FamFG-Verfahren gilt aber § 17 I (jede gesetzliche Frist reicht). Man sollte bei der Terminierung bedenken, dass die Akte zwischen der Bearbeitung durch den Richter und dem Versenden der Ladung durch die Geschäftsstelle auch bei der Akte im elektronischen Rechtsverkehr je nach der Geschäftsbelastung eine gewisse Zeit in Anspruch nehmen kann. Daher empfiehlt es sich, für die Fristsetzung als Bezugspunkt kein konkretes Datum, sondern die Zustellung/den Eingang des Schriftsatzes zu nehmen. 14

3. Verstoß. Bei einem Verstoß findet nach § 337 kein Versäumnisverfahren und keine Entscheidung nach Lage der Akten gegen den Bekl. statt, Köln OLGR 2001, 229; Prütting/Gehrlein/Geisler Rn. 4, siehe auch Thomas/Putzo/Reichold Rn. 4; Zöller/Greger Rn. 6 (sie wenden § 335 I Nr. 3 an; aber § 337 spricht spezieller von der Einlassungsfrist). Das gilt auch dann, wenn der Bekl. anwesend ist, aber die Einlassung verweigert, Zöller/Greger Rn. 6. Der Bekl. hat vielmehr einen Vertagungsanspruch nach § 227. Der Kläger darf sich aber auf die Nichteinhaltung der Frist gegenüber dem verhandlungsbereiten Bekl. nicht berufen. Denn der Mangel ist nach § 295 als „Ordnungsvorschrift" heilbar, Stgt NJW-RR 2001, 971. Außerdem gilt § 189. Eine zu Unrecht ergangene Versäumnisentscheidung lässt sich nur mit dem jeweils nach §§ 339 ff. etwa statthaften Rechtsbehelf anfechten. Gegen ein Zweites Versäumnisurteil nach § 345 ist die Berufung nach § 514 II zulässig. 15

275 *Früher erster Termin.* I 1Zur Vorbereitung des frühen ersten Termins zur mündlichen Verhandlung kann der Vorsitzende oder ein von ihm bestimmtes Mitglied des Prozessgerichts dem Beklagten eine Frist zur schriftlichen Klageerwiderung setzen. 2Andernfalls ist der Beklagte aufzufordern, etwa vorzubringende Verteidigungsmittel unverzüglich durch den zu bestellenden Rechtsanwalt in einem Schriftsatz dem Gericht mitzuteilen; § 277 Abs. 1 Satz 2 gilt entsprechend.**

II Wird das Verfahren in dem frühen ersten Termin zur mündlichen Verhandlung nicht abgeschlossen, so trifft das Gericht alle Anordnungen, die zur Vorbereitung des Haupttermins noch erforderlich sind.

III Das Gericht setzt in dem Termin eine Frist zur schriftlichen Klageerwiderung, wenn der Beklagte noch nicht oder nicht ausreichend auf die Klage erwidert hat und ihm noch keine Frist nach Absatz 1 Satz 1 gesetzt war.

IV 1Das Gericht kann dem Kläger in dem Termin oder nach Eingang der Klageerwiderung eine Frist zur schriftlichen Stellungnahme auf die Klageerwiderung setzen. 2Außerhalb der mündlichen Verhandlung kann der Vorsitzende die Frist setzen.

1 **I. Systematik, I–IV.** Vorgelagert ist eine notwendige Güteverhandlung nach § 278 II 1. § 275 gilt sodann zur Durchführung des zur Wahl des Vorsitzenden gestellten Verfahrens mit einem frühen ersten Termin. Die Vorschrift ergänzt also § 272 II, aber auch § 273. Ergänzend ist die Einlassungsfrist nach § 274 III zu beachten. Ein früher erster Termin ist auch bei einem Musterfeststellungsverfahren möglich (vgl. Mansel WM 2019, 1621).

2 **II. Regelungszweck, I–IV.** Die Regelung soll durch die Vorgabe geeigneter Maßnahmen erreichen, dass der Rechtsstreit vorzugswürdig in dem frühen ersten Termin, spätestens im nachfolgenden Haupttermin erledigt wird. Ein früher erster Termin bietet sich also immer dann an, wenn der Rechtsstreit überdurchschnittlich dazu geeignet ist, durch eine **möglichst frühe mündliche** Verhandlung gefördert zu werden; so zB wenn das Gericht gleich zu Anfang darauf hinweisen möchte, welche Gesichtspunkte streiterheblich sind und dies durch eine mündliche Verhandlung besser vermittelt werden kann (→ § 274 Rn. 4). Durch eine möglichst frühe mündliche Verhandlung kann auch die Möglichkeit einer gütlichen Einigung erhöht werden, soweit diese durch das Gericht entsprechend vorbereitet worden ist (§ 278). Falls wesentliche Sachargumente bereits durch ein Prozesskostenhilfeverfahren ausgetauscht worden sind, kann sich auch ein früher erster Termin anbieten, da das vorgeschaltete Prozesskostenhilfeverfahren praktisch einem schriftlichen Vorverfahren entspricht. Die erforderliche Vorbereitung eines frühen ersten Termins kann durch Fristsetzung zur Klageerwiderung (I 1) oder durch die Aufforderung, vorhandene Verteidigungsmittel (I 2), vorzulegen, ergänzt werden. Der frühe erste Termin soll nämlich dazu dienen, nicht entscheidungserhebliche Gesichtspunkte auszusondern und die Prozessführung – soweit ein weiterer Termin noch erforderlich sein sollte – auf das Wesentliche zu lenken und zu beschränken BGHZ 88, 182, BGHZ 86, 35; KG NJW 1980, 2363; Stgt NJW 1984, 2538, ProzBev. ggf. auch einen Beweisbeschluss veranlassen, eine fristbemessene Auflage bewirken, ggf. eine Verweisung nach § 281, ein Teilurteil nach § 301, wenn nicht schon die verfahrensbeendende Entscheidung sogar nach § 300 mit oder sogar ohne besonderen Verkündungstermin.

3 **III. Geltungsbereich, I–IV.** Die Vorschrift gilt im Gesamtbereich der ZPO, auch im WEG-Verfahren. Sie gilt im Kleinverfahren nach Maßgabe von § 495a S 1, 2. Im **arbeitsgerichtlichen** Verfahren gilt § 275 **nicht,** § 46 II 2 ArbGG. In einer FamFG-Sache gilt § 32 FamFG. In einer Ehesache ist § 275 nach **§ 113 IV Nr. 3 FamFG unanwendbar.** Wegen des arbeitsgerichtlichen Verfahrens vgl. ferner BAG NZA 2008, 1084; Grunsky JZ 1978, 82.

4 **IV. Vorbereitung des frühen ersten Termins, I.** Der Vorsitzende, ein von ihm bestimmtes Mitglied des Kollegiums oder der Einzelrichter nach §§ 348, 348a hat die **Wahl,** ob er zur Vorbereitung des frühen ersten Termins dem Beklagten eine Frist zur schriftlichen Klageerwiderung setzt **I 1,** oder den Beklagten auffordert, mögliche vorzubringende Verteidigungsmittel unverzüglich dem Gericht mitzuteilen **I 2.** Diese Wahl ist nach pflichtgemäßem Ermessen auszuüben, BGHZ 88, 182; KG NJW 1980, 2362. Das Gericht muss die Art und Weise der beabsichtigten weiteren Prozessförderung vorab aber nicht in jeder Einzelheit verdeutlichen, BGHZ 86, 39.

5 In beiden Verfahren nach I 1 und nach I 2 soll die Stellungnahme des Beklagten nach I 2 Hs. 2 eine Äußerung dazu enthalten, ob etwaige Bedenken gegen eine Entscheidung der Sache durch den **Einzelrichter** nach §§ 348, 348a bestehen. Dies ist aber keine Pflicht. Das ergibt sich aus dem Wort „soll" in § 277 I 2.

6 Ein früher erster Termin kann auch nach §§ 271, 273, 274, 358a die Bedeutung eines **Haupttermins** haben, BGH NJW 1983, 576.

7 **1. Frist zur schriftlichen Klagerwiderung, I 1: a) Allgemeines.** Der **Vorsitzende** oder ein von ihm **bestimmtes Mitglied des Kollegiums** – in der Regel der Berichterstatter – oder der **Einzelrichter** nach §§ 348, 348a, setzt in der Regel dem Beklagten eine Frist zur schriftlichen Klageerwiderung. Einzelheiten zur Klageerwiderung ergeben sich aus § 277 ZPO, der auch für den frühen ersten Termin gilt.

8 Mit der Bestimmung des frühen ersten Termins und den Ladungen der Beteiligten ist dem Beklagten zudem die Klageschrift zuzustellen (§ 274 II). Man muss wegen § 274 II zugleich nach § 216 II den frühen ersten Termin bestimmen und die Ladung zustellen. Die Entscheidung erfolgt durch eine **prozessleitende unanfechtbare Verfügung.** Der Vorsitzende muss sie mit seinem vollen Nachnamen unterschreiben. Das Gericht muss sie nach § 329 II 2 zB zugleich mit der Klageschrift in einer beglaubigten Ablichtung oder Abschrift zustellen und dem Kläger evtl. formlos mitteilen, BGH NJW 1981, 1217.

9 **Nicht notwendig** ist es, zu mehr als zu einer schriftlichen „Klagerwiderung" aufzufordern. Der Vorsitzende kann sich auf Anordnungen nach § 273 beschränken, Karlsr NJW 1983, 403. Eine Aufforderung wegen bestimmter Einzelpunkte ist im Allgemeinen eine solche nach § 273 II Nr. 1 Hs. 2. Sie ist auch im Rahmen von I 1 zulässig. Auch beim AG erfolgt die Fristsetzung zweckmäßig schon bei der Klagezustellung, Kramer NJW 1977, 1660.

10 Der **Inhalt** der Klagerwiderung richtet sich nach § 277 I. Ein weiterer prozessualer Nachteil kann sich aus § 95 ergeben.

11 **b) Belehrung, I 1.** Um die Sanktion des § 296 anwenden zu können, muss das Gericht nach **§ 277 II belehren** und zugleich verdeutlichen, welcher Nachteil droht, wenn die gesetzte Frist nicht eingehalten wird,

BGHZ 88, 184; Karlsr OLGZ 1984, 472. Soweit ein Anwaltsprozess vorliegt, ist auch auf § 78 hinzuweisen. Zwar verweist I 2, 2. HS nur auf § 277 I 2 und nicht auf § 277 II. Die allgemeine Belehrungspflicht ergibt sich jedoch aus der allgemeinen Regelung zur Frist zur schriftlichen Klageerwiderung, § 277 I, II und ist eine Ausprägung von Art. 103 GG (vgl. BGH NJW 1983, 822). Die Belehrungspflicht besteht auch gegenüber einer anwaltlich vertretenen Partei, BGHZ 88, 183. Gegenüber einem Anwalt genügt jedoch der Hinweis auf das Gesetz, Hamm NJW 1984, 1566. Die Frist muss die Aufforderung zu einer schriftlichen Erwiderung enthalten.

c) Fristbemessung, I 1. Die Frist zur schriftlichen Klageerwiderung beträgt **mindestens 2 Wochen** (§ 277 III) seit der Zustellung. Die Frist muss im Übrigen so bemessen sein, dass der Bekl. vernünftigerweise die Klage prüfen, etwa notwendige erste Ermittlungen anstellen und eine Erwiderung formulieren, sie mit dem ProzBev. besprechen, überdenken und absenden kann. Er muss wegen §§ 282, 296 zu einer umfassenden Antwort Zeit haben, BVerfG NJW 1982, 1691; Hamm MDR 1983, 63; Köln NJW 1980, 2421. 12

2 Wochen können in einer einfachen Sache ausreichen, Stgt NJW 1984, 2538, 3 Wochen können im Durchschnitt zunächst ausreichen, Karlsr NJW 1984, 619, bei komplexer Sach- und Rechtslage ist in der Regel die Frist von Anfang an zu verlängern, um Anträge auf Fristverlängerungen zu vermeiden. Im Anwaltsprozess ist eine Frist von in der Regel mehr 3 Wochen angezeigt. Der Fristablauf muss spätestens am Ende des frühen ersten Termins liegen. Wegen **§ 283** ist jedenfalls im Anwaltsprozess eine Frist von **mindestens 2 Wochen vor dem frühen ersten Termin** sinnvoll. Infolge der Frist ist der frühe erste Termin evtl. erst nach 6 bis 8 Wochen möglich. Das ist dann trotz § 272 III zulässig. 13

d) Beispiele zur Frage einer Fristbemessung, I 1

Bloßer Durchlauf oder Durchruf: Seine Planung und Vorbereitung führt zur Unanwendbarkeit von § 296, BVerfGE 69, 137, noch weitergehend Deubner NJW 1985, 1140; Durchlauftermine sind stets zu vermeiden, da sie in der Sache nicht weiterführen und damit letztendlich entbehrlich sind und nur überflüssige Kosten verursachen 14

Elektronische Übermittlung: Sie braucht nur noch Sekunden statt wie beim Brief evtl. Tage. Sie lässt sich meist mühelos nutzen. Das darf und sollte das Gericht bei einer Fristbemessung und nicht erst bei einer Fristverlängerung (dazu → § 224 Rn. 14) durchaus berücksichtigen. Je länger die erste Frist, desto mehr Anspruch auf entsprechende spätere Fristen und desto längere Dauer des gesamten Prozesses schon wegen solcher anfänglichen Großzügigkeit und desto mehr Mühe im späteren Sich-Wiedereinarbeiten.

Friständerung: Sie erfolgt nach §§ 224 ff.

Fristversäumung: Gegen sie ist mangels Vorliegens einer Notfrist nach § 224 I 2 keine Wiedereinsetzung nach §§ 233 ff. statthaft, Kblz JurBüro 2011, 43.

Zu kurze Frist: Sie führt zur Unanwendbarkeit von § 296, BVerfGE 69, 137.

Zu kurze Terminsdauer: Sie führt zur Unanwendbarkeit von § 296, Hamm NJW-RR 1989, 895.

Zu lange Frist: Eine solche Klagerwiderungsfrist ist auch bei einer Überlastung nach → § 216 Rn. 14 unstatthaft. Vgl. auch § 198 GVG. Sie ist als Ablehnung einer angemessenen Terminsbestimmung nach → § 216 Rn. 30 anfechtbar.

Unklarheit: Eine solche bei der Fristbemessung führt zur Unanwendbarkeit von § 296 I, BVerfGE 60, 6.

Verweisung: Eine solche nach zB § 281 beeinflusst die Frist zumindest grds. nicht, Ffm NJW-RR 1993, 1085.

2. Mitteilung der Verteidigungsmittel, I 2. Soweit der Vorsitzende oder ein von ihm **bestimmtes Mitglied des Kollegiums** – in der Regel der Berichterstatter – oder der **Einzelrichter** nach §§ 348, 348a keine Frist nach I 1 setzt, muss er den Bekl. zu einer unverzüglichen Mitteilung der etwaigen Verteidigungsmittel auffordern, im Anwaltsprozess durch einen Anwalt (§ 78). Das Verfahren läuft wie bei → Rn. 7 ff. ab. Jedoch erfolgt mangels einer hier nicht zulässigen Frist eine formlose Mitteilung nach § 329 II 1. Ein Schriftsatzzwang besteht nur im Anwaltsprozess. Sonst kann man die Erklärung nach §§ 496, 129a zum Protokoll jeder Geschäftsstelle abgeben. Es besteht eine Pflicht zur Aufforderung. Ihr Unterlassen kann (nicht muss) eine Zulassung nach § 296 I oder eine Nachfrist nach § 283 notwendig machen. Hier besteht keine Belehrungspflicht über die Folgen einer etwaigen Versäumnis. Denn weder § 276 II noch § 277 III sind anwendbar. § 139 ist anwendbar, BGH NJW 1983, 576, auch § 358a. 15

V. Vorbereitung des Haupttermins, II. Reicht der frühe erste Termin nicht aus und war eine Entscheidungsreife im frühen ersten Termin nicht zu erzielen, muss das Gericht – wie auch sonst beim schriftlichen Vorverfahren – alle Anordnungen zur Vorbereitung des Haupttermins treffen. Zweckmäßigerweise sollte das weitere Vorgehen – auch im Hinblick auf § 139 – schon in der mündlichen Verhandlung des frühen ersten Termins erörtert werden. Insbesondere ist auf §§ 273, 358a zu verweisen. Der frühe erste Termin soll ein Versäumnis-, Anerkenntnis-, Verzichtsurteil nach §§ 306, 307, 330 ff. ermöglichen, ferner einen Prozessvergleich, ein streitiges Endurteil in einer einfachen Sache. Er soll zumindest die Eingrenzung des entscheidungserheblichen Stoffs erleichtern. 16

Der Vorsitzende muss den neuen Termin nach § 272 III möglichst bald anberaumen. Fristen sind wie sonst zulässig, zB nach §§ 356, 379. 17

VI. Klagerwiderung, III. 1. Grundsatz: Vermeidung einer Zurückweisung. Wenn der Bekl. bis zum frühen ersten Termin nicht oder nicht ausreichend erwidert hat, muss das Gericht evtl. sein weiteres Vorbringen nach § 296 I bereits im frühen ersten Termin als verspätet zurückweisen, falls es ihm bereits eine Frist nach I 1 gesetzt hatte. § 296 weist ausdrücklich auch auf die Vorschrift des § 275, BGH NJW 1983, 576; Saarbr MDR 1979, 1030; Stgt NJW 1984, 2538. Eine Zurückweisung kann nach §§ 282, 296 II auch dann erforderlich sein, wenn der Bekl. die Aufforderung nach I 2 nicht unverzüglich befolgt hatte. 18

Falls das Gericht noch keine Frist gesetzt hat, Lange NJW 1986, 1731, oder falls der Bekl. die Frist unverschuldet versäumte, muss und nicht bloß kann oder soll das Gericht dem Beklagten nach **III** im frühen ersten Termin oder spätestens unverzüglich danach dem Bekl. eine Frist zur Klagerwiderung setzen. Es kommt auch ein Verlängerungsantrag in Betracht, sogar für den anwaltlich noch nicht vertretenen Bekl. durch den ProzBev. des Klägers nach § 81, Klaes/Schöne ProzRB 2003, 226. Das gilt auch beim Einzelrichter nach §§ 348, 348a oder beim Vorsitzenden der Kammer für Handelssachen, § 349. 19

Eine **Zurückweisung** wegen Verspätung nach § 296 kommt jedoch bei einer rechtsmissbräuchlichen Anwendung **nicht in Betracht.** Dies ist insbesondere immer dann der Fall, wenn der frühe erste Termin als Alternative 20 zum schriftlichen Vorverfahren nur der Vorbereitung des Haupttermins dient. Diese Voraussetzungen liegen insbesondere bei schwierigen und komplizierten Rechtsstreitigkeiten vor, bei denen eine Erledigung des Rechtsstreits in dem frühen ersten Termin ohnehin nicht zu erwarten war (vgl. BGH NJW 1987, 500). In solchen Fällen ist dann im Einzelfall zuvor besonders kritisch zu prüfen, ob ein früher erster Termin überhaupt zweckmäßig ist.

21 Eine Zurückweisung im Hinblick auf § 282 I kommt nicht in Betracht, da der frühe erste Termin der frühestmögliche Zeitpunkt für das Parteivorbringen darstellt (Schwenker jurisPR-PivBauR 11/2018 Anm. 6).

22 **2. Fristbemessung.** Der Gericht muss die Frist unter Beachtung der Mindestfrist von 2 Wochen seit der Verkündung oder Zustellung nach § 277 III bemessen. Es muss sie im Übrigen anders als diejenige vor dem frühen ersten Termin berechnen. Denn es wird dem Bekl. aufgrund des frühen ersten Termins im Allgemeinen eher und schneller möglich sein, seine Erwiderung zu formulieren, Mü MDR 1980, 148. Vgl. im Übrigen § 224. Zum Inhalt der Aufforderung § 277 I. Eine Friständerung erfolgt nach §§ 224 ff. Das Gericht entscheidet durch einen Beschluss. Er braucht wegen der Unanfechtbarkeit der Anordnung nach → § 329 Rn. 10 keine besondere Begründung. Das Gericht muss ihn nach § 329 I 1 verkünden. Man kann die Fristsetzung mit einer weiteren vorbereitenden Anordnung verbinden, zB nach § 273.

23 **3. Belehrung.** Es besteht eine Belehrungspflicht nur nach § 277 II. Das gilt auch gegenüber einer anwaltlich vertretenen Partei, BGHZ 88, 183. Nur dann, wenn die Belehrung ordnungsgemäß erfolgte, kann man nach bei einer Fristversäumung § 296 I anwenden. Evtl. gilt § 283. Gegenüber einem Anwalt genügt der Hinweis auf das Gesetz, Hamm NJW 1984, 1566.

24 **VII. Stellungnahme des Klägers, IV. 1. Grundsatz: Pflichtgemäßes Ermessen.** Es besteht die Möglichkeit, für die Stellungnahme auf die Klageerwiderung (sog. Replik) eine Frist zu setzen, soweit eine Klagerwiderung eingegangen ist, BGH NJW 1980, 1168. Sie erfolgt vor, im oder nach dem frühen ersten Termin, aber nicht mehr dann, wenn er zum vollwertigen Haupttermin wurde, BVerfGE 75, 310. Bei einem vollwerten Haupttermin nach einem frühen ersten Termin nach II gilt § 283.

25 Für diese Fristsetzung ist **in der mündlichen Verhandlung** nach IV 1 das **Gericht,** also das gesamte Kollegium, soweit die Verhandlung vor dem vollbesetzten Spruchkörper stattfindet, zuständig. Soweit die Verhandlung nicht vor dem vollbesetzten Spruchkörper stattfindet oder **außerhalb der mündlichen Verhandlung** entscheidet nach **IV 2** nach pflichtgemäßem Ermessen der **Vorsitzende,** bzw. der Einzelrichter nach §§ 348, 348a, auch der Vorsitzende der Kammer für Handelssachen nach § 349 (III).

26 Eine Entscheidung erfolgt durch einen Beschluss, eine solche des Vorsitzenden kann durch Beschluss oder durch Verfügung ergehen, beides nach § 329. Ein Beschluss erfordert wegen der Unanfechtbarkeit grundsätzlich keine Begründung. Eine Verfügung erhält ohnehin keine Begründung.

27 Die Frist muss im Termin nach § 329 I 1 verkündet, oder nach § 329 II 2 förmlich **zugestellt** werden, Ffm (17. ZS) NJW-RR 1986, 1446, Köln MDR 1999, 1462.

28 **2. Fristbemessung.** Die Setzung der Frist richtet sich nach § 277 IV. Die Frist lässt sich mit einer weiteren richterlichen Frist verbinden. Diese muss man unter einer Beachtung der **Mindestfrist** von 2 Wochen seit der Verkündung oder Zustellung nach § 277 IV, III bemessen, im Übrigen nach den Umständen. Sie muss eine ausreichende Überlegung ermöglichen. Sie kann jedoch meist kürzer als die Frist zur Klagerwiderung sein. Eine Ausnahme besteht dann, wenn der Bekl. dort eine umfangreiche Aufrechnung, eine komplizierte Gegenberechnung, längere Rechtsausführungen usw. vorgenommen hat. Im Zweifel ist eine längere Frist zu bestimmen, um berechtigte Fristverlängerungsanträge zu vermeiden. Vgl. im Übrigen § 224. Bei einer Fristversäumnis gilt § 296 I auch gegenüber einer nicht anwaltlich vertretenen Partei, BGHZ 88, 184. Eine übermäßig lange Frist ist auch bei einer Überlastung des Gerichts unstatthaft. Sie ist als Ablehnung einer Terminbestimmung nach → § 216 Rn. 30 anfechtbar.

29 **3. Belehrungspflicht.** Hier besteht jetzt auch eine Belehrungspflicht. Denn § 277 IV verweist auch auf dessen II. Zum Inhalt der Aufforderung § 277 IV iVm I.

276

Schriftliches Vorverfahren. **I [1]Bestimmt der Vorsitzende keinen frühen ersten Termin zur mündlichen Verhandlung, so fordert er den Beklagten mit der Zustellung der Klage auf, wenn er sich gegen die Klage verteidigen wolle, dies binnen einer Notfrist von zwei Wochen nach Zustellung der Klageschrift dem Gericht schriftlich anzuzeigen; der Kläger ist von der Aufforderung zu unterrichten. [2]Zugleich ist dem Beklagten eine Frist von mindestens zwei weiteren Wochen zur schriftlichen Klageerwiderung zu setzen. [3]Ist die Zustellung der Klage im Ausland vorzunehmen, so beträgt die Frist nach Satz 1 einen Monat. [4]Der Vorsitzende kann in diesem Fall auch eine längere Frist bestimmen.**

II [1]Mit der Aufforderung ist der Beklagte über die Folgen einer Versäumung der ihm nach Absatz 1 Satz 1 gesetzten Frist sowie darüber zu belehren, dass er die Erklärung, der Klage entgegentreten zu wollen, nur durch den zu bestellenden Rechtsanwalt abgeben kann. [2]Die Belehrung über die Möglichkeit des Erlasses eines Versäumnisurteils nach § 331 Abs. 3 hat die Rechtsfolgen aus den §§ 91 und 708 Nr. 2 zu umfassen.

III Der Vorsitzende kann dem Kläger eine Frist zur schriftlichen Stellungnahme auf die Klageerwiderung setzen.

Übersicht

I. Systematik, I–III. §§ 272 II, 276 bringen zum Ausdruck, dass als verfahrenseinleitende Verfügung gleichrangig entweder der frühe erste Termin oder das schriftliche Vorverfahren in Betracht kommt. Die Wahl des Verfahrens liegt im pflichtgemäßen Ermessen, → § 272 Rn. 13 ff. Das schriftliche Vorverfahren herrscht in der Praxis durchweg vor. Es ist vor allem dann zweckmäßig, soweit viele Details in tatsächlicher oder rechtlicher Hinsicht zu erörtern sind. Die Behauptungen und Ansichten der Parteien sollen festgestellt werden können, um sich einen besseren Überblick über den Sach- und Streitstand verschaffen zu können. Ein Abbruch des schriftlichen Vorverfahrens ist möglich, Brühl FamRZ 1978, 551, kommt jedoch in der Praxis nur selten in Betracht. Jedoch müsste das Gericht in diesem Falll die gesetzliche Mindestfrist nach § 274 wahren. Auch nach einer planmäßigen Beendigung des Vorverfahrens erfolgt unverzüglich eine Terminsbestimmung nach §§ 216 II, 279 I. 1

II. Regelungszweck, I–III. Wie bereits das Tatbestandsmerkmal „Vorverfahren" zum Ausdruck bringt, dient der Austausch von Tatsachen und rechtlichen Argumenten in schriftlicher Form dazu, die mündliche Verhandlung, mithin auch eine mögliche Beweisaufnahme (vgl. § 273) vorzubereiten. Das schriftliche Vorverfahren ist insbesondere immer dann zweckmäßig, wenn die (erstmalige) Erörterung der einzelnen tatsächlichen und rechtlichen Aspekte in der mündlichen Verhandlung im frühen ersten Termin das Gericht und die weiteren Verfahrensbeteiligten überfordern würde. 2

Die mündliche Verhandlung wird beim schriftlichen Vorverfahren in der Regel später als bei einem „frühen" ersten Termin durchgeführt, was sich auch daraus rückschließen lässt, dass bei einem frühen ersten Termin nur mindestens zwei Wochen zwischen Zustellung der Ladung mit Klageschrift (§ 274 II, III 1) und dem Termin zur mündlichen Verhandlung liegen, während beim schriftlichen Vorverfahren die Zeit mindestens 4 Wochen zuzüglich der Ladungsfrist zum Termin von 1 Woche bzw. 3 Tagen unter Berücksichtigung der Postlaufzeiten (§§ 276 I 1, 2, 217) beträgt. Allerdings enthält § 276 zwingende Regeln in I und II wegen der Gefahr, dass der Bekl. zunächst nach **§ 331 III** ohne eine mündliche Verhandlung unterliegen kann. Sie sind wegen ihrer erheblichen Bedeutung zB nach § 296 I streng auslegbar. 3

III. Geltungsbereich, I–III. Das schriftliche Vorverfahren ist nach § 495 auch beim AG statthaft. Die Vorschrift gilt auch im WEG-Verfahren. I 2, II sind im schriftlichen Verfahren nach § 128 II entsprechend anwendbar, Kramer NJW 1978, 1411. Nach einem Mahnverfahren kommt jetzt nach § 697 II, § 700 IV ebenfalls ein schriftliches Vorverfahren in Betracht. In einer FamFG-Sache gilt § 32 FamFG. Es sind aber evtl. Anordnungen nach § 273 iVm § 113 I 2 FamFG statthaft. In einer Ehesache ist § 276 nach § 113 IV Nr. 3 FamFG unanwendbar. Beim ArbG gibt es nach § 46 II ArbGG kein schriftliches Vorverfahren, Lorenz BB 1977, 1001; Reichel NZA 2005, 1098. 4

IV. Übermittlung als elektronisches Dokument, I–III. Seit dem 1.1.2022 sind vorbreitende Schriftsätze nach § 130d sowie schriftlich einzureichenden Anträge und Erklärungen, die durch einen Rechtsanwalt eingereicht werden, als elektronisches Dokument zu übermitteln (BT-Drs. 17/12634, 28), und zwar nach § 130a über das besondere Anwaltspostfach (beA). Eine andere Übermittlung ist nur möglich, wenn die technische Übermittlung vorübergehend nicht möglich ist § 130d S. 2, was glaubhaft zu machen ist, § 130d S. 3 ZPO. Hier ist im Sinne von **Art. 103 GG** jedoch eine großzügige Anwendung der Ausnahmevorschrift geboten. Diese Voraussetzung ist von Amts wegen zu beachten; die Parteien können darauf nicht verzichten (§ 295). Der Gegner kann sich auch nicht rügelos einlassen (BT-Drs. 17/12634, 27). Prozesserklärungen, die hiergegen verstoßen, sind unwirksam (LG Frankfurt, BB 2022, 532), sodass bei Vorliegen der Voraussetzungen im Übrigen ein Versäumnisurteil (§ 331 III) erlassen werden kann, wenn die Verteidigungsanzeige unter Verstoß gegen § 130d eingereicht. Eine Erklärung, die gegen § 130d verstößt, kann aber im Ausnahmefall ggf. materiell-rechtliche Wirkung haben. 5

V. Anzeige der Verteidigungsabsicht, I 1, 3. 1. Verteidigungsanzeige. Wird kein früher erster Termin, sondern das schriftliche Vorverfahren angeordnet, so hat der Beklagte binnen einer Notfrist von zwei Wochen nach Zustellung der Klage dem Gericht gegenüber schriftlich anzuzeigen, ob er sich gegen die Klage verteidigen will. 6

Zuständig für die Anordnung des schriftlichen Vorverfahrens ist der Vorsitzende (auch § 349), auch der Einzelrichter, §§ 348, 348a. Bei Zweifeln, ob der Vorsitzende der Kammer oder der Einzelrichter zuständig ist, entscheidet hierüber die Kammer durch Beschluss (§ 348 Abs. 2). 7

Die Anordnung und damit die Entscheidung, ob früher erster Termin zu bestimmen ist oder das schriftliche Vorverfahren anzuordnen ist, hat unverzüglich zu erfolgen (vgl. auch § 271). Mit der Anordnung des schriftlichen Vorverfahrens ist auch die **Klageschrift** dem oder ggf. mehreren Beklagten zuzustellen (§ 271 I). Wegen der Wirkung der Streitgenossenschaft § 61. Die Anordnung ist insgesamt dem oder den **Bekl.** förmlich zuzustellen (vgl. § 329 II 2) und vom Vorsitzenden oder Einzelrichter zu unterschreiben. 8

Liegen die Voraussetzungen von § 78 vor, ist der Beklagte zudem darauf hinzuweisen, dass er einen zugelassenen Rechtsanwalt zu beauftragen hat und nur dessen Erklärungen gegenüber dem Gericht einschließlich der Anzeige der Verteidigungsabsicht wirksam sind. 9

Die Zustellung erfolgt von Amts wegen und zwar nach den §§ 166 ff., also entweder an die Partei direkt bzw. durch eine mögliche Ersatzzustellung bzw. an einen Vertreter bzw. Bevollmächtigten unter den Voraussetzungen von §§ 170 f. sowie an den Prozessbevollmächtigten, sofern dieser bereits mit der Anhängigkeit der Klageschrift bekannt ist. 10

Der Bekl. muss aufgefordert werden, seine **Verteidigungsabsicht** durch eine postulationsfähige Eingabe (§ 78) anzuzeigen, falls er sich gegen die Klage verteidigen möchte. Für die Verteidigungsanzeige genügt der schlichte Hinweis, sich gegen die Klage verteidigen zu wollen. Eine Begründung ist nicht erforderlich. Ebenfalls ist es zunächst entbehrlich, dass ein (ergänzender) Antrag gestellt wird. Es ist mithin insbesondere nicht erforderlich, dass weiter beantragt wird, die Klage abzuweisen (oder ähnliches). Ein Prozesskostenhilfegesuch nach § 117 oder eine Klagerwiderung können meist auch eine Verteidigungsanzeige darstellen, Franzki DRiZ 1977, 163; Klinge AnwBl 1977, 395; Zöller/Greger Rn. 10. Das Vortragen der Verteidigungsabsicht ist nur dann zu beachten, wenn sie einen Verteidigungs**willen** ohne prozessual unzulässige Bedingungen enthält. Eine Anzeige 11 einer „Verteidigungsabsicht für den Fall, dass eingeleitete Vergleichsverhandlungen scheitern", würde die gesetzliche Frist unterlaufen. Dann liegt keine wirksame Verteidigungsanzeige vor, so dass unter den weiteren Voraussetzungen nach § 331 III zu entscheiden ist. Es braucht nach § 85 II jedenfalls dann keine Berichtigung der Anzeige anzuregen, wenn sie von einer anwaltlich vertretenen Partei stammt. Nur die Bestellung eines Anwalts mitzuteilen genügt zur Verteidigungsanzeige nicht.

12 Zunächst wird weder ein Gütetermin noch ein Termin zur mündlichen Verhandlung (§ 216) bestimmt, da eine mögliche Klageerwiderung die Vorbereitung des Termins (§ 273) maßgeblich beeinflussen kann. Weitere **Belehrungen** richten sich nach II. Mit der Anordnung des schriftlichen Vorverfahrens können weitergehende Hinweise und Aufforderungen (§ 139), zB zur Zulässigkeit der Klage, verbunden sein, um das Verfahren und die mündliche Verhandlung weiter zu fördern (§ 273). Schließlich ist evtl. eine Frist nach § 273 II Nr. 1 Hs. 2 notwendig.

13 Bei der **zweiwöchigen Frist** zur Abgabe der Verteidigungsanzeige ist nach Zustellung der Eingang eines Verteidigungsschriftsatzes bei Gericht maßgeblich. Dass es sich insoweit um eine **Notfrist** handelt, hat zur Folge, dass diese Frist weder verlängert noch verkürzt werden kann (vgl. § 224). Die unverschuldete Versäumung einer Notfrist gibt an sich die Möglichkeit, die Wiedereinsetzung in den vorigen Stand nach §§ 233 ff. zu beantragen. Diese Regelungen kommen jedoch durch die spezielleren Vorschriften des §§ 331 III 1, 338 ff. im Wesentlichen nicht zur Anwendung. Wird nicht rechtzeitig die Verteidigung gegen die Klage angezeigt, so kann unter den Voraussetzungen des § 331 I 1, III (Schlüssigkeitsprüfung) ein Versäumnisurteil ergehen. Sofern kein Antrag des Klägers nach § 331 III vorliegt, ordnet das Gericht mündliche Verhandlung an, MüKoZPO/Prütting Rn. 24; Thomas/Putzo/Reichold Rn. 4. Geht die **Verteidigungsanzeige** zwar **verspätet,** aber noch ein, bevor das von den Richtern nach § 315 I, II unterschriebene Urteil der Geschäftsstelle übermittelt worden ist, so wirkt sich die Verspätung nicht aus, so dass die Verteidigungsanzeige als noch rechtzeitig gilt und der Erlass eines Versäumnisurteils nicht in Betracht kommt. Ist Versäumnisurteil ergangen, obwohl der Beklagte unverschuldet an der Einhaltung der Notfrist gehindert war, so kommt trotzdem eine Wiedereinsetzung in den vorigen Stand nicht in Betracht, sondern der Beklagte muss Einspruch gegen das Versäumnisurteil einlegen (§§ 338 ff.) ggf. verbunden mit dem Antrag, die vorläufige Vollstreckbarkeit (§ 708 Nr. 2) auch ohne Sicherheitsleistung vorläufig einzustellen (§ 719 I 2). Bei einem Verstoß des Bekl. im Ausland gegen die Obliegenheit, einen Zustellungsbevollmächtigten zu bestellen, treten die Rechtsfolgen nach § 184 I 2, II 1 ein.

14 Liegen die Voraussetzungen nach § 331 III nicht vor, so kann – in der Regel nach Hinweis nach § 139 – ein sog. **unechtes Versäumnisurteil,** also ein streitiges Endurteil in Betracht kommen.

15 Erkennt der Beklagte den Anspruch – im Anwaltsprozess durch Rechtsanwalt – an, so ergeht nach § 307 **Anerkenntnisurteil.** Ein Anerkenntnis ist verbunden mit der Kostenfolge des § 93 auch dann noch **„sofort",** wenn im Rahmen eines schriftlichen Vorverfahrens eine Verteidigungsanzeige eingereicht wird und ein Anerkenntnis des Beklagten zumindest noch innerhalb der Klageerwiderungsfrist erklärt wird. Die Voraussetzungen eines „sofortigen" Anerkenntnisses sind jedoch dann zu verneinen, wenn mit der Verteidigungsanzeige bereits ein uneingeschränkter Klageabweisungsantrag angekündigt wird oder dem Anspruch in sonstiger Weise entgegengetreten wird (vgl. BGH, NJW 2019, 1525; KG MDR 2021, 573; Zöller/Herget § 93 Rn. 4).

16 Die **Fristberechnung** erfolgt nach §§ 224 ff.

17 Die Notfrist beträgt statt zwei Wochen **einen Monat,** falls die Zustellung der Klage nach § 183 im **Ausland** vorzunehmen ist, um hiermit den mit der Auslandszustellung verbundenen Schwierigkeiten (ggf. deutlich längere Postlaufzeiten) gerecht zu werden (I 3) (vgl. Gesetz vom 11.6.2017, BGBl. I 1607, in Kraft getreten am 17.6.2017). Nach I 4 kann eine längere (nicht kürzere) Zeit als einen Monat bestimmt werden. Diese Entscheidung ergeht nach pflichtgemäßen Ermessen. Ggf. ist eine Übersetzung zu veranlassen (vgl. auch § 184 GVG).

18 Der Bekl. im Ausland muss nach I 3 Hs. 2 innerhalb der Frist zur Anzeige der Verteidigungsabsicht einen **inländischen Zustellungsbevollmächtigen** bestellen, um die Rechtsfolgen nach § 184 I 2, II 1 zu vermeiden. Darauf ist der Beklagte ebenfalls nach § 184 II 3 hinzuweisen.

19 Dass der Kläger von der Aufforderung des Beklagten und der Anordnung des schriftlichen Vorverfahrens zu unterrichten ist, ist Ausdruck des **rechtlichen Gehörs** (Art. 103 GG) und des Umstandes, dass stets beide Parteien den gleichen Erkenntnisstand von der Akte und den gerichtlichen Anordnungen und Maßnahmen haben müssen. Diese Unterrichtung erfolgt formlos.

20 **2. Verstoß des Gerichts.** § 276 ist eng auslegbar, BGH NJW 1991, 2773. Ein Verstoß des Vorsitzenden, des Einzelrichters oder der ausführenden Organe des Gerichts (Geschäftsstelle, Kanzlei usw.) gegen diese Pflichten ist nach § 189 heilbar, soweit es um die förmliche Zustellung geht. Ein Verstoß kann im Übrigen zur Entschuldigung nach § 296 I führen, Bischof NJW 1977, 1899. Er kann die Notwendigkeit einer Nachfrist nach § 283 (Schriftsatzfrist) auslösen. Ein Versäumnisurteil nach § 331 III kann nach § 335 I Nr. 4 unzulässig sein. Soweit bei Kammersachen statt des Vorsitzenden nur ein von ihm bestimmtes Mitglied des Kollegiums gehandelt hat, ist dessen Anordnung – auch wenn dies hier anders als in §§ 273 II, 275 I 1 an sich nicht vorgesehen ist – trotzdem wirksam. Es handelt sich auch insoweit um eine wirksam gesetzte richterliche Frist, Thomas/Putzo/Reichold Rn. 9; siehe jedoch auch BGH NJW 1991, 2774, Schwenker jurisPR-PrivBauR 11/2018 Anm. 6. Im Übrigen kann trotz eines Verstoßes des Gerichts eine Zurückweisung nach §§ 282, 296 II in Betracht kommen.

21 Bei einer **Nichteinhaltung** der Notfrist im Anwaltsprozess gilt nach → § 331 Rn. 31 wegen der Unmöglichkeit, nun rechtzeitig einen Anwalt zu bestellen, bis zur Zustellung eines schriftlichen Versäumnisurteils § 337, so dass die Verhandlung zu vertagen ist. Es kann auch § 337 entsprechend anwendbar sein, KG MDR 1996, 634, Dittmar AnwBl 1979, 167, Franzki NJW 1979, 10, aM Rastätter NJW 1978, 96 (liest I 1 als einfache Frist, zust. Brühl FamRZ 1978, 552. Aber I 1 spricht eindeutig von Notfrist). Sollte danach ein Versäumnisurteil erlassen werden, steht der unterlegenen Partei der Einspruch nach § 338 zu.

22 **VI. Klagerwiderung, I 2–4,. 1. Allgemeine Grundsätze.** Der Vorsitzende, auch § 349 I, oder der Einzelrichter, §§ 348, 348a, muss zugleich mit einer Aufforderung nach I 1 dem Bekl. nach II eine richterliche Frist zur *Klagerwiderung setzen. Die* Klagerwiderung richtet sich nach § 277. Der Bekl. hat – soweit er sich verteidigen will – insbesondere § 138 II-IV zu berücksichtigen. Hier handelt es sich nicht um eine Notfrist nach § 224 I 2, sondern um eine gewöhnliche richterliche Frist nach §§ 221 ff. Bei Übereinstimmung der Parteien oder auf Antrag kann diese Frist verkürzt oder verlängert werden (§ 224). Eine Verkürzung kommt in der Praxis kaum vor

und erscheint auch nicht ratsam, da in diesen Fällen es zweckmäßiger wäre, einen frühen ersten Termin zu bestimmen (§ 275). Ein Mangel der Zustellung kann nach § 189 heilen. BGHZ 76, 238. Der Vorsitzende muss die Fristverfügung nach → § 329 Rn. 13, 15 mit dem vollen Namen und darf sie nicht nur einem Handzeichen (sog. Paraphe) unterzeichnen, BGH NJW 1991, 2774. Eine Unterzeichnung „auf Anordnung" durch einen Justizangestellten reicht also nicht aus, BGH JZ 1981, 351. Der Urkundsbeamte der Geschäftsstelle muss dem Bekl. nach § 329 II 2 eine beglaubigte Ablichtung oder Abschrift dieser Verfügung förmlich zustellen, BGH NJW 1980, 1167.

2. Frist. Die Frist beträgt bei einer Inlandszustellung mindestens 2 Wochen seit dem Ablauf der Anzeigefrist des I 1 („weitere" Wochen). Im Anwaltsprozess darf und sollte der Vorsitzende einen normalen Kanzleibetrieb des Anwalts berücksichtigen. Der Bekl. hat also bei einer **Inlandszustellung** zur Klagerwiderung insgesamt mindestens 4 Wochen seit der Klagezustellung und bei einer **Auslandszustellung** mindestens 6 Wochen Zeit. Das gilt auch im Parteiprozess nach → § 78 Rn. 1. Die Frist kann verlängert werden § 224 II und ist bei komplexen Rechtsstreitigen ggf. von Anfang an länger als 2 Wochen anzusetzen, um berechtigte Fristverlängerungsanträge zu vermeiden. Es sollten aber keine Anträge bewilligt werden, die nur die Verzögerung des Rechtsstreits bewirken wollen, Mü MDR 1980, 148. 23

Daher ist der Haupttermin auch bei einer **einfachen Sache** frühestens etwa 6 bis 8 Wochen nach dem Klageeingang zulässig. Selbst ein Versäumnis- oder Anerkenntnisurteil nach §§ 307, 331 III kann wegen der Laufzeit bis zur Klagezustellung usw. praktisch erst nach frühestens etwa 4 Wochen nach dem Eingang der Klage ergehen. Bei einer Auslandszustellung gilt nach I 3 grundsätzlich eine Monatsfrist. Nach I 4 kann der Vorsitzende die Klagerwiderungsfrist auch hier nach pflichtgemäßem Ermessen länger (nicht kürzer) bestimmen. Eine übermäßig lange Klagerwiderungsfrist und damit eine Verzögerung der Terminierung (§ 216) ist auch bei einer Überlastung unzulässig, vgl. auch §§ 198 ff. GVG. Sie kann als Ablehnung einer Terminsbestimmung anfechtbar sein, aM Schlesw NJW 1983, 459. Wegen der Fristberechnung und Friständerung §§ 222 ff. Nach einer Änderung der Klage nach § 263 muss der Vorsitzende grundsätzlich eine neue ausreichende Klagerwiderungsfrist bestimmen, Düss MDR 1980, 943. Wegen der Lage zum Verweisungsantrag zur KfH bei § 101 I 2 GVG Schneider MDR 2000, 725, aM LG Bonn MDR 2000, 724. 24

Bei einer Unzuständigkeit des Gerichts knüpft § 39 an ein rügeloses Einlassen erst in der mündlichen Verhandlung an, so dass im schriftlichen Vorverfahren eine rügelose Einlassung – ohne Wechsel ins schriftliche Verfahren nach § 128 II 1 oder Verzicht nach § 38 – nicht in Betracht kommt, Metz MDR 2020, 391 (393); siehe aber auch Nordmeier NZV 2020, 35. 25

Ein sofortiges Anerkenntnis mit der Kostenfolge des § 93 liegt nach Anordnung des schriftlichen Vorverfahrens regelmäßig nur vor, wenn der Beklagte dieses innerhalb der Klageerwiderungsfrist erklärt und er in seiner Verteidigungsanzeige weder einen klageabweisenden Antrag angekündigt hat noch dem Klageanspruch auf sonstige Weise entgegengetreten ist, BGH NJW 2019, 1525. 26

3. Weiteres Verfahren. Ein Hinweis auf den notwendigen Inhalt der Klagerwiderung nach § 277 I ist nicht notwendig, oft aber ratsam. Eine Belehrung über die Folgen einer Versäumung der Klagerwiderungsfrist ist nach § 277 II notwendig, im Parteiprozess nach → § 78 Rn. 1 also nach §§ 495, 78 ohne einen Hinweis auf einen Anwaltszwang. Der Vorsitzende kann mit der Frist zur umfassenden Klagerwiderung nach I 2 weitere Auflagen nach § 273 verbinden. Er sollte aber wegen der evtl. unterschiedlichen Folgen der Nichtbeachtung diese letzteren Anordnungen klar formulieren. Er sollte insbesondere verdeutlichen, dass er vor allem eine umfassende Klagerwiderung anordnet. Nach dem Eingang einer Klagerwiderung bestimmt der Vorsitzende den Haupttermin oder verfährt nach III. 27

4. Verstoß. Es gilt dasselbe wie bei → Rn. 20, siehe aber BGH NJW 1991, 2773 (aber §§ 189, 295 gelten auch hier). Geht bis zum Ablauf der Klagerwiderungsfrist keine Klagerwiderung ein, bestimmt der Vorsitzende unverzüglich nach § 216 II ohne eine Nachfrist den Haupttermin nach § 272 III auf einen möglichst baldigen Zeitpunkt. Dann kann § 296 nach dort → § 296 Rn. 31 anwendbar werden. 28

VII. Belehrung, II. 1. Allgemeine Grundsätze. Für die Belehrung **zuständig** ist der Vorsitzende, auch derjenige der Kammer für Handelssachen nach § 349 sowie der Einzelrichter, §§ 348, 348a. Das Gericht muss sie zugleich mit der Aufforderung nach I 1 und damit praktisch in derselben Form wie die Anordnung des schriftlichen Vorverfahrens zustellen und dem Kläger nicht notwendig mitteilen. Ein Verstoß nur bei der Belehrung beeinträchtigt zwar die Wirksamkeit der Notfrist des I 1 nicht, wohl aber evtl. diejenige der Frist des I 2, BGH NJW 1991, 2774. Die Verpflichtungen zur Belehrung sind bei I 1 und I 2 von Bedeutung. 29

Die Belehrung ist in schriftlicher Form zu erfolgen. 30

Stets erfolgt die Belehrung, dass bei einer Fristversäumnis auf einen Antrag des Klägers eine Entscheidung ohne eine mündliche Verhandlung erfolgen könne. Es ist insbesondere darauf hinzuweisen, dass bei nicht rechtzeitiger Verteidigungsanzeige nach I 1 ein Versäumnisurteil im schriftlichen Verfahren ohne mündliche Verhandlung nach § 331 III ergehen kann. 31

Ferner ist zugleich eine Fristsetzung nach I 2 und nach § 277 II insgesamt über die Folgen der Fristversäumung. bei I 2 nach § 296, zu belehren, im Parteiprozess nach Maßgabe des § 496. 32

In diesem Zusammenhang ist auch auf die für den Beklagten mögliche negative Kostenfolge nach §§ 91 ff., bei einem Versäumnisurteil wie die Möglichkeit der vorläufigen Vollstreckbarkeit ohne Sicherheitsleistung nach § 708 Nr. 2 hinzuweisen. 33

Die Belehrung muss insgesamt verständlich sein Düss NJW 1984, 1567. Das Gericht muss den Bekl. darauf hinweisen, dass er bei einer Fristversäumung grundsätzlich jede Verteidigungsmöglichkeit verliert und dass er dann Gefahr läuft, den Prozess vollständig zu verlieren BGH NJW 1991, 2774. 34

Bei elektronischer Einreichung gelten §§ 130a–d. 35

2. Anwaltszwang. Mit der Anordnung des schriftlichen Vorverfahrens sind nach II Belehrungen verbunden, die sich auch danach unterscheiden, ob nach § 78 ein Anwalts- oder ein Parteiprozess vorliegt. Im Anwaltsprozess erhält der Bekl. nach II iVm §§ 78 I, 271 II zusätzlich den Hinweis, dass das nur durch einen **Anwalt** schriftlich wirksam erfolgen kann. Im Parteiprozess erfolgt ein Hinweis auf einen Anwaltszwang nicht (§§ 495, 78), aber der Hinweis, dass die Verteidigungsanzeige schriftlich oder nach §§ 496, 129a zum Protokoll jeder Geschäftsstelle erfolgen kann. § 496 erfasst nur eine solche Erklärung, die das Gericht von Amts wegen nach §§ 166 ff. zustellen 36 soll, meint aber hier mit der Zustellung nur den Übermittlungsweg über das Gericht im Gegensatz zur Übermittlung von Partei zu Partei nach §§ 191 ff. Die Vorschrift erfasst daher auch die vom Gericht dem Kläger formlos mitzuteilende Anzeige der Verteidigungsabsicht. Dabei ist nach § 129a II 2 der weitere Hinweis ratsam, aber nicht notwendig, dass bei einer Erklärung zum Protokoll eines auswärtigen Gerichts erst der Erklärungseingang beim Prozessgericht maßgeblich ist.

37 **3. Weitere Belehrung.** Unabhängig von II muss der Vorsitzende nach § 277 II etwaige weitere notwendige Belehrungen beachten. Im Verfahren vor dem AG ist nach § 499 der Hinweis auf die Folgen eines schriftlich abgegebenen Anerkenntnisses nach § 307 erforderlich. Eine Belehrung über die Folgen einer **Versäumung der Klagerwiderungsfrist** ist **nicht** nach II erforderlich, sondern nach § 277 II Hs. 2. Denn II verweist nur auf I 1, nicht auf I 2.

38 Eine etwa **unrichtige Belehrung** kann zur **Entschuldigung** wegen Fristversäumung ausreichen.

39 **4. Mittellosigkeit des Beklagten.** Der mittellose Bekl. kann die Notfrist des I 1 oft nicht einhalten, weil er eine Prozesskostenhilfe nach §§ 114 ff. noch nicht erhalten hat. Er muss trotzdem mit einer Versäumnisentscheidung nach § 331 III rechnen. Der Bekl. muss evtl. eine Wiedereinsetzung nach § 233 beantragen. Diese wird er freilich im Allgemeinen dann ohne weiteres erhalten. Deshalb ist es evtl. ratsam, auch auf diese Folge hinzuweisen. Es besteht jedoch keine diesbezügliche Belehrungspflicht.

40 **5. Verstoß.** Es gilt dasselbe wie bei → Rn. 20.

41 **VIII. Stellungnahme des Klägers, III. 1. Grundsatz: Ermessen des Vorsitzenden.** Zur sog. Replik kann, nicht muss, der Vorsitzende dem Kläger eine Frist setzen. Diese Aufgabe haben auch derjenige der Kammer für Handelssachen nach § 349 I oder der Einzelrichter nach §§ 348, 348a und nicht das Kollegium wie bei § 275 IV. Ob eine solche Frist notwendig ist, ist nach pflichtgemäßem Ermessen unter Berücksichtigung der Klageerwiderung von §§ 272 I, 273 entscheiden.

42 Es ergeht eine **Verfügung oder ein Beschluss.** Das Gericht muss sie dem Kläger nach § 329 II 2 förmlich zustellen, BGHZ 76, 238. Es kann sie dem Bekl. formlos mitteilen, auch zusammen mit der Ablichtung oder Abschrift der Klagerwiderung, Nürnb MDR 1991, 357. Die Frist zur Replik kann auch mit einer prozessleitenden Anordnung zB nach §§ 273, 358a verbunden werden.

43 Die Frist beträgt nach § 277 III, IV **mindestens zwei Wochen.** Sie ist dann wirkungslos, wenn das Gericht die Klagerwiderung nicht spätestens zugleich mit der Fristsetzung zustellt, BGH NJW 1980, 1167, Nürnb MDR 1991, 357. Man kann eine schriftliche Stellungnahme nur im Anwaltsprozess nach § 78 verlangen. Sonst kann der Kläger seine Stellungnahme nach §§ 496, 129a auch zum Protokoll des Urkundsbeamten der Geschäftsstelle jedes AG abgeben. Wegen des Mahnverfahrens § 697. Es besteht jetzt eine Belehrungspflicht nach § 277.

44 **2. Verstoß.** Es gilt dasselbe wie bei → Rn. 20. Ein Fristversäumnis ist nach § 296 I schädlich, auch bei einer nicht anwaltlich vertretenen Partei, BGHZ 88, 184.

277

Klageerwiderung; Replik. I [1]**In der Klageerwiderung hat der Beklagte seine Verteidigungsmittel vorzubringen, soweit es nach der Prozesslage einer sorgfältigen und auf Förderung des Verfahrens bedachten Prozessführung entspricht.** [2]**Die Klageerwiderung soll ferner eine Äußerung dazu enthalten, ob einer Entscheidung der Sache durch den Einzelrichter Gründe entgegenstehen.**

II **Der Beklagte ist darüber, dass die Klageerwiderung durch den zu bestellenden Rechtsanwalt bei Gericht einzureichen ist, und über die Folgen einer Fristversäumung zu belehren.**

III **Die Frist zur schriftlichen Klageerwiderung nach § 275 Abs. 1 Satz 1, Abs. 3 beträgt mindestens zwei Wochen.**

IV **Für die schriftliche Stellungnahme auf die Klageerwiderung gelten Absatz 1 Satz 1 und Absätze 2 und 3 entsprechend.**

1 **I. Systematik, I–IV.** Die Vorschrift dient der Prozessförderung. Die Regelung zur Klageerwiderung und zur Replik (= Stellungnahme des Klägers auf die Klageerwiderung) – entsprechendes trifft auf eine Duplik (= Stellungnahme des Beklagten auf die Replik) zu – soll dazu beitragen, dass der Sach- und Streitstand auf das Wesentliche beschränkt wird und der Rechtsstreit nach Möglichkeit in einem Haupttermin (§ 272 I) erledigt werden kann. Dementsprechend dient § 277 ebenfalls der Verfahrensbeschleunigung. Das Gericht kann den Bekl. zwar weder im Anwaltsprozess noch sonst, weder bei einem frühen ersten Termin nach § 275 noch bei einem schriftlichen Vorverfahren nach § 276 zwingen, sich zu melden oder gar Anträge zu stellen oder auch nur an einer Erörterung teilzunehmen. Die Regelung mit entsprechender Fristsetzung kann jedoch dazu führen, dass bei Verletzung dieser Obliegenheiten verspäteter Vortrag nach § 296 ausgeschlossen werden kann, so dass hierüber der Bekl. zumindest mittelbar zu einem zügigen und konzentrierten Vortrag angehalten wird. Eine weitere Förderung kommt über die Anordnung des persönlichen Erscheinens nach § 141 III bzw. ergänzender Anordnungen nach § 273 II in Betracht. Zum Schutz des Beklagten ist in II eine Belehrungspflicht vorgesehen. Den notwendigen Inhalt einer ordnungsgemäßen Klagerwiderung bestimmt I 1. Die Form richtet sich nach §§ 129 ff. im Anwaltsprozess nach II. Sonst gilt § 496. Die jeweilige Frist richtet sich vor einem frühen ersten Termin sowie in oder nach ihm nach III iVm § 275 I 1, III, im schriftlichen Vorverfahren nach § 276 I 2, 3.

2 Das Gericht kann den Kläger ergänzend zu einer **Stellungnahme** auf eine etwaige Klagerwiderung, zur sog. Replik, auffordern. Ihr notwendiger Inhalt ergibt sich aus IV iVm I 1, die Form im Anwaltsprozess aus §§ 129 ff., sonst aus § 496. Die jeweilige Frist folgt aus IV. Auch sie ist nur eine Obliegenheit nach → Rn. 1. Ihre Verletzung kann zur Zurückweisung nach § 296 führen, BGH MDR 1991, 240. Man darf also dann auch beim Amtsrichter keineswegs mehr stets bis zum ersten Verhandlungstermin mit dem Vortrag oder doch mit der Stellungnahme zum gegnerischen Vorbringen warten. Als weitergehende Frist ist im Hinblick auf die mündliche Verhandlung § 132 zu beachten. Unabhängig von einer Frist können beide Parteien zur Mitteilung nach § 282 II verpflichtet sein.

3 **II. Regelungszweck, I–IV.** Die Prozessförderungspflicht der Parteien ist das Gegenstück zur Förderungspflicht des Gerichts vor einer Zurückweisung verspäteten Vorbringens nach → § 296 Rn. 20. Sie zwingt den Bekl., alsbald nach dem Erhalt der Klageschrift nach § 253 wegen des nun einmal entstandenen Prozessrechts-

verhältnisses auch im eigenen Interesse zu prüfen, ob und wie er sich verteidigen will. Sowohl das Gericht als auch der Gegner können auch nach § 138 II erwarten, dass bereits in der Klagerwiderung eine der Klageschrift entsprechende umfassend auf den Angriff eingehende Verteidigung erkennbar wird. Das Zurückhalten von Argument, Tatsache, Sachkenntnis und Beweisantrag ist zwar in Grenzen nach § 282 durchaus erlaubt. Es ist aber doch eine Ausnahme von der grundsätzlichen Obliegenheit (nicht Pflicht), sich so früh und so vollständig zur Wehr zu setzen, wie es überhaupt zumutbar ist. Die Prozesswirtschaftlichkeit ist ein so erhebliches Ziel auch des § 277, dass man die Auslegung wesentlich an diesem Ziel ausrichten sollte.

Für die **Stellungnahme nach IV** gilt dies entsprechend. 4

III. Geltungsbereich, I–IV. Die Vorschrift gilt in allen Verfahrensarten der ZPO, auch im Berufungsverfahren, BGH NJW 2015, 1746, und im WEG-Verfahren. Abweichungen sind bei § 495a möglich. Sie ist beim Arbeitsgericht nach § 46 II 2 ArbGG unanwendbar, ebenso nach § 113 IV Nr. 3 FamFG in einer Ehesache. 5

IV. Inhalt der Klagerwiderung, I. In der Klagerwiderung muss der Bekl. nach I 1 alle **Verteidigungsmittel,** wie es der Prozesslage einer sorgfältigen und auf Förderung des Verfahrens bedachten Prozessführung entspricht (vgl. BGH, NJW-RR 2021, 1093), vorbringen, die nach § 138 II zur Zeit notwendig ist, damit der Kläger sich auf die Verteidigung des Bekl. einrichten und notfalls noch einmal umfassend antworten kann und damit das Gericht den Verhandlungstermin ebenfalls umfassend vorbereiten kann, BVerfG NJW 2017, 3218; BVerfGE 54, 126, BGHZ 91, 303. Hierzu gehören vor allem ein **abweichender Tatsachenvortrag** und auch die **dazugehörigen Beweismittel,** wie Parteivernehmung (§§ 445 ff.), Zeugenbeweis (§§ 373 ff.) und Sachverständigen (§§ 402 ff.), Urkunden (§§ 415 ff.), Augenschein (§§ 371 ff.), einschließlich eines ordnungsgemäßen Beweisantritts (§§ 371, 373, 403, 420 f., 432, 445) (vgl. insgesamt: Anders/Gehle Assessorexamen ZivilR F 1 ff.). Hierher gehört ferner auch eine Aufrechnung, BGHZ 91, 303, Thomas/Putzo/Reichold Rn. 6. Zur Rechtzeitigkeit → § 282 Rn. 8 ff. Eine rechtzeitige, aber inhaltlich mangelhafte Erwiderung kann ebenfalls eine Zurückweisung wegen Verspätung nach § 296 auslösen. Das gilt auch für die Replik nach IV. Ob und in welchem Umfang das Gericht Hinweise zu erteilen hat, richtet sich nach § 139. 6

Eine Äußerung dazu, ob einer Entscheidung der Sache durch den **Einzelrichter** nach §§ 348, 348a Gründe entgegenstehen, ist nach I 2 nicht notwendig, sondern „soll" nur erfolgen und hat wenig praktische Relevanz. Sie erübrigt sich beim originären Einzelrichter des § 348. Sie kommt also praktisch nur beim obligatorischen des § 348a in Betracht. Unter den Voraussetzungen des § 348 III kann insoweit aber auch bei einem originären Einzelrichter angeregt werden, die Sache der Kammer zu übertragen. Beantragen die Parteien übereinstimmend, den Rechtsstreit auf die Kammer zu übertragen, hat der Einzelrichter den Rechtsstreit der Zivilkammer zur Entscheidung über eine Übernahme vorzulegen (vgl. § 348 III 1 Nr. 3). Eine Unterlassung dieser Obliegenheit kann Folgen nach §§ 95, 296 I haben. 7

Zum Umfang der Klagerwiderung gilt genau dasselbe wie zur Klageschrift nach § 253. 8

V. Belehrung, II. 1. Allgemeine Grundsätze. Die Belehrung des Beklagten darüber, dass nur ein postulationsfähiger **Rechtsanwalt** eine Klageerwiderung bei Gericht einreichen kann, sofern die Voraussetzungen von § 78 vorliegen, erfolgt vor einer Anwaltsbestellung, BGH NJW 1991, 493, und ggf. auch nach ihr, BGH NJW 1986, 133, siehe aber auch BVerfGE 75, 311, auch nach derjenigen schon im Mahnverfahren nach §§ 688 ff., BGH NJW 1983, 2507; Düss NJW 1978, 2203; Hamm MDR 1981, 764. Beim AG erfolgt eine Belehrung über einen Anwaltszwang nur bei § 78 I 2 Nr. 1–3. Die Belehrung muss sich auch auf die **Folgen einer Versäumung der Klagerwiderungsfrist** erstrecken (vgl. auch § 296), BGH NJW 1991, 2773, Schmitt, MDR 2022, 344. Sie muss diese ganz klarstellen, BGHZ 86, 225 (krit. Schneider MDR 1985, 288 vornehmlich zu § 528). Gegenüber einem Anwalt genügt in der Regel ein Hinweis auf das Gesetz, BGH NJW 1991, 493. Zweckmäßig dürfte aber auch hier eine „vollständige" Belehrung sein. 9

2. Verstoß. Sofern die vorgeschriebene Belehrung mit dem Hinweis auf die Folgen einer Fristversäumung nicht oder nicht zutreffend erfolgt, beginnt die Frist nicht zu laufen, BGH WM 2018, 1599; JR 2018, 570, GRUR 2011, 831; NJW 2009, 515, vgl. auch Brandenburgisches OLG BauR 2020, 290. Eine Zurückweisung nach § 296 kommt dementsprechend nicht in Betracht. 10

VI. Erwiderungsfrist, III. Für die fristsetzende Verfügung ist der Vorsitzende bzw. der Einzelrichter **zuständig.** Die Verfügung wird durch Übergabe einer beglaubigten Abschrift zugestellt (§ 329 II 2 ZPO; BGH WM 2018, 1599; Brandenburgisches OLG BauR 2020, 290). 11

Die gesetzliche nur für das Verfahren mit einem **frühen ersten Termin** nach § 275 geltende Frist von 2 Wochen seit der Verkündung oder Zustellung der Fristverfügung ist nur die gesetzliche Mindestfrist. Ihre bewusste Unterschreitung kann zur Ablehnbarkeit nach § 42 führen, Jena BauR 2004, 1815, Karlsr OLGR 2008, 728. 12

Im **schriftlichen Vorverfahren** gilt nach § 276 I 2 eine entsprechende Fristregelung. 13

Die Frist nach III gilt im Verfahren mit einem frühen ersten Termin sowohl bei der Bestimmung vor ihm wie auch bei derjenigen in ihm. Eine Abkürzung nach §§ 224 ff. unter sie ist unzulässig und unwirksam. Das Gericht sollte bei der Fristbemessung den üblichen Kanzleibetrieb des Anwalts berücksichtigen. Bei der Länge der Frist ist stets der konkrete Sachverhalt zu bedenken. Hier können längere Fristen erforderlich sein, um eine sachgerechte Möglichkeit der Stellungnahme in tatsächlicher und rechtlicher Hinsicht und damit des rechtlichen Gehörs (Art. 103 I GG) zu gewährleisten BVerfG NJW 2017, 3218; NVwZ 2003, 859; BGH NJW 2018, 3316. Das Gericht sollte aber keine bloßen Verzögerungstaktiken durchgehen lassen, Mü MDR 1980, 148. Eine neue Frist beseitigt die frühere, Kblz OLGR 2003, 115. Ein nachgeschobenes Mieterhöhungsverlangen rechtfertigt keine längere Frist, LG Hmb WuM 1985, 322. Zum Rechtsbehelf und zu den weiteren Einzelheiten der Frist §§ 221 ff. Wegen einer übermäßig langen Frist → § 276 Rn. 23. Eine einfache Sache ermöglicht keine Fristverlängerung, LG Köln AnwBl 2017, 94. Hinsichtlich eines Verstoßes → Rn. 16. 14

VII. Stellungnahme auf die Klageerwiderung (Replik), IV. 1. Ermessen des Gerichts. Zunächst → Rn. 1. Falls das Gericht eine Frist zur Stellungnahme setzt, besteht ebenfalls eine **Belehrungspflicht.** Denn IV verweist auch auf II. Wegen einer übermäßig langen Frist → § 276 Rn. 23. 15

2. Verstoß. Eine Fristsetzung ohne Belehrung ist nicht wirksam und führt dazu, dass hierauf eine Präklusion nach § 296 nicht gestützt werden kann. Sollte eine Zurückweisung erfolgen, ohne dass überhaupt eine Frist 16 gesetzt worden ist, würde dies sogar Art. 103 I GG (rechtliches Gehör) verletzten (BVerfG, stattgebender Kammerbeschluss vom 20.12.2018 – 1 BvR 1155/18, BeckRS 2018, 37116).

278 ***Gütliche Streitbeilegung, Güteverhandlung, Vergleich.*** **I [1]Das Gericht soll in jeder Lage des Verfahrens auf eine gütliche Beilegung des Rechtsstreits oder einzelner Streitpunkte bedacht sein.**

II [1]Der mündlichen Verhandlung geht zum Zwecke der gütlichen Beilegung des Rechtsstreits eine Güteverhandlung voraus, es sei denn, es hat bereits ein Einigungsversuch vor einer außergerichtlichen Gütestelle stattgefunden oder die Güteverhandlung erscheint erkennbar aussichtslos. [2]Das Gericht hat in der Güteverhandlung den Sach- und Streitstand mit den Parteien unter freier Würdigung aller Umstände zu erörtern und, soweit erforderlich, Fragen zu stellen. [3]Die erschienenen Parteien sollen hierzu persönlich gehört werden. [4]§ 128a Absatz 1 und 3 gilt entsprechend.

III [1]Für die Güteverhandlung sowie für weitere Güteversuche soll das persönliche Erscheinen der Parteien angeordnet werden. [2]§ 141 Abs. 1 Satz 2, Abs. 2 und 3 gilt entsprechend.

IV Erscheinen beide Parteien in der Güteverhandlung nicht, ist das Ruhen des Verfahrens anzuordnen.

V [1]Das Gericht kann die Parteien für die Güteverhandlung sowie für weitere Güteversuche vor einen hierfür bestimmten und nicht entscheidungsbefugten Richter (Güterichter) verweisen. [2]Der Güterichter kann alle Methoden der Konfliktbeilegung einschließlich der Mediation einsetzen.

VI [1]Ein gerichtlicher Vergleich kann auch dadurch geschlossen werden, dass die Parteien dem Gericht einen schriftlichen Vergleichsvorschlag unterbreiten oder einen schriftlichen oder zu Protokoll der mündlichen Verhandlung erklärten Vergleichsvorschlag des Gerichts durch Schriftsatz oder durch Erklärung zu Protokoll der mündlichen Verhandlung gegenüber dem Gericht annehmen. [2]Das Gericht stellt das Zustandekommen und den Inhalt eines nach Satz 1 geschlossenen Vergleichs durch Beschluss fest. [3]§ 164 gilt entsprechend.

Schrifttum: Ahrens NJW 2012, 2465; Behme AnwBl 2017, 16; Buschmann AnwBl 2013, 508; Eidenmüller/Prause NJW 2011, 2737 (Europäische Mediationsrichtlinie); Eidenmüller/Wagner (Hrsg.), Mediationsrecht, 2016; Fest, Alternative Streitbeilegung und Mediation im Bereich Film und Fernsehen, FS Schwarz, 2017; Fischer/Unberath, Grundlagen und Methoden der Mediation, 2013; Francken NZA 2012, 836 (ArbGG); Fritz/Pielsticker, Mediationsgesetz, 2013 (Bespr. von Bargen ZZP 128, 391); Fritz/Schroeder NJW 2014, 1910; Gaier NJW 2016, 1367; Greger, Für Vereinbarkeit von Mediation und Richteramt, Gedächtnisschrift für Unberath (2015) 111; Greger MDR 2017, 1107; Greger/Unberath, MediationsG, 2012; Greger/Weber MDR 2012, Heft 18 Beilage (Güterichter); Grundmann SchiedsVZ 2012, 229; Haft/v. Schlieffen, Handbuch Mediation, 3. Aufl. 2016; Heese ZZP 127, 371; Hilbig-Lugani ZZP 126, 463 (Auswirkung von Nichterfüllung); Hinrichs, Praxishandbuch Mediationsgesetz, 2014; Horstmeier, Das neue Mediationsgesetz, 2013; Jaeger AnwBl 2015, 196 (Mix aus Mediation, Schlichtung und Prozeß); Jordam MDR 2013, 65 (Grdz.); Jost, Die anwaltliche Vertretung in der Mediation, 2013; Kasper/Kluger, Wirtschaftsmediation bei Gericht, SchiedsVZ 2021, 69; Klowait/Gläßer, MediationsG, 2. Aufl. 2018; Kreissl SchiedsVZ 2012, 230; Lehmann, Hinwirken im Einvernehmen usw., 2018; Loer MDR 2018, 839; Nietfeld, Mediation, 2015; Ortloff NVwZ 2013, 992; Pilartz, Mediation im Arbeitsrecht, 2013; Prütting AnwBl 2012, 796; Römermann AnwBl 2013, 499 (Grdz.); Röthemeyer, Mediation, 2015; Schmidt/Lapp/Monßen, Mediation in der Praxis des Anwalts, 2013; Schmitt, Stufen einer Güteverhandlung, 2014; Schroth der Zweite, Ein Appell für eine Reform des Vertrauensschutzes von Mediationsinhalten, SchiedsVZ 2021, 76; Therstappen AnwBl 2013, 288; Thole ZZP 127, 339; Tranczek/Berning/Lenz, Mediation und Konfliktmanagement, 2013; Trossen SchiedsVZ 2015, 187; Wagner NVwZ 2014, 1344; Wegener, 10 Jahre Güterichterverfahren: Weiter so!, NZFam 2022, 621; Weiler/Schlickum, Praxishandbuch Mediation, 3. Aufl. 2020; Wendenburg, Der Schutz der schwächeren Partei in der Mediation, 2013; Wendland, Mediation und Zivilprozess, 2016; Wesche, Rechtsfrieden durch das Güterichterverfahren, JM 2022, 227; Wipperfürth, Mediation in Sanierung und Insolvenz, 2016; Rechtsvergleichend: Hopt/Steffek, Mediation, 2013. Rechtspolitik: Maas AnwBl 2015, 68. S auch § 278a „Schrifttum".

Übersicht

I. Systematik. 1. Allgemeines. Die Vorschrift betrifft die gütliche Streitbeilegung. Im schiedsrichterlichen Verfahren sprechen manche insoweit von einem „Konfliktmanagement", Stubbe SchiedsVZ 2009, 321. Die dem § 54 ArbGG ähnliche Vorschrift ist ein Teil einer Gruppe von Bestimmungen innerhalb und außerhalb der ZPO mit ähnlichem Ziel nach → Rn. 7. Man orientiert sich wegen des Verhältnisses dieser Regeln untereinander am besten am zeitlichen Ablauf einer rechtlichen Auseinandersetzung. 1

2. Verhältnis zum außergerichtlichen Einigungsversuch. Dazu Assmann MDR 2016, 1303; Müller SchiedsVZ 2008, 76 (Streitbeilegungsverfahren): II–V betreffen die Güteverhandlung. Diese findet nach II 1 nicht statt, wenn die Güteverhandlung erkennbar aussichtslos erscheint oder bereits ein Einigungsversuch vor einer außergerichtlichen Gütestelle stattgefunden hat. Auf die staatliche Anerkennung der Gütestelle kommt es nicht an; das ergibt sich schon aus dem unterschiedlichen Wortlaut von II 1 einerseits und von § 794 I Nr. 1 andererseits; das ergibt sich aber auch aus dem Sinn der Vorschrift, Zöller/Greger Rn. 22; → Rn. 15. Manche vorprozessuale Güteversuche haben sogar eine weitergehende Wirkung. So ist das vorprozessuale Güteverfahren nach **§ 15a I 1 EGZPO** sogar eine von Amts wegen zu prüfende Zulässigkeitsvoraussetzung; es muss bereits zum Zeitpunkt der Klageerhebung (§ 253 I) stattgefunden haben, BGH NJW-RR 2018, 394. Fehlt es, ist die Klage durch Prozessurteil nach einem Hinweis nach § 139 abzuweisen, Herberger ZAP 2021, 761 (mögliche Nachholung zwischen Anhängigkeit und Rechtshängigkeit); → § 139 Rn. 64 „Obligatorische Streitbeilegung"; → Vor § 253 Rn. 22, 33. Hat es stattgefunden, findet eine Güteverhandlung nach II 1 nicht statt. 2

Eine Güteverhandlung findet nach II 1 auch bei einer vor Klageerhebung durchgeführten **außergerichtlichen Mediation** keine Anwendung, → Rn. 39 (zur Mediation allgemein). Allerdings ist eine außergerichtliche Mediation nicht zwingend und ihr Fehlen führt, anders als es bei § 15a EGZPO der Fall ist, nicht zur Unzulässigkeit der Klage. Ein vorher durchgeführter Mediationsversuch betrifft auch nicht den Regelungsbereich des **§ 278a.** Diese Regelung erfasst für das Gericht die Möglichkeit, den Parteien während eines Prozesses eine außergerichtliche Mediation vorzuschlagen. Die außergerichtliche Mediation hemmt die Verjährung nicht und verlängert nicht die Berufungsbegründungsfrist nach § 520 II, BGH VersR 2010, 548. Zur bisherigen Europäischen Mediationsrichtlinie 2008/52/EG im grenzüberschreitenden Bereich, ABl. (EU) 2008 L 136, 3, Eidenmüller/Prause NJW 2008, 2737; Sujecki EuZW 2010, 7. Zur amerikanischen Adjudication, Kokonmethode und online-Streitbeilegung Engel AnwBl 2012, 13. 3

Die Anordnung einer gerichtlichen Mediation ist nicht statthaft, Brdb FPR 2010, 463; → § 278a Rn. 6. Nach V kann das Gericht die Parteien zur Durchführung der Güteverhandlung und weiterer Güteversuche an einen **Güterichter** verweisen, der kein Mediator ist, aber Mediationsmethoden anwenden kann, → Rn. 48. Der EuGH hat im Banca B.-Urteil, BeckRS 2020, 32090 (Zinssatz), eine vom nationalen Gericht durchzuführende Mediation als Möglichkeit genannt, einer Vertragsnichtigkeit aus Gründen des Verbraucherschutzes zu entkommen. 4

3. Verhältnis zu § 139 und §§ 128 ff., 279. Die Rechte und Pflichten aller Beteiligten nach § 139 haben keinen Vorrang gegenüber § 278. Vielmehr ergänzen sich die beiden Vorschriften. § 139 betrifft die **materielle Prozessleitung;** sie dient der Konzentration und Vervollständigung des Prozessstoffes auf die entscheidungserheblichen Tatsachen, → § 139 Rn. 2. § 278 I behandelt die Pflicht des Gerichts, in jeder Lage des Verfahrens auf eine gütliche Beilegung des Rechtsstreits bedacht zu sein, während II–V die „Güteverhandlung" betrifft, die nach II 1 der „mündlichen Verhandlung" „vorausgeht" und daher nicht schon Teil der eigentlichen mündlichen Verhandlung nach §§ 128 ff., 279 ist; vgl. Fischer/Schmidtbleicher AnwBl 2005, 233 („Kleine und große Verhandlung"). Deshalb gilt ein Verstoß im Güteverfahren noch nicht als ein solcher in der mündlichen Verhandlung. Eine Stellungnahme in der Güteverhandlung ist kein Verhandeln zur Hauptsache nach §§ 137, 279 I. Außerdem entsteht auch keine Termingebühr schon in der Güteverhandlung. Denn nach VV 3104 III Hs. 1 RVG wird für die Gebühr eine „Verhandlung" und kein Einigungsversuch vorausgesetzt, allerdings nicht unbedingt eine mündliche, Toussaint/Toussaint RVG VV 3104 Rn. 6, 7. Der ganze Vorgang nach § 278 I ist aber der eigentlichen Prozessverhandlung bewusst zu deren Vermeidung vorgelagert. Indessen können die Verfahrens- und die Einigungsgebühr entstehen. 5

4. Verhältnis von I, VI zu II–V. Beide Absatzgruppen bezwecken eine gütliche Streitbeendigung. I bezieht sich auf eine solche in jeder Lage des Verfahrens". Anders als bei § 15a EGZPO liegt bei I bereits ein gerichtliches Verfahren vor. Indessen ist II gegenüber I vorrangig, weil er spezieller ist. I ordnet nur allgemein an, was II für den ganz speziellen Abschnitt einer Güteverhandlung näher und weitaus eingehender regelt. Lediglich VI mit seiner Möglichkeit eines schriftlichen Vergleichsvorschlags der Parteien oder des Gerichts hat auch im Geltungsbereich von II–V Bedeutung. 6

II. Regelungszweck. Die Vorschrift zielt auf eine gütliche Beendigung des Streits ohne eine mündliche streitige Verhandlung und ohne Urteil ab und dient damit der **Prozesswirtschaftlichkeit;** ein Verfahren mit einer Einigung ohne Urteil endet meist schneller und ist oft billiger, schon wegen des Wegfalls einer zweiten Instanz, Fischer/Schmidtbleicher AnwBl 2005, 233; Greger FG Vollkommer, 2006, 22; Wrege DRiZ 2003, 130. **Rechtssicherheit** durch **Rechtsfrieden** ist ein weiteres Ziel der Vorschrift, Wesche JM 2022, 227. Der Rechtsfrieden lässt sich durch eine wie immer zustande gekommene Einigung mitunter eher und oft auch dauerhafter wiederherstellen als durch einen Richterspruch, von dem uU weder Sieger noch Verlierer so ganz überzeugt sind. 7

Der Rechtsfrieden wird meist schon erreicht, wenn es den Parteien gelungen ist, eine Einigung zu erzielen. Umso höher ist der Wert der richterlichen Mitbemühung um eine gütliche Einigung anzusetzen.

8 Eine „erzwungene" Einigung ist für die Beteiligten nicht zufriedenstellend, Zierl NJW 2002, 2695. Das Gericht soll sich nicht dem Verdacht aussetzen, sich die Arbeit der Urteilsfällung und -abfassung ersparen zu wollen, und es soll auch nicht mit einem Urteil drohen. Empfehlenswert ist eine umfassende strukturierte Vorbereitung durch das Gericht, damit es den Parteien seine Einschätzung von dem Sach- und Streitstand mitteilen und diese auf die Risiken hinweisen kann. Zu den Risiken gehören Kostengesichtspunkte und die Beweisbedürftigkeit von Tatsachen einschließlich der Beweislast, → Vor § 284 Rn. 4 (Beweisbedürftigkeit); → § 138 Rn. 21 ff. (Beweislast). Unterbreitet das Gericht einen sachgerechten Vergleichsvorschlagvorschlag, kann er die Parteien möglicherweise überzeugen und gleichzeitig klarstellen, dass es nicht um seine eigene Arbeitserleichterung geht.

9 Im Rahmen der Güteverhandlung sollte das Gericht nicht vorschnell zu dem Ergebnis kommt, dass diese „erkennbar aussichtslos" nach II 1 Hs. 3 ist, Katzenmeier ZZP 115, 91. In jedem Fall sollte es vorher in Kenntnis auch von der Klagerwiderung die Einigungschancen ausgelotet haben, Zierl NJW 2002, 2695. Wenig überzeugend ist die an sich rhetorische Frage zu „Terminbeginn", ob die Parteien überhaupt eine anfängliche Güteverhandlung wünschten oder ob „sie gleich die Anträge stellen wollen", auch wenn meist wohl kein Widerspruch gegen diesen Vorschlag erfolgen wird. Wenig erfolgsversprechend ist auch die Frage des Vorsitzenden: „Müssen wir noch einen Güteversuch machen?" nach einer ausführlichen streitigen mündlichen Verhandlung. Ein großer Zeitverlust ist bei einem Scheitern der Güteverhandlung nicht zu erwarten. Die eigentliche mündliche Verhandlung nach § 279 I 1 kann sofort nach der Güteverhandlung in demselben Termin stattfinden, sei es als ein früher erster Termin, sei es als Haupttermin. Nicht selten ist die in einen Güteversuch investierte Zeit auch hilfreich für eine nachfolgende streitige Verhandlung. Zur Entstehungsgeschichte: MüKoZPO/Prütting Rn. 6.

10 **III. Geltungsbereich.** Die Vorschrift gilt grundsätzlich in allen Instanzen und Verfahrensarten nach der ZPO, auch im WEG-Verfahren, BGH NZG 2020, 740 Rn. 13 (zur Befugnis des Verwalters zum Prozessvergleich bei Beschlussanfechtung nach WEG aF). Allerdings ist die Güteverhandlung nach II den Berufungs- und Revisionsgerichten nach §§ 525 S. 2, 555 I 2 freigestellt. Sie gilt grundsätzlich auch im Prozesskostenhilfeverfahren nach §§ 114 ff. und im selbständigen Beweisverfahren, Lüke NJW 1994, 234, ferner nach einem Mahnverfahren nach §§ 688 ff. (Ausnahme: §§ 341a, 700 I), auch im Urkundenprozess nach §§ 592 ff., im FamFG-Verfahren im Bereich von § 36 III, 113 I 2 FamFG, Born NZFam 2014, 545, aber nicht in einer Ehesache nach § 113 IV Nr. 4 FamFG. Sie gilt auch im Wiederaufnahmeverfahren nach §§ 578 ff. Im Arbeitsgerichtsverfahren gilt vorrangig § 54 VI ArbGG, Franken NZA 2015, 641; Künzl MDR 2016, 952. Zum Patentstreit Brose GRUR 2016, 146. Vor dem Verwaltungsgericht gelten § 106 VwGO als Sonderregelung und ergänzend § 278 über § 173 S. 1 VwGO, OVG Lüneb NVwZ-RR 2015, 517; VGH Mü NVwZ-RR 2016, 679.

11 Unanwendbar ist § 278 II–V nach dem Einspruch gegen ein Versäumnisurteil nach § 338. Denn dann muss der Vorsitzende nach **§ 341a** mangels einer Verwerfung sogleich einen Termin zur mündlichen Verhandlung ansetzen. Unanwendbar sind II–V auch im Verfahren nach § 11 I 2 KapMuG, SchlAnh. VIII und bei der Musterfeststellungsklage nach § 610 V 2. Im Eilverfahren nach §§ 916 ff., 935 ff. findet wegen der Eilbedürftigkeit eine Güteverhandlung nur statt, wenn eine mündliche Verhandlung durchgeführt wird; dann muss sich diese aber unmittelbar an die Güteverhandlung anschließen, Jena GRUR-RR 2008, 109; → § 921 Rn. 7.

12 **IV. Gütliche Beilegung in jeder Lage des Verfahrens, I.** Darauf soll das Gericht auf Antrag oder von Amts wegen bedacht sein, und zwar auf einen Ausgleich im ganzen oder in einzelnen Punkten, BGH MDR 2012, 1128, LG Drsd NJW-RR 2012, 700. „Bedacht sein" ist zwar weniger als ein „Hinwirken", aber auch mehr als ein bloßes „Denken an", Wolf ZZP 1989, 292; Weber DRiZ 1978, 166; Nagel DRiZ 1977, 325; Schneider JurBüro 1977, 146. In jeder Lage des Verfahrens bedeutet, dass I schon vor der mündlichen Verhandlung nach § 279 I 1 gilt, wie II 1 verdeutlicht, Bbg MDR 1988, 149; Schlicht DRiZ 1980, 311, vor allem aber in der Güteverhandlung nach § 278 II 1. I gilt auch vor dem Güterichter nach V. I gilt weiter jederzeit in der jeder weiteren mündlichen Verhandlung insbesondere auch nach einer Beweisaufnahme im Termin nach § 370 I, bei der Erörterung der Beweisergebnisse nach §§ 279 III, 285 I, ferner in der wieder eröffneten mündlichen Verhandlung nach § 156 I. Allein in der Bemühung um eine gütliche Einigung kann kein Ablehnungsgrund nach § 42 gesehen werden; eine Besorgnis der Befangenheit kann sich allenfalls aus einer problematischen Art und Weise der Bemühung ergeben, Karlsr OLGZ 1978, 226.

13 Die gütliche Beilegung des Rechtsstreits oder einzelner Streitpunkte kann durch Abschluss eines Prozessvergleich erfolgen, der bei einem vollstreckungsfähigen Inhalt einen Vollstreckungstitel nach § 794 I Nr. 1 darstellt und grundsätzlich die Rechtshängigkeit beendet, → § 136 Rn. 33 „Vergleich". Der **Prozessvergleich** hat eine Doppelnatur; er ist zum einen eine Prozesshandlung, die den Rechtsstreit ganz oder teilweise erledigt und deren Wirksamkeit sich nach verfahrensrechtlichen Grundsätzen richtet; außerdem ist er ein materiellrechtliches Rechtsgeschäft zwischen den Parteien, für das die materiell-rechtlichen Vorschriften gelten; beide Bereiche sind voneinander abhängig; ist ein Teil unwirksam, ist der gesamte Vergleich betroffen und die prozessualen Wirkungen treten nicht ein (Rechtsgedanke von § 139 BGB), BGH NJW 2015, 2965; Schlesw NJW 2018, 638, → Vor § 128 Rn. 54 ff. (Prozesshandlungen) und Rn. 68 „Vergleich". Als Prozesshandlung kann der Prozessvergleich nicht widerrufen oder zurückgenommen werden, Schlesw NJW 2018, 638; → Vor § 128 Rn. 66 ff. (Prozessvergleich nach VI). In einem Prozessvergleich kann auf ein Gerichtsgutachten Bezug genommen werden, ohne dass dieses als Anlage zum Protokoll genommen werden muss, Hamm BeckRS 2020, 41425.

14 **V. Güteverhandlung, II. 1. Regelfall, II 1 Hs. 1, 4.** Nach dieser Vorschrift ist die Güteverhandlung vor der eigentlichen **mündlichen Verhandlung** der Regelfall. Das folgt aus den Worten „es sei denn, …" in Hs. 2, Bäumerich SchiedsVZ 2015, 237 (zum Verhältnis zu Art. 92 GG). Nach dem seit 1.1.2022 geltenden II 4 kann die *Güteverhandlung auch* als Videoverhandlung (§ 128a) durchgeführt werden, vgl. Gesetz zum Ausbau des elektronischen Rechtsverkehrs mit den Gerichten vom 5.10.2021 (BGBl. I 2021, 4607); → § 128a Rn. 8. Eine Güteverhandlung ist grundsätzlich anzuberaumen, soweit nicht die besonderen Voraussetzungen Hs. 2, 3 vorliegen, Zöller/Greger Rn. 22. Man muss also zunächst prüfen, ob schon erfolglos eine außergerichtliche Einigung

versucht wurde oder ob eine Güteverhandlung erkennbar erfolglos sein dürfte, → Rn. 2, 3. Erst bei einer Verneinung beider Umstände entsteht auch ohne Antrag ein Zwang zur Anberaumung eines Gütetermins.

Den mündlichen Verhandlungstermin als frühen ersten nach § 275 oder Haupttermin nach § 276 soll das Gericht nach § 279 I 1 unmittelbar an den Gütetermin anschließen. Deshalb ist eine Ladung zu beiden Terminarten durch dieselbe Verfügung ratsam. Natürlich muss das Gericht in seiner Terminverfügung dafür sorgen, dass die Parteien ganz klar aus der Ladung beide Terminarten erkennen können. Daher muss auch aktenkundig werden, dass sie zB das richtige Ladungsformular erhalten haben. Bei einer eindeutigen Ladung nur zum Gütetermin muss das Gericht nur die Ladungsfrist nach §§ 217, 604 II, 605a einhalten, Köln OLGR 2005, 311, soweit die Parteien nicht sogar auf sie wirksam verzichten. Die Einlassungsfrist nach § 274 III gilt nur für eigentlichen mündlichen Verhandlung. Auch ein Gütetermin erfordert schon wegen II 2 eine sorgfältige Vorbereitung des Gerichts, Düss OLGR 2005, 285. 15

2. Ausnahmen nach II 1 Hs. 2 und Hs. 3. Eine Güteverhandlung ist nicht erforderlich, soweit bereits ein erfolgloser obligatorischer Einigungsversuch vor der **Gütestelle** nach § 15a EGZPO oder ein anderer Einigungsversuch vor einer anderen Gütestelle, so eine außergerichtliche Mediation, stattgefunden hat, → Rn. 2, 3. Denn dann wäre eine nochmalige Einigungsbemühung vor Beginn der mündlichen Verhandlung in diesem jetzt streitig gewordenen gerichtlichen Stadium in der Regel grundsätzlich nur eine Zeitverschwendung, zumal das Gericht nach I auch im weiteren streitigen Verfahren ständig um eine Einigung bemüht bleiben muss. Die Gütestelle muss nicht staatlich anerkannt sein, wie es in § 794 I Nr. 1 für Vergleiche als Vollstreckungstitel vorgesehen ist, Friedrich JR 2002, 398; Zöller/Greger Rn. 22; → Rn. 2. Grundlage der Entscheidung sind die Angaben in der Klageschrift nach § 253 III Nr. 1, die auf Nachfrage zu ergänzen sind, Zöller/Greger Rn. 22. 16

Eine Güteverhandlung entfällt unabhängig von → Rn. 16 auch, soweit eine Güteverhandlung als **„erkennbar aussichtslos"** erscheint, VGH Mü NVwZ-RR 2015, 400 Diese Bestimmung schafft ein weites Ermessen, Schläger ZMR 2002, 402. Dagegen findet die Vorschrift keine entsprechende Anwendung, nur weil alle Beteiligten einverstanden sind, Zöller/Greger Rn. 22; aM Bamberger ZRP 2004, 137. Allerdings kann sich im Einzelfall aus diesem Einverständnis die Aussichtslosigkeit ableiten lassen. Das Gesetz deutet mit seiner vorsichtigeren Formulierung „erscheint" an, dass es jedenfalls zunächst nur auf die Bewertung des Gerichts im Terminierungszeitpunkt ankommt, also bei seiner Entscheidung darüber, ob es eine Güteverhandlung anberaumen muss oder nicht. Nicht dagegen kommt es nach dieser Gesetzesformulierung darauf an, ob man auch später bei einer rückblickenden Betrachtung eine damalige Aussichtslosigkeit hätte bejahen müssen. Das rechtliche Gehör nach Art. 103 I GG kommt kaum schon durch eine fälschliche oder irrige Annahme der Aussichtslosigkeit in Gefahr. Denn auch dann muss das Gericht die eigentliche mündliche Verhandlung anberaumen. 17

„Aussichtslos" meint nicht die Prozessaussicht, sondern nur die Aussicht auf eine abschließende Einigung, welcher Art auch immer. Aussichtslos ist mehr als „nicht hinreichend erfolgsversprechend". Man darf jetzt vernünftigerweise noch nicht, nicht mehr oder überhaupt gar nicht mit irgendeinem auch nur teilweisen nicht ganz unerheblichen Erfolg der Gütebemühung rechnen können. 18

Ein Aktenvermerk „Erkennbar aussichtslos" ist ohne eine stichwortartige Mindestbegründung kaum ein genügendes Zeichen der Abwägung. Das Gericht sollte nicht seine Autorität als von vornherein unzureichend einschätzen. In einer vorprozessual bis zur Erschöpfung ausgeschriebenen Streitigkeit zwischen solchen ohnehin erbitterten Gegnern, die beide ausdrücklich eine Entscheidung durch ein Urteil begehren, und in ähnlich wirklich eindeutigen Fällen kann aber auch der bloße Vermerk durchaus als Rechtfertigung der Unterlassung einer Güteverhandlung reichen. 19

VI. Erörterung in der Güteverhandlung, II 2, 3. 1. Allgemeines. Zuständig für die Güteverhandlung ist das Gericht grundsätzlich in voller Besetzung unter der Leitung des Vorsitzenden nach § 136 I, soweit es nicht nach V einen Güterichter einsetzt, → Rn. 37 ff. In einer Handelssache gilt § 349 I 1. Das Gericht hat Rechte und Pflichten. Man muss sie von denjenigen in einer eigentlichen anschließenden mündlichen Verhandlung unterscheiden. Sie hängen in Art und Umfang vom Einigungszweck ab. §§ 136 ff., 139 sind in diesem Prozessabschnitt nicht direkt anwendbar, weil die Vorschrift nicht die materielle Prozessleitung betrifft, → Rn. 5. Es besteht ein Anwaltszwang wie sonst nach § 78, Zweibr NJW-RR 2003, 1654. Wegen eines Dolmetschers gilt § 185 GVG. Soll die mündliche Verhandlung als Videoverhandlung nach § 128a stattfinden, kann auch die vorgeschaltete Güteverhandlung entsprechend durchgeführt werden. Ein Anerkenntnisurteil ist nach § 307 S. 2 statthaft. Ein Protokoll ist nach §§ 159 ff. notwendig. Denn dazu muss nur eine „Verhandlung" und keine „mündliche" vorliegen. 20

2. Erörterung des Sach- und Streitstands, II 2 Hs. 1. Das Gericht muss in der Güteverhandlung den Sach- und Streitstand mit den Parteien unter freier Würdigung aller Umstände erörtern. Eine Prozesshandlung ist statthaft, soweit das Gesetz sie nicht gerade der „mündlichen" Verhandlung nach § 279 I 1 vorbehält. 21

Erörterung ist derselbe Begriff wie in § 139 I 1, aber weniger als die in § 139 I 2 zusätzlich geforderte Tätigkeit des Hinwirkens auf rechtzeitige und vollständige Erklärungen, → § 139 Rn. 32 ff. Immerhin setzt der in → Rn. 7, 8 dargelegte und begrenzte Zweck der ganzen Güteverhandlung auch deutliche Grenzen der Erörterungspflicht. Das Gericht braucht nur die Einigungschancen auszuloten. Das mag gerade bei schwierigen Punkten eine doch schon ziemlich präzise tatsächliche oder rechtliche Besprechung erfordern, Brem OLGR 2007, 384. Denn nur so können die Parteien ihre Chancen für die streitige mündliche Verhandlung einigermaßen abschätzen. Andererseits zeigt schon das Ausbleiben einer Anordnung wie bei § 139 I 2 und erst recht das Fehlen einer Anordnung wie bei § 139 II, III in § 278 II 3 die geringeren Anforderungen für die Güteverhandlung. Ein Vergleich lässt sich auch und oft gerade dann erreichen, wenn das Gericht seine Bewertung noch offenlässt, um erst in späteren Phasen des Prozesses mit den Parteien intensive Rechtsgespräche zu führen. Zudem ist es auch in der eigentlichen mündlichen Verhandlung grundsätzlich sinnvoll, nur eine vorläufige Beurteilung darzustellen, um offen für bessere Argumente zu sein, → § 139 Rn. 10. Das muss erst recht in der Güteverhandlung gelten. 22

3. Fragestellung, II 2 Hs. 2. Diese Aufgabe heißt unter solchen Umständen keineswegs: Hinwirken auf erschöpfende Darlegungen, wie bei § 139 I 2 nötig sein kann. Nur solche Umstände darf und muss das Gericht erfragen, die gerade für eine Einigung wesentlich sind. Nur insoweit sind Fragen „erforderlich". 23

4. Freie Würdigung aller Umstände, II 2 Hs. 1, 2. Das Gericht hat ein zwar pflichtgemäßes, aber weites Ermessen bei der Abwägung der Einigungschancen. Es sollte zwar „alle" rechtlichen, wirtschaftlichen, psycho- 24 logischen Umstände mitbeachten. Es hat aber einen erheblichen Spielraum in ihrer Gewichtung. Es hat ja im Prinzip selbst ein Interesse an einer Einigung. Es darf bei der freien Würdigung auch den Umstand beachten, dass evtl. eine Partei ein Urteil und keinen Vergleich wünscht. Eine Beweisaufnahme nach §§ 355 ff. oder gar eine Beweiswürdigung nach § 286 sollte aber grundsätzlich dem eigentlichen streitigen Verfahrensabschnitt vorbehalten bleiben. Auch eine nur informelle Zeugenbefragung sollte grundsätzlich unterbleiben, Stürner JR 1979, 137. Allerdings darf das Gericht durchaus vorbereitende Informationen einholen, auch zu vorliegenden Beweismitteln. Bei umfangreichen Verfahren mit hohen Streitwerten, bei denen mehrere entscheidungserhebliche Tatsachen streitig sind, kann es im Einzelfall sinnvoll sein, vor der Güteverhandlung ausnahmsweise ein Gutachten auf der Grundlage des § 358a zu einer Kernfrage einzuholen oder einen Sachverständigen zur Güteverhandlung einzuladen.

25 **5. Anhörung jeder erschienenen Partei, II 3.** Das Gericht soll die erschienenen Parteien nach II 3 zu dem erörterten Sach- und Streitstand iSd II 2 auch persönlich hören, unabhängig von den Möglichkeiten nach III. Das bedeutet, dass den Parteien Gelegenheit zu einer sofortigen Äußerung in diesem Gütetermin gegeben wird. Derjenigen Partei, die sich nicht sogleich äußert, ist in der Güteverhandlung keine Nachfrist nach § 283 zu setzen. Denn an den Gütetermin schließt sich die eigentliche mündliche Verhandlung an, nach § 279 I 1 uU sogleich. § 283 gilt für die mündliche Verhandlung, nicht auch schon für die Güteverhandlung. Prozesshandlungen der Parteien, → Vor § 128 Rn. 54, sind zulässig, soweit das Gesetz nicht ihre Vornahme gerade in der erst nach § 279 I 1 nachfolgenden eigentlichen mündlichen Verhandlung zur Wirksamkeitsbedingung macht, wie zB den Sachantrag nach § 137 I.

26 **VII. Anordnung des persönlichen Erscheinens, III. 1. Allgemeines.** Zur Erhöhung der Einigungschance soll das Gericht das persönliche Erscheinen aller Parteien anordnen. Es soll dabei die Möglichkeiten nach § 141 I 2, II, III ausnutzen, Karlsr OLGR 2005, 522; LG Brschw NJW-RR 2004, 390. Das gilt auch für den Güterichter nach V. Es handelt sich bei III um eine Sollvorschrift, nicht um eine bloße Kannbestimmung, Zöller/Greger Rn. 12. Das bedeutet eine Bindung wie an eine Mussvorschrift, bewirkt aber bei Nichtbeachtung nur eine eingeschränkte Folge. Die Vorschrift gilt gerade dann, wenn die Partei gegenüber dem Gericht bereits anwaltlich vertreten ist oder sein muss. Sie gilt aber auch schon dann, wenn das Gericht noch nicht weiß, ob als ProzBev. ein Anwalt oder außerhalb von einem Anwaltszwang ein befugter anderer Vertreter zB nach § 79 auftreten wird. Deshalb ist praktisch immer die Anordnung nach III erforderlich, solange man nicht eine Einigung auch ohne die Anwesenheit der Parteien und ohne notwendige Rückfragen der Anwälte erwarten kann. Das bedeutet für jeden Prozess in diesem früheren Stadium eine erhebliche Zunahme an Mühe, Aufwand und Zeitplanung, Zierl NJW 2002, 2695.

27 **2. Anordnung, III 1, 2.** Von der grundsätzlich notwendigen Anordnung nach III 1 darf das Gericht nach III 2 iVm § 141 I 2 nur dann absehen, wenn es einer Partei die persönliche Wahrnehmung des Gütetermins wegen großer Entfernung oder aus einem sonstigen wichtigen Grund nicht zumuten kann, Kahlert NJW 2003, 3391. Für die bloße Güteverhandlung darf man eine Unzumutbarkeit eher annehmen als für die eigentliche mündliche Verhandlung nach § 279 I 1. In allen Verhandlungen muss sich das Gericht ja nach I ohnehin ständig neu auch um Einigung bemühen.

28 **3. Persönliche Ladung, III 2.** Wenn das Gericht das Erscheinen anordnet, muss es die Partei nach III 2 iVm § 141 II 1 von Amts wegen nach §§ 141 III 2 Hs. 2, §§ 168 ff., 214, 270 laden. Das Gericht muss die Ladung nach III 2 iVm § 141 II 2 Hs. 1 auch dann an die Partei persönlich richten, wenn sie einen ProzBev. nach §§ 81, 172 bestellt hatte. Die Ladungsfrist beträgt nach § 217 eine Woche im Anwaltsprozess, im Übrigen 3 Tage. Eine Einhaltung der Einlassungsfrist ist nicht vor der „Güteverhandlung" notwendig, sondern erst vor der „mündlichen" Verhandlung.

29 **4. Ordnungsgeld, III 2.** Bleibt eine ordnungsgemäß geladene Partei im Gütetermin aus, kann das Gericht sie nach III 2 iVm § 141 III 1 mit einem Ordnungsgeld wie bei einem im Vernehmungstermin nicht erschienen Zeugen belegen, also nach §§ 380, 381, Stgt OLGR 2009, 790; krit. Wieser MDR 2002, 11. Wegen der Einzelheiten zu den Voraussetzungen des § 141 III 1 → § 141 Rn. 37–55. Das Gericht kann nach seinem pflichtgemäßen Ermessen auch unabhängig von einem Ordnungsmittel ohne die Partei den Termin durchführen. Aufhebung des Ordnungsgelds und Rechtsmittel richten sich nach den in → § 141 Rn. 66–72 dargelegten Regeln.

30 Kein Ordnungsgeld ergeht nach III 2 iVm § 141 III 2 dann, wenn die Partei zur Güteverhandlung einen Vertreter entsendet, der zur Aufklärung des Tatbestands und zur Abgabe der schon im Gütetermin notwendigen Erklärungen imstande ist, also insbesondere zum Abschluss eines Vergleichs oder eines Anerkenntnisses nach § 307, BGH NJW-RR 2011, 1364; Karlsr VersR 2005, 1103. Zu diesen Einzelheiten → § 141 Rn. 56–63. Ein Ordnungsgeld unterbleibt nach → § 141 Rn. 26 ferner dann, wenn die Ladung bei Abwägung unzumutbar war, Düss VersR 2005, 855.

31 Hinweisen muss das Gericht die Partei nach III 2 iVm § 141 III 3 von Amts wegen auf die Folgen ihres Ausbleibens in der Ladung, Düss VersR 2005, 854.

32 **VIII. Ruhen des Verfahrens, IV. 1. Nichterscheinen beider Parteien.** Danach ordnet das Gericht das Ruhen des Verfahrens an, wenn beide Parteien nicht erscheinen. Die Vorschrift enthält eine Abwandlung des allgemeineren § 251 und geht dieser Bestimmung vor. IV enthält eine Pflicht und nicht nur ein Recht des Gerichts, bei Nichterscheinen beider Parteien das Ruhen des Verfahrens anzuordnen. Das ist ein ganz erhebliches Druckmittel zwecks Einigungsversuchs. Wegen des jedenfalls zunächst schon zeitlich oft praktisch eintretenden gewissen Zeitverlusts sollten sich die Parteien und ihre ProzBev. die Rechtsfolge des Ruhens klarmachen, bevor sie nicht zum Gütetermin erscheinen.

33 Voraussetzung des Ruhens des gesamten Prozesses und nicht nur seines Gütestadiums ist das Nichterscheinen beider Parteien, → Vor § 330 Rn. 8 ff. (zur Säumnis iSd §§ 330 ff.); → Vor § 330 Rn. 13 ff. (zum Nichterscheinen iSd §§ 330 ff.). Allerdings bezieht sich IV – anders als III – nicht auf das „persönliche" Erscheinen, so dass *eine persönliche Abwesenheit unschädlich* ist, wenn der ProzBev. erschienen ist, MüKoZPO/Prütting Rn. 25; Musielak/Voit/Foerste Rn. 8; Schläger ZMR 2002, 402. Das Ausbleiben nur eines Teils der Parteien reicht nicht; dann gilt die Güteverhandlung als gescheitert und es muss eine mündliche Verhandlung stattfinden. Davon ist nicht auszugehen, wenn bei notwendiger Streitgenossenschaft (§ 62) nicht alle Streitgenossen präsent sind oder

für eine Partei nur der Streithelfer nach § 66 erscheint, Musielak/Voit/Foerste Rn. 8; aA Zöller/Greger Rn. 20; vgl. auch → Vor § 330 Rn. 15 „Streitgenosse" (zur Frage der Säumnis). Bei einfacher Streitgenossenschaft findet nur mit den Erschienenen eine Güteverhandlung statt, während diese mit den anderen gescheitert ist, Zöller/Greger Rn. 20.

2. Ordnungsmäßigkeit der Ladung. Zweite Voraussetzung des Ruhens ist die Ordnungsmäßigkeit der Ladung aller Parteien gerade und zumindest auch zunächst zur Güteverhandlung. Das ist eine selbstverständliche und darum in III nicht besonders wiederholte Bedingung der Rechtsfolge. Das Gericht muss also entweder gerade das persönliche Erscheinen der Parteien nach III 1, 2 angeordnet haben oder es muss doch die ProzBev. ordnungsgemäß geladen haben. Im letzteren Fall würde schon deren Ausbleiben beim Fehlen auch des Vollmachtgebers ausreichen, selbst wenn dieser nicht mitgeladen worden wäre. Die übrigen Voraussetzungen für die Annahme einer Säumnis nach §§ 330 ff., dh das Nichtvorliegen der Voraussetzungen § 335 Nr. 1, 3–5, 337, → Vor § 330 Rn. 11, 12, sind im Rahmen von IV nicht zu prüfen. 34

3. Anordnung des Ruhens. Soweit die Voraussetzungen → Rn. 33, 34 zusammentreffen, muss das Gericht das Ruhen anordnen, und zwar unverzüglich, also ohne schuldhaftes Zögern und daher meist sofort. Die Anordnung erfolgt durch einen Beschluss. Das Gericht muss ihn nach → § 329 Rn. 6 grundsätzlich begründen. Es muss ihn nach § 329 I 1 entweder verkünden oder beiden Parteien mitteilen lassen. Das geschieht durch seine förmliche Zustellung nach § 329 II 2 Hs. 2. Denn er setzt die Frist der sofortigen Beschwerde nach §§ 252, 567 I Nr. 1, 569 I 1, 2 in Lauf. Eine Verfügung des Einzelrichters nach §§ 348, 348a oder des Amtsrichters genügt. Man muss sie wie einen Beschluss behandeln. Eine bloße Verfügung des Kollegiums reicht nicht. 35

4. Aufnahme der Güteverhandlung. Jede Partei kann nach der Anordnung des Ruhens die Aufnahme der Güteverhandlung jederzeit ohne besondere Voraussetzungen und ohne eine Wartefrist beantragen, auch ohne eine Zustimmung des Gegners. Das folgt aus allgemeinen Verfahrensgrundsätzen. Daher ist es auch wenig sinnvoll, gegen den Beschluss nach → Rn. 35 sofortige Beschwerde einzulegen. Für die sofortige Beschwerde kann deshalb schon das Rechtsschutzinteresse nach → Vor § 253 Rn. 43 fehlen. Ein formloser Aufnahmeantrag führt rascher und billiger zu einem sicheren Ziel. Nach dem Eingang des Aufnahmeantrags beginnt die Vorbereitung einer Güteverhandlung von neuem, Foerste NJW 2001, 3104. Nur bei einem sinnlos wiederholten Ausbleiben verfährt das Gericht wegen Rechtsmissbrauchs der Parteien so wie nach einer gescheiterten Güteverhandlung, Zöller/Greger Rn. 21. 36

IX. „Verweisung" an Güterichter, V. 1. Allgemeines. Die Vorschrift enthält eine mühsam zustande gekommene Rechtsfigur als Kompromiss zwischen Befürwortern und Gegnern einer sog. gerichtsinternen Mediation, → § 278a Rn. 6. Das Güterichterverfahren nach V ermöglicht, die in II vorgesehene Güteverhandlung und auch weitere Güteversuche von der Entscheidungszuständigkeit abzukoppeln und dadurch eine wie auch immer geartete Konfliktlösung vor einem Güterichter, der nicht Streitrichter ist, zu eröffnen. Ausdrücklich erwähnt ist als Methode der Konfliktlösung die Mediation; es können aber auch alle anderen Methoden der autonomen Konfliktbeilegung eingesetzt werden, wie zB Evaluation, Schlichtung und Moderation, → § 278a Rn. 5. 37

Bedingung ist ein schon und noch laufender **Prozess.** Vor seiner Anhängigkeit, → § 253 Rn. 10, → § 261 Rn. 4, und nach der Beendigung der jeweiligen Instanz findet die Vorschrift keine Anwendung. In höherer Instanz kann ein Güterichter unabhängig davon eingesetzt werden, ob ein solcher schon in der Vorinstanz vorhanden war. 38

2. Mediation in Abgrenzung zum herkömmlichen Gerichtsvergleich. Nach § 1 I Mediationsgesetz ist darunter ein vertrauliches und strukturiertes Verfahren zu verstehen, bei dem die Parteien mithilfe eines oder mehrere Mediatoren freiwillig und eigenverantwortlich eine einvernehmliche Beilegung ihres Konfliktes anstreben. Auch wenn das Mediationsgesetz für das Güterichterverfahren nach V nicht unmittelbar anwendbar ist, MüKoZPO/Prütting Rn. 35, gilt diese Legaldefinition entsprechend, wenn der Güterichter Mediationsmethoden anwendet. Bei einem herkömmlichen Vergleichsversuch nach I unterbreitet der (Streit)Richter üblicherweise auf der Grundlage seiner (vorläufigen) Bewertung des Sach- und Streitstandes einen Vergleichsvorschlag, in den er Überlegungen zur Schlüssigkeit des Klägervortrages, zur Erheblichkeit des Bekl.-Vortrages, zu den beweisbedürftigen Tatsachen, → Vor § 253 Rn. 50 ff.; → § 139 Rn. 23; → Vor § 284 Rn. 4 ff. (je zur Relationsmethode), zur Darlegungs- und Beweislast, → § 138 Rn. 22–25, sowie zu den Beweisangeboten der Parteien einbezieht. Ein solcher Vorschlag wird im Güteverfahren nach V bei Anwendung der Mediationsmethode nicht unterbreitet. Die Mediation findet vielmehr in **fünf Phasen** statt: Der Güterichter erarbeitet in der Güteverhandlung nach V zusammen mit den Parteien und ihren ProzBev. auf der Grundlage des Aktenstückes die Konfliktpunkte heraus (Sachverhaltsphase), leitet dann die Parteien mit Mediationsmethoden an, ihre Interessen klarzustellen und zu erkennen, welche gemeinsamen und welche unterschiedlichen Interessen vorhanden sind (Interessenphase), und welche zukunftsorientierte Lösungen sich bei den unterschiedlichen Interessen anbieten (Lösungsphase). Der Güterichter kann mit besonderen Kommunikationsmethoden die Parteien unterstützen, sich nicht weiter auf die Vergangenheit und die daraus unterschiedlich abgeleiteten Rechtspositionen zu fixieren, sondern durch Entdecken interessengerechter Optionen eine konsensuale, zukunftsgerichtete Lösung im Sinne einer win-win-Situation zu entwickeln, Zöller/Greger Rn. 25; vgl. auch Wesche JM 2022, 227 (zu den Besonderheiten der Güterichterverhandlung); Wegener NZFam 2022, 621, 626. Die fehlende Entscheidungskompetenz des Güterichters nach V sowie der Umstand, dass das Güteverfahren nicht öffentlich ist, können dabei die Offenheit des Gespräches fördern, Zöller/Greger Rn. 25. Üblicherweise vereinbaren auch alle Beteiligte Vertraulichkeit bezüglich der Tatsachen, die nur in der Güteverhandlung zur Sprache kommen und geheimhaltungsbedürftig sind, so dass die betreffende Partei keine Befürchtung haben muss, dass vertrauliche Tatsachen in der eventuellen streitigen Verhandlung zB über einen Zeugenbeweis verwertet werden, → Rn. 51. 39

3. Ermessen zur Einsetzung. Das Wort „kann" gibt ein wie stets pflichtgemäß auszuübendes Ermessen des Gerichts, ob es den Güterichter nach V einsetzen will. Das erfordert eine Abwägung aufgrund der Zweckrichtung nach → Rn. 39 im Entscheidungszeitpunkt. Ein Antrag ist nicht nötig. Er ist als bloße Anregung nicht bindend, aber mit zu berücksichtigen. Eine Ermessensüberschreitung kann als Verfahrensfehler theoretisch zB eine Zurückverweisung nach § 538 II 1 Nr. 2 zur Folge haben. 40

41 **4. Zuständigkeit.** „Das Gericht“ nach V meint das Prozessgericht, weder den Vorsitzenden noch einen Berichterstatter, schon gar nicht einen sonstigen Beteiligten.

42 **5. Verweisung an den Güterichter. a) Geschäftsverteilungsplan.** Der Güterichter muss „hierfür bestimmt“ worden sein. Das muss im Geschäftsverteilungsplan des Prozessgerichts erfolgen, Fritz/Krabbe NVwZ 2013, 31, also nach den Regeln im GVG. Der Einsatz eines bestimmten Güterichters für einen bestimmten Prozess kann wegen Art. 101 I GG im Geschäftsverteilungsplan nicht geregelt werden. Auch kann den Parteien kein Wahlrecht eingeräumt werden. Im Geschäftsverteilungsplan kann, um den Anforderungen des Art. 101 I GG zu genügen, zB wie folgt verfahren werden: Einzelne Richter des Prozessgerichts werden zu Güterichtern nach V bestimmt. Sie werden im Geschäftsverteilungsplan alphabetisch namentlich genannt und es wird festgelegt, dass die Güterichter in dieser Reihenfolge in einem rollierenden System nach Maßgabe des zeitlichen Eingangs der jeweiligen Prozessakten auf der Güterichter-Geschäftsstelle zuständig sind. Außerdem müssen Vertretungsfälle geregelt werden. Die Verhinderungsfälle, etwa die Zugehörigkeit des an sich zuständigen Güterichters zu dem Spruchkörper, der für die Streitsache zuständig ist, müssen auch konkretisiert werden. Unstatthaft und unwirksam wäre eine Bestimmung durch das Prozessgericht oder gar durch seinen Vorsitzenden. Das wäre kein „gesetzlicher“ Richter nach Art. 101 I 2 GG. Unstatthaft ist nach dieser Vorschrift eine Nichtbestimmung „mangels Eignung eines Güterichters“, Ahrens NJW 2012, 2469; Löer MDR 2018, 842.

43 **b) Verweisung.** Etwas missverständlich nennt V 1 die Form der Einsetzung des Güterichters als „Verweisung“ Diese Verweisung ist von derjenigen nach § 281 an ein anderes Gericht unterscheiden. Das Verfahren bleibt bei demselben Gericht anhängig und lediglich der Abschnitt „Güteverhandlung“ wird einem anderen, nicht entscheidungsbefugten Richter übertragen. Die Verweisung kann durch eine prozessleitende Verfügung oder durch einen Beschluss erfolgen. Allerdings passt eine bloße Verfügungsform beim Kollegium nicht ins System der ZPO. Ein Zwischenurteil etwa nach § 280 passt ebenfalls nicht. Eine knappe Begründung kann ratsam sein. Mit der Verweisung wird nicht das Ruhen des Verfahrens nach § 251 angeordnet, so dass die Wirkungen des § 249 nicht eintreten, Zöller/Greger Rn. 27a. Die Verfahrensakten werden der für das Güteverfahren nach V zuständigen Geschäftsstelle zugeleitet, die die Akten dann während des Güteverfahrens führt. Die nach der Verweisung eingehenden Schriftsätze und Erklärungen der Parteien sowie Maßnahmen des Gerichts nach diesem Zeitpunkt sind dem Güterichter unverzüglich zur Kenntnis zu geben, → Rn. 57. Missbrauch bei der Verweisung kann diese ähnlich wie bei § 281 anfechtbar machen, → § 281 Rn. 25 ff., insb. 29 f. (Willkür). Indessen sollte eine Anfechtbarkeit vor einer Endentscheidung eine Ausnahme bleiben, auch wegen der Prozesswirtschaftlichkeit, aM OVG Lüneb NVwZ-RR 2015, 518. Der Prozess bleibt anders als bei § 281 vor demselben Prozessgericht.

44 **6. Stellung und Methoden des Güterichters, V 2. a) Allgemeines.** Auch dieser Teil der neuen Vorschrift ist ein mühsamer Kompromiss, → Rn. 39. Der Güterichter ist nach V 1 nicht entscheidungsbefugt, kann aber nach V 2 „alle“ Methoden einer Konfliktbeilegung einsetzen, → Rn. 37; → § 278a Rn. 5. Damit ist er in den Verfahrensfragen anders als der erkennende Spruchkörper frei, ohne dass es eines Antrages der Parteien bedürfte. Allerdings sollte der Güterichter grundsätzlich vor der Güteverhandlung die Methodik mit den Beteiligten absprechen. Gerade eine Mediation kann nur bei Freiwilligkeit und Bereitschaft zur Offenheit Aussicht auf Erfolg haben.

45 Die Methodenfreiheit ermöglicht dem Güterichter eine Güteverhandlung jeglicher Art an jedem beliebigen Ort, so dass er insbesondere auch in Krisenzeiten, wie der **Corona-Krise,** eine Güteverhandlung in jeder Form durchführen kann, wie zB bei Kontaktsperren per Skype oder als Online-Dispute-Resolution im Internet, Greger NJW 2020, Heft 13 (Editoral). Eventuelle Grenzen, die für das erkennende Gericht nach § 128a bestehen könnten, → § 128a Rn. 13, gelten insoweit verfahrenstechnisch nicht für den Güterichter. Dadurch kann im Einzelfall ein Stillstand der Rechtspflege nach § 245 oder jedenfalls eine Verzögerung möglicher Weise vermieden werden, → § 245 Rn. 3; → § 247 Rn. 3.

46 Die **Wirtschaftsmediation bei Gerich**t wird auch als Möglichkeit gesehen, der seit einiger Zeit zu beobachtenden Abnahme von insbesondere umfangreicheren Zivilrechtsverfahren entgegenzuwirken, Kasper/Kluger SchiedsVZ 2021, 69. Die Autorin kann aufgrund ihrer eigenen Erfahrungen mit Wirtschaftsmediationen bei Gericht vor Erlass des Mediationsgesetzes und mit wirtschaftsrechtlich geprägten Güteverfahren auf der Grundlage des V unter Anwendung der Mediationsmethoden den Verfassern Kasper/Kluger, SchiedsVZ 2021, 69, nur zustimmen, dass es zeitgemäß ist, wenn Gerichte den Parteien in geeigneten Verfahren solche Alternativen anbieten und Richter insoweit verstärkt schulen. Auch wenn die Zahl der Verfahren, bei denen eine Erledigung durch den Güterichter nach V nicht umfänglich ist (1–2 % nach MüKoZPO/Prütting im Jahr 2017), ist ein Vorgehen nach V gerade bei komplexen Verfahren mit vielen Einzelpunkten, bei Wirtschaftsverfahren mit hohen Streitwerten und bei persönlich geprägten Verfahren zu empfehlen. Selbst wenn das Verfahren durch den Güterichter nicht vergleichsweise beendet werden kann, sind oft durch ihn Grundlagen für eine spätere Einigung im Prozess gelegt worden, weil manche Partei nach einem offenen Mediationsgespräch bei einem nicht streitentscheidenden Richter viel offener für konsensuale Lösungen ist.

47 **b) Kein beauftragter oder ersuchter Güterichter/Anwaltszwang.** V 1 stellt keinen Bezug zu §§ 361, 362, 375 her. Andere Planungen sind nicht Gesetz geworden. Schon deshalb sind diese Vorschriften nicht entsprechend anwendbar, weil keine Regelungslücke besteht und V als Spezialregelung vorgeht. Jedoch wird auch der Güterichter, der nicht zum zuständigen Spruchkörper gehört, mit einer Aufgabe des Spruchkörpers, der Güteverhandlung (II), betraut. Zudem hat er keine Entscheidungskompetenz. Deshalb ist die Stellung des Güterichters nach V mit der eines ersuchten oder beauftragten Richters nach §§ 361, 362 in gewisser Weise vergleichbar. Gleichwohl findet **§ 78 III** auch keine entsprechende Anwendung, dh eine anwaltliche Vertretung ist nach § 78 I 1 grundsätzlich beim LG und OLG zwingend, weil der Gesetzgeber in Kenntnis der Situation keine entsprechende Regelung getroffen hat,→ Rn. 58 f.; aM MüKoZPO/Prütting Rn. 39; Zöller/Greger Rn. 29; Schneider NJW-Spezial 2022, 155; Wegener NZFam 2022, 621, 630. Gerade weil der Güterichter bei Anwendung von Mediationsmethoden einen Vergleichsvorschlag nicht unter Berücksichtigung der Sach- und Rechtslage unterbreitet, → Rn. 39, ist es für einen erfolgreichen Verlauf der Güteverhandlung sehr hilfreich, wenn die ProzBev. anwesend sind und ihre Parteien zwischendurch beraten können. Das kann die Autorin aus eigener Erfahrung insbesondere in umfangreichen Wirtschaftsverfahren bestätigen, vgl. → Rn. 58 f.

c) Kein Mediator. Der Güterichter darf zwar auch die Mediation nach dem MediationsG nach § 278a als Methode anwenden, → Rn. 39, 44. Dazu ist kein Antrag nötig. Er ist aber selbst dann persönlich kein Mediator im Sinn des MediationsG, Fritz/Schroeder NJW 2014, 1911. Deshalb braucht er auch keine Vor- oder Fortbildung des eigentlichen einfachen oder gar eines „zertifizierten" Mediators, auch wenn die als Güterichter nach V eingesetzten Richter in der Regel jedenfalls bei größeren Gerichten eine abgeschlossene Ausbildung zum Mediator haben und sich auch insoweit fortbilden, Fritz/Krabbe NVwZ 2013, 29 (zur Ausbildung). 48

d) Befugnis und Pflichten. Der Güterichter steht nicht in einem Vertragsverhältnis zu den Parteien; vielmehr arbeitet er im Rahmen seiner Aufgaben als Richter, MüKoZPO/Prütting Rn. 33. Er nimmt im Rahmen von V eine richterliche Tätigkeit nach Art. 92 GG, § 4 I DRiG wahr, nämlich die Durchführung der an sich von dem zuständigen Spruchkörper vorzunehmenden Güteverhandlung nach II, auch wenn er keine Entscheidungsbefugnis hat. Seine Arbeit ist Teil seiner mit dem Gehalt abgegoltenen Dienstpflichten. Der Güterichter nach V handelt in richterlicher Unabhängigkeit nach Art. 97 GG. Er kann Prozessvergleiche nach § 794 I Nr. 1 beurkunden, alle Vorbereitungen für die Güteverhandlung treffen, insbesondere die Beteiligten einladen und sie bitten, andere Personen oder Unterlagen bzw. Augenscheinobjekte mitzubringen, → Rn. 60. Es gilt § 839 II BGB, Zöller/Greger Rn. 26a. Mangels Entscheidungsbefugnis kann der Güterichter aber keine Fristen verlängern, BGH NJW 2009, 1149, keine Prozesskostenhilfe bewilligen und keine anderen Verfahrensfragen entscheiden, die nicht im unmittelbaren Zusammenhang mit der Güteverhandlung stehen, wie die Verbindung, Trennung, Aussetzung, MüKoZPO/Prütting Rn. 34 f. Sind solche Maßnahmen während des Güteverfahrens erforderlich, muss der Güterichter den erkennenden Spruchkörper einschalten und diesem über die zuständigen Geschäftsstellen die Akten zuleiten. 49

Das Ziel der **Konfliktbeilegung** eröffnet für den Güterichter die Wahl der Methodik, → Rn. 37, 39. Seine Möglichkeiten sind in diesem Rahmen fast unerschöpflich. Er kann über den bisherigen Streitgegenstand, → § 253 Rn. 26, hinausgehen, etwa um weitere vielleicht sogar umfangreiche oder schwierige auftauchende Streitpunkte gleich mit zu erledigen. Ein **Mehrvergleich** ist sowohl vor dem Prozessgericht als auch vor dem Güterichter nach V möglich und bietet sich in wirtschaftlich geprägten Verfahren besonders an, etwa um eine brauchbare Basis für die künftige Zusammenarbeit zu schaffen. Fingerspitzengefühl, Einfühlungsvermögen, Sachverstand und Menschenkenntnis können auch beim Güterichter Wunder wirken. Das allein reicht aber vielfach nicht, um das Verfahren erfolgreich abschließen zu können. Auch für den Güterichter nach V ist es unabdingbar, dass er sich den wesentlichen Sachverhalt erarbeitet und sich Gedanken über die rechtliche Lösung gemacht hat, auch wenn er keine Entscheidung trifft. Er muss auch nicht alle Einzelheiten, zB bei Punktesachen, kennen, aber er muss sich darüber im Klaren sein, um welche Größenordnungen es geht und welche Bedeutung die einzelnen Tatsachen für die Parteien haben. Nur dann kann er das Verfahren mediativ lenken und den Parteien Hilfestellungen bei ihrer Lösungsentwicklung geben. Das bedingt bei umfangreichen Akten eine aufwändige Vorbereitung der Güteverhandlung, → Rn. 8. 50

e) Vertraulichkeit. Der nicht nach § 309 erkennende Güterichter unterliegt nicht dem Öffentlichkeitszwangs nach § 169 GVG, Zöller/Greger Rn. 30. Das bedingt aber, dass er zumindest beim Einsatz von Mediationsmethoden ebenso wie ein echter Mediator eine Pflicht zur Verschwiegenheit und Vertraulichkeit wie nach § 4 MediationsG hat. Manche leiten die Verschwiegenheitspflicht, die auch gegenüber dem Prozessgericht besteht, aus § 46 DRiG, § 67 BBG, § 37 I BeamtStG ab, MüKoZPO/Prütting Rn. 40; Zöller/Greger Rn. 30. In jedem Fall soll aber § 338 I Nr. 6 eingreifen. Sicherheitshalber sollte sich der Güterichter unabhängig von der Frage, ob seine Verschwiegenheitspflicht gesetzlich herzuleiten ist, auch an dem üblicherweise zwischen den Parteien und den ProzBev. geschlossenen Prozessvertrag über die Vertraulichkeit beteiligen, → Vor § 128 Rn. 56 (zum Prozessvertrag); vgl. auch Schroth der Zweite SchiedsVZ 2021, 77 (zur Reform des Vertraulichkeitsschutzes von Mediationsinhalten). 51

Die Pflicht der Parteien und der ProzBev. zur gegenseitigen Vertraulichkeit kann nur durch eine vertragliche Vereinbarung begründet werden, Zöller/Greger Rn. 30a. In einem solchen **Prozessvertrag** können sich die Parteien und die ProzBev. zur Vertraulichkeit bezüglich der Tatsachen verpflichten, die in der Güteverhandlung zur Sprache kommen und geheimhaltungsbedürftig sind. Setzt sich eine Partei über die Vertraulichkeitsverpflichtung hinweg, sind ein entsprechender Vortrag und Beweisantritt in Gerichtsverfahren, so in dem Streitverfahren, oder in einem Schiedsverfahren unzulässig, Zöller/Greger Rn. 30a. Wegen des Akteneinsichtsrechts sollte auch vermieden werden, dass solche geheimhaltungsbedürftige Tatsachen im Güteverfahren nach V aktenkundig gemacht werden, Mü MDR 2009, 1065. Darüberhinausgehende Informationen, die das Prozessgericht nach Beendigung des Güteverfahrens nach V wissen muss, um gesetzmäßig weiterarbeiten zu können, muss der Güterichter dagegen aktenkundig machen. 52

f) Protokoll. § 159 II 2 bestimmt, dass ein Protokoll nur auf übereinstimmenden Antrag beider Parteien aufgenommen wird. Die Vorschrift gilt bei jeder Methode des Güterichters, nicht nur bei einer etwaigen Mediationsmethode. Diese Vorschrift ist Ausdruck und Folge der Vertraulichkeit nach → Rn. 52 als einer wichtigen Einigungsvoraussetzung. Sinnvoll ist – bei Einverständnis der Beteiligten – die Protokollierung der Teilnehmer, der Tatsache, dass eine Güteverhandlung nach II, V stattgefunden hat, des Prozessvertrages über die Vertraulichkeit sowie bei erfolgreichem Abschluss der Vergleichstext, der dann ein Titel nach § 794 I Nr. 1 darstellt. Das Protokoll sollte aber auf keinen Fall geheimhaltungsbedürftige Tatsachen enthalten, → Rn. 51 f. Ein Verstoß gegen § 159 II 2 stellt nur selten einen „wesentlichen" Verfahrensfehler nach § 538 II 1 Nr. 2 dar. Eine nachträgliche Genehmigung dürfte nach § 295 I heilen. Ergänzt wird § 159 II 2 durch § 160 III Nr. 10, nach dem das Ergebnis der Güteverhandlung im Protokoll festzustellen ist; dies gilt sowohl für die Güteverhandlung nach II als auch für die nach V, Zöller/Schultzky § 160 Rn. 14. 53

In jedem Fall muss der ordnungsgemäße Verfahrensablauf nach § 278, insbesondere die Tatsache einer Güteverhandlung vor der mündlichen Verhandlung auch ohne Einverständnis der Parteien aktenkundig gemacht werden, so jedenfalls durch einen Aktenvermerk. Der Vergleich kann auch von dem erkennenden Gericht in der nächsten Verhandlung protokolliert oder nach VI festgestellt werden. Allerdings ist es schon aus Ressourcengesichtspunkten sinnvoller, wenn der die Güteverhandlung leitende Güterichter noch in der Güteverhandlung den Vergleich eventuell mit Hilfe der Prozessbevollmächtigten protokolliert und unter Beachtung der Förmlichkeiten gemäß §§ 160 III Nr. 1, 162 genehmigen lässt. 54

55 **g) Ablehnbarkeit und Ausschluss.** §§ 42 ff. sind anwendbar. Denn der Güterichter ist „Richter", → Rn. 42 f., 58. Die Vorschriften fordern keinen „erkennenden" Richter im Sinn von § 309.

56 Schon aus V 1 ergibt sich, dass der Güterichter nicht der entscheidungsbefugte Richter sein darf; insoweit sind Vertretungsregeln im Geschäftsverteilungsplan erforderlich, → Rn. 42. Nach § 41 Nr. 8 ist ein Güterichter in einer solchen Sache ausgeschlossen, in der er an einem Mediationsverfahren oder an einem anderen Verfahren der außergerichtlichen Konfliktbeilegung mitgewirkt hat. Gemeint ist nach dieser Vorschrift nur ein außergerichtliches Mediationsverfahren nach dem MediationsG; die Vorschrift gilt wegen der vergleichbaren Interessenlage aber auch bei einer im Ergebnis nicht erfolgreichen Güteverhandlung nach V, wenn Mediationsmethoden angewendet werden, Thomas/Putzo/Hüßtege § 41 Rn. 10.

57 **h) Verhältnis zum Prozessgericht.** Man muss trotz der Befugnis des Güterichters nach V 2 zu einer Mediationsmethode streng zwischen seiner Tätigkeit und derjenigen eines außergerichtlichen Mediators unterscheiden. Nur bei der letzteren darf und muss das Prozessgericht nach § 278a II das Ruhen seines eigenen Verfahrens anordnen. Dessen Voraussetzungen liegen aber während des Verfahrens vor dem Güterichter gerade nicht vor. Prozessförderung bleibt auch gegenüber dem Güterichter eine allgemeine Aufgabe des Prozessgerichts. Zwar ist der Güterichter der gesetzliche Richter nach Art. 101 I 2 GG für die Dauer und im Umfang des ihm übertragenen Verfahrensabschnitts. Trotzdem bleibt das Prozessgericht das den ganzen Prozess leitende und notfalls erkennende Gericht, OVG Lüneb NVwZ-RR 2015, 517. Es behält daher eine Mitverantwortung für den ordnungsgemäßen Ablauf. Das gilt nicht nur zwecks Vermeidung einer Überlänge des Verfahrens mit ihren evtl. erheblichen Folgen nach §§ 198 ff. GVG, sondern auch zum Wie des Prozessfortgangs. Das erfordert, dass das Prozessgericht sich bei Verweisung an den Güterichter und Aktenübergabe bzw. elektronische Übermittlung an die zuständige Güterichtergeschäftstelle, → Rn. 43, eine Wiedervorlagefrist im Retent vermerkt und im Kontakt mit dem Güterichter bleibt. Schriftsätze, die nach Einschaltung des Güterichters auf der Geschäftsstelle des zur Entscheidung berufenen Gerichts in Papierform oder elektronisch eingehen, auch sonstige Erklärungen der Parteien und alle Maßnahmen des entscheidenden Gerichts müssen dem Güterichter unverzüglich bekannt gegeben werden, damit er alle maßgeblichen Umstände bei der Mediation mit einbeziehen kann.

58 **i) Verhältnis zu den Parteien.** Es besteht **Anwaltszwang** wie sonst nach § 78 Rn. 1; da der Güterichter kein beauftragter oder ersuchter Richter ist, greift § 78 III insoweit nicht ein, → Rn. 47. Denn das Güterichterverfahren nach V ist Teil des Zivilprozesses und damit ist der Güterichter „Gericht" im Sinn von § 78 I. Unwirksam können wegen des Fehlens einer Entscheidungsbefugnis des Güterichters solche Prozesshandlungen sein, die auf eine Prozessentscheidung oder gar auf ein Sachurteil abzielen oder darauf Bezug nehmen, → Rn. 47; aA MüKoZPO/Prütting Rn. 39; Zöller/Greger Rn. 29 (diese gehen vom „ersuchten Richter aus). Dasselbe kann bei einer fristgebundenen Prozesshandlung der Partei gelten, soweit nicht zB gerade der Güterichter in seinem Verfahren eine solche Frist gesetzt oder eine Auflage gemacht hat, die er vornehmen durfte, → Rn. 44; → Vor § 128 Rn. 54 (Prozesshandlungen).

59 Unabhängig von der Frage, ob der Güterichter ein ersuchter Richter ist und deshalb § 78 III eingreift, → Rn. 47 (wird von uns verneint), ist nach unseren Erfahrungen die Beteiligung von Anwälten für einen Erfolg in der Güteverhandlung bei Anwendung von Mediationsmethoden insbesondere bei komplexen Verfahren sinnvoll, zumal der Güterichter keine rechtliche Bewertung in allen Einzelheiten vornimmt und häufig das Bedürfnis der Parteien zu einzelnen Fragen besteht, sich auch rechtlich beraten zu lassen. Ist nur eine Partei im Mediationstermin anwaltlich vertreten, ist auch der Grundsatz der Waffengleichheit tangiert, → Vor § 128 Rn. 42 ff. Zur Vertraulichkeit → Rn. 51, 52.

60 **j) Verhältnis zu Dritten.** Der Güterichter darf evtl. auch einen Dritten zB als Zeugen oder Sachverständigen zumindest formlos informatorisch anhören, soweit er dies zur Erreichung der Ziele in der Güteverhandlung für sinnvoll ansieht, → Rn. 49, 50. Daher kann der Dritte ihm gegenüber solche Rechte oder Pflichten haben, die er vor dem Prozessgericht oder vor einem beauftragten oder ersuchten Richter hätte. Allerdings darf der Güterichter auch einem Dritten gegenüber keine Entscheidung treffen, auch keinen Eid abnehmen oder ein Ausbleiben etwa nach § 380 ahnden. Ein Beitritt durch einen Streitverkündeten nach § 70 oder eine subjektive Klagerweiterung mögen während der Tätigkeit des Güterichters dem Prozessgericht gegenüber wirksam erfolgen können. Ob sie das weitere Verfahren gerade auch vor dem Güterichter beeinflussen, wird von der Entscheidung des Prozessgerichts etwa im Weg einer Erweiterung der Einsetzung nach V I abhängen.

61 **7. Beendigung der Güterichtertätigkeit, V 2.** Die Arbeit des Güterichter ist bei einer vergleichsweisen Einigung der Parteien im Gütetermin grundsätzlich beendet. Zur Protokollierung → Rn. 53, 54. Mit einem den Streitgegenstand umfassenden Vergleich ist grundsätzlich der Prozess erledigt und üblicher Weise wird dies in dem gerichtlichen Vergleichstext auch vermerkt (zB: *„Zum Ausgleich der Klageforderung zahlt der Bekl .... Die Kosten des Rechtsstreits tragen ... Mit diesem Vergleich ist der Prozess beendet/erledigt."*). Die Parteien können in dem Vergleich auch bestimmen, dass der Kläger die Klage zurücknimmt/für erledigt erklärt und der Bekl. keinen Kostenantrag stellt/der Erledigung zustimmt. Sinnvoller Weise macht der Güterichter dem Prozessgericht einen Vorschlag zum Streitwert des Vergleichs, wenn dieser von dem Streitwert des Rechtsstreits abweicht, da er am besten den Wert für den Vergleich insbesondere bei einem Mehrvergleich beurteilen kann. Die Streitwertfestsetzung ist aber Aufgabe des Prozessgerichts und dieser ist an den Vorschlag des Güterichters nicht gebunden.

62 Beendet ist die Tätigkeit des Güterichters auch dann, wenn die von ihm durchgeführte Güteverhandlung zu keinem Erfolg geführt hat, dh wenn er eine eigenverantwortliche Kommunikation oder eine Einigung der Parteien nicht mehr erwartet. Davon ist bei einem Verfahren mit Mediationsmethode auch auszugehen, wenn die Parteien das Verfahren für beendet erklären, weil die Mediation Freiwilligkeit voraussetzt, MüKoZPO/Prütting Rn. 41. Dann hat der Güterichter die Prozessakten über seine Güterichtergeschäftsstelle an das erkennende Gericht zurückzuleiten, nachdem er die erforderlichen Förmlichkeiten aktenkundig gemacht hat, → Rn. 54. Das Prozessgericht muss dann grundsätzlich einen Termin zur mündlichen Verhandlung bestimmen (§ 278 II 1).

63 Im Einzelfall kann sich für das Prozessgericht ergeben, dass eine Fortsetzung des Güteverfahrens als sinnlos oder sogar prozessschädlich erscheint. Dann kann das Prozessgericht das Güteverfahren unter denselben Voraussetzungen wie bei *II* für beendet erklären und den Güterichter zur Rückleitung der Prozessakten bitten.

64 Ein Wechsel des Güterichters kommt nur in den Fällen der §§ 41, 42, → Rn. 55 f., sowie dann in Betracht, wenn ein Vertretungsfall nach dem Geschäftsverteilungsplan vorliegt, zB wegen längerer Erkrankung. Da auch der Güterichter richterliche Aufgaben erfüllt, würde ansonsten ein Verstoß gegen den gesetzl. Richter vorliegen;

dieser Verfahrensverstoß wirkt sich allerdings auf ein Urteil selten aus, → Rn. 49, 50. Auch bei einem erlaubten Wechsel wird das Prozessgericht sorgfältig abwägen müssen, ob dies zumutbar ist, nicht nur wegen §§ 198 ff. GVG.

X. Prozessvergleich, VI. 1. Allgemeines. Dazu Bergschneider FamRZ 2013, 263; Müller-Teckhof MDR 2014, 249; Nungeßer NZA 2005, 1027; Saenger FS Prütting, 2018, 517; Siemon NJW 2011, 426; → Rn. 13 (Rechtsnatur des Prozessvergleichs). In Ergänzung zu den im Anh. § 307 und in → Rn. 13 ausführlich dargestellten Regeln zum Prozessvergleich, der eine Doppelnatur hat, → Rn. 13, gibt VI dem Gericht die Möglichkeit, einen solchen Vollstreckungstitel nach § 794 I Nr. 1 auch ohne eine Güteverhandlung nach II–V oder ohne mündliche Verhandlung zustande zu bringen. Ein ordnungsgemäß nach VI zustande gekommener Vergleich ist „vor Gericht abgeschlossen" und damit ein solcher nach § 794 I Nr. 1. Das Gericht hat an seinem Zustandekommen zumindest durch den Feststellungsbeschluss nach VI 2 teilgenommen, selbst wenn es die Brauchbarkeit, Bestimmtheit, Vollstreckbarkeit nicht gestaltet, sondern nur überprüft hat, wie es auch bei anderen gerichtlichen Vergleichen seine Pflicht ist, BAG NZA 2017, 708. Der Feststellungsbeschluss nach VI 2 „ersetzt" als öffentliche Urkunde nach § 415 zugleich ein sonstiges Protokoll. Die Möglichkeit eines schriftlichen Vergleichsvorschlages kann auch in Krisenzeiten mit Kontaktbeschränkungen (zB **Corona**) einen Stillstand der Rechtspflege nach § 245 verhindern; es stellt daher ein Rechtsstaats-Instrument dar, Greger NJW 2020, Heft 13 (Editoral); → § 245 Rn. 3; → § 247 Rn. 2. 65

2. Schriftlicher Vergleichsabschluss, VI ,1. a) Voraussetzungen. Voraussetzung für einen schriftlichen Vergleichsabschluss nach VI 1 ist ein Vergleichsvorschlag entweder der Parteien oder des Gerichts. Ihn können die Parteien dem Gericht schriftlich unterbreiten, BGH NJW 2015, 2965 (zust. Foerste NJW 2015, 1059); Karlsr NJW-RR 2011, 9. Aber auch das **Gericht** kann einen Vergleichsvorschlag machen, und zwar schriftlich oder nach der Neuregelung des VI 1 Var. 2 dadurch, dass es diesen zu Protokoll der mündlichen Verhandlung abgibt. Mündliche oder fernmündliche Erklärungen des Gerichts oder der Parteien, die nicht innerhalb der mündlichen Verhandlung abgegeben wurden, können hingegen einen schriftlichen Vergleich nach VI 1 nicht bewirken, auch wenn darüber ein Aktenvermerk gefertigt wird, Fölsch NJW 2020, 801 (805). **§§ 130a–130d** gelten für beide Alternativen. Allerdings ist fraglich, ob das Wort „schriftlich" in VI im Gegensatz zu dem Wort „Schriftsatz" im Zusammenhang mit der anderen Alternative bedeutet, dass der Vergleichsvorschlag der Parteien per beA nur mit einer qualifizierten Signatur wirksam ist oder ob er auch einfach signiert werden kann, weil beA ein sicherer Übermittlungsweg ist (§ 130a III, IV). Die Wortwahl des Gesetzgebers könnte darauf hinweisen, dass die Form der §§ 126, 126a BGB zu wahren ist, dh dass dann ein elektronisches Dokument eine qualifizierte Signatur aufweisen muss. Wir folgen hingegen der Meinung, dass sich aus dem Sinn des VI, eine gerichtliche Vergleichsfeststellung zu vereinfachen, ergibt, dass auch eine einfache Signatur und der sichere Übermittlungsweg ausreichen; ansonsten hätte es auch nahegelegen, in VI diese Möglichkeit nach § 130a III für die erste Alternative auszuschließen; es bestehen auch keine Anhaltspunkte dafür, dass der Gesetzgeber für alle, die einer aktiven Nutzungspflicht unterliegen (vgl. § 130d), strengere Anforderungen aufstellen wollte, so Arbg Stuttg BeckRS 2022, 3815; Radke JM 2022, 197 (auch zum Meinungsstand). Da sich dieses Problem in allen Gerichtsbarkeiten sicherlich nicht selten stellt, soll auf Vorschlag von Bayern auf der Justizministerkonferenz 2022 über die Änderung des § 126a I BGB entsprechend dem Wortlaut des § 130a I diskutiert werden. 66

Bei Vorschlag des Gerichts muss der Vergleich von den Parteien angenommen werden, BGH NJW 2015, 2965 (zust. Foerste JZ 2015, 1059). Die **Annahmeerklärungen** der Parteien haben nicht nur materielle Auswirkungen, sondern sind auch Prozesshandlungen → Rn. 13 (Doppelnatur des Vergleichs). Sie sind grundsätzlich nicht widerrufbar, weil sie zur Beendigung des Rechtsstreits führen, Schlesw NJW 2018, 638; Köln MDR 2016, 547; → Vor § 128 Rn. 66 f., 68 „Vergleich". 67

Die Annahme des gerichtlichen Vergleichsvorschlages geschieht nach VI 1 entweder schriftlich oder nach der Neuregelung durch Annahme zu Protokoll der mündlichen Verhandlung. Zu der bisherigen gesetzlichen Regelung, die keinen Bezug zum Terminprotokoll aufwies, hat der BGH die Meinung vertreten, dass eine zu Protokoll des Gerichts erklärte Annahme des gerichtlichen Vergleichsvorschlag nicht dem Schriftformerfordernis nach VI 1 entspricht; ferner sollte nach Meinung des BGH das Schriftformerfordernis eines gerichtlichen Vergleichsvorschlags erst gewahrt sein, wenn die vorläufige Aufzeichnung des Protokolls auf Tonträger in das ordnungsgemäß unterzeichnete Protokoll übertragen worden ist, BGH NJW 2015, 2965; Hamm NJW-RR 882. Diese Formstrenge der Rechtsprechung ist durch die Neuregelung des VI nunmehr im Interesse einer praxisnahen Verfahrensweise überholt, Fölsch NJW 2020, 801 (805). 68

Eine „Annahme" unter Erweiterungen ist nach § 150 II BGB zu beurteilen, Zöller/Greger Rn. 34b. Übereinstimmende „Annahmen" stellen bei Abweichung vom Gerichtsvorschlag einen neuen Vergleichsvorschlag der Parteien dar und erübrigen ein weiteres Verfahren vor Erlass des Feststellungsbeschlusses nach VI 2, Naumb NJW 2002, 3786. 69

b) Inhalt des schriftlichen Vergleichs. Inhaltlich haben die Beteiligten einen weiten Spielraum. Sie können alles vorschlagen, was im Rahmen der Parteiherrschaft vergleichbar ist, s. Anh. § 307. Sie können auch andere, bisher noch nicht anhängige Streitpunkte einbeziehen (sog. **Mehrvergleich**). Sie mögen aber auch nur auf die Beilegung einzelner Streitpunkte abzielen. Für den Vorschlag des Gerichts gilt Entsprechendes, KG MDR 1999, 253. 70

Das Gericht muss den Vergleichsvorschlag der Parteien so **korrigieren** oder seinen Vorschlag so formulieren, dass weder die Wirksamkeit noch die Vollstreckbarkeit des Vergleichs gefährdet sind. Das Gericht hat also in beiden Fällen von VI 1 eine entscheidende Mitverantwortung für den Vollstreckungstitel „Vergleich", ist aber auf der anderen Seite an den Willen und die Zielrichtung der Parteien gebunden, Knauer/Wolf NJW 2004, 2859. Bei Korrektur des Vorschlages der Parteien ist diesen rechtliches Gehör zu gewähren. 71

Alle Parteien müssen mit dem Vergleich inhaltlich vollständig und unbedingt einverstanden sein, aM Foerste NJW 2004, 3105. Ein einseitiger Widerrufsvorbehalt ist nicht statthaft, Hamm MDR 2011, 507, aber auch kein einverständlicher, BGH MDR 2005, 1429; Köln MDR 2016, 547; Zöller/Greger Rn. 34b. Ein Widerruf der wirksamen Zustimmung beider Parteien zum Gerichtsvorschlag ist nicht möglich, → Rn. 67. Für die Zustimmungserklärungen gelten die bei jeder Prozesshandlung möglichen und erforderlichen Auslegungsregeln, → Vor § 128 Rn. 54 ff., insb. 60. 72

73 **c) Adressat der Annahmeerklärung.** Jeder Beteiligte muss seine Annahme dem Gericht gegenüber erklären, Siemon NJW 2011, 429. Eine Erklärung nur gegenüber dem Gegner ist für VI nicht maßgeblich; dadurch kommt lediglich ein außergerichtlicher Vergleich nach § 779 BGB zustande, Jena FamRZ 2006, 1277. Hat das Gericht eine Annahmefrist gesetzt, muss die Annahme bis zum Fristablauf bei demjenigen Gericht in der Posteingangsstelle eingehen, das den Vergleichsvorschlag gemacht hat. Dabei handelt es sich nicht um eine Notfrist; § 224 I 2 setzt eine gesetzliche Fristsetzung voraus, keine nur richterliche Frist nach § 224 II Hs. 1. Deshalb kommt anders als bei § 32 II FamFG auch keine Wiedereinsetzung nach § 233 in Betracht.

74 **3. Feststellungsbeschluss, VI 2. a) Allgemeines.** Dazu Marburger FS Lindacher, 2017, 267. Voraussetzung eines Vergleichs nach VI ist, dass das Gericht sein Zustandekommen und den Inhalt durch einen Beschluss feststellt, und zwar unabhängig davon, wer den Vergleichsvorschlag unterbreitet hat. Denn auch bei einem Vorschlag der Parteien haben diese bei VI 1 Hs. 1 keinen Vergleich „geschlossen", sondern nur einen Vergleichs-„Vorschlag dem Gericht unterbreitet". Das Gericht hat also eine inhaltliche Mitverantwortung, Knauer/Wolf NJW 2004, 2859, und eine alleinige Feststellungsbefugnis, BAG NZA 2017, 708. Der gerichtliche Feststellungsbeschluss ist keine Entscheidung im kostenrechtlichen Sinn, Kblz JurBüro 2003, 533. Er ist aber ein Vollstreckungstitel nach § 794 I Nr. 1, Hamm NJW-RR 2018, 915; Nürnb FamRZ 2005, 920; LG Mü ZMR 2012, 579. Der Beschluss nach VI 2 beendet die Instanz, wenn und soweit er alle Streitpunkte umfasst, LAG Nürnb Rpfleger 2013, 344.

75 **b) Beschluss.** VI 2 schreibt als Form den Beschluss nach § 329 vor, BAG NJW 2007, 1831; VGH Mü NVwZ-RR 2016, 680. Man mag eine bloße Verfügung nach §§ 329, 319 in einen Beschluss berichtigen oder nach 2 sogar so auslegen dürfen. Die Urteilsform ist verfehlt. Auch sie mag der Berichtigung oder Umdeutung zugänglich sein. Obwohl schon ein Vorschlag und uneingeschränkte Annahmeerklärungen vorliegen, muss doch noch die gerichtliche Bestätigung als eine Feststellung des Vergleichsinhalts hinzutreten. Das beruht darauf, dass die sonst in mündlicher Verhandlung erforderliche Protokollierung gerade entfallen kann, Kblz JurBüro 2003, 533; Mü MDR 2003, 533. Volles Rubrum, wie beim Urteil nach § 313 I Nr. 1–3, ein klarer Feststellungstext und der Unterschriften aller am Zustandekommen des Vergleichsvorschlags beteiligten Richter sind wesentliche Bedingungen für das Zustandekommen der weitreichenden Wirkungen des Prozessvergleichs nach VI.

76 Bestritten ist, ob der Feststellungsbeschluss, der einen Vollstreckungstitel nach § 794 I Nr. 1 darstellt, gegen den aber kein Rechtsmittel statthaft ist, → Rn. 77, 82, von Amts wegen nach § 329 III zuzustellen ist, bejahend: LG Ingolst Rpfleger 2005, 456 = BeckRS 2011, 10935; Zöller/Feskorn § 329 Rn. 31; Zöller/Greger Rn. 34; verneinend: LAG Düss BeckRS 2022, 4825 mwN; Musielak/Voit/Foerste Rn. 18. In Abweichung der Vorauflagen vertreten wir nun die Auffassung, dass der Beschluss nicht durch eine förmliche Zustellung, sondern formlos mitgeteilt werden kann. Der Beschluss enthält keine Entscheidung des Gerichts iSd § 329 III, sondern die Dokumentation der Einigung der Parteien. Das Gericht kann aber die Amtszustellung gemäß § 166 II nach pflichtgemäßem Ermessen anordnen, sinnvollerweise mit je einer Ausfertigung an alle am Vergleich Beteiligten schon wegen des Charakters eines Vollstreckungstitels nach § 794 I Nr. 1, LAG Düss BeckRS 2022, 4825 Rn. 16; vgl. auch VGH Mü NVwZ-RR 2016, 680.

77 Beim Streit über die Wirksamkeit des Beschlusses muss das Gericht ein Fortsetzungsverfahren einleiten und durch Urteil entscheiden, BGH MDR 1996, 1286; LG Stgt JurBüro 2005, 322. Ein Rechtsmittel ist hingegen nicht gegeben, → Rn. 82.

78 **c) §§ 127a, 925, 2033 BGB, § 14 I 2 Nr. 8 TzBfG, Vergütung im Insolvenzplan.** Ob der Feststellungsbeschluss auch eine notarielle Beurkundung nach **§ 127a BGB** ersetzt, wird unterschiedlich beurteilt. Eine Meinung lehnt die Anwendbarkeit des § 127a BGB ab, weil kein Protokoll nach § 160 errichtet wird und es keine „Funktionsäquivalenz" zwischen einer notariellen Beurkundung und dem Beschlussvergleich gäbe, Celle FamRZ 2014, 795; Brdb FamRZ 2008, 1192; Zöller/Greger Rn. 35; Musielak/Voit/Foerste Rn. 18a; Prütting/Gehrlein/Geisler Rn. 17; Zimmer NJW 2013, 3282. Nach einer anderen Meinung ist § 127a BGB entsprechend anzuwenden, wenn das Gericht den Vergleichsvorschlag gemacht hat, weil dem eine gerichtliche Prüfung zugrunde lag, die mit der des Notars vergleichbar sei, Mü FamRZ 2011, 812. Nach hM hingegen findet § 127a entsprechend auf jeden Beschlussvergleich nach VI Anwendung, BGH NJW 2017, 1946; BAG NJW 2007, 1831; Ffm 2016, 548; Brdb FamRZ 2014, 1202 (zu § 7 VersAusglG); KG MDR 2011, 689; AG Ludwigslust FamRZ 2015, 1977; MüKoZPO/Greger Rn. 44; Thomas/Putzo/Seiler Rn. 17. Wir folgen der hM, nach der auch der Beschlussvergleich die notarielle Beurkundung ersetzt; zwar kommt wegen der fehlenden Protokollierung im Einzelfällen eine direkte Anwendung des § 127a BGB nicht in Betracht; jedoch besteht eine planwidrige Regelungslücke, weil es bei Inkrafttreten des § 127a BGB im Jahr 1969 noch keine Möglichkeit eines Beschlussvergleichs gab; außerdem steht dieser Vergleich jedem anderen gerichtlichen Vergleich gleich, wie der Wortlaut von VI und § 794 I Nr. 1 verdeutlichen. Die neuen Ergänzungen in VI 1 zum Protokoll der mündlichen Verhandlung bestätigen die hM zusätzlich.

79 VI 1 ersetzt aber nicht **§ 925 BGB,** weil es an der gleichzeitigen Anwesenheit beider Parteien fehlt, Hamm NJW-RR 2018, 915; Düss NJW-RR 2006, 1609. **§ 2033 I 2 BGB** wird nur in Grenzen ersetzt, Celle NJW 2013, 2979. Im Arbeitsrecht differenziert das BAG bei **§ 14 I 2 Nr. 8 TzBfG** zwischen den beiden Alternativen; nur die zweite Alternative wird als Grund für eine Befristung anerkannt, BAG NJW 2012, 3119; NZA 2007, 466. VI gilt nicht für eine **Vergütung in einem Insolvenzplan,** BGH ZIP 2017, 486.

80 **4. Berichtigung, VI 3.** Infolge der Verweisung auf § 164 gilt: Die Parteien können den nach VI geschlossenen Vergleich grundsätzlich nicht anfechten. Das Gericht kann seinen Feststellungsbeschluss bei einer Unrichtigkeit jederzeit von Amts wegen oder auf Antrag nach § 164 I berichtigen, Mü MDR 2003, 533. Es muss zuvor nach § 164 II die Beteiligten anhören. Es vermerkt die Berichtigung auf dem Feststellungsbeschluss. Dabei kann es nach § 164 III 1 auf eine mit dem Originalbeschluss verbundene Anlage verweisen. Den Vermerk unterschreiben nach § 164 III 2 Hs. 1 diejenigen Richter, die den Feststellungsbeschluss unterschrieben haben, oder der allein tätige Richter, selbst wenn dieser zunächst an der Unterschrift verhindert war. Eine Mitwirkung des Urkundsbeamten *entfällt bei VI 3 anders als beim sonstigen Prozessvergleich nach II 2 Hs. 2.*

81 **XI. Verstoß, I–VI.** Soweit das Gericht gegen eine seiner Pflichten verstößt, hat das auf den weiteren Prozessverlauf nur sehr bedingt einen direkten Einfluss. Grundsätzlich nimmt das Verfahren dann den vom Gericht eingeschlagenen weiteren Gang, LG Stgt JurBüro 2005, 322. § 164 ist anwendbar, Stgt NJW-RR 2004, 424;

→ Rn. 80. Wie jeder Verfahrensfehler kann auch ein solcher nach § 278 zwar theoretisch in der höheren Instanz zur Zurückverweisung nach § 538 II 1 Nr. 1 führen. Indessen müsste dann gerade wegen des Fehlers im Güteverfahren später nach dieser Vorschrift auch eine umfangreiche oder aufwändige Beweisaufnahme notwendig sein. Das dürfte praktisch nie schon wegen eines Verstoßes gegen § 278 in Betracht kommen. Soweit das Gericht eine bei VI wesentliche nicht berichtigungsfähige Betätigung versäumt hat, kommt kein Vollstreckungstitel nach § 794 I Nr. 1 zustande. Dann kann eine Amtshaftung nach Art. 34 GG, § 839 BGB eintreten. Das Verfahren gehört aber zur Rechtsprechung und unterfällt daher dem Spruchrichterprivileg nach § 839 II BGB.

XII. Rechtsmittel, I–VI. Verfahrensfehler im Rahmen des § 278 sind mit Rechtsmittel gegen die Endentscheidung selten angreifbar, da ein Unterlassen diese kaum beeinflusst haben dürfte und auch nicht mehr korrigierbar ist, Zöller/Greger Rn. 23; → Rn. 81. § 252 greift grundsätzlich nicht ein, MüKoZPO/Prütting Rn. 1; zur Ausnahme bei der Anordnung des Ruhens nach IV: → Rn. 35. § 321a ist wegen ganz anderer Ausgangslage nicht entsprechend anwendbar. Die Voraussetzungen des § 567 liegen nicht vor. Bei II kommt gegen die Anordnung und gegen die Unterlassung der Güteverhandlung keine sofortige Beschwerde in Betracht, Gehrlein MDR 2003, 422. Der Beschluss nach VI 2 ist ebenfalls nicht mit der sofortigen Beschwerde anfechtbar, es kommt lediglich eine Berichtigung nach § 164 in Frage (VI 3), die selbst mit der sofortigen Beschwerde nicht angreifbar ist, BGH MDR 2005, 46; Mü MDR 2003, 533; LAG Düss BeckRS 2022, 4825; → Rn. 80; → § 329 Rn. 38. Abramenko NJW 2003, 1358 hat die Zulassung der sofortigen Beschwerde durch eine Gesetzesänderung angeregt. 82

278a *Mediation, außergerichtliche Konfliktbeilegung.* **I Das Gericht kann den Parteien eine Mediation oder ein anderes Verfahren der außergerichtlichen Konfliktbeilegung vorschlagen.**

II Entscheiden sich die Parteien zur Durchführung einer Mediation oder eines anderen Verfahrens der außergerichtlichen Konfliktbeilegung, ordnet das Gericht das Ruhen des Verfahrens an.

Schrifttum: S. bei § 278.

I. Systematik, Regelungszweck. Die Vorschrift behandelt eine der weit zahlreicheren Möglichkeiten des Gerichts zu einem außergerichtlichen Einigungsversuch. Sie verweist der Sache nach auf § 1 MediationsG, Schönfelder Nr. 106, setzt aber dessen Anwendbarkeit unter den dortigen Voraussetzungen natürlich voraus. 1

§ 278a dient auch der Umsetzung der Richtlinie 2008/52 EG (Mediations-RL) v. 21.5.2008, ABl. EU L 136, 3 v. 24.5.2008; Eidenmüller/Prause NJW 2008, 2737. 2

II. Geltungsbereich. § 278a erfasst direkt nur die Zivilgerichtsbarkeit, nicht die übrigen im MediationsG in die Möglichkeiten einer Mediation einbezogenen Gerichtsbarkeiten. Allerdings ist § 278a auch dort über die Verweisungsregeln (§§ 173 VwGO, § 155 FGO, § 202 SGG) anwendbar, soweit in den Prozessordnungen keine Sonderregelungen getroffen wurden. Im FamFG ist § 36a FamFG und im arbeitsgerichtlichen Verfahren sind §§ 54a, 64 ArbGG einschlägig, wobei die Regelungen inhaltlich weitgehend § 278a entsprechen. Zu Goethe (Wahlverwandtschaften) Heinemann MDR 2016, 1186. Die Vorschrift erfasst nur die außergerichtliche Mediation und die sonstigen außergerichtliche Konfliktbeilegungsmöglichkeiten. Alle Methoden der Konfliktbeilegung einschließlich der Mediation kann auch der Güterichter nach § 278 V in der Güteverhandlung anwenden; das Güteverfahren ist aber Teil des Prozesses (II) und der Güterichter nimmt richterliche Aufgaben wahr, → § 278 Rn. 49, 57, 58. 3

III. Gerichtlicher Vorschlag, I. 1. Mediation, I Hs. 1. Zur Bedeutung der Mediation in Abgrenzung zum normalen gerichtlichen Vergleich nach § 278 I → § 278 Rn. 39. Zunächst kann das Gericht nach § 1 I MediationsG eine Mediation außerhalb des Gerichts während des Gerichtsverfahrens vorschlagen (sog. gerichtsnahe Mediation). Sie findet nicht mit einem staatlichen Richter statt. Sie kommt ab Anhängigkeit des Zivilprozesses nach → § 253 Rn. 10; → § 261 Rn. 4 bis zu dessen Ende in Betracht. 4

2. Andere außergerichtliche Konfliktbeilegungsmöglichkeiten, I Hs. 2. Das Gericht kann auch eine solche Lösung vorschlagen, die keine Mediation und auch kein obligatorisches Güteverfahren nach § 15a EGZPO darstellt, sondern sich in einer anderen außergerichtlichen Form abspielt; dazu zählen zB die Moderation, die Evaluation, die Schlichtung, die Leistungsbestimmung und das Verteilungsverfahren; die Zahl der vorhandenen Schieds-, Schlichtungs- und Gutachterstellen ist sehr groß, MüKoZPO/Prütting § 278 Rn. 60 ff.; Greger MDR 2014, 994; Thomas/Putzo/Seiler Rn. 4; → § 278 Rn. 37, 47; → Vor § 1025 Rn. 13 ff. 5

3. Keine gerichtsinterne Mediation. Das Gericht kann während des Gerichtsverfahrens nicht (mehr) eine sog. gerichtsinterne Mediation durch einen nicht entscheidungsbefugten anderen Richter vorschlagen. Jedenfalls mit Erlass des Mediationsgesetzes und Änderung des § 278 (V) ist dies nicht mehr möglich; Kblz MDR 2014, 681. 6

Auch wenn der Güterichter nach V jede Methode der Konfliktbeilegung anwenden, so auch eine Mediation durchführen kann, wird er kein Mediator nach dem MediationsG, → § 278 Rn. 48, und die Güteverhandlung ist, wie II 1 verdeutlicht, ein Teil des Prozesses und kein selbständiges Verfahren, → § 278 Rn. 57. Mit der Neuregelung des § 278 V sowie mit § 278a, § 9 I MediationsG hat sich der Gesetzgeber eindeutig gegen die gerichtsinterne Mediation entschieden, die vorher in einzelnen Bundesländern als Modellversuch angeboten wurde und die im Ergebnis auch Erfolg hatte. Dagegen wurde argumentiert, dass die gerichtsinterne Mediation ohne gesetzliche Grundlage gegen die verfassungsrechtlichen Rechtsstaatsgrundsätze, insbesondere gegen den Grundsatz des gesetzlichen Richters, verstoße; manche sahen die gerichtsinterne Mediation aus Gründen der Rechtssicherheit und Rechtsklarheit sogar als „Irrweg" an, näher: MüKoZPO/Prütting § 278 Rn. 70. Diese Diskussion hat heute keine Bedeutung mehr. 7

4. Geeigneter Fall. Nach dem Wortlaut wird nicht vorausgesetzt, dass es sich um einen „geeigneten Fall" für einen außergerichtlichen Konfliktbeilegungsversuch handeln muss. In Wahrheit setzt natürlich ein gerichtlicher Vorschlag dies selbstverständlich voraus. I erklärt nicht ausdrücklich, wann ein Fall zur Mediation geeignet ist. Das Gericht muss diese weitere Voraussetzung daher unter Abwägung der Umstände pflichtgemäß klären und dabei berücksichtigen, dass ein Vorschlag iSd Vorschrift erhebliche Verzögerungen mit sich bringen kann. 8

9 „Kann" bedeutet ein zwar pflichtgemäßes, aber weites **Ermessen.** Ein Aktenvermerk „keine Eignung zur außergerichtlichen Konfliktbeilegung" reicht in der Regel als Begründung nicht, → § 278 Rn. 19. Andererseits darf sich das Gericht mit einer knappen Skizzierung der Erwägungen begnügen, aus denen es von einem Vorschlag absehen möchte. Die Unterlassung eines solchen Vorschlags zieht ohnehin keine anderen Rechtsfolgen nach sich als die Anberaumung der Güteverhandlung.

10 **5. Form und Inhalt.** Das Gericht braucht bei seinem Vorschlag keine Form einzuhalten. Es kann ihn schriftlich abfassen, durch Telefax übersenden, telefonisch oder elektronisch übermitteln, in einem spontan oder zufällig sich ergebenden Gespräch an beliebiger Stelle ansprechen. Es kann ihn der einen Partei anders übermitteln als der anderen, der einen früher als der anderen, der einen gegenüber vorläufiger formulieren als gegenüber der anderen. Es kann den Vorschlag als Skizze oder als volle Ausarbeitung abfassen. Schriftform ist ratsam. Denn sie ermöglicht am besten eine eigene Entscheidung jeder Partei. Sie beugt am ehesten dem Argwohn vor, der Richter taste zum Vorteil der einen Partei die Haltung der anderen ab. Sie vermeidet auch am besten eine zeitliche Ausdehnung dieser ohnehin schon verzögernden Phase.

11 Das Gericht hat im Rahmen der Bemühung um eine Schlichtung dieses Rechtsstreits ein weites Ermessen für den Vorschlagsinhalt. Beilegung gerade dieses Streits muss das klar erkennbare Ziel des ganzen Vorschlagsverfahrens sein und bleiben.

12 **6. Erfolglosigkeit des Vorschlags.** Entscheiden die Parteien sich nicht für die vorgeschlagene Mediation oder für eine anderes Verfahren der außergerichtlichen Konfliktbeilegung, muss das Gericht das Verfahren nach § 278 durchführen. Soweit es noch keine Güterverhandlung stattgefunden hat und nicht ausnahmsweise entbehrlich ist, → § 278 Rn. 16 ff., muss es in die Güteverhandlung nach § 278 II, V eintreten, sie terminieren, oder ausnahmsweise eine weitere Güteverhandlung anberaumen oder die Gütebemühung als gescheitert erachten und folglich den Prozess weiter fördern, sei es durch die Durchführung eines schon vorsorglich anberaumten und auch durch ordnungsgemäße Ladungen vorbereiteten unmittelbar anschließenden Termins zur eigentlichen mündlichen Verhandlung nach § 279 I, II, sei es durch die Anberaumung eines frühen ersten Termins nach § 275, durch eine Einleitung oder Fortführung eines schriftlichen Vorverfahrens nach § 276, etwa durch eine Vorbereitung nach § 273. Ob eine solche Erfolglosigkeit des Schlichtungsvorschlags vorliegt, entscheidet das Gericht nach seinem pflichtgemäßen Ermessen. Ein entsprechender, kurz in Stichworten begründeter Vermerk beugt dem Vorwurf vor, §§ 278, 278a nicht genug beachtet zu haben. Es kommt allenfalls später ein weiterer Güteversuch nach § 278 I, II, V infrage.

7. Beispiele zu Überlegungen im Zusammenhang mit einem Vorschlag nach I

13 **Amtsermittlungsverfahren:** Zumindest im Bereich des § 36a FamFG kommt ein inhaltlicher Vorschlag, begrenzt auch im Amtsermittlungsverfahren nach § 26 FamFG in Betracht.

Berufungsverfahrens: Auch dort ist ein Vorschlag statthaft. Er mag sogar noch eher erfolgversprechend sein, weil das Berufungsgericht immerhin zur Begründung eines Vorschlags vorsichtig solche Sprucherwägungen andeuten mag, die den Parteien erhöhte Veranlassung zur außergerichtlichen Einigung geben mögen.

Eignung: Es ist und bleibt nach § 2 I MediationsG die Aufgabe und Entscheidung der Parteien, ob sie ein außergerichtliches Mediationsverfahren durchführen und wen sie zum Mediator wählen oder nach § 2 V 1 MediationsG abwählen.

Entschädigung des Verletzten: Ein Vorschlag zur Mediation kommt auch im Verfahren nach §§ 403 ff. StPO infrage. Ob man ein Entschädigungsverfahren als Zivilsache ansehen kann, ist fraglich, zumal das Strafgericht beim StPO-Verfahren kein Ruhen kennt.

Erörterung, Erwägung: Noch kein Vorschlag ist eine solche Handlung des Gerichts. Sie bezweckt vielmehr ein Abtasten der Haltung der Parteien. Das Gericht sollte von solcher Möglichkeit durchaus Gebrauch machen, bevor es eine Klarheit darüber hat, ob eine Mediation personell, sachlich und organisatorisch zum Ziel einer Streitbeendigung eher hilft als ein prozessförderndes Verhalten aller Beteiligten. Natürlich kann das Gericht dabei auch die vielen weiteren Formen möglicher Beendigung des Verfahrens ohne Urteil mitansprechen und Äußerungsfristen setzen.

Fristsetzung: Macht das Gericht einen Vorschlag, so darf es unter Hinweis auf die Prozessförderungspflicht den Parteien eine Frist zur Entscheidung nach II setzen.

Haftung des Gerichts: Sie steht beim Vorschlag unter dem sog. Spruchrichterprivileg des § 839 II BGB. Denn der Vorschlag erfolgt im Zivilprozess durch das erkennende Gericht.

Haftung des Mediators: Die Haftung hängt vom Inhalt des Mediationsvertrages ab; der Anwaltsmediator haftet nach den Maßstäben der Anwaltshaftung, wenn er es übernommen hat, rechtliche Lösungsvorschläge zu erarbeiten, BGH NJW 2017, 3442.

Information: Bei einem Vorschlag nach § 278a sollte das Gericht die Parteien und ihren ProzBev. auf die Besonderheiten der Mediation oder anderer Konfliktbeilegungsmethoden, wenn es diese vorschlägt, hinweisen und zu üblichen Vergleichsgesprächen in der Güteverhandlung oder in der mündlichen Verhandlung abgrenzen, → § 278 Rn. 39. Es gibt verschiedene Formulare, die die Gerichte schon zu Zeiten entwickelt haben, als sie selbst noch gerichtsinterne Mediationen durchführten. Ferner sollten im Zusammenhang mit dem Vorschlag die Vorteile und die Gründe dargestellt werden, die das Gericht veranlasst haben, gerade in diesem Fall eine außergerichtliche Mediation vorzuschlagen.

Mediationsdauer. Dazu Fritz/Krabbe NVwZ 2011, 396. Das Gericht darf seinen Vorschlag zu einer außergerichtlichen Konfliktbeilegung nicht mit einer Mindest- oder Höchstdauer verbinden.

Mediationsverfahren: Das Gericht muss die Durchführung und damit die zugehörigen Verfahrensregeln zum Ob und Wie den Parteien und dem Mediator überlassen.

Mehrheit von Mediationen und Mediatoren: Das MediationsG verbietet sie nicht. Sie kann sinnvoll sein, etwa dann, wenn bei komplexeren Streitigkeiten verschiedener Fachrichtungen eine zeitlich parallele Bearbeitung durch unterschiedlich fachkundige Mediatoren förderlich wäre oder sogar geringere Gesamtkosten und *eine kürzere Mediationsdauer* erbringen könnte. Ein Vorschlag des Gerichts kann daher durchaus erwägenswert in solche Richtung gehen, auch im Sinn denkbarer Alternativen.

Mitwirkung des Gerichts: Ab Entscheidung zur Durchführung nach II darf das Prozessgericht bis zum Ende der Mediation nur das Ruhen des Verfahrens anordnen und daher keineswegs im Mediationsverfahren mitwirken. Ab Kenntnis vom Ende des bisherigen Mediationsversuchs oder der dortigen Einigung entstehen dann wieder alle Rechte und Pflichten des Prozessgerichts bis zu einem etwa zweiten Mediationsversuch.

Parteianregung, -bitte: Jede Partei darf, sogar gegen den erkennbaren oder gar erklärten Willen ihres ProzBev., im Partei- wie im Anwaltsprozess das Gericht bitten oder anregen, einen Mediationsvorschlag zu erwägen oder zu machen. Ein Anwaltszwang besteht nicht. Denn es handelt sich bei solcher Bitte nicht der Sache nach um einen förmlichen Prozess- oder Sachantrag

Person des Mediators: Die endgültige Wahl nach § 2 I MediationsG erfolgt nur durch die Parteien. Danach können sie ihre Wahlpflicht auch nicht etwa ähnlich wie beim schiedsrichterlichen Verfahren nach § 1035 III dem Gericht anvertrauen. Zum Notar Meyer/Schmitz-Vornmoor DNotZ 2012, 895. Die Frage, ob ein Anwaltsmediator rechtlich beraten darf, hat der BGH, NJW 2017, 3442, bei der Frage seiner Haftung nicht problematisiert, sondern unterstellt, → „Haftung des Mediators".

Qualifikation: S. §§ 5, 6 MediationsG.

Sachverständiger: Ob ein Mediations-Sachverständiger überhaupt und gar zu den (Kosten-)Bedingungen der Mediationsbeteiligten dort zur Tätigkeit bereit wäre, müssen die Parteien mit ihm selbst klären.

Teilmediation: Das Gericht darf einen Vorschlag auf jeden wie bei § 301 abgrenzbaren Teil des bisherigen Prozessstoffs des gerade vor ihm anhängigen Prozesses zur Teilmediation beschränken, der ihm sinnvoll scheint. Ob die Parteien ihrerseits mit dem Plan einer nicht so weit oder sogar noch weitergehenden Mediation reagieren, bleibt abzuwarten. **Ruhen** des Verfahren erfolgt bei einer Teilmediation nur in ihrem von den Parteien beschlossenen Umfang, soweit dieser abtrennbar ist. Das zeigt evtl. beträchtliche Schwierigkeiten etwa bei einer im fortzuführenden Prozessteil notwendigen Beweisaufnahme oder gar beim dann notwendigen Teilurteil. Auch → „Mehrheit von Mediationen".

Urkundenprozess: Statthaft ist ein Vorschlag in jeder einer Parteiherrschaft unterliegenden Prozessart und daher auch im Verfahren nach §§ 592 ff.

Vorschlagsbegründung, -erläuterung: Beides ist nach dem Gesetzeswortlaut nicht vorgesehen. Es mag aber zwecks Akzeptanz des Vorschlags ratsam sein, „Information". Es ist zumindest zulässig. Das Gericht prüft, ob und wieweit es eine Begründung oder Erläuterung wenigstens zu Teilpunkten des Vorschlags für angemessen hält. Kein Beteiligter hat insofern einen Anspruch. Er kann aber darum bitten und eine Einigung zur Durchführung der Mediation von einer Erläuterung und/oder Erörterung des Vorschlags abhängig machen, ohne das Gericht auch nur dann dazu zwingen zu können.

Vorsitzender: I befugt „das Gericht" und nicht den Vorsitzenden. Es meint also das Kollegium. Es handelt sich auch um mehr als eine prozessleitende Anordnung etwa nach § 273 II–IV. Der Vorsitzende darf also keineswegs gegen die ihm bekannte oder erkennbare Meinung der Mehrheit seiner Kollegen einen Vorschlag nach I machen.

Zeitpunkt, -raum: Das Gericht darf sowohl alsbald nach Klageeingang als auch in jedem weiteren Stadium des Prozesses eine Mediation oder doch einen weiteren Güteversuch erwägen, anregen, vorschlagen oder auch erkennbar skeptisch auf solchen Vorschlag einer Partei reagieren. Im Einzelfall mag zB die Begutachtung durch einen Sachverständigen im Auftrag des Prozessgerichts geradezu Voraussetzung einer Mediationsbereitschaft sein.

Zweiter Mediationsvorschlag: Er ist nach dem Gesetz zwar nicht unstatthaft. Ob er sinnvoll oder gar ratsam ist, hängt von den Umständen nach dem Ende der ersten Mediationsbemühung ab. Im Zweifel hat die Prozessförderungspflicht des Gerichts den Vorrang vor neuen Mediationsvorschlägen. Allerdings kann im Einzelfall bei einer erheblichen Veränderung des Sachlage etwas anderes gelten.

IV. Entscheidung der Parteien, II. 1. Voraussetzungen. Die Vorschrift knüpft daran an, dass die Parteien einen der Vorschläge des Gerichts aufgreifen und sich zur Durchführung der Mediation oder des sonstigen Verfahrens einer außergerichtlichen Einigung entscheiden. Diese Entscheidung muss zur Anordnung des Ruhens des Verfahrens nach → Rn. 19 ff. klar und eindeutig vorliegen. Die Entscheidung nach II ist nicht vom Richtervorschlag nach I abhängig. Sie kann auch auf einem Vorschlag eines der Beteiligten beruhen, auch eines ProzBev. oder eines Dritten. Sie kann vor oder nach dem Eintritt der Anhängigkeit nach → § 253 Rn. 10, → § 261 Rn. 4 ff. erfolgt sein. Sie kann infolge einer bloß vorläufigen beiläufigen Erwägung des Gerichts zustande gekommen sein. Sie mag auch infolge eines ganz anderen Vorschlags des Gerichts erfolgt sein, etwa eines Vergleichsrats oder einer Güteverhandlung. 14

2. Form, Inhalt. Für die Entscheidung ist keine besondere Form vorgesehen. Sie steht auch im Anwaltsprozess nicht unter Anwaltszwang, da sie nicht gegenüber dem Gericht vorgenommen werden muss, MüKoZPO/Ulrici Rn. 14. Sie ist – wie eine Prozesshandlung – auch konkludent möglich, → Vor § 128 Rn. 54. Sieht man sie als Willenserklärungen nach §§ 133, 157 BGB an, gilt dasselbe. **Inhaltlich** braucht natürlich noch keineswegs eine Einigung in der Sache vorzuliegen. Vielmehr reicht die Einigung auf einen Mediationsversuch. Diese Einigung muss aber bestimmt und klar sein. Ob sie unter einer Bedingung erfolgen darf, etwa einer Vorschusszahlung für den Mediator, ist die eine Frage, die allein die Parteien zu beantworten haben. Ob dann schon vor dem Bedingungseintritt eine Entscheidung nach II besteht, ist die andere, allein maßgebliche und grundsätzlich zu verneinende Frage. Erst das Zustandekommen einer unbedingten alsbaldigen allseitigen Bereitschaft zum ernsthaften Versuch einer außergerichtlichen Konfliktbeilegung kann grundsätzlich die Rechtsfolgen nach II auslösen. 15

3. Mitteilung. Über die Entscheidung ist das Prozessgericht zu informieren. Denn sie soll ja dessen Reaktion herbeiführen. Es gelten für die Mitteilung dieselben Regeln wie für jede Prozesshandlung, also im Anwaltsprozess auch die Notwendigkeit eines Anwaltszwangs, → Vor § 128 Rn. 54. Die Mitteilung nur einer der Parteien an das Gericht mag reichen, aber auch zur vorsorglichen Rückfrage zB nach § 139 nebst angemessener Fristsetzung gegenüber den übrigen Beteiligten veranlassen. 16

4. Wirksamkeit. Das Gericht muss von Amts wegen prüfen, ob die Entscheidung wirksam erfolgt ist. Dazu kann zB gehören, ob überhaupt eine Vollstreckbarkeit möglich werden kann. Eine erkennbar nicht wirksam werdende Mediationslösung kann nicht zum Ruhen des Zivilprozesses führen. Eine Zweckmäßigkeitsbeurteilung findet aber, anders als bei § 251, nicht statt, MüKoZPO/Ulrici Rn. 12; → Rn. 19. 17

5. Beispiele zur Frage einer Entscheidung der Parteien, II

18 **Auslegung:** Es gelten die in → Rn. 15 dargestellten Möglichkeiten.

Eignungsvorbehalt: Entscheidung kann auch eine solche Entschließung sein, bei der sich zumindest eine Partei die Zustimmung zum Mediator noch wegen Unklarheiten nach § 3 oder nach § 5 MediationsG offenhält. Das ist deshalb keine unzulässige Bedingung, weil die Wahl ja überhaupt nicht stets vor oder zugleich mit der Entscheidung nach II erfolgt sein muss. Eine in Wahrheit noch weitergehende Bedingung darf aber nicht vorliegen. In einem insofern unklaren Fall setzt das Gericht nach § 139 eine Klärungsfrist und erachtet notfalls die „Entscheidung" als nicht wirksam erfolgt.

Einbeziehung weiteren Streits: Entscheidung kann auch ein solcher Entschluss sein, der einen über den bisherigen Streitgegenstand, → § 253 Rn. 26, hinausgehenden Stoff einbezieht und evtl. sogar die Zuständigkeit des Prozessgerichts sprengen könnte. Denn die Parteien können insofern ja auch einen prozessbeendenden Vergleich schließen. Eine anderweitige Anhängigkeit oder Rechtshängigkeit, → § 253 Rn. 10; → § 261 Rn. 4 muss wegen solcher weiterer Streitpunkte nicht schon mitbestehen.

Gerichtsaufsicht: Findet nicht statt. Das Prozessgericht darf ab Entscheidung zur Mediation nichts anderes tun als das Ruhen anzuordnen.

Klärungsbedarf: § 139 ist anwendbar. Denn das Gericht muss innerhalb des Zivilprozesses klären, ob eine wirksame Entscheidung nach II vorliegt.

Kostenvorbehalt: Keine Entscheidung ist eine solche nur unter irgendeinem kostenmäßigen Vorbehalt. Das gilt bei jeder Kostenart und -höhe. Mögen die Parteien die Kostenfrage vor ihrer Entscheidung klären, ob sie nun eine Mediation versuchen wollen. Das gilt umso mehr, als es keine Prozess- oder Verfahrenskostenhilfe für eine Mediation gibt.

Mediatorauswahl: Entscheidung kann die Mitteilung der Parteien sein, sie hätten einen Mediator ausgewählt. Die Parteien müssen die Mediatorwahl nach § 2 I MediationsG nicht zwingend vor oder zugleich mit ihrer Entscheidung zur Durchführung einer Mediation nach § 1 I MediationsG treffen. Keine Entscheidung ist eine bloße Anfrage, ob das Gericht gegen eine beabsichtigte Wahl eines Mediators Bedenken etwa nach § 2 II ff., § 3 MediationsG habe.

Vergleich: Keine Entscheidung gerade nach II ist eine Einigungsabsicht oder gar ein Zustandekommen eines außergerichtlichen Vergleichs nach § 779 BGB oder eines Prozessvergleichs, → § 278 Rn. 13 (Rechtsnatur eines Prozessvergleichs); → § 278 Rn. 65 ff. (§ 278 VI).

19 **6. Ruhen des Verfahrens, II. a) Allgemeines.** Nach der positiven Entscheidung der Parteien ordnet das Gericht nach II das Ruhen des Verfahrens an. Diese Rechtsfolge ist zwingend. Ein **Antrag** der Parteien ist – anders als bei § 251 S. 1 – neben der Mitteilung der Entscheidung nicht erforderlich; das ergibt sich schon aus dem unterschiedlichen Wortlaut der beiden Vorschriften, so auch: Musielak/Voit/Foerste Rn. 3; Zöller/Greger Rn. 4; aA MüKoZPO/Ulrici Rn. 14. Das Ruhen des Verfahrens tritt nicht Kraft Gesetzes ein. Vielmehr ist die Anordnung durch das Gericht nötig. Es ergeht ein Beschluss nach § 329, wobei Zweckmäßigkeitserwägungen, anders als bei § 251 S. 1, nicht erforderlich sind; vielmehr wird die Zweckmäßigkeit aufgrund der Einigung der Parteien unterstellt, MüKoZPO/Ulrici Rn. 16. Das Gericht verkündet ihn oder stellt ihn allen Beteiligten nach §§ 252, 329 III Hs. 2 förmlich zu.

20 Mangels spezieller Regelung in II gelten **§§ 251, 252** ergänzend. Es gibt also grundsätzlich dieselbe Wirkung wie bei einer Aussetzung des Verfahrens nach § 249, Thomas/Putzo/Hüßtege § 251 Rn. 1. Allerdings laufen nach § 251 S. 2 die in § 233 genannten Fristen (Notfristen und Rechtsmittelbegründungsfristen, BGH NJW-RR 2010, 275, und die Frist des § 234 I) weiter, Thomas/Putzo/Hüßtege § 251 Rn. 1.

21 Nach § 2 V 1 MediationsG kann jede Partei auch ohne Zustimmung der anderen die Mediation jederzeit beenden. Nach § 2 V 2 MediationsG hat der Mediator und bei etwa mehreren jeder für seine Person dasselbe Recht. Er braucht dazu eben sowenig wie eine Partei einen Grund anzugeben, schon gar nicht einen nachvollziehbaren. § 2 V 2 MediationsG nennt nur „insbesondere" die Möglichkeit, dass der Mediator eine eigenverantwortliche Kommunikation oder eine Einigung nicht (mehr) erwartet.

22 **Ende** der Mediation bedeutet natürlich auch: Ende des Ruhens. Das Gericht muss unverzüglich den Zivilprozess nach Erhalt der Nachricht über das Mediationsende den Prozess wieder fördern. § 250 ist allenfalls entsprechend zu beachten. Sinnvoller Weise erklärt das Gericht durch Beschluss das Ende des Ruhens des Verfahrens, Oldbg MDR 2008, 763; Thomas/Putzo/Hüßtege § 251 Rn. 6. Vorher kann eine Klärung nach § 139 nötig sein, ob die Mediation tatsächlich gescheitert ist. Spätestens nach solcher Klärung muss das Gericht aber auch einen Termin mit Ladungsfrist anberaumen.

b) Beispiele zur Fragen während des Ruhens

23 **Auflage, Fristsetzung:** Während des Ruhens ist beides nicht statthaft.

Auskunft: Das Gericht darf sie zB auf Anfrage eines Sachverständigen, eines anderen Gerichts oder eines ProzBev. auch während des Ruhens geben, soweit es erkennen kann, dass die Auskunft dem Fortgang der Mediation oder eines ihretwegen ausgesetzten anderen Prozesses oder Parallelverfahrens dienen kann und soweit kein Datenschutz entgegensteht.

Beweis, Eid: Unstatthaft ist eine Beweiserhebung mit oder ohne Eid durch das Prozessgericht während des Ruhens seines Verfahrens. Das gilt sowohl dann, wenn es selbst tätig werden soll, als auch dann, wenn im Prozess zB ein Ersuchen um Rechtshilfe nach §§ 156 ff. GVG oder eine Tätigkeit eines nach §§ 361, 362 verordneten Richters in Frage käme. Auch der Mediator kann keine Maßnahme der eben genannten Arten beantragen. Denn er ist ja gerade nicht das Prozessgericht. Ein Verstoß wäre ein erheblicher Verfahrensfehler.

Dezernatswechsel: Derjenige beim Prozessgericht hat keine formelle Auswirkung auf das Ruhen bis zum Ende der außergerichtlichen Mediation.

Internationales Recht: Soweit die Parteien die Anwendung ausländischen Rechts vereinbaren oder das deutsche Prozessgericht ein ausländisches Recht (mit)anwenden muss, gilt das auch während einer Mediation oder später. Der deutsche ordre public ist aber stets ebenfalls als Mindestvoraussetzung mit zu beachten.

Kenntnisgabe, -nahme: Statthaft sind beide während des Ruhens. Das gilt zB von einem Parteischriftsatz, von einer Grundsatzentscheidung zur Mediation, von einem Vorgang, der nach Meinung des Gerichts auf die Mediation Einfluss haben könnte. Das Gericht muss nur vermeiden, durch seine Haltung den Eindruck eines

Fortgangs des Prozesses oder eines Beeinflussungsversuchs der Mediation oder auch nur eines Zeitdrucks einerseits, einer Verzögerungshoffnung andererseits zu riskieren. Beides könnte sich nach §§ 42 ff. auswirken.

Ladung: Während des Ruhens des Prozesses führt das Gericht eine Ladung weder von Amts wegen noch auf Antrag aus, weder bei einem zur Mediation gewünschten Zeugen oder Sachverständigen noch bei einem anderen Mediationsteilnehmer. Es verhängt auch keine Ordnungsmittel.

Mitwirkungsbitte: Es kann aus Parteisicht verlockend sein, selbst oder über den ProzBev. von dem Gericht eine Mitbeurteilung zu erlangen. Auch mag eine Partei zB den Richter fragen, ob er nicht für einen zügigeren Fortgang der Mediation sorgen könne. Solche Gerichtsaktivitäten sind nicht zulässig. Das Prozessverfahren ruht. Herr der Mediation sind die Parteien und auch ihr Mediator. Beide können nach § 2 V 1, 2 MediationsG jederzeit die Mediation notfalls für beendet erklären. Das Gericht muss ihnen diese Entscheidung überlassen.

Prozessgericht – Mediator: Es mag naheliegen, dass der Mediator gern von sich aus oder auf Bitte einer der Parteien wissen möchte, ob das Prozessgericht Bedenken gegen die Vollstreckbarkeit eines geplanten Ergebnisses der Mediation haben könnte oder eine bessere Formulierung der Einigung denkbar ist. Auch dann sollte sich das Prozessgericht grundsätzlich sehr zurückhalten. Es hat eben bis zum Ende der Mediation keine Befugnis zu mehr als einem Ruhenlassen des Zivilprozesses. Aktenvermerke über Kontakte und eigene Auskunft in der Prozessakte sind ratsam, auch über die Weigerung, tätig zu werden.

Sachstandsanfrage: Zumindest zur Prüfung, ob das Mediationsverfahren überhaupt weiterläuft, darf das Prozessgericht wie bei einem sonstigen Stadium eines Ruhens eine Sachstandsanfrage an den Mediator richten und dieser hat sie zu beantworten. Tut er das nicht, hat das Gericht aber grundsätzlich keine Möglichkeit etwa eines Ordnungsmittels wie beim Sachverständigen nach § 409. Mögen die Parteien mitteilen, ob und wie das Mediationsverfahren endete, um das Gericht zur Weiterführung des Zivilprozesses zu veranlassen.

Selbständiges Beweisverfahren: Statthaft bleibt ein solches unter den Voraussetzungen nach §§ 485 ff. zumindest theoretisch selbst dann, wenn es teilweise oder gar insgesamt Stoff aus dem Mediationsverfahren (mit) beinhalten soll. Denn es ist vom Hauptprozess formell unabhängig. Das gilt selbst dann, wenn das Prozessgericht auch bei §§ 485 ff. zuständig ist.

Ob das an sich großzügig prüfbare rechtliche Interesse nach § 485 in solcher Lage vorliegt, ist eine andere Frage.

Trennung, Verbindung: Während des Ruhens nimmt das Prozessgericht weder von Amts wegen noch auf Antrag eine Maßnahme nach § 145 oder nach § 147 vor. Es unterlässt auch ein anderes Prozessgericht eine Verbindung seines Verfahrens mit dem wegen Mediation ruhenden. Ein Verstoß wäre ein erheblicher Verfahrensfehler, dh ein Eingriff in die der Parteiherrschaft unterliegende außergerichtliche Mediation. Das alles gilt auch für eine etwaige Teilmediation in deren Umfang.

Vergleich: Die Parteien können jederzeit das Gericht bitten, einen Termin zwecks Abschlusses eines Prozessvergleichs anzuberaumen, Kblz NJW-RR 2013, 717, oder einen Vergleich nach § 278 VI festzustellen, → § 278 Rn. 65 ff. Das dürfte der Sache nach eine Mitteilung der Beendigung der Mediation nach § 2 V 1, 2 MediationsG ohne eine dort bereits erfolgte Einigung sein.

Sinnvoll sein kann eine solche Einigungsform schon deshalb, weil ein ordnungsgemäß protokollierter und unter Mitverantwortung des Gerichts formulierter Prozessvergleich bereits ein Vollstreckungstitel nach § 794 I Nr. 1 ist, → § 278 Rn. 65.

Auch ein außergerichtlicher Vergleich nach § 779 BGB kann mediationsbeendigend sein (Fallfrage).

Verlängerung: Offiziell darf das Gericht das Ruhen zeitlich nicht befristen. Das würde auch dem Sinn einer Mediation nicht gerecht werden. Denn zu ihr gehört das grundsätzliche Fehlen eines gerichtlichen Zeitdrucks. Deshalb braucht auch keine Partei um eine „Verlängerung" einer gar nicht wirksamen Frist zu bitten oder sie gar zu begründen.

Verweisung: Während des Ruhens darf das Gericht seinen Prozess weder von Amts wegen noch auf Antrag an einen anderes Gericht verweisen, selbst wenn die Voraussetzungen zB des § 281 oder des § 17 GVG ohne Ruhen vorlägen. Indessen kann in solcher Bitte die Beendigung der Mediation nach § 2 V 1, 2 MediationsG liegen. Falls ja, muss das Gericht die Verweisungsmöglichkeit wie sonst prüfen und beurteilen.

V. Rechtsbehelfe, I, II. Gegen den Vorschlag nach I gleich in welcher Form ist jedenfalls keine sofortige Beschwerde statthaft: § 567 I Nr. 1 entfällt mangels ausdrücklicher Bestimmung. § 567 I Nr. 2 greift nicht ein, weil der Vorschlag keine Zurückweisung eines Verfahrensgesuchs enthält. Auch eine „greifbare Gesetzwidrigkeit" hilft nicht weiter. 24

§ 567 I Nr. 1, 2 sind aus denselben Gründen wie bei → Rn. 24 unanwendbar, wenn kein Vorschlag erfolgt. Eine Zurückweisung wäre ja etwas anderes als eine bloße Untätigkeit. Auch eine greifbare Gesetzwidrigkeit hilft nicht. 25

In Bezug auf die Ruhensanordnung oder deren Ablehnung gilt mangels spezieller Regelung § 252 zumindest entsprechend. Es ist daher die sofortige Beschwerde nach § 567 I Nr. 1 statthaft. 26

Soweit das Gericht wegen der Beendigung der Mediation nach → Rn. 22 den Prozess weiter fördert, gelten mangels spezieller Regelung die allgemeinen Vorschriften für die jeweils stattgefundene Gerichtsmaßnahme. 27

279 *Mündliche Verhandlung.* **I [1]Erscheint eine Partei in der Güteverhandlung nicht oder ist die Güteverhandlung erfolglos, soll sich die mündliche Verhandlung (früher erster Termin oder Haupttermin) unmittelbar anschließen. [2]Andernfalls ist unverzüglich Termin zur mündlichen Verhandlung zu bestimmen.**

II Im Haupttermin soll der streitigen Verhandlung die Beweisaufnahme unmittelbar folgen.

III Im Anschluss an die Beweisaufnahme hat das Gericht erneut den Sach- und Streitstand und, soweit bereits möglich, das Ergebnis der Beweisaufnahme mit den Parteien zu erörtern.

Schrifttum: S. bei § 139.

I. Systematik. Die Vorschrift regelt die eigentliche mündliche Verhandlung im frühen ersten Termin nach § 275 oder in dem nach einem schriftlichen Vorverfahren gemäß §§ 276, 277 notwendigen Termin nach 272 I, nach dem der Rechtsstreit in der Regel in diesem umfassend vorbereiteten **Haupttermin** erledigt werden soll. 1

Sie ergänzt in I den § 278 II–V. Sie selbst wird ergänzt durch §§ 128, 128a, 136 ff., 285 und durch §§ 169 ff. GVG.

2 **II. Regelungszweck.** Ziel ist entsprechend dem Gebot des § 272 I die Herbeiführung der Entscheidungsreife möglichst in einem Haupttermin unter Einhaltung aller rechtsstaatlich notwendigen Anforderungen. Die Vorschrift dient also zugleich der Prozessförderung, → Vor § 128 Rn. 14, der Prozesswirtschaftlichkeit; → Vor § 128 Rn. 16, der Gerechtigkeit und in diesem Rahmen dem rechtlichen Gehör nach Art. 103 I GG, BGH NJW-RR 2097, 441; → Vor § 128 Rn. 42 ff. Diese in der Praxis manchmal schwer verbindbaren Ziele sind bei der Auslegung zu berücksichtigen. „Neuer Termin" am Ende des Haupttermins, des ersten von manchmal vielen, von denen sich so mancher durch mehr Sorgfalt und Energie vor allem des Gerichts hätte vermeiden lassen, ist keine Seltenheit. War schon nach der außergerichtlichen Phase des § 15a EGZPO und jedenfalls nach der Güteverhandlung nach § 278 II–VI ein schriftliches Vorverfahren nach § 276 vorausgegangen, gar mit einer Stellungnahme nach § 277 IV (Duplik) oder mit einem weiteren schriftlichen Hin und Her, dann wäre es wünschenswert, wenn in diesem Haupttermin auch die Beweisaufnahme (II), so auf der Grundlage eines Beweisbeschlusses nach § 358a, und die anschließende erneute mündliche Verhandlung (III) stattfinden könnten. In jedem Fall sollte ein auch nach § 273 vorbereiteter Haupttermin zumindest zum Beweisbeschluss nach § 358 führen, allenfalls in einem kurzfristig anberaumten Verkündungstermin nach § 310. Vgl. auch §§ 198 ff. GVG.

3 **III. Geltungsbereich.** → Vor § 253 Rn. 6. Die Vorschrift gilt in allen Verfahrensarten nach der ZPO, auch im WEG-Verfahren, auch nach §§ 46 II 1, 54 ArbGG im arbeitsgerichtlichen Verfahren.

4 **IV. Anschließende mündliche Verhandlung, I.** Wenn es zu einer nicht erfolgreichen oder zu keiner Güteverhandlung nach § 278 II–V gekommen ist, „soll" sich die eigentliche „mündliche Verhandlung" nach I 1 unmittelbar anschließen, also sofort an demselben Tag, wenn auch vielleicht nach einer kurzen Pause. Dann muss das Gericht die Einlassungsfrist des § 274 III und die Ladungsfrist nach § 217 beachten, wenn es die Güteverhandlung anberaumt. Es muss klarstellen, dass sowohl die Güteverhandlung als auch bei deren Ausbleiben oder Scheitern die mündliche Verhandlung stattfinden soll. Wer zur Güteverhandlung ausbleibt, wird ähnlich wie nach einer Beweisaufnahme gemäß § 370 I grundsätzlich säumig iSd §§ 330 ff., wenn er nicht zur ordnungsgemäß anberaumten unmittelbar anschließenden mündlichen Verhandlung bis zu ihrem Ende (§ 220 II) erscheint, ohne sich wenigstens zu letzteren nach § 337 entschuldigt zu haben, → Vor § 330 Rn. 8 ff. (zur Frage der Säumnis). Das gilt unabhängig davon, ob die mündliche Verhandlung nach § 275 als früher erster Termin oder nach einem schriftlichen Vorverfahren (§ 276) als Haupttermin stattfindet. Auch der frühe erste Termin kann ein Haupttermin sein, → Rn. 6.

5 Soweit das Gericht von der bloßen Sollvorschrift des I 1 keinen Gebrauch macht, muss es den frühen ersten Termin oder den Haupttermin „unverzüglich" unter Wahrung der Einlassungs- und Ladungsfrist bestimmen.

6 **V. Haupttermin, I, II. 1. Grundsatz.** Das Gesetz verpflichtet das Gericht und alle Beteiligten, nach der Güteverhandlung den Haupttermin als Zentrum des Prozesses in einem für alle Verfahrensbeteiligten und Interessierten klar verständlichen Ablauf zu gestalten. § 279 gilt, wie I und die Systematik des § 279 verdeutlichen, auch für den frühen ersten Termin, Bischof NJW 1977, 1902; Grunsky JZ 1977, 202; Schneider MDR 1977, 886. § 275 II ergibt, dass auch der frühe erste Termin ein Haupttermin iSd § 272 I sein kann. Die Sitzungsgewalt folgt aus § 176 GVG, zur Öffentlichkeit gelten die §§ 169 ff. GVG, zur Prozessleitung gilt § 136.

7 **2. Verhandlungsablauf.** An die Güteverhandlung nach § 278 II–V schließt sich die eigentliche mündliche Verhandlung an. Über deren Reihenfolge befindet der Vorsitzende gemäß § 136 nach seinem pflichtgemäßen Ermessen unter einer Berücksichtigung der Sachdienlichkeit, → § 136 Rn. 7 ff. Henkel ZZP 110, 91, unterscheidet aus psychologischer Sicht sogar 7 Phasen.

8 Mit dem Aufruf nach § 220 I beginnt jeder Gerichtstermin. Nach ihm folgt im Allgemeinen die Feststellung, wer anwesend ist. Sodann klärt der Vorsitzende die Sitzordnung. Spätestens dann klärt er, ob die Verhandlung nach §§ 169 ff. GVG öffentlich oder nicht öffentlich ist. Üblicherweise werden in einer mündlichen Verhandlung im Anschluss daran nach § 137 I die Anträge gestellt; damit beginnt im Gegensatz zu einer Güteverhandlung nach § 278 II–IV grundsätzlich die streitige Verhandlung iSd § 137, Baur ZZP 1991, 329; vgl. im Einzelnen → § 137 Rn. 7 ff. Die sofortige Sachantragsstellung hat den Vorteil, dass auch dann, wenn der ProzBev. anschließend erklärt, nicht mehr auftreten zu wollen, nicht mehr von einer Säumnis iSd §§ 330 ff. auszugehen ist, wenn mit der Antragstellung zumindest konkludent eine Bezugnahme auf den schriftsätzlichen Vortrag verbunden ist, wovon im Zweifel auszugehen ist; dann ist eine „Flucht in die Säumnis" nicht mehr möglich, → § 137 Rn. 6, 17; → Vor § 330 Rn. 3, 13. Eine andere Reihenfolge, so zunächst die Erörterung des Sach- und Streitstandes, ist aber möglich und kann sich im Einzelfall anbieten, wenn das Gericht auf einen anderen sachdienlichen Antrag oder auf eine Ergänzung bzw. Klarstellung des Parteivortrages hinwirken will, § 139 I 2; davon kann die rechtliche Wertung und damit der Inhalt der mündlichen Verhandlung abhängen. UU verspricht sich das Gericht auch bei einer anderen Reihenfolge eine größere Chance für eine Vergleichsabschluss bzw. eine (teilsweise) Klagerücknahme, eine Erledigungserklärung oder eine Anerkenntnis- bzw. Verzichtserklärung.

9 Nach der Antragstellung üblicherweise zu Beginn der mündlichen Verhandlung folgt durch den Vorsitzenden oder den Berichterstatter die Einführung in den Sach- und Streitstand, soweit dies nicht schon in der Güteverhandlung nach § 278 II abschließend erfolgt ist und die Parteien in diesem Verfahrensabschnitt entsprechend gehört wurden, → § 278 Rn. 21 ff. Strukturell kann sich zunächst eine Einführung in den Sach- und Streitstand zunächst im Hinblick auf die Zulässigkeit der Klage, einschließlich der erhobenen Prozessrügen anbieten, soweit einzelne Zulässigkeitsvoraussetzungen fraglich sind, → Vor § 253 Rn. 22 ff. (allgemein zur Zulässigkeit). Sodann erfolgen etwa notwendige Hinweise nach § 139 und die Anhörung der Parteien. Spätestens dann folgt die Einführung in den Sach- und Streitstand im Hinblick auf die Begründetheit. Auch hier sind eventuell erforderliche Hinweise nach § 139 zu geben, wenn dies nicht bereits vorher geschehen ist. Den Parteien ist auch Gelegenheit zur Stellungnahme zu geben und sie sind anzuhören, §§ 137 IV, 139. Daran schließt sich nach § 137 II die weitere streitige Verhandlung in Rede und Gegenrede an.

10 Im Anschluss an die Erörterung der Sach- und Rechtslage wird uU der etwa notwendige Beweisbeschluss nach § 358 verkündet, wenn er nicht bereits vorher nach § 358a erlassen wurde. Nach II soll sich unmittelbar die Beweisaufnahme nach §§ 355 ff. anschließen, dh die präsenten Beweismittel, so zB die anwesenden Zeugen, oder der anwesende Sachverständige, werden erhoben. Spätestens dann müssen Zeugen bis zu ihrer Vernehmung den

Raum verlassen, → Rn. 16 (zur Frage, ob dies auch zu einem früheren Zeitpunkt erforderlich ist). Nach der Beweisaufnahme folgt die nach III sowie nach §§ 285, 370 I vorgesehene sofortige Verhandlung über die Beweisergebnisse und eine erneute Erörterung des Sach- und Streitstands mit den Parteien nach II, → Rn. 18. Daran schließen sich abschließende Zwischenentscheidungen an. Wenn möglich, schließt der Vorsitzende zugleich die Verhandlung nach §§ 136 IV, 296a. Es folgt die Beratung nach §§ 192 ff. GVG und die sofortige oder spätere Verkündung der Endentscheidung nach §§ 311, 329.

3. Einführung in den Sach- und Streitstand, I. Es handelt sich um eine vom Gericht seit jeher vorgenommene Maßnahme, die auch schon für die Hinweispflicht nach § 139 und für die Güteverhandlung nach § 278 II 2 vorgesehen ist, → Rn. 8 f. (zum Ablauf der mündlichen Verhandlung). Sie dient der besseren Strukturierung, Beschleunigung und Herausarbeitung des tatsächlich oder rechtlich Erörterungsbedürftigen und der entscheidungserheblichen Tatsachen sowie der Verbesserung des Prozessklimas, Schneider DRiZ 1980, 221; Weber DRiZ 1978, 168. Die Einführung erfolgt durch den Vorsitzenden oder ein von ihm zu bestimmendes Mitglied des Kollegiums, in der Regel den Berichterstatter. Ein schriftliches Votum ist nicht notwendig, oft jedoch ratsam und üblich. Keineswegs kann die Partei oder gar ihr ProzBev. zunächst einen umfassenden Bericht fordern oder gar die Einlassung vorher verweigern. Letzteres wäre evtl. mit den Säumnisfolgen nach §§ 330 ff. verbunden. Das Gesetz will den Parteien und ihren ProzBev. keineswegs das Denken und die insbesondere nach §§ 277, 282 nötige gründliche Vorbereitung auf den Haupttermin abnehmen. In einer einfachen und für alle Prozessbeteiligten übersehbaren Sache ist ausnahmsweise keine Einführung notwendig. Gerade der Haupttermin soll konzentriert und zügig ablaufen. 11

Der Umfang der Einführung ist von sämtlichen zur Verständlichkeit des Sach- und Streitstands maßgeblichen Gesichtspunkten abhängig, zB von der Schwierigkeit der Rechtslage, von dem Aktenumfang, davon, ob Maßnahmen nach §§ 273, 358 stattgefunden haben, ob seit dem schriftlichen Vorverfahren neue Erwägungen bei einem Beteiligten vorliegen. Die Einführung erfolgt möglichst konzentriert; sie ist grundsätzlich auf das Notwendige zu beschränken. Es besteht keine gesetzliche Pflicht für das Gericht, auf Zuhörer besondere Rücksicht zu nehmen. Jedoch kann sich die Justiz nicht den Umständen verschließen, dass teilweise ein großes mediales Interesse an Gerichtsverhandlungen besteht und es gerade heute besonders wichtig ist, durch die tägliche Justizarbeit die Werte des Rechtsstaates zu vermitteln, zu denen ohne Zweifel eine funktionierende und akzeptierte Rechtspflege gehört. Deswegen ist eine gewisse Rücksichtnahme auf Zuschauer auch ohne gesetzliche Verpflichtung sinnvoll, und zwar nicht nur, wenn eine Schulklasse zuhört oder der Sitzungsaal voller Presse ist. Durch § 279 soll auch zur Übersichtlichkeit der Tätigkeit der Rechtspflege und zur Konzentration sowie zur Strukturierung des Prozessstoffes, wie sie auch nach § 139 I 3 gefördert werden soll, beigetragen werden. Ein Verstoß ist nur iVm § 139 prozessual erheblich. 12

4. Anhörung der Parteien, I. a) Grundsatz. Nach der früheren Fassung der § 278 I aF war das persönliche Erscheinen der Parteien und deren Anhörung vorgesehen; auch wenn § 279 dies nicht vorsieht, gelten für die Anhörung der Parteien §§ 137 IV, 139, 141, 273 II Nr. 3, 278 III, aus deren Grundgedanken sowie aus Art. 103 I GG sich eine Pflicht zur Anhörung der Parteien auf verschiedenen Wegen ableiten lässt, MüKoZPO/Prütting Rn. 11–13; → Vor § 128 Rn. 42 ff. (eingehend zur Frage des rechtlichen Gehörs); → Rn. 9 (zum Ablauf der mündlichen Verhandlung). Die Anhörung kann je nach Situation mündlich oder schriftlich erfolgen. Erscheint die Partei von sich aus oder aufgrund einer gerichtlichen Anordnung zum mündlichen Verhandlungstermin neben ihrem Anwalt, empfiehlt sich zumindest eine kurze Anhörung auch dann, wenn eine solche nicht zwingend ist, → Vor § 128 Rn. 42 ff. (Einzelheiten zum rechtlichen Gehör). Im Einzelfall ist in Spezialgesetzen eine Anhörung auch anderer Stellen vorgesehen, wie zB nach § 8 II UKlG eine Anhörung der Bundesanstalt für Finanzdienstleistungsaufsicht. Es erfolgt keineswegs eine Vertagung nach § 227 schon deshalb, weil eine Partei ohne einen Erscheinenszwang ausgeblieben ist. Das wäre eine Umgehung der Säumnisfolgen nach §§ 330 ff. 13

b) Verstoß. Beachtet das Gericht seine Hinweispflicht nach § 139 bzw. das Gebot des rechtlichen Gehörs nach Art. 103 I GG nicht bis zum Schluss der mündlichen Verhandlung nach §§ 136 IV, 296a in einer betreffenden Instanz, ist der Verstoß prozessual grundsätzlich nur bedeutsam, wenn die Entscheidung darauf beruht, BVerfG NJW 2021, 50 Rn. 14; 1993, 765, BGH FamRZ 2020, 1000 Rn. 17; NJW-RR 1997, 441; → Vor § 128 Rn. 51 f.; → § 139 Rn. 69. 14

VI. Beweisaufnahme, II. 1. Allgemeines. Sie gehört nach § 355 grundsätzlich vor das Prozessgericht. Nach II soll die Beweisaufnahme der streitigen Verhandlung unmittelbar folgen, und zwar auch im frühen ersten Termin nach § 275, soweit sie dann schon durchführbar wird, → Rn. 10. Damit lässt sich der Prozess konzentrieren und beschleunigen. Daher besteht eine Pflicht des Gerichts, den Haupttermin nach §§ 139, 144, 272 273, 358a vorzubereiten, um den Rechtsstreit nach § 272 I möglichst in einem Termin zu erledigen; es besteht auch eine Pflicht der Parteien, dem Gericht diese Vorbereitung zu ermöglichen; → Vor § 128 Rn. 13 f. Nach III, aber auch nach § 285 I ist nach der Beweisaufnahme eine erneute Erörterung des Sach- und Streitstands unter Einbeziehung des Ergebnisses der Beweisaufnahme wegen der Notwendigkeit des rechtlichen Gehörs erforderlich, → Rn. 18 (zur Frage der Protokollierung). Dagegen ist das Gericht grundsätzlich nicht verpflichtet, seine vorläufige **Einschätzung des Beweisergebnisses** mitzuteilen, BGH NJW 2016, 3100 Rn. 33; MüKoZPO/Prütting Rn. 18; Thomas/Putzo/Seiler Rn. 3. Im Einzelfall kann auch ein nochmaliger Güteversuch nach § 278 II ratsam sein. Grundsätzlich erfolgt keine Vertagung nach § 227 und es wird auch kein Schriftsatznachlass nach § 283 gewährt, um einer Partei eine schriftliche Würdigung der Beweisaufnahme zu ermöglichen, BGH NJW 1991, 1547; Franzki DRiZ 1977, 163. Etwas anderes kann unter dem Gesichtspunkt des rechtlichen Gehörs gelten, wenn von einer Partei eine sofortige Stellungnahme zur Beweisergebnis nicht zu erwarten ist, BGH NJW 2011, 3040. Nach der Beweisaufnahme ist eine nochmalige Antragstellung nicht erforderlich, → § 285 Rn. 8; → Rn. 18. 15

2. Anwesenheit der Zeugen vor der Beweisaufnahme. Zeugen müssen entgegen einer verbreiteten Ansicht nicht vor dem Saal warten. Denn § 394 I gebietet nur die Einzelvernehmung, dh die Vernehmung eines Zeugen in Abwesenheit späterer Zeugen, nicht hingegen die Abwesenheit Zeugen in der mündlichen Verhandlung vor Beginn der ersten Zeugenvernehmung. Der Vorsitzende sollte die Zeugen allerdings, wie es auch üblich ist, grundsätzlich schon vor der Einführung in den Sach- und Streitstand darum bitten, den Sitzungssaal zu verlassen, um sie nicht in ihrem Aussageverhalten zu beeinflussen. Zwingen darf er sie dazu nicht. Im Einzelfall 16 kann die Anwesenheit der Zeugen bei Einführung in den Sach- und Streitstand auch sinnvoll sein, um ihnen ohne einen zusätzlichen Zeitaufwand zu verdeutlichen, zu welchem Beweisthema sie sich anschließend voraussichtlich äußern sollen. Das gilt etwa dann, wenn 20 Zeugen in einem Mietstreit über Lärm aus der Wohnung des Bekl. zu vernehmen sind; dann kann sich eine gemeinsame Darstellung der Beweisfrage anbieten um knappe Einzelvernehmungen zu ermöglichen.

17 **3. Vorgehen bei Nichtbeachtung von II.** Ein Verstoß des Gerichts gegen II kann im Rahmen von § 198 GVG berücksichtigt werden; grundsätzlich liegt die zeitliche Abfolge in der mündlichen Verhandlung und damit auch die Frage, wieviele Termine durchgeführt werden, im Ermessen des Gerichts bzw. des Vorsitzenden; nur in absoluten Ausnahmefällen kann ein Verfahrensfehler angenommen werden, MüKoZPO/Prütting Rn. 19. Evtl. muss das Gericht nach § 227 oder nach §§ 283, 156 vorgehen und die Ausführungen im nachgelassenen Schriftsatz beachten, BGH NJW 2019, 2477. Gerät der Zeitplan durcheinander, muss man unterscheiden. Hat das Gericht die Verzögerung zu verantworten, zB wegen einer mangelhaften Berechnung der Verhandlungsdauer, sollte grundsätzlich eine Beweisaufnahme durchgeführt werden, soweit diese durchführbar ist, und eventuell bei den folgenden Sachen nach § 227 verfahren. Das Gericht muss dann auch Zeugen vernehmen, die der Beweisführer angekündigt und gestellt hat, BGH NJW 1983, 1495; Hamm MDR 1986, 766; Schlesw NJW 1991, 303 (abl. Gießler NJW 1991, 2885). Verantworten die Parteien die Verzögerungen, etwa wegen mitgebrachter unvorhersehbarer Zeugen oder wegen einer mangelhaften Vorbereitung, sollte das Gericht den betreffenden Termin grundsätzlich vertagen, damit das nicht bei den an diesem Tag nachfolgenden anderen Sachen nötig wird.

18 **VII. Nochmalige Erörterung, III.** Dazu Greger MDR 2016, 1057; Schulz/Sticken MDR 2005, 1. Nach III und nach § 285 I ist die nochmalige Erörterung des Sachstandes grundsätzlich unter Einbeziehung des Ergebnisses der Beweisaufnahme erforderlich, → Rn. 15 (zu einen ausnahmsweise Vorgehen nach §§ 227, 283). Dadurch soll das rechtliche Gehör gewährleistet sein, → Vor § 128 Rn. 42 ff (zum rechtlichen Gehör). Die Parteien sollen vor dem Verhandlungsschluss nach §§ 136 IV, 296a nochmals die Möglichkeit zur Stellungnahme haben, diesmal auch zum Ergebnis der Beweisaufnahme; stellt die Partei als Reaktion auf die Beweisaufnahme einen neuen Beweisantrag, ist dies nach III und § 285 zulässig; wird dieser nicht berücksichtigt, liegt ein Verstoß gegen das Gebot des rechtlichen Gehörs Art. 103 I GG vor, der zum Abhilfeverfahren nach § 321a führen kann, BGH MDR 2013, 487. Wegen der Beweiskraft des Protokolls nach §§ 165, 160 II ist ein **Protokollvermerk** zur Beachtung von §§ 279 III, 285 I erforderlich, weil ansonsten ein Verstoß gegen diese Vorschriften und damit in der Regel eine Verletzung des rechtlichen Gehörs feststehen, BGH NJW 2019, 2477; 2012, 2354; 1990, 121; Saarbr NJW-RR 2013, 30 (schon wegen §§ 139 IV, 321a); Schulz/Sticken MDR 2005, 5. Das Gericht ist nicht verpflichtet, seine (vorläufige) Beweiswürdigung mitzuteilen, → Rn. 15; → § 139 Rn. 64 „Beweisaufnahme (Nach Beweisaufnahme)" und „Beweiswürdigung". Im Einzelfall kann aber eine vorläufige Beurteilung sinnvoll sein, Gehrlein MDR 2003, 423; BVerwG NVwZ 2003, 1132.

280 *Abgesonderte Verhandlung über Zulässigkeit der Klage.* **[I] Das Gericht kann anordnen, dass über die Zulässigkeit der Klage abgesondert verhandelt wird.**

II [1]Ergeht ein Zwischenurteil, so ist es in Betreff der Rechtsmittel als Endurteil anzusehen. [2]Das Gericht kann jedoch auf Antrag anordnen, dass zur Hauptsache zu verhandeln ist.

Schrifttum: Jäger, Zwischenstreitverfahren nach den §§ 280, 303 ZPO, 2002.

1 **I. Systematik.** Erfasst werden alle Zulässigkeitsfragen zur Klage und Widerklage, die das Gericht von Amts wegen beachten muss, wobei zum Teil eine Rüge erforderlich ist, wie zB §§ 110, 113 S. 2, § 269 VI, 1032 I, BGH NJW 2009, 3165; Düss NJW-RR 1998, 109; → Vor § 253 Rn. 12 ff. (zu den Begrifflichkeiten bei Zulässigkeitsfragen); → Vor § 253 Rn. 22, 37. Soweit in §§ 282 III, 296 III, 349 II Nr. 2 von Rügen, die die Zulässigkeit betreffen, die Rede ist, sind von diesen Begriffen alle Zulässigkeitsvoraussetzungen unabhängig vom Erfordernis der Rüge erfasst, → § 282 Rn. 19. Die Reihenfolge der Prüfung ist unerheblich, → Vor § 253 Rn. 21 ff.

2 **II. Regelungszweck.** I gibt dem Gericht im Interesse der Prozesswirtschaftlichkeit eine Möglichkeit zur abschließenden Klärung von Zulässigkeitsfragen. Sie ist allerdings meist mit einem nicht unerheblichen Zeitaufwand verbunden und daher nur von Fall zu Fall sinnvoll. Nicht häufig ist ein Zwischenurteil nach § 280 sinnvoll. Falls ja, erscheint es aber auch vernünftigerweise meist als geradezu notwendig. Dieser Erfahrungssatz erleichtert die Entscheidung innerhalb des durch das Wort „kann" in I formell eingeräumten pflichtgemäßen Ermessens. Das Gericht muss einen Ablehnungsantrag nach § 42 vorweg erledigen, einen Verweisungsantrag nach § 281 nach der Zuständigkeitsprüfung. Man kann II entsprechend bei einer Zwischenentscheidung des Familiengerichts nach § 113 I 2 FamFG über die Zuständigkeit anwenden, Stgt FamRZ 1978, 443. Soweit das Gericht das Verfahren der abgesonderten Verhandlung aber nicht anwendet, sondern durch einen Beschluss nach § 329 entschieden hat, kommt die sofortige Beschwerde nach §§ 567 ff. und dann evtl. eine Zurückverweisung nach § 572 in Betracht, Zweibr FamRZ 1983, 618.

3 **III. Geltungsbereich.** → Vor § 253 Rn. 6. Die Vorschrift gilt in allen Verfahren nach der ZPO, auch im WEG-Verfahren, auch evtl. im FamFG-Verfahren, Oldb FamRZ 2013, 481; Stgt ZIP 2015, 681. Sie ist auch im arbeitsgerichtlichen Verfahren anwendbar, Lorenz BB 1077, 1002. Dabei kann zB der Große Senat des BAG vorab gesondert über die Zulässigkeit seiner Anrufung entscheiden, BAG NJW 1984, 1990. Wegen eines Patentstreits: BPatG GRUR 1986, 50. Wegen eines Zwischenstreits über andere Fragen als die Zulässigkeit der Klage: §§ 303, 304. Wegen eines Zwischenstreits mit einem Dritten §§ 71, 135 II, 387, 402. Das Gericht darf bei § 280 die Anspruchsgründe nicht eingrenzen, BGH VersR 1985, 45.

4 **IV. Abgesonderte Verhandlung, I.** Über alle Zulässigkeitsfragen kann das Gericht nach I, II jederzeit abgesondert verhandeln und entscheiden, BGH GRUR 2010, 2345. Das gilt unabhängig davon, ob das Gericht sie nur aufgrund einer Rüge prüft oder unabhängig davon, ob die Parteien sich darauf berufen, → Rn. 1; → Vor § 253 Rn. 14 f., 22 f. Nach § 349 II Nr. 2 ist auch der Vorsitzende der Kammer für Handelssachen befugt, BGH NJW-RR 2001, 930. §§ 282 III, 296 III verdeutlichen, wann sich die Partei auf die Unzulässigkeit der Klage berufen soll. Wegen des Vorrangs der Prüfung der Zulässigkeit vor der Prüfung der Begründetheit → Vor § 253 Rn. 17, ist die Prüfung des Gerichts ebenfalls vorrangig, ob eine abgesonderte Verhandlung stattfinden soll.

Jedoch kann eine Entscheidung nach § 280 auch noch später erfolgen, wenn sich zB die Zweckmäßigkeit des Zwischenverfahrens erst dann ergibt, BGH NJW-RR 1992, 1388. Das Gericht entscheidet nach einer etwa nach § 278 II notwendigen Güteverhandlung von Amts wegen nach seinem pflichtgemäßen Ermessen, Ffm MDR 1985, 149. Ein Parteiantrag lässt sich als eine bloße Anregung bewerten. Ein Anwaltszwang besteht wie sonst nach § 78.

Eine Entscheidung kann unter den Voraussetzungen nach § 128 II im schriftlichen Verfahren ergehen. § 280 ist nach § 525 auch noch in der Berufungsinstanz anwendbar, BAG DB 21001, 1044 (evtl. nach § 555 I sogar in der Revisionsinstanz). Lehnt das Gericht eine abgesonderte Verhandlung ab, muss der Bekl. sofort nach § 297 zur Sache verhandeln, BGH DB 1976, 1009. Sonst wäre er nach § 333 säumig. Verweigern darf der Bekl. nur bei §§ 110 I, 113 S. 2, 269 IV, 1032 I die Geltendmachung der Rüge. Die Anordnung abgesonderter Verhandlung ist auch zulässig, wenn nur einer von mehreren Klagegründen betroffen ist. Die Anordnung leitet einen Zwischenstreit ein. Das Versäumnisverfahren findet nur nach § 347 II statt. Es kann auch zum unechten Versäumnisurteil nach § 331 II Hs. 2 gegen den Kläger führen. 5

V. Entscheidungen und Rechtsmittel, I, II 1. 1. Anordnung abgesonderter Verhandlung, I. Die Entscheidung ergeht durch einen Beschluss. Das Gericht muss ihn verkünden oder nach § 329 II 1 formlos mitteilen. Bei einer gleichzeitigen Terminbestimmung nach § 216 muss es den Beschluss nach § 329 II 2 förmlich zustellen, abgesehen vom Verkündungsfall des § 218. Das Gericht darf den Beschluss nach §§ 319, 329 ändern. Es muss dabei § 139 beachten. 6

2. Entscheidungsmöglichkeiten. Auf Grund der abgesonderten Verhandlung sind verschiedene Entscheidungen möglich. Bei **Säumnis** einer Partei gilt § 347 II. Bei **Unzulässigkeit** der Klage oder der Widerklage, → Anh. § 253, erfolgt evtl. nach einem vergeblichen Hinweis nach § 139 grundsätzlich eine Abweisung durch ein Prozessurteil als Endurteil nach → Vor § 253 Rn. 14 ff., 45. Ist das Gericht örtlich, sachlich oder international nicht zuständig, hat es aufgrund eines eventuell hilfsweisen Verweisungsantrags nach §§ 281, 506 durch einen Beschluss zu verweisen, BAG BB 1976, 513; LG Ffm BauR 2011, 888; LG Trier NJW 1982, 286. Bei einer Rechtswegverweisung nach §§ 17–17b GVG ergeht nach § 17a II 3, IV 1 GVG ebenfalls ein Beschluss, BGH NJW 1991, 1686. 7

Bei **Zulässigkeit** der Klage oder der Widerklage, → Anh. § 253, ergeht nach einer abgesonderten mündlichen Verhandlung nach II 1 ein **Zwischenurteil,** BGH WM 2011, 2361; Düss GRUR 2007, 224; Zweibr NJW 1995, 538. Es kann zB lauten: *„Die Klage"* (oder: *„Der ordentliche Rechtsweg"*) *„ist zulässig",* BGH NJW 1988, 234 (Feststellungsurteil). Die Kostenentscheidung bleibt dem Endurteil vorbehalten. Der Streitwert richtet sich grundsätzlich nach der Hauptsache. 8

3. Rechtsmittel. Das **Zwischenurteil,** mit dem nach §§ 112, 113 die Zulässigkeit der Klage von einer Sicherheitsleistung durch den Kläger (§ 110) abhängig gemacht wird, ist nicht selbständig, sondern nur mit dem Endurteil anfechtbar, BGH NJW 1988, 1733; Ffm NJW 1995, 538; Zöller/Greger Rn. 8; Demharter MDR 1986, 186. Enthält das Zwischenurteil nicht nur eine Entscheidung zur Zulässigkeit, sondern eine Sachentscheidung, ist es als Endurteil anfechtbar, BGH NJW-RR 2006, 565. Ansonsten ist das Zwischenurteil nach II 1 wie ein Endurteil selbständig mit der Berufung oder Revision anfechtbar, und zwar unabhängig von der formellen Rechtskraft des Endurteils (Schlussurteil), BGH MDR 2011, 314; NJW 1979, 428; Karlsr JurBüro 2013, 157; Düss ZMR 2001, 182. Beim Rechtsmittelgericht fällt aber grundsätzlich nur der Zwischenstreit über die Zulässigkeit der Klage an, BGH NJW-RR 1986, 62. Die Anfechtbarkeit des Zwischenurteils setzt die Rechtsmittelfähigkeit des Endurteils voraus, so dass es in den Fällen der § 513 II und § 545 II (Unzuständigkeit) unanfechtbar ist, BGH NJW-RR 2001, 930; MDR 1998, 177; Schlesw FamRZ 1978, 429. Anfechtbar ist indessen ein Urteil, das die Rüge der internationalen Unzuständigkeit verwirft, das Gericht also für zuständig erklärt, BGH NJW 2003, 426; Saarbr NJW 1992, 987; Düss VersR 1975, 646. Bei Erfolglosigkeit des Rechtsmittels gilt § 97, wobei die Kostenentscheidung erst im Schlussurteil erfolgt. Hat das Gericht fälschlich einen „Nichtverweisungsbeschluss" anstelle eines Zwischenurteils gefällt, sind nach dem Meistbegünstigungsprinzip die sofortige Beschwerde nach §§ 567 ff. ebenso wie die Berufung nach §§ 511 ff. möglich, Gottwald FamRZ 1991, 1072. Wird kein Rechtsmittel gegen das Zwischenurteil eingelegt, wird es nach § 705 formell rechtskräftig und bindet die höhere Instanz, BGH MDR 2011, 314. Nicht bindend ist bei Immunität die Bejahung der deutschen Gerichtsbarkeit, BGH NJW 2009, 3164; Zöller/Greger Rn. 9. Bei Bindung ergreift die Anfechtung des Endurteils das Zwischenurteil und damit die Zulässigkeit der Klage nicht. Das Endurteil ist auflösend bedingt durch die Aufhebung des Zwischenurteils, → Rn. 12. 9

Das **Prozessurteil** auf Klageabweisung im Falle der Unzulässigkeit der Klage, ein Endurteil, ist grundsätzlich mit der Berufung und Revision angreifbar, wobei sich Ausnahmen bei der Unzuständigkeit des Gerichts ergeben; insoweit sind §§ 513 II, 545 II zu beachten. 10

VI. Fortgang des Verfahrens zur Hauptsache, II 2. 1. Anordnung der Verhandlung zur Hauptsache, (Begründetheit). Nach Rechtskraft des Zwischenurteils, mit dem die Zulässigkeit der Klage bejaht wurde, muss der Vorsitzende einen Verhandlungstermin zur Hauptsache von Amts wegen nach §§ 216, 272 III bestimmen, BGH NJW 1979, 2307. Das kann aber auch schon vorher geschehen, Ffm MDR 1985, 149. Die Anordnung der Verhandlung zur Hauptsache erfolgt vor der formellen Rechtskraft des Zwischenurteils nach II 2 nur auf einen Antrag. Die Entscheidung darüber steht im pflichtgemäßen Ermessen des Gerichts. Bei Anordnung der Verhandlung zur Hauptsache kann die Anhängigkeit des Prozesses in zwei Instanzen gleichzeitig begründet werden. Die sofortige Terminierung zur Begründetheit empfiehlt sich bei einer Gefahr im Verzug oder bei schlechten Aussichten eines Rechtsmittels, zB wegen §§ 513 II, 545 II, BGH NJW 1998, 1230. Sie ergeht durch einen Beschluss nach § 329, evtl. nebst einer Terminbestimmung nach § 216. 11

2. Verhältnis von Zwischenurteil zu Endurteil. Liegen ein Zwischenurteil über die Zulässigkeitsfrage und ein Endurteil zur Hauptsache nach §§ 300 ff. vor, ist das Endurteil auflösend bedingt durch eine Aufhebung des Zwischenurteils, ähnlich dem Urteil über den Betrag nach § 304, BGH NJW 2006. 3496 (zu § 304); NJW 1973, 467 (zu § 599); Thomas/Putzo/Seiler Rn. 10. Zur Unanfechtbarkeit eines Zwischenurteils nach §§ 112, 113 → Rn. 9. Hebt das höhere Gericht das Zwischenurteil auf und weist die Klage durch Prozessurteil ab, tritt bezüglich des Endurteils zur Begründetheit die auflösende Bedingung ohne weiteres und trotz etwa eingetretener formeller Rechtskraft nach § 705 ein und es entsteht eine Schadensersatzpflicht nach § 717 II. Ein Endurteil 12 hindert also die Anfechtung des Zwischenurteils nicht, → Rn. 9 (zur Anfechtung). Dasselbe Gericht kann das Endurteil förmlich aufheben, das höhere nicht, da bei diesem nur die durch Zwischenurteil getroffene Entscheidung über die Zulässigkeit anhängig ist. Die Aufhebung des Endurteils ist aber nicht notwendig und zwingend. Das Urteil ist nämlich hinfällig und ein Rechtsmittel mangels einer Beschwer unzulässig. Die Zwangsvollstreckung aus dem Endurteil ist schon vor der formellen Rechtskraft des die Zulässigkeit bejahenden Zwischenurteils nach § 705 zulässig. Dieselben Grundsätze gelten bei einer Säumnis des Bekl. in der Hauptsache nach §§ 331 ff. nach dem Erlass des Zwischenurteils.

13 **3. Rechtsmittel gegen Beschluss, II 2.** Zum Rechtsmittel gegen das Zwischenurteil → Rn. 9. Die positive Entscheidung nach II 2, dh die Anordnung der Verhandlung zur Hauptsache nebst Terminbestimmung, ist wegen des gerichtlichen Ermessens unanfechtbar, zumal eine dem § 252 vergleichbare Situation nicht besteht, Ffm MDR 1985, 149; Mü NJW 1974, 1514; Zöller/Greger Rn. 9. Bestritten ist, ob gegen die Ablehnung einer solchen Anordnung durch Beschluss entsprechend § 252 die sofortige Beschwerde nach § 567 I Nr. 1 zulässig ist, bejahend: Karlsr NJW 1971, 662; Musielak/Voit/Foerste Rn. 9; Thomas/Putzo/Seiler Rn. 9; Zöller/Greger Rn. 9; verneinend: MüKoZPO/Prütting Rn. 12; Prütting /Gehrlein/Geisler Rn. 12. Bei Ablehnung der Terminierung vor Rechtskraft des Zwischenurteils tritt vorübergehend wie in den Fällen des § 252 ein tatsächlicher Stillstand zur Begründetheit ein; jedoch gilt das nicht für die Zulässigkeit und damit nicht für alle Teile des Rechtsstreits. Darüber hinaus würde mit der Beschwerde keine Rechtskontrolle zu entscheidungserheblichen Punkten stattfinden, sondern lediglich eine Beeinflussung des Verfahrensablaufs in der unteren Instanz in zeitlicher Hinsicht. Deshalb schließen wir uns nun in Aufgabe unserer bisherigen Ansicht der Meinung an, dass § 252 nicht entsprechend anwendbar ist.

281

Verweisung bei Unzuständigkeit. **I [1]Ist auf Grund der Vorschriften über die örtliche oder sachliche Zuständigkeit der Gerichte die Unzuständigkeit des Gerichts auszusprechen, so hat das angegangene Gericht, sofern das zuständige Gericht bestimmt werden kann, auf Antrag des Klägers durch Beschluss sich für unzuständig zu erklären und den Rechtsstreit an das zuständige Gericht zu verweisen. [2]Sind mehrere Gerichte zuständig, so erfolgt die Verweisung an das vom Kläger gewählte Gericht.**

II [1]Anträge und Erklärungen zur Zuständigkeit des Gerichts können vor dem Urkundsbeamten der Geschäftsstelle abgegeben werden. [2]Der Beschluss ist unanfechtbar. [3]Der Rechtsstreit wird bei dem im Beschluss bezeichneten Gericht mit Eingang der Akten anhängig. [4]Der Beschluss ist für dieses Gericht bindend.

III [1]Die im Verfahren vor dem angegangenen Gericht erwachsenen Kosten werden als Teil der Kosten behandelt, die bei dem im Beschluss bezeichneten Gericht erwachsen. [2]Dem Kläger sind die entstandenen Mehrkosten auch dann aufzuerlegen, wenn er in der Hauptsache obsiegt.

Schrifttum: Rücker/Bell, Die teilweiser Unzuständigkeit des angerufenen Gerichts – Willkür und Bindung bei Gesamtverweisungsbeschlüssen, NJW 2021, 821.

Übersicht

1 **I. Systematik.** Die Vorschrift regelt dasjenige Verfahren, das vor einen objektiv örtlich und/oder sachlich unzuständigen Richter geraten ist, mit den Folgen zur Haupt- und Nebensache. §§ 36 ff., 295, 696 gelten ergänzend. Wegen der nachträglich eintretenden Unzuständigkeit des AG vgl. § 506.

2 **II. Regelungszweck.** Die Vorschrift dient dem Gebot des gesetzlichen Richters nach Art. 101 I 2 GG und damit der Rechtssicherheit. Sie dient auch der Prozesswirtschaftlichkeit, Saenger/Landhaus NJW 2014, 418. § 281 soll eine Verzögerung verhindern, BGH NJW 1998, 3648; AG Seligenstadt MDR 1982, 502. Die Vorschrift soll eine Verteuerung des Prozesses durch einen Streit um die anfängliche örtliche und/oder die sachliche Zuständigkeit vermeiden, BGH FamRZ 1988, 943; Ffm NJW 2001, 1583; Diederichsen ZZP 1991, 406. Wegen der funktionellen Unzuständigkeit → Rn. 4 (s. Stichwort). Wegen der Gefahr eines Verstoßes gegen Art. 101 I 2 GG ist die Vorschrift zwingend anwendbar.

3 **III. Geltungsbereich. 1. Allgemein.** → Vor § 253 Rn. 6. § 281 ist unmittelbar für das Urteilsverfahren nach §§ 253 ff. anwendbar, BGH FamRZ 1989, 847. Ihrem Grundgedanken nach gilt die Vorschrift aber weit darüber hinaus grundsätzlich in jedem anderen Verfahren nach der ZPO, BayObLG Rpfleger 1986, 98; Düss FamRZ 1986, 181; KG WuM 2006, 391; MüKoZPO/Prütting Rn. 6. Sie gilt auch im WEG-Verfahren, BGH NJW 1998, 3648; Mü OLGR 2008, 630, im Rechtsmittelverfahren nach §§ 511 ff., 542 ff., 567 ff., BGH NJW 1986, 2764; Hmb FamRZ 1983, 613, oder in der Zwangsvollstreckung nach §§ 704 ff. (Ausnahme: § 828 III).

Sie gilt aber nicht bei einer Abgabe innerhalb desselben Gerichtes (Abteilung/Kammer/Senat), → Rn. 4 „Funktionelle Zuständigkeit"; zu den weiteren Ausnahmen → Rn. 4 „Handelssache", → Rn. 4 „Rechtsmittelgericht". Die Vorschrift gilt nicht, soweit keine Verweisung an ein staatliches Gericht, sondern an andere Stellen erfolgen soll, wie zB an Behörden, Schlichtungsstellen und Schiedsgerichte, MüKoZPO/Prütting Rn. 11.

2. Beispiele zur Anwendbarkeit

Abschiebehaftsache: Unanwendbar ist II 3, Celle FGPrax 2007, 244. 4

Anerkenntnis: → „Teilanerkenntnisurteil".

Arbeitsgerichtssache: § 281 schafft keine rechtswegübergreifende Zuständigkeit, Ffm NJW-RR 1995, 319. Vielmehr gelten §§ 17, 17a GVG in Verbindung mit § 48 ArbGG, LAG Mü NZA-RR 2009, 218.

Arrest, einstweilige Verfügung: § 281 gilt im Verfahren auf einen Arrest oder eine einstweilige Verfügung nach §§ 916 ff., 935 ff., BGH FamRZ 1989, 847; BAG BB 1982, 313; Stgt NJW-RR 2018, 320. Das gilt allerdings nur, soweit sein Eilzweck nicht einer Verweisung entgegensteht, Teplitzky DRiZ 1982, 41. Auch → „Schriftliches Verfahren".

Aufgebotsverfahren: Es gilt § 3 FamFG.

Ausland: § 281 betrifft nicht die internationale Zuständigkeit, BGH NJW 2019, 2780 Rn. 14. Es erfolgt keine Verweisung an ein ausländisches Gericht, Düss WM 2000, 2192; Köln NJW 1988, 2183; LG Kassel NJW 1988, 652. Allerdings kann eine Verweisung nach § 281 auch bei einer Auslandsberührung möglich sein, BGH FamRZ 1984, 162. Wegen einer Verweisung aufgrund vorrangiger Zuständigkeit nach der Brüssel Ia-VO vgl. SchlAnh. V C 2.

Ausschließlicher Gerichtsstand: § 281 gilt auch bei § 40 II 1, 2, BGH NJW 1983, 285; AG Meldorf NJW-RR 2011, 142 (Hilfsaufrechnung).

Baulandsache: Von der Zivilkammer erfolgt an die Kammer für Baulandsachen eine formlose Abgabe durch eine prozessleitende Verfügung, Kissel NJW 1977, 1035; aM Oldb FamRZ 1978, 345; Müller DRiZ 1978, 15 (§ 281 sei entsprechend anwendbar. Aber es geht nur um die funktionelle Unzuständigkeit), → (s. Stichwort). § 281 gilt nicht entsprechend bei einer Anrufung des örtlich falschen OLG in der Berufungsinstanz, BGH FamRZ 1996, 1544, → „Rechtsmittelgericht".

Berufung: → „Rechtsmittelgericht"; → Rn. 6.

Beschwerdeverfahren: § 281 gilt im Beschwerdeverfahren nach → § 573 Rn. 5.

Eheverfahren: Es gilt § 3 FamFG. Vgl. auch § 123 FamFG.

Einstweilige Verfügung: → „Arrest, einstweilige Verfügung".

Erledigung der Hauptsache/Klagerücknahme: § 281 gilt nicht im Verfahren wegen der Kosten nach **§ 91a** (beidseitige Erledigung) und bei einer Klagerücknahme nach § 269, da mit den beidseitigen Erledigungserklärungen oder der Rücknahmeerklärung die Rechtshängigkeit entfallen ist; hier kommt nur eine Abgabe in Betracht, Ffm MDR 1981, 676.

Bei einer **einseitigen** Erledigungserklärung wird der Sachantrag auf Feststellung, dass der Rechtsstreit in der Hauptsache erledigt ist, umgestellt; er ist aber nur begründet, wenn die Klage, abgesehen von der Zuständigkeit, zulässig und begründet war und der Kläger zum Zeitpunkt des erledigenden Ereignisses, zB Zahlung, bereits einen zulässigen Verweisungsantrag nach § 281 gestellt hatte; wird die Verweisung nicht oder erst zu einem späteren Zeitpunkt beantragt, ist die Feststellungsklage wegen Unzulässigkeit der ursprünglichen Klage als unbegründet abzuweisen BGH NJW-RR 2020, 125; NJW 2019, 2544; → Rn. 13.

Europarecht: → „Ausland".

FamFG-Sache: §§ 153, 202, 233, 263 FamFG. Eine Verweisung erfolgt nach § 3 FamFG. Im Verhältnis zwischen freiwilliger Gerichtsbarkeit und ordentlicher streitiger Gerichtsbarkeit sind §§ 17–17b GVG anwendbar, Stgt FamRZ 2012, 1073.

Wie bei jeder bloß funktionellen Unzuständigkeit, → (s. Stichwort), erfolgt im Verhältnis zwischen Prozessgericht und FamG sowie umgekehrt grds. nur eine formlose Abgabe durch eine prozessleitende Verfügung (evtl. mit der Folge eines Verfahrens nach § 36 I Nr. 6, → § 36 Rn. 41), BGH NJW 1986, 2765; Kblz FamRZ 1999, 658; Mü FamRZ 2010, 2090 (§ 17a VI GVG, keine Umdeutung). In einer Haushaltssache gilt § 202 FamFG. § 281 kann notfalls hilfsweise entsprechend gelten,

§ 281 gilt ferner nicht im Verhältnis zwischen einem erstinstanzlichen FamG und einem Familiensenat des OLG, BayObLG FamRZ 1979, 940, oder im Verhältnis zwischen dem Vollstreckungsgericht und dem FamG, LG Mainz NJW 1978, 172.

Auch → „Rechtsmittelgericht".

Finanzgerichtssache: § 281 gilt, § 155 FGO.

Freiwillige Gerichtsbarkeit: → „FamFG-Sache".

Funktionelle Unzuständigkeit: § 281 gilt grundsätzlich nicht bei einer funktionellen Unzuständigkeit, BGH NJW 2021, 2121 Rn. 11; 2010, 1819 (auch zu einer Ausnahme); NJW-RR 1993, 1282; KG GRUR-RS 2021, 4895 = NJW-RR 2021, 644; MDR 2019, 634; Ros BauR 2014, 1361; Brdb NJW-RR 2001, 645; LG Hechingen NJW-RR 2003, 769. Das ist so zB im Verhältnis der Abteilungen, Kammern oder Senate desselben Gerichts untereinander, KG GRUR-RS 2021, 4895 (keine bindende Verweisung einer Zivilkammer an die nach § 72a 1 Nr. 5 GVG zuständige Pressekammer); Bbg FamRZ 1990, 180, auch bei § 1062; Brdb NJW-RR 2001, 645; → „Schiedsrichterliches Verfahren". Vielmehr erfolgt dann erstinstanzlich eine formlose Abgabe nach der Geschäftsverteilung durch eine prozessleitende Verfügung, BGH NJW 1978, 1531; Mü MDR 2007, 1338; → „Rechtsmittelgericht". Bei kartellrechtlichen und urheberrechtliche Streitigkeiten soll teilweise eine Ausnahme von der Nichtanwendbarkeit des § 281 gemacht werden, Hamm NJW 2016, 172. Das ist durch den Wortlaut nicht gerechtfertigt, so auch MüKoZPO/Prütting Rn. 25. Im Einzelfall ist evtl. § 36 I Nr. 6 anwendbar. Auch → „FamFG-Sache", → „Handelssache".

Gerichtsstandbestimmung: § 281 gilt auch bei § 36, BayObLG NJW 2003, 366 (abl. Vossler NJW 2003, 1164); vgl. auch BayObLG 2003, 217.

Gerichtsstandvereinbarung: Vgl. zunächst §§ 38 ff., ferner → § 261 Rn. 22. Sie erlaubt eine entsprechende Verweisung, BGH NJW-RR 2008, 1309.

Gesetzlicher Richter: Die Anwendung oder Nichtanwendung von § 281 darf nicht dazu führen, dass ein Gericht jemanden seinem gesetzlichen Richter nach Art. 101 I 2 GG entzieht.

(4) **Handelssache:** In einer Handelssache muss das AG auf Klägerantrag verweisen. Eine Verweisung erfolgt grds. nicht von Amts wegen (nur Amtsprüfung nach → Vor § 128 Rn. 40). Die Verweisung geschieht an die Kammer für Handelssachen nach §§ 95, 96 II GVG. Bei einer Zivilkammer beim LG, erfolgt an die Kammer für Handelssachen nicht eine Verweisung nach § 281, sondern nach → § 36 Rn. 36 ff. eine formlose Abgabe nach §§ 97 ff. GVG, § 696 I 4, BGH NJW 1975, 453 (bindende Verweisung von der Zivilkammer an die KfH). Die ordentliche Berufungskammer kann nicht mehr an die Kammer für Handelssachen verweisen, Schneider NJW 1997, 992.

Haupt- und Hilfsantrag: § 281 gilt, soweit nur der Hilfsantrag, nicht aber der Hauptantrag zur Zuständigkeit des angerufenen Gerichts gehört. BGH NJW 1980, 192; → § 260 Rn. 9 (zum Haupt- und Hilfsantrag)

Insolvenzverfahren: § 281 gilt nach § 4 InsO, Hamm ZIP 2013, 1144. Das gilt nach II 2 auch ohne eine dortige mündliche Verhandlung, Celle Rpfleger 2004, 240; Kblz Rpfleger 1989, 251; AG Gött ZIP 2010, 640.

Internationale Unzuständigkeit: § 281 gilt grundsätzlich nicht, BGH NJW 2019, 2780 Rn. 14. Zur Verweisung an ein ausländisches Gericht → „Ausland".

Kartellsache: § 281 kann in einer Kartellsache gelten, Köln GRUR-RR 2013, 38, auch bei einer Verweisung vom allgemeinen Berufungsgericht zum besonderen, BGH NJW 1978, 2096; Hamm WettbR 2000, 198; Köln WettbR 2000, 224; vgl. auch → Rn. 6.

Klageänderung, -erweiterung: § 281 gilt auch dann, wenn das Gericht erst infolge einer Änderung oder Erweiterung der Klage nach §§ 263, 264 unzuständig geworden ist.

Klagerücknahme nach § 269: → „Erledigung",

Landwirtschaftssache: Die Frage, ob das Landwirtschaftsgericht oder ein allgemeines Prozessgericht zuständig ist, betrifft die sachliche Zuständigkeit; § 281 gilt nicht bei einer Verweisung an ein LwG; insoweit handelt es sich um eine Abgabe auch ohne Antrag nach § 12 II LWVG, BGH NJW 1991, 3280. Wegen der Verweisung von einem LwG an ein anderes Gericht → Anh. § 281.

Mahnverfahren: § 281 gilt auch hier, → § 696 Rn. 41 f.; BGH Rpfleger 1978, 201; BAG NJW 1982, 2792. Eine Verweisung findet auch aufgrund einer ordnungsgemäßen Vereinbarung eines Gerichtsstands statt, BayObLG MDR 1995, 312.

Mehrheit von Anspruchsgrundlagen: § 281 erfasst den gesamten Rechtsstreit. Eine Teilverweisung ist nur möglich bei abtrennbaren Teilen nach § 145, dh bei mehreren Streitgegenständen, Hamm NJW-RR 2019, 408 Rn. 14; Musielak/Voit/Foerste Rn. 7; → § 253 Rn. 26 (zum Streitgegenstand). Daher gilt § 281 grundsätzlich nicht, soweit bei einer mehrfachen rechtlich und tatsächlich selbständigen Begründung eines einheitlichen prozessualen Anspruchs nur für eine Anspruchsgrundlage der ordentliche Rechtsweg oder/und die sachliche oder die örtliche Zuständigkeit besteht. Falls diese Anspruchsgrundlage nicht ausreicht, muss es also die Klage abweisen. und in den Gründen die Unzuständigkeit für die übrigen Anspruchsgrundlagen aussprechen, BGH NJW 1964, 45 (sachliche Zuständigkeit); BGH VersR 1980, 846; Ffm MDR 1982, 1023 (je: örtliche Zuständigkeit); Zöller/Greger Rn. 8; aM LG Köln NJW 1978, 329 (Sachzusammenhang, mit Recht krit. Flieger NJW 1979, 2603); Stein/Jonas/Thole Rn. 13 (Teilverweisung). Eine Teilverweisung ist unstatthaft, da eine solche über einzelne Anspruchsgrundlagen eines einheitlichen prozessualen Anspruchs unzulässig ist, Ffm MDR 1982, 1023. Als Beispiel wird in diesem Zusammenhang **§ 32** zitiert, zu dem die Auffassung vertreten wird, dass sich die örtliche Zuständigkeit nach dieser Norm nur für deliktische Ansprüche ergibt, so: Hamm NJW-RR 2000, 727; MüKoZPO/Patzina § 32 Rn. 19 (der allerdings § 281 anwenden will); aA unter Berufung auf den Sachzusammenhang: Thomas/Putzo/Hüßtege § 322 Rn. 6; Zöller/Schultzky § 32 Rn. 20; vgl. auch Musielak/Voit/Heinrich § 32 Rn. 10 f, (Fn. 48 mN) (zum Meinungsstand). Der BGH hat sich der zweiten Meinung unter Berufung auf § 17 II GVG angeschlossen und dieser Meinung folgen wir, BGH NJW 2003, 828; so auch: Brdbg BeckRS 2013, 04176; Stuttg NJOZ 2008, 2290; KG NJW 2006, 2336; Anders/Gehle Assessorexamen ZivilR J Rn. 15; vgl. auch BGH NJW-RR 2005, 581 (anders zur internationalen Zuständigkeit nach Art. 5 Nr. 3 EuGVÜ). Deshalb kann das nach § 32 zuständige Gericht auch über nicht deliktische Ansprüche entscheiden, so dass insoweit kein Anwendungsfall von § 281 gegeben ist. Anderes gilt beim → „Haupt- und Hilfsantrag", bei denen zwei prozessuale Ansprüche, dh zwei Streitgegenstände, bestehen. Zum Haupt- und Hilfsvorbringen → § 138 Rn. 17; → § 282 Rn. 12 „Hilfsbegründung".

Mindestbedarf: § 281 gilt auch im Verfahren auf eine Änderung des Mindestunterhalts nach § 255 II 1 FamFG.

Nichtvermögensrechtlicher Streit: § 281 gilt auch bei einem solchen Streit.

Patentsache: Anh. I § 78b GVG; BGHZ 72, 6 (zust. von Falck GRUR 1978, 529. § 281 gilt bei Verweisung an das nach § 143 I, II PatG zuständige LG, BGH NJW 1978, 2245; Thomas/Putzo/Seiler Rn. 1.

Prozesskostenhilfeverfahren: § 281 gilt im Verfahren nach §§ 114 ff., BGH FER 1997, 40; Hamm FamRZ 2016, 1293; Köln ZMR 2011, 226; aM OVG Münst NJW 1993, 2766 (keine isolierte Verweisung; aber eine Verweisung ist grds. in allen Verfahrensarten denkbar). Dabei besteht eine Bindung an den Verweisungsbeschluss für das Prozesskostenhilfeverfahren, BGH NJW-RR 1994, 706; Brschw NJW 2010, 452; KG WuM 2006, 391. Sie besteht aber nicht auch für die Klage nach § 253, BGH NJW-RR 2004, 1437; NJW 2001, 3633; BAG NJW 1993, 751, erst recht nicht für eine erst beabsichtigte Klage, BGH FER 1997, 40 (Vorlage); Hamm NJW-RR 2000, 67; KG WuM 2006, 391; aM BAG MDR 1982, 172; Düss Rpfleger 1979, 431

Rechtsmittelgericht: Ein Verweisungsantrag kann auch in der Rechtsmittelinstanz gestellt werden, → Rn. 6. § 281 gilt grundsätzlich nicht im Verhältnis zwischen zwei Rechtsmittelgerichten, BGH FamRZ 2001, 618; NJW 1986, 2764; Hamm FamRZ 1997, 502; Bergerfurth FamRZ 1987, 1008; → Rn. 6 (zu den Ausnahmen). Werden **mehrere** Rechtsmittel bei verschiedenen Gerichten in derselben Sache angerufen und hält sich ein Gericht nicht für zuständig, hat es die Sache an das aus seiner Sicht zuständige Gericht abzugeben; eine Bindungswirkung tritt nicht ein, weil die funktionelle Zuständigkeit, → „Funktionelle Unzuständigkeit", betroffen ist; in jedem Fall ist einheitlich über die mehreren Rechtsmittel in derselben Sache zu entscheiden, notfalls nach eine Zuständigkeitsbestimmung bei einem Kompetenzkonflikt nach § 36 I Nr. 5 oder 6, BGH NJW 2021, 2121 Rn. 11. Die Vorschrift gilt auch dann nicht, wenn der Kläger zB statt des OLG das LG hätte anrufen müssen, BGH VersR 1996, 1391. § 513 II ist zu beachten, BGH NJW-RR 2005, 501. Auch → „Handelssache".

Rechtswegverweisung: Es gelten §§ 17a, b GVG, für die Arbeitsgerichtsbarkeit iVm § 48 ArbGG.

Scheidung: Es gilt § 3 FamFG.

Schiedsrichterliches Verfahren: § 281 gilt im Verfahren auf die Vollstreckbarerklärung eines Schiedsspruchs nach §§ 1060, 1061. § 281 gilt nicht zwischen dem Gericht und dem Schiedsgericht, → Rn. 3, und nicht, soweit an einen Senat innerhalb der OLG abgegeben werden soll, der nach § 1062 zuständig ist, Brdb NJW-RR 2001, 645; → „Funktionelle Zuständigkeit".
Schriftliches Verfahren: § 281 gilt im Verfahren ohne eine mündliche Verhandlung nach §§ 128 II, 495a S. 1.
Selbständiges Beweisverfahren: § 281 gilt in diesem Verfahren, BGH NJW-RR 2010, 891.
Sozialgerichtssache: §§ 17, 17a GVG, § 52 SGG.
Stufenklage: § 281 gilt auch bei § 254, AG Ludwigslust JurBüro 2013, 275.
Teilanerkenntnisurteil: § 281 gilt nach einem Teilanerkenntnisurteil, BGH NJW-RR 1992, 1091.
Versäumnisurteil: § 281 gilt nach einem Versäumnisurteil nach § 342, BGH NJW-RR 1992, 1091.
Widerklage: § 281 gilt auch gegenüber einer nach → Anh. § 253 Rn. 5 grds. unzulässigen Widerklage eines Dritten, Hmb NJW-RR 2004, 62.
Wiederaufnahmeverfahren: § 281 gilt im Verfahren nach §§ 578 ff., BayObLG WuM 1991, 134.
Zurückverweisung: § 281 ist auf einen solchen Antrag zB nach § 538 II 1 Nr. 1 anwendbar, Karls FamRZ 2005, 380.
Zuständigkeitsbestimmung: § 281 gilt auch bei § 36, BGH NJW 1978, 1163; BayObLG NJW-RR 2000, 589; Mü NJW 2007, 164:
Zwangsvollstreckung: § 281 gilt im Zwangsvollstreckungsverfahren nach §§ 704 ff., BayObLG Rpfleger 1986, 98.

IV. Voraussetzungen einer Verweisung, I, II 1. 1. Unzuständigkeit des zunächst angerufenen Gerichts. Erste Voraussetzung einer Verweisung ist, dass das zunächst angerufene Gericht nicht zuständig ist, dh dass entweder die örtliche oder sachliche Zuständigkeit fehlt, BGH MDR 2013, 480; Stgt NJW-RR 2010, 792; Mü MDR 2007, 1279. Ist der beschrittene Rechtsweg unzulässig, greifen §§ 17–17b GVG ein. Für die internationale Zuständigkeit gilt § 281 nicht, → Rn. 4 „Internationale Unzuständigkeit". Dasselbe gilt für die funktionelle Zuständigkeit, → Rn. 4 „Funktionelle Unzuständigkeit". Übereinstimmende Verweisungsanträge trotz objektiver Zuständigkeit sind unbeachtlich, Thum JurBüro 2016, 286. Eine rügelose Einlassung des Bekl. kann eine bisherige Unzuständigkeit schon wegen der Parteiherrschaft im gesetzlich zugelassenen Umfang nach §§ 39, 295 heilen, → Vor § 128 Rn. 20 ff. (zur Parteiherrschaft). Durch einen wirksamen Verzicht auf die Rüge der örtlichen Zuständigkeit wird das zunächst unzuständige Gericht örtlich zuständig, wenn die formellen und materiellen Voraussetzungen für eine wirksame Gerichtsstandvereinbarung vorliegen; ein solcher Verzicht ist vor der mündlichen Verhandlung zulässig, BayObLG NJW-RR 2021, 1000 Rn. 23 = BeckRS 2021, 14335. **Angerufenes Gericht** bedeutet, dass der Rechtsstreit dort nach §§ 253 I, 261 I rechtshängig geworden und damit ein Prozessrechtsverhältnis zwischen den Parteien und dem Gericht entstanden ist, → Rn. 11; → Vor § 128 Rn. 4 ff. (zum Prozessrechtsverhältnis); → § 253 Rn. 10 und → § 261 Rn. 4 (je zur Rechtshängigkeit). Zur Frage der Teilunzuständigkeit → Rn. 4 „Mehrheit von Anspruchsgrundlagen". 5

Das verweisende Gericht kann nach § 525 auch ein **Berufungsgericht** oder nach § 555 I die Revisionsinstanz sein, wenn der Verweisungsantrag erstmals in der Berufung bzw. im Rahmen der Rechtsbeschwerde gegen ein die Klage abweisendes Prozessurteil gestellt wird; dann kann unter Aufhebung des Urteils der Rechtsstreit an das zuständige Gericht erster Instanz verwiesen werden, BGH NJW-RR 2017, 525 Rn. 16; NZM 2010, 166; Köln OLGZ 1989, 87. In Ausnahmefällen kann die Berufungsfrist durch die Anrufung des funktionell unzuständigen Berufungsgericht gewahrt und der Rechtsstreit entsprechend § 281 auf Antrag an das zuständige Berufungsgericht verwiesen werden, so, wenn höchstrichterlich noch nicht geklärt ist, ob eine WEG-Sache nach § 43 Nr. 1–4, 6 WEG aF (jetzt § 43 II WEG) vorliegt und dann das **Konzentrationsgericht** nach § 72 I GVG zuständig ist; in solchen Fällen muss das angerufene Gericht auch ausnahmsweise einen Hinweis zu § 281 erteilen, BGH NJW-RR 2017, 525 Rn. 15 = NZM 2017, 262; NJW 2014, 1879 Rn. 15; → § 139 Rn. 64 „Verweisungsantrag". Hat das erstinstanzliche Gericht in einer WEG-Sache eine unzutreffende RMB in Bezug auf das zuständige Berufungsgericht erteilt, liegt aber ein solcher Ausnahmefall nicht vor; vielmehr muss dann erneut Berufung, verbunden mit einem Antrag nach § 233 auf Wiedereinsetzung in den vorigen Stand, eingelegt werden, BGH NJW-RR 2021, 140 Rn. 5 ff. Zu mehreren Rechtsmitteln bei verschiedenen Gerichten: → Rn. 4 „Rechtsmittelgericht". Verweisen kann nach § 555 I auch das **Revisionsgericht,** BAG BB 1975, 1209. Dabei ist das die Zuständigkeit bejahende oder wegen Unzuständigkeit abweisende Urteil der Vorinstanz durch ein Urteil aufhebbar, also nicht durch einen Beschluss, KG BB 1983, 214; Köln OLGZ 1989, 86. Dieses aufhebende Urteil ist entsprechend § 281 II unanfechtbar. So kann zB nach erstinstanzlichem Prozessurteil, → Vor § 253 Rn. 45, unter dessen Aufhebung grundsätzlich eine Verweisung an das erstinstanzlich zuständige Gericht erfolgen, Köln OLGZ 1989, 87. Unzulässig wäre es aber, dass das LG als Berufungsgericht nach einer Erweiterung der amtsgerichtlichen Klage nach §§ 263, 264, 533 nunmehr durch eine Verweisung an eine andere Kammer des LG diese wegen des über die amtsgerichtliche Zuständigkeit hinausgehenden Streitwerts als erste Instanz zuständig macht. 6

2. Bestimmbarkeit des zuständigen Gerichts. Weitere Voraussetzung einer Verweisung ist, dass das Gericht ein inländisches Gericht als örtlich und sachlich zuständig bestimmen kann, dh das verweisende Gericht muss das Gericht, an das verwiesen wird, für örtlich und sachlich zuständig halten, BayObLG NJW-RR 2000, 1311; Stgt NJW-RR 2010, 792; Köln OLGR 2004, 257. Dabei muss es den Tatsachenvortrag des Klägers zugrunde legen, soweit er für die Bestimmung der Zuständigkeit genügt. Bestreitet der Gegner die eine Verweisung begründenden Tatsachen, ist von der Beweisbedürftigkeit auszugehen und gegebenenfalls Beweis nach §§ 355 ff. zu erheben; die Beweislast trägt der Kläger, → Vor § 253 Rn. 14. Sind **mehrere** Gerichte zuständig, gehört es nach I 2 zum Antrag des Klägers, dass er sein Wahlrecht ausübt; er darf es nicht dem verweisenden Gericht überlassen; dasselbe gilt für das verweisende Gericht im Verhältnis zu dem Gericht, an das verwiesen wird, BayObLG 1993, 172; Ffm NJW 2001, 3792; → § 35 Rn. 4 f. Die Bezeichnung der Abteilung, Kammer oder des Senats desjenigen Gerichts, an das verwiesen wird, ist nicht erforderlich, Hamm FamRZ 1979, 1035. Das gilt nur innerhalb derselben Funktion dieses Gerichts. Wegen der Verweisung an die Kammer für Handelssachen eines anderen LG → GVG § 96 Rn. 3, 5. 7

3. Antrag des Klägers. Erforderlich ist ferner grundsätzlich ein Antrag des Klägers auf Verweisung an das zuständige Gericht; dieser kann auch **vor dem Sachantrag** und ohne ihn gestellt werden, und zwar selbst dann, wenn der Bekl. erklärt hat, in der mündlichen Verhandlung die Unzuständigkeit nicht zu rügen, ohne den 8

Verzicht aber sofort zu erklären, BGH MDR 2013, 481 Rn. 8; → § 137 Rn. 15. Bei Zuständigkeit mehrerer Gerichte muss der Kläger auch sein Wahlrecht ausüben, → Rn. 7. Eine Wiederholung des Verweisungsantrags ist nach der Rücknahme eines früheren statthaft. Das Antragserfordernis gilt auch in höherer Instanz, Stgt FamRZ 2013, 560, wobei für die Revision § 545 II zu beachten ist. Es gibt Ausnahmen nach §§ 696 I, 698, 700 III sowie §§ 153, 233, 263 FamFG, § 17a II GVG.

9 Für den Antrag besteht kein Anwaltszwang gemäß § 78 III, da der Kläger diesen nach II 1 auch vor dem Urkundsbeamten der Geschäftsstelle abgeben kann, und zwar nach § 129a bei jedem Amtsgericht. Etwas anderes gilt nur, wenn der Antrag in der mündlichen Verhandlung beim LG erklärt wird. Die Verweisung kann auch **hilfsweise** für den Fall erklärt werden, dass das Gericht seine Unzuständigkeit annimmt, BGH NJW-RR 2017, 525 Rn. 16 = NZM 2017, 262; NJW-RR 2012, 503 Rn. 14; NJW 2002, 3634; Stgt NJW-RR 2010, 792; → Vor § 128 Rn. 63 „Hilfsantrag", „Zuständigkeitsfrage"; → § 260 Rn. 9 (allgemein zum Haupt- und Hilfsantrag). Grundsätzlich hat das Gericht wegen des Neutralitätsgrundsatzes nicht nach § 139 auf einen Verweisungsantrag hinzuwirken; Ausnahmen können sich bei einem landesgesetzlich bestimmten Konzentrationsgericht ergeben, wenn Unklarheiten bestehen, ob dieses zuständig ist, → Rn. 6; → § 139 Rn. 64 „Verweisungsantrag"; → § 139 Rn. 17 (Neutralitätspflicht).

10 Ein „Antrag" des Bekl. ist als solcher für § 281 nicht wirksam, sondern kann nur als Anregung gewertet werden. Etwas anderes gilt in den Fällen §§ 506, 696 ZPO, §§ 97 ff. GVG sowie bei einer sog. Meistbegünstigung. Der Kläger kann einen Verweisungsantrag auch nach einem Teilanerkenntnisurteil nach § 307 stellen, BGH NJW-RR 1992, 1091. Ein **Teilverweisungsantrag** ist für einen nach § 145 abtrennbaren Teil statthaft, Mü MDR 1996, 642, nicht aber nur wegen einzelner materiell-rechtlicher Anspruchsgrundlagen, BGH NJW 2013, 145; Ffm NJW-RR 1996, 1341; → Rn. 4 „Mehrheit von Anspruchsgrundlagen".

11 **4. Rechtshängigkeit.** Der Prozess muss bei dem verweisenden Gericht schon und noch nach §§ 253 I, 261 I, rechtshängig sein, BGH NJW-RR 1997, 1161; BayObLG NJW-RR 2000, 1311; Drsd FamRZ 2010, 480; Ffm NJW-RR 2008, 634. Die Klage darf also abgesehen vom Eilverfahren nach → § 920 Rn. 8 nicht nur eingereicht, dh anhängig sein, sondern sie muss auch nach §§ 166 ff., 271 zugestellt worden sein, BGH NJW-RR 1997, 1161; NJW 1980, 1281; BayObLG NJW-RR 2020, 1260; Drsd FamRZ 2010, 480; Ffm NJW-RR 2008, 634; Mü MDR 2007, 1279; Karlsr NZM 2003, 576; Düss Rpfleger 1978, 62; → § 253 Rn. 10; → § 261 Rn. 4 (je zur Rechtshängigkeit). Ohne Rechtshängigkeit ist keine förmliche Verweisung nach § 281 möglich. Bei bloßer Anhängigkeit, → § 261 Rn. 4, findet nur eine formlose Abgabe ohne eine vorherige Anhörung eines Gegners und ohne eine Bindungswirkung statt, BGH NJW 1983, 1062; BayObLG 2020, 1260; Drsd FamRZ 2010, 480 (Umdeutung eines „Verweisungs"-Beschlusses); Saenger/Landhaus NJW 2014, 418. Ab dem **Ende** der Rechtshängigkeit ist keine Verweisung mehr statthaft, Schlesw ZIP 2016, 231, auch nicht zB wegen einer noch nach § 91a (beidseitige Erledigung) oder nach § 269 III (Klagerücknahme) nötigen Kostenentscheidung, Köln, JurBüro 1999, 366; Mü OLGZ 1996, 69; Ffm MDR 1981, 676; → Rn. 14; → Rn. 4 „Erledigung der Hauptsache". Es ist ratsam, eine bloße Abgabe klar als solche zu bezeichnen und knapp zu begründen.

12 **V. Entscheidungsmöglichkeiten. 1. Fehlen eines Antrages.** Wird bis zum Schluss der mündlichen Verhandlung der erforderliche Antrag nach der Vorschrift nicht gestellt, muss das Gericht die Klage durch **Prozessurteil** abweisen, Stgt NJW-RR 2010, 792. Es ist evtl. ein vorheriger Hinweis nach § 139 nötig und dem Bekl. ist die Möglichkeit einer Anhörung zu geben, BVerfG NJW 1983, 2367; → Rn. 16. Bei einer Verweisung ohne Antrag liegt evtl. eine Willkürentscheidung vor, BayObLG MDR 2002, 661; Karlsr NJW-RR 2002, 1168; Mü MDR 2007, 1279.

13 **2. Besonderheiten bei der Erledigungserklärung durch den Kläger.** Bestritten ist, ob die Klage bei einer **einseitigen** Erledigungserklärung des Klägers als unbegründet abgewiesen werden muss, wenn dieser sie beim unzuständigen Gericht erhoben hat, diese im Übrigen zulässig und begründet war, jedoch das erledigende Ereignis eintrat, als noch kein Verweisungsantrag gestellt worden war. Bei einer einseitigen Erledigungserklärung des Klägers wird der Sachantrag umgestellt auf Feststellung, dass der Rechtsstreit in der Hauptsache erledigt ist; einer solcher Antrag hat Erfolg, wenn die Klage mit dem ursprünglichen Antrag zulässig und begründet war und durch ein erledigendes Ereignis nach Rechtshängigkeit unzulässig oder unbegründet geworden ist, → § 91a Rn. 213; → Rn. 4 „Erledigung der Hauptsache". Bei Anrufung des unzuständigen Gerichts ist die Klage von Anfang an unzulässig, der Mangel kann aber durch eine Verweisung nach § 281 geheilt werden. Unter Berücksichtigung dieses Gesichtspunktes war zwischen den Senaten des BGH streitig, ob für eine positive Entscheidung des Feststellungsantrages bei einer einseitigen Erledigungserklärung vor dem erledigenden Ereignis ein Verweisungsantrag gestellt sein musste oder ob der Gesichtspunkt der Unzuständigkeit des angerufenen Gerichts wegen § 281 auch ohne Verweisungsantrag keine Rolle spielt. Der XII. Zivilsenat des BGH hat für die positive Entscheidung des Feststellungsantrages einen Verweisungsantrag für erforderlich gehalten, FamRZ 2017, 1699, und ist bei seiner Meinung auf Anfrage des III. Zivilsenates des BGH nach § 132 III GVG geblieben, BGH NJW 2019, 2544 (zust. Schäfer). Nunmehr hat sich der III. Zivilsenat der Meinung des XII. Zivilsenates angeschlossen und vertritt ebenfalls die Ansicht, dass der Feststellungsantrag als unbegründet abgewiesen werden muss, wenn kein Verweisungsantrag vor dem erledigenden Ereignis gestellt wurde, BGH NJW-RR 2020, 125; kritisch: Hofmann NJW 2020, 1117. Wir folgen der Auffassung des XII. Zivilsenates und der neuen des III. Zivilsenates, der seinen Standpunkt im Beschluss vom 28.2.2019, BeckRS 2019, 3689, „modifiziert" hat. Schon in der Vorauflage haben wir die Meinung des XII. Zivilsenates für beachtenswert gehalten; nur wenn bei einer einseitigen Erledigungserklärung die Klage vor Eintritt des erledigenden Ereignisses zulässig und begründet ist, kann dem Feststellungsantrag stattgegeben werden; die Klage ist aber bei Fehlen der Zuständigkeit unzulässig und eine Privilegierung des Zuständigkeitsmangels vor anderen Zulässigkeits- oder Begründetheitsmängeln ist nicht gerechtfertigt, solange kein Verweisungsantrag gestellt und damit der im Gesetz vorgesehen Heilungsvorgang nicht eingeleitet wurde; die Rechtzeitigkeit der Antragstellung fällt in den Verantwortungsbereich des Klägers; da dieser bei Stellen eines Verweisungsantrages alles Erforderliche getan und keinen Einfluss darauf hat, wann das Gericht über seinen Antrag entscheidet, reicht auch nach unserer Auffassung aber aus, dass der Antrag nach I 1 vor dem erledigenden Ereignis gestellt wurde, → § 91a Rn. 221; → Rn. 4 „Erledigung der Hauptsache".

14 Bei **beidseitigen** Erledigungserklärungen nach § 91a vertritt der BGH, GRUR 2010, 1037, eine klägerfreundlichere Handhabung: Bei der Kostenentscheidung sei zu berücksichtigen, dass der Kläger bei einem Hinweis des Gerichts auf seine Unzuständigkeit einen Verweisungsantrag gestellt hätte. Weil es im Rahmen des

§ 91a um die Billigkeit geht, bei der neben den Erfolgsaussichten der Klage auch andere Kriterien als die Zulässigkeit und Begründetheit des ursprünglichen Antrages eine Rolle spielen können, folgen wir für § 91a der Meinung des BGH, so dass in den Fällen, in denen die Klage, abgesehen von der Zuständigkeit, zulässig und begründet war, wegen des Rechtsgedanken des § 281 grundsätzlich der Bekl. nach § 91a die Kosten des Rechtsstreits zu tragen hat, vgl. Hofmann NJW 2020, 1117.

3. Verweisung. a) Allgemeines. Zuständig für die Verweisungsentscheidung ist das gesamte Gericht (Kollegium), der Einzelrichter nach §§ 348, 348a, 526, 527, 568, der Vorsitzende der Kammer für Handelssachen nach § 349 II Nr. 1. Die Entscheidung über den Verweisungsantrag kann wegen der in I 1, II 3, 4 vorgeschriebenen Beschlussform des § 329 grundsätzlich nach § 128 IV ohne eine mündliche Verhandlung erfolgen, Karlsr JurBüro 2005, 596. Eine mündliche Verhandlung steht dem Gericht also frei. Das Erstgericht entscheidet nach pflichtgemäßem Ermessen, ob es eine mündliche Verhandlung zur Zuständigkeitsfrage anordnet oder diese Anordnung wieder aufhebt. Ein diesbezüglicher „Antrag" bindet es nicht. Das Gericht muss die Schwierigkeit der Sach- und Rechtslage zur Zuständigkeitsfrage abwägen. Es muss ferner die Entfernung der Parteien vom Gerichtsort und nur in diesem Rahmen auch die Kosten eines etwa notwendigen oder gar zusätzlich erforderlichen Anwalts zur Wahrnehmung dieser Verhandlung mitbedenken. 15

b) Rechtliches Gehör. → Rn. 32 (zum Wegfall der Bindungswirkung). Unabhängig davon, ob eine mündliche Verhandlung über die Verweisung stattfindet, muss das Gericht dem Bekl. rechtliches Gehör nach Art. 103 GG zur beabsichtigten Verweisung gewähren und dabei notfalls eine angemessene Frist zur Stellungnahme einräumen, BVerfG NJW 1982, 2367; BGH FER 1997, 115; Hamm MDR 2012, 307; Zöller/Greger Rn. 11; → Vor § 128 Rn. 42 ff. Es muss dem Antragsgegner selbst in einer klarliegenden Sache eine Gelegenheit zu einer schriftlichen Äußerung geben. Das gilt natürlich nicht, soweit sogar die Hauptentscheidung zur Sache etwa im Eilverfahren ohne eine vorherige Anhörung zulässig und notwendig wäre. Eine rügelose Einlassung des Bekl. ändert nichts an der Verweisungsmöglichkeit, Nürnb OLGR 2007, 1481. 16

c) Verweisung durch Erstgericht. Die Verweisung geschieht nach I 1 grundsätzlich durch einen Beschluss nach § 329, Karlsr JurBüro 2005, 516. Das Gericht verkündet ihn oder teilt ihn bei einer Entscheidung ohne eine mündliche Verhandlung nach §§ 128 II, 495a S. 1 grundsätzlich nach § 329 II 1 beiden Parteien formlos mit, BGH NJW-RR 2000, 1732; Düss MDR 2015, 419 (ebenfalls bloße Abgabewirkung). Die etwaige Möglichkeit einer sofortigen Beschwerde in den leider in der Praxis gar nicht seltenen formell strengen Ausnahmefällen nach → Rn. 21 ff. mag allerdings zur Anordnung der vorsorglichen förmlichen Zustellung nach § 329 III führen. 17

Der Beschluss lautet entweder auf eine Zurückweisung des Antrags oder dahin, dass sich das Gericht, für örtlich und/oder sachlich unzuständig erklärt und auf (Hilfs-)Antrag den Rechtsstreit grundsätzlich insgesamt an das andere Gericht verweist, nicht nur wegen einzelner materiell-rechtlicher Anspruchsgrundlagen, BGH NJW 2013, 145; → Rn. 9 („Teilverweisung"). Unterbleibt die Unzuständigkeitserklärung, ist das unwesentlich, solange diese Grundlage der Verweisung eindeutig erkennbar ist. Das verweisende Gericht muss das andere Gericht genau bezeichnen. Eine Verweisung „an das zuständige Gericht" oder „an das ordentliche Gericht" ist wirkungslos. Es muss seinen Verweisungsbeschluss nach → § 329 Rn. 6 grundsätzlich begründen, schon wegen → Rn. 21. Er darf wegen III 1 keine Kostenentscheidung enthalten, auch nicht wegen der Mehrkosten des II 2. Er wird mit der letzten Mitteilung wirksam und nach → Rn. 23 bindend, BGH MDR 1995, 739. Wegen einer Berichtigung → Rn. 27, 38. 18

d) Verweisung durch Rechtsmittelgericht. Bei ihm ist nach einem Urteil der ersten Instanz auch ein Urteil zur Verweisung notwendig, BGH MDR 2005, 265 (keine Hinderung durch § 513 II). Denn man kann die gleichzeitig erforderliche Aufhebung des Ersturteils nicht durch einen Beschluss vornehmen, BGH NJW-RR 1988, 1403; Ffm FamRZ 1091, 1073; Köln FamRZ 1990, 645. Das gilt auch beim bloßen Hilfsantrag auf eine Verweisung im Anschluss an eine erstinstanzliche Klageabweisung, BGH NJW 1984, 2040; BAG BB 1975, 1209; Hamm OLGZ 1989, 339. Insoweit ist dann auch unverändert und trotz II 2 eine mündliche Verhandlung mit Anwaltszwang nach → § 78 Rn. 1 notwendig. Durch Beschluss ist zu entscheiden, wenn die Verweisung nur denjenigen Teil der Klage berührt, den der Rechtsmittelführer erstmals durch eine nachträgliche Anspruchshäufung nach § 260 eingeführt hatte und der das Ersturteil nicht berührt, Köln FamRZ 1990, 645. Nach einer erst im Anschluss an einen Einspruch gegen ein Versäumnisurteil oder einen Vollstreckungsbescheid nach §§ 338, 700 oder erst im Anschluss an einen Widerspruch im vorläufigen Verfahren nach §§ 924, 936 erfolgten Verweisung durch das Rechtsmittelgericht muss dasjenige Gericht über diese Rechtsbehelfe befinden, an das die Verweisung erfolgte. Die Ablehnung der Verweisung geschieht wie bei → Rn. 17. Im Hinblick auf die Revision § 545 II. 19

VI. Unanfechtbarkeit, II 2. 1. Allgemeines. Vor der Rechtshängigkeit bleibt eine Anfechtung einer Abgabe möglich, BayObLG 1999, 94. Die nach der Rechtshängigkeit ergehende Verweisungsentscheidung ist unabhängig von der Frage der Bindungswirkung nach → Rn. 23 grundsätzlich unanfechtbar, BGH GRUR-RR 2012, 312; Nürnb NJW 2012, 863; Ros FamRZ 2006, 432; zu den Ausnahmen → Rn. 25 ff.; → Rn. 34 ff. Der Zweck der Vorschrift, → Rn. 2, verbietet grundsätzlich jede Nachprüfung durch das Rechtsmittelgericht, BGH NJW 1990, 94. 20

2. Ausnahme von der Unanfechtbarkeit. Die sofortige Beschwerde ist trotz II 2 ausnahmsweise nach § 567 I zulässig, wenn der Verweisungsbeschluss nicht einmal den allgemeinen Anforderungen des Gesetzes genügt, Kblz FamRZ 1977, 796; Köln NJW-RR 2009, 1543, wenn das Erstgericht etwa außerhalb des FamFG an ein OLG verwiesen hat oder wenn der Kläger die Verweisung erst nach dem Verhandlungsbeschluss nach §§ 136 IV, 296a in einem ihm nicht nach § 283 nachgelassenen Schriftsatz beantragt hatte, AG Seligenstadt MDR 1982, 502, oder wenn in Wahrheit nur eine formlose Abgabe vorliegt, Mü NJW-RR 1988, 982; LG Mainz NJW 1978, 171. Eine Rechtsbeschwerde ist in einer Fortführung der vorstehenden Erwägung unter den Voraussetzungen des § 574 denkbar. Wegen einer Anschlussbeschwerde: § 567 III. Wegen ausnahmsweise fehlender Bindungswirkung: → Rn. 25 ff. 21

3. Beispiele zur Frage der Anfechtbarkeit

Ausschließliche Zuständigkeit: Unanfechtbar ist eine Verweisung grds. dann, wenn das verweisende Gericht zB nach § 40 II 1 Nr. 2 ausschließlich zuständig war, BAG BB 1983, 579; Düss Rpfleger 1975, 102; Ffm MDR 1979, 851. 22

Besetzungsfehler: Unanfechtbar ist eine Verweisung grds. dann, wenn das verweisende Gericht fehlerhaft besetzt war. Denn der Regelungszweck nach → Rn. 2 verbietet grds. jede Nachprüfung, Ffm MDR 1979, 851.

Fehlerhaftigkeit: Sie eröffnet keine sonst fehlende weitere Instanz, Köln FamRZ 1992, 971.

Mehrere Rechtswege: Unanfechtbar ist eine Verweisung grds. auch dann, wenn bei einem einheitlichen prozessualen Anspruch, → § 253 Rn. 26, für seine Grundlagen zum Teil das ordentliche Gericht und zum anderen Teil zB das ArbG zuständig war und nun das AG oder das ArbG an das LG verwiesen hat.

Parteiverstoß: Unanfechtbar ist eine Verweisung grds. dann, wenn sie auf einem Parteiverstoß zumindest mitberuht, BAG NJW 1991, 1630; Naumb FamRZ 2000, 545.

Urteilsspruch: Unanfechtbar ist eine Verweisung grds. dann, wenn das Erstgericht sie nach → Rn. 17 durch ein Urteil ausgesprochen hat, BGH NJW-RR 2000, 1732.

Verfassungsbeschwerde: Sie bleibt statthaft, zB nach Art. 101 I 2 GG, BVerfG BeckRS 2011, 45870 (zu § 36).

23 **VII. Unwiderruflichkeit, Bindung, II 4. 1. Allgemeines.** Der formell korrekte, formell nach §§ 329, 705 rechtskräftige Beschluss ist für das verweisende Gericht grundsätzlich unwiderruflich und bindend, BGH MDR 2013, 1304; NJW-RR 2008, 1309 Rn. 6; Hamm NZG 2018, 71; Stgt NJW-RR 2018, 319. Er bindet grundsätzlich zwar nicht bei einer Abgabe, so zB an eine andere Abteilung oder Kammer desselben Gerichts, weil es sich um eine Geschäftsverteilungsfrage handelt; dasselbe gilt auch sonst bei einer funktionellen Unzuständigkeit, BGH NJW 1980, 1282; BayObLG Rpfleger 2002, 630; KG JurBüro 2007, 49; Köln NJW-RR 2002, 427 (dann ist § 36 I Nr. 6 anwendbar); Brdb NJW-RR 2001, 645; → Rn. 4 „Funktionelle Unzuständigkeit". Der Verweisungbeschluss bindet bei einer Verweisung nach § 281 auch bei Mängeln grundsätzlich das andere selbständige Gericht, an das verwiesen wurde, BGH NJW-RR 2015, 1016; 2008, 1309; NJW 2006, 847 Rn. 12; NJW-RR 2004, 645 (Übersehen von § 5 I 3 ArbGG); KG NJW-RR 2020, 696; 2008, 809; Stgt NZM 2008, 838. Die Verweisung soll die Sache fördern und einen Zwischenstreit zur Zuständigkeit beenden, BGH NJW-RR 1992, 903; Oldb MDR 1989, 1002. Das gilt nicht nur wegen der Zuständigkeitsfrage, derentwegen das angerufene Gericht verwiesen hat, BAG BB 1977, 613, sondern auch wegen sonstiger Zuständigkeitsfragen, jedenfalls soweit es diese Frage erkennbar abschließend (mit)geprüft hat, BGH NJW-RR 1998, 1219; BayObLG WuM 2003, 534; Celle ZIP 2013, 945. Die Bindungswirkung entfällt, abgesehen von dem erkennbaren Umfang der Prüfung durch das verweisende Gericht, → Rn. 25 ff., ausnahmsweise dann, wenn der Beschluss schlechterdings als nicht im Rahmen des § 281 ergangen anzusehen ist; das kann der Fall sein, wenn der Beschluss unter Verletzung des rechtlichen Gehörs, nicht von der gesetzlichen Richter erlassen wurde oder jeder gesetzlichen Grundlage entbehrt und damit willkürlich ist, BGH NJW-RR 2015, 1016 (rechtliches Gehör); 2013, 764 Rn. 7; 2011, 1364; NJW 2006, 847 Rn. 12; 2003, 3201; Hamm NJW-RR 2020, 766 Rn. 34; KG NJW-RR 2020, 696; Hamm MDR 2012, 1367; Brdbg NJW-RR 2011, 1213; → Rn. 28 ff.; BVerwG NZFam 2021, 799 (zu § 17a GVG); Rücker/Bell NJW 2021, 821. Eine vertretbare Beurteilung bindet in jedem Fall.

2. Beispiele zur Bindung

24 **Ausschließliche Zuständigkeit:** Auch ein Verweisungsbeschluss eines in Wahrheit zB nach § 40 II 1 ausschließlich zuständigen Gerichts kann grds. binden, BAG RdA 1983, 72; BayObLG 1985, 20.

Einzelrichter: Die Verweisung des Einzelrichters nach § 348, 348a, 526, 527, 568 bindet den Einzelrichter des anderen Gerichts, Ffm MDR 2003, 1375; Kblz MDR 1986, 153.

Familiengericht: Eine Verweisung bindet auch ein FamG, Hamm FamRZ 2011, 659; Köln FamRZ 2008, 283.

Fehlerhaftigkeit: Sie ändert grds. wie bei → Rn. 22 nichts an der Bindung, BGH MDR 2015, 909 (Irrtum); Hamm MDR 2014, 1348.

Gesetzlicher Richter: Der Verweisungsbeschluss, der nicht durch den gesetzlichen Richter erlassen wurde, bindet nicht nach II 4, KG NJW-RR 2020, 696 (Zuständigkeit einer Spezialkammer-Entscheidung durch Einzelrichter).

Höheres Gericht: Eine Verweisung bindet grds. auch das höhere Gericht, Ffm JurBüro 1996, 481; Hamm NJW 2016, 173 (zust. Vossler). Es bindet auch die Rechtsmittelgerichte eines anderen Rechtswegs.

Kindeswohl: → „Verwaltungsgericht/Familiengericht".

Klageänderung: Eine Bindung mag nach ihr fehlen, Hamm GRUR-RR 2017, 165.

Mahnverfahren: Die Bindungswirkung gilt auch im Verfahren nach §§ 688 ff., BGH Rpfleger 1978, 13. Vgl. aber § 696 V 1. Sie gilt auch im streitigen Verfahren nach §§ 697 ff., BayObLG NJW-RR 2002, 1152.

Prozesskostenhilfeverfahren: Eine im Prozesskostenhilfeverfahren nach §§ 114 ff. beschlossene Verweisung an das damals zuständige Gericht kann auch für das Klageverfahren binden, BAG MDR 1982, 171; Düss Rpfleger 1979, 431; KG VersR 2008, 1235. Ob eine (Rechtsweg-)Verweisung im isolierten Prozesskostenhilfeverfahren zulässig ist, ist bestritten; erfolgt eine solche, liegt in jedem Fall kein extremer Verfahrensverstoß vor, der die Bindungswirkung ausnahmsweise entfallen ließe, BGH FamRZ 2021, 113 Rn. 17; BVerwG BeckRS 2022, 11167 = NVwZ 2022, 1062 Rn. 9 ff. (auch zum Meinungsstreit).

Rechtliches Gehör: Bei Verletzung kann die Bindung entfallen, KG NJW-RR 2020, 696; → Rn. 32.

Rechtliche Würdigung: Eine vertretbare Beurteilung reicht, Hamm ZIP 2016, 2430; Naumb NJW-RR 2014, 1378. Im Umfang der Bindungswirkung darf das andere Gericht die Zuständigkeit des verweisenden Gerichts auch nicht erneut unter einem anderen rechtlichen Gesichtspunkt überprüfen, BGH MDR 1993, 1236; BayObLG NJW-RR 1993, 11; Oldb MDR 1989, 1002. Das wegen der Zuständigkeitsfrage gebundene Gericht muss zur Sache entscheiden. Dabei bindet aber die diesbezügliche Beurteilung des verweisenden Gerichts nicht, LG Gött VersR 1980, 1180.

Verwaltungsgericht/Familiengericht (Kindeswohl): Bei Anregung eines Verfahrens nach § 1666 BGB ist die Verweisung vom Familiengericht an das Verwaltungsgericht nach § 17a GVG nicht bindend, BVerwG NZFam 2021, 799.

Zuständigkeitsbestimmung: Die Bindungswirkung gilt auch im Verfahren nach §§ 36, 37, BGH NJW 2006, 700; BayObLG WM 2005, 2157; Naumb NJW-RR 2014, 1378.

25 ***3. Ausnahme zur Bindungswirkung. a) Keine „Bindungsabsicht". aa) Allgemeines.*** Der Beschluss bindet allerdings nur, soweit das verweisende Gericht über die Zuständigkeit entscheiden wollte, dh sozusagen eine „Bindungsabsicht" hatte; das ist uU durch Auslegung zu ermitteln, BGH NJW-RR 1996, 897; BAG NJW 1997, 1091; BayObLG NJW-RR 1996, 956. Daher bindet der Verweisungsbeschluss zB nicht für die sachliche

Zuständigkeit, wenn die Verweisung erkennbar nur wegen der örtlichen oder wegen der funktionellen erfolgt war, Brdb FamRZ2007, 293; Nürnb MDR 1996, 1068; Zweibr FamRZ 2002, 1044.

bb) Beispiele zum Fehlen einer „Bindungsabsicht"

26 **Änderung des Streitgegenstands:** Zulässig ist eine Weiter- oder Zurückverweisung wegen einer erst nach der ersten Verweisung eingetretenen Änderung des Streitgegenstands nach → § 253 Rn. 26, BGH NJW 1990, 54.

Amtsgericht: Der an ein AG ergangene Verweisungsbeschluss bindet das AG als Ganzes, nicht aber auch sein FamFG, soweit es sich nicht um eine Familiensache handelt, Düss Rpfleger 1981, 239.

Ausschließliche Zuständigkeit: Zulässig ist nach einer Verweisung vom AG an ein LG nur wegen des Streitwerts eine Weiter- oder Rückverweisung an ein zB nach § 40 II 1 ausschließlich zuständiges Gericht, BayObLG NJW-RR 1996, 956, auch an ein ArbG, Oldb MDR 1989, 1002.

Handelssache: Eine Weiterverweisung nach §§ 97 ff. GVG an die Kammer für Handelssachen bleibt zulässig, Nürnb NJW 1993, 3208.

Klageänderung: Bei einer nachträglichen, nach § 263 zulässigen ist eine Weiter- oder Rückverweisung nach § 538 II zulässig, BGH NJW-RR 1994, 126; Ffm FamRZ 1981, 186; KG MDR 1998, 367; → Rn. 26 „Änderung des Streitgegenstandes".

Parteiwechsel: Zulässig ist eine Weiter- oder Zurückverweisung dann, wenn nach der ersten Verweisung eine Änderung einer Partei nach → § 263 Rn. 23 ff. eingetreten ist und infolgedessen zum jetzigen Bekl. bis zur ersten Verweisung noch kein Prozessrechtsverhältnis bestand, KG MDR 1998, 367; → Vor § 128 Rn. 4 ff. (Prozessrechtsverhältnis).

Rechtswegverweisung: Zulässig ist eine Weiterverweisung in einen anderen Rechtsweg, BGH NJW 2001, 3633; BAG NJW 2006, 1371; Karlsr VersR2004, 886, oder nach einer Rechtswegverweisung nach §§ 17, 17a GVG nunmehr eine Weiterverweisung an ein im neuen Rechtsweg örtlich zuständiges anderes Gericht, BAG NJW 1996, 742.

Unzuständigkeit: → Rn. 7. Zulässig ist eine **Weiterverweisung** auch dann, wenn die Erstverweisung nur wegen einer örtlichen oder sachlichen Unzuständigkeit erfolgte und wenn jetzt eine andere Unzuständigkeit hinzutritt, BGH NJW 1978, 887; BayObLG MDR 1986, 326; LG Hmb WuM 1988, 407.

27 **b) Irrtum.** → Rn. 23 ff. Hat das verweisende Gericht einen landesrechtlichen Spezialgerichtsstand offenbar übersehen, ist eine Weiterverweisung zulässig, BayObLG WuM 2003, 534; Naumb OLGR 2002, 124; LG Regensb JurBüro 2004, 390; aM Karlsr MDR 2011, 1499. Hatte das verweisende Gericht sich offenbar über die richtige Bezeichnung desjenigen Gerichts geirrt, an das es verweisen wollte, zB einen falschen Ortsnamen gewählt, weil es die Bezirksgrenzen nicht kannte, ist eine Weiterverweisung zulässig, BAG DB 1994, 1380; BayObLG NJW-RR 2000, 1734. Nach → Rn. 38 kommt auch eine Berichtigung nach §§ 319, 329 in Betracht, BGH FamRZ 1997, 173, Stgt MDR 2004, 1377. Das gilt nicht bei einer fehlerhaften Prüfung des Wohnsitzes, BGH NJW-RR 2011, 1365. Dagegen ändert eine bloß unrichtige rechtliche Beurteilung nichts an der Bindungswirkung, BGH NJW-RR 1992, 903; KG NJW-RR 1997, 251; Karlsr JurBüro 2015, 206. Dasselbe gilt erst recht bei einer zweifelhaften Rechtslage, BGH NJW-RR 1995, 702.

28 **c) Schwerer Verfahrensverstoß.** Nicht bindend ist eine Verweisung ferner dann, wenn sie nicht mehr eine im Rahmen des § 281 liegende Entscheidung ist, BGH NJW-RR 2015, 1016; 2013, 764 Rn. 7; 2011, 1364; NJW 2006, 847 Rn. 12; FER 1997, 89; KG NJW-RR 2020, 696; Brdb NJW-RR 2011, 1214; Hamm NZG 2018, 71. Bei einem derart schweren Verfahrensverstoß kommt es nicht darauf an, ob er für die Verweisung ursächlich war, BayObLG MDR 1980, 583; KG JurBüro 2009, 485. Insofern muss man verschiedene Fallgruppen unterscheiden.

29 **aa) Willkür.** Dazu Fischer MDR 2018, 646; Starck, Recht und Willkür, 2012. Die Regelung entspricht Art. 6 I MRK, EGMR NJW 2008, 2317. Die Verweisung bindet nicht beim endgültigen Fehlen des nach → Rn. 8 erforderlichen Verweisungsantrags, Brdb FGPrax 2003, 130; Köln GRUR 2002, 104. Sie bindet ferner nicht, soweit sie unabhängig von einem etwaigen Verschulden objektiv willkürlich ist, BVerfG NJW 2014, 3213; BGH ZIP 2018, 1173; Ffm BeckRS 2020, 1824; KG MDR 2017, 846. Willkür liegt bei Fehlen jeder rechtlichen Grundlage, BGH ZIP 2018, 1173; Ffm MDR 2018, 1211, bzw. bei einem nicht mehr verständlichen und offensichtlich unhaltbaren Verweisungsbeschluss vor, BVerwG BeckRS 2021, 45382 Rn. 10 = NVwZ-RR 2022, 277 (zu § 17a II 3 GVG – Rückzahlung von Elternbeiträgen für die Betreuung von Kindern durch einen privatrechtlichen Verein).

bb) Beispiele zur Frage der Willkür

30 **Antrag:** Willkür kann dann vorliegen, wenn das Gericht einen Verweisungsantrag des Klägers missachtet und nach dem abweichenden Antrag nur des Bekl. verweist, Brdb MDR 2006, 1184; Oldb FamRZ 2003, 1853. Willkür kann fehlen, soweit das Gericht übereinstimmenden Verweisungsanträgen folgt, BGH NJW-RR 2008, 1309. Auch „Gesetzesunkenntnis".

Aufklärung: Willkür kann bei mangelhafter Sachverhaltsaufklärung im Amtsverfahren nach → Vor § 128 Rn. 40 vorliegen, Celle ZIP 2012, 1263 (InsO).

Fehler: Willkür fehlt grundsätzlich, Ffm ZIP 2010, 2219, es sei denn, er ist evident, Hamm NJW-RR 2012, 1464; KG ZIP 2009, 1637.

Gesetzesänderung: Willkür kann bei der Nichtbeachtung einer seit längerem eingetretenen Gesetzesänderung vorliegen, BGH MDR 2002, 1446.

Gesetzesunkenntnis: Willkür fehlt evtl. bei einer bloßen Gesetzesunkenntnis, BVerfG AnwBl 2014, 1062; LAG Mü NZA-RR 2009, 218, gar in Verbindung mit einer nur deshalb unrichtigen Anregung zu einem falschen Verweisungsantrag, BGH BB 2002, 2152; Brem FamRZ 1999, 1666.

Gerichtsstandswahl nach § 35: Keine Bindungswirkung, wenn das verweisende Gericht eine nach § 35 bindende Gerichtsstandswahl nicht berücksichtigt, Ffm BeckRS 2020, 1824.

Heilung: Sie liegt nicht schon dann vor, wenn der Bekl. keine Bedenken äußert, KG MDR 2008, 1120.

Herrschende Meinung: Willkür kommt bei Nichterörterung einer abweichenden Beurteilung nur in Ausnahmefällen in Betracht, Hamm NJW-RR 2019, 186 Rn. 25; Ros MDR 2018, 549; MDR 2014, 1106. Allein die Tatsache, dass keine nachvollziehbare Begründung für die Meinung gegeben wird, reicht für die

Annahme der Willkür nicht aus, Ffm NJW 2000, 1583. Dasselbe gilt, wenn sich die nicht zugrunde gelegte herrschende Meinung nicht zwingend aus dem Gesetz ergibt, Ffm ZIP 2010, 2219.

Insolvenz: Willkür kann dann vorliegen, wenn die Verweisung auf einer offensichtlich unzureichenden Erfassung des Sachverhalts beruht, Celle ZIP 2010, 490, auch beim Verstoß gegen § 3 InsO; BGH NJW 2006, 847.

Irrtum: Willkür fehlt beim bloßen Irrtum nach → Rn. 27, BGH NJW-RR 1992, 902; BAG NZA 2010, 779; Ros FamRZ 2006, 432.; vgl. auch BAG NJW 1997, 1092; Zweibr NJW-RR 2000, 590.

Rechtliches Gehör: → Rn. 32; → Rn. 16.

Rechtsbeugung: Willkür besteht bei einer auch nur objektiven Rechtsbeugung nach § 339 StGB; Endell DRiZ 2003, 135.

Richtigkeit des Ergebnisses: Willkür mag dann trotz eines Verfahrensfehlers fehlen, Zweibr MDR 2010, 832.

Rügeverzicht: Willkür kann bei Verweisung trotz solchen Verzichts bestehen, KG VersR 2018, 635.

Streitfrage: Willkür dürfte zumindest dann naheliegen, wenn eine Streitfrage überhaupt nicht angesprochen wird oder wenn das verweisende Gericht nicht erkennbar macht, weshalb es eine allgemeine Rechtsansicht nicht übernimmt, Schlesw NJW 2006, 3360; „Herrschende Meinung"; „Vertretbarkeit". Die Regeln zur „Vertretbarkeit" gelten aber auch bei einer Streitfrage, Schlesw MDR 2005, 234; LG Regensb JurBüro 2004, 390. Sie gelten selbst dann, wenn das verweisende Gericht am Rande die Streitfrage als solche erwähnt, BGH NJW-RR 2005, 1052; Mü MDR 2017, 234; Hmb MDR 2002, 1210; vgl. auch Schlesw MDR 2000, 1453; Fischer MDR 2002, 1405, Womelsdorf MDR 2001, 1161.

Teilunzuständigkeit: → „Zuständigkeit".

Verschulden: Es ist nicht nötig, VerfGH Mü NJW-RR 2013, 893.

Vertretbarkeit: Willkür kann in einer völlig unvertretbaren Beurteilung liegen, BVerfG NJW 2014, 3147; Hamm GRUR-RR 2014, 328; KG MDR 2009, 1002. Willkür fehlt bei einer vertretbaren Beurteilung, BVerfG NJW 2014, 3213; BGH MDR 2002, 1450; Karlsr MDR 2011, 1499. Zum Begriff der Vertretbarkeit Schuler JZ 2008, 609. Das gilt bei einer Bezugnahme auf die fachgerichtliche Rspr. und Literatur, BVerfG NJW 2007, 3487, auch beim Abweichen, BGH NJW 2004, 3201; 2003, 3202; KG MDR 2007, 174; Schlesw NJW 2006, 3362.

Zuständigkeit: Willkür liegt bei Nichtbeachtung einer eindeutigen eigenen Zuständigkeit vor, BGH NJW-RR 2011, 1364 Rn. 11; NJW 2002, 3635 (Gesetzesänderung vor Jahren); Köln BeckRS 2021, 8975; Mü BeckRS 2021, 8715; Ffm BeckRS 2020, 1824; KG NJW-RR 2008, 1024; Mü NJW-RR 1994, 892,; BVerwG BeckRS 2021, 45382 Rn. 10 = NVwZ-RR 2022, 277; oder beim Übersehen eines ausschließlichen Gerichtsstands, auch des Gerichtsstands der Widerklage nach § 33, Zweibr OLGZ 2000, 299; krit. Mü BauR 2015, 313. Willkür ist aber nicht bereits dann anzunehmen, wenn das Gericht von einer Rechtsauffassung abweicht, die von der obergerichtlichen Rspr. und Literatur überwiegend vertreten wird, Köln BeckRS 2021, 8977 = NJW-RR 2021, 642 (Wohnsitz des Verkäufers als Erfüllungsort nach § 29 im Fall des mangelbedingten Rücktritts vom Kaufvertrag). Bei Fehlen oder Unbrauchbarkeit einer Begründung: → Rn. 33. Keine Willkür mag bei der Erklärung vorliegen, eine bestimmte Gerichtsstandsklausel sei unwirksam, Mü ZIP 2012, 2180, oder bei Wertungswidersprüchen, Hamm FamRZ 2016, 1293. Bestritten ist, ob bei einer nur **teilweisen Unzuständigkeit** der mehreren geltend gemachten prozessualen Ansprüche eine Gesamtverweisung willkürlich ist; so hM: BayObLG BeckRS 2020, 5679 Rn. 25, 28; Hamm NJW-RR 2019, 408 Rn. 14; Musielak/Voit/Foerste Rn. 7; aA LG Ffm NJW-RR 2018,1216; Rücker/Bell NJW 2021, 821, 823. Diejenigen, die eine Gesamtverweisung für willkürlich und damit für nicht bindend halten, soweit die Zuständigkeit des Ursprungsgerichts bestand, verweisen teilweise auf die Möglichkeit einer Teilverweisung bei möglicher Prozesstrennung, BayObLG BeckRS 2020, 5679; Hamm NJW-RR 2019,408; Zöller/Greger Rn. 8; MüKoZPO/Prütting Rn. 27; Musielak/Voit/Foerste Rn. 7. Wir folgen der hM. Die Unzuständigkeit ist zwingende Voraussetzung für eine Verweisung. Allein prozessökonomische Gründe, die für die Gegenmeinung angeführt werden könnten, rechtfertigen keine Ausnahme, so dass nach unserer Auffassung eine Gesamtverweisung bei Teilunzuständigkeit objektiv willkürlich und damit nicht bindend ist.

31 **cc) Sonstiger Rechtsmissbrauch.** Die Verweisung bindet ferner nicht, soweit sie sonst rechtsmissbräuchlich ist, wenn ihr zB jede gesetzliche Grundlage fehlt, BGH NJW 2006, 847; Hamm FamRZ 2012, 1317; Mü MDR 2012, 1153, oder wenn sie auf einer Täuschung des Gerichts beruht, BayObLG 2003, 229; Celle NJW-RR 2004, 627. Unzulängliche Zitate bei Streitfragen stellen keinen Missbrauch dar, vgl. aber Köln NJW-RR 1997, 825.

32 **dd) Kein rechtliches Gehör.** → Rn. 16. Die Verweisung bindet grundsätzlich nicht, soweit das Gericht kein rechtliches Gehör nach Art. 103 I GG, → Vor § 128 Rn. 42 ff., vor der Verweisung gewährt hatte, BVerfGE 61, 40; BGH MDR 2015, 51; Hamm NZFam 2022, 79; Stuttg NZG 20211459;Ffm BauR 2015, 880; vgl. auch BGH NJW 2003, 2990; Hmb FamRZ 1988, 300; Saarbr FamRZ 1978, 521. Abweichungen gelten bei einer Insolvenz, BGH NJW 1996, 3013. Zum rechtlichen Gehör gehören auch: Das Gericht muss den Lauf seiner selbst gesetzten Frist beachten, BVerfG NJW 1982, 2367Z; BGH FamRZ 1986, 789; Stgt OLGR 2007, 955; es darf seine Überlegungen nicht nur der einen Partei mitteilen (Waffengleichheit), BGH FamRZ 1986, 789; im Einzelnen: → Vor § 128 Rn. 42 ff. Die bloße Unterlassung einer nach §§ 128 IV, 495a S. 1 ohnehin freistehenden mündlichen Verhandlung, → Rn. 15, stellt grundsätzlich keinen Verstoß dar, der die Bindungswirkung entfallen lässt, BGH NJW-RR 1990, 506. Unschädlich bleibt ein Verstoß auch dann, wenn der Bekl. erklärt hat, ihn nicht zu rügen, BGH MDR 2015, 51.

33 **ee) Keine Begründung.** Die Verweisung bindet ferner dann nicht, wenn man mangels einer Begründung des Verweisungsbeschlusses nicht feststellen kann, ob das verweisende Gericht nach Art. 101 I 2 GG eine gesetzliche Grundlage angenommen hatte, und wenn man letzteres auch nicht den Akten entnehmen kann, BGH NJW NJW-RR 2017, 1213; 1996, 3013; Hamm ZIP 2013, 1144; Ffm ZIP 2010, 2219; KG NJW-RR 2008, 1024; LAG Mü NZA-RR 2009, 218; LG Karlsr FamRZ 2013, 1241. Zwar braucht der Beschluss schon wegen seiner Unanfechtbarkeit keine ausführliche Begründung zu enthalten. Der bloße Satz „Es handelt sich um eine *Familiensache" oder eine ähnliche Floskel* ist aber keine Begründung, Brdb FamRZ 2007, 294; Mü FamRZ 1982, 943. Nur in einem für beide Parteien eindeutig klaren Fall ist die aus den Akten ableitbare Unzuständigkeit nicht zu begründen. Eine Begründung fehlt auch, soweit das Gericht diejenigen Tatsachen völlig außer Acht lässt, die einer Verweisung entgegenstehen, Hamm NJW-RR 2020, 766 (Aufenthaltsort statt Wohnort bei § 29, § 269

BGB); KG MDR 1999, 56, oder soweit es ohne jede nachvollziehbare Begründung von einer bisher einhelligen Beurteilung abweicht, Brdb FamRZ 2007, 294; KG NJW-RR 2008, 810.

ff) Gerichtsstandsvereinbarung. Eine solche Vereinbarung vor einer Verweisung nach § 38 ist dann unschädlich, wenn sie dem verweisenden Gericht unbekannt war; dadurch entfällt nicht die Bindungswirkung des Verweisungsbeschlusses, BGH MDR 1995, 952. Eine Gerichtsstandsvereinbarung nach einer Verweisung erlaubt keine Weiter- oder Zurückverweisung; das ergibt sich aus § 261 III Nr. 2, BGH NJW-RR 1994, 126; Düss OLGZ 1976, 476. 34

gg) Internationale Zuständigkeit. Das bezeichnete Gericht muss seine internationale Zuständigkeit prüfen. Die Verweisung wegen sachlicher Unzuständigkeit bindet nicht zur internationalen Zuständigkeit, BGHZ 1984, 18; Schütze RIW 1995, 631; vgl. auch Hamm NJW-RR 2020, 766 (Willkür bei Annahme eines ausländischen Wohnsitzes und Zugrundelegen eines inländischen Aufenthaltsortes als Leistungsort iSd § 269 BGB). 35

4. Weiterverweisung, Zurückverweisung. Verweist das grob verfahrensfehlerhaft für zuständig erklärte und in Wahrheit unzuständige Gericht zulässig weiter oder zB nach § 538 II 1 Nr. 1 zurück, bindet diese Weiter- oder Zurückverweisung das ursprünglich verweisende Gericht, Hamm NJW-RR 2012, 1464. Dieses darf nicht etwa jetzt die versäumte Anhörung nachholen und dann wirksam erneut an dasselbe Gericht verweisen, Ffm MDR 1980, 583. Zulässig kann eine Zurückverweisung ferner dann erfolgen, wenn sich der Streitgegenstand nach → § 253 Rn. 26, inzwischen geändert hat. Eine Weiterverweisung in einen anderen Rechtsweg nach § 17a GVG bleibt statthaft, BGH NJW 1978, 949. 36

Verweist das Gericht dagegen unzulässig weiter oder zurück, entscheidet nach § 36 I Nr. 6 das im Rechtszug vorgeordnete Gericht, BGH FER 1997, 89; Brdb NJW 2004, 780; Ffm FamRZ 1988, 735. Hat dasjenige Gericht, an das die Verweisung erfolgte, sich vorher nach §§ 329, 705 formell rechtskräftig nach § 11 für unzuständig erklärt, geht diese Rechtskraft dem späteren Verweisungsbeschluss vor, er bindet also nicht. 37

5. Berichtigung des Verweisungsbeschlusses. Solange das Gericht die Entscheidung nach einer gemäß II 2 freistehenden mündlichen Verhandlung oder nach § 128 II oder § 495a S. 1 nicht verkündet oder sonst ohne eine mündliche Verhandlung hinausgegeben hat, ist sie frei abänderlich. Danach ist die Entscheidung unwiderruflich. Das verweisende Gericht darf seinen hinausgegangenen Beschluss grundsätzlich nicht ändern. Es darf ihn aber nach § 319 berichtigen. Das gilt insbesondere bei einem offenbaren Irrtum über das wirklich zuständige Gericht. Dabei sind nicht der Wortlaut maßgeblich, sondern der Sinn und Zweck des früheren wie des berichtigenden Beschlusses, BVerfG BeckRS 2011, 45870. 38

VIII. Anhängigkeit beim neuen Gericht, II 3. Nicht mit der Verkündung (Mitteilung), sondern nach II 3 schon und erst mit dem Eingang der Akten (Posteingangsstempel) „wird" die Sache beim bezeichneten Gericht „anhängig"; mit diesem Begriff ist die Rechtshängigkeit gemeint; gleichzeitig endet die Rechtshängigkeit des verweisenden Gerichts BGH NJW-RR 1993, 700; Musielak/Voit/Foerste Rn. 12; → § 253 Rn. 10; → § 261 Rn. 4 (je zur Anhängigkeit/Rechtshängigkeit). Eine schon vorher rechtshängig gewesene Sache bleibt natürlich auch beim neuen Gericht vom Eingang an rechtshängig, BGH JZ 1989, 50; Köln FamRZ 1985, 1278, aM BayObLG FGPrax 1998, 103; → Rn. 11. In der zweiten Instanz zuständig ist das Rechtsmittelgericht, das für das erstinstanzliche Verweisungsgericht zuständig ist, Stgt NJW-RR 2018, 319. Hat zB das AG an das LG verwiesen, ist jetzt das LG das Erstgericht. Daher geht eine sofortige Beschwerde in der Sache selbst an das OLG. Auch ist keine Aufhebung der einstweiligen Verfügung nach §§ 935 ff. durch das verweisende, aber bisher unzuständige Gericht mehr möglich, auch nicht die Nachholung der unterlassenen Prüfung, ob ein Einspruch gegen das Versäumnisurteil des verweisenden Gerichts nach § 338 überhaupt zulässig war. 39

Das verweisende Gericht muss dem anderen Gericht die Akten unverzüglich von Amts wegen zusenden bzw. die elektronische Akte übermitteln. Dieses bestimmt ebenfalls unverzüglich einen Termin nach § 216 und lädt von Amts wegen nach §§ 166 ff., und zwar wegen der jetzigen Rechtshängigkeit bei ihm auch dann, wenn es den Verweisungsvorgang für fehlerhaft und nicht bindend hält, BGH JZ 1989, 50. 40

Mit dem Eingang der Akten bei dem Gericht, an das verwiesen wird, wird gemäß II 3 das rechtshängige Verfahren als einheitliches Verfahren in der Lage fortgesetzt, in der es sich bei der Verweisung befand; die bisherigen Prozesshandlungen einschließlich der Prozesskostenhilfe wirken fort, BGH NJW 1984, 1901; Düss NJW-RR 1991, 63; Hamm Rpfleger 1976, 142; Thomas/Putzo/Seiler Rn. 15. Das bisherige Verfahren behält auch dann seine Bedeutung, selbst wenn die Verweisung fehlerhaft war, BGH NJW1998, 3649; 1983,1052; Zweibr NJW-RR 1998, 1606. Die Einlassungsfrist nach § 274 III ist nicht ab Verweisung neu zu wahren. Die Zuweisung an den Einzelrichter nach §§ 348, 348a bleibt bindend, Ffm MDR 2003, 1375; Kblz MDR 1986, 153. Die Wirkungen der Rechtshängigkeit nach § 261 III, → § 261 Rn. 13 ff., dauern an, ebenso die Bindung durch ein Geständnis nach § 288 I oder durch ein Teilanerkenntnis nach § 307, BGH NJW-RR 1992, 1091. 41

Eine Verweisung wahrt auch Ausschlussfristen, → Vor § 253 Rn. 41. Soweit das jetzt befasste Gericht seine Zuständigkeit ebenfalls verneinen will, muss es evtl. nach einem Hinweis nach §§ 139, 504 notfalls mangels eines wenigstens hilfsweisen Weiterverweisungsantrags die Klage nach → Vor § 253 Rn. 14 durch ein Prozessurteil als unzulässig abweisen, BGH JZ 1989, 50. Über ein Rechtsmittel gegen eine der Verweisung vorausgegangene richterliche Entscheidung befindet abgesehen von § 11 II 3, 4 RPflG das neue Gericht, soweit es abhelfen darf, sonst sein Rechtsmittelgericht. 42

IX. Kosten, III. 1. Grundsatz: Mehrkostenlast des Klägers. Die gesamten Prozesskosten nach §§ 91 ff. bilden ebenso wie das Verfahren eine Einheit, Ffm GRUR 1988, 646. Dasjenige Gericht, an das die Verweisung erfolgte, entscheidet grundsätzlich allein über die Kosten. Das gilt auch dann, wenn die Gerichte verschiedenen Ländern angehören. Dagegen kann bei einer Verweisung von einem höheren an ein Erstgericht das Rechtsmittelgericht über die Kosten des Rechtsmittelverfahrens entscheiden, Hamm Rpfleger 1976, 142, auch bei einer Verweisung an ein VG, BGH JR 1976, 85, aber nicht bei einer Verweisung an ein LwG. Bei einer Rechtswegverweisung nach §§ 17 ff. GVG kann das verweisende Gericht evtl. selbst über die bisherigen Kosten entscheiden. Dasjenige Gericht, an das die Verweisung erfolgte, muss dem Kläger die durch die Anrufung des unzuständigen Gerichts entstandenen Mehrkosten nach III auferlegen, BGH NJW 2009, 1086; Schlesw SchlHA 1980, 220. Das gilt, wenn der Kläger in der Hauptsache obsiegt. Es gilt auch dann, wenn das Gericht nicht hätte verweisen dürfen. Wird die Klage in der ersten Instanz vollständig abgewiesen, lautet die Kostenentscheidung wie auch sonst üblich *„Die Kosten des Rechtsstreits werden dem Kläger auferlegt."* oder *„Der Kläger trägt die Kosten des* 43

Rechtsstreits.", wobei die „Kosten" auch die „Mehrkosten" umfassen, Kblz Rpfleger 1991, 477. Obsiegt der Kläger vollständig oder teilweise in der Instanz, müssen die Mehrkosten getrennt ausgewiesen werden, zB wie folgt: *„Der Kläger trägt die Mehrkosten, die durch die Anrufung des … entstanden sind. Die übrigen Kosten des Rechtsstreits werden … auferlegt.",* Anders/Gehle Assessorexamen ZivilR A Rn. 186.

44 **2. Mehrkostenbegriff.** Mehrkosten sind der Unterschied zwischen den dem Bekl. tatsächlich entstandenen gesamten Kosten (Gebühren und Auslagen) und denjenigen, die ihm nur dann entstanden wären, wenn der Kläger das zuständige Gericht sofort angerufen hätte, BGH NJW 2009, 1086; Hamm MDR 1990, 161; Nürnb OLGR 2001, 367.

45 **Gebühren:** §§ 4, 37 GKG. Mehrere Anwälte können getrennt berechnen.

3. Beispiele zur Frage von Mehrkosten nach III 2

46 **Abgabe:** Unanwendbar ist III 2 bei einer bloßen formlosen Abgabe. Vielmehr gelten dann §§ 91 ff., Ffm FamRZ 1994, 1603; KG MDR 1990, 1019; Schlesw JurBüro 1991, 702; aM Hmb MDR 1986, 679; Kblz JurBüro 1984, 759 (die Vorschrift sei entsprechend anwendbar. Aber § 281 ist nicht zu weit auslegbar).

Amtsgericht: Unanwendbar ist III 2 bei einer Verweisung nach § 506.

Angriffs- und Verteidigungsmittel: Keine Mehrkosten nach III 2 sind Kosten eines solchen erfolglosen Mittels nach § 96.

Arbeitsgericht: Bei einer Verweisung vom ArbG ans ordentliche Gericht gelten der dem III inhaltlich entsprechende § 17b II GVG in Verbindung mit § 48 I ArbGG. Im Übrigen gilt dort § 4 GKG, Hamm Rpfleger 1976, 142; desgleichen umgekehrt. Im Arbeitsgerichtsverfahren muss man ferner § 12a ArbGG beachten, Ffm MDR 1983, 942; LAG Hamm MDR 1987, 876; LAG Kiel SchlHA 1989, 79; aM LAG Bln AuR 1984, 122; LAG Brem BB 1986, 671 (Erstattung nur der Mehrkosten. Aber § 12a ArbGG hat teilweise andere Grundsätze).

Beklagtenanwalt: Der Bekl. braucht sich im Parteiprozess nach § 78 und seit der unbeschränkten Postulationsfähigkeit jedes Anwalts auch im Anwaltsprozess nicht schon wegen einer Verweisung stets einen anderen Anwalt auszusuchen. Wenn das erforderlich ist, gehören die Kosten für den ersten Anwalt zu dem Mehrkosten, „Weiterer Anwalt". Dazu gehören auch die Kosten eines Verkehrsanwaltes, wenn dessen Einschaltung erforderlich ist, Ffm AnwBl 1982, 384.

Verweisung des Rechtsmittelgerichts: Hat dieses Gericht verwiesen, kommen nur Mehrkosten der 1. Instanz infrage.

Weiterer Anwalt: Mehrkosten entstehen meist bei einem infolge der Verweisung weiteren oder anderen Anwalt, Düss MDR 1980, 321; Ffm VersR 1980, 876; aM von Gierke-Braune/Hiekel Rpfleger 1985, 228 (aber → § 91 Rn. 156 „Unzuständigkeit"). Der Wechsel ist aber nicht immer nach § 91 notwendig, Mü MDR 2001, 174.

47 **4. Verstoß.** Hat das Gericht die Auferlegung der Kosten versäumt, darf der Rpfl. im Kostenfestsetzungsverfahren nicht abhelfen, Düss MDR1999, 568; Hmb MDR 1998, 1502; Naumb Rpfleger 2001, 372; vgl. auch Ffm OLGR 2001, 56; Ros JurBüro 2001, 591; LG Mü MDR 2000, 729. Regelmäßig liegt dann eine unvollständige Entscheidung vor. Es muss dann eine Urteilsergänzung nach § 321 erfolgen, keine Berichtigung nach § 319, Stgt BeckRS 2015, 10552 = JurBüro 2015, 254; Hamm MDR 2000, 1150; Köln Rpfleger 1993, 37. Denn wenn das Gericht alle Kosten dem Bekl. auferlegt hat, hat es die Mehrkosten einfach übersehen. Ist eine richterliche Ergänzung nicht mehr möglich, kann der Rpfl. eine Ergänzung auch nicht mit der Erwägung nachholen, dass diese Kosten nicht bindend beschieden sind, Hmb MDR 1998, 1502; Karlsr MDR 1988, 1063 (auch wegen Prozessvergleichs); Kblz NJW-RR 1992, 892. Beim Verstoß gegen § 47 kommt es nicht darauf an, welcher Richter bei richtiger Verfahrensweise entschieden hätte, Karlsr NJW 2003, 2174.

48 Mit einer grundsätzlich zulässigen Auslegung hat das nichts zu tun. Die richterliche Entscheidung umfasst eben auch dann die gesamten Kosten, wenn das Gericht § 281 übersehen hat. Bei einer Willkür kann § 36 I Nr. 6 entsprechend anwendbar sein, BAG NJW 2005, 3232.

Anhang zu § 281
Abgabe nach § 12 LwVG

1 **I. Abgabe ans Prozessgericht, I. 1. Verfahren.** Die Frage, ob das Landwirtschaftsgericht oder das Prozessgericht zuständig ist (§§ 1 Nr. 1a, 2 LwVG), betrifft die sachliche Zuständigkeit und kann vom Berufungsgericht sowie Revisionsgericht nach §§ 513 II, 545 II nicht überprüft werden, BGH NJW 1991, 3280. Hält das Landwirtschaftsgericht das Prozessgericht für sachlich zuständig, muss es die Sache auch ohne einen Antrag von Amts wegen an das Prozessgericht abgeben, BGH NJW 1991, 3280 (für den umgekehrten Fall). Vorher erfolgt eine Anhörung der Parteien, ohne dass hiervon die Wirksamkeit der Abgabe abhängig wäre. Die Anträge der Parteien binden das Gericht nicht. Eine mündliche Verhandlung steht ihm frei. Der Vorsitzende kann nach § 20 I Nr. 3 LwVG allein entscheiden. Rechtshängig wird die Sache bei der Verweisung von dem Zeitpunkt ab, in dem das Gericht den bei dem Landwirtschaftsgericht gestellten Antrag demjenigen Beteiligten bekannt gibt, der nunmehr Bekl. ist. Ist erheblich, ob der Antrag eine Frist wahrt oder die Verjährung hemmt, ist die Einreichung des Antrags beim Landwirtschaftsgericht maßgebend, wenn die Bekanntmachung nach § 167 demnächst erfolgt.

2 **2. Entscheidung.** Der Beschluss ist keine Entscheidung in der Hauptsache. Er ist für das Prozessgericht bindend. Im Prozesskostenhilfeverfahren gilt dasselbe wie → § 281 Rn. 4 „Prozesskostenhilfeverfahren".

3 **3. Rechtsmittel.** Gegen den Beschluss ist die sofortige Beschwerde zulässig, zumal der Beschluss nach § 12 LwVG nicht unanfechtbar ist; eine dem § 281 II 2 entsprechende Regelung ist in § 12 LwVG nicht vorhanden. § 567 ist unanwendbar.

4 **II. Abgabe an das Landwirtschaftsgericht, II. 1. Verfahren.** Im umgekehrten Fall wie → Rn. 1 muss das *sachlich unzuständige Prozessgericht* an das Landwirtschaftsgericht abgeben, BGH NJW 1991, 3280.

5 **2. Entscheidung.** Der Beschluss ergeht nach II 2 nur nach einer Anhörung der Parteien, aber ohne eine Bindung an deren Anträge und in jeder Lage des Verfahrens von Amts wegen, Celle MDR 1976, 586. Auch dann erfolgt keine sofortige Abweisung der Klage. Das Gericht muss seinen Beschluss begründen. Er bindet nach

→ Rn. 2 das Landwirtschaftsgericht, nicht aber die Parteien. Denn es fehlt eine dem § 281 II Hs. 1 entsprechende Vorschrift. Es greift die Sonderregelung des § 12 LwVG ein.

In der Rechtsmittelinstanz ist die Abgabe zwar grundsätzlich zulässig. Sie bindet aber nur dann, wenn sie durch ein Urteil unter einer gleichzeitigen Aufhebung des Urteils der ersten Instanz erfolgt, BGH NJW-RR 1988, 1403. 6

3. Rechtsmittel. Es gelten dieselben Regeln wie → Rn. 3. 7

III. Kosten. Für die Kostenregelung ist maßgebend, welches Gericht endgültig über die Sache entscheidet. Bei Abgabe ist die Sache auch wegen der Gerichtskosten so ansehen, als wenn sie immer bei diesem Gericht anhängig gewesen wäre („als Teil des Verfahrens vor dem übernehmenden Gericht zu behandeln"). Eine Entscheidung des abgebenden Gerichts über die durch seine Anrufung entstandenen Mehrkosten ist unzulässig. 8

282 *Rechtzeitigkeit des Vorbringens.* **I Jede Partei hat in der mündlichen Verhandlung ihre Angriffs- und Verteidigungsmittel, insbesondere Behauptungen, Bestreiten, Einwendungen, Einreden, Beweismittel und Beweiseinreden, so zeitig vorzubringen, wie es nach der Prozesslage einer sorgfältigen und auf Förderung des Verfahrens bedachten Prozessführung entspricht.**

II Anträge sowie Angriffs- und Verteidigungsmittel, auf die der Gegner voraussichtlich ohne vorhergehende Erkundigung keine Erklärung abgeben kann, sind vor der mündlichen Verhandlung durch vorbereitenden Schriftsatz so zeitig mitzuteilen, dass der Gegner die erforderliche Erkundigung noch einzuziehen vermag.

III 1Rügen, die die Zulässigkeit der Klage betreffen, hat der Beklagte gleichzeitig und vor seiner Verhandlung zur Hauptsache vorzubringen. 2Ist ihm vor der mündlichen Verhandlung eine Frist zur Klageerwiderung gesetzt, so hat er die Rügen schon innerhalb der Frist geltend zu machen.

Schrifttum: Fleck, Die Redlichkeitspflichten der Parteien im Zivilprozess, 2004; Grunsky, Taktik im Zivilprozess, 2. Aufl. 1996; Oberheim, Erfolgreiche Taktik im Zivilprozess, 8. Aufl. 2019; Reufels, Prozesstaktik im Arbeitsrecht, 4. Aufl. 2019; Risse/Morawietz, Prozessrisiko-Analyse, 2017; Roßmann, Taktik im familiengerichtlichen Verfahren, 5. Aufl. 2019.

I. Systematik. → Vor § 253 Rn. 1 ff. Während § 138 den Inhalt des Parteivortrags regelt, erfasst § 282 neben anderen Vorschriften, wie zB §§ 275 I 2, 276 I 2, 296 denjenigen Zeitpunkt, bis zu dem ein Vortrag zur Vermeidung von Prozessnachteilen erfolgen muss. Ergänzend gelten §§ 132 283, BGH NJW 1997, 2244. Für den Vortrag zur Zulässigkeit gilt III als Sonderregelung, BGH VersR 2006, 506. § 1032 I hat aber für die Schiedseinrede als Sondervorschrift den Vorrang vor III 2, BGH NJW 2001, 2176. 1

II. Regelungszweck. → Vor § 253 Rn. 1 ff. Die Vorschrift dient der Konzentration und der Beschleunigung. Während vor allem §§ 272, 273 das Gericht zu einer konzentrierten Verfahrensführung anhalten, Schneider MDR 1977, 796, enthält § 282 den Grundsatz der allgemeinen Prozessförderungspflicht der Parteien, Ffm MDR 1980, 943, AG Lübeck WuM 1983, 52; Peters FS Schwab, 1990, 399 (407). Ihre Verletzung kann zur Zurückweisung nach § 296 II führen, Celle NJW 2010, 1535, wenn nicht § 296 I eingreift. Die Prozessförderungspflicht gilt für beide Parteien, Hamm OLGZ 1989, 465. II bezweckt den Schutz des Gegners, nicht eine Erleichterung des Gerichts, BGH AnwBl 2017, 895. 2

Zumutbarkeit ist der in § 282 nicht ausdrücklich, aber erkennbar zugrunde gelegte Maßstab der zeitlichen Redlichkeit. Aufgrund der parallelen Verschärfung der gerichtlichen Pflichten nach § 139 I, und den heutigen Mitteilungswege ist an die Zumutbarkeit des rechtzeitigen Vorbringens kein allzu großzügigen Maßstab anzulegen. Das gilt sowohl zur Regelung der Rechtzeitigkeit und damit der Beachtung der Prozesswirtschaftlichkeit als auch zur Möglichkeit einer gewissen Taktik nach → Rn. 10. 3

III. Geltungsbereich. → Vor § 253 Rn. 6; → Rn. 17 (zu II). Die Vorschrift gilt grundsätzlich in allen Verfahren nach der ZPO, auch im WEG-Verfahren. I betrifft Angriffs- und Verteidigungsmittel, die in der mündlichen Verhandlung vorgebracht werden. Die Vorschrift ist nur einschlägig, wenn in der Instanz mehrere mündliche Verhandlungstermine stattfinden; ein Vorbringen im ersten mündlichen Verhandlungstermin kann nach I niemals verspätet sein, BGH NJW 2012, 3787 Rn. 6; 2005, 1007; MüKoZPO/Prütting Rn. 8; Thomas/Putzo/Seiler Rn. 1 II, III erfassen auch den Zeitraum vor der ersten mündlichen Verhandlung. Die Anwendungsbereiche von II und von § 129, § 277 I, IV sowie von § 132 überschneiden sich zum Teil, BGH NJW 1997, 2244. § 129 I gilt direkt nur im Anwaltsprozess, BVerfG NJW 1989, 3212; Ffm FamRZ 1993, 1468. Im Parteiprozess gilt II nur bei einer Anordnung nach § 129 II, BVerfG NJW 1993, 1319, → § 129 Rn. 1. Entsprechend Anwendung findet II im Arbeitsgerichtsprozess Anwendung, vgl. BAG NZA 2020, 1262 Rn. 17. 4

In einer FamFG-Sache gilt die Vorschrift auch im Bereich des § 113 I 2 FamFG abgeschwächt. In der Berufungsinstanz gelten §§ 530 ff., BGH NJW 1987, 261. § 282 gilt nach §§ 524, 525 auch für die Anschlussberufung, BGH NJW 1982, 1708 (neue Angriffsmittel erstmalig in Anschlussberufung). Die in erster Instanz obsiegende Partei kann sich in der Berufungserwiderung grundsätzlich auf eine Verteidigung des angefochtenen Urteils und auf eine kritische Auseinandersetzung mit den Argumenten des Berufungsklägers beschränken, BGH NJW 1981, 1378. Ein nicht rechtzeitiges Vorbringen kann zu einer Nachfrist nach § 283 veranlassen. Im Arbeitsgerichtsverfahren gilt § 61a ArbGG, Zimmermann BB 1984, 478. Eine Güteverhandlung nach § 54 ArbGG ist eine Verhandlung auch iSd § 282 I, LAG Mü DB 1988, 1608. II gilt auch im Beschwerdeverfahren vor dem BPatG, BGH GRUR 2010, 860. 5

IV. Angriffs- und Verteidigungsmittel, I, II. Die Begriffe, die mit denen in §§ 146, 296 identisch sind, umfassen jeden Parteivortrag einschließlich der Beweismittel und der Beweiseinreden, und zwar zur Begründung eines Sachantrags nach § 253 II Nr. 2, dh den Tatsachenvortrag zu den anspruchsbegründenden Tatsachen, → Vor § 253 Rn. 55 ff., oder zur Verteidigung gegen ihn, wobei die Verteidigung auf Seiten des Bekl. in einem Bestreiten der anspruchsbegründenden Tatsachen oder in dem Vortrag zu einer Einrede iSd ZPO, → Vor § 253 Rn. 59 ff., und die Verteidigung des Klägers gegen die Einreden iSd ZPO des Bekl. in einem Bestreiten der einredebegründenden Tatsachen oder in einem Vortrag zu eigenen Einreden iSd ZPO bestehen kann. Zur 6

Abgrenzung der Tatsachen von Wertungen und Ansichten: → § 138 Rn. 11ff.; → Vor § 284 Rn. 29ff. und zu den juristischen Tatsachen (Rechtstatsachen): → § 138 Rn. 11; → Vor § 284 Rn. 33.

7 Ein Angriffs- oder Verteidigungsmittel liegt erst dann vor, wenn eine Partei es einführt, dh in der mündlichen Verhandlung vorträgt, AG Lübeck WuM 1983, 52. Nicht erfasst von der Vorschrift ist das Verteidigungsmittel selbst. Dazu gehört ein neuer Sachantrag und auch eine Klageänderung im Übrigen, BGH NJW-RR 1996, 961; MüKoZPO/Prütting Rn. 7. So ist auch die Widerklage, → Anh. § 253 Rn. 1ff., die einen Angriff selbst und nicht ein Angriffsmittel darstellt, bis zum Schluss derjenigen mündlichen Verhandlung nach §§ 136 IV, 296a zulässig, auf die das Urteil ergeht, aber eben auch nicht später, BGH NJW 1995, 1224; → Anh. § 253 Rn. 18.

8 **V. Rechtzeitigkeit des Vorbringens, I. 1. Möglichkeiten.** § 282 I verdeutlicht, dass die Parteien ihre Angriffs- und Verteidigungsmittel in der mündlichen Verhandlung vorbringen müssen. Bedeutung hat diese Regelung allerdings nur, wenn mehrere mündliche Verhandlungen in einer Instanz stattfinden, MüKoZPO/Prütting Rn. 8. Daraus folgt, dass Vorbringen im ersten Termin nach I nicht verspätet sein kann; allerdings kann die Prozessförderungspflicht durch eine fehlende oder verspätete Ankündigung nach II oder durch Versäumung einer gesetzten Frist (§ 296 I) verletzt sein, BGH NJW 2012, 3787; Thomas/Putzo/Seiler Rn. 1. Eine Ausnahme von I kann angenommen werden, wenn das Gericht nach § 139 I 3 abschichtet; dann gilt die Vorschrift zunächst nur für den nicht abgeschichteten Teil, → § 139 Rn. 42ff.; vgl. auch MüKoZPO/Prütting Rn. 21 (zur Staffelung des Vorbringens).

9 Neben dem Zeitpunkt des Vorbringens wird in I auch der Inhalt behandelt; diese Regelung entspricht § 277 I, IV, MüKoZPO/Prütting Rn. 9. Maßgeblich ist die Prozesslage unabhängig von den Fristen des § 132. Beide Parteien müssen je nach den objektiven Anforderungen der Prozesslage sorgfältig und auf eine unverzügliche Prozessförderung bedacht vorgehen. Dabei ergibt sich aus dem Wortlaut des I, insbesondere aus dem Begriff „Prozesslage", dass sich die Prozessförderungspflicht im Laufe des Prozesses verändern kann und nicht statisch ist, MüKoZPO/Prütting Rn. 10. Was jemand noch ohne einen Beweisantritt nach §§ 286, 355ff. behauptet, das kann man auch noch ohne einen Gegenbeweisantritt bestreiten: „quod gratis asseritur, gratis negatur" (scholastische Maxime). Das gilt aber nur bei einer eindeutigen Beweislast und beim Fehlen einer gerichtlichen Auflage zB nach §§ 139, 273. Es besteht also trotz § 138 keineswegs der Zwang, von vornherein tatsächlich oder gar rechtlich erschöpfend alles auch nur ganz eventuell im Prozessverlauf einmal Erhebliche vorzutragen und unter Beweis zu stellen, BGH NJW 1992, 2428; Hmb NJW-RR 1990, 63. Das stünde nämlich im Widerspruch zum Beibringungsgrundsatz, → Vor § 128 Rn. 21ff., und es könnte ein Verstoß gegen den Grundsatz des rechtlichen Gehörs vorliegen, BVerfG NJW 1984, 2203 und 1980, 1737 (jeweils zur fehlerhaften Anwendung von Präklusionsvorschriften und zu Art. 103 I GG); → Vor § 128 Rn. 42ff. (zum rechtlichen Gehör). Es würde auch der dringend notwendigen Konzentration auf das Wesentliche widersprechen. Es könnte sogar zur Verzögerung des Rechtsstreits führen, BVerfG NJW 1980, 1737.

10 **2. Taktik.** Eine gewisse Prozesstaktik ist in den Grenzen der Wahrheits- und Prozessförderungspflicht, zulässig, BVerfG NJW 1980, 1738; BGH NJW 2003, 1400; Ulrich NJW 2014, 1346; → § 138 Rn. 14ff. (zur Wahrheitspflicht). Der Umfang der Darlegungspflicht hängt auch vom Verhalten des Prozessgegners mit ab, BGH NJW 1992, 2428; → § 138 Rn. 21ff. (zur Substantiierung, zur Darlegungslast und zum erforderlichen Umfang des Bestreitens); → § 138 Rn. 27ff. (ausreichendes Bestreiten). Keine Partei braucht sich selbst ans Messer zu liefern, BAG NZA 2010, 567. Es kann zweckmäßig sein, bestimmte Gesichtspunkte zurückzuhalten, solange nicht die Entwicklung des Prozesses oder eine Auflage des Gerichts zB nach § 139 oder nach § 273 die Einführung des Gesichtspunkts erfordert, BGH NJW-RR 2010, 1282. Der Bekl. mag sich zB mit dem Verwirkungseinwand, mit der Einrede der Verjährung nach § 214 I BGB oder einer (Hilfs-)Aufrechnung zurückhalten, bis objektiv erkennbar wird, dass der Kläger seinen Anspruch ausreichend dargelegt hat und evtl. auch bewiesen hat, BGH MDR 1991, 240, oder dass der Bekl. seine Behauptung, er habe den Anspruch erfüllt, nicht beweisen kann, Hamm MDR 1993, 686; Leipold ZZP 1993, 260; Schneider MDR 1977, 795. Im Einzelfall kommt es immer auf die Prozesslage an und die Partei muss bei taktischen Überlegungen auch die Interessen aller Beteiligten abschätzen. Hineinversetzen in das Denken des Gegners ist wie beim Schachspiel ein zum Erfolg ganz wesentlicher Punkt beim Kläger und beim Bekl. Er erfordert Selbstkritik und Respekt sowohl beim ProzBev. als auch beim Mandanten.

11 **3. Grenzen der Möglichkeiten. a) Allgemeines.** Auch wenn eine gewisse Prozesstaktik erlaubt ist, → Rn. 10, duldet das nach dem Sach- und Streitstand Notwendige keinen Aufschub, Schlesw SchlHA 1982, 72. Es ist keineswegs eine tröpfchenweise Information des Gerichts und des Gegners zulässig, nur um Zeit zu gewinnen, BGH NJW 2008, 1313; Ffm MDR 1982, 329; Leipold ZZP 1993, 240, oder nur um den Gegner zu zermürben. Bei einem unkomplizierten und übersichtlichen Sachverhalt ist eine alsbaldige einigermaßen umfassende Klagebegründung nach § 253 II Nr. 2 oder Klagerwiderung zB nach §§ 275 I 1, III, 276 I 2, 277, 697 III 3 notwendig, LG Kblz NJW 1982, 289 (zust. Deubner), und zwar einschließlich aller zumutbaren Beweisantritte, BGH NJW 2003, 200; Dölling NJW 2013, 3121; Hmb NJW-RR 1990, 63; Schneider MDR 1986, 896. Wenn sich auf denselben Anspruch mehrere selbständige Angriffs- oder Verteidigungsmittel beziehen, darf die Partei sich grundsätzlich nicht auf das Vorbringen einzelner von ihnen beschränken. Das gilt selbst dann, wenn sie nach dem Sach- und Streitstand davon ausgehen darf, dass diese für die Rechtsverfolgung oder Rechtsverteidigung ausreichen, Flieger MDR 1978, 535. Was schon nach dem eigenen Vortrag „auf der Hand liegt", das darf man nicht länger zurückhalten, Kblz NJW-RR 2003, 970. Man darf nicht stets bis zum Ergebnis der bisherigen Beweisaufnahme warten, BGH VersR 2007, 373. Es kann eine sofortige Äußerung durchaus zumutbar sein, Schlesw NJW-RR 2010, 1032.

b) Beispiele für besondere Konstellationen

12 **Anfechtung:** → „Einreden iSd ZPO".

Aufrechnung: → „Hilfsaufrechnung"; → „Einreden iSd ZPO".

Darlegungs- und Beweislast: Grundsätzlich kann sich die Partei zunächst darauf beschränken, zu den Tatsachen vorzutragen, für die sie die Darlegungslast trägt, → § 138 Rn. 25. Jedoch hängt die weitergehende Verpflichtung von dem Vortrag des Gegners ab, wie § 138 II verdeutlicht; dabei spielen Treu und Glauben eine wesentliche Rolle; davon kann abhängen, ob der nicht Darlegungspflichtige nur einfach oder qualifiziert bestreiten muss, → § 138 Rn. 25ff. Ferner hat sich unter diesem Gesichtspunkt eine umfängliche Kasuistik zur Frage der sekundären Darlegungslast des nicht Darlegungs- und Beweispflichtigen entwickelt, → § 138

Rn. 32 f. Der Umfang der Darlegungs- und Beweislast spielt für die Frage der ausreichenden Substantiierung und des ausreichenden Bestreitens sowie für die Frage der Beweismittelangebote eine Rolle, → § 138 Rn. 21 ff. Er kann aber auch für die Frage, ob eine Verletzung der Prozessförderungspflicht vorliegt, eine Rolle spielen. Grundsätzlich muss aber keine Erklärung zu einem **unsubstantiierten** Vortrag oder einem **nicht ausreichenden Bestreiten** erfolgen, weil dann das Gericht grundsätzlich den betreffenden Vortrag der Entscheidung nicht zugrunde legt, MüKoZPO/Prütting Rn. 15, 21.

Einreden iSd ZPO: Grundsätzlich kann die darlegungspflichtige Partei solche Einreden, → Vor § 253 Rn. 60 ff. (zum Begriff), wie zB Aufrechnung, Anfechtung, Einrede der Verjährung, nicht zurückhalten, es sei denn, die Prozesslage rechtfertigt dies; grundsätzlich muss auch eine erforderliche Gestaltungserklärung abgegeben werden, wenn die Gestaltungslage entstanden ist, MüKoZPO/Prütting Rn. 16. Etwas anderes gilt dann, wenn der Hauptzweck der Gestaltung auch in der Gewährung einer Wahl des Zeitpunktes besteht, wie zB beim vertraglichen Rücktrittsrecht, BGH NJW 1985, 2481, beim Recht auf ordentliche Kündigung, BGH NJW 1998, 375. Auch → „Hilfsaufrechnung".

Hilfsaufrechnung: → „Einreden iSd ZPO". Bei einer Verteidigung gegen den Vertragsanspruch mit der Behauptung, man habe die Schuld erfüllt, kann eine Hilfsaufrechnung notwendig sein, BGH NJW 1984, 1964, jedenfalls sobald die Beweisbarkeit der Erfüllung fraglich wird. Das mag allerdings erst nach einer Beweisaufnahme feststellbar sein, Schneider MDR 1977, 796; Zöller/Greger Rn. 3.

Hilfsbegründung: → § 138 Rn. 17 (zur Zulässigkeit von Haupt- und Hilfsvorbringen). Diese ist zB bei einer Zahlungsklage mit einer Hauptbegründung aus einem Kaufvertrag und mit hilfsweise genannten Tatsachen wegen einer unerlaubten Handlung oder einer ungerechtfertigten Bereicherung nur solange entbehrlich, wie der Kläger sicher mit dem Erfolg der Hauptbegründung rechnen kann.

Unbekannte Tatsachen: Aus der Prozessförderungspflicht folgt grundsätzlich nicht die Pflicht der Partei, ihr unbekannte Tatsachen zu ermitteln, es sei denn, nach Treu und Glauben ergeben sich besonderer Umstände, BGH NJW 2003, 200; Thomas/Putzo/Seiler Rn. 1; → § 138 Rn. 47 ff. (zu § 138 II); → § 138 Rn. 52 (Bestreiten mit Nichtwissen).

Verjährung: → „Einreden iSd ZPO".

4. Besonderheiten bei Beweisfragen. Tritt die beweispflichtige Partei nicht rechtzeitig iSd I einen Beweis **13**
an, sondern beschränkt sie sich auf eine Ankündigung, kann eine Beweisaufnahme überhaupt nur stattfinden, wenn das Gericht die Beweise zulässigerweise von Amts erhebt, was zB beim Sachverständigenbeweis oder Augenschein nach § 144 oder bei der Parteivernehmung nach § 448 möglich ist. Ein Beweisbeschluss nach §§ 358 ff. kann jede Partei auch ohne eine ausdrückliche Auflage des Gerichts dazu zwingen, den bisherigen Vortrag selbstkritisch zu überprüfen und zB weitere Beweisanträge genauer zu fassen oder die bisherigen schärfer zu formulieren, BGH VersR1984, 540, oder das Gericht vor dem Schluss der letzten Verhandlung dieser Instanz nach §§ 136 IV, 296a vorsorglich auf sein offenkundiges Übergehen eines erheblichen Beweisantrags hinzuweisen. Auch der Wechsel des Aufenthaltsorts des eigenen Zeugen ist unverzüglich anzeigen, LG Ffm NJW-RR 1986, 143. Ein für den Gegner völlig unerwartetes Beweisergebnis mag das Gericht im Einzelfall unter dem Gesichtspunkt des rechtlichen Gehörs dazu zwingen, eine Gelegenheit zur Rücksprache mit der Partei zu geben; an sich muss die Partei sich aber auf die möglichen „Waffen" des Gegners einstellen und nach der Beweisaufnahme gemäß §§ 279 II, 285 II sofort Stellung nehmen, Kblz NJW-RR 1991, 108; → § 279 Rn. 18.

5. Nachlässigkeit. Bloße Nachlässigkeit oder gar eine Verschleppungsabsicht sind schädlich. Das Gericht **14**
sollte jeden Ansatz hierzu unterbinden und die für § 296 I erforderlichen Fristen setzen. Ein Verschulden des gesetzlichen Vertreters und des ProzBev. gilt nach §§ 51 II, 85 II als solches der Partei, BGH NZM 2010, 553, auch dasjenige des sog. Kartellanwalts, oder des „nicht sachbearbeitenden" Sozius, BGH VersR 1983, 562. Eine Partei muss auch sog. negative Tatsache darlegen, also das Fehlen von Umständen, soweit das für ihren Angriff oder ihre Verteidigung erheblich ist. Aus Darlegungsschwierigkeiten folgt keine Umkehr der Darlegungslast. Vielmehr folgt nach Treu und Glauben uU die Aufgabe des Gegners, sich nicht mit einem einfachen Bestreiten zu begnügen, sondern nach § 138 II im einzelnen darzulegen, dass die von ihm bestrittene Behauptung unrichtig sei, sog. sekundäre Darlegungslast, → § 138 Rn. 32 f.

6. Verstoß. Es gilt § 296 II, wobei I nicht beim ersten mündlichen Verhandlungstermin in Betracht kommt, **15**
→ Rn. 8. Im schriftlichen Verfahren nach § 128 II oder nach § 495a S. 1 gilt dies entsprechend für den bestimmten Termin. Soweit eine Zurückweisung erfolgt, wird der verspätete Vortrag nicht berücksichtigt, sondern der Vortrag des Gegners zugrunde gelegt. Soweit keine Zurückweisung erfolgt, kommen eine Vertagung nach § 227 oder eine Nachfrist nach § 283 in Betracht, Düss NJW-RR 1999, 859, daneben Kostenfolgen nach § 95 und/oder eine Verzögerungsgebühr nach § 38 GKG.

VI. Rechtzeitigkeit eines Schriftsatzes, II. 1. Grundsatz. I behandelt das Verhalten in der mündlichen **16**
Verhandlung nach § 279 I 1, BVerfG NJW 1993, 1319, sei sie ein früher erster Termin nach § 275 oder ein Haupttermin nach § 276, BGH NJW 1989, 716, 718 und 3212; Schlesw NJW 1986, 856; Deubner NJW 1987, 1585. Demgegenüber erfasst II Angriffs- und Verteidigungsmittel und außerdem Anträge aller Art vor der mündlichen Verhandlung, also vor dem frühen ersten Termin, zwischen ihm und dem Haupttermin, im schriftlichen Vorverfahren nach § 276 sowie zwischen dem Haupttermin und einem etwaigen weiteren Verhandlungstermin, BGH NJW 1989, 716; vgl. auch KG NJW 1980, 2362. II bestimmt, dass Anträge sowie Angriffs- und Verteidigungsmittel rechtzeitig vor dem mündlichen Verhandlungstermin durch einen vor bereitenden Schriftsatz mitzuteilen sind, wenn der Gegner voraussichtlich ohne Erkundigung in der mündlichen Verhandlung keine Erklärung abgeben kann. Was den Inhalt des Schriftsatzes anbelangt, gelten gegenüber I keine Abweichungen, auch wenn in II von „mitteilen" und in I von „vorbringen" die Rede ist, MüKoZPO/Prütting Rn. 32;

2. Besonderheiten. Maßgeblich für die Frage der Rechtzeitigkeit nach II ist, ob die Partei aus ihrer ex-ante- **17**
Sicht davon ausgehen konnte, der Gegner werde sich zu dem Vorbringen ohne Erkundigungen erklären oder die erforderlichen Erkundigungen noch vor der mündlichen Verhandlung einziehen sowie darauf reagieren können; auf die Frist nach § 132 I kommt es für diese Frage allein nicht an; Maßstab ist die Prozessförderungspflicht der Parteien, BAG NZA 2020, 1262 Rn. 18 f. Zur bloßen Verspätung muss bei II die dadurch bedingte Einschränkung der Erklärungsmöglichkeit für den Gegner hinzutreten, Schlesw NJW 1986, 856; Deubner NJW 1987, 1585. II bezieht sich auch auf Rechtsausführungen, an die das Gericht jedoch nicht gebunden ist und

insoweit § 296 keine Anwendung findet, → § 138 Rn. 11 f. (Abgrenzung Tatsachen/Rechtsansichten). Da der Gegner die Möglichkeit haben muss, auf Rechtsansichten zu reagieren, können nicht rechtzeitig vorgetragene Rechtsansichten im Einzelfall unter dem Gesichtspunkt des rechtlichen Gehörs zu Verzögerungen führen, → Vor § 128 Rn. 42 ff. (zum rechtlichen Gehör). Aus II folgt auch, dass das Gericht dem Gegner die nötige Zeit lassen muss, BVerfG NJW 1982, 1691; Kblz NJW-RR 1991, 1087; Schlesw NJW 1986, 856. Dabei ist auch zu berücksichtigen, dass der Anwalt zunächst seine Partei zu benachrichtigen hat. Zwei Wochen können nach § 274 III entsprechend reichen, BGH NJW 1982, 1533. In einem etwas umfangreicheren Fall kann aber zB auch eine Einreichung spätestens etwa drei Wochen vor der mündlichen Verhandlung notwendig sein, BGH VersR 1982, 346; Hamm NJW 2018, 989 (Schriftsatz am Donnerstag für die Sitzung am folgenden Montag reicht nicht). Eine Verlegung des Termins nach § 227 ist nicht zwingend geboten, LG Dortm NJW-RR 2008, 1417.

18 **3. Verstoß.** Bei einem Verstoß, der auch bei einer Einhaltung der Frist des § 132 vorliegen kann, BGH NJW 1989, 716, gilt § 296 II, Celle NJW 2010, 1535, Geisler AnwBl 2006, 524; → Rn. 15. Eine grobe Fahrlässigkeit nach § 296 II kann nicht allein mit einer Verspätung nach II begründet werden, BAG NJW 2020, 12662 Rn. 26, 30 ff.

19 **VII. Zulässigkeitsrüge, III. 1. Grundsatz.** Auch insoweit dient die Vorschrift der Prozesswirtschaftlichkeit und der Beschleunigung, BGH NJW 1985, 744; → Rn. 2. Mit Rügen, die die Zulässigkeit betreffen, sind nicht nur die Prozessrügen gemeint, die erhoben werden müssen und damit verzichtbar sind, so § 113, 269 VI, 1032 I, sondern auch die nach § 280 sonstigen Prozesshindernisse und Zulässigkeitsvoraussetzungen, die auch ohne Rüge von Amts wegen zu prüfen sind, Musielak/Voit/Foerste Rn. 10; Thomas/Putzo/Seiler Rn. 6; Zöller/Greger Rn. 5; → Vor § 253 Rn. 14 ff., 22 ff., (auch zur Terminologie); aA MüKOZPO/Prütting Rn. 33; Prütting/Gehrlein/Geisler Rn. 15 (nur Zulässigkeitsrügen des Bekl.). Bei den von Amts wegen zu beachtenden Zulässigkeitsvoraussetzungen ohne erforderliche Geltendmachung einer Prozessrüge ist diese allerdings nur eine Anregung, das Unterlassen der Rüge ist prozessual belanglos. Das Gericht muss diese Zulässigkeitsvoraussetzungen ohnehin immer beachten und grundsätzlich bei Fehlen nach einem Hinweis ein Prozessurteil erlassen, sieht man zB von § 281 und den Besonderheiten bei der Prozessfähigkeit, → Vor § 253 Rn. 22, ab. Der Bekl. muss alle Prozessrügen, die er geltend machen muss, gegenüber einer nach dem Klägervortrag zulässigen, aber unbegründeten Klage vor der ersten Verhandlung zur Hauptsache nach in erster Instanz im Anwalts- und im Parteiprozess gleichzeitig und für alle Rechtszüge vorbringen, BGH NJW-RR 2006, 496; Zweibr NJW 1995, 538. Dabei gibt es keinerlei logisches, prozessuales oder praktisches Eventualverhältnis, Schröder ZZP 1991, 305. III ist entsprechend anwendbar auf Rügen des Klägers zB als Widerbekl., Anh. § 253, oder bei einem Gegenvorbringen gegen eine Zulässigkeitsrüge des Bekl. Daher muss der Kläger sie nach §§ 275 IV, 276 III, 277 IV evtl. innerhalb einer diesem gesetzten Frist vorbringen, Schröder ZZP 1991, 313.

20 **2. Unzuständigkeit.** Die Zuständigkeit des Gerichts ist als allgemeine Zulässigkeitsvoraussetzung von Amts wegen zu prüfen, → Vor § 253 Rn. 14, 22. Ein Verfahrensmangel, der nicht von Amts wegen berücksichtigt wird, muss aber gerügt werden, §§ 529 II, 549 II. Wie die sachliche Zuständigkeit behandelt das Gesetz die Zuständigkeit des zum Patentgericht bestellten LG nach GVG § 78b. Der Streit, ob ein ArbG oder ein VG zuständig ist, geht um die Zulässigkeit des Rechtswegs nach §§ 13, 17 ff. GVG. Eine Rüge der Unzuständigkeit führt demgegenüber in der Regel nur zur Verweisung nach § 281. Dieser ist zumindest entsprechend anwendbar auf die internationale Unzuständigkeit, BGH DB 1976, 1009. Man kann III dann entsprechend anwenden, wenn der Bekl. rügt, nicht die Zivilkammer sei zuständig, sondern die Kammern für Handelssachen, Brem MDR 1980, 410. Wegen der Begründung des Einspruchs nach § 340 III 1, 3, § 700 → § 340 Rn. 17.

21 **3. Besonderheiten bei der Einrede nach § 1032 I. a) Allgemeines.** Dazu Schröder ZZP 1991, 302. Ist ein Schiedsgericht wirksam vereinbart worden, ist die Klage vor dem ordentlichen Gericht nur dann nach § 1032 I unzulässig, wenn der Bekl. die Einrede der Schiedsvereinbarung erhebt, BGH NJW-RR 2002, 387; DB 1988, 2302; MÜ NJW 2005, 832; → § 1032 Rn. 4, 11. Diese Vorschrift hat Vorrang vor III, BGH NJW 2001, 2176; → Rn. 1. Das bedeutet, dass der Bekl. die Rüge vor Beginn der mündlichen Verhandlung, dh vor dem Stellen der Anträge, erhoben haben muss, → § 1032 Rn. 7. Voraussetzung ist die wirksame Vereinbarung eines schiedsrichterliches Verfahren nach §§ 1025 ff., mag es auf einer Schiedsvereinbarung nach § 1029 oder auf einer Verfügung nach § 1066 beruhen. Für das arbeitsgerichtliche Verfahren gelten §§ 101 ff. ArbGG. Auch den Insolvenzverwalter bindet die vom Schuldner eingegangene Schiedsvereinbarung.

b) Beispiele zur Frage eines Schiedsgerichts

22 **Ausländische Schiedsvereinbarung:** Statthaft ist eine Rüge dann, wenn solche Vereinbarung nach dem anwendbaren Recht wirksam ist, mag der Schiedsspruch im ausländischen Staat Anerkennung finden oder nicht.

Auslegung: Statthaft ist eine Rüge dahin, das Schiedsgericht solle nach der Schiedsvereinbarung nach § 1029 auch über deren Auslegung entscheiden. Dann darf das Gericht nur die Gültigkeit dieser sog. Kompetenz-Kompetenzklausel überprüfen, BGH DB 1988, 2302.

Charter Party-Klausel: Statthaft und ausreichend ist eine Bezugnahme auf eine solche Klausel im Konossement, Hmb VersR 1976, 538.

Deutsches Recht: Haben die Parteien für das schiedsrichterliche Verfahren nach § 1025 deutsches Prozessrecht vereinbart, muss das Gericht die Rüge nach dem deutschen Recht prüfen, BAG NJW 1975, 408.

Einstweilige Verfügung: Unstatthaft ist die Rüge gegenüber einer Maßnahme nach §§ 935 ff. Denn aus § 1033 ergibt sich, dass für sie immer auch das Gericht zuständig ist, → § 1033 Rn. 1, 4.

Ende des schiedsrichterlichen Verfahrens: Unstatthaft wird eine Rüge in diesem Zeitpunkt nach § 1056. Der Schiedsspruch bewirkt aber nach → § 1055 Rn. 2, 4 die formelle und materielle Rechtskraft, so dass aus diesem Grund die Klage vor dem Gericht unzulässig ist, aber insoweit eine Rüge erhoben werden muss, → § 1055 Rn. 5.

Erlöschen der Schiedsvereinbarung: Unstatthaft wird eine Rüge mit diesem Zeitpunkt nach → § 1029 Rn. 44, zB infolge Kündigung wegen Mittellosigkeit. Das muss der Kläger beweisen.

Gesetzliches Schiedsgericht: Unstatthaft ist eine Rüge dann, wenn es um ein gesetzliches oder gesetzlich eingesetztes Schiedsgericht geht.

Güteversuch: Unstatthaft ist eine Rüge dann, wenn es um die Vereinbarung eines vorherigen gütlichen Ausgleichsversuchs nach → § 278 Rn. 15 oder um einen Gütevertrag geht.
Kündigung: → „Erlöschen der Schiedsvereinbarung".
Unzuständigkeit des Schiedsgerichts: Nach einer Rüge nach § 1040 II 1 ist eine Rüge vor dem ordentlichen Gericht nach § 1032 I 1 wegen des Verstoßes gegen Treu und Glauben unstatthaft, → § 1040 Rn. 3.

4. Besonderheiten bei der Sicherheitsleistung nach §§ 110, 113. Eine Prozessrüge ist erforderlich nach §§ 110, 113 auch bei einer Anordnung einer Sicherheitsleistung aufgrund einer Kostengefährdung, BGH NJW 1981, 2646; Ffm NJW 1995, 538; Zweibr NJW 1995, 538. Eine Klagerweiterung nach §§ 263, 264 begründet die einmal verwirkte Rüge nicht neu. Erweitert der Kläger die zunächst in geringfügiger Höhe erhobene Klage unverhältnismäßig, braucht sich der Bekl. nicht mit der bisherigen Sicherheitsleistung zu bescheiden. Er muss die Rüge aber vor der nächsten mündlichen Verhandlung geltend machen. 23

5. Besonderheiten bei § 269 VI. → § 269 Rn. 72. Eine Prozessrüge ist schließlich nach § 269 VI bei mangelnder Kostenerstattung im Zusammenhang mit der zurückgenommenen und dann erneut erhobenen Klage erforderlich, BGH JR 1987, 332, → § 269 Rn. 72f. Der Bekl. kann die Einlassung bei einer zurückgenommenen Klage verweigern, bis die Kosten aus dem früheren Verfahren erstattet sind. Es ist keine „Erneuerung des Rechtstreits", wenn die frühere Klage durch ein Urteil erledigt war oder wenn die Partei das Rechtsmittel erneuert oder wenn der Kläger die Klage nach einer teilweisen Klagerücknahme wieder erweitert. 24

6. Verlust des Prozessrügerechts. a) Verhandlung zur Hauptsache. Das Prozessrügerecht erlischt nach III 1 mit dem Beginn der Verhandlung des Bekl. oder des Klägers zur Hauptsache, in jedem Fall mit der Antragstellung, BGH JR 1987, 332; → § 137 Rn. 4ff. Das gilt in jedem Rechtszug, BGH NJW 1985, 744. Also ist eine Erörterung vor der Antragstellung unschädlich. 25

b) Fristablauf. Das Rügerecht erlischt auch nach III 2 in Verbindung mit §§ 275 I 1, III, 276 I 2, 277, 697 III 3 mit dem Ablauf einer etwaigen Klagerwiderungsfrist, vgl. auch Gergen JuS 2003, 488. Es erlischt also nicht schon mit dem Ablauf einer Erklärungsfrist nach § 273 II Nr. 1. Dann erfolgt jedoch eine Zurückweisung nach § 296 I. Trotz einer Frist muss die Partei die Rüge spätestens im Termin erheben, selbst wenn er vor dem Fristablauf liegt. Das ergibt sich aus dem Wort „schon" in III 2. 26

283 ***Schriftsatzfrist für Erklärungen zum Vorbringen des Gegners.*** **[1]Kann sich eine Partei in der mündlichen Verhandlung auf ein Vorbringen des Gegners nicht erklären, weil es ihr nicht rechtzeitig vor dem Termin mitgeteilt worden ist, so kann auf ihren Antrag das Gericht eine Frist bestimmen, in der sie die Erklärung in einem Schriftsatz nachbringen kann; gleichzeitig wird ein Termin zur Verkündung einer Entscheidung anberaumt. [2]Eine fristgemäß eingereichte Erklärung muss, eine verspätet eingereichte Erklärung kann das Gericht bei der Entscheidung berücksichtigen.**

I. Systematik, Regelungszweck. Die Vorschrift stellt eine Ergänzung zu den in → § 282 Rn. 1 genannten Regeln dar. Ihr setzt § 296a eine Grenze. Die Vorschrift soll die Beachtung des Grundsatzes des rechtlichen Gehörs nach Art. 103 I GG sichern; → Vor § 128 Rn. 42ff. (zum rechtlichen Gehör). Sie durchbricht daher den Grundsatz des § 310 I 1 Hs. 1, Stgt NJW 1984, 2539. Sie durchbricht auch den Mündlichkeitsgrundsatz zum Nachteil der nicht rechtzeitig vortragenden Partei. Die Vorschrift dient der Prozesswirtschaftlichkeit durch eine Straffung des Verfahrens. Wegen der zahlreichen Rechte und Pflichten des Gerichts, insbesondere nach § 139 schon vor der mündlichen Verhandlung für einen umfassenden Vortrag beider Parteien zu sorgen und ihn durch Ausschlussfristen zu erzwingen, hat § 283 theoretisch nur noch eine hilfsweise Bedeutung, praktisch aber eine unverändert erhebliche, auch wegen der Wahrheitspflicht, Katzenstein IPPrax 2008, 41; → § 138 Rn. 11ff. (zur Wahrheitspflicht). Die Vorschrift darf außerhalb von § 128 II oder von § 495a S. 1 nicht zu einem schriftlichen Verfahren führen. 1

II. Geltungsbereich. → Vor § 253 Rn. 6ff. Die Vorschrift gilt in allen Verfahren nach der ZPO, auch im WEG-Verfahren. Sie kann dann anwendbar sein, wenn die Partei ihre Verspätung genügend entschuldigt hat, also eine Maßnahme nach § 296 nicht in Betracht kommt, und dem Gegner das erforderliche rechtliche Gehör gesichert werden muss, Stgt NJW 1984, 2539. Sie gilt erst dann, wenn die Verspätung so erheblich ist, dass der Gegner sich trotz seiner erhöhten Pflicht zur sorgfältigen und auf Verfahrensförderung bedachten Prozessführung nicht bis zur mündlichen Verhandlung nach § 138 II ausreichend äußern kann, BVerfG NJW 1980, 277; Stgt NJW 1984, 2539. Wenn der verspätete Vortrag erst im Verhandlungstermin erfolgt, mag zwar § 282 den Gegner dazu zwingen, sich je nach der Art und dem Umfang des Vortrags sogleich dazu zu äußern. 2

Man darf die Vorschrift nicht mit § 277 IV verwechseln, der ergänzende Regelungen zur schriftsätzlichen Klageerwiderung und zur Replik enthält, BVerfG FamRZ 1991, 1283. Allein die Notwendigkeit, eine Schriftsatzfrist nach § 283 zu gewähren, bedeutet auch nach unserer Auffassung in Abweichung von den Vorauflagen noch keine Verzögerung des Rechtsstreits iSd **§ 296;** dies kann erst nach Eingang des nachgelassenen Schriftsatzes beurteilt werden; deshalb schließen sich die Vorschriften nicht gegenseitig aus, BVerfG 1989, 705; BGH NJW 1985, 1556, 1558; BAG NJW 1989, 2213; MüKoZPO/Prütting Rn. 4; Thomas/Putzo/Seiler Rn. 1; Zöller/Greger § 296 Rn. 16; aA Stuttg NJW 1984, 2538. 3

III. Voraussetzungen. 1. Vorbringen des Gegners. Das ist jede entscheidungserhebliche Tatsachenbehauptung des Gegners → § 139 Rn. 23; → Vor § 253 Rn. 50ff. (jeweils zur Relationsmethode); → § 138 Rn. 11ff. (zur Abgrenzung der Tatsachen von den Ansichten) Darüber hinaus kann auch ein neuer rechtlicher Gesichtspunkt, auf den sich der Gegner beruft, zum Schriftsatznachlass veranlassen; denn das Gericht darf uU wegen des Grundsatzes des rechtlichen Gehörs, → Vor § 128 Rn. 42ff., auch insofern eine entsprechende Entscheidung nicht treffen, ohne der anderen Partei Gelegenheit zur Äußerung zu geben, BGH ZIP 2012, 86; NJW-RR 2011, 1009 Rn. 12; MüKoZPO/Prütting Rn. 9; Thomas/Putzo/Seiler Rn. 2; aA Zöller/Greger Rn. 2a (neue mündliche Verhandlung – § 156). Wenn aber nicht der Gegner, sondern erst das Gericht einen entscheidungserheblichen rechtlichen Gesichtspunkt eingeführt hat, ist § 283 unanwendbar; allerdings kann insoweit wegen des rechtlichen Gehörs ein Anlass zur Vertagung oder zur Wiedereröffnung der mündlichen Verhandlung nach § 156 bestehen, AG Lübeck WuM 2083, 52. Bei Rechtsausführungen des Gegners, die bei zumutbarer Sorgfalt nicht wirklich überraschend sein können., sind die Voraussetzungen des § 283 zu verneinen. 4

Ob dann ein Hinweis nach § 139 und damit verbunden eine Vertagung erforderlich ist, ist eine andere Frage. Nicht hierher gehören ein neuer Sachantrag nach § 297; Zöller/Greger Rn. 2a; aM MüKoZPO/Prütting Rn. 9; Schur ZZP 114, 324, und ein solches Vorbringen, das man als bloße Erwiderung mithilfe schon genannter Argumente einstufen muss. Nicht hierher gehört meist auch eine bloße Beweiswürdigung nach § 286, Schäfer NJW 2013, 656.

5 **2. Rechtzeitigkeit der Mitteilung.** Wann eine Partei ein Vorbringen nicht rechtzeitig mitgeteilt hat, ist in der Vorschrift nicht benannt. Einig ist man sich, dass das gegnerische Vorbringen im Anwaltsprozess dann nicht rechtzeitig ist, wenn es unter Verkürzung der Wochenfrist nach § 132 erfolgte, MüKOZPO/Prütting Rn. 10; Zöller/Greger Rn. 2a. Im Parteiprozess genügt grundsätzlich nach Maßgabe dieser Vorschriften ein Vortrag im Termin. Eine Fristüberschreitung nach §§ 273 I Nr. 1, 275 I 1, III, IV, 276 I 2, III, 277 bleibt außer Acht, da diese Fristen der Terminvorbereitung dienen, Musielak/Voit/Foerste Rn. 4; MüKoZPO/Prütting Rn. 10. Ein Verstoß gegen § 282 II hingegen ist zu berücksichtigen; ansonsten könnte die Folge des § 296 II ausgelöst werden, so dass ein Schriftsatznachlass beiden Parteien hilft, MüKoZPO/Prütting Rn. 10; aA Thomas/Putzo/Seiler Rn. 2. Ein eindeutiger Fall des nicht rechtzeitigen Vorbringens ist die Einreichung eines umfangreichen Schriftsatzes im Termin, MüKoZPO/Prütting Rn. 10.

6 **3. Erklärungsmöglichkeit. a) Unzumutbarkeit sofortiger Erklärung.** Ob die Partei sich nicht erklären kann, muss das Gericht nach seinem pflichtgemäßen Ermessen im Rahmen S. 1 prüfen. Bis zum Verhandlungstermin ist die Partei längst auf ihre Förderungspflicht aufmerksam gemacht worden und hat unabhängig davon auch eine gesteigerte Vorbereitungspflicht nach §§ 138, 282. Das Gericht muss im Verhandlungstermin mit den Parteien auch einen längeren Schriftsatz Punkt für Punkt wenigstens im Kern sogleich darauf durchgehen, was er an Neuem enthält und ob oder weshalb eine sofortige Stellungnahme dem Gegner nicht zumutbar ist. Dabei kommt es grundsätzlich nicht auf den Kenntnisstand des ProzBev. nach § 81 an, sondern auf denjenigen der Partei und die ihr vor dem Termin zumutbaren Möglichkeiten der vollständigen und rechtzeitigen Information des ProzBev, BVerfG NJW 1992, 2144; Brschw OlGR 1995, 146; LG Bln NJW 2004, 781; Prütting/Gehrlein/Geisler Rn. 5, Er darf daher keineswegs grundsätzlich erklären, er könne sich nicht sogleich zum Vorbringen des Gegners äußern, BVerfG FamRZ 1995, 1562. Andererseits mag ein überraschend später Hinweis nach § 139 dazu führen, dass sich die Partei nicht sofort erklären kann, BGH MDR 1999, 758, ebenso eine Gutachtenergänzung, BGH MDR 2011, 160.

7 **b) Verspätung als Ursache.** Zwischen dem nicht rechtzeitigen Vorbringen des Gegners und der Unmöglichkeit einer Reaktion der Partei im mündlichen Verhandlungstermin muss ein Kausalzusammenhang bestehen. Das Gericht muss deshalb klären, ob wirklich nur die fehlende Rechtzeitigkeit und nicht etwa auch oder vor allem ein Mangel der eigenen Überlegung dazu führen, dass die Partei sich nicht sofort erklären kann.

8 **c) Prozessförderungspflicht.** Keineswegs ist mithilfe einer allzu großzügigen Auslegung des Nichtkönnens nach S. 1 diese Pflicht aus dem Auge verlieren und eine oberflächliche, in letzter Sekunde stattfindende Terminvorbereitung hinnehmen. Dasselbe gilt natürlich erst recht dann, wenn eine Partei erst im letzten Moment einen ProzBev. beauftragt oder informiert oder gar einen Anwaltswechsel vornimmt, so dass der (jetzige) ProzBev. nach § 81 notgedrungen ungenügend informiert auftritt. „Flucht" in die Anwaltsbestellung oder den Anwaltswechsel wäre ein zu bequemer Weg, alle gesetzlichen und gerichtlichen Versuche der Verfahrensförderung und -beschleunigung zu unterlaufen. Damit wäre aber auch der Kausalzusammenhang zwischen dem nicht rechtzeitigen Vorbringen des Gegners und der Unmöglichkeit einer Erklärung im Termin nicht mehr gegeben, → Rn. 7. Natürlich können die Art und der Umfang des gegnerischen Vorbringens auch dem sorgfältig vorbereiteten Gegner und dessen ProzBev. eine sofortige Stellungnahme unmöglich machen. Ob und inwiefern das aber so ist, lässt sich nur bei einer wenigstens vorläufigen sorgfältigen Erörterung dessen beurteilen, was überhaupt „übrigbleibt". Dabei kann eine Konzentration und Beschränkung auf das „eigentlich nur noch" Wesentliche, dh auf das Entscheidungserhebliche, herauskommen.

9 **d) Keine Vertagung.** Das Gericht muss schließlich klären, ob statt einer bloßen Nachfrist nebst einem ja sogleich zu bestimmenden Verkündungstermin nach § 310 eine Vertagung nach § 227 erforderlich. Wenn das Gericht einen weiteren Termin relativ sicher als erforderlich hält, ist der Weg über § 227 sinnvoll. Nur soweit durch eine Stellungnahme in der Nachfrist das Gericht voraussichtlich zu einer Entscheidung, sei es ein Beweisbeschluss oder ein Endurteil, kommen kann, bietet sich eine Nachfrist iSd Vorschrift an, MüKoZPO/Prütting Rn. 14.

10 **4. Antrag.** Für die Anordnung einer Schriftsatzfrist ist ein Antrag erforderlich, BPatG GRUR 2008, 78; Prechtel DRiZ 2013, 333. Das Gericht darf der Partei eine Nachfrist also nicht von Amts wegen gewähren. Es darf einen Antrag zwar grundsätzlich anregen, BGH NJW 1985, 1539, 1543; Köln VersR 1989, 278; Hansen NJW 1984, 1672, und mag das auch nach § 139 tun müssen, Naumb NJW-RR 1994, 704. Es ist zu solcher Anregung aber keineswegs stets verpflichtet oder auch nur berechtigt, vgl. Hamm MDR 1992, 186; → § 139 Rn. 64 „Schriftsatzfrist". Im Einzelfall kann eine Erklärung als entsprechender Antrag ausgelegt werden, wenn die Partei hinreichend deutlich macht, dass sie noch erwidern will, aber dies nicht sofort kann, BVerfG 2015, 1166; MüKoZPO/Prütting Rn. 1. Es ist unzulässig, statt eines Antrags auf eine Nachfrist jede Einlassung zu verweigern, BVerfG NJW 1989, 705; Naumb NJW-RR 1994, 704. Wer nur einen Antrag nach § 227 stellt, riskiert, sowohl mit ihm abgewiesen zu werden als auch die Chance der Nachfrist zu verlieren, BVerfG NJW 1980, 277, und beides erst im Urteil zu erfahren. Beantragen beide Parteien einen Schriftsatznachlass, kann dem in Form des § 128 II entsprochen werden, Zöller/Greger Rn. 3. Soweit ein Antrag fehlt, setzt das Gericht einen Verkündungstermin nach § 310 ohne Nachfrist an oder entscheidet sofort oder am Schluss der Sitzung auch nach § 138 II, III, Zöller/Greger Rn. 3. Der Antrag gehört nach § 160 II ins Protokoll, BVerwG NVwZ 2014, 888.

11 **IV. Nachfrist und Verkündungstermin, S. 1. 1. Anordnung.** Die Bestimmung einer Nachfrist nebst einer gleichzeitigen Bestimmung eines Verkündungstermins nach § 310 I ist nur dann wegen Art. 103 I GG eine Rechtspflicht des Gerichts, wenn nach seinem pflichtgemäßen Ermessen sämtliche Voraussetzungen vorliegen und wenn es überhaupt um einen derzeit entscheidungsbedürftigen Punkt gehen kann, BPatG GRUR-RR 2011, 289; Gaier MDR 1997, 1094; → Vor § 253 Rn. 50 ff. (zur Entscheidungserheblichkeit). Die Anordnung kann auch zugunsten beider Parteien erfolgen, Dötsch MDR 2015, 566. Die Nachfrist erfolgt durch einen Beschluss des Gerichts nach § 329, nicht durch einen solchen des Vorsitzenden, BGH NJW 1983, 2031. Er ergeht in der

mündlichen Verhandlung. Daher gibt es gegen ihn wie gegen seine Ablehnung keinen vom Urteil unabhängigen Rechtsbehelf nach § 567 I Nr. 2. Die Fristberechnung erfolgt nach § 222, die Abkürzung oder Verlängerung nach §§ 224 II, 225, und zwar durch das Kollegium, nicht den Vorsitzenden, BGH NJW 1983, 2031.

2. Berechnung der Frist. Im Anwaltsprozess nach § 78 sollte das Gericht einen normalen Kanzleibetrieb des Anwalts berücksichtigen. 3 Arbeitstage können zu kurz sein, erst recht in einer umfangreichen oder schwierigen Sache, BAG DB 1982, 1172. Das Gericht darf aber keine Verzögerungs- oder Störversuche durchgehen lassen, Mü MDR 1980, 148. Es besteht wegen der Fristbedeutung keine Belehrungspflicht, BVerfG NJW 1987, 2733.. Der Verkündungstermin unterliegt keiner Höchstfrist. Man sollte ihn so legen, dass das Gericht einen fristgemäß eingehenden Schriftsatz noch durcharbeiten kann. Dabei muss man beachten, dass bei einer Frist ohne einen Zusatz der Eingang bei der Posteingangsstelle genügt und bis zum Eingang bei der Geschäftsstelle der Abteilung oder Kammer noch Zeit vergehen kann. Bei elektronischer Einreichung gelten §§ 130a–130d. Da das Gericht einen fristgemäß eingehenden Schriftsatz berücksichtigen muss, ist eine erhöhte Vorsicht zur Vermeidung einer wegen § 318 irreparablen Fehlentscheidung wegen einer zu kurzen Zeit zwischen dem Fristablauf und dem Verkündungstermin notwendig. Eine Fehlentscheidung könnte eine Staatshaftung auslösen. Zweckmäßig sollte auch beim AG oder beim Einzelrichter zwischen dem Fristablauf und dem Verkündungstermin mindestens 1 Woche liegen. Die 3-Wochen-Frist des § 310 I 2 ist zwar hier nicht direkt anwendbar, wohl aber sinngemäß seit dem Ablauf der Nachfrist. Man darf den Verkündungstermin auch nachträglich bestimmen. 12

3. Ablehnung. Soweit das Gericht eine Nachfrist ablehnt, muss das unverzüglich erfolgen, also im Termin durch einen Beschluss. Ihn muss das Gericht begründen, BVerfG NJW 1992, 2144. Das Gericht darf eine an sich schon im Termin mögliche Entscheidung nicht bis zum Urteilserlass hinausschieben, Schneider MDR 1982, 902. Es sollte sich aber auch nicht gedrängt fühlen, über eine Nachfrist sofort zu entscheiden. Es muss evtl. in einem Verkündungstermin nach § 310 I 1 Hs. 1 durch das Urteil zugleich eine Nachfrist dann ablehnen, wenn sich diese Notwendigkeit erst nach erneuter Beratung ergibt. Um dem Antragsteller den Erlass eines Versäumnisurteils nach §§ 330 ff. gegen sich und damit einen weiteren Vortrag in der Einspruchsfrist nach § 339 zu ermöglichen, sollte das Gericht über einen Antrag nach § 283 vor einem Sachantrag nach § 297 entscheiden, → Vor § 330 Rn. 3 (Flucht in die Säumnis). 13

V. Behandlung nachgereichter Schriftsätze. 1. Allgemeines. Von einem nach § 283 S. 1 gewährten Schriftsatzrecht ist nur solches Vorbringen gedeckt, das sich als Erwiderung auf den verspäteten Vortrag des Gegners darstellt; dazu zählen auch neue Tatsachen, soweit sie als Reaktion auf das der Partei nicht rechtzeitig mitgeteilte Vorbringen erfolgen, BGH NJW 2018, 1686; 1992, 1146; 1965, 297; Hmb WM 2017, 1106; LG Brschw WuM 1977, 12. Mangels einer Eingrenzung besteht die Nachfrist nur zu denjenigen Punkten tatsächlicher und rechtlicher Art, zu denen die Partei im Verhandlungstermin keine Erklärung abgeben konnte. Nur in diesem Umfang darf das Gericht das Nachgereichte beachten. Um Abgrenzungsschwierigkeiten im Einzelfall zu vermeiden, kann das Gericht den Schriftsatznachlass von vorneherein auf bestimmte Punkte beschränken. Aber unabhängig von einer Beschränkung kann eine Partei zB nicht unter dem Vorwand, sich zu Nebenpunkten nicht äußern zu können, umfangreiche neue Tatsachen zu Hauptpunkten nachschieben und damit das System der §§ 272–282, 296 unterlaufen. 14

Innerhalb des gewährten Erklärungsumfangs muss die begünstigte Partei die zuvor noch nicht mögliche Erklärung unter Beachtung der Grundsätze nach § 138 vollständig und wahrheitsgemäß nachholen. Das Gericht darf den zum Anlass einer Nachfrist genommenen Vortrag nicht schon deshalb als verspätet zurückweisen, weil der von ihr begünstigte Gegner ohne eine Entschuldigung auch in der Nachfrist nicht geantwortet hat. Vielmehr lässt sich die Verspätungsfrage erst aufgrund der Erwiderung beurteilen, weil erst dann die Frage der Verzögerung zu klären ist, Mü VersR 1980, 94. Allerdings kann sich dabei ergeben, dass eine zunächst verständlicherweise vorsorglich gewährte Nachfrist in Wahrheit objektiv gar nicht notwendig gewesen war. Das in ihr Nachgeschobene bleibt dann unberücksichtigt, wenn es unbeachtlich ist, zB nicht hinreichend substantiiert, → § 138 Rn. 21 ff., oder wenn ein Sachantrag nach § 297 nachgeschoben wird, der aber nicht zur Wiedereröffnung führt, Hmb MDR 1995, 526; Mü MDR 1981, 502. Ein Vortrag zu einer Abtretung reicht zB nicht als ein Vortrag zu einer Prozessermächtigung, Düss GRUR-RR 2005, 283. 15

2. Einhaltung der Nachfrist, S. 2. a) Allgemeines. Das Gericht muss eine gesetzte Nachfrist abwarten, BGH NJW-RR 2021, 249; 2020, 284; NJW 2021, 921 Rn. 11; → Vor § 128 Rn. 53 „Schriftsatz“.. Geht die Erklärung fristgemäß zumindest bei der Posteingangsstelle des Gerichts ein, muss das Gericht sie bei der nächsten Entscheidung berücksichtigen, auch wenn das zu einer erheblichen weiteren Verzögerung führt. Ihre Nichtberücksichtigung würde gegen Art. 103 I GG verstoßen, BVerfGE 34, 347; BGH BeckRS 2020, 19738; NJW-RR 2020, 248; WM 2015, 1242; → Vor § 128 Rn. 42 ff., 53 „Fristen“ (zum rechtlichen Gehör). Sie kann auch bei einer nur irrigen Fehlleitung im Gericht die Berufung eröffnen, LG Hann NJW-RR 1989, 382; LG Münst NJW-RR 1989, 381. Das gilt natürlich nur, soweit das Gericht eine Stellungnahme erlaubt hatte, BGH FamRZ 1979, 573. Das Gericht braucht sich auch keineswegs den Verschleppungsabsichten der Parteien zu unterwerfen. Nach fristgemäßem Eingang des nachgelassenen Schriftsatzes kommt auch eine Zurückweisung des gegnerischen Schriftsatzes als verspätet in Betracht, Zöller/Greger Rn. 6. 16

b) Kenntnisnahme des Gegners. Das Gericht muss die in der Nachfrist eingegangene Erklärung dem Gegner zur Kenntnis geben. Das kann formlos geschehen. Da der Gegner im Hinblick auf § 296a kein Recht zu einer Replik hat, ist die Unterlassung der Mitteilung insoweit prozessual belanglos, MüKoZPO/Prütting Rn. 23. Allerdings kann eine Verletzung des rechtlichen Gehörs vorliegen. Ist in dem Anordnungsbeschluss keine Frist für den Gegner zur Stellungnahme auf den nachgelassenen Schriftsatz gesetzt worden, kommt es auf dessen Inhalt, insbesondere aber auf die Entscheidungserheblichkeit der Tatsachenvorträge an, ob dies nachgeholt werden muss. Keineswegs sieht aber das Gesetz stets eine Gegenerklärung vor, BFH BB 1975, 771. Das Abschneiden der Gegenerklärung ist vielmehr gerade ein Zweck des § 283 und kommt nur unter dem Gesichtspunkt des rechtlichen Gehörs nicht in Betracht, LG Bln MDR 1984, 58. 17

c) Wiedereröffnung, S. 2. Eine Wiedereröffnung nach § 156 kann notwendig werden, BGH NJW-RR 2015, 893; Kblz NJW-RR 2001, 65. Das gilt zB dann, wenn die nachgereichte Erklärung eine zulässige Klageänderung nach §§ 263, 264 enthält, Mü NJW 1981, 1106, wenn sie eine Gegenerklärung notwendig macht oder wenn ein Spruchrichter vor dem Fristablauf und vor dem Eingang eines nachgelassenen Schriftsatzes nach 18

§ 309 ausscheidet, BGH NJW-RR 2015, 893. Darum sollte die Wiedereröffnung nur dann stattfinden, wenn ohne sie ein Verfahrensfehler eintreten würde, LG Bln MDR 1984, 58, oder wenn das Gericht ohne Gegenerklärung nicht weiterkommt, vgl. Katzenstein IPRax 2008, 49. Das entscheidet das Gericht nach pflichtgemäßem Ermessen, BGH NJW 2004, 3103. Eine Wiedereröffnung kann auch nach dem Abschluss der Beratung nach §§ 192 ff. GVG, aber vor der Verkündung nach §§ 310, 311 nötig sein, BGH NJW 2002, 1426; BAG NJW 2009, 1164.

19 **3. Nichteinhaltung der Nachfrist, S. 2.** Geht der nachgelassene Schriftsatz nicht fristgemäß zumindest bei der Posteingangsstelle des Gerichts ein, gilt an sich § 296a, BGH NJW-RR 2014, 505. Das Gericht kann ihn aber bei der nächsten Entscheidung berücksichtigen. „Kann" bedeutet hier aber grundsätzlich nur darf, keineswegs muss. Es gibt also ein pflichtgemäßes Ermessen, BVerfG NJW 1993, 2794; BGH NJW-RR 2014, 505; Fischer NJW 1994, 1321. Eine Berücksichtigung kommt zB dann in Betracht, wenn das Gericht selbst verfahrensfehlerhaft gehandelt hatte, BGH NJW 2000, 143, wenn die Fristversäumung nur gering war und wenn das Gericht bei der Vorlage der Erklärung noch nicht mit der Beratung nach §§ 192 ff. GVG oder mit dem Diktat der Entscheidung begonnen hatte, wenn fälschlich nur der Vorsitzende und nicht das Kollegium die Frist oder deren Verlängerung bewilligt hatte, BGH NJW 1983, 2031, wenn eine sonst etwa doch unvermeidbare Wiedereröffnung nach § 156 auf diesem Weg unnötig wird oder wenn der Gegner das Nachgereichte nicht bestreitet (keine Entscheidungserheblichkeit), Ffm NJW 1987, 1089. Das Gericht sollte die Nichtberücksichtigung im Tatbestand oder in den Entscheidungsgründen nach § 313 II, III kurz vermerken. § 156 ist also auch bei einem nicht fristgemäßen Schriftsatz zu berücksichtigen, Schneider MDR 1986, 905.

20 **VI. Entscheidung/Verhandlungsschluss, S. 1, 2.** Die Entscheidung, die in dem anberaumten Verkündungstermin ergeht, darf nach Art. 103 I GG nicht vor dem Ablauf der gesetzten Frist getroffen werden, BGH NJW 2008, 1926, 3362; → Vor § 128 Rn. 53 „Fristen". Sie ergeht auf die mündliche Verhandlung, in der der Schriftsatznachlass gewährt wurde, nicht im schriftlichen Verfahren nach § 128 II. Es ergeht die Entscheidung, die nach dem zu berücksichtigenden Sach- und Streitstand erforderlich ist; das können ein Hinweis-, Auflagen- oder Beweisbeschluss, ein Beschluss, mit dem die mündliche Verhandlung wieder eröffnet wird, oder bei Entscheidungsreife ein Urteil sein, Thomas/Putzo/Seiler Rn. 7. Der Meinung von Knöringer NJW 1977, 2336, es könne nur kein Beweisbeschluss sein, folgen wir nicht, da das Gesetz jede erforderliche prozessfördernde Maßnahme erfasst.

21 Beim Urteil gelten folgende Besonderheiten: Beim Schriftsatznachlass verschiebt sich der Schluss der sonst maßgeblichen letzten mündlichen Tatsachenverhandlung (§§ 136 IV, 296a) auf den Tag des Fristablaufs für den nachgelassenen Schriftsatz oder auf den späteren Eingang der nicht fristgemäßen Erklärung, soweit sie berücksichtigt wird, BGH NJW 2003, 434; Düss OLGR 2004, 394; Schlesw SchlHA 1986, 91; VGH Mannh NVwZ-RR 2008, 429. Das hat Bedeutung für §§ 322, 323, 767 II. Es müssen nach § 309 dieselben Richter wie in der mündlichen Verhandlung mitwirken. Das Rubrum des Urteils lautet vor dem Tenor: *„... hat die ... Kammer des Landgerichts ... durch die Richter ... auf die mündliche Verhandlung vom ... mit einem Schriftsatznachlass/bis zum ... (= Fristablauf)/bei Eingang des nachgelassenen Schriftsatz am ... für Recht erkannt."*

22 **VII. Verstoß.** Er ist ein solcher gegen § 128 I, Köln NJW-RR 1991, 1536, und gegen § 296a. Er kann nach § 538 II 1 Nr. 1 zur Zurückverweisung führen. Eine Entscheidung ohne Anhörung des Gegners kann zwar gegen Art. 103 I GG verstoßen, BVerfG AnwBl 2016, 269, jedoch muss im Revisionsverfahren geklärt werden, ob der Verstoß für die Entscheidung ursächlich war, → Vor § 128 Rn. 42 ff. Eine erhebliche Verletzung des rechtlichen Gehörs ist anzunehmen, wenn der zulässige Parteivortrag im nachgelassenen Schriftsatz übergangen wird, BGH NJW 2019, 2477 (§ 283 zum Zwecke der Stellungnahme zur Beweisaufnahme); → Vor § 128 Rn. 53 „Fristen". Bei Verletzung des rechtlichen Gehörs kommt bei unanfechtbaren Entscheidungen auch eine Anhörungsrüge nach § 321a in Betracht, MüKoZPO/Prütting Rn. 27; Thomas/Putzo/Seiler Rn. 8.

283a *Sicherungsanordnung.* **I [1]Wird eine Räumungsklage mit einer Zahlungsklage aus demselben Rechtsverhältnis verbunden, ordnet das Prozessgericht auf Antrag des Klägers an, dass der Beklagte wegen der Geldforderungen, die nach Rechtshängigkeit der Klage fällig geworden sind, Sicherheit zu leisten hat, soweit**

1. die Klage auf diese Forderungen hohe Aussicht auf Erfolg hat und

2. die Anordnung nach Abwägung der beiderseitigen Interessen zur Abwendung besonderer Nachteile für den Kläger gerechtfertigt ist. Hinsichtlich der abzuwägenden Interessen genügt deren Glaubhaftmachung.

[2]Streiten die Parteien um das Recht des Klägers, die Geldforderung zu erhöhen, erfasst die Sicherungsanordnung den Erhöhungsbetrag nicht. [3]Gegen die Entscheidung über die Sicherungsanordnung findet die sofortige Beschwerde statt.

II Der Beklagte hat die Sicherheitsleistung binnen einer vom Gericht zu bestimmenden Frist nachzuweisen.

III Soweit der Kläger obsiegt, ist in einem Endurteil oder einer anderweitigen den Rechtsstreit beendenden Regelung auszusprechen, dass er berechtigt ist, sich aus der Sicherheit zu befriedigen.

IV [1]Soweit dem Kläger nach dem Endurteil oder nach der anderweitigen Regelung ein Anspruch in Höhe der Sicherheitsleistung nicht zusteht, hat er den Schaden zu ersetzen, der dem Beklagten durch die Sicherheitsleistung entstanden ist. [2]§ 717 Absatz 2 Satz 2 gilt entsprechend.

Schrifttum: Börstinghaus NJW 2013, 3265; Emmerich NZM 2014, 881; Fischer NZM 2013, 249; Flatow NJW 2013, 1190; Hinz NZM 2012, 790; Lützenkirchen ZMR 2012, 604; Meyer-Abich NJW 2019, 1504; Wendt ZMR 2013, 605; Zehelein WuM 2013, 134.

1 **I. Systematik.** Gesetzessystematisch gehört die Norm eigentlich in den Bereich des einstweiligen Rechtsschutz; der Vermieter soll mit der Sicherheitsanordnung davor geschützt werden, dass der Mieter bei einer Räumungsklage nach fristloser Kündigung wegen Zahlungsverzuges die vermieteten Räume ohne Nutzungs-

entgelt weiter nutzt und der Kläger dadurch einen wirtschaftlichen Schaden erleidet, MüKoZPO/Prütting Rn. 1; Zöller/Greger Rn. 1. Eine Sicherheitsleistung schon im Erkenntnisverfahren eines Hauptprozesses ist rechtsstaatlich nicht problemlos. Sie ist zwar seit jeher nach § 110 beim Auslandsbezug bekannt, aber dort nur wegen der Prozesskosten. Jetzt ist sie auch wegen einer Hauptforderung möglich und führt zu einer Belastung des Bekl. evtl. lange vor einer auch nur erstinstanzlichen Klärung, ob er überhaupt etwas schuldet. Das kann schon wegen des Verhältnismäßigkeitsgebots bedenklich sein. Auch die formelle Einordnung bei § 283a statt bei §§ 110 ff. ist nicht ganz überzeugend. §§ 108, 109 gelten immerhin ergänzend, allerdings hinter § 283a als einer Spezialvorschrift nur hilfsweise.

II. Regelungszweck. Der Gläubiger und Kläger soll einen Schutz vor demjenigen Bekl. erhalten, der durch Taktik den Kläger in eine finanzielle Notlage bringt und schließlich mangels Schuldnervermögens nur einen allzu teuren Scheinsieg ermöglicht, LG Bln NJW 2014, 1189. Dieser Schutz kann zB bei sog. Mietnomaden durchaus sinnvoll sein. Ob er aber auch ein notwendiges Mittel in derartigen Fällen ist, kann zweifelhaft sein, → Rn. 16. § 283a hat bisher in der Praxis keine besondere Bedeutung. Ein zügigeres Erkenntnisverfahren bis zum vorläufig vollstreckbaren Titel wäre der bessere Weg, evtl. auch ein Urkundenprozess nach §§ 592 ff., Börstinghaus NZM 2012, 704. 2

Zurückhaltende Anwendung bleibt schon deshalb ratsam. Das bringen schon I 1 Hs. 2 Nr. 1, 2 mit den Erfordernissen einer „hohen" Erfolgsaussicht und eines „besonderen" Nachteils zum Ausdruck. Es gilt aber auch im gesamten übrigen Teil der Vorschrift. Auch ein Bekl. könnte in kaum zumutbare Finanznot kommen, wenn zB das Erstgericht die eben genannten Bedingungen allzu klägerfreundlich einschätzt. Daran ändert IV mit einem bloßen Schadensersatzanspruch evtl. eben so wenig wie der dort genannte § 717 II 2 oder der vergleichbare § 945. 3

III. Geltungsbereich. Die Vorschrift würde wegen ihrer Stellung nicht im Buch 1 (§§ 108 ff.), sondern im Buch 2 direkt nur im LG-Verfahren des ersten Rechtszuges gelten. Jedoch verweist § 495 im AG-Prozess auf Räumung und zugehörige Zahlung von Miete, Pacht oder Nutzung grundsätzlich auf §§ 253 ff. und damit auch auf § 283a mit. Dasselbe gilt im Berufungsverfahren nach § 525 und im Revisionsverfahren nach § 555. Im Verfahren der sofortigen Beschwerde und der Rechtsbeschwerde nach §§ 567 ff. gibt es zwar keine solchen Verweisungen im Gesetzestext, in der Praxis aber entsprechende Anwendungen, die wir befürworten. Die Vorschrift gilt theoretisch auch im WEG-Verfahren, Börstinghaus NZM 2012, 704, und im FamFG-Verfahren, soweit im letzteren die ZPO anwendbar ist. 4

IV. Voraussetzungen nach I 1. 1. Geldforderung Hs. 1. Erste Voraussetzung ist eine solche Forderung. Es muss also um einen direkten Zahlungsanspruch gehen, wobei es auf die Art der Währung nicht ankommt. Nicht ausreichend ist eine solche Forderung, die erst in eine Zahlungsforderung übergehen kann. Erst recht nicht reicht eine bloße Feststellung einer Zahlungsforderung, selbst wenn für sie ein Feststellungsinteresse besteht, aM Börstinghaus NZM 2012, 704; vgl. zum Feststellungsinteresse: → § 256 Rn. 41 (Subsidiarität der Feststellungsklage gegenüber der Leistungsklage) und Rn. 77 „Leistungsklage". Ob eine Gestaltungsklage reicht, hängt davon ab, ob in ihr ein klarer Zahlungsantrag steckt, → Vor § 253 Rn. 10 (allg. zur Gestaltungsklage). 5

Die Vorschrift gilt zwar scheinbar nur für eine Mehrheit von Geldforderungen aus demselben Rechtsverhältnis, aus dem auch ein Räumungsanspruch entstanden ist. Es kann sich aber evtl. auch um eine bloße Restforderung auf Zahlung handeln, zB um nur noch eine offene Rest-Nutzungsentgeltzahlung. 6

2. Verbindung von Räumungs- und Zahlungsklage. Es muss sich um eine solche Verbindung handeln, Celle NJW 2019, 3316; LG Bln NJW 2014, 1189. Sie muss auch auf demselben Rechtsverhältnis beruhen. Diese Anforderungen fehlten bei der Gesetzesplanung; jedoch ist eine derartige Einschränkung jetzt schon aus dem Gesetzeswortlaut erkennbar. Dasselbe Rechtsverhältnis liegt auch dann vor, wenn zB früher eine Raumnutzung kostenlos vereinbart wurde und später eine Miete oder Pacht oder eine erhöhte derartige Zahlungspflicht hinzutrat oder wenn man eine höhere Miete in eine geringere verändert hatte. Es mag sogar jetzt nur noch ein unentgeltliches Nutzungsverhältnis vorliegen, solange der Gläubiger noch Rest-Geldforderungen aus dem zuvor entgeltlichen hat, die nach der Rechtshängigkeit der Räumungsklage fällig geworden waren. Der Rechtsgrund für die Ansprüche ist unerheblich, Naumb NJW 2016, 1250. Die Vorschrift umfasst Wohn- und Gewerberaummiete; die Räumung und Herausgabe, auch einer unbeweglichen Sache zB nach § 985, kann von dem Mieter oder von einem Dritten verlangt werden, Naumb NJW 2016, 1250; Thomas/Putzo/Seiler Rn. 1; Börstinghaus NJW 2013, 3316; Emmerich NZM 2014, 881, 885. 7

Verschiedene Rechtsverhältnisse reichen nicht. Sie können etwa dann vorliegen, wenn derselbe Nutzer mehrere Wohnungen auf derselben Etage gemietet hatte und nun alle wegen Zahlungsverzugs räumen soll. Allerdings kann dann § 283a auf jede dieser Wohnungen anwendbar sein, mögen sie Gegenstand derselben oder mehrerer Klagen sein. Man muss nur die Rechtsverhältnisse dann sorgfältig in ihrer Beurteilung voneinander unterscheiden. 8

3. Fälligkeit nach Rechtshängigkeit. a) Fälligkeit. Die Geldforderung muss „nach Rechtshängigkeit der Klage fällig geworden" sein. Die Geldforderung muss überhaupt fällig sein. Das ist eine materiell-rechtliche Bedingung. Diese sog. Leistungszeit lässt sich nur nach der Art des Rechtsverhältnisses und den Umständen ermitteln, zB nach §§ 271 ff. BGB. Nach dem Wortlaut scheint nach I 1 Hs. 1 ein Verzug des Schuldners nach § 286 I BGB mit seinen Anforderungen der Fälligkeit, der Gläubigermahnung und der anschließenden Nichtzahlung nicht erforderlich zu sein. Indessen sind die beiden ersten Teile dieser Anforderungen auch bei § 283a nötig, und der Mahnung steht nach § 286 I 2 BGB die Klageerhebung gleich. Damit muss praktisch auch hier ein Verzug vorliegen. 9

b) Nach Rechtshängigkeit. Die Fälligkeit der Geldforderung darf erst nach dem Eintritt der Rechtshängigkeit eingetreten sein, AG Dortm NJW-RR 2014, 1422; AG Hanau ZMR 2016, 466; AG Langenfeld NJW 2014, 710. Die Rechtshängigkeit richtet sich nach §§ 253 I, 261 I; sie tritt grundsätzlich mit Klageeingang bei Gericht und Zustellung der Klageschrift an den Bekl. ein, → § 253 Rn. 10; → § 261 Rn. 4. Im Eilverfahren fallen Anhängigkeit und Rechtshängigkeit nach → § 919 Rn. 10 praktisch zusammen. Nur dort reicht also die bloße Einreichung eines der Klageschrift entsprechenden Antrags, sonst nicht, AG Hanau WuM 2016, 305. 10

c) Nur fällig „gewordene" Geldforderung. I 1 Hs. 1 beschränkt die Möglichkeit nach § 283a ausdrücklich auf dasjenige, was nach Rechtshängigkeit des Hauptsacheverfahrens zur Zahlung fällig „geworden" ist, AG Hanau 11

ZMR 2016, 465; AG Dortm ZMR 2014, 545. Forderungen, die bei Zustellung des Klage (§ 253 I) bereits fällig waren, werden nicht erfasst. Auf der anderen Seite kann für künftig fällig werdende Ansprüche nach §§ 257–259 keine Sicherheit angeordnet werden, LG Berlin NJW 2014, 1188; AG Dortm ZMR 2014, 545; AG Langenfeld NJW 2014, 710 (zust. Börstinghaus WuM 2014, 87). Erst recht reicht nicht eine noch ungewisse Forderung, selbst wenn man sie etwa nach → § 256 Rn. 23 ff. schon zum Gegenstand einer Feststellungsklage machen könnte oder nach §§ 916 ff., 935 ff. in einem Eilverfahren geltend machen dürfte.

12 Entscheidender Zeitpunkt für die nach Rechtshängigkeit fällig werdenden Forderungen ist nach I 1 Hs. 1 erst die „Anordnung", nicht schon der Antrag. Es kommt daher auf den Eintritt der Fälligkeit nach Rechtshängigkeit und vor Erlass der Sicherungsanordnung an, Celle NJW 2013, 3316. Das Gericht muss evtl. also auch diejenigen Forderungen mit berücksichtigen, die bis zur Entscheidungsreife des Antrages fällig wurden, wenn auch vielleicht erst während des Anordnungsverfahrens. Es darf nur diejenigen Forderungen nicht berücksichtigen, die erst noch später fällig werden, unabhängig davon, ob diese spätere (Mit-)Fälligkeit den weiteren Anforderungen des § 283a entsprechen dürfte.

13 **4. Hohe Erfolgsaussicht, I 1 Hs. 2 Nr. 1.** Die Geldforderung muss eine „hohe" Aussicht auf Erfolg haben, LG Bln NJW 2014, 1189. Das ist eine erhebliche Steigerung gegenüber der Erfolgsaussicht, die zB nach § 114 S. 1 mit den Worten „hinreichende Erfolgsaussicht" zurückhaltender bezeichnet ist. „Hohe" derartige Aussicht ist zwar weniger als „sehr hohe", so Hinz ZMR 2012, 162; Lützenkirchen ZMR 2012, 606; Zehelein WuM 2013, 138. Es ist aber auch mehr als nur „überwiegende" Aussicht. Denn letztere liegt theoretisch ab 51 % vor. Mit „hoch" dürften deutlich höhere Grade erforderlich sein, LG Bln NJW 2014, 1189. Man mag unter „hoch" allenfalls als Untergrenze „deutlich überwiegend" oder „ziemlich sicher" verstehen dürfen. Das alles ist zwar nicht unproblematisch, aber bei Bereitschaft des Gerichts zur fortwährenden Selbstkritik auch nicht allzu gefährlich, aM Börstinghaus NZM 2012, 704; Fischer DGVZ 2012, 153; Hinz NZM 2012, 790. Im Zweifel ist keine schon „hohe" Aussicht, schon gar nicht bei substanzloser Darstellung, anzunehmen, LG Hanau NZM 2015, 83.

14 Entscheidungsreife gerade für die Zwischenentscheidung nach § 283a ist auch hier der maßgebliche Zeitpunkt, insofern ganz ähnlich wie zB nach zur sog. Bewilligungsreife, → § 114 Rn. 31. Natürlich meint Entscheidungsreife auch hier diejenige einer Anordnung nach § 283a.

15 **5. Interessenabwägung, I 1 Hs. 2 Nr. 2. a) Allgemeines.** Selbst wenn alle Bedingungen vorliegen, darf das Gericht eine Anordnung erst nach einer sinnvollen und nötigen Abwägung der beiderseitigen Interessen treffen, Lützenkirchen ZMR 2012, 606. Das gilt natürlich nur, soweit überhaupt gegenläufige Interessen vorhanden sind, wie vermutlich aber so gut wie ausnahmslos. Es empfehlen sich die folgenden einzelnen Prüfschritte.

16 **b) Besondere Nachteile.** Ihre Vermeidung oder „Abwendung" ist das gesetzlich bestimmte Ziel der Abwägung. Dabei geht es nach dem Text scheinbar nur um solche Nachteile gerade für den Kläger. In Wahrheit muss das Gericht natürlich auch einen etwaigen besonderen Nachteil für den Bekl. mit abwägen. Denn auch dieser Nachteil gehört zu den „beiderseitigen" Interessen, die es abzuwägen gilt. Das Gericht muss also eine Gesamtabwägung unter besonderer Beachtung der Klägerinteressen vornehmen. Ein allgemeines Prozessrisiko reicht dabei nicht aus, LG Saarbr WuM 2015, 631. Vielmehr ist bedeutsam, ob der Kläger auf die laufenden Zahlungen angewiesen ist, etwa zum Bestreiten des Lebensunterhalts oder zur Tilgung eines Darlehens, Celle NJW 2013, 3316; Meyer-Abich NJW 2019, 1504. Wegen dieser hohen Hürde hat § 283a in der Praxis jedenfalls bis jetzt keine besondere Bedeutung; vielmehr wird der Vermieter in der Regel getrennte Klagen auf Räumung und Zahlung erheben.

17 **c) Rechtfertigung der Anordnung.** Die Abwägung nach → Rn. 16 muss ergeben haben, dass eine Sicherungsanordnung „gerechtfertigt" ist. Das ist dem Wortlaut nach weniger als „notwendig" oder gar „unvermeidbar" oder „zwingend". Bloß ratsam, sinnvoll oder förderlich darf eine Anordnung aber nicht sein. Eine Befriedigungsmöglichkeit trotz Sicherungsanordnung erst nach einem Hauptsacheausspruch reicht evtl. nicht, Celle NJW 2013, 3316.

18 **d) Glaubhaftmachung.** Sie reicht nach I 1 Hs. 2 Nr. 2 S. 2 hinsichtlich der Abwägung der beiderseitigen Interessen aus. Das soll überspannten Anforderungen an das Vorliegen „besonderer Nachteile für den Kläger" vorbeugen. Es liegt aber auch im Interesse des Bekl., sich nicht zB mit einer völlig lückenlosen Aufdeckung aller Einzelheiten seiner finanziellen oder ideellen Lage entblößen zu müssen. Überwiegende Wahrscheinlichkeit reicht zur Glaubhaftmachung wie stets nach § 294. Eine strafbewehrte eidesstattliche Versicherung ist nicht das allein zulässige Mittel. Eine anwaltliche Versicherung ist zulässig. Eine Beweisaufnahme müsste nach § 294 II „sofort" erfolgen können, um statthaft zu sein.

19 **V. Erhöhungsforderung, I 2.** Sogar bei einer restlichen Einzelforderung und natürlich erst recht bei wiederkehrenden und schon nach Rechtshängigkeit fällig gewordenen Geldforderungen mag es allein oder zumindest auch um einen Klägeranspruch auf eine Erhöhung des jeweiligen Betrags gehen, zB um eine Erhöhung von Miete oder Pacht. In diesen Fällen stellt I 2 klar, dass eine Sicherungsanordnung den Erhöhungsbetrag nicht umfasst. Eine solche Anordnung erstreckt sich nicht auch auf eine erst später nach § 283a behandelbare Erhöhungsforderung.

20 Das ist widersprüchlich gegenüber der Beschränkung auf fällig „gewordene" Forderungen. Denn danach darf das Gericht im Verfahren ohnehin nicht über erst später fällig „werdenden" Forderungen auch nur durch eine Sicherungsanordnung mitentscheiden.

21 **VI. Anordnungsverfahren, I. 1. Antrag, I 1.** Es ist ein Antrag des Klägers notwendig. Es gibt kein Verfahren von Amts wegen, auch wenn das Ausgangsverfahren mit einer Amtsermittlung erfolgt, wie evtl. nach § 26 FamFG, → Vor § 253 Rn. 14 (allgemein zur Amtsermittlung). Der Antrag ist eine Prozesshandlung, → Vor § 128 Rn. 54. Er kann auch konkludent erfolgen. Er ist auch im Berufungsverfahren statthaft, Lützenkirchen ZMR 2012, 605. Er kann zurückgenommen werden, solange noch keine Entscheidung über ihn vorliegt. Er braucht nicht das Wort „Sicherheitsleistung" zu enthalten. Ein Anwaltszwang besteht wie sonst unter den Voraussetzungen des § 78.

22 **2. Zuständigkeit, I 1.** Sie liegt ausdrücklich beim Prozessgericht, Lützenkirchen ZMR 2012, 605, also beim Kollegium oder bei dessen Einzelrichter und beim Amtsrichter oder Familienrichter des AG. Eine Übertragung nach §§ 348, 348a ist wie sonst statthaft, ebenso eine Rückübertragung.

3. Anhörung, I 1. Sie ist wie sonst statthaft und notwendig. Es gelten keine besonderen Fristen. Eine mündliche Verhandlung steht unabhängig von einem gerade auf sie gerichteten Antrag dem Prozessgericht nach § 128 IV frei, da es durch Beschluss entscheidet. 23

4. Beschlussinhalt und -form, I 3. Das Gericht entscheidet durch einen Beschluss. Das folgt schon aus der als Rechtsmittel vorgesehenen sofortigen Beschwerde nach §§ 567 ff. Das Gericht muss seine Sicherungsanordnung ebenso wie eine Zurückweisung des Antrags nach → § 329 Rn. 6 nachvollziehbar begründen. Kosten: KV Nr. 1211, 1222, 1223, 1232 GKG, § 19 I 2 Nr. 3 RVG. Eine Rechtsbehelfsbelehrung ist nach § 232 S. 1 erforderlich, soweit nicht § 232 S. 2, 3 eingreift. Das Gericht muss die Entscheidung schon nach § 329 III Fall 1 förmlich zustellen lassen. 24

5. Verstoß. Er bedeutet einen Verfahrensfehler. Dieser kann zur Zurückverweisung nach → § 572 Rn. 25 führen. 25

6. Rechtsmittel, I 3. → Rn. 35. 26

VII. Sicherheitsleistung, II. 1. Sicherungsart. Es gelten grundsätzlich §§ 108 ff. Denn die amtliche Überschrift von § 283a spricht zwar von einer „Sicherungsanordnung", der Text in I–IV nennt die Sicherung aber „Sicherheitsleistung". Vorrangig gilt zur Art wie zur Höhe dasjenige, was das Gericht ausdrücklich oder erkennbar unzweideutig angeordnet hat. Es handelt dabei nach pflichtgemäßem Ermessen im Rahmen des Sicherungszwecks und der §§ 108 ff. Das Gericht darf nach § 308 I nicht über eine etwa im Antrag vom Kläger gesetzte Obergrenze hinausgehen. 27

2. Sicherungsfrist. Das Gericht muss dem Bekl. zur Erbringung der Sicherheitsleistung eine angemessene Frist bestimmt haben, Naumb NZM 2017, 634 (beim Verstoß: § 940a III); aM Naumb NJW 2016, 1250 (beim Fehlen einer Frist keine Unwirksamkeit der Anordnung). Sie hat Vorrang vor §§ 108 ff. Hilfsweise gelten diese. Angemessen ist eine ohne unzumutbaren Aufwand an Kosten, Zeit und Mühe mögliche Dauer. Meist dürften 3–4 Wochen ausreichen. Mag der Bekl. mit nachvollziehbaren Gründen um eine Fristverlängerung bitten. Auch wegen der ersten oder etwaigen weiteren Frist muss das Gericht insofern nach § 329 II 2 Fall 2 förmlich zustellen. 28

VIII. Befriedigungsbefugnis, III. 1. Allgemeines. Der Anordnungsbeschluss nach I ist noch kein Vollstreckungstitel. Das gilt, obwohl nach § 794 I Nr. 3 an sich eine solche Entscheidung vollstreckbar ist. Gegen die Entscheidung ist eine Beschwerde statthaft, wie hier nach I 3. Denn III gibt dem Kläger erst unter weiteren Bedingungen ein Befriedigungsrecht aus der Sicherheit. Er muss nämlich „obsiegen", soweit es um den Streitpunkt ging, dessentwegen eine Sicherungsanordnung nach I ergangen war. 29

2. Streitbeendigung. Entweder muss ein Endurteil ergangen sein. Das richtet sich nach § 300. Es kann auch ein Teilurteil nach § 301 vorliegen. Die Instanz, in der die Sicherungszuordnung erfolgt, muss gerade zu der Geldforderung beendet sein. 30

Statt eines Endurteils mag auch eine anderweitige den Rechtsstreit beendende „Regelung" vorliegen. Das kann auch ein Prozessvergleich, Anh. § 307 oder ein Beschluss nach § 91a (beiderseitige wirksame Erledigungserklärungen) bzw. nach § 269 III 3 (Klagerücknahme) sein. Mit „den Rechtsstreit" in III ist der im Rahmen der Sicherungsanordnung vorhanden gewesenen Teil gemeint. Das ergibt sich aus dem Eingangswort „soweit" in III. 31

3. Ausspruch der Befriedigungsberechtigung. Zu den Bedingungen entweder → Rn. 29 und 30 oder → Rn. 29 und 31 muss schließlich ein eindeutiger „Ausspruch" des Gerichts dahin hinzutreten, dass der Kläger sich (insoweit) aus der (erfolgten) Sicherheit befriedigen darf. „Ausspruch" heißt: Ausdrückliche Erlaubnis mit unzweideutigem Inhalt, selbst wenn er nicht den Wortlaut von III enthält. Eine Berichtigung ist nach §§ 319, 329 statthaft und evtl. Gerichtspflicht. Auch eine Ergänzung lässt sich wegen Unanwendbarkeit des § 320 auf einen Beschluss im Ergebnis nach § 319 ermöglichen. Die Erlaubnis erfolgt wiederum in Beschlussform. Sie unterliegt daher denselben Regeln wie die Sicherungsanordnung nach → Rn. 24. Ein besonderer Klägerantrag ist statthaft und als Anregung zu dem von Amts wegen notwendigen Erlaubnisbeschluss auslegbar, aber nicht nötig. 32

IX. Schadensersatz, IV. Soweit dem Kläger trotz einer wirksam erfolgten Sicherungsanordnung nach I ein Anspruch in Höhe der Sicherheitsleistung nicht zusteht, gibt IV dem Bekl. einen Ersatzanspruch ähnlich wie zB §§ 717 II, 945. IV setzt nur voraus, dass objektiv kein Anspruch des Klägers auf die erhaltene Sicherheitsleistung bestand. Das Anordnungsverfahren nach → Rn. 21 ff. mag durchaus korrekt verlaufen sein. Der Kläger mag also durchaus einen Anspruch auf eine Anordnung nach I gehabt haben. Nur muss sich eben durch den weiteren Verlauf des Prozesses ergeben haben, dass in Wahrheit keine oder doch keine so hohe Sicherheitsforderung berechtigt war.§ 717 II 2 gilt nach § 283a IV 2 entsprechend. 33

Teil-Ersatz kann durchaus reichen. Das ergibt sich wiederum aus dem auch am Anfang von IV stehenden Wort „Soweit". 34

X. Rechtsmittel, I 3. Rechtsbehelfsbelehrung, Verstoß: §§ 232, 233 S. 2. Sowohl gegen eine ablehnende als auch gegen eine stattgebende Entscheidung in erster Instanz ist die sofortige Beschwerde nach § 567 statthaft, unter den Voraussetzungen der §§ 574 ff. auch die Rechtsbeschwerde. Nicht statthaft ist die sofortige Beschwerde bei einer Entscheidung in der Berufung, Horst MDR 2013, 249, 251. 35

Vorbemerkung zu § 284
Beweis

Schrifttum: Adloff, Vorlagepflichten und Beweisvereitelung im deutschen und französischen Zivilprozess, 2007, 45 ff.; Ahrens, Beweisermittlung für den deutschen Zivilprozess, FS Kerameus, 2009 1; Ahrens, Der Beweis im Zivilprozess, 2015; Balzer/Walther, Beweisaufnahme und Beweiswürdigung im Zivilprozess, 4. Aufl. 2018; Baumgärtel/Laumen/Prütting, Handbuch der Beweislast, 3 Bd., 4. Auflage 2019; Bender/Häcker/Schwarz, Tatsachenfeststellung vor Gericht, 5. Aufl. 2020; Berger, Beweisaufnahme vor dem Europäischen Gerichtshof, FS Schumann, 2001, 27; Bruns, Beweisverwertungsverbote im Familienrecht, NZFam 2021, 913; Diakonis, Grundfragen der Beweiserhebung von Amts wegen im Zivilprozess, 2014; Försterling, Neue Beweismöglichkeiten im elektronischen Zivilrechtsverkehr, 2016; Gottwald, Das flexible Beweismaß im englischen und deutschen Zivilprozeß, FS Henrich, 2000; Greger, Der (immer noch) so genannte Freibeweis, FS Gottwald, 2014, 207; Hamacher/Happe, Der Zeugenbeweis im arbeitsgerichtlichen Verfahren, NZA 2021, 665; Hensen/Keller, Der Anscheinsbeweis bei erkennbar glatten Gehwegen, NJW 2020, 3751; Jäckel, Beweisvereinbarungen im Zivilrecht,

2007; Jäckel, Das Beweisrecht der ZPO, 3. Aufl. 2020; Jäckel, Aktuelle Entwicklung des zivilprozessualen Beweisrechts, MDR 2018, 1037; Marauhn, Bausteine eines europäischen Beweisrechts, 2007; Meyke, Darlegen und Beweisen im Zivilprozess, 3. Aufl. 2016; Michel/von der Seipen, Der Schriftsatz des Anwalts im Zivilprozess, 6. Aufl. 2004; Nagel/Bajons, Beweis/Preuve/Evidence, Grundzüge des Beweisrechts in Europa, 2003; Rechberger, Maß für Maß im Zivilprozeß? Ein Beitrag zur Beweismaßdiskussion FS Baumgärtel, 1990; Rüssmann, Das flexible Beweismaß – eine juristische Entdeckung, FS Gottwald, 2014, 539; Schilken, Gedanken zum Anwendungsbereich von Strengbeweis und Freibeweis im Zivilverfahrensrecht, FS Kollhosser, 2004, 649; Schneider, Beweis und Beweiswürdigung, 5. Aufl. 1994; Schneider/Thiel, Zivilprozessuales Beweisrecht, 2008; Stürner, Beweisregeln und freie Beweiswürdigung im Zivilprozess der Europäischen Staaten, FS Picker, 2010, 809; Uth/Barthen, Der Anscheinsbeweis von Einwurf-Einschreiben, NJW 2021, 685.

Übersicht

1 **I. Systematik.** „Das Wahre ist gottähnlich; es erscheint nicht unmittelbar, wir müssen es aus seinen Manifestationen erraten" (Goethe, Wilhelm Meisters Wanderjahre III, 18. Kap.). §§ 284 ff. regeln die allgemeinen Grundlagen des Beweises, wie Beweisbedürftigkeit, Beweiswürdigung, Beweismaß. Es gibt eine Reihe von weiteren Regeln, die zusammen mit §§ 284 ff. das Beweisrecht betreffen, wie zB §§ 355 ff. (allgemeine Regeln über die konkrete Beweiserhebung), §§ 371 ff. (die einzelnen Beweismittel), §§ 478 ff. (Eid und eidesgleiche Bekräftigung), §§ 485 ff. (selbständiges Beweisverfahren), Scherpe ZZP 129, 153. Daneben sind auch die §§ 142–144 (Beweiserhebung von Amts wegen) und zB. § 294 (Glaubhaftmachung) von Bedeutung, MüKoZPO/Prütting Rn. 2. Ergänzt werden die Beweisvorschriften zB auch durch die Regelungen über den Ausschluss der Öffentlichkeit nach §§ 172 ff. GVG und durch § 174 III GVG, der unter bestimmten Voraussetzungen die Möglichkeit einer Geheimhaltungsanordnung enthält, Karlsr BeckRS 2020, 1927 (Prämienerhöhung des Krankenversicherers). Ferner kann das GeschGehG kann hier eine Rolle spielen. **Beweis** ist diejenige Tätigkeit des Gerichts und der Parteien, die das Gericht von der Wahrheit oder der Unwahrheit einer streitigen Tatsache überzeugen soll, → Rn. 29 Einzelheiten); → § 138 Rn. 11 ff. (Tatsachen in Abgrenzung zu Ansichten/Wertungen). Oft versteht man unter Beweis auch das Beweismittel oder das Beweisergebnis. Zu den verfassungsrechtlichen Grundlagen: Zuck NJW 2010, 3350.

2 **II. Regelungszweck.** Ziel des Beweisrechts ist die materiell-rechtlich richtige Entscheidung. Die Rechtsidee hat mehrere Komponenten. Von ihnen stellt die materielle Gerechtigkeit nur eine dar. Nicht selten ist nach der Beweislast entschieden werden, ohne dass das Gericht von der Wahrheit einer Behauptung überzeugt ist. Der für den modernen Prozess so außerordentlich wichtige Grundsatz freier Beweiswürdigung nach § 286 darf aber nicht zur Nachlässigkeit führen mit der Folge, dass der oft bequemere bzw. leichtere Weg einer Beweislastentscheidung gewählt wird. Auch der Anscheinsbeweis, → Rn. 34 ff., ist ein manchmal verlockender „Ausweg", wenn die Durchführung einer vollen Beweisaufnahme mit ihren Mühen droht. Er ist andererseits ein elegantes Mittel, die Unsicherheiten insbesondere eines Zeugenbeweises zu umgehen, vgl. Schneider, Beweis und Beweiswürdigung; Hamacher/Happe NZA 2021, 665 (zu den Wahrnehmungs- und Wiedergabefähigkeiten eines Zeugen). Wichtig sind die sorgfältige Herausarbeitung der Beweisbedürftigkeit und die richtige Anwendung der Beweismethode.

3 **III. Geltungsbereich.** → Vor § 253 Rn. 6 ff. Die Vorschriften über den Beweis gelten in allen Verfahrensarten nach der ZPO, auch im WEG-Verfahren. Immer dann, wenn eine Tatsache streitig, entscheidungserheblich und beweisbedürftig ist, ist grundsätzlich bei einem ordnungsgemäßen Beweisangebot bzw. von Amts wegen Beweis zu erheben. Besonderheiten ergeben sich aus den Beweislastregeln, → § 138 Rn. 21 ff.; → Anh. § 286 Rn. 1 ff. (Beispiele); → § 138 Rn. 11 ff. (Abgrenzung Tatsachen/Rechtsansichten); → Rn. 4 (im Einzelnen); → Vor § 253 Rn. 14 (zur Zulässigkeit); → Vor § 253 Rn. 50 ff. und → § 139 Rn. 23 (zur Relationsmethode/einzelne Stationen). Im FamFG-Verfahren gilt § 29 FamFG.

4 **IV. Beweisbedürftigkeit.** Das Gericht muss jeden ihm ordnungsmäßig unterbreiteten Zivilprozessfall entscheiden. Es darf eine Entscheidung niemals mangels genügender Klärung ablehnen. Im Rahmen der Parteiherrschaft, des Beibringungsgrundsatzes und des Dispositionsgrundsatzes, → Vor § 128 Rn. 20 ff., muss das Gericht alles zur Klärung Geeignete und Erforderliche tun. Die Partei hat infolge des Justizanspruchs grundsätzlich auch ein Recht auf Beweis, soweit Beweisbedürftigkeit besteht, Habscheid ZZP 1996, 306. Das gilt auch bei sehr großer Unwahrscheinlichkeit der behaupteten Beweisbarkeit, BVerfG NVwZ 1987, 786. Beweisbedürftigkeit besteht grundsätzlich nicht nur für die entscheidungserheblichen Tatsachen zur Begründetheit, sondern auch für

die bestrittenen Tatsachen, die für die Zulässigkeit von Bedeutung sind, auch wenn diese von Amts wegen geprüft werden müssen; denn auch hier gilt der Beibringungsgrundsatz, → Vor § 253 Rn. 14; zu den Besonderheiten der Prozessfähigkeit → Vor § 253 Rn. 22 (Prozessfähigkeit). Die Zulässigkeitsfragen sind auch grundsätzlich vor der Begründetheit zu prüfen, so dass uU zunächst nur eine Beweisaufnahme zu den Zulässigkeitsfragen erfolgt; das steht im Ermessen des Gerichts, → Vor § 253 Rn. 17 ff. (zum Vorrang).

Beweis ist grundsätzlich zu erheben, wenn die **entscheidungserheblichen** Tatsachen streitig und beweisbedürftig sind und ordnungsgemäß Beweis angeboten wurde oder eine Beweiserhebung von Amts wegen durchzuführen ist, → Rn. 4. Soweit es um die Begründetheit geht, setzt dies zunächst einen schlüssigen Klägervortrag voraus, dh nach dem tatsächlichen Vorbringen des Klägers muss eine Anspruchsgrundlage zu bejahen sein, die sein Klageziel (Antrag) ergibt **(= Klägerstation);** weiter muss der Tatsachenvortrag des Bekl. erheblich sein, dh nach seiner vom Klägervortrag abweichenden tatsächlichen Darstellung müssen die anspruchsbegründenden Voraussetzungen zu verneinen oder eine **Einrede iSd ZPO,** → § 139 Rn. 64 „Einreden", muss zu bejahen sein **(= Beklagtenstation);** hinzu kommt uU, dass der Kläger wiederum erheblich zu der Einrede iSd ZPO vorträgt **(Replik/Duplik).** Das alles gehört zu der sog. **Relationsmethode;** diese war schon immer für eine strukturierte Bearbeitung eines Zivilrechtsfalles unabdingbar; jedoch trat sie nach Wegfall der Hausarbeit in der zweiten juristischen Prüfung teilweise etwas zurück; sie hat aber durch § 139 I 3, insbesondere aber durch die Digitalisierung und damit einhergehend durch das Bedürfnis, mithilfe der modernen Technik von vorneherein den Sach- und Streitstand eines Zivilprozesses optimal zu strukturieren, zu Recht eine Renaissance erfahren, MüKoZPO/Prütting Rn. 9 ff.; Anders/Gehle Assessorexamen ZivilR A Rn. 89 ff.; → Vor § 253 Rn. 50 ff.; → § 139 Rn. 23 (jeweils zur Relationsmethode), → § 139 Rn. 42 ff., insbesondere Rn. 47 zu den betreffenden rechtspolitischen Überlegungen und Entwicklungen, Stichwort **„relationsmäßiges Basisdokument".** 5

Grundlage für die rechtliche Bewertung eines Zivilprozessrechtsfalles nach der Relationsmethode sind die von den Parteien vorgetragenen Tatsachen. Daher muss das Gericht zunächst den **Sachverhalt** erarbeiten, dh es muss geklärt werden, welche Tatsachen vorgetragen wurden und welche zugestanden oder streitig sind, → Vor § 253 Rn. 53; → § 138 Rn. 21 ff. (Darlegung/Substantiierung), 27 ff. (Bestreiten), 45 (Nichtbestreiten, § 138 III); → § 138 Rn. 52 ff. (Bestreiten mit Nichtwissen). In diesem Zusammenhang hat auch eine Abgrenzung zu den Rechtsansichten zu erfolgen, die für das Gericht nicht bindend sind. Bei der rechtlichen Prüfung muss sich das Gericht dann unter Zugrundelegen der eventuell unterschiedlichen Sachvorträge der Parteien mit der Frage auseinandersetzen, ob der Darlegungspflichtige, → § 138 Rn. 21, hinreichend substantiiert vorgetragen und der Gegner hinreichend bestritten hat, → § 138 Rn. 27 ff. In diesen Zusammenhang gehört auch die Frage, ob die Partei sich zulässigerweise auf Urkunden beruft, BGH NJW-RR 2018, 1534 (Berufung auf ein Strafurteil). Ergibt sich nach alledem die Schlüssigkeit des Klägervortrages und die Erheblichkeit des Bekl.-Vortrages, muss die Frage der Beweisbedürftigkeit jeder einzelnen entscheidungserheblichen Tatsache behandelt werden; → Vor § 253 Rn. 55 ff. 6

Nicht beweisbedürftig sind offenkundige Tatsachen nach § 291 sowie Tatsachen, die aufgrund von Indizien oder gesetzlichen (§ 292), bzw. tatsächlichen Vermutungen feststehen, Anders/Gehle Assessorexamen ZivilR A Rn. 140 ff.; Laumen MDR 2020, 193; → Rn. 34 ff. § 291 betrifft nur die dem Zeugenbeweis zugänglichen Tatsachen, nicht dagegen Erfahrungssätze, die ggf mit Hilfe eines Sachverständigen zu ermitteln sind, BGH GRUR-RS 2021, 18696 Rn. 25; → Rn. 29 ff. (zum Tatsachenbegriff). Allerdings muss in Fällen der fehlenden Beweisbedürftigkeit Art. 103 I GG beachtet werden; geht das Gericht zB von eigener Sachkunde aus und holt deshalb kein Gutachten ein, muss es die Parteien darauf hinweisen und ihnen Gelegenheit zum Gegenbeweis geben, BVerfG NJW 2021, 50. Keine Beweisbedürftigkeit ist auch gegeben, wenn das Gericht in Einzelfällen rechtlich oder tatsächlich gebunden ist, so dass es dann von einer bestimmten rechtlichen Wertung oder von bestimmten Tatsachen ausgehen muss, → Rn. 11. 7

Wird die Beweisbedürftigkeit bejaht, hängt eine Beweiserhebung davon ab, ob ein Beweis von Amts wegen zu erheben ist, → Rn. 5, oder ob die beweisbelastete Partei **ordnungsgemäß Beweis** angetreten hat, → § 139 Rn. 36 ff.; die Beweislast richtet ich grundsätzlich nach der Darlegungslast, → § 138 Rn. 25 ff. 8

Bei **mehreren** beweisbedürftigen Fragen sollte das Gericht kostenschonend vorgehen und die erforderliche Beweisaufnahme möglichst in einem mündlichen Verhandlungstermin vollständig durchführen. Es darf aber auch die Prozesswirtschaftlichkeit beachten und zunächst denjenigen Beweis erheben, der die weitere Beweisaufnahme möglicher Weise erübrigen könnte, selbst wenn er teuer ist, etwa beim Sachverständigen nach § 402. Sobald sich die Entscheidungsreife ergibt, ist eine weitere Beweiserhebung nicht mehr statthaft. Hier ist viel Fingerspitzengefühl nötig. Ein weites Ermessen wegen der Reihenfolge bleibt indes bestehen. 9

Von Amts wegen darf das Gericht nach § 144 Beweis erheben, → Rn. 46, soweit er in einem Augenschein nach § 371 besteht oder in der Zuziehung von Sachverständigen nach §§ 402 ff., der Heranziehung von Urkunden nach §§ 420 ff., in der Vernehmung einer Partei nach § 448 besteht oder soweit der Ermittlungsgrundsatz gilt, vor allem in einer FamFG-Sache nach § 29 FamFG und bei Zulässigkeitsfragen, → Vor § 253 Rn. 14. Im Übrigen gelten die Parteiherrschaft, der Beibringungsgrundsatz und der Dispositionsgrundsatz, Habscheid ZZP 1996, 309; → Vor § 128 Rn. 20 ff., Bei einem nicht ordnungsgemäßen Beweisantritt muss das Gericht uU von den Parteien einen solchen fordern, BVerfG NJW 1994, 1211; → § 139 Rn. 36. 10

Die Parteien müssen den Beweis nach den Vorschriften der ZPO erbringen, dh ihn führen. In Wahrheit haben sie aber keine prozessuale Pflicht, sondern nur eine Obliegenheit. Deren Nichteinhaltung kann zum Unterliegen wegen Beweisfälligkeit führen. Der so häufig missbrauchte Ausdruck „unter Beweis stellen" bedeutet nach § 282 nicht beweisen, den Beweis erbringen, sondern den Beweis antreten, dh einen ordnungsgemäßen Beweisantrag stellen. 11

Im Einzelfall stehen streitige und entscheidungserhebliche Tatsachen auch **ohne Beweisaufnahme** fest, wie zB bei offenkundigen Tatschen, → Rn. 7. Darüber hinaus muss das Gericht im Einzelfall von bestimmten Tatsachen ausgehen, ohne eine Beweisaufnahme durchzuführen; insoweit besteht teilweise eine Bindungswirkung. 12

Beispiele zur Einschränkung der Beweisbedürftigkeit

Anerkenntnis und Verzicht: Beweis ist nicht zu erheben bei einem Anerkenntnis des Bekl. nach § 307 oder bei einem Verzicht des Klägers nach § 306, weil in solchen Fällen ein entsprechendes Urteil unabhängig von der Rechtslage ergeht. 13

Antrag: Das Gericht ist durch den Antrag nach § 308 gebunden.

Grundurteil: Bindung in Bezug auf die bereits entschiedenen Fragen, § 304.
Nebeninterventionswirkung: Nach § 68 Bindung in tatsächlicher oder rechtlicher Hinsicht.
Unerlaubte Handlung: Wird das Gerichts der unerlaubten Handlung nach § 32 angerufen, dürfen andere Anspruchsgrundlagen geprüft werden, BGH NJW 2003, 828; → § 281 Rn. 4 „Mehrheit von Anspruchsgrundlagen".
Verwaltungsgerichtliches Urteil: Nach § 121 Nr. 1 VwGO binden solche Urteile die Beteiligten, zu denen auch die Beigeladenen gehören, soweit über den Streitgegenstand entschieden worden ist, BGH BeckRS 2020, 36575 = WuM 2021, 185 (Baugenehmigung-Unterlassung von Lärmbelästigungen vom Nachbargrundstück).
Zwischenurteil: „Grundurteil", §§ 280, 303.

14 **V. Beweisgrad.** Nach dem Grad von Anforderungen an die Überzeugungskraft kann man drei Beweisarten unterscheiden.

15 **1. Strengbeweis.** Beim Strengbeweis soll mit den Beweismitteln nach §§ 355 ff. die volle Überzeugungsbildung des Gerichts herbeigeführt werden, Thomas/Putzo/Seiler Vor § 284 Rn. 4; vgl. auch BGH NJW 2019, 2092 zum Beweismaß nach § 286 und § 287 (Primär- und Folgeschäden).

16 **2. Glaubhaftmachung.** Es gibt einen geringeren, für gewisse Fälle ausreichenden Beweis, die Glaubhaftmachung nach § 294; diese muss im Gesetz zugelassen sein.

17 **3. Freibeweis.** Beim Freibeweis muss auch die volle Überzeugung des Gerichts herbeigeführt werden; lediglich das Verfahren einschließlich des Erfordernisses eines Beweisangebotes sowie die Beweismittel stehen im Ermessen des Gerichts, BGH NJW-RR 2012, 509 Rn. 9 (Berufungsbegründungsfrist); NJW 2019, 76 Rn. 34 (zum Beweisantrag); NJW 2008, 1533 (Beschwerdeverfahren); Thomas/Putzo/Seiler Rn. 2. Der Freibeweis unterscheidet sich vom Strengbeweis nur durch die Mittel für Überzeugungsbildung, die von §§ 355 ff. unabhängig ist. Das Gericht darf unabhängig von einem Antrag der Parteien zB telefonieren, faxen oder elektronisch vorgehen, auch schriftliche Auskünfte einholen. Ein Freibeweis wird für Gesichtspunkte für zulässig angesehen, die von Amts wegen zu prüfen sind, → Vor § 128 Rn. 15 und 37 f. (allgemein zur Prüfung von Amts wegen), zB bei der Feststellung eines Erfahrungssatzes, Prütting/Gehrlein/Laumen § 284 Rn. 11; Thomas/Putzo/Seiler Vorb. § 284 Rn. 6, 15; → Rn. 34; aA MüKoZPO/Prütting Rn. 36, ferner in gewissen Grenzen im Prozesskostenhilfeverfahren nach § 118, in solchen Verfahrensabschnitten, in denen das Gericht ohne mündliche Verhandlung entscheidet, etwa im Beschwerdeverfahren nach §§ 567 ff., BGH NJW 2008, 1533, und bei der Ermittlung ausländischen Rechts nach § 293. Wegen einer amtlichen Auskunft → Vor § 373 Rn. 31.

18 Ein Freibeweis wurde von der Rspr. grundsätzlich ohne gesetzliche Regelung auch immer bei der Feststellung der von Amts wegen zu prüfenden **Zulässigkeitsvoraussetzungen** und den Voraussetzungen für die **Zulässigkeit** des **Rechtsmittels,** zugelassen, BGH NJW 2000, 289; 1994, 2549; KG MDR 1986, 1032, während die Literatur dies weitgehend kritisierte Greger FS Gottwald, 2014, 207 („Schimäre"); MüKoZPO/ § 284 Rn. 27 (zum Streit im Einzelnen); vgl. auch → Vor § 253 Rn. 14 ff. (allgemein zu den Zulässigkeitsvoraussetzungen). Ein Freibeweis ist nach § 284 S. 2–4 seit September 2004 im Falle des Einverständnisses der Parteien immer möglich; diese Vorschrift ist schon vom Gesetzeswortlaut nicht auf Begründetheitsfragen beschränkt, so dass jedenfalls ein Freibeweis bei allen von Amts wegen zu ermittelnden Fragen bei Einverständnis der Parteien bei Zulässigkeitsfragen möglich sein kann, zumal es keine Rangfolge zwischen der Zulässigkeit und Begründetheit gibt, so auch: Prütting/Gehrlein/Laumen § 284 Rn. 21; aA MüKoZPO/Prütting Rn. 27 (§ 284 S. 2 soll sich nur auf die Begründetheit beziehen). Die Rspr. hält allerdings auch weiterhin aus prozessökonomischen Gründen außerhalb des Anwendungsbereichs des § 284 S. 2 bei von Amts wegen zu ermittelnden Fragen grundsätzlich den Freibeweis für zulässig, BGH NJW 2019, 76 Rn. 34 (internationale Zuständigkeit), 2011,778; 2010, 23033 (Prozessführungsbefugnis); 2008, 1531 (Beschwerdeverfahren); 2005, 3501 (Zulässigkeit von Rechtsmitteln). Ein derart weiter Anwendungsbereich außerhalb der gesetzlichen Regelung ist nach unserer Auffassung aber mit den Grundsätzen der Unmittelbarkeit nach § 355 und der Parteiöffentlichkeit nach § 357 nicht in Einklang zu bringen, so auch Prütting/Gehrlein/Laumen § 284 Rn. 21; MüKoZPO/Prütting § 284 Rn. 28; Musielak/Voit/Foerste Rn. 5; Zöller/Greger § 284 Rn. 1b. Deshalb wird insoweit auf den Einzelfall abzustellen sein, wobei ein Freibeweis nur unter den Voraussetzungen des § 284 S. 2 erfolgen sollte, wenn die beweisbedürftige Tatsache unmittelbar Einfluss auf die Endentscheidung hat, was bei Zulässigkeitsfragen zur Klage und zu den Rechtsmitteln der Fall ist, so auch: Prütting/Gehrlein/Laumen § 284 Rn. 21.

19 Wenn dem Gericht ein Freibeweismittel in den zulässigen Fällen, wie zB eidesstattliche Versicherungen zu den Voraussetzungen der Zulässigkeit eines Rechtsmittels, nicht ausreicht, muss es in jedem Fall die Parteien nach **§ 139** darauf hinweisen und ihnen Gelegenheit zu herkömmlichen Beweisangeboten geben, BGH NJW -RR 2020, 501; 2012, 509 Rn. 12 (Zulässigkeit des Rechtsmittels); Thomas/Putzo/Seiler Vorb § 284 Rn. 6, → Vor § 128 Rn. 53 „Berufung". In einer anwaltlichen Versicherung liegt im Zweifel konkludent auch das Angebot zur Vernehmung des Anwalts als Zeugen, BGH NJW-RR 2010, 217; Thomas/Putzo/Seiler Rn. 6.

20 **VI. Beweisrichtung. 1. Hauptbeweis.** Man unterscheidet nach den Begrifflichkeiten drei Arten von Beweisen, den Hauptbeweis, den Gegenbeweis und den Beweis des Gegenteils. Der Hauptbeweis ist von dem Beweispflichtige zu erbringen und liefert die Tatbestandsmerkmale des anzuwendenden Rechtssatzes, → § 138 Rn. 25 (Beweislast). Er liegt dann vor, wenn das Gericht nach § 286 von den entsprechenden Tatsachen überzeugt ist, BGH JR 1978, 418. Das Fehlen eines Gegenbeweises nach → Rn. 21 reicht nicht zum Hauptbeweis aus, BAG DB 2003, 724.

21 **2. Gegenbeweis/Beweis des Gegenteils.** Es gibt den Gegenbeweis. Ihn erbringt die nicht beweispflichtige Gegenpartei zum Beweis des Gegenteils der Behauptung des beweisbelasteten Beweisführers, BGH VersR 2016, 663. Er liegt grundsätzlich erst dann vor, wenn das Gericht vom Gegenteil der vom Beweisführer zu erbringenden Tatsache nach § 286 überzeugt ist, also nicht schon dann, wenn man durch ihn die Überzeugung des Gerichts von der zu beweisenden Tatsache lediglich erschüttern kann, BVerfG NJW 1992, 225; BGH NJW 1990, 2125; Köln GRUR-RR 2014, 281; Der sog. **„Beweis des Gegenteils"** ist ein Hauptbeweis; er kommt vor allem dann in Betracht, wenn eine gesetzliche Vermutung für ein Tatbestandsmerkmal spricht, BAG ZIP 1998, 1810; Prütting/Gehrlein/Laumen § 284 Rn. 15. Ein Gegenbeweis ist auch geführt, wenn eine gesetzliche Vermutung oder Beweisregel entkräftet wird, BGH NJW 2002, 3028, wie bei §§ 292, 415 II, 445 II, Düss MDR 1995, 959; Köln GRUR-RR 2014, 281; → Rn. 20.

3. Negativbeweis. Es ist der Beweis über das Nichtvorliegen einer Tatsache, → Rn. 29; er kann als Haupt- oder als Gegenbeweis erforderlich sein, BGH VersR 2011, 818; Stieper ZZP 123, 48. Das gilt zB dann, wenn eine anspruchsbegründende oder -vernichtende Vorschrift im Tatbestand das Nichtvorhandensein eines meist subjektiven Umstands voraussetzt, wie zB in § 812 I das Merkmal „ohne Rechtsgrund", BGH NJW 1985, 1775; BAG NJW 2004, 702. 22

VII. Unmittelbarer/Mittelbarer Beweis. Nach dem Grad von Annäherung an die umstrittene tatsächliche beweisbedürftige Tatsache kann man zwei Beweisarten unterscheiden. 23

1. Unmittelbarer Beweis. Es gibt den unmittelbaren, direkten Beweis. Er soll unmittelbar das Vorliegen der Beweistatsachen ergeben, → Rn. 29. 24

2. Mittelbarer Beweis/Indizienbeweis. Es gibt den mittelbaren, indirekten, dh den Indizienbeweis, der vom Anscheinsbeweis unterschieden werden muss, BGH NZM 2017, 817; NJW 2004. 3423; BAG NJW 1993, 613; Kayser WM 2003, 295. Beim Anscheinsbeweis schließt der Richter kraft seiner Lebenserfahrung aus Tatsachen auf das Vorliegen oder Fehlen der unmittelbaren Beweistatsachen, → Rn. 34 (Erfahrungssatz); unter Indizien versteht man Tatsachen, die nach Überzeugung des Gerichts für sich allein oder in ihrer Gesamtheit den Rückschluss auf das Vorliegen der Haupttatsache zulassen; mit ihnen wird ein mittelbarer Beweis geführt, BGH NZM 2017, 817; NJW 2009, 3423; NJW-RR 2007, 312;2001, 887; 1992, 1338; Köln NJW-RR 2011, 1322; BAG NJW 2004, 2848; Kayser WM 2013, 295. Hauptsächlich findet der reine Indizienbeweis bei inneren Tatsachen statt, wie zB bei Arglist, Vorsatz oder Kenntnis, BGH NJW 1992, 1899. Zur Indizwirkung beim Mietspiegel vgl. BGH NJW 2013, 2963. 25

Von den Indizien zu unterscheiden sind **Hilfstatsachen des Beweises,** dh Tatsachen, die nur der Würdigung von Beweismitteln oder Indizien nach § 286 dienen, nicht aber den Schluss auf die zu beweisende Tatsache selbst zulassen; diese vermitteln zB Erkenntnisse zur Glaubwürdigkeit oder Unglaubwürdigkeit eines Zeugen nach § 286, BGH NJW 1992, 1899; Lange DRiZ 1985, 2; vgl. auch (Hilfstatsachen des Beweises als Indizien). Sie sind die Grundlage der Beweiseinreden nach § 282. Soweit Prütting, MüKoZPO/Prütting Rn. 24, die Hilfstatsachen des Beweises ebenfalls als Indizien bezeichnet, handelt es sich um eine Frage der Terminologie, bei der durch eine Umschreibung Klarheit geschaffen wird, → Rn. 34 (zur Terminologie bei Erfahrungssätzen) 26

Für den Indizienbeweis gelten die gewöhnlichen Regeln der Beweisführung, BGH NJW-RR 1988, 412. Der Richter darf den Antritt eines mittelbaren statt eines unmittelbaren Beweises nicht von vornherein zurückweisen oder unbeachtet lassen, BGH NJW-RR 1990, 127. Das gilt auch dann, wenn sein Beweiswert, zB beim Zeugen vom Hörensagen, manchmal nur gering ist, BVerfG NJW 1994, 2347; NJW 1984, 2040; Mü NJW 1986, 263. Es ist eine Gesamtschau erforderlich, BGH NJW-RR 1994, 1113. Das Gericht ist berechtigt, sich in freier Beweiswürdigung ausschließlich auf Indizien zu stützen, BGH NJW 2004, 3423. Liegt aber ein Beweisangebot zur Haupttatsache vor, darf es nicht übergangen werden, wenn aufgrund von Indizien ohne den direkten Beweis das Gegenteil feststehen würde, BGH MDR 2009, 936; NJW-RR 2002, 1072. 27

Verwertbar sind Indizien nur, wenn sie unbestritten oder bewiesen sind. Daher können die ihr zugrundeliegenden Tatsachen selbst Gegenstand einer Beweisaufnahme sein; die beweisbelastete Partei braucht nicht einmal Beweis für die Haupttatsache anzubieten, vielmehr kann sie allein die Indizien unter Beweis stellen, BGH NJW 1992, 1899. Beweisbedürftig sind die Indiztatsachen jedoch nur, wenn feststeht, dass sie den Schluss auf die Haupttatsache zulassen, dh ihnen muss ein logisch oder naturwissenschaftlich begründbarer Beweiswert zukommen, BGH BeckRS 2014, 14952; NJW-RR 2013, 743; NJW 2012, 12427; Anders/Gehle Assessorexamen ZivilR F Rn. 93 (mit Beispielen). 28

VIII. Beweisgegenstand. 1. Tatsachenbegriff. Beweisgegenstand sind nur Tatsachen; Rechtssätze unterliegen wegen Art. 20 III GG grundsätzlich nicht der freien Beweiswürdigung, Ffm Rpfleger 1987, 34; → § 138 Rn. 11 ff. Trotzdem zählen die Rechtssätze bei § 293 zu den Beweistatsachen. Indessen findet dann nach → § 293 Rn. 12 nicht ein wirklicher Beweis statt. 29

Regelmäßig stellt man Tatsachen in den Gegensatz zu Werturteilen oder Urteilen, BGH MDR 2017, 839; NJW 1982, 2249, → § 138 Rn. 11 ff. Dabei sind Tatsachen konkrete, nach Zeit und Raum bestimmte, der Vergangenheit oder der Gegenwart angehörige Geschehnisse oder Zustände der Außenwelt und des menschlichen Seelenlebens, BVerfG NJW 1993, 2165; BGH MDR 2017, 839; NJW 1998, 1224; BPatG GRUR 2013, 173; → Vor § 128 Rn. 36 f. (Würdigungsfreiheit des Gerichts); → § 138 Rn. 11 ff. Der Mensch nimmt alle gegenständlichen Vorgänge mit den Sinnen auf und verarbeitet sie mit dem Verstand. An ihn selbst, und erst recht durch ihn an Dritte treten sie ausnahmslos in der Form eines Urteils heran. Ob dieses mehr oder weniger gefärbt ausfällt, mehr oder weniger „Werturteil" ist, hängt von vielem ab, Köln NJW 1998, 237. So ist der Zeuge ein unsicheres Beweismittel, weil die menschliche Wahrnehmung und Erinnerung fehleranfällig ist und darüber hinaus auch maßgeblich ist, ob der Zeuge eine Bereitschaft hat, sich an die Fakten zu halten, Hamacher/Happe NZA 2021, 665; → Rn. 58. 30

Nach richtiger Auffassung ist Tatsache jeder äußere oder innere Vorgang, der der Nachprüfung durch Dritte offensteht. Das ist bei der Auslegung einer Willenserklärung, eines Rechtsgeschäfts oder einer Urkunde nach §§ 133, 157 BGB nicht der Fall, vielmehr handelt es sich dabei um eine Rechtsfrage, BGH NJW-RR 1989, 1282. Häufig werden dem Richter Beweistatsachen durch eine Mittelsperson, wie zB einen Zeugen zugänglich. Er empfängt dann als Tatsache, was diese Person als Tatsache beurteilt. Bekundet ein Zeuge die Ermordung eines Menschen, so bekundet er eine Tatsachenfülle. Behauptet der Zeuge, jemand sei Erbe des Ermordeten, so zieht er einen Schluss aus Tatsachen und gibt damit ein wirkliches reines Urteil ab. Es bezieht sich nicht auf Tatsachen, Vorgänge, sondern auf die Folge eines Vorgangs. Man muss ein solches Urteil von Tatsachen klar unterscheiden. Da grundsätzlich nur Tatsachen dem Beweis zugänglich sind, kann folgende Kontrollfrage weiterhelfen: „Was ist, wenn der Zeuge den Vortrag der Partei bestätigt; kann dann das Gericht bei Glaubwürdigkeit des Zeuge davon ausgehen oder muss es unabhängig davon eine eigene rechtliche Wertung vornehmen?", BGH MDR 2017, 839; Anders/Gehle Assessorexamen ZivilR A Rn. 29; → § 138 Rn. 11 ff. Bei der Abgrenzung der Tatsachen von den Werturteilen stellen manche auch darauf ab, ob eine objektive Klärung möglich ist oder ob eine subjektive Wertung ganz im Vordergrund steht, BGH NJW 1978, 751. Andere lassen maßgeblich sein, ob eine Beurteilung als richtig oder falsch erlaubt ist (Tatsache) oder ob der Streit noch nicht beendet ist, Tillmann NJW 1975, 761. 31

32 **2. Innere Tatsache.** Innere Tatsachen nennt man Vorgänge des Seelenlebens im Gegensatz zu äußeren Tatsachen, dh einen inneren Zustand, BAG NZA 2015, 104 Zu den inneren Tatsachen gehören Wissen, BAG MDR 2012, 372, Beweggründe, Absichten, Überlegungen und Willensrichtungen, BVerfG NJW 1993, 2165; BGH VersR 1998, 195; Karlsr WM 2014, 1041, der Vorsatz, BAG NJW 2011, 2905, eine Empfindung, BGH NJW 1986, 1542, ferner ein Kenntnisstand, BGH NJW-RR 2004, 248. Sie sind mustermäßige „Urteile", die aber möglicherweise durch Indizien nachweisbar sind, → Rn. 27. Der Parteivortrag ist bdarauf prüfen, ob seine Auslegung auch auf die Behauptung einer inneren Tatsache hinausläuft, etwa eine Absicht, BGH VersR 1998, 195. Zu den inneren Tatsachen gehören auch unmögliche oder unterbliebene (negative). Das Gericht muss bei der Beweiswürdigung auch immer berücksichtigen, aufgrund welcher Umstände der Zeuge von der inneren Tatsache Kenntnis erlangt haben will, BGH NJW-RR 2004, 248.

33 **3. Juristische Tatsache.** Solche Tatsachen, die auch **Rechtstatsachen** genannt werden, enthalten die rechtliche Beurteilung eines Vorgangs, zB als Darlehen, als Kauf, BGH NJW 1999, 3481, als Schenkung, als Erbschaft oder als Geschäftsfähigkeit, BGH NJW-RR 2003, 1146, als Kündigung, als öffentlicher Weg, BGH NJW 1998, 2058 (2060), also eine Einordnung unter Rechtssätze. Sie sind begrifflich keine Beweistatsachen, sondern reine Wertungen, die eigentlich Teil der richterlichen Tätigkeit sind, → Vor § 128 Rn. 36 f. Man kann mit Rücksicht auf den Bildungsgrad und die Begabung der Mittelsperson und die Einfachheit und Geläufigkeit des Begriffs aber im Einzelfall den juristischen Begriff anstelle der zugrunde liegenden Tatsachen ausreichen lassen, dh. ein einfacher und geläufiger Rechtsbegriff kann im Einzelfall als Tatsache bewertet werden, zB ein einfacher Kauf, die Erteilung eines Auftrags, vereinzelt sogar Eigentum. Wird von den Parteien übereinstimmend ein Rechtsbegriff des täglichen Lebens verwendet, und bestehen keine Anhaltspunkte dafür, dass die Parteien ihn falsch verstanden haben, kann der Begriff wie eine Tatsache der rechtlichen Wertung zugrunde gelegt werden; es wäre ein reiner Formalismus, wollte man in diesen Fällen die Parteien zwingen, alle dem Kaufvertrag zugrunde liegenden Tatsachen vorzutragen; das ist nur erforderlich, wenn die Parteien streiten oder wenn sie den juristischen Begriff möglicherweise nicht oder falsch verstanden haben BVerfG NJW 2019, 419 Rn. 17; BGH NJW-RR 2007, 1563 Rn. 16; 2006, 281; 2003, 1578; NJW 1998, 2058; Mü NZM 2015, 388 Rn. 32; Anders/Gehle Assessorexamen ZivilR A Rn. 31; → § 138 Rn. 11, 52 (Anwendbarkeit von § 138 III). Auch wenn die genannten Voraussetzungen erfüllt sind, kann nicht von dem Rechtsbegriff als Tatsache ausgegangen werden, wenn die darlegungspflichtige Partei gleichzeitig widersprechende Tatsachen vorträgt, Kobl NJW 1993, 572. Einem Beweis sind die Rechtstatsachen nicht zugänglich, sondern nur die zugrunde liegenden Tatsachen. Keine Beweistatsache ist zB der Begriff „höhere Gewalt". Wohl aber ist eine Beweistatsache zB der die höhere Gewalt angeblich auslösende Sturm. Reine Urteile sind auch die sog. technischen Tatsachen, also solche Schlüsse, die man wegen seiner besonderen Sachkunde aus Vorgängen zieht, wie den Tod infolge einer Körperverletzung oder die Zahlungseinstellung. Für sie gilt dasselbe wie für die juristischen Tatsachen. Andere reine Urteile sind prozessual belanglos.

34 **4. Erfahrungssätze/Anscheinsbeweis/Vermutungen.** Dazu Konzen, Normtatsachen und Erfahrungssätze, FS Gaul, 1997, 335; Zwade/Konrad, Tatsächliche Vermutung im Kartellschadensprozess, NJW 2020, 807.

35 **a) Allgemeines zu Erfahrungssätzen.** Bei jeder Beweiswürdigung spielen Erfahrungen des täglichen Lebens eine wichtige Rolle, da auch unmittelbar gewonnene Beweisergebnisse nur unter Rückgriff hierauf gewürdigt werden können, BGH NJW 1963, 953; Anders/Gehle Assessorexamen ZivilR F Rn. 114. Das gilt für den Anscheinsbeweis, → Rn. 38 f. und für die gesetzlichen und tatsächlichen Vermutungen, → Rn. 41 ff., aber auch für die Indizien, → Rn. 25 ff. Die Lösungsansätze dieser Konstruktionen überlappen sich teilweise; es werden aber verschiedene begriffliche Ansätze verwendet; daher sollte man immer bei der Lösung praktischer Fälle den Zusammenhang von tatsächlicher Grundlage, Erfahrungssatz und Folge klarstellen und keinen Schwerpunkt auf die Begrifflichkeit legen, Baumgärtel/Laumen/Prütting/Laumen Beweislast Kap. 19 Rn. 44; Anders/Gehle Assessorexamen ZivilR F Rn. 114; → Rn. 26 (zu Indizien). Der aus dem Erfahrungssatz gezogene Schluss kann sich auf Tatsachen und auf normative Tatbestandsmerkmale beziehen, BGH NJW 2004, 3623 (Verschulden); 2002, 3165 (verwerfliche Gesinnung); KG NZV 2002, 79 (Verschulden), ohne dass es darauf ankommt, welche von mehreren Sachverhaltsvarianten genau den Vorwurf trägt, BGH NJW 2012, 1277; Anders/Gehle Assessorexamen ZivilR F Rn. 115.

36 Erfahrungssätze können sich aus dem Handelsbrauch, BGH NJW-RR 2004, 1249; Celle NJW-RR 2000, 178, aus der Verkehrssitte, BGH NJW 1990, 1724, und der Verkehrsanschauung, BGH NJW-RR 1995, 677, ergeben. Sie setzen einen typischen Ablauf voraus, sind selbst aber nicht stets Tatsachen, → Rn. 29 ff. Sie sind vielmehr solche Schlüsse, die man erst aus einer Reihe gleichartiger Tatsachen aufgrund seiner Erfahrung zieht, auch aufgrund fachlicher Erfahrung oder aufgrund einer Meinungsumfrage. Sie gehören also entweder der allgemeinen Lebenserfahrung oder der besonderen Fachkunde an, BGH NJW 2019, 661 Rn. 50 (hohe Wahrscheinlichkeit bei anerkannten Erfahrungswissen). Das Gericht muss sie einer etwa vorhandenen eigenen Sachkunde unabhängig von der Zugehörigkeit des angesprochenen Verkehrskreises entnehmen, sei es auch nur die eines Mitglieds des Kollegiums, oder hierzu ein Sachverständigengutachten nach § 402 einholen, BGH NJW 2004, 1164. Es kann aber auch eigene Ermittlungen außerhalb der Strengbeweismittel anstellen, da der Freibeweis gilt, → Rn. 17. Das Gericht kann sein Wissen aus einem Gutachten aus anderen Verfahren erlangt haben. Es kann auch ein Gutachten eines Meinungsforschungsinstituts einholen BGH NJW 2004, 1164.

37 Bei der eigenen Sachkunde muss grundsätzlich nachvollziehbar gemacht werden, woher das Gericht die Erfahrung hat. In der Regel ist daher bei nicht einfachen Fragen zB aus dem medizinischen oder technischen Fachbereich ein Sachverständigengutachten grundsätzlich zu empfehlen, BGH BauR 2019, 1011 Rn. 11; NJW 2016, 1601; Prütting/Gehrlein/Laumen Rn. 11. Macht das Gericht das wie auch immer erlangte Erfahrungswissen zur Grundlage seiner Entscheidung, muss es den Erfahrungssatz den Parteien vor der Entscheidung mitteilen und diesen rechtliches Gehör gewähren, sofern dieser außerhalb der allgemeinen Lebenserfahrung liegt, BGH NJW 2004, 1164; Ffm NJW 1986, 855; → Vor § 128 Rn. 53 „Gerichtskundige Tatsache".

38 Erfahrungssätze bieten immer nur ein Mittel zur rechtlichen Einordnung der Tatsachen. Sie sind keine Normen, weil sie auf Erfahrung beruhen. Die Erfahrungssätze selbst bedürfen aber keines Parteivortrages, allerdings sind die zugrunde liegenden Tatsachen, zB für die Beurteilung eines Handelsbrauchs, von den Parteien beizubringen, BGH NJW 2018, 1957 Rn. 30. Die Erfahrungssätze selbst sind nicht geständnisfähig und eine Beweislast für sie gibt es nicht, MüKoZPO/Prütting Rn. 44. Das bedeutet, dass der Richter die Erfahrungssätze

von Amts wegen beachten muss, auch wenn sie eine besondere Fachkunde verlangen, falls er sich diese zutraut oder diese ihm über ein Gutachten vermittelt wird, Christl NJW 1984, 270. Das Gericht muss seine Beurteilung eines tatsächlichen Erfahrungssatzes auch in den Entscheidungsgründen nachvollziehbar darlegen und den Erfahrungssatz, ähnlich einer Norm, allgemein halten und präzise formulieren. BGH NJW 2000, 1947. Als Rechtssätze zur Beurteilung von Tatsachen sind Erfahrungssätze in der Revisionsinstanz nach §§ 542 ff. nachprüfbar, BGH NJW 2003, 1246.

b) Anscheinsbeweis (prima-facie-Beweis). Voraussetzung ist ein typischer Geschehnisablauf, bei dem nach 39
allgemeiner Lebenserfahrung aufgrund einer hohen Wahrscheinlichkeit auf die Beweistatsache geschlossen werden kann, Baumgärtel/Laumen/Prütting/Laumen Kap. 17 Rn. 4. Der Gegner kann den Anscheinsbeweis erschüttern, indem er die konkrete Möglichkeit eines von der Lebenserfahrung abweichenden Geschehnisablaufs nachweist, MüKoZPO/Prütting § 286 Rn. 67; Prütting/Gehrlein/Laumen § 286 Rn. 31; Zwade/Konrad NJW 2020, 807. Der Anscheinsbeweis erleichtert die Darlegungslast, → § 138 Rn. 21 (allgemein). Wenn dieser für das Vorliegen der beweiserheblichen Tatsache spricht, ist diese selbst nicht beweisbedürftig, → Rn. 4 ff., und der nach allgemeinen Regeln Darlegungspflichtige hat lediglich die Tatsachen vorzutragen und gegebenenfalls zu beweisen, aus denen sich der Anscheinsbeweis ergibt, BGH NJW 2016, 2024; Dresd NJW-RR 2020, 1152; → § 138 Rn. 21 ff. (allgemein zur Darlegungslast).

c) Beispiele für den Anscheinsbeweis: 40

Arzthaftung: Für ärztliches Verschulden spricht der Anscheinsbeweis, wenn die medizinische Behandlung einen Schaden zur Folge hat, der typischerweise auf einen ärztlichen Behandlungsfehler zurückzuführen ist, MüKoZPO/Prütting § 286 Rn. 70. Wird bei einem Patienten in zeitlich engem Zusammenhang mit einer Operation ein medizinisches Bauchtuch im Operationsgebiet vorgefunden, spricht der Beweis des ersten Anscheins dafür, dass dieses bei der Operation übersehen wurde, Dresd NJW-RR 2020, 1152. Vgl. auch zu Vermutungen bei der ärztlichen Dokumentation → Rn. 41.

Auffahrunfall: Ist kein Grund erkennbar, der für das Verschulden des Geschädigten spricht, ist ein Anscheinsbeweis für das Verschulden des Auffahrenden zu bejahen, ohne dass zu klären ist, ob dieses Verschulden in einem zu schnellen Fahren, in einem engen Auffahren oder einer zu langsamen Reaktion besteht, BGH NJW 2012, 608; Mü NJW-RR 2022, 893 Rn. 16 f.; Kobl NJW-RR 2021, 280 und Hamm NJW-RR 2021, 693 (nicht bei Kettenauffahrunfällen, jedenfalls, wenn das vorausfahrende Fahrzeug den Bremsweg für den letzten verkürzt hat); KG NJW-RR 2014, 809; Hamm NJW 2014, 3790; Zwade/Konrad NJW 2020, 807. Die fehlende Beleuchtung eines Fahrzeuges spricht für das Verschulden des Vor-Fahrers bei einem Auffahrunfall des Nachfolgenden, BGH NJW 1996, 1828; Düss NZV 1998, 203. Vgl. auch „Verkehrsunfall".

EC-Karten-Missbrauch: Bei Verwendung einer EC-Karte und der Eingabe der richtigen PIN spricht der Anschein dafür, dass der Karteninhaber diese selbst benutzt hat oder dies durch eine von ihm autorisierte Person erfolgte, wenn unklar ist, wer die Geldabhebung vorgenommen hat, BGH WM 2012, 164 Rn. 16. Bei einer gestohlenen EC-Karte und der Eingabe der richtigen PIN spricht der Anschein dafür, dass der Karteninhaber die EC-Karte mit der PIN zusammen aufbewahrt hat, BGH NJW 2012, 1277; 2004, 3623.

Glatteisunfällen auf Gehwegen: Ein Anscheinsbeweis spricht für die Verletzung der Streupflicht, BGH NZV 2013, 534; NJW 2009, 3302; vgl. a. Hensen/Keller NJW 2020, 3751 (zum Mitverschulden).

Online-Banking: Bei dem Nachweis der Authentifizierung eines Zahlungsvorganges mittels eines Zahlungsautorisierungsinstrumentes ist nach § 675w S. 3 BGB Voraussetzung für einen Anscheinsbeweis, dass auf Grundlage aktueller Erkenntnisse die allgemeine praktische Unüberwindbarkeit des eingesetzten Sicherungsverfahrens sowie dessen ordnungsgemäße Anwendung und fehlerfreie Funktion im Einzelfall feststehen; der Nutzer muss zur Erschütterung eines für die Autorisierung eines Zahlungsauftrages sprechenden Anscheinsbeweises keinen Angriff gegen das Sicherungssystem vortragen, sondern kann sich auch auf außerhalb liegende Umstände berufen; es gibt keinen Anscheinsbeweis für eine grobe Pflichtverletzung des Nutzers nach § 675v II BGB, wenn die Nutzung des Authentifizierungsinstrumentes korrekt aufgezeichnet worden und die Prüfung der Autorisierung beanstandungsfrei geblieben ist, BGH NJW 2016, 2024.

Straßenverkehr: Reimer NZV 2018, 258; „Auffahrunfall", „Vorfahrtsverstoß". Kommt ein Verkehrsteilnehmer mit seinem Fahrzeug von einer trockenen Straße ab, gerät ins Schleudern oder fährt gegen einen Baum, spricht der Anscheinsbeweis für sein Verschulden, MüKoZPO/Prütting § 286 Rn. 76.

Telefonrechnung: Bestreitet der Kunde die Berechtigung einer Telefonrechnung, muss der Anbieter deren Berechtigung beweisen; ein Anscheinsbeweis dafür, dass die berechneten Telefoneinheiten vom Anschluss des Kunden verursacht und verbraucht worden sind, wird dann angenommen, wenn ein zertifiziertes Abrechnungssystem gemäß § 45g II TKG genutzt wird, bei Einwendungen des Kunden eine technische Prüfung nach § 45i II 2, III 2 TKG durchgeführt worden ist und keine Hinweise auf Fehler und Manipulationen erbracht hat, BGH NJW 2013, 1092; Hamm MMR 2004, 337; Prütting/Gehrlein/Laumen § 286 Rn. 50; 893; aA wohl MüKoZPO/Prütting Rn. 78; vgl. Celle NJW-RR 1997, 568 (zur Beweislast allgemein). Bei deutlichen, ungewöhnlichen Gebührensprüngen kann im Einzelfall uU nicht mehr von einem typischen Geschehensablauf ausgegangen werden, LG Oldbg NJW1998, 1365; Prütting/Gehrlein/Laumen § 286 Rn. 50.

Verkehrssicherungspflicht: Steht deren Verletzung fest, spricht bei einer Verletzung eines Dritten im Gefahrenbereich der Anschein für die Ursächlichkeit, BGH NJW 2005, 2454 (Sturz eines Fußgängers); 2002, 2708 (Verletzung der Bauaufsichtspflicht durch Architekten); Karlsr NJW-RR 2021, 1321 (Sturz im Bereich eines Supermarktes, dessen Boden zum Zeitpunkt des Unfalles nass war); MüKoZPO/Prütting § 286 Rn. 77. Denn die Verkehrssicherungspflichten zielen darauf ab, konkrete Schadensrisiken deutlich zu verringern, BGH r+s 1997, 109; vgl. auch BGH NJW 2007, 1684; Anders/Gehle Assessorexamen ZivilR F Rn. 119 f.

Verkehrsunfall: Beim Auffahrunfall spricht der Anscheinsbeweis grundsätzlich für ein Verschulden des Auffahrenden, LG Saarbr NJW-RR 2020, 912. Bei einem Unfall eines rückwärts in die Fahrbahn einfahrenden Ausparkers spricht der Anscheinsbeweis für dessen Verschulden, Saarbr NJW-RR 2020, 1289. Ereignet sich ein Verkehrsunfall im unmittelbaren und räumlichen Zusammenhang mit dem von dem einen Fahrzeugführer vorgenommenen Abbiegevorgang nach links, andererseits aber auch im gleichfalls unmittelbar zeitlichen und räumlichen Zusammenhang mit dem von dem anderen Fahrer durchgeführten Einfahrvorgang auf eine Bundesstraße, spricht gegen beide Fahrer jeweils ein Anscheinsbeweis, die dadurch beide sozusagen „neutralisiert" werden und nicht zur Anwendung kommen, Kobl NJW-RR 2022, 175. Zum Fahrstreifenwechsel vgl. Rohkamm NJW-Spezial 2021, 265; „Auffahrunfall".

Zugang von Schriftstücken oder elektronischen Dokumenten: Für den Zugang eines mit einfachem Brief übersandten Schreibens, auch für den Zeitpunkt kommt wegen der zwar selten, aber immer denkbaren Störungen des Postweges kein Anscheinsbeweis bzw. keine Vermutung in Betracht, BVerfG NJW 1991, 2757; BGH NJW-RR 2022, 995 Rn. 10; NJW 2009, 2197 Rn. 11; 2006, 33 (Nachnahme); 1964, 1176;1957, 1230; OVG Hmb NJW 2022, 637 Rn. 32; MüKoZPO/Prütting § 286 Rn. 73; Anders/Gehle Assessorexamen ZivilR F Rn. 115. Gleiches gilt trotz „O. K." im Sendebericht bzgl. eines Faxes; insoweit kann allerdings der Sachverständigenbeweis zu erheben sein, BGH NJW 2013, 2514 (Indizwert); 2014, 2047; Anders/Gehle Assessorexamen ZivilR F Rn. 115; → Rn. 25. Dem Einlieferungsbeleg bei einem Einwurf- Einschreiben kommt kein Anscheinsbeweis im Hinblick auf den Zugang zu; etwas anderes kann gelten, wenn der Beweispflichtige auch den reproduzierten Auslieferungsbeleg vorlegt, BGH NJW 2017, 68 Rn. 32 ff.; Uth/Barthen NJW 2021, 685; aA ArbG Düss BeckRS 2019, 17926 Rn. 35 (jedenfalls beim Mehrfamilienhaus); MüKoZPO/Prütting § 286 Rn. 73. Durch den Ausdruck einer E-Mail kann nicht der Anscheinsbeweis für den Zugang geführt werden, AG Bonn NJW-RR 2002, 1363; MüKoZPO/Prütting § 286 Rn. 73.

41 **d) Vermutungen.** Es gibt gesetzliche und tatsächliche Vermutungen, die schon im Rahmen der rechtliche Wertung und nicht erst im Rahmen der Beweise von Bedeutung sind. Zu den **gesetzlichen Vermutungen** zählen §§ 477, 630h, 891, 1006, 1117 III, 1253 II, 1377 I, III, 1362, 2255 S. 2 BGB, § 33a II GWB, § 46 II Nr. 2 BörsG. Eine **Arbeitsunfähigkeitsbescheinigung** nach §§ 5, 7 EFZG bewirkt keine gesetzliche Vermutung iSd § 292 mit der Folge, dass der Arbeitgeber sie nur durch den vollen Beweis des Gegenteils entkräften kann; vielmehr kann er den Beweiswert dadurch erschüttern, dass er Tatsachen vorträgt und uU beweist, die Zweifel an der Erkrankung ergeben, BAG NJW 2022, 490 Rn. 13 = NZA 2022, 39 Rn. 13; Fuhlrott/Mai NZA 2022, 97. Ist die gesetzliche Vermutung unwiderlegbar, so zB bei § 1566 I, II BGB, gilt § 292 nicht, dh die Rechtsfolge tritt bei Bejahung der Vermutungsbasis ohne Möglichkeit des Gegenbeweises ein, MüKoZPO/Prütting § 292 Rn. 4. In den meisten Fällen ist die gesetzliche Vermutung widerlegbar. Hier ist zwischen dem Vermutungstatbestand und der Vermutungsfolge zu unterscheiden. Die Tatsachen für den Vermutungstatbestand muss grundsätzlich derjenige darlegen und gegebenenfalls beweisen, der sich darauf beruft. Gelingt ihm das, muss der Gegner das Gegenteil beweisen, vgl. BGH NZG 2021, 457 Rn. 74 (Vollbeweis nach § 286 und nicht § 287 zur Widerlegung der Vermutung der haftungsausfüllenden Kausalität). Ansonsten geht das Gericht bei der rechtlichen Wertung von der Vemutungsfolge aus, zB bei § 1006 vom Eigentum desjenigen, der Eigenbesitzer ist oder war, Anders/Gehle Assessorexamen ZivilR F Rn. 106 ff. (mit Beispielen). Von den gesetzlichen Vermutungen zu unterscheiden sind **Fiktionen,** bei denen entgegen der Lebenswirklichkeit eine Gleichsetzung von zwei Tatbeständen erreicht wird; die Fiktion, zB §§ 108 II 2, 119 II, 177 II 2, 812 II, 1923 II BGB, hat dieselbe Wirkung wie unwiderlegbare gesetzliche Vermutungen, MüKoZPO/Prütting § 292 Rn. 8. So begründet eine lückenhafte ärztliche Dokumentation nach § 630h III BGB die widerlegbare Vermutung, dass eine aufzeichnungspflichtige Behandlungsmaßnahme unterblieben ist, nicht aber, dass streitige Angaben des Patienten zu seinen Beschwerden dem Arzt mitgeteilt wurden, BGH NJW 2020, 1071; Dresd NJW-RR 2021, 95.

42 Bei den **tatsächlichen Vermutungen** (im Übrigen) tritt ebenfalls an die Stelle der gesetzlichen Vermutungsgrundlage ein Satz der Lebenserfahrung, dem aber in Bezug auf die Beweistatsache keine hohe, sondern nur eine gewisse Wahrscheinlichkeit (einfacher Erfahrungssatz) zukommt, BGH NJW 2017, 1175 und 1177; 2016, 1098 und 1100; NZBau 2014, 496; NJW 2010, 1972. Eine einheitliche Terminologie und Unterscheidung zwischen tatsächlichen Vermutungen und dem Anscheinsbeweis, → Rn. 38, findet sich nicht und der jeweilige Erfahrungssatz sollte immer genau und präzise umschrieben werden, → Rn. 38 f. Die Erfahrungssätze zu den tatsächlichen Vermutungen spielen insbesondere bei der freien Beweiswürdigung eine Rolle. Die tatsächliche Vermutung kann sich auf Tatsachen und auf normative Tatbestandsmerkmale beziehen, BGH NJW 2004, 3623; Anders/Gehle Assessorexamen ZivilR F Rn. 114 ff. (mit Beispielen); → Rn. 38. Allerdings können individuelle Verhaltensweisen, wie etwa vorsätzliches Handeln, nicht Gegenstand eines Vermutungssatzes sein, weil die an allgemeine Erkenntnisse orientierte Lebenserfahrung in dieser Hinsicht kaum Rückschlüsse erlaubt, BGH NJW 2012, 1277; 2004, 3623. Der einfache Erfahrungssatz kann erschüttert werden, indem nachgewiesen wird – so durch ein Sachverständigengutachten –, dass es keine gewisse Wahrscheinlichkeit für den Erfahrungssatz gibt oder dass andere Umstände gegen das Vorliegen der Beweistatsache sprechen, Zwade/Konrad NJW 2020, 801 (809); Anders/Gehle Assessorexamen ZivilR F Rn. 124 ff. (zu den Möglichkeiten des Beweisgegners). Zu den Vermutungswirkungen einer Urkunde: → § 440 Rn. 5; Zöller/Greger § 440 Rn. 1; Anders/Gehle Assessorexamen ZivilR F Rn. 121 ff.

43 **e) Besonderheiten zu Kartellentscheidungen.** In diesen Fällen hat der BGH, NJW 2020, 1430 Rn. 40, bei der Frage der haftungsausfüllenden Kausalität einen Anscheinsbeweis hinsichtlich Kartellbefangenheit und kartellbedingter Preiserhöhung abgelehnt; er hat in der jüngsten Entscheidung auch klargestellt, dass schon der erste Schaden der haftungsausfüllenden Kausalität zuzuordnen ist und es insoweit nicht auf die Kartellbefangenheit ankommt; der BGH hat ferner zugunsten des Abnehmers eine auf einer hohen Wahrscheinlichkeit beruhende tatsächliche Vermutung (Indiz) im Sinne eines einfachen Erfahrungssatzes angenommen, dass die im Rahmen eines Quoten- und Kundenschutzkartells erzielten Preise im Schnitt höher liegen als die ohne wettbewerbswidrige Absprache; Grundlage dieses Erfahrungssatzes ist die wirtschaftliche Erfahrung, dass die Gründung und Durchführung eines Kartells regelmäßig zum Mehrerlös der daran beteiligten Unternehmen führt, BGH NJOZ 2021, 84 Rn. 26 und 2021, 292 Rn. 25 (Schienenkartell V, IV); NJW 2021, 848 Rn. 40 (Lkw-Kartell); NJW 2020, 1430 Rn. 40 und NJW 2019, 661 Rn. 55 (Schienenkartell II. I); NJW 2018, 2479 (Grauzementkartell); Zwade/Konrad NJW 2020, 807. Nach Auffassung des BGH ist dieser Erfahrungssatz im Rahmen der Gesamtwürdigung aller relevanten Indiztatsachen mit dem ihm zukommenden Gewicht im Einzelfall zu berücksichtigen, vgl. BGH NJW 2021, 848 Rn. 65 ff. mAnm von Glöckner NJW 2021, 857. Seit der Einführung des § 33a II 1 GWB ist eine gesetzliche Vermutung iSd § 292 geregelt, dass bei Vorliegen eines Kartells die Existenz des Schadens vermutet wird; die Frage der Kartellbetroffenheit ist von dieser Vorschrift aber nicht erfasst, so dass weiterhin insoweit nur eine tatsächliche Vermutung im Rahmen der haftungsausfüllenden Kausalität in Betracht kommt, Zwade/Konrad NJW 2020, 801 (813).

IX. Beweisantritt/Beweiserhebung. 1. Beweisangebot. a) Form und Inhalt. Im Rahmen des Beibringungsgrundsatzes, → Vor § 128 Rn. 21, hat die beweisbelastete Partei Beweis anzutreten. Wie dies für die einzelnen Beweismittel, → Rn. 56, zu erfolgen hat, regeln §§ 371, 373, 403, 420 ff., 445, 447. Erforderlich sind in jedem Fall die genaue Angabe des Beweisthemas und die Bezeichnung des Beweismittels, Prütting/Gehrlein/Laumen § 284 Rn. 40. Aus § 282 I ergibt sich die Verpflichtung der Parteien zum rechtzeitigen Beweisantritt vor der mündlichen Verhandlung. Die Anforderungen an die Genauigkeit des Beweisantritts hängen nach § 138 I, II auch vom Gesamtvortrag des Gegners mit ab, BGH MDR 2007, 1029; MDR 2004, 1016 (krit. Wax LMK 2004, 200). Der Beweisführer muss zB nach § 373 angeben, welcher Zeuge zu welcher streitigen und beweisbedürftigen Tatsache bekunden soll, → Rn. 29 ff. (zum Beweisgegenstand). Beweisführer braucht nicht derjenige zu sein, den die Beweislast trifft, BGH NJW 1984, 2039; Stgt MDR 1987, 1035; → § 138 Rn. 21 ff. (zur Darlegungs- und Beweislast); → Anh. § 286 Rn. 1 ff. (Beispiele für Beweislast). Allerdings darf ohne einen Beweisantritt der beweisbelasteten Partei kein Gegenbeweis, → Rn. 21, erhoben werden. Der Beweisantritt hemmt nicht die Verjährung nach dem BGB, anders als ein Beweissicherungsantrag nach § 485. 44

Der Beweisantritt erfolgt durch einen vorbereitenden Schriftsatz nach §§ 129 I, 130 Nr. 5, elektronisch nach § 130a, durch einen mündlichen Vortrag, durch Bezugnahme auf einen Schriftsatz nach § 137 III, BGH NJW-RR 1996, 1460; Hamm NJW-RR 1997, 764, oder durch die Vorlage einer Urkunde nach § 420. Ein solcher Urkunden-Beweisantritt erfolgt nicht schon durch eine bloße Ankündigung. Vielmehr ergibt sich aus § 420, dass beim Beweis durch Urkunden der Beweisantritt durch deren Vorlage zu erfolgen hat. Der Vortrag eines einzelnen Beweisantrags schließt eine stillschweigende Bezugnahme im Übrigen nicht stets aus. Es kommt aber auf die Prozesslage an. Der Beweisführer muss die Beweismittel zu jeder einzelnen beweisbedürftigen Tatsache besonders bezeichnen. 45

Im Einzelfall kann eine Beweiserhebung auch **von Amts wegen,** nach §§ 142, 144, 293, 448, dh ohne Beweisangebot einer oder beider Parteien, erfolgen, → Rn. 9. Von einer Beweiserhebung von Amts wegen wird in der Praxis wenig Gebrauch gemacht. Bedeutsam ist hingegen in der Praxis die Pflicht des Gerichts nach § 139 I 2, darauf hinzuwirken, dass die Partei rechtzeitig die Beweismittel bezeichnet, → § 139 Rn. 36. Tritt die Partei trotz Hinweises des Gerichts keinen Beweis an, ist es nicht ermessensfehlerhaft, von einer Beweiserhebung abzusehen, auch wenn eine solche von Amts wegen möglich wäre, BGH NJW 2019, 719 Rn. 19 f.; Prütting/Gehrlein/Laumen § 284 Rn. 39. 46

b) Besonderheiten in der Berufung. Die Anforderungen an einen ordnungsgemäßen Beweisantritt gelten grundsätzlich auch in der **Berufungsinstanz.** Hat das erstinstanzliche Gericht trotz ordnungsgemäßen Beweisantritts Beweis aus Rechtsgründen oder deshalb nicht erhoben, weil es den Vortrag als unsubstantiiert oder als nicht hinreichend bestritten gewertet hat, reicht in der Berufung ein pauschaler, auch konkludent möglicher Bezug auf die Beweisantritte in erster Instanz aus, BGH NJW-RR 2008, 303 Rn. 10; 2004, 66; Musielak/Voit/Foerste § 284 Rn. 10. Das im ersten Rechtszug nicht zurückgewiesene Vorbringen wird in der zweiten Instanz grundsätzlich auch ohne erneuten Vortrag Prozessstoff, wenn die Berufung zulässig ist; hat die erste Instanz den dort angetretenen Beweis nicht erhoben, muss daher der Beweisantritt in der zweiten Instanz nicht wiederholt werden, wenn der Berufungsführer in der rechtzeitigen und ordnungsgemäßen Berufungsbegründungsschrift seinen Angriff gegen das erstinstanzliche Urteil hinreichend klargestellt hat, BGH NJW-RR 2020, 1454; 2020, 60. Die Zurückweisung eines in der Berufung wiederholten Beweisantritts mit der Begründung, dies sei erst nach Ablauf der Berufungsbegründungsfrist erfolgt, verletzt das rechtliche Gehör, BGH NJW 2020, 822; → Vor § 128 Rn. 53 „Berufung“. 47

2. Zulässige Beweiserhebung. a) Allgemeines. Nur über beweisbedürftige Tatsachen ist Beweis zu erheben, → Rn. 4 ff. (zur Beweisbedürftigkeit). Das ist nicht der Fall, wenn eine Tatsache feststeht, → Rn. 7 ff., oder unstreitig ist, etwa weil der Gegner nicht ausreichend bestritten hat, → § 138 Rn. 27 ff., → Rn. 45 ff., → Rn. 52 ff. Auch eine **unsubstantiierte** Behauptung, → § 138 Rn. 21, ist ebenfalls nicht ausreichend und damit nicht beweiserheblich, BGH NJW-RR 1994, 378; Köln VersR 1977, 577; → Rn. 4 ff. Eine bloße Verweisung auf ein umfangreiches Anlagekonvolut ist kein substantiierter Vortrag, der beweisbedürftig sein kann, BGH BeckRS 2018, 33393; → § 131 Rn. 9. Auch die bloß allgemeine Bezugnahme auf eine Bußgeld- oder Strafakte ohne Konkretisierung der relevanten Tatsachen ist ebenfalls grundsätzlich nicht ausreichend, vgl. BGH NJW-RR 2019, 953 und → § 284 Rn. 2 (Zugrundelegen des im Strafurteil festgestellten Sachverhalts und Beweis des Gegenteils). Das gilt selbst dann, wenn der Beweisführer das Aktenzeichen angibt, LG Köln VersR 1981, 245, und wenn die Akte keinen besonderen Umfang hat. Denn es ist insbesondere im Bereich des Beibringungsgrundsatzes nicht die Aufgabe des Gerichts, solche Akte ohne eine nähere Seitenzahlangabe des Beweisführers auf die ihm günstigen Teile zu durchsuchen. Allerdings muss das Gericht im Rahmen des Zumutbaren auf den Mangel einer lückenhaften Bezugnahme hinweisen. Es darf aber keine damit zusammenhängende Verzögerung dulden und braucht dem Beweisführer keineswegs alles nach § 139 abzunehmen, vgl. BGH MDR 2007, 102. 48

Liegt ein ordnungsgemäßer Beweisantrag zu einer beweisbedürftigen Tatsache, → Rn. 4 ff., vor, muss gedanklich immer geprüft werden, ob eine Beweisaufnahme zulässig ist. Unzulässig kann eine Beweisaufnahme bei einem verspäteten Beweismittel nach § 296 sein, ferner dann, wenn das falsche oder nicht erreichbare Beweismittel angeboten wurde, wie zB. der Geschäftsführer einer GmbH als Zeuge. Es kann auch ein Verstoß gegen Verfassungsgrundsätze vorliegen, der zur Unzulässigkeit der Beweiserhebung und im Einzelfall auch zur Beweisverwertung führt; die Unzulässigkeit der Beweiserhebung führt aber nicht automatisch zu einem Beweisverwertungsverbot; insoweit ist immer eine Abwägung der widerstreitenden Interessen erforderlich, BGH NJW 2018, 2883 (Dashcam-Aufzeichnungen); NJW 2013, 2668 Rn. 16; 2010, 289; 2005, 497; Prütting/Gehrlein/Laumen § 284 Rn. 26 ff.; Anders/Gehle Assessorexamen ZivilR A 156. 49

b) Beispiele für Beweisverwertungsverbote:

DNA-Gutachten: Wenn es heimlich eingeholt wurde, ist es unverwertbar, BGH NJW 2006, 1657. 50

Dashcam-Aufzeichnungen: Verwertung ist zulässig für einen Unfallbeteiligten, auch wenn die anlasslose Aufzeichnung mit datenschutzrechtlichen Regelungen nicht vereinbar ist, BGH NJW 2018, 2883.

Foto-, Film- und Videoaufnahmen: Sind diese unter Verletzung des allgemeinen Persönlichkeitsrechts entstanden, können sie grundsätzlich nicht verwertet werden, BVerfG NJW 2000. 1021; BGH NJW-RR 2012, 140; NJW 1961, 2059; BAG MDR 2012, 1233; KG WuM 2008, 663; Düss NJW 2007, 780; Köln NJW 2005,

2997; OVG Bln MedR 2017, 898; Prütting/Gehrlein/Laumen § 284 Rn. 32; Bruns NZFam 2021, 913, 915. Etwas anderes gilt bei einer zulässigen offenen Videoüberwachung, BAG ZIP 2018, 2131.

Heimliche Tonbandaufnahmen: Ausnahmsweise nur verwertbar bei überwiegend berechtigten Interessen, BGH WM 1997, 2046.

Lauschzeugenaussagen: Bei Belauschen eines Gesprächs unter vier Augen hängt die Verwertbarkeit von einer Abwägung in jedem Einzelfall ab, BVerfG NJW 2003, 2375; 2002, 3619; BGH NJW 2013, 1727 und 1123.

Mithöranlage, Telefon: Keine Verwertung, auch wenn es sich um ein geschäftliches Gespräch handelt, weil der Persönlichkeitsschutz höher wiegt, BVerfG NJW 2003, 2375; 2002, 3619; BGH NJW 2003, 1727; BAG NJW 2010, 104.

Tagebuchaufzeichnungen: Keine Verwertbarkeit ohne Zustimmung des Autors wegen Verletzung des Persönlichkeitsrechts, BGH NJW 1964, 1139 (Strafverfahren).

51 **X. Plausibilität des Beweisangebotes/Ausforschungsbeweis. 1. Nähere Angaben im Beweisangebot.** Nicht zum Beweisantrag gehört grundsätzlich die Angabe, wie der Zeuge sein unter Beweis gestelltes Wissen erlangt hat; das ist erst bei der Beweiswürdigung zu berücksichtigen und diese darf nicht vorweggenommen werden, BGH NJW-RR 2021, 861 Rn. 12; MDR 2016, 1111. Etwas anderes kann nur bei inneren Tatsachen gelten, wobei dies im Zusammenhang mit der Substantiierung zu sehen ist, BGH WM 2015, 1676; NJW 2012, 2427 Rn. 44; Kobl r+s 2007, 121; Anders/Gehle Assessorexamen ZivilR F Rn. 4; → § 138 Rn. 21 (Substantiierung). Von einem unzulässigen Zeugenbeweisantrag ist auch nicht auszugehen, wenn den schriftlichen Äußerungen des Zeugen nichts zum Beweisthema zu entnehmen ist, BGH NJW-RR 2018, 1152. Der Beweisführer braucht auch nicht bereits beim Beweisantritt das behauptete Ergebnis wahrscheinlich zu machen. Denn das wäre eine verfrühte Beweiswürdigung nach § 286, BAG NZA 2022, 944 Rn. 3; Mü OLGZ 1979, 355. Damit reichen Ansätze einer Plausibilität des Beweisangebotes aus, → § 373 Rn. 12; Anders/Gehle Assessorexamen ZivilR F Rn. 4.

52 **2. Unzulässigkeit einer Ausforschung.** Es ist grundsätzlich unzulässig, Beweis zur Beschaffung einer beweiserheblichen Tatsache nach → Rn. 4 ff., 29 als Grundlage für neue Behauptungen anzutreten. Eine andere Frage ist, wann dies angenommen werden kann. Von einem unzulässigen Ausforschungsbeweis ist auszugehen, wenn willkürliche aus der Luft gegriffene Behauptungen aufgestellt werden, für die tatsächliche Anhaltspunkt gänzlich fehlen und die Tatsachenbehauptung in „Blaue hinein" erfolgte, BVerfG NJW 2009, 1585; BGH NJW-RR 2021, 861 Rn. 12; NJW 2019, 76 Rn. 34; 2016, 3162; 2012, 2427 und 296; 2007, 2992; 2006, 1657; BAG NZA 2016, 298; Oldb MDR 2008, 1059; → § 138 Rn. 16. Unzulässig ist es, solche Behauptungen aufzustellen, für deren Richtigkeit unter keinem Gesichtspunkt eine Wahrscheinlichkeit spricht, BGH MDR 1991, 689; BAG NZA 2008, 431; Gremmer MDR 2007, 1173.

53 **3. Grenzen für die Annahme einer Unzulässigkeit.** Nur in absoluten Ausnahmefällen, in denen greifbare Anhaltspunkte für eine Ausforschungsabsicht unzweifelhaft vorliegen, wird in der Praxis ein unzulässiger Ausforschungsbeweis angenommen, vgl. zum Ausnahmecharakter: BGH NJW-RR 2021, 861 Rn. 12; NJW 2019, 76 mwN. In Grenzfällen lässt die Rspr. Beweisanträge eher großzügig zu, wenn der Vortrag noch als substantiiert gewertet werden kann und noch eine Beziehung zum dargelegten Sachverhalt erkennbar ist; grundsätzlich bedarf es keiner Angaben, wann, wo und wie sich die behauptete Tatsache zugetragen hat, BGH NJW-RR 2021, 861 Rn. 13 ff.; 2019, 380; BGH NJW-RR 2016, 63; Mü GRUR-RR 2021, 525 Rn. 35; → Vor § 128 Rn. 53 „Beweisantrag" (zu Art. 103 GG). Bereits Ansätze einer Plausibilität reichen aus; weder die Unwahrscheinlichkeit der Tatsache noch die Unwahrscheinlichkeit der Wahrnehmung der Tatsache durch den Zeugen berechtigen das Gericht, von der Beweisaufnahme abzusehen, → § 373 Rn. 12. Keine unzulässige Ausforschung kann auch der Antrag auf Sachverständigenbeweis zu Tatsachen darstellen, über die die Partei kein zuverlässiges Wissen hat und feststeht, dass sie dieses auch nicht erlangen kann, BGH BeckRS 2020, 2199; → § 138 Rn. 16. Die Partei behauptet auch dann nicht ins Blaue hinein, wenn sie lediglich imstande ist, eine zunächst nur vermutete Tatsache, → Rn. 41, einzuführen, BGH VersR 2012, 1430, Düss NJW-RR 1988, 1529; Demharter FamRZ 1985, 235. Das gilt auch dann, wenn der Beteiligte zB einen Antrag auf die Einholung eines DNA-Gutachtens nach § 372a damit begründet, dass ein Dritter der Mutter in der Empfängniszeit beigewohnt habe und das Kind nicht die geringste Ähnlichkeit mit dem Beweisführer habe, oder wenn der Beteiligte die Glaubwürdigkeit der Mutter bestreitet und darum bittet, die Glaubwürdigkeit durch das beantragte Gutachten überprüfen zu lassen. Für die vermutete Tatsache muss aber ein Anhaltspunkt bestehen, BGH NJW 1995, 2111. Kein Ausforschungsbeweis liegt dann vor, wenn gewisse Umstände ein Beweisergebnis als nicht völlig unwahrscheinlich erscheinen lassen, BVerfG NJW 2003, 2977, zB dass sich das Behauptete aus Akten ergeben kann, die das Gericht heranziehen soll, zB aus Arztunterlagen, Zweibr NJW-RR 2011, 534, oder aus einem Privatgutachten, BGH NJW-RR 2003, 69.

54 **4. Informationsansprüche.** Materiell-rechtliche Informationsansprüche, auch gerichtet auf Einsichtnahme und Vorlage von Unterlagen, → § 254 Rn. 11, können bei Beweisproblemen, insbesondere bei einem Bedürfnis nach Ausforschung, → Rn. 53, uU Abhilfe schaffen. Prozessual kann man sich eventuell mit einer Stufenklage nach § 254 helfen, bei der in Bezug auf das letztlich verfolgte Ziel zunächst nur ein unbestimmter Leistungsantrag erforderlich ist, der erst nach Erledigung des Auskunftsantrages und des Antrages auf Abgabe der eidesstattlichen Versicherung iSd § 253 II Nr. 2 konkretisiert werden muss; → § 254 Rn. 29. Aber alle Anträge werden mit der Erhebung der Stufenklage sofort rechtshängig, → § 254 Rn. 7.

55 **XI. Beweismittel. 1. Arten.** Beweismittel nach § 282 sind die im Titel 6–10 des Buchs 2 der ZPO geregelten, nämlich Augenschein nach § 371, Zeugen nach § 373, Sachverständige nach § 402, Urkunden nach § 415, Parteivernehmung nach § 445 ff., wobei die Parteivernehmung von Amts wegen subsidiär ist, BGH NJW 2020, 776. Dazu tritt die amtliche Auskunft, → Vor § 373 Rn. 31. Wegen einer Tonaufzeichnung → Vor § 371 Rn. 23.

56 Keine Beweismittel sind das gerichtliche Geständnis nach § 288 und das außergerichtliche Geständnis. Bei einem gerichtlichen Geständnis ist die Tatsache unstreitig und damit nicht beweisbedürftig, → Rn. 4 ff. Beim außergerichtlichen Geständnis kann ein Indizienbeweis in Betracht kommen, → Rn. 27. Andere Erkenntnisquellen sind grundsätzlich unzulässig, wenn ein **Freibeweis** möglich ist, so zB nach § 284 S. 2, → Rn. 17, 18.

2. Verzicht. Beweisfragen unterliegen grundsätzlich der Parteiherrschaft, dem Beibringungsgrundsatz, und es ist ein Beweisantritt erforderlich, soweit nicht die Parteiherrschaft gesetzlich beschränkt ist, wie im Eheverfahren nach §§ 121 ff. FamFG, → Vor § 128 Rn. 20 ff (zur Parteiherrschaft). Eine Ausnahme ergibt sich zB nach § 144 für den Sachverständigen- und den Augenscheinbeweis; diese Beweismittel können auch von Amts wegen erhoben werden, was allerdings in der Praxis nur selten geschieht, → Rn. 9, 44. Die Wahrheitspflicht nach → § 138 Rn. 11 ff., zwingt keine Partei dazu, ihr Vorbringen zu beweisen. Die ZPO gibt jeder Partei das Recht, auf Beweismittel in den Grenzen des § 399 zu verzichten. Darum dürfen die Parteien beliebige Tatsachen dem Beweis entziehen oder einzelne Beweismittel durch Vereinbarung ausschließen. Dann darf das Gericht keinen Beweis erheben, Schultze NJW 1977, 412.Wird ein Verzicht auf Beweismittel erklärt, gilt er grundsätzlich nur für die betreffende Instanz. Erklärt eine Partei nach Vernehmung eines Teils der Zeugen, dass es einer weiteren Vernehmung nicht bedarf, kann darin im Zweifel ein konkludenter Verzicht auf die nicht vernommenen Zeugen gesehen werden, BGH NJW-RR 1996, 1459. Das sollte allerdings über § 139 geklärt werden. Der Verzicht kann auch konkludent erfolgen. Taktisch ist zu überlegen, bei einer eindeutigen Beweislage nicht zu viele Zeugen vernehmen zu lassen, weil sich Widersprüche zwischen einzelnen Aussagen ergeben können, die möglicherweise die Überzeugungskraft mindern, Anders/Gehle Assessorexamen ZivilR F Rn. 4a. 57

XII. Beweiswürdigung und Beweisfälligkeit. Ist Beweis erhoben worden, prüft das Gericht, im Rahmen einer freien Beweiswürdigung nach § 286, ob es von der Wahrheit einer Behauptung überzeugt ist, Anders/Gehle Assessorexamen ZivilR F Rn. 75 ff.; → § 286 Rn. 16 ff (je zur Beweiswürdigung im Einzelnen). Ausgangspunkt ist die richtige Beweisfrage, die sich an der Beweislast orientiert, Anders/Gehle Assessorexamen ZivilR A Rn. 133, 147; → § 138 Rn. 21 ff. (Darlegungs- und Beweislast); → Anh. § 286 Rn. 1 ff. (Beispiele). Erforderlich ist ein hoher Grad an Wahrscheinlichkeit, der Zweifeln Schweigen gebietet, ohne sie völlig auszuschließen, BGH NJW 2014, 71; Anders/Gehle Assessorexamen ZivilR A Rn. 147; F Rn. 75. Die schwierige Aufgabe des Richters ist es nach → Rn. 1, in dem ihm übermittelten Trugbild angeblicher Tatsachen die wahren Umrisse, den wirklichen Vorgang zu erkennen. Dazu muss er Fehlerquellen möglichst ausscheiden. Das unsicherste Beweismittel ist dabei der Zeuge, weil die menschliche Wahrnehmung und Erinnerung fehleranfällig sind und dies völlig verschiedene Ursachen haben kann; im Einzelfall fehlt auch der Wille zur wahrheitsgemäßen Wiedergabe der Wahrgenommenen, Hamacher/Happe NZA 2021, 665; → § 138 Rn. 15 (zur subjektiven Wahrheit). Insoweit ist Hamacher/Happe NZA 2021, 665, zuzustimmen, dass sowohl die Richter als auch die Rechtsanwälte im Bereich der Aussagenpsychologie geschult sein und sich technischer Hilfe bedienen sollten. Das Gericht kann notfalls auch einen Sachverständigen nach §§ 402 ff. einschalten, und zwar von Amts wegen nach § 144. Die freie Beweiswürdigung nach § 286 ist ein Kernstück des neuzeitlichen Zivilprozesses. Sie ist sein größter Fortschritt gegenüber dem Gemeinen Prozess. Sie ist der notwendige Ausgleich der erheblichen Mangelhaftigkeit fast jeder Beweiserhebung. Sie gilt ausnahmslos, soweit nicht zB § 286 II eingreift. Die Vorschriften über die Beweiswürdigung sind zwingendes öffentliches Recht. Sie sind daher der Parteivereinbarung entzogen. Das Berufungsgericht prüft die Beweiswürdigung in grundsätzlich freier Würdigung nach. Das Revisionsgericht prüft nur auf gesetzliche Anwendung des Würdigungsrechts. Dieses ist entweder durch die gesetzwidrige Beschaffung der Grundlagen der Entscheidung verletzt, zB durch eine unzulässige Ablehnung einer Zeugenvernehmung, oder durch falsche Schlüsse aus den Grundlagen 58

Ergibt die Beweisaufnahme kein eindeutiges Ergebnis, spricht man von einem „non liquet". Von einem eindeutigen Ergebnis ist auszugehen, wenn die Beweisfrage positiv beantwortet wurde, dh die vom beweispflichtigen vorgetragene Tatsache bewiesen ist. Ist das nicht der Fall, kommt es auf den Beweis des Gegenteils nicht an. Vielmehr kann man dann nach Beweislastgrundsätzen entscheiden und zu Lasten des Beweispflichtigen den Vortrag des Gegners der rechtlichen Wertung zugrunde legen. Man spricht in diesem Fall von **Beweisfälligkeit** des Beweispflichtigen und von einem **Beweislasturteil.** Ein solches ergeht auch, wenn die beweisbelastete Partei keinen ordnungsgemäßen Beweis angetreten hat und deshalb keine Beweisaufnahme durchgeführt wurde, Anders/Gehle Assessorexamen ZivilR A Rn. 152. 59

284

Beweisaufnahme. [1]**Die Beweisaufnahme und die Anordnung eines besonderen Beweisaufnahmeverfahrens durch Beweisbeschluss wird durch die Vorschriften des fünften bis elften Titels bestimmt.** [2]**Mit Einverständnis der Parteien kann das Gericht die Beweise in der ihm geeignet erscheinenden Art aufnehmen.** [3]**Das Einverständnis kann auf einzelne Beweiserhebungen beschränkt werden.** [4]**Es kann nur bei einer wesentlichen Änderung der Prozesslage vor Beginn der Beweiserhebung, auf die es sich bezieht, widerrufen werden.**

I. Systematik, Regelungszweck, Geltungsbereich. → Vor § 284 Rn. 1–3. 1

Die Beweisaufnahme erfolgt nach §§ 355–484. Ob ein förmlicher Beweisbeschluss notwendig ist, regeln §§ 358–360. Der nach S. 2–4 seit 2004 gesetzlich zugelassene Freibeweises, → Vor § 284 Rn. 17, bei eine Einverständnis der Parteien hat über die schon vorher praktizierten Fälle hinaus wegen des unveränderten § 286 mit seinen geltenden Freiheiten der Überzeugungsbildung, aber auch wegen der Grundsätze der Unmittelbarkeit (§ 355) und Parteiöffentlichkeit (§ 357) keine besondere Bedeutung erlangt. Im FamFG-Verfahren gilt inhaltlich abweichend von S. 2 § 29 FamFG. 2

II. Beweiserhebung, Unmittelbarkeit. Liegen bei einer Beweisbedürftigkeit, → Vor § 284 Rn. 4 ff., ordnungsgemäße Beweisanträge der beweisbelasteten Partei vor, → Vor § 284 Rn. 44 ff., und ist die Beweisaufnahme zulässig, → Vor § 284 Rn. 48 ff., → Rn. 52 f. (Ausforschung), muss Beweis erhoben werden, es sei denn, die Parteien haben wirksam darauf verzichtet, → Vor § 284 Rn. 57. Nur wenn die Beweismittel völlig ungeeignet sind, kann davon abgesehen werden, Thomas/Putzo/Seiler Rn. 7; → Vor § 284 Rn. 48, 52. Die Unwahrscheinlichkeit der zu beweisenden Tatsache reicht aber hierzu nicht; dies würde eine unzulässige vorweggenommene Beweiswürdigung darstellen, BGH NJW 2015, 409, → Vor § 284 Rn. 52. Auch wenn ein strafgerichtliches Urteil im Zivilverfahren im Wege des Urkundenbeweises verwertet werden kann, entbindet dies den Zivilrichter nicht von einer eigenständigen Beweiswürdigung; die zum Beweis des Gegenteils beantragten Zeugenvernehmungen müssen erfolgen, auch wenn die Zeugen im Strafverfahren das Gegenteil nicht bestätigt haben, weil ansonsten der Grundsatz der Unmittelbarkeit der Beweisaufnahme verletzt ist, Saarbr NJW-RR 2019, 953. Im Rahmen der Entscheidung nach § 287 I 2 müssen die gestellten Beweisanträge bewertet und die Ablehnung einer 3

Beweisaufnahme muss begründet werden, damit überprüft werden kann, ob das Gericht die Grenzen des eingeräumten Ermessens beachtet hat, BGH GRUR-RS 2020, 18121.

4 Unter den Voraussetzungen des S. 2 kann eine Beweiserhebung im **Freibeweis,** → Vor § 284 Rn. 17 f. erfolgen. Das gilt sowohl für Fragen der Zulässigkeit als auch der Begründetheit, → Vor § 284 Rn. 17. Das Einverständnis der Parteien nach S. 2 ist eine Prozesshandlung, die bedingungsfeindlich ist, → Vor § 128 Rn. 54 ff. (allgemein zu Prozesshandlungen). Für ihren Widerruf gilt die Sonderregelung des S. 4, Zöller/Greger Rn. 2a. Der Widerruf setzt eine wesentliche Änderung der Prozesslage voraus. Außerdem darf mit der Beweisaufnahme noch nicht begonnen worden sein. Das Einverständnis der Parteien kann pauschal oder zu einzelnen beweisbedürftigen Tatsachen erteilt werden. Auch beim Freibeweis ist als Beweismaß die volle Überzeugung des Gerichts erforderlich, → Vor § 284 Rn. 17. Ob das Gericht nach S. 2 vorgeht, steht in seinem Ermessen, → Vor § 284 Rn. 17.

285 *Verhandlung nach Beweisaufnahme.* **I Über das Ergebnis der Beweisaufnahme haben die Parteien unter Darlegung des Streitverhältnisses zu verhandeln.**

II Ist die Beweisaufnahme nicht vor dem Prozessgericht erfolgt, so haben die Parteien ihr Ergebnis auf Grund der Beweisverhandlungen vorzutragen.

1 **I. Systematik.** → Vor § 284 Rn. 1.Während § 284 und die in ihm in Bezug genommenen Vorschriften die Beweisaufnahme regeln, bestimmt § 285 zusammen mit § 279 III als notwendiges Zwischenstadium die Erörterung der Beweisergebnisse mit den Parteien, bevor dann §§ 286 ff. zur Beweiswürdigung überleiten, → § 279 Rn. 13 ff.

2 **II. Regelungszweck.** → Vor § 284 Rn. 2. Gelegenheit zur Äußerung über das Beweisergebnis müssen die Parteien erhalten. Das gilt schon wegen Art. 103 I GG aus dem Grundsatz des rechtlichen Gehörs, BGH NJW 2004, 1732; Bbg FER 1999, 99; Schneider MDR 1992, 827; → Vor § 128 Rn. 42 ff. (allgemein zum rechtlichen Gehör). § 279 III verpflichtet das Gericht deshalb auch schon wegen § 529 I zur Erörterung des Beweisergebnisses mit den Parteien, § 285 gibt den Parteien das Recht, ihre Auffassung über das Beweisergebnis darzulegen, Beweiseinreden, auch des Beweisführers selbst, vorzubringen und Gegenbeweis, → Vor § 284 Rn. 21, oder neuen Beweis anzutreten, BGH MDR 2013, 487; Walker FS Schneider, 1997, 167. Deshalb ist nach I und nach § 279 III eine mündliche Verhandlung der Parteien (§§ 128 I, 370) über das Beweisergebnis vorgeschrieben, bei der sie auch den aktuellen Streitstand erörtern können, aber nicht müssen, Schneider MDR 2001, 781. Diese Verhandlung setzt die durch die Beweisaufnahme unterbrochene Verhandlung fort. Sie soll nach §§ 279 III, 370 I grundsätzlich unmittelbar nach der Beweisaufnahme in demselben Termin stattfinden, BGH FamRZ 1991, 43. Wegen des Grundsatzes der Einheit der mündlichen Verhandlung, → Vor § 128 Rn. 29, brauchen die schon gestellten Anträge (§§ 137 I, 297 I) nicht wiederholt werden, BGH WM 2004, 631, → § 279 Rn. 18. Eine Partei übernimmt im Zweifel ein ihr günstiges Beweisergebnis, BGH NJW 2006, 65, → § 138 Rn. 17. Das Gericht darf abgesehen von einer Säumnis in seiner Entscheidung kein solches Beweisergebnis verwerten, über das die Parteien nicht verhandeln konnten, Schneider MDR 1992, 827.

3 Vielfältige Folgen kann das Beweisergebnis auch für das weitere prozessuale Verhalten aller Beteiligten haben. Man kann nur nach den Umständen beurteilen, ob und welche weiteren oder erstmaligen Beweismittel man jetzt anbieten, erheben oder zurückweisen muss; ob jetzt erst eine Widerklage, → Anh. § 253 Rn. 1 ff., ein Hilfsantrag, → § 260 Rn. 9, eine Verweisung nach § 281, eine Abgabe, eine Nachfrist nach § 283 infrage kommen, BGH NJW 2018, 2723 (§ 283 gilt), oder ob eine Vertagung nach § 227 ratsam oder notwendig wird. Alles das muss man bei der Art und dem Umfang der „Verhandlung" nach I oder des „Vortrags" nach II mitbeachten.

4 **III. Geltungsbereich.** → Vor § 284 Rn. 3. Die Vorschrift gilt grundsätzlich in allen Verfahrensarten nach der ZPO, auch im WEG-Verfahren. Im FamFG-Verfahren ist I unanwendbar, BayObLGE 90, 179, und gilt § 30 IV FamFG. II gilt nicht bei §§ 485 ff.

5 **IV. Verhandlung, I. 1. Übliche Sorgfalt.** Es gelten die üblichen Sorgfaltsmaßstäbe, Schneider MDR 1992, 827. Im Übrigen muss die Partei selbst bei gegnerischen Betriebsgeheimnissen nach § 384 Nr. 3 im Anschluss an die Möglichkeit der Teilnahme an einer Beweisaufnahme vor dem Prozessgericht über diese verhandeln dürfen; der Gesetzgeber hat im Interesse des Geheimnisschutzes mit einem Zeugnisverweigerungsrecht nach § 384 Nr. 3 und mit der Möglichkeiten des Ausschlusses der Öffentlichkeit nach §§ 172 Nr. 2, 174 III GVG reagiert; ein beweisrechtliches Geheimverfahren ist aber jedenfalls ohne gesetzliche Regelungen nicht möglich, BGH NJW-RR 2016, 606; 2009, 516; MüKoZPO/Prütting Rn. 10 ff.; Prütting/Gehrlein/Laumen Rn. 7. Ist ein Geschäftsgeheimnis Gegenstand des Verfahrens, kann nach §§ 19, 20 GeschGehG dem Geheimnisschutz sowie den Grundsätzen des rechtlichen Gehörs, des fairen Verfahrens und des effektiven Rechtsschutzes Rechnung getragen werden, MüKoZPO/Prütting Rn. 18; → GVG § 172 Rn. 10 (zum Ausschluss der Öffentlichkeit und zu den Pflichten der Parteien nach dem GeschGehG). Die analoge Heranziehung dieser Vorschriften auf andere zivilrechtliche Verfahren wird befürwortet, MüKoZPO/Prütting Rn. 18; Stadler FS Prütting, 2018, 559.

6 Die Vorschrift ist auch bei einer Wiederholung der Beweisaufnahme zu beachten. Wenn die Beweisaufnahme unmittelbar voranging, ist der Vortrag ihres Ergebnisses grundsätzlich entbehrlich. Wenn aber zB ein Sachverständiger nach § 402 ein Gutachten nur mündlich erstattet, muss das Gericht einer nicht sachkundigen Partei grundsätzlich die Gelegenheit geben, nach der Vorlage des Protokolls nach §§ 159 ff. nochmals Stellung zu nehmen, BGH FamRZ 1991, 45; Kblz NJW-RR 1991, 1088. Dazu muss sie eine sachkundige Beratung einholen können, BGH NJW 1984, 1823. Bei einer früheren Beweisaufnahme genügt regelmäßig ein Parteibericht. Es ist nach § 160 II notwendig, einen Hinweis auf die Verhandlung nach § 285 in das Protokoll aufzunehmen, wie zB „Die Parteien verhandelten zum Ergebnis der Beweisaufnahme und zur Sache." BGH NJW 2012, 2354. Rein vorsorglich wird teilweise nach dem Wort „verhandelten" noch hinzu gefügt „unter Bezugnahme auf die schon *gestellten Anträge", obwohl eine* Wiederholung der Anträge wegen des Grundsatzes der Einheit der mündlichen Verhandlung nicht zwingend ist, → Rn. 2. Wenn sich die Partei die Ausführungen eines Zeugen oder des Sachverständigen, die neue Tatsachen enthalten (hilfsweise) zu eigen gemacht hat, → § 138 Rn. 17, sollte dies ebenfalls im Protokoll vermerkt werden.

Der Bezug auf einen Schriftsatz oder auf das Protokoll richtet sich nach § 137 III. In einer Stellungnahme kann ein weiterer Beweisantrag statthaft sein, BGH WM 2013, 2321. Der Vorsitzende muss nach § 139 auf einen geeigneten Vortrag hinwirken. Im schriftlichen Verfahren nach § 128 II oder nach § 495a S. 1 muss man entsprechend vorgehen. Am besten setzt das Gericht dann eine Erklärungsfrist, wenn es die Beweisergebnisse mitteilt. Die Ablehnung eines Antrags, einen beweiswürdigenden Schriftsatz nachreichen zu dürfen, ist grundsätzlich kein Verstoß gegen Art. 103 I GG, weil in aller Regel eine sofortige Würdigung zumutbar ist, BGH FamRZ 1991, 43; Zöller/Greger Rn. 1; vgl. BGH MDR 2001, 830; LAG Ffm NZA-RR 1996, 168; Schneider MDR 1992, 827. Hat das Gericht aber einen Schriftsatznachlass gewährt, muss es den Parteivortrag im nachgelassenen Schriftsatz auch berücksichtigen, BGH NJW 2019, 2477; → § 139 Rn. 64 „Beweiswürdigung". 7

2. Erneute Erörterung des Sach- und Streitstands. Während § 285 die Erörterung des Ergebnisses gerade der Beweisaufnahme regelt, schreibt § 279 III eine erneute Erörterung des übrigen Sach- und Streitstands nach der Beweisaufnahme vor. In der Praxis lassen sich diese beiden Erörterungsarten oft kaum trennen. Für die Erörterung der Parteien gilt bei einer Antragstellung § 283 analog, BGH NJW 2018, 223. Die Verhandlung gehört nach § 160 II ins Protokoll, BGH NJW 20121, 2354; 1990, 121; MDR 2001, 830; → Rn. 5 (zur Formulierung im Protokoll). Es reicht aber aus, dass die Parteien Gelegenheit zur Stellungnahme hatten, BGH NJW 2004, 1732. 8

3. Säumnis einer oder beider Parteien. Wenn das Gericht den Termin nach § 370 gleichzeitig zur Beweisaufnahme und zur mündlichen Verhandlung angesetzt hat, gilt: Bei Säumnis einer Partei erfolgt nach § 367 nach Möglichkeit die Beweisaufnahme. Nach ihrem Schluss ergeht bei Vorliegen der Voraussetzungen, → § 330 Rn. 4 ff., → § 331 Rn. 4 ff., in der Verhandlung nach I auf Antrag eine Versäumnisentscheidung in der Sache nach §§ 330, 331, 331a. Das gilt aber natürlich nur dann, wenn die Partei in diesem Termin überhaupt noch keinen Sachantrag nach §§ 137 I, 297 I gestellt hat. Wenn sie dagegen zu Beginn dieses Termins streitig verhandelt hat und nun nach der Beweisaufnahme „keinen Antrag stellt", ist das keine Säumnis nach § 333, sondern in Wahrheit ein Verzicht auf weitere Ausführungen nach Erhalt des Gehörs, → § 279 Rn. 16; → Rn. 2. Nach einer streitigen Verhandlung in einem früheren Termin kommt auf Antrag nach der jetzt stattgefundenen Beweisaufnahme im Termin nach I auch eine Aktenlageentscheidung nach §§ 251a, 331a infrage. Bei einer Säumnis beider Parteien findet die Beweisaufnahme ebenfalls wenn möglich statt. Dann beschließt das Gericht eine Vertagung nach § 227, das Ruhen nach § 251 oder eine Entscheidung nach Aktenlage nach § 251a. Bei ihr muss das Gericht das Beweisergebnis verwerten. 9

V. Beweisaufnahme nicht vor dem Prozessgericht, II. 1. Grundsatz. Es gibt eine Beweisaufnahme vor dem beauftragten oder ersuchten Richter oder im Ausland oder vor demjenigen Einzelrichter oder Vorsitzenden der Kammer für Handelssachen, der nur vorbereitend tätig und deshalb nicht das Prozessgericht war. Das folgt aus §§ 361, 362, 363, 372 II, 375, 402, 411a, 434, 451, 485, § 157 GVG. Anschließend müssen die Parteien ihr Ergebnis vor dem Prozessgericht aufgrund der Beweisverhandlungen vortragen, falls kein allseits wirksamer Verzicht darauf erfolgt. Eine Säumnis nach §§ 330 ff. oder ein Nichtstellen des Sachantrags zB nach § 333 bleiben statthaft, natürlich mit deren Folgen, BGH NJW 2004, 1733. Dabei genügt eine auch stillschweigende Bezugnahme nach § 137 III auf das Protokoll nach § 160 III Nr. 4, auf ein Gutachten nach § 411 oder auf eine schriftliche Auskunft nach §§ 273, 358a, 377 III. Dasselbe muss wegen § 309 bei einer Beweisaufnahme vor einem auch nur teilweise anderen Kollegium gelten. Das Verfahren läuft im Übrigen wie bei I ab. In der Praxis übernimmt der Vorsitzende in der Regel den Vortrag für die Parteien. Er muss das aber nicht tun. Unverwertbar ist der persönliche Eindruck des vernehmenden Richters nach §§ 361, 362 dann, wenn er ihn nicht im Vernehmungsprotokoll nach §§ 159 ff. festgelegt hat. Dasselbe gilt nach einem Richterwechsel. 10

2. Ausnahmen. Bei einem Beweis von Amts wegen nach § 144 oder beim Beweis über solche Punkte, die das Gericht von Amts wegen beachten muss, → Vor § 253 Rn. 14, ist der Vortrag nach II unnötig. Bei einer Verwertung der Ergebnisse eines selbständigen Beweisverfahrens gilt § 493 II. 11

VI. Verstoß. Ein Verstoß gegen I oder II ist ein Verfahrensfehler, da das rechtliche Gehör verletzt ist, BGH NJW 2012, 2354 Rn. 1; Kblz NJW-RR 1991, 1087; → Vor § 128 Rn. 42 ff. (zum rechtlichen Gehör im Einzelnen). Er kann nach § 295 I geheilt werden, BGHZ 63, 95; Schneider MDR 2001, 782; Zöller/Greger Rn. 1. Bei einem Verstoß kann ein Rechtsmittel erfolgreich sein, wenn ohne den Verfahrensfehler die Entscheidung möglicherweise anders ausgefallen wäre BGH NJW 2012, 2354 (Revision); → Vor § 128 Rn. 51 f.; → § 139 Rn. 69. Der Berufungsführer muss daher grundsätzlich darlegen, was er vorgetragen hätte und dass das entscheidungserheblich gewesen wäre, BGH WM 2016, 1637. 12

286 *Freie Beweiswürdigung.* **I [1]Das Gericht hat unter Berücksichtigung des gesamten Inhalts der Verhandlungen und des Ergebnisses einer etwaigen Beweisaufnahme nach freier Überzeugung zu entscheiden, ob eine tatsächliche Behauptung für wahr oder für nicht wahr zu erachten sei. [2]In dem Urteil sind die Gründe anzugeben, die für die richterliche Überzeugung leitend gewesen sind.**

II An gesetzliche Beweisregeln ist das Gericht nur in den durch dieses Gesetz bezeichneten Fällen gebunden.

Schrifttum: Baumgärtel/Laumen/Prütting, Handbuch der Beweislast, 4. Aufl. 2018: Bd. 1 Grundlagen; Bd. 2 §§ 1–811 BGB; Bd. 3 §§ 812–2385 BGB; Bender/Häcker/Schwarz, Tatsachenfeststellung vor Gericht, 5. Aufl. 2021; Bergwitz, Prozessuale Verwertungsverbote bei unzulässiger Videoüberwachung, NZA 2012, 353; Eschelbach/Geipel, Parteianhörung – Die Verwertung im Rahmen der Beweiswürdigung, MDR 2012, 200; Dötsch, Auslandszeugen im Zivilprozess, MDR 2011, 269; Farys, Blinde Menschen im Richteramt, 2008; Foerste, Parteiische Zeugen im Zivilprozess, NJW 2001, 321; Fuhlrott/Oltmanns, Begründung prozessualer Verwertungsverbote durch Betriebsvereinbarungen?, NZA 2018, 413; Grave/Muhle, Denkgesetze und Erfahrungssätze als Prüfungsmaßstab im Revisionsverfahren, MDR 1975, 274; Jäckel, Das Beweisrecht der ZPO, 3. Aufl. 2021; Kaiser, Vom Mithörzeugen zur Dashcam – Aktuelle Beweisverwertungsfragen im Zivilprozess, NJW 2016, 2790; Kiethe, Verwertung rechtswidrig erlangter Beweismittel im Zivilprozess, MDR 2005, 965; Kirchhoff, Zur Würdigung von Zeugenaussagen, MDR 2010, 791; Lipp, Das private Wissen des Richters, 1995;

Pötters/Wybitul, Anforderungen des Datenschutzrechts an die Beweisführung im Zivilprozess, NJW 2014, 2074; Scherzberg, Beweiserhebung als Kognition, ZZP 117 (2004), 163.

Übersicht

1 **I. Systematik, I, II.** § 286 ist die **Kernvorschrift** des allgemeinen Beweisrechts der ZPO, das in erster Linie in den §§ 284–294 geregelt ist. Weitere Regelungen finden sich in den allgemeinen und besonderen Vorschriften über die Beweisaufnahme und die einzelnen Beweismittel in den §§ 355 ff.

2 **II. Regelungszweck, I, II.** Der Grundsatz der freien Beweiswürdigung stellt das **Grundprinzip** des Beweisrechts der ZPO sowie auch aller anderen Verfahrensordnungen des deutschen Rechts (vgl. nur § 261 StPO und § 108 VwGO, siehe MüKoZPO/Prütting Rn. 2) dar. Die Beweisentscheidung ist danach eine unabhängige, persönliche Entscheidung des zuständigen Richters, der dabei allerdings den gesamten Inhalt der Verhandlungen und das Ergebnis einer etwaigen Beweisaufnahme berücksichtigen **muss.** Mit dieser Vorgabe des Gesetzes ist der Anspruch auf rechtliches Gehör gem. Art. 103 I GG (BVerfG NJW-RR 2001, 1006) eng verbunden, der ein Übergehen von Parteivortrag oder Beweisanträgen grundsätzlich verbietet. Darüber hinaus ist der Vorschrift nach hM das **Beweismaß** zu entnehmen, also die Antwort auf die Frage, welchen Grad von Gewissheit der Richter seiner Entscheidung zu Grunde legen muss.

3 Die Freiheit der Beweiswürdigung setzt eine **Abkehr von den formellen Beweisregeln** früherer Prozessordnungen voraus, nach denen bspw. für einen vollen Beweis eine bestimmte Anzahl von übereinstimmend aussagenden Zeugen erforderlich war oder ein Beweis in bestimmten Fällen, etwa beim Parteieid (vgl. aber heute § 453), zwingend als erbracht galt, vgl. Scherzberg ZZP 117 (2004), 163 (166). Dementsprechend ist II ausdrücklich zu entnehmen, dass das Gericht an Beweisregeln nur noch in besonders bestimmten Ausnahmefällen gebunden ist. Beweisregeln iSv II finden sich hauptsächlich im Bereich des Urkundsbeweises.

4 Gegengewicht der Freiheit des Richters ist die **Begründungspflicht** nach I 2, die den Entscheidungsvorgang für die Parteien und die Rechtsmittelgerichte nachvollziehbar machen soll. Ausdruck der Würdigungsfreiheit ist aber zugleich die trotz dieser Begründungspflicht nur **eingeschränkte Kontrolle** in der Rechtsmittel- namentlich in der Revisionsinstanz, die sich aus §§ 529 I 1, 559 II ergibt.

5 **III. Geltungsbereich, I, II.** Die Vorschrift gilt in **allen Verfahrensarten** nach der ZPO, auch im WEG-Verfahren und in Verfahrensarten, die sich durch eine Beschränkung der zulässigen Beweismittel auszeichnen (Urkundsprozess). Sie gilt ferner im **arbeitsgerichtlichen Verfahren** nach § 46 II 1 ArbGG und in **FamFG-Verfahren** nach §§ 37, 113 I 2 FamFG. Die anderen Verfahrensordnungen haben vergleichbare Vorschriften (→ Rn. 2).

6 **IV. Freie Beweiswürdigung, I 1.** I 1 weist einen umfangreichen Regelungsgehalt auf. Die Vorschrift benennt das **Subjekt** der Beweiswürdigung – das Gericht –, sie umreißt den **Gegenstand** der Beweiswürdigung – gesamter Inhalt der Verhandlungen und das Ergebnis einer etwaigen Beweisaufnahme – der Vorschrift lassen sich darüber hinaus Grundaussagen zum **Ziel** und zum **Maß** der Beweiswürdigung entnehmen.

7 **1. Adressat der Vorschrift. a) Eingangsinstanz.** Die Vorschrift wendet sich an das **Gericht.** Der Beweis ist gelungen, wenn **der Richter** persönlich subjektiv voll überzeugt ist, BGH NJW 2014, 71 Rn. 7. Gemeint ist nach dem Standort der Vorschrift das erstinstanzlich zuständige Kollegium bzw. der Einzelrichter am LG, aber nach § 495 auch der Richter am AG; § 495a erlaubt dem Amtsrichter nicht, sich von § 286 zu lösen und statt des Vollbeweises etwa eine Glaubhaftmachung ausreichen zu lassen, BT-Drs. 11/4155, 11; MüKoZPO/Deppenkemper § 495a Rn. 16. Im Kollegium entscheidet die Mehrheit (§ 196 I GVG).

8 Die **Beweiswürdigung** ist dabei stets von dem erkennenden Gericht, dh dem Einzelrichter oder Kollegium, dem auch die Entscheidung in der Sache obliegt, vorzunehmen, vgl. BGH NJW 1991, 1302; NJW 1960, 1252 (1253).

9 Diese Regel verbietet freilich nicht per se, dass die **Beweisaufnahme** auf den beauftragten oder ersuchten Richter übertragen wird (§§ 355 I 2, 361, 362, 375, 402, 434, 451) oder eine Beweisaufnahme im Wege der Rechtshilfe im Ausland erfolgt (§ 363); sie widerspricht auch nicht der Möglichkeit auf eine bereits von einem anderen Richter durchgeführte Beweisaufnahme zurückzugreifen, etwa bei § 411a oder § 493 oder wenn nach einem Richterwechsel oder in der Berufungsinstanz von der Wiederholung einer Beweisaufnahme abgesehen wird (vgl. § 398). Das alles sind Fragen der **Unmittelbarkeit** der Beweisaufnahme (§ 355 I 1), die allerdings durchaus Rückwirkungen auf die in jedem Fall dem erkennenden Richter obliegende Beweiswürdigung haben können, BGH NJW 1991, 1302; Jäckel Beweisrecht Rn. 340.

10 So darf etwa dann keine Übertragung auf einen beauftragten oder ersuchten Richter erfolgen, wenn es – wie regelmäßig bei Zeugenvernehmungen – auf den **persönlichen Eindruck** ankommt, § 375 Ia, vgl. BGH NJW 2000, 2024 (2025). Eine Beweisaufnahme muss in einem solchen Fall wiederholt werden, wenn nicht eine aktenkundige und der Stellungnahme durch die Parteien zugängliche Beurteilung des persönlichen Eindrucks durch die vernehmende Person vorliegt; die bloß formlose Information der Richterkollegen durch den vernehmenden Richter genügt nicht, BGH NJW 1997, 1586 (1587); NJW 1991, 3284; vgl. auch BSG BeckRS 2018, 25267. Dies gilt zB auch, wenn die Vernehmung durch das Kollegium stattgefunden hat, vor der Urteils-

fällung aber einer der Richter ausgewechselt wird. Da im Kollegium die Mehrheit entscheidet, muss jeder beteiligte Richter gleichwertige Erkenntnismöglichkeiten haben. Daher ist es auch nicht zulässig, die Beweisaufnahme auf zwei von drei Richtern (dem Vorsitzenden und dem Berichterstatter) zu übertragen; hier entsteht zu leicht ein Übergewicht der beiden Vernehmungspersonen, BGH NJW 1960, 1252 (1253).

Ebenfalls ist eine Wiederholung der Beweisaufnahme erforderlich, wenn das Berufungsgericht die Glaubwürdigkeit eines Zeugen abweichend von der ersten Instanz beurteilen will, vgl. BGH VersR 1967, 25 (→ Rn. 14). 11

b) Berufungsinstanz. Die Vorschrift findet auch im **Berufungsverfahren** Anwendung (§ 525 S. 1), dh die Berufungskammern und Berufungssenate (sowohl als Kollegium als auch als Einzelrichter) sind in ihrer Beweiswürdigung ebenso frei wie der Erstrichter. 12

Eine andere Frage ist es, ob das Berufungsrecht dem Berufungsgericht überhaupt Raum für eine **eigene Beweiswürdigung** lässt. Das ist aufgrund der Vorschriften der §§ 529, 531 zu beantworten. Danach ist das Berufungsgericht grundsätzlich an die vom Erstgericht festgestellten Tatsachen, mithin auch an das Ergebnis der erstgerichtlichen Beweiswürdigung gebunden. Dies bewirkt eine Einschränkung der berufungsrechtlichen Kontrolle der erstgerichtlichen Beweiswürdigung. § 529 I Nr. 1 macht eine neue Feststellung (und damit ggf. eine eigene Beweiswürdigung durch das Berufungsgericht) davon abhängig, dass konkrete Anhaltspunkte für Zweifel an der Richtigkeit oder Vollständigkeit der erstinstanzlichen Feststellungen vorliegen (→ Rn. 60). 13

Kommt das Berufungsgericht zu dem Schluss, dass die in der ersten Instanz festgestellten Tatsachen zweifelhaft oder neue Tatsachen zuzulassen sind, so dass eine eigene Beweiswürdigung erforderlich wird, kann es häufig auf eine in der ersten Instanz durchgeführte **Beweisaufnahme zurückgreifen,** vgl. Anders/Gehle Assessorexamen ZivilR S Rn. 14. Etwas anderes gilt jedoch dann, wenn das Berufungsgericht einem Beweisergebnis oder dem Ergebnis einer Parteianhörung ein prinzipiell anderes Gewicht geben will als das Erstgericht. So steht es grundsätzlich im Ermessen des (Berufungs-)Gerichts (§ 398 I), ob es bereits vernommene Zeugen erneut vernimmt. Eine **erneute Vernehmung** ist aber zwingend erforderlich, wenn das Berufungsgericht die Glaubwürdigkeit eines Zeugen anders beurteilen oder die protokollierte Aussage anders verstehen will als das Erstgericht und es sich dabei auf Umstände stützt, die die Urteilsfähigkeit, das Erinnerungsvermögen oder die Wahrheitsliebe des Zeugen oder die Vollständigkeit und Widerspruchsfreiheit seiner Aussage betreffen, BGH BeckRS 2021, 2640; NJW 2020, 3176; BeckRS 2018, 36985 Rn. 25; NJOZ 2015, 310 Rn. 7. Gleiches gilt, wenn das Berufungsgericht die Ausführungen eines Sachverständigen abweichend würdigen will; es muss den Sachverständigen dann erneut anhören, BGH NJW-RR 2020, 1259. Auch darf das Berufungsgericht zB aufgrund von Lichtbildern keine Feststellungen treffen, die von den Ergebnissen einer Ortsbesichtigung des Erstgerichts abweichen, wenn und soweit diese Lichtbilder nur beschränkte Blickwinkel erfassen. Leidet die erstinstanzliche Beweisaufnahme an Fehlern, muss das Berufungsgericht vor einer eigenen Entscheidung ebenfalls die Beweisaufnahme wiederholen, BGH NJW 2000, 2024 (2026). 14

c) Revisionsinstanz. Das **Revisionsgericht** ist beschränkt auf eine Überprüfung der vorinstanzlichen Beweiswürdigung und zwar nach § 559 II nur auf zulässige und begründete Revisionsrüge hin (im Einzelnen → Rn. 58). 15

2. Ziel und Maß der Beweiswürdigung. a) Wahrheit und brauchbarer Grad von Gewissheit. Die Beweiswürdigung nach I 1 ist darauf gerichtet, die **Wahrheit** einer behaupteten Tatsache festzustellen, BGH NJW 1970, 946 (948). Der Beweis ist gelungen, wenn der Richter persönlich subjektiv voll von der Wahrheit der behaupteten Tatsache überzeugt ist (sog. **Vollbeweis**), BGH NJW 2014, 71 Rn. 7; NJW 2008, 2845 Rn. 7. § 286 unterscheidet sich in diesem **Beweisziel** vor allem von § 287 und § 294, die gerade nicht verlangen, dass der Richter etwa von der Schadenshöhe voll überzeugt ist oder die (bloß) glaubhaftzumachende Behauptung für wahr hält, vgl. BGH NJW 2011, 375 Rn. 21. Der Richter darf sich bei § 286 nicht damit zufriedengeben, dass er die behauptete Tatsache für überwiegend oder hoch wahrscheinlich hält, BGH NJW 1998, 1870; DRiZ 1969, 53; DRiZ 1967, 239; das gilt auch im vereinfachten Verfahren nach § 495a (→ Rn. 7). Erforderlich ist vielmehr die (persönliche) **Gewissheit** des Richters von der Wahrheit der Behauptung, BGH NJW 1970, 946 (948). 16

Eine andere – davon freilich schwer abzugrenzende – Frage, nämlich die des anzuwendenden **Beweismaßes,** ist es, ab welchem Grad von Gewissheit der Richter von der Wahrheit überzeugt sein darf (und muss). Er darf nämlich keine unerfüllbaren Beweisanforderungen stellen, sich also nicht erst dann für überzeugt ansehen, wenn die Wahrheit der behaupteten Tatsache unumstößlich oder mit an Sicherheit grenzender Wahrscheinlichkeit feststeht oder naturwissenschaftlich zweifelsfrei nachgewiesen ist, stRspr, vgl. BGH NJW 2016, 942 Rn. 40 (IP-Zuordnung); NJW 2014, 71 Rn. 8; NJW 1952, 1171 (1172). Vielmehr **darf und muss** sich der Richter in tatsächlich zweifelhaften Fällen mit einem für das praktische Leben brauchbaren Grad von Gewissheit begnügen, der den Zweifeln Schweigen gebietet, ohne sie völlig auszuschließen, stRspr, BGH NJW 2018, 3513 Rn. 34; NJW 1970, 946 (948); BAG NJW 2015, 2205 Rn. 30. Dabei ist es unerheblich, ob andere (etwa die Parteien oder das Rechtsmittelgericht) Zweifel oder eine andere Auffassung haben können. Das Gericht darf also nicht darauf abstellen, ob jeder Zweifel und jede Möglichkeit des Gegenteils ausgeschlossen sind. Nimmt es einen alternativen Hergang an, muss es einerseits überdenken, ob es sich nicht um eine bloß theoretische Möglichkeit handelt, die außer Betracht bleiben muss; andererseits muss es, wenn es diese Möglichkeit ernsthaft in Betracht zieht, allen dagegen gerichteten Beweisanträgen nachgehen, BGH NJW-RR 1994, 567 (568). 17

Der gleiche Maßstab gilt grundsätzlich auch beim mittelbar durch **Indizien** geführten Beweis (→ Rn. 27). Erforderlich und ausreichend für den Vollbeweis ist es, dass andere Schlüsse als der von dem Richter gezogene ernstlich nicht in Betracht kommen, BGH NJW 1998, 1870. 18

Gesetzliche (materielle) **Beweismaßregeln** können geringere Anforderungen stellen, zB bei §§ 252 S. 2, 315 III 2, 319 I, 829, 844 II BGB, oder höhere, zB bei §§ 562a S. 2, 660 I 2 BGB. 19

b) Ausprägungen und Einschränkungen der Würdigungsfreiheit. aa) Freiheit von Beweisregeln. Ob der Richter von der Wahrheit einer tatsächlichen Behauptung überzeugt ist, entscheidet er und nur er allein, wobei er mit den Ausnahmen von II (→ Rn. 56) an keine Beweisregeln gebunden und nur seinem Gewissen unterworfen ist, vgl. BGH NJW 1970, 946 (948); Anders/Gehle Assessorexamen ZivilR F Rn. 71. Diese **Würdigungsfreiheit** ist vom Gesetz bewusst weit ausgestaltet, setzt keine Beweisaufnahme voraus, BGH NJW-RR 2018, 249 Rn. 12, und unterliegt nicht der Parteidisposition (§ 284 S. 3–5 bezieht sich auf die Beweisaufnahme, nicht auf die Beweiswürdigung; → Rn. 31). Dem Gericht ist es gestattet, allein aufgrund des wechselseitigen Parteivortrags eine tatsächliche Behauptung für wahr oder nicht wahr zu halten, BGH NJW-RR 2018, 20

249 Rn. 12; OLG Hmb ZIP 2014, 911; OLG Düss NVersZ 2000, 579. Es darf aus den vorgetragenen (Hilfs-) Tatsachen andere Schlüsse ziehen als die Parteien. Überhaupt ist das Gericht in der Würdigung der einzelnen Elemente des zu berücksichtigenden Prozessstoffes (Vortrag und Verhalten der Parteien, Aussagen von Zeugen und andere Beweisergebnisse usw.) im Hinblick auf ihren Beweiswert grundsätzlich frei, BGH NJW 1998, 2736; OLG Mü WM 2015, 676 (678), wobei es legitim ist, wenn der Richter neben seiner Ratio auch Intuition und Instinkt heranzieht, solange er die objektiven Grenzen jeder Beweiswürdigung einhält, vgl. Scherzberg ZZP 117 (2004), 163 (184).

21 Freiheit der Würdigung bedeutet auch, dass der Richter sich nicht bewusst oder unbewusst **eigenen Beweisregeln** unterwerfen darf. Vielmehr muss er die prinzipielle Gleichgewichtigkeit aller Beweismittel beachten, vgl. Baumgärtel/Laumen Beweislast, Bd. 1, Kap. 4 Rn. 3, 18. So ist es zwar von der Freiheit der Beweiswürdigung gedeckt, wenn das Gericht aufgrund seiner eigenen gewissenhaften Einschätzung einer Parteierklärung mehr Glauben schenkt als den (möglicherweise sogar beeidigten) Zeugen der Gegenseite, BVerfG NJW 2001, 2531; BGH NJW 2003, 2527 (2528); NJW 1999, 363; NJW 1982, 2664 (2665); KG NJW-RR 2010, 1113 (1114); MDR 2004, 533; OLG Karlsr NJW-RR 1998, 789 (790); LG Oldb ZMR 2014, 335, genauso wie das Gericht natürlich auch den Zeugen der Gegenseite mehr glauben darf als der betroffenen Partei, LG Hmb NZA-RR 2008, 577 (578). Nicht aber darf das Gericht bestimmten Beweismitteln (etwa der Partei nahestehenden Zeugen oder dem Beifahrer bei einem Verkehrsunfall) von vorneherein einen geringeren Beweiswert zuerkennen, BGH NJW 1995, 955 (956); NJW 1988, 566 (567); KG NZV 2009, 390; aM Foerste NJW 2001, 321. Ein vorbestrafter Zeuge ist nicht per se unglaubwürdig, OLG Bbg MDR 2004, 647, oder ein Berufszeuge (zB Polizeibeamter, Rechtsanwalt, Richter) ohne weiteres glaubwürdig, OLG Ffm NJW-RR 2013, 664 (665). Auch darf das Gericht nicht ohne weiteres von der Unglaubwürdigkeit eines Zeugen auf die Unglaubwürdigkeit der Partei schließen, BGH NJW-RR 1999, 246 (247). Erforderlich ist stets eine konkrete, umfassende Beweiswürdigung im Einzelfall aufgrund der individuellen Einschätzung durch den Richter, BGH NJW 1995, 955 (956); KG NJW-RR 2014, 592 (593); NZV 2009, 390 (391).

22 Erst recht darf das Gericht erhebliche Beweisanträge nicht ohne Weiteres **ablehnen** und zugleich in der Sache gegen den Beweisführer entscheiden (dazu → Rn. 35), BGH NJW 1982, 2664 (2665). Insbesondere ist es unzulässig, Beweise offen oder verdeckt zu würdigen, bevor sie erhoben worden sind (unzulässige **vorweggenommene Beweiswürdigung**), BGH NJW-RR 2018, 1150 Rn. 22; BeckRS 2018, 6161 Rn. 10; BeckRS 2018, 32052 Rn. 46; BeckRS 2013, 8902 Rn. 10.

23 **bb) Vollständige, widerspruchsfreie und objektiv mögliche Beweiswürdigung.** Freiheit der Beweiswürdigung bedeutet trotz dieser Freiheit von Beweisregeln nicht Beliebigkeit oder Willkür. Vielmehr unterliegt der Richter einer Reihe **objektiver Einschränkungen,** die revisionsrechtlich überprüfbar sind (→ Rn. 58). § 286 setzt nach einer in stRspr verwendeten Formel voraus, dass der Tatrichter sich mit dem Prozessstoff und den etwaigen Beweisergebnissen umfassend und widerspruchsfrei auseinandersetzt, die Würdigung also vollständig und rechtlich möglich ist und nicht gegen Denkgesetze und Erfahrungssätze verstößt, BGH NJW-RR 2017, 888 Rn. 24; NJW-RR 2011, 270 Rn. 38.

24 Dies bedeutet, dass bei der Beweiswürdigung der **vollständige Prozessstoff** berücksichtigt werden muss, die Würdigung also nicht lückenhaft sein darf. Das ist weit zu verstehen: Der Gegenstand der Beweiswürdigung umfasst nach I 1 den gesamten Inhalt der Verhandlungen, dh alle im Prozess zu Tage getretenen Umstände, und das Ergebnis einer etwaigen Beweisaufnahme; dazu gehört auch, dass sämtliche angebrachten erheblichen Beweisanträge prozessual richtig behandelt werden (vgl. hierzu im Einzelnen → Rn. 35).

25 Die Beweiswürdigung muss **widerspruchsfrei** sein, was etwa dann nicht der Fall ist, wenn das Gericht über Unterschiede in der erst- und der zweitinstanzlichen Aussage ein und desselben Zeugen einfach hinweggeht oder die Aussage mit Attributen („sachlich und emotionslos") versieht, die nicht auf sie passen (weil die Zeugin den Geschäftsführer der Klägerin als „gerissen" und „verlogenen Hund" bezeichnet hat), vgl. BGH NJW-RR 2000, 686. Widersprüche oder emotionale Ausbrüche in einer Zeugenaussage machen diese freilich nicht ohne weiteres unglaubhaft. Erforderlich ist wie stets eine Würdigung im Einzelfall unter Berücksichtigung möglicher Erklärungen (bspw. zurückkehrende Erinnerung oder nachvollziehbare Verärgerung).

26 **Denkgesetze,** also vor allem die Regeln der Logik, und **Erfahrungssätze** spielen darüber hinaus bei der Würdigung einzelner Beweismittel (Aussagepsychologie) sowie vor allem beim **Indizienbeweis** (sogleich → Rn. 27) eine große Rolle (zum Anscheinsbeweis als typisierte Form des Indizienbeweises, BGH NJW 2019, 661 Rn. 50 sowie → Rn. 75).

27 **cc) Indizienbeweis.** Das Gericht kann sich die Überzeugung vom Vorliegen bestimmter Tatsachen aufgrund von **Indizien** oder Hilfstatsachen bilden, BGH NJW 2019, 661 Rn. 49; Anders/Gehle Assessorexamen ZivilR F Rn. 91. Dies betrifft vor allem subjektive Tatbestandsmerkmale von Vorschriften, zB den Vorsatz bei § 133 I InsO oder die Arglist zB bei §§ 123 I, 438 III 1, 634a III 1 BGB, BGH NJW-RR 2014, 310 Rn. 8; der Indizienbeweis kann aber prinzipiell auf alle zu beweisenden Tatsachen angewendet werden. Der Beweisführer ist nicht gezwungen, ihm zugängliche Beweismittel für die Haupttatsache zu benennen, sondern kann sich darauf beschränken, Beweisanträge hinsichtlich von Hilfstatsachen anzubringen.

28 Das Gericht darf sich allerdings nur auf solche Indizien stützen, die unstreitig oder bewiesen, also sicher **festgestellt** sind. Ggf. ist also eine Beweiswürdigung nach den bereits dargestellten Regeln im Hinblick auf jedes einzelne Indiz erforderlich.

29 Zudem muss das Indiz **schlüssig** sein, also allein oder in Gesamtschau mit weiteren unstreitigen oder noch zu beweisenden Indizien den Schluss auf die Haupttatsache zulassen, sofern das Gericht diesen Schluss auch ziehen will, vgl. BGH NJW 1993, 1391; NJW 1992, 2489; VersR 1983, 375; Anders/Gehle Assessorexamen ZivilR F Rn. 92 („logischer Beweiswert"); Baumgärtel/Laumen Beweislast, Bd. 1, Kap. 18 Rn. 22. Ist ein Indiz nicht schlüssig, können auf es bezogene Beweisanträge abgelehnt werden, BGH NJW-RR 2013, 743 Rn. 26. Das Gericht muss in einem solchen Fall bei der Beweiswürdigung das behauptete Indiz als wahr unterstellen (siehe zur Wahrunterstellung allerdings auch → Rn. 45).

30 *Das Gericht ist grundsätzlich* in der Gewichtung und Einschätzung der einzelnen Indizien frei, BGH NJW 1993, 935 (938); BAG NZA 2017, 1524 Rn. 38; OLG Hamm BeckRS 2021, 3849. Die Schlüsse des Gerichts aus den Indizien müssen nicht zwingend sein, vgl. BGH NZI 2015, 768 Rn. 7; BAG ZIP 1988, 1272 (1275). Ob verbleibende Zweifel überwunden werden können, ist Entscheidung des Tatrichters. Revisibel ist die Beweiswürdigung jedoch dann, wenn der Tatrichter die Doppeldeutigkeit einer Indiztatsache nicht erkennt, einer Tatsache eine Indizwirkung zumisst, die sie nicht hat, BGH NJW 2012, 3439 Rn. 29; NJW 1993, 935 (938); NJW 1991, 1894 (1895), oder Schlüsse außer Acht lässt, die ernstlich in Betracht kommen, BGH NJW 1998, 1870.

dd) Beweiswürdigungsvertrag. Eine Vereinbarung der Parteien, die dem Gericht eine bestimmte Beweiswürdigung vorgeben soll, ist unzulässig und nichtig, vgl. MüKoZPO/Prütting Rn. 168. 31

3. Gegenstand der Beweiswürdigung. a) Vollständigkeit der Beweiswürdigung. Das Gericht darf und muss bei seiner Beweiswürdigung nach I 1 den **gesamten Prozessstoff,** dh nicht nur das Ergebnis der Beweisaufnahme, sondern darüber hinaus auch den übrigen – gesamten – Inhalt der Verhandlungen berücksichtigen, BGH NJW 2016, 1168 Rn. 12; NJW-RR 1988, 962 (963); BAG NZA 2017, 112 Rn. 21. Dies umfasst alle Umstände, von denen das Gericht aufgrund des Parteivorbringens, aus den mündlichen Verhandlungen und aus der Beweisaufnahme Kenntnis erlangt hat, betrifft also in erster Linie den schriftlichen und mündlichen Vortrag der Parteien sowie die Aussagen von Zeugen und Sachverständigen und seine Wahrnehmungen im Wege des Augenscheins sowie die Erkenntnisse aufgrund von Urkunden. Der Gegenstand der Beweiswürdigung geht aber darüber hinaus und erfasst auch das willkürliche oder unwillkürliche Verhalten der Parteien im Prozess, ihr Schweigen auf Fragen, der Umstand, dass der Parteivortrag gewechselt wird oder widersprüchlich ist, das Vorenthalten von Beweismitteln oder die Nichtentbindung eines Zeugen von seiner Schweigepflicht, BGH NJW-RR 1988, 962 (963). Das Gericht darf allerdings keine Umstände berücksichtigen, die sich vom Parteivortrag völlig lösen, BVerfG NJW 1995, 40; BGH NJW 2001, 1285 (1287); NJW-RR 1990, 507. 32

Die Vollständigkeit der Würdigung wird von dem Revisionsgericht überprüft (→ Rn. 58). 33

b) Einzelfragen zum berücksichtigungsfähigen Prozessstoff

Änderung des Parteivortrags: Bei (widersprüchlichen) Änderungen im Parteivortrag darf das Gericht den geänderten Vortrag nicht einfach beiseitelassen, BGH NJW-RR 2012, 728 Rn. 16; VersR 2011, 1384 Rn. 6; NJW-RR 1995, 1340 (1341); BAG NZA 1997, 86 (91). Für die Prüfung der Schlüssigkeit oder Erheblichkeit des Vortrags sind allein die von der Partei zuletzt vorgebrachten Behauptungen maßgeblich, BGH VersR 2011, 1384 Rn. 6; im Rahmen der Beweiswürdigung darf das Gericht allerdings etwaige unerklärte Widersprüche berücksichtigen, BGH VersR 2011, 1384 Rn. 6. Das Gleiche gilt, wenn eine Partei abweichend von einem Vorprozess vorträgt, BGH NJOZ 2016, 1569 Rn. 41. Auch → „Widersprüchlichkeit". 34

Aktenkundigkeit: Das Gericht darf alles, was aktenkundig ist, beachten; die Parteien müssen in jedem Fall Gelegenheit haben, sich dazu zu äußern, BVerfG NJW 1995, 40; BGH NJW 1991, 1302; OLG Düss GRUR 1983, 796 (798).

Allgemeinkundigkeit: → § 291 Rn. 5.

Anhörung: Das Gericht darf auch die Anhörung einer Partei nach § 141 frei würdigen, auch wenn es eine Parteivernehmung nicht durchführt oder durchführen kann, BVerfG NJW 2017, 3218 Rn. 58; BGH NJW-RR 2018, 249; NJW 1982, 940 (941); aM Eschelbach/Geipel MDR 2012, 198 (stets Parteivernehmung erforderlich).

Anlage zur Klage: Das Gericht muss die Anlagen zur Klage grundsätzlich berücksichtigen, BGH NJW 1990, 1170; OLG Mü NJW-RR 2001, 66.

Augenschein: Das Gericht darf nicht dasjenige leugnen, das durch einen Augenschein nach § 371 erwiesen ist, Grave/Muhle MDR 1975, 274. Mangels eigener Beweiserhebung darf das Gericht dem von einem anderen Richter protokollierten Ergebnis eines Augenscheins (§ 160 III Nr. 5) keine abweichende Bedeutung geben, BGH NJW-RR 1986, 190.

Aussageverweigerung: → „Mitwirkung".

Beigezogene Akten: Das Gericht muss den Inhalt beigezogener Akten umfassend würdigen, BGH, VersR 1981, 352.

Beweisangebot: Das Gericht muss ein erhebliches Beweisangebot schon wegen Art. 103 I GG beachten, BGH BeckRS 2015, 20730.

Beweisergebnis: Das Gericht muss ein Beweisergebnis in seine Erwägungen einstellen; bei einer nicht vor dem Prozessgericht durchgeführten Beweisaufnahme gilt § 285 II. Ggf. muss eine Beweisaufnahme vor dem Prozessgericht wiederholt werden, wenn es etwa auf den persönlichen Eindruck ankommt und dieser nicht aktenkundig festgehalten ist (→ Rn. 10). Ignorieren darf das Gericht das Beweisergebnis in keinem Fall.

Dashcam: „Videoaufzeichnung".

Eidesstattliche Versicherung: „Schriftliche Aussage".

Gerichtskundigkeit: → § 291 Rn. 9.

Gesamtumstände: Das Gericht muss alle maßgeblichen Umstände des Einzelfalls berücksichtigen, insbesondere wenn es um die Feststellung subjektiver Voraussetzungen geht, BGH NZI 2017, 715 Rn. 8; NJW-RR 2016, 849 Rn. 13; NJW-RR 2014, 310 Rn. 8.

Glaubwürdigkeit: Das Gericht muss die Glaubwürdigkeit eines Zeugen oder einer Partei prüfen; dies kann das Gericht nur in voller Besetzung aufgrund eines gemeinsamen persönlichen Eindrucks oder aufgrund einer aktenkundig festgehaltenen und den Parteien zugänglich gemachten Stellungnahme; ggf. ist die Beweisaufnahme zu wiederholen, BGH NJW 2000, 1420 (1421); NJW 1997, 1586 (1587). Das Gericht muss Parteivortrag, der sich auf die Glaubwürdigkeit eines Zeugen bezieht, voll beachten, BGH BauR 2013, 1726; NJW-RR 2004, 425 (426).

Günstiges Ergebnis: Das Gericht muss davon ausgehen, dass eine Partei sich ein ihr günstiges Beweisergebnis in der Regel zumindest hilfsweise zu eigen macht, BGH NJW-RR 2018, 1287 Rn. 13; NJW-RR 2010, 495 Rn. 5. Lehnt eine Partei es jedoch, was nur im Ausnahmefall vorkommen dürfte, ab, sich ein solches Beweisergebnis zu eigen zu machen, darf der Richter seine Entscheidung nicht darauf gründen, BGH NJW-RR 1990, 507.

Innere Wahrscheinlichkeit: Das Gericht darf berücksichtigen, wenn dem Vortrag einer Partei jede innere Wahrscheinlichkeit fehlt, es für das behauptete Verhalten also keine plausible Erklärung gibt, BGH NJW-RR 2015, 910 Rn. 25; NJW 1995, 966 (967); auch → „Parteivortrag".

Kopie: Das Gericht muss die vorgelegte Kopie einer Urkunde berücksichtigen; die Vorlage des Originals der Urkunde kann entbehrlich sein, wenn der Gegner die Vorlage der Kopie nicht rügt, BGH NJW 1990, 1170 (1171); Zoller NJW 1993, 429.

Lebenserfahrung: Das Gericht darf seine Lebenserfahrung berücksichtigen, BGH NJW 2019, 661 Rn. 49; NJW-RR 2014, 310; NJW 1998, 79 (81).

Mitwirkung: Das Gericht muss berücksichtigen, wenn eine Beweisperson ihre Mitwirkung bei der Beweisaufnahme versagt hat, BGH NJW-RR 1988, 962 (963).

Parteivortrag: Der Vortrag der Partei muss voll, hinsichtlich aller vorgetragenen Aspekte ausgeschöpft werden, BGH NZM 2016, 550 Rn. 19; das Gericht darf Parteivortrag auch nicht deshalb außer Acht lassen, weil eine schlüssige Erklärung für den behaupteten Vorgang fehlt oder er unwahrscheinlich erscheint, BGH NJW 2015, 409 Rn. 14; NJW-RR 2012, 728 Rn. 17. Das Fehlen einer schlüssigen Erklärung oder eine unerklärte Änderung des Parteivortrags können allerdings bei der Beweiswürdigung berücksichtigt werden, vgl. Anders/Gehle Assessorexamen ZivilR F Rn. 83; auch → „Änderung des Parteivortrags" sowie → „Innere Wahrscheinlichkeit". Zum Verwertungsverbot hinsichtlich unzulässigen Vortrags siehe Dyck/Ittner NJW 2021, 1633.

Persönlicher Eindruck: Das Gericht darf und muss seinen persönlichen Eindruck von den Prozessbeteiligten und ihren Vertretern berücksichtigen.

Privatgutachten: Das von einer Partei vorgelegte Privatgutachten stellt substantiierten Parteivortrag dar und muss – auch bei der Beweiswürdigung – berücksichtigt werden, BGH VersR 2011, 1202; NJW 2001, 77 (78). Wird der Inhalt des Privatgutachtens bestritten, muss freilich eine Beweisaufnahme (etwa durch Zeugenvernehmung) durchgeführt werden, BGH NJW 2009, 2894 Rn. 22.

Privatwissen: Dazu Lipp, Das private Wissen des Richters, 1995. Sein ausschließlich privates Wissen über im Prozess behauptete Vorgänge darf der Richter nicht verwerten. Er darf nicht gleichzeitig Richter und Zeuge sein, vgl. auch § 41 Nr. 5. Abzugrenzen ist das private Wissen von dem gerichtskundigen Wissen des Richters gem. § 291, das er etwa anlässlich anderer Verfahren erworben hat. Auch darf der Richter seine Lebenserfahrung oder Erfahrungssätze berücksichtigen (→ „Lebenserfahrung").

Schlaf: Kein Richter darf auch nur vorübergehend während der mündlichen Verhandlung schlafen, BVerwG NJW 2001, 2898.

Schriftliche Aussage: Das Gericht muss den Inhalt schriftlicher Aussagen, zB auch von eidesstattlichen Versicherungen, berücksichtigen, darf sogar seine Überzeugung von der Wahrheit auf dieses Glaubhaftmachungsmittel stützen. Kommt es auf den persönlichen Eindruck an, ist jedoch die mündliche Vernehmung erforderlich. In diesem Fall kann in der Vorlage einer eidesstattlichen Versicherung ein Zeugenbeweisantritt liegen; jedenfalls hat das Gericht darauf hinzuweisen, dass die eidesstattliche Versicherung nicht ausreicht, vgl. BGH VersR 2011, 817 (818).

Stellungnahme: Das Gericht darf nur dasjenige berücksichtigen, wozu die Parteien Gelegenheit zur Stellungnahme hatten, auch → „Aktenkundigkeit".

Strafurteil: Das Gericht darf den Inhalt eines Strafurteils berücksichtigen, wenn auch nicht unkritisch übernehmen, BGH NJW 2022, 705; OLG Saarbr BeckRS 2019, 6012; OLG Hamm NJW-RR 2013, 221. Es entfaltet keine Bindungswirkung für den Zivilprozess.

Strafverfahren: Ein Geständnis in einem Strafverfahren entfaltet zwar nicht die Wirkungen der §§ 288, 290, es ist aber bei der Beweiswürdigung zu berücksichtigen und kann im Einzelfall auch bei seinem Widerruf zur Überzeugungsbildung ausreichen. Der Anspruchsgegner muss substantiiert vortragen, dass sein Geständnis unrichtig war, der Anspruchsteller sodann dessen Richtigkeit beweisen, BGH NJW 2022, 705; BGH NJW-RR 2004, 1001.

Verfahrensfremdes Gutachten: Verfahrensfremde Gutachten (§ 411a) dürfen nur verwertet werden, wenn sie ordnungsgemäß in das Verfahren eingeführt worden sind und die Parteien Gelegenheit hatten, dazu Stellung zu nehmen, BGH BeckRS 2011, 29266 Rn. 8; BVerwG NJW 2009, 2614 Rn. 8.

Verhalten: Das Verhalten einer Partei kann bei der Beweiswürdigung berücksichtigt werden, OLG Karlsr VersR 2000, 487. Es kann aber in der Regel nicht dazu führen, dass eine Beweiserhebung unterbleibt, BGH NJW-RR 2002, 774; NJW 1996, 394.

Verschwiegenheitspflicht: Das Gericht muss berücksichtigen, wenn eine Zeugenaussage daran scheitert, dass die betroffene Partei den Zeugen nicht von seiner Pflicht zur Verschwiegenheit entbindet, BGH NJW-RR 1988, 962 (963). Es muss allerdings erwägen, ob eine Schweigepflichtsentbindung aus persönlichen Gründen unzumutbar oder aus anderen Gründen verständlich ist.

Verweigerung: „Mitwirkung".

Videoaufzeichnung: Eine Videoaufzeichnung kann und muss im Wege des Augenscheins verwertet werden. Auch soweit Videoaufnahmen etwa mittels Dashcam datenschutzrechtlich unzulässig sind, kann ihre Verwertung als Beweismittel im Zivilprozess zulässig sein, BGH NJW 2018, 2883 Rn. 39; EGMR NJW 2015, 1079; LG Landshut MDR 2016, 792. Erforderlich ist insoweit eine Güterabwägung im Einzelfall, die jedenfalls im Unfallhaftpflichtprozess zu Gunsten des Beweisführers ausfällt, BGH NJW 2018, 2883 Rn. 39.

Vorprozessuales Verhalten: → „Verhalten".

Widerruf: Das Gericht darf den Widerruf zB eines Beweisangebots berücksichtigen.

Widersprüchlichkeit: Auch → „Änderung des Parteivortrags". Ein Widerspruch zwischen dem Parteivortrag und dem Gericht vorliegender Unterlagen darf nicht dazu führen, dass eine Beweisaufnahme unterbleibt, darin läge eine prozessual unzulässige vorweggenommene Beweiswürdigung. Im Rahmen der Beweiswürdigung können die Widersprüche jedoch Beachtung finden, BGH MDR 2021, 1095; NJW-RR 2018, 1287 Rn. 22; BeckRS 2013, 8902 Rn. 10.

Zeugenaussage: Dazu Kirchhoff MDR 2010, 791. Das Gericht muss eine Zeugenaussage voll ausschöpfen; glaubt es einer schriftlichen Aussage eines Zeugen nicht, muss es den Zeugen mündlich vernehmen, BGH NJW-RR 2003, 1106 (1107). Zeugenaussagen können auch dann verwertet werden, wenn der Zeuge von einem anderen Richter, etwa einem beauftragten oder ersuchten Richter, vernommen worden ist. Die Vernehmung erfolgt dann auf Antrag der beweisbelasteten Partei im Wege des Urkundsbeweis durch Auswertung des Protokolls, sofern nicht eine Partei die unmittelbare Vernehmung beantragt, BGH NJW 2000, 1420 (1421). Es dürfen nur die Eindrücke des vernehmenden Richters verwertet werden, die aktenkundig sind und zu denen die Parteien Stellung nehmen konnten, BGH NJW 1997, 1586 (1587); NJW 1991, 1302. Vgl. ferner Hamacher/Happe NZA 2021, 665.

c) Erschöpfung und Ablehnung von Beweismitteln. aa) Vollständige Beachtung erheblicher Beweisangebote. Grundsätzlich muss das Gericht alle **erheblichen Beweisangebote** beachten; die Nichtberücksichtigung eines erheblichen Beweisangebots, die im Prozessrecht keine Stütze hat, verstößt gegen **Art. 103 I GG,** BVerfG NJW 2003, 1655; BGH WM 2018, 1252 Rn. 4; NJW 2016, 641 Rn. 6. Das Gericht darf eine Beweisaufnahme nicht deshalb ablehnen, weil das Hauptbeweismittel (zB ein Sachverständigengutachten) etwa wegen Nichtzahlung des Auslagenvorschusses oder Versäumung einer Ausschlussfrist gem. §§ 402, 356, 379 ZPO ausscheidet. Es muss alle verfügbaren Beweismittel heranziehen, BGH NZBau 2019, 295 Rn. 19; NJW 2007, 2122 Rn. 15. 35

Schlüssigkeit des Klagevortrags bzw. **Erheblichkeit** des Klageerwiderungsvorbringens ist Voraussetzung für eine Beweiserhebung. Ein Sachvortrag ist schlüssig/erheblich, wenn die Partei Tatsachen vorträgt, die iVm einem Rechtssatz geeignet und erforderlich sind, das geltend gemachte Recht bzw. die geltend gemachte Einwendung als entstanden erscheinen zu lassen; die Angabe näherer Einzelheiten ist nur erforderlich, wenn diese für die Rechtsfolgen von Bedeutung sind, BGH VersR 2011, 1384 (1385); NJW 1991, 2707 (2709); vgl. im Einzelnen auch Anders/Gehle Assessorexamen ZivilR A Rn. 101. Ein **Indiz** ist schlüssig, wenn es den Schluss auf die behauptete Haupttatsache zulässt und das Gericht diesen Schluss ggf. aufgrund einer Gesamtschau mit weiteren Indizien ziehen will (→ Rn. 29). Ein Beweisantrag muss erkennen lassen, auf welche Tatsachen er sich beziehen soll, vgl. BGH NJW-RR 2004, 1362 (1363). Die auf dieser Grundlage vorgebrachten Beweismittel sind erheblich und müssen, bis der Beweis erbracht ist, BGH NJW-RR 2008, 1311 Rn. 6, oder ein anderer Ablehnungsgrund vorliegt, vollständig erschöpft werden, BGH BeckRS 2015, 20730; NJW-RR 2012, 463 Rn. 6; NJW 1991, 2707 (2709). 36

Bei der Beurteilung der Frage, ob der Parteivortrag schlüssig/erheblich ist, dürfen **keine überspannten Anforderungen** angelegt werden, BGH NJW 2019, 607 Rn. 7; NJW 2017, 1877 Rn. 10. Es ist ggf. Sache des Tatrichters, die benannten Zeugen nach näheren Einzelheiten zu befragen, die zur Beurteilung der Zuverlässigkeit der Zeugenaussage erforderlich ist, BGH NJW 2019, 607 Rn. 8. Es ist auch zulässig, in geeigneten Sachen die Partei im Wege der Anhörung gem. § 141 vor der Beweisaufnahme nach näheren Einzelheiten zu befragen. Ihr Verhalten und ihre Antworten können bei der Beweiswürdigung berücksichtigt werden, nicht aber darf die Beweisaufnahme davon abhängig gemacht werden. Darin läge eine unzulässige vorweggenommene Beweiswürdigung, BGH VersR 2011, 1384 (1385). 37

Eine Beweiserhebung kann dann unterbleiben, wenn die Behauptung so ungenau bezeichnet ist, dass das Gericht ihre Erheblichkeit nicht prüfen kann, oder wenn eine Tatsache aufs Geratewohl „ins Blaue hinein" behauptet wird und sich ihre Behauptung daher als Rechtsmissbrauch darstellt, BGH ZIP 2018, 1173 Rn. 7; NJW 1996, 394; es liegt dann ein unzulässiger Beweisermittlungsantrag oder **Ausforschungsbeweis** vor, BGH NJW-RR 2002, 1433 (1435). Eine in diesem Sinne willkürliche Behauptung darf aber nicht ohne weiteres angenommen werden; in der Regel wird nur das Fehlen jeglicher tatsächlicher Anhaltspunkte die Annahme von Willkür rechtfertigen können, BGH ZIP 2018, 1173 Rn. 7; NJW 1991, 2707 (2709). In Zweifelsfällen kann von der Partei verlangt werden, die tatsächlichen Anhaltspunkte oder ihre Erkenntnisquelle darzulegen, BGH NJW-RR 2002, 1433 (1435). Der Partei ist es allerdings erlaubt, Tatsachen zu behaupten, über die sie keine genauen Kenntnisse besitzt, die sie nach Lage der Dinge aber für wahrscheinlich hält, BGH NJW-RR 2019, 380 Rn. 11, oder die sie auch hinsichtlich innerer Tatsachen einer anderen Person nur vermutet, BGH NJW-RR 2021, 886. Stellt sich heraus, dass ein Bestreiten auf einer falschen Tatsachengrundlage erfolgt, ist es unbeachtlich, BGH NJW-RR 2021, 93. 38

Beweis kann nur über **Tatsachen** erhoben werden. Tatsachen können aber auch in juristischen Wendungen in den Prozess eingeführt werden, wenn dies durch einen **einfachen Rechtsbegriff** (Rechtstatsache: zB „Kaufvertrag") geschieht, der jedem Teilnehmer des Rechtsverkehrs geläufig ist, BGH NJW 2004, 2152 (2153); BAG NJW 2015, 508 Rn. 22; vgl. Anders/Gehle Assessorexamen ZivilR A Rn. 101. 39

Das Gericht darf seiner Entscheidung keine für eine Partei ungünstige Tatsache zu Grunde legen, wenn noch **Gegenbeweise** zu erheben sind, BGH BeckRS 2020, 27804 Rn. 18; NJW-RR 2004, 1001 (1002). Solange der Hauptbeweis nicht vollständig erbracht ist, sind die vom Prozessgegner vorgebrachten Gegenbeweismittel nicht erheblich. Das Gericht darf aber aus prozessökonomischen Gründen bereits die Erhebung von Gegenbeweismitteln anordnen. Nicht aber darf es die Hauptbeweisaufnahme abbrechen, weil aufgrund von Gegenbeweisen das Gegenteil erwiesen sei. 40

bb) Ablehnung von Beweisanträgen. Anders als die StPO enthält die ZPO keine Regelung zu der Frage, unter welchen Voraussetzungen ein Beweisantrag abgelehnt werden darf. **§ 244 StPO** kann allerdings entsprechend herangezogen werden, BGH NJW-RR 2015, 1151 Rn. 12; NJW 1996, 2501. Es lassen sich folgende Fallgruppen unterscheiden: Eine Beweiserhebung über erheblichen Vortrag ist nicht erforderlich, wenn die unter Beweis gestellte Tatsache **bereits erwiesen, offenkundig** oder **unstreitig** ist. Kann das Gericht eine Behauptung als **wahr unterstellen,** muss es einem darauf gerichteten Beweisantrag nicht nachgehen. Beweise, die **unzulässig** sind, dürfen nicht erhoben werden. Schließlich können Beweismittel, die **unerreichbar** oder **völlig ungeeignet** sind, außer Betracht bleiben. 41

(1) Erwiesenheit, Offenkundigkeit, Unstreitigkeit. Hält das Gericht die behauptete Tatsache **bereits für erwiesen,** ist eine (weitere) Beweiserhebung nicht erforderlich, BVerfG NJW 1993, 254 (255); BGH NJW 2000, 3718 (3720). Hingegen ist die Ablehnung eines Beweisantrags nicht zulässig, wenn das Gericht das Gegenteil der behaupteten Tatsache für erwiesen hält. Darin läge eine unzulässige vorweggenommene Beweiswürdigung, BVerfG NJW-RR 2001, 1006 (1007); OLG Karlsr BeckRS 2013, 17175. Dies gilt erst recht, wenn das Gericht das Gegenteil der behaupteten Tatsache aufgrund von Indiztatsachen für erwiesen hält, BGH NJW-RR 2002, 1072 (1073). § 445 II stellt eine eng auszulegende, auf das Beweismittel der Parteivernehmung beschränkte Ausnahme von diesem Grundsatz dar. 42

Eine nach § 291 **offenkundige,** dh allgemein bekannte oder gerichtsbekannte Tatsache, ist nicht beweisbedürftig; darauf gerichtete Beweisanträge können abgelehnt werden. 43

Schließlich darf und muss über **unstreitige** Tatsachen kein Beweis erhoben werden, da sie ebenfalls nicht beweisbedürftig sind, OLG Kblz NJOZ 2014, 1077. Dies betrifft zum einen den ersichtlich übereinstimmenden Vortrag der Parteien sowie diejenigen Tatsachen, die gem. § 288 von einer Partei zugestanden sind. Unstreitig sind aber auch diejenigen Behauptungen, die nicht bzw. nicht hinreichend substantiiert im Sinne von § 138 44 bestritten werden. Hierhin gehört es auch, wenn Behauptungen oder ein Bestreiten wegen Verspätung (§ 296) wirksam zurückgewiesen werden.

45 **(2) Wahrunterstellung/Bedeutungslosigkeit.** Das Gericht kann nach BVerfG NJW 1993, 254 (255); BGH NJW-RR 2017, 75 Rn. 15; BGH NJW-RR 2005, 1051 (1052) von einer Beweiserhebung absehen, wenn es die behaupteten Tatsachen zu Gunsten des Beweisführers – und zwar so, wie die Partei sie aufgestellt hat, BGH NJW-RR 2017, 75 Rn. 15 – als **wahr unterstellt.** Dieser in § 244 III 2 StPO aufgeführte und ausdrücklich auf den Angeklagten entlastende Umstände gemünzte Ablehnungsgrund passt freilich nicht recht in das den Zivilprozess prägende Zweiparteiensystem, ähnlich auch Stein/Jonas/Thole § 284 Rn. 77. Beachten muss man nämlich, dass eine Wahrunterstellung dann ausscheidet, wenn sie zu Lasten des Prozessgegners der beweisbelasteten Partei, der die behauptete Tatsache ja gerade bestritten hat, gehen würde. Dies wird, wenn es sich bei der behaupteten Tatsache nicht ohnehin um eine **unerhebliche** Tatsache handelt, in aller Regel der Fall sein.

46 Einen gewissen Anwendungsbereich hat die Wahrunterstellung im Bereich des Indizienbeweises, vgl. BGH NJW-RR 2005, 1051 (1052). Dort muss der Richter vor der Beweiserhebung im Hinblick auf behauptete Hilfstatsachen prüfen, ob diese schlüssig sind, also – ihre Richtigkeit unterstellt – ihn von der Wahrheit der Haupttatsache überzeugen würde. Kann ein Indiz als wahr unterstellt werden, ohne dass das Gericht daraus die Wahrheit der Haupttatsache folgern würde, ist es unschlüssig; der auf es bezogene Beweisantrag darf abgelehnt werden, BGH NJW-RR 1993, 443 (444). Genaugenommen handelt es sich dabei nicht um die in § 244 III 2 StPO vorgesehene Wahrunterstellung, sondern um die ebenfalls dort genannte Ablehnung des Beweisantrags **wegen Bedeutungslosigkeit** bzw. noch genauer liegt schlicht ein unerheblicher Beweisantrag vor (→ Rn. 36), vgl. Jäckel Beweisrecht Rn. 284. Seine diesbezüglichen Überlegungen muss der Richter jedenfalls nachvollziehbar in seiner Entscheidung darlegen (→ Rn. 54).

47 Ganz fehlerhaft wäre es, einen Zeugenbeweis mit der Begründung abzulehnen, es könne als wahr unterstellt werden, dass der Zeuge die behauptete Tatsache bestätigen werde, ihm werde man aber nicht glauben können. Darin läge eine unzulässige **vorweggenommene Beweiswürdigung,** die gegen Art. 103 I GG verstößt.

48 **(3) Unzulässigkeit.** Ein **unzulässiges** Beweismittel kann und muss abgelehnt werden, vgl. BGH NJW 2018, 2883; BAG NJW 2017, 1193; NZA 2017, 112. In der Regel ist zur Feststellung der Unzulässigkeit eine Abwägung des Beweisinteresses der beweisbelasteten Partei und der von der Beweiserhebung in ihren Schutzgütern betroffenen Person erforderlich. Die Rechtswidrigkeit der Beweiserhebung führt allein nicht zu einem Beweisverwertungsverbot, BVerfG NJW 2005, 3205; BGH NJW 2018, 2883 Rn. 29. Es lassen sich folgende Einzelfälle aufzählen:

49 **Aussageverweigerungsrecht:** Macht ein Zeuge von seinem Aussageverweigerungsrecht nach §§ 383 ff. Gebrauch, ist seine Vernehmung unzulässig. Nach § 386 III muss ein Zeuge, der seine Weigerung schriftlich oder zu Protokoll der Geschäftsstelle erklärt hat, nicht zum Termin erscheinen. Die Zeugnisverweigerung kann für sich gesehen allerdings ein Indiz im Rahmen der Beweiswürdigung darstellen, BGH NJW-RR 2015, 1151 Rn. 13; OLG Hamm VersR 1983, 870. Die Verwertung der erstinstanzlichen Aussage eines Zeugen, der erst in zweiter Instanz von seinem Aussageverweigerungsrecht Gebrauch macht, bleibt zulässig, OLG Hamm VersR 2001, 1169. Einem erneuten Beweisantrag nach vorangegangener Zeugnisverweigerung ist jedoch stattzugeben, wenn – etwa aufgrund einer schriftlichen Erklärung des Zeugen – anzunehmen ist, dass er nunmehr bereit ist, auszusagen, OLG Köln NJW 1975, 2074.

Belehrung: Ist in einem Strafverfahren eine erforderliche Belehrung (§§ 163a, 136 StPO) unterblieben, folgt daraus nicht ohne weiteres ein Beweisverbot für das Zivilverfahren. Es ist eine Interessen- und Güterabwägung vorzunehmen; jedenfalls bei einem rechtskräftigen Freispruch besteht kein Schutzbedürfnis der Partei mehr, BGH NJW 2003, 1123. Unzulässig soll eine Beweisverwertung aus einem Straf- oder Ordnungswidrigkeitenverfahren sein, das unter Verstoß gegen § 67 JGG durchgeführt wurde, LG Köln NJW-RR 2016, 544 (545).

Betriebsvereinbarung: Eine Betriebsvereinbarung kann einer Beweiserhebung und -verwertung nicht entgegenstehen, Fuhlrott/Oltmanns NZA 2018, 413.

Beweismittelvertrag: Ein Beweismittelvertrag zwischen den Parteien, der bestimmte Beweismittel ausschließt, ist grundsätzlich von dem Gericht zu beachten, vgl. MüKoZPO/Prütting Rn. 167.

Dashcam: → Rn. 34 „Videoaufzeichnung".

Datenschutz: Bei einem Datenschutzverstoß kann, muss aber nicht zwingend, ein Beweisverwertungsverbot vorliegen. Erforderlich ist eine Abwägung im Einzelfall, BGH NJW 2018, 2883; BAG NZA-RR 2018, 13; Pötters/Wybitul NJW 2014, 2074.

Diebstahl: Unzulässig sein kann die Verwertung eines gestohlenen Beweismittels, BAG NJW 2003, 1204 (1206).

Durchsuchung: Unzulässig ist ein durch eine heimliche Durchsuchung beim Arbeitnehmer erzieltes Beweismittel, BAG NZA 2014, 143.

Kartellsache: §§ 89b, 89d GWB enthalten Spezialregeln für das Kartellrecht.

Kostenträchtige Beweisaufnahme: Ein Beweisantrag darf nicht allein deshalb abgelehnt werden, weil die Beweisaufnahme besonders kostenträchtig und unökonomisch ist, BVerfG NJW 1979, 413 (414).

Lebensgefahr: Unzulässig ist ein Beweismittel, wenn es – wie eine medizinische Operation – Lebensgefahr begründen kann, OLG Düss NJW 1984, 2635.

Mitbestimmungsrecht: Ein Verstoß gegen das Mitbestimmungsrecht kann, muss aber nicht zur Unzulässigkeit des Beweismittels führen, BAG NJW 2008, 2732.

Ökonomie: → „Kostenträchtige Beweisaufnahme".

Persönlichkeitsrecht: Ein Verstoß gegen das Allgemeine Persönlichkeitsrecht nach Art. 1 I, 2 I GG kann eine Beweiserhebung unzulässig werden lassen, BVerfG NJW 1992, 815; BAG NJW 2017, 3258; Kaiser NJW 2016, 2790; Kiethe MDR 2005, 965.

Strafe: Unzulässig ist die Heranziehung von aus dem Bundeszentralregister getilgten oder tilgungsreifen Strafen, BGH NZV 1998, 245.

Strafverfahren: *→ „Belehrung".*

Telefongespräch: Ein heimliches Mithören am Telefon kann zu einem Beweisverwertungsverbot führen, siehe auch „Persönlichkeitsrecht".

Unwirtschaftlichkeit: → „Kostenträchtige Beweisaufnahme".

Videoüberwachung: Eine (verdeckte) Videoüberwachung kann, je nach Abwägung im Einzelfall, zu unzulässigen Beweismitteln führen; vgl. ausf. Bergwitz NZA 2012, 353.

(4) Unerreichbarkeit. Das Gericht kann ein Beweisangebot, insbesondere auf Vernehmung von Zeugen, ablehnen, wenn das Beweismittel **unerreichbar** ist. Unerreichbar ist ein Zeuge allerdings nur dann, wenn das Gericht alle der Bedeutung des Zeugnisses entsprechenden Bemühungen zur Beibringung des Zeugen (zB auch per Zwangsmittel) vergeblich entfaltet hat und keine begründete Aussicht besteht, das Beweismittel in absehbarer Zeit beizubringen, BGH NJW-RR 2015, 1151 Rn. 12; NJW 2006, 3416 Rn. 25. Dabei sind strenge Anforderungen zu stellen; es genügt zB nicht, dass der Zeuge zwei- oder dreimal nicht zum Termin erschienen ist, BGH NJW-RR 2015, 1151 Rn. 12; OLG Köln NVersZ 2000, 483 (484). Auch ein zwischenzeitlicher Umzug begründet keine Unerreichbarkeit, OLG Köln NVersZ 2000, 483 (484). Bei einem im Ausland lebenden Zeugen kommt es etwa auch darauf an, ob eine Vernehmung im Wege der Rechtshilfe möglich ist. Im Übrigen darf grundsätzlich erst bei endgültiger Weigerung des Zeugen von Unerreichbarkeit ausgegangen werden, BGH NJW 1992, 1768 (1769); vgl. auch Dötsch MDR 2011, 269. 50

(5) Völlige Ungeeignetheit. Ein **völlig ungeeignetes** Beweismittel kann abgelehnt werden. Völlig ungeeignet ist ein Beweismittel, wenn die Beweisführung mit ihm vollkommen ausgeschlossen ist, BGH NJW 2021, 861; NJW 2018, 2803 Rn. 9; NJW-RR 2015, 1151 Rn. 13; NJW-RR 2008, 1380 Rn. 16, wenn also ohne Rücksicht auf das Ergebnis der bisherigen Beweisaufnahme die Lebenserfahrung die sichere Prognose zulässt, dass die Beweiserhebung mit dem beantragten Beweismittel das im Beweisantrag in Aussicht gestellte Ergebnis nicht erbringen kann, BVerfG NJW 2004, 1443. Es sind strenge Anforderungen zu beachten. Weder die Unwahrscheinlichkeit eines positiven Beweisergebnisses noch ein möglicherweise bestehendes Zeugnisverweigerungsrecht oder ähnliche Unwägbarkeiten machen ein Beweismittel völlig ungeeignet. Noch nicht erhobene Beweise dürfen nicht vorweg gewürdigt werden, BGH NJW-RR 2015, 158 Rn. 17. 51

Alter: Weder ein besonders junger noch ein besonders alter Zeuge ist von vorneherein ungeeignet. 52

Aussageverweigerungsrecht: Der Umstand, dass dem Zeugen ein Aussageverweigerungsrecht zusteht, macht ihn nicht zu einem ungeeigneten Beweismittel, BGH NJW-RR 2015, 1151 Rn. 13.

Erinnerung: Ein Zeuge ist nicht deshalb ungeeignet, weil anzunehmen sein kann, dass er an die zu bekundenden Tatsachen keine Erinnerung mehr hat. Anders kann das allenfalls sein, wenn der Vorfall bereits längere Zeit zurückliegt und für den Zeugen völlig bedeutungslos war, BVerfG NJW 2004, 1443.

Innere Tatsache: Die Benennung eines (mittelbaren) Zeugen ist auch nicht ungeeignet, wenn es um innere Tatsachen einer anderen Person geht, siehe auch „mittelbarer Zeuge". Subjektive Tatbestandsmerkmale können ohnehin meist nur mittelbar aus objektiven Tatsachen hergeleitet werden, BGH WM 2022, 1287 Rn. 12 NJW-RR 2014, 310 Rn. 8.

Lügendetektor: Ein Lügendetektor oder Polygraph ist als Beweismittel ungeeignet, BGH NJW 2003, 2527; OLG Hamm, NJW-RR 2013, 221.

Mittelbarer Zeuge: Die Benennung eines bloß mittelbaren Zeugen ist auch dann nicht ungeeignet, wenn (wie zB bei inneren Tatsachen) die maßgebliche Person selbst nicht als Zeuge benannt wird, BGH NJW-RR 2002, 1433 (1435).

Polygraph: → „Lügendetektor".

Sachverständigengutachten: Das Gericht darf ein Sachverständigengutachten nur dann als völlig ungeeignet ablehnen, wenn es dies auf Grund eigener Sachkunde ausreichend beurteilen kann, BGH NJW 2018, 2730 Rn. 16; auch → Rn. 53.

Unglaubwürdigkeit: Die (vermutete) Unglaubwürdigkeit eines Zeugen macht den Zeugen nicht ungeeignet, vgl. BGH NJW 1988, 567.

Unwahrscheinlichkeit: Weder die Unwahrscheinlichkeit einer Tatsache noch der Beweisführung durch das gewählte Beweismittel rechtfertigt die Ablehnung als ungeeignet, BGH NJW-RR 2021, 861; NJW-RR 2015, 1151 Rn. 13.

Zeitablauf: Ein Zeuge ist nicht allein deshalb ungeeignet, weil zwischen seinen Wahrnehmungen und dem Vernehmungstermin ein erheblicher Zeitraum verstrichen ist; aber auch → „Erinnerung".

Zeuge als Sachverständiger: Der Zeugenbeweis ist ungeeignet, wenn es nicht um die Ermittlung von Befund- oder Zusatztatsachen geht, sondern um die objektive Bewertung eines im Wesentlichen feststehenden Sachverhalts; es ist ein Sachverständigengutachten einzuholen, BGH NJW 2013, 3570 Rn. 20.

Zeuge vom Hörensagen: Der Zeuge vom Hörensagen ist tauglicher Zeuge (hinsichtlich der von ihm zu bekundenden Mitteilungen). Der Umstand, dass er die eigentliche Parteibehauptung nicht bestätigen kann, ist im Rahmen der Beweiswürdigung zu berücksichtigen, BGH NJW 2006, 3416 Rn. 21.

(6) Eigene Sachkunde. Das Gericht darf die Einholung eines Sachverständigengutachtens nach pflichtgemäßem Ermessen ablehnen, wenn es eine entsprechende **eigene Sachkunde** auszuweisen vermag, BGH NJW 2018, 2730 Rn. 16; Anders/Gehle Assessorexamen ZivilR F Rn. 20. Die eigene Sachkunde muss dann in dem Urteil überprüfbar dargelegt werden; zudem muss das Gericht den Parteien vor der Entscheidung einen entsprechenden Hinweis erteilen und ihnen Gelegenheit zur Stellungnahme geben, BGH NJW 2015, 1311 Rn. 5. Der Richter darf aber nicht ohne weiteres wegen eines überzeugend erscheinenden Privatgutachtens von einer sachverständigen Beratung absehen, BGH VersR 1981, 576. 53

V. Begründungspflicht, I 2. Das Gericht muss die für die Beweiswürdigung wesentlichen Gesichtspunkte nach I 2 im Urteil nachvollziehbar darlegen, BGH NJW 1991, 1894 (1895); BAG NJW 2017, 3800 Rn. 38; OLG Hamm NJW-RR 2017, 1368 Rn. 18. Dies dient der **Selbstkontrolle** des Richters, vor allem aber der **Überprüfbarkeit** der Beweiswürdigung im Rechtsmittelweg. Die Darlegung der Beweisgründe muss daher so logisch und vollständig erfolgen, dass eine Überprüfung auf Lücken bzw. Denkfehler uÄ möglich ist. Daran fehlt es, wenn das Gericht sich bei der Begründung auf nichtssagende Leerformeln oder zB auf eine bloße Wiederholung von Zeugen- oder Sachverständigenaussagen beschränkt oder wenn die Ausführungen so knapp sind, dass eine sachentsprechende Auseinandersetzung nicht erkennbar ist, vgl. BGH NJW-RR 2013, 1240 Rn. 10 („ein Halbsatz"); NJW-RR 2009, 35 Rn. 16; NJW-RR 2000, 432 (433); Baumgärtel/Laumen Beweislast, Bd. 1, Kap. 4 Rn. 13. Das Gericht muss sich auch dazu verhalten, warum es bestimmten Beweisanträgen nicht nachgegangen ist, vgl. BGH NJW-RR 1991, 298. Dies erlangt besondere Bedeutung im Bereich des Indizienbeweises, 54 wo der Richter die von ihm vorgenommene Schlüssigkeitsprüfung (→ Rn. 29) darlegen muss, vgl. BGH NJW-RR 1993, 443 (444); BAG NJW 2017, 3800 Rn. 38.

55 Es ist nicht erforderlich, dass das Gericht auf ausnahmslos jedes Parteivorbringen, jedes Beweismittel, jede Zeugenaussage eingeht, wenn nur insgesamt eine **sachgerechte Auseinandersetzung** erkennbar ist, BGH NJW-RR 2005, 568 (569); BAG NJW 2015, 429 Rn. 40 (vgl. auch § 313 III). Unerhebliche Umstände müssen nicht ausdrücklich erörtert werden. Allerdings darf die Erörterung im Urteil nicht so lückenhaft sein oder derart bedeutsame Umstände übergehen, dass dies die Befürchtung weckt, das Gericht habe die nicht erörterten Umstände gar nicht zur Kenntnis genommen oder erwogen, BGH NJW-RR 2009, 786.

56 **VI. Gesetzliche Beweisregeln, II.** Das Gericht bindende **Beweisregeln** finden sich hauptsächlich im Bereich des Urkundsbeweises, namentlich bei §§ 415–418, vgl. BGH NJW-RR 2015, 819 Rn. 12; NJW 1990, 2125. Weitere wichtige Beweisregeln enthält die ZPO in § 165 (Beweiskraft des Protokolls), in § 314 (Beweiskraft des Tatbestandes) und in §§ 175 S. 2, 183 V, 195 II für das Zustellungsrecht; siehe ferner auch § 371a für die Beweiskraft elektronischer Dokumente.

57 Trotz des engen Wortlauts von II sind auch in anderen Bundesgesetzen als der ZPO enthaltene Beweisregeln für den Richter bindend, BGH NJW 1985, 2644 (2646). Hierher gehören § 190 StGB (Wahrheitsbeweis durch Strafurteil bei übler Nachrede und Verleumdung) sowie § 54 PStG für Personenstandsurkunden.

58 **VII. Überprüfung in der Rechtsmittelinstanz. 1. Revisionsinstanz.** Das **Revisionsgericht** darf die vorinstanzliche Beweiswürdigung nach § 559 II nur eingeschränkt und nur auf Revisionsrüge hin überprüfen. Die Beweiswürdigung ist Sache des Tatrichters, der gemäß I 1 nach freier Überzeugung zu entscheiden hat. Der BGH ist an seine Feststellungen gebunden, wenn er sich mit dem Prozessstoff und den Beweisergebnissen umfassend und widerspruchsfrei auseinandergesetzt hat, die Beweiswürdigung also vollständig und rechtlich möglich ist und nicht gegen Denkgesetze oder Erfahrungssätze verstößt (→ Rn. 23), stRspr, BGH NJW 2019, 1596 Rn. 25 mwN. Übergeht das Tatgericht wesentliche Umstände des Parteivortrags, liegt ein revisibler Fehler der Beweiswürdigung vor, BGH NZM 2021, 137. Unberührt bleibt damit die persönliche subjektive Einschätzung des Tatrichters hinsichtlich der Überzeugungskraft eines einzelnen Beweismittels oder der Beweiskraft eines einzelnen Indizes, vgl. BGH NJW 2016, 942 Rn. 19; NJW 1991, 1894 (1895). Die Beweiswürdigung des Zivilrichters ist auch etwa nicht bereits deshalb angreifbar, weil sie von derjenigen in einem früheren Strafurteil abweicht, BGH VersR 1981, 352.

59 Revisibel ist etwa die fehlerhafte Annahme oder Begründung einer **eigenen Sachkunde,** BGH GRUR 2015, 1189 Rn. 60, oder der Umgang mit Widersprüchen zwischen den Äußerungen **verschiedener Sachverständiger** (auch Gerichts- und Privatsachverständiger), BGH NJW 2015, 411 Rn. 15 (Arzthaftungsprozess); NJW 2014, 71 Rn. 19; NJW 2011, 375 Rn. 10. Der Tatrichter darf nicht ohne Auseinandersetzung mit den unterschiedlichen Auffassungen und ohne nachvollziehbare Begründung dem einen oder dem anderen (auch nicht dem Gerichts-)Sachverständigen den Vorzug geben. Existenz und Inhalt eines **Erfahrungssatzes** sowie seine Anwendung durch den Tatrichter unterliegen der Nachprüfung des Revisionsgerichts, BGH NJW 2019, 661 Rn. 49. Gleiches gilt für das Eingreifen eines **Anscheinsbeweises,** BGH NJW 2019, 661 Rn. 50; NJW 2016, 2024 Rn. 31; NJW 2016, 1100 Rn. 12. Lückenhaft und damit revisibel ist die Beweiswürdigung durch den Tatrichter auch etwa dann, wenn er sich nicht damit auseinandersetzt, dass dem Vortrag einer Partei oder den Angaben eines Zeugen jede **„innere Wahrscheinlichkeit"** fehlt, sie also völlig unplausibel sind, BGH NJW 1995, 966 (967). Die Anwendung des zutreffenden **Beweismaßes** unterliegt ebenfalls der Revision, mithin die Frage, ob das vorinstanzliche Gericht überspannte Anforderungen an seine Überzeugung gestellt hat oder zu Unrecht § 287 angewendet oder nicht angewendet hat, BGH BeckRS 2016, 3244 Rn. 16; NJW 2004, 2828; NJW 1993, 935 (937). Die Verkennung der **Beweislast** ist als Rechtsfrage ohne weiteres revisibel, vgl. BGH NJW-RR 2017, 888 Rn. 24.

60 **2. Berufungsinstanz.** Die Überprüfung der erstinstanzlichen Beweiswürdigung in der **Berufungsinstanz** reicht weiter als diejenige in der Revisionsinstanz, vgl. BGH NJW-RR 2017, 725 Rn. 20; NJW-RR 2017, 75 Rn. 24; NJW 2005, 1583 (1584); OLG Koblenz BeckRS 2020, 37663; KG NJW-RR 2010, 1113 (1114). Sie richtet sich nach § 529 I Nr. 1, der eine weite Kontrolle erlaubt, vgl. Anders/Gehle Assessorexamen ZivilR S Rn. 13. Danach müssen **konkrete Anhaltspunkte** für Zweifel an den erstgerichtlichen Feststellungen vorliegen. Dafür genügt es, dass aus der Sicht des Berufungsgerichts eine gewisse, nicht notwendig überwiegende Wahrscheinlichkeit dafür besteht, dass im Fall der Beweiserhebung die erstinstanzliche Feststellung keinen Bestand haben wird, sich also deren Unrichtigkeit herausstellt, BGH NJW-RR 2018, 651 Rn. 15; NJW-RR 2017, 75 Rn. 24; NJW 2014, 74 Rn. 7. Im Hinblick auf die erstinstanzliche Beweiswürdigung ist das immer der Fall, wenn diese einer revisionsgerichtlichen Überprüfung nicht standhalten würde, vgl. KG NJW-RR 2010, 1113 (1114).

61 Darüber hinaus reichen zwar bloß subjektive Zweifel, lediglich abstrakte Erwägungen oder Vermutungen der Unrichtigkeit ohne greifbare Anhaltspunkte nicht, vielmehr muss ein objektivierbarer rechtlicher oder tatsächlicher Einwand gegeben sein, vgl. BGH NJW-RR 2018, 651 Rn. 15; NJW 2004, 2828 (2829). Es genügt aber etwa schon die **Möglichkeit einer unterschiedlichen Wertung** durch das Berufungsgericht, BGH NJW 2005, 1583 (1584). Auch können sich ausreichende Anhaltspunkte aus gerichtsbekannten Tatsachen, aus dem Vortrag der Parteien – auch wenn dieser neu im Sinne von §§ 529 I Nr. 2, 531 II ist – oder aus dem angefochtenen Urteil selbst ergeben, vgl. BGH NJW-RR 2018, 651 Rn. 15; NJW 2004, 2828 (2829). Das Berufungsgericht darf eine eigene Bewertung vornehmen, wenn es die Entscheidung der Vorinstanz nicht für sachlich überzeugend hält, BGH NJW 2011, 1947; OLG Koblenz BeckRS 2020, 37663.

62 Die berufungsgerichtliche Überprüfung der Beweiswürdigung setzt keine Berufungsrüge voraus, § 529 II 2, wenn nur die Berufung an sich in zulässiger Weise gem. § 520 begründet ist, vgl. dazu nur BGH NZBau 2019, 295 Rn. 13.

63 Hält die erstinstanzliche Beweiswürdigung der Überprüfung nicht stand, hat das Berufungsgericht – sofern nicht eine Zurückverweisung gem. § 538 II erfolgt – eine eigenständige Beweiswürdigung vorzunehmen (→ Rn. 13).

VIII. Beweislast

Schrifttum: Baumgärtel/Laumen/Prütting, Handbuch der Beweislast, 4. Aufl. 2018: Bd. 1 Grundlagen; Bd. 2 §§ 1–811 BGB; Bd. 3 §§ 812–2385 BGB; Gomille, Der nicht aufklärbare Sachverhalt, JZ 2018, 711; Prütting, Beweislast und Beweismaß, ZZP 123 (2010), 135; Saueressig, Darlegen und Beweisen im Zivilprozess, 4. Aufl. 2019.

1. Begriff. Objektive Beweislast bedeutet das Risiko des Prozessverlusts bei einer Nichtbeweisbarkeit nach § 286; sie beantwortet also die Frage, für welche Partei es zum Nachteil gereicht, dass eine erhebliche Tatsache ungewiss bleibt, BGH NJW-RR 2011, 644 Rn. 21. Demgegenüber trägt die **subjektive** Beweislast derjenige, dem die Beibringung von Beweismitteln obliegt, vgl. BeckOK ZPO/Bacher § 284 Rn. 65. Objektive und subjektive Beweislast decken sich im Bereich des Beibringungsgrundsatzes, vgl. BVerfG NJW 1979, 1925. Sie fallen auseinander, wenn, wie beispielsweise bei der Frage des Vorliegens von Prozessvoraussetzungen der Fall, das Gericht Beweis von Amts wegen zu erheben hat, BGH NJW 1996, 1059 (1060). 64

2. Bedeutung. Nach der heute anerkannten modifizierten Normentheorie (vgl. Jäckel Beweisrecht Rn. 878) muss jede Partei die Voraussetzungen der ihr günstigen Rechtsnorm, sei sie materiell-rechtlich oder prozessrechtlich zu klassifizieren, beweisen, also derjenigen, deren Rechtswirkung ihr zugutekommt, BGH NJW-RR 2013, 536 Rn. 10; NJW 1991, 1052 (1053); OLG Brdb BeckRS 2022, 10346 Rn. 2; OLG Saarbr NJW-RR 2013, 1206 (1207). Daraus erklären sich die vielerorts anzutreffenden negativen Gesetzesformulierungen (zB §§ 280 I 1, 932 II BGB). Der Anspruchsteller hat also grundsätzlich die Beweislast der rechtsbegründenden Tatsachen, der Gegner hat diejenige der rechtshemmenden, rechtshindernden oder rechtsvernichtenden Tatsachen. 65

Der Richter muss im Rahmen des § 286 das gesamte Vorbringen beider Parteien würdigen und alle angebotenen Beweismittel erschöpfen. Daher ist der wahre Sinn der Beweislast die Klärung der Frage, wen nach der Erschöpfung aller Beweismittel die Folgen der Beweislosigkeit treffen, BGH NJW 1985, 497 (498); zust. Baumgärtel JR 1985, 244; Musielak ZZP 100 (1987), 385 (391). 66

Die Grundsätze der Beweislast gelten in allen Verfahrensarten nach der ZPO, auch im Zwangsvollstreckungsverfahren, BGH NJW 2015, 159. Sie gelten ferner im WEG-Verfahren. 67

3. Träger der Beweislast. a) Ausdrückliche gesetzliche Regelung. Zunächst muss man prüfen, ob das Gesetz die Beweislast ausdrücklich regelt, zB in §§ 179 I, 345, 363, 543 IV 2, 619a, 2336 III BGB, § 22 AGG, oder ob es eine solche Tatsachen- oder Rechtsvermutung gibt, die der Richter nach § 292 beachten muss. Auch eine Beweislastregel muss mit dem GG vereinbar sein, Reinhardt NJW 1994, 93. 68

b) Grundsatz mangels gesetzlicher Regelung. Soweit eine vorrangige Regelung fehlt, gilt der Grundsatz → Rn. 65: Jede Partei muss unabhängig von ihrer prozessualen Parteistellung diejenigen bejahenden oder verneinenden Tatsachen beweisen, aus denen sie ein Recht herleitet. Der Anspruchsteller trägt somit die Beweislast für die rechtsbegründenden Tatsachen, der Anspruchsgegner für die rechtshindernden, rechtsvernichtenden und rechtshemmenden Tatsachen, vgl. MüKoZPO/Prütting Rn. 113. 69

Die Einordnung als rechtsbegründende oder rechtshindernde Tatsache entscheidet sich oftmals nach der Formulierung des Gesetzestexts. So macht insbesondere das BGB eine rechtshindernde Vorschrift durch Wendungen erkennbar wie „es sei denn, dass", „gilt nicht, wenn", „wenn nicht", „ist ausgeschlossen, wenn", „beschränkt sich" und ähnlich, MüKoZPO/Prütting Rn. 117. So muss nach § 932 II BGB der böse Glaube, nicht der gute bewiesen werden. Nicht immer ist aber ein solcher Anhalt vorhanden. Dann ist die Frage der Beweislast danach zu entscheiden, ob das Vorbringen des Beklagten auf die Geltendmachung einer Gegennorm oder einer von ihm zu beweisenden Ausnahme von der Regel hinausläuft, BGH NJW 1989, 1728, oder ob es nur ein Bestreiten des Klagegrunds darstellt. 70

c) Sachgerechte Verteilung der Beweislast. Man muss bei der Einordnung den Zweck der jeweiligen sachlich-rechtlichen Norm mitberücksichtigen. Auch lässt sich aus einer ganzen Reihe von Gründen eine bestimmte Beweislastverteilung annehmen, etwa aufgrund verfassungsrechtlicher Rückwirkungen auf das einfache Recht oder aufgrund anderer Zumutbarkeitserwägungen wie dem Schutzzweck bestimmter Regelungen, der Wahrung des Besitzstandes, der Waffengleichheit der Parteien oder einer besonderen Beweisnähe einer Partei, vgl. im Einzelnen MüKoZPO/Prütting Rn. 120. Eine Verteilung der Beweislast im Einzelfall nach richterlichem Ermessen ist allerdings nicht zulässig. 71

Die Beweislast hängt hingegen nicht von der prozessualen Parteirolle ab, etwa wenn nicht der Anspruchsteller eine Leistungsklage, sondern der Anspruchsgegner eine negative Feststellungsklage erhebt oder wenn ein Vollstreckungsschuldner im Wege der Vollstreckungsabwehrklage nach § 767 vorgeht, BGH NJW 2001, 2096; Münch NJW 1991, 795. 72

d) Beweislastverträge. Die Beweislast kann auch durch Vereinbarung der Parteien geregelt werden. Der Beweislastvertrag belastet eine Partei mit der Ungewissheit einer Tatsache, was auch als Teil von Allgemeinen Geschäftsbedingungen zulässig sein kann, sofern die Parteien über den Vertragsgegenstand verfügen dürfen und sofern die Vereinbarung nicht gegen § 309 Nr. 12 BGB verstößt, vgl. BGH NJW 2003, 2386; BGH NJW 1987, 2435; OLG Mü NJW-RR 2001, 130. Allerdings ist eine Änderung zum Nachteil des Partners des AGB-Verwenders insbesondere dann unwirksam, wenn die zu beweisenden Umstände im Verantwortungsbereich des Verwenders liegen, BGH NJW-RR 1989, 817; OLG Nürnb NJW-RR 2000, 436, oder wenn er den Partner eine bestimmte Tatsache bestätigen lässt (Ausnahme: gesondert unterschriebenes Empfangsbekenntnis), OLG Stgt NJW-RR 1993, 1535. 73

Eine allzu ungewöhnliche Klausel kann nach § 305c I BGB unwirksam sein. Auch § 307 BGB kann entgegenstehen, BGH NJW 2002, 138; Mü NJW-RR 2001, 130. 74

IX. Anscheinsbeweis. 1. Begriff und Bedeutung. Der Anscheinsbeweis (Prima-facie-Beweis, Beweis des ersten Anscheins) ist eine Form des Indizienbeweises, nicht eine andere Beweisart oder ein besonderes Beweismittel, BGH NJW 1998, 79 (81); OLG Mü NJW 2015, 1892. Er fällt in das Gebiet der Erfahrungssätze und der Beweiswürdigung nach § 286, BGH NJW-RR 2014, 1115, bedeutet aber keine Umkehrung der Beweislast, vgl. BGH NJW 2013, 1092 Rn. 28. Er hat eine erhebliche praktische Bedeutung. Das Gericht muss von Amts wegen beachten, ob der Fall eines Anscheinsbeweises gegeben ist, OLG Mü NJW 2015, 1892 Rn. 19. 75

76 **2. Typischer Geschehensablauf.** Der Anscheinsbeweis greift nur bei einem typischen Geschehensablauf ein. Es muss ein solcher Sachverhalt feststehen, der nach der Lebenserfahrung auf eine bestimmte Ursache oder auf einen bestimmten Ablauf hinweist, BGH NJW 2017, 1961 Rn. 19. Typizität bedeutet dabei, dass der Kausalverlauf so häufig vorkommen muss, dass die Wahrscheinlichkeit, einen solchen Fall vor sich zu haben, sehr groß ist, BGH NJW 2017, 1961 Rn. 19 mwN. Dabei muss man sämtliche bekannten Umstände in die Prüfung einbeziehen, OLG Saarbr NJW-RR 2018, 86. Es genügt allerdings nicht, dass von zwei möglichen Ursachen für einen bestimmten Verlauf die eine wahrscheinlicher ist als die andere, BGH NJW-RR 2007, 569; NJW-RR 1988, 789.

77 **3. Entkräftung des Anscheinsbeweises.** Der Anscheinsbeweis ist entkräftet (erschüttert), wenn der Gegner die ernsthafte Möglichkeit eines anderweitigen Geschehensablaufs beweist, BGH NJW 2017, 1961 Rn. 19; NJW 2013, 1092 Rn. 28. Eine bloß vage, nicht ernstliche Möglichkeit eines derart abweichenden Verlaufs entkräftet den Anscheinsbeweis nicht, BGH NJW 2017, 1961; OLG Ffm BauR 2014, 281; OLG Celle VersR 2009, 254. Auch gehen Untersuchungserschwerungen nicht zulasten des für den typischen Geschehensablauf Beweispflichtigen. Ein voller Gegenbeweis wie zB bei § 418 gegenüber einer öffentlichen Urkunde ist aber nicht nötig.

78 Gelingt der Nachweis eines atypischen Geschehens, kann sich der Beweispflichtige auf den Ablauf nach der Lebenserfahrung nicht mehr berufen, sondern darf und muss nun seinerseits vollen Beweis nach §§ 286, 287 erbringen, OLG Düss BauR 2015, 1180; OLG Zweibr NJW-RR 2002, 749. Welche Tatsachen zur Erschütterung des typischen Ablaufs genügen, um ernsthaft einen atypischen Ablauf wahrscheinlich zu machen, ist eine Frage der tatrichterlichen Beweiswürdigung nach § 286. Das Revisionsgericht kann nachprüfen, ob der Vorderrichter den Begriff der Ernsthaftigkeit verkannt hat.

79 **X. Beweisvereitelung. 1. Grundsatz: Freie Beweiswürdigung.** Es gibt eine Beweisvereitelung, BGH NJW 2008, 984; OLG Kblz VersR 2013, 1143; OLG Stgt MDR 2017, 1322; vgl. Jäckel Beweisrecht Rn. 115 ff. Das Gesetz regelt sie nicht allgemein, BGH DB 1985, 1020. Zur Dogmatik krit. Paulus AcP 197, 136 (ausf.). Sie liegt dann vor, wenn eine Partei dem beweispflichtigen Gegner die Beweisführung vorwerfbar unmöglich macht oder auch nur erschwert, BGH GRUR 2016, 89; OLG Saarbr NJW-RR 2014, 846; OLG Stgt MDR 2017, 1322, indem sie vorhandene Beweismittel beliebiger Art und Zahl vernichtet, OLG Schlesw FamRZ 2012, 903, oder vorenthält oder sonst wie deren Benutzung verhindert, BGH NJW 2008, 984; Karlsr NJW-RR 2009, 742; OLG Schlesw BauR 2011, 1665. Dabei reicht einfache Fahrlässigkeit, BGH NJW 1986, 60, auch nach §§ 51 II, 85 II usw. Das Gericht darf dann wegen des stets von Amts wegen beachtlichen Verstoßes gegen Treu und Glauben in einer freien Beweiswürdigung nach § 286 aus einem solchen Verhalten einer Partei beweiserleichternde Schlüsse ziehen, BGH MDR 2009, 80; OLG Kblz VersR 2013, 1143.

80 **Nicht** ganz zutreffend spricht man in derartigen Fällen oft von einer **Umkehrung** der Beweislast, BGH NJW 1980, 888; OLG Brem MDR 2008, 1062; OLG Stgt MDR 2017, 1322. Richtigerweise ermöglicht die Beweisvereitelung zunächst nur eine dem Vereitler nachteilige Beweiswürdigung, BGH GRUR 1995, 697; OLG Kblz VersR 2013, 1143.

81 **Maßgeblich** ist nicht die Vernichtung des Beweismittels, sondern die Vernichtung seiner Beweisfunktion, BGH VersR 1975, 954. Im Prozess folgt aus dem Prozessrechtsverhältnis eine Förderungspflicht nach § 282. Keine Umkehr der Beweislast erfolgt dann, wenn eine Partei eine vorprozessuale Aufforderung des Gegners nicht befolgt, sich zB nach § 372a untersuchen zu lassen.

2. Beispiele zur Frage einer Beweisvereitelung

82 **Akteneinsicht:** Eine Beweisvereitelung liegt in der Verweigerung in die Einsicht solcher Akten durch den Gegner nach § 299, die er selbst in den Prozess eingeführt hat.

Anschriftsverweigerung: Eine Beweisvereitelung liegt in der Nichtangabe einer der Partei allein bekannten Anschrift zB eines Zeugen, BGH NJW 2008, 984.

Aufklärungspflicht: „Beweisnot".

Augenschein: Eine Beweisvereitelung liegt in einer schuldhaften Verhinderung eines Augenscheins nach § 371, BGH NJW 2006, 436; OLG Köln NJW 2000, 3077. Es kommt auf die Umstände an, OLG Kblz VersR 2013, 1143.

Bankgeheimnis: Eine Beweisvereitelung liegt in einer unberechtigten Ausnutzung eines Bankgeheimnisses.

Baumschaden: Eine Beweisvereitelung liegt in der schuldhaften Verhinderung einer Baumschau, OLG Brdb NVwZ-RR 2004, 76; OLG Brem MDR 2008, 1061.

Besichtigung: Eine Beweisvereitelung liegt in der Verweigerung der Besichtigung des Beweismittels, zB einer Wohnung, OLG Ffm NJW-RR 1991, 2013, eines Unfallwagens, besonders gegenüber dem Sachverständigen nach § 402, BGH BB 1984, 568; OLG Stgt MDR 2017, 1322.

Beweisnot: Eine Beweisvereitelung liegt dann vor, wenn eine Partei ihre Aufklärungspflicht verletzt und den Gegner dadurch in eine Beweisnotlage wie bei § 448 bringt, OLG Köln NJW-RR 1989, 440.

Beweissicherung: Eine Beweisvereitelung **fehlt,** soweit der Gegner eine Beweissicherung nach §§ 485 ff. vornehmen lassen kann, BGH GRUR 2016, 89.

Blutentnahme: → „Untersuchung".

Dokumentation: Eine Beweisvereitelung liegt in der Nichtvornahme einer vorgeschriebenen Dokumentation, so dass sich kein Beweis aus ihr führen lässt, BGHZ 72, 137 (Arzt); BGH MDR 2009, 80 (Werkunternehmer, Ersatzvornahme; krit. Laumen MDR 2009, 177). Zum Problem BVerfG JZ 1979, 596. Grobe Nachlässigkeit reicht, BGH NJW 1978, 2337.

Entfernung: Eine Beweisvereitelung liegt in der Entfernung des vom Gericht oder vom Sachverständigen nach § 402 zu prüfenden Objekts, LG Hmb ZMR 1977, 210, auch vorprozessual, BGH NJW 2006, 434.

Ersatzvornahme: Eine Beweisvereitelung kann in der unberechtigten Ersatzvornahme liegen, OLG Düss NJW 2014, 1115.

Gegenbeweis: Eine Beweisvereitelung kann auch beim Gegenbeweis eintreten, BGH NJW 1998, 79.

Handakten: Eine Beweisvereitelung liegt in der Nichtvorlage der Handakten eines Anwalts im Prozess seines Auftraggebers gegen ihn.

Herausgabeweigerung: Sie kann reichen, zB beim Anwalt, BGH NJW 2002, 825.

Nichtvorlage: Eine Beweisvereitelung liegt in der Nichtvorlage einer Urkunde zB nach § 131 trotz der Zumutbarkeit einer Vorlage, OLG Brschw OLGR 2000, 245 (Schriftproben); LG Köln NJW-RR 1994, 1487 (Software).

Original: → „Nichtvorlage“, → „Versicherung“.

Patentverletzung: Eine Beweisvereitelung liegt im Verletzungsprozess in der Verweigerung einer Spezifizierung solcher Tatsachen, die zwar dem beweispflichtigen Gegner praktisch nicht zugänglich sind, wohl aber dem Verweigernden, BGH GRUR 2004, 268.

Polizei: Eine Beweisvereitelung liegt in der Ausschaltung der Polizei zB durch ein nur mündliches Unfall-Schuldanerkenntnis oder in der Nichthinzuziehung der Polizei entgegen der Pflicht aus einem Kfz-Mietvertrag, OLG Hamm MDR 1982, 414, solange die Polizei überhaupt noch erscheinen würde.

Provision: Eine Beweisvereitelung liegt dann vor, wenn ein Provisionsvertreter auf die Übersendung von Auszügen seines Provisionskontos und von Provisionslisten schweigt, OLG Brschw VersR 1975, 518.

Schweigepflicht: Eine Beweisvereitelung liegt nur ausnahmsweise darin, dass eine Partei einen Arzt nicht von der Schweigepflicht entbindet, soweit ihr eine Entbindung nach §§ 385 II, 402 zumutbar ist, BGH NJW-RR 1996, 1534.

Unfall: Eine Beweisvereitelung liegt dann vor, wenn ein Unfallbeteiligter seinen Wagen so abstellt, dass er eine objektive Feststellung der maßgeblichen Fahrspuren erschwert oder gar unmöglich macht, LG Stade VersR 1980, 100, oder wenn er sich unerlaubt vom Unfallort entfernt, LG Saarbr NJW-RR 1988, 37, oder wenn der Gläubiger einen Unfallwagen verkauft, ohne dem Schuldner eine Schadensfeststellung zu ermöglichen, und dann die fiktiven Reparaturkosten ersetzt fordert, BGH VersR 1978, 183.

Unterschrift: Eine Beweisvereitelung liegt in einer vorsätzlichen „Variierung“ der eigenen Unterschrift, BGH NJW 2004, 222. Vgl. aber auch § 427.

Untersuchung: Eine Beweisvereitelung liegt darin, dass sich der Gegner des Beweisführers zu einer vom Gericht angeordneten Untersuchung etwa nach § 372a trotz deren Zumutbarkeit (Fallfrage) nicht stellt, BGH NJW 1986, 2371; BAG NJW 1977, 350; BVerwG NVwZ 2012, 1483, und zwar gerade nach einem Fristablauf auch zB nach § 356. Das gilt auch bei einer weiteren Kontrolluntersuchung. Desgleichen kann auch vorprozessual geschehen, OLG Kblz OLGZ 1991, 117.

Vernichtung: Eine Beweisvereitelung liegt in der Vernichtung eines Beweismittels, BGH NJW 2006, 434 (Bauteil); BGH NJW 1996, 1589 (Arztunterlagen); BGH NJW-RR 2008, 696 (Versicherungsantrag); OLG Celle VersR 1989, 640 (Kadaver); OLG Mü OLGZ 1977, 79 (Testament). Das alles kann auch vorprozessual erfolgen, BGH NJW 2006, 434; OLG Kblz OLGZ 1991, 117.

Versicherung: Derjenige Versicherer, der infolge einer Vernichtung des Antragsoriginals Beweisprobleme vertreten muss, muss den Versicherungsnehmer so stellen, als sei diesem der Beweis einer Fälschung gelungen, BGH NJW-RR 2008, 696.

Vorprozessuales Verhalten: Es kann reichen, OLG Saarbr NJW-RR 2014, 845.

Werbung: Eine Beweisvereitelung liegt darin, dass eine Werbeagentur den Kunden nicht über die Rechtswidrigkeit einer vorgeschlagenen Werbung aufklärt (sie ist dafür bewpfl., dass der Kunde die Werbung dennoch eingesetzt hätte), BGHZ 61, 123. Sie kann auch darin liegen, dass der Kläger bei § 3 UWG einen innerbetrieblichen Vorgang beim Bekl. kaum näher darlegen kann und dass der Bekl. ihm dann keine Auskunft gibt BGH MDR 1978, 469; Schmeding BB 1978, 741.

Zustand: Eine Beweisvereitelung liegt in einer Veränderung des Zustands eines Beweismittels, Brem MDR 2008, 1062; OLG Mü VersR 1989, 489; so dass die Beweisführung unmöglich wird.

Zutrittsverbot: Eine Beweisvereitelung liegt beim nicht berechtigten Verbot vor, OLG Kblz NJW-RR 2013, 797.

Anhang zu § 286
Einzelfälle zur Frage des Anscheinsbeweises und der Beweislast

„AnschBew“ bedeutet: Anscheinsbeweis; „BewL“ bedeutet: Beweislast; „bewpfl.“ bedeutet: beweispflichtig. 1

Abbruchfolgen: Ein AnschBew ist sogar dann möglich, wenn 28,5 m zwischen dem Abbruchhaus und einem Nachbarhaus liegen, OLG Ffm MDR 2010, 22. 2

Abtretung: Der neue Gläubiger muss auch bei einer Aufrechnung nur die zur Abtretung führenden Tatsachen beweisen, allerdings auch die Wirksamkeit der Abtretung bei ihrer Vornahme, BGH NJW 1986, 1925; OLG Düss MDR 1990, 627. Der Schuldner muss rechtshindernde Tatsachen beweisen, BGH NJW 1983, 2018. § 406 BGB regelt die BewL nur zwischen dem neuen Gläubiger und dem Schuldner, nicht aber zwischen dem Schuldner und einem Dritten dann, wenn der Schuldner seine Kenntnis von der Abtretung beim Erwerb seiner Forderung einräumt, OLG Hamm NJW-RR 1989, 51. Der neue Gläubiger ist dafür bewpfl., dass die Abtretung vor der Zustellung eines Pfändungs- und Überweisungsbeschlusses nach §§ 829, 835 erfolgt war, LG Hanau MDR 1999, 628. Beim Verdacht bösgläubigen Erwerbs muss er seine Gutgläubigkeit beweisen, BGH NJW 2015, 619.

Aktiengesellschaft: → „Gesellschaft“.

Allgemeine Geschäftsbedingungen: S. §§ 305 ff. BGB, insbesondere 309 Nr. 12 BGB, (zum alten Recht:) BGH NJW 1987, 1634 (Aushandelnsbestätigung); BGH NJW-RR 1989, 817; OLG Mü NJW-RR 1995, 1467. Wer sich auf sie beruft, ist für ihr Vorliegen bewpfl., BGH, NJW 2001, 3549; LG Potsd NJW-RR 1998, 129 (Weigerung der Vorlage). Dabei kann ein AnschBew vorliegen, Willemsen NJW 1982, 1121 (1124). Der Verwender ist dafür bewpfl., dass man die AGB einzeln ausgehandelt hatte, Heinrichs NJW 1977, 1505 (1509); Willemsen NJW 1982, 1121 (1124). Der Verwender muss die Marktmäßigkeit beweisen, der Partner dann seine unangemessene Benachteiligung, BGH NZM 2003, 292. Bei einer Unterlassungsklage ist der klagende Verband für die Merkmale des Verwendens oder Empfehlens von AGB bewpfl., BGH NJW 1991, 36. Bei §§ 2 ff. UKlaG kann der Verwender beweisen müssen, dass wegen einer Zusatzinformation eine ausreichende Transparenz vorlag, BGH NJW 1992, 179. Bei einer Diskriminierung nennt § 22 AGG eine Umkehr der BewL, BAG NZA 2016, 625. Bei einer **Schadensersatzpauschale** nach § 309 Nr. 12a BGB ist der Kunde dafür bewpfl., dass der Verwender bei der Kalkulation gegen diese Vorschrift verstoßen hat. Indessen darf man keine übermäßigen Anforderungen an die BewL stellen, BGH NJW 1977, 381; Reich NJW 1978, 1571. Eine

(2) Sparkasse ist dafür bewpfl., dass ihre Ablehnung einer teilweisen Freigabe von Sicherheiten der Billigkeit entspricht, BGH NJW 1981, 571. Beim UKlaG ist der Kläger für die Voraussetzungen der Zuwiderhandlung bewpfl. Beim Verbrauchervertrag hat der Verbraucher die BewL für eine Vorformulierung einer Klausel, BGH NJW 2008, 2250.

Allgemeines Gleichbehandlungsgesetz, dazu Schulze, Die Beweislastregel des § 22 AGG, 2014: § 22 AGG bestimmt: Wenn im Streitfall die eine Partei Indizien beweist, die eine Benachteiligung wegen eines in § 1 genannten Grundes vermuten lassen, trägt die andere Partei die Beweislast dafür, dass kein Verstoß gegen die Bestimmungen zum Schutz vor Benachteiligung vorgelegen hat, BAG NJW 2016, 268. Bei § 3 II Hs. 2 AGG hat der Arbeitgeber die BewL, BAG MDR 2017, 654.

Amtspflichtverletzung: → „Schadensersatz: Amtspflichtverletzung".

Amtsprüfung: Bei einer von Amts wegen zu prüfenden Tatsache (nicht zu verwechseln mit der Amtsermittlung) ist derjenige bewpfl., der aus ihr eine ihm günstige Entscheidung herleiten möchte. Die Unaufklärbarkeit bloßer gerichtsinterner Vorgänge darf nicht ohne weiteres zulasten einer Partei gehen, BGH NJW 1981, 1673.

Anerkenntnis: Das echte **Schuldanerkenntnis** nach §§ 781, 782 BGB macht grds. den Anerkennenden für die etwa noch zulässigen ihn entlastenden Umstände bewpfl., VerfGH Mü NJW-RR 2013, 413. Das gilt im Ergebnis auch für ein Saldoanerkenntnis zwischen Bank und Bürge, BGH NJW-RR 1999, 1223, oder für ein Bekenntnis der Verursachung oder Schuld ohne besonderen rechtsgeschäftlichen Erklärungswillen, etwa spontan nach einem Unfall, BGH NJW 1984, 799; OLG Bbg VersR 1987, 1246. An der Unfallstelle kann eine Äußerung eines Beteiligten ein gewichtiges Indiz für ein Anerkenntnis sein, OLG Saarbr NJW 2011, 1820. Beim Anerkenntnis des Fahrers müssen Versicherung und Halter dessen Unrichtigkeit beweisen, LG Erfurt VersR 2003, 193.

Beim **sofortigen Anerkenntnis** ist grds. der Bekl. unabhängig von der sachlich-rechtlichen Lage wegen des Ausnahmecharakter des § 93 gegenüber § 91 an sich für alle Voraussetzungen des § 93 darlegungs- und bewpfl., BGH MDR 2007, 1162; OLG Ffm NJW-RR 2009, 1437; VerfGH Mü NJW-RR 2013, 413; aM OLG Köln FamRZ 1988, 95. Freilich ist der Kläger für die Entbehrlichkeit einer an sich notwendigen Abmahnung bewpfl., etwa für das Ausreichen einer nur kurzen Abmahnfrist, OLG Stgt WRP 1983, 305, und für den Zugang einer etwa notwendigen Abmahnung, OLG Karlsr NJW-RR 1999, 1085 (zumindest wegen Absendung); LG Hmb GRUR-RR 2009, 159; aM OLG Hamm MDR 1999, 956; OLG Naumb MDR 2007, 925 (aber § 93 ist eben eine Ausnahmevorschrift). Beim Streit um eine Klageveranlassung nach § 93 ist der Bekl. für ihr Fehlen bewpfl., KG MDR 2015, 855.

Anfechtung: Der Anfechtende ist für ihre Voraussetzungen bewpfl., Heile MDR 2018, 842 (845). Wenn er ihre Unverzüglichkeit iSd § 121 I 1 BGB darlegt, ist der Gegner für ihre Verspätung bewpfl., OLG Mü NJW-RR 1988, 497. Zur lange zurückliegenden Anfechtung BayObLG NJWE-FER 2001, 153.

Anfechtungsgesetz: Der Kläger ist bei § 2 AnfG dafür bewpfl., dass die Zwangsvollstreckung nicht zur Befriedigung führen würde. Fruchtlose Vollstreckungsversuche usw. sind nur zeitlich begrenzt Anhaltspunkte, BGH NJW-RR 1991, 104. § 3 I Nr. 2 AnfG ist zwar auch im Verhältnis zwischen der Gesellschaft und dem Gesellschafter anwendbar, nicht aber zwischen einem Gesellschafter und einem anderen Gesellschafter, BGH NJW 1975, 2193.

Anlagenberater. Dazu Roth JZ 2015, 1081; Schilken ZZP 126, 403 (je: ausf.). Er muss beweisen, dass er seine umfassende Informationspflicht erfüllt hat, BGH NJW 2014, 2795; KG WM 2013, 2355; Neumann WM 2014, 346 (349). Der Anleger muss aber eine Arglist der Bank beweisen, BGH NJW 2008, 2912.

Anwaltsvertrag. Dazu Friedhoff, Der hypothetische Inzidentprozess bei der Regresshaftung des Anwalts, 2002; Lange, Die Beweislast im Anwaltshaftungsprozess, 2002: Es gibt grds. keine BewLUmkehr, OLG Köln NJW 1986, 725.

– **(Beratungsfehler):** Die BewL liegt beim Auftraggeber, BGH NJW 2011, 2889.
– **(Dienstvertrag):** S. dort.
– **(Gebührenvereinbarung):** Die BewL für eine Gebührenvereinbarung nach §§ 3a ff. RVG trifft denjenigen, der aus der Vereinbarung ein Recht herleitet, OLG Mü NJW 1984, 2537. Der Auftraggeber ist zB dafür bewpfl., dass er mit dem Anwalt eine geringere als die gesetzliche Vergütung vereinbart hat, OLG Stgt AnwBl 1976, 440. Derjenige, der sich auf die Unwirksamkeit der Vereinbarung einer geringeren als der gesetzlichen Vergütung für eine außergerichtliche Anwaltstätigkeit nach § 4 I 1 RVG beruft, muss die dafür sprechenden Umstände beweisen. Es gibt auch keinen AnschBew zu seinen Gunsten. Bleibt **unklar,** ob eine mündliche Abrede vorlag, muss der Anwalt die Kenntnis des Auftraggebers von einer über das RVG hinausgehenden Vergütung beweisen, LG Freibg MDR 1983, 1033. Auch → „– (Rückforderung)".
– **(Kündigung):** Der Auftraggeber muss beweisen, dass der Anwalt sich so vertragswidrig verhalten hat, dass er kündigen durfte, BGH NJW 1982, 437. Der Auftraggeber muss beweisen, dass er eine vorzeitige Kündigung des Anwalts nicht durch eigenes vertragswidriges Verhalten veranlasst hatte, OLG Düss VersR 1988, 1155. Er braucht aber bei § 287 nicht näher darzulegen oder gar zu beweisen, dass ein anderer Anwalt billiger gearbeitet hätte, OLG Hamm AnwBl 2010, 143.
– **(Rückforderung).** Dazu Jungk AnwBl 2016, 164 (Grdz.). Bei einer solchen Forderung wegen eines angeblich überhöhten Honorars muss der Auftraggeber beweisen, dass die Partner keine Gebührenvereinbarung getroffen hatten.
– **(Überhöhtes Honorar):** → „– (Gebührenvereinbarung)", → „– (Rückforderung)".
– **(Verjährung):** S. dort.
– **(Vertragsabschluss):** Wenn der „Auftraggeber" einen in sich schlüssigen Sachverhalt gegen den Abschluss eines Anwaltsvertrags behauptet, muss der Anwalt beweisen, dass der Gegner ihn gerade als Anwalt in Anspruch genommen hat, OLG Ffm AnwBl 1981, 152.
– **(Vertragsverstoß):** → „Kündigung".

Arbeitsrecht. Dazu Kosnopfel BB 1986, 1982; Prütting, Beweisrecht und Beweislast im arbeitsrechtlichen Diskriminierungsprozess, FS 50 Jahre BAG, 2004, 1311; Vietze, Die Beweislastverteilung bei Pflichtverletzungen usw., 2005 (je: Grdz.):

– **(Abmahnung):** Ihre Entfernung aus der Personalakte erfordert die BewL des Arbeitgebers, BAG NJW 1986, 1065; aM Kopke NZA 2007, 1212.
– **(Abtreibung):** → „– (Schwangerschaft)".

– **(Änderungskündigung):** Die Grundsätze zur Änderungskündigung lassen sich nicht stets auf die Beendigungskündigung übertragen, BAG NJW 1985, 1797. (2)
– **(Akkord):** Der Arbeitgeber ist dafür bewpfl., dass eine Akkordgruppe Schaden verursacht hat. Das Mitglied der Gruppe ist dann dafür bewpfl., dass es selbst einwandfrei arbeitete oder jedenfalls keine Schuld hatte.
– **(Arbeitnehmereigenschaft):** Der Kündigungsschutzkläger muss sie beweisen, LAG Brem NZA 1998, 1248.
– **(Arbeitnehmererfindung):** Es kann gegen den früheren Arbeitnehmer ein AnschBew dahin vorliegen, dass er eine Erfindung noch vor dem Ausscheiden machte oder entwickelte, OLG Mü MDR 1995, 283. Eine Anmeldung durch den Arbeitgeber gibt ein Anzeichen für eine Arbeitnehmererfindung, BGH NJW-RR 2006, 1123.
– **(Arbeitnehmerüberlassung):** Zur Neuregelung Francken NZA 2014, 1064 (Grdz.); Brors NZA 2014, 1377.
– **(Arbeitsunfähigkeit):** Der Arbeitgeber ist dafür bewpfl., dass der Arbeitnehmer ohne den Nachweis der Arbeitsunfähigkeit gefehlt hat, BAG NJW 1977, 167. Der Arbeitnehmer ist demgegenüber für seine Arbeitsunfähigkeit bewpfl., BAG NJW 1998, 2762 (evtl. vom ersten Tag an). Das gilt auch beim Krankentagegeld, BGH NJW 2010, 3657. Er braucht aber seine Arbeitswilligkeit während der Arbeitsunfähigkeit nur ausnahmsweise besonders darzulegen und nachzuweisen, BAG NZA 1986, 193. Es besteht ein AnschBew dafür, dass eine mit solchem Zustand zeitlich zusammenfallende Kündigung auf ihm beruht, BAG NJW 1981, 1061.
– **(Attest):** Es gibt zahlreiche Einzelfragen.
– **(Attest: Amtsarztattest):** Liegt ein amtsärztliches Attest wegen der Arbeitsunfähigkeit vor, haben anderslautende privatärztliche Atteste einen evtl. geringeren Beweiswert, OVG Kblz NJW 1990, 788.
– **(Attest: Arbeitsverweigerung):** Es kann ein AnschBew. für eine Unrichtigkeit des Attests etwa dann vorliegen, wenn der Arbeitnehmer unmittelbar vorher diese Arbeit verweigert hat, LAG Bln NZA-RR 2003, 523.
– **(Attest: Auslandsattest):** Es kann reichen, LAG Mü DB 1989, 280.
– **(Attest: Eigene Untersuchung):** Der Arzt muss seine Beurteilung grundsätzlich aufgrund einer eigenen Untersuchung vorgenommen haben, BAG NJW 1977, 351; LAG Hamm NJW 1979, 616.
– **(Attest: Gelber Urlaubsschein):** Für die Arbeitsunfähigkeit reicht ein dem LFG genügendes Attest trotz der Problematik des sog. „gelben Urlaubschein" in der Regel aus, BAG NJW 1998, 2762; LAG Hann MDR 2003, 1120; LAG Köln BB 1989, 2048; aM LAG Mü NJW 1989, 2970; NJW 1989, 998.
– **(Attest: HWS-Syndrom):** Die bloße Schilderung des Verletzten kann beim HWS-Syndrom unzureichend sein, OLG Ffm NJW-RR 1999, 822.
– **(Attest: Nachvollziehbarkeit):** Ohne irgendwelche nachvollziehbaren Angaben im Attest bleibt der Arbeitnehmer bewpfl., BAG NZA 2008, 551.
– **(Attest: Reiseumbuchung):** Es kann ein AnschBew dann vorliegen, wenn der Arbeitnehmer einen direkt vor der „Erkrankung" gebuchten Urlaubsrückflug auf das „Krankheitsende" umbuchte, LAG Hamm NZA-RR 2005, 625.
– **(Attest: Rückdatierung):** Der Arbeitgeber muss eine Rückdatierung des Attests beweisen, auch bei nur 2 oder mehr Tagen, LAG Hamm DB 1978, 2180; ArbG Hamm BB 1986, 2127.
– **(Attest: Unrichtigkeit):** Der Arbeitgeber ist nach einer ausreichenden Diagnose im Attest für dessen Unrichtigkeit bewpfl., BAG NJW 2002, 235; LAG Ffm NJW 1979, 2363; Reinecke DB 1989, 2069 (2073); aM LAG Mü NJW 1989, 998. Auch „– (Attest: Arbeitsverweigerung; Rückdatierung)".
– **(Attest: Viele Erkrankungen):** Es kann ein AnschBew für die Unrichtigkeit eines Attests dann vorliegen, wenn der Arbeitnehmer nach einer Auseinandersetzung mit dem Arbeitgeber zwei Monate hindurch Atteste von fünf Ärzten über jeweils andere Erkrankungen vorlegt, LAG Hamm NZA-RR 2004, 292.
– **(Auflösung durch Urteil):** Bei einer Auflösung des Arbeitsverhältnisses durch ein Urteil nach § 9 KSchG ist der Antragsteller bewpfl., BAG DB 1977, 358.
– **(Außerordentliche Kündigung):** Der Kündigende hat für ihre Begründetheit die BewL, LAG Mainz NZA-RR 2012, 520; LAG Stgt NZA-RR 2010, 637.
– **(Auszubildender):** Ein Auszubildender, der die Lehrstelle vorzeitig verlässt, ist für die einverständliche Beendigung des Lehrverhältnisses bewpfl.
– **(Bedingung, Befristung):** Vgl. Hohmeister BB 1998, 587. Auch → „Bedingung und Befristung".
– **(Befristung):** Der Arbeitgeber muss eine Befristung beweisen, Lembke NJW 2006, 325 (331). Der Arbeitnehmer ist für einen Verstoß bewpfl., BAG NZA 2014, 426, also zB für einen Verstoß gegen das Ausschlussverbot nach § 14 II 2 TzBfG, LAG Hamm NZA-RR 2005, 410; Lembke NJW 2006, 325 (331). Zum Missbrauch Busemann MDR 2015, 314.
– **(Behinderung):** Der Behinderte ist für die anspruchsbegründenden Tatsachen bewpfl., der Arbeitgeber für die Unzumutbarkeit einer solchen Beschäftigung, BAG NJW 2006, 3740.
– **(Bereicherung):** S. dort.
– **(Beschäftigungsverbot):** Für sein Bestehen ist grds. der Arbeitnehmer bewpfl., BAG BB 2001, 2430 (s. aber auch unten). Für seine Unzulässigkeit ist der Arbeitgeber bewpfl., BAG BB 2001, 2430; LAG Düss BB 1999, 1607; LAG Hannover MDR 2003, 1120 (je: evtl. für anschließenden Gegenbeweis BewL der Schwangeren). Eine psychische Ausnahmelage ist zugunsten des Arbeitnehmers mitbeachtlich, BAG BB 2001, 2430. Auch → „Attest".
– **(Betriebliche Altersversorgung):** Bei einer betrieblichen Altersversorgung muss der Träger der Insolvenzsicherung beweisen, dass der Versorgungsberechtigte Unternehmer ist, LG Köln DB 1989, 1780 (auch zu einer Ausnahme), und dass der Versorgungsempfänger nach § 25 II 1 AVG einen Anspruch auf ein Altersruhegeld hat, weil er innerhalb der letzten 1 1/2 Jahre mindestens 52 Wochen arbeitslos gewesen sei, BGH NJW 1991, 1111. Der nach einer Versorgungsordnung schädliche Verdacht einer „Versorgungsehe" lässt sich vom dann bewpfl. Versorgungsberechtigten entkräften, BAG VersR 1989, 1218.
– **(Betriebsänderung):** Bei § 1 V 1 KSchG ist der Arbeitnehmer für die Unrichtigkeit der Vermutung nach § 292 S. 1 bewpfl., ArbG Siegburg MDR 1997, 1038.
– **(Betriebsbedingte Kündigung):** Der Arbeitgeber muss eine Unmöglichkeit anderer Beschäftigung beweisen, BAG NZA-RR 2014, 325.

(2) – **(Betriebsbestand):** Der Arbeitnehmer kann für ihn bewpfl. sein, der Arbeitgeber sodann für das Gegenteil, BAG NZA 2015, 162.

– **(Betriebsbezogene Arbeit):** → „– (Gefahrgeneigte Arbeit)".

– **(Betriebsdurchschnitt):** Beim Abweichen vom Betriebsdurchschnitt kann ein AnschBew unzumutbarer betrieblicher Auswirkungen vorliegen, Osthold BB 1982, 1306.

– **(Betriebsrat):** Der Arbeitgeber ist dafür bewpfl., dass er den Betriebsrat nach § 102 I BetrVG gehört hat oder nicht zu hören brauchte, BAG NJW 1976, 310; Wenzel MDR 1978, 187.

– **(Betriebsübergang):** Zu § 613a BGB vgl. zunächst BAG NJW 1986, 454. Der Arbeitnehmer ist dafür bewpfl., dass der neue Chef das Arbeitsverhältnis unverändert übernommen hatte, BAG NZA-RR 2013, 179.

– **(DDR, frühere):** Zur BewL im Prozess um das Fortbestehen eines Arbeitsverhältnisses des öffentlichen Dienstes der früheren DDR BVerfG NJW 2000, 1483.

– **(Entgelt):** Der Arbeitnehmer muss grds. seine Behauptung der Vereinbarung eines bestimmten Entgelts beweisen, LAG Hannover NZA-RR 2003, 520 (auch zu einem Grenzfall).

– **(Entgeltfortzahlung):** Zahlt der Arbeitgeber das Entgelt des Arbeitnehmers gemäß dem EFZG fort, obliegt ihm im Regressprozess die Beweislast für den Verdienstausfall, BGH NJW 2020, 3176.

– **(Fehlbestand):** → „– (Manko)".

– **(Firmenwagen):** Der Arbeitgeber ist dafür bewpfl., dass er die Benutzung des Firmenwagens nur gegen Entgelt zugelassen hatte oder dass der Monteur den von Unbekannten gestohlenen Kundendienstwagen nicht abgeschlossen hatte, BAG NJW 1986, 865.

– **(Fortsetzungserkrankung):** Zur BewL für das Vorliegen einer sog. Fortsetzungserkrankung BAG NJW 1986, 1567.

– **(Fortzahlungsanspruch):** Der Arbeitnehmer muss dessen Voraussetzungen beweisen, BAG BB 2005, 2642.

– **(Fremdpersonal):** Ulrici NZA 2015, 456 (Grdz.).

– **(Fristlose Entlassung):** Der Arbeitnehmer ist dafür bewpfl., dass der Arbeitgeber bei einer fristlosen Entlassung wusste, dass der Arbeitnehmer in Wahrheit krank war, LAG Ffm BB 1975, 745; Feichtinger DB 1983, 1202. Bei einem arbeitsteiligen Betrieb reicht es aber nicht, dass der Arbeitnehmer seine Krankheit ordnungsgemäß mitgeteilt hatte, LAG Bln BB 1977, 295.

– **(Geburtshilfe):** Vgl. OLG Kblz VersR 2009, 70.

– **(Gefährdungshaftung des Arbeitgebers):** Salamon/Koch NZA 2012, 658 (Grdz.).

– **(Gefahrenbereich):** Er kann beachtlich sein, etwa wegen § 280 I BGB, BGH NJW-RR 2017, 627.

– **(Gefahrgeneigte Arbeit):** Für das Vorliegen einer sog. gefahrgeneigten Arbeit ist der Arbeitnehmer bewpfl., BAG NJW 1977, 1311; LAG Bln VersR 1977, 388, zB beim Lenken eines schwerbeladenen Sattelschleppers bei Nacht. Auch → „– (Verschulden)".

– **(Gelber Urlaubsschein):** → „– (Attest)".

– **(Geschäftsführer):** Der Kläger ist bewpfl. für eine solche Tatsache, aus der er eine persönliche Haftung des Geschäftsführers herleitet, BAG NZA 2006, 1057.

– **(Gewerkschaft):** Zum Vertretensein Fischer NZA-RR 2016, 225 (228).

– **(Häufige Krankheiten):** → „– (Vorerkrankung)".

– **(HIV):** Vgl. Magnus ZZP 120, 347 (ausf.).

– **(Insolvenz):** Der gesetzliche Krankenversicherer ist dafür bewpfl., dass der Arbeitgeber zahlungsfähig war, als er Arbeitnehmeranteile zur Sozialversicherung nicht abführte, BGH NJW 2002, 1122.

– **(Konkurrenztätigkeit):** Der Arbeitnehmer ist dafür bewpfl., dass er eine Erlaubnis zu einer Konkurrenztätigkeit erhalten hatte, BAG NZA 2013, 748.

– **(Konzern):** Der Arbeitgeber ist für das Fehlen wenigstens eines versprochenen dortigen Arbeitsplatzes bewpfl., Rid NZA 2011, 1121.

– **(Krankheit):** Der Arbeitgeber ist dafür bewpfl., dass der Arbeitnehmer eine Krankheit, auch eine seelische, verschuldet hatte, LAG Stgt BB 1977, 1607, oder dass er sie vorgetäuscht hat, BAG NZA 1997, 705. S. auch bei den einzelnen Krankheitsarten, → „– (Arbeitsunfähigkeit)", → „– (Attest)".

– **(Kündigung):** S. bei den einzelnen Kündigungsgründen.

– **(Kündigungsschutz):** Im Kündigungsschutzprozess ist im Bereich des KSchG grds. nach § 1 II 4 KSchG der Arbeitgeber bewpfl., Becker-Schaffner BB 1992, 557; Berkowsky NJW 2009, 113; Oetker BB 1989, 417. Bei § 23 I 2 KSchG ist der Arbeitgeber bewpfl., LAG Bln BB 1997, 1000. Der Arbeitnehmer ist dafür bewpfl., dass er in einem Betrieb mit mehr als fünf Beschäftigten tätig war (Schwellenwert), BAG NZA 2005, 764; LAG Hamm DB 1997, 881 (auch zu Einzelheiten); Krügermeyer-Kalthoff MDR 2006, 130; aM ArbG Bln MDR 2004, 1124, und dass überhaupt ein Verstoß gegen das KSchG vorlag, aM Berkowsky MDR 1998, 82 (aber solche Verletzung gehört zu den anspruchsbegründenden Tatsachen). Außerhalb des KSchG ist grds. der Arbeitnehmer für eine Treuwidrigkeit der Kündigung bewpfl., Berkowsky NJW 2009, 113 (115) (auch zu den Bestrebungen, dieses Ergebnis zugunsten des Arbeitnehmers zu vermeiden). S. auch bei den einzelnen Kündigungsgründen.

– **(Kurzarbeit):** Der Arbeitgeber ist dafür bewpfl., dass er eine betriebsbedingte Kündigung auch nicht durch Kurzarbeit vermeiden konnte, ArbG Mannh BB 1983, 1031; Meinhold BB 1988, 623 (627).

– **(Kurzerkrankung):** Bei einer nach dem Tarifrecht nicht attestbedürftigen Kurzerkrankung ist der Arbeitgeber für Zweifel an der Arbeitsunfähigkeit bewpfl., und erst sie führen zur BewL des Arbeitnehmers für die Erkrankung.

– **(Langanhaltende Krankheit):** Es gibt keinen AnschBew dafür, dass man wegen einer langanhaltenden bisherigen Arbeitsunfähigkeit auch in Zukunft mit einer schlechten Gesundheit rechnen muss, BAG NJW 1983, 2897.

– **(Leiharbeit):** Ulrici NZA 2015, 456 (Grdz.).

– **(Magengeschwür):** Ein Magengeschwür einen Monat nach Beginn der Arbeit ist nicht stets ein AnschBew dafür, dass der Arbeitnehmer es beim Vertragsschluss schon kannte, LAG Bln BB 1978, 1311.

– **(Manko):** Der Arbeitgeber ist für den Fehlbestand bewpfl., LAG Hann MDR 2006, 592. Der Arbeitnehmer ist dafür bewpfl., dass er ein Manko bei der ihm übergebenen Ware oder bei dem ihm anvertrauten Geld weder verursacht noch verschuldet hat, BAG NJW 1985, 220; LAG Hann MDR 2006, 592. Solange der Arbeitnehmer keinen Gewahrsam hatte, bleibt der Arbeitgeber bewpfl., BAG NJW 1985, 220. Ähnliches gilt, solange dieser die Geschäftsbücher besitzt, BGH NJW 1986, 54. (2)

– **(Mobbing):** Der Arbeitnehmer ist grds. bewpfl., BAG NJW 2014, 1326; Sasse BB 2008, 1450. Das Gericht darf die etwaige Beweisnot des Arbeitnehmers wohlwollend mitbeachten, LAG Erfurt NZA-RR 2001, 347.

– **(Nachweisgesetz):** Zu den BewLFragen LAG Hamm NZA-RR 1999, 210; Bergwitz BB 2001, 2316; Franke DB 2000, 274.

– **(Rationalisierung):** Der Arbeitnehmer kann dafür bewpfl. sein, dass eine Rationalisierung willkürlich erfolgte, BGH NJW 1979, 819, oder dass ein anderweitiger Einsatz möglich war, (es darf keine Überspannung stattfinden), vgl. BAG NJW 1979, 332; NJW 1977, 124.

– **(Schlägerei):** Der Arbeitnehmer ist dafür bewpfl., dass er keine Schuld hatte, LAG Ffm VersR 1976, 1128.

– **(Schwangerschaft):** Zum Beweiswert eines Attests nach § 3 I MuSchG BAG NZA 1997, 882; LAG Hann NZA-RR 2003, 517; ArbG Köln NZA-RR 2004, 633. Zum Schwangerschaftsabbruch: Müller DB 1986, 2667.

– **(Schwerbehinderung):** Es kann eine Verschiebung der BewL zugunsten des Behinderten eintreten, BAG NZA 2005, 870.

– **(Solidarische Erkrankung):** Bei auffällig vielen „solidarischen" Erkrankungen kann der Beweiswert der Atteste selbst verschiedener Ärzte erschüttert sein, ArbG Bln BB 1980, 1105.

– **(Soziale Rechtfertigung):** Der Arbeitgeber ist dafür bewpfl., dass seine Kündigung grds. sozial gerechtfertigt war, BAG NJW 1977, 167; aM ArbG Münst BB 1981, 912; Tschöpe NJW 1983, 1890 (aber das ist eine Wirksamkeitsbedingung der Kündigung). Zum Problem Linck DB 1990, 1866 (ausf.). Der Arbeitnehmer kann dafür bewpfl. sein, dass eine Sozialauswahl unrichtig erfolgte, BAG DB 1983, 560; Westhoff DB 1983, 2465. Auch → „– (Rationalisierung)".

– **(Sozialversicherung):** → „Insolvenz".

– **(Sport):** Der Arbeitgeber ist dafür bewpfl., dass eine Sportart besonders gefährlich war, LAG Ffm VersR 1976, 1128.

– **(Stasi-Unterlagen):** Vgl. BAG DtZ 1994, 190; Lansnicker/Schwirtzek DtZ 1994, 162.

– **(Überstunden):** Der Arbeitnehmer ist für sie bewpfl., BGH NJW 2012, 2680.

– **(Umkleide- und Wegezeit):** Der Arbeitnehmer ist bewpfl., BAG NZA 2017, 323.

– **(Unfall):** Der Arbeitnehmer ist dafür bewpfl., dass ein Arbeitsunfall vorlag, ArbG Solingen BB 1997, 1956. Er muss beweisen, dass er wegen eines Unfalls einen Verdienstausfall hatte, Zweibr VersR 1978, 67. Es hängt von der Konjunkturlage ab, ob beim Streit um die Unfallfolgen der Arbeitgeber beweisen muss, dass ohnehin Arbeitslosigkeit eingetreten wäre, oder der Arbeitnehmer, dass er ohne den Unfall wieder Arbeit gefunden hätte, LG Itzehoe VersR 1987, 494.

– **(Verdienst):** Der Arbeitgeber ist bei seiner Einrede der Nichterfüllung bewpfl., LAG Köln MDR 1996, 79.

– **(Verdienstausfall):** S. bei den Ausfallsgründen.

– **(Vergütung):** Der Arbeitnehmer ist für ihre Entstehung bewpfl., BAG NZA 2012, 998.

– **(Verschulden):** Der Arbeitgeber ist grds. dafür bewpfl., dass der Arbeitnehmer insbesondere bei gefahrgeneigter betriebsbezogener Arbeit schuldhaft handelte. Das schließt aber einen AnschBew nicht aus. Der Arbeitgeber ist bei der Lohnfortzahlung grds. dafür bewpfl., dass der Arbeitnehmer eine Erkrankung verschuldet hat, LAG Düss DB 1978, 215. Jedoch ist ein AnschBew zB bei einer Verwicklung des Arbeitnehmers in eine Schlägerei möglich, → „– (Schlägerei)". Auch → „– (Gefahrgeneigte Arbeit)", → „Verschulden".

– **(Verschweigen):** → „– (Magengeschwür)".

– **(Versicherungsmissbrauch):** Der Träger einer Insolvenzversicherung ist für die Voraussetzungen des § 7 V 1 BetrAVG bewpfl., BAG ZIP 2010, 1663.

– **(Versorgungsanwartschaft):** → „– (Vorruhestand)".

– **(Vertragsmissbrauch):** Grds. ist der Arbeitnehmer bewpfl. Indes kann ein AnschBew vorliegen, BAG NZA 2015, 1507.

– **(Vertragsverstoß):** Der Arbeitgeber ist nach § 619a BGB für denjenigen des Arbeitnehmers bewpfl., BAG NZA 2015, 1517.

– **(Verzug):** Bei § 297 BGB ist der Arbeitgeber für das Unvermögen des Arbeitnehmers nach § 296 BGB bewpfl., LAG Düss NZA-RR 2007, 457.

– **(Vorerkrankung):** Bei häufigen Vorerkrankungen ist der Arbeitnehmer dafür bewpfl., dass die vorletzte Krankheit beim Beginn der neuen Schicht aufgetreten war, LAG Bln BB 1990, 1708. Der Arbeitgeber muss die Besorgnis weiterer Erkrankungen darlegen, BAG NJW 1984, 1836. Dazu kann freilich die Zahl der bisherigen Erkrankungen genügen. Der Arbeitnehmer ist sodann dafür bewpfl., dass trotzdem keine Bedenken gegen die weitere Arbeitsfähigkeit bestehen, BAG NZA 2003, 816.

– **(Vorruhestand):** Der Arbeitnehmer muss die Voraussetzungen eines Anspruchs auf Abschluss einer Vorruhestandsvereinbarung beweisen, LAG Mü BB 1989, 71. Zur Versorgungsanwartschaft beim vorzeitigen Ausscheiden BAG VersR 1985, 998.

– **(Vorschuss):** Der Arbeitgeber ist dafür bewpfl., eine Zahlung als Lohnvorschuss erbracht zu haben, LAG Mü DB 1990, 1292 (kein AnschBew).

– **(Wettbewerbsverbot):** Der Arbeitnehmer ist für eine rechtshindernde Einwendung nach § 74a HGB bewpfl., auch im Eilverfahren, LAG Hann NZA-RR 2010, 68.

– **(Wichtiger Kündigungsgrund):** Bei der Kündigung des Arbeitgebers nach § 626 BGB muss er diejenigen Tatsachen beweisen, die einen vom Arbeitnehmer schlüssig behaupteten Rechtfertigungsgrund ausschließen. Der Arbeitnehmer ist dafür bewpfl., dass er seinerseits nach § 626 BGB kündigen konnte. Er ist dafür bewpfl., dass er die Ausschlussfrist des § 626 II 1 BGB gewahrt hatte. Der Arbeitgeber muss beweisen, dass eine vom gekündigten Arbeitnehmer behauptete Insolvenzreife nicht vorlag, BGH NJW-RR 2007, 690.

– **(Zeugnis):** Wegen Verdienstausfalls mangels eines qualifizierten Zeugnisses BAG NJW 1976, 1470. Der Arbeitgeber ist für den Erteilungszeitpunkt bewpfl., BAG DB 1983, 2043. Er ist für die Richtigkeit einer nachteiligen Beurteilung bewpfl. Der Arbeitnehmer ist dafür bewpfl., dass er besser als „durchschnittlich gut" war, BAG NJW 2004, 2770, oder dass er durch ein unrichtiges Zeugnis einen Schaden erlitten hat, oder

(2) durch einen unrichtigen Vermerk des Arbeitgebers in seinen Personalakten, BAG DB 1979, 2429. Zur Zeugnisberichtigung Kolbe NZA 2015, 582 (ausf.). Der Arbeitnehmer ist dafür bewpfl., dass eine begehrte Lohnzulage nicht befristet war, LAG Düss DB 1976, 1113. Der Arbeitnehmer ist dafür bewpfl., dass der Arbeitgeber die auf eine Abfindung abgeführte Steuer unrichtig berechnet hat, LAG Brem NZA 1988, 433. Nach einer Bescheinigung der Leistung „zur vollen Zufriedenheit" hat der Arbeitnehmer die BewL noch besserer Leistungen, BAG NJW 2015, 1128.

Architekt: Der Architekt ist dafür bewpfl., dass er einen umfassenden Auftrag erhalten hat, nicht nur einen begrenzten, BGH NJW 1980, 122. Es gibt für einen umfassenden Auftrag keinen AnschBew, BGH NJW 1980, 122.

– **(Bauaufsicht):** Der Bauherr ist für einen Mangel der Bauaufsicht des Architekten bewpfl. Dafür kann aber ein AnschBew vorliegen, BGH NJW-RR 2004, 1649.

– **(Begrenzung der Bausumme):** „– (HOAI)".

– **(Betondichte):** Bei viel zu geringer Betondichte und -härte ist der Architekt dafür bewpfl., dass er den Beton ausreichend überwacht hat.

– **(Festpreis):** Wendet der Bauherr gegenüber einer HOAI-Forderung einen niedrigeren Festpreis ein, ist er dafür bewpfl., BGH NJW-RR 2002, 1597.

– **(Kostenermittlung):** Der Bauherr muss Architektenfehler und deren Schadensursächlichkeit beweisen, Oldb BauR 2013, 1712.

– **(Kündigung):** Der Bauherr ist dafür bewpfl., dass ein wichtiger Grund für seine Kündigung vorlag, BGH NJW-RR 1990, 1109.

– **(Pauschalhonorar):** Der Bauherr ist für ein geringeres dann bewpfl., wenn der Architekt ein höheres Mindesthonorar fordert, BGH NJW-RR 2002, 1597; OLG Düss BauR 2010, 482.

– **(Planung):** Der Bauherr ist für das objektive Fehlen einer notwendigen Planung bewpfl. Dafür kann aber ein AnschBew vorliegen, BGH NJW-RR 2004, 1649.

– **(Schlussrechnung):** Es besteht ein AnschBew dafür, dass eine vom Architekten geprüfte Schlussrechnung fehlerfrei ist, OLG Köln MDR 1977, 404.

– **(Überwachung):** „– (Bauaufsicht)", → „– (Betondichte)".

– **(Vergütungspflicht):** Der Architekt ist für diejenigen Umstände bewpfl., nach denen der Auftraggeber den umstrittenen Teil der Leistung nur gegen eine Vergütung erwarten konnte, BGH NJW 1997, 3017. Der Auftraggeber muss dann beweisen, dass der Architekt trotzdem insoweit unentgeltlich arbeiten sollte, BGH NJW 1987, 2742.

– **(Vertragsschluss):** Der Auftraggeber ist bewpfl., OLG Stgt NJW-RR 2018, 853.

– **(Vorauszahlung):** Der Architekt muss beweisen, dass eine erhaltene Vorauszahlung entgegen einer genaueren Berechnung des Bauherrn nicht überhöht war, BGH NJW-RR 2008, 328.

Arglist: Wer sie behauptet, ist für sie grds. bewpfl., BGH NJW 2017, 150. Es gibt in der Regel auch keinen AnschBew dazu, dass sich jemand durch sie zum Vertragsabschluss entschloss. Wohl aber ist der AnschBew dann möglich, wenn der Kunde bei einem kaufmännischen Umsatzgeschäft nach bestimmten Erfahrungen mit der Ware gefragt hatte und wenn der Verkäufer oder Lieferer diese falsch angab. Legt eine Privatperson Geld an, besteht kein AnschBew, da es sich um einen individuellen Willensentschluss handelt. Dasselbe gilt bei individuellen Vereinbarungen. Ab Vorlage objektiv falscher Angaben kann ihr Verantwortlicher für seine Entlastung bewpfl. sein, BGH NJW-RR 2008, 343.

Arrest, einstweilige Verfügung: Gehrlein MDR 2000, 689 (zum Schadensersatzanspruch); Ulrich GRUR 1985, 201 (ausf.).

Arzneimittelgesetz: Vgl. Kullmann, Bestrebungen zur Änderung der Beweislast bei der Haftung aus § 84 AMG, FS Steffen, 1995, 247. Vgl. auch § 84 II AMG (Vermutung der Ursächlichkeit eines Arzneimittels), BGH NJW 2015, 2502; Karczewski VersR 2001, 1070. Sie gilt nicht stets, OLG Karlsr PharmR 2021, 553; OLG Köln VersR 2012, 991.

Arzt: Vgl. die folgenden Unterstichworte.

– **(Abszess):** Zur BewL bei einer Arzthelferin als Keimträgerin BGH VersR 2007, 847.

– **(Anderer Arzt):** Ein Behandlungsfehler ergibt sich nicht schon stets daraus, dass erst ein anderer Arzt tätig war, etwa eine Fistel sogleich beseitigte, OLG Hamm VersR 1987, 1119.

– **(Arzneimittel):** Die Ursächlichkeitsvermutung nach § 84 II 3 AMG gilt nicht stets, OLG Köln VersR 2012, 992.

– **(Assistenzarzt):** Die Übertragung einer Operation auf einen noch nicht ausreichend qualifizierten Assistenzarzt ist ein Behandlungsfehler mit dessen Rechtsfolgen (s. das Unterstichwort „Behandlungsfehler"), BGH NJW 1984, 655. Der Krankenhausträger wie auch der für die Übertragung der Operationsaufsicht auf einen Nichtfacharzt verantwortliche Arzt und der aufsichtsführende Arzt selbst müssen beweisen, dass die Gesundheitsbeschädigung nicht auf der mangelhaften Qualifikation des operierenden Assistenzarztes beruhte, BGH NJW 1992, 1560. Zur Frage, ob der Assistenzarzt eine ausreichende Schulung hatte, BGH NJW 1978, 1681. Auch → „– (Organisationsverschulden)", → „– (Routinefall)", → „– (Ursächlichkeit)".

– **(Aufbewahrung):** → „– (Dokumentation)".

– **(Aufklärung).** Dazu § 630e BGB. Der Arzt muss die notwendige Aufklärung geben, BGH NJW 2014, 2190 (zust. Schneider NJW 2014, 3133); OLG Oldb VersR 2010, 1222; OLG Stgt VersR 2008, 927. Er muss beweisen, dass er sie auch gegeben hat oder hat geben lassen, BGH NJW 2012, 850; OLG Hamm NJW-RR 2002, 814. Die BewL ausreichender Aufklärung gilt auch dann, wenn der Arzt behauptet, der Patient habe keine Aufklärung gebraucht, weil er die aufzuklärende Behandlung verweigert habe, BGH NJW 1992, 741, oder weil andere ihn bereits hinreichend aufgeklärt hätten, BGH NJW 1984, 1807. Man darf aber keine übertriebenen Anforderungen an diesen Beweis stellen, BGH NJW 2015, 74. Der Patient ist für Beratungsfehler des Arztes bewpfl. Zur HIV-Aufklärung BGH NJW 2005, 2614.

Auch → „– (Behandlungsfehler)", → „– (Beratung)", → „– (Nachuntersuchung)", → „– (Ursächlichkeit)".

– **(Ausbildung):** *Zu ihr BGH NJW 1998, 2736.*

– **(Bakteriologie):** Eine Umkehrung der BewL tritt dann ein, wenn ein Arzt eine bakteriologische Untersuchung pflichtwidrig unterlassen hat.

– **(Befund):** → „– (Diagnose)".

– **(Befundsicherung):** Man kann oft von einer Befundsicherungspflicht sprechen, nicht nur im Arzthaftungsrecht. Die Verletzung kann zur Umkehr der BewL führen, zumindest zur Beweiserleichterung, BGH NJW 1996, 315. (2)

– **(Behandlungsfehler):** Dazu § 630c II BGB. Unter einem Behandlungsfehler versteht man eine unsorgfältige Erhebung der Befunde, BGH NJW 1996, 1589; OLG Düss NJW-RR 1994, 480. Zum Behandlungsfehler gehört auch der Kunstfehler, das Abweichen von generell geübten und nicht umstrittenen Erkenntnisformen und Behandlungsschritten, BGH NJW 2003, 2311. Ferner zählen hierher die Verletzung der von einem Arzt der Fachrichtung zu erwartenden Sorgfalt, OLG Kblz VersR 2017, 890. Der Patient muss einen Behandlungsfehler nur im zumutbaren Umfang darlegen, BGH NJW 2004, 2825. Es muss ihn insoweit grds. auch beweisen, BVerfG NJW 1979, 1925; BGH NJW 1988, 2948; OLG Brschw NJW-RR 2009, 1109.

– **(Behandlungsfehler: Abweichung vom Standard):** Der Arzt muss eine solche Abweichung begründen und ihren Sinn beweisen, OLG Hamm NJW-RR 2002, 814.

– **(Behandlungsfehler: Assistenzarzt):** „– (Behandlungsfehler: Routinemaßnahme)".

– **(Behandlungsfehler: Aufklärungspflicht):** Der Arzt ist nach § 630h II BGB für ausreichende Aufklärung bewpfl. Behandlungsfehler ist eine vorwerfbare Verletzung der allgemeinen therapeutischen Aufklärungspflicht im Gespräch mit dem Patienten, BGH NJW 1989, 287 (nicht nur mit Angehörigen); OLG Naumb NJW-RR 2004, 964.

– **(Behandlungsfehler: Einwilligung):** Der Arzt ist nach § 630h II 1 BGB für sie bewpfl. Ein vom Patienten unterzeichnetes Einwilligungsformular kann ein Indiz für den Aufklärungsinhalt sein, BGH NJW 2014, 1527.

– **(Behandlungsfehler: Fistel):** Ein Behandlungsfehler ergibt sich **nicht** schon stets dadurch, dass erst ein anderer Arzt eine Fistel sogleich beseitigte, OLG Hamm VersR 1987, 1119.

– **(Behandlungsfehler: Grober Fehler):** → „Grober Fehler".

– **(Behandlungsfehler: Routinemaßnahme):** Behandlungsfehler ist die Übertragung einer über einen bloßen Routineeingriff hinausgehenden Operation auf einen noch nicht ausreichend qualifizierten Assistenzarzt, BGH NJW 1984, 655. Eine Beweiserleichterung für den Patienten kommt bei einem Routineeingriff nicht schon deshalb in Betracht, weil ihn ein Assistenzarzt in Abwesenheit eines Facharztes ausführte, OLG Düss NJW 1994, 1598. Bei einem Unfall des Patienten bei einer Routinemaßnahme tritt keine Beweiserleichterung zu Gunsten des Patienten ein, OLG Kblz MDR 2013, 463.

– **(Behandlungsfehler: Sachverständiger):** Ob ein Behandlungsfehler vorliegt, muss das Gericht nach Beratung durch einen Sachverständigen selbst entscheiden, BGH NJW 2002, 2944 (keine ungeprüfte Übernahme des Gutachtens).

– **(Behandlungsfehler: Selbstbestimmungsaufklärung):** → „– (Behandlungsfehler: Aufklärungspflicht)".

– **(Behandlungsfehler: Sorgfaltsmaß):** Behandlungsfehler ist die Verletzung der von einem Arzt dieser Fachrichtung zu erwartenden Sorgfalt, BGH NJW 1984, 655.

– **(Behandlungsfehler: Ursächlichkeit):** → „– (Ursächlichkeit)".

– **(Behandlungsfehler: Vernichtung von Arztunterlagen):** Sie kann zur Beweiserleichterung für den Patienten führen, OLG Kblz NJW-RR 2015, 1434.

– **(Beratung):** Der Patient ist grds. für einen Beratungsfehler des Arztes bewpfl., OLG Köln VersR 1989, 632, auch für deren Unterlassung, BGH NJW 2016, 563; OLG Kblz NJW 2006, 2928. Der Arzt muss beweisen, dass sich die Mutter nach umfassender und richtiger Beratung nicht für eine pränatale Untersuchung der Leibesfrucht entschieden hätte, BGH NJW 1984, 658.

– **(Borreliose):** Zum Problem OLG Mü VersR 2013, 1433.

– **(Desinfektion):** Es gibt keinen AnschBew dafür, dass ein Einstich zB in oder neben das Kniegelenk nur dann zu einer Entzündung führt, wenn die Einstichstelle vorher nicht gründlich gereinigt oder desinfiziert wurde. Auch ein enger zeitlicher Zusammenhang zwischen Einstich und Spritzenabszess soll keinen AnschBew bringen, OLG Köln NJW 1999, 1790. Auch → „– (Infektion)", → „– (Injektion)".

– **(Diagnose):** Dazu § 630c II BGB. Man muss zwischen der Diagnose und einer ihr vorausgegangenen und eine Diagnose erst ermöglichenden Befunderhebung unterscheiden, BGH NJW 2014, 688; OLG Köln VersR 2016, 1382. Der Arzt muss nicht stets seine Schuldlosigkeit beweisen. Eine zur Befundergänzung notwendige Information muss der Patient beweisen, OLG Naumb VersR 2010, 1041; OLG Kblz NJW-RR 2008, 342. Evtl. genügen sogar die Angaben des Patienten, BGH NJW-RR 1999, 1113 (generalisierte Tendomyopathie). Nicht jeder Diagnosefehler ist ein grober Behandlungsfehler, OLG Köln NJW 2006, 69. Ein Rat, zeitnah einen Facharzt aufzusuchen, kann reichen, OLG Kblz NJW-RR 2016, 539. Der Arzt kann sich aber **leichtfertig** verhalten haben, etwa wenn er in einem erheblichen Ausmaß Diagnose oder Kontrollbefunde nicht oder falsch erhoben hat, BGH NJW 2014, 688; OLG Ffm VersR 2000, 853 oder wenn er einen Zufallsbefund übergangen hat, BGH NJW 2011, 1672. Das kann zur Beweiserleichterung für den Patienten führen, BVerfG NJW 2004, 2079; OLG Köln VersR 2015, 493; OLG Kblz VersR 2008, 1493. Das gilt sowohl zum Vorliegen eines Befunds als auch zur Ursächlichkeitsfrage, BGH NJW 2014, 688; OLG Kblz NJW-RR 2014, 1239; OLG Zweibr NJW-RR 2008, 539. Im Zweifel ist ein Gutachten erforderlich, BGH NJW 2003, 3411. Wegen der Folgen der Unterlassung der Befundsicherung BGH NJW 1998, 1782; OLG Hamm NJW-RR 2003, 807. Auch → „– (Grober Fehler)", → „– (Kunstfehler)", → „– (Röntgenaufnahme)".

– **(Dokumentation):** dazu § 630f BGB: Der Patient hat einen sachlich-rechtlichen Anspruch auf eine ordnungsgemäße lückenlose und genaue Dokumentation durch den Arzt, BGH NJW 1999, 3408; OLG Oldb NJW-RR 2009, 32; OLG Hamm VersR 2005, 412. Deren Nichtvornahme kann nach § 630h III BGB nachteilig sein. Die Verletzung dieser Pflicht kann zur Beweiserleichterung für den Gegner führen, BGH NJW 1998, 1780 (auch wegen eines Gesundheitsschadens), bis hin zur BewLUmkehr wegen Beweisvereitelung, BGH NJW 2004, 1871.

– **(Dokumentation: Handlungsablauf):** Sie muss ihn erfassen, BGH NJW 1986, 2365.

– **(Dokumentation: Medikamente):** Sie muss sie erfassen, BGH NJW 1986, 2365.

– **(Dokumentation: Pflegesituation):** Sie muss sie erfassen, BGH NJW 1986, 2365.

– **(Dokumentation: Umfang):** Er kann knapp sein, OLG Kblz MDR 2012, 51.

– **(Dokumentation: Unterlagen):** Sie muss die Originalunterlagen enthalten, BGH NJW 1996, 1589.

(2) – **(Dokumentation: Unwahrscheinlichkeit eines Behandlungsfehlers):** Sie führt selbst beim Verdacht eines groben solchen Fehlers nicht zur Beweiserleichterung, OLG Kblz VersR 2014, 207.

– **(Dokumentation: Verständlichkeit):** Sie braucht sich nur dem Fachmann zu erschließen, OLG Kblz NJW-RR 2007, 405.

– **(Dokumentation: Zeitpunkt):** Sie muss zum Geschehen zeitnah erfolgen, OLG Kblz NJW-RR 2007, 405; OLG Zweibr NJW-RR 2000, 27.

– **(Einwilligung),** dazu § 630g BGB: Der Arzt muss beweisen, dass er eine objektiv erforderliche Einwilligung etwa auch eines oder beider Elternteile usw. erhalten hat oder dass er sie auch bei einer ausreichenden Aufklärung erhalten hätte, BGH NJW 1994, 2414. Der Patient muss beweisen, dass die Einwilligungserklärung bei der Unterzeichnung noch nicht den Vermerk über die Beschreibung des Eingriffs enthielt, OLG Ffm VersR 1994, 986, oder dass er nicht einwilligungsfähig war, OLG Kblz NJW 2015, 79. Auch → „– (Selbstbestimmungserklärung)".

– **(Erfolglosigkeit):** Die Erfolglosigkeit einer Operation bedeutet grds. kein AnschBew für einen Behandlungsfehler.

– **(Erweiterung des Auftrags):** Der Patient ist für eine Erweiterung über das Fachgebiet des Arztes hinaus bewpfl., OLG Karlsr NJW-RR 2006, 458.

– **(Folgeverletzung):** Für die Ursächlichkeit des groben Behandlungsfehlers für mittelbare, spätere Schäden bei einer sog. haftungsausfüllenden Ursächlichkeit ist grds. der Patient bewpfl., BGH NJW 1994, 801. Allerdings kann die BewL beim Arzt bei der Frage der Nichtursächlichkeit zwischen Erst- und Folgeverletzung auch dann verbleiben, wenn er gerade auch diesem Folgeschaden hätte vorbeugen müssen, OLG Mü VersR 1993, 607; OLG Oldb NJW 1988, 1531. Der **Arzt muss** dann also grds. **nachweisen, dass** die Schädigung auch **ohne** den Behandlungsfehler eingetreten wäre, BGH NJW 1989, 2332. Außerdem muss der Fehler geeignet gewesen sein, einen Schaden dieser Art herbeizuführen, BGH VersR 1983, 983. Der Krankenhausträger wie auch der für die Übertragung der Operationsaufsicht auf einen Nichtfacharzt verantwortliche Arzt und der aufsichtführende Arzt selbst müssen beweisen, dass die Gesundheitsschädigung nicht auf der mangelhaften Qualifikation des operierenden Assistenzarztes beruhte, BGH NJW 1992, 1560. Braucht ein gewissenhafter Arzt bei pflichtgemäßer Prüfung eine bestimmte Folge bei der Behandlung nicht in Erwägung zu ziehen, tritt keine Umkehrung der BewL ein, BGH NJW 1978, 1681, ebenso wenig beim Verschulden auch des Patienten (Vereitelung der Arztbemühungen), KG VersR 1991, 928.

Auch → „– (Ursächlichkeit)".

– **(Fragepflicht):** Der **Arzt** hat im Rahmen der Pflicht zur Beratung und Aufklärung, vgl. diese Unterstichwörter, auch eine Fragepflicht etwa nach Vorerkrankungen usw.

– **(Gebräuchlichkeit):** Es tritt dann keine Umkehr der BewL ein, wenn der Arzt ein gebräuchliches Verfahren anwendet, gegen dessen vereinzelt beschriebene Gefahren noch kein anerkannter Schutz möglich ist. Zum Problem der Hinweispflicht auf Versagerquoten BGH NJW 1981, 2002. Der Arzt muss den Sinn einer Abweichung vom Standardverfahren beweisen, OLG Hamm NJW-RR 2002, 814. Auch → „– (Beratung)".

– **(Grenzbereich):** Es findet keine Umkehr der BewL statt, soweit sich der Arzt allenfalls im Grenzbereich zwischen mittel- und schweren Fehlern bewegt hat und soweit außerdem die Ursächlichkeit sehr unwahrscheinlich ist, BGH NJW 1988, 2949. Auch → „– (Grober Fehler)", → „– (Ursächlichkeit)".

– **(Grober Fehler),** dazu § 630h V BGB: Zum Begriff BGH NJW 2012, 227; OLG Kblz VersR 2007, 1001 (fundamentaler Fehler). Ob er vorliegt, hängt von den Umständen ab, BGH NJW 1988, 1511; OLG Kblz VersR 2007, 396 (sectio); OLG Köln VersR 2003, 1444; OLG Oldb VersR 1993, 753 (Verspätung des Eingriffs); OLG Zweibr VersR 1988, 165 (Anfängernarkose). Es kommt also nicht auf eine etwa zusätzliche Vorwerfbarkeit an, OLG Köln VersR 2003, 1444. Als grober Fehler kann auch die Nichterhebung von Diagnose- oder Kontrollbefunden in erheblichem Ausmaß gelten, BGH NJW 2014, 688; OLG Köln VersR 2016, 1382 (auch zu einer Ausnahme). Dergleichen muss man unabhängig von der Frage der Aufklärungspflicht prüfen, BGH NJW 1987, 2291. Der **Patient muss** einen groben Behandlungsfehler **beweisen,** OLG Zweibr NJW-RR 1997, 666. Diese Schwelle liegt hoch, OLG Köln NJW 1999, 1790; OLG Bbg VersR 1992, 831. Meist ist ein Gutachten nach § 402 nötig., BGH NJW 2008, 1381. Gelingt dem Patienten dieser Beweis, muss der **Arzt** grds. im Wege einer Umkehrung der BewL nachweisen, dass der Kunstfehler für die unmittelbar folgende körperliche Schädigung **nicht ursächlich war.** Der Ursachenzusammenhang kann im Einzelfall ganz unwahrscheinlich sein, OLG Hamm VersR 2004, 1321. Andererseits ist keine Wahrscheinlichkeit für ein Ergebnis einer Kontrolluntersuchung erforderlich, BGH NJW 2005, 427.

Auch → „– (Behandlungsfehler)", → „– (Kunstfehler)", → „– (Ursächlichkeit)".

– **(Handlungsablauf):** → „– (Dokumentation)".

– **(Hebamme):** Zu unterlassener Eintragung im Geburtsjournal OLG Bbg VersR 2005, 1244. S. auch → „– (Grober Fehler)", BGH NJW 2000, 2737. Ein Arztfehler geht nicht stets zulasten auch der Hebamme, OLG Kblz VersR 2008, 222.

– **(HIV):** → „Infektion".

– **(Hygiene):** Ein Spritzenabszess bald nach einer Injektion kann einen AnschBew für Mängel der Hygiene bilden, OLG Köln VersR 2014, 633.

– **(Indikation):** Der auf Schadensersatz beanspruchte Arzt muss das Fehlen einer Indikation beweisen, BGH NJW 1985, 2752.

– **(Infektion):** Beim Infektionsschaden ist der Patient grds. bewpfl., OLG Mü VersR 2011, 885. Freilich kann ein AnschBew zugunsten des Patienten gelten, BGH NJW-RR 2010, 1331; OLG Zweibr NJW-RR 2004, 1607. Das kann auch bei HIV gelten, BGH NJW 2005, 2614. Es gilt aber nicht allgemein, OLG Naumb NJW-RR 2012, 1375. Auch → „– Desinfektion".

– **(Injektion):** Nach einem Spritzenabszess vgl. → „– (Hygiene)". Nach ihm und bei nachweisbaren Hygienemängeln der Praxis ist der Arzt für eine Nichtursächlichkeit bewpfl., OLG Kblz NJW-RR 2006, 1401. Dasselbe gilt bei einer Gewebenekrose, OLG Düss VersR 1984, 241, oder bei sofortigem erheblichem *Muskelschmerz, LG Ravensb* VersR 1988, 1076.

– **(Kausalität):** → „– (Ursächlichkeit)".

– **(Kieferchirurg):** Er darf sich evtl. auf zeitliche voraufgegangene Aufklärung durch den an ihn überweisenden Zahnarzt verlassen, OLG Kblz NJW-RR 2012, 1420.

– **(Kontrollbefund):** → „– (Diagnose)". (2)
– **(Kunstfehler):** Er ist ein vorwerfbares Abweichen von generell geübten und nicht umstrittenen Erkenntnisformen und Behandlungsschritten und damit Teil des Oberbegriffs Behandlungsfehler. In gesteigerter Form tritt der Kunstfehler als grober Fehler auf.
– **(Lagerung):** Arzt und Krankenhaus sind für eine ordnungsgemäße Lagerung des Patienten bewpfl., OLG Kblz NJW 2010, 1759; OLG Köln VersR 1991, 695.
– **(Leberbiopsie):** Zur perkutanen Leberbiopsie OLG Celle MDR 1977, 410.
– **(Medikament):** → „– (Dokumentation)".
– **(Nachuntersuchung):** Der Patient ist dafür bewpfl., dass man ihn nicht ordnungsgemäß über ihre Notwendigkeit aufgeklärt und nicht richtig einbestellt hatte, OLG Hamm VersR 2005, 837.
– **(Narkose):** Ob bei einer Anfängernarkose ein grober Behandlungsfehler vorliegt, muss man nach den Umständen beurteilen, OLG Zweibr VersR 1988, 165. Eine Umkehrung der BewL zulasten des Arztes kann dann eintreten, wenn er technisch unzulängliche Mittel benutzt hatte, BGH NJW 1978, 584; OLG Hamm VersR 1980, 585 (Narkosegerät). Zu Narkoseschäden OLG Düss VersR 1987, 487 und 489.
– **(Neue Methode):** „– (Kunstfehler)".
– **(Nothelfer):** Der zufällige nichtärztliche unterliegt nicht den Arztregeln, OLG Düss NJW-RR 2008, 1474.
– **(Obduktion):** Der Begünstigte muss evtl. einer Obduktion zwecks Ursachenklärung zustimmen, LG Köln NJW 1991, 2974. Auch → „– (Ursächlichkeit)".
– **(Operationsbericht):** → „– (Dokumentation)".
– **(Organisationsverschulden):** Bei einem schweren Fehler kommt eine BewL des Arztes in Betracht, falls bloßes Organisationsverschulden genügt. Auch → „– (Assistenzarzt)".
– **(Patientenschuld):** Es tritt keine Umkehr der BewL zulasten des Arztes ein, soweit der Patient zumindest mitvorwerfbar handelte, BGH NJW 2005, 427, etwa durch eine Vereitelung der Arztbemühungen, KG VersR 1991, 928.
– **(Pflegesituation):** → „– (Dokumentation)".
– **(Physiotherapie):** Zur sog. Gangschule OLG Ffm VersR 2018, 227.
– **(Psychotherapie):** Zur psychotherapeutischen Behandlung Kroitzsch VersR 1978, 396.
– **(Reinigung):** →„Desinfektion".
– **(Röntgenaufnahme):** Eine Umkehr der BewL zulasten des Arztes kann dann eintreten, wenn er eine erforderliche Röntgenaufnahme unterlassen hatte, BGH VersR 1989, 701.
– **(Routinefall):** Eine Beweiserleichterung für den Patienten kommt bei einem Routineeingriff nicht schon deshalb in Betracht, weil ihn ein Assistenzarzt in Abwesenheit eines Facharztes ausführte, OLG Düss NJW 1994, 1598.
– **(Schuldlosigkeit):** Der Arzt muss nicht stets seine Schuldlosigkeit beweisen, Weber NJW 1997, 761. Auch → „– (Patientenschuld)".
– **(Schulmedizin):** Eine solche Klausel, die dem Versicherungsnehmer die BewL dafür auferlegt, dass ein nicht zur Schulmedizin zählendes Mittel in der Praxis ebenso erfolgversprechend ist, ist wegen Verstoßes gegen §§ 307 ff. BGB unwirksam, LG Hmb NVersZ 2000, 274. Auch → „Patientenschuld".
– **(Schwangerschaft):** Der Arzt muss beweisen, dass die Mutter sich nach umfassender und richtiger Beratung nicht für eine pränatale Untersuchung der Leibesfrucht auf etwaige Schädigungen entschieden hatte und dass sie sich nach einem etwa ungünstigen Ergebnis auch nicht für den Abbruch der Schwangerschaft entschieden hätte, BGH NJW 1984, 658. Eine Schwangerschaft trotz Tubensterilisation ist kein AnschBew für die Fehlerhaftigkeit der letzteren, OLG Düss NJW-RR 2001, 959; OLG Saarbr VersR 1988, 831. Auch → „– (Trisomie 21)".
– **(Schweigepflicht):** → § 383 Rn. 45.
– **(Selbstbestimmungserklärung):** Der Arzt muss beweisen, dass er die von ihm vor einem Eingriff zur wirksamen Einwilligung des Patienten anzufordernde sog. Selbstbestimmungserklärung des Patienten erhalten hat, BGH NJW 1986, 1541; OLG Düss NJW 1990, 771 (beim Arzt ist evtl. ein Dolmetscher nötig); OLG Karlsr VersR 1987, 1247; vgl. auch OLG Hamm VersR 1989, 195. Auch → „– (Aufklärung)", → „– (Einwilligung)".
– **(Sorgfaltspflicht):** → „– (Aufklärung)", → „– (Behandlungsfehler)".
– **(Tierarzt):** Die in diesem Unter-ABC für den Arzt genannten Regeln gelten unabhängig von §§ 630a ff. BGB zumindest entsprechend auch grds. beim Tierarzt, so schon (je zum alten Recht) OLG Ffm NJW-RR 2011, 1246; OLG Hamm VersR 2009, 691; Koch NJW 2016, 2461; vgl. auch OLG Kblz VersR 2009, 1503; Baumgärtel/Wittmann JR 1978, 63. Der Tierarzt ist beim groben Kunstfehler entlastungsbewpfl., OLG Hamm VersR 1989, 1105; OLG Mü NJW-RR 1989, 988. Der Tierarzt ist dafür bewpfl., dass die Verletzung einer voll beherrschbaren Nebenpflicht nicht schuldhaft war, etwa bei den technischen Geräten, BGH NJW 1978, 584. Zur Ursächlichkeit gilt § 286, OLG Hamm VersR 2009, 691. Wegen danach vorhandener schädigender Auswirkungen des Haftungsgrundes ist § 287 anwendbar, OLG Hamm VersR 2009, 691.
– **(Trisomie 21):** Diejenige Patientin, die wegen unvollständiger Beratung über die Möglichkeit der Trisomie 21 einen Ersatz des Unterhaltsaufwands für ein Kind mit Down-Syndrom verlangt, ist dafür bewpfl., dass es ihr gelungen wäre, rechtzeitig für einen erlaubten Schwangerschaftsabbruch eine Fruchtwasseruntersuchung durchführen zu lassen, BGH NJW 1987, 2923.
– **(Tubensterilisation):** → „– (Narkose)".
– **(Tupferrest):** Eine Umkehr der BewL tritt dann ein, wenn man Tupferreste in einer solchen Wunde findet, die bis dahin kein anderer Arzt behandelt hatte.
– **(Unaufklärbarkeit):** Eine Umkehr der BewL zulasten des Arztes tritt auch dann ein, wenn man nicht mehr klären kann, ob für die eingetretenen Schäden der unstreitige oder erwiesene Kunstfehler oder andere Ereignisse ursächlich waren, BGH NJW 1988, 2303; OLG Düss VersR 1992, 240, etwa der Zustand des Kranken. Im Übrigen gibt es aber bei einer **Unaufklärbarkeit** des eingetretenen Ergebnisses weder einen AnschBew noch eine Umkehr der BewL gegen den Arzt. Auch → „– Ursächlichkeit".
– **(Unterlassung):** → „– (Bakteriologie)", → „– (Behandlungsfehler)", → „– (Grober Fehler)", → „– (Röntgenaufnahme)".

(2) – **(Ursächlichkeit):** Nicht ohne weiteres trägt der Arzt die Folgen einer jeden Fehlbehandlung. Sie begründet nicht ohne weiteres die Vermutung, dass sie die Ursache für einen eingetretenen Schaden ist, BVerfG NJW 1979, 1925; BGH NJW 1993, 3140; OLG Hamm VersR 1991, 1059. Es findet keine BewLUmkehr statt, soweit sich der Arzt allenfalls im Grenzbereich zwischen mittelschweren und schweren Fehlern bewegt hat und soweit außerdem die Ursächlichkeit sehr unwahrscheinlich ist, BGH NJW 1988, 2949; OLG Kblz VersR 2017, 891; OLG Karlsr VersR 2005, 1246.

– **(Ursächlichkeit: Assistenzarzt):** Der Krankenhausträger wie auch der für die Übertragung der Operationsaufsicht auf einen Nichtfacharzt verantwortliche Arzt und der aufsichtführende Arzt selbst müssen beweisen, dass die Gesundheitsschädigung nicht auf der mangelhaften Qualifikation des operierenden Assistenzarztes beruhte, BGH NJW 1992, 1560.

– **(Ursächlichkeit: Aufklärung):** Zunächst ist der Patient bewpfl., BGH NJW 2012, 850; OLG Köln VersR 2012, 1178.

– **(Ursächlichkeit: Befundfehler):** Er kann für sie nach § 630h V 2 BGB zur Umkehr der BewL führen, BGH NJW 2011, 3441.

– **(Ursächlichkeit: Kein Behandlungsfehler):** Der Arzt muss grds. nachweisen, dass die Schädigung **auch ohne** den Behandlungsfehler eingetreten wäre, BGH NJW 2005, 2072. Außerdem muss der Fehler geeignet gewesen sein, einen Schaden dieser Art herbeizuführen, BGH VersR 1983, 983; OLG Hamm VersR 1984, 91; OLG Ffm VersR 1979, 39.

– **(Ursächlichkeit: Folgeschaden):** Braucht ein gewissenhafter Arzt bei pflichtgemäßer Prüfung eine bestimmte Folge bei der Behandlung nicht in Erwägung zu ziehen, tritt keine Umkehrung der BewL ein, BGH NJW 1978, 1681. Auch → „– (Ursächlichkeit: Haftungsausfüllung)".

– **(Ursächlichkeit: Grober Behandlungsfehler):** Gelingt dem Patienten der Beweis eines groben Kunstfehlers des Arztes, muss der Arzt grds. im Wege einer Umkehrung der BewL nach (jetzt) § 630h V BGB nachweisen, dass der Kunstfehler für die unmittelbar folgende körperliche Schädigung nicht ursächlich war, (je zum alten Recht) BGH NJW 2008, 1304 (allgemein); BGH NJW 1994, 801 (verspätete Diagnose); BGH NJW 1994, 1594 (Organisationsfehler); BGH NJW-RR 2010, 831 (zu § 426 BGB); OLG Köln VersR 2010, 117; OLG Brem NJW-RR 1996, 1114 (je: auch zu Ausnahmen); OLG Düss NJW-RR 1996, 279 (Geburtshilfe); BVerfG NJW 2004, 2079; BGH NJW 2004, 2011 (krit. Katzenmeier JZ 2004, 1030; Spickhoff NJW 2004, 2345); OLG Hamm NJW-RR 2003, 807 (je: Unterlassung diagnostischer Abklärung); OLG Kblz VersR 2011, 1268 (Grunderkrankung); OLG Kblz VersR 2016, 863 (Willebrand-Jürgens-Symptom). Zum Problem Mäsch NJW 2017, 2080 (krit. zu BGH NJW 2017, 2108).

Das gilt auch dann, wenn man **nicht mehr aufklären** kann, ob für die eingetretenen Schäden der Kunstfehler oder andere Ereignisse ursächlich waren, BGH NJW 2000, 3423; OLG Celle NJW-RR 2002, 1603; OLG Düss VersR 1992, 240, etwa die Konstitution des Kranken, aM OLG Brem VersR 1977, 378, oder wenn andere Ereignisse hinzutraten, OLG Kblz NJW-RR 2008, 541; OLG Ffm VersR 2000, 853. Freilich muss sich gerade dasjenige Risiko verwirklicht haben, dessen Nichtbeachtung den Fehler als grob erscheinen lässt, BGH NJW 1981, 2513; OLG Kblz VersR 2008, 1651. Auch muss der Begünstigte evtl. einer Obduktion des Verstorbenen zwecks Ursachenklärung zustimmen, LG Köln NJW 1991, 2974.

– **(Ursächlichkeit: Haftungsausfüllung):** Für die Ursächlichkeit des groben Behandlungsfehlers für einen mittelbaren späteren Schaden (sog. haftungsausfüllende Ursächlichkeit) ist grds. der Patient bewpfl., BGH NJW 1994, 801; OLG Düss NJW-RR 1994, 480. Allerdings kann die BewL beim Arzt auch bei der Frage der Nichtursächlichkeit zwischen Erst- und Folgeverletzung bleiben, wenn er gerade auch diesem Folgeschaden hätte vorbeugen müssen, OLG Mü VersR 1993, 607; OLG Oldb NJW 1988, 1531.

– **(Ursächlichkeit: Mittelbarer Schaden):** → „– (Ursächlichkeit: Haftungsausfüllung)".

– **(Ursächlichkeit: Patientenverschulden): Keine** BewL des Arztes besteht bei einem Mitverschulden des Patienten, zB bei seiner Vereitelung der Arztbemühungen, KG VersR 1991, 928.

– **(Ursächlichkeit: Überprüfbarkeit):** Grds. bleibt der Patient für die Schadensursächlichkeit bewpfl., OLG Kblz MDR 2015, 1420.

– **(Ursächlichkeit: Unfähigkeit):** Erstere vermutet § 630h IV BGB bei letzterer. Die Vermutung ist nach § 292 S. 1 widerlegbar.

– **(Verrichtungsgehilfe):** Man darf die Regeln des § 831 BGB nur unter einer Beachtung aller von den Gerichten zur Arzthaftung entwickelten Gesichtspunkte anwenden, aM OLG Oldb NJW-RR 1988, 38 (mit Recht abl. Wosgien VersR 1987, 794).

– **(Versagerquote):** Vgl. zur Hinweispflicht auf sie BGH NJW 1981, 2002 (zust. Fischer JR 1981, 501). Auch → „– (Beratung)", → „– (Gebräuchlichkeit)".

– **(Versicherung):** Der Versicherer ist dafür bewpfl., dass ein Schaden vor dem Ablauf der Wartezeit eingetreten war, OLG Hamm VersR 1977, 953.

– **(Vornahme):** Der Arzt muss beweisen, dass er den vereinbarten Eingriff überhaupt vorgenommen hat, BGH NJW 1981, 2002 (zust. Fischer JR 1981, 501); OLG Köln VersR 1988, 43.

– **(Vorsatz):** Die Regeln über eine etwaige Umkehrung der BewL zulasten des Arztes gelten dann nicht, wenn es um einen Anspruch des Täters einer vorsätzlichen Körperverletzung gegen den Arzt des Opfers geht, OLG Köln VersR 1989, 294.

– **(Weiterbildung):** Zu ihr BGH NJW 1998, 2736.

– **(Zahnarzt):** Die in diesem Unter-ABC genannten Regeln zum Arzt gelten auch beim Zahnarzt; im Ergebnis schon (je zum alten Recht) BVerfG NJW 1979, 1925; OLG Köln NJW-RR 1995, 346 (Dokumentation); OLG Hmb VersR 1989, 1297.

– **(Zwischenfall):** Vgl. OLG Celle VersR 1981, 783 und die spezielleren Unterstichwörter, zB → „– (Narkose)". Auch → „– (Krankenhaus)".

Asylrecht: Wer eine Entreicherung im Zusammenhang mit § 60 I Nr. 1 SGB I geltend macht, ist bewpfl., LAG Stgt NZA-RR 2017, 309.

Aufklärungspflicht: → „Arzt".

Aufsichtsverstoß, § 832: Der Kläger ist dafür bewpfl., dass der Bekl. für eine Aufsicht Anlass hatte. Erst dann ist der Bekl. für das Fehlen einer Ursache oder einer Schuld bewpfl. Ein Anscheinsbeweis ist wegen der Verletzung einer Aufsichtspflicht möglich, KG NJW-RR 2000, 242.

Auftrag: Der Auftraggeber ist für den Auftragsinhalt und seine Weisungen bewpfl., BGH NJW-RR 2004, 927; OLG Schlesw NJW-RR 2010, 1720. Er muss auch die Hingabe einer Sache zwecks auftragsgemäßer Benutzung beweisen, BGH WM 1984, 1449. Der Beauftragte ist anschließend für die ordnungsgemäße Ausführung des Auftrags bewpfl., BGH NJW-RR 2004, 927; OLG Saarbr NJW-RR 2015, 739; OLG Schlesw NJW-RR 2010, 1720. Der Auftraggeber ist dafür bewpfl., dass der Beauftragte etwas erlangt hat, BGH NJW-RR 1987, 963, und dass der Verwalter eines Sparkontos noch Beträge besitzt, BGH NJW-RR 1989, 1206. Nach einer Verfügung muss der Beauftragte den Verbleib und die Rechtmäßigkeit der Verwendung beweisen, BGH NJW-RR 2004, 121; OLG Saarbr NJW-RR 2002, 622. Er muss die vertragsgemäße Rückgabe von treuhänderisch Verwaltetem beweisen, OLG Düss MDR 2010, 1087. Er muss auch die Einhaltung von Vorsichtsregeln beweisen, BGH NJW-RR 1993, 795; OLG Saarbr NJW-RR 2015, 739. **(2)**

Auskunft: Es gelten die normalen Regeln, BGH NJW 2012, 3722; NJW 1998, 2969; BAG DB 1987, 2049; OLG Köln NJW-RR 1994, 1418.

Auslegung: Sie hat wegen §§ 133, 157 BGB grds. nichts mit der BewL zu tun, BGH NJW-RR 1989, 1282. Sind Wortlaut und Sinn eindeutig, muss derjenige, der ein vom Wortlaut und objektiven Sinn abweichendes Verständnis der Erklärungen geltend macht, das beweisen, BGH NJW 2001, 143; OLG Stgt VersR 2013, 1290.

Bankrecht. Dazu Hoeren/Kairies WM 2015, 549 (Rspr-Grdz.).

– **(Abbuchung):** → „– (Bereicherung)".

– **(Anerkenntnis):** S. dort.

– **(Anlagenberater):** S. dort.

– **(Aufklärungspflicht):** Der Kunde muss grds. einen Verstoß der Bank gegen ihre Aufklärungs- und Beratungspflicht beweisen, BGH NJW-RR 2011, 1661; OLG Dresd WM 2015, 2280; Dieckmann WM 2011, 1153. Zur Insiderinformation EuGH NZG 2010, 107 (zust. Bussian WM 2011, 8).

– **(Bankirrtum):** Wenn die Bank aufgrund eines Widerrufs des anweisenden Kunden dennoch irrig zahlte, muss der Kläger beweisen, dass der Zahlungsempfänger den Widerruf kannte, BGH NJW 1983, 2499.

– **(Bankquittung):** Ihr Beweiswert ist zwar grds. hoch, OLG Karlsr NJW-RR 1998, 789; Foerste NJW 2001, 321. Er kann aber im Einzelfall entfallen, OLG Ffm NJW-RR 1991, 172. Auch → „– (Sparbuch)".

– **(Beratungspflicht):** → „– (Aufklärungspflicht)".

– **(Bereicherung):** Klagt der Abbuchungsschuldner gegen den Gläubiger aus ungerechtfertigter Bereicherung nach §§ 812 ff. BGB, muss der Gläubiger ausnahmsweise beweisen, dass er seine Leistung erbracht hatte, OLG Düss NJW-RR 1999, 417. Diejenige Gläubigerbank, die wegen einer unberechtigten Rückbelastung einer Abbuchungslastschrift gegen die Schuldnerbank einen Anspruch aus ungerechtfertigter Bereicherung erhebt, trägt die BewL dafür, dass die Lastschrift schon vor ihrer Rückgabe eingelöst worden war und nicht mehr hätte zurückgehen dürfen, BGH NJW 1983, 220. Der nur pro forma Bereicherte ist bewpfl., BGH NJW 1983, 626.

– **(Börsentermingeschäft):** Bei ihm braucht derjenige, der Schadensersatz wegen unredlicher Verhinderung des Terminseinwands fordert, nicht zu beweisen, dass das Geschäft für ihn unverbindlich war, BGH NJW-RR 1992, 751.

– **(Darlehen):** → „– (Mitdarlehen)".

– **(Diebstahl):** → „– (EC-Karte)".

– **(EC-Karte).** Dazu Günther WM 2013, 496; Kollrus MDR 2012, 377; Schulte am Hülse/Welchering NJW 2012, 1262 (je: Grdz.). Beim Diebstahl einer EC-Karte gelten etwa dieselben Regeln wie beim Autodiebstahl, OLG Hamm NJW 1997, 1711. Hat der Dieb die richtige PIN benutzt, besteht nicht stets ein AnschBew dafür, dass der Kontoinhaber sie entweder auf der Karte oder auf einem ihr beigegebenen Zettel notiert habe, OLG Ffm NJW-RR 2002, 692; OLG Oldb NJW-RR 2000, 1718. Trotzdem besteht dann im Ergebnis ein AnschBew für grobe Fahrlässigkeit des Kunden mit der EC-Karte und Geheimzahl, BGH WM 2011, 924; OLG Karlsr MDR 2008, 1112. Wer zB am Flughafen 90 Minuten bis zur Bitte um eine Kartensperre wartet, setzt einen AnschBew für Nachlässigkeit, OLG Ffm NJW-RR 2004, 206. Dasselbe gilt dann, wenn man 3–4 Wochen auf eine mehrfach angekündigte EC-Karte wartet, ohne die Bank nach ihr zu fragen, KG NJW 2006, 381. Der Kunde kann den AnschBew wie jeden solchen entkräften, BGH WM 2011, 924; OLG Düss NJW 2012, 3381. Kein AnschBew zulasten des Kunden besteht dann, wenn schon sein ursprünglicher EC-Kartenbesitz fraglich ist, BVerfG WM 2010, 208.

– **(Einzugsermächtigung):** Die Bank muss gegenüber dem Bereicherten das Fehlen einer Genehmigung des Kontoinhabers beweisen, BGH NJW 2011, 2130. Zur stillschweigenden Ermächtigung BGH NJW 2011, 271.

– **(Erlöschen):** Wer das Erlöschen einer unstreitigen Forderung behauptet, muss das beweisen, BGH NJW-RR 1993, 1266.

– **(Geheimnummer):** → „– (Geldautomat)".

– **(Geldautomat):** Bei ihm ist grds. der Kunde für den Einwurf der gefüllten Kassette bewpfl., OLG Ffm BB 1987, 1765. Es besteht mangels anderer Anhaltspunkte ein AnschBew dafür, dass er die Codekarte mit der Geheimzahl usw. benutzt hat, OLG Karlsr MDR 2008, 1112. Der Kunde ist für eine zu geringe Auszahlung bewpfl., AG Nürnb NJW 1987, 660. Indessen können aufgetretene Fehlermöglichkeiten die Bank für ihre korrekte Auszahlung bewpfl. machen, AG Aschaffenb NJW-RR 1989, 45; AG Bln-Schöneb NJW-RR 2004, 1277; AG Essen NJW-RR 2001, 699.

– **(Kundenquittung):** Sie beweist regelmäßig den Erhalt zB des an ihn ausgezahlten Betrags.

– **(Kreditkarte):** Das Kreditkartenunternehmen ist dafür bewpfl., dass abgerechnete Leistungen nicht von Vertragsunternehmen stammen, OLG Ffm NJW-RR 1996, 1328.

– **(Lastschriftverfahren):** Die Bank muss eine auch nur stillschweigende Erlaubnis des Kunden beweisen, OLG Mü NZI 2011, 285.

– **(Missbrauch):** Beim Missbrauch einer Zahlungskarte nach § 676b BGB muss der Überweisende eine Pflichtverletzung der Bank beweisen, Graf von Westphalen BB 2000, 157. Eine Missbrauchsklausel ist wirksam, AG Saarbr NJW 1987, 963. Zur Problematik OLG Drsd ZIP 2014, 766. Auch „– (Geldautomat)".

– **(Mitdarlehen):** Die Bank muss beweisen, dass die Voraussetzungen einer echten Mitdarlehensnehmerschaft vorliegen. Bei einem derartigen Formularvertrag muss der Schuldner beweisen, dass er kein Eigeninteresse an dem Darlehen hatte, BGH NJW 2009, 1494.

(2) – **(„Oder"-Kontrolle):** Bei dieser Art Konto muss der nach § 430 BGB in Anspruch Genommene beweisen, dass die Partner das Innenverhältnis der Gesamtschuldner anders als nach dem Gesetz ausgestaltet hatten. → „Gesamtgläubiger, -schuldner", BGH DB 1990, 215.
– **(Online-Banking):** Zum Problem BGH NJW 2016, 2024; Herresthal JZ 2017, 28.
– **(Rechtsgeschäft):** S. dort.
– **(Schenkungsversprechen):** Der Bankbevollmächtigte muss bei einer Abhebung beweisen, dass er ein formnichtiges Schenkungsversprechen mit dem Willen des Vollmachtgebers erfüllte, BGH NJW-RR 2007, 488.
– **(Schließfach):** Der Kunde muss den Inhalt selbst bei grober Fahrlässigkeit der Bank beweisen, OLG Düss MDR 2012, 757.
– **(Sittenwidrigkeit):** Wer sich auf § 817 BGB beruft, muss dessen Voraussetzungen beweisen.
– **(Sparbuch):** Zu seinem Beweiswert allgemein OLG Mü MDR 2008, 1353. Die Bankeintragung im Sparbuch (und nicht im Geschäftsbuch) liefert Beweis für Höhe und Zeitpunkt der Einzahlung, OLG Ffm NJW-RR 1989, 1517 (auch nach vielen Jahren). Die Bank ist grds. dafür bewpfl., dass sie ein Sparguthaben ausgezahlt hat, LG Bonn NJW-RR 1996, 557. Zu einer Beweiserleichterung nach sehr langer Zeit BGH NJW 2002, 2707; KG NJW-RR 1992, 1195. Ohne eine Vorlage des Sparbuchs ist der Kunde bewpfl., OLG Köln BB 1999, 759.
– **(Überweisungsauftrag):** Bei demjenigen per Telefax hat die Bank die BewL für den Auftrag gerade von diesem Kunden, OLG Ffm NJW-RR 2017, 1329; vgl. auch OLG Karlsr BeckRS 2022, 15638.
– **(Überweisungsausführung):** Es gibt keinen AnschBew dafür, dass eine Bank einen Überweisungsauftrag auch ausgeführt hat, BGH NJW-RR 1997, 176, solange sie letzteres nicht ausdrücklich zusätzlich zur Auftragsannahme mitbescheinigt hat.
– **(Verfügungsbefugnis):** Es besteht ein AnschBew dafür, dass der formelle Konteninhaber über ein dortiges Guthaben verfügen darf, BGH NJW 1983, 626.
– **(Wertpapierhandel):** → „– (Aufklärungspflicht)".
– **(Widerruf):** → „– (Bankirrtum)".
– **(Zahlungsdienstvertrag):** Haertlein ZZP 130, 357 (Grdz.).
– **(Zeichnungsrecht):** Zum Problem OLG Ffm ZIP 2011, 1095.
– **(Zeitablauf):** → „– (Sparbuch)".
– **(Zinssatz):** Der Kunde ist für seine Manipulation bewpfl., Buck-Heeb WM 2015, 157.

Baurecht: Zum Problem des AnschBew bei einer unvorschriftsmäßigen Anbringung von Sicherungsstiften an einem Baugerüst OLG Düss VersR 1982, 501. Der Baugläubiger ist bewpfl. für die Höhe des vom Empfänger erhaltenen sog. Baugeldes, BGH NJW 1987, 1196; OLG Jena NJW-RR 2012, 1107. Zum Problem OLG Brem VersR 1993, 488. Der Auftraggeber ist für den Umfang selbst gestellter Arbeitskräfte bewpfl., BGH NJW-RR 1988, 983. Zu VOB/B OLG Hamm NJW-RR 1998, 885. Der Unternehmer ist für die erbrachten Stunden beim Stundenlohn bewpfl., BGH NJW 2009, 3426; KG NJW-RR 2000, 1690. Zum Subventionsbetrug OLG Mü NJW-RR 2002, 886. Zur Baukostenobergrenze Fahrenbruch NJW 2017, 362, zu §§ 312 ff. BGB Lenkeit BauR 2017, 625.

Bedingung und Befristung: Wer sich auf eine Bedingung des Wollens (Potestativbedingung) beruft, muss deren Eintritt beweisen. Derjenige Bekl., der eine aufschiebende Bedingung auch bei einem Rückgaberecht oder eine Befristung einwendet, leugnet den behaupteten Vertragsinhalt. Der Kläger ist dann für unbedingten und unbefristeten Abschluss bewpfl. Dagegen ist der Behauptende dafür bewpfl., dass eine auflösende Bedingung vorlag und eingetreten ist.

Wer eine nachträgliche Bedingung behauptet, ist dafür bewpfl. Es genügt, dass der Kläger einen solchen Vorgang beweist, der keine Bedingung erkennen lässt. Wer die Vereinbarung einer Rückwirkung eines Bedingungseintritts behauptet, muss diese Vereinbarung beweisen, OLG Köln GRUR 1985, 148.

Benachteiligung: → „Allgemeines Gleichbehandlungsgesetz".

Bereicherung: Es gelten grds. die allgemeinen BewLRegeln, BGH NJW 2011, 2715; OLG Mü VersR 2015, 354. Der Kläger muss zwar das Fehlen eines Rechtsgrunds beweisen, OLG Kblz VersR 2012, 119. Er muss aber nicht das Fehlen eines solchen Umstands beweisen, auf den sich der Bekl. gar nicht beruft, OLG Mü NJW 2011, 80 (zust. Helling). Der Bekl. muss nach § 138 II ausreichend antworten, ist also sekundär darlegungsbelastet, OLG Kblz VersR 2012, 119.
– **(Abbuchungsverfahren):** Abweichungen von den vor diesem Unter-ABC genannten Grundsätzen können beim Abbuchungsverfahren bestehen, OLG Düss NJW-RR 1999, 417.
– **(Abschlagszahlung):** → „– (Empfänger)".
– **(Aufrechnung):** Grundsätzlich ändert sich auch bei einer aufrechnungsweisen Bereicherungsforderung nichts an der BewL des Bereicherungsgläubigers, BGH NJW-RR 2009, 1142.
– **(Eigentumsvermutung):** § 1006 BGB gilt, BGH NJW 1995, 1292.
– **(Einziehungsermächtigung):** Dazu BGH NJW 2011, 2715.
– **(Empfänger):** Der Kläger muss die Nichtberechtigung des Empfängers seiner Leistung beweisen, BGH VersR 1999, 2887 (Schenkung); OLG Düss NJW-RR 1988, 1536; OLG Ffm NJW-RR 1986, 1354. Bei einer Abschlagszahlung muss der Empfänger das Behaltendürfen der Abschlagszahlung beweisen, BGH NJW-RR 2009, 1424; NJW 2004, 2897.
– **(Entreicherung):** Wer sie nach § 818 III BGB geltend macht, muss ihre Voraussetzungen beweisen, BGH NJW-RR 2010, 1146. Das gilt auch bei einer Geschäftsunfähigkeit des zunächst Bereicherten, BGH NJW 2003, 3271. Dafür kann zwar ein AnschBew bestehen, zB bei einem geringen Einkommen, BGH NJW 2008, 3213; OLG Brdb FamRZ 2007, 42 (2.000 EUR), nicht aber auch nach einer erheblichen Gehaltsüberzahlung, BAG MDR 2001, 1356.
– **(Erfüllung):** Der vorbehaltlos leistende Kläger ist grds. für eine Erfüllung und für das Fehlen des Rechtsgrunds bewpfl., BGH NJW-RR 2009, 544; OLG Köln VersR 1989, 1073; OLG Ffm FamRZ 1986, 996.
– **(Fehlen eines Rechtsgrunds):** Der Kläger hat auch dafür die BewL, OLG Mü VersR 2015, 354.
– **(Feststellung):** Es gelten keine Besonderheiten, vgl. BGH NJW-RR 2013, 948.
– **(Hilfsverteidigung):** Der Bereicherungsschuldner trägt die BewL auch dann, wenn er sich hilfsweise auf einen anderen als den ursprünglich genannten Rechtsgrund beruft, BGH NJW-RR 1991, 575.

– **(Kenntnis der Nichtschuld):** Bei § 814 BGB muss der Leistungsempfänger beweisen, dass dem Leistenden die Nichtschuld bekannt war und dass er sie nicht nur kennen konnte oder musste. Dasselbe gilt bei § 819 BGB, OLG Zweibr NJW-RR 1995, 841. (2)
– **(Kfz-Versicherung):** Abweichungen von den vor diesem Unter-ABC genannten Grundsätzen können bei einem Kfz-Versicherungsvertrag bestehen, OLG Köln VersR 1986, 1233.
– **(Künftige Schuld):** Wenn die Leistung nur in der bloßen Erwartung der künftigen Feststellung einer Schuld erfolgte, also nicht in der Anerkennung einer schon bestehenden, ist der Bekl. dafür bewpfl., dass die Feststellung erfolgt ist oder erfolgen muss, BGH NJW 1989, 1606, oder dass der geforderte Vorschuss berechtigt war, BGH NJW 2004, 2897.
– **(Scheingeschäft):** → „– (Unmöglichkeit der Herausgabe)".
– **(Schenkung):** Vgl. § 518 BGB, BGH NJW-RR 2007, 488. Bei § 2287 BGB vgl. BGH NJW 1976, 749. Auch → „– (Empfänger)".
– **(Überzahlung):** → „– (Entreicherung)".
– **(Unmöglichkeit der Herausgabe):** Der „Bereicherte" muss die Unmöglichkeit der Herausgabe beweisen, BGH NJW 1988, 2597 (anders beim diesbezüglichen Scheingeschäft).
– **(Verbrauch):** → „– (Entreicherung)".
– **(Vorbehalt):** Ein Vorbehalt bei der Leistung kann nach seinem nach §§ 133, 157 BGB auslegbaren Sinn evtl. den Empfänger für die Berechtigung seiner Forderung bewpfl. machen. Er ist evtl. aber auch nur als ein Ausschluss des § 814 BGB gedacht und dann kein Grund für eine Umkehrung der BewL, BGH NJW-RR 1992, 1214.
– **(Vorschuss):** → „– (Künftige Schuld)".
– **(Weigerungsrecht):** Wer es behauptet, hat zwar insofern eine sog. sekundäre Darlegungslast, BGH NJW-RR 2004, 556; OLG Stgt BeckRS 2006, 1550. Das ändert aber nichts an der BewL des Bereicherungsklägers für die anspruchsbegründenden Tatsachen, BGH NJW-RR 2009, 1142.

Berufsrecht: Bei § 14 II Nr. 7 BRAO ist der Anwalt mangels der dortigen gesetzlichen Vermutung seines Vermögensverfalls dazu nicht bewpfl., BGH AnwBl 2008, 66.

Berufung: Die BewL bleibt bei §§ 511 ff. unverändert. Auch → „Frist".

Beschwerde: Die BewL bleibt bei §§ 567 ff. unverändert.

Besitz: Wer die Aufgabe des Mitbesitzes gegenüber § 958 BGB behauptet, ist dafür bewpfl., OLG Düss NZM 2002, 192. Bei §§ 935 ff. kann der Vermieter für die Unerheblichkeit einer Einwirkung als Antragsgegner bewpfl. sein, LG Bln NJW-RR 2015, 14.

Bestechung: Der Behauptende muss sie grds. beweisen, Rieder/Schoenemann NJW 2011, 1169 (ausf.).

Betreuung: Der Betreuer ist für bestimmungsgemäße Verwendung bewpfl., OLG Saarbr NJW-RR 2013, 1476.

Bevollmächtigung: → „Vollmacht".

Beweissicherung: → „Selbständiges Beweisverfahren".

Brand: Ein Anscheinsbeweis ist hier möglich, BGH NJW-RR 2014, 270. Es kommt auf die Umstände an, OLG Stgt VersR 1997, 340.

Bürgschaft: Es gelten grds. die allgemeinen BewLRegeln, BGH NJW-RR 2002, 986.
– **(Anerkenntnis):** S. dort.
– **(„Auf erstes Anfordern"):** Bei der Bürgschaft „auf erstes Anfordern" muss grds. der Bereicherte das Entstehen und die Fälligkeit der Hauptforderung beweisen, der Bürge die Leistung des Hauptschuldners, BGH NJW-RR 1993, 691. Der Gläubiger ist dafür bewpfl., dass der Anspruch durch die vom Bürgen „auf erstes Anfordern" übernommene Verpflichtung gesichert ist, BGH NJW 1999, 2361.
– **(Ausfallbürgschaft):** Bei ihr ist der Gläubiger nicht nur für den Verlust bewpfl., sondern auch dafür, dass der Ausfall trotz aller Sorgfalt eingetreten ist oder wäre, BGH NJW 1999, 1467.
– **(Befreiungsprozess):** Im Befreiungsprozess gegenüber dem Hauptschuldner ist der Bürge für die Behauptung bewpfl., ihm stünden die Rechte eines Beauftragten zu, BGH NJW 2000, 1643.
– **(Blankobürgschaft):** Wer eine solche Bürgschaftsurkunde unterschrieben haben will, ist dafür bewpfl., OLG Köln BB 1999, 339.
– **(Hauptschulderfüllung):** Der Bürge ist für die Erfüllung der Hauptschuld ebenso bewpfl. wie der Hauptschuldner, BGH NJW-RR 2002, 986; OLG Düss NJW-RR 1988, 1019. Das gilt auch dann, wenn die Bürgschaft einen nicht anerkannten Tagessaldo aus einem Kontokorrent betrifft, BGH NJW 1996, 717.
– **(Kontokorrent):** → „– (Hauptschulderfüllung)".
– **(Nichtigkeit):** Der Bürge ist für eine solche Tatsache bewpfl., aus der sich die Nichtigkeit des Bürgschaftsvertrags ergibt, BGH NJW 2002, 1337.
– **(Rückforderung):** Im Rückforderungsprozess gelten dieselben Regeln wie im Hauptprozess gegen den Bürgen, BGH NJW-RR 1989, 1324.
– **(Sicherheitsleistung):** Der Bürge ist für eine andere Sicherheit nach § 772 II BGB bewpfl.
– **(Treu und Glauben):** Der Bürge ist für eine solche Tatsache bewpfl., die den Einwand nach § 242 BGB rechtfertigt, BGH NJW 1996, 2088.
– **(Zeitbürgschaft):** Bei ihrer Abgrenzung zu einer gegenständlich beschränkten Bürgschaft ist der Gläubiger grds. für den von ihm behaupteten Inhalt bewpfl. und kann beim Kontokorrent die letztere Auslegung naheliegen, BGH NJW 2004, 2232.

CMR-Frachtbetrieb: BGH NJW 2013, 1233.

Darlehen: Es gibt u. U. hohe Anforderungen, OVG Bln-Brdb NJW 2016, 1529. Wenn der Bekl. bestreitet, das Geld als Darlehen erhalten zu haben, ist der Kläger dafür bewpfl., es als Darlehen gegeben zu haben, BGH NJW 2001, 2096 (auch bei Unterwerfung unter die Zwangsvollstreckung); LG Bayreuth NJW-RR 2002, 1423 (Bankkredit, auch nach Vertragserneuerung). Das gilt sogar dann, wenn der Schuldner den Empfang notariell bestätigt hat, BGH NJW 2001, 2096. Auch → „Schenkung".
– **(Angehöriger):** Zur BewL insbesondere auch wegen einer Abgrenzung zu einer Schenkung bei einem nahen Angehörigen OLG Kblz NJOZ 2004, 3554. Auch → „– (Saldo)".
– **(Arglist):** Der Kunde ist für eine Arglist der Bank bewpfl., BGH NJW 2008, 2912.
– **(Erfüllung):** Der Schuldner muss die Erfüllung des Darlehensanspruchs, auch durch eine vertraglich vereinbarte Verrechnung, beweisen, BGH NJW-RR 2007, 705.

(2) – **(Erlass):** Der Schuldner ist für einen Erlass seiner Darlehenspflichten bewpfl.
– **(Fälligkeit):** Der Gläubiger ist für die Fälligkeit nach §§ 488 III, 608 BGB bewpfl.
– **(Folgeanspruch):** Der Schuldner muss beweisen, dass die Parteien einen Folgeanspruch ausnahmsweise nicht in eine Sicherungsabrede, zB eine Grundschuld, einbezogen haben, BGH NJW 2004, 158.
– **(Kündigung):** Der beanspruchte Bekl. ist für das Fehlen einer wirksamen Kündigung des Darlehns bewpfl., OLG Bbg WM 2010, 1457.
– **(Quittung):** Wer den Darlehensempfang quittiert und eine Rückzahlungspflicht unterschreibt, ist dafür bewpfl., dass keine Schuld entstanden ist, BGH NJW 1986, 2571.
– **(Saldo):** Wenn der Geschäftsinhaber für einen **Angehörigen** im Betrieb ein Darlehenskonto führt und wenn der Angehörige den Saldo anerkannt hat, muss der Angehörige beweisen, welche Buchungen unrichtig sind, BGH MDR 1980, 45.
– **(Schuldschein):** Er beweist für sich betrachtet nicht den Abschluss eines Darlehensvertrags, BGH WM 1976, 974.
– **(Sittenwidrigkeit):** Beim objektiv sittenwidrigen Kredit muss der Darlehensgeber beweisen, dass die subjektiven Voraussetzungen des § 138 I BGB nicht vorgelegen haben, BGH NJW 1994, 1726 (krit. Groeschke BB 1994, 1312).
– **(Stundung):** Der Schuldner ist für eine Stundung bewpfl.
– **(Unwirksamkeit):** Der Schuldner ist für die Unwirksamkeit des Darlehensvertrags bewpfl.
– **(Vertragsabschluss):** Die BewL trifft den Anspruchsteller, OLG Kblz WM 2013, 842.
– **(Zinsen):** Der Darlehensgeber muss die Verzinslichkeit beweisen, OLG Oldb ZIP 2013, 1760. Er muss auch einen höheren als den gesetzlichen Zinssatz beweisen, OLG Oldb NJW-RR 1995, 1452, der Darlehensnehmer einen geringeren, Grüneberg/Weidenkaff BGB § 488 Rn. 29.

Diebstahl: → „Schadensersatz".

Dienstbarkeit: Zur BewL im Rahmen von § 1020 BGB beim Streit über eine rechtsgeschäftlich festgelegte Trassenführung einer Leitungsdienstbarkeit BGH NJW 1984, 2157. Zu einer Dienstbarkeit nach dem Code Civil OLG Saarbr NJW-RR 2008, 104.

Dienstvertrag: Die BewL für die Vergütung lässt sich ebenso wie beim Kauf beurteilen. Bei einem Anspruch aus § 618 BGB oder aus § 62 HGB ist der Kläger nur für solche Mängel bewpfl., die nach dem natürlichen Verlauf der Dinge die späteren Schäden verursachen konnten. Der Bekl. muss beweisen, dass ihn und denjenigen, für den er haftet, keine Schuld trifft und dass die Mängel nicht ursächlich waren (sozialer Schutz). Wer sich auf § 626 BGB beruft, muss seine Voraussetzungen beweisen, BGH NJW 2003, 431. Der Dienstverpflichtete muss beweisen, dass er seine Dienste angeboten hat, KG NJW-RR 1997, 1059. Der Dienstberechtigte muss beweisen, dass er die Kündigung des Partners nicht (mit)verschuldet hat, BGH NJW 1997, 188. Der Dienstberechtigte ist grds. dafür bewpfl., dass eine abgeschlossene Dienstleistung Fehler oder Lücken aufweist, OLG Kblz NJW-RR 1993, 250 (auch zu einer Teilleistung), oder dass die Vertragspartner ausnahmsweise keine Vergütung vereinbart hatten, wenn sie sonst üblich ist, oder dass er anfechten oder kündigen konnte, KG NJW-RR 1997, 1059.
Auch → „Anwaltsvertrag", → „Rechtsgeschäft".

DIN-Norm: Ein Anscheinsbeweis ist bei ihrer Nichteinhaltung für Schadensursächlichkeit möglich, BGH NJW 1991, 2021; OLG Düss BauR 2015, 1180.

Dokumentationspflicht. Ihre Verletzung führt zur Beweiserleichterung für den Gegner bis zur Umkehr der BewL wegen Beweisvereitelung, BGH NJW 1986, 59. Auch → „Arzt: Dokumentation".

Duldung: Der Gläubiger braucht im Prozess auf eine Duldung der Zwangsvollstreckung aus einer Zwangshypothek nach § 867 grds. die Entstehung der gesicherten Forderung nicht zu beweisen, BGH NJW 1994, 460 (Ausnahme, wenn der Titel nicht hinreichend bestimmt ist und ihm deshalb die materielle Rechtskraft nach § 322 fehlt).

Ehre: Grundsätzlich ist der Verletzte dafür bewpfl., dass der Verletzer rechtswidrig handelte. Bei einer üblen Nachrede ist jedoch wegen § 186 StGB der Verletzer bewpfl., solange er sich nicht auf die von ihm zu beweisende Wahrnehmung berechtigter Interessen nach § 193 StGB berufen kann, BGH NJW 1985, 1621; OLG Ffm NJW 1980, 597. Nach der Feststellung der Wahrnehmung berechtigter Interessen kann der Verletzte für die Unwahrheit der Behauptung bewpfl. werden, BGH NJW 1985, 1621. Bei § 185 StGB ist der Verletzer für die Wahrheit bewpfl., OLG Ffm MDR 1980, 495. Wer wegen teils wahrer, teils unwahrer Behauptungen aus § 824 BGB klagt, muss beweisen, dass sein Schaden durch die unwahren entstand, BGH NJW 1987, 1403.

Eid: Er erbringt nicht zwingend einen höheren Beweiswert, VerfGH Mü NJW-RR 2009, 1433.

Eigentum: Derjenige Kläger, der eine auf dem Nachbargrundstück bevorstehende Anlage verbieten will, muss beweisen, dass mit Sicherheit von ihr unzulässige Einwirkungen ausgehen werden. Der Störer ist dafür bewpfl., dass eine bestehende Störung nur unwesentlich ist oder dass er alles Zumutbare zur Beseitigung der Störung unternommen hat, BGH NJW 1982, 440, oder dass der Beeinträchtigte die Störung sonst wie dulden muss, BGH NJW 1989, 1032, etwa wegen einer Einwilligung des Eigentümers BGH BeckRS 2022, 13969; vgl. § 906 BGB. Wer trotz § 891 BGB das Grundeigentum bestreitet, ist für dessen Fehlen bewpfl., auch bei einem Erwerb durch eine Genehmigung oder bei § 900 BGB. Bei § 931 BGB ist der Veräußerer dafür bewpfl., dass vor der Abtretung in seiner Person Eigentum entstanden ist. Der Erwerber muss beweisen, dass das Eigentum des Veräußerers vor der Abtretung untergegangen war. Der Vorbehaltseigentümer ist gegenüber dem unmittelbaren Besitzer bewpfl. Er muss auch einen Eigentumsvorbehalt versicherter und dann abgebrannter Sachen beweisen, BGH NVersZ 1999, 177. Die Eigentumsvermutung nach § 1006 BGB gilt auch zugunsten des Pfandgläubigers, OLG Saarbr MDR 2008, 48. Sie zwingt zum Beweis des Gegenteils, BGH NJW 2002, 2102; OLG Hamm NJW-RR 2021, 1475. Diejenige nach § 1362 II BGB führt nicht stets zur Umkehrung der BewL, OLG Nürnb NJW-RR 2001, 3. Auch → „Höferecht".

Einschreiben: Ein Anscheinsbeweis **fehlt** für den Zugang eines mit Einschreiben ohne Rückschein abgesandten Briefs.

Elektronik: Ein Anscheinsbeweis spricht für die Richtigkeit des Ausdrucks eines Empfangsservers, VGH Kassel NJW 2018, 417.

E-Mail-Werbung: → „Wettbewerb".

Emission: Es gibt bei einer genehmigten Anlage grds. keinen AnschBew für ihre Ursächlichkeit für einen Schaden, OLG Köln NJW-RR 1993, 598.

Energieversorgung: Der Versorger muss diejenigen Tatsachen beweisen, die zum gesetzlichen Haftungsausschluss führen, BGH NJW 1982, 991. Er muss auch beweisen, dass er die Preise im Rahmen eines billigen Ermessens festgesetzt hat, vgl. BGH NJOZ 2017, 1; NJW 2016, 3589. (2)

Enteignung: Der Kläger ist für einen Umbauplan bewpfl.

Entgangener Gewinn: Aus § 252 S. 2 BGB folgt, dass der Geschädigte nur die Wahrscheinlichkeit darlegen und beweisen muss, der Schädiger aber bewpfl. dafür ist, dass der Geschädigte einen solchen Gewinn nicht hätte erzielen können, BGH NJW 1988, 200.

Erbrecht: Durch den Erbfall gehen nicht nur die Ansprüche des Erblassers auf den Erben über, sondern auch dessen damit verbundene beweisrechtliche Positionen, BGH NJW-RR 1994, 323.

– **(Anfechtung):** Zu einer lange zurückliegenden Anfechtung BayObLG NJWE-FER 2001, 153. Die BewL dafür, dass das Recht eines Dritten zur Anfechtung eines gemeinschaftlichen Testaments entsprechend § 2285 BGB erloschen ist, trifft den Anfechtungsgegner, OLG Stgt OLGZ 1982, 315.

– **(Ausgleichung):** Für ihre Anordnung nach § 2050 BGB ist derjenige bewpfl., der aus ihr ein Recht ableitet, OLG Kblz FamRZ 2013, 1164.

– **(Eheauflösung):** Bei § 2077 BGB ist derjenige, der die Unwirksamkeit der letztwilligen Verfügung geltend macht, dafür bewpfl., dass im Zeitpunkt des Erbfalls keine Versöhnungsbereitschaft der Ehegatten bestand, BGH NJW 1995, 1082.

– **(Entschuldigung):** Widerruft der Erblasser einen Erbvertrag wegen einer schweren Verfehlung des Bedachten, muss dieser etwaige Entschuldigungsgründe beweisen, BGH NJW-RR 1986, 371.

– **(Erbschein):** Seine Beweiskraft verringert sich nicht dadurch, dass das Nachlassgericht ihn nur für bestimmte Zwecke erteilt hat, OLG Ffm NJW-RR 1994, 10.

– **(Erbvertrag):** Wer sich auf die Gültigkeit eines Erbvertrags beruft, ist dafür bewpfl., dass er in seinem Sinn gemeint ist und damit dem § 2274 BGB genügt, OLG Stgt NJW 1989, 2700. Der den Erbvertrag widerrufende Erblasser muss beweisen, dass der Bedachte den Tatbestand einer entsprechenden Straftat erfüllt hat, BGH NJW-RR 1986, 371.

– **(Erbverzicht):** Bei § 2350 BGB ist derjenige bewpfl., der aus einem unbedingten Verzicht ein Recht herleitet, BGH NJW 2008, 298.

– **(„Gesetzliche Erben“):** Wer einen von § 2066 S. 1 BGB abweichenden Erblasserwillen behauptet, muss ihn beweisen, Tappmeier NJW 1988, 2714.

– **(Nacherbschaft):** Verlangt der Nacherbe nach dem Eintritt des Nacherbfalls die Herausgabe einer solchen Sache, die nicht von Anfang an zum Nachlass des Erblassers gehörte, trägt der Nacherbe die BewL für die während der Vorerbschaft eingetretenen Ersatzvorgänge, BGH NJW 1983, 2874.

– **(Nachlassverwaltung):** Der Nachlassverwalter ist dafür bewpfl., dass eine Zulänglichkeit des Nachlasses für eine Zahlung vorhanden oder anrechenbar war, BGH NJW 1985, 140.

– **(Pflichtteilsberechtigter):** Bei § 2079 BGB trägt der gesetzliche Erbe die BewL dafür, dass das gesamte Testament auf der Nichtkenntnis des Pflichtteilsberechtigten beruhte, LG Darmst NJW-RR 1988, 262. Er ist auch für Grund und Höhe des Pflichtteilsanspruches und sogar für das Fehlen einer Nachlassverbindlichkeit bewpfl., BGH NJW-RR 2010, 1378.

– **(Rechtfertigung):** Widerruft der Erblasser einen Erbvertrag wegen einer schweren Verfehlung des Bedachten, muss dieser etwaige Rechtfertigungsgründe beweisen, BGH NJW-RR 1986, 371.

– **(Schenkung):** Für die Voraussetzungen eines Herausgabeanspruchs nach § 2287 BGB ist der Kläger bewpfl., BGH MKW 1976, 749; OLG Köln NJW-RR 1992, 200.

– **(Testament):** Wer einen von § 2066 S. 1 BGB abweichenden Erblasserwillen behauptet, muss ihn beweisen, Tappmeier NJW 1988, 2714. Wer sein Erbrecht auf ein Testament stützt, sei es vorhanden oder nicht mehr, muss sowohl die formgültige Errichtung nachweisen, OLG Mü MDR 2011, 1298; OLG Hamm NJW-RR 1993, 269, als auch grds. den vollen Wortlaut des Testaments, BayObLG Rpfleger 1985, 194. Dabei sind alle zulässigen Beweismittel verwendbar, OLG Zweibr NJW-RR 1987, 1158. Für eine Gegenseitigkeit nach § 2270 BGB ist der sie Behauptende bewpfl., Zimmer NJW 2009, 2364.

– **(Testamentsvollstreckung):** Hängt die Entgeltlichkeit einer Verfügung des Testamentsvollstreckers davon ab, dass der Empfänger der Leistung ein Miterbe ist, muss man die Erbengemeinschaft nachweisen, BayObLG NJW-RR 1986, 1070.

– **(Totenfürsorge):** Zu ihr BGH NJW-RR 1992, 834.

– **(Veränderung einer Urkunde):** Die Anforderungen an den Beweis, eine Veränderung der Urkunde sei auf eine Handlung des Erblassers zurückzuführen, dürfen vor allem dann nicht zu hoch sein, wenn sich die Urkunde bis zuletzt im Gewahrsam des Erblassers befand, BayObLGZ 83, 204.

– **(Verlobung):** Es gilt dasselbe wie bei → „– (Eheauflösung)“.

Erfüllung: Der Schuldner muss sie bis zur Annahme als Erfüllung nach §§ 362, 363 BGB grds. beweisen, BGH NJW 2010, 8659; OLG Hamm NJW-RR 1988, 1087; OLG Ffm NJW-RR 1988, 108 (Ausnahme: Gläubiger wartet 20 Jahre, LG Münst NJW-RR 2007, 125). Das gilt auch insoweit, als der Gläubiger einen Anspruch aus einer angeblichen Nichterfüllung geltend macht.

– **(Aufrechnung):** „– (Vorleistung)“.

– **(Bankrecht):** S. dort.

– **(Bürgschaft):** S. dort.

– **(Darlehen):** Bewpfl ist der Anspruchsteller, OLG Kblz WM 2013, 842.

– **(Dritter):** Ist offen, ob eine Zahlung für den Empfänger bestimmt war oder für einen solchen Dritten, als dessen Vertreter oder Inkassobeauftragter der Zahlungsempfänger auftritt, richtet sich die BewL nach den Regeln zur „Stellvertretung“, OLG Ffm NJW-RR 1988, 108.

– **(Fixgeschäft):** → „– (Vorleistung)“.

– **(Gegenleistung):** → „– (Verweigerung)“.

– **(Kontoauszug):** Der Mieter kann wegen § 424 Nr. 5 nicht stets beantragen, der Vermieter solle Kontoauszüge des Mietkontos zum Zweck des Beweis der Erfüllung der Mietschuld vorlegen, OLG Kblz ZMR 2014, 279.

– **(Mahnung nach VVG):** Der Versicherer ist dafür bewpfl., dass er den Versicherungsnehmer nach dem VVG gemahnt hatte, AG Mü VersR 1976, 1032.

(2) – **(Mehrere Forderungen):** Will der Kläger auf seine Klageforderung eine Zahlung nicht anrechnen, muss er Forderungen aus mehreren Schuldverhältnissen beweisen. Der Bekl. muss dann beweisen, dass er gerade die Klageforderung getilgt hat, BGH NJW-RR 1993, 1015; OLG Ffm NJW-RR 1988, 108.
– **(Nachgiebige Vorschrift):** s. dort.
– **(Quittung):** Eine Quittung hat wegen der Unterschrift den Beweiswert des § 416 und wegen der Richtigkeit des Inhalts zwar meist einen AnschBew, OLG Saarbr MDR 1997, 1107. Das Gericht darf sie indes zumindest bei Zweifeln frei würdigen, OLG Saarbr MDR 1997, 1107; OLG Ffm NJW-RR 1991, 172. Eine auch maschinelle Bankquittung hat einen erheblichen Beweiswert, BGH NJW-RR 1988, 881.
– **(Stundung):** Der Bekl. muss eine Abweichung vom Gesetz beweisen, zB bei § 271 I BGB.
– **(Teilzahlung):** Der Bekl. muss eine Abweichung vom Gesetz beweisen.
– **(Unmöglichkeit):** Der Bekl. muss eine Abweichung vom Gesetz beweisen.
– **(Unvollständigkeit):** Soweit der Schuldner den Nachweis der Erfüllung nicht mehr zumutbar führen kann, weil er den geleisteten Gegenstand nicht mehr in Händen hat, muss der diesen besitzende Gläubiger beweisen, dass die Leistung nach § 363 BGB unvollständig war, OLG Köln FamRZ 1984, 1089.
– **(Verweigerung):** Bei einer Erfüllungsverweigerung ist der Gläubiger grds. dafür bewpfl., dass er zur Gegenleistung bereit war. Jedoch muss der Schuldner das Gegenteil dann beweisen, wenn er endgültig verweigerte.
– **(Vorleistung):** Der Gläubiger ist bewpfl. für eine Vorleistungspflicht des Schuldners, für einen Ausschluss der Aufrechnung, für ein Fixgeschäft usw.

Erledigung der Hauptsache: Soweit das Gericht über ihr Vorliegen streitig entscheiden muss, ist der Kläger grds. wie sonst dafür bewpfl., dass die Klageforderung zulässig und begründet war und dass erst ein erledigendes Ereignis sie beseitigt hat, OLG Düss NJW-RR 1991, 137. Indessen kann der Bekl. dann bewpfl. werden, wenn er sich auf eine Unmöglichkeit beruft, OLG Düss NJW-RR 1991, 137.

Fahrrad: Muss ein bei einem Unfall verdrehter Lenker eines Fahrrads mit einiger Kraftaufwendung in die normale Stellung zurück gedreht werden, besteht kein Anscheinsbeweis für eine zuvor nicht ausreichende Befestigung, OLG Ffm NJW-RR 1994, 800. Auch → „Kraftfahrzeug, Fahrrad".

Fälligkeit: Der Schuldner ist für eine solche erst nach dem Verlangen des Gläubigers bewpfl., BGH NJW-RR 2004, 209.

Feststellungsklage: Bei der behauptenden und der verneinenden Klage nach § 256 muss derjenige, der eine rechtshindernde oder rechtsvernichtende Tatsache behauptet, diese beweisen. Die Parteistellung entscheidet nicht, BGH NJW 1993, 1716; OLG Oldb FamRZ 1991, 1071; OLG Hmb FamRZ 1989, 1112. Bei der verneinenden Klage ist der Bekl. für das beanspruchte Recht nach Grund und Höhe bewpfl., BGH NJW 1992, 1101; OLG Hmb FamRZ 1989, 1112.

Flugverkehr: Ein AnschBew besteht gegen den bei schwerem Wetter nur im Sichtflug fliegenden Piloten, LG Ravensb VersR 1982, 389. Bei Einhaltung der MCT BewL für Eigenschuld des verspätet zum Anschlussflug Erscheinenden, sonst umgekehrt, AG Hann NJW-RR 2017, 951.

Form: Wer sich auf sie beruft, muss ihre Einhaltung beweisen, OLG Rostock NZM 2002, 955. Behauptet der Kläger einen vorbehaltlosen Vertragsabschluss, der Bekl. dessen Abhängigkeit von einer Schriftform, ist der Kläger bewpfl. Wer mündliche Abreden neben einem ausführlichen schriftlichen Vertrag behauptet, muss solche Umstände dartun, die die Nichtaufnahme der Abreden in den Vertrag erklären. Denn der schriftliche Vertrag hat die Vermutung der Vollständigkeit und Richtigkeit für sich, BGH NJW 2002, 3164.

Formularvertrag: Der Vertragspartner des Verwenders muss diese Eigenschaft nach § 305 I BGB beweisen, BGH NJW 1977, 381.

Fremdwährung: → „Währung".

Frist: Wer eine Verjährung oder den Ablauf einer Ausschlussfrist behauptet, ist für Beginn und Ablauf bewpfl. Der Gegner ist dafür bewpfl., dass die Verjährung gehemmt wurde. Der Einwendende ist für deren Beseitigung bewpfl. Bei einer Rechtsmittelfrist ist der Rechtsmittelführer grds. für die Einhaltung bewpfl., jedoch nicht bei Umständen aus dem Verantwortungsbereich des Gerichts, BGH NJW 1981, 1673.

Fund: → „Verwahrung".

Gastwirt: Bei § 701 BGB ist der Gast bewpfl. für das Einbringen, die Beschädigung, einen Verlust usw. während der Einbringungszeit, Grüneberg/Sprau BGB § 701 Rn. 14.

Gefahrenbereich: Es gibt eine Verteilung der BewL nach Gefahrenbereichen, BGH NJW-RR 1990, 1422; OLG Karlsr NJW-RR 2000, 614, soweit man dem Geschädigten mangels näherer Kenntnis von Tatsachen aus dem Bereich des Schädigers nicht zumuten kann, näher vorzutragen und unter Beweis zu stellen, BGH NJW 1980, 2186. Eine Umkehr der BewL setzt aber voraus, dass der Betroffene das Risiko voll beherrscht, OLG Hamm NJW-RR 2003, 30 (nicht im Altenheim bei maximal 215 Minuten Pflege pro Tag).

Gemeinschaft: Der Zusatz „TG" auf einem Spielschein beweist, dass der Ausfüller den Gewinn der Tippgemeinschaft zufließen lassen wollte, OLG Mü NJW-RR 1988, 1268.

Gesamtgläubiger, -schuldner: Wer eine von §§ 426, 430 BGB abweichende Vereinbarung behauptet, muss sie beweisen, BGH NJW 1990, 705; OLG Köln NJW-RR 1996, 557. Auch → „Bankrecht".

Geschäftsunfähigkeit: → „Handlungsunfähigkeit".

Gesellschaft: Derjenige Gesellschafter, der ein Recht aus einem Gesellschafterbeschluss ableitet, muss die formelle und sachlich-rechtliche Wirksamkeit des Beschlusses beweisen, BGH NJW 1982, 2065.
– **(Abwicklung):** Im Abwicklungsstadium ist der Gesellschafter dafür bewpfl., dass ein rückständiger Beitrag nicht mehr notwendig ist, BGH WM 2018, 709. Der Abwickler muss sodann darlegen, wie die Verhältnisse der Gesellschaft liegen, BGH WM 2018, 709.
– **(Aktivlegitimation):** Zur BewL wegen der Aktivlegitimation des geschäftsführenden Alleingesellschafters BGH NJW-RR 2004, 1035.
– **(Alleinvertretung):** Bei einer BGB-Außengesellschaft muss der einzelne für die Gesellschaft auftretende Gesellschafter wegen § 714 BGB seine Alleinvertretungsbefugnis beweisen, Schmidt NJW 2001, 993.
– **(Anfechtung):** Zur BewL bei der aktienrechtlichen Anfechtungsklage Hüffer FS Fleck, 1988, 151.
– **(Ausscheiden):** → „– (Freistellung)".
– **(Darlehen):** Beim Streit um ein Gesellschafterdarlehen ist die Gesellschaft für ihre Kreditunfähigkeit und für das Fehlen stiller Reserven bewpfl., falls für ihr Vorliegen nach dem Jahresabschluss Anhaltspunkte bestehen, BGH NJW 1999, 3120. Auch → „– (Treuhand)".

– **(Differenzhaftung):** Die Gesellschaft ist hier eine Differenz bewpfl., OLG Düss AG 2011, 823. (2)
– **(Eigenkapitalersatz):** Der Gesellschafter ist dafür bewpfl., dass er keine Kenntnis von einer solchen Krise hatte, die zur Anwendung von Eigenkapitalersatzregeln führte, BGH NJW 1998, 3200. Wer sich auf die Eigenkapitalersatzregeln beruft, ist für eine Insolvenz der GmbH bewpfl., BGH NJW-RR 2001, 1450.
– **(Einlage):** Der Gesellschafter ist für die Leistung seiner Einlage bewpfl., OLG Jena ZIP 2013, 1378; OLG Ffm NJW-RR 2005, 1627. Soweit die GmbH beweist, dass ihr neben der Stammeinlage noch eine weitere Forderung gegen den Gesellschafter zusteht, muss er beweisen, dass er gerade die Stammeinlage vorgenommen hat, OLG Stgt NJW 1987, 1032.
– **(Entnahme):** Der von einem Mitgesellschafter die Rückzahlung angeblich eigenmächtiger Entnahmen verlangende Gesellschafter muss solche Entnahmen beweisen. Anschließend muss der Bekl. seine Berechtigung beweisen, BGH NJW 2000, 505.
– **(Freistellung):** Beim Freistellungsanspruch des Ausgeschiedenen nach § 738 I 2 BGB ist der Befreiungsschuldner für das Erlöschen bewpfl., BGH NJW 2000, 1641.
– **(Geschäftsführer):** Die GmbH ist bewpfl. für einen Schaden infolge eines Verhaltens des Geschäftsführers. Dabei kann § 287 helfen, OLG Kblz WM 2015, 340. Der Geschäftsführer ist bewpfl. für seine Schuldlosigkeit, BGH NJW 2003, 358. Der Geschäftsführer ist dafür bewpfl., eingenommene Gesellschaftsmittel an die Gesellschaft abgeführt zu haben, BGH NJW-RR 1991, 485. Der Geschäftsführer ist dafür bewpfl., für die Gesellschaft erhaltene Gelder ordnungsgemäß an die Gesellschaft weitergeleitet zu haben, OLG Ffm NJW-RR 1993, 546.
– **(Insolvenz):** Es spricht ab Eröffnung ein AnschBew dafür, dass die Masse nicht zur Befriedigung aller Gläubiger reicht, BGH NJW 2014, 1737. Auch → „– (Eigenkapitalersatz)".
– **(Konzernhaftung):** Die Gesellschaft ist bei § 303 AktG für innere Vorgänge bewpfl., der Anspruchsteller für die weiteren Voraussetzungen der Konzernhaftung, BAG NJW 1999, 740.
– **(Nichtigkeit):** Wer sich auf die Nichtigkeit eines Beschlusses beruft, muss sie im Einzelnen darlegen und beweisen, BGH NJW 1987, 1262.
– **(Organhaftung):** Meckbach NZG 2015, 580 (Grdz.); Kersting ZIP 2016, 1266 (Kartellbußgeld).
– **(Stammeinlage):** → „– (Einlage)".
– **(Stille Reserven):** → „– (Darlehen)".
– **(Treuhand):** Steht fest, dass ein Gesellschaftsanteil treuhänderisch für einen Außenstehenden gehalten worden ist, muss dieser dann, wenn er später der Gesellschaft ein Darlehen gewährt, beweisen, dass zu diesem Zeitpunkt das Treuhänderverhältnis nicht mehr bestand, BGH NJW 1989, 1219 (wegen einer Gesellschaftsinsolvenz).
– **(Überschuldung):** Der Gläubiger muss gegenüber dem Geschäftsführer eine Überschuldung der Gesellschaft beweisen. Der Geschäftsführer muss dann beweisen, dass eine positive Fortbestehensprognose bestand, OLG Kblz NJW-RR 2003, 1198. Bei § 130a III HGB a. F. muss der Kläger beweisen, dass der Geschäftsführer eine Abbuchung veranlasst hatte, BGH NJW 2009, 1598.
– **(Übertragung):** Nach einer Übertragung des Gesellschaftsanteils ist derjenige bewpfl., der den Verbleib einer Forderung gegen die Gesellschaft beim Übertragenden behauptet, BGH NJW-RR 1988, 419.
– **(Unterbilanz):** Bei einem Anspruch gegen den Gesellschafter aus sog. Unterbilanzhaftung kann der Anspruchsteller, der im Besitz der notwendigen Unterlagen ist, bewpfl. dafür sein, dass der Gesellschafter seinen Anteil am Stammkapital bei Eintragung der Gesellschaft nicht voll eingezahlt hatte, OLG Ffm DB 1992, 1335. Mangels geordneter Aufzeichnungen kann ausnahmsweise der Gesellschafter für das Fehlen einer Unterbilanz bewpfl. sein, BGH WM 2003, 684.
– **(Vorstandshaftung).** Dazu Bauer NZG 2015, 549 (organschaftlicher Haftungsprozess). Die Gesellschaft ist für eine Pflichtwidrigkeit eines Vorstands im Rahmen von § 93 II 2 AktG bewpfl., BGH ZIP 2011, 766; OLG Nürnb WM 2015, 241. Der Vorstand kann den Gegenbeweis führen, OLG Nürnb WM 2015, 241; Bayer NJW 2014, 2546.

Geständnis: Das prozessuale Geständnis nach § 288 I kehrt die BewL um, das außergerichtliche lässt sich frei würdigen, KG MDR 2018, 339; OLG Köln VersR 1990, 856.

Gewässerschaden: Zum sog. Kleckerschaden Emde VersR 1996, 291 (ausf.).

Gewaltschutz: Das Opfer ist für die Verletzungshandlung nach § 1 GewSchG bewpfl., Ehinger FPR 2010, 569.

Gewerblicher Rechtsschutz: → „Wettbewerb".

Gewinn: Für den entgangenen Gewinn ist der Geschädigte bewpfl., BGH NJW 1989, 2756. Vgl. allerdings § 287.

Gleichbehandlung: → „Allgemeines Gleichbehandlungsgesetz".

Grenzverlauf: Eine Abmarkung hat nur einen erheblichen Beweiswert, nicht mehr, OLG Brdb NJW-RR 2009, 1097.

Grobe Pflichtverletzung: Sie kann nicht nur beim Arzt, sondern auch sonst zur Umkehr der BewL führen, BGH NJW 2017, 2108 (krit. Laumen MDR 2017, 797).

Grundschuld. Dazu Hoppe, die Darlegungs- und Beweislastverteilung im Verhältnis der Grundpfandkreditparteien, 2009. Wer eine fehlende Valutierung behauptet, ist dafür bewpfl., BGH NJW 1992, 1620 (allerdings muss der Sicherungsnehmer Umfang und Höhe der gesicherten Forderung beweisen). Der Schuldner ist für eine solche Sicherungsabrede bewpfl., die ihm Einwendungen erlaubt, BGH NJW-RR 1991, 759. Der Sicherungsgeber ist für das Erlöschen der gesicherten Forderung auch dann bewpfl., wenn er nicht zugleich Schuldner der Forderung ist, BGH NJW 2000, 1108. Wer eine Rückgewährpflicht behauptet, muss sie beweisen, auch bei § 767, OLG Kblz WM 2014, 2377.

Haftpflicht: Die Darlegungs- und BewL für das Vorliegen eines Ausschlusstatbestands nach den AHB trägt der Versicherer, OLG Kblz VersR 1995, 1083.

Handelsbrauch: Soweit sein Bestehen feststeht, ist man für ein Abweichen von ihm bewpfl. Auch → „Rechtsgeschäft".

Handelsregister: AnschBew besteht für seine Richtigkeit, BGH DtZ 1997, 354; Koch/Rudzio ZZP 122, 37. Seine Beweisfunktion lässt sich nicht auf Zeugnisse über den Inhalt der dem Register zur Eintragung vorgelegten Urkunden ausdehnen, OLG Köln NJW-RR 1991, 425.

(2) **Handelsvertreter:** Er ist dafür bewpfl., dass er geschäftliche Beziehungen zwischen neuen Kunden und dem Unternehmer hergestellt hat, BGH NJW-RR 1989, 865. Der Unternehmer ist dafür bewpfl., dass ihm die Ausführung des Geschäfts aus von ihm nicht zu vertretenden Gründen unmöglich geworden oder ihm nicht zumutbar ist, BGH NJW-RR 1989, 865. Der Handelsvertreter muss einen Ausgleichsanspruch beweisen, Eggebrecht ZVertriebsR 2014, 210. Zum Ausgleichsanspruch des ausgeschiedenen Tankstellenpächters BGH NJW-RR 1988, 1061. Der entgangene Gewinn lässt sich nach § 287 ermitteln, BGH NJW-RR 1990, 171. Zur BewL für den Fall, dass der Unternehmer ein Grundkapital zur Verfügung stellen und auf dessen Rückzahlung evtl. verzichten muss, BGH NJW-RR 1992, 1386.

Handlungsunfähigkeit: Wer die Handlungsunfähigkeit seiner selbst oder einer anderen Person behauptet, ist dafür bewpfl., BGH NJW 1987, 121; OLG Kblz NJW-RR 2015, 917; OLG Ffm NVersZ 1999, 573. Das gilt bei der Geschäftsfähigkeit, bei der Testierunfähigkeit und bei der Deliktsunfähigkeit. Wer eine Geschäftsfähigkeit etwa nach § 112 BGB behauptet, ist dafür bewpfl. Wegen der Prozessfähigkeit § 56.

Hinterlegung: Beim Streit, an wen man herausgeben muss, trägt grds. der Kläger wie bei § 812 BGB die BewL, BGH NJW 1990, 716.

Höferecht: Verlangt ein Abkömmling aus einem formlosen Hofübergabevertrag die Übereignung des Hofes, hat er die BewL dafür, dass sich der Eigentümer trotz aufgetretener Zerwürfnisse binden wollte und die Bindung nachträglich nicht wieder weggefallen ist, BGH NJW 1993, 267.

Hypothek: → „Grundschuld".

Immission: → „Zuführung".

Injektionsschaden: → „Arzt".

Insolvenz: Der Gläubiger ist grds. dafür bewpfl., dass die objektiven Voraussetzungen einer Pflicht zum Insolvenzantrag vorlagen, BGH NJW 1994, 2220.

– **(Anfechtung):** Bei § 131 I Nr. 3 InsO ist eine Nichtübereinstimmung der Deckung evtl. ein Anzeichen für eine Kenntnis des Anfechtungsgegners von einer Gläubigerbenachteiligung, BAG NZA-RR 2014, 254. Zum Vorsatz BGH WM 2022, 1287; OLG Drsd NZG 2015, 762.

– **(Arbeitnehmer):** S. dort.

– **(Eigentumsvorbehalt):** Der Insolvenzverwalter ist bewpfl., soweit streitig ist, ob die an den Anfechtungsgegner abgetretene Forderung auf der Weiterveräußerung solcher Ware beruht, die der Schuldner unter einem verlängerten Eigentumsvorbehalt erworben hatte, BGH NJW 2000, 3777. Der Insolvenzverwalter muss nur nach § 287 beweisen, dass sich eine Verwertung nicht verzögerte, BGH NJW 2006, 1873.

– **(Gesellschaft):** S. dort.

– **(Gutachten):** Zur BewL bei einer Überschuldung nach einem Gutachten BGH NJW 1997, 3171.

– **(Kanzleiabwickler):** Der Insolvenzverwalter ist im Streit mit einem Kanzleiabwickler für einen dem ersteren zustehenden Überschuss bewpfl., OLG Köln MDR 2010, 535.

– **(Kreditunwürdigkeit):** Zur BewL bei Kreditunwürdigkeit einer GmbH BGH NJW 1998, 1143.

– **(Massezugehörigkeit):** Zur BewL wegen des an die Masse abzuführenden Betrags BGH NJW-RR 2014, 617.

– **(Sanierungsplan):** → „– (Unzureichende Deckung)".

– **(Unentgeltlichkeit):** Hat der Schuldner dem Anfechtungsgegner eine Vergütung für eine solche Leistung gezahlt, die dieser unentgeltlich erbringen musste, liegt darin ein erhebliches Beweisanzeichen für eine Benachteiligungsabsicht gegenüber Gläubigern, BGH NJW 1995, 1093.

– **(Unzureichende Deckung):** Dann kann ein Beweisanzeichen für eine Benachteiligungsabsicht des Schuldners bestehen, BGH NJW 2004, 1385. Man kann es bei einer nur geringen Unterdeckung entkräften, noch dazu bei einem direkten Zusammenhang mit einem Sanierungsplan usw., BGH NJW-RR 1993, 238.

– **(Zahlungsunfähigkeit):** Zu ihr BGH NJW-RR 2017, 107. Der Gläubiger ist für ihren Wegfall bewpfl., BGH NJW 2013, 940.

Internationales Recht: Vgl. Seibl, Die Beweislast bei Kollisionsnormen, 2009.

Internetgeschäft: Es gibt keine Beweiserleichterung zugunsten des Anbieters, OLG Köln VersR 2002, 1565; Hoffmann NJW 2004, 2569. Zur Ursächlichkeits-BewL BGH NJW 2016, 950; NJW 2016, 953; Piekenbrock WM 2012, 429 (ausf.). Die Verwendung eines Passworts gibt **keinen** AnschBew dafür, wer es benutzt hat, OLG Brem NJW-RR 2012, 1519. Zur Tauschbörse BGH GRUR 2016, 176; OLG Köln GRUR-RR 2014, 281. Beim Sendeberichtsausdruck besteht kein AnschBew für eine Bekanntgabe durch Veröffentlichung im Internet, BGH ZIP 2017, 168.

Kapitalanlagevermittler: Zu seiner BewL BGH NJW-RR 2006, 685 (ausf.).

Kauf: Es zeigen sich zahlreiche Aspekte.

– **(Angemessenheit):** → „– (Preis)".

– **(Aufklärung):** Der Käufer muss beweisen, dass ihn der Verkäufer nicht genug aufgeklärt hat, BGH NJW 2008, 2852. Das gilt auch dann, wenn dieser erklärt hatte, ihm sei „vom Vorhandensein wesentlicher unsichtbarer Mängel nichts bekannt", BGH NJW 2003, 2380.

– **(BGB-Gesellschaft):** Zur BewL Werner MDR 2010, 721 (ausf.).

– **(„Blechschaden"):** Derjenige Verkäufer, der im schriftlichen Vertrag erklärt hatte, am verkauften PKW sei nur Blechschaden entstanden, muss beweisen, den tatsächlich größeren Schadensumfang mündlich erläutert zu haben, OLG Bbg NJW-RR 1994, 1333.

– **(eBay-Kauf):** Es gibt keinen AnschBew wegen der Verwendung eines Passworts, OLG Hamm NJW 2007, 611. Auch → „– (Vertragsabschluss)".

– **(Freibleiben):** Wer einen freibleibenden Kauf behauptet, ist dafür bewpfl.

– **(Garantie):** Der Käufer muss sie beweisen, auch eine Fristeinhaltung. Bei einer Garantie des Verkäufers ist er für ein Verschulden des Käufers während der Garantiezeit bewpfl., BGH NJW 1995, 516, oder für die Nichtursächlichkeit des Zustands für einen Mangel. Es kommt dabei auf den Verantwortungsbereich an, BGH NJW 1995, 516.

– **(Gefahrübertragung):** Bewpfl ist, wer sich auf ihn beruft, Grüneberg/Weidenkaff BGB § 446 Rn. 4.

– **(„Gekauft wie besichtigt"):** Bei der Klausel „gekauft wie besichtigt" ist der Verkäufer dafür bewpfl., dass der Käufer den Mangel kannte oder hatte erkennen müssen, OLG Ffm MDR 1980, 140.

– **(„Kassa gegen Faktura“):** Bei dieser Klausel muss der vorleistungspflichtige Käufer die Mangelhaftigkeit beweisen, BGH MDR 1987, 665. (2)

– **(Mangelhaftung):** Nach Annahme als Erfüllung muss der ein Gewährleistungsrecht geltend machende Käufer den Mangel beweisen. § 476 BGB sieht eine Beweislastumkehr zu Gunsten des Verbrauchers vor. Der Käufer muss eine Arglist des Verkäufers beweisen, der Verkäufer die Kenntnis des Käufers vom Mangel. Der Käufer ist für den Zugang der Mangelanzeige gemäß § 377 HGB bewpfl. Einen Haftungsausschluss muss der Verkäufer beweisen.

– **(Miet- und Pachtrecht):** Behauptet ein solcher Grundstückskäufer, dem „Miet- und Pachtrechte“ bekannt waren, man habe ihm bei den Verhandlungen gesagt, die Verlängerungsvereinbarung zu einem Pachtvertrag sei entfallen, ist er bewpfl., BGH NJW-RR 1988, 79.

– **(Nachbesserung):** Zwar reicht zunächst der Nachweis weiterhin auftretenden Mangels, BGH NJW 2011, 1664. Nach einer erneuten Entgegennahme kann aber der Käufer bewpfl. für die Erfolglosigkeit einer Nachbesserung sein, BGH NJW 2011, 1664.

– **(Preis):** Wenn der Käufer einen Kauf zu einem unbestimmten, angemessenen Preis behauptet, der Verkäufer einen solchen zu einem bestimmten höheren Preis, ist der Verkäufer als Kläger für seine Behauptung bewpfl. Zur Beweislast bei Skontivereinbarungen, BGH NJW 1983, 2944.

– **(Probekauf):** Beim Kauf auf Probe trägt nach einer sofortigen Beanstandung durch den Käufer der Verkäufer die BewL für die Probemäßigkeit, OLG Karlsr OLGZ 1991, 370.

– **(Rücktrittsrecht):** Wer es behauptet, ist dafür bewpfl.

– **(Skonto):** → „– (Preis)“.

– **(Stromlieferung):** OLG Zweibr NJW-RR 1987, 1340 zählt einen Stromlieferungsvertrag hierher und macht den Lieferanten für einwandfreie Zähler und Ablesungen bewpfl.

– **(Stundung):** → „Erfüllung“.

– **(Täuschung):** Bei derjenigen des Verkäufers kann AnschBew für dessen Ursächlichkeit für den Kaufentschluss bestehen.

– **(Verbrauchsgüterverkauf).** Dazu EuGH NJW 2015, 2237 (EU-Recht); Martis MDR 2010, 841 (Grdz.). Wer sich auf ihn beruft, ist bewpfl., BGH NJW 2007, 2619. Bei § 13 BGB muss man beweisen, dass eine natürliche Person als Unternehmer handelte, Bülow WM 2011, 1349. Die Vermutung des § 476 BGB ist zu beachten, BGH NJW 2017, 1093. Der Käufer muss die Voraussetzungen des § 476 beweisen, BGH NJW 2014, 1086. Das ist aber keine Umkehrung der BewL für das Vorliegen eines Sachmangels, sondern nur für seinen Zeitpunkt, BGH NJW 2004, 2299. Die Vermutung des § 476 BGB gilt bei einem regelmäßigen Verschleiß nicht stets, OLG Celle NJW 2004, 3566. Sie entfällt andererseits nicht schon deshalb, weil der Verbraucher das Kaufobjekt durch einen Dritten hat zB einbauen lassen, BGH NJW 2005, 283. Sie gilt bei einer öffentlichen Versteigerung begrenzt, BGH NJW-RR 2010, 1210. Sie lässt sich nur nach § 292 durch den vollen Gegenbeweis entkräften, OLG Celle NJW 2004, 3566.

– **(Versand):** Beim kaufmännischen gibt BGH NJW-RR 2007, 28 besteht ein AnschBew dafür, dass Lieferschein mit Rechnung der Ware entsprach.

– **(Versendung):** Der Versender ist zur Schadensverursachung bewpfl, BGH NJW-RR 2016, 957 (Versicherungsobergrenze).

– **(Vertragsabschluss):** Der Anspruchsteller ist für ihn bewpfl., BGH NJW 2002, 363. Das gilt auch beim eBay-Kauf, OLG Hamm NJW 2007, 611.

– **(Zahlung):** Der Käufer ist grds. bewpfl. Beim sog. Handkauf mit seiner Vermutung sofortiger Barzahlung muss der Verkäufer ihr Unterbleiben beweisen, Grüneberg/Weidenkaff BGB § 433 Rn. 56.

– **(Zug-um-Zug):** Verweigert der Käufer bei einem Kauf Zug um Zug die Annahme, muss grds. der Verkäufer die Mangelfreiheit beweisen.

Kausalität: → „Ursächlichkeit“.

Kommission: Im Rahmen des § 384 III HGB trägt der Kommissionär die BewL dafür, dass er dem Kommittenten zugleich mit der Anzeige von der Ausführung der Kommission den Dritten namhaft gemacht hat, mit dem er das Geschäft abgeschlossen hat, BGH DB 1984, 2297. Der Kommittent ist bewpfl. dafür, dass der Kommissionär die Ware erhielt und ohne eine Ausführung der Kommission nicht herausgeben kann, BGH NJW-RR 2007, 1177. Der Kommissionär ist nach § 390 HGB dafür bewpfl., dass der Verlust oder die Beschädigung trotz der Sorgfalt eines ordentlichen Kaufmanns unabwendbar waren. Der Kommissionär ist für die Durchführung eines Auftrags wegen im Ausland verwahrter Wertpapiere bewpfl., BGH NJW-RR 1988, 749.

Konnossement: Es kommt auf seine Beweiskraft nach § 517 HGB an.

Kontokorrent: → „Bankrecht“.

Kraftfahrzeug, Fahrrad: Dazu Reimer NZV 2018, 258; Geipel NZV 2015, 1; Wenker VersR 2015, 34 (je: Rspr.-Beispiele).

– **(Abbiegen):** → „– (Linksabbiegen)“.

– **(Abkommen von Fahrbahn):** Bei ungeklärter Ursache besteht zwar ein AnschBew für einen vermeidbaren Fahrfehler, OLG Hamm NJW-RR 2007, 1174; OLG Kblz VersR 2006, 1382, aber kein AnschBew für grobe Fahrlässigkeit, OLG Hamm NJW-RR 2007, 1174; OLG Schlesw NVersZ 2000, 278. Auch → „– (Vorfahrt)“.

– **(Abstand):** Der AnschBew gegen den Auffahrer geht dahin, dass er entweder einen zu kurzen Abstand einhielt, zB bei 60 km/h nur eine Wagenlänge, OLG Brem VersR 1976, 545, oder dass er auf den Vordermann zu spät reagierte. Das gilt auch auf der BAB, KG MDR 2008, 1269.

– **(Alkohol):** Es gibt zahlreiche Fragen:

– **(Alkohol: Bewusstseinsstörung):** Wenn ein alkoholbedingt bewusstseinsgestörter Fußgänger einen Unfall erleidet, spricht ein AnschBew für seine Schuld, OLG Hamm VersR 1977, 762, jedenfalls nicht für die Schuld des ihn auf der eigenen Fahrbahn von hinten erfassenden Pkw-Fahrers, OLG Mü NJW-RR 1986, 253. Dieser AnschBew lässt sich nicht schon durch die Möglichkeit entkräften, dass auch ein Nüchterner die gleiche Unachtsamkeit begehen kann. Der AnschBew fehlt vielmehr erst bei der realen Möglichkeit, dass der Gefährdete auch nüchtern die Lage nicht gemeistert hätte, OLG Kblz VersR 1975, 514. Der Versicherer muss eine alkoholbedingte Bewusstseinsstörung beweisen, BGH NJW 2002, 3112. Wenn jemand stark

(2) alkoholisiert einen solchen Unfall begeht, den ein Nüchterner vermieden hätte, spricht ein AnschBew für Bewusstseinsstörung als Unfallursache, OLG Hamm VersR 1977, 762.

– **(Alkohol: Blendung):** Bei 0,97 ⁰/₀₀ Blutalkohol sprechen objektive alkoholtypische Verstöße für Fahruntüchtigkeit und entlastet eine Blendung usw. nicht, OLG Kblz NVersZ 2001, 554.

– **(Alkohol: Entgegenkommer):** Wenn der Fahrer bei 1,94 ⁰/₀₀ auf der Gegenfahrbahn mit einem Entgegenkommer zusammenstößt, liegt ein AnschBew für grobe Fahrlässigkeit des betrunkenen Fahrers vor, LG Köln VersR 1982, 386.

– **(Alkohol: Fahrbahnmitte):** Beim Zusammenstoß in der Fahrbahnmitte kann ein AnschBew dafür vorliegen, dass der mit 2,4 ⁰/₀₀ Alkoholisierte infolgedessen auf die Gegenfahrbahn geriet, OLG Hamm VersR 1987, 788.

– **(Alkohol: Absolute Fahruntauglichkeit):** Die BewL des Versicherers für eine absolute Fahruntauglichkeit des Versicherungsnehmers besteht auch gegenüber einem vom Versicherungsnehmer behaupteten Nachtrunk, OLG Hamm VersR 1981, 924. Ist aber die Fahruntüchtigkeit zur Unfallzeit geklärt, ist der Versicherungsnehmer für den Nachtrunk bewpfl., OLG Nürnb VersR 1984, 436. Er kann seine Fahruntüchtigkeit auch beim Überholen nicht mit einem Überraschungsmoment wegen eines Dritten widerlegen, OLG Naumb VersR 2005, 1233.

– **(Alkohol: Relative Fahruntauglichkeit):** Bei einer relativen Fahruntauglichkeit spricht kein AnschBew dafür, dass über die Alkoholmenge hinaus weitere ernsthafte Anzeichen für Ausfallerscheinungen vorliegen, OLG Hamm VersR 1981, 924. Bei alkoholbedingter nur relativer Fahruntauglichkeit gibt es keinen AnschBew für sie, BGH NJW 1988, 1846.

– **(Alkohol: Auch beim Gegner):** Der AnschBew der Schuld des Angetrunkenen fehlt dann, wenn der Gegner ebenfalls alkoholbedingt fahruntauglich ist, OLG Schlesw NZV 1991, 233.

– **(Alkohol: Mitfahrer):** Ein Mitverschulden des Mitfahrers setzt voraus, dass er die Fahruntüchtigkeit des alkoholisierten Fahrers hätte erkennen müssen, OLG Köln NJWE-VHR 1996, 37; OLG Ffm VersR 1987, 1142.

– **(Alkohol: Ursächlichkeit):** Wenn ein alkoholbedingt Fahruntüchtiger verunglückt, spricht ein AnschBew dafür, dass der Alkohol unfallursächlich war, falls ein Nüchterner die Verkehrslage hätte meistern können, BGH NJW 1992, 119; OLG Köln VersR 2002, 1040; OLG Ffm VersR 1987, 281 (Radfahrer); BGH NJW 1976, 897 (Fußgänger). 1,3 ⁰/₀₀ sind eindeutig, OLG Hmb VersR 1983, 236. Selbst bei einem verkehrswidrigen Verhalten des nüchternen Gegners bleibt ein AnschBew für eine Mitursächlichkeit der Trunkenheit bestehen, falls auch ein Nüchterner ebenso wie der Angetrunkene reagiert hätte, aM KG NJW 1975, 266; OLG Schlesw VersR 1975, 290. Fährt ein Alkoholisierter ungebremst in den Wagen des Unfallgegners, spricht ein AnschBew für die Unfallursächlichkeit der Alkoholisierung, OLG Hamm VersR 2002, 76.

Es gibt **keinen** AnschBew für Alkohol als Unfallursache, **wenn** ein **nüchterner Fahrer nicht anders** gehandelt hätte, OLG Bbg VersR 1987, 909. Der AnschBew der Ursächlichkeit der Angetrunkenheit des Fahrers für den Unfall lässt sich nicht schon durch die bloße Behauptung eines sog. Nachtrunks entkräften, OLG Ffm VersR 1981, 51.

– **(Ampel):** Das Überfahren einer roten Ampel lässt sich nur nach den Umständen beurteilen, OLG Hamm NJW-RR 1987, 609. Die BewL für grobe Fahrlässigkeit liegt grds. beim Versicherer oder Vermieter, OLG Kblz NJW-RR 2011, 465. Der Überfahrer muss eine Bewusstlosigkeit (Sekundenschlaf) beweisen, OLG Saarbr NJW-RR 2003, 605. Der Verkehrsteilnehmer muss einen Ampelfehler beweisen, OLG Karlsr NVwZ-RR 2014, 331. Der Ampelbetreiber ist dafür bewpfl., dass er an einer Ampelstörung keine Schuld trägt, OLG Düss MDR 1976, 842. Auch → „– (Linksabbiegen)".

– **(Anerkenntnis):** → „– (Schuldanerkenntnis)".

– **(Anfahren vom Fahrbahnrand):** AnschBew spricht für ein Verschulden desjenigen, der vom Fahrbahnrand anfährt, gegenüber dem fließenden Verkehr, OLG Naumb NJW-RR 2013, 737; OLG Saarbr MDR 2003, 506. Auch → „– (Vorfahrt)".

– **(Anschnallen):** → „– (Sicherheitsgurt)".

– **(Aquaplaning):** → „– (Nässe)".

– **(Auffahren):** Beim Auffahren (mindestens teilweise Vorderpartie gegen Hinterpartie zB eines Kfz, OLG Oldb VersR 1992, 842, kein seitlicher Aufprall, KG NZV 2008, 623, kein Aufprall auf ein schräges Fahrrad) sind alle Umstände zu beachten, BGH NJW 2017, 1177; OLG Kblz NJW-RR 2013, 475; OLG Köln VersR 2013, 644. Es gilt der Grundsatz eines AnschBew für das Verschulden des Auffahrers, BGH NJW 2017, 1177; NJW 2011, 685; KG NJW-RR 2014, 809; OLG Kblz NJW-RR 2013, 475 (Radfahrer). Das gilt nicht im Gleisbereich, OLG Düss MDR 2018, 864. Scharfes Bremsen beim Anfahren entkräftet den AnschBew nach → „– (Bremsen)".

Zum Zusammentreffen von Auffahrunfall und Spurwechsel, BGH NJW 2017, 1177; NJW 2012, 608; OLG Saarbr MDR 2006, 329; KG VersR 2005, 1746. S. im Einzelnen bei den unterschiedlichen Merkmalen eines Auffahrunfalls sowie → „– (Bundesautobahn)", → „– (Doppelauffahren)", → „– (Wenden)".

– **(Ausparken):** AnschBew gegen den Ausparker, OLG Mü NJW-RR 2014, 601, evtl. noch nach seinem Stillstand, OLG Hamm NJW-RR 2013, 33.

– **(Aussteigen, Einsteigen):** Dieser Teilnehmer hat nach AnschBew am Fahrbahnrand Schuld, BGH NJW 2009, 3791; KG NZV 2008, 245.

– **(Bahnübergang):** Erfasst ein Zug jemanden auf dem Übergang einer eingleisigen Bahnstrecke trotz rechtzeitig geschlossener Schranken, spricht der AnschBew für ein Verschulden des Verunglückten.

– **(Baum):** Fährt jemand gegen einen Baum usw., besteht AnschBew für ein Verschulden, OLG Ffm VersR 1987, 281. Auch → „– (Hindernis)".

– **(Beladung):** Der Verletzte muss ihre unzureichende Sicherung beweisen, LG Heidelb NJW-RR 2012, 406.

– **(Beleuchtung):** AnschBew für Verschulden des Wartepflichtigen kann dann fehlen, wenn der Vorfahrtberechtigte nachts ohne Licht fährt, OLG Köln VersR 1988, 859. AnschBew kann zwischen Nichtbeleuchtung und Auffahren vorliegen, OLG Ffm MDR 2005, 985. Auch → „– (Hindernis)" sowie bei den einzelnen Beleuchtungsarten.

– **(Berührung):** AnschBew spricht grds. dann für ein Verschulden des Fahrers, wenn eine Berührung mit einem anderen Fahrzeug erfolgt. Aber auch → „– (Ursächlichkeit)".

- **(Bewusstlosigkeit):** Wer sich auf sie beruft (Sekundenschlaf usw.), ist dafür bewpfl., OLG Saarbr NJW-RR 2003, 605. **(2)**
- **(Blutalkohol):** → „– (Alkohol)".
- **(Bremsen):** Auch bei Bremsung des Vorfahrers AnschBew gegen den Auffahrenden.
- **(Bremsen: Antiblockieren):** Ein AnschBew kann trotz Fehlens einer Bremsspur fehlen, OLG Naumb NJW-RR 2014, 596.
- **(Bremsen: BAB):** → „– (Bundesautobahn)".
- **(Bremsen: Busfahrer):** Der Bushalter ist gegenüber einem Fahrgast dafür bewpfl., dass eine scharfe Bremsung des Busfahrers notwendig war. Der Busgast muss sich festhalten. Wenn aber alle von den Sitzen rutschen, hat er keinen AnschBew gegen sich, OLG Ffm NJW-RR 2016, 542.
- **(Bremsen: Scharfbremsen):** Ein AnschBew gegen den Auffahrer kann dann entfallen, wenn der Vordermann scharf gebremst hat, OLG Ffm NJW 2007, 87
- **(Bremsen: Tier):** „– (Bremsen: Scharfbremsen)". Die bloße Behauptung, ein Tier sei in die Fahrspur gelaufen, reicht meist nicht, OLG Karlsr Just 1979, 295.
- **(Bundesautobahn):** Kommt ein Fahrer über den Grünstreifen der Autobahn auf die Gegenfahrbahn, spricht ein AnschBew für sein Verschulden, außer wenn die Fahrbahn grobe Mängel aufweist. Beim Auffahren auf einer BAB-Einfahrt spricht kein AnschBew gegen den BAB-Benutzer, BGH NJW 1982, 1595, sondern ein AnschBew gegen den Einfahrer, auf den der BAB-Benutzer auffuhr, KG VersR 2002, 628.
- **(Dashcam):** Dashcam-Aufzeichnungen sind als Beweismittel im Unfallhaftpflichtprozess zulässig, BGH NJW 2018, 2883.
- **(Diebstahl):** → „– (Versicherung)". Auch → „Schadensersatz".
- **(Doppelauffahren):** Der AnschBew gegen jeden Auffahrer besteht auch beim sog. Doppelauffahrunfall, OLG Zweibr VersR 1975, 1158. Der AnschBew gegen den Hintermann als Auffahrer kann dann fehlen, wenn auch sein Vordermann selbst auffährt, OLG Hamm NJW 2014, 3790; OLG Düss VersR 1999, 729. Zum sog. Kettenunfall (Massenunfall) OLG Nürnb DAR 1982, 329; OLG Karlsr VersR 1982, 1150; LG Heilbr VersR 1987, 290. Auch → „– (Bremsen)".
- **(Droge):** Ein AnschBew spricht grds. gegen den derart beeinflussten Fahrer.
- **(Einsehbarkeit):** Der AnschBew gegen den Wartepflichtigen kann bei einer schwer einsehbaren Vorfahrtstraße fehlen, OLG Köln VersR 1988, 859; OLG Hamm VersR 1978, 64.
- **(Einsteigen, Aussteigen):** AnschBew für Fahrlässigkeit des Einsteigers usw. bei Schädigung eines Dritten, OLG Düss VersR 2014, 1390.
- **(Eisglätte):** → „Glatteis".
- **(Entgegenkommer):** Wer trotz Gegenverkehrs überholt wird und nach rechts abkommt, hat keinen AnschBew gegen sich, BGH NJW 1996, 1828. Ein Radfahrer ist dafür bewpfl., dass ein Entgegenkommer seinen Sturz mitverursachte, OLG Hamm NJW-RR 2017, 281.
- **(Fahrbahnrand):** → „– (Abkommen von Fahrbahn)", → „– (Anfahren vom Fahrbahnrand)", → „– (Aussteigen, Einsteigen)".
- **(Fahrlehrer, -schüler):** Der Fahrlehrer ist dafür bewpfl., dass er den Motorrad-Fahrschüler ausreichend im Kurvenfahren unterwiesen hat, OLG Mü VersR 1988, 526.
- **(Fahrradhelm):** Zum Problem BGH NJW 2014, 2493; Hilpert-Janßen MDR 2014, 688.
- **(Fahrstreifenwechsel):** → „– (Spurwechsel)".
- **(Fahruntüchtigkeit):** → „– (Alkohol)".
- **(Fahrzeugdatenauslesung):** Balzer/Nugel NJW 2016, 193 (Grdz.).
- **(Fußgänger):** Zu diesem BGH NJW 2014, 217; OLG Saarbr NJW 2010, 2525; OLG Nürnb VersR 1984, 246.
- **(Gegenfahrbahn):** zunächst → „– (Linke Seite)". Die bloße Benutzung der Gegenfahrbahn reicht zwar oft für einen AnschBew des Verschuldens aus, OLG Hamm NJW-RR 2016, 405. Das gilt aber nicht stets, BGH NJW 1996, 1828; OLG Hamm NZV 2003, 180; OLG Ffm VersR 1991, 1194. Aber auch → „– (Bundesautobahn)".
- **(Gehweg):** → „– (Rückwärtsfahrt)".
- **(Gerade Strecke):** Ein AnschBew spricht grds. dann für ein Verschulden des Fahrers, wenn sein Fahrzeug auf gerader Strecke aus der Fahrbahn gerät, OLG Karlsr VersR 1994, 698; OLG Hamm MDR 1993, 516. Das gilt aber nicht dann, wenn jemand ihn trotz Gegenverkehrs knapp überholte, BGH NJW 1996, 1828.
- **(Geschwindigkeit):** → „– (Tempo)".
- **(Glatteis):** Zum AnschBew für Verschulden des Fahrers, wenn der Wagen bei Glatteis ins Schleudern gerät OLG Köln VersR 1999, 377; OLG Schlesw VersR 1999, 375; KG VersR 1985, 369; OLG Hamm VersR 1978, 950; OLG Schlesw VersR 1975, 1132.
- **(Granulat):** → „– (Stein)".
- **(Grundstücksaus- oder einfahrt):** Ein AnschBew spricht grds. für ein Verschulden desjenigen, der aus einem Grundstück herausfährt, gegenüber dem fließenden Verkehr, KG VersR 2008, 507; OLG Celle NJW-RR 2003, 1536, oder für ein Verschulden desjenigen, der als Einbieger in ein Grundstück mit einem Überholer zusammenstößt, OLG Oldb VersR 1978, 1027, oder der sonst wie mit dem fließenden Verkehr zusammenstößt, KG MDR 2011, 97; OLG Hamm VersR 1979, 266. Kein AnschBew besteht gegen denjenigen Ausfahrer, der noch vor dem Radweg hält, selbst wenn dort ein Radfahrer stürzt, OLG Naumb MDR 2010, 986. Auch → „– (Vorfahrt)".
- **(Hindernis):** Es besteht kein AnschBew für ein Verschulden desjenigen, der bei Dunkelheit auf ein unbeleuchtetes Hindernis auffährt, OLG Celle VersR 1986, 449. Auch → „– (Baum)".
- **(HWS-Syndrom):** Für ein solches des Vordermanns besteht grds. kein AnschBew bei einer nur geringen Tempoänderung infolge eines Auffahrens des Hintermanns, KG VersR 2008, 837; OLG Mü VersR 2005, 424; vgl. auch BGH NJW 2003, 1116; OLG Schlesw NJW-RR 2007, 171; OLG Brdb VersR 2006, 237.
- **(Kanaldeckel):** Der Verkehrssicherungspflichtige ist dafür bewpfl., dass das Unterbleiben regelmäßiger Kontrollen eines dann brüchigen Kanaldeckels nicht schadensursächlich war, OLG Ffm MDR 1981, 764.

(2) – **(Kauf):** s. dort.
– **(Kausalität):** → „– (Ursächlichkeit)".
– **(Kettenunfall):** → „– (Doppelauffahren)".
– **(Kind):** Wer sich darauf beruft, dass sich die typische Überforderungssituation eines Kindes im Straßenverkehr nicht realisiert hat, muss das beweisen, BGH NJW 2009, 3231. Auch → „– (Minderjähriger)".
– **(Kraftrad):** S. bei den einzelnen Vorgängen.
– **(Kreisverkehr):** Es besteht meist ein AnschBew gegen den Einfahrer, LG Saarbr NJW 2015, 177 (auch zu Ausnahmen); vgl. auch OLG Köln BeckRS 2016, 1998.
– **(Kreuzung):** → „– (Einsehbarkeit)", → „Linksabbiegen", → „– (Vorfahrt)", → „– (Wartepflicht)".
– **(Kurve):** AnschBew spricht dann für ein Verschulden des Fahrers, wenn sein Fahrzeug in einer Kurve aus der Fahrbahn gerät, OLG Düss VersR 1981, 263. Ein AnschBew gegen den Auffahrer kann dann fehlen, wenn sich der Auffahrunfall in einer engen starken Kurve ereignet. Auch → „– (Fahrlehrer, -schüler)".
– **(Ladung):** → „– (Beladung)".
– **(Laterne):** Ein AnschBew gegen den Auffahrer kann dann fehlen, wenn jemand gegen einen nur unzureichend durch eine Laterne beleuchteten Lkw fährt, wenn er unangepasst fährt, OLG Hamm VersR 1987, 491.
– **(Linke Seite):** AnschBew spricht für ein Verschulden desjenigen, der grundlos nach links gerät, BGH NJW-RR 1986, 383; OLG Hamm MDR 1993, 516; KG VersR 1983, 1163, und dort mit einem Entgegenkommer zusammenstößt, OLG Düss VersR 1988, 1190 (Mitverschulden des Entgegenkommers), oder mit einem Wartepflichtigen, BGH NJW 1982, 2668. Auch → „– (Entgegenkommer)", → „– (Gegenfahrbahn)".
– **(Linksabbiegen):** Es kann ein AnschBew dafür vorliegen, dass ein Linksabbieger dann schuldhaft handelt, wenn er mit einem geradeaus fahrenden Entgegenkommer in dessen Fahrbahn zusammenstößt, BGH NJW-RR 2007, 1077, oder mit einem Überholer, OLG Jena NJW-RR 2017, 605; OLG Mü NJW 2015, 1892. Es besteht grds. kein AnschBew für ein Verschulden des Auffahrers auf einen Linksabbieger, OLG Düss NJW 2015, 3586, oder für ein Verschulden eines Überholers bei einem Zusammenstoß mit dem in derselben Richtung nach links in eine andere Straße Abbiegenden, OLG Mü NJW 2015, 1892. Ein AnschBew besteht aber gegen den nach links abbiegenden Grundstückseinfahrer nach § 9 I, V StVO, KG MDR 2011, 97. Beim Zusammenstoß zwischen einem Linksabbieger und einem entgegenkommenden Geradeausfahrer an einer mit grünem Pfeil versehenen Kreuzung entfällt eine BewL des Abbiegers wegen § 9 I, III StVO, BGH NJW-RR 1997, 1111, und muss der Geradeausfahrer beweisen, dass der Pfeil nicht leuchtete, BGH NJW 1996, 1405, solange nicht feststeht, dass die Ampelschaltung defekt war.
– **(Mauer):** → „– (Baum)".
– **(Mehrheit von Kfz):** Nugel NJW 2013, 193 (Grdz.).
– **(Mietwagen):** Der Geschädigte muss die Notwendigkeit eines Mietwagens beweisen, LG Bonn VersR 2006, 90. Das gilt zB dann, wenn seine Fahrleistung vor und nach dem Unfall wesentlich geringer ist als während der umstrittenen Ausfallzeit.
– **(Minderjähriger):** Ein AnschBew ist auch gegenüber einem falsch fahrenden Minderjährigen möglich. Auch → „– (Kind)".
– **(Mitverschulden):** S. bei den einzelnen Gründen eines Mitverschuldens.
– **(Montage):** Es gibt grds. keinen AnschBew für die Ursächlichkeit eines Montagefehlers im Herstellerwerk für einen späteren Unfall, OLG Oldb VersR 1984, 1097. Ausnahmen können nach einer sog. Rückrufaktion gelten.
– **(Motorrad):** S. bei den einzelnen Vorgängen.
– **(Nässe):** Ein AnschBew gegen den Auffahrer besteht auch bei sehr nasser Fahrbahn. Ein AnschBew für ein Verschulden des Fahrers besteht dann, wenn sein Wagen infolge Aquaplanings ins Schleudern gerät, OLG Düss VersR 1975, 160. Er besteht nicht für grobes Verschulden, OLG Hamm VersR 1985, 678.
– **(Noteinsatz):** → „– (Polizeieinsatz usw.)".
– **(Ölspur):** Ein AnschBew gegen einen Auffahrer kann dann fehlen, wenn der Auffahrer möglicherweise nur infolge einer Ölspur auf seiner Fahrbahn iVm Seitenwind ins Schleudern kam, OLG Hmb VersR 1980, 1171.
– **(Parklicht):** Ein AnschBew gegen den Auffahrer kann dann fehlen, wenn der Vordermann außerhalb einer geschlossenen Ortschaft nur das Parklicht einschaltete, OLG Mü VersR 1983, 1064.
– **(Parklücke):** → „– (Rückwärtsfahrt)".
– **(Parkstreifen):** → „– (Rückwärtsfahrt)".
– **(Polizeieinsatz usw.):** Ohne Blaulicht **und** Martinshorn grds. kein Vorrecht, KG VersR 2007, 413; vgl. auch OLG Hamm, NJW-RR 2018, 989.
– **(Querstellen):** Ein AnschBew gegen einen Auffahrer kann dann fehlen, wenn der Vordermann grob fahrlässig von der Fahrbahn abkommt und sich querstellt, OLG Hamm VersR 1981, 788.
– **(Reaktion):** → „– (Abstand)".
– **(Rechte Seite):** Ein AnschBew spricht für ein Verschulden desjenigen, der grundlos nach rechts gerät, BGH VersR 1984, 44 (Entlastungsbeweis möglich, wenn ein Tier den Fahrer irritierte). Ein AnschBew kann zwischen dem Nichteinhalten der rechten Fahrbahnseite und einem Zusammenstoß mit einem Entgegenkommer vorliegen.
– **(Reifen):** Ein AnschBew gegen den von der Fahrbahn abkommenden Fahrer kann dann fehlen, wenn infolge eines schleichenden Luftverlustes ein Vorderreifen zusammenbricht, OLG Köln VersR 1989, 526.
– **(Rettungswagen):** Ein AnschBew gegen den Wartepflichtigen kann dann fehlen, wenn ein Rettungswagen die Vorfahrtstraße kreuzt. Auch → „– (Polizeieinsatz usw.)".
– **(Richtgeschwindigkeit):** Die bloße Überschreitung einer Richtgeschwindigkeit erbringt noch keinen AnschBew für die Ursache des folgenden Unfalls, auch nicht auf der BAB, OLG Hamm NJW-RR 2018, 474; OLG Köln VersR 1982, 708. Indessen kann sich der Fahrer nur dann auf die Unabwendbarkeit des Unfalls berufen, wenn er nachweist, dass es auch beim Einhalten des Richttempos zu vergleichbaren Folgen gekommen wäre, BGH NJW 1992, 1684. Auch → „– (Tempo)".
– **(Rückblick):** → „– (Tempo)".

– **(Rückwärtsfahrt):** Ein AnschBew spricht für das Alleinverschulden desjenigen, der vom Parkpunkt oder von einem anderen Straßenteil rückwärts fährt, BGH NJW 2017, 1175; 2016, 1098; KG NJW-RR 2010, 1116, oder der einen Fußgänger auf dem Gehweg anfährt. (2)

– **(Schadensersatz):** S. dort.

– **(Schleudern):** → „– (Glatteis)", → „– (Nässe)", → „– (Ölspur)".

– **(Schuldanerkenntnis):** Ein mündliches oder gar schriftliches Bekenntnis der Alleinschuld am Unfallort kann die BewL umkehren, OLG Saarbr NJW 2011, 1820; KG VersR 2006, 1126.

– **(Schutzhelm):** Wenn ein Kraftradfahrer ohne Schutzhelm solche Kopfverletzungen erleidet, vor denen der Helm allgemein schützen soll, spricht der AnschBew für den Ursachenzusammenhang zwischen der Nichtbenutzung des Helms und den Verletzungen, BGH NJW 1983, 1380.

– **(Schwarzfahrt):** Der Geschädigte ist grds. dafür bewpfl., dass der Halter seine Verkehrssicherungspflicht verletzt. Jedoch ist der Halter dafür bewpfl., dass er vom Schlüsselbesitz des Schwarzfahrers nichts wissen musste, OLG Oldb VersR 1978, 1046.

– **(Seitenwind):** → „– (Ölspur)".

– **(Sicherheitsabstand):** → „– (Abstand)".

– **(Sicherheitsgurt):** Die Nichtbenutzung eines Sicherheitsgurts gilt als ein AnschBew für eine Mitverursachung der eigenen Unfallfolgen, OLG Karlsr Just 1979, 263. Bei bestimmten typischen Gruppen von Folgen (Verletzungen) kann ein AnschBew dafür bestehen, dass ein Insasse keinen Gurt benutzt hat, BGH NJW 1991, 230. Vgl. auch Weber NJW 1986, 2667.

– **(Spurwechsel):** Ein AnschBew gegen einen Auffahrer kann dann fehlen oder gegen den Vorfahrer umschlagen, wenn dieser erst unmittelbar zuvor von der Seite her eindeutig in die Spur des Auffahrers hineinwechselte, BGH NJW 1982, 1595; OLG Saarbr NJW-RR 2014, 1371; KG NJW-RR 2011, 381. Der AnschBew gegen den Spurwechsler ist auch ohne Kollision vorhanden, OLG Köln VersR 2017, 774; LG Saarbr NJW-RR 2011, 32. Freilich besteht grds. kein AnschBew dafür, dass und wie ein Spurwechsel stattfand, OLG Ffm NJW-RR 2016, 1001; OLG Köln VersR 2013, 644, und dass er auf die Überholspur unmotiviert war, OLG Hmb VersR 1975, 911. Etwas anderes gilt beim Aufprall noch in Schrägstellung, AG Hmb-Blankenese VersR 2005, 1549. Kein AnschBew auf einer sog. Verteilerbahn, LG Saarbr NJW-RR 2015, 284. Auch → „Auffahren", → „– (Straßenbahn)".

– **(Stein):** Bei nicht unerheblichem Tempo spricht ein AnschBew dafür, dass ein Stein hochschleudern kann. Die Anforderungen an den Entlastungsbeweis desjenigen Überholers, dessen Wagen den Stein hochschleuderte, sind hoch, LG Aachen VersR 1983, 591. Zur Problematik dann, wenn Herabfallen oder Wegschleudern infrage kommt, LG Passau VersR 1989, 1061. Ein durch Granulat geschädigter Autobesitzer ist dafür bewpfl., dass die Gemeinde fehlerhaft und übermäßig gestreut hat, LG Wiesb NJW 1987, 1270.

– **(Straßenbahn):** Es gibt keinen AnschBew zulasten eines auffahrenden Straßenbahnführers, OLG Düss VersR 1976, 499. Er besteht erst recht dann nicht, wenn obendrein ein Pkw vor der Straßenbahn die Spur wechselt, OLG Hmb VersR 1975, 474.

– **(Streuen):** → „– (Stein)".

– **(Technisches Versagen):** Ein AnschBew spricht für ein Verschulden des Fahrers dann, wenn eine technische Einrichtung am Fahrzeug versagt.

– **(Tempo):** Ein unzulässig hohes Tempo kann ein AnschBew für die Unfallursache und -schuld sein, KG NJW 2006, 1677. Das gilt etwa bei einer Überschreitung um 50 %, OLG Kblz VersR 2000, 720. Schleudert der Wagen nach einer Linkskurve, spricht das dafür, dass der Fahrer zu schnell fährt, OLG Düss VersR 1975, 615. Dasselbe gilt dann, wenn ein Motorradfahrer eine Kurve außerordentlich schnell durchfährt und dann stürzt. Eine Mitschuld des Vorfahrtberechtigten ist nicht schon bei einem nur um 15 oder 20 % überhöhten Tempo erwiesen, OLG Celle VersR 1986, 450; OLG Köln VersR 1978, 830, wohl aber bei einem um 100 % überhöhten Tempo, KG VersR 1983, 1163, oder bei einem Tempo von 120 km/h, OLG Stgt VersR 1982, 1175. Bei solchem Tempo auf der Autobahn kann der Fahrer (Versicherungsnehmer) für das Fehlen grober Fahrlässigkeit bewpfl. sein (zu langer Blick nach hinten), OLG Köln VersR 1983, 575. Auch → „– (Richtgeschwindigkeit)", → „– (Stein)", → „– (Wenden)".

– **(Tier):** Ein Entlastungsbeweis ist möglich, soweit ein Tier im oder vor dem Fahrzeug den Fahrer irritierte, BGH VersR 1984, 44; OLG Naumb NJW-RR 2003, 676; OLG Düss NVersZ 2000, 579; strenger OLG Hamm NJW-RR 2004, 1264. Freilich muss der Fahrer die Irritation durch das Tier beweisen, OLG Naumb NJW-RR 2003, 676. Solange der Versicherer nicht das Fehlen des vom Versicherungsnehmer behaupteten Wildunfalls beweist, haftet er, OLG Hamm NJW-RR 2008, 900. Auch → „– (Bremsen)".

– **(Trunkenheit):** → „– (Alkohol)".

– **(Überholen):** Ein AnschBew gegen den Hintermann besteht auch dann, wenn der Vordermann überholt hat. Freilich ist der Entlastungsbeweis eines verkehrswidrigen Überholens zulässig, OLG Düss VersR 1976, 298 (beim scharfen Wiedereinscheren wegen eines Hindernisses).

– **(Übermüdung):** → „– (Baum)".

– **(Unfallflucht):** Sie kehrt die BewL nicht stets um, OLG Ffm MDR 2010, 1317.

– **(Unfallmanipulation):** Maßgeblich ist die Werthaltigkeit der Beweisanzeichen, BGH NJW 2020, 1072; OLG Naumb NJW-RR 2015, 23; KG MDR 2008, 971. Es kommt auf die Umstände an, OLG Ffm NJW-RR 2018, 539; OLG Schlesw NJW-RR 2017, 731; OLG Celle NZV 2016, 275; OLG Hamm VersR 2008, 1233.

– **(Unfallschock):** Wer ihn behauptet, muss ihn grds. beweisen, OLG Ffm NVersZ 2001, 321. Je nach Fallgestaltung ist ein AnschBew möglich.

– **(Ursächlichkeit):** Der Geschädigte ist für die Ursächlichkeit der Fahrweise des Gegners bewpfl., OLG Saarbr NZV 2018, 218, wobei ihm ein Anscheinsbeweis zu Gute kommen kann.

– **(Vandalismus):** Der Versicherer muss beweisen, dass der Schaden nicht auf Handlungen Betriebsfremder beruht, OLG Köln VersR 2008, 1389.

– **(Verletzung):** Es besteht nicht stets ein AnschBew dafür, dass die gleich nach dem Unfall im Krankenhaus festgestellten Verletzungen Unfallfolgen sind. Auch → „– (Schutzhelm)", → „– (Sicherheitsgurt)".

– **(Versicherung):** Es gelten neben den allgemeinen Regeln die folgenden speziell verkehrsrechtlichen Aspekte.

(2) – **(Versicherung: Angehörige):** → „– (Versicherung: Fahrzeugschlüssel)“.
– **(Versicherung: Diebstahl):** An den Nachweis eines Diebstahls darf man zwar keine überspannten Anforderungen stellen. Zum Nachweis des äußeren Bildes eines kaskoversicherten Kfz-Diebstahls reicht der Nachweis eines bloßen „Rahmensachverhalts“ allerdings nicht aus, BGH NJW-RR 2002, 671; OLG Celle VersR 2016, 110.
– **(Versicherung: Fahrerlaubnis):** Der Versicherungsnehmer ist dafür bewpfl., dass das Fehlen seiner Fahrerlaubnis nicht ursächlich war, OLG Nürnb MDR 2002, 1309; OLG Köln VersR 1977, 537. Er muss beweisen, dass der ohne Fahrerlaubnis unberechtigter Fahrer war, BGH NJW-RR 1988, 341.
– **(Versicherung: Fahrzeugschlüssel):** Der Versicherer muss besondere Umstände beweisen, nach denen der Halter den Fahrzeugschlüssel auch vor Angehörigen sichern musste, Hamm VersR 1983, 871. Auch „– (Versicherung: Diebstahl)“
– **(Versicherung: Fahrzeugwert):** Der Versicherer ist für einen höheren Restwert als den erzielten Kaufpreis bewpfl., BGH NJW 2005, 3134.
– **(Versicherung: Kaufpreis):** → „– (Versicherung: Fahrzeugwert)“.
– **(Versicherung: Krankentagegeld):** Der Versicherungsnehmer muss die Arbeitsunfähigkeit voll beweisen, OLG Karlsr NJW-RR 2012, 1498.
– **(Versicherung: Parken):** Bei der streitigen Behauptung des Halters, der Schaden sei während eines Parkens entstanden, keine Abweichung von den sonstigen Regeln zur BewL, OLG Saarbr NJW-RR 2015, 593.
– **(Versicherung: Reifen):** Der Versicherungsnehmer und bei der Direktklage der Geschädigte nach BGH VersR 1987, 37 sind dafür bewpfl., dass eine Gefahrerhöhung zB durch abgefahrene Reifen oder mangelhafte Bremsen keinen Einfluss auf den Eintritt des Versicherungsfalls und den Umfang der Leistung gehabt hat, BGH NJW 1978, 1919.
– **(Versicherung: Unstimmigkeit):** Eine Unstimmigkeit kann den AnschBew eines Unfalls entkräften, KG VersR 2003, 610; OLG Ffm VersR 2002, 476. Auch → „– (Versicherung: Diebstahl)“.
– **(Versicherung: Vorsatz):** Der Versicherer ist für den Vorsatz eines Versicherten bewpfl., OLG Karlsr NJW-RR 2016, 149; OLG Kblz NJW-RR 2004, 113; vgl. auch BGH NJW 1981, 684.
– **(Versicherung: Vorschaden):** Der Versicherungsnehmer ist für die Abgrenzung des Neuschadens bewpfl., OLG Kblz VersR 2010, 246.
– **(Versicherung: Widersprüchlichkeit):** → „– (Versicherung: Unstimmigkeit)“.
– **(Versicherung: Wildschaden):** Der Versicherungsnehmer ist dafür bewpfl., dass bei einer Kaskoversicherung der Unfall durch Haarwild entstand, OLG Jena NJW-RR 1999, 1258 (Ausweichschaden). Eine Schreckreaktion vor plötzlich auftauchendem Kleinwild lässt nicht zwingend auf grobe Fahrlässigkeit schließen, OLG Zweibr NVersZ 2000, 34.
– **(Vorfahrt):** Ein AnschBew spricht für ein Verschulden desjenigen, der die Vorfahrt verletzt, BGH NJW 1982, 2668, OLG Dresden BeckRS 2021, 18999, zB an einer Kreuzung, KG NZV 2002, 79; Rebler MDR 2015, 622, oder an einer BAG-Einfahrt, KG NZV 2008, 244. Dieser AnschBew lässt durch den Beweis eines wesentlich überhöhten Tempos des Vorfahrtberechtigten entkräften, OLG Köln VersR 1988, 859, nicht aber dann, wenn der Wartepflichtige das erlaubte Tempo auf der Vorfahrtsstraße noch nicht erreichte, LG Hmb NZV 2015, 132. Zur Unklarheit, ob der Bevorrechtigte beim Beginn des gegnerischen Einbiegens sichtbar war, OLG Mü VersR 1998, 733.
– **(Vorschaden):** Steht fest, dass nicht sämtliche Schäden auf diesem Unfall beruhen, ist der Geschädigte dafür bewpfl., dass kein Vorschaden vorlag, OLG Kblz VersR 2010, 246; KG NJW 2008, 1006; OLG Köln VersR 1999, 865.
– **(Wartepflicht):** Der Wartepflichtige ist für die Mitschuld des Vorfahrtberechtigten bewpfl., OLG Düss VersR 1983, 1164; KG VersR 1977, 651; Rebler MDR 2015, 622. Auch → „– (Vorfahrt)“, ferner bei den einzelnen Situationen einer Wartepflicht.
– **(Waschanlage):** Wegen des Herausspringens des Wagens aus einer Waschanlage LG Bln VersR 1983, 840; LG Darmst VersR 1978, 1047. Der bei einer Beschädigung des Kundenwagens in einer Waschanlage dem Unternehmer obliegende Entlastungsbeweis lässt sich nicht schon durch den Hinweis auf die Vollautomatik führen, LG Bayreuth NJW 1982, 1766. Für Fehler der Bedienung ist der Kunde bewpfl., LG Bochum NJW-RR 2004, 963. Vgl. auch BGH NJW 2018, 2956.
– **(Wenden):** Der Wender ist für ein korrektes Manöver bewpfl., AG Frankenth NJW-RR 2017, 1440. Der mit der rechten Vorderecke Aufprallende ist kein Auffahrer, KG NZV 2008, 623. Ein überhöhtes Tempo des Entgegenkommers kann, muss aber nicht den AnschBew gegen den Wender entkräften, BGH NJW-RR 1986, 384. Beim Auffahren eines anderen besteht nicht stets ein AnschBew gegen den Wender, OLG Düss VersR 2016, 675.
– **(Windböe):** Bei Windstärke 9 spricht ein AnschBew für diese Ursache des Umfallens eines nur im Plastiksockel verankerten Verkehrsschilds, LG Bln NJW-RR 2004, 169.

Krankenhaus: Der Träger ist dafür bewpfl., dass der Patient wirksam in eine kunstgerechte Behandlung eingewilligt hat. Der Träger ist auch dafür bewpfl., dass die Behandlung kunstgerecht war, „lege arte“. Der Träger ist dafür bewpfl., dass ein Fehler bei der Zubereitung einer Infusionsflüssigkeit nicht auf einem ihm zurechenbaren Organisations- oder Personalverschulden beruht, BGH NJW 1982, 699. Der Träger ist neben dem verantwortlichen Arzt dafür bewpfl., dass das Personal den Patienten sorgfältig und richtig im Bett gelagert hatte, OLG Naumb NJWE-VHR 1997, 63, oder beim Einschieben in den Transportwagen, OLG Hamm MDR 2006, 1228, oder auf dem Operationstisch und dass die Operateure das kontrolliert haben, BGH NJW 1984, 1403. Bei einer extrem seltenen unvorhersehbaren Anomalie kann die Notwendigkeit eines solchen Entlastungsbeweises entfallen, BGH NJW 1995, 1618. Der Träger kann dafür bewpfl. sein, dass Fehler irgendwelcher Angehörigen des Pflegepersonals für die Infektion nicht ursächlich waren. Ein Therapieversuch einer Krankenschwester kann als eine grobe Fehlbehandlung zur Haftung des Krankenhausträgers führen, OLG Kblz VersR 2009, 833; OLG Stgt NJW 1993, 2384 (Verstellen eines Tropfes). Mängel des **Krankenblatts** können den Patienten von seiner etwaigen BewL befreien und diese umkehren. Ein gestürzter Patient ist dafür bewpfl., dass der grds. zugelassene Boden übermäßig glatt war, OLG Köln VersR 1977, 575. Zur BewL für die Ursächlichkeit zwischen einem Organisationsmangel und dem Nichtzustandekommen eines wirksamen Patiententestaments BGH NJW 1989, 2945. Auch → „Arzt“.

Kreditkarte: → „Bankrecht". (2)

Kündigung: Der Kündigende ist für die Wirksamkeit grds. bewpfl., KG NJW-RR 1997, 1059. Wer die Vereinbarung einer anderen als der gesetzlichen Kündigungsfrist behauptet, ist dafür bewpfl. Der Unternehmer ist dafür bewpfl., dass seine Kündigung zuging, insbesondere zu einem bestimmten Datum, LAG Brem BB 1986, 1992, und dass sie auch nach §§ 89a I, 90a II 2 HGB berechtigt war. Dabei ist eine BewLUmkehr im Formularvertrag unwirksam.

Lagerung: Wie „Kommission", §§ 390, 417 I HGB. Wegen Braugerste BGH VersR 1975, 417. Der Lagerhalter muss darlegen, wie und wo er das Gut aufbewahrt und welche Sicherungsmaßnahmen er getroffen hat. Erst dann ist der Kunde für eine grobe Fahrlässigkeit bewpfl., BGH NJW-RR 1986, 1361. Der Einlagerer ist dann, wenn man auf seinen Wunsch von einer Auflistung des Lagergutes abgesehen hatte, dafür bewpfl., dass bestimmte Güter in bestimmter Menge in die Verwahrung des Lagerhalters kamen und dort auch verblieben, BGH NJW 1992, 367.

Leasing: Der Leasingnehmer ist für diejenigen Verhältnisse des Leasinggebers bewpfl., an denen sich im Versicherungsfall die Höhe der Neupreisentschädigung orientiert, OLG Karlsr VersR 1990, 1222. Der Umstand, dass der Leasingnehmer den Erhalt des geleasten Gegenstands vor dem Vertragsschluss bestätigte, schließt den Beweiswert als Quittung nicht aus, OLG Mü NJW-RR 1993, 123. Derjenige Leasinggeber, der sich mit einer Vollstreckungsabwehrklage nach § 767 gegen die Zwangsvollstreckung aus einer Sicherungsgrundschuld wehrt, muss beweisen, dass der Sicherungszweck der Grundschuld nicht seinen Anspruch auf eine Nutzungsentschädigung erfasst, BGH NJW 1991, 1746.

Leibrente: Wer sich auf ihre Sittenwidrigkeit beruft, ist bewpfl., BGH NJW 2009, 842 (zust. Bergschneider FamRZ 2009, 202).

Leihe: Bei § 599 BGB ist der Schuldner dafür bewpfl., dass er die Unmöglichkeit der Leistung oder die Leistungsverzögerung nicht vertreten muss. Der Verleiher ist für die Voraussetzungen seines Kündigungsrechts nach § 605 BGB bewpfl., OLG Köln NJW-RR 2000, 152.

Leistungsbestimmungsrecht: Der Gläubiger ist nach §§ 315, 316 BGB dafür bewpfl., dass seine Bestimmung der Billigkeit entspricht, BGH NJW 2011, 212; NJW 2003, 3131.

Luftfahrzeug: Die Regeln zum Kraftfahrzeug sind nicht ohne weiteres anwendbar. Beim Leistungsausschluss ist der Versicherer dafür bewpfl., dass der Versicherte gar kein Fluggast war, BGH NJW-RR 1999, 1473.

Makler: Es gibt viele Aspekte.

– **(Angebot):** Der Makler ist für den Zugang seines Angebots bewpfl., BGH NJW 1998, 2277 (evtl. Beweiserleichterungen). Auch → „– (Mehrheit von Angeboten)".

– **(Auftragsgemäßheit):** Der Makler ist dafür bewpfl., auftragsgemäß tätig geworden zu sein, Grüneberg/Retzlaff BGB § 652 Rn. 55.

– **(Auftragsumfang):** Der Makler ist bewpfl. dafür, dass sein Auftrag nur den von ihm behaupteten Umfang hatte, BGH NJW-RR 1990, 628.

– **(Dritter):** Haben die Partner für den Fall der Weitergabe an einen Dritten einen Schadensersatzanspruch des Maklers vereinbart, muss dieser die anspruchsbegründenden Umstände beweisen, OLG Mü NJW-RR 1995, 1525 (innerhalb eines Konzerns).

– **(Höhe der Vergütung):** Bei § 653 II BGB ist der Makler dafür bewpfl., dass die Parteien die vom Auftraggeber behauptete niedrigere Vergütung nicht vereinbart hatten, so dass die höhere übliche als vereinbart gilt, BGH NJW 1982, 1523. Jedoch muss der Auftraggeber eine nachträgliche Herabsetzung beweisen, BGH NJW 1982, 1523.

– **(Kapitalanlagevermittler):** S. dort.

– **(Mehrheit von Angeboten):** Bei einem gleichzeitigen Zugang mehrerer Angebote ist der Makler dafür bewpfl., dass gerade sein Angebot (mit-)ursächlich war, BGH NJW 1979, 869.

– **(Nachweisbestätigung):** Der Makler ist bewpfl. zur Wirkung einer Nachweisbestätigung, LG Potsd ZMR 2007, 708.

– **(Provisionsausschluss):** Der Auftraggeber ist dafür bewpfl., dass einer derjenigen Umstände usw. vorliegt, aus denen ein Makleranspruch trotz Vertragsabschluss, Maklertätigkeit und Erfolgsursächlichkeit wegen § 2 II, III WoVermG nicht besteht.

– **(Provisionsvereinbarung):** Der Makler ist für eine Provisionszusage des Kunden bewpfl., LG Oldb ZMR 2014, 335. Das gilt auch dann, wenn sich dieser unstreitig an ihn gewandt hatte, OLG Hamm BB 1989, 873.

– **(Stillschweigende Vereinbarung):** Bei § 653 I BGB muss der Makler beweisen, dass solche Umstände usw. vorlagen, nach denen der Auftraggeber seine Vermittlung nur gegen eine Vergütung erwarten konnte, BGH NJW 1981, 1444. Der Auftraggeber muss dann beweisen, dass die Parteien eine Unentgeltlichkeit der Vermittlung vereinbart haben, BGH NJW 1987, 2742.

– **(Ursächlichkeit):** Der Makler ist grds. bewpfl. für die Ursächlichkeit seiner Bemühungen, OLG Hmb MDR 2001, 24. Es kann aber dafür ein AnschBew dann bestehen, wenn ein Vertragsabschluss nach angemessener Zeit folgt, BGH NJW 2006, 3062 (bis 1 Jahr); OLG Bbg OLGR 2003, 129. Dann muss der Auftraggeber das Fehlen einer Ursächlichkeit beweisen, BGH NJW 2008, 651. Auch → „– (Mehrheit von Angeboten)".

– **(Vertragsabschluss):** Der Makler ist für den Abschluss des von ihm vermittelten oder eines gleichwertigen Vertrags bewpfl., BGH NJW 1998, 2277 (evtl. Beweiserleichterungen).

– **(Verwirkung):** Bei § 654 BGB ist grds. der Auftraggeber bewpfl., BGH NJW-RR 1992, 110. Soweit aber der Makler Vorteile daraus ableiten will, dass der Kunde ihn aus der Treuepflicht entlassen habe, ist der Makler für eine endgültige Absage des Auftraggebers bewpfl., BGH NJW-RR 1992, 110.

– **(Vorkenntnis):** Die Vorkenntnisklausel begründet lediglich eine widerlegbare Beweisvermutung. Der Gegner des Maklers muss die eigene Vorkenntnis beweisen. Es kann für eine trotzdem vorhandene Mitursächlichkeit der Maklertätigkeit eine tatsächliche Vermutung bestehen, BGH WM 1978, 885.

Mangel: → „Kauf".

Marke: Der vom Markeninhaber belangte Dritte ist für die Erschöpfung des Markenrechts grds. bewpfl., EuGH GRUR 2003, 512 (auch zu den Grenzen; zust. Müller GRUR 2003, 668); KG ZVertriebsR 2016, 261. Der Markeninhaber muss evtl. beweisen, dass er die Originalware des Verletzers in den Verkehr gebracht hatte, BGH NJW-RR 2004, 254. Der Anmelder ist nicht für die Absicht bewpfl., eine entsprechende Ware ins

(2) Sortiment aufzunehmen, BGH NJW 1975, 1223 (zum alten Recht). Zu § 24 MarkenG BGH ZVertriebsR 2012, 188; OLG Hmb GRUR-RR 2002, 328. Wegen der BewL im Löschungsverfahren vgl. § 55 III MarkenG. Man muss beweisen, dass man die Ware mit einer Zustimmung des Markeninhabers in den Verkehr brachte, OLG Düss GRUR-RR 2011, 323.

Mehrwertsteuer: Der Gläubiger ist dafür bewpfl., dass die Mehrwertsteuer zu einem Preis hinzutreten sollte, OLG Karlsr BB 1992, 231.

Miete, Pacht: Die BewL bei der Vergütung lässt sich grds. wie beim Kaufpreis beurteilen.

Nachbarrecht: Wenn streitig ist, ob der eine Nachbarwurzel zurückschneidende gestörte Eigentümer den Störer benachrichtigt hat, damit dieser die restliche Standfestigkeit des Baumes sichern konnte, muss der Störer das Fehlen der Unterrichtung beweisen, OLG Köln VersR 1995, 665. Der Störer ist dafür bewpfl., dass ein Überhang nicht beeinträchtigt, BGH NZM 2005, 318. Bei einer objektiven Störung kann ein AnschBew für Verschulden mit der Folge einer BewL des Störers für Nichtverschulden vorliegen, BGH NJW 2011, 3294. Die bloße **Wahrscheinlichkeit** einer Beschädigung infolge Abrissarbeiten beim Nachbarn reicht **nicht,** OLG Düss NJW-RR 2017, 856.

Nachgiebige Vorschrift: Wenn die Partner eine gesetzliche Vorschrift unstreitig vertraglich ausgeschaltet haben oder wenn streitig ist, ob sie sie ausgeschaltet haben, ist derjenige bewpfl., der eine günstigere Regelung als die gesetzliche für sich beansprucht. Wenn der Kläger behauptet, er habe dem Bekl. 3 Monate Ziel bewilligt, muss der Bekl. ein längeres Ziel beweisen, weil er ja wenigstens diese 3 Monate zugesteht und nur noch mehr will.

Nachnahme: Der Versender hat für diese Versendungsart die BewL, BGH NJW 2006, 300. Nach ihrer Aushändigung muss der Zusteller die Nichtzahlung beweisen, LG Hann NJW-RR 1999, 1225.

Nettopreis: → „Mehrwertsteuer".

Nichtigkeit: Wer sich auf die Nichtigkeit des Vertrags beruft, muss die zugehörigen Tatsachen darlegen, und daher auch beweisen, BGH NJW 2003, 347 (auch bei Teilnichtigkeit). Bei einem objektiv krassen Missverhältnis zwischen Leistung und Gegenleistung lässt sich eine verwerfliche Gesinnung des Begünstigten auch ohne dessen Kenntnis der tatsächlichen Verhältnisse vermuten, soweit nicht besondere Umstände entgegenstehen, BGH NJW 2001, 1127.

Notar: Der Geschädigte muss **nicht** beweisen, dass dem Notar keine Rechtfertigung für eine schadensverursachende Amtshandlung zur Seite steht, BGH NJW 1985, 2028. Der Notar muss beweisen, dass eine Belehrung nicht (mehr) notwendig war. Ein Verstoß gegen § 13a I 2 BeurkG ändert die BewL nicht, BGH NJW-RR 2003, 1432. Zu § 17 IIa 2 Nr. 2 BeurkG BGH NJW 2015, 2646.

Notwehr: Der Notwehrer muss ihre Voraussetzungen beweisen, zB eine Unverhältnismäßigkeit der polizeilichen Mittel, BGH NJW 1976, 41; OLG Düss NJW-RR 1996, 22. Die BewL gilt bei jeder Schädigungshandlung, BGH NJW 2008, 571. Für eine Notwehrüberschreitung ist aber der Angreifer bewpfl., BGH NJW 1976, 41. Bei einer Putativnotwehr muss der angeblich Angegriffene die Entschuldbarkeit des Irrtums beweisen, BGH NJW 1981, 745.

Parteifähigkeit: § 56.

Patent: Technische Erfahrungssätze können die Ausführbarkeit oder den technischen Fortschritt für die Erteilung nach § 294 ausreichend glaubhaft werden lassen. Für die Erschöpfung der Patentrechte ist bewpfl., wer die Erschöpfung behauptet, BGH NJW-RR 2000, 569. Wer ein Gegenrecht behauptet, ist dafür bewpfl., BGH NJW 2002, 1276. Der Verletzer ist für die Unverhältnismäßigkeit einer Vernichtung bewpfl. OLG Düss GRUR-RR 2007, 259. Zum Europäischen Patent Ahrens GRUR 2017, 323.

Persönlichkeitsrecht: Es gelten die normalen Regeln BAG NJW 2009, 251.

Pfandrecht: Der Pfandnehmer hat die BewL für den Zugang der Verpfändungsanzeige beim Drittschuldner nach § 840, OLG Mü ZIP 2009, 330.

Pflichtteil: Die Entziehung richtet sich nach **§ 2336 III BGB.** Der Pflichtteilsberechtigte muss die Zugehörigkeit des umstrittenen Gegenstands zum Nachlass beweisen, BGH NJW 1984, 487. Er muss für einen Ergänzungsanspruch die Unentgeltlichkeit der früheren Verfügung beweisen, Keim FamRZ 2004, 1081. Freilich muss der Gegner das Gegenteil darlegen und bei einem groben Missverhältnis beweisen. Auch → „Erbrecht", → „Schenkung".

Preisbindung: Der nach § 9 II Nr. 1–4 BuchPrG Klageberechtigte ist für einen Verstoß gegen das G bewpfl.

Prozessfähigkeit: § 56.

Prozessstandschaft: Der Behauptende muss sie beweisen, BGH NJW 2011, 1667; OLG Kblz JurBüro 2012, 437.

Prozessvoraussetzungen: Sie unterliegen der BewL des Klägers, BGH NJW 2013, 1535; OLG Kblz NJW-RR 2008, 148.

Quittung: → „Bankrecht", → „Erfüllung", → „Leasing".

Rechtsanwalt: Wegen einer geringeren als der gesetzlichen Vergütung nach § 4 I 1 RVG ist der Auftraggeber bewpfl. Im Übrigen s. auch → „Schadensersatz".

Rechtsfähigkeit: Bewpfl ist der sie Bestreitende, BGH NJW 1986, 2194, → „Handlungsunfähigkeit".

Rechtsgeschäft: Es gibt zahlreiche Einzelfragen.

– **(Abschluss):** Wer den Abschluss eines Rechtsgeschäfts behauptet, behauptet auch die gewöhnliche Rechtsfolge. Den Abschluss muss der Behauptende beweisen. Auch → „– (Willensmangel)".
– **(Erklärung):** Rechtsgeschäftliche und bloß tatsächliche Erklärungen haben eine unterschiedliche Beweiskraft, BGH NJW 1989, 2060.
– **(Handelsbrauch):** s. dort.
– **(Kaufmännisches Bestätigungsschreiben):** Bei ihm ist der Absender dafür bewpfl., dass und wann dieses zugegangen ist, BGH NJW 1978, 886. Der Empfänger ist bewpfl., warum es nicht gilt, insbesondere wegen einer erheblichen Abweichung von früheren Vereinbarungen oder wegen bewusster Unrichtigkeit oder wegen eines Widerspruchs. Insofern ist er jedoch dann nicht bewpfl., wenn er weder Kaufmann ist noch wie ein solcher aufgetreten ist.
– **(Leistungsbestimmung):** Der nach §§ 315, 316 BGB Bestimmungsberechtigte ist dafür bewpfl., dass die Bestimmung angemessen ist und der Billigkeit entspricht, BGH NJW 2011, 212; NJW 2003, 3131.
– **(Nebenabrede):** → „– (Schriftform)".

– **(Nichtigkeit):** s. dort. (2)
– **(Rechtzeitigkeit):** Die Rechtzeitigkeit der Annahme eines Antrags oder Angebots muss der sie Behauptende beweisen.
– **(Scheingeschäft):** Wer es behauptet, ist bewpfl.
– **(Schriftform):** Wer ihre Einhaltung behauptet, ist bewpfl. Wer eine Einigung über eine Abweichung vom schriftlichen Vertrag behauptet, muss sie beweisen, BGH NJW 1999, 1702. Haben die Parteien eine solche Nebenabrede zu einem beurkundungsbedürftigen Rechtsgeschäft getroffen, die sie nicht mitbeurkunden wollten, ist die grundsätzliche Vermutung der Richtigkeit und Vollständigkeit der diese Abrede nicht enthaltenden Vertragsurkunde entkräftet, BGH NJW 1989, 898.
– **(Stellvertretung):** S. dort.
– **(Verpfändung):** Zur BewL für die Bösgläubigkeit einer Pfandkreditanstalt bei einer Verpfändung zB von Teppichen BGH NJW 1982, 38.
– **(Vertrag):** S. dort.
– **(Vertragsänderung):** Ihren Inhalt und Umfang muss grds. derjenige beweisen, der aus ihr ein Recht herleitet, BGH NJW 1995, 49. Der Absender muss ferner beweisen, dass vorher Verhandlungen stattfanden. Auch → „– (Schriftform)", → „– (Vertragszusatz)".
– **(Vertragszusatz):** Wer ihn behauptet, muss ihn beweisen, BGH NJW 1977, 384. Auch → „– (Vertragsänderung)".
– **(Willensmangel):** Der ihn Behauptende muss ihn beweisen. Auch → „– (Abschluss)".

Rechtschein: Wer sich auf ihn beruft, ist für ihn bewpfl., ferner auch dafür, dass der Rechtsschein für sein rechtsgeschäftliches Handeln ursächlich war. Letzteres muss man allerdings meist nach der Erfahrung des täglichen Lebens annehmen. Wer Rechtscheinsfolgen nicht gegen sich gelten lassen will, ist bewpfl. zB dafür, dass sein Partner eine Haftungsbeschränkung trotz eines Verstoßes gegen § 4 II GmbHG kannte oder dass der Verstoß für den Schaden nicht ursächlich war. Auch → „Stellvertretung".

Rechtschutzbedürfnis: → „Prozessvoraussetzungen".

Rechtschutzversicherung: → „Versicherung".

Rechtswidrigkeit: Bei der unerlaubten Handlung muss grds. zunächst der Verletzte die Rechtswidrigkeit beweisen. Der Verletzer muss anschließend einen Rechtfertigungsgrund beweisen.

Reisegepäckversicherung: → „Schadensersatz".

Reisevertrag: Wenn viele an demselben Essen erkrankten, muss der Veranstalter beweisen, dass seine Reiseverpflegung nicht ursächlich war, LG Hann NJW-RR 1989, 633. Der Reisende muss eine erforderliche Mängelanzeige beweisen, BGH NJW 1985, 132. Der Reiseveranstalter, der sich auf die Entlastungsmöglichkeit des § 651f I beruft, muss seine Schuldlosigkeit beweisen, BGH NJW 2005, 418. Der Veranstalter muss die Zumutbarkeit eines Ersatzangebots beweisen, BGH NJW 2005, 1047. Bei § 651e BGB ist der Reisende für das Kündigungsrecht bewpfl. Bei § 651f BGB muss der Reisende den Mangel beweisen. Zur Widerlegung der Vermutung nach § 651f I BGB Celle NJW-RR 2015, 1463 (Insektenschaden). Derjenige Veranstalter, der sich auf Verjährung beruft, ist für denjenigen Zeitpunkt bewpfl., zu dem eine nach § 651g II 3 BGB eingetretene Hemmung endete, LG Düss NJW 2001, 1872.

Rennsport: Zur BewL der Rennleitung wegen des Fehlens sofortiger Hindernisbeseitigung BGH VersR 1987, 1148.

Rückforderung: Der Rückfordernde hat die BewL, OLG Karlsr ZVertriebsR 2017, 377.

Saldo: → „Bankrecht".

Schadensersatz: Es gibt zahlreiche Aspekte:

(Amtspflichtverletzung): Der Kläger ist für die objektive Verletzung und ihre Ursächlichkeit bewpfl. (Ausnahmen bestehen bei einer Beratungspflicht, s. unten), BGH NJW 2011, 1072; OLG Köln MDR 1993, 630. Er muss auch wegen § 839 I 2 BGB beweisen, dass er keine andere Ersatzmöglichkeit hatte, Rohlfing MDR 2010, 237. Der Beamte muss sodann seine Schuldlosigkeit beweisen, OLG Karlsr MDR 1990, 722. Auch → „Ursächlichkeit". Bei einer Amtshaftung kann eine Umkehr der BewL infrage kommen, BGH NVwZ 2017, 251, und auch § 287 anwendbar sein, BGH NJW 1995, 2344. Es gibt keinen AnschBew, soweit andere Vorkehrungen ausreichten, BGH MDR 2008, 207.

– **(Anerkenntnis):** Ein außergerichtliches Anerkenntnis kann die BewL umkehren, BGH NJW 1976, 1259. Eine Zahlung ohne Anerkenntnis einer Rechtspflicht kehrt die BewL nicht um.
– **(Anwalt):** Dazu Jungk AnwBl 2013, 142 (Grdz.). Der Kläger muss diejenigen Tatsachen beweisen, die er in dem anderen Prozess auch hätte beweisen müssen, BGH NJW-RR 1987, 898, und zwar auch negative Tatsachen, BGH NJW 1985, 264. Man darf die Anforderungen an die BewL des Auftraggebers für eine Unterlassung eines notwendigen Verhaltens des Anwalts nicht überspannen, Lange VersR 2007, 36. Es gibt keinen AnschBew für ein einwandfreies Anwaltsverhalten, aber auch keinen dagegen.
– **(Anwalt: Aufklärungspflicht):** Es gibt einen AnschBew weder für noch gegen einen Verstoß gegen eine Aufklärungspflicht des Anwalts, BGH NJW-RR 1987, 869; vgl. auch BGH NJW 2004, 1521.
– **(Anwalt: Beratung):** Es kommt nicht darauf an, ob der Auftraggeber einem pflichtwidrigen Anwaltsrat folgte oder aus eigenem Antrieb handelte, sondern darauf, wie er sich bei einer richtigen Beratung verhalten hätte, BGH NJW-RR 2007, 500; OLG Düss AnwBl 2011, 297. Ein AnschBew kommt dem Auftraggeber dann zugute, wenn bei einer vertragsgemäßen Beratung eigentlich nur ein bestimmtes Verhalten des Auftraggebers nahegelegen hätte, BGH NJW-RR 2004, 1210. Das setzt keine bestimmte Empfehlung des Anwalts voraus, BGH NJW 1993, 3259 (zust. Baumgärtel JR 1994, 466). Zum Problem beratungsgerechten Verhaltens des Auftraggebers Hennig VersR 2014, 922 (ausf.).
– **(Anwalt: Beratungs- oder Prozesskostenhilfe):** Der Anwalt ist bewpfl. dafür, dass derjenige Auftraggeber, den er nicht genug über die Möglichkeiten einer solche Hilfe beraten hatte, trotzdem zu den gesetzlichen Gebühren des RVG abgeschlossen hätte, Schneider MDR 1988, 282, und dass der Prozess trotz des Anwaltsfehlers zum Nachteil des Auftraggebers hätte ausgehen müssen, BGH NJW 2005, 3071 (krit. Römermann BB 2005, 1813).
– **(Anwalt: Beweismittel):** Das Gericht kann auch diejenigen Beweismittel verwerten, die das Gericht in dem durch ein Verschulden des Anwalts unterbliebenen Prozess nicht hätte berücksichtigen dürfen, BGH NJW 1987, 3255. Zum Problem OLG Celle NJW-RR 2006, 346.

(2) – **(Anwalt: Einwand):** Der Kläger braucht nicht zu beweisen, dass seinem Anspruch kein Einwand entgegengestanden hätten. Letzteres ist vielmehr Sache des Bekl.

– **(Anwalt: Erstinformation):** Der Anwalt muss beweisen, dass er sich nicht mit ihr begnügt hat, OLG Düss NZM 2011, 852.

– **(Anwalt: Fehler):** Der Anwalt muss beweisen, welche Ratschläge er erteilt hatte und wie der Auftraggeber reagierte, OLG Düss AnwBl 2011, 297. Der Auftraggeber ist dafür bewpfl., dass der Fehler des Anwalts vorlag und dass dieser Fehler auch gerade für seinen Schaden ursächlich war, BGH NJW-RR 2004, 1649; OLG Karlsr VersR 2003, 327. Das gilt auch dann, wenn er keinen Einblick in die Hintergründe hat, BGH NJW 1999, 2437; OLG Kblz VersR 2001, 1026 (auch zu den Grenzen).

– **(Anwalt: Gerichtsentscheidung):** Es kommt nicht darauf an, wie das Gericht entschieden hätte, sondern darauf, wie es hätte entscheiden müssen, BGH NJW 2005, 3071; OLG Düss VersR 1988, 522; OLG Hamm NJW-RR 1995, 526.

– **(Anwalt: Prozesskostenhilfe):** → „– (Anwalt: Beratungs- oder Prozesskostenhilfe)".

– **(Anwalt: Schuldlosigkeit):** Der Anwalt ist für seine Schuldlosigkeit bei einer objektiven Pflichtverletzung bewpfl., BGH NJW 2002, 292.

– **(Anwalt: Sozietät):** Der aus der Sozietät Ausgeschiedene haftet, solange er nicht alles ihm Zumutbare zur Tilgung seines Namens aus dem Praxisschild und dem Briefkopf des Verbliebenen tat, BGH NJW 1991, 1225.

– **(Anwalt: Vergleich):** Der Anwalt muss eine umfassende Beratung beweisen, OLG Düss AnwBl 2011, 299. Der Auftraggeber ist dafür bewpfl., dass der Anwalt einen Vergleich vorwerfbar für ihn nachteilig abgeschlossen hat, OLG Köln VersR 1997, 619.

– **(Anwalt: Verhalten des Auftraggebers):** Der Anwalt mag eine solche Tatsache beweisen können, die für eine atypische Reaktion des Auftraggebers spricht, BGH NJW 1993, 3259 (zust. Baumgärtel JR 1994, 466).

– **(Anwalt: Zurechnungszusammenhang):** Der erforderliche Zurechnungszusammenhang besteht nur dann, wenn ein vertragsgemäßes Anwaltsverhalten geeignet gewesen wäre, eine gerichtliche Fehlentscheidung zu vermeiden.

– **(Arglist):** Der Bekl. ist dafür bewpfl., dass die von ihm im Vorprozess vernichtete Urkunde einen anderen Inhalt als den jetzt vom Kläger behaupteten hatte. Für die Täuschung ist bewpfl., wer sie behauptet, OLG Köln NJW-RR 1992, 908. Der Kläger ist bewpfl. auch für die Ursächlichkeit der Täuschung für seinen Schaden.

– **(Aufsichtspflicht):** An den Entlastungsbeweis nach § 832 I 2 BGB muss man strenge Anforderungen stellen, BGH NJW 1984, 2574.

– **(Betrug):** → „– (Täuschung)".

– **(Brandstiftung):** Sprechen alle Anzeichen zB gegen eine Brandstiftung durch einen Dritten, muss der Versicherungsnehmer den AnschBew der eigenen Brandstiftung entkräften, LG Arnsb VersR 1988, 794. Zur sog. Eigenbrandstiftung OLG Kblz VersR 2010, 110.

– **(Diebstahl):** Man darf keine überspannten Anforderungen an den Bestohlenen stellen, BGH NJW-RR 1991, 737; NJW-RR 1991, 738; OLG Düss VersR 2000, 225 (je: Nachschlüsseldiebstahl); OLG Hamm NJW-RR 2000, 1049 (Art der Entwendung unklar); strenger BGH NJW 1993, 1014 (der Versicherungsnehmer hatte ein Kfz einem Dritten überlassen); OLG Mü NJW-RR 2003, 678 (Autovermieter behauptet Verschwinden des Wagens beim Autopflegedienst). Die **objektiven Umstände** müssen aber auf einen Einbruch, Raub usw. schließen lassen, damit man einen entsprechenden AnschBew annehmen kann, BGH NJW-RR 2009, 605; OLG Hamm VersR 2010, 105; OLG Köln VersR 1994, 420.

– **(Diebstahl: Äußeres Bild):** Das äußere Bild eines Versicherungsfalls muss vorliegen, BGH NJW-RR 2015, 1247 (keine „Stimmigkeit" nötig); OLG BrdB BeckRS 2022, 10346; OLG Hamm NJW-RR 2018, 33; OLG Köln NJW-RR 2001, 1176 (die bloße Anzeige reicht nicht); OLG Düss VHR 1996, 79 (Schlüsselgutachten); OLG Köln VersR 1995, 41; OLG Nürnb VersR 1995, 1089 (je: beim Kfz-Diebstahl müssen alle Schlüssel vorliegen oder plausibel fehlen). Das reicht dann auch beim Fehlen eines typischen Geschehensablaufs aus, BGH NJW-RR 1993, 797; OLG Hamm VersR 1993, 220. Dazu muss aber der Versicherungsnehmer zB beweisen, dass er das Kfz an bestimmter Stelle abgestellt und dann nicht dort wiedergefunden hat, BGH NJW-RR 2002, 671; OLG Hamm VersR 2012, 1165; KG NJW 2011, 1975, oder dass und wie der Täter in den Besitz eines passenden Schlüssels gekommen war, OLG Hmb VersR 1995, 207. Es kommt auf seine Glaubwürdigkeit an, BGH NJW 1996, 1348; OLG Hamm VersR 2010, 105; OLG Düss NJW-RR 2006, 1263. Ein AnschBew zugunsten des Bestohlenen ist nicht erforderlich, BGH NJW-RR 1987, 537. Eine eingeschlagene Seitenscheibe reicht nicht stets, OLG Hamm VersR 2012, 1165.

– **(Diebstahl: Auslandsfall):** Zum AnschBew beim Kfz-Diebstahl im Ausland OLG Stgt VersR 1983, 29.

– **(Diebstahl: Brand):** Wegen des auf einen Diebstahl folgenden angeblichen Brandes OLG Brem VersR 1986, 434.

– **(Diebstahl: Eigentum):** Der AnschBew eines Diebstahls lässt sich bei unrichtigen Angaben zum Eigentum und seiner Finanzierung entkräften, OLG Ffm VersR 1997, 1351.

– **(Diebstahl: Einbruchsschaden):** BGH NJW-RR 1995, 1174; OLG Hamm NJW-RR 2004, 1401; OLG Brem VersR 1981, 1169.

– **(Diebstahl: Einbruchsspuren):** Mangels solcher Spuren muss der Geschädigte beweisen, dass unversicherte Begehungsweisen praktisch ausscheiden, OLG Karlsr MDR 2006, 514.

– **(Diebstahl: Grobe Fahrlässigkeit):** Steht ein Einbruchsdiebstahl fest, ist der Versicherer für eine grobe Fahrlässigkeit des Versicherungsnehmers bewpfl. Auch → „Versicherung".

– **(Diebstahl: Flucht):** Die Regeln zum Verbot einer Überspannung gelten insbesondere dann, wenn der Dieb entkam, BGH NJW-RR 1992, 920; OLG Hamm VersR 1991, 330; strenger noch BGH VersR 1977, 368; OLG Karlsr VersR 1977, 903. Das gilt auch beim Werkverkehr, OLG Hamm NJW-RR 2003, 251.

– **(Diebstahl: Haushalt):** Ob Haushaltsgegenstände aus einer Wohnung entwendet wurden, darf das Gericht dem Bestohlenen evtl. auch ohne einen Beweis glauben, solange seine Glaubwürdigkeit nicht durch

Anzeichen geschwächt ist, OLG Hamm VersR 1994, 48. Die sog. Nachtzeitklausel führt zur BewL des Versicherungsnehmers, AG Köln VersR 1988, 76. Auch → „– (Diebstahl: Nachschlüssel)". (2)

– **(Diebstahl: Kunst):** Der Bestohlene braucht nach einem Kunstdiebstahl nur zu beweisen, **dass,** nicht auch: **wie** das Ausstellungsstück aus einer Vitrine verschwand, OLG Köln NVersZ 2002, 234.

– **(Diebstahl: Nachschlüssel):** Steht ein Diebstahl von Haushaltssachen aus der Wohnung fest und liegt kein AnschBew für einen Einbruch oder ein Eindringen vor, kann ein AnschBew für einen Nachschlüsseldiebstahl bestehen bleiben, BGH NJW 1991, 2493. Dann kann im Übrigen der Versicherungsnehmer den erforderlichen Beweis dadurch erbringen, dass er alle nicht versicherten Regelungsmöglichkeiten ausschließt, OLG Hamm NJW-RR 2004, 1401; KG VersR 2004, 733; OLG Ffm NVersZ 2001, 36, oder dass er solche Umstände beweist, die nach der Lebenserfahrung mit hinreichender Wahrscheinlichkeit auf die Benutzung zB eines Nachschlüssels schließen lassen, BGH NJW-RR 1990, 607; OLG Köln NJW-RR 2006, 41. Aus einer Unklarheit lässt sich nicht stets ein Diebstahl zB mittels eines Nachschlüssels folgern, OLG Köln NJW-RR 2011, 1179; OLG Ffm VersR 1986, 1092. Es würde allgemein zu weit gehen, aus dem Fehlen vorher vorhandener Sachen stets auf einen Nachschlüsseldiebstahl zu schließen, OLG Hamm VersR 1980, 736. Auch bei ihm darf man die Anforderungen aber nicht überspannen, OLG Hamm VersR 1993, 694 (stellt auf Ungereimtheiten ab); OLG Düss VersR 1982, 765; OLG Köln VersR 1983, 1121. Auch → „– (Diebstahl: Äußeres Bild)", „– (Diebstahl: Haushalt)".

– **(Diebstahl: Persönliches Erscheinen):** Zur BewL bei § 141: OLG Hmb VersR 2000, 1272; OLG Mü VersR 1998, 1369.

– **(Diebstahl: Rückforderung):** Beweiserleichterungen zugunsten des „Bestohlenen" gelten nicht im Rückforderungsprozess zugunsten des Versicherers, BGH NJW 1993, 2678 (zust. Knoche MDR 1993, 1055).

– **(Diebstahl: Schadensminderung):** Der Dieb ist für einen schadensmindernden Umstand bewpfl., OLG Köln MDR 2006, 890.

– **(Diebstahl: Schlüsselverlust):** → „– (Diebstahl: Äußeres Bild)".

– **(Diebstahl: Tresor):** Der Beweis des Diebstahls eines Tresors ergibt noch keinen AnschBew für dessen Inhalt, BGH NJW 2007, 372.

– **(Diebstahl: Werkverkehr):** → „– (Diebstahl: Flucht)".

– **(Diebstahl: Widerspruch):** Der AnschBew eines Diebstahls lässt sich bei einem Widerspruch in den Angaben des „Bestohlenen" entkräften, BGH NJW-RR 2002, 671.

– **(Gebäudebesitzer):** Bei § 836 BGB, mit seiner BewLUmkehrung, BGH NJW 1999, 2593, liegt kein AnschBew dafür vor, dass ein Rohrbruch seine Ursache in einer fehlerhaften Anlage oder Unterhaltung hatte, LG Heidelb VersR 1977, 47.

– **(Geldrente nach Tötung):** Bei § 844 II BGB ist der Geschädigte für die Leistungsfähigkeit des Getöteten bewpfl. Das Gericht muss sie nach § 287 prüfen.

– **(Klagefrist):** Der Versicherungsnehmer ist dafür bewpfl., dass er eine gesetzliche Klagefrist schuldlos versäumt hat, OLG Schlesw VersR 1982, 357.

– **(Mahnpauschale):** Der Verwender muss beweisen, dass sie dem typischen Schadensumfang entspricht, OLG Hmb NJW 2015, 85.

– **(Manöverschaden):** BGH NJW 1994, 2696.

– **(Notar):** Gegen einen Notar wegen der Verletzung einer Aufklärungs- und Belehrungspflicht: Der Geschädigte ist grds. bewpfl., OLG Hamm VersR 1980, 683; vgl. auch BGH NJW 2000, 664. Allerdings kann § 287 anwendbar sein, BGH NJW 1992, 3237. Vgl. auch die Grdz. Riederer von Paar DNotZ 1985, 25 und → „Notar".

– **(Obliegenheit):** → „– (Verschulden)".

– **(Rauchen):** Zum „Rauchen im Bett" OLG Düss VersR 1983, 625.

– **(Rechtsbeistand):** → „– (Anwalt)".

– **(Schadensminderung):** Der Schädiger ist für eine Verletzung der Schadensminderungspflicht bewpfl., BGH VersR 1978, 182.

– **(Steuerberater):** → „– (Anwalt)". Vgl. BGH NJW 2004, 444.

– **(Steuerrecht):** Der Geschädigte ist dafür bewpfl., dass ihm kein Vorsteuerabzug möglich ist. Zur Anrechnung von Steuerersparnissen beim vom Geschädigten zu beweisenden Verdienstausfall BGH NJW 1987, 1814 (krit. Laumen JZ 1987, 575).

– **(Täuschung):** Es gibt zahlreiche Situationen.

– **(Täuschung: Brand):** Der Versicherer muss eine Täuschung durch den „Abgebrannten" beweisen, BGH VersR 1987, 277; OLG Kblz VersR 1998, 181; OLG Karlsr VersR 1995, 1088.

– **(Täuschung: Diebstahl):** Der Versicherer ist grds. bewpfl. für eine Täuschung durch den „Bestohlenen", BGH NJW-RR 1997, 152; OLG Hamm NJW-RR 2017, 872; OLG Köln NJW-RR 2014, 345 (erst recht nach Zahlung). Es kann für eine solche Täuschung ein AnschBew vorliegen. Er nötigt den Versicherten zum Vollbeweis der Entwendung, OLG Kblz VersR 2009, 214.

– **(Täuschung: Krankheit):** Der Versicherer ist grds. bewpfl. für eine Täuschung durch den „Kranken", OLG Hamm VersR 1984, 232.

– **(Täuschung: Rechnung):** Man kann einen AnschBew durch eine fingierte oder überhöhte Rechnung entkräften, OLG Düss NJW 1978, 830; OLG Mü VersR 1976, 1126.

– **(Täuschung: Späte Schadensanzeige):** Der Versicherungsnehmer kann den Kausalitätsgegenbeweis durch Ausräumen der Behauptungen des Versicherers führen, BGH NJW-RR 2001, 1031.

– **(Täuschung: „Bloßer Verdacht"):** Ein bloßer Verdacht nebst Strafverfahren gegen den später Freigesprochenen reicht nicht, BGH NJW-RR 1990, 446.

– **(Tier):** Es gibt eine Reihe von Gesichtspunkten.

– **(Tier: BAB-Unfall):** Man muss strenge Anforderungen an die Entlastungsmöglichkeit nach § 833 S. 2 BGB desjenigen stellen, dessen Bulle auf der BAB einen Unfall verursacht hat, OLG Hamm VersR 1982, 1009. Dasselbe gilt beim Entlastungsbeweis eines Reitlehrers, OLG Köln VersR 1977, 938.

– **(Tier: Diensthund):** § 833 S. 2 BGB mit seiner Haftungsbegrenzung beim Haustier gilt auch bei einem Diensthund, BGH NJW-RR 1995, 661.

– **(Tier: Infektion):** Zu denjenigen durch Importbienen OLG Ffm NJW 1985, 2425.

(2) – **(Tier: Karabinerhaken):** Ein AnschBew spricht für eine Untauglichkeit oder sonstige Fehlerhaftigkeit eines Karabinerhakens für ein Pferdegespann, das mit 18 Reisenden verunglückte, OLG Karlsr NJW 1989, 907.

– **(Tier: Miete):** Der Tiermieter ist gegenüber dem Tierhalter oder -vermieter dafür bewpfl., dass er selbst die erforderliche Sorgfalt eingehalten hat oder dass ein Mangel an Sorgfalt jedenfalls nicht für einen Schaden (mit)ursächlich war, OLG Düss NJW 1976, 2137.

– **(Tier: Mitverschulden):** Vgl. OLG Köln NJW-RR 2012, 1374.

– **(Tier: Sicherung):** Der Tierhalter muss zwar beweisen, dass seine Sicherungsmaßnahmen generell geeignet waren, nicht aber, wie das Tier die Sicherung überwinden konnte, LG Köln NJW-RR 2001, 1606.

– **(Tier: Tiergefahr):** Der Geschädigte ist bewpfl. für eine typische Tiergefahr und für deren Ursächlichkeit, Terbille VersR 1995, 129. Auch → „– (Tier: Sicherung)".

– **(Tier: Tierhalter):** Der Geschädigte ist bewpfl. für die Tierhaltereigenschaft des Bekl., Terbille VersR 1995, 129. Bei Versicherung nur für nichtgewerbliche Nutzung ist der Versicherer für gewerbliche bewpfl., OLG Hamm NJW-RR 2017, 1312. Ein AnschBew gilt auch hier, BGH NJW-RR 2017, 622.

– **(Tier: Ursächlichkeit):** Der Geschädigte ist bewpfl., AG Brdb NJW-RR 2018, 278 (Bienenstich).

– **(Tier: Verkehrsunfall):** Der Versicherungsnehmer ist für einen Zusammenstoß bewpfl., OLG Rostock NZV 2017, 91.

– **(Unfallschaden):** Der Berechtigte der Unfallversicherung muss den Unfall beweisen, OLG Köln NJW-RR 1995, 546; OLG Zweibr VersR 1984, 578. Der Kläger ist dafür bewpfl., dass zu den Folgen sein entgangener Gewinn zählt. Der Schädiger ist für eine Mitschuld nach § 254 BGB bewpfl., ebenso für die Verletzung einer Schadensminderungspflicht durch den Geschädigten, BGH VersR 1986, 705. Ein AnschBew für die Fehlerhaftigkeit eines Baugerüsts kann dann vorliegen, wenn der Gerüstbauer es erst kurz vor dem Unfall eines Bauarbeiters (Loslösung einer Strebe) errichtet hatte und wenn dieser es als erster betreten hat, OLG Köln VersR 1992, 704. Das Gericht darf aus unfalltypischen Schäden auf einen Unfall schließen, OLG Köln NJW-RR 2009, 1538. Ähnliches gilt beim gestellten Unfall, OLG Köln VersR 2014, 996. Zur BewL bei einer Gefahrerhöhung Honsell VersR 1981, 1094.

– **(Unstimmigkeit):** Sie kann den AnschBew eines Diebstahls entkräften, BGH NJW-RR 1987, 537; OLG Hamm NJW-RR 2004, 1401; OLG Köln NVersZ 2000, 35.

– **(Verkehrssicherungspflicht):** Der Geschädigte ist für sie grds. bewpfl., OLG Hamm MDR 2000, 85; OLG Brem VersR 1978, 873. Es gibt viele Einzelfragen.

– **(Verkehrssicherungspflicht: Bürgersteig):** Der Fußgänger ist bei einem Sturz auf einem erkennbar unebenen Bürgersteig bewpfl., OLG Ffm VersR 1979, 58.

– **(Verkehrssicherungspflicht: Dokumentation):** Ihre Mangelhaftigkeit führt zu Beweiserleichterungen zu Gunsten des Geschädigten, OLG Celle VersR 2004, 860.

– **(Verkehrssicherungspflicht: Eis):** → „– (Verkehrssicherungspflicht: Streupflicht)".

– **(Verkehrssicherungspflicht: Gefahrenabwehr):** Der Verkehrssicherungspflichtige kann darlegen müssen, ob und welche Maßnahmen er zur Gefahrenabwehr zB auf einem unebenen Bürgersteig getroffen hatte, OLG Mü VersR 1992, 320.

– **(Verkehrssicherungspflicht: Gefahrenbereich):** Liegt die Schadensursache im Gefahrenbereich des Verkehrssicherungspflichtigen, hat er die BewL dafür, dass seine Leute sich korrekt verhielten, OLG Drsd NJW-RR 2000, 761 (Pflegeheim).

– **(Verkehrssicherungspflicht: Laden):** Wenn sich der Schaden unmittelbar an einer Gefahrenquelle ereignet, kann ein AnschBew für ihre Ursächlichkeit vorliegen, BGH NJW 2005, 2454; OLG Kblz NJW-RR 1995, 158 (Banane im Laden); aM OLG Hamm VersR 1995, 187.

– **(Verkehrssicherungspflicht: Pflegeheim):** → „– (Verkehrssicherungspflicht: Gefahrenbereich)".

– **(Verkehrssicherungspflicht: Streupflicht):** Steht die Verletzung der Streupflicht fest, OLG Naumb NJW-RR 2014, 342, kann ein AnschBew dafür vorliegen, dass sie für den Glätteunfall ursächlich war, BGH NJW 2009, 3302; OLG Celle NJW-RR 2004, 1251 (auch zu den Grenzen), Hitpaß/Kappus NJW 2013, 565; aM OLG Karlsr VersR 2002, 1385. Beim Schadensersatzanspruch des bei **Glatteis** Gestürzten muss man unterscheiden: Ist er innerhalb der zeitlichen Grenzen der Streupflicht gestürzt, kann ein AnschBew dafür vorliegen, dass der Verantwortliche seine Streupflicht verletzt hat, BGH NJW 1984, 432; OLG Ffm NVwZ-RR 2005, 763 (Zebrastreifen zum Schulbeginn); Horst NZM 2012, 513. Das gilt aber dann nicht, wenn der Sturz außerhalb der Zeit der Streupflicht eingetreten ist, BGH NJW 1984, 432. Der Verunglückte muss dann beweisen, dass überhaupt Glätte bestand, OLG Bbg MDR 2014, 344, und dass er bei einem pflichtgemäßen Verhalten des Sicherungspflichtigen nicht verunglückt wäre, BGH NJW 1985, 484; OLG Brdb NZM 2013, 698. Der Sicherungspflichtige muss nachweisen, dass Streumaßnahmen unzumutbar gewesen wären, zB weil sie ihre Wirkung alsbald verloren hätten, BGH NJW 1985, 484. Grenzen eines AnschBew können mangels Streupflicht bestehen, KG NJW-RR 2016, 1116.

– **(Verkehrssicherungspflicht: Treppe):** Der AnschBew dafür, dass das Fehlen eines Treppen-Handlaufs ursächlich für einen Sturz war, entfällt dann, wenn der Sturz nicht in demjenigen Bereich erfolgt ist, in dem ein Handlauf ihn hätte verhindern können, BGH VersR 1986, 916; OLG Kblz VersR 1997, 338; OLG Köln VersR 1992, 512.

– **(Verkehrssicherungspflicht: Ursächlichkeit):** Der Eintritt gerade des zu verhindernden Schadens ergibt einen AnschBew der Ursächlichkeit des Verstoßes für den Schaden, BGH NJW 1994, 945; OLG Brdb VersR 2009, 221.

– **(Verkehrssicherungspflicht: Verschulden):** Ein äußerer Verstoß kann einen AnschBew für ein Verschulden ergeben, BGH NJW 1986, 2757; OLG Köln VersR 1999, 861.

– **(Verkehrssicherungspflicht: Zebrastreifen):** → „– (Verkehrssicherungspflicht: Streupflicht)".

– **(Verrichtungsgehilfe):** Derjenige, der den anderen zur Verrichtung bestellt hat, ist nach § 831 I 2 BGB entlastungsbewpfl. wegen der gegen ihn sprechenden Vermutung eines Verschuldens oder der ebenso gearteten Vermutung der Schadensverursachung, BGH NJW-RR 1992, 533.

– **(Verschulden):** Den Versicherungsnehmer trifft die BewL für das Fehlen von grober Fahrlässigkeit oder Vorsatz bei einer Verletzung einer Obliegenheit, BGH VersR 1983, 674 (Auskunft).

– **(Vertragsumfang):** Der Geschädigte ist bewpfl., OLG Düss MDR 2013, 1072.

– **(Vorschaden):** Der Versicherungsnehmer ist dafür bewpfl., dass er einen Vorschaden nur versehentlich nicht im Schadenanzeigeformular erwähnte, selbst wenn er für ihn keine Erstattung verlangt hatte, LG Hmb VersR 1985, 132. (2)

– **(Vorstrafe):** Eine Vorstrafe des Versicherungsnehmers oder seines Repräsentanten oder Geschäftspartners oder Zeugen kann den AnschBew für einen Diebstahl des Kfz samt seiner Ladung entkräften, OLG Hamm VersR 1987, 149; OLG Mü VersR 1985, 277. Das gilt besonders dann, wenn außerdem weitere Umstände entgegenstehen, OLG Ffm NJW-RR 1987, 1244; OLG Hamm VersR 1983, 852. Ein früherer Verdacht eines fingierten Diebstahls reicht aber nicht zur Entkräftung des AnschBew eines jetzt echten Diebstahls aus, OLG Hamm VersR 1983, 1171. Eine falsche eidesstattliche Versicherung nach § 802c III kehrt die BewL nicht stets um, BGH NJW-RR 1988, 342. Eine frühere Entwendung eines anderen Fahrzeugs des Bestohlenen spricht aber für sich nicht dafür, dass der Versicherungsnehmer den Diebstahl vorgetäuscht hatte, OLG Düss NVersZ 2001, 511; OLG Hamm VersR 1981, 923. Der Beweis für die Vortäuschung eines Versicherungsfalls liegt auch nicht schon deswegen vor, weil das Fahrzeug wiederholt in Versicherungsfälle verwickelt worden war, OLG Hamm VersR 1990, 378; strenger OLG Hamm VersR 1999, 335.

– **(Vorteilsausgleichung):** Der Schädiger muss anrechenbare Vorteile beweisen, OLG Karlsr WM 2014, 313 (aber evtl. sekundäre Last des Geschädigten).

– **(Wartefrist):** Der Versicherungsnehmer ist dafür bewpfl., dass die zum Versicherungsfall führende Krankheit erst nach dem Ablauf der Wartefrist eintrat, LG Ffm VersR 1984, 458.

– **(Wiederholung von Auffälligkeiten):** Sie kann einen AnschBew entkräften, OLG Hamm VersR 1994, 1223; OLG Karlsr VersR 1994, 1224; OLG Ffm MDR 1989, 458.

Schadensminderungspflicht: → „Schadensersatz: – (Schadensminderung)".

Scheingeschäft: Wer es behauptet, ist bewpfl., BGH NJW 1999, 3481; BAG NJW 2003, 2930.

Schenkung: Dazu Böhr NJW 2001, 2059. Soweit der Bekl. eine Schenkung behauptet, muss der Kläger seinen vertraglichen oder gesetzlichen Anspruch auf eine Zahlung oder Herausgabe beweisen, BGH NJW 1999, 2887, zB aufgrund eines Darlehens, → „Darlehen", oder eines Kaufs, oder eines Werkvertrags, oder aus §§ 812 ff. BGB, BGH NJW 1999, 2887. Bei der Herausgabeklage ist für den Kläger § 1006 II BGB anwendbar, für den Bekl. § 1006 I BGB anwendbar. Bei einer Zuwendung nach § 516 II BGB ist der Bekl. nur für die Zuwendung und den Fristablauf bewpfl. Bei einem Anspruch nach § 812 BGB und der Einwendung einer Schenkung muss der Bekl. beweisen, dass die Leistung gewollt war und einen Formmangel heilte, BGH NJW 2014, 2275. Bei der Schenkung unter einer **Auflage** trägt der Beschenkte bei § 526 BGB die BewL für den Mangel, den Fehlwert und seine Unkenntnis. Beim Widerruf wegen **Undanks** nach § 530 BGB muss der Schenker nicht nur das verletzende Verhalten des Bekl. beweisen, OLG Kblz NJW-RR 2002, 630, sondern auch ihr Nichtvorhandensein, falls dieser eine Reizung durch den Schenker einwendet. Er kann bei einer Beweisnot seine eigene Parteivernehmung beantragen, OLG Kblz NJW-RR 2002, 630 (das Gericht darf sich mit einer Parteianhörung begnügen). Der Pflichtteilsberechtigte muss auch bei der Behauptung, der Erblasser habe innerhalb der Frist des § 2325 III BGB verschenkt, beweisen, dass der Gegenstand zum gedachten Nachlass gehörte, BGH NJW 1984, 487. Er trägt dann die BewL für die Werte von Leistung und Gegenleistung, wenn er in einem vom Erblasser mit einem Dritten abgeschlossenen Kaufvertag eine gemischte Schenkung sieht, BGH NJW 1984, 487. Bei einem groben Missverhältnis zwischen Leistung und Gegenleistung besteht eine Vermutung unentgeltlicher Zuwendung, BGH NJW 1987, 890.

Schiedsrichterliches Verfahren: § 1032.

Schiffsunfall: Es gibt zahlreiche Aspekte.

– **(Anker):** Es besteht **kein** AnschBew zugunsten eines unerlaubten Ankerliegers. Ein verborgener Materialfehler entlastet, BGH VersR 1977, 247.

– **(Auffahren):** Ein AnschBew spricht für die Schuld des Auffahrers, RhSchOG Köln VersR 1979, 439.

– **(Beladen):** Wenn das unsachgemäße Verhalten der Leute eines Greiferbetriebs ein Schiff beim Beladen beschädigt, hat der in Anspruch genommene Geschäftsherr die BewL dafür, dass der Schaden bei einer sachgemäßen Beladung ebenfalls eingetreten wäre.

– **(Dalbenschaden):** Wegen der Beschädigung eines Dalbens BGH VersR 1977, 637.

– **(Ladungsschaden):** Es gibt **keinen** AnschBew dafür, dass ein Ladungsschaden während der Seefahrt ohne weitere Störung nur auf einem Verschulden der Besatzung beruht, OLG Hmb VersR 1978, 713.

– **(Manöver):** Wer ein solches Manöver durchführt, das den durchgehenden Verkehr behindern kann, ist für die Zulässigkeit des Manövers bewpfl.

– **(Pflichtverletzung):** Sie spricht dafür, dass sie für den Unfall ursächlich war.

– **(Radarschifferzeugnis):** Ein Verstoß gegen seine Notwendigkeit spricht dafür, dass er ursächlich war, BGH VersR 1986, 546.

– **(Rhein):** Auf dem Rhein muss der Talfahrer beweisen, dass ihm der Bergfahrer keinen geeigneten Weg zur Vorbeifahrt freigelassen hat usw., BGH NJW-RR 1989, 473.

– **(Ruderführung):** Wenn ein Kahn aus dem Kurs läuft, spricht ein AnschBew für seine falsche Führung. Es ist aber ein Gegenbeweis zulässig (zB: Ruderversagen, Zwang durch andere Schiffsführer), OLG Hmb VersR 1978, 959.

– **(Signal):** Ein AnschBew besteht bei seiner Nichtabgabe.

– **(Stilllieger):** Zur Problematik beim Anfahren gegen einen nicht ordnungsgemäß gesicherten Stilllieger BGH VersR 1982, 491.

– **(Tempo):** Steht fest, dass ein Schiff beim Begegnen mit einem anderen eine solche Geschwindigkeit hatte, die zu einer Absenkung des Wasserspiegels und daher zu einer Grundberührung des Entgegenkommers führen konnte, spricht ein AnschBew dafür, dass das überhöhte Tempo die Grundberührung verursacht hat, BGH VersR 1980, 327.

– **(Unfallverhütungsvorschrift):** Ihre Verletzung spricht dafür, dass sie ursächlich war. Der Kläger muss beweisen, dass ein Unfall durch ein solches Ereignis eingetreten ist, vor dem die Verhütungsvorschrift schützen sollte.

– **(Zigarre an Deck):** Zum AnschBew für eine Ursächlichkeit zwischen dem Anzünden einer Zigarre an Deck einer kurz zuvor betankten Motorjacht und einer sofort anschließenden Explosion unter Deck OLG Köln VersR 1983, 44.

(2) – **(Zusammenstoß Fahrer – Lieger):** Beim Zusammenstoß zwischen einem fahrenden und einem ordnungsgemäß liegenden Schiff spricht ein AnschBew für die Schuld des Führers des ersteren, KG VersR 1976, 463.

Schlechterfüllung: Der Kläger muss eine Schlechterfüllung grds. als Anspruchsbegründung beweisen, BGH NJW-RR 2008, 1269.

Schuldversprechen: § 780 BGB: Der Kläger trägt die BewL für die Selbständigkeit, der Bekl. diejenige von Einwendungen aus dem etwaigen Grundgeschäft, BGH WM 1976, 254. Wer sich auf eine schenkweise Erteilung beruft, ist dafür bewpfl., BGH WM 1976, 1053.

Schutzgesetz: Es können die Regeln zur sog. sekundären Darlegungslast gelten, BGH NJW-RR 2015, 1279. Ein Anscheinsbeweis ist möglich bei einem Verstoß gegen eine solche Vorschrift. Auch „Unerlaubte Handlung".

Selbständiges Beweisverfahren: Ein Verstoß gegen § 492 I bewirkt keine Umkehr der BewL, BGH NJW 2010, 2873.

Selbsttötung, Selbstverletzung: Der Lebensversicherer ist für eine Selbsttötung bewpfl., OLG Oldb NVersZ 2000, 86; OLG Düss NVersZ 1999, 321. Es gibt grds. **keinen** AnschBew für eine vorsätzliche Selbsttötung oder Selbstverletzung, BGH NJW 1994, 794; OLG Oldb VersR 1991, 985 OLG Hamm, VersR 1990, 1345. Der durch eine Lebensversicherung Begünstigte hat die BewL für einen Ausschluss der freien Willensbestimmung des Suizidenten, OLG Karlsr VersR 2003, 977. Zur versuchten Selbsttötung OLG Oldb NVersZ 2000, 86; KG NJW-RR 1987, 1515.

Sofortiges Anerkenntnis: → „Anerkenntnis".

Sportunfall: Zur Risikoverteilung Scheffen NJW 1990, 2658; Zimmermann VersR 1980, 497.
– **(Doping):** Eine positive A-Probe begründet den AnschBew eines schuldhaften Dopingverstoßes, OLG Ffm NJW-RR 2000, 1117.
– **(Fußball):** Beim Fußball besteht für einen Regelverstoß nicht schon deshalb ein AnschBew, weil eine erhebliche Verletzung eingetreten ist, OLG Nürnb VersR 1998, 69. Die Abrede, nicht mit vollem Einsatz zu spielen, begründet keine Umkehr der BewL zugunsten des verletzten Fußballers, OLG Hamm MDR 1997, 553. Der Geschädigte ist für die Schuld des Schädigers bewpfl.
– **(Gemeinschaftssport):** Der Geschädigte ist bei ihm für einen Regelverstoß bewpfl., BGH NJW 1976, 2161.
– **(Handball):** Der Geschädigte ist für einen Regelverstoß bewpfl.
– **(Inline-Skating/Blader):** OLG Mü NJW-RR 2004, 751.
– **(Reiten):** Zum Reitunfall OLG Kblz MDR 2007, 92.
– **(Schlittschuhlauf):** Hier besteht kein AnschBew für ein Verschulden des von hinten Auffahrenden oder Überholenden, BGH NJW 1982, 2555; OLG Düss VersR 1994, 1484.
– **(Schwimmen):** Dazu Koch/Rupp NJW 2018, 267 (Grdz.). Die Aufsicht muss beweisen, alles im Blick gehabt zu haben und keinen ursächlichen Fehler begangen zu haben, BGH NJW 2018, 301.
– **(Ski):** Für den Verlust eines eng sitzenden Ringes durch eine äußere Einwirkung beim Ski-Sturz spricht ein AnschBew nur dann, wenn der Finger anschließend schwer verletzt war, OLG Hmb VersR 1983, 1129. Zur Skibindung OLG Mü VersR 1985, 298. Zum Zusammenprall von Ski und Snowboard OLG Brdb MDR 2006, 1113. AnschBew spricht gegen den von oben kommenden Auffahrer, LG Köln NJW-RR 2018, 150 (FIS-Regel Nr. 3).
– **(Snowboard):** → „– (Ski)".
– **(Sportregel):** Der Geschädigte ist für einen Verstoß gegen sie bewpfl., BGH NJW 1976, 2161.

Stellvertretung: Der Kläger ist für die Vertretungsmacht des Abschließenden und dafür bewpfl., dass die Vollmacht nicht eingeschränkt war. Der Bekl. muss das Erlöschen der Vollmacht beweisen. Behauptet der Bekl., in anderem oder fremdem Namen gehandelt zu haben, ist der Bekl. dafür bewpfl., dass das beim Vertragsabschluss erkennbar hervorgetreten war, BGH NJW-RR 1992, 1010. Der Bote ist dafür bewpfl., dass er als solcher erkennbar war, OLG Schlesw MDR 1977, 841. Auch → „Erfüllung", → „Vollmacht".

Steuerberater: Dazu BGH NJW 2009, 1591 (ausf.). Er ist dafür bewpfl., dass er die zur Erledigung des Auftrags benötigten Unterlagen angefordert, jedoch erst nach dem Erlass des zugehörigen Bescheids des Finanzamts erhalten hat, BGH VersR 1983, 60. Der Steuerberater ist dafür bewpfl., dass trotz seines Fehlers dieselbe oder eine höhere Steuerschuld entstanden wäre, soweit im Besteuerungsverfahren das Finanzamt dieselbe sachlichrechtliche BewL hat, BGH NJW 1983, 1053. Vgl. im Übrigen BGH NJW 1986, 2570. Der Steuerberater ist für die Ermessensausübung bei einer Rahmengebühr nicht nur beim Überschreiten der Mittelgebühr bewpfl., OLG Hamm NJW-RR 1999, 510. Der Auftraggeber ist für eine Pflichtverletzung durch den Steuerberater bewpfl., BGH NJW-RR 1999, 641. Die BewL des Ausgangsprozesses kann auch im Rückgriffsverfahren gelten, BGH NJW 2001, 2169. Einfaches Bestreiten des Steuerberaters genügt nicht, BGH NJW-RR 1999, 641. Aus einer Möglichkeit von Steuerersparnis lässt sich keineswegs ein AnschBew für einen Kirchenaustritt ableiten, aM OLG Düss NJW-RR 2003, 1071.

Stromversorgung: → „Versorgungsunternehmen".

Tankstellenpächter: → „Handelsvertreter".

Teilleistung: Wer sie erbracht hat, muss seine Berechtigung zu ihr beweisen, OLG Kblz NJW-RR 1993, 250 (zum Dienstvertrag). Eine Teilleistung kann ein „Zeugnis gegen sich selbst" bedeuten, BGH MDR 2006, 1182.

Tierarzt: → „Arzt".

Tierhalterhaftung: → „Schadensersatz".

Transportunternehmer: → „Werkvertrag".

Umsatzsteuer: → „Mehrwertsteuer".

Unerlaubte Handlung: Der Geschädigte muss grds. die Haftungsvoraussetzungen beweisen, Köln VersR 1999, 1507. Ein AnschBew ist möglich bei einer unerlaubten Handlung, BGH NJW 2005, 2454. S. auch bei den *einzelnen Handlungsarten.* Es gibt keinen AnschBew dafür, dass laute Musik bei einem Konzert einen Hörsturz verursachte, OLG Karlsr JZ 2000, 789. Für einen Rechtfertigungsgrund ist der Schädiger bewpfl., BGH NJW 2008, 571. Einen Verstoß gegen § 823 II BGB muss der Geschädigte beweisen, BGH MDR 2011, 1101. Es kann aber einen AnschBew für ihn geben, BGH NJW 2008, 3778. Der Geschäftsherr muss ein Verschulden seines Verrichtungsgehilfen nach § 831 BGB beweisen, BGH NJW-RR 2014, 614. Auch → „Schadensersatz“. (2)

Unfallverhütungsvorschrift: Ein Anscheinsbeweis ist möglich bei einem Verstoß gegen eine solche Vorschrift, BGH NJW 2005, 2454. Auch „Schutzgesetz“.

Ungerechtfertigte Bereicherung: → „Bereicherung“.

Ursächlichkeit: Der Anscheinsbeweis ist möglich zum Nachweis eines Ursachenzusammenhangs, BGH NJW-RR 2014, 1115; KG WM 2013, 2355 (Bankberatung); OLG Köln NJW-RR 2012, 922 (Brandursache); OLG Ffm NJW 2011, 392 (Notarfehler); OLG Schlesw NJW-RR 2011, 692 (nicht stets bei Hinweisunterlassung); KG MDR 2010, 1450 (Unfallfolge, dort verneint); OLG Köln NJW 1987, 2302 (Operation).

Unterlassung: Grundsätzlich muss der Gläubiger die Erstbegehungs- wie die etwaige Wiederholungsgefahr beweisen, Hirtz MDR 1988, 182. Man kann die Wiederholungsgefahr mit allen Mitteln des § 286 ausräumen, Steines NJW 1988, 1359.

Unzurechnungsfähigkeit: → „Handlungsunfähigkeit“.

Urheberrecht: Im Verletzungsprozess muss der Urheber die Schutzfähigkeit und evtl. den Schutzumfang des Werks beweisen. Der Verletzer muss beweisen, dass der Urheber auf vorbekanntes Formengut zurückgegriffen hatte, BGH NJW 1982, 108. Bei § 69d I UrhG ist der Störer für eine Zustimmungsfreiheit bewpfl., BGH NJW-RR 2014, 360. Wer sich auf eine gemeinsame Vergütungsregel beruft, muss sie beweisen, BGH NJW 2017, 819. Die BewL dafür, dass eine pauschale Nutzungsrechtseinräumung dem Vertragszweck entspricht, trägt derjenige, der sich darauf beruft, BGH NJW 1995, 3252. Beim Gutachten ist der Verfasser für den Werkcharakter nach § 2 UrhG bewpfl., KG GRUR-RR 2011, 448. Zum filesharing BGH NJW 2016, 942.

Urkunde: §§ 415 ff.

Verbotene Eigenmacht: Grundsätzlich hat derjenige die BewL, der aus einer verbotenen Eigenmacht Rechte ableitet, BGH NJW 2017, 3656; OLG Saarbr NJW-RR 2003, 1717. Jedoch muss der Störer die gesetzliche oder vertragliche Gestattung beweisen, OLG Saarbr NJW-RR 2003, 1717. Eine sog. „kalte Räumung“ kann die BewL umkehren, BGH NJW 2017, 3656. Auch → „Besitz“.

Vereinsbeschluss: Behauptet ein Mitglied, dass unberechtigte Dritte bei der Abstimmung mitgewirkt hätten, muss grds. der Verein das Gegenteil beweisen. Lag der Mitgliederversammlung satzungsgemäß das Protokoll der vorangegangenen Versammlung zur Genehmigung vor und hat das Mitglied damals nicht widersprochen, sondern erst nachträglich die Nichtigkeit behauptet, weil erst nichtberechtigte Dritte die Mehrheit erzielt hätten, ist das Mitglied dafür bewpfl.

Verfahrensdauer: Ihre Überlänge nach §§ 198 ff. GVG kann zur Beweiserleichterung führen.

Verjährung: Wer sich nach § 214 I BGB auf sie beruft, muss ihre Voraussetzungen beweisen, BGH NJW-RR 2003, 1320. Bei § 167 ist der Gläubiger für seine Schuldlosigkeit und damit für eine Hemmung der Verjährung bewpfl., OLG Kblz VersR 1989, 164. Bei § 199 I Nr. 2 BGB ist der Schuldner bewpfl., BGH ZIP 2011, 2001. Derjenige Anwalt, der pflichtwidrig nicht auf mögliche Verjährung hinwies, ist dafür bewpfl., dass der Auftraggeber nicht belehrungsbedürftig war, BGH NJW 2000, 1263. Eine Arglist muss der sie Behauptende beweisen, BGH WM 1975, 525; OLG Bbg IBR 2002, 130.

Verkehrssicherungspflicht: Ein AnschBew ist möglich bei einem Verstoß gegen diese Pflicht, BGH NJW 2008, 3775.

Vermögensanlage: Der Anleger muss beweisen, vom Vermittler keinen Prospekt erhalten zu haben, BGH NJW-RR 2006, 1345.

Vermutung: Die BewL trägt, wer eine gesetzliche Vermutung zB nach § 292 entkräften muss.

Versicherung: Dazu Brand VersR 2015, 10 (Beweiserleichterungen). Es gelten die **allgemeinen** Regeln zur BewL, Hamm VersR 2007, 1397; Neuhaus/Effelsberg MDR 2005, 1211. Der Versicherungsnehmer ist für den Inhalt der Vereinbarung über Art und Umfang der Versicherung bewpfl., OLG Saarbr NVersZ 2001, 401. Er ist auch für den Eintritt eines Versicherungsfalls bewpfl., KG VersR 2016, 714 (Berufsunfähigkeit); OLG Celle MDR 2012, 846 (Leitungswasser, Zeitpunkt); OLG Hamm NVersZ 2002, 213; OLG Ffm NVersZ 2001, 36 (Hausratsversicherung). Der Vertreter ist dafür bewpfl., dass er vor dem Ablauf der meist vereinbarten 12 Beitragsmonate schon die Provision endgültig verdient hat, OLG Karlsr VersR 1984, 935.

- **(Antrag):** „– (Aufklärung)“.
- **(Arglist):** Der Versicherer ist für eine Arglist beim Vertragsschluss bewpfl., zB dass der Versicherungsnehmer eine im Antrag nicht erwähnte Krankheit kannte, OLG Hamm VersR 1986, 865. Der Versicherer ist für Arglist bei Nichtangabe nicht erfragter Gefahrumstände nach § 19 II VVG bewpfl., BGH NJW 2004, 3427. Arglistig ist die Vortäuschung eines Versicherungsfalls, OLG Ffm NJW-RR 2018, 538; OLG Düss VersR 2016, 851; Hesse ZZP 123, 49 (ausf.).
- **(Aufklärung):** Der Versicherer ist für eine Verletzung einer Aufklärungsobliegenheit des Versicherungsnehmers bewpfl., BGH NJW 2007, 1126; krit. Pohlmann VersR 2008, 437 (Grdz.). Der Versicherer ist dafür bewpfl., dass derjenige Versicherte, der im vom Versicherungsvertreter ausgefüllten Antrag Gesundheitsfragen objektiv falsch beantwortete, Kenntnis des wahren Krankheitsbildes hatte, OLG Ffm NVersZ 2002, 114; OLG Hamm NJW-RR 1995, 286; OLG Karlsr NJW-RR 1993, 489; aM Fricke VersR 2007, 1614. Zur BewL beim Streit, ob der Versicherungsvertreter oder der Versicherer den Antrag änderten, BGH NJW 1988, 60. Zur Frage, ob der Versicherungsnehmer den Versicherungsvertreter bei der Antragsausfüllung richtig informierte und der letztere unrichtig ausgefüllt hat, BGH NJW-RR 1990, 1359. Der Versicherungsnehmer ist dafür bewpfl., dass die Partner entgegen dem schriftlichen Antrag mündlich einen erweiterten Schutz vereinbart hatten, BGH NJW-RR 2002, 1386. Die BewL in § 827 S. 1 BGB gilt bei auch bei der Direktklage, BGH NJW 1990, 2387.
- **(Beratungspflicht):** Der Versicherungsnehmer ist dafür bewpfl., dass der Versicherer eine Ausweis- und Beratungspflicht nicht erfüllt hat, OLG Hamm VersR 2005, 685. Der Kunde muss zunächst einen schadensursächlichen Beratungsfehler des Maklers beweisen, BGH NJW-RR 2015, 158. Der Versicherungsmakler ist aber anschließend dafür bewpfl., dass der Schaden des Kunden auch bei vertragsrechter Erfüllung der Aufklärungs- und Beratungspflicht eingetreten wäre, BGH NJW 1985, 2595.
- **(Berufsunfähigkeit):** BGH NJW 1988, 973; KG VersR 2016, 714.
- **(Brandstiftung):** Für eine Eigenbrandstiftung gibt es keinen AnschBew, OLG Drsd MDR 2017, 883; OLG Stgt VersR 1997, 824.

(2) – **(D&O-Versicherung):** Harzenetter NZG 2016, 728 (zu § 93 II AktG).
– **(Eigentumsvorbehalt):** Der Versicherungsnehmer ist auch für Eigentumsvorbehalt an versicherten und dann abgebrannten Sachen bewpfl., BGH NVersZ 1999, 177.
– **(Erpressung):** Es reicht das äußere Bild der räuberischen, OLG Ffm NJW 2018, 1759.
– **(Feuerversicherung):** BGH VersR 1990, 893.
– **(Gefahrerhöhung):** Der Versicherer muss beweisen, dass der Versicherungsnehmer von denjenigen Umständen Kenntnis hatte, die eine Gefahrerhöhung auslösten, LG Karlsr VersR 1981, 1169. Der Versicherungsnehmer muss beweisen, dass eine Gefahrerhöhung den Schaden nicht verursachte, BGH NJW-RR 1987, 87; OLG Hamm VersR 1978, 284, oder dass er sie nicht verschuldet hatte. Der Versicherer ist dafür bewpfl., dass nur eine Sucht die Ursache der Krankheit war. Wegen der BewL bei einer sog. Brandrede (Anstiftung) Sieg VersR 1995, 369.
– **(Grobe Fahrlässigkeit):** Bei § 81 II VVG ist der Versicherer für grobe Fahrlässigkeit bewpfl., OLG Karlsr VersR 1976, 454, und für deren Schadensursächlichkeit, LG Mü VersR 1977, 858. Auch hier ist ein AnschBew zulässig, OLG Kblz MDR 2009, 1161; OLG Ffm VersR 1977, 926. Der Versicherer ist dafür bewpfl., dass ein Kippfenster grob fahrlässig lange offenstand, OLG Hamm NJW-RR 1999, 972.
– **(Hausratsversicherung):** Es können Beweiserleichterungen bestehen, OLG Karlsr NJW 2016, 3792.
– **(Heilbehandlung):** Der Versicherungsnehmer muss beweisen, dass eine Heilbehandlung überhaupt notwendig war, BGH NJW-RR 2004, 1399. Der Versicherer muss aber sodann beweisen, dass die Heilbehandlung das medizinisch notwendige Maß überschritten hat, BGH NJW-RR 1991, 1244. Der Versicherungsnehmer muss die Angemessenheit stationärer Behandlungskosten beweisen.
– **(Lebensversicherung):** Der Versicherungsnehmer ist für eine nicht auseichende oder falsche Ermittlung ausgekehrter Bewertungsreserven bewpfl., OLG Köln VersR 2015, 1277. Der Versicherer ist für eine ihn entlastende abweichende Vereinbarung bewpfl.
– **(Leistungspflicht):** Der Versicherungsnehmer ist grds. für die Leistungspflicht des Versicherers bewpfl., Knoche MDR 1990, 965. Indessen ist der Versicherer dafür bewpfl., dass er wegen Zahlungspflicht eines anderen leistungsfrei ist, OLG Kblz NJW-RR 2005, 1484.
– **(Mahnung):** Der Versicherer ist für den Zugang einer qualifizierten Mahnung nach (jetzt) § 38 I VVG bewpfl., OLG Hamm VersR 2007, 1397; OLG Köln NVersZ 2002, 109. Zu § 7 Nr. 1a, 2 AFB 87 BGH NJW-RR 1997, 407.
– **(Obliegenheit):** Bei der Verletzung einer Obliegenheit des Versicherungsnehmers ist der Versicherer für deren Vorliegen bewpfl., BGH NJW-RR 1986, 705; vgl. auch BGH NJW-RR 2008, 273. Der Versicherer ist dafür bewpfl., dass der Versicherungsnehmer seine sog. Nachmelde-Obliegenheit verletzte, OLG Saarbr VersR 2007, 675.
– **(Prämie):** Der Versicherungsnehmer ist für eine rechtzeitige Prämienzahlung bewpfl., LG Osnabr VersR 1987, 62. Der Versicherer muss aber seine Zahlungsaufforderung nebst Belehrung wegen der Erstprämie beweisen, OLG Brschw VersR 2005, 1556.
– **(Raub):** Es reicht das äußere Bild, OLG Ffm NJW 2018, 1759.
– **(Reisekrankheit):** Der Versicherungsnehmer kann für ihren unerwarteten Eintritt bewpfl. sein, BGH VersR 2012, 89.
– **(Restwert):** Der Versicherer ist für ihn bewpfl., BGH NZV 2015, 74.
– **(Rückforderung):** Der Versicherer ist für die Voraussetzungen einer Rückforderung bewpfl., OLG Düss NZM 2010, 879; OLG Kblz MDR 2010, 1055; OLG Köln NVZ 1990, 466. Der Versicherungsnehmer ist für vom Versicherer tatsächlich gezogene Nutzungen bewpfl., BGH NJW 2016, 1388.
– **(Schadensanzeige):** Bei einer Berichtigung der Schadensanzeige ist der Versicherungsnehmer dafür bewpfl., erst nachträglich die notwendige Tatsachenkenntnis erlangt zu haben, LG Osnabr VersR 1986, 1237.
– **(Schiffsbrand):** Zum kriegsbedingten OLG Hmb VersR 2003, 730.
– **(Sturmschaden):** Es gibt keinen AnschBew für Mängel der Gebäudeerrichtung oder -unterhaltung nach Ablösung von Gebäudeteilen bei einem Orkan, LG BadBad VersR 2003, 517.
– **(Unfallversicherung):** BGH NJW 2012, 392.
– **(Ursächlichkeit):** Auch eine Unklarheit kann unschädlich sein, OLG Stgt NJW-RR 2017, 613. Zum Umfang des Kausalitätsgegenbeweises bei § 21 II VVG BGH NJW-RR 2001, 1170.
– **(Versicherungsfall):** Der Versicherer kann beim Altfall bewpfl. sein, OLG Oldb VersR 2012, 1501.
– **(Versicherungsvermittler):** Der Versicherungsnehmer ist dafür bewpfl., der Vermittler stehe „im Lager der Versicherung", OLG Drsd NJW-RR 2017, 226.
– **(Versicherungsvertreter):** Zum Fall nach § 21 II VVG OLG Saarbr NJW-RR 2006, 1467. Der Versicherungsvertreter muss beim Ausgleichsanspruch stets alle Voraussetzungen beweisen, OLG Mü ZVertriebsR 2017, 194. Vgl. allerdings § 287.
– **(Vorbehalt):** Hat der Versicherer vor Fälligkeit „vorbehaltlich Akteneinsicht" gezahlt, muss er aber nur den Vorbehalt beweisen, der Versicherungsnehmer muss indes das Bestehen der Schuld beweisen, OLG Düss NJW-RR 1996, 1430.
– **(Vorsatz):** Der Versicherer muss beweisen, dass der Versicherungsnehmer vorsätzlich handelte, BGH NJW 2015, 947; OLG Köln VersR 2010, 1361.
– **(Vortäuschung):** → „Arglist".
– **(Widerrufsrecht):** Bei § 8 VVG ist der Versicherer für den Zugang der Unterlagen bewpfl., LG Dortm NJW-RR 2011, 769.
– **(Wildwechsel):** Voller Beweis ist für seine Schadensursache nötig, OLG Rostock NZV 2017, 91.

Versorgungsunternehmen: Es hat die BewL für „Billigkeit" des Tarifs, LG Bln NJW-RR 2002, 992 (Strom), und für einwandfreie Zähler, KG ZMR 2013, 700.

Verspätung: Bei § 296 I ist der verspätet Vortragende für die zur Entschuldigung ausreichenden Tatsachen bewpfl. Es ist allerdings nur eine Glaubhaftmachung nach § 294 erforderlich, § 296 IV. Bei § 296 II ist der verspätet Vortragende nicht dafür bewpfl., dass keine grobe Nachlässigkeit vorlag, solange das Gericht sie nicht feststellen kann.

Vertrag: Wegen des Inhalts Gsell AcP 203, 119. Ein AnschBew ist möglich im Vertragsrecht, BGH NJW 2005, 3275; OLG Hamm VersR 2005, 1074. Für eine Vertragsübernahme ist derjenige bewpfl., der daraus Rechte herleitet, OLG Brdb NJW-RR 2015, 1360. Wegen der grundsätzlichen Vermutung seiner Vollständigkeit und Richtigkeit hat derjenige die BewL, der eine Nebenabrede behauptet, BGH NJW-RR 2000, 273. Auch → „Auslegung", → „Bedingung und Befristung", → „Form", → „Handlungsunfähigkeit", → „Kauf", → „Minderjährigkeit", → „Rechtsgeschäft", → „Schlechterfüllung", → „Stellvertretung". (2)

Vertrag zugunsten Dritter: Der Dritte ist bei § 331 BGB für einen entsprechenden Abschluss bewpfl.

Vertragsänderung: Wer aus ihr ein Recht ableitet, ist für sie bewpfl., BGH NJW 1995, 49.

Vertragsurkunde: Diejenige Partei, die sich für einen bestimmten Vertragsinhalt auf eine Tatsache außerhalb der Urkunde beruft, muss diese beweisen. Die Auslegung selbst ist eine Aufgabe des Gerichts und hat mit der BewL nichts zu tun. Auch → „Rechtsgeschäft".

Vertreter: → „Handelsvertreter", → „Stellvertretung".

Verwahrung: Auch auf die öffentliche Verwahrung sind §§ 688 ff. BGB entsprechend anwendbar, BGH NJW 1990, 1230.

Verwirkung: Der Schuldner muss beweisen, dass der Gläubiger seine Forderung lange Zeit hindurch nicht geltend gemacht hat. Der Gläubiger braucht nur substantiiert zu bestreiten und darzulegen, wann und unter welchen Umständen er das getan hat, OLG Brdb FamRZ 2012, 1225. Beweisschwierigkeiten des Schuldners rechtfertigen die Annahme einer Verwirkung zwar nicht schon wegen des sog. Zeitmoments, evtl. aber dann, wenn der Schuldner ein Beweismittel im Vertrauen darauf vernichtet hat, der Gläubiger werde nicht mehr hervortreten (Umstandsmoment), BGH NJW-RR 1992, 1240.

Verzicht: Wer den gegnerischen behauptet, ist bewpfl., BGH NJW-RR 2007, 1367.

Verzug: Wegen § 286 IV BGB ist der Schuldner für das Fehlen von Verzug bewpfl., BGH VersR 1983, 60.

Verzugsschaden, Verzugszinsen: Der Gläubiger ist für ihre Entstehung und die Höhe bewpfl. Freilich ist § 287 anwendbar, Schopp MDR 1989, 1. Der Unternehmer muss beweisen, dass er an der Verzögerung schuldlos ist, BGH NJW-RR 2001, 806.

Vollmacht: Bei der Klage gegen den Vollmachtgeber ist der Kläger für das Entstehen der Vollmacht bewpfl., der Bekl. für deren Untergang. Ist ein Generalbevollmächtigter eine Wechselschuld für eigene Verbindlichkeit eingegangen, muss der Vertretene einen Missbrauch der Vollmacht beweisen, insbesondere wenn der Gegner das Einverständnis des Vertretenen behauptet. Verhandlungs- und Bankvollmacht können den Rechtsschein für eine Abschlussvollmacht begründen, OLG Oldb BB 1995, 2342. Zu § 171 BGH NJW-RR 2017, 58. Auch → „Gemeinschaft", → „Stellvertretung".

Vollstreckungsabwehrklage: Der Kläger muss grds. die Voraussetzungen seiner Klage zumindest wegen der den Anspruch des Vollstreckungstitels vernichtenden Tatsachen beweisen, BGH NJW-RR 2006, 202. Jedoch muss der Bekl. beweisen, dass eine solche Vereinbarung, auf deren Nichtigkeit der Kläger die Vollstreckungsabwehrklage stützt, ein bloßes Scheingeschäft war, BGH NJW 1991, 1617.

Vorkauf: Der Vorkaufsberechtigte ist für eine Umgehung des § 465 BGB bewpfl., BGH NJW 1990, 1473. Auch → „Kauf".

Vorschuss: → „Bereicherung".

Währung: Wer eine Forderung in fremder Währung geltend macht (Valutaforderung), muss ihre wirksame Entstehung beweisen, auch eine etwa erforderliche Genehmigung, OLG Kblz NJW 1988, 3099.

Wasserverbrauch: Bei einwandfreiem Zähler ist der Verbraucher für einen geringeren Verbrauch bewpfl. Ein ungeeichter Zähler ist keine ausreichende Grundlage.

Werkvertrag: Es gibt eine Reihe von Aspekten.

– **(Abnahme): Bis** zur Abnahme muss der Unternehmer mangels einer abweichenden Vereinbarung die Mangelfreiheit des Werks beweisen, OLG Düss BauR 2017, 2196, also die Abnahmereife. **Nach** der Abnahme muss der Besteller beweisen, dass das Werk mangelhaft ist, BGH BauR 2015, 146.
– **(Abrechnung):** Der Unternehmer muss ihre inhaltliche Richtigkeit beweisen, BGH NJW 2009, 3426. Nach einer Selbstvornahme ist der Besteller dafür bewpfl., noch nicht abrechnen zu können, BGH NJW 1990, 1475.
– **(Abschlagszahlung):** → „– (Vergütung)".
– **(Änderungsvereinbarung):** Wer sie behauptet, ist bewpfl..
– **(Arbeitsumfang):** Der Unternehmer ist grds. für den Umfang seines Arbeitszeitaufwands bewpfl., BGH NJW 2009, 2199; OLG Celle NJW-RR 2003, 1243. Der Besteller ist für einen unverhältnismäßig hohen Stundenaufwand bewpfl., OLG Düss NJW-RR 2003, 455.
– **(Architekt):** s. dort.
– **(Arglist):** Der Besteller ist für eine Arglist des Unternehmers nach § 638 BGB bewpfl.
– **(Aufmaß):** OLG Bbg NJW 2017, 414.
– **(Baurecht):** s. dort.
– **(Beschaffenheitsabrede):** Der Unternehmer ist für eine ihm günstige bewpfl., OLG Brdb BauR 2011, 1341.
– **(Dokumentation):** Es kommt auf die Zumutbarkeit der Darlegung zu ihr an, BGH NJW-RR 2017, 738.
– **(Einwilligung):** Der Unternehmer muss eine Einwilligung des Bestellers in eine Eigentumsverletzung beweisen, BGH NJW-RR 2005, 172.
– **(Fälligkeit):** → „– (Vergütung)".
– **(Festpreis):** → „– (Vergütung)".
– **(Kündigung):** Bei einer Bestellerkündigung nach § 648 BGB ist der Besteller für ersparte Aufwendungen, BGH NJW 1996, 1282, für eine anderweitige Verwendbarkeit der Arbeitskraft oder für deren böswillige Unterlassung bewpfl., BGH NJW-RR 2001, 385. Der Besteller muss beweisen, dass der Unternehmer eine höhere Ersparnis als die eingeräumte hatte, BGH NJW-RR 1992, 1077. Der Besteller muss beweisen, dass nach seiner berechtigten Kündigung das vom Unternehmer schon Geleistete unbrauchbar ist, OLG Düss BauR 2013, 776. Der **Unternehmer** ist bewpfl. für die Kündigung, OLG Hamm BauR 2002, 631, und für eine Mangelfreiheit, BGH NJW 1997, 259. Ein Aufmaß ist evtl. entbehrlich, BGH NJW-RR 2004, 1384.
– **(Leistungsumfang):** Die BewL für den Leistungsumfang liegt wegen einer Pauschalvergütung beim Unternehmer dann, wenn er selbst die Leistungsbeschreibung erstellt hat, OLG Schlesw MDR 2003, 214.

(2) – **(Leistungsverweigerung):** Der ein solches Recht Behauptende ist bewpfl., OLG Oldb BauR 2013, 793.
– **(Mangel):** Zunächst → „– (Abnahme)". Bei § 641 III BGB ist der Besteller bewpfl. Auch → „– (Abrechnung)".
– **(Pauschalpreis):** → „– (Leistungsumfang)", → „– (Vergütung)".
– **(Pflichtverletzung):** Hat der Besteller eine objektive Pflichtverletzung bewiesen, muss der Unternehmer deren Nichtursächlichkeit für einen Schaden nachweisen, OLG Celle VersR 1987, 993, oder deren Nichtvertretbarkeit, § 634 Nr. 4 iVm § 280 I 2 BGB. Wer den Partner vor einem Schaden bewahren muss, ist für seine Schuldlosigkeit dann bewpfl., wenn die Ursache im eigenen Verantwortungsbereich liegt, BGH NJW-RR 1995, 684. Auch → „– (Abnahme)"; → „– (Vertragsabwicklung)".
– **(Reisevertrag):** S. dort.
– **(Rücktrittsrecht):** Hat der Unternehmer die Einsparung von Energie zugesichert und dem Besteller ein Rücktrittsrecht für den Fall eingeräumt, dass die Einsparung nicht erreicht wird, muss der Unternehmer die Einsparung beweisen, BGH NJW 1981, 2403.
– **(Schlusszahlung):** → „– (Vorbehalt)".
– **(Steuerberater):** Er muss beweisen, dass er einen notwendigen Hinweis oder Rat auch gegeben hat, BGH NJW 1982, 1516.
– **(Stundenzahl):** → „– (Arbeitsumfang)".
– **(Textilreinigung):** Pfromm/Bettien VersR 2013, 282 (Grdz.).
– **(Ursächlichkeit):** → „– (Pflichtverletzung)", → „– (Vertragsabwicklung)".
– **(Vergütung):** Man muss die BewL für die Vergütung wie beim Kauf beurteilen. Der Unternehmer muss grds. beweisen, dass die Parteien statt des vom Besteller eingeräumten niedrigen Festpreises, Höchstpreises oder Pauschalpreises entweder einen höheren bestimmten Preis vereinbarten, OLG Mü NJW-RR 2010, 64; OLG Düss NJW-RR 2002, 163, oder dass sie zusätzliche Leistungen vereinbarten, BGH NJW-RR 2002, 740, oder dass sie gar keinen bestimmten Preis vereinbart haben, BGH NJW-RR 1996, 952; KG NJW-RR 1999, 242, und zwar mit der Folge, dass man einen höheren Preis als üblichen Werklohn ansehen muss, BGH NJW NJW-RR 1992, 848; OLG Düss NJW-RR 2007, 901. Man kann vom Besteller eine **präzise Darstellung** einer Vereinbarung nach Ort, Zeit und Höhe fordern, BGH NJW-RR 1992, 848; OLG Celle NJW-RR 2002, 1675. Der Unternehmer muss dann die Unrichtigkeit dieser Darstellung beweisen, BGH NJW-RR 1996, 952; OLG Düss NJW-RR 2007, 901; vgl. auch OLG Hamm NJW-RR 2012, 1415. Beweispflichtig ist auch derjenige, der sich auf eine solche Vereinbarung beruft, die die Kosten nicht einmal halbwegs deckt, OLG Karlsr MDR 1979, 756. Der Unternehmer muss Art und Umfang erbrachter Leistungen beweisen, OLG Celle NJW-RR 2002, 1675. Allerdings ist derjenige Besteller bewpfl., der sich auf eine solche **Fest- oder Pauschalpreisvereinbarung** beruft, die erst während der Vertragsdurchführung getroffen sei. Denn er behauptet eine Vertragsänderung, OLG Ffm NJW-RR 1997, 276; OLG Hamm NJW 1986, 199. Bei § 632a und § 641 II 1, 2 BGB ist der Unternehmer bewpfl.
– **(Verjährung):** S. dort.
– **(Vernichtung):** Der Auftraggeber ist dann für einen Werkmangel bewpfl., wenn er das Werk vernichtet hat, LG Wuppert BauR 2011, 1864.
– **(Vertragsabschluss):** Der Unternehmer für ihn bewpfl., OLG Düss NJW-RR 2002, 163.
– **(Vertragsabwicklung):** Man muss eine objektive Pflichtverletzung nach → „– (Pflichtverletzung)" grds. nebst ihrer Schadensursächlichkeit dann als bewiesen annehmen, wenn der Schaden bei der Vertragsabwicklung vor der Werkabnahme entstand, OLG Hamm NJW-RR 1989, 468.
– **(Vorbehalt):** Der Unternehmer ist für einen Vorbehalt bei der Annahme einer Schlusszahlung nach § 16 VOB/B bewpfl.
– **(Zusatzvereinbarung):** Wer sie behauptet, ist bewpfl.
– **(Zusicherung):** → „– (Rücktrittsrecht)".

Wettbewerb: Dazu Kemper, Beweisprobleme im Wettbewerbsrecht, 1991; Mes, Si tacuisses. Zur Darlegungs- und Beweislast im Prozess des gewerblichen Rechtsschutzes, FS Hertin, 2000, 619.
– **(Alleinstellungswerbung):** Der Angreifer hat grds. die BewL zumindest bei Beweisbarkeit ohne erhebliche Schwierigkeiten, BGH NJW 2015, 1249.
– **(Arbeitnehmer):** → „Arbeitsrecht".
– **(Aufklärung):** Der Verletzer muss beweisen, dass der Schaden auch bei einer Erfüllung seiner diesbezüglichen Aufklärungspflicht eingetreten wäre, BGH NJW-RR 1988, 1066.
– **(E-Mail-Werbung):** Der Verletzer ist auch bei einer erstmaligen E-Mail-Werbung für eine Erlaubnis des Adressaten bewpfl., AG Hmb NJW 2005, 3220.
– **(Geschäftsbetrieb):** Der Kläger muss beweisen, dass ein Angestellter oder Beauftragter die Handlung im Geschäftsbetrieb des beklagten Inhabers vorgenommen hat.
– **(Irreführung):** Grundsätzlich muss der Kläger die Eignung zur Irreführung beweisen, BGH NJW 2014, 3033. Zur Umkehr der BewL bei irreführender Werbung auch BGH NJW 1992, 2358.
– **(Preisvergleich):** Der Verletzte muss die Unrichtigkeit beweisen, BGH NJW-RR 2013, 1377.
– **(Unterlassung):** S. dort.
– **(Ursächlichkeit):** S. dort.
– **(Werbeanruf):** Der Anrufer muss eine vorherige Einwilligung des Angerufenen voll beweisen, BGH NJW-RR 2014, 423.
– **(Wiederholungsgefahr):** Beim Unterlassungsanspruch muss der Bekl. die Wiederholungsgefahr nach einer Erstbegehung widerlegen. Der Unterlassungsschuldner ist bewpfl. dafür, dass seine einem Dritten gegenüber abgegebene strafbewehrte Unterwerfungserklärung auch dem Gläubiger des vorliegenden Verfahrens gegenüber die Wiederholungsgefahr beseitigen kann, BGH NJW 1987, 3251.

Wiederholungsgefahr: → „Unterlassung", → „Wettbewerb".

Willensentschluss: Ein AnschBew **fehlt** bei der Feststellung eines individuellen Entschlusses in einer besonderen Lage, BGH NJW-RR 2003, 1432.

Willenserklärung: Wer eine Willenserklärung im eigenen Namen abgegeben hat und sich darauf beruft, sie sei unternehmensbezogen und wirke daher gegen den mit ihm nicht personengleichen Unternehmensinhaber,

muss die Unternehmensbezogenheit beweisen, BGH NJW 1995, 43. Auch → „Anfechtung", → „Auslegung", (2)
→ „Rechtsgeschäft".

Wohnungseigentum: Dötsch ZMR 2013, 18; Dötsch/Hogenschurz NZM 2010, 297 (je: Grdz.).

Zahlungsdienst: Dazu Linardatos NJW 2017, 2145 (Grdz.): Nach § 675d II BGB ist der Dienstleister bewpfl. Bei § 675u BGB ist evtl. § 675w BGB zu beachten. Bei § 675v BGB bestehen evtl. Beweiserleichterungen, OLG Hamm NJW 1997, 1711.

Zahnarzt: → „Arzt".

Zinsen: Der Gläubiger muss beweisen, dass er höhere als die gesetzlichen fordern kann. Es gibt dafür keinen AnschBew, BGH NJW-RR 1991, 1406.

Zubehör: Die BewL hat derjenige, der diese Eigenschaft behauptet, OLG Brem FamRZ 2018, 250.

Zuführung: Bei § 906 I BGB ist der Kläger für sein Eigentum und dessen Störung bewpfl., der Bekl. für die Unwesentlichkeit oder Üblichkeit oder Unvermeidbarkeit. Bei § 906 II 2 BGB muss der Kläger die Unzumutbarkeit beweisen. Dabei sind die Richtwerte des BImSchG für einen AnschBew erheblich, BGH NJW 1993, 1656. Der Betreiber einer Schmelzanlage ist dafür bewpfl., dass er zumutbare Vorkehrungen getroffen hat, um die Schädigung eines anderen zu verhindern, BGH NJW 1985, 47.

Zurechnungsfähigkeit: → „Handlungsunfähigkeit", → „Verschulden".

Zurückbehaltungsrecht: Der Gegner ist dafür bewpfl., dass der einbehaltene Betrag unbillig hoch ist, BGH NJW-RR 1997, 18.

Zustellung: Die BewL liegt bei demjenigen, der für sich günstige Folgen aus einer ordnungsgemäßen Zustellung herleiten will, BGH NJW 1992, 1239.

Zwangsverwaltung: Der Verwalter ist dafür bewpfl., dass er an einem Verwahrlosungsschaden schuldlos ist, BGH NZM 2005, 700.

Zwangsversteigerung: Der Ersteigerer kann für die Ursächlichkeit von Angaben des Schuldners über nicht in die Versteigerung gefallene Sachen bewpfl. sein, BGH NJW 2017, 3656.

Zwangsvollstreckung: Dazu Baumgärtel, Probleme der Beweislastverteilung in der Zwangsvollstreckung, FS Lüke, 1997, 1. Die BewL entspricht im Wesentlichen den Regeln des Erkenntnisverfahrens.

287 ***Schadensermittlung; Höhe der Forderung.*** **I [1]Ist unter den Parteien streitig, ob ein Schaden entstanden sei und wie hoch sich der Schaden oder ein zu ersetzendes Interesse belaufe, so entscheidet hierüber das Gericht unter Würdigung aller Umstände nach freier Überzeugung. [2]Ob und inwieweit eine beantragte Beweisaufnahme oder von Amts wegen die Begutachtung durch Sachverständige anzuordnen sei, bleibt dem Ermessen des Gerichts überlassen. [3]Das Gericht kann den Beweisführer über den Schaden oder das Interesse vernehmen; die Vorschriften des § 452 Abs. 1 Satz 1, Abs. 2 bis 4 gelten entsprechend.**

II Die Vorschriften des Absatzes 1 Satz 1, 2 sind bei vermögensrechtlichen Streitigkeiten auch in anderen Fällen entsprechend anzuwenden, soweit unter den Parteien die Höhe einer Forderung streitig ist und die vollständige Aufklärung aller hierfür maßgebenden Umstände mit Schwierigkeiten verbunden ist, die zu der Bedeutung des streitigen Teiles der Forderung in keinem Verhältnis stehen.

Schrifttum: Arz, Richterliche Überzeugungsbildung zu Schaden und Forderungshöhe, NJW 2021, 355; Hacks/Wellner/Häcker, SchmerzensgeldBeträge 2022, 40. Aufl. 2021; Hunke, Die Schadensschätzung nach § 287 Abs. 1 ZPO unter besonderer Berücksichtigung eines Verkehrsunfalls, 2012; Vuia, Der merkantile Minderwert als Teil des Vermögensschadens, NJW 2012, 3057.

I. Systematik, I, II. Die Vorschrift stellt eine Ausnahme vom Grundsatz des § 286 dar. Ähnlich ist der Sinn 1
des § 252 S. 2 BGB, BGH NJW 2015, 3447.

II. Regelungszweck, I, II. § 287 dient der Prozesswirtschaftlichkeit. Sie ist nicht anwendbar, soweit man zB 2
den Schaden ohne Schwierigkeiten exakt berechnen kann. Die Vorschrift erweitert im Ersatzprozess den Umfang der richterlichen Würdigungsfreiheit über die Grenzen des § 286 hinaus.

1. Begrenzte Erleichterung. § 287 erleichtert die Darlegungs- und Beweislast des Geschädigten, BGH NJW 3
2017, 2182. Denn ein strenger Beweis lässt sich dann oft kaum führen, BGH NJW 1988, 2365.

Eine Erleichterung bringt § 287 für die Darlegungslast in einer **Abweichung vom Grundsatz** der Notwen- 4
digkeit **der Erschöpfung der Beweismittel** zur Vereinfachung und Beschleunigung des Verfahrens, BGH NJW 2010, 3434. Daher muss der Kläger dann auch nicht den strengen Beweis erbringen. Man darf die Anforderungen an ihn nicht überspannen, BGH NJW-RR 1999, 1039; OLG Brdb NJW 2011, 2219; OLG Stgt NJW-RR 2011, 1242. Es sind erforderlich und genügen greifbare Anhaltspunkte, BGH NJW-RR 2016, 793; OLG Düss ZIP 2017, 521. Es kann sogar eine deutlich überwiegende und auf einer gesicherten Grundlage beruhende Wahrscheinlichkeit genügen, BGH NJW 2002, 504; OLG Brdb NJW 2011, 2219, wobei in Kauf genommen wird, dass das Ergebnis unter Umständen mit der Wirklichkeit nicht übereinstimmt, BGH NJW-RR 2021, 1534. Die Darlegungs- und Beweislast entfällt aber nicht schlechthin, BGH NJW-RR 1992, 997. Sie bleibt zB dann bestehen, wenn „alles offen" ist, BGH NJW-RR 1992, 202, wenn eine Schätzung also völlig in der Luft hängen würde, BGH NJW 2012, 1800. Eine Schätzung nach bloßer Billigkeit ist unstatthaft, BAG NJW 2015, 1709.

Man darf dann auch nicht nach § 287 einfach stets einen **„Mindestschaden"** konstruieren, BGH NJW-RR 5
2013, 909. Denn § 287 ersetzt nicht einfach den Beibringungsgrundsatz.

2. Keine Willkür. Den Richter binden keine Beweisanträge, BGH NJW 2002, 128. Er darf sie allerdings auch 6
nicht willkürlich bescheiden. Er steht vielmehr in der Auswahl der Beweise und ihrer Würdigung freier da, BGH NJW 2002, 128. Er darf aber auch bei § 287 auf einen Sachverständigen nur bei genügender eigener Sachkunde statt eines bloßen „Eindrucks" usw. verzichten, BGH NJW 1995, 1619. Man muss zwar eine Einschränkung der Glaubwürdigkeit der Partei beachten. Sie darf aber nicht für sich allein zur Anwendung des § 286 statt des § 287 führen, BGH NJW-RR 1988, 342. Freilich bleibt § 287 unanwendbar, soweit der Geschädigte bewusst die Sachaufklärung wegen der Grundlagen der Schadensschätzung behindert, OLG Hamm NJW-RR 1990, 42. II

erstreckt die Erweiterung auf ähnliche Fälle. § 287 betrifft aber nur die Entstehung und die Höhe des Schadens, BGH NJW 2002, 128. Die Vorschrift betrifft also nicht das schädigende Ereignis, den Haftungsgrund, BVerfG NJW 1979, 413.

7 **III. Geltungsbereich, I, II.** Die Vorschrift gilt in den Verfahrensarten nach der ZPO, auch im WEG-Verfahren, auch in arbeitsgerichtlichen Verfahren nach § 46 II 1 ArbGG. Im FamFG-Verfahren ist § 287 im Bereich des § 113 I 2 FamFG entsprechend anwendbar. **Unanwendbar** ist § 287 im Versäumnisverfahren nach §§ 330 ff. Dort muss das Gericht über die Höhe nach § 331 befinden.

8 **IV. Ursächlichkeit, I, II. 1. Haftungsgrund.** Rechtlich erforderlich ist zunächst ein nach § 286 beurteilbarer Zusammenhang zwischen dem Verhalten des Schädigers oder dem rechtswidrigen Zustand und dem ersten Erfolg der haftungsbegründenden Ursächlichkeit, BVerfG NJW 1979, 413; BGH NJW 2015, 2110. Das gilt etwa zwischen Unfall oder Schuss und Wunde oder sonstiger Verletzung, BGH NJW 2013, 3634, oder zwischen Stufe und Sturz, OLG Köln VersR 2005, 422, oder zwischen Arztfehler und Gehbehinderung, BGH NJW 1987, 705. **Nicht** ausreichend ist eine bloße Möglichkeit oder ein bloßer Verdacht einer Verletzung, BGH NJW 2013, 3634.

9 **2. Haftungsausfüllung.** Erforderlich ist ferner ein nach § 287 beurteilbarer Zusammenhang zwischen dem rechtswidrigen Zustand als einer ersten Folge und den etwaigen weiteren Folgen der haftungsausfüllenden Ursächlichkeit, BGH NJW-RR 2014, 545; BAG NZA 2016, 1543; OLG Hamm NJW-RR 2017, 1443. Das gilt zB zwischen Primär- und Sekundärverletzung, OLG Mü NJW 2011, 396 (HWS/Tinnitus), oder zwischen Wunde (Behandlungsfehler) und Verdienstausfall, BGH NJW 1993, 2383, oder zwischen Unfallverletzung und Erhöhung des Risikos weiterer Unfälle, OLG Oldb VersR 1994, 59, oder zwischen dem seelischen Schock der schwangeren Ehefrau des Unfallopfers und der Verletzung ihrer Leibesfrucht, BGH NJW 1985, 1390; vgl. auch BGH NJW 1998, 3417 (Hirnschaden), oder zwischen Gesundheitsschaden und Invalidität, BGH NJW 2004, 2589, oder Tod, BGH NJW 1992, 3298.

10 **3. Adäquanz.** Das Verhalten des Schädigers muss bei einer objektiv nachträglichen Vorhersage im Allgemeinen und nicht nur unter besonderen, unwahrscheinlichen Umständen die Folge ermöglicht haben, sog. Adäquanzlehre, BGH NJW 1983, 232; OLG Düss VersR 1982, 1200.

11 **4. Schutzzweck.** Zusätzlich ist ein Rechtswidrigkeitszusammenhang notwendig, sog. Schutzzwecklehre. Danach muss der Schaden innerhalb des Zwecks der verletzten Norm liegen, BGH NJW 1983, 232. Dieser Zusammenhang liegt zB in folgenden Fällen vor: Für die Haftung des betrügerischen Autoverkäufers dann, wenn der Wagen durch einen vom Käufer unverschuldeten Unfall beschädigt wurde; bei der Bezifferung des als Vermögensschaden oder als Schmerzensgeld verlangten Ersatzes wegen entgangener Urlaubsfreuden; bei einer weiteren Verletzung des Opfers des ersten Unfalls dadurch, dass ein Dritter in die Unfallstelle hineinfuhr.

12 Der Zusammenhang **fehlt:** Für Strafverteidigungskosten des Unfallverletzten; für einen Verdienstausfall wegen eines bei der Unfalloperation mitentdeckten früheren Hirnschadens; für einen Verstoß gegen § 15d StVZO dann, wenn keine Fahrgäste verletzt wurden. Die Prüfung der Ursächlichkeit ist jedenfalls nicht etwa eine bloße Tatsachenfeststellung, sondern eine richterliche Bewertung von Tatsachen.

13 **V. Schadensermittlung, I 1. 1. Schadensentstehung.** I gilt im Schadensersatzprozess jeder Art, also beim vertraglichen oder gesetzlichen Schaden, bei einer schuldabhängigen Haftung oder bei einer Gefährdungshaftung, beim materiellen und immateriellen Schaden, auch bei einer Enteignung oder Aufopferung, BGH NJW 1985, 387.

14 Nach I muss man einen Streit über die Entstehung des Schadens beurteilen, also über den **konkreten Haftungsgrund,** wenn der Haftungsgrund unstreitig oder erwiesen ist, BGH NJW-RR 1987, 339. Wenn mehrere Ereignisse zum Haftungsgrund gehören, muss der Kläger sie grundsätzlich sämtlich nach § 286 beweisen. Das gilt auch dann, wenn sie aufeinander folgen oder wenn eines aus dem anderen folgt, BGH NJW-RR 1987, 1019.

15 Allerdings ist § 286 und nicht § 287 dann anwendbar, wenn streitig ist, ob das schadenstiftende Ereignis den Ersatzbegehrenden **überhaupt betroffen** hat, BGH VersR 2011, 1171. Nach § 286 muss man auch prüfen, ob die eine oder die andere Ursachenkette maßgeblich ist, BGH NJW 2006, 2767. Manche wenden demgegenüber § 287 sogar dann an, wenn man im Verfahren nach § 323 die für das frühere Urteil maßgeblichen Erwägungen nicht hinreichend erkennen kann, OLG Zweibr FamRZ 1982, 415.

16 Nach § 286 und nicht nach § 287 muss man ferner die Frage beurteilen, ob überhaupt dem Grunde nach ein **Mitverschulden** vorliegt, BGH NJW 2007, 506; OLG Karlsr NJW-RR 2014, 924. Freilich kann ein Anscheinsbeweis bestehen, BGH NJW 1991, 167. Man darf nur dessen **Höhe** nach § 287 klären.

17 Dagegen muss man Ursachenzusammenhang zwischen dem **Haftungsgrund und dem Schaden** nach § 287 beurteilen, BGH NJW-RR 2014, 545; vgl. auch BGH NJW 1993, 3076.

18 **2. Schadenshöhe.** Nach I darf und muss man auch einen Streit über die Höhe des Schadens beurteilen, BGH NJW 2016, 1245. Dahin gehört alles, was zur Berechnung der Schadenshöhe zählt, BGH NJW 2012, 2267; OLG Ffm GRUR-RR 2015, 233; vgl. auch BGH MDR 2014, 1466.

3. Beispiele zur Frage einer Anwendbarkeit von I

19 **Abnutzungsersparnis:** Nach § 287 muss man beurteilen, ob und welche Abnutzungsersparnis eingetreten ist, OLG Karlsr VersR 1989, 58; OLG Ffm VersR 1978, 1044 (15–20 % der Mietwagenkosten); OLG Mü VersR 1976, 1145 (meist 15 %).

Abschleppkosten: Nach § 287 muss man beurteilen, welche Höhe Abschleppkosten erreicht hätten, BGH NJW 2014, 3727; OLG Hamm NJW-RR 1999, 755.

Allgemeinunkosten: Nach § 287 muss man beurteilen, welcher Pauschalsatz wegen Allgemeinunkosten angemessen ist, etwa bei einer Vermietung oder Verpachtung für den Erhaltungsaufwand, BGH NJW-RR 1990, 408, oder nach einem Verkehrsunfall, OLG Celle BeckRS 2021, 15005; OLG Köln VersR 1992, 719.

Anschaffungskosten: Nach § 287 muss man beurteilen, welchen Teil der Anschaffungskosten eines neuen Pkw ein infolge eines Unfalls Querschnittsgelähmter vom Schädiger ersetzt fordern kann, OLG Mü VersR 1984, 245.

Aufopferung: § 287 ist auf eine Forderung aus jedem Rechtsgrund und daher auch aufgrund eines Aufopferungsanspruchs anwendbar, insbesondere wegen eines Impfschadens.

Auslagenpauschale: Nach § 287 kann man sie bemessen, BGH NJW 2012, 2267; siehe auch „Allgemeinunkosten".

Bankkredit: Nach § 287 muss man beurteilen, zu welchem Zinssatz der Gläubiger einen Bankkredit in Anspruch nehmen durfte oder genommen hat, BGH NJW 1984, 371. Auch die Höhe von Verwaltungskosten lässt sich nach § 287 schätzen, ebenso die Höhe einer Vorfälligkeitsentschädigung, OLG Stgt WM 2015, 1009.

Barunterhaltsschaden: Nach § 287 ist er beurteilbar, BGH NJW 2012, 2887.

Behinderung: Nach § 287 muss man den durch eine Behinderung bedingten Mehraufwand schätzen, OLG Düss NJW-RR 2002, 869.

Berufsausbildung: Nach § 287 muss man beurteilen, wie eine Berufsausbildung voraussichtlich verlaufen wäre und nun verlaufen wird, OLG Celle VersR 2008, 82; OLG Karlsr VersR 1989, 1101. Auch → „Erwerbsleben".

Betreuungsaufwand: Nach § 287 kann man ihn schätzen, OLG Hamm NJW 2010, 947.

Beweislast: § 287 dient **nicht** der Verringerung des Kostenrisikos bei der Beweislast.

Beweisvereitelung: Eine solche kann § 287 **unanwendbar** machen, OLG Düss VersR 2003, 1294.

Bild: Nach § 287 muss man beurteilen, welcher Betrag als Entschädigung bei der Verletzung des Rechts am eigenen Bild angemessen ist.

Darlehen: → „Bankkredit".

Dauerschaden: Nach § 287 muss man beurteilen, ob infolge einer Verletzung ein Dauerschaden bevorsteht, BGH NJW 2002, 504; OLG Hamm NJW-RR 1994, 481 (ungeachtet etwa strengerer medizinischer Maßstäbe). Auch → „Rente".

Diebstahl: Nach § 287 kann man den Wert des Gestohlenen ermitteln, OLG Hamm VersR 2012, 436. § 287 ist **nicht** für den Inhalt eines gestohlenen Tresors anwendbar, BGH NJW 2007, 372.

Entschädigung: → „Schadenshöhe".

Enteignung: Nach § 287 muss man eine Entschädigung beurteilen, BGH NJW 1985, 387.

Ermessen: Seine Voraussetzungen und Grenzen sind auch bei § 287 beachtlich, OLG Mü NJW 2004, 959.

Erst-, Zweit-, Dauerschaden: § 287 kann mangels abgrenzbarer Schadensteile auf jede dieser Schadensarten anwendbar sein, BGH NJW 2002, 504.

Erwerbsleben: Nach § 287 darf und muss man beurteilen, wie sich das Erwerbsleben voraussichtlich entwickelt hätte und nun entwickeln wird. Man darf und muss die letzten Jahre vor dem Schadensfall beachten, BGH NJW 2004, 1945.

Folgeschaden: Nach § 287 ist er ermittelbar, OLG Ffm NJW-RR 2013, 140; OLG Saarbr NJW-RR 2013, 1112.

Gewinn: Nach § 287 darf man beurteilen, welcher Gewinn oder Verdienst nach § 252 S. 1 BGB nun fehlt, BGH NJW 2017, 1600.

Haftpflicht: § 287 ist auf eine Forderung aus jedem Rechtsgrund und daher auch aus einer gesetzlichen oder vertraglichen Haftpflicht anwendbar.

Halswirbelsäulenverletzung: Nach § 286 muss man die Ursächlichkeit eines Unfalls für einen HWS-Schaden beurteilen, OLG KG NJW 2000, 877.

Hausfrau/Hausmann: Nach § 287 muss man beurteilen, wie sich nach einer Tötung oder Verletzung der Hausfrau oder des Hausmanns die Mehrkosten nach Art und Umfang bemessen lassen, BGH NJW 2009, 2060. Man kann auf eine Tabelle zB von Schulz-Borck/Hofmann zurückgreifen, BGH NJW 2009, 2061.

Haushaltsführungsschaden: § 287 ist anwendbar, OLG Saarbr NJW-RR 2016, 1168. Vgl. zum Haushaltsführungsschaden nach franz. Recht OLG Celle BeckRS 2021, 15996.

Haushaltsgegenstände: Bei einem Schaden an eingelagerten Haushaltsgegenständen ist eine Schätzung möglich, wenn diese konkret mit Anschaffungsjahr und Anschaffungskosten bezeichnet werden und die Schäden aus Fotos ersichtlich sind, BGH BeckRS 2021, 5587.

Haushaltshilfeschaden: Auf ihn ist § 287 anwendbar, BGH NJW-RR 1992, 792.

Hausrat: An diversen, im Einzelnen bezeichneten Hausratgegenständen kann das Gericht in der Regel einen Mindestschaden schätzen, BGH TranspR 2021, 244.

Heilungskosten: Nach § 287 muss man beurteilen, ob Aufwendungen zwecks Heilung angemessen sind.

Hinterbliebenengeld: Dieses nach § 844 III BGB oder nach § 10 III StVG kann gem. § 287 geschätzt werden, OLG Köln BeckRS 2022, 10167.

Immaterieller Schaden: Nach § 287 ist er berechenbar; vgl. zu Art. 82 DSGVO OLG Kblz BeckRS 2022, 11126.

Internetrecherche: Sie kann mitverwertbar sein, OLG Köln MDR 2016, 1266.

Invalidität: § 287 ist auf die Frage anwendbar, ob ein Unfall auch eine Invalidität ausgelöst hat, BGH NJW 1993, 201; OLG Hamm NJW-RR 2017, 1443; OLG Düss VersR 2004, 461.

JVEG: Es kann als Schätzungsgrundlage herangezogen werden, BGH NJW 2016, 3092.

Kapital: → „Rente".

Kartellverstoß: § 286 gilt zum Ob, § 287 zur Schadenshöhe, BGH NJW 2016, 3527.

Kfz-Reparaturkosten: § 287 ist anwendbar, BGH NJW 2017, 1310.

Kostenpauschale: → „Allgemeinunkosten".

Kundenstamm: Nach § 287 muss man seinen Wert beurteilen, BGH NJW 2002, 1340 (Umsatz maßgeblich).

Mangelbeseitigungskosten: Das Gericht braucht für I greifbare Anhaltspunkte, BGH NJW-RR 2004, 1023.

Mehrbedarf: Ein solcher lässt sich nach § 287 beurteilen, BGH NJW-RR 1992, 791.

Merkantiler Minderwert: Dazu Vuia NJW 2012, 3057. Nach § 287 muss man beurteilen, wie hoch ein merkantiler Minderwert ist, BGH NJW 2013, 525; OLG Düss NJW-RR 2011, 898. Stets sind alle Einzelfallumstände zu beachten, OLG Ffm NZV 2017, 27.

Mietwagen: → „Unfallersatztarif".

Minderung: § 287 ist anwendbar, soweit es um einen Minderungsanspruch geht, BGH NJW-RR 2005, 1157; BGH NJW 2005, 1713; OLG Ffm NJW 2015, 2434.

Minderwert: § 287 ist anwendbar, OLG Brdb NJW 2018, 1975; OLG Stgt VersR 2013, 638.

Mindestschaden: § 287 ist anwendbar, soweit es um die Klärung eines Mindestschadens geht, BGH NJW 2017, 2819.

Mindestverbrauch: Nach § 287 kann man ihn zB bei Energie schätzen, OLG Celle NJW-RR 2016, 435.
Mitverschulden: Nach § 287 muss man beurteilen, **in welcher Höhe** es vorliegt, BGH NJW 2010, 2941; OLG Celle BauR 2018, 293; OLG Köln NJW-RR 2005, 1042. Demgegenüber muss man nach § 286 klären, **ob überhaupt** ein Mitverschulden vorliegt.
Neu für alt: Nach § 287 muss man beurteilen, wie weit die Regeln „neu für alt" anwendbar sind, OLG Karlsr VersR 2010, 491.
Nutzungsausfall: Nach § 287 muss man beurteilen, wie hoch ein Nutzungsausfall ist, BGH NJW 2013, 1149; OLG Mü NZV 2015, 35. Ein Tabellengebrauch ist grds. zulässig, BGH NJW 2007, 2916; vgl. aber auch KG NZV 2007, 244.
Nutzungsherausgabe: Nach § 287 muss man beurteilen, wie hoch man herauszugebende Nutzungen ansetzen muss, BGH NJW 1991, 2484.
Pauschale: → „Allgemeinunkosten".
Pflegekosten: Nach § 287 darf und muss man ihre Höhe bemessen, OLG Düss NJW-RR 2003, 90. Solche der Mutter dürfen höher sein als solche eines Pflegedienstes, OLG Mü NJW-RR 2002, 675.
Prognose: Bei der Schadensberechnung ist auch eine Prognose zulässig, BGH NJW-RR 2011, 986. Zum Problem beim Berufsanfänger BGH NJW 1998, 1633.
Psychischer Folgeschaden: Man muss ihn nach § 287 beurteilen, BGH NJW 2000, 862; OLG Celle NJW-RR 2004, 1252; KG VersR 2004, 1193.
Rabatt: Er kann schadensmindernd wirken, LG Karlsr NJW 2017, 2924. Nach § 287 kann man seine Höhe schätzen.
Rechtsanwaltskosten: Vgl. BGH BeckRS 2021, 17141.
Reisemangel: Nach § 287 muss man beurteilen, wie sich ein Geldersatz wegen eines Reisemangels und wegen vertaner Urlaubszeit bemisst, KG MDR 1982, 317. Auch ein Reisegepäckschaden lässt sich so bewerten, OLG Ffm NJW-RR 2003, 22.
Rente: Nach § 287 muss man beurteilen, wie sich die Höhe einer Rente berechnet, BGH NJW-RR 1990, 962; OLG Stgt VersR 1977, 1038, und wie man ihre vermutliche Dauer bemessen soll, BGH VersR 1976, 663; OLG Stgt VersR 1993, 1536, sowie ob ein Kapital oder eine Rente in Betracht kommt, BGH MDR 1976, 1012.
Restwert: Nach § 287 lässt sich der Restwert eines Kfz klären, BGH NJW 2010, 605; OLG Düss NJW-RR 2004, 1470.
Sachverständigenkosten: Nach § 287 kann man die nicht überhöhten schätzen, BGH NJW 2014, 3151. Listen oder Tabellen können helfen, BGH NJW 2018, 693. Im Zweifel gilt die nach § 632 II BGB übliche Vergütung, BGH NJW 2017, 1875; KG NZV 2015, 507. Die Kosten müssen notwendig gewesen sein, KG MDR 2017, 272.
Sachwert: Nach § 287 kann man ihn beurteilen, OLG Ffm NJW-RR 2017, 1310 (Gold usw.).
Schadensentwicklung: Nach § 287 kann man sie großzügig auch für die Zukunft beurteilen, BGH NJW 2007, 989. Freilich muss man sie mit ausreichender Wahrscheinlichkeit beurteilen können, BGH NJW 2004, 444.
Schadenshöhe: Man kann sie typischerweise nach § 287 beurteilen, BGH NJW 2014, 1376; OLG Oldb NJW-RR 2017, 1429.
Schadensminderung: → „Mitverschulden".
Schmerzensgeld: Dazu Arntz NJW 2017, 3329; Hacks/Wellner/Häcker/Offenloch, Schmerzensgeldbeträge 2022, 40. Aufl. 2021; Jaeger/Luckey, Schmerzensgeld, 11. Aufl. 2021; Slizyk, Handbuch Schmerzensgeld, 18. Aufl. 2022; Slizyk, IMM-DAT, Die Schmerzensgeld-Datenbank; Vrzal VersR 2015, 284. Nach § 287 darf und muss man beurteilen, wie hoch es sich bemisst, BGH BeckRS 2022, 6623; NJW 1992, 1043; OLG Kblz NJW 2013, 1746. Aber auch „Schadensentwicklung", „Unbezifferter Klagantrag", → Rn. 29.
Schwangerschaftsfolgeschaden: Er lässt sich der Höhe nach gemäß § 287 beurteilen, BGH NJW 2007, 989.
Sicherheitsleistung: Unanwendbar ist I hier. Denn dann geht es nicht um Schadensersatz.
Tabellen: Sie sind nach → Rn. 29 mitbenutzbar, BGH NJW 2009, 2060; OLG Köln NZV 2015, 505.
Technischer Minderwert: → „Minderwert".
Tier: Man kann seinen Wert mangels Marktgängigkeit nach § 287 schätzen, BVerwG NVwZ-RR 2005, 446. Zu seiner Verletzung BGH NJW 2016, 1589.
Totalschaden: Nach § 287 muss man beurteilen, ob ein Totalschaden eines Kfz vorliegt und wie hoch dann der Wiederbeschaffungspreis ist, AG Altena NJW-RR 2011, 181. Bei Reparaturkosten von 30 % über dem Wiederbeschaffungswert ist nur er ersetzbar, BGH NJW 2012, 52.
Umsatz: Nach § 287 muss man beurteilen, welcher Umsatzausfall vorliegt, BGH NJW 1990, 2469. Auch → „Gewinn".
Unerlaubte Handlung: § 287 ist auf eine Forderung aus jedem Rechtsgrund und daher auch aus unerlaubter Handlung anwendbar, BGH NJW 1990, 2060 (Detektivkosten) und NJW 1992, 3298 (§ 844 II BGB).
Unfallersatztarif: Dazu Gilch VersR 2012, 1485; Martis/Enslin MDR 2008, 6; Woitkewitsch MDR 2013, 437. Man kann ihn nach § 287 beurteilen, BGH NJW 2016, 3363; OLG Bbg NZV 2016, 380; OLG Karlsr NJW-RR 2012, 26 („Schwacke-Liste").
Unfallschaden: § 287 ist erst nach der Klärung der Verursachungsfrage anwendbar, OLG Ffm NJW-RR 2013, 140; KG NJW 2008, 1006.
Unfallversicherung: § 286 ist auf die Ausgestaltung und Dauer des Schadens anwendbar, § 287 auf eine Ursächlichkeit zwischen Schädigung und Invalidität, BGH NJW-RR 2002, 166.
Ungerechtfertigte Bereicherung: § 287 ist auf eine Forderung aus jedem Rechtsgrund und daher auch gerade auf einen Schadensersatz nach § 818 BGB anwendbar, BGH NJW 2009, 2590. § 287 ist aber **unanwendbar,** soweit es um die sonstige Herausgabe der Bereicherung geht. Denn das ist kein Schadensersatz.
Unkostenpauschale: Nach § 287 darf man sie beurteilen, etwa nach einem Verkehrsunfall.
Unterhalt: Nach § 287 darf man schätzen, OLG Brem FamRZ 2015, 1395. Evtl. iVm § 113 I 2 FamFG muss man beurteilen, ob der Kläger einen Unterhaltsanspruch verloren hat, ob also der getötete Unterhaltspflichtige leistungsfähig gewesen wäre oder wie man einen Mehr- oder Minderbedarf beziffern muss, BGH FamRZ 2001, 1603; OLG Hamm NZFam 2014, 30. § 287 gilt auch bei der Frage, wie man einen Naturalunterhalt bewerten soll, OLG Celle FamRZ 2016, 824; KG FamRZ 2003, 53, oder welcher Prozentsatz des Mindest-

satzes infrage kommt, OLG Celle NJW 2007, 1000, oder wie sich beim freiberuflichen Schuldner die Pflichten weiterentwickelt hätten, OLG Brdb FamRZ 2007, 2071 (Unfalltod), oder wie sich ein ehebedingter Nachteil beruflich auswirken kann, BGH NJW 2010, 3653, oder wie sich der Regelbedarf errechnet, OLG Hamm NJW-RR 2013, 134, oder ein Versorgungsnachteil, BGH NJW 2013, 380, oder der angemessene Bedarf, BGH NJW 2013, 866. Auch → „Barunterhaltsschaden".

Unternehmenswert: Man muss ihn nach § 287 beurteilen, BayOblG JurBüro 2000, 416. Ausreichend sein kann ein Zusammentreffen geeigneter und aussagekräftiger Parameter und Methoden, auch eine Marktrisikoprämie, OLG Ffm ZIP 2017, 974.

Urlaub: „Reisemangel".

Verbrauch: § 287 kann auf seine Schätzung anwendbar sein, BGH NJW 2014, 1298 (Strom, Gas); KG ZMR 2008, 620 (Wasser); LG Hmb ZMR 2017, 206 (Strom). Das gilt nur, soweit eine genaue Ermittlung nicht möglich ist, AG Köln WuM 2017, 592.

Verdienstausfall: § 287 ist auf seine Berechnung anwendbar, BGH NJW 2011, 1146; OLG Düss NZV 2016, 429. Man kann Aufwendungsersparnisse mit einem fallbedingten Prozentsatz des Nettoeinkommens ansetzen, OLG Celle MDR 2006, 985. Auch → „Nutzungsausfall".

Verkehrswert: Nach § 287 muss man beurteilen, wie hoch der Verkehrswert eines Grundstücks ist, BayObLGZ 87, 10; OLG Celle NZM 1998, 638 (Ertragswert). Vgl. auch die ImmoWertV v. 14.7.2021, BGBl. I 2805.

Vermehrung der Bedürfnisse: Eine solche nach § 843 I Hs. 2 BGB lässt sich nach § 287 beurteilen, BGH NJW-RR 2004, 671.

Vermögensschaden: Seine Höhe kann man nach § 287 berechnen, BVerwG NVwZ 1999, 77. Das gilt aber nur bei einer Feststellbarkeit der zugrunde liegenden Bedingungen, OLG Köln VersR 2004, 390.

Versicherungsentschädigung: Nach § 287 muss man beurteilen, in welcher Höhe eine Versicherung eine Entschädigung leisten muss, BGH NJW-RR 1988, 342, oder ob der Eigentümer wegen eines Brandschadens eine Versicherungsleistung erhalten hätte, BGH NJW 2003, 295. Zur Gutachterproblematik BGH NJW 2014, 1947 (zust. Heßeler NJW 2014, 1916). Ein Mindestausgleichsbetrag unterfällt dem § 287, OLG Mü ZVertriebsR 2017, 194.

Vertrag: § 287 ist grds. auf einen Vertrag anwendbar.
- **(Anwaltsvertrag):** Anwendbar ist § 287 auf die Haftung aufgrund eines Anwaltsvertrags, BGH NJW-RR 2007, 569; OLG Hamm AnwBl 2010, 143.
- **(Energiekosten):** Anwendbar ist § 287 grds. zB auf Heizkosten, OLG Mü NJW-RR 2013, 264. Jedoch setzen §§ 9a, 12 HeizkostenV Grenzen, BGH NJW-RR 2013, 909.
- **(Miethöhe):** Anwendbar ist § 287 auf eine Wohnraum-Miethöhe anhand eines Gutachtens, BGH NJW 2010, 149, oder bei Mietwagen anhand eines Mietpreisspiegels, BGH NJW 2013, 1539; NJW 2011, 1947.
- **(Mietvertrag):** Anwendbar ist § 287 auf einen Mietvertrag, BGH NJW 2005, 1713 (Grundlage einer Minderung: Bruttomiete einschließlich aller Nebenkosen, auch bei Pauschalen); OLG Hamm NJW-RR 2010, 1643.

Vertragsstrafe: § 287 ist **unanwendbar,** soweit es um sie geht. Denn sie ist kein Schadensersatz.

Verzugsschaden: § 287 ist anwendbar, soweit es um seine Höhe geht, BGH NJW-RR 1999, 1274. Das gilt auch beim Nutzungsausfall. Es gilt auch beim Marktzins, BGH NJW 1984, 371.

Vorfälligkeitsentschädigung: Zur Berechnung ist § 287 anwendbar, BGH NJW 2005, 751; OLG Ffm WM 2012, 2280; OLG Schlesw MDR 1998, 355.

Vorschaden: Er lässt sich nach § 287 berechnen, vgl. OLG Bremen BeckRS 2021, 17744; OLG Düss NZV 2016, 381; LG Dortm NJW-RR 2012, 1121; Schauseil MDR 2009, 425.

Vorteilsausgleich: Nach § 287 muss man beurteilen, welcher Vorteilsausgleich in Betracht kommt, BGH NJW-RR 2013, 611; OLG Hamm NJW-RR 1994, 345. Bei Kfz kann der Vorteilsausgleich linear anhand der zu erwartenden Gesamtlaufleistung berechnet werden, OLG Mü BeckRS 2022, 12928; vgl. aber auch LG Ingolstadt BeckRS 2020, 24071.

Wasser-Nachbarschaden: § 287 ist anwendbar, soweit der Kläger wegen eines vom Nachbar verursachten Wasserschadens seine Räume nicht nutzen kann, LG Köln NZM 2001, 333.

Wasserverbrauch: § 287 kann auf seine Schätzung anwendbar sein, KG ZMR 2008, 620.

Weiterer Schaden: § 287 kann auf ihn aufgrund derselben Schädigungsursache anwendbar sein, BGH NJW-RR 2009, 409.

Wert: Nach § 287 kann man ihn und seine Minderung ermitteln, BGH NJW 2010, 3434.

Wohnwert: Er lässt sich nach § 287 schätzen, BGH NJW 2013, 1305.

Zeitaufwand: Er lässt sich entsprechend § 287 beurteilen, OLG Hmb MDR 2000, 115 (vereinbartes Anwalts-Zeithonorar); OLG Zweibr Rpfleger 1999, 181 (Betreuer).

Zweitverletzung: Auf sie kann § 287 anwendbar sein, BGH NJW 2002, 504.

4. Antrag; Darlegung. Es ist wie sonst nach § 253 II Nr. 2 grundsätzlich ein bezifferter Antrag nötig. Das 20
Gericht entscheidet unter Würdigung aller Umstände. Es entscheidet nach seiner pflichtgemäßen freien Überzeugung. Man braucht die Entstehung, Höhe, den ursächlichen Zusammenhang nicht im Einzelnen substantiiert darzulegen, BGH NJW 1994, 663 (zust. Baumgärtel JZ 1994, 531). Das Gericht muss die Parteien aber nach § 139 anhalten, geeignete Schätzungsunterlagen beizubringen, BGH NJW 1995, 1023; OLG Kblz JurBüro 2014, 532. Diese Unterlagen müssen also ausreichen, die Ausgangssituation für die Schätzung zu schaffen, BGH NJW 2000, 3358, soweit diese Beibringung zumutbar ist, OLG Karlsr VersR 1988, 1164 (etwa durch Abdecken der den Ehegatten betreffenden Teile einer gemeinsamen Steuererklärung).

5. Keine Überspannung. Der Geschädigte muss zwar beweisen, dass diese Unterlagen zutreffen. Bei alledem 21
darf man die Anforderungen an ihn aber auch nicht überspannen, BGH NJW 2013, 525. Kann er mögliche Anhaltspunkte nicht nachweisen, geht das zu seinen Lasten, BGH NJW 1994, 663 (zust. Baumgärtel JZ 1994, 531); KG VersR 1991, 705. Erst ab Vorlage ausreichender Unterlagen darf und muss das Gericht den Schaden und seine Höhe nach dem mutmaßlichen Geschehensablauf einschätzen, BGH NJW 1995, 1023. Dagegen kann der Bekl. einen Gegenbeweis antreten. Die Partei darf auch nichts versäumen, BGH NJW 1981, 1454. Sie muss zB einen Schaden rechtzeitig feststellen lassen, wenn sie andernfalls in den Verdacht der Mitverursachung käme.

Der Kläger braucht jedoch nicht solche genauen Tatsachen anzugeben, die zwingend auf das Bestehen und den Umfang des Schadens schließen lassen, BGH NJW-RR 2000, 1340.

22 **6. Nicht ins Blaue.** Das Gericht darf allerdings auch keine bloße Spekulation betreiben, LG Darmst ZMR 1994, 165. Das Gericht darf nicht ins Blaue entscheiden, BGH NJW 2014, 3151; OLG Kblz JurBüro 2014, 532; OLG Mü AnwBl 2010, 719. Es muss über die streitigen Ausgangs- und Anknüpfungstatsachen auch beim Sachverständigenbeweis nach §§ 144, 402 ff. evtl. selbst Beweis erheben, BGH NJW 2000, 2272. Es darf nicht eine abstrakte Berechnung eines hypothetischen Schadens vornehmen, soweit feststeht, dass tatsächlich überhaupt kein Schaden eingetreten ist. Es darf zwar evtl. einen Mindestschaden schätzen, aber nicht, sofern auch er der Höhe nach völlig unklar ist, vgl. BGH NJW-RR 2006, 1404.

23 **7. Bemessungsregeln.** Das Gericht kann aber zur Klärung des Schadens gesetzliche Bemessungsregeln heranziehen. Es kann ferner zB im Rahmen und in den Grenzen von § 144 einen Augenschein nach § 371 vornehmen. Es kann nach §§ 144, 402 ff. Sachverständige beauftragen. Es kann auch davon oder von einem Gegengutachten absehen, BGH NJW 1989, 3009. Es kann ferner nach §§ 372a, 448 anordnen, dass der Kläger sich vernehmen und untersuchen lässt. Das Gericht darf Listen oder Tabellen mitverwerten, solange nicht bestimmte Tatsachen dagegensprechen, BGH NJW 2008, 1519. Solange das Gericht mit solchen Mitteln nach § 287 zu einer Schätzung kommen kann, ist eine Klagabweisung unstatthaft. Sie würde auf einen Verstoß gegen Art. 103 I GG hinauslaufen, BGH NJW-RR 2005, 1603. Darum lässt sich der Anspruch regelmäßig nicht mit Wendungen wie „die Verhältnisse sind unübersehbar" abtun. Es genügt die allgemeine Überzeugung des Gerichts, dass aus dem Ereignis ein Schaden entstanden ist. Aber auch diese allgemeine Überzeugung braucht eine nachvollziehbare Begründung.

24 Die **Ablehnung** einer Schätzung kommt erst nach einer Prüfung infrage, ob nicht wenigstens eine ausreichende Grundlage für die Schätzung eines Mindestschadens vorliegt. Kommt es darauf an, wie eine Verwaltungsbehörde entschieden hätte, muss das Gericht die praktische Einstellung der Behörde ermitteln. Bei einem Schadensersatzanspruch gegenüber einem ProzBev wegen eines Mangels seines Sachvortrags muss das Gericht den Schaden nach demjenigen Ergebnis beurteilen, das man in dem früheren Prozess bei einem vollständigen Vortrag und einer zutreffenden Entscheidung erzielt hätte.

25 **VI. Schadensschätzung, I 2, 3. 1. Ermessen, I 2.** Ob und wie weitgehend das Gericht Beweis nach §§ 355 ff. erheben will, steht in seinem pflichtgemäßen Ermessen, BGH NJW 2016, 950; OLG Düss NJW-RR 2015, 341; OLG Hamm NJW-RR 2012, 668; LG Essen VersR 2011, 914. Das Gesetz nimmt ein etwaiges Abweichen der richterlichen Schätzung von der Wirklichkeit hin, BGH NJW 1984, 2216. Die Schätzung soll aber das Gericht möglichst nahe an die Wirklichkeit heranführen, BGH VersR 1992, 1410.

2. Beispiele zur Frage eines Ermessens, I 2

26 **Begründung:** Das Gericht muss im Urteil nach § 313 III die tatsächlichen Schätzungsgrundlagen angeben, BGH NJW-RR 2003, 873. Es muss auch die Beweisanträge würdigen, BVerfG GRUR-RR 2009, 375. Es muss ihre Ablehnung begründen, BGH NJW 1997, 1640. Das gilt zB dann, wenn nach dem Ermessen des Gerichts die Beweisaufnahme keine Klärung bringen würde. Das Gericht muss eine solche Erwägung aber näher darlegen. Denn es muss genügende schätzungsbegründende Tatsachen feststellen, BGH NJW-RR 2014, 545.

Ohne Beweisaufnahme: Das Gericht darf ohne sie entscheiden, soweit es von der Entstehung eines Schadens überzeugt ist und sein darf, BSG NZS 2004, 206.

Bindung: Das Gericht entscheidet grds. ohne Bindung an einen Beweisantrag, BGH NJW 1996, 2501.

Fachkenntnis: Das Gericht darf bei einer wichtigen Frage nicht auf die Herbeischaffung einer unerlässlichen Fachkenntnis verzichten, BVerfG NJW 2003, 1655; BGH NJW-RR 1995, 1320; OLG Saarbr NJW-RR 2011, 178.

Parteivortrag: Das Gericht darf ihn nicht zugunsten eines beweisanzeigenden Umstands vernachlässigen, OLG Mü NJW-RR 1987, 355.

Prozesswirtschaftlichkeit: Das Gericht darf einen Beweisantrag nicht schon wegen seiner Unwirtschaftlichkeit ablehnen, OLG Hamm NJW-RR 2012, 668.

Wahrscheinlichkeit: Eine hohe Wahrscheinlichkeit kann ausreichen.

Willkür: Das Gericht darf nicht willkürlich handeln, BGH NJW-RR 1988, 534.

27 **3. Parteiaufgaben, I 2.** Die Partei muss schätzungserleichternde Tatsachen darlegen. Das Gericht muss sie soweit zumutbar rechtlich einwandfrei auch ohne Unterstellungen feststellen können, BGH NJW-RR 1988, 1206; OLG Mü VersR 1987, 361. Das Gericht darf zwischen abstrakter und konkreter Schadensberechnung wählen, soweit nicht der Kläger einen Beweis für die konkrete höhere Schadenshöhe angetreten hat. Die für die Schadensfeststellung maßgebenden einzelnen Erwägungen des Gerichts sind als Äußerungen des freien Ermessens in der Berufungsinstanz nach §§ 511 ff. voll nachprüfbar, BGH NJW 1975, 388; OLG Zweibr NJW-RR 1989, 221. In der Revisionsinstanz findet eine Überprüfung aber nach § 559 nur auf eine etwaige Überschreitung dieser Grenzen statt, BGH NJW-RR 1988, 1206.

28 **4. Revisionsfragen, I 2.** Das Revisionsgericht kann also nach § 559 nur nachprüfen, ob der Tatrichter von zutreffenden Erwägungen ausgegangen ist, BGH NJW-RR 2022, 401; NJW-RR 2005, 897, zB von einem richtigen Eigentumsbegriff, BGH NJW 1982, 1995, und ob er überhaupt die Grundsätze einer Beweiswürdigung nach § 286 beachtet hat, BGH NJW-RR 2005, 897, und ob er § 287 beachtet und die Schätzungsgrundlagen richtig ermittelt hat, BGH NJW 2018, 864. Das Revisionsgericht kann prüfen, ob der Tatrichter eine notwendige Beweisaufnahme unterlassen hat, BGH NJW 2000, 2272. Es kann die Erwägungen des Tatrichters dann beanstanden, wenn sie auf einem grundsätzlich falschen Satz beruhen oder offensichtlich unsachlich sind, BGH NJW 1989, 773. Das Revisionsgericht kann die Erwägungen des Tatrichters ferner dann beanstanden, wenn sie zu einer grundlosen Bereicherung oder zu einem verkappten Ausgleich des immateriellen Schadens führen, insbesondere bei einem typischen Fall wie bei der Berechnung eines Kraftfahrzeug-Nutzungsausfalls oder eines Wertverlusts nach zeitweiser Benutzung durch den Käufer vor dem Austausch, BGH NJW 1983, 2194.

29 **5. Tabellen, I 2.** Eine (Schmerzensgeld-)Tabelle gibt nur Anhaltspunkte.

30 **6. Schätzungsvernehmung, I 3.** Das Gericht kann den Beweisführer über die Höhe des Schadens vernehmen, BAG NJW 2005, 3164, aber nicht über andere Punkte. Solche Befugnis besteht auch dann, wenn der

Kläger seinen Ersatzanspruch nicht im Einzelnen begründet hat. Diese Vernehmung ist eine Unterart der Parteivernehmung nach § 448, nicht eine bloße Parteianhörung nach § 141, OLG Kblz VersR 1980, 1173. Sie unterscheidet sich von der Parteivernehmung dadurch, dass § 448 einigen Beweis voraussetzt, die Schätzungsvernehmung nicht. Ein Einverständnis des Gegners ist nicht erforderlich. Auch hier ist eine Vernehmung des Gegners nach § 445 zulässig, also auf Antrag des Beweisführers.

VII. Anderer Prozess: Bedingte Anwendbarkeit, II. Die erweiterte freie Würdigung nach pflichtgemäßem Ermessen, BSG NJW 2016, 1982, mit Ausnahme der Schätzungsvernehmung ist bei einem auf Geld oder vertretbare Sachen gehenden Anspruch („Höhe der Forderung") insoweit anwendbar, als die im Folgenden genannten Voraussetzungen zusammentreffen, BGH NJW-RR 2010, 1263. 31

1. Schwierigkeit der Aufklärung. Eine völlige Aufklärung aller maßgebenden Umstände muss im Vergleich zur Bedeutung der gesamten Forderung oder eines Teils davon schwierig sein, BGH NJW 1979, 1403. 32

2. Geringfügigkeit des Streits. Außerdem darf der Streit im Verhältnis zur Schwierigkeit der Klärung nur eine geringe Bedeutung haben, BGH NJW-RR 1993, 898. Es gilt also ein fallweiser Maßstab. 33

3. Beispiele zur Frage einer Anwendbarkeit von II

Anwaltsvergütung: Kilian NZA 2016, 513 (ausf.). 34

Architekt: Der im Rahmen eines Architektenvertrags erreichte Leistungsstand kann nach II geschätzt werden, KG BeckRS 2022, 9016.

Ausgleichsanspruch: II gilt beim Ausgleichsanspruch eines Bausparkassenvertreters wegen eines Folgevertrags nach seinem Ausscheiden oder beim Ausgleichsanspruch nach § 89b HGB, BGH NJW 2011, 848. Beim vorzeitigen Erbausgleich ist eine Lebensversicherung mit dem Zeitwert ansetzbar, OLG Karlsr NJWE-FER 1997, 207.

Beweisaufnahme: II gilt bei einer wahrscheinlich langen Dauer und bei hohen Kosten einer Beweisaufnahme, BGH NJW 2005, 2074.

Bewertung: II kann anwendbar sein, BGH NJW 2011, 601.

Enteignungsentschädigung: II ist anwendbar.

Erfüllung: II gilt bei einem Erfüllungsanspruch, zB aus ungerechtfertigter Bereicherung.

Erwerbsmöglichkeit: II gilt **nicht,** soweit es um die anderweitige Erwerbsmöglichkeit eines unterhaltsberechtigten geschiedenen Ehegatten geht, BGH NJW 1986, 3080.

Haushaltstätigkeit: II gilt bei ihrer Bewertung, BGH FamRZ 2001, 1693 (zust. Büttner).

Inflation: II gilt beim Anspruch auf eine Anpassung von Gehalt oder Ruhegeld wegen der Geldentwertung, BAG NJW 1987, 1285.

Insolvenz: II gilt zwecks Beurteilung der Masseunzulänglichkeit, BGH NJW 2003, 2454.

Kleine Forderung: Da II auf I 1, 2 verweist, gilt II beim Streit darüber, ob eine dem Grunde nach unstreitige Forderung überhaupt einen Betrag ausmacht, etwa bei einem angeblichen Gewinn.

Leistungsbestimmung: II gilt **nicht** bei §§ 315, 316 BGB. Denn das Gericht darf nicht einfach anstelle der Partei die Leistung bestimmen, BGH WM 1973, 464.

Mahnpauschale: II ist bei ihr anwendbar, KG WM 2011, 1433.

Mangel: II gilt bei der Schätzung seiner Mindesthöhe, LG Tüb NJW-RR 2004, 267 (Garagenparkfläche).

Minderung: II kann bei ihrer Festsetzung anwendbar sein, BGH NJW-RR 2005, 1157.

Mieterhöhung: II lässt sich zur Frage der Ortsüblichkeit höherer Miete bei § 558 BGB anwenden.

Mietspiegel: Ein Mietspiegel kann kann ggf. auch als einfacher eine Schätzungsgrundlage bilden, BGH NJW-RR 2021, 76.

Provision: II gilt beim Provisionsausfall über einen längeren Zeitraum, BAG NZA 1986, 290.

Steuerberatung: II gilt bei der Haftung eines Steuerberaters zB wegen einer fehlerhaften Bilanz, BGH VersR 1988, 178; OLG Hamm DB 2022, 1381.

Unternehmenswert: II gilt bei seiner Ermittlung im Spruchverfahren, OLG Ffm ZIP 2012, 124; Kollrus MDR 2012, 66.

Urheberrecht: II ist bei § 32 II 2 UrhG anwendbar, BGH GRUR 2016, 62.

Versorgungspreise: II kann bei ihrer Erhöhung anwendbar sein, BGH NJW 2016, 1718.

Zugewinnausgleich: II gilt auch bei ihm, BGH NJW 2011, 601.

Vorbemerkung zu § 288
Geständnis

I. Systematik. 1. Gerichtliches Geständnis. Gerichtliches Geständnis, Tatsachengeständnis, ist die einseitige Erklärung an das Gericht, eine vom Gegner behauptete Tatsache sei wahr, BGH NJW 2010, 3576. 1

2. Außergerichtliches Geständnis. Es gibt das außergerichtliche Geständnis. Es ist etwa in einem anderen (Straf-)Verfahren erfolgt, BGH NJW-RR 2004, 1001, oder in einem vorbereitenden Schriftsatz nach § 129. Es ist kein Beweismittel, sondern ein bloßes Indiz, BGH NJW-RR 2005, 1297. Sein Beweiswert nach § 286 hängt von den Begleitumständen ab, kann im Einzelfall aber zur Überzeugungsbildung ausreichen, BGH NJW 2022, 705. Bedeutsam sind die Geständnisabsicht und das Bewusstsein der Tragweite. So beweist eine Quittung bis zu einem Gegenbeweis regelmäßig den Empfang der Leistung, BGH NJW-RR 1998, 1470. Die Annahme ist unnötig. 2

3. Anerkenntnis; Verzicht. Das ist ein Rechtsgeständnis. Es bezieht sich nicht auf Tatsachen, sondern auf einen prozessualen Anspruch nach §§ 306, 307. 3

4. Nichtbestreiten. Es gibt schließlich das bloße Nichtbestreiten nach § 138 II, III, BGH NJW 1999, 579. 4

II. Regelungszweck. Das gerichtliche Geständnis ist eine einseitige nicht annahmebedürftige Parteiprozesshandlung, BGH NJW 1987, 1947. Es kann durch einen Prozessvertrag erfolgen, BGH NJW 2001, 2550. Es ist kein Beweismittel. Denn es erbringt nicht Beweis, sondern es erspart den Beweis, es erlässt dem Gegner die Beweislast, OLG Köln VersR 1990, 856. Das tut aber auch das bloße Nichtbestreiten nach § 138 III. Darum liegt die eigentümliche Wirkung des Geständnisses nicht hierin, sondern nach § 290 in der besonderen Regelung der Widerruflichkeit. Das gerichtliche Geständnis ist daher die prozessuale Erklärung des Einverständnisses damit, dass 5 das Gericht die zugestandene Tatsache ungeprüft verwertet. Insoweit geht es über das bloße Nichtbestreiten hinaus. Deshalb ist eine Gleichsetzung von bloßem Nichtbestreiten und Geständnis evtl. eine Verletzung von Art. 103 I GG, BVerfG NJW 2001, 1565.

6 **III. Geständnis und Wahrheitspflicht.** Die Geständniswirkung tritt nach dem Gesetz unabhängig von der Postulationsfähigkeit ein, OLG Hamm NJW-RR 1998, 679. Sie tritt grundsätzlich auch dann ein, wenn das Geständnis der Wahrheit widerspricht, BGH NJW 1995, 1432. Indessen darf der Richter ein nach § 291 als offenkundig unwahr erkanntes Geständnis nicht beachten. Denn es läuft der Wahrhaftigkeitspflicht des § 138 zuwider, einer öffentlich-rechtlichen Pflicht. Ein arglistiges oder zu einem betrügerischen oder sonst wie sittenwidrigen Zweck abgegebenes Geständnis verliert seine Wirkung nicht bloß nach § 290, sondern überhaupt, sobald sich die Unwahrheit herausstellt, OLG Düss NJW-RR 1998, 606. Der Gegner darf das Geständnis der Richtigkeit einer klägerischen Behauptung immer dann zurücknehmen, wenn er damit nicht gegen die Wahrhaftigkeitspflicht verstößt. Die Rücknahme eines vorweggenommenen Geständnisses ist unzulässig.

288 *Gerichtliches Geständnis.* **[I] Die von einer Partei behaupteten Tatsachen bedürfen insoweit keines Beweises, als sie im Laufe des Rechtsstreits von dem Gegner bei einer mündlichen Verhandlung oder zum Protokoll eines beauftragten oder ersuchten Richters zugestanden sind.**

[II] Zur Wirksamkeit des gerichtlichen Geständnisses ist dessen Annahme nicht erforderlich.

1 **I. Systematik, Regelungszweck, I, II.** §§ 289, 290 gelten ergänzend.

2 **II. Geltungsbereich, I, II.** Die Vorschrift gilt in allen Verfahrensarten nach der ZPO, die überhaupt der Parteiherrschaft unterliegen. Sie gilt auch im WEG-Verfahren. Sie gilt nicht im Insolvenzverfahren, OLG Köln NZI 2000, 480, ebenso wenig nach § 113 IV Nr. 5 FamFG im Eheverfahren.

3 **III. Beweisentbehrlichkeit, I, II. 1. Tatsachenbezug.** Das Geständnis muss im Gegensatz zu einem Verzicht nach § 306 oder einem Anerkenntnis nach § 307 eine Tatsache betreffen. Sie muss für den Gestehenden ungünstig oder nachteilig sein, BGH NJW 1990, 392.

2. Beispiele zur Frage eines Tatsachenbezugs, I, II

4 **Bewertung: Kein** Tatsachenbezug besteht bei einem solchen Vorgang, OLG Düss GRUR-RR 2004, 163.

Bürgschaft: Kein Tatsachenbezug besteht beim Begriff einer Bürgschaft, BGH WM 1980, 193.

Erfahrungssatz: Kein Tatsachenbezug besteht bei diesem Begriff.

Gesellschafter: Kein Tatsachenbezug besteht bei einem so schwierigen Rechtsbegriff wie einer Eigenschaft als Gesellschafter, BGH NJW-RR 1987, 416.

Gute Sitten: „Sittenwidrigkeit".

Juristische Tatsache: Tatsachenbezug kann eine solche haben, wenn sie sich auf einen ganz geläufigen Rechtsvorgang wie einen Vertragsschluss, BGH NJW-RR 2006, 281, oder eine Auslegung bezieht, BGH NJW-RR 2007, 1563; vgl. auch OLG Kblz NJW-RR 1993, 571.

Rechtsfolge: Kein Tatsachenbezug besteht bei diesem komplexen Rechtsbegriff, OLG Hamm MDR 1992, 998.

Rechtsnachfolge: Kein Tatsachenbezug besteht bei diesem komplexen Begriff, OLG Hamm OLGR 1995, 50.

Sittenwidrigkeit: Kein Tatsachenbezug besteht bei diesem Rechtsbegriff.

Unterschrift: Tatsachenbezug besteht bei der Frage der Echtheit zB nach § 437, OLG Saarbr MDR 2002, 109.

Vorgreifliche Tatsache: Tatsachenbezug besteht bei einer solchen präjudiziellen Tatsache, BGH NJW-RR 2003, 1578. So kann zB bei einer Klage des Vermieters auf Zahlung und Räumung im Anerkenntnis des Zahlungsanspruchs ein Geständnis der Verzugstatsache liegen, etwa der Nichtzahlung trotz Fälligkeit an einem bestimmten Datum.

Werksabnahme: Kein Tatsachenbezug besteht bei diesem Vorgang, OLG Ffm NJW-RR 1994, 530.

Willensrichtung: Tatsachenbezug kann eine solche innere Tatsache haben, BGH NJW-RR 2007, 1563; BAG NZA 2010, 230.

5 **3. Tatsachenbehauptung.** Sie muss von einer Partei stammen, also vom Gegner des Gestehenden, BGH NJW 2016, 1171 Rn. 50; NJW 2006, 154, oder von dessen Streithelfer im Rahmen des § 67, OLG Köln VersR 2000, 1302. Eigene Behauptungen darf jede Partei bis zum Schluss der letzten Tatsachenverhandlung nach §§ 136 IV, 296a im Rahmen des § 290 widerrufen, BGH NJW 1990, 392. Der Gegner kann sie aber übernommen, also zu den seinigen gemacht und auch vorbehaltlos darüber verhandelt haben, BGH NJW 1990, 392. Dann liegt ein vorweggenommenes Geständnis mit allen Wirkungen des gerichtlichen Geständnisses vor, BGH NJW 1978, 884. Es ist dann keine Wiederholung der Behauptung nötig, sofern er sie nicht vorher widerrufen hatte. Der Widerruf kann auch in einer vom Gericht zB nach § 283 S. 1 gesetzten Nachfrist erfolgen, auch durch einen jetzt abweichenden Vortrag, BGH NJW 1990, 392.

6 Die Partei muss aber auch die nicht widerrufenen eigenen Behauptungen darüber hinaus nach **Treu und Glauben** gegen sich gelten lassen. Die bei der Parteivernehmung oder -anhörung nach §§ 141, 445 ff. erfolgte zugestehende Bekundung ist nicht ohne weiteres ein Geständnis, BGH NJW 1995, 1432.

7 **4. Zugeständnis des Gegners.** Der Gegner des Behauptenden muss die Tatsache als wahr zugestanden haben, BGH NJW 2002, 1276; OLG Jena NJW-RR 2018, 260. Das kann in der Regel angenommen werden, wenn die beklagte Partei auf den schlüssigen Vortrag des Klägers hin eine Primäraufrechnung erklärt, BGH NJW 2022, 1174.

8 Der **Wille** zu gestehen (animus confitendi) oder das Bewusstsein der ungünstigen Wirkung muss bestehen. Im Zweifel muss das Gericht nach § 139 vorgehen.

5. Beispiele zur Frage eines Zugeständnisses des Gegners, I, II

9 **Anhörung: Nicht stets** Geständnis ist eine Erklärung während einer Anhörung nach § 141, BGH NJW-RR 2006, 672.

Aufgabe einer Behauptung: Es gilt dasselbe wie bei einer „Stillschweigenden Erklärung".

Endgültigkeit: Geständnis ist nur eine endgültige Erklärung, BGH NJW-RR 1996, 699. Sie muss mindestens eindeutig so erkennbar sein.

Frage- und Hinweispflicht: § 139 gilt auch bei § 288.
Hauptaufrechnung: → „Primäraufrechnung".
Nichtbestreiten: Kein Geständnis ist grds. ein solcher Vorgang, BGH NJW-RR 2005, 1297. Eine Ausnahme gilt nach § 439 II, III, BGH NJW 2006, 154.
Parteivernehmung: Nicht stets Geständnis ist eine Erklärung während einer Parteivernehmung nach §§ 445 ff., BGH NJW 1995, 1432.
Primäraufrechnung: In ihr liegt in der Regel ein Geständnis hinsichtlich der klagebegründenden Tatsachen, BGH NJW 2022, 1174; NJW-RR 1996, 699; vgl. auch OLG Celle OLGR 1999, 111.
Stillschweigende Erklärung: Geständnis sein kann ein solches Verhalten. Es ist dazu freilich eine zurückhaltende Beurteilung nötig, BGH NJW-RR 2005, 1297.

6. Unbedingtheit usw. Ein nur bedingtes Geständnis ist grundsätzlich unzulässig, BGH NJW-RR 2003, 1145 (Ausnahme: innerprozessuale Bedingung). Ein Geständnis nur für diese Instanz ist wie jedes bedingte Geständnis unzulässig. Tatsächlich handelt es sich hier meist nicht um ein Geständnis, sondern um ein vom Gericht nach § 139 zu klärendes Nichtbestreitenwollen in dieser Instanz nach § 138 III. Zulässig ist auch ein vorweggenommenes Geständnis dann, wenn sich der Gegner des Erklärenden dessen Ausführungen zumindest hilfsweise zu eigen macht (sog. gleichwertiges Vorbringen), BGH NJW-RR 1994, 1405. Unzulässig wie ein bedingtes Geständnis ist das nur für einen gewissen Fall unbedingte. Wirksam gestehen oder widerrufen können nur die nach §§ 51, 52 prozessfähige Partei oder der gesetzliche Vertreter nach § 51, also evtl. beide Eltern, BGH NJW 1987, 1947. 10

IV. Erklärung, I. 1. Parteiprozesshandlung. Das Geständnis ist eine Parteiprozesshandlung. Sie ist auch stillschweigend möglich, BGH NJW 2015, 1240. Sie erfolgt im Lauf des Prozesses in der notwendigen oder doch stattfindenden fakultativen mündlichen Verhandlung, BGH NJW-RR 1991, 540, auch bei einer Säumnis des Gegners nach §§ 330 ff. Es muss ein Geständniswille erkennbar sein, BGH NJW 2015, 1240; NJW 1991, 1683. Die Erklärung erfolgt vor dem Prozessgericht. Bei elektronischer Einreichung gelten §§ 130a–130d. Der ProzBev. ist zu ihm stets ermächtigt, natürlich auch der gesetzliche Vertreter nach § 51, BGH NJW 1987, 1947. Bei einem Widerspruch zwischen seiner Erklärung und derjenigen seines Auftraggebers geht die letztere allgemein vor. 11

Das Geständnis ist **kein Anerkenntnis** des prozessualen Anspruchs nach § 307. Es ist auch kein Verzicht auf ihn nach § 306. 12

2. Beispiele zur Frage einer Geständniserklärung, I

Abwesenheit des Gegners: Unschädlich ist dieser Umstand. 13
Aktenlageverfahren: Ausreichend ist ein Geständnis im Verfahren nach § 251a.
Anhörung: → Rn. 9.
Annahme: Nicht notwendig ist nach II eine Annahme des Geständnisses.
Anwaltszwang: Er besteht wie sonst, BGH NJW-RR 2006, 672; OLG Ffm NJW-RR 2010, 140. Die Partei kann immer auch selbst gestehen, vgl. BGH NJW-RR 2006, 672; NJW 1995, 1432. Das gilt zB beim Widerruf der Partei dann, wenn der ProzBev. nach § 85 I 2 gesteht.
Auslegbarkeit: Sie ist wie bei jeder Parteiprozesshandlung möglich, BGH NJW 2000, 276. Auch „Persönliches Erscheinen".
Beauftragter Richter: Bei demjenigen nach §§ 361, 362 ist eine Protokollierung nach § 160 III Nr. 3 für die Wirksamkeit eines Geständnisses notwendig.
Bezugnahme: → „Stillschweigende Erklärung".
Einzelrichter: Ein Geständnis kann vor demjenigen nach §§ 348, 348a usw. erfolgen.
Ersuchter Richter: → „Beauftragter Richter".
Freistehende Verhandlung: Ausreichend ist ein schriftliches Geständnis im Verfahren nach § 128 IV.
Irrtum: Kein Geständnis liegt dann vor, wenn man infolge eines Irrtums nicht vorträgt, BGH NJW-RR 2015, 1321.
Kammer für Handelssachen: Ein Geständnis kann vor ihrem Vorsitzenden nach § 349 erfolgen.
Kleinverfahren: Ausreichend ist ein Geständnis im Verfahren nach § 495a.
Parteivernehmung: Nicht stets Geständnis ist nach → Rn. 9 eine Erklärung der Partei während ihrer Vernehmung nach §§ 445 ff.
Persönliches Erscheinen: Ein Geständnis liegt nicht ohne weitere in einer Erklärung nach §§ 131, 137 IV, BGH NJW-RR 2009, 1272.
Protokollierung: → „Beauftragter Richter".
Prozesskostenhilfe: Kein Geständnis ist eine Erklärung im Verfahren nach §§ 114 ff.
Schriftliches Verfahren: Ausreichend ist ein schriftliches Geständnis, auch ein dahin auslegbares, nur im Verfahren nach §§ 128 II, III, 251a, 331a, 495a S. 1.
Stillschweigende Erklärung: Auch sie kann ausreichen. Das kann geschehen zB durch die Bezugnahme auf einen Schriftsatz nach § 137, BGH NJW 2015, 1239.
Streitgenosse: Gestehen darf jeder Streitgenosse nach §§ 59 ff. für seine Person.
Streithelfer: Wirksam ist ein Geständnis des Streithelfers nach § 66 nur dann, wenn es nicht im Widerspruch zur Hauptpartei nach § 67 erfolgt, vgl. BGH NJW 1976, 292; OLG Hamm NJW-RR 1998, 679.
Verhandlungsschluss: Ausreichend ist eine Erklärung bis zum Schluss der letzten mündlichen Verhandlung nach §§ 136 IV, 296a.

V. Geständniswirkung, II. Dazu Gehrlein MDR 2016, 1 (Grdz.). 14

1. Grundsatz: Kein Beweisbedarf. Die Wirkung des Geständnisses liegt darin, dass die zugestandene Tatsache keinen Beweis braucht, OLG Jena NJW-RR 2018, 260. Es tritt also eine Umkehr der Beweislast ein. Das Geständnis bindet diese Partei ferner im Rahmen des § 290, BGH NJW-RR 2005, 1297. Das gilt nur in diesem Prozess, BGH NJW 2006, 154, dort aber auch im Nachverfahren zB nach § 600, OLG Saarbr MDR 2002, 109, und auch in der Berufungsinstanz nach §§ 513 I, 529 I Nr. 1, LG Mü NJW-RR 2013, 2014, oder nach § 535, OLG Düss MDR 2000, 1211 (Säumnis); OLG Ffm GRUR 2002, 236, und in der Revisionsinstanz nach § 555. Das Geständnis bezieht sich nicht ohne weiteres auf einen neuen Klagegrund oder Streitgegenstand, OLG Düss MDR 2000, 1211. Ein behauptetes Geständnis muss derjenige beweisen, der sich darauf beruft. 15

16 Die Geständniswirkung **entfällt** mit der Rücknahme der Behauptung des Gegners, BGH VersR 1979, 73; OLG Jena NJW-RR 2018, 260, oder mit der Aufhebung des Verfahrens nach § 564 II oder bei einer Zurückverweisung nach § 538 II 1 Nr. 1 oder § 563 I, IV. Das gilt auch nach einem vorweggenommenen Geständnis.

17 **2. Grenzen.** Das Geständnis ist eine mögliche Folge der Parteiherrschaft. Es kann deshalb seine Wirkung nur in ihrem Machtbereich haben. Darüber hinaus kann das Gericht es nach § 286 frei würdigen, BGH NJW 1995, 1432. Das gilt zB in der Revisionsinstanz, BGH NJW-RR 2005, 1297. Dort kann eine solche Bewertung auch erstmalig erfolgen, BGH NJW 1999, 579. Das gilt auch im FamFG-Verfahren nach § 113 IV Nr. 5 FamFG (schließt nur die gesetzliche „Wirkung" aus). Es gilt ferner bei allen von Amts wegen zu beachtenden Punkten. Es gilt ferner bei einer Berichtigung des Tatbestands nach § 320. Es gilt ferner für unmögliche Tatsachen, auch für diejenigen, deren Gegenteil offenkundig ist, BGH NJW 1979, 2089. Denn die Logik entzieht sich der Parteiherrschaft. Es gilt ferner dann, wenn das Geständnis nur infolge einer unzulässigen Auswertung eines Beweismittels erfolgte, zB nach einem Video-Spähangriff des Arbeitgebers gegen seine Kassiererin, LAG Stgt BB 1999, 1439. Das Geständnis gilt voll nur in diesem Prozess, BGH NJW 2006, 154. Der Widerruf richtet sich nach § 290.

289 *Zusätze beim Geständnis.* **[I] Die Wirksamkeit des gerichtlichen Geständnisses wird dadurch nicht beeinträchtigt, dass ihm eine Behauptung hinzugefügt wird, die ein selbständiges Angriffs- oder Verteidigungsmittel enthält.**

[II] Inwiefern eine vor Gericht erfolgte einräumende Erklärung ungeachtet anderer zusätzlicher oder einschränkender Behauptungen als ein Geständnis anzusehen sei, bestimmt sich nach der Beschaffenheit des einzelnen Falles.

1 **I. Systematik, Regelungszweck, I, II.** § 289 behandelt drei verschiedene Fälle von Zusätzen zu einem gerichtlichen Geständnis nach § 288. Zweck ist eine möglichst weite Geltung der Parteiherrschaft.

2 **II. Geltungsbereich, I, II.** → § 288 Rn. 2.

3 **III. Beifügung eines selbständigen Angriffs- oder Verteidigungsmittels, I.** Hier sind der Sachverhalt des Geständnisses und der Zusatz verschieden. Daher bleibt das Geständnis wirksam.

4 **Beispiel:** Der Kläger klagt auf eine Lieferung der Kaufsache; der Bekl. gibt den Kaufabschluss zu, behauptet aber geliefert zu haben: Das Geständnis des Kaufabschlusses ist voll wirksam, der Bekl. muss die Lieferung als Erfüllung beweisen.

5 **IV. Zusätze nach II.** Man muss die folgenden Situationen unterscheiden.

6 **1. Anderer Sachverhalt.** Es kann sich um die Beifügung eines anderen Zusatzes mit einem verschiedenen Sachverhalt handeln, also um ein begründetes, qualifiziertes Bestreiten und Leugnen, motiviertes Leugnen.

7 **Beispiele:** Der Kläger klagt auf eine Lieferung der Kaufsache; der Bekl. gibt den Kaufabschluss zu, behauptet aber einen aufschiebend bedingten Kauf. Hier liegt kein Geständnis vor. Denn der Bekl. leugnet. Daher muss der Kläger einen unbedingten Kauf beweisen. Das gilt immer beim Einwand einer aufschiebenden Bedingung. Eine andere Rechtsauffassung beim Zugestehen ist unerheblich.

8 **2. Derselbe Sachverhalt.** Es kann sich auch um die Beifügung eines anderen Zusatzes mit demselben Sachverhalt handeln, also um ein eingeschränktes, qualifiziertes Geständnis.

9 **Beispiel:** Der Kläger klagt auf eine Lieferung der Kaufsache; der Bekl. gesteht den Kaufabschluss wie behauptet zu, ficht aber wegen Irrtums an. Hier liegt ein Geständnis des Kaufs vor. Der Bekl. muss den Anfechtungsgrund beweisen.

10 Ob → Rn. 5 oder → Rn. 8 vorliegt, muss das Gericht notfalls nach den Regeln der Beweislast entscheiden. Das Revisionsgericht darf nach § 559 überprüfen, BGH NJW 2001, 2550.

290 *Widerruf des Geständnisses.* **[1]Der Widerruf hat auf die Wirksamkeit des gerichtlichen Geständnisses nur dann Einfluss, wenn die widerrufende Partei beweist, dass das Geständnis der Wahrheit nicht entspreche und durch einen Irrtum veranlasst sei. [2]In diesem Fall verliert das Geständnis seine Wirksamkeit.**

1 **I. Systematik, Regelungszweck S. 1, 2.** → Vor § 288 Rn. 1–5.

2 **II. Geltungsbereich, S. 1, 2.** Die Vorschrift hat nur eine geringe Bedeutung.

3 **1. Anwendbarkeit.** § 290 behandelt den grundsätzlich zulässigen einseitigen Widerruf des gerichtlichen Geständnisses nach § 288 abweichend von der bei Parteiprozesshandlungen geltenden Regel. Wegen des Widerrufs eines Streithelfers siehe bei § 67.

4 Freilich ist der Widerruf des gerichtlichen Geständnisses anders als derjenige sonstiger tatsächlicher Erklärungen nicht schon wegen **bloßer Unrichtigkeit** zulässig. Eine Anfechtung des Geständnisses nach dem sachlichen Recht gibt es so wenig wie bei anderen Parteiprozesshandlungen.

5 **2. Unanwendbarkeit.** § 290 bezieht sich nicht auf: Das außergerichtliche Geständnis. Sein Widerruf lässt sich nach § 286 unbeschränkt und frei würdigen, OLG Köln VersR 1990, 856. Den sofortigen Widerruf von Erklärungen des ProzBev oder Beistands nach §§ 85 I 2, 90 II. Das sog. unterstellte Geständnis des § 138 III. Es ist grundsätzlich bis zum Schluss der mündlichen Verhandlung nach §§ 136 IV, 296a frei widerruflich. Den Widerruf mit dem Einverständnis des Gegners. Er ist im Rahmen der Parteiherrschaft frei zulässig. Den Widerruf des prozessualen Anerkenntnisses, BGH NJW 1981, 2193; OLG Karlsr BeckRS 2020, 44310. Eine Anfechtung nach § 119 BGB.

6 **3. Berufungsinstanz.** In der Berufungsinstanz gilt für das wirkliche Geständnis § 535, für das unterstellte § 529.

7 ***III. Widerruf nach § 290, S. 1, 2.*** Es müssen mehrere Bedingungen zusammentreffen.

8 **1. Unwahrheit.** Der Widerruf des gerichtlichen Geständnisses nach § 288 I ist nur dann wirksam, wenn die widerrufende Partei darlegt und beweist, dass das Geständnis objektiv nicht wahrheitsgemäß war, OLG Saarbr NJW-RR 2013, 1388. Der volle Beweis der Unrichtigkeit der zugestandenen Tatsache ist auch dann notwendig,

wenn dem Widerrufenden ohne das Geständnis nach dem sachlichen Recht eine Beweiserleichterung zugutegekommen wäre, OLG Ffm MDR 1982, 329. Das Gericht kann den Nachweis der Unwahrheit nach § 286 frei würdigen. Alle Beweismittel nach §§ 371 ff. sind zulässig, auch eine Parteivernehmung nach §§ 445 ff. § 290 hat keineswegs stets einen Vorrang vor § 138, Olzen ZZP 98 (1985), 403 (421).

2. Irrtum. § 290 verlangt ferner den Nachweis nach § 286, dass das Geständnis auf einem Irrtum beruhte, OLG Saarbr NJW-RR 2013, 1388. Der Irrtum mag auf einer Fahrlässigkeit beruhen, BGH MDR 2005, 834; OLG Saarbr NJW-RR 2013, 1388, nicht aber auf einem auch nur bedingten Vorsatz, also nicht auf einer Gleichgültigkeit, BGH NJW 2011, 2794; OLG Saarbr MDR 2002, 109. Wenn das Geständnis gegen besseres Wissen und zu eigenem Nutzen erfolgte, also ohne einen Irrtum, ist § 290 nach § 814 BGB nicht anwendbar. Unbeachtlich ist nämlich ein solches Geständnis, das mit der Wahrhaftigkeitspflicht nach § 138 I unvereinbar ist. Die Partei kann es zwar ohne Weiteres widerrufen, um ihre Wahrhaftigkeitspflicht zu erfüllen. Wirkt ein solches Geständnis zugunsten des Gegners, bleibt aber der Erklärende an seine Erklärung gebunden. 9

3. Erklärung. Jeder Irrtum genügt, also der irrige Glaube an die Wahrheit der zugestandenen Tatsache. Das gilt für einen Tatsachen- oder Rechtsirrtum, solchen der Partei oder ihres gesetzlichen Vertreters nach § 51 und solchen des ProzBev nach § 81. Nur muss der Irrtum gerade beim Erklärenden gelegen haben. Eine bloße wiederholte Änderung seiner Beurteilung genügt nicht, BGH NJW-RR 1999, 1113; OLG Saarbr NJW-RR 2013, 1388. Der widerrufende ProzBev muss sich selbst geirrt haben. Dasselbe gilt für die Partei oder ihren zur Unterrichtung des ProzBev bevollmächtigten Vertreter bei der Unterstützung nach § 166 BGB. Vgl. aber auch dessen II. Beim widerrufenden Streithelfer nach § 66 kommt es auf den Irrtum seiner Hauptpartei an, OLG Celle OLGR 1995, 267. Man muss die den Irrtum veranlassenden Tatsachen ausreichend darlegen, BGH MDR 2005, 1241; OLG Saarbr NJW-RR 2013, 1388; OLG Köln NJW-RR 2000, 1478. Man muss sie auch beweisen. § 286 ist anwendbar. Die Genehmigung des Geständnisses in einer Kenntnis seiner Unwahrheit oder Irrigkeit ist ein neues Geständnis. Ein Betrug enthält stets eine Irrtumserregung. Andere Willensmängel kommen nicht in Betracht, also nicht ein bloßer Scherz oder ein bloßer Motivirrtum. Da das Geständnis der Parteiherrschaft unterliegt, kann ein Einverständnis der Parteien die Erfordernisse des Widerrufs ersetzen, soweit es die öffentlichen Belange zulassen. Über den Widerruf in der 2. Instanz vgl. bei § 535. 10

291 *Offenkundige Tatsachen.* Tatsachen, die bei dem Gericht offenkundig sind, bedürfen keines Beweises.

I. Systematik. Die Vorschrift zählt im weiteren Sinn zu den von § 286 II umfassten gesetzlichen Beweisregeln. 1

II. Regelungszweck. Die Vorschrift dient der Prozessförderung und der Prozesswirtschaftlichkeit. Sie dient auch der Kostengerechtigkeit. 2

III. Geltungsbereich. Die Vorschrift gilt in allen Verfahrensarten nach der ZPO, auch im FamFG-Verfahren, OLG Zweibr FGPrax 2010, 183, oder im WEG-Verfahren. Sie gilt nach § 46 II 1 ArbGG auch im arbeitsgerichtlichen Verfahren. 3

IV. Offenkundige Tatsache. Es muss um eine Tatsache gehen. Ein Erfahrungssatz ist keine Tatsache; das ist vielmehr nur eine Behauptung, die dem Zeugenbeweis zugänglich wäre, BGH GRUR 2021, 1286; GRUR 2011, 1043. Offenkundige Tatsachen lassen sich wie folgt unterteilen. 4

1. Allgemeinkundigkeit. Es kann sich um eine solche Tatsache handeln, die weite verständige Kreise für feststehend halten, OLG Ffm GRUR-RR 2003, 274; OLG Mü MDR 2004, 531 (Schullärm). Allgemeinkundig ist dasjenige Ereignis oder derjenige Zustand, den so viele wahrnehmen oder ohne weiteres zuverlässig wahrnehmen können, dass die Unsicherheit bei der Wahrnehmung des Einzelnen unerheblich ist, OLG Karlsr MDR 1989, 363. Allgemeinkundig ist ein so allgemein verbreitetes Ereignis oder Zustand, dass ein besonnener Mensch von seiner Wahrheit überzeugt sein kann, LG Aachen MDR 1989, 63. Einschätzungen, die der Richter einer konkreten Lektüre eines Fachbuchs entnimmt, sind nicht offenkundig; dies gilt insbesondere, wenn es um die konkreten Umstände des Einzelfalls geht, OLG Hamm BeckRS 2021, 4021. 5

Solche **allgemeinkundigen** Tatsachen, die auch alle Prozessbeteiligten mit Sicherheit kennen und von denen sie wissen, dass sie für die Entscheidung erheblich sind, brauchen **keine Erörterung und keinen Beweis,** OLG Mü GRUR-RR 2001, 303. Soweit die Parteien sich nicht auf die allgemeinkundige Tatsache berufen können, ist wegen Art. 103 I GG eine Erörterung nach § 139 erforderlich, vgl. BGH NJW-RR 2022, 499. 6

Nicht allgemeinkundig ist eine solche Tatsache, die nur für den Empfänger oder Wahrnehmer offenkundig ist, BGH NJW 2002, 1718; OLG Schlesw NJW-RR 1991, 715. 7

2. Beispiele zur Frage einer Allgemeinkundigkeit

Börsenkurs: „Nachfrage, Nachschlagen". 8

Brauch: Allgemeinkundig ist er zumeist (örtliche und zeitliche Fallfrage). Auch der zB örtlich begrenzte kann allgemeinkundig sein.

Entfernung: → „Nachfrage, Nachschlagen".

Geografischer Umstand: Allgemeinkundig dürfte er zumeist sein.

Gewohnheit: Allgemeinkundig kann sie sein (Fallfrage).

Index: Allgemeinkundig ist er ab einer Mitteilung in den einschlägigen Medien und bei Widerspruchsausbleiben und daher dem Besonnenen glaubhaftem Inhalt, BAG MDR 2008, 213. Das gilt zB bei einem Lebenskostenindex, BGH NJW 1992, 2088 (die Fachpresse genügt).

Internet: Nachfrage, Nachschlagen.

Lärm: Allgemeinkundig kann er natürlich sein, OLG Mü MDR 2004, 531.

Lebenserfahrung: Allgemeinkundig ist sie wohl durchweg.

Marke: Allgemeinkundig ist sie wohl oft (Fallfrage), BGH GRUR 2011, 1043.

Medien: Allgemeinkundigkeit kann sich aus einer umfangreichen Medienberichterstattung ergeben.

Nachfrage, Nachschlagen: Allgemeinkundig kann auch dasjenige sein, was der Richter erst durch eine Nachfrage oder durch ein Nachschlagen in einem allgemein zugänglichen zuverlässigen Buch, zB in einem statistischen Jahrbuch, in einer Datenbank oder in einer anderen zuverlässigen Quelle im Internet feststellt, vgl. BGH NJW-RR 2022, 499.

Politischer Umstand: Allgemeinkundig kann er sein (Frage der Ausdehnung).

Wahldatum: Allgemeinkundig dürfte es durchweg jedenfalls ab Veröffentlichung sein.

Weltgeschichtlicher Vorgang: Allgemeinkundig ist er unter einem Ausschluss wissenschaftlicher Streitfragen.

Wirtschaftlicher Umstand: Allgemeinkundig kann er sein (Frage des Ausmaßes).

Wissenschaftliche Wahrheit: Allgemeinkundig ist die überall anerkannte (also nicht etwa eine okkulte).

9 **3. Gerichtskundigkeit.** Es kann sich auch um eine solche Tatsache handeln, die mindestens einer der derzeitigen Spruchrichter aus seiner jetzigen oder früheren amtlichen Tätigkeit sicher kennt. Das Gericht muss eine gerichtskundige Tatsache aber als solche mitteilen und zum Gegenstand der Verhandlung machen. Privatrecherchen des Richters verstoßen allerdings gegen den Beibringungsgrundsatz. Auch sonstiges private Wissen des Richters ist nicht gerichtsbekannt, möglicherweise aber allgemeinkundig; zu weit geht OLG Celle BeckRS 2021, 14185 Rn. 34.

4. Beispiele zur Frage einer Gerichtskundigkeit

10 **Aktenkundigkeit:** Sind die Tatsachen nur aktenkundig, muss sie der Richter also erst aus den Akten feststellen, noch gar der Vorinstanz, **fehlt** die Gerichtskundigkeit.

Amtliche Tätigkeit: Gerichtskundig ist dasjenige, das der Richter aus seiner solchen Tätigkeit sicher kennt, VerfG Mü FamRZ 2011, 655.

Dienstliche Mitteilung: Gerichtskundig ist dasjenige, das sich aus ihr einwandfrei ergibt, OLG Kblz NJW-RR 2013, 1108.

Früheres Gutachten: Gerichtskundig ist auch eine Kenntnis von Tatsachen aus einem früheren Gutachten.

Früherer Prozess: Gerichtskundig ist dasjenige, das der Richter aus einem früheren Prozess sicher weiß.

Frühere Spezialzuständigkeit: Gerichtskundig ist auch eine so erhaltene Tatsachenkenntnis, BGH NJW 1998, 3498; vgl. auch BGH NJW 2004, 1163.

Privatwissen: Das rein private Wissen des Richters ist nicht gerichtskundig, evtl. aber allgemeinkundig.

Öffentliches Register: Nicht gerichtskundig sind evtl. dortige Eintragungen.

11 **V. Beweisentbehrlichkeit.** Man muss die Darlegung und den Beweis unterscheiden.

12 **1. Grundsatz: Kein Beweisbedarf.** Offenkundige, notorische Tatsachen brauchen keinen Beweis, OLG Nürnb NJW-RR 2016, 33; OLG Zweibr FGPrax 2010, 183. Eine Hilfstatsache der Offenkundigkeit lässt sich im Weg des Freibeweises nach § 286 würdigen. Allgemeine Erfahrungssätze unterliegen zwar derselben Regel. Sie sind aber als Schlüsse aus Tatsachen keine offenkundigen Tatsachen. Der praktische Unterschied liegt darin, dass man einen Erfahrungssatz nicht als solchen geltend machen muss. Aus demselben Grund gehören die Vorgänge im Prozess nicht hierher.

13 **2. Behauptungslast.** Die Partei muss außerhalb der Amtsermittlung eine nach Tatsache behaupten, vgl. BGH NJW-RR 1993, 1122. Das gilt, sofern es sich nicht um Indizien und Hilfstatsachen des Beweises handelt. Das gilt auch für eine rechtsvernichtende und rechtshemmende Tatsache. Es gilt auch für eine solche Erklärung, auf deren Vortrag der Vorsitzende nach § 139 hinwirken muss, OLG Köln Rpfleger 1985, 498; OLG Ffm MDR 1977, 849.

14 Ein **Bestreiten** oder ein Geständnis nach § 288 ist bei einer Offenkundigkeit bedeutungslos, BGH NJW 1979, 2089, ebenso eine Säumnis nach §§ 330 ff. Angebotene Beweise braucht das Gericht grundsätzlich nicht zu erheben. § 41 Nr. 5 setzt aber Grenzen, VerfGH Mü FamRZ 2011, 655. Ein Gegenbeweis ist dahin zulässig, dass die als offenkundig angenommene Tatsache unrichtig sei, BGH NJW 2004, 1163; vgl. auch BAG NZA 1998, 661. Die Frage der Offenkundigkeit ist keine Rechts-, sondern eine Tatfrage, BayObLG NJW 1984, 372. Die Parteien dürfen zu ihrer Klärung beitragen. Deshalb muss das Gericht sie grundsätzlich dazu anhören, BGH NJW-RR 1993, 1122. Die Verkennung des Begriffs ist ein Verfahrensmangel. Er kann folglich auf Antrag zur Zurückverweisung nach § 538 II 1 Nr. 1 führen, OLG Hamm BeckRS 2021, 4021.

15 **3. Hinweis und Begründung.** Will das Gericht eine von ihm etwa dem Internet entnommene Tatsache als offenkundig seinem Urteil zu Grunde legen, muss es den Parteien durch einen Hinweis Gelegenheit zur Stellungnahme geben. Ein solcher Hinweis ist entbehrlich, wenn die Tatsache den Parteien ohne weiteres gegenwärtig und als entscheidungserheblich bekannt ist, BGH WM 2022, 484.

16 Das Gericht muss in seinem Urteil grundsätzlich offenlegen, woraus sich eine Offenkundigkeit ergeben soll, wenn dies nicht auf der Hand liegt, BGH BeckRS 2021, 40834.

17 **4. Rechtsmittelinstanz.** Was in der ersten Instanz offenkundig war, braucht es nicht in der zweiten Instanz zu sein. Das Rechtsmittelgericht prüft den Beweiswert der in der ersten Instanz bejahten Offenkundigkeit nach §§ 286, 525 frei nach. Das Revisionsgericht prüft nach § 559 II nur die richtige Anwendung des Begriffs, ob das Berufungsgericht also eine Offenkundigkeit hinreichend sicher festgestellt hat. Das Revisionsgericht braucht nicht zur Klärung einer von ihm als offenkundig erachteten Tatsache nach § 563 I, IV zurückzuverweisen. Die Prüfung der Offenkundigkeitsfeststellung des Berufungsgerichts muss sich aus der Urteilsbegründung nach §§ 313 III, 540 ergeben. Eine verfahrensmäßig einwandfrei Feststellung der Offenkundigkeit ist zumindest wegen derjenigen Umstände nötig, deren Kenntnis man normalerweise nicht vermuten kann. Zur Bejahung der Offenkundigkeit durch das Kollegium genügt die Mehrheit. Denn es handelt sich um eine Beweisfrage.

292 *Gesetzliche Vermutungen.* **[1]Stellt das Gesetz für das Vorhandensein einer Tatsache eine Vermutung auf, so ist der Beweis des Gegenteils zulässig, sofern nicht das Gesetz ein anderes vorschreibt. [2]Dieser Beweis kann auch durch den Antrag auf Parteivernehmung nach § 445 geführt werden.**

1 ***I. Systematik, S. 1, 2.*** Die Vorschrift zieht prozessuale Folgen aus den vorwiegend im sachlichen Recht verstreuten verschiedenartigen sog. Vermutungen. Sie ergänzt gesetzliche Beweisregeln nach § 286 II, ohne im engeren Sinn zu ihnen zu gehören.

2 **II. Regelungszweck, S. 1, 2.** Die Vorschrift dient der Gerechtigkeit.

III. Geltungsbereich, S. 1, 2. Die Vorschrift gilt in allen Verfahrensarten nach der ZPO, auch im WEG-Verfahren. Sie gilt nach § 46 II 1 ArbGG auch im arbeitsgerichtlichen Verfahren. Sie gilt auch im Bereich des § 113 I 2 FamFG. 3

IV. Rechtsvermutung, S. 1. Rechtsvermutungen sind solche Vorschriften, nach denen das Gericht eine Tatsache dann als feststehend behandeln muss, wenn eine andere feststeht. 4

1. Gewöhnliche Rechtsvermutung. Diese Art, praesumtio iuris, lässt den Gegenbeweis zu. Das gilt zB bei §§ 233 S. 2, 270, 437 I, 440 II, BGH NJW 1988, 2741. Es gilt ferner bei § 476 BGB, OLG Celle NJW 2004, 3566. Es gilt auch bei § 558d III BGB, OVG Münst NZM 2006, 906, ferner zB evtl. bei § 630h I, III–V BGB, ferner bei §§ 891, 921, 938, 1006 I 1 BGB, OLG Saarbr NJW-RR 2013, 1498, ferner zB §§ 1138, 1155, 1253 II, 1362, 1377 I, 1380 I 2, 1610a BGB, OLG Hamm NJW-RR 1992, 1352. Es gilt bei §§ 1964 II, 2009, 2365 BGB, AG Bln-Charlottenb WuM 2003, 86. Es gilt bei § 1 V 1 KSchG, BAG NZA 2013, 559. Es gilt ferner zB bei § 17 II FamFG, § 59 II 2 FamGKG, § 68 II 2 GKG, § 83 II 1 GNotKG, § 33 V 2 RVG. 5

2. Unwiderlegliche Rechtsvermutung. Diese Art, praesumtio iuris et de iure, ist selten. Sie gilt nur bei einer klaren gesetzlichen Anordnung, OLG Ffm NJW 2009, 375. Sie schließt jeden Gegenbeweis aus. Das gilt zB bei §§ 39, 267, 547, 755 ZPO, §§ 892, 893, 1138, 1155, 1566 BGB, OLG Brdb FamRZ 2000, 1417 bei § 198 II 1, OLG Braunschw BeckRS 2022, 7772, oder bei § 27 III InsO. Die Auslegungsregeln des BGB wie zB § 742 BGB sind regelmäßig Tatsachenvermutungen. Bei der unwiderleglichen Vermutung regelt das Gesetz in Wahrheit nicht das Verfahren der Tatsachenermittlung, sondern ändert den anwendbaren Rechtssatz durch eine Art Fiktion. 6

V. Tatsachenvermutung, S. 1. Eine Tatsachenvermutung, unechte Vermutung, praesumtio facti, ist eine Beweislastnorm, BGH NJW 2002, 3164, nämlich ein aus der Lebenserfahrung gezogener Schluss, BGH NJW 2010, 363. Das gilt zB evtl. auch bei § 630 I, III–V BGB, ferner bei §§ 685 II, 836, 938, 1117 III, 1213 II, 1253 II, 1377 III, 1625, 1720 II, 2009, 2270 II BGB, § 517 I HGB. Alle tatsächlichen Vermutungen lassen den Gegenbeweis zu, BGH NJW-RR 2001, 684; OLG Hmb GRUR-RR 2007, 302 (zu § 12 II UWG). Er geht dahin, dass die vermutete Tatsache nicht zutrifft. 7

VI. Unterstellung, S. 1. Von einer Vermutung muss man eine Unterstellung oder Fiktion unterscheiden. Sie zwingt zur Anwendung der Rechtsfolgen eines Sachverhalts auf einen anderen Sachverhalt, obwohl möglicherweise jede Möglichkeit fehlt, dass dieser Sachverhalt zutrifft. Dahin gehören zB § 138 III (unterstelltes Geständnis) und § 332 (unterstellter Wegfall der früheren Verhandlung). Die Unterstellung ist keine Beweisvorschrift. 8

VII. Quellen, S. 1. Rechtsvermutungen finden sich größtenteils in sachlich-rechtlichen Gesetzen, obwohl sich ihre Bedeutung im Prozess erschöpft. Sie sind meist prozessualer Natur. Landesgesetzliche Vermutungen bestehen weiter, weil die Gesetze sie als sachlich-rechtliche behandeln. Ausländische bestehen ebenso, sofern das ausländische Gesetz sie als sachlich-rechtlich behandelt. Rechtsvermutungen bestehen nur dann, wenn das Gesetz sie ausdrücklich vorschreibt. Sie sind nur dann unwiderleglich, wenn es das Gesetz ausdrücklich anordnet. Andernfalls lassen sie den Beweis des Gegenteils zu und fordern ihn, VGH Kassel NJW 1987, 1096. 9

VIII. Beweiserleichterung, S. 1, 2. Man muss zwei Fallgruppen trennen. 10

1. Grundsatz, S. 1. Eine Rechtsvermutung ändert die Beweislast nicht. Sie erleichtert nur den Beweis, indem sie nur dazu nötigt, das Vorhandensein eines Anzeichens, die Ausgangstatsache oder Vermutungsgrundlage, zu behaupten und zu beweisen, BGH NJW 2010, 363. Den Schluss daraus zieht das Gesetz. 11

Beispiel: Wer seinen Besitz bewiesen hat, gilt nach § 1006 BGB als der Eigentümer. Das ist ein vom Gesetz gezogener Rechtsschluss. Der Beweisführer braucht diesen Rechtsschluss nicht einmal zu behaupten. Der Gegner muss beweisen, dass der Besitzer etwa nur ein Verwahrer ist. 12

Der **Beweis des Gegenteils** erfordert den vollen Nachweis, dass man aus dem Indiz, aus dem als Vermutungsgrundlage behandelten Sachverhalt, notwendig einen anderen Schluss ziehen muss, dass also jede Möglichkeit des gesetzlichen Schlusses vernünftigerweise wegfällt, BGH NJW-RR 2003, 754; BAG NZA 2013, 561; OLG Saarbr NJW-RR 2013, 1498. Der Beweis des Gegenteils ist also kein Gegenbeweis, sondern ein Hauptbeweis. Jedes Beweismittel nach §§ 371 ff. ist zulässig. Das Gericht darf und muss den Beweis des Gegenteils frei wie zuerst nach § 286 würdigen. Eine bloße Wahrscheinlichkeit genügt nicht. Es ist aber wie stets auch keine Überspannung statthaft, vgl. BGH NJW 2005, 359. 13

2. Parteivernehmung, S. 2. Hierher zählt auch eine Parteivernehmung nach §§ 445 ff., falls die Partei keine anderen Beweismittel vorbringt oder schon einigen Beweis erbracht hat. § 445 II ist hier unanwendbar, BGH NJW 1988, 2741. Dass § 292 die Parteivernehmung nach § 447 nicht ausschließt, folgt aus dem Sinn und Zweck der Vorschrift. 14

292a (weggefallen)

293 *Fremdes Recht; Gewohnheitsrecht; Statuten.* **[1]Das in einem anderen Staat geltende Recht, die Gewohnheitsrechte und Statuten bedürfen des Beweises nur insofern, als sie dem Gericht unbekannt sind. [2]Bei Ermittlung dieser Rechtsnormen ist das Gericht auf die von den Parteien beigebrachten Nachweise nicht beschränkt; es ist befugt, auch andere Erkenntnisquellen zu benutzen und zum Zwecke einer solchen Benutzung das Erforderliche anzuordnen.**

I. Systematik, S. 1, 2. Man muss zwei Hauptgebiete unterscheiden. 1

1. In Deutschland geltendes Gesetzesrecht. Der Richter muss das gesamte in Deutschland geltende Bundes-, Landes- oder sonstiges Gesetzes- und Verordnungsrecht sowie das Kreis- und Gemeinderecht einschließlich der Rechtsprechung und Lehre kennen. Er muss es von Amts wegen anwenden: jura novit curia, BGH NJW 1998, 1321. Das muss in jeder Lage des Verfahrens geschehen, BGH NJW 1993, 2305; OLG Ffm FamRZ 2000, 37. Kennt der Richter es nicht, muss er es von Amts wegen ermitteln, BGH NJW-RR 2005, 1071. Insoweit findet auch keine Beweisaufnahme nach §§ 355 ff. statt, BGH NJW-RR 2005, 1071. 2

3 Zum in Deutschland geltenden (deutschen) Recht zählt auch das deutsche **internationale** sachliche und prozessuale Recht, BGH NZI 2013, 763. Hierher zählt ferner das **Völkerrecht** nach Art. 25 S. 1, 59 II GG, von Schönfeld NJW 1986, 2980; Schütze EWS 1990, 49; Sommerlad/Schrey NJW 1991, 1377.

4 Hierher gehört ferner das als inländisches Recht geltende Recht der **Europäischen Union,** BGH NJW 2009, 916; Schütze EWS 1990, 49; Sommerlad/Schrey NJW 1991, 1377.

5 Die **Verkehrssitte** oder der Handelsbrauch, also die Verkehrssitte des Handels, oder Vertragsformulare schaffen **keinen** Rechtssatz.

6 **2. Weiteres Recht.** Gewohnheitsrecht kann ebenso wie das Gesetzesrecht beurteilbar sein. Dasjenige Recht, das nirgendwo in Deutschland gilt, sowie Satzungsrecht (Statutarrecht) oder Tabellen usw. braucht der Richter aber nicht zu kennen, Hetger DNotZ 1994, 88. Das gilt auch bei dessen inhaltlicher Übereinstimmung mit dem deutschen Recht. Der Richter sollte es aber im entscheidungserheblichen und gesetzlich zulässigen Umfang in jeder Verfahrenslage von Amts wegen ermitteln, BGH NJW 2014, 1244; OLG Mü NJW-RR 2018, 82. Das gilt also auch im Revisionsverfahren nach §§ 542 ff., BAG NZA-RR 2008, 586. Er muss dabei alle ihm zugänglichen Erkenntnisquellen ausschöpfen, BGH NJW 2006, 762; BAG NZA-RR 2008, 586. Das gilt auch für die ausländische Rechtsprechung und Rechtspraxis, BGH NJW 2014, 1244.

7 Zum **Gewohnheitsrecht** gehören vor allem das Gewohnheitsrecht engeren Geltungsbereichs, das Herkommen, eine Verkehrssitte, BGH NJW-RR 2004, 1248, die räumlich begrenzten sog. Observanzen, eine Regelung der Streupflicht. Ein Gewohnheitsrecht verlangt zur Entstehung eine langandauernde tatsächliche Übung und zusätzlich die Rechtsüberzeugung der beteiligten Verkehrskreise, durch diese Übung ein schon bestehendes Recht zu verfolgen, BVerfG NJW 2009, 1469; BGHZ 37, 219 (222). Hierher gehört auch eine Satzung, Spickhoff ZZP 112 (1999), 265 (267). Ein Statut ist das geschriebene oder geübte Recht eines öffentlich-rechtlichen autonomen Kreises, zB eine Tarifnorm, BAG NZA-RR 2011, 30, oder ein Bebauungsplan, BGH NJW-RR 1995, 1296. Man darf es nicht mit einer privatrechtlichen Rechtsvorschrift vermengen, wie Allgemeinen Geschäftsbedingungen, den Statuten von Versicherungsgesellschaften oder Vereinssatzungen. Man wendet § 293 entsprechend zwecks Feststellung der Arbeitsweise von Heimarbeitsausschüssen an. Der Rpfleger darf, nicht muss, die Sache nach § 5 II RPflG seinem Richter vorlegen, soweit ein ausländisches Recht in Betracht kommt.

8 **II. Regelungszweck, S. 1, 2.** Die Vorschrift dient zwar einerseits der Gerechtigkeit. Denn sie nimmt dem Gericht nicht die Ermittlung des etwa anwendbaren ausländischen Rechts gänzlich ab. Sie dient aber andererseits auch der Prozesswirtschaftlichkeit. Denn sie zwingt die Parteien zu einer verstärkten Prozessförderung. Sie erweitert überdies die gerichtlichen Erkenntnisquellen.

9 **III. Geltungsbereich, S. 1, 2.** Die Vorschrift gilt in allen Verfahrensarten nach der ZPO, auch im Eilverfahren nach §§ 916 ff., 935 ff., OLG Düss GRUR 2020, 204 Rn. 46; KG NJW 2007, 705, auch im Urkundenprozess nach §§ 592 ff., BGH NJW-RR 1997, 1154, auch im WEG-Verfahren, ferner im arbeitsgerichtlichen Verfahren nach § 46 II 1 ArbGG, BAG NZA-RR 2011, 30, und im finanzgerichtlichen Verfahren nach § 155 FGO, BFH NJW-RR 1998, 1040, und im Bereich des § 113 I 2 FamFG, sowie nach § 173 VwGO, BVerwG NJW 2012, 3461. Die Pflicht zur Ermittlung ausländischen Rechts obliegt dem Tatrichter auch dann, wenn davon eine Vorlage an den EuGH abhängt, BGH BeckRS 2022, 5369.

10 **IV. Beweis, S. 1, 2.** Die Regelung hat eine steigende Bedeutung. Wie das Gericht ein ausländisches Recht ermittelt, steht in seinem pflichtgemäßen Ermessen.

11 **1. Grundsatz: Gerichtsanspruch auf Parteimitwirkung.** Nach dem deutschen internationalen Zivilprozessrecht gilt verfahrensrechtlich das am Gerichtsort bestehende Recht, die lex fori, BGH NJW-RR 1990, 248. Wenn § 293 sagt, fremdes Recht usw. bedürfe des Beweises, bedeutet das nur: Das Gericht darf die Mithilfe der Partei in einem ihr zumutbaren Umfang bei der Erforschung dieses Rechts von Amts wegen beanspruchen, BGH NJW 1992, 2026; BAG NZA 2018, 440.

12 **2. Aber: Amtsermittlungspflicht.** Nicht etwa bedeutet § 293, dass das Gericht einen bisher nur behaupteten Rechtssatz als nicht vorhanden ansehen dürfte oder dass es wegen einer wirtschaftlichen Betrachtungsweise von der Ermittlung des ausländischen Rechts absehen dürfte, BGH NJW-RR 1995, 766, selbst wenn das schwierig ist, BGH NJW 1997, 324, oder dass es das fremde Recht wie eine beweisbedürftige Tatsache ansehen dürfte, Spickhoff ZZP 112 (1999), 265 (286); aM BVerwG NJW 2012, 3461. Ein Beweisverfahren nach §§ 355 ff. ist gar nicht möglich. Denn Rechtssätze unterliegen keinem Beweis und keiner Beweislast. Vielmehr muss das Gericht das etwa maßgebliche ausländische Recht eben von Amts wegen ermitteln, BGH NJW-RR 2017, 902; BFH NZG 2018, 433. Das alles gilt auch nach § 525 beim Berufungsgericht, OLG Saarbr NJW 2002, 1209. Das Revisionsgericht prüft nach § 559 (nur) das Ermessen bei der Ermittlungsart nach, BGH NJW-RR 2017, 902, dieses aber sehr wohl, noch strenger BFH NZG 2018, 433 (§ 560). Dabei darf und muss der Richter natürlich alle Erkenntnisquellen und daher auch alle Beweismittel benutzen, BGH NJW-RR 2017, 902. Ein Verstoß gegen die Ermittlungspflicht ist ein Verfahrensfehler. Er kann auf Antrag nach §§ 538 II 1 Nr. 1, 563 I, IV zur Zurückverweisung führen, OLG Saarbr NJW 2002, 1209. Die Amtsermittlungspflicht erstreckt sich aber nur auf Rechtsfragen, nicht auf Tatsachen, BGH NJW-RR 2021, 916; NJW 2019, 3374 Rn. 25.

13 **3. Freilich: Sachverständigenhilfe.** Das Gericht kann und muss evtl. amtliche Auskünfte erfordern, auch von ausländischen Stellen dann, wenn das ein Staatsvertrag vorsieht, oder es muss evtl. ein Gutachten nach §§ 402 ff. einholen, BGH NJW-RR 1997, 1154, etwa des **Max-Planck-Instituts für ausländisches und internationales Privatrecht** in Hamburg (Mittelweg 187, 20148 Hamburg), BGH NJW 1991, 1418; BFH NZG 2018, 433; OLG Saarbr NJW 2002, 1209, oder des **Instituts für Ostrecht München** (Landshuter Str. 4, 93047 Regensburg) für das Recht der ehemals sozialistischen Staaten in Osteuropa. Das reicht meist aus, aber nicht stets, BGH NJW 2003, 2685, zB dann nicht, wenn das Institut die ausländische Praxis nicht kennt, BGH NJW 1991, 1418, krit. Samtleben NJW 1992, 3057. Bei schon vorhandenen zahlreichen Gutachten mag ein ergänzendes weiteres unnötig sein, OLG Oldb VersR 2018, 605. Das Gericht kann und muss im technisch zumutbar möglichen Umfang auch das Fachschrifttum einsehen. Der Gutachter muss auch die ausländische Rechtspraxis kennen, BGH NJW-RR 1991, 1211.

14 **4. Auslegung; Ermittlungsgrenzen.** Das deutsche Gericht darf und muss einen ausländischen Rechtssatz unter Ermittlung des dortigen Gesamtgefüges entsprechend seiner ausländischen Anwendung auslegen, BGH

NJW 2003, 2685; OLG Düss NJW-RR 1997, 3. Einen übereinstimmend vorgetragenen Inhalt des ausländischen Rechts kann das Gericht in der Regel ohne eine eigene Nachprüfung zugrunde legen, BAG MDR 1975, 874.

5. Notfalls: Ersatzrecht. Lässt sich das fremde Recht weder von Amts wegen noch mithilfe der Parteien ermitteln, muss das deutsche Gericht nach dem deutschen sog. **Ersatzrecht** entscheiden, BGH NJW 1982, 1215; KG FamRZ 2002, 166. 15

Erst in letzter Linie ist die **lex fori** anwendbar. Nur ganz selten darf das Gericht ein nur wahrscheinlich geltendes ausländisches Recht heranziehen. Das ist etwa dann statthaft, wenn auch die Anwendbarkeit des deutschen Ersatzrechts äußerst unbefriedigend wäre, BGH NJW 1978, 496; KG FamRZ 2002, 166. 16

6. Beispiele zur Frage der Ermittlung ausländischen Rechts, S. 1, 2

Amtsermittlung: → Rn. 12. 17

Arrest, einstweilige Verfügung: Die Regeln über die Ermittlung ausländischen Rechts gelten auch im Verfahren nach §§ 916 ff., 935 ff., OLG Düss GRUR 2020, 204 Rn. 46; KG NJW 2007, 705. Kann das ausländische Recht wegen der Eilbedürftigkeit der Sache nicht einmal summarisch ermittelt werden, kann hilfsweise deutsches Recht angewendet werden, OLG Düss GRUR 2020, 204 Rn. 46.

Auslegungsregeln: → „Entscheidungsgründe".

Beweisantritt: „Bindung".

Beweislast: Wegen der Notwendigkeit der Amtsermittlung gibt es keine Beweislast im eigentlichen Sinn. Denn die Beweislast gehört in den Bereich der Tatsachenklärung, nicht der Klärung des anwendbaren Rechts.

Bindung: Das Gericht hat zwar die Aufgabe, evtl. Fragen zu stellen. Es muss aber weder stets einen etwa angetretenen Beweis erheben noch sich an die Erkenntnisquellen an das Parteivorbringen halten.

Einstweilige Verfügung: → „Arrest, einstweilige Verfügung".

Entscheidungsgründe: Sie müssen nach § 313 III ergeben, ob das Gericht bei der Anwendung eines ausländischen (Vertrags-)Rechts auch die Auslegungsregeln des ausländischen Rechts kannte, BGH NJW-RR 1990, 248.

Erkenntnisquelle: → „Bindung".

Ermessen: § 293 erlaubt nur, die Ermittlung in den Formen des Beweises vorzunehmen, also unter einer Benutzung der Beweismittel wie überhaupt aller zugänglichen Erkenntnisquellen, BGH NJW 1982, 1215. **Wie** sich das Gericht die Kenntnis verschafft, das steht in seinem pflichtgemäßen Ermessen, BGH MDR 2007, 487; BVerwG NJW 1989, 3107. Das Gericht muss dabei alle Umstände berücksichtigen, BGH NJW 1995, 1032. Es muss mangels einer eigenen Fachkunde zumindest die Anregung befolgen, sachverständigen Rat nach §§ 402 ff. einzuholen, BGH NJW 1984, 2763. Das Gericht muss wegen seiner Erkenntnisquellen zum Inhalt und Zweck von Auslandsrecht den Prozessbeteiligten rechtliches Gehör nach Art. 103 I GG geben, BVerwG NVwZ 1985, 487.

Ersatzrecht: → Rn. 15.

Geständnis: Wegen des Amtsermittlungsgrundsatzes ist ein Geständnis nach § 288 I im Verfahren der Ermittlung zur Anwendung des ausländischen Rechts meist bedeutungslos, Sommerlad/Schrey NJW 1991, 1377 (1381). Soweit das anwendbare ausländische Recht ein Geständnis kennt und beachtlich macht, muss ein deutsches Gericht es natürlich auch beachten.

Nichtbestreiten: Es gelten dieselben Regeln wie bei → „Geständnis".

Parteimitwirkung: → Rn. 11.

Parteivernehmung: Es gelten dieselben Regeln wie bei → „Geständnis".

Parteivorbringen: → „Bindung".

Privatgutachten: Es ist als Parteivortrag zulässig.

Rechtspraxis, -lehre, Rechtsprechung: Das Gericht muss das ausländische Recht als Ganzes ermitteln, BGH NJW 2003, 2685. Es muss daher auch die Rechtspraxis, die Lehre und die Rechtsprechung ermitteln, BGH NJW 2003, 2685; BVerwG NJW 2012, 3461.

Sachverständiger: Zunächst → Rn. 13. Das Gericht sollte einem Sachverständigen stets die Gelegenheit geben, die Frage zu prüfen, welches Recht anwendbar ist. Es sollte im Ersuchen nach § 404a Angaben über den Wohnsitz, den gewöhnlichen Aufenthaltsort, die Staatsangehörigkeit, die Religion und die Volksgruppenzugehörigkeit machen. Das Gericht kann den Sachverständigen zur mündlichen Erläuterung nach § 411 III vorladen, BGH NJW 1975, 2142. Es muss auf Antrag so vorgehen, BGH NJW 1994, 2959. Eine Vorschusspflicht entfällt nach → § 402 Rn. 2, → „§ 379: – (Von Amts wegen)".

Säumnis: Auch im Säumnisverfahren nach §§ 330 ff. findet eine Prüfung von Amts wegen statt.

Unstreitigkeit: Sie kann eine Ermittlung nach § 293 erübrigen.

Urkundenprozess: Auch im Verfahren nach §§ 592 ff. erfolgt die Ermittlung von Amts wegen, auch mithilfe eines Gutachtens, BGH NJW-RR 1997, 1154.

Urteil: → „Entscheidungsgründe".

Versäumnisverfahren: „Säumnis".

V. Europäisches Auskunftsübereinkommen. Das Übk. v. 7.6.1968, BGBl. 74 II 938, nebst AusfG v. 5.7.1974, BGBl. 1433, zuletzt geändert durch Art. 8 I RpflVereinfG v. 17.12.1990, BGBl. 2847 lautet: 18

1. Übereinkommen

Übk Art 1. Anwendungsbereich des Übereinkommens. I Die Vertragsparteien verpflichten sich, einander gemäß den Bestimmungen dieses Übereinkommens Auskünfte über ihr Zivil- und Handelsrecht, ihr Verfahrensrecht auf diesen Gebieten und über ihre Gerichtsverfassung zu erteilen.

II [1]Zwei oder mehr Vertragsparteien können jedoch vereinbaren, den Anwendungsbereich dieses Übereinkommens untereinander auf andere als die im vorstehenden Absatz angeführten Rechtsgebiete zu erstrecken. [2]Eine solche Vereinbarung ist dem Generalsekretär des Europarats im Wortlaut mitzuteilen.

Übk Art 2. Staatliche Verbindungsstellen

I [1]Zur Ausführung dieses Übereinkommens errichtet oder bestimmt jede Vertragspartei eine einzige Stelle (im folgenden als „Empfangsstelle" bezeichnet), welche die Aufgabe hat:

a) Auskunftsersuchen im Sinne des Artikels 1 Abs. 1 entgegenzunehmen, die von einer anderen Vertragspartei eingehen;

b) zu derartigen Ersuchen das Weitere gemäß Artikel 6 zu veranlassen.

[2]Diese Stelle kann entweder ein Ministerium oder eine andere staatliche Stelle sein.

II [1]Jeder Vertragspartei steht es frei, eine oder mehrere Stellen (im folgenden als „Übermittlungsstelle" bezeichnet) zu errichten oder zu bestimmen, welche die von ihren Gerichten ausgehenden Auskunftsersuchen entgegenzunehmen und der zuständigen ausländischen Empfangsstelle zu übermitteln haben. [2]Die Aufgabe der Übermittlungsstelle kann auch der Empfangsstelle übertragen werden.

III Jede Vertragspartei teilt dem Generalsekretär des Europarats Bezeichnung und Anschrift ihrer Empfangsstelle und gegebenenfalls ihrer Übermittlungsstelle oder ihrer Übermittlungsstellen mit.

19 Deutsche Empfangs- und Übermittlungsstelle nach II 1, 3 ist (jetzt) das Bundesministerium der Justiz, 11015 Berlin, Bek. v. 11.4.2002, BGBl. II 1160 (dort auch wegen Ukraine). Wegen Hessen Bek. v. 9.11.2016, BGBl. II 1301; wegen Mecklenburg-Vorpommern Bek. v. 7.8.2007, BGBl. II 1418. Wegen des Vereinigten Königreichs Bek. v. 11.2.2003, BGBl. II 259. Weitere Bek. erfolgen lt. Bek. v. 28.9.2011, BGBl. II 1140, nur noch im Internet unter www.conventions.coe.int.

Übk Art 3. Zur Stellung von Auskunftsersuchen berechtigte Behörden

I [1]Ein Auskunftsersuchen muss von einem Gericht ausgehen, auch wenn es nicht vom Gericht selbst abgefaßt worden ist. [2]Das Ersuchen darf nur für ein bereits anhängiges Verfahren gestellt werden.

II Jede Vertragspartei, die keine Übermittlungsstelle errichtet oder bestimmt hat, kann durch eine an den Generalsekretär des Europarats gerichtete Erklärung anzeigen, welche ihrer Behörden sie als Gericht im Sinne des vorstehenden Absatzes ansieht.

III [1]Zwei oder mehr Vertragsparteien können vereinbaren, die Anwendung dieses Übereinkommens untereinander auf Ersuchen zu erstrecken, die von anderen Behörden als Gerichten ausgehen. [2]Eine solche Vereinbarung ist dem Generalsekretär des Europarats im Wortlaut mitzuteilen.

Übk Art 4. Inhalt des Auskunftsersuchens

I [1]Im Auskunftsersuchen sind das Gericht, von dem das Ersuchen ausgeht, und die Art der Rechtssache zu bezeichnen. [2]Die Punkte, zu denen Auskunft über das Recht des ersuchten Staates gewünscht wird, und für den Fall, dass im ersuchten Staat mehrere Rechtssysteme bestehen, das System, auf das sich die gewünschte Auskunft beziehen soll, sind möglichst genau anzugeben.

II Das Ersuchen hat eine Darstellung des Sachverhalts mit den Angaben zu enthalten, die zum Verständnis des Ersuchens und zu seiner richtigen und genauen Beantwortung erforderlich sind; Schriftstücke können in Abschrift beigefügt werden, wenn dies zum besseren Verständnis des Ersuchens notwendig ist.

III Zur Ergänzung kann im Ersuchen Auskunft auch zu Punkten erbeten werden, die andere als die in Artikel 1 Abs. 1 angeführten Rechtsgebiete betreffen, sofern diese Punkte mit denen im Zusammenhang stehen, auf die sich das Ersuchen in erster Linie bezieht.

IV Ist das Ersuchen nicht von einem Gericht abgefaßt, so ist ihm die gerichtliche Entscheidung beizufügen, durch die es genehmigt worden ist.

Übk Art 5. Übermittlung des Auskunftsersuchens

Das Auskunftsersuchen ist von einer Übermittlungsstelle oder, falls eine solche nicht besteht, vom Gericht, von dem das Ersuchen ausgeht, unmittelbar der Empfangsstelle des ersuchten Staates zu übermitteln.

Übk Art 6. Zur Beantwortung von Auskunftsersuchen zuständige Stellen

I Die Empfangsstelle, bei der ein Auskunftsersuchen eingegangen ist, kann das Ersuchen entweder selbst beantworten oder es an eine andere staatliche oder an eine öffentliche Stelle zur Beantwortung weiterleiten.

II Die Empfangsstelle kann das Ersuchen in geeigneten Fällen oder aus Gründen der Verwaltungsorganisation auch an eine private Stelle oder an eine geeignete rechtskundige Person zur Beantwortung weiterleiten.

III Ist bei Anwendung des vorstehenden Absatzes mit Kosten zu rechnen, so hat die Empfangsstelle vor der Weiterleitung des Ersuchens der Behörde, von der das Ersuchen ausgeht, die private Stelle oder die rechtskundige Person anzuzeigen, an die das Ersuchen weitergeleitet werden soll; in diesem Falle gibt die Empfangsstelle der Behörde möglichst genau die Höhe der voraussichtlichen Kosten an und ersucht um ihre Zustimmung.

Übk Art 7. Inhalt der Antwort

[1]Zweck der Antwort ist es, das Gericht, von dem das Ersuchen ausgeht, in objektiver und unparteiischer Weise über das Recht des ersuchten Staates zu unterrichten. [2]Die Antwort hat, je nach den Umständen des Falles, in der Mitteilung des Wortlauts der einschlägigen Gesetze und Verordnungen sowie in der Mitteilung von einschlägigen Gerichtsentscheidungen zu bestehen. [3]Ihr sind, soweit dies zur gehörigen Unterrichtung des ersuchenden Gerichts für erforderlich gehalten wird, ergänzende Unterlagen wie Auszüge aus dem Schrifttum und aus den Gesetzesmaterialien anzuschließen. [4]Erforderlichenfalls können der Antwort erläuternde Bemerkungen beigefügt werden.

Übk Art 8. Wirkungen der Antwort

Die in der Antwort enthaltenen Auskünfte binden das Gericht, von dem das Ersuchen ausgeht, nicht.

Übk Art 9. Übermittlung der Antwort

Die Antwort ist von der Empfangsstelle, wenn die Übermittlungsstelle das Ersuchen übermittelt hat, dieser Stelle oder, wenn sich das Gericht unmittelbar an die Empfangsstelle gewandt hat, dem Gericht zu übermitteln.

Übk Art 10. Pflicht zur Beantwortung

I Vorbehaltlich des Artikels 11 ist die Empfangsstelle, bei der ein Auskunftsersuchen eingegangen ist, verpflichtet, zu dem Ersuchen das Weitere gemäß Artikel 6 zu veranlassen.

II Beantwortet die Empfangsstelle das Ersuchen nicht selbst, so hat sie vor allem darüber zu wachen, dass es unter Beachtung des Artikels 12 erledigt wird.

Übk Art 11. Ausnahmen von der Pflicht zur Beantwortung

Der ersuchte Staat kann es ablehnen, zu einem Auskunftsersuchen das Weitere zu veranlassen, wenn durch die Rechtssache, für die das Ersuchen gestellt worden ist, seine Interessen berührt werden oder wenn er die Beantwortung für geeignet hält, seine Hoheitsrechte oder seine Sicherheit zu gefährden.

Übk Art 12. Frist für die Beantwortung

[1]Ein Auskunftsersuchen ist so schnell wie möglich zu beantworten. [2]Nimmt die Beantwortung längere Zeit in Anspruch, so hat die Empfangsstelle die ausländische Behörde, die sich an sie gewandt hat, entsprechend zu unterrichten und dabei nach Möglichkeit den Zeitpunkt anzugeben, zu dem die Antwort voraussichtlich übermittelt werden kann.

Übk Art 13. Ergänzende Angaben

[I] Die Empfangsstelle sowie die gemäß Artikel 6 mit der Beantwortung beauftragte Stelle oder Person können von der Behörde, von der das Ersuchen ausgeht, die ergänzenden Angaben verlangen, die sie für die Beantwortung für erforderlich halten.

[II] Das Ersuchen um ergänzende Angaben ist von der Empfangsstelle auf dem Wege zu übermitteln, den Artikel 9 für die Übermittlung der Antwort vorsieht.

Übk Art 14. Sprachen

[I] [1]Das Auskunftsersuchen und seine Anlagen müssen in der Sprache oder in einer der Amtssprachen des ersuchten Staates abgefaßt oder von einer Übersetzung in diese Sprache begleitet sein. [2]Die Antwort wird in der Sprache des ersuchten Staates abgefaßt.

[II] Zwei oder mehr Vertragsparteien können jedoch vereinbaren, untereinander von den Bestimmungen des vorstehenden Absatzes abzuweichen.

Übk Art 15. Kosten

[I] Mit Ausnahme der in Artikel 6 Abs. 3 angeführten Kosten, die der ersuchende Staat zu zahlen hat, dürfen für die Antwort Gebühren oder Auslagen irgendwelcher Art nicht erhoben werden.

[II] Zwei oder mehr Vertragsparteien können jedoch vereinbaren, untereinander von den Bestimmungen des vorstehenden Absatzes abzuweichen.

Übk Art 16. Bundesstaaten

In Bundesstaaten können die Aufgaben der Empfangsstelle, mit Ausnahme der in Artikel 2 Abs. 1 Buchstabe a vorgesehenen, aus Gründen des Verfassungsrechts anderen staatlichen Stellen übertragen werden.

Übk Art 17. Inkrafttreten des Übereinkommens

[I] [1]Dieses Übereinkommen liegt für die Mitgliedstaaten des Europarats zur Unterzeichnung auf. [2]Es bedarf der Ratifikation oder der Annahme. [3]Die Ratifikations- oder Annahmeurkunden werden beim Generalsekretär des Europarats hinterlegt.

[II] Dieses Übereinkommen tritt drei Monate nach Hinterlegung der dritten Ratifikations- oder Annahmeurkunde in Kraft.

[III] Es tritt für jeden Unterzeichnerstaat, der es später ratifiziert oder annimmt, drei Monate nach der Hinterlegung seiner Ratifikations- oder Annahmeurkunde in Kraft.

Übk Art 18. (nicht abgedruckt)

Übk Art 19. Örtlicher Geltungsbereich des Übereinkommens

[I] Jede Vertragspartei kann bei der Unterzeichnung oder bei der Hinterlegung ihrer Ratifikations-, Annahme- oder Beitrittsurkunde das Hoheitsgebiet oder die Hoheitsgebiete bezeichnen, für das oder für die dieses Übereinkommen gelten soll.

[II] Jede Vertragspartei kann bei der Hinterlegung ihrer Ratifikations-, Annahme- oder Beitrittsurkunde oder jederzeit danach durch eine an den Generalsekretär des Europarats gerichtete Erklärung dieses Übereinkommen auf jedes weitere in der Erklärung bezeichnete Hoheitsgebiet erstrecken, dessen internationale Beziehungen sie wahrnimmt oder für das sie berechtigt ist, Vereinbarungen zu treffen.

[III] Jede nach dem vorstehenden Absatz abgegebene Erklärung kann für jedes darin bezeichnete Hoheitsgebiet gemäß Artikel 20 zurückgenommen werden.

Übk Art 20, 21. *(nicht abgedruckt)*

2. Ausführungsgesetz. a) Ausgehende Ersuchen

§ 1 AusfG. [1]Hat ein Gericht in einem anhängigen Verfahren ausländisches Recht einer der Vertragsparteien 20
anzuwenden, so kann es eine Auskunft nach den Vorschriften des Übereinkommens einholen. [2]Das Gericht kann die Abfassung des Ersuchens auch den Parteien oder Beteiligten überlassen; in diesem Fall ist dem Auskunftsersuchen des Gerichts die gerichtliche Genehmigung des Ersuchens beizufügen. [3]Das Auskunftsersuchen ist von dem Gericht der Übermittlungsstelle vorzulegen.

§ 2 AusfG

[1]Eine Mitteilung des anderen Vertragsstaats, dass für die Erledigung des Ersuchens mit Kosten zu rechnen ist (Artikel 6 Abs. 3 des Übereinkommens), leitet die Übermittlungsstelle dem ersuchenden Gericht zu. [2]Das Gericht teilt der Übermittlungsstelle mit, ob das Ersuchen aufrechterhalten wird.

§ 3 AusfG

[1]Werden für die Erledigung eines Auskunftsersuchens von einem anderen Vertragsstaat Kosten erhoben, sind die Kosten nach Eingang der Antwort von der Übermittlungsstelle dem anderen Vertragsstaat zu erstatten. [2]Das ersuchende Gericht übermittelt den Kostenbetrag der Übermittlungsstelle.

§ 4 AusfG

Die Vernehmung einer Person, die ein Auskunftsersuchen in einem anderen Vertragsstaat bearbeitet hat, ist zum Zwecke der Erläuterung oder Ergänzung der Antwort unzulässig.

b) Eingehende Ersuchen

§ 5 AusfG. [1]Bezieht sich ein Auskunftsersuchen auf Landesrecht, leitet es die Empfangsstelle an die von der Regierung des Landes bestimmte Stelle zur Beantwortung weiter. [2]Bezieht sich ein Auskunftsersuchen auf Bundesrecht und auf Landesrecht, soll es die Empfangsstelle an die von der Regierung des Landes bestimmte Stelle zur einheitlichen Beantwortung weiterleiten. [3]Gilt Landesrecht in mehreren Ländern gleichlautend, so kann die Beantwortung der Stelle eines der Länder übertragen werden.

§ 6 AusfG

I [1]Die Empfangsstelle kann ein Auskunftsersuchen an einen bei einem Rechtsanwalt, einen Notar, einen beamteten Professor der Rechte oder einen Richter mit deren Zustimmung zur schriftlichen Beantwortung weiterleiten (Artikel 6 Abs. 2 des Übereinkommens). [2]Einem Richter darf die Beantwortung des Auskunftsersuchens nur übertragen werden, wenn auch seine oberste Dienstbehörde zustimmt.

II [1]Auf das Verhältnis der nach Absatz 1 bestellten Person zur Empfangsstelle finden die Vorschriften der §§ 407, 407a, 408, 409, 411 Abs. 1, 2 und des § 412 Abs. 1 der Zivilprozessordnung entsprechende Anwendung. [2]Die nach Absatz 1 bestellte Person erhält eine Vergütung wie ein Sachverständiger nach dem Justizvergütungs- und Entschädigungsgesetz. [3]In den Fällen der §§ 409, 411 Abs. 2 der Zivilprozessordnung und des § 16 des Gesetzes über die Entschädigung von Zeugen und Sachverständigen ist das Amtsgericht am Sitz der Empfangsstelle zuständig.

§ 7 AusfG

[1]Wird die Auskunft von einer privaten Selle oder rechtskundigen Person erteilt (Artikel 6 Abs. 2 des Übereinkommens, § 6), obliegt die Entschädigung dieser Stelle oder Person der Empfangsstelle. [2]Die Empfangsstelle nimmt die Zahlungen des ersuchenden Staates entgegen. [3]Die Kostenrechnung ist der Empfangsstelle mit der Auskunft zu übersenden.

§ 8 AusfG

[1]Leitet die Empfangsstelle ein Ersuchen an eine von der Landesregierung bestimmte Stelle weiter, so nimmt diese die Aufgaben und Befugnisse der Empfangsstelle nach den §§ 6, 7 Satz 1, 3 wahr. [2]In den Fällen des § 6 Abs. 2 Satz 3 ist das Amtsgericht am Sitz der von der Landesregierung bestimmten Stelle zuständig. [3]Die von der Landesregierung bestimmte Stelle übermittelt die Antwort der Empfangsstelle. [4]Hatte die von der Landesregierung bestimmte Stelle die Beantwortung übertragen (Artikel 6 des Übereinkommens, § 6), übermittelt die Empfangsstelle die Zahlungen des ersuchenden Staates dieser Stelle.

c) Sonstige Bestimmungen

§ 9 AusfG. I Die Aufgaben der Empfangsstelle im Sinne des Artikels 2 Abs. 1 des Übereinkommens nimmt das Bundesministerium der Justiz und für Verbraucherschutz wahr.

II [1]Die Aufgaben der Übermittlungsstelle im Sinne des Artikels 2 Abs. 2 des Übereinkommens nimmt für Ersuchen, die vom Bundesverfassungsgericht oder von Bundesgerichten ausgehen, der Bundesminister der Justiz wahr. [2]Im Übrigen nehmen die von den Landesregierungen bestimmten Stellen diese Aufgaben wahr. [3]In jedem Land kann nur eine Übermittlungsstelle eingerichtet werden.

III [1]Das Bundesministerium der Justiz und für Verbraucherschutz wird ermächtigt, durch Rechtsverordnung, die der Zustimmung des Bundesrates bedarf, eine andere Empfangsstelle zu bestimmen, wenn dies aus Gründen der Verwaltungsvereinfachung oder zur leichteren Ausführung des Übereinkommens notwendig erscheint. [2]Er wird ferner ermächtigt, durch Rechtsverordnung, die nicht der Zustimmung des Bundesrates bedarf, aus den in Satz 1 genannten Gründen eine andere Übermittlungsstelle für Ersuchen zu bestimmen, die vom Bundesverfassungsgericht oder von Bundesgerichten ausgehen.

IV Die Landesregierungen können die Befugnisse nach § 5 Satz 2, § 8 Satz 1 und 3 sowie § 9 Abs. 2 Satz 2 auf die Landesjustizverwaltungen übertragen.

§ 10 AusfG

Die Vorschriften dieses Gesetzes, mit Ausnahme von § 1 Satz 2, sind auf Auskünfte nach Kapitel I des Zusatzprotokolls vom 15. März 1978 (BGBl. 1987 II S. 58) zu dem Übereinkommen entsprechend anzuwenden.

21 **3. Geltungsbereich.** Das Übereinkommen **gilt auch für** Belgien, Dänemark, Frankreich einschließlich seiner Übersee-Departments u. -territorien, Island, Italien, Liechtenstein, Malta, Norwegen, Österreich, Schweden, Schweiz, Spanien, Vereinigtes Königreich, Zypern, Jersey, Bek. v. 4.3.1975, BGBl. II 300, Türkei, Costa Rica, Bek. v. 8.6.1976, BGBl. II 1016, Niederlande, Bek. v. 21.1.1977, BGBl. II 80, Griechenland, Bek. v. 21.4.1978, BGBl. II 788, Luxemburg, Portugal, Bek. v. 12.10.1978, BGBl. II 1295, Aruba, Bek. v. 26.6.1987, BGBl. II 385, Ungarn, Bek. v. 10.1.1990, BGBl. II 67, Finnland, Bulgarien, Sowjetunion, Bek. v. 20.3.1991, BGBl. II 647, Polen, Bek. v. 12.3.1993, BGBl. II 791, Estland, Weißrussland, Bek. v. 11.3.1998, BGBl. II 681, Slowenien, Bek. v. 22.5.1998, BGBl. II 1174, Albanien, Bek. v. 26.9.2001, BGBl. II 1120, Ukraine, Bek. v. 11.4.2002, BGBl. II 1160, Republik Moldau, Bek. v. 9.7.2002, BGBl. II 2295, Niederlande, Norwegen, Bek. v. 8.11.2002, BGBl. II 2924, Vereinigtes Königreich, Bek. v. 11.2.2003, BGBl. II 259, Mazedonien, Bek. v. 20.3.2003, BGBl. II 418, Mexiko, Bek. v. 7.5.2003, BGBl. II 538, Georgien, Rumänien, Bek. v. 19.6.2009, BGBl. II 821, Monaco, Bek. v. 6.9.2017, BGBl. II 1299.

22 **4. Zusatzprotokoll.** Vgl. ferner das **Zusatzprotokoll** v. 15.3.1978, BGBl. 87 II 60, dazu G v. 21.1.1987, BGBl. II 58. Es gilt für die BRep, Belgien, Dänemark, Frankreich, Italien, Luxemburg, Niederlande, Norwegen, Österreich, Portugal, Schweden, Schweiz, Spanien, Vereinigtes Königreich, Zypern, Bek. v. 11.9.1987, BGBl. II 593, Griechenland, Bek. v. 10.12.1987, BGBl. 88 II 6, Malta, Bek. v. 30.5.1989, BGBl. II 524, Island, Ungarn, Bek. v. 10.1.1990, *BGBl. II 67, Finnland*, Bulgarien, Bek. v. 20.3.1991, BGBl. II 647, Rumänien, Bek. v. 14.5.1992, BGBl. II 413, Polen, Bek. v. 12.3.1993, BGBl. II 791, Ukraine, Bek. v. 13.7.1994, BGBl. II 1260, Slowakei, Bek. v. 11.3.1997, BGBl. II 804, Litauen, Bek. v. 23.4.1997, BGBl. II 1083, Estland, Weißrussland, Bek. v. 11.3.1998, BGBl. II 682, Slowenien, Bek. v. 22.5.1998, BGBl. II 1174, Tschechische Republik, Bek. v. 14.10.1998, BGBl. II 2945, Belgien, Bek. v. 11.12.1998, BGBl. 1999 II 15, Aserbaidschan, Bek. v. 22.8.2000,

BGBl. II 1210, Schweden, Georgien, Beck v. 18.7.2001, BGBl. II 789, Republik Moldau, Bek. v. 9.7.2002, BGBl. II 2295, Bundesrepublik Jugoslawien, Bek. v. 4.9.2002, BGBl. II 2535, Mazedonien, Bek. v. 20.3.2003, BGBl. II 418, Mexiko, Bek. v. 7.5.2003, BGBl. II 538, Liechtenstein, Bek. v. 23.7.2003, BGBl. II 957, Litauen, Bek. v. 23.9.2004, BGBl. II 1458, Türkei, Bek. v. 26.4.2005, BGBl. II 587, Albanien, Bek. v. 3.7.2006, BGBl. II 693, Montenegro, Bek. v. 8.2.2008, BGBl. II 176, Spanien, Bek. v. 23.5.2008, BGBl. II 608, 609.

VI. Zweiseitige Auskunftsverträge. Vgl. Art. 18–26 des deutsch-marokkanischen Vertrags v. 29.10.1985, 23
BGBl. 88 II 1055, in Kraft seit 23.6.1994, Bek. v. 24.6.1994, BGBl. II 1192.

VII. Rechtsbehelfe, S. 1, 2. Die Anordnung zur Unterstützung des Gerichts zB durch die Beibringung eines 24
Rechtsgutachtens ist nur zusammen mit dem Endurteil anfechtbar, OLG Ffm MDR 1983, 410. Beim Rpfleger gilt § 11 II RPflG. Das Revisionsgericht oder das Rechtsbeschwerdegericht darf das Ermessen des Berufungsgerichts nach § 559 grundsätzlich nur auf die Überschreitung der Grenzen des Ermessens nachprüfen. Es darf also das Verfahren bei der Feststellung des ausländischen Rechts nur im letzteren Sinn und wegen des sonstigen Verfahrens prüfen, BGH NJW-RR 1996, 732; OLG Saarbr NJW 2002, 1209.

294 *Glaubhaftmachung.* **I Wer eine tatsächliche Behauptung glaubhaft zu machen hat, kann sich aller Beweismittel bedienen, auch zur Versicherung an Eides statt zugelassen werden.**

II Eine Beweisaufnahme, die nicht sofort erfolgen kann, ist unstatthaft.

I. Systematik, I, II. Die Glaubhaftmachung hat eine enorme praktische Bedeutung. Sie ist bei einer einst- 1
weiligen Verfügung nach §§ 935 ff. in einer UWG-Sache nach § 12 II UWG entbehrlich. Sie lässt die Beweislast unberührt.

1. Begriff. Glaubhaftmachung ist ein geringerer Grad der Beweisführung. Das Verfahren weicht daher von 2
§§ 355 ff. ab, BGH NJW 2003, 3558.

2. Zulässigkeit. Die Glaubhaftmachung setzt eine schlüssige Darlegung gerade einer Tatsache und nicht nur 3
einer Beurteilung voraus, BAG NZA 2015, 358. Sie ist sodann grundsätzlich nur in den vom Gesetz ausdrücklich genannten Fällen statthaft und ausreichend.

Beispiele: § 1994 II BGB; §§ 44 II, IV, 71 I 2, 104 II 1, 118 II 1, 224 II, 227 III, 236 II 1, 251a II 4, 296 IV, 4
299 II, 367 II, 386 I 4, II, 406 I, II 2, III, 424 Nr. 5, 430, 435 S. 1, 441 IV, 487 Nr. 4, 493 II, 494 I, 511 III, 531 II 2, 532 S. 3, 571 III 2, 589 II, 714 II, 719 I 2, II 2, 769 I 2, 805 IV 1, 815 II 1, 920 II ZPO; §§ 18 II 1, 31, 51 I 2 FamFG; auch der Wert gem. § 944 II Nr. 1 muss ggf. glaubhaft gemacht werden, BGH BeckRS 2021, 13348 Rn. 4.

Eine Glaubhaftmachung ist meist bei reinen **Prozessfragen** oder dann zulässig, wenn eine mündliche Ver- 5
handlung nicht notwendig ist. Eine entsprechende Anwendung auf andere Fälle ist nur ganz vereinzelt zulässig. Denn § 294 ist als eine Ausnahme von der Regel des Vollbeweises eng auszulegen. Die entsprechende Anwendung ist regelmäßig nur dann möglich, wenn eine mündliche Verhandlung entbehrlich ist. § 294 gilt für beide Parteien. Er ist auch dann anwendbar, wenn das sachliche Recht eine Glaubhaftmachung verlangt.

3. Notwendigkeit. Soweit die Glaubhaftmachung für die eine Partei ausreicht, reicht sie auch gegenüber dem 6
gegnerischen Bestreiten nach § 138 II, OLG Köln KTS 1988, 553. § 12 II UWG erübrigt für einen UWG-Anspruch entgegen §§ 935, 940 eine Glaubhaftmachung. Wenn sich ein Beweis erübrigt, ist auch keine Glaubhaftmachung notwendig. Das gilt beim gerichtlichen Geständnis nach § 288 I, beim unterstellten Geständnis nach § 138 III, bei einer Offenkundigkeit nach § 291, bei einer Rechtsvermutung nach § 292. Der Richter muss seine pflichtgemäße Beurteilung zur Glaubhaftigkeit einer Tatsache nach § 313 III nachvollziehbar machen. In der Revisionsinstanz ist das tatsächliche Vorbringen nach § 559 nur beschränkt nachprüfbar. Daher sind auch die Mittel zu seiner Glaubhaftmachung nicht überprüfbar. Da ein voller Beweis ein Mehr ist, genügt er nach II stets, soweit das Gericht ihn auch sofort erheben kann.

II. Regelungszweck, I, II. Sinn der Vorschrift ist zunächst eine zeitliche Einschränkung im Interesse der 7
Prozesswirtschaftlichkeit und im Interesse der Gerechtigkeit. Zugleich schafft die Vorschrift aber auch eine im Umfang klare Ausweitung der prozessualen Möglichkeiten der Meinungsbildung.

III. Geltungsbereich, I, II. Die Vorschrift gilt in allen Verfahrensarten nach der ZPO, auch im WEG- 8
Verfahren, auch im arbeitsgerichtlichen Verfahren nach § 46 II 1 ArbGG, oder im Insolvenzverfahren nach § 4 InsO, BayObLG KTS 2002, 144; OLG Zweibr NZI 2001, 30; LG Hmb NZI 2012, 276. Im FamFG-Verfahren gilt der mit § 294 wortgleiche § 31 FamFG.

IV. Zulässigkeit aller Beweismittel, I. Wer in den gesetzlich vorgesehenen Fällen eine tatsächliche Be- 9
hauptung glaubhaft machen muss, darf sich aller Beweismittel bedienen, auch einer nach §§ 322, 329, 705 rechtskräftigen Entscheidung, BGH NJW 2003, 3558. Das Gericht kann auch außerhalb der Formen der Beweismittel jede nach II sofort mögliche Art und Weise der Wahrscheinlichmachung berücksichtigen.

V. Beispiele zur Frage eines zulässigen Beweismittels, I

Aktenbeiziehung: Sie ist zulässig, soweit die Akte sofort erreichbar ist. 10

Anklageschrift: Zulässig ist eine Bezugnahme auf sie, OLG Bbg MDR 2013, 57.

Attest: Zulässig ist ein Arzttattest, OLG Ffm NJW 2005, 2634.

Auskunftsperson: Zulässig ist die Bezugnahme auf ihr Wissen ohne Rücksicht auf die Form der Bekundung, OLG Mü MDR 1985, 1037.

Faxunterlagen: Fallfrage, BGH NJW 2015, 349.

Foto: Zulässig ist seine Vorlage, OLG Jena OLGR 1997, 94.

Kopie: Zulässig ist ihre Vorlage, auch einer unbeglaubigten Kopie, BGH NJW 2003, 3558.

Parteierklärung: Sie kann genügen.

Parteivernehmung: Zulässig ist der Antrag auf sie nach §§ 445 ff. Eine solche eidliche setzt freilich voraus, dass sich das Gericht aufgrund der unbeeidigten Aussage einer Partei eine Überzeugung von der Wahrheit oder Unwahrheit der zu erweisenden Tatsachen noch nicht nach § 452 bilden konnte.

Privatgutachten: Zulässig ist ein solches, KG MDR 1987, 677.

Zeugenerklärung: Zulässig ist eine schriftliche nach § 377 III.

11 **VI. Versicherung an Eides Statt, I. 1. Grundsatz: Druckmittel der Strafbarkeit falscher Versicherung.** Das Gericht kann auch die mit dem Druckmittel des § 156 StGB versehene eidesstattliche Versicherung der Behauptung gestatten, BGH NJW 2003, 3558. Es kann also eine solche Versicherung entgegennehmen, soweit nicht das Gesetz das ausdrücklich verbietet, zB in §§ 44 II 1, 406 III, 511 III Hs. 2. Sie ist schriftlich, elektronisch nach §§ 130a–130d, mündlich oder evtl. auch per Telefax statthaft, BayObLG NJW 1996, 406. Sie ersetzt den bei der Parteivernehmung nach § 452 geleisteten Eid. Sie ist aber ein ganz andersartiges Beweismittel. Die eidesstattliche Versicherung setzt eine Eidesfähigkeit voraus. Das Gericht kann sie den Parteien und Dritten über eigene und fremde Handlungen abnehmen, auch dem Beweisführer, OLG Celle NJW-RR 1987, 447. Es kann außerdem alle Mittel anwenden, die seiner Überzeugungsbildung dienen können. Es kann zB eine schriftliche Zeugenaussage nach § 377 III oder eine solche per Telefax entgegennehmen und deren Echtheit frei prüfen, BayObLG NJW 1996, 406. Bei der Würdigung einer eidesstattlichen Versicherung ist in der Regel eine besondere Vorsicht nötig, BPatG GRUR 1978, 358.

2. Beispiele zur Frage einer eidesstattlichen Versicherung, I

12 **Anwaltliche Versicherung:** Sie ist ein Glaubhaftmachungsmittel, BGH NJW-RR 2017, 1266. Grundsätzlich ist von ihrer Richtigkeit auszugehen, es sei denn konkrete Anhaltspunkte schließen es aus, den geschilderten Sachverhalt mit überwiegender Wahrscheinlichkeit als zutreffend zu erachten, BGH BeckRS 2022, 2221 (dann ist eventuell Zeugenbeweis zu erheben).

Bezugnahme: Die Bezugnahme auf einen Anwaltsschriftsatz o. Ä. genügt häufig nicht, vgl. BGH NJW 1996, 1682; NJW 1988, 2045.

Gegner: Eine eidesstattliche Versicherung des Gegners kann diejenige des Erklärenden entkräften.

Gutachten: Ausreichen kann ein Privatgutachten, KG MDR 1987, 677 (Meinungsumfrage).

Prozessbevollmächtigter: Nicht jede Erklärung des ProzBev reicht aus. Freilich darf das Gericht auch sie stets frei würdigen. Auch „Anwaltliche Versicherung".

13 **VII. Sofortige Beweisaufnahme, II.** Sie gilt nur, soweit das Gesetz eine Glaubhaftmachung geradezu erfordert und nicht bloß als genügend bezeichnet.

14 **1. Notwendigkeit.** Die Glaubhaftmachung verlangt einen solchen Beweis, den das Gericht sofort und nicht etwa nur unverzüglich erheben kann. Das gilt insoweit, als das Gesetz sie fordert und nicht nur zulässt und soweit das Gericht nicht ohnehin nach § 216 einen Termin anberaumen und zB nach § 273 vorbereiten muss.

2. Beispiele zur Frage einer Sofortigkeit, II

15 **Aktenbeiziehung:** Ausreichend ist ein solcher Antrag dann, wenn das Gericht die Akten wirklich sofort erlangen kann. Dem Gericht kann eine Partei aber **nicht** zumuten, eine Akte erst auf einer anderen Geschäftsstelle oder im Archiv usw. **heraussuchen** zu lassen, jedenfalls dann nicht, wenn der Verhandlungstermin im Übrigen enden könnte und wenn sich an diesem Terminstag sofort Verhandlungen in anderen Sachen anschließen sollen.

Arrest, einstweilige Verfügung: Alle Regeln gelten auch im Verfahren nach §§ 916 ff., 935 ff., BGH NJW 2003, 3558.

Auskunft: Die Bezugnahme auf eine vom Gericht erst noch einzuholende Auskunft reicht **nicht** aus. Das gilt selbst dann, wenn die Behörde sie der Partei nicht erteilen würde.

Beweisangebot: → „Erbieten".

Beweisbeschluss: Ein solcher nach §§ 358, 358a ist wie sonst nötig.

Erbieten: Ein bloßes Erbieten zur Glaubhaftmachung ist **unzureichend.**

Gestellung: Der Beweisführer muss eine Beweisperson regelmäßig bei II sofort gestellen, „sistieren". Auch → „Ladung".

Ladung: Hat sich der Beweisführer auf eine Beweisperson in einem vorbereitenden Schriftsatz bezogen, so darf und nicht etwa muss der Richter sie zwar auch nach §§ 118 II 3, 273 laden. Die Partei kann sich aber nicht auf eine derartige Ladung verlassen. Das Gericht muss den Beweisführer von dem Unterbleiben der Ladung einer Beweisperson nur dann informieren, wenn das ohne jede zeitliche oder sonstige Schwierigkeit möglich ist. Auch „Gestellung".

Parteivernehmung: Zulässig ist der Antrag auf die Vernehmung des erschienenen Antragstellers nach §§ 445 ff. Ein Antrag auf eine Vernehmung des Gegners reicht nur dann, wenn dieser erschienen ist oder wirklich sofort erscheinen kann.

Protokoll: Eine Protokollierung der Beweisaufnahme nach § 160 III Nr. 6 ist wie sonst nötig.

Sachverständigengutachten: Es scheidet regelmäßig aus, OLG Köln MDR 2022, 766.

Urkunde: Sie muss nach § 420 sofort vorliegen. Ein Antrag zB nach § 421 reicht also **nicht.** Über die Echtheit einer Urkunde muss das Gericht sofort nach §§ 286, 438 ff. entscheiden können. Auch ein Antrag des Gegners zur Entkräftung muss sofort vorliegen, OLG Mü FamRZ 1976, 696.

Vertagung: Eine solche nach § 227 zur Beweisaufnahme ist **unzulässig,** BGH FamRZ 1989, 373; OLG Kblz NJW-RR 1987, 509.

16 **3. Verstoß.** Er ist an sich nach § 295 II unheilbar, soweit keine Parteiherrschaft besteht, BGH FamRZ 1989, 373. Jedoch ist ein verfahrensfehlerhaft bis zum Verhandlungsschluss nach §§ 136 IV, 296a zur Akte gelangtes Glaubhaftmachungsmittel mitverwertbar, BGH FamRZ 1989, 373.

295 *Verfahrensrügen.* I **Die Verletzung einer das Verfahren und insbesondere die Form einer Prozesshandlung betreffenden Vorschrift kann nicht mehr gerügt werden, wenn die Partei auf die Befolgung der Vorschrift verzichtet, oder wenn sie bei der nächsten mündlichen Verhandlung, die auf Grund des betreffenden Verfahrens stattgefunden hat oder in der darauf Bezug genommen ist, den Mangel nicht gerügt hat, obgleich sie erschienen und ihr der Mangel bekannt war oder bekannt sein musste.**

II **Die vorstehende Bestimmung ist nicht anzuwenden, wenn Vorschriften verletzt sind, auf deren Befolgung eine Partei wirksam nicht verzichten kann.**

I. Systematik, I, II. Die Heilung von Verfahrensfehlern nach Abs. 1 ist zusammen mit Abs. 2 zu lesen: Eine Heilung durch Parteiwillen kommt nur in Betracht, soweit die Verfahrensvorschrift dem Parteiwillen unterliegt, Abs. 1 meint die verzichtbaren, Abs. 2 die unverzichtbaren Verfahrensvorschriften. Soweit ein Rügeverzicht nach § 295 erfolgt ist, schließen die Regelungen nach §§ 534, 556 eine Rüge der Verfahrensverletzung in der Rechtsmittelinstanz aus. 1

II. Regelungszweck, I, II. § 295 dient vor allem der Prozessökonomie und Verfahrensbeschleunigung. Zugleich grenzt die Vorschrift die verzichtbaren, I, von den nicht verzichtbaren Verfahrensvorschriften, II, ab, MüKoZPO/Prütting Rn. 1, die konkret verletzte Norm ist nach Prüfung I oder II zuzuordnen, 2
BeckOK/Bacher Rn. 1. 3

III. Geltungsbereich, I, II. 1. Geltung bei Verfahrensregeln. § 295 gilt bei Verletzung von Verfahrensvorschriften, insbesondere hinsichtlich der Form, nicht aber hinsichtlich des Inhalts einer Prozesshandlung. 4

Die Vorschrift betrifft also nur Verfahrensvorschriften, §§ 159 f., 166 ff., 253, 271, 274, 283, 311 ff., 355 ff., 377. Sie umfasst insbesondere die Bereiche von Klageerhebung, Vorbereitung und Durchführung der mündlichen Verhandlung sowie Verkündung einer Entscheidung, BeckOK/Bacher Rn. 2.1. Sie bezieht sich auf mangelhafte Prozesshandlungen im weitesten Sinn und zwar auf solche der Parteien, des Gerichts oder mitwirkender Amtspersonen, etwa der Zustellungs- und Vollstreckungsbeamten. Wenn Verfahrensregeln dem Interesse der Öffentlichkeit oder des Prozessgegners dienen, ist ein Verstoß nicht heilbar. 5

Die Regelung ist nicht anwendbar hinsichtlich des Inhalts von Partei- und Gerichtshandlungen, MüKoZPO/Prütting Rn. 2. Danach ist § 295 nicht auf solche Mängel anzuwenden, die Partei- und Gerichtshandlungen inhaltlich ausgestalten, wie §§ 139, 286, 287, 308, Zöller/Greger Rn. 2. 6

Die Regelung findet Anwendung im Bereich der ZPO, andere Verfahrensordnungen nehmen auf die Regelung Bezug. So gilt die Vorschrift nach §§ 46 II, 64 VI, 72 V ArbGG auch vor den Arbeitsgerichten, BAG NZA 2015, 556, vor den Finanzgerichten, § 155 S. 1 FGO, den Verwaltungsgerichten, § 173 S. 1 VwGO, vgl. BVerwG BeckRS 2019, 18481, und nach § 202 SGG entsprechend bei den Sozialgerichten, BSG NJW 2011, 107. 7

Da der Wortlaut keine einzelnen un-/verzichtbaren Normen in Bezug nimmt, präzisieren die höchstrichterlichen Konkretisierungen den Anwendungsbereich, → Rn. 24. 8

2. Beispiele zur Frage einer Anwendbarkeit, I, II

FamFG: Anwendbar ist § 295 im Bereich des § 113 I 2 FamFG außerhalb einer Amtsermittlung nach § 26 FamFG, OLG Saarbrücken BeckRS 2015, 121628. 9

Mahnverfahren: Nicht anwendbar ist § 295 wegen des Fehlens einer Verhandlung im Mahnverfahren nach §§ 688 ff.

Notarsache: Entsprechend anwendbar ist § 295 in einer solchen Sache nach § 111 BNotO, BGH MDR 2000, 914.

Parteierklärung: Nicht anwendbar ist § 295 auf den Inhalt einer Parteierklärung einschließlich einer Anspruchsbegründung.

Prozesskostenhilfe: Soweit der Antragsgegner auf eine förmliche Klagezustellung im Prozesskostenhilfeverfahren nach § 118 verzichtet, um eine für den Antragsteller ungünstige Kostenfolge (hier nach § 269 III 2) herbeizuführen, ist § 295 nicht anzuwenden, OLG Nürnb MDR 1999, 1409.

Rechtskraft: §§ 322, 705 schließen jede Mängelrüge aus. Es bleibt dann nur die Möglichkeit einer Nichtigkeitsklage nach § 579 in den Grenzen des § 586.

Richterwechsel: Nicht anwendbar ist § 295 auf eine Verwertung einer nicht protokollierten Aussage nach einem Richterwechsel.

Verwaltungsverfahren: Nicht anwendbar ist § 295 im Verfahren nach dem VwVfG, BSG BeckRS 1999, 00580; MDR 1992, 1067; anders im Verfahren nach der VwGO, § 173 VwGO.

Wohnungseigentum: Anwendbar ist § 295 auch im WEG-Verfahren, BGH WuM 2010, 763; LG Bln ZMR 2013, 921.

IV. Heilungsarten, I, II. 1. Rückwirkung(-sgrenzen). Die Heilung mangelhafter Prozesshandlungen wirkt grundsätzlich rückwirkend, und zwar nach §§ 534, 556 für alle Instanzen. Es können sich aus der Heilung für die Verjährung und andere Fristen materiell-rechtliche Wirkungen ergeben. 10

2. Beispiele zur Frage einer Rückwirkung, I, II

Genehmigung: Eine Rückwirkung ist jedenfalls bei fristgebundenen Prozesshandlungen ausgeschlossen. Eine solche Genehmigung muss grundsätzlich vor Fristablauf erklärt werden, BGH FamRZ 1993, 695. 11

Klageschriftmangel: Bei einem wesentlichen Mangel nach § 253 tritt eine Heilung nicht rückwirkend ein, sondern erst mit seiner Behebung oder mit einer rügelosen Einlassung des Gegners. Das gilt zB beim Fehlen der Unterschrift nach §§ 130 Nr. 6, 253 IV, BGH NJW 1984, 926. Eine bereits abgelaufene Frist kann allerdings nicht mehr gewahrt werden, BGH NJW-RR 2004, 755.

Neuvornahme: Keine Heilung nach § 295, aber eine Fehlerbehebung durch die erneute Vornahme der Prozesshandlung mit Wirkung für die Zukunft, BPatG GRUR 1982, 365; MüKoZPO/Prütting Rn. 44.

Rügelose Einlassung: Diejenige des Gegners kann heilen, zB bei einem Mangel der Klageschrift.

Rügeunterlassung/-verzicht: kann heilen, BVerwG NJW 1989, 601.

Zustellungsmangel: vgl. insb. § 189 und hierzu BGH MDR 2001, 889; BFH NJW 2014, 2524. Wenn die Klage überhaupt nicht zugestellt worden ist, tritt Rechtshängigkeit dann ein, wenn man nicht mehr rügen kann, also Rechtshängigkeit ex nunc mit Verlust des Rügerechts, BGH NJW 1984, 926. Ist die Klagezustellung hingegen erfolgt, wenn auch fehlerhaft, tritt durch den Verlust des Rügerechts eine Rückwirkung der Heilung auf den Zustellungszeitpunkt ein, Rechtshängigkeit ex tunc ab fehlerhafter Klagezustellung, BGH NJW 1984, 926. Allerdings gilt das nicht nach einer Umgehung zwingender Vorschriften, wie etwa einer Klageausschlussfrist, BGH NJW 1984, 926. Ein Nichtverhandeln nach § 333 reicht nicht, BAG NZA-RR 2014, 35.

V. Heilbarer Mangel, I. Eine Heilung kommt allein in Betracht, soweit kein öffentliches Interesse oder Schutzbedürfnis des Prozessgegners besteht. Damit ist ein Verzicht hinsichtlich der Vorschriften, die die ver- 12 fassungsrechtlichen Vorgaben konkretisieren, ausgeschlossen, also Art. 97 Abs. 1, 101 Abs. 1 S. 2, 103 Abs. 1 GG, ferner Art. 3 Abs. 1, Art. 20 Abs. 3 GG, MüKoZPO/Prütting Rn. 10.

13 **1. Grundsatz: Rügemöglichkeit bis zur Verhandlung.** Die Partei muss evtl. schon vor, jedenfalls aber bei der nächsten mündlichen Verhandlung rügen, die auf Grund des mangelhaften Verfahrens stattfindet. Der Begriff der „nächsten mündlichen Verhandlung" erfordert nicht zwingend einen neuen Termin, ausreichend ist auch eine Verhandlung, die sich wie in § 370 I an die Beweisaufnahme unmittelbar anschließt, BFH BeckRS 2019, 34245. Nach einem entscheidungserheblichen heilbaren Mangel muss das Gericht die Verhandlung nach § 156 II Nr. 1 wiedereröffnen. Mangelhafte Prozesshandlungen des Gerichts dürfen beide Parteien rügen, solche einer Partei nur der Gegner. Die Rüge ist eine einseitige Parteiprozesshandlung, OLG Jena FamRZ 2003, 1843. Sie ist nicht annahmebedürftig und daher auch dann wirksam möglich, wenn der Gegner – im Unterschied zur Säumnissituation oder zur teilweisen Verhandlung bezüglich eines teilurteilsfähigen Teils – unvollständig verhandelt, OLG Jena FamRZ 2003, 1843.

14 Die Partei muss natürlich eine Rügemöglichkeit erhalten haben, BGH VersR 2017, 1230. Ein erst aus dem Urteil erkennbarer Verfahrensfehler kann daher in dieser Instanz durch Parteiverzicht geheilt werden, BGH NJW 2000, 2025. Die Partei hatte während der Verhandlung keine Kenntnis von dem Verstoß; er kann daher bis zum Fristende der Rechtsmittelbegründung gerügt werden, BGH NJW 1992, 1966.

15 **2. Verhandlung.** Mit Ausnahme des Fehlens der Prozessvoraussetzungen sind die Rügen in Bezug auf alle anderen Voraussetzungen nach § 295 I nach Stellung der Sachanträge ausgeschlossen, BGH NJW 2006, 773, 774; OLG Köln BeckRS 2019, 27023; einschließlich solcher nach §§ 279 III, 285 I, 370 I im Anschluss an die Beweisaufnahme. Mängel der Beweisaufnahme sind vor dem Prozessgericht in der sich direkt anschließenden Verhandlung zu rügen; also nicht erst im danach folgenden Termin, OLG Zweibr NJW-RR 1999, 1368.

16 Im schriftlichen Verfahren nach § 128 II tritt das schriftsätzliche Vorbringen an die Stelle des Vortrags in der mündlichen Verhandlung, BGH MDR 2021, 832. Demnach ist die Rüge spätestens bis zum Ablauf der Frist zur Einreichung von Schriftsätzen zu erheben. Soweit keine Frist gesetzt wurde, ist der Erlass der Entscheidung maßgeblich. Die Verzichtswirkung tritt auch ein, wenn kein Schriftsatz der Partei eingereicht wurde, BeckOK ZPO/Bacher Rn. 8.2. Soweit die Partei sich äußert, ist eine Rüge im nächsten Schriftsatz nötig, BGH MDR 2021, 832; Zöller/Greger Rn. 8. Im Verfahren nach Aktenlage, § 251a, führt eine Unterlassung nicht zu einem Rügeausschluss, die Rüge muss nur in einer etwaigen mündlichen Verhandlung erfolgen.

17 **3. Rügeverzichtserklärung.** Das Rügerecht geht beim heilbaren Mangel durch den Verzicht verloren, BVerfG NVwZ 2010, 956. Der Verzicht ist eine einseitige Erklärung der Partei, eine Annahme durch den Prozessgegner ist nicht erforderlich. Die Verzichtserklärung kann formlos, ausdrücklich oder konkludent erfolgen, BVerwG NJW 1989, 601; OLG Düss NJW-RR 2001, 522. Der Verzicht kann nicht im Voraus, sondern nur nachträglich im Anschluss an den Verfahrensverstoß wirksam erklärt werden. Der Verzicht als Prozesshandlung ist unwiderruflich und unanfechtbar. Eine Erklärung außerhalb der mündlichen Verhandlung ist ebenfalls wirksam, BeckOK ZPO/Bacher Rn. 6.1.

18 **4. Verlust durch Rügeunterlassung.** Das Rügerecht geht ferner durch das Unterlassen der Rüge verloren, und zwar endgültig, BVerfG NVwZ 2010, 956; BGH MDR 2010, 948.

19 **5. Voraussetzungen einer Rügeunterlassung.** Nur eine Unterlassung, die in der mündlichen Verhandlung im Anschluss an den Verfahrensverstoß erfolgt, kann zur Heilung führen, OLG Schlesw MDR 1999, 761; → Rn. 15.

20 Der vom Verfahrensmangel Benachteiligte muss ferner gerade zu der nächsten Verhandlung erschienen sein und verhandeln, sei er Partei, Streitgenosse, Streithelfer, Beigeladener nach § 48 WEG, gesetzlicher oder rechtsgeschäftlicher Vertreter nach § 51, ProzBev. oder Beistand nach § 90, OLG Düss NJW-RR 2001, 522. Das Erscheinen auch des Prozessgegners ist nicht erforderlich, OLG Jena FamRZ 2003, 1843. Das gilt vorbehaltlich § 342.

21 Der Verhandelnde darf den Mangel bis zum Schluss dieser Verhandlung nach §§ 136 IV, 296a nicht gerügt haben. Eine Rüge kann ausdrücklich oder durch Bezugnahme auf einen vorbereitenden Schriftsatz erfolgen, Zöller/Greger Rn. 7. Im schriftlichen Verfahren nach § 128 II genügt die Rüge in dem einem Verstoß folgenden Schriftsatz, Bischof NJW 1985, 1143.

22 Der Verzichtende muss den Mangel kennen oder schuldhaft nicht kennen, BVerwG NJW 1989, 601. Bei einer späteren Rüge muss die Partei das mangelnde Vertreten ihrer Unkenntnis dartun, BGH NJW-RR 1999, 1251. Eine einfache Fahrlässigkeit ist bereits schädlich. Eine Kenntnis gerichtsinterner Vorgänge kann nicht verlangt werden. Auch eine Grundrechtsverletzung, ein Verstoß nach Art. 103 I GG, wird geheilt, wenn die Partei nach Kenntnis von dem Verstoß die Möglichkeit, sich zu äußern, nicht genutzt hat, BGH BeckRS 2019, 36874; NJW-RR 2018, 404. Ein Verschulden der nicht anwaltlich vertretenen Partei dürfte regelmäßig ausgeschlossen sein, wenn sie nicht auf den Rügeverlust nach § 295 im Rahmen von § 139 hingewiesen worden ist.

23 **VI. Unheilbarer Mangel, II.** Der Mangel ist nicht heilbar, soweit die Partei nicht wirksam auf die Rüge verzichten kann, BGH NJW 2005, 1661; BSG NJW 2011, 107. Es handelt sich dabei regelmäßig um einen Verstoß gegen Normen im Interesse der Öffentlichkeit oder des Prozessgegners.

VII. Beispiele zur Frage einer Heilbarkeit oder Unheilbarkeit, I, II

24 **Abänderungsklage:** Nicht heilbar ist ein Verstoß gegen § 323 II, OLG Hmb FamRZ 1985, 94.

Ablehnung eines Richters: Heilbar ist die fehlerhafte Unterlassung einer Entscheidung über das Befangenheitsgesuch nach § 42, BGH NJW 2008, 1672. Nicht heilbar ist grds. ein Verstoß gegen die Regeln über die Ablehnung eines Richters. Ausnahmen können gelten bei § 43, BGH NJW 2006, 696, und bei § 48, BGH MDR 2000, 914 (zu § 111 BNotO).

Anspruchshäufung: Nicht heilbar ist die fälschliche Zulassung einer Anspruchshäufung nach § 260.

Antrag: Heilbar ist eine versehentliche Nichtverlesung des Antrags nach § 297 I 2, OLG Ffm FamRZ 1982, 812. Nicht heilbar sind das Hinausgehen über den Antrag nach § 308 I oder ein nicht hinreichend bestimmter Antrag, BGH NJW-RR 1994, 1185.

Anwaltszwang: Nicht heilbar ist grds. ein Verstoß gegen die Regeln zum Anwaltszwang, OLG Kblz NJW-RR 2002, 1510.

Ausschluss eines Richters: Nicht heilbar ist ein Verstoß gegen die Regeln über den Ausschluss eines Richters.

Berufungsurteil: Nicht heilbar ist das Fehlen von Gründen nach § 540, BGH FamRZ 2007, 1314.
Beweisantrag: Heilbar ist das Fehlen eines Beweisantrags bei der Zeugenvernehmung oder das Fehlen eines Beweisantrags.
Beweisantrag/-beschluss: Heilbar ist eine Beweisaufnahme ohne einen erforderlichen Beweisbeschluss nach §§ 358, 358a, 450 oder einen Beweisantrag.
Beweismittel: Heilbar ist die Auswertung eines nach §§ 284 S. 2, 355 ff. unzulässigen Beweismittels, BGH NJW-RR 2007, 1624 (1627).
Beweiswürdigung: Heilbar ist ein Verstoß gegen § 285, BGHZ 63, 94. Auch ein Verstoß gegen formelle Unmittelbarkeit nach §§ 355 I, 309 ist heilbar, OLG Hamm BeckRS 2021, 19155. Nicht heilbar ist indes ein Verstoß gegen die Regeln zur Beweiswürdigung nach § 286, BGH NJW-RR 1995, 1328.
Dolmetscher: Heilbar ist die Unterlassung seiner Hinzuziehung nach § 185 GVG, BVerwG NJW 1988, 722.
Eid: Heilbar ist ein Mangel der Beeidigung nach §§ 478 ff., BGH NJW 1994, 941 (Dolmetscher), außer in einer Ehe- oder Kindschaftssache. Nicht heilbar ist wegen § 189 GVG die Nichtvereidigung des Dolmetschers, BGH NJW 1994, 942.
Einzelrichter: Nicht heilbar ist grds. ein Verstoß gegen die Regeln über die Bestellung des streitentscheidenden Einzelrichters nach §§ 348, 348a, 526, 568. Es liegt ein Verstoß gegen Art. 101 I 2 GG vor, BGH NJW 2001, 1357; aM OLG Brdb VersR 2001, 1242.
Erörterungs- und Hinweispflicht: Nicht heilbar ist ein Verstoß gegen §§ 139, 279 III.
Form: Nicht heilbar ist die Nichtbeachtung einer solchen Formvorschrift, deren Einhaltung eine Entscheidung überhaupt erst zur wirksamen Entstehung bringt oder einen Vollstreckungstitel schafft, etwa bei §§ 160 III Nr. 1, 7, 165, BGH NJW 1976, 2263.
Frist: Zwar ist das Fehlen der Zustellung einer Klage nach § 271 grundsätzlich heilbar. Eine bereits abgelaufene Frist kann allerdings nicht mehr gewahrt werden, BGH NJW-RR 2004, 755.
Gerichtsbesetzung: Nicht heilbar ist eine fehlerhafte Besetzung des Gerichts nach dem GVG, BGH NJW-RR 1998, 699; BSG NJW 2011, 107. Indes ist das Recht auf den gesetzlichen Richter nach Art. 101 I GG nicht bei jedem einfachen Fehler in der Anwendung der Geschäftsverteilung verletzt, BGH NJW 2009, 1351.
Geschäftsverteilung: Heilbar ist ein Verstoß gegen die Geschäftsverteilung, BGH NJW 2009, 1352, auch beim AG nach §§ 22 ff. GVG.
Gesetzlicher Richter: Nicht heilbar ist eine über einen bloßen Verfahrensverstoß hinausgehende Verletzung des Gebots des gesetzlichen Richters nach Art. 101 I 2 GG, § 16 GVG, BGH NJW 2009, 1352; OLG Celle MDR 2003, 524; OLG Ffm MDR 2003, 1375.
Gesetzliche Vertretung: Heilbar ist die Vernehmung des gesetzlichen Vertreters nach § 51 als Zeugen nach §§ 391 ff. oder ein Verstoß gegen die Regeln zur gesetzlichen Vertretung nach §§ 51, 170, BGH NJW 2010, 1639.
Insolvenz: Die fehlerhafte Zustellung einer gegen den Schuldner gerichteten Klage an den Verwalter nach § 271 kann dieser dadurch heilen, dass er den Prozess zB nach § 240 aufnimmt und dass der Kläger klarstellt, dass sich die Klage gegen den Verwalter richtet, OLG Nürnb OLGZ 94, 456.
Klagefrist: Nicht heilbar ist grundsätzlich die Nichtbeachtung einer Klagefrist, BGH NJW 1990, 3085, 3086. Anders für § 4 KSchG, BAG NJW 1986, 3224. Grundsätzlich sind die gesetzlichen Voraussetzungen für die Zurückweisung eines verspäteten Prozessvorbringens nicht abdingbar.
Klagerücknahme: Heilbar ist ein Verstoß gegen das Gebot der Kostenerstattung nach § 269 IV.
Klageschrift: Heilbar ist ein inhaltlicher oder formeller Mangel der Klageschrift nach § 253, BGH NJW-RR 1999, 1252, auch des Scheidungsantrags nach § 124 FamFG, OLG Rostock FamRZ, 1999, 1076. Das gilt, solange kein Verstoß gegen den Bestimmtheitsgrundsatz vorliegt, BGH 65, 346, und solange in der Verhandlung außer Frage steht, was Streitgegenstand sein soll, BGH NJW 1996, 1351. Heilbar ist auch ein Verstoß gegen § 253 V, OLG Karlsr JurBüro 2015, 423.
Ladung: Heilbar ist ein Mangel bei der Ladung einer Partei zum Beweistermin nach § 357 oder eines Zeugen nach §§ 166 ff., OLG Karlsr VersR 1989, 810, oder eines Schuldners, BGH DGVZ 2010, 130.
Mahnbescheid: Heilbar ist das Fehlen seiner Zustellung nach § 693, OLG Nürnb OLGZ 1987, 485.
Mündlichkeitsgrundsatz: Heilbar ist ein Verstoß gegen den Mündlichkeitsgrundsatz, BGH NJW 2007, 2122.
Nachfrist: Heilbar ist ein Mangel nach § 283.
Notfrist: Nicht heilbar ist die Nichtbeachtung einer Notfrist des § 224 I 2, Thomas/Putzo/Reichold Rn. 3.
Öffentlichkeit: Nicht heilbar ist ein Verstoß gegen die Öffentlichkeit oder Nichtöffentlichkeit nach §§ 169 ff. GVG (anders als gegen die bloße Parteiöffentlichkeit), BGH BeckRS 2021, 10480; OLG Köln OLGZ 1985, 320; Thomas/Putzo/Reichold Rn. 3; Zöller/Greger Rn. 5.
Ordnungsvorschrift: Heilbar ist erstinstanzlich ein Verstoß gegen eine bloße Ordnungsvorschrift, etwa über die Einlassungs- und Ladungsfrist nach §§ 217, 274 III, BVerwG NJW 1989, 601, oder über die Klage- und Widerklageerhebung nach §§ 253, 261, oder über die Klageänderung nach §§ 263, 264, BGH KTS 1986, 666, oder Klageerweiterung, LAG Bln MDR 2001, 1304.
Parteifähigkeit: Nicht heilbar ist ein Verstoß gegen die Regeln zur Parteifähigkeit nach § 50.
Parteiöffentlichkeit: Heilbar ist ein Verstoß gegen den Grundsatz der Parteiöffentlichkeit der Beweisaufnahme nach § 357, OLG Karlsr FGPrax 2010, 240. Das kann im Verfahren nach dem FamFG erst dann so sein, wenn das Gericht die Voll-Öffentlichkeit auf Antrag des Beteiligten zulässigerweise ohne eine weitere Begründung ausgeschlossen hatte.
Parteivernehmung: Heilbar sind: die Vernehmung einer Partei als Zeuge nach §§ 391 ff., OLG Karlsr FGPrax 2010, 240, und umgekehrt nach §§ 445 ff.; ein Verstoß gegen die Regeln über die Zulässigkeit der Vernehmung einer Partei auf Gegenantrag oder von Amts wegen nach § 448, BGH VersR 1981, 1176.
Postulationsfähigkeit: Nicht heilbar ist ein Verstoß gegen die Postulationsfähigkeit der Parteien und der ProzBev., BGH NJW 1992, 2706.
Protokoll: Nicht heilbar ist die Unterlassung einer nach §§ 159 ff. notwendigen Protokollierung, BGH NJW 2003, 3058. Das gilt zB bei der Aussage eines Zeugen oder der Darstellung eines Sachverständigen, es sei denn, das Urteil gibt sie beanstandungsfrei wieder, BGH NJW-RR 1993, 1034; BVerwG NVwZ 2008, 568.
Prozessfähigkeit: Nicht heilbar ist ein Verstoß gegen die Regeln zur Prozessfähigkeit nach §§ 51, 170.
Prozessvergleich: Nicht heilbar ist ein Formmangel beim Prozessvergleich, OLG Ffm FamRZ 1980, 907.

Prozessvoraussetzungen: Nicht heilbar ist ein Verstoß gegen die von Amts wegen zu beachtenden Prozessvoraussetzungen, BSG NJW 2011, 107, zB die Einhaltung einer gesetzlich vorgegebenen Klagefrist, BGH NJW 1990, 3085.

Rechtliches Gehör: Maßgeblich ist der Grundsatz der Subsidiarität, der über eine Erschöpfung des Rechtswegs hinaus das Ergreifen sämtlicher prozessualer Möglichkeiten vorsieht, bevor sich die Partei auf eine Verletzung beruft, BeckOK/Bacher Rn. 5.3. Diese Würdigung entspricht der in der Vorschrift zum Ausdruck kommenden Vorstellung, nach der eine Partei eine Gehörsverletzung nicht mehr rügen kann, wenn sie die ihr nach Erkennen des Verstoßes verbliebene Möglichkeit zu einer Äußerung nicht genutzt hat, BGH NJW 2020, 1740; BGH MDR 2021, 551. Erforderlich dürfte eine Einzelfallprüfung unter Berücksichtigung einer etwaigen anwaltlichen Vertretung sein.

Rechtshängigkeit: Nicht heilbar ist in der Regel ein Verstoß gegen die Regeln zur Rechtshängigkeit nach § 261.

Rechtsmittel: Nicht heilbar ist grds. ein Verstoß gegen die Regeln über die Zulässigkeit eines Rechtsmittels nach §§ 511 ff., 542 ff., 567 ff., BGH NJW-RR 1989, 441; BAG NJW 2019, 698.

Rechtsweg: Nicht heilbar ist ein Verstoß gegen die Regeln zur Zulässigkeit des Rechtswegs nach § 13 GVG.

Sachverständiger: Heilbar ist ein Mangel bei der Anordnung der Form des Gutachtens nach §§ 404a, 407a, OLG Karlsr VersR 1989, 810, bei seinem Inhalt oder bei der Person des Erstellers, OLG Ffm VersR 2003, 927, bei der Unterzeichnung, BGH BB 1990, 2435, oder bei § 411a, OLG Brdb NJW-RR 2011, 1401.

Schiedsvereinbarung: Die Einrede einer Schiedsvereinbarung stellt einschließlich der Fristgebundenheit ihrer Erhebung eine verzichtbare Verfahrensvorschrift iSv II dar. Die Verspätung einer erhobenen Schiedseinrede, ein Verstoß gegen § 1032 I, ist heilbar, BGH MDR 2021, 832.

Selbständiges Beweisverfahren: Heilbar ist ein Verfahrensfehler im selbständigen Beweisverfahren nach §§ 485 ff.

Sicherheitsleistung: Heilbar ist das Fehlen einer Ausländersicherheitsleistung nach §§ 110 ff., BGH NJW-RR 1993, 1021.

Streitgenossenschaft: Heilbar ist ein Verstoß gegen die Erfordernisse der Streitgenossenschaft nach §§ 59 ff.

Streithilfe: Heilbar ist ein Verstoß gegen die Erfordernisse der Streithilfe nach §§ 66 ff.

Streitverkündung: Heilbar ist ein Mangel des Inhalts oder der Zustellung des Streitverkündungsschriftsatzes nach § 73, BGH NJW 1976, 292. Nicht heilbar ist ihre Zulassung bei wesentlicher Unklarheit, BGH NJW 2008, 522.

Unmittelbarkeit der Beweisaufnahme: Heilbar ist ein Verstoß gegen den Grundsatz der Unmittelbarkeit der Beweisaufnahme nach §§ 355, 375, soweit er nicht dadurch auch § 286 verletzt (wie häufig), BVerfG NJW 2008, 2244; BGH NJW 2000, 2025. Dabei muss der Verstoß überhaupt vor dem Verhandlungsschluss nach §§ 136 IV, 296a erkennbar geworden sein, Pantle NJW 1988, 2028. Das ist zB dann nicht so, wenn er sich erst aus dem Urteil ergibt, BGH NJW-RR 1997, 506.

Unterbrechung: Heilbar ist ein Fehler bei § 249 oder ein solcher bei der Aufnahme eines unterbrochenen Prozesses nach § 250. Nicht heilbar ist im Übrigen ein Verstoß gegen §§ 240, 250, OLG Nürnb OLGZ 1982, 380.

Unterschrift: Heilbar ist grundsätzlich das Fehlen der wirksamen Unterzeichnung der Klage, § 253 IV, BGH NJW 1996, 1351; NJW-RR 1999, 1252. Zu Besonderheiten für die Rechtsmittelschrift BGH NJW-RR 2010, 277; BVerfG NJW 2014, 205. Bei der fristgebundenen Klage ist allerdings keine Rückwirkung möglich, BGH VersR 2004, 629. Heilbar ist ferner bei einem echten Beschluss des Kollegiums nach § 348a das Vergessen einer Unterschrift, OLG Köln NJW 1976, 680.

Verhandlung nach Beweisaufnahme: Heilbar ist ein Verstoß gegen die Notwendigkeit, nach der Beweisaufnahme nach §§ 285, 370 nochmals zu verhandeln, BGH 63, 95; LG Köln NJW-RR 2014, 1014.

Verkündung: Der Verfahrensmangel einer unterbliebenen Urteilsverkündung kann durch Rügeverzicht der Parteien nicht geheilt werden, BAG NJW 2021, 1833.

Verhandlungsschluss: Heilbar ist ein Verstoß gegen die Regeln zum Vortrag nach dem Verhandlungsschluss nach §§ 136 IV, 296a.

Verspätetes Vorbringen: Nicht heilbar ist grds. ein Verstoß gegen § 296, BGH NJW 1990, 2390.

Vollmacht: Die Rüge eines Verstoßes gegen § 88 I ist jederzeit möglich, soweit der Zeitpunkt sich nicht als rechtsmissbräuchlich darstellt, KG BeckRS 2003, 30326732.

Widerklage: Heilbar ist das Fehlen der Zustellung der Widerklage, OLG Jena FamRZ 2003, 1843.

Wiedereinsetzung: Nicht heilbar ist grds. ein Verstoß gegen die Regeln über die Wiedereinsetzung in den vorigen Stand, BGH FamRZ 1989, 372.

Zeugnisverweigerungsrecht: Heilbar sind: ein Mangel in der Beurteilung des Zeugnisverweigerungsrechts; eine wegen einer mangelhaften Belehrung über ein Aussageverweigerungsrecht nach §§ 383 ff. unzulässige Verwertung der Zeugenaussage, BGH NJW 1985, 1159.

Zuständigkeit: Heilbar ist ein Verstoß gegen eine nicht ausschließliche Zuständigkeit, Vossler NJW 2002, 2374. Nicht heilbar sind: ein Verstoß gegen die ausschließliche Zuständigkeit nach §§ 39, 40 II 1, BGH NJW 2006, 1661, zB eines Kartellgerichts, BGH NJW 2005, 1661, oder eines Arbeitsgerichts, OLG Mü VersR 1982, 198; ein Verstoß gegen die Zuständigkeit bei § 276, BGH NJW 1991, 2773.

Zustellung: Heilbar ist wegen § 189 ein anfänglicher Verstoß gegen eine Zustellungsvorschrift zB nach §§ 166 ff., 191 ff., sobald und soweit ein tatsächlicher Zugang erfolgt, BAG NJW 2011, 1833.

- **(Arrest, einstweilige Verfügung):** Nicht heilbar ist ein Verstoß gegen § 929 II, OLG Köln NJW-RR 1987, 576.
- **(Einlassungsfrist):** Heilbar ist nach § 189 das Fehlen einer richtigen Zustellung auch dann, wenn sie eine (Einlassungs-)Frist nach § 214 (§ 274 III) in Lauf setzen sollte. Das gilt auch bei einem Parteiwechsel nach § 263, BGH NJW 2010, 3377.
- **(Klageschrift):** Heilbar kann das Fehlen der Zustellung einer Klageschrift nach § 271 sein, BGH WuM 2008, 156. Eine bereits abgelaufene Frist kann allerdings nicht mehr gewahrt werden, BGH NJW-RR 2004, 755, → „Unterschrift". Vorausgesetzt wird dabei, dass das Gericht eine förmliche Zustellung mit Zustellungswillen bewirken wollte; diese fehlt bei einer Zustellung an einen Dritten, der unzutreffend im Rubrum der Klageschrift als Beklagter genannt ist, BGH NJW 2017, 2472.

– **(Ladungsfrist):** Heilbar ist nach § 189 das Fehlen einer ordnungsgemäßen Zustellung auch dann, wenn sie eine Ladungsfrist nach § 217 in Lauf setzen sollte.
– **(Prozessunfähigkeit):** Nicht heilbar ist ein Verstoß gegen § 170.
– **(Scheidungsantrag):** Heilbar ist das Fehlen der Zustellung eines Scheidungsantrags nach § 124 FamFG, OLG Naumb FamRZ 2002, 401; aM OLG Schlesw FamRZ 1988, 737.
– **(Verspätung):** Nicht heilbar ist ein Gerichtsverstoß gegen § 296 bei der Fristsetzung.
– **(Urteil):** Nicht heilbar ist ein Verstoß gegen § 317, BGH FamRZ 2007, 1314.
– **(Widerklage):** Heilbar ist das Fehlen der Zustellung einer Widerklage, OLG Jena FamRZ 2003, 1843.

296 ***Zurückweisung verspäteten Vorbringens.*** **I Angriffs- und Verteidigungsmittel, die erst nach Ablauf einer hierfür gesetzten Frist (§ 273 Abs. 2 Nr. 1 und, soweit die Fristsetzung gegenüber einer Partei ergeht, 5, § 275 Abs. 1 Satz 1, Abs. 3, 4, § 276 Abs. 1 Satz 2, Abs. 3, § 277) vorgebracht werden, sind nur zuzulassen, wenn nach der freien Überzeugung des Gerichts ihre Zulassung die Erledigung des Rechtsstreits nicht verzögern würde oder wenn die Partei die Verspätung genügend entschuldigt.**

II Angriffs- und Verteidigungsmittel, die entgegen § 282 Abs. 1 nicht rechtzeitig vorgebracht oder entgegen § 282 Abs. 2 nicht rechtzeitig mitgeteilt werden, können zurückgewiesen werden, wenn ihre Zulassung nach der freien Überzeugung des Gerichts die Erledigung des Rechtsstreits verzögern würde und die Verspätung auf grober Nachlässigkeit beruht.

III Verspätete Rügen, die die Zulässigkeit der Klage betreffen und auf die der Beklagte verzichten kann, sind nur zuzulassen, wenn der Beklagte die Verspätung genügend entschuldigt.

IV In den Fällen der Absätze 1 und 3 ist der Entschuldigungsgrund auf Verlangen des Gerichts glaubhaft zu machen.

Schrifttum: Anders/Gehle Assessorexamen ZivilR I Rn. 1 ff.; Geisler AnwBl 2006, 524 (RsprGrdz.); Habermann, Die Flucht in die Widerklage zur Umgehung der Verspätungspräklusion, 2004; Stackmann NJW 2011, 3537.

Übersicht

I. Systematik, I–IV. § 296 ist im erstinstanzlichen und über § 525 im zweitinstanzlichen Verfahren anwendbar, vgl. auch die Besonderheiten nach §§ 530 ff. Die gebundene Entscheidung von I, „sind nur zuzulassen", wird durch die Ermessensentscheidung in II, „können zurückgewiesen werden", ergänzt. III regelt den Umgang mit verzichtbaren Zulässigkeitsrügen und geht I und II vor, BGH NJW-RR 2006, 496; die unverzichtbaren sind von Amts wegen zu berücksichtigen, ihre Präklusion aufgrund einer Verspätungsvorschrift ist daher ausgeschlossen, Anders/Gehle Assessorexamen ZivilR I Rn. 1. Vgl. auch § 95 und § 38 GKG. 1

II. Regelungszweck, I–IV. Den Verspätungsvorschriften nach §§ 296, 530 ff. liegt der Gedanke eines zügigen und konzentrierten Verfahrens zugrunde, sie dienen dem Beschleunigungsgrundsatz. Auch wenn die 2

Folge des Ausschlusses verspäteten Vorbringens die Parteien schwer trifft, kommt der Regelung kein Strafcharakter zu, Anders/Gehle Assessorexamen ZivilR I Rn. 1.

3 Hintergrund der Vorschrift ist auch die Prozessförderungspflicht der Parteien, verletzt bei Fristversäumung und Verstoß gegen § 282 I u. II, BVerfG NJW 1981, 271. Insbesondere I iVm den dort genannten Fristvorschriften kommt erhebliche praktische Bedeutung zu; II hingegen weniger, da der strenge Ausnahmecharakter von II den Anwendungsbereich deutlich begrenzt, Anders/Gehle Assessorexamen ZivilR I Rn. 1.

4 Die Regelung weist unmittelbaren Grundrechtsbezug auf, sie tangiert das Recht auf rechtliches Gehör, BGH NJW-RR 2005, 669. Die Vorschriften sind verfassungsgemäß, BVerfG NJW-RR 1995, 1469; dem Gebot aus Art. 103 I GG wird durch die verfassungskonforme Auslegung des Verspätungsbegriffs genügt („absoluter Verzögerungsbegriff" des BGH), zu § 528 III aF BVerfG NJW 1987, 2003; VerfGH Brandenburg JMBl BB 2005, 111. Die Norm regelt die Folgen eines verspäteten Vortrags, der noch vor dem Verhandlungsschluss nach §§ 136 IV, 296a, also im Zeitraum zwischen Klagebegründung und letzter mündlicher Verhandlung, erfolgt, BGH NJW-RR 2014, 505. Demgegenüber regelt § 296a iVm § 156 den erst nach dem Verhandlungsschluss erfolgenden Vortrag, BGH NJW-RR 2013, 655.

5 Die Begriffe der genügenden Entschuldigung, I und III, sowie der groben Nachlässigkeit, II, erfordern eine präzise Auslegung im Einzelfall.

6 **III. Geltungsbereich, I–IV. 1. Grundsatz: umfassende Geltung.** Die Vorschrift gilt in allen Verfahrensarten der ZPO.

2. Beispiele zur Frage des Geltungsbereichs, I–IV

7 **Arbeitssache** § 296 gilt nach §§ 46 II 1, 83 Ia, 87 III ArbGG grds. auch hier, LAG Köln NZA-RR 2008, 93. Abweichende Regelungen gelten in einer Arbeitssache nach §§ 56 II, 61a V, 67 ArbGG.

Arrest, einstweilige Verfügung: § 296 ist auch anwendbar in einem solchen Eilverfahren nach §§ 916 ff., 935 ff., LG Aachen NJW-RR 1997, 380; aM OLG Hmb NJW-RR 1987, 36. Ein Eilverfahren lässt im Übrigen auch eine Zurückweisung nach §§ 920 II, 936, 294 II zu.

Berufungsverfahren: § 296 ist nach § 525 auch in diesem Rechtszug anwendbar, BVerfG NJW 1991, 2276, vgl. auch §§ 530 ff. § 531 I ist nur anwendbar auf Angriffs- und Verteidigungsmittel, die in erster Instanz nach § 296 I, II oder § 340 III 3 iVm § 296 I zurückgewiesen/nicht zugelassen worden sind, BGH NJW-RR 2019, 726; RdTW 2019, 303. Im ersten Rechtszug nicht zurückgewiesenes Vorbringen wird Prozessstoff der zweiten Instanz, BGH NJW-RR 2020, 60.

Beschwerdeverfahren: Die Vorschrift ist auch im Beschwerdeverfahren nach §§ 567 ff. grundsätzlich anwendbar, BVerfGE 59, 334; BGH MDR 1981, 664. Vgl. aber § 571 III.

Erkenntnisverfahren: § 296 ist von Klagebegründung bis zur (letzten) mündlichen Verhandlung anwendbar, BGH NJW-RR 2014, 505.

Familiensache: in Ehe- und Familienstreitsachen § 115 FamFG.

Finanzsache: Vor den Finanzgerichten gelten die vergleichbaren §§ 76 III, 79b III FGO, BFH BB 1999, 1911.

Patentsache: § 296 gilt auch im patentgerichtlichen Beschwerdeverfahren vor dem Bundespatentgericht, BGH GRUR 2010, 859 (860).

Schriftliches Verfahren: § 296 gilt im schriftlichen Verfahren nach § 128 II bis zum Erlass der Entscheidung, BVerfG NJW 1983, 2187.

Selbständiges Beweisverfahren: keine Anwendung zwischen selbständigem Beweisverfahren und Hauptsacheverfahren, Zöller/Herget § 492 Rn. 1, dort auch zum Streitstand; ferner Praun BauR 2013, 1041; ferner OLG Saarbrücken BeckRS 2005, 14870.

Streitiges Verfahren: § 296 gilt auch nach einem Mahnverfahren im folgenden streitigen Verfahren nach §§ 697 III 2 Hs. 2, 700 V Hs. 2, 340 III 3.

Unzuständigkeit: Gewisse Besonderheiten oder andere Regelungen gelten bei der örtlichen oder sachlichen Unzuständigkeit zB nach §§ 39, 504, 530 ff.

Urkundsprozess: § 296 gilt auch bei §§ 592 ff.

Wohnungseigentumsverfahren: § 296 gilt auch im WEG-Verfahren nach der ZPO.

8 **IV. Überblick: Zurückweisung in erster Instanz, I–IV.** Vorausgesetzt werden ein Angriffs- oder Verteidigungsmittel (1.), ein Verstoß gegen die vom Gericht gesetzten Fristen nach I oder gegen die allgemeine Prozessförderungspflicht nach II (2.), eine Verzögerung des Rechtsstreits (3.) und ein Verschulden der Partei (4.).

9 **1. Angriffs- und Verteidigungsmittel I, II.** Die Vorschrift findet nur auf Angriffs- und Verteidigungsmittel nach § 282 I Anwendung. Damit kann auch nicht ein gesamter Schriftsatz per se, sondern nur ein bestimmter Tatsachenvortrag zurückgewiesen werden, OLG Celle NJW 2010, 1535. Folglich sind auch die Klage, Klageerweiterung und Widerklage keine Angriffs- und Verteidigungsmittel, sondern Angriff oder Verteidigung selbst, die nicht der Präklusion unterfallen, BGH NJW 2017, 491; Anders/Gehle Assessorexamen ZivilR I Rn. 4.

10 **2. Gerichtliche Fristen; Verstoß gegen § 282.** Eine Zurückweisung nach I kommt nur wegen der dort genannten und für entsprechend anwendbar erklärten Fristen in Betracht, → Rn. 31. Wegen der erheblichen Auswirkungen für Prozess und Beteiligte kommt keine Analogie zu anderen Fristen in Betracht, keine Anwendbarkeit auf §§ 379, 697 I; BVerfG NJW1985, 1150; 1983, 1307; 1982, 1533; Anders/Gehle Assessorexamen ZivilR I Rn. 5.

11 **3. Verzögerung des Rechtsstreits.** Die Vorschrift dient dem Beschleunigungsgrundsatz. Da ihr kein Strafcharakter zukommt, kommt eine Zurückweisung bei allein verspätetem Vorbringen nicht in Betracht. Erforderlich ist regelmäßig eine Verzögerung, also die Feststellung, dass das Verfahren bei Zulassung der verspäteten Angriffs- und Verteidigungsmittel länger dauern würde als bei ihrer Zurückweisung, → Rn. 40 ff.

12 Zudem muss die Verspätung allein ursächlich für die Verzögerung sein. Wenn die Entscheidungsreife aus anderen Gründen fehlt, ist sie nicht – jedenfalls nicht ausschließlich – auf das verspätete Vorbringen zurückzuführen. Nur wenn der Rechtsstreit *im Ganzen* entscheidungsreif ist, kann daher Kausalität bejaht werden, BGH BauR 1998, 632; Geisler AnwBl 2006, 524 (525).

13 Auch soweit eine kausale Verzögerung vorliegt, ist zu prüfen, ob sie der Partei zuzurechnen ist, also nicht auf das Verschulden eines Dritten (zB nach verspätetem Beweisantritt noch rechtzeitig geladener, dann aber nicht erschienener Zeuge) oder (auch) auf eine Pflichtverletzung des Gerichts zurückzuführen ist. Hier ist stets die

Fürsorgepflicht des Gerichts zu berücksichtigen, so in Form eines rechtzeitigen Hinweises nach § 139, OLG Mü BauR 2014, 322.

Seine Grenzen findet der Beschleunigungsgrundsatz, die Zurückweisung wegen Verspätung, im Verbot der Überbeschleunigung. Ein verspätetes Vorbringen darf nicht zurückgewiesen werden, wenn auch bei rechtzeitigem Vorbringen dieselbe Verzögerung eingetreten wäre, BGH NJW 2012, 2808. Ausgeschlossen sind damit – neben unschlüssigem und unerheblichem Vortrag, der nie zu einer Verzögerung führt – unstreitiges und nicht beweisbedürftiges Vorbringen, BGH NJW 2012, 2808; OLG Köln BeckRS 2019, 11950; Anders/Gehle Assessorexamen ZivilR I Rn. 6. 14

4. Verschulden. Vorausgesetzt wird ferner ein Verschulden der Partei oder ihres ProzBev., §§ 51 II, 85 II, eine nicht ausreichend entschuldigte Verspätung. Das ist zu bejahen, wenn die Partei die Verspätung nicht ausreichend entschuldigt. Ein Verschulden wird in I und III vermutet, es genügt einfaches Verschulden. Für II ist grobe Nachlässigkeit erforderlich; hier besteht keine Vermutung, die Grundlagen sind festzustellen, Zöller/Greger Rn. 27, 30; Anders/Gehle Assessorexamen ZivilR I Rn. 8. → Rn. 46 ff. 15

V. Zurückweisung in der Berufungsinstanz, I–IV. Im Berufungsverfahren findet § 296 über § 525 Anwendung. Allerdings bestehen Besonderheiten nach §§ 530 ff.; hierzu OLG München BeckRS 2021, 12757. 16

VI. Anwaltspflicht, I–IV. Auch der ProzBev. muss § 296 beachten. Eine erhebliche Arbeitsbelastung rechtfertigt eine Verspätung nicht. 17

An die Sorgfalt des Anwalts sind berufsbedingt erhöhte Anforderungen, anders als an diejenige der Partei, zu stellen. 18

Ein Verschulden des ProzBev. gilt nach § 85 II als solches der Partei auch im Bereich des § 296, BGH NJW 1983, 577. Die persönlich schuldlose Partei hat zwar im Außenverhältnis die Folgen einer vorwerfbaren Untätigkeit oder Verzögerung ihres ProzBev. zu tragen; ihr bleibt aber die Möglichkeit, ihn im Rahmen eines Haftungsprozesses in Anspruch zu nehmen. 19

VII. Förderungspflicht des Gerichts, I–IV. 1. Grundsatz: Voraussetzung jeder Zurückweisung. Die Regelung zur Zurückweisung verspäteten Vortrags setzt voraus, dass das Gericht seine Pflichten nach § 139 erfüllt, EGMR NJW-RR 2009, 141; BVerfG NVwZ 2007, 807. 20

2. Grenzen: Unzumutbarkeit. Indes muss das Gericht bei verspätetem Vorbringen nur in zumutbaren Grenzen aktiv werden, BVerfG NJW-RR 1999, 1079; BGH NJW 2002, 291. 21

3. Ermessen. Dem Gericht kommt im Rahmen der Prozessförderungspflicht ein Ermessensspielraum zur pflichtgemäßen Ausübung zu, BVerfG NJW 2000, 946. 22

4. Beispiele zur Frage einer Förderungspflicht, I–IV

Abtretung: § 296 ist auf eine erst nach dem Instanzende erfolgende Abtretung anwendbar, OLG Düss GRUR-RR 2010, 358. 23

Anregung: Das Gericht ist über die Hinweispflicht hinaus nicht verpflichtet, einen Beweisantritt anzuregen, Mayer NJW 1983, 858.

Belehrung: Bei I ist in den Fällen §§ 276 II, 277 II eine Belehrung des Beklagten, bei § 277 IV eine Belehrung des Klägers erforderlich, BGH WM 2011, 839, 840; Zöller/Greger Rn. 9c.

Beweismittel, Anhörung des Gegners, „überbeschleunigtes" Verfahren: Dem Gericht kommt eine eigene Verfahrensförderungs- und Fürsorgepflicht zu. Eine Verzögerung ist ausgeschlossen, wenn das Gericht dieser Pflicht nicht nachkommt, bei pflichtgemäßem Handeln aber die Verzögerung hätte vermeiden können. Eine (ergänzende) Vernehmung des noch anwesenden/präsenten Zeugen nach §§ 391 ff. kann notwendig sein, BVerfG NJW-RR 1995, 377.

Es würde allerdings die Anforderungen überspannen, dem Gericht aufzugeben, einen Zeugen erst fünf Tage vor dem Termin zu laden, BGH NJW 1980, 1104.

Es muss stets zunächst dem Gegner der verspäteten Partei ausreichende Gelegenheit zur Stellungnahme geben, BVerfG NJW-RR 1995, 1469; BGH NJW 1980, 946.

Eine Fristversäumnis darf nicht Anlass sein, den Prozess „überbeschleunigt", schneller als nach ordnungsgemäßem Fortgang, zu beenden. So hat es auch nach Ablauf einer Ausschlussfrist und dem damit fehlenden Beweisantritt hinsichtlich eines Sachverständigengutachtens den Sachverhalt nach Möglichkeit zu klären, auf Grundlage des bereits vorhandenen oder anzuregenden Parteivortrags und der verfügbaren Beweismittel, BGH NJW 2007, 2122 (2123).

„Durchlauftermin": Ein Vortrag kann nicht schon aufgrund eines bloßen „Durchlauftermins" als verspätet zurückgewiesen werden, BVerfG NJW 1992, 300; BGH NJW-RR 2005, 1297. Freilich mag es auch einen frühen ersten Termin zulässigerweise als einen echten zur Entscheidungsreife führenden Termin geplant und durchgeführt haben, BVerfG NJW 1985, 1149.

Fristbemessung: Eine richterliche Frist ist nicht so kurz zu bemessen, dass das praktisch einer Verletzung des rechtlichen Gehörs nach Art. 103 I GG entspräche, BGH 124, 74. Auch eine unklare Fristbemessung macht I unanwendbar, BVerfG NJW 1982, 1453.

Gestellung/Nichtzahlung Auslagenvorschuss: Es kann zweckmäßig und evtl. erforderlich sein, den verspätet benannten Zeugen zwar nicht zu laden, dem Beweisführer jedoch seine Gestellung anheimzugeben, BGH NJW 1980, 1849. Erscheint der gestellte Zeuge, entscheidet das Gericht, ob es dem Beweisantrag stattgibt oder nach § 296 II zurückweist, BGH NJW 1980, 343; OLG Hamm NJW-RR 1995, 1151. Wird ein Auslagenvorschuss nicht fristgerecht eingezahlt, der Zeuge daraufhin nicht geladen, so kann der Beweisantritt nach § 296 II zurückgewiesen werden, ohne dass es einer weiteren Fristsetzung bedarf.

Gütetermin: Er ist nach § 278 II 1 noch keine mündliche Verhandlung, § 296 hier noch nicht anwendbar.

Gutachten: Es kann notwendig sein, ein Gutachten nach §§ 139, 402 ff. anzuregen oder nach § 144 von Amts wegen einzuholen, BGH NJW 1983, 2031.

Hinweis: Ein nach § 139 notwendiger Hinweis kann die Beachtung entsprechender Vortragsergänzung zur Folge haben, BGH NJW-RR 2007, 1613.

Ladung: Eine Ladung ist in angemessener Weise anzuordnen und zu veranlassen, BVerfG NJW-RR 1995, 378; BGH NJW-RR 2002, 647.

Nachfrist: Es kann erforderlich sein, auch unabhängig von der Verspätungsfrage nach § 283 eine Nachfrist anzuregen, LG Aurich MDR 2000, 106, oder zu gewähren, BGH NJW 1984, 1543 und 1556; BPatG GRUR 1999, 352.

Rechtliches Gehör: Das Gericht muss zur Frage der Verspätung dem Betroffenen stets rechtliches Gehör gewähren, BGH NJW 2012, 2808.

Sachverständiger: Das Gericht muss prüfen, ob es zumutbar und sinnvoll ist, einen Sachverständigen nach § 144 wenigstens zum Termin hinzuzuziehen, auch in der Berufungsinstanz, BGH NJW 1999, 585.

Unklarheit: Eine solche der gerichtlichen Anordnung kann eine Zurückweisung verbieten, BVerfG NJW 1982, 1453.

Zeuge: Sein Nichterscheinen trotz ordnungsgemäßer Ladung ist kein Verstoß des Gerichts gegen seine Förderungspflicht, aber auch der (beweisführenden) Partei nicht anzulasten, BGH NJW 1982, 2559.

Zustellung: Das Gericht muss eine fristsetzende Verfügung förmlich zustellen, BGH VersR 1990, 673, und zwar in einer beglaubigten Ablichtung oder Abschrift, BGH JZ 1981, 351, an die fristbelastete Partei oder ihren ProzBev. nach § 172. An den Gegner genügt die formlose Mitteilung.

24 **VIII. Verfassungsmäßigkeit, I–IV.** Die Regelung ist – unter Berücksichtigung des strengen Ausnahmecharakters der Vorschrift – mit dem GG vereinbar, BVerfG NJW-RR 1993, 637 (zu § 296a).

25 Eine entsprechende Anwendung des § 296 über den klaren Wortlaut der Norm hinaus ist demgemäß unzulässig, BVerfGE 69, 136 und 149; BGH VersR 1982, 345.

26 **IX. Fehlerhafte Zulassung, I–IV.** Soweit eine Vorinstanz entgegen den Präklusionsvorschriften verspätetes Vorbringen nach I, II zugelassen hat, ist dem Rechtsmittelgericht eine Überprüfung dessen verschlossen: Der Verfahrensfehler ist überholt, durch die Zulassung ist die drohende Verzögerung, die Voraussetzung für die Zurückweisung, obsolet. Das – wenn auch verspätete Vorbringen – ist unabänderlich in das Verfahren eingeführt worden, BGH MDR 2021, 832. Anderes gilt im Fall von III, die rechtswidrige Zulassung ist anfechtbar, → Rn. 70.

27 **X. Angriffs- und Verteidigungsmittel, I, II.** I, II gelten bis zum Schluss der mündlichen Verhandlung nach §§ 136 IV, 296a. Sie umfassen alle nicht rechtzeitig vorgebrachten Angriffs- und Verteidigungsmittel, BGH FamRZ 1996, 1071, einschließlich ihrer Begründungen, OLG Karlsr NJW 1979, 879, mit Ausnahme der Zulässigkeitsrügen, die III besonders regelt.

28 Ein Angriffs- oder Verteidigungsmittel liegt erst dann vor, wenn eine Partei es überhaupt bis zum Schluss der mündlichen Verhandlung nach §§ 136 IV, 296a einführt, ebenso die Anschlussbeschwerde nach § 567 III, BPatG GRUR 1997, 57. Die Anschlussberufung nach § 524 kann hierher gehören, BGH 83, 371; Deubner NJW 1982, 1708. Bei einer verspäteten Angabe einer Zeugenanschrift gilt § 356, BVerfG NJW 2000, 946. Bei einer verspäteten Vorschusszahlung gelten §§ 379, 402.

29 **XI. Fristablauf, I.** Die Vorschrift ist anwendbar für die Fälle des Fristablaufs, während II, III andere Fälle erfassen.

30 **1. Notwendigkeit enger Auslegung.** Eine Verspätung liegt nur dann vor, wenn die Partei eine Frist nach I versäumt hat. Das ergibt sich schon aus dem Ausnahmecharakter des § 296, BVerfG NJW 1993, 1319; BGH VersR 1990, 674; VerfGH Mü NJW 1990, 502 und 1654. Diese enge Auslegung ist auch verfassungsrechtlich notwendig, sodass schon keine Verspätung vorliegt, wenn die materiell-rechtlichen Grundlagen erst im Rechtsstreit geschaffen und sodann vorgetragen werden, BGH NJW 2009, 2532; NJW-RR 2007, 494; 2005, 1687. Stets ist ein Ausgleich zwischen Einhaltung von Fristen einerseits und der Gewährung rechtlichen Gehörs andererseits im Einzelfall zu finden, Klose NJ 2020, 191.

31 **2. Fristen im Sinne von Abs. 1.** Die Vorschrift setzt eine richterliche Fristsetzung voraus, BVerfG FD-ZVR 2019, 417073, zB nach **§ 273 II Nr. 1**, LG Aachen NJW-RR 1997, 380 (auch bei §§ 916 ff.); § 273 II Nr. 5 iVm einer Anordnung nach § 142 oder nach § 144 (Fristsetzung gegenüber einer Partei); § 275 I 1, BGH NJW 1987, 499 und 500; OLG Düss NJW 1987, 508; § 275 III; § 275 IV; § 276 I 2; BGH NJW 1979, 2110; § 276 III; § 277; AG Meldorf NJW-RR 2003, 1029; § 340 III 3, BGH 75, 141; § 411 IV 2; § 530; § 697 III 2 Hs. 2; § 700 V Hs. 2.

32 **3. Sonstige Fristen.** I ist nicht beim Ablauf anderer Fristen anwendbar, zB nicht bei: § 132, BGH NJW 1989, 716; § 277 BVerfG FD-ZVR 2019, 417073; § 283, BVerfG FamRZ 1991, 1283; § 356; § 379; § 402, BGH NJW 1982, 2560; OLG Hamm NJW-RR 1995, 1152; § 697 I, BGH NJW 1982, 1533. Es kann dann jeweils II anwendbar sein. Im schriftlichen Verfahren nach § 128 II ist bei einem Vortrag nach dem Fristablauf § 296a entsprechend anwendbar, nicht § 296.

33 **4. Notwendigkeit wirksamer Anordnung.** Das Gericht muss die Frist wirksam gesetzt haben, BGH NJW 1991, 2774; also inhaltlich eindeutig, BVerfG NJW 1990, 2390; bei erfolgter gesetzlich notwendiger Belehrung nach §§ 276 II, 277 II, IV, BGH NJW 1983, 823. Der Vorsitzende und nicht etwa ein Beisitzer muss gehandelt haben, BGH NJW 1991, 2774; aber nicht das gesamte Kollegium. Der Vorsitzende hat die Verfügung mitunterzeichnet, ein bloßes Handzeichen (Paraphe) reicht nicht aus, BGH VersR 1990, 673; eine Unterzeichnung „auf Anordnung" durch einen Justizangestellten ebenfalls nicht, BGH JZ 1981, 351. Der Urkundsbeamte der Geschäftsstelle muss die Fristverfügung dem von der Frist betroffenen Empfänger in beglaubigter Ablichtung oder Abschrift wegen § 329 II 2 förmlich zugestellt haben, BGH NJW 2009, 515.

34 Eine Verspätung kommt ferner nur dann in Betracht, wenn die fragliche Frist gerade vom Gericht dieser Instanz stammt, BVerfG 59, 334, und wenn es sie gerade für dieses Angriffs- und Verteidigungsmittel gesetzt hatte, Schröder ZZP 1991, 306. Das gilt also zB dann nicht, wenn die Partei eine andere als die vom Richter nach § 273 II Nr. 1 angeforderte Urkunde vorlegt. Dann kann evtl. II anwendbar sein. Bei einer umfassenden Klageerwiderung oder Replik gibt § 277 I, IV den Maßstab des Notwendigen.

35 Ein Vorbringen kann unter solchen Voraussetzungen schon im ersten Termin verspätet sein. Das Gericht wird ein verspätetes Vorbringen auch dann als verspätet behandeln, wenn es ein Grundurteil nach § 304 erlassen will, BGH MDR 1980, 51.

36 Angemessen lang muss die Frist sein, BGH NJW 1994, 737.

5. Erheblichkeit des Angriffsmittels. Der Vorschrift liegt der Gedanke zugrunde, dass das Angriffs- oder Verteidigungsmittel entscheidungserheblich ist, OLG Düss NJW 1987, 508. 37

6. Maßgeblichkeit des Eingangs. Für die Einhaltung der Frist reicht der Eingang beim Gericht aus, also bei seiner Posteingangsstelle. Bei elektronischer Einreichung gelten §§ 130a–d. Wegen einer Fristverlängerung § 224 II. Das Gericht darf den verspäteten Eingang nicht mitverschuldet haben, BVerfG NJW 1982, 1453. So ist eine Präklusion ausgeschlossen, wenn eine unzulängliche richterliche Verfahrensleitung die Verzögerung mitverursacht hat, z. B. aufgrund eines fehlenden erforderlichen Hinweises, BVerfG NJW 1987, 2003. 38

XII. Verzögerung, I. Ein verspäteter Tatsachenvortrag ist dann zuzulassen, wenn er die Erledigung des Rechtsstreits nicht verzögert. Grundsätzlich kommt eine Verzögerung nur gerade aufgrund einer entscheidungserheblichen, streitigen Behauptung in Betracht, BGH NJW 1980, 947; OLG Naumb NJW-RR 1994, 704; soweit die Behauptung nicht sofort aufzuklären ist, OLG Karlsr MDR 1987, 241. Der Verzögerungsbegriff im Verfahren mit frühem ersten Termin nach § 275 unterscheidet sich nicht von dem im schriftlichen Vorverfahren nach § 276, BGH 86, 36. 39

1. Schädlichkeit irgendeiner zeitlichen Verschiebung, sog. absoluter Verzögerungsbegriff. Eine Verzögerung liegt allein dann vor, wenn der Prozess bei Zulassung des verspäteten Vorbringens länger dauern würde als bei dessen Zurückweisung, sog. höchstrichterlich angewandter absoluter (oder realer) Verzögerungsbegriff, BGH NJW 2012, 2808; NJW-RR 2011, 526. Es genügt, wenn die Zulassung des nach dem Fristablauf eingegangenen Vortrags zu einer zeitlich nicht ganz unerheblichen Verschiebung führt. 40

Der „absolute“ Verzögerungsbegriff ist grundsätzlich mit dem GG vereinbar, BVerfG FamRZ 1991, 1284, und auch im finanzgerichtlichen Verfahren anwendbar, BFH BB 1999, 1911; zu den Grenzen bei „Überbeschleunigung“ KG NJW 2017, 1889. 41

2. Unanwendbarkeit des sog. hypothetischen Verzögerungsbegriffs. Der sog. hypothetische Verzögerungsbegriff (eine Verzögerung liege nur dann vor, wenn die Instanz bei einem rechtzeitigen Vorbringen früher beendet wäre) ist überholt, BGH NJW 1983, 575 (576). Er ist aufgrund des hypothetischen Vergleichs mit einem rechtzeitigen Vorbringen mit erheblichen Rechtsunsicherheiten für die Beteiligten verbunden. 42

3. Schädlichkeit einer nicht ganz unerheblichen Verzögerung. Eine ganz unerhebliche Zeitspanne ist wegen des Übermaßverbots unschädlich, BVerfG NJW 1995, 1418. Jede längere Zeitspanne, zB 10 Kalendertage, OLG Karlsr NJW 1984, 619, als auch ein weiterer notwendiger Termin, BGH NJW 1983, 1495, sind relevant. Eine Verzögerung liegt insbesondere vor, sobald der geplante oder anberaumte Verhandlungstermin voraussichtlich in Gefahr kommt, OLG Karlsr NJW 1980, 296. Sie liegt auch dann vor, wenn die Zulassung des Vortrags das Gericht auch nur voraussichtlich dazu zwingen würde, dem Gegner eine Nachfrist nach § 283 zu setzen, OLG Brdb NJW-RR 1998, 498. 43

4. Kausalzusammenhang von Verspätung und Verzögerung. Die Verspätung ist dann beachtlich, wenn die Verzögerung auf ihr kausal beruht, BGH NJW 1982, 1533. Das verspätete Parteihandeln muss einzige Ursache der Verzögerung sein, ist beispielsweise ein Fehler des Gerichts mitursächlich, ist eine Zurückweisung ausgeschlossen, BGH ZfIR 2018, 559. Die Verspätung ist also dann nicht beachtlich, wenn eine Verspätung objektiv feststellbar ohnehin eingetreten wäre oder wenn auch bei einem rechtzeitigen Vortrag eine Verzögerung eingetreten wäre, OLG Hamm NJW-RR 1995, 127. 44

5. Beispiele zur Frage einer Verzögerung, I

Ausbleiben: Eine Verzögerung scheidet aus, wenn ein Zeuge oder der zu vernehmende Gegner nicht zum Termin erscheint. Dabei ist es unerheblich, ob das Vorbringen zuvor rechtzeitig oder verspätet erfolgte. Das fehlende Erscheinen ist nicht auf ein Verhalten der Partei zurückzuführen, BGH NJW 1987, 502. 45

Beweisbedürftigkeit: Sie muss bestehen, BGH NJW 2008, 3434.

Beweislast: Keine Verzögerung tritt dann ein, wenn der verspätet vortragende Beweispflichtige keinen Beweis antritt.

Einzelrichter: Eine Verzögerung kann dann vorliegen, wenn der Einzelrichter nach §§ 348, 348a die vor ihm entscheidungsreife Sache dem Kollegium (rück-)übertragen oder vorlegen müsste.

Entscheidungsreife: Eine Verzögerung kann grds. nur insoweit vorliegen, als der Rechtsstreit bereits insgesamt entscheidungsreif ist, BGH NJW-RR 1999, 787, zB nicht nur zur Klage oder zur Widerklage, BGH NJW 1981, 1217, oder wegen eines Streitgenossen, OLG Brdb NJW-RR 1998, 498.

Eine Verspätung zur Klage ist also unschädlich, soweit der Vortrag mit demjenigen zur Widerklage übereinstimmt und insofern nicht verspätet ist, BGH NJW 1981, 1217; oder soweit ohnehin zB nur ein Beweisbeschluss nach § 358 möglich wäre, BGH NJW-RR 1999, 787; oder evtl. bei einer Widerklage, BGH NJW 1981, 1217.

Das Gericht muss aber ein verspätetes Vorbringen zurückweisen, soweit der Gegner es zwar nach § 288 I wirksam als richtig zugesteht, indes nun eine solche neue Tatsache vorträgt, die im an sich bereits entscheidungsreifen Prozess eine Beweisaufnahme notwendig machen würde, OLG Düss NJW-RR 1992, 1239.

Geständnis: Keine Verzögerung entsteht beim Geständnis des Gegners nach § 288.

Grundurteil: Eine Verzögerung kann vorliegen, soweit das verspätete Vorbringen den Anspruchsgrund betrifft. Dann kann das Gericht den Vortrag nur durch ein Grundurteil nach § 304 zurückweisen. Denn dieses muss sämtliche Klagegründe erschöpfend erledigen und einen Anspruch auch der Höhe nach als mit hoher Wahrscheinlichkeit bestehend beurteilen. Daher liegt dann – im Unterschied zum Teilurteil – Entscheidungsreife vor, BGH WuM 1979, 921.

Offenkundigkeit: Keine Verzögerung entsteht bei offenkundigen Tatsachen nach § 291.

Teilurteil: Soweit der Rechtsstreit sich nicht insgesamt verzögert, kann hinsichtlich des verspäteten Teils nicht ein zurückweisendes Teilurteil ergehen. Nach dem Wortlaut der Norm geht es um „die Erledigung des Rechtsstreits“, damit des gesamten Rechtsstreits; so auch BGH (7. ZS) NJW 1980, 2355; Prütting/Gehrlein/Deppenkemper Rn. 19; aM BGH (8. ZS) MDR 1980, 51.

Unschlüssigkeit: Keine Verzögerung entsteht bei ihr, BGH NJW 1985, 1543.

Unstreitiger Umstand: Eine Verzögerung ist ausgeschlossen, BGH NJW 2008, 3435.

Verkündungstermin: Eine Verzögerung liegt noch nicht vor, soweit sich der Prozessgegner auf ein verspätetes Vorbringen in der Verhandlung nicht sofort erklären kann und ein Verkündungstermin nach § 310 II anberaumt wird. Erst nach Ablauf der dem Prozessgegner nach § 283 gesetzten Frist kann das Gericht entscheiden, ob der Rechtsstreit verzögert wird oder das verspätete Vorbringen unstreitig ist. Allein die Einräumung einer Erklärungsfrist beinhaltet noch keine Verzögerung, BGH NJW 1985, 1556 (1558).

Weiterer Beweis: Eine Verzögerung kann vorliegen, soweit das Gericht einen verspätet benannten und lediglich vom Beweisführer gestellten Zeugen in diesem Termin nicht abschließend vernehmen kann, BVerfG NJW-RR 1999, 1079; BGH NJW 1991, 1182. Sie kann ferner vorliegen, soweit das Gericht nach der Vernehmung eines verspätet benannten, aber im ersten Termin vom Beweisführer gestellten Zeugen einen infolgedessen erforderlichen weiteren Beweis oder Gegenbeweis erst in einem späteren Termin erheben könnte, BVerfG NJW-RR 1999, 2373; BGH NJW 1986, 2257. Eine Verzögerung kann fehlen, soweit ungeachtet der Verspätung noch ein weiterer Beweisantritt beachtet werden muss, BGH NJW-RR 1999, 787.

Zeuge: Eine Verzögerung kann nur dann vorliegen, soweit die Ladung eines verspätet benannten Zeugen unzumutbar ist, BVerfG NJW-RR 1999, 1079. Eine Verzögerung kann dann fehlen, wenn die Partei das Ausscheiden ihres gesetzlichen Vertreters (Geschäftsführers) nach § 51 rechtzeitig ankündigt und ihn erst dann benennt, BGH NJW 1999, 2446, oder wenn ein im Termin präsenter Zeuge sogleich vernehmbar wäre.

46 **XIII. Genügende Entschuldigung, I.** Das Gericht muss einen verspäteten Vortrag ferner auch dann zulassen, wenn er die Erledigung des Rechtsstreits zwar verzögert, die Partei die Verspätung jedoch entschuldigt, BVerfG NJW 2005, 1769. Aus der Formulierung in I – nur die genügende Entschuldigung führt zu einer Zulassung – wird deutlich, dass das Verschulden wie bei III und § 292 widerleglich vermutet wird, Prütting/Gehrlein/Deppenkemper Rn. 30.

47 **1. Verschulden der Partei.** Ein Verschulden des gesetzlichen Vertreters oder ProzBev. ist nach §§ 51 II, 85 II der Partei zuzurechnen, OLG Karlsr NJW 1984, 619. Die Partei muss sich spätestens im folgenden Termin entlasten, OLG Karlsr Just 1979, 14. Eine Entlastung in der Rechtsmittelinstanz ist nur dann möglich, wenn eine Entschuldigung ohne Verschulden in der ersten Instanz nicht erfolgt ist, BVerfG NJW 1987, 2003; OLG Köln BeckRS 2007, 04451. Ein Verschulden des Streithelfers nach § 66 schadet der Partei nicht, da es ihr nicht zurechenbar ist, § 278 BGB findet keine Anwendung. Andererseits hat sich der Nebenintervenient ein Verschulden der Partei zurechnen zu lassen, Fuhrmann NJW 1982, 978.

48 **2. Vermutetes Verschulden, einfache Fahrlässigkeit, I.** Das Verschulden wird in I vermutet und es genügt einfache Fahrlässigkeit (wie auch in III, im Unterschied zu II). Ein Verschulden ist zu bejahen, wenn die Partei nicht diejenige prozessuale Sorgfalt anwendet, zu der sie nach der konkreten Prozesssituation und nach ihren persönlichen Umständen in der Lage war, MüKoZPO/Prütting Rn. 133. An die Sorgfalt des Anwalts werden nach § 85 II höhere Anforderungen gestellt als an diejenige der Partei. Hier wird ein Verschulden vorliegen, wenn der Anwalt nicht die im Verkehrskreis übliche Sorgfalt anwendet und ihm die Beachtung im Einzelfall zuzumuten war, MüKoZPO/Prütting Rn. 134. Ein Verschulden kann nur verneint werden, wenn die Partei sich entlastet, also „die Verspätung genügend entschuldigt", I.

49 Die Entschuldigung ist zweckmäßig zusammen mit dem verspäteten Vorbringen anzubringen, kann aber auch erst auf gerichtlichen Hinweis erfolgen, spätestens aber in der nächsten mündlichen Verhandlung (Musielak/Voit/Huber Rn. 24; Zöller/Greger Rn. 24). Die Partei muss sie nach § 138 nachvollziehbar darlegen. Hier kann ein Vortrag zu einem Verfahrensfehler, einer unangemessen kurzen Frist oder unzureichenden Vorbereitung durch das Gericht ausreichen, zB kein Hinweis auf Fehlen einer ladungsfähigen Anschrift des Zeugen, BVerfG NJW 2000, 945; Zöller/Greger Rn. 30. Auf Verlangen des Gerichts ist der Entschuldigungsgrund glaubhaft zu machen, § 296 IV. Hierfür hat das Gericht der verspäteten Partei ausreichend Gelegenheit zu geben, BGH NJW 1986, 3193 (3194). Der verspätete Vortrag ist unverzüglich nachzuholen; anderenfalls wird die Verspätung nicht „genügend entschuldigt" sein, Zöller/Greger Rn. 24.

50 Ein Verschulden kann – ähnlich wie die Verzögerung – wegen eines Pflichtverstoßes des Gerichts ausscheiden. So kann die Partei unverschuldet mangels Hinweises nach § 139 einen Beweisantritt für ausreichend halten und daher erst in der mündlichen Verhandlung den Beweisantritt ergänzen ähnlich zur Zumutbarkeit auch BGH NJW-RR 2004, 167.

3. Beispiele zur Frage einer Entschuldigung, I

51 **Fristbemessung:** Eine Entschuldigung liegt stets dann vor, wenn das Gericht eine Frist gemessen am Einzelfall zu kurz bemessen hatte, BGH NJW 1994, 736. Ein sodann unverzögert erfolgtes Vorbringen kann nicht wegen fehlendem Fristverlängerungsantrag zurückgewiesen werden, OLG Karlsruhe NJW-RR 1997, 828. Ferner kann es unschädlich sein, dass ein Verlängerungsantrag erst nach dem Fristablauf einging, aber vor der Terminbestimmung, OLG Karlsr NJW-RR 1990, 703.

Fristverlängerung: Eine Entschuldigung kann ausreichen, soweit die Partei sofort nach dem Fristablauf ausreichende Gründe für die Nichteinhaltung genannt hatte, OLG Karlsr MDR 1997, 196. Im Übrigen kann eine Entschuldigung fehlen, soweit die Partei zB nach § 340 III 2 keine Fristverlängerung beantragt, BGH NJW 1979, 1988 (1989).

Glaubhaftmachung: Erst wenn die Partei ihren Entschuldigungsgrund schlüssig vorgetragen hat, darf das Gericht prüfen, ob es nach IV eine Glaubhaftmachung nach § 294 fordert, LG Ffm NJW 1979, 2112. Letztere braucht die Partei allerdings unabhängig von etwaiger Offenkundigkeit der Gründe nach § 291 erst auf ein Verlangen des Gerichts zu liefern, BGH NJW 1986, 3193. Daher ist der Vortrag nicht etwa wegen des Fehlens einer Entschuldigung zurückzuweisen, nur weil die Partei ihre Entschuldigungsgründe nicht zugleich mit dem verspäteten Vortrag bereits glaubhaft gemacht hat. Das Gericht wird eine kurze Frist setzen, unter Hinweis auf § 118 II 1, BGH MDR 1986, 1002; vgl. auch § 294 II. Eine sofortige Beweisaufnahme ist ausgeschlossen.

Krankheit, Pandemie: Eine Entschuldigung liegt bei Erkrankung der Partei grundsätzlich vor, OLG Hamm NJW-RR 1992, 122. Im Gegensatz hierzu ist eine Verspätung im Zweifel verschuldet, soweit sie auf eine Erkrankung des Rechtsanwalts zurückzuführen ist. Ein Rechtsanwalt hat Vorkehrungen dafür zu treffen, dass das zur Wahrung von Fristen Erforderliche auch dann unternommen wird, wenn er unvorhergesehen ausfällt. Bestimmte, auf einen konkreten Sachverhalt abgestimmte Vorbereitungsmaßnahmen sind indes nur erforderlich, wenn der Rechtsanwalt einen solchen konkreten Ausfall vorhersehen kann, BGH NJW-RR 2019, 691. Eine Vorhersehbarkeit im Fall einer Covid-19-Erkrankung oder einer hiermit im Zusammenhang stehenden behördlich angeordneten Quarantäne des Rechtsanwalts dürfte, vergleichbar sonstigen Erkrankungen, zu bejahen sein. Von der Erforderlichkeit, Vorkehrungen für die Büroorganisation, insbesondere die Fristenkontrolle, während der Pandemie zu treffen, ist der Umstand zu unterscheiden, dass aufgrund verhängter Maßnahmen eine Besprechung mit der Partei für fristwahrenden Vortrag nicht möglich war. Hier liegt kein Organisationsverschulden seitens des Rechtsanwalts, sondern ein pandemiebedingtes Hindernis vor, dass eine Fristverlängerung rechtfertigt und im Fall des Ablehnens die Verspätung entschuldigt, Klose NJ 2020, 191.

Urlaub: Den Rechtsanwalt trifft ein seiner Partei anzulastendes Organisationsverschulden, soweit im Fall seiner urlaubsbedingten Abwesenheit eine (u. a. fristkontrollierende) Vertretung durch einen anderen Rechtsanwalt nicht geregelt ist, BGH NJW-RR 2017, 1142.

Verfahrensfehler: Eine Entschuldigung liegt vor, soweit ein Verfahrensfehler des Gerichts für die Verzögerung auch ursächlich war.

Zeuge: Sein Ausbleiben trotz einer nach §§ 166 ff. ordnungsgemäßen Ladung kann zur Entschuldigung evtl. ausreichen (Fallfrage), BGH NJW 1982, 2559. Keine Entschuldigung ist ein bewusstes Nichtbenennen eines Zeugen, um das sonstige Beweisergebnis abzuwarten, BGH VersR 2007, 373.

Zumutbarkeit: Sie ist im Einzelfall unter Berücksichtigung aller Umstände zu prüfen, BGH NJW-RR 2004, 167.

XIV. Grundsatz: Ausschluss verspäteten Vortrags, I. Die Begründung der Entscheidung über die Zulassung erfolgt im Endurteil nach § 313 III oder in einem Zwischenurteil nach § 304. Ein bloßer Beschluss bliebe ohne Wirkung, BGH NJW 2002, 290. Das Gericht müsste die Entscheidung im Endurteil wiederholen. 52

Die Zurückweisung geschieht erst nach Anhörung und Hinweis des Gerichts hinsichtlich der jeweiligen Voraussetzungen (also Verspätung, Verschulden, ferner ggf. Verzögerung) ebenfalls im Endurteil, BGH NJW 2002, 291. Das gilt – jedenfalls für I – auch schon im frühen ersten Termin nach § 275, BGH NJW 1987, 499 und 500; nicht bei II Zöller/Greger Rn. 5; keine Anwendung Thomas/Putzo/Reichold Rn. 8. Allerdings darf eine Streitbeendigung dort nicht von vornherein aussichtslos sein, BGH BB 2005, 1818. 53

XV. Verspätung von Angriffs- oder Verteidigungsmitteln, II. Während I die Fälle des Fristablaufs und III die Fälle der Zulässigkeitsrügen regelt, nennt II diejenigen Voraussetzungen, unter denen eine sonstige Verspätung zur Zurückweisung führen kann. Die Vorschrift umfasst alle Angriffs- und Verteidigungsmittel, BGH FamRZ 1996, 1072. Eine Zurückweisung erfolgt nur dann, wenn der Vortrag eines bestimmten Angriffs- oder Verteidigungsmittels nicht so rechtzeitig einging, wie § 282 I, II es fordern, BGH NZM 2010, 553. Ein Verstoß nur gegen § 132 genügt hier nicht, BGH NJW 1997, 2244. Das Fehlen einer Zeugenanschrift ist nach § 356 zu behandeln, BVerfG NJW 2000, 945 (946); BGH NJW 1993, 1926. Ein Ausschluss nach II iVm § 282 I ist nicht möglich, soweit der Vortrag (noch) im ersten Termin zur mündlichen Verhandlung erfolgt, BGH BeckRS 2018, 9232. II gilt ferner nicht im frühen ersten Termin nach § 275, LG Kref NJW-RR 2017, 884, und nicht im Mahnverfahren, MüKoZPO/Prütting Rn. 7; ist aber unter Berücksichtigung von §§ 530 ff. über § 525 in der Berufungsinstanz anwendbar. Nichtteilnahme an einer mündlichen Verhandlung macht II nicht stets anwendbar, BPatG GRUR-RR 2014, 245. Unanwendbar ist II auf eine Rüge der Unzulässigkeit der Klage nach § 280, BGH FamRZ 2006, 408. 54

XVI. Verzögerung, II. Die Verzögerung wird wie in I bestimmt, → Rn. 39 ff. 55

XVII. Grobe Nachlässigkeit, II. Als weitere Voraussetzung einer Zurückweisung nach II muss die Verspätung auf einer mindestens groben Nachlässigkeit beruhen. 56

1. Unterschied zu I: grobe Nachlässigkeit, keine Vermutung. Die Partei muss die im Prozess erforderliche Sorgfalt in einem ungewöhnlich groben Maß verletzt und dabei dasjenige unbeachtet gelassen haben, was jeder Partei hätte einleuchten müssen; insbesondere nach einem entsprechenden Hinweis des Gerichts, BGH NJW 2019, 3456. Das kann nur bejaht werden, wenn die Partei eine Pflicht in besonders schwerwiegender Weise verletzt, BGH NJW 2019, 3456. Sie muss also jede prozessuale Sorgfalt unterlassen haben. Im Fall pandemiebedingter objektiver Einschränkungen dürfte eine grobe Nachlässigkeit auch im Fall der Vermeidbarkeit regelmäßig ausgeschlossen sein, Klose, NJ 2020, 191. 57

Es besteht ferner anders als in I bei II keine gesetzliche Vermutung nach § 292 für eine grobe Nachlässigkeit. 58

2. Übereinstimmung mit I: Verschulden im Übrigen. Mit Ausnahme des geschärften Haftungsmaßstabs „grobe Nachlässigkeit" und der fehlenden gesetzlichen Vermutung, → Rn. 56 f., gelten die Vorgaben wie bei I, → Rn. 46. 59

3. Kausalzusammenhang von Verspätung und Verzögerung. Erforderlich ist, dass die Verspätung infolge grober Nachlässigkeit eingetreten ist, sie auf ihr kausal beruht, BGH NJW 1982, 1533, auch → Rn. 44. 60

4. Beispiele zur Frage einer groben Nachlässigkeit, II.

Auslagenvorschuss: Grobe Nachlässigkeit kann im Einzelfall bei Nichtzahlung nach § 12 GKG, §§ 379, 402 vorliegen, LG Bln NJW-RR 2007, 675. Allerdings indiziert die nicht fristgerechte Einzahlung nicht per se grobe Nachlässigkeit, BGH BeckRS 2016, 10411; ebenso ist Dauer einer Gutachteneinholung beachtlich, OLG Rostock WuM 2003, 597. 61

Beweisantritt: Grobe Nachlässigkeit kann dann vorliegen, wenn der Beweisführer den Beweis nicht einmal nach der ersten streitigen Verhandlung nach § 137 unverzüglich antritt, OLG Celle VersR 1983, 187, oder wenn die Partei mit einer Benennung bewusst abwartet, um das bisherige Beweisergebnis zu bewerten, BGH VersR 2007, 373.

Erkundigung: Grobe Nachlässigkeit kann vorliegen, soweit man sich unschwer hätte erkundigen können, BGH NJW 1988, 62. Anders liegt es bei der Notwendigkeit eines Gutachtens, BGH NJW 2003, 202.

Krankheit, Pandemie: Grobe Nachlässigkeit ist bei Erkrankung regelmäßig ausgeschlossen, BGH VersR 1982, 346.

Kumulation: Grobe Nachlässigkeit liegt grundsätzlich vor beim Zusammentreffen mehrerer Verstöße, so bei einer Missachtung einer richterlichen Frist, einer Einspruchsfrist nach §§ 339, 700 und beim Zuwarten bis zum späten Nachmittag vor dem dritten Termin, LAG Köln NZA-RR 2008, 93.

Organisation: Grobe Nachlässigkeit kann bei einem anwaltlichen Organisationsverschulden vorliegen, BGH VersR 1982, 346. Allerdings dürfte dies im Fall pandemiebedingter Einschränkungen regelmäßig – im Unterschied zum einfachen Verschulden, I – nicht vorliegen.

Rechtsansicht: Grobe Nachlässigkeit kann dann vorliegen, wenn der ProzBev. trotz der Hinweise des Gerichts an einer offensichtlich unzutreffenden Rechtsansicht festhält und daher nicht ergänzend Tatsachen vorträgt oder Beweis antritt, OLG Oldb NJW 1987, 1340. Es kann zur groben Nachlässigkeit hier auch genügen, dass man sich unschwer hätte erkundigen können, BGH NJW 1988, 62.

Unkenntnis: Grobe Nachlässigkeit kann dann vorliegen, wenn der Anwalt verhandelt, ohne die Sache überhaupt zu kennen, OLG Düss NJW 1982, 1889. Sie kann dann fehlen, wenn die Partei die Bedeutung des Vorbringens nicht erkennen konnte.

Zurückbehaltungsrecht: Grobe Nachlässigkeit kann vorliegen, soweit eine Partei ein Zurückbehaltungsrecht erst im oder gar nach dem Termin geltend macht, OLG Hamm NJW-RR 1989, 61.

62 **5. Ermessen.** Es besteht Ermessensspielraum, BGH NJW 1981, 928. Das Fehlen der Rechtzeitigkeit des Vortrags hat mangels Fristverstoßes keinen automatischen Ausschluss zur Folge, OLG Saarbr MDR 1979, 1030. Insofern bestehen erhebliche Unterschiede zwischen der gebundenen Entscheidung nach I, III und der Ermessensentscheidung nach II, BVerfG NJW 1998, 2044; BGH WM 1982, 1281, 1282; OLG Hamm NJW-RR 2018, 989; Musielak/Voit/Huber Rn. 29; ferner auch BVerfG NJW 1985, 1151; BGH VersR 1982, 345; LG Kref NJW-RR 2017, 884.

63 Gelegentlich wird die Auffassung vertreten, aus systematischen Gründen sei wie bei I und III auch für II ein Ermessensspielraum abzulehnen, MüKoZPO/Prütting Rn. 181. Wegen des Gebots der prozessualen Waffengleichheit sei ein Gleichlauf der Entscheidung „in gleicher Situation" (MüKoZPO/Prütting Rn. 11) geboten. Allerdings weisen die unterschiedlichen Anforderungen – neben der nicht-/fristgebundenen Verspätung der unterschiedliche Maßstab des Verschuldens – auf eher verschiedene Entscheidungssituationen hin. Diese Wertung wird von dem klaren Wortlaut getragen. Besondere Bedeutung kommt hier mit Blick auf die hohen Anforderungen des Verschuldensgrads der Anhörung zu, BGH NJW-RR 2003, 647. Die zur Verzögerung führenden Tatsachen sind im Urteil nach § 313 III festzustellen, BGH NJW 2003, 202, und im Ermessen nach einem objektiven Maßstab abzuwägen, BGH NJW 1986, 135. Die Entscheidung ergeht im Endurteil.

64 **XVIII. Verspätung verzichtbarer Zulässigkeitsrüge, III.** Die Vorschrift enthält eine gegenüber I, II vorrangige Sonderregelung für Zulässigkeitsrügen. Sie ist zwingend, BGH VersR 2006, 506. IV bleibt aufgrund der ausdrücklichen Verweisung anwendbar. Die Vorschrift gleicht I hinsichtlich Verspätung, → Rn. 40 ff., Verschulden, → Rn. 46 ff., und der Art der Entscheidung (gebunden, kein Ermessen). Als Sonderregelung für Zulässigkeitsrügen setzt sie – anders als I und II – keine Verzögerung voraus. Das Gericht entscheidet auch hier durch Urteil, nicht durch Beschluss.

65 **1. Verspätung: Zeitpunkt.** Mit dem Beginn der ersten mündlichen Verhandlung des Bekl. (oder des Klägers) zur Hauptsache, § 282 III, gehen sämtliche Zulässigkeitsrügen grundsätzlich verloren, auf die der Bekl. oder der Kläger nach § 295 I verzichten kann, BGH NJW-RR 2006, 497. Es kommt insoweit auch nicht darauf an, ob die Verspätung zu einer Verzögerung führt, OLG Mü MDR 1994, 1244.

66 **2. Verzichtbare Zulässigkeitsrügen.** III regelt nur die Zulassung verzichtbarer Zulässigkeitsrügen: Verzichtbare („auf die der Beklagte verzichten kann") Zulässigkeitsrügen sind auch bei Verspätung zuzulassen, wenn ihre Verspätung ausreichend entschuldigt wird. III betrifft damit nicht die unverzichtbaren Zulässigkeitsrügen; sie können nicht der Präklusion – Folge des Parteihandelns – unterliegen und sind von Amts wegen zu beachten, vgl. LAG BaWü BeckRS 2021, 11880.

67 **3. Genügende Entschuldigung, III.** Die verspätete Zulässigkeitsrüge ist dann zuzulassen, wenn der Bekl. oder der Kläger die Verspätung entschuldigt, → Rn. 46 ff.

4. Beispiele zur Frage der Beachtlichkeit einer Zulässigkeitsrüge, III

68 **Gesetzliche Vertretung:** Beachtlich ist ein Mangel bei der gesetzlichen Vertretung nach § 51 II.

Klagerücknahmefolge: Die Rüge mangelhafter Kostenerstattung, § 269 VI, ist nicht zu beachten.

Partei-/Prozessfähigkeit: Fehlen nach §§ 50 f., 56 ist zu berücksichtigen, BGH NJW 2004, 2524.

Prozessvollmacht: Ihr Fehlen ist nicht von Amts wegen beachtlich, LG Münst MDR 1980, 853.

Rechtshängigkeit/Rechtskraft: Zu berücksichtigen, ebenso die Unzulässigkeit des Rechtswegs.

Schiedsvereinbarung: Nicht von Amts wegen beachtlich ist die Einrede einer Schiedsvereinbarung nach § 1032 I (verzichtbare Verfahrensrüge nach § 295 II), BGH 147, 394, 396; OLG Mü MDR 1994, 1244.

Sicherheit wegen Kosten: Nicht von Amts wegen zu berücksichtigen ist die Rüge einer mangelhaften Sicherheitsleistung wegen der Kosten nach §§ 110 ff., BGH NJW 1981, 2646.

Zuständigkeit, sachlich/örtlich: III ist wegen vorrangiger Regelung in §§ 39, 504 nicht anwendbar; zur fehlenden internationalen Zuständigkeit, BGH NJW 1997, 397.

69 **XIX. Prozesstaktiken.** Prozesstaktiken zur Umgehung von § 296 bergen ein nicht unerhebliches Risiko: Bei der Flucht in die Säumnis besteht die Gefahr, dass der Einspruchstermin so zeitnah angesetzt wird, dass ein Vorbringen auch mit Blick auf den gegnerischen Vortrag nicht vollständig berücksichtigt werden kann; ferner trägt die verspätete Partei ungünstige Kosten- und Vollstreckungsfolgen, der Gegner erwirkt einen ohne Sicherheitsleistung vorläufig vollstreckbaren Titel, vgl. auch § 38 GKG. Auch ein Zuwarten auf die Berufungsinstanz kann mit negativen Folgen, so durch Beschränkungen nach §§ 529, 531, verbunden sein. Bei einer Klageerweiterung, Widerklage bleibt die Möglichkeit eines das verspätete Vorbringen abweisenden Teilurteils. Empfehlen würde sich, soweit Einverständnis des Prozessgegners besteht, ein Vorgehen nach § 251 (Zöller/Greger Rn. 40 ff., der alle Möglichkeiten instruktiv erörtert).

70 **XX. Verstoß; Rechtsmittel, I–IV.** Die fehlerhafte Zulassung eines verspäteten Vortrags ist nur bei III und nur zusammen mit derjenigen des Endurteils anfechtbar, BGH FamRZ 1984, 38; Zöller/Greger Rn. 35. Im Fall von I und II wird eine Anfechtbarkeit aus unterschiedlichen Gründen abgelehnt: Auch ein verspätetes Vorbringen dient letztlich der Sachaufklärung, Zöller/Greger Rn. 35. Die Rechtsmittelinstanz ist an die Entscheidung gebunden, BGH NJW 2006, 1741, 1742; Thomas/Putzo/Reichold Rn. 44. Eine fehlerhafte Zulassung beseitigt die Verzögerung, sodass sich der Verfahrensfehler „selbst heilt", Prütting/Gehrlein/Deppenkemper Rn. 62. Die fehlerhafte Zurückweisung ist hingegen stets zusammen mit dem Urteil anfechtbar. Das Rechtsmittelgericht prüft, ob die Zurückweisung zu Recht erfolgte, die Beschränkungen nach § 531 sind zu beachten. Bei II erfolgt nur eine Prüfung auf Ermessensfehler, BGH VersR 1983, 34. Ein offenkundig fehlerhafter Ausschluss begründet eine Gehörsrüge, BVerfG NJW-RR 2019, 726; BGH NJW-RR 2020, 60; OLG Hamm BeckRS 2018, 13691. Der Verstoß gegen § 296 ist ein wesentlicher Verfahrensfehler, OLG Naumb NJW-RR 1994, 704; LG Bln WuM 2003, 155. Er kann nicht geheilt werden. Er kann auf Antrag zur Zurückverweisung nach § 538 II 1 Nr. 1

führen, BGH NJW 1987, 501. Das Rechtsmittelgericht darf die Zurückweisung nicht auf eine andere Zurückweisungsmöglichkeit, einen anderen Absatz von § 296, stützen, BGH NJW 2017, 2288 (2289). Das Revisionsgericht prüft die Rechtsbegriffe Verzögerung, Verspätung, Verschulden, grobe Nachlässigkeit nach § 559 voll, BGH VersR 2007, 633.

296a ***Vorbringen nach Schluss der mündlichen Verhandlung.*** **[1]Nach Schluss der mündlichen Verhandlung, auf die das Urteil ergeht, können Angriffs- und Verteidigungsmittel nicht mehr vorgebracht werden. [2]§ 139 Abs. 5, §§ 156, 283 bleiben unberührt.**

I. Systematik, S. 1, 2. Die Vorschrift misst dem Schluss der mündlichen Verhandlung Zäsurwirkung für die Präklusion von Angriffs- und Verteidigungsmitteln bei, → Rn. 5. Maßgeblich ist gemäß § 136 IV, im schriftlichen Verfahren nach § 128 II, der Zeitpunkt, an dem das Gericht den Rechtsstreit als entscheidungsreif ansieht, also insbesondere Termin zur Verkündung einer Entscheidung bestimmt, BeckOK ZPO/Bacher Rn. 5. Im Verfahren nach § 522 II muss zumindest der Tatsachenvortrag bis zum Ablauf der nach § 522 II gesetzten Frist berücksichtigt werden; offengelassen, ob auch danach bis zum Erlass des Beschlusses zu berücksichtigen, BGH MDR 2011, 1252. §§ 156, 283 ergänzen § 296a, S. 2. Die Regelung schließt sich, nicht nur systematisch, sondern zeitlich an § 296 an, der die Zurückweisungen im Erkenntnisverfahren bis zum Schluss der mündlichen Verhandlung regelt, Thomas/Putzo/Reichold Rn. 1. § 321a kann vorrangig sein. 1

II. Regelungszweck, S. 1, 2. Die Vorschrift dient der Prozessförderungspflicht der Parteien, dem Verhandlungsgrundsatz und der Rechtssicherheit. Ferner ist die Regelung Ausdruck des Grundsatzes der Mündlichkeit und Verhandlungsmaxime, Prütting/Gehrlein/Deppenkemper Rn. 1. Die Norm sichert dem Gegner zudem ausreichend rechtliches Gehör, da keine Entscheidung unter Berücksichtigung neuer Angriffs- und Verteidigungsmittel nach Verhandlungsschluss ohne Möglichkeit zur Stellungnahme ergehen kann. Sie ist verfassungsgemäß, insbesondere mit Art. 103 I GG vereinbar, BVerfG NJW-RR 1993, 637. 2

III. Geltungsbereich, S. 1, 2. Die Vorschrift erfasst jedes Angriffs- oder Verteidigungsmittel, OLG Hmb WM 2017, 1106, nicht den Angriff oder die Verteidigung selbst, zB nicht Klage und Widerklage, keine neuen Sachanträge, die aber ohnehin nach Schluss der mündlichen Verhandlung unzulässig sind, BGH NJW 2000, 2513; OLG Düsseldorf MDR 2000, 1457 (1458). Wenn das Gericht nicht ausnahmsweise die mündliche Verhandlung wiedereröffnet, wird es den betreffenden Schriftsatz formlos der Gegenseite zukommen lassen und die antragstellende Partei über die Nichtberücksichtigung in Kenntnis setzen, evtl. nach einer Behandlung als neue Klage befragen, Zöller/Greger Rn. 2a. Nicht erfasst werden ferner bloße Rechtsausführungen, BGH MDR 2017, 107, die das Gericht bis zum Erlass/zur Verkündung der Entscheidung auf ihre Entscheidungserheblichkeit zu prüfen und ggf. nach § 156 zu verfahren hat, BGH MDR 2016, 1111. 3

Die Vorschrift findet Anwendung sowohl im Verfahren mit verpflichtend mündlicher Verhandlung, im schriftlichen Verfahren nach § 128 II als auch beim Verfahren mit fakultativ mündlicher Verhandlung, soweit sie erfolgt ist, MüKoZPO/Prütting Rn. 3. Sie gilt in allen Verfahrensarten der ZPO, auch im selbständigen Beweisverfahren nach §§ 485 ff., OLG Düss BauR 2014, 283, auch im Eilverfahren nach §§ 916 ff., 935 ff., LG Stgt GRUR-RR 2010, 95, ferner im WEG-Verfahren, auch im Räumungsprozess, BVerfG WuM 1991, 466. Sie findet nach § 82 I 1 MarkenG auch in einer Markensache Anwendung, BPatG GRUR 2003, 531, und nach § 46 II 1 ArbGG im arbeitsgerichtlichen Verfahren, BAG NJW 2009, 1164, sowie im Bereich des § 113 I 2 FamFG. Eine analoge Anwendung, soweit eine Vorschrift nicht ausdrücklich auf § 296a Bezug nimmt, ist ausgeschlossen, MüKoZPO/Prütting Rn. 3. 4

IV. Verhandlungsschluss, Urteil, S. 1, 2. Der Schluss der mündlichen Verhandlung bestimmt sich nach § 136 IV, im schriftlichen Verfahren nach § 128 II, nach dem Zeitpunkt, an dem das Gericht den Rechtsstreit als entscheidungsreif ansieht, also insbesondere einen Termin zur Verkündung einer Entscheidung bestimmt, BeckOK ZPO/Bacher Rn. 5. Dem Verhandlungsschluss entspricht bei § 331 III der Eingang des unterschriebenen Versäumnisurteils bei der Geschäftsstelle. 5

Der Verhandlungsschluss nach §§ 136 IV, 296a schließt unabhängig vom etwaigen Verschulden der Partei grundsätzlich (Ausnahme: § 156) die Möglichkeit aus, Angriffs- oder Verteidigungsmittel vorzubringen, OLG Düss NJW 1987, 508; LG Heidelb NJW-RR 2014, 589. Das Gericht kann nach Ansetzen des Verkündungstermins bis zur Verkündung eine Entscheidung auf der Grundlage der allen Beteiligten bekannten Sach- und Rechtslage abfassen, Zöller/Greger Rn. 1. 6

Sachanträge unterfallen zwar nicht § 296a, sind aber nach Schluss der mündlichen Verhandlung schon nach §§ 256 II, 261 II, 297 ausgeschlossen. Es genügt, wenn das Gericht erkennbar macht, dass keine weitere Verhandlung beabsichtigt ist, LG Heidelb NJW-RR 2014, 589. Ein zuvor eingegangener Schriftsatz ist zu beachten, auch wenn er im Termin nicht vorlag, OLG Düss NJW-RR 1998, 1536. Nach dem rechtzeitigen Widerruf eines bedingten Vergleichs ist neuer Vortrag zulässig, soweit kein Verkündungstermin für den Widerrufsfall anberaumt wurde, OLG Hamm VersR 2005, 1445. Durch die Einräumung einer Schriftsatzfrist wird für die betroffene Partei der Schluss der mündlichen Verhandlung hinsichtlich des zulässigen Erwiderungsvorbringens bis zum Ablauf der Frist verlängert, der Schluss der mündlichen Verhandlung verschiebt sich mithin bis zum Fristablauf. Vom Recht, zu dem Ergebnis der Beweisaufnahme Stellung zu nehmen, ist hierbei auch das Recht auf Stellung eines neuen Beweisantrags erfasst, BGH BeckRS 2021, 9648. 7

V. Verfahren, S. 1, 2. 1. Prüfung durch das Gericht. Ein verspäteter, aber vor der Verkündung eingegangener Schriftsatz ist in jedem Fall zur Kenntnis zu nehmen, BGH NJW 2002, 1426. Soweit er nicht nur – ohnehin zu berücksichtigende – Rechtsausführungen enthält, schließen sich nach S. 2 folgende Verfahrensmöglichkeiten an: 8

Wird ein Hinweis entgegen § 139 IV erst im Termin zur mündlichen Verhandlung erteilt, hat das Gericht der betroffenen Partei genügend Gelegenheit zur Reaktion einzuräumen. Kann eine sofortige Äußerung in der konkreten Situation nicht verlangt werden, kann die mündliche Verhandlung nicht ohne weiteres geschlossen werden. Das Verfahren ist fortzusetzen durch eine Vertagung, einen Übergang ins schriftliche Verfahren oder der Einräumung eines Schriftsatznachlasses, S. 2 iVm § 139 V, BGH NJW-RR 2020, 284. Ein dann fristgemäß eingereichter Schriftsatz zur Gewährleistung des rechtlichen Gehörs ist bei der Entscheidung zu berücksichtigen. 9

Das Gericht hat dann evtl. die mündliche Verhandlung wiederzueröffnen, S. 2 iVm § 156, BGH BeckRS 2019, 36246. Erfolgt der Vortrag nicht binnen gesetzter Frist, wird nach § 283, 2 analog verfahren, das Gericht entscheidet, ob es den Schriftsatz berücksichtigen kann, BGH NJW-RR 2014, 505.

10 **2. Widerklage, Klageerweiterung.** Eine erst jetzt eingehende Widerklage ist nicht beachtlich, weil unstatthaft, BGH NJW 2000, 2512, 2513; OLG Köln WM 2019, 826. Es liegt schon regelmäßig kein Antrag in der mündlichen Verhandlung vor, sodass eine Entscheidung über sie ausgeschlossen ist, BGH NJW-RR 2009, 853. Daher kommt auch keine Wiedereröffnung der Verhandlung nach § 156 allein zwecks Abweisung der Widerklage als unzulässig infrage, BGH NJW 2000, 2512. Soweit das Gericht zB einen nachgereichten Sachantrag dem Gegner zustellt, kann es dadurch insoweit die Rechtshängigkeit nach § 261 I nicht begründen, BGH NJW-RR 1997, 1486; Zöller/Greger Rn. 2; aM OLG Mü MDR 1981, 502. Auch eine Klageerweiterung ist nicht mehr zulässig, BGH NJW 2000, 2512.

11 **VI. Verstoß, Rechtsmittel, S. 1, 2.** Ein Verstoß kann zu einer Verletzung des Art. 103 I GG führen, BGH GRUR 2012, 309. Er kann, auch wegen Verstoßes gegen § 139 oder gegen §§ 128 I, 283, auf Antrag nach § 538 II 1 Nr. 1 zur Zurückverweisung führen, OLG Düss NJW-RR 1998, 1530. Ein nach § 296a zu Recht nicht berücksichtigtes, verspätetes Vorbringen stellt in der Berufungsinstanz neues Vorbringen im Sinne von § 531 II dar; nicht aber, wenn der Vortrag schon erstinstanzlich von einem Schriftsatznachlass nach § 283, 1 gedeckt und damit zu berücksichtigen gewesen ist. Der danach bereits erstinstanzlich zu beachtende Prozessstoff ist in der Berufungsinstanz nicht „neu“ im Sinne von § 531 II und daher uneingeschränkt zu berücksichtigen, BGH NJW 2018, 1686.

297 *Form der Antragstellung.* **I [1]Die Anträge sind aus den vorbereitenden Schriftsätzen zu verlesen. [2]Soweit sie darin nicht enthalten sind, müssen sie aus einer dem Protokoll als Anlage beizufügenden Schrift verlesen werden. [3]Der Vorsitzende kann auch gestatten, dass die Anträge zu Protokoll erklärt werden.**

II Die Verlesung kann dadurch ersetzt werden, dass die Parteien auf die Schriftsätze Bezug nehmen, die die Anträge enthalten.

1 **I. Systematik, I, II.** Die Vorschrift ergänzt als Folge des Mündlichkeitsgebots die Regel des § 137 I, konkretisiert § 308 I und regelt die Form dieses Teils der mündlichen Verhandlung. § 157 ergänzt die Regelung.

2 **II. Regelungszweck, I, II.** Die Vorgabe, die Antrage zu Protokoll zu erklären oder zu verlesen, dient der Rechtsklarheit, MüKoZPO/Prütting Rn. 1 f. Die Antragstellung begrenzt den Prozessstoff und damit zugleich den Inhalt der – allein aufgrund Antragstellung ergehenden – gerichtlichen Entscheidung. Zuvor bietet es sich allerdings regelmäßig im Rahmen der Güteverhandlung nach § 278 an, die Vergleichsbereitschaft auszuloten und ggf. zu fördern.

3 **III. Geltungsbereich, I, II.** Die Vorschrift gilt in allen Verfahrensarten der ZPO im Anwalts- und Parteiprozess, auch im WEG-Verfahren. Sie gilt nach § 46 II 1 ArbGG ferner im arbeitsgerichtlichen Verfahren, BAG NZA 2016, 1167, und im Bereich des § 113 I 2 FamFG.

4 **IV. Antrag, I 1. 1. Sachantrag.** Anträge sind nur die Sachanträge, die also den Streitgegenstand des Rechtsstreits bestimmen und unmittelbar auf Inhalt, Gegenstand und Wirkung der Entscheidung gerichtet sind, MüKoZPO/Prütting Rn. 3. Sie begründen bei § 261 II die Rechtshängigkeit. Sie bestimmen den Inhalt der Sachentscheidung und begrenzen ihn, §§ 261 II, 263, 264 Nr. 2, 3, 308 I, 520 III Nr. 1, 524 III, 551 III Nr. 1, BAG NJW 2003, 1548.

5 **2. Prozessantrag.** Nicht unter I 1 fallen bloße Prozessanträge. Sie betreffen nur das Verfahren, zB Abweisungsantrag des Beklagten, der Antrag auf Terminbestimmung, auch zB nach § 697 III, OLG Karlsr MDR 1993, 1246, der Antrag auf Aussetzung etwa nach § 148, Verweisung zB nach § 281, KG AnwBl 1984, 508, der Beweisantrag nach §§ 355 ff., der Antrag auf Ruhen des Verfahrens nach § 251, auf Erlass eines Versäumnis- oder Anerkenntnisurteils. Eine Verbindung von Sach- und Prozessantrag kann gerade beim Versäumnisurteil nach §§ 330 ff. vorliegen, OLG Mü MDR 1980, 235, ferner zB beim Anerkenntnis- oder beim Verzichtsurteil. Dabei bezieht sich § 297 allerdings nur auf den (verbundenen) Sachantrag.

3. Beispiele zur Frage eines Prozess- oder Sachantrags, I 1

6 **Antrag auf Erlass eines Anerkenntnis-/Versäumnis-/Verzichtsurteils:** Singulär allein ein Prozessantrag. Beim Antrag auf Erlass eines Anerkenntnisurteils kann eine Verbindung von Prozess- und Sachantrag vorliegen, ähnlich wie beim Versäumnis- oder Verzichtsurteil.

Anschließung: Es gelten zB bei §§ 524 III 2, 554 III 2 dieselben Regeln wie zum Antrag der Partei, der man sich anschließt. Meist beinhaltet sie einen Sachantrag, BGH NJW 1993, 270.

Anwaltsbestellung: Sie ist kein Sachantrag, OLG Bbg JurBüro 1984, 403.

Arrest, einstweilige Verfügung: Es gelten bei §§ 916 ff., 935 ff. dieselben Regeln wie bei der Klage, auch im Verfahren mit mündlicher Verhandlung oder aufgrund eines Widerspruchs nach § 924 und auf Aufhebung nach § 926.

Aufnahme: Die Erklärung nach § 250 ist kein Sachantrag, OLG Karlsr JurBüro 1997, 138.

Aussetzung: Der bloße Antrag nach §§ 148 ff. ist ein Prozessantrag.

Beweisantrag: Der bloße Beweisantrag ist ein Prozessantrag. Das gilt auch im selbständigen Beweisverfahren nach § 485.

Erledigungserklärung: Die erste Erklärung der Hauptsache als ganz oder teilweise erledigt ist ein Sachantrag. Denn der zuerst Erklärende muss zumindest mit der Möglichkeit rechnen, dass der Prozessgegner sich dieser Erklärung nicht anschließt, und dann ein streitiges Urteil folgt, Beuermann DRiZ 1978, 311; Thomas/Putzo/Reichold Rn. 1. Dagegen ist die Erklärung, man schließe sich der gegnerischen Erledigungserklärung an, mit Rücksicht auf den dann grundsätzlich nur noch notwendigen Kostenausspruch meist ein Prozessantrag. Auch der bloße Kostenantrag statt einer Erledigungserklärung ist ein Prozessantrag, OLG Ffm VersR 1978, 573.

Friständerung: Der bloße Antrag nach § 224 ist ein Prozessantrag.

Klageabweisung: Rein negierende Gegen- und Abweisungsanträge werden als Prozessanträge von § 297 nicht erfasst. Sie bestimmen den Entscheidungsinhalt nicht, da auch ohne ihr Stellen eine unzulässige oder unschlüssige Klage abzuweisen wäre, Thomas/Putzo/Reichold Rn. 2. In der Praxis kommt der Streitfrage kaum Relevanz zu, da auch rein negatorische Anträge nach § 297 behandelt werden, der Antrag schon aus Klarstellungsgründen gemäß § 297 gestellt wird.
Klageänderung/-beschränkung/-erweiterung: Bei §§ 263, 264 gelten die Regeln der Klage.
Klagerücknahme: Die Erklärung der Klagerücknahme nach § 269 I oder einer Rechtsmittelrücknahme ist ein Prozessantrag. Sie richtet sich gerade darauf, die zuvor begehrte Sachentscheidung des Gerichts solle jedenfalls in diesem Prozess nicht mehr erfolgen, OLG Mü MDR 1983, 944. Dagegen ist der Antrag, durch Beschluss nach § 269 IV festzustellen, dass der Kläger nach § 269 III 2 die Kosten tragen müsse, ein Sachantrag. Denn die Kosten stellen die verbliebene Hauptsache dar. Dasselbe gilt bei § 269 III 3.
Protokoll: Beim Antrag nach § 160 IV 1 handelt es sich um einen Prozessantrag.
Rechtsmittelantrag: Es gelten zB bei §§ 520 III Nr. 1, 551 III Nr. 1 grds. dieselben Regeln wie in der ersten Instanz, auch für den Anschließungsantrag.
Ruhen des Verfahrens: Der Antrag nach § 251 ist ein Prozessantrag.
Scheidungsantrag: Es gelten bei § 124 FamFG dieselben Regeln wie bei der Klage.
Schriftsatznachlass: Ein Antrag zB nach § 283 S. 1 ist ein bloßer Prozessantrag.
Streithelfer: Für ihn bestehen keine Besonderheiten, seine Sachanträge unterfallen § 297.
Tatbestandsberichtigung oder -ergänzung: Der Antrag nach § 320 ist ein Sachantrag.
Terminbestimmung: Ein bloßer Prozessantrag ist der Antrag auf eine Terminbestimmung.
Trennung: Der bloße Antrag nach § 145 ist ein Prozessantrag.
Urteilsergänzungsantrag: Derjenige nach § 321 ist meist ein Sachantrag.
Verbindung: Der bloße Antrag nach § 147 ist ein Prozessantrag.
Vertagung: Der Antrag nach § 227 ist ein Prozessantrag.
Verweisung: Der Verweisungsantrag nach §§ 281, 506, auch der hilfsweise gestellte, ist ein Prozessantrag, KG NJW 1984, 508.
Vorläufige Vollstreckbarkeit: Der Antrag auf eine nicht schon von Amts wegen notwendige Erklärung der vorläufigen Vollstreckbarkeit nach §§ 709 ff. ist ein Sachantrag.
Wider/Zwischenklage: Es gelten dieselben Regeln wie bei der Klage.
Zug-um-Zug-Verurteilung: Der Antrag auf eine Verurteilung Zug um Zug gegen eine Gegenleistung ist ein Sachantrag.

V. Verlesung, I 1, 2. Die ausdrückliche Bezugnahme nach II entspricht dem in der Praxis üblichen Vorgehen, → Rn. 11. Die Verlesung der Sachanträge aus einem nach §§ 129 ff., 282, 496 vorbereitenden oder nach § 160 V zur Protokollanlage erklärten Schriftsatz ist grundsätzlich sowohl im Anwalts- als auch im Parteiprozess, vorbehaltlich I 3, eine Voraussetzung wirksamer Antragstellung, BGH MDR 2013, 1115. Das gilt wegen der zentralen Bedeutung der Sachanträge sowohl für die Begrenzung des Streitgegenstands, die Bestimmung von Kosten und Streitwert sowie für die Rechtskraft. 7

Die Verlesung ist nach § 160 III Nr. 2 im Protokoll festzustellen. Diese Feststellung hat nach § 165 erhöhte Beweiskraft. Eine Berichtigung ist nach § 164 zulässig. Wenn eine Partei den Antrag in einem vorbereitenden Schriftsatz nach § 129 zur Zeit der mündlichen Verhandlung nicht wesentlich verändert, ist er aus dem Schriftsatz zu verlesen, auch im Parteiprozess. Soweit kein solcher Schriftsatz vorhanden ist oder soweit schriftliche Anträge überholt sind, ist grundsätzlich eine zu verlesende und als Anlage dem Protokoll beizufügende Schrift erforderlich. Eine Wiederholung der Verlesung ist auch im späteren Termin nicht erforderlich, auch nicht nach einer Beweisaufnahme nach § 370 I oder einem Richterwechsel nach § 309. Freilich ist eine Antragsklärung zum Protokoll zumindest am Schluss der letzten mündlichen Verhandlung nach §§ 136 IV, 296a sachgerecht. 8

VI. Antrag zum Protokoll, I 3. Ein Antrag, den die Partei weder verliest noch durch Bezugnahme auf eine Schrift stellt, sondern nur mündlich zum Protokoll erklärt, ist im Anwalts- wie Parteiprozess zulässig, soweit der Vorsitzende ihn gestattet, OLG Ffm FamRZ 1982, 812. 9

In der Praxis kommt I 3 nur geringe Bedeutung zu. 10

VII. Bezugnahme auf Schriftsätze, II. Eine derartige Bezugnahme steht den Parteien frei und ist in Form der ausdrücklichen Bezugnahme in der Praxis der Regelfall. Sie ersetzt die Verlesung voll, BGH VersR 2002, 95. Es genügt, auf einen Schriftsatz, der den Antrag/die Anträge enthält, nach II Bezug zu nehmen. Der Bezug ist ausdrücklich zu erklären, BAG NJW 2003, 1548 (1549), und lebensnah zu ermitteln: Nimmt eine Klagepartei auf eine Klageschrift Bezug, so sind damit sämtliche Anträge der Klageschrift gestellt. Das gilt auch dann, wenn sie einen Antrag in der Verhandlung gemäß I 3 ergänzt; der Bezug zu den übrigen nicht ergänzungsbedürftigen bleibt unverändert, BGH BeckRS 2019, 4993. Der sprachliche Unterschied zwischen „Schriftsatz“ in I 1, II und „Schrift“ in I 2 berücksichtigt, dass Letztere nicht voll dem § 130 entsprechen muss. Sie kann zB aus einem im Termin handschriftlich, undatiert und ohne Unterschrift angefertigten und dem Vorsitzenden sogleich übergebenen Zettel bestehen. Eine solche an sich statthafte stillschweigende Bezugnahme ist aber nur dann ausreichend, wenn der Antrag in der Schrift eindeutig ist, BAG NZA 2009, 277. 11

Bedenklich ist die bloße Bezugnahme auf den Antrag auf Erlass eines Mahnbescheids nach § 690 oder eine Bezugnahme auf den schon vorhandenen Mahnbescheid nach § 692, Schuster MDR 1979, 724; aM Mickel MDR 1980, 278, und dürfte ggf. durch Nachfrage des Gerichts geklärt werden. Im schriftlichen Verfahren erfolgt weder eine Verlesung noch eine Bezugnahme, sondern ein schriftlicher Antrag. Gleiches gilt bei Entscheidung durch Beschluss nach § 522 oder im Verfahren nach Aktenlage nach § 251a, bei dem eine Verlesung oder Bezugnahme nur bei einseitiger Verhandlung erfolgt. 12

VIII. Teilverlesung/-bezugnahme, I, II. In einem bloß teilweise Verlesen, einer teilweisen Bezugnahme, kann nach Auslegung eine auf den nicht erwähnten Teil bezogene Klagerücknahme liegen. Sie muss sich zweifelsfrei aus dem Protokoll ergeben und in prozessualer Hinsicht auch so behandelt werden (insbesondere Zustimmung des Gegners): Nimmt eine Partei zB auf eine Klageschrift Bezug, so sind damit regelmäßig sämtliche Anträge gestellt, auch wenn das Protokoll nicht auf gestellte „Anträge“ (im Plural), sondern nur auf den „Antrag“ – im Sinne eines übergeordneten Begriffs – aus der Klageschrift verweist, BGH NJW 2019, 1950. 13

14 **IX. Verstoß, Rechtsmittel, I, II.** Ein Verstoß gegen § 297 hat die Unwirksamkeit des Antrags zur Folge. Der Verstoß ist nach §§ 39, 43, 295 I ebenso heilbar wie ein Verstoß gegen den Grundsatz der Mündlichkeit. Nur das gesetzmäßige Stellen der Anträge nach §§ 253 II Nr. 2, 308 I ist nach § 295 II für den Erlass einer Entscheidung unverzichtbar, BAG NZA 2016, 1168. Eine Zurückverweisung nach § 538 II 1 Nr. 1 sollte nur zurückhaltend erfolgen, OLG Mü FamRZ 1984, 407.

298 *Aktenausdruck.* I [1]**Werden die Akten in Papierform geführt, ist von einem elektronischen Dokument ein Ausdruck für die Akten zu fertigen. [2]Kann dies bei Anlagen zu vorbereitenden Schriftsätzen nicht oder nur mit unverhältnismäßigem Aufwand erfolgen, so kann ein Ausdruck unterbleiben. [3]Die Daten sind in diesem Fall dauerhaft zu speichern; der Speicherort ist aktenkundig zu machen.**

II **Wird das elektronische Dokument auf einem sicheren Übermittlungsweg eingereicht, so ist dies aktenkundig zu machen.**

III **Ist das elektronische Dokument mit einer qualifizierten elektronischen Signatur versehen und nicht auf einem sicheren Übermittlungsweg eingereicht, muss der Ausdruck einen Vermerk darüber enthalten,**

1. welches Ergebnis die Integritätsprüfung des Dokumentes ausweist,
2. wen die Signaturprüfung als Inhaber der Signatur ausweist,
3. welchen Zeitpunkt die Signaturprüfung für die Anbringung der Signatur ausweist.

IV **Ein eingereichtes elektronisches Dokument kann nach Ablauf von sechs Monaten gelöscht werden.**

1 **I. Systematik, I–IV.** § 298 geht nicht nur in der Gesetzessystematik, sondern auch in der tatsächlichen Zeitabfolge § 298a voraus: Während I 1 noch von einer weitverbreiten Papierakte ausgeht – „werden die Akten in Papierform geführt", und ein elektronisches Dokument dahin zu überführen ist – kehrt sich dieses Regel-Ausnahme-Verhältnis in § 298a II 1 um: „Werden die Prozessakten elektronisch geführt", sind Schriftstücke und sonstige Unterlagen in die elektronische Form zu übertragen. Die Vorschriften können nicht ohne die Vorgaben an das elektronische Dokument nach § 130a gelesen werden, OLG Koblenz, BeckRS 2019, 43489. Gleiches gilt für die Vorschriften nach §§ 371a, 416a zur Beweiskraft elektronischer Dokumente. Diese unabdingbare Wende gewinnt Verbindlichkeit durch die Anforderungen von § 298a I und Ia, die es gestatten, Prozessakten elektronisch zu führen, I, und zu einer elektronischen Aktenführung **ab dem 1.1.2026** verpflichten, Ia.

2 Während also § 298a II die Übertragung der Papierform in ein elektronisches Dokument regelt, enthalten I–III die Regelung des umgekehrten Wegs der Umwandlung aus der elektronischen in die Papierform. IV klärt entsprechend § 298a II 5 die Mindestfrist der Speicherung eingereichter elektronischer Dokumente. Für Ausfertigungen und Abschriften eines Urteils in elektronischer Form ist der in § 298 III bestimmte Vermerk erforderlich, § 317 III, im Anschluss der unterzeichnete Ausfertigungsvermerk des Urkundsbeamten, § 317 IV; für Beschlüsse § 329 I 2; zur Akteneinsicht § 299 III.

3 **II. Regelungszweck, I–IV.** Die Vorschrift ebnet ebenso wie § 298a der papiergebundenen Justiz den Weg zum elektronischen Rechtsverkehr. Schon 2004 war es Anliegen des Gesetzgebers, die Verfahrensordnungen den Anforderungen der elektronischen Aktenbearbeitung anzupassen, BT-Drs. 15/4067, 1. Bei den Anpassungen handelt es sich um nunmehr zwingende Schritte im Zuge der Digitalisierung, die eine besondere Herausforderung darstellen: Kaum ein anderer Bereich ist im Interesse der Verfahrensordnung und dem Schutz individueller Rechte auf eine derart lückenlose, Fristen exakt bestimmende und einheitliche Vorgaben wahrende Dokumentation in Form der Aktenführung bei weitverzweigten Organisationseinheiten angewiesen. Insbesondere in der Zeit der Umstellung soll nach dem Willen des Gesetzgebers der „binnenjustizielle(n) Medientransfer", der zwingende Aktenausdruck in I, einen uneingeschränkten Verkehr auch mit den Prozessbeteiligten ohne elektronischen Zugang ermöglichen, BT-Drs. 15/4067, 32.

4 **III. Grundsatz: Notwendigkeit eines Aktenausdrucks, I 1.** Die Regelung umfasst jedes eingereichte, § 130a, oder gerichtliche elektronische Dokument, § 130b. Auf die Formwirksamkeit kommt es nicht an, erfasst sind also auch einfache E-Mails, Zöller/Greger Rn. 1. Dabei sind auch mehrere Ausdrucke gleichzeitig oder in einem beliebigen zeitlichen Abstand herstellbar, solange das elektronische Dokument noch lesbar vorhanden ist. Die Pflicht, einen Ausdruck zu fertigen, trägt dem Willen des Gesetzgebers zu einer lückenlosen Dokumentation des Verfahrens Rechnung, BT-Drs. 17/12634, 29 (für den umgekehrten Fall vgl. § 298a II). Unerheblich ist, ob die Formvorschriften bei Erstellung und Übermittlung des Dokuments beachtet wurden, auch formunwirksame Dokumente sind zu den Prozessakten zu nehmen, BeckOK IT-Recht/Loos § 130a Rn. 35.

5 Die Norm gibt nicht vor, in welcher technischen Form der Medientransfer zu erfolgen hat. § 298a Abs. 2 verweist für den umgekehrten Transfer von der Papierakte zum elektronischen Dokument auf den Stand der Technik, der für den Dokumentenausdruck den Einsatz von Laserdruckern mit einer Druckauflösung von mindestens 300 dpi vorsieht. Sind in einem Dokument farbige Elemente enthalten, sind diese farbig auszudrucken. Soweit Farbechtheit relevant wird, ist der Einsatz von Farblaserdruckern nicht den Anforderungen der ISO 12647-7 entsprechend. Zur Vermeidung kostenträchtiger Anschaffungen von besonderen Druckmaschinen durch die Gerichte kann eine Lösung nur in der Anforderung der sog. proofs als Papierdokumente vom Einreicher gefunden werden, BeckOK IT-Recht/Loos § 130a Rn. 36.

6 **IV. Ausnahme im Fall umfangreicher Anlagen, I 2, 3.** I 2 macht von dem Gebot des Ausdrucks für den Fall von umfangreichen Anlagen zu vorbereitenden Schriftsätzen eine Ausnahme. Aus Praktikabilitätsgründen, zur Vermeidung von „unverhältnismäßigem Aufwand", I 2 Alt. 2, genügt eine dauerhafte Speicherung, wobei der Speicherort aktenkundig zu machten ist, I 3, BT-Drs. 17/12634, 29. Gleiches gilt, soweit ein Ausdruck „*nicht*" erfolgen kann, I 2 Alt. 1; so im Fall von nicht ausdruckbaren, aber zulässigen Beweisdateien einer Nachricht, Prütting/Gehrlein/Deppenkemper Rn. 2.

7 **V. Aktenkundigkeit sicheren Übermittlungswegs, II.** II und III ergänzen die Pflicht aus I für den Fall eines sicheren Übermittlungswegs, II, und einer qualifiziert elektronischen Signatur ohne sicheren Übermitt-

lungsweg, III. Die Einreichung auf einem sicheren Übermittlungsweg, § 130a III letzter Hs., ist legaldefiniert in § 130a IV Nr. 1–4. Verlangt I bei jedem elektronischen Dokument einen Ausdruck, so wird die Pflicht in II um eine Dokumentationspflicht ergänzt. Die Regelung beruht auf der mit der Übertragung nach § 130a IV verbundenen erhöhten Sicherheit, die daher nicht wie in III zwingend eine qualifizierte elektronische Signatur voraussetzt.

Wird das Dokument nach § 130a IV als Nachrichtenanhang eingereicht, genügt es, dass der Übertragungsweg **8** und das Datum auf dem Ausdruck vermerkt werden, die übertragende Nachricht selbst braucht nicht ausgedruckt zu werden. Wenn es hingegen an einer Übertragung nach § 130a IV fehlt, sind sowohl Nachricht als auch Dokument im Anhang auszudrucken. Zugleich ist zu dokumentieren, dass der Einreichende die erforderliche Form beachtet hat. Soweit das Dokument über die De-Mail-Infrastruktur eingereicht wird, ist daher auch die nach § 130a IV Nr. 1 notwendige Absenderbestätigung zur Akte zu nehmen und die Unversehrtheit der qualifizierten elektronischen Signatur des De-Mail-Providers zu dokumentieren, BT-Drs. 17/12634, 29.

VI. Qualifizierte elektronische Signatur, III. III betrifft die Einreichung eines Dokuments auf einem nicht **9** sicheren Übermittlungsweg, das aber durch eine qualifizierte elektronische Signatur ausgewiesen ist, vgl. § 130a III. Auf dem Ausdruck eines so übermittelten Dokuments ist ein sog. Transfervermerk anzubringen, der das Ergebnis der Signaturprüfung ausweist: die Integrität des Dokuments (Feststellung, ob das Dokument nach Anbringung der Signatur verändert wurde), den Signaturinhaber und den Zeitpunkt der Anbringung der Signatur. Die Prüfung zu III Nr. 1 wird durch einen Abgleich der sogenannten Hash-Werte zum Zeitpunkt des Signierens und des Ausdrucks vorgenommen, BT-Drs. 15/4952, 48. So kann ermittelt werden, ob die Daten in der Zwischenzeit verändert worden sind, Saenger/Kießling Rn. 7. Durch das Ergebnis zu III Nr. 2 erfolgt eine Zuordnung des Dokuments im Sinne einer Authentizitätsprüfung. Durch die Prüfung des Zeitpunkts, wann das Dokument signiert wurde, III Nr. 3, kann die Gültigkeit der Signatur festgestellt werden, Saenger/Kießling Rn. 7. Der Transfervermerk ist eine Modifizierung zu § 33 V VwVfG und maschinell zu erstellen, BT-Drs. 15/4067, 32. Nur durch ihn kann die formgerechte Einreichung in der Akte nachgewiesen werden (§ 416a), BT-Drs. 17/12634, 29. Der Transfervermerk belegt allerdings nicht die Echtheit eines Dokuments, sondern betrifft allein den Übertragungsvorgang und die Signatur, Zöller/Greger Rn. 5. Hinsichtlich der Signatur gilt Folgendes: Ein Signaturbruch, eine Veränderung des Dokuments nach Signierung, liegt dann nicht vor, wenn eine Kopie des elektronischen Dokuments verändert wird. Denn die Kopie trägt nicht mehr die Signatur, vgl. hier Fälle, insbesondere der Versionierung von Dokumenten in Dokumentenmanagementsystemen oder eAkten-Systemen, BeckOK IT-Recht/Loos § 130a Rn. 40, 42. Neben der Integritäts- und Identitätsprüfung muss der Transfervermerk auch Informationen zum Zeitpunkt der Signaturanbringung aufweisen, einen sog. elektronischen Zeitstempel in Form eines qualifizierten elektronischen Zeitstempels im Sinne von Art. 42 Elektronische-Transaktionen-VO. Erforderlich ist, dass Datum und Zeit in der Form mit den Signaturdaten verknüpft werden, dass eine Möglichkeit von unbekannten Veränderungen nicht besteht, BeckOK IT-Recht/Loos § 130a Rn. 45. Wenn auch vom Gesetz nicht ausdrücklich vorgeschrieben, ist dem Transfervermerk bei qualifizierten elektronischen Signaturen die Dokumentation des Ergebnisses der Authentizitätsprüfung immanent (mathematische Gültigkeit der Signatur, Gültigkeit des Zertifikats gemäß Gültigkeitsmodell, Korrektheit des Verwendungszwecks des Zertifikats), BeckOK IT-Recht/Loos § 130a Rn. 46.

VII. Löschbarkeit, IV. IV regelt den umgekehrten Fall zu § 298a II 5: Da in § 298 die Papierakte führend **10** ist, von elektronischen Dokumenten gemäß I–III Ausdrucke zu fertigen sind, können die eingereichten elektronischen Dokumente schon vor Verfahrensabschluss, nämlich nach Ablauf von sechs Monaten nach Übertragung automatisiert gelöscht werden. Die kurze Frist genügt den Anforderungen der Rechtssicherheit und dient der Verfahrenserleichterung, BT-Drs. 17/12634, 29; Prütting/Gehrlein/Deppenkemper Rn. 1.

Das Gesetz zur Aufbewahrung und Speicherung von Akten der Gerichte und Staatsanwaltschaften nach **11** Beendigung des Verfahrens gibt in seinem Geltungsbereich Regeln zur Art und Weise der Speicherung und ihrer Höchstdauer. Gerade mit Blick auf eine – wenn auch nicht explizit vorgeschriebene, dennoch erforderliche – Höchstdauer der Speicherung sind die datenschutzrechtlichen Vorgaben, insb. nach Art. 5 Abs. 1 lit e DSGVO zu beachten, BeckOK IT-Recht/Loos § 130a Rn. 47.

298a

Elektronische Akte; Verordnungsermächtigung. **I [1]Die Prozessakten können elektronisch geführt werden. [2]Die Bundesregierung und die Landesregierungen bestimmen für ihren Bereich durch Rechtsverordnung den Zeitpunkt, von dem an elektronische Akten geführt werden sowie die hierfür geltenden organisatorisch-technischen Rahmenbedingungen für die Bildung, Führung und Aufbewahrung der elektronischen Akten. [3]Die Landesregierungen können die Ermächtigung durch Rechtsverordnung auf die Landesjustizverwaltungen übertragen. [4]Die Zulassung der elektronischen Akte kann auf einzelne Gerichte oder Verfahren beschränkt werden; wird von dieser Möglichkeit Gebrauch gemacht, kann in der Rechtsverordnung bestimmt werden, dass durch Verwaltungsvorschrift, die öffentlich bekanntzumachen ist, geregelt wird, in welchen Verfahren die Akten elektronisch zu führen sind.**

Ia [1]Die Prozessakten werden ab dem 1. Januar 2026 elektronisch geführt. [2]Die Bundesregierung und die Landesregierungen bestimmen jeweils für ihren Bereich durch Rechtsverordnung die organisatorischen und dem Stand der Technik entsprechenden technischen Rahmenbedingungen für die Bildung, Führung und Aufbewahrung der elektronischen Akten einschließlich der einzuhaltenden Anforderungen der Barrierefreiheit. [3]Die Bundesregierung und die Landesregierungen können jeweils für ihren Bereich durch Rechtsverordnung bestimmen, dass Akten, die in Papierform angelegt wurden, in Papierform weitergeführt werden. [4]Die Landesregierungen können die Ermächtigungen nach den Sätzen 2 und 3 durch Rechtsverordnung auf die für die Zivilgerichtsbarkeit zuständigen obersten Landesbehörden übertragen. [5]Die Rechtsverordnungen der Bundesregierung bedürfen nicht der Zustimmung des Bundesrates.

II [1]Werden die Prozessakten elektronisch geführt, sind in Papierform vorliegende Schriftstücke und sonstige Unterlagen nach dem Stand der Technik zur Ersetzung der Urschrift in ein elektronisches

Dokument zu übertragen. [2]Es ist sicherzustellen, dass das elektronische Dokument mit den vorliegenden Schriftstücken und sonstigen Unterlagen bildlich und inhaltlich übereinstimmt. [3]Das elektronische Dokument ist mit einem Übertragungsnachweis zu versehen, der das bei der Übertragung angewandte Verfahren und die bildliche und inhaltliche Übereinstimmung dokumentiert. [4]Wird ein von den verantwortenden Personen handschriftlich unterzeichnetes gerichtliches Schriftstück übertragen, ist der Übertragungsnachweis mit einer qualifizierten elektronischen Signatur des Urkundsbeamten der Geschäftsstelle zu versehen. [5]Die in Papierform vorliegenden Schriftstücke und sonstigen Unterlagen können sechs Monate nach der Übertragung vernichtet werden, sofern sie nicht rückgabepflichtig sind.

Schrifttum: Brand RDi 2021, 178; Köbler NJW 2021, 1072; Schmieder/Ulrich NJW 2015, 3482; Müller RDi 2021, 486; Viefhues DRiZ 2015, 312 (je: Grdz.); Müller/Windau DRiZ 2021, 332.

1 **I. Systematik, I–II.** Die Regelung schließt an § 298, → § 298 Rn. 1, an, die Normen sind hinsichtlich Systematik und Zweck zusammenzulesen. Die Vorschrift in jetziger Fassung ist mit Blick auf Ia 1 zeitlich begrenzt. Ab dem 1.1.2026 erfolgt die Aktenführung zwingend in elektronischer Form, sodass I ab diesem Zeitpunkt gegenstandslos werden wird. Seit dem 1.1.2018 können Rechtssuchende und ihre Rechtsanwälte Schriftsätze auf elektronischem Weg bei Gericht einreichen, seit dem 1.1.2022 ist die Einreichung in elektronischer Form zwingend vorgeschrieben. Die Verwendung des besonderen elektronischen Anwaltspostfachs (beA) ist in § 31a BRAO geregelt. Weitere Regelungen zum elektronischen Rechtsverkehr neben §§ 130a–d, insbesondere § 174 IV 4–6; 702 II 2–4; 945a iVm § 49c BRAO.

2 **II. Regelungszweck, I–II.** Einführungen zu dem elektronischen Rechtsverkehr und der elektronischen Akte geben diverse Landesministerien, eine Zusammenstellung der Rechtsverordnungen zum elektronischen Rechtsverkehr bietet https://justiz.de/laender-bund-europa/elektronische_kommunikation/index.php. Die Landesverordnungen zur Einführung der elektronischen Akte sind auf den Seiten der Justizministerien ebenfalls online gestellt.

3 Die folgenden Angaben sind dem praxisorientierten Einstieg unter https://www.justiz.nrw.de/JM/schwerpunkte/erv/index.php entnommen:

4 § 14 FamFG, § 46c ArbGG, § 65a SGG, § 55a VwGO, § 52a FGO, § 32a StPO, § 110c OWiG und § 753 ZPO erörtern die Anforderungen an den elektronischen Rechtsverkehr in den unterschiedlichen Verfahrensordnungen; zu § 14 FamFG bei Einreichung einer Beschwerdeschrift per pdf-Datei, BGH MDR 2015, 533.

5 In der Verordnung über die technischen Rahmenbedingungen des elektronischen Rechtsverkehrs und über das besondere elektronische Behördenpostfach (Elektronischer-Rechtsverkehr-Verordnung – ERVV) vom 24.11.2017, BGBl. I 3803, werden für die Gerichte von Bund und Land insgesamt die technischen Rahmenbedingungen für den elektronischen Rechtsverkehr und die Vorgaben für das besondere elektronische Behördenpostfach geregelt. Für Anwälte wurden zugleich das besondere elektronische Anwaltspostfach, beA, für Notare das besondere elektronische Notarpostfach, beN, eingeführt. Es stellt eine Alternative zu dem zertifizierten DE-Mail Zugang und einen nach § 130a IV Nr. 2 sicheren, eine qualifizierte elektronische Signatur nicht erfordernden Übertragungsweg dar.

6 **III. Elektronische Aktenführung, I 1, Ia.** Nach I 1 „können" die Prozessakten elektronisch geführt werden, ab dem 1.1.2026 wird die elektronische Form verpflichtend, Ia. Nach I 2–4 erfolgt die konkrete Ausgestaltung der elektronischen Aktenführung durch Rechtsverordnungen und evtl. Verwaltungsvorschriften. So kann die elektronische Aktenführung auf einzelne Gerichte oder Gerichtsverfahren begrenzt werden, I 4 Hs. 1. Auch bei allgemeiner Pflicht zur elektronischen Aktenführung ab 2026, Ia 1, eröffnet Ia 3 eine Möglichkeit, durch Rechtsverordnung zu gestatten, die in Papierform angelegten Akten weiter in dieser Form zu führen. Für die Fristwahrung ist bei einem elektronischen Dokument entscheidend, dass eine gültige elektronische Signatur vorhanden ist, die Übereinstimmung von Kanzleiangaben nach den Prüfungsunterlagen ist nicht maßgeblich, OLG Naumburg BeckRS 2018, 41771. Bundes- und Landesregierung bestimmen durch Rechtsordnung nach dem Stand der Technik die technischen Rahmenbedingungen.

7 **IV. Übertragung in elektronisches Dokument, II.** Soweit die Gerichtsakten elektronisch geführt werden, sind die in Papierform vorhandenen Schriftstücke und Unterlagen nach den in II 2–4 genannten Voraussetzungen in die elektronische Form zu überführen; bei bildlicher und inhaltlicher Übereinstimmung, II 2, mit Übertragungsnachweis, II 3, und qualifizierter elektronischer Signatur des Urkundsbeamten, soweit es sich um ein handschriftlich unterzeichnetes gerichtliches Schriftstück handelt, II 4. Maßgeblich ist nach dem Gesetzeswortlaut der Stand der Technik. Die Justizverwaltungen beziehen sich für die Bestimmung im Wesentlichen auf die Technische Richtlinie für das (rechtssichere) ersetzende Scannen des Bundesamts für Sicherheit in der Informationstechnik, BSI (TR ResiScan; Rechtsicheres ersetzendes Scannen), vgl. zB § 3 II 3 eAktVO OG, BeckOK IT-Recht/Loos Rn. 6 f. Der Aufwand, Papierpost durch Scannen in die elektronische Aktenführung einzuführen, wurde mit der aktiven Nutzungspflicht des elektronischen Rechtsverkehrs für die Anwaltschaft (spätestens) seit dem 1.1.2022 nach § 130d reduziert. Damit haben sich auch Fragen, inwieweit die Nutzung des beA zur Fristwahrung verlangt werden kann, durch die Antwort des Gesetzgebers in § 130d erledigt, hierzu noch OLG Dresden NJW 2019, 3312; LG Krefeld NJW 2019, 3658; LG Mannheim NJW 2020, 940.

8 Bei der nach II 2 sicherzustellenden Übereinstimmung von Papier- und elektronischer Form sind geringfügige technisch bedingte Abweichungen hinsichtlich Größe und Farbe insoweit in Kauf zu nehmen, als sie den Inhalt des Papierdokuments nicht antasten, BT-Drs. 17/12634, 30. Der Schutzbedarf wird nach dem BSI in die drei Kategorien von normal, hoch und sehr hoch entsprechend den Schadensauswirkungen in den Schadensbereichen Vertraulichkeit, Integrität und Verfügbarkeit eingeordnet. Für die Justiz dürfte zumindest im Bereich der Vertraulichkeit und Integrität ein sehr hoher Schutzbedarf bestehen, BeckOK IT-Recht/Loos Rn. 9.

9 Der Übertragungsnachweis nach II 3 ist zur Akte zu nehmen. Es wird nicht vorausgesetzt, dass der Übertragungsnachweis als eigenständiges elektronisches Dokument Eingang in die elektronische Akte findet, eine *Sichtbarmachung* bei Bedarf, zB in Form von „mouse-over", genügt, BeckOK IT-Recht/Loos Rn. 11. Bei der elektronischen Zustellung ist er beizufügen. Auf diese Weise wird Transparenz für alle Beteiligten sichergestellt, ohne dass eine weitere Beglaubigung erforderlich wäre, BT-Drs. 18/12203, 80. Nach II 4 werden originär gerichtliche elektronische Dokumente erstellt, BT-Drs. 18/12203, 80. Da nach Einführung der E-Akte gericht-

liche Dokumente grundsätzlich flächendeckend elektronisch geführt werden, betrifft II 4 Ausnahmen, so zB Entscheidungen in Papierform, erstellt im Rahmen des Bereitschaftsdienstes oder in Zusammenarbeit mit ehrenamtlichen Richtern, BT-Drs. 18/12203, 80 f. Das „handschriftlich unterzeichnete(s) gerichtliche(s) Schriftstück" beschränkt sich auf diese Ausnahmen und soll nicht die Führung einer „Schattenakte" in Papierform anregen, zu den Gefahren Greger NJW 2019, 3429.

V. Vernichtbarkeit der Papierform, II 5. Sie besteht unabhängig von der Rechtskraft nach 6 Monaten seit der Übertragung. Die Schriftstücke in Papierform dürfen aber nur vernichtet werden, soweit sie „nicht rückgabepflichtig sind". Ob eine solche Pflicht besteht, beurteilt sich danach, ob die Schriftstücke im Original einzureichen waren, zB vorgelegte Urkunden nach §§ 142, 420, Vollmachtsurkunden oder Akten von Behörden und Notaren, BT-Drs. 17/12634, 30; Prütting/Gehrlein/Deppenkemper Rn. 5. Im Unterschied zu § 298 IV betrifft II 5 nicht nur eingereichte, sondern auch gerichtliche Dokumente. 10

299

Akteneinsicht; Abschriften. **I Die Parteien können die Prozessakten einsehen und sich aus ihnen durch die Geschäftsstelle Ausfertigungen, Auszüge und Abschriften erteilen lassen.**

II Dritten Personen kann der Vorstand des Gerichts ohne Einwilligung der Parteien die Einsicht der Akten nur gestatten, wenn ein rechtliches Interesse glaubhaft gemacht wird.

III 1Werden die Prozessakten elektronisch geführt, gewährt die Geschäftsstelle Akteneinsicht durch Bereitstellung des Inhalts der Akten zum Abruf oder durch Übermittlung des Inhalts der Akten auf einem sicheren Übermittlungsweg. 2Auf besonderen Antrag wird Akteneinsicht durch Einsichtnahme in die Akten in Diensträumen gewährt. 3Ein Aktenausdruck oder ein Datenträger mit dem Inhalt der Akte wird auf besonders zu begründenden Antrag nur übermittelt, wenn der Antragsteller hieran ein berechtigtes Interesse darlegt. 4Stehen der Akteneinsicht in der nach Satz 1 vorgesehenen Form wichtige Gründe entgegen, kann die Akteneinsicht in der nach den Sätzen 2 und 3 vorgesehenen Form auch ohne Antrag gewährt werden. 5Eine Entscheidung über einen Antrag nach Satz 3 ist nicht anfechtbar.

IV Die Entwürfe zu Urteilen, Beschlüssen und Verfügungen, die zu ihrer Vorbereitung gelieferten Arbeiten sowie die Dokumente, die Abstimmungen betreffen, werden weder vorgelegt noch abschriftlich mitgeteilt.

Schrifttum: Longrée/Maiwurm MDR 2015, 805; Vogelgesang/Schneider jM 2021, 314.

I. Systematik, I–IV. Ergänzend zu § 299 gelten §§ 299a, 760, 915 II, 915b ff. und die AktO, § 29 VwVfG, Bohl NVwZ 2005, 133, §§ 46 II, 80 II ArbGG, §§ 31, 99 III PatG, BGH GRUR 2008, 733, ferner die Vorschriften anderer Verfahrensordnungen, etwa §§ 72, 111 GWB, § 29 VwVfG, § 42 ZVG, § 72 GWB. Vgl. §§ 12 ff. EGGVG. § 299 bezieht sich auf eine bereits vorhandene Verfahrensakte, § 23 EGGVG demgegenüber auf die Frage, ob überhaupt ein Verfahren besteht, OLG Brdb NJW-RR 2001, 1630. Zum EU-Recht Hellriegel EuZW 2012, 456. Bei elektronischer Einreichung gelten §§ 130a–d. 1

Im Übrigen gelten in einigen Ländern Vorschriften zur Einsicht in Behördenakten, zB für Bundesbehörden das IFG v. 5.9.2005, BGBl. 2722, dazu Schoch NVwZ 2017, 97; Schroeter NVwZ 2011, 457, in Bremen IFG, in Hamburg IFG idF v. 17.2.2009, GVBl 2029, in Mecklenburg-Vorpommern G v. 20.5.2011, GVBl 277, in Rheinland-Pfalz IFG v. 26.11.2008, GVBl 296, in Schleswig-Holstein IFG v. 25.2.2000, GVBl 166. Diese Vorschriften treten aber gegenüber § 299 zurück. Die Vorschrift hat als ein bundesrechtliches Spezialgesetz den Vorrang. Zum zugehörigen Schutz von Betriebs- und Geschäftsgeheimnissen Kloepfer/Greve NVwZ 2011, 577. Europarechtlich Schoch EuZW 2011, 388. 2

II. Regelungszweck, I–IV. Die Akteneinsicht ist ein wesentlicher Bestandteil der Parteiöffentlichkeit nach § 357, LG Mü JurBüro 2000, 260. Sie bringt das Recht auf rechtliches Gehör zur Geltung und dient zugleich der Rechtssicherheit und Verfahrensökonomie, OLG Ffm MDR 1996, 379. Sie ersetzt nicht eine vollständige Übermittlung, § 270 S. 1, OLG Mü NJW 2005, 1230. 3

Datenschutz, Persönlichkeitsschutz, Geheimhaltungsinteresse stehen dem Grundrecht auf informationelle Selbstbestimmung und dem oft berechtigten Bedürfnis nach präziser Kenntnis eines evtl. vorgreiflichen Vorgangs gegenüber und sind in Ausgleich zu bringen, vgl. BGH NJW-RR 2020, 246. 4

III. Geltungsbereich, I–IV. Nach Abs. 1 regelt sich das Recht auf Akteneinsicht der Parteien, nach Abs. 2 von Dritten. Die Grenze wird also durch die Verfahrensbeteiligung gesetzt: Nach Erledigung des Rechtsstreits, zB durch Klagerücknahme, steht den früheren Beteiligten ein Akteneinsichtsrecht nur noch nach § 299 II zu. Ein Beschluss, mit dem das Gericht einem am Rechtsstreit Beteiligten nach § 299 I Akteneinsicht gestattet, wird damit gegenstandslos, wenn sich der Rechtsstreit vor Rechtskraft dieses Beschlusses und vor Gewährung der Einsicht in der Hauptsache erledigt, BGH BeckRS 2021, 33514. Die Vorschrift gilt bei den Gerichtsakten in allen Verfahrensarten der ZPO; vgl. die Sonderregelung in § 13 FamFG. Die Einrichtung der Gerichtsakten richtet sich nach der AktO mit landesrechtlichen Ergänzungen. Das Einsichtsrecht umfasst grundsätzlich die gesamten Akten, einschließlich der der Vorinstanzen, mit Ausnahme der in IV genannten Teile, BGH NJW-RR 2020, 246. Das Einsichtsrecht beinhaltet auch das Recht auf Abhören der vorläufigen Protokollaufzeichnung, § 160a I, III 1, bis zu deren Löschung, § 160a III 2, OLG Stuttgart BeckRS 2021, 7872. Zu den Prozessakten iSv § 299 I zählen in der Regel alle Schriftsätze und Unterlagen, die bei dem Gericht zu dem Rechtsstreit geführt werden. In den Rechtsmittelinstanzen gehören hierzu auch die in den Vorinstanzen angefallenen Unterlagen, auf die diese Voraussetzung zutrifft. Diese umfassen im Wesentlichen die von den Parteien eingereichten Schriftsätze nebst Anlagen und die im Gericht selbst erstellten Dokumente. 5

Nicht zu den Prozessakten zählen allerdings beigezogene Akten aus anderen gerichtlichen oder behördlichen Verfahren, BGH NJW-RR 2020, 246. Von Dritten nach § 142 I beigezogene Originalurkunden werden auch nicht Bestandteil der Akten, OLG Dresden BeckRS 2021, 18979; BeckRS 2021, 42735. Soweit ferner eine Partei schon bei Einreichung zu verstehen gibt, dass Unterlagen der Gegenseite nicht oder nur eingeschränkt zugänglich gemacht werden sollen, werden diese jedenfalls dann nicht zum Bestandteil der Prozessakten, wenn das Gericht mit Rücksicht auf diesen Vorbehalt von einer Weitergabe absieht, BGH NJW-RR 2020, 246. 6

7 Bei Ausschluss der Einsicht oder Weitergabe sind die Unterlagen im Verfahren nicht zum Nachteil eines anderen Beteiligten verwertbar, BGH NJW-RR 2020, 246, Zöller/Greger Rn. 3. Der Grundsatz des rechtlichen Gehörs erfordert es, den Parteien Einsichtnahme in Unterlagen zu gewähren, auf deren Grundlage die Entscheidung des Gerichtes gestützt wird. Daher ist § 299 ZPO dann entsprechend anwendbar, OLG Dresden BeckRS 2021, 18979. Ob ein Recht auf kostenpflichtige Übersendung von Ablichtungen der Unterlagen Dritter besteht, ist streitig, bejahend OLG Dresden BeckRS 2021, 42735; aA OLG Hamm BeckRS 2007, 5080. Ein Anspruch auf Übersendung von nur im Original vorliegender Unterlagen Dritter besteht nicht, OLG Dresden BeckRS 2021, 42735.

IV. Beispiele zur Frage des Geltungsbereichs, I–IV

8 **Arbeitsgerichtssache:** § 299 gilt im arbeitsgerichtlichen Verfahren nach § 46 II 1 ArbGG.

Aufgebotssache: Es gelten als Sondervorschriften §§ 459 II, 464, 477, 482 II, 483 FamFG.

Bundesverfassungsgerichtssache: Es gilt § 35b V–VII BVerfGG.

Dienstaufsicht: Es gilt als Sondervorschrift § 26 DRiG, BGH DRiZ 1987, 58.

Finanzgerichtsverfahren: wegen § 78 I 1 FGO FGH NJW 1994, 752.

Gerichtsvollzieher: Es gilt für seine Handakten als Sondervorschrift § 760.

Insolvenz: dazu Lissner Rpfleger 2013, 130. Die Vorschrift ist nach § 4 InsO im Insolvenzverfahren entsprechend anwendbar, OLG Schlesw MDR 2008, 1243; LAG Hamm ZIP 2014, 944, zB auf die Gläubiger, OLG Schlesw MDR 2008, 1243; auf den Insolvenzverwalter, LG Hagen Rpfleger 1987, 427, oder auf seine Treuhandbank, OLG Naumb ZIP 2010, 1766, wegen eines Gutachtens vor der Eröffnung LG Magdeb Rpfleger 1996, 365. Eine Restschuldbefreiung hindert ein Einsichtsrecht eines Gläubigers nicht, KG MDR 2016, 674.

Kartellsache: Es gilt als Sondervorschrift § 72 GWB.

Patentsache: Die Einsichtnahme in die Akten nicht oder noch nicht bekanntgemachter Patentanmeldungen regelt § 31 PatG. Vgl. zum Patentverletzungsprozess § 99 III PatG, BGH GRUR 2007, 133 und 815.

Schuldnerverzeichnis: §§ 882 f. regelt seine Einsicht. Ergänzend kann § 299 gelten.

Schutzschrift: Kein Einsichtsrecht besteht bei §§ 945a, b vor Anhängigkeit/Rechtshängigkeit, AG Brem FamRZ 2015, 1127.

Streitverkündeter: Bei dem Streitverkündeten gilt II vor, nach Beitritt I. Maßgeblich für die Rechtmäßigkeit der Entscheidung ist der Zeitpunkt des Erlasses der Entscheidung. Soweit ein Beitritt nach Antragstellung, aber vor Entscheidung erfolgt, liegen die tatbestandlichen Voraussetzungen für § 299 II zum relevanten Zeitpunkt der Entscheidung nicht mehr vor, sodass Akteneinsicht nicht mehr nach § 299 II gewährt werden kann. Es ist ein Antrag nach § 299 I zu stellen, OLG Düsseldorf BeckRS 2020, 28798.

Vergabesache: Wegen einer Einsicht in Vergabeakten Prieß/Gabriel NJW 2008, 331.

Wohnungseigentum: § 299 gilt im WEG-Verfahren.

Zwangsversteigerung: § 299 gilt im ZVG-Verfahren, § 42 ZVG, OLG Stgt OLGR 1997, 66.

Zwangsverwaltung/Zwangsvollstreckung: § 299 gilt im Zwangsverwaltungs- und Zwangsvollstreckungsverfahren nach §§ 866 I, 869 und §§ 704 ff., OLG Stgt OLGR 1997, 66.

9 **V. Datenschutz, I–IV.** dazu Prütting ZZP 106, 427; Wagner ZZP 108, 193. Das BDSG und die Datenschutzgesetze der Länder sind zu beachten, aber nicht vorrangig, BGH VersR 1988, 38 (zu § 915 aF); Prütting ZZP 106, 456. Das Recht auf informationelle Selbstbestimmung aus Art. 2 I iVm Art. 1 I GG ist in einen angemessenen Ausgleich mit dem Recht auf rechtliches Gehör nach Art. 103 I GG zu bringen, BGH GRUR 2007, 628, 629. Es kommt für den Umfang des Einsichtsrechts auf den Einsichtszweck und dessen Grenzen an, AG Köln KTS 1989, 936. Vgl. ferner zB §§ 12 ff. EGGVG, §§ 35 I SGB I, 67 ff., 78 SGB X, BGH DRiZ 1987, 58. § 117 II 2 ist außerhalb eines Prozesskostenhilfeverfahrens nach §§ 114 ff. entsprechend anwendbar, OLG Nürnb MDR 1999, 315 (Attest nicht an Gegner). Interesse des Datenschutzes kann zB im Rahmen von § 17 II Nr. 2 UWG zurücktreten; andererseits kann § 34 StGB evtl. die Offenlegung von Betriebsgeheimnissen rechtfertigen, Kiethe JZ 2005, 2039.

10 **VI. Behördeneinsicht, I–IV.** Die Einsicht durch Behörden erfolgt nach Art. 35 I GG im Wege der Amtshilfe, OLG Köln FamRZ 2015, 1926, §§ 12 ff. EGGVG.

11 **1. Aktenübersendung.** In der Praxis ist eine Übertragung des Entscheidungsrechts nach I vom Gerichtsvorstand auf den Vorsitzenden üblich, AG Potsd Rpfleger 1998, 37. Zuständig zur Entscheidung über die Einsicht nach I ist der Vorsitzende, Zöller/Greger Rn. 4a; MüKoZPO/Prütting Rn. 11. Soweit der Vorsitzende oder das Kollegium entscheiden, liegt eine in richterlicher Unabhängigkeit ausgeübte Tätigkeit vor. Das Gericht darf Ehescheidungsakten ohne das Einverständnis beider Beteiligten auch bei einer Rechts- und Amtshilfe nur dann zugänglich machen, wenn das nicht außer Verhältnis zur Bedeutung der Sache steht, BVerfG 27, 352.

12 Das Gericht hat ferner Akten insbesondere der freiwilligen Gerichtsbarkeit vor Herausgabe auch bei Anforderung nach § 273 auf ihre Geheimhaltungsbedürftigkeit zu prüfen, zB wegen psychiatrischer Gutachten. Steuerakten sind nicht verwertbar, solange der Betroffene das Finanzamt nicht von der Verschwiegenheitspflicht entbindet, BAG NJW 1975, 408.

13 **2. Auskunft aus Akten.** Bei dem Verlangen um eine Auskunft aus einer Akte ohne deren Übersendung handelt es sich nicht um ein Verlangen nach Akteneinsicht, sondern um Maßnahmen der Justizverwaltung, auf die II entsprechend Anwendung findet, Zöller/Greger Rn. 1.

14 **VII. Parteieneinsicht, I Hs. 1, III, IV. 1. Einsichtsrecht.** § 299 I regelt die Einsicht durch die Parteien, ihre gesetzlichen Vertreter nach § 51 und ihre ProzBev.

15 Die Parteien haben ein Einsichtsrecht. Diese Einsicht erfolgt im Grundsatz auf der Geschäftsstelle. Parteien sind zunächst diejenigen, die ein streitiges Recht ein eigenes Recht im eigenen Namen oder ein fremdes Recht im eigenen Namen im Wege der Prozessstandschaft geltend machen.

16 *Hierher* gehören allerdings auch zB der beigetretene Streitverkündete, nicht aber der Streitverkündete nach § 72 vor seinem Beitritt nach § 74, KG NJW 1989, 534. Hierzu zählen auch der Bevollmächtigte nach §§ 79, 81, 83 II, der seine Vollmacht, soweit nicht aus der Akte ersichtlich, nachzuweisen hat, Prütting/Gehrlein/Deppenkemper Rn. 3. Der Antragsgegner im einstweiligen Verfügungsverfahren ist ab seiner tatsächlichen Beteiligung oder Hinterlegung der Schutzschrift Prozessbeteiligter, soweit nicht der beabsichtigte Überraschungseffekt entgegensteht, Zöller/Greger Rn. 2.

Die Akteneinsicht erfolgt kostenfrei. Soweit die Übersendung von Akten zur Einsichtnahme verlangt wird, fallen Kosten an, GKG KV 9003, die gegenüber dem Antragsteller, im Regelfall dem ProzBev., geltend gemacht werden, § 28 II GKG; Fälligkeit und Vorschuss nach §§ 9 III, 17 II GKG, Zöller/Greger Rn. 9. 17

2. Einsichtsumfang. Alle Schriftsätze und Unterlagen, die bei dem Gericht zum geführten Rechtsstreit eingereicht werden, zählen grundsätzlich zu den Prozessakten nach § 299 I. Zu den Akten gehören sämtliche Schriftsätze nebst Anlagen, § 133 I, gerichtliche Protokolle nach §§ 159 f., Urschriften von Beschlüssen, Verfügungen und Urteilen, Zustellungsurkunden und amtliche Schriftstücke, MüKoZPO/Prütting Rn. 4, ab dem Zeitpunkt der Herausgabe aus dem Geschäftsbereich, BeckOK IT-Recht/Loos Rn. 20. Ihr unterliegen umfassend diejenigen Unterlagen, die im Prozess verwertet werden sollen, OLG Karlsr NJW-RR 2013, 312. Wegen einer gesonderten Beiakte → Rn. 19 f. Nicht dazu gehören nach IV Entscheidungsentwürfe, Voten, Gutachten eines Referendars, OLG Celle MDR 2012, 428, und andere interne Beratungsunterlagen nach §§ 192, 193 GVG, Teschner SchlHA 2002, 222. In den eAkten-Systemen werden hierfür separate Sammlungen vorgehalten, zB bei e^2A zwecks Unterscheidung durch weiße oder graue Ordner anstelle von gelben Ordnern, BeckOK IT-Recht/Loos Rn. 20. Wegen der Erklärung nach § 117 vgl. dort. Beim elektronischen Dokument nach §§ 130a–d erfolgt die Einsicht nach III im Regelfall durch Bereitstellen des Akteninhalts zum Abruf, grundsätzlich über eine besonders gesicherte Verbindung bei einem Akteneinsichtsportal über das Internet, III 1. Der Begriff „Abruf" beinhaltet dabei auch die Möglichkeit eines Herunterladens des Datenpakets, BT-Drs. 18/9416, 78. In Ausnahmefällen kann auf besonderen Antrag eine Einsichtnahme in Diensträumen des Gerichts erfolgen, III 2. Sie erfolgt dann über ein entsprechend ausgestattetes Einsichtsterminal, BT-Drs. 18/9416, 78. III 3 eröffnet weitere Optionen der Akteneinsicht bei elektronischer Aktenführung und erfordert neben einem besonders zu begründenden Antrag ein berechtigtes Interesse. Das berechtigte Interesse kann sich zB daraus ergeben, dass der Antragsteller keine Möglichkeit hat, elektronische Dokumente wiederzugeben, und es ihm nicht zumutbar ist, einen Dienstraum aufzusuchen, BT-Drs. 18/9416, 78. Aus wichtigen Gründen, wie beispielsweise einem besonders hohen Sicherheitserfordernis oder einem vorübergehenden technischen Problem, kann nach III 4 auch ohne Antrag von Amts wegen Akteneinsicht auf der Geschäftsstelle gewährt oder ein Ausdruck/Datenträger mit dem Akteninhalt übermittelt werden, BT-Drs. 18/9416, 78. 18

3. Grenzen: Ausschluss der Akteneinsicht bei Beiakten möglich. Das Einsichtsrecht einer Partei setzt nicht die Zustimmung der übrigen Parteien voraus. Allerdings bezieht sich das Recht auch nur auf Prozessakten nach § 299 I. Wenn eine Partei Unterlagen als streng vertraulich – auch gegenüber der Gegenseite – bezeichnet, einer Einsichtnahme nicht zustimmt, können diese nicht Bestandteil der Prozessakten und damit auch nicht Grundlage der gerichtlichen Entscheidung werden. In einem solchen Fall ist das Gericht um die Anordnung von Geheimhaltungsmaßnahmen zu ersuchen, vgl. Rn. 7. Die Einreichung einer ungeschwärzten Fassung unter Vorgabe bestimmter Voraussetzungen der Zugänglichmachung dürfte als Bedingung eine unwirksame Prozesshandlung bewirken, BGH BeckRS 2020, 437 mAnm Toussaint FD-ZVR 2020, 426242. Eine Bitte der übersendenden Behörde, die Akten den Parteien nicht zugänglich zu machen, bindet zunächst das Gericht. Das gilt zB für Strafakten im Vorverfahren mit entsprechendem Übersendungsschreiben. Die Entscheidung darüber, ob und wem sie zugänglich sein sollen, steht der Staatsanwaltschaft zu. Im Übrigen kann die betroffene Partei nach §§ 12 ff., 23 ff. EGGVG klären lassen, ob die Behörde die Akten den Parteien zugänglich machen muss, OLG Köln NJW-RR 1999, 1562. Lässt das Gericht Akten nach § 273 beifügen, wird es zweckmäßig die Erlaubnis einholen. Soweit die Akteneinsicht unzulässig ist, darf das Gericht ihren Inhalt auch nicht als Beweismittel verwerten. Solche Zuschriften Dritter, die nicht Aktenbestandteil werden, unterliegen keiner Einsicht, OLG Brdb NJW-RR 2000, 1454. 19

4. Beispiele zur Frage einer Parteieneinsicht, I, III, IV

Beiakte: Für eine Beiakte gilt zum Grundsatz dasselbe wie für die Hauptakte, soweit auch die Beiakte der Einsicht eines Privaten offensteht, BayObLG 1975, 281. Allerdings darf die Akteneinsicht im Übersendungsschreiben der zuständigen Behörde nicht ausgeschlossen worden sein. 20

Berichterstatter: Äußerungen oder Notizen des Berichterstatters in einer Gerichtsakte gehören nach §§ 192, 193 GVG als interne Vorbereitungsvorgänge nicht zu den einsehbaren Prozessakten, OLG Ffm NJW 2007, 928.

Einsichtsort: Die Einsicht erfolgt grds. an der Gerichtsstelle, BSG MDR 1977, 1051; OLG Brdb FamRZ 2004, 388. Üblicherweise kann das Gericht eine Einsicht des Anwalts bei diesem durch Aktenübersendung, üblich für eine kurze Frist wie drei Tage, gestatten, OLG Hamm FamRZ 1991, 93. Maßgeblich ist das pflichtgemäße Ermessen des Vorsitzenden, OLG Brdb NJW-RR 2008, 512.

Elektronisches Dokument: Es gilt III. Vgl. auch Lützenkirchen NZM 2018, 266.

Entwurf: Nicht zu den einsehbaren Prozessakten gehören nach IV die Entscheidungsentwürfe oder sog. Voten vor wie nach der Verkündung der zugehörigen Reinschriften nach §§ 192, 193 GVG. Ein internes Gutachten zählt nicht nach IV, OLG Düss NJW-RR 2000, 926.

Geschäftsgang: Das Gericht wird prüfen, ob die Akten derzeit im Rahmen eines geordneten Geschäftsgangs entbehrlich sind. Benötigt das Gericht sie eilig, zB zur Vorbereitung eines Termins, soll von einer Versendung abgesehen werden, OLG Hamm NJW 1990, 843.

Insolvenzakte: Der Schuldner hat ein Einsichtsrecht, LG Landshut ZIP 2015, 1555. Ein künftiger Gläubiger kann schon im Eröffnungsverfahren ein schutzwürdiges Einsichtsinteresse haben, etwa zwecks Prüfung, ob eine Stammeinlage erbracht ist, OLG Köln NJW-RR 1999, 1562. Der Insolvenzverwalter hat als Partei kraft Amtes ein Einsichtsrecht, LAG Hamm ZIP 2014, 944. Ein Dritter kann auch dann die Einsicht in eine Insolvenzakte erhalten, wenn er wegen einer Einstellung mangels Masse ein Insolvenzgläubiger hätte sein können, OLG Ffm MDR 1996, 379. Über den Antrag befindet das funktional zuständige Rechtspflegeorgan, im Eröffnungsverfahren der Richter (§ 18 Abs. 1 Nr. 1 RPflG) und im eröffneten Verfahren der Rechtspfleger (§ 3 Nr. 2 lit. e RPflG), BGH ZInsO 2020, 85.

Nachlassakte: Zurückhaltend bei einer Originalurkunde, OLG Düss FamRZ 2009, 1081.

Prozesskostenhilfe: Vermögensangaben nach § 117 II gehören grds. nicht zu einsehbaren Prozessakten, sondern zu gesonderten des PKH-Verfahrens. Vgl. OLG Ffm FamRZ 2016, 843.

Rechtshängigkeit: Vor Rechtshängigkeit kommt eine Einsicht für den Antragsgegner oder Bekl. nicht in Betracht. Vor diesem Zeitpunkt besteht ein Einsichtsrecht auch nicht aufgrund einer sog. Schutzschrift nach §§ 945a, b, Prütting ZZP 106, 458.

Rechtskraft: Mit Eintritt der Rechtskraft endet das Einsichtsrecht der früheren Parteien nach I, sie sind nun Dritte im Sinne von II; es entscheidet die Gerichtsverwaltung, BGH NJW 2015, 1827.

Selbstablehnungsanzeige: Die Anzeige nach § 48 gehört zu den Prozessakten. Daher unterliegt sie ebenso wie eine sonstige dienstliche Äußerung der Parteieinsicht, BVerfG NJW 1993, 2229.

Vollmacht: Zur Gewährung von Akteneinsicht muss sie entweder als Prozessvollmacht nach § 80 oder als sonstige Vollmacht aktenkundig sein.

21 **5. Rechtsbehelfe, I Hs. 1.** Beim Urkundsbeamten ist die Erinnerung nach § 573 I statthaft. Gegen Ablehnung des Gesuchs eines Verfahrensbeteiligten auf Akteneinsicht ist nach § 567 I Nr. 2 die sofortige Beschwerde zulässig, nicht das Verfahren nach §§ 23 ff. GVG. Die Weigerung, Akten zu übersenden, ist nicht anfechtbar, da es nicht um die Verweigerung der Akteneinsicht, das „Ob", sondern nur die Übersendung, das „Wie" geht, OLG Koblenz FamRZ 2015, 1422; vgl. für die elektronische Akte auch III 5.

22 **VIII. Ausfertigungen, I Hs. 2. 1. Grundsatz: Parteirecht auf Erteilung.** Die Parteien einschließlich des beigetretenen Streitverkündeten und des Bevollmächtigten nach §§ 79, 81 haben aufgrund ihres Antrags ein Recht auf Erteilung von Ausfertigungen und Ausdrucken, Auszügen und Ablichtungen oder Abschriften, auch unbeglaubigten, aus den Gerichtsakten, also auch auf eine Protokollabschrift, OLG Celle Rpfleger 1982, 388.

23 **2. Grenzen des Parteirechts.** Zweck der Vorschrift ist, der Partei die zum ordnungsmäßigen Prozessbetrieb nötigen Unterlagen zu sichern, BVerwG NJW 1988, 1280. Mit Blick auf die technischen Möglichkeiten dürfte auch eine Vervielfältigung von Abschriften unproblematisch sein, MüKoZPO/Prütting Rn. 13. Die Parteien können sich aus den Akten auch selbst Ablichtungen oder Abschriften anfertigen. Der das Verfahren nach §§ 802a ff. nicht betreibende sog. Drittgläubiger ist kein Dritter. Er kann also eine Einsicht fordern, OLG Ffm MDR 1989, 465.

24 **3. Zum Verfahren.** Ein förmlicher Antrag ist nicht erforderlich, Prütting/Gehrlein/Deppenkemper Rn. 6. Die Partei kann einen Anspruch auf Akteneinsicht, nicht aber Aktenversendung geltend machen, BFH NJW 1994, 751. Eine Versendung an den Antragsteller setzt voraus, dass die Akte entbehrlich und der Empfänger vertrauenswürdig ist, Zöller/Greger Rn. 4a. Ein bevollmächtigter Rechtsanwalt gilt regelmäßig als vertrauenswürdig, soweit nicht gegenteilige Anhaltspunkte ersichtlich sind. Die Versendung in die Kanzleiräume des ProzBev. ist in der Praxis daher der Regelfall, sie erfolgt unter Setzung einer kurzen Frist von zB drei Tagen. Im Ausnahmefall kann auch eine Versendung an das örtlich zuständige Amtsgericht zur Gewährung von Akteneinsicht auf der dortigen Geschäftsstelle erfolgen, Zöller/Greger Rn. 4a. Es besteht nach § 78 III Hs. 2 kein Anwaltszwang. Bei der Entscheidung nach I handelt es sich um einen Akt der Rechtsprechung, nicht der Justizverwaltung, OLG Hamm FGPrax 2004, 141.

25 **4. Rechtsbehelf, I Hs. 2.** → Rn. 21.

26 **IX. Einsicht eines Dritten, II. 1. Parteieinwilligung oder rechtliches Interesse.** Erfasst werden Personen, die noch nicht oder nicht mehr Prozesspartei oder deren Bevollmächtigte nach §§ 79, 81 sind, OVG Münst MDR 1978, 258; VG Ffm NJW 2011, 2230. Auch ein (noch) nicht beigetretener Streitverkündeter ist Dritter nach II. Dritten steht kein allgemeines gesetzliches Einsichtsrecht zu, OLG Saarbr NJW-RR 2001, 931. Zuständig ist der Präsident. Die Entscheidung kann auf einzelne Richter übertragen werden. Man kann sie dann gestatten, wenn beide Parteien einwilligen, Keller NJW 2004, 413, oder wenn der Antragsteller nach § 294 ein rechtliches Interesse glaubhaft macht. Auf Antrag eines Dritten kann der Gerichtsvorstand, im Regelfall der Richter, anonymisierte Abschriften von Urteilen und Beschlüssen erteilen. Das Verfahren unterfällt nicht den Voraussetzungen nach § 299 II, BGH NJW 2017, 1819.

27 **2. Ermessen.** Vor Entscheidung ist, soweit möglich und zumutbar, den Parteien rechtliches Gehör zu gewähren, damit sie ein evtl. Geheimhaltungsinteresse geltend machen können, BGH ZIP 2006, 1154. Der Dritte hat also Anspruch auf ermessensfehlerfreie Entscheidung, Haertlein ZZP 114, 470.

28 Es ist ferner das Recht des Spruchrichters zu beachten, die Akten während der gesamten Verfahrensdauer zur Verfügung zu behalten, Keller NJW 2004, 413. Ein Einsichtsrecht kann bei einem rechtlichen, nicht aber rein wirtschaftlichen Interesse bejaht werden, BGH KTS 1998, 582; KG NJW 2008, 1748. Ein rechtliches Interesse hat jeder, dessen Rechtskreis der Prozess oder die einzusehende Urkunde oder Erklärung auch nur mittelbar berühren, BGH ZIP 2006, 1154. Es muss ein auf Rechtsnormen beruhendes gegenwärtiges Verhältnis einer Person zu einer anderen oder zu einer Sache vorliegen. Erforderlich ist ein rechtlicher Bezug zum Akteninhalt, BGH ZIP 2006, 1154. Das rechtliche Interesse ist ferner abzugrenzen von dem weiter gefassten berechtigten Interesse zB bei Einsicht nach § 31 PatG, das keinen Bezug zu einem bereits vorhandenen Recht verlangt, BGH NJW-RR 1994, 381.

3. Beispiele zur Frage eines Einsichtsrechts durch Dritte, II

29 **Ablichtung, Abschrift:** Auch eine Ablichtung oder Abschrift kann die Justizverwaltung nach pflichtgemäßem Ermessen gestatten, OLG Celle OLGR 2006, 727.

Aktenteil: Es kann sich aus datenschutzrechtlichen Gründen empfehlen, die Einsicht des Dritten auf einen bestimmten Aktenteil zu beschränken, Pardey NJW 1989, 1647.

Anonymisierung von Gerichtsentscheidungen: Der Gerichtsvorstand kann Dritten anonymisierte Abschriften von Entscheidungen erteilen, ohne dass dies den Voraussetzungen nach § 299 II unterfällt, BGH NJW 2017, 1819. Er ist verpflichtet, einem Verlangen auf Überlassung einer anonymisierten Abschrift einer gerichtlichen Entscheidung zu entsprechen, wenn ein öffentliches Interesse an der Überlassung der Entscheidung besteht. Entsprechende Anfragen aus der Öffentlichkeit belegen grundsätzlich ein öffentliches Interesse. Dies gilt auch für *im* Insolvenzverfahren getroffene gerichtliche Entscheidungen, BGH MDR 2021, 837. Dem Gerichtsvorstand steht dann ein aufgrund der Besonderheiten des Insolvenzverfahrens erweitertes Ermessen zu, ob und in welchem Umfang Schwärzungen vorzunehmen sind und ob eine Weitergabe insgesamt wegen sinnentstellender Schwärzungen zu unterbleiben hat, BGH MDR 2021, 837.

Ausforschung: Nicht ausreichend ist ein nur wirtschaftliches Ausforschungsinteresse, selbst wenn es zur Grundlage einer Klage zB gegen eine der bisherigen Parteien werden kann, BGH NJW 1990, 842; OLG Hmb ZIP 2008, 1834.
Behörde: Sie ist kein Dritter. Akteneinsicht erfolgt im Wege der Amtshilfe nach Art. 35 GG.
Forschung: Zwar gibt ein rein wissenschaftliches Forschungsinteresse keinen verfassungsunmittelbaren Anspruch, BVerfG NJW 1986, 1278; Keller NJW 2004, 413, auch nicht nach Art. 5 III GG. Allerdings kann ein rechtliches Interesse aus dem Forschungsprojekt folgen, BeckOK ZPO/Bacher Rn. 30; Keller NJW 2004, 413.
Informationelle Selbstbestimmung: Das Recht der Parteien ist zu berücksichtigen, BVerfG NJW 1988, 3009.
Insolvenzverfahren: Aufgrund der Verweisung des § 4 InsO auf § 299 I haben die Verfahrensbeteiligten eines Insolvenzverfahrens einen Anspruch auf Akteneinsicht, BGH NZI 2020, 731. Im Eröffnungsverfahren kommt danach dem Gläubiger ein Einsichtsrecht zu, der selbst einen Eröffnungsantrag gestellt hat. Andere Gläubiger sind Dritte. Im Fall der Ablehnung des Antrags mangels Masse ist der Gläubiger – unabhängig davon, ob die Forderung tituliert ist – zur Einsicht berechtigt, Musielak/Voit/Huber Rn. 4. Einsichtsberechtigt ist ein Titelinhaber auch im Fall des eröffneten Verfahrens, soweit dessen Forderung zur Tabelle festgestellt wurde, BGH NZI 2020, 731. Das Einsichtsrecht erstreckt sich dann auf von dem Verwalter hinsichtlich Forderungsanmeldungen geführte Akten, BGH NZI 2020, 731. Ausreichend ist das Interesse eines verfahrensbeteiligten Gläubigers, ein rechtlich geschütztes Interesse an der Akteneinsicht ist nicht darzulegen, BGH NZI 2020, 731, auch das Interesse der Treuhandbank des Insolvenzverwalters, OLG Naumb ZIP 2010, 1766. Verfahrensbeteiligt ist ferner der Insolvenzschuldner, BGH NZI 2021, 123, nicht aber der – nicht zur Vertretung der Gesellschaft (Schuldnerin) berechtigte – Kommanditist (für ihn gilt § 299 II), BGH NZI 2021, 123. Eine Anhörung des Schuldners kann erforderlich sein, BGH KTS 1998, 581. Ein Massegläubiger fällt unter II, OLG Ffm ZIP 2010, 1812. Ein rechtliches Interesse ist grundsätzlich auch zu verneinen für einen Dritten, gegen den sich – vom Insolvenzverfahren unabhängig entstandene – Ansprüche des Insolvenzschuldners richten und die nun vom Insolvenzverwalter geltend gemacht werden, BayObLG (m. Anm. Baumert) EWiR 2021, 760. Eine Auskunft, ob ein Insolvenzverfahren besteht, betrifft nicht § 299, sondern § 23 EGGVG, OLG Brdb NJW-RR 2001, 1630. Vgl. auch „Anonymisierung von Gerichtsentscheidungen".
Mündliche Verhandlung: Sie erhöht wegen § 137 III nicht das Einsichtsinteresse. Der Aspekt, das bereits in einer öffentlichen Sitzung verhandelt wurde, ist nicht maßgeblich, Zöller/Greger Rn. 6b.
Musterprozess: Ausreichend kann die Bemühung sein, rechtliche Vergleichsmaßstäbe für einen ähnlichen Streit zu erhalten. Dieser mag vor Gericht anhängig sein, KG OLGZ 1984, 478; aM LG Mönchgladb NJW 1989, 3164, oder noch außergerichtlich bestehen. Es kann sich auch um einen Streit außerhalb der deutschen Gerichtsbarkeit handeln, OLG Hmb OLGZ 1988, 53.
Parallelprozess: Ggf. ausreichend Überlagerung der Sachverhalte mit möglicher Gesamtschuldnerschaft der Kläger, OLG Nürnb ZIP 2014, 700, der Bekl., OLG Drsd VersR 2003, 85.
Patentrecht: zum evtl. beachtlichen Gegeninteresse, § 99 III 3 PatG, BPatG GRUR 2016, 752.
Presse: Ausreichen kann ein Interesse der Presse.
Sachverständiger: Ausreichen kann das Interesse eines Sachverständigen am Fortgang oder jedenfalls am Ausgang des Prozesses, auch eines Musterprozesses.
Streitverkündung: Der nach § 72 Streitverkündete hat grds. schon vor Beitritt ein rechtliches Interesse, zwecks Entscheidung über seine Vornahme, OLG Mü MDR 1989, 548.
Verband: Ausreichen kann das Interesse eines Fachverbands.
Verfahrensfremder: Nicht ausreichend ist eine Absicht, Tatsachen über einen Verfahrensfremden zu ermitteln, OLG Brdb NJW-RR 2001, 1419.
Vermögensverzeichnis: Vor dem Besitz eines Vollstreckungstitels nach §§ 704 ff. hat ein Dritter grds. kein Einsichtsrecht in das Vermögensverzeichnis nach § 802f VI, KG NJW 1989, 934. Anschließend kann sich sein Einsichtsrecht zB daraus ergeben, dass er Klarheit über die Pfändungsmöglichkeiten gegenüber Schuldnern gewinnen möchte, OLG Hamm NJW 1989, 553.
Veröffentlichung: Sie ist zulässig, auch durch einen beteiligten Richter, BVerwG NJW 1997, 2694, dann anzeige-/ ggf. genehmigungspflichtig als Nebentätigkeit, OVG Bln NJW 1993, 676. Der Datenschutz ist zu beachten, OLG Mü OLGZ 1984, 477.
Versicherer: Genügen kann sein Interesse wegen Ansprüchen aus übergegangenem Recht nach § 294a SGB V, § 116 SGB X.
Vorprozess: Ausreichend kann das Interesse des Auftraggebers wegen der Akten eines Vorprozesses zwischen Haupt- und Nachunternehmer sein.
Zwangsvollstreckung: Ausreichen kann ein Interesse des Gläubigers an einer Schuldneranschrift und einem Aktivprozess des Schuldners, OLG Brdb JurBüro 2005, 435.

4. Entscheidung. Die Entscheidung erfolgt durch Verfügung. Im Patentnichtigkeitsverfahren enthalten §§ 31, 99 III PatG Sonderregeln, BGH MDR 1983, 750. Bei der Herausgabe von Akten sind unter Umständen Namen und sonstige identifizierende Angaben unkenntlich zu machen, soweit die Parteien ein Geheimhaltungsinteresse haben, BGH NJW-RR 2020, 246. Man kann ein solches Interesse stets bei einer Berufsgefährdung oder erheblichen Persönlichkeitsverletzung bejahen. Eine Einsicht von Akten über die Intimsphäre zB von Scheidungsakten dürfen selbst Behörden und Gerichte nur dann fordern, wenn sie zur Erreichung des angestrebten Zwecks geeignet und erforderlich ist und wenn der Eingriff in die Intimsphäre nicht unverhältnismäßig schwerwiegt, BVerfG 34, 209. Reicht die Partei allerdings ohne Sicherheitsvorkehrungen (zB Schwärzungen) Unterlagen ein, muss sie von einer freien Weitergabe an den anderen Verfahrensbeteiligten ausgehen, BGH NJW-RR 2020, 246. 30

5. Rechtsbehelfe, II. Der Betroffene kann gegen die Gewährung von Akteneinsicht nach §§ 23 ff. EGGVG, soweit von Amts wegen erfolgt iVm § 22 I 1 EGGVG, vorgehen, BVerfG NJW 2015, 610. Zu prüfen ist dann, ob das Gericht sein Ermessen fehlerhaft ausgeübt hat, OLG Celle NJW 2004, 864. Gegen die Entscheidung des OLG vgl. § 29 EGGVG. 31

X. Einsicht in elektronische Akte, III. Mit Gesetz vom 25.6.2021, BGBl. I 2099 wurde III 1 insoweit geändert, als zur Gewährung von Einsicht in die elektronische Akte die Alternative „durch Übermittlung des Inhalts der Akten auf einem sicheren Übermittlungsweg" angefügt wurde. Diese „Nachsteuerung" des Gesetz- 32 gebers im Rahmen der Einführung der elektronischen Akte dürfte der geübten täglichen Praxis entsprechen, im Fall eines Einsichtsgesuchs den Akteninhalt nicht nur abrufbar bereitzustellen, sondern direkt zu übermitteln. Diese Ergänzung flankiert die zum 1.1.2022 verpflichtende Nutzung des elektronischen Rechtsverkehrs in Verfahren nach ZPO (wie auch nach ArbGG, FamFG, FGO, SGG, StPO, VwGO) für Behörden und juristische Personen des öffentlichen Rechts.

33 Bei der elektronischen Akte besteht die Besonderheit, dass die Anbringung eines elektronischen Stempels auf einem elektronischen Dokument zur Folge hat, dass ein neues elektronisches Dokument entsteht, es existieren, durch das eingesetzte IT-System erzeugt, nunmehr zwei Versionen, BeckOK IT-Recht/Loos Rn. 16. Sie sind wegen des verschiedenen Inhalts nicht mit Mehrstücken gleichzusetzen, jede Version unterliegt grundsätzlich der Akteneinsicht, BeckOK IT-Recht/Loos Rn. 16. Im Grundsatz dürfte dem Einsichtnehmenden allerdings die Einsicht in die jeweils letzte Repräsentanz eines Dokuments genügen. Bei ausdrücklichem Wunsch wäre ihm allerdings auch die Einsicht in die vorhergehenden Versionen in den Diensträumen zu gewähren, BeckOK IT-Recht/Loos Rn. 17.

34 Die Einsicht in die Papierakte erfolgt nach I, II, in die elektronische Akte nach III. III entspricht weitgehend § 32f I StPO bezüglich der Einsicht in die elektronische Akte in Strafsachen, BT-Drs. 18/9416, 78. Vgl. im Übrigen → Rn. 18. Da die Norm einen „Abruf", keine „Übersendung" fordert, wird die Einrichtung eines bundesweiten Akteneinsichtsportal angestrebt, von dem ein Abruf erfolgen kann, BeckOK IT-Recht/Loos Rn. 18.

299a *Datenträgerarchiv.* **[1]Sind die Prozessakten nach ordnungsgemäßen Grundsätzen zur Ersetzung der Urschrift auf einen Bild- oder anderen Datenträger übertragen worden und liegt der schriftliche Nachweis darüber vor, dass die Wiedergabe mit der Urschrift übereinstimmt, so können Ausfertigungen, Auszüge und Abschriften von dem Bild- oder dem Datenträger erteilt werden. [2]Auf der Urschrift anzubringende Vermerke werden in diesem Fall bei dem Nachweis angebracht.**

1 **I. Systematik, S 1, 2.** Die Vorschrift regelt die Ausgestaltung des „Datenträgerarchivs", die Aufbewahrung von Papierakten abgeschlossener Verfahren in Abgrenzung zu § 298a (elektronische Aktenführung laufender Verfahren). Danach werden Aktenauszüge von dem Bild- oder Datenträger erteilt, wenn der Akteninhalt nicht mehr in Papierform, sondern im Anschluss bereits auf einem Bild- oder anderen Datenträger archiviert vorliegt. § 299a regelt die Voraussetzungen, unter denen eine Papierakte durch einen Bild-/Datenträger ersetzt archiviert werden kann, und stellt klar, dass auch dieses Medium zur Erteilung von Aktenauszügen geeignet ist.

2 Die Vorschrift ergänzt § 299 in ihrem begrenzten Geltungsbereich als eine gegenüber der AktO vorrangige Sonderbestimmung. Ergänzend gilt § 130a II; vgl. auch JAktAG mit Verordnungsermächtigung für Verwaltung, § 2 I JAktAG.

3 **II. Regelungszweck, S 1, 2.** Er liegt in einer den technischen Verhältnissen angepassten und kostengünstigen Vereinfachung zur Archivierung weggelegter Akten nach Landesrecht, zB § 7 AktO NRW.

4 **III. Geltungsbereich, S 1, 2.** Bei einem Bild- oder anderen Datenträgerarchiv, zB Mikrofilm, CD-ROM, Diskette und anderen elektronischen Speichermöglichkeiten, muss die Gerichtsverwaltung Ausfertigungen, Auszüge, Ablichtungen und Abschriften von dem Bild- oder Datenträger herstellen. Ihre Erteilung ist nur dann zulässig, wenn beim Gericht ein schriftlicher Nachweis der Übereinstimmung mit der Urschrift vorliegt. Der Nachweis muss im Original vorhanden sein, nicht etwa darf er seinerseits nur als Datenträger vorliegen. Die Übereinstimmung der Inhalte des Originals und des Datenträgers muss eindeutig und vollständig bestehen, Heuer NJW 1982, 1506. Für eine elektronische Speicherung der Akte zur Ersetzung der Urschrift sind die Voraussetzungen in § 298a geregelt. Mit der Einführung der elektronischen Akte wird ihr Anwendungsbereich zunehmend reduziert.

5 In Betracht kommt auch eine bloße Sicherheitsverfilmung, wenn etwa das Gericht die Originalakten neben dem Datenträger aufbewahrt, die Aktenvernichtung unzulässig wäre, etwa bei von den Parteien eingereichten Urkunden. Dann darf das Gericht Ausfertigungen, Auszüge und Ablichtungen nur anhand des Originals anfertigen. Auf der Urschrift sind evtl. Vermerke nötig, zB nach §§ 164 III 1, 319 II, 320 IV 5, 734. Sie sind auf dem schriftlichen Nachweis im Original angebracht, falls von ihm ebenfalls ein Datenträger existiert. Zur Bedeutung des § 299a für Notarakten BGH NJW 1977, 1400.

Titel 2. Urteil

Vorbemerkung zu § 300

Übersicht

I. Systematik. Das Zivilprozessverfahren gliedert sich in das Erkenntnisverfahren, mit dem Ziel einen Vollstreckungstitel zu bewirken, und das Zwangsvollstreckungsverfahren nach Buch 8. Buch 2, Titel 2 behandelt als wichtigem Vollstreckungstitel das streitige Urteil. Soweit das Gesetz das übergeordnete Tatbestandsmerkmal „Entscheidung" nennt, gliedert sich dies wie folgt: 1

1. Urteil. Es ergeht in bestimmter hoheitlicher Form (§ 313). Die Entscheidungsform „Urteil" ist den Richtern vorbehalten (Art. 92 S. 1 Hs. 1 GG). Das Urteil ergeht in der Regel nach **mündlicher Verhandlung** (§ 136 IV). Nach mündlicher Verhandlung und vor Verkündung des Urteils haben die Richter die Sache zu beraten (§ 309). Die Beratung ist geheim (§ 43 DRiG). Zu Ausbildungszwecken können nach § 193 GVG Referendare zugelassen werden; Studenten nur, wenn alle Verfahrensbeteiligten einverstanden sind (vgl. BGH JuS 1996, 686). Entscheiden mehrere Richter hat das Kollegium zu entscheiden; aber auch der Einzelrichter hat die Entscheidung aufgrund der Erörterung in der mündlichen Verhandlung nochmals zu überdenken, da er bis zur bindenden Verkündung (§ 318) in seiner Entscheidungsfindung offen zu sein hat, um sich nicht der Besorgnis der Befangenheit auszusetzen. 2

Dass im Regelfall eine mündliche Verhandlung stattzufinden hat, ist normiert in §§ 128 I, 922 I 1 Hs. 1, 937 II. Die mündliche Verhandlung kann auch im Wege der Bild- und Tonübertragung erfolgen (§ 128a; vgl. insoweit zB auch § 102a VwGO). Eine mündliche Verhandlung kann im Ausnahmefall **ersetzt werden** durch ein **schriftliches Verfahren** nach §§ 128 II, 307 S. 2, 331 III, 495a S. 1, oder ein **Urteil nach Lage der Akten** nach §§ 251a, 331a; auch im WEG-Verfahren, vgl. § 43 WEG. Soweit die mündliche Verhandlung freigestellt ist, wird in der Praxis in der Regel ohne mündliche Verhandlung entschieden (§§ 341 II, 495a S. 1, Ausnahme: § 495a S. 2). Zu unterscheiden ist zwischen einem **Prozessurteil** (Entscheidung nur über die Zulässigkeit) und einem **Sachurteil** (Entscheidung über das Klagebegehren selbst) → Rn. 13 f. Über die Abfassung des Urteils Anders/Gehle Assessorexamen ZivilR B I. 3

2. Beschluss. Ein Beschluss ergeht entsprechend § 329 ohne die Form des Urteils in der Regel ohne, aber möglicherweise auch nach einer mündlichen Verhandlung (vgl. zB §§ 320 III, 1063 III, 91a). Er stellt eine weitere Entscheidungsform des jeweiligen richterlichen Spruchkörpers oder in Ergänzung hierzu eines Rpfl. dar. Soweit der Rpfl. entscheidet, ist er in der Sache wie ein Richter unabhängig (§ 9 RPflG). Auch wenn eine mündliche Verhandlung nicht gesondert vorgeschrieben ist, kann sie immer angeordnet werden (§ 128 IV). Im FamFG-Verfahren gibt es nach §§ 38, 116 FamFG kein Urteil, sondern nur die Beschlussform. Urteile und Beschlüsse unterscheiden sich auch in der Möglichkeit der jeweiligen Rechtsmittel (Urteil: Berufung bzw. Revision; Beschluss: (sofortige) Beschwerde). 4

3. Verfügung. Das ist eine nach § 329 mögliche Form einer Anordnung des Vorsitzenden, des Einzelrichters (§§ 348 ff.), des Berichterstatters oder eines beauftragten oder ersuchten Richters (§§ 361, 362) oder auch des Rpfl., die nicht Urteil oder Beschluss ist und sich meistens auf die Prozessleitung bezieht, zB §§ 160 III Nr. 6, 216 II, 226 III, 227 II, 273 II, 329 II 1, 365, 400. 5

II. Regelungszweck. 1. Rechtserkenntnis. Die Bedeutung jeder Entscheidung und insbesondere des Urteils liegt darin, das Recht zu finden, es zu „erkennen", den Sachverhalt also nach den prozessrechtlichen und materiell-rechtlichen Regeln richtig zu entscheiden. Deshalb heißt es in dem einleitenden Urteilsrubrum auch: „(…) für Recht erkannt". Die Entscheidung stellt also das nach Gesetz und Recht (Art. 20 III GG) **gerechte Ergebnis** dar. In Abgrenzung zur Entscheidung eines streitigen Sachverhalts hat das Gericht nur in Ausnahmefällen die Möglichkeit der Rechtsgestaltung, wie zum Beispiel nach §§ 315 III, 343 BGB, § 348 HGB (vgl. Bumke, Richterrecht zwischen Gesetzesrecht und Rechtsgestaltung), mittelbar auch über § 287 ZPO. Eine rechtskräftige Entscheidung stellt auch einen Rechtsgrund im Sinne von §§ 812 f. BGB dar. Umgekehrt wird durch eine an sich „falsche" gerichtliche Entscheidung, die materiell-rechtliche Rechtslage nicht geändert, sondern eine solche Entscheidung wirkt sich nur auf die prozessuale Durchsetzbarkeit aus. Wird zum Beispiel ein Anspruch rechtskräftig, aber fehlerhaft, abgewiesen, so kann der Gläubiger seinen Anspruch nicht mehr prozessrechtlich durchsetzen und vollstrecken, gerade weil ihm ein Vollstreckungstitel nicht zusteht. Zahlt der Schuldner aber trotz einer rechtskräftigen Aberkennung des Anspruchs, hat er dem Gläubiger nichts geschenkt, sondern die an sich fortbestehende materiell-rechtliche Verbindlichkeit erfüllt, genauso, wie wenn ein Anspruch erfüllt wird, der verjährt gewesen ist. 6

2. Rechtsschutz. Das Wesentliche liegt also in der Gewährung oder Versagung des Rechtsschutzes und der Schaffung eines Vollstreckungstitels, der für die **Zwangsvollstreckung** erforderlich ist. In den meisten Fällen ist die Durchführung der Zwangsvollstreckung aber im Rahmen eines förmlichen Verfahrens nicht erforderlich, da die Schuldner ihre Verbindlichkeiten häufig zumindest befriedigen, sobald ein rechtskräftiger Vollstreckungstitle vorliegt. 7

Die besonderen Regeln für Urteile für die Zwangsvollstreckung (vgl. zB §§ 707 ff.) sind insbesondere darin begründet, dass – im Gegensatz zu anderen Vollstreckungstitel – wegen ihres hoheitlichen Charakters und der erhöhten Richtigkeitsgewähr aufgrund des förmlichen Verfahrens aus Urteilen bereits vorläufig vollstreckt werden kann, bevor sie **rechtskräftig** sind. 8

Die **formelle Rechtskraft** beendet den Prozess und tritt ein, sobald die Frist abgelaufen ist, die dazu berechtigt, die Entscheidung mit einem Rechtsmittel (Devolutiv- und Suspensiveffekt), mit einem Einspruch oder einer Nichtzulassungsbeschwerde bei Nichtzulassung der Revision, mit dem Verzicht der Parteien darauf, ein Rechtsmittel oder Einspruch einzulegen (vgl. zB §§ 515, 565, 346) sowie bei letztinstanzlichen Entscheidun- 9 gen mit deren Wirksamkeit. Die 30jährige Verjährungsfrist beginnt mit dem Eintritt der formellen Rechtkraft (§§ 197 I Nr. 3, 201 BGB).

10 Die **materielle Rechtskraft** bewirkt die inhaltliche Bindung der Parteien (§ 325) an die festgestellte Rechtsfolge, wobei die formelle Rechtskraft den Eintritt der materiellen Rechtskraft voraussetzt (BGHZ 34, 241). Die materielle Rechtkraft umfasst Prozessurteile und Sachurteile (BGH NJW 1985, 2535). Dies wirkt sich prozessual und materiell-rechtlich aus. Die materielle Rechtskraft steht jedem neuen Prozess über denselben Streitgegenstand (= Klageantrag und zugrundeliegender Lebenssachverhalt BGH NJW-RR 2020, 373). Eine neue Klage über den gleichen Streitgegenstand wäre unzulässig (BGH NJW 2019, 1745). In jedem späteren Prozess über einen anderen Streitgegenstand ist die rechtskräftig festgestellte Rechtsfolge bindend, soweit eine präjudizielle Vorfrage betroffen ist, zB soweit bei einer Schadensersatzklage bei rechtskräftig in einem Vorprozess über die Eigentumsverhältnisse an der Sache entschieden worden ist (BGH NJW 2014, 1306; BAG NZA 2019, 1571). Dies ist restriktiv auszulegen mit der Folge, dass das entscheidende Gericht berechtigt und verpflichtet ist, die maßgebliche Rechtsfrage selbst zu beurteilen, BGH 10.4.2019 – VIII ZR 39/18, BeckRS 2019, 8508.

11 Die **Grenzen** der materiellen Rechtkraft liegen objektiv in der Entscheidung über den geltend gemachten Anspruch (§ 322 I), subjektiv in den zwischen den Parteien geführten Prozess bzw. ggf. den Rechtsnachfolgern („inter partes", § 325 I – bzw. mit der Ausnahme der möglichen Gutgläubigkeit, § 325 II) und zeitlich, da sich die Rechtkraft nur auf den Sachverhalt bis zur letzten Tatsachenverhandlung (erst- bzw. zweitinstanzlich) beziehen kann. Diese zeitliche Grenze findet sich wieder in § 767 II. Eine Ausnahme, dass die Entscheidungsgründe alleine nicht in Rechtskraft erwachsen, ergibt sich aus § 322 II). Erweitert wiederum kann die Reichweite der Rechtskraft mittels einer Zwischenfeststellungsklage; vgl. zu den weiteren Einzelheiten → Vor § 322 Rn. 5, 7 ff.

12 Ein von einem ordentlichen Gericht erlassenes Urteil über ein öffentlich-rechtliches Rechtsverhältnis wandelt dieses nicht in einen privatrechtlichen Titel um.

13 **III. Tragweite des Urteils.** Entsprechend der Rechtskraft des Urteils ist zwischen Sachurteil und Prozessurteil zu differenzieren, BGH NJW 1985, 2535; NJW-RR 2012, 1145.

14 **1. Sachurteil.** Es entscheidet in der Sache selbst über die Begründetheit des Klaganspruchs und schafft insofern eine innere wie formelle Rechtskraft nach §§ 322, 705, mit der Folge, dass über den Streitgegenstand eine erneute gerichtliche Entscheidung ausgeschlossen ist.

15 **2. Prozessurteil.** Das sog. „Prozessurteil" entscheidet nach → Vor § 253 Rn. 13 nur über Prozessfragen, über allgemeine oder besondere Prozessvoraussetzungen. Daher kann es nur für diese Prozessfragen eine formelle Rechtskraft nach § 705 schaffen, nicht für die Sache selbst. Die Abweisung durch ein solches Urteil heißt Prozessabweisung im Gegensatz zur Sachabweisung. Da die prozessuale Frage vorrangig ist, führt eine Abweisung aus prozessualen Gründen dazu, dass die materiell-rechtliche Lösung dahinstehen kann. Nach Behebung eine Zulässigkeitsmangels kann der Kläger erneut klagen, BGH NJW-RR 2012, 1506. Beim **Rechtsweg** ist die Besonderheit zu beachten, dass eine Verweisung von Amts wegen in Betracht kommen kann (§ 17a II GVG), im Gegensatz zB zur Zuständigkeit, bei der eine Verweisung nur auf Antrag erfolgt (§ 281), ansonsten die Klage als unzulässig abzuweisen ist. Es kann nach einer etwaigen Beseitigung der Mängel der Zulässigkeitsvoraussetzungen vor einem Ablauf der Notfrist des § 586 eine **Wiederaufnahmeklage** in Betracht kommen, soweit die übrigen Voraussetzungen vorliegen. Im Übrigen darf das die Klage als unzulässig abweisende Gericht im Prozessurteil **hilfsweise zur Unbegründetheit** der Klageforderung Ausführungen machen, selbst wenn solche Ausführungen nach der Relationstechnik an sich entbehrlich sind. Das Berufungsgericht muss dann, wenn es die Voraussetzungen eines Sachurteils bejaht, den vom Erstgericht hilfsweise erkannten sachlichen Abweisungsgrund prüfen. Erfolgt eine Prozess- und Sachabweisung, hindert dies jedoch keine Entscheidung nach § 522, sofern das Ergebnis richtig ist, vgl. BGH NJW 2008, 1227.

16 Das Gericht darf aber nicht eine Entscheidung über eine Zulässigkeits-/Prozessvoraussetzungen dahingestellt lassen und nur deshalb sachlich entscheiden, da die Unterscheidung wegen des Umfangs der Rechtskraft von Bedeutung ist (BGH NJW 2008, 1227; OVG Schlesw MDR 1992, 525). Dagegen erfolgt eine Zurückverweisung nach § 538 II 1 Nr. 1, wenn das Urteil auf eine unberechtigte Prozessabweisung lautet, selbst wenn es außerdem sachliche Abweisungsgründe enthält. Zur Unzulässigkeit der Abweisung „angebrachtermaßen" → § 322 Rn. 19.

17 **IV. Materiell-rechtlicher Inhalt.** Nach dem Ziel der Klage sind drei Klagearten zu unterscheiden, nämlich die Leistungsklage, die Feststellungsklage und die Gestaltungsklage.

18 **1. Leistungsurteil.** Dies umfasst ein Urteil, was einen Beklagten zu einem Tun, Dulden oder Unterlassen (= Leistung) verpflichtet. Hierhin gehören sämtliche Urteile, wie zB Teilurteil nach § 301, ein Vorbehaltsurteil nach → Rn. 25, ein Verzichtsurteil nach § 306, ein Anerkenntnisurteil nach § 307, BGH FamRZ 2003, 1922, ein Ergänzungsurteil nach § 321.

19 **2. Feststellungsurteil.** Ein Feststellungsurteil nach § 256 dient dazu, das Bestehen oder Nichtbestehen eines Rechtsverhältnisses feststellen zu lassen. Da aus einem solchen Titel nicht unmittelbar vollstreckt werden kann, und der praktische Nutzen eines solchen Titels eingeschränkt ist, gibt es ergänzend weitere Zulässigkeitsvoraussetzungen, wie insbesondere das Feststellungsinteresse.

20 **3. Gestaltungsurteil.** Hiermit ist ein Urteil gemeint, dass aufgrund der gesetzlichen Regeln automatisch ohne weitere Zwangsvollstreckung die Rechtslage zwischen den Parteien neu gestaltet, also ändert. Diese Urteilsarten entsprechen den betreffenden Klageformen nach → Vor § 253 Rn. 10, wie zum Beispiel bei §§ 319, 343, 2342 BGB, §§ 133, 140 HGB, § 241 AktG, §§ 9, 13 KSchG, § 21 WEG, §§ 323, 579, 580, 767 (analog), §§ 768, 771, 805, 1059. Früher auch die Scheidung, welche jetzt aber durch Beschluss erfolgt (§ 1564 BGB, § 38 I FamFG).

21 Ein Urteil kann grundsätzlich nur auf die entsprechende Klageform hin ergehen. Das Gericht kann aber ein Weniger zusprechen, indem es auf eine Feststellung statt auf eine Leistung erkennt. Gewissen Feststellungsurteilen nach § 256 weist das eine rückwirkende Gestaltungswirkung zu. Es ist aber falsch, einem Feststellungsurteil eine *Gestaltungswirkung schon deshalb beizulegen*, weil es für und gegen alle wirkt.

22 **V. Art des Zustandekommens. 1. Streitmäßiges (kontradiktorisches) Urteil.** Es ergeht auf eine zweiseitige streitige mündliche Verhandlung oder im schriftlichen Verfahrens nach §§ 128 II, 495a S. 1 oder im Verfahren nach Lage der Akten nach § 251a.

2. Versäumnisurteil. Es ergeht nach §§ 330 ff. aufgrund einer einseitigen Säumnis gegen den Säumigen, bei § 331 III im schriftlichen Vorverfahren bei fehlender Verteidigungsanzeige des Beklagten ohne eine mündliche Verhandlung. Das unechte Versäumnisurteil bei einer einseitigen Säumnis gegen den Erschienenen ist ein streitmäßiges Sachurteil. 23

3. Anerkenntnis-, Verzichtsurteil. Es ergeht nach §§ 306, 307 im Regelfall aufgrund einer nicht streitigen Verhandlung bereits aufgrund einer entsprechenden förmlichen Erklärung (Anerkenntnis bzw. Verzicht). Dies kann bereits vor einer mündlichen Verhandlung, aber auch erst später – ggf. auch nach Beweisaufnahme – nach mündlicher Verhandlung ergehen. In beiden Fällen ergeht die gerichtliche Entscheidung nur aufgrund der jeweiligen förmlichen Erklärung, ohne dass das Gericht die Rechtslage prüft (Ausdruck des Dispositionsgrundsatzes). 24

VI. Äußere Bedeutung. 1. Endurteil. Es entscheidet nach → § 300 Rn. 7 f. über die Klage nach § 253 oder das Rechtsmittel nach §§ 511, 542 endgültig, entweder als Vollurteil über den ganzen Anspruch oder nach § 301 als Teilurteil über einen selbständigen Teil des Streitgegenstandes. Das abschließende Urteil nach einem Teilurteil heißt auch Schlussurteil. In ihrem jeweiligen Umfang beenden Endurteile die Instanz. Der Prozess wird bei einem Teilurteil in künftig selbständig voneinander unabhängige Teile aufgespalten, die auch gesondert anzufechten sind. Wichtigster Fall ist die Stufenklage, § 254. 25

Kein Urteil ist der Spruch im schiedsrichterlichen Verfahren nach § 1054. 26

2. Zwischenurteil. Es erledigt nur einen Zwischenstreit zwischen den Parteien oder mit Dritten zB bei §§ 280, 303, sofern dieser abgrenzbar ist, ferner bei einer Vorabentscheidung über den Grund des Anspruchs nach § 304 oder zB im Urkundenprozess nach § 599. Bei einer Vorwegnahme der Entscheidung gibt es das dazu gehörende Rechtsmittel, BGH BB 2006, 182. 27

Eine Besonderheit stellt auch die Zwischenfeststellungsklage dar (§ 256 II) – ggf. im Wege der Widerklage –, die bewirkt, dass nur in den Entscheidungsgründen getroffene Feststellungen über ein präjudizielles Rechtsverhältnis in Rechtskraft erwachsen (BGH NJW 2017, 320). 28

3. Vorbehaltsurteil. Es erledigt nach § 302 den Streit unter bestimmten Voraussetzungen zunächst **nur „vorläufig"**. Zulässig ist es zB im Urkunden- und Wechselprozess nach § 599 und bei der Aufrechnung nach § 302. Es kommt zB im Urkunden- und Wechselprozess zur Geltung, weil historisch bedingt, einem Anspruch, der aufgrund einer Urkunde geltend gemacht wird, eine höhere „Richtigkeitsgewähr" zugesprochen wird. Die Entscheidung ist jedoch nur „vorläufig", da dem Beklagten seine weiteren Rechte und Beweismittel in derselben Instanz im Nachverfahren „vorbehalten" bleiben (müssen) (BGH NJW 2004, 1159; OLG München MDR 2018, 199). 29

Ein Urteil unter dem Vorbehalt der beschränkten Haftung nach §§ 305, 305a, 780 schließt den Prozess endgültig ab und ist darum kein Vorbehaltsurteil im technischen Sinne. 30

Im Nachverfahren ist das Urteil dann – teilweise – für vorbehaltslos zu erklären oder die Klage – teilweise – abzuweisen. 31

VII. Bedingtheit. 1. Unbedingtes Urteil. Ihm haftet keinerlei Bedingung an, was der Regelfall ist. Dahin gehört nur das nach § 705 formell rechtskräftige vorbehaltslose Urteil. 32

2. Auflösend bedingtes Urteil. Dahin gehören sämtliche Vorbehaltsurteile nach → Rn. 25, sämtliche vorläufig vollstreckbaren Urteile nach §§ 708, 709 (sie sind durch ihre Rechtskraft bedingt) und solche Endurteile, die vor der formellen Rechtskraft eines nach §§ 280, 303 in demselben Verfahren erlassenen Zwischenurteils nach § 705 ergehen. Es ist zB bei § 304 das Urteil über die Höhe bedingt durch die Rechtskraft des Zwischenurteils über den Grund. 33

VIII. Wirksamkeit als Hoheitsakt. Als Entscheidungen der Judikative als unabhängige dritte Staatsgewalt (Art. 20 II 2 GG) stellen Urteile einschließlich deren Zustellung, OLG Hamm MDR 1997, 1155, einen staatlichen Hoheitsakt dar. Dies hat zur Folge, dass auch gegen den Willen zumindest einer Partei entschieden werden kann/muss. Dies rechtfertigt die einzelnen gesetzlichen Regeln zum Zustandekommen eines Urteils nicht nur, sondern setzt sie als Befugnisnorm auch voraus. Als solche hat sie grundsätzlich zumindest zunächst die angeordneten Wirkungen, mag sie sachlich richtig oder falsch sein, BGH MDR 2014, 1168; Oldb MDR 1989, 268. Nur in Ausnahmefällen ist ein Urteil wirkungslos (nichtig) (BGH NJW 1994, 2832), sonst nur anfechtbar, vgl. BGH FamRZ 2004, 1187. 34

IX. Unwirksamkeit einer Scheinentscheidung. Wie bereits ausgeführt sind auch Urteile – wie alle staatlichen Akte – vom Ausgangspunkt selbst dann wirksam, wenn sie an einem Fehler leiden. Sie können dann jedoch mit einem Rechtsmittel angegriffen werden, um den Fehler beseitigen zu können. Nur ausnahmsweise zeigt das Urteil keine Rechtsfolgen auf, ist also nichtig. Man kann folgende Fälle unterscheiden: 35

1. Nichtgericht. Dies ist gegeben, wenn nur der äußere Eindruck eines Urteilsspruchs vorliegt, zum Beispiel bei einer Entscheidung eines gerichtsverfassungsmäßig nicht vorgesehenen Gremiums, Hamm FamRZ 1986, 583, also diejenige eines Nichtgerichts, BGH MDR 1988, 131; BezG Lpz DtZ 1993, 27. Dazu zählen auch Entscheidungen eines ausgeschiedenen Richters, mit Recht krit. Jauernig DtZ 1993, 173, wie eine Entscheidung durch eine Regierungsstelle oder eine Endentscheidung des nach §§ 361, 362 beauftragten/ersuchten Richters, oder auch die Veröffentlichung eines Entwurfs bei der die erforderlichen Unterschriften der Richter fehlen, BVerfG JuS 1985, 478. 36

2. Keine Verkündung oder Zustellung. Es kann eine Entscheidung ohne die vorgeschriebene Form der Verkündung zB nach §§ 310, 311 vorliegen, BGHZ 137, 51; Hamm FamRZ 1986, 583, zB eine nicht bekanntgemachte Entscheidung, OLG Zweibrücken 4.6.1986 – 2 U 65/85, OLGZ 1987, 371, vor allem eine entgegen dem Gesetz überhaupt nicht nach § 311 verkündete, Brdb FamRZ 2004, 385; Mü NJW 2011, 689. Entsprechendes gilt, wenn in einem Verkündungstermin das Urteil nicht vollständig abgefasst worden ist (BGH NJW-RR 2015, 508). Bloße Mängel bei der Verkündung führen jedoch nicht zur Unwirksamkeit, sondern können ggf. aber die Rechtsmittelfristen beeinflussen (vgl. BGH NJW-RR 2018, 127). Wenn nur das Protokoll nach §§ 159 ff. fehlt, führt dies nicht zur Unwirksamkeit BGH VersR 1985, 46. Ein Fehler beim Erlass liegt ferner zB bei §§ 310 III, 311 II dann vor, wenn das Gericht sein Urteil überhaupt nicht nach § 317 zugestellt hat. Es ist in Wahrheit dann nur ein innerer Vorgang des Gerichts vorhanden, ein bloßer Urteilsentwurf, BGH NJW 37

2004, 2020; Hmb MDR 2018, 297; LG Köln NJW-RR 2014, 182. Anders kann man eine zwar gegen Art. 103 I GG verstoßende, aber vor Jahren ergangene öffentliche Zustellung nach §§ 185 ff. bewerten, Hamm MDR 1997, 1155.

38 Der Verkündungsvermerk nach § 315 III genügt zum Nachweis der Verkündung nicht.

39 Nicht unwirksam ist ein Urteil, dass das Gericht erst nach dem Ablauf der 3-Wochen-Frist des § 310 I 2 verkündet hat, BGH NJW 1989, 1157.

40 **3. Folgen.** Eine „Nichtentscheidung" ist grundsätzlich unwirksam, BGHZ 137, 51; Brdb FamRZ 2004, 385; Kblz GRUR 1989, 75. Sie beendet auch nicht das Verfahren, Mü NJW 2011, 689. Wegen Berufung → § 310 Rn. 18 und → Vor § 511 Rn. 26. Das alles muss das Gericht von Amts wegen beachten, BezG Lpz DtZ 1993, 27. Wenn der Gläubiger aus einem solchen Urteil die Zwangsvollstreckung nach §§ 704 ff. anhand einer obendrein scheinbar nach § 724 ordnungsmäßig für vollstreckbar erklärten Ausfertigung betreibt, bleibt der Weg der §§ 732, 766, 775, 776. Ein Rechtsmittel ist zwar eigentlich gar nicht erforderlich. Es ist aber ausnahmsweise zulässig und aus anwaltlicher Sicht zweckmäßig, um den „Rechtsscheins" einer wirksamen Entscheidung beseitigen zu können, BGH NJW 1996, 1969; OLG München NJW 2011, 689; Brdb NJW-RR 1996, 767; Hmb MDR 2018, 297; Kblz GRUR 1989, 75. Es führt zur klarstellenden „Aufhebung" und Zurückverweisung, Mü NJW 2011, 689. In Betracht kann auch eine Klage auf Feststellung der Unwirksamkeit der zugrundeliegenden Entscheidung kommen, OLG Frankfurt MDR 1991, 63.

41 **X. Unwirksamkeit eines Urteils.** Ergänzend zu der o. g. Scheinentscheidung kann ein Urteil ausnahmsweise offensichtlich wirkungslose bzw. nichtig sein, wenn die Entscheidung in der Sache keine Rechtswirkungen im Hauptausspruch auslösen kann, BGH MDR 2014, 1168; NJW 1994, 2833; BayObLG 1997, 57; Bbg NJW-RR 1994, 460; LG Zweibr JurBüro 2008, 662. Dabei kommen insbesondere folgende Fälle in Betracht.

42 **1. Fehlen der Gerichtsbarkeit.** Die Entscheidung ist wirkungslos, soweit dem Gericht nach dem GVG oder nach dem NTrStG, SchlAnh. III, die Gerichtsbarkeit fehlt, nicht nur die Zuständigkeit, OVG Lüneb NJW 1985, 1573; Thomas/Putzo/Reichold Vor § 300 Rn. 15; Zöller/Lückemann GVG Vor §§ 18–20 Rn. 3.

43 **Beispiele:** Ein Urteil gegen einen Exterritorialen nach → GVG Vor § 18 Rn. 2, 6; ein Urteil des Schöffengerichts in einem Zivilprozess, mit Ausnahme eines Adhäsionsverfahrens; ein Urteil des Einzelrichters der §§ 348, 348a, 526, 527, 568 statt des notwendigen Kollegiums; eine Entscheidung des FamFG in einem FamFG-Verfahren wegen eines solchen Streitgegenstands nach → § 2 Rn. 4, der zur streitigen ZPO-Gerichtsbarkeit gehört, aM BayObLG FGPrax 2005, 197, ein Urteil im Zusammenhang mit einer nicht existenten Partei, BGH NJW 2010, 3100 (Besonderheiten: §§ 239, 246).

44 Über die Urteile eines **Sondergerichts** außerhalb seiner Zuständigkeit → GVG Vor § 12 Rn. 3. Hierher kann ein sog. Instanzvorgriff zählen, BPatG GRUR 1985, 219. Ein auf eine nach §§ 567 ff. unzulässige sofortige Beschwerde hin gesetzwidrig erlassener Beschluss fällt unter → Rn. 52, 53.

45 **2. Nicht bekannte Rechtsfolge.** Die Entscheidung ist auch wirkungslos, soweit die deutsche Rechtsordnung eine dort ausgesprochene überhaupt nicht kennt, auch bei völlig unklarem Urteilsauspruch, BAG NZA-RR 2015, 546; BGH VersR 1987, 1195; Oldb MDR 1989, 268; AG Lübeck Rpfleger 1982, 109.

46 **Beispiel:** Das Urteil verurteilt zur Bestellung eines dem Gesetz unbekannten dinglichen Rechts.

47 BGH NJW-RR 1990, 893 gab bei einer schlechthin mit der Rechtsordnung unvereinbaren Entscheidung (gemeint wohl: auch) ein außerordentliches Rechtsmittel. Vgl. auch BGH NJW 2002, 1577.

48 **3. Unzulässige Rechtsfolge.** Die Entscheidung ist auch wirkungslos, soweit die ausgesprochene Rechtsfolge schlechthin gesetzlich unstatthaft ist, BGH VersR 1987, 1195; Oldb MDR 1989, 268; AG Lübeck Rpfleger 1982, 109. Der Staat kann kein solches Urteil anerkennen, das gegen seine eigene Rechsordnung verstößt. Das gilt für ein solches Urteil, dessen Erfüllung ähnlich § 328 I Nr. 4, § 109 I Nr. 4 FamFG gegen die öffentliche Ordnung oder gegen die guten Sitten verstoßen würde, und zB für ein Urteil auf die Teillöschung einer Marke, weil diese einen gesetzwidrigen Zustand herstellen würde. Man rechnet zu dieser Gruppe ein Versäumnisurteil nach §§ 330 ff. vor der Rechtshängigkeit nach → § 261 Rn. 1, LG Tüb JZ 1982, 474; aM Zöller/Greger § 261 Rn. 2 (aber auch das ist ein schwerer Verfahrensfehler).

49 **4. Tatsächliche Wirkungslosigkeit.** Die Entscheidung ist schließlich wirkungslos, soweit sie aus tatsächlichen Gründen nicht ihrem Inhalt entsprechend wirken kann, BayObLG NJW-RR 2000, 672; Oldb MDR 1989, 268.

50 **Beispiele:** Ein Urteil oder ein Beschluss nach § 329 ohne eine Klage nach § 253 oder einen notwendigen verfahrenseinleitenden Antrag (ihn hatte der Kläger usw. etwa nur angekündigt, Verstoß gegen den Dispositionsgrundsatz), BayObLG NJW-RR 2000, 672 (zu § 238); ein Urteil oder Beschluss gegen eine nach → Vor § 50 Rn. 22 nicht, noch nicht oder nicht mehr bestehende Partei, Hamm MDR 1986, 417; ein Urteil auf eine unmögliche Leistung; ein unverständliches oder widerspruchsvolles Urteil.

51 **5. Folgen.** Ein Urteil dieser Art bindet zwar das Gericht (§ 318). Es ist auch Grundlage eines Kostenerstattungsanspruchs nach §§ 91 ff., 103 ff., → Vor § 103 Rn. 25. Es ist auch der formellen Rechtskraft nach § 705 fähig, nicht aber der materiellen nach → Vor § 322 Rn. 7. Der Betroffene muss ein solches Urteil mit dem jeweiligen Rechtsmittel oder mit einer Klage auf die Feststellung der Unwirksamkeit nach § 256 bekämpfen, um den äußeren Schein einer wirksamen gerichtlichen Entscheidung beseitigen zu können, BGH VersR 1984, 1192, auch im Hinblick auf die Beseitigung der Kostenentscheidung BGH VersR 1987, 1195; Düss NJW 1986, 1763; OLGR Rostock, 2005, 835 evtl. auch mit der Nichtigkeitsklage nach § 579 oder einem Wiederaufnahmeverfahren. Der Zwangsvollstreckung ist nach §§ 704 ff. entgegenzutreten, Düss NJW-RR 1995, 895. Möglich ist auch eine Vollstreckungsabwehrklage nach § 767 bzw. Titelabwehrklage, § 767 analog, BGH WM 2018, 1932; WM 2010, 1022.

52 **XI. Bloße Mangelhaftigkeit eines Urteils.** Mangelhafte Entscheidungen im engeren Sinn sind alle mit Fehlern behafteten Entscheidungen, die nicht unter → Rn. 35–51 fallen.

53 **1. Fälle.** Dahin gehören: Eine mit erheblichen Mängeln behaftete Entscheidung, BGH MDR 2014, 1168; Hamm MDR 2008, 997, zB gegen eine gar nicht gemeinte Partei, BGH NJW-RR 1995, 764; gegen nicht alle nach § 62 notwendigen Streitgenossen, BGH MDR 2014, 1168; eine Entscheidung ohne Gehör der Parteien nach Art. 103 I GG, Stgt MDR 1996, 1077 (mangelhafte Belehrung), Jauernig ZZP 101, 383, oder in einer

fehlerhaften Besetzung; ein Urteil ohne ein Prozessrechtsverhältnis, siehe auch BGH BB 2006, 182; LAG Ffm BB 1982, 1925; ebenfalls wirkungslos: ein Urteil nach Rücknahme der Klage, vgl. auch § 269 III; ein trotz fehlender Rechtshängigkeit erlassenes Urteil, BGH NJW-RR 2006, 565; Zöller/Vollkommer Vor § 300 Rn. 18; wirksam: eine Bewilligung von Prozesskostenhilfe nach § 119 ohne einen Antrag nach § 117, Oldb FamRZ 1989, 300; ein Zweifel, ob eine Entscheidung oder ein bloßer Hinweis vorliegt, Kblz MDR 2011, 1202.

2. Wirksamkeit bis zur Aufhebung. Eine (nur) mangelhafte Entscheidung ist als Staatshoheitsakt nach → Rn. 34 bis zur Aufhebung auf den zugehörigen Rechtsbehelf wirksam, vgl. auch bezüglich § 170 I 2, BGH NJW 2008, 2125; NJW 2014, 937; ferner Oldb MDR 1989, 268; Stgt MDR 1996, 1077. Es kann wegen § 574 sogar bei einer greifbaren Gesetzwidrigkeit nicht mehr eine „außerordentliche" Beschwerde in Betracht kommen, sondern allenfalls eine Rechtsbeschwerde nach §§ 574 ff. Kein Gericht darf eine nur mangelhafte Entscheidung als nichtbestehend behandeln. Freilich kann ihr im Ausnahmefall die sonst nach § 318 bestehende Bindungswirkung fehlen, AG Lübeck Rpfleger 1982, 109. Verspätungsvorschriften können unanwendbar sein, etwa §§ 296 I, 340 III 3, LAG Hamm MDR 1982, 1053. 54

300 *Endurteil.* [I] **Ist der Rechtsstreit zur Endentscheidung reif, so hat das Gericht sie durch Endurteil zu erlassen.**

[II] **Das Gleiche gilt, wenn von mehreren zum Zwecke gleichzeitiger Verhandlung und Entscheidung verbundenen Prozessen nur der eine zur Endentscheidung reif ist.**

I. Systematik, I, II. Die Vorschrift ist Ausdruck der **Relationstechnik** verbunden mit dem Ziel, dass das Gericht auf die schnellste und für die Betroffenen kostengünstigste Art zu einem richtigen und gerechten Ergebnis kommt und die gefundene Entscheidung in verständlicher Form begründet (Anders/Gehle Assessorexamen ZivilR A 2 ff.). Dabei soll der Rechtsstreit möglichst in einem Termin, der umfassend vorbereitet worden ist, für diese Instanz erledigt werden. Dabei sind insbesondere unnötige Beweisaufnahmen zu vermeiden, die für die Parteien Zeit und Kosten verursachen und auch Justizressourcen nicht effizient einsetzen würden. 1

Ein Rechtsstreit kann dabei insbesondere beendet werden durch Klagerücknahme (§ 269), Prozessvergleich (vgl. auch § 794 I Nr. 1), einer übereinstimmenden Erledigungserklärung in der Hauptsache, so dass nur noch über die Kosten zu entscheiden ist (§ 91a), (vorübergehend) Ruhen des Verfahrens (§ 251), Erklärung eines Anerkenntnisses bzw. eines Verzichtes (§§ 306, 307). Bei einer streitigen Erledigung wird die jeweilige Instanz durch den Urteilsspruch des Gerichts beendet, was § 300 als „Endurteil" bezeichnet. 2

II. Regelungszweck, I, II. Die Vorschrift dient einerseits der Verhinderung einer vorschnellen Entscheidung. Erst bei einer wirklichen Entscheidungsreife nach → Rn. 21 soll das Urteil ergehen dürfen. Damit bezweckt § 300 die Verhinderung eines Urteils, ohne den Sachverhalt in dem entsprechend den ZPO-Regeln erforderlichen Umfang aufgeklärt zu haben. Andererseits soll das Gericht bei einer Spruchreife auch sogleich entscheiden, sei es auch nur über einen nach → § 301 Rn. 11, 15 abtrennbaren Teil. Das dient der Prozessförderung und der Prozesswirtschaftlichkeit wie schon § 272 III. 3

Entscheidungsreife liegt vor, wenn der Sachverhalt durch das Gericht unter Berücksichtigung der Aufklärungspflicht nach § 139 umfassend aufgeklärt wurde, die erforderlichen Beweisangebote unter Beachtung der Relationsgrundsätze ausgeschöpft worden sind und ggf. weiterer Vortrag nicht mehr zu berücksichtigen war bzw. zurückgewiesen worden ist (LAG Hamm, 19.8.2021; 18 Sa 310/21; vgl. §§ 296, 529). Dies gilt entsprechend auch bei unschlüssigem Vortrag. Dabei geht das Gesetz an sich davon aus, dass nach entsprechender Vorbereitung, auch bezüglich der Beweisaufnahme, § 358a, der Rechtsstreit in einem Haupttermin, § 273 I, erledigt werden kann. Bei Entscheidungsreife hat das Gericht den Rechtsstreit einer Erledigung zuzuführen, §§ 300 I, 301, 302, 303, 304 I, sofern nicht eine andere Art der Erledigung in Betracht kommt, zum Beispiel durch Vergleich etc. 4

Unverzüglichkeit wie bei § 121 I 1 BGB ist der ungeschriebene Bestandteil von I Hs. 1. Das Gericht darf nicht vorwerfbar später als möglich entscheiden. Das gilt nicht zuletzt auch im Interesse einer Partei, die endlich wissen will, wer Recht bekommt. Nicht nur bei überlangen Verfahren nach §§ 198 ff. GVG, bei dem ein Entschädigungsanspruch bestehen kann sowie eine Verzögerungsrüge, sondern auch beim normal langen Prozess besteht nach Art. 1, 2, 20 III GG das Gebot, sich zur Entscheidung durchzuringen. 5

III. Geltungsbereich, I, II. Die Vorschrift gilt in allen Verfahrensarten der ZPO, auch bei §§ 495a, 922 I 1 Hs. 1, 936, 937 II, auch im WEG-Verfahren, vgl. §§ 43, 48 WEG. Sie gilt nach §§ 46 II 1, 80 II ArbGG auch im arbeitsgerichtlichen Verfahren. Im FamFG-Verfahren heißt die Endentscheidung Beschluss, § 38 FamFG. 6

IV. Tatbestandsvoraussetzungen, I, II. Ein **Rechtsstreit** (§ 13 GVG) liegt bei einer Auseinandersetzung zwischen einem oder mehrere Kläger und einem oder mehreren Beklagten über ein Rechtsverhältnis vor, das vor Gericht ausgetragen wird. Vorliegend wird weiter vorausgesetzt, dass die Klageschrift nach §§ 253 I, 261 zugestellt worden ist, die Klage mithin rechtshängig ist. 7

Der Rechtsstreit ist **zur Endentscheidung reif,** wenn das Gericht in dem förmlichen Prozess zu einem Ergebnis gelangen kann. 8

Dies folgt nach der **Relationsmethode** (Anders/Gehle Assessorexamen ZivilR Rn. A 2 ff.) folgenden Regeln. 9

Zunächst muss das Gericht die **Zulässigkeitsvoraussetzungen** prüfen. Dabei ist zu unterscheiden zwischen den Prozessvoraussetzungen im engeren Sinne (echte Prozessvoraussetzungen), deren unstreitiges Fehlen bereits verhindert, dass ein Prozessrechtsverhältnis überhaupt entsteht, die Klage also bereits nicht zugestellt werden sollte, den Sachurteilsvoraussetzungen und dem Fehlen von Prozesshindernissen, die nur auf Rüge des Beklagten zu berücksichtigen sind. 10

Zu den **echten Prozessvoraussetzungen** zählt insbesondere, dass eine Klageschrift wirksam eingereicht worden ist. Eine wirksame zustellfähige Klageschrift (§ 253) fehlt jedoch nur dann, wenn sie an einem besonders schweren Mangel leidet, so dass die Klageschrift völlig unbrauchbar ist, um ein Prozessrechtsverhältnis einleiten zu können (BGHZ 99, 277). Dies kann der Fall sein, wenn nur der Entwurf einer Klageschrift ohne entsprechende Unterschriften eingereicht wird (§§ 253 IV, 130 Nr. 6, wenn die Klage unter einer unzulässigen Bedingung erhoben wird, wenn ein Antrag vollständig fehlt und auch nicht aus der Begründung konkludent entnommen werden kann, eine erstinstanzliche Klage zB beim Rechtsmittelgericht, wie OLG oder BGH einge- 11 reicht wird bzw. der Beklagte so unvollständig bzw. fehlerhaft bezeichnet ist, dass die Klageschrift nicht zugestellt werden kann (vgl. Thomas/Putzo/Seiler § 253 Rn. 19; Musielak/Voit Grundkurs ZPO Rn. 158).

12 Ein Urteil auf eine jedem unmögliche oder gesetzlich nicht vorgesehene Leistung ist ebenfalls unstatthaft.

13 Des Weiteren gehört zu den echten Prozessvoraussetzungen, dass der Beklagte von der deutschen Gerichtsbarkeit erfasst ist. Hiervon ausgenommen sind vor allem Exterritoriale, wie zB Diplomaten und bei hoheitlichen Tätigkeiten für einen ausländischen Staat (vgl. auch §§ 18 ff. GVG) (BAG NZA 2018, 739; Musielak/Voit Grundkurs ZPO Rn. 235).

14 Ist es streitig, ob die echten Prozessvoraussetzungen vorliegen, kann dies abschließend – wie auch sonst – nur durch gerichtliche Entscheidung erfolgen, möglicherweise durch ein Zwischenurteil nach § 282; BGH NJW 2018, 854; NJW 2018, 1880; BAG NZA 2018, 739.

15 Bei grenzüberschreitenden Rechtsstreitigkeiten ist zudem die EuGVVO zu beachten.

16 Die **Sachurteilsvoraussetzungen** umfassen, die ordnungsgemäße Erhebung der Klage (§ 253), sofern nicht ein erheblicher Mangel betroffen ist, der die echte Prozessvoraussetzungen betrifft, der Rechtsweg (§ 13, 17 ff. GVG, § 48 ArbGG), die Parteifähigkeit (§ 50) und ggf. wirksamen Vertretung der Partei, die Prozessfähigkeit (§ 51), Prozessführungsbefugnis und Postulationsfähigkeit (§§ 78, 79 ZPO), sachliche (§§ 23, 71 GVG; vgl. auch für die Praxis wichtige Vorschriften: § 261 III Nr. 2 GVG, § 506) und die örtliche (§§ 12 ff.) Zuständigkeit des Gerichts, das Rechtsschutzbedürfnis und das Fehlen einer anderweitigen Rechtshängigkeit (§ 261 III Nr. 1) bzw. keine anderweitige rechtskräftige Entscheidung über den Streitgegenstand.

17 Als **Prozesshindernisse,** die nur auf Rüge zu beachten wären, kommen ua die fehlende Prozesskostensicherheit, § 110, bei erneuter Klage nach Klagerücknahme hinsichtlich der Kostenerstattung, § 269 VI, und die Einrede der Schiedsvereinbarung, § 1032.

18 Fehlen eine oder mehrere Zulässigkeitsvoraussetzungen bzw. wird bei den Prozesshindernissen die Rüge erhoben, hat das Gericht nach § 139 auf die prozessualen Auswirkungen hinzuweisen. Wird der Mangel nicht behoben bzw. bleibt eine Rüge entsprechend aufrechterhalten, ist die Klage bereits jetzt zur Endentscheidung reif und durch Prozessurteil als unzulässig abzuweisen, ohne dass die Begründetheit näher geprüft wird. Für die Praxis ist noch wichtig, dass in der Regel bei sachlicher bzw. örtlicher Unzuständigkeit nach § 281 I bei einem entsprechenden Antrag eine Verweisung erfolgen.

19 Die Entscheidung über die Zulässigkeit ist wegen der Wirkung der Rechtskraft vor der über die Begründetheit zu treffen. Das Gericht darf sich darüber, ob ein Angriff oder eine Verteidigung unbegründet ist, hilfsweise nur dann äußern, wenn es zur Frage der Zulässigkeit eine abschließende Entscheidung spätestens gleichzeitig trifft.

20 Eine Abweisung der Klage als „unbegründet" kann in eine solche als „unzulässig" umdeutbar sein, Düss NJW-RR 1990, 1040.

21 In dem Umfang, in dem die Klage zulässig ist, prüft das Gericht – entsprechend der Relationsmethode – die Begründetheit der Klage, um Entscheidungsreife bewirken zu können.

22 Dabei ist zunächst die **„Schlüssigkeit"** des Anspruchs zu prüfen, also die Frage, ob auf der Grundlage der unstreitigen Tatsachen und den vom Kläger behaupteten streitigen Tatsachen der eingeklagte Anspruch besteht (Thomas/Putzo/Seiler Vor § 253 Rn. 38 ff.). Dabei ist es ausreichend, wenn die Voraussetzungen einer Anspruchsgrundlage nach dem Klägervortrag vorliegen. Ist dies nicht der Fall, ist das klägerische Vorbringen unschlüssig. Die Klage wäre daher bereits jetzt entscheidungsreif, ohne dass es auf den Beklagtenvortrag oder eine Beweisaufnahme ankäme und dann bereits jetzt (als unbegründet) abzuweisen. Trifft die „Unschlüssigkeit" nur auf einen Teil des geltend gemachten Anspruchs zu, so ist die Klage nur insoweit als unbegründet abzuweisen.

23 Im Übrigen ist weiter zu prüfen, ob der Tatsachenvortrag des Beklagten **„erheblich"** ist; dies ist dann der Fall, wenn er – den Beklagtenvortrag als richtig unterstellt – den Anspruch des Klägers vollständig, oder zumindest teilweise zu Fall bringen würde. Dies kann von Seiten des Beklagten dadurch erfolgen, dass er anspruchsbegründende Tatsachenmerkmale erheblich bestreitet, oder auch dass er anspruchshindernde, anspruchsvernichtende oder anspruchshemmende Tatsachen vorträgt. Für die Entscheidungsreife ist es jedoch maßgeblich, dass der Vortrag des Beklagten insgesamt oder zumindest teilweise gesamterheblich ist. Unter mehreren rechtlichen Begründungen aufgrund des Sachverhalts kann der Richter grundsätzlich wählen, BGH NJW 2000, 591. Falls der Vortrag des Beklagten zwar dazu führen würde, dass kein vertraglicher Anspruch gegeben ist, der Kläger aber in gleicher Höhe einen deliktischen Anspruch geltend machen kann, ist der Vortrag nicht mehr gesamterheblich, so dass eine Beweisaufnahme entbehrlich ist. Eine Gesamterheblichkeit läge zum Beispiel auch nicht vor, wenn der Beklagte sich mittels einer Anfechtung (§ 142 BGB) verteidigt, die Anfechtungsfrist aber verstrichen ist. Liegt keine Gesamterheblichkeit vor, ist der Rechtsstreit ebenfalls zur Entscheidung reif, die Klage wäre mithin begründet.

24 Soweit dieser Vortrag – ggf. auch nach einer weiteren Replik oder Duplik – und soweit nicht etwa ein Vorbringen wegen §§ 282, 296, 530, 531 außer Betracht zu bleiben hat, gesamterheblich bleibt, ist über die jeweiligen Tatsachen – unter Berücksichtigung der Beweislast – Beweis zu erheben. Sobald die **Beweisaufnahme** zu einem Ergebnis geführt hat (positiv oder negativ ergiebig bzw. ein non liquet, das entsprechend der Beweislast zu beurteilen ist) und damit insgesamt alle Tatbestandsmerkmale zur Überzeugung des Gerichts vorliegen oder nicht vorliegen, ist der Rechtsstreit (spätestens) zur Endentscheidung reif.

25 Wegen einer besseren Vollstreckbarkeit kann der Kläger evtl. eine Prüfung bestimmter Anspruchsgrundlagen und eine entsprechende Kennzeichnung im Tenor nach § 313 I Nr. 4 fordern, Stöber FG Vollkommer, 2006, 365. Unter mehreren Gründen der Sachabweisung wählt der Richter in der Regel die liquideste (einfachste, überzeugendest) aus, auch wenn der Kläger einen Grund nur hilfsweise geltend gemacht hat.

26 Anders ist es bei der **Hilfsaufrechnung** nach → § 145 Rn. 17–22. Wenn das Gericht aufgrund der Aufrechnung abweist, ist die aufgerechnete Forderung erloschen. Darum darf das im Hinblick auf die Besonderheit des § 322 II nur dann geschehen, wenn die Klageforderung zunächst feststeht (Beweiserhebungslehre), BGHZ 80, 99; Köln FamRZ 1991, 1194. Ebenso muss das Gericht den Hilfseinwand der Zahlung behandeln. Denn sonst bleibt das Rückforderungsrecht des Bekl. ungeklärt. Bei mehreren **Haupt- und Hilfsanträgen** nach → § 260 Rn. 9 darf das Gericht nur dann ganz abweisen, wenn es sie sämtlich für unzulässig oder unbegründet befindet. Auf den Hilfsantrag darf es grundsätzlich schon wegen § 322 II nur dann eingehen, wenn der Hauptantrag unzulässig oder unbegründet oder nach § 91a erledigt ist, BGHZ 150, 381. Unzulässig ist es auch, über den Hilfsantrag zu erkennen, „falls der Hauptanspruch nicht durchsetzbar ist". Ggf. kann eine vorsorgliche Hilfsbegründung zusätzlich zur stattfindenden Hauptbegründung ratsam sein. Greift eine rechtsvernichtende Einrede des Bekl. durch, erübrigt sich nach den Grundsätzen der Relationstechnik die Prüfung des Klagegrunds. Ihn kann das Gericht dann „offen" lassen. Da diese Entscheidung aber eine Sachabweisung ist, befreit sie nicht von der Prüfung der Prozessvoraussetzungen.

V. Rechtsfolge, I, II. Sobald der Rechtsstreit zur Endentscheidung reif ist, erlässt das Gericht ein **Endurteil** (BGH NJW 1955, 118; BVerwG NJW 1989, 119). Ein Endurteil ist ein solches Urteil (→ Vor § 300 Rn. 1), das nach seiner prozessrechtlich formal ordnungsgemäßen Entstehung den Rechtsstreit im Urteilsumfang endgültig entscheidet, so dass in ihr kein weiteres Urteil über denselben Anspruch(-steil) in der jeweiligen Instanz mehr denkbar ist, Schael FPR 2009, 195. 27

Dies umfasst insbesondere auch Prozessurteile, die nur über die Zulässigkeit entscheiden, wie auch sonstige Urteile, Teilurteile nach § 301 und Versäumnisurteile. Jedes Verfahren mit einer notwendigen mündlichen Verhandlung verlangt ein Endurteil, soweit nicht eine andere Beendigung des Rechtsstreits in Betracht kommt (→ Rn. 1), wobei das Gesetz entsprechend dem rechtsprechenden Auftrag der Gerichte (Art. 20 II 2, 92 GG) das „Endurteil" als den Regelfall der Beendigung des Prozesses ansieht. 28

Das Endurteil, und damit insoweit das instanzabschließende Urteil, ist unverzüglich zu erlassen. Bei einer Verzögerung der Entscheidung können die Rechtsfolgen mit einer möglichen Haftung nach §§ 198 ff. GVG entstehen. Auch tritt evtl. eine Staatshaftung nach Art. 34 GG, § 839 BGB, bis in besonderen Extremfällen hin zur Bestrafung wegen Rechtsbeugung durch Unterlassen. Das Endurteil ergeht grundsätzlich aufgrund des Streitstands beim Schluss der mündlichen Verhandlung nach §§ 136 IV, 296a, 310, 525, BGHZ 77, 308; BGH NJW-RR 2012, 508; BVerwG NJW 1989, 119; Brschw NJW-RR 1996, 380. Das gilt, mag der Anspruch von Anfang an begründet gewesen oder auch erst im Lauf des Prozesses begründet geworden sein. Ist ein anfänglich begründeter Anspruch unzulässig oder unbegründet geworden, muss das Gericht die Klage nach → § 91a Rn. 210 dann abweisen, wenn keine nach → § 91a Rn. 115 übereinstimmenden wirksamen Erledigungsklärungen vorliegen. 29

VI. Zulässigkeit eines Vorbehalts, Wiedereröffnung, Entscheidungszeitpunkt. Ein Urteil unter dem Vorbehalt der Entscheidung über Angriffs- oder Verteidigungsmittel ist nur nach §§ 302, 599 zulässig. Daher ist auch keine Verurteilung zu einer Zahlung abzüglich eines noch unklaren Betrags zulässig. Ebenso unzulässig ist ein solches Urteil, dem erst das Vollstreckungsgericht nach § 764 einen bestimmten Inhalt geben könnte. Das muss man schon wegen § 890 besonders bei einem Urteil auf eine Unterlassung beachten. Zulässig ist der Vorbehalt der beschränkten Haftung des Erben usw. zB nach §§ 305, 305a, 780, §§ 1975, 1990 BGB. Bei einer Entscheidungsreife gegenüber nur einem Streitgenossen nach §§ 59 ff. → § 301 Rn. 18. 30

Tritt nach Schluss der mündlichen Verhandlung und vor Fällung des Urteils mit abschließender Beratung ein **Richterwechsel** ein, so wäre das erkennende Gericht nicht mehr ordnungsgemäß besetzt, sondern die mündliche Verhandlung müsste wiedereröffnet werden (§ 156 II; BGH NJW-RR 2012, 508). 31

Das Endurteil ergeht aufgrund des bei der Verkündung nach § 311 geltenden Rechts, ggf. sind Übergangsvorschriften zu beachten zB im EGBGB, EGInsO usw. Es genügt eine Gesetzesänderung zwischen dem Verhandlungsschluss nach §§ 136 IV, 296a und der Verkündung nach §§ 310, 311. Das Gericht muss den Parteien dann rechtliches neues Gehör nach Art. 103 I GG geben. Für das Revisionsgericht kann nichts anderes gelten. Es muss nach dem geltenden Recht entscheiden, nicht nach einem aufgehobenen Recht, Bettermann ZZP 88, 370. 32

Über den maßgebenden Zeitpunkt im schriftlichen Verfahren kommt es auf den Zeitpunkt an, mit dem die Entscheidung zum Zwecke der Zustellung und damit dem Ersatz der Verkündung auf der Geschäftsstelle abzugeben ist; im Aktenlageverfahren → § 251a Rn. 25. Vgl. im Übrigen §§ 307, 331 III, 495a. In der Berufungsinstanz nach §§ 511 ff. gilt nichts Besonderes, § 525. 33

VII. Prozessverbindung, II. Hat das Gericht mehrere Prozesse nach § 147 verbunden, muss es ohne einen Ermessensspielraum ein Endurteil erlassen, sobald einer der Prozesse entscheidungsreif ist. Die Beendigung soll nicht unter der Verbindung leiden. Die objektive Anspruchshäufung nach § 260 trifft II nicht. Das Urteil ist ein Vollurteil und enthält eine Aufhebung der Verbindung. Auch das restliche Urteil ist ein Endurteil, nicht ein Teilurteil nach § 301. Über eine gewöhnliche Klägerhäufung → § 301 Rn. 17 ff. 34

301 *Teilurteil.*

I [1]Ist von mehreren in einer Klage geltend gemachten Ansprüchen nur der eine oder ist nur ein Teil eines Anspruchs oder bei erhobener Widerklage nur die Klage oder die Widerklage zur Endentscheidung reif, so hat das Gericht sie durch Endurteil (Teilurteil) zu erlassen. [2]Über einen Teil eines einheitlichen Anspruchs, der nach Grund und Höhe streitig ist, kann durch Teilurteil nur entschieden werden, wenn zugleich ein Grundurteil über den restlichen Teil des Anspruchs ergeht.

II Der Erlass eines Teilurteils kann unterbleiben, wenn es das Gericht nach Lage der Sache nicht für angemessen erachtet.

I. Systematik, I, II. Anders als das Vollendurteil, dass über den ganzen prozessualen Anspruch entscheidet, wird im Teilurteil nur über einen abgrenzbaren Teil des Anspruchs entschieden. Das **Teilurteil** schließt die Instanz dabei nur über den Teil, über den es entscheidet. Insoweit unterscheidet das Teilurteil sich vom Grundurteil nach § 304 und stellt damit auch ein **Endurteil** dar. Über den restlich anhängigen Klagegegenstand wird dann durch ein weiteres Teilurteil entschieden, wobei theoretisch denkbar auch mehrere Teilurteile sind. Dasjenige Teilurteil, dass den Rechtsstreit für die jeweilige Instanz endgültig abschließt, wird **Schlussurteil** genannt. 1

Als Ausdruck des Dispositionsgrundsatzes haben §§ 307, 309, 330 ff. Vorrang. 2

Es kann sich dabei nach I 1 Hs. 1 Fall 1 um einen von mehreren selbständigen Ansprüchen handeln, BGHZ 157, 142, oder nach I 1 Hs. 1 Fall 2 um einen Teil desselben Anspruchs, BGHZ 157, 142, oder nach I 1 Fall 3 um Klage und Widerklage. Im Fall 1 darf entweder kein materiell-rechtlicher Zusammenhang bestehen oder es darf keine prozessuale Abhängigkeit der Ansprüche voneinander vorliegen, BGHZ 157, 142. Eine Abhängigkeit nur von derselben Rechtsfrage stört nicht, BGHZ 157, 142. Das Gericht überlässt den in der bisherigen Instanz anhängig bleibenden Rest zur endgültigen Entscheidung des Rechtsstreits einem weiteren Teilurteil, dem **Schlussurteil.** Man kann diesen Rest mit einer Anschlussberufung nach § 524 in die Berufungsinstanz ziehen. 3

Zulässig ist es, dass das Berufungsgericht auf einen entsprechenden Antrag ohne einen Widerspruch des Gegners die ganze Klage für einen solchen Teilanspruch abweist, der dem Grunde nach mit dem Restanspruch gleich ist. Die Regelung ist mit dem GG vereinbar, Köln MDR 1977, 939.

4 **II. Regelungszweck, I, II.** Das Teilurteil soll den Rechtsstreit vereinfachen und beschleunigen, BGH WM 2015, 1288; Oldb VersR 1986, 927; Klose MDR 2007, 1351 und eine Vollstreckungsmöglichkeit für einen abtrennbaren Teil geben (vgl. Regenfuss JA 2018, 888). Es bindet das Gericht nach § 318. Jedes Teilurteil bewirkt eine **Aufspaltung** des Prozesses in mehrere voneinander unabhängig werdende Teile, BGH NJW 1998, 686. Das gilt zB für die Zulässigkeit von weiterem Vortrag, für die Zulässigkeit eines Rechtsmittels, BGH NJW 1998, 686; Heidemann NJW 2002, 494, für die Vollstreckbarkeit. In der Praxis wird von einem Teilurteil nur zurückhaltend Gebrauch gemacht, da in einer Klage häufig der Streitgegenstand nicht (eindeutig) teilbar ist und somit die Gefahr widersprechender Entscheidungen besteht (BGH NJW 2009, 1824; 2018, 621).

5 Jedes Teilurteil wird, da es auch Endurteil ist, nach §§ 322, 705 **selbständig rechtskräftig,** BGH NJW 1989, 2134; Mü FamRZ 1980, 279. Das gilt natürlich nur für den entschiedenen Teil des Streitgegenstands, BGH NJW 1998, 686.

6 Man muss die **Rechtsmittelsumme** für jedes Teilurteil selbständig nach der Beschwer nach → Vor § 511 Rn. 13, 17 ff. berechnen und jedes Teilurteil selbständig angreifen. Eine Teilung kann also das Rechtsmittel unstatthaft machen, BGH NJW 1998, 686, zB bei einer Klage über 1.100 EUR, und das Teilurteil wie das Schlussurteil haben jeweils eine Beschwer, die 600 EUR nicht übersteigt (§ 511 II Nr. 1), zB 600 EUR und 500 EUR, so dass dann in beiden Fällen eine Berufung unzulässig wäre, wenn die Berufung nicht zugelassen wird (§ 511 II Nr. 2).

7 § 301 soll nicht einer Partei solche prozessualen Möglichkeiten abschneiden, die sie sonst noch hätte, BGHZ 77, 308. Dennoch ist nach § 296 eine Zurückweisung eines verspäteten Vortrags durch ein Teilurteil zulässig.

8 **Zeitgemäß** ist § 301 unverändert. Zwar bringt ein Teilurteil evtl. auch gewisse Nachteile mit sich, nämlich eine Festlegung, die sich als verfrüht erweisen kann, und eine Verdoppelung der formellen Entscheidungsarbeit ohne wirkliche Notwendigkeit. Es ergeben sich aber auch klare Vorteile durch das Ausscheiden des schon Ausscheidbaren und damit auch eine Möglichkeit schnellerer Befriedigung als des Hauptziels des Klägers wie auch schnellerer Entlastung beim abweisenden Teilurteil für den Bekl. Beides ist nach wie vor im Kern prozesswirtschaftlich. Das trotz I 1 in Wahrheit nach II weite Ermessen des Gerichts hält das Ganze als elastisch handhabbar.

9 **III. Geltungsbereich, I, II.** Die Vorschrift gilt in allen Verfahren nach der ZPO, auch im WEG-Verfahren. Sie ist entsprechend anwendbar im Berufungsverfahren nach §§ 511 ff., BAG NJW 1978, 2114, und im Beschwerdeverfahren nach §§ 567 ff., BPatG GRUR 1991, 830; Schneider MDR 1978, 525. Sie ist nach § 46 II 1 ArbGG im arbeitsgerichtlichen Urteilsverfahren entsprechend anwendbar, ebenso im arbeitsgerichtlichen Beschlussverfahren, BAG NZA 2009, 623, LAG Bln DB 1978, 1088, und im sonstigen Beschlussverfahren, BPatG GRUR 1991, 829, Brem FamRZ 1982, 393, Köln NJW-RR 1986, 1190. Sie ist jedoch unanwendbar im Haushaltsverfahren nach §§ 200 ff. FamFG, (zum alten Recht) LG Siegen FamRZ 1976, 698. Zur entsprechenden Anwendbarkeit im Verfahren über einen Versorgungsausgleich nach §§ 217 ff. FamFG (je zum alten Recht) BGH NJW 1984, 120 und 1544; Naumb FGPrax 2006, 166; Zweibr FamRZ 1983, 941; aM Oldb NJW-RR 1992, 712. Zur entsprechenden Anwendbarkeit (jetzt) im sonstigen FamFG-Verfahren Naumb FGPrax 2006, 166; Zweibr NJW-RR 1994, 1527. Wegen des Patentverfahrens BGH GRUR 2006, 748; Hövelmann GRUR 2009, 718. Zum finanzgerichtlichen Teilurteil Rössler BB 1984, 204.

10 **IV. Voraussetzungen, I.** Das Gericht muss die kumulativ erforderlichen Voraussetzungen nach → Vor § 128 Rn. 42 **von Amts wegen** beachten, BGH, NJW 2022, 1174; Nürnb MDR 2003, 220 (auch in der Berufungsinstanz). Eine spätere **Klageerweiterung** führt nicht zur Unzulässigkeit des Teilurteils, LAG Hamm, 19.8.2021, 18 Sa 310/21. Ein unter Verstoß gegen § 301 I ergangenes Teilurteil würde an einen **wesentlichen Verfahrensmangel** leiden, (BAG MDR 2021, 1342).

11 **1. Grundsatz: Teilbarkeit, Entscheidungsreife.** Es muss ein **Rechtsstreit** (§ 13 GVG) vorliegen (→ § 300 Rn. 7).

12 Mehrere geltend gemachte Ansprüche bedeutet, dass der Streitgegenstand (→ § 2 Rn. 2) überhaupt **teilbar** ist (BGH NJW 2007, 156; 2009, 1824; insbesondere auch BGH NJW 2018, 621; MDR 2013, 1116; Hamm BauR 2015, 1219; Mü GRUR-RR 2015, 331). Dabei ist zwischen einer objektiven Klagehäufung und einem einheitlichen Streitgegenstand zu differenzieren:

13 Bei einer **objektiven Klagehäufung** (§ 260) dürfte eine Teilbarkeit in der Regel gegeben sein. Dies läge zB bei einem Antrag vor, den Beklagten auf 10.000 EUR zu verurteilen, wobei sich 6.000 EUR auf einen Anspruch auf Kaufvertrag und 4.000 EUR sich auf einen Anspruch aus Werkvertrag stützen. Insoweit lägen mit dem Kaufvertrag und dem Werkvertrag zwei – teilbare – Streitgegenstände vor. Die betragsgemäße Aufteilung genügt dabei noch den Anforderungen von § 253 II Nr. 2. Sollten die Ansprüche in eine bestimmte Reihenfolge als Haupt- und Hilfsantrag geltend gemacht werden, dürfte ein Teilbarkeit nicht vorliegen, da dies jeweils methodisch auf der Ebene Hauptantrag bzw. Hilfsantrag zu betrachten ist.

14 Darüber hinaus kann im Ausnahmefall auch ein **einheitlicher Streitgegenstand teilbar** und der abtrennbare Teil entscheidungsreif sein, so zB wenn nach einem Verkehrsunfall neben dem noch offenen Anspruch auf Schmerzensgeld und Kosten für die Wiederherstellung der Gesundheit usw. die Kosten für die Reparatur des Autos aber schon feststehen. Darüber hinaus sei zB angeführt, dass der Kläger einen Anspruch aus einem dinglichen Recht geltend macht (Grundstück), und einmal einen Grundbuchberichtigungsanspruch (§ 894 BGB) und einen Unterlassungsanspruch aus § 1004 BGB geltend macht.

15 **2. Weiterer Grundsatz: Unabhängigkeit vom Rest.** Als ungeschriebenes zusätzliches Tatbestandsmerkmal wird weiter die Unabhängigkeit des Teilurteils von der Entscheidung des restlichen Streits vorausgesetzt (BGH NJW 2018, 621; BAG NZA 2015, 319; OLG Celle MDR 2020, 344; Mü ZVertriebsR 2018, 104; Köln VersR 1992, 852; Musielak/Voit/Musielak § 301 Rn. 3). Der **teilbare Streitgegenstand** (Thode, jurisPR-BGHZivilR 4/2022 Anm. 5), der durch Teilurteil ausgeurteilt werden soll, darf also den weiteren Prozessverlauf unter keinen Umständen mehr berühren, muss also **unabhängig** davon sein, wie der Streit über den restlichen Rechtsstreit entschieden werden wird (BGH NZM 2015, 662; BAG NZA 2008, 1419; LG Stgt NZM 2011, 854). Dem steht jedoch nicht entgegen, dass sich theoretisch im weiteren Verlauf des Verfahrens **Vorfragen**

ergeben können, die abweichend von der Verurteilung durch das (Teil-)(Vorbehalts-)urteil entschieden werden könnten. Die **Gefahr sich inhaltlich widersprechender Entscheidungen** ist allerdings auch gegeben, wenn die Sachenur möglicherweise anders entschieden wird, zB wenn das Gericht später anders besetzt ist oder aufgrund neuen Vortrags etc. das Gericht seine Rechtsauffassung ändert. Es muss auch ausgeschlossen sein, dass das **Rechtsmittelgericht** zu einer möglichen abweichenden Beurteilung kommt, die den anderen vermeintlich abgrenzbaren Teil betrifft (BGH NJW 2019, 3718; NJW 2012, 844, NJW 1989, 2821; OLG Hamm 15.4.2021 – 4 U 178/19; NJOZ 2016, 1190; Saarbr NJW-RR 2013, 853) betrifft. Ansprüche oder Anspruchsteile, über die durch Teilurteil entschieden worden ist, dürfen sich im weiteren Verfahren über andere Ansprüche/Anspruchsteile nicht noch einmal stellen können (BGH NJW 2018, 621; 2017, 1745). Durch das Ziel, widersprüchliche Entscheidungen nach Möglichkeit zu vermeiden, soll auch das Vertrauen in die Justiz gestärkt werden (Regenfuss JA 2018, 888). Es genügt eine **Präjudizialität.** Sie besteht, wenn der durch Teilurteil beschiedene und der noch rechtshängige Anspruch von gemeinsamen Vorfragen abhängen bzw. wenn über eine Frage zu entscheiden ist, die sich dem Gericht im weiteren Verfahren über andere Ansprüche oder Anspruchsteile noch einmal stellen kann (BGH NJW 2016, 2662; OLG Celle MDR 2020, 344). Das gilt auch bei der unselbständigen Anschlussberufung nach § 524, BAG NJW 1975, 1248, oder auch bei subjektiver Klagehäufung nach § 59, wenn sich gleiche Fragen bei anderen Streitgenossen stellen können (OLG Düsseldorf 8.5.2019 – U (Kart) 12/18, BeckRS 2019, 30802. Die Abgrenzbarkeit ist wie sonst durch Auslegung zu ermitteln, BGH NJW 2014, 830. Aus praktischer Sicht sind diese Voraussetzungen bei der o. g. **„objektiven Klagehäufung"** leichter zu erreichen als bei einem **„einheitlichen Streitgegenstand".** Insbesondere das o. g. Beispiel mit dem Verkehrsunfall erfüllt dieses zusätzliche Tatbestandsmerkmal nicht, da die einzelnen Schadenspositionen nicht unabhängig von der zugrundeliegenden Haftungsquote (zB §§ 7, 17 StVG) sind. Aber auch hier mag es wieder Ausnahmen geben, zB wenn die Parteien sich förmlich auf eine Haftungsquote einigen bzw. der Beklagte den Anspruch dem Grunde nach anerkennt.

Im **Zweifel** ist eine „Unabhängigkeit von dem Rest" zu verneinen (vgl. BGH NJW 2016, 1651; WM 2016, 1027; KG BauR 2015, 1879; Mü GRUR-RR 2015, 331; Brem FamRZ 2007, 2089; Celle BauR 2017, 1737). 16

3. Weiterer Voraussetzung bei einheitlichem Streitgegenstand. Über den Teil eines einheitlichen Anspruchs darf ein Teilurteil nur dann ergehen, wenn zugleich ein entsprechendes **Grundurteil** hinsichtlich des restlichen Anspruchs erlassen wird, § 301 I 2. Diese Vorgabe gilt in für den Prozess allgemein, wäre damit auch bei einem Teilurteil gegen einfache Streitgenossen zu beachten (BGH MedR 2019, 562; Regenfuss JA 2018, 888). 17

4. Beispiele zur Frage der Zulässigkeit eines Teilurteils, I

Abänderungsklage: → „Unterhalt". 18

Amtshaftung: Sind Beamter und Dienststelle Bekl., kann ein Teilurteil gegen nur einen der Bekl. **unzulässig** sein, BGH NJW 1999, 1035.

Anfechtungsklage: Zulässig kann ein Teilurteil dann sein, wenn der Bekl. eine nicht mehr zulässige Hilfsaufrechnung nach → § 145 Rn. 21 und eine Widerklage nach Anh. § 253 erhebt, BGHZ 173, 333.

Angriffs- und Verteidigungsmittel: Zulässig sein kann ein Teilurteil über eines von mehreren Angriffs- oder Verteidigungsmitteln, BGH NJW 1984, 615. Es kommt aber auf die Umstände an, BGH DB 1993, 930.

Anspruchshäufung: Zulässig ist ein Teilurteil nach I 1 Hs. 1 Fall 1 bei mehreren in einer Klage geltend gemachten selbständigen Ansprüchen, also bei einer objektiven Anspruchshäufung nach §§ 260 ff., BGHZ 157, 142; BAG NZA 2007, 1232; Oldb VersR 1986, 927. Das setzt aber voraus, dass aus dem Teilurteil klar hervorgehen kann, über welche Teile einer Gesamtforderung das Gericht entscheidet, BGH NJW 2000, 959. Dazu ist eine nach § 253 im Einzelnen bezifferte Zuordnung notwendig, Karlsr VersR 2000, 1422.

Ein „erstrangiger" Teilbetrag kann **unzureichend** sein, Karlsr VersR 2000, 1422. Unzulässig ist natürlich auch ein solches Teilurteil, dass vor der Entscheidungsreife des jetzt zur Beurteilung anstehenden Teils nach → § 300 Rn. 21 ergeht, Hamm NJW-RR 2001, 96; Mü ZVertriebsR 2018, 104.

Aufopferungsanspruch: Unzulässig ist ein Teilurteil bei einem Aufopferungsanspruch.

Aufrechnung, Zurückbehaltungsrecht: Unzulässig ist ein Teilurteil zB dann, wenn der Besteller mit Ansprüchen aufrechnet, die aus einem Leistungsverweigerungsrecht nach § 320 I BGB erwachsen sind; **unzulässig,** wenn bei einer **Primäraufrechnung** der Grund eines einheitlichen Anspruchs streitig war, BGHZ 107, 236; 108, 256; **zulässig** ist das Teilurteil, wenn in Fällen der **Primäraufrechnung** die Tatsachen zum Grund der Klageforderung im Zeitpunkt des Erlasses des Teilurteils unstreitig sind (vgl. BGH, NJW 2022, 1174; WM 2000, 725, siehe auch: BT-Drucks. 14/2752, S. 14; Unzulässig ist ein Teilurteil ferner dann, wenn das Gericht zu dem Ergebnis kommt, der Anspruch habe entweder nicht bestanden oder sei durch eine Aufrechnung entfallen, da dann die Sache insgesamt entscheidungsreif ist; der Beklagte kann seinen Aufrechnungsanspruch ggf. widerklagend geltend machen. **Zulässig** ist aber ein Teilurteil, wenn die Zulässigkeit der Aufrechnung selbst in Streit steht, BGH MDR 2007, 1394; OLG Karlsruhe 12.2.2020 – 10 U 19/19, BeckRS 2020, 2229; auch zulässig, soweit der Beklagte die Gegenforderung **hilfsweise** zur Aufrechnung stellt, LG Flensburg 1.4.2022 – 2 O 305/17, BeckRS 2022, 8269.

Aussetzung: → § 249 Rn. 17.

Bauprozess: Jurgeleit BauR 2016, 375 (ausf.).

Berufung: Zulässig ist ein Teilurteil auch bei §§ 511 ff., Rostock NJW 2003, 2755. Das gilt auch für ein solches über die Berufung und die Anschlussberufung nach § 524, selbst bei einer Rücknahme der restlichen Berufung nach § 516, Celle NJW-RR 1986, 357.

Beschwerdewert: Zulässig sein kann ein Teilurteil auch dann, wenn es die Beschwerdemöglichkeit wertmäßig verengt, BGH BauR 2011, 720.

Beweis: Zulässig ist ein Teilurteil nur bei der Möglichkeit seiner einheitlichen Würdigung nach § 286, BGH NJW-RR 1992, 254.

Einheitlichkeit des Anspruchs: Zulässig ist nach I 2 grds. ein Teilurteil bei einem einheitlichen nach Grund und Höhe streitigen Anspruch nur dann, wenn das Gericht zugleich ein Grundurteil nach § 304 über den restlichen Teil dieses Anspruchs fällt, BGH WM 2013, 524; Kblz ZMR 2002, 745; Gehrlein NJW 2007, 2834. Das alles gilt sogar bei einer dem Grunde nach bisher unstreitigen Haftung zu allen Anspruchsfolgen. Denn ein Grundurteil über den Rest darf wegen § 304 nicht ergehen. Dann aber könnte beim Rest mangels Rechtskraft zum Grund noch eine andere Beurteilung nötig werden. Das widerspräche dem Grundgedanken. Zum

Problem Schmitz NJW 2000, 3623. Das gilt zB: Bei einem Anspruch des Handelsvertreters auf einen Ausgleich nach § 89b HGB, Mü NJW-RR 1992, 1192; entsprechend bei einem Anspruch auf den Versorgungsausgleich nach §§ 217 ff. FamFG, BGH FamRZ 2009, 301; nach → „Streitgenosse" bei Beklagten nach § 62 notwendigen Streitgenossen. Auch → „Postensache", → „Scheidungsfolgesache", → „Zugewinnausgleich".

Einheitlichkeit des Sachverhalts: Unzulässig sein kann dann ein Teilurteil, BGH NJW 2004, 1452.

Elemente des Anspruchs: Unzulässig ist ein Teilurteil über nur einzelne Elemente des Anspruchs ähnlich → § 256 Rn. 9 „Element", BGH NJW 1999, 1035; Celle NJW-RR 2013, 839; Düss VHR 1997, 30. Auch → Rn. 17 „Angriffs- und Verteidigungsmittel".

Endgültigkeit des Teilanspruchs: Ein Teilurteil ist zulässig über einen größenmäßig bestimmten und endgültig feststehenden Teil des Anspruchs, BGH NJW 1999, 1035. Eine Abweisung des Teilanspruchs setzt voraus, dass der gesamte Anspruch nicht höher sein kann als der Rest. Eine Verurteilung, „mindestens x EUR zu zahlen", ist unstatthaft. Denn sie enthält nach → § 260 Rn. 5 keine genaue Feststellung dazu, wie sich der Mindestbetrag auf die einzelnen Posten verteilt. Zulässig ist aber die Begründung der Verurteilung zu x EUR damit, dass der Bekl. so viel auf alle Fälle schuldet.

Einzelne Posten eines **Kontokorrents** usw. sind **kein** Teilanspruch, Mü FamRZ 1979, 1026. Zur Nachholbarkeit der Individualisierung in der Rechtsmittelinstanz BAG NJW 1978, 2114.

Enteignungsanspruch: Unzulässig ist ein Teilurteil bei einem Enteignungsanspruch, BGH WM 1997, 1164.

Entscheidungsreife: → Rn. 11. Sie muss also nach → § 300 Rn. 21 vorliegen, Hamm BauR 2015, 1219; AG Bln-Charlottenb ZMR 2017, 510.

Feststellungsklage: Zulässig sein kann ein Teilurteil dann, wenn es um eine behauptende Feststellungsklage nach § 256 geht, während der Bekl. den gegnerischen zusätzlichen Zahlungsanspruch mit einer höheren Aufrechnung bekämpft hat, Kblz NJW-RR 1988, 533.

Unzulässig ist ein Teilurteil dann, wenn man das Feststellungsinteresse nach → § 256 Rn. 24 ff. noch nicht klären kann, Mü VersR 1997, 1492, und wenn keine Bezifferung vorliegt, BGH NJW 2000, 1406, oder wenn der Kläger Feststellung und Leistung infolge Feststellung begehrt, Nürnb MDR 2014, 1108.

Gesamtschuldner: Zulässig ist ein Teilurteil auch gegen einen von mehreren Gesamtschuldnern, aM KG MDR 2005, 291 (aber es kann außer restlicher Klagerücknahme auch zahlreiche weitere Entwicklungen ohne ein widersprechendes Schlussurteil geben, und die Verurteilung als Gesamtschuldner ändert nichts an der Leistungspflicht des Verurteilten).

Geschäftsraum: → „Räumung".

Gesellschaftsrecht: Unzulässig ist bei der Klage mehrerer Aktionäre durch eine Anfechtungs- und Nichtigkeitsklage ein Teilurteil nur über die eine oder andere Rechtsfolge, BGH NJW 1999, 1638. Unzulässig ist ein Teilurteil bei der Feststellungsklage eines Dritten nach § 256 wegen Nichtigkeit eines Gesellschafterbeschlusses und bei einer Gesellschafterklage, BGH NJW 2009, 230, sowie ein Teilurteil bei einer Klage auf die Feststellung der Unwirksamkeit, einer Widerklage auf eine Zustimmung zu demselben Beschluss, Mü NJW-RR 2004, 192.

Gestaltungsklage: Meist unzulässig ist hier ein Teilurteil, BGH NJW 1999, 1638.

Gewinnwegfall: Unzulässig ist ein Teilurteil, solange die Anwendbarkeit von Aufwendungen unklar ist, BGH NJW-RR 1991, 1469.

Grundurteil. Dazu Schmitz NJW 2000, 3623. Zulässig ist nach I 2 die Verbindung von Teil- und Grundurteil nach § 304 bei einem bestimmten Teil eines einheitlichen teilbaren Streitgegenstands, BGH NJW-RR 2012, 101; Mü NJW 2018, 1328; Stgt ZMR 2011, 150. Das gilt auch bei einem Feststellungsrestanspruch, Jena OLGR 2009, 545; Saarbr OLGR 2004, 414; aM BGH NJW 2009, 2815; Mü NJW 2018, 1328 (aber die Prozesswirtschaftlichkeit ist zu berücksichtigen). Freilich kann man nach I 2 bei einem einheitlichen nach Grund und Höhe streitigen Anspruch durch ein Teilurteil nur dann entscheiden, wenn zugleich ein Grundurteil über den restlichen Teil des Anspruchs ergeht, BGH MDR 2004, 820; BAG NZA-RR 2014, 490; Düss BauR 2012, 1681. Ein Grundurteil über einen Teilanspruch darf dann, wenn der Bekl. wegen des Restanspruchs eine verneinende Feststellungswiderklage nach § 256 erhoben hat, nur zugleich mit einem Endurteil über die Widerklage ergehen, BGH NJW 2002, 1806. Der Charakter eines Grundurteils muss zumindest aus den Entscheidungsgründen nach § 313 III hervorgehen, BGH NJW 2004, 949. Auch → „Feststellungsklage".

Haftungsquote: Zulässig ist ein Teilurteil über die Haftungsquote dann, wenn es im Schlussurteil um ein zugehöriges Schmerzensgeld nach § 253 geht, BGH NJW 1989, 2758.

Unzulässig ist ein Teilurteil bei der Notwendigkeit einer einheitlichen Klärung einer Haftungsquote, BGH NJW 2001, 760.

Hauptanspruch: → „Hilfsantrag", → „Vorbehalt", → „Zinsen".

Hilfsantrag: Beim Hilfsantrag nach → § 260 Rn. 12, 25 gilt: Wechselseitige Hilfsanträge sind zulässig, BGH MDR 1992, 708. Den Hauptanspruch kann das Gericht durch ein Teilurteil abweisen, soweit es sich beim Hilfsanspruch nicht nur um eine andere Begründung desselben prozessualen Anspruchs handelt, sondern um einen anderen Anspruch, insgesamt also zwei selbständige Ansprüche vorliegen, BGH NJW 1995, 2361, NJW 1989, 1486, mag er auch aus demselben Sachverhalt folgen, BPatG GRUR 1980, 997 (jedoch gilt § 301 nicht im patentamtlichen Patenterteilungsverfahren).

So ist ein Teilurteil über den **Hauptanspruch** zulässig bei einem Hauptanspruch auf die Feststellung der Nichtigkeit des Kaufvertrags, beim Hilfsanspruch auf eine Zahlung, oder ein Teilbeschluss bei einem Hauptanspruch auf eine Rente nach dem BEG, beim Hilfsanspruch auf eine Kapitalentschädigung, oder ein Teilbeschluss bei einem Hauptanspruch auf die Feststellung des Nichtbestehens der Ehe, beim Hilfsantrag auf die Scheidung, BGH NJW 1981, 2418; Düss FamRZ 1989, 649.

Unzulässig ist ein Teilurteil, solange eine Hilfsaufrechnung nach → § 145 Rn. 21 ungeklärt ist, mag der Bekl. auch insofern eine Widerklage erhoben haben, Celle BauR 2014, 1029; Düss NJW-RR 1995, 576, oder soweit eine Vollstreckungsabwehrklage nach § 767 unzulässig ist und das Gericht für die hilfsweise erhobene Abänderungsklage nach § 323 örtlich nicht zuständig ist (es muss dann verweisen), Drsd FamRZ 2000, 34;

Horizontale Teilentscheidung: Sie lässt zB den ausgeurteilten Teilzeitraum offen. Sie ist **unzulässig,** Kblz NZFam 2014, 803 (zu § 113 I FamFG).

Kauf: Zulässig ist ein Teilurteil über das Objekt 1 von mehreren Objekten, selbst bei Musterwirkung, BGH NJW 2004, 1664.

Kündigung: Unzulässig ist ein Teilurteil dann, wenn es im Rechtsstreit über die Auflösung eines Arbeitsverhältnisses um die Wirksamkeit einer Kündigung geht, BAG NJW 1982, 1119.

Unzulässig ist ein Teilurteil mangels Teilbarkeit bei § 9 KSchG, BAG NJW 1982, 1119; LAG Köln MDR 1997, 1132. Unzulässig ist ein Teilurteil dann, wenn die Wirksamkeit der Kündigung auch für die Widerklage eine Bedeutung haben kann, BGH NJW 2000, 2513.

Leistungsverweigerungsrecht: Unzulässig ist ein Teilurteil, soweit das Gericht ein solches Recht dem Grunde nach verneint, während das Berufungsgericht es bejahen könnte, KG NJW-RR 2003, 804; vgl. auch BGH NJW 1993, 1633, oder soweit sein Umfang unklar ist.

Mehrheit von Ansprüchen: → „Anspruchshäufung", → „Streitgenossen".

Miete: → „Postensache".

Minderungsrecht: Unzulässig ist ein Teilurteil dann, wenn dem Klaganspruch ein Minderungsrecht entgegensteht, Düss MDR 1990, 930 (es ist nämlich kein eigener Anspruch); Hamm NJW-RR 1989, 828.

Mindestschaden: Zulässig sein kann ein Teilurteil wegen eines nach § 287 zugesprochenen Mindestschadens, selbst wenn zur darüber hinausgehenden Höhe noch ein Beweis notwendig ist, BGH MDR 1996, 520 (abl. Müller JZ 1996, 1189. Aber § 287 dient gerade der Erleichterung).

Mitverschulden: Zulässig sein kann ein Teilurteil zur Frage des Mitverschuldens nach § 254 BGB, BGH NJW 1984, 615.

Musterentscheidung: Zulässig sein kann ein Teilurteil als eine Musterentscheidung, BGH 157, 142.

Passivlegitimation: Ist sie ganz streitig, darf sie **nicht** im Teilurteil offen bleiben, Düss NJW-RR 1997, 660.

Pflichtteil: Zulässig sein kann ein Teilurteil, BGH NJW 2006, 217; Nürnb FamRZ 1994, 1594, zB soweit ein bestimmtes Guthaben feststeht, Hmb FER 1999, 129.

Unzulässig ist ein Teilurteil bei einem Pflichtteilsanspruch dann, wenn unklar bleiben würde, ob seine Abweisung wegen zu geringer Aktiven oder zu hoher Passiven geschehen soll oder wenn nur eine solche Verteilungsmasse verbleibt, die evtl. später nicht mehr reicht, Celle FamRZ 2004, 1823, oder wenn es um anrechenbare Zuwendungen des Erblassers geht, Kblz MDR 2016, 97.

Postensache: Zulässig ist ein Teilurteil wegen der Einheitlichkeit des Anspruchs nur unter den Voraussetzungen I 2, BGH NJW 1992, 1770. Bei einer Mietermehrheit ist unter den Voraussetzungen eines Teilurteils ein Zwischenfeststellungsurteil nach § 256 II denkbar, Kblz ZMR 2002, 745.

Räumung: Zulässig ist ein Teilurteil auf die Räumung eines Wohnraums trotz eines Streits auch über gesondert vereinbarten Geschäftsraum, BezG Cottbus WuM 1992, 302, oder bei einem Streit nur wegen der Kaution, AG Hmb-Blankenese ZMR 2011, 884.

Unzulässig ist ein Teilurteil auf eine Räumung beim Streit über eine evtl. sittenwidrige Mietforderung, Stgt MDR 1998, 960, oder auf rückständige Miete, BGH WuM 2008, 157.

Auch → „Aufrechnung, Zurückbehaltungsrecht".

Rechtliche Grundlage: Unzulässig ist ein Teilurteil grds. wegen einer von mehreren rechtlichen Grundlagen desselben prozessualen Anspruchs, BGH NJW 1999, 1035. Ausnahmsweise kann auch eine Verweisung durch ein Endurteil wegen eines vor dem bisher angegangenen Gericht nicht zulässigen Anspruchsgrunds in Betracht kommen, etwa bei § 32, Peglau JA 99, 141. Auch → „Rechtsfrage".

Rechtsfrage: Unzulässig ist ein Teilurteil über einzelne Rechtsfragen, zB nach → § 256 Rn. 58 über das Vorliegen von Verzug, Ffm MDR 1975, 322; aM BGH NJW 2004, 1665 (aber das ist kein echter Teil des Streitgegenstands). Unzulässig ist es auch bei einer Widerspruchsgefahr wegen einer ungeklärten Rechtsfrage, Hamm NJW-RR 2004, 820. Auch → „Rechtliche Grundlage".

Rechtsmissbrauch: Er ist auch hier unstatthaft. Daher stört die Gefahr widersprüchlicher Entscheidungen ausnahmsweise dann nicht, wenn die Widerklage rechtsmissbräuchlich ist, LG Gießen NJW-RR 2003, 381.

Rechtsmittel: Es gilt dasselbe wie bei jedem Endurteil, BGH NJW 1998, 687. Auch → „Berufung", → „Unterhalt".

Ruhen: Unzulässig werden kann ein Teilurteil nach der Anordnung des Ruhens nach § 251a wegen des Rests, BGH NJW 2011, 2736.

Saldo: Unzulässig ist seine Aufteilung gegen den Willen des ihn Fordernden, Brdb FamRZ 2005, 1921; Köln FamRZ 1989, 296; Zweibr MDR 1982, 1026.

Scheidungs- und Folgesache: Zulässig ist ein Teilbeschluss bei einer Scheidungs- und Folgesache nach §§ 133 ff. FamFG wegen der Einheitlichkeit des Anspruchs nach § 142 FamFG nur unter den Voraussetzungen I 2, (zum alten Recht) Hamm NJW-RR 2006, 942; Göttsche MDR 2006, 781 (ausf.).

Schiedsspruch: § 301 gehört auch wegen des Ermessensspielraum nach § 1042 nicht zu den unverzichtbaren Normen für ein ordnungsgemäßes Verfahren (BGH MDR 2019, 627; Zöller/Geimer § 1059 Rn. 44b).

Schmerzensgeld: Zulässig sein kann ein Teilurteil über ein Teilschmerzensgeld, BGH MDR 2004, 702, Oldb VersR 1986, 927. Zulässig ist ein Teilurteil bei einem einheitlichen bloßen Schmerzensgeldanspruch nur unter den Voraussetzungen I 2, BGH MDR 2004, 701, oder ein Schmerzensgeld für einen von mehreren Vorfällen, Oldb VersR 1986, 926.

Unzulässig ist ein Teilurteil bei einheitlichem Anspruch, Düss NJW 1997, 2334, oder bei einem Schmerzensgeld nebst Minderung wegen Reisemängeln, LG Ffm NJW-RR 1990, 189, oder ein Teilurteil über Schmerzensgeld ohne Grundurteil nach § 304 über weitere Arzthaftungsansprüche, Kblz MDR 2003, 1373.

Streitgenossen: Zulässig ist grds. ein Teilurteil bei der einfachen Streitgenossenschaft nach § 59, BGH ZIP 2015, 1090; BGHZ 157, 142; BAG NZA 2006, 1429; Oldb VersR 1986, 927; Saarbr MDR 2007, 1422 (auch zu den Grenzen); Mü WM 2017, 955; aM Mü NJW-RR 1994, 1278 (aber die einfache Streitgenossenschaft erfordert nach → § 61 Rn. 7 grds. keine einheitliche Entscheidung), insbesondere dann, wenn das Teilurteil nur auf Gründen beruht, die nur diesen Streitgegenstand berühren, BGH NJW 2018, 623. Das gilt evtl. auch bei der Insolvenz (nur) eines einfachen Streitgenossen.

Unzulässig ist ein Teilurteil ausnahmsweise sogar evtl. bei einer einfachen Streitgenossenschaft bei einer Gefahr sich widersprechender Entscheidungen, BGH GRUR 2015, 1204; BAG NZA 2006, 1429, auch wenn es zu unterschiedlicher Beurteilung gegenüber einem weiteren Streitgenossen nach § 59 f. kommen kann, OLG Düsseldorf 8.5.2019 – U (Kart) 12/18, BeckRS 2019, 30802; Schlesw MDR 2002, 662; ferner grds. bei der nach § 62 notwendigen Streitgenossenschaft, BGH BB 2003, 604; Köln NVersZ 00, 481, außer wenn die übrigen Streitgenossen sich zur Leistung bereit erklärt haben oder wenn eine Unterbrechung nach § 239 oder nach § 240 erfolgt ist, BGH NJW 2007, 157. Auch → „Beweis", → „Kosten".

Stufenklage: Unzulässig ist ein Teilurteil bei einer Verbindung von Zahlungs- und Stufenklage nach § 254, Celle FamRZ 2016, 158; Nürnb NJW-RR 2012, 1225. Auch → „Unterhalt".

Tilgungsbestimmung: Unzulässig ist ein unter ihrer Missachtung nach § 366 II BGB ergehendes Teilurteil, Zweib VersR 1999, 509, oder bei unklarer Tilgungsreihenfolge, BGH 139, 118.

Unterhalt: Zulässig ist eine Teilentscheidung nur auf einen vertraglichen Vorsorgeunterhalt, soweit das Gericht über den Gesamtunterhalt noch nicht entschieden hat, BGH NJW 2007, 144, Mü FamRZ 1994, 967. Zulässig ist eine gleichzeitige Entscheidung über den Auskunfts- und einen teilweise bezifferten Zahlungsantrag (Mindestunterhalt) dann, wenn man ausschließen kann, dass das weitere Verfahren den letzteren Antrag dem Grunde und der Höhe nach noch beeinflussen kann, Nürnb FamRZ 1994, 1594. Das Verbundverfahren nach § 137 FamFG schadet nicht stets, aM AG Groß Gerau FamRZ 2002, 1265 (abl. Gottwald). Zulässig ist ein Teilurteil über den von einer Verfahrensunterbrechung nach § 240 nicht betroffenen künftigen vertraglichen Unterhalt, Hamm FamRZ 2005, 280.

Unzulässig ist eine Teilentscheidung in folgenden Fällen: Das Gericht könnte nur über einen Teil des Unterhalts von einem bestimmten Zeitpunkt an entscheiden, nicht aber über einen weiten Zeitraum, Celle NJW-RR 2013, 839; Saarbr NJW 2011, 538, oder über den restlichen Unterhalt für denselben Zeitraum (sog. horizontale Teilentscheidung), BGH NJW 1999, 1719; Brem FamRZ 2007, 2089; Nürnb MDR 2003, 220; die Leistungsfähigkeit lässt sich noch nicht abschließend klären, Hamm FamRZ 1993, 1215, insbesondere bei mehreren gleichrangigen Gläubigern, Hamm FamRZ 2006, 1779; Zweibr FamRZ 2001, 115; bei einer Abänderungsforderung auf eine Erhöhung der vertraglichen Unterhaltspflicht ist in demselben Rechtsstreit ein Gegenantrag auf eine Ermäßigung derselben Pflicht anhängig, BGHZ 87, 441; Zweibr FamRZ 2001, 115, ebenso beim entsprechenden Rechtsmittel, BGH NJW 1999, 1719 (gar durch Teilversäumnisbeschluss); Kblz FamRZ 1989, 770.

Unterlassung: Zulässig sein kann ein Teilurteil, BGH NJW-RR 1989, 265.

Urteilselement: Unzulässig ist ein Teilurteil schon bei einer Gefahr unterschiedlicher Beurteilung einzelner Urteilselemente, BGH NJW 2016, 1651, Schlesw MDR 2002, 662.

Verbindung: Zulässigkeit kann durch eine Verbindung nach § 147 entstehen, BGH NJW 2009, 839.

Versäumnisurteil: Der Erlass eines Teilurteils ist unzulässig, wenn das Gericht in Bezug auf einen einheitlichen Anspruch durch echtes und unechtes Versäumnisurteil entscheidet, gegen das sich unabhängig voneinander Einspruch und Berufung richten kann (vgl. OLG Hamm NJOZ 2016, 1190; OLG Kblz JurBüro 2008, 42; und bei einer Teilversäumnisentscheidung, BGH NJW 1999, 1719,

Versorgungsausgleich: → „Einheitlichkeit des Anspruchs".

Verteidigungsmittel: → „Angriffs- und Verteidigungsmittel".

Vollzugsantrag: Unzulässig sein kann ein Teilurteil bei einer Vollzugsanweisung an den Notar, BGH NJW 2004, 1665.

Vorbehalt: Unzulässig ist ein Vorbehalt über den Hauptanspruch im Teilurteil, BGH NJW 1996, 395.

Vorfrage: Unzulässig ist ein Teilurteil schon dann, wenn die Möglichkeit einer abweichenden Beurteilung im Schlussurteil wegen einer zunächst noch offenen Vorfrage besteht, Ffm GRUR-RR 2005, 69, erst recht bei klarer Vorgreiflichkeit, BGH NJW 1997, 454; BAG NZA 2006, 1063.

Vorgreiflichkeit: Zulässig sein kann ein Teilurteil trotz einer Vorgreiflichkeit des entschiedenen Teils, BAG NZA 2012, 35; Mü WM 2016, 261; aM BGH NJW 2012, 844 (zu weiter Begriff der Widerspruchsfreiheit).

Werkvertrag: Unzulässig ist bei § 650f BGB ein Teilurteil, Fuchs BauR 2012, 333. Auch → „Postensache".

Widerklage: Zulässig ist ein Teilurteil grds. dann, wenn das Gericht nur über die Klage oder nur über die Widerklage oder über die Zwischenwiderklage des § 256 II abschließend entscheidet, BGH NJW-RR 2012, 850; LG Kblz MDR 1999, 1020. Ein rechtlicher Zusammenhang hindert dann nicht.

- **(Abnahme): Unzulässig** ist ein Teilurteil dann, wenn es für Klage wie Widerklage auf eine Abnahme ankommt, BGH NJW 1997, 454.
- **(Abtrennung): Unzulässig** ist ein Teilurteil trotz Abtrennung über die Klage bei einem unlösbaren Zusammenhang, Hamm NJW 2012, 1749.
- **(Hinterlegung): Unzulässig** ist ein Teilurteil dann, wenn es für Klage wie Widerklage auf die Einwilligung in die Auszahlung eines hinterlegten Betrags ankommt, BGH NJW-RR 1992, 1340.
- **(Hilfswiderklage): Zulässig** ist ein Teilurteil, soweit die Widerklage nur hilfsweise erhoben worden ist; LG Flensburg, 1.4.2022, 2 O 305/17
- **(Kündigung – Miete): Unzulässig** ist ein Teilurteil dann, wenn die Klage die Unwirksamkeit einer Kündigung betrifft, die Widerklage eine damit zusammenhängende Miete, BGH NJW 2009, 1824.
- **(Kündigung – Schadensersatz): Unzulässig** ist ein Teilurteil dann, wenn die Klage die Unwirksamkeit einer Kündigung betrifft, die Widerklage eine damit zusammenhängende Schadensersatzforderung, Stgt NJW-RR 1999, 141.
- **(Rückzahlung – Restzahlung): Unzulässig** ist ein Teilurteil bei einer Klage auf Rückzahlung wegen Vertragsaufhebung und einer Widerklage auf restliche Vertragszahlung, Ffm MDR 1983, 498.
- **(Schadensersatz – Miete): Unzulässig** ist ein Teilurteil dann, wenn der Kläger nach fristlosem Auszug als Mieter wegen eines Sachmangels Schadensersatz fordert, der Widerkläger die Miete, LG Köln ZMR 2003, 190.
- **(Derselbe Streitgegenstand): Unzulässig** ist ein Teilurteil dann, wenn Klage und Widerklage denselben Streitgegenstand betreffen, BGH MDR 1997, 593; Düss NJW-RR 2001, 523 (Ausnahme: Abweisung der Widerklage beim Nichtbestehen der Gegenforderung); Köln NZM 1999, 417 (Ausnahme während einer bloßen Anhängigkeit der Widerklage).
- **(Stufenklage): Unzulässig** ist ein Teilurteil dann, wenn das Gericht über einen Zahlungsantrag des Klägers entscheidet, ohne eine Stufenwiderklage des Gegners zu beachten, Hamm FamRZ 2011, 745.
- ***(Vermögen): Unzulässig*** ist ein Teilurteil dann, wenn der Kläger das Fehlen eines Vermögens behauptet, der Widerkläger sein Vorhandensein, Jena FamRZ 2003, 1843, oder natürlich auch umgekehrt.
- **(Vertragswirksamkeit): Unzulässig** ist ein Teilurteil dann, wenn es für Klage wie (Hilfs-)Widerklage auf diese Frage ankommt, Mü OLGR 2004, 68. Auch → „– (Vorfrage)".

– **(Vorfrage): Unzulässig** ist ein Teilurteil dann, wenn Klage wie Widerklage von derselben Vorfrage abhängen, BGH NJW-RR 2005, 22; Mü OLGR 2004, 68.

– **(Zeuge): Zulässig** ist ein Teilurteil, soweit unzulässig oder unbegründete (Dritt-)widerklage gegen einen möglichen Zeugen erhoben wird, damit der Kläger seinen Zeugen nicht verliert (BGH NJW 1987, 3138; Schellhammer Zivilprozess Rn. 925).

Widerruf: Zulässig sein kann ein Teilurteil über seine Wirksamkeit, BGH WM 2017, 1601.

Wohnraum: → „Räumung".

Zinsen: Unzulässig ist ein Teilurteil über Zinsen, soweit nicht zugleich eine Entscheidung über den zugehörigen Hauptanspruch ergeht, da im Regelfall die Zinsen vom Hauptanspruch abhängen Ffm MDR 1975, 322.

Zugewinnausgleich: Zulässig ist ein Teilbeschluss wegen der Einheitlichkeit des Anspruchs nach § 142 FamFG nur unter den Voraussetzungen I 2, noch strenger Brdb FamRZ 2005, 1920; Hamm FamRZ 2003, 1393; Naumb FamRZ 2010, 393. Der Zugewinn- und ein Ausgleichsanspruch können selbständig beurteilbar sein, Drsd FamRZ 2001, 762, aber nicht stets, BGH FamRZ 2002, 1097. Auch → „Scheidungsfolgesache".

Zurückverweisung: Unzulässig kann sie bei einer Gefahr widersprüchlicher Entscheidung zum Rest sein, BGH WM 2016, 1027.

Zuständigkeit: Zur internationalen hält BGH WM 2015, 1289 I 1 für anwendbar. Aber → Rn. 4.

V. Unterbleiben des Teilurteils, II. Das Gericht braucht weder bei I 1 noch bei I 2 dann ein Teilurteil zu erlassen, wenn ihm das unsachgemäß scheint. II mildert die Amtspflicht von I. **19**

1. Ausnahme. Immerhin zeigt schon die Fassung von II, dass ein Unterbleiben die Ausnahme sein soll, Köln MDR 1977, 939; Schlesw SchlHA 1979, 23; Schneider MDR 1976, 93. Das gilt auch im Versäumnisverfahren nach §§ 330 ff. Ausnahmen von II: §§ 254, 306. § 307 geht nach → § 307 Rn. 24 dem § 301 II vor. Das Gericht muss nach § 313 III zum Ausdruck bringen, ob es nur über einen Teil des Streitgegenstands vorabentscheiden und bei I 1 den Rest später regeln will, Düss NJW-RR 1999, 858. Andernfalls liegt kein Teilurteil vor, BGH NJW 1984, 1544; Düss NJW-RR 1999, 858. Das Urteil ist aber auch beim Fehlen der Bezeichnung als eines solchen evtl. entsprechend dahin auslegbar, BGH NJW 1999, 1035; Düss VersR 1989, 705. Ergibt die Auslegung nicht, über welche Einzelforderungen oder Teilbeträge das Gericht entschieden hat, entsteht keine innere Rechtskraft nach § 322, BGH NJW 1999, 1035. **20**

2. Ermessen. Die Zweckmäßigkeit und der Erlass eines Teilurteils steht nur im beschränkt nachprüfbaren **Ermessen** des Gerichts („kann" **(II)**), BGH NJW 1984, 1544; LAG Hamm 19.8.2021 – 18 Sa 310/21, BeckRS 2021, 37226; OLGR Naumburg 2007, 970; vgl. auch KG FamRZ 2010, 1672; Köln MDR 1977, 939. Denn sonst müsste das Berufungsgericht grundsätzlich unzulässigerweise den noch nicht der Berufungsinstanz angefallenen Streitstoff heranziehen, BGH NJW 1983, 1312. Auch dürfte das Berufungsgericht weder selbst entscheiden noch nach § 538 zurückverweisen Ein Verfahrensfehler wegen Unzulässigkeit des Teilurteils heilt dann, wenn keine Widersprüchlichkeit mehr droht, BGH MDR 2014, 769, oder wenn das Rechtsmittelgericht die gegen das Teilurteil und das Schlussurteil gerichteten Rechtsmittel nach § 147 verbindet, BGH NJW 1991, 3036. Andernfalls kann es auf einen Antrag zur gänzlichen oder teilweisen Zurückverweisung nach § 538 II 1 Nr. 1 kommen, BGH NJW 2011, 2801; Zweibr VersR 1999, 509; aM Kblz MDR 2013, 269. **21**

Ein Teilurteil dürfte unzweckmäßig sein, wenn hierdurch die Möglichkeiten eines Rechtsmittels beeinträchtigt werden (→ Rn. 4). **22**

3. Rechtsmittelgericht. Das Berufungsgericht kann entsprechend § 533 auch wegen Sachdienlichkeit die vom Erstgericht noch nicht beschiedenen Anträge „an sich ziehen", BGH NJW 2000, 138; Düss NJW-RR 1997, 660; Schlesw MDR 2007, 881. Es darf nicht so entscheiden, dass das Erstgericht im Schlussurteil beim Rest abweichend von der Berechnungsweise des Berufungsgerichts entscheiden kann, BGH MDR 2009, 343. Es kann ein Zwischenfeststellungsverfahren nach § 256 II anregen, BGH NJW-RR 2003, 303. Das Gericht kann die Zulassung der Revision nach → § 543 Rn. 12 „Teilurteilsfähigkeit" auf einen solchen tatsächlich oder rechtlich selbständigen Teil des Streitgegenstands beschränken, über den das Berufungsgericht durch ein Teilurteil hätte entscheiden können. **23**

Einen wesentlichen Verfahrensmangel stellt der Erlass eines unzulässigen Teilurteils dar, der in der Rechtsmittelinstanz von Amts wegen zu berücksichtigen ist, BGH NJW 2013, 1009; 2011, 2736; OLG Düsseldorf BeckRS 2018, 30577; Solche Rechtsfehler führen in der Regel zu einer (nicht antragsgebundenen) Aufhebung des Teilurteils und zur Zurückverweisung der Sache nach§ 538 III 1 Nr. 7. **24**

Soweit dem Berufungsgericht nur den das Teilurteil betreffenden Rechtsstreit vorliegt, muss eine Zurückverweisung an das Landgericht nicht erfolgen, da das Berufungsgericht befugt ist, den im ersten Rechtszug anhängig gebliebenen Teil des Rechtsstreits trotz § 538 II Nr. 7 an sich zu ziehen und darüber mitzuentscheiden (zur alten Rechtslage: BGH NJW 1999, 1035; 1992, 511; OLG AnwBl. 2015, 94; Prütting/Gehrlein/Oberheim § 538 Rn. 41). **25**

Zwar wird durch ein Teilurteil über einen selbständig abtrennbaren Teil für die jeweilige Instanz abschließend entschieden. Da aber die Gesamtentscheidung noch nicht feststeht und daher noch nicht bekannt ist, welche Kosten insgesamt anfallen und wie diese schlussendlich zu verteilen sein werden, bleibt die Kostenentscheidung der Schlussentscheidung vorbehalten. Ein Teilurteil enthält somit in der Regel noch keine Kostenentscheidung, so dass im Teilurteil tenoriert wird: „Die Kostenentscheidung bleibt dem Schlussurteil vorbehalten." **26**

Eine Ausnahme liegt dann vor, wenn die Kostenentscheidung sich im Verhältnis zwischen den Parteien auch durch die Schlussentscheidung nicht mehr wird ändern können. Dies ist zB immer dann der Fall, wenn durch Teilurteil die Klage gegen einen beklagten Streitgenossen abgewiesen wird, mit der Folge, dass Kosten des siegreichen Beklagten dem Kläger auferlegt werden können (vgl. auch BGH NJW-RR 2001, 642; Schellhammer Zivilprozess Rn. 763, 926). Ein Teilurteil über die Kosten des nach → § 91a Rn. 111 ff. beiderseits wirksam für erledigt erklärten Teils des ursprünglichen Streits ist denkbar. Das gilt unabhängig davon, ob diese Kosten jetzt Hauptsache sind oder nicht, besonders in der Berufungsinstanz nach §§ 511 ff. Nach einem Teilurteil **ohne** Kostenentscheidung erfasst ein Rechtsmittel nicht die Kostenentscheidung des Schlussurteils, BAG NZA 2012, 583. Die vorläufige Vollstreckbarkeit richtet sich nach §§ 708, 709. **27**

In folgenden Fällen ist ein Teilurteil zu erlassen: **28**

Der Beklagte erkennt einen abtrennbaren Teil des Anspruchs an, oder ein einfacher Streitgenossen erkennt an, während der restliche Anspruch noch nicht entscheidungsreif ist (Teilanerkenntnisurteil, § 307). Ist auch bereits **29** der restliche Anspruchsteil entscheidungsreif, so erlässt das Gericht ein „Teilanerkenntnis- und Schlussurteil". Bei der Kostenentscheidung wäre dann bei der zu ermittelnden Kostenquote der anerkannte Teil zu berücksichtigen (§§ 91 I 1, 92 I, 93. Entsprechendes trifft auf die vorläufige Vollstreckbarkeit nach § 708 Nr. 1 zu. Beispiel unter der Voraussetzung, dass der Beklagte insgesamt zu den eingeklagten 18.000 EUR vollständig verurteilt worden ist und der Beklagte einen Teilbetrag von 6.000 EUR anerkannt hat **(Entscheidungsformel):** „Das Urteil ist in Höhe von 6.000 EUR und einem Drittel der Kosten des Rechtstreits ohne Sicherheitsleitung vorläufig vollstreckbar. Im Übrigen ist es gegen Sicherheitsleistung in Höhe von 110 % des jeweils zu vollstreckenden Betrages vorläufig vollstreckbar."

30 Ein einfacher Streitgenosse ist säumig, unter der Voraussetzung, dass die Klage zulässig und der Anspruch schlüssig ist (Schellhammer Zivilprozess Rn. 925).

31 Bei der jeweiligen entscheidungsreifen Stufe einer Stufenklage (§ 254).

302 *Vorbehaltsurteil.* **I Hat der Beklagte die Aufrechnung einer Gegenforderung geltend gemacht, so kann, wenn nur die Verhandlung über die Forderung zur Entscheidung reif ist, diese unter Vorbehalt der Entscheidung über die Aufrechnung ergehen.**

II Enthält das Urteil keinen Vorbehalt, so kann die Ergänzung des Urteils nach Vorschrift des § 321 beantragt werden.

III Das Urteil, das unter Vorbehalt der Entscheidung über die Aufrechnung ergeht, ist in Betreff der Rechtsmittel und der Zwangsvollstreckung als Endurteil anzusehen.

IV [1]In Betreff der Aufrechnung, über welche die Entscheidung vorbehalten ist, bleibt der Rechtsstreit anhängig. [2]Soweit sich in dem weiteren Verfahren ergibt, dass der Anspruch des Klägers unbegründet war, ist das frühere Urteil aufzuheben, der Kläger mit dem Anspruch abzuweisen und über die Kosten anderweit zu entscheiden. [3]Der Kläger ist zum Ersatz des Schadens verpflichtet, der dem Beklagten durch die Vollstreckung des Urteils oder durch eine zur Abwendung der Vollstreckung gemachte Leistung entstanden ist. [4]Der Beklagte kann den Anspruch auf Schadensersatz in dem anhängigen Rechtsstreit geltend machen; wird der Anspruch geltend gemacht, so ist er als zur Zeit der Zahlung oder Leistung rechtshängig geworden anzusehen.

1 **I. Systematik, I–IV.** Die Möglichkeit eines Vorbehaltsurteils ist als Ausnahme nur in wenigen Fällen vorgesehen, nämlich zB im Hinblick auf die Aufrechnung des Beklagten nach § 302, bei den Besonderheiten des Vorbehalts einer erbrechtlich beschränkten Haftung (§ 305) bzw. der seerechtlich beschränkten Haftung (§ 305a) und im Urkunden-, Wechsel- und Scheckprozess (§ 599). Als Besonderheiten des Urkundenprozesses stellen §§ 599, 602, 605a vorrangige Spezialregelungen dar.

2 Das Vorbehaltsurteil stellt ebenfalls ein Endurteil dar, aber auflösend bedingt, wie der Name „Vorbehaltsurteil" bereits vermuten lässt. Gegenüber § 301 sind die Regelungen des Vorbehaltsurteils vorrangig anzuwenden (Kblz MDR 2002, 716; Mü NJW-RR 2003, 864).

3 Als Endurteil wird zwar der Streitgegenstand auch bei einem Vorbehaltsurteil für diese Instanz zunächst erledigt, allerdings nicht bedingungslos, wie sonst bei einem Endurteil, sondern nur unter dem ausdrücklich auch zu tenorierendem Vorbehalt des Nachverfahrens. Die Klage kann dann nämlich wegen des Vorbehalts im Nachverfahren (IV) doch noch abgewiesen werden. Die Möglichkeit des Nachverfahrens ist auch aus rechtsstaatlichen Gesichtspunkten (Art. 20 III) erforderlich, um die Rechte des Beklagten wahren zu können (vgl. Schmitz/Goldmann NJW 1999, 2953). Dabei ist auch zu berücksichtigen, dass die Rechte des Beklagten auch dadurch gewahrt sind, dass er seine vermeintlich rechtlich selbständige Gegenforderung, mit der er aufrechnet, ohnehin auch von Anfang an in einem gesonderten Prozess hätte geltend machen können.

4 Aus einem Vorbehaltsurteil kann bereits vollstreckt werden. Besonderheiten ergeben sich bei einem Urkunden-, Wechsel- und Scheckprozess (§ 708 Nr. 4, 5).

5 Von einem Vorbehaltsurteil abzugrenzen ist der Vorbehalt einer beschränkten Erbenhaftung nach § 305, da durch § 305 nicht die Verurteilung beschränkt wird, sondern der Erbe erhält nur das Recht, seine Haftung auf den Nachlass beschränken zu können.

6 **II. Regelungszweck, I–IV.** Die Vorschrift dient der Prozessförderung und der Prozesswirtschaftlichkeit, BGHZ 69, 272; Celle BauR 2015, 126. § 302 soll eine Prozessverschleppung durch eine Aufrechnung (§ 389 BGB, § 322 II ZPO), deren Aufklärung längere Zeit in Anspruch nehmen würde, verhindern und ist im Zusammenhang mit § 145 zu lesen. Nach § 145 kann das Gericht nämlich anordnen, dass getrennt über die klägerische Forderung einerseits und die Gegenforderung andererseits zu verhandeln ist. Eine solche Prozesstrennung wäre jedoch entbehrlich, soweit ein Vorbehalt nach § 302 ausgeurteilt wird. Sinn der Vorschrift ist vorwiegend eine Verbesserung der Stellung des Klägers, zB eines Bauhandwerkers, BGH NJW 2006, 648. Das Gericht kann nämlich zunächst über die klägerische Forderung durch Vorbehaltsurteil entscheiden und in einem zweiten Schritt nach IV im Nachverfahren prüfen, ob die Aufrechnung durchgreift. In einem solchen Fall würde dann das Vorbehaltsurteil wieder (teilweise) aufgehoben und die Klage abgewiesen. Sollte der Aufrechnungseinwand keinen Erfolg haben, bleibt das Vorbehaltsurteil aufrechterhalten.

7 Die Praxis macht von der Möglichkeit des Vorbehaltsurteils eher wenig Gebrauch. Dies ist auch damit zu erklären, dass ein Vorbehaltsurteil mit seinen nicht immer ganz leicht durchschaubaren Folgen nur in einer wirklich klaren Lage hilfreich wird, also nur dann, wenn wirklich nur noch die Gegenforderung eine weitere Erörterung braucht. Ansonsten ist es im Sinne der Parteien und mithin des Rechtsfriedens, ein abschließendes Urteil zu fällen, sobald der gesamte Rechtsstreit entscheidungsreif ist. Man sollte den Schadenersatzanspruch nach IV 3 möglichst gar nicht erst auch nur formell eventuell möglich machen.

8 **III. Geltungsbereich, I–IV.** Die Vorschrift ist in allen Verfahren nach der ZPO anwendbar, auch im WEG-Verfahren. In der Berufungsinstanz ist § 302 nach § 525 für eine erstinstanzliche und eine zweitinstanzliche Aufrechnung anwendbar. Im Urkundenprozess ist § 302 nach Maßgabe der §§ 592, 595 unanwendbar (→ § 598 Rn. 5). § 302 findet bei einer Vorlage nach Art. 100 GG keine entsprechende Anwendung, BVerfGE 34, 321; Jülicher ZZP 86, 211 (allenfalls ist eine einstweilige Verfügung möglich). § 302 ist im Bereich des § 113 I 2

FamFG entsprechend anwendbar (Brandenburgisches OLG NJW-RR 2019, 840). Im arbeitsgerichtlichen Verfahren gilt § 302 iVm §§ 46 II, 80 II ArbGG.

IV. Voraussetzungen eines Vorbehaltsurteils, I

1. Es muss ein Rechtsstreit (§ 13 GVG) vorliegen (→ § 300 Rn. 7).
2. a) Die **Hauptforderung** des Klägers und Gegenforderung des Beklagten müssen gleichartig sein. Damit beschränkt sich der praktische Anwendungsbereich darauf, dass die Klageforderung eine **Geldforderung** (Zahlungsanspruch oder Feststellung eines bezifferten Zahlungsanspruchs) darstellt (Schellhammer Zivilprozess Rn. 940). Der Schuldgrund braucht jedoch nicht gleichartig zu sein.
   b) Dabei genügt es im Prozess – anders als sonst bei der materiell-rechtlichen Aufrechnungserklärung – nicht, dass die Hauptforderung nur erfüllbar ist, sie muss – unter Zugrundelegung der Relationsmethode – **entscheidungsreif** sein, also insbesondere fällig und durchsetzbar (BGH NZM 2015, 213; Düss BauR 2015, 538). Das Gericht hat zunächst das Bestehen und die Durchsetzbarkeit der Klageforderung zu prüfen und die Aufrechnung erst dann zu berücksichtigen, wenn es die Klageforderung für begründet und andere Einwendungen des Beklagten für unbegründet hält (Thomas/Putzo/Reichold § 145 Rn. 15). Dies ergibt sich auch aus der Wertung des § 322 II. Dass unter bestimmten Voraussetzungen eine Entscheidung über die Gegenforderung, mit der aufgerechnet wird, in Rechtskraft erwächst, rechtfertig sich nur, wenn der klägerische Anspruch ansonsten besteht und die übrigen Einwände des Beklagten nicht durchgreifen.
   Kommt das Gericht zu dem Ergebnis, dass die Hauptforderung nicht besteht, so weist es die Klage ab, ohne dass es auf die Aufrechnung ankäme. Der Beklagte kann seine Forderung in einem anderen Prozess einklagen.
3. Zu den Anforderungen der **Gegenforderung:**
   a) Der Beklagte muss mit der Gegenforderung die **Aufrechnung** materiell-rechtlich erklären (§ 388 BGB), BGH NJW-RR 2008, 32. Materiell-rechtlich richten sich die Voraussetzungen nach §§ 387 ff. BGB. Die Gegenforderung darf auch nicht bereits unzulässig sein oder gar fehlen, BGH NZM 2015, 213. Wie bereits oben bei der Hauptforderung angesprochen, wird die Gegenforderung Geldforderung darstellen. Es muss sich um eine **rechtlich selbständige Gegenforderung** handeln, BGH NZM 2015, 213; Mü NJW-RR 2003, 863. Dies ist immer dann nicht der Fall, wenn Haupt- und Gegenforderung miteinander in einem konnexen Verhältnis stehen (§ 273 BGB) bzw. wenn das vertragliche Äquivalenzverhältnis von Leistung und Gegenleistung (§ 320 BGB) verletzt. **Zulässig** ist ein Vorbehaltsurteil jedoch dann, wenn die zur Aufrechnung gestellte Forderung „nur" in **einem rechtlichen Zusammenhang** mit der Klageforderung steht. Hierdurch soll verhindert werden, dass der Beklagte mit unberechtigten Gegenforderungen die frühzeitige Titulierung einer Forderung verhindert (BGH, 24.11.2005 – VII ZR 304/04, BGHZ 165, 134; vgl. auch MünchKommZPO/Musielak § 302 Rn. 3). Ein Vorbehaltsurteil kann also ergehen, wenn gegen die Klageforderung (zB Werklohnanspruch) mit einem auf Geld gerichteten Mangelbeseitigungsanspruch aufgerechnet wird. Die Wahrscheinlichkeit, dass das Gericht die zugrundeliegenden gemeinsamen Fragen gleich beurteiltet, ist letztendlich groß, so dass in diesem Fall die Gefahr von Abweichungen vernachlässigt werden kann (BGH, NJW 2022, 1174). (siehe zur älteren Rechtsprechung: BGH NJW 2006, 698; KG NJW 2018, 3721).
   b) Die Aufrechnungserklärung wird materiell-rechtlich wirksam mit Zugang dieser Erklärung nach § 130 I 1 BGB. Unerheblich ist, wann der Bekl. aufrechnet, ob vor oder in dem Prozess.
   Darüber hinaus ist es erforderlich, dass die Aufrechnung auch im Prozess geltend gemacht wird. Es genügt auch nicht, dass der Bekl. sich die Aufrechnung nur vorbehalten hat, wohl aM Naumb BauR 2014, 1047 (nur Ls.). **„Geltendmachung"** einer „Gegenforderung" ist dem Wortlaut nach etwas anderes als eine bloße Minderung der Hauptforderung, Celle NJW-RR 2005, 654, oder als ein Leistungsverweigerungs- oder Zurückbehaltungsrecht, BGH NJW 2005, 3576; KG NJW-RR 2012, 272; Mü MDR 2018, 110, oder als eine bloße Verrechnung, BGH NJW 2005, 2772; Celle NJW-RR 2005, 654; Mü NJW-RR 2003, 864. Auch das bloße Vorbehalten einer Aufrechnung ohne Aufrechnungserklärung genügt für den Erlass eines Vorbehaltsurteils nicht (OLG München MDR 2018, 110; Kblz MDR 2002, 715). § 302 ist als eine Ausnahme von § 301 entsprechend eng auszulegen. Für eine analoge Anwendung gibt es keinen Raum. Ein Vorbehaltsurteil ist vielmehr außerhalb einer echten Aufrechnung unzulässig, KG IBR 2002, 288 (abl. Buscher); Kblz MDR 2002, 715.
   c) Die Gelendmachung stellt eine **Prozesshandlung** dar. Insoweit liegt ein **Doppeltatbestand** vor. Die Voraussetzungen der materiell-rechtlichen Willenserklärung und die der Prozesshandlung müssen erfüllt sein. Dabei können Probleme auftreten, sofern einer der beiden Teile unwirksam ist. Liegen zB die Voraussetzungen für die Prozesshandlung nicht vor, so könnte die Aufrechnung trotzdem materiell-rechtlich wirksam sein, mit der Folge, dass die Forderungen materiell-rechtlich erloschen sind (§ 389 BGB), was sich aber in dem ersten Prozess wegen der unwirksamen Prozesshandlung nicht auswirken kann. Der Beklagte könnte dann aber auch in einem gesonderten Prozess die Gegenforderung nicht mehr einklagen. Dieser Konflikt ist in entsprechender Anwendung des Rechtsgedankens von § 139 BGB zu lösen. Ist die Prozesshandlung unwirksam oder unzulässig, so führt dies auch dazu, dass die materiell-rechtliche Erklärung nichtig ist und umgekehrt.
   Die prozessualen Voraussetzungen für die Gelendmachung der Gegenforderung wären zB nicht erfüllt, wenn der Beklagte in einem Anwaltsprozess die Aufrechnung nur selbst erklärt (§ 78), wenn bei mehreren Aufrechnungsforderungen die Reihenfolge nicht ersichtlich ist (§ 253 II), wenn die Aufrechnung unter einer unzulässigen Bedingung erklärt wird, wobei eine **Eventualaufrechnung** als innerprozessuale Bedingung zulässig ist (Prütting/Gehrlein/Thole Rn. 7; auch § 388 S. 2 BGB, vgl. § 45 I 2 GKG), wenn die Aufrechnungserklärung verspätet ist (§§ 296, 296a).
   d) Die Voraussetzungen sind dann weiter nicht erfüllt, wenn sich die Aufrechnung von **vornherein als unzulässig** erweist BAG NZG 2017, 73, etwa wegen einer diesbezüglichen Schiedsvereinbarung nach §§ 1029, 1032, Zweibr MDR 2013, 1368. Daher muss man die Zulässigkeit zunächst prüfen. Man darf aber eine nach Grund und Höhe umstrittene Forderung hier nur dann zur Aufrechnung stellen, wenn das Prozessgericht darüber entscheiden kann. Daher darf man mit einem Kostenerstattungsanspruch nach §§ 91 ff. nur dann aufrechnen, wenn das Gericht ihn nach § 705 formell rechtskräftig festgestellt hat.

e) Nicht von Bedeutung ist, ob die das Gericht **sachlich** und **örtlich zuständig** wäre, wenn die Gegenforderung vor dem Gericht selbständig geltend gemacht würde, Düss FamRZ 1987, 707. Das gilt auch zur Frage der internationalen Zuständigkeit, zB nach der Brüssel Ia-VO, SchlAnh. V C 2, EuGH IPRax 1997, 115; BGH BB 2002, 15; krit. Wagner IPRax 1999, 74. Es kann also auch mit einer Gegenforderung aufgerechnet werden, für die das Gericht an sich nicht zuständig ist. Etwas anders liegt jedoch trotz § 17 II GVG bei einer rechtswegfremden Gegenforderung vor. § 17 II GVG bezweckt nämlich nur, dass das Gericht den Rechtsstreit unter allen denkbaren rechtlichen Gesichtspunkten zu beleuchten hat, soweit es zuständig ist, aber nicht über seine eigene Rechtswegzuständigkeit hinauszugehen. Das Gericht hat dann den Rechtsstreit auszusetzen, um dem an sich zuständigen Gericht Gelegenheit zu geben, eine Entscheidung über die Gegenforderung zu treffen. Eine Ausnahme gibt es dann, wenn bereits eine rechtskräftige Entscheidung über die rechtwegfremde Gegenforderung vorliegt bzw. wenn die Gegenforderung unstreitig ist.

4. Weitere Voraussetzung ist, dass die Feststellungen zur **Gegenforderung** noch **nicht entscheidungsreif** sind. Materiell-rechtlich führt die Forderung, mit der der Schuldner aufrechnet, nur dann nach § 389 BGG zum Erlöschen der Hauptforderung und damit zum (zumindest) teilweise Abweisen des Anspruchs der klagenden Partei, wenn die Gegenforderung voll wirksam, einredefrei und fällig ist. Insbesondere mit aufschiebend bedingten und mit gestundeten Forderungen kann nicht aufgerechnet werden, während eine auflösende Bedingung der Aufrechnung nicht entgegensteht. Kann hierüber aber noch nicht entschieden werden, weil die Gegenforderung – isoliert betrachtet – noch nicht entscheidungsreif ist, würde sich der Rechtsstreit durch weiter notwendige Feststellungen im Hinblick auf die Aufrechnung verzögern, soweit der Klageanspruch bereits entscheidungsreif ist, BGH NZM 2015, 213, Brem NJW-RR 2014, 1100, Düss BauR 2015, 538. Einer endgültigen Entscheidung des Rechtsstreits würde nämlich nur die Aufrechnung im Weg stehen. Das Vorbehaltsurteil dient dem Zweck, **weitere Verzögerung** bei der Prozessführung **zu vermeiden,** Thomas/Putzo/Reichold Rn. 3; Zöller/Vollkommer Rn. 4.

9 Wenn die Gegenforderung jedoch entscheidungsreif ist, besteht für den Erlass eines Vorbehaltsurteils kein Bedürfnis, da beides zusammen entschieden werden könnte. Dann ist weder ein Vorbehaltsurteil noch ein Teilurteil nach § 301 noch ein Zwischenurteil zB nach § 303 zulässig.

10 **V. Vorbehaltsurteil, I–III. 1. Ermessen des Gerichts, rechtliche Qualifikation.** Liegen die Voraussetzungen des § 302 I vor, „kann" das Gericht das Urteil unter dem Vorbehalt der Entscheidung über die Aufrechnung erlassen, Düss NJW-RR 2001, 882; Hamm MDR 1975, 1029; Braun ZZP 89, 108. Diese Möglichkeit ist durch eine Parteivereinbarung nicht ausschließbar. Eine Entscheidung ohne Antrag des Klägers dürfte in der Regel unzweckmäßig sein. Das Gericht entscheidet im Rahmen eines **pflichtgemäßen Ermessens,** BGH NJW 2006, 698; Celle BauR 2015, 126, was auch im Revisionsverfahren überprüfbar ist. Es muss zwar grundsätzlich auch berücksichtigen, dass dem Bekl. durch die Nichtanwendung der Vorbehaltsbefugnis die Geltendmachung einer etwa verspätet erklärten Aufrechnung in diesem Prozess unmöglich werden kann. Es muss aber auch das Interesse des Klägers an einer baldigen endgültigen Beendigung des Prozesses beachten, Celle BauR 2015, 126. Er muss bedenken, dass der Bekl. sonst die Verspätungsregeln zB des § 296 mithilfe des Vorbehalts unterlaufen könnte; denn § 302 ZPO dient gerade dem Beschleunigungsgedanke. Bei einer Aufrechnung gegen Werklohn muss das Gericht deren Aussicht und das Klägerinteresse abwägen, BGH NJW-RR 2008, 32. Es darf bei einer verspäteten Aufrechnung in der Regel kein bloßes Vorbehaltsurteil erlassen.

11 Hat der Beklagte aufgerechnet und wegen des überschießenden Teils eine Widerklage erhoben, ist ein Vorbehaltsurteil unzweckmäßig.

12 Das Vorbehaltsurteil ist durch eine anderweitige Entscheidung im Nachverfahren durch seine Systematik **auflösend bedingt,** und umgekehrt. Für die **Rechtsmittel** und die **Zwangsvollstreckung** steht es nach **III** einem **Endurteil** dann gleich, wenn man es nicht überhaupt als ein Endurteil ansehen will, Stein/Jonas/Althammer Rn. 11; Thomas/Putzo/Reichold Rn. 1. Denn auch das Vorbehaltsurteil muss normal anfechtbar sein. Der inneren **Rechtskraft** ist ein Vorbehaltsurteil seiner Natur nach **unfähig.**

13 Das Gericht muss nach IV 2 über die Kosten nach § 91 und über die vorläufige Vollstreckbarkeit wie sonst entscheiden. §§ 707 f., 719 sind anwendbar. Es darf nicht weitergehen als eine Aufrechnung.

14 Betrifft die Aufrechnung nur einen Teil der Forderung, so muss wegen des **überschießenden Teils des Klaganspruchs** bereits ein abschließendes Urteil ergehen. Ein Vorbehalt mit Wirkung nur für eine Partei ist unzulässig.

15 **2. Entscheidungsformel.** Der **Vorbehalt** muss nach §§ 311 II 1, 313 I Nr. 4 in die **Urteilsformel** aufgenommen werden, BGH NJW 1981, 394. Das Urteil ist auch entsprechend als „Vorbehaltsurteil" zu überschreiben. Das Gericht muss die Aufrechnungsforderung dort möglichst genau bezeichnen, auch durch eine Bezugnahme auf den Tatbestand. Man kann zB so formulieren: „Der Beklagte wird verurteilt, an den Kläger 10.000 EUR ... zu zahlen (es folgen Nebenentscheidungen, also zB: Der Beklagte trägt die Kosten des Rechtsstreits, § 91 – oder anteilig – § 92; Das Urteil ist gegen Sicherheitsleistung in Höhe von 110% des jeweils zu vollstreckenden Betrages vorläufig vollstreckbar, § 709 – oder ggf. § 708). Die Entscheidung über die Aufrechnung in Höhe von 3.000 EUR mit der im Tatbestand dieses Urteils näher bezeichneten Kaufpreisforderung aufgrund Kaufvertrages vom 01.07.... bleibt vorbehalten" (Anders/Gehle Assessorexamen ZivilR G 7). Die Kostenentscheidung orientiert sich nur nach der Entscheidung über die Hauptforderung unabhängig von der zur Aufrechnung gestellten Gegenforderung. Die Kostenentscheidung wird von dem Vorbehalt jedoch mitumfasst und ist nach dem Ausgang des Nachverfahrens ggf. entsprechend anzupassen.

16 **Fehlt** der **Vorbehalt, II,** stehen ein Antrag auf eine Berichtigung nach § 319 zur Wahl, falls das Gericht den Vorbehalt nur in der Formel vergessen hatte, oder ein Antrag auf eine Urteilsergänzung nach § 321 und im Übrigen die Rechtsmittel.

17 Hat das Gericht teils mit und teils ohne Vorbehalt verurteilt und liegt unbeschränkt Berufung vor, muss das Berufungsgericht dann voll entscheiden, wenn die Voraussetzungen des § 302 fehlten. Wenn der Vorbehalt erst im Berufungsurteil nach § 540 ergeht, erfolgt (jetzt) auf einen Antrag evtl. eine Zurückverweisung nach § 538 II 1 Nr. 1, Mü MDR 2000, 903; LAG Düss DB 1975, 2040.

18 **3. Rechtsmittel.** Rechtsbehelfsbelehrung, soweit § 232 ZPO vorliegt; Bei Verstoß: § 233 S. 2. Ein fehlerhaftes Vorbehaltsurteil ist angreifbar, Karlsr NJW-RR 1987, 254. Das Rechtsmittelgericht prüft nur den im

Vorbehaltsurteil entschiedenen Streitstoff, also nicht die Aufrechnungsforderung, da hierüber bekanntermaßen noch gar keine erstinstanzliche Entscheidung vorliegt. Es kann das Vorliegen der **Voraussetzungen** des **Ermessens nachprüfen,** BGHZ 165, 136; Schlesw OLGR 2007, 277 (Nachholung), nicht aber die Angemessenheit des Vorbehaltsurteils. Hat das Erstgericht ein Vorbehaltsurteil erlassen, obwohl die Geltendmachung der Aufrechnungsforderung unzulässig war, liegt ein zur Zurückverweisung nach § 538 II 1 Nr. 1 berechtigender Verfahrensmangel vor, Karlsr NJW-RR 1987, 254; Hamm BauR 2005, 1346 (§ 538 II 1 Nr. 7). Dann kann der Kläger die Verurteilung ohne einen Vorbehalt beantragen, BGH NJW 1979, 1046; Karlsr NJW-RR 1987, 254. Liegt gegen ein Urkunden-Vorbehaltsurteil eine Berufung vor und weist das Gericht vor deren Beendigung die Klage im Nachverfahren ab, wird die Berufung gegenstandslos, Brschw NJW-RR 2000, 1094.

VI. Nachverfahren, IV. 1. Grundsatz: Fortbestand der Rechtshängigkeit. Das Vorbehaltsurteil lässt die Klageforderung in der Instanz nach § 261 rechtshängig. Das gilt aber nur, soweit das Gericht dem Bekl. eine Aufrechnung vorbehalten hat, da nur insoweit der Rechtsstreit noch nicht entschieden ist. Neues Vorbringen gegen die Klageforderung ist unstatthaft, da sich der materielle Prüfungsaufwand wegen **§ 318** auf die Aufrechnung beschränkt. 19

Das Gericht beraumt von Amts wegen einen Verhandlungstermin nach § 216 an, der dann letztendlich nur noch die Aufrechnung betrifft. Er ist vor der formellen Rechtskraft des Vorbehaltsurteils nach § 705 zulässig. Das Gericht muss die Ladungsfrist nach § 217 beachten. Eine Einlassungsfrist nach § 274 III besteht nicht. Führt der Bekl. im Vorbehaltsverfahren in der zweiten Instanz eine Gegenforderung ein, erstreckt sich die Bestätigung des Vorbehalts durch das Berufungsgericht auch auf das Nachverfahren der ersten Instanz, Mü MDR 1975, 324. Möglich ist aber eine Klagänderung oder Klagerweiterung nach §§ 263, 264. Ihrem neuem Anspruch kann der Bekl. dann auch Neues entgegensetzen. Möglich ist es auch, den abgewiesenen Teilanspruch mit einer Anschlussberufung nach § 524 geltend zu machen. Der Bekl. kann die vorbehaltene Aufrechnungsforderung aber auch anderweit verfolgen, solange das Gericht nicht im Nachverfahren nach § 322 II rechtskräftig entschieden hat. Die Parteirollen im Nachverfahren bleiben unverändert. Eine Widerklage sowie eine Streithilfe nach §§ 66 ff. sind zulässig. 20

2. Antrag. Die Fortsetzung des Verfahrens geschieht auf einen Antrag einer Partei nach §§ 253 V, 274, 497. Er ist sofort nach dem Erlass des Vorbehaltsurteils zulässig. Im allseitigen Einverständnis darf das Gericht dann auch sofort im Nachverfahren verhandeln lassen. Das Vorbehaltsurteil bewirkt bis zu einem Antrag einen tatsächlichen Stillstand des Verfahrens. Die Ladung setzt eine formelle Rechtskraft des Vorbehaltsurteils nach § 705 nicht voraus. Die Einstellung der Zwangsvollstreckung erfolgt nach § 707. 21

3. Urteilsformel. Das Schlussurteil im Nachverfahren lautet wie folgt: Beim Durchgreifen der Aufrechnung erfolgen eine Aufhebung des Vorbehaltsurteils und eine Klagabweisung. Dabei bindet das Urteil über die Klageforderung das Gericht nach § 318 schlechthin. Es darf daher die Klageforderung nicht erneut prüfen. Das Gericht muss über die Kosten nach §§ 91 ff. neu entscheiden. Die vorläufige Vollstreckbarkeit des Vorbehaltsurteils entfällt nach § 717 I. Bei einer Ablehnung der Aufrechnung spricht das Gericht im Endurteil nach § 300 die Aufrechterhaltung des bisherigen Urteils und den Wegfall des Vorbehalts aus („Das Vorbehaltsurteil vom … wird für vorbehaltslos erklärt.“). Bei nur teilweise durchgreifen der Aufrechnung, wird das Vorbehaltsurteil nur im entsprechend verbliebenen Teil für vorbehaltslos erklärt. Im Übrigen ist das Vorbehaltsurteil aufzuheben und die Klage abzuweisen. Es muss beachtet werden, dass nur noch über die „weiteren Kosten“ zu entscheiden ist, da sich bereits eine Kostenentscheidung aus dem ursprünglichen Vorbehaltsurteil ergibt. 22

Hebt das höhere Gericht das Vorbehaltsurteil auf und weist die Klage ab, wird damit ohne weiteres ein Urteil im Nachverfahren hinfällig, selbst wenn es formell nach § 705 rechtskräftig war. 23

4. Versäumnisverfahren. Ein Versäumnisverfahren nach §§ 330 ff. ist nur wegen der Aufrechnung denkbar. Denn der Prozess schwebt nur insoweit noch in der Instanz. Da der Aufrechnende in diesem Verfahren angreift, hat er praktisch die Stellung des Klägers. Ist er säumig, spricht das Gericht den Wegfall des Vorbehalts und die Aufrechterhaltung des bisherigen Urteils im Übrigen aus. Ist der Kläger säumig, gilt der Vortrag des Bekl. zur Aufrechnungsforderung nach § 331 I 1 als zugestanden. Soweit er schlüssig ist, hebt das Gericht das Vorbehaltsurteil auf und weist die Klage nach § 331 II Hs. 1 ab. Daher ist die Aufrechnung bis zur Höhe der Klageforderung verbraucht. 24

VII. Bindungswirkung, § 318. Durch die Entscheidung des Vorbehaltsurteils ist das Gericht vor allem für das Nachverfahren hinsichtlich der Entscheidung, die die Hauptforderung betrifft, nach § 318 gebunden. Es bindet dasselbe Gericht und alle anderen Gerichte bei tragenden Aspekten wegen des Anspruchs des Klägers wie ein rechtskräftiges Urteil, BGH NJW 1976, 330. Eine Bindung nach § 318 tritt in demjenigen Umfang ein, in dem das Tatsachengericht entscheiden wollte oder musste, also im Regelfall nicht wegen der übrigen Aufrechnungshindernisse, da eine solche Entscheidung im Vorbehaltsurteil nicht erforderlich ist. Eine Entscheidung über die Zulässigkeit der Aufrechnung bindet für das Nachverfahren, BGH NJW 1979, 1046. Hat das Gericht jedoch ausdrücklich auch über fehlende Aufrechnungshindernisse entschiede, tritt auch eine Bindung nach § 318 ein, wobei das Vorbehaltsurteil dann aber anfechtbar ist. Wie bereits ausgeführt unterliegt die Kostenentscheidung des Vorbehaltsurteils mittelbar auch dem Vorbehalt und ist bei einer Entscheidung im Nachverfahren ggf. anzupassen. Das gilt auch zur Zulässigkeitsbejahung der Aufrechnung, BGH NJW 1979, 1046. 25

VIII. Schadensersatz, IV 3, 4. Diese materiell-rechtliche und den §§ 717 II, 945 ähnliche Vorschrift hat in der Praxis keine große Bedeutung. 26

1. Grundsatz: Volle Ersatzpflicht, IV 3. Hebt das Gericht im Nachverfahren das Vorbehaltsurteil ganz oder teilweise auf und weist die Klage insoweit ab, muss der Kläger dem Bekl. oder einem eingesprungenen Prozessbürgen ohne Rücksicht auf ein Verschulden grundsätzlich den vollen Schaden ersetzen, der dem Bekl. durch eine Zwangsvollstreckung aus dem Vorbehaltsurteil entstanden ist, BGH NJW 1997, 2602; BAG NJW 2008, 1021; OLG Hamm BeckRS 2016, 16769. Dazu gehört nicht nur der durch die Beitreibung entstandene Schaden, sondern auch der durch eine Leistung zur Vermeidung der Beitreibung entstandene. Unerheblich ist, ob das Vorbehaltsurteil nach § 705 formell rechtskräftig oder nach §§ 708 ff. vorläufig vollstreckbar war. Dieser materiell-rechtliche Ersatzanspruch entsteht zwar bereits aufschiebend bedingt mit der Beitreibung oder einer Abwendungsleistung, letztendlich aber erst mit der Entscheidung, mit der das Vorbehaltsurteil rechtskräftig aufgehoben ist. Eine rechtkräftige Entscheidung ist die Voraussetzung für den hier prozessrechtlichen Schadens- 27 ersatzanspruch. Der Zeitpunkt der Rechtskraft muss dann auch maßgeblich für den Verjährungsbeginn sein. Man kann wegen derjenigen Haft, die man aufgrund eines später aufgehobenen Vorbehaltsurteils erlitt, Schmerzensgeld unter den Voraussetzungen des § 253 II BGB fordern.

28 **2. Verfahren, IV 4.** Der Bekl. kann den Ersatzanspruch geltend machen: In einem besonderen Prozess; durch eine Widerklage; durch eine Aufrechnung in einem anderen Prozess; durch einen Zwischenantrag (Inzidentantrag) im Nachverfahren. § 148 ist anwendbar. Das gilt auch noch in der Revisionsinstanz entsprechend § 717 II. Nur beim Zwischenantrag im Nachverfahren gilt der Anspruch als mit der Zahlung oder Leistung rechtshängig geworden. Weiteres bei § 717. § 717 III ist unanwendbar.

303 *Zwischenurteil.* Ist ein Zwischenstreit zur Entscheidung reif, so kann die Entscheidung durch Zwischenurteil ergehen.

1 **I. Systematik.** Zwischenurteile stellen keine Endurteile dar. Zwischenurteile sind immer Feststellungsurteile. Sie entscheiden damit nicht über den Streitgegenstand, sondern idR nur über einzelne Streitpunkte, wie zB über Verfahrensfragen. Eine Besonderheit stellt § 304 dar, bei dem über den Anspruchsgrund entschieden wird (Grundurteil). Systematisch ist zwischen den „echten" Zwischenurteilen und den „unechen" Zwischenurteilen zu differenzieren.

2 Die „echten" Zwischenurteile wie bei §§ 280, 303, 304 sind nur zulässig, solange die Endentscheidung noch nicht entscheidungsreif ist. Ansonsten würde sich bei ihnen kein Bedürfnis für ein „Zwischenurteil" ergeben.

3 Die „unechten" Zwischenurteile wie bei §§ 71 I, II, 135 II, III, 142 II, 144 II, 372a, 387, 390, 402 (Prütting/Gehrlein/Thole Rn. 1) sind als Feststellungsurteile zu qualifizieren. Hier wird über vorgelagerte Streitpunkte bindend (§ 318) entschieden. Durch die Klärung dieser Frage soll der Prozess entlastet werden.

4 Die „unechten" Zwischenurteile und die Urteile nach §§ 280, 304 sind jeweils gesondert anfechtbar (vgl. BGHZ 102, 232; NJW 2005, 290.

5 Ein Zwischenurteil ist unzulässig, soweit es endgültig über einen Teil des Streitgegenstands nach entscheidet, BGH NJW 1987, 3265, also über einen materiell-rechtlichen Anspruch oder über ein selbständiges Angriffs- oder Verteidigungsmittel, Tiedtke ZZP 89, 65. Bei mehreren solchen Zwischenurteilen erfolgt notfalls eine Beschränkung der Verhandlung nach § 146. Die Entscheidung muss immer einheitlich sein. Es darf noch keine Entscheidungsreife nach → § 300 Rn. 21 vorliegen.

6 **II. Regelungszweck.** Die Vorschrift dient der Prozessförderung und der Prozesswirtschaftlichkeit. Das Zwischenurteil ist auf die Klärung einer **prozessualen Vorfrage,** von denen der Fortgang des Rechtsstreit abhängt, beschränkt (BGH NJW-RR 2006, 565). In der Praxis kann ihre Anwendung freilich zu Unklarheiten, Schwierigkeiten und Verzögerungen führen. Es gelten ähnliche Erwägungen wie beim Teil- oder Vorbehaltsurteil nach → § 301 Rn. 4, → § 302 Rn. 6. Das Zwischenurteil kann durchaus hilfreich sein. Man sollte es aber nur bei einer wirklich klaren Lage zum Zwischenpunkt erwägen und selbst dann nur zurückhaltend erlassen. Die Einheitlichkeit einer Schlussentscheidung über den Gesamtprozess verdient meist den Vorzug, selbst wenn sie noch etwas Zeit braucht.

7 **III. Geltungsbereich.** § 303 gilt in allen Verfahren nach der ZPO, auch im Rechtsmittelverfahren, auch im WEG-Verfahren, Köln NZM 1999, 858. Das Berufungsgericht kann auch über die Zulässigkeit der Berufung durch Zwischenurteil entscheiden, BGH FamRZ 2018, 1248. Die Vorschrift gilt entsprechend im Beschwerdeverfahren nach § 567, Düss OLGZ 1979, 454. § 303 ist im patentgerichtlichen Beschwerdeverfahren entsprechend anwendbar, BPatG GRUR 1978, 533. Im arbeitsgerichtlichen Beschlussverfahren ist ein Zwischenbeschluss nach § 46 II ArbGG zulässig, krit. LAG Nürnb NZA-RR 2007, 215. Der Große Senat des BAG kann vorab gesondert über die Zulässigkeit seiner Anrufung entscheiden, BAG NJW 1984, 1990. Die Vorschrift gilt entsprechend für eine Zwischenentscheidung (jetzt) im Bereich des § 113 I 2 FamFG, LG Neubrdb FamRZ 2000, 1305, und im Patentverfahren, BPatG GRUR 2002, 371. Über einen Anspruch nach § 33g GWB auf Herausgabe von Beweismitteln **usw.** kann nach § 89b III GWB ein Zwischenurteil ergehen.

8 **IV. Zwischenstreit.** Es muss ein **Rechtsstreit** (§ 13 GVG) vorliegen (→ § 300 Rn. 7).

9 Nur der Zwischenstreit darf zur Entscheidung reif (→ § 300 Rn. 7) sein.

10 § 303 betrifft prozessuale Fragen, die keine Prozessvoraussetzungen darstellen.

11 Betroffen ist nur der Zwischenstreit, also noch nicht die Hauptsache, zwischen den Parteien und auch dann unter Ausschluss desjenigen Zwischenstreits, der durch eine Zulässigkeitsrüge entstanden ist (darüber spezieller: §§ 280, 282 III, 296 III), und desjenigen über eine Vorabentscheidung über den Grund nach § 304, der kein Zwischenstreit ist. Unter § 303 fällt auch das Grundurteil des arbeitsgerichtlichen Verfahrens nach § 61 III ArbGG, BAG NJW 1976, 774. Zwischenstreit ist ein zwischen den Parteien entstandener Streit über eine solche Frage, die den Fortgang des anhängigen Verfahrens betrifft und über die das Gericht nur aufgrund einer mündlichen Verhandlung entscheiden darf.

12 Hiervon abzugrenzen ist eine Zwischenfeststellungsklage (§ 256 II), bei der die materielle Rechtskraft auf präjudizielle Urteilsfeststellungen ausgedehnt wird (Thomas/Putzo/Seiler § 256 Rn. 26). Über die Zwischenfeststellungsklage ergeht kein Zwischenurteil, sondern ein Endurteil (Thomas/Putzo/Seiler § 256 Rn. 35).

13 Da die Kostengrundentscheidung erst ergeht, wenn über alle entstandenen Kosten der Instanz entschieden werden kann, enthält ein Zwischenurteil keine Kostenentscheidung (Thomas/Putzo/Hüßtege Vor § 91 Rn. 18).

V. Beispiele zur Frage einer Anwendbarkeit

14 **Angriffs- und Verteidigungsmittel: Nicht** unter § 303 fällt der Streit über einzelne Angriffs- und Verteidigungsmittel.

Anspruchsgrund: Unter § 303 fällt der Streit über einzelne Anspruchsgründe, BGH VersR 1985, 45.

Aktiv-/oder Passivlegitimität: Nicht unter § 303 fällt der Streit über die materielle Berechtigung oder *Verpflichtung,* da dies keine Verfahrensfrage darstellt (BGHZ 8, 383; BGHZ 72, 34).

Ausländersicherheit: Unter § 303 fällt ein Streit über die Notwendigkeit einer Sicherheitsleistung durch einen Ausländer nach → § 112 Rn. 3, BGH DB 1982, 802; Brem NJW 1982, 2737.

Dritter: Unter § 303 fällt ein Zwischenstreit mit einem Dritten nach → Rn. 1.

Einspruch: Unter § 303 fällt der Streit über die Zulässigkeit eines Einspruchs nach § 341, BPatG GRUR 2002, 371; Thomas/Putzo/Seiler § 341 Rn. 2.
Erledigung der Hauptsache: Nicht unter § 303 fällt der Streit über eine Erledigung der Hauptsache nach § 91a, Köln NJW-RR 1996, 122, Tiedtke ZZP 89, 72, aM LG Duisb ZIP 2009, 342 (aber das ist kein bloßer Zwischenstreit).
Gerichtsstand: Unter § 303 fällt der Streit über die örtliche Zuständigkeit nach §§ 12 ff., LG Mainz NJW-RR 2000, 588, aM Hmb WM 1992, 1942. Freilich gilt auch § 281.
Geständnis: Unter § 303 fällt der Streit über den Widerruf eines Geständnisses nach § 290.
Grundurteil: → Rn. 6.
Klagänderung: Unter § 303 fällt der Streit über die Zulässigkeit einer Klagänderung nach §§ 263 ff., Düss GRUR 2007, 224. Aber auch „Parteiwechsel".
Klaglosstellung: Unter § 303 fällt der Streit darüber, ob der Bekl. den Kläger klaglos gestellt hat.
Parteiwechsel: Nicht unter § 303 fällt der Streit über die Zulässigkeit eines gewillkürten Parteiwechsels nach → § 263 Rn. 6, ähnlich BGH NJW 1981, 989 (§ 280 II).
Prozessvergleich: zulässig bei Unwirksamkeit eines Prozessvergleichs, weil das alte Verfahren dann fortgesetzt wird; aber unzulässig, dass der Prozessvergleich den Prozess erledigt habe, denn dies stellt ein Endurteil dar (BGH NJW 1996, 3345).
Prozessvoraussetzungen: Unter § 303 fällt der Streit über Prozessvoraussetzungen, soweit sie nicht in einer Zulässigkeitsrüge bestehen.
Rechtsmittel: Unter § 303 fällt ein Streit über die Zulässigkeit eines Rechtsmittels nach §§ 511 ff., 542 ff., 567 ff., BGH NJW 1987, 3265, oder eines Rechtsbehelfs etwa nach § 338.
Rechtsweg: Unter § 303 fällt ein Streit über die Zulässigkeit des Rechtswegs nach § 13 GVG, Tiedtke ZZP 89, 68.
Richter (beauftragter/ersuchter): Unter § 303 fällt der Streit vor ihm nach §§ 361, 362, 366.
Sachverständiger: Unter § 303 fällt der Zwischenstreit mit einem Sachverständigen nach §§ 387 ff., 402.
Sicherheitsleistung: Nicht unter § 303 fällt ihre Anordnung, Prütting/Gehrlein/Thole Rn. 3, wie Ablehnung, BGH NJW 1988, 1733.
Streithelfer: Unter § 303 fällt der Zwischenstreit mit einem Streithelfer nach § 71.
Unterbrechung: Unter § 303 fällt der Streit über den Eintritt einer Unterbrechung nach § 240, BGH FamRZ 2006, 201, oder über die Aufnahme nach einer Unterbrechung nach § 250, BGH NJW 2012, 3726.
Urkunde: Unter § 303 fällt ein Streit über die Pflicht zur Vorlegung einer Urkunde nach §§ 142 I, 144 I, 422, 423 oder über deren Echtheit nach §§ 440 ff., oder der Streit mit dem ProzBevtl. des Gegners nach § 81 bei einer Urkundenrückgabe nach § 135 II.
Vergleich: → Anh. § 307 Rn. 69.
Verjährung: Nicht unter § 303 fällt der Streit über das Vorliegen einer Verjährung, Tiedtke ZZP 89, 65.
Vertragswirksamkeit: Nicht unter § 303 fällt ein Streit darüber, BGH NJW 1994, 1652.
Wiederaufnahme: Unter § 303 fällt der Streit über eine Wiederaufnahme des Verfahrens nach § 590 II 1, krit. BGH NJW 2005, 223.
Wiedereinsetzung: Unter § 303 fällt der Streit über die Zulässigkeit einer Wiedereinsetzung bei deren Bejahung nach → § 238 Rn. 13, nicht aber bei deren Verneinung.
Zeuge: Unter § 303 fällt ein Zwischenstreit mit einem Zeugen nach §§ 387 ff.
Zuständigkeit: → „Gerichtsstand".

VI. Zwischenurteil. Ein Zwischenurteils steht grundsätzlich im pflichtgemäßen nur auf Überschreitung nachprüfbaren Ermessen des Gerichts. Ausnahmen bilden §§ 280 II, 347 II, 366. Bisweilen ist ein Zwischenurteil zweckmäßig, weil es die Streitfrage infolge der Bindung des Gerichts für die Instanz nach § 318 ausscheidet. Auch ein Versäumniszwischenurteil nach § 347 ist statthaft. Es kommt aber praktisch kaum je vor. Ein unzulässiges Zwischenurteil bindet das Gericht nicht nach § 318, Tiedtke ZZP 89, 75. Ebenso wenig bindet diejenige eigene Sachentscheidung das Berufungsgericht, die es trotz einer Unzulässigkeit des Rechtsmittels erlassen hat. 15

Keine Bindung besteht dann, wenn das Zwischenurteil wegen später eingetretener neuer Umstände nicht mehr zutrifft. Die Zwangsvollstreckung nach §§ 704 ff. ist unstatthaft. Eine Kostenentscheidung nach §§ 91 ff. ergeht nur bei einem Zwischenstreit mit einem Dritten, nicht bei einem Zwischenstreit zwischen den Parteien. Ob ein Zwischenurteil oder ein Beschluss nach § 329 ergehen muss, ist oft zweifelhaft und steht manchmal zur Wahl. Aus dem Begriff des Zwischenstreits folgt dafür nichts. 16

VII. Rechtsmittel. Rechtsbehelfsbelehrung, Verstoß: §§ 232, 233 S. 2. Das Zwischenurteil ist ein vorweggenommener Teil der Endentscheidung. Es ist darum als solches grundsätzlich nicht ohne die letztere selbständig anfechtbar, weil andernfalls der erstinstanzliche Prozess zu sehr verzögert werden könnte BGH FamRZ 2018, 1248; NJW 2005, 290; NJW 1987, 3265, BVerwG NJW 1997, 2898; Köln NJW-RR 1996, 122. 17

Wegen einiger Ausnahme → § 112 Rn. 4, BGH FamRZ 2006, 201. Auch ein unzulässiges Zwischenurteil ist nur zusammen mit dem Endurteil anfechtbar, BGH VersR 1985, 45, BAG MDR 1984, 83. Es gilt der Meistbegünstigungsgrundsatz nach → Vor § 511 Rn. 29, BGH WM 2006, 933, dh insbesondere: wird das Urteil zwar als „Zwischenurteil" bezeichnet, trifft aber auch eine Entscheidung über den materiellen Streitgegenstand, so liegt in Wahrheit ein (Teil-)Endurteil vor, welches wie ein Sachurteil uneingeschränkt anfechtbar ist (BGH FamRZ 2018, 1248). 18

Eine das unzulässige Rechtsmittel verwerfende Entscheidung des Berufungsgerichts nach § 540 ist nicht mit der Revision nach § 542 oder Anschlussrevision nach § 554 anfechtbar, BGH VersR 1985, 45. 19

304 ***Zwischenurteil über den Grund.*** **I Ist ein Anspruch nach Grund und Betrag streitig, so kann das Gericht über den Grund vorab entscheiden.**

II Das Urteil ist in Betreff der Rechtsmittel als Endurteil anzusehen; das Gericht kann jedoch, wenn der Anspruch für begründet erklärt ist, auf Antrag anordnen, dass über den Betrag zu verhandeln sei.

Schrifttum: Anders/Gehle Assessorexamen ZivilR R 30 ff.; Arnold, Das Grundurteil, 1996; Gergen, Das Grundurteil nach § 304 ZPO, JA 2004, 554.

Übersicht

1 **I. Systematik, I, II.** § 304 regelt ein Zwischenurteil (§ 303) über den Anspruchsgrund **(Grundurteil).** Durch das Grundurteil wird festgestellt, dass der der Klage zugrunde liegende Anspruch dem Grund nach besteht (BGH NJW 2016, 3244; 1998, 1709; OLG Hamm NJW 2017, 268; Keller JA 2007, 433). Ein solches Urteil kann immer dann zweckmäßig sein, wenn sowohl der Anspruch dem Grunde nach als auch der Anspruch der Höhe nach streitig sind und die Feststellung des Anspruchs der Höhe nach noch eine längere und aufwendige Beweisaufnahme erfordert. Diese Beweisaufnahme zum Anspruch der Höhe nach wäre nämlich dann entbehrlich, wenn später in der Rechtsmittelinstanz festgestellt würde, dass schon die Voraussetzungen für den Anspruch dem Grunde nach nicht vorliegen und die Klage insgesamt oder teilweise abgewiesen werden müsst. Deshalb kann es sich in solchen Fällen anbieten, die Frage des Anspruchsgrundes abzuschichten. Da das Grundurteil selbständig anfechtbar ist, II, kann eine rechtskräftige Entscheidung über den Anspruchsgrund vor einer möglicherweise entbehrlichen Beweisaufnahme herbeigeführt werden. Entweder das Grundurteil wird rechtskräftig oder das Rechtsmittelgericht hebt es (teilweise) auf und weist die Klage (teilweise) ab. Jedenfalls ist kann auf diese Art und Weise eine formell rechtkräftige Entscheidung über den Anspruchsgrund herbeigeführt werden. Materiell erwächst die Entscheidung, die bewirkt, dass der Anspruchsgrund zumindest teilweise besteht, aber nicht in Rechtskraft, da die Klage immer noch wegen der Höhe später abgewiesen werden kann. Deshalb beendet das Grundurteil den Prozess auch noch nicht. Ein Grundurteil kommt im Wesentlichen bei Leistungsklagen, aber im Einzelfall auch bei der Feststellungklage oder der Anfechtungsklage in Betracht.

2 Ist das Gericht jedoch der Auffassung, dass der Anspruch dem Grunde nach bereits nicht besteht, so weist es die entscheidungsreife Klage durch Endurteil ab. Für diesen Fall gibt es für ein Grundurteil kein Bedürfnis. Eine solches Endurteil kann dann formell und materiell in Rechtskraft erwachsen.

3 Im Verhältnis zum Teilurteil wird ein Grundurteil nach § 301 I 2 zumindest für den Teil vorausgesetzt, bei dem ein einheitlicher Anspruch dem Grund und der Höhe nach streitig sind und entsprechend obiger Ausführungen der Anspruchsgrund bejaht werden soll.

4 **II. Regelungszweck, I, II.** Die Vorschrift dient der Prozesswirtschaftlichkeit, BGH NJW 2016, 3244; BVerwG WuM 1994, 698 Düss ZMR 2002, 42. Es soll verhindert werden, dass über die Höhe des Anspruchs eine umfangreiche Beweisaufnahme durchgeführt wird mit dem Risiko, dass diese Beweisaufnahme sich später als entbehrlich darstellt, weil der Anspruch dem Grunde nach – ggf. in der Rechtsmittelinstanz oder nach anderer Rechtsauffassung des erstinstanzlichen Gerichts, einer anderen Gerichtsbesetzung etc. – insoweit abgewiesen wird. Da sich jedoch häufig Streitfragen bei dem Anspruch dem Grund und dem Anspruch der Höhe nach ergeben, ist ein Grundurteil jedoch nur dann zweckmäßig, wenn hierdurch wirklich eine sinnvolle Abschichtung bewirkt werden kann. Der Erlass eines Grundurteils wäre sogar unzulässig, wenn dies nicht zu einer echten Vorabentscheidung des Prozesses, sondern zu einer ungerechtfertigten Verzögerung und Verteuerung des Prozesses führt (Ermessensfrage), BGH NJW 2016, 3244.

5 Soweit eine objektive Klagehäufung vorliegt, ist jeder Antrag für sich getrennt zu betrachten (OLG Hamm NJW 2017, 268), so dass ein Grundurteil über einen Teil des Klageanspruchs (Teil-Grundurteil) vom Ausgangspunkt zulässig ist. Die Entscheidung über den Grund eines hilfsweise geltend gemachten Anspruchs kann erst ergehen, wenn feststeht, dass der Hauptantrag keinen Erfolg hat, Anders/Gehle Assessorexamen ZivilR R 30.

6 **Zeitgemäß** ist die Regelung im Kern geblieben. Das gilt trotz unverändert bestehender gewisser Risiken infolge einer solchen Aufspaltung der Gesamtbeurteilung, die sich als verfrüht erweisen kann, mit ihren Nebenfolgen einer etwaigen Verlängerung der Instanz, Erhöhung der Terminzahlen, mehrfacher Neueinarbeitungsnotwendigkeit und Umfangserweiterung usw. Bei vernünftiger Abwägung solcher Begleiterscheinungen lässt sich mit einem Grundurteil doch oft eine Beschränkung und Konzentration auf Wesentliches sowohl zum Anspruchsgrund als auch zur Anspruchshöhe erzielen. Es heißt also auch hier nur, das Gesetz richtig zu handhaben.

7 **III. Geltungsbereich, I, II.** Die Vorschrift ist in allen Verfahren nach der ZPO anwendbar, auch bei einer Stufenklage nach § 254, BGH NJW 1999, 1709 (ohne Vorlage nach § 132 GVG), aM BGH NJW 1989, 2822, dann durch Teilurteil, (aber die Prozesswirtschaftlichkeit erlaubt die Anwendung); ebenfalls bei der Widerklage Sie gilt auch im WEG-Verfahren, BayObLG NZM 2002, 567, und im arbeitsgerichtlichen Verfahren nach §§ 46 II 1, 80 II ArbGG. Zum finanzgerichtlichen Zwischenurteil Rössler BB 1984, 204. Die Vorschrift gilt entsprechend für eine Grundentscheidung (jetzt) im Bereich des § 113 I 2 FamFG, LG Neubrdb FamRZ 2000, 1305. Sie gilt auch im Adhäsionsverfahren nach § 406 StPO, BGH NJW 2002, 3560.

8 **IV. Voraussetzungen, I. 1. Zulässigkeitsvoraussetzungen.** In allen Instanzen sind die Zulässigkeitsvoraussetzungen für den Erlass eines Grundurteils von Amts wegen zu prüfen (BGH NJW-RR 1991, 600; OLG Celle *RuS 2020, 172; BayObLG 1994*, 281; Zöller/Feskorn Rn. 28). Der Erlass eines unzulässigen Grundurteils stellt einen wesentlichen Verfahrensmangel dar, der in der Rechtsmittelinstanz von Amts wegen zu berücksichtigen ist (BGH NJW 2014, 458; 2013, 1009; 2011, 2736; OLG Düsseldorf 29.8.2018 – U (Kart) 11/17, BeckRS 2018, 29966).

Es muss ein **Rechtsstreit** (§ 13 GVG) rechtshängig sein (→ § 300 Rn. 7). 9

Es müssen alle Prozessvoraussetzungen wie zB Zuständigkeit, Parteifähigkeit, Prozessfähigkeit etc. (→ § 300 Rn. 10) vorliegen, da das Grundurteil auch ein Sachurteil ist. 10

§ 304 differenziert zwischen einem **Anspruch dem Grunde** nach und den **„Betrag"**. Mit „Betrag" ist der **Anspruch der Höhe** nach gemeint. Dies setzt voraus, dass der materiell-rechtliche mengenmäßig bestimmte Anspruch auf Geld oder vertretbare Sachen abzielt, BGH NJW-RR 1994, 319; Düss NJW-RR 2011, 170, da andernfalls eine Unterscheidung zwischen „Grund" und „Betrag" nicht möglich wäre. Der Anspruch dem Grunde nach und der Anspruch der Höhe nach müssen sich zudem voneinander trennen lassen, da andernfalls getrennte Urteile nicht in Betracht kommen. Dies ist insbesondere möglich bei Ansprüchen auf Zahlung, Duldung der Zwangsvollstreckung, Lieferung verschiedener Sachen aufgrund eines bestimmten Vertrages, Befreiung von einer bezifferten Hypothek oder Grundschuld, nicht aber ein Anspruch auf Schadensersatz, um den Primäranspruch – schadensfreien Zustand nach § 249 I BGB – wieder herstellen zu können (vgl. Schellhammer Zivilprozess Rn. 907). Klagen auf Abgabe einer Willenserklärung oder auf Herausgabe bestimmter Gegenstände sind ebenfalls nicht grundurteilsfähig, BGH NJW-RR 2013, 363. Ebenso ist ein Feststellungsantrag einem Grundurteil nicht zugänglich, OLG Hamm BeckRS 2016, 114202.Die Voraussetzungen des Anspruchs dem Grunde nach und des Anspruchs der Höhe nach sind beide streitig (vgl. auch § 301 I 2), BGH VersR 2010, 1608; Karlsr NJW-RR 2004, 816; Köln VersR 1978, 771. Die Streitfragen beruhen aber nicht auf den gleichen Tatsachen (BGH NJW 2014, 458). 11

Die Anspruchshöhe darf noch nicht feststehen bzw. sich auch nicht ohne Beweisaufnahme feststellen lassen, da andernfalls der gesamte Rechtsstreit entscheidungsreif wäre und ein Bedürfnis für Grundurteil nicht vorläge (BGH NJW 2014, 458). 12

Das Gericht muss zum Zeitpunkt des Erlasses des Grundurteils als ungeschriebenes Tatbestandsmerkmal mit **hoher Wahrscheinlichkeit** (Prognose) davon ausgehen, dass ein **Anspruch der Höhe** nach zumindest in irgendeiner Höhe (zB irgendeinen erstattungsfähigen Schaden) besteht, da anderenfalls das Grundurteil nicht praktisch verwertbare wäre, BGH WuW2021, 715; NJW 2017, 265; NZM 2014, 40; MDR 2012, 180; NJW 2004, 2526; BayObLG NZM 2002, 667 (WEG), OLG Stuttgart, NZKart 2022, 28; Stgt BauR 2012, 1131; LG Stuttgart 23.12.2019 – 30 O 132/18, BeckRS 2019, 33690; LG Karlsr NVwZ-RR 2014, 752. Die Entscheidung über die Höhe darf aber noch nicht spruchreif sein, da andernfalls der Rechtsstreit in seiner Gesamtheit entscheidungsreif wäre BGH NJW 2014, 458; 2002, 1806; VersR 2010, 1608; Brdb NJW-RR 2017, 399; Düss NJW-RR 2011, 170. 13

Das Grundurteil muss erkennen lassen, welcher Prozessstoff erledigt wird. Wie bei jedem Teilurteil darf sich nicht die Gefahr widersprüchlicher Entscheidungen, gerade aus der Eigenart einer solchen Entscheidung, ergeben. 14

Anfechtung: Unanwendbar ist I bei einem Rückgewährungsanspruch nach dem AnfG oder nach der InsO. 15

Anspruchsgrundlage: Unanwendbar ist I nur wegen einer einzelnen Anspruchsgrundlage oder eines bloßen Elements der Begründetheit, BGH NJW 1992, 511; Ffm MDR 1987, 62.

Auflassung: Unanwendbar ist I bei einem derartigen Anspruch, BGH DNotZ 1982, 699.

Aufrechnung: Unanwendbar, wenn eine Aufrechnung in voller Höhe der Klageforderung in Betracht kommt (BGH NJW 1962, 1618; Schellhammer Zivilprozess Rn. 910).

Befreiung: Anwendbar ist I bei einer bestimmten Geldschuld, BGH NJW 2001, 156.

Unanwendbar ist I auf die Befreiung von einer der Höhe nach unbestimmten Hauptschuld, BGH NJW 1990, 1367.

Bereicherung: Anwendbar sein kann I bei einem Anspruch nach §§ 812 ff. BGB, aM Celle ZZP 80, 145 (mit Recht abl. Walchshöfer).

Beseitigung: Anwendbar sein kann I bei einem solchen Anspruch auf Zahlung, Prütting/Gehrlein/Thole Rn. 3.

Dinglicher Anspruch: Anwendbar sein kann I auch bei einem solchen Anspruch, Stein/Jonas/Althammer Rn. 4.

Duldung: Anwendbar sein kann I bei einem Anspruch auf eine Duldung der Zwangsvollstreckung.

Erbbaurecht: Unanwendbar ist I beim Anspruch auf die Bestellung eines solchen Rechts oder beim zugehörigen Heimfallanspruch, BGH NJW 1984, 2213.

Feststellung. Dazu Foerster ZZP 127, 203 (Grdz.): **Unanwendbar** ist I bei einer bloßen Feststellung nach § 256, BGH NJW 2001, 156 (ohne Vorlage nach § 132 GVG und nach dem RsprEinhG, Anh. § 140 GVG); aM BGH NJW 1994, 3295 ohne Vorlage nach dem RsprEinhG (Möglichkeit bestimmter Höhe; viel zu vage); BAG NJW 1982, 774; Kblz NJW-RR 2012, 274.

Haupt-/Hilfsantrag: Das Grundurteil darf zu dem Hilfsantrag nur Stellung nehmen, wenn der Hilfsantrag keinen Erfolg hat (BGH NJW 1998, 1140; Schellhammer Zivilprozess Rn. 908).

Herausgabe: Unanwendbar ist I bei einem solchen Anspruch, BGH WM 2013, 321.

Hinterlegung: Anwendbar ist I auf die Klage auf Zustimmung zur Auszahlung eines hinterlegten Betrags.

Insolvenz: „Anfechtung".

Kontokorrent: Unanwendbar ist I bei einer Klage auf einen Saldo wegen einzelner Kontokorrentposten. Denn sie sind nur ein einzelner Bestandteil des Klagegrunds.

Räumung: Unanwendbar ist I bei einem solchen Anspruch.

Rückgewähr: „Anfechtung".

Unbestimmtheit: Unanwendbar ist I bei einem unbestimmten Anspruch. Das gilt zB bei Kosten, Spesen und Zinsen, BGH NJW-RR 1987, 756. Auch „Befreiung".

Unterlassung: Unanwendbar ist I bei einem solchen Anspruch.

Unvertretbare Sache: Unanwendbar ist I schon dem Wortlaut nach bei der Klage auf Leistung einer gerade nicht vertretbaren Sache.

Versorgungsausgleich: Ffm FamRZ 2018, 997.

Widerklage: Bei einer Widerklage wegen einer aufgerechneten Gegenforderung muss ihr Gegenstand denjenigen der Klage übersteigen, so dass bei einer Verrechnung ein Überschuss bleibt, LG Köln VersR 1978, 162. Andernfalls muss das Gericht die Widerklage abweisen.

Willenserklärung: Unanwendbar ist I bei der Klage auf die Abgabe einer Willenserklärung nach § 894, BGH WM 2013, 321.

Zurückbehaltungsrecht: Unanwendbar ist I dann, wenn es nur als Einwendung zur Anwendung kommt, BGH NJW 1984, 2214.

16 **2. Differenzierung zwischen Anspruch dem Grunde nach und Anspruch der Höhe nach.** Was zum Anspruch dem Grunde nach und zum Anspruch der Höhe nach gehört, kann manchmal schwer abzugrenzen zu sein. Ein Grundurteil kann nur erlassen werden, wenn die Voraussetzungen des **Anspruchs dem Grunde** nach vorliegen. Hierzu gehören vor allem die anspruchsbegründenden Merkmale der in Betracht kommenden Anspruchsgrundlagen; zumindest bei einer Anspruchsgrundlage müssen alle Tatbestandsvoraussetzungen, mit Ausnahme der Höhe, vorliegen. Diese Anspruchsgrundlage muss auch das Anspruchsziel des Klägers nach dem Klageantrag erfüllen. Die Entscheidung über den Grund muss also insgesamt, und nicht nur über einzelne Elemente der Anspruchsgrundlage, **entscheidungsreif** sein, BGH WuW 2021, 715; NZM 2014, 40; MDR 2008, 815; OLG Celle RuS 2020, 172; Karlsr NJW-RR 2004, 816.

17 Dazu gehören auch die haftungsbegründe Kausalität, BGH NJW 2015, 3453, und alle Einwendungen und Einreden, die den Anspruch vollständig oder teilweise an der Entstehung hindern, vernichten oder hemmen könnten.

18 Bezüglich des Teils, über den das Grundurteil entscheidet, müssen **sämtliche Klagegründe** und die Sachbefugnis nebst zugehörigen Einwendungen dem Grunde nach erfasst werden, BGH NJW 2017, 265; Hamm NJW 2017, 269; Mü MDR 2016, 202. Das kann auch bei einer Widerklage so sein, BGH NJW 2002, 1806.

19 Eine im Übrigen statthafte **Klagänderung** darf durch ein Grundurteil nicht vereitelt werden.

20 Zum **Anspruch der Höhe** nach gehören dabei insbesondere die einzelnen Schadenspositionen, wobei der Betrag beziffert sein muss, vgl. Anders/Gehle Assessorexamen ZivilR R 30, die haftungsausfüllende Kausalität (BGHZ 108, 256; VersR 2006, 75, 79) und Umstände, die den Anspruch nur teilweise betreffen, wie die Minderung (zB § 441 BGB), eine Teilabtretung, Teilaufrechnung und Teilverjährung (vgl. Schellhammer, Zivilprozessordnung, Rn. 911). Streitige Umstände dürfen sich **nicht zugleich auf den Anspruch dem Grunde und dem Anspruch der Höhe** auswirken (OLG Bamberg, NJW-RR 2021, 815). Ein Vorbehaltsurteil darf **nicht** zu einer **Verzögerung** des Rechtsstreits führen (OLG Düsseldorf, WuW 2021, 244).

21 Dem Betragsverfahren kann aus prozessökonomischer Sicht auch die Prüfung vorbehalten werden, ob und inwieweit einzelne Schadenspositionen auf die schadensstiftende Handlung zurückzuführen sind, BGHZ 108, 256; VersR 2006, 75, 79, obwohl Das **Mitverschulden** (§ 254 BGB) bzw. der Einwand der Mitverursachung (§ 17 II StVG) gehören an sich zum Anspruchsgrund. Führt dieser Einwand dazu, dass der Anspruch wegen einer Mitverschuldensquote/Mitverursachung zu 100 % vollständig (und nicht nur nach summarischer Prüfung) entfällt (BGHZ 110, 196), ist die Sache insgesamt entscheidungsreif und kann durch Endurteil abgewiesen werden. Ist der Mitverschuldens-/Mitverursachungseinwand jedoch – wie meistens – nur anteilig anzunehmen, so kann das Gericht eine Quote bilden, braucht dies jedoch nicht, sondern kann den Vorbehalt des Mitverschuldens/der Mitverursachung insgesamt in den Tenor mitaufnehmen, OLG Naumburg 24.4.2014 – 1 U 27/11, BeckRS 2014, 15045. Ein solcher Vorbehalt ist aber erforderlich, weil er nur dann im nachfolgenden Betragsverfahren zum Anspruch der Höhe berücksichtigt werden kann.

22 **V. Besonderheiten. 1. Grundsatz: Vereinfachungszweck.** Hierzu zählen insbesondere die anspruchsbegründenden Tatsachen und alle Einreden der ZPO. Die Abgrenzung ist darum nicht nach rein abstrakten Erwägungen möglich.

23 Hat der Kläger aber für einen Anspruch **zwei Klagegründe** geltend gemacht, die **sich ausschließen** und die auch verschiedene Schadensbeträge ergeben können, muss das Gericht klären, welcher Klagegrund zutrifft. Im Nichtbescheiden eines Klagegrundes liegt in der Regel noch keine Abweisung, aM Ffm MDR 1987, 62 (dies ist aber eine Frage der Auslegung im Einzelfall). Das nur einen Klagegrund ablehnende Urteil ist ein Zwischenurteil/Teilurteil, da es dann mangels Anspruchs der Höhe nach zu keinem Betragsverfahren mehr kommen wird. Das Gericht muss auch klarstellen, ob mehrere Hauptansprüche vorliegen oder ob nur ein Hauptanspruch mit Hilfsansprüchen besteht.

24 **2. Teilurteil.** Wenn bei einem einheitlichen Streitgegenstand der Anspruch dem Grunde und der Anspruch der Höhe nach streitig sind, kann ein Teilurteil nur erlassen werden, wenn über den einheitlichen Anspruch auch ein Grundurteil erlassen wird.

25 Sind die Voraussetzungen des Anspruchs dem Grund nach nur bei abgrenzbaren Teilen vorhanden, kann auch **Grundteilurteil** nach § 301 in Betracht kommen (Schellhammer Zivilprozess Rn. 910). Leitender Gedanke bei der Frage, ob ein Grundurteil erlassen werden kann, muss sein, dass § 304 den Rechtsstreit vereinfachen soll. Dabei kann das Grundurteil auch mit einem Teilurteil kombiniert werden, so dass ein **„Grund- und Teilurteil"** ergehen kann.

26 Kommt das Gericht zu dem Ergebnis, dass der Anspruch nur teilweise vorliegt und ein abtrennbarer Teil (zB ein Anspruch von mehreren Ansprüchen) keinen Erfolg hat, so weist es die Klage – neben dem Grundurteil, soweit diese Voraussetzungen vorliegen – teilweise ab. Wegen der teilweisen Abweisung liegt ein „Teilendurteil" vor (vgl. BGH VersR 1975, 254; Düss VHR 1997, 30).

27 Hat der Kläger die Leistungsklage mit einer Feststellungsklage nach § 256 verbunden, muss das Gericht bei ihrer Entscheidungsreife ihretwegen ein Teilurteil nach § 301 erlassen.

28 **3. Erschöpfende Grunderledigung. Das alles gilt auch** für eine Abtretung und für einen gesetzlichen Forderungsübergang, BGH VersR 1987, 1243. Wegen jeden Unfalls, wegen jeden Teilanspruchs muss das Bestehen dem Grunde nach feststehen, BGH NJW-RR 2004, 1034; Celle NJW 2015, 91; Düss VHR 1997, 30; aM LG Bonn NZV 2015, 395. Das gilt, mag der Kläger auch einen Gesamtschaden aus selbständigen Ansprüchen geltend machen. Daher muss das Gericht über jeden Klagegrund entscheiden, Ffm MDR 1987, 62; Kblz VersR 2012, 1042. Das gilt selbst dann, wenn das Gericht summenmäßig dem Antrag voll stattgibt. Jedoch kann bei einer Forderung mehrerer Teilbeträge zugunsten verschiedener Personen nach § 308 I ausreichen, dass das Gericht die Forderung entsprechend der Summe der geltend gemachten Ansprüche für möglich hält, BGH NJW 2008, 1742; Mü VersR 1992, 375. Das Urteil muss ergeben, welchem Kläger welcher Anspruch dem Grunde nach zusteht.

29 Das Gericht darf den **weiteren** Klagegrund nur dann unentschieden lassen, wenn sich der entschiedene Klagegrund zur Begründung der Klage auch nach der im Einzelnen noch offenen Höhe voll eignet, Mü VersR 1992, 375, LG Karlsr NVwZ-RR 2014, 752, und wenn man aus dem unentschieden bleibenden Klagegrund

keine weiteren Folgen herleiten kann als aus dem entschiedenen, BGHZ 72, 34. Ein Grundurteil über einen Teilanspruch ist bei einer verneinenden Feststellungswiderklage gegen den Restanspruch nur zugleich mit einem Endurteil über die Widerklage zulässig, BGH NJW 2002, 1806.

4. Beispiele zur Frage von Anspruch dem Grund oder Betrag, I

Abtretung: Zum Anspruchsgrund gehört die Entscheidung über eine Abtretung. 30

Aktivlegitimation: Sie gehört grds. ins Grundverfahren, lässt sich aber auch im Betragsverfahren klären, Köln VersR 2014, 690.

Alternative Ansprüche: Sie gehören zum Anspruchsgrund und müssen daher sämtlich dem Grunde nach gemäß → § 300 Rn. 21 entscheidungsreif sein, BGH NJW 2001, 225 (Gesellschafts-Auseinandersetzung).

Amtshaftung: Eine andere Ersatzmöglichkeit ist unerheblich, soweit zumindest ein Teilschaden bleibt, BGH VersR 2006, 79.

Anfechtung: zum Anspruchsgrund gehört auch die Anfechtung nach § 142 BGB.

Anspruchsbegründung: Zum Anspruchsgrund gehören die anspruchsbegründenden Tatsachen, zB die Sachbefugnis.

Anspruchsübergang: Zum Anspruchsgrund gehört auch die Frage, ob der Anspruch auf einen Dritten übergegangen ist, zB auf einen Versicherungsträger, ob also für den Kläger überhaupt noch etwas übriggeblieben ist. Im Betragsverfahren ist diese Klärung auch wegen eines Teilübergangs nicht nachholbar. War aber der Rechtsübergang unbekannt geblieben, wäre die Nichtbeachtung im Betragsverfahren ein Rechtsmissbrauch des Klägers.

Anwaltshaftung: Im Anwaltshaftungsprozess gehört zum Anspruchsgrund die Frage, ob der Auftraggeber überhaupt einen materiell-rechtlichen Anspruch hatte, BGH NJW 2015, 3455.

Anwaltsvergütung: Zum Anspruchsbetrag gehört die Beurteilung, in welcher Höhe ein Anwaltshonorar nach (jetzt) § 14 II RVG angemessen ist, Düss AnwBl 1984, 444.

Aufrechnung: Das Gericht muss eine Aufrechnung mit einer rechtlich zusammenhängenden Gegenforderung grds. erledigen, Celle BauR 2011, 1381. Andernfalls würde es den Berechtigten damit im Betragsverfahren entsprechend § 767 II ausschließen. Ein Vorbehalt im Grundurteil ist nach → § 302 Rn. 8 nur bei einer Aufrechnung mit nicht im Zusammenhang stehenden Forderungen zulässig.

Bei der Aufrechnung ist grds. eine **ziffernmäßige Prüfung** der Höhe der Aufrechnungsforderung notwendig. Eine **hilfsweise** zur Aufrechnung gestellten Gegenforderungen kann dem Betragsverfahren vorzubehalten bleiben, solange sie den Klageanspruch bei einer mindestens summarischen Prüfung nicht übersteigt, da das Gericht den Bekl. andernfalls nur mit einem nutzlosen Grundverfahren belasten würde, strenger Schilken ZZP 95, 55. Ebenfalls würde eine Aufrechnung, die nur einen Teil des Anspruchs betrifft, der Prüfung des Anspruchs der Höhe zuzuweisen sein.

Ausgleichsanspruch: → „Handelsvertreter“.

Beschränkung der Haftung: → „Haftungsbeschränkung“.

Beteiligungsquote: Zum Anspruchsgrund gehört die Höhe einer Quote an der Beteiligung (x %) an einer Gesellschaft. Auch → „Mehrere Beteiligte“.

Bürgschaft: Zum Anspruchsgrund gehört das Bestehen auch der Hauptschuld, BGH NJW 1990, 1367.

Dauer der Folgen: Die Dauer der Folgen eines Unfalls und damit der Rente gehört eigentlich zum Anspruchsgrund. Zweckmäßig lässt das Gericht die Bestimmung des Endtermins dem Betragsverfahren offen. Das Grundurteil muss aber jedenfalls erkennen lassen, ob das Gericht darüber entschieden hat.

Einwendung: Jede Einwendung gegen das Bestehen des Anspruchs als solchen gehört zum Anspruchsgrund, aM BGH NJW 1993, 1794 (aber es geht dann eben schon um das Ob). Das Gericht muss einen dann nicht gerechtfertigten Anspruch durch ein Teilurteil nach § 301 abweisen, Celle VersR 1982, 599.

Ersetzungsbefugnis: → „Hilfsantrag“.

Erwerbsschaden: Ein Grundurteil kann dann zulässig sein, wenn er noch unklar ist, BGH VersR 2010, 1608.

Fälligkeit: Zum Anspruchsbetrag kann sie bei einer Klage auf künftige Leistung nach §§ 257 ff. gehören.

Feststellung: Ein beziffterter Feststellungsantrag kann zum Anspruchsgrund gehören, BGH NJW 2004, 2527; Hamm NZM 1999, 753. Das Gericht darf einen unbezifferten Feststellungsantrag nach § 256 nicht durch ein Grundurteil bescheiden, BGH NJW 2002, 1116; Düss NJW-RR 2011, 170.

Gesellschaft: → „Alternative Ansprüche“, → „Beteiligungsquote“.

Gewinnanteil: „Beteiligungsquote“, BGH WM 1985, 1166.

Gewöhnlicher Verlauf: Der Schaden braucht nicht unumstößlich festzustehen. Es genügt und muss bei einer Leistungsklage auch zwecks Vermeidung eines unnötigen weiteren Rechtsstreits feststehen, dass nach der Sachlage und bei einem regelmäßigen Verlauf der Dinge ein ziffernmäßig feststellbarer Schaden wahrscheinlich vorliegt, Hmb VersR 1979, 667. Solange letzteres unklar ist, ergeht kein Grundurteil, sondern findet eine Beweisaufnahme nach §§ 355 ff. statt. Wenn der Kläger eine Sozialrente erhält, genügt nach § 256 die Feststellung, dass sein Schaden diese mit hoher Wahrscheinlichkeit übersteigt.

Haftungsbeschränkung: Im Grundurteil ist ein Ausspruch beschränkter Haftung nach § 780 zulässig, zB bei der Erbenhaftung.

Handelsvertreter: Ein Grundurteil zum Ausgleichsanspruch setzt voraus, dass sämtliche Voraussetzungen des § 89b I HGB vorliegen, BGH NJW 1996, 849.

Hilfsantrag: Zum Anspruchsgrund gehört die Entscheidung über einen Hilfsantrag nach → § 260 Rn. 9 bei einer Abweisung des Hauptanspruchs, BGH NJW 1998, 1140. Das gilt auch wegen einer nach § 260 hilfsweise geltend gemachten Ersetzungsbefugnis. Die vom Kläger genannte Reihenfolge bindet das Gericht, BGH NJW-RR 1992, 290.

Unzulässig ist ein solches Grundurteil, das nur entweder den Haupt- oder Hilfsanspruch feststellt, BGH NJW-RR 1992, 290, oder ein solches Grundurteil, das sowohl dem Haupt- als auch dem Hilfsanspruch stattgibt, BGH NJW 2002, 3479.

Immission: Zum Anspruchsbetrag gehört die Frage, inwieweit man dem lärmbelästigten Grundeigentümer nach den Umständen notwendige Abwehrmaßnahmen zumuten kann, BGH NJW 1981, 1370.

Insolvenz: Zum Anspruchsgrund gehört auch eine Feststellung zur Tabelle.

Klagänderung: Zum Anspruchsgrund gehört die Entscheidung über eine Klagänderung nach §§ 263, 264.

Mehrere Ansprüche: Bei jedem muss der Anspruchsgrund nach → § 300 Rn. 21 entscheidungsreif sein, BGH NJW 2015, 3455.
Mehrere Beteiligte: Zum Anspruchsgrund gehört die Verteilung auf sie. Denn das zählt bei jedem schon zum Ob. Auch „Beteiligungsquote".
Mitgliedschaftsdauer: Zum Anspruchsgrund gehört die Dauer einer Mitgliedschaft.
Mitursächlichkeit: Ein Grundurteil darf nur ergehen, soweit neben dem zugesprochenen Haftungsgrund weitere Schadensursachen nach §§ 286, 287 mit Sicherheit nicht zulasten des Bekl. gehen können, BGH NJW 2000, 3424; großzügiger Düss ZMR 2002, 42.
Mitverschulden: → Rn. 30; zum UN-Kaufrecht BGH NJW 1999, 2441.
Pfändung, Überweisung: Eine Pfändung und Überweisung der Klageforderung nach §§ 829 ff. macht ein Grundurteil unzulässig. Das Urteil darf einen Pfändungsgläubiger nicht auf einen gar nicht geltend gemachten Teil des Anspruchs verweisen.
Preisabsprache: Sie kann zum Grund zählen, BGH MDR 2014, 649.
Rente oder Kapital: Zum Anspruchsgrund gehört die Frage, ob beim Schadensersatz eine Rente oder ein kapitalisierter Betrag infrage kommen. Ein Vorbehalt ist auch für das Betragsverfahren zulässig, BGH **59,** 139. Auch → „Dauer der Folgen".
Schadensberechnung: Zum Anspruchsgrund gehört die Feststellung hinreichender Anhaltspunkte, dass überhaupt ein Schaden vorliegt, BGH NJW-RR 1995, 508. Zum **Anspruchsbetrag** gehört die Frage, ob man einen Schaden abstrakt oder konkret berechnen muss.
Schadensentstehung: Zum Anspruchsgrund gehört die Frage, ob überhaupt ein Schaden vorliegt, BGH NJW 2004, 2527.
Schadensminderungspflicht: Zum Anspruchsbetrag gehört die Frage einer Schadensminderungspflicht des Verletzten. Aber auch „Mitverschulden".
Schmerzensgeld: Die Regeln zum Mitverschulden gelten auch beim Schmerzensgeldanspruch. Beim Schmerzensgeldanspruch ist zu berücksichtigen, dass viele Bemessungsfaktoren zu berücksichtigen sind, die im Grundurteil idR noch nicht abschließend berücksichtig werden können. Deshalb ist eine endgültige Quotierung bereits im Grundurteil nicht zweckmäßig, OLG Sachsen-Anhalt 24.4.2014 – 1 U 27/1; Düss VersR 1975, 1052 (es genügt zB folgende Tenorierung: „angemessenes Schmerzensgeld unter Berücksichtigung des Mithaftungsanteils der Verletzten"), Köln MDR 1975, 148. Auch → Rn. 31 „Zurückverweisung".
Stufenklage: Zum Anspruchsgrund kann das Gericht bei § 254 den Leistungsanspruch unabhängig vom Auskunftsanspruch prüfen müssen, BGH NJW 1999, 1709. Das gilt zB beim bezifferten Mindestbetrag nach → § 253, BGH FamRZ 2003, 32. Es darf keine Widerspruchsgefahr zu den folgenden Stufen eintreten, Hamm FamRZ 2007, 403.
Übergang: → „Anspruchsübergang".
Unbezifferter Antrag: Ein solcher Antrag insbesondere bei einer unbezifferten Feststellungsklage nach § 253, § 256 lässt keine Entscheidung dem Grunde nach zu, BGH 126, 220; aM BGH VersR 1975, 254 ohne Vorlage nach § 132 GVG (aber entweder feststellbar oder nicht). Das gilt auch beim Zusammentreffen mit einem weiteren bezifferten Anspruch, BGH NJW 2000, 1572; Köln VersR 2002, 998.
Untergang: Zum Anspruchsgrund gehört bei § 989 BGB, ob die Sache unterging.
Ursächlichkeit: Wenn das Gericht nur allgemein die Haftung für ein schädigendes Ereignis dem Grunde nach bejaht, muss das Gericht im Betragsverfahren klären, ob die Ursächlichkeit auch für jeden Einzelanspruch vorliegt, so dass auch die Abweisung einzelner Posten möglich ist. § 318 steht nicht entgegen. Richtigerweise muss das Gericht aber die Ursächlichkeit schon für jeden Einzelanspruch im Grundurteil nach §§ 286, 287 prüfen, BGH NJW-RR 2007, 384; großzügiger Düss ZMR 2002, 42.
Verbundverfahren: Es darf keine Widerspruchsgefahr zu den folgenden Verbundentscheidungen nach (jetzt) §§ 137 ff. FamFG entstehen, Hamm FamRZ 2007, 403.
Verein → „Mitgliedschaftsdauer".
Verjährung. Dazu Voit NJW 2017, 203: Die Einrede der Verjährung nach § 214 I BGB gehört grds. zum Anspruchsgrund, BGH NJW 1968, 2105; Karlsr NJW 2016, 2756; Schellhammer Zivilprozess Rn. 910. Soweit sie sich aber nur gegen **einen Teil** des Anspruchs richtet, ist sie dem Anspruch der Höhe nach zuzuweisen, ähnlich wie bei der Dauer der Folgen.
Versäumnisverfahren: Die Entscheidung nach § 343 bleibt dem Betragsverfahren vorbehalten, BGH MDR 2015, 391.
Versicherung: Nicht von einer Partei angesprochene etwaige versicherungsrechtliche Einwendungen sind nicht Teil des Anspruchsgrunds, Hamm NVersZ 1999, 192.
Vertrag: Sein Fortbestehen gehört zum Anspruchsgrund, Hamm VersR 1999, 51.
Vertrauensschaden: Vgl. BGH NJW 1977, 1539.
Verzinsung: Zum Anspruchsbetrag gehört eine Verzinsungspflicht, BGH WM 1985, 1147.
Vorgreiflichkeit: Die Entscheidung über den Grund darf nicht derjenigen über den Betrag vorgreifen.
Vorteilsausgleichung: Zum Anspruchsgrund gehört auch die Ausgleichung des Schadens durch Vorteile. Die Feststellung der Höhe ist nicht erforderlich, wenn nur wahrscheinlich ist, dass ein Restbetrag bleibt.
Wahrscheinlichkeit: → „Gewöhnlicher Verlauf".
Zeitliche Begrenzung: Zum Anspruchsgrund gehört eine zeitliche Begrenzung des Anspruchs, zB einer Rente.
Zinsen: „Verzinsung".
Zug um Zug: Das Gericht darf eine Einrede der bloßen Zug-um-Zug-Leistung im Grundurteil offenlassen. Denn sie berührt nur die Art der Leistung.
Zulässigkeit: Zum Anspruchsgrund gehört die Zulässigkeit der Klage oder des Antrags → Vor § 253.
Zurückbehaltungsrecht: Das Gericht darf ein Zurückbehaltungsrecht im Grundurteil offenlassen. Denn es berührt nur die Art der Leistung, BGH NJW 1984, 2213.
Zurückverweisung: Wenn das Berufungsgericht nach § 540 ein Grundurteil erlässt, muss es grds. dann, wenn das Erstgericht auch über die Höhe entschieden hatte, selbst ebenfalls dazu mitentscheiden, BGH NJW 1998, 613. Falls es dennoch den Prozess wegen der Höhe nach § 538 II 1 Nr. 1 zurückverweist, kann es diese Zurückverweisung allenfalls auf einen wegen etwaigen Mitverschuldens nach § 254 BGB noch nicht nach

→ § 300 Rn. 21 entscheidungsreifen Feststellungsantrag nach § 256 erstrecken, Düss MDR 1985, 61. Auch → „Mitverschulden".

VI. Vorabentscheidung/Ermessen, I, II. Der Antrag auf ein Grundurteil ist ein Prozessantrag nach → § 297 Rn. 5, BGH FamRZ 2003, 32. Die Vorabentscheidung über den Anspruchsgrund steht beim Vorliegen ihrer Voraussetzungen grundsätzlich im **pflichtgemäßen Ermessen** des Gerichts, BGH FamRZ 2003, 32; Saarländisches Oberlandesgericht Saarbrücken 13.2.2020 – 4 U 64/17, BeckRS 2020, 3141; BayObLG 1994, 281 („freies" Ermessen); Ffm ZMR 1997, 523. Es ist in dieser Instanz nicht nachprüfbar, BGH WM 1975, 142. Es darf und muss ein nach §§ 283 S. 3 Hs. 2, 296 verspätetes Vorbringen ebenso wie vor einem Endurteil behandeln, BGH MDR 1980, 51. Wegen einer Zurückverweisung nach § 538 BGH NJW 1976, 1401; Düss MDR 1985, 61. Eine vorherige Beschränkung der Verhandlung auf den Grund ist nicht erforderlich. Bei dem Ermessen ist insbesondere zu berücksichtigen, ob die Feststellungen zum Anspruch der Höhe durch die gebotene Beweisaufnahme so langwierig und aufwendig sein werden, dass dies im angemessenen Verhältnis dazu steht, zunächst den Anspruchsgrund rechtskräftig zu klären und dann erst den Prozess mit den Feststellungen zum Anspruch der Höhe abschließen zu können. Dabei ist auch zu berücksichtigen, dass der Rechtsstreit sich letztendlich dann verzögern kann, wenn das Grundurteil rechtskräftig wird, weil die Beweisaufnahme zum Anspruch der Höhe nach idR erst nach Rechtskraft des Grundurteils erfolgt. Das Urteil kann zudem zweimal dem Rechtsmittelgericht zur Überprüfung vorgelegt werden (Rechsmittel gegen das Grundurteil und Rechtsmittel gegen das spätere Endurteil), auch wenn beim zweiten Rechtsmittel zumindest üben den Anspruch dem Grunde nach nicht mehr zu befinden ist (§ 318).Eine Pfändung und Überweisung nach §§ 829 ff. steht dem Grundurteil nicht entgegen. Denn es stellt nur fest, dass der Bekl. zahlen muss, nicht aber auch, ob er an den Kläger oder den Pfandgläubiger zahlen soll. 31

1. Zulässigkeit, Notwendigkeit, I. Eine Vorabentscheidung muss ausnahmsweise bei § 301 I 2 ergehen. Sie sollte in den übrigen Fällen nur dann ergehen, wenn in ihr wirklich eine Förderung des Prozesses liegt und nicht in Wahrheit eine Verschleppung oder Gefährdung. Sie ist vielmehr nach der Prozesswirtschaftlichkeit und nach der praktischen Brauchbarkeit notwendig, BGH NJW 2016, 3245; Hamm VersR 1994, 301; Karlsr FamRZ 1994, 1122. Immer muss das Urteil nach § 313 III klar zu erkennen geben, worüber das Gericht entschieden hat, BGH NZM 2003, 373. Denn das Gericht muss die Grenzen der inneren Rechtskraft nach § 322 klären, schon deshalb, weil die Entscheidung eine Bindung nach § 318 ZPO bewirkt.Sie sollte dann nicht ergehen, wenn das Gericht **einen** Grund bejaht, andere Gründe verneint, und wenn die Gründe im Betragsverfahren verschieden wirken können. Das Grundurteil muss wegen seiner Bindungswirkung nach § 318 eindeutig ergeben, inwieweit es den Streit vorab entscheidet, BGH VersR 1987, 1243. Es muss ergeben, dass das Gericht seine Voraussetzungen von Amts wegen geprüft hat, BGH NZM 2014, 40. Eine Abweisung wegen der verneinten Gründe in der Formel nach § 313 I Nr. 4 ist nicht unbedingt notwendig. Eine Vorabentscheidung ist dann unzulässig, wenn der Grund unstreitig ist, BGH NJW-RR 1989, 1149, oder wenn die Tatsachen für den Grund und die Höhe des Anspruchs annähernd übereinstimmen oder in einem so engen Zusammenhang stehen, dass die Vorwegnahme einer Grundentscheidung unzweckmäßig und verwirrend oder widersprüchlich wäre, BGH MDR 1995, 412; Hamm VersR 2018, 45; Schlesw MDR 1998, 720. Hat der Kläger einen Gesamtschaden eingeklagt, ist ein Grundurteil nur dann statthaft, wenn das Gericht die Verteilung der rechtlich selbständigen Einzelansprüche auf die Klagesumme klären konnte. 32

Setzt sich ein Anspruch aus **mehreren** nicht selbständigen Forderungen zusammen, kann das Gericht mit Ausnahme von § 301 I 2 nach → Rn. 32 die Entscheidung über die Verursachung der einzelnen Posten dem Betragsverfahren überlassen, BGHZ 108, 259. Jedoch sind dann die Rechtsmittel wegen derjenigen Schadensposten möglich, die nicht verursacht sein sollen. Eine Pfändung und Überweisung nach §§ 829 ff. steht einem Grundurteil nicht entgegen. Das Grundurteil ist auch als Teilurteil nach § 301 statthaft, BGH MDR 2005, 46; Düss NJW-RR 2011, 170. Ist es zur Klage unstatthaft, dann auch bei derselben Vorfrage zur Widerklage, BGH MDR 2005, 46. Bei § 301 I 2 muss das Gericht in den nicht nach dort gehörenden Fällen abweisen, soweit die Klage unbegründet ist. Zulässig ist das auch als Berufungsurteil nach § 540 dann, wenn das Erstgericht auch über den Betrag erkannt hat, BGH VersR 1979, 25, freilich nicht als Versäumnisurteil nach §§ 330 ff. Es ist nur ein Versäumnisurteil in der Sache möglich, Kblz MDR 1979, 587. Ein Urteil nach der Aktenlage nach § 251a ist statthaft. Eine Verjährung steht dem Grundurteil nur insoweit nicht entgegen, als sie nur einen Teil der Klageforderung betrifft. 33

2. Amtsprüfung, I. Liegen die Voraussetzungen vor, steht eine Vorabentscheidung in den nicht von § 301 I 2 erfassten Fällen im pflichtgemäßen Ermessen des Gerichts. 34

3. Urteilsformel, I, II. Die Urteilsformel lautet: *„Die Klage ist dem Grunde nach gerechtfertigt"*, BGH VersR 1979, 25 (insbesondere in der Berufungsinstanz). Eine **Kostenentscheidung** ist **nicht** geboten, da die Höhe des Obsiegens und Unterliegens noch nicht feststeht. Ebenso fehlt ein vollstreckbarer Inhalt, so dass in der Regel auch die Anordnung zur **vorläufigen Vollstreckbarkeit** fehlt. Wenn notwendig, macht das Gericht Einschränkungen zB zur Leistung erst von einem bestimmten Zeitpunkt ab, Celle VersR 1982, 598, oder zur Hälfte dann, wenn der Kläger nur die Hälfte eingeklagt hatte oder wenn der Bekl. infolge eines mitwirkenden Verschuldens des Klägers nach § 254 BGB nur zur Hälfte leisten muss. Dann muss man die andere Hälfte aber sofort abweisen. Denn die Sache ist insofern entscheidungsreif. Wenn zB nach einem Unfall eine Leistungs- und Feststellungsklage folgt und wenn das Gericht über den Feststellungsanspruch gleichzeitig mit dem Leistungsanspruch entscheiden kann, muss es das auch aussprechen oder einen entsprechenden Vorbehalt tenorieren. Insofern liegt ein Teilendurteil nach § 301 vor. 35

Ein **Vorbehalt** muss sich wenigstens aus den Entscheidungsgründen nach § 313 III ergeben, BGH NJW 1996, 701. Bei einem Anspruch des Klägers gegen eine Krankenkasse oder Berufsgenossenschaft ist eine Entscheidung dem Grunde nach gerechtfertigt, soweit der Anspruch nicht nach dem Gesetz auf öffentliche Versicherungsträger übergegangen ist. Bei einem Haupt- und Hilfsanspruch muss die Formel nach § 313 I Nr. 4 klarstellen, welcher begründet ist. Über die Kostenentscheidung bei einem erfolglosen Rechtsmittel → § 97 Rn. 26. Sonst erfolgt keine Kostenentscheidung nach §§ 91 ff., BGHZ 110, 205; aM Düss BauR 2014, 1182. Es erfolgt auch keine Entscheidung zur Vollstreckbarkeit nach §§ 708 ff. 36

37 **4. Urteilsfunktion, II.** Das Urteil ist ein Zwischenurteil, BGH MDR 2007, 1445; Düss NJW-RR 1993, 976; Schlesw MDR 1987, 417 und hat in den Grenzen des **§ 318** Bindungswirkung für das erlassene Gericht. Es ist aber selbständig anfechtbar und steht insofern einem Endurteil gleich, BGH MDR 1980, 51. Im arbeitsgerichtlichen Verfahren muss man §§ 61 III, 64 VII ArbGG beachten, BAG NJW 1976, 744. Es ist aber kein Endurteil nach § 179 II InsO. Es unterscheidet sich von einem Feststellungsurteil dadurch, dass es einen bestimmt begrenzten Vermögensschaden erfordert, während die Feststellungsklage nach § 256 einen nicht zu übersehenden und vielleicht gar nicht entstehenden Schaden genügen lässt und daher kein Grundurteil zulässt, Hamm VersR 1992, 209. Außerdem kennt das Feststellungsverfahren kein Nachverfahren. Nach einem Feststellungsurteil läuft nach § 197 I Nr. 3 BGB eine Verjährungsfrist von 30 Jahren. Nach dem Grundurteil läuft die dreijährige Frist des § 195 BGB. Ein Teilurteil nach § 301 liegt dann vor, wenn das Gericht einen bezifferten Teil des Anspruchs abweist. Ein Grundurteil liegt dann vor, wenn das Gericht den Grund des Anspruchs einschränkend näher bestimmt. Die Umdeutung eines Zwischenurteils in ein Teilurteil ist jedenfalls insoweit unzulässig, als sie zu einer unzulässigen Änderung zum Nachteil des Bekl. führen würde, BGH NJW 1984, 2214.

38 Entscheidet das Gericht im Grundurteil über etwas zum **Betragsverfahren** Gehöriges, ist diese Entscheidung insofern unverbindlich und „Grund des Anspruchs" ohne eine innere Rechtskraftwirkung, BGH NJW 2008, 436; Anders/Gehle Assessorexamen ZivilR Rn. 32; aM Tiedtke ZZP 89, 79 (das Grundurteil sei bis zur Aufhebung bindend. Aber das gilt allenfalls für die formelle Rechtskraft nach § 705). Lässt ein Grundurteil etwas zum Grund Gehöriges offen, findet eine Nachholung des Versäumten im Betragsverfahren statt, Tiedtke ZZP 89, 76. Die Verkündung des Grundurteils bewirkt einen tatsächlichen Stillstand des Verfahrens nach § 239, bis eine Partei die Fortsetzung anregt, da es dem Sinn und Zweck des Grundurteils widersprechen würde, falls das erstinstanzliche Verfahren fortgesetzt würde, ohne dass das Grundurteil formell rechtskräftig geworden ist, OLG Celle NJW-RR 2003, 787; Stein/Jonas/Althammer Rn. 45; Zöller/Vollkommer Rn. 19. Erst nach dem Eintritt der formellen Rechtskraft des Grundurteils hat das Gericht von Amts wegen einen neuen Termin zu bestimmen, BGH NJW 1979, 2307, Prütting/Gehrlein/Thole Rn. 22.

39 Der rechtskräftig ausgeschiedene, am Betragsverfahren noch beteiligte Streitgenosse nach §§ 59 ff. bleibt im Grundverfahren seines Genossen Partei.

40 **5. Fortsetzungsanordnung, II Hs. 2.** Das Gericht kann auf Antrag einer Partei jederzeit die Fortsetzung anordnen. Das steht in seinem pflichtgemäßen Ermessen, Prütting/Gehrlein/Thole Rn. 22; aM Celle NJW-RR 2003, 788. Die Anordnung über Fortsetzung des Verfahrens ist unanfechtbar. Dabei ist die Dringlichkeit oder die offensichtliche Erfolglosigkeit des Rechtsmittels gegen das Grundurteil zu beachten. Abs. 2 Hs. 2 ist eine Ausnahmevorschrift, OLG Köln 3.9.2014 – 16 W 29/14, BeckRS 2014, 19572. In der Regel wartet das Gericht die Rechtskraft des Grundurteils an. Die Fortsetzung vor der formellen Rechtskraft ist unüblich, Anders/Gehle Assessorexamen ZivilR R 35.

41 **6. Rechtsmittel, II Hs. 1.** Rechtsbehelfsbelehrung, Verstoß: §§ 232, 233 S. 2. → § 280 Rn. 6. Es liegt also grundsätzlich ein dem Endurteil gleicher Fall vor, Ffm ZMR 1997, 523. Über den Fall, dass das Urteil Zweifel über seine Natur lässt → Vor § 511 Rn. 29, 31. Eine Beschwer liegt vor, soweit sich das Grundurteil auf das Betragsverfahren auswirken kann, BGH BB 2006, 465.

42 In der Zurückweisung des Rechtsmittels gegen das Grundurteil kann eine Zurückverweisung nach § 538 wegen des Betrags liegen, Düss JurBüro 1978, 1809; Ffm AnwBl 1984, 98; aM Schlesw MDR 1987, 417 (aber sonst würde dem Kläger eine Instanz verlorengehen). Bei der Feststellungs- und Leistungsklagedarf das Berufungsgericht dann nicht auch zur Entscheidung über den Feststellungsanspruch zurückverweisen, wenn es wegen der Leistungsklage zum Grundurteil kommt, BGH NJW 1997, 3176; Hamm NZM 1999, 753. Es liegt insofern keine Aufhebung oder Abänderung des erstinstanzlichen Zahlungsurteils vor, BGH NJW 1990, 1302.

43 Hält das **Berufungsgericht** die Klage auch der Höhe nach für begründet, darf es nach § 538 I durchentscheiden, Kblz MDR 1992, 805 und ggf. den noch in der ersten Instanz verbliebenen weiteren Rechtsstreit an sich ziehen → § 301 Rn. 23. Man kann die Zulassung der Revision nach → § 543 Rn. 10 ff. auf einen solchen tatsächlich oder rechtlich selbständigen Teil des Streitgegenstands beschränken, über den man durch ein Grundurteil hätte entscheiden können. Das Revisionsgericht überprüft die Voraussetzungen des § 304 von Amts wegen, BGH NJW 2003, 2381; BayObLG 1994, 81, die Zweckmäßigkeit nur auf einen Ermessensmissbrauch, BGH WM 1975, 142. Das Rechtsmittelgericht kann nach § 563 I zurückverweisen, BGH NJW 1999, 1709. Wegen der Kosten → § 97.

44 **VII. Betragsverfahren, II Hs. 2. 1. Grundsatz: Bindung an Grundurteil.** Das Grundurteil bindet das Gericht nach **§ 318** für das Nachverfahren vorbehaltlich § 325 nur zwischen diesen Prozessparteien, BGH NJW 2013, 1163. Es wirkt nur zum Grund, BGH MDR 2016, 1163; NJW 2008, 437; Hamm NJW-RR 1993, 693, also nicht zur Höhe, BGH MDR 2016, 1163. Das geschieht ähnlich wie § 322, BGH NJW 2004, 2527; Oldb VHR 1998, 139. Das gilt, soweit es den Anspruch subjektiv und objektiv tatsächlich festgestellt und rechtlich bestimmt hat (Auslegungsfrage, BGH MDR 2016, 1163). Wegen der Bindung des Berufungsgerichts BGH NJW 2004, 2527. Das Urteil „ist in betreff der Rechtsmittel als Endurteil anzusehen". Es ist also nur der formellen Rechtskraft fähig, nicht der inneren nach → § 322 Rn. 8 und → § 322 Rn. 61 „Grundurteil". Etwas anderes gilt im arbeitsgerichtlichen Verfahren. Dort findet nach § 61 III ArbGG keine selbständige Anfechtung statt, BAG NJW 1976, 744. Kosten des gesamten Prozesses: §§ 91 ff., § 97.

45 Das Gericht kann dann, wenn es **keinen Schaden** feststellen kann, noch im Nachverfahren nach → § 322 Rn. 61 „Grundurteil" ganz abweisen. Das Gericht muss dann abweisen, wenn sich das Fehlen einer Prozessvoraussetzung ergibt. Denn das gesamte Verfahren ist einheitlich. Das gilt zB bei einer nachträglichen Feststellung der Unzulässigkeit des Rechtswegs nach § 13 GVG oder bei einer Säumnis des Klägers nach § 330. Bei einer Säumnis des Bekl. nach § 331 wirkt die Bindung. Irgendwelche solchen Einwendungen zum Grund, die der Bekl. vor dem Erlass des Grundurteils hätte erheben können, lässt das Nachverfahren nicht zu. Bei einem Betragsurteil vor formeller Rechtskraft des Grundurteils nach § 705 erfolgt die Verurteilung vorbehaltlich Aufrechterhaltung des Grundurteils.

46 **2. Wirkung.** Die Entscheidung über die Zulässigkeit einer Aufrechnung ist nach § 318 bindend. Mit einer solchen Schadensersatzforderung, die schon vor der Entscheidung über den Grund bestand, kann der Bekl. nicht mehr im Betragsverfahren aufrechnen. Etwas anderes gilt nur für diejenige Forderung, die erst nach dem Schluss der mündlichen Verhandlung nach §§ 136 IV, 296a im Grundverfahren entstanden ist, und für diejenige, die das

Gericht zu Recht oder zu Unrecht ins Verfahren über den Betrag verwiesen oder übersehen hat. Das Gericht kann die Entscheidung über diesen Anspruch im Betragsverfahren nachholen. Insoweit tritt keine Bindung an das Grundurteil ein. Im Nachverfahren muss die Partei auch Wiederaufnahmegründe gegen das Grundurteil nach §§ 578 ff. geltend machen.

Erweitert der Kläger die Klage im Nachverfahren nach §§ 263, 264, muss das Gericht den Klagegrund für den überschießenden Teil ganz neu prüfen. Denn insofern bestand keine Rechtshängigkeit nach → § 261 Rn. 1, BGH NJW 1985, 496. Notfalls muss das Gericht die Gründe der Vorabentscheidung zur Auslegung dessen heranziehen, was diese nach → § 322 Rn. 11 feststellt. Die im Verfahren über den Grund zB nach § 295 I mögliche Heilung eines materiell-rechtlichen Mangels des Kaufvertrags und dergleichen lässt sich nicht im Nachverfahren nachholen. 47

Hebt das höhere Gericht die Vorabentscheidung auf, verliert das Betragsurteil ohne Weiteres jede Bedeutung, BGH MDR 2007, 1445. Das gilt selbst dann, wenn es nach § 705 formell rechtskräftig ist. Es ist also auflösend bedingt, Köln VersR 2005, 237 (das Rechtsmittelgericht muss über die Kosten im Umfang des weggefallenen Grundurteils mitentscheiden). Auch vor der formellen Rechtskraft der Vorabentscheidung kann der Sieger aus dem Betragsurteil nach §§ 704 ff. vollstrecken. Er tut das auf seine Gefahr. Denn er haftet bei einer Aufhebung auch ohne ein Verschulden für jeden Schaden grundsätzlich entsprechend § 717 II (Ausnahme § 717 III). Denn der dort ausgesprochene Rechtsgedanke trifft auch hier zu. 48

305 *Urteil unter Vorbehalt erbrechtlich beschränkter Haftung.* **[I] Durch die Geltendmachung der dem Erben nach den §§ 2014, 2015 des Bürgerlichen Gesetzbuchs zustehenden Einreden wird eine unter dem Vorbehalt der beschränkten Haftung ergehende Verurteilung des Erben nicht ausgeschlossen.**

[II] Das Gleiche gilt für die Geltendmachung der Einreden, die im Falle der fortgesetzten Gütergemeinschaft dem überlebenden Ehegatten oder Lebenspartner nach dem § 1489 Abs. 2 und den §§ 2014, 2015 des Bürgerlichen Gesetzbuchs zustehen.

I. Systematik, Regelungszweck, I, II. Die Vorschrift schafft für die dortigen Sonderfälle ähnlich wie § 599 eine wegen ihres Ausnahmecharakters eng auslegbare Regelung und betrifft den Zeitraum nach Annahme der Erbschaft. Damit wird prozessual die materiell-rechtliche Regelung umgesetzt, wonach dem Erbe auch nach Annahme der Erbschaft noch etwas Zeit eingeräumt wird, um feststellen zu können, wie werthaltig der Nachlass ist, um entscheiden zu können, ob er seine Haftung nach §§ 1975, 1990 BGB beschränken soll (§§ 2014, 2015, 2016 BGB). Die Interessen des Klägers an einer zeitnahen Rechtsverfolgung und die Interessen des Beklagten, den Nachlassgläubigern den Zugriff auf den Nachlass für eine Übergangszeit abzuwehren, sollen ausgeglichen werden. Das nach § 305 ergangene Urteil bildet nur die Rechtsgrundlage für sichernde Zwangsvollstreckungsmaßnahmen, wie zum Beispiel die Anordnung eines Arrestes. 1

II. Geltungsbereich, I, II. Die Vorschrift gilt in allen Verfahren nach der ZPO, auch im WEG-Verfahren. Mit Wirkung vom 26.11.2015 wurde der „Lebenspartner" ergänzt und dürfte nach Änderung der § 1353 BGB ab 1.10.2017 nur noch für bisher geschlossene Lebenspartnerschaften gelten. 2

Der Kläger muss in dem zugrundeliegenden Rechtsstreit (→ § 300 Rn. 7) den Beklagten in seiner Eigenschaft als Erbe in Anspruch nehmen. Mit Erbe ist diejenige Person bezeichnet, auf die im Rahmen der Gesamtrechtsnachfolge nach § 1922 BGB mit dem Tod des Erblassers sämtliche der vererblichen privaten Rechtsbeziehungen – also sämtliches Vermögen sowie Verbindlichkeiten – übergeht. Dies erfolgt durch gesetzliche Erbfolge oder eine vom Erblasser errichtete Verfügung von Todes wegen (Testament, Erbvertrag). Der Erbe ist dabei von anderen Personen abzugrenzen, die statt in der Gesamtrechtsnachfolge in die Rechten und Pflichten des Erblassers eintreten, sondern durch den Erbfall nur (schuldrechtliche) Rechte erwerben, wie zB der Vermächtnisnehmer oder der Pflichtteilsberechtigte (MüKoBGB/Leipold BGB § 1922 Rn. 177). Der Beklagte muss dabei nicht Alleinerbe sein. Es genügt, wenn er Miterbe ist. 3

Die Gesamtrechtsnachfolge und damit die Rechtsstellung als Erbe setzt an sich unmittelbar mit dem Tod ein, da der Nachlass (Gesamtvermögen und Verbindlichkeiten) jederzeit einem Rechtsträger zugeordnet werden müssen. Dabei ist jedoch die Besonderheit zu berücksichtigen, dass der Erbe die Erbschaft ausschlagen kann (vgl. § 1943 BGB). Dies kann zB empfehlenswert sein, wenn der Nachlass überschuldet ist. Die Ausschlagung der Erbschaft hat zur Folge, dass der zunächst vermeintliche Erbe rückwirkend seine Erbenstellung verliert und nicht mehr als Rechtsnachfolger des Erblassers in Betracht kommt (§ 1953 I BGB). Der Beklagte wird damit erst Erbe im Sinne der Vorschrift des § 305 wenn seine Rechtsstellung als Gesamtrechtsnachfolger endgültig ist. Dies ist dann der Fall, wenn bei ihm die Erbschaft nach § 1942 I BGB anfällt. Die Erbschaft fällt erst an, wenn der Erbe sie annimmt (§ 1943 BGB) oder zumindest nicht wirksam ausschlägt (§§ 1944 f. BGB). 4

Ist die Erbschaft zwar noch nicht angefallen, steht also die Rechtsstellung des vermeintlichen Erben noch nicht sicher fest, kann ein Anspruch, der sich auf eine Nachlassverbindlichkeit bezieht, nicht gegen den Beklagten als vermeintlichen Erben geltend gemacht werden (§ 1958 BGB). In diesem Schwebezustand fehlt dem Erben als Beklagten in diesem Zeitraum die Prozessführungsbefugnis. § 1958 BGB enthält dabei im materiellen Recht eine prozessuale Vorschrift. Eine Klage wäre als derzeit unzulässig abzuweisen. Dies gilt auch für entsprechende Widerklagen (MüKoBGB/Leipold BGB § 1958 Rn. 5). Unzulässig wäre auch eine vom vorläufigen Erben erhobene negative Feststellungsklage bzw. Anträge auf Arrest oder einstweilige Verfügung gegen den vorläufigen Erben (MüKoBGB/Leipold BGB § 1958 Rn. 5). 5

Das Gericht hat dies Zulässigkeitsvoraussetzung von Amts wegen zu prüfen. Ggf. kommt statt gegen den vermeintlichen Erben eine Klage gegen einen Nachlasspfleger in Betracht (§ 1961 BGB). Die Klage ist jedoch dann nicht unzulässig, wenn der Beklagte in diesem Prozess zumindest konkludent die Annahme der Erbschaft erklärt oder die Ausschlagungsfrist etc. während des Prozesses verstreicht, da als Beurteilungszeitpunkt der Zeitpunkt der letzten mündlichen Verhandlung in Betracht kommt. 6

Beim Erbfall bereits anhängige Prozesse sind nach §§ 239, 246 zu behandeln. 7

Ist bereits abschließend geklärt, dass der Beklagte nicht als Erbe in Betracht kommt, zB weil er die Erbschaft wirksam ausgeschlagen oder die Annahme wirksam angefochten hat, so käme es als Schuldner im Hinblick auf 8 eine Nachlassverbindlichkeit nicht in Betracht. Die Voraussetzungen für seine Haftung lägen nicht vor, so dass eine solche Klage mangels Passivlegitimation unbegründet wäre.

9 **III. Erbenstellung, I, II. 1. Vor Annahme der Erbschaft.** Der Erbe ist vor Annahme der Erbschaft noch prozessual geschützt. Denn es steht nach § 1958 BGB noch nicht fest, ob er überhaupt haftet, und der Berechtigte kann nach § 1961 BGB nur gegen einen Nachlasspfleger klagen. Die hat das Gericht von Amts wegen zu beachten. Mit der Einlassung auf einen Passivprozess kann die Annahme der Erbschaft verbunden sein. Einen nach § 261 rechtshängigen Prozess braucht der Erbe nicht nach § 239 V fortzusetzen.

10 **2. Nach Annahme der Erbschaft.** Wenn der Erbe durch eine Versäumung der Inventarfrist nach § 1994 BGB oder gegenüber dem betreffenden Gläubiger nach Annahme der Erbschaft unbeschränkt haftet, verläuft das Verfahren wie gegen den Erblasser. Nur wenn der Erbe die Haftung materiell-rechtlich noch auf den Nachlass beschränken darf, und die Einreden nach §§ 2014 ff. BGB geltend gemacht hat, (Dreimonatseinwand und Einwand aus dem Aufgebot, beides aufschiebende Einreden), kommt ein Vorbehalt nach § 305 in Betracht. § 305 hindert nicht die unbedingte Verurteilung, sondern führt nur dazu, dass der Vorbehalt der Haftungsbeschränkung auf den Nachlass in den Tenor mit aufgenommen wird (vgl. auch § 780). Der **Tenor** lautet zB „Der Beklagte wird verurteilt, an den Kläger (…) zu zahlen. Dem Beklagten wird vorbehalten, die Beschränkung seiner Haftung auf den Nachlass geltend zu machen."

11 **IV. Haftungsvorbehalt, I.** Die Einreden führen nur zur Verurteilung unter dem Vorbehalt der beschränkten Haftung nach § 780 ohne eine notwendige Prüfung der Begründetheit der Einreden, KG NJW-RR 2003, 942 (vgl. auch §§ 782, 783, 785). Das Gericht muss den Vorbehalt nach §§ 311 II 1, 313 I Nr. 4 in die Formel aufnehmen, und zwar von Amts wegen, sobald der Erbe die Einreden erhoben hat; Dies ist auch noch in der Revisionsinstanz möglich, BGH NJW 1955, 788. Das gilt auch bei einem Urteil nach Aktenlage nach § 251a. Es gilt nicht aber bei einem Versäumnisurteil nach §§ 330 ff., falls es nicht der Kläger selbst beantragt, ausgenommen § 780 II. In einen Kostenfestsetzungsbeschluss nach § 104 kann man den Vorbehalt jedenfalls dann nicht aufnehmen, wenn der Erblasser bei der Verkündung des Urteils noch lebte, Hamm OLGR 2001, 220. Bei einer Übergehung des Vorbehalts erfolgt nach § 321 eine Ergänzung oder ggf. im Rechtsmittel. Denn der Vorbehalt ist wegen § 780 I nötig. Das Rechtsmittel bleibt trotz einer Ergänzung nach § 321 statthaft, Schlew MDR 2005, 350.

12 Erkennt der Erbe **sofort** mit einem Vorbehalt nach § 307 an und hat er keinen Klagegrund gegeben, bleibt er nach § 93 kostenfrei, sonst § 92. Andernfalls erstreckt sich der Vorbehalt nicht auf die Kosten. Denn die Haftung hierfür entsteht durch die Prozessführung als solche. Bei einem unbeschränkten Antrag erfolgt eine Kostenteilung nach § 92. Eine Einrede des Testamentsvollstreckers, Nachlassverwalters, Nachlasspflegers macht wegen § 780 II keinen Vorbehalt nötig.

13 **V. Überlebender Gatte oder Lebenspartner, II.** Soweit der Überlebende nur infolge des Eintritts der fortgesetzten Gütergemeinschaft den Gläubigern persönlich haftet, haftet er nach § 1489 II BGB wie ein Erbe. Darum gilt für den Haftungsvorbehalt hier dasselbe wie beim Erben.

305a *Urteil unter Vorbehalt seerechtlich beschränkter Haftung.*

I [1]Unterliegt der in der Klage geltend gemachte Anspruch der Haftungsbeschränkung nach § 611 Absatz 1 oder 3, §§ 612 bis 616 des Handelsgesetzbuchs und macht der Beklagte geltend, dass

1. aus demselben Ereignis weitere Ansprüche, für die er die Haftung beschränken kann, entstanden sind und

2. die Summe der Ansprüche die Haftungshöchstbeträge übersteigt, die für diese Ansprüche in Artikel 6 oder 7 des Haftungsbeschränkungsübereinkommens (§ 611 Absatz 1 Satz 1 des Handelsgesetzbuchs) oder in den §§ 612, 613 oder 615 des Handelsgesetzbuchs bestimmt sind,

so kann das Gericht das Recht auf Beschränkung der Haftung bei der Entscheidung unberücksichtigt lassen, wenn die Erledigung des Rechtsstreits wegen Ungewissheit über Grund oder Betrag der weiteren Ansprüche nach der freien Überzeugung des Gerichts nicht unwesentlich erschwert wäre. [2]Das Gleiche gilt, wenn der in der Klage geltend gemachte Anspruch der Haftungsbeschränkung nach den §§ 4 bis 5n des Binnenschifffahrtsgesetzes unterliegt und der Beklagte geltend macht, dass aus demselben Ereignis weitere Ansprüche entstanden sind, für die er die Haftung beschränken kann und die in ihrer Summe die für sie in den §§ 5e bis 5k des Binnenschifffahrtsgesetzes bestimmten Haftungshöchstbeträge übersteigen.

II Lässt das Gericht das Recht auf Beschränkung der Haftung unberücksichtigt, so ergeht das Urteil

1. im Falle des Absatzes 1 Satz 1 unter dem Vorbehalt, dass der Beklagte das Recht auf Beschränkung der Haftung geltend machen kann, wenn ein Fonds nach dem Haftungsbeschränkungsübereinkommen errichtet worden ist oder bei Geltendmachung des Rechts auf Beschränkung der Haftung errichtet wird,

2. im Falle des Absatzes 1 Satz 2 unter dem Vorbehalt, dass der Beklagte das Recht auf Beschränkung der Haftung geltend machen kann, wenn ein Fonds nach § 5d des Binnenschifffahrtsgesetzes errichtet worden ist oder bei Geltendmachung des Rechts auf Beschränkung der Haftung errichtet wird.

1 **I. Systematik/Regelungszweck.** Die Vorschrift dient der Prozessförderung und der Prozesswirtschaftlichkeit. Es soll eine Prozessverzögerung verhindert werden, indem das mögliche Recht des Beklagten auf Beschränkung der Haftung bei der Entscheidung unberücksichtigt bleibt. Die gebotenen Rechte des Beklagten werden dann dadurch gewahrt (Art. 20 III GG), dass das Urteil nur unter dem entsprechenden Vorbehalt ergeht, dass der Beklagte das Recht auf Beschränkung der Haftung geltend machen kann. Dies ist dann gegeben, wenn ein Fonds nach dem Haftungsbeschränkungsübereinkommen (II Nr. 1) bzw. dass ein Fonds nach § 5d des Binnenschifffahrtsgesetzes (II Nr. 2) errichtet worden ist bzw. errichtet wird. Es stellt jedoch kein Vorbehaltsurteil im Sinne von §§ 302, 305, 599 dar, da der zuerkannte Betrag dogmatisch nämlich zunächst nicht um eine Beschränkung der Haftung gekürzt wird.

Die materiell-rechtliche Haftungsbeschränkung dient dem Schutz der Schuldner vor Inanspruchnahme unkalkulierbar hoher Ansprüche. Der Haftungsfonds soll einer gleichmäßigen Berücksichtigung der Gläubiger dienen und die Möglichkeit der nur beschränkten Inanspruchnahme ausgleichen. 2

II. Geltungsbereich, I, II. § 305a stellt – wie zB auch Art. 9 Brüssel-Ia-VO – eine prozessuale Sonderregelung hinsichtlich einer möglichen seerechtlichen Haftungsbeschränkungen dar. Die Regelung ergänzt prozessual die materiell-rechtlichen Vorschriften über die Haftungsbeschränkung. 3

Die schifffahrtsrechtlichen Beschränkungen der Haftungen beruhen auf internationalen Regelungen, wie die Beschränkung der Haftung für Seeforderungen und das Straßburger Übereinkommen über die Beschränkung der Haftung in der Binnenschifffahrt. §§ 611 ff. HGB, §§ 4–5m/n BinnenschiffahrtsG erlauben eine Beschränkung der Haftung für Forderungen, auch wegen Ölverschmutzungsschäden. In diesem Zusammenhang muss man nach § 872 auch die SVertO beachten. § 305a erfasst aus dem Kreis solcher Fälle diejenigen, bei denen die Voraussetzungen I Nr. 1 und 2 zusammentreffen. Zur bloßen Möglichkeit der Haftungsbeschränkung müssen also die in → Rn. 3 genannten Umstände hinzutreten. 4

In dem jeweiligen Anwendungsbereich werden im Wesentlichen die Kammern für Handelssachen betroffen sein, § 95 I Nr. 4 Buchst. f GVG. 5

III. Voraussetzungen des Vorbehaltsurteils, I. 1. Beschränkung der Haftung. a) Schifffahrtsrechtliche Haftungsbeschränkung. Der Anspruch, der in dem Rechtsstreit (→ § 300 Rn. 7) geltend gemacht wird, muss der **schifffahrtsrechtlichen Beschränkungen der Haftung** nach § 611 I, III, §§ 612–616 HGB unterliegen. Dies betrifft das Seehandelsrecht nach §§ 476 ff. HGB, mithin den Beförderungsverträgen nach §§ 481 ff. HGB, den Schiffsüberlassungsverträgen nach §§ 553 ff. HGB und die in §§ 570 ff. HGB geregelten Schiffsnotlagen. Gleiches gilt für Haftungsbeschränkungen nach §§ 4–5m/n BinnenschiffahrtsG unter Berücksichtigung der Haftungshöchstbeträge nach §§ 5e–5k BinnenschiffahrtsG. 6

Die Haftung für Seeforderungen und die Haftung für Bunkerölverschmutzungsschäden kann nach den entsprechenden internationalen Vereinbarungen (Bestimmungen des Übereinkommens vom 19.11.1976 über die Beschränkung der Haftung für Seeforderungen) bzw. Übereinkommen über die zivilrechtliche Haftung für Bunkerölverschmutzungsschäden beschränkt werden (§ 611 HGB). Ein entsprechende Haftungsbeschränkung kann sich auf Ansprüche auf Erstattung der Kosten für die Hebung, Beseitigung, Vernichtung oder Unschädlichmachung eines gesunkenen, havarierten, gestrandeten oder verlassenen Schiffes, und Ansprüche auf Erstattung der Kosten für die Beseitigung, Vernichtung oder Unschädlichmachung der Ladung des Schiffes ergeben (§ 612 HGB). Unabhängig von den Ansprüchen wegen Tod oder Körperverletzung haben Ansprüche wegen Beschädigung von Hafenanlagen, Hafenbecken, Wasserstraßen und Navigationshilfen einen gewissen Vorrang gegenüber sonstigen Ansprüchen (§ 614 HGB). Besonderheiten der Möglichkeit, die Haftung zu beschränken, gibt es für Lotsen (§ 615 BGB). Ausnahmen von der Möglichkeit, die Haftung zu beschränken, regelt § 616 HGB. § 616 HGB bezieht sich auf juristische Personen und Personenhandelsgesellschaften bzw. Mitreeder und Korrespondenzreeder, soweit der Schaden auf eine Handlung oder Unterlassung eines Mitglieds des zur Vertretung berechtigten Organs oder eines zur Vertretung berechtigten Gesellschafters zurückzuführen ist und durch eine solche Handlung oder Unterlassung die Beschränkung der Haftung nach den internationalen Haftungsbeschränkungsübereinkommen ausgeschlossen ist. 7

Entsprechendes gilt für Haftungsbeschränkungen nach dem **Binnenschiffahrtsgesetz** unter Berücksichtigung möglicher Haftungshöchstbeträge. Danach kann der Schiffseigner unter bestimmten Voraussetzungen seine Haftung für Ansprüche wegen Personen- und Sachschäden, die an Bord oder in unmittelbarem Zusammenhang mit dem Betrieb des Schiffes oder mit einer Bergung einschließlich einer Wrackbeseitigung eingetreten sind, beschränken. 8

b) Zwei weitere Gläubiger. Den Beklagten müssen als weitere Voraussetzung außerdem aus demselben Ereignis **mindestens zwei weitere solche Gläubiger in Anspruch nehmen,** denen gegenüber er eine Haftungsbeschränkung geltend machen kann (I Nr. 1). 9

c) Haftungshöchstbeträge. Die Summe der Ansprüche müssen die geregelten **Haftungshöchstbeträge** die zwischen Ansprüchen wegen des Todes oder der Körperverletzung von Reisenden und anderer Personen sowie sonstigen Ansprüchen unterscheiden (vgl. MüKoHGB/Eckardt HGB § 611 Rn. 8) nach den Bestimmungen des Übereinkommens über die Beschränkung der Haftung für Seeforderungen (vgl. § 611 HGB) bzw. nach §§ 5e bis 5k BinnenschiffahrtsG bezeichneten Haftungshöchstbeträge (§ 5d BinnenschiffahrtsG) übersteigen (I Nr. 2). Nur bei Überschreitung der Haftungshöchstbeträge ergibt sich ein Bedürfnis für ein Vorbehaltsurteil und einer anderweitigen Verteilung bzw. Beschränkung der Ansprüche. 10

d) Fonds. Unabhängig davon, dass materiell-rechtlich unter bestimmten Voraussetzungen eine Haftungsbeschränkung auch ohne Errichtung eines Fonds geltend gemacht werden (MüKo/Eckardt, HGB, § 617 Rn. 2), setzt auch § 305a prozessual für den Vorbehalt der Haftungsbeschränkung **nicht voraus,** dass der Beklagte einen **Fonds** im Sinne des Art. 11 des Haftungsbeschränkungsübereinkommens errichtet hat (vgl. § 487e Abs. 2 S. 1 HGB). Erst wenn aufgrund eines Urteils nach § 305a Vollstreckungsmaßnahmen eingeleitet werden, kommt es für die Haftungsbeschränkung nach § 786a auf die Errichtung eines Fonds an (MüKoZPO/Musielak Rn. 3). 11

2. Wesentliche Erschwerung der Erledigung des Rechtsstreits. a) Erledigung des Rechtsstreits. Ein Gericht, bei dem ein Rechtsstreit wegen eines der Haftungsbeschränkung unterliegenden Anspruchs anhängig ist, müsste, um die Voraussetzungen nach I Nr. 1, 2 feststellen zu können, den Gesamtbetrag und die weiteren Voraussetzungen aller aus demselben Ereignis entstandenen Ansprüche ermitteln, die für eine Haftungsbeschränkung in Betracht kommen. Dies kann eine umfangreiche und aufwändige Klärung von Rechts- und Tatsachenfragen bewirken, die zumal für andere nicht beteiligte Personen entsprechend § 325 nicht bindend wäre (MüKoZPO/Musielak Rn. 1). Diese Schwierigkeiten sollen durch die Möglichkeit des Vorbehaltsurteils, unter der Voraussetzung vermieden werden, dass die **Erledigung des Rechtsstreits** wegen der Ungewissheit über die weiteren Ansprüche nach I Nr. 1, 2 hierdurch **wesentlich erschwert** wird. Bei der Beurteilung der wesentlichen Erschwernis sind zeitliche, sachliche und prozessuale Gesichtspunkte zu berücksichtigen. Eine nur unerhebliche Erschwerung reicht also nicht aus. Das Urteil ergeht dann unter dem o. g. Vorbehalt der Haftungsbeschränkung, 12 wodurch die Möglichkeit der Beschränkung der Haftung bei der gerichtlichen Entscheidung unberücksichtigt bleibt.

13 Ohne diese Voraussetzung kann eine (vollständige) Entscheidung ohne Vorbehalt erfolgen.

14 **b) Entscheidungsreife.** Der Ausdruck **„Erledigung des Rechtsstreits"** ist nicht wie bei § 91a gemeint. Vorausgesetzt wird, dass der vorliegende Rechtsstreit unabhängig von der Frage der Haftungsbeschränkung wegen der weiteren Ansprüche **entscheidungsreif** ist (→ § 300 Rn. 7).

15 **3. Geltendmachung/Beurteilungszeitpunkt.** Der Beklagte muss die Beschränkung der Haftung **geltend machen.** Ein förmlicher Antrag im Hinblick auf die Tenorierung und den Anspruch der Haftungsbeschränkung ist jedoch nicht erforderlich. Die Parteien sind hierzu – falls ein solcher Antrag nicht gestellt werden sollte – jedoch nach § 139 anzuhören (MüKoZPO/Musielak Rn. 3).

16 Maßgeblich für die **Beurteilung** der Voraussetzungen ist der **Schluss der letzten mündlichen Verhandlung** nach §§ 136 IV, 296a. Insoweit ergeben sich keine Besonderheiten.

17 **IV. Fassung des Urteils, II.** Wie ausgeführt, kann das Recht auf Haftungsbeschränkung unberücksichtigt bleiben. Das Gericht hat dem Beklagten dann nach II vorzubehalten, durch Errichtung eines Haftungsfonds die Haftung auf einen bestimmten Höchstbetrag zu begrenzen. Die Verurteilung des Bekl. kann auch ohne einen Vorbehalt ergehen. Ob die Voraussetzungen von I, und damit insbesondere eine ausreichende Erschwerung besteht, muss das Gericht nach seiner **pflichtgemäßen** weiter „freien" **Überzeugung** entscheiden (vgl. insgesamt: Rheinschifffahrtsobergericht Karlsruhe TranspR 2016, 316). Der Gesetzgeber wollte dem Gericht einen weitgezogenen Ermessensspielraum einräumen (MüKoZPO/Musielak Rn. 3). Das Gericht muss daher nicht in eine umfassende Prüfung eintreten. Eine bloße Parteibehauptung genügt jedoch nicht. Eine Aktenbeiziehung kann dann entbehrlich sein, wenn das andere Gericht usw. eine ausreichende Auskunft über den dortigen Sach- und Verfahrensstand gibt.

18 Wird der Vorbehalt der beschränkten Haftung ausgesprochen, ist dieser in die **Urteilsformel** aufzunehmen (Thomas/Putzo/Reichold Rn. 4). Der Beklagte kann sich auf den Vorbehalt aber auch dann berufen, wenn sich dieser Vorbehalt nur aus den Entscheidungsgründen ergibt (MüKoZPO/Musielak Rn. 5) Ggf. kommt einer Ergänzung nach § 321 in Betracht.

19 Bei einer Entscheidung ohne Vorbehalt kann auch etwa folgender Zusatz erfolgen: „Der Beklagte kann ein Recht auf die Beschränkung seiner Haftung nach §§ 611 ff. HGB (oder: nach §§ 4 ff. BinnenschiffahrtsG) geltend machen, soweit ein Fonds nach dem Übereinkommen über die Beschränkung der Haftung für Seeforderungen" (oder: nach § 5d BinnenschiffahrtsG) „errichtet worden ist oder im Zeitpunkt der Geltendmachung seines Rechts auf Haftungsbeschränkung errichtet wird". Die Entscheidungen zu den **Kosten** und zur **vorläufigen Vollstreckbarkeit** ergehen wie sonst nach §§ 91 ff., 708 ff. Bezüglich der Zwangsvollstreckung korrespondiert die Vorschrift mit **§ 786a.** Rechtsbehelfsbelehrung, Verstoß: §§ 232, 233 S. 2.

Vorbemerkung zu § 306
Verzicht und Anerkenntnis

1 **I. Systematik.** Verzichts- und Anerkenntnisverfahren sind das prozessuale Gegenstück zur Prüfung des materiell-rechtlichen Anspruchs, da sie ohne Sachprüfung ergehen, Saarbr FamRZ 2008, 1465. Es ist eine besondere Ausprägung des **Dispositionsgrundsatzes,** dass ein entsprechendes Urteil nur aufgrund entsprechender **prozessualer Erklärung** erlassen wird. Eine materiell-rechtliche Prüfung findet dementsprechend nicht mehr statt. §§ 306, 307 dienen damit besonders der Parteiherrschaft und der Prozesswirtschaftlichkeit. Beide Vorschriften enthalten faktisch ein Zugeständnis, der Verzicht dahin, dass der prozessuale Anspruch nicht besteht, das Anerkenntnis umgekehrt dahin, dass er besteht. Man könnte den Verzicht eine Anerkennung der Einwendungen des Bekl. nennen, das Anerkenntnis einen Verzicht auf Einwendungen, LG Lpz NJW-RR 1997, 571.

2 Ob das Anerkenntnis „sofort" erfolgt, wirkt sich auf die Kostenentscheidung nach § 93 aus.

3 Das **Geständnis** nach § 288 ist hiervon abzugrenzen und folgt anderen Regeln, da es sich formal nicht auf den gesamten Anspruch bezieht, sondern auf einzelne Tatsachen, vgl. BGH NJW 1985, 2716. Faktisch können Anerkenntnis und Geständnis jedoch vergleichbare Auswirkungen haben.

4 **1. Prozessuale Erklärung.** Verzicht und Anerkenntnis müssen als prozessuale Erklärungen **sämtliche Voraussetzungen** der **Prozesshandlungsvoraussetzungen** erfüllen, um die förmlichen Rechtsfolgen der §§ 306, 307 auszulösen, BGH FamRZ 2011, 1223; BPatG GRUR 1994, 280; LG Lpz NJW-RR 1997, 571 (zu § 307). Wenn diese Voraussetzungen nicht erfüllt sind, zB die Voraussetzungen der Postulationsfähigkeit sind nicht eingehalten worden, da die Erklärung unmittelbar von der Partei und nicht dem Rechtsanwalt erfolgt ist **(§ 78),** BGH NJW 1988, 210, unterliegt es der freien Beweiswürdigung nach § 286, ob die mit der prozessual unwirksamen Erklärung eine materiell-rechtliche Erklärung verbunden ist. ein. Diese prozessrechtliche Erklärung stellt prozessual eine **Bewirkungshandlung** dar, da sie eine unmittelbare rechtliche Auswirkung für den Prozess bewirkt, wie zB die Klagerücknahme (ggf. mit Einwilligung des Beklagten § 269 I, II). Dies ist abzugrenzen von einer sog. Erwirkungshandlung, bei der das Gericht tätig werden soll. Verzicht und Anerkenntnis sind **einseitige Erklärungen.** Sie brauchen keine Annahme, BPatG GRUR 1980, 783.

5 Als Bewirkungshandlung muss die Erklärung **unbedingt** und **vorbehaltslos** sein. Wegen dieses unmittelbaren Charakters können Bewirkungshandlungen im Regelfall auch **nicht widerrufen** oder **angefochten** werden können (OLG Hamm NJW-RR 2020, 192; Düss NJW-RR 1999, 1514), mithin im Interesse der Rechtssicherheit auch **keine Möglichkeit der Anfechtung** wegen Irrtums (vgl. Thomas/Putzo/Seiler, Einl III Rdn. 23; 307 Rdnr. 8). §§ 119 ff. BGB finden auf das Verfahrensrecht keine entsprechende Anwendung.

6 Ein Widerruf oder eine Anfechtbarkeit kommt nur ausnahmsweise in Betracht, wenn besondere Umstände vorliegen, wie zB, dass das Verhalten durch einen Umstand verursacht worden ist, dass einen **Restitutionsgrund** nach §§ 580, 581 oder Abänderungsgrund darstellt (vgl. Zöller/Feskorn Vor §§ 306, 307 Rn. 4; → Vor § 128 Rn. 66).

7 **§ 290 ZPO** ist **nicht analog anwendbar,** da sich ein Geständnis auf den tatsächlichen Streitstoff (der die Grundlage der Sachentscheidung bildet) bezieht, während zB ein Anerkenntnis gerade zur Folge hat, dass es auf den tatsächlichen Streitstoff gar nicht mehr ankommt, weil es insoweit nur um die rechtliche Folge geht, so dass es an einer vergleichbaren Interessenlage als Voraussetzung für die Analogie fehlen dürfte.

Man kann sie wirksam nur dem Prozessgericht gegenüber abgeben, BPatG GRUR 1980, 783, auch gegenüber dem Vorsitzenden der Kammer für Handelssachen nach § 349 II Nr. 4, nicht aber vor dem nach §§ 361, 362 beauftragten bzw. ersuchten Richter. Als förmliche Voraussetzungen ist bei einer mündlichen Verhandlung eine Aufnahme in das Protokoll erforderlich, § 160 III 1. 8

2. Materiell-rechtliche Erklärung. In der Regel wird mit der formalen Erklärung des Verzichts und des Anerkenntnisses auch eine materiell-rechtliche Erklärung verbunden sein, BGH 80, 391, Düss FamRZ 1983, 723; Hamm FamRZ 1988, 854. Die materiell-rechtliche Erklärung wirkt sich in dem zugrundeliegenden Prozess aber dann nicht mehr aus, wenn bereits aufgrund der prozessrechtlichen Erklärung eine gerichtliche Entscheidung bewirkt wird. Die prozessuale Erklärung und eine hiermit verbundene materiell-rechtliche Erklärung sind streng voneinander zu trennen, da sie jeweils eigenen Wirksamkeitsregeln folgen, BPatG GRUR 1994, 280; Düss NJW-RR 1999, 1514; Heiß, Anerkenntnis und Anerkenntnisurteil im Zivilprozeß, 2012, 185. 9

Wird „nur" materiell-rechtlich auf den Anspruch verzichtet, führt dies nach einer Sachprüfung zur **Sachabweisung** mit einer inneren Rechtskraftwirkung nach § 322, zB aufgrund eines Aufhebungsvertrages. Die prozessual-rechtliche Erklärung eines Verzichts bzw. eines Anerkenntnisses iSv §§ 306, 307 führt zwar auch zu einer Sachabweisung, aber eben gerade ohne jede materiell-rechtliche Prüfung, BSG MDR 1978, 172 (krit. Behn JZ 1979, 200). 10

Die prozessuale Erklärung eines Verzichts lässt sich materiell-rechtlich **frei würdigen,** wenn die Gegenpartei trotz der prozessrechtlichen Erklärung kein entsprechendes Verzichtsurteil (§ 306) beantragt. Beim Anerkenntnis ist nach § 307 kein Antrag des Klägers mehr erforderlich. 11

II. Regelungszweck. §§ 306, 307 dienen in hohem Maße der Parteiherrschaft und damit der Prozesswirtschaftlichkeit. Der mündige Bürger soll auch als Kläger oder Bekl. weitgehend über den prozessualen Anspruch und dessen Behandlung verfügen können, sei es auch durch solche Folgen, die der wahren Rechtslage kaum entsprechen. Deshalb darf man die Vorschriften weit auslegen. 12

III. Geltungsbereich. Beispiele zur Frage einer Wirksamkeit

Allgemeine Geschäftsbedingungen: Zur dortigen Wirksamkeit Hau MDR 2017, 853. 13

Anfechtung: → „Willensmangel".

Arglist: → „Rechtsmissbrauch", → „Wiederaufnahme".

Berufung: §§ 306, 307 können trotz § 531 auch in der Berufungsinstanz geltend gemacht werden.

Drohung: → „Wiederaufnahme".

Genehmigung: die prozessuale Erklärung ist unabhängig von materiell-rechtlichen Gültigkeitsvoraussetzungen, wie zB einer gerichtlichen Genehmigung, vgl. BGH JZ 1956, 62; Zöller/Vollkommer Vor §§ 306–307 Rn. 7; aM Brüggemann FamRZ 1989, 1137 (ausf.); Thomas ZZP 89, 81.

Gesetzwidrigkeit: → „Rechtsmissbrauch".

Irrtum: → „Rechtsmissbrauch".

Parteiherrschaft: → „Verfügungsbefugnis".

Rechtsmissbrauch: Es verstößt dann gegen Treu und Glauben, wenn die Gegenpartei auf einen als irrig erkannten Verzicht oder ein als irrig erkanntes Anerkenntnis hin ein Urteil verlangt. Das Gericht muss einen solchen Antrag als rechtsmissbräuchlich zurückweisen, BGH VersR 1977, 574; Ffm AnwBl 1988, 119. Dasselbe gilt nach → § 307 Rn. 18, dann, wenn der Verzicht oder das Anerkenntnis gesetz- oder sittenwidrig erfolgt oder wenn der Verzicht oder das Anerkenntnis offensichtlich nur die Benachteiligung eines Dritten erstreben (Scheinprozess), Heiß, Anerkenntnis und Anerkenntnisurteil im Zivilprozeß, 2012, 185. Bei einem nicht anerkannten Irrtum gibt es keinen Einwand.

Schuldfehlen: Es kann in Ausnahmefällen zur Nichtigkeit eines Anerkenntnisses führen, AG Lahnstein DGVZ 2009, 189.

Sittenwidrigkeit: → „Rechtsmissbrauch".

Teilerklärung: Sie ist zu einem nach § 301 abtrennbaren Teil nach → § 306 Rn. 9 statthaft.

Treu und Glauben: → „Rechtsmissbrauch".

Verfügungsbefugnis: Weder ein Anerkenntnis noch ein Verzicht sind nach → § 307 Rn. 17 statthaft, soweit die Parteien oder Beteiligten nicht über das Rechtsverhältnis oder über den Verfahrensgegenstand verfügen können, BGHZ 104, 24; Hamm Rpfleger 1987, 414; Nürnb NJW 1989, 842.

Vollmacht: Die Prozessvollmacht nach § 80 ermächtigt zur Erklärung von Anerkenntnis wie Verzicht. Sie lässt aber eine Beschränkung nach § 83 zu.

Widerruf: Er ist bei § 323 denkbar, Hamm NJW 2014, 2966. Er ist auch bei einem Restitutionsgrund nach § 580 Nr. 2, 4, 7 statthaft, Düss NJW-RR 1999, 1514, Ffm AnwBl 1988, 119; Rostock FamRZ 2005, 119; aM Hamm FamRZ 1993, 78; Kblz FamRZ 1998, 916 (auch bei § 323). Das gilt auch im Berufungsverfahren nach §§ 511 ff., BGHZ 80, 394; Hamm FamRZ 1993, 78; KG NJW-RR 1995, 958. Ein Verschulden nach § 582 ist dabei unschädlich. Sonst ist ein Widerruf nur bei einer Zustimmung des Gegners statthaft, KG FamRZ 2006, 1871 (auch zu einer Ausnahme) und an sich unbeachtlich, BGH NJW 1989, 1934; Mü FamRZ 1992, 698; Saarbr NJW-RR 1997, 252.

Wiederaufnahme: Bei einer arglistigen Täuschung oder Drohung ist eine Wiederaufnahme nach § 580 nach dem Eintritt der formellen Rechtskraft nach § 705 statthaft, Hamm FamRZ 1993, 78; Mü FamRZ 1992, 698. Auch „Widerruf".

Willensmangel: Anerkenntnis und Verzicht unterliegen nicht den materiell-rechtlichen Vorschriften über Willensmängel, BGHZ 80, 393; Bbg FamRZ 1990, 1096; KG FamRZ 2006, 1871. Dies ist zu unterscheiden von Prozesshandlungen die eine formelle und materielle „Doppelnatur" haben, wie zum Beispiel bei einem Prozessvergleich.

306 *Verzicht.* **Verzichtet der Kläger bei der mündlichen Verhandlung auf den geltend gemachten Anspruch, so ist er auf Grund des Verzichts mit dem Anspruch abzuweisen, wenn der Beklagte die Abweisung beantragt.**

1 **I. Geltungsbereich.** Der prozessuale Verzicht ist auch im vorläufigen Verfahren nach §§ 916 ff., 935 ff. zulässig, Kblz NJW-RR 1986, 1443. Die Erklärung, einen Arrest oder eine einstweilige Verfügung nicht nach §§ 929, 936 vollziehen zu wollen, ist ein prozessualer Verzicht auf die Sicherung des Anspruchs. Sie führt zur Aufhebung des Arrests usw. Die Vorschrift ist zudem im **Arbeitsprozess** anwendbar (§ 46 IIArbGG iVm § 495). Ein teilweiser Verzicht ist möglich, zB wegen eines Auflösungsantrags nach § 9 I KSchG, BAG NJW 1980, 1484 oder beschränkt auf einen (Teil-)Antrag. Dann hat § 306 den Vorrang vor § 301 II. Wenn der Kläger den Anspruch sofort auf die Kosten beschränkt, kann in Ausnahmefällen nach → § 93 Rn. 22 eine Umkehrung von **§ 93** in Betracht kommen, da § 93 einen allgemeinen Rechtsgedanken enthält (siehe aber auch Ffm NJW-RR 1994, 62; Hamm MDR 1982, 676; Kblz NJW-RR 1986, 1443. Der Verzicht kann im Anerkenntnis des Abweisungsantrags des **Berufungsklägers** liegen, aber nicht in einer Rechtsmittelbeschränkung, BGH NJW-RR 1989, 962. Es kommt auch in der Berufungsinstanz ein Teilverzicht in Betracht, siehe aber KG BeckRS 2017, 142191 und auch im Verfahren der Nichtzulassungsbeschwerde, BGH, FamRZ 2022, 649. § 306 ist im Verfahren nach § 14 III 1 KapMuG unanwendbar, SchlAnh. VIII, Schneider BB 2005, 2255. Ebenfalls unanwendbar im **Adhäsionsverfahren,** da § 406 II StPO nur das Anerkenntnisurteil zulässt. Die Vorschrift ist im Bereich des § 113 I 2 FamFG entsprechend anwendbar (zB Scheidungs- und Aufhebungsverfahren), soweit der Beteiligte über den Verfahrensgegenstand verfügen kann. Ein Verzichtsurteil ergeht in materieller Rechtskraft wie ein sonst streitiges Urteil.

2 **II. Voraussetzungen.** Der Rechtsstreit und der geltend gemachte **Anspruch** muss **rechtshängig** sein (→ § 300 Rn. 7) und zum Streitgegenstand gehören. Der Anspruch muss sich vornehmlich auf ein Tun oder Unterlassen beziehen (§ 194 I BGB). Dies umfasst auch Feststellungsklagen, die einen Anspruch zugrunde liegen haben; ebenfalls sind auch zukünftige Ansprüche erfasst, zB zukünftige entstehende materielle und immaterielle Ansprüche aufgrund eines Verkehrsunfalls.

3 Es kann auch nur auf **Teile** des rechtshängigen Anspruchs verzichtet werden. Dies setzt voraus, dass der Streitgegenstand insoweit **selbständig** und teilbar **(abtrennbar)** ist, so dass sie auch zum Gegenstand eines Teilurteils (§ 301) gemacht werden könnten. (BGH FamRZ 2011, 1223; MüKoZPO/Musielak § 306 Rn. 3).

4 Ein Verzicht setzt weiter voraus, dass der Anspruch zur **Disposition** des Klägers steht, also „verzichtbar" ist. Damit sind zB zwingende Ansprüche aufgrund von Tarifverträgen oder Betriebsvereinbarungen, Ansprüche auf den gesetzlichen Mindestlohn (§ 3 MiLoG), der Urlaubsanspruch oder ein Verzicht von zukünftigem Unterhalt (§ 1614 I BGB) vom Anwendungsbereich des § 306 nicht erfasst.

5 Der Kläger muss einen Verzicht ausdrücklich oder schlüssig gegenüber dem Prozessgericht **erklären.** Die Erklärung ist auszulegen und insbesondere, wenn sie einem Verfahren erklärt wird, bei dem die Postulationsfähigkeit keinen Rechtsanwalt voraussetzt nach Sinn und Zweck auszulegen und nicht nur auf dem bloßen Wortlaut abzustellen. Eine Erklärung ist im Einzelfall abzugrenzen zB von einer Klagerücknahme oder einer einseitigen Erledigungserklärung. **Im Zweifel** ist der Kläger anzuhören und es ist davon auszugehen, dass **kein Verzicht** vorliegt. Die restriktive Auslegung beruht darauf, dass diese Erklärung bei entsprechendem Antrag des Beklagten bewirkt, dass die Klage durch Verzichtsurteil abzuweisen ist, also noch eine Sachentscheidung, die in Rechtskraft erwächst, zu treffen ist (BGH BeckRS 2010, 27057).

6 Der Beklagte muss die Klageabweisung **beantragen.** Insoweit genügt es, wenn ein „normaler" **Antrag** auf Klageabweisung vorliegt. Selbst wenn der Beklagte nicht ausdrücklich ein Verzichtsurteil, sondern ein streitiges Urteil beantragt, hat das Gericht ein Verzichtsurteil zu erlassen (MüKoZPO/Musielak § 306 Rn. 6; Thomas/Putzo/Reichold Rn. 3). Schließlich wird vorausgesetzt, dass der Verzicht in der **mündlichen Verhandlung,** § 137 I, erklärt wird. Hiervon ist auch eine Verhandlung nach § 128a erfasst. Da der Wortlaut sich bewusst von § 307 S. 2 unterscheidet, ist davon auszugehen, dass der Verzicht im **schriftlichen Verfahren** nach § 128 II **nicht** erklärt werden kann (so aber: LG Karlsruhe WRP 2019, 805; LG Heidelberg BeckRS 2010, 19856; BeckOK ZPO/Elzer Rn. 31); anders allerdings, wenn eine mündliche Verhandlung strukturell nicht stattfindet, wie bei einer Nichtzulassungsbeschwerde, vgl. BGH; NJW 2022, 790. Mit einem Verzichtsurteil würde rechtskräftig festgestellt, dass bestimmte Ansprüche nicht bestehen. Dies stellt über die Klagerücknahme (§ 269) eine weitergehende Rechtsfolge für den Kläger dar, der sich dazu entschieden hat, seine Ansprüche gerichtlich geltend zu machen. Hierfür sieht das Gesetz durch das Erfordernis der mündlichen Verhandlung eine weitergehende Aufklärung durch das Gericht vor. Dieser Rechtsgedanke korrespondiert mit § 127a BGB, der die notarielle Form auch nur bei einer mündlichen Verhandlung ersetzt, so dass ein Vergleichsschluss nach § 278 VI nicht genügt, um den Rechtsgedanken des § 17 I BeurkG gerecht werden zu können.

III. Beispiele zur Frage einer Verzichtserklärung

7 **Aktenlageentscheidung:** „Schriftlichkeit".

Anwaltszwang: Er besteht wie sonst nach → § 78 Rn. 1, BGH NJW 1988, 210.

Erledigungserklärung: Das Gericht muss nach § 139 klären, ob in ihr auch ein Verzicht liegt, LG Lpz NJW-RR 1997, 571. Meist wird das wegen der weitergehenden Rechtsfolgen des § 306 nicht so sein.

Ermäßigung: Ein Verzicht liegt **nicht** in einer solchen des Anspruchs.

Klagerücknahme: Sie enthält als solche **nicht** schon auch einen Verzicht. Denn sie besagt anders als eine Verzichtserklärung über das Nichtbestehen des bisher geltend gemachten Anspruchs wegen → § 269 Rn. 61 nichts. Wenn der Kläger zugleich mit der Klagerücknahme eindeutig auch auf den Anspruch verzichtet, muss das Gericht nach § 306 verfahren, nicht nach § 269.

Kostenantrag: Ein bloßer solcher kann eine Erledigungserklärung nach → § 91a Rn. 47 sein.

Protokollierung: Sie erfolgt nach §§ 160 III Nr. 1, 162, BGH NJW 1989, 1934. Die Abgabe der Erklärung lässt sich aber auch außerh 1b des Protokolls nachweisen.

Rechtsmittelbeschränkung: Sie enthält meist keinen Verzicht, BGH NJW-RR 1989, 962.

Richter (beauftragter/ersuchter): Vor demjenigen nach §§ 361, 362 kann man einen Verzicht nicht wirksam erklären.

Schriftlichkeit: Sie ist nur im schriftlichen Verfahren nach §§ 128 II, 495a S. 1 und bei einer Entscheidung nach Aktenlage nach § 251a wirksam.

Zustimmung: Der Verzicht braucht im Gegensatz zur Klagerücknahme nach § 269 **keine** Zustimmung des Gegners.

IV. Verzichtsfolge. 1. Verzichtsurteil. Einzige Folge ist das Verzichtsurteil. Der prozessuale Verzicht berührt ohne ein entsprechendes Urteil die Rechtshängigkeit nach § 261 und das sachliche Recht überhaupt nicht, Ffm FamRZ 1982, 812. Nach einem Urteil berührt er es insofern, dass der Anspruch nicht mehr einklagbar ist, unabhängig davon, ob dieser an sich trotzdem bestehen sollte. 8

2. Verfahren. Wenn der Bekl. es beantragt, muss das Gericht den Kläger auf den Verzicht hin mit dem Anspruch abweisen. Dieser Antrag ist ein Prozessantrag (BGH NJW-RR 1998, 1652). Der Antrag des Bekl. auf ein Verzichtsurteil braucht sich dem Verzicht nicht unmittelbar anzuschließen. Er ist auch bei einer Säumnis des Klägers nach § 330 zulässig. Wenn der Bekl. trotz eines Verzichts ein streitiges Urteil beantragt, ergeht trotzdem ein Verzichtsurteil, da für ein „streitiges Urteil" das Rechtsschutzbedürfnis fehlen würde, BGHZ 76, 50; BGH NJW 1980, 838. Mangels eines Antrags des Bekl. kann das Gericht das Ruhen des Verfahrens nach §§ 251, 251a III anordnen, Düss FamRZ 1986, 486. 9

3. Entscheidung. Das Gericht muss das Verzichtsurteil auf den Antrag hin erlassen, auch wenn der Kläger auf einen abtrennbaren Teil des Anspruchs verzichtet, BAG NJW 1980, 1486. Denn § 306 geht dem § 301 II vor. Fehlt eine Prozessvoraussetzung, ist evtl. nach einem Hinweis nach § 139 auch hier eine Prozessabweisung der Klage als unzulässig nötig, nicht eine Sachabweisung auf Verzicht. Das gilt auch bei § 256, dort → § 256 Rn. 4. Verneint das Gericht einen wirksamen Verzicht, muss es ein Verzichtsurteil durch ein Zwischenurteil oder im Endurteil ablehnen, MüKoZPO/Musielak Rn. 5; aM Zöller/Vollkommer Rn. 7 (durch Beschluss; aber § 280 passt besser). Über eine Verkündung vor der Niederschrift § 311 II 2. 10

Eine **abgekürzte Form** des Urteils ist nach § 313b I statthaft. Aus dem Verzicht folgt die Kostenpflicht, und zwar grundsätzlich nach § 91. § 93 ist grundsätzlich unanwendbar. Evtl. ist § 97 II anwendbar, Schlesw SchlHA 1978, 172. Das Gericht muss nach § 708 Nr. 1 die vorläufige Vollstreckbarkeit ohne eine Sicherheitsleistung aussprechen. Während die Klagerücknahme nach § 269 eine Erneuerung des Prozesses zulässt, weil der Kläger nur auf die Durchführung in diesem Prozess verzichtet hat, steht nach einem Verzichtsurteil dem Anspruch die innere Rechtskraft nach § 322 aufgrund der getroffenen Sachentscheidung entgegen. Sie beendet die Rechtshängigkeit nach § 261, Ffm FamRZ 1982, 812. Beispiel für ein **Tenor** des Verzichtsurteils: „Der Kläger wird mit dem Anspruch (möglichst genaue Bezeichnung (…) gegen den Beklagten abgewiesen. Die Kosten des Rechtsstreits werden dem Kläger auferlegt. Das Urteil ist vorläufig vollstreckbar." 11

Durch das Verzichtsurteil ermäßigt sich die allgemeine Verfahrensgebühr (KV 1211 Nr. 2, 1222 Nr. 2, 1232 Nr. 2 GKG). Der Prozessbevollmächtigte erhält die volle Verfahrens- und Terminsgebühr (VV 3100, 3104 RVG). 12

V. Rechtsmittel. Rechtsbehelfsbelehrung, Verstoß: §§ 232, 233 S. 2. Das Verzichtsurteil ist mit den normalen Rechtsmitteln nach §§ 511 ff. anfechtbar, aber im Wesentlichen nur dann erfolgversprechend, falls die prozessualen Erklärungen (Verzicht des Klägers; Antrag des Beklagten) nicht vorgelegen haben sollten. Der Verzicht ist auch in der Rechtsmittelinstanz zulässig. Verzichtet der Kläger dann auf einen Anspruchsteil, bleibt das Rechtsmittel zulässig, selbst wenn der Restanspruch die Rechtsmittelsumme unterschreitet. 13

307 *Anerkenntnis.* **[1]Erkennt eine Partei den gegen sie geltend gemachten Anspruch ganz oder zum Teil an, so ist sie dem Anerkenntnis gemäß zu verurteilen. [2]Einer mündlichen Verhandlung bedarf es insoweit nicht.**

I. Systematik, S. 1, 2. Über den Begriff, die Form und die Rechtsnatur des Anerkenntnisses → Vor § 306 Rn. 1–12. Das Anerkenntnis bezieht sich auf den **prozessualen Anspruch** selbst. Vom Geständnis nach § 288 I unterscheidet es sich dadurch, dass der Bekl. durch das **Geständnis** nur einzelne oder mehrere Tatsachenbehauptungen des Klägers als richtig eingeräumt, BSG MDR 1978, 172; Ffm MDR 1978, 583; Hamm NJW-RR 1995, 1073. Der Beklagte gibt mit dem Anerkenntnis darüber hinaus nicht nur zu erkennen, dass die tatsächlichen Behauptungen des Klägers richtig sind, sondern auch, dass er sich dem geltend gemachten prozessualen Anspruch unterwirft (BGH MDR 2020, 504). Es werden also insbesondere die daraus hergeleiteten Rechtsfolgen als richtig anerkannt. Das Anerkenntnisurteil ergeht in materieller Rechtskraft wie ein sonst streitiges Urteil. Es kann als **„sofortiges"** Anerkenntnis nach § 93 günstige Kostenfolgen haben. Es kann auf einem Vertrag beruhen, BGH NJW 1986, 2949. 1

II. Regelungszweck, S. 1, 2. Die Vorschrift dient der Parteiherrschaft wie der zweckmäßigen Verfahrenserledigung. 2

III. Geltungsbereich, S. 1, 2. Die Vorschrift ist (nur) in allen Verfahren nach der ZPO anwendbar, bei denen der Streitgegenstand dem Dispositionsgrundsatz unterfällt, Kblz NJW-RR 2000, 530; LG Aachen NJW-RR 1988, 263, Heiß, Anerkenntnis und Anerkenntnisurteil im Zivilprozeß, 2012, 185. Das gilt auch bei § 544, BGH NJW-RR 2010, 783, im Räumungsverfahren, Fleindl ZMR 2016, 8 (Grdz.), ferner im Eilverfahren nach §§ 916 ff., 935 ff; im Rechtsmittelverfahren nur, soweit das Rechtsmittel zulässig ist; im **Revisionsverfahren** im Übrigen nur mit der Einschränkung des **§ 555 III** (Voraussetzung: Antrag des Klägers), um zu vermeiden, dass durch ein Anerkenntnisurteil Grundsatzentscheidungen verhindert werden (BVerwG NVwZ 2015, 1529). Die Vorschrift gilt auch bei einer Verbandsklage, BGH NJW 1989, 1675. Sie gilt auch im WEG-Verfahren und im Arbeitsgerichtsverfahren, BAG NZA 2008, 1419; Troje NZA 2008, 691. Im sozialgerichtlichen Verfahren ist § 307 entsprechend anwendbar, BSG MDR 1978, 172 (krit. Behn JZ 1979, 200). Im **Eheverfahren** hat ein Anerkenntnis nicht die Wirkung des § 307 ZPO, so §§ 113 IV Nr. 6, 121 FamFG, Ffm FamRZ 1984, 1123; Hmb FamRZ 1988, 1179; Hamm FamRZ 1988, 854. Zum Patentverletzungsstreit BPatG GRUR 2017, 1023; Ullmann GRUR 1985, 810. Im markenrechtlichen Löschungsverfahren mit seinem Amtsermittlungsgrundsatz ist S. 1 unanwendbar, BPatG GRUR 2007, 508. Im **Adhäsionsverfahren** der StPO ist ein Anerkenntnisurteil nach § 406 II StPO zulässig. 3

IV. Anerkenntnis, S. 1, 2. 1. Materielle Voraussetzungen. Die Klage muss zulässig sein; die **Zulässigkeitsvoraussetzungen,** die von Amts wegen zu prüfen sind, müssen vorliegen. Sollten die Zulässigkeitsvoraussetzungen nicht vorliegen, kann ein Anerkenntnisurteil nur erlassen werden, wenn diese verzichtbar sind (vgl. KG FamRZ 1988, 310; Metz MDR 2020, 391; Thomas/Putzo/Seiler Rn. 10; → Rn. 22). 4

5 Der anerkannte Streitgegenstand muss **rechtshängig** sein (→ § 300 Rn. 7). Der anerkannte Anspruch braucht weder schlüssig vorgetragen noch begründet zu sein. Das Anerkenntnisurteil erfolgt mithin ohne weitergehende Sachprüfung durch das Gericht.

6 Unten der Voraussetzungen der **„Teilbarkeit"**, kann auch nur ein Teil des Anspruchs anerkannt werden (Teilanerkenntnis) (S. 1) (BAG NZA 2008, 1419; Zweibr OLGZ 1987, 311; Schilken ZZP 90, 178), dies bezieht sich auch auf ein Grundurteil (§ 304) (Teilanerkenntnisgrundurteil bzw. Anerkenntnis-Grundurteil). Es kann auch ein **Vorbehaltsurteil** ergehen (§§ 302, 599).

7 Unzulässig ist ein Anerkenntnis zudem, wenn der Beklagte über den **Anspruch nicht dispositionsbefugt** ist. Ein Anerkenntnisurteil kommt auch dann nicht in Betracht, wenn der Anspruch des Klägers auf eine verbotene Rechtsfolge zielt, dem „ordre public" (Art. 6 EGBGB) oder den guten Sitten widerspricht **(§ 138 BGB)** oder gegen ein gesetzliches Verbot **(§ 134 BGB)** verstößt (MüKoZPO/Musielak Rn. 17).

8 **2. Erklärung.** Das Anerkenntnis muss wirksam erklärt werden. Die Erklärung des Anerkenntnisses ist in jeder Lage des Verfahrens statthaft, BGH WM 2013, 1828. Sie muss gegenüber dem Prozessgericht geschehen. Die **prozessuale Erklärung** des Anerkenntnisses ist im Hinblick auf die wichtigen Auswirkungen im Zweifel restriktiv auszulegen und gerade bei Erklärung im Verfahren, bei denen ein Prozessbevollmächtigter nach § 78 nicht erforderlich ist, ist nicht alleine an dem Wortlaut zu haften, sondern der Sinn und Zweck der Erklärung ggf. nach Hinweis nach § 139 zu ermitteln. Ein prozessuales Anerkenntnis ist gegenüber dem Gericht zu erklären und richtet sich in seiner Wirksamkeit allein nach dem Prozessrecht. Die Anerkenntniserklärung stellt eine **prozessuale Bewirkungshandlung** dar und ist im Regelfall **nicht widerruflich bzw. anfechtbar** (BGH, NJW-RR 2021, 1505) (→ Vor § 306 Rn. 9) (BGH NJW 1985, 2716) und muss auch den sonstigen Zulässigkeitsvoraussetzungen genügen, wie zB der Postulationsfähigkeit (§ 78). Bei elektronischer Einreichung gelten §§ 130a–d.

9 Die Erklärung kann in der **mündlichen Verhandlung** und im **schriftlichen Verfahren** ergehen (§ 307 S. 2). Eine Annahme bzw. ein Antrag des Kl. ist nicht erforderlich (Ausnahme: § 555 III).

10 Erkennt der Beklagte den Anspruch nur vorbehaltlich einer Gegenleistung **„Zug-um-Zug"** an, so kann darauf ein Anerkenntnisurteil nur ergehen, wenn der Kläger seinen Sachantrag der Einschränkung anpasst, so dass dann damit letztendlich faktisch ein „vollumfängliches" Anerkenntnis vorliegt (BGH NJW 2016, 572; NJW 1989, 1934). Geschieht dies nicht, ist der Beklagte aber durch streitiges Urteil im Hinblick auf sein Anerkenntnis zu verurteilen, weil mit dieser Erklärung die Rechtsfolge anerkannt wird. Das Gericht kann sein Urteil ohne Sachprüfung auf die anerkannte Rechtsfolge stützen (BGH NJW 1989, 1934).

11 Ebenfalls erkennt nicht an, wer nur „im Urkundenprozess" anerkennt. Denn das dann ergehende Urteil wäre nach → § 599 Rn. 13 ein durch die Aufhebung im Nachverfahren nach § 600 bedingtes, Naumb NJW-RR 1997, 893; LG Hann NJW-RR 1987, 384; aM Düss NJW-RR 1999, 68 (kommt daher zu Folgeproblemen), Karlsr OLGZ 2004, 200; Schlesw OLGR 2005, 136; Musielak/Voit/Musielak Rn. 8.

12 Ein **Vorbehalt** der Aufrechnung mit einer Gegenforderung ist zulässig, Ffm MDR 1978, 583. Der Vorbehalt der beschränkten Haftung nach §§ 305, 305a ist ebenfalls wegen der gesetzlichen Sonderregelung statthaft, ebenso derjenige nach § 780, Brem OLGZ 1989, 365.

13 Eine Beschränkung auf ein vorgreifliches Recht oder Rechtsverhältnis ist als Anerkenntnis unzulässig, ZZP 90, 177, ebenso ein Anerkenntnis der verlangten Leistung nur dem Grunde nach.

14 Das Gericht **protokolliert** ein Anerkenntnis nach §§ 160 III Nr. 1, 162, Düss FamRZ 1983, 723. Diese Protokollierung ist aber nicht der einzige zulässige Nachweis des prozessualen Anerkenntnisses, BGH NJW 1984, 1466; BSG MDR 1981, 612; Ffm AnwBl 1988, 119; aM Düss FamRZ 1983, 723 (zu formstreng). Es ist wie bei jeder Prozesshandlung eine Auslegung und daher auch eine stillschweigende Erklärung möglich. Insofern gilt auch § 139. Eine unzulässige Einschränkung wäre die Bitte um Gewährung von Ratenzahlungen infolge einer „Bitte um Genehmigung durch das Gericht". Es darf nicht im Ermessen eines Dritten stehen, etwa des Gerichts. Ein solcher Zusatz, der die rechtlichen Folgen des Anerkenntnisses ausschließen soll, ist wirkungslos. Eine Formulierung wie „ich erkenne an, **verwahre mich aber gegen die Kosten**" stellt ein unbedingtes Anerkenntnis dar, da das Gericht ohnehin über die Kosten nach § 308 II von Amts wegen zu entscheiden hat, Drsd MDR 2018, 176. Dasselbe gilt bei einer Bedingung der **Zulässigkeit** der Klage. Denn das Gericht prüft auch die Prozessvoraussetzungen von Amts wegen, BGH DB 1976, 1009; Hamm WRP 1992, 253; Heiß, Anerkenntnis und Anerkenntnisurteil im Zivilprozeß, 2012, 185. Insoweit kommt auch neben einem Abweisungsantrag ein **hilfsweises** Anerkenntnis in Betracht, wenn der Bekl. den Abweisungsantrag auf Fehler einer von Amts wegen zu prüfenden Prozessvoraussetzung stützt, Zöller/Feskorn Rn. 11. Zulässig ist zB ein Anerkenntnis für den Fall, dass die Rüge der internationalen Unzuständigkeit erfolglos bleibt, BGH DB 1976, 1010; zulässig ist auch einen hilfsweise geltend gemachten Anspruch anzuerkennen (OLG Zweibrücken OLGZ 1987, 371).

15 **Unzulässig** ist das Anerkenntnis, soweit es sich nur auf **einzelne Begründungen** bezieht; möglich ist aber auch, dass einzelne Anträge nur teilweise anerkannt werden. Unzulässig ist auch ein Anerkenntnis nur des Grundes des Anspruchs, also beim Bestreiten des Betrags, MüKoZPO/Musielak Rn. 12; Stein/Jonas/Althammer Rn. 9; aM LG Mannh MDR 1992, 898, Zöller/Feskorn Rn. 7. Die Voraussetzungen von § 304 liegen nicht vor. Eine solche Erklärung wirkt aber in der Regel als Geständnis nach § 288, ggf. mit Möglichkeit des Widerrufs. Kein Anerkenntnis ist ferner ein solches zwar des Arrestanspruchs nach § 916, aber nicht des Arrestgrundes nach § 917. Ein Anerkenntnis der Kosten ist nur dann zugleich mit demjenigen der Hauptsache zulässig, wenn die Kosten zur Hauptsache geworden sind oder wenn die Hauptsache nach § 91a erledigt ist.

3. Beispiele zur Frage einer Erklärung, S. 1, 2

16 **Abweisungsantrag:** Er lässt sich kaum je als Anerkenntnis auslegen, BVerfG NJW 2014, 291.

Aktenlageverfahren: Zulässig ist ein Anerkenntnis auch im Aktenlageverfahren nach § 251a.

Anwaltszwang: Er besteht wie sonst nach → § 78 Rn. 1, BGH NJW 2015, 2193 und VersR 2015, 1183.

Arbeitsgerichtsverfahren: → „Schriftliches Verfahren".

Aufrechnung: → „Ermäßigung".

Auslegung: Zulässig und notwendig ist eine Auslegung der Erklärung wie bei jeder Parteiprozesshandlung, BVerfG NJW 2014, 291; BGH BauR 2017, 916.

Außergerichtliche Leistung: **Keine** Anerkenntniserklärung liegt schon in einer außergerichtlichen Leistung trotz eines bestehenbleibenden Klagabweisungsantrags, BGH NJW 1981, 686. Dann mag das Gericht nach → § 91a Rn. 213 vorgehen müssen.

Berufungsinstanz: Zulässig ist ein Anerkenntnis auch während der Berufungsinstanz nach §§ 511 ff., BGH WM 2013, 1828.

Beschwerdeinstanz: Zulässig ist ein Anerkenntnis auch während der Beschwerdeinstanz nach §§ 567 ff.

Erklärung (materiell-rechtlich): Man muss sie nach → Vor § 306 Rn. 12 von einer prozessualen unterscheiden.

Erledigung der Hauptsache: → § 91a Rn. 108 „Anerkenntnis".

Ermäßigung: Eine Klagermäßigung um den Betrag einer Aufrechnungsforderung enthält kein Anerkenntnis und bindet den Kläger nicht. Zum Problem Retzlaff NJW 2013, 2854 (ausf.).

Feststellungsklage: Zulässig ist ein Anerkenntnis auch bei einer solchen Klage nach § 256, Ffm MDR 1978, 583. Es wirkt aber nicht nach einem Übergang zur Leistungsklage nach § 253 auch ihr gegenüber.

Gestaltungsklage: Zulässig ist ein Anerkenntnis auch bei einer solchen Klage nach → Vor § 253 Rn. 10, zB bei einer Erklärung für erbunwürdig, LG Köln NJW 1977, 1783; aM LG Aachen MDR 1988, 240 (aber auch eine solche Gestaltung unterliegt der Parteiherrschaft).

Güteverhandlung: Zulässig ist ein Anerkenntnis auch während einer Güteverhandlung nach § 278, Jena GRUR-RR 2008, 109; Köln MDR 2006, 227, zumal eine mündliche Verhandlung nach Satz 2 von § 307 ohnehin entbehrlich ist.

Klagerwiderung: → „Verteidigungsanzeige".

Rechtsbeschwerdeinstanz: Zulässig ist ein Anerkenntnis auch während der Rechtsbeschwerdeinstanz nach §§ 574 ff.

Rechtsmittelbeschränkung: Zulässig ist ein nach → Vor § 128 Rn. 59 stillschweigendes Anerkenntnis durch eine Rechtsmittelbeschränkung zB nach → § 520 Rn. 52, BGH NJW 2006, 217.

Revisionsinstanz: Zulässig ist ein Anerkenntnis auch während der Revisionsinstanz nach §§ 542 ff., 555 III, und zwar bis zur Revisionsbegründung nach § 551 auch durch den zweitinstanzlichen ProzBev., BGH NJW-RR 2014, 832, anschließend nach § 78 I 3 nur durch einen BGH-Anwalt, BGH NJW 2015, 2193.

Säumnisverfahren: Zulässig ist ein Anerkenntnis auch im Verfahren nach §§ 330 ff.

Schriftliches Verfahren: Zulässig ist auch ein Anerkenntnis im schriftlichen Verfahren nach § 128 II oder nach § 495a S. 1, so schon Brdb MDR 1999, 504, auch im schriftlichen Verfahren vor dem Arbeitsgericht, Troje NZA 2008, 691.

Schriftliches Vorverfahren: → „Verteidigungsanzeige".

Schweigen: Im bloßen Schweigen liegt **kein** Anerkenntnis, anders als in einer schlüssigen **stillschweigenden Erklärung** (restriktive Auslegung).

Selbstbeschränkung auf Null: Ausreichen kann diese Haltung, BPatG GRUR 2010, 138.

Unterstellung: Zulässig sein kann nach § 138 III, IV die Unterstellung eines prozessualen Anerkenntnisses. Sie wirkt aber erst für die letzte mündliche Verhandlung nach §§ 136 IV, 296a.

Verteidigungsanzeige: Ein Anerkenntnis kann auch zu jedem Zeitpunkt, und damit auch nach Verteidigungsanzeige, erklärt werden, Bohlander NJW 1997, 36. **Unzulässig** ist dann aber eine Kostengrundentscheidung zulasten des Klägers nach → § 93 „Klagerwiderung", Ffm NJW-RR 1993, 128, Hmb GRUR 1988, 488.

Widerklage: Zulässig ist ein Anerkenntnis des Widerbekl.

Zustimmung: Diejenige des Bekl. zur Erledigterklärung des Klägers kann wegen → Rn. 8 ein Anerkenntnis sein, → § 91a Rn. 112.

Zweifelsfreiheit: Notwendig ist eine inhaltlich zweifelsfreie Erklärung gegenüber dem Gericht nach → Vor § 128 Rn. 55(restriktive Auslegung).

4. Erklärende Partei. Anerkennen kann nur eine Partei, hier grundsätzlich nur der Bekl. oder der Widerbekl, 17
und zwar jeder Streitgenosse nach §§ 59 ff. für sich selbst. Der streitgenössische Streithelfer nach § 69 kann dem Anerkenntnis des Bekl. wirksam widersprechen, Schlesw NJW-RR 1993, 932. Der **Kläger** kann nur ganz ausnahmsweise anerkennen, so zB die Kostenlast nach einer Erledigung der Hauptsache nach § 91a. Ein Anwaltszwang besteht wie sonst nach → § 78 Rn. 1, Jena FamRZ 2009, 1513. Erkennt der Kläger und Berufungsbekl den Berufungsantrag des die Klagabweisung fordernden Bekl. und Berufungsklägers an, dürfte ein Verzicht auf den Klaganspruch vorliegen. Das Anerkenntnis ist nur insoweit wirksam, als die Prozesshandlungsvoraussetzungen vorliegen und das Rechtsverhältnis der Verfügung der Parteien unterliegt, BGHZ 104, 24; Brdb FamRZ 2005, 1843; Kblz NJW-RR 2000, 530. Gegenstand des Anerkenntnisses kann auch der Antrag des Beklagten in der Berufungsinstanz durch den Kläger sein, da prinzipiell jede begehrte Rechtsfolge anerkannt werden kann (OLG Hamm NJW-RR 1995, 1073).

5. Beispiele zur Frage einer Wirksamkeit, S. 1, 2

Anfechtung: → Vor § 128 Rn. 64, → Vor § 306 Rn. 9, Düss NJW-RR 1999, 1514; Rostock FamRZ 2005, 18
119; keine Anfechtung nach § 119 BGB, BGH NJW 1981, 2193.

Arrest, einstweilige Verfügung: Wirksam sein kann ein Anerkenntnis auch in einem Eilverfahren nach §§ 916 ff., 935 ff. Dabei bezieht es sich nur auf die Schutzbedürftigkeit. Es greift dem Hauptprozess nicht vor. Es ist insoweit auch im Aufhebungsverfahren nach §§ 925, 936 statthaft.

Auslandsurteil: Unwirksam ist Anerkenntnis, um einem nicht anerkennungsfähigen ausländischen Urteil nach → § 328 Rn. 10 eine Vollstreckbarkeit zu verschaffen.

Ehesache: Unwirksam ist ein Anerkenntnis in einer Sache nach §§ 121, 113 IV Nr. 6 FamFG, Ffm FamRZ 1984, 1123; LG Köln NJW 1977, 1783.

Formnichtigkeit: Wirksam bleibt auch ein solches Anerkenntnis, sofern anderweitig feststellbar/beweisbar. Das gilt zB bei einer fehlerhaften Protokollierung nach → § 162 Rn. 8.

Genehmigung: Wirksam kann auch ein solches Anerkenntnis sein, zu dem das Gericht keine materiell-rechtlich notwendige Genehmigung nach → Vor § 306 erteilt hat.

Gesetzwidrigkeit: Unwirksam ist ein Anerkenntnis, soweit es eine gesetzwidrige Entscheidung herbeiführen soll, Kblz NJW-RR 2000, 530 (kein Anspruch wegen Fehlens gesetzlicher Grundlage), Stgt JZ 1986, 1117; Geimer DNotZ 1989, 335.

Insolvenzverwalter: Unwirksam ist seine Anerkennung einer nicht anmeldbaren Forderung.
Irrtum: → Vor § 128 Rn. 64.
Kindschaftssache: Unwirksam ist ein Anerkenntnis in einer Sache nach §§ 151 ff. soweit dem Dispositionsgrundsatz entzogen, FamFG, Brdb FamRZ 2005, 1843 (Ausnahme: Unterhalt), Hamm FamRZ 1988, 854; AG Hann FamRZ 2000, 1434.
Mahnverfahren: → „Rechtshängigkeit".
Ordre public: Unwirksam ist ein solches Anerkenntnis, das wesentliche Grundsätze der deutschen Rechtsordnung verletzt.
Patentnichtigkeitsverfahren: Unwirksam BGH GRUR 1995, 577.
Protokollierung: → Rn. 18 „Formnichtigkeit".
Rechtshängigkeit: Sie muss nach → § 261 Rn. 1 vorliegen.
Rechtsmittelbegründung: Sie ist im statthaften Rechtsmittel nicht zur Wirksamkeit des Anerkenntnisses nötig, BGH WM 2013, 1828.
Revision: → § 555 Rn. 7.
Sachurteilsvoraussetzung: Unwirksam ist ein Anerkenntnis, soweit eine unverzichtbare Sachurteilsvoraussetzung fehlt, etwa die Vollstreckbarkeit des bisherigen Titels nach §§ 704 ff. bei § 323, KG FamRZ 1988, 310.
Sittenwidrigkeit: Unwirksam ist ein sittenwidriges Anerkenntnis, Köln NJW 1986, 1352; Stgt NJW 1985, 2273; Kohte NJW 1985, 2228.
Streithilfe: Unwirksam ist ein Anerkenntnis gegen den Widerspruch des nach § 69 streitgenössischen Streithelfers, Schlesw NJW-RR 1993, 930.
Streitwert: Ein Vergleich kann das Gerichtsermessen bei der Wertermittlung zwar als Anregung unterstützen, aber nach → § 3 Rn. 4, → Vor § 128 → § 308 Rn. 27 nicht ersetzen.
Testamentsvollstrecker: Unwirksam ist das „Anerkenntnis" eines Testamentsvollstreckers, sein Amt sei nicht nur in seiner Person erloschen, sondern überhaupt.
Unwahrheit: Wirksam ist auch ein unwahres Anerkenntnis, solange es nicht sittenwidrig wird. Denn die Partei darf nach über ihren prozessualen Anspruch und dessen Abwehr frei verfügen. Sie darf zB auch eine Nichtschuld bezahlen, Köln NJW-RR 1998, 724.
Verbot: Unwirksam ist ein Anerkenntnis, soweit ihm ein öffentlich-rechtliches Verbot entgegensteht.
Vorläufige Vollstreckbarkeit: Es gilt → „Gesetzwidrigkeit", → Vor § 708 Rn. 4, Nürnb NJW 1989, 842.
Widerruf: → Vor § 128 Rn. 66, 67, → Vor § 306 Rn. 9, nach Urteil nur, wenn Restitutionsgrund oder Abänderungsgrund (§§ 580, 323) vorliegt, BGH NJW 1981, 2193; BGH BB 1993, 1174; Hamm NJW 2015, 358, Rostock FamRZ 2005, 119; bis zum Erlass des Urteils ist Widerruf möglich, wenn Gegner einverstanden ist.
Zwischen den Instanzen: Wirksam ist das Anerkenntnis wegen § 318 erst in der etwa folgenden höheren Instanz, Prütting/Gehrlein/Thole Rn. 5.

19 **V. Anerkenntnisfolge, S. 1, 2. 1. Anerkenntnisurteil.** Einzige Wirkung des wirksam erklärten prozessualen Anerkenntnisses ist der Anspruch auf ein Anerkenntnisurteil im Umfang des Anerkenntnisses, daher ggf. nur ein Teilanerkenntnisurteil bzw. Anerkenntnisteilurteil, Heiß, Anerkenntnis und Anerkenntnisurteil im Zivilprozess, 2012, 185; Hirtz AnwBl 2004, 504. Das gilt nach S. 2 auch dann, wenn keine mündliche Verhandlung stattfand. Das prozessuale Anerkenntnis berührt das materiell-rechtliche Schuldverhältnis überhaupt nicht, anders als evtl. ein materiell-rechtliches Anerkenntnis, Heiß, Anerkenntnis und Anerkenntnisurteil im Zivilprozess, 2012, 185. Daher gibt auch ein Teilanerkenntnis für eine Würdigung des Restanspruchs nichts her, zumal die Beweggründe für jenes nicht materiell-rechtliche, sondern taktische und sonstige Erwägungen sein können.

20 Ein Anerkenntnisurteil ist nur dann **wirkungslos,** wenn auch ein sonstiges Urteil wirkungslos wäre, ferner bei einem widersinnigen Anspruch, etwa beim Anerkenntnis des Eigentums eines nicht eingetragenen Grundstücksbesitzers. Denn es schafft keine innere Rechtskraft nach § 322 gegenüber dem in Wirklichkeit Eingetragenen. Unstatthaft ist ein Anerkenntnisurteil bei Unzulässigkeit des Rechtsmittels des Anerkennenden, BGH WM 2013, 1828.

21 **2. Von Amts wegen.** Es ist in erster Instanz und im Berufungsrechtszug anders als im Revisionsverfahren (dort § 555 III, BVerwG NVwZ 2015, 1529) kein Antrag erforderlich. Vielmehr führt das wirksame Anerkenntnis in diesen beiden Instanzen in seinem Umfang von Amts wegen zur Entscheidung, und zwar beim Erfolg zum Anerkenntnisurteil, zB auf eine Zurückweisung der Berufung des Bekl. nach dessen Anerkenntnis, BGH WM 2013, 1828. Bei einer Säumnis des Klägers darf auf Antrag des Bekl. nach § 330 ein Versäumnisurteil auf Abweisung ergehen. Ein bloßes Anerkenntnisurteil kann grundsätzlich keine Abweisung eines Klagantrags enthalten, Zweibr OLGZ 1987, 372. Dabei ist der Inhalt und nicht der Wortlaut maßgeblich, BGH NJW 1989, 1675. Bei einer Säumnis des Bekl. hindert das Anerkenntnis ein Zurückgreifen auf die Klagebegründung nach § 253 II Nr. 2 nicht. Es kann und muss daher auch dann ein echtes Versäumnisurteil nach § 331 ergehen, BGH NJW 1993, 1718, aM Stein/Jonas/Althammer Rn. 29, Zöller/Vollkommer Rn. 5 (möglich sei nur ein unechtes Versäumnisurteil auf Anerkennung; zu eng).

22 **3. Unerheblichkeit eines Antrags.** Aus den bisherigen Ausführungen folgt: Es kommt im ersten Rechtszug und im Berufungsverfahren anders als im Revisionsverfahren nach → Rn. 1 nicht darauf an, ob der Kläger einen „Antrag" auf den Erlass eines „bloßen" Anerkenntnisurteils stellt oder ausdrücklich ein „streitiges" Urteil und „kein Anerkenntnisurteil" beantragt usw. Denn die Anerkenntnisfolge besteht eben in einem von Amts wegen ergehenden entsprechenden Spruch, aM Heiß, Anerkenntnis und Anerkenntnisurteil im Zivilprozeß, 2012, 186. Der Kläger muss seinen Antrag anpassen können, BGH NJW 2004, 2021; Ffm MDR 1978, 583.

23 **4. Sonstige Verfahrensfragen.** Das Gericht muss die nach § 295 II unheilbaren Prozessvoraussetzungen auch in diesem Verfahren prüfen, Karlsr WRP 1979, 223; Heiß, Anerkenntnis und Anerkenntnisurteil im Zivilprozess, 2012, 185. Fehlen sie, muss das Gericht die Klage nach → Rn. 22 trotz eines Anerkenntnisses evtl. nach einem Hinweis nach § 139 durch ein Prozessurteil als unzulässig abweisen, Hamm MDR 1990, 638. Hingegen ist ein Anerkenntnis auch beim Fehlen der besonderen Prozessvoraussetzungen des § 256 als Ausnahme zulässig, aM Köln VersR 1977, 938 (aber die Parteiherrschaft hat den Vorrang). Es ist auch beim Fehlen der Voraussetzungen der §§ 259, 592, 722, 723 zulässig. Heilbare Mängel nach § 295 I kommen hier nicht infrage.

Denn ihrer Rüge steht das Anerkenntnis entgegen. Das AG muss den Bekl. nach § 499 II über die Folgen eines schriftlichen Anerkenntnisses belehren.

5. Urteilseinzelheiten. Das Anerkenntnisurteil ergeht **ohne jede Sachprüfung,** Der anerkennende Beklagte ist an den Inhalt gebunden sind. (BGH, VersR 2022, 394; KG MDR 2015, 164; Schlesw NJW-RR 1993, 932; Streit/Schade JurBüro 2004, 121. Das gilt auch dann, wenn die Sache aussichtslos oder unschlüssig wäre. Wenn die Partei einen Teilanspruch anerkennt, muss ein Teilanerkenntnisurteil ergehen, OLG Düsseldorf NJW 2018, 1764. Denn § 307 geht dem § 301 II vor, Schlesw SchlHA 1988, 65. Das Gericht darf den Erlass nur bei einer Verneinung eines wirksamen Anerkenntnisses ablehnen. Diese kann das Gericht durch ein Zwischenurteil nach § 303 aussprechen, Schlesw NJW-RR 1993, 932; LG Nürnb-Fürth NJW 1976, 633, oder im Endurteil aussprechen, aM Schumann FS Larenz, 1983, 585; Thomas/Putzo/Reichold Rn. 10 (Zwischenurteil oder Beschluss), Zöller/Feskorn Rn. 4 (Beschluss; aber § 303 passt besser). 24

Das Anerkenntnisurteil ist in der mündlichen Verhandlung oder durch Zustellung bei fehlender mündlicher Verhandlung (S. 2) zu **verkünden** (§ 310 I, II), ohne dass die Urteilsformel zuvor abgefasst zu werden braucht (§ 311 II 3). Die Verkündung erfolgt nach § 311, evtl. durch eine Zustellung nach § 310 III, BGH NJW 2004, 2020; es kann abgekürzt abgefasst werden (§ 313b I, II). 25

Es ist als Anerkenntnisurteil zu **bezeichnen** (§ 313b I 2). Sie ist jedoch entbehrlich, soweit ein derartiges Urteil vollständig mit Tatbestand und Entscheidungsgründen nach § 313 II, III ergeht, Düss MDR 1990, 59. Die **Kostenentscheidung** ergeht nach §§ 91–93. Insoweit ist das Gericht ebenfalls von einer Prüfung der materiellen Rechtslage enthoben (BGH, MDR 2021, 439, NJW 2020, 1442). Bei der Frage, ob ein Anerkenntnis **„sofort"** erklärt worden ist, ist zu berücksichtigen, dass eine Beschleunigung damit verbunden ist, dass der Gesetzgeber den Erlass gerade von einer mündlichen Verhandlung abgekoppelt hat, OLG Düsseldorf NJW 2018, 1764. Wird die Klage erst später schlüssig, kann der Beklagte den Anspruch auch noch nach Eintritt der Schlüssigkeit als Besonderheit „sofort" anerkennen (BGH MDR 2020, 504). Die **vorläufige Vollstreckbarkeit** richtet sich nach § 708 Nr. 1, da die Wahrscheinlichkeit, dass das Urteil in einer möglichen Rechtsmittelinstanz abgeändert wird, gering ist. 26

§§ 319–321a sind anwendbar. Rechtsbehelfsbelehrung, Verstoß: §§ 232, 233 S. 2. Bei der Vollstreckbarkeit eines Anerkenntnisteil- und Schlussurteil ist zu beachten, dass der Kläger bezüglich der ausgeurteilten Forderung, die das Teilanerkenntnis übersteigt, nur nach den allgemeinen Regeln vollstrecken kann (zB §§ 708 Nr. 11, 709). Der **Tenor** würde dann beispielhaft lauten: „Der Beklagte wird verurteilt (…). Die Kosten des Rechtsstreits werden dem Beklagten auferlegt. Das Urteil ist vorläufig vollstreckbar. Soweit der Kläger in der Hauptsache über (den anerkannten Betrag nebst Kosten) hinaus vollstreckt, wird dem Beklagten nachgelassen (…)/oder ist das Urteil nur gegen Sicherheitsleistung (…)." 27

VI. Rechtsmittel, S. 1, 2. Die Anfechtung erfolgt wie bei jedem Endurteil nach §§ 511 ff., BGH FamRZ 2003, 1923; Düss NJW-RR 1999, 1514; Kblz NJW-RR 2000, 530 (gesetzwidriges Urteil). Die Beschwer ist wie bei einem streitigen Urteil zu bewerten. Die **Bindung an das Anerkenntnis,** sofern wirksam, besteht auch in der Rechtsmittelinstanz fort. Sollten die Voraussetzungen für ein Anerkenntnisurteil nicht vorgelegen haben, ist die Sache nach § 538 II Nr. 1 bzw. 6 analog zurückzuweisen (Jena FamRZ 2009, 1513), da eine streitige Entscheidung in der Sache bisher fehlt und den Parteien sonst eine Instanz genommen würde (Zöller/Feskorn § 307 Rn. 13). Die Kostenentscheidung kann ausnahmsweise nach § 99 II isoliert mit der sofortigen Beschwerde angefochten werden. Hat das Gericht unrichtigerweise ein Teilanerkenntnisurteil zur Hauptsache und ein Schlussurteil über die Kosten erlassen, ist nach § 99 II 1 eine sofortige Beschwerde nach §§ 567 ff. gegen das letztere zulässig. Soweit das OLG als Berufungsgericht entschieden hat, kommt allenfalls eine Rechtsbeschwerde an den BGH unter den Voraussetzungen des § 574 in Betracht. 28

Die **Rechtsmittelfrist** läuft mit Verkündung; ist es ohne Verkündung ergangen (S. 2) mit der letzten Zustellung, die von Amts wegen erfolgt (§§ 317, 166 II, 310 III 1) (BGH NJW 1996, 1969; Ffm NJW 1981, 291). Rechtsbehelfsbelehrung, Verstoß: §§ 232, 233 S. 2. 29

Die **Gerichtsgebühren** ermäßigen sich durch das Anerkenntnisurteil (KV 1211 Nr. 2, KV 1222 Nr. 2, KV 1232 Nr. 2). Dies gilt aber nicht bei einer Verwahrung gegen die Kostenlast, weil die Ermäßigung voraussetzt, dass dem Gericht für die Kostenentscheidung kein Arbeitsaufwand entsteht (Zöller/Feskorn § 307 Rn. 14). Die **Rechtsanwaltsgebühren** ermäßigen sich nicht und es entsteht auch eine Terminsgebühr, selbst wenn keine mündliche Verhandlung stattgefunden hat (1,3 (VV 3100 RVG; VV 3104 iVm VV 3104 I Nr. 1RVG) (Jena JurBüro 2005, 529, Zöller/Feskorn § 307 Rn. 14). 30

Anhang zu § 307
Vergleich

Schrifttum: Atteslauder-Dürenmatt, Der Prozessvergleich im internationalen Verhältnis, 2006; Deutlmoser/Fries, Mediation im Erbrecht, 2020; Duve, Mediation und Vergleich im Prozess, 1999; Duve/Eidenmüller/Hacke/Fries, Mediation in der Wirtschaft, 3. Aufl. 2019; Egli, Vergleichsdruck im Zivilprozeß, 1996 (Rechtstatsachen); Fleindl/Haumer, Der Prozessvergleich, 2016 (Bespr. Fries ZZP 130, 131, Werner DRiZ 2016, 233); Frische, Verfahrenswirkungen, Rechtskraft – internationale Anerkennung und Vollstreckung von Prozessvergleichen …, 2005; Göppinger/Börger, Vereinbarungen anläßlich der Ehescheidung, 8. Aufl. 2005; Gottwald/Treuer, Verhandeln und Vergleichen im Zivilprozeß, 2. Aufl. 2005; dies., Vergleichspraxis – Tips für Anwälte und Richter, 1991; Haft, Verhandeln – Die Alternative zum Rechtsstreit, 1992; Haft/Schlieffen, Handbuch der Mediation, 3. Aufl. 2016; Jerschke, Der Richter als Notar usw., FS Hagen, 1999; Kropholler, Europäisches Zivilprozeßrecht, 8. Aufl. 2005; Langer, Die Funktion des Prozessvergleichs im Zivilprozessrecht, 2014 (Bespr. Braun ZZP 128, 253); Leutner/Hacker, Der vollstreckbare Anwaltsvergleich, NJW 2012, 1318; Lindacher, Der Prozessvergleich, FG 50 Jahre Bundesgerichtshof, 2000, III 253; Musielak, Der Schlichtungsgedanke im deutschen Zivilprozeßrecht, FS Beys, Athen 2004,1093; Negaal, Der außergerichtliche Vergleich, 2002; Salje DRiZ 1994, 285 (ausf.; krit. Geffert DRiZ 1994, 421, Lempp DRiZ 1994, 422); Risse, Wirtschaftsmediation, 2021; Schallow, Der mangelhafte Prozessvergleich usw., 2003; Schneider, Der Prozessvergleich, FS Schilken, 2015, 457; Schramm, Richterliche Pflichten und Haftung beim Prozessvergleich der ZPO, 2015 (Bespr Effer-Uhe ZZP 130, 395); Schreiber, Die einvernehmliche Beendigung des Zivilprozesses, JURA 2012, 23; Schulte, Taschenbuch für Schiedsämter und Schiedsstellen, 7. Aufl. 2011; Schumann, Der Prozessvergleich im deutschen und polnischen

Zivilprozeß, 2010; Stueber, Grundfrage zum Prozessvergleich aus deutscher und österreichischer Sicht, 2001; Tempel/Theimer, Mustertexte zum Zivilprozess, 1. Erkenntnisverfahren erster Instanz, 10. Aufl. 2020; Veeser, Der vollstreckbare Anwaltsvergleich, 1995; Vollkommer, Formzwang und Formzweck im Prozessrecht, FS Hagen, 1999; Wagner, Prozessverträge, Privatautonomie im Verfahrensrecht, 1998; Wehrmann, Die Person des Dritten im Prozessvergleich in materiellrechtlicher und prozessualer Hinsicht, 1995. Vgl. ferner die Angaben bei § 279.

1 **I. Systematik.** In der ZPO findet sich keine eigenständige Regelung zum Prozessvergleich. In einigen Vorschriften (zB §§ 81, 83, 98, 118, 141, 160 III, 161, 251, 278 VI, 323a, 441, 492, 607, 611,794 Abs. 1 Nr. 1, 794a, 795b, 796a, 796c, 797a, 850c, 1030, 1053 1086, 1117) wird hierauf jedoch Bezug genommen.

2 Abzugrenzen ist dies von der gerichtsinternen (= Güterrichterverfahren) und der außergerichtlichen **Mediation** (vgl. § 278a; § 36a FamFG; Mediationsgesetz vom 21.7.2012). Durch die Mediation wird anhand von weitergehenden Methoden letztendlich aber wie bei einem Vergleich versucht, den Streit zwischen den Parteien einvernehmlich beizulegen. Eine Mediation bietet sich vor allem immer dann an, wenn die Parteien über den eigentlichen Streit hinaus miteinander verbunden sind, wie zum Beispiel im Familienrecht oder in der Wirtschaftsmediation.

3 Der Prozessvergleich umfasst zwei untrennbar miteinander verbundene Verträge (Doppelnatur). Er stellt einen Prozessvertrag dar, durch den der Prozess beendet wird – oder nur teilweise beendet wird – bei einem Teilvergleich. Darüber hinaus stellt er einen materiell-rechtlichen Vertrag nach § 779 BGB dar, durch den die Parteien das zugrunde liegende Rechtsverhältnis – oder auch darüber hinaus (Mehrvergleich) (neu) regeln. Der Prozessvergleich ist ein Vollstreckungstitel nach § 794 I Nr. 1.

4 Auch während des Prozesses können die Parteien unabhängig von dem Rechtsstreit einen außergerichtlichen Vergleich vereinbaren. Dieser kommt ohne das Gericht zustande und unterliegt nur den Vorschriften des materiellen Rechts. Er gibt gerade keinen Vollstreckungstitel, auch wenn er während des nach § 261 rechtshängigen Prozesses zustande kommt. Wenn im Anwaltsprozess nach → § 78 Rn. 1 eine Partei in Abwesenheit ihres Anwalts vor Gericht einen Vergleich schließt, stellt dies einen außergerichtlichen Vergleich dar. Ein solcher Vergleich berührt die Rechtshängigkeit nicht, kann aber das materielle Rechtsverhältnis neu regeln, was sich auch auf den Prozess auswirken kann, zB der Anspruch (nicht) mehr (in dieser Höhe) begründet ist oder gerade begründet ist. Er gibt insoweit bei einer Fortsetzung des Prozesses die Einrede der Arglist. Der außergerichtliche Vergleich kann nur durch eine Klage aus ihm und durch ein entsprechendes Urteil nach §§ 704 ff. vollstreckbar werden.

5 Den außergerichtlichen Vergleich regeln unter anderem **§§ 796a–796c (anwaltlicher Vergleich).** Der außergerichtliche Vergleich ist im Prozess zunächst nicht zu berücksichtigen, solange ihn nicht eine Partei geltend macht. Er beendet einen Prozess nicht unmittelbar, BGH NJW 2002, 1503. Jede Partei darf sich auf ihn berufen und eine Verurteilung nach dem Vergleich mit einem neuen Antrag verlangen. Darin liegt nach § 264 Nr. 3 keine Klagänderung, auch wenn der Anspruch materiell-rechtlich auf eine neue Grundlage gestellt werden kann. Im weiteren Verfahren muss das Gericht auch über die Wirksamkeit des außergerichtlichen Vergleichs entscheiden. Hat sich eine Partei im Vergleich zur Klagerücknahme nach § 269 verpflichtet, darf das Gericht nur auf eine Rüge des Bekl. aussprechen, dass das Verfahren seit dem Abschluss des Vergleichs unstatthaft war.

6 Nach **§ 278 VI 1** können die Parteien einen „gerichtlichen Vergleich" auch dadurch schließen, dass sie einen schriftlichen Vergleichsvorschlag des Gerichts schriftsätzlich gegenüber dem Gericht annehmen. Diese Unterart eines Prozessvergleichs unterscheidet sich von dem in der mündlichen Verhandlung geschlossenen Vergleich mit oder ohne dessen Vorschlag oder sonstige Mitwirkung zustande kommenden Prozessvergleich nur durch die Art des Zustandekommens, nicht aber durch die Rechtsfolgen. Durch § 278 VI wird die Form des § 127a BGB nicht eingehalten.

7 Im **FamFG**-Verfahren gilt § 36 FamFG.

8 **II. Regelungszweck.** Der Prozessvergleich wie indirekt der außergerichtliche Vergleich während eines Prozesses dienen der Parteiherrschaft. Er dient damit auch der Prozesswirtschaftlichkeit. Deshalb fördert ihn § 278 VI, und deshalb lassen sich die ihn betreffenden Regeln an sich großzügig handhaben. Als Vollstreckungstitel nach → Rn. 1 muss der Prozessvergleich aber auch die Anforderungen der Rechtssicherheit erfüllen. Er muss hinreichend bestimmt sein und einen vollstreckbaren Inhalt haben usw. Daher muss das Gericht seine formellen wie inhaltlichen Anforderungen auch wiederum streng prüfen.

9 Ziel ist es, durch ein gegenseitiges Nachgeben auch unter Berücksichtigung von möglichen Kosten für die Parteien eine sog. „win-win-Situation" zu erreichen.

10 Der Vergleich ist dabei davon geprägt, dass er von den Parteien freiwillig geschlossen wird. Auch wenn der Vergleich in öffentlicher Sitzung geschlossen wird, stellt für die Parteien in der Regel die Vertraulichkeit ein wichtiges Motiv dar. Anders als bei einer gerichtlichen Entscheidung ist für den Vergleich prägend, dass die Parteien selbst eigene Verantwortung für den Vergleichsabschluss übernehmen. Das Gericht hat dabei eine unabhängige Beratungs-, und Aufklärungspflicht. Das Gericht hat auch dafür Sorge zu tragen, dass die Parteien strukturell Bereitschaft zur Offenheit haben und gleich informiert sind. Der Richter hat sich bei den Vergleichsverhandlungen im engeren Sinne zurückzuhalten, kann aber jederzeit Vorschläge unterbreiten und kreative Lösungsansätze entwickeln. Durch sein Verhalten darf die Grenze von §§ 42 ff. nicht überschritten werden.

11 Der **Vorteil des Vergleichs** ist in der Regel dahin zu sehen, dass der Prozess hierdurch schneller erledigt werden kann und für die Parteien Kosten erspart werden können. Es gibt keine weitere Rechtsmittelinstanz. Oftmals haben die Parteien auch weitergehende individuelle Gestaltungsmöglichkeiten, die ein streitiges Urteil nicht ermöglichen würde. Es können auch durch einen „Mehrvergleich" noch weitere Gesichtspunkte in die Einigung mit aufgenommen werden. Dadurch, dass die Parteien sich mit dem Abschluss einverstanden erklären und es keine strukturell unterlegene Partei gibt, wird der Rechtsstreit in der Regel nachhaltiger befriedet und es werden Folgeprozess vermieden. Die Akzeptanz der Erledigung ist höher. Eine Durchsetzung des durch Vergleich titulierten Anspruchs im Rahmen der Zwangsvollstreckung ist meistens nicht erforderlich, da die Regelung auf größere Akzeptanz stößt und die Befriedung dauerhafter ist.

12 Ein **Widerrufsvergleich** kommt in der Praxis häufig vor. Er sollte nur gewählt werden, wenn die Wahrscheinlichkeit eines Widerrufs gering ist und bietet sich insbesondere dann an, wenn die im Prozess anwesenden Beteiligten im Innenverhältnis zum Abschluss eines Vergleichs (in diesem Umfang) nicht berechtigt sind, zB weil

Rücksprache bei der nur vertretenen Partei, einem weiteren Geschäftsführer, Vorstandsmitglied oder einem sonstigen Gremium zu halten ist. Bei dem Abschluss eines Widerrufsvergleichs sollte das Gericht sofort nach § 218 einen baldigen Termin zur Verkündung einer Entscheidung (Beweisbeschluss, Urteil etc.) für den Fall eines rechtzeitigen Widerrufs ansetzen und noch im Vergleichstermin mitteilen, auch um eine nochmalige Ladungsfrist und förmliche Zustellung zu erübrigen.

III. Rechtsnatur des Prozessvergleichs. 1. Rechtsgeschäft. Aus materiell-rechtlicher Sicht setzt ein Vergleich gegenseitiges Nachgeben (§ 779 BGB) voraus. Diese Voraussetzung wird aber weit ausgelegt. Es genügt bereits, wenn eine Partei nur auf einen Teil der Kosten oder auf die Fortführung des Prozesses und damit auf ein der Rechtskraft fähiges Urteil verzichtet. Sofern nur eine Partei nachgeben sollte, kann allerdings in Wahrheit kein Vergleich, sondern ein Anerkenntnis oder Verzicht (§§ 307, 306) vorliegen. 13

Bei einem Widerrufsvorbehalt liegt eine aufschiebende Bedingung vor, so dass der Vergleich erst mit Ablauf der Widerrufsfrist wirksam wird. Eine teilweise Begriffsbestimmung des Prozessvergleichs steckt in § 794 I Nr. 1: Die vor Gericht oder vor etwa vor einer durch die Landesjustizverwaltung eingerichteten oder anerkannten Gütestelle abgegebenen beiderseitigen Parteierklärungen legen einen Streit ganz oder zu einem eines Teilurteils nach § 301 fähigen Teil bei. § 127a BGB besagt nichts anderes. 14

Der Prozessvergleich verbindet zwei getrennte Verträge (materiell-rechtliches Geschäft, §§ 145 ff. BGB, § 779 BGB, und Prozesshandlung) **untrennbar miteinander (Doppelnatur)** (BGH NJW 2014, 241; NJW-RR 2007, 1451). Diese Verträge wirken wechselseitig aufeinander ein. Die Prozessvollmacht, um einen Prozessvergleich abzuschließen, umfasst auch die Vollmacht zum Abschluss des entsprechenden materiell-rechtlichen Vertrages (§§ 80, 81). Der **Widerruf** des Vergleichs bei Widerrufsvorbehalt hat ebenfalls eine **Doppelnatur,** nämlich bezüglich der materiell-rechtlichen und der prozessbeendenden Regelung BGH NJW 2011, 2141; BAG NJW 2015, 1199; LG Hmb ZMR 2018, 65. 15

2. Parteiprozesshandlung. Der Prozessvergleich ist eine Prozess- oder Verfahrenshandlung nach der Parteien, soweit er gegenüber dem Prozessgericht erfolgt, AG Mosbach FamRZ 1977, 813. Das gilt auch bei den Annahmeerklärungen nach § 278 VI 1. Sie müssen zur Wirksamkeit gerade „gegenüber dem Gericht" erfolgen. Der Prozessvergleich ist wie jede Prozesshandlung auslegbar, Hamm DGVZ 2008, 64 (Raten, Verfallklausel). Das Gericht kann zur Förderung der Vergleichsverhandlungen auch eine Vertagung anordnen bzw. unter den Voraussetzungen des § 251 das Ruhen des Verfahrens, wenn beide Parteien dies beantragen. 16

Zu den Möglichkeiten und Grenzen des Vergleichs Freund DRiZ 1983, 136; Strecker DRiZ 1983, 97; Wacke AnwBl 1991, 601. 17

3. Streitgegenstand. Der Prozessvergleich muss sich zumindest teilweise auf den Streitgegenstand beziehen, wobei auch noch **andere Streitigkeiten** zwischen den Parteien oder Dritten mitgeregelt werden können (Mehrvergleich), Brdb FamRZ 2007, 487. Dabei genügt jeder Zusammenhang mit dem Streitgegenstand, unabhängig davon, ob dieser bereits anhängig ist. Der (Teil-)Vergleich kann sich nach → § 301 Rn. 10 auf einen durch ein Teilurteil abtrennbaren Teil beschränken. Wenn er die Kosten übergeht, greift **§ 98** ein. Ein Prozessvergleich nur über die Hauptsache und eine gerichtliche Entscheidung über die Kosten ist zulässig. Er kann auch ein nach → § 148 Rn. 1 vorgreifliches Rechtsverhältnis bindend bewerten, auch als einen sog. Zwischenvergleich. Dieser muss den Prozess zwar tatsächlich oder rechtlich berühren, beendet ihn aber nicht voll. Ein Prozessvergleich ist auch in einem Privatklageverfahren nach §§ 374 ff. StPO oder in einem **Strafverfahren** über Kosten und über eine Ersatzleistung zulässig. **Kein** Prozessvergleich ist grundsätzlich der im schiedsrichterlichen Verfahren nach § 1053 geschlossene Vergleich (Ausnahme: § 1032 II). 18

IV. Voraussetzungen. 1. Allgemeine Prozessvoraussetzungen. Die **allgemeinen Prozesshandlungsvoraussetzungen** müssen gegeben sein. Vorliegen müssen insbesondere: Die Partei- und Prozessfähigkeit nach §§ 50, 51; eine gesetzliche Vertretung; die Vollmacht nach § 80. Die letztere ermächtigt stets nach außen, wenn der Vollmachtgeber sie nicht nach § 83 ersichtlich beschränkt hat. Auch dann heilt eine Genehmigung; vor allem auch die Postulationsfähigkeit nach § 78. Nicht zu beachten sind zB eine Unzuständigkeit oder eine Unzulässigkeit des Rechtswegs nach § 13 GVG oder einer Widerklage, BGH NJW 1988, 65. 19

Der Prozessvergleich muss grundsätzlich zustande kommen **ab Anhängigkeit** und **bis zur formellen Rechtskraft** eines zivilgerichtlichen Streitverfahrens nach §§ 705, 794 I Nr. 1, da er andernfalls nicht mehr zur Beilegung eines Rechtsstreites geschlossen werden kann. Eine tatsächliche Rechtshängigkeit nach → § 261 Rn. 1 genügt. Das Gericht darf diejenigen Prozessvoraussetzungen nicht prüfen, die die Parteien und den Dritten betreffen. 20

2. Beispiele zur Frage einer Zulässigkeit

Arbeitsrecht: Wegen des arbeitsgerichtlichen Beschlussverfahrens Lepke DB 1977, 629. Auch → „Öffentlich-rechtliche Pflicht", → „Tariflohn". 21

Auslandsunterhalt: Wegen der Befugnisse des Bundesamt der Justiz im Verfahren nach dem AUG → Vor § 50, → Vor § 78 Rn. 12, 16.

Ehesache: Zur Zulässigkeit eines Vergleichs in einer Ehesache nach §§ 121 ff. FamFG (jetzt) § 36 FamFG, LG Aachen Rpfleger 1979, 61; AG Mosbach FamRZ 1977, 813. **Unzulässig** ist ein Vergleich über das Bestehen einer Ehe außer in Richtung auf eine Versöhnung.

Gesetzeswidrigkeit: Unzulässig ist ein Vergleich, soweit sein Inhalt staatsordnungs- oder sonst nach § 134 BGB gesetzwidrig ist.

Kapitalanleger-Musterverfahren: Ein Prozessvergleich ist nach § 14 III 2 KapMuG, SchlAnh. VIII, nur begrenzt zulässig.

Notar: Unzulässig ist ein Vergleich über die Höhe einer Notarvergütung nach § 125 GNotKG, soweit es nicht um echte Unklarheiten des Wertansatzes geht, Schlesw DNotZ 1985, 480 (zust. Lappe).

Öffentliche Mittel: Unzulässig kann ein Vergleich nach → Rn. 19 sein, soweit eine Partei über den Streitgegenstand nach → § 2 Rn. 4 nicht verfügen darf, weil es sich zB um öffentliche Mittel handelt, §§ 58, 59 BHO, § 4 DarlVO v. 31.5.1974, BGBl. 1260.

Öffentlich-rechtliche Pflicht: Unzulässig ist ein Vergleich, soweit es sich um eine öffentlich-rechtliche Pflicht handelt, zB um eine Eintragung in eine Steuer- oder Versicherungskarte, LAG Düss MDR 1990, 1044 (auch zur Vollstreckbarkeit nach § 888).

Ordnungsmittel: Unzulässig ist ein Vergleich, soweit er nach → § 890 Rn. 11, 37 ein Ordnungsmittel androht oder festsetzt.
Patent: Wegen eines Patentverletzungsstreits Brändle GRUR 2001, 880, Ullmann GRUR 1985, 811.
Rechtskraft: Zulässig ist ein Vergleich bis zur formellen Rechtskraft der Endentscheidung nach § 705, BGH NJW 1995, 1096.
Scheidung: → „Ehesache".
Schiedsstelle: Zulässig ist ein Vergleich zB vor derjenigen nach § 102 VGG.
Sittenwidrigkeit: Unzulässig ist ein Vergleich, soweit sein Inhalt nach § 138 BGB sittenwidrig ist.
Strafantrag: Zulässig ist ein Vergleich auch, soweit er die Rücknahme eines Strafantrags umfasst. Es hat sich sogar die faktische Aushandlung der Ergebnisse ganzer Strafverfahren mehr oder minder eingebürgert.
Strafanzeige: Zulässig ist ein Vergleich auch, soweit er die Rücknahme einer Strafanzeige umfasst, Ffm MDR 1975, 585.
Tariflohn: Unzulässig ist ein Vergleich, soweit er gesetz- oder sittenwidrig den Grundsatz der Unabdingbarkeit des Anspruchs auf einen Tariflohn verletzt.
Überschreitung des Streitgegenstands: Zulässig ist ein Vergleich auch, soweit er über den bisherigen Streitgegenstand nach → § 2 Rn. 4 hinausgeht, Oldb VersR 1992, 377.
Unbestimmtheit: Sie mag nach §§ 704 ff. vollstreckungsschädlich sein und eine neue Klage nach § 253 erfordern. Sie macht den Vergleich aber nicht unwirksam, Zweibr FamRZ 1998, 1127.
Versorgungsausgleich: Zulässig ist seine Regelung (jetzt) nach §§ 217 ff. FamFG, Naumb FamRZ 2009, 617.
Vollstreckbarkeit: Sie ist zwar eine Voraussetzung einer Zwangsvollstreckung nach §§ 704 ff. Sie ist aber nicht stets eine Voraussetzung schon der Wirksamkeit des Prozessvergleichs, BayObLG NJW 2000, 225 (Vereinbarung, keiner schulde dem anderen noch etwas); Kblz JurBüro 2004, 135.
Wohnungseigentum: Zur Zulässigkeit eines Vergleichs in einer WEG-Sache (zum alten Recht) BayObLG FGPrax 1999, 99; Dötsch NZM 2013, 625 (ausf.).

22 **3. Vor Gericht.** Der Prozessvergleich muss vor einem **deutschen Gericht** erfolgen, nicht aber zwingend vor dem Prozessgericht. Ein Vergleich kann auch vor einem anderen Gericht in einem anderen Verfahren (zB **Strafprozess**) geschlossen werden. Bei § 278 VI 1 aber gegenüber dem Prozessgericht Düss JurBüro 1993, 728. Denn die erforderlichen Annahmeerklärungen müssen „gegenüber dem Gericht". Erst mit ihrem dortigen Eingang kommt der Vergleich nach § 278 VI 1 zustande, auch iVm § 36 III FamFG.

4. Beispiele zur Frage eines Gerichts

23 **Arbeitsgericht:** Gericht ist auch diese Institution nach §§ 54, 57, 62 II, 85 I 1, 3 ArbGG.
Ausschließung: Kein Gericht ist ein nach § 41 kraft Gesetzes in dieser Sache ausgeschlossener Richter.
Besetzungsfehler: Er ist unschädlich, BGH NJW 1986, 1349.
Brüssel Ia-VO: SchlAnh. V C 2 (Vorrang).
Einzelrichter: Gericht ist auch der Einzelrichter nach §§ 348, 348a, 526, 527, 568.
FamFG: Gericht ist auch das FamG zB nach §§ 86 I Nr. 2, 3, 156 I FamFG.
Hilfsrichter: Gericht ist auch er, zB als Vorsitzender. Denn es kann auch eine gerichtliche Protokollierung erfolgen.
Kammer für Baulandsachen: Gericht ist auch diese Institution nach §§ 217 ff. BauGB; BGH NJW 2003, 758; Mü MDR 1976, 150.
Kammer für Handelssachen: Gericht ist auch diese Institution nach § 93 GVG.
Landwirtschaftsgericht: Gericht ist auch das LwG, BGH NJW 1999, 2807.
Patentsache: Gericht ist auch das BPatG, BPatG GRUR 1996, 402.
Prozesskostenhilfe: Gericht ist auch das mit diesem Verfahren nach §§ 117 ff. befasste Gericht.
Rechtsbeschwerde: Gericht ist auch dasjenige nach §§ 574 ff.
Rechtspfleger: Gericht ist auch er, soweit er nach zB → Rn. 39 zuständig ist.
Richter (beauftragter/ersuchter): Gericht ist auch der nach §§ 361, 362 beauftragte oder ersuchte Richter.
Schiedsgericht: Gericht ist auch dasjenige nach § 1053 III.
Sofortige Beschwerde: Gericht ist auch dasjenige nach §§ 567 ff.
Strafgericht: Gericht ist auch diese Institution zB bei §§ 403 ff. StPO, Pecher NJW 1981, 2170.
Vollstreckungsgericht: Gericht ist auch dasjenige nach §§ 764, 802 einschließlich des Versteigerungsgerichts nach § 869 iVm dem ZVG.

24 **5. Vor Gütestelle.** Der Prozessvergleich kann nach → § 794 Rn. 4, → § 797a Rn. 2 auch vor einer durch die Landesjustizverwaltung eingerichteten oder anerkannten Gütestelle erfolgen. Dieser Vergleich steht in seinen Voraussetzungen und Wirkungen dem gerichtlichen gleich. Er ersetzt also nach → Rn. 62 wie ein gerichtlicher Vergleich auch jede materiell-rechtliche Form.

25 **6. Vergleichspartner.** Zustandekommen muss der Vergleich zwischen den **Parteien** des Streit-, Güte-, Prozesskostenhilfeverfahrens, auch des Vollstreckungsverfahrens nach §§ 704 ff. Dabei muss man grundsätzlich jeden **Streitgenossen** nach § 61 selbständig behandeln. Bei einer notwendigen Streitgenossenschaft nach § 62 bindet der von einem Streitgenossen abgeschlossene Prozessvergleich das Gericht und andere Streitgenossen nach → § 62 Rn. 16 nur dann, wenn der Abschließende materiell-rechtlich über den ganzen Streitgegenstand verfügen durfte oder wenn alle anderen zustimmen. Über die Vergleichsbefugnis des Streithelfers → § 67 Rn. 14.

26 Der Vergleich kann auch zwischen beiden Parteien und einem **Dritten** zustande kommen, zum Problem Segmüller NJW 1975, 1686.Dieser gilt für den Prozessvergleich als Partei, aber nicht für den Prozess, BGHZ 86, 164. Das gilt nach dem Regelungszweck auch bei § 278 VI 1. Ein Vergleich zwischen „einer Partei und einem Dritten" (so der Text des § 794 I Nr. 1) würde die andere Partei nach → § 794 Rn. 5 nichts angehen. Der Prozessvergleich kann auch die **Kosten** eines anderen Prozesses mitbetreffen oder sich nach § 98 auf die Kosten des vorliegenden Prozesses beschränken, Kblz NJW 2015, 1316. Soweit die Parteien mehrere anhängige Verfahren beenden, liegt ein sog. **Gesamtvergleich** vor, BAG MDR 1982, 526. Der Prozessvergleich kann aufschiebende oder auflösende Bedingungen enthalten.

27 Der **Beitritt eines Dritten** unterliegt **nicht dem Anwaltszwang** (vgl. BGHZ 86, 160).

7. Beispiele zur Frage einer statthaften Verfahrensart

Arrest, einstweilige Verfügung: Statthaft ist ein Vergleich im Verfahren nach §§ 916 ff., 935 ff., BGH Rpfleger 1991, 261. Dort lässt sich auch die Hauptsache (mit)vergleichen. Dabei muss man auch KV 1900 beachten. 28

Auslandsentscheidung: Unstatthaft ist ein Vergleich im Verfahren auf eine Vollstreckbarkeit nach → § 722 Rn. 3.

Berufung: Statthaft ist ein Vergleich auch im Verfahren nach §§ 511 ff.

Ehesache: Über einen Verfahrensvergleich vgl. §§ 121 ff. FamFG.

Einspruch: Statthaft ist ein Vergleich auch im Verfahren nach §§ 338 ff.

Gütevergleich: Statthaft ist ein Prozessvergleich nach § 278 VI auch auf Vorschlag schon des Rpfleger des Mahnverfahrens.

Mahnverfahren: Unstatthaft ist ein protokollierter Prozessvergleich im Verfahren nach §§ 688 ff. Denn vor einem Akteneingang nach einem Widerspruch beim Gericht des nun erst beginnenden streitigen Verfahrens nach § 697 ist keine Terminsbestimmung möglich. Aber auch „Gütevergleich".

Prozesskostenhilfe: Statthaft ist ein Vergleich nach § 118 I 3.

Rechtsbeschwerde: Statthaft ist ein Vergleich auch im Verfahren nach §§ 574 ff.

Revision: Statthaft ist ein Vergleich auch im Verfahren nach §§ 542 ff.

Selbständiges Beweisverfahren: Statthaft ist ein Vergleich auch im Verfahren nach §§ 485 ff. Das gilt unabhängig von einer Klagerhebung nach § 492 III Hs. 2.

Sofortige Beschwerde: Statthaft ist ein Vergleich auch im Verfahren nach §§ 567 ff.

Strafverfahren: Statthaft ist ein Vergleich nach § 404 II StPO.

Wiederaufnahme: Statthaft ist ein Vergleich auch im Verfahren nach §§ 578 ff.

Wiedereinsetzung: Statthaft ist ein Vergleich auch im Verfahren nach §§ 233 ff.

Wohnungseigentum: → Rn. 21.

8. Protokollierung. Für den Prozessvergleich ist die Mitwirkung des Gerichts erforderlich. Der Prozessvergleich ist entsprechend zu **protokollieren.** Das **Gericht** trägt nach §§ 160 III Nr. 1, 162 die volle Verantwortung für die Form und auch für den Inhalt zumindest insofern, dass der Vergleich nicht gegen ein gesetzliches Gebot verstoßen darf, Keßler DRiZ 1978, 80 (weitergehend). Das Gericht hat auch bei der Formulierung zu unterstützen, auch bei § 278 VI. Dabei ist der **Rechtsanwalt** aber auch verpflichtet, bei dem Abschluss des Vergleichs auf eine richtige und vollständige Niederlegung des Willens (seines) Mandanten zu achten, und für einen eindeutigen und nicht erst der Auslegung bedürftigen Vergleichstext zu sorgen (BGH, NJW-RR 2022, 492). Im Übrigen sind Prozessvergleiche auch Verträge, die nach §§ 133, 157 so **auszulegen,** wie die Parteien sie nach Treu und Glauben unter Berücksichtigung der Verkehrssitte verstehen mussten, (LAG Düsseldorf, 2.3.2022 – 4 Sa 1104/21). 29

Dabei wird der Vergleich in der Regel **vorläufig aufgezeichnet** werden (§ 160a). In das Protokoll gehört nach § 160 III Nr. 1 der volle Wortlaut des eigentlichen Prozessvergleichs, BAG NZA 2012, 1244. 30

Durch die richterliche Protokollierung liegt eine **öffentliche Urkunde** vor. Das **Spruchrichterprivileg** nach § 839 II BGB gilt bei dem Abschluss eines Vergleichs **nicht.** Dies kann insbesondere bedeutsam sein, für die Protokollierung von Vergleichen, die materiell-rechtlich der notariellen Form bedurft hätten, siehe § 127a BGB, siehe auch § 17 BeurkG. 31

Beim Prozessvergleich auf einen Gerichtsvorschlag nach § 278 VI 1 **entfällt ein Protokoll** nach §§ 159 ff., LG Stgt JurBüro 2005, 322, zumindest für die Annahmeerklärungen der Parteien, Dahlem/Wiesner NZA 2004, 531. Vielmehr genügt es und ist erforderlich, dass diese Erklärungen bei Gericht eingehen. Das Gericht stellt anschließend das Zustandekommen und den Inhalt des bereits „geschlossenen" Vergleichs nach § 278 VI 2 durch einen **Beschluss** fest, Karlsr NJW-RR 2011, 8. § 278 VI erfordert nach § 128 IV keine mündliche Verhandlung, und daher auch kein Protokoll. Seit der Erweiterung von VI von § 278 mWv 1.1.2020 kann ein schriftlicher Vergleich nunmehr ergänzend auch dadurch geschlossen werden, dass ein zu Protokoll der mündlichen Verhandlung erklärter Vergleichsvorschlag angenommen wird. Ebenfalls kann die Annahmeerklärung auch zu Protokoll der mündlichen Verhandlung erklärt werden. Das gilt ungeachtet § 164. Es gilt nach § 278 VI 3 nur entsprechend für den Beschluss des § 278 VI 2. 32

In sonstigen Fällen gilt: § 118 I 3 Hs. 2 schreibt für den Vergleich im Prozesskostenhilfeverfahren ein gerichtliches Protokoll nach §§ 159 ff. vor, BVerwG JZ 1996, 100; Karlsr NJW-RR 2011, 8, Schlesw NJW-RR 2012, 76. Das gilt auch in allen anderen sonstigen Verfahrensarten außerhalb von § 278 VI 1, Köln FamRZ 1994, 1048. Zur Beurkundung kann auch der Rpfleger zuständig sein, soweit ihn der Vorsitzende damit nach § 20 I Nr. 4a RPflG beauftragt. 33

Zur **Berichtigung** des Protokolls § 164. Ein Prozessvergleich enthält streng genommen selbst dann keine Sachentscheidung nach § 319, wenn das Gericht auf seinen Inhalt erheblich eingewirkt hat. Aus praktischen Erwägungen ist aber § 319 entsprechend anwendbar. Erforderlich und ausreichend sind Angaben nach → Rn. 40. Das Protokoll ist für eine Auslegung notwendig, BAG NZA 2012, 1244. 34

9. Verlesung, Genehmigung. Der Vergleich ist vorzulesen oder nochmals vom Tonträger vorzuspielen und von den Parteien zu genehmigen. Erforderlich sind nach § 162 I der **Vermerk** über die Verlesung oder Vorlegung aller wesentlichen Teile gegenüber allen Beteiligten, KG FamRZ 1984, 285; Zweibr Rpfleger 2004, 508, und der Vermerk über deren Genehmigung, BGHZ 142, 88; Hmb FamRZ 1987, 1173; Karlsr NJW-RR 2011, 8. Die Förmlichkeiten (Vorlesen des Vergleichs, Genehmigung durch die Parteien, Unterschrift des Richters) müssen zwingend beachtet werden (§§ 162, 163 ZPO). Andernfalls ist der Vergleich **unwirksam** (vgl. auch BGH NJW 2014, 394; MüKoZPO/Fritsche § 159 Rn. 4; Zöller/Stöber § 160 Rn. 5), auch soweit der o. g. Vermerk im Protokoll fehlt, unerheblich davon, ob Vorlesung und Genehmigung tatsächlich erfolgt ist. Ein Verzicht der Parteien auf die Beachtung der Formvorschriften ist unwirksam BGH WM 2018, 1103. Erforderlich und unverzichtbar ist ferner der Vermerk über etwaige Einwendungen, zB über einen Rücktritts- oder Widerrufsvorbehalt, Hmb FamRZ 1987, 1173; LG Köln JMBl NRW 1980, 272. Ein Verstoß kann aber ggf. nach § 295 heilbar sein. Ein wegen formeller Mängel unwirksamer Prozessvergleich, kann allerdings als außergerichtlicher **materiell-rechtlicher Vergleich** Bestand haben, wenn dies dem mutmaßlichen Parteiwillen entspricht, vgl. OVG Lüneburg 23.2.2022 – 9 LB 407/19, BeckRS 2022, 4140. 35

36 **10. Unterschriften.** Erforderlich sind nach § 163 die wie bei → § 129 Rn. 9 ff. vollen Unterschriften des Vorsitzenden und des Urkundsbeamten der Geschäftsstelle, vor denen der Prozessvergleich zustande kam, also zB des beauftragten Richters oder Rpfl. Eine Unterschrift der Parteien oder des zugezogenen Dritten unter dem Protokoll ist – wie auch sonst bei gerichtlichen Protokollen – unnötig. Die richterliche Unterschrift lässt sich wie sonst nach § 315 nachholen, aM Stgt Rpfleger 1976, 258 (abl. Vollkommer). Bei elektronischer Einreichung gelten §§ 130a–d (elektronische Signatur).

11. Beispiele zur Frage weiterer Erfordernisse

37 **Änderung:** → „Berichtigung", → „Inhaltsänderung".

Auslegung: Sie ist wie stets statthaft und notwendig, Mü FamRZ 2016, 1776.

Berichtigung: Eine bloße Protokollberichtigung ist nach § 164 statthaft, Hamm MDR 1983, 410; Vollkommer Rpfleger 1976, 258; aM Stgt Rpfleger 1976, 278 (aber § 164 gilt für jedes Protokoll). Aber auch „Inhaltsänderung".

Bezugnahme: Eine solche auf ein Schriftstück genügt nach § 160 V dann, wenn man es dem Protokoll als dessen Anlage entnehmen kann, Ffm FamRZ 1980, 908.

Formfehler: Ein nach § 295 II unheilbarer solcher Fehler bedeutet die Unwirksamkeit des Prozessvergleichs. Daher bringt er auch keinen Vollstreckungstitel nach § 794 I Nr. 1, BGH NJW 1984, 1466; Köln FamRZ 1986, 1018; Zweibr Rpfleger 2000, 461. Das gilt auch dann, wenn der Formfehler einen Dritten betrifft. Es kann in solchen Fällen ein **außergerichtlicher** Vergleich nach § 779 BGB vorliegen, Düss FamRZ 1983, 723. Für seine Wirksamkeit kommt es auf § 154 II BGB an, KG FamRZ 1984, 285 (beim Scheidungsfolgenvergleich ist Zurückhaltung ratsam).

Formungültigkeit: Man kann sie zeitlich unbegrenzt geltend machen.

Formverzicht: Er ist unwirksam, LG Brschw MDR 1975, 322. Auch → „Formfehler".

Inhaltsänderung: Das Gericht darf sie nicht ohne Zustimmung der Beteiligten vornehmen, Nürnb MDR 2003, 652. Aber auch „Berichtigung".

Mündliche Erklärung: Sie reicht ohne Protokollierung nicht aus.

Vergleichsannahme: Die Annahme eines gerichtlichen Vergleichsvorschlags ist eine unwiderrufliche Parteiprozesshandlung.

Ein gerichtlicher Vorschlag mit dem Zusatz, mangels abweichender Antwort gelte der Vergleich als abgeschlossen, bedeutet nur, das Gericht **vermute** beim Schweigen eine Einigung.

Vollstreckbarkeit: Das Gericht muss auf klare und bestimmte Vollstreckbarkeit nach §§ 704 ff. achten, LAG Düss Rpfleger 2009, 517; Schneider MDR 1997, 1092. Ein Prozessvergleich, „die laufende Miete pünktlich zu zahlen", ist nicht vollstreckbar.

Vorläufige Aufzeichnung: Sie richtet sich nach § 160a.

38 **V. Postulationsfähigkeit. 1. Grundsatz: Anwaltszwang wie sonst.** Soweit sonst ein Anwaltszwang nach → § 78 Rn. 1 für die Partei besteht, gilt er auch für einen Prozessvergleich, BGH NJW 1991, 1743; BAG NJW 1989, 3036; Schlesw MDR 1999, 252; aM Mü Rpfleger 1986, 409 (aber gerade der Prozessvergleich erfordert erfahrungsgemäß eine anwaltliche Vertretung). Das gilt auch bei § 278 VI 1. Denn die Annahme des dortigen Gerichtsvorschlags erfordert ebenfalls eine Prozesshandlung „gegenüber dem Gericht". Der **Beitritt eines Dritten** unterliegt nicht dem Anwaltszwang (BGH NJW 1983, 1433; MüKoZPO/Toussaint § 78 Rn. 25; aA OLG Köln AnwBl. 82, 113). Bei prozessualer Unwirksamkeit kann ein außergerichtlicher Vergleich nach § 779 BGB vorliegen; aber auch hier ist § 139 BGB zu beachten. Auf einen außergerichtlichen Vergleich ist § 794 I Nr. 1 unanwendbar, Düss NJW 1975, 2299; Köln AnwBl 1982, 114; Stgt JurBüro 1976, 92.

39 Vor einer **zu großzügigen Praxis** insbesondere vor dem Abschluss bei einem Kollegialgericht ohne eine Anwaltsmitwirkung sollte man im Interesse der Vollstreckbarkeit nach §§ 704 ff. absehen. Mangels Vollstreckbarkeit oder wegen einer Unwirksamkeit des Vergleichs kann nur zu leicht ein weiterer Rechtsstreit entstehen, BGH NJW 1985, 1963.

2. Beispiele zur Frage eines Anwaltszwangs

40 **Arrest, einstweilige Verfügung:** Ein Anwaltszwang besteht nach → § 920 Rn. 24, → § 936 Rn. 3 „§ 920" auch im Eilverfahren wie sonst, Köln FamRZ 1988, 1274.

Beauftragter, ersuchter Richter: Kein Anwaltszwang besteht nach §§ 78 III Hs. 1, 361, 362 vor ihm, Düss NJW 1975, 2299; Ffm FamRZ 1987, 838 (er muss natürlich gesetzmäßig zuständig sein).

Einzelrichter: Ein Anwaltszwang besteht auch vor dem Einzelrichter nach §§ 348, 348a, 526, 527, 568 soweit er das Prozessgericht ist, BGH FamRZ 1986, 459; Celle OLGZ 1975, 353; Karlsr JurBüro 1976, 372; aM Kblz MDR 1976, 940 (aber dann erfolgt der Vergleich eben vor dem Prozessgericht).

Familiensache: Ein Anwaltszwang besteht stets beim Vergleich vor dem FamG in den Fällen § 114 I FamFG, BGH NJW 1991, 1743 (eine gerichtliche Genehmigung heilt nicht); Zweibr FamRZ 1987, 84; AG Groß Gerau FamRZ 2001, 422; aM Hmb FamRZ 1988, 1299; Mü Rpfleger 1986, 409; AG Groß Gerau FamRZ 1988, 187 (aber [jetzt] § 114 I FamFG ist nach seinem Wortlaut und Sinn eindeutig).

Handelssache: Ein Anwaltszwang besteht auch vor dem Vorsitzenden der Kammer für Handelssachen nach § 349, Stgt JurBüro 1976, 92; Bergerfurth NJW 1975, 335, → § 78 Rn. 44.

Klagerücknahme: Eine Klagerücknahme nach § 269 ist ebenso wie die Rücknahme eines Rechtsmittels zB nach § 516 oder ein Rechtsmittelverzicht zB nach § 515 häufig der Gegenstand eines Vergleichs. Man kann sie vor einem Kollegialgericht nur durch den ProzBevtl. wirksam erklären. Denn der Prozessvergleich ist zumindest auch eine Prozesshandlung nach → Rn. 13, Ffm Rpfleger 1980, 291; Köln FamRZ 1988, 1274; aM Schneider MDR 1976, 393.

Prozesskostenhilfeverfahren: Ein Anwaltszwang **besteht** für einen erst nach der Beendigung des Prozesskostenhilfeverfahrens geschlossenen Vergleich, Köln AnwBl 1982, 114, unklar Celle Rpfleger 1990, 27. **Kein** Anwaltszwang besteht vor dem dort nach §§ 117 ff. tätigen Rpfleger nach § 20 I Nr. 4a RPflG, Hmb FamRZ 1988, 1299.

41 **VI. Wirkung. 1. Materiell-rechtliche Wirkung.** Der Vergleich **gestaltet** materiell-rechtlich die Rechtslage nach dem jeweiligen Vergleichsinhalt (Erlass, Stundung, Vertragsänderung etc.) um. Er stellt einen schuldrechtlichen Vertrag dar. Der Prozessvergleich ersetzt schon wegen seiner Doppelnatur auch jede materiell-rechtliche Form, BGH Rpfleger 1991, 261. Das gilt nicht nur bei einem Vertrag. Es gilt auch bei § 278 VI 1. Etwas

anderes gilt nur dann, wenn eine andere Behörde sachlich ausschließlich zuständig ist, wie der Standesbeamte für die Eheschließung. Ein Prozessvergleich ist unzulässig und daher unwirksam, soweit die Parteiherrschaft fehlt, soweit also zwingende Vorschriften entgegenstehen bzw. der Anspruch nicht der **Disposition der Parteien** unterliegt (BGH MDR 2011, 1129; Zweibr Rpfleger 1992, 441; LAG Düss MDR 1990, 1044). Das gilt insbesondere nach § 36 I 1 FamFG.

Unabhängig davon muss man bei jedem Prozessvergleich eine etwa notwendige **gerichtliche Genehmigung** abwarten, AG Mosbach FamRZ 1977, 813. Im Zweifel ist der im Vergleich erfasste Anspruch sofort fällig, Köln ZMR 1996, 86. Solange nicht zB der Betreuer seine Genehmigung dem Gegner nach § 1829 BGB mitgeteilt hat, ist ein im Übrigen wirksamer Vergleich doch unwirksam. Bezüglich der Genehmigungsfreiheit des gerichtlichen Vergleichs vgl. § 1822 Nr. 12 BGB. Der Prozessvergleich wirkt nicht schuldumschaffend, BGH NJW 2003, 3346. Eine Abänderbarkeit setzt idR eine neue Einigung voraus; siehe auch → Rn. 47. Ein Rücktritt erfordert gegenseitiges vorangegangenes Nachgeben, BAG NJW 2015, 1198. Beim Fortfall der Geschäftsgrundlage erfolgt eine Anpassung, BGH NJW 1986, 1349. 42

Die Protokollierung (§ 160) ersetzt die **Schriftform** und die öffentliche Beglaubigung (§§ 126, 129), die Form der **notariellen Beurkundung** (§ 127a BGB) aber nur bei einer Protokollierung in der mündlichen Verhandlung (also nicht durch § 278 VI), weil nur dann eine mit § 17 BeurkG vergleichbare Aufklärung und Belehrung möglich ist. Das gilt auch dann, wenn die gleichzeitige Anwesenheit der Parteien erforderlich ist, wie beim Ehevertrag. Denn auch beim Prozessvergleich müssen nach Art. 143 EGBGB außerhalb desjenigen nach § 278 VI 1 beide Teile anwesend sein, wenn sie auch anwaltlich vertreten sein mögen. Eine Auflassung nach § 925 I 3 BGB kann im Prozessvergleich erfolgen, BGH NJW 2011, 3452; Hagen/Müller-Teckhof NJW 2012, 2083 (je: Ermessen des Gerichts). Eine persönliche Erklärung zB nach § 2347 II BGB wird nicht ersetzt. Denn sie ist kein reines Formerfordernis. Dann aber darf die Partei persönlich erscheinen und sich erklären, selbst im Anwaltsprozess. 43

2. Prozessuale Wirkung. Der Prozessvergleich **beendet** den Prozess ganz oder teilweise, soweit über den Streitgegenstand ein Vergleich geschlossen worden ist. Es kommt auch ein Teilvergleich nach den Grundsätzen des § 301 in Betracht, BGHZ 86, 187; BAG NJW 2012, 3391; Hamm AnwBl 1989, 239. Das gilt auch bei § 278 VI 1. Daher erlischt mit seinem Wirksamwerden in seinem Umfang die **Rechtshängigkeit** nach § 261. Sie beginnt allenfalls dann neu, wenn der Rechtsstreit wegen der Unwirksamkeit des Prozessvergleichs seinen Fortgang findet, BGH MDR 1978, 1019; BAG NJW 1983, 2213. Auch die **„Erledigungsklausel"** ist nach §§ 133, 157 BGB auszulegen. In der Regel wird diejenige Partei die Darlegungs- und Beweislast tragen, die sich darauf beruft, dass der Rechtsstreit nicht erledigt ist (vgl. BAG, DB 2003, 2500). 44

Ein Prozessvergleich macht den Rückgriff auf einen früheren Standpunkt unwirksam, Düss NVersZ 2001, 479. Er beseitigt auch im vereinbarten Umfang die **Wirkung** eines noch **nicht formell nach § 705 rechtskräftigen Urteils,** Brdb FamRZ 2014, 1220; Düss NJW-RR 1999, 943; Hamm AnwBl 1989, 239. Er beseitigt sowohl eine Kostengrundentscheidung als auch einen Kostenfestsetzungsantrag nach § 103 ff., Köln JurBüro 2014, 365; Mü BB 2000, 744. Die Parteien können durch Verzichtserklärungen usw. den wirksam zustande gekommenen Prozessvergleich in seiner prozessualen Wirkung nach → Rn. 72, 73 nicht wieder beseitigen, Ffm FamRZ 2010, 1584. Sie können höchstens einvernehmlich vereinbaren, ihn nicht geltend zu machen. Der Prozessvergleich ist ein **Vollstreckungstitel** nach → § 794 Rn. 7, BGH Rpfleger 1991, 261; BAG NZA 2012, 1244. Das gilt natürlich auch bei § 278 VI 1. Denn auch er ist ein „gerichtlicher" Vergleich, nämlich zumindest im weiteren Sinn vor Gericht geschlossen. Ein Prozessvergleich muss nach → Rn. 21 „Vollstreckbarkeit" nicht schon zur Wirksamkeit, sondern erst zur Vollstreckbarkeit nach §§ 704 ff. einen nach → Vor § 704 Rn. 12 vollstreckungsfähigen Inhalt haben. Einzelfragen → § 794 Rn. 7–11. Es ist also insbesondere kein Urteil mehr erforderlich. Der Vergleich erwächst aber unmittelbar nicht in Rechtskraft, vgl. insoweit zB § 797 IV. In der richterlichen Protokollierung ist eine öffentliche Urkunde zu sehen. 45

Keine Wirkung der vorstehenden Art hat die bloße Mitteilung eines ProzBev., die Parteien hätten sich verglichen, aM Kblz AnwBl 2009, 153. Freilich kann dann § 139 oder § 227 anwendbar sein. Keine Wirkung hat ein materiell-rechtlich nichtiger Prozessvergleich, BAG MDR 2016, 595. 46

VII. Unwirksamkeit. 1. Grundsatz: Anfechtbarkeit. Liegen in **prozessualer Hinsicht** Fehler vor, wie zB fehlende Protokollierung, fehlende Postulationsfähigkeit etc., entfällt die prozessuale Wirkung des Vergleiches. Der **Prozess wird nicht beendet.** Der Vergleich stellt dann auch keine Vollstreckungstitel dar. Ob auch die materiell-rechtliche Wirkung des Vergleichs entfällt, richtet sich nach § 139 BGB. Der materielle Vertrag bleibt insbesondere dann wirksam, wenn eine Berufung auf einen Formmangel ohnehin rechtsmissbräuchlich wäre, Ffm FamRZ 1984, 302 bzw. dies dem mutmaßlichen Parteiwillen entspricht, vgl. OVG Lüneburg, 23.2.2022 – 9 LB 407/19. 47

Fehler des **materiellen Vertrages** (zB §§ 142, 123, 119, 138 BGB) führen auch zur Nichtigkeit des prozessualen Vertrages, BGH NJW 1985, 1963; BVerwG NJW 1994, 2307 (Auslegung). Wegen einer Geistesstörung Brschw OLGZ 1975, 441; Celle MDR 2009, 1186; LG Schweinfurt MDR 1983, 64. Wegen der Doppelnatur fehlt jeder Grund zu einer unterschiedlichen Behandlung der materiell-rechtlichen Dies führt dazu, dass der Prozess nicht beendet ist und der **„alte" bisherige Prozess** noch **rechtshängig** und **fortzusetzen** ist. 48

Erst recht muss ein **Prozessbetrug** nach § 263 StGB eine Anfechtbarkeit auslösen. Denn es versagen nach diejenigen Gründe, die an sich bei einem rechtskräftigen Urteil dagegensprechen, ihm die Wirksamkeit aus dem Gesichtspunkt einer Erschleichung abzusprechen. Zur Annahme eines Prozessbetrugs genügt freilich noch nicht ein Missverhältnis zwischen der Ausgangslage und den übernommenen Leistungen. Wohl aber genügt es, wenn die Partei sich eines derartigen Missverhältnisses bewusst war und unter einer Hinzunahme weiterer für den Gegner ungünstiger Umstände die Situation in einer nach § 138 BGB vorwerfbaren Weise ausnutzte. Ein solcher Vergleich, den das Gericht der Partei unkorrekt aufgenötigt hat, kann für sie anfechtbar sein. 49

Ein Widerruf ist möglich, wenn er vereinbart worden ist, auch → Rn. 62. Eine Verfassungsbeschwerde ist unstatthaft, VerfGH Mü NJW 1994, 2281. 50

2. Unwirksamkeit ex tunc: Fortsetzungsverfahren. Der Prozess ist bei einem Streit über die Wirksamkeit (auch bei § 278 VI 1) sowohl in prozessualer wie in materiell-rechtlicher Hinsicht nicht beendet und der **alte Prozess** durch das **bisherige Prozessgericht** muss somit in demselben Verfahren **fortgesetzt** werden. Es muss also darüber befinden, ob der Prozess bereits beendigt ist, zB wenn eine Anfechtung erklärt wird, vgl. BAG NJW 51

2012, 3390; NZA 2010, 1252; BGH NJW 1999, 2903; Nürnb FamRZ 2018, 45; Reinfelder NZA 2013, 67. Die Partei muss dort die Anberaumung eines **Termins** zur Fortsetzung des bisherigen Prozesses erwirken, BAG NZA 2010, 1252; LG Stgt JurBüro 2005, 322 (wegen § 278 VI); LAG Hamm NZA-RR 2007, 30 (wegen § 142 I BGB). Das geschieht grundsätzlich vor dem bisherigen Prozessgericht.

52 In jedem Vergleichsfall fehlt einer **neuen Klage** zumindest zunächst grundsätzlich das Rechtsschutzbedürfnis, BGHZ 142, 254; Kblz FamRZ 2009, 1696 (je: auch bei § 812 BGB), siehe aber auch BGH FamRZ 2011, 1140. Einem neuen Prozess würde zudem die negative Voraussetzungen der anderweitigen Rechtshängigkeit entgegen stehen. Bei einem **Gesamtvergleich** kommt eine Fortsetzung in jedem der bisherigen Verfahren infrage, BAG NZA 2010, 1252. Ein Fortsetzungsverfahren ändert nichts an der **Vollstreckbarkeit** des Vergleichs, Ffm NJW-RR 1995, 703.

53 **3. Verfahrensablauf.** Die vorstehende Regel gilt auch, falls streitig ist, ob ein Voll- oder nur ein Teilvergleich vorliegt, Köln FamRZ 1996, 174. Nur insoweit, als der Vergleich unstreitig ein bloßer Teilvergleich sein und die streitig gebliebenen übrigen Streitpunkte gar nicht berühren sollte, kann ausnahmsweise eine neue Klage nach § 253 notwendig werden, BGHZ 142, 254; Ffm NJW-RR 1990, 168. Dasselbe gilt beim Auslegungsstreit über den unstreitig formell erfolgten Vergleich, BAG DB 2003, 2500. Hatte der Vergleich mehrere Verfahren erfasst, kann eine Überprüfung wegen nur eines einzelnen oder aller Verfahren infrage kommen, BGHZ 87, 230; BAG ZZP 97, 214. Das Revisionsgericht darf die Auslegung des Prozessvergleichs durch das Berufungsgericht nur beschränkt überprüfen, BAG BB 2005, 446. Die Rechtshängigkeit nach → § 261 Rn. 1 lebt ab einer Terminsanberaumung nach § 216 wieder auf.

54 **4. Unwirksamkeit ex nunc.** Der bisherige Prozess ist nicht fortzusetzen, wenn der Vergleich nur ex nunc unwirksam ist, zB bei einem Wegfall der Geschäftsgrundlage oder bei einem Rücktritt wegen Nichterfüllung des Vergleichs. Dasselbe gilt dann, wenn jemand mit der Behauptung einer positiven Vertragsverletzung (Schlechterfüllung) des Vergleichs einen Schadensersatzanspruch geltend macht. Dann war der Prozess nämlich zumindest für eine gewisse Zeit beendet gewesen, so dass die prozessuale Beendigungswirkung des Vergleichs eingetreten ist. Die Rechtshängigkeit nach → § 261 Rn. 1 kann nicht wieder aufleben. Dies liegt auch dann vor, wenn die Parteien die Beendigung des alten Rechtsstreits nicht in Frage stellen. In diesem Fall ist ein **neuer Prozess** notwendig. Nur die materiell-rechtlichen Folgen des Vergleichs können entfallen. Auch aufgrund einer Parteivereinbarung wie etwa eines beiderseitigen Verzichts auf den Prozessvergleich oder seiner einverständlichen Aufhebung lebt der alte Prozess nicht wieder auf, sondern ist ein neuer Prozess nötig, Kblz JB 1993, 115; aM BAG NJW 1983, 2213 (aber ab dem Ende der Rechtshängigkeit ist durchweg ein formell neues Verfahren notwendig).

55 **5. Entscheidung. Bejaht** das bisherige Prozessgericht die Beendigung, fällt es ein **Endurteil** nach § 300, BGH NJW 1996, 3346 (Streitfrage der Entscheidungsform); BAG NZA 2010, 1252. Das Urteil lautet auf eine Feststellung dahin, dass der Prozess bereits durch den Vergleich erledigt, besser: eben beendet war, BAG NJW 2007, 1833; Hamm FamRZ 2001, 106. Die weiteren Kosten trägt dann entsprechend § 91 derjenige, der sich auf die Unwirksamkeit berief. Alles das gilt aus den in → Rn. 66 genannten Gründen auch beim Vergleich nach § 278 VI 1. Ab der formellen Rechtskraft dieses Urteils nach § 705 ist ein weiterer Streit um diese Wirksamkeit unzulässig, BGHZ 79, 71; aM Pecher ZZP 97, 172 (aber es muss wenigstens jetzt endlich eine Rechtssicherheit eintreten). Rechtsbehelfsbelehrung, Verstoß: §§ 232, 233 S. 2.

56 Eine **neue Klage,** die den Streitgegenstand des ursprünglichen Rechtsstreits umfasst, ist zulässig, wenn die Wirksamkeit des ursprünglich geschlossenen Vergleichs nicht in Frage steht (BGH NJW 2014, 241). Der Einwand der entgegenstehenden Rechtskraft kann bei einem neuen Prozess nicht erhoben werden, da der Vergleich nicht der Rechtskraft fähig ist. Es kann aber das Rechtsschutzbedürfnis fehlen.

57 **Verneinen** kann das Gericht diese Beendigung evtl. auch durch ein **Zwischenurteil** nach § 280 II, BGH NJW 1996, 3346, oder nach § 303, BAG NZA 2010, 1252; Pankow NJW 1994, 1184 oder durch **Endurteil.** Dann muss es in der Sache selbst entscheiden, BGH WM 1985, 673; Kblz NJW 1978, 2399. Das gilt auch dann, wenn der Prozessvergleich über den Streitgegenstand hinausging. Wenn der Vergleich ein anderes Verfahren umfasste, kann man die Unwirksamkeit abweichend von → Rn. 66 auch in jenem geltend machen, BGH BB 1983, 1250. Wenn die Beteiligten den Vergleich in einem Verfahren nach §§ 49 ff. FamFG abgeschlossen hatten, ist ein neues ordentliches Erkenntnisverfahren notwendig, falls es zum Streit über die Wirksamkeit des Verfahrensvergleichs kommt, Hamm FamRZ 1991, 582. Eine solche Partei, die sich weiter auf den Prozessvergleich beruft, erstrebt den Anspruch des Gerichts über die Prozesslage dahin, dass der Rechtsstreit beendet sei, aM Ffm MDR 1975, 584 (es sei nur eine neue Feststellungsklage zulässig. Aber gerade diese Lösung bringt nach → Rn. 67 nicht die durchweg gewünschte Vollstreckbarkeit). Hat das Erstgericht die Wirksamkeit eines Widerrufs zu Unrecht verneint, verweist das Berufungsgericht nach § 538 II 1 Nr. 1 zurück, Karlsr JurBüro 2005, 546.

58 **6. Vollstreckungsabwehrklage.** Wenn der Bekl. außer der Berufung auf eine Nichtigkeit des Vergleichs auch behauptet, dass die durch den Vergleich begründete Forderung nachträglich weggefallen sei, ist für alle Einwendungen anders als bei → Rn. 67 ausnahmsweise nach → § 767 Rn. 42 die Vollstreckungsabwehrklage im bei ihr möglichen Umfang zulässig.

59 Einer Vollstreckungsabwehrklage fehlt nach → § 767 Rn. 42 grundsätzlich nach → Rn. 70 das Rechtsschutzbedürfnis, soweit das Prozessgericht in einer Fortsetzung des bisherigen Prozesses entscheiden kann. Dieses Gericht muss nach § 216 wie bei § 121 I 1 BGB unverzüglich einen neuen Termin bestimmen, sobald eine Partei die Unwirksamkeit des Vergleichs behauptet.

60 Zu einer einstweiligen Einstellung der Zwangsvollstreckung Kaiser NJW 2014, 365. Wenn die Parteien nur über die Auslegung eines unstreitig wirksamen Prozessvergleichs streiten, ist beim Streit über den nach §§ 704 ff. vollstreckbaren Inhalt anders als bei → Rn. 58 ausnahmsweise eine **Feststellungsklage** nach § 256 zulässig, sonst eben eine Vollstreckungsabwehrklage nach § 767, BGH Rpfleger 1977, 99. Wegen eines sog. Anwaltsvergleichs §§ 796a–c. Alles gilt auch bei § 278 VI 1.

61 **7. Neues Verfahren.** Manche lassen beim Streit über die Wirksamkeit eines Prozessvergleichs auch über *mehrere anhängige Verfahren* (sog. Gesamtvergleich) oder über eine Rückzahlung wegen Vergleichsnichtigkeit auch ein neues Verfahren sowie eine Zwischenfeststellungsklage nach § 256 II oder -widerklage im alten oder neuen Verfahren zu, BAG MDR 1982, 526. Andere lassen dann ein neues Verfahren zu, wenn es nur um die Wirksamkeit eines über den ursprünglichen Streitgegenstand hinausgehenden Vergleichspunkts geht, BGHZ 87,

231; Ffm FamRZ 1984, 408, oder wenn das Ausgangsverfahren rechtskräftig beendet ist, BGH NJW 2011, 2141. Der Fortsetzungsantrag des nach § 50 Prozessunfähigen ist unzulässig, BGHZ 86, 189. Dasselbe gilt vom Fortsetzungsantrag eines Dritten, selbst wenn er dem Vergleich beigetreten war, BGHZ 86, 164. Er muss nach §§ 732 ff., 767 vorgehen, BGHZ 86, 164.

VIII. Widerruf. Dazu Scharpenack, Der Widerrufsvergleich im Zivilprozeß, 1996; Schneider MDR 1999, 595 (zur Fristberechnung). Wird der Vergleich nur unter dem Vorbehalt eines Widerrufs geschlossen, so liegt eine aufschiebende Bedingung der Wirksamkeit bis zum Ablauf der Widerrufsfrist vor, so dass der Vergleich erst mit Ablauf der Widerrufsfrist wirksam wird. Man muss eine etwaige Genehmigungsbedürftigkeit prüfen, zB bei einer Wohnungseigentümergemeinschaft, KG ZMR 2002, 72. Liegt sie vor, hängt die Wirksamkeit bereits von der Genehmigung ab. Ist diese zwar nicht erteilt, aber auch nicht erforderlich oder ist sie erteilt, hängt der Widerruf des Prozessvergleichs in seiner Wirksamkeit zunächst von einem eindeutig anderen natürlich vorrangigen Parteiwillen ab, BGHZ 88, 367; aM AG Hanau ZMR 2015, 938 (Unwiderruflichkeit). Mangels solcher Abhängigkeit ist seine Erklärung trotz des auf eine auflösende Bedingung deutenden Worts „Widerruf" in der Regel als eine aufschiebende Bedingung des Nichtwiderrufs auslegbar, BGH NJW 2006, 776; BAG DB 1998, 1924; BVerwG NJW 1993, 2193. Das gilt insbesondere bei einer kurzen Widerrufsfrist. Sie ist in der Praxis die Regel. Der Widerruf ist grundsätzlich zulässig, Zweibr FamRZ 2010, 1358. Eine Ausnahme gilt bei einem bedingungsfeindlichen Rechtsgeschäft, BGH NJW 1988, 416 (Auflassung). Das gilt auch bei § 278 VI 1. Zu seiner praktischen Bedeutung wie Problematik → Rn. 8. Den Widerruf knüpft der Vergleich nach → Rn. 24 zweckmäßig an einen bestimmten Tag, bis zu dem der Widerruf beim Gericht eingehen muss. Sonst können nach → § 222 Rn. 1 Unklarheiten über die Wirksamkeit entstehen. 62

1. Widerrufsfrist. Sie ist keine richterliche Frist nach § 224 II. Sie ist erst recht keine gesetzliche Notfrist nach § 224 I 2. Das gilt auch bei § 278 VI 1. Denn dort schlägt das Gericht nur vor, erst die Parteien vereinbaren die Frist. Darum gibt es gegen ihre Versäumung nach → § 233 Rn. 13 grundsätzlich keine Wiedereinsetzung, BGH NJW 1995, 522; BAG MDR 1998, 794; Werner AnwBl 2013, 766 (ausf. zum Problem), zumal die Widerrufsfrist als vertragliche Vereinbarung nicht einseitig verlängert werden kann. Die Rechtzeitigkeit des Widerrufs lässt sich unterstellen, falls sonst ein Verstoß wegen Treu und Glauben vorliegen würde, BGHZ 61, 400. Die Frist beginnt mangels abweichender Vereinbarung mit dem Vergleichsabschluss und nicht erst mit der Protokollzustellung, Schlesw NJW-RR 1987, 1022. Die Parteien können die Frist wegen der Parteiherrschaft bei einer Einhaltung der Vergleichsform einverständlich verlängern, BGH WM 2018, 1104; Karlsr JurBüro 2005, 546; LG Bonn MDR 1997, 783; aM BGHZ 61, 398 (aber es ist eben der Vergleich der Parteien. Das Gericht beurkundet ihn nur). Das gilt aber nicht mehr für eine einverständliche erst nach dem Fristablauf vereinbarte „Verlängerung", BGH WM 2018, 1104. Die Parteien können aber natürlich außergerichtlich einen neuen Vergleich schließen. § 222 II ist anwendbar. 63

2. Wirksamkeit. Der Widerruf nach → Rn. 16 ist auch eine Prozesshandlung, ArbG Ffm NZA-RR 2012, 380. Daher darf das Gericht seine Wirksamkeit auch bei der Vereinbarung einer Form nur nach dem Prozessrecht beurteilen, Mü NJW 1992, 3042; aM Hamm NJW 1992, 1705, Thomas/Putzo/Reichold § 794 Rn. 13 (aber die Parteien haben die Inhaltsherrschaft, das Gericht hat die Formherrschaft). Ein Anwaltszwang besteht wie sonst nach → Rn. 47 ff. Es ist eine Unterschrift nötig, LAG Kiel NZA-RR 2006, 379. Bei elektronischer Einreichung gelten §§ 130a–d. Der wirksame Widerruf führt zur Unwirksamkeit des Vergleichs, BGH NJW 2005, 3577. 64

Der Vergleich ist **auslegbar,** Düss Rpfleger 2007, 77; aM BAG NJW 2015, 2522 (§§ 133, 157 BGB, systemwidrig). Das gilt auch wegen eines Widerrufs, Zweibr FamRZ 2010, 1358. Das gilt auch in der Revisionsinstanz nach §§ 542 ff., BAG BB 2004, 895. Man darf nicht kleinlich am Wortlaut kleben, sondern der wirkliche Wille der Parteien ist zu erforschen BGH Rpfleger 1991, 261; Oldb VersR 1992, 377; Gottwald FamRZ 2001, 843. Das gilt auch bei § 278 VI 1. Der Widerruf nur eines von mehreren Schuldnern kann danach ausreichend sein, Kblz VersR 2005, 656. Zur Auslegung des Vorbehalts zugunsten mehrerer gemeinsam Vertretener BGHZ 61, 394. Wenn danach ein wirksamer Widerruf erfolgte, ist eine Rücknahme des Widerrufs nicht möglich, selbst wenn der Gegner einverstanden wäre. Denn es würde sich zumindest auch um den Widerruf einer in Wahrheit unwiderruflichen Prozesshandlung handeln. Ein einseitiger Rücktritt ist mangels vereinbarter Zulässigkeit wirkungslos, BayObLG FGPrax 1999, 99. Die Beweislast nach Anh. § 286 liegt bei demjenigen, der sich auf die ihm günstige Folge beruft, BAG NJW 2004, 702. 65

3. Adressat. Der Widerruf sollte in der Regel gegenüber dem **Gericht** erfolgen. Den Adressaten dürfen die Parteien aber vereinbaren, BGH NJW 2005, 3576 (krit. Würdinger JZ 2006, 627); Düss NJW-RR 1987, 256. Mangels abweichender Vereinbarung genügt ein Widerruf gegenüber dem Gegner nicht. Das gilt erst recht bei § 278 VI 1. Dort ist schon die Annahme des Gerichtsvorschlags „gegenüber dem Gericht" notwendig. Wenn die Parteien freilich zulässigerweise eindeutig vereinbart haben, dass der etwaige Widerruf nur gegenüber dem Gegner erfolgen müsse, handelt es sich auch bei § 278 VI 1 (nur) beim Widerruf um eine empfangsbedürftige Willenserklärung des bürgerlichen Rechts nach § 130 BGB. Es kann eine abweichende Übung bestehen. Haben die Parteien eine bloße „Anzeige zu den Akten" vereinbart, genügt ein Schriftsatz ohne eine eigenhändige Unterschrift des ProzBev. Aber auch in einem solchen Fall muss deutlich werden, dass es sich um eine Willenserklärung und nicht nur um einen Entwurf handelt. Haben sie „mit Schriftsatz" oder „schriftlich" vereinbart, muss man den Widerruf als einen sog. bestimmenden Schriftsatz wie sonst vollständig unterschreiben, BAG NJW 1989, 3035; LAG Köln AnwBl 1990, 626. Ein Telefax genügt, ArbG Ffm NZA-RR 2012, 380. Wegen eines elektronischen Dokuments §§ 130a–d. Die Fristberechnung erfolgt nach § 222 II, BGH MDR 1979, 49 (§ 193 BGB). 66

4. Rechtzeitigkeit. Für die Rechtzeitigkeit eines Widerrufs „gegenüber dem Gericht" ohne eine nähere Angabe, gegenüber wem dort im Einzelnen, genügt – wie auch sonst zur Fristwahrung – der Eingang im Machtbereich des Gerichts, BGH NJW 1980, 1752 (zust. Grundmann JR 1980, 331); BAG NJW 1986, 1374. Es genügt also der Eingang auf der dortigen Posteinlaufstelle, zB der Verwaltungsgeschäftsstelle oder im Frist-/Nachtpostkasten. Es ist dann also der weitere Eingang auf der Geschäftsstelle der zuständigen Abteilung usw. nicht notwendig, BVerfGE 60, 246. Das gilt auch bei einer „Anzeige zu den Gerichtsakten", Hamm MDR 2005, 1072. Zweckmäßig ist es, zu vereinbaren, dass der Widerruf gegenüber dem Prozessgericht allgemein und nicht mit „Anzeige zu den Gerichtsakten" zu erfolgen hat, da häufig nicht sicher festgestellt werden kann, wann der Widerrufsschriftsatz zu den Akten gelangt und um Auslegungsschwierigkeiten zu vermeiden. Dem ArbG Mün- 67 chen steht die „allgemeine Einlaufstelle der Justizbehörden" gleich. Denn das ArbG gehört zu den letzteren, aM LAG Mü NJW 1988, 439. Der vereinbarten auswärtigen Zweigstelle steht ihr Stammgericht gleich, BAG NZA 2004, 1000. Auch → Rn. 72. Es kann ein Einwurf in den Nachtbriefkasten genügen, Köln NJW-RR 1996, 122 (auch zu Beweisfragen). Es kann auch ein Einwurf in das beim AG für das LG miteingerichtete Postfach genügen, BGH VersR 1989, 932. Bei Elektronik gelten auch insofern §§ 130a–d.

68 Falls die Parteien nichts Besonderes vereinbart haben, genügt eine **telefonische** Mitteilung (unzweckmäßig, da Übertragungsfehler denkbar sind) oder die Aushändigung der Widerrufsschrift an den Urkundsbeamten der Geschäftsstelle des Gerichtstages, BGH NJW 1980, 1754. Man kann den Eingang beim Stammgericht dann für nicht ausreichend halten, wenn die Parteien vereinbart haben, der Widerruf müsse bei einem auswärtigen Senat eingehen. Ein Widerruf des vor einem LAG geschlossenen Vergleichs muss durch den ProzBevtl. erfolgen, LAG Freibg DB 1976, 203. An die Überwachung der Rechtzeitigkeit des Widerrufs durch den ProzBevtl. muss man strenge Anforderungen stellen. Sie gehen über diejenigen bei § 233 hinaus, BGH NJW 1995, 522.

69 **5. Unanfechtbarkeit.** Die Nichtausnutzung einer Widerrufsmöglichkeit ist unanfechtbar. Der Verzicht auf einen Widerruf ist zulässig. Er ist ebenfalls unanfechtbar, LAG Köln MDR 2004, 902. Er führt zur Unwirksamkeit eines trotzdem erklärten Widerrufs. Der Widerruf ist grundsätzlich unwiderruflich. Bei einem Streit über den Widerruf gilt das in → Rn. 64 ff. Ausgeführte, → § 310 Rn. 21, auch zum Verkündungstermin bei einem rechtzeitigen Widerruf.

70 **IX. Bedingter Vergleich.** Man kann einen Vergleich unter der aufschiebenden Bedingung der fristgerechten Nachreichung einer notwendigen noch fehlenden Vollmacht zB nach § 80 oder unter der Bedingung des Nichtwiderrufs schließen; vgl. BGH NJW 1988, 416; Ffm FGPrax 1996, 8; LG Kblz JurBüro 2003, 444. Das gilt auch bei § 278 VI 1. Dann ist der Eintritt der Bedingung für die Wirksamkeit des Prozessvergleichs entscheidend. Bei einem Streit über die Wirksamkeit des Widerrufs erfolgt eine Fortsetzung des Prozesses. Wenn erst das Berufungsgericht den Widerruf für wirksam hält, ist eine Zurückverweisung nach § 538 II 1 Nr. 1 zulässig. Wenn der Vergleich ebenfalls zulässigerweise unter der auflösenden Bedingung des Widerrufs stand, findet der Rechtsstreit beim Streit über ihren Eintritt seine Fortsetzung. Über den Widerruf → Rn. 62. Die Widerrufsfrist beginnt beim Prozessvergleich im Zweifel mit dem auf den Vergleichsabschluss folgenden Tag, Schlesw NJW-RR 1987, 1022 (Leitsatz irreführend). Eine stillschweigende Vereinbarung reicht nach → Vor § 128 Rn. 59, BGH NJW-RR 2005, 1324. Zweckmäßigerweise wird ein **konkreter Tag** für das Ende der Widerrufsfrist festgesetzt.

71 **X. Änderungsvereinbarung.** Möglich ist aber, die materiell-rechtlichen Wirkungen des Prozessvergleichs durch eine Parteivereinbarung zu ändern oder zu beseitigen, Hmb FamRZ 1987, 1174, auch zum Adressaten eines Widerrufs, BGH NJW 2005, 3576; Düss NJW-RR 1987, 256. Das gilt auch bei § 278 VI 1. Die prozessualen Vereinbarungen zum Widerruf des Prozessvergleichs sind ebenfalls auslegbar. Auf die materiell-rechtlichen Wirkungen kann § 139 BGB anwendbar sein, BGH NJW 1988, 416.

72 **1. Gegenüber dem Gericht.** Mangels einer zulässigen abweichenden klaren Vereinbarung muss der Widerruf wegen der ohne eine solche Vereinbarung auch prozessualen Natur des Prozessvergleichs dem Gericht gegenüber erfolgen, BAG MDR 1998, 784; Brdb NJW-RR 1996, 123; Mü NJW 1992, 3042; aM BGH NJW 2005, 3576; Gilfrich MDR 2006, 1149, Thomas/Putzo/Reichold § 794 Rn. 24 (auch bloß dem Gegner gegenüber. Aber eine **Parteiprozesshandlung** erfolgt im Prozess, und ihre Wirksamkeit hängt von ihrer Einführung in die Gerichtsvorgänge und damit -akten ab). Das gilt auch bei § 278 VI 1. Ein nicht handschriftlich voll unterzeichneter Widerruf reicht grundsätzlich nicht aus. Es ist jeweils auszulegen, ob eine Willenserklärung abgegeben werden sollte, oder ob es sich nur um einen Entwurf handelt. Denn der Widerruf ist ein bestimmender Schriftsatz nach → § 129 Rn. 5, 6, LAG Düss BB 1990, 562; LAG Mü DB 1989, 836. Ein Telefax genügt. Wegen der „Anzeige zu den Gerichtsakten" → Rn. 24. Bei elektronischer Einreichung gelten §§ 130a–d.

73 **2. Eingang beim Gericht.** Ein „Eingang beim Gericht" bedeutet den Zugang nach § 130 I 1 BGB, also nicht eine Übergabe an einen zur Entgegennahme und zur Beurkundung des Zeitpunkts befugten Beamten, sondern nach → Rn. 24 einen Zugang in den Machtbereich des gesamten Gerichts. Maßgeblich ist der normale Postzustelldienst, BAG NJW 1986, 1374 (auch wegen eines Postfachs). Bei elektronischer Einreichung gelten §§ 130a–d. Haben die Parteien eine schriftliche Anzeige an das Gericht vereinbart, kann der Widerruf im Zweifel nicht wirksam schon gegenüber dem Prozessgegner erfolgen, BAG DB 1991, 2680. Die Vereinbarung einer Verlängerung der Rücktrittsfrist braucht daher dann eine Protokollierung nach §§ 159 ff., VG Hmb MDR 1982, 962; LG Bonn MDR 1997, 783; aM Hamm FamRZ 1988, 536, Zöller/Stöber § 794 Rn. 10 (aber die Parteien hatten eben das Gericht als Adressaten vereinbart). Hat eine Partei die Widerrufsfrist nicht eingehalten, ist der Rechtsstreit beendet, AG Mü ZMR 1987, 343. Dann ist nach → Rn. 62 auch keine **Wiedereinsetzung** nach §§ 233 ff. möglich. War ein Widerruf gegenüber dem Gegner wie auch gegenüber dem Gericht vereinbart, reicht letzterer, BGH NJW-RR 2005, 1324.

74 **XI. Einstellung der Zwangsvollstreckung.** Sie ist entsprechend §§ 719, 707 zulässig. Das gilt auch bei § 278 VI 1 und im arbeitsgerichtlichen Verfahren, LAG Ffm NZA-RR 2004, 158, ferner auch bei einer Vollstreckungsabwehrklage nach §§ 767, 769, sofern vor dem Abschluss des Prozessvergleichs nach → § 767 Rn. 42, eine vollstreckbare Entscheidung ergangen war, Ffm Rpfleger 1980, 117. Es besteht für die Einstellung der Zwangsvollstreckung kein Rechtsschutzbedürfnis, sofern der Weg nach → Rn. 66 möglich ist. Man muss eine Rückforderung des Geleisteten in einem besonderen Prozess klären.

308 *Bindung an die Parteianträge.*

I [1]**Das Gericht ist nicht befugt, einer Partei etwas zuzusprechen, was nicht beantragt ist.** [2]**Dies gilt insbesondere von Früchten, Zinsen und anderen Nebenforderungen.**

II **Über die Verpflichtung, die Prozesskosten zu tragen, hat das Gericht auch ohne Antrag zu erkennen.**

1 **I. Systematik, I, II.** Die Vorschrift enthält eine inhaltliche Grundregel aller Urteilsarten und ist Ausdruck der Dispositionsmaxime und der Parteiverantwortung. Der Partei bleibt es selbst überlassen festzulegen, welchen Streitgegenstand (=Klageantrag und Klagegrund) und damit folglich welchen Antrag sie verfolgt. Sie gilt auch im

Berufungsverfahren nach § 528 S. 2, im Revisionsverfahren nach § 557 I, BAG NZA 2016, 59, und ist jeweils **von Amts wegen** zu beachten, BAG. 9.2.2022 – 5 AZR 347/21, NJW 2022, 1475; auch im EU-Recht, EuGH NJW 2000, 1933. Nach II gibt es Ausnahmen für die von Amts wegen auszuurteilende Kostenentscheidung nach §§ 91 ff. und derjenigen über die vorläufige Vollstreckbarkeit nach §§ 708 ff. Bezüglich der Kosten ist die Gegenausnahme des § 269 IV zu berücksichtigen. In der Berufungsinstanz muss man § 537 beachten, BGH NJW 1998, 3411.

In der **höheren Instanz** wirkt sich derselbe Grundsatz nach §§ 528 S. 2, 557 als ein Verbot einer vorteilhaften oder nachteiligen Änderung aus. § 308a enthält eine vorrangige Sonderregelung, ebenso § 183 FamFG. 2

II. Regelungszweck, I, II. Die Vorschrift dient in **I** der Parteiherrschaft und dem Beibringungsgrundsatz, BAG NZA 2016, 1477, BPatG GRUR 2009, 148, sowie der Rechtssicherheit, Köln NJW-RR 1995, 1536. Daraus folgt: Ohne Antrag kein zusprechendes oder abweisendes Urteil, BAG NZA 2015, 1391 („ne ultra petita partium"). Ausnahmen gibt es dann, wenn der genaue Betrag erst durch Beweisaufnahme, durch gerichtliche Schätzung, wie zB bei § 287 oder durch billiges Ermessen, § 253 II BGB bestimmt werden kann. Es müssen dann aber für die Beurteilung maßgeblichen Tatsachen und Beweismittel angegeben werden. 3

Die Ausnahme in **II** liegt im öffentlichen Interesse. 4

Ein Verstoß hiergegen lässt sich oft nicht nach dem vom Gericht stets zu beachtenden § 319 korrigieren. Er ändert an der Wirksamkeit des über das erlaubte Ziel hinausgegangenen Urteils als eines Staatsakts meist nichts. Er ändert auch nichts an einer zugehörigen etwaigen Unanfechtbarkeit mangels Beschwer usw. und an der zugehörigen formellen und inneren Rechtskraft nach §§ 322, 705. Die Abgrenzung ist dann außerordentlich schwierig, wenn es nicht um eine Bezifferung geht, sondern um ein Tun oder Unterlassen, um eine vertretbare oder unvertretbare Handlung, um eine Willenserklärung. Das Gericht sollte dann im Urteil klarstellen, weshalb es den ihm nach I gesetzten Rahmen nicht als gesprengt ansieht. 5

Praktisch schwierig kann es zB im Wettbewerbsrecht sein, in einer auch etwa zur Abgrenzung der inneren Rechtskraft nach § 322 oder zur Vollstreckbarkeit nach §§ 704 ff. brauchbaren Weise überhaupt zu bestimmen, was ein Kläger will oder nicht will. Ein Hinweis nach **§ 139** darf nur erteilt werden, soweit die Grenze der Gefahr einer Befangenheitsablehnung nach § 42 weiter nicht überschritten wird. Eine Art Globalforderung zu verhindern gehört aber zur Aufgabe des Gerichts. Es mag daher das Recht und die Pflicht haben, auch nach I eindeutig zu klären, worüber es nun entscheiden soll und worüber nicht (auch). 6

III. Geltungsbereich, I, II. Die Vorschrift gilt in allen Prozessarten, BGH NJW 1992, 825; BAG NJW 2016, 2055; Köln FamRZ 1995, 888. 7

Adhäsionsverfahren: § 308 gilt auch im Verfahren nach §§ 403 ff. StPO, BGH NJW-RR 2009, 319. 8

Arbeitsrecht: § 308 gilt auch im arbeitsgerichtlichen Verfahren § 46 Abs. 2, 2a, 80 ff. ArbGG iVm § 495 Abs. 1, BAG NZA 2017, 203.

Arrest, einstweilige Verfügung: § 308 gilt trotz § 938 I auch bei einer einstweiligen Verfügung nach → § 938 Rn. 4.

Berufungsverfahren: § 308 gilt auch im Verfahren nach §§ 511 ff., BGH NJW 2011, 2130.

Beschwerdeverfahren: § 308 gilt auch im Verfahren nach §§ 567 ff., BAG NZA 2017, 526; Köln NJW 1980, 1531; aM Ffm FamRZ 1983, 1042 (aber die Vorschrift enthält einen Kerngedanken).

Ehesache: § 308 gilt grds. auch bei §§ 121 ff., 113 I 1 FamFG, soweit das Gericht von Amts wegen zu ermitteln hat, stellen die Anträge aber nur Anregungen dar.

Haushaltssache: → Rn. 24 „Haushalt".

Hilfsanspruch: § 308 gilt nach → Rn. 24 auch bei ihm nach → § 260 Rn. 9, BGH NJW-RR 1992, 290, zB bei einer Hilfsaufrechnung nach → § 145 Rn. 21. Denn der Bekl. will den eigenen Gegenanspruch natürlich nur für den Fall opfern, dass ihm die Abwehr des gegnerischen Klaganspruchs misslingt. Auch „Rangfolge".

Kostenfestsetzung: § 308 gilt auch bei §§ 103 ff., Köln Rpfleger 2001, 150, Zweibr Rpfleger 1981, 455.

Markenrecht: § 308 gilt auch im markenrechtlichen Verfahren, BGH GRUR 2007, 309; BPatG GRUR 2000, 898; Kolb GRUR 2014, 517.

Nebenforderung: § 308 gilt auch bei einer solchen nach → § 4 Rn. 14, BGH WM 1978, 194.

Patentrecht: § 308 gilt auch im patentgerichtlichen Verfahren nach § 99 I PatG, BPatG GRUR 2009, 148; Keukenschruver GRUR 2014, 129.

Rangfolge: § 308 gilt auch bei mehreren Anträgen wegen ihrer vom Kläger etwa bestimmten Reihenfolge. Auch → „Hilfsanspruch".

Schadensschätzung: § 308 gilt nur, soweit keine Schätzung nach § 287 in Betracht kommt.

Schiedsspruch: § 308 gilt auch bei §§ 1054 ff.

Selbständiges Beweisverfahren: § 308 gilt auch bei §§ 485 ff., Ffm NJW-RR 1990, 1024.

Verfassungsrecht: § 308 gilt **nicht** vor dem BVerfG, BVerfG NJW 2009, 2521 (Wertfestsetzung).

Versorgungsausgleich: § 308 gilt auch bei ihm nach (jetzt) §§ 217 ff. FamFG, BGHZ 92, 8; Düss FamRZ 1985, 720.

WEG: § 308 gilt auch im WEG-Verfahren, BGH NZM 2017, 44; Kblz KTS 1995, 363; LG Mü ZMR 2012, 480.

IV. Maßgeblichkeit der Sachanträge, I. 1. Partei. Das Tatbestandsmerkmal Partei im Sinne von I 1 nimmt auf den formellen Parteibegriff nach §§ 253 II, 130 Nr. 1 ZPO Bezug. Partei nach § 50 ist also derjenige, der Rechtsschutz begehrt (Kläger) bzw. gegen den Rechtsschutz begehrt wird (Beklagter). Hierzu gehört auch eine Partei kraft Amtes. Ausgehend vom Zwei-Parteien-Prinzip kann es dabei auch mehrere Kläger bzw. Beklagte (Streitgenossen) geben, deren verschiedene Prozessrechtsverhältnisse zusammen verhandelt werden können. Hierzu gehört auch die Hauptintervention nach § 64. Der Hauptintervenient wird durch seinen Beitritt Partei. Vornehmlich erfasst die Norm den klägerischen Antrag. Auch bei einer Widerklage würde der Beklagte insoweit als Widerkläger auftreten. 9

Als allgemeiner Rechtsgedanke ist die Vorschrift darüber hinaus auch (entsprechend) auf die Nebenintervenienten (§§ 66 ff.) anwendbar. 10

2. Antrag. Der Antragsgegenstand muss **zur Disposition** der Partei bestehen. Sofern das Gericht über einen Gegenstand von Amts wegen zu entscheiden hat, besteht die Bindung des Gerichts durch die Partei nicht, wie sich zB ausdrücklich aus II ergibt. Maßgebend sind allein die **Sachanträge** (BGHZ 168, 184), da es darum geht, 11 dass der Partei nichts „zuzusprechen" ist, was nicht beantragt worden ist. Betroffen sind also zB keine Beweisanträge, unabhängig davon, dass das Gericht nach dem Dispositionsgrundsatz nicht von Amts wegen Beweis erhebt, auch zB keine Anträge zur Zulässigkeit, unabhängig davon, dass diese von Amts wegen geprüft wird. Auch weitere Verfahrensanträge sind nicht erfasst. Mit Sachantrag ist der Antrag nach **§ 253 II Nr. 2** gemeint, BAG NJW 2015, 1549; LG Mü ZMR 2012, 480; LAG Kiel NZA-RR 2018, 269; nur ausnahmsweise auch der Antrag des Bekl. aus §§ 306, 330.

12 Wie sich aus § 253 II Nr. 2 iVm § 133 BGB ergibt, ist der Antrag **auszulegen** (BGH VersR 2010, 128; BAG NZA 2010, 1244; Nürnb FamRZ 1982, 1103). Maßgeblich ist nicht der Wortlaut, sondern der erkennbare **wahre Wille** des Antragstellers, BGH NJW 2011, 2130; BAG NZA 2011, 1379; Nürnb FamRZ 1982, 1103. Die Auslegung geschieht durch eine Berücksichtigung der Antragsbegründung und durch eine Ausübung der Fragepflicht in den Grenzen nach § 139, Grunsky ZZP 96, 398.

13 Das Gericht darf aber nicht ganz neue, zusätzliche Anträge anregen, auch nicht zB bei einem hohen Zinsbetrag, um sich nicht der Besorgnis der Befangenheit auszusetzten. Das Rechtsschutzziel muss gleichbleiben, BGH NZM 2017, 446. Das Gericht darf nicht mithilfe einer Auslegung den Wortlaut und Sinn unterlaufen, BGH GRUR 2007, 309. Insbesondere bei einem **Anwaltsprozess** wird der Wortlaut aber im Regelfall maßgeblich sein.

14 **3. Beschränkung an den Inhalt des Antrages.** Es darf nichts zugesprochen werden, was nicht beantragt worden ist. Das Gericht darf also weder quantitativ mehr noch qualitativ etwas anderes als das Begehrte zusprechen, BAG NZA 2016, 1477; Schlesw NJW-RR 2015, 636. Dies bezieht sich auf Maß und Art, BGH KTS 1986, 666; Köln MDR 2002, 717. Bei einem **bezifferten Antrag** darf das Gericht zwar ein quantitatives oder qualitatives **„Weniger"** (minus) zusprechen, da dieses „Minus" stets in dem „Mehr" steckt, BGH NZM 2005, 319; BAG NZA-RR 2017, 203; Saarbr MDR 2010, 636. Andernfalls käme eine Abweisung im Übrigen nicht in Betracht. Es darf aber nicht einen höheren Betrag zusprechen, also nicht 1.500 EUR statt beantragter 1.000 EUR. In Ergänzung mit §§ 253, 322 muss der Antrag **hinreichend bestimmt** und der Anspruch konkret bezeichnet sein (LG Dortmund, 27.7.2021, 25 O 518/20).

15 Sofern ein **unbezifferter Antrag** trotz § 253 II Nr. 2 nach § 287 ZPO zulässig ist, darf das Gericht die vom Kläger genannte Mindestsumme überschreiten (zB beim Schmerzensgeld). Auf eine konkrete Bezifferung kann dann verzichtet werden, wenn diese Angaben zur Abgrenzung des Streitgegenstands und damit den Entscheidungsumfang des Gerichts (ausnahmsweise) nicht erforderlich sind, BGH NJW 2018, 3448. Es darf auch die vom Kläger genannte Größenordnung, die sich aber zumindest aus der Begründung ergeben muss, überschreiten, BGHZ 132, 351; Fenn ZZP 89, 134, MüKoZPO/Musielak Rn. 14; aM Röttger NJW 1994, 369. Diese Größenordnung darf aber nicht unbeschränkt überschritten werden, bei Beträgen bis 10.000 EUR idR nicht mehr als 20 %, bei Beträgen über 10.000 EUR idR nicht mehr als 10 %.

16 Als va vollstreckungsrechtliches „Weniger" kann auch ein Feststellungsantrag statt eines Leistungsantrages zugesprochen werden, selbst wenn der Feststellungsantrag nicht hilfsweise gestellt wird, BGHZ 118, 82. Statt einer unbeschränkten Verurteilung ist auch eine **Zug-um-Zug** Verurteilung als „minus" möglich, BGH BeckRS 2015, 04567. Das Gericht darf stets weniger als beantragt zusprechen, auch durch eine **Auslegung oder Umdeutung,** BAG NJW 2011, 528. Es muss aber auch über den Rest entscheiden. Es muss die Klage dann im Übrigen abweisen, selbst wenn nur geringfügig weniger zugesprochen wird, auch wenn sich das weniger nur auf die Nebenforderung bezieht. Die Kostenverteilung erfolgt dann nach § 92. Das Gericht muss einen unzulässigen und unbegründeten Anspruch immer auch von Amts wegen zurückweisen. Diese Zurückweisung enthält kein „Zusprechen". Sie ist daher nach § 331 II auch bei einer Säumnis des Gegners zulässig.

17 Das „Weniger" ist abzugrenzen von dem **„aliud".** Das Gericht ist „nicht befugt", etwas zuzusprechen, was die Partei als Herr der Anträge überhaupt nicht haben will, also etwas ganz anderes, BGH MDR 2017, 1076; BAG ZIP 2015, 495; Köln GRUR-RR 2013, 116.Bei der **Auslegung** ist der Wille des Klägers maßgeblich mit zu berücksichtigen. Der Wille sollte bei Unklarheiten nach § 139 erforscht werden. Deshalb darf das Gericht **keine** solche Verurteilung aussprechen, die der Kläger ausdrücklich als unerwünscht bezeichnet. Es muss dann abweisen, wenn der Kläger von dem erfolglosen Antrag, so wie er ihn gestellt hat, nicht abgehen will. Das Gericht darf zB nicht auf die Herausgabe einer Ware statt auf eine Zahlung verurteilen.

18 Anders ist dies jedoch, wenn der Hauptantrag unausgesprochen ein auf ein aliud gerichteten Hilfsantrag **(verdeckter Hilfsantrag)** enthält (Niemann NZA 2019, 65). Dann liegt in diesem Sinne kein „aliud" vor, da das „Andere" als (verdeckter) Hilfsantrag unter der Voraussetzung mitbeantragt worden ist, dass der Hauptantrag keinen Erfolg hat.

19 § 308 führt auch zur Bindung an eine vorgegebene Prüfungsreihenfolge **(Haupt-/Hilfsanträge)** unterschiedlicher prozessualer Ansprüche. Über eine solche Reihenfolge darf sich das Gericht nicht hinwegsetzen (Fischer, jurisPR-ArbR 39/2021).

20 Auch das Zusprechen von **Früchten, Zinsen** und dergleichen muss sich nach I 2 grundsätzlich streng im Rahmen des Beantragten halten, Zimmermann JuS 1991, 583 (ausf.).

21 § 308 ist nicht nur **verletzt,** wenn eine Partei ohne ihren Antrag etwas zugesprochen wird, sondern auch, wenn ihr ein nicht zur Entscheidung gestellter Anspruch aberkannt wird (BAG, DB 2022, 882; NJW 2021, 652).

22 **V. Keine Bindung durch rechtliche Bewertung, I.** Grundsätzlich bindet die von der Partei gewünschte **rechtliche Begründung und Bewertung** ihres Vortrags das Gericht **nicht,** BGH WM 2012, 1033, auch nicht deren Reihenfolge, BAG BB 1975, 609. Das gilt nach → § 145 Rn. 21 auch bei einer nur hilfsweise geltend gemachten Verjährung, Schneider JurBüro 1978, 1265. Denn mit der Verjährungseinrede nach § 214 I BGB opfert der Bekl. anders als bei der auch nur hilfsweisen Aufrechnung nach → § 145 Rn. 21 keinen eigenen Gegenanspruch. Der Kläger kann das Gericht grundsätzlich auch nicht dazu zwingen, eine bestimmte rechtliche Anspruchsgrundlage ungeprüft zu lassen, zB den Gesichtspunkt einer unerlaubten Handlung. Der Kläger kann das Gericht ferner nicht dazu zwingen, bei einem Streit über die Erledigung der Hauptsache nach → § 91a Rn. 178 von einer Abweisung wegen einer anfänglichen Unzulässigkeit oder Unbegründetheit abzusehen, aM BGH NJW 1991, 1684 (eine Abweisung dürfe dann nicht erfolgen, wenn der Kläger den Anspruch nicht mehr zur Entscheidung stelle. Er tut das aber auch durch eine einseitige Erledigungserklärung nach → § 91a Rn. 210). Wegen des SachenRBerG vgl. dessen § 106. Besteht der Anspruch aus einzelnen unselbständigen Rechnungsposten, dann kann das Gericht, diese einzelnen Rechnungsposten über- bzw. unterschreiten, sofern nur die beantragte Gesamtsumme nicht überschritten wird, BGH NJW-RR 1990, 997.

Besonderheiten sind in Verfahren nach dem Kapitalanleger-Musterverfahrensgesetz zu berücksichtigen (§ 325a). 23

VI. Beispiele zur Frage einer Gerichtsbefugnis, I

Ablösung: Das Gericht darf nicht etwas absprechen, das der Kläger gar nicht begehrt hat, BAG ZIP 2018, 598. 24

Aliud: → Rn. 15.

Allgemeine Geschäftsbedingungen: → Rn. 14 (rechtliche Begründung), BGH NJW 1989, 582.

Andere Schadensart: Das Gericht darf über sie im Rahmen des Streitgegenstandes nach → § 2 Rn. 4 urteilen, BGH NJW 1994, 442; BAG NZA-RR 2010, 149.

Andere Tatsache: Das Gericht darf **nicht** anstelle der vom Kläger nach § 253 II Nr. 2 allein zur Entscheidung gestellten Tatsache eine ganz andere, wenn auch vielleicht ähnlich wirkende, als Begründung heranziehen, BGH 154, 342 (zust. Walker LMK 2003, 157).

Arbeitsrecht: Das Gericht darf prüfen, ob bei Eingruppierung eine geringere Entgeltgruppe infrage kommt, BAG NZA-RR 2017, 203.

Es darf aber im Streit über die Entfernung eines Abmahnungsschreibens den beklagten Arbeitgeber **nicht** ohne einen entsprechenden Antrag für berechtigt erklären, erneut schriftlich abzumahnen, BAG NJW 1995, 1374. Zum Zustimmungsersuchen bei § 99 I 1 BetrVG BAG NZA 2006, 1179. Hat eine Partei keinen Antrag auf eine Feststellung der Beendigung eines Arbeitsverhältnisses gestellt, darf das Gericht **nicht** eine außerordentliche Kündigung in eine ordentliche umdeuten, BGH MDR 2000, 656. Im Feststellungsantrag „entsprechend" dem Beamtenversorgungsrecht steckt **nicht** ein Berechnungsantrag „nach" solchem Recht, BAG NZA 2008, 1096. Das Gericht darf zB „Postensache" bei der Berechnung einzelne Posten ohne Erhöhung der Gesamtforderung verschieben, BAG NZA-RR 2010, 567. Zur Änderungsschutzklage BAG NJW 2016, 2055.

Aufrechnung: Das Gericht darf **nicht** ohne einen Antrag nach § 302 IV entscheiden. Das ist auch vor einer Beanstandung wegen angeblich ungenügender Antragsformulierung nötig. In so mancher nicht auf eine schlichte Zahlungsforderung gehenden Klage steckt ein schwierig formulierbarer Wunsch mit einer Bitte um Miteinbeziehung künftiger Entwicklung infolge immer neuer gegnerischer Versuche des Unterlaufens oder Umgehens gerichtlich zu erwartender Entscheidungen. Solche vorbeugenden Bemühungen der Begrenzung von Verstößen stecken im vernünftig verstehbaren Klagantrag und helfen zur Vermeidung weiterer Prozesse. Sie sind daher nach I durchaus mit zu entscheiden, selbst wenn dabei evtl. ein höherer Streitwert herauskommt als vom Kläger ja ohnehin nur vorschlagbar.

Aufspaltung: Das Gericht darf nicht einen nach seinem Wortlaut und Sinn einheitlichen Antrag in mehrere prozessuale Ansprüche aufspalten, BGH NJW 1998, 3411; BAG NJW 2004, 387.

Ausgleichsanspruch: Das Gericht darf zum Ausgleich nach § 906 II 2 BGB statt zum Schadensersatz verurteilen, BGH JZ 1990, 978 (zust. Gerlach); Stgt NJW 1989, 1224.

Auslegung: Das Gericht kann sie nach → Vor § 128 Rn. 60, 60 vornehmen, BGH WUM 2012, 694; Düss BauR 2017, 1719; AG Mü ZMR 2014, 680. Das gilt freilich nicht unbegrenzt, BAG NJW 2015, 192.

Austausch: → „Postensache".

Befreiung: Das Gericht darf zur Freistellung von einer Schuld des Klägers statt zu einer Zahlung an ihn verurteilen, BGH NJW 1994, 945; Ffm FamRZ 1990, 50; Schneider MDR 2006, 970; aM Görner MDR 1995, 241 (aber Freistellung läuft auf nichts anderes hinaus als auf Nichtzahlung).

Begründung: Zur Auslegung des Antrags nach → Vor § 128 Rn. 60, 60 ist seine Begründung heranziehbar, und zwar bis zum Verhandlungsschluß nach §§ 136 IV, 296a, BGH MDR 2001, 471.

Bekanntmachung: Es ist ein Antrag nötig, zB bei § 19c MarkenG, Kolb GRUR 2014, 517.

Bezifferung: → „Unbezifferter Antrag".

Bild: Das Gericht darf **nicht** auf die Einwilligung in die Entfernung der Signatur statt in die Kennzeichnung des Bildes als Fälschung verurteilen, BGHZ 107, 394.

Brutto: Sein Zusprechen kann über das Beantragte hinausgehen, BGH ZIP 2012, 1556.

Dritter: Das Gericht darf **nicht** zur Leistung an einen Dritten statt an den Kläger verurteilen und umgekehrt.

Duldung: Das Gericht darf zur Duldung etwa der Zwangsvollstreckung nach § 704 statt zur Leistung verurteilen, BGH KTS 1996, 717. **Unstatthaft** ist eine Verurteilung zur Vornahme statt zur allein beantragten Duldung, Düss WuM 2011, 326.

Einstweilige Anordnung: Keine Bindung des Gerichts an Beteiligtenanträge liegt vor zB bei (jetzt) §§ 49 ff., 217 ff. FamFG (Versorgungsausgleich), Düss FamRZ 1985, 720.

Einstweilige Verfügung: § 308 I gilt trotz § 938 I, II auch bei der einstweiligen Verfügung nach → § 938 Rn. 4.

Erfindung: Der Anspruch auf eine Vergütung als Alleinerfinder umfasst denjenigen als Miterfinder, BGH NJW-RR 2001, 477, oder als Mitberechtigter, BGH MDR 2006, 1421.

Ergänzung: Das Gericht darf grds. **nicht** ohne einen Antrag ergänzen, LG Mü ZMR 2012, 480 (auch zu einer Ausnahme).

Erledigung: Das Gericht darf **nicht** zu einer Zahlung verurteilen, soweit der Kläger die Hauptsache wirksam, wenn auch vielleicht einseitig, nach → § 91a Rn. 47, 207 für erledigt erklärt hat. Freilich kann ggf. eine Klagabweisung nötig sein, vor allem dann wenn die einseitige Erledigungserklärung nicht zulässig ist, aM Ffm MDR 1977, 56 (aber gerade die einseitige Erledigterklärung zwingt nach → § 91a Rn. 210 zu Sachentscheidung).

Fälligkeit: Das Gericht darf sie **nicht** früher festlegen als beantragt, BAG NJW 2014, 2013.

FamFG: (Zum alten Recht) Brschw OLGZ 1976, 435; Kblz KTS 1995, 363 (§ 139).

Fehlen eines Antrags: Das Gericht darf **nicht** über „ihn" entscheiden, BAG NZA 2016, 569.

Feststellung: Das Gericht darf theoretisch ein bloßes Feststellungsurteil nach → Vor § 300 Rn. 18 statt eines Leistungsurteils erlassen. Denn jede Verurteilung zur Leistung enthält nach → Vor § 253 Rn. 8 eine Feststellung, BGHZ 118, 82; Köln FamRZ 1986, 578. Das gilt freilich nur, soweit eine bloße Feststellung dem Kläger nützt, BGH MDR 2005, 645, und noch streitig ist, Dunz NJW 1984, 2296. Das trifft meist praktisch **nicht** zu. Denn wer einen Vollstreckungstitel nach §§ 704 ff. begehrt, kommt regelmäßig mit einer Feststellung nicht aus. Die vom Kläger begehrte uneingeschränkte Feststellung schließt eine vom Bekl. verlangte nur eingeschränkte evtl. aus, BPatG GRUR 1991, 315.

Bei einer **verneinenden** Feststellungsklage nach § 256 kann das Gericht dann entscheiden, dass ein Teilanspruch doch besteht, wenn das dem Klagezweck nicht widerspricht. Es kommt also auf die Klarstellung und Auslegung des Antrags nach → Vor § 128 Rn. 60, 60 an. Eine verneinende Feststellung kann gegen I verstoßen, BAG NZA 2016, 59.

Das Gericht darf grds. **nicht** auf eine Leistung nach → Vor § 253 Rn. 8 statt auf die nur nach § 256 beantragte Feststellung erkennen, Celle NJW-RR 2012, 991; BAG NJW 2012, 1308. Jedoch kann ein formell bloßer Feststellungsantrag nach → Vor § 128 Rn. 60, 60 in einen Antrag auf eine jetzige oder sogar nur künftige Leistung umdeutbar sein, Düss MDR 2004, 1257, und umgekehrt, Düss BauR 2013, 776.

Freistellung: → „Befreiung".

Früchte: I gilt auch für sie, → Rn. 11.

Geldersatz: Das Gericht darf **nicht** zum Geldersatz statt zu der nur beantragten tatsächlichen Wiederherstellung verurteilen.

Gesamthaftung: Das Gericht darf eine objektiv vorliegende Gesamthaftung auch ohne einen entsprechenden Antrag klarstellen.

Grenzstreit: Das Gericht darf eine Grenzlinie anders als beantragt festsetzen, soweit der Kläger dadurch nicht mehr als beantragt erhält.

Güterrecht: Das Gericht darf **nicht** von einem Teilungsplan abweichen, Oldb FamRZ 2011, 1059.

Haushalt: Keine Bindung des Gerichts liegt bei einer Sache nach §§ 200 ff. FamFG vor, (zum alten Recht) BGH 92, 825.

Heizungskosten: Das Gericht darf **nicht** zur Erstattung aufgrund einer Abrechnung statt aufgrund einer Pauschale verurteilen, soweit eine solche Pauschale überhaupt im Klagezeitraum zulässig war.

Herausgabe: Das Gericht darf evtl. auch bloß zur Auskunft verurteilen, AG Bad Segeberg NZM 2012, 807. Das Gericht darf **nicht** zu einer Herausgabe statt zu einer Zahlung verurteilen.

Hilfsantrag: Das Gericht darf über ihn erst bei Erfolglosigkeit des Hauptantrags entscheiden, → Rn. 7 „Hilfsanspruch". Er ist nach → Vor § 128 Rn. 60, 60 auslegbar, BGH WM 1993, 1479; BAG NZA 2016, 574.

Hinterlegung: Das Gericht darf zu einer Hinterlegung statt zu einer Zahlung verurteilen, BGH NJW 1995, 2849.

Immission: → „Ausgleichsanspruch".

Kapitalabfindung: Das Gericht darf **nicht** eine Kapitalabfindung statt eine Rente zusprechen.

Kapitalanleger-Musterverfahrensgesetz: § 325a.

Klagegrund: Es ist **kein** Austausch statthaft, BGH MDR 2001, 950.

Kommanditgesellschaft: Eine bloße Teilentziehung der Geschäftsführungs- und Vertretungsbefugnis eines Gesellschafters ist gegenüber der zunächst beantragten vollständigen nicht ein Weniger, sondern etwas **anderes,** BGH DB 2002, 678.

Kosten: → Rn. 27 ff.

Kostenvorschuss: → „Vorschuss".

Künftige Leistung: Das Gericht darf nach §§ 257 ff. zur künftigen statt zur sofortigen Leistung verurteilen. Bei einer Klage auf eine künftige Räumung darf nach → Vor § 128 Rn. 60, 60 eine Umdeutung auf einen späteren Zeitpunkt erfolgen, LG Bonn WuM 1993, 464. Es ist auch eine Umdeutung von § 259 auf § 256 zulässig, BGH NJW-RR 2006, 1485.

Lärm: → „Verbot".

Markenrecht: Ein Verzicht auf einen Antrag im Beschwerdeverfahren ist kein nach I erheblicher Umstand, BPatG GRUR 2000, 897.

Mietmängel: Das Gericht darf **nicht** statt des begehrten bloßen Aufwendungsersatzes nach §§ 256, 257, 536a II Nr. 1 BGB auf einen Minderungsanspruch nach § 536 BGB oder auf einen Schadensersatz nach §§ 249, 536a BGB erkennen.

Mitverschulden: Eine seinetwegen nach § 254 BGB erfolgende Kürzung ist als bloßes Minus zulässig, BGH NJW 1997, 2235.

Nebenforderung: I gilt auch für sie, → Rn. 11.

Nutzungsausfallentschädigung: Das Gericht darf sie statt Ersatz von Mietwagen zusprechen, BGH NJW 2013, 1150.

Patentsache: Der Anspruch auf eine Mitberechtigung ist in dem Verlangen nach einer vollen Rechtsübertragung enthalten, BGHZ 167, 168. Das Gericht darf bei mehreren nebengeordneten technischen Lehren nur die angegriffene beurteilen, BGH GRUR 2013, 363.

Postensache: Das Gericht darf nur die Endsumme der eine Einheit bildenden Posten **nicht** überschreiten. Einzelne Posten dürfen sich der Höhe nach grundsätzlich verschieben, sogar über das jeweils einzeln Geforderte hinaus, BGH GRUR 1990, 355; BAG NJA-RR 2010, 567, Nürnb JurBüro 1975, 771. Freilich darf das Gericht der Partei für einen Zeitabschnitt **nicht** auf einem solchen Saldierungsweg mehr zusprechen, als sie gerade für sich zB als eine Rente beantragt, BGH VersR 1990, 212.

Prozesskostenhilfe: I gilt nach → Rn. 1 auch für die anschließende Hauptsache.

Prozessurteil: Nach einer solchen Entscheidung nach → Vor § 253 Rn. 14 darf das Gericht evtl. etwa infolge einer Zurückverweisung nach § 538 II 1 Nr. 1 ein abweisendes Sachurteil fällen.

Räumung: Im Rahmen des § 308a binden die Parteianträge das Gericht nicht. Auch → Rn. 24 „Künftige Leistung".

Rechenfehler: Das Gericht darf den eindeutigen korrigieren, BGH NJW-RR 2002, 257.

Rechtsnachfolger: → „Dritter".

Rente: Das Gericht darf nicht einen längeren Zeitraum als beantragt zusprechen, BGH MDR 1990, 533. Auch → Rn. 24 „Kapitalabfindung".

Rücktritt: Das Gericht darf **nicht** statt einer Rückzahlung eine Minderung zusprechen, KG MDR 2007, 1412.

Schadensberechnung: → „Vorbehalt".

Schadensersatz: Das Gericht darf nur die verlangte Schadensart zugrunde legen, Schlesw NJW-RR 2015, 636. Auch → „Vorschuss".

Schmerzensgeld: → „Aufspaltung", → „Unbezifferter Antrag".

Schutzrecht: Es kommt auf den Lebensvorgang an, den Sachverhalt. Trägt der Kläger nur denjenigen zum Schutzrecht A vor, darf das Gericht **nicht** das Schutzrecht B mit einem ganz oder teilweise anderen Sachverhalt beurteilen, BGH MDR 2001, 950.

Stufenklage: Das Gericht darf **nicht** eine Endsumme mit einem solchen Betrag auffüllen, den es einem noch nicht bezifferten Zahlungsanspruch einer Stufenklage nach § 254 entnimmt, BGH GRUR 1990, 355. Mit der ersten Stufe darf das Gericht nach → § 254 Rn. 28 alle abweisen.

Streitgegenstand: Das Gericht darf demjenigen nach → § 2 Rn. 4 **nicht** erweitern, BGH NZM 2013, 248.

Teilanspruch: Das Gericht darf im Rahmen von § 301 natürlich grds. einen Teilanspruch statt des ganzen zuerkennen.

Es darf aber **nicht** zu einer bloßen Teilmaßnahme verurteilen, die dem Kläger nur im Rahmen eines nicht durchsetzbaren Gesamtplans nützen würde, LG Köln WuM 1993, 41; AG Mü ZMR 2014, 680, oder wenn der Teilanspruch andere Voraussetzungen als die vom Kläger eingeführten erfasst, BGH 154, 342. Auch → „Feststellung".

Umdeutung: Sie kann nach → Vor § 128 Rn. 60, 60 statthaft sein, zB von einer Leistungsklage nach → Vor § 253 Rn. 8 in eine Feststellungsklage nach § 256, Mü NJW-RR 2007, 1651. Aber auch → „Arbeitsrecht".

Unbezifferter Antrag: Soweit er zB nach § 253 zulässig ist, darf das Gericht die vom Kläger genannte Mindestsumme überschreiten. Es darf nach → Rn. 11 ebenso auch die von ihm genannte Größenordnung in einem gewissen Umfang nach § 253 überschreiten, BGH VersR 1996, 990 (zust. Frahm VersR 1996, 1212); Fenn ZZP 89, 134; MüKoZPO/Musielak Rn. 14; aM Röttger NJW 1994, 369 (aber diese Befugnis ist nur eine zwingende Folge der Zulässigkeit eingrenzbarer unbezifferter Antragstellung). Manche begrenzen die Überschreitung auf 20 %, Düss NJW-RR 1995, 955, andere lassen 50 % und mehr zu, Brdb VersR 2000, 490.

Unterhalt: Da ein Elementar- und ein Altersvorsorgeunterhalt zu demselben Anspruch gehören, darf das Gericht die Mitteilung anders vornehmen, vgl. § 113 I 2 FamFG, (zum alten Recht) Hamm FamRZ 1999, 443. Eine Zuvielforderung für den Zeitraum A lässt sich nicht wegen einer Zuwenigforderung für den Zeitraum B ausgleichen, BGH NJW 2016, 324.

Unanwendbar sein kann I bei einer Änderung von Amts wegen, AG Ludwigslust FamRZ 2017, 60.

Unterlassung. Dazu Backsmeier, Das „minus" beim unterlassungsrechtlichen Globalantrag, 2000. Beim Unterlassungsurteil ist gegenüber einer Erstreckung des Tenors auf den „Kern" nach § 253 mangels eines präzisen Antrags eine Zurückhaltung ratsam, BGH NJW 2007, 2777; Hmb MDR 2016, 178; Schubert ZZP 85, 51. Eine bloße Ergänzung kann statthaft sein, BGH GRUR 2017, 208 (–?–). Der Wegfall einer vorinstanzlichen Umfangsbeschränkung kann aber gegen I verstoßen, BGH GRUR 2016, 214.

Das Gericht darf aber **nicht** statt des vom Kläger bezeichneten Klagegrunds einen ganz anderen heranziehen, BGH GRUR 2018, 539. Auch → „Verbot".

Vaterschaft: Keine Bindung des Gerichts liegt vor bei § 182 FamFG (Abweisung des verneinenden Vaterschaftsfeststellungsantrags).

Verbot: Das Gericht darf ein beantragtes Verbot eingeschränkt aussprechen.

Das Gericht darf **nicht** zu einer zeitlichen Einschränkung zB eines Flugbetriebs statt zur begehrten Unterlassung zu starken Lärms verurteilen, BGH NJW 1977, 1920. Es darf auch nach → Rn. 9 nicht statt der Unterlassung einer Lautstärke erst von mehr als 40 dbA zu einer solchen schon von mehr als 35 dbA verurteilen, LG Freibg WuM 2002, 95. Man darf aber seine Verurteilung nach → Vor § 128 Rn. 60, 60 auslegen, BGH WM 1993, 1479.

Versäumnis: Das Gericht darf nach → § 331 Rn. 37 auch beim bloßen Versäumnisantrag des Klägers durch ein sog. unechtes Versäumnisurteil entscheiden. Liegt in Wahrheit gar keine Säumnis nach §§ 330 ff. vor, darf das Gericht trotz eines irrigen bloßen Säumnisantrags streitig entscheiden, BAG MDR 2007, 1026. Im Kleinverfahren darf das Gericht nach § 495a trotz eines bloßen Antrags auf ein Versäumnisurteil durch ein die Instanz beendendes Urteil entscheiden. Es sollte ein solches Urteil eindeutig so bezeichnen und nach § 313a I 2 Hs. 2 begründen.

Verurteilung des Klägers: Das Gericht darf den Kläger **nicht** ohne eine Widerklage oder einen Zwischenantrag des Bekl. zB nach § 280 verurteilen.

Vollstreckbarkeit: Das Gericht muss nach § 139 stets von Amts wegen auf die Frage der Vollstreckbarkeit des Urteils nach §§ 704 ff. achten, Meyer NJW 2003, 2888. Es muss von Amts wegen über die vorläufige Vollstreckbarkeit nach §§ 708 ff. befinden. Ein etwa notwendiger Vorbehalt einer behördlichen Genehmigung steckt im nachbarrechtlichen Hauptantrag, BGH NZM 2005, 319.

Vollstreckungsschaden: Das Gericht darf **nicht** ohne einen Antrag nach § 717 II entscheiden.

Vorbehalt: Das Gericht darf ein bloßes Vorbehaltsurteil nach §§ 302, 599 statt eines endgültigen erlassen, Ffm FamRZ 1990, 50. Es darf wegen der Besonderheiten im Patent- und Wettbewerbsprozess auch ohne einen Antrag dem Schuldner wahlweise vorbehalten, dass der Gläubiger die für die Berechnung des Schadens maßgebenden Umstände einer Vertrauensperson mitteilen müsse, BGH GRUR 1978, 53. Aber auch → Rn. 22 „Aufrechnung".

Vorschuss: Das Gericht darf **nicht** statt des begehrten Schadensersatzes einen Kostenvorschuss zusprechen, Köln MDR 2002, 717, und umgekehrt, Düss NJW 2014, 2802; aM Düss BauR 2017, 1719.

Währungswechsel: Das Gericht darf nach → § 264 Rn. 9 „Auswechslung von Währungen" **nicht** eine Zahlung statt in der ursprünglich begehrten Währung nun in einer anderen ausurteilen, BGH IPRax 1994, 366.

Widerruf: Zum Problem allzu präziser Widerrufsanträge Ritter ZZP 84, 168.

Wiederherstellung: → „Geldersatz".

Wohnungseigentum: I gilt nach → Rn. 9 (jetzt) auch im WEG-Verfahren.

Zinsen: I gilt auch für sie, → Rn. 11.

Zug um Zug: Das Gericht darf Zug um Zug statt unbedingt verurteilen, BGH 117, 3.

Zustimmung: Das Gericht darf eine Zustimmung zu einem geringeren Betrag anordnen, Saarbr MDR 2010, 636. **Nicht** darf das Gericht zur Zustimmung zu einer Grundbuchberichtigung statt zur Rückübertragung verurteilen, Köln NJW-RR 1995, 1536.

Zwangsgeld: Statt Androhung ist sogleich Verhängung statthaft, Köln NJW-RR 1995, 1406.

Zwangsvollstreckung: → „Duldung".

25 **VII. Verstoß, I.** Ein Verstoß gegen I betrifft nicht die Form, sondern den Inhalt des Prozessrechts. Er ist daher nach § 295 II unheilbar.

26 **1. Beachtung von Amts wegen.** Das Gericht muss einen Verstoß gegen I von Amts wegen in jeder Lage des Verfahrens beachten, BGH NJW-RR 1989, 1087; BAG NZA 2017, 526; Saarbr NZG 2017, 1185. Hat das Erstgericht mehr als beantragt zugesprochen, genügt ausnahmsweise zur Aufrechterhaltung eine auch nur hilfsweise Übernahme in den Berufungsantrag nach § 520 III 2 Nr. 1, BGH NJW 1999, 61, oder in den Antrag auf die Zurückweisung der Berufung, BGH NJW 2006, 1062; Mü NJW-RR 2002, 1340; Rostock WuM 2002, 675. Das gilt auch ohne eine Anschlussberufung nach § 524, BGH NJW 1979, 2250; LG Kaisersl NJW 1975, 1037. Etwas anders gilt bei einem Antrag auf die Zurückweisung der Revision, BGH WM 1980, 344; BAG DB 1975, 892, und bei einer Stufenklage nach § 254. Man muss einen Verstoß mangels erstinstanzlicher Beseitigung durch das nach §§ 511 ff., 542 ff., 567 ff. jeweils **zulässige Rechtsmittel** geltend machen, Ffm FamRZ 1994, 835; Hamm MDR 1985, 241.

27 **2. Folgen des Verstoßes.** Der Verstoß führt – sofern **keine Heilung** in Betracht kommt (s. u.) – zur Anfechtbarkeit, BGH NJW 2019, 2166; BAG NZA-RR 2014, 218, – aber nicht zur Nichtigkeit – und auf Antrag grundsätzlich zur Zurückverweisung nach § 538 II 1 Nr. 1, Kblz MDR 2002, 415; Köln MDR 2002, 717. Das mag nicht möglich sein, soweit es gegen das Urteil nach → Vor § 322 Rn. 20 kein Rechtsmittel gibt. Dann ist eine Verfassungsbeschwerde zulässig, Art. 2 I, 20 III GG (Rpfl.); BVerfGE 101, 404, Art. 103 I GG (Richter); BGH VersR 2017, 1294; Schneider MDR 1979, 620 und auch eine Gehörsrüge, **§ 321a** (vgl. Musielak/Voit/Musielak Rn. 22). Eine Zurückverweisung kann aber dann unterbleiben, wenn das Revisionsgericht aufgrund des unstreitigen Sachverhalts abschließend entscheiden kann, BAG NZA 2017, 527. Bei einem nur versehentlichen Verstoß kommt eine Urteilsergänzung entsprechend § 321 in Betracht, Klette ZZP 82, 93; Zöller/Vollkommer Rn. 6; aM MüKoZPO/Musielak § 321 Rn. 7 (aber schon die Prozesswirtschaftlichkeit macht solche Lösung vertretbar). Das Gericht muss Gerichtskosten dann evtl. nach § 21 GKG, § 20 FamGKG wegen unrichtiger Sachbehandlung niederschlagen. Wert: Maßgeblich ist der Antrag, nicht die Entscheidung.

28 **Heilung** des Verstoßes ist allerdings dann möglich, wenn sich der Kläger in der Berufungsinstanz das Ersturteil durch den Antrag auf Zurückweisung der Berufung zu eigen macht, BAG NJW 2015, 1550, oder wenn der Gegner eine Antragserweiterung im Weg einer Anschlussbeschwerde nach → § 567 Rn. 19 vornimmt, Hamm FamRZ 2016, 1927.

29 **VIII. Prozesskosten, II. 1. Grundsatz: Entscheidung von Amts wegen.** Über die **Kostenpflicht** darf und muss meist das Gericht wegen des öffentlichen Interesses an einer gerechten Kostenverteilung im Rahmen seiner Kostengrundentscheidung grundsätzlich von Amts wegen unabhängig von den Parteianträgen erkennen, BGH NJW-RR 1995, 1211; Musielak FS Schwab, 1990, 349 (356); Schneider MDR 1997, 706 (Teilkostenentscheidung). Das Gericht hat auch bei einer übereinstimmenden Erledigungserklärung nach § 91a über die Kosten zu entscheiden, sofern die Parteien nicht ausdrücklich darauf verzichten, eine Kostenentscheidung zu erlassen, was sogar die Gerichtskosten mindern würde (KV 1211 Nr. 4 GKG). Auch die Kosten des obligatorischen Güteverfahrens nach § 15a EGZPO sind Teil der Prozesskosten und auch bei einer Gerichtskostenfreiheit, OVG Kblz Rpfleger 1983, 124, im Urkundenprozess nach §§ 592 ff., Karlsr OLGZ 1986, 125, und bei einer Prozesskostenhilfe nach §§ 114 ff., auch im Rechtsmittelverfahren unabhängig vom Verbot der „reformatio in peius" BGH NJW 1993, 1260. Die Kosten eines **selbständigen Beweisverfahrens** (§§ 485 ff.) sind auch Teil der Kosten des Rechtsstreits (vgl. Musielak/Voit/Musielak Rn. 24). Insgesamt kann ein Parteiantrag eine sinnvolle Anregung sein. Es kann nach → Rn. 32 eine Schlechterstellung eintreten. Das gilt auch bei → § 91a Rn. 47, oder im Patenterteilungsverfahren nach § 99 I PatG, BGHZ 92, 139. Etwas anderes gilt nur bei §§ 269 III 2, IV, 516 III 2, 565 (bloße Feststellungen). Soweit § 98 eingreift, ergeht nur bei einem nachträglichen Streit oder Antrag ein Beschluss, der die gesetzliche Kostenfolge bestätigt. Eine mündliche Verhandlung ist nach § 128 IV unnötig. Das **Berufungsgericht** kann auch bei eine **Teilberufung** die Kostenentscheidung der ersten Instanz in vollem Umfang nachprüfen, auch soweit sie auf einem rechtskräftig gewordenen Teil des Urteils beruht, um sicherstellen zu können, dass die Kosen im Rahmen einer einheitlichen Kostenentscheidung insgesamt richtig verteilt werden. Insoweit gilt insbesondere das Verbot der reformatio in peius nicht, BGH NJW 1993, 1260. Dies wäre sogar in Bezug auf einen ausgeschiedenen Streitgenossen möglich, BGH NJW 1981, 2360 = BeckRS 1981, 631 (vgl. → § 91a Rn. 179).

30 Das Gericht muss stets nach § 139 von Amts wegen auf die Vollstreckbarkeit des Urteils nach §§ 704 ff. achten, Meyer NJW 2003, 2888.

31 **2. Ausnahmen.** Das Gericht braucht trotz II nicht stets über die Kosten von Amts wegen entscheiden. Das gilt zB dann, wenn das stets erforderliche Rechtsschutzbedürfnis fehlt, etwa deshalb, weil überhaupt keine Kosten entstanden sein können. Es gilt ferner zB bei einer Zurückverweisung nach §§ 538, 561 oder bei einem Prozessvergleich nach § 98 oder überhaupt insoweit, als die Kostenfolge ohnehin kraft Gesetzes eintritt, Musielak FS Schwab, 1990, 349 (357); aM Köln JurBüro 1983, 1882 (aber II gilt uneingeschränkt), und soweit die Partei nicht einen Anspruch auf einen nur klarstellenden entsprechenden Ausspruch erhebt wie etwa bei § 269 III 2, IV, ferner zB bei § 308a. Auch der Kostenfestsetzungsantrag nach § 103 II fällt nach → Rn. 7 unter I, nicht II. Im Übrigen ist die Kostenfestsetzung nur im Rahmen eines Rechtsbehelfs überprüfbar, Mü MDR 2000, 666. Das Revisionsgericht darf die Kostenentscheidung des Berufungsgerichts dann nicht ändern, wenn es die Beschwerde gegen die Nichtzulassung der Revision nach § 544 IV 1, V 3 zurückweist, BGH NJW 2004, 2598.

32 **3. Verstoß, II.** Man muss einen Verstoß in jeder Instanz von Amts wegen beachten, BGH NJW-RR 1998, 331, Saarbr NZG 2017, 1185. Es kann auch ein Verstoß gegen Art. 103 I GG sein, BGH MDR 2017, 1076. Sofern nicht die obligatorische Kostenentscheidung fehlt, enthält das Urteil eine Lücke, die durch Ergänzung des Urteils nach § 321 geschlossen werden kann. Dabei sind die formellen Voraussetzungen nach § 321a II zu beachten.

33 Sollte das Gericht fehlerhaft bewusst auf eine Kostenentscheidung verzichtet haben, liegen die Voraussetzungen nach § 321 nicht vor, so dass die Kostenentscheidung im Rahmen eines Rechtsmittels nachgeholt werden kann. § 99 I *würde einer isolierten* Anfechtung nicht entgegenstehen, da bisher überhaupt noch keine Kostenendscheidung getroffen worden ist (Musielak/Voit/Musielak Rn. 27).

34 **IX. Rechtsmittel, I, II.** Rechtsbehelfsbelehrung, Verstoß: §§ 232, 233 S. 2. Gegen einen Verstoß hat der Betroffene die sofortige Beschwerde. §§ 269 III–V, 567 I Nr. 1 gelten entsprechend. In der Rechtsmittelinstanz

unterliegt die Kostenentscheidung nicht dem Verbot der nachteiligen Änderung nach → § 528 Rn. 9, → § 557 Rn. 4, → § 572 Rn. 29, BGH NJW 2010, 2725; BAG BB 1975, 231; KG WuM 2009, 409 und 410. Das gilt aber nur dann, wenn das Rechtsmittel zulässig ist. Eine Rechtsbeschwerde kommt unter den Voraussetzungen des § 574 in Betracht. Beim unzulässigen Rechtsmittel darf das Rechtsmittelgericht die Kostenentscheidung des Erstgerichts gar nicht prüfen. Insbesondere hier kommt eine Gehörsrüge nach § 321a in Betracht. Hat das Gericht Kosten übergangen, ist § 321 anwendbar, Celle JurBüro 1976, 1255. Es gibt keinen anderen Rechtsbehelf und nach dem Ablauf der Frist zum Ergänzungsantrag keine besondere Klage. Beim Rpfl. gilt nach → § 104 Rn. 48 ff. der § 11 RPflG.

X. Verfassungsbeschwerde, I, II. Nach dem Eintritt der Rechtskraft bleibt nur, wie auch sonst, eine Gehörsrüge, § 321a bzw. eine Verfassungsbeschwerde, denkbar. 35

308a *Entscheidung ohne Antrag in Mietsachen.* **I [1]Erachtet das Gericht in einer Streitigkeit zwischen dem Vermieter und dem Mieter oder dem Mieter und dem Untermieter wegen Räumung von Wohnraum den Räumungsanspruch für unbegründet, weil der Mieter nach den §§ 574 bis 574b des Bürgerlichen Gesetzbuchs eine Fortsetzung des Mietverhältnisses verlangen kann, so hat es in dem Urteil auch ohne Antrag auszusprechen, für welche Dauer und unter welchen Änderungen der Vertragsbedingungen das Mietverhältnis fortgesetzt wird. [2]Vor dem Ausspruch sind die Parteien zu hören.**

II Der Ausspruch ist selbständig anfechtbar.

I. Systematik/Regelungszweck, I, II. Es handelt sich um eine vom Grundsatz des § 308 I abweichende und daher eng auslegbare vorrangige **Sondervorschrift,** Musielak FS Schwab, 1990, 358. Der Dispositionsgrundsatz und die hiermit verbundene Parteiherrschaft wird dadurch eingeschränkt, dass das Gericht auch ohne Antrag die Bedingungen für die Fortsetzung eines Wohnraummietverhältnisses nach §§ 574 bis 574b BGB im Urteil aussprechen kann. § 308a dient dazu, um die auf sozialen Erwägungen beruhenden Regelungen des materiellen Mietrechts in der Praxis prozessual durchsetzen zu können (MüKoZPO/Musielak Rn. 1). Besteht ein Anspruch auf Vertragsfortsetzung nach §§ 574, 574a BGB, so ist ein solcher Anspruch **von Amts wegen** zu tenorieren (BGH, WuM 2021, 451). 1

II. Voraussetzungen, I, II. Vorausgesetzt wird zunächst eine rechtshängige Streitigkeit aus dem Bereich der **Wohnraummiete** entsprechend § 23 Nr. 2a) GVG in einem speziellen Sonderfall, nämlich zwischen Vermieter und Mieter oder zwischen Mieter und Untermieter über **Räumung von Wohnraum.** Hiervon ist auch eine mögliche Widerklage umfasst, BGH NZM 2017, 23. Unerheblich ist, ob neben dem Räumungsanspruch von Wohnraum auch nach den Grundsätzen der objektiven Klagehäufung noch weitere Ansprüche geltend gemacht werden. Soweit weitere Ansprüche geltend gemacht werden, betrifft die Vorschrift jeweils den Räumungsanspruch. 2

Der Mieter bzw. Untermieter muss einen Anspruch darauf haben, dass das Mietverhältnis aus Härtegründen nach **§§ 574 bis 574b BGB** fortgesetzt werden kann. Dies ist nach der sog. **„Sozialklausel"** des § 574 BGB insbesondere dann der Fall, wenn die **Räumung** des Wohnraumes für den Mieter/Untermieter, seine Familie oder anderen Angehörigen des Haushaltes trotz der (berechtigten) ordentlichen Kündigung bei einer Gesamtabwägung auch unter Würdigung der berechtigten Interessen des Vermieters des betroffenen Mietverhältnisses eine **nicht zu rechtfertigende Härte** bedeuten würde (LG Berlin MDR 2019, 661; LG Bln ZMR 2010, 962 (abl. Häublein), LG Mü WuM 2001, 561). 3

Der geltend gemachte Räumungsanspruch darf aufgrund dieses **Fortsetzungsanspruchs** aus **§§ 574 bis 574b BGB keinen Erfolg** haben. Es muss also eine an sich berechtigte ordentliche Kündigung des jeweils betroffenen Vermieters – entweder an den Mieter, oder im Untermietverhältnis zwischen Mieter und Untermieter – vorliegen (LG Mü WuM 2001, 561). Ist das Mietverhältnis auf bestimmte Zeit nach §§ 574 bis 574b BGB fortgesetzt worden, und liegt im Anschluss eine wesentliche Änderung der Umstände vor, so kann der Mieter/Untermieter eine weitere Fortsetzung des Mietverhältnisses nach § 574c BGB verlangen. Zwar erfasst der Wortlaut des § 308a den Fall des § 574c BGB nicht und § 308a ist als Sondervorschrift vom Ausgangspunkt eng auszulegen. § 574c BGB nimmt jedoch die inhaltliche Regelung der §§ 574–574b BGB auf und regelt einen vergleichbaren Sachverhalt. Wie auch bei den §§ 574 bis 574b BGB stellt sich bei § 574c BGB ebenfalls die Frage der prozessualen Umsetzung. Aus diesem Grunde ist § 308a auch im Fall von **§ 574c BGB analog** anwendbar (MüKoZPO/Musielak Rn. 2). 4

§ 308a gilt jedoch nicht bei **§ 575a II BGB,** LG Bln MDR 1999, 1436; AG Hmb WuM 2088, 364. 5

Welche besondere Bedeutung der Gesetzgeber dem Mietverhältnis als Dauerschuldverhältnis – und vor allem der Wohnraummiete für den gesellschaftlichen Zusammenhalt bemisst – kann man auch an der durch die **„Corona-Pandemie"** veranlasste Änderung des Art. 240 § 2 EGBGB entnehmen, wonach eine Kündigung die darauf beruht, dass man wegen der „Corona-Pandemie" den Mietzins im Zeitraum vom 1.4.2020 bis zum 30.6.2020 (anwendbar bis 30.6.2022) nicht mehr zahlen kann, unwirksam ist. 6

III. Fortsetzung des Mietverhältnisses, I. Die Dauer der Fortsetzung ist nach dem materiellen Mietrecht des § 574 BGB auf den Zeitraum begrenzt, wie dies unter Berücksichtigung aller Umstände angemessen ist. Sind die bisherigen Vertragsbedingungen für den Vermieter für den Zeitraum der Fortsetzung des Mietverhältnisses nicht mehr zuzumuten, so ist das Mietverhältnis nur unter einer angemessenen Änderung der Bedingungen fortgesetzt werden. Kommt keine Einigung zustande, so werden die Fortsetzung des Mietverhältnisses, deren Dauer sowie die Bedingungen, zu denen es fortgesetzt wird, durch Urteil bestimmt (§ 574a II 1 BGB). 7

§ 308a zwingt das Gericht von Amts wegen zu einer Entscheidung, also ohne die Notwendigkeit eines Antrags, AG Brem NZM 2017, 807; AG/LG Freibg WuM 1993, 402; AG Friedberg WuM 1993, 675. Das gilt bei einer Abweisung der Räumungsklage unabhängig davon, ob der Mieter eine Fortsetzung des Mietverhältnisses verlangt **hat.** Es genügt vielmehr nach I 1, dass er sie fordern **kann.** Das Gericht hat bei dem Ausspruch insbesondere auch den Willen des Mieters zu berücksichtigen und diesen entsprechend I 2 nach § 139 zu erforschen. Entsprechend dem allgemeinen Grundsatz des § 308 ist dem Antragsteller auch nichts zuzusprechen, an dem er überhaupt kein Interesse hat oder eine Fortsetzung des Mietverhältnisses nur für einen eingeschränkten Zeitraum wünscht. Dieses Begehr des Mieters ist bei der Entscheidung zu berücksichtigen (MüKoZPO/Musielak Rn. 3). 8

9 Die Entscheidung ergeht in der **Urteilsformel,** § 313 I Nr. 4 rechtsgestaltend darüber, wie lange, am praktischsten: bis zu welchem (konkretem) Datum und unter welchen Bedingungen das Mietverhältnis fortbestehen soll. Das Gericht hat unter Berücksichtigung der Interessen beider Parteien einen weiten **Ermessensraum,** BGH NJW 2017, 1476, vgl. AG Berlin-Mitte Grundeigentum 2021, 1494. Das Gericht muss die Fortsetzungsbedingungen und einen bestimmten Endzeitpunkt nennen. Es darf nicht etwa eine Fortsetzung auf unbestimmte Zeit aussprechen, da andernfalls der an sich bestehende materiell-rechtliche Räumungsanspruch vollständig entwertet würde. Auch eine Mieterhöhung kommt in Betracht, LG Aurich WuM 1992, 610; LG Heidelb WuM 1994, 682. Das gilt aber nur dann, wenn der Vermieter sie nur durch eine Kündigung durchsetzen könnte, AG Heidenheim WuM 1992, 436.

10 **IV. Verfahren, I.** Beiden Parteien muss das Gericht dazu nach I 2 das rechtliche Gehör nach Art. 103 I GG geben. Es muss einen Termin nach § 216 unverzüglich wie bei § 121 I 1 BGB bestimmen, und zwar nach § 227 III 2 Hs. 1 Nr. 2 auch für die Zit vom 1. 7. bis 31. 8. ohne eine spätere Verlegungsmöglichkeit. Ein Versäumnisurteil nach § 331 ist gegen den Bekl. unzulässig, soweit die vom Kläger genannten Tatsachen (im Zweifel) einen Fortsetzungsanspruch des Bekl. nicht ergeben. Das Gericht ermittelt sie aber nicht etwa von Amts wegen. Der Kläger kann aber auch für den Fall der Abweisung seiner Räumungsklage aus §§ 574–574b BGB hilfsweise beantragen, dass das Mietverhältnis nicht länger als bis zum … fortgesetzt werde. Die Klärung der in einem solchen Mietstreit ohnehin erforderlichen Verhältnisse muss sich auch darauf erstrecken. Das Gericht wirkt bei der Erörterung der Sache nach § 139 darauf hin, dass die Parteien zweckentsprechende Anträge stellen. Eine Entscheidung nach I ist auch im **Versäumnisverfahren** nach den Grundsätzen der Schlüssigkeitsprüfung möglich. Der Bekl. kann auch eine Widerklage, AG Brem NZM 2017, 807. Diese liegt im Zweifel aber nicht vor. Ein Zwischenantrag entsprechend §§ 302 IV, 717 III 2 ist zulässig. Die vorläufige Vollstreckbarkeit der Entscheidung richtet sich nach §§ 708 Nr. 7, 711. Rechtsbehelfsbelehrung, Verstoß: §§ 232, 233 S. 2.

11 Unter den Voraussetzungen einer offensichtlichen Unrichtigkeit kommt eine Berichtigung nach **§ 319** in Betracht. **§§ 320, 321 sind ebenfalls anwendbar,** was insbesondere dann von Bedeutung ist, wenn das Gericht irrtümlich über die Fortsetzung des Mietverhältnisses nicht entschieden, obwohl die Voraussetzungen dafür erfüllt gewesen sind. Dies setzt einen Antrag nach § 321 II voraus (MüKoZPO/Musielak Rn. 5). **§ 721** bleibt daneben **anwendbar** und steht einer Anwendung nach I nicht entgegen, denn die Voraussetzungen und Rechtswirkungen beider Entscheidungen sind unterschiedlich (MüKoZPO/Musielak Rn. 2).

12 **V. Kostenfolgen, I.** Kostenrechtlich findet nach § 16 III, IV GKG keine Zusammenrechnung der Ansprüche auf eine Räumung und auf eine Fortsetzung des Mietverhältnisses statt. § 93b ist anwendbar, §§ 91, 93 sind nur hilfsweise anwendbar.

13 **VI. Rechtsmittel, II.** Die Entscheidung ergeht in dem den Räumungsanspruch als derzeit noch unbegründet abweisenden Urteil. Auch wenn der Kläger insofern kein volles Rechtsmittel einlegt, kann er den Ausspruch über die Dauer der Fortsetzung des Mietverhältnisses und über die Vertragsbedingungen selbständig mit der Berufung nach §§ 511 ff. anfechten. Das gilt auch für den Bekl. Dabei kommt es nicht darauf an, ob er in erster Instanz mit dem Abweisungsantrag Erfolg hatte und ob er wegen der Mietvertragsfortsetzung Anträge gestellt hat. Denn das Erstgericht musste nach → Rn. 7 über die Dauer und die Bedingungen der Fortsetzung des Mietverhältnisses von Amts wegen entscheiden. Auch das **Berufungsgericht** muss in einer Räumungssache beim Vorliegen der §§ 574–574b BGB den § 308a von Amts wegen beachten.

309 *Erkennende Richter.* **Das Urteil kann nur von denjenigen Richtern gefällt werden, welche der dem Urteil zugrunde liegenden Verhandlung beigewohnt haben.**

Schrifttum: Schmidt, Richterwegfall und Richterwechsel im Zivilprozeß, Diss. Hann 1993; ders., Der Richterwegfall im Tatbestandsberichtigungsverfahren des Zivilprozesses, JR 1993, 457.

1 **I. Systematik.** Die Vorschrift regelt eine wesentliche Frage der Besetzung des Gerichts. Nur diejenigen Richter dürfen die Sachentscheidung nach §§ 192 ff. GVG mitberaten und mittreffen, die bei der für diese Entscheidung maßgeblichen **letzten mündlichen Verhandlung** nach §§ 136 IV, 296a die Richterbank gebildet haben, BGH WuM 2009, 145. Dies unterscheidet sich wesentlich von der Regelung im Strafrecht, wo § 226 StPO, die ununterbrochene Gegenwart der gleichen Richter für alle Hauptverhandlungstage vorsieht.

2 **II. Regelungszweck.** § 309 enthält eine Ausprägung des Gebots des gesetzlichen Richters nach Art. 101 I 2 GG und vor allem des rechtlichen Gehörs nach Art. 103 GG, BVerfG NJW 2019, 2919; NJW 2008, 2243, Stgt ZZP 68, 94, und stärkt den Grundsatz der Unmittelbarkeit der Verhandlung sowie der Mündlichkeit der Verhandlung sowie gleichgestellter Verhandlungsformen, § 128a, Köln NJW 1977, 1159.

3 **III. Geltungsbereich.** Wegen des Regelungszwecks ist die Vorschrift zwar in allen Verfahren mit einer tatsächlich stattgefundenen **mündlichen Verhandlung** nach § 128 I ZPO sowie gleichgestellter Verhandlungsformen wie nach § 128a und in jeder Instanz anwendbar, auch bei § 320 IV 2, 3, auch im WEG-Verfahren und für einen Beschluss im Bereich § 113 I 2 FamFG, soweit eine Verhandlung stattfand. Vorher von anderen Richtern ordnungsgemäß gefasste Beschlüsse bleiben wirksam. § 309 gilt nicht für eine Entscheidung durch Beschluss, die nicht aufgrund, sondern lediglich nach (fakultativer) mündlicher Verhandlung ergeht, OLG Hamm, 28.3.2022 – 8 U 73/20. Der Einzelrichter nach §§ 348, 348a, 526, 527 muss nach der Übertragung auf ihn die Verhandlung geleitet haben, Köln NJW 1977, 1159. Das Kollegium darf kein Urteil des Einzelrichters (mit)unterschreiben.

4 Über die Beratung und Abstimmung §§ 192 ff. GVG.

5 **IV. Voraussetzungen.** Mit **Richter** sind alle nach § 8 DRiG statusrechtlich genannten Richter gemeint, also alle zur Entscheidungsfindung berufenen Richter auf Lebenszeit, auf Zeit, auf Probe oder kraft Auftrages. Ebenfalls sind die Berufsrichter und die ehrenamtlichen Richter (vgl. **§ 1 DRiG**) erfasst, wie zB die Handelsrichter.

6 **Urteil** ist weit zu verstehen und erfasst nicht nur Endurteile im Sinne von § 300, sondern auch Teilurteile, Zwischenurteile, Vorbehaltsurteile usw. Erfasst sind alle richterliche Entscheidungsformen, die aufgrund einer *mündlichen Verhandlung* ergehen. § 309 will als besondere Ausprägung des rechtlichen Gehörs nach Art. 103 GG sicherstellen, dass diejenigen Richter, die die Entscheidung treffen auch diejenigen sind, die umfassend den Sach- und Streitstoff zur Kenntnis genommen haben. Da bei der mündlichen Verhandlung nach § 129 die teilweise umfangreichen Schriftsätze nur als Bezugnahme gelten und entscheidend ist, was in der mündlichen

Verhandlung erörtert wird, wird deshalb auf die letzte mündliche Verhandlung abgestellt. Auch vorherige Beweisaufnahmen usw. würden in der letzten mündlichen Verhandlung in Bezug genommen werden. Im Unterschied zu § 226 I StPO ist ein Richterwechsel in der gleichen Sache zwar bei unterschiedlichen Terminen der mündlichen Verhandlung möglich; die Richter der letzten mündlichen Verhandlung und die Richter, die letztendlich entscheiden, also die „erkennenden Richter" müssen aber personenidentisch sein.

Soweit es keine mündliche Verhandlung oder eine gleichgestellte Verhandlung (§ 128a) gibt, kann es ein Defizit beim rechtlichen Gehört zwischen Vortrag und Entscheidung nicht geben. Insoweit ist auch nicht auf den Zeitpunkt abzustellen, den die mündliche Verhandlung ersetzt, nach § 128 II 2 wäre dies an sich der Zeitpunkt, bis zu den Schriftsätzen, die zu berücksichtigen sind, eingereicht werden können. Beim schriftlichen Verfahren ist die Vorschrift nicht anwendbar und es kommt auf den Entscheidungszeitpunkt an. Das Gesetz geht davon aus, dass die entscheidenden Richter zum Zeitpunkt der Entscheidung in den Sach- und Streitstand vollständig eingearbeitet sind. § 309 ist dementsprechend nicht nach §§ 128 II, 331 III, 331a, 495a anwendbar, BVerfG NJW 2008, 2243; BGH GRUR 2003, 547; KG FamRZ 2008, 2054; auch nicht auf Beschlüsse nach §§ 329 I, 522 II 2, siehe auch BVerfG NJW 2004, 3696. Im Verfahren nach Aktenlage nach § 251a ist § 309 ebenfalls unanwendbar, ebenso im arbeitsgerichtlichen Verfahren, BAG MDR 2003, 48, und im FamFG-Verfahren, sofern dort keine mündliche Verhandlung erfolgte, Düss WuM 2001, 620. 7

Die Frage, wann ein Urteil „gefällt" worden ist, ist davon zu unterscheiden, wann ein Urteil gefällt worden ist. **„Gefällt" ist ein Urteil,** wenn alle an der Entscheidungsfindung zu beteiligten Richter über die Entscheidung nach ihren Vorstellungen abschließend beraten und abgestimmt haben, die Beratung und die darauf erfolgte Entscheidungsfindung als abschließend und endgültig verstanden haben, also davon ausgegangen sind, dass ein weiterer Beratungsbedarf nicht mehr entstehen wird OLG Hamm, 28.3.2022, 8 U 73/20. Das Urteil ist insoweit bereits gefällt, wenn die Richter hierüber mündlich beraten und abgestimmt haben. Damit das Urteil „gefällt" ist, ist es nicht erforderlich, die Urteilsformel schriftlich niederzulegen. 8

1. Richterwechsel nach einer bereits erfolgten Beweisaufnahme. Zwar gehen §§ 273, 279 von einem umfassend vorbereiteten Haupttermin aus. Trotzdem ist es denkbar und in der Praxis nicht selten, dass es mehre mündliche Verhandlungstermine gibt und auch eine Beweisaufnahme an verschiedenen mündlichen Verhandlungsterminen erfolgt. Da § 309 nur auf die letzte mündliche Verhandlung abstellt, also die mündlichen Schlussverhandlung ist es denkbar, dass an der letzten mündlichen Verhandlung Richter mitwirken, die an der vorherigen Beweisaufnahme nicht mitgewirkt haben. Dies ist zunächst unbedenklich, wie sich auch aus der Wertung des § 285 II, der ausdrücklich darauf Bezug nimmt, dass die Beweisaufnahme nicht vor dem erkennenden Gericht erfolgt, so zB durch den beauftragten oder ersuchten Richter (vgl. auch (vgl. auch BGH ZIP 2016, 2410; Hamm MDR 1993, 1235). Im Regelfall ist es mithin nicht erforderlich, die Beweisaufnahme zu wiederholen, wenn die Besetzung des Gerichts sich ändert, nachdem die Beweisaufnahme durchgeführt worden ist. Das Gericht kann eine Beweiswürdigung auch dann vornehmen, wenn es die Beweisaufnahme nicht selbst durchgeführt hat. Wie bereits ausgeführt ist hier ein wesentlicher Unterschied zu § 226 StPO erkennbar. Die Protokolle der Vernehmungen (§§ 159 ff.) von früheren Zeugenaussagen können im Wege des Urkundenbeweises in entsprechender Anwendung von § 285 II verwertet werden. Nicht aktenkundige Eindrücke können aber nicht verwertet werden, BVerfG NJW 2008, 2244; BGH NJW 1997, 1586; Hamm MDR 2007, 1153, auch keinen ungenügend protokollierten Augenschein nach § 371, BGH VersR 1992, 884. 9

Die Beweisaufnahme ist zu **wiederholen,** wenn sich bei der Übertragung der Beweisaufnahme auf den beauftragten Richter nach § 375 Ia die ursprüngliche Annahme nicht bewahrheitet hat und ein unmittelbarer Eindruck des gesamten Spruchkörpers für die Beweiswürdigung erforderlich ist BGH BeckRS 2017, 126351. 10

Die Beweisaufnahme ist auch dann zu **wiederholen,** wenn für die Beurteilung der **Glaubhaftigkeit,** die sich auf die Aussagemerkmale bezieht, nicht der sachliche Inhalts einer Zeugenaussage allein, sondern der unmittelbare Eindruck des Zeugen maßgeblich ist, siehe auch BGH NJW 2018, 1261; NJW 2017, 1313; GRUR 2012, 895; OLG Düsseldorf GRUR 2018, 1037. Dies kann insbesondere dann der Fall sein, wenn die „Nullhypothese" – also der Ausgangspunkt, dass die Aussage unwahr ist – nicht durch bloße Verschriftlichung widerlegt werden kann, sondern stattdessen auch aufgrund von Kriterien der Verhaltensanalyse davon ausgegangen werden soll, dass die Bekundungen unwahr sind, wenn zB als „Warnsymptome" darauf abgestellt werden soll, dass der Zeuge besonders nervös ist, einen „roten" Kopf bekommt, schnell atmet, einen erhöhten Puls hat, auffällig Blickkontakt vermeidet oder sonstige verräterische Gesten macht, wie sich häufig mit den Händen ins Gesicht zu fassen, vermehrte seitliche Körperbewegungen, die Hände auffällig bewegt, Blickkontakt zu einer Partei sucht usw. Bezogen auf den Inhalt der Aussage wäre weiter zu nennen, zB sprachliche Versprecher („Freud'sche Versprecher"), Zurückhaltung bei bestimmten Teilen der Aussage, Detailarmut, Unterwürfigkeit oder gerade das Gegenteil beim Auftreten vor Gericht, eine Belastungstendenz und eine Zielorientiertheit bei der Aussage – zT bei der Beantwortung von gar nicht gestellten Fragen – Widersprüche bei der Aussage, pauschale Beantwortungen der Frage, Vorwegverteidigung bzw. ein übertriebene Empörung usw. 11

Entsprechendes trifft auf die Beurteilung der **Glaubwürdigkeit** im engeren Sinne, die sich nach bisheriger Lehre auf die Person und damit auf Persönlichkeitsmerkmale bezieht, zu. Die Glaubwürdigkeit ist jedoch im Hinblick auf die Wertung des Art. 3 GG nur noch in Ausnahmefällen maßgeblich. Es kann nämlich nicht darauf abgestellt werden, dass Persönlichkeiten mit vermeintlich einwandfreiem Leumund wie zB Pfarrer, Ärzte, Polizisten, Feuerwehrleute etc. mehr geglaubt wird, als anderen Personen. Die Beurteilung der Glaubwürdigkeit ieS kann nur noch dann maßgeblich sein, wenn dies mit der Sache selbst zusammenhängt, zB wenn es bei Banden und Seilschaften oder sonstigen Interessenvertretern Anhaltspunkte für Zeugenabsprachen gibt etc. 12

In Zweifelsfällen hat das Gericht die Beweisaufnahme zu wiederholen (§ 398). Unerheblich ist ein **bloßer Funktionswechsel** im Vorsitz desselben Kollegiums, BAG DB 2002, 2056. 13

2. Wechsel zwischen Schlussverhandlung und Beschlussfassung. Wechselt ein Richter auch nur wegen einer Änderung des Geschäftsverteilungsplans zwischen dem Schluss der mündlichen Verhandlung und vor der abschließenden Beratung und Abstimmung, muss das Gericht die Verhandlung vor dem neuen Richter nach § 156 II Nr. 3 wiedereröffnen, BGH NJW-RR 2012, 509, BAG MDR 2003, 48. Entsprechendes trifft auf Mutterschutz und Elternzeiten zu, soweit hiermit ein Wechsel des Spruchkörpers verbunden ist. Verbleibt der Richter in dem jeweiligen Spruchkörper für diese Zeit, ist die Sache wie mit entspr. Urlaubszeiten vergleichbar. Die „erkennenden Richter" vor denen nach § 128 mündlich verhandelt worden sind und die Richter, die die 14

Entscheidung gefällt haben, müssen dieselben sein (vgl. BVerfG NJW 2019, 2919). Entsprechendes trifft auf § 128 II auf den Zeitpunkt zu, bis zu dem Schriftsätze eingereicht werden können, da dieser Zeitpunkt der letzten mündlichen Verhandlung gleich steht. Andernfalls ist das Gericht nicht ordnungsgemäß besetzt, selbst wenn das Urteil auch von dem mittlerweile ausgeschiedenen Richter unterschrieben worden ist. Dasselbe gilt dann, wenn der Wechsel vor dem Ablauf einer Nachfrist nach § 283 und vor dem Eingang eines nachgelassenen Schriftsatzes eintritt, BGH WM 2015, 1242. Der neue Richter kann dann auch nicht argumentieren, die Sache sei schon nach → § 300 Rn. 21 entscheidungsreif.

15 § 309 gilt nicht für eine Entscheidung durch Beschluss, die nicht auf Grund, sondern nur nach (fakultativ) mündliche Verhandlung ergeht (vgl. BGH BeckRS 2016, 114505; OLG Hamm BeckRS 2022, 5658).

16 **3. Wechsel zwischen Beschlussfassung und Verkündung.** Wechselt ein Richter zwischen der abschließenden Schlussberatung und Abstimmung nach §§ 192 ff. GVG und der Verkündung des Urteils nach § 310, ist § 309 grundsätzlich unanwendbar, aM Kblz VersR 2007, 366. Der neue Richter darf und muss also die bloße Verkündung dann vornehmen, BGH VersR 2002, 1575; Krause MDR 1982, 186. Etwas anderes gilt aber wegen der Unterschriften nach → § 315 Rn. 1 und dann, wenn sich aus einem vor der Verkündung etwa nach § 283 nachgereichten Schriftsatz oder wegen des Ausscheidens zB eines Handelsrichters nach § 105 GVG ein Zwang zur Wiedereröffnung der Verhandlung wegen eines erst jetzt zutage tretenden Verfahrensfehlers aus § 156 II Nr. 3 ergibt, BGH NJW 2002, 1427; BAG NZA-RR 2012, 13.

17 **V. Verstoß.** Ein Verstoß verletzt das Recht auf den **gesetzlichen Richter,** Art. 101 I 2 GG, OLG Hamm, 28.3.2022 – 8 U 73/20, macht das Urteil aber nicht nichtig. Er führt vielmehr auf Antrag evtl. zur Zurückverweisung nach § 538 II 1 Nr. 1, BGH NJW 2000, 2508; Köln NJW 1977, 1159. Er ist ein unbedingter Revisions- und Nichtigkeitsgrund nach §§ 547 Nr. 1, 579 I Nr. 1, BGH NJW 2016, 1083. Ein Verstoß nur des Erstgerichts ist aber in der Revisionsinstanz nur nach § 545 zu beachten, BGH FamRZ 1986, 898. Nach der Erschöpfung des Rechtswegs ist evtl. die Verfassungsbeschwerde nach Art. 101 I 2 GG statthaft, BVerfG NJW 2004, 3696; BGH NJW 2016, 1083. Ein Verstoß unterliegt dem Rügeverlust nach § 295 (OLG Hamm, NJW-RR 2021, 1475).

18 **Kein** Verstoß liegt schon wegen jeder Berichtigung nach § 319 vor, BayObLG 1986, 399.

310 *Termin der Urteilsverkündung.* **I [1]Das Urteil wird in dem Termin, in dem die mündliche Verhandlung geschlossen wird, oder in einem sofort anzuberaumenden Termin verkündet. [2]Dieser wird nur dann über drei Wochen hinaus angesetzt, wenn wichtige Gründe, insbesondere der Umfang oder die Schwierigkeit der Sache, dies erfordern.**

II Wird das Urteil nicht in dem Termin, in dem die mündliche Verhandlung geschlossen wird, verkündet, so muss es bei der Verkündung in vollständiger Form abgefasst sein.

III [1]Bei einem Anerkenntnisurteil und einem Versäumnisurteil, die nach §§ 307, 331 Abs. 3 ohne mündliche Verhandlung ergehen, wird die Verkündung durch die Zustellung des Urteils ersetzt. [2]Dasselbe gilt bei einem Urteil, das den Einspruch gegen ein Versäumnisurteil verwirft (§ 341 Abs. 2).

1 **I. Regelungszweck, I–III.** Die ordnungsmäßige Bekanntgabe des Verkündungstermins ist ein wesentliches und zwingendes Formerfordernis der Urteilsverkündung BGHZ 10, 346. Sie dient insbesondere auch zur Verfahrensbeschleunigung. Das Gericht soll, sobald die Sache für die jeweilige Entscheidungsform entscheidungsreif ist, eine Entscheidung (Urteil) zu erlassen. In Abgrenzung zu § 311 regelt § 310 die Fristen für die Verkündung eines Urteils und unterscheidet sich mit einer eher großzügigeren Regelung zu anderen Verfahrensordnungen, zB im Strafprozess nach §§ 260 I, 268 III StPO oder im Verwaltungsprozess nach § 116 VwGO. Sie hat eine hohe Bedeutung, auch zur Vermeidung aller möglichen Grauzonen im Umfeld des Zustandekommens und der Korrektur der Entscheidung nach §§ 313 ff., die das Gericht nach **§ 318** bindet.

2 Die Regelung ist nach wie vor **zeitgemäß** und genügt den Interessen des Gerichts, eine Entscheidung fällen (zu müssen) und den Interessen der Parteien, nach Entscheidungsreife eine Entscheidung zu erhalten, um sich im Weiteren hierauf einstellen zu können.

3 **II. Geltungsbereich, I–III.** Die Vorschrift gilt in allen Verfahren nach der ZPO, auch im WEG-Verfahren. Sie gilt auch beim Urteil nach § 341 II. Eine Verkündung erfolgt auch im schriftlichen Verfahren nach § 128 II, Ffm MDR 1980, 320, oder bei einem Urteil nach Aktenlage nach § 251a II 2. Beim Anerkenntnis- und Versäumnisurteil gibt es die Besonderheiten aus III, sofern sie ohne mündliche Verhandlung ergehen. § 310 gilt auch im SGG, mit Maßgabe des § 134 SGG und in der VwGO mit Maßgabe des §§ 116, 117 VwGO.

4 **III. Voraussetzungen, I. 1. Urteilsverkündung.** Mit **Urteil** ist nicht nur das Endurteil nach § 300 gemeint, sondern auch jedes andere Urteil, also auch die Teilurteile, Vorbehaltsurteile, Zwischenurteile, Versäumnisurteile, Anerkenntnisurteile oder Verzichtsurteile usw. Als hoheitlicher Staatsakte sind Urteile in öffentlicher Sitzung bekannt zu geben, was das Gesetz als **„Verkündung"** bezeichnet. Die Verkündung stellt ähnlich wie die Verkündung von Gesetzen nach Art. 82 GG ein maßgebliches Wirksamkeitserfordernis dar und ist nach dem Grundsatz der öffentlichen Sitzung nach § 169 GVG auch wesentlich für die Kontrolle des hoheitlichen Staatsaktes durch die Öffentlichkeit. Eine vereinbarte Urteilszustellung kann die notwendige Verkündung nicht ersetzen. Erst die Verkündung bringt das Urteil rechtlich zum Entstehen. Erst mit der Verkündung ist das Urteil nach §§ 309, 318 „gefällt", „erlassen". Bis zur Verkündung bleibt es eine innere Angelegenheit des Gerichts, ist es rechtlich nur ein abänderbarer **Urteilsentwurf,** Brandenburgisches Oberlandesgericht 13.9.2018 – 12 U 164/16, BeckRS 2018, 38078; BGH NJW 2015, 2342 (zust. Kaiser); Brdb FamRZ 2004, 385; Ffm MDR 1990, 63. Die Anwesenheit der Parteien ist dabei nicht erforderlich, vgl. § 312.

5 Die bloße Mitteilung nur eines ProzBev., die Parteien hätten sich verglichen, genügt nicht, um auf die Verkündung zu verzichten.

6 Dabei wird danach unterschieden, ob das Urteil aufgrund einer **mündlichen Verhandlung** ergangen ist (I) oder **ohne *mündliche* Verhandlung** (III). Eine Verhandlung nach § 128a steht dabei einer mündlichen Verhandlung im Sitzungssaal vollständig gleich.

7 **Mündliche Verhandlung** ist dabei abzugrenzen von dem Aufruf zur Sache nach § 220, mit dem der Termin beginnt und der Güteverhandlung nach § 278 II, die der mündlichen Verhandlung zum Zwecke der gütlichen

Beilegung des Rechtsstreits vorausgeht. Die mündliche Verhandlung beginnt dabei nach § 137 I erst damit, indem zumindest eine Partei einen streitigen Sachantrag stellt. Im Rahmen der mündlichen Verhandlung ist der Sach- und Streitstand vollständig zu erörtern (§ 137 II, III). Ggf. ist im Anschluss an den Haupttermin eine nach den Relationsgrundsätzen erforderliche Beweisaufnahme (§ 279 II) (Beweistermin) durchzuführen, die im Anschluss im Rahmen der mündlichen Verhandlung mit den Parteien zu erörtern ist (§ 279 III). Erst wenn die Sache **entscheidungsreif** ist, wird die mündliche Verhandlung nach § 136 IV vom Vorsitzenden **geschlossen** und die Urteile und Beschlüsse verkündet.

Entscheidungsreife bezieht sich dabei auf die jeweilige Entscheidungsform. Ein Teilurteil ist zB nach anderen Kriterien entscheidungsreif als ein Zwischenurteil usw. Insoweit ist für den Schluss der mündlichen Verhandlung und die Verkündung des Urteils jeweils auf die Entscheidungsreife des zu verkündenden Urteils abzustellen. **8**

Die Verkündung kann sich dabei an die mündliche Verhandlung in Anwesenheit aller Mitglieder des nach § 309 erkennenden Spruchkörpers unmittelbar an die Verhandlung und Beratung in öffentlicher Sitzung anschließen („Stuhlurteil"), BGH NJW 2004, 1666; Stgt NJW 1984, 2539. Zulässig ist es auch, durch eine nur vorläufige Unterbrechung der einzelnen Verhandlung einen Beschluss nach § 329 zu verkünden, dass „am Schluss der (gesamten) Sitzung (des gesamten Sitzungstages) eine **Entscheidung** verkündet werden" soll, BGH NJW 2004, 1666. Am Sitzungsschluss kann dann nach einem nochmaligen Aufruf nach § 220 nebst einer Feststellung der Anwesenden zu Protokoll nach § 160 I Nr. 2, 4 und der Fortführung dieser mündlichen Verhandlung ein Urteil oder ein Beschluss, also eine anderweitige Entscheidung, verkündet werden, BGH NJW 2004, 1666. Insofern empfiehlt es sich auch zu verkünden, dass am Schluss der Sitzung „eine Entscheidung" und nicht ein „Urteil" verkündet wird, weil das Gericht dann noch deutlicher macht, dass der Entscheidungsprozess noch offen ist. Selbst wenn aber verkündet werden sollte, am Schluss der Sitzung wird ein „Urteil" verkündet, kann noch ein Beschluss – zB ein Beweisbeschluss, § 358 – verkündet werden, wenn die Beratung ergibt, dass die Sache doch noch nicht entscheidungsreif ist. Auch im umgekehrten Fall müssen die Parteien aber grundsätzlich auch mit der Verkündung eines Urteils rechnen, BGH VersR 1983, 1082. **9**

Aus dem **Protokoll** muss sich eindeutig ergeben, was verkündet worden ist, vgl. BGH NZM 2012, 733; Fischer DRiZ 1994, 97. Vor allem bei einer Entscheidung durch nur einen Richter kann es zweckmäßig sein, ein „Stuhlurteil" zu verkünden, auch um der Frage zu entgehen, ob die mündliche Verhandlung nach §§ 296a 156 wieder zu eröffnen ist. Eine solche Entscheidung dient damit auch der wünschenswerten Prozessbeschleunigung. Es ist aber beim geringsten Zweifel an der Entscheidungsfindung und der Formulierung des Tenors und oft auch bei einer scheinbar eindeutigen Sach- und Rechtslage in Wahrheit riskant. Wenn der Richter nämlich das Urteil schriftlich erst nach der Verkündung fassen kann, können sich Bedenken ergeben, die zu einer mangelhaften Begründung oder unkorrekten „Berichtigung" führen. Bei I genügt die Verkündung des **Tenors,** BGH NZM 2012, 733. **10**

Die Urteilsformel/Tenor muss zum Zeitpunkt der Verkündung schriftlich vorliegen, da sie sonst weder verlesen noch auf sie Bezug genommen werden kann. Hierdurch soll die Gewähr der Richtigkeit erhöht werden und des Weiteren auch sichergestellt werden, dass die verkündete Urteilsformel mit der später im schriftlich abgesetzten Urteil übereinstimmt. Die Urteilsformel (Tenor) braucht nicht gesondert unterschrieben zu sein, sondern ist als Anlage zum Protokoll zu nehmen. **11**

In Betracht kommt aber auch, dass „am Schluss der Sitzung" kein Urteil verkündet wird, sondern ein weiterer Beschluss, wonach ein **Verkündungstermin** – „Termin zur Verkündung einer Entscheidung wird bestimmt am …" nach I 1 Hs. 2 verkündet wird. Dies ermöglicht dem Gericht eine weitere „Überlegungszeit" und bei einem Kollegialorgan eine weitere Beratung nach §§ 192 ff. GVG, ohne dass die Parteien dem zustimmen müssen. **12**

„Sitzung" ist dabei nicht dasselbe wie „Verhandlung" oder gar Verhandlung in dieser Sache. Daher kann das Gericht zB am Ende dieses Verhandlungstags wegen einer Notwendigkeit weiterer Beratung verkünden, dass die „Sitzung" an einem weiteren Tag fortgesetzt werde bzw. die mündliche Verhandlung wieder eröffnet wird. **13**

Nach der Verkündung ist das Urteil nach **§ 318 unabänderlich;** zum Abschluss der Verkündung siehe auch § 311. **14**

Dabei kann die Beachtung der für die Verhandlung und damit auch für die Verkündung der Entscheidung vorgeschriebenen **Förmlichkeiten** nur durch das Protokoll nachgewiesen werden, §§ 160 III Nr. 7, 165, BGH NJW 2007, 3210; OLG Brandenburg 13.9.2018 – 12 U 164/16, BeckRS 2018, 38078. Maßgeblich ist das **Verkündungsprotokoll** OLGR Saarbrücken 2001, 301. Ihr Nachweis ist nur nach § 165 möglich. Der Verkündungs- oder Zustellungsvermerk nach § 315 III beweist die Verkündung alleine nicht. Er kann aber einen Anscheinsbeweis geben. Zulässig ist der Nachweis, dass das Protokoll verloren ist. **15**

Der Grundsatz der **Öffentlichkeit** der Verkündung, von § 310 III abgesehen, richtet sich nach Art. 6 I 1 EMRK § 173 GVG. vgl. §§ 46 II, 60, 80 II ArbGG, BAG NJW 2005, 702, § 84 ArbGG, § 94 I 2 PatG, Schmieder NJW 1977, 1218. Im FamFG-Verfahren gilt § 41 FamFG. **16**

Nur beim Anerkenntnis- oder Versäumnisurteil ohne eine mündliche Verhandlung tritt seine **Zustellung** an **die Stelle der Verkündung** nach **§ 310 III,** BGH VersR 1984, 1193; Unnützer NJW 1978, 986. **17**

2. Verstoß, I. Ob eine ordnungsmäßige Verkündung oder Zustellung vorliegt, muss das höhere Gericht jederzeit von Amts wegen prüfen. Bei einem leichteren Mangel erfolgt die Prüfung allerdings praktisch meist nur aufgrund einer Rüge, BGHZ 61, 370; Düss MDR 1977, 144. Eine Rüge ist allerdings bei einem Verstoß gegen eine unerlässliche Formvorschrift entbehrlich. Das völlige Fehlen einer ordnungsgemäßen Verkündung führt evtl. zunächst zur bloßen Scheinentscheidung, Brdb FamRZ 2004, 385; Ffm NJW-RR 1995, 511; Zweibr FamRZ 1992, 972. Ein Mangel wirkt sich aber dann nicht aus, wenn die **Mindestanforderungen** an eine Verkündung gewahrt sind. Hierzu gehören insbesondere, dass die Verkündung vom Gericht beabsichtigt war, von den Parteien derart verstanden werden durfte und die Parteien von dem Erlass und dem Inhalt der Entscheidung förmlich unterrichtet wurden, BGH FamRZ 2018, 367. Spätestens nach Ablauf der 5-Monats-Frist nach § 517 2. Hs kommt eine mögliche **Heilung** jedoch nicht mehr in Betracht. Die Verkündung kann nämlich alleine durch das Protokoll bewiesen werden (OLG Brandenburg 13.9.2018 – 12 U 164/16, BeckRS 2018, 38078). **18**

§ 310 I 2, II stellen eine bloße **Ordnungsvorschrift** dar und führt nicht dazu, dass die Verkündung – auch nach mehrfacher Verlegung des Verkündungstermins – unwirksam ist BGH VersR 1999, 1384; NJW 1989, 1156; VersR 1988, 2046; OLG Schleswig 23.6.2021 – 5 U 58/21, BeckRS 2021, 18917. **19**

3. Beispiele zur Frage eines Verstoßes, I

20 **Ausfertigung:** Wenn die Geschäftsstelle nach § 317 eine Ausfertigung trotz Verkündungsfehlers erteilt hat, liegt nach → Vor § 300 Rn. 34 äußerlich ein Urteil als Hoheitsakt vor. Wenn dann zusätzlich sogar seine Zustellung erfolgt ist, sind die gewöhnlichen Rechtsmittel nach §§ 511 ff. statthaft und notwendig, BGH NJW 2004, 2020; Ffm NJW-RR 1995, 511; LAG Hamm BB 1998, 275.

Baulandsache: Das Urteil in einer solchen Sache wird zwar von einem besonderen Spruchkörper verkündet. Jedoch ist seine Verkündung durch eine Zivilkammer (Senat) desselben Gerichts als Hoheitsakt nach → Vor § 300 Rn. 34 wirksam.

Bezugnahme: Bei § 311 II 2 erfolgt eine bloße Bezugnahme auf die Urteilsformel nach § 313 I Nr. 4, BGH VersR 1985, 46.

Dienstzimmer: Eine Verkündung auf dem Dienstzimmer kann ausreichen, wenn dies genauso bekannt gemacht wird, wie sonst eine Verkündung im Sitzungssaal.

Einzelrichter: Das Urteil in einer Sache nach §§ 348, 348a, 526, 527 gehört zwar zur Verkündung vor ihn. Die Verkündung durch den Vorsitzenden seines Kollegiums nach **§ 136 IV** gilt aber nur auf eine Rüge als ein Verfahrensverstoß, Düss MDR 1977, 144.

Nachholung: Nach → § 163 Rn. 3 ist die Nachholung einer zunächst fehlenden Protokollierung der Verkündung statthaft. Ein verständiger Richter schickt die Akten einfach zur Nachholung zurück. Überhaupt lässt sich das Fehlen oder der Mangel einer Verkündung grds. nachbessern, BGH NJW 2007, 3210; Ffm NJW-RR 1995, 511; Zweibr FamRZ 1992, 972 (nach 2 ½ Jahren freilich zweifelhaft). Natürlich muss man § 128 II 3 beachten, Ffm FamRZ 1978, 430; Schlesw SchlHA 1979, 21. Die Nachholung ist selbst nach einer Rüge bis zum Urteil der nächsthöheren Instanz möglich.

Keine Öffentlichkeit: Ein Verstoß liegt dann vor, wenn die Verkündung entgegen § 173 I GVG unter Ausschluss der Öffentlichkeit erfolgt (BGH NJW-RR 2018, 128).

Ortstermin: „Keine Öffentlichkeit", soweit er nur als Beweistermin mit Parteiöffentlichkeit bestimmt war (§§ 355, 357) und damit ohne Fortsetzung der mündlichen Verhandlung, § 370.

Unzuständigkeit: Ein Verstoß liegt dann vor, wenn ein nach der Geschäftsverteilung nach §§ 21a–j GVG funktionell unzuständiger Richter eine Verkündung vornimmt, LAG Ffm BB 1988, 568.

Zurückverweisung: Sie kann unter den Voraussetzungen der §§ 538 II 1 Nr. 1, 563 IV erfolgen, Brdb NJW-RR 2002, 356.

Zustellung: Ein Verstoß liegt vor bei einer Zustellung nach §§ 166 ff. statt einer notwendigen Verkündung und umgekehrt, BGH NJW 2004, 2020, Ffm MDR 1980, 320.

21 **4. Besonderer Verkündungstermin.** Das Gericht darf, wie bereits ausgeführt, auch eine Entscheidung in einem besonderen Verkündungstermin verkünden. Es muss ihn sofort anberaumen. Dazu genügt es, am Schluss der Sitzung „weitere Entscheidung am …" zu verkünden. „Sofort" meint zweckmäßig auch: sofort bei der Entscheidungsreife, zB nach dem Ablauf einer Frist nach §§ 379 S. 2, 402. Eine Ladung ist nach § 218 entbehrlich.

22 Das Gericht darf den Verkündungstermin auf grundsätzlich höchstens **drei Wochen** hinausschieben. Damit diese Frist eingehalten werden kann, ist es erforderlich, dass das Gericht bereits vor der mündlichen Verhandlung die Sach- und Rechtslage soweit durchdringt, dass die 3-Wochen-Frist alleine für die Absetzung der Entscheidung benötigt wird und nicht, um sich erst nach der mündlichen Verhandlung in die Sach- und Rechtslage vollständig neu einzuarbeiten. Wenn es nur um das Absetzen der Entscheidung geht, ist die 3-Wochen-Frist hinreichend bemessen. Etwas anderes kann sich aber ergeben, wenn die mündliche Verhandlung zB maßgeblich neue Gesichtspunkte aufweist. Dann würde ein **„wichtiger Grund"** nach I 2 für eine Verlängerung der 3-Wochen-Frist vorliegen. Ein „wichtigem Grund", liegt insbesondere dann vor, wenn der Umfang oder die Schwierigkeit der Sache es erfordern. Trotz restriktiver Auslegung ist Maßstab, in welcher Zeit die Urteilgründe in Anbetracht der Komplexität der Sache abgesetzt werden können. Das Gericht hat insofern aber insbesondere bei einer Überlastung ein pflichtgemäßes Ermessen. Dieses überschreitet es durch einen etwaigen Wegfall einer Rechtsmittelmöglichkeit nicht stets, BVerfG NJW-RR 1993, 253 (keine Willkür bei dargelegten Erwägungen). Diesen Ermessensraum darf natürlich auch keine Dienstaufsicht etwa nach § 26 DRiG, SchlAnh. I, unterlaufen. Ein wegen § 283 erzwungener Verkündungstermin wegen einer Schriftsatzfrist zur Gewährung des notwendigen rechtlichen Gehörs kann in Ausnahmefällen eine Verzögerung nach § 296 bedeuten, Stgt NJW 1984, 2539.

23 Ist das pflichtgemäße Ermessen für die Überschreitung der gesetzlichen Regelfrist von 3 Wochen überschritten, dann ist die mündliche Verhandlung wieder neu zu eröffnen (§ 156).

24 Sofern die Urteilsformel/Tenor nach Schluss der mündlichen Verhandlung verkündet wird, braucht das Urteil zum Zeitpunkt der Verkündung noch nicht in vollständiger Form vorzulegen. Dies wird in der Regel auch nicht möglich sein, da das Gericht andernfalls den Text bereits in großen Teilen vorbereitet haben muss oder es um eine überschaubare Entscheidung handeln muss, die zu Protokoll diktiert werden kann, was nur in selten Fällen der Fall ist. Bei der Verkündung am Schluss der Sitzung ist das Urteil vom Tage der Verkündung **binnen 3 Wochen** in schriftlich **vollständig** abgefasster **Form** der Geschäftsstelle zu übergeben (§ 315 III).

25 Wird das Urteil in einem gesonderten Verkündungstermin, der in der Regel nach 3 Wochen nach Schluss der mündlichen Verhandlung erfolgt, ist es zum Zeitpunkt der Verkündung nach II in **vollständiger Form** vorzuliegen. Insoweit korrespondiert II mit § 315 III.

26 Auch wenn Tatbestand und Entscheidungsgründe nach § 310 II nicht rechtzeitig vorliegen, führt dies nicht zur Unwirksamkeit der Verkündung BGH VersR 1999, 1384; VersR 1988, 2046, aber ggf. zu einem absoluten Revisionsgrund, § 547 Nr. 6. Eine Staatshaftung kommt für säumige Richter bei einem Verstoß aber nicht in Betracht, siehe aber auch § 198 GVG. Auch ist zumindest in ständiger Praxis ein sofort anberaumter Verkündungstermin für den Fall des rechtzeitigen **Widerrufs eines Prozessvergleichs** üblich und trotz einer solchen Bedingung zulässig, um weitere Verzögerungen zu vermeiden, da anderenfalls neu mündlich verhandelt werden müsste. Geht kein rechtzeitiger Widerruf ein, muss man den Verkündungstermin nicht zusätzlich aufheben. *Denn seine Bedingung existiert nicht mehr.* Bei einem Streit über die Wirksamkeit des Widerrufs wird eine neue mündliche Verhandlung nötig.

27 **5. Neuer Termin.** Das Gericht hat nach pflichtgemäßem Ermessen die Möglichkeit, den bisherigen Verkündungstermin aufzuheben und mit Ladungen nach § 216 und evtl. einer Ladungsfrist nach § 217 usw. einen

neuen Verhandlungstermin (Haupttermin) anzuberaumen oder den Verkündungstermin zu verschieben. Letzteres kann schriftlich geschehen, aber auch in dem bisherigen Verkündungstermin. Hatte das Gericht diesen bisherigen Termin ordnungsgemäß anberaumt und mitgeteilt, braucht es einer im bisherigen Verkündungstermin nicht erschienenen Partei den neuen bloßen Verkündungstermin nicht mitzuteilen. Es braucht sie im Rahmen des § 218 erst recht nicht förmlich zu laden, da die Partei oder ein Prozessbevollmächtigter zum bisherigen Verkündungstermin hätte erscheinen oder sich wie bei § 121 I 1 BGB unverzüglich nach seinem Ergebnis erkundigen können. Keine Partei hat einen Anspruch darauf, ein Verkündungsprotokoll nach §§ 159 ff. ohne ihren Antrag zu erhalten, noch gar sofort. Wird im bisherigen Verkündungstermin durch Beschluss ein neuer Verkündungstermin verkündet, ist dieser Beschluss – wie auch sonst – zuzustellen. Eine Säumnis nach §§ 330 ff. fehlt nicht schon deshalb, weil man ein Protokoll nicht so rasch erhalten hatte, wie man es sich erwartet hatte. Die Verlegung bzw. die Festsetzung eines neues Verkündungstermins setzt voraus, dass **besondere Gründe** vorliegen. Die Dreiwochenfrist des I 2 ist nämlich restriktiv auszulegen (Vorliegen von wichtigen Gründen), um dem Justizgewährungsanspruch gerecht zu werden.

Ein solcher Ausnahmefall, der jeweils (kurz) zu begründen ist, kommt zum Beispiel in Betracht, wenn die 28
Beratung in dem Spruchkörper noch nicht abgeschlossen ist, wenn der Einzelrichter oder der Berichterstatter zwischen der letzten mündlichen Verhandlung und dem Verkündungstermin länger krank geworden ist, oder wenn sich die Sache bei der rechtlichen bzw. tatsächlichen Würdigung doch wesentlich komplexer darstellt als ursprünglich gedacht. Immer dann, wenn ein wichtiger Grund vorliegt, der es ermöglicht hätte, den Verkündungstermin von Anfang an über 3 Wochen hinaus festzulegen, kann auch eine Verlegung in Betracht kommen. Die **„Corona-Pandemie“** oder eine vergleichbare Beeinträchtigung des öffentlichen Lebens kommt als Grund für eine Verlegung eines Verkündungstermin jedoch nur dann in Betracht, wenn hierdurch die Absetzung der Entscheidung selbst (zB durch eigene Erkrankung oder erhebliche Einschränkung der Arbeitsmöglichkeiten des erkennenden Gerichts oder ähnliches) mehr als nur unwesentlich beeinträchtigt wird. Im Hinblick auf den Justizgewähranspruch und der Sicherstellung der Funktionsfähigkeit der Justiz ist insoweit eine restriktive Auslegung geboten. Die Voraussetzungen müssen im Regelfall nicht vorliegen. Ein wichtiger Grund, der eine Verlegung eines Verkündungstermins rechtfertigt, liegt aber dann vor, wenn nach pflichtgemäßem Ermessen die Öffentlichkeit für die Verkündung der Entscheidung nicht sichergestellt werden kann (§ 173 I GVG).

Die **Geschäftsstelle** sollte nach → § 218 Rn. 7 vom soeben verkündeten weiteren Verkündungstermin 29
möglichst bald erfahren, um zB telefonische Anfragen nach dem Terminsausgang beantworten zu können. Einen Anspruch hat die Partei aber auch nicht darauf, dass der Vorsitzende die Geschäftsstelle sofort informiert. Die Partei hätte eben im Verkündungstermin erscheinen sowie zuhören können und müssen. Das beachtet ihr ProzBevtl. bei sorgfältiger Arbeit für sich selbst.

Die **Hinausschiebung** ist auch durch andere Richter als die nach § 309 berufenen statthaft. Gegen eine zu 30
weite Hinausschiebung schützen § 252 oder eine Dienstaufsichtsbeschwerde, BVerfG NJW 1989, 3148, im Extremfall auch §§ 198 ff. GVG. Eine Verkündung in einem erst später anberaumten Termin führt nicht zur Aufhebung. Der bloße Verkündungstermin lässt ausschließlich die Verkündung zu, sonst nichts, weder eine Verhandlung noch eine Beweisaufnahme. Die Verkündung erfolgt nach § 136 IV durch den Vorsitzenden. Im besonderen Verkündungstermin ist die Anwesenheit der Beisitzer nach § 311 IV 1 unnötig. Die Parteien können nach § 312 I auf ihr eigenes Prozessrisiko abwesend sein.

Bei einem **besonderen Verkündungstermin** muss das Gericht sein Urteil zur Zeit der Verkündung theo- 31
retisch vollständig abgefasst haben, BVerfG NJW 1996, 3203; BGH FamRZ 2004, 1277. Das Gericht muss das Urteil dann also in allen seinen Bestandteilen nach § 313 I schriftlich niedergelegt und mit allen beteiligten Richtern nach § 315 I, II unterschrieben haben, Mü MDR 1986, 62. Ein Verstoß hiergegen ist nach → Rn. 18, 33 meist folgenlos.

6. Unzulässigkeit. Die Verkündung in einem durch eine Unterbrechung über den natürlichen Tagesrhyth- 32
mus hinaus erstreckten und nicht als einen besonderen Verkündungstermin anberaumten Verhandlungstermin ist unzulässig, Ffm AnwBl 1987, 235. Unzulässig ist ein besonderer Verkündungstermin etwa nur deshalb, weil ein Vermieter in der Zeit zwischen dem Verhandlungsschluss nach §§ 136 IV, 296a und der Verkündung eine wirksame Nachholung eines Mieterhöhungsverlangens nach §§ 558 ff. BGB angekündigt hat. Denn das Gericht müsste dann einerseits den Ablauf der Zustimmungsfrist nach § 558b III 2 BGB abwarten. Es dürfte aber andererseits nach § 148 den Prozess nicht schon deshalb nach § 148 aussetzen. Es käme also doch nicht weiter. Wenn aber nur noch der Ablauf der bereits vor dem Verhandlungsschluss begonnenen Frist nach § 558b III 2 BGB bevorsteht, mag ein Verkündungstermin vertretbar sein und in ihm eine Wiedereröffnung der Verhandlung nach → § 156 Rn. 3.

7. Verstoß, II. Ein Verstoß nach I 2, II als bloße Ordnungsvorschrift (siehe auch → Rn. 18) kann nach 33
§ 295 I heilbar sein, etwa eine Verkündung durch einen nach der Geschäftsverteilung nach §§ 21a–j GVG unzuständigen Richter, LAG Ffm BB 1988, 568, oder in einem nicht korrekt anberaumten oder im falschen Termin, oder eine Verkündung in einem auch zur Verhandlung bestimmten Termin in einer Nichtsommersache während der in § 227 III 1 genannten Zeit. Ein Verstoß gegen das Gebot einer vollständigen Urteilsfassung im besonderen Verkündungstermin beeinträchtigt die Wirksamkeit der Verkündung schon wegen → Vor § 300 Rn. 34 (Staatshoheitsakt) grundsätzlich nicht, BGH AnwBl 2015, 446; BAG MDR 2003, 47; Jena MDR 2008, 43, ebenso wenig ein Verstoß gegen I 2, BGH NJW 1989, 1157. Er stellt erst dann einen Verstoß gegen Art. 103 I GG dar, wenn sich das Gericht in Wahrheit keineswegs mehr erinnern konnte, BVerfG NJW 1996, 3203; BGH FamRZ 2004, 1277. Eine mangelhafte, aber wirksame Verkündung setzt die Frist des (jetzt) § 517 in Lauf, BGH NJW-RR 1994, 127. Indessen muss man das Urteil nach → Rn. 18 in einem krassen Fall aufheben, etwa beim zwischenzeitlichen Ausscheiden eines Mitglieds des Kollegiums oder nach dem Ablauf von fünf Monaten oder mehr seit der Verkündung. §§ 276, 283, 310 III, 331a regeln Sonderfälle.

IV. Zustellung, III. 1. Grundsatz: Verkündungsersatz. Die Zustellung ersetzt bei einem Anerkenntnis- 34
oder Versäumnisurteil ohne eine mündliche Verhandlung nach §§ 276, 307, 331 III die Verkündung, BGH VersR 1982, 597; LG Stgt AnwBl 1981, 197. Sie erfolgt von Amts wegen nach §§ 166 ff., was eine sich aus der Schriftlichkeit des Vorverfahrens vernünftig ergebende Folge ist. Das Gericht muss die vollständige Fassung einschließlich des etwaigen Tatbestands und der etwaigen Entscheidungsgründe nach § 313 II, III beiden Parteien

von Amts wegen nach §§ 166 ff. zustellen. Dabei kommt es auf den **Zeitpunkt der letzten Zustellung** bei der jeweiligen Partei an (§ 317) (vgl. etwa BGH NJW 2004, 2125; BGH NJW 1996, 1969, Brdb NJW-RR 1996, 767; Hamm FamRZ 2015, 1125 (keine Heilung nach § 189); aM LG Bückebg NJW-RR 1986, 1508; Rau MDR 2001, 797) und nicht nur auf die Einleitung der Zustellung durch die Geschäftsstelle vergleichbar einem Entäußerungsakt wie bei der Verkündung (vgl. BGH NZM 2017, 147; BeckRS 2017, 124946). Anders als bei der Verkündung haben die Parteien erst vollständig Kenntnis von der Entscheidung, wenn sie allen Parteien zugestellt worden ist.

35 Urteile, die nach **§ 128 III** ohne mündliche Verhandlungen ergehen können, bedürfen einer Verkündung. III gilt nicht, da dieser Fall nicht aufgeführt ist. Eine analoge Anwendung kommt wegen des Ausnahmecharakters nicht in Betracht (BGH DB 2019, 2459; LG Lübeck 7.5.2020 – 10 O 340/19, BeckRS 2020, 7812). Entsprechendes trifft auf § 128a zu, der ohnehin nur bewirkt, dass einzelnen Verfahrensbeteiligten gestattet wird, sich während der mündlichen Verhandlung an verschiedenen Orten aufzuhalten.

36 Die **Verwerfung des Einspruchs** nach § 338 durch ein Urteil nach § 341 II erfordert statt einer Verkündung ebenfalls nur eine Zustellung.

37 Bei **Streitgenossen** nach §§ 59 ff. tritt die Wirkung für jeden Streitgenossen besonders ein. Bei einer notwendigen Streitgenossenschaft nach § 62 tritt sie erst mit der letzten Zustellung für alle Streitgenossen ein. Bei einer Streithilfe nach § 66 ist die Zustellung an den Streithelfer notwendig, um die Entscheidung ihm gegenüber wirksam zu machen. Soweit die Verkündung eine Frist in Lauf setzt, wie für die Berichtigung des Tatbestands nach § 320 II 3, beginnt nach → § 317 Rn. 1 die Frist für beide Parteien mit der **letzten notwendigen** Zustellung zu laufen, Nürnb NJW 1978, 832. Die Zustellung nach III ersetzt nur die Verkündung.

38 **2. Weitere Ausnahme.** Über den Wortlaut hinaus kommen in besonderen Einzelfällen weitere Ausnahmen in Betracht. Aus dem Sinn und Zweck des vereinfachten Verfahrens nach **billigem Ermessen** ist ein gesonderter Verkündungstermin im Anwendungsbereich des **§ 495a** entbehrlich; hier kann die Verkündung ebenfalls durch die Zustellung ersetzt werden, ggf. im Einzelfall auch durch eine anderweitige Bekanntgabe. Stets ist das Urteil den Verfahrensbeteiligten jedoch mitzuteilen.

39 **3. Verstoß, III.** Nur schwere elementare Fehler machen die Zustellung unwirksam, BGH DB 2019, 2459; Hamm NJW-RR 1995, 187. Hierher gehören zB: Das völlige Fehlen der Mitwirkung des Urkundsbeamten der Geschäftsstelle nach §§ 315, 317; das Fehlen der Unterschriften nach § 315 unter dem Original im Zeitpunkt der Zustellung der Ausfertigung nach § 317. Andere Fehler beeinträchtigen die rechtliche Entstehung des Urteils nicht, zB das Fehlen nur des Ausfertigungs- oder Beglaubigungsvermerks nach → § 317 Rn. 32 oder des Empfangsbekenntnisses des Anwalts nach § 195 dann, wenn unstreitig ist, dass er das Urteil nach § 189 erhalten hat.

311 *Form der Urteilsverkündung.* [I] **Das Urteil ergeht im Namen des Volkes.**

[II] **[1]Das Urteil wird durch Vorlesung der Urteilsformel verkündet. [2]Die Vorlesung der Urteilsformel kann durch eine Bezugnahme auf die Urteilsformel ersetzt werden, wenn bei der Verkündung von den Parteien niemand erschienen ist. [3]Versäumnisurteile, Urteile, die auf Grund eines Anerkenntnisses erlassen werden, sowie Urteile, welche die Folge der Zurücknahme der Klage oder des Verzichts auf den Klageanspruch aussprechen, können verkündet werden, auch wenn die Urteilsformel noch nicht schriftlich abgefasst ist.**

[III] **Die Entscheidungsgründe werden, wenn es für angemessen erachtet wird, durch Vorlesung der Gründe oder durch mündliche Mitteilung des wesentlichen Inhalts verkündet.**

[IV] **Wird das Urteil nicht in dem Termin verkündet, in dem die mündliche Verhandlung geschlossen wird, so kann es der Vorsitzende in Abwesenheit der anderen Mitglieder des Prozessgerichts verkünden.**

1 **I. Systematik, I–IV.** Während §§ 313 ff. den Inhalt des Urteils, § 310 zusammen mit § 311 IV den Verkündungszeitpunkt, § 309 die Gerichtsbesetzung regeln, enthalten §§ 311, 312 zusammen mit § 173 I GVG die Formen einer wirksamen Urteilsverkündung. Mit der Verkündung des Urteils wird das Ergebnis des Rechtsstreits öffentlich bekannt gegeben. Ganz entscheidend stellt § 311 auf die Verkündung der Urteilsformel (Tenor) ab. Die Entscheidungsgründe brauchen nur unter den Voraussetzungen von III verkündet zu werden. Dies unterscheidet sich zB von § 268 II 1 StPO, wonach auch der wesentliche Teil der Urteilsgründe zu verkünden ist. Die differenziere Regelung hat den Hintergrund, dass die Urteilsverkündung nach der ZPO idR ohne Parteien (§ 312), häufig sogar faktisch ohne weitere anwesende Personen stattfindet.

2 **II. Regelungszweck, I–IV.** Die Vorschrift bezweckt wegen der zentralen Bedeutung des Urteils die offiziell formale Bekanntgabe Ergebnis des Rechtsstreits als hoheitlichem Staatsakt. Sie hat auch im Hinblick auf § 173 I GVG in öffentlicher Sitzung zu erfolgen. Dies soll dazu dienen, die Richtigkeitsgewähr zu erhöhen, indem nicht nur gegenüber den Parteien und unmittelbar Beteiligten, sondern auch gegenüber der Öffentlichkeit das Ergebnis des Rechtsstreits -oder ein Teil des Ergebnisses, zB beim Teilurteil oder Grundurteil, verkündet wird. Gerade bei obergerichtlichen Entscheidungen ist hiermit auch eine Fortbildung des Rechts verbunden, indem andere Gerichte sowie die Rechtswissenschaft sich mit einer möglichen Rechtsfrage weiter argumentativ auseinandersetzen können. Zugleich soll auch dem verkündenden Gericht der mit der Verkündung verbundene Abschluss, letzte gerichtliche Selbstkontrolle sowie die Bindung nach § 318 bewusst.

3 Die Regelung des § 311 ist unabhängig davon, zu welchem **Zeitpunkt** das Urteil nach § 310 verkündet wird, also „am Schluss der Sitzung" in Anwesenheit oder in Abwesenheit der Parteien oder sonstiger Beteiligten bzw. Personen oder in einem gesonderten Verkündungstermin. Für einen gesonderten Verkündungstermin ergeben sich aber Besonderheiten in IV.

4 **III. Geltungsbereich, I–IV.** Die Vorschrift gilt in allen Verfahren nach der ZPO, auch im WEG-Verfahren, ferner nach § 46 II 1 ArbGG im arbeitsgerichtlichen Verfahren und stellt eine grundsätzliche Regelung dar, wie Urteile, und damit Entscheidungen der dritten Staatsgewalt, bekanntzumachen sind. Das gilt auch für IV, §§ 53 II, 60 III ArbGG, Philippsen pp NJW 1977, 1135. Sie gilt in den Grenzen von § 41 FamFG auch im Bereich des

§ 113 I 2 FamFG, BGH MDR 2012, 930, auch im SGG, mit Maßgabe des § 134 SGG und in der VwGO mit Maßgabe des §§ 116, 117 VwGO.

IV. Legitimationsgrundlage. Das Urteil ergeht nach Art. 20 II GG im Namen des Volkes. Dies ist Ausdruck der hoheitlichen Staatsgewalt (vgl. auch § 25 IV BVerfGG, § 268 I StPO, § 117 I VwGO, § 105 I FGO, § 132 SGG) und des Umstandes, dass alle Staatsgewalt vom Volke ausgeht. Hierdurch soll zum Ausdruck gebracht werden, dass die Richter als Vertreter des Souveräns Recht sprechen und damit das Urteil durch Anwendung von Recht und Gesetz dem Willen des Souveräns, also dem Willen des Volkes, entspricht, was abzugrenzen ist von einer sog. „Volksmeinung", wie sie möglicherweise durch Meinungsumfragen zum Ausdruck kommen kann. Die Bindung des Gerichts nicht nur an das Gesetz, sondern auch an das umfassendere Tatbestandsmerkmal „Recht" wird durch die im Rubrum sich anschließende Formulierung „für Recht erkannt" zum Ausdruck, Art. 20 III, 97 I GG. Das Fehlen der Eingangsformel ist für die Wirksamkeit der Entscheidung ist unschädlich, LG Dortm WuM 1995, 548. 5

V. Art der Verkündung, II 5. 1. Allgemeine Grundsätze. Das **Urteil** mit dem nicht nur das Endurteil nach § 300 gemeint, sondern auch jedes andere Urteil, also auch die Teilurteile, Vorbehaltsurteile, Zwischenurteile, Versäumnisurteile, Anerkenntnisurteile oder Verzichtsurteile usw, wird durch Verlesen der Urteilsformel verkündet (II 1). Urteilsformel ist die Entscheidungsformel, also der vollständige **Tenor,** § 313 I Nr. 4. Die sonstige Eingangsformel nach § 313 I Nr. 1–3 braucht nicht verlesen zu werden, BGH NJW 1985, 1783; BAG NZA 2017, 395. Dies bietet sich jedoch dann an, wenn die Verkündung nicht im unmittelbaren Zusammenhang mit der mündlichen Verhandlung, sondern am Schluss der Sitzung bzw. an einem gesonderten Verkündungstermin erfolgt und hierdurch Verwechslungen vermieden werden können. Steht zB am Schluss der Sitzung oder bei einem gesonderten Verkündungstermin die Verkündung mehrerer Entscheidungen an, kann die Gefahr von Verwechslungen bestehen, wenn nicht hinreichend deutlich wird, in welchem Rechtsstreit (welche Parteien) der Tenor verkündet wird. 6

„Verlesung" setzt voraus, dass der Tenor zum Zeitpunkt der Verkündung **schriftlich vorliegt,** da er andernfalls nicht verlesen/vorgelesen werden kann, BGH NJW 2004, 1666; Hamm MDR 2015, 1204; LG Köln NJW-RR 2014, 182; dafür genügt auch nicht, dass der Tenor am Schluss der Sitzung nur auf Band diktiert wird. Die Niederschrift ist als Anlage zu dem Protokoll zu nehmen. 7

Soweit nicht die Voraussetzungen von § 310 II vorliegen, wonach das Urteil vollständig vorzuliegen hat und damit auch von den Richtern zu unterschreiben ist, braucht die Urteilsformel selbst bei der Verkündung (am Schluss der Sitzung) nicht gesondert unterschrieben zu sein, BGH NJW 1999, 794, das Protokoll ist aber mit vollem Rubrum (§ 313 I Nr. 1 bis 4) von allen beteiligten Richtern zu unterschreiben, wenn es abgekürzt nach § 540 ZPO verkündet wird, sofern das gesondert unterzeichnete Urteil mit vollem Rubrum (§ 313 I Nr. 1 bis 4) nicht mit dem Protokoll fest verbunden wird (BGH MDR 2021, 702).. Die Verkündung gehört nach § 160 III Nr. 7 ins Protokoll. Nur das Protokoll beweist die Verkündung nach § 165. Das Verlesene wird Protokollbestandteil nach § 160 III Nr. 6, BGH NJW 2006, 1882. Die Verweisung auf das Protokoll ersetzt die notwendige Verkündungsform nicht, Naumb FamRZ 2006, 959. § 137 III ist unanwendbar. Denn diese Vorschrift betrifft nur die den Parteien bekannten Schriftstücke. Es genügt auch, dass die Parteien die Urteilsformel einsehen. Auch darf man die Unterlassung des Vorlesens zweckmäßigerweise als unschädlich ansehen, BAG DB 1988, 136; Jauernig NJW 1986, 117. Ergibt sich aus dem Protokoll nicht, dass das Urteil verkündet worden ist, steht infolge der Beweiskraft des Protokolls fest, dass das Urteil nicht in öffentlicher Sitzung verkündet worden ist (§ 311 I 1, § 173 I GVG). Ein nicht verkündetes Urteil wäre nicht wirksam und kann keine rechtlichen Wirkungen erzeugen. Es kann weder formell noch materiell rechtskräftig werden und auch nicht die Instanz abschließen (Oesterle, jurisPR-ArbR 27/2021 Anm. 3). 8

Die Verkündung erfolgt nach § 136 IV durch den Vorsitzenden. 9

Erst mit der Verkündung verliert das Urteil das „Entwurfsstadium" und wird wirksam und bindet das verkündende Gericht (§ 318) 10

Ein **Aufstehen** während der Verkündung der Urteilsformel ist geboten, um die Bedeutung des **hoheitlichen Staatsaktes** deutlich zu machen. Wegen des Protokolls §§ 160 III Nr. 6, 7, 165, BGH NJW 1994, 3358. Wegen des Verkündungsvermerks § 315 III. 11

Die Verkündung ist abgeschlossen, wenn die Urteilsformel verlesen worden ist bzw. sie durch Bezugnahme nach § 311 II 2 verkündet worden ist und ggf. die Entscheidungsgründe nach § 311 III, soweit der Vorsitzende dies für angemessen erachtet, verkündet worden sind. Wird während und noch vor vollständigem Abschluss der Verkündung des Urteils eine Unklarheit oder Unrichtigkeit erkannt, darf der Vorsitzende diese nicht dadurch „korrigieren", dass etwas anderes verkündet wird als zuvor schriftlich niedergelegt und beraten worden ist. Der Vorsitzende kann und soll in einem solchen Fall die Verkündung aber abbrechen und erneut in die Beratung eintreten. Solange die Verkündung nämlich noch nicht vollständig abgeschlossen ist, kommt eine Änderung in Betracht, da es sich bis zum Abschluss der Verkündung nur um einen noch korrigierbaren Entwurf handelt. Das Gericht kann dann ggf. den Tenor korrigieren und daraufhin den korrigierten Tenor schriftlich niederlegen und verkünden. Nach Abschluss dieses Verkündungsprozesses ist das Gericht an die Entscheidung nach § 318 gebunden. Von den besonderen Regelungen der §§ 319 ff. abgesehen, kommt dann eine Änderung oder Ergänzung der Entscheidung nicht mehr in Betracht. Für die Wiedereröffnung der mündlichen Verhandlung ist dann kein Raum. 12

2. Vereinfachte Verkündung, II 2, 3. Ausnahmen von der Pflicht zur Verlesung ergeben sich nach II 2, wenn bei der Verkündung von den Parteien oder den ProzBevtl. niemand erschienen ist. Dabei ist danach zu unterscheiden, ob überhaupt niemand erschienen ist oder nur von den Parteien oder den ProzBevtl. niemand erschienen ist. Wenn überhaupt keine Person zur Verkündung der Entscheidung erschienen ist, wie dies in Praxis häufig anzutreffen ist, kann die Verlesung durch die bloße Bezugnahme auf das Protokoll ersetzt werden, da es zwar – auch zur eigenen Selbstkontrolle – noch einmal möglich ist, die Urteilsformel laut vorzulesen, aber nicht erforderlich ist, da in einem leeren Raum ohne Adressaten selbst die Urteilsformel nicht laut vorgelesen werden muss. Sind aber statt der Parteien oder der ProzBevtl. andere interessierte Personen als Teil der Öffentlichkeit anwesend, so hat die Verkündung durch Verlesung der Urteilsformel oder in anderer geeigneter verständlicher Form erfolgen, da andernfalls die mit dem Verkündungsakt bezweckte Bekanntgabe der Entscheidung und der Möglichkeit der Öffentlichkeit an Teilhabe bei dem Entscheidungsergebnis nicht sichergestellt werden kann. 13

14 Beide Verlautbarungsformen (II 1 bzw. II 2) sind gleichwertig (OLG Brandenburg 6.8.2020 – 13 UF 114/18, BeckRS 2020, 18873).

15 Ist nur eine Partei oder einer der ProzBevtl. erschienen, ist die Urteilformel nach § 313 I Nr. 4 zu verlesen und ggf. auch die Entscheidungsgründe nach III in geeigneter Form bekannt zu machen. Dies gilt auch entsprechend in der SGG und in der VwGO, → Rn. 4. Die Formel muss auch bereits bei der Bezugnahme vorliegen, mit oder ohne Unterschriften, BGH NJW 2006, 1881.

16 **II 3** gibt die Möglichkeit der Verkündung, auch wenn Urteilsformel **noch nicht schriftlich abgefasst** ist (vgl. OLG Dresden MDR 2021, 54). Die Urteilsformel muss dann aber bereits feststehen und ist jedenfalls mündlich zu verkünden (LG Osnabrück 29.1.2020 – 1 S 386/19, BeckRS 2020, 6177). Beispiele: Beim zu verkündenden echten Versäumnisurteil nach § 331 II (Chance und Risiko: sofortige Verkündung); beim zu verkündeten Anerkenntnisurteil nach § 307; beim Verzichtsurteil nach § 306; beim Urteil auf die Rücknahme des Einspruchs nach § 346; beim Urteil auf die Folgen einer Klagerücknahme nach § 269. Vgl. aber dort IV; bei der Rücknahme eines Einspruchs nach § 346 oder eines Rechtsmittels nach §§ 516 III, 565.

17 **Unstatthaft** ist die vereinfachte Verkündung: Beim „unechten" Versäumnisurteil; beim Aktenlageurteil nach § 251a; beim wenigstens teilweise streitentscheidenden Urteil; beim verkündeten Beschluss nach → § 91a Rn. 161. Über die Folgen eines Verstoßes → § 310 Rn. 3. Wegen eines ohne eine mündliche Verhandlung ergehenden Versäumnis- oder Anerkenntnisurteils § 310 III.

18 **VI. Entscheidungsgründe, III.** Ihre Verkündung ist kein Wirksamkeitsvoraussetzung, BAG DB 1988, 136. Sie steht im pflichtgemäßen Ermessen des Vorsitzenden als des zur Verkündung nach § 136 IV zuständigen Richters. Geschieht sie, muss er die wesentlichen Gesichtspunkte mündlich mitteilen oder die Gründe nach § 313 III verlesen. Sie hat zumindest dann mündlich zu erfolgen, wenn keine schriftliche Begründung bekannt zu geben ist. Eine zumindest kurze mündliche Begründung ist zur Verständlichkeit und Transparenz ratsam, wenn mindestens eine Partei bei der Verkündung erscheint. Bei einem Widerspruch zwischen den mündlich verkündeten und den schriftlich niedergelegten Gründen gelten die letzteren.

19 **VII. Verkündungstermin, IV.** Ein besonderer Verkündungstermin ist nach § 227 III 1 Hs. 1 auch in der Zeit vom 1. 7. bis 31. 8. stets statthaft. In ihm braucht **nur der Vorsitzende** anwesend zu sein. Wegen der Entbehrlichkeit eines Verkündungstermins bei der Einspruchsverwerfung ohne eine mündliche Verhandlung nach § 341 II → § 310 Rn. 34.

20 IV korrespondiert mit § 136 IV. Nur bei seiner Verhinderung darf ein anderer den Vorsitzenden vertreten. Zwar regelt IV anders als zB § 315 I 2 nicht ausdrücklich den Verhinderungsfall. Man darf und muss aber eine Verhinderung wie stets bei einer Zuständigkeitsregelung mitberücksichtigen. Das bedeutet aber nicht etwa, auch bei IV ebenso wie etwa bei § 315 I 2 den ältesten beisitzenden Richter als Vertreter des Vorsitzenden zu behandeln. Dazu ist vielmehr nach § 21f II 1 GVG zunächst der geschäftsplanmäßige Vertreter dieses Vorsitzenden berufen. Erst bei auch dessen Verhinderung darf und muss nach § 21f II 2 GVG der dienstälteste, hilfsweise der lebensälteste Beisitzer tätig werden. Eine Verhinderung liegt nach BGH NJW 2015, 1687 (zB nicht bei über 7 Monaten) nur bei einer vorübergehenden Dauer vor. Zum Problem aber → § 305 Rn. 11. Zwar ist es wohl weitgehend üblich, ihn entsprechend § 315 I 2 handeln zu lassen. Dann müsste man allerdings folgerichtig auch eben wie dort fordern, im Protokoll die Angabe des Verhinderungsgrunds aufzunehmen.

21 **VIII. Verstoß, I–IV.** Soweit nicht einmal eine schriftliche Abfassung der Urteilsformel nach § 313 I Nr. 4 vorliegt, reicht die Bezugnahme auf das Urteil auch dann nicht aus, wenn IV sie im Übrigen erlaubt, BGH NJW 1985, 1783; aM Jauernig NJW 1986, 117 (aber dann entfällt für das Gericht das nach einer streitigen Verhandlung dringend notwendige Gebot der Selbstkontrolle bei der Urteilsformulierung). Eine Verkündung ohne ordnungsgemäße Urteilsformel reicht nicht, aM Hamm MDR 2015, 1204. Die bloße Ankündigung einer Entscheidung „am Schluss der Sitzung" reicht keineswegs, Stgt FamRZ 2018, 1169.

22 **Mangels wirksamer Verkündung** liegt rechtlich ein bloßer **Urteilsentwurf.** Der bloße Entwurf setzt die Rechtsmittelfrist nicht in Lauf, LAG Köln AnwBl 1995, 159, auch nicht die Fünfmonatsfristen der (jetzt) §§ 517, 547, BGH VersR 1985, 46. Eine fehlerhafte Bekanntgabe des Verkündungstermins ist aber nach → § 310 Rn. 3 kein wesentlicher Verlautbarungsmangel. Selbst wenn das Urteil nicht verkündet worden ist, ist es aber trotzdem wegen des möglicherweise mit ihm verbundenen Rechtsscheins anfechtbar (Oesterle, jurisPR-ArbR 27/2021 Anm. 3).

312 *Anwesenheit der Parteien.* **I [1]Die Wirksamkeit der Verkündung eines Urteils ist von der Anwesenheit der Parteien nicht abhängig. [2]Die Verkündung gilt auch derjenigen Partei gegenüber als bewirkt, die den Termin versäumt hat.**

II Die Befugnis einer Partei, auf Grund eines verkündeten Urteils das Verfahren fortzusetzen oder von dem Urteil in anderer Weise Gebrauch zu machen, ist von der Zustellung an den Gegner nicht abhängig, soweit nicht dieses Gesetz ein anderes bestimmt.

1 **I. Regelungszweck, I, II.** Die Vorschrift ergänzt §§ 310, 311. Das Urteil als ein Hoheitsakt soll möglichst wirksam sein und bleiben. Die Anwesenheit ist wegen Art. 103 I GG nur im Verhandlungsteil eines Termins wichtig. Sie ist selbst dort aber keine Pflicht, sondern nur evtl. eine Obliegenheit (evtl. ein Nachteil infolge Fehlens, zB keine sofortige Kenntnisnahme). Bei der Verkündung darf man fehlen, ohne eines der Prozessziele zu gefährden. Der Vorteil der Anwesenheit der Partei bzw. des ProzBevtl. ist, dass ihnen der Tenor unmittelbar mit der Verkündung bekannt wird. Regelmäßig wird jedoch auf die Anreise verzichtet und das Ergebnis telefonisch auf der Geschäftsstelle nachgefragt.

2 I ist Ausdruck der Parteiherrschaft und hat die Mitobliegenheiten der Parteien zur Folge, daher nach § 85 II auch ihrer ProzBev.

3 **II. Geltungsbereich, I, II.** Die Vorschrift gilt in allen Verfahren nach der ZPO, auch im WEG-Verfahren, *ferner nach § 46 II 1 ArbGG* im arbeitsgerichtlichen Verfahren, ferner in den Grenzen von §§ 15, 41 FamFG entsprechend für einen Beschluss im Bereich des § 113 I 2 FamFG.

4 **III. Wirksamkeit des Urteils, I.** Die Urteilsverkündung darf in einer Abwesenheit der Parteien geschehen; anders vom Ausgangspunkt im Strafrecht in Bezug auf den Angeklagten, § 268 StPO. Hat das Gericht sein Urteil

nicht im verkündeten Termin verkündet, sondern in einem den Parteien nicht bekannt gegebenen weiteren Termin, handelt es sich nicht um ein Nichturteil, sondern um eine solche Entscheidung, die zur Grundlage für eine Sachentscheidung des Revisionsgerichts werden kann. Das Gericht beachtet einen Fehler nur auf eine Rüge nach §§ 538 II 1 Nr. 1, § 551 III Nr. 2b. Meist beruht das Urteil nicht auf ihm. Mit der Verkündung hat die Partei gesetzlich eine Kenntnis vom Urteilsinhalt und nicht nur von der Urteilsformel (siehe § 311 II 1, III). Unerheblich ist, wann sie von ihm wirklich erfährt. Das gilt auch für ihren gesetzlichen Vertreter oder ProzBev. Sein Verschulden gilt nur im Verhältnis zum Prozessgegner nach §§ 51 II, 85 II als ein solches der Partei.

Die Zustellung des Urteils ist nur für folgende Situationen **unentbehrlich:** Für den Beginn der Zwangsvollstreckung nach § 750 I; für den Beginn der Notfristen für den Einspruch und die Rechtsmittel (aber nicht für deren Zulässigkeit) nach §§ 339 I, 517, 548, 569 I, 575 I 1; für den Beginn der Frist zur Tatbestandsberichtigung nach § 320 II 1 und zur Urteilsergänzung nach § 321 II; beim Anerkenntnis- oder Versäumnisurteil ohne eine mündliche Verhandlung nach § 310 III; für die Vollziehungsfrist nach § 929 II. 5

IV. Fortsetzung des Verfahrens, II. Es steht den Parteien frei, ein zum Stillstand gekommenes Verfahren (insbes. nach Teil- und Zwischenurteilen) fortzusetzen. Das Gericht muss dann eine entsprechende Willenskundgebung abwarten. Sie liegt in der ausdrücklichen Anregung oder in einer Antragstellung. 6

313 *Form und Inhalt des Urteils.* **I Das Urteil enthält:**

1. die Bezeichnung der Parteien, ihrer gesetzlichen Vertreter und der Prozessbevollmächtigten;
2. die Bezeichnung des Gerichts und die Namen der Richter, die bei der Entscheidung mitgewirkt haben;
3. den Tag, an dem die mündliche Verhandlung geschlossen worden ist;
4. die Urteilsformel;
5. den Tatbestand;
6. die Entscheidungsgründe.

II [1]Im Tatbestand sollen die erhobenen Ansprüche und die dazu vorgebrachten Angriffs- und Verteidigungsmittel unter Hervorhebung der gestellten Anträge nur ihrem wesentlichen Inhalt nach knapp dargestellt werden. [2]Wegen der Einzelheiten des Sach- und Streitstandes soll auf Schriftsätze, Protokolle und andere Unterlagen verwiesen werden.

III Die Entscheidungsgründe enthalten eine kurze Zusammenfassung der Erwägungen, auf denen die Entscheidung in tatsächlicher und rechtlicher Hinsicht beruht.

Übersicht

I. Systematik, I–III. § 313 gilt für fast sämtliche Urteile, nämlich mit Ausnahme nur derjenigen nach §§ 313a I, 313b I, 495a. Er enthält abgesehen von § 315 in II und III alle für die Rechtswirksamkeit des Urteils wesentlichen Erfordernisse. § 313 stellt die maßgebliche Vorschrift dar, wie ein Urteil aufzubauen ist und wird ergänzt durch §§ 311, 315. Spezialregeln ergeben sich aus §§ 313a, 313b, 314. 1

Korrekturen bzw. Ergänzungen können unter den Voraussetzungen von §§ 319 ff. in Betracht kommen, BGH NJW 2001, 1654. Das Urteil gliedert sich in den Kopf (die Überschrift, die sich in der Praxis regional unterschiedlich gehandhabt wird), das Rubrum nach I Nr. 1–3; die Formel, den Tenor nach I Nr. 4; den Tatbestand nach I Nr. 5, II; die Entscheidungsgründe nach I Nr. 6, III; die Rechtsbehelfsbelehrung nach § 232; die Unterschriften nach § 315 I. Vgl. §§ 60, 61 ArbGG. Es muss grundsätzlich (Ausnahme evtl. bei Bezugnahme) eine einheitliche Urkunde bestehen, BGH NJW 2000, 2208. 2

Ein **Verstoß** gegen § 313 macht das Urteil als Staatshoheitsakt nicht unwirksam, sofern es überhaupt besteht, BGH VersR 1980, 744. Ein wesentlicher Mangel, der zur Nichtigkeit führen würde, liegt aber vor, wenn das Rubrum vollständig fehlt, also die Bezeichnung der Parteien, die möglicherweise später der Zwangsvollstreckung 3 unterliegen, nicht erkennbar ist (OLG Düsseldorf FamRZ 2020, 530) und damit nicht ersichtlich ist, in welcher Sache überhaupt entschieden worden ist. Wegen eines Unterschriftsmangels → § 315 Rn. 22 ff.

4 **II. Regelungszweck, I–III.** Eine einheitliche Gestaltung des Urteils als Staatshoheitsakt erleichtert allen Rechtsanwendern die Nutzbarkeit und dient damit auch der Prozesswirtschaftlichkeit, der Rechtsstaatlichkeit und Rechtssicherheit. Die Vorgabe fördert die Sorgfalt und Gewissenhaftigkeit.

5 Sich auf den wesentlichen Inhalt zu beschränken, trägt zur Arbeitsfähigkeit der Justiz bei und dient damit auch den Parteien, weil auf diese Art das Ziel, ein gerechtes Ergebnis (Art. 20 III GG, Bindung an Recht und Gesetz) zu erreichen, schneller erlangt werden kann. Eine klare Ordnung und Strukturierung, so wie sie § 313 vorgibt, hilft bei einem Rechtsmittel nicht nur dem Rechtsmittelgericht, sondern auch den Parteien erleichtert es, die Entscheidung zu überprüfen.

6 Das Urteil ist jedenfalls im Regelfall „nur" für die Parteien und ihre Anwälte und einem Rechtsmittelgericht da, nicht für die Öffentlichkeit. Sogar in der Revisionsinstanz steht das Informationsbedürfnis der Wissenschaft nicht in der ersten Reihe der Interessen. **Zeitgemäß** sind insbesondere II 1, II 2 und III. Die Parteien wie ihre ProzBevtl. benötigen an sich nur die maßgeblichen entscheidenden Kerngedankengängen des Gerichts. Bei der Revisionsinstanz sind aber besonders noch die Gesichtspunkte der Vereinheitlichung der Rechtsprechung zu berücksichtigen. Dabei darf das erkennende Gericht die praktische Bedeutung seiner Ausführungen im Regelfall nicht überschätzen. Die Partei, die vor Gericht „siegt" wird sich bestätigt fühlen und den Entscheidungsgründen nicht viel Zeit widmen. Die Partei, die vor Gericht „verliert", wird häufig auch durch eine gute Begründung nicht wirklich überzeugt werden und das Rechtsmittelgericht wird sich ohnehin eine eigene Meinung zu bilden haben. Auch bei einer guten Begründung wird das Rechtsmittelgericht die Entscheidung abzuändern haben, wenn eine Rechtsfrage oder ähnliches von ihm anders beurteilt wird.

7 **III. Geltungsbereich, I–III.** Die Vorschrift gilt grundsätzlich als Ausprägung eines allgemeinen Grundsatzes in allen Urteilsverfahren nach der ZPO. § 313 gilt auch im WEG-Verfahren, (zum alten Recht) BGH NJW 2002, 2172; BayObLG FGPrax 2001, 189; Mü MDR 2006, 412. Sie gilt ferner im arbeitsgerichtlichen Verfahren nach § 46 II 1 ArbGG, BAG NZA 2011, 1055, und nach § 69 II, III ArbGG, BAG NZA 2008, 551. § 72b I ArbGG erfordert nur ein formal vollständig abgefasstes Urteil (BAG NZA 2019, 1525). Im FamFG-Verfahren gilt für seine alleinige Beschlussform § 38 FamFG; § 113 FamFG.

8 **IV. Überschrift.** Wie die Überschrift eines Urteils näher auszugestalten ist, ist gesetzlich nicht näher geregelt und wird in der Praxis regional unterschiedlich gehandhabt. In diesem Zusammenhang ist es üblich, oben links das **Aktenzeichen** (vgl. insoweit eine Übersicht zu den Registerzeichen, Anhang im Schönfelder vor dem Sachverzeichnis) und in der Mitte das erkennende Gericht (zB Landgericht Essen, Amtsgericht Köln usw.) anzugeben. Nachfolgend steht in der Regel in der Mitte nach § 311 I „Im Namen des Volkes". Danach wird dann „Urteil" bzw. die besondere Art des Urteils (zB Teilurteil, Vorbehaltsurteil) mittig aufgenommen, teilweise erfolgt diese Angabe jedoch erst unmittelbar vor dem Tenor. Weitgehend einheitlich wird die Art des Urteils vorab in der Überschrift angegeben, wenn es sich um ein Anerkenntnis-, Versäumnis- bzw. Verzichtsurteil handelt, da diese besonders hervorgehobene Bezeichnung § 313b vorschreibt.

9 Als Eingangsformel ist es gebräuchlich die Formulierung „In dem Rechtsstreit" oder „In Sachen" zu wählen. Sofern es um einen besonderen Rechtsstreit wird dies teilweise auch bereits in der Eingangsformulierung zur Verdeutlichung aufgenommen, wie zB „In dem einstweiligen Verfügungsverfahren" oder „In dem Arrestverfahren".

10 **V. Urteil.** Das **Urteil** mit dem nicht nur das Endurteil nach § 300 gemeint, sondern auch jedes andere Urteil, also auch die Teilurteile, Vorbehaltsurteile, Zwischenurteile, mit besonderen Regelungen für Versäumnisurteile, Anerkenntnisurteile oder Verzichtsurteile (§§ 313a, 313b). § 313 richtet sich vorrangig an **erstinstanzliche** Entscheidungen. Besonderheiten ergeben sich bei den Rechtsmittelgerichten, zB beim Berufungsurteil gibt es nach § 540 Abkürzungsmöglichkeiten. Anders als bei einer erstinstanzlichen Entscheidung wird der Sach- und Streitstand bzw. die rechtliche Begründung eines **Berufungsurteils** auch nicht in „Tatbestand" bzw. „Entscheidungsgründe" überschrieben, sondern nur mit „Gründe" mit der weiteren Untergliederung für den Sach- und Streitstand in „I" und für die rechtliche Begründung in „II".

11 **VI. Parteien usw., I Nr. 1.** Zweck die Parteien, ihre gesetzlichen Vertreter und die Prozessbevollmächtigen angeben zu müssen, besteht darin, die Identität zweifelsfrei feststellen zu können sowie gebotene Zustellungen wirksam durchführen zu können (Thomas/Putzo/Seiler Rn. 3). Dies ist im Hinblick auf die weitreichenden Wirkungen eines **Vollstreckungstitels** einschließlich der Wirkungen der Rechtskraft und der Zwangsvollstreckung nach §§ 704 ff., 750 mit deren Rechtsfolgen ein **Gebot der Klarheit und Rechtssicherheit** (BGH FamRZ 2003, 1742; OLG Düsseldorf FamRZ 2020, 530). Es gelten dieselben Regeln wie bei § 253 II Nr. 1, BGH ZIP 2010, 933; BayObLG FGPrax 2001, 189 (WEG).

12 **1. Tatsächliche Parteien.** Erforderlich ist die Bezeichnung der tatsächlichen Parteien und der Streithelfer nach § 66, **nicht** auch diejenige der **nicht** beigetretenen Streitverkündungsgegner nach § 74 II. Maßgebend ist der Stand am Schluss der letzten mündlichen Verhandlung nach §§ 136 IV, 296a. Anführen muss das Gericht also eine eingetretene neue Partei, ohne einen Eintritt bei § 265 die alte Partei, bei einer Vertretung ohne eine Vollmacht nach § 89 den Vertretenen. Die jeweilige Parteistellung ist im Rubrum stets vollständig anzugeben, zB „Kläger und Berufungsbeklagter". Die Firma (= der Name des Kaufmanns) kann nach §§ 17 II, 124 I HGB genügen, 161 II HGB.

13 Eine **Partei kraft Amtes** wird in ihrer jeweiligen Funktion genannt, wie zB „als Insolvenzverwalter (§§ 56 ff. InsO), Nachlassverwalter (§§ 1981 ff. BGB), Testamentsvollstrecker, § 2197 BGB bzw. als Pfändungspfandrechtsgläubiger".

14 § 130 Nr. 1 sieht hierzu in Ergänzung noch die Angabe von „Stand oder Gewerbe" vor, was aber in der Praxis immer weniger verwandt wird. Eine entsprechende Angabe ist nur dann geboten, wenn die berufliche Tätigkeit für den Rechtsstreit von rechtlicher Relevanz ist, zB für die Frage, ob eine Handelssache nach § 95 GVG vorliegt oder bei einer Gerichtsstandsvereinbarung nach § 38 I oder dem Zustandekommen einer Schiedsvereinbarung, §§ 1031, 1032.

15 **2. Gesetzliche Vertreter.** Erforderlich ist ferner die namentliche Bezeichnung der gesetzlichen Vertreter (Thomas/Putzo/Seiler Rn. 4). Die Angabe „vertreten durch den Vorstand" ist zu pauschal und nicht ausrei-

chend, Kunz MDR 1989, 593. Vielmehr ist eigentlich die Namensnennung mit zustellungsfähiger Adresse notwendig.

3. Prozessbevollmächtigte usw. Erforderlich ist ferner grundsätzlich die namentliche Angabe derjenigen ProzBevtl. mit zustellfähiger Adresse, die sich als solche nach → § 172 Rn. 9 bestellt haben, Hmb GRUR 1981, 91, und die auch aufgetreten sind. Diese Aufgabe kann zwar beim Tätigwerden in einer eigenen Sache unterbleiben. Sie empfiehlt sich aber dennoch vorsorglich. Solche Anforderungen fehlen nur theoretisch beim Einreichen einer „Schutzschrift" vor der Einreichung des gegnerischen Antrags auf den Erlass einer einstweiligen Verfügung nach §§ 945a, b, (zum alten Recht) Hmb GRUR 1981, 91, oder vor der Klagezustellung nach § 253 I. Die Anführung im Urteilskopf beweist streng genommen nicht das Vorliegen einer Prozessvollmacht nach § 80. Sie genügt aber praktisch für deren Nachweis im weiteren Verfahren, zB für die Kostenfestsetzung nach §§ 103 ff. Bei einem Anwalt als ProzBevtl. ist nach § 88 II ohnehin meist keine Vollmachtsprüfung erforderlich. Fehlt bei einem anderen Prozess eine Vollmacht, vermerkt das Gericht den Betreffenden als einen „Beteiligten", Karlsr FamRZ 1996, 1335, besser: er sei „als Prozessbevollmächtigter aufgetreten". In Anwaltsprozessen gilt der ausgeschiedene Rechtsanwalt solange als bevollmächtigt, bis die betroffene Partei einen neuen Anwalt berufen hat (§ 87 I). 16

Für den nach **§ 79** Bevollmächtigten gilt alles Vorstehende entsprechend. Vgl. ferner § 14 I 2 KapMuG, SchlAnh. VIII (Beigeladene). 17

4. Verstoß, I Nr. 1. Ein Verstoß bei der Angabe der Parteien macht die Zustellung nach § 317 evtl. unmöglich. Die richtige Parteibezeichnung ist wichtig für die Frage der Wirkung der Rechtskraft. Er ist ein wesentlicher Verfahrensmangel. Er führt auf Antrag evtl. zur Zurückverweisung nach § 538 II 1 Nr. 1. Dasselbe kann beim gesetzlichen Vertreter nach § 51 und beim ProzBevtl. gelten, Hmb GRUR 1981, 91. Fehlt das Rubrum vollständig, also ist die Bezeichnung der Parteien, nicht erkennbar, führt dies zur Nichtigkeit (OLG Düsseldorf FamRZ 2020, 530). Indessen hängt alles vom Einzelfall ab. Ggf. kommt nach § 189 eine Heilung in Betracht, ggf. sogar noch nach § 555 in der Revisionsinstanz. 18

VII. Gericht und Richter, I Nr. 2. Das Urteil muss wegen §§ 547 Nr. 1–3, 554, 563 grundsätzlich die Bezeichnung des Gerichts enthalten, auch der Abteilung oder des Kollegiums, ferner die Namen und die Dienstbezeichnung der nach § 309 erkennenden Richter. Es genügen grundsätzlich die Nachnamen. Vornamen können zB bei mehreren Gleichnamigen an demselben Gericht nötig sein, sofern sie denselben Dienstrang haben. Die Unterschriften der Richter ersetzen nur diese zweite Angabe Namen und Unterschriften müssen nach § 315 übereinstimmen. Eine Nachholung oder Berichtigung ist auch nach einer Rechtsmitteleinlegung gemäß §§ 319, 555 zulässig. Bei § 313b II 2 ist die Angabe der Richternamen entbehrlich, sind aber üblich. Bei zweifelsfreier Übereinstimmung von Mitwirkung und Unterschrift(en) kann man eine nach → Vor § 128 Rn. 60, 60 stillschweigende Verweisung auf die Unterschrift(en) annehmen, BGH MDR 2016, 543. Die Unterschriften der Richter ersetzen die zusätzliche Namensangabe im Kopf des Urteils, BGH NJW 2016, 2042. 19

VIII. Tag des Schlusses der letzten mündlichen Verhandlung, I Nr. 3. Das Gericht muss ihn erwähnen BGH ZIP 2010, 933, schon wegen § 313a III, aber auch wegen §§ 136 IV, 296a, Düss NJW 1987, 508, sowie zB wegen §§ 322, 323 II, 767 II. Ihm steht im schriftlichen Verfahren der in § 128 II 2 Hs. 1 und im Aktenlageverfahren der in §§ 251a II 3 Hs. 2, 331a genannte Zeitpunkt gleich, bei § 156 der Tag der wiedereröffneten letzten Verhandlung. Wenn das Gericht die Angabe vergessen hat, läuft die Rechtsmittelfrist nach §§ 517, 518, 544, 548 gleichwohl grundsätzlich seit der Zustellung des fehlerhaften Urteils nach § 317, nicht erst seit einer Berichtigung nach § 319 usw., BGH VersR 1980, 744. Üblich ist nach → Vor § 322 Rn. 15 der das sog. Rubrum beendende Satz, das Gericht habe **„für Recht erkannt".** 20

Den Verkündungstag ergibt der Vermerk nach § 315 III. Maßgeblich für die Verkündung ist das Protokoll (§ 165). 21

IX. Tenor. Urteilsformel, I Nr. 4: Die Urteilsformel nach § 311 II, der sog. Tenor, ist das Kernstück des Urteils, das Ziel des ersten Hauptabschnitts auf dem Weg des Klägers von der Anrufung des Staats bis zur Befriedigung wegen seiner Forderung. Das Gericht muss die Urteilsformel vom Tatbestand und von den Entscheidungsgründen gesondert darstellen und wird üblicherweise nach dem Rubrum und vor dem Tatbestand hervorgehoben eingerückt. 22

1. Knappe Verständlichkeit. Die Urteilsformel muss kurz, präzise, klar umrissen und aus sich heraus verständlich sein, BGH MDR 2019, 952; WRP 2016, 1221. Bestimmtheit des Urteilsausspruchs dient der Rechtsklarheit und Rechtssicherheit. Die Voraussetzungen sind **von Amts wegen** zu prüfen (BAG NJW 2022, 960). 23

Das Gericht muss die Urteilsformel entsprechend den Anforderungen an einen Klagantrag nach § 253 II Nr. 2 grundsätzlich stets so genau formulieren, dass man den Umfang der inneren Rechtskraft nach § 322 erkennen kann und dass eine etwa beabsichtigte Zwangsvollstreckung möglich wird, BGH NJW-RR 1994, 1186; BAG NJW 2022, 960, NZA 2013, 806; LAG Köln MDR 2003, 778, das Urteil also „vollstreckbar" ist. Diese Voraussetzung dient auch dazu, damit der Beklagte sich erschöpfend verteidigen kann (BGH MDR 2019, 952; WRP 2016, 1221). Eine fehlende Bestimmtheit wäre auch im Revisionsverfahren von Amts wegen zu beachten (BGH MDR 2019, 952; WRP 2018, 1329). 24

Eine **Geldleistung** muss das Gericht in der gesetzlichen Währung, also in EUR beziffern (§ 14 I 2 BbankG). Bei den nach § 288 I 1 BGB beurteilbaren Zinsen mag die Wiedergabe des Gesetzestexts ausreichen, Reichenbach NJW 2001, 14. 25

2. Beispiele zur Frage einer Urteilsformel, I Nr. 4

Abänderungsurteil: Es ist unzweckmäßig, die Entscheidung nur so zu formulieren, dass der Leser ihren Sinn erst durch einen Vergleich mehrerer Urteilsformeln erkennen kann. Das muss das Gericht besonders bei § 323 beachten. 26

Bekanntmachungsbefugnis: Sie gehört nach § 12 III 1 UWG usw. ans Ende der Sachentscheidung.

Bezugnahme: Zulässig ist sie in der Urteilsformel nur dann auf eine Urteilsanlage, wenn das technisch unvermeidbar ist, BGH NJW 2000, 2208; Hmb FamRZ 2008, 67; LAG Köln MDR 2003, 778. Das gilt zB dann, wenn sie in einem langen Verzeichnis, einer Zeichnung oder einem Computerprogramm besteht, BGH 94, 291, oder auch einer farbigen Abbildung usw., und wenn die Geschäftsstelle die Anlage mit ausfertigt. **Unzulässig** ist eine Verurteilung auf den „Betrag aus dem Mahnbescheid", Schuster MDR 1979, 724; aM

Mickel MDR 1980, 278 (aber wenigstens ein Kernergebnis der Richtertätigkeit, der Vollstreckungstitel, muss aus sich heraus verständlich sein, BGH NJW 1992, 1692; LAG Köln MDR 2003, 778), da der Tenor aus sich heraus vollstreckbar sein muss Das in Bezug Genommene braucht ausnahmsweise nicht körperlich Teil der an sich notwendigen einheitlichem Urteilsurfassung zu sein, BGH NJW 2000, 2208.

Computerprogramm: → „Bezugnahme".

Derzeitige Abweisung: → „Unzulässigkeit oder Unbegründetheit".

Erledigung der Hauptsache: Soweit darüber ein Urteil nötig wird, → § 91a Rn. 213 ff. (einseitige Erklärung des Klägers).

Gesamtschuldner: Man sollte unbedingt ihre Verurteilung ebenfalls als „Gesamtschuldner" im Tenor klarstellen, Prütting/Gehrlein/Thole Rn. 9.

Gesetzestext: Es kann durchaus sinnvoll sein, ihn einfach zu übernehmen, zB bei §§ 341 I 2, 343 S. 1, 2, 345, 597 II, Prütting/Gehrlein/Thole Rn. 9.

Haftungsbeschränkung: Eine solche nach §§ 780, 781, 785 muss grds. im Tenor stehen, meist direkt hinter der Sachentscheidung oder zB nach → § 780 Rn. 15 ganz am Ende. Sie kann dort ausnahmsweise entbehrlich sein, zB nach → § 780 Rn. 18 ff.

Kosten: Hier bietet sich folgende Formulierung an: Die Kosten des Rechtsstreits (nicht des Verfahrens) werden dem Kläger/dem Beklagten auferlegt. Oder: „Der Kl./Bekl. trägt die Kosten des Rechtsstreits; vgl. Anders/Gehle Assessorexamen ZivilR A Rn. 184 ff.

Mahnbescheid: → „Bezugnahme".

Nichtzulassung: → „Zulassung eines Rechtsmittels".

Rechtsmittelurteil: → „Unzulässigkeit oder Unbegründetheit".

Bei einem Verfahrensfehler kann es auf Antrag nach §§ 538 II, 563 I 1 zur „Aufhebung (des Urteils vom …) und Zurückverweisung (an das …gericht)" kommen, „auch wegen der Kosten" nach → § 97 Rn. 58. Das Urteil des höheren Gerichts soll dann eine neue Fassung erhalten, wenn es die Entscheidung des Vordergerichts nicht bestätigt.

Streitwertfestsetzung: Trotz ihrer Zugehörigkeit zur Kostenentscheidung findet diese Festsetzung meist entweder in einem gesonderten Beschluss nach §§ 62, 63 GKG, §§ 54, 55 FamGKG usw. oder bei der Grundentscheidung am Ende der Entscheidungsgründe statt.

UKlaG: Nach § 9 Nr. 1 UKlaG ist die Wiedergabe der hier maßgeblichen AGB im Wortlaut nötig.

Unerlaubte Handlung: Bei § 850f II ist ihre Feststellung ausnahmsweise im Tenor nötig, zumindest ratsam. Großzügiger BGHZ 05, 1663.

Unzulässigkeit oder Unbegründetheit: Eine Abweisung kann und sollte schon wegen → Vor § 253 Rn. 14 durchaus, braucht aber nicht zwingend schon in der Urteilsformel erkennen zu lassen, ob sie wegen der Unzulässigkeit oder Unbegründetheit der Klage erfolgt, LG Freibg MDR 1997, 396, und ob die Abweisung nur als „derzeit noch" erfolgt. Ein Rechtsmittel wird bei seiner Unzulässigkeit ebenfalls „verworfen", bei seiner Unbegründetheit „zurückgewiesen".

Versäumnisverfahren: Hier gelten Besonderheiten nach §§ 341 I 2, 343, 344, 345.

Verzeichnis: „Bezugnahme".

Vollstreckungsfähigkeit: Man muss zB an § 850f, 13 (unerlaubte Handlung) mitdenken. Ferner zB → § 713 Rn. 3. **Nicht** vollstreckbar ist etwa ein Urteil, „die laufende Miete pünktlich zu zahlen" oder wenn Daten für den Zinsbeginn fehlen etc.

Vorbehaltsurteil: Bei ihm nach §§ 302, 599 gehört der Ausspruch der Möglichkeit zur Ausübung der Rechte nach → § 302 Rn. 21, → § 599 Rn. 10 direkt hinter die Sachentscheidung in den Tenor.

Vorläufige Vollstreckbarkeit: Statt „Das Urteil wird für vorläufig vollstreckbar erklärt" genügt „Das Urteil ist vorläufig vollstreckbar". Stets muss man natürlich die Besonderheiten der §§ 708 ff. zB zur Sicherheitsleistung schon im Tenor mitbeachten. „… in Höhe von (x)% des jeweils zu vollstreckenden Betrags" ist nach § 709 S. 2 korrekt.

Willenserklärung: Der Inhalt der nach § 894 S. 1 als abgegeben geltenden Erklärung muss (auslegbar) klar sein, BAG NZA 2013, 806.

Zeichnung: → „Bezugnahme".

Zinsen: Das Vollstreckungsorgan muss sich die Höhe anhand des etwa als maßgeblich genannten amtlichen Basiszinses und des Datums als Zinsbeginn ohne weiteres errechnen können. Vgl. aber auch Ffm NJW-RR 1992, 685.

Zulassung eines Rechtsmittels: Eine Zulassung der Berufung nach § 511 II Nr. 2 sollte schon in der Urteilsformel erfolgen, Hartmann NJW 2001, 1226. Das gilt selbst dann, wenn das Gericht die nach § 511 IV 1 Nr. 1, 2 erforderliche Kurzbegründung in die Entscheidungsgründe nach § 313 III einfügt. Das Gericht sollte auch eine Nichtzulassung schon in der Urteilsformel klarstellend mitnennen, Hartmann NJW 2001, 1226. Die Entscheidungsgründe sind auslegbar. Wenn weder Tenor noch Entscheidungsgründe dazu etwas enthalten, muss man wohl meist eine stillschweigende Nichtzulassung annehmen. Entsprechendes gilt nach → § 543 Rn. 13 zur Zulassung der Revision.

27 **3. Auslegung.** Notfalls kann man die Formel aus dem Inhalt des Urteils, aber auch → Rn. 27 **auslegen,** BGH NJW-RR 2017, 763. Reicht der Tenor allein nicht aus, den Umfang der Rechtskraft zu bestimmen, sind zur Auslegung der Urteilsformel der Tatbestand und die Entscheidungsgründe, erforderlichenfalls auch das Parteivorbringen, heranzuziehen (BGH MDR 2015, 294). Wenn auch das nicht möglich ist, kann nach → § 322 Rn. 9 keine innere Rechtskraft eintreten und keine Zwangsvollstreckung nach §§ 704 ff. stattfinden. Dann ist vielmehr eine neue Klage notwendig, BGHZ 142, 393, und das Revisionsgericht hebt das bisherige Urteil nach § 562 auf. Andererseits muss das Gericht die Urteilsformel auch weit genug abfassen, insbesondere bei einer Unterlassungsklage nach → § 890 Rn. 5, damit der Gegner nicht durch eine geringfügige Abänderung seines Verhaltens das Urteil zuschanden macht, Hamm NJW 2005, 2238. Bei einer **Widersprüchlichkeit** zu den *Entscheidungsgründen hat der Tenor* den Vorrang, BGH NJW 1997, 3448, Zöller/Feskorn Rn. 8. Es kann auch § 319 anwendbar sein. Bei der Verbandsklage gelten §§ 7, 9 UKlaG.

28 **X. Tatbestand, I Nr. 5, II.** Dazu Anders/Gehle Assessorexamen ZivilR A Rn. 8, 39 ff.; B 27; Gaier, Urteilstatbestand und Mündlichkeitsprinzip usw., 1999.

1. Grundsatz: Beurkundung des Parteivortrags. Ein Tatbestand ist grundsätzlich notwendig und mit entsprechender Überschrift zu versehen, Schopp ZMR 1993, 359. In ihm beurkundet das Gericht das Parteivorbringen im Urteil nach § 314, BGH NJW-RR 2005, 963; BAG NJW 1989, 1627. Das Protokoll nach §§ 159 ff. geht im Zweifel dem Tatbestand vor. Er soll zwar den Sach- und Streitstand beim Schluss der mündlichen Verhandlung nach §§ 136 IV, 296a erkennen lassen. Der Tatbestand ist maßgeblich, um erkennen zu können, welchen Sach- und Streitstand das erkennende Gericht bei seiner Entscheidungsfindung zugrunde gelegt hat. 29

Der Tatbestand beginnt mit der unstreitigen Geschichtserzählung. Dem schließt sich der streitige Klägervortrag an. Nachfolgend werden die Anträge der Parteien aufgenommen und durch Einrückungen hervorgehoben. Danach wird der streitige Beklagtenvortrag dargestellt in einer verständlichen Reihenfolge, zB rechtshindernde, -hemmende, -vernichtende Einreden oder Rügen. Ggf. ist eine Replik oder Duplik mit aufzunehmen. Der Tatbestand endet in der Regel mit der Prozessgeschichte (ggf. Beweisaufnahme). Besonderheiten kann es insbesondere bei der Widerklage geben und zwar je nachdem, ob der mit der Widerklage geltend gemachte Anspruch einem völlig neuen Sachverhalt zugrunde liegt (zu den Einzelheiten Anders/Gehle Assessorexamen ZivilR M Rn. 11 ff.). Ebenfalls Besonderheiten bei der Streitverkündung. Abweichungen ergeben sich immer dann, wenn dies für die **Verständlichkeit** erforderlich ist. Die Verständlichkeit stellt den obersten Grundsatz dar. Der Tatbestand soll nur dem wesentlichen Inhalt nach knapp sein (BGH NJW 2004, 1878) und hat dabei nur die tragenden Gesichtspunkte zu enthalten (Anders/Gehle Assessorexamen ZivilR B Rn 29). Er soll sich auf das „unabweisbar Notwendige", das für die Subsumtion der tragenden Aspekte erforderlich ist, beschränken, BVerfG NJW 2001, 2009; LG Mü NJW 1990, 1488; AG Ffm NJW 2002, 2358. Die viel zu wenig beachtete Fassung von II 1, 2 bezweckt eine direkte Abkehr von dem früheren Prinzip der Vollständigkeit zugunsten einer Arbeitserleichterung aller Beteiligten. Daher ist es jetzt weder im Tatbestand noch in den Entscheidungsgründen notwendig, eine auch für jeden Dritten vollständige Darstellung zu geben, BGH NJW 2004, 187; Franzki NJW 1979, 13. Auch → Rn. 4 und → § 314 Rn. 2. In der **Berufungsinstanz** gilt II nur hilfsweise neben den besonderen Regeln in § 540, BGH GRUR 2013, 1070. 30

Der Vorteil, der sich über die Zeit herausentwickelten **sprachlichen Gepflogenheiten** besteht, darin, dass der Leser eines Urteils sofort erkennen kann, wie ein Tatbestandsaspekt juristisch vom Gericht eingeordnet worden ist. Ist der Sachverhalt als unstreitig bewertet worden, wird er im Imperfekt und Indikativ wiedergegeben. Ist der Sachverhalt streitig, wird dieser Teil im Konjunktiv geschrieben. Streitige Tatsachen werden mit der Formulierung, der Kläger bzw. der Beklagte „behauptet" und streitige Rechtsansichten werden in der Regel mit der Formulierung, der Kläger bzw. der Beklagte „ist der Ansicht" eingeleitet. Als übergeordnete Begrifflichkeit wird manchmal für den streitigen Teil „meint" etc. verwandt. Ein Prozessgeschichte wird im Perfekt aufgenommen, so zB „Das Gericht hat Beweis erhoben durch (...)". 31

2. Mindestangaben. Es reicht nämlich aus, dass die unumgänglichen Mindestangaben vorhanden sind und dass die Parteien aufgrund der Verhandlung den Tatbestand verstehen können, Stanicki DRiZ 1983, 270; krit. Sirp NJW 1983, 1305 und sicher sein können, dass das erkennende Gericht bei der Entscheidungsfindung den „richtigen" Sach- und Streitstand zugrunde gelegt hat (Ausprägung des Art. 103 I GG, BVerfG NJW-RR 2002, 69). Soweit die Parteien rechtskundige Vertreter haben, genügt eine Verständlichkeit für die ProzBevtl. Es gehört zu deren Aufgabe, die Auftraggeber bei Bedarf zusätzlich über den Inhalt zu informieren. Das Gericht kann sich auch durch Zeichnungen oder Fotos usw. ausdrücken, BGHZ 112, 142. 32

3. Verweisungen. So weitgehend wie irgend möglich darf und „soll" das Gericht auf die Akten verweisen, LAG Ffm ZVertriebsR 2016, 189, und zwar auf jeden beliebigen Aktenteil, soweit er für das Urteil eine Bedeutung hat. Ein pauschaler Hinweis auf „die Schriftsätze der Parteien", noch besser auf „den mündlich vorgetragenen Inhalt der Parteischriftsätze mit ihren Anlagen" oder ähnlich allgemeinere Bezugnahme sind ähnlich wie unsubstantiertes Bestreiten ohne Aussagekraft und dienen nicht der Verständlichkeit vgl. Hmb NJW 1988, 267; Schwöbbermeyer NJW 1990, 1453; BVerwG MDR 1977, 604 (vgl. unten wegen des Berufungsurteils). Konkrete Hinweise sind sinnvoll und schon deshalb auch ratsam, BGH NJW 2004, 2155; Balzer NJW 1995, 2452. Es darf freilich nicht die unumgänglichen Mitteilungen zum Tatbestand ersetzen. Der Tatbestand hat trotz § 314 (→ § 314 Rn. 1, 6) keine negative Beweiskraft in Bezug auf Tatsachen, die in vorbereitenden Schriftsätzen, nicht aber im Tatbestand erwähnt sind, BGH NJW 2004, 1876. Bloße Verweisungen sind außerhalb von II 2 kaum statthaft, BGH NJW 2003, 3136. 33

4. Trennbarkeit. Die äußere Trennung des Tatbestands von der Urteilsformel nach I Nr. 4 und von den Entscheidungsgründen nach III ist geboten. Falls dies nicht eingehalten wird, führt dies aber nicht deshalb zur Aufhebung des Urteils BGH NJW 1999, 642. Vielmehr gehört zB auch eine formell in die Entscheidungsgründe aufgenommene tatsächliche Feststellung rechtlich zum Tatbestand und dessen Beweiskraft, BGH NJW-RR 2005, 963; BAG NZA-RR 2008, 37; Düss NJW-RR 2004, 564. Inhaltlich muss das Gericht stets klar und scharf scheiden. Bei einem Urteil nach Aktenlage nach § 251a und einem Urteil nach § 128 II muss der Tatbestand ergeben, welche Schriftstücke das Gericht berücksichtigt hat. Hat das Gericht Aussagen bei der Entscheidung nicht berücksichtigt, hat es damit den Beweisbeschluss insofern nachträglich aufgehoben. Daher nimmt es die Aussagen im Tatbestand nicht auf. 34

5. Entbehrlichkeit. Wegen des Urteils im Kleinverfahren § 313a I 1 (kein Tatbestand notwendig). Wegen des Berufungsurteils (jetzt) § 540 und BGH NJW 1990, 2755 (bei einer Bezugnahme auf Schriftsätze sind auch diese Ausführungen der Parteien der revisionsgerichtlichen Beurteilung zugänglich), BGH NJW 1999, 1720 (ohne Tatbestand nur dann keine Aufhebung in der Revisionsinstanz, wenn sich der Sach- und Streitstand aus den Entscheidungsgründen ausreichend ergibt), BAG NZA 2011, 1055 (der Tatbestand ist nur beim nicht revisionsfähigen Urteil ganz entbehrlich), BAG NJW 1989, 1627 (eine Bezugnahme auf ein vorangegangenes Revisionsurteil kann ausreichen), Schwöbbermeyer NJW 1990, 1453 (keine „Nur"-Verweisung). Der Tatbestand ist auch bei §§ 313a II 1, 2, 313b entbehrlich. Unentbehrlich sind die folgenden Angaben. 35

6. Anträge. Der Tatbestand „soll" die nach § 297 zuletzt aufrechterhaltenen oder gestellten Anträge – durch Einrückung und in der Regel wörtliche Wiedergabe (§ 308 I) – „hervorheben" und zwar auch diese nur noch ihrem wesentlichen Inhalt nach. Das soll aber natürlich so ausführlich geschehen, dass der Streitgegenstand nach → § 2 Rn. 4 und der Umfang der inneren Rechtskraft nach → § 322 Rn. 9 erkennbar sind. 36

37 **7. Ansprüche.** Unentbehrlich ist ferner eine knappe Darstellung der Ansprüche mit ihrem wesentlichen Inhalt, also eine Begrenzung des Begehrens des Klägers nach § 253 und ggf. des Widerklägers nach Gegenstand und Grund. Bei einem unbezifferten Antrag empfiehlt es sich, etwaige gegenüber der Klageschrift etwa geänderten Wertvorstellungen oder die dafür vorgetragenen Tatsachen wenigstens zu skizzieren. Denn das kann für die Rechtsmittelinstanz erheblich sein. Verweisungen sind nach → Rn. 32 zulässig.

38 **8. Angriffs- und Verteidigungsmittel.** Notwendig, aber auch ausreichend ist ferner eine noch knappere Darstellung der Angriffs- und Verteidigungsmittel nach § 282 I, (ihrem wesentlichen Inhalt nach). Ausreichend ist zB: „Der Beklagte beruft sich auf Verjährung, der Kläger auf die Unzulässigkeit dieser Einrede". Eine Verweisung ist nach → Rn. 32 weitgehend angebracht.

39 **9. Streitig – unstreitig.** Erforderlich ist weiterhin die Kennzeichnung als unstreitig, etwa mit den Worten in der Geschichtserzählung (unstreitig) „Der Kläger erlitt einen Schaden", oder streitig, etwa mit der Formulierung „Der Kläger behauptet, einen Schaden erlitten zu haben".

40 Die Unterscheidung zwischen „unstreitig" und „streitig" ist auch insbesondere für die Frage von Bedeutung, ob Beweis zu erheben ist. Unstreitige Tatsachen unterliegen selbstverständlich nicht der Beweisaufnahme; über streitige Tatsachen ist nur Beweis zu erheben, soweit sie entscheidungserheblich sind (Relationstechnik). Über streitige Rechtsansichten ist kein Beweis zu erheben (Besonderheit: siehe ausländisches Recht, Statuten: § 293). Deshalb ist es auch so wichtig, im streitigen Teil bei der Darstellung präzise zwischen Tatsachen und Rechtsansichten zu unterscheiden.

41 Unstreitig sind: Übereinstimmende Tatsachenangaben; nach §§ 138 II, 288 I zugestandene Behauptungen; solche Behauptungen, zu denen sich der Gegner nicht ausreichend streitig geäußert hat, zB nach § 138 III, IV (Bestreiten mit Nichtwissen). In diesen letzteren Fällen sollte man allerdings besser klarstellen, dass Behauptungen ohne ein gegnerisches ausdrückliches Bestreiten usw. vorliegen, BGH MDR 2014, 675. Ein Beweisergebnis wird unstreitig, soweit es der Gegner wenigstens stillschweigend übernommen hat (Auslegungsfrage).

42 **10. Wichtige prozessuale Ereignisse.** Notwendig ist schließlich die Anführung der bisher im Verfahren ergangenen Urteile und vergleichbaren wichtigsten Ereignisse prozessualer Art, zB ein Hinweis auf eine teilweise Klagerücknahme nach § 269. Alles das darf und soll in äußerster Knappheit geschehen.

43 **11. Beweis.** Entbehrlich sind: Eine Wiedergabe des Inhalts der Beweisbeschlüsse; die Anführung aller Zeugen nach §§ 373 ff., noch gar der nicht vernommenen; meist die Angabe des Tags der Beweisaufnahme oder der Blattzahlen der Beweisprotokolle oder die Wiedergabe des Inhalts der Aussagen. Es genügt die Bezugnahme in der Prozessgeschichte, dass das Gericht Beweis erhoben hat. Insoweit ist es ausreichend und im Hinblick darauf, dass der Tatbestand möglichst knapp sein soll auch hinreichend, wenn nur die Beweismittel, die erhoben worden sind, benannt werden, ohne die konkreten Daten der Beweisbeschlüsse oder der einzelnen Beweistermine zu benennen.

44 **12. Rechtsausführungen.** Die Wiedergabe der Rechtsausführungen der Parteien ist zwar grundsätzlich entbehrlich, BPatG GRUR 1978, 40, aber ratsam, sofern es der Verständlichkeit dient vgl. FG Hmb MDR 1996, 852, zB „Der Kläger stützt seinen Anspruch insbesondere auf unerlaubte Handlung". Eingeleitet wird dies in der Regel mit der Formulierung: „Der Kläger/Beklagte ist der Ansicht, (…)". Notwendig ist die Angabe aller wesentlichen Einreden, etwa derjenigen der Verjährung. Geht der Streit nur um die rechtliche Würdigung des unstreitigen Sachverhalts, mag eine etwas ausführlichere Anführung der Rechtsauffassungen ratsam sein. Empfehlenswert ist schon zur Vermeidung des Vorwurfs eines Verstoßes gegen Art. 103 I GG der Hinweis darauf, dass und evtl. in welchem Umfang das Gericht seine vorläufige Beurteilung mit den Parteien wegen § 139 erörtert hat, falls dieser Hinweis sich nicht im Protokoll befindet.

45 **13. Tatsächliche Einzelheiten.** Entbehrlich ist weiterhin die Wiedergabe von Einzelheiten des tatsächlichen Vortrags, insbesondere soweit eine Verweisung auf Schriftsätze möglich ist, aber auch dann, wenn eine solche Verweisung nicht erfolgt, Hamm NJW-RR 1995, 510. Wenn das Gericht freilich zB eine Parteierklärung im Verhandlungstermin nicht nach §§ 159 ff. protokolliert hat, kann ihre Aufnahme in den Tatbestand notwendig sein. Ebenso kann es ratsam sein, den entscheidenden Einzelpunkt eines Tatsachenvortrags in den Tatbestand aufzunehmen.

46 **14. Kosten; Vollstreckbarkeit.** Die Kostenanträge und Anträge zur vorläufigen Vollstreckbarkeit sind wegen der Notwendigkeit einer Entscheidung von Amts wegen nach §§ 308 II, 708, 711 S. 1 entbehrlich. Es ist zudem unüblich, diese in den Tatbestand mit aufzunehmen.

47 **15. Verstoß, I Nr. 5, II.** Wegen einer Berichtigung § 319. Wegen einer Ergänzung §§ 321, 321a. Ein Verstoß führt in Ausnahmefällen nur insoweit zur Aufhebung und Zurückverweisung nach § 538 II 1 Nr. 1, als infolge des Verstoßes keine sichere Grundlage zur Nachprüfbarkeit des Urteils mehr vorhanden ist, BGH NJW-RR 1997, 1486; BAG NJW 2003, 918 (zu § 543 II); Köln FamRZ 2005, 1921.

48 **XI. Entscheidungsgründe, I Nr. 6, III.** Dazu Anders/Gehle Assessorexamen ZivilR B 28 ff.; Brink, Über die richterliche Entscheidungsbegründung usw., 1999; Grunsky, Überlegungen zur Konkurrenz mehrerer Klageabweisungsgründe, FS Schumann, 2001, 159; Kappel, Die Klageabweisung „zur Zeit", 1999; Maultzsch, Streitentscheidung und Normbildung durch den Zivilprozess (rechtsvergleichend), 2010; Seiler, Höchstrichterliche Entscheidungsbegründungen und Methode im Zivilrecht, 1991.

49 **1. Umfang.** Die Begründung der Entscheidung stellt einen wesentlichen Teil des Urteils dar und ist für eine geordnete Rechtspflege nach § 547 Nr. 6, Art. 6 MRK notwendig (EGMR NJW 1999, 2429, BGH GRUR 2016, 861; Ffm FamRZ 2006, 275). Das Gericht soll dabei aber nur eine kurze Zusammenfassung seiner entscheidungserheblichen Erwägungen in den Entscheidungsgründen formulieren, BGH NJW 2016, 3234; BAG NJW 2015, 432; LG Lübeck MDR 2014, 1330. Eine der wichtigsten, viel zu wenig ausgenutzten Möglichkeiten des Gesetzes auch zwecks Entlastung der Gerichte ist der Wegfall des früheren Zwangs einer erschöpfenden Urteilsbegründung, BVerfG NJW 1994, 2279; BGH MDR 2016, 1350; Reineke DRiZ 1983, 404. Das Gesetz *geht davon* aus, dass das Gericht die Rechtslage schon wegen § 139 III in der mündlichen Verhandlung ausreichend erörtert hat.

50 Daher brauchen die Entscheidungsgründe für die dort Beteiligten nur die maßgeblichen Aspekte zu enthalten, Balzer NJW 1995, 2448; Franzki NJW 1979, 13. Nur die **tragenden Gesichtspunkte** sind knapp und ver-

ständlich darzustellen. Hilfserwägungen sind entbehrlich, können aber im Hinblick auf ein Rechtsmittelverfahren in der gebotenen Kürze zweckmäßig sein (vgl. auch BGH VersR 2009, 130; Hmb GRUR-RR 2009, 159; Naumb JurBüro 2011, 44). Bei einer **anwaltlichen Vertretung** im Verfahren mit oder auch ohne Anwaltszwang nach § 78 kommt hinzu: Es gehört zu den Aufgaben des ProzBev., seinen Auftraggeber in allen Prozessfragen nach § 85 umfassend zu informieren, also auch über die dem Auftraggeber eventuell nicht ganz klaren Partien eines Urteils sei es zum Tatbestand, sei es zu den Entscheidungsgründen. Gerade auch ein solches Urteil ist für die anwaltlich vertretenen Parteien und nur in zweiter Reihe für Dritte bestimmt..Oberstes Gebot ist dabei die **Verständlichkeit,** was Ausdruck des hoheitlichen Staatsaktes ist. Trotz der gebotenen Kürze haben die Parteien einen verfassungsrechtlichen Anspruch darauf, die tragenden Gründe der richterlichen Entscheidung nachvollziehen zu können und damit auch zugleich erkennen zu können, dass das Gericht die von den Parteien vorgetragenen Argumente bei der Entscheidung berücksichtigt hat (Art. 103 GG) (OLG München, 3.2.2022 – 8 U 8353/21; siehe auch VerfGH NRW AnwBl. Online 2022, 22, vgl. auch: Foerste, Rechtsschutz bei Begründungsdefiziten unanfechtbarer zivilgerichtlicher Entscheidungen, in: FS für Herbert Roth zum 70. Geburtstag).

Als Ausnahme braucht das Urteil im Kleinverfahren nach § 495a dann keine gesonderten Entscheidungsgründe zu enthalten, wenn ihr wesentlicher Inhalt nach § 313a I 2 im Protokoll steht. 51

2. Überprüfbarkeit. Immerhin müssen grundsätzlich schon wegen Art. 6 I EMRK angemessene Gründe vorhanden sein, EGMR NJW 1999, 2429. Das folgt auch aus § 286 I 2, dort → § 286 Rn. 20. Die Maßgabe **„kurz und knapp"** zu entscheiden ist mit der anderweitig und im Laufe der Zeit zum Teil verschärften Hinweis- und Aufklärungspflichten des Gerichts in Einklang zu bringen (vgl. §§ 139, 156, 321a). Die Gründe dürfen also nicht zu einem entscheidungserheblichen Kernpunkt völlig fehlen, BGH NJW 2015, 2125, Schlesw FER 2000, 240. Die Entscheidungsgründe müssen nach → Rn. 66 so präzise und ausführlich sein, dass die Parteien die **maßgebenden Erwägungen** des Gerichts bei einer zumutbaren Bemühung und mithilfe ihrer ProzBevtl. doch auch selbst verstehen und nachvollziehen können, Hamm FamRZ 2001, 1161; Köln FamRZ 2005, 1921; Saarbr FamRZ 1993, 1099. Die Entscheidungsgründe müssen so klar sein, dass das höhere Gericht das Urteil überprüfen kann, BGH NJW-RR 1988, 524, und dass erkennbar wird, ob das Gericht den Art. 3 GG beachtet hat, BVerfG NJW 1994, 2279, und den Art. 103 I GG, BVerfG NJW-RR 2002, 69; BGH NJW 2009, 2137 (mit Recht krit. Mark/Schütt NJW 2019, 2138) und 2139; Köln NJW-RR 1987, 1152 und sich mit dem Einzelfall auseinander gesetzt hat und nicht nur allgemeine Textbausteine verwandt hat. 52

Das Gericht muss den **wesentlichen Kern** des Parteivortrags zu einer für das Verfahren zentral bedeutsamen Frage erörtern, BGH NJW-RR 2011, 99, soweit er nicht nach der Beurteilung des Gerichts unerheblich oder offenbar unsubstantiiert ist, BVerfG NJW 1994, 2279; BGH NJW 2015, 2125, VerfGH Mü NJW 2005, 3772 (verfassungskonforme Auslegung). Das Gericht muss den Sinn des Vortrags beachten, BGH NJW 2009, 2137 (mit Recht krit. Mark/Schütt NJW 2019, 2138) und NJW 2009, 2139. Die Nichtbehandlung eines wesentlichen Tatsachenvortrags lässt auf seine Nichtbeachtung schließen, BVerfGE 86, 146, BGH NJW 2015, 2125, großzügiger BAG NZA 2005, 653. Glaubwürdigkeitsfragen zB nach → Vor § 373 Rn. 11 mögen eine ausführliche Erörterung nötig machen, BGH NJW 1991, 3284; Köln OLGR 1998, 56. Bei einem Auslandsbezug muss das Gericht erkennbar machen, welche Rechtsordnung es nach § 293 usw. angewendet hat, BGH NJW 1988, 3097. 53

Auch bei einer **rechtlichen Streitfrage** kann es genügen, sich kurz zu fassen und lediglich zB durch eine Fundstellenangabe klarzustellen, dass das Gericht eine abweichende Auffassung zur Kenntnis genommen hat. Zur Problematik im Patentrecht Völcker GRUR 1983, 85. Beim Auslandsbezug müssen die Entscheidungsgründe nach → § 293 Rn. 14 ergeben, ob dem Gericht bei der Anwendung ausländischen (Vertrags-)Rechts auch die Auslegungsnormen des ausländischen Rechts bekannt waren, BGH NJW-RR 1990, 249. 54

3. Textbausteine. Das Urteil sollte auch in den Entscheidungsgründen weitgehend nur ein Abbild der maßgeblichen mündlichen Verhandlung darstellen. Die Verwendung von Textbausteinen ist zulässig, VGH Kassel NJW 1984, 2429. Sie sollte aber zurückhaltend erfolgen. Sie darf natürlich nicht in einer bloßen Verweisung auf solche Bausteine bestehen, die sich erst außerhalb des Urteils ergeben, VGH Kassel NJW 1984, 2429; Celle NJW-RR 1990, 124; Köln MDR 2009, 408 (zu § 329). Freilich kommt es auch hier auf den Einzelfall an. Das Gericht sollte auch Leerfloskeln möglichst vermeiden, Schneider MDR 2001, 246, gerade weil sie zB bei einer Beweis-„Würdigung" nach § 286 verführerisch bequem sind. 55

4. Bezugnahmen. II erlaubt – ausdrücklich oder konkludente – konkrete Bezugnahmen auf den schriftsätzlichen Vortrag der Parteien (LG Hamburg 7.5.2019 – 316 S 78/17, BeckRS 2019, 27293). Eine Bezugnahme auf die Gründe eines genau bezeichneten früheren Urteils ist dann zweckmäßig, wenn die Parteien oder zumindest der Unterliegende die frühere Entscheidung kennen, BGH NJW-RR 1991, 830, BFH BB 1975, 1421. Eine Bezugnahme auf eine solche gleichzeitig beschlossene und erst später zugestellte andere Entscheidung für dieselben Beteiligten reicht aber nicht aus, BFH DB 1984, 1970, ebenso wenig die Bezugnahme auf eine solche andere Entscheidung, die nur einer der jetzigen Parteien bekannt ist, BGH BB 1991, 506. Ein lapidarer Hinweis auf die eigene Rechtsprechungstradition kann nunmehr zulässig sein. Die Beifügung einer überstimmten abweichenden Beurteilung (dissenting vote) innerhalb des Spruchkörpers ist nach → GVG Vor § 192 Rn. 1, 3 auch schon wegen des Beratungsgeheimnisses (§ 43 DRiG) unstatthaft, anders als beim BVerfG. Zum Problem rechtspolitisch Lamprecht DRiZ 1992, 325. 56

5. Anspruchsgrundlagen. Notwendig ist entsprechend der **Relationstechnik** eine kurze Bezeichnung der die Entscheidung tragenden Rechtsnormen, so dass zB erkennbar ist, ob sich der zugesprochene Anspruch auf einen Vertrag (welcher Art? Parteiregeln oder gesetzliche Vertragsregeln?) oder auf eine unerlaubte Handlung gründet (vgl. Anders/Gehle Assessorexamen ZivilR A 47 ff.). Bei alternativen Sachverhalten muss das Gericht klarlegen, welchen Anspruch es beschieden hat, Hamm NJW-RR 1992, 1279. Es kann zweckmäßig sein, wenigstens kurz anzudeuten, weshalb neben dem Fehlen einer Vertragsgrundlage auch keine andere Anspruchsgrundlage besteht, etwa nach § 812 BGB, Köln MDR 1983, 151. 57

6. Einreden, Einwendungen. Notwendig sind ferner kurze Hinweise dann, wenn das Gericht zB die Einrede der Verjährung nach § 214 I BGB als nicht begründet beurteilt oder wenn eine Partei eine Verwirkung geltend machte, LG Bln NJW-RR 1997, 842. 58

59 **7. Tatbestandsmerkmale.** Erforderlich, aber auch ausreichend ist ferner eine sehr knappe Darstellung dazu, welche Einzelmerkmale der Anspruchsnorm aus welchem Hauptgrund vorliegen, falls sie umstritten waren. Hilfserwägungen sind in der Regel entbehrlich.

60 **8. Beweiswürdigung.** Das Gericht muss die Beweiswürdigung nach § 286 I 2 sorgfältig darlegen, und zwar nach § 286 ausführlich, Köln NJW-RR 1998, 1143; Schneider MDR 1978, 3. Ggf. kann auch auf § 287 Bezug genommen werden.

61 **9. Verspätetes Vorbringen.** Notwendig ist eine kurze Begründung, weshalb eine Zurückweisung nach §§ 282, 296 notwendig war, Schneider MDR 1978, 2. Dabei ist keineswegs eine Erörterung zB darüber notwendig, ob eine Verspätung auch dann vorgelegen hätte, wenn man einer abgelehnten Auffassung gefolgt wäre, maßgeblich sei der voraussichtliche Prozessverlauf, LG Ffm NJW 1979, 2112. Gerade in diesem Punkt mag eine eigentlich zu ausführliche Darstellung vorsorglich dann ratsam sein, wenn das Gericht weiß, dass das höhere Gericht zu einer allzu großzügigen Zurückverweisung nach § 538 II 1 Nr. 1 neigt, Düss VersR 1979, 773. Jedenfalls sollte das Urteil diejenige Vorschrift genau nennen, auf der eine Zurückweisung beruhen soll, um einen Verstoß gegen Art. 103 I GG zu verhindern, BVerfG WuM 1994, 187.

62 Bei **§ 296a** kann es zur Vermeidung des Verdachts eines Verfahrensfehlers wegen § 156 sinnvoll sein, im Tatbestand und/oder in den Entscheidungsgründen kurz darauf hinzuweisen, dass das Gericht den nachgereichten Schriftsatz geprüft hat, evtl. sogar mit welchem Ergebnis.

63 **10. Nebenentscheidungen.** Erforderlich und ausreichend ist schließlich ein knappster Hinweis auf die rechtlichen Grundlagen der Nebenentscheidungen. Das gilt auch angesichts der nur begrenzten Anfechtbarkeit der bloßen Kostenentscheidung nach § 99.

64 **11. Lehre und Rechtsprechung.** Oft entbehrlich ist die Darlegung irriger Ansichten, Schwarz SchlHA 1976, 87, soweit es sich nicht um solche wirklich zweifelhaften Rechtsfragen handelt, von denen die Entscheidung zumindest teilweise abhängt. Schon gar nicht ist ein umfangreicher „wissenschaftlicher Apparat" notwendig, OVG Münst DRiZ 1982, 232; Schneider MDR 1978, 89, und zwar nicht einmal in einem höchstrichterlichen Urteil, von seltenen Ausnahmen abgesehen.

65 **Entscheidungszitate,** sind nur dann erforderlich, wenn hiermit neue Erkenntnisse verbunden sind bzw. eine Rechtsfrage noch ernsthaft streitig ist oder das erkennende Gericht sich einer Minderheitenposition anschließt (vgl. May DRiZ 1989, 458). Ein kurzer hilfsweiser Hinweis dahin, dass die als unzulässig erklärte Klage zumindest unbegründet ist, ist erlaubt und evtl. ratsam.

66 **12. Aufbau, Sprache.** Bei alledem muss das Urteil nach → Rn. 52 vor allem für die Parteien verständlich sein, damit es sie überzeugen kann, Groh MDR 1984, 196; Wassermann ZRP 1981, 260. Zwar richtet sich das Urteil nicht an außenstehende Dritte, sondern an die evtl. rechtskundigen oder rechtskundig vertretenen Parteien. Dennoch muss das Gericht stets eine solche Sprache wählen, die möglichst jeder verstehen kann, BGH NJW-RR 2007, 1412; Lüke NJW 1995, 1068. Verklausuliertes Juristendeutsch im Urteil ist einer der Hauptgründe für Rechtsunsicherheit und mangelndes Vertrauen in die Justiz. Verschachtelte und nur schwer verständliche Ausführungen sind zu vermeiden.

67 **13. Urteilsstil.** Erforderlich ist ein strikter Urteils-, („Denn"-)Stil, also **kein** Gutachten-(„Also"-)Stil. Der erstere Stil zwingt zu schärferer gedanklicher Straffheit und Klarheit und dazu, nur die maßgeblichen – tragenden Gesichtspunkte – auszuführen. Der Richter soll zu überzeugen versuchen, auch wenn er keineswegs auf den Bestand seines Urteils vor einem höheren Gericht schielen muss. Im Übrigen hat der Richter viel Aufbau- und Formulierungsspielraum, BVerfG NJW 1987, 419. Er darf zB dichten, LG Ffm NJW 1982, 650; ArbG Detm NJW 2008, 782; Beaumont NJW 1990, 1969.

68 **14. Verstoß, I Nr. 6, III.** Dazu Fallak, Rechtsschutz bei lückenhafter Begründung des zivilgerichtlichen Urteils, 2012. Ein Widerspruch zwischen dem Tatbestand und den Entscheidungsgründen kann die Revision begründen. Die bloße Nichterörterung eines Gesichtspunkts kann mangels besonderer Umstände ein Grund zur Annahme des Übergehens unter einem Verstoß gegen Art. 103 I GG sein. Das endgültige Fehlen von Gründen ist ein absoluter Revisionsgrund nach §§ 522 II 3, 547 Nr. 6, und ein Verfahrensmangel nach → § 538 „§ 313" (Ausnahmen: §§ 313a, 313b, 540 I), BGH VersR 1986, 34; Hamm FamRZ 2001, 1161; Schlesw FER 2000, 240. Er kann auf Antrag zur Zurückverweisung nach §§ 538 II 1 Nr. 1, 563 I, IV führen, BGH NJW-RR 1988, 524;L BAG NZA 2008, 551; Brdb FamRZ 2006, 130. Wegen des „dissenting vote" → Rn. 56, → GVG Vor § 192 Rn. 1, 3. Dem Fehlen steht eine solche „Begründung" gleich, die infolge einer groben inhaltlichen Unvollständigkeit nicht ausreichend erkennen lässt, über welchen Antrag das Gericht entscheiden wollte, welche tatsächlichen Feststellungen es der Entscheidung zugrunde gelegt hat und welche tatsächlichen und rechtlichen Erwägungen das Gericht angestellt hat, Ffm MDR 1984, 322. Freilich sind eben nur Angaben nach → Rn. 57 erforderlich.

69 **XII. Rechtsmittelbelehrung, I–III.** Im Zivilprozess ist auch im Urteil eine Rechtsmittelbelehrung nach § 232 erforderlich, allerdings in der Regel nicht, soweit die Parteien sich durch einen Rechtsanwalt vertreten lassen müssen, siehe § 232 S. 2. Eine unrichtige Rechtsbehelfsbelehrung oder ihr Fehlen kann eine Wiedereinsetzung begründen, § 233 S. 2.

313a

Weglassen von Tatbestand und Entscheidungsgründen. I [1]**Des Tatbestandes bedarf es nicht, wenn ein Rechtsmittel gegen das Urteil unzweifelhaft nicht zulässig ist.** [2]**In diesem Fall bedarf es auch keiner Entscheidungsgründe, wenn die Parteien auf sie verzichten oder wenn ihr wesentlicher Inhalt in das Protokoll aufgenommen worden ist.**

II [1]**Wird das Urteil in dem Termin, in dem die mündliche Verhandlung geschlossen worden ist, verkündet, so bedarf es des Tatbestands und der Entscheidungsgründe nicht, wenn beide Parteien auf Rechtsmittel gegen das Urteil verzichten.** [2]**Ist das Urteil nur für eine Partei anfechtbar, so genügt es, wenn diese verzichtet.**

III Der Verzicht nach Absatz 1 oder 2 kann bereits vor der Verkündung des Urteils erfolgen; er muss spätestens binnen einer Woche nach dem Schluss der mündlichen Verhandlung gegenüber dem Gericht erklärt sein.

IV Die Absätze 1 bis 3 sind nicht anzuwenden im Fall der Verurteilung zu künftig fällig werdenden wiederkehrenden Leistungen oder wenn zu erwarten ist, dass das Urteil im Ausland geltend gemacht werden wird.

V Soll ein ohne Tatbestand und Entscheidungsgründe hergestelltes Urteil im Ausland geltend gemacht werden, so gelten die Vorschriften über die Vervollständigung von Versäumnis- und Anerkenntnisurteilen entsprechend.

I. Systematik, I–V. Die Vorschrift ist eine eng auslegbare vorrangige Ausnahme von § 313 I Nr. 5, 6. Ein Anreiz zum Verzicht auf einen Tatbestand und auf Entscheidungsgründe ist die Ermäßigung der Gerichtsgebühren in vielen Fällen zB nach KV 1211 Nr. 2, 1222 Nr. 2, 1311 Nr. 2 GKG, KV 1221 Nr. 2 FamGKG usw. Diese Ermäßigung interessiert nicht nur den Unterlegenen als den Entscheidungsschuldner nach § 29 I Nr. 1 GKG, sondern auch jeden weiteren gesetzlichen Kostenschuldner nach §§ 22, 29 GKG, vor allem also den Antragschuldner, oft auch den Sieger. Denn er könnte nach § 31 I GKG ebenfalls haften, wenn auch wegen § 31 II GKG nur hilfsweise und bei einer Prozesskostenhilfe nach §§ 114 ff. zugunsten des „Unterlegenen" nur ganz ausnahmsweise. Auf alle diese Auswirkungen eines rechtzeitigen Verzichts darf und sollte der Vorsitzende beim Schluss der mündlichen Verhandlung nach §§ 136 IV, 296a oder zu dem **diesem** Schluss entsprechenden Zeitpunkt nach § 128 II von Amts wegen jedenfalls kurz hinweisen, zumindest gegenüber einer nicht rechtskundigen Partei. Denn sie kann sonst den Sinn eines Verzichts kaum voll erkennen. 1

Allerdings besteht **keine derartige Hinweispflicht.** § 139 I 2 meint nur die bis zur Sachentscheidung selbst, also für die Entscheidungsformel nach § 313 I Nr. 4 sachdienlichen Anträge. § 139 II ist unanwendbar, weil er das Wie, nicht das Ob einer Entscheidungsbegründung meint. Deshalb hat auch die Unterlassung eines rechtzeitigen Hinweises keine Kostenniederschlagung nach § 21 GKG oder § 20 FamGKG zur Folge. Denn es liegt kein offenkundiger Verstoß vor, Hartmann/Toussaint/Toussaint GKG § 21 Rn. 10. Es kommt auch keine Amtshaftung gegenüber dem Kostenschuldner in Betracht. Im Berufungsverfahren gilt vorrangig § 540. 2

II. Regelungszweck, I–V. Es handelt sich an sich um eine wichtige Entlastungsvorschrift, die allerdings in der Praxis nur eine geringe Bedeutung hat, Schneider MDR 1985, 906. Sie ist verfassungsgemäß, aM Robbers JZ 1988, 143. Besonders sorgfältig ist aber zu prüfen, ob der Verzicht wirksam erklärt worden ist. Weng DRiZ 1985, 177, sondern erleichtert dem Gericht und allen anderen Beteiligten die Arbeit erheblich. Die Parteien werden in der Regel erst nach Verkündung des Urteils verzichten, weil sie erst dann abschließend beurteilen können, ob sie gegen die Entscheidung Rechtsmittel einlegen werden. Erst dann entfällt auch der Zweck des Begründungszwangs. Aber auch vor Verkündung wäre ein Verzicht wirksam. Um den Streitgegenstand, ggf. auch bedeutsam für § 850f II, beschreiben zu können, kann ggf. eine Klarstellung zumindest im Tenor zweckmäßig sein. 3

Zeitgemäß ist die ausgewogene Regelung ganz erheblich. Aus der Parteiherrschaft ergibt sich auch eine ziemlich weitgehende Möglichkeit eines Verzichts auf ein formelles Prozessrecht. Die Prozesswirtschaftlichkeit ermöglicht auch im Bereich des § 313a eine großzügige Handhabung seiner Voraussetzungen zumindest bei I–III. Vernünftige Abwägung erlaubt auch eine Entlastung aller Beteiligten. §§ 319 ff. können notfalls evtl. mithelfen. Eine Erweiterung der Verkürzungsmöglichkeiten sollte kaum erfolgen. Denn eine vollständige Fassung trägt wesentlich zur Akzeptanz und damit zum Rechtsfrieden bei. 4

III. Geltungsbereich, I–V. Die Vorschrift gilt in allen Verfahren nach der ZPO, auch im WEG-Verfahren. Vorrang haben aber §§ 540, 564 als lex specialis. Die vorstehenden Regeln gelten entsprechend bei einem Beschluss, Ffm NJW 1989, 841; Hamm NJW-RR 1997, 318; Schneider MDR 1978, 92, zB nach § 91a, Hamm NJW-RR 1994, 1407. Sie bedeuten aber keinen Rechtsmittelverzicht etwa nach § 515, 565, Hamm MDR 2000, 721; Schlesw MDR 1997, 1154; aM Brdb NJW-RR 1995, 1212 (aber man darf nicht uferlos auslegen). Die Regelung ist nach § 69 II, IV 2 ArbGG im arbeitsgerichtlichen Urteilsverfahren anwendbar, hier weiter zu beachten, § 495a ZPO, BAG NZA 2014, 473, nicht aber im arbeitsgerichtlichen Beschlussverfahren, Lorenz BB 1977, 1003; Philippsen NJW 1977, 1135, zum Beschlussverfahren aM Grunsky JZ 1978, 87. Sie ist im patentgerichtlichen Verfahren unanwendbar, Schmieder NJW 1977, 1218. Im FamFG-Verfahren gilt § 38 IV, V FamFG. 5

IV. Entbehrlichkeit, I. Entbehrlich sind Tatbestand und/oder Entscheidungsgründe beim streitigen Urteil gleich welcher Unterart nur unter den folgenden Voraussetzungen. Von diesen darf keine fehlen. Beim Tatbestand nach § 313 II müssen die Bedingungen → Rn. 7–11 vorliegen und es darf auch keiner der Fälle → Rn. 16–22 vorliegen. Bei den Entscheidungsgründen nach § 313 III müssen die Bedingungen → Rn. 7–11 vorliegen und es darf keiner der Fälle → Rn. 16–22 vorliegen. Notfalls muss das Gericht den Tatbestand und die Entscheidungsgründe nachholen. §§ 320, 321 sind entsprechend heranziehbar. Wegen des Anerkenntnis-, Versäumnis-, Verzichtsurteils nach §§ 306, 307, 330 ff. gelten V und § 313b. 6

V. Zweifelsfrei kein Rechtsmittel, I 1. Tatbestand und Entscheidungsgründe können dann fehlen, wenn **unzweifelhaft** kein Rechtsmittel nach §§ 511 ff., 542 ff. zulässig ist, sei es schon wegen der Urteilsart überhaupt nicht, sei es mangels Erreichens des absoluten Beschwerdewerts. Auch eine sofortige Beschwerde nach §§ 567 ff. darf nicht in Betracht kommen, auch nicht zB nach §§ 71 II, 91a II, 99 II, 269 V, 387 III, 402, 544, ebenso wenig eine Nichtzulassungsbeschwerde nach § 544, BGH MDR 2012, 1362. Das muss man von Amts wegen aus der Sicht des entscheidenden Gerichts beurteilen, BGH MDR 2012, 1362, nicht aus derjenigen des Rechtsmittelgerichts. Denn das letztere darf sich noch gar nicht dazu äußern. Erforderlich ist ein objektiver Maßstab beim Ablauf der Wochenfrist des III Hs. 2. 7

Sobald ein Rechtsmittel möglich ist, müssen sich die tatsächlichen Grundlagen der Entscheidung und die rechtlichen Erwägungen aus dem Urteil oder ggf. in Ausnahmefällen aus dem Sitzungsprotokoll ergeben, da ansonsten eine Überprüfung durch das Rechtsmittelgericht nicht möglich ist (BGH MDR 2021, 702). 8

Eine **Verfassungsbeschwerde** darf möglich sein. Denn sie ist kein Rechtsmittel. 9

Der **Beschwerdewert** nach §§ 511 II Nr. 1 darf ebenso **unzweifelhaft** bei keinem vom Urteil rechtlich Berührten vorliegen. Es darf auch keine Zulassung des Rechtsmittels nach §§ 511 II Nr. 2, IV, 544, § 26 Nr. 8 10

EGZPO vorliegen. Es muss ein unangreifbares Urteil des Berufungsgerichts vorliegen. Soweit es wegen eines Verfahrensmangels nach § 538 II 1 Nr. 1 zurückverweist, kann eine Begründung evtl. dennoch erforderlich sein, Dodegge MDR 1992, 437. Es kommt auf die Umstände an, ob sich zB der gerügte Verfahrensmangel aus dem Protokoll des Berufungsgerichts nach §§ 159 ff., 525 erkennen lässt. Es mag auch ein bereits wirksam erfolgter Rechtsmittelverzicht etwa nach §§ 515, 565 vorliegen, BAG NZA 2011, 993. Er ist hier sogar evtl. abweichend von § 515 vereinbar. In allen diesen Fällen führt jeder Zweifel zu der Pflicht des Gerichts, eine vollständige Urteilsfassung herzustellen. Das gilt auch, solange einer begrifflich ohnehin problematischen „herrschenden Meinung" noch eine abweichende Beurteilung gegenübersteht.

11 Soweit das Gericht die Statthaftigkeit eines Rechtsmittels **übersehen** hat, darf es das Fehlende oder eine Vervollständigung wegen § 318 nicht nachholen, Schneider MDR 1985, 907. Es darf allenfalls nach § 321a V vorgehen. Das Rechtsmittelgericht hebt evtl. nach → § 313 Rn. 48 auf. Es wendet evtl. §§ 538 II 1 Nr. 1, 547 Nr. 6 an.

12 **VI. Bei den Entscheidungsgründen zusätzlich: Verzicht, I 2 Hs. 1.** Entscheidungsgründe sind beim nicht rechtsmittelfähigen Urteil dann entbehrlich, wenn zusätzlich zu den Bedingungen → Rn. 7–11 und beim Vorliegen aller Prozessvoraussetzungen ein Verzicht vorliegt. Es müssen mehrere Voraussetzungen zusammentreffen.

13 **1. Allseitige Erklärung.** Alle vom Urteil rechtlich berührten Parteien müssen den Verzicht erklären. Es handelt sich um eine grundsätzlich unwiderrufliche Parteiprozesshandlung, Ffm NJW 1989, 841. Sie ist auslegbar, BGH NJW-RR 2007, 1452. Der Verzicht wird mit seinem Eingang beim zuständigen Gericht wirksam, nicht erst mit dem Eingang auf der Geschäftsstelle der zuständigen Abteilung usw. Bei elektronischer Einreichung gelten §§ 130a–d. § 129a ist anwendbar. Man darf einen Verzicht nicht bedingt erklären, auch nicht für den Gewinn- oder Verlustfall. Sonst ist er unwirksam. Man braucht ihn nicht in der mündlichen Verhandlung zu erklären, sondern kann das noch nach ihrem Schluss nach §§ 136 IV, 296a nachholen, und zwar auch schon vor der Verkündung des Urteils, III Hs. 1, BGH NJW-RR 2018, 250. Man kann ihn auch schlüssig erklären, sofern er eindeutig ist, BGH NJW-RR 2007, 1452. Im Zweifel liegt kein Verzicht vor. Man darf ihn nicht mit dem Verzicht des § 306 verwechseln. Trotzdem sind die Voraussetzungen des § 306 zum Teil vergleichbar.

14 **2. Form/Frist.** Eine besondere Form ist nicht erforderlich. Er muss den Anforderungen eines bestimmenden Schriftsatzes nach → § 129 Rn. 5, 6 erfüllen. Er unterliegt dem Anwaltszwang nach → § 78 Rn. 1 unterliegen, Naumb FamRZ 2002, 470. Er kann auch einen anderen zusätzlichen Inhalt haben. Bezüglich der Rechtzeitigkeit → Rn. 22.

15 Der Verzicht ist **auch** schon **vor Erlass** der relevanten Entscheidung oder des relevanten Titels möglich (als Ausdruck eines allgemeinen Prinzips der ZPO) (BGH NJW 2021, 2436; siehe auch Gössl, NJW 2021, 2437).

16 **VII. Statt Verzicht: Wesentlicher Inhalt im Protokoll, I 2 Hs. 2.** Die Vorschrift ist zumindest im Bereich des § 495a verfassungsgemäß, VerfGH Brdb MDR 1997, 591; Heinrichs NJW 1991, 2815; aM Stollmann NJW 1991, 1720 (aber man kann und muss verfassungskonform auslegen). Nur „in diesem Fall" eines unzweifelhaft nicht rechtsmittelfähigen Urteils nach → Rn. 7–11 in der Form des sog. Stuhlurteils wie bei → Rn. 18 dürfen Entscheidungsgründe im Urteil auch dann fehlen, wenn zwar kein wirksamer Verzicht nach → Rn. 12–14 vorliegt, wenn aber das Gericht ihren **wesentlichen Inhalt** nach § 160 II, III Nr. 6 in das Protokoll aufgenommen hat. Die Vorschrift dient der besonderen Entlastung des Gerichts. Sie soll aber nicht den Richter von der Notwendigkeit befreien, methodisch geordnete sachgerechte Erwägungen anzustellen und in einer solchen Form mitzuteilen, zumal der Unterschied zwischen „dem wesentlichen Inhalt" und den Anforderungen, die § 313 III stellt („kurz und knapp") recht gering ist.

17 Sie müssen vor allem erkennen lassen, dass das Gericht überhaupt den **Gesamtinhalt** des Parteivortrags und der etwaigen Verhandlungen zur Kenntnis genommen und erwogen hat, insbesondere nach irgendeiner Art von Beweisaufnahme. Im Übrigen hat der Vorsitzende natürlich die inhaltliche Alleinverantwortung auch für solche Entscheidungsgründe, die er in das Protokoll aufgenommen hat. Das Gericht muss stets § 308 I beachten. Dasselbe gilt für die Nebenentscheidungen nach §§ 91 ff., 708 ff. und für die Unterschrift nach § 315 I, III. Soweit das höhere Gericht den Streitwert höher bewerten könnte, ist es ratsam, keine bloßen Protokollgründe anzufertigen, um eine Zurückverweisung nach § 538 II 1 Nr. 1 zu verhindern.

18 **VIII. Rechtsmittelfähiges Stuhlurteil: Verzicht, II.** Soweit das Urteil auch nur für **eine** Partei anfechtbar ist, muss das Gericht statt I die Regelung nach II beachten. Danach können der Tatbestand nach § 313 II und auch Entscheidungsgründe nach § 313 III dann entfallen, wenn die Voraussetzungen → Rn. 18–21 und außerdem diejenigen → Rn. 22 zusammentreffen.

19 **1. Urteilsverkündung im Verhandlungstermin, II 1.** Das Gericht muss sein Urteil nach § 310 I 1 Hs. 1 noch in demjenigen Termin verkünden, in dem es die mündliche Verhandlung geschlossen hat, sog. „Stuhlurteil". Das geschieht also auch bei einer Verkündung „am Schluss der Sitzung". Nicht hierher gehört die Verkündung in einem nach § 310 I 1 Hs. 2 anberaumten besonderen bloßen Verkündungstermin, selbst wenn das Gericht ihn ordnungsgemäß sofort anberaumt hat.

20 **2. Rechtsmittelfähigkeit für wenigstens eine Partei, II 1, 2.** Beim Vergleich mit II 1 ergibt sich: Das Stuhlurteil muss rechtsmittelfähig sein. Aus II 2 folgt: Es genügt die Anfechtbarkeit für eine der Parteien. Es darf also keine Situation → Rn. 7–11 für beide Parteien vorliegen.

21 **3. Rechtsmittelverzicht jedes Anfechtungsberechtigten, II 1, 2.** Im Gegensatz zu I 2 reicht beim rechtsmittelfähigen Urteil ein bloßer Verzicht auf einen Tatbestand und auf Entscheidungsgründe nicht aus, BAG NJW 2006, 1995; Hamm NJW-RR 2000, 212; Schlesw MDR 1997, 1154; aM Celle OLGR 2004, 181; Hamm MDR 1989, 919; Köln MDR 2002, 109 (aber man muss nach Rn. 1 eng auslegen). Vielmehr müssen nach dem Wortlaut von II 1 „beide Parteien" vollständig auf Rechtsmittel verzichten. Aus II 2 folgt, dass in Wahrheit nur diejenige Partei verzichten muss, die überhaupt beschwert und damit zumindest insoweit anfechtungsberechtigt ist. Den Rechtsmittelverzicht muss man nach § 515 beurteilen, vgl. auch BGH NJW-RR 1991, 1213. Der *Verzicht ist Prozesshandlung. Er* kann sowohl vor als auch nach Erlass der betroffenen Entscheidung erklärt werden, III Hs. 1, BGH NJW-RR 2018, 250. Eine Protokollierung nach § 160 III Nr. 9 kann entbehrlich sein, BGH NJW-RR 2007, 1451. Im Verzicht nach § 313a I 2 liegt nicht schon ein Rechtsmittelverzicht, BAG Rpfleger 2006, 1996.

IX. Rechtzeitigkeit/Wochenfrist, III. Sowohl der Verzicht auf einen Tatbestand und auf Entscheidungsgründe nach I 2 Hs. 1 als auch der Rechtsmittelverzicht nach II müssen zur Wirksamkeit nach III Hs. 2 binnen **einer Woche** nach dem Schluss der mündlichen Verhandlung nach §§ 136 IV, 296a und im schriftlichen Verfahren gemäß § 128 II 2 beim zuständigen Gericht eingehen, Mü NJW 2015, 1765. § 222 ist anwendbar. Bei einem Verhandlungsschluss zB am Freitag vor Karfreitag läuft die Frist grundsätzlich erst am Dienstag nach Ostern um 24 Uhr ab, und auch das nur dann, wenn dieser Dienstag kein gesetzlicher Feiertag ist (1. Mai). Maßgeblicher Eingangszeitpunkt ist derjenige der letzten erforderlichen Erklärung. Die Fristverletzung führt zur Unwirksamkeit des Verzichts, aM LAG Köln NZA 2006, 878; Schneider MDR 1985, 907; Thomas/Putzo/Reichold Rn. 2 (aber man muss eine Frist stets streng handhaben). Ein **Fristverstoß** erlaubt trotzdem ein Urteil ohne einen Tatbestand und ohne Entscheidungsgründe, LAG Köln NZA 2006, 878. 22

X. Vollständige Fassung, IV, V. Ob unabhängig von I–III doch im Ergebnis wegen IV, V eine vollständige Fassung notwendig ist, das richtet sich einerseits nach der Verfahrens- oder Anspruchsart, andererseits nach einer etwaigen Auslandsberührung. Notwendig ist eine vollständige Fassung in den folgenden Fällen. 23

1. Wiederkehrende Leistung, IV Hs. 1. Eine vollständige Fassung ist bei einem Urteil auf künftig fällige wiederkehrende Leistungen nach § 258 erforderlich, auch bei §§ 323, 323a, soweit das Gericht ihre Voraussetzungen bejaht, bei einer verneinenden Feststellungsklage nach § 256 also bei einer Klagabweisung. Grund ist die Notwendigkeit, bei einer etwaigen weiteren oder erstmaligen Abänderung des Urteils durch ein Urteil oder in einem Beschlussverfahren die Grundlagen der letzten Entscheidung eindeutig erkennbar zu machen. Auch dann ist natürlich keine Begründung bei § 313b notwendig. 24

2. Auslandsberührung, IV Hs. 2, V. Eine vollständige Fassung ist schließlich dann erforderlich, wenn eine Partei das Urteil voraussichtlich und nicht nur ganz eventuell im Ausland geltend machen muss, sei es zwecks Anerkennung oder zur Zwangsvollstreckung oder sonst wie rechtserheblich, BGH NJW 1988, 3097. Das braucht sie nicht nach § 294 glaubhaft zu machen, sofern sich die Auslandsbenutzung aus der Natur der Sache ergibt, zB dann, wenn am Prozess ein Ausländer beteiligt ist, selbst wenn er zugleich Deutscher ist. Evtl. muss das Gericht sein Urteil nach Nr. 5 Hs. 2 vervollständigen, soweit die Ausführungsgesetze zu internationalen Abkommen über Versäumnis- oder Anerkenntnisurteile das fordern. Vgl. SchlAnh. V. Man darf diese Fälle nach → Rn. 14 nicht mit dem Übersehen der Statthaftigkeit eines Rechtsmittels verwechseln. Wegen einer etwa notwendigen nachträglichen Vervollständigung verweist V der Sache nach auf § 313b III, dort → § 313b Rn. 20. 25

XI. Verstoß, I–V. Ein Verstoß ist ein wesentlicher Verfahrensmangel nach §§ 538 II 1 Nr. 1, 547 Nr. 6; BGH NJW 2017, 3449; NJW-RR 2004, 1576. Er begründet die Revision. Beim Fehlen des Tatbestandes nur, wenn sich die wesentlichen tatsächlichen Feststellungen (Sach- und Streitstand) dem Urteil nicht im Übrigen aus den Entscheidungsgründen entnehmen lassen, BGH NJW 2017, 2561; ZIP 2014, 1266. Beim endgültigen Fehlen von Entscheidungsgründen liegt ein absoluter Revisionsgrund nach § 547 Nr. 6 vor. Soweit ein Tatbestand und Entscheidungsgründe objektiv erforderlich sind, beginnt die Frist zur Einlegung des Rechtsmittels an sich zwar mit der Zustellung der vollständigen Urteilsfassung nach §§ 517 Hs. 1, 518, 548 Hs. 1. Sie beginnt aber nach §§ 517 Hs. 2, 548 Hs. 2 grundsätzlich spätestens mit dem Ablauf von 5 Monaten nach der Verkündung. Für den Antrag auf eine nachträgliche Herstellung einer vollständigen Urteilsfassung entsteht entsprechend 19 I 2 Nr. 6 RVG keine Anwaltsgebühr. Auch wenn eine Begründung entbehrlich ist, liegt jedenfalls kein Verfahrensfehler vor, wenn das Gericht trotzdem Tatbestand und/oder Entscheidungsgründe anfügt. 26

313b *Versäumnis-, Anerkenntnis- und Verzichtsurteil.*

I [1]Wird durch Versäumnisurteil, Anerkenntnisurteil oder Verzichtsurteil erkannt, so bedarf es nicht des Tatbestandes und der Entscheidungsgründe. [2]Das Urteil ist als Versäumnis-, Anerkenntnis- oder Verzichtsurteil zu bezeichnen.

II [1]Das Urteil kann in abgekürzter Form nach Absatz 1 auf die bei den Akten befindliche Urschrift oder Abschrift der Klage oder auf ein damit zu verbindendes Blatt gesetzt werden. [2]Die Namen der Richter braucht das Urteil nicht zu enthalten. [3]Die Bezeichnung der Parteien, ihrer gesetzlichen Vertreter und der Prozessbevollmächtigten sind in das Urteil nur aufzunehmen, soweit von den Angaben der Klageschrift abgewichen wird. [4]Wird nach dem Antrag des Klägers erkannt, so kann in der Urteilsformel auf die Klageschrift Bezug genommen werden. [5]Wird das Urteil auf ein Blatt gesetzt, das mit der Klageschrift verbunden wird, so soll die Verbindungsstelle mit dem Gerichtssiegel versehen oder die Verbindung mit Schnur und Siegel bewirkt werden.

III Absatz 1 ist nicht anzuwenden, wenn zu erwarten ist, dass das Versäumnisurteil oder das Anerkenntnisurteil im Ausland geltend gemacht werden soll.

IV Absatz 2 ist nicht anzuwenden, wenn die Prozessakten elektronisch geführt werden.

I. Systematik/Regelungszweck, I–IV. Die Vorschrift ist eine vorrangige Sonderregel gegenüber § 313 I Nr. 5, 6 und eng auslegbar. 1

Die Vorschrift dient in I, II der Prozesswirtschaftlichkeit und in III der Möglichkeit, eine Vollstreckung im Ausland zu ermöglichen. 2

II. Geltungsbereich, I–IV. Die Vorschrift gilt in allen überhaupt einem Versäumnisurteil nach §§ 330 ff. zugänglichen Verfahren nach der ZPO, auch im WEG-Verfahren und im arbeitsgerichtlichen Verfahren, BAG NZA 2014, 473. Im FamFG-Verfahren gilt § 38 IV Nr. 1, V FamFG. Tatbestand und Entscheidungsgründe sind aber stets zulässig, BGH NJW 2002, 2709, und als Kurzfassung wegen **§ 93** oder wegen §§ 335, 337 erforderlich, um dem Beschwerdegericht eine Überprüfung zu ermöglichen (MüKoZPO/Musielak Rn. 4). 3

III. Beispiele zur Frage des Geltungsbereichs, I–IV

Abänderung: Zumindest ratsam sind Tatbestand und Entscheidungsgründe bei § 323, Maurer FamRZ 1989, 446. 4

Aktenlageentscheidung: Unanwendbar ist § 313b bei ihr nach § 251a.

Auslandswirkung: Notwendig sind Tatbestand und Entscheidungsgründe nach III dann, wenn eine Anerkennung oder Vollstreckung im Ausland infrage kommt. Wegen der ohnehin vorrangigen Brüssel Ia-VO SchlAnh. V C 2.

Einspruch: „Versäumnisurteil".

Grundsatzfrage: Zumindest ratsam sind Tatbestand und Entscheidungsgründe bei einem höchstrichterlichen Versäumnisurteil über eine solche Frage, BGH NJW 1984, 310.

Höhere Instanz: Anwendbar ist § 313b auch in ihr.

Klagänderung, -erweiterung: Anwendbar ist § 313b bei §§ 263, 264.

Kleinverfahren: Anwendbar ist § 313b im Verfahren nach § 495a.

Kostenanträge: Bei streitigen können Tatbestand und Entscheidungsgründe praktisch notwendig sein, Brdb FamRZ 2004, 651.

Mahnverfahren: Anwendbar ist § 313b nach einem solchen nach § 697 V.

Teilurteil: Anwendbar ist § 313b bei ihm nach § 301.

Versäumnisurteil: Anwendbar ist § 313b beim **echten** solchen Urteil gegen den Kläger. **Unanwendbar** ist § 313b bei einer Verwerfung des Einspruchs nach § 341 I 2 und beim sog. **unechten** Versäumnisurteil, BGH BB 1990, 1664, da hier der tragende Grund nicht in der Säumnis **liegt.** Auch „Zweites Versäumnisurteil".

Widerklage: Anwendbar ist § 313b bei einem Urteil aufgrund einer Widerklage.

Zweites Versäumnisurteil: Zumindest ratsam sind Tatbestand und Entscheidungsgründe dann, wenn das Gericht nach § 345 nur infolge der Verneinung einer der Fälle der §§ 227, 337 erlassen konnte.

5 **IV. Mindestinhalt, I.** Das abgekürzte Urteil muss mindestens die folgenden Angaben enthalten. Rechtsbehelfsbelehrung, Verstoß: §§ 232, 233 S. 2.

6 **1. Gericht.** Erforderlich ist die Bezeichnung des Gerichts, § 313 I Nr. 2.

7 **2. Urteilsart.** Erforderlich ist ferner die Bezeichnung als Versäumnis-, Anerkenntnis- oder Verzichtsurteil, I 2, BGH FamRZ 1988, 945; Hamm NJW-RR 1995, 187. Sie kann dann fehlen, wenn ein derartiges Urteil vollständig einen Tatbestand und Entscheidungsgründe hat, BGH FamRZ 1988, 945. Trotz einer Bezeichnung „Versäumnisurteil" kann ein streitiges Urteil vorliegen. Eine irrtümliche Urteilsbezeichnung ist nicht erheblich.

8 **3. Parteien usw.** Erforderlich ist nach II 3 weiterhin die Bezeichnung der Parteien usw. nur dann, wenn Abweichungen gegenüber der Klageschrift nach § 253 oder der Widerklageschrift vorliegen.

9 **4. Verhandlungsschluss usw.** Notwendig ist außerdem nach § 313 I Nr. 3 die Angabe des Tages des Schlusses der mündlichen Verhandlung, bei § 128 II des Zeitpunkts des Einreichungsschlusses. Bei §§ 307, 331 III ist außerdem die Angabe notwendig, dass das Gericht ohne eine mündliche Verhandlung entschieden hat.

10 **5. Bezugnahme.** Zulässig ist nach II 4 die Bezugnahme auf die Klageschrift nach § 253, soweit das Gericht nach dem Klagantrag erkennt. Entsprechendes gilt bei der Widerklage. Jedoch muss das Gericht eine solche Bezugnahme dann vermeiden, wenn eine Partei ihren Antrag nennenswert ergänzt oder berichtigt hat. Ein Zusatz wegen der Zinsen und der Vollstreckbarkeit schadet nicht. Ein Zusatz über die Kosten ist nach § 308 II immer notwendig, falls nicht die Klageschrift schon das Nötige enthält, Stürner ZZP 91, 359. „Rotklammer" usw. bezeichnet ausreichend, Hamm MDR 1999, 316.

11 **6. Vollständige Formel.** Eine vollständige Formel nach § 313 I Nr. 4 ist erforderlich, soweit das Gericht nicht nach dem Klag- oder Widerklagantrag erkennt.

12 **7. Unterschriften.** Erforderlich sind ferner die Unterschriften aller mitwirkenden Richter nach § 315.

13 **8. Verkündungsvermerk.** Schließlich ist der Verkündungsvermerk des Urkundsbeamten der Geschäftsstelle nach § 315 III notwendig.

14 **V. Entbehrliche Angaben, I, II.** Entbehrlich sind im Verfahren ohne eine elektronische Aktenführung (sonst gilt IV) die folgenden Einzelheiten.

15 **1. Parteibezeichnung usw.** Man kann nach II 3 auf die Bezeichnung der Parteien usw. verzichten, soweit diese mit der Klageschrift oder Widerklageschrift übereinstimmt.

16 **2. Richternamen.** Entbehrlich sind nach II 2 die Namen und Dienstbezeichnungen der nach § 309 entscheidenden Richter. Wohl aber ist die Bezeichnung des Gerichts notwendig.

17 **3. Urteilsformel.** Entbehrlich ist schließlich die Urteilsformel nach § 313 I Nr. 4, soweit das Gericht nach dem Klage- oder Widerklagantrag erkannt hat. Dann genügt eine Bezugnahme auf den Antrag.

18 **4. Tatbestand, Entscheidungsgründe.** Sie können zwar auch beim Verzichtsurteil nach § 306 fehlen, BGH NJW-RR 1998, 1652, ebenso beim Versäumnisurteil nach §§ 330 ff. und beim Anerkenntnisurteil nach § 307. Schon wegen § 99 II ist aber eine Kurzbegründung ratsam. Bei streitigen „Kostenanträgen" ist eine Kurzbegründung sogar notwendig, Brdb MDR 2000, 233. Überhaupt kann das Gericht stets ein an sich entbehrliches Urteilselement vollständig darstellen. Das geschieht auch höchstrichterlich mit einer bemerkenswert erfreulichen Tendenz (solange sie nicht ausartet), BGH NJW 1999, 1395, 1718; Zweibr JurBüro 1997, 431, etwa unter einer Beschränkung auf eine einzelne Rechtsfrage. Denn das Gericht braucht gar nichts zur Begründung auszuführen. Wegen der inneren Rechtskraft → § 313a Rn. 1.

19 **VI. Aktenbehandlung, II.** Man kann die Urschrift des Urteils auf die Urschrift oder auf eine solche Abschrift oder Ablichtung der Klageschrift nach § 253 oder Widerklageschrift setzen, die sich in der Gerichtsakte befindet. Nach dem Mahnverfahren gemäß §§ 688 ff. kann der Urkundsbeamte die Urschrift nach § 697 V auf die Urschrift des Mahnbescheids nach § 690 setzen. Eine Beglaubigung der Klagabschrift ist entbehrlich. Setzt der Urkundsbeamte das Urteil auf ein besonderes Blatt, soll er es mit der Klageschrift durch Schnur und Siegel oder durch Aufdrücken des Gerichtssiegels auf die Verbindungsstelle verbinden. Das ganze Verfahren nach II ist nur theoretisch bequem. In der Praxis ist es den Gerichtspersonen oft unbekannt, wird auch kaum angewandt und hat im EDV-Zeitalter auch kaum Vereinfachungsfunktionen. Soweit das Urteil auf den Klagantrag nach § 253 II Nr. 2 *verweist, ist dieser ein Bestandteil* des Urteils auch für § 321. Die Ausfertigung erfolgt nach § 317 IV.

20 **VII. Geltendmachung im Ausland, III.** Soweit eine Partei das Anerkenntnis- oder Versäumnisurteil nach §§ 306, 307 im Ausland geltend machen muss oder will, bleibt die Notwendigkeit eines vollen Tatbestands und voller Entscheidungsgründe nach § 313 II, III. I ist insoweit unanwendbar. Man muss auf den Zeitpunkt des

Urteilserlasses abstellen. Es genügt eine erkennbare Absicht einer Partei, das Urteil auch nur teilweise im Ausland irgendwie rechtlich geltend zu machen (Anerkennungs- oder Vollstreckungsabsicht). Das Gericht muss die Partei evtl. nach § 139 nach solcher Absicht oder Notwendigkeit befragen. Es kann auch nach §§ 30, 31 AVAG, SchlAnh. V E, eine nachträgliche Ergänzung infrage kommen, Celle OLGR 2007, 703. Im Zweifel reicht der bloße Auslandsbezug. Dann ist auch nicht etwa eine abgekürzte Fassung zulässig. Wohl aber bleibt § 313 III anwendbar.

VIII. Elektronische Akte, IV. Bei ihr ist II unanwendbar und ein neues **schriftliches** Dokument nötig. 21

IX. Verstoß, Rechtsmittel, I–IV. Rechtsmittelbelehrung, Verstoß: §§ 232, 233 S. 2. Ein entgegen I 22
unstatthaft abgekürztes Urteil stellt einen wesentlichen Verfahrensmangel dar und lässt grundsätzlich keine Rechtsmittelfrist beginnen, BGH NJW-RR 1991, 255. Es führt zur Aufhebung und Zurückverweisung nach § 538 II 1 Nr. 1, Brdb FamRZ 2004, 651. Es begründet die Revision nach § 547 Nr. 6. Beim Zweifel über den Umfang der Abkürzung muss man den Parteivortrag heranziehen, LG Mönchengladb KTS 1976, 155. Ein Verstoß gegen I 2 ändert zwar an der Rechtsmittelfrist nach §§ 517, 518, 548 nichts, Düss MDR 1985, 679. Er ermöglicht aber nach dem **Meistbegünstigungsgrundsatz** beim Fehlen auch von Tatbestand und Entscheidungsgründen auch evtl. eine Berufung, BGH NJW 1999, 584, Hamm NJW-RR 1995, 186; Köln VersR 1998, 387, oder eine Kostenbeschwerde nach § 99. Sie kann zur Zurückverweisung nach § 572 III führen, Brdb MDR 2000, 233. Ein Verstoß gegen II ist prozessual belanglos, zumal das Urteil bereits vorher entstanden ist. Man muss einen Verstoß gegen III wie einen solchen nach I behandeln.

314 *Beweiskraft des Tatbestandes.* [1]Der Tatbestand des Urteils liefert Beweis für das mündliche Parteivorbringen. [2]Der Beweis kann nur durch das Sitzungsprotokoll entkräftet werden.

Schrifttum: Gaul, Die „Bindung" an die Tatbestandswirkung des Urteils, FS Zeuner, 1994; Weitzel, Tatbestand und Entscheidungsqualität, 1990.

I. Systematik, S. 1, 2. Die Vorschrift ergänzt den §§ 313 I Nr. 5. Sie stellt zugleich nach → Rn. 2 den 1
Vorrang von §§ 159 ff. und den Nachrang hinter § 165 klar.

II. Regelungszweck, S. 1, 2. § 314 gibt eine gesetzliche Beweisregel nach § 286 II. Die Vorschrift soll die 2
Beweiskraft des Tatbestands als einer öffentlichen Urkunde nach §§ 415, 417, § 418 I durch eine über § 418 II hinausgehende Erschwerung des Gegenbeweises nach → Vor § 284 Rn. 21 erhöhen. Fehler oder Ungenauigkeiten können durch einen Tatbestandsberichtigungsantrag nach § 320 korrigiert werden (siehe auch BGH WM 2015, 1562; NJW 2007, 2915; vgl. insgesamt: Laumen MDR 2021, 1113).

Viel mehr als eine bloße Beweisregel ist aber die weitere eigentliche Funktion des § 314. Sie klingt in 3
seinem Wortlaut nur indirekt an. Der Tatbestand soll erweisen, ob das Gericht diejenigen Lebensvorgänge überhaupt im Kern vollständig aufgefasst und verstanden hat, über die es entscheiden soll. Die mündliche Verhandlung erstreckt sich auf den gesamten bis zum Termin angefallenen Akteninhalt (BGH NJW-RR 1996, 379; LG Hamburg 7.5.2019 – 316 S 78/17, BeckRS 2019, 27293). Aus einem gut gebauten Tatbestand ergibt sich seine rechtliche Würdigung oft fast von selbst. Ein schlechter Tatbestand verwirrt, ein guter lenkt überzeugend. Die Befugnis zur weitgehenden Bezugnahme nach § 313 II 2 erlaubt es, den Blick von vornherein nur auf das Wesentliche zu konzentrieren. Ein Tatbestand kann auch beim „vollständigen" Urteil sehr knapp und gerade deshalb eindringlich wirken. Seine Form ist ebenso variabel wie sein Umfang. Ganz falsch wäre es, allzu ängstlich jede Kleinigkeit zu erwähnen, nur um Fleiß zu zeigen und nichts zu vergessen. **Zeitgemäß** ist die Vorschrift. Ihre praktische Handhabung zB nach → Rn. 10, zeigt im Kern einen sorgfältigen Umgang mit § 314 und damit seine Brauchbarkeit trotz scheinbarer Härte vor allem bei der Beurteilung eines Vorgangs als nicht beweiskräftig. Zwar lässt sich fast jeder nach § 418 I erbrachte Beweis gemäß § 418 II entkräften. Das ändert nichts an dem Gewicht des anfänglichen Beweises nach § 314. Das ist auch gerade beim Urkundenbeweis durchaus sinnvoll. § 313 II mit seinem Gebot höchstmöglicher Kürze entkräftet den § 314 keineswegs von vornherein. Bei solcher Mitbeachtung lässt sich mit der letzteren Vorschrift unverändert gut arbeiten.

III. Geltungsbereich, S. 1, 2. Die Vorschrift gilt in allen Verfahren nach der ZPO, auch im WEG-Ver- 4
fahren. Die Vorschrift gilt nach § 329 auch für Beschlüsse entsprechend § 573 I auch in demjenigen Beschlussverfahren, in dem eine mündliche Verhandlung stattfand, BGHZ 65, 30; Ffm MDR 2004, 901, und im Berufungsverfahren nach §§ 511 ff., BGH NJW 2011, 3295. Im FamFG-Verfahren gilt § 38 FamFG. Im schriftlichen Vorverfahren nach § 276 und im schriftlichen Verfahren nach § 128 II gilt § 314 grundsätzlich nicht, BGH MDR 2008, 816; Vollkommer MDR 2010, 1161. Die Vorschrift ist im Rechtsbeschwerdeverfahren nach dem GWB entsprechend anwendbar, BGHZ 65, 35. Sie gilt nach § 46 II 1 ArbGG auch im arbeitsgerichtlichen Verfahren, BAG NJW 2017, 972. Im VwGO-Verfahren gilt § 119 VwGO, BVerwG NVwZ-RR 2018, 592.

Unanwendbar ist § 314 beim Patentamt nach § 46 II 2 PatG, BPatG GRUR 2013, 103. 5

IV. Beweiskraft, S. 1. Die tatbestandlichen Feststellungen sind vom Grundsatz für die jeweilige Instanz 6
bindend, solange kein Tatbestandsberichtigungsantrag gestellt worden (BGH WM 2022, 234), im Rahmen der Grenzen der §§ 530, 531 kommt auch eine Bindung für die **Rechtsmittelinstanz** in Betracht (vgl. BGH ZIP 2022, 589; NJW-RR 2021, 32, NJW-RR 2021, 1223; OLG Köln FamRZ 2021, 1492). Der Tatbestand ist die Beurkundung des Parteivorbringens am Schluss der mündlichen Verhandlung nach §§ 136 IV, 296a, BGH NJW-RR 2016, 397; Düss BauR 2016, 2096; Stgt BauR 2018, 1019. Maßgeblich ist der Tatbestand des angefochtenen Urteils, nicht des im höheren Rechtszug ergangenen, BGH DB 2020, 999; NJW 1999, 1339; BAG NJW 2017, 972. „Tatbestand" ist bei § 314 nicht nur derjenige des § 313 I Nr. 5, II, sondern alles, was **tatsächliche Feststellungen** enthält, also auch ein derartiger Teil der Entscheidungsgründe nach → § 313 Rn. 33, BGH NJW 2003, 2159; BAG NJW 2017, 972; NZA-RR 2015, 371; Schumann NJW 1993, 2787, oder der Gründe nach § 540, soweit sie auch nach § 559 reichen, BGHZ 190, 122. Man muss auch die bloße Unterstellung einer Tatsache durch das Gericht zu den Entscheidungsgründen rechnen. Der Tatbestand ist eine öffentliche Urkunde nach § 418, BVerwG NVwZ 2010, 1438. Daher liefert er Beweis dafür, dass die Parteien etwas in der mündlichen Verhandlung vorgetragen haben, BGH ZIP 2012, 395; Brdb NJW-RR 2013, 1291; KG GRUR-RR 2004, 231.

Er beweist auch den Vortrag der im Tatbestand erwähnten und in Bezug genommenen Schriftsätze, BGH NJW 2004, 3778. Beim Widerspruch zu letzteren geht der Tatbestand vor, BGHZ 190, 122.

7 **Schweigt** der Tatbestand zu bestimmten Tatsachen, so liegt nur dann eine Beweiswirkung vor, wenn es sich um sog. „beredtes Schweigen" handelt. Werden Tatsachen (weder im streitigen noch im unstreitigen Teil) nur nicht erwähnt, so besteht keine Bindung nach § 314, weil dem Urteilstatbestand zumindest im Hinblick auf schriftsätzlich angekündigtes Parteivorbringen keine negative Beweiskraft zukommt BGH NJW 2004, 2152, OLG Frankfurt 10.9.2019 – 8 U 43/17, BeckRS 2019, 26115. Dies liegt darin begründet, dass eine vollständige Wiedergabe der Tatsachen nach § 313 II nicht verlangt ist (MüKoZPO/Musielak Rn. 4).

8 Die wirksam getroffenen tatsächlichen Feststellungen binden auch das Revisionsgericht, BGH VersR 2020, 108 (Ausnahme → Rn. 11); BGH GRUR 2016, 205; Schumann NJW 1993, 2787. Er bindet aber das Berufungsgericht nicht, BGH NJW-RR 2008, 112; Saarbr NJW-RR 2003, 574; Schumann NJW 1993, 2787. Der Tatbestand ist **auslegungsfähig,** soweit er eine Auslegung gestattet, etwa bestimmte Tatsachen. Ein Rückgriff auf einen vom Tatbestand nicht in Bezug genommenen Schriftsatz ist aber nicht statthaft BGH NJW 2011, 3295.

9 Dem Tatbestand kommt **keine Beweiskraft** und damit keine Bindung zu, wenn und soweit er Widersprüche, Lücken oder **sonstige Unklarheiten** aufweist BGH NJW 2021, 3334; WM 2015, 1562; Saarländisches Oberlandesgericht Saarbrücken, 4.11.2021 – 4 U 7/21. Lassen sich die Widersprüche, Lücken oder Unklarheiten dagegen durch Rückgriff auf vorbereitende Schriftsätze darstellen, bleibt es bei der allgemeinen Beweiswirkung des § 314 ZPO BGH WM 2015, 1562; NJW 1999, 1339.

V. Beispiele zur Frage einer Beweiskraft, S. 1

10 **Abweichung:** „Mündlicher Vortrag".

Aktenlage: → „Schriftliches Verfahren".

Anerkenntnis: Beweiskraft hat der Tatbestand für die Erklärung eines Anerkenntnisses nach § 307.

Antragsinhalt: Keine Beweiskraft hat der Tatbestand für den Inhalt eines gestellten Antrags, BVerwG NJW 1988, 1228. Der Beweis dieses Inhalts ergibt sich aus dem Protokoll nach § 160 III iVm den Schriftsätzen.

Antragstellung: Beweiskraft hat der Tatbestand nur für die Tatsache der Antragstellung, nicht für den Inhalt, „Antragsinhalt".

Berichtigung: Beweiskraft hat der Tatbestand im Regelfall bis zu einer Berichtigung nach § 320, BGH WM 2015, 1562; NJW 2013, 1079; Düss BauR 2016, 2096 (auch → Rn. 6). Man kann sie nicht schon durch eine Berufung nach §§ 511 ff. erzwingen. Ihre Ablehnung nach § 320 kann gegen Art. 2, 20 III GG verstoßen, BVerfG NJW 2005, 658.

Berufungsurteil: Beweiskraft hat der Tatbestand des Berufungsurteils nach § 540, BGH ZIP 2012, 1556. Das gilt zB dafür, ob ein dortiger Vortrag nach § 531 II neu war, Schumann NJW 1993, 2878; aM Oehlers NJW 1994, 712 (aber eine solche Folgerung ist geradezu zwingend).

Keine Beweiskraft besteht für den erstinstanzlichen Vortrag, BGH 140, 339.

Beweisergebnis: Keine Beweiskraft hat der Tatbestand für das Beweisergebnis selbst, auch nicht bei § 161. Dann gilt vielmehr die Beweiskraft nach §§ 160, 165, 418.

Bezugnahme: Beweiskraft hat der Tatbestand für einen dort in Bezug genommenen Schriftsatz, BGH NJW 2004, 3778. Der Gegenbeweis nach → Vor § 284 Rn. 21 ist nur durch das Protokoll nach §§ 159 ff. möglich, BGH 190, 122.

Frist: Keine Beweiskraft hat der Tatbestand für eine Gewährung oder Verlängerung einer Frist oder Nachfrist zB nach § 283, BGH NJW 1983, 2032.

Geständnis: Beweiskraft hat der Tatbestand für die Abgabe eines Geständnisses nach § 288 I, Ffm GRUR 2002, 236.

Grundbuch: Der Tatbestand liefert keine Offenkundigkeit nach § 29 I 2 GBO, KG FGPrax 2009, 203 (streng).

Hinweis: Keine Beweiskraft hat der Tatbestand für einen gerichtlichen Hinweis etwa nach § 139. Dann gelten §§ 160, 165, 418.

Klagänderung: Beweiskraft hat der Tatbestand für eine Klagänderung nach § 263, BVerwG NJW 1988, 1228.

Mündlicher Vortrag: Beweiskraft hat der Tatbestand dafür, dass und was eine Partei mündlich anders als schriftsätzlich vorgetragen hat, BGH VersR 1983, 1161; BAG NZA 2012, 1236, Köln MDR 1976, 848; hierzu gehören auch die in der mündlichen Verhandlung von den Parteien abgegebenen (prozessualen) Erklärungen, BGH NJW 2013, 2361; MüKoZPO/Musielak Rn. 4.

Nachgelassener Schriftsatz: Beweiskraft hat der Tatbestand bei § 283 nur dann, wenn es zur Wiedereröffnung nach § 156 kommt, Prütting/Gehrlein/Thole Rn. 3.

Nichtvortrag: → Rn. 6.

Parteiprozesshandlung: Beweiskraft hat der Tatbestand für jede solche nach → Vor § 128 Rn. 55 während der mündlichen Verhandlung, BGH MDR 2013, 671.

Protokoll: Beweiskraft hat es auch beim Gegenbeweis nach → Vor § 284 Rn. 21 anders als ein Schriftsatz, BGH NJW 1999, 1339.

Prozesshandlung: Beweiskraft hat der Tatbestand für die Vornahme einer Prozesshandlung und für deren Reihenfolge, BGH NJW 2013, 2361; Düss NJW 1991, 1493.

Rechtliche Folgerung: Keine Beweiskraft hat der Tatbestand für eine rechtliche Folgerung oder Würdigung nach § 286, BGH NJW-RR 1990, 814.

Reihenfolge: Beweiskraft hat der Tatbestand auch für die Reihenfolge vom Vortrag.

Revisionsurteil: Keine Beweiskraft hat meist der Tatbestand des Revisionsurteils, BGH GRUR 2004, 271 (Ausnahme: Zurückverweisung nach § 563 I), schon gar nicht für vorinstanzlichen Vortrag (Ausnahme: Bezugnahme, BGH NJW 1992, 2149).

Schriftliches Verfahren: Beweiskraft hat der Tatbestand einer Entscheidung nach § 128 II auch für den Vortrag einer vorangegangenen mündlichen Verhandlung dann, wenn die entscheidenden Richter dieselben geblieben sind. Das gilt freilich außerdem nur für ein solches früheres Vorbringen, das nicht aus den Akten hervorgeht, BGH FamRZ 2008, 1246; BFH BB 1983, 755; BayObLG MDR 1989, 650.

Keine Beweiskraft hat der Tatbestand für nur schriftliches Vorbringen nach § 128 II, BGH MDR 2008, 816; KG WM 2011, 1185.

Streitigkeit: Beweiskraft hat der Tatbestand für die Streitigkeit einer Behauptung, BGH NJW-RR 1987, 1091 und 1158, BAG NJW 2017, 972 (Ausnahme bei Widersprüchlichkeit), aM BGH NJW-RR 2008, 112.

Unstreitigkeit: Beweiskraft hat der Tatbestand für die Unstreitigkeit eines Vorgangs, BGH NJW 2003, 433; Rostock MDR 2011, 217.

Urkundenprozess: Beweiskraft hat der Tatbestand für eine Abstandsnahme des Klägers vom Urkundenprozess nach § 596.

Urteilsaufhebung: Beweiskraft behält der Tatbestand grds. trotz der Urteilsaufhebung. Anders liegt es natürlich bei einer Zurückverweisung nach § 538 II 1 Nr. 1. Wenn der Tatbestand einen solchen Schriftsatz erwähnt, den die Partei nach dem Schluss der Verhandlung nach §§ 136 IV, 296a eingereicht hat, muss das Rechtsmittelgericht das Urteil aufheben, soweit sich das Urteil auf solche neuen Tatsachen stützt, die erst in diesem Schriftsatz auftauchen.

Vorbringen: Keine Beweiskraft hat der Tatbestand für ein anderes Vorbringen als dasjenige der Parteien.

Vorinstanz: Wegen des dortigen Vortrags → § 320 Rn. 3.

Widerspruchsfreiheit: Beweiskraft hat der Tatbestand dafür, dass die Behauptung einer Partei unwidersprochen geblieben ist, dass sie unstreitig war, BGH NJW 2003, 433.

Zeugenaussage: Keine Beweiskraft hat der Tatbestand für den Inhalt einer Zeugenaussage nach §§ 395 ff.

Zurückverweisung: → „Revisionsurteil", → „Urteilsaufhebung".

VI. Entkräftung Satz 2. Soweit sich Abweichungen oder Widersprüche ergeben, geht das **Sitzungsprotokoll** nach §§ 160, 165 vor, sofern es ausdrückliche Feststellungen enthält MüKoZPO/Musielak Rn. 6. §§ 418 II, 419 können nur ausnahmsweise neben dem vorrangigen, weil spezielleren § 314 gelten. Allerdings genügt selbst die ausdrückliche Erklärung der Gegenpartei, dass die Feststellungen im Tatbestand nicht richtig sind, nicht (MüKoZPO/Musielak Rn. 6) Die Korrektur des Tatbestandes kann jedoch nach **§ 320** erreicht werden (auch → Rn. 6). 11

VII. Beispiele zur Frage einer Entkräftung, S. 2

Anerkennung: Eine übereinstimmende solche der Unrichtigkeit kann die Beweiskraft des Tatbestands nicht beeinflussen. Denn die Parteien könnten ihn sonst beliebig umformen. 12

Bindung: Beim Fehlen der Beweiskraft tritt entgegen dem Grundsatz → Rn. 6 ausnahmsweise keine Bindung des Revisionsgerichts ein, BGH NJW 2021, 3334, NJW 2000, 3007, BAG NJW 2004, 1062. Es muss dann nach § 563 IV zurückverweisen, BGH NJW 2000, 3007.

Protokoll: Es kann entkräften, BGH NJW 2013, 2361; Stgt BauR 2018, 1019.

Keine Entkräftung tritt bei **bloßem Schweigen** des Protokolls ein,

Lücke: Bei ihr kann die Beweiskraft fehlen, BGH WM 2015, 1562; NJW 2011, 3295.

Mehrdeutigkeit: Dann fehlt nach → § 313 Rn. 48 eine beweiskräftige Feststellung. Auch „Unklarheit", vgl. auch BGH WM 2015, 1562.

Revisionsgericht: → „Bindung".

Unklarheit: Bei ihr kann die Beweiskraft fehlen, BGH NJW 2021, 3334, NJW 2011, 3295. Auch „Mehrdeutigkeit".

Widerspruch zu Entscheidungsgründen: Dann geht ein eindeutiger Tatbestand vor, BGH NJW 1996, 2306.

Widerspruch zum Protokoll: Dann geht das Protokoll nach § 165 vor, soweit es den Vorgang ausdrücklich oder zumindest unzweideutig feststellt, BGH WM 2015, 1568; NJW 2013, 2361; BVerwG NJW 1988, 1228. Es nimmt dem Tatbestand insoweit nach → § 165 Rn. 6 jede Beweiskraft nach § 418 II.

Das gilt aber nur für diejenigen Punkte, die gesetzlich nach §§ 160 II, III, 162 in das dem Urteil zugrundeliegende **Protokoll** gehören, BGH NJW 1991, 2085; aM Düss ZMR 1988, 336 (aber nur solche Punkte haben schon wegen ihrer Aufnahme ins Protokoll von vornherein eine erhöhte Beweiskraft). Der Vorrang des Protokolls besteht auch nur, soweit das Protokoll seine Beweiskraft nicht nach § 165 verloren hat.

Widerspruch im Tatbestand: Soweit ein solcher Widerspruch vorliegt, fehlt dem Tatbestand die Beweiskraft, BGH WM 2015, 1562; NJW 2014, 1529; BAG NJW 2004, 1062; Ffm GRUR 2002, 236.

Widerspruch zu Schriftsätzen: Der Tatbestand geht den Schriftsätzen vor und kann nicht durch den Inhalt der Schriftsätze entkräftet werden, da es möglich ist, dass in der mündlichen Verhandlung entsprechende Erklärungen abgegeben worden sind, BGH NJW-RR 2007, 1434; NJW 1999, 1339.

315 *Unterschrift der Richter.*

I [1]**Das Urteil ist von den Richtern, die bei der Entscheidung mitgewirkt haben, zu unterschreiben.** [2]**Ist ein Richter verhindert, seine Unterschrift beizufügen, so wird dies unter Angabe des Verhinderungsgrundes von dem Vorsitzenden und bei dessen Verhinderung von dem ältesten beisitzenden Richter unter dem Urteil vermerkt.**

II [1]**Ein Urteil, das in dem Termin, in dem die mündliche Verhandlung geschlossen wird, verkündet wird, ist vor Ablauf von drei Wochen, vom Tage der Verkündung an gerechnet, vollständig abgefasst der Geschäftsstelle zu übermitteln.** [2]**Kann dies ausnahmsweise nicht geschehen, so ist innerhalb dieser Frist das von den Richtern unterschriebene Urteil ohne Tatbestand und Entscheidungsgründe der Geschäftsstelle zu übermitteln.** [3]**In diesem Fall sind Tatbestand und Entscheidungsgründe alsbald nachträglich anzufertigen, von den Richtern besonders zu unterschreiben und der Geschäftsstelle zu übermitteln.**

III [1]**Der Urkundsbeamte der Geschäftsstelle hat auf dem Urteil den Tag der Verkündung oder der Zustellung nach § 310 Abs. 3 zu vermerken und diesen Vermerk zu unterschreiben.** [2]**Werden die Prozessakten elektronisch geführt, hat der Urkundsbeamte der Geschäftsstelle den Vermerk in einem gesonderten Dokument festzuhalten.** [3]**Das Dokument ist mit dem Urteil untrennbar zu verbinden.**

I. Systematik/Regelungszweck, I–III. Die Vorschrift enthält eine notwendige Ergänzung zu § 313. 1

I 1 bezweckt, die Verantwortung des Gerichts für sein Urteil auch durch Unterschriften zu stärken, obwohl diese streng genommen entbehrlich sein könnten. Es gelten indes naturgemäß die Anforderungen an die Unterschrift eines Partei- oder Anwaltsschriftsatzes in → § 129 Rn. 8 ff., § 130 Nr. 6 entsprechend. 2

I 2 bezweckt die Klarstellung, dass der verhinderte Richter die Mitverantwortung übernommen hat. Stets ist eine einwandfrei nach Abstimmung nach §§ 192 ff. GVG zustande gekommene Urteilsbildung die Voraussetzung. 3

4 **II bezweckt** die Regelung, was zu geschehen hat, wenn das Urteil ausnahmsweise nicht innerhalb der drei Wochen Frist abgesetzt werden kann. Diese Frist hat der Richter bei der Frage zu berücksichtigen, ob er die Sitzung mit der Verkündung eines Urteils schließt oder einen sog. Verkündungstermin anberaumt.

5 **III dient** der Klarstellung und damit der Rechtssicherheit. Eine eindeutige öffentliche Beurkundung des Ob und Wann bei der Entstehung des Kernstücks des zivilprozessualen Gerichtshandelns hat eine vielfältige Bedeutung. Sie braucht daher eine sorgfältige Handhabung und strenge Auslegung.

6 **Zeitgemäß** ist insbesondere II. Alleine für die Absetzung der Entscheidung ist eine Frist von drei Wochen hinreichend, selbst wenn das Gericht überlastet ist und schwierige tatsächliche wie rechtliche Verhältnisse vorfindet. Die Verkündung der Entscheidung setzt voraus, dass die Entscheidung bereits **vor** der Urteilsfällung vollständig durchdacht worden ist, so dass es nur noch darum geht, die getroffene Entscheidung vollständig zu formulieren.

7 **II. Geltungsbereich, I–III.** Die Vorschrift gilt in allen Verfahren nach der ZPO (§ 329 verweist aber nicht auf § 315), auch im WEG-Verfahren. Im arbeitsgerichtlichen Verfahren gelten §§ 60 IV, 84 ArbGG, LAG Köln BB 1988, 768; Philippsen NJW 1977, 1135, sowie §§ 60, 64 VI, 69 I 1, 72a, b, 75 II ArbGG, BAG NZA-RR 2007, 672. Im patentamtlichen Einspruchsverfahren ist I 1, 2 entsprechend anwendbar, BGH GRUR 1994, 725. Im FamFG-Verfahren gilt § 38 III 2, 3 FamFG.

8 **III. Unterzeichnung, I. 1. Grundsatz: Pflicht aller Mitwirkenden, I 1.** Sämtliche bei der Entscheidung nach § 309 mitwirkenden Richter müssen das vollständige schriftliche Urteil nach denselben Regeln wie bei → § 129 Rn. 9 handschriftlich mit ihrem vollen bürgerlichen Nachnamen unterschreiben, BGH GRUR 2016, 861; LAG Köln BB 1988, 768, und zwar unter der vollständigen Urschrift, also auch die ehrenamtlichen Richter, zB Handelsrichter, in Abgrenzung zum Strafurteil, bei dem Schöffen das Urteil nicht mit unterschreiben. Auch der überstimmte Richter hat das Urteil mitzuunterzeichnen. Es darf anders als beim BVerfG nach → § 313 Rn. 56 schon wegen des Beratungsgeheimnisses (§ 43 DRiG) kein „dissenting vote" bekanntgeben. Er ist auch nicht nach I 2 verhindert, BGH NJW 1977, 765. Grund ist die Übernahme der Verantwortung für den Gesamtinhalt, Celle NJW-RR 1990, 124. Eine Unterzeichnung nur des Protokolls nach §§ 159 ff. genügt nur dann, wenn das Protokoll das vollständige Urteil mit dem Tatbestand und den Entscheidungsgründen oder bei §§ 313a, 540 mit dem dort Wesentlichen enthält und wenn das Protokoll die Unterschrift **sämtlicher Richter** trägt, BGH NJW-RR 2007, 141. Die Unterzeichnung eines bloßen Formulars mit einer Fülle von Textbausteinen für verschiedene Fälle lässt evtl. noch keine Urschrift entstehen, Celle NJW-RR 1990, 124. Unterschreiben dürfen und müssen zwar alle nach § 309 erkennenden Richter, nicht aber die lediglich nach §§ 310, 311 verkündenden, Köln NJW 1988, 2806.

9 Bei der **Form** der Unterschrift gelten dieselben Maßstäbe wie bei derjenigen des Anwalts, KG NJW 1988, 2807. Es muss also die Absicht bestehen, mit dem vollen Nachnamen zu unterschreiben und damit im Gegensatz zum bloßen Entwurf die volle Verantwortung zu tragen. Diese Absicht muss auch erkennbar sein. Mehrere Gleichnamige müssen sich erkennbar auseinanderhalten lassen. Man muss den Namen, seine Kenntnis unterstellt, herauslesen können, BGH NJW 1988, 713; Oldb MDR 1988, 253 (StPO); LG Ffm MDR 1990, 933. Ein Handzeichen (Paraphe) ist nach → § 329 Rn. 13 keine Unterschrift, BGH NJW 1988, 713; Fischer DRiZ 1994, 95; gilt auch beim Protokollurteil nach § 540 I 1, BGH WuM 2010, 98. Ein Zusatz kann die Unterschrift unwirksam machen, BGH NJW 1975, 1177 (StPO). Eine Unterzeichnung mittels **Bleistifts** ist nicht ausreichend, da nicht hinreichend sicher gestellt werden kann, dass hierdurch die abschließende volle Verantwortung – in Abgrenzung zum Entwurf – übernommen werden kann.

10 Bei der **elektronischen Akte** genügt die sichere Signatur §§ 130b, 298a. Nach der Gesetzesbegründung (vgl. BT-Drs. 15/4067, S. 34) ist das elektronische Urteil von den jeweiligen Richtern im Regelfall qualifiziert elektronisch zu signieren, LSG Baden-Württemberg, 17.9.2021 – L 8 SB 1856/20. Die richtige Urheberschaft der Unterschrift wird sichergestellt durch das Zusammenwirken von Signaturkarte, PIN und einer entsprechenden Kontrollprüfung (Signaturprüfung) mithilfe der Signaturkarte. Sofern nach der elektronischen Signatur Änderungen – ggf. bei einer Kollegialentscheidung nur von einem Richter – vorgenommen werden, bewirkt dies, dass die übrigen Signaturen in der Regel technisch „ausgegraut" werden, also signalisieren, dass der vollständige Text nicht mehr von der Unterschrift/Signatur aller Richter gedeckt ist. Dies bewirkt – insbesondere bei fristgebundenen Unterschriftsleistungen – aber nicht die vollständige Unwirksamkeit der Unterschriftsleistungen und damit die Unwirksamkeit des Urteils, sondern nur dass die späteren Änderungen formal nicht mehr von allen richterlichen Unterschriften gedeckt sind, sofern sie später nicht durch eine neue Signatur (rechtzeitig) nachgeholt werden, unabhängig von der Frage, ob ein vermutetes Einverständnis der Richter berücksichtig werden kann. Solange die durchgeführten Änderungen aber nur redaktioneller Art sind, zB Rechtschreibfehler oder Grammatikfehler korrigieren oder sonst nur der Klarstellung dienen, ändern diese spätere Änderungen nichts an der Wirksamkeit der Entscheidung und der erfolgten Signatur, weil diese auch ohne die vorgenommenen Änderungen – zB mit möglichen Rechtsschreibfehlern etc. – wirksam gewesen wäre (§ 313). Letztendlich ist entscheidend, dass zum maßgeblichen Zeitpunkt, alle Signaturen inhaltlich eine Entscheidung umfassen, die den Tenor tragen und den Anforderungen nach § 313 erfüllt.

11 Ggf. können Einzelheiten durch dienstliche Stellungnahmen dargelegt werden.

12 Auch bei einer elektronsichen Aktenführung kann es vorkommen, dass (Berufs-)richter das Urteil nicht elektronisch signieren können oder wollen, zB wenn neu eingestellte Proberichter noch über keine Signaturkarte verfügen oder weil der Richter im Rahmen der richterlichen Unabhängigkeit die Verwendung der elektronischen Signatur ablehnt (Art. 97 GG). In all diesen Fällen kann das Urteil nach wie vor in Papierform erstellt und unterschrieben und dann nach § 298a ZPO übertragen werden (vgl. auch § 130b S 2; Schmieder in Ory/Weth jurisPK-ERV Band 2, § 315).

13 S 1 sieht vor, dass „das Urteil" unterzeichnet wird. Deshalb genügt es nicht, dass einige Richter die Urkunde auf Papier und einige Richter elektronisch signieren, weil dann nicht die gleiche Urkunde unterzeichnet/signiert worden ist. Ausreichend ist es aber, wenn die von einem oder mehreren Richtern auf Papier unterzeichnete Urkunde eingescannt worden ist und der elektronischen Akte beigefügt worden ist und der oder die weiteren Richter diese eingescannte bereits zum Teil schon unterzeichnete Urkunde im weiteren elektronisch signieren, weil dann alle Richter letztendlich die gleiche Urkunde unterzeichnet bzw. signiert haben.

14 Wird das Urteil erst nach der Verkündung signiert, so ist dies entsprechend zu beurteilen, wie wenn das Urteil erst nach der Verkündung auf Papier unterzeichnet worden ist. Mit der Verkündung ist das Urteil zwar zunächst

als Hoheitsakt wirksam, § 310 I 1, allerdings führt die fehlende Signatur/Unterschrift dazu, dass das Urteil ohne Tatbestand und ohne Entscheidungsgründe verkündet worden ist. Die Signatur/Unterschrift kann zwar nachgeholt werden, aber nur solange, bis die Rechtsmittelfrist abgelaufen ist (Schmieder in Ory/Weth, jurisPK-ERV Band 2, § 315 Rn. 26).

2. Verhinderung, I 2. Ein Verhinderungsvermerk ist notwendig bei einer längeren rechtlichen und tatsächlichen Verhinderung eines Richters nach der Beschlussfassung nach §§ 192ff. GVG, BGH GRUR 2016, 861; BAG NJW 2010, 2301; Stgt NJW-RR 1989, 1534, also beim Vorliegen einer unterschriftsreifen Fassung, BAG NZA-RR 2007, 672, nicht schon bei dessen vorübergehender Verhinderung, BGH NJW 1977, 765; BAG NJW 2010, 2301; BVerwG NJW 2008, 3450. **Genau das Gegenteil** besagt allerdings BGH NJW 2015, 1687. Zwar ist diese Entscheidung formell zu § 21f II 1 GVG ergangen. Dort steht aber der allgemeine Grundsatz zum Begriff „Verhinderung". 15

Eine **nicht nur vorübergehende** Verhinderung liegt nicht schon beim Wechsel in einen anderen Spruchkörper vor, BGH GRUR 2016, 860. Sie liegt nach → § 163 Rn. 9 kaum schon bei einer Versetzung des Richters vor, BGH MDR 1993, 9; Thomas/Putzo/Reichold Rn. 1; Vollkommer Rpfleger 1976, 258; aM Stgt Rpfleger 1976, 258 (aber der versetzte Richter kann die Unterschrift am neuen Dienstort nachholen). Was eine längere Verhinderung ist, richtet sich auch nach dem Beschleunigungsbedürfnis und nach dem subjektiven Kenntnisstand des Unterschreibenden, BAG NJW 2010, 2301. Die Verhinderung muss auch unter Berücksichtigung von möglichen Fristen eine **gewisse Dauer** haben. Nur eine Woche reicht nicht, BGH NJW 1977, 765; BVerwG NJW 2008, 3450. Mehr als zwei Wochen können wegen II 1 schon reichen, BAG NZA-RR 2007, 672. Es **genügt** also die Fassung „zugleich für den (länger) erkrankten Richter …", BGH VersR 1984, 287. Daher ist eine Rüge dahin zulässig, dessen Unterschrift sei möglich gewesen. Zumindest muss die räumliche Stellung und/oder die Fassung des Vermerks zweifelsfrei ergeben, dass er den fehlenden Richter betrifft, BGH VersR 1984, 287; Ffm VersR 1979, 453. Bei einer räumlich eindeutigen Zuordnung des Vermerks braucht der Vorsitzende ihn nicht ebenfalls zu unterschreiben, BGH VersR 1984, 287 (die gesonderte Unterschrift ist freilich auch dann ratsam). Eine ordnungsgemäße Ersetzung der Unterschrift macht deren persönliche Nachholung überflüssig, Schneider MDR 1977, 748. 16

Der Vermerk muss nach I 2 den Verhinderungsgrund angeben, BGH VersR 1987, 287, freilich nur knapp, BGH GRUR 2016, 861. „Urlaub" reicht, BGH NJW-RR 1994, 1406. Der Vermerk braucht aber bei einer Erkrankung die Art der Erkrankung nicht anzugeben, BGH GRUR 2016, 861. „Abwesenheit" oder „Nichterreichbarkeit" reicht nicht, Ffm OLGR 1996, 34. 17

3. Rangfolge, Grenzen, I 2. Den Verhinderungsvermerk verfertigt und unterschreibt der Vorsitzende, BGH GRUR 2016, 861; BAG NJW 2010, 2301, bei seiner Verhinderung der dienstälteste Beisitzer, BGH VersR 1992, 1155; Mü OLGR 2002, 346; Schmidt JR 1993, 457. Mit „ältester" Beisitzer ist der „dienstälteste" gemeint (Musielak/Voit/Musielak Rn. 7), nur bei gleichem Dienstalter ist nach § 21f II GVG der lebensälteste, und zwar mit dem Hinweis „zugleich für…" und mit einer Angabe des Grundes zuständig, BGH VersR 1984, 586; BPatG GRUR 2014, 916; Ffm VersR 1979, 453. Einzelheiten Fischer DRiZ 1994, 95. 18

Wird der älteste Beisitzer verhindert, nachdem der Vorsitzende unterschrieben hat und dann an der Vertretungsunterschrift verhindert war, unterschreibt für den ältesten Beisitzer der zweitälteste, ohne dass dieser Umstand eine Begründung braucht. Sind der Vorsitzende und der dienstälteste Beisitzer von vornherein verhindert, unterschreibt der dienstjüngere Beisitzer nebst dem Verkündungsvermerk, BGH VersR 1992, 1155. 19

Beim **alleinigen Richter** lässt sich die Unterschrift nicht ersetzen, Kblz VersR 1981, 688. Dasselbe gilt bei einer Verhinderung des gesamten Spruchkörpers, BGH VersR 1992, 1155. Da das Urteil mit der Verkündung entsteht, bleibt dann nur nach seiner etwaigen Zustellung die Einlegung des zugehörigen Rechtsmittels möglich. Fehlt auch die Formel nach § 313 I Nr. 4, fehlt rechtlich das Urteil. Ein bei der Beschlussfassung nicht mitwirkender Richter darf das Urteil nicht anfertigen und nicht unterschreiben, Kblz VersR 1981, 688. 20

4. Verweigerung, I 1, 2. Verweigert ein Richter die Nachholung, kann rechtlich ein bloßer Entwurf vorliegen, BGH NJW-RR 1998, 141 (kein Anlauf der Notfrist). Eine Unterschriftsverweigerung ist nur unter den Voraussetzungen → Rn. 8–18 berechtigt, BGH NJW 1977, 765. Sie führt andernfalls nach § 538 zur Zurückverweisung. 21

5. Mangel, I. Die fehlende Unterschrift lässt sich in den Grenzen → Rn. 18, 21 jederzeit nach § 319 nachholen, BGH NJW 2006, 1882; Ffm NJW 1983, 2396; Köln NJW 1988, 2806. Das gilt auch nach der Einlegung eines Rechtsmittels, Ffm NJW 1983, 2396, einer Nichtzulassungsbeschwerde nach § 544, BGH NJW 2003, 3057, und überhaupt noch in der Revisionsinstanz nach §§ 542ff., BGH NJW 2006, 1882. Dabei können in der Rechtsmittelinstanz die Akten zur Nachholung der Unterschrift zunächst zurückgeschickt werden, sofern das Urteil überhaupt wirksam verkündet worden ist (vgl. BGH NJW 2006, 1882; NJW-RR 1998, 1065; Thomas/Putzo/Seiler Rn. 2, Zöller/Vollkommer Rn. 1). Eine wirksame Urteilszustellung nach § 317 ist möglich, da sich diese nach der ordnungsgemäßen Ausfertigung richtet und sofern das Urteil besteht (→ Rn. 23, vgl. BGH NJW 2001, 1653; Thomas/Putzo/Seiler Rn. 3). Wird die Unterschrift nicht rechtzeitig nachgeholt, ist das Urteil als nicht mit Gründen versehen anzusehen BGH WRP 2016, 1142. Es erfolgt daher notgedrungen eine Zurückverweisung nach §§ 538 II 1 Nr. 1, 563 I, IV, nach § 551 Nr. 7 auch nach einer unberechtigten Unterschriftsverweigerung, BGH NJW 1977, 765. 22

6. Wirksamkeit trotz Mangels, I. Wenn die im Rubrum genannten Richter überhaupt nicht oder nicht ordnungsgemäß unterschrieben haben, mag die Urteilsausfertigung ihre Unterschrift dennoch aufführen. Sie kann also den Anschein eines ordnungsgemäßen Urteils erwecken. Dann ist die Zustellung des Urteils grundsätzlich ohne eine Rücksicht auf den Mangel zunächst wirksam. Denn die Partei darf sich auf die Ausfertigung nach § 317 als einer öffentlichen Urkunde nach § 418 grundsätzlich verlassen, BGH NJW 2001, 1654; Ffm NJW 1983, 2396. Wegen einer Ausnahme → § 317 Rn. 22. Für die Frage der Zulässigkeit eines Rechtsmittels ist die Unterschrift belanglos, soweit das Rechtsmittel bereits vor der Urteilszustellung nach § 317 zulässig ist, BGH MDR 1998, 336. Das **Rechtsmittelgericht** prüft nur, ob die als Verhinderungsgrund bezeichnete Tatsache einen solchen darstellen kann. Es prüft nur ausnahmsweise, ob er tatsächlich vorlag, BGH GRUR 2016, 861; BAG NZA 2000, 55. Zur Überprüfbarkeit des Verhinderungsvermerks → § 317 Rn. 22, BGH GRUR 2016, 861. Hat auch ein solcher Richter unterschrieben, der an der Beratung und Beschlussfassung nach § 309 ZPO, §§ 192ff. GVG nicht 23 mitwirkte, ist ein Berichtigungsbeschluss nach § 319 notwendig und ausreichend, BGH MDR 1998, 336, Düss NJW-RR 1995, 637, sofern denn ursprünglich der zuständige Richter mitgewirkt hat. Die Verkennung des Rechtsbegriffs „Verhinderung" kann freilich einen absoluten Revisionsgrund nach § 547 Nr. 1 bilden, → § 547 Rn. 5.

24 **IV. Urteilsabfassung, II. 1. Vollständiges Urteil, II 1.** Das Gericht muss sein Urteil nach § 310 II bis zu einem besonderen Verkündungstermin vollständig zumindest handschriftlich abgefasst haben. Das gilt auch bei § 128 II. Wenn das Gericht das Urteil als ein sog. „Stuhlurteil" nach → § 310 Rn. 20 schon in demjenigen Termin verkündet, in dem es die mündliche Verhandlung geschlossen hat, muss es sein Ersturteil in seiner vollständigen Fassung binnen 3 Wochen seit der Verkündung der Geschäftsstelle übermitteln, BGH NJW 2004, 1666 (anders bei § 540 I 2). Es handelt sich nicht um eine Ausschlussfrist nach → Vor § 214 Rn. 18, vgl. → Rn. 8–18, sondern um eine bloße Ordnungsvorschrift, BGH NJW 1984, 2828; BAG MDR 1984, 435, Karlsr NJW 1984, 619. Sie errechnet sich nach § 222. Eine allzu lange Zeitspanne bis zur Unterschrift oder qualifizierten elektronischen Signatur kann einen Verstoß gegen das Rechtsstaatsprinzip bedeuten, BVerfG NJW 2001, 2161.

25 **2. Urteilskopf und -formel, II 2, 3.** Ist die Einhaltung der Frist unmöglich, etwa wegen des Umfangs des Urteils oder wegen einer Erkrankung des Richters oder der Schreibkraft oder wegen einer Überlastung, muss das Gericht sein Urteil innerhalb der Frist des II 1 wenigstens ohne Tatbestand und Entscheidungsgründe unterschrieben der Geschäftsstelle übermitteln. Es muss sein Urteil auch hier beschleunigt abfassen. Denn die Partei soll nicht die 3-Monats-Frist des § 320 II 3 verlieren. Zweckmäßiger als das Verfahren nach II 2, 3 wäre es gewesen, dass die Richter der letzten Verhandlung gerade kein Urteil, sondern einen Verkündungstermin mit einer entsprechend längeren Frist nach § 310 I verkündet hätten.

26 **3. Verstoß, II 1–3.** Ein Verstoß gegen II 1 kann eine sofortige Beschwerde nach §§ 252, 567 ff. rechtfertigen. Er kann nach §§ 517, 547 zur Aufhebung des Urteils und jedenfalls auf Antrag dann zur Zurückverweisung nach § 538 II 1 Nr. 1 führen, wenn die Entscheidungsgründe nach § 313 III fünf Monate nach der Verkündung noch nicht vorlagen, BGH FamRZ 1991, 43; Schneider MDR 1988, 640. Dann muss das Gericht die Kosten durchweg nach § 21 GKG niederschlagen, BGH VersR 1987, 405; Mü NJW 1975, 837. Die Versäumung der Pflicht nach II 2, 3 ist ein grober Verstoß. Er kann zur Aufhebung führen. Eine ordnungsmäßige Unterschrift oder Signatur unter dem später beigebrachten vollständigen Urteil heilt den Mangel einer unvollständig oder fehlerhaft unterschriebenen oder signierten Formel, denjenigen ihrer Zustellung aber nur nach § 189. Nach dem ergebnislosen Ablauf der Fünfmonatsfrist liegt ein Verstoß gegen § 547 Nr. 6 vor, dort → § 547 Rn. 21. Vgl. auch §§ 198 ff. GVG.

27 **V. Verkündungsvermerk, III. 1. Grundsatz: Bescheinigung der Übereinstimmung.** Der bei der Verkündung mitwirkende Urkundsbeamte fertigt das nach § 160 III Nr. 7 erforderliche Verkündungsprotokoll nach § 165, BGH FamRZ 1990, 507; Brdb MDR 1999, 564; LAG Köln AnwBl 1995, 159. Anschließend vermerkt er oder ein anderer Urkundsbeamter der Geschäftsstelle auf dem Urteil den Tag der Verkündung und unterschreibt diesen Vermerk nach III 1. An seine Unterschrift muss man dieselben Anforderungen stellen wie an Unterschriften des Richters oder Anwalts nach → § 129 Rn. 9, → § 163 Rn. 4, → § 329 Rn. 12, 13, BGH NJW 1988, 713. Bei einer elektronischen Aktenführung nach §§ 130b, 298a muss der Urkundsbeamte den Vermerk nach III 2 in einem gesonderten Dokument festhalten und es nach III 3 mit dem Urteil elektronisch untrennbar verbinden, ähnlich wie bei § 319 II 2, 3. Zweck ist die Bescheinigung der Übereinstimmung, BGH WM 2010, 1519; Ffm NJW-RR 1995, 511. Der Verkündungsvermerk **ersetzt nicht die Protokollierung** nach § 160 III Nr. 6, 7, BGH VersR 1989, 604; BAG NJW 2021, 1833; Brdb FamRZ 2002, 467. Der Vermerk gehört auf die Urschrift, BGH WM 2010, 1519. Bei einem Anerkenntnis- oder Versäumnisurteil nach §§ 306, 330 ff. muss der Urkundsbeamte bei § 310 III zumindest den Tag der letzten Zustellung vermerken. III ist auf einen Zuschlagsbeschluss nach § 87 I ZVG anwendbar, Köln Rpfleger 1982, 113. Der zugleich als Urkundsbeamter allein tätige Richter muss alle vorstehenden Aufgaben zusätzlich zu seinen rein richterlichen erfüllen.

28 Das Original des Urteils muss dabei auch nicht zwingend bei den Gerichtsakten verbleiben, sondern kann auch in einer gesondert geführten Urteilssammlung geführt werden, BGH MDR 2012, 1185.

29 **2. Verstoß, III.** Ein Verstoß – dessen Fehlen oder etwaige rechtliche Unzulänglichkeit – gegen III ist kein Mangel des Urteils, da der Vermerk keine konstitutive Wirkung aufweist, OLG Rostock, 6.5.2021 – 2 W 6/21. Er ist wegen §§ 160 III Nr. 7, 165 S. 1 prozessual unschädlich, auch für die Wirksamkeit der Zustellung, BGH VersR 1989, 604; Brdb NJW-RR 2002, 357; Ffm NJW-RR 1995, 511.

316 (weggefallen)

317

Urteilszustellung und -ausfertigung. I [1]**Die Urteile werden den Parteien, verkündete Versäumnisurteile nur der unterliegenden Partei in Abschrift zugestellt.** [2]**Eine Zustellung nach § 310 Abs. 3 genügt.** [3]**Auf übereinstimmenden Antrag der Parteien kann der Vorsitzende die Zustellung verkündeter Urteile bis zum Ablauf von fünf Monaten nach der Verkündung hinausschieben.**

II [1]**Ausfertigungen werden nur auf Antrag und nur in Papierform erteilt.** [2]**Solange das Urteil nicht verkündet und nicht unterschrieben ist, dürfen von ihm Ausfertigungen, Auszüge und Abschriften nicht erteilt werden.** [3]**Die von einer Partei beantragte Ausfertigung eines Urteils erfolgt ohne Tatbestand und Entscheidungsgründe; dies gilt nicht, wenn die Partei eine vollständige Ausfertigung beantragt.**

III **Ausfertigungen, Auszüge und Abschriften eines als elektronisches Dokument (§ 130b) vorliegenden Urteils können von einem Urteilsausdruck erteilt werden.**

IV **Die Ausfertigung und Auszüge der Urteile sind von dem Urkundsbeamten der Geschäftsstelle zu unterschreiben und mit dem Gerichtssiegel zu versehen.**

V [1]Ist das Urteil nach § 313b Abs. 2 in abgekürzter Form hergestellt, so erfolgt die Ausfertigung in gleicher Weise unter Benutzung einer beglaubigten Abschrift der Klageschrift oder in der Weise, dass das Urteil durch Aufnahme der in § 313 Abs. 1 Nr. 1 bis 4 bezeichneten Angaben vervollständigt wird. [2]Die Abschrift der Klageschrift kann durch den Urkundsbeamten der Geschäftsstelle oder durch den Rechtsanwalt des Klägers beglaubigt werden.

Übersicht

I. Systematik, I–V. Die Vorschrift gilt zusammen mit vielen anderen Bestimmungen wie zB §§ 339 I, 700 I, II (Einspruch), § 517 (Berufung), § 544 (Nichtzulassungsbeschwerde bei der Revision), §§ 548, 566 VII (Revision), § 574 (Rechtsbeschwerde), § 700 (Vollstreckungsbescheid), § 750 I 1 (Zwangsvollstreckung), § 1060 (inländische Schiedssprüche), evtl. auch § 922 I 1 (Arresturteil), BGH NJW 1990, 124. Sie schafft wie diese anderen Vorschriften eine Klarheit über eine zusätzlich zur etwaigen Verkündung stattfindende Bekanntgabe des Urteils. §§ 166 ff. gelten ergänzend. Zu beachten sind auch: §§ 191–195a. Das Original muss nicht stets bei der Akte gerade dieses Prozesses verbleiben, BGH GRUR 2012, 946 (sondern evtl. bei der Urteilssammlung zB des OLG oder BGH, vgl. BGH MDR 2012, 1185). 1

II. Regelungszweck, I–V. I bezweckt eine einwandfreie Klärung der Rechtsmittelfrist und damit der Zulässigkeit eines Rechtsmittels. Wegen des Umfangs der Rechtsprechung zur Wiedereinsetzung nach §§ 233 ff. wegen einer Versäumung gerade auch dieser Frist und der von ihr mitabhängenden Rechtsmittelbegründungsschrift nach § 520 ist die Vorschrift wie alle Zustellungsregeln streng auszulegen. 2

II will eine Ausfertigung eines Entwurfs verhindern, bevor das vollständige unterschriebene Urteil die Geschäftsstelle erreicht hat. Eine Ausfertigung wird auch nur noch auf Antrag einer Partei erteilt, so dass regelmäßig nur noch eine beglaubigte Abschrift des Urteils zum Zwecke der Zustellung übersandt wird. Dies ist für den Beginn der Rechtsmittelfristen ausreichend. **III** dient ähnlichen Zwecken wie § 315 III, dort → § 315 Rn. 2. 3

IV bezweckt eine gewisse Erleichterung, vor allem in IV 2. Das ändert aber nichts an der auch hier bestehenden Sorgfaltspflicht wegen der auch hier im Prinzip gleichen Bedeutung wie bei I–III. 4

III. Geltungsbereich, I–V. Die Vorschrift gilt umfassend, auch im WEG-Verfahren. Sie gilt im Kleinverfahren nach § 495a insoweit, als es sich um das „eigentliche" Urteil und nicht nur um die „Protokollgründe" des § 313a I 2 Hs. 2 handelt. Die Amtszustellung im Verfahren nach §§ 166 ff. erfolgt bei sämtlichen Urteilen und in allen Instanzen. Dies trifft auch auf die Zustellung von Amts wegen einer im Urteilswege erlassenen einstweiligen Verfügung zu. Auch hier ist es nur erforderlich, eine vom Gericht beglaubigte Urteilsabschrift zuzustellen. Entsprechendes genügt für eine Zustellung im Parteibetrieb für eine erwirkte Beschlussverfügung (§§ 936, 922 II, 329 I 2, 317 II 1, 169 II 1). Die Zustellung einer beglaubigten Abschrift ist stets hinreichend, wenn das Gesetz keine andere Regelung enthält (BGH NJW 2019, 1374). Im arbeitsgerichtlichen Verfahren gilt § 50 ArbGG. Durch § 50 I 2 ArbGG wird § 317 I 3 ZPO ausdrücklich ausgeschlossen, für das keine Möglichkeit besteht, auf übereinstimmenden Antrag der Parteien die Zustellung bis 5 Monate nach Urteilsverkündung hinauszuschieben. Es soll dadurch erreicht werden, dass sie Rechtsmittelfristen zeitnah zu laufen beginnen (vgl. MüKoZPO/Musielak Rn. 2). Versäumnisurteile müssen danach auch beiden Parteien zugestellt werden (§ 50 I 1 ArbGG). 5

Im FamFG-Verfahren gilt § 41 FamFG. Im verwaltungsgerichtlichen Prozess ist § 317 nach § 173 S. 1 VwGO entsprechend anwendbar, OVG Bln-Brdb NVwZ-RR 2017, 351. 6

IV. Zustellung, I. Bei der Zustellung handelt es sich um einen speziellen hoheitlichen förmlichen Vorgang, der es ermöglichen sollen, sicher nachweisen zu können, dass der Zustellungsempfänger das zuzustellende Schriftstück erhalten hat. 7

1. Von Amts wegen. Mit **Urteilen** sind zunächst alle Urteile gemeint. Besondere Regelungen gibt es für verkündete **Versäumnisurteile** bezüglich der obsiegenden Partei, da der obsiegenden Partei die Verkündung bekannt ist, das Urteil keinen Tatbestand und Entscheidungsgründe (§ 313a) enthält und für die obsiegende Partei auch keine Rechtsmittelfrist in Gang gesetzt wird. Sofern die Verkündung, und damit die Existenz des Urteils, jedoch durch die Zustellung ersetzt werden soll, ist die vollständige Zustellung an beiden Parteien erforderlich, wie dies zB bei einem Anerkenntnisurteil, einem Versäumnisurteil bzw. die Verwerfung eines Einspruchs gegen ein Versäumnisurteil wegen Unzulässigkeit nach §§ 307, 331 Abs. 3, 341 ohne mündliche Verhandlung der Fall ist. 8

Seit dem Inkrafttreten des Gesetzes zur Förderung des elektronischen Rechtsverkehrs mit den Gerichten vom 10.10.2013 (BGBl. I 3786) werden die Urteile im Regelfall nur noch in **Abschrift** zugestellt. Sie werden **von Amts wegen,** § 166 II, und nicht erst auf Betreiben der Partei zugestellt. Die **Geschäftsstelle** für die Zustellung ohne weitere richterliche Veranlassung als originär eigene Aufgabe aus. Es bedarf auch für die Zwangsvollstreckung nach **§ 750 I 2** nicht noch einmal der Parteizustellung, wenn das Urteil bereits von Amts wegen zugstellt worden ist. Die Abschrift ist nach §§ 166 ff., 168 I 1, 169 II 1 von der Geschäftsstelle des Gerichts zu **beglaubigen** (OLG Schleswig WRP 2020, 369). Damit ist die Übersendung einer beglaubigten Abschrift – und damit 9 ohne die richterlichen Originalunterschriften, die in der Gerichtsakte verbleiben (BGH, Beschluss vom 20.8.2020 – III ZB 16/20)– zur Regelform der Urteilszustellung geworden und für den Beginn der Rechtsmittelfristen ausreichend (BGH NJW 2019, 1374; NJOZ 2018, 1145; NJW 2016, 1180), so dass die Zustellung einer Ausfertigung auch nicht erforderlich ist, um die Zwangsvollstreckungsvoraussetzungen nach § 750 I 1 herbeizuführen, BGH, NJW 2022, 393.

10 Ausnahmen gelten nur bei § 750 I 2, § 922 II (also nur beim Beschluss, nicht beim Urteil, → § 922 Rn. 9), § 929 (dort Parteizustellung nur zwecks Vollzugs notwendig, Mü MDR 2013, 423), § 936. Wegen des Vollstreckungsbescheids § 699 IV, Bischof NJW 1980, 2235.Die **Rechtsmittelfristen** werden erst durch die Amtszustellung in Lauf gesetzt. Dies gilt auch für mögliche Einspruchsfristen, zB gegen Versäumnisurteile. Die fünf Monatsfrist nach §§ 517 Hs. 2, 548 Hs. 2 bleibt unberührt. Bei Urteilen, bei denen die Verkündung durch die Zustellung ersetzt, beginnt die Rechtsmittelfrist erst mit der letzten Zustellung zu laufen, weil erst ab diesem Zeitpunkt das Urteil wirksam geworden ist.

11 Das Original des Urteils bleibt stets bei den Akten, und zwar entweder die Urschrift oder eine beglaubigte Abschrift. Letzteres ist immer dann der Fall, wenn die Urschriften gesondert verwahrt werden und den Akten nur eine beglaubigte Abschrift beigefügt wird, wie zB bei den Oberlandesgerichten, vergleiche, BGH NJW 2013,678; NZG 2012, 701; GRUR 2021, 945, MüKoZPO/Musielak Rn. 4).

12 Die Zustellung erfolgt an alle am Rechtsstreit beteiligten **Parteien.** Hiervon umfasst sind auch die beigetretenem **Streithelfer.** § 172 bleibt hiervon unberührt. Besondere Zustellungsregelungen haben Vorrang, vgl. MüKoZPO/Musielak Rn. 6. Bei der Zustellung ist auch § 87 I zu berücksichtigen. Gibt es keinen Prozessbevollmächtigten, obwohl es an sich entsprechend § 78 einen geben müsste, ist das Urteil trotzdem der Partei selbst zuzustellen. (MüKoZPO/Musielak Rn. 6).

13 Stellt die Geschäftsstelle irrtümlich statt des verkündeten Urteils einen **(Vor)entwurf** zu, so ist diese **Zustellung unwirksam** und setzt mögliche Rechtsmittelfristen aufgrund der Zustellung nicht in Gang, wobei die fünf Monatsfristen nach §§ 517, 2. HS, 548, 2. HS unberührt bleiben.

14 Ausnahmsweise ist ein **verkündetes, aber nicht unterschriebenes Urteil** zuzustellen, wenn der Einzelrichter oder alle Richter des entscheidenden Spruchkörpers innerhalb der Absetzungsfrist an der Unterschriftsleistung gehindert sind, auch wenn Tatbestand und Entscheidungsgründe fehlen. § 547 Nr. 6 bleibt unberührt (MüKoZPO/Musielak Rn. 8).

15 **2. Elektronischer Rechtsverkehr.** Bei der Zustellung von elektronischen Dokumenten ist zu berücksichtigen, dass § 169 IV, V in bestimmten Fällen die Zustellung auch ohne Beglaubigung ermöglicht. Im Verhältnis zu I 1 ist zu berücksichtigen, dass es einen unnötigen Mehraufwand darstellen würde, wenn eine elektronisch beglaubigte Abschrift zum Zweck der Zustellung hergestellt werden müsste, sofern das zuzustellende Dokument bereits originär elektronisch in der Form des § 130b vorliegt. Es ist nach § 298 ein Urteilsausdruck mit einem Vermerk nach § 298 III anzufertigen. In diesem Fall kann das nach § 130b errichtete Dokument als solches elektronisch zugestellt werden (d. h. versehen mit der **qualifizierten elektronischen Signatur des Urhebers**), ohne dass es noch einer Beglaubigung bedarf (BT-Drs. 17/13948, 34). Dem Sinn der Regelung entspricht es, dass ein Dokument, das bereits mit einer elektronischen Signatur versehen ist, keines weiteren Integritätsschutzes bedarf. Damit können auch Urteile oder Beschlüsse nach § 169 V Nr. 1 oder Nr. 3 ohne weitere Beglaubigung zugestellt werden (Schmieder jM 2020, 222). Hiervon wird mit Einführung der elektronischen Akte in Zukunft vermehrt Gebrauch gemacht werden. **I 1** steht dem nicht entgegen, sondern stellt im Verhältnis zu § 169 nur klar, dass eine Zustellung von Amts wegen und eine Ausfertigung nach **II** nur auf Antrag erfolgen.

3. Beispiele zur Frage einer Zustellung von Amts wegen, I

16 **Bezugnahme:** Eine vollständige Fassung liegt auch dann vor, wenn das Urteil auf andere Schriftstücke usw. nach § 313 II 2 verweist. Das gilt auch dann, wenn eine Zustellung dieser Schriftstücke noch nicht erfolgte und wenn sie jetzt nicht beiliegen. Denn es kommt nur auf die eigentliche Urteilsurkunde an.

Einspruchsfrist: Bei §§ 339, 700 gilt dasselbe wie bei „Rechtsmittelfrist".

Fristversäumnis: Bei der Zustellung eines jeden echten Versäumnisurteils muss das Gericht von Amts wegen die Hinweise nach § 340 III 4 geben.

KapMuG: Beim Beigeladenen gilt (jetzt) § 16 I 3 KapMuG, SchlAnh. VIII.

Mehrere Parteien: Eine Zustellung ist zumindest hilfsweise an jede Partei nötig, BGH NJW-RR 2017, 1086; Zweibr MDR 1982, 586.

Mehrere Prozessbevollmächtigte: Eine Zustellung ist an jeden von ihnen nach §§ 81, 172 nötig. Vgl. auch § 87 I.

Rechtsmittelfrist: Eine solche nach § 517 beginnt bereits und grds. nur mit einer Zustellung nach I, BGH NJW-RR 2017, 1086; Gilleßen/Jakobs DGVZ 1977, 111, nicht etwa mit einer Parteizustellung nach § 750 I 2. Vgl. aber §§ 517, 548 (absolute Fünfmonatsfrist seit der Verkündung).

Rechtsbehelfsbelehrung: Vgl. §§ 232, 233 S. 2.

Streitgenossen: Eine Zustellung ist an jeden von ihnen nach §§ 59 ff. nötig, BGH NJW-RR 2017, 1087.

Streithelfer: Notwendig ist eine Zustellung an den streitgenössischen Streithelfer nach § 69, BGH 1989, 125. **Nicht** notwendig ist eine Zustellung an einen gewöhnlichen Streithelfer nach → § 67 Rn. 1, BGH NJW 1986, 257.

Unechtes Versäumnisurteil: Bei ihm gelten keine Besonderheiten.

Unverzüglichkeit: Die Zustellung muss grds. nach Vorlage der vollständigen Urteilsfassung unverzüglich wie bei § 121 I BGB erfolgen. Bei § 313b II reicht nach → Rn. 36, 38 eine abgekürzte Fassung. Das Gesetz schreibt zwar keinen bestimmten Zustellungstag vor. § 193 BGB ist unanwendbar, BGH VersR 1983, 876. In einer Sommersache ist eine Zustellung trotzdem im Zeitraum des § 227 II 1 statthaft. Denn diese Vorschrift erfaßt nur Termine. Auch → „Bezugnahme".

Keine Verhandlung: Bei § 310 III gelten keine Besonderheiten, Nürnb NJW 1978, 832 (krit. Schneider).

Versorgungsausgleich: Einer an ihm beteiligten Versicherungsgesellschaft braucht das Gericht die Entscheidung auch dann nur einmal zuzustellen, wenn das Konto sowohl für den Berechtigten als auch für den Verpflichteten dort besteht, Zweibr FamRZ 1980, 813.

Zustellung an Sieger: Sie ist unschädlich.

4. Möglichkeiten der Heilung. Eine **Heilung** eines Zustellungsmangels nach § 189 ZPO kommt nicht in Betracht, wenn ein von Amts wegen förmlich zuzustellendes Dokument im Parteibetrieb zugestellt wird, da ein Mangel bereits beim Zustellwillen vorliegt, BGH NJW-RR 2017, 1086; VersR 2010, 1520. § 189 ist jedoch grundsätzlich weit auszulegen. Die förmliche Zustellung soll kein Selbstzweck sein. Zweck ist es, dass der Adressat in angemessener Form von dem Inhalt des Schriftstückes Kenntnis nehmen kann. Darüber hinaus soll der Zeitpunkt der Bekanntgabe/Übergabe dokumentiert werden können. Liegt ein Zustellwillen mit dem Versand vor, sind keine Zweifel an der Authentizität, inhaltlicher Richtigkeit und Amtlichkeit gegeben, kann ein Mangel entsprechend geheilt werden. Hierzu sind aber Einzelheiten streitig, vgl. BGH NJW 2019, 1374; OLG Schleswig WRP 2020, 369; OLG München GRUR 2018, 444; OLG Hamburg GRUR-RR 2018, 173. Besonderheiten sind bei der elektronischen Zustellung zu beachten, da hier im Regelfall der Zugang über ein elektronisches Postfach leichter sicherzustellen sein dürfte (Schmieder jM 2020, 222). Eine fehlerhafte Zustellung kann einen Fristanlauf verhindern. Die Wirksamkeit der Zustellung wird nicht berührt, wenn es sich um einen Fehler handelt, der – wäre er bei der Urteilsabfassung unterlaufen – auch nach § 319 ZPO hätte korrigiert werden können BGH NJW-RR 2006, 1570. 17

5. Hinausschiebungsmöglichkeit, I 3. Nur aufgrund eines übereinstimmenden Antrags aller Parteien darf der Vorsitzende die Zustellung eines verkündeten Urteils bis zum Ablauf von 5 Monaten seit der Verkündung nach § 311 hinausschieben. Es handelt sich um eine bloße Zuständigkeitsregel. Wenn alle Parteien den Antrag zulässigerweise stellen, muss der Vorsitzende entsprechend handeln. Die Parteien sollen den Beginn der Rechtsmittelfrist nach § 517 in der Hand behalten können, da selbst nach einem verkündeten Urteil Vergleichsverhandlungen mit dem Ziel einer gütlichen Einigung nach § 78 in Betracht kommen. Die Regelung gilt nur bei einem nach §§ 310 I, II, 311 verkündeten Urteil, nicht bei einem nach § 310 III von Amts wegen zuzustellenden und nicht bei § 50 I 2 ArbGG. Der Antrag ist schon vor der Verkündung statthaft. Er braucht keine Begründung. Daher ist die „fehlerhafte" Begründung eines an sich statthaften Antrags unschädlich. Den Vorsitzenden bindet derjenige Zeitraum, den die Parteien übereinstimmend mindestens wünschen. Bei unterschiedlichen Wünschen muss er wegen eines etwaigen Irrtums usw. nach § 139 rückfragen. Im Zweifel gilt der kürzere Zeitraum als maßgeblich. 18

Der **Antrag** ist formlos zulässig und kann unabhängig von der mündlichen Verhandlung gestellt werden. Ein Einverständnis reicht. Ein Anwaltszwang besteht wie sonst nach → § 78 Rn. 1. Es handelt sich um eine grundsätzlich unwiderrufliche Prozesshandlung. Die Frist beginnt nach § 222 I iVm § 187 I BGB mit dem Tag nach der Verkündung. Es handelt sich um eine „uneigentliche Frist", insbes. nicht um eine Notfrist nach § 224 I 2. Daher gibt es hier keine Wiedereinsetzung nach § 233. Eine Verlängerung ist nach § 224 II bis zur Dauer nach I 3 statthaft. Die Vorschrift hat nur geringe praktische Bedeutung. 19

Die Entscheidung nach I 3 ergeht durch den Vorsitzenden durch Verfügung oder durch Beschluss nach § 329 mit einer Anweisung an die Geschäftsstelle. Das Gericht muss seine Entscheidung kurz begründen und allen Parteien formlos mitteilen. Eine sofortige Beschwerde ist wie sonst nach §§ 567 ff. statthaft. Es entstehen nach §§ 1 I 1 GKG, 1 FamGKG, 19 I 2 Nr. 9 RVG keine Gebühren. 20

6. Mitteilungspflicht. Der Urkundsbeamte hat Mitteilungspflichten nach §§ 12 ff. EGGVG. Sie müssen sich am BDSG und der EU-DSGVO messen lassen. 21

V. Ausfertigungen usw., II–V. Eine **Ausfertigung** ist eine in gesetzlich bestimmter Form gefertigte Abschrift, die dem Zweck dient, die bei den Akten verbleibende Urschrift nach außen zu dokumentieren. Die Ausfertigung sichert, dass das Original/Urschrift mit dem Text, den die Zustellempfänger erhalten, übereinstimmt (BGH 19.6.2019 – IV ZR 224/18, BeckRS 2019, 13264). Wegen dieser Besonderheit verlangt das Gesetz, dass die Ausfertigung von einem Urkundsbeamten der Geschäftsstelle zu unterschreiben und mit dem Gerichtssiegel zu versehen ist, vgl. **IV.** BGH NJW 2010, 2519. Ausgangspunkt ist stets der bis auf eine unwesentliche Abweichung vollständige Wortlaut der evtl. handschriftlichen bzw. handschriftlich ergänzten Urschrift einschließlich aller ihrer Unterschriften, BGH NJW-RR 2005, 1658, BayObLG 1990, 330; Naumb MDR 2000, 601. Daher ist beim Urteil eine Ausfertigung nach II 1 nur noch auf Antrag notwendig (BT-Drs. 17/12634, S. 30) und eine beglaubigte Kopie **(Abschrift)** im Regelfall ausreichend, BGH NJW 2019, 1374; 2016, 1180;LG Ffm GRUR-RR 2018, 271; LG Wuppert NJW 2016, 2128. Die Ausfertigung enthält regelmäßig weder Tatbestand noch Entscheidungsgründe enthält (II 3 Hs. 1, Ausnahme: II 3 Hs. 2). Das gilt auch bei einer etwa zulässigerweise abgekürzten Fassung. § 169 II ergibt nicht, dass eine beglaubigte Kopie des Urteils genüge, sondern nur, wie eine beglaubigte Kopie zustande kommt. Eine Ausfertigung darf nach II 1, III nur in **Papierform** ergehen. 22

1. Notwendigkeit der Verkündung oder Zustellung. Wirksam wird das Urteil mit seiner gesetzmäßigen Verkündung nach § 311, BGH BB 1993, 1174. Bei § 310 III wird es mit seiner Zustellung an beide Parteien wirksam. Zur Herstellung einer Ausfertigung wird das Urteil erst mit der Unterschrift aller mitwirkenden Richter reif, Hamm GRUR 1987, 853. Eine bloße Namensabkürzung (Paraphe) genügt wie bei → § 129 Rn. 16 nicht, BGH NJW 1980, 1960. Eine Ausfertigung des Urteils entsteht erst mit der anschließenden Unterschrift des Urkundsbeamten der Geschäftsstelle nach → Rn. 32, BGH VersR 2011, 93, und zwar derjenigen des nach § 309 erkennenden Gerichts. Der Ausfertigungsvermerk darf erst nach Verkündung angebracht werden, (vgl. II 2). Jede Art von Kopie eines Urteils ist vor dessen Verkündung und Unterzeichnung unstatthaft. II 2 bestimmt nicht die Form der Entscheidung selbst, sondern nur, ab wann das Urteil herausgegeben werden darf BGH NJW 2017, 2273. 23

Die Zustellung einer Urteilsfassung **ohne Tatbestand und Entscheidungsgründe** steht der Zustellung eines vollständigen Urteils grundsätzlich keineswegs gleich. Eine Ausnahme gilt bei § 313a I, II, und bei dem Antrag auf Ausfertigung, II 3 Hs. 1. Fehlt der Tenor nach § 311 II 1, 313 I Nr. 4 ganz, ist die Zustellung stets unwirksam, auch diejenige von Anwalt zu Anwalt nach § 195, BGH VersR 1978, 155. 24

Im Übrigen führt **nicht jede Abweichung** zwischen der Urschrift und der Ausfertigung oder Kopie zur **Unwirksamkeit** der Zustellung, Brdb FamRZ 2009, 907. 25

2. Beispiele zur Frage einer Notwendigkeit, II–V

Abweisung im Übrigen: Unschädlich sein kann das, BGHZ 67, 284. 26

Unrichtigkeit des Aktenzeichens: Unschädlich sein kann das, Brdb FamRZ 2009, 907.

Von Amts wegen: Bei einer solchen Erteilung erfolgt nur noch eine vollständige Ausfertigung.

Auf Antrag: Wenn eine Partei zB wegen der Zwangsvollstreckung nach § 750 I 2 eine **Ausfertigung** oder eine beglaubigte Abschrift oder Ablichtung des Urteils beantragt, erhält sie eine solche nach II 2 Hs. 1 mit Urteilskopf, Entscheidungsformel und Unterschriften, aber ohne Tatbestand und Entscheidungsgründe, solange sie keine vollständige Ausfertigung oder vollständige beglaubigte Abschrift oder Ablichtung nach II 2 Hs. 2 begehrt. Ein derartiger stillschweigender Antrag ist zulässig. Ob er vorliegt, ist eine Auslegungsfrage nach → Vor § 128 Rn. 60, 60.

Berichtigung: Unschädlich ist eine solche Abweichung, die man nach § 319 behandeln kann, BGH FamRZ 2006, 1115.

Fehlen von Farbe: Schädlich ist das bei der Urschrift, Ffm GRUR 2009, 995; Hmb NJW-RR 2007, 986.

Fehlen der Kostenentscheidung: Unschädlich sein kann das Fehlen der Kostengrundentscheidung nur im Tenor der Ausfertigung, BGH VersR 1982, 70.

Fehlen von Seiten: Schädlich ist das meist, BGH NJW-RR 2005, 1658; Naumb MDR 2000, 601.

Schwerlesbarkeit: Unschädlich sein kann es, dass ein Teil des Tatbestands zum unstreitigen Vortrag mit der bloßen Wiedergabe von schriftlichem Vortrag nicht vollständig lesbar ist, LAG Bln MDR 2003, 1376.

Verfrühung: Eine verfrüht hergestellte Ausfertigung reicht **nicht** zur Wirksamkeit der Zustellung, BGH BB 1993, 1174.

Widersprüchlichkeit: Bei einer Unstimmigkeit zwischen Ausfertigung und Abschrift oder Kopie geht die erstere vor, BGH NJW 2001, 1654.

27 **3. Form/Antrag.** Die Ausfertigung erfolgt beim schriftlichen Urteil anhand der bei der Gerichtsakte verbleibenden Urschrift. Eine Erteilung ist nach II 1 nur in **Papierform** statthaft, also weder als eine Telekopie oder als ein elektronisches Dokument. Vgl. aber auch III. Bei einem nach § 130b ergangenen elektronischen Urteil lässt sich eine Ausfertigung nach III anfertigen. Das gilt nach III auch bei einem Auszug und bei einer beglaubigten oder einfachen Kopie. Durch gesetzliche Änderungen wird zunehmend auf Ausfertigungen verzichtet, wodurch die elektronische Zustellung erleichtert werden soll.

28 Ausfertigungen werden nicht mehr von Amts wegen, sondern nur noch **auf Antrag** erteilt. Dies korrespondiert auch mit der Einführung der elektronischen Akte und der praktischen Umsetzung innerhalb der Justiz. Der Urteile heute in der Praxis nicht mehr handschriftlich angefertigt werden und selbst handschriftliche Korrekturen in der Originalurschrift nur noch selten sind, sondern Änderungen von den Richtern meist direkt in dem elektronischen Dokument vorgenommen werden – unabhängig von der Existenz aller elektronischen Akte – ist die Wahrscheinlichkeit, dass eine beglaubigte Abschrift Fehler enthält, deutlich geringer geworden als früher. Die inhaltliche Richtigkeitsgewähr einer beglaubigten Abschrift hat sich praktisch den Anforderungen, die an eine „Ausfertigung" gestellt werden, angenähert, zumal bei der elektronischen Akte die vorherige Signierung durch einen Richter aufgehoben wird, wenn ein anderer Richter des Spruchkörpers, zB der Vorsitzende, im Nachhinein Änderungen vornimmt. Dann muss die Signierung erneut erfolgen.

29 **4. Namen.** Jede Ausfertigung muss die Namen aller das Original unterzeichnenden Richter in einer Kopie ausweisen, BGH FamRZ 1990, 1227, so dass überprüft werden kann, ob die Voraussetzungen von § 315 eingehalten, insbesondere also unterschrieben (einschließlich eines möglichen Verhinderungsvermerks), worden sind (BGH FamRZ 1990, 1227; MüKoZPO/Musielak Rn. 4).

30 Fehlt die Unterschrift des Richters nach § 315 I oder dessen qualifizierte elektronische Signatur nach § 130b oder fehlt der vom Urkundsbeamten zu unterschreibende Ausfertigungsvermerk der Geschäftsstelle nach § 315 III, liegt rechtlich nur ein Ausfertigungsentwurf vor, BGHZ 100, 237. Dann ist die Urteilszustellung unwirksam. Denn die Ausfertigung soll eine Übereinstimmung mit der Urschrift oder dem Urteilsausdruck verbürgen, BGH WM 2010, 1519, ohne dem Empfänger die Prüfung der Richtigkeit oder Vollständigkeit zuzumuten, BGH NJW 1978, 217.

5. Beispiele zur Frage der Namen, II–V

31 **Nur Berichterstatter: Nicht** ausreichend ist es, dass die Ausfertigung von mehreren richterlichen Unterschriften nur diejenige des Berichterstatters wiedergibt, aM Köln Rpfleger 2013, 266.

Binde- oder Trennungsstrich: Ausreichend ist es, wenn der Name zwischen solchen Strichen steht, BGH FamRZ 1990, 1227. Ausreichend ist auch, dass ein bloßer Bindestrich vorliegt.

„(gez.)": Ausreichend ist dieser Vermerk dann, wenn der Name in Klammern folgt, BGH VersR 1980, 742.

Lesbarkeit: Entbehrlich ist die Lesbarkeit des handschriftlichen Namens, BGH VersR 1983, 874.

Maschinenschrift: Ausreichend ist es, wenn der Name ohne Klammern und ohne den Zusatz „gez." maschinenschriftlich auftritt, sofern dadurch keine Unklarheiten entstehen, BGH VersR 1994, 1495; AG Bergisch-Gladb Rpfleger 1989, 337.

„gez. Namen": Ausreichend ist es, wenn die Ausfertigung diesen Vermerk enthält. Das gilt auch dann, wenn der Name in Klammern steht, BGH VersR 1980, 742.

„gez. Unterschrift": Nicht ausreichend ist es, dass die Ausfertigung lediglich diesen Vermerk trägt, BGH NJW 1975, 781.

Klammern ohne Zusatz: Nicht ausreichend ist es, dass die Namen der Richter (Unterzeichner oder Signierer) in Klammern ohne weiteren Zusatz vorliegen, BGH VersR 1994, 1495; aM Vollkommer ZZP 88, 334 (aber es muss eine Klarheit auch über die Funktion und Verantwortung bestehen).

Fehlen im Original: Nicht ausreichend ist es, dass die Ausfertigung eine auf der Urschrift gar nicht vorhandene Unterschrift aufweist, Hamm MDR 1989, 465.

Räumliche Zuordnung: Ausreichend ist es, dass eine solche Zuordnung des Vermerks zB nur unter dem Namen des Vorsitzenden eindeutig ergibt, dass der Vermerk von diesem stammt. Das gilt selbst dann, wenn der Vorsitzende den Vermerk nicht zusätzlich unterschrieben hat, BGH VersR 1984, 287.

Tatsächlicher Unterschreiber: Er muss stets feststehen, und zwar beim Original, BGH NJW-RR 1987, 377; Hamm OLGZ 1989, 351; Besonderheiten beim elektronischer Herstellung

Urteilskopf: Nicht *ausreichend* ist es, dass die Namen der Richter nur im Urteilskopf nach § 313 I Nr. 2 stehen.

Für verhinderten Richter: Alle Regeln dieses ABC gelten auch bei einer Unterschrift für einen verhinderten Richter nach § 315 I 2, BGH NJW 1978, 217.

Nur Vorsitzender: Nicht ausreichend ist es, dass die Ausfertigung von mehreren richterlichen Unterschriften nur diejenige des Vorsitzenden wiedergibt, KG JR 1982, 251.

6. Ausfertigungsvermerk. Der Ausfertigungsvermerk des Urkundsbeamten der Geschäftsstelle ist nötig, BGH VersR 2011, 93. Eine bestimmte äußere Form für den Ausfertigungsvermerk ist nicht vorgesehen. Die Urteilsabschrift muss zumindest durch die Unterschrift des Urkundsbeamten, das Gerichtssiegel oder den Dienststempel und Worte wie „Ausfertigung" oder „ausgefertigt" erkennen lassen, dass es sich um eine Ausfertigung nach **IV** handeln soll (BGH 19.6.2019 – IV ZR 224/18, BeckRS 2019, 13264; VersR 1994, 1495). Für ihn ist ein bestimmter Wortlaut nicht zwingend, BGH VersR 1994, 1496, ebenso wenig ein Datum, BGH NJW 2007, 3641, Brem FamRZ 2006, 965. Es reicht (nur) hier „gez. Unterschrift" aus, BGH NJW 1975, 781, ebenso der Name nebst Hinweis „L. S." (= Landessiegel), BGH MDR 1993, 384. Das gilt selbst dann, wenn der Zusatz „gez." fehlt, Hmb DGVZ 2002, 137. Es reicht jedoch nicht aus, in der Abschrift oder Ablichtung an der für die Unterschrift vorgesehenen Stelle nur den in Klammern gesetzten Namen des Urkundsbeamten der Geschäftsstelle wiederzugeben. Ebenso wenig reicht die Abkürzung „F. d. R. d. A." aus. Eine bestimmte Siegelform steht nicht im III, IV, Mü FGPrax 2016, 153. Bei § 159 I 1 kann eine Unterschrift des Richters auch als Urkundsbeamter fehlen, BGH WM 2010, 1519. 32

7. Weitere Erfordernisse. Es muss ein **Zustellungswille** erkennbar vorliegen, OVG Bln-Brdb NVwZ-RR 2017, 351. Die Urteilszustellung **vor** einer nach § 311 erforderlichen Verkündung ist unwirksam, BGH NJW-RR 1993, 956. Eine Zustellung ist nicht schon deshalb unwirksam, weil auf der zugestellten Urteilsausfertigung der Vermerk über die tatsächlich erfolgte Verkündung fehlt. Es genügt, dass eine beglaubigte Kopie ersehen lässt, dass eine „Ausfertigung" nebst Gerichtssiegel und Unterschrift des Urkundsbeamten der Geschäftsstelle („gez. Unterschrift") vorgelegen hat. Der Vermerk „als Urkundsbeamter der Geschäftsstelle" braucht nicht vorzuliegen, falls die Dienststellenbezeichnung vorliegt und falls landesrechtliche Bestimmungen ergeben, dass der Inhaber dieser Dienststelle ein Urkundsbeamter der Geschäftsstelle ist, LG Bln Rpfleger 1979, 111. Die Rechtsmittelfrist nach § 517 kann dann nicht anlaufen, wenn die Ausfertigung vom Urkundsbeamten eines anderen als des erkennenden Gerichts stammt. Das Fehlen eines Hinweises auf das in der Urschrift vorhandene Landeswappen ist unschädlich, BGH VersR 1985, 551. Zur Übung, nur die erste Ausfertigung förmlich zuzustellen, BGH VersR 1985, 551. 33

8. Berichtigung. Der Urkundsbeamte der Geschäftsstelle berichtigt eine offenbare Unrichtigkeit der Ausfertigung usw. entsprechend § 319, BGH NJW-RR 2006, 1571 (MüKoZPO/Musielak Rn. 9). Lehnt er die Berichtigung ab, kann man nach § 573 I das Gericht anrufen. Gegen die Entscheidung des Gerichts ist die sofortige Beschwerde nach § 573 II statthaft. Eine Berichtigung der Urschrift ist nur dem Gericht gestattet, nicht dem Urkundsbeamten. Er vermerkt sie nur nach § 319 II 2. 34

9. Unterschrift. Sämtliche Ausfertigungen und Auszüge muss nach → § 315 Rn. 27 der Urkundsbeamte der Geschäftsstelle nach IV unterschreiben, Ffm OLGR 1998, 333, wie bei → § 129 Rn. 9 ff., BGH NJW 2013, 3451. Er muss sie dann mit dem Gerichtssiegel versehen. Das reicht aber auch aus, BGH NJW 2007, 3641. Statt des Siegels genügt der die Praxis längst vollständig beherrschende Gerichtsstempel, BGH MDR 1993, 384. Das Fehlen eines Hinweises in der zugestellten beglaubigten Kopie auf das in der Ausfertigung vorhandene Siegel oder auf den dort vorhandenen Gerichtsstempel macht die Zustellung nicht unwirksam. Besonderheiten gibt es im elektronischen Rechtsverkehr (→ Rn. 15). 35

VI. Abgekürztes Urteil, V. Der Urkundsbeamte der Geschäftsstelle wählt von zwei möglichen Arten der Ausfertigung eines nach § 313b II hergestellten abgekürzten Urteils die zweckmäßigste und billigste. 36

1. Beglaubigung. Entweder setzt er die Ausfertigung auf eine beglaubigte Kopie der Klageschrift nach § 253 oder ein damit zu verbindendes Blatt. Zur Beglaubigung sind er oder der Anwalt des Klägers befugt. Der Urkundsbeamte der Geschäftsstelle darf auch die Urschrift der Klage benutzen. 37

2. Vervollständigung. Oder er ergänzt das abgekürzte Urteil zu einem gewöhnlichen ohne einen Tatbestand und ohne die Entscheidungsgründe, fügt also alle anderen Erfordernisse des § 313 bei, mithin auch die Unterschriften der Richter. Die Ergänzung muss nach § 313b mit den Angaben der Klageschrift übereinstimmen. Sind diese unrichtig und hat das Gericht das Urteil nicht nach §§ 319 ff. berichtigt, muss es das zunächst nachholen. Zu irgendeiner sachlichen Änderung ist der Urkundsbeamten der Geschäftsstelle nicht befugt, auch nicht zur Verbesserung von Schreibfehlern, solange solche nicht ganz zweifelsfrei vorliegen und solange das Richtige nicht ebenso zweifelsfrei ist. 38

VII. Zustellungsmängel. Gewichtige Mängel bei der Zustellung, insbesondere die nicht korrekte Wiedergabe der Urschrift – von unbedeutenden Fehlern abgesehen – führen dazu, dass die mit der Zustellung bewirkten Rechtsfolgen nicht eintreten BGH NJW 2001, 1653; MüKoZPO/Musielak Rn. 4. Ein wichtiger Mangel ist insbesondere dann anzunehmen, wenn durch den Mangel die Entscheidung darüber, ob gegen das Urteil ein Rechtsmittel eingelegt werden soll, beeinflusst werden kann (BGH NJW-RR 2006, 1570). Als Maßstab für die Frage, welche Qualität der Mangel hat, kann die Wertung des § 319 herangezogen werden. Ist eine Korrektur danach möglich, ohne dass eine neue Rechtsmittelfrist beginnt, dann ist die ursprüngliche Zustellung wirksam, weil sich ein in der Ausfertigung enthaltener Mangel auf die Urteilszustellung nicht schwerwiegender auswirken kann, als wenn dieser Fehler bereits in der Urteilsurschrift vorhanden ist, MüKoZPO/Musielak § 317 Rn. 10. Lehnt der Urkundsbeamte der Geschäftsstelle eine Berichtigung ab, kann eine Entscheidung des Prozessgerichts nach § 576 I herbeigeführt werden. Als Beispiel für unbeachtliche Mängel kann angeführt werden: Das Urteil ist nicht als Versäumnisurteil bezeichnet worden (§ 313b I 2); die Namen der Prozessbevollmächtigten der Parteien werden vertauscht; die Parteibezeichnungen „Widerkläger" und „Widerbeklagter" werden vergessen, der Tag der mündlichen Verhandlung bzw. die Namen der Richter sind im Rubrum vergessen worden; Es fehlt die Überschrift „Urteil" bzw. „Im Namen des Volkes". Entsprechendes gilt bei einer fehlerhaften Überschrift als „Beschluss". 39

Die Möglichkeit einer **Heilung** nach § 189 ist nicht gegeben, soweit die Mängel Zweifel an der Authentizität und Amtlichkeit des zugestellten Urteils entstehen lassen. 40

318 *Bindung des Gerichts.* **Das Gericht ist an die Entscheidung, die in den von ihm erlassenen End- und Zwischenurteilen enthalten ist, gebunden.**

1 **I. Systematik.** Die Vorschrift gibt den Regelfall vor, dass der Rechtstreit mit der Verkündung der Entscheidung ganz oder zu einem bestimmten Teil (zB beim Teilurteil) abgeschlossen ist und vom erkennenden Gericht nicht einseitig aufgehoben oder geändert werden kann. Ausnahmen, die ein Änderung doch noch ermöglichen ergeben sich aus §§ 319–321a, 343, 578 ff. sowie für spezielle Fälle der Wertfestsetzung in § 63 GKG, § 55 FamGKG. Sie ist abzugrenzen von der möglicherweise anderweitig eingetretenen Rechtskraft, z. B. bei einem Teilurteil, nach § 322.

2 **II. Regelungszweck.** Die Vorschrift bezweckt ein **Aufhebungs- und Änderungsverbot** durch das gleiche Gericht und bestätigt damit die Abschlussfunktion eines verkündeten End- und Zwischenurteils. Hierdurch soll auch das Vertrauen der Bevölkerung in staatliche Institutionen gestärkt werden. Den Gerichten kommt als Träger staatlicher Gewalt eine besondere **Autorität** zu, die nicht durch eine beliebige Änderbarkeit erschüttert werden soll. Eine Änderung käme nur durch ein Rechtsmittel durch eine höhere Instanz in Betracht. Die fehlende Änderungsmöglichkeit erhöht auch die **Richtigkeitsgewähr** der richterlichen Entscheidung, da so auch unüberlegte Entscheidungen verhindert werden sollen. Von der getroffenen Entscheidung darf auch nicht vom erkennenden Gericht in der gleichen Instanz im weiteren Verfahren abgewichen werden **(Abweichungsverbot). Ausnahmen** hiervon, die eine Korrktur ermöglichen, sind daher nur in engen Grenzen der §§ 319–321a möglich, vgl. BSG MDR 1992, 386.

3 **III. Geltungsbereich.** Die Vorschrift gilt grundsätzlich in allen Verfahren und Instanzen nach der ZPO, z. B. im Urkundenvorbehaltsprozess. § 318 gilt grundsätzlich auch im Eilverfahren nach §§ 916 ff., 935 ff. (Ausnahmen: §§ 927, 936), auch im WEG-Verfahren. Sie gilt nach § 46 II 1 ArbGG auch im arbeitsgerichtlichen Verfahren, aber mit dortigen Besonderheiten wegen der Wertfestsetzung für eine Rechtsmittelfähigkeit, BAG NZA 2007, 830; LAG Düss MDR 2000, 708. Die Vorschrift gilt auch im Patentprozess. Sie kann im Adhäsionsverfahren nach § 406 I 2 StPO gelten. Sie gilt entsprechend abweichend von § 48 FamFG im Bereich des § 113 I 2 FamFG für die dort alleinige Beschlussform, in Ehesachen (§ 121 FamFG) und in Familienstreitsachen (§ 112 FamFG). Vgl. auch § 16 I 1 KapMuG, SchlAnh. VIII.

4 **IV. Voraussetzungen. 1. Gerichtsbegriff. „Gericht"** ist hier derjenige Spruchkörper, der in der Instanz entschieden hat. Ändert sich die personelle Besetzung des Spruchkörpers ändert dies an der Bindung nichts, BAG MDR 1984, 83; MüKoZPO/Musielak Rn. 10. Hiervon umfasst sind auch das Berufungsgericht und Revisionsgericht. Mit „Gericht" ist auch der Einzelrichter nach §§ 348, 348a, 526 gemeint. Auch eine Entscheidung des Einzelrichters nach §§ 348, 348a, 526, 527 bindet sein Kollegium und umgekehrt. Keine Bindung aber bei einem anderen Spruchkörper des gleichen Gerichts.

5 Die Bindungswirkung ist im **Schiedsverfahren** entsprechend anwendbar, BGH, WM 2021, 2116.

6 **2. Umfang der Bindung.** Die **Bindung** besteht vor allem, aber nicht nur an die Urteilsformel nach § 313 I Nr. 4. Dies ergibt sich aus der weiteren Formulierung des Gesetzes, dass die Bindung an die Entscheidung, die in den erlassenen Urteilen „enthalten ist" besteht. Eine Bindung besteht wegen des Gesamturteils nach § 313 vom Beginn des Urteilskopfes über den Tenor, den Tatbestand und die Entscheidungsgründe bis zu den Unterschriften. Das bedeutet: Das Gericht darf seine Schilderung des Streitgegenstands und der Prozessgeschichte ebenso wenig nachbessern wie seine Entscheidungserwägungen, nicht im Hauptpunkt, nicht in den Nebenentscheidungen, nicht beim Streitwert und nicht bei den Kosten. Hiervon umfasst sind alle **End-, Zwischen-, Grund oder Teilurteile** nach §§ 300, 301, 303, 304, die das Gericht, in demselben Prozess gefällt hat, BGH WM 2021, 2116; NJW 2011, 3243; BFH BB 1996, 997; BSG MDR 1992, 386. Das Gericht hat dementsprechend bei der Schlussentscheidung die zuvor getroffene Entscheidung in einem Zwischen- oder Teilurteil zu berücksichtigen (MüKoZPO/Musielak Rn. 4 f.). Auch bei einem Teilurteil ist zu berücksichtigen, dass es sich zuvor um ein einheitliches Verfahren gehandelt hat.

7 Eine **Verfügung** bindet das Gericht nicht. Bei einem **Beschluss** liegt dann eine Bindung vor, wenn dieser Beschluss einem entsprechenden Urteil gleichsteht, wie zB einem Beschluss nach § 522 II, vgl. BGH NJW-RR 1995, 765.

8 **Neue Erkenntnisse** des Gerichts, die dazu führen, dass es die vorherige Entscheidung nicht mehr für richtig hält, können nicht mehr berücksichtigt werden. Die Bindung beruht weder auf der formellen **Rechtskraft** nach § 705 noch auf der inneren nach § 322, BGH VersR 1987, 940; BAG DB 1984, 1628, Jauernig MDR 1982, 286.

9 Die Bindung tritt auch zur **Kostenentscheidung** nach §§ 91 ff. ein, KG NJW-RR 2006, 1577, oder zur Höhe einer **Sicherheitsleistung** nach § 108, Schneider MDR 1983, 905. Das gilt grundsätzlich auch für ein Teilurteil nach § 301, Düss NJW-RR 2001, 523, bei einer **Stufenklage** aber nur in Bezug auf die jeweilige „Stufe", OLG Stuttgart IHR 2020, 74. Es gilt ferner für ein **Vorbehaltsurteil** nach §§ 302, 599, BGH NJW 1988, 1468. Die Bindung gilt auch für ein **Grundurteil** nach § 304, BGH NJW-RR 1997, 188. Eine Abänderung kommt auch nicht im Rahmen einer **Gegenvorstellung** in Betracht (BGH DZWIR 2019, 36; WM 2018, 2144; OLG Dresden FamRZ 2020, 37).

10 Bei einer **Zurückverweisung** besteht eine Bindung an das Gericht, an das zurückverwiesen ist, einmal hinsichtlich der rechtlichen Beurteilung, die der Aufhebung nach Auffassung des Rechtsmittelgerichts zugrunde liegt aber auch an die Gründe, die der Entscheidung ursprünglich zugrunde gelegen haben, soweit diese von der Aufhebung und (früheren) Zurückverweisung nicht betroffen sind (vgl. §§ 538 II 1 Nr. 1, 562, 563 II) (BGH NJW 1992, 2832; BAG NZA 1997, 822; LAG Ffm DB 2000, 1236). Bei einem **erneuten Rechtsmittel** ist auch das Rechtsmittelgericht an seine frühere Entscheidung gebunden (vgl. § 563 II, BGHZ 25, 200), falls die Sache erneut zur Rechtsmittelinstanz gelangt. Eine solche Bindung tritt allerdings dann nicht ein, wenn das Revisionsgericht seine Beurteilung wechselt, OGB BGHZ 60, 398. Das Rechtsmittelgericht ist an die Entscheidung des unteren Gerichts gebunden, soweit diese in Rechtskraft erwachsen ist keine Anfechtung des Ersturteils erfolgte (BGH NJW 2020, 1227; *Stockmann* FamRB 2020, 151). Die Bindungswirkung tritt im Umfang der Anfechtung aber nur nach §§ 512, 557 II ein.

11 **3. Ausnahmen.** Erkennt das Gericht bei der Abfassung, der „Absetzung", der Entscheidungsgründe nach § 313 III seinen Fehler, so kann es diesen Fehler zwar darstellen. Aber es darf die Entscheidung selbst –

insbesondere den Tenor – eben nicht wegen einer solchen **Selbsterkenntnis** außerhalb von §§ 319–321a korrigieren. Das Gericht muss es vielmehr der benachteiligten Partei überlassen, ob sie ein etwa statthaftes Rechtsmittel einlegt. Selbst beim Versäumnisurteil nach §§ 330 ff. muss das Gericht allerdings formell abwarten, ob und in welchem Umfang rechtzeitig ein Einspruch nach § 339 eingeht. Eine Korrektur kommt daher (nur) nach den Voraussetzungen von §§ 319, 320 in Betracht.

§ 321 stellt an sich keine Ausnahme dar, da es hier um eine Ergänzung geht, über die bisher noch gar nicht entschieden worden ist. 12

Genauso wie ein Rechtsmittelgericht im Rechtsmittelverfahren nicht an die Entscheidung des unteren Gerichts gebunden ist, sondern diese gerade überprüfen soll – sofern nicht Teile zwischenzeitlich in Rechtskraft erwachsen sind – liegt keine Bindung bei einer zulässigen und begründeten **Anhörungsrüge § 321a** vor, da diese einen gesetzlich geregelten Rechtsbehelf eigener Art darstellt (BGH DZWIR 2019, 36). 13

Ausnahmsweise kann jedenfalls das letztinstanzliche ordentliche Gericht wegen eines Verfassungsverstoßes etwa gegen Art. 103 I GG den Grundrechtsverstoß durch eine neue Sachentscheidung selbst beseitigen dürfen und müssen, BVerfG NJW-RR 2001, 860; BGHZ 130, 99 (zust. Roth JZ 1996, 375; krit. Hoeren JR 1996, 199). 14

Ein **Zwischenurteil,** was an sich **unzulässig** gewesen wäre, entfaltet allerdings **keine Bindungswirkung,** da die Bindungswirkung nicht auf Bereiche ausstrahlen darf, für die die vorherige Entscheidung zulässigerweise nicht hätte ergehen dürfen, OLG München, ZInsO 2022, 17. 15

Ein Scheinurteil bindet nicht. 16

V. Beginn und Wirkung der Bindung. 1. Grundsatz. Die Bindung **beginnt** mit dem Urteilserlass, also der Verkündung. Soweit die Verkündung durch die Zustellung ersetzt wird, beginnt die Bindung erst mit der Zustellung, §§ 331 III, 307, 310 III (MüKoZPO/Musielak Rn. 9), da eine Bindung nicht vor Existenz der Entscheidung eintreten kann. 17

Das Gericht darf seine Entscheidung selbst bei einem Versehen und beim Einverständnis beider Parteien grundsätzlich nicht aufheben, ergänzen oder sonst wie ändern, BGH NJW-RR 1995, 765; Lüke JuS 2000, 1043. Eine versehentlich unterbliebene Entscheidung über einen Anspruch oder Antrag darf bei einer späteren schriftlichen Urteilsabfassung nicht „nachgeschoben" werden (MüKoZPO/Musielak Rn. 4). 18

Die Bindung führt für dieses Gericht dieselbe Wirkung wie eine innere Rechtskraft herbei, BAG DB 1984, 1628. Darum erstreckt sich die Bindung in den Grenzen nicht auf alle Gründe, OGB BGHZ 60, 396; BGH FamRZ 1989, 849; Tiedtke ZZP 89, 69. Die Gründe sind aber zur Ermittlung der Tragweite der Urteilsformel heranziehbar, BGH NJW-RR 1997, 188. Ein Zwischenurteil nach §§ 280, 303 muss zulässig gewesen sein, Tiedtke ZZP 89, 73. Praktisch wichtig ist die Bindung vor allem beim Urteil nach § 304. Das Gericht kann sein Urteil auch nicht durch eine einstweilige Verfügung nach §§ 935 ff. aufheben, LAG Hamm DB 1982, 654. 19

Die Bindung ist ebenso wenig wie die innere Rechtskraft umgehbar, BGH NJW 2001, 79. Sie lässt sich also auch nicht in einer abweichenden Parteivereinbarung entkräften, was aber spätere Vergleichsmöglichkeiten der Parteien nicht ausschließt. Das gilt grundsätzlich sogar bei einer rückwirkenden Gesetzesänderung, MüKoZPO/Musielak Rn. 5, 6; Zöller/Vollkommer Rn. 11, Zuck NJW 1975, 907 betr. BVerfG, Schulte GRUR 1975, 573 betr. PatG. Die Bindungswirkung ist wie die Rechtskraft auf die am Verfahren beteiligten Parteien beschränkt. Regelmäßig besteht aber keine Bindung an die geäußerten Rechtsauffassungen (MüKoZPO/Musielak Rn. 3). Die Bindungswirkung ergibt sich auch aus einer Entscheidung aus dem Adhäsionsverfahren (MüKoZPO/Musielak Rn. 6). 20

Die Bindung **endet,** soweit das Rechtsmittelgericht die Entscheidung ganz oder teilweise aufgehoben hat (MüKoZPO/Musielak Rn. 9). 21

2. Beispiele zur Frage einer Bindung

Ablehnbarkeit: Bindung beseitigt ein Vorgehen nach §§ 42 ff., BVerwG NVwZ-RR 2017, 469. 22

Änderung der Beurteilung: Bindung besteht grds. auch dann, wenn das Gericht seine Beurteilung geändert hat.

Änderung der Rechtsprechung: Keine Bindung besteht bei einer solchen Änderung höchster Gerichte.

Bedeutungslosigkeit: Keine Bindung besteht an eine frühere Entscheidung, soweit das Gericht sie für seine spätere Entscheidung nicht mehr braucht.

Einspruch: Keine Bindung besteht im Einspruchsverfahren nach § 343.

Grundurteil: Trotz der grds. Bindung ab „Rechtskraft" besteht **keine** Bindung, soweit das Gericht in einem Grundurteil nach § 304 einen Teil der Klagegründe nicht berücksichtigt hatte, BGH NJW 1985, 496 (bei § 263). Dann ist eine Entscheidung im Betragsverfahren möglich. Soweit das Gericht den Anspruch schlechthin dem Grunde nach bejaht, BGH NJW-RR 1997, 188, ohne die Ursächlichkeit des schädigenden Ereignisses für die Einzelansprüche zu untersuchen, darf es im weiteren Verfahren die Ursächlichkeit des Ereignisses für die einzelnen Schadensposten untersuchen. Jedoch kann man einem dem Grunde nach zugesprochenen in der Höhe unbezifferten Feststellungsanspruch eine Wirkung nicht absprechen, so dass die Voraussetzungen von § 304 nicht vorlagen, BGH VersR 1975, 254 (evtl. Teilurteil); aM BGH NJW-RR 2005, 1158 (ohne Vorlage nach § 132 GVG). Wegen der Bindung an das Grundurteil bei einer nicht geltend gemachten Aufrechnung → § 304.

Mitverschulden: Keine Bindung besteht mangels klarer Behandlung im Ersturteil, Karlsr MDR 2011, 979.

Nachverfahren: Keine Bindung besteht nach → § 302 Rn. 26, → § 600 Rn. 11, 14 im Nachverfahren nach einem Vorbehaltsurteil nach §§ 302, 599, 600, soweit sich im Nachverfahren die **Beweismittel** erweitern; im Übrigen ist das Gericht im Nachverfahren an das Vorbehaltsurteil, zB im Urkundenprozess, auch vor dessen Rechtskraft, gebunden. Im **Urkundenprozess** kann sich die Bindung mit Erlass des Vorbehaltsurteils zB beziehen auf die Zulässigkeit der Klage, der Statthaftigkeit des Urkundenprozess, die Schlüssigkeit der Klage, der grundsätzlichen Passivlegitimation des Beklagten, Bejahung derjenigen Anspruchsvoraussetzungen, die unabhängig von der möglichen Beweiserweiterung im Nachverfahren das Gericht festgestellt hat, um das Vorbehaltsurteil erlassen zu können, mögliche Einwendungen des Beklagten, über die im Vorbehaltsurteil in der Sache entschieden worden ist.

Rechtskraft: Bindung besteht an ein nach § 322 innerlich rechtskräftiges Urteil auch für jedes andere Gericht. Dieses darf also den Grund grds. nicht neu prüfen. Aber auch → „Grundurteil".

Rechtsmittelgericht: Die Bindung gilt grds. nur bis zur Aufhebung durch das Rechtsmittelgericht, BGH NJW 1989, 1487. Aber auch → Rn. 22.
Rechtswidrigkeit: Bindung besteht auch dann, wenn das Gericht sein Urteil als rechtswidrig erkannt hat.
Sachverhaltsänderung: Keine Bindung besteht bei einer solchen Änderung, BGH NJW 1985, 2030.
Sicherheitsleistung: Bindung besteht grds. an eine bisherige Bemessung usw. bei einer Sicherheitsleistung nach §§ 108 ff. Eine nachträgliche Aufteilung der Sicherheitsleistung nach §§ 108 ff. ist grundsätzlich unzulässig.
Stufenklage: Keine Bindung besteht bei § 254 nach einem Urteil auf eine Rechnungslegung oder Auskunft für die Entscheidung über die Wirksamkeit der Zustellung, Brschw FamRZ 1979, 929, oder für den Hauptanspruch, BGH NJW 1989, 2821, eine Bindung ohnehin nur in Bezug auf die jeweilige „Stufe", OLG Stuttgart IHR 2020, 74.
Tatsachengrundlage: Keine Bindung besteht wegen der tatsächlichen Grundlagen der Entscheidung.
Teilurteil: Keine Bindung besteht an die Rechtsbeurteilung des Gerichts in einem Teilurteil nach § 301, Köln WuM 1992, 263, auch nicht an diejenige zu einem wegen einer Gegenforderung nicht zuerkannten Teilanspruch. Die Beurteilung des Gerichts im Teilurteil nach § 301 bindet nicht, Köln WuM 1992, 263, auch nicht diejenige zu einem wegen einer Gegenforderung nicht zuerkannten Teilanspruch.
Tod: Keine Bindung besteht nach einer Unterbrechung des Verfahrens infolge des Tods einer Partei nach § 239 zwischen dem Urteilserlass und der Rechtsmitteleinlegung nach §§ 519 I, 549 I 1. Dann ist ein die Rechtsnachfolge klärendes Zusatzurteil statthaft.
Vorbehaltsurteil: → „Nachverfahren".
Wiederaufnahme: Keine Bindung besteht evtl. im Wiederaufnahmeverfahren nach §§ 578 ff.
Zustellung: → „Stufenklage", „Tatsachengrundlage".
Zwischenurteil: Bindung besteht auch dann, wenn das höhere Gericht zwar ein Endurteil nach → Vor § 300 Rn. 25 aufgehoben, das Zwischenurteil aber belassen hat. Ein solches nach → § 304 Rn. 22 bindet nur für den Umfang des Anspruchs, wie er am Schluss der letzten Tatsachenverhandlung nach §§ 136 IV, 296a rechtshängig war, § 261. Eine spätere Klagerweiterung nach §§ 263, 264 vor der Urteilsverkündung nach §§ 310, 311 erfordert eine neue Prüfung.

Keine Bindung besteht nach einem Zwischenurteil über bloße Prozessvoraussetzungen nach § 280.

319 ***Berichtigung des Urteils.*** **I Schreibfehler, Rechnungsfehler und ähnliche offenbare Unrichtigkeiten, die in dem Urteil vorkommen, sind jederzeit von dem Gericht auch von Amts wegen zu berichtigen.**

II [1]Der Beschluss, der eine Berichtigung ausspricht, wird auf dem Urteil und den Ausfertigungen vermerkt. [2]Erfolgt der Berichtigungsbeschluss in der Form des § 130b, ist er in einem gesonderten elektronischen Dokument festzuhalten. [3]Das Dokument ist mit dem Urteil untrennbar zu verbinden.

III Gegen den Beschluss, durch den der Antrag auf Berichtigung zurückgewiesen wird, findet kein Rechtsmittel, gegen den Beschluss, der eine Berichtigung ausspricht, findet sofortige Beschwerde statt.

1 **I. Systematik, I–III.** § 318 bindet das Gericht zwar grundsätzlich an seine Entscheidung, aber in einem gewissen Anklang an § 119 BGB nur an eine gewollte Entscheidung, nicht an das irrig Ausgesprochene dann, wenn der Irrtum offenliegt, BGH FamRZ 2003, 1270; Hamm MDR 1977, 760. Ein solcher Irrtum ermöglicht das statthafte Rechtsmittel, soweit er nach §§ 311 II 1, 313 I Nr. 4 die Entscheidung selbst betrifft, und nicht nur den Urteilskopf oder die Gründe. § 319 gibt aber als eine Ausnahme von § 318 dem Gericht ein einfacheres und billigeres Mittel zur Berichtigung. III geht dem § 99 vor, Karlsr NJW-RR 2000, 730. Das Abhilfeverfahren nach § 321a hat andere Voraussetzungen und Ziele, dort → § 321a Rn. 11. Zur Abgrenzung von einer Protokollberichtigung → § 160a Rn. 15, §§ 163, 164.

2 **II. Regelungszweck, I–III.** Die Vorschrift dient in den Grenzen des Gebots der Rechtssicherheit dem Hauptziel des Zivilprozesses, der Gerechtigkeit. Sie schützt vor einer bloßen Fehlleistung und vor einem offensichtlichen Irrtum, BVerfG MDR 2013, 422; BGH FamRZ 2003, 1270; BAG NZA 2006, 440. § 319 ermöglicht eine praktikable Selbstkorrektur bei offensichtlichhen Irrümern, die die Entscheidung inhaltlich nicht verändern. Die Bindung nach § 318 bleibt hiervon nämlich unberührt, ähnlich die Grundsätze der Rechtskraft nach §§ 322, 705.

3 **Zeitgemäß** ist vor allem I. Die schon wegen des Bindungsgrundsatzes nach § 318 notwendige Beschränkung von Berichtigungsmöglichkeiten kann zwar zu materiell-rechtlichen Problemen führen. § 319 erlaubt dabei nur die Korrektur von offensichtlichen Unrichtigkeiten und gestattet dabei keine inhaltlichen Änderungen, so dass die gerichtliche Entscheidung die Fassung bekommt, die ohnehin bereits von Anfang an beabsichtigt war. Die Rechtssicherheit wird hierdurch nicht tangiert.

4 **III. Geltungsbereich, I–III.** Die Vorschrift gilt in allen Verfahrensarten nach der ZPO, auch im Beschwerdeverfahren (BGH, WM 2022, 520, auch im WEG-Verfahren, auch im FamFG, §§ 113, 121, 42, auch im finanzgerichtlichen Verfahren, BFH DB 2017, 2967; im Insolvenzverfahren, BGH NJW-RR 2006, 1554; LG Bonn ZIP 2014, 1689, auch im Mahnverfahren, ebenfalls in arbeitsgerichtlichen Urteilen (§ 46 II ArbGG iVm § 495, §§ 53 I, 64 VI, VII ArbGG iVm § 525, § 72 V, VI ArbGG iVm § 555) und ist letztendlich umfassend anwendbar. Die Berichtigung des Sitzungsprotokolls würde sich nach § 164 richten.

5 **1. Allgemeiner Rechtsgedanke.** Die Regelung stellt einen allgemeinen Rechtsgedanken dar. Sie wird im Rahmen ihres begrenzten Anwendungsbereichs auch großzügig analog angewandt BGH 106, 372; Brdb FGPrax 2000, 45. Aufgrund des allgemeinen Rechtsgedankens wird die Vorschrift auch **in anderen Verfahrensordnungen** angewandt, wenn der dortige Sinn und Zweck nicht einer entsprechenden Anwendung entgegensteht (vgl. BVerfG Kammerbeschluss vom 12.2.2020 – 1 BvR 2896/17, BeckRS 2020, 2099). Die Vorschrift ist zudem auf einen *Beschluss anwendbar* (§ 329). Der Rechtsgedanke ist auch auf Vollstreckungsbescheide, Kostenfestsetzungsbeschlüsse und Verweisungsbeschlüsse anwendbar, sowie auf Tatbestandsberichtigungsbeschlüsse oder Berichtigung von Schiedssprüchen gilt § 1058 Nr. 1. Soweit §§ 319–321a unanwendbar sind, kann eine Klage auf die Feststellung des richtigen Urteilsinhalts nach § 256 zulässig werden.

2. Beispiele zur Frage des Geltungsbereichs, I–III

ArbGG: Zur Anwendbarkeit in der Arbeitsgerichtsbarkeit BAG NZA 2006, 440; LAG Köln MDR 2000, 1255. 6

Beschwerdeverfahren: § 319 gilt auch im Beschwerdeverfahren, BGH, WM 2022, 520

Erledigung der Hauptsache: § 319 gilt auch bei § 91a, Hamm NJW-RR 2000, 1524.

Europarecht: Vgl. § 1081. Für die Berichtigung einer Bescheinigung nach Art. 43 I VO (EG) Nr. 2201/2003 gilt nach § 49 IntFamRVG der § 319 ZPO entsprechend.

Nebenforderung: § 319 gilt auch bei ihr.

Protokollberichtigung: Für sie gilt § 319 **nicht.** Vielmehr gelten §§ 164, 165 vorrangig, Hamm OLGZ 1979, 383.

Prozessvergleich: § 319 ist beim Prozessvergleich wegen des Fehlens einer gerichtlichen Entscheidung nicht direkt anwendbar, BAG NJW 2009, 1162; VerfGH Mü NJW 2005, 1347; Reiter JuS 2017, 125, da es sich um Erklärungen der Parteien handelt. Wie auch sonst dürfte eine inhaltliche Veränderung ohnehin nicht vorgenommen werden. Ggf. kommt eine Berichtigung nach § 164 (iVm § 36 IV FamFG) in Betracht (MüKoZPO/Musielak Rn. 3). Es kommt eine Berichtigung nach § 319 auch dann nicht in Betracht, wenn ein allseits unerkannt gebliebenen Rechenfehler der Parteien vorliegt, soweit das Gericht den Parteiwillen im Übrigen ordnungsgemäß protokolliert hatte, VerfGH Mü NJW 2005, 1347; Ffm MDR 1986, 153. Hier dürfte aber in der Regel eine Korrektur nach § 313 BGB oder mit Hilfe einer Irrtumsanfechtung möglich sein.

Rechtsmittel: Das jeweils statthafte Rechtsmittel bleibt neben einem Berichtigungsantrag wie sonst möglich, BGH NJW 2013, 2125; aM Köln JurBüro 2011, 531; auch bei der **Rechtsmittelzulassung** ist § 319 anwendbar, soweit sich der Wille hierzu aus den Umständen ergibt und nach außen hervorgetreten ist; auch im umgekehrten Fall, wenn das Rechtsmittel nur irrtümlich zugelassen worden ist (MüKoZPO/Musielak Rn. 13).

Schiedsspruch: § 319 gilt auch bei ihm nach § 1058 I–IV.

Streitgenossen, -helfer: → § 321 Rn. 15.

Versorgungsausgleich: „FamFG".

Verweisung: § 319 ist auf einen Beschluss nach § 281 anwendbar, BVerfGE 29, 50; BGH NJW-RR 1993, 700.

Vollstreckbarkeit: § 319 gilt auch dort, KG MDR 2013, 1487; MüKoZPO/Musielak Rn. 12.

Vollstreckungsbescheid: § 319 gilt auch bei § 699, Ffm Rpfleger 1990, 201; LG Köln Rpfleger 1987, 508; AG Hagen JurBüro 2012, 214.

WEG: § 319 gilt auch im WEG-Verfahren, BGH ZIP 2011, 180; LG Hmb ZMR 2010, 145.

Zeitpunkt: Eine Berichtigung kann und muss evtl. jederzeit **von Amts wegen** geschehen, BGH VersR 1980, 744; Düss WuM 2004, 604, auch noch nach der Einlegung eines Rechtsmittels, BGH NJW 1993, 1400; Düss WuM 2004, 604; Mü FGPrax 2006, 280, nach → Rn. 18 sogar noch nach dem Eintritt der formellen Rechtskraft nach § 705. Daher läuft nach § 97 I derjenige die Gefahr der Kostenlast, der sie durch ein Rechtsmittel erreichen will.

ZVG: § 319 gilt auch im ZVG-Verfahren, Hamm Rpfleger 1976, 146.

IV. Berichtigung der Kostenentscheidung, I–III. Eine Berichtigung der Kostengrundentscheidung ist statthaft, BGH NJW-RR 2004, 501; Kblz MDR 2004, 297; Köln FamRZ 1993, 456. Das gilt auch dann, wenn die Berichtigung in der Sache nun erst auch eine Berichtigung der Kostenentscheidung bedingt. Eine Berichtigung ist auch dann zulässig, wenn das Gericht über die Kosten praktisch unbrauchbar entschieden hat, Köln FamRZ 1993, 456 (falsche Bezugsgröße). Streng genommen ist dieser Weg dogmatisch falsch. Er ist aber dann der einzige Ausweg, wenn kein Rechtsbehelf statthaft ist. Das gilt auch dann, wenn die Kostenentscheidung wegen einer Streitwertänderung falsch geworden ist, aber nach § 99 I unanfechtbar ist, um noch eine sachgerechte und prozessökonomische Entscheidung treffen zu können, Düss MDR 2001, 1074; Köln FamRZ 2007, 164; Toussaint/Toussaint GKG § 63 Rn. 30, 31, siehe aber auch BGH FamRZ 2008, 1925; Düss NJW-RR 2002, 211; LG Mü ZMR 2012, 969; allerdings ist dies nicht möglich, wenn versehentlich über die Kosten der Nebenintervention nicht entschieden worden ist, BGH, 27.10.2020, II ZB 31/19 (§ 321). Zur sog. **Rückfestsetzung** → § 104 Rn. 15. 7

V. Voraussetzungen, I. 1. Grundsatz: Notwendigkeit einer offenbaren Unrichtigkeit „in dem Urteil". Es geht um **jede Urteilsart** nach → Vor § 300 Rn. 25. Es muss sich um eine Unrichtigkeit gerade „in dem Urteil" handeln, BGH NJW-RR 2011, 1409; BAG NZA 2004, 455; BPatG GRUR 2013, 656. Es geht also um einen Irrtum im Erklärungsakt, BGH NJW 2015, 952. Jede auch für einen Dritten offenbare Unrichtigkeit unterliegt einer Berichtigung nach § 319, BGH NJW 2007, 518; Düss WuM 2004, 604; AG Hagen JurBüro 2012, 214. Andere Unrichtigkeiten fallen unter §§ 320, 321. Das Gesetz nennt als Beispiele offenbarer Unrichtigkeiten Schreib- und Rechenfehler, BGH NJW-RR 2011, 1067; BAG NZA 2006, 440; Mü FGPrax 2006, 280. Gemeint sind **alle versehentlichen Abweichungen** von dem Willensakt bei der Urteilsbildung bei seinem Ausdruck und deren Umsetzung. Ähnlich wie bei **§ 119 BGB** kommt es auf eine Abweichung zwischen der Willensbildung und der Willenserklärung an, BGH MDR 2013, 422; Hamm MDR 2017, 1206; KG MDR 2013, 1487. Das Gericht muss also das Gewollte nicht zutreffend zum Ausdruck gebracht haben. Stellt sich die Willensbildung nachträglich als falsch heraus, hat also das Gericht also genau das zum Ausdruck gebracht, was es ursprünglich zum Ausdruck bringen wollte und stellt sich diese Willensbildung nachträglich als falsch heraus, so bietet § 319 keine Möglichkeit, diese falsche Willensbildung nachträglich zu korrigieren (MüKoZPO/Musielak Rn. 4). Das gilt unabhängig von der Ursache der Abweichung, Hamm JurBüro 1989, 693; LAG Mü MDR 1985, 171. Maßgeblich ist, was der Richter in Wahrheit wirklich gewollt hatte, nicht dasjenige, was er infolge eines Irrtumes nur scheinbar wollte. Es kann nämlich nicht das vom Gericht bei der Entscheidungsfällung Gewollte geändert werden. 8

Anknüpfungspunkt für die offensichtliche Unrichtigkeit kann auch das **Sitzungsprotokoll** sein. 9

Unanwendbar ist § 319 dann, wenn man nicht feststellen kann, was das Gericht gewollt hat, Zweibr FamRZ 1982, 1031; LAG Hamm BB 1981, 795. 10

2. Willensbildungsfehler. Hierher gehört aber grundsätzlich nicht jeder Fehler nur der **Willensbildung** oder **Rechtsanwendung,** BGH NJW 2015, 952; Saarbr MDR 2005, 47; Stgt Rpfleger 2011, 659. 11

Allerdings kann ausnahmsweise auch ein bloßer **Willensbildungsfehler** in Betracht kommen, Hamm MDR 1986, 594 (besonders beim Rechenfehler, Köln MDR 1980, 762; Zweibr FamRZ 1985, 614); LAG Mü MDR 12

1985, 171. An bloßen Förmlichkeiten soll das Recht nur im äußersten Notfall scheitern. In welchem Teil des Urteils sich die Unrichtigkeit befindet, ist unerheblich. § 319 ermöglicht auch eine Berichtigung des **Urteilskopfes (Rubrum)** nach § 313 I Nr. 1–3, BGH NJW 2006, 518; Celle MDR 2011, 1255; Zweibr NJW-RR 2002, 213, AG Hamburg-St. Georg, ZMR 2021, 949), sogar bis zum Gegenteil etwa wegen einer Parteiverwechslung (es sollte B und nicht A siegen). § 319 ermöglicht auch eine Berichtigung der Gerichtsart, aM BGH NJW-RR 1995, 379, oder der Urteilsart oder eine Berichtigung der im Tatbestand nach § 313 II wiedergegebenen Anträge. Die Vorschrift erlaubt sogar eine Berichtigung der **Urteilsformel** nach §§ 311 II 1, 313 I Nr. 4, BGH WRP 2021, 1302; WM 2021, 2113; NJW 2011, 989; Düss MDR 1986, 76; Kblz FamRZ 2017, 143; aM BAG NJW 2002, 1142; Mü NJW-RR 1986, 1447 (beim sog. Stuhlurteil. Aber auch dann gelten richtigerweise **alle** vorgenannten Möglichkeiten zwecks Prozesswirtschaftlichkeit), auch bei der Bestimmung des Revisionsgerichts, durch das Berufungsgericht, BGH, NJW-RR 2021, 507 bzw. der Zulassung zur Revision, BGH NJW 2021, 2023.

13 **3. Möglichkeiten und Grenzen.** Die Berichtigung darf die Entscheidung in Ausnahmefällen sogar in deren Gegenteil verkehren, LAG Köln MDR 2000, 1255. Das gilt nach → Rn. 12 etwa dann, wenn das Gericht irrig die Parteien „vertauscht" hat. Es gilt selbst dann, wenn das Rechtsmittel dadurch erst statthaft oder unstatthaft wird, BGHZ 78, 22. Doch sollte man den Tenor nach → Rn. 12 nur restriktiv berichtigen, um den Eindruck einer nachträglichen Sinnesänderung zu vermeiden, BFH BB 1976, 1643. In einer Arbeitsgerichtssache darf das Gericht den nach § 61 I ArbGG im Urteil festzusetzenden Streitwert nur in den Grenzen des § 319 berichtigen. **Unzulässig** ist aber eine gänzliche **Beseitigung** des Urteils, Stgt NJW-RR 2009, 1364 (gegen falsche Partei).

14 **4. „Offenbar".** Stets muss der Irrtum bei einer auf den Zeitpunkt der Entscheidung rückbezogenen Betrachtung ohne weiteres, wenn auch nicht stets sofort, klar erkennbar, „offenbar" sein, BGH NJW 2007, 518; Düss FamRZ 1997, 1408; Rostock NJW-RR 2016, 381. „Offenbar" ähnelt der nach § 291 auf eine Tatsache beschränkten „Offenkundigkeit". Es genügt nicht, falls sich der Fehler nur aus gerichtsinternen Vorgängen ergibt, die für die Verfahrensbeteiligten nicht ersichtlich sind. Maßstab für die Beurteilung der „Offenkundigkeit" sind die am Verfahren Beteiligten.

5. Beispiele zur Frage des Begriffs „offenbar", I

15 **Anderes Urteil:** Offenbar sein kann eine Unrichtigkeit bei einem anderen Urteil als dem gewollten, BGH NJW-RR 2002, 713.

Beweisaufnahme: Keine offenbare Unrichtigkeit liegt vor, soweit zu ihrer Klärung erst noch eine Beweisaufnahme nach §§ 355 ff. nötig wäre, BGH NJW 1985, 742; BAG NZA 2018, 1216

Dritter: Offenbar ist nach → Rn. 15 nur ein solcher Irrtum, s. dort, den auch ein Dritter ohne weiteres erkennen kann, BGH NJW 2007, 518, zu streng BGH NJW-RR 2001, 61.

EDV: Offenbar sein kann eine Unrichtigkeit eines EDV-Programms, AG Nürnb AnwBl 2011, 152.

Erlass: Offenbar sein kann ein solcher Irrtum, der sich mindestens aus den Vorgängen beim Erlaß und der Verkündung nach § 311 ohne weiteres ergibt, BGH NJW 2007, 518, BAG NJW 2002, 1142, Düss FGPrax 1997, 73 (veraltert zitierend).

Irrtum: Offenbar ist nach → Rn. 8 ein bei vernünftiger Überlegung auf der Hand liegender Irrtum, BGH NJW-RR 1993, 700; BFH DB 1984, 2602; Hamm MDR 2002, 602.

Parteibezeichnung: Eine Korrektur kommt auch bei einer **Rubrumsberichtigung** in Betracht, wobei zwischen einer fehlerhaften Parteibezeichnung und der irrtümlichen Benennung einer falschen Partei zu unterscheiden ist (Brandenburgisches Oberlandesgericht, ZMR 2016, 87; siehe auch AG Hamburg-St. Georg, ZMR 2021, 949); da es sich bei der richtigen Parteibezeichnung um eine materielle Prozessvoraussetzung handelt, ist der Fehler jedenfalls dann nicht mehr offenbar, wenn durch die Berichtigung eine völlig andere juristische bzw. natürlich Person Partei des Rechtsstreits würde.

Rechenfehler: offenbar, wenn einzelne Rechenposten falsch zusammengerechnet worden sind (vgl. LG Berlin, Grundeigentum 2021, 1004). Hier ist die Abgrenzung evtl. schwierig. Er ist meist ein Denkfehler, also ein sachlicher Irrtum und nicht nur eine Achtlosigkeit, BGH 106, 374; Stgt Rpfleger 2011, 659. Trotzdem handhabt die Praxis nach → Rn. 8, 16 gerade bei ihm den § 319 aus Gründen der Prozesswirtschaftlichkeit mit Recht weitherzig. Die Notwendigkeit eines sorgfältigen Nachrechnens kann bei seinem klaren Ergebnis unschädlich sein, BGH NJW 1995, 1034; Hmb MDR 1978, 583. Hiervon umfasst ist auch das Übersehen und fehlerhafte Berechnen innerhalb einer Rechnung wie das Übersehen oder Verwechseln von Rechnungsposten.

Rechtschreibung: Offenbar sein kann ihre Fehlerhaftigkeit, BPatG GRUR 2013, 656.

Rechtskundigkeit: Offenbar ist nur ein solcher Irrtum, den auch ein nicht Rechtskundiger sogleich erkennen kann, abgesehen von Formalien, Saarbr MDR 2005, 47; Runge BB 1977, 472; Zöller/Vollkommer Rn. 5; aM Düss BB 1977, 472; MüKoZPO/Musielak Rn. 7 (aber es geht um eine Allgemeinkundigkeit nach → § 291 Rn. 4 und nicht um eine bloße Gerichtskundigkeit nach → § 291 Rn. 9. Letztere würde die Berichtigungsmöglichkeiten zu sehr ausweiten). Auch „Dritter".

Streitgenossen: Wird eine Entscheidung über die Kosten nach § 101 nicht getroffen, genügt es für eine „offenbare" Unrichtigkeit aufgrund einer getroffenen gerichtlichen Willensbildung nicht, wenn die Streithilfe nur im Rubrum der Entscheidung erwähnt wird (BGH NJW 2016, 2754)

Urteilszusammenhang: Offenbar ist nach → Rn. 14 nur ein solcher Irrtum, der sich für einen Außenstehenden aus dem Zusammenhang gerade dieses Urteils ergibt, BGH NJW 2007, 518; Düss MDR 1986, 76; Rostock NJW-RR 2016, 381.

Zweifel: Nicht offenbar ist nach → § 322 Rn. 11 eine Unrichtigkeit dann, wenn man den wirklichen Willen des Gerichts nicht zweifelsfrei ermitteln kann, Zweibr FamRZ 1982, 1031; LAG Hamm BB 1981, 795.

16 **6. Weite Auslegung.** § 319 lässt sich aus Gründen der Prozesswirtschaftlichkeit im Rahmen des zulässigen im Ergebnis doch oft recht weit auslegen bzw. großzügig analog anwenden, BGH NJW 1985, 742; Hamm MDR 2002, 602; Rostock NJW-RR 2016, 381. Ob das Gericht richtig oder falsch verkündet hat, bleibt unerheblich. Hat es falsch verkündet, muss es seine verkündete Fassung auch ins schriftliche Urteil aufnehmen und gleichzeitig berichtigen, Hamm NJW-RR 1986, 188. Bei einer unzulässigen Berichtigung muss man das Rechtsmittel gegen das berichtigte Urteil richten. Auch die großzügigste Auslegung darf nicht dazu führen, dass das Gericht ohne jede zeitliche Begrenzung das Urteil inhaltlich korrigieren darf, BGH NJW-RR 1993, 700; Ffm MDR 1984,

323; LAG Mainz MDR 2000, 228, oder dass das Gericht gar den Prozess wiederholen darf, wann immer es das für richtig hält, Braun NJW 1981, 427. Eine fehlerhafte, nicht rechtskräftige, Berichtigung bindet das Rechtsmittelgericht nicht BGH DZWIR 2019, 326; MDR 2017, 1072.

7. Beispiele zur Frage einer ausreichenden Unrichtigkeit, I

Aberkennung: Keine offenbare Unrichtigkeit liegt grds. dann vor, wenn das Gericht eine im Urteil aberkannte (Teil-)Forderung nun zuerkennen wollte, Ffm MDR 1984, 323. Freilich darf und muss man einen Tenor nach § 313 I Nr. 4 stets auch unter einer Berücksichtigung des Tatbestands und der Entscheidungsgründe nach § 313 II, III auslegen. 17

Anschrift: Eine offenbare Unrichtigkeit kann auch bei ihr vorliegen, BayObLG 1986, 399, Zweibr NJW-RR 2002, 213. Sie **fehlt,** soweit das Gericht von einer Änderung der für seine Zuständigkeit usw. erheblichen Anschrift eines Beteiligten erst nach dem Erlaß seiner Entscheidung erfahren hat, BGH NJW-RR 1993, 700.

Anspruch: → „Auslassung", → „Kein Erkenntnis".

Anwartschaft: Wegen der Übergehung eines Teils der für den Versorgungsausgleich nach §§ 220 ff. FamFG in Betracht kommenden Anwartschaften (je zum alten Recht) Düss FamRZ 1982, 1093; Köln FamRZ 1997, 569; aM Oldb FamRZ 1982, 1092.

Aufrechnung: Keine offenbare Unrichtigkeit liegt dann vor, wenn das Gericht irrig eine Aufrechnungsforderung nach → § 145 Rn. 15 für noch bestehend gehalten hat oder wenn es die Aufrechnungsforderung einfach übergangen hat.

Ausländisches Recht: Eine offenbare Unrichtigkeit kann dann vorliegen, wenn das Gericht bei der Anwendung eines ausländischen Rechts nach § 293 eine entsprechende Urteilsformel nach § 313 I Nr. 4 vergessen hat.

Auslassung: Eine offenbare Unrichtigkeit liegt dann vor, wenn das Gericht etwas versehentlich ausgelassen hat, Hamm NJW-RR 1986, 1444; KG WM 2011, 1185. In Betracht kommen zB: Die **mitverkündete** Kostenentscheidung nach §§ 91 ff., 308 II fehlt im schriftlichen Tenor, Hamm NJW-RR 1986, 1444, LAG Brem MDR 1996, 1069; der Zinslauf steht nicht im Tenor nach § 313 I Nr. 4, sondern nur in den Entscheidungsgründen nach § 313 III → „Zinsen"; der Ausspruch über einen Anspruch oder über die vorläufige Vollstreckbarkeit nach §§ 708 ff. fehlt versehentlich in der schriftlichen Urteilsfassung, Düss BB 1977, 472; das Gericht hat über den Anspruch in den Gründen befunden, das aber nicht in der Formel zum Ausdruck gebracht, BGH NJW-RR 1991, 1278; KG WM 2011, 1185; Stgt NZFam 2017, 362.

Berechnung: Eine offenbare Unrichtigkeit kann nach → Rn. 8 vorliegen, soweit falsche Angaben oder Berechnungen vorliegen, Zweibr FamRZ 1985, 614, auch wenn deren Unrichtigkeit nicht auf einem Irrtum des Gerichts beruht, sondern auf einem solchen der Partei selbst, Zweibr ZMR 1987, 233.

Berufung: Eine offenbare Unrichtigkeit liegt dann vor, wenn das Gericht die Zulassung der Berufung nach § 511 II Nr. 2 zwar nicht verkündet hat, wenn sie sich aber aus dem **später abgesetzten Urteil** und nicht nur aus einem Aktenvermerk ergibt, BGH NJW 2004, 2389; LG Mainz FamRZ 2006, 1195; aM BAG NJW 1987, 1221 (aber das ist ein geradezu klassischer Fall).

Beweiswürdigung: Keine offenbare Unrichtigkeit liegt vor, soweit das Gericht bei der Beweiswürdigung nach § 286 oder bei der sonstigen Verwertung nicht feststehender Tatsachen irrte.

Computer: Eine offenbare Unrichtigkeit kann bei einem Eingabebefehl vorliegen, Bbg FamRZ 1998, 764; Karlsr MDR 2003, 523.

Keine offenbare Unrichtigkeit liegt bei der Verwendung eines falschen Programms vor, Saarbr MDR 2005, 47; aM Düss FamRZ 1997, 1408.

Dritter: Auch für ihn muss die Unrichtigkeit nach → Rn. 14, 15 ohne weiteres erkennbar sein.

Ehescheidung: Eine offenbare Unrichtigkeit nach § 42 I FamFG kann dann vorliegen, wenn der Richter infolge einer ihm von den Beteiligten irrig vorgelegten Urkunde über eine erste, inzwischen geschiedene Ehe derselben Partner und in Unkenntnis ihrer nochmaligen Eheschließung nun diese nach seiner Ansicht einzige Ehe, formell aber die frühere nochmals, geschieden hat. Denn er wollte eben in Wahrheit nur die derzeitige Ehe scheiden.

Gedankenlosigkeit: Trotz ihres Vorliegens kann eine offenbare Unrichtigkeit vorliegen, Zweibr MDR 1994, 832.

Gründe: → „Auslassung".

Grundstück: → „Irrtum der Partei".

Grundurteil: Eine offenbare Unrichtigkeit liegt beim bloßen klaren Fehlen dieser Bezeichnung vor.

Haftungsbeschränkung: Keine offenbare Unrichtigkeit liegt dann vor, wenn das Gericht einen solchen Vorbehalt übersehen hat, Kblz NJW-RR 1997, 1160.

Irrtum der Partei: Eine offenbare Unrichtigkeit kann nach → „Partei" vorliegen, soweit eine Partei zB in der Klageschrift nach § 253 eine unrichtige Bezeichnung gewählt hat, BGH MDR 1978, 308; Brdb ZMR 2016, 88; Celle NJW-RR 2010, 239. Das gilt zB bei der Bezeichnung eines solchen Grundstücks, dessen Nämlichkeit feststeht, BAG BB 1978, 453; Kblz WRP 1980, 576; AG Heilbr ZMR 1998, 297. Es gilt auch dann, wenn die Parteien und daher auch das Gericht sich in der Bezeichnung des zuständigen Gerichts irrten, Stgt MDR 2004, 1377.

Keine Erkenntnis: Keine offenbare Unrichtigkeit liegt vor, soweit das Gericht über einen Anspruch oder über die **vorläufige** Vollstreckbarkeit nach §§ 708 ff. in Wahrheit überhaupt nicht erkannt hat. Dann greift allenfalls § 321 ein, Ffm NJW-RR 1989, 640, Thomas/Putzo/Reichold Rn. 3.

Klarstellung: Eine bloß klarstellende Auslegung zB zur Frage, wer Partei ist, ist **keine** Beseitigung einer offenbaren Unrichtigkeit, BAG NZA 2004, 454.

Kostenentscheidung: Eine offenbare Unrichtigkeit kann dann vorliegen, wenn das Gericht versehentlich keinen Kostenausgleich zB nach § 92 trifft, BGH AnwBl 2010, 68. Eine offenbare Unrichtigkeit kann dann vorliegen, wenn das Gericht bei § 92 einen für die Quote zu beachtenden Teilanspruch versehentlich falsch berechnet, BGH MDR 2015, 52; Hamm MDR 1975, 765. Eine offenbare Unrichtigkeit kann dann vorliegen, wenn das Gericht die in den Entscheidungsgründen behandelte Kostengrundentscheidung versehentlich nicht auch in den Urteilstenor nach § 313 I Nr. 4 aufgenommen hat, BGH VersR 1982, 70; BayObLG NJW-RR 1997, 57; Mü MDR 2003, 522, oder wenn der Tenor nur die außergerichtlichen der insgesamt beschiedenen Kosten erwähnt, Hmb JurBüro 1985, 1560 (Versäumnisurteil). Eine offenbare Unrichtigkeit kann dann vorliegen, wenn das Gericht eine Vereinbarung über die Kosten in einem solchen Vergleich beim anschließenden Verbundbeschluss nicht beachtet hat, Ffm OLGR 2002, 243 (großzügig). in der Regel aber **keine** Offenkundigkeit bei Weglassen der Kosten der **Nebenintervention,** BGH WM 2019, 510, dann ggf. § 321; **Keine offenbare Unrichtigkeit** ergibt sich auch bei einer echten Änderung der Quote. Eine offenbare Unrichtigkeit wäre auch dann zu verneinen, wenn sich die Quote erst dadurch ändert, weil sich im Nachhin der Streitwert geändert hat; dann liegt nämlich bereits ein Fehler bei der Willensbildung vor, zum Streitstand im Hinblick auf die Kostenquote, vgl. MüKoZPO/Musielak Rn. 11.

Mehr als beantragt: Keine offenbare Unrichtigkeit liegt dann vor, wenn das Gericht entgegen § 308 I etwas über den Antrag hinaus zugesprochen hat, es sei denn, es liegt ein klarer Additionsfehler usw. vor.

Nachfrist: → „Schriftsatz".

Nachschieben: Keine offenbare Unrichtigkeit liegt nach → Rn. 16 vor, soweit das Gericht eine fehlende Begründung nach § 313 III einfach nachschiebt, ohne sie beim Urteilserlass nach §§ 310, 311 schon miterwogen gehabt zu haben, LAG Mainz MDR 2000, 228.

– **(Nichtentscheidung): Keine** offenbare Unrichtigkeit liegt vor, soweit das Gericht **bewusst** über einen Gesichtspunkt keine Entscheidung getroffen hat, zB weil deren Zulässigkeit streitig ist, Celle JurBüro 1976, 1254.

Partei. Dazu Clasen NJW 2007, 2887. Es gibt zahlreiche Situationen.

– **(Auslegung):** Es kommt bei der Auslegung auf den Willen des Klägers an, so wie er ihn objektiv geäußert hat (OLG Schleswig 26.9.2019 – 54 Verg 4/19, VPR 2020, 74). Die durch Auslegung zu ermittelnde Identität der Partei muss gewahrt blieben, LAG Rheinland-Pfalz 24.9.2019 – 6 Sa 384/17, BeckRS 2019, 37852. **Keine** offenbare Unrichtigkeit liegt dann vor, wenn eine Auslegung auch keine Klarheit bringt, BAG NZA 2004, 454; LG Hmb ZMR 2010, 145.

– **(Bezeichnung):** Eine offenbare Unrichtigkeit liegt nach → „Irrtum der Partei" dann vor, wenn das Gericht eine Partei gerade „in dem Urteil" objektiv unrichtig bezeichnet hat, BGH GRUR 2016, 1281; Brdb ZMR 2016, 88; LAG Nürnb Rpfleger 1998, 296 (Gesellschafter statt Gesellschaft); Zweibr NJW-RR 2002, 213 (Vorname); AG Hagen DB 1995, 264 (Gesellschaft statt wahrer Geschäftspartner). Das Gericht darf nicht unfair werden, BVerfG NJW 2014, 205. Auch die Partei kann erkennbar den Bekl. falsch bezeichnet haben, Kblz MDR 2015, 1323 (Arzt statt seines Krankenhauses). **Keine** offenbare Unrichtigkeit ist eine gewollte falsche Bezeichnung, aM Schlesw NJW-RR 2013, 1151.

– **(Eheleute):** Eine offenbare Unrichtigkeit kann dann vorliegen, wenn das Gericht statt des richtigen den anderen Ehepartner als Partei im Rubrum nach § 313 I Nr. 1 genannt hat, BGHZ 113, 230.

– **(Gesellschaft):** Eine offenbare Unrichtigkeit kann dann vorliegen, wenn der Tenor nach § 313 I Nr. 4 von mehreren zu einer Formengruppe zählenden Gesellschaften die eindeutig irrig falsch bezeichnete nennt, Hamm NJW-RR 1999, 469, Stgt NJW-RR 1999, 218, oder wenn alle Gesellschafter Partei sind und nur als Gesellschaft bezeichnet wurden, Mü MDR 2011, 1381, Jacoby NJW 2003, 1644. **Keine** offenbare Unrichtigkeit liegt dann vor, wenn es statt um eine Gesellschaft um einen oder mehrere, aber nicht alle Gesellschafter geht.

– **(Insolvenzverwalter):** Eine offenbare Unrichtigkeit liegt dann vor, wenn das Gericht nur unterlassen hat, seine Amtsstellung klarzustellen. **Keine** offenbare Unrichtigkeit liegt dann vor, wenn in Wahrheit nicht die Partei kraft Amtes aufgetreten ist, sondern der Insolvenzverwalter persönlich, BGH 161, 50, oder als Treuhänder, BGH NJW 2008, 861.

– **(Nichtbestand): Keine** offenbare Unrichtigkeit liegt dann vor, wenn die klagende KG von vornherein gar nicht bestand und wenn das Gericht nun ihre „Gesellschafter" in Form einer „Berichtigung" eingesetzt hat, Nürnb JurBüro 1980, 144.

– **(Parteiwechsel):** Eine offenbare Unrichtigkeit kann bei der bloßen Klarstellung der Rechtsform vorliegen, Düss Rpfleger 1997, 32. Eine offenbare Unrichtigkeit kann beim gesetzlichen Parteiwechsel vorliegen, BVerwG ZIP 2011, 1870. **Keine** offenbare Unrichtigkeit liegt bei einem solchen Vorgang nach → § 263 Rn. 6 vor, Zweibr ZMR 1987, 233; LG Fulda Rpfleger 2001, 609; Burballa MDR 2007, 439. S. auch bei den einzelnen Arten von Parteiwechsel. **Keine** offenbare Unrichtigkeit liegt vor, wenn die Berichtigung nicht nur zu einer Korrektur, sondern dazu führen würde, dass im Wege der Klageänderung nach § 263 ein anderer Beteiligter in das Verfahren eingeführt würde, BGH MDR 2008, 524; OLG Schleswig 26.9.2019 – 54 Verg 4/19, VPR 2020, 74). Daher liegt auch keine offenbare Unrichtigkeit bei einer Änderung der Rechtsform vor, Düss VersR 1977, 260.

– **(Streitgenossen):** Eine offenbare Unrichtigkeit kann dann vorliegen, wenn es nur darum geht, einen nach § 62 notwendigen Streitgenossen mit zu benennen, BGH NJW 2000, 292.

– **(Tod): Keine** offenbare Unrichtigkeit liegt dann vor, wenn von mehreren Klägern einer dem Gericht unbekannt verstorben war, LG Ffm Rpfleger 1991, 426.

– **(Umwandlung):** Eine offenbare Unrichtigkeit kann infolge einer so übertragenden Verschmelzung nach dem UmwG eingetreten sein, BGH NJW 2004, 1528.

– **(Unbekannt): Keine** offenbare Unrichtigkeit liegt vor, wenn die Bekl. zunächst „50 nicht bekannte Personen" lautete, und wenn diese nun nachträglich ihre Nachnamen erhalten, Düss OLGZ 1983, 351.

– **(Verwechslung):** Eine offenbare Unrichtigkeit kann nach → Rn. 14, 15 dann vorliegen, wenn das Gericht zwei Beteiligte verwechselt hat, wenn zB B und nicht A siegen sollte, oder bei einer Rechtsmittelzulassung, BGH NJW 2004, 779.

– **(Vor-GmbH):** Eine offenbare Unrichtigkeit kann infolge des Übergangs einer Vor-GmbH in die GmbH eingetreten sein, Prütting/Gehrlein/Thole Rn. 6.

– **(WEG): Keine** offenbare Unrichtigkeit liegt dann vor, wenn das Urteil zB in einem Nachbarstreit gegen alle Wohnungseigentümer und nicht gegen die WEG erging, BGH NJW 2007, 518.

Preisindex: Eine offenbare Unrichtigkeit kann vorliegen, soweit das Gericht einen falschen Index zugrunde gelegt hat, Düss FamRZ 1997, 1408.

Protokoll: § 164.

Prozessbevollmächtigter: Eine offenbare Unrichtigkeit kann vorliegen, soweit das Gericht einen ProzBevtl. unrichtig bezeichnet. Es gelten dieselben Regeln wie bei einer unrichtigen Parteibezeichnung, → „Partei".

Punktesache: Eine offenbare Unrichtigkeit kann dann vorliegen, wenn das Gericht bei einer sog. Punktesache eine Forderungsgruppe in deren rechtlicher Beurteilung bei der Formulierung des Tenors nach § 313 I Nr. 4 mit einer anderen Forderungsgruppe verwechselt hat, BGH FamRZ 1995, 156, etwa bei der Verjährungsfrage.

Rechenfehler: → Rn. 8.

Rechtsbegriff: Eine offenbare Unrichtigkeit liegt vor, soweit das Gericht einen Rechtsbegriff irrtümlich verwendet hat, zB „Vermögensauskunft".

Rechtsbeschwerde: Die offensichtlich für jedermann erkennbare versehentliche Unterlassung der gewollten Zulassung der Rechtsbeschwerde nach § 574 I Nr. 2 lässt sich nach § 319 nachholen, BGH NJW 2013, 2125.

Rechtsfehler: Er stellt **keine** offenbare Unrichtigkeit dar, BGH NJW 2003, 140, Celle BauR 2012, 514; Naumb FamRZ 2003, 40. Das gilt auch bei einer Änderung der Rspr. etwa zur Rechtsfähigkeit, aM Rostock NJW-RR 2007, 188.

Revision: Eine offenbare Unrichtigkeit kann dann vorliegen, wenn das Berufungsgericht die Zulassung der Revision nach § 543 I Nr. 1 beschlossen und nur nach → § 543 Rn. 14 versehentlich nicht im Urteil nach § 540 ausgesprochen hatte oder wenn sich die Revisionszulassung zwar nicht aus dem „anliegend" verkündeten Urteilstenor nach §§ 313 I Nr. 4, 525, 540 ergibt, wohl aber aus den zur Zeit der Verkündung schon unterschriebenen **Urteilsgründen** nach § 313 III oder sogar aus einem gleichzeitigen Parallelurteil, BGH **1978,** 23 (sehr großzügig), oder aus einer Rechtsmittelbelehrung nach (jetzt) §§ 232, 233 S. 2, BAG NJW 1991, 1197. Nicht berichtigen darf das Berufungsgericht während eines Verfahrens nach § 544, BGH NJW 2016, 1022.

Zum Meinungsstand zur Frage einer Unrichtigkeit dann, wenn man bei einem an sich nicht berufungsfähigen **arbeitsgerichtlichen** Urteil die Zulassung der Revision weder aus dem Tenor noch aus den Entscheidungsgründen noch aus den Vorgängen bei seiner Verkündung ersehen kann, BAG NJW 1999, 1420 (Grdz.).

Richterbezeichnung: Eine offenbare Unrichtigkeit kann bei einer ungenauen oder falschen Bezeichnung der Richter im Rubrum nach § 313 I Nr. 2 oder in der Unterschriftsspalte vorliegen, LAG Mü MDR 1985, 171.

Schreibfehler: → Rn. 8.

Schriftsatz: Keine offenbare Unrichtigkeit liegt vor, soweit das Gericht einen nach § 283 rechtzeitig nachgereichten oder eingereichten Schriftsatz nicht berücksichtigt hat, sei es auch nur versehentlich, Braun NJW 1981, 427.

Sicherheitsleistung: Keine offenbare Unrichtigkeit liegt dann vor, wenn es um eine nachträgliche Aufteilung einer Sicherheitsleistung nach §§ 709 ff. gehen soll. Sie ist unzulässig.

Streitgegenstand: Eine offenbare Unrichtigkeit kann vorliegen, soweit das Gericht eine Beschränkung des Streitgegenstands nach → § 2 Rn. 4 übersehen hat, Köln NJW-RR 2000, 142.

Streithilfe: Eine offenbare Unrichtigkeit kann auch zur Kostenentscheidung nach § 101 infrage kommen, Jena MDR 2009, 1066; Kblz FamRZ 2010, 1364, aber nicht bei vollständigem Weglassen der Kosten der Nebenintervention ohne sonstigen Anknüpfungspunkt BGH WM 2019, 510.

Streitwert: → Rn. 7. Eine offenbare Unrichtigkeit **fehlt** bei einem wegen Rechtsirrtums falsch berechneten Wert nach §§ 3 ff. (Saldierung von Klage und Widerklage), BGH NJW 2003, 141.

Stufenklage: Eine offenbare Unrichtigkeit kann bei § 254 vorliegen, soweit das Gericht nur in den Gründen nach § 313 III über alle Stufen im ersten Termin entschieden hat, im Tenor nach § 313 I Nr. 4 aber ersichtlich nicht, Bbg FamRZ 2000, 900.

Tatbestand: § 320. Aber auch → Rn. 12.

Tatsache: Keine offenbare Unrichtigkeit liegt dann vor, wenn das Gericht eine feststehende Tatsache nicht oder falsch berücksichtigt hat, Oldb NJW 2003, 149. Denn dann liegt nach „Willensbildung" eine falsche Willensbildung vor. Ferner fehlt eine offenbare Unrichtigkeit, soweit eine Partei nach → Rn. 12 ihren Tatsachenvortrag erst nachträglich berichtigt hat.

Teilurteil: Eine offenbare Unrichtigkeit liegt beim bloßen klaren Fehlen dieser Bezeichnung nach § 301 vor.

Keine offenbare Unrichtigkeit liegt beim Übergehen einzelner Ansprüche vor.

Tenor: Eine offenbare Unrichtigkeit kann auch bei ihm nach § 313 I Nr. 4 vorliegen, BGH NZM 2012, 53. Eine offenbare Unrichtigkeit kann dann vorliegen, wenn das Gericht versehentlich Kläger und Beklagter verwechselt und der falschen Partei die Kosten auferlegt, Düss MDR 2009, 947.

Dabei kann zB auch eine Kostenentscheidung im Tenor nachgeholt werden, unter der Voraussetzung, dass sie zum Zeitpunkt des Erlasses der Entscheidung getroffen worden ist, wie sich zB aus der Begründung ergeben kann (LAG Sachsen 12.6.2019 – 1 Sa 49/19, BeckRS 2019, 22859).

Übereinstimmung: Keine offenbare Unrichtigkeit liegt meist vor, soweit der Tenor nach § 313 I Nr. 4 und die Begründung nach § 313 III übereinstimmen. Denn dann muss man eine entsprechende Willensbildung annehmen.

Übersehen: Es reicht **keineswegs stets** aus, Kblz JurBüro 2007, 649; Köln FamRZ 1997, 570; Zweibr Rpfleger 2003, 101; aM Bbg FamRZ 2006, 38 (aber dann stimmt Gewolltes und Geäußertes überein. Dann gilt § 321).

Verhandlungszeit: Eine offenbare Unrichtigkeit liegt vor, soweit infolge eines Irrtums der Tag der stattgefundenen letzten mündlichen Verhandlung im Urteilsrubrum nach § 313 I Nr. 3 fehlt, BGH VersR 1980, 744.

Versäumnisverfahren: Keine offenbare Unrichtigkeit liegt dann vor, wenn das Gericht § 345 verkannt hat, Oldb OLGR 2006, 336.

Versorgungsausgleich: → „Anwartschaft".

Verwechslung: Eine offenbare Unrichtigkeit kann bei einer bloßen Verwechslung vorliegen, zB bei einer solchen der Parteien nach → Rn. 12, Hamm MDR 2002, 602.

Verweisung: Eine offenbare Unrichtigkeit kann vorliegen, soweit sich die Parteien nach → Rn. 12 und daher auch das Gericht in der Bezeichnung des zuständigen Gerichts irrten, Stgt MDR 2004, 1377. **Keine** offenbare Unrichtigkeit liegt vor, soweit das Gericht eine Kostenentscheidung nach § 281 III 2 vergessen hat, Düss OLGR 1999, 410; Hamm MDR 2000, 1150; Mü MDR 1987, 63. Auch → „Willensbildung".

Vorläufige Vollstreckbarkeit: → „Auslassung", → „Kein Erkenntnis", → „Sicherheitsleistung".

Wert: → Rn. 7, → „Zugewinnausgleich".

Widerspruch: Eine offenbare Unrichtigkeit kann bei einem Widerspruch zwischen dem Beschlossenen und dem Herausgegebenen vorliegen.

Willensbildung: Keine offenbare Unrichtigkeit liegt vor, soweit es sich um eine falsche Willensbildung handelt, KG NJW 1975, 2107; Köln MDR 1997, 570; Mü NJW-RR 2003, 1440; aM LG Stade NJW 1979, 168; LAG Mü MDR 1985, 170 (aber das Gericht wollte nach → Rn. 8, 12 in Wahrheit anders entscheiden).

Wohnungseigentum: Zur Klärung, wer ein Mitglied der Eigentümergemeinschaft ist, sollte man § 319 großzügig anwenden, Düss NZM 2008, 252. Anwendbar ist § 319 auf Fehler der Eigentümerliste, LG Nürnb ZMR 2011, 242.

Zinsen: Eine offenbare Unrichtigkeit liegt dann vor, wenn das Gericht in der Urteilsformel nach § 313 I Nr. 4 Zinsen „ab jeweiliger Fälligkeit" zuspricht, sie in den Entscheidungsgründen nach § 313 III jedoch nach den Kalendertagen bezeichnet, oder wann es den Basiszinssatz nur in den Entscheidungsgründen nennt, nicht aber auch entsprechend ausgerechnet und daher im Tenor nicht beachtet hat, oder wenn der Zinslauf sonstwie unklar ist, BAG NJW 2001, 1518 (Zinsbeginn).

Keine offenbare Unrichtigkeit liegt dann vor, wenn das Gericht weit überhöhte Zinsen lediglich unter einer Anführung von § 288 III, IV BGB begründet hat, Oldb MDR 2000, 1211.

Zugewinnausgleich: Eine offenbare Unrichtigkeit nach (jetzt) § 42 I FamFG liegt vor, soweit das Gericht einen erörterten und verhandelten Wert (Grundstück) versehentlich bei der Berechnung dann nicht mehr berücksichtigt hat, Bbg FamRZ 2000, 38.

Zulassung: → „Berufung", → „Rechtsbeschwerde", → „Revision".

18 **VI. Verfahren, I, II. 1. Grundsatz: Jederzeit auch von Amts wegen.** Die Berichtigung ist jederzeit auf **Antrag** oder **von Amts wegen** statthaft, BGH, NJW 2022, 389; NZM 2012, 53; Celle MDR 2011, 1255. Ab Kenntnis der Unrichtigkeit muss das unverzüglich Gericht berichtigen, Hamm NJW-RR 1987, 188. Das gilt selbst nach der Einlegung eines Rechtsmittels, BGH NZM 2012, 53; BayObLG NZM 2004, 659; Mü FGPrax 2006, 280. Auch das Revisionsgericht bzw. **Rechtsmittelgericht** kann von Amts wegen berichtigen, BGH NJW 2022, 389; WM 2020, 25. Das Rechtsmittel bleibt zulässig, BGH MDR 1978, 307; Köln FamRZ 1998, 1239. Eine Berichtigung ist auch nach dem Eintritt der formellen Rechtskraft nach § 705 statthaft, Brdb MDR 2000, 658; Hamm NJW-RR 1987, 188; Rostock NJW-RR 2007, 188; aM Lindacher ZZP 88, 72 (In Rechtskraft kann nur das Gewollte erwachsen). Der Antrag ist nicht form- oder fristabhängig. Eine Korrektur kann „jederzeit" erfolgen. Eine Verwirkung kommt nicht in Betracht, Brdb MDR 2000, 658. Ein Anwaltszwang besteht wie sonst nach → § 78 Rn. 1, BGH MDR 2013, 422; LSG Saarbr NJW 1981, 1232. Ein Verstoß gegen ihn lässt den Antrag als eine Anregung bestehen, die eine Korrektur von Amts wegen ermöglicht.

19 **2. Zuständigkeit.** Zuständig ist nur das bisherige Gericht, dass die zu korrigierende Entscheidung erlassen hat, also die nach § 309 erkennende Stelle, also auch das Rechtsmittelgericht, BAG NJW 2001, 1518; BayObLG NZM 1999, 34, insbesondere für die eigene Entscheidung, BayObLG 1989, 721 (WEG); Düss MDR 1991, 789 (auch nach der Beendigung der Rechtsmittelinstanz). Das Kollegium darf kein Urteil des Einzelrichters nach §§ 348, 348a, 526 berichtigen und umgekehrt. Die Mitwirkung derselben Richter ist unnötig, BGH NJW-RR 2001, 61; BayObLG WuM 1989, 104. Denn es handelt sich nicht um eine sachliche Entscheidung, sondern um die Umsetzung der Erkenntnis des wirklich Gewollten. Freilich ist die Überprüfung den nicht zuvor beteiligten Richtern oft kaum möglich, BayObLG WuM 1989, 104. Nach der Verweisung zB nach § 281 kann noch das verweisende Gericht berichtigen. Das höhere Gericht darf ein Urteil des niederen berichtigen, soweit es sich das Urteil sachlich zu eigen macht, BGH NJW-RR 1991, 1278; OVG Münst NVwZ-RR 2007, 213, und soweit das Rechtsmittelverfahren noch läuft, Celle BauR 2012, 514. In einer Arbeitssache ist nach §§ 46 II, 53 I 1 ArbGG der Vorsitzende beim Arbeitsgericht bzw. LAG allein zuständig. Der Rpfl. ist bei seinem Beschluss zuständig. Der Urkundsbeamte ist zuständig, soweit es nur um einen Fehler der Ausfertigung nach § 317 geht. Bei einer Protokollberichtigung sind der Vorsitzende und der etwa gesonderte Urkundsbeamte gemeinsam zuständig.

20 **3. Entscheidung.** Die Entscheidung erfolgt durch einen Beschluss nach § 329 bei einer nach § 128 IV freistehenden mündlichen Verhandlung. Eine Berichtigung nur im Urteil etwa bei einer Parteibezeichnung oder gar auf der Urfassung eines in Abwesenheit der Parteien verkündeten und noch nicht in einer Ausfertigung nach § 317 hinausgegangenen Urteils mag zwar praktisch sein und ereignet sich auch. Sie ist aber formell unstatthaft, Hamm MDR 1986, 417. § 249 III ist nach dort → § 249 Rn. 22 anwendbar. Die **Anhörung** eines Beteiligten ist nur ausnahmsweise entbehrlich, BVerfGE 34, 7; BGH NJW-RR 2002, 713; LG Köln Rpfleger 1987, 508. Das gilt etwa insoweit, als die Berichtigung reiner Formalien erfolgt, etwa eines Schreib- oder Rechenfehlers ohne einen Eingriff in die Rechtsstellung des Beteiligten oder gar seine Schlechterstellung zB nach → § 528 Rn. 9, BVerfGE 34, 7. Wenn es notwendig ist, nach §§ 355 ff. Beweis zu erheben, liegt kaum noch eine **„offenbare" Unrichtigkeit** vor. Nur eine sichere Feststellung der offenbaren Unrichtigkeit erlaubt eine Berichtigung, Zweibr NJW-RR 1999, 1666. Das Gericht muss seinen Beschluss wenigstens kurz begründen. Der Beschluss ist nicht starr nach seinem Wortlaut und seinem äußeren Anschein auslegbar, sondern nach seinem erkennbaren Sinn und Zweck, BVerfGE 29, 50. Rechtsbehelfsbelehrung, Verstoß: §§ 232, 233 S. 2.

21 Der Beschluss **wirkt** auf die Zeit der Verkündung des Urteils nach § 311 **zurück,** BGH NJW 1993, 1400; Saarbr FER 2000, 44 (Prütting/Gehrlein/Thole Rn. 12). Die neue Fassung gilt als die ursprüngliche. Daher sind Rechtsbehelfe gegen das alte Urteil in der berichtigten Form nur insoweit zulässig, als die Berichtigung wirksam erfolgt ist, BGH NJW 1993, 1400; Saarbr FER 2000, 44. Der formell nach §§ 329, 705 rechtskräftige Berichtigungsbeschluss ist grundsätzlich in anderen Verfahren nicht auf seine Richtigkeit überprüfbar, BGHZ 127, 76 (auch zu Ausnahmen).

22 **Gebühren:** des Gerichts keine, des Anwalts nach § 19 I 2 Nr. 9 RVG keine; da die **Kosten** des Berichtigungsbeschlusses zu den Kosten des Rechtsstreits gehören. Sie sind durch die sonstigen Gebühren abgegolten; ggf. kommt eine weitere Gebühr nach VV 3403 RVG in Betracht (MüKoZPO/Musielak Rn. 26).

23 Hatte die Partei zunächst Rechtsmittel eingelegt und erfolgt während des Rechtsmittelverfahrens auf Antrag oder von Amts wegen einer Berichtigung, muss der Rechtsmittelführer nach § 97 I evtl. die Kosten des Rechtsmittels tragen.

24 **4. Einfluss auf Rechtsmittel usw.** Die Möglichkeit einer Berichtigung lässt trotz der einfacheren Vorgehensweise die **Beschwer** *für ein sonstiges* **Rechtsmittel** nicht entfallen, da sich der Irrtum des Gerichts nicht zum Nachteil der beschwerten Partei auswirken kann, BVerfG NJW 2001, 142; BGH NJW-RR 2017, 55; OLG Brandenburg 3.1.2019 – 13 UF 141/18, BeckRS 2018, 37642; KG JurBüro 2009, 438. Das gilt auch bei einer Berichtigung erst nach der Erhebung einer Revisionsrüge, BayObLG 1986, 398.

Die Berichtigung eröffnet jedoch keine neue Notfrist, BVerfG NJW 2001, 142; BGH NJW-RR 2017, 55; Kblz JurBüro 2008, 258. (Ausnahme: → Rn. 27 f.). Sie gibt demgemäß grundsätzlich kein neues Rechtsmittel. 25

Soweit die Beschwer mit der Berichtigung jedoch behoben werden kann, ist ein Rechtsmittel weder erforderlich noch zweckmäßig. 26

Etwas anderes gilt dann, wenn das alte Urteil nicht klar genug war, um die Grundlage für das weitere Handeln der Partei zu bilden, BGH NJW-RR 2017, 55; BVerwG NVwZ 2010, 962; Kblz JurBüro 2008, 258. Das gilt zB dann, wenn sich zB eine Revisionszulassung nach § 543 I Nr. 2 erst aus dem Berichtigungsbeschluss nach → § 540 Rn. 3 ergibt, BGH NJW 2004, 2389. Im Übrigen kann eine wirksame Berichtigung ein bisher zulässiges Rechtsmittel nach → Rn. 20 rückwirkend unzulässig machen, BGH WM 2013, 1578. 27

Eine **neue Notfrist** nach § 224 I 2 kommt also zB dann in Betracht, wenn erst die berichtigte Fassung erkennen lässt, ob und wie das Urteil die Partei beschwert, BGH NJW-RR 2009, 1443; Düss FamRZ 2005, 386; Stgt FamRZ 1984, 403. Es ist jeweils unerheblich, ob sich der Fehler in der Urschrift oder nur in der nach § 317 zugestellten Ausfertigung des Urteils befindet, BGH VersR 1982, 70. Bei einer Ursächlichkeit der Unrichtigkeit für die Erfolglosigkeit des Rechtsmittels kommt eine Wiedereinsetzung nach § 233 in Betracht. 28

5. Beispiele zur Frage einer neuen Notfrist, I, II

Aufhebungsbeschluss: Eine neue Notfrist kann dann beginnen, wenn das Gericht einen Berichtigungsbeschluss aufgehoben hat, BGH NJW 1998, 3280. 29

Ergebnisänderung: Eine neue Notfrist kann dann beginnen, wenn infolge einer Berichtigung aus einer Verurteilung eine Klagabweisung geworden ist, BGH NJW 1995, 1033, oder umgekehrt.

Höhere Abweisung: Eine neue Notfrist kann dann beginnen, wenn das Gericht den Kläger in größerem Umfang als vor der Berichtigung abgewiesen hat, aM BGHZ 89, 188 (aber auch dadurch ist eine neue Beschwer eingetreten).

Höhere Verurteilung: Eine neue Notfrist kann dann beginnen, wenn das Gericht den Bekl. zu einem höheren als dem zunächst berichtigten Betrag verurteilt hat, BGH NJW 1983, 936. Denn das bedeutete eine neue Beschwer.

Parteiänderung: Eine neue Notfrist kann dann beginnen, wenn es eine Auswechslung oder Erweiterung oder sonstige Veränderung einer Partei gegeben hat, Celle MDR 1999, 499.

Parteiverwechslung: Eine neue Notfrist beginnt dann, wenn das Gericht die Parteien verwechselt hatte, BGHZ 89, 187; Celle NDR 99, 499; Düss MDR 1990, 930.

Zulassung eines Rechtsmittels: Eine neue Notfrist beginnt dann, wenn das Gericht nicht über diese Frage zB nach §§ 543, 574 I Nr. 2 klar mitentschieden hatte, BGH NJW 2004, 2389.

6. Bindungsgrenzen. Das Rechtsmittelgerichts wird nicht an einen Berichtigungsbeschluss (vgl. §§ 512, 557 II) gebunden, wenn er ohne gesetzliche Grundlage ergangen ist, so zB weil er einen Willensbildungsfehler korrigiert oder die Voraussetzungen sonst nicht vorliegen, auch wenn der Berichtigungsbeschluss nicht angefochten und damit zwar formell rechtskräftig geworden ist worden ist (§§ 329, 705), da hier die Ausnahmevoraussetzung für die Korrektur der Entscheidung, an die das Gericht nach § 318 an sich gebunden ist, nicht vorliegt (BGH NJW-RR 1993, 700, vgl. zum Streitstand MüKoZPO/Musielak Rn. 23). 30

7. Zwangsvollstreckung. Die Zwangsvollstreckung nach §§ 704 ff. erfolgt nur aus dem **berichtigten Urteil,** Kblz WRP 1980, 577. Hatte der Gläubiger sie vorher eingeleitet, muss das Gericht sie evtl. nach § 766 einstellen. Der Schuldner kann das Beigetriebene nur durch eine besondere Klage zurückfordern. Eine Ersatzpflicht entsprechend § 717 II kann nur dann entstehen, wenn die Partei die Unrichtigkeit des Urteils aus dessen ihr zugegangener Fassung erkennen musste. Das kann bei einer „offenbaren" Unrichtigkeit nach → Rn. 8 ff. oft so sein. Der Berichtigungsbeschluss fällt als „Urteil in einer Rechtssache" unter § 839 II BGB. 31

8. Vermerk. Die Geschäftsstelle muss den Berichtigungsbeschluss bei einer schriftlichen Aktenführung nach II 1 auf der Urschrift des Urteils und auf den Ausfertigungen vermerken, BVerwG NJW 1975, 1796. Die Geschäftsstelle muss die **Ausfertigungen zurückfordern.** Sie kann deren Rückgabe aber nicht erzwingen. Bei einer elektronischen Aktenführung muss der Urkundsbeamte nach II 2 den nach § 130b ergangenen Berichtigungsbeschluss in einem gesonderten elektronischen Dokument festhalten und ihn nach II 3 mit dem Urteil elektronisch untrennbar verbinden, ähnlich wie bei § 315 III 2, 3. Der Vermerk erfolgt an einer sichtbaren Stelle. Die Wirkung des Berichtigungsbeschlusses ist allerdings von dem Vermerk unabhängig, BVerwG NJW 1975, 1796. 32

VII. Rechtsmittel, III. Rechtsmittelbelehrung, Verstoß: §§ 232, 233 S. 2. Es kommt auf den Entscheidungsinhalt an. Bei einem Berichtigungsurteil (statt -beschluss) gilt ebenfalls III, Hamm MDR 1986, 417. 33

1. Gegen Ablehnung, III Hs. 1. Bei einer Ablehnung der beantragten Berichtigung erfolgt die Anfechtung **grundsätzlich nur zusammen mit derjenigen des Urteils,** BGH NJW-RR 2004, 1654; Brschw DGVZ 1992, 120; Ffm FGPrax 1996, 160; LG Karlsr NJW-RR 2003, 788. 34

Das gilt auch, soweit die Ablehnung ohne jede sachliche Prüfung oder unter einer Verkennung des Begriffs der offenbaren Unrichtigkeit nach → Rn. 8 ff. erfolgte, BGH BB 2004, 1248; Kblz FamRZ 1991, 101; aM (je zum alten Recht) BayObLG WuM 1989, 105 (sofern III Hs. 1 überhaupt anwendbar ist); LG Bonn JurBüro 1991, 125; LG Karlsr 2003, 788. Eine sofortige Beschwerde nach §§ 567 ff. entfällt ferner (jetzt) dann, wenn die Ablehnung nur aus prozessualen Gründen erfolgte, BGH BB 2004, 1248; aM (je zum alten Recht) Düss NJW-RR 2002, 211; Mü OLGR 2003, 110; LG Ffm Rpfleger 1991, 426. Eine sofortige Beschwerde entfällt schließlich dann, wenn die Ablehnung durch ein unzuständiges oder fehlerhaft besetztes Gericht erfolgte, aM LG Ffm Rpfleger 1991, 426 (aber dann sollte es beim obigen Grundsatz bleiben). Nach einer Entscheidung des OLG kommt ohnehin allenfalls eine Rechtsbeschwerde an den BGH unter den Voraussetzungen des § 574 in Betracht. Gegen eine Ablehnung der Berichtigung einer Insolvenztabelle ist nur die befristete Rpfleger-Erinnerung statthaft, BGH WM 2017, 346. 35

2. Gegen Berichtigung, III Hs. 2. Die Vorschrift geht dem § 99 vor, Karlsr NJW-RR 2000, 730. Gegen den richterlichen Berichtigungsbeschluss ist nach III Hs. 2 grundsätzlich die **sofortige Beschwerde** nach § 567 I Nr. 1 statthaft, BayObLG DB 1996, 370; KG NJW-RR 1987, 954. Das gilt auch zugunsten einer bloßen Scheinpartei, Stgt NJW-RR 1999, 217 (Meistbegünstigung nach → Vor § 511 Rn. 29). Das Beschwerdegericht prüft nur die Voraussetzungen der Berichtigung, nicht aber die Entscheidung im Übrigen, BayObLG DB 1996, 36

370. Gegen einen Berichtigungsbeschluss des Beschwerdegerichts kommt allenfalls in einer FamFG-Sache eine Rechtsbeschwerde nach §§ 70 ff. FamFG in Betracht, (zum alten Recht) BayObLG MDR 2003, 592. Hebt das Beschwerdegericht den Berichtigungsbeschluss eines AG auf eine sofortige Beschwerde nach § 572 auf, ist gegen den Aufhebungsbeschluss allenfalls eine Rechtsbeschwerde an den BGH unter den Voraussetzungen des § 574 möglich. Das gilt selbst insoweit, als infolgedessen die Partei sofort allenfalls Berufung einlegen muss, ohne den Ausgang des Berichtigungsverfahrens abwarten zu können. Der Gesetzestext ist eben eindeutig.

37 Daher ist auch gegen den Berichtigungsbeschluss des **OLG** zu seinem eigenen Berufungsurteil nach § 540 oder zu einem eigenen Sachbeschluss allenfalls eine Rechtsbeschwerde denkbar. Ein Rechtsbehelf gegen das Urteil ergreift den Berichtigungsbeschluss als solchen nicht. Darum darf das höhere Gericht nur das berichtigte Urteil ändern, nicht den Berichtigungsbeschluss. Gegen eine Protokollberichtigung nach § 164 ist nach § 165 S. 2 nur der Fälschungsnachweis zulässig, Hamm OLGZ 1979, 383.

38 Beim **Rechtspfleger** gilt zunächst wie stets § 11 I RPflG.

320 *Berichtigung des Tatbestandes.* **[1] Enthält der Tatbestand des Urteils Unrichtigkeiten, die nicht unter die Vorschriften des vorstehenden Paragraphen fallen, Auslassungen, Dunkelheiten oder Widersprüche, so kann die Berichtigung binnen einer zweiwöchigen Frist durch Einreichung eines Schriftsatzes beantragt werden.**

II [1]Die Frist beginnt mit der Zustellung des in vollständiger Form abgefassten Urteils. [2]Der Antrag kann schon vor dem Beginn der Frist gestellt werden. [3]Die Berichtigung des Tatbestandes ist ausgeschlossen, wenn sie nicht binnen drei Monaten seit der Verkündung des Urteils beantragt wird.

III [1]Das Gericht entscheidet ohne Beweisaufnahme. [2]Bei der Entscheidung wirken nur diejenigen Richter mit, die bei dem Urteil mitgewirkt haben. [3]Ist ein Richter verhindert, so gibt bei Stimmengleichheit die Stimme des Vorsitzenden und bei dessen Verhinderung die Stimme des ältesten Richters den Ausschlag. [4]Eine Anfechtung des Beschlusses findet nicht statt. [5]Der Beschluss, der eine Berichtigung ausspricht, wird auf dem Urteil und den Ausfertigungen vermerkt. [6]Erfolgt der Berichtigungsbeschluss in der Form des § 130b, ist er in einem gesonderten elektronischen Dokument festzuhalten. [7]Das Dokument ist mit dem Urteil untrennbar zu verbinden.

IV Die Berichtigung des Tatbestandes hat eine Änderung des übrigen Teils des Urteils nicht zur Folge.

1 **I. Systematik, I–IV.** Die Tatbestandsberichtigung ist mit Rücksicht auf die urkundliche Beweiskraft, die dem Tatbestand nach § 314 ZPO zukommt, zugelassen worden. Hierdurch soll verhindert werden, dass infolge dieser Beweiskraft ein unrichtig beurkundeter Prozessstoff Grundlage für die Entscheidung des Rechtsmittelgerichts wird (vgl. OLG Düsseldorf BeckRS 2018, 30577), was insbesondere bereits in der Berufung eingeschränkten Möglichkeit, neue Tatsachen feststellen zu können, von Bedeutung ist (vgl. §§ 529, 531, vgl. auch Wach/Kern NJW 2006, 1320).

2 Die Vorschrift enthält nach → Rn. 7 eine scheinbar gegenüber § 319 vorrangige, in Wahrheit aber neben diese Bestimmung tretende Regelung. Sie hat den Vorrang vor §§ 511 ff., BGH NJW-RR 2016, 397, vor § 529; Karlsr NJW-RR 2003, 779; Kblz ZMR 2014, 724, vor § 551 III 1 Nr. 2b; BGH NZG 2018, 73, und vor § 559, BGH NJW 2013, 3579; BAG NZA 2017, 943. Sie muss auch evtl. einem Antrag nach § 321 vorangehen, BAG NZA 2008, 1029. Die Tatbestandsberichtigung bereitet einen Antrag auf eine Ergänzung des Urteils oder ein Rechtsmittel vor, BGH VersR 1988, 268; LAG Bln DB 1981, 592; Stöber MDR 2006, 7 und ist auch von Bedeutung für eine mögliche Rüge, dass die Tatsachen fehlerhaft festgestellt worden sind BGH NJW 2011, 1513. Sie ist wegen der inneren Rechtskraftwirkung nach § 322 oder der Wiederaufnahme nach § 233 usw. möglich. Sie ist aber auch bei einem formell nach § 705 rechtskräftigen Urteil statthaft.

3 **II. Regelungszweck, I–IV.** § 320 bietet mangels Rechtsmittelmöglichkeit den einzigen Weg einer Berichtigung des Tatbestands nach § 313 II, BGH NZG 2018, 73; BAG NZA-RR 2015, 255; Hamm NJW-RR 2017, 1247. Die Vorschrift korrespondiert mit der gesetzlichen Beweisregel des § 314, BGH NJW 1983, 2032; LAG Köln MDR 1985, 171; Schneider MDR 1987, 726.

4 Ein berichtigter Tatbestand gibt bei einer Statthaftigkeit eines Rechtsmittels eine bessere Ausgangsposition bzw. kann auch für eine entsprechende Revisionsrüge von Bedeutung sein (vgl. zB auch BGH DB 2020, 999; VersR 2020, 108; BGH NJW 2011, 1513). Der Tatbestand liefert nach § 314 nämlich Beweis für das mündliche Vorbringen (§§ 128, 129, 137), der nur durch das Sitzungsprotokoll widerlegt werden kann. Gerade im Hinblick auf die eingeschränkten Möglichkeiten bei der Berufung, die Tatsachen angreifen zu können (§§ 529, 531), kann ein Tatbestandsberichtigungsantrag von besonderer Bedeutung sein, da die **getroffenen Feststellungen sonst vom Rechtsmittelgericht zugrunde zu legen** sind (BGH NJW 2021, 1957; NJW 2021, 2510; BAG NZA 2021, 1431). Allerdings kann der Rechtsmittelführer die Tatsachenfeststellungen auch anderweitig in Zweifel ziehen (§ 520 III Nr. 3).

5 Ferner erfordern die Wahrhaftigkeit und Lauterkeit mit ihrer selbstverständlichen Geltung gerade auch für das Gericht wenigstens die Klarstellung solcher Unrichtigkeiten, die nicht schon nach dem methodisch einfacheren § 319 in Betracht kommen.

6 **III. Geltungsbereich, I–IV.** Die Vorschrift ist in allen Verfahren nach der ZPO anwendbar, BGH BB 2007, 742. § 320 ist im Rechtsbeschwerdeverfahren nach dem GWB entsprechend anwendbar, BGHZ 65, 36. Die Vorschrift gilt auch im arbeitsgerichtlichen Verfahren, §§ 46 II, 64 VI ArbGG iVm §§ 495, 525), BAG NZA 2008, 1029; LAG Ffm NZA 2004, 105; ArbG Hanau BB 1996, 539, und im WEG-Verfahren, (je zum alten Recht) BayObLG NZM 2002, 708; Köln NZM 2004, 305. In Patentsachen gilt § 96 PatG, BGH NJW-RR 1997, 232; *BPatG GRUR 1978, 40.* Einen nach § 320 ergangenen Berichtigungsbeschluss kann man nicht nach § 320 angreifen. Denn das könnte eine endlose Kette solcher Verfahren eröffnen, BGH VersR 1988, 268. Im FamFG-Verfahren gilt § 42 FamFG, siehe auch §§ 113, 121, 112 FamFG). Vgl. ferner § 119 I VwGO, BVerwG NVwZ 2013, 1238; siehe auch § 108 FGO, § 139 SGG.

IV. Voraussetzungen, I. 1. Unrichtigkeit des Tatbestands. Betroffene sind alle Urteile, die einen Tatbestand haben, soweit dieser nicht entbehrlich ist, vgl. zB §§ 313a, 313b. **„Tatbestand"** ist bei § 320 dasselbe wie bei § 314, BGH NJW 2011, 3295; BAG VersR 1979, 94, umfasst also auch tatsächliche Feststellungen, selbst wenn sie nicht als „Tatbestand" bezeichnet werden, wie zB nach § 540 I, und darüber hinaus auch bei tatsächlichen Feststellungen bzw. Tatbestandsteilen in den Entscheidungsgründen nach → § 313 Rn. 33, BGH NJW 1997, 1931; Oldb NJW 2003, 149; LAG Köln MDR 1985, 171, zB bei einer Zeugenaussage. Der Urteilskopf nach § 313 I Nr. 1–3 und die Urteilsformel nach § 313 I Nr. 4 gehören nicht dazu, Oldb NJW 2003, 149, ebenso wenig wertende Entscheidungsteile oder ein bloßer Verfahrensfehler, BGH WM 2011, 310 (zu § 511 III 1 Nr. 2); LAG Köln MDR 1985, 172. Eine Berichtigung von Tatbestandsteilen in den Entscheidungsgründen eines Urteils ohne einen besonderen Tatbestand etwa bei §§ 313b, 540 I ist nur vorsichtig statthaft, Schneider MDR 1978, 1, strenger Köln MDR 1988, 870. 7

Da § 320 die Korrektur von Unrichtigkeiten im Tatbestand gerade wegen der besonderen Beweisregel des § 314 erlaubt, ist ein entsprechendes Berichtigungsverfahren nach § 320 nicht möglich, wenn die Feststellungen von der **urkundlichen** Beweisregel gar nicht umfasst sind, BGH GRUR 2004, 271; BAG NZA 2012, 1236; OLG Düsseldorf WuW 2019, 533; Köln MDR 1988, 870. Das trifft für die Wiedergabe des Sachverhalts und für die vorinstanzlichen Anträge im Revisionsurteil nach §§ 561 ff. grundsätzlich nicht zu, BGH GRUR 2004, 271; BVerwG NVwZ 2013, 1238; aM LAG Köln MDR 1985, 171 (aber das Revisionsgericht ist nach → § 314 Rn. 6 insoweit gebunden). Doch sollte § 418 genügen. Ausgenommen von diesem Berichtigungsverfahren ist ausdrücklich § 319. 8

Eine Berichtigung kommt ebenfalls nicht in Betracht, wenn der Mangel leichter festgestellt werden kann, zB weil der Tatbestand vorrangigen Angaben im Protokoll widerspricht (MüKoZPO/Musielak Rn. 6). 9

In der Regel wird eine Berichtigung auch nicht bei Revisionsurteilen in Betracht kommt, da die tatsächlichen Feststellungen hier nur noch dazu dienen, eine kurze verständliche gedrängte Darstellung widerzugeben (MüKoZPO/Musielak Rn. 6). Dies trifft entsprechend nach §§ 540 II, 313a auf Urteile zu, die keinen Tatbestand zu enthalten brauchen, da hier eine weitergehende Beweisfunktion (vor allem für ein Rechtsmittelgericht) der tatsächlichen Feststellungen nicht gegeben ist. 10

§ 320 gilt auch bei §§ 307, 331 II, III. Das Abhilfeverfahren nach § 321a hat andere Voraussetzungen und Ziele, → § 321a Rn. 12, 13. 11

Eine solche Unrichtigkeit lässt eine Berichtigung auf Antrag zu. „Unrichtigkeiten" sind im Gegensatz zu den „offenbaren Unrichtigkeiten" des § 319 solche Unrichtigkeiten, bei denen sich Wille und Ausdruck nicht decken, die also auf einer fehlerhaften Willensbildung beruhen. Als Beispiele nennt I Auslassungen, BGH NJW 2012, 2660; Kblz BauR 2014, 1191, Dunkelheiten und Widersprüche. Eine Unrichtigkeit liegt insbesondere vor, wenn das Gericht den ihm unterbreiteten Sach- oder Streitstand unzutreffend wiedergibt und im Tatbestand etwas beurkundet, was die Parteien nicht oder nicht so vorgetragen haben, zB etwas als streitig oder unstreitig behandelt, was es aber nicht ist, OLG Düsseldorf BeckRS 2018, 30577. Das Urteil soll dem Revisionsgericht vor allem eine klare, richtige, vollständige Grundlage der Entscheidung geben. Die Parteien haben dabei keinen Anspruch darauf, dass **nicht wesentliche** Tatsachen oder Behauptungen in den Tatbestand mit aufgenommen werden (OLG Köln 3.9.2019 – 20 U 75/18, BeckRS 2019, 22939). 12

2. Beispiele zur Frage einer Unrichtigkeit des Tatbestands, I

Aktenlageurteil: Anwendbar sein kann § 320 dann, wenn das Gericht bei einem solchen Urteil ein mündliches Vorbringen oder ein solches schriftliches übergangen hat, das in einem nach → § 251a Rn. 16 benutzbaren Schriftsatz stand. 13

Anerkenntnisurteil: Unanwendbar ist § 320 bei § 310 III 1 auch schon wegen Fehlens eines Tatbestands.

Bezugnahme: Unanwendbar ist § 320 bei einer Verweisung nach § 313 II 2, AG Ffm NJW 2002, 2328.

Einspruchsverwerfung: Unanwendbar ist § 320 bei § 310 III 2 auch schon wegen eines Fehlens eines Tatbestands.

Nichtbeachtung: „Übergehung eines Antrags".

Protokoll: „Sitzungsprotokoll".

Revisionsurteil: Unanwendbar ist § 320 bei ihm nach §§ 561 ff., BGH GRUR-RR 2012, 496, nur grds. auch BVerwG NVwZ 2013, 1238 (Ausnahmen bei Revisionsanträgen und -erklärungen). Denn es fußt auf dem Tatbestand des Berufungsurteils. Daher hat der Tatbestand des Revisionsurteils eine urkundliche Beweiskraft nach §§ 314, 555, soweit eine Urteilsberichtigung nach dem vorrangigen § 319 eingreift. Ein Antrag auf eine Tatbestandsberichtigung ist dann durch die nach § 705 formell rechtskräftige Berichtigung aus § 319 erledigt.

Sitzungsprotokollwirkung: Unanwendbar ist § 320, soweit das Protokoll nach § 314 den Tatbestand entkräftet.

Keine Stellungnahme: Anwendbar ist § 320 auf eine Feststellung, der Gegner habe zu einer Behauptung der anderen Partei keine Stellung genommen, BAG NZA 2015, 428.

Streitig statt unstreitig: Anwendbar sein kann § 320 in diesem Fall, BGH MDR 2014, 675; Karlsr NJW-RR 2003, 892, oder der umgekehrte Fall.

Unanwendbar sein kann die Vorschrift aber auch, soweit ein Rechtsmittel statthaft ist.

Bloßes Synonym: Unanwendbar ist § 320 bei einem bloßen sprachlichen derartigen Fehler, AG Hattingen MDR 1990, 729 (sinnwahrende Umschreibung).

Übergehung eines Antrags: Unanwendbar ist § 320 bei der Nichtbeachtung nach § 253 II Nr. 2. Denn dann gilt § 321.

Umschreibung: „Bloßes Synonym".

Urteilsergänzung: Unanwendbar ist § 320, soweit § 321 anwendbar ist.

Ohne Verhandlung: Unanwendbar ist § 320 dann, wenn das Urteil ohne jede mündliche Verhandlung ergangen ist. Denn dann könnte es nur einen Beweis desjenigen schriftlichen Vorbringens nach § 128 II geben, das sich aus den Schriftsätzen ergibt, BFH BB 1983, 755.

Verkündungstermin: Anwendbar sein kann § 320 auch bei einem solchen besonderen Termin nach § 310 II, Oldb NJW 1989, 1165; AG Ffm NJW 2002, 2328.

Versäumnisurteil: Unanwendbar ist § 320 bei § 310 III 1 iVm § 331 III, auch wegen Fehlens eines Tatbestands.

Nach Verhandlungsschluss: Unanwendbar ist § 320, soweit ein Vortrag erst nach dem Verhandlungsschluss nach §§ 136 IV, 296a erfolgte und nicht nach § 283 zulässig war, Köln MDR 1991, 988.

14 **V. Antrag, I, III.** Es ist ein Antrag nötig, BGHZ 202, 349; Hamm NJW-RR 2017, 1247; Karlsr NJW 2016, 2758. Man muss den entsprechenden bestimmenden Schriftsatz beim Gericht einreichen. Bei elektronischer Einreichung gelten §§ 130a–d. Im Parteiprozess kann er sich nach § 129a auch zum Protokoll des Urkundsbeamten der Geschäftsstelle eines jeden AG äußern. Ein Anwaltszwang herrscht wie sonst nach → § 78 Rn. 1. Er fehlt im Parteiprozess nach § 78 III Hs. 2. Der Antragsteller muss fristgerecht erkennbar angeben, an welcher Stelle und auf welche Weise der Tatbestand unrichtig ist, LG Bln JurBüro 2007, 44. Die behauptete Fehlerhaftigkeit des Tatbestandes ist **konkret** zu bezeichnen (OLG Köln 28.5.2019 – 15 U 155/18, BeckRS 2019, 19479). Das Gericht muss den Berichtigungsantrag von Amts wegen dem Gegner des Antragstellers zugleich mit der etwaigen Ladung nach § 270 zustellen und die Ladungsfrist nach § 217 einhalten. Mangels eines Verhandlungsantrags nach III setzt das Gericht dem Gegner eine angemessene Äußerungsfrist. Meist reichen dazu 2–3 Wochen. Eine etwaige Rückbeziehung erfolgt nach § 167. Eine Ausdehnung der Berichtigung ist entsprechend § 263 im Termin dann zulässig, wenn der Gegner zustimmt oder das Gericht sie für sachdienlich hält.

15 **VI. Frist, I, II. 1. Zweiwochenfrist, I, II 1, 2.** Für den **Berichtigungsantrag** läuft eine **zweiwöchige Frist** seit der nach §§ 166 ff. von Amts wegen erfolgten Zustellung des vollständigen Urteils nach § 317. Der Antrag ist schon vor dem Beginn der Frist zulässig. Nach dem Ablauf von 3 Monaten seit der Urteilsverkündung nach §§ 310, 311 ist der Antrag nach dem klaren Wortlaut von II 3 grundsätzlich unstatthaft, Hamm NJW-RR 2017, 1247; LAG Ffm NZA 2004, 106. Eine Ausnahme kommt dann in Betracht, wenn das Gericht das Urteil nicht binnen 3 Monaten vollständig zugestellt hatte, KG NJW-RR 2001, 1296. Die Zweiwochenfrist ist eine gesetzliche Frist, aber **keine Notfrist** nach § 224 I 2. Sie ist unverzichtbar. Sie duldet eine Abkürzung nur durch eine Parteivereinbarung nach § 224 I, jedoch keine Verlängerung nach § 224 II Hs. 2. Das Gericht muss ihre Einhaltung von Amts wegen prüfen. Eine Wiedereinsetzung nach § 233 ist nicht möglich, auch dann nicht, wenn das Urteil erst nach dem Ablauf der Frist zu den Akten kam. Aus allen diesen Gründen muss der Anwalt nach § 85 II das gesamte Urteil nach dessen Erhalt sogleich kontrollieren, Schumann NJW 1993, 2787.

16 Kommt ein Rechtsmittel gegen die Entscheidung jedoch nicht (mehr) in Betracht, dürfte in der Regel das **Rechtsschutzbedürfnis** fehlen (vgl. MüKoZPO/Musielak Rn. 7). Das Rechtsschutzbedürfnis dürfte jedenfalls dann ausgeschlossen sein, wenn selbst die Möglichkeit einer Verfassungsbeschwerde nicht mehr in Betracht kommt, vgl. Bbg BauR 2013, 1002, vgl. ferner LG Mü WuM 2008, 238; LAG Köln MDR 1985, 171 (evtl. Aussetzung bis zur Klärung, ob eine Nichtzulassungsbeschwerde erfolgt).

17 **2. Dreimonatsfrist, II 3.** Diese Ausschlussfrist ist eine uneigentliche Frist nach → Vor § 214 Rn. 18. Sie duldet weder eine Abkürzung noch eine Verlängerung noch eine Wiedereinsetzung, auch nicht dann, wenn das vollständige Urteil nach drei Monaten seit der Verkündung noch nicht vorliegt, Hmb MDR 2005, 1010; aM KG NJW-RR 2001, 1296 (aber Formfragen sollte man streng regeln). Sie ändert sich nach § 227 III 1 nicht infolge der Sommerzeit. Sie beginnt mit der Urteilsverkündung nach §§ 310, 311. Daher kann sie vor der Zweiwochenfrist ablaufen, ein Grund mehr, das Urteil rechtzeitig zu den Akten zu bringen. Die Partei muss notfalls eine Dienstaufsichtsbeschwerde einlegen, um ihr Recht zu wahren. Hat das Gericht sein Urteil nach 3 Monaten immer noch nicht begründet, liegt eine Rechtsverletzung nach § 546 vor, aber nicht ein absoluter Revisionsgrund nach § 547 Nr. 6, BGH NJW 1993, 2604. Diese kann mit der Revision geltend gemacht werden, zumal die Revisionsfrist längstens bis zu 5 Monaten läuft (§ 548). Vgl. dann auch §§ 198 ff. GVG. Bei einem etwaigen Tatbestand einer nach § 310 III erlassenen Entscheidung beginnt die Zweiwochenfrist nach → § 310 Rn. 34 mit der Zustellung des vollständigen Urteils, die Dreimonatsfrist nach § 313 I Nr. 4 mit der Zustellung der Urteilsformel. Gegen den Streithelfer läuft nach → § 71 Rn. 7 keine eigene Frist.

18 **VII. Weiteres Verfahren, Entscheidung und Anfechtung, III–IV. 1. Verfahren.** Um das Berichtigungsverfahren effektiver zu gestalten unterliegt es nach der Änderung des **III,** der vorsah, dass **mündlich zu verhandeln** ist, wenn eine Partei es **beantragt,** nur noch dem pflichtgemäßen Ermessen des Gerichts, ob eine **mündliche Verhandlung** (einschließlich § 128a) anzuberaumen ist (Schultzky MDR 2020, 1). Durch eine mündliche Verhandlung, die in der Vergangenheit bereits in solchen Fällen nur selten anberaumt worden ist, ist ein weiterer Erkenntnisgewinn in der Regel nicht zu erwarten, da die Parteien ihre Argumente zur Tatbestandsberichtigung bereits schriftsätzlich vorgetragen haben und eine Beweisaufnahme ohnehin nicht in Betracht kommt (III 1, ehemals: IV 1). Mit der Änderung soll auch eine unnötige Verfahrensverzögerung vermieden werden. Die Aktenübersendung an die Rechtsmittelinstanz soll beschleunigt werden (vgl. BR-Drs. 366/19 vom 9.8.2019). Die Entscheidung ergeht auch nach einem Urteil im schriftlichen Vorverfahren nach §§ 307, 331 II, III, oder im schriftlichen Verfahren nach § 128 II. Bei einer vom Gericht nach pflichtgemäßem Ermessen anberaumte mündliche Verhandlung findet kein Versäumnisverfahren nach §§ 330 ff. und nach III 1 (ehemals: IV 1). Tatsachen, die nach § 296a vorgetragen worden sind und dessen Vortrag nicht nachgelassen worden ist, dürfen nicht mehr berücksichtigt werden. Insbesondere werden keine Tatsachen gehört, die erst jetzt im Tatbestandsberichtigungsverfahren (erstmals) vorgetragen werden. Das Tatbestandsberichtigungsverfahren ist letztendlich mit einem **„Überdenkungsverfahren"** vergleichbar, dass dem erkennenden Gericht die **Selbstkorrektur** von möglichen Fehlern ermöglicht. Eine **Beweisaufnahme** nach §§ 355 ff. findet jedenfalls **nicht** statt, auch nicht zur Berichtigung von aufgenommenen Zeugen- oder Sachverständigenaussagen **(III 1).** Die Beweiskraft aufgenommener Aussagen richtet sich nur nach § 418. Es gibt kein Geständnis nach § 288. Maßgebend ist allein die Erinnerung der Richter, unterstützt durch das Protokoll nach §§ 159 ff. und durch private Aufzeichnungen.

19 Soweit der Berichtigungsbeschluss **elektronisch erstellt** (§ 130b) und signiert wird, soll er in einem gesonderten elektronischen Dokument festgehalten werden, um zu verhindern, dass das ursprüngliche Urteil nicht mehr rekonstruiert werden kann. Der Beschluss ist mit dem Urteil untrennbar verbunden **(III 7).**

20 Obwohl der Beschluss grundsätzlich unanfechtbar ist, ist eine wenigstens **kurze Begründung** nach eine Rechtspflicht. Denn der Beschluss kann nach → Rn. 31 ausnahmsweise doch anfechtbar sein, Hirte JR 1985, 140.

21 **2. Grenzen der Berichtigung.** Die Partei hat keinen Anspruch darauf, dass das Gericht bei seiner Berichtigung bestimmte von ihr vorgeschlagene **Formulierungen** übernimmt (OLG Köln 5.4.2019 – 20 U 193/17, BeckRS 2019, 12471). Grundsätzlich unzulässig ist es, aufgrund des Beschlusses das Urteil im Übrigen zu

berichtigen oder zu ergänzen, Bausch AnwBl 2011, 130. Vor allem auch aus IV (ehemals V) lässt sich zurück schließen, dass mit der Tatbestandsberichtigung nicht in die **rechtliche Beurteilung und Würdigung** des Tatgerichts eingegriffen werden darf. Die materiell-rechtliche Entscheidung bleibt unberührt. Diese darf nicht verändert werden (unzulässiger Urteilsnachtrag). Dies gilt auch in dem Fall, dass wertende Entscheidungsteile des gerichtlichen Urteils mit Hinweisen auf Tatsachen verbunden sind (OLG Düsseldorf WuW 2019, 533). Eine Ergänzung ist nur in den Grenzen und im Rahmen des § 321 I und natürlich im Rahmen von § 319 möglich. Der BGH muss den Beschluss der Revisionsentscheidung zugrunde legen, BGH DB 2020, 999; VersR 2020, 108; BGH NJW-RR 1995, 572. Das Recht ist auch dann verletzt, wenn das Berufungsgericht nach dem Beschluss einen Hilfsantrag nach → § 260 Rn. 9 übergangen hat. Die Berichtigung reicht nicht allein für eine Wiederaufnahme nach §§ 578 ff. aus, BVerfGE 30, 58. Man kann auch nicht schon mit dem Rechtsmittel gegen das bisherige Urteil eine Berichtigung seines Tatbestands erreichen. Ab formeller Rechtskraft des Rechtsmittelurteils nach § 705 ist ein Ersturteilstatbestand nicht mehr angreifbar, KG BauR 2012, 538.

3. Entscheidung. Das Gericht erlässt seine Entscheidung wegen III 4 durch einen Beschluss nach § 329 auf eine Berichtigung oder Zurückweisung des Antrags. Die Entscheidung ergeht bei einer fakultativen mündlichen Verhandlung auch bei einer Abwesenheit der Parteien. § 249 III ist anwendbar, → § 249 Rn. 22. Wegen des Vermerks des stattgebenden Beschlusses auf dem Urteil und den Ausfertigungen nach III 5–7 § 319 entsprechend. Der Beschluss hat eine Rückwirkung. Wegen des Einflusses auf Rechtsmittel gilt dasselbe wie bei → § 319 Rn. 24 ff., BGH JurBüro 2007, 280. Das Gericht teilt den Beschluss an sich nach § 329 II 1 mangels etwaiger Verkündung den Parteien formlos mit. Eine förmliche Zustellung nach §§ 166 ff. kann aber wegen → Rn. 31 ratsam sein. § 319 ist anwendbar, BGH NJW-RR 1988, 408. 22

Es **wirken** nach III 2 nur diejenigen Richter **mit,** die unabhängig von ihrem sonstigen Tätigkeitsbereich nach § 309 beim Urteil mitgewirkt haben, BAG NZA 2012, 39; Düss NJW-RR 2004, 1723; Ffm OLGR 2007, 217, also evtl. nur ein Mitglied des Kollegiums oder nur die Handelsrichter nach § 105 GVG. Der **Einzelrichter** entscheidet alleine. 23

Die Zugehörigkeit eines Richters zu einem zwischenzeitlich **anderen Spruchkörper desselben Gerichts** hindert ihn jedenfalls dann nicht daran, an der Berichtigung mitzuwirken, wenn das Präsidium nach § 21e IV GVG beschlossen hat, dass ein ausgeschiedener Richter für diese Sache auch nach einer Änderung des Geschäftsverteilungsplans zuständig bleibt, Dörr MDR 2020, 16. Sollte das Präsidium eine solche Entscheidung nicht getroffen haben, ist der Richter, der aus dem Spruchkörper ausgeschieden ist, aber immer noch Richter des betroffenen Gerichts, so dass seine Zuständigkeit zur Mitwirkung weiter gegeben ist, vgl. OLGR Frankfurt 2007, 216; Prütting/Gehrlein/Thole Rn. 6. Solange der Richter an demselben Gericht tätig ist, ist dessen Mitwirkung nach wie vor möglich. Sollte der Richter im Berichtigungsverfahren zwischenzeitlich eine andere Dienstbezeichnung haben als zum Zeitpunkt der ursprünglichen mündlichen Verhandlung (zB nach einer Beförderung) ist auf diese neue Dienstbezeichnung abzustellen. Ein Richter kann auch mit der Begründung, er sei versetzt worden, im Berichtigungsverfahren nach §§ 42 ff. nicht ablehnt werden, BGH NJW-RR 2007, 1653; Ffm MDR 1979, 940. 24

Nach der Abordnung eines Richters an ein **anderes Gericht,** der Pensionierung oder oÄ, ist er an der Mitwirkung der Entscheidung über einen Tatbestandsberichtigungsantrag gehindert. Ist die betroffene Entscheidung von einem Einzelrichter getroffen worden, kann der Tatbestandsberichtigungsantrag dann in der Sache nicht mehr beschieden werden (OLG Karlsruhe NJW-RR 2019, 1467). Der ausgeschiedene Richter ist dann nämlich nicht mehr „gesetzlicher Richter" iSv Art. 101 I 2 GG, da seine Zugehörigkeit zum Spruchkörper iSv §§ 30, 37 DRiG endet (Dörr MDR 2020, 16). Insofern ist es nicht überzeugend, alleine nur auf den verbliebenen Richterstatus abzustellen, so aber OLG Hamburg NJW-RR 2019, 1468. 25

Ist ein Richter **verhindert** oder wird er erfolgreich abgelehnt, ist bei Stimmengleichheit die Stimme des Vorsitzenden und bei dessen Verhinderung die Stimme des ältesten Richters maßgeblich. „Ältester" Richter ist der „dienstälteste" Richter (§ 21f GVG). Die Verhinderung muss unter Berücksichtigung möglicher Fristen eine gewisse Dauer haben (→ § 315 Rn. 15). Ein Urlaub kann ausreichen, BFH BB 1978, 1607. 26

Das Gericht muss den Verhandlungstermin bei einer fakultativen mündlichen Verhandlung so legen, dass möglichst alle Richter teilnehmen können, Hirte JR 1985, 139. 27

Sind **alle** zur Mitwirkung berufenen **Richter** oder der Richter beim Amtsgericht **verhindert,** ist keine Berichtigung möglich, Hirte JR 1985, 139. Ein Berichtigungsbeschluss kann dann nicht ergehen. Das Rechtsmittelgericht muss dann ggf. bei seinen Tatsachenfeststellungen bewerten, ob der Beschluss Erfolg gehabt hätte. Die Beweiskraft des Tatbestandes ist unter diesen Umständen entsprechend nach § 529 I 1 nur eingeschränkt zu berücksichtigen, damit der beschwerten Partei das rechtliche Gehört gewahrt bleibt (Musielak/Voit/Musielak Rn. 6). Hat der Tatbestandsberichtigungsantrag aus sonstigen Gründen keinen Erfolg, bleibt für die unterlegene Partei im Berufungsverfahren noch die Möglichkeit, die Feststellungen im erstinstanzlichen Urteil konkret zu bezweifeln. Bei einer Revision ist § 551 III 1 Nr. 2b (genaue Bezeichnung des übergangenen Sachvortrages) zu berücksichtigen. 28

III 2 ist bei § 321a unanwendbar, BGH FamRZ 2005, 1831. 29

Kosten: → § 319 Rn. 20. 30

4. Rechtsmittel. Eine Anfechtung des Beschlusses ist nach III 4 sowohl bei einer Berichtigung als auch bei einer Ablehnung des Antrags grundsätzlich unstatthaft, da gerade nur diejenigen Richter über den Tatbestandsberichtigungsantrag entscheiden sollen, die auch bei der ursprünglichen Entscheidung mitgewirkt haben BGH NJW 2013, 2743; OLG Frankfurt NZFam 2019, 584. Dies gilt auch dann, wenn dem Tatbestandsberichtigungsantrag deshalb nicht nachgekommen wird, weil die Richter verindert sind (§ 320 III 2) und keine Entscheidung in der Sacher ergangen ist (LG Lübeck 17.2.2022 – 7 T 34/22). 31

Sofortige Beschwerde nach § 567 I Nr. 2 ist aber in folgenden Fällen **ausnahmsweise** zulässig: Das Gericht hat eine Berichtigung ohne eine Sachprüfung als unzulässig abgelehnt, BVerfG NJW 2005, 658; Bbg BauR 2013, 1002; Düss NJW-RR 2004, 1723, das Gericht hat einen Antrag wegen einer Versäumung der Frist nach II 3 zurückgewiesen, LAG Ffm NZA 2004, 105; es hat ein solcher Richter mitgewirkt, der nach → Rn. 23 nicht mitwirken durfte; es handelt sich um ein Berufungsurteil des LG. Denn man müsste einen derartigen Berichtigungsbeschluss so behandeln, als wäre er nicht ergangen. Das Beschwerdegericht kann in der Sache über den Berichtigungsantrag aber nicht entscheiden. Es kommt dann nur die Aufhebung und Zurückverweisung in 32

Betracht (§ 572). Eine Rechtsbeschwerde ist nach § 574 möglich. Zur Möglichkeit einer Verfassungsbeschwerde Zuck AnwBl 2009, 335.

33 **Rechtsmittelbelehrung, Verstoß:** §§ 232, 233 S. 2.

321 *Ergänzung des Urteils.* **I Wenn ein nach dem ursprünglich festgestellten oder nachträglich berichtigten Tatbestand von einer Partei geltend gemachter Haupt- oder Nebenanspruch oder wenn der Kostenpunkt bei der Endentscheidung ganz oder teilweise übergangen ist, so ist auf Antrag das Urteil durch nachträgliche Entscheidung zu ergänzen.**

II Die nachträgliche Entscheidung muss binnen einer zweiwöchigen Frist, die mit der Zustellung des Urteils beginnt, durch Einreichung eines Schriftsatzes beantragt werden.

III 1Auf einen Antrag, der die Ergänzung des Urteils um einen Hauptanspruch zum Gegenstand hat, ist ein Termin zur mündlichen Verhandlung anzuberaumen. 2Dem Gegner des Antragstellers ist mit der Ladung zu diesem Termin der den Antrag enthaltende Schriftsatz zuzustellen. 3Über einen Antrag, der die Ergänzung des Urteils um einen Nebenanspruch oder den Kostenpunkt zum Gegenstand hat, kann ohne mündliche Verhandlung entschieden werden, wenn die Bedeutung der Sache keine mündliche Verhandlung erfordert; § 128 Absatz 2 Satz 2 gilt entsprechend.

IV Eine mündliche Verhandlung hat nur den nicht erledigten Teil des Rechtsstreits zum Gegenstand.

1 **I. Systematik, I–IV.** Die Vorschrift ist eine notwendige Ergänzung zu §§ 319, 320. § 320 korrespondiert damit, dass die tatsächlichen Feststellungen – wie auch sonst – die Grundlage für die weiteren Entscheidungen darstellen (vgl. I 1). Häufig wird eine Tatbestandsberichtigung nach § 320 einer Urteilsergänzung nach § 321 vorgehen, BGH, WM 2021, 2462. Bei § 319 hat es bereits eine richterliche Willensbildung gegeben, die „nur" fehlerhaft zum Ausdruck gekommen ist, während diese Willensbildung bei § 321 gerade noch nachgeholt werden soll, um die **Entscheidungslücke** zu schließen, da irrtümlich vergessen worden ist, hierüber zu entscheiden, vgl. BGH NJW 2016, 2754; Mü NJW-RR 2003, 1440; AG Mü ZMR 1988, 434. Der Sache nach liegt bei der unvollständigen Entscheidung ein **Teilurteil** vor, ohne dass dies vom Gericht so gewollt gewesen ist.

2 § 321 kann anderen Rechtsbehelfsmöglichkeiten vorgehen, Kblz ZMR 2014, 724; Zweibr ZMR 1999, 663 (jetzt: FamFG).

3 § 321 gilt auch bei §§ 307, 331 II, III, 599 II. § 321 ist auch immer dann anwendbar, wenn das Gericht eine **Nebenentscheidung** irrtümlich nicht getroffen hat (vgl. zB § 255 (Fristbestimmung zur Geltendmachung von Schadensersatz bzw. Aufhebung eines Vertrages etc.), § 305 (Vorbehalt beschränkter Haftung des Erben), § 308a (Entscheidung über Fortsetzung eines Mietverhältnisses), § s923 (Lösungssumme), MüKoZPO/Musielak Rn. 3). Bei der vorläufigen Vollstreckbarkeit siehe § 716.Das Abhilfeverfahren nach § 321a hat andere Voraussetzungen und Ziele. Wird im **PKH-Verfahren** über einen gestellten Antrag nicht entschieden, ohne dass im weiteren Verfahren ein Antrag nach § 321 gestellt wird, fällt die Anhängigkeit nachträglich wieder weg, LAG Berlin-Brandenburg 7.6.2019 – 26 Ta (Kost) 6046/19, BeckRS 2019, 14671, so dass der Anspruch erneut geltend gemacht werden kann.

4 Bei mehr als einer bloßen Unvollständigkeit ist ein Rechtsmittel neben § 321 denkbar, BGH FAmRZ 2009, 1997. Wird ein **Rechtsmittel** eingelegt und entscheidet das erstinstanzliche Gericht nach § 321, obwohl die Voraussetzungen nicht vorliegen, so ist das Berufungsgericht nicht gehindert, die Sache vollständig zu überprüfen, auch wenn das Ergänzungsurteil nicht gesondert angefochten worden sein sollte. Das Berufungsgericht ist dann an das Ergänzungsurteil nicht gebunden, BGH NJW 2019, 1527; NJW 1980, 840.

5 Eine Korrektur mittels Berichtigung des Protokolls, in dem das Urteil verkündet worden ist, dürfte nicht in Betracht kommen, weil das Protokoll dasjenige (richtig) wiedergeben dürfte, was verkündet worden ist (MüKoZPO/Musielak Rn. 5).

6 Der Antrag nach § 321 kann auch für die Erschöpfung des Rechtsweges bei einer Verfassungsbeschwerde geboten sein (BVerfG, 16.11.2021, 1 BvR 1775/21).

7 **II. Regelungszweck, I–IV.** § 321 dient der Korrektur von Irrtümern, was sich auch aus der kurzen Frist des II rückschließen lässt, BVerfG NJW-RR 2000, 1664, zwecks Ergänzung eines lückenhaften Urteils. Ein Verstoß gegen § 318 ist nicht gegeben, da bisher eine Entscheidung insoweit gerade fehlt, BGH NJW 2014, 2440; BAG NZA 2009, 623; Mü NJW-RR 2003, 1440.

8 Die Vorschrift dient aber nicht der allgemeinen Richtigstellung einer falschen Entscheidung, BGH NJW 2006, 1352; BAG NZA 2012, 583; Saarbr NJW-RR 1999, 214. Hierfür sind die Rechtsmittel vorgesehen.

9 Durch § 321 soll insbesondere eine vollständig neue Klage verhindert werden, die sonst aufgrund des Übergehens erforderlich wäre und durch ein sonst zulässiges Rechtsmittel möglicherweise nicht korrigiert werden kann. Durch das „Übergehen" kann nämlich eine für ein Rechtsmittel erforderliche „Beschwer" fehlen, weil der Anspruch weder zugesprochen noch abgewiesen worden ist (vgl. BGH NJW 2019, 1527; NJW 2003, 1463).

10 **Zeitgemäß** ist die Regelung nach wie vor. Es ist sinnvoll, eine Korrekturmöglichkeit zu haben und so eine möglicherweise völlig neue Klage zu verhindern.

11 **III. Geltungsbereich, I–IV.** Die Vorschrift gilt grundsätzlich in allen Verfahrensarten nach der ZPO, also nicht nur für Urteile, sondern auch für Beschlüsse mit einer Sachentscheidung (BGH NJW-RR 2019, 509; ZIP 2014, 1442) einschließlich eines Prozesskostenhilfeverfahrens nach §§ 114 ff., LAG Berlin-Brandenburg 7.6.2019 – 26 Ta (Kost) 6046/19, BeckRS 2019, 14671; LAG Hmb JurBüro 2015, 592, oder eines Schiedsspruchs nach § 1058 I Nr. 3, auch bei einem Beschluss im selbständigen Beweisverfahren, OLG Nürnberg, JurBüro 2022, 25; OLG Köln JurBüro 2021, 367)) Vgl. besondere Verweisungen in §§ 302 II, 599 II, 716, 721 I.

12 Sie gilt auch im arbeitsgerichtlichen Verfahren (vgl. aber §§ 64 III a 2, 72 I 2, 61 I ArbGG), BAG NZA 2016, 1017, und im *WEG-Verfahren,* Zweibr OLGR 2000, 156, sowie im Rechtsmittelverfahren nach § 511, BGH FamRZ 2005, 881. § 321 gilt auch in einer FamFG-Sache (analog) §§ 43, 113, 121 FamFG, OLG Bamberg 8.10.2019 – 2 WF 184/19, BeckRS 2019, 40070; Stgt NZFam 2017, 362.

13 § 321 ist analog bei Beschlüssen nach § 91a anwendbar (vgl. MüKoZPO/Musielak Rn. 8).

IV. Voraussetzungen, I. 1. Tatbestand. Nach I 1 ist Maßstab der Entscheidung der ursprünglich festgestellte oder nachträglich berichtigte Tatbestand. Diese tatsächlichen Feststellungen – einschließlich und unter besonderer Berücksichtigung der gestellten Anträge (§ 313 I Nr. 5, II) stellen den Maßstab dafür dar, dass § 320 hat dabei den zeitlichen Vorrang, sofern eine Berichtigung/Korrektur des Tatbestandes erforderlich ist, BGH NJW 2002, 1116; BAG NZA 2008, 1029, soweit sich eine weitere Ergänzung erst aufgrund der Berichtigung des Tatbestandes ergibt. 14

2. Übergehung. Der **(prozessuale) Anspruch** oder Teile davon müssen in den Prozess eingeführt worden sein und auch Ausdruck eines bestimmten **Antrages** geworden sein. Hiervon sind alle Anträge und Hilfsanträge umfasst, einschließlich eines verdeckten Hilfsantrages (zum verdeckten Hilfsantrag siehe OLG Dresden ZIP 1995, 1278; Anders/Gehle Assessorexamen ZivilR Rn. K 16 ff.). 15

„Geltend gemacht" ist der Anspruch, sobald er rechtshängig **(§ 261 III Nr. 1)** geworden ist. Falls ein Antrag nach § 321 nicht gestellt wird, kann der übergangene Anspruch nicht anderweitig geltend gemacht werden, solange er noch rechtshängig ist, auch wenn über ihn nicht entschieden worden ist (vgl. BAG BetrAV 2016, 639). Ist die Rechtshängigkeit aber erloschen, ist auch eine neue Klage nach § 253 zulässig, KG Rpfleger 1980, 159; Mü AnwBl 1988, 249; AG Castrop-Rauxel ZMR 1993, 229. Hiervon sind alle **Ansprüche** in einem **Haupt-** oder **Nebenpunkt** oder den **Kostenpunkt** umfasst, über die ganz oder teilweise nach dem Tatbestand nach § 313 II, auch nach dem gemäß § 320 berichtigten **nicht beschieden** worden sind BGH NJW 2019, 1527; NJW 2015, 1311; NJW 2002, 1116; Düss BauR 2017, 1248; Schlesw MDR 2005, 350; Kblz JurBüro 2002, 437. Zielrichtung ist also das Schließen einer Lücke. Ist vom Gericht ursprüngliche **bewusst keine weitere Entscheidung** getroffen worden, kommt eine Ergänzung des Urteils nach § 321 nicht in Betracht (BGH NJW-RR 2022, 205; MDR 2006, 955). Eine fehlende Kostenentscheidung ist nur dann nach § 321 zu korrigieren, wenn sie zwingend zu treffen war; hiervon ausgenommen sind Entscheidungen, die in das Ermessen des Gerichts fallen, wie zB Verteilung der Kosten nach § 100 II (MüKoZPO/Musielak Rn. 8). 16

Entsprechend anwendbar ist § 321 wenn das Gericht versehentlich nicht über die **Rechtsmittelzulassung** entschieden hat. Dies ist jedoch dann nicht der Fall, wenn das Gericht, wenn das Gericht positiv über die Rechtsmittelzulassung entschieden hat, dies nur versehentlich nicht tenoriert hat. Dann liegt ein Fall von § 319 vor. Ebenfalls liegen die Voraussetzungen von § 321 nicht vor, wenn das Gericht die Voraussetzungen für die Zulassung des Rechtsmittels rechtsfehlerhaft bewertet hat, weil es sich insoweit um eine „fehlerhafte" aber nicht um eine „Nichtentscheidung" handelt, die über § 321 nicht korrigiert werden kann. 17

Zwar wird mittels § 321 auch die Richtigstellung des Urteils mittelbar bewirkt (Thomas/Putzo/Seiler Rn. 1). Die **„allgemeine Richtigstellung"** anderer Fehler rechtfertigt eine Ergänzung des Urteils nach § 321 jedoch nicht. Werden nämlich tatsächliche oder rechtliche Ausführungen, die angeführt worden sind, um den beschiedenen Antrag zu begründen oder sich hiergegen zu verteidigen, vom Gericht übergangen, ist der Anwendungsbereich von § 321 nicht gegeben. Dann kommt ggf. § 321a in Betracht bzw. die allgemeine Überprüfung durch ein sonst zulässiges Rechtsmittel (BGH NJW 2019, 1527). 18

Ist der Gesichtspunkt weder im Tenor nach § 313 I Nr. 4 noch in den sonstigen Teilen der Entscheidung erörtert worden, ist ein Übergehen naheliegend, sofern sich aus den im Übrigen auslegbaren Umständen nicht ergibt, dass Gericht den fraglichen Aspekt berücksichtigt hat (siehe insoweit: BAG NJW 2018, 2431; Stgt NZFam 2017, 362; Zweibr FamRZ 1980, 1144; BayObLG WuM 1997, 399. 19

„Übergangen" heißt: **versehentlich** nicht beachtet, BGH MDR 1996, 1061; Ffm GRUR-RR 2012, 88; Schlesw MDR 2005, 350. „Übergangen" heißt etwas anderes als: rechtsirrtümlich, aber bewusst etwa wegen § 301 (noch) nicht beschieden, BGHZ 182, 179; BVerwG NVwZ-RR 2010, 817; Ffm GRUR-RR 2012, 88. Wird über einen Anspruch bewusst nicht beschieden, kommt nur das jeweils statthafte Rechtsmittel in Betracht (BGH NJW 2019, 1950; MüKoZPO/Musielak Rn. 6). 20

Soweit der Gesichtspunkt übergangen worden ist und über einen Teil keine Entscheidung getroffen worden ist, kann man **keine Ergänzung mit Rechtsmitteln** betreiben, Zweibr FamRZ 1994, 972. Soweit eine Entscheidung fehlt, fehlt eine Anfechtbarkeit. Daher lässt sich der übergangene Anspruch in der **Berufungsinstanz** nach §§ 264 Nr. 2, 525, 533 nur als ein **„neuer" Anspruch oder evtl. als eine Klagerweiterung** geltend machen, BGH NJW 2015, 1826, in der Revisionsinstanz allerdings gar nicht. Wenn ein Antrag des Bekl. die Neufassung seiner Verurteilung bezweckt, kann die etwa zulässige Berichtigung mit dem Rechtsmittel zusammentreffen. Denn die Entscheidung ist im Grund nicht unvollständig, sondern falsch. Das gilt dann, wenn beim Urteil nach § 302 der Vorbehalt fehlt, wenn die Entscheidung über die Kosten nach §§ 91 ff. fehlt, oder eine solche über die vorläufige Vollstreckbarkeit nach §§ 708 ff., nicht nur wegen versehentlichen Übergehens. 21

3. Beispiele zur Frage einer Anwendbarkeit, I

Angriffs- und Verteidigungsmittel: Unanwendbar ist § 321 beim Übergehen nur einzelner Angriffs- oder Verteidigungsmittel, BGH NJW-RR 1996, 379; Ffm NJW-RR 1989, 640 (Aufrechnung); Stein/Jonas/Althammer Rn. 4; aM AG Paderb MDR 2000, 1272 (zust. Schneider MDR 2000, 1453). 22

Antrag: Unanwendbar ist § 321, soweit ein Antrag fehlte.

Arrest: Anwendbar ist § 321 beim Übergehen der Bestimmung einer Lösungssumme nach § 923.

Aufrechnung: Unanwendbar sein kann § 321 bei ihrer Übergehung, BGH NJW-RR 1996, 379; aM AG Paderb MDR 2000, 1272.

Ausdrückliche Ablehnung: Unanwendbar ist § 321 dann, wenn das Gericht eine Entscheidung in den Gründen nach § 313 III **ausdrücklich** abgelehnt hat, wenn es zB die Kostenentscheidung dem Schlussurteil vorbehalten hat, oder bei Annahme von § 91a statt § 91, BGH NJW 2002, 1501.

Entscheidungsteil: Unanwendbar ist § 321 dann, wenn das Gericht einen Anspruch nach § 313 I Nr. 4, III nur in den Gründen und nicht in der Entscheidungsformel übergangen hat, oder umgekehrt, BGH VersR 1982, 70; Hamm NJW-RR 1986, 1444; AG Mü ZMR 1988, 434; aM Lindacher ZZP 88, 73 (aber I spricht von „der" Endentscheidung, also von dem ganzen Urteil oder Beschluss).

Erfüllung: Unanwendbar sein kann § 321 bei ihrer Übergehung.

Erkennbare bewusste Nichtbescheidung: Unanwendbar ist § 321 dann, BGH FGPrax 2014, 137 (zum FamFG), zumal § 321 nicht dazu dient, eine vermeintlich falsche Entscheidung zu korrigieren.

Hilfsanspruch: Anwendbar ist § 321 beim Übergehen eines Hilfsanspruchs nach → § 260 Rn. 9, 11 dann, wenn seine Prüfung wirklich notwendig war, BAG NZA 2008, 1029.

Inhaltliche Unrichtigkeit: Unanwendbar ist § 321 bei einer inhaltlich unrichtigen Entscheidung, BGH NJW 2002, 1501 (irrige Annahme übereinstimmender Erledigungserklärungen); Stackmann NJW 2005, 1538.
Klageschrift ohne Kostenantrag: Anwendbar ist § 321 auf ein sog. gestempeltes Versäumnis- oder Anerkenntnisurteil nach § 313b II mit dessen Bezugnahme auf eine Klageschrift ohne einen Kostenantrag, Stürner ZZP 91, 359.
Kostenentscheidung: Anwendbar ist § 321 dann, wenn das Gericht die Kostenentscheidung nach §§ 91 ff. vergessen hat, BGH MDR 2013, 807; Karlsr NJW 2014, 2053; Mü MDR 2016, 117, oder bei § 281 III 2, Hamm NJW-RR 2000, 1524; Stgt Just 1984, 19. Auch „Ausdrückliche Ablehnung".
Lösungssumme: „Arrest".
Nachholung: Das höhere Gericht darf eine Kostenentscheidung für die untere Instanz nach §§ 91 ff. wegen § 308 II nachholen.
Nebenentscheidung: Anwendbar ist § 321 bei jeder Nebenentscheidung.
Nebenintervention: Eine versehentlich unterbliebene **Entscheidung über Kosten** der Nebenintervention kann nicht nach § 319, sondern nur durch Urteilsergänzung nach § 321 nachgeholt werden, BGH, 27.10.2020, II ZB 31/19.
Nichterfüllung: Anwendbar ist § 321 beim Übergehen der Frist nach § 255.
Prozesskostenhilfe: Anwendbar ist § 321 bei der Übergehung eines Antrags, LAG Berlin-Brandenburg 7.6.2019 – 26 Ta (Kost) 6046/19; LAG Hmb JurBüro 2015, 592 (dort freilich Verkennung der Voraussetzungen).
Räumungsfrist: Anwendbar ist § 321 bei einer Übergehung eines Antrags zB nach § 721, BGH NJW 1984, 1240.
Rechtsbeschwerde: Unanwendbar ist § 321 dann, wenn eine Zulassung der Rechtsbeschwerde nach § 574 I Nr. 2 fehlt, BGH FamRZ 2004, 530 und 531; Kblz JurBüro 2002, 437. Das ist zwar streng. Aber I spricht vom Haupt- oder Hilfs-„Anspruch". Das ist mehr als ein bloßes Angriffs- oder Verteidigungsmittel. Im Übrigen dürfte meist § 321a helfen.
Rechtsfrage: Meist **unanwendbar** ist § 321 bei ihrem Übergehen.
Rechtsmittelzulassung: Anwendbar sein kann nach → Rn. 32 § 321 bei ihrer glatten Übergehung, krit. BGH MDR 2005, 104.
Revision: Unanwendbar ist § 321 dann, wenn eine Revision nach § 543 I Nr. 2 fehlt, BGH NJW 2004, 779.
Sofortige Wirksamkeit: Anwendbar ist § 321 bei ihrem Vergessen, Brdb FamRZ 2016, 162.
Streitgenosse, Streithelfer: Anwendbar ist § 321 beim Übergehen des Kostenpunkts eines solchen Beteiligten nach §§ 59 ff., 66 ff., BGH MDR 2016, 607; MDR 2013, 807; OLG Hamm 10.10.2019 – 24 U 6/18, Kblz FamRZ 2010, 1364; Mü NJW-RR 2003, 1440.
Versäumnis- und Auslandsurteil: Anwendbar ist § 321 bei § 313a V, Celle OLGR 2007, 702.
Verweisung: Anwendbar ist § 321 beim Übergehen des § 281 III 2.
Vorbehalt beschränkter Erbenhaftung: Unanwendbar ist § 321 dann, wenn das Gericht den Dürftigkeitseinwand nach § 780 I nicht beschieden hat, Schlesw MDR 2005, 350.
Vorläufige Vollstreckbarkeit: Anwendbar ist § 321 beim Übergehen eines Ausspruchs zur vorläufigen Vollstreckbarkeit nach → § 716 Rn. 1, nach → Vor § 708 Rn. 6 auch einer Entscheidung nach §§ 708, 711.
Widerklage: Anwendbar ist § 321 bei einem Widerklageantrag nach Anh. § 253.

23 **V. Verfahren, II–IV. 1. Antragszwang; Frist, II.** Nötig ist ein **Antrag** auf eine bestimmte Ergänzung, BGH NJW 2014, 2275. Eine Ergänzung **von Amts wegen** ist also **unstatthaft.** Man kann den Antrag nach § 496 beim bisherigen Gericht stellen, bei AG auch zum Protokoll der Geschäftsstelle, nach § 129a I auch jedes anderen AG. Er ist im Übrigen schriftlich erforderlich. Bei elektronischer Einreichung gelten §§ 130a–d. Ihn kann nicht nur diejenige Partei stellen, deren Anspruch das Gericht übergangen hat. Ein Anwaltszwang besteht wie sonst nach § 78, also nach § 78 III Hs. 2 nicht beim AG. Ein Kostenfestsetzungsantrag ist nicht umdeutbar, Kblz NJW-RR 1992, 892; Rostock OLGR 2008, 485; Stgt MDR 1999, 116; aM AG Hmb-Blankenese MDR 2007, 856; Jungemeyer/Teichmann MDR 2011, 1022 (nur bedingt; systemwidrig). Das Verfahren verläuft im Einzelnen wie bei → § 320 Rn. 14.

24 Die **Antragsfrist** beträgt 2 Wochen seit der korrekten **Zustellung** des vollständigen Urteils an den hier in Betracht kommenden Beteiligten nach §§ 166 ff., 317, BGH NJW-RR 2005, 295; BAG NZA 2011, 1154; KG JurBüro 2015, 144. Der Antrag ist schon vor dem Fristbeginn statthaft. Nach dem Fristablauf ist eine Ergänzung nach § 321 nicht mehr statthaft, BGH NJW 2014, 2275; BAG NJW 2018, 2431; Jungemeyer/Teichmann MDR 2011, 1022. Dann ist auch ein Rechtsmittel insofern nicht (mehr) statthaft, BAG NZA 2011, 1154. ggf. ist eine Antragserweiterung evtl. dann noch im Rechtsbeschwerdeverfahren statthaft, BAG NZA-RR 2017, 136. Ging der Ergänzung eine **Tatbestandberichtigung** (§ 320) voraus, so beginnt die Frist erst mit der Zustellung des Berichtigungsbeschlusses (vgl. MüKoZPO/Musielak Rn. 11). Sofern ein Beschluss nach § 329 **nicht förmlich zugestellt** werden muss, beginnt die Frist mit der formlosen Mitteilung. Die Ergänzungsbedürftigkeit muss für die Partei jedoch erkennbar sein, was im Regelfall eine schriftliche Bekanntgabe voraussetzt (BGH WM 2019, 510).

2. Beispiele zur Frage der Frist, II

25 **Abkürzung:** Die Frist lässt sich nur durch eine Parteivereinbarung nach § 224 I 1 abkürzen.
Von Amts wegen: Das Gericht muss den Fristlauf von Amts wegen prüfen.
Einstellung der Zwangsvollstreckung: Ein Antrag nach §§ 707, 719 ist nach § 707 zulässig.
Neuer Prozess: Er wird mit dem Fristablauf wegen des Erlöschens der bisherigen Rechtshängigkeit statthaft, „Rechtshängigkeit", Hamm Rpfleger 1980, 482; KG Rpfleger 1980, 159, mit Ausnahme der Kosten.
Rechtshängigkeit: Die Rechtshängigkeit erlischt mit dem Fristablauf wegen des vom Gericht übergangenen Anspruchs, BGH FamRZ 2005, 881; BAG NZA 2009, 623.
Rechtsmittelinstanz: In ihr kann man den mit dem Fristablauf aus der Rechtshängigkeit nach § 261 entfallenen Anspruch nur durch eine Klagerweiterung nach §§ 263, 264 wiedereinführen, falls der Rechtsstreit wegen anderer Teile noch dort anhängig ist, BGH FamRZ 2005, 881, großzügiger Schlesw OLGR 2004, 534. Über diese Erweiterung muss das Rechtsmittelgericht ggf. **Berufung** unter den Voraussetzungen einer Klageänderung/Klageerweiterung nach § 533 mitentscheiden. Bezüglich der Berufungsfrist ist § 518 zu beachten.

Streithelfer: Hat das Gericht die Kostenentscheidung nach § 101 I übergangen, beginnt die Frist für den Streithelfer nach §§ 66 ff. wegen der Ergänzung in diesem Punkt jedenfalls bei einem noch nicht nach § 705 formell rechtskräftigen Urteil erst mit seiner Zustellung nach §§ 166 ff., 317 an ihn, BGH NJW-RR 2005, 295.

Tatbestandsberichtigung: Ein Antrag nach § 320 verlängert die Frist ähnlich wie eine Berichtigung nach, wenn die Tatbestandsberichtigung maßgeblich für den Ergänzungsantrag ist, vgl. BGH NJW 1982, 1822.

Vor Urteilszustellung: Die Frist beginnt dann noch nicht.

Verlängerung: Die Frist lässt sich nach § 224 II nicht verlängern.

Wiedereinsetzung: Sie ist nach → § 233 Rn. 12 unzulässig. Denn es handelt sich nicht um eine Notfrist nach § 224 I 2, BGH NJW 1980, 786; Jungemeyer/Teichmann MDR 2011, 1019; aM LG Brschw Nds. Rpfl. 2004, 46; Zöller/Vollkommer Rn. 6 (aber der Wortlaut ist eindeutig.

Zuständigkeit: Zur Entscheidung zuständig ist dasjenige Gericht, das das Urteil erlassen hat.

3. Weiteres Verfahren, III, IV. Das Gericht stellt den Ergänzungsantrag nach III 2 von Amts wegen zu. Es braucht eine **mündliche Verhandlung,** nur soweit ein **Hauptanspruch** betroffen ist, nur noch auf Antrag einer Partei anberaumt zu werden. Im Übrigen entscheidet das Gericht, ob es mündlich verhandelt, nach pflichtgemäßem Ermessen. Diese Regelung korrespondiert mit § 128 III, wonach über Kosten oder Nebenforderungen auch ohne mündliche Verhandlung entschieden werden kann. Durch diese Gesetzesänderung soll die Effizienz des Verfahrens weiter erhöht werden (BR-Drs. 366/19, 16). Entscheidet das Gericht ohne mündliche Verhandlung ist entsprechend § 128 II 2 eine dem Schluss der mündlichen Verhandlung entsprechender Schriftsatzfrist zu bestimmen. 26

Die Entscheidung ergeht durch ein Ergänzungsurteil, BGH WM 1982, 491; LG Bielef MDR 1987, 941. Das gilt auch bei einer Zurückweisung aus prozessualen Gründen. 27

Die **Verhandlung** findet nach **IV** nur über die beantragte Ergänzung statt. Das Gericht muss die Zulässigkeit des Antrags von Amts wegen prüfen. Da eine neue Verhandlung über den Ergänzungsanspruch notwendig ist, dürfen anders als bei § 309 andere Richter als beim ersten Urteil mitwirken. Die frühere eigentliche Entscheidung muss unberührt bleiben. Einen Ergänzungsanspruch des Bekl. kann der Kläger nach § 307 anerkennen. Das Anerkenntnis- oder Versäumnisverfahren verläuft wie sonst nach §§ 307, 330 ff. Eine Entscheidung ist auch noch nach dem Eintritt der formellen Rechtskraft der übrigen Entscheidung nach § 705 statthaft, Köln MDR 1992, 301. Der Vorsitzende darf nicht allein ein Kollegialurteil ergänzen, Hamm NJW-RR 2012, 33. 28

Kosten: Das alte Urteil trifft streng genommen eine Kostenentscheidung nur in seinem Entscheidungsbereich. Bei einer Ergänzung ohne eine eigene Kostenentscheidung kann man aber annehmen, dass das Gericht die Ergänzung in das alte Kostenurteil einschließt. Dasselbe gilt zur vorläufigen Vollstreckbarkeit nach §§ 708 ff. 29

Gebühren: des Gerichts: keine; des Anwalts: gehört zum Rechtszug, § 19 I 2 Nr. 6 RVG.

VI. Rechtsmittel, I–IV. Rechtsbehelfsbelehrung, Verstoß: §§ 232, 233 S. 2. Das Ergänzungsurteil ist selbständig nach §§ 511 ff. anfechtbar,sofern die dafür erforderlichen Voraussetzungen vorliegen, BGH NJW 2000, 3008, Mü FGPrax 2008, 45. Es wirkt wie einselbständiges Teilurteil, ohne entsprechend bezeichnet zu werden, da es nicht den Voraussetzungen des § 301 unterliegt Prütting/Gehrlein/Thole Rn. 9. Man muss es auch für die Rechtsmittelzulassung nach §§ 511 II Nr. 2, 543 I Nr. 2 und für die sofortige Beschwerde nach § 567 sowie für die Rechtsmittelform und -frist als selbständig behandeln, BGH NJW 2000, 3008; LG Bielef MDR 1987, 941. Das Ergänzungsurteil lässt sich nach §§ 319–321 behandeln. Das Rechtsmittel gegen das Haupturteil erfasst ohne weiteres den Kostenausspruch nach §§ 91 ff. und die Entscheidung zur vorläufigen Vollstreckbarkeit des Ergänzungsurteils nach §§ 708 ff., BGH NJW 2007, 3421. Das lässt sich aber nicht auf andere Nebenleistungen übertragen, zB nicht auf die Zinsen. Eine Verfassungsbeschwerde setzt die Erschöpfung des Rechtsmittelzugs voraus, BVerfG NJW-RR 2000, 1664. 30

Wenn das Urteil in Wahrheit nur eine **Berichtigung** nach § 319 vornimmt, muss man es auch wie eine bloße Berichtigung behandeln. Hat das Gericht fälschlich durch einen Beschluss nach § 329 entschieden, ist nach dem Meistbegünstigungsgrundsatz zwar die sofortige Beschwerde nach § 567 I grundsätzlich statthaft, BGH WM 1982, 491; Ffm OLGZ 1990, 76; Zweibr FamRZ 1997, 1164. Sie ist jedoch beim Nichterreichen der Berufungssumme nach § 511 II Nr. 1 unzulässig, LG Bielef MDR 1987, 941, ebenso bei einer Ergänzung nach § 522 II, BGH NJW-RR 2009, 209. Eine Rechtsbeschwerde kommt nur unter den Voraussetzungen des § 574 in Betracht, BGH FamRZ 2009, 38 (dort verneint). 31

VII. Beispiele zur Frage einer entsprechenden Anwendbarkeit, I–IV

Abwendung der Zwangsvollstreckung: → „Vorläufige Vollstreckbarkeit". 32

Arrest: § 321 ist entsprechend anwendbar, soweit das Gericht den Abwendungsbetrag nach § 923 oder eine Klaganordnung nach § 926 I übergeht.

Bekanntmachungspflicht: § 321 ist entsprechend anwendbar, soweit das Gericht einen Ausspruch zur Bekanntmachungs-, Beseitigungs- und Vernichtungspflicht übergeht, zB nach dem UWG oder nach dem MarkenG.

Beschlussverfahren: Es kommt eine entsprechende Anwendung bei sachentscheidenden Beschlüssen in Betracht, wie zB § 522, auch bei § 91a.

Beschränkte Haftung: → „Vorbehalt beschränkter Haftung".

Beseitigungspflicht: „Bekanntmachungspflicht".

Dürftigkeitseinwand: § 321 kann bei § 780 entsprechend anwendbar sein, Schlesw MDR 2005, 350.

Frist: § 321 ist entsprechend anwendbar, soweit das Gericht eine nach § 255 erforderliche Fristsetzung übergeht.

Nachverfahren: → „Vorverfahren".

Räumungsfrist: § 321 ist entsprechend anwendbar, soweit das Gericht einen Ausspruch zur Räumungsfrist nach § 721 übergeht.

Rechtsbeschwerde: § 321 ist **nicht** entsprechend anwendbar, soweit keine ausdrückliche Zulassung erfolgt ist, Kblz JurBüro 2002, 438 (streng).

Revision: § 321 ist entsprechend anwendbar, soweit das Gericht einen Ausspruch zur Zulassung der Revision nach § 543 I Nr. 2 glatt übergeht, BGH NJW 1980, 344; BAG BB 1981, 616; Stein/Jonas/Althammer Rn. 11; aM BGH MDR 1985, 43; Düss MDR 1981, 235; LG Mainz NJW-RR 2002, 1654.

Sicherheitsleistung: → „Vorläufige Vollstreckbarkeit".

Teilurteil: § 321 ist entsprechend anwendbar, soweit das Gericht im Teilurteil nach § 301 eine Kostenentscheidung nach §§ 91 ff. unterlässt und soweit sich dann der Rest erledigt.

Vernichtungspflicht: → „Bekanntmachungspflicht".

Vorbehalt beschränkter Haftung: § 321 ist entsprechend anwendbar, soweit das Gericht einen Vorbehalt beschränkter Haftung nach §§ 305, 780, 786 übergeht, BGH MDR 1996, 1062.

Vorläufige Vollstreckbarkeit: § 321 ist entsprechend anwendbar, soweit das Gericht den Ausspruch zur vorläufigen Vollstreckbarkeit nach §§ 711, 712, 716 übergeht, BGH NJW 1984, 1240.

Vorverfahren: § 321 ist entsprechend anwendbar, soweit das Gericht einen erforderlichen Vorbehalt im Vorverfahren für das Nachverfahren nach §§ 302 II, 599 II übergeht, Hamm BB 1992, 236.

Zug-um-Zug: § 321 ist entsprechend anwendbar, soweit das Gericht den erforderlichen Zusatz „Zug um Zug" bei einer Verurteilung unterlässt, Stein/Jonas/Althammer Rn. 9, 10, Thomas/Putzo/Reichold Rn. 7; Zöller/Vollkommer Rn. 3; aM BGH 154, 3 (aber es gilt dasselbe wie beim Zurückbehaltungsrecht).

Zurückbehaltungsrecht: § 321 ist entsprechend anwendbar, soweit das Gericht ein Zurückbehaltungsrecht nach § 273 BGB übersehen hat, aM BGH 154, 3 (aber die Prozesswirtschaftlichkeit erlaubt eine nicht zu enge Auslegung der Begriffe Haupt- oder Nebenanspruch).

321a *Abhilfe bei Verletzung des Anspruchs auf rechtliches Gehör.*

I ¹**Auf die Rüge der durch die Entscheidung beschwerten Partei ist das Verfahren fortzuführen, wenn**

1. **ein Rechtsmittel oder ein anderer Rechtsbehelf gegen die Entscheidung nicht gegeben ist und**
2. **das Gericht den Anspruch dieser Partei auf rechtliches Gehör in entscheidungserheblicher Weise verletzt hat.**

²**Gegen eine der Endentscheidung vorausgehende Entscheidung findet die Rüge nicht statt.**

II ¹**Die Rüge ist innerhalb einer Notfrist von zwei Wochen nach Kenntnis von der Verletzung des rechtlichen Gehörs zu erheben; der Zeitpunkt der Kenntniserlangung ist glaubhaft zu machen.** ²**Nach Ablauf eines Jahres seit Bekanntgabe der angegriffenen Entscheidung kann die Rüge nicht mehr erhoben werden.** ³**Formlos mitgeteilte Entscheidungen gelten mit dem dritten Tage nach Aufgabe zur Post als bekannt gegeben.** ⁴**Die Rüge ist schriftlich bei dem Gericht zu erheben, dessen Entscheidung angegriffen wird.** ⁵**Die Rüge muss die angegriffene Entscheidung bezeichnen und das Vorliegen der in Absatz 1 Satz 1 Nr. 2 genannten Voraussetzungen darlegen.**

III **Dem Gegner ist, soweit erforderlich, Gelegenheit zur Stellungnahme zu geben.**

IV ¹**Das Gericht hat von Amts wegen zu prüfen, ob die Rüge an sich statthaft und ob sie in der gesetzlichen Form und Frist erhoben ist.** ²**Mangelt es an einem dieser Erfordernisse, so ist die Rüge als unzulässig zu verwerfen.** ³**Ist die Rüge unbegründet, weist das Gericht sie zurück.** ⁴**Die Entscheidung ergeht durch unanfechtbaren Beschluss.** ⁵**Der Beschluss soll kurz begründet werden.**

V ¹**Ist die Rüge begründet, so hilft ihr das Gericht ab, indem es das Verfahren fortführt, soweit dies auf Grund der Rüge geboten ist.** ²**Das Verfahren wird in die Lage zurückversetzt, in der es sich vor dem Schluss der mündlichen Verhandlung befand.** ³**§ 343 gilt entsprechend.** ⁴**In schriftlichen Verfahren tritt an die Stelle des Schlusses der mündlichen Verhandlung der Zeitpunkt, bis zu dem Schriftsätze eingereicht werden können.**

Übersicht

I. Systematik, I–V. Die Vorschrift ist kein Rechtsmittel, BGH NJW-RR 2012, 978. Sie ist eine notwendige Ergänzung zu §§ 156, 318–321, 329. Denn sie regelt eine dort nicht eindeutig oder gar nicht erfasste Situation und dient der Möglichkeit zur Selbstkorrektur des erkennenden Gerichts. § 321a gilt neben §§ 319–321, 329 nur, soweit diese letzteren Bestimmungen nicht ausreichen. Daher muss man zunächst stets prüfen, ob §§ 319–321, 329 anwendbar sind. Nur bei deren Unanwendbarkeit entsteht ein Rechtsschutzbedürfnis zum Verfahren nach § 321a, Celle MDR 2003, 593. Dann aber treten sogar §§ 322, 323 zurück, Kblz Rpfleger 2006, 136, ebenso wie zB eine „außerordentliche Beschwerde" oder eine Gegenvorstellung. 1

Eine entsprechende Anwendbarkeit kommt bei **Art. 101 I 2 GG** in Betracht, BGH WM 2007, 2035; NJW 2006, 1978. 2

II. Regelungszweck, I–V. Die Vorschrift bezweckt insbesondere die Heilung eines Verstoßes gegen Art. 103 I GG und in entsprechender Anwendung auch als gleichwertiges und entsprechend gewichtiges Verfahrensgrundrecht **Art. 101 I GG** (vgl. BVerfG 18.2.2020 – 1 BvR 1750/19, BeckRS 2020, 4580; BVerfG NJW-RR 2008, 75; BGH WM 2007, 2035; NJW 2006, 1978). Sie dient der **Selbstkorrektur** des bisherigen Gerichts hat damit eine Überdenkungsfunktion, krit. Kroppenberg ZZP 116, 437; Rensen JZ 2005, 197. Sie dient aber auch der Entlastung des BVerfG, BGH NJW 2012, 3088; Oldb NJW 2003, 149. Deshalb ist eine Verfassungsbeschwerde erst nach dem Abschluss eines Verfahrens nach § 321a zulässig, BVerfG FamRZ 2015, 734. Das BVerfG soll sich nicht mit einem solchen Verstoß gegen Art. 103 I GG befassen müssen, den das Verfahrensgericht aus einer Gleichgültigkeit oder Gedankenlosigkeit oder sogar ohne jede Vorwerfbarkeit begangen hatte und den es bei einer nochmaligen Prüfung voraussichtlich selbst beheben kann, BVerfG NJW 2007, 2241 und 2243. Das rechtfertigt die Durchbrechung der Bindung an die eigene Entscheidung nach §§ 318, 329 und sogar der inneren Rechtskraft nach § 322. Es erübrigt auch ein ohnehin meist erst unter anderen Umständen mögliches Abänderungsverfahren nach §§ 323, 323a oder eine jetzt unstatthafte weitere Beschwerde, KG MDR 2002, 1086. 3

Materielle Gerechtigkeit ist also das Hauptziel. Daneben dient § 321a aber eben auch der Verfahrensökonomie. Das gilt zwar nicht zugunsten des Verfahrensgerichts, wohl aber zugunsten des überlasteten BVerfG. Deshalb muss man die Vorschrift im Zweifel nach zulasten des Verfahrensgerichts auslegen. Dies darf jedoch nicht zu einer zu großzügigen Auslegung führen, siehe auch Jena MDR 2011, 1377. Die Auslegung darf nicht zur Folge habe, einer unterlegenen Partei einen einfachen Vorwand zu geben, statt eines Rechtsmittelrisikos bequem einen Gehörsverstoß zu behaupten und damit einfach eine Wiedereröffnung der Verhandlung an § 156 vorbei zu erreichen, um dann ergänzend dasjenige vortragen und beweisen zu können, das sie längst hätte tun können und müssen. Auch diese Gefahr muss man bei der Auslegung mitbeachten. 4

Rechtssicherheit ist ein weiteres Ziel. Denn eine rechtzeitige Rüge nach § 321a hemmt den Eintritt der formellen Rechtskraft nach § 705 und damit auch der inneren nach § 322. 5

Zeitgemäß ist die Vorschrift aufgrund der Möglichkeit der Selbstkorrektur ebenfalls. 6

III. Geltungsbereich, I–V. Die Vorschrift ist in allen Verfahren nach der ZPO uneingeschränkt anwendbar, und zwar unabhängig davon, ob sie im **Hauptverfahren** oder in **Nebenverfahren** ergangen sind, also Urteile und Beschlüsse (vgl. Prütting/Gehrlein/Thole Rn. 2), auch im **Prozesskostenhilfeverfahren** nach §§ 114 ff., Naumb FamRZ 2007, 917, auch im **Wiedereinsetzungsverfahren** nach einer Gewährung nach § 238, BGH FamRZ 2009, 685; Düss BauR 2015, 1719, im **Urkunden-, Scheck- und Wechselprozess** der §§ 592 ff. (Vor- wie Nachverfahren) und im **einstweiligen Rechtsschutz,** wie bei einem Arrest nach §§ 920 ff. oder auf eine einstweilige Verfügung nach §§ 935 ff., sowie im WEG-Verfahren. 7

I gilt **eigentlich nur in der ersten Instanz.** Das folgt aus der systematischen Stellung im Buch 2 „Verfahren im ersten Rechtszug". Allerdings ist zu berücksichtigen, dass der Justizgewährungsanspruch Rechtsschutz gegen die Verletzung des Anspruchs auf rechtliches Gehör in **jeder gerichtlichen Instanz** sichert, BVerfG NJW 2003, 1924. Der Gesetzgeber hat daraufhin § 321a durch Gesetz v. 9.12.2004 (BGBl. I 3220) mWv 1.1.2005 geändert und die Worte „vor dem Gericht des ersten Rechtszuges" gestrichen. Aus der historischen Auslegung ergibt sich damit, dass der Anwendungsbereich Entscheidungen in jeder Instanz umfasst, zumal diese weite Auslegung verfassungsrechtlich geboten ist, damit also auch zB hinsichtlich einer Nichtzulassungsbeschwerde nach § 544 VI (vgl. MüKoZPO/Musielak Rn. 3). 8

In **anderen Gerichtsverfahren** gelten entsprechende Vorschriften, §§ 72a, 78a ArbGG, BVerfG NZA 2008, 1201; BAG NZA 2017, 139; ArbG Oldb NZA 2010, 527, § 83a EnWG, §§ 44, 113, 112, 121 FamFG, § 61 FamGKG, § 133a FGO, BFH NVwZ-RR 2009, 703; FG Kassel NVwZ-RR 2006, 80, § 81 II GBO, § 69a GKG, § 131 GNotKG, § 5 II 2 GvKostG, § 71a GWB, § 55 IV JGG, § 4a JVEG, § 83 III MarkenG, BPatG GRUR 2007, 156 (Vorrang), § 89a MarkenG, § 12a RVG, § 89 II SchiffsRegO, § 178a SGG, §§ 33a, 356a StPO, § 152a VwGO, § 121a WDiszplO. 9

IV. Ausschluss von §§ 319–321, 329, I–V. Vor einer Prüfung der Voraussetzungen nach I muss man nach → Rn. 1 als Gericht wie Partei oder als ProzBevtl. klären, ob das Rechtsschutzbedürfnis für ein Verfahren nach § 321a schon deshalb fehlt, weil einer der Wege einer Berichtigung oder Ergänzung des Urteils nach §§ 319–321 infrage kommt. 10

1. Keine Berichtigung nach §§ 319, 329. Das Gericht muss zunächst schon von Amts wegen prüfen, ob eine Berichtigung wegen einer offenbaren Unrichtigkeit im Hinblick auf die hier natürlich allein interessierende Frage einer entscheidungserheblichen Gehörsverletzung möglich und daher notwendig ist. Das kann zB dann so sein, wenn das Gericht das rechtliche Gehör nach Art. 103 I GG zumindest nach seiner wahren Ansicht erteilt und nur vergessen hatte, das Ergebnis dieser Erteilung in der Entscheidung zum Ausdruck zu bringen. Denn dann kann schon infolge einer Berichtigung im einfacheren und schnelleren Verfahren nach §§ 319, 329, § 42 FamFG eine Rüge nach § 321a unnötig werden, das Rechtschutzbedürfnis beseitigen und eine verständige Partei bereits deshalb von ihr absehen, großzügiger BVerfG NJW 2004, 3552, Köln FamRZ 2005, 2075. Die Berichtigung mag im Tenor, im Tatbestand oder in den Entscheidungsgründen nach § 313 III oder in Protokollgründen nach §§ 313a I 2, 540 I 2 notwendig sein. 11

2. Keine Tatbestandsberichtigung nach §§ 320, 329 ZPO. Sodann muss man bei einem Urteil prüfen, ob wenigstens eine Berichtigung des etwaigen Tatbestands nach §§ 320, 329 wiederum im Hinblick auf eine entscheidungserhebliche Gehörsverletzung nach Art. 103 I GG infrage kommt. Das kann nicht nur diejenige 12

Partei prüfen, die ja einen nach § 320 I, III notwendigen Antrag stellen müsste. Vielmehr darf und muss auch das Gericht eine solche Prüfung zwecks Anregung eines etwaigen Parteiantrags vornehmen. Zwar bezieht sich die Erörterungs- und Hinweispflicht des § 139 auf den Verfahrensabschnitt „mündliche Verhandlung". Diese ist ja spätestens mit der Maßnahme nach §§ 136 IV, 296a S. 1 jedenfalls zunächst beendet gewesen. Indessen zielt § 321a V gerade auf die „Fortführung des Verfahrens" ab, also jedenfalls beim Verfahren mit einer möglichen oder notwendigen mündlichen Verhandlung nach § 128 I auf den Wiedereintritt in sie. Im Übrigen gilt die Fürsorgepflicht des Gerichts in allen Verfahrensabschnitten.

13 Mit § 320 **erzielt man** zwar nur vordergründig eine Verbesserung des Tatbestands, nicht der Entscheidungsgründe. Sie mag aber auch und gerade in der Frage der Erteilung oder Verletzung des rechtlichen Gehörs Auswirkungen bis hin zur Anfechtbarkeit des Urteils und damit zum Entfallen des Verfahrens nach § 321a mit sich bringen, wenn auch sicher nur selten. Im Übrigen kann ein Verfahren nach § 320 ein solches nach § 321 zur Folge haben, das ebenfalls den Vorrang vor demjenigen nach § 321a hätte.

14 **3. Keine Ergänzung der Entscheidung nach §§ 321, 329.** Schließlich muss man klären, ob eine Ergänzung der Entscheidung nach §§ 321, 329 infrage kommt. Auch diese Prüfung ist eine Aufgabe nicht nur der Partei, sondern trotz des Erfordernisses ihres Antrags auch des Gerichts wegen seiner in → Rn. 12 dargelegten hier ebenso bestehenden Fürsorgepflicht. Auch bei § 321 kommt es hier natürlich nur auf eine etwaige entscheidungserhebliche Gehörsverletzung an. Immerhin kann sie gerade auch bei §§ 321, 329 einen Anlass zur Ergänzung der Entscheidung sein und damit ein Verfahren nach § 321a erübrigen.

15 **V. § 156 bleibt unberührt.** Dagegen bleibt § 156 unberührt. Denn die Geltungsbereiche überschneiden sich zunächst nicht. § 156 setzt zwar voraus, dass das Gericht die mündliche Verhandlung bereits nach §§ 136 IV, 296a S. 1 geschlossen hatte. Die Vorschrift gilt aber nur bis zur Verkündung oder sonstigen gesetzmäßigen Mitteilung der Endentscheidung. Demgegenüber hat § 321a gerade eine bereits wirksam erlassene Endentscheidung zur Voraussetzung. Ob im Verfahren nach § 321a dann nach dem Schluss der dortigen Verhandlung, aber vor der Entscheidung über die Rüge eine Wiedereröffnung dieser letzteren Verhandlung nach § 156 notwendig wird, ist eine andere Frage. Diese lässt sich an diesem Anfang der Prüfschritte des § 321a noch nicht beantworten. Natürlich kann ein Verstoß gegen § 156 die Rüge nach § 321a eröffnen.

16 **VI. Zulässigkeit einer Anhörungsrüge. 1. Statthaftigkeit einer Anhörungsrüge/keine Rechtsmittelmöglichkeit.** Ein Abhilfeverfahren nach § 321a setzt zunächst voraus, dass ein Rechtsmittel bzw. ein Rechtsbehelf irgendeiner Art gegen die betroffenen Entscheidung nicht statthaft, also bereits nicht besteht und in jedem Fall als unzulässig verworfen würde, falls es eingelegt würde BGH NJW-RR 2022, 346; NJW 2012, 3088. Hierher kann auch zB eine Nichtzulassungsbeschwerde nach § 544 oder ein Fristablauf zählen, BGH NJW 2005, 680. Damit erweitert I 1 Nr. 1 den Kreis der zunächst durchzuprüfenden Rechtsbehelfe im weitest möglichen Sinn und engt dadurch zugleich die Möglichkeit einer Anhörungsrüge trotz der eher weiten Auslegbarkeit doch wieder ein. Eine Gegenvorstellung braucht aber nicht vorangehen. Denn § 321a tritt gerade an deren Stelle. Es kann nach eine hilfsweise Gehörsrüge in Betracht kommen.

17 Hierbei ist insbesondere zu beachten:

18 **a) Kein Berufungswert von mehr als 600 EUR, § 511 II Nr. 1.** Bei erstinstanzlichen Entscheidungen ist zu überprüfen, ob eine Berufung in Betracht kommt. Eine Berufung ist dann unzulässig, wenn der „Wert des Beschwerdegegenstandes" (so der Wortlaut von § 511 II Nr. 1) 600 EUR nicht übersteigt. Der Wert des Beschwerdegegenstands ist aber in Wahrheit gar nicht maßgeblich. Denn er steht noch gar nicht fest, bevor ein Berufungsantrag vorliegt, Schneider AnwBl 2003, 317. Deshalb kommt es in Wahrheit auf den Wert der Beschwer an, also desjenigen Betrags, um den das Urteil hinter dem letzten Klagantrag zurückgeblieben ist. Die Beschwer darf also nicht 600,01 EUR oder mehr betragen. Maßgebend wäre der Zeitpunkt der Einlegung einer Berufung, BGH NJW-RR 1988, 837; Mü NJW-RR 1990, 1022. Eine Wertberufung ist zulässig, Jauernig NJW 2003, 469. Einzelheiten zur Wertberechnung bei § 511. Die Möglichkeit einer wertunabhängigen Anschlussberufung nach § 524 führt nicht stets zur Unzulässigkeit einer Rüge nach § 321a, Wolf ZZP 116, 527. Im Zweifel kann der Anwalt neben einer Berufung auch eine Anhörungsrüge vornehmen, BGH NJW 2012, 2523.

19 **Unanwendbar** ist I Nr. 1 auch nur entsprechend bei einem solchen Berufungsurteil, gegen das eine Nichtzulassungsbeschwerde nach § 544 II nicht zulässig ist, BGH NJW 2003, 150, also eine Revision nicht in Betracht kommt.

20 **b) Auch keine Berufungszulassung im Urteil, § 511 II Nr. 2.** Das Gericht darf eine Berufung auch nicht im Urteil zugelassen haben. Das muss zweifelsfrei feststehen. Ist eine Zulassung erfolgt, kommt es nicht mehr darauf an, ob das zu recht oder unrecht geschehen ist. Denn das Berufungsgericht wäre nach § 511 IV 2 zumindest zunächst an die Zulassung gebunden. Es könnte erst im Berufungsverfahren nach § 522 die Berufung verwerfen oder zurückweisen, weil die Voraussetzungen einer Zulassung nicht vorgelegen hätten.

21 **Nichtzulassung** bindet zwar das Erstgericht nach § 318. Sie ist aber nach §§ 319–321 eventuell nachholbar. Deshalb muss man zunächst diesen Weg erfolglos versuchen, bevor das Verfahren nach § 321a sinnvoll ist. Die Zulässigkeit einer Nichtzulassungsbeschwerde hindert also ein Vorgehen nach § 321a, BVerfG NJW 2007, 3419; BGH WuM 2010, 372; Ffm NJW-RR 2005, 1591.

22 **c) Nur Anfechtungsmöglichkeit des Gegners.** Ist die Entscheidung für die Partei, die ein Verstoß gegen das rechtliche Gehör einwendet, **nicht selbständig anfechtbar** und legt die Gegenpartei ein zulässiges Rechtsmittel ein, so hat die betroffene Partei bezüglich des Gehörverstoßes die Wahl, ob sie eine selbständige Anhörungsrüge erhebt oder ob sie ein Anschlussrechtsmittel einlegt (vgl. §§ 524, 554, 567 III, 574 IV). Ein Anschlussrechtsmittel bewirkt aber für denjenigen, der sich auf den Gehörsverstoß beruft, die Gefahr, dass sein Rechtsmittel wegen der Abhängigkeit vom Hauptrechtsmittel letztendlich nicht weiterverfolgt wird und stellt deshalb keinen gleich wirksamen Rechtsbehelf dar.

23 Wird eine Gehörsrüge beim iudex a quo und von der anderen Partei ein Rechtsmittel eingelegt, hat das Rechtsmittelgericht das Verfahren in entsprechender Anwendung des § 148 bis zur Entscheidung über die *Anhörungsrüge auszusetzen* (MüKoZPO/Musielak Rn. 9).

24 **2. Entscheidungserheblichkeit/Mindestinhalt der Rügeschrift, II 5.** Bei der Zulässigkeitsprüfung ist die Frage der **Entscheidungserheblichkeit** und der **Beschwer** nur überschlägig im Rahmen einer Prognose zu prüfen.

Die Rügeschrift muss dabei bis zum Ablauf der Rügefrist zur Wirksamkeit den folgenden Mindestinhalt haben, Kblz FamRZ 2008, 1460 auch auf eine evtl. nach § 139 notwendige Anheimgabe des Gerichts. 25

a) Bezeichnung der angegriffenen Entscheidung, II 5 Hs. 1. Der Rügeführer muss die angegriffene Entscheidung bezeichnen. In der Regel genügen das vollständige Aktenzeichen und das Gericht. Natürlich sollte man auch das Datum und bei mehreren an demselben Tag ergangenen Entscheidungen etwa über verschiedene Verfahrensteile diejenige Entscheidung im Einzelnen bezeichnen, um deren Unrichtigkeit es geht. Unvollständige oder fehlerhafte Angaben muss das Gericht wie bei allen Prozesshandlungen durch eine Auslegung wenn möglich klären, auch durch eine Rückfrage nach § 139 evtl. nebst einer Fristsetzung. Verbleibende Unklarheiten können zur Unzulässigkeit der Rüge führen. 26

b) Darlegung der Gehörsverletzung, II 5 Hs. 2, I Nr. 2. Der Rügeführer muss zusätzlich auch darlegen, in welcher Lage des Verfahrens es ihm nicht möglich gewesen ist, sein Anliegen in tatsächlicher oder rechtlicher Hinsicht dem Gericht vorzutragen, oder welcher Teil seines Vortrages vom Gericht nicht beachtet worden ist, vgl. BVerfG NJW 2008, 2635; BGH MDR 2016, 1350; OLG Brandenburg NJ 2020, 24; Jena MDR 2011, 450. Er muss den Zeitpunkt seiner Kenntnis von der Gehörsverletzung nicht nur darlegen, sondern auch glaubhaft machen. Das geschieht wie stets nach § 294, also mit allen Beweismitteln und vor allem mit einer eidesstattlichen Versicherung. Die falsche wäre nach § 156 StGB strafbar. Man kann die Glaubhaftmachung nur innerhalb einer vom Gericht etwa nach § 139 setzbaren angemessenen Frist nachholen. 27

Die Anhörungsrüge ist nur zulässig, wenn durch die angegriffene Entscheidung, das Verfahrensgrundrecht auf rechtliches Gehör neu und eigenständig verletzt wird (BGH 13.2.2019 – I ZR 192/17, BeckRS 2019, 2801; BVerfG NJW 2011, 1497). Entsprechendes gilt für eine Verletzung nach Art. 101 I GG (→ Rn. 24 ff.). 28

Nicht erforderlich ist ein über eine überwiegende Wahrscheinlichkeit hinausgehender Beweisantritt oder gar Beweis bis zur vollen Überzeugung des Gerichts entsprechend § 286. Ein Anscheinsbeweis für oder gegen den Rügeführer kann vorliegen. Er kann zu einer Verschärfung wie Verringerung der Anforderungen an die Glaubhaftmachung führen. 29

Nur wenn sicher feststellbar ist, dass die Verletzung des rechtlichen Gehörs sich nicht zum Nachteil des Antragssteller auswirken kann, fehlt bereits an diesem Merkmal, was zur Unzulässigkeit der Anhörungsrüge führen würde (MüKoZPO/Musielak Rn. 16). 30

Eine neue und selbständige Gehörsverletzung liegt nicht schon im Fall des § 544 IV 2 Hs. 2 vor, BGH NJW 2008, 923. 31

Der Rügeführer muss zusätzlich schließlich auch darlegen, dass und inwieweit die von ihm behauptete Verletzung des rechtlichen Gehörs gerade ihm gegenüber nachteilig entscheidungserheblich war, und zwar, wie sich diese Verkürzung seines rechtlichen Gehörs auf die ergangene Entscheidung für ihn ungünstig ausgewirkt hat, BGH GRUR-RR 2011, 391; OLG Brandenburg NJ 2020, 24; Bbg MDR 2010, 834. Entsprechendes gilt auch hier wieder bei einer gleichwertigen Verletzung von Art. 101 I GG. Es muss die **Möglichkeit** bestehen, dass der Antragsteller durch die betroffene Entscheidung durch die Verletzung des rechtlichen Gehörs oder eines gleichwertigen Grundrechts benachteiligt worden ist. Es ist eine (überschlägige) **Prognose** (II 5 Hs. 1, 2) erforderlich, und war wie das Gericht ohne seinen Gehörsverstoß mit einiger Sicherheit hätte entscheiden müssen? Das ist fast dieselbe schwierige Fragestellung wie zB dann, wenn es um ein angebliches Anwaltsverschulden und seine Auswirkungen auf den Prozess geht. Auch hier kommt es wie dort nicht darauf an, wie dieses Gericht entschieden **hätte,** sondern wie es richtigerweise hätte entscheiden **müssen,** BGH NJW 2005, 3072; Düss VersR 1988, 522; Hamm NJW-RR 1995, 526. 32

Ob dies jedoch tatsächlich gegeben ist, eine Frage der Begründetheit (MüKoZPO/Musielak Rn. 16). 33

Entscheidungserheblichkeit ist ein vom Gesetz nicht näher umschriebener Begriff. Er erfordert eine doppelte Prüfung, am besten in der folgenden Reihenfolge. 34

Ursächlichkeit ist das erste notwendige Erfordernis. Je nach der Art der Ursächlichkeit (haftungsbegründende bz. haftungsausfüllende Kausalität) ist das Gericht also in seiner Entscheidung über eine Fortführung der Instanz freier oder gebundener. 35

Erheblichkeit ist nach Bejahung der Ursächlichkeit ein weiteres Merkmal, von dessen Vorliegen eine Abhilfe abhängt. Erheblichkeit ist ein weiterer Begriff, der verschiedene Auslegungen ermöglicht. Erheblichkeit liegt vor, wenn die richterliche Entscheidung bei Einhaltung des rechtlichen Gehörs anders ausgefallen wäre. Man sollte hier im Zweifel großzügig verfahren. Andererseits darf nicht jede winzige Ungenauigkeit oder Unterlassung zur Bejahung einer Entscheidungserheblichkeit führen. Auch hier gilt es also behutsam und vernünftig abzuwägen. 36

Darlegen ist weniger als glaubhaft machen oder Beweis antreten, aber mehr als eine bloße Wiederholung des Gesetzestextes oder als die Beschränkung auf eine vage Rechtsansicht. Hierfür reicht auch eine schlichte Behauptung einer Gehörsverletzung nicht aus. Darlegen bedeutet: Bestimmte Umstände tatsächlicher und/oder rechtlicher Art benennen, aus denen man zumindest eine nicht ganz her gesuchte Möglichkeit einer Gehörsverletzung vernünftigerweise ableiten kann, wenn nicht muss, BVerfG NJW-RR 1993, 983; BGH 13.2.2019 – I ZR 192/17, BeckRS 2019, 2801; BGH NJW 2009, 1609. Eine ganz entfernte Möglichkeit wie „es lässt sich nicht völlig ausschließen, dass" reicht nicht aus. Eine hochgradige Gewissheit wie „es lässt sich zwingend nur folgern, dass" ist nicht notwendig, strenger Hamm NJW-RR 2011, 140 (Schriftsatzeingang nötig). Ein Mittel nach § 294 oder ein Beweisantritt ersetzt nicht die logisch vorher notwendige Darlegung, wozu das Mittel und der Beweisantritt dienen sollen. Eine Wiederholung zB der Begründung einer Nichtzulassungsbeschwerde nach § 544 II 1 kann genügen, aM BGH NJW 2009, 1609 (aber es kann ziemlich entbehrlich sein, eine dort eingehende Auseinandersetzung nur umzuformulieren). Die Darlegung ist derjenigen nach § 520 III 2 Nr. 2 (Berufungsbegründung) vergleichbar, ebenso derjenigen nach § 551 III Nr. 2 (Revisionsbegründung) und derjenigen nach § 575 III Nr. 3 (Rechtsbeschwerdebegründung). 37

Im Verfahren ohne einen Anwaltszwang nach § 78 darf das Gericht weniger harte Anforderungen stellen. 38

3. Zuständigkeit. Zuständig ist nach II 4 Hs. 1 dasjenige Gericht, dessen Entscheidung der Rügeführer angreift, nicht etwa das nächsthöhere Gericht. Die Einreichung bei einem unzuständigen Gericht wahrt die Rügefristen des II 1–3 nur unter den Voraussetzungen von § 129a ZPO, § 25 III 2 FamFG (rechtzeitige Weiterleitung an das zuständige Gericht). Es gilt die normale Besetzung, BGH NJW-RR 2006, 64. 39

4. Antrag. Das Gericht kann ein Verfahren nach § 321a zwar evtl. von Amts wegen anregen. Das Verfahren beginnt aber nach I nur aufgrund einer Rüge, also eines hier besonders benannten **Antrags.** Er ist eine Prozess- 40 handlung. Er hat die erläuterten Folgen für die Auslegung, für einen Widerruf usw. Die unrichtige Bezeichnung ist unschädlich, soweit die Zweckrichtung einer Bitte um Abhilfe gerade wegen einer Gehörsverletzung eindeutig erkennbar ist. Die Gehörsrüge kann auch neben einem Rechtsbehelf oder Rechtsmittel hilfsweise erfolgen.

41 **5. Form.** Die Vorschrift schreibt in II 4 als **Rügeform** mangels elektronischer Einreichung nach den vorrangigen §§ 130a–d einen herkömmlichen Schriftsatz vor, BGH NJW 2005, 2017. Eine nur telefonische Einlegung ist also unzulässig und wirkungslos. Erst recht ist eine nur stillschweigende Rüge unzureichend, mag sie auch sonst denkbar sein, wie etwa im finanzgerichtlichen Verfahren, BGH BB 2001, 2459. Im Übrigen muss man bei einer genaueren Prüfung wie folgt unterscheiden.

42 **a) Verfahren mit Anwaltszwang: Nur Schriftform oder elektronisch.** Soweit das Verfahren mit einem Anwaltszwang ablief, unterliegt auch die Rügeschrift dem Anwaltszwang nach § 78, BGH MDR 2013, 422. Er muss mangels elektronischer Einreichung nach §§ 130a–d schriftlich erfolgen. Die Einreichung durch Telefax ist wie sonst statthaft.

43 **b) Verfahren ohne Anwaltszwang: Auch zum Protokoll.** Soweit das Verfahren keinem Anwaltszwang unterlag, kommt die Einreichung nach § 129a durch eine Erklärung zum Protokoll der Geschäftsstelle eines jeden AG infrage, BGH FamRZ 2012, 1866 (zu § 44 FamFG); Hinz WuM 2002, 10; aM Schmidt MDR 2002, 916 (aber die eben genannte Vorschrift gilt allgemein). Das folgt aus den auch hier als Teile des Buchs 1 der ZPO anwendbaren Vorschriften der §§ 78 III Hs. 2, 129a. Freilich liegt dann eine rechtzeitige Einreichung nach II 1–3 wegen § 129a II 2 erst mit dem Eingang auf der Posteinlaufstelle desjenigen Gerichts vor, das erstinstanzlich entschieden hatte.

44 **6. Rügefrist, II 1–3.** Man muss die Rügeschrift nach II 1 innerhalb von zwei Wochen einreichen. Die Rechtzeitigkeit ist eine Voraussetzung der Zulässigkeit der Rüge. Das ergibt sich aus IV 1, 2. Die Zweiwochenfrist ist nach II 1 iVm § 224 I 2 ausdrücklich eine Notfrist. Sie lässt sich daher nach § 224 I 1 nicht abkürzen. Es kommt nach § 224 II Hs. 2 auch keine Verlängerung infrage. Es ist aber eine Wiedereinsetzung nach § 233 statthaft.

45 **a) Fristbeginn mit Kenntnis der Verletzung, II 1 Hs. 1.** Die Notfrist beginnt mit der Kenntnis des Rügeführers oder seines nach §§ 51 II, 85 II ihm gleichgestellten gesetzlichen Vertreters nach § 51 oder ProzBevtl. von der Verletzung des rechtlichen Gehörs, BVerfG NJW-RR 2011, 1610; BAG NZA 2017, 139; Jena NJW-RR 2011, 1694. Die Rügefrist kann für jeden Betroffenen je nach dem Zeitpunkt gerade seiner Kenntnis unterschiedlich anlaufen. Zum Nachweis des Zustellungszeitpunktes gelten nach → § 418 Rn. 5 „Post", „Zustellungsurkunde" die sonst üblichen Regeln.

46 **Kenntnis** (vgl. Vorsatz) ist mehr als ein bloßes Kennen müssen, Sollen oder Können (vgl. Fahrlässigkeit). Ähnlich wie zB bei § 814 BGB kommt es auf ein positives direktes Wissen an, BAG NZA 2017, 139; Rensen MDR 2007, 697 aM BGH FamRZ 2006, 1029. Nach dem klaren Wortlaut von II 1 Hs. 1 ist eine Kenntnis aber nur von der Verletzung notwendig, nicht auch von deren Entscheidungserheblichkeit, Rieble/Vielmeier JZ 2011, 925. In der Praxis sollte man deshalb an die Kenntnis keine überscharfen Anforderungen stellen.

47 **Unerheblich** ist jetzt der Zustellungszeitpunkt der Entscheidung, siehe aber BGH MDR 2013, 421; Oldb MDR 2009, 764; Zöller/Vollkommer Rn. 11 (aber Wortlaut und Sinn sind eindeutig). Natürlich bleibt ein Rechtsmissbrauch unstatthaft, BVerfG NJW-RR 2010, 1215; Jena NJW-RR 2011, 1694; Oldb MDR 2009, 764 (je: bewusste Nichtkenntnisnahme). Nichtlesen ist aber noch nicht stets Rechtsmissbrauch.

48 **b) Jahres-Ausschlussfrist, II 2, 3.** Nach dem Ablauf eines Jahres seit der Bekanntgabe der angegriffenen Endentscheidung an die Partei, ihren gesetzlichen Vertreter oder ihren ProzBevtl. ist die Rüge nach II 2 unstatthaft. Dabei gilt eine nur formlos mitgeteilte Entscheidung nach einer verfassungsrechtlich hier wie bei ähnlichen Regelungen problematischen Unterstellung mit dem dritten Tag nach der etwaigen Aufgabe zur Post nach II 3 als bekanntgegeben, BVerfG NJW 2007, 2244. Es handelt sich bei der Jahresfrist um eine Ausschlussfrist nach → Vor § 214 Rn. 18. Sie lässt ebenso wenig wie bei § 234 III eine Wiedereinsetzung zu. Die Aufgabe zur Post ergibt sich aus den Gerichtsakten (Abvermerk der Postausgangsstelle). Fehlt ein Abgangsvermerk oder ist er widersprüchlich oder unklar, läuft die Frist allenfalls seit dem einwandfreien Datum der sonstigen Bekanntgabe. II 3 gilt nicht bei einem anderen Übermittlungsweg als der Aufgabe zur Post.

49 **7. Rechtsschutzbedürfnis.** Wie bei jedem Rechtsbehelf ist auch bei der Gehörsrüge das Rechtsschutzbedürfnis zu prüfen. Fehlt dieses, ist der Antrag unzulässig. Dies kann der Fall sein, wenn nur geringe Auswirkungen, die auf den jeweiligen Einzelfall bezogen zu beurteilen sind, betroffen sind: minima non curat praetor.

50 **VII. Stellungnahme des Gegners, III.** Das Gericht muss dem Gegner des Rügeführers eine Gelegenheit zur Stellungnahme geben, freilich nur, „soweit erforderlich", BGH NJW 2012, 3088. Es soll also ein weiterer Verstoß gegen Art. 103 I GG unterbleiben.

51 **1. Erforderlichkeit.** Die Anhörung des Rügegegners darf unterbleiben, soweit das Gericht eine Verwerfung als unzulässig oder eine Zurückweisung als unbegründet nach IV plant. Denn dann erleidet der Gegner des Rügeführers durch die Entscheidung nach § 321a keinen Rechtsnachteil, Müller NJW 2002, 2744. Die Lage ist insofern nicht anders als in zahllosen vergleichbaren prozessualen Fällen. Natürlich kann es trotzdem zweckmäßig sein, dem Gegner Gelegenheit zur Äußerung zu geben. Der Gegner kann möglicherweise noch zusätzliche tatsächliche Umstände oder rechtliche Argumente für eine solche Verwerfung oder Zurückweisung der Rüge vortragen, durch die man den Rügeführer noch eher überzeugen könnte. Jedenfalls ist eine Anhörung auch vor einer geplanten Verwerfung oder Zurückweisung keineswegs unstatthaft, auch nicht zwecks Prozesswirtschaftlichkeit. Freilich verbietet sich auch im Abhilfeverfahren etwas ersichtlich Unnötiges, etwa bei einem eindeutigen Fristverstoß.

52 **Unzulässig** ist es, einfach Ergänzungen des früheren Vortrags unter dem Vorwand nachzuschieben, der Gegner oder man selbst habe kein ausreichendes Gehör gehabt.

53 **2. *Stellungnahmefrist.*** Wenn das Gericht sich entschließt, dem Gegner eine Gelegenheit zur Stellungnahme zu geben, muss es ihm dazu auch eine ausreichende Frist gewähren. Ihre Länge richtet sich nach den Umständen. Die moderne Technik mag eine nur elektronische oder telefonische Rückfrage ausreichen lassen oder etwa bei einer Fristsetzung per Telefax eine kürzere Frist als bei einer schriftlichen Fristsetzung zulassen. Überfallartige

Schnellfristen muss das Gericht ebenso vermeiden wie allzu großzügige Fristen in diesem ja ohnehin die jeweilige Instanz verlängernden Verfahrensabschnitt, durch den ein Rügeführer vielleicht nur Zeit bis zur Leistungsfähigkeit gewinnen will. In einem nicht zu komplizierten Fall mögen 2–3 Wochen genügen. Freilich kann man die oft schwierigen Fragen einer Gehörsverletzung auch nicht zwischen Tür und Angel sorgfältig überprüfen. Immerhin hatte ja auch der Rügeführer nach II 1 evtl. nur zwei Wochen zur Rüge Zeit. Es heißt also auch hier behutsam abwägen. Eine Woche mehr ist besser als eine zu wenig.

3. Gegenäußerung des Rügeführers. III sieht sie nicht ausdrücklich vor oder ermöglicht sie auch nur anders als zB §§ 275 IV, 276 III. Das ändert nichts dran, dass eine nach III eingeholte Stellungnahme das Gericht zur Vermeidung eines weiteren Verstoßes gegen Art. 103 I GG dazu zwingen kann, auch den Rügeführer unter einer Übersendung der gegnerischen Äußerung noch kurz anzuhören, insbesondere vor einer Verwerfung oder Zurückweisung der Rüge. 54

VIII. Begründetheit der Anhörungsrüge/ Entscheidungserheblichkeit der Verletzung des Anspruchs auf rechtliches Gehör, I 1 Nr. 2. Die Begründetheit der Anhörungsrüge hängt davon ab, die Verletzung des rechtlichen Gehörs dazu führt, dass zulasten der betroffenen – beschwerte Partei – eine günstigere Entscheidung in Betracht kommt, ob das Gericht des bisherigen Rechtszugs den Anspruch des Rügeführers auf sein rechtliches Gehör nach Art. 103 I GG also in einer **entscheidungserheblicher Weise** verletzt hat, BGH WuM 2011, 562. Ein Verstoß gegen **Art. 101 I 2 GG** kann § 321a entsprechend anwendbar machen, BVerfG 18.2.2020 – 1 BvR 1750/19, BeckRS 2020, 4580; BGH NJW-RR 2007, 1654. 55

1. Gehörsverletzung gerade zulasten des Beschwerten. Das angegangene Gericht muss das **rechtliche Gehör** gerade derjenigen Partei **versagt haben,** die es durch die Endentscheidung beschwert hat und die jetzt als Rügeführer auftritt, BGH MDR 2010, 100; BSG NZA-RR 2005, 603; OLG Bamberg 31.1.2020 – 2 WF 265/19, BeckRS 2020, 4786. Also reicht keine andere Art von Verfahrensverstoß, BGH MDR 2010, 100; Celle MDR 2008, 1180; Kblz FamRZ 2008, 1967; weitergehend BVerfG NZA 2008, 1201 (zu § 78a ArbGG). Dies kann z.B vorliegen, wenn das Gericht von seiner zuvor geäußerten Rechtsauffassung ohne vorherigen Hinweis abrückt und die Prozessbeteiligten keine Möglichkeit mehr haben, zu der geänderten Rechtsauffassung vorzutragen, (BVerfGNJW 2021, 2581), oder wenn das Äußerungsrecht der Parteien verkürzt oder durch Unterlassen gebotener Hinweise eine Partei benachteiligt oder das Vorbringen einer Partei nicht erfasst oder grob missverstanden wird, LG Berlin WuM 2021, 31. 56

Entsprechendes würde für einen gleichwertigen Verstoß gegen Art. 101 I GG gelten. 57

Der Verstoß mag vor dem Schluss einer etwaigen mündlichen Verhandlung nach §§ 136 IV, 296a oder im etwaigen Wiedereintrittsverfahren nach § 156 entstanden sein, im schriftlichen Verfahren bis zum Schluss der Frist zum Vortrag nach § 128 II 2. Er mag in nur einem oder in mehreren Punkten vorliegen. Er mag sich auf eine Tatsache oder auf eine Rechtsfrage beziehen, zB § 139 II 1. Er mag auch nur den Kostenpunkt nach §§ 91 ff. betreffen, Celle FamRZ 2003, 1578; Düss MDR 2010, 1487. Er mag nur diesen Rügeführer oder neben ihm auch andere beschweren. Auch die Staatskasse kann eine Beteiligte sein. 58

Abgrenzen zur Verletzung des rechtlichen Gehörs ist es, wenn das Gericht das als übergangen gerügte Vorbringen der Parteien zwar vollständig berücksichtigt und zugrunde gelegt hat, aber das Ergebnis der rechtlichen Würdigung des Gerichts durch die „Gehörsrüge" beanstandet werden soll. Auf einen **abweichenden materiell-rechtlichen Standpunkt** kann eine „Gehörsrüge" jedoch **nicht** gestützt werden, (BGH 17.1.2019 – IX ZR 217/17, BeckRS 2019, 856). Sie dient nicht einer rechtlichen Überprüfung der Entscheidung an sich, OLG Dresden 9.1.2019 – 4 U 1197/18, BeckRS 2019, 326, LG Neubrandenburg 9.1.2019 – 2 T 122/18. Im Rahmen der Gehörsrüge kann nämlich **nicht** geltend gemacht werden, die angegriffene Entscheidung sei **materiell fehlerhaft** bzw. enthalte in den Entscheidungsgründen Widersprüche (OLG Dresden 11.1.2021, 4 U 1355/18; OLG Dresden 15.4.2020 – 4 U 1676/19, BeckRS 2020, 7494). Das Gericht ist zwar verpflichtet, das Vorbringen der Parteien zur Kenntnis zu nehmen, ist aber nicht verpflichtet, sich ausdrücklich mit jedem einzelnen Vorbringen in den Entscheidungsgründen auseinander zu setzen, weil dies dem Gebot, die Entscheidungsgründe gedrängt zu schreiben, widersprechen würde (OLG Dresden 11.1.2021 – 4 U 1355/18, BeckRS 2021, 881; OLG Hamm 17.5.2021 – 11 W 11/21, BeckRS 2021, 26478). 59

Das Gericht ist jedoch **von der Bindung nach § 318** sowie von der **formellen und materiellen Rechtskraft freigestellt,** soweit die Anhörungsrüge im Übrigen zulässig und begründet ist, weil man ansonsten ggf. einen Verstoß nach Art. 103 GG feststellen würden, diesen aber nicht mehr beheben knnte, was das Verfahren nach § 321a leerlaufen lassen könnte (vgl. BGH, NJW-RR 2022, 138). 60

Besteht ein Verstoß nur gegenüber einem **anderen Beteiligten,** entfällt für den Rügeführer die Möglichkeit nach I Nr. 2. Denn diese Vorschrift spricht vom Anspruch auf Gehör gerade „dieser" Partei. I 2 soll natürlich nicht auch dem durch einen Gehörsverstoß gar nicht Betroffenen eine Rügemöglichkeit eröffnen, Brem MDR 2014, 493. Deshalb ist auch bei einfachen Streitgenossen nach §§ 59–61 nur der persönlich Beschwerte rügeberechtigt. Bei notwendigen Streitgenossen nach § 62 kommt es auf die Umstände an. Auch dann muss aber der Rügeführer zumindest mit durch eine Gehörsverletzung beschwert sein. Das kann auch ein Streithelfer nach § 66 sein, BGH NJW 2009, 2681. 61

2. Gehörsbegriff. Rechtliches Gehör setzt voraus, dass das Gericht die Schriftsätze und Argumente der Parteien zur Kenntnis genommen hat. Es erfordert also bei aller manchmal Weite des Begriffs und seiner oft allzu zweckorientierten Auslegung doch im Kern die ausreichende Möglichkeit einer Äußerung zu einer tatsächlichen oder rechtlichen Frage innerhalb einer nach den Umständen angemessenen nicht allzu großzügig ansetzbaren Frist. 62

Gesetz und Gesamtumstände sind dabei mit zu berücksichtigen, letztere zumindest hilfsweise und evtl. sogar vorrangig. Im Übrigen sei auf die Erörterungen einer möglichen Gehörsverletzung bei den einzelnen Vorschriften der ZPO, des GVG usw. verwiesen. Einer Bereitschaft zur Selbstkritik ist eine gebieterische Forderung an das Gericht gerade im Verfahren nach § 321a. Das gilt besonders bei der Beurteilung, ob man das Gehör verletzt hatte. Zwar sollte das Gericht nach den Anregungen → Rn. 4 vorgehen. Es sollte aber eben auch nicht eine Beibehaltung der Entscheidung dann scheuen, wenn es sich einigermaßen bestätigt fühlt. Mag dann eben eine Verfassungsbeschwerde folgen müssen. 63

64 **3. Entscheidungserheblichkeit des Gehörverstoßes.** Gerade der Verstoß gegen das Gebot rechtlichen Gehörs muss für den Rügeführer in der Endentscheidung auch nur evtl. nachteilige Auswirkungen gehabt haben, BVerfG NJW 2009, 1586; BGH WM 2011, 1804; LG Bln WuM 2016, 418. Er muss dadurch also **beschwert** sein. Diese Ursächlichkeit muss zweifelsfrei feststehen. Sonst scheitert die Rüge, Zuck NJW 2008, 2081 (zur Nichtzulassungsbeschwerde). Die Nichtbeachtung einer argumentativen Stellungnahme ist grundsätzlich entscheidungserheblich, BGH WM 2010, 1789. Eine Mitursächlichkeit genügt. Für die Beurteilung der Entscheidungserheblichkeit ist der Rechtsstandpunkt des über die Rüge entscheidenden Gerichts maßgeblich, BVerfG, Kammerbeschluss, 18.2.2020 – 1 BvR 1750/19, BeckRS 2020, 4580. Hat das Gericht zB einen Beweisantrag unzulässigerweise übergangen, dann wäre ein solcher Verstoß **entscheidungserheblich,** soweit nicht ausgeschlossen werden kann, dass die Beweisaufnahme zu einem Ergebnis gelangt, dass die Rechtslage für den Rügeführer – entsprechend den Grundsätzen der Relation – durchgreifend verbessert (vgl. MüKoZPO/Musielak Rn. 16).

65 **Umfangserheblichkeit** des Verstoßes ist **nicht** erforderlich. Denn Entscheidungserheblichkeit ist etwas anderes als ein erhebliches Ausmaß. Daher reicht theoretisch ein Nachteil von sehr geringer Summe. Eine Auswirkung in der Hauptsache ist nicht erforderlich, sondern anders als bei § 139 II 1 genügt auch eine nachteilige Auswirkung wegen einer Nebenforderung.

66 **4. Nur bei Endentscheidung, I 2.** Eine Anhörungsrüge kommt nur beim Verstoß einer Endentscheidung infrage. Insbesondere bei derjenigen Entscheidung welcher Form auch immer statthaft, die diese Instanz ganz oder teilweise endgültig abschließen soll. Das wäre auch beim Versäumnisurteil nach §§ 330 ff. so. Denn mangels eines Einspruchs nach § 338 beendet es die Instanz; ebenfalls bei **Zwischenentscheidungen,** wenn sie unanfechtbar sind und bei einem späteren Rechtsmittel auch keiner Inzidentprüfung unterliegen (Thomas/Putzo/Seiler Rn. 1), wie zB zur Ablehnung eines Richters nach § 42, oder im Hinblick auf die Ablehnung eines Sachverständigen (§ 406 V), zB bei auch bei Verweisungsbeschlüssen nach § 281 II 2, bei §§ 71 III, 280 II, 304 III, 387 III, BVerfG NJW 2009, 833 (vgl. MüKoZPO/Musielak Rn. 3, 4. Hierher gehört auch eine Wiedereinsetzungsbewilligung nach § 238 III, BGH VersR 2010, 647.

67 **Unstatthaft** ist sie bei einer wirklichen bloßen Zwischenentscheidung welcher Form und welchen Inhalts auch immer, etwa beim Zwischenurteil nach § 280 oder nach I 2 bei einer Verfügung nach → § 329 Rn. 15.

68 **Unerheblich** ist für die Abgrenzung die jeweilige Bezeichnung der Entscheidung. Maßgeblich ist vielmehr der durch eine Auslegung ermittelbare Inhalt der Entscheidung.

69 **5. Beispiele zur Frage einer Gehörsverletzung, II 5 Hs. 1, 2.** Bei allen Einzelvorschriften befinden sich Hinweise auf mögliche Verstöße gegen Art. 103 I GG in den Kommentierungen. Deshalb hier nur einige häufige Beispiele. Man muss stets mit berücksichtigen, dass nach I 2 nur ein Verstoß gerade der Endentscheidung zu beachten ist.

70 **von Amts wegen:** Eine Gehörsverletzung kann vorliegen, soweit das Gericht einen von Amts wegen zu beachtenden Umstand außer Acht lässt. Das gilt, obwohl das Gericht nur auf Bedenken aufmerksam macht. Denn es muss ja eine Gelegenheit zur Stellungnahme geben.

Erst recht gilt das bei einer notwendigen Amtsermittlung.

Befangenheit: Eine Gehörsverletzung liegt vor, soweit der Richter unter einem Verstoß gegen § 47 verfrüht entscheidet. Denn vor der Erledigung des Ablehnungsgesuchs darf er in dieser Sache überhaupt nicht entscheiden, solange noch ein Aufschub zulässig ist.

Eine Gehörsverletzung **fehlt,** soweit das Ablehnungsgesuch nicht zu beachten ist, weil es rechtsmissbräuchlich ist oder soweit eine Ablehnungsentscheidung unanfechtbar ist, BGH NJW 2007, 3789 (abl. Fölsch).

Besetzungsfehler: Eine Gehörsverletzung liegt vor, soweit das Gericht in einer gesetzwidrigen Besetzung entscheidet. Denn darin liegt ein Entzug des gesetzlichen Richters nach Art. 102 I 2 GG, der allein entscheiden darf und folglich auch selbst (mit)anhören muss.

Beweisantrag: Eine Gehörsverletzung liegt vor, soweit das Gericht einen ordnungsgemäßen Beweisantrag nach §§ 355 ff. übergeht, BVerfG NJW-RR 1996, 184. Denn gerade in der Beweiserhebung liegt oft die entscheidende Chance des Beweisführers, sich mit seinen Tatsachenbehauptungen Gehör zu verschaffen. Die nun notwendige Erheblichkeitsprüfung erfolgt nach → Rn. 49–55.

Formverstoß: Eine Gehörsverletzung liegt vor, soweit das Gericht eine zum rechtlichen Gehör erforderliche Form missachtet, soweit es etwa eine Frist ohne die förmliche Zustellung nach §§ 166 ff. einer nach → § 129 Rn. 9 ff. ordnungsgemäß unterschriebenen Fristverfügung bewilligt, so dass weder ihr Anlauf noch ihr Ablauf feststellbar ist. Eine Gehörsverletzung **fehlt** nach → Rn. 11, soweit das Gericht die Entscheidung lediglich nach § 319 irrig falsch bezeichnet hat.

Fristverstoß: Eine Gehörsverletzung liegt vor, soweit das Gericht vor dem Ablauf der gesetzlichen oder von ihm selbst gesetzten richterlichen Frist diejenige Entscheidung trifft, vor der es die Frist gerade abwarten musste. Das gilt unabhängig von einem Verschulden des Gerichts. Ein Fristverstoß liegt auch dann vor, wenn die Entscheidung zwar äußerlich nach dem Fristablauf erfolgt, aber ohne eine Berücksichtigung einer noch im Gang von der Posteinlaufstelle zum Richter befindlichen solchen Stellungnahme, die der Absender etwa unter der erlaubten Ausnutzung der Frist bis zur letzten Minute eingereicht hatte. **Zu kurze Fristen** stehen an sich ausreichenden, aber nicht abgelaufenen gleich. Auch → „Zustellung".

Gerichtsstand: Eine Gehörsverletzung **fehlt** durchweg, soweit das Gericht lediglich örtlich unzuständig ist. Denn es entscheidet dann im Übrigen in einer dort richtigen Besetzung usw.

Heilung: Sie bleibt möglich, BVerfG NJW 2009, 1584.

Kostenverstoß: Es kann ausreichen.

Mündliche Erörterung: Nach ihr **fehlt** zu diesem Punkt eine Gehörsverletzung, BGH NJW-RR 2007, 1370.

Nachfrist: „Fristverstoß".

Neuer Sachvortrag: Er ist unstatthaft, BGH FamRZ 2007, 1463.

Örtliche Unzuständigkeit: Es gilt bei §§ 12 ff. dasselbe wie bei → „Sachliche Unzuständigkeit".

Präklusion: Sie kann zB bei §§ 283, 296 eine Gehörsverletzung darstellen, Köln FamRZ 2005, 2075.

Prozesskostenhilfe: Eine Gehörsverletzung kann vorliegen, soweit das Gericht gerade in seiner nach I 2 allein angreifbaren Endentscheidung eine Prozesskostenhilfe nach § 127 I fälschlich versagt oder nach → § 119 Rn. 5 verspätet über sie entscheidet. Denn von ihrer ordnungsgemäßen Gewährung kann wesentlich mitabhängen, welchen zumindest vorschusspflichtigen Beweisantrag die bedürftige Partei stellt und wozu sie es zur streitigen und damit Beweiskostenrisiken auslösenden Verhandlung kommen lässt, um nur einige der Auswirkungen zu skizzieren.

Prozessvoraussetzung: → „von Amts wegen".

Rechtliche Beurteilung: Eine Gehörsverletzung kann vorliegen, soweit das Gericht seiner Endentscheidung eine solche Rechtsansicht zugrunde legt, die es unter einem Verstoß gegen § 139 nicht rechtzeitig vor dem Verhandlungsschluss nach §§ 136 IV, 296a oder dem nach § 128 II 2 gleichstehenden Zeitpunkt dem dann Benachteiligten zur etwaigen Stellungnahme als eine freilich nur vorläufige Bewertung mitgeteilt hat. Eine Gehörsverletzung **fehlt** bei einer im Übrigen bloßen Falschbeurteilung, BGH NJW 2009, 1609; BFH NVwZ-RR 2009, 703 (zu § 133a FGO).

Rechtsweg: Eine Gehörsverletzung liegt vor, soweit das Gericht nach § 13 GVG im Rechtsweg unzuständig ist. Denn darin liegt ein Verstoß auch gegen das Gebot des gesetzlichen Richters nach Art. 102 I 2 GG. Aber auch „Sachliche Unzuständigkeit".

Sachliche Unzuständigkeit: Eine Gehörsverletzung **fehlt,** soweit das Gericht lediglich nach dem GVG sachlich unzuständig ist. Denn auf diesen Verstoß könnte man nach § 513 II nicht einmal eine Berufung stützen. Aber auch „Rechtsweg".

Sachverständiger: Eine Gehörsverletzung kann vorliegen, soweit das Gericht trotz eigener Sachunkenntnis ihn nicht befragt hat, BVerfG WM 2015, 1948; BGH MDR 2011, 382.

Säumnis: Eine Gehörsverletzung liegt meist vor, soweit das Gericht objektiv unrichtig nach §§ 296, 330 ff. eine Säumnis der Partei annimmt und darauf eine Entscheidung auch nur mitstützt. Dabei kommt es nicht darauf an, ob das Gericht eine Entschuldigung hätte annehmen dürfen und müssen. Man darf zB „Verkehrsprobleme" nicht jede Verspätung bis nach dem Urteilserlass stets schon wegen eines Verkehrsstaus als eine nachträgliche Entschuldigung bewerten.

Terminierung: Eine Gehörsverletzung kann dann vorliegen, wenn das Gericht dem Verhandlungstermin mit einer nach §§ 217, 274 III gesetzwidrig kurzen Einlassungs- oder Ladungsfrist anberaumt, insbesondere bei einer Auslandszustellung nach § 183.

Eine Gehörsverletzung **fehlt** dann, wenn das Gericht eine wenn auch scheinbar kurze gesetzliche Frist einhält. Bei der heutigen Übermittlungsgeschwindigkeit per Telefax, Elektronik usw. sind manche früher reichlich knappen gesetzlichen Fristen durchaus nicht mehr zu kurz.

Überraschungsurteil: Eine Gehörsverletzung liegt vor, soweit das Gericht in seiner Endentscheidung entgegen → § 139 Rn. 51 eine solche Bewertung vornimmt, mit der der Benachteiligte nicht zu rechnen braucht, mag diese Bewertung sich nun auf eine Tatsache oder auf eine rechtliche Beurteilung beziehen.

Unzuständigkeit: → „Örtliche Unzuständigkeit", → „Rechtsweg", → „Sachliche Unzuständigkeit".

Verhandlungsleitung: Eine Gehörsverletzung kann vorliegen, soweit der Vorsitzende gegen eine wesentliche Vorschrift seiner Verhandlungsleitung nach § 136 usw. verstößt, soweit er etwa einen Beteiligten nicht ausreichend zu Wort kommen lässt oder die Verhandlung verfrüht schließt. § 156 bleibt aber unberührt.

Verkürzte Beurteilung: Eine Gehörsverletzung kann bei ihr vorliegen, BVerwG NVwZ 2013, 226 (zu § 69a GKG).

Verschulden: Es ist nicht zu berücksichtigen, BVerfGE 62, 353.

Verspäteter Vortrag: Eine Gehörsverletzung kann vorliegen, soweit das Gericht einen Vortrag objektiv zu Unrecht als nach §§ 283, 296 als verspätet zurückweist und darauf seine Endentscheidung stützt.

Vertagung: Eine Gehörsverletzung liegt vor, soweit das Gericht eine nach § 227 objektiv notwendige Vertagung ablehnt oder nicht wenigstens mit dem Betroffenen erörtert. Denn er mag zu ihr einen bisher nicht notwendig zur Sprache gekommenen Grund haben.

Willkür: Eine Gehörsverletzung kann auch bei einer willkürlichen Entscheidung vorliegen.

Zurückweisung wegen Verspätung: „Verspäteter Vortrag".

Zustellung: Eine Gehörsverletzung kann vorliegen, soweit das Gericht infolge einer objektiv unrichtigen Bewertung eine Zustellung nach §§ 166 ff., 191 ff., 317 usw. nicht für notwendig hält oder eine nur versuchte als gesetzmäßig korrekt ausgeführt ansieht und folglich zu seiner Endentscheidung kommt, statt zB eine Zustellung richtig nachholen zu lassen. Freilich kann § 189 geheilt haben. Auch → „Fristverstoß".

IX. Verwerfung, Zurückweisung, IV. Das weitere Verfahren hängt davon ab, ob das Gericht die Rüge als erfolglos oder erfolgreich erachtet. Das gilt auch bei einer teilweisen derartigen Beurteilung. Soweit die Rüge neben einem Rechtsbehelf oder Rechtsmittel hilfsweise vorliegt, ist sie beim Erfolg der ersteren gegenstandslos geworden. Nach einem Richterwechsel kommt es für den jetzt zuständigen Richter darauf an, wie sein Vorgänger hätte richtigerweise beurteilen müssen, Schneider MDR 2005, 249. 71

1. Amtsprüfung der Statthaftigkeit und Zulässigkeit, IV 1. Stets muss das Gericht zunächst und vorrangig von Amts wegen nach → Rn. 73 prüfen, ob die Rüge **zulässig** und insbesondere statthaft ist und ob der Rügeführer sie außerdem sowohl in der gesetzlichen Form als auch innerhalb der gesetzlichen Frist erhoben hat. Die Prüfung erfolgt am besten in der vorstehenden Reihenfolge. Sie hat jedenfalls den Vorrang vor der Prüfung der Begründetheit. Zwar dürfte das Gericht die Rüge als unstatthaft oder unzulässig, hilfsweise als unbegründet erachten. Es dürfte aber die ersteren beiden Prüfschritte nicht wegen der zusätzlichen Unbegründetheit offen lassen. IV 1 ähnelt dem § 589 I 1 weitgehend schon im Wortlaut. Zuständig ist die Besetzung des angegriffenen Gerichts, BGH FamRZ 2005, 1831. § 320 IV 2 ist unanwendbar, BGH FamRZ 2005, 1831. 72

Von Amts wegen muss das Gericht diese Prüfung nach dem klaren Wortlaut und Sinn des IV 1 vornehmen. Eine Amtsprüfung ist etwas anderes und weniger als eine Amtsermittlung. Das Gericht nimmt daher keine amtliche Untersuchung vor. Es macht vielmehr nur von Amts wegen auf gewisse Bedenken aufmerksam und fordert dazu auf, sie durch Nachweise zu entkräften. Das geschieht im Einzelnen nach III. 73

2. Freigestelle mündliche Verhandlung, IV 1. Soweit es um die Prüfung der Statthaftigkeit und Zulässigkeit der Rüge geht, darf das Gericht eine mündliche Verhandlung anordnen. Es muss das aber nicht tun. Das ergibt sich daraus, dass seine Entscheidung nach IV 2, 4 durch einen Beschluss ergeht. Denn nach § 128 IV kann eine solche Entscheidung, die kein Urteil ist, ohne eine mündliche Verhandlung ergehen, soweit das Gesetz nichts anderes bestimmt. § 321a IV enthält keine derartige andere Bestimmung, zumal die Änderungen in §§ 320, 321 74 dafür sprechen, auch hier im Regelfall keine mündliche Verhandlung für erforderlich zu halten. Es gelten also die allgemeinen Regeln zur freistehenden mündlichen Verhandlung.

75 **Auch bei einer Unbegründetheit** steht eine mündliche Verhandlung frei. Denn das Wort „Entscheidung" in IV 4 bezieht sich auf IV 2 und 3.

76 **3. Bei Unstatthaftigkeit oder Unzulässigkeit: Verwerfungsbeschluss, IV 2, 4, 5.** Soweit die Rüge entweder schon an sich überhaupt unstatthaft oder doch jedenfalls mangels rechter Form und Frist im Einzelfall unzulässig ist, muss das Gericht sie durch einen Beschluss verwerfen, Düss WuM 2004, 161; VGH Kassel NVwZ-RR 2008, 70 (zu § 69a GKG). IV 2 spricht systematisch teilweise unscharf von einer Verwerfung als „unzulässig" statt als „unstatthaft oder unzulässig", meint aber dasselbe. IV 2 ähnelt dem § 589 I 2 schon in Wortlaut weitgehend. Der Beschluss ist nach IV 4 **unanfechtbar,** KG MDR 2017, 1262.

77 **4. Begründung der Verwerfung.** Begründen **soll** das Gericht seinen Beschluss „kurz" nach IV 5. Dies entspricht § 313 II.

78 Zwar braucht ein unanfechtbarer Beschluss an sich keine Begründung. Indessen gebietet die Akzeptanz der betroffenen Parteien eine gewisse „kurze" Begründung (vgl. Kblz MDR 2015, 118; Sangmeister NJW 2007, 2364, einschränkend bei einer letztinstanzlichen Entscheidungen BVerfG NJW 2011, 1497).

79 **Kurz und klar** sollen und dürfen die Gründe sein. Sie sollten bei einem Fristverstoß eindeutig erkennen lassen, welche der unterschiedlichen Fristen des II 3 der Rügeführer nicht eingehalten hatte. Im Revisionsverfahren braucht das Gericht keine Begründung zu geben, soweit es nach § 564 verfahren hat, BGH NJW 2005, 1433.

80 **5. Verwerfungskosten.** Kostenrechtlich gilt: Es entsteht nur bei einer vollen Verwerfung oder Zurückweisung der Rüge eine Gerichtsgebühr nach KV 1700 GKG usw. als eine Verfahrensfestgebühr von 60 EUR. Bei einer auch nur teilweisen Statthaftigkeit, Zulässigkeit und Begründetheit entsteht diese Gebühr nach § 1 I 1 GKG weder im Umfang dieses Teilerfolgs noch wegen des erfolglosen Rügerests. Auslagen entstehen beim Gericht schon wegen VV 9002 OVG amtliche Anmerkung in aller Regel ebenfalls nicht. Daher besteht insoweit keineswegs stets ein Anlass zu einer Grundentscheidung über Gerichtskosten. Anwaltsgebühren entstehen nicht für denjenigen, der schon vor dem Abhilfeverfahren tätig war. Denn dann gehört seine Tätigkeit nach § 19 I 2 Nr. 5 Buchst. b RVG zum Rechtszug. Soweit der Anwalt nur im Verfahren nach § 321a tätig ist, entsteht unabhängig von seinem Ergebnis nach VV 3330 RVG eine Vergütung.

81 **§ 96** ist unanwendbar. Denn die Rüge ist kein Angriffs- oder Verteidigungsmittel, sondern die Fortsetzung des Angriffs selbst. Auch § 97 ist unanwendbar. Denn es liegt kein Rechtsmittel (kein Devolutiveffekt), sondern aus den obigen Gründen nur ein Rechtsbehelf ohne eine Anfallwirkung nach § 97.

82 **6. Bei Unbegründetheit: Zurückweisungsbeschluss, IV 3–5.** Soweit die Rüge zwar statthaft und zulässig ist, sich aber als unbegründet erweist, muss das Gericht über sie ebenfalls durch einen Beschluss entscheiden. Es verwirft sie dann nicht, sondern „weist sie zurück". Dieser Beschluss ist ebenfalls **unanfechtbar.**

83 **7. Begründung der Zurückweisung.** Kurz begründen soll das Gericht diesen Beschluss wie bei einer Verwerfung, Rensen MDR 2005, 184. Soweit das Gericht schon eine Gehörsverletzung verneint, braucht es natürlich nicht zur nachrangigen Frage einer Entscheidungsunerheblichkeit Stellung zu nehmen. Es darf und sollte das aber hilfsweise zur zusätzlichen Stützung seiner Beurteilung tun. Es muss natürlich zur Ursächlichkeitsfrage verneinend Ausführungen machen, soweit es eine Gehörsverletzung einräumt oder zulässigerweise mangels Ursächlichkeit offen lassen will.

84 **8. Zurückweisungskosten.** Kostenrechtlich gilt → Rn. 77 auch hier, BGH WuM 2005, 475. §§ 96, 97 sind auch hier unanwendbar.

85 **X. Abhilfe: Verfahrensfortführung, V.** Soweit das Gericht die Rüge für statthaft, zulässig und begründet erachtet, muss es ihr abhelfen, indem es das Verfahren nach V 1 fortführt. Das gilt nach Hs. 2 freilich nur, soweit die Fortführung aufgrund der Rüge nicht bloß zweckmäßig, sondern geradezu notwendig ist. Eine solche Beschränkung ist eigentlich selbstverständlich. Denn schon mit ihr lässt sich das Ziel des ganzen Abhilfeverfahrens erreichen. Noch nicht erreicht hat der Rügeführer schon jetzt eine Änderung der bisherigen Endentscheidung. Sie kann sich erst am Ende des nun fortzuführenden Verfahrens unverändert ergeben. Sie ist aber noch keineswegs sicher. Insoweit ähnelt V 2 der Situation nach einem ordnungsgemäßen Einspruch gegen ein Versäumnisurteil oder einen Vollstreckungsbescheid nach §§ 342, 700 I. Es gibt wegen des Fehlens der Rechtsmitteleigenschaft einer Rüge nach § 321a kein Verschlechterungsverbot nach → § 528 Rn. 9, BGH NJW-RR 2012, 978. § 590 ist unanwendbar. Die Abhilfeentscheidung ist für die jeweilige Entscheidung bindend, aber nicht für das Rechtsmittelgericht, das zu überprüfen hat, ob die Anhörungsrüge statthaft, zulässig und begründet war, da es nach § 321a auch wegen § 318 nicht möglich ist, die Rechtskraft bei anderen Verfahrensverstößen zu durchbrechen, vgl. BGH NJW 2016, 3035; MDR 2014, 1338; Thomas/Putzo/Seiler Rn. 14.

86 **1. Entbehrlichkeit einer Fortführungsentscheidung, V 1.** Will das Gericht das Verfahren fortführen, fasst es grundsätzlich weder einen Aufhebungsbeschluss noch einen besonderen Fortführungsbeschluss, OVG Lüneb FamRZ 2012, 1314. Der erstere wäre verfrüht. Denn es kann sich erst durch das Fortführungsverfahren ergeben, was aus der bisherigen Endentscheidung wird. Der letztere wäre ebenso überflüssig wie zB bei §§ 342, 700 I, Schmidt MDR 2002, 917. Er wäre freilich unschädlich. Er kann insofern ratsam sein, als sonst unklar bliebe, in welchem Umfang das Verfahren seinen Fortgang nehmen soll. Der Beschluss bindet das Gericht nicht, BGH MDR 2014, 1338; Petry MDR 2007, 498; aM OVG Kblz MDR 2007, 544 (systemwidrig).

87 **2. Zurückversetzung des Verfahrens, V 2, 4.** Die Vorschrift ähnelt dem § 342 schon im Wortlaut weitgehend. Daher sind → § 342 Rn. 2ff. hier mitverwendbar. Das gilt insbesondere zur Behandlung von Verspätungsfragen oder einem früheren Anerkenntnis usw. Die Zurückversetzung erfolgt nur in den Stand „vor dem Schluss der mündlichen Verhandlung" nach § 136 IV, 296a oder im schriftlichen Verfahren in denjenigen Zeitpunkt, bis zu dem man nach § 128 II 2 Schriftsätze einreichen darf. Beides erfolgt außerdem nur in den Grenzen → Rn. 83. Eine zeitlich noch weitere Zurückversetzung ist nicht zulässig.

88 **3. Neue Entscheidung, V 3.** § 343 nach Einspruch gegen ein Versäumnisurteil gilt entsprechend, BGH NJW 2011, 1516. Soweit also die nach der neuen Verhandlung notwendige Entscheidung mit der bisherigen übereinstimmt, muss das Gericht die bisherige in seiner neuen Entscheidung ausdrücklich aufrechterhalten. Andernfalls muss das Gericht in seiner neuen Entscheidung die bisherige aufheben oder teilweise ändern und zur

Sache neu erkennen, AG Magdeb ZMR 2003, 45. Das kann auch zum Nachteil des Rügeführers geschehen (kein Verbot einer sog. reformatio in peius), Ffm NJW 2004, 168. Eine Aufrechterhaltung wie eine Aufhebung oder Änderung gehören in den Tenor der neuen Entscheidung nach § 313 I Nr. 4 oder der jetzt erforderlichen andersartigen neuen Entscheidung, etwa in einen jetzt erforderlichen Kostenbeschluss nach § 91a. Im Übrigen gelten die zu § 343 entwickelten Regeln entsprechend, → § 343 Rn. 2ff. Rechtsbehelfsbelehrung, Verstoß: §§ 232, 233 S. 2. Eine neue Rüge kann statthaft und evtl. notwendig sein, VerfGH RhPf NJW 2018, 846.

XI. Einstellung der Zwangsvollstreckung usw., § 707. Diese Vorschrift nennt in I 1 auch § 321a. Das 89
heißt zunächst: Das Gericht kann auf Antrag nach § 707 I 1 anordnen, dass die Zwangsvollstreckung gegen eine Sicherheitsleistung einstweilen eingestellt werde oder nur gegen eine Sicherheitsleistung stattfinde und dass die Vollstreckungsmaßregeln gegen eine Sicherheitsleistung aufzuheben seien. Dagegen kommt eine Einstellung der Zwangsvollstreckung ohne jede Sicherheitsleistung selbst dann nicht in Betracht, wenn nach § 294 glaubhaft ist, dass der Schuldner zur Sicherheitsleistung nicht in der Lage ist und dass die Vollstreckung ihm einen nicht ersetzbaren Nachteil bringen würde. Denn letzteres nennt nur der hier nicht ebenfalls für anwendbar erklärte § 707 I 2.

Sicherheitsleistung muss das Gericht bei § 707 I 1 und folglich nach §§ 108ff. beurteilen. Infrage kommt 90
also nach § 108 I 2 Hs. 1 wohl in erster Linie eine schriftliche, unwiderrufliche, unbedingte und unbefristete Bürgschaft eines im Inland zum Geschäftsbetrieb befugten Kreditinstituts.

Das **Verfahren** erfordert nach § 707 II 1 keine mündliche Verhandlung. Eine Anfechtung der Entscheidung 91
ist nach § 707 II 2 unstatthaft. Das gilt unabhängig davon, ob die Entscheidung in der neuen Hauptsacheentscheidung ergeht oder durch einen gesonderten Beschluss, von dem § 707 II 2 unvollständig spricht. Wenn das Gericht sie in der neuen Hauptsacheentscheidung mittrifft, ist deren übriger Inhalt natürlich wie sonst anfechtbar. Dazu kann eine Beschwer wie sonst zB nach → Vor § 511 Rn. 16 notwendig sein, aM Saarbr NJW-RR 2009, 1152 (aber § 321a befreit nicht von solcher Grundbedingung). Rechtsbehelfsbelehrung, Verstoß: §§ 232, 233 S. 2.

XII. Verstoß, I–V. Soweit das Gericht gegen § 321a verstößt, mag daran ein erneuter Verstoß auch gegen 92
Art. 103 I GG liegen. Indessen würde dessen Relevanz schon in diesen Verfahrensabschnitt womöglich zu endlosen Wiederholungen des Abhilfeverfahrens führen. Das ist mit dem Grundsatz der durch § 321a bezweckten Verfahrensökonomie nicht vereinbar. Deshalb macht auch **IV 4** zumindest einen Verwerfungs- oder Zurückweisungsbeschluss **unanfechtbar,** BGH FamRZ 2017, 1947; VerfGH Mü NJW-RR 2011, 430; Nürnb FamRZ 2015, 270. Vielmehr ist dann, wenn sich der Verstoß vor der Entscheidung des Abhilfeverfahrens nicht mehr beheben lässt, gegen eine Verwerfung oder Zurückweisung nur ggf. die Verfassungsbeschwerde denkbar. Gegen eine Abhilfe kommt nur der im fortgeführten Verfahren mögliche sonstige Rechtsbehelf infrage, BGH WM 2012, 325 (evtl. keine Bindung des Rechtsmittelgerichts). Kosten: Evtl. § 21 GKG.

XIII. Rechtsbehelfe, Verfassungsbeschwerde, I–V. Rechtsbehelfsbelehrung, Verstoß: §§ 232, 233 S. 2. 93
Das Rechtsmittelgericht kann eine Fortführungsentscheidung nach → Rn. 83 **voll überprüfen,** BGH FamRZ 2016, 1077. Es gibt mehrere Aspekte.

1. Nicht bei greifbarer Gesetzwidrigkeit. Eine nach früherer Ansicht möglich gewesene außerordentliche 94
Beschwerde wegen greifbarer Gesetzwidrigkeit war in Wahrheit schon nach dem alten Recht grundsätzlich wegen Verstoßes gegen das Gebot der Rechtsmittelklarheit unstatthaft, BVerfG NJW 2003, 1924; BGH FamRZ 2006, 696; BFH (1. Sen.) NJW 2004, 2853; BVerwG NVwZ 2005, 232 (ohne Vorlage nach dem RsprEinhG, Anh. § 140 GVG); aM BFH (4. Sen.) NJW 2004, 2854; Schuschke NZM 2003, 466 (WEG). Sie ist außerdem jetzt wegen § 574 unstatthaft, BGH FamRZ 2006, 696; BFH BB 2003, 514; KG FGPrax 2005, 66; aM BFH NJW 2005, 3374 (ohne Vorlage nach dem RsprEinhG, Anh. § 140 GVG); Bloching/Kettinger NJW 2005, 863 (sie sei „dem Tod noch einmal von der Schippe gesprungen"). Sie lässt sich auch wegen BVerfG NJW 2003, 1924 nicht mehr in eine fristgebundene bisher vielfach als zulässig erachtete Gegenvorstellung umdeuten, wie es bisher zB BFH NJW 2003, 919; Köln NZM 2003, 247; Naumb NJW-RR 2003, 313 taten. Dazu aber → Rn. 92.

2. Keine Gegenvorstellung. Eine Gegenvorstellung ist wegen einer Verletzung des rechtlichen Gehörs nicht 95
in auch nur entsprechender Anwendung von § 321a statthaft, BVerfG NJW 2006, 2907; BGH NJW 2007, 3789; KG MDR 2017, 1262, großzügiger BVerfG NJW 2014, 681 (Prozesskostenhilfe –?–); BFH NJW 2006, 861; Kblz MDR 2014, 986, strenger Köln NJW-RR 2005, 1228. Die Erfolglosigkeit einer Nichtzulassungsbeschwerde nach § 544 mag aber eine Anhörungsrüge notwendig machen, BVerfG NJW 2007, 3419.

Soweit eine **entsprechende Anwendung** des § 321a bei **anderen Grundrechtsverstößen (außer Art. 103** 96
GG, Art. 101 I GG) abgelehnt wird, wofür viel spricht, da dem Gesetzgeber bei Schaffung des § 321a dieser Umstand bekannt war, ohne dass er ihn in den Regelungsgehalt des § 321a mit aufgenommen hat, kommt jedoch eine Gegenvorstellung in Betracht, vgl. Prütting/Gehrlein/Thole Rn. 9; Thomas/Putzo/Seiler Rn. 18.

3. „Ergänzende" Rechtsbeschwerde. Demgegenüber bejaht BGH FamRZ 2007, 1642 eine „ergänzende" 97
Rechtsbeschwerde bei einer willkürlichen Nichtzulassung (!?), strenger grundsätzlich denn auch BGHZ 161, 347, ähnlich BGH MDR 2013, 422. Der Beschwerdeführer kann eine Rechtsbeschwerde freilich nicht zur Ergänzung der Begründung einlegen, BGH FamRZ 2006, 408. Zum Problem Gaul DGVZ 2005, 113.

4. Meistbegünstigung. Allenfalls ist der sog. Meistbegünstigungsgrundsatz nach → Vor § 511 Rn. 29 an- 98
wendbar, BGHZ 161, 348 (falscher Gerichtshinweis); Althammer/Löhnig NJW 2004, 1569.

5. Verfassungsbeschwerde. Dazu Allgäuer NJW 2013, 3484; Rieble/Vielmeier JZ 2011, 923. Grundsätzlich 99
kommt eine Verfassungsbeschwerde nur in Betracht, soweit das Gericht eine zulässige Anhörungsrüge nach IV 4 unanfechtbar verworfen oder zurückgewiesen hat. Ansonsten kann der Rechtsweg nach § 90 II 1 BVerfGG nicht erschöpft sein, BVerfG 10.10.2019 – 2 BvR 914/16, BeckRS 2019, 24673; AnwBl 2013, 666, Verfassungsgerichtshof des Freistaates Sachsen 23.1.2020 – Vf. 102-IV-19, VerfGH Mü NVwZ-RR 2016, 890; HessStGH NJW 2005, 2217 und 2219, strenger VerfG Brdb FamRZ 2011, 1243; VerfGH Mü NJW 2014, 683; Jooß NJW 2016, 1212. § 321a soll sie nach → Rn. 3, 4 nur auf ein möglichst geringes Maß beschränken und nicht etwa völlig ausschließen. Das letztere wäre einem einfachen Bundesgesetz auch gar nicht möglich. Ausnahmsweise darf man vor der Erschöpfung des Rechtswegs das Verfassungsgericht anrufen, BVerfG AnwBl 2013, 666, VerfGH Bln FamRZ 2008, 168. Das gilt zB dann, wenn kein Verstoß gegen Art. 103 I GG infrage kommt, BVerfG NJW 2011, 2276, oder wenn eine Anhörungsrüge offensichtlich aussichtslos wäre, BVerfG NJW 2010, 1588, oder

wenn sie zeitlich unzumutbar wäre, BVerfG FamRZ 2010, 865. Ein Rechtsmittelverzicht reicht aber dazu nicht, aM Schnabl AnwBl 2008, 190 (aber genau diese Belastungsursache beim BVerfG soll möglichst unterbleiben). Ebenso wenig reicht dazu die Rücknahme der Anhörungsrüge, VerfGH Bln NJW 2008, 3421.

100 **6. Gegen Abhilfe.** Eine Abhilfe lässt sich mit demjenigen Rechtsbehelf bekämpfen, der gegen die Entscheidung im nun fortgeführten Verfahren infrage kommt, Jooß NJW 2016, 1212.

Vorbemerkung zu § 322

Übersicht

1 **I. Rechtskraft. 1. Abgrenzung von anderen Urteilswirkungen.** Die ZPO verwendet namentlich in §§ 705, 322 I den Begriff ohne sprachliche Unterscheidung zwischen formeller und materieller Rechtskraft. Beide sind in ihren Wirkungen grundverschieden, aber innerlich miteinander verknüpft. Ihr gemeinsamer Zweck ist die Beendigung des Streites, formell durch Ablauf der Fristen, innerhalb derer ein Urteil angegriffen werden kann, materiell durch Erzeugung von Bindungswirkungen des Urteilsinhalts.

2 Eine Ausnahme macht das **Scheinurteil,** → Vor § 300 Rn. 35, das keine formelle Rechtskraft erlangen kann. Die Wiederaufnahmeklage nach §§ 578 ff., die Vollstreckungsabwehrklage nach § 767, die Abänderungsklage nach § 323 leiten jeweils ein neues Verfahren ein. Sie erfordern eine eigenständige Fallprüfung und sind für den Eintritt der Rechtskraft ohne Bedeutung, BGH NJW 1996, 57.

3 In Abgrenzung von §§ 705, 322 I regelt **§ 318** die **Innenbindung** des erkennenden Gerichts im laufenden Rechtsstreit. Sie tritt bereits mit Verkündung des Urteils nach § 311 ein. Eine Ausnahme sieht § 321a vor. Einen Sonderfall stellt die Bindungswirkung des **Vorbehaltsurteils** dar, das nur der formellen, nicht aber der materiellen Rechtskraft fähig ist, BGH NJW 1967, 566; → § 599 Rn. 21; → § 600 Rn. 11.

4 Man muss des Weiteren von der Rechtskraft die **Vollstreckbarkeit** unterscheiden. Die Vollstreckbarkeit nach §§ 704 ff. kann beim Leistungsurteil und bei der Kostenentscheidung nach §§ 91 ff. als vorläufige Vollstreckbarkeit nach §§ 708 ff. der Rechtskraft vorangehen. Nach Eintritt der formellen Rechtskraft ist die Vollstreckbarkeit des Urteils nicht mehr vorläufig. Für den Umfang der Zwangsvollstreckung ist ausschließlich der (vollstreckungsfähige) Inhalt des Tenors maßgeblich. Auf die materielle Rechtskraft kommt es insoweit nicht an. Schließlich kann ein rechtskräftiges Urteil für weitere Ansprüche **Tatbestandswirkung** entfalten, vgl. §§ 259 II, 260 II, 775 I Nr. 4 BGB; zur Bedeutung bei Erledigung des Rechtsstreits → § 91a Rn. 213.

5 **2. Formelle Rechtskraft.** Die Voraussetzungen der formellen Rechtskraft sind in § 705 geregelt. Sie bedeutet die Unanfechtbarkeit der Entscheidung und tritt mit Ablauf der jew. einschlägigen Rechtsmittel- oder Einspruchsfrist, der Rücknahme eines zulässig eingelegten Rechtsmittels oder dessen nicht anfechtbarer Verwerfung bzw. Zurückweisung ein. Sie setzt voraus,, dass der Gegenstand der Entscheidung weder durch Erweiterung der Rechtsmittelanträge noch durch ein Anschlussrechtsmittel in das Rechtsmittelverfahren einbezogen werden kann und damit insoweit jede Möglichkeit einer Änderung in einem Rechtsmittelzug ausgeschlossen ist, BGH NJW 1994, 657, 659; Oldb NJW-RR 2005, 368; → § 705 Rn. 11 „Teilrechtsmittel". Außerhalb der Rechtsmittelzüge liegende Verfahren, in denen der Eintritt überprüft werden könnte, sind unbeachtlich, → § 705 Rn. 4.

6 Die formelle Rechtskraft ist unabdingbare Voraussetzung der materiellen Rechtskraft, → Rn. 7, vgl. BGH NJW 2018, 235; NJW 2004, 295; Ddf GRUR-RR 2006, 383; BAG NZA 2013, 789 Rn. 10; → Vor § 253 Rn. 71.

7 **3. Materielle Rechtskraft.** Die materielle Rechtskraft, § 322 I, setzt die formelle nach → Rn. 5 voraus; vor Eintritt der Unanfechtbarkeit kann aus einem Urteil keine materielle Bindung hergeleitet werden. Natur und Wirkungen sind im Gesetz nicht näher geregelt und in Einzelheiten streitig. Ansatz der Prüfung ist im Normalfall die Frage, ob und inwieweit ein Urteil in einem späteren Rechtsstreit Wirkungen entfaltet, so dass die erneute Prüfung einer Sachfrage entfallen kann. Ausgangspunkt der Prüfung ist die sich jeweils in dem neuen Fall stellende Frage, die unter Beachtung von Rechtskraftwirkungen beantwortet werden muss.

8 Weitestgehende Einigkeit besteht im Ergebnis dahin, dass die nach § 705 formell rechtskräftige Entscheidung im Rahmen des ihr zukommenden Umfangs zumindest ein ordentliches Gericht in einem späteren Prozess derselben Parteien über dieselbe Sache bindet, BGH NJW-RR 2019, 762; → Rn. 16; NJW 2018, 2056; NJW 2011, 1353; NJW 2007, 2921 (Anerkenntnisurteil); BAG NZA 2013, 789 Rn. 10. § 322 I setzt der Rechtskraft eines Urteils enge Grenzen. Sie beschränkt sich auf den unmittelbaren Gegenstand des Urteils, dh die Rechtsfolge, die den Entscheidungssatz bildet, nicht aber auf einzelne Urteilselemente, tatsächliche Feststellungen und rechtliche Folgerungen, auf denen die getroffene Entscheidung aufbaut. Die Bindungswirkung ist also auf den Streitgegenstand des früheren Rechtsstreits beschränkt, BGH 16.12.2021 – I ZR 57/21 BeckRS 2021, 47052 Rn. 7; vgl. auch → § 2 Rn. 4; → § 253 Rn. 26; BGH NJW 2014, 314; NJW 2004, 1252 II 1; NJW 2003, 3058; *BAG NZA 2012,* 623 Rn. 6.

9 Am Anfang aller Überlegungen stehen mithin der genaue **Umfang** der voraufgegangenen Entscheidung und für den Normalfall die **Identität der Parteien** mit denjenigen des Erstprozesses bzw. deren Rechtsnachfolgern nach §§ 325 ff. Das Gericht darf also über denselben Gegenstand zwischen denselben Parteien nicht nochmals

entscheiden. Das gilt im jeweiligen Entscheidungsumfang auch für Urteile, die ausschließlich auf **prozessualen Erwägungen** beruhen, BGH NJW-RR 2007, 578 (keine Bindung für materielle Vorfragen); NJW 1985, 2535; auch → Vor § 253 Rn. 73.

Die Rechtskraftwirkung tritt selbst dann ein, wenn die zugrunde liegende Vorschrift **verfassungswidrig** war, BVerfG NJWE-MietR 1996, 121; BGH NJW 1989, 106, oder wenn man das Urteil als **verfahrensfehlerhaft** ergangen ansehen muss, BGH NJW-RR 1990, 390. 10

Zur **europarechtlichen** Erstreckung von Rechtskraftwirkungen auf die Gründe der Entscheidung EuGH EuZW 2013, 60. Europarecht kann die nationale Rechtskraft begrenzen, EuGH NZBau 2016, 229; Payandeh JuS 2020, 800. 11

II. Wesen der materiellen Rechtskraft

Schrifttum: Bach, Zur Entscheidung des EuGH, den unionsrechtlichen Rechtskraftbegriff auf zivilrechtliche Entscheidungen nationaler Gerichte anzuwenden, EuZW 2013, 56; Eicker, Die materielle Rechtskraft im Zivilprozess, JA 2019, 52; 132; Siegmund, Saldoklage und materielle Rechtskraft – Mietrückstände und weitere Ansprüche, WuM 2018, 601; Thomale, Materielle Rechtskraft – Eine kurze Ideen- und Kodifikationsgeschichte, JZ 2018, 430; ders., Bis in idem, JZ 2018, 1125; Vollkommer MDR 2016, 976.

1. Theoretische Ansätze. Im Ansatz sind zwei grundverschiedene Theorien zur materiellen Rechtskraft entwickelt worden, die **materiell-rechtliche** und die **prozessrechtliche.** Nach der materiell-rechtlichen Theorie gestaltet das Urteil die Rechtsbeziehungen der Parteien, und zwar nicht nur beim Gestaltungsurteil. Das richtige Urteil bestätigt oder schafft ein subjektives Recht. Es schafft zumindest eine entsprechende unwiderlegbare Voraussetzung. Das unrichtige Urteil vernichtet ein subjektives Recht und schafft eine neue Rechtslage **(Rechtsschöpfungslehre).** Es entsteht also ein Anspruch aus dem Urteil, RGZ 78, 389 (395): „Das rechtskräftige Urteil macht streitige Rechtsverhältnisse zwischen den Parteien endgültig unstreitig und legt sie in ihrer materiellen Gestaltung für die Zukunft unabänderlich fest, sodass was das Urteil ausgesprochen hat, nunmehr Recht wird, auch wenn es vorher dem materiellen Rechte bei dessen richtigem Verständnis nicht entsprach.", vgl. MüKoZPO/Gottwald § 322 Rn. 7, 15; Musielak/Voit/Musielak § 322 Rn. 4; Zöller/Vollkommer Vor § 322 Rn. 15; Überblick bei Vollkommer MDR 2016, 976. 12

Der prozessrechtliche Ansatz geht von einer alleine prozessualen Bindungswirkung aus, die das Gericht ohne Einbeziehung der materiellen Rechtslage daran hindert, in derselben Sache erneut zu entscheiden. Im Ergebnis hat der Theorienstreit keine praktische Bedeutung. 13

2. Vorrang der prozessualen Lösung. Den Vorzug verdient die heute alleine praxisrelevante, von der Rspr. vertretene prozessuale Lehre. Wenn das Gericht das subjektive Recht erst durch sein Urteil schüfe, wären alle Rechtsgeschäfte nur Wünsche. Das Gericht schafft nicht Recht, sondern wendet Recht an. Es gibt oder versagt Rechtsschutz. Es **„erkennt für Recht"**, wie meist ausdrücklich im Rubrum erklärt. Nur beim Gestaltungsurteil gestaltet, „schafft" es Recht. Aber dort stellt das Gericht kein Recht als bestehend fest, sondern gestaltet es anhand des Gesetzes und schafft die Rechtskraftwirkung ausnahmsweise für und gegen alle. Bildet ein Gericht das Recht fort, gibt es kein Gesetz, sondern legt den Willen des Gesetzes in einem weiteren Sinne aus, es denkt das Gesetz weiter. 14

Die materielle Rechtskraft beruht auf der staatsrechtlichen Erwägung, dass die **Rechtssicherheit** als eine der Grundlagen des Staates das Aufhören eines Streits um das Recht, insbesondere in einem neuen Rechtsstreit, in einem gewissen Zeitpunkt erfordert, BGH NJW 2014, 314; BAG NZA 2015, 1053 Rn. 40. Ein Richterspruch kann nicht Unrecht zu Recht machen. Aber er kann bewirken, dass das Recht des einzelnen hinter der Sicherung der Allgemeinheit durch den Rechtsfrieden zurücktritt, BGH NJW-RR 1987, 831; Mü FamRZ 2001, 1218. Die Rechtskraft verändert daher nicht die materielle Rechtslage, sie ist keine causa für den Erwerb und Verlust von Rechten, sondern besteht in der bindenden Kraft der im Urteil enthaltenen Feststellung. Weil das falsche Urteil die wahre Rechtslage nicht verändert, kann der Berechtigte sein Recht trotz der Rechtskraft immer dann zur Geltung bringen, wenn die Rechtskraft versagt, vor allem also gegenüber Dritten. 15

III. Wirkungen der materiellen Rechtskraft in der entschiedenen Sache

Schrifttum: Gräns, Das Risiko materiell fehlerhafter Urteile, 2002; Homfeldt, Die Beachtung der Rechtskraft im Zivilprozess von Amts wegen, 2001; Nieva-Fenoll ZZP 129, 89; Sepperer, Der Einwand entgegenstehender Rechtskraft in den Mitgliedstaaten der EuGVO, 2010.

1. Prozesshindernis. Zum Begriff der materiellen Rechtskraft → Rn. 7. Sachlich wirkt die Rechtskraft dahin, dass keine neue Verhandlung und Entscheidung über unmittelbaren, **identischen** Streitgegenstand der Vorentscheidung nach → § 2 Rn. 4 ff. zulässig ist, dh die materielle Rechtskraft ist auf die Rechtsfolge beschränkt, die den **Entscheidungssatz** bildet, BGH NJW-RR 2009, 790; BAG NZA 2018, 933 Rn. 29, Ddf GRUR-RR 2006, 383; Begründungselemente sich nicht erfasst, BGH NJW-RR 2006, 712 Rn. 13; NJW 1983, 2032. Identität muss hinsichtlich des Gegenstands und der Parteien vorliegen; Aberkennung eines Rechts gegenüber einem Prätendenten führt nicht zu der Feststellung, dass der in diesem Rechtsstreit alternativ als Rechtsinhaber gesehene andere Prätendent in dieser Position rechtskräftig bestätigt worden ist, BGH NJW 2000, 291 (294). Man darf den Entscheidungssatz nicht mit dem Urteilstenor gleichsetzen, da zur Auslegung je nach Lage des Einzelfalls Tatbestand, Entscheidungsgründe und Sachvortrag mit herangezogen werden müssen, → § 322 Rn. 21. 16

Im Umfang bestehender Rechtskraft ist eine neue Klage über den nach dem Sachverhalt rechtskräftig festgestellten Punkt mangels **Rechtsschutzbedürfnis** unzulässig, **ne bis in idem,** BGH 15.12.2020 – VIII ZR 304/19, BeckRS 2020, 42398; NJW 2018, 2056 Rn. 14; WuM 2011, 527; NJW-RR 2006, 1118; BAG NJW 2002, 1287; Oldb FamRZ 2011, 1530, was vorrangig erfordert, dass der genaue **Gegenstand der Entscheidung** festgestellt wird, BGH NJW 2017, 893 Rn. 13; NJW 2008, 1227; MüKoZPO/Gottwald § 322 Rn. 9. Es gilt auch für die Forderung nach dem Ausspruch des **kontradiktorischen** Gegenteils der zuvor festgestellten Rechtsfolge, BGH NJW 2016, 3158 Rn. 19; NJW 2003, 3058; BAG NJW 2011, 1020 Rn. 11. Die Rechtskraft ist mithin eine **negative Prozessvoraussetzung,** ein Prozesshindernis, BGH NJW 2014, 314 Rn. 13; NJW 1979, 1408; Hamm MDR 2016, 114; BAG NZA 2018, 653 Rn. 23. Fehlt es etwa wegen mangelnder Bestimmtheit an der Rechtskraftwirkung, kann analog § 767 I die Aufhebung des Titels beantragt werden, BGH NJW 1994, 460; auf ein Urteil erbrachte Leistungen können also nach Bereicherungsrecht zurückgefordert werden. 17

18 In Abgrenzung hierzu erstreckt sich die materielle Rechtskraft **nicht auf einzelne Urteilselemente,** tatsächliche Feststellungen und rechtliche Folgerungen, auf denen die getroffene Entscheidung aufbaut, BGH NJW 2017, 893 Rn. 13; eine Erweiterung der Bindungswirkung auf präjudizielle Rechtsverhältnisse im Rahmen von „Ausgleichszusammenhängen" oder **„Sinnzusammenhängen"** kommt nicht in Betracht, BGH NJW 2003, 3058; NJW 1995, 967; Mü MDR 2016, 415; letztlich ergibt sich dies auch aus der in § 256 II eröffneten Möglichkeit der Zwischenfeststellungsklage, BGH NJW 2010, 2210. Handelt es sich bei der entschiedenen Sache lediglich um die Klärung einer **Vorfrage,** ist die Entscheidung für den späteren Streitgegenstand nicht bindend, wohl aber als solche mit Bindungswirkung für die Vorfrage selbst hinzunehmen, BGH NJW 2003, 3058; NJW 1995, 2993 Nr. 3; NJW 1993, 3204 (abgewiesener Anspruch, auf den die neue Forderung aufbaut). Auswirkungen auf die nunmehr zu entscheidende Sache ergeben sich dann nicht aus Bindungswirkungen, sondern aus den Gegebenheiten des Falles, BGH NJW 2008, 2922. Die Klage ist in diesen Fällen nicht unzulässig, indes fehlt ihr ein Element der Begründetheit, BGH NJW 2008, 1227 Rn. 23.

19 Zur Tatbestandswirkung des Urteils auch → Rn. 4; zu **präjudiziellen** Rechtsverhältnissen → § 322 Rn. 91.

20 **2. Prüfung von Amts wegen, keine Parteihoheit.** Das Gericht muss die Rechtskraft in jeder Lage des Prozesses zwar nicht von Amts wegen ermitteln, wohl aber beachten, BGH NJW-RR 2018, 719 Rn. 15; NJW 2011, 2787 Rn. 13; GRUR 2010, 231 Rn. 15; NJW 2008, 1227 Rn. 9 (auch in der Revision); Hamm MDR 2016, 114. Die Frage darf nicht offen bleiben, → § 322 Rn. 45. Die Nichtbeachtung ist ein Mangel, der evtl. die Restitutionsklage nach § 580 Nr. 7a zulässt.

21 Die Rechtskraft unterliegt, etwa im Sinne des Einwandes unerlaubter Rechtsausübung, **nicht der Parteiherrschaft,** BGH NJW-RR 1987, 642. Abzugrenzen hiervon ist allerdings das Recht der Parteien, soweit materiellrechtlich möglich, über den Gegenstand eine neue Vereinbarung zu treffen, BAG NZA 2013, 1416 Rn. 16.

22 **3. Ausnahmsweise: Rechtsschutzbedürfnis für eine neue Klage.** Eine neue Klage mit identischem Streitgegenstand ist abweichend von → Rn. 16 zulässig, wenn für sie ausnahmsweise ein Rechtsschutzbedürfnis besteht, BGH NJW 2018, 235 (str. Reichweite der Urteilsformel). Normalerweise wird in diesen Fällen eine Feststellungsklage erhoben, deren Ziel die Klarstellung des ersten Urteils ist.

23 **Beispiele:**

24 **Ausländisches Urteil:** Das Urteil des Erstprozesses erging im Ausland und lässt sich im Inland nicht anerkennen; Rechtskraftwirkungen werden insoweit nicht anerkannt, BGH NJW 1987, 1146; NJW 1964, 1626; Stuttg GmbHR 2002, 1123; Mü NJW-RR 1997, 571; Nürnb FamRZ 1980, 925; aA Zöller/Geimer ZPO § 328 Rn. 36.

Auslegung: Ein Auslegungsstreit über den Urteilsinhalt kann die erneute Klage rechtfertigen, BGH NJW 2018, 235.

Falschbezeichnung: Nicht korrigierbare Falschbezeichnung des Vollstreckungsgegenstands im Tenor, BGH NJW 1972, 2268.

Unbestimmtheit: Fehlende Vollstreckbarkeit wegen fehlender Bestimmtheit, BGH NJW 1997, 2320; NJW 1973, 803; Zweibr NJW-RR 1997, 1; „Falschbezeichnung".

Unterlassungstitel: Parteien streiten um die Frage, ob ein bestimmtes Verhalten hiergegen verstößt, BGH NJW 2008, 1001.

Urteilsformel: Die Parteien streiten um deren genauen Inhalt, BGH NJW 2018, 235.

Vergleich: Diese Grundsätze geltend auch für einen Vergleich, Saarbr NJW-RR 2010, 95 aE.

Verjährung: Nicht erfolgte Hemmung durch das erste Urteil macht zweite Klage zulässig, BGH NJW 2018, 2056 Rn. 15; NJW 1985, 1711; NJW-RR 2003, 1076 (Vorrang § 212 I Nr. 2 BGB); Stgt NJW 2018, 1554 (KfB).

Verlust, Vernichtung: BGH GRUR 2004, 755; NJW 1985, 1711; NJW 1957, 1111.

Vollstreckungsverfahren: Auslegung des Titels in der Zwangsvollstreckung steht dem rechtlichen Interesse an einer Klärung in einem neuen Erkenntnisverfahren nicht entgegen, BGH NJW 2018, 235.

Zwangsvollstreckung: Eine Privilegierung zB nach § 850f II kann die erneute Klage rechtfertigen, BGH NJW 2010, 2210; NJW 2006, 2922; NJW 2005, 1663; NJW 2003, 515. Dann ist in der Regel eine **Feststellungsklage** nach § 256 I zulässig, mit welcher im Wege der Klarstellung der Mangel des Titels beseitigt wird. Nur wenn dies nicht in Betracht kommt, ist die erneute Leistungsklage eröffnet; für generelle Zulässigkeit der Leistungsklage bei unbestimmtem Titel Stgt NJW-RR 1997, 1.

25 **IV. Persönliche Wirkung der Rechtskraft. 1. Zwischen den Parteien.** Die Rechtskraft eines Urteils wirkt grundsätzlich nur zwischen den Parteien. Nach § 325 I kann die Rechtsnachfolge in den streitbefangenen Gegenstand sowie im mittelbaren Besitz zu einer Rechtskrafterstreckung führen. Näher → § 325. Zu sonstigen Fällen → § 325 Rn. 51.

26 **2. Bindung für andere Gerichte und Behörden.** Rechtskräftige Urteile der Zivilgerichte binden im Rahmen der subjektiven Grenzen, → Rn. 25, nach § 322 I zunächst nur für spätere Zivilprozesse, Mü NJW 2016, 2512 Rn. 14. Sie können jedoch darüber hinaus Wirkungen für die Gerichte anderer Gerichtszweige entfalten, BGH NJW 1998, 3055; MüKoZPO/Gottwald § 322 Rn. 67, 78. Auch die anderen Zweige der Staatsgewalt sind aufgrund der Einheit der Rechtsordnung gebunden. vgl. für die anderen Gerichtszweige die mit § 322 inhaltlich vergleichbaren Regelungen in § 121 VwGO; § 141 SGG, insbesondere II; § 110 FGO. Insgesamt kommt es jedoch maßgeblich auf die Umstände des Einzelfalls an. Zu beachten ist generell, dass sich in weiteren Streitigkeiten außerhalb der Zivilgerichtsbarkeit, abgesehen von Prozessen vor den Arbeitsgerichten, kaum einmal eine identische Parteienkonstellation finden wird.

27 Ergeben kann sich eine Tatbestandswirkung für die Prüfung weiterer Rechtsverhältnisse, → Rn. 3, wie auch das Ergebnis eines Gestaltungsurteils grds. allgemein zu beachten ist, → § 322 Rn. 33. Tatsachenfeststellungen nehmen an der Rechtskraftwirkung nicht teil, → § 322 Rn. 20.

28 **Beispiele:**

29 **Erbschein:** Freiwillige Gerichtsbarkeit.

Freiwillige Gerichtsbarkeit: Das in einem Zivilurteil zwischen den Parteien rechtskräftig festgestellte Recht bindet auch hier, BayObLG FamRZ 1998, 334; Mü NJW 2016, 2512; KG FamRZ 1996, 1572 (jew. Erbschein, nicht aber im Verhältnis zu einem nicht am Rechtsstreit beteiligten Erbprätendenten); Ffm ZEV 2016, 275 (auch bei VU); MüKoZPO/Gottwald § 322 Rn. 72.

Prozesskostenhilfe: Trotz fehlender Identität der Verfahrensgegenstände bindet eine präjudizielle Entscheidung auch im nachfolgenden PKH-Verfahren, BGH NJW 2012, 1964 Rn. 11.
Statussache: Bindend sein kann eine solche Entscheidung des FamG gegenüber jedermann nach § 184 FamFG.
Strafgericht: Nach § 262 StPO entscheidet das Strafgericht auch zivilrechtliche Fragen grds. selbst, mit der Ausnahme des § 262 II StPO. Statusfragen werden vom Zivilgericht bindend festgestellt, BGH NJW 1975, 1232 (Vaterschaft, § 1600d I BGB, § 184 II FamFG).
Vollstreckungsgericht: Bindend ist auch seine Entscheidung. Denn sie ergeht im weiteren Sinn im Zivilprozess.

3. Bindung der Zivilgerichte an Entscheidungen von anderer Seite. Beispiele: 30
Amtshaftung: Die Entscheidung des VerwGerichts über die Rechtswidrigkeit einer Amtshandlung ist bindend, BGH NJW 2005, 748; NVwZ 2001, 465. 31
Arbeitsgericht: Binden kann seine Entscheidung nach §§ 17, 17a GVG. IÜ bestehen keine Hindernisse, die rechtskräftige Entscheidung eines Gerichtszweigs im anderen zu beachten.
Ausländische Entscheidung: § 328; § 722; Art. 34 Nr. 3, 4, Art. 45 I LugÜ.
Baubehörde: → „Verwaltungsbehörde".
Berufsgenossenschaft: Die Anerkennung als Arbeitsunfall ist unter den Parteien bindend, BGH NJW 2009, 3235; NJW-RR 2008, 1239. Man beachte jedoch, dass der Schadensumfang für zivilrechtliche Ansprüche sich deutlich anders darstellen kann.
Bundesverfassungsgericht: Seine Entscheidungen binden auch für die Interpretation einer Norm, BVerfG NJW 1975, 1355.
Finanzgericht: § 110 I 1 FGO. Binden kann seine Entscheidung nach §§ 17, 17a GVG.
Justizverwaltungsakt: Das Gericht ist ggf. an den Vorrang des Verfahrens nach §§ 23 ff. EGGVG gebunden, BGH NJW 2009, 3235 Rn. 11; abgrenzend NJW-RR 2016, 445 Rn. 11.
Kartellbehörde: Vgl. § 33b GWB, BGH NJW 2019, 661 Rn. 45 für § 33 aF; NJW 2018, 2479 Rn. 31
Sozialbehörde: § 141 SGG. Die unanfechtbare Entscheidung über die Versicherung eines Unfalls bindet, BGH NJW 2009, 3235.
Sozialgericht: Binden kann seine Entscheidung nach §§ 17, 17a GVG.
Strafgericht: Bindend für das Zivilgericht ist eine Entscheidung, durch die das Strafgericht im Adhäsionsverfahren nach § 406 StPO eine Entschädigung zuspricht, BGH NJW 2015, 1252; deutlich § 406 III 4 StPO. IÜ hat ein Strafurteil nur Tatbestandswirkung; die Richtigkeit des Vorwurfs muss das Zivilgericht eigenständig prüfen, darf sich aber bei der Beweiswürdigung von den Erwägungen des Strafgerichts mit leiten lassen, BGH NJW-RR 2018, 1534; NJW-RR 2005, 1024.
Steuerbescheid: Er hat Tatbestandswirkung; eine Bindung an die Rechtsauffassung der Behörde besteht nicht, Hamm MDR 2014, 679.
Verwaltungsgericht, -behörde: Bindend ist nach **§ 121 VwGO** ein **Urteil,** soweit dessen Rechtskraft (Verbindlichkeit) reicht (im allgemeinen nur die Beteiligten und ihre Rechtsnachfolger), BGH NVwZ-RR 2021, 640; NVwZ 2019, 1696 Rn. 24; NJW-RR 1994, 1272 (Tatbestandswirkung eines Bewilligungsbescheids); NJW 1987, 773 (Erschließungsbeitrag). Eine Entscheidung des Verwaltungsgerichts kann für das Zivilgericht Tatbestandswirkung haben, BGH NJW 1992, 313 (beamtenrechtliche Dienstzeiten); NJW 1992, 1384 (Versagung einer Genehmigung); NJW 1985, 3025 (Verneinung der Voraussetzungen einer Enteignungsentschädigung); NJW 1983, 1661 (Flurbereinigung); NJW 1980, 2814 (Gültigkeit eines Bebauungsplans).

Die Bindung an einen **Verwaltungsakt** hängt vom Regelungsgehalt ab; seine Geltung setzt Beteiligung am Verwaltungsverfahren voraus, BGH NVwZ-RR 2021, 640. Die Erteilung einer Baugenehmigung kann je nach Inhalt einen quasinegatorischen Anspruch ausschließen, BGH NJW 2022, 2400 Rn. 20 (Legalisierungswirkung); Abweisung einer Verpflichtungsklage auf Erteilung einer **Baugenehmigung** mit der tragenden Begründung, das Bauvorhaben sei materiell baurechtswidrig, bindet für einen Zivilprozess unter denselben Beteiligten, BGH NZM 2021, 321; Hamm MDR 2022, 890. Gleiches gilt für die Abweisung einer gegen die Genehmigung einer Windenergieanlage gerichteten Anfechtungsklage selbst dann, wenn die Einhaltung der §§ 3 I, V, 5 I Nr. 1 BimSchG bereits der Zulässigkeit entgegengestanden haben, Hamm MDR 2022, 890. Eine Prüfung der Verbindlichkeit ist grds. den zuständigen (Verwaltungs-)Gerichten vorbehalten; eine Ausnahme gilt für Regresssachen, MüKoZPO/Gottwald § 322 Rn. 78; → „Amtshaftung".
Vollstreckungsgericht: Bindend ist auch seine Entscheidung. Denn sie ergeht im weiteren Sinn im Zivilprozess.

V. Entscheidung ungeachtet bestehender Rechtskraft. 1. Allgemeine Regeln. Die Überwindung der Rechtskraft ist in folgenden Fällen möglich: Durch Wiedereinsetzung wegen Versäumung der Einspruchs- oder Rechtsmittelfrist nach §§ 233 ff.; durch Bestimmung des zuständigen Gerichts nach § 36 I Nr. 5, 6; durch Abänderungsklage nach §§ 323 ff.; durch Nachforderungsklage zur Sicherheitsleistung nach § 324; durch Wiederaufnahme nach §§ 578 ff.; durch Anhörungsrüge nach § 321a. §§ 10, 11 UKlaG bieten eine spezielle Regelung. Eine Änderung der Gesetzgebung wirkt regelmäßig nicht auf die Rechtskraft, sofern nicht das Gesetz eine Erneuerung des Streits ausdrücklich zulässt, BGH NJW-RR 2022, 621. 32

2. Sittenwidrigkeit, § 826 BGB. a) Grundlagen. Nach seit langem gefestigter Rspr. können sich gegen ein rechtskräftiges Urteil aus § 826 BGB Einwände herleiten lassen. Bereits RGZ 46, 75 (79) gab unter den Voraussetzungen der Norm gegenüber einem rechtskräftigen Urteil den Einwand der **Arglist.** Nach BGH NJW-RR 2012, 304 Rn. 15 kann ein Gläubiger in besonders schwerwiegenden, eng begrenzten **Ausnahmefällen** nach § 826 BGB zur Unterlassung der Zwangsvollstreckung aus einem rechtskräftigen, aber materiell unrichtigen Titel verpflichtet sein, wenn es mit dem Gerechtigkeitsgedanken schlechthin unvereinbar wäre, dass der Titelgläubiger seine formelle Rechtsstellung unter Missachtung der materiellen Rechtslage zu Lasten des Schuldners ausnutzt, die Lösung billigend BVerfG NJW-RR 1993, 232; vgl. auch BGH NJW 1987, 3256. Erfasst sind damit auch der Prozessbetrug sowie Fälle, in denen die Rechtskraftwirkungen eines Urteils der Erhebung weiterer Ansprüche an sich entgegenstehen, Vorgreiflichkeit aber dennoch nicht eingewandt werden kann, BAG NZA 2020, 817 Rn. 31; → § 322 Rn. 91. 33

Die materielle **Rechtskraft** wird in all diesen Fällen nicht durchbrochen, sie muss jedoch zurücktreten und einer neuen Lösung mit neuem Streitgegenstand bzw. einem auch im Lichte der Rechtskraft beachtlichen, selbständigen Einwand weichen; es handelt sich also um die Anwendung materiellen Zivilrechts, BGH NJW 34

2006, 154 (156); VersR 1995, 228, mithin um einen auf Naturalrestitution gerichteten **Schadensersatzanspruch,** nicht etwa um einen „außerordentlichen Rechtsbehelf", BGH NJW 2006, 154. Die Lösung ist nur bei Vorliegen einer rechtskräftigen Entscheidung zu prüfen, BGH NJW 2005, 2991 (2994); NJW 1999, 1257; NJW 1996, 57 (59). Sie ist jedoch gegenüber anderen Möglichkeiten, namentlich der Wiederaufnahme, **nicht subsidiär,** BGH NJW 1968, 1275; NJW 1964, 1672; zur aA MüKoZPO/Gottwald § 322 Rn. 223. Daraus ergeben sich aufgrund der hohen Bedeutung der Rechtskraft wiederum entsprechend hohe Anforderungen an die Voraussetzungen, unter denen der Anspruch bejaht wird. Die Zulässigkeit anderweitiger Möglichkeiten des Rechtsschutzes ist daher generell mit zu prüfen.

35 Der Lösungsweg ist daher auf **Ausnahmefälle** beschränkt, in denen es aufgrund einer **Gesamtabwägung** aller Umstände mit dem Gerechtigkeitsgedanken schlechterdings unvereinbar wäre, dem Titelgläubiger seine formelle Rechtsstellung zu belassen, BGH NJW 2002, 2940 (2943); eingehend BAG NZA 2020, 817 Rn. 31. Die bloße Kritik am ersten Urteil reicht nicht aus, BGH NJW 1974, 557. IdR müssen zur objektiven Unrichtigkeit des Titels und der Kenntnis des Gläubigers weitere Umstände hinzutreten, welche die Durchsetzung als nicht hinnehmbar erscheinen lassen, BGH NJW 1988, 971. Nur im besonders gelagerten Einzelfall ist der Anspruch ohne Gesamtabwägung aus punktuell gegebenen Gründen bejaht worden, Hamm NJW-RR 1990, 306 (Wucherzins).

36 Eine Entscheidung nach § 826 BGB scheidet aus, wenn das erste Urteil durch **nachlässige Prozessführung** zustande gekommen ist, BGH NJW 1996, 57 aE; NJW-RR 1988, 957; auch BGH NJW-RR 2012, 304 Rn. 16. § 582 gilt entsprechend, BGH NJW 1974, 557, dies jedoch nicht, wenn anstelle der jur. Person der Organvertreter in Anspruch genommen wird, BGH NJW 1989, 1285. Vortrag, der im Vorprozess möglich war, kann nach dem Rechtsgedanken des § 767 II ausgeschlossen sein, wenn nicht neue Gesichtspunkte ihn im Rahmen der Gesamtabwägung rechtfertigen.

37 Die Lösung gilt auch für **Beschlüsse,** BGH NJW 1963, 1606 (Verwerfung eines Rechtsmittels) sowie für Urteile der **Arbeits**-, BAG NJW 1961, 573, und der **Sozialgerichte,** BSG NJW 1987, 2038.

38 **b) Verfahren.** Die auf § 826 BGB gestützte Klage des Schuldners richtet sich im Regelfall auf **Unterlassung** der Zwangsvollstreckung und **Herausgabe** des (näher zu bezeichnenden) Titels, BGH NJW 2002, 2940 (2943); Ffm NJW-RR 1990, 307. Daneben ist namentlich gegen Maßnahmen der Zwangsvollstreckung aus demselben Gesichtspunkt der letztlich auf § 242 BGB **(„dolo petit")** gestützte Einwand der Unzulässigkeit denkbar, BGH NJW 1974, 557; NJW 1964, 2350 (2353). Der Lösungsansatz eignet sich auch für jedwedes andere Urteil, etwa auf Feststellung oder Gestaltung. Bei der **Vollstreckungsgegenklage** nach § 767 mag eine Begründung alleine in § 242 BGB in Betracht kommen, BGH NJW 2015, 955 Rn. 39. Wurde bereits geleistet, kann die Rückerstattung verlangt werden, LG Bochum NJW-RR 1993, 302.

39 Das Gericht des Schadensersatzprozesses ist berechtigt und verpflichtet, die im voraufgegangenen Verfahren getroffenen Feststellungen durch umfassende Wiederholung der Beweisaufnahme nachzuprüfen, BGH NJW 2006, 154 (156 Nr. 3.b aa). Voraussetzung ist, dass die Gesamtabwägung aufgrund der schlüssig neu vorgebrachten Gesichtspunkte dies rechtfertigt; die Frage hat Vorrang. Die Darlegungslast liegt beim Kläger; ein Geständnis aus dem Vorprozess wirkt nicht fort, BGH NJW 2006, 154 (156 f.). Da es sich des Weiteren um offensichtlich falsche Entscheidungen handeln muss, BGH NJW 1963, 1606, sind an die Sachverhaltsfeststellung hohe Anforderungen zu stellen.

40 Str. ist, ob der aus § 826 BGB hergeleitete Einwand analog § 769 zu berücksichtigen ist, befürwortend Zweibr NJW 1991, 3041; LG Berlin NJOZ 2005, 3994, ablehnend Ffm NJW-RR 1992, 511; Stgt NJW-RR 1998, 70. Da die auf § 826 BGB aufbauende Lösung gänzlich eigenständig ist, erscheint das Vorliegen einer planwidrigen Gesetzeslücke fraglich, zumal die Klage aus § 767 auch alleine auf den nahe bei ihr liegenden § 242 BGB gestützt werden kann, BGH NJW 2015, 955 Rn. 39. In besonderen Eilfällen kommt demnach nur die einstweilige Verfügung in Betracht, mit der dem Gläubiger die weitere Verwendung des Titels, ggf. gegen Sicherheitsleistung, untersagt wird. Da die Ergebnisse einander entsprechen, bedarf es keiner vertieften Auseinandersetzung mit dem Problem; die Praxis sollte Anträge wohlwollend auslegen.

c) Fallbeispiele

41 **Abtretung:** Das Verhalten eines Zessionars ist generell eigenständig zu prüfen. Zugunsten eines Zessionars, der den unter den Voraussetzungen des Haftung nach § 826 BGB erworbenen Titel erwirbt, gibt es keinen Gutglaubensschutz, Zöller/Vollkommer ZPO Vor § 322 Rn. 74bb). Erwirkt erst der Zessionar den Titel, kommt es im Lichte der von ihm erworbenen Forderung für die Prüfung der Voraussetzungen von § 826 BGB auf sein Verhalten an, BGH NJW 2005, 2991.

Anwaltliche Beratung: Sie kann nach der Rspr. sittenwidrigem Vorgehen des Gläubigers entgegenstehen, BGH NJW 2002, 2940 (2943); NJW 1987, 3259; Zöller/Vollkommer ZPO Vor § 322 Rn. 74cc). Dem ist jedenfalls insoweit zu widersprechen, als der Anwalt nach den Maßstäben anwaltlicher Haftung selbst vertragswidrig handelte, wenn er von der Begründetheit des titulierten Anspruchs ausginge. Dann nämlich eröffnete die Inanspruchnahme anwaltlichen Rates dem Titelgläubiger die Möglichkeit, eigenes sittenwidriges Handeln hinter einem rechtswidrigen Handeln des Anwalts zu verbergen. Das ist in der nach → Rn. 33 ff. vorgegebenen Gesamtabwägung nicht hinnehmbar, insbesondere wenn Gl. den Anwalt in Regress nehmen könnte.

Beweislast: Sie liegt bei der Partei, welche den Anspruch aus § 826 BGB geltend macht, BGH NJW 2005, 2991 (2994).

Bürgschaft: Nichtigkeit nach § 138 BGB kann ausreichen, BGH NJW 2002, 2940 (2943); NJW 1994, 1278; NJW 1994, 1341.

Drittschuldner: Ihm steht der Anspruch aus § 826 BGB nicht zu, BAG NJW 1989, 1053.

Erschleichen eines Titels: Liegt zB bei kollusivem Zusammenwirken mit Vertretern vor, BGH NJW 1996, 658.

Irreführung des Gerichts: Sie kann ausreichen, BGH NJW 2006, 156.

Kenntnis: Zu der Kenntnis des Gläubigers von der materiellen Unrichtigkeit des Titels müssen weitere Umstände hinzukommen, welche die Art der Erlangung des Titels oder die Ausnutzung der Vollstreckung betreffen, BGH NJW 2005, 2991; NJW 2002, 2940 (2943); NJW 1987, 3256 (Umgehung der Schlüssigkeitsprüfung durch Wahl des Mahnverfahrens). Kenntniserlangung nach Rechtskraft reicht im Streit über die künftige Vollstreckbarkeit des Titels aus, BGHZ 103, 44; BGH NJW 1987, 3256.

Schiedsspruch: Die Vollstreckbarerklärung kann unter Rückgriff auf § 826 BGB abgelehnt werden, BGH NJW 2001, 373.
Überforderung: Sie reicht alleine nicht aus, BGH NJW 1996, 1274.
Verfassungsrecht: Nachträglich erkennbare, vom BVerfG entwickelte Grundsätze, die eine andere Entscheidung hätten tragen können, reichen grds. nicht aus; es bedarf der vollen Prüfung des § 826 BGB, Köln NJW-RR 2001, 139.
Versäumnisurteil: Auch hier kommt der Lösungsweg trotz voraufgegangener Schlüssigkeitsprüfung in Betracht, BGH NJW 2002, 2940 (2943); LG Köln NJW 1991, 2427; ablehnend Hamm NJW 1991, 1361.
Vollstreckungsbescheid: Sittenwidrige Ausnutzung liegt vor, wenn für den Gläubiger erkennbar war, dass die Forderungen einer gerichtlichen Schlüssigkeitsprüfung nicht standhalten würde, BGH NJW 1999, 1257; NJW 1998, 2818; NJW-RR 1992, 1072; NJW 1987, 3256. Der Missbrauch des Mahnverfahrens ist in der Gesamtabwägung selbständig zu berücksichtigender Gesichtspunkt, BGH NJW 2005, 2991; „Kenntnis".
Wertpapierbereinigungsverfahren: BGH WM 1968, 869.
Wiederaufnahme: Die Grundsätze gelten auch für ein Urteil im Wiederaufnahmeverfahren, BGH NJW 2006, 154.
Zustellung: Erschleichen öffentlicher Zustellung kann ausreichen, BGH NJW 2003, 1326.

3. Treu und Glauben. Die Berufung auf die Rechtskraft kann in besonders gelagerten Fällen gegen den Grundsatz von Treu und Glauben verstoßen; es gelten insoweit die gleichen Voraussetzungen wie vorstehend für die Anwendung des § 826 BGB, BGH NJW 1993, 3204. 42

322 *Materielle Rechtskraft.* **[I] Urteile sind der Rechtskraft nur insoweit fähig, als über den durch die Klage oder durch die Widerklage erhobenen Anspruch entschieden ist.**

[II] Hat der Beklagte die Aufrechnung einer Gegenforderung geltend gemacht, so ist die Entscheidung, dass die Gegenforderung nicht besteht, bis zur Höhe des Betrages, für den die Aufrechnung geltend gemacht worden ist, der Rechtskraft fähig.

Schrifttum: Braun, Materielle Rechtskraft und prozessuale Betrachtungsweise, FS Spellenberg, 2010, 69; Bub, Streitgegenstand und Rechtskraft bei Zahlungsklagen des Käufers wegen Sachmängeln, 2001; Chen, Die objektiven Grenzen der materiellen Rechtskraft, 2015; Ellrich, Die subjektive Reichweite der Rechtskraft bei nichtakzessorischen Sicherungsrechten, 2009; Fervers, Die Bindung Dritter an Prozessergebnisse, Habil. 2022; Germelmann, Die Rechtskraft von Gerichtsentscheidungen in der Europäischen Union, 2009; Schack, Europäische Rechtskraft?, FS Geimer, 2017, 611; Schlosser, „Schuldrechtliche" Ergänzungen der materiellen Rechtskraft, FS Stürner, 2013, 509; Sepperer, Der Rechtskrafteinwand in den Mitgliedstaaten der EuGVO, 2010; Terhalle, Die Reichweite der Rechtskraft klageabweisender Urteile, 2011.

Übersicht

A. Materielle Rechtskraft, I.

1 **I. Systematik, I, II.** Zunächst → Vor § 322 Rn. 1. Die Vorschrift regelt die Rechtskraft für alle rechtskraftfähigen Entscheidungen. Sie wird durch Regelungen zur Abänderung von Urteilen in §§ 323 ff. sowie zur subjektiven Rechtskraftwirkung in §§ 325 ff. ergänzt und in §§ 704 ff. für die Zwangsvollstreckung weiterentwickelt. Die Ermittlung der Rechtskraftwirkungen eines Urteils ist untrennbar verbunden mit dem **Streitgegenstand,** → § 2 Rn. 4; → § 253 Rn. 26, und dem **Bestimmtheitsgrundsatz,** § 253 Rn. 38. Vgl. dazu die Ausführungen zur Maßgeblichkeit des wahren Entscheidungsumfangs, → Rn. 8, insbesondere zur **Auslegung** von Urteilen, → Rn. 21.

2 Beide Fragen haben direkte Auswirkungen auf weitere Klagemöglichkeiten, auf den Umfang und auf die Grenzen der Vollstreckbarkeit und auf den Umfang der Bindung der Parteien wie des Gerichts, wenn die bisher erörterten Probleme Vorfragen weiterer Auseinandersetzungen werden.

3 **II. Regelungszweck, I, II.** Die Vorschrift bezweckt die Klärung und Abgrenzung desjenigen Streitstoffs, den das Gericht im Erkenntnisverfahren nach §§ 253 ff. abschließend beurteilt und nun zur Vollstreckung nach §§ 704 ff. eröffnet hat, mag diese nach §§ 708 ff. vorläufig oder endgültig erfolgen. Ziel der Regelung ist mithin die Sicherung des Rechtsfriedens und der Funktionsfähigkeit der Gerichte, BGH NJW 2012, 1964 Rn. 11. Das Gebot der **Rechtssicherheit** erfordert eine sorgsame Abwägung dessen, was man als ausgeurteilt ansehen kann.

4 „Anspruch" iSd Regelung ist der **Streitgegenstand** nach → § 2 Rn. 4 als ein Zentralbegriff zur Abgrenzung der Rechtskraft. Eine klare Formulierung im Urteil kann vor allem im eigentlichen Urteilsspruch wie natürlich auch in den Entscheidungsgründen helfen, solche Folgeprobleme gar nicht entstehen zu lassen.

5 **III. Geltungsbereich, I, II. 1. Verfahrensarten.** Die Vorschrift gilt in allen Verfahrensarten nach der ZPO, BGH NJW 2018, 235 (§ 888) auch im Arbeitsrecht, BAG NZA 2016, 906 Rn. 19 (Beschlussverfahren); 2013, 437 Rn. 87 (Eilverfahren), im WEG-Verfahren, im Adhäsionsverfahren nach § 406 III 1, 3 StPO für die Stattgabe, BGH NStZ-RR 2019, 320; NJW 2015, 1252. Sie gilt im FamFG-Verfahren, BGH NJW-RR 2009, 138. Sie erfasst in Abs. I den Streitgegenstand der Klage, in Abs. II eine zur Aufrechnung gestellte Gegenforderung.

6 **2. Rechtskraftfähigkeit, I.** Der materiellen Rechtskraft fähig nach → Vor § 322 Rn. 7 ist zunächst jedes Urteil eines ordentlichen Gerichts, das endgültig und vorbehaltlos eine Rechtslage feststellt oder über eine Rechtsfolge entscheidet. Es muss durch Verkündung nach § 311 II 1 Wirkung erlangt haben, BGH NJW 2012, 1591 Rn. 11; BAG NJW 2021, 1833 Rn. 21.

3. Beispiele zur Frage der Rechtskraftfähigkeit, I

7 **Anerkenntnisurteil:** Der materiellen Rechtskraft fähig ist ein Anerkenntnisurteil nach § 307, BGH GRUR 2015, 269; Karlsr NJW-RR 1991, 1151.

Anordnungsbeschluss: „Ermächtigungsbeschluss".

Arbeitsgericht: Der materiellen Rechtskraft fähig ist ein Urteil des Arbeitsgerichts, BAG NJW 2015, 2064, ebenso ein Beschluss, BAG NZA 2016, 906 Rn. 19.

Arrest, einstweilige Anordnung oder Verfügung: → Rn. 48.

Ausländisches Urteil: Vgl. §§ 328, 722, § 109 FamFG. Zum EU-Recht Schmahl/Köber EuZW 2010, 927.

Beschluss: Der materiellen Rechtskraft kann ein Beschluss fähig sein, soweit in ihm eine der formellen Rechtskraft nach § 705 fähige Entscheidung steckt, BGH NJW 2018, 235 (§ 888), auch ein Berichtigungsbeschluss nach § 319, BGH NJW 1985, 742. Das schließt eine Gegenvorstellung aus, Hamm BeckRS 2022, 18533.

Einstweilige Anordnung oder Verfügung: → Rn. 48.

Ermächtigungsbeschluss: § 887. Er stellt das Recht des Gl. zur Vornahme rechtskräftig fest, hindert indes den S. nicht daran, auf andere Weise zu erfüllen, BGH NJW 1995, 3189.

Feststellungsurteil: Der materiellen Rechtskraft fähig ist ein Feststellungsurteil, § 256, BGH NJW 2011, 2292 Rn. 13. Das gilt auch bei § 256 II, BAG NZA-RR 2016, 312 Rn. 17.

Gebührenfestsetzung: Der materiellen Rechtskraft fähig ist ein Beschluss nach § 11 RVG, BGH NJW 1997, 743 (noch zur BRAGO); VGH Kassel NJW 2007, 3738, oder nach §§ 3, 8 InsVV, BGH NJW-RR 2010, 1430 Rn. 4.

Gestaltungsurteil: Der materiellen Rechtskraft fähig ist ein Gestaltungsurteil, BGH NJW-RR 2018, 522 Rn. 13, BAG NJW 1994, 473; → Rn. 33.

Grundurteil: Der materiellen Rechtskraft unfähig ist ein Grundurteil nach § 304; es entfaltet lediglich Bindungswirkungen nach § 318, BGH NJW-RR 2014, 1118. Diese bestehen nur insoweit, als ein Grundurteil sie seiner Natur nach haben kann; Erwägungen zur Höhe sind davon in jedem Fall ausgeschlossen, BGH NJW 2022, 2332; Celle BeckRS 2022, 11869.

Insolvenz: Wie ein Urteil der materiellen Rechtskraft fähig ist eine Eintragung in die Tabelle nach § 178 III InsO, BGH NZG 2018, 497 Rn. 22; NJW 2014, 391.

Jugendamtsurkunde: Keiner materiellen Rechtskraft ist sie fähig, Nürnb FamRZ 2013, 796.

Kostenfestsetzung: Der materiellen Rechtskraft fähig ist ein Kostenfestsetzungsbeschluss nach § 104, BGH NJW 2019, 679 Rn. 6.

Patentrecht: Zur Anwendbarkeit des § 322 I auf eine gerichtliche Entscheidung im Löschungsverfahren BGH GRUR 2010, 231; NJW 1993, 2942.

Prozessurteil: Der materiellen Rechtskraft fähig ist ein Prozessurteil, soweit das Gericht eine Klage wegen Unzulässigkeit abweist oder einen Einspruch oder ein Rechtsmittel als unzulässig verwirft, mit Wirkung auf den behandelten verfahrensrechtlichen Punkt, BGH NJW 1985, 2535; Brdb NJW-RR 2000, 1735.

Prozesskostenhilfe: Hier gibt es keine Rechtskraft, weil es an einem kontradiktorischen Verfahren fehlt, BGH NJW 2004, 1805.

Schiedsspruch: Der materiellen Rechtskraft fähig ist ein Schiedsspruch nach § 1055.

Teilurteil: Der materiellen Rechtskraft fähig ist ein Teilurteil nach § 301, BGH NJW-RR 2014, 270 Rn. 10.

Vergleichsbeschluss: § 278 VI 2. Er hat keine Rechtskraftwirkungen, hM Zöller/Vollkommer ZPO Vor § 322 Rn. 8a.

Versäumnisurteil: Der materiellen Rechtskraft fähig ist ein Versäumnisurteil nach §§ 330 ff., BGH NJW-RR 2018, 522 Rn. 15.

Verweisung: Der Beschluss nach § 281 entfaltet Bindungswirkung, BGH NJW-RR 2015, 1016, der materiellen Rechtskraft ist er nicht fähig.

Verwerfung: Der materiellen Rechtskraft fähig ist ein Verwerfungsbeschluss zB nach §§ 522 I 2, 552 I 2, BGH NJW 1991, 1116 (nach Ablauf der Rechtsmittelfrist); NJW 1981, 1962.

Verzichtsurteil: Der materiellen Rechtskraft fähig ist ein Verzichtsurteil nach § 306, soweit der Anspruch durch seinen Erlass untergeht, nicht aber wirkt es präjudiziell für einen Anspruch aus § 945, BGH NJW-RR 1998, 1651; OLGR *München* 1995, 233.

Vollstreckungsbescheid: Er ist nach § 700 I der materiellen Rechtskraft fähig; „Versäumnisurteil".

Vorbehaltsurteil: Ein Urteil nach § 302 erlangt keine materielle Rechtskraft, weil es auflösend bedingt ist, BGH NJW 1967, 566. Auch das Urkundenvorbehaltsurteil ist nach → § 599 Rn. 13, 18 nur der formellen, aber nicht der materiellen Rechtskraft fähig, zusätzlich deshalb, weil es nicht auf einem vollständigen Erkenntnisverfahren beruht; → Vor § 592 Rn. 3.

Vorfrage: Sie muss selbst Streitgegenstand nach → § 2 Rn. 4 geworden sein, etwa BAG NJW 2014, 717; → Vor § 322 Rn. 7, 18.

Wiedereinsetzung: Der materiellen Rechtskraft fähig ist ein die Wiedereinsetzung ablehnender Beschluss.

Zurückverweisung: Der materiellen Rechtskraft unfähig ist ein Endurteil, das nach §§ 538, 563 IV eine Zurückverweisung ausspricht.

Zwangsmittelbeschluss: Er kann in materielle Rechtskraft erwachsen, indes ist die Nichterfüllung nur Vorfrage, BGH NJW 2018, 235Rn. 14; NJW 2008, 1001; NJW-RR 2010, 462; aA noch RGZ 167, 322 (328)

Zwischenurteil: Der materiellen Rechtskraft fähig ist ein Zwischenurteil gegen einen Dritten zB nach §§ 71, 135, 303, 387, 402. Der materiellen Rechtskraft unfähig ist ein Zwischenurteil zwischen den Parteien dieses Rechtsstreits, §§ 280, 303. „Grundurteil".

IV. Tragweite der materiellen Rechtskraft, I. 1. Maßgeblichkeit des wahren Entscheidungsumfangs. a) Ausgangslage. Ist ein Urteil materiell rechtskräftig, können sachliche Fehler, wenn nicht ein Grund für die Wiederaufnahme nach §§ 578 ff. vorliegt, nicht mehr vorgebracht werden. Hieraus erhellt, dass es für den Umfang der Rechtskraft nicht auf die Frage ankommt, wie das Gericht hätte entscheiden müssen, sondern alleine der gegebene Inhalt der Entscheidung die Grundlage der Rechtskraftwirkungen darstellt, namentlich bei einer fehlerhaften Verwechslung von Abweisung als unzulässig oder unbegründet, vgl. nur BGH NJW 1989, 393; NJW 1971, 1844: Es bleibt bei dem, was im Urteil steht. Fehler kommen erst dann eigenständig zum Tragen, wenn sie die Klärung der Rechtskraftwirkungen hindern. Bei Verstoß gegen den **Bestimmtheitsgrundsatz,** entfaltet das Urteil keine materielle Rechtskraft, BGH NJW 1994, 460; → § 253 Rn. 34. 8

Ein weiteres Beispiel ist das an sich fehlerhafte **Offenlassen** der Zulässigkeit bei Erlass eines Sachurteils. Solange das Urteil einen hinreichend bestimmten Inhalt hat, ist es mit genau diesem Inhalt der materiellen Rechtskraft fähig und in deren Umfang bindend, BGH NJW 2008, 1227; näher → Rn. 45. Wenn das Gericht über den Antrag hinaus und damit entgegen **§ 308 I** entschieden hat, erstreckt sich die materielle Rechtskraft auch auf diesen Mehrausspruch, BGH NJW 1999, 287 (Abweisung eines nicht gestellten Klageantrags); Hamm MDR 1985, 241 (zeitlich begrenztes Schmerzensgeld). 9

b) Grundelemente des Lösungswegs. Grundlage ist der von der Entscheidung (nicht von der Klage nach § 253 II Nr. 2) abgedeckte **Streitgegenstand,** → § 2 Rn. 4, BGH NJW 2017, 3438; BAG NZA 2008, 357; allg. Musielak NJW 2000, 3593, mithin nicht ein materiell-rechtlicher Anspruch, sondern der als **Rechtsschutzbegehren** oder Rechtsfolgenbehauptung aufgefasste eigenständige prozessuale Anspruch, der bestimmt wird durch den Klageantrag und den **Lebenssachverhalt** (Anspruchs- oder Klagegrund), aus dem der Kläger die begehrte Rechtsfolge herleitet, BGH NJW-RR 2020, 373 Rn. 34. Lebenssachverhalt sind alle Tatsachen, die bei einer natürlichen, vom Standpunkt der Parteien ausgehenden und den Sachverhalt seinem Wesen nach erfassenden Betrachtung zu dem zur Entscheidung gestellten Tatsachenkomplex gehören, den der Kläger zur Stützung seines Rechtsschutzbegehrens dem Gericht vorträgt BGH 15.12.2020 – VIII ZR 307/19, BeckRS 2020, 42398 Rn. 11; MDR 2017, 762; NJW 2013, 540 Rn. 14. Auf den Sachvortrag des Beklagten kommt es insoweit nicht an, BGH NJW 1994, 2363. Der Ansatz wird auf die Rechtskraftwirkungen dergestalt übertragen, dass es nunmehr auf den sich hierauf beziehenden Ausspruch des Urteils ankommt. Dessen genaue Erfassung hat für die Ermittlung der Rechtskraftwirkungen zentrale Bedeutung. Für die Klärung dieser überaus wichtigen Frage gibt es keinen schematischen Lösungsansatz, sondern nur ein aus der Natur der Sache folgendes methodische Vorgehen. 10

Die Lösung beginnt mit der Frage, welche Bedeutung der Rechtskraft einer Entscheidung für den **neu anstehenden Fall** zukommt. 11

Bereits hier zeigt sich, dass ihre Klärung nicht isoliert stattfinden darf, sondern dass die Frage nach ihren Auswirkungen auf das neu zu lösende Problem den Rahmen der Prüfung vorgibt. So macht es einen erheblichen Unterschied aus, ob eine rechtskräftige Entscheidung die Zulässigkeit der Klage berührt, → Vor § 322 Rn. 20; → Rn. 45, oder ob sie zB ein präjudizielles Rechtsverhältnis festschreibt, → Rn. 91. Strenge Methodik ist daher zunächst in dem neuen Fall geboten, bevor man sich mit den Rechtskraftwirkungen des voraufgegangenen Urteils befasst. Angesichts der von der Rspr. immer wieder hervorgehobenen, engen Grenzen der materiellen Rechtskraft, vgl. etwa BGH NJW 2016, 1823 Rn. 13, muss dem Bearbeiter zudem klar vor Augen stehen, dass es sich keinesfalls um ein Allheilmittel handelt, mit dem auf bereits gewonnene Erkenntnisse zurückgegriffen werden kann. Im Gegenteil hat die Rechtskraft im neuen Fall regelmäßig nur punktuelle Bedeutung, so dass die Übernahme früherer Lösungen in Bausch und Bogen sich prinzipiell verbietet, vgl. nur KG NJW 2006, 1677. 12

Die nach dem **zweigliedrigen Streitgegenstandsbegriff,** → § 2 Rn. 4; → § 253 Rn. 26, tragenden Elemente **Tenor** und **Lebenssachverhalt** geben nur die Denkrichtung vor. Sie stehen in untrennbarem Zusammenhang mit der Art des Urteils, die für Klagen auf Leistung, Gestaltung oder Feststellung ganz unterschiedlichen Zielsetzungen Rechnung tragen muss. Die im folgenden Abschnitt V. behandelten Fallgruppen vermitteln von all dem einen lebhaften Eindruck. 13

Da keines dieser Elemente rein feststellend und punktuell genau zu klären ist, sondern in jeden Prüfschritt auch Wertungen einfließen, bleibt Ziel allen Bemühens die für den Einzelfall richtige Entscheidung, die im Auge behält, dass niemandem alleine aufgrund von Rechtskraftwirkungen Rechte genommen werden, deren Wahrnehmung ihm in früheren Verfahren nicht möglich war. 14

c) Umfang der Rechtskraft. aa) Ausgang im Streitgegenstand. Die materielle Rechtskraft reicht so weit, wie das Gericht über den Klage- oder Widerklageanspruch, dh über den unmittelbaren **Streitgegenstand** wirklich entschieden hat, BGH NJW 2019, 2308 Rn. 30; NJW 2017, 893 Rn. 18; NJW 2016, 1823 Rn. 13. Sie reicht, anders ausgedrückt, so weit wie der in der Urteilsformel nach § 313 I Nr. 4 enthaltene Gedanke, BGH NJW 2008, 2716; BAG NJW 2003, 1204. Dieser ist grds. eng zu fassen. Er besteht im Urteilsausspruch zum Anspruchs- oder Klagegrund als dem Kernsatz der Entscheidung; Anteil an der Rechtskraft hat nur der Schluss, auf den dieser Kernsatz unmittelbar aufbaut. Verstößt das Urteil gegen den **Bestimmtheitsgrundsatz,** entfaltet es keine materielle Rechtskraft, BGH NJW 1994, 460; → § 253 Rn. 34. 15

bb) Klagegrund. Zu dem vom Urteil erfassten Klagegrund sind alle **Tatsachen** zu rechnen, die bei einer natürlichen, vom Standpunkt der Parteien ausgehenden und den Sachverhalt seinem Wesen nach erfassenden Betrachtung zu dem zur Entscheidung gestellten Tatsachenkomplex gehören, den der Kl. zur Stützung seines 16

Rechtsschutzbegehrens dem Gericht vorträgt; auf Lücken im Detail kommt es nicht an, stRspr, BGH NJW 2016, 1818 Rn. 27; NJW 2015, 2411; NJW 2015, 3040; NJW 2014, 314; NJW 2013, 540; NJW-RR 2009, 790; BAG NZA 2017, 593 Rn. 40 **(„ausschlaggebender Klagegrund");** MüKoZPO/Gottwald Rn. 111. Es kann sich insoweit nur um den unmittelbar Wirkung entfaltenden Klagegrund handeln, bei der Abweisung einer Klage auf Erfüllung vertraglicher Ansprüche aufgrund erfolgreicher Anfechtung wegen arglistiger Täuschung also nur um den Anfechtungsgrund, nicht hingegen die Täuschung selbst, BGH NJW-RR 1988, 199.

17 Ein **anderer Klagegrund** liegt vor, wenn durch neue Tatsachen der **Kern** des in der Klage angeführten Lebenssachverhalts verändert wird; dabei muss es sich um eine wesentliche Abweichung handeln, nicht nur um eine bloße Ergänzung oder Berichtigung tatsächlicher Angaben; insbesondere die unter § 264 Nr. 1 fallenden Angaben gehören nicht dazu, BGH NJW 2007, 83; NJW 2003, 585; NJW 2003, 2317; NJW 1997, 588; Stgt BeckRS 2019, 24327.

18 **cc) Anspruchsgrundlagen.** Die verschiedenen Anspruchsgrundlagen des materiellen Rechts können einen einheitlichen Streitgegenstand bilden, sofern der Lebenssachverhalt, aus dem der Kläger die begehrte Rechtsfolge herleitet, sie sämtlich umfasst, BGH GRUR-RS 2020, 3164; NJW-RR 2020, 373 Rn. 34; WM 2019, 42 Rn. 17; NJW 2016, 1818 Rn. 28. Auf die Frage, ob das Gericht sie überhaupt sämtlich gesehen hat, kommt es nicht an, BGH NJW 2005, 748; NJW 2004, 1252; NJW 2000, 3492. Unterschiedliche Streitgegenstände liegen vor, wenn die materiell-rechtliche Regelung die zusammentreffenden Ansprüche durch eine Verselbständigung der einzelnen Lebensvorgänge erkennbar unterschiedlich ausgestaltet, BGH NJW 2008, 3570 Rn. 9; Schlesw NZBau 2016, 298. Dementsprechend wird zB ein Unterlassungsanspruch nicht dadurch präjudiziert, dass eine Schadensersatzklage mangels Erweislichkeit der Verletzung rechtskräftig abgewiesen worden ist. Beide Ansprüche betreffen unterschiedliche Handlungen. Der Schadensersatzanspruch stützt sich auf eine in der Vergangenheit liegende Verletzungshandlung, während es beim Unterlassungsanspruch um künftige Verletzungen geht, BGH NJW 2012, 3577 Rn. 36; NJW-RR 2002, 1616.

19 **Selbständige Ansprüche des Bekl.,** die nicht Gegenstand einer Entscheidung über Widerklage oder Aufrechnung waren, können nach allem durch ein Urteil über die Klage nicht präkludiert sein, BGH NJW 2017, 3438.

20 **dd) Abgrenzung.** Nicht rechtskraftfähig festgestellt werden die Beantwortung **abstrakter Rechtsfragen,** NJW 1983, 2032, **präjudizielle Rechtsverhältnisse** oder bloßer **Vorfragen,** ebenso wenig einzelne **Urteilselemente, tatsächliche Feststellungen** und rechtliche **Folgerungen,** auf denen die betroffene Entscheidung aufbaut, BGH NJW 2019, 2308 Rn. 30; NJW 2017, 3438; NJW 2012, 3579 Rn. 36; NJW 2003, 3058; NJW 2003, 3059; BAG NZA 2020, 1491 Rn. 31; NZFam 2018, 683; NZA 2013, 1005; Hamm MDR 2016, 114; Celle NJW-RR 2009, 74 (für Prozessurteil); Zweibr NJW-RR 2008, 405 (Mängeleinreden); Zöller/Vollkommer ZPO Vor § 322 Rn. 33. Beim Thema „Vorfrage", dies sei nur zur Klarstellung erwähnt, muss man allerdings genau unterscheiden zwischen einem Begründungselement, das an den Rechtskraftwirkungen nicht teilnimmt, siehe vorstehend, und einem Urteil, dessen Rechtskraftwirkungen im nächsten Rechtsstreit eine Vorfrage bindend klären, BGH NJW 2008, 1227; → Rn. 91.

21 **2. Auslegung des Urteils. a) Grundlagen.** Die Rechtskraftwirkungen eines Urteils, und nur hiervon ist im vorliegenden Zusammenhang die Rede, sind vom wahren Inhalt der Entscheidung abhängig und damit durch Auslegung zu ermitteln. Sie sind aus der Entscheidung **im Ganzen** zu gewinnen, BGH 16.12.2021 – I ZR 57/21 BeckRS 2021, 47052 Rn. 8; NJW 1994, 460. Methodisch geht man entsprechend den für die Bestimmtheit von Antrag und Tenor geltenden Grundsätzen vor, BGH NJW 2021, 160 Rn. 12; NJW 2020, 2540 Rn. 21; GRUR-RR 2012, 475 Rn. 16; GRUR 2007, 607 Rn. 15; → § 253 Rn. 39. Der Inhalt eines Urteils ist in erster Linie der **Urteilsformel** zu entnehmen, BGH WM 2020, 1829. Reicht diese nicht aus, sind der **Tatbestand** und die **Entscheidungsgründe,** erforderlichenfalls auch das **Parteivorbringen,** ergänzend mit heranzuziehen, BGH NJW-RR 2020, 1137 Rn. 11; GRUR 2015, 269 Rn. 19; NJW 2011, 2292; NJW 2008, 2716; NJW 1997, 3447; NJW 1994, 460; Hamm MDR 2016, 114; BSG NJW 2022, 496. Dabei sind die in den Entscheidungsgründen enthaltene Aussage genau zu erfassen und ihr Inhalt festzustellen, BGH NJW 2000, 291 (294 V.1.a). Eine Bezugnahme auf Anlagen kann nur verwertet werden, wenn sie an sich zulässig ist, BGH GRUR 2008, 357; NJW 2000, 2207; → § 253 Rn. 37. Die Gründe eines Revisionsurteils sind in die Auslegung mit einzubeziehen, BGHZ 7, 174 (184). Hypothetische Erwägungen zu weiteren denkbaren Gründen sind nicht zulässig, BGH MDR 2021, 446. Insgesamt kommt es nicht auf die Frage an, wie die Sache richtig zu entscheiden gewesen wäre; maßgeblich ist der wahre, ggf. auch **falsche Ausspruch** des Urteils. Andererseits kann bei lediglich unklaren Formulierungen davon ausgegangen werden, dass das Gericht die mit dem Gesetz in Einklang stehende Lösung hat finden wollen. Die Grenze der Auslegung ist erreicht, wo das vom Gericht Gewollte die gesetzliche Grundlage der Entscheidung verlässt, wie etwa bei (unzulässigen) Erwägungen zur Höhe im Grundurteil, Celle BeckRS 2022, 11869 Rn. 23.

22 Diese Rechtsprechung entspricht den verfassungsrechtlichen Anforderungen an die Gewährleistung effektiven Rechtsschutzes, BVerfG NJW 2022, 2324 Rn. 17; NJW 2003, 3759. Klar ist die Lage idR bei einem eindeutig formulierten Feststellungs- oder Gestaltungsurteil, weil die Entscheidungsgründe hier kaum noch mit ausgewertet werden müssen. Bereits beim Zahlungsurteil gibt die Angabe eines Geldbetrages für sich noch keinen Aufschluss über den Streitgegenstand, ganz zu schweigen von einer Abweisung.

23 Methodisch beginnt die Auslegung also beim **Tenor.** Sie setzt zunächst genau hier eine Unklarheit voraus und soll nur in diesem Rahmen Klarheit schaffen, BGH NJW 2008, 2716; bleibende Unklarheiten der Gründe stehen der Auslegung des Tenors und damit der Schaffung von Klarheit über die Rechtskraftwirkungen entgegen; wollte man in einem solchen Fall versuchen, den Gründen einen klaren Inhalt zu geben, ergäbe sich die Gefahr, dass keine Auslegung erfolgt, sondern in Wahrheit der Tenor und damit die Rechtskraftwirkungen des Urteils geändert oder anders verstanden werden, BGH NJW-RR 2002, 136; NJW 1982, 2257, und sei dies auch nur dadurch, dass man in ein mangels Bestimmtheit unzulässiges Urteil einen bestimmten Inhalt hineinlegt und es damit als zulässig behandelt. Das ist nicht die Aufgabe eines Gerichts, das sich im Zweitprozess lediglich mit der Frage nach den Rechtskraftwirkungen des ersten Urteils auseinandersetzen muss. Anders ist die Lage, wenn der Zweitprozess, namentlich auf Feststellungsklage hin, mit dem Ziel stattfindet, den Inhalt des ersten Urteils zu klären, → Vor § 322 Rn. 22.

24 Ein durch Auslegung nicht zu klärendes Urteil ist aufzuheben, BGH NJW-RR 2001, 1351.

Entscheidungen, die zu Fragen der **Zwangsvollstreckung** ergangen sind, müssen im hier vorliegenden Zusammenhang mit Zurückhaltung verwertet werden. In der Zwangsvollstreckung sind die Anforderungen an die Bestimmtheit höher, weil der Titel aus sich heraus verständlich sein muss, wohingegen man in einem neuen Erkenntnisverfahren auf den gesamten Streitstoff zurückgreifen kann, BGH NJW 2006, 695; Saarbr NJW-RR 2010, 95 aE; Kblz NJW 2009, 3519; Köln NJW-RR 2003, 375. 25

b) Beispiele

Abweisung: → Rn. 50. 26

Anerkenntnisurteil: Bei einem Urteil nach § 307 dienen der Auslegung die tatsächlichen Umstände, die bei Antrag auf Abänderung eines Unterhalts-Anerkenntnisurteils zur Ermittlung von dessen Tragweite heranzuziehen sind, BGH NJW 2007, 2921 (Anm. Born NJW 2007, 2923; Hoppenz FamRZ 2007, 1460; Herr FamRZ 2007, 1877). Sie ergeben sich zB aus der Klageschrift und weiterem Vorbringen des Klägers, BGH NJW 1994, 460; BAG NZA 2007, 648 (Anlagen); AG Ludwigslust FamRZ 2005, 1493 (Unterhalt). Ferner hilft bei der Auslegung die Anerkenntniserklärung des Bekl., Ffm NJW-RR 1994, 9; Köln NJW-RR 1993, 1407.

Antrag: Lässt sich dem Klageantrag ein eindeutiges Ziel entnehmen, kann die Tragweite des Urteils auch auf dieser Grundlage ermittelt werden, BAG NJW 1996, 1299.

Bereicherung: Gaul, Rechtskraft und ungerechtfertigte Bereicherung, FS Schilken, 2015, 275.

Bezugnahme: Den im Urteil in Bezug genommene Parteivortrag im Prozess muss man für die Ermittlung der Rechtskraftwirkungen ebenfalls berücksichtigen, Anders/Gehle Assessorexamen ZivilR A Rn. 12 ff.

Gesellschaftsrecht: Zu §§ 51a, 51b GmbHG BayObLG GmbHR 2021, 823.

Insolvenzverwalter: Eine Zahlungsklage des Insolvenzverwalters gegen den Schuldner persönlich, mittels derer eine nach Verfahrenseröffnung eingetretene Masseverkürzung rückgängig gemacht werden soll, richtet sich gegen das insolvenzfreie Vermögen, BGH NJW 2022, 2276.

Nachholung: Nicht Vorgetragenes kann man im Zweitprozess zur Ermittlung der Rechtskraftwirkungen des ersten Urteils nicht nachholen, BGH NJW 2004, 294.

Parteiauslegung: Auch im Verhältnis zueinander können die Parteien dem Urteil keinen anderen Inhalt geben, als das Gericht ihn nach dem Streitstoff geben konnte. Andererseits können die Parteien dem Urteil aber auch denselben Inhalt geben, den das Gericht gegeben hat. Zu den Wirkungen von Parteivereinbarungen → Vor § 322 Rn. 21.

Versäumnisurteil: Es gilt für die Auslegung dasselbe beim „Anerkenntnisurteil", BGH NJW-RR 2012, 872 Rn. 11. Die Frage, ob überhaupt ein VU vorliegt, ist nicht anhand der Bezeichnung, sondern des Inhalts zu beantworten, BGH NJW 1999, 583 (584); → § 338 Rn. 9.

Widersprüchlichkeit: Ist der Tenor widersprüchlich und durch Auslegung nicht zu klären, entsteht keine materielle Rechtskraft, BGH NJW-RR 2001, 1352. Widersprechen sich die Entscheidungsgründe nach § 313 III und die Urteilsformel nach § 313 I Nr. 4, geht die Formel grds. vor; denn die Gründe dienen der Auslegung der Formel, nicht deren Änderung, BGH NJW-RR 2002, 136. Bei einem unauflösbaren Widerspruch im Tenor entsteht keine materielle Rechtskraft, Hamm ZMR 1998, 341; er ist in der Revision von Amts wegen, BGH NJW-RR 2001, 1351, iÜ auf Antrag des Schuldners analog § 767 I aufzuheben, Brdb MDR 2000, 228.

Zulässigkeit: Es kommt auf den tragenden Inhalt der Entscheidungsgründe an. Bleibt die Zulässigkeit offen und wird zugleich die Begründetheit verneint, ergeht ein Sachurteil, BGH NJW 2008, 1227. Sieht demgegenüber das Gericht die Klage als unzulässig an, gelten Hilfserwägungen zur (Un-) Begründetheit als nicht geschrieben, BGH 8.12.2021 – VIII ZR 190/19, BeckRS 2021, 44235 Rn. 34; NJW-RR 2018, 974 Rn. 15. Wenn die Entscheidungsgründe in diesem Punkt unklar sind, ist ihr genauer Inhalt zunächst durch Auslegung zu klären, → Rn. 21. Ergibt diese die Verneinung der Zulässigkeit, sind Erwägungen zur Sache unbeachtlich; sind letztere tragend, entfalten sie Rechtskraftwirkungen, vgl. auch BAG NZA 2021, 279 Rn. 18; NZA 2017, 593 Rn. 41; die aA von Zöller/Vollkommer Vor § 322 Rn. 43 übergeht die Grundlagen der Urteilsauslegung, → Rn. 21.

V. Fallgruppen, I, II. 1. Arten von Urteilen. a) Leistung. Die materielle Rechtskraft von Urteilen auf Leistung oder die nach § 241 I BGB gleichgelagerte Unterlassung ergibt sich idR aus dem hinreichend bestimmten oder durch Auslegung, → Rn. 21, zu klärenden Tenor und den unmittelbar tragenden Entscheidungsgründen, → Rn. 15. Wegen der Vielzahl von Einzelfällen wird auf → Rn. 99 verwiesen. 27

b) Unterlassung. Bei Unterlassungsklagen ist besonderes Augenmerk darauf zu richten, welcher Lebenssachverhalt genau dem geltend gemachten Anspruch zugrunde gelegt wird, BGH NJW 1993, 333. Nur hierauf erstreckt sich die Rechtskraft, so dass bei bloßer Verneinung der Wiederholungsgefahr für den Anspruch selbst keine rechtskraftfähige Entscheidung ergeht, BGH 7.7.2022 – V ZB 75/21, BeckRS 2022, 21082 Rn. 12; NJW-RR 2006, 1118, Anm *Lehment* WRP 2007, 237. Fehlt es an einer Erstbegehungsgefahr, schafft die alleine hierauf gestützte Klageabweisung als unbegründet keine Rechtskraft für den Unterlassungsanspruch, BGH NJW-RR 2006, 1118; NJW 1990, 2469. Nur wenn das Urteil den Unterlassungsanspruch selbst verneint, hat es eine das Gegenrecht bejahende Feststellungswirkung. Dieses Gegenrecht gilt in dem Umfang, der für den Vorprozess notwendig war, als festgestellt, BGH 7.7.2022 – V ZB 75/21, BeckRS 2022, 21082 Rn. 13; NJW 1998, 2368; BAG NZA 2020, 1491 Rn. 31; BAGE 144, 1 Rn. 90. 28

Hat das Gericht zur Unterlassung verurteilt, hat es damit festgestellt, dass kein dem konkreten Unterlassungsanspruch entgegenstehendes Recht besteht. Das Urteil umfasst auch jede Änderung, die den Kern der Verletzungsform unberührt lässt (sog. **Kerntheorie**), → Rn. 16. 29

Festgestellt wird eine Unterlassungspflicht grds. nur auf den **Zeitpunkt** der letzten mdl. Verhandlung, BGH NJW 2012, 3577 Rn. 36. Wenn der Kläger eine Unterlassung seit der Klagerhebung verlangt und das Gericht sie wegen § 308 I für diesen Zeitraum geboten hat, steht keine weitergehende Unterlassungspflicht fest, Ffm GRUR-RR 2003, 274. Weitergehende Möglichkeiten bietet die Zwischenfeststellungsklage nach § 256 II über die Unterlassungspflicht aufgrund etwa eines Vertrages. 30

Beispiele: 31

Abmahnkosten: Die Abweisung der Unterlassungsklage präjudiziert die Klage auf Zahlung der Abmahnkosten nicht; denn mit dem Urteil wird nur ausgesprochen, dass der Unterlassungsanspruch zum Zeitpunkt der letzten mündlichen Verhandlung – für die Zukunft – nicht bestanden hat; der Schadensersatzanspruch auf Zahlung der Abmahnkosten hat seine Grundlage demgegenüber in der Vergangenheit, BGH NJW 2012, 3577 Rn. 36. 32

Arbeitsrecht: Die dargelegten Grundsätze gelten auch im Arbeitsrecht, BAG NZA 2020, 1491 Rn. 29; NZA 2013, 437 Rn. 87.

Erstbegehungsgefahr: Die Abweisung der Unterlassungsklage mangels Erstbegehungsgefahr (als unbegründet, nicht lediglich als unzulässig!), schafft Rechtskraft nur für die vorgetragenen Umstände künftigen wettbewerbswidrigen Verhaltens, mithin nur für die konkret vorgetragene Verletzungshandlung, BGH NJW-RR 2006, 1118; NJW 1990, 2469.

Kerntheorie: v. Ungern-Sternberg GRUR 2009, 1009. Verletzungshandlungen, die den Kern der Verbotsform berühren, sind über die im Tenor konkret ausgesprochene Unterlassungspflicht hinaus von der Rechtskraft umfasst, BGH NJW 2014, 775; NJW-RR 2006, 1118; NJW 1994, 2820. Bei Eingriffen in das Persönlichkeitsrecht umfasst das Urteil einen geringer belastenden Eingriff grds. nicht; iÜ ist die Geltung der Kerntheorie hier offen, BGH NJW 2019, 1142 Rn. 17; ablehnend für Fälle der Bildberichterstattung BGH NJW 2010, 1454; NJW 2008, 3138.

Schadensersatz: Das Unterlassungsurteil bindet grds. nicht, BGH NJW 2012, 3577 Rn. 36; NJW 2010, 2210; NJW-RR 2002, 1617; Karlsr GRUR 1979, 473; „Abmahnkosten".

Teilklage: Auch bei Klage über begrenzten Zeitraum muss der Charakter als Teilklage nicht ausdrücklich hervorgehoben werden, Kblz GRUR 1988, 478, was indes ratsam ist, → Rn. 61.

Vertraglicher Anspruch: Der vertragliche Unterlassungsanspruch wird durch ein zusprechendes Urteil bindend festgestellt, BGH NJW 1965, 689.

Wegerecht: Da die Abweisung eines Unterlassungsantrags die Feststellung des kontradiktorischen Gegenteils des behaupteten Rechts zum Inhalt hat, steht bei einem abgewiesenen Antrag, es zu unterlassen, Grundstück zu betreten, zu befahren oder in sonstiger Weise wie einen Weg zu benutzen, die Rechtskraft auch einer Klage auf Bebauungsverbot entgegen, BGH NJW 1965, 42. Die Abweisung eines Antrags, die Benutzung eines Grundstücks als Notweg zu unterlassen, präjudiziert einen Anspruch auf Notwegrente nicht, BGH NJW 1963, 1917.

Werbeaussage: Für eine unzulässige Werbeaussage („dauernd billig") kommt es bei Abweisung des Unterlassungsantrags auf den Zeitraum an, für den die Ware mindestens billig angeboten werden muss, BGH NJW 1993, 333.

Wettbewerbsklausel: Die rechtskräftige Feststellung, dass eine bestimmte Vertragsklausel nicht gegen kartellrechtliche Vorschriften verstößt, umfasst auch die Frage der Formwirksamkeit, unabhängig von deren Behandlung in den Entscheidungsgründen, BGH GRUR 2002, 915.

Wohnrecht: Die Abweisung einer auf Unterlassung der Wohnraumnutzung gerichteten Klage stellt das Wohnrecht fest, BayObLG NZM 2001, 671 (WEG).

Zeitgrenze: Da Unterlassungsurteile in besonderer Weise von der Rechtslage bei Schluss der mdl. Verhandlung in die Zukunft wirken, sind Änderungen des Gesetzes und der Rspr. geeignet, die Rechtskraftwirkungen in die Zukunft zu begrenzen, BGH NJW 2009, 3303. Ein Unterlassungsgebot für Handlungen bis zur gerichtlichen Entscheidung erfasst künftige Handlungen nicht, BAG NZA 2020, 1491 Rn. 29.

33 **c) Gestaltung.** Thole, Die Präklusionswirkung der Rechtskraft bei Gestaltungsrechten und ihr Verhältnis zu § 767 Abs. 2 ZPO, ZZP 124, 45.

34 Mit **Rechtskraft** des Gestaltungsurteils tritt die im Tenor ausgesprochene Rechtsfolge, d. h. die Gestaltungswirkung (zB Aufhebung eines angefochtenen Beschlusses, Ehescheidung), unmittelbar ein. In materielle Rechtskraft erwächst die Feststellung, dass das Gestaltungsrecht des Kl. im Zeitpunkt der letzten mündlichen Verhandlung bestand und die Gestaltungswirkung daher zu Recht eingetreten ist; eine hinsichtlich der materiellen Rechtslage fehlerhafte Beurteilung kann nur mit Rechtsmitteln geltend gemacht werden, BGH NJW-RR 2022, 349 Rn. 27; NJW-RR 2018, 522 Rn. 13; NJW-RR 2018, 2550 Rn. 32; NJW 2006, 2472 Rn. 22 (Gestaltungsurteil gemäß § 315 Abs. 3 Satz 2 BGB). Die gerichtliche **Fristsetzung** nach § 255 hat entsprechende Wirkungen, BGH NJW-RR 2022, 349 Rn. 31.Die Rechtskraft der **Abweisung** erstreckt sich auf Gegenstand und Gestaltungsgrund, BGH NJW 2013, 65; BAG NJW 1994, 473; BayObLG NZM 1998, 973. Einwände, die auf der Verneinung der bestätigten Rechtslage aufbauen, können nicht mehr geltend gemacht werden, BGH NJW-RR 2018, 522 Rn. 14; BAG NZA 2001, 91. Weitergehende Wirkungen entstehen nicht, LG Hamburg ZWE 2018, 267 (Abweisung einer Beschlussanfechtungsklage).

35 **d) Feststellung. aa) Allgemeines.** Ausgangspunkt ist der genaue Inhalt des Urteils, der ggf. durch Auslegung ermittelt werden muss, → Rn. 21. Eine Klagabweisung wegen des Fehlens von Prozessvoraussetzungen und insbesondere wegen des Fehlens des rechtlichen Interesses an einer alsbaldigen Feststellung nach § 256 ist ein Prozessurteil ohne Rechtskraftwirkung in der Sache selbst. Wird hingegen die Klage **als unbegründet** abgewiesen, auch wenn die Voraussetzung des rechtlichen Interesses (fälschlich) offen gelassen oder aufgrund dessen Natur als qualifizierter Prozessvoraussetzung (zutreffend) übersprungen wird, entfaltet das Urteil in der Sache selbst materielle Rechtskraft; auch → Rn. 8.

36 **bb) Positive Feststellungsklage.** Bedeutsam ist die Bindungswirkung von Feststellungsurteilen im Schadensersatzprozess. Man muss ggf. den Tatbestand und die Entscheidungsgründe zur Auslegung heranziehen, ohne zu prüfen, ob sie sachlich richtig sind, BGH NJW 2008, 2716. Wenn bei einer behauptenden Feststellungsklage nach § 256 ein Sachurteil ergeht, gilt: Hat sie **Erfolg,** steht die festgestellte Rechtsfolge fest, BGH NJW 2004, 294; Bekl. kann dann nicht das Gegenteil derselben Rechtsfolge durch eine nachfolgende verneinende Feststellungsklage erörtern lassen, BGH NJW-RR 2004, 724. Einwendungen, die sich auf Tatsachen stützen, welche schon im Zeitpunkt der letzten mündlichen Verhandlung vorgelegen haben, dürfen nicht mehr berücksichtigt werden, soweit sie das Bestehen des festgestellten Anspruchs betreffen, BGH NJW 2015, 468 Rn. 27. Keine Rechtskraft hat das den Anspruch feststellende Urteil für die **Höhe,** namentlich auch nicht für eine konkrete Schadensart, zB Haushaltsführungsschaden, weil es nur die grundsätzliche Leistungspflicht erfasst, BGH NJW-RR 2009, 455; NJW-RR 2005, 1517.

37 Der Einwand aus **§ 254 BGB** ist nicht mehr eröffnet, soweit es dem Grunde nach um die Verpflichtung zur Leistung von Schadensersatz geht; das Gericht darf daher die Frage nicht stillschweigend offen lassen, BGH NJW 1989, 105; BAG NJW 2007, 2507. Eine Verletzung der **Schadensminderungspflicht** kann nur auf der Grundlage neuer, *nach Schluss* der mündlichen Verhandlung entstandener Tatsachen vorgebracht werden, BGH MDR 2021, 489 = NVwZ-RR 2021, 483. **Vorteilsausgleichung** kann man im nachfolgenden Rechtsstreit insgesamt noch geltend machen, weil sie bei wertender Betrachtung der Ermittlung der Schadenshöhe zuzuordnen ist, BGH 2.7.2021 – V ZR 95/20. Selbstverständlich kann der Bekl. ein später entstandenes **Leistungsverweige-**

rungsrecht einwenden, wie auch der Eigenbeitrag des Geschädigten, der **„Sowieso"-Schaden,** erst nachträglich abschließend berechenbar sein mag, BGH NJW-RR 1988, 1044; NJW 1984, 2457.

All dies gilt unabhängig davon, ob die Parteien alle Aspekte vorgetragen haben und ob das Gericht sie vollständig gewürdigt hat, BGH NJW 1982, 2257; BAG NJW 2007, 2507; Hbg GRUR-RR 2004, 139. Eine erneute Feststellungsklage ist unzulässig, dies auch mit Blick auf drohende **Verjährung,** indes ist sie zulässig, wenn Schäden noch nach Ablauf der 30-jährigen Verjährungsfrist eintreten können, BGH NJW 2018, 2056. **38**

Über Beginn und Ende des Schadens braucht das Gericht nichts zu sagen. Vielmehr erfasst die Feststellung auch den seinerzeit nicht bekannten zukünftigen Schaden. Die Rechtskraft schließt jedwede Einwendung aus, die das Bestehen eines festgestellten Anspruchs betrifft und sich auf eine vorgetragene Tatsache stützt, die schon beim Schluss der letzten Tatsachenverhandlung vorgelegen hat, BGH NJW-RR 2005, 1517. Das gilt jedenfalls, soweit nicht das Urteil unmissverständlich die Möglichkeit offenlässt, denselben Klagegrund von bei Schluss der mündlichen Verhandlung vorliegenden Umständen dennoch in einer neuen Klage geltend zu machen, BGH NJW 1989, 393. **39**

Im nachfolgenden Leistungsprozess kann das Gericht ein früheres Feststellungsurteil durch ein Leistungsurteil ausfüllen, es darf aber nicht vom Feststellungsurteil abweichen, Hbg GRUR-RR 2004, 139 (Markenverletzung). Man kann Ansprüche, deren Entstehung durch das schadenstiftende Ereignis rechtskräftig feststeht, mit solchen anderen Ansprüchen verbinden, die noch nicht Gegenstand des Feststellungsprozesses nach → § 2 Rn. 4 waren. **40**

Gelangt das Gericht bei der behauptenden Feststellungsklage zur **Abweisung,** steht im Umfang der tatsächlichen Grundlagen und der tragenden Erwägungen des Urteils das Nichtbestehen der Rechtsfolge dem Grunde nach fest, BGH NJW 1994, 657 (659); NJW 1989, 393 (Bildveröffentlichung); BayObLG ZMR 2001, 989; → § 256 Rn. 57; zu Einschränkung für nicht vorhersehbare Spätschäden, BGH NJW-RR 2006, 712 Rn. 16. **41**

cc) Negative Feststellungsklage. Wenn bei verneinender Feststellungsklage ein Sachurteil ergeht, gilt: Hat sie Erfolg, steht das Nichtbestehen fest, BGH NJW 2019, 1610 Rn. 27; NJW-RR 2012, 1391 Rn. 11; BayObLG ZMR 2001, 989 (Wohnungseigentum). Bei Abweisung tritt die Wirkung eines Urteils ein, welches das Gegenteil dessen, was mit der negativen Feststellungsklage begehrt wird, positiv feststellt, mithin die positive Feststellung des kontradiktorischen Gegenteils, BGH NJW 2003, 3058; Braunschw BeckRS 2022, 16432; BAG NZA 2016, 1483. Ist die Höhe noch offen, hat eine Abweisung die Wirkung eines feststellenden Grundurteils BGH NJW 1975, 1320. Folge ist die Präklusion aller Einwendungen, BGH NJW 1995, 1757, indes entscheiden die Gründe über den näheren Umfang, BGH NJW 1986, 2508 (unrichtige Erwägungen zur Beweislast hindern die Bindung nicht). **42**

Das abweisende Urteil stellt das Bestehen allerdings nur dann fest, wenn sich die Klage gegen einen nach **§ 253 II Nr. 2** bestimmten Anspruch oder einen bestimmten Rechtsgrund richtet, BGH NJW 1995, 1757. **43**

e) Prozessurteil. Die Regeln über die Rechtskraft sind nicht auf Sachurteile beschränkt, sie erstrecken sich auch auf Prozessurteile und wirken insoweit für die einschlägige Prozessfrage, BGH NJW 1991, 1116; NJW 1981, 1962 (jew. Verwerfung einer unzulässigen Berufung); 1985, 2535 (Wirkung eines Vgl.); BVerwG NVwZ 2012, 1187 (Beschwer des Bekl.!); Celle NJW-RR 2009, 74, etwa die Unzulässigkeit des Rechtswegs. Mit diesem Mangel kann die Klage nicht neu erhoben werden. Das Urteil entscheidet nichts für die anderen Prozessvoraussetzungen und erst recht nicht sachlich, BGH NJW-RR 2007, 578; Celle NJW-RR 2009, 74; Brdb NJW-RR 2000, 1735. Bei verneinter Zulässigkeit haben Erwägungen zur Begründetheit an der Rechtskraft keinen Anteil, Schlesw MDR 1992, 525; BAG NJW 2017, 1500. **44**

Die Abweisung mangels Klagebefugnis durch ein VerwG wird von Hamm, BeckRS 2022, 10939 Rn. 46 aufgrund der Möglichkeitstheorie als Abweisung mangels Schlüssigkeit und damit als Sachentscheidung gewertet.

Bleibt die **Zulässigkeit offen** und wird zugleich die Begründetheit verneint, ergeht ein **Sachurteil,** wie dies zweifelsohne auch dann der Fall ist, wenn das Gericht in der Sache entscheidet und das Fehlen einer Prozessvoraussetzung übersieht, BGH NJW 2008, 1227. Nach Urteil in der **höheren Instanz** kommt es alleine auf den Inhalt dieser Entscheidung an, BGH NJW-RR 2001, 929; NJW 1971, 1844. Für grds. Möglichkeit, in der Beschwerde die Zulässigkeit offen zu lassen KG NJW 1976, 2353; Köln NJW 1974, 1515. **45**

Eine Prozess- und eine Sachabweisung in demselben Urteil sind über selbständige **Teile** des Streitgegenstands zulässig, BGH NJW 1985, 2535. Über denselben Sachverhalt ist sie an sich prozessual unzulässig und schafft Rechtskraft nur als Prozessurteil. Ob eine Prozess- oder eine Sachabweisung vorliegt, ergeben notfalls die Entscheidungsgründe. Wegen der umstrittenen Rechtskraftwirkung des klageabweisenden Urteils im **Patentnichtigkeitsverfahren** van Venrooy GRUR 1991, 92. **46**

Die Behebung des Mangels eröffnet die Möglichkeit einer neuen Klage, Brdb NJW-RR 2000, 1735. **47**

f) Arrest und einstweilige Verfügung. Die Entscheidung über einen Eilantrag entfaltet für den zugrunde liegenden Anspruch keine Rechtskraftwirkungen, BGH FamRZ 1983, 355; Brdb NJW-RR 2002, 939; OLGR Ffm 1997, 23; Ddf NJW 1982, 2452. Die Frage kann allenfalls sein, ob eine ablehnende Entscheidung der Zulässigkeit eines neuen, auf den identischen Sachverhalt gestützten Antrags entgegensteht. Das ist zu bejahen, KG MDR 1979, 64; BAG NZA 2013, 447; OVG Münst FamRZ 1975, 293. Ein neues Gesuch erfordert den Vortrag neuer Tatsachen, die Ast. im bisherigen Verfahren noch nicht vorbringen konnte, zumindest aber neue Mittel der Glaubhaftmachung, RGZ 33, 145; Ffm NJW 2005, 3222; Ddf NJW 1982, 2452; Zweibr FamRZ 1982, 413. **48**

Arrestanspruch: Wenn das Gericht den Rechtsschutz versagt, weil ein zu sichernder sachlichrechtlicher Anspruch nach § 916 fehle, ist die Entscheidung endgültig. Ein neues Gesuch ist unzulässig, es sei denn, man könne es auf neue, nach der ersten Entscheidung entstandene Tatsachen stützen, KG MDR 1979, 64. **49**

Arrestgrund: Wenn das Gericht den Rechtsschutz versagt, weil ein Arrestgrund nach § 917 fehle, liegt eine neue Sachlage vor, sobald ein Arrestgrund entsteht. Daher kann dann ein neues Gesuch zulässig werden, Ddf NJW 1982, 2452.

Freigabeverfahren: → Rn. 99.

Glaubhaftmachung: Wenn das Gericht den Antrag zurückweist, weil die Glaubhaftmachung von Arrestgrund oder -anspruch nach §§ 294, 920 II nicht ausreiche, kann man das Gesuch mit einer besseren Glaubhaftmachung erneuern, Ddf NJW 1982, 2453.

2. Abweisung. a) Allgemein. Terhalle, Die Reichweite der Rechtskraft klageabweisender Urteile, 2011. **50**

Hier werden allgemeine Fragen der Abweisung erörtert. Besondere Probleme finden sich auch bei den einzelnen Urteilsarten und unter → Rn. 99 sowie im Übrigen bei vielen weiteren Beispielen, die den einzelnen Sachgruppen zugeordnet sind. **51**

52 Es kommt für den Umfang der Rechtskraft eines klageabweisenden Urteils auf den nach den Entscheidungsgründen tragenden Urteilsinhalt an, hier also den **ausschlaggebenden Abweisungsgrund,** BGH GRUR 2002, 787; BAG NZA 2017, 593 Rn. 40; 2014, 653 Rn. 29. Eine umfassende Sachabweisung erfasst schon wegen § 17 II GVG grds. jeden Rechtsgrund, BGH NJW 2003, 1044 (VU, Zurückweisung der Berufung); NJW 2000, 3492 (3494). Sie ergreift alles, was bei einer natürlichen Anschauung zum Lebenssachverhalt des Vorprozesses zählt, selbst wenn der Kläger dazu nicht alle Tatsachen vorgetragen hatte, BGH NJW 2004, 1252 (Mängelrüge und arglistige Täuschung); BAG NZA 1998, 1126, und wenn das Gericht einen rechtlichen Aspekt übersehen hat, BGH NJW 1995, 1757. Ein neuer Sachverhalt kann in jedem Fall vorgetragen werden, BVerfG NJW 2003, 3759 (neue Kündigung).

53 **Beispiele:**

54 **Annahmeverzug:** Das den Antrag auf Feststellung abweisende Urteil stellt rechtskräftig fest, dass er zum Zeitpunkt der letzten mündlichen Verhandlung nicht bestanden hat, BGH 25.4.2022 – XI ZR 166/21, BeckRS 2022, 13074 Rn. 13.

Anspruchsgrundlage: Keine Bindung bei ausdrücklicher Herausnahme aus den Entscheidungsgründen, BGH GRUR 2002, 787.

Direktklage: Die Abweisung gegen Versicherer und Fahrer wirkt gem. § 124 I VVG für den Halter, wenn der Versicherer zumindest auch aufgrund der Halterhaftung in Anspruch genommen worden war, selbst wenn Abweisungsgrund nur fehlende Aktivlegitimation ist, BGH NJW 2021, 2808.

Erbe: Die Abweisung der Klage eines Miterben nach § 2039 S. 1 BGB entfaltet für die übrigen Erben keine Rechtskraft, BGH NJW 2006, 1969 Rn. 10.

Herausgabeanspruch: Die Abweisung stellt die Grundlage eines Besitzrechts nicht fest, BGH NJW 1981, 1517. Die Abweisung wegen schuldrechtlichen Besitzrechts hindert den Rechtsnachfolger des Kl. nicht an einer eigenen Vindikationsklage, wenn er in das Schuldverhältnis mit dem Besitzer nicht eingetreten ist, BGH NJW-RR 2018, 719. Aber auch → Rn. 95 „Nutzungen".

Klagebefugnis: Die Abweisung mangels Klagebefugnis durch ein VerwG wird von Hamm, KlimR 2022, 225 = BeckRS 2022, 10939 Rn. 46 aufgrund der Möglichkeitstheorie als Abweisung mangels Schlüssigkeit und damit als Sachentscheidung gewertet.

Hilfsantrag: Bei der Teilabweisung eines verdeckten Hilfsantrags, → § 260 Rn. 3; → § 260 Rn. 30, muss aus den Entscheidungsgründen klar hervorgehen, für welchen Streitgegenstand die Abweisung gilt; dabei ist der betr. Sachverhalt schlagwortartig zu umschreiben, BGH NJW 1994, 460.

Kündigung: Maßgeblich ist der ausschlaggebende Kündigungsgrund, BAG NZA 2017, 593 Rn. 40. Die Abweisung der Kündigungsschutzklage wegen einer begründeten Änderungskündigung steht Ansprüchen auf Ersatz von Vermögensschäden wegen Beendigung des Arbeitsverhältnisses grundsätzlich entgegen, BAG NZA 2020, 817 Rn. 30 (Ausnahme: § 826 BGB); sie entfaltet keine Rechtskraft für andere Kündigungsgründe, BAG NZA 2014, 653 Rn. 28; DB 1990, 893.

Mängel: Die Abweisung einer Klage auf Zahlung von Mängelbeseitigungskosten hindert Bekl. nicht, gegen die Kaufpreisklage Mängelrechte einzuwenden, Ddf NJW-RR 1992, 113; auch KG VersR 1994, 601. Verschiedene Arten der Mängelbeseitigung stellen verschiedene Streitgegenstände dar, Oldb NZBau 2020, 296.

Passivlegitimation: Die Abweisung einer auf Vertrag gestützten Zahlungsklage wegen denkbaren Vertragsschlusses mit einem Dritten steht einer auf ungerechtfertigte Bereicherung gestützten Klage nicht entgegen, wenn im Grund der Vertragsschluss mit dem Bekl. und dem Dritten verneint wird, BGH NJW 1990, 1795.

Sachverhalt: Die Rechtskraft der Abweisung erfasst nicht die Erwägungen zur Geschwindigkeit des Fz., KG NJW 2006, 1677.

Schadensersatzpflicht: Die tragenden Erwägungen zum Grund erstrecken sich auch auf anderweitige Fragen des Schadensumfangs, BGH NJW 1991, 2014 (Schadensersatz in Natur, später in Geld).

Unterlassungsanspruch: Rn. 28.

Verjährung: Aus dem materiell-rechtlichen Institut der Verjährung können keine Rückschlüsse auf den Streitgegenstand gezogen werden, BGH NJW 2014, 314 Rn. 25.

Vollstreckungsgegenklage: Abweisung steht der Begründetheit einer Klage entgegen, deren Grundlagen in der letzten mündlichen Verhandlung im Vollstreckungsabwehrprozess vorgelegen haben, und die im Ergebnis einer Vollstreckung aus diesem Titel zuwiderliefe, BGH NJW 2017, 1313; NJW 1960, 1460.

Vindikation: „Herausgabeanspruch".

55 **b) Fälligkeit, „derzeit unbegründet".** Im allgemeinen ist die Fälligkeit ein Element der Begründetheit, fehlt sie und steht nicht fest, ob der Anspruch im Übrigen unbegründet ist, muss das Gericht die Klage als lediglich „derzeit unbegründet" ohne eine weitere Prüfung des Anspruchs abweisen, BGH NZG 2010, 1436 Rn. 22 (vorübergehende Unmöglichkeit); BauR 2006, 555 = NZBau 2006, 173; NJW 1999, 1867; NJW-RR 1988, 1405 (noch fehlendes **Schiedsgutachten**); Karlsruhe NJW-RR 2021, 712 (Maklerprovision, dazu auch Fischer NZM 2021, 487). Die Rechtskraftwirkung erstreckt sich dann nur auf die Frage der Fälligkeit zum Schluss der mündlichen Verhandlung, nicht auf die weiteren Voraussetzungen des Anspruchs, BVerfG NJW 2003, 3759; BGH BKR 2021, 371 Rn. 18; NJW-RR 2011, 1528; Mü MDR 2016, 415; Oldb FamRZ 2011, 1531; BayObLG Rpfleger 1995, 406. Eine Abweisung als „derzeit unbegründet", ohne Eingehen auf sonstige Voraussetzungen, lässt eine neue Klage also grds. offen. Es bestehen keine Rechtskraftwirkungen hinsichtlich weiterer Einwände. Sind **Gegenforderungen** mangels Fälligkeit im Urteil nicht berücksichtigt worden, können sie mithin erneut geltend gemacht werden, BGH NJW 2005, 1499 (1502).

56 Im Einzelfall kann sich diese Einschränkung, wenn der Tenor sie nicht enthält, aus einer **Auslegung** der Entscheidungsgründe ergeben, BGH NJW 2009, 1139 Rn. 12; NJW 2000, 653 (656). Das ist zB der Fall, wenn die Klage als „zum fraglichen Zeitpunkt rechtsmissbräuchlich" abgewiesen wird, BGH NJW 2009, 1139. Kann dem Urteil nicht entnommen werden, auf welchen Gesichtspunkt das Gericht sich tragend stützen wollte, tritt eine Bindung *in keiner Hinsicht ein. Allg.* zur Auslegung → Rn. 21.

57 Nach Abweisung als „derzeit unbegründet" muss eine neue Klage auf **neue Gründe** der Fälligkeit gestützt werden, Ffm NJW 2017, 2773; es reicht nicht, mit der neuen Klage nur die Rechtsbeurteilung des Gerichts im Erstprozess anzugreifen, BGH NJW 2014, 1306. War die Annahme fehlender Fälligkeit im ersten Urteil fehler-

haft, begrenzt sich die Wirkung dennoch hierauf, so dass die Begründetheit der Klage unter Annahme der nunmehrigen Fälligkeit voll zu prüfen ist, BGH NJW-RR 2001, 310; auch NJW 2000, 2988.

Hat das Gericht den Anspruch im Erstprozess als nicht bestehend erkannt, bleibt es hierbei auch wegen der Fälligkeitsfrage, BGH NJW 1989, 393; Ddf NJW 1993, 802 (keine ordnungsgemäße Abrechnung); LG Köln WuM 1990, 38 (Abweisung als unsubst.). Problematisch ist die Lage, wenn die Abweisung durch **Versäumnisurteil** erfolgt. Dessen Zweck soll die erneute Geltendmachung auch dann ausschließen, wenn der Anspruch bei Erlass nur materiell-rechtlich nicht fällig war und die daher als „derzeit unbegründet" hätte abgewiesen werden müssen; entsprechender Vortrag ist dem Kl. im Zweitprozess verwehrt, BGH NJW 2003, 1044; str., Zöller/Vollkommer Vor § 322 Rn. 56. Wieder anders ist die Lage, wenn eine Abweisung als „derzeit unbegründet" im Rechtsmittelzug durch VU bestätigt wird; dann bleibt es bei der begrenzten Rechtskraft. 58

Freilich kann das Urteil denjenigen Bekl. **beschweren,** der die endgültige Abweisung erstrebte, BGH NJW 2000, 2988 (zust. Siegburg EWiR 2000, 939). Liegt alleine eine **Berufung** des Kl. gegen die Abweisung als „derzeit unbegründet" vor, darf die Klage ohne Anschlussberufung des Bekl. wegen des Verschlechterungsverbotes nicht endgültig abgewiesen werden, Ddf MDR 2015, 1322 unter Berufung auf BGH NJW 2000, 590. 59

Bei **§§ 257–259** ist die Fälligkeit ausnahmsweise **Prozessvoraussetzung.** Eine Klageabweisung trifft nur die Fälligkeit, entfaltet aber für die Zukunft keine Rechtskraftwirkungen, BGH NJW 2005, 142; Mü NJW 2009, 3246 (§ 258); Naumbg FamRZ 2008, 1546. So steht bei einer Abweisung aus § 259 rechtskräftig nur fest, dass der geltend gemachte Besorgnisgrund nicht vorliegt. Für ein bejahendes Urteil gelten die allgemeinen Regeln, BGH NJW 1985, 2481. Fehlt es an der die Fälligkeit begründenden Einholung eines **Schiedsgutachtens,** kann das Gericht alternativ entsprechend §§ 356, 431 eine Frist setzen, BGH NJW 2021, 1593; NJW-RR 1988, 1405. Das ist aus praktischen Erwägungen einer Abweisung als derzeit unbegründet grds. vorzuziehen.

c) Anderweitige Ersatzmöglichkeit, § 839 I 2 BGB. Gesondert zu betrachten ist die Lage, wenn das Gericht eine auf **§ 839 I 1 BGB** gestützte Klage wegen einer anderweitigen Ersatzmöglichkeit (§ 839 I 2 BGB) abweist. Dies ist nur zulässig, wenn das Gericht die übrigen Tatbestandsmerkmale des Amtshaftungsanspruchs geprüft und für gegeben erachtet hat; eine „selbst-wenn Abweisung" ist hier materiell-rechtlich nicht erlaubt, vielmehr muss das Gericht die übrigen Merkmale des Anspruchs bejahen, widrigenfalls Bekl. beschwert ist, BGH ZfBR 2018, 43 Rn. 23; NJW 2006, 3561 Rn. 18. Gegen Stimmen der Lit., Musielak/Voit/Musielak, ZPO Rn. 51, hat der BGH hiervon ausgehend erkannt, dass das Urteil für die übrigen Voraussetzungen des Anspruchs trotz der Abweisung Rechtskraftwirkungen entfaltet, BGH NJW 2022, 2754 Rn. 23; so auch OLGR Ddf 1993, 139; MüKo-ZPO/Gottwald Rn. 156. Die Rechtskraftwirkung ergibt sich mithin aus dem Zweck der materiellrechtlichen Norm. Tritt die Fälligkeit später ein, bedarf es im Streitfall für die Verurteilung also nur noch deren Nachweises. Das gilt indes nur dann, wenn das Gericht die weiteren Anspruchsvoraussetzungen tatsächlich bejaht hat. Wird die Frage (fehlerhaft) offen gelassen, tritt, wie generell bei falschen Urteilen, die Wirkung nicht ein, → Rn. 21. Die Lösung gilt nur für die Fälle des § 839 I 2 BGB, weil hier die Befassung mit sämtlichen Anspruchsvoraussetzungen gesetzlich geboten ist; erst daraus folgt die Notwendigkeit einer Rechtskraftwirkung; in anderen Fällen sind Erwägungen zu weiteren Voraussetzungen des Anspruchs nicht tragend, → Rn. 52. 60

3. Entscheidung über einen Teil des Anspruchs. a) Teilklage. Man muss die offene Teilklage, mit der ausdrücklich oder zumindest eindeutig nur ein Teil eines Anspruchs geltend gemacht wird, von der verdeckten Teilklage unterscheiden. Zentrales Problem ist die **Bestimmtheit** der Klage wie auch des darauf aufbauenden Urteils, → § 253 Rn. 34. Ist bei einer Teilklage nicht erkennbar, welcher Teil des Gesamtanspruchs Gegenstand der Klage sein soll, ist das Urteil der materiellen Rechtskraft nicht fähig; der Schuldner kann entspr. § 767 I seine Aufhebung verlangen, BGH NJW 1994, 460; NJW 1990, 2068; Brdb MDR 2000, 227. 61

Bei der **offenen Teilklage** beschränkt sich unabhängig von Erfolg oder Misserfolg die Rechtskraft auf den rechtshängig gemachten Teil, BGH NJW 2017, 893 Rn. 19; Voraussetzung für die Zulässigkeit und damit für jedwede Rechtskraftwirkung in der Sache ist die Teilbarkeit des Anspruchs, was indes bei Zahlungsforderungen grds. zu bejahen ist, BGH NJW 1994, 3165; Celle VersR 2007, 1661. Ein **Vorbehalt der Nachforderung** ist an sich nicht erforderlich, BGH NJW 2011, 1367 Rn. 9; NJW 1997, 1990; NJW 1997, 3019; NJW 1994, 3165; Ddf GRUR-RR 2006, 383; Kblz GRUR 1988, 478 (Unterlassungsklage), zur Klarstellung aber nicht selten ratsam, vgl. zB nur BGH NJW 2015, 334 (Elementar- und Altersvorsorgeunterhalt). 62

Im Normalfall sind jedoch selbst bei einer **Ermäßigung** der Teilklage an die Feststellung eines Verzichtswillens für alle weitergehenden Ansprüche strenge Anforderungen zu stellen, BGH NJW 1997, 3019. Die aA von Musielak/Voit/Musielak ZPO Rn. 73, wonach die Abweisung einer Teilklage für eine weitere Forderung aus demselben Sachverhalt zwar nicht unzulässig, wohl aber aufgrund Präjudizialität unbegründet sein soll, ist wegen Verstoß gegen § 308 I abzulehnen, so mit Recht auch Zöller/Vollkommer ZPO Vor § 322 Rn. 47. In den (seltenen) Fällen, in denen eine solche weitere Klage überhaupt vorkommt, können sich aus dem Vortrag zu der neuen Teilforderung ohne Weiteres neue Rückschlüsse auf den Grund des Anspruchs ziehen lassen; die umfassende Sachprüfung ist daher auch aus praktischen Gründen sinnvoll. Bekl. ist durch § 256 I, II hinreichend geschützt. 63

Die **verdeckte Teilklage** kennzeichnet sich iwS dadurch, dass eine Beschränkung des Streitgegenstands gegenüber dem Gesamtumfang denkbarer Ansprüche aus Antrag und vorgetragenem Lebenssachverhalt mangels ausdrücklicher Erklärung für den Gegner wie für das Gericht nicht auf Anhieb hervorgeht. Probleme ergeben sich, wenn mit einer **Nachforderungsklage** Ansprüche geltend gemacht werden, die möglicherweise bereits Gegenstand des Vorprozesses waren. Bei einem eindeutigen Klageantrag mit einer ebenfalls eindeutigen Begründung kann das Problem sich kaum ergeben, weil es durchgehend bei dem Grundsatz bleibt, dass die Rechtskraft von Urteilen sich auf den Streitgegenstand beschränkt, BGH NJW 1998, 995; NJW 1997, 1990; NJW 1997, 3019. Das wird besonders deutlich, wenn Kl. in einem weiteren Prozess nur die Berechnungsgrundlagen seines vermeintlichen Anspruchs ändert und hiervon ausgehend eine Nachforderung stellt; in solchen Fällen ist über den Streitgegenstand bereits abschließend entschieden, BGH NJW 2008, 373. 64

Die Rechtskraft des Urteils erstreckt sich nicht auf den nicht eingeklagten Teil oder auf andere Ansprüche aus dem gleichen Sachverhalt, selbst wenn sich das Gericht in den Entscheidungsgründen darüber auslässt, BGH NJW 1994, 3165. Den Schwerpunkt des Themas bildet also die **Auslegung,** → Rn. 21. Indes ist insoweit Vorsicht geboten! Gelangt das Gericht bei Auslegung der Klage zu der Erkenntnis, die Klage erfasse (zB hilfsweise) weitergehende Ansprüche, und legt es diese Überzeugung einer Sachentscheidung erkennbar zugrun- 65 de, erstreckt sich die Rechtskraft auf den gesamten gewollten Entscheidungsumfang, selbst wenn die Entscheidung falsch ist, → Rn. 8, → Rn. 45.

66 Relevanz erlangt die Frage nach der Rechtskraft eines Urteils über die Teilklage namentlich dann, wenn Kl. in einem weiteren Rechtsstreit eine **Nachforderung** geltend macht. Besondere Bedeutung hat das Thema für die **Verjährung,** die nur im Umfang der Klageerhebung gehemmt wird, BGH NJW 2014, 920; NJW 2002, 2167; NJW 2002, 3769 (Schmerzensgeld); NJW-RR 1994, 514 (Zugewinnausgleich); NJW 1985, 1711 (Verurteilung zur fortlaufenden Zahlung von **Zinsen**); NJW 1976, 956 (Vorschuss). In eng zu begrenzenden Einzelfällen kann das Verhalten einer Partei in Bezug auf die Geltendmachung lediglich von Teilforderungen treuwidrig sein und aus diesem Gesichtspunkt der Erhebung weiterer Ansprüche entgegenstehen, vgl. etwa BGH 16.12.2021 – I ZR 57/21 BeckRS 2021, 47052 Rn. 15.

67 Unklarheiten über den Umfang des Rechtsschutzziels können mithin die Rechtskraftwirkungen eines Urteils beeinflussen. Im Streitfall ist eine zweifache **Auslegung** geboten, zum einen mit Blick auf den Umfang der Klage, zum anderen auf den vom Gericht gewollten Entscheidungsumfang des Urteils; die Auslegung hat Vorrang, BGH NJW 1994, 3165. Allg. zur Auslegung → Rn. 21.

68 Im Einzelfall kann die Auslegung ergeben, dass Kl. trotz eines bezifferten Klageantrags nicht eine Teilforderung, sondern den gesamten Anspruch geltend macht, etwa wenn Kl. zu erkennen gibt, dass er eine in das **Ermessen** des Gerichts gestellte Forderung geltend macht und der bezifferte Antrag nur die Wertvorstellung zu erkennen gibt, BGH NJW-RR 2008, 521; NJW 1985, 1701 (Unterhaltsforderung: Vermutung für vollständige Klage); NJW 1985, 2825 (Miteigentum); NJW 1961, 917.

69 **b) Teilurteil.** In den Grundzügen entspricht das zur Teilklage Gesagte, → Rn. 61, dem, was über die Rechtskraft des Teilurteils zu bemerken ist. Diese geht über den Entscheidungsumfang nicht hinaus.

70 Die Zulässigkeit eines Teilurteils hat für sich keinen Einfluss auf die Rechtskraft. Ein an sich **unzulässiges Teilurteil** kann in formelle und materielle Rechtskraft erwachsen, BGH NJW 2007, 1466 Rn. 8, auch wenn es zB nur gegen einen von mehreren notwendigen Streitgenossen nach § 62 ergeht, zumal seine Wirkungen klar abgegrenzt sind; gegenüber den weiteren Streitgenossen entsteht keine Rechtskraft, BGH NJW 1996, 1060.

71 Keine materielle Rechtskraft entsteht, soweit man mangels **Bestimmtheit** nicht feststellen kann, über welchen Teil des Streitgegenstands das Urteil sich verhält, BGH NJW-RR 2009, 790 Rn. 18; Brdb NJW-RR 2017, 399. Die fehlerhafte Aussage über den Umfang des beschiedenen Rechtsschutzziels kann ein **verdecktes Teilurteil** nach sich ziehen. Indes kann der Ausspruch des Urteils, selbst wenn er den vom Gericht angenommenen Streitgegenstand überschreitet, in Rechtskraft erwachsen, so dass alleine ein Rechtsmittel, nicht aber der Folgeprozess eine Korrektur ermöglicht, BGH 6.7.2022 – XII ZB 571/21 = MDR 2022, 1176 (§ 43 FamFG). Eine Verletzung des § 308 I hat mithin bei Rechtskraft und eindeutig zu klärendem Urteilsausspruch keine weiteren Folgen, → § 308 Rn. 26 f. Vorrang hat bei all dem die Auslegung, vgl. auch Graba NZFam 2015, 52 (Unterhaltstitel); allg. → Rn. 22.

72 Im weiteren Verlauf des Rechtsstreits wie auch in einem darauf folgenden Prozess muss das Gericht den Anspruchsgrund neu prüfen, soweit es um den Rest geht. Eine Rechtskrafterstreckung besteht insoweit nicht, Ddf GRUR-RR 2006, 383, AG Wetzlar ZMR 2012, 456 (teilweise Überlappung). Präjudizielle Wirkung kommt allerdings in Betracht, wenn das Teilurteil für weitere Ansprüche vorgreiflich ist, → Rn. 91.

c) Weitere Einzelfälle zur Rechtskraft bei Teilansprüchen und zur Nachforderung

73 **Antragsobergrenze:** Auch bei der Teilklage muss das Gericht § 308 I beachten, BGH NJW 1994, 3165.

Beurteilung: Es kommt nicht auf die Frage an, ob das Gericht den Streitgegenstand umfassend berücksichtigt und zutreffend gewürdigt hat, BGH NJW 1988, 2300; Saarbr MDR 2000, 1317 (angeblich weiterer Kunstfehler).

Elementarunterhalt: „Unterhalt".

Ermessen: Wenn der Kläger die Höhe des Betrags in das Ermessen des Gerichts stellt klagt er grds. den vollen Betrag ein, so dass die Rechtskraft des Urteils sich auf den gesamten Anspruch erstreckt, BGH NJW-RR 2008, 521; NJW 1980, 2754; Kblz NJW-RR 1997, 1156.

Freiwilligkeit: Bei einem Antrag auf die Titulierung des bisher freiwillig gezahlten Unterhalts oder auf die Zahlung eines über den freiwillig geleisteten Betrag hinausgehenden weiteren Betrags kann das Gericht in aller Regel nur auf der Basis der freiwilligen Grundzahlung über die Angemessenheit des verlangten Spitzenbetrags entscheiden. Daher erwächst nur der Spitzenbetrag in innere Rechtskraft, BGH NJW 1991, 430.

Mindestbetrag: Wird eine Forderung dergestalt begründet, dass ihre Höhe dem Kl. „mindestens" zustehe, liegt darin eine offene Teilforderung; eine Nachforderung ist indes wegen materiell-rechtlichen Verzichts nicht möglich, BGH NJW 1979, 720.

Mutmaßlicher Schaden: Wenn der Kläger einen Schadensersatz nach einer mutmaßlichen Rechnung gefordert hat, darf er nicht später nach der endgültigen mehr fordern, AG Landstuhl MDR 1981, 234; AG Nürnb VersR 1979, 1042.

Schmerzensgeld: → Rn. 99.

Umdeutung: Eine unzulässige Nachforderungsklage lässt sich evtl. in eine nach § 323 zulässige Abänderungsklage umdeuten, BGH NJW-RR 2005, 371.

Unterhalt: Bei einer Unterhaltsklage spricht die Vermutung gegen eine Teilklage, BGH NJW 2003, 969; NJW 1985, 1701; Naumbg FamRZ 2006, 1047; Karlsr NJW 1995, 2795, so dass eine ausdrückliche Klarstellung erforderlich ist. Die Klage auf Zahlung von Elementarunterhalt schließt den Anspruch auf Zahlung von Altersvorsorgeunterhalt idR mit ein, BGH NJW 2015, 334. Bei der Forderung eines Spitzenbetrags über die freiwillige Leistung hinaus liegt indes eine Teilklage vor, BGH NJW 1985, 1340. Der Vorbehalt der Nachforderung des Altersvorsorgeunterhalts kann indes mit einer Anschlussberufung, die wegen Berufungsrücknahme hinfällig wird, nicht mehr wirksam erklärt werden, Hamm FamRZ 1990, 299.

Verdienstausfallschaden: In diesen Fällen spricht nach Hamm NZV 1998, 288 eine Vermutung gegen die Teilklage.

Wiederkehrende Leistungen: Die Lage ist ähnlich wie beim Unterhalt, BGH NJW 1986, 3142. Die Klage auf Zahlung einer BUZ-Rente umfasst nicht die Überschussanteile, BGH NJW-RR 2007, 1433.

Zinsen: Eine Zinsforderung wird im Zweifel umfassend geltend gemacht, Mü NJW-RR 2002, 1725. Auch → Rn. 95; → Rn. 99.

Zugewinnausgleich: Ob eine Nachforderung überhaupt zulässig ist, lässt BGH NJW 1994, 3165 offen, gelangt aber durch Auslegung zur Teilklage. Zur Zulässigkeit eines Teilurteils BGH NJW-RR 2016, 1217.

4. Präklusionswirkung. a) Allgemeines. aa) Tatsächlicher Rahmen des Streitgegenstands. Die materielle Rechtskraft entfaltet für den Vortrag von Tatsachen, die zu einem **Widerspruch** zu der rechtskräftig festgestellten Rechtsfolge führen, Präklusionswirkung; maßgeblich ist, dass sie zu dem Lebenssachverhalt gehören, auf die das Rechtsschutzbegehren des Klägers im Vorprozess aufbaute, ohne dass es auf den Vortrag nachgeordneter Details ankäme, BGH NJW 2017, 3438 Rn. 9; NJW 2017, 893 Rn. 18 („Kehrseite"); NJW 2013, 450. Ob die Parteien nicht vorgetragene Tatsachen zum Zeitpunkt der letzten mündlichen Verhandlung im Vorprozess kannten oder vortragen konnten, ist unerheblich, BGH NJW 2004, 1252; NJW-RR 1996, 826. 74

Vortrag, auf den es für die Sachentscheidung nicht ankam, kann nicht präkludiert sein, Zweibr NJW-RR 2012, 405 (verspätete Mängelrüge). All dies fordert zunächst die präzise Erfassung der sich im neuen Prozess stellenden Frage, bevor auf die Wirkungen des ersten Urteils eingegangen wird. 75

bb) Grenze in den Rechtskraftwirkungen. §§ 767 II, 796 II enthalten Spezialregelungen für den Ausschluss von neuen Einwänden. Dem liegt der **allgemeine Gedanke** zugrunde, dass die Rechtskraft eines Urteils nicht ausgehöhlt werden darf, indem eine Partei in einem weiteren Rechtsstreit Tatsachen vorträgt, die bei Schluss der mündlichen Verhandlung im Vorprozess bereits vorhanden waren und deren Berücksichtigung dem darauf ergangenen Urteil zuwiderliefe; anderes gilt nur für Tatsachen, die erst nach Schluss der mündlichen Verhandlung im ersten Prozess entstanden sind, BGH NJW 2017, 893 Rn. 17; NJW 2017, 1313 Rn. 44; NJW 2000, 2022. 76

Da die Präklusion nicht weiter gehen kann als die **Rechtskraftwirkungen** dieses Urteils, muss alsdann deren Umfang vorrangig geklärt werden, → Rn. 21. Denn es handelt sich bei der Präklusion nicht um ein eigenständiges Institut neben der Rechtskraft, sondern nur um deren Auswirkungen auf das Recht, sozusagen deren „Kehrseite"; dh jenseits der Rechtskraft ist Präklusion nicht denkbar, selbst wenn mit der neuen Klage ein wirtschaftlich identisches Ziel verfolgt wird, und auch dann nicht, wenn die Tatsachen sich im Kern überschneiden, BGH MDR 2019, 692 = BeckRS 2018, 26275; NJW 2017, 893 Rn. 18; NJW 2017, 3438; zur Abgrenzung vom kontradiktorischen Gegenteil → Vor § 322 Rn. 16. 77

cc) Präklusion bezüglich Einwendungen. Einwendungen als solche sind von der Rechtskraft nicht erfasst. Das ergibt bereits der Rückschluss aus § 322 II. Die Frage ist lediglich, ob Einwendungen infolge ihrer Verneinung oder unterlassener Erhebung präkludiert werden. 78

Nach hM tritt eine **Präklusion** ein, die sich auf alle Einwendungen erstreckt, welche Bekl. zum Zeitpunkt der letzten mündlichen Verhandlung geltend machen konnte, BGH NJW 2016, 3158 Rn. 19; NJW 2006, 63. Erfasst hiervon sind grds. alle Einwendungen, Einreden und die Geltendmachung von Gegenrechten aus dem materiellen Recht. So schließt etwa ein Urteil auf **Herausgabe** die Besitz- und Herausgabeverweigerungsrechte aus, BGH NJW 2006, 63, ein Zahlungsurteil die Leistungsverweigerungsrechte, namentlich die Verjährungseinrede, BGH NJW 2016, 3158 Rn. 20. 79

Die erstmalige Geltendmachung von **selbstständigen Ansprüchen des Bekl.** aus demselben Sachverhalt wird demgegenüber durch die rechtskräftige Entscheidung über die Ansprüche des Kl. im Vorprozess nicht präkludiert, es sei denn, sie seien Gegenstand einer Widerklage oder einer Aufrechnung gewesen, Abs. II, BGH NJW 2017, 3438 Rn. 11. 80

b) Neue Sachlage. Nicht ausgeschlossen ist der Vortrag von Tatsachen, die erst nach Schluss der mündlichen Verhandlung im Vorprozess entstanden sind. 81

aa) Rein tatsächliche Entwicklung. Neu entstandene Tatsachen können zu einer anderweitigen Beurteilung der Rechtslage führen, ohne dass dem Rechtskraftwirkungen des ersten Urteils entgegenstünden. Das Thema liegt der Abweisung als „derzeit unbegründet" nahe, → Rn. 55. 82

Beispiele: 83

Auseinandersetzungsbilanz: Die nachträgliche Erstellung ist als Voraussetzung der Fälligkeit zu berücksichtigen, Mü ZIP 2016, 2088. 84

Kündigung: Nach Abweisung kann eine neue Kündigung auch auf die Fortsetzung des vertragswidrigen Verhaltens gestützt werden, wenn dieses gegenüber dem früheren Sachverhalt neues, eigenständiges Gewicht hat, BGH NJW 1998, 374.

Notweg: Ein Duldungsurteil macht eine neue Klage unzulässig, wenn sich nur die persönlichen Umstände und Bedürfnisse des Eigentümers, nicht aber die objektiven Umstände wie die Größe, Lage und Wirtschafts-/Nutzungsart des Grundstücks geändert haben, Brdb BeckRS 2019, 49783.

Schenkungswiderruf: Neues Fehlverhalten lässt ihn abweichend vom ersten Urteil durchgreifen, BayObLGZ 1996, 20.

Schlussrechnung: Die nachträgliche Erstellung einer Schlussrechnung kann die zunächst verneinte Fälligkeit begründen, BGH NJW 1999, 1867; NJW-RR 2007, 1393 Rn. 6.

bb) Ausübung von gesetzlichen Gestaltungsrechten. Gestaltungsrechte, die zum Stand der letzten mündlichen Verhandlung bereits ausgeübt werden konnten, sind präkludiert. Es kommt auf das Bestehen der **Gestaltungsmöglichkeit** an, nicht auf die Kenntnis, BGH NJW 2019, 3385; NJW 2009, 1671. 85

Die Lit. folgt der Rspr. nur zum Teil, vgl. Zöller/Vollkommer ZPO Vor § 322 Rn. 63; Zöller/Herget ZPO § 767 Rn. 14; die wohl hL will auf die Ausübung abstellen, vgl. MüKoZPO/Gottwald Rn. 160; Musielak/Voit/Musielak ZPO Rn. 41, jew. mwN. Der Rspr. ist nicht zuletzt aus praktischen Erwägungen zu folgen, weil die von der hL befürwortete Erweiterung der Ausübung die Rechtskraft von der Beliebigkeit des Berechtigten abhängig macht. 86

Beispiele: 87

Anfechtung: Die Abweisung einer aufgrund Rücktritts erhobenen Mängelklage präkludiert die Anfechtung wegen arglistiger Täuschung, BGH NJW 2004, 1252; NJW 1985, 2481. Ein neuer Anfechtungsgrund kann im zweiten Rechtsstreit nicht nachgeschoben werden, wenn er bereits vorlag, Celle NJOZ 2005, 1917 = InVo 2005, 321. 88

Aufrechnung: Entscheidend für die Aufrechnung ist die **Aufrechnungslage** zum Zeitpunkt der letzten mündlichen Verhandlung, BGH NJW 2009, 1671; NJW 2005, 2926; NJW 1988, 2542; → § 767 Rn. 78. Die bloße Möglichkeit, eine Aufrechnungslage etwa durch Abtretung herbeizuführen, reicht nicht aus, BGH NJW-RR

2012, 110; auch ein Aufrechnungsvorbehalt ist in dieser Lage nicht geboten, BGH NJW 1988, 2542. Der Aufrechnungseinwand muss auch in der Feststellungsklage über das Bestehen eines Anspruchs geltend gemacht werden, BGH NJW 1988, 2542. Eine präkludierte Aufrechnung wird materiell-rechtlich so behandelt, als sei sie nie erklärt worden, BGH NJW 2019, 3385, mAnm Ulrici; Zöller/Vollkommer ZPO Vor § 322 Rn. 66.

Minderung: Hier gilt das Gleiche wie für den Rücktritt.

Potestativbedingung: Zöller/Vollkommer ZPO Vor § 322 Rn. 64 will offenbar auf die tatsächliche Ausgangslage abstellen. Dem ist zuzustimmen, da ähnlich wie bei der Hilfsaufrechnung der Gegner hierdurch nicht in eine Ungewissheit versetzt wird, die von ihm nicht hinzunehmen ist, vgl. auch Grüneberg/Ellenberger Einf v § 158 Rn. 13.

Rücktritt: Für eine Präklusion müssen die Voraussetzungen vollständig vorgelegen haben, namentlich der fruchtlose Ablauf einer Frist; die bloße Möglichkeit einer Fristsetzung reicht nicht aus, vergleichbar BGH NJW-RR 2012, 110.

Verbraucherschutz: → Rn. 89.

89 Entsprechendes gilt für Rücktritt und Kündigung, vgl. auch zur Miete → Rn. 97. Für die Gestaltungsrechte des Verbraucherschutzes wird in der Lit vertreten, dass sie dem **Verbraucher** durch Präklusion nicht genommen werden dürfen, Zöller/Vollkommer Vor § 322 Rn. 64, ee); das ist abzulehnen, weil kein Gesichtspunkt dafür spricht, dem Verbraucher einen risikolosen ersten Rechtsstreit zu ermöglichen; vielmehr muss insoweit auch das Interesse des Vertragspartners an einer Klarstellung gewahrt bleiben, BGH NJW 2020, 2876 mAnm Buck-Heeb; → Rn. 3.

90 **cc) Ausübung vertraglicher Gestaltungsrechte.** Hier kommt es für die Präklusion auf den ggf. durch Auslegung zu ermittelnden Zweck der vertraglichen Regelung an. Soll diese eine freie Gestaltung der Vertragsbeziehung ermöglichen, kann das Recht auch nach Eintritt der Rechtskraft eines Urteils über den vertraglichen Erfüllungsanspruch noch ausgeübt werden, BGH NJW 1985, 2481 (Optionsrecht); LG Bielefeld NJW-RR 1991, 182 (Kündigung); im anderen Fall wird es präkludiert.

91 **5. Präjudizielle Rechtsverhältnisse, Vorgreiflichkeit.** Von Präjudizialität spricht man, wenn es um die Frage geht, ob eine bereits entschiedene Sache im Sinne von **Vorgreiflichkeit,** für eine folgende Sache Bindungswirkungen entfaltet. Deren Entfaltung liegt im Interesse der Sicherung des Rechtsfriedens, die einen Hauptzweck der Norm darstellt, → Rn. 3; BGH NJW 2012, 1964 Rn. 11. Sie ist auf den **Streitgegenstand,** → § 2 Rn. 4, begrenzt; eine Erweiterung der Bindungswirkung auf präjudizielle Rechtsverhältnisse im Rahmen von „Ausgleichszusammenhängen" oder **„Sinnzusammenhängen"** kommt nicht in Betracht, BGH NJW 2017, 3438 Rn. 8; NJW 2003, 3058; NJW 1993, 3204; BAG NJW 2014, 1323 (durch negative Feststellungsklage geklärte Vorfrage). Abzugrenzen ist mithin von dem Fall, in dem lediglich die Vorfrage zweier Rechtsstreitigkeiten identisch ist, BGH NJW 2008, 2922; → Rn. 20.

92 Gleiches gilt für Begründungselemente; insoweit steht den Parteien die Zwischenfeststellungsklage offen, BGH NJW 2017, 893 Rn. 14. Ist der bereits beschiedene Streitgegenstand, zB der Leistungsanspruch bei einem nunmehr geltend gemachten **Schadensersatzanspruch** aus Verzug, Tatbestandsmerkmal der Anspruchsnorm, liegt insoweit Bindungswirkung vor, BGH NJW 2012, 1964; NJW 1993, 3204; NJW 1969, 1064; Kblz NJW-RR 2005, 1174; BAG VersR 1991, 365. Gleiches gilt bei der Abweisung einer Kündigungsschutzklage für Schadensersatzansprüche, die auf die behauptete Unwirksamkeit der Kündigung gestützt werden, BAG NZA 2020, 817 Rn. 29.

93 Die Bindungswirkung der voraufgegangenen Entscheidung beschränkt sich in den Fällen der Präjudizialität auf ein Element der für die neue Sache zu erarbeitenden Lösung. Missachtung führt also nicht zur Unzulässigkeit, sondern lediglich zur sachlichen Fehlerhaftigkeit, BGH NJW 2012, 1964 Rn. 11; NJW 2008, 1227 Rn. 23. Kein Fall der Präjudizialität ist daher die Verneinung der im voraufgegangenen Urteil ausgesprochenen Rechtsfolge im Sinne des **kontradiktorischen** Gegenteils, → Vor § 322 Rn. 17. In diesen Fällen ist die Zulässigkeit berührt; eine dennoch ergangene Entscheidung ist nach den für die Kollision rechtskräftiger Urteile geltenden Grundsätzen zu bewerten, → Rn. 96.

94 **Beispiele:**

95 **Dingliches Recht:** Liegt ein Urteil auf Grundbuchberichtigung vor, kann das GBA den Nachweis nach § 29 GBO nicht mehr verlangen, Jena FGPrax 2001, 56.

Doppelleistung: → Rn. 99 „Zweitleistung".

Erbrecht: Rechtskräftige Feststellung bindet im Erbscheinverfahren, Mü NJW 2016, 2512.

Gesamtgläubiger: Erstreitet einer von ihnen ein Urteil auf Leistung an alle, steht einer Rückforderungsklage des Schuldners gegen einen anderen Gläubiger die Rechtskraft nicht entgegen; es handelt sich alleine um eine Frage der Begründetheit, BGH NJW 1984, 126.

Grundbuchberichtigung: Das nach § 894 ergehende Urteil wirkt nicht vorgreiflich zum betr. dinglichen Recht; es handelt sich nur um eine Vorfrage, BGH NJW 2019, 71; BeckRS 2018, 10651; NJW-RR 2002, 516 (Wohnungsrecht); aA Naumbg OLG-NL 1998, 182.

Herausgabe: Nutzungen.

Insolvenzverwalter: Ein nach Aufhebung des Insolvenzverfahrens zugunsten des Schuldners ergangenes Urteil über eine Masseverbindlichkeit wirkt nicht zugunsten des persönlich in Anspruch genommenen Insolvenzverwalters, BGH 17.3.2022 – IX ZR 216/20, BeckRS 2022, 6209.

Kündigung: Ist eine auf Kündigung gestützte Klage abgewiesen worden, kann die Wirksamkeit dieser Kündigung im folgenden Rechtsstreit nicht mehr geltend gemacht werden, weil feststeht, dass das Vertragsverhältnis fortbesteht, BGH NJW 2004, 294; → Rn. 92 aE.

Negative Feststellungsklage: Das Sachurteil kann für den Folgeprozess über einen nicht identischen Streitgegenstand vorgreiflich wirken, Braunschw BeckRS 2022, 16432.

Mehrforderung: Nicht mit rechtskräftig beschieden wird beim Teilurteil nach § 308 I eine Mehrforderung, BGH NJW 1981, 1045.

Nutzungen: Das Herausgabeurteil hat keine *Bindungswirkung* für den Anspruch auf Ausgleich für vor der *Rechtshängigkeit* gezogene Nutzungen, BGH NJW 1983, 164. Bei Abweisung der Herausgabeklage ist der Nutzungsanspruch präjudiziert, BGH NJW 1981, 1517. Das Herausgabeurteil kann demgegenüber auch für Folgeansprüche präjudiziell sein, BGH NJW 2006, 63; es schließt den Einwand des Besitzrechts aus, BGH NJW 1985, 1553.

Räumungsurteil: Bewirkt Präjudizialität für Folgeansprüche aufgrund unterbliebener Räumung, BGH NJW 1969, 1064.

Rechnungslegung: Ein Urteil hierauf bindet für das anschließende Verfahren auf Vorlage der Belege, Köln NJW-RR 1989, 567.

Rückforderung: Verlangt Bekl. das aufgrund eines rechtskräftigen Urteils Geleistete zurück, steht dem unter dem Gesichtspunkt des kontradiktorischen Gegenteils die Rechtskraft entgegen; ein Problem der Präjudizialität ergibt sich nicht, BGH NJW 1996, 57; OLGR Celle 2004, 399; aA Zöller/Vollkommer Vor § 322 Rn. 25. Auch → „Gesamtgläubiger", → „Vollstreckungsgegenklage".

Schadensersatz: Von Urteilen über Schadensersatz und über Unterlassung gehen wechselseitig keine präjudiziellen Wirkungen aus, BGH NJW 2010, 2210; NJW-RR 2002, 1617.

Schlussfolgerung: Nicht mit rechtskräftig festgestellt wird eine logische Schlussfolgerung außerhalb einer Zwischenfeststellungsklage nach § 256 II, BGH NJW-RR 2004, 724; Ddf NJW-RR 2002, 64.

Tatsachen: Präjudizialität erstreckt sich nicht auf tatsächliche Feststellungen, NJW 2017, 3438 Rn. 8; NJW-RR 2013, 757 Rn. 6.

Unterlassung: → „Schadensersatz".

Verein: Verschiedene Satzungsänderungen sind Gegenstand verschiedener Rechtskraftwirkungen, BGH WM 2021, 2251.

Vollstreckungsgegenklage: Im Rahmen des § 767 ist nur die Zwangsvollstreckung aus dem voraufgegangenen Urteil Streitgegenstand; das Problem der Präjudizialität stellt sich hier nicht, BGH NJW 1996, 57. Die Abweisung steht der Begründetheit einer Klage entgegen, deren Grundlagen in der letzten mündlichen Verhandlung im Vollstreckungsabwehrprozess vorgelegen haben, und die im Ergebnis einer Vollstreckung aus diesem Titel zuwiderliefe, BGH NJW 2017, 1313; NJW 1960, 1460.

Zinsen: Nicht mit rechtskräftig beschieden wird beim Zinszahlungsurteil die Hauptforderung.

Zusammenhang: Nicht mit rechtskräftig wird eine Beurteilung schon stets infolge irgendeines „Ausgleichszusammenhangs" oder „zwingenden Sinnzusammenhangs" → Vor § 322 Rn. 18.

Zwangsvollstreckung: Die Abweisung der Klage aus § 722 schließt die Anerkennung nach § 328 nicht aus, BGH NJW 1987, 1146.

6. Kollision rechtskräftiger Urteile. Kollidieren rechtskräftige Urteile miteinander, weil etwa in einem 96 späteren Rechtsstreit die Rechtskraftwirkung eines früheren Urteils aus gleich welchem Grunde nicht beachtet worden ist, hat, wie sich aus § 580 Nr. 7a ergibt, grds. das ältere Urteil Vorrang, BGH NJW 1981, 1517; BAG NJW 1986, 1831; BGH NJW-RR 1986, 22 (für § 3 Nr. 8 PflVG = § 124 VVG). Das gilt indes nur für Fälle rein **kontradiktorischer** Verneinung, → Vor § 322 Rn. 16. Widerspruch in bloßen Vorfragen mag zu einem sachlich falschen Urteil führen, indes nicht zu einer unzulässigen Entscheidung, → Rn. 93. Anders ist die Lage auch dann, wenn der Streitgegenstand des älteren Urteils seinerseits Gegenstand einer Entscheidung ist, die seinen Bestand durch Abänderung oder Gestaltung inhaltlich beeinflusst; dann geht das (ggf. falsche) jüngere Urteil vor, AG Gummersbach NJW-RR 1986, 1391; Musielak/Voit/Musielak Rn. 15 mwN zum Literaturstreit; MüKoZPO/Gottwald Rn. 65. Der Prüfung im Einzelfall bedarf auch ein späteres Urteil, das gestaltend in die durch das erstere festgestellte Rechtslage eingreift.

7. Sachgebiete des materiellen Rechts. a) Miete und Pacht

Anfechtung: Die Feststellung, ein Pachtverhältnis sei aufgrund Anfechtung wegen arglistiger Täuschung aufgelöst, stellt die Täuschung selbst nicht verbindlich fest (Vorfrage); festgestellt wird alleine die Auflösung aus eben diesem Grund und zudem nur zum Zeitpunkt der letzten mündlichen Verhandlung, BGH NJW-RR 1988, 199. 97

Aufrechnung: Über im Räumungsprozess vergeblich aufgerechnete Gegenansprüche darf das Gericht im folgenden Zahlungsprozess nicht mehr entscheiden, LG Kiel WuM 1998, 364.

Eigenbedarf: Hat das Gericht eine Eigenbedarfsklage abgewiesen, ist eine neue gleichartige Klage aufgrund neuer Tatsachen zulässig, wobei die neue Kündigung nicht vor Schluss der mdl. Verhandlung erklärt werden muss, wenn die Kündigungsfrist danach abläuft, BGH WuM 2012, 152. Werden die alten Gründe neu vorgebracht, ist die Klage unzulässig, LG Hbg MDR 1978, 847. Andererseits kann einer Eigenbedarfskündigung nicht entgegengehalten werden, Kl. habe sie in einem früheren Rechtsstreit wegen fristloser Kündigung bereits vorbringen können, da es sich um ein freies, alleine von der Entscheidung des Vermieters abhängiges Gestaltungsrecht handelt.

Entfernung – Nutzungsentschädigung: Hat das Gericht den Mieter zur Entfernung von Einrichtungen verurteilt und fordert der Vermieter im Zweitprozess wegen einer Nichtentfernung eine Nutzungsentschädigung, bindet das Urteil im Erstprozess das Zweitgericht, BGH NJW 1988, 2665; Ffm NJW-RR 1999, 1612 (Pacht).

Feststellung: Die Feststellung des fortbestehenden Mietverhältnisses bindet für die Klage auf Mietzahlung, BGH NJW 2004, 294.

Kündigung: Als Begründungselement einer Mietklage kommen Feststellungen zur Kündigung im Streit hierüber keine Wirkungen zu, Mü BeckRS 2009, 8477.

Minderung: Durch die Teilabweisung einer Mietklage wegen Minderung werden Rechte des Bekl. in Bezug auf Mängel auch nicht hinsichtlich der Minderungsquote präkludiert, BGH NJW 2017, 3438.

Mitbesitz: Aus einem Räumungstitel gegen den Mieter kann Gl. nicht gegen einen Mitbesitzer vollstrecken, der im Titel nicht aufgeführt ist, BGH NJW 2004, 3041.

Räumung – Kündigungswirksamkeit: Ein Mietzahlungsurteil wirkt vorgreiflich für die Wirksamkeit der Kündigung, Kblz NJW-RR 2005, 1174, nicht hingegen ein Räumungsurteil, LG Bln WuM 1998, 28. Hat das Gericht sich bei der Abweisung nicht mit der Wirksamkeit der Kündigung befasst, ergeht insoweit keine bindende Entscheidung, Köln BeckRS 2019, 23801.

Räumung – Nutzungsentschädigung: Der rechtskräftig zur Räumung verurteilte Pächter, den der Verpächter mangels Räumung auf eine Nutzungsentschädigung verklagt, kann jetzt keine solchen Tatsachen mehr vorbringen, die das Räumungsurteil verhindert hätten, BGH NJW 1985, 1553; NJW 1969, 1064; Ffm NJW-RR 1999, 1612.

Räumung – Vertragsbeendigung: Hat das Gericht eine Räumungsklage abgewiesen, steht damit nicht fest, dass die Kündigung dasjenige Mietverhältnis nicht beendet hat, auf die der Kläger die Klage gestützt hatte, LG Hbg MDR 1978, 847.

Räumung – Wohnrecht: Ob auch über das Bestehen des zugrundeliegenden Rechtsverhältnisses eine materielle Rechtskraft eintritt, lässt sich mit Blick auf eine spätere Änderung der rechtlichen Verhältnisse nur von Fall zu Fall feststellen, BGH NZM 1999, 138.

Rückzahlung – Restforderung: Die Rechtskraft eines Urteils auf eine Rückzahlung von Abschlägen auf Nebenkosten nach Mietende hindert den Vermieter nicht daran, restliche jetzt abgerechnete Nebenkosten einzuklagen, BGH NJW 2005, 1499 (1502).

Untermiete: Die Rechtskraft des gegen den Mieter ergangenen Urteils über den Rückgabeanspruch aus **§ 546 I BGB** hat hinsichtlich der Frage der Beendigung des Mietverhältnisses keine Bindungswirkung für eine Entscheidung über den Rückgabeanspruch gegen den Dritten **(Untermieter)** aus **§ 546 II BGB,** BGH NJW 2010, 2208; NJW 2008, 3287; NJW-RR 2006, 1385; NJW-RR 2003, 1450. Das folgt auch aus § 425 II BGB, BGH NJW 2001, 1355. Vorrang hat generell die Frage, welche Rechtskraftwirkungen von dem Urteil im Vorprozess überhaupt ausgehen; erst dann kann geprüft werden, ob das Urteil Wirkungen gegenüber dem Untermieter entfaltet.

Die hL ist jedenfalls dann gegen die Rechtskrafterstreckung eingestellt, wenn das Untermietverhältnis bereits vor Rechtshängigkeit der Klage gegen den Hauptmieter bestanden hat; bei Begründung der Untermiete nach Rechtshängigkeit soll der Untermieter als Rechtsnachfolger iSd § 325 I anzusehen sein, MüKoZPO/Gottwald Rn. 95; Prütting/Gehrlein/Völzmann-Stickelbrock Rn. 32; Musielak/Voit/Musielak Rn. 18; für völlige Abhängigkeit des Untermieters vom Schicksal des Hauptmieters Zöller/Vollkommer ZPO § 325 Rn. 38; auch die vereinzelt gebliebene Entscheidung AG Hamb NJW-RR 1992, 1487. Sehr eingehend für Rechtskrafterstreckung bei Feststellung des Mietverhältnisses und dagegen für den Fall, dass das Mietverhältnis im Vorprozess als nicht (mehr) bestehend erkannt worden ist, und auch im Übrigen für Erstreckung nur zugunsten des Untermieters Fervers, S. 308 ff.

Lösungen, die zum Nachteil eines am Vorprozess nicht beteiligten Untermieters Rechtskraftwirkungen gelten lassen, sind abzulehnen, weil sie das grundrechtsgleiche Recht aus **Art. 103 I GG** missachten. Sie geben außerdem § 546 II BGB eine zu große Tragweite, vgl. auch Grüneberg/Weidenkaff § 546 Rn. 24. Das gilt ohne Einschränkung für die Ansicht, auf den Untermieter, der nach Rechtshängigkeit den Vertrag schließt, sei § 325 (analog) anzuwenden. Die Norm ist hier ihrem Wortlaut nach nicht anwendbar; für eine Analogie fehlt es an der planwidrigen Lücke und an der Notwendigkeit. Der Eigentümer kann grds. gegen beide zugleich klagen. Missbräuchen kann man nach § 940a II begegnen, → § 940a Rn. 10.

In Betracht kommt die Überweisung des titulierten Herausgabeanspruchs nach **§ 886,** nicht hingegen ein Vorgehen nach § 888, BGH NJW-RR 2007, 1091.

Eingehend zu Problemen in der Räumungsklage Gsell WuM 2012, 411. Zur Rechtsnachfolge in ein Mietverhältnis → § 325 Rn. 28 „Miete".

Verzug: Die Verurteilung zur Mietzahlung stellt den Zahlungsverzug zum Zeitpunkt einer voraufgegangenen Kündigung nicht fest, BGH NJW 2019, 1745.

Winterdienst: Man muss durch eine Auslegung klären, ob das Urteil einen neuen Sachverhalt miterfasst, LG Münst WuM 2007, 69.

Kündigungsgrund – Fortsetzungszusammenhang: Alte Kündigungsgründe können erneut vorgebracht werden, wenn sie mit neuen Gründen, etwa wegen der Nachhaltigkeit, in Fortsetzungszusammenhang stehen, BGH NJW 1998, 374.

Zeitraum: Entscheidung über einen früheren Zeitraum bindet nicht für einen späteren, Ddf WuM 1998, 483; KG NZM 2006, 292 (Minderung).

b) Arbeitsrecht

98 **Außerordentliche Kündigung:** Die Feststellung ihrer Unwirksamkeit erstreckt sich nicht auf eine konkludent erklärte ordentliche Kündigung, Mü NJW-RR 1995, 740. Ein Urteil, mit dem nach außerordentlicher Kündigung des Arbeitnehmers auf Antrag des Arbeitgebers festgestellt würde, dass das Arbeitsverhältnis erst nach Ablauf der ordentlichen Kündigungsfrist beendet worden ist, enthält zur Wirksamkeit der Kündigung keine rechtskraftfähigen Feststellungen, BAG NJW 2020, 3675 Rn. 20.

Beendigungskündigung: Keine Rechtskraft entsteht bei einer solchen Kündigung auch für die Urteilsbegründung dahin, der Arbeitgeber habe eine Versetzung anbieten müssen, BAG NZA 2008, 1410.

Betriebsabteilung: Die Annahme, die gewerblichen Arbeitnehmer bildeten eine selbstständige Betriebsabteilung, stellt ein bloßes Urteilselement dar, BAG NZA 2022, 62.

Betriebsrat: Die rechtskräftige Ersetzung der vom Betriebsrat verweigerten Zustimmung zu einer außerordentlichen Kündigung nach § 103 I BetrVG entfaltet keine Bindungswirkung hinsichtlich des Kündigungsgrundes für einen späteren Kündigungsschutzprozess, in dem der Arbeitnehmer die Sozialwidrigkeit einer auf denselben Sachverhalt gestützten ordentlichen Kündigung geltend macht., BAG NJW 2003, 1204.

Eingruppierung: Bei Änderung wesentlicher Teile des Sachverhalts ist neue Klage zulässig, BAG NZA 2008, 1263.

Einreihung in eine Gehaltsgruppe: Da das Gericht wegen § 308 I im Vorprozess nur prüfen durfte, ob die Merkmale der damals umstrittenen Gehaltsgruppe vorlagen, kann der Kläger einen weiteren Prozess über die Frage führen, ob nunmehr die Merkmale einer höheren Gehaltsgruppe vorliegen, BAG BB 1977, 1356.

Feststellung: Nach einer rechtskräftigen Feststellung des Arbeitsendes im Kündigungsschutzprozess ist eine Feststellungsklage betr. Weiterbeschäftigung über diesen Zeitpunkt hinaus unzulässig, LAG Ffm NZA-RR 2006, 243. Die sachliche Abweisung der verneinenden Feststellungsklage hat auch im Arbeitsrecht die Wirkung einer bejahenden Feststellung, BAG NZA 2005, 647; → Rn. 42.

Konkursausfallgeld: „Prozessurteil"

Kündigungsschutz: Mit der Rechtskraft eines stattgebenden Kündigungsschutzurteils steht auch der bisherige Bestand des Arbeitsverhältnisses fest, BAG NZA 665; 2013, 1416; 2004, 1216, abl. Berkowski NZA 2008, 1112 zu BAG NJW 2008, 1145. Nach Rechtskraft der Feststellung eines Endes des Arbeitsverhältnisses ist eine abweichende Feststellung nicht statthaft, BAG NJW 2015, 2064. Auch kann eine als fristlos zugrunde gelegte Kündigung nicht im zweiten Rechtsstreit in eine fristgerechte umgedeutet werden, BAG DB 1970, 1182.

Pensions-Sicherungsverein: Weist das Gericht die Klage eines Arbeitnehmers gegen den Verein auf einen Insolvenzschutz ab, kann auch ein Hinterbliebener keinen solchen Schutz fordern, BAG NZA 1991, 20.

Personalrat: Hat das ArbG eine Arbeitgeberkündigung sowohl nach § 1 KSchG als auch wegen eines Fehlens der Beteiligung des Personalrats als unwirksam erachtet, kann das LAG auch bei einer Beschränkung der Berufung auf den Auflösungsantrag die Beteiligungsfrage erneut prüfen, BAG NJW 2002, 1287.

Prozessurteil: Abweisung als unzulässig, weil ein Arbeitsverhältnis nicht bestehe, kann für Konkursausfallgeld binden, BSG NZS 1992, 108.

Teilzeit, Gleichbehandlung: Keine Rechtskraft entsteht bei der Entscheidung zur ersten Frage auch stets zur zweiten, BAG DB 2003, 341.

Unterlassung: Die zum Unterlassungsanspruch entwickelten Grundsätze gelten auch im Arbeitsrecht, BAG NZA 2013, 437 Rn. 87.

Wiedereinstellung: Keine Rechtskraft entsteht bei einer Kündigungsentscheidung auch zur Wiedereinstellungsfrage, BAG NZA 2008, 357.

Wiederholungskündigung: Der Arbeitgeber kann eine Wiederholungs- oder eine sog. Trotzkündigung nicht auf einen solchen Grund stützen, den er schon im vorangegangenen Kündigungsschutzprozess vorgebracht hatte und den das Gericht dort sachlichrechtlich geprüft hatte, bevor es dem Arbeitnehmer recht gab, BAG NJW 1994, 473.

8. Weitere Einzelfälle in alphabetischer Anordnung

Abänderungsklage: Es kommt auch bei §§ 323 ff. auf die Übereinstimmung der Streitgegenstände nach → § 2 Rn. 4 an, Karlsr FamRZ 1987, 395. Hat indes das Gericht einzelne rechtliche Aspekte (fehlerhaft) willentlich nicht geprüft, können sie in einem weiteren Rechtsstreit zur Prüfung gestellt werden, BGH NJW 2018, 1753. Eine Veränderung der Sachlage kann einen neuen Abänderungsantrag rechtfertigen, BGH NJW-RR 2007, 578. Zur Lage nach Abweisung der Abänderungsklage gegen einen Vergleich Graba NJW 2009, 2411. 99

Abfindungsvergleich: Eine Nachforderung ist grds. unzulässig, KG NZV 2016, 189.

Abrechnungsverhältnis: → Rn. 113.

Abstrakter Anspruch: Er stellt einen anderen Streitgegenstand dar als die Kausalforderung, BGH NJW 2016, 1818 Rn. 28.

Abtretung: Ein Urteil, das zur Beglaubigung einer Abtretung verpflichtet, erstreckt sich nicht auf den tatsächlichen Vorgang der nach § 888 oder nach § 894 notwendigen Erklärungen vor dem Notar, BayObLGZ 1997, 88. Bei Abweisung wegen fehlender Aktivlegitimation ist bei identischem Anspruch eine neue Abtretung nur zu beachten, wenn sie nach Schluss der mündlichen Verhandlung im Vorprozess vereinbart worden ist, BGH NJW 1986, 1046; MDR 1979, 236, aM für den Fall, dass die Stellung des Kl. als Vertragspartner verneint worden ist, LG Wiesb MDR 1979, 236. Eine Abweisung der auf Abtretung gestützten Klage hindert nicht eine jetzt auf eigenes Recht gestützte, BGH NJW 2008, 2922 Rn. 19; NJW 2005, 2004. Das rechtskräftige Urteil des Vorprozesses bindet nach § 407 II BGB den neuen Gläubiger nur in dem Umfange, in dem es den bisherigen Gläubiger als Partei des Vorprozesses bindet, BGH NJW 1961, 1457. Im Verhältnis von PfÜB und Abtretung liegt kein anderer Streitgegenstand vor, BGH NJW 2007, 2560.

Adhäsionsverfahren: Die Entscheidung wirkt für die Stattgabe, nicht für die Abweisung, BGH NStZ-RR 2019, 320. Sie wirkt nicht gegenüber dem Haftpflichtversicherer, BGH NJW 2013, 1163.

Allgemeine Geschäftsbedingungen: § 11 UKlaG, vgl. auch BGH NJW-RR 2022, 621.

Alternative Sachverhalte: Wegen der andernfalls aufkommenden Ungewissheit über den Streitgegenstand, → Rn. 10, muss das Gericht klären und im Urteil darlegen, welchen Anspruch es beschieden hat. Sonst fehlt eine rechtskraftfähige Entscheidung, BGH NJW 1994, 460; NJW 1984, 2346; Hamm NJW-RR 1992, 1279; zu Heilungsmöglichkeiten bis in die Revisionsinstanz hinein BGH GRUR 2011, 521.

Amtshaftung: Weist das Gericht die Amtshaftungsklage mit Rücksicht auf das Bestehen eines anderweitigen Ersatzanspruchs ab, ist das nur eine Abweisung als zur Zeit unbegründet, selbst wenn das Urteil ohne eine zeitliche Begrenzung ergeht, BGH NJW 1962, 1862. Weist das Gericht dann den anderweitigen Ersatzanspruch ab, ermöglicht dieser neue Sachverhalt eine Wiederholung der Amtshaftungsklage. Etwas anderes gilt dann, wenn das Gericht die erste Klage wegen Säumnis des Klägers nach § 330 abgewiesen hatte. Denn dann ist insgesamt eine Klagabweisung eingetreten, → Rn. 50.

Anerkenntnisurteil: Für die Rechtskraft kommt es auf den umfassend zu ermittelnden Willen der Parteien an, BGH GRUR 2015, 269.

Anfechtung: Eine nach dem Schluss der mündlichen Verhandlung des Vorprozesses nach §§ 136 IV, 296a erfolgte Anfechtung kann einen Folgeprozess rechtfertigen, wenn sie erst nach Schluss der mündlichen Verhandlung entstanden ist, BGH NJW 2004, 1252 (Gewährleistung, Anfechtung wegen argl. Täuschung). Da im Anfechtungsprozess nach **AnfG** der vorzulegende Titel nicht geprüft wird, kann Bekl. das auf das Anfechtungsurteil hin Geleistete bei späterem Fortfall des Titels zurückfordern, BGH NJW 2000, 2022.

Architekt: Ausführungsplanung und Entwurfsplanung und Bauüberwachung können je nach Sachvortrag im ersten Rechtsstreit verschiedene Gegenstände sein, BGH NJW-RR 2008, 762.

Auflassung: Sämtliche die Wirksamkeit des Rechtsgeschäfts betreffenden Vorgänge gehören zu dem zur Entscheidung gestellten Lebenssachverhalt, ob die Partei sie vorträgt oder nicht; das gilt auch dann, wenn die Parteien im Folgeprozess die Rollen vertauschen, BGH NJW 1995, 967. Die Verurteilung zur Erfüllung eines Kaufvertrags steht der Klage auf Löschung der Auflassungsvormerkung entgegen, BGH NJW 1996, 395.

Auskunftsurteil: Wenn seine Formel nicht den Auskunftszeitraum angibt, kann man das Urteil grds. allenfalls dahin auslegen, dass die Auskunftspflicht die Zeit zwischen der Klagezustellung und dem Urteilserlass umfasst, Ffm FamRZ 1984, 271. Eine die Zukunft nach § 259 einbeziehende Ausnahme kann bei einer Patentverletzung vorliegen, BGH GRUR 2004, 755. Auskunft, Einsicht und Leistung können verschiedene Gegenstände sein, BGH NJW 2016, 2662 Rn. 30; Köln EWiR § 87c HGB 1/00 (zust. Emde). Der Auskunftsanspruch und ein daraus abgeleiteter Leistungsanspruch sind nicht dieselben Streitgegenstände, BAG NJW 1989, 1236 (krit. Deubner). Die Rechtskraft erfasst nicht die Grundlage der Auskunftspflicht, etwa in einer erbrechtlichen Lage, Ffm ZEV 2020, 364 Rn. 50.

Auslandsurteil: § 328.

Bank, Beratung: Verschiedene Beratungsvorgänge setzen jeweils für sich die Verjährung in Gang, BGH NJW 2008, 506; Karlsr WM 2012, 1026; für Rechtskraftwirkungen kann nichts anderes gelten. Alleine ein weiterer Fehler im selben Beratungsgespräch ist bindend erfasst, BGH NJW 2014, 314. Ein anderer Prospektfehler in demselben Prospekt erlaubt keine weitere Klage, Mü WM 2014, 743. Rentabilitätsaufklärung und Rückvergütung können verschiedene Streitgegenstände sein, Celle MDR 2012, 364.

Bereicherung: Das auf ein Urteil Geleistete kann grds. nicht zurückgefordert werden, BGH NJW 2000, 2022. Ansprüche aus Vertrag und aus ungerechtfertigter Bereicherung stellen verschiedene Streitgegenstände dar, so dass die Abweisung vertraglicher Ansprüche der Klage aus Bereicherung nicht entgegensteht, BGH NJW 1990, 1795.

Beschlussersetzungsklage: Zur Tenorierung Drasdo NJW-Spezial 2020, 673.

Besitz: Das Herausgabeurteil nach §§ 985 ff. BGB befindet auch über das Besitzrecht, BGH NJW 1998, 1709.

Bürgschaft: Die Rechtskraft im Prozess des Hauptschuldners gegen den Gläubiger auf Entlassung des Bürgen aus einer Bürgschaft auf erstes Anfordern wirkt im nachfolgenden Prozess zwischen denselben Parteien auf Unterlassung der Inanspruchnahme des Bürgen. Das gilt auch dann, wenn das Gericht dem Hauptschuldner im Zweitprozess nach § 926 I eine Klagefrist gesetzt hat, BGH NJW-RR 1987, 683.

Derzeitige Unbegründetheit: → Rn. 55.

Doppelleistung: → „Zweitleistung".

Drittwiderspruchsklage: Die Rechtskraft erfasst den Abwehranspruch, aber nicht das veräußerungshindernde Recht nach § 771, BGH NJW 1985, 3066.

Eigentumsanspruch: Eine Abweisung der Grundbuchberichtigungsklage erwächst gegenüber dem nicht klagenden Miteigentümer nicht in Rechtskraft, BGH NJW 1981, 1097, dsgl. betr. die Unterlassungsklage BGH NJW 1985, 385.

Auch → „Besitz", → „Herausgabe".

Einrede, Einwendung: Es gelten die allgemeinen Regeln. Es kommt also darauf an, ob und wie weit die Entscheidung über die Einwendung zu den das Urteil tragenden Entscheidungsgründen gehört, Zweibr NJW-RR 2008, 405, Batschari/Durst NJW 1995, 1650 (zu § 320 BGB), Doderer NJW 1991, 878. Zum Ausschluss von Einwendungen § 767 II.

Enteignungsentschädigung: Das Urteil umfasst grds. die gesamte Forderung, BGH NJW 1961, 917.

Erbrecht: Die Klage aller Miterben ist für denjenigen von ihnen unzulässig, dem gegenüber bereits ein rechtskräftiges Urteil zu demselben Streitgegenstand nach → § 2 Rn. 4 vorliegt, BGH NJW 1989, 2133. Die Erbschaftsklage stellt die Wirksamkeit des Testaments noch nicht fest. Eine Abweisung mangels gesetzlicher Erbfolge ist für eine nachfolgende Klage aufgrund testamentarischer Erbfolge unschädlich, BGH NJW 1976, 1095. Ein rechtskräftiges Feststellungsurteil bindet im Erbscheinverfahren, Mü NJW 2016, 2512, dies indes nur, wenn es zwischen allen Beteiligten ergangen ist, Ffm FGPrax 2019, 223. Für die Nacherbfolge beachte § 326, für die Testamentsvollstreckung § 327. Regelungsanlass für § 326 ist, dass zwischen Vor- und Nacherben eine Rechtsnachfolge nicht eintritt, → § 325 Rn. 28 „Erbrecht". Auch → „Vorbehalt der Erbenhaftung". Zum Testamentsvollstrecker auch → § 325 Rn. 13.

Ergänzungsurteil: § 321.

Erledigung: Zum Kostenbeschluss → § 91a Rn. 205; zur str. Erledigung → § 91a Rn. 228.

Factoring: Betr. Einwendungsausschluss durch rechtskräftiges Urteil über eine Abrechnung BGH NJW 1993, 2684; → „Rechnungsposten".

Freigabeverfahren: Ein neuer Antrag kann nur auf der Grundlage eines neuen Sachverhalts gestellt werden, Ffm NZG 2008, 78, Anm Rieckers BB 2008, 515.

Fristsetzung: § 255 Es gelten dieselben Grundsätze wie beim Gestaltungsurteil, BGH NJW-RR 2022, 349 Rn. 31; → Rn. 33.

Gesamtgläubiger, -schuldner: Das Urteil für einen Gesamtgläubiger oder gegen einen Gesamtschuldner wirkt nicht für oder gegen einen anderen in einem gegen diesen anhängigen weiteren Prozess, BGH NJW 1989, 1285; NJW 1986, 1046; Hamm NZM 2006, 632. Es wirkt auch nicht für das Verhältnis der Gesamtschuldner untereinander, Ddf NJW-RR 1992, 922.

Gesellschaft: Dazu Roth, Gesellschaftsklage und Rechtskraftwirkung bei Personengesellschaften, FS Lindacher, 2007. Ein Urteil, durch das das Gericht die Wirksamkeit eines mit den Gesellschaftern bürgerlichen Rechts abgeschlossenen Vertrags feststellt, schafft keine Rechtskraft zur Frage, ob die Gesellschafter für die Erfüllung mit ihrem Privatvermögen haften, BGH NJW-RR 1990, 701. Ein Urteil zwischen Gesellschaftern schafft keine Rechtskraft gegenüber ihrer GmbH, BGH NZG 2003, 127, und umgekehrt; eingehend zur GbR Weller ZZP 124, 503.

Gestaltungsurteil: → Rn. 33.

Gewährleistung: Die verschiedenen Ansprüche auf Gewährleistung, Schadensersatz, Rückabwicklung können unterschiedliche Streitgegenstände darstellen, BGH NJW 2017, 893.

Grundbuch: Das nach § 894 ergehende Urteil wirkt nicht auch zum Bestehen oder Nichtbestehen des geltend gemachten dinglichen Rechts; denn es handelt sich nur um eine Vorfrage, BGH NJW 2019, 71 Rn. 15, NJW-RR 2002, 516 (Wohnungsrecht). Keine Bindung bewirkt die Feststellung der Nichtigkeit einer Eintragung im folgenden Löschungsverfahren nach § 53 GBO, Ffm FGPrax 2009, 253. Die Abweisung enthält zur Eigentumslage keine Feststellung, BGH NJW-RR 2008, 1397. Anderes gilt nur, wenn die Eigentumsfrage über § 256 I, II zum Gegenstand eines feststellenden Ausspruchs gemacht wird, BGH NJW 2019, 71 Rn. 20, Rn. 29 (gegen die bis dahin wohl hL).

Gegenüber einem nicht klagenden Miteigentümer entstehen keine Rechtskraftwirkungen, BGH NJW 1981, 1097. Urteil über den Streit zweier Prätendenten ist bindend, BayObLG NJW-RR 1992, 893 (Fischereirecht).

Grundurteil: Eine Vorabentscheidung nach § 304 ist nur der formellen Rechtskraft nach § 705 fähig; sie stellt **nicht** den Anspruch rechtskräftig fest, bindet aber im weiteren Verfahren nach § 318, BGH NJW 2011, 3242 Rn. 16; NJW-RR 1987, 1196. Die Bindung lässt sich ebenso wenig wie die Rechtskraft beseitigen. Darum sind im Umfang der Rechtskraft des Grundurteils im weiteren Verfahren nur später entstandene Einwendungen zulässig. Das gilt auch für Einwände, die das Gericht im Grundurteil versehentlich nicht berücksichtigt hat, BGH NJW 1999, 2440 (§ 254 BGB); Hamm NJW-RR 1993, 693. Im Betragsverfahren kann das Gericht, da das Grundurteil nur auf einer Prognose beruht, die Klage mit der Begründung abweisen, es sei kein Schaden entstanden, BGH NJW 1986, 2508; VersR 1965, 1173; BSG NJW 1991, 380.

Haftpflicht: Eine Klagabweisung gegenüber dem Haftpflichtversicherer wirkt auch gegenüber dem Versicherungsnehmer, BGH NJW-RR 2008, 803 (zu § 3 Nr. 8 PflVG). Das Versäumnisurteil gegen den Steuerberater wirkt nicht im Prozess des Geschädigten gegen den Haftpflichtversicherer, LG Mü VersR 1988, 901.

Herausgabe: Maßgeblich für die Rechtskraftwirkungen einer Entscheidung über den Herausgabeanspruch sind die genau zu klärenden Grundlagen, auf denen das Urteil beruht, BGH NJW-RR 2018, 719 Rn. 19. Das Eigentum selbst wird mit dem Urteil nicht festgestellt bzw. aberkannt, NJW 2019, 71. Das Herausgabeurteil schließt indes ein Recht zum Besitz aus, BGH NJW 2006, 63; NJW 1998, 1709; es hat im Sinne einer Tatbestandswirkung Rechtskraftwirkungen auch für den Anspruch auf Herausgabe von **Nutzungen,** zunächst für den Zeitpunkt der letzten mündlichen Verhandlung und darüber hinaus für den Zeitraum zwischen Rechtshängigkeit der Herausgabeklage und Schluss der mündlichen Verhandlung, sofern in diesem Zeitraum keine relevanten Änderungen eingetreten sind und geltend gemacht werden, BGH NJW 2006, 63, nicht aber für die Zeit vor Rechtshängigkeit, BGH NJW 1985, 1553; 1983, 164.

Der mit einer schuldrechtlichen abgewiesene Kläger kann mit der Begründung neu klagen, er sei nach dem Schluss der letzten Tatsachenverhandlung Alleinerbe des Eigentümers geworden, BGH NJW-RR 2018, 719. Eingehend auch MüKoZPO/Gottwald Rn. 103.

Hypothek: Die Abweisung der Klage des Hypothekenschuldners auf eine Löschungsbewilligung hat nur für das dingliche Hypothekenrecht eine Rechtskraftwirkung; sie steht also einer Klage aus § 767 wegen der persönlichen Haftung **nicht** entgegen, BGH LM Nr. 16 zu § 322 ZPO. Zur ausnahmsweisen Rechtskraftwirkung bzgl. der Werklohnforderung beim Anspruch auf Eintragung einer Bauhandwerkersicherungshypothek auf einem schuldnerfremden Grundstück nach § 242 BGB Celle BauR 2006, 543.

Insolvenz: Die Wirkungen des rechtskräftigen Urteils nach §§ 178 III InsO folgen den für das Urteil selbst geltenden Regeln; die Rechtskraftwirkung der Eintragung erstreckt sich nicht auf die Qualifikation der Forderung als Insolvenzforderung, BGH NJW 2006, 3068 Rn. 21; auf Gegenansprüche des Schuldners, BGH NJW-RR 2013, 757 Rn. 6, und nicht auf den Geschäftsführer, BGH NZG 2016, 658 Rn. 19. Im Direktprozess des Insolvenzverwalters und dem D&O-Versicherer erfolgt keine Erstreckung nach § 124 VVG, Nissen KTS 2018, 29.

Kündigung: → Rn. 98, → Rn. 97.

Leistungsurteil: → Rn. 27.

Nachlass: → Rn. 45 „Erbrecht".

Nebenintervenient: → Rn. 85 „Streithelfer".

Neue Tatsache: Eine Nachforderung ist zulässig, soweit ein erst nach der formellen Rechtskraft eingetretenes Ereignis die Erfüllung beeinflusst und einen Anspruch erhöht. Dasselbe kann aber auch schon dann gelten, wenn ein solches Ereignis nach dem Schluss der mündlichen Verhandlung eingetreten ist, BGH NJW 1984, 126; Hamm NJW-RR 2011, 974 (Gesundheitsveränderung bei Invalidität); → Rn. 102.

Nutzungen: → Herausgabe.

Pachtsache: → Rn. 78 „Räumung".

Parteistellung: Auch bei einer Umkehrung der Parteirollen im Folgeprozess kommt es nur auf die Nämlichkeit des Streitgegenstands nach → § 2 Rn. 4 an, BGH NJW 1993, 2684 (auch zu den Grenzen).

Patentsache: Zum Patentnichtigkeitsprozess Keukenschrijver GRUR 2009, 281, Walter GRUR 2001, 1032; BPatG CIPR 2016, 19.

Prätendentenstreit: Die Verneinung der Rechtsinhaberschaft eines von ihnen schließt die Bejahung der entsprechenden Rechtsposition des anderen nicht ein, BGH NJW 2000, 291 (294 V.1.a).

Prospekthaftung: → „Bank".

Prozesskostenhilfe: Ein Beschluss nach § 127 erwächst nicht in materielle Rechtskraft. Ein von einer voraufgegangenen Sachentscheidung abweichendes Gesuch auf PKH berührt nicht die Zulässigkeit, sondern die Begründetheit des Antrags, BGH NJW 2012, 1964 Rn. 11.

Prozessstandschaft: Berger, Die subjektiven Grenzen der Rechtskraft bei der Prozessstandschaft, 1992. Der Prozessstandschafter erwirkt Rechtskraft für und gegen den Rechtsinhaber, BGH NJW 1993, 3072; NJW 1980, 2461. Das gilt jedenfalls dann, wenn die Ermächtigung offengelegen hatte, BGH NJW 1988, 1585, aber evtl. sogar ohne solche Offenlegung, BGH NJW 1985, 2825 (Zustimmung zur Klage des Miteigentümers). In der WEG wirkt die Rechtskraft einer Entscheidung, die nach § 10 VI 3 Hs. 2 WEG von der Gemeinschaft erwirkt worden ist, auch für die einzelnen Eigentümer, BGH NJW 2015, 1020 Rn. 16.

Prozessvergleich: → „Vergleich".

Räumung: Mit der Verurteilung des Wohnberechtigten zur Räumung wird keine Feststellung dahin getroffen, dass das dingliche Wohnrecht nicht oder nicht mehr besteht, BGH NJW-RR 1999, 376.

Rechnungslegung: Ein Urteil hierauf bindet für das anschließende Verfahren auf Vorlage der Belege, Köln NJW-RR 1989, 567.

Rechnungsposten: Die Rechtskraft umfasst auch einen nicht in den Rechtsstreit eingeführten unselbständigen Rechnungsposten, BGH NJW 2014, 854; NJW 1993, 2684 (Factoring); KG FGPrax 2001, 137 (Saldotheorie).

Rechtsschutzversicherung: § 126 II 2 VVG, dazu Bruns FS Prütting, 2018, 235.

Rentenurteil: Wenn es unzulässig den Endpunkt der Rente auch nicht bestimmt, klärt es die Rentendauer nicht rechtskräftig. Es ist dann eine Feststellungsklage nach § 256 dahin zulässig, dass die Rente erloschen sei; → Vor § 322 Rn. 22. Eine Änderung des Rentenurteils ist auch nach einem vorangegangenen Feststellungsurteil nur nach § 323 zulässig. Die Rechtskraft erfasst bei einem auf die Rente beschränkten Urteil keine daneben zugesagten Überschussanteile, BGH NJW-RR 2007, 1433.

Saldo: → „Rechnungsposten".

Schadensersatz: Wenn das Feststellungsurteil eine Ersatzpflicht wegen einer Körperverletzung ausspricht, hat das Gericht auch zum ursächlichen Zusammenhang nach → § 287 Rn. 8 ff. rechtskräftig entschieden. Das Feststellungsurteil auf den Ersatz „jeden weiteren Schadens" umfasst auch einen immateriellen Schaden, soweit nicht der Tenor Einschränkungen enthält oder soweit sonstige Anhaltspunkte für eine Beschränkung des Streitgegenstands nach → § 2 Rn. 4 vorliegen, BGH NJW 1985, 2022. „Alle schadensrechtlichen Folgen" umfasst nicht jede Berechnungsart, Ddf NZM 2012, 363.

Wenn das Gericht eine Schadensersatzpflicht durch ein Feststellungsurteil geklärt hat, kann der Bekl. im Leistungsrechtsstreit grds. keine Einwendungen gegen die Pflicht mehr geltend machen (Mitverschulden), mag er sie auch damals auch noch nicht gekannt haben. Stellt das Feststellungsurteil fest, dass ein Vertragsverhältnis wegen arglistiger Täuschung aufgelöst ist, steht im Schadensersatzprozess die Arglist nicht fest, BGH NJW-RR 1988, 199.

Nicht erfasst eine Verurteilung zum Schadensersatz stets auch die Schuldform, zB den etwaigen Vorsatz, BGH NJW 2010, 2210, und auch nicht stets die Schadenshöhe, BGH NJW-RR 2005, 1517, sowie der Einwand rechtmäßigen Alternativverhaltens, LG Mü ZIP 2011, 512. Tragende Erwägungen zum Grund einer Schadensersatzpflicht erstrecken sich auch auf anderweitige Fragen des Schadensumfangs, BGH NJW 1991, 2014. Die verschiedenen Ansprüche auf Gewährleistung, Schadensersatz, Rückabwicklung können unterschiedliche Streitgegenstände darstellen, BGH NJW 2017, 893.

→ „Schutzrechtsverletzung".

Schiedsvereinbarung: Bosch, Rechtskraft und Rechtshängigkeit im Schiedsverfahren, 1991. Bei einer Abweisung der Klage wegen der Rüge der Schiedsvereinbarung nach § 1032 I steht fest, dass ein Schiedsgericht entscheiden muss. Der BGH löst den Fall nicht über Rechtskraft, sondern Treu und Glauben, NJW-RR 2009, 2582 Rn. 5; MHdB GesR VII/Benedict/Gehle/Schmidt § 133 Rn. 122. Zur Rechtskraft des Schiedsspruchs § 1055.

Schmerzensgeld: Bei der Auslegung des Urteils, dessen Rechtskraftwirkungen zu prüfen sind, → Rn. 21, muss man die Besonderheiten des Anspruchs auf Zahlung von Schmerzensgeld berücksichtigen. Geboten ist eine **ganzheitliche Betrachtung;** die Aufspaltung des Streitgegenstandes in einzelne Teile des Sachverhalts ist grds. nicht zulässig, BGH MedR 2017, 799 = BeckRS 2017, 110707; NJW 2015, 1252 Rn. 7; Jaeger, VersR 2021, 84. Das gilt insbesondere auch für den vom BGH abgelehnten Ansatz in der „taggenauen" Ermittlung von Schmerzensgeldbeträgen, BGH NJW 2022, 1953 Rn. 13, mAnm Jaeger VersR 2022, 712 und Bespr. Figgener NJW-Spezial 2022, 297, unter Aufhebung von Ffm VersR 2021, 127 und Ablehnung von Ffm NJW 2019, 442 = MedR 2019, 885 mAnm Jaeger; bekräftigt in BGH NJW 2022, 1957 Rn. 11; vgl. auch Jaeger ZVR 2022, 312. Die Klage auf Zahlung eines Teilbetrages kommt indes dann in Betracht, wenn sich der Begründung eindeutig entnehmen lässt, welcher quantitativ abgrenzbare und eindeutig individualisierbare Teil der Schmerzensgeldforderung geltend gemacht wird, nicht zuletzt um die Gefahr widersprüchlicher Entscheidungen auszuschließen; ist die endgültige Bezifferung des Anspruchs noch nicht möglich, kann daher grds. ein ziffernmäßig oder sonstwie individualisierter Teil davon Gegenstand einer Teilklage sein, sofern erkennbar ist, um welchen Teil des Gesamtanspruchs es sich handelt; die **offene Teilklage** auf Zahlung ist unter diesen Voraussetzungen zulässig, → Rn. 62; üblich ist in der Praxis bei Fällen mit noch offenem Schadensverlauf die Kombination eines bezifferten Leistungsantrags für die Schadensfolgen, die zum Zeitpunkt der letzten mündlichen Verhandlung bereits eingetreten sind, mit einem Feststellungsantrag betr. die künftigen immateriellen Schäden, BGH NJW 2004, 1243.

Zu unterscheiden ist des Weiteren zwischen Fällen mit **bestimmter** und solchen mit **unbestimmter Antragstellung,** da gerade bei Schmerzensgeldforderungen die Höhe in das Ermessen des Gerichts gestellt werden darf → § 253 Rn. 43. Der unbestimmte Antrag erfordert die Angabe eines Mindestbetrages, auch zur Klärung der Beschwer, BGH NJW 2002, 212; NJW 1999, 1339. Die Art der Antragstellung ist bei der Auslegung mit zu berücksichtigen.

Dies vorausgeschickt gilt für Urteile auf Zuerkennung von Schmerzensgeldansprüchen:

Durch die Zuerkennung werden alle Schadensfolgen abgegolten, die entweder bereits eingetreten und objektiv erkennbar waren oder deren Eintritt jedenfalls vorhergesehen und bei der Entscheidung berücksichtigt werden konnte; der Einwand, der Schadensumfang sei missachtet worden, kann insoweit nur mit einem Rechtsmittel, nicht aber mit der Nachforderungsklage verfolgt werden, eingehend BGH NJW 2015, 1252 Rn. 8 (auch: Adhäsionsverfahren); NJW-RR 2006, 712 Rn. 7; NJW 1997, 3019 (3021); Mü MDR 2013, 845; Stgt NJW-RR 1999, 1590 (zur Wahrscheinlichkeit einer Verschlechterung); Celle VersR 1998, 643 (krasses Missverhältnis zwischen zuerkanntem und aus späterer Sicht angemessenem Schmerzensgeld); Köln VersR 1997, 1551. Ob Verletzungsfolgen im Zeitpunkt der Zuerkennung eines Schmerzensgeldes erkennbar waren, beurteilt sich nach **objektiven** Gesichtspunkten, dh nach den Kenntnissen und Erfahrungen eines Sachkundigen, BGH VersR 2000, 525, 530; Karlsr VersR 2010, 924.

Verletzungsfolgen, die zum Beurteilungszeitpunkt noch **nicht eingetreten** waren und deren Eintritt objektiv nicht vorhersehbar war, mit denen also nicht oder nicht ernstlich gerechnet werden musste und die deshalb zwangsläufig bei der Bemessung des Schmerzensgeldes unberücksichtigt bleiben müssen, werden von der vom Gericht ausgesprochenen Rechtsfolge nicht umfasst und können deshalb Grundlage für einen Anspruch auf weiteres Schmerzensgeld sein, BGH NJW 2004, 1243; NJW 2001, 3414; Schlesw MDR 2002, 1068. In einem Folgeprozess um Nachforderung kommt es auf das hyp. Gesamtschmerzensgeld an, Saarbr NJW 2011, 3169.

Schuldschein: Das Urteil auf seine Herausgabe stellt noch nicht fest, dass der Bekl. keine Forderung hat, BGH NJW 1961, 1457.

Schutzrechtsverletzung: Die Bejahung im Schadensersatzprozess entfaltet keine Feststellungswirkung für den Unterlassungsprozess, BGH NJW-RR 2002, 1617. Die Wahl der Schadensberechnung bindet, BGH NJW 2008, 373.

Stufenklage, § 254: Der Rechnungslegungsanspruch ist vom wahrscheinlichen Bestehen der Hauptanspruchs abhängig. Bejaht das Gericht den Rechnungslegungsanspruch oder den Auskunftsanspruch, hat es damit nicht schon dem Grunde nach auch die Leistungs- oder die Herausgabepflicht bejaht, BGH NJW-RR 1991, 325; Ddf NJW-RR 1996, 839; Karlsr MDR 1992, 804. Die hierdurch entstehende Divergenzgefahr zwischen dem Teilurteil auf Auskunft und dem abschließenden Leistungsurteil muss hingenommen werden, BGH NJW-RR 2011, 189; NJW 2011, 1815 Rn. 17. Das Auskunftsurteil bindet insoweit auch nicht über § 318, BGH NJW 1989, 2821. Die Verurteilung bindet indes, soweit der Auskunftsanspruch Vorfrage eines weiteren Anspruchs ist, so dass er bei der Klage auf Abgabe einer eidesstattlichen Versicherung nicht mehr bestritten werden kann, *BGH WM 1975, 1086;* gleiches gilt für ein Urteil auf Rechnungslegung hinsichtlich der Vorlage der Urkunden, Köln NJW-RR 1989, 567. Verneint das Gericht einen Auskunfts- oder Rechnungslegungsanspruch, fehlt es für jene Ansprüche bindend an einer materiellen Voraussetzung; es besteht jedoch keine materielle Rechtskraft wegen des Leistungsanspruchs.

Testament, Testamentsvollstreckung: → „Erbrecht".

Unerlaubte Handlung: Die für § 850f II bindende Feststellung kann den Entscheidungsgründen des Urteils entnommen werden, wenn das Gericht sich ausdrücklich mit dieser Voraussetzung befasst hat, andernfalls bei Vorliegen eines entsprechenden Feststellungstenors wie auch bei entsprechender Eintragung in die Insolvenztabelle, nicht hingegen in einem Ausspruch im Vollstreckungsbescheid, da dort eine Schlüssigkeitsprüfung nicht stattfindet, BGH NJW 2019, 3237; NJW 2005, 1663. Es geht insoweit nicht um ein Rechtskraftproblem, sondern lediglich um den Nachweis der Voraussetzungen des § 850f II.

Unterhaltsanspruch: Für einen Anspruch nach FamFG gilt § 113 I 2 FamFG. Ein Anerkenntnisurteil hat dem str. Urteil entsprechende Bindungswirkung, BGH NJW 2007, 2921. Die Abweisung mangels Bedürftigkeit entfaltet keine Rechtskraftwirkungen für die Zukunft, BGH NJW-RR 1990, 390; Naumb FamRZ 2008, 1546. Gesetzlicher Unterhalt ist etwas anderes als ein entspr. Anspruch aus Delikt, BGH NJW 2016, 1818. Eine Jugendamtsurkunde erhält keine Rechtskraft, BGH NJW 2011, 1875. Nach dem Ende des Leistungszeitraums ist ein neues Leistungs- und nicht bloß ein erweiterndes Feststellungsverfahren nötig, Naumb FamRZ 2007, 1474.

Vergleich: Vergleich und ursprünglicher Streitgegenstand sind voneinander verschieden, BGH NJW 2016, 1818 Rn. 28; NJW 2014, 3314. Mangels Rechtskraftwirkungen kommt eine Abänderungsklage nicht in Betracht; nach Abschluss des Rechtsstreits kann Bekl. geleistete Zahlungen bei Anfechtung auch in einem neuen Rechtsstreit geltend machen, BGH NJW 2011, 2141. Ist die prozessbeendigende Wirkung des Vgl. festgestellt, kann die materiell-rechtliche Unwirksamkeit nicht mehr geltend gemacht werden, BGH NJW 1981, 823.

Verjährung: Ein Leistungsurteil schließt die Verjährungseinrede aus, BGH NJW 2016, 3158 Rn. 20.

Versäumnisurteil: Ein solches nach §§ 330 ff. ist der materiellen Rechtskraft fähig, wenn die Klagebegründung einen nach § 253 II Nr. 2 einen hinreichend bestimmten Anspruch ergibt, Brdb MDR 2000, 228. Ein klageabweisendes VU hat dieselbe Wirkung, BGH NJW 2003, 1044. Zum Sonderproblem, wenn die Klage nur nicht fällig war, → Rn. 58.

Versicherungsanspruch: → „Haftpflicht".

Versorgungsausgleich: Eine seinen vertraglichen Anschluss feststellende Entscheidung kann materielle Rechtskraft erhalten, BGH NJW 2009, 677 (zust. Rehme).

Verwaltungsgericht: Die Abweisung mangels Klagebefugnis durch ein VerwG wird von Hamm, MDR 2022, 890 = BeckRS 2022, 10939 Rn. 46 aufgrund der Möglichkeitstheorie als Abweisung mangels Schlüssigkeit und damit als Sachentscheidung gewertet.

Verzichtsurteil: Das Urteil nach § 306 stellt den Untergang des Anspruchs rechtskraftfähig fest, mangels Entscheidungsgründen entfaltet es hingegen für den Anspruch aus § 945 keine materielle Rechtskraft, BGH NJW-RR 1998, 1651; OLGR München 1995, 233.

Verzug: Gegenstand ist nur der Anspruch auf Schadensersatz, nicht der Verzug selbst, KG NJOZ 2020, 408 Rn. 29.

Vollstreckungsabwehrklage: Das Urteil nach § 767 beseitigt nur die Vollstreckbarkeit des titulierten Anspruchs, nicht die Rechtskraft des Urteils, BGH FamRZ 1984, 878.

Hat das Gericht eine Klage nach § 767 als **unzulässig** abgewiesen, hat es weder den dem Vollstreckungstitel zugrundeliegende Anspruch noch die Wirksamkeit der Klausel verneint, selbst wenn es diese im Urteil infrage gestellt hat. Hat das Gericht die Vollstreckungsabwehrklage als **unbegründet** abgewiesen, erstreckt sich die Rechtskraft auf einen mit der Aufrechnung erfolglos geltend gemachten Gegenanspruch sowie auf alle Einwendungen, die mit der Klage erhoben werden können, BGH NJW 2017, 1313 Rn. 41; NJW 2015, 955 Rn. 48, nicht aber auf das Bestehen des mit dem Ausgangsprozess verfolgten sachlichrechtlichen Anspruchs, BGH FamRZ 1984, 878, und auch nicht auf einen Gegeneinwand, BGH FamRZ 1989, 1070 (1074).

Vollstreckungsbescheid: Er ist wie ein VU, § 700 I, der formellen und materiellen Rechtskraft fähig, BGH NJW 2005, 2991; Kblz MDR 2002, 475; sie umfasst indes nicht das Privileg des § 850f II, BGH NJW 2006, 2922.

Vorbehalt der Erbenhaftung: Das Urteil stellt das Vorliegen einer Nachlassverbindlichkeit fest, die im Folgeprozess nicht mehr als solche verneint werden kann, BGH NJW 2021, 701.

Vorbehaltsurteil: Ein Urteil nach § 302 erlangt keine materielle Rechtskraft, weil es auflösend bedingt ist, BGH NJW 1967, 566. Auch das Urkundenvorbehaltsurteil nach 599 ist nach → § 599 Rn. 13, 18 nur der formellen, aber nicht der materiellen Rechtskraft fähig, zusätzlich deshalb, weil es nicht auf einem vollständigen Erkenntnisverfahren beruht; → Vor § 592 Rn. 3.

Vorschuss: Wegen seiner vorläufigen Natur ist die Rechtskraftwirkung des Vorschussurteils begrenzt. Ein weiterer Vorschuss lässt sich nachfordern, selbst wenn sich seine Notwendigkeit schon während des Verfahrens über einen vorangegangenen Vorschuss abzeichnete, BGH BauR 1989, 201; Mü MDR 1994, 585.

Wahlrecht: Abweisung mangels Ausübung eines Wahlrechts steht der erneuten Klage nach Ausübung nicht entgegen, Nürnbg NJW-RR 2011, 100. Die Wahl des Schadensberechnung bindet mit Rechtskraft des Urteils, BGH NJW 2008, 373 Rn. 16.

Wechselklage: Der rechtskräftig abgewiesene Wechselkläger nach §§ 592 ff., 602 kann im Zweitprozess den dem Wechsel zugrundeliegenden sachlichrechtlichen Anspruch zulässig geltend machen, und umgekehrt; es liegen nämlich unterschiedliche Streitgegenstände vor, BGH NJW 2004, 1456 (1458).

Widerspruchsklage: → „Drittwiderspruchsklage".

Wohnrecht: → „Räumung".

Wohnungseigentum: Die Auslegung einer Teilungserklärung nach dem WEG ist für eine Jahresabrechnung nur eine Vorfrage, Karlsr WuM 2001, 458. Zu § 48 III WEG vgl. Dötsch ZMR 2011, 779. Nach einer aus materiell-rechtlichen Gründen erfolgreichen Beschlussanfechtungsklage steht unter den Wohnungseigentümern fest, dass der Beschluss nicht ordnungsmäßiger Verwaltung entsprach; wurde ein Negativbeschluss angefochten, steht die Handlungspflicht fest, BGH NJW 2018, 2550.

Zahlung: Ein Zahlungsurteil schließt Leistungsverweigerungsrechte aus, BGH NJW 2016, 3158 Rn. 20.

Zinsanspruch: Im Rechtsstreit um den Zinsanspruch darf das Gericht den rechtskräftig bejahten Hauptanspruch nicht mehr prüfen. Zinsen, die über den im Vorprozess verlangten Betrag hinausgehen, nehmen an der Rechtskraft des ersten Urteils nicht teil, Ffm NJW-RR 1997, 700. Nach einer Forderung von Zinsen „mindestens" in der im Erstprozess zugesprochenen Höhe kann der Gläubiger Mehrzinsen im Zweitprozess grds. als einen weiteren Teilanspruch geltend machen, BGH NJW 1979, 720 (im Einzelfall muss man evtl.

einen Verzicht des Gläubigers auf den Restzins ermitteln); bei der Begründung einer Schadensersatzforderung mit einem „mindestens" zu erzielenden Zins erfasst die Abweisung indes auch einen höheren Zinsschaden, Köln BB 1994, 1814; zur Teilklage → Rn. 61.

Zugewinnausgleich: Zur Annahme einer offenen oder verdeckten Teilklage vgl. BGH NJW 1996, 2152; NJW 1994, 3165.

Zug um Zug: Das Urteil schafft Rechtskraft nur für die Leistungspflicht, nicht für die Gegenleistung, BGH MDR 2019, 692 = BeckRS 2018, 26275; NJW 1992, 1172; NJW-RR 1996, 828; NJW-RR 1986, 1066; Scheffler NJW 1989, 1848. Einer neuen Klage auf unbedingte Leistung steht die Rechtskraft des Zug-um-Zug-Urteils entgegen, soweit die Gründe der neuen Klage schon im Vorprozess vortragbar waren, BGH NJW 1992, 1172. Die Wirkungen einer Feststellung, der zufolge der Gl. die ihm obliegende Leistung erbracht hat, treten mit Rechtskraft ein, BGH NJW 2018, 3029.

Zurückbehaltungsrecht: → Rn. 113.

Zweitleistung: Hat Bekl. die Klageforderung bereits erfüllt, wird aber fehlerhaft trotzdem verurteilt, steht dem Einwand die Rechtskraft entgegen. Die bloße Weigerung, erneut zu leisten, ist in der Zwangsvollstreckung unbeachtlich. Eine gegen das Urteil gerichtete negative Feststellungsklage wie auch eine Rückforderungsklage nach Zwangsvollstreckung sind grds. unzulässig unter dem Gesichtspunkt des kontradiktorischen Gegenteils, → Vor § 322 Rn. 17. Zulässigkeit der Klage kann sich nur unter den Voraussetzungen der **Durchbrechung der Rechtskraft** ergeben, insoweit auf Evidenz abstellend LG Hannover NJW 1979, 221; → Vor § 322 Rn. 32. Eingehend Vollkommer, Bereicherungsausgleich nach Verurteilung zur Doppelleistung im Streit der Rechtskrafttheorien, MDR 2016, 976.

100 **VI. Grenzen der Rechtskraft, I. 1. Zeitgrenzen.** Maßgeblicher **Zeitpunkt** für die Entscheidung der Frage, ob Tatsachen entgegen der materiellen Rechtskraft neu vorgebracht werden können, ist der Schluss der mündlichen Verhandlung, BGH NJW 2014, 1306 Rn. 11, im schriftlichen Verfahren der nach § 128 II 2 bestimmte Zeitpunkt, BGH NJW-RR 2011, 1528 Rn. 13.

101 Grds. wirkt die Rechtskraft für immer. Zeitgrenzen unterliegt ein Urteil aus sich heraus, wenn der Inhalt dies aussagt, etwa bei einem Unterlassungsgebot oder einem Unterhaltsurteil für einen bestimmten Zeitraum, Karlsr NZFam 2014, 276; allg. zur Bedeutung des Urteilsinhalts → Rn. 8. Im Übrigen wird der maßgebliche Zeitpunkt in § 767 II festgeschrieben, BGH NJW 2019, 3385. Die Norm beschreibt eine allgemeine zeitliche Grenze der Tatsachenpräklusion, BGH NJW-RR 2018, 719 Rn. 15.

102 **2. Neuer Sachverhalt.** Die Rechtskraft steht einer erneuten Sachprüfung dann nicht entgegen, wenn sich der zu Grunde liegende Sachverhalt nach dem maßgeblichen Zeitpunkt, → Rn. 100, wesentlich verändert hat oder ein Grund für die Wiederaufnahme oder ein Wiederaufgreifen des Verfahrens eingetreten ist, BVerfG NVwZ 1989, 141; BGH NJW-RR 2009, 138; BVerwG NVwZ 2000, 940 (§ 51 VwVfG). Dies verdeutlichen §§ 323, 767 II in hinreichendem Umfang, BGH NJW 2000, 2022. Unklarheiten sind durch **Auslegung** zu klären, BGH NJW 2009, 1139 Rn. 12; → Rn. 21.

103 Maßgeblich sind nur solche neuen Tatsachen, die auf den für die Entscheidung seinerzeit tragenden Sachverhalt nach dessen rechtlicher Würdigung durch das Gericht Einfluss hatten; ist das Urteil auf mehrere Sachverhalte gestützt, müssen die neuen Tatsachen in Bezug auf alle neu sein, BGH MDR 2021, 446 („wenn sie denjenigen Sachverhalt verändert hat, der in dem früheren Urteil als für die ausgesprochene Rechtsfolge maßgebend angesehen worden ist"); BGH 11.2.2020 – VIII ZR 193/19, BeckRS 2020, 2779; NJW-RR 2018, 719 Rn. 15; NJW 1984, 126.

104 Die Auswirkungen dieses Grundsatzes sind bei Darstellung der Einzelprobleme unter → Rn. 27 ff. berücksichtigt.

B. Aufrechnung, II

Schrifttum: Feskorn, Teil-Vorbehaltsurteil im Architektenhonorarprozess – Zulässigkeit bei Aufrechnung mit Schadensersatzansprüchen, NJW 2022, 1144.

105 **I. Einleitung. 1. Systematik.** Abs. II enthält die **Ausnahme** von dem Grundsatz, dass im Urteil über den vom Kläger festgelegten Streitgegenstand entschieden wird und dass der Umfang der Rechtskraft vorrangig auf der Grundlage des Tenors und ergänzend aus dem weiteren Inhalt des Urteils sowie zuletzt auch aus dem Parteivortrag hergeleitet wird, → Rn. 13. Da eine „Entscheidung, dass die Gegenforderung nicht besteht", im Tenor nicht eigens ausgesprochen wird, kommt es hier nur auf die nach Abs. I an sich nicht in Rechtskraft erwachsenden Entscheidungsgründe und ggf. auf deren durch Auslegung zu klärenden näheren Inhalt an. Man darf die Entscheidung des Gesetzgebers, auf eine Klarstellung durch Ausspruch im **Tenor** (etwa: „Die vom Beklagten zur Aufrechnung gestellte Gegenforderung besteht in Höhe von … nicht") zu verzichten, nicht überbewerten. Eine dahin gehende Regelung könnte Unklarheiten entgegenwirken, die sich indes auch durch eine klare Formulierung der Entscheidungsgründe vermeiden lassen.

106 Ist das **Nichtbestehen** der zur Aufrechnung gestellten Forderung geklärt, gelten für die insoweit eintretenden Rechtskraftwirkungen die in der vorliegenden Kommentierung zu I dargelegten allgemeinen Grundsätze, namentlich betr. die Abweisung, → Rn. 55, und, wenn die Entscheidung nur einen Teil der Gegenforderung betrifft, betr. das Teilurteil, → Rn. 69.

107 Da die Aufrechnung unabhängig von der Frage, ob sie erstmals im Rechtsstreit oder ob sie als vorgerichtlich erklärter Einwand geltend gemacht wird, als **Verteidigungsmittel** wirkt, ist sie nicht rein materiell-rechtlich, sondern auch prozessrechtlich zu betrachten, zur Doppelnatur → Rn. 138. Nach § 302 kann ein **Vorbehaltsurteil** ergehen. Dessen, vom Ermessen des Gerichts abhängiger Erlass ist aufgrund restriktiver Auslegung unzulässig, wenn das vertragliche Äquivalenzverhältnis hierdurch gestört würde. Das gilt namentlich im Werklohnprozess (insbesondere im Bauprozess), soweit die zur Aufrechnung gestellte Forderung etwa auf Nachbesserung iSd § 320 I BGB mit der Werklohnforderung synallagmatisch verknüpft ist, dh soweit sie sich als Erfüllungsanspruch darstellt. Anders ist die Lage, wenn dieser Zusammenhang nicht besteht, etwa wenn der Werkunternehmer nur aus anderen Anspruchsgrundlagen auf Schadensersatz haftet, BGH BauR 2022, 290 Rn. 17 ff.; NJW 2019, 1867; NJW 2018, 1463; NJW 2017, 1669. Die anfängliche Rspr. hierzu, BGH NJW 2005, 2771; NJW-RR 2004, 1715; NJW 2002, 900, ist durch die ersterwähnte Entscheidung im Kern offen gelassen und iÜ eingeschränkt worden.

Wird in einem **Teilurteil** über die Klageforderung die Aufrechnung offen gelassen, darf zur Vermeidung eines falschen Ergebnisses die Klage bei erfolgreicher Aufrechnung mit Schlussurteil abgewiesen werden, BGH NJW 1967, 1231. Wird aufgrund einer Aufrechnung die **Erledigung** des Rechtsstreits erklärt, ist bei Anschließung des Gegners nach § 91a über die Kosten zu entscheiden und bei Antrag auf Abweisung ein Sachurteil zu erlassen, → § 91a Rn. 35. Insbesondere bei Streit um ein Aufrechnungsverbot kann die Gegenforderung zusätzlich mit der **Hilfswiderklage** geltend gemacht werden, BGH NJW 1999, 1179; sie kann jedoch nicht zum Gegenstand einer **Zwischenfeststellungsklage** gemacht werden, BGH NJW 2007, 82. 108

2. Regelungszweck. Die Rechtskraftwirkung enthebt den nicht (mehr) bestehenden Gegenanspruch weiterem Streit. Es gelten also auch hier die der materiellen Rechtskraft allgemein innewohnenden Zwecke, → Rn. 3. Damit verbindet sich erneut die Forderung nach Klarheit der Entscheidungsgründe. Hält nämlich das Gericht die streitgegenständliche Forderung für begründet, die aufgerechnete Gegenforderung aber für unbegründet, liegt es im berechtigten Interesse des Aufrechnungsgegners, dass über die Aufrechnungsforderung bereits jetzt rechtskräftig entschieden wird; gleiches gilt, wenn das Gericht die Aufrechnung für begründet hält, BGH NJW 1992, 982. 109

3. Geltungsbereich. Die Norm gilt zunächst für die im Zivilprozess ergehenden Urteile. Erfasst sind der Natur der Sache nach zunächst Urteile über Zahlungsklagen. Im Urteil über den streitigen Antrag auf Feststellung der **Erledigung** kann eine rechtskraftfähige Aussage über das Nichtbestehen einer Gegenforderung enthalten sein, → § 91a Rn. 234, 238; auch → § 91a Rn. 35. Gleiches gilt für ein Urteil über eine **Vollstreckungsgegenklage,** BGH NJW 2009, 1671 Rn. 16. Auf die Frage, ob die Aufrechnung außergerichtlich erklärt worden ist, oder ob sie als Prozessaufrechnung im Rechtsstreit erklärt wird, kommt es für die Rechtskraftwirkungen des Urteils nicht an, → Rn. 120. Auch wird keine Unterscheidung zwischen der Hauptaufrechnung (Primäraufrechnung) und der Hilfsaufrechnung gemacht, zu letzterer → Rn. 155. 110

II. Tragweite der Regelung. 1. Aufrechnung des Beklagten im engeren Sinne. Die Norm ist als Ausnahmeregelung eng auszulegen, BGH NJW-RR 1993, 386. Geregelt wird ausschließlich die Aufrechnung nach §§ 387 ff. BGB, vgl. BGH NJW 2002, 900; NJW 1992, 317; NJW-RR 2004, 1715. Andere Formen der Verrechnung wechselseitiger Forderungen sind nicht erfasst. Hier bestünde zu sehr die Gefahr, dass Unklarheiten bleiben, weil die einzelnen Verrechnungspositionen vom Gericht nicht in allen Einzelheiten erörtert werden. Aus diesem Grunde scheidet auch die Analogie aus. Entscheidend ist, wie das Gericht den Vorgang in den Entscheidungsgründen qualifiziert hat, → Rn. 123; → Rn. 144. 111

Beispiele: 112

Abrechnungsverhältnis: II ist nicht anwendbar, BGH NJW 1992, 317; NJW-RR 2004, 95. 113

Anrechnung: Zu § 15a RVG (§ 182 BRAGO aF) vgl. BGH NJW 1997, 743. Die Fälle §§ 326 II 2, 337 I, 537 I 2, 615 s. 2, 648 S. 2 BGB stellen keine Aufrechnung dar, Toussaint/Elzer § 45 GKG Rn. 38.

Bauvertrag: Zum Abrechnungsverhältnis im Bauvertrag BGH NJW 2005, 2771.

Befreiung von einer Verbindlichkeit: Als Gegenrecht wird der Anspruch nicht im Wege der Aufrechnung geltend gemacht, BGH JurBüro 2010, 368.

Bürge: Wird ein Bürge, der sich auf ein Erlöschen der Forderung durch Aufrechnung seitens des Schuldners und hilfsweise auf § 770 II BGB berufen hat, verurteilt, weil die Gegenforderungen nicht bestünden, entsteht keine Rechtskraft, weil es sich insoweit nur um ein Verteidigungsmittel gehandelt hat, nicht um eine Aufrechnung, BGH NJW 1973, 146. Zu Fragen der Rechtskrafterstreckung beim Bürgen → § 325 Rn. 57.

Factoring: Bei Abwicklung geschieht eine Verrechnung, keine Aufrechnung, BGH NJW 2017, 3438 Rn. 11.

Leistungsverweigerungsrecht: Die Norm ist nicht anwendbar, Mü MDR 2018, 110.

Mängelgewährleistung: Gegenansprüche werden durch Aufrechnung geltend gemacht, nicht durch Verrechnung, BGH NJW 2011, 1729; NJW 2006, 698; NJW 2005, 2771; Stgt NJW 2019, 2547; Ddf BauR 2005, 1962 (Ersatzvornahme).

Rückabwicklung: Bei nichtigem Vertrag besteht nur ein durch Verrechnung gewonnener Saldo, BGH NJW 2017, 3438 Rn. 11.

Rücktritt: § 346 BGB. Die wechselseitigen Ansprüche stehen zur Aufrechnung gegeneinander, BGH NJW 2017, 3438 Rn. 13.

Saldoforderung: Bei Klage auf den Endbetrag sind die Einzelposten keine eigenständig zu betrachtenden Streitgegenstände, so dass II nicht eingreift, BGH NJW 2007, 3425 Rn. 23; NJW-RR 2004, 1715.

Verrechnung: Bloße Verrechnung nimmt an den Wirkungen der Aufrechnung nicht teil, BGH NJW-RR 2000, 285; BAG NJW 2019, 1477 Rn. 18. Das ist insbesondere auch bei Abzug der **Nutzungsentschädigung** von einer auf § 826 gestützten Kaufpreisforderung der Fall, BGH BeckRS 2021, 38632 Rn. 7 (auch: Beschwer): MDR 2021, 574; WM 2021, 2262.

Zurückbehaltungsrecht: Die Norm gilt nicht analog, BGH NJW-RR 2005, 367; NJW-RR 1996, 828; NJW-RR 1993, 386.

2. Aufrechnung des Klägers. Dem Wortlaut nach erfasst die Norm nur eine Aufrechnung des Beklagten. Anerkannter Auffassung nach gilt sie indes **entsprechend** auch für Aufrechnungen des **Klägers,** wenn er Schuldner der für den Rechtsstreit streitgegenständlichen Forderung ist, namentlich in der **Vollstreckungsgegenklage,** BGH NJW 2015, 955 Rn. 48; NJW-RR 2006, 1628 Rn. 10; NJW 1994, 2769, und in der **negativen Feststellungsklage,** BGH NJW 1992, 982. Die Aufrechnung wird hier zwar nicht als Verteidigungsmittel, wohl aber in einer besonderen Konstellation, in welcher der Kläger von der Warte des Schuldners vorgeht, als **Angriffsmittel** eingesetzt. Dieser Fall steht dem gesetzlich geregelten gleich und rechtfertigt daher die Analogie. Dabei ist formal an die Parteirolle anzuknüpfen; nach Zuspruch einer Forderung in erster Instanz kann Kl. in der Berufung auch insoweit mit der Aufrechnung die Wirkungen des § 322 II nicht herbeiführen, BGH NJW 1992, 982. 114

In allen anderen, für die Praxis eher fernliegenden Fällen ist II auf die von Kl. (außergerichtlich) erklärte Aufrechnung (die im Normalfall vom Bekl. zur Verteidigung vorgetragen wird) nicht anzuwenden, weil er selbst den von der Norm bezweckten Schutz eines Aufrechnungsgegners nicht braucht und weil Bekl. wegen der Sachentscheidung über die Klageforderung hinreichend geschützt ist, BGH NJW 1992, 982; NJW 1984, 1356. Es geht insoweit zunächst um Fälle, in denen Kl. aufrechnet, um eine Einwendung des Bekl. auszuräumen, zB ein Zurückbehaltungsrecht, Kblz NJW-RR 1997, 1426. 115

116 Als Beispiel wird zudem folgender Fall konstruiert: Kl. hat mit einer ihm zustehenden Forderung gegen einen Anspruch des Bekl. aufgerechnet, der aber seinerseits die Zulässigkeit der Aufrechnung bestreitet; Kl. klagt seine Forderung ein und wird abgewiesen, weil das Gericht die Aufrechnung für wirksam hält; nunmehr klagt Bekl. seine attraktiv verzinsliche Forderung ein. Die Kritik der Lit., die eine Rechtskrafterstreckung auf den Ausspruch über die Gegenforderung auch in solchen Fällen befürwortet, vgl. Musielak/Voit/Musielak Rn. 82 mwN; Zöller/Vollkommer Rn. 24; eingehend Foerste NJW 1993, 1183, ist nicht berechtigt. Ein vergleichbarer Fall, der durch Analogie zu entscheiden wäre, liegt bereits deshalb nicht vor, weil die Aufrechnung hier nicht als prozessuales Verteidigungs- oder Angriffsmittelmittel eingesetzt, sondern nur als materiell-rechtlicher Erlöschenstatbestand berücksichtigt wird. Eine dahin gehende Regelung hat der Gesetzgeber mit II nicht schaffen wollen. IÜ kann Kl. hinsichtlich der Gegenforderung für den Fall, dass die Aufrechnung durchgreift, hilfsweise negative Feststellung beantragen.

117 Die **Gegenaufrechnung** des Kl. ist selbst mit Blick auf eine von Bekl. erst erwartete Aufrechnung unzulässig, Ffm NJW-RR 1997, 526. Gegenüber einer bereits erklärten Aufrechnung des Bekl. geht sie auch als Hilfsaufrechnung ins Leere, da die Wirkungen der Aufrechnung materiellrechtlich sofort eintreten, BGH NJW 2008, 2429.

118 **3. Feststellung des Nichtbestehens.** Die Entscheidung, „dass die Gegenforderung nicht besteht,„ kann auf zwei gänzlich verschiedenen Gründen beruhen. Zum einen kann die Gegenforderung nie entstanden oder zum Zeitpunkt der Aufrechnung schon wieder untergegangen sein; dann war die Aufrechnung unbegründet. Zum anderen umfasst die Regelung den Fall, dass die Forderung gerade infolge begründeter Aufrechnung erloschen ist; auch dies wird mit Rechtskraftwirkung festgestellt, BGH NJW 2002, 900.

119 Über ein (Fort-) Bestehen der Gegenforderung wird nach II in keinem Fall rechtskräftig entschieden. Enthält das Urteil über ihr Nichtbestehen keine Aussage, kann sie in einem weiteren Rechtsstreit geltend gemacht werden, BGH NJW 1997, 743.

120 **III. Aufrechnung im Rechtsstreit. 1. Einführung der Aufrechnung in den Prozessstoff.** Die Aufrechnung kann auf zwei grundverschiedene Weisen in den Rechtsstreit eingeführt werden. Eine Möglichkeit ist der Vortrag einer **außergerichtlich** erfolgten Aufrechnung. Es handelt sich hierbei um normalen Sachvortrag zur Verteidigung gegen die Klage. Vortrag des Kl. zu einer von Bekl. außergerichtlich erklärten Aufrechnung kann mithin die Klage unschlüssig machen.

Die Aufrechnung kann indes auch erst im Rechtsstreit erklärt werden. Man spricht insoweit von der **Prozessaufrechnung.** Da es in II nur darauf ankommt, dass die Aufrechnung „geltend gemacht" wird, kommt es für die Rechtskraftwirkungen des Urteils auf diese Unterscheidung nicht an, BGH NJW-RR 1994, 1203; Mü JurBüro 2017, 636; Köln NJW 2005, 1127. Für die Prozessaufrechnung gelten allerdings die für alle Prozesserklärungen maßgeblichen verfahrensrechtliche Besonderheiten, → Rn. 137. Für die Zulässigkeit getrennter Verhandlung näher → § 145 Rn. 15.

121 In jedem Fall muss die Aufrechnung wirksam vorgetragen werden. Dies kann auch **konkludent** erfolgen, etwa durch Bezugnahme auf eine vorgerichtliche Erklärung, BGH NJW 2022, 194 Rn. 21; NJW 2017, 2102; NJW-RR 1994, 1203. Die dies verneinende aA von Zöller/Greger § 145 Rn. 11b steht zu allgemein anerkannten Grundsätzen für die Abgabe von Prozesserklärungen, → Vor § 128 Rn. 60, in Widerspruch, sie führt aber zumindest über Hinweispflichten nach § 139 idR zum gleichen Ergebnis. Größere Bedeutung hat die Frage in der Praxis für die Charakterisierung als Hilfsaufrechnung, → Rn. 155. Abzugrenzen ist im Einzelfall von der Geltendmachung eines **Zurückbehaltungsrechts,** das mit Erklärung der (unzulässigen) Aufrechnung konkludent eingewandt werden kann, was zB bei Aufrechnung mit einer (nicht gleichartigen) Forderung in ausländischer Währung denkbar ist, BGH 26.1.2022 – XII ZR 79/20 BeckRS 2022, 5364; NJW 1983, 2438.

122 Ein Unterschied zwischen der Hauptaufrechnung und der Hilfsaufrechnung, hierzu → Rn. 155, besteht im vorliegenden Zusammenhang nicht.

123 **2. Prozessuale Zulässigkeit der Aufrechnung. a) Bedeutung der Zulässigkeit. aa) Für die Rechtskraftwirkungen des Urteils.** Die Wirkungen des II können nur eintreten, wenn das Gericht sich über Nichtbestehen oder Untergang der Gegenforderung zulässigerweise in der Sache äußert, → Rn. 144. Die Zulässigkeit ist von Amts wegen zu prüfen, BGH NJW-RR 1991, 971. Die Zulässigkeit der Aufrechnung hat damit in der Fallprüfung unbedingten Vorrang, Brdb NJW-RR 2022, 598 Rn. 13. Wird die Aufrechnung als unzulässig zurückgewiesen, enthält das Urteil selbst bei **Hilfserwägungen** zur Begründetheit keine bindenden Feststellungen zur Sache, so dass über die Forderung nicht rechtskraftfähig entschieden wird, BGH NJW 2022, 1238 Rn. 34; NJW-RR 2018, 974 Rn. 15; NJW 2001, 3616; NJW 1994, 1538; NJW 1994, 2769; NJW-RR 1991, 971; Köln NJW 2005, 1127.

Lässt das Gericht die Frage der Zulässigkeit **offen,** bleiben die Rechtskraftwirkungen unklar, es gilt also dasselbe; MüKoZPO/Gottwald Rn. 204. Wenn das Gericht der höheren Instanz die Klarstellung nicht selbst vornehmen kann, liegt eine rechtskraftfähige Entscheidung über die Gegenforderung auch dann nicht vor, wenn das Urteil Erwägungen zu deren Nichtbestehen enthält, BGH NJW-RR 1991, 971; NJW 1988, 3210. Eine ohne Vertiefung erfolgte Zurückweisung des Aufrechnungseinwands, weil der Vortrag hierzu **unsubstantiiert** sei, ist mehrdeutig, stützt sich aber im Zweifel auf mangelnde Begründetheit und erhöht damit die Beschwer, BGH NJW 1994, 1538. Zu den Rechtskraftwirkungen auch → Rn. 144.

124 **bb) Für die materiell-rechtlichen Wirkungen der Aufrechnung.** An sich treten die materiell-rechtlichen Wirkungen der Aufrechnung, auch wenn diese ausschließlich als Verteidigungsmittel im Rechtsstreit oder gar nur hilfsweise erklärt wird, sofort ein, BGH NJW 2008, 2429. Eine im Rechtsstreit als **unzulässig** behandelte Aufrechnung kann indes nach dem Rechtsgedanken des § 139 BGB **keine bleibenden materiell-rechtlichen Wirkungen** entfalten; eine bereits eingetretene materiell-rechtliche Wirkung wird mit Rechtskraft des Urteils, in dem über diese Frage entschieden worden ist, hinfällig, BGH NJW 2019, 3385; NJW 2009, 1071; NJW 2009, 1671 Rn. 12. *Sieht man dies mit Zöller/Greger ZPO § 145 Rn. 11c selbst nur für die Rücknahme der Aufrechnungserklärung anders, erlässt das Gericht bei Verneinung der Zulässigkeit, aber gleichzeitiger Hinnahme einer möglichen materiell-rechtlichen Wirkung sehenden Auges ein falsches Urteil; zutreffend Zöller/Vollkommer ZPO Vor § 322 Rn. 66. Zur Abstandnahme von der Prozessaufrechnung → Rn. 137.*

b) Allgemeine prozessuale Zulässigkeitsvoraussetzungen. Da die Gegenforderung im Lichte der Rechtskraftwirkung wie ein selbständiger Streitgegenstand behandelt wird, unterliegt ihre Darlegung dem **Bestimmtheitserfordernis** des § 253 II Nr. 2, BGH NJW 2011, 1227; NJW 2002, 2182; NJW-RR 2004, 1715; Köln NJW 2005, 1127; AG Brühl JurBüro 2010, 479; LAG Greifswald NZA-RR 2016, 133, → § 253 Rn. 34. Das hat insbesondere Bedeutung bei der (hilfsweise) gestaffelten Aufrechnung mit mehreren Forderungen, → Rn. 158. Im Einzelfall kann die Bestimmtheit durch **Auslegung** geklärt werden, wobei ergänzend auch §§ 396 I 2, 366 II BGB heranzuziehen sind, BGH NJW 2002, 2182; NJW 2000, 958. Dabei kann es zu einem **Abgrenzungsproblem** kommen. Ist nämlich der Sachvortrag zur Gegenforderung nur schwach substantiiert, stellt sich die Frage, ob ihre Einführung in den Rechtsstreit mangels Bestimmtheit unzulässig ist oder ob sie mangels hinreichender Begründung als unbegründet erkannt wird, vgl. BGH NJW 2000, 2500. Das ist nur anhand der Gegebenheiten des Einzelfalls zu klären und bedarf eindeutiger Darlegung im Urteil. Auch muss die Aufrechnung, abgesehen von der unter einer innerprozessualen Bedingung stehenden Hilfsaufrechnung, → Rn. 155, **unbedingt** erklärt werden, Ffm NJW-RR 1997, 526. 125

Auf die örtliche **Zuständigkeit** des Gerichts für die Gegenforderung kommt es nicht an; nur bei Fehlen der internationalen Zuständigkeit darf das Gericht in der Sache nicht entscheiden, BGH NJW 2014, 2798 (Vollstreckungsgegenklage); NJW 2014, 3156; LMK 2014, 361173 (jew. Rom-I-VO); LMK 2002, 2182 (EU); LMK 1993, 2753; OLGR Jena 2009, 63. Bei wirksamer Vereinbarung eines ausländischen Gerichtsstands für die Gegenforderung kann mit dieser auch nur dort aufgerechnet werden, BGH NJW 2015, 1118; NJW 1973, 421. Zu rechtswegfremden Forderungen → Rn. 135. Die streitwertabhängige sachliche Zuständigkeit wird durch eine Aufrechnung nicht beeinflusst. 126

Die Rüge aus § 1032, der Gegenanspruch falle unter eine **Schiedsvereinbarung,** greift durch, BGH 6.5.2021 – I ZB 71/20, BeckRS 2021, 15389 Rn. 11; SchiedsVZ 2014, 31 Rn. 10; SchiedsVZ 2010, 275 Rn. 4; Zweibr MDR 2013, 1368; sie endet erst mit dem Abschluss des Schiedsverfahrens, BGH NJW-RR 2008, 556. 127

Die Zuständigkeit spezialisierter Spruchkörper nach **§ 72a GVG** soll nach Schlesw NJW 2022, 82für die Aufrechnung nicht gelten. Weitere Zulässigkeitsfragen wie etwa Partei- und Prozessfähigkeit, Postulationsfähigkeit, sind zu beachten, haben aber kaum praktische Relevanz. 128

c) Präklusion. Die Aufrechnung kann unter verschiedenen Voraussetzungen mit Präklusionsregeln kollidieren, vgl. § 296, 531, 533, 767 II. 129

Unzulässigkeit nach **§ 767 II** steht dem Erfolg der auf eine Aufrechnung gestützten Vollstreckungsabwehrklage entgegen, BGH NJW 2014, 2045 Rn. 16; NJW 2009, 1671; NJW 1994, 2769. Die Aufrechnung gegen einen rechtskräftig **titulierten** Anspruch ist nur in den Grenzen des § 767 II zulässig und wirksam, BGH NJW 2019, 3385. Gleiches gilt für die Unbeachtlichkeit einer Aufrechnung nach **§ 533,** BGH NJW 1992, 2575 (2576 Ziff. 3). In beiden Fällen wird die Aufrechnung als prozessualer Einwand nicht berücksichtigt, so dass Erwägungen zum Nichtbestehen der Gegenforderung, so sie überhaupt und ohne sachliche Notwendigkeit dargelegt werden, keine Wirkungen nach II entfalten können, BGH NJW 2019, 3385. Materiell-rechtlich ist die präkludierte Aufrechnung ohne Wirkungen, BGH NJW 2009, 1671. 130

Bei der Präklusion wegen **Verspätung** nach §§ 296, 531, sind demgegenüber **zwei grundverschiedene Ausgangslagen** streng voneinander zu unterscheiden, BGH NJW 2015, 955 Rn. 48. 131

Die Zurückweisung kann sich auf den **Aufrechnungseinwand** als prozessuales Verteidigungsmittel beziehen. Dann wird er als unzulässig behandelt, so dass das Urteil keine bindenden Erwägungen zum Nichtbestehen enthält, II also nicht eingreift, BGH NJW 1997, 2769; NJW 1994, 2769; NJW-RR 1991, 971. Andererseits kann aber auch **Sachvortrag** zurückgewiesen werden, der die Begründetheit der Gegenforderung betrifft; in diesem Fall stellt die darauf aufbauende Verneinung der Forderung eine der Rechtskraft fähige Entscheidung über ihr Nichtbestehen dar, wie dies auch bei der Abweisung einer Klage unter Ausschluss von Sachvortrag zum Bestehen der Klageforderung geschieht, BGH NJW 2015, 955 Rn. 48; NJW-RR 1987, 1196 Nr. I 3 (aus altem Berufungsrecht insoweit übertragbar). 132

Die ganz unterschiedlichen Wirkungen des Urteils fordern vom Gericht eine **klare Formulierung der Entscheidungsgründe.** Dies gilt umso mehr, als die Zurückweisung wegen Verspätung keinen präzisen gesetzlichen Vorgaben dahin unterliegt, worauf genau sie sich beziehen muss. Klare Ausgangslagen sind sicher gegeben. So wird ein verspäteter, neu erhobener Aufrechnungseinwand bei streitigem Vortrag zur Begründetheit der Gegenforderung grundsätzlich als solcher, dh ohne Rechtskraftwirkungen für den Anspruch selbst zurückgewiesen, wenn das Gericht darlegt, sich mit diesem Einwand ohne Verzögerung nicht mehr auseinandersetzen zu können. War hingegen die Aufrechnung rechtzeitig erklärt und wird für die Gegenforderung lediglich Sachvortrag bzw. ein Beweismittel verspätet beigebracht, verhält das Urteil sich eindeutig zur Verneinung der Forderung selbst. Im Einzelfall muss eine sachgerechte **Auslegung** erfolgen, die das richtige Ergebnis im Blick hat, → Rn. 21. 133

Erlässt das Gericht ein **Grundurteil,** ist die Aufrechnung im Betragsverfahren nicht mehr zulässig, → § 304 Rn. 330 „Aufrechnung". Dem kann das Gericht mit einem Aufrechnungs-Vorbehalts-Grundurteil begegnen, wenn die Gegenforderung die Höhe der Klageforderung nicht erreicht, BGH NJW-RR 1994, 379 aE. Bleibt wegen der Aufrechnung eine Klageabweisung möglich, darf das Grundurteil nicht erlassen werden. 134

d) Rechtswegfremde Gegenforderung. Die Aufrechnung darf nicht dazu führen, dass ein Zivilgericht rechtskraftfähig über eine Gegenforderung befindet, deren Beurteilung in die Zuständigkeit eines anderen Gerichtszweigs fällt. Sie ist daher nur zulässig, wenn die Forderung unbestritten oder bereits rechtskräftig zuerkannt ist, BVerwG NJW 1999, 160; NJW 1993, 2255; NJW 1987, 2530; BFH NJW 2002, 3126. Das gilt nach Auffassung des BAG auch für Forderungen, die in die Zuständigkeit des ArbG fallen, NJW 2002, 317. Fehlt es an der Zuständigkeit des Zivilgerichts, ist das Verfahren auszusetzen, BGH NJW 1955, 497. Alsdann kann das Gericht eine Frist setzen, innerhalb derer die Klage vor dem anderen Gericht zu erheben ist, mit der Folge des § 296 II; auch ist der Erlass eines Vorbehaltsurteils nach § 302 zu erwägen. Das BAG jedenfalls befürwortet die Verweisung des Nachverfahrens an das zuständige Gericht, NJW 2008, 1020; ablehnend Zöller/Greger § 145 Rn. 19a. Das Landwirtschaftsgericht kann über allg. zivilrechtliche Gegenforderungen befinden, BGH NJW 1964, 863. Die Schiedseinrede ist auch gegenüber der Gegenforderung eröffnet, → Rn. 126. 135

e) Kollision verschiedener Prozesse. Wie sich aus § 261 ZPO und aus § 204 I Nr. 5 BGB ersehen lässt, wird die Gegenforderung durch Aufrechnung **nicht rechtshängig,** BGH NJW-RR 2004, 1000; NJW 1999, 136

1179. Sie ist damit auch dann eigenständig zu klären, wenn sie in einem anderen Rechtsstreit eingeklagt ist, vgl. auch Schröder NJW 2004, 2203; Althammer/Löhnig NJW 2004, 3077. Da einander widersprechende Entscheidungen zu vermeiden sind, ist es idR zweckmäßig, den Rechtsstreit, in dem die Forderung später geltend gemacht worden ist, auszusetzen, BGH NJW-RR 2004, 1000; Celle MDR 2016, 546; eingehend Skamel NJW 2015, 2460. Im Rahmen der Ermessensausübung nach § 148 kann berücksichtigt werden, ob Bekl. mit seinem Vorgehen die Erledigung verzögert, insoweit einander widersprechend Ffm NJW 2015, 2512 (in Rn. 4 unter Fehlinterpretation vom BGH NJW 2009, 1071 Rn. 12); Dresd NJW 1994, 139. Abhilfe kann auch ein Vorbehaltsurteil nach § 302 schaffen.

137 **f) Abstandnahme von der Prozessaufrechnung.** Von der **Prozessaufrechnung** kann als prozessualem Verteidigungsmittel **Abstand** genommen werden, solange sie noch keine unmittelbar prozessgestaltende Wirkung hatte; alsdann ist über den Einwand nicht mehr zu entscheiden, BGH NJW 2009, 1071 Rn. 12; NJW 2009, 1671; NJW 2002, 442; NJW-RR 1991, 16; Schlesw NJW-RR 2004, 651; Mü BeckRS 2013, 10251. Die Erklärung der Abstandnahme ist auch unter einer innerprozessualen Bedingung zulässig, wie zB dem Widerruf eines Vergleichs, Schlesw NJW-RR 2010, 216. Zeitgrenze ist idR die rechtskräftige Entscheidung über die Hauptforderung, so dass die Rücknahme noch im Verfahren der Nichtzulassungsbeschwerde möglich ist, BGH NJW 2020, 1975 (Ls.) = NJW-RR 2020, 761 Rn. 4. Auch die materiell-rechtlichen Wirkungen entfallen, BGH NJW 2009, 1671; Schlesw NJW-RR 2010, 216; ausf. Leichsenring NJW 2013, 2155; aA Zöller/Greger ZPO § 145 Rn. 11c. Allgem. zur Zulässigkeit → Rn. 124. Die Aufrechnung kann nach einer Abstandnahme im höheren Rechtszug auch für den Streitwert der Vorinstanz nach § 45 III GKG, § 322 II ZPO nicht mehr berücksichtigt werden, → Anh § 3 Rn. 39.

138 In der Möglichkeit der Abstandnahme zeigt sich die **Doppelnatur** der Prozessaufrechnung als Verteidigungsmittel und zugleich als materiell-rechtlich wirksamer Erklärung und damit der Unterschied zur wirksamen **außergerichtlichen Aufrechnung,** die als rechtsgestaltende Erklärung alleine durch Abstandnahme nicht rückgängig zu machen ist. Wird sie im Rechtsstreit als außergerichtliche vorgetragen, verbleibt es grds. dabei. Will man sie ungeschehen machen, bedarf es auf der Ebene des materiellen Rechts eines erfolgreichen Angriffs gegen die Aufrechnungserklärung, etwa einer Anfechtung nach §§ 142 I, 123 I BGB. In tatsächlicher Hinsicht mag ein Bestreiten des Zugangs dem Aufrechnenden die Möglichkeit eröffnen, diesen Vortrag unstreitig zu stellen und zur prozessualen Hilfsaufrechnung überzugehen.

139 **3. Materiell-rechtliche, insolvenzrechtliche Zulässigkeit der Aufrechnung.** Die Unzulässigkeit einer Aufrechnung kann sich auch ergeben aus gesetzlichen, BGH NJW 2011, 2284 (§ 556 III 3 BGB); NJW 2001, 3616 (§ 390 S. 2 BGB aF, heute: § 215 BGB); oder – auch im Wege der Auslegung! – aus vertraglichen Regelungen, BGH NJW 2017, 3437; BAG NJW 2019, 1477 (Urlaubsabgeltung); eingehend Grüneberg/Grüneberg BGB § 387 Rn. 13; zur Abgrenzung von der unbeachtlichen Verrechnungsabrede und zur einschränkenden Interpretation vgl. BGH NJW 2005, 2771. Schließlich können Gesichtspunkte des **§ 242 BGB** der Zulässigkeit entgegenstehen, BGH NJW 2016, 636; NJW 2011, 2351. Die **Anfechtbarkeit** der Herstellung einer Aufrechnungslage iSd § 96 I Nr. 3 InsO macht die Aufrechnung ebenfalls unzulässig, BFH ZIP 2020, 1822 = BeckRS 2020, 19104.

140 Wenn **keine Sachentscheidung** ergeht, weil das Gericht aus Gründen des materiellen Rechts die Zulässigkeit der Aufrechnung verneint, ergeben sich aus § 322 II für die Gegenforderung keine Rechtskraftwirkungen. In dieser Hinsicht gelten die gleichen Grundsätze wie bei der Unzulässigkeit aus prozessualen Gründen, → Rn. 123.

141 Anderes kann erst dann gelten, wenn das Gericht das Nichtbestehen der Gegenforderung feststellt, ohne die Zulässigkeit der Aufrechnung eindeutig zu bejahen. Fraglich ist insbesondere, ob ein ausdrückliches **Offenlassen** der materiell-rechtlichen Zulässigkeit, eine unklare Äußerung hierzu oder eine fehlerhafte Beurteilung der Rechtslage den Wirkungen des § 322 II prinzipiell so entgegensteht wie in Fragen des Prozessrechts, → Rn. 123. Das ist zu verneinen. Die materiell-rechtliche Zulässigkeit der Aufrechnung ist neben der Begründetheit der Gegenforderung ein gleichrangiges Element der Sachentscheidung. Mit Ungewissheiten, die sich insbesondere bei mangelnder Bestimmtheit in prozessualen Fragen ergeben, → Rn. 125, kann das Urteil bei bloßer Verletzung materiellen Rechts nicht belastet sein. Stellt also das Urteil das Nichtbestehen oder den Untergang der Gegenforderung eindeutig fest, stehen den Wirkungen des § 322 II unklare oder falsche Erwägungen zur materiellrechtlichen Zulässigkeit der Aufrechnung nicht entgegen. Es bleibt mithin für falsche oder unklare Äußerungen in dieser Hinsicht bei dem Grundsatz, dass zwischen den Parteien gegen ein rechtskräftiges Urteil der Einwand sachlicher Unrichtigkeit nicht erhoben werden kann, → Vor § 322 Rn. 16.

142 **4. Sachprüfung.** Ist die Aufrechnung zulässig, muss das Gericht die Klageforderung ungeachtet der Begründetheit der Gegenforderung vorrangig in der Sache prüfen. Die Frage, ob die Klageforderung entstanden ist, darf nicht offenbleiben, um die Klage mit der Begründung abzuweisen, in jedem Falle greife die Aufrechnung durch, Köln NJW-RR 1992, 258. Ein hierauf aufbauendes Urteil entfaltet allg. Ansicht nach jedenfalls hinsichtlich der Gegenforderung keine Rechtskraft, Stgt NJW 2019, 2547 (irrtümlich als Hauptaufrechnung behandelte Hilfsaufrechnung). Gleiches gilt indes auch für die Klageforderung, weil dem Urteil ja gerade nicht zu entnehmen ist, ob die Klageforderung überhaupt bestanden hat oder ob sie als bestehende Forderung durch die Aufrechnung untergegangen ist, so auch Zöller/Vollkommer Rn. 21.

142a Nach der aA von Musielak/Voit/Musielak Rn. 84 erfasst die Rechtskraft des abweisenden Urteils im Ergebnis das Nicht-(mehr)-Bestehen der Klageforderung. Diese Auffassung ist abzulehnen. Die für die Rechtskraftwirkungen maßgebliche Auslegung des Urteils, → Rn. 22, führt bei der Gesamtbetrachtung von Klageforderung und Aufrechnung in Wahrheit zu einer nicht ausräumbaren Unklarheit darüber, ob nur die Klageforderung oder auch die Gegenforderung untergegangen ist. Eben dies zu klären ist nach Sinn und Zweck des § 322 II bereits im ersten Rechtsstreit die Aufgabe des Gerichts. Sieht man dies anders, wird die rechtskräftige Klärung der für den Rechtsstreit entscheidenden Frage auf den nächsten Prozess verlagert. Dies mag der Standpunkt der heute überholten „Beweiserhebungstheorie" gewesen sein – der Begriff wird im vorliegenden Zusammenhang bisweilen noch verwendet, vgl. Stgt NJW 2019, 2547. Bereits der Begriff erfasst das Problem nicht in vollem Umfang, *weil es nicht darauf* ankommen darf, ob tatsächliche oder nur Rechtsfragen zu klären sind. Geboten ist in jedem Fall die sofortige Erledigung des gesamten Streites, die nur möglich ist, wenn das Gericht sich über Bestehen und Untergang der Klageforderung eindeutig äußert. Entsteht hierüber Ungewissheit, mag der Streit im zweiten Anlauf vollständig neu beginnen.

Bei **unsubstantiierter Begründung** der Gegenforderung kann sich die Frage ergeben, ob der Einwand mangels Bestimmtheit unzulässig ist oder ob er mangels hinreichender Begründung zur Sachabweisung führt, → Rn. 125. Eine ohne Vertiefung erfolgte Zurückweisung wegen **unsubstantiierten Vortrags** ist mehrdeutig, stützt sich aber im Zweifel auf mangelnde Begründetheit und erhöht damit die Beschwer, BGH NJW 1994, 1538. Mit Blick auf die Wirkungen des II bedarf es generell einer eindeutigen Begründung. 143

IV. Rechtskraftwirkungen der Sachentscheidung. 1. Grundlagen. a) Klarstellung des Urteilsinhalts. Maßgeblich für die Rechtskraftwirkungen und deren Umfang sind die Entscheidungsgründe des Urteils. Wird die Gegenforderung im (ggf. nach § 320 berichtigten, BGH NJW 1997, 1931) Tatbestand zwar berücksichtigt, in den Entscheidungsgründen aber übergangen, hindert dies die Rechtskraft, BGH NJW-RR 1997, 1157. Eine Anwendung von **§§ 319, 321** kommt nach wohl hM nicht in Betracht, weil die Aufrechnung nicht als „Hauptforderung", sondern nur als Verteidigungsmittel anzusehen sei, Ffm NJW-RR 1989, 640; Musielak/Voit/Musielak § 321 Rn. 4. Für ein übergangenes Zurückbehaltungsrecht mag das gelten, BGH NJW 2003, 1463. Da indes die Aufrechnung nach II wie die Klage auf eine der Rechtskraft fähige Entscheidung über den Anspruch abzielt und damit auch der Umfang der Entscheidung über die Klageforderung betroffen ist, muss jedenfalls an eine **analoge** Anwendung des § 321 gedacht werden. 144

Für die Rechtskraft kommt es, wie bei der Rechtskraft allgemein, → Rn. 7, alleine auf den tatsächlichen Inhalt der Entscheidungsgründe an, nicht auf die Frage, ob die Auffassung des Gerichts zutrifft, BGH NJW 2015, 955 Rn. 48; NJW 2002, 900; NJW 2001, 3616; NJW-RR 2004, 95 (Behandlung einer Verrechnung als Aufrechnung); NJW 1992, 317 (Behandlung einer Aufrechnung als Rechnungsposten); NJW-RR 1997, 1157. Wie in allen Fällen der **Urteilsauslegung,** → Rn. 21, können Unklarheiten der Entscheidungsgründe mit Hilfe des Parteivortrags beseitigt werden, solange kein Zweifel daran besteht, dass sie im Urteil ansatzweise einen Niederschlag gefunden haben. 145

b) Folgen von Unklarheit und Fehlern. Bei **Unklarheit** der Entscheidungsgründe entsteht keine Rechtskraft; es fehlt an der erforderlichen Sachaussage, BGH NJW-RR 1991, 971; zum unzulässigen Offenlassen der Klageforderung → Rn. 142. Mindesterfordernis ist eine eindeutige Aussage zur Höhe der durch die Aufrechnung erloschenen Forderung, BGH VersR 2022, 263. Eine Entweder-oder-Begründung entfaltet in der Sache keine Rechtskraft, BGH NJW 1988, 3210. Zu den Entscheidungsgründen in Widerspruch stehende Erwägungen im Beschluss über die Streitwertfestsetzung stehen indes der Rechtskraftwirkung nicht entgegen, weil sie nicht Teil der Urteilsgründe sind, BGH NJW-RR 2000, 285. 146

Wenn das Gericht die Aufrechnung für fälschlich **unzulässig** erklärt, sei es prozessual oder materiell-rechtlich, ergeht keine rechtskraftfähige Sachentscheidung, BGH NJW 2001, 3616; Hilfserwägungen zur Unbegründetheit sind in diesem Fall ohne Bedeutung, da die Entscheidung tragend auf Unzulässigkeit abstellt, BGH NJW 1984, 128. Gleiches gilt bei Verneinung der Gegenseitigkeit, MüKoZPO/Gottwald Rn. 197; im letzteren Fall erwächst indes die Feststellung, dass Bekl. gegenüber Kl. nicht Inhaber der Forderung ist, als ein von der Norm mit geregeltes Minus im Umfang der Klageforderung in Rechtskraft, so dass Bekl. den Anspruch gegen diesen Kl. nicht erneut gerichtlich geltend machen kann, Celle AnwBl 1984, 311. Verneint das Gericht (fälschlich) die **Fälligkeit,** kann die Forderung nach deren Eintritt geltend gemacht werden, Ddf NJW 2020, 71. 147

c) Unzulängliche Begründung des Anspruchs. Bedeutung haben klare Entscheidungsgründe insbesondere dann, wenn die Begründung der Gegenforderung wenig **substantiiert** ist. Mangelt es bereits an der Bestimmtheit, ist die prozessuale Unzulässigkeit deutlich auszusprechen; ist demgegenüber nur die Begründung des Anspruchs nicht nachvollziehbar und bleibt die Aufrechnung aus diesem Grund ohne Erfolg, ergeht nach II eine der Rechtskraft fähige Sachentscheidung, die das Nichtbestehen feststellt; zu beidem BGH NJW 1994, 1538. Bei Aufrechnung mit einer in einem Vollstreckungsbescheid titulierten Gegenforderung kann mangelnde Individualisierung zur Unzulässigkeit führen. 148

d) Zeitpunkt des Erlöschens. Die Rückwirkung nach § 389 BGB ist als zwingende gesetzliche Folge eines im Urteil festgestellten Erlöschens der Gegenforderung mit dem maßgeblichen Zeitpunkt von der Rechtskraft erfasst, so wohl auch BGH NJW 2002, 900. 149

2. Umfang. Der Höhe nach ist die Rechtskraftwirkung unter verschiedenen Aspekten begrenzt. Der begründete Teil der **Klageforderung** bildet in jedem Fall die **Obergrenze;** wird die Gegenforderung über deren Betrag hinaus für unbegründet erklärt, etwa weil das Gericht sie dem Grunde nach nicht für gegeben erachtet, ist dieser Teil der Entscheidung nicht von der Rechtskraft erfasst, so dass der Differenzbetrag in einem neuen Rechtsstreit geltend gemacht werden kann, Schlesw NJW 2016, 2580. 150

Innerhalb dieses Rahmens kommt es auf die Frage an, zu welchem **Betrag** das Gericht das Nichtbestehen der Gegenforderung oder deren Untergang infolge Aufrechnung festgestellt hat. War sie höher als die von der Aufrechnung zum Erlöschen gebrachte Klageforderung, ergeht im Umfang des überschießenden Betrags keine der Rechtskraft fähige Entscheidung. Die für Teilurteile geltenden Grundsätze können mit herangezogen werden, → Rn. 68. Verneint das Gericht die **Fälligkeit,** kann die Forderung nach deren Eintritt geltend gemacht werden, Ddf NJW 2020, 71. 151

3. Folgen, Versäumnisurteil. Im Umfang der materiellen Rechtskraft haben die Feststellungen des Urteils zum Nichtbestehen der Gegenforderung dieselben Wirkungen wie ein die Klage abweisendes Urteil, → Rn. 50. 152

Bei **Abweisung** der Klage durch echtes VU gegen Kl. nach § 330 findet eine Schlüssigkeitsprüfung nicht statt; die Entscheidung ergeht alleine aufgrund der Säumnis, BGH NJW 2003, 1044; → § 330 Rn. 4. Über eine zur Aufrechnung gestellte Gegenforderung wird daher auch dann nicht entschieden, wenn Bekl. die Klageforderung nicht bestritten hatte, so wohl auch Zöller/Herget § 330 Rn. 6. Anderes kann nur gelten, wenn das VU (evtl. auch falsche) Gründe enthält, die eine Auslegung in anderem Sinne gebieten, → Rn. 21; MüKoZPO/Prütting § 330 Rn. 38. 153

Bei echtem **VU gegen Bekl.** beruht die Entscheidung auf einer Schlüssigkeitsprüfung, die sämtliche Einwendungen mit umfasst und deren Unerheblichkeit feststellt, → § 331 Rn. 11. Soweit das Gericht, unabhängig vom Charakter der Aufrechnung als Haupt- oder Hilfsaufrechnung, auf dieser Grundlage das VU nur erlassen konnte, indem es das Bestehen der Gegenforderung in der Sache verneint, sei diese Entscheidung richtig oder falsch gewesen, wird das Nichtbestehen iSd § 322 II festgestellt. Das indes muss sich aus dem bei der Auslegung des nicht mit Gründen versehenen VU anhand der Akten, → Rn. 21, sicher nachvollziehen lassen. Bleibt offen, 154 ob das Gericht eine Aufrechnung als unzulässig oder als unbegründet angesehen hat, gilt die Unklarheitenregel, so dass in Bezug auf die Gegenforderung ein bestimmtes Ergebnis und damit auch eine Rechtskraftwirkung nach § 322 II nicht festgestellt werden kann, → Rn. 8; → Rn. 15. Wird ein auf unstreitigen Tatsachen beruhender, begründeter Aufrechnungseinwand fälschlich übergangen, geht die Gegenforderung im Rahmen der Wirkungen des § 322 II unter. Hier gilt nichts anderes als bei der Abweisung einer lediglich nicht fälligen Forderung, BGH NJW 2003, 1044.

155 **V. Haupt- und Hilfsaufrechnung. 1. Abgrenzung.** Eine Hauptaufrechnung liegt vor, wenn gegen die Klageforderung keine vorrangigen Einwände erhoben werden. Im Regelfall liegt hierin in Bezug auf die – mit der Aufrechnung erfüllte – Hauptforderung ein gerichtliches Geständnis BGH BauR 2022, 290 = ZfBR 2022, 150 Rn. 37; NJW-RR 1996, 699.

156 Eine Aufrechnung wird hilfsweise erklärt, wenn sie nach dem Willen des Aufrechnenden erst im Rang nach einer ihr vorgehenden Einwendung berücksichtigt werden soll. Das kann sich zum einen auf anderweitige Verteidigungsmittel beziehen wie jedwedes Bestreiten der Klageforderung, zum anderen auf die Reihenfolge mehrerer zur Aufrechnung gestellter Gegenforderungen. Auch die hilfsweise Aufrechnung mit einer unstreitigen Gegenforderung bleibt verfahrensrechtlich eine Hilfsaufrechnung, so dass die Haupteinwände vorrangig geprüft werden müssen, Ddf BauR 2010, 938.

157 **2. Näheres zur Hilfsaufrechnung.** Die Erklärung der Hilfsaufrechnung kann, wie die Erklärung jeder Aufrechnung, auch **konkludent** erfolgen, → Rn. 121; für wohlwollende Auslegung bei der Aufrechnung BGH NJW 2018, 2269 Rn. 16. Gängige Formulierung etwa ist die „vorsorgliche" Aufrechnung, es reicht aber auch ein Sachzusammenhang, in dem dieser Weg der näher liegende ist. Zulässige **innerprozessuale Bedingung** ist die Erfolglosigkeit der vorrangigen Einwendungen. Insoweit hat die Hilfsaufrechnung eine Parallele zum Hilfsantrag, → § 260 Rn. 9. Die Aufrechnung unter einer **außerprozessualen Bedingung,** etwa der, dass die Gegenforderung erst noch geltend gemacht wird, ist wegen Verstoß gegen das grds. Gebot der Unbedingtheit nicht zulässig und damit auch ohne materiell-rechtliche Wirkungen, Ffm NJW-RR 1997, 526.

158 Für die Bestimmung einer **Zulässigkeit** gelten zunächst die allg. Erwägungen, → Rn. 123. Das Erfordernis der **Bestimmtheit** hat bei der Aufrechnung mit **mehreren Gegenforderungen** einen zusätzl. Teilaspekt, weil es sich um selbständige Forderungen handeln und die Reihenfolge genau festgelegt werden muss, BGH NJW-RR 1995, 508; hierbei kann indes ein Rückgriff auf §§ 396 I 2, 366 II BGB hilfreich sein, wenn deren Voraussetzungen vorliegen, BGH NJW 2002, 2182; NJW 2000, 958; zum Fall des Widerspruchs BGH NJW 2009, 1071. Auch die reine Auflistung der Gegenforderungen im Schriftsatz ist ein tragfähiger Anhaltspunkt für die Klarstellung. Falls nicht die Auslegung anderes nahelegt, kann auf eine Bestimmung der Reihenfolge verzichtet werden, wenn die Summe der Gegenforderungen den Betrag der Forderung nicht übersteigt, vergleichbar BGH NZG 2021, 1449 Rn. 22; NZG 2018, 497 Rn. 17 f.

159 An die Bestimmung einer **Prüfreihenfolge** ist das Gericht in Bezug auf den Hilfscharakter gegenüber der Hauptverteidigung wie auch auf die Reihenfolge mehrerer Gegenforderungen gebunden, BGH NJW 2000, 958; NJW-RR 1995, 508; Brdb NJW-RR 2014, 199. Denn unter anderen als den vorgetragenen Bedingungen will Bekl. die Gegenforderung(en) nicht opfern. Nur wenn mehrere Gegenforderungen die Höhe der Klageforderung insgesamt nicht erreichen, mag man das anders sehen.

160 Der Bekl. kann von jedweder Art der Aufrechnung als prozessualem Verteidigungsmittel **Abstand** nehmen, indem er von der Haupt- auf die Hilfsaufrechnung übergeht oder umgekehrt, und indem er die **Reihenfolge** mehrerer Gegenforderungen verändert; damit werden auch materiell-rechtliche Wirkungen der Hilfsaufrechnung hinfällig, → Rn. 137.

161 Für die **Rechtskraftwirkungen** des Urteils gelten die allg. Regeln, → Rn. 144; zur Zurückweisung einer Hilfsaufrechnung als unzulässig BGH BauR 2018, 555. Zu Problemen der Hilfsaufrechnung im **Urkundenprozess** → § 597 Rn. 18; → § 598 Rn. 5.

162 **VI. Rechtsmittelinstanz.** Da bei erfolgreicher (Hilfs-)Aufrechnung zugleich über Klage- und Gegenforderung im Sinne des Nichtbestehens entschieden wird, tritt auf beiden Seiten Beschwer ein, so dass das Urteil unter den allg. geltenden Voraussetzungen von beiden Parteien mit einem Rechtsmittel angegriffen werden kann.

163 Vom jeweiligen Rechtsmittelziel hängt es ab, in welchem Umfang alsdann über die Forderungen erneut zu befinden ist. Eine Beschränkung der **Revisionszulassung** auf die Entscheidung über die Aufrechnung ist zulässig, BGH NJW 2022, 306 Rn. 3, BeckRS; NZBau 2010, 105; NZBau 2006, 254.

164 Der aufrechnende Bekl. ist in dem Maße beschwert, in dem er gegen das Ziel seiner Verteidigung verliert, bei Verurteilung auf die Klage und Zurückweisung der Aufrechnung gilt also: Lag eine **Hauptaufrechnung** vor, unterliegt Bekl. nur im Umfang des titulierten Zahlungsanspruchs, weil insoweit sein Erfüllungseinwand unbegründet war, BGH NJW 1972, 257.

165 Hat Bekl. erfolglos eine **Hilfsaufrechnung** erklärt, weil die Gegenforderung unbegründet ist, unterliegt er im Umfang der Summe aus titulierter Klageforderung und dem Teil der Gegenforderung, über den nach II gegen ihn entschieden wird, weil seine Verteidigung gegen die Klage ohne Erfolg war und er die Gegenforderung infolge der Sachentscheidung des Gerichts unfreiwillig verloren hat, BGH NJW-RR 1994, 827.

166 Bei Abweisung einer auf Aufrechnung gestützten **Vollstreckungsgegenklage,** § 767, ist der Kl. in Höhe des gescheiterten Erfüllungseinwandes beschwert, BGH NJW-RR 1995, 508.

167 Wenn nach (Teil-)Abweisung der Klage wegen (teilweise) erfolgreicher Aufrechnung nur Kl. Rechtsmittel einlegt, ist das Bestehen der Klageforderung rechtskräftig festgestellt, weil insoweit auf Klägerseite keine Beschwer eingetreten ist, deren Beseitigung mit diesem Rechtsmittel angestrebt würde, BGH NJW-RR 1995, 240; Ddf MDR 2009, 1355. Ein Hinweis an Bekl., hiergegen mit der Anschlussberufung vorzugehen, ist nicht angezeigt, Rostock NJW-RR 2002, 576.

168 Lag der Verteidigung gegen die Klageforderung eine Aufrechnung zugrunde, so ist die Berufung des unterlegenen Bekl. nicht schon deshalb unzulässig, weil die Berufungsbegründung eine Auseinandersetzung mit der Klageforderung *vermissen lässt.* Die Berufung kann vielmehr darauf beschränkt werden, dass die eingeklagte Forderung alleine aufgrund der Aufrechnung nicht mehr bestehen soll, VerfGH Bln ZMR 2001, 879. In der Berufung alleine des Bekl. ist vom Bestehen der vom Vordergericht für begründet erachteten Gegenforderung auszugehen, BGH NJW 1962, 907.

VII. Streitwert und Kosten. Eine Werterhöhung wegen der Aufrechnung kommt nach § 45 III GKG nur 169
bei der Hilfsaufrechnung mit einer bestrittenen Gegenforderung in Betracht, über deren Nichtbestehen rechtskraftfähig entschieden wird, BGH BauR 2019, 1973; näher → Anh. § 3 Rn. 15. Zur Kostenentscheidung → § 92 Rn. 25.

323 *Abänderung von Urteilen.*

I [1]Enthält ein Urteil eine Verpflichtung zu künftig fällig werdenden wiederkehrenden Leistungen, kann jeder Teil die Abänderung beantragen. [2]Die Klage ist nur zulässig, wenn der Kläger Tatsachen vorträgt, aus denen sich eine wesentliche Veränderung der der Entscheidung zugrunde liegenden tatsächlichen oder rechtlichen Verhältnisse ergibt.

II Die Klage kann nur auf Gründe gestützt werden, die nach Schluss der Tatsachenverhandlung des vorausgegangenen Verfahrens entstanden sind und deren Geltendmachung durch Einspruch nicht möglich ist oder war.

III Die Abänderung ist zulässig für die Zeit ab Rechtshängigkeit der Klage.

IV Liegt eine wesentliche Veränderung der tatsächlichen oder rechtlichen Verhältnisse vor, ist die Entscheidung unter Wahrung ihrer Grundlagen anzupassen.

Schrifttum: Gottwald, Zur Abänderung von Unterhaltstiteln im neuen Gewand, FS Hahne, 2012; Graba, Die Abänderung von Unterhaltstiteln, 4. Aufl. 2011; Heiß/Born, Unterhaltsrecht, 60. Auflage 2021; Hohnschild, Die Ansprüche des Unterhaltsschuldners bei der Überzahlung von Ehegattenunterhalt und ihre prozessuale Durchsetzung, 2001; Hoppenz, Die Abänderung von Unterhaltstiteln aufgrund einer Änderung der höchstrichterlichen Rechtsprechung, FS Hahne 2012; Münch, Unterhaltsvereinbarungen nach der Reform, 2009; Oetker, Die materielle Rechtskraft und ihre zeitlichen Grenzen bei einer Änderung der Rechtslage, ZZP 115, 3; Petzoldt, Soyka, Die Abänderungsklage im Unterhaltsrecht, 3. Aufl. 2010; Thalmann, Die Abänderungsklage nach § 323 ZPO, FS Henrich, 2000.

Übersicht

I. Systematik. → Vor § 253 Rn. 1 ff. Die dem § 767 nachgebildete Abänderungsklage des § 323 ist eine der 1
ältesten, gleichwohl umstrittensten Vorschriften der ZPO. Sie gilt für den Gläubiger und Schuldner bei einem Urteil auf künftig fällig werdende wiederkehrende Leistungen. Nach § 323 kann unter den dort vorgesehenen Voraussetzungen eine Korrektur des Urteils bei tatsächlichen, so wirtschaftlichen, oder rechtlichen Veränderungen erfolgen, BGH NJW 2005, 2313 (Eintritt des Rentenbezuges). Bei gerichtlichen Vergleichen und Urkunden, die auf künftig fällig werdende wiederkehrende Leistungen gerichtet sind, findet die spezielle Regelung des § 323a Anwendung. Darüber hinaus wird die Vorschrift durch § 323b ergänzt. I und III enthalten Zulässigkeitsvoraussetzungen. Absatz 4 betrifft die Begründetheit der Abänderungsklage. II behandelt die Tatsachenpräklusion, Musielak/Voit/Borth Rn. 2.

II. Regelungszweck und Rechtsnatur. → Vor § 253 Rn. 1 ff. Die Norm steht im Zusammenhang mit 2
§ 258, der die Möglichkeit eröffnet, künftig fällig werdende wiederkehrende Ansprüche titulieren zu lassen. Grund der Regelung ist die Erkenntnis, dass man die Entwicklung der Verhältnisse für die gesamte Wirkungsdauer eines Urteils auf künftige wiederkehrende Leistungen im Allgemeinen nicht übersehen kann, BGH NJW 1981, 819; BFH DB 1981, 723; Hamm FamRZ 1982, 949. Deshalb ist der Fortbestand der Entscheidung bei bestimmten Änderungen mit der materiellen Gerechtigkeit nicht vereinbar. Andererseits ist die Verurteilung von vornherein zu einer „dynamischen" den jeweiligen Lebenskosten angepassten Rente unzulässig, BGH NJW 1981, 820.

Bei § 323 handelt sich um einen außerordentlichen prozessualen Rechtsbehelf, dh um eine prozessuale 3
Gestaltungsklage, BGH NJW 2005, 2313; BFH NJW 1986, 2730; MüKoZPO/Gottwald Rn. 3; Zöller/Vollkommer Rn. 2. Die Abänderungsklage ist darauf gerichtet, den Titel auf wiederkehrende Leistungen abzuändern, soweit dies aufgrund von Veränderungen geboten ist; soweit eine erneute Verurteilung erstrebt wird, ist sie auch als Leistungsklage zu werten; soweit es um die völlige Beseitigung der Leistungspflicht geht, ist sie als negative Feststellungsklage aufzufassen, Musielak/Voit/Borth Rn. 3. § 323 dient der Verhütung oder Beseitigung der prozessualen Bindungswirkung des § 318. Er eröffnet Möglichkeiten zur Beseitigung der Rechtskraft nach § 322 aufgrund von Tatsachen, die gemäß II nach der letzten mündlichen Verhandlung des Ausgangsprozesses entstanden sind, BGH NJW 2005, 2313; Nürnb FamRZ 1996, 353. Das Prinzip der Rechtssicherheit, das durch die Rechtskraftwirkung entsteht, wird mit § 323 durchbrochen und der materiellen Rechtslage der Vorrang eingeräumt. § 323 enthält keinen eigenständigen materiell-rechtlichen Anspruch. § 323 ist der Ausdruck eines allgemeinen Rechtsgedankens der clausula rebus sic stantibus, der in § 313 BGB seine materielle Grundlage hat, BGH NJW-RR 2001, 937; NJW 2014, 1590 (zu § 238 FamFG); 2007, 2249; FamRZ 1987, 263; Stgt NJW-RR 1988, 310. Absätze 2 und 4 dienen dem Vertrauensschutz, BGH NJW 1998, 2434.

4 **III. Geltungsbereich.** → Vor § 253 Rn. 6. Die Vorschrift gilt grundsätzlich in allen Verfahren nach der ZPO mit Ausnahmen der Eilverfahren nach §§ 927, 936, weil dort keine materielle Rechtskraft eintritt, BGH NJW-RR 1991, 1155; Thomas/Putzo/Hüßtege Rn. 12. Sie setzt keine Rechtskraft voraus, so dass sie auch wahlweise neben der Berufung möglich ist, solange diese nicht eingelegt ist; bei bereits eingelegter zulässiger Berufung fehlt das Rechtsschutzbedürfnis für die Klage nach § 323, wenn im Rahmen der Berufung oder der Anschlussberufung die wesentlichen Veränderungen zu berücksichtigen sind; dann muss auch der Bekl. uU Anschlussberufung einlegen, BGH NJW 1998, 161; Thomas/Putzo/Hüßtege Rn. 4; → Rn. 14, 27. Die Vorschrift gilt auch im WEG-Verfahren und im arbeitsgerichtlichen Verfahren nach § 46 II 1 ArbGG. Die **§§ 238 ff. FamFG** finden ausschließlich Anwendung bei den dort genannten Unterhaltsentscheidungen und Unterhaltsvereinbarungen, Thomas/Putzo/Hüßtege Rn. 6. Darüber hinaus enthält § 48 I 1 FamFG eine Abänderungsmöglichkeit für Entscheidungen mit Dauerwirkung außerhalb einer Entscheidung über wiederkehrende Leistungen. Für sonstige Leistungsurteile, die künftig wiederkehrende Leistungen betreffen und die keine familienrechtlichen Unterhaltspflichten sind, findet dagegen § 323 Anwendung. Die familienrechtlichen Unterhaltszahlungen nach §§ 238 ff. FamFG sind zwar die Hauptfälle wiederkehrender Leistungen. Diese vorrangigen Spezialregelungen stimmen aber inhaltlich mit §§ 323–323b ZPO so weitgehend überein, dass sich die für weitere Anwendungsfälle fortgeltenden ZPO-Regelungen als Ausgangspunkt der Kommentierung weiterhin anbieten und die Entscheidungen zu §§ 238 ff. FamFG auf § 323 in der Regel zu übertragen sind.

5 **Anwendungsfälle** des § 323–323b sind zB vertragliche Unterhaltspflichten oder Rentenansprüche nach §§ 843 ff. BGB, §§ 5 II, 6, 8 HPflG, §§ 11, 13 StVG, §§ 1360, 1361, 1569 ff., 1602, 1603 BGB, auch die Schmerzensgeldrente, BGH NJW 2007, 2475, ferner die Leibrente nach § 759 I BGB, BFH FamRZ 2017, 934; Musielak/Voit/Borth Rn. 9a, uU auch Miete, Erbbauzins oder Pacht, soweit sie nicht (mehr) von einer Gegenleistung anhängig sind, MüKoZPO/Gottwald Rn. 1, 2; → § 258 Rn. 6; → Rn. 28, und ein betriebliches Ruhegeld nach § 16 BetrAVG, BGH NJW 1981, 190. Zu den Urteilsarten und dem weiteren Urteilsinhalt → Rn. 13 ff.

6 Auch ein **Auslandsurteil** kann nach § 323 unter den dort genannten weiteren Voraussetzungen uU abgeändert werden. Es muss im Inland nach §§ 328, 722 anerkennbar sein, dh das Recht des ausländischen Urteilsstaats muss eine Anpassung an veränderte Verhältnisse bei wiederkehrenden Leistungen zulassen, Köln FamRZ 2005, 534; Celle FamRZ 1993, 104; Hamm FamRZ 1993, 190; Nürnb FamRZ 1996, 353. Die Abänderbarkeit, ihr Ob, richtet sich nach dem deutschen Prozessrecht, BGH NJW 1992, 439; Hamm FamRZ 1993, 1477; Köln FamRZ 2005, 535. Dabei kann zB ein ausländisches EU-Gericht international zuständig sein, Nürnb NJW 2005, 1055. Der Abänderungsmaßstab, das Wie, richtet sich aber nach dem ausländischen Recht, BGH FamRZ 1992, 1062; Köln FamRZ 2005, 534; Karlsr FamRZ 1989, 1310; Mü NJW-RR 1990, 649 (je: Jugoslawien); Celle FamRZ 1993, 104; Schlesw FamRZ 1993, 1483 (je: Polen); Düss NJW-RR 1993, 137 (Serbien); Hamm NJW-RR 1995, 457 (Türkei). Wegen eines Wegzugs ins EU-Ausland Riegner FamRZ 2005, 1799. Wegen der entsprechenden Anwendbarkeit des § 323 bei einem Anspruch nach dem NATO-Truppenstatut Karlsr VersR 1976, 197.

7 **IV. Verhältnis zur Vollstreckungsabwehrklage.** Es lässt sich oft nur schwer klären. Man muss auf den Zweck und die Auswirkungen der Rechtsschutzmöglichkeiten abstellen, BGH NJW 2005, 2313. Mit der Abänderungsklage soll der Titel auf künftig fällig werdende wiederkehrende Leistungen in Durchbrechung der materiellen Rechtskraft an die wandelbaren Verhältnisse angepasst werden, weil die richterliche Prognose des früheren Urteils nicht mit der tatsächlichen Entwicklung übereinstimmt, BGH NJW 2005, 2313; 2005, 142. Demgegenüber beschränkt sich der Streitgegenstand einer Klage nach § 767 auf die Beseitigung der Vollstreckbarkeit eines früheren Titels; es geht demnach nicht um die Anpassung an die geänderten Verhältnisse, sondern allein um die Frage, ob die Vollstreckung nun wegen der vorgebrachten materiellen Einwendungen gegen den titulierten Anspruch unzulässig ist, BGH NJW 2008, 1446; 2005, 2313.Wegen dieser unterschiedlichen Zielrichtung schließen sich § 323 und § 767 grundsätzlich aus und der Schuldner hat keine Wahlmöglichkeit, sondern muss sein Rechtsschutzbegehren auf die Klageart stützen, die dem Ziel seines Begehrens für den entsprechenden Zeitraum am besten entspricht, BGH NJW 2005, 2313; FamRZ 1988, 1156; 1977, 461; ausf. Soyka FuR 2006, 529; aM noch BGH NJW-RR 1989, 322. Dafür spricht auch der Grundsatz der prozessualen Waffengleichheit, weil sonst nur der Schuldner die Möglichkeit hätte, die Einschränkungen des § 323 zu umgehen, Musielak/Voit/Borth Rn. 14.

8 Dabei sind auch die weiteren Unterschiede zwischen beiden Klagen bedeutsam. Für die Vollstreckungsabwehrklage ist in §§ 767 I, 802 das Prozessgericht des ersten Rechtszuges als ausschließlicher Gerichtsstand bestimmt. Dieser muss mit dem allgemeinen Gerichtsstand für eine Klage nach § 323 nicht übereinstimmen, → Rn. 13. Zudem wirkt § 767 in Abweichung von den bei einem Urteil geltenden zeitlichen Beschränkungen des § 323 II, III 1 auch für die rückständigen Leistungen. Andererseits ist die Klage aus § 323 auch für den Gläubiger möglich, Hoppenz FamRZ 1987, 1100. Eine der beiden Klagen kann daher je nach Konstellation vorteilhafter sein. Unter Berücksichtigung dieser Gesichtspunkte kommt uU eine **Umdeutung** in Betracht, BGH NJW 2008, 1446; Brdb NJW-RR 2002, 1586; Thomas/Putzo/Hüßtege Rn. 3. Ist für beide Klagen dieselbe Zuständigkeit gegeben, kann auch eine Klage als Hauptantrag und die andere als **Hilfsantrag** gestellt werden, BGH FamRZ 1979, 573; Karlsr FamRZ 1985, 288 Thomas/Putzo/Hüßtege Rn. 3; → § 260 Rn. 9 (zu Haupt- und Hilfantrag). Für diesen Fall können materiell-rechtliche Einwendungen iSd § 767 auch bei § 323 berücksichtigt werden, BGH NJW 2001, 828.

9 **V. Neue Leistungsklage/Klageabweisung.** Ist eine Anpassung an die veränderten Verhältnisse nicht möglich, weil die für die Erstverurteilung maßgebenden Verhältnisse sich nicht feststellen lassen, entfällt eine Bindung an die abändernde Entscheidung, BGH NJW 2010, 2437; 2007, 2921 (nicht nachzuvollziehende Berechnung); Köln FamRZ 1981, 999; → Rn. 41 f. (zur Bindungswirkung). Dann ist über eine neue Leistungsklage oder über den Abänderungsantrag genau so zu entscheiden wie im Fall einer Erstentscheidung, BGH FamRZ 2005, 101; 2001, 1140; 1987, 257; Hamm FamRZ 1994, 763; Musielak/Voit/Borth Rn. 16a; Thomas/Putzo/Hüßtege Rn. 37.

10 Auch bei klageabweisenden Urteilen ist eine neue Leistungsklage zulässig, wenn die Entstehung des Anspruchs verneint worden ist, weil dann in der Abweisung keine Prognose der künftigen Entwicklung liegt, dh das Urteil hat keine in die Zukunft reichende Rechtskraftwirkung, BGH FamRZ 2005, 101; Naumb FamRZ 2008, 1546;

Thomas/Putzo/Hüßtege Rn. 39; → Rn. 24 (zu § 330). Tritt die fehlende Anspruchsvoraussetzung später ein, ist eine neue Leistungsklage ohne die Voraussetzungen des § 323 zulässig, BGH FamRZ 2005, 101. Eine Klage nach § 323 kommt aber in Betracht, wenn das klageabweisende Urteil eine Prognose der künftigen Entwicklung berücksichtigt hat, BGH NJW 2008, 1525.

Bei Klageabweisung der ersten Abänderungsklage greift § 323 ein, wenn diese auf einer Zukunftsprognose beruht und sich insoweit die Verhältnisse geändert haben; die Präklusion geht aber nicht weiter als die Rechtskraftwirkung des Urteils, zu deren Ermittlung auch die Entscheidungsgründe heranzuziehen sind, BGH NJW 2012, 923. Ist das Klägervorbringen in der ersten Abänderungsklage in Bezug auf den Anspruchsgrund als unschlüssig gewertet worden, kann Gegenstand der erneuten Abänderungsklage nur das Ausgangsurteil sein, weil die Klageabweisung nicht die wiederkehrenden Leistungen in der Zukunft erfasst, Zöller/Vollkommer Rn. 7. 11

Eine Klage nach § 323 kann in eine (normale) Leistungsklage **umgedeutet** werden, BGH FamRZ 1988, 1039. Umgekehrt ist dies möglich, wenn der entsprechender Parteiwille erkennbar ist und keine schutzwürdigen Interessen des Gegners vorliegen, BGH FamRZ 2004, 1712; MüKoZPO/Gottwald Rn. 31. 12

VI. Allgemeine Zulässigkeitsvoraussetzungen. Für eine Klage nach § 323 müssen die allgemeinen Zulässigkeitsvoraussetzungen erfüllt sein, die von Amts wegen zu prüfen sind, bei denen aber keine Amtsermittlung stattfindet, → Vor § 253 Rn. 22, 14. Die örtliche und sachliche **Zuständigkeit** bestimmt sich nach allgemeinen Regeln; § 767 I, wonach das Prozessgericht des ursprünglichen Rechtsstreits zuständig ist, findet keine entsprechende Anwendung, BayObLG NJW-RR 1999, 193; Musielak/Voit/Borth Rn. 17. Für die sachliche Zuständigkeit ist § 9 zu beachten, wenn es auf den Streitwert ankommt. Es findet kein **obligatorisches Güteverfahren** statt, § 15a I 1 Nr. 1 EGZPO, Hartmann NJW 1999, 3747. Nach § 253 II Nr. 2 ist ein bestimmter **Klageantrag** erforderlich; dieser muss den Ursprungstitel und den erstrebten abzuändernden Titel genau bezeichnen, BGH NJW 1986, 2049. Die Klage nach § 323 kann auch als **Stufenklage** nach § 254 erhoben werden, wobei dann zunächst für den (letzten) Abänderungsantrag das Bestimmtheitserfordernis noch nicht gilt, dieser Antrag aber mit Zustellung der Klageschrift rechtshängig wird, BGH NJW 1985, 196; 1993, 1920; Brdb FamRZ 2002, 1270; Zöller/Vollkommer Rn. 26; → § 254 Rn. 2, 4. Mit einer Stufenklage können im Hinblick auf III im Einzelfall unbillige Ergebnisse vermieden werden, wenn der Gegner sich weigert, dem Kläger erforderliche Auskünfte zur Konkretisierung des Abänderungsantrages zu erteilen. 13

Das allgemeine **Rechtsschutzbedürfnis** muss gegeben sein, Brdb FamRZ 2009, 1692; Köln FamRZ 2006, 718; Hamm FamRZ 2006, 1856; Oldb FamRZ 1980, 395; → Vor § 253 Rn. 43 ff. (zum Rechtsschutzbedürfnis). Es ist zu verneinen, wenn die titulierte wiederkehrende Leistung bereits vollständig vollstreckt ist und der Gläubiger den Titel zurückgibt; dann kann uU der Betrag mit einer Bereicherungsklage geltend gemacht werden, MüKoZPO/Gottwald Rn. 17; Musielak/Voit/Borth Rn. 17. Das Rechtsschutzbedürfnis ist nicht zu verneinen, wenn der Schuldner freiwillig die vom Gläubiger verlangte Erhöhung zahlt, weil dieser einen Anspruch auf Titulierung des gesamten Anspruchs hat, Musielak/Voit/Borth Rn. 17. Auch mit einem Gläubigerverzicht auf eine Vollstreckung endet das Rechtsschutzbedürfnis grundsätzlich nicht, Saarbr FamRZ 2009, 1938. Ist zulässigerweise Berufung eingelegt worden und können die Veränderungen im Rahmen dieses Rechtsmittels, evtl. durch eine Anschlussberufung, noch geltend gemacht werden, fehlt für eine Klage nach § 323 das Rechtsschutzbedürfnis, Hamm FamRZ 1996, 1088; Kobl FamRZ 19088, 302; MüKoZPO/Gottwald Rn. 37, 38; Thomas/Putzo/Hüßtege Rn. 15; → Rn. 4 und 27. Zur Statthaftigkeit bei Feststellungsurteilen → Rn. 18. 14

Die **Prozessführungsbefugnis** steht grundsätzlich den Parteien zu, zwischen denen der ursprüngliche Rechtsstreit geführt wurde, oder Dritten, soweit sich die Rechtskraft des Urteils auch auf sie erstreckt, BGH FamRZ 1986, 153; Karlsr NJW-RR 2005, 1021; Brdb NJW-RR 2003, 1449; Musielak/Voit/Borth Rn. 17. 15

VII. Besondere Zulässigkeitsvoraussetzungen. Die besonderen Zulässigkeitsvoraussetzungen ergeben sich aus § 323. Auch sie sind von Amts wegen zu prüfen, wobei keine Amtsermittlung stattfindet, → Vor § 253 Rn. 37, 14. 16

1. Urteil, I 1. a) Allgemeines. Die Vorschrift setzt gemäß I 1 ein Urteil voraus, das auf eine künftig fällig werdende wiederkehrende Leistung lautet; die Vorschrift gilt auch für Urteile der früheren DDR, BGH NJW 1997, 735; Brdb FamRZ 1997, 1342, Hamm FamRZ 1996, 1086; → Rn. 28. Rechtskraft ist nicht erforderlich, → Rn. 4, 27. § 323 greift grundsätzlich bei allen Arten von Urteilen ein, so auch bei **Teilurteilen** nach § 301, Karlsr FamRZ 1992, 199. **Schiedssprüche,** auch solche mit vereinbartem Wortlaut (§ 1053 II 2), haben nach § 1055 die Wirkung eines rechtskräftigen Urteils und sind deshalb grundsätzlich nach § 323 abänderbar, Musielak/Voit/Borth Rn. 5. Zu klageabweisenden Urteilen → Rn. 10 ff. 17

b) Feststellungsurteile. § 323 greift auch entsprechend ein bei einem Feststellungsurteil nach § 256 I mit Zukunftserwägungen zu noch nicht fälligen wiederkehrenden Leistungen, BGH NJW-RR 1996, 65; Hamm FamRZ 2000, 544; Köln NJW-RR 1987, 834; MüKoZPO/Gottwald Rn. 16; Musielak/Voit/Gottwald Rn. 8. Wird dagegen ein noch nicht oder nicht vollständig bezifferbarer Anspruch festgestellt, → § 256 Rn. 46 „Bezifferung", ist mangels Zukunftsprognose der Anwendungsbereich des § 323 nicht betroffen, Musielak/Voit/Borth Rn. 8. So ist die negative Feststellungsklage die statthafte Klageart, wenn ein der Höhe nach noch nicht bestimmbarer Schadensersatzanspruch festgestellt wird, und die Verpflichtung zB durch Erfüllung entfällt, weil es dann nicht mehr um eine künftig fällig werdende Leistung geht, Hamm FamRZ 1994, 38; Musielak/Voit/Borth Rn. 8. 18

c) Unterlassungsurteile. § 323 greift bei solchen Urteilen nicht ein, wenn das Verbotene später erlaubt wird; ein solches Urteil beruht nicht auf einer Zukunftsprognose, sondern betrifft einen gegenwärtigen Anspruch, BGH NJW 2009, 3303; NJW 2008, 1446; Prütting/Gehrlein/Völzmann-Stickelbrock Rn. 30; Musielak/Voit/Borth Rn. 6; Thomas/Putzo/Hüßtege Rn. 10. Ein Bedürfnis für eine Analogie des § 323 besteht nicht, da § 767 oder eine negative Feststellungsklage in Betracht kommen und eine Regelungslücke nicht vorhanden ist, BGH NJW 2008, 1446. 19

d) Urteile auf Kapitalabfindung. Wird statt einer Rente eine Kapitalabfindung geltend gemacht, zB nach § 843 III BGB oder § 8 HPflG, ist § 323 nicht anwendbar, BGH NJW 1981, 818; Musielak/Voit/Borth Rn. 7; MüKoZPO/Gottwald Rn. 18. Zwar wird auch in diesen Fällen eine Zukunftsprognose zugrunde gelegt; jedoch muss sich der Schädiger bei der Wahl des Geschädigten, einen Einmalbetrag zu fordern, darauf verlassen können, nicht weitergehend in Anspruch genommen zu werden. Zudem hat es der Gläubiger in der Hand, was er wählt. 20

21 **e) Urteil über Geldrenten beim Überbau oder beim Notwegerecht.** Bei Verurteilung zu einer Rente wegen eines Überbaus oder eines Notwegerechts auf der Grundlage der §§ 912 II, 917 II BGB ist eine Klage nach § 323 ausgeschlossen, weil für die Bemessung der Rente der Zeitpunkt der Grenzüberschreitung oder der Inanspruchnahme des Notwegerechts, dagegen keine künftige Entwicklung maßgeblich ist, Musielak/Voit/Borth Rn. 9; MüKoZPO/Gottwald Rn. 19. Dasselbe gilt auch bei sonstigen festen Rentenzahlungen, MüKoZPO/Gottwald Rn. 19.

22 **f) Urteile auf Zahlung von Zinsen.** Bei einem Urteil, das auf Verzugszinsen über den gesetzlichen Zinssatz hinaus gerichtet ist, greift § 323 ein, BGH NJW 1987, 3266; Karlsr 1990, 1738; MüKoZPO/Gottwald Rn. 15. Eine Änderung der Verhältnisse nach I 2 kann dann vorliegen, wenn sich das Zinsniveau ändert, BGH NJW 1987, 3267; Karlsr NJW 1990, 1738. Zum Problem Reichenbach MDR 2001, 14.

23 **g) Versäumnisurteile und Vollstreckungsbescheide (§ 700 I).** Diese werden von § 323 erfasst, wobei nach II die Veränderung nach Ablauf der Einspruchsfrist eingetreten sein muss, weil sie ansonsten durch einen Einspruch hätte geltend gemacht werden können, BGH NJW 2010, 2437; Köln FamRZ 2002, 471; Hamm FamRZ 1997, 433; 1984, 1123.

24 Soweit ein Versäumnisurteil gegen den Kläger nach **§ 330** ergangen ist, ist für die Frage der Veränderung darauf abzustellen, dass der im Vorprozess geltend gemachte Anspruch bei Ablauf der Einspruchsfrist nicht bestand. Daher ist wie bei einer Klageabweisung nach streitiger Verhandlung bei Veränderungen keine Klage nach § 323 zulässig, sondern lediglich eine neue Leistungsklage, → Rn. 10. Denn in der Klageabweisung liegt keine Prognose der künftigen Entwicklung.

25 Problematisch ist, welche tatsächlichen Verhältnisse bei einem Versäumnisurteil gegen den Bekl. nach **§ 331** zugrunde zu legen sind. Ein solches Urteil beruht wegen der Geständnisfiktion des § 331 I 1 allein auf dem Tatsachenvortrag des Klägers, → § 331 Rn. 11–14. Nach einer Meinung ist bei der Frage der Veränderung auf die fingierten Verhältnisse, dh auf den Klägervortrag des Vorprozesses abzustellen; diese Meinung argumentiert mit I, der auf die für die Verurteilung maßgebenden Verhältnisse abstellt; außerdem wird eingewandt, dass ansonsten iRd § 323 auch die frühere reale Tatsachenlage überprüft werden müsste, Köln FamRZ 2002, 471;, MüKoZPO/Gottwald Rn. 61; Musielak/Voit/Borth Rn. 22a; Zöller/Vollkommer Rn. 39. Nach anderer Ansicht kommt es im Rahmen des § 323 auf die seinerzeit objektiven Verhältnisse an, die sich nach Ablauf der Einspruchsfrist verändert haben müssen, BGH NJW 2010, 2437 (auch zu der früheren nicht einheitlichen Rspr.); Hamm FamRZ 1990, 1199; Prütting/Gehrlein/Völzmann-Stickelbrock Rn. 40; Thomas/Putzo/Hüßtege Rn. 21. Wir folgen der Argumentation des BGH. Ansonsten könnte der möglicherweise unrichtige Sachvortrag des Klägers im Vorprozess nicht korrigiert werden; außerdem würde das Abstellen auf den nach § 331 I 2 fingierten Sachverhalt auf eine nach IV unzulässige Totalrevision hinauslaufen, dh auf eine Korrektur der Fehler des rechtskräftigen Versäumnisurteils; zudem ergibt sich aus der Präklusionsregel des II, dass beim Versäumnisurteil die Abänderungsklage nur auf Tatsachen gestützt werden kann, die nicht mehr durch den Einspruch geltend gemacht werden können oder konnten, dh die nach Ablauf der Einspruchsfrist entstanden sind.

26 **h) Anerkenntnisurteil.** § 323 gilt auch für Urteile nach § 307, BGH NJW 2007, 2921; Bbg FamRZ 2001, 556; Hamm FamRZ 1997, 890. Da ein solches Urteil ohne Rücksicht auf den Vortrag der Parteien ergeht, muss notwendigerweise bei der Frage der Veränderung auf die objektive Tatsachenlage bei Erlass dieses Urteils abgestellt werden, BGH NJW 2007, 2021; MüKoZPO/Gottwald Rn. 62; Musielak/Voit/Borth Rn. 23; Prütting/Gehrlein/Völzmann-Stickelbrock Rn. 6. Wenn sich die tatsächlichen Verhältnisse des Ursprungsverfahrens nicht mehr feststellen lassen, kommt nur eine erneute Leistungsklage in Betracht, → Rn. 9 f. Liegen die Voraussetzungen des § 323 oder des § 238 FamFG vor, kommt ausnahmsweise auch ein Widerruf des Anerkenntnisses im noch laufenden Ursprungsverfahren in Betracht, Hamm NJW 2014, 2966.

27 **i) Verhältnis zu Rechtsmitteln.** Da § 323 kein rechtskräftiges Urteil voraussetzt, ist diese Klage wahlweise neben der Berufung oder Revision möglich, soweit die sonstigen Zulässigkeitsvoraussetzungen erfüllt sind. BGH NJW 1998, 161; Ros FamRZ 2002, 673; Bbg NJW-RR 1990, 74; Hamm FamRZ 1985, 505; MüKoZPO/Gottwald Rn. 35.; → Rn. 4, 14. Dass keine Rechtskraft erforderlich ist, ergibt sich schon aus § 323 II und der Tatsache, dass in der Revision keine neuen Tatsachen vorgetragen werden können. Ist die Berufung zulässigerweise eingelegt worden, hat der Berufungskläger den Abänderungsgrund in diesem Verfahren bzw. der Berufungsbekl. diesen im Wege der Anschlussberufung geltend zu machen; die Abänderungsklage ist dann mangels Rechtsschutzbedürfnisses unzulässig, BGH NJW 19086, 383; MüKoZPO/Gottwald Rn. 37, 38; → Rn. 4, 14. Das gilt auch, wenn der Abänderungsgrund erst nach Ablauf der Berufungsfrist eingetreten ist, aber vorher Berufung zulässigerweise eingelegt wurde, Kobl FamRZ 1988, 1972; Musielak/Voit/Borth Rn. 11. Wird die Abänderungsklage vor dem Rechtsmittel erhoben, ist sie bis zum rechtskräftigen Abschluss über das Rechtsmittel nach § 148 auszusetzen, Musielak/Voit/Borth Rn. 13.

28 **2. Verpflichtung zu künftig fällig werdende wiederkehrende Leistung, I 1.** Die Titel iSd Vorschrift, → Rn. 16 ff., müssen eine solche Verpflichtung aussprechen. Dieses Merkmal ist mit dem in § 258, nach dem ein Leistungsurteil unter den dort genannten Voraussetzungen trotz fehlender Fälligkeit ergehen kann, identisch, → § 258 Rn. 4 ff. Abgesehen von den Ausnahmefällen in §§ 257–259 wird eine Klage bei fehlender Fälligkeit **als derzeit unbegründet** abgewiesen, → Vor § 257 Rn. 1. Die Verurteilung muss auf eine wiederkehrende Leistung nach § 258 lauten, die teilweise erst in Zukunft fällig wird, BGH 1993, 773. Mit tenoriert sein muss aber mindestens eine Rate, die schon fällig war zum Zeitpunkt der letzten mündlichen Verhandlung, → § 258 Rn. 4. Nicht hierher gehört eine Verurteilung zu einer Leistung, die (noch) von einer Gegenleistung abhängt, → § 258 Rn. 6; → Rn. 4. Zu den **Anwendungsfällen** beispielhaft → Rn. 5; → § 258 Rn. 7. Wegen einer Kapitalabfindung → Rn. 20, wegen fester Renten → Rn. 21, wegen Unterlassungsurteilen → Rn. 19, wegen Verzugszinsen → Rn. 22.

29 **3. Veränderung der Verhältnisse, I 2, II. a) Allgemeines.** Es muss grundsätzlich eine objektive Änderung der nach Grund und Betrag erheblichen tatsächlichen oder rechtlichen Verhältnisse eingetreten sein, BGH NJW 1993, 1795; *Celle NJW 2009*, 2833. Die Änderung muss diejenigen Verhältnisse betreffen, die für die Verurteilung, für deren Grund, für die Dauer oder für die Höhe der Leistung maßgebend, dh entscheidungserheblich waren, BGH NJW 2021, 1752 Rn. 18 = NZFam 2021, 587 (zu § 238 FamFG); Karlsr FamRZ 2000, 907. Geht es zB um eine Zeitraum, der im Ausgangsprozess nicht **Streitgegenstand** war, liegt keine Veränderung iSd § 323

vor; das bedeutet, dass der Abänderungsantrag sich auf denselben Streitgegenstand wie der Ursprungsantrag beziehen muss, auch wenn gegenläufige Abänderungsanträge gestellt werden, BGH NJW 2007, 2250; 1998, 161; Musielak/Voit/Borth Rn. 18a. Die neuen Umstände können allgemein sein oder auch nur in der Person des Berechtigten oder Verpflichteten liegen. Verändert haben müssen sich die objektiven Verhältnisse und nicht nur die subjektiven Vorstellungen eines Beteiligten, und zwar dauerhaft, BVerfG NJW 1990, 3020; BGH NJW 2009, 3305; Hamm NJW-RR 1990, 841. Nicht genügen als Veränderung ein besserer, genauerer Vortrag der objektiv gleichgebliebenen Verhältnisse, Düss FamRZ 1989, 1207, oder ein damaliges Übersehen eines schon vorhandenen Umstands, Düss NJW-RR 2014, 964.

Die Darlegung der Änderung der Verhältnisse nach I 2 ist eine **besondere Zulässigkeitsvoraussetzung** für die Klage nach § 323, für die der Kläger die Darlegungs- und Beweislast trägt, BGH NJW 1987, 1201; FamRZ 1984, 355; Saarbr NJW-RR 2009, 1373; Naumb FamRZ 2007, 1342; Brdb FamRZ 2005, 815; Schlesw SchlHA 1989, 175; Hamm FamRZ 1984, 1124. Den Bekl. kann allerdings unter dem Gesichtspunkt von Treu und Glauben eine sekundäre Darlegungslast treffen, zB wenn sich die Veränderungen in seiner Sphäre abspielen, Prütting/Gehrlein/Völzmann-Stickelbrock Rn. 32; → § 138 Rn. 40, 41 (zur sekundären Darlegungslast). Möglicher Weise kann sich der Kläger auch mit einer Stufenklage nach § 254 helfen. Da die Fragen der Veränderung auch für die Begründetheit von Bedeutung ist (IV), handelt es sich um eine **doppelrelevante Tatsache (=qualifizierte Zulässigkeitsvoraussetzung),** → Vor § 253 Rn. 18 f. → § 256 Rn. 12, 29. Deshalb reicht für die Zulässigkeit der schlüssige Vortrag des Klägers aus. Ob die Veränderung tatsächlich eingetreten ist, ist im Rahmen der Begründetheit, uU nach einer Beweisaufnahme bei Beweisbedürftigkeit, zu klären, BGH NJW-RR 1987, 1201; 1986, 938; Bbg NJW-RR 1992, 1413; Musielak/Voit/Borth Rn. 18. Für die sonstigen Anspruchsvoraussetzungen gelten die allgemeinen **Darlegungs-** und **Beweislastregeln,** Brdb FamRZ 2005, 815; MüKoZPO/Gottwald Rn. 71; → § 138 Rn. 25. So tragen der Bekl., wenn er der Gläubiger ist, für die anspruchsbegründenden Tatsachen und der Kläger in diesem Fall für die Einreden iSd ZPO grundsätzlich die Darlegungs- und Beweislast, BGH NJW 1990, 2753; Zweibr FamRZ 2004, 1884; Zöller/Vollkommer Rn. 36; → § 138 Rn. 25; → Vor § 253 Rn. 61 (Einreden iSd ZPO). 30

b) Zeitpunkt der Veränderung, II. Den Veränderungen müssen nach II Tatsachen zugrunde liegen, die nach Schluss der letzten mündlichen Verhandlung des vorausgegangenen Rechtsstreits eingetreten sind und nicht durch einen Einspruch geltend zu machen sind oder waren, dh nach Ablauf der Einspruchsfrist (§ 339) entstanden sind, BGH NJW 2021, 1752 Rn. 18 ff.; 2018, 1753; 2015, 2963 (zu § 238 FamFG); → Rn. 23–25; → § 138 Rn. 11 ff (zum Tatsachenbegriff). Ein nur kurzer Zeitraum zwischen dem Verhandlungsschluss nach §§ 136 IV, 296a und dem Eintritt der Änderung ist unschädlich, Karlsr NJW-RR 2004, 585. Im schriftlichen Verfahren entspricht dem Verhandlungsschluss die nach § 128 II 2 zu bestimmende Frist und im Aktenlageverfahren nach §§ 251a, 331a der versäumte Termin der letzten mündlichen Tatsachenverhandlung iSd II, → § 128 Rn. 35; → § 331a Rn. 10. Nicht erforderlich für die Zulässigkeit ist auch, dass der Antrag nach § 323 unverzüglich nach Kenntniserlangung von den Veränderungen gestellt wird; ein schützenswertes Vertrauen in den Bestand des Urteils besteht nicht und der Antragsgegner ist durch III sowie die Tatsache, dass ein Urteil vorliegen muss, geschützt, Hamm NJW-RR 1990, 841; Karlsr FamRZ 1980, 1125; Düss FamRZ 1979, 803; Musielak/Voit/Borth Rn. 18; → Rn. 13 ff. Veränderungen, die sich auf einen früheren Zeitraum als den des II beziehen, aber erst später feststellbar sind, wie zB Steuerrückzahlungen oder -nachzahlungen im Zusammenhang mit den Einkommensverhältnissen, sind nicht präkludiert, BGH NJW 1985, 1211; MüKoZPO/Gottwald Rn. 69. Von II nicht erfasst wird das Verteidigungsvorbringen des Bekl., der keine Änderung begehrt, BGH NJW 2000, 3789; Schlesw NJW-RR 2007, 502, Thomas/Putzo/Hüßtege Rn. 27. 31

Vorhersehbare, aber noch nicht entstandene Veränderungen, wie zB künftige schon feststehende Rentenerhöhungen, können im Rahmen einer Entscheidung nach § 258 vom Gericht bei der anzustellenden Prognose berücksichtigt werden; der Kläger ist aber nicht gehindert, diese Veränderungen unter den weiteren Voraussetzungen des § 323 geltend zu machen; die Präklusion nach II ist schon vom Wortlaut her eindeutig auf das Entstehen der Veränderung, nicht aber auf eine Voraussehbarkeit ausgerichtet, BGH NJW 1992, 364; MüKoZPO/Gottwald Rn. 68. 32

c) Rechtliche und tatsächliche Verhältnisse. Die Veränderung der rechtlichen Verhältnisse kann durch eine Veränderung der **Gesetzeslage,** durch die verfassungskonforme Auslegung einer Norm durch das **BVerfG** und durch eine Änderung der gefestigten **höchstrichterlichen Rspr.** ausgelöst werden sein, BGH NJW 2012, 2514; 2010, 1595; 2007, 1961; Drsd FamRZ 2010, 565; Celle FamRZ 2009, 2106; Prütting/Gehrlein/Völzmann-Stickelbrock Rn. 35. Voraussetzung ist, dass diese Änderungen im Einzelfall für die ursprüngliche Entscheidung entscheidungserheblich gewesen wären, dh dass es sich um Umstände handelt, die für den Bestand, die Höhe und die Dauer der titulierten Leistungspflicht maßgebend sind, BGH MDR 2011, 47; KG FamRZ 2007, 181; Köln NJW 2009, 3169. Unerheblich ist, dass das Gericht bei dem Ursprungsurteil, dessen Abänderung der Kläger jetzt beantragt, damals eine fehlerhafte Beurteilung vorgenommen hatte, BGH VersR 1981, 281; Hamm NJW-RR 1990, 841. Bei der Klage nach § 323 geht es allein um die Korrektur einer fehlgeschlagenen Prognose, nicht hingegen um die Überprüfung der Ursprungsentscheidung, die allein durch ein Rechtsmittel oder einen Rechtsbehelf (Einspruch) erfolgen kann, Musielak/Voit/Borth Rn. 19. 33

Alle tatsächlichen Umstände, auch wirtschaftlicher Art, die der Prognoseentscheidung im Ausgangsverfahren zugrunde lagen, werden erfasst. Dazu gehört nicht die Veränderung der Beweismöglichkeiten. Eine vom Üblichen abweichende Quote bleibt auch später grundsätzlich maßgebend, KG FamRZ 2005, 621. Ist dem Ursprungsgericht ein Prognosefehler unterlaufen, ist es zB von einem alsbaldigen Wegfall bestimmter Umstände ausgegangen, kann das unveränderte Anhalten des Zustandes eine Änderung iSd des § 323 sein, Kobl FamRZ 2002, 471; MüKoZPO/Gottwald Rn. 58. 34

d) Beispiele zur Veränderung der Verhältnisse, I 2

Altersstufe: → „Bedürftigkeit". 35

Anerkenntnisurteil: → Rn. 26.

Arbeitsfähigkeit: Eine Änderung der Verhältnisse kann dann vorliegen, wenn der Kläger entgegen der Annahme im ursprünglichen Urteil in einem gewissen Alter noch arbeitsfähig ist, Karlsr FamRZ 1993, 1456. → „Arbeitslosigkeit".

Arbeitslosigkeit: Eine Änderung der Verhältnisse kann dann vorliegen, wenn sich der Arbeitslose vergeblich ernsthaft um Arbeit bemüht, BGH FamRZ 1995, 174; Kblz FamRZ 2002, 472; KG FamRZ 1984,1245; Wohlgemuth FamRZ 2008, 2083; Eine Änderung zum Nachteil des Unterhaltspflichtigen kann auch dann vorliegen, wenn der Berechtigte mittlerweile seine Obliegenheit verletzt, sich um einen Erwerb zu bemühen, Hamm FamRZ 1987, 1286. Eine Änderung der Verhältnisse fehlt bei einer nur vorübergehenden Arbeitslosigkeit, Drsd FamRZ 1998, 767 (bis 6 Monate), oder bei einer Verschlechterung der Bezüge vom Staat, AG Ludwigslust FamRZ 2005, 1117. Wurde bei einer fortdauernden Arbeitslosigkeit fiktiv die Leistungsfähigkeit angenommen, weil der Unterhaltsverpflichtete seine Erwerbsobliegenheit schuldhaft verletzt hat, wird ihm nach einer Übergangszeit ermöglicht, die Erfolgslosigkeit seiner jetzt ausreichenden Erwerbsbemühungen als Änderungsgrund geltend zu machen, Hamm NJW 1995, 1843; Prütting/Gehrlein/Völzmann-Stickelbrock Rn. 37.

Ausland: Eine Änderung der Verhältnisse kann vorliegen, wenn ein Kind ins Ausland verzogen ist oder wenn der Unterhaltsschuldner ausgewiesen worden ist, Hamm FamRZ 2005, 1118.

Bedürftigkeit: Eine Änderung der Verhältnisse kann dann vorliegen, wenn die Bedürftigkeit des Unterhaltsberechtigten ganz oder teilweise gestiegen, BGH NJW 2005, 1279 (Altersstufe), oder entfallen ist, Hamm FamRZ 1997, 232 (Student); Bbg FamRZ 1980, 617.

Ehevertrag: Sind in einem Ehevertrag Scheidungsfolgen, wie Unterhalt, ganz oder teilweise ausgeschlossen worden, kann eine Anpassung unter dem Gesichtspunkt der Rechtsmissbrauchskontrolle (§ 242 BGB) in Betracht kommen, wenn sich eine evident einseitige Lastenkontrolle ergibt, und zwar im Zeitpunkt des Scheitern der Ehe; für den künftig geschuldeten Unterhalt kann sich durch die weitere Entwicklung aber ergeben, dass ein Rechtsmissbrauch nicht mehr besteht; dasselbe gilt bei Anwendung der Grundsätze der Störung der Geschäftsgrundlage, wenn sich die Gestaltung der ehelichen Lebensverhältnisse durch die Ehegatten von der ursprünglichen, dem Vertrag zugrunde liegenden Lebensplanung grundlegend unterscheidet; BGH NJW 2021, 1752 Rn. 28 f.; 2018, 2871 (zu § 238 FamFG). mAnm von Born.

Einkommenssteigerung: Eine Änderung der Verhältnisse kann dann vorliegen, wenn der Zahlungspflichtige mittlerweile ein nicht unbedeutendes Einkommen hat, Celle FPR 2008, 590 (Ernennung zum Chefarzt); Hamm FamRZ 1997, 232; oder ein trotz des Anstiegs der allgemeinen Lebenshaltungskosten immer noch als eine Steigerung bewertbares Einkommen, BGH FamRZ 1995, 222; Kblz FamRZ 1997, 372. Dabei kann ein fiktives Einkommen zugrunde gelegt werden, soweit der Schuldner gezielt darauf hingewirkt hat, dass ihm Einkünfte erst nachprozessual zufließen, BGH NJW 2005, 3639; Hamm FamRZ 1996, 505. Auch eine Einkommenssteigerung beim Unterhaltsberechtigten kann bedeutsam sein, Ffm NJW-RR 2000, 369.

Einkommensverringerung: Eine Änderung der Verhältnisse kann dann vorliegen, wenn sich das Einkommen des Schuldners verringert, BGH NJW 2003, 1797 (zust. Hoppenz FamRZ 2003, 850).

Ersparnis: Eine Änderung der Verhältnisse kann beim Anwachsen von Ersparnissen vorliegen, Brdb FamRZ 1997, 1342.

Erwerbsunfähigkeit: Eine Änderung der Verhältnisse kann beim Eintritt der teilweisen oder völligen Erwerbsunfähigkeit vorliegen, BGH FamRZ 1984, 353; Düss FamRZ 2001, 1477 (Aufnahme einer leichten Tätigkeit); Zweibr FamRZ 1993, 441.

Gesetzesänderung: → Rn. 33.

Gesundheit: Eine Änderung der Verhältnisse kann bei einer Veränderung des Gesundheitszustandes eintreten, Hamm FamRZ 1999, 917 (Besserung beim Berechtigten), Schlesw FamRZ 2003, 685 (Verschlechterung beim Verpflichteten).

Kindergeld: Eine Änderung der Verhältnisse kann dann vorliegen, wenn ein Wechsel bei den Verhältnissen wegen des Kindergeldes eingetreten ist, Hamm FamRZ 1990, 542.

Lebensbedarf: Eine Änderung der Verhältnisse kann dann vorliegen, wenn der Lebensbedarf des Unterhaltsberechtigten gestiegen ist, Hmb FamRZ 1983, 211. Das gilt insbesondere bei einer Erhöhung der allgemeinen Lebenshaltungskosten, BGH NJW 2007, 2475; Ffm FamRZ 2000, 427 (Eingehen einer Lebensgemeinschaft mit einem Dritten); Hamm NJW 1994, 2627 (Auslandsstudium); Zweibr NJW 1994, 527.

Leistungsfähigkeit: Eine Änderung der Verhältnisse kann dann vorliegen, wenn die Leistungsfähigkeit des Unterhaltsverpflichteten gestiegen ist, BGH NJW 1990, 3274 (früher Arbeitslosigkeit, jetzt Halbtagsarbeit); Hmb FamRZ 1983, 211; Zweibr FamRZ 1979, 929. Zu beachten ist auch die Steigerung der Leistungsfähigkeit des Unterhaltsberechtigten, Ffm NJW-RR 2000, 369 (Einkommenssteigerung). Dasselbe gilt dann, wenn die Leistungsfähigkeit gesunken, BGH FamRZ 1989, 173; Ffm FamRZ 1995, 735; Hamm NJW-RR 1990, 841, oder dauerhaft fortgefallen ist, Köln FamRZ 2002, 471; Karlsr FER 2000, 98; vgl. auch Schlesw NZFam 2022, 702; → § 138 Rn. 26 „Unterhalt" (je zur Darlegungslast bei der Frage der Leistungsfähigkeit).

Rechtliche Würdigung: → Rn. 33.

Rechtsprechungsänderung: → Rn. 33.

Rente: Eine Änderung der Verhältnisse kann in folgenden Fällen vorliegen: Ein Beteiligter ist in das Rentenalter eingetreten, BGH NJW 2005, 2314; Hamm FamRZ 1999, 239; Kblz FamRZ 1997, 1338; diejenige Rente, die ein Dritter dem Unterhaltsberechtigten zahlt, ist angestiegen, LG Bln FamRZ 1972, 368; eine Rente ist weggefallen, BGH NJW 1990, 709; es ist eine auf dem Versorgungsausgleich beruhende Änderung einer Rente eingetreten, Karlsr FamRZ 1988, 197; Köln FER 1999, 249.

Selbstbehalt: Eine Änderung der Verhältnisse kann in einem Ansteigen eines gesetzlichen Selbstbehalts liegen, BGH NJW 2007, 2921.

Sonderbedarf: Eine Änderung der Verhältnisse kann dann vorliegen, wenn es um ihn und seine Erfüllung geht, Stgt FamRZ 1978, 684.

Steuerrecht: Eine Änderung der Verhältnisse kann dann vorliegen, wenn sich die Situation steuerrechtlich ändert, BGH FamRZ 1988, 817; Brem MDR 2001, 1314 (Vorhersehbarkeit sei unschädlich); Ffm FamRZ 1986, 1130.

Strafhaft: → „Leistungsfähigkeit".

Trennungsunterhalt: Eine Änderung der Verhältnisse kann nach einem längeren Wiederzusammenleben vorliegen, Hamm FamRZ 1999, 30. Sie kann nicht schon wegen Zeitablaufs vorliegen, Düss FamRZ 1996, 1416, Ein nur kurzer Zeitraum ist nicht wesentlich, AG Landstuhl FER 2000, 267.

Unterhaltspflicht: Eine Änderung der Verhältnisse kann vorliegen, soweit eine höhere Einkommensgruppe nach einer Tabelle anwendbar wird, Düss NJW 2008, 2658, soweit die Unterhaltspflicht geringer wurde, BGH NJW 2004, 2896 (Erbe), oder soweit sie weggefallen ist, Brem FER 2000, 161 (Ausbildungsunterhalt). Zum (jetzt) Mindestunterhalt Naumb FamRZ 2005, 1756. Zur ganzen Problematik BGH NJW 2007, 1964.
Versäumnisurteil: → Rn. 23–25.
Versorgungsausgleich: Eine Änderung der Verhältnisse kann dann vorliegen, wenn der Unterhaltsberechtigte aufgrund eines Versorgungsausgleichs eine Rente erhält, BGH FamRZ 1989, 159. Das gilt erst recht dann, wenn er nun außerdem noch einen nachehelichen Unterhalt erhält, Ffm FamRZ 1987, 1271. Es gilt ferner dann, wenn sich die Rentenhöhe infolge eines Versorgungsausgleichs ändert, Karlsr FamRZ 1988, 197.
Volljährigkeit: Der Eintritt kann ausreichen, Köln FER 2000, 144; AG Halberstatt FamRZ 2006, 1049,
Vorsorgeunterhalt: Eine Änderung der Verhältnisse kann dann vorliegen, wenn der Gläubiger den Vorsorgeunterhalt bestimmungswidrig verwendet hat, BGH FamRZ 1987, 685, oder wenn eine Änderung der Bemessungsgrundlage eingetreten ist, Ffm NJW-RR 2006, 1231.
Wechselkurs: Allein mit der Wechselkursentwicklung lässt sich eine Änderung der Verhältnisse nicht begründen. Denn es kommt nur auf den Binnenwert der Währung an, Hamm NJW-RR 1994, 649.
Wiederverheiratung: Eine Änderung der Verhältnisse liegt dann grds. vor, BGH NJW-RR 1990, 581; Mü NJW-RR 1986, 76.
Zahl der Berechtigten: Eine Änderung der Verhältnisse liegt in der Änderung der Zahl der Berechtigten, Nürnb FamRZ 1996, 1090; Hamm FamRZ 1992, 321.
Zinsniveau: → Rn. 22.

e) Wesentlichkeit der Änderung, I 2. Die Änderung muss wesentlich sein, BGH 1994, 149; Düss MDR 2002, 279. Das ist dann der Fall, wenn sie nach dem materiellen Recht zu einer anderen Beurteilung des Bestehens, der Höhe oder der Dauer des Anspruchs führt, und zwar in einer nicht unerheblichen Weise, BGH NJW 2011, 2513. Das muss der Kläger darlegen, Brdb FamRZ 2008, 798; → Rn. 30. Darüber entscheidet das Gericht bei der notwendigen Gesamtabwägung, Brschw FamRZ 1983, 198; LG Nürnb-Fürth FamRZ 1976, 358. 36

Wesentlich ist eine Änderung grundsätzlich erst dann, wenn sich bei einer notwendigen Gesamtsaldierung ergibt, dass zulasten des Klägers grundsätzlich eine Abweichung von wenigstens etwa **10 %** vorliegt, im Einzelfall auch weniger, BGH NJW 1992, 1612; Kblz FamRZ 2006, 407; Hamm FamRZ 2004, 1051; Nürnb VersR 1992, 623 (fordert eine gravierende Änderung der Lebenshaltungskosten); Rasch FPR 2008, 17. Bei der Schmerzensgeldrente hält der BGH, NJW 2007, 2475. eine Steigerung der Lebenshaltungskosten von mindestens 25 % für erforderlich, weil derartige Renten nicht unmittelbar mit dem Niveau der Lebenshaltungskosten gekoppelt sind. Wenn mit der Abänderung nur das Existenzminimum von etwa 135 % des Mindestbedarfs erstrebt wird, sind 10 % Abweichung ausnahmsweise nicht nötig, Hamm FamRZ 2004, 1051. Auch im Übrigen schließt die 10 %-Grenze im Einzelfall, bei dem immer die konkrete Situation der Parteien zu berücksichtigen ist, eine andere Wertung nicht aus, vgl. BGH FamRZ 2005, 6078; Hamm NJW 2007, 1217; Stgt FER 2000, 79; Düss FamRZ 1993, 1103; (je: bei wirtschaftlich beengten Verhältnissen genügen unter 10 %); Prütting/Gehrlein/Völzmann-Stickelbrock Rn. 36; Musielak/Voit/Borth Rn. 24. Natürlich kann einer Verbesserung in der einen Hinsicht eine Verschlechterung in der anderen gegenüberstehen. 37

f) Tabellen zur Wesentlichkeit einer Änderung. Borth FamRZ 2018, 407; Wohlgemuth FamRZ 2018, 405; Höbbel FamRZ 2017, 854; Menne NZFam 2016, 97, Riegner FPR 2009, 78: Unterhaltstabellen der OLG's bestehen mittlerweile überall. Ihre Änderung kann zur Darlegung der Änderung der Verhältnisse ausreichen, BGH FamRZ 1995, 222; Hamm FamRZ 2012, 54. Sie sind im Schönfelder ErgBd Nr. 47–47s sowie regelmäßig in NJW und NZFam als Beilage abgedruckt. 38

Richterliche „Übereinkünfte" zur künftigen Anwendung derartiger Tabellen wurden teilweise als problematische Selbstbeschränkungen der erforderlichen Gesamtwürdigung jedes Einzelfalls angesehen, Mü FamRZ 1997, 312; AG St Blasien MDR 1986, 757; Lindenau SchlHA 1985, 81; Petersen SchlHA 1985, 81 (je auch zur verfassungsrechtlichen Problematik); aM Brdb FamRZ 2002, 1049; Saarbr FamRZ 1987, 615. Sie ergehen durchweg aufgrund von tatsächlichen Veränderungen, BGH FamRZ 1995, 222. Sie sind nach unserer Auffassung als Richtwert nicht zu beanstanden, solange der Einzelfall behandelt wird und in begründeten Fällen Abweichungen erfolgen. 39

VIII. Begründetheit. 1. Allgemeines. Die zulässige Klage ist begründet, wenn nach der letzten mündlichen Verhandlung des Ursprungsverfahrens (II) objektiv eine wesentliche Veränderung der tatsächlichen oder rechtlichen Verhältnisse in Bezug auf die titulierte Leistungspflicht, dh in Bezug auf dessen Grund, dessen Höhe oder dessen Dauer eingetreten ist, → Rn. 31, 32 **(Präklusion);** → Rn. 29–39 (**tatsächliche** oder **rechtliche Veränderungen**). Während bei der Zulässigkeit im Hinblick auf die wesentliche Veränderung der schlüssige Vortrag des Klägers ausreicht, ist im Rahmen der Begründetheit uU aufgrund einer Beweisaufnahme festzustellen, ob diese Veränderung tatsächlich eingetreten sind, → Rn. 29. Zur **Darlegungs-** und **Beweislast** im Einzelnen: Schlesw NZFam 2022, 702; → Rn. 30; → § 138 Rn. 21 ff. (allg.), 26 „Unterhalt" (Leistungsfähigkeit). 40

2. Bindungswirkung, Wahrung der Grundlagen, IV. Liegt eine wesentliche Veränderung vor, muss nach IV die Entscheidung unter Wahrung ihrer Grundlagen angepasst werden. Damit ist eine Bindung an das abzuändernde Urteil vorgegeben; eine Korrektur des Ursprungsurteil ist nur möglich, soweit dies zur Anpassung an die Veränderungen erforderlich ist, BGH NJW 2021, 1752 Rn. 18 f., 25 (zu § 238 FamFG); 2003, 848; 2001, 937; Zöller/Vollkommer Rn. 47. Im Rahmen des § 323 darf keine freie Neubeurteilung der zu erbringenden Leistung erfolgen; vielmehr ist das Gericht an die Erstentscheidung in tatsächlicher und rechtlicher Hinsicht grundsätzlich gebunden und eine Korrektur darf nur erfolgen, soweit durch die Veränderungen die Sach- und Rechtslage anders zu beurteilen ist, BGH NJW 2021, 1752 Rn. 25 (zu § 238 FamFG); 2012, 385; Karlsr FamRZ 2006, 1147; Brdb FamRZ 2002, 1049; Hamm FER 1997, 164. Fehler in der Erstbeurteilung sind darüber hinaus hinzunehmen, weil die Klage nach § 323 nur der Korrektur einer fehlgeschlagenen Prognose dient, aber kein Rechtsmittel darstellt, mit dem Fehler korrigiert werden können, Musielak/Voit/Borth Rn. 19 und 30. 41

Teilweise werden unter Billigkeitsgesichtspunkten (unverhältnismäßige Ergebnisse) Ausnahmen von der Bindungswirkung an die Ursprungsentscheidung insbesondere in Unterhaltsverfahren bei nicht mehr zutreffenden Feststellungen vorgenommen: So soll das Gericht nicht an die für das frühere Urteil angewendeten und nicht 42 mehr geltenden Unterhaltsrichtlinien gebunden sein, BGH FamRZ 1987, 258; Kblz FamRZ 1991, 210, auch nicht an eine im früheren Urteil festgelegte Unterhaltsquote, wenn das Ursprungsurteil keine Feststellung über die Bestimmung der damaligen Lebensverhältnisse getroffen hat, BGH FamRZ 1995, 174. Auch ein von der Gegenseite betrügerisch verschwiegener Umstand soll bei § 323 berücksichtigt werden können, BGH FamRZ 1990, 1095. Das Gericht soll uU auch nicht an die Berechnungsweise des Ausgangsgerichts gebunden sein, BGH FamRZ 1994, 1101. Allerdings hat der BGH, NJW 2003, 1181, auch entschieden, dass eine Änderung nicht schon wegen jeder anderen neuen Berechnungsmethode rückwirkend zulässig ist. Nach unserer Auffassung muss auch in den Sonderfällen immer das Merkmal „unter Wahrung der Grundlagen der Ursprungsentscheidung" (IV) geprüft werden, so auch wohl auch Musielak/Voit/Borth Rn. 33; Thomas/Putzo/Hüßtege Rn. 32; vgl. auch MüKoZPO/Gottwald Rn. 83, 84 (teleologische Reduktion in Sonderfällen). Zu den Besonderheiten bei einem Versäumnisurteil, → Rn. 23–25, und bei einem Anerkenntnisurteil, → Rn. 26. Wenn die tatsächlichen Verhältnisse, die dem abzuändernden Vollstreckungstitel zugrunde lagen, nicht mehr feststellbar sind, kann die Abänderungsklage wie eine Erstklage ohne Bindungswirkung behandelt werden, → Rn. 9.

43 **3. Zeitliche Schranke, III.** Ergibt die materielle Prüfung im Rahmen der Bindung des Gerichts, dass eine Abänderung der titulierten Leistungspflicht gerechtfertigt ist, ist das Gericht nach III zeitlich begrenzt; es darf das frühere Urteil grundsätzlich nur für die Zeit seit der Rechtshängigkeit der Abänderungsklage abändern, auch wenn die Abänderung zu einem früheren Zeitpunkt materiell-rechtlich gerechtfertigt wäre, BGH NJW 2004, 1714; Saarbr NJW-RR 2009, 943; Naumb FamRZ 2001, 929. Damit bleibt eine rückwirkende Urteilsabänderung vom Grundsatz her gesetzlich ausgeschlossen. Evtl. ist für den Zeitraum vor Rechtshängigkeit eine Klage nach § 767 erfolgreich, → Rn. 7. Nach dem Wortlaut des III kommt es nur auf den Eintritt der Rechtshängigkeit an, nicht dagegen darauf, ob die Klage zum Zeitpunkt der Zustellung an den Bekl. zulässig und der Klägervortrag schlüssig sind. Wir folgen deshalb nicht der hM, nach der in diesen Fällen bei späterer Heilung die Abänderung auch erst zu diesem Zeitpunkt zulässig sein soll, so auch Prütting/Gehrlein/Völzmann-Stickelbrock Rn. 51; aM: Ffm FamRZ 1985, 303; MüKoZPO/Gottwald Rn. 87; Musielak/Voit/Borth Rn. 35.

44 Rechtshängigkeit tritt nach §§ 253 I, 261 I grundsätzlich mit der Zustellung der Klageschrift an den Bekl. ein, → § 253 Rn. 10; → § 261 Rn. 4 ff., so dass die Abänderung seit diesem Tag möglich ist. Zu den Besonderheiten bei § 261 II: → § 261 Rn. 7. Der Anwendungsbereich des § 167 ist nicht betroffen, so dass es auf den Zeitpunkt der Anhängigkeit, dh auf den Tag der Klageeinreichung nicht ankommt, Musielak/Voit/Borth Rn. 34. Ebenso wenig genügt nach unserer Auffassung wegen des eindeutigen Wortlauts des III die Einreichung eines Prozesskostenhilfegesuchs, Oldb VersR 2004, 654; Dresd FamRZ 1998, 566; Bbg NJW-RR 1992, 1414; wohl aM: Musielak/Voit/Borth Rn. 34 unter Hinweis auf Art. 3 I, 20 III GG.

45 Bei **unverschuldeter Unmöglichkeit** einer früheren Klageerhebung bzw. bei grober Unbilligkeit wird teilweise eine Einschränkung des III vorgeschlagen, Musielak/Voit/Borth Rn. 34–34b (zur verfassungsrechtlichen Problematik). Für einen Antrag auf Erhöhung des Unterhalts bestimmt § 238 III 2 FamFG abweichend von II, dass eine Änderung auch für die Vergangenheit verlangt werden kann. Auch für eine Herabsetzung des Unterhalts ist in § 238 III 3 FamFG eine von III abweichende Regelung enthalten. Jedoch können diese Bestimmungen wegen der Besonderheiten des Unterhaltsrechts nach dem FamFG nicht auf Härtefälle des § 323 übertragen werden, Musielak/Voit/Borth Rn. 34. Teilweise wird eine teleologische Reduktion des III bei Sittenwidrigkeit des Prozessgegners, bei Verletzung einer Auskunftspflicht, bei Stillstand der Rechtspflege sowie bei einem erfolglosen Versuch beider Parteien zu einer einvernehmlichen Lösung vorgeschlagen, MüKoZPO/Gottwald Rn. 91–93; so wohl auch Musielak/Voit/Borth Rn. 34a. Wir meinen, dass der Wortlaut des III eindeutig ist und der Gesetzgeber, anders als in § 238 III 2, 3 FamFG, trotz Kenntnis der Diskussionen zu III keine Ausnahme vorgesehen hat. Deshalb lehnen wir die teleologische Reduktion des III ab. Gleichwohl kann dem Betroffenen im Einzelfall zB mit einer Schadensersatzklage nach § 826 BGB, mit § 242 BGB als Einwendung iSd § 767 oder mit einer Stufenklage geholfen werden, bei der mit ihrer Erhebung Rechtshängigkeit für alle Stufen eintritt, auch wenn der letztlich verfolgte Leistungsantrag noch nicht beziffert ist, BGH NJW 1986, 1751 und 2047; Oldb FamRZ 1996, 804; Prütting/Gehrlein/Völzmann-Stickelbrock Rn. 52; → § 254 Rn. 2, 7; → Rn. 13.

46 **IX. Verfahren. 1. Zulässigkeitsvoraussetzungen.** Zu den allgemeinen Zulässigkeitsvoraussetzungen → Rn. 13 – 13; zu den besonderen Zulässigkeitsvoraussetzungen → Rn. 16 ff. (Urteile); → Rn. 28 (wiederkehrende Leistungen); → Rn. 29 ff. (Veränderung der Verhältnisse).

47 **2. Verfahrensabschnitte.** Das Verfahren gliedert sich, wie zB auch bei §§ 589, 590, in ein Verfahren zur Aufhebung des früheren Urteils und eines zur Ersetzung des früheren Urteils durch ein neues. Zum Aufhebungsverfahren gehört die Prüfung der Zulässigkeit der Klage, → Rn. 16 ff., 29 ff. Nur bei ihrer Bejahung kommt es zum Ersetzungsverfahren. Der neuen Verhandlung und Entscheidung muss das Gericht die tatsächlichen und rechtlichen Feststellungen des früheren Urteils nach IV zugrunde legen, soweit die Veränderung der tatsächlichen oder rechtlichen Verhältnisse sie nicht berührt, und überprüfen, ob sich aufgrund der Veränderungen an den Feststellungen im Ursprungsprozess etwas geändert hat; → Rn. 41, 42 (zur Bindungswirkung im Einzelnen). Zur Darlegungs- und Beweislast → Rn. 30.

48 **3. Einstellung der Zwangsvollstreckung.** Nach § 769 IV kann die Zwangsvollstreckung aus dem aufzuhebenden oder herabzusetzenden Titel einstweilen eingestellt werden, Thomas/Putzo/Hüßtege Rn. 30. Entsprechend § 707 II 2 findet eine sofortige Beschwerde, auch eine außerordentliche Beschwerde bei greifbarer Gesetzeswidrigkeit, nicht statt, BGH NJW 2004, 2224; Mü MDR 2011, 1321; Brem NJW 2009, 925; Thomas/Putzo/Seiler § 769 Rn. 18. Bei einer Zwangsvollstreckung während des Prozesses nach §§ 704 ff. entsteht dann kein Schadensersatzanspruch entsprechend § 717, wenn das Urteil nach § 705 formell rechtskräftig war. Auf die Rechtskraft muss man nämlich vertrauen dürfen.

49 **X. Urteil und Streitwert. 1. Hauptsachenentscheidung.** Das Urteil lautet nach IV auf eine Abweisung der Klage oder auf (teilweise) Aufhebung der früheren Entscheidung und/oder (teilweise) Neuentscheidung; wird der Klage ganz oder *teilweise* stattgegeben, muss das Gericht für die künftig fällig werdenden wiederkehrenden Leistungen die Entwicklung abschätzen, auch bei Anwendung des § 287, BGH NJW-RR 1990, 962; Karlsr FamRZ 1988, 859; Nürnb Rpfleger 2005, 613. Das Gericht kann also eine vom früheren Urteil zugebilligte abänderbare Rente auch wegfallen lassen. Wird die Zahlungspflicht beseitigt oder herabgesetzt, ist der frühere

Titel nicht rückwirkend aufzuheben, da aus ihm möglicher Weise wegen eventueller Rückstände noch vollstreckt werden muss, Musielak/Voit/Borth Rn. 27; MüKoZPO/Gottwald Rn. 94. Der Tenor kann zB dann wie folgt gefasst werden: *„Unter Abänderung des Urteils des … vom …, Az.…, wird der Bekl. verurteilt, ab dem … monatlich im Voraus … EUR zu zahlen."* Auch zeitlich begrenzte oder gestaffelte Abänderungsentscheidungen können ergehen, BGH FamRZ 1982, 792.

Eine Änderung des ursprünglichen Titels kann nach III grundsätzlich erst ab dem Zeitpunkt der Rechtshängigkeit erfolgen, → Rn. 43–45. Die Herabsetzung eines monatlich zahlbaren Unterhalts kommt aber grundsätzlich erst vom Beginn desjenigen Monats in Betracht, der dem Tag der Klagezustellung nach §§ 253 I, 261 I folgt, wenn eine monatliche Zahlungspflicht besteht, Stgt FamRZ 1980, 394. Das gilt auch bei einer Heraufsetzung, Karlsr FamRZ 1983, 717. 50

Verlangt der Kläger mit der Abänderungsklage die Herabsetzung oder den Wegfall der Leistung und der Bekl. mit der Widerklage eine Erhöhung für denselben Zeitraum oder umgekehrt, kann wegen der Gefahr widersprechender Entscheidungen kein Teilurteil über die Klage oder Widerklage ergehen, BGH NJW 1987, 441; MüKoZPO/Gottwald Rn. 95; Musielak/Voit/Borth Rn. 28. Wird das ursprüngliche Leistungsurteil zugunsten des Verpflichteten geändert, können die zuviel gezahlten Beträge nach Bereicherungsrecht zurückverlangt werden, Zweibr FamRZ 1995, 175. 51

2. Kosten. Es gelten in erster Instanz §§ 91 ff., nicht § 97. § 93 kann zur Anwendung kommen, wenn der Bekl. sofort anerkennt und der Kläger ihn nicht außergerichtlich vergeblich dazu aufgefordert hatte, Brdg FamRZ 2005, 536. 52

3. Vollstreckbarkeit. Das Abänderungsurteil ist nach §§ 708 ff. für vorläufig vollstreckbar zu erklären. Bei erfolgreichem Erhöhungsverlangen und bei Herabsetzung der Unterhaltspflicht greifen §§ 708 Nr. 8, 711, 713 ein, soweit es nicht um eine Unterhaltspflicht nach dem FamFG geht, MüKoZPO/Gottwald Rn. 97. 53

4. Streitwert. Zum Zuständigkeitsstreitwert (Anwendbarkeit von § 9) → Rn. 13. Dasselbe gilt für den Rechtsmittelstreitwert. Der Gebührenstreitwert bestimmt sich gemäß § 3 nach der Differenz zwischen dem ursprünglichen Urteil und dem Abänderungsantrag, Thomas/Putzo/Hüßtege Rn. 33. 54

323a *Abänderung von Vergleichen und Urkunden.* **I [1]Enthält ein Vergleich nach § 794 Abs. 1 Nr. 1 oder eine vollstreckbare Urkunde eine Verpflichtung zu künftig fällig werdenden wiederkehrenden Leistungen, kann jeder Teil auf Abänderung des Titels klagen. [2]Die Klage ist nur zulässig, wenn der Kläger Tatsachen vorträgt, die die Abänderung rechtfertigen.**

II Die weiteren Voraussetzungen und der Umfang der Abänderung richten sich nach den Vorschriften des bürgerlichen Rechts.

Schrifttum: Vgl. bei § 323; Graba, Abänderungsgegenstand nach Abweisung der Abänderungsklage gegen einen Vergleich, NJW 2009, 2411; Knittel NZFam 2016, 970; Wolfteiner, Die vollstreckbare Urkunde, 4. Auflage 2019.

I. Systematik, Regelungszweck. → § 323 Rn. 1–3. Die Vorschrift übernimmt weitgehend die Regelung des § 323 IV a. F. Sie enthält aber in II eine gewisse Abweichung und Präzisierung des früheren Rechts, BGH FamRZ 2012, 773. Die Vorschrift hat ebenso wie § 323 einen rein prozessualen Inhalt, verlangt also einen materiell-rechtlichen Anspruch auf eine Abänderung. 1

II. Geltungsbereich. 1. Allgemeines. → § 323 Rn. 4.Die Vorschrift bezieht sich auf **nicht rechtskraftfähige** Titel nach § 794 I Nr. 1 (Vergleiche) und nach § 794 I Nr. 5 (vollstreckbare Urkunden) und eröffnet für diese eine Abänderungsklage, wenn sie eine Verpflichtung zu künftig fällig werdende wiederkehrende Leistungen iSd § 258 enthalten. Mit den unterschiedlichen Voraussetzungen in § 323 einerseits und § 323a andererseits wird klargestellt, dass Änderungsmöglichkeiten bei rechtskraftfähigen und nicht rechtskraftfähigen Titeln unterschiedlich sind; in § 323 II – IV werden eigene Maßstäbe für die Abänderbarkeit von Urteilen aufgestellt, während II auf das BGB verweist, MüKoZPO/Gottwald Rn. 1. Die Vorschrift steht selbständig neben dem **FamFG,** das für den gesetzlichen Unterhalt Sonderregelungen enthält (§§ 231 I, 239 ff. FamFG). Daher werden auch Jugendamtsurkunden gemäß §§ 59, 60 SGB VIII und Vergleiche im einstweiligen Anordnungsverfahren nicht von § 323a, sondern von den Sonderregelungen der § 239 ff. FamFG erfasst, MüKoZPO/Gottwald Rn. 5; Graba NJW 2011, 1854; aM Prütting/Gehrlein/Völzmann-Stickelbrock Rn. 4. Ein Vergleich im Verfahren nach §§ 49 ff. FamFG kann möglicher Weise auch durch eine anderweitige einstweilige Anordnung geändert werden, Ffm FamRZ 1989, 87; AG Hmb FamRZ 1978, 806. 2

2. Verhältnis zu § 323. § 323a stellt gegenüber § 323 I eine Sonderregelung für die Titel dar, die von § 323a erfasst werden, BGH NJW 1986, 2054; → Rn. 4. Ebenso ist § 323 II grundsätzlich unanwendbar, BGH NJW 2012, 309, Naumb NJW-RR 2010, 655, Karlsr FamRZ 2005, 817 (je zum alten Recht). § 323 III ist bei einer Parteivereinbarung wie dem Prozessvergleich ebenfalls prozessual grundsätzlich unanwendbar; denn die Regelung des § 323 III hat ihren Grund in der Rechtskraftwirkung eines Urteils nach § 322, BGH FamRZ 2007, 779; 2001, 282; Naumbg FamRZ 2009, 1693; Brdb FamRZ 2006, 1857; Karlsr FamRZ 2005, 817. Für den Inhalt einer Vereinbarung wäre eine zeitliche Beschränkung, wie sie in § 323 III vorgesehen ist, unberechtigt. § 323a gilt ausnahmsweise nicht, soweit dem Vergleich bereits ein Abänderungsurteil nach § 323 folgte, das das Gericht nun nochmals abändern soll; vielmehr greift dann § 323 ein, Bbg FamRZ 1999, 31; Kblz NJW-RR 1999, 1680. 3

III. Titel iSd Vorschrift. 1. Vergleiche nach § 794 I Nr. 1. Die Vorschrift gilt für einen **Prozessvergleich** nach § 794 I Nr. 1, dh für die gütliche Einigung der Parteien während eines Rechtsstreits vor dem Prozessgericht über den Streitgegenstand oder Teilen von ihm (§ 278 I), BGH VersR 2011, 1500; Hamm NJW-RR 1999, 1096; Karlsr FamRZ 1998, 1597; → § 278 Rn. 13 (zur Rechtsnatur eines Prozessvergleichs). Zu den Prozessvergleichen zählt auch ein Vergleich nach § 278 VI, → § 278 Rn. 65 ff. Bei einem unwirksamen Prozessvergleich ist eine Abänderungsklage nicht zulässig, weil dann in der Regel der bisherige Prozess fortgesetzt wird oder eine neue Leistungsklage möglich ist, (fehlende Statthaftigkeit oder fehlendes Rechtsschutzbedürfnis), Köln FER 1999, 109; Karlsr FamRZ 1990, 522; Zweibr FamRZ 1983, 930; MüKoZPO/Gottwald Rn. 13. § 794 I Nr. 1 und damit § 323a finden auch Anwendung bei einem Vergleich vor einer von der Landesjustizverwaltung 4 eingerichteten und anerkannten **Gütestelle** nach § 794 I Nr. 1, einem nach § 118 I 3 protokollierten Vergleich im Prozesskostenhilfeverfahren, Zweibr FamRZ 1981, 1073, und einem Vergleich im **selbständigen Beweisverfahren** nach § 492 III.

5 **2. Sonstige Vergleiche.** Darüber hinaus findet die Vorschrift Anwendung bei einem für vollstreckbar erklärten **Anwalts-/Notarvergleich** nach §§ 796a–c, Prütting/Gehrlein/Völzmann-Stickelbrock Rn. 6. Ein **Schiedsspruch** mit vereinbartem Wortlaut nach § 1053 I 2, II, 1054 ist über § 1055 einem Urteil gleichgestellt, und deshalb ist § 323 und nicht § 323a anwendbar, → § 323 Rn. 17. Bei einem **Schuldenbereinigungsplan** im Rahmen der Verbraucherinsolvenz wird zwischen dem Schuldner und seinen Gläubigern ein Vergleich geschlossen und nach § 308 I 2 InsO wird auf § 794 I Nr. 1 verwiesen. Jedoch soll dadurch eine endgültige Regelung herbeigeführt werden und deshalb scheidet eine Anpassung an veränderte Verhältnisse nach § 323a aus, KarlsrNZI 2001, 422; MüKoZPO/Gottwald Rn. 7. Für einen **außergerichtlichen** Vergleich gemäß § 779 BGB findet § 323a keine Anwendung, Naumb FamRZ 2007, 1343; Zweibr FamRZ 1982, 303; MüKoZPO/Gottwald Rn. 6. Etwas anderes gilt, wenn die Parteien die Anwendbarkeit des § 323a vereinbart haben, BGH BB 2004, 1543; Prütting/Gehrlein/Völzmann-Stickelbrock Rn. 10; MüKoZPO/Gottwald Rn. 6.

6 **3. Urkunden nach § 794 I Nr. 5.** Erfasst werden gerichtliche und notarielle vollstreckbare Urkunden nach § 794 I Nr. 5, die zu künftig fällig werdenden wiederkehrenden Leistungen iSd § 258 verpflichten, BGH NJW 2011, 1875; Hamm FamRZ 2007, 1032; Düss NJW-RR 2006, 947; → § 323 Rn. 28. Dabei reicht eine einseitige Verpflichtung aus, BGH FamRZ 2011, 1041; NJW 2009, 1411; 2003, 3770; Düss FamRZ 2006, 1212

7 **IV. Voraussetzungen. 1. Zulässigkeit.** Auch für eine Klage nach § 323a müssen die allgemeinen Zulässigkeitsvoraussetzungen vorliegen. Hier gelten gegenüber § 323 im Wesentlichen dieselben Gesichtspunkte, → § 323 Rn. 13–15. Richtige Partei sind die im Titel nach § 323a Genannten, dh der Titelgläubiger und der Titelschuldner bzw. deren Rechtsnachfolger, die in die Rechte oder Pflichten eingetreten sind, Karlsr NJW-RR 2005, 1020; Brdbg NJW-RR 2003, 1448; Thomas/Putzo/Hüßtege Rn. 10. Klageberechtigt kann auch ein Dritter sein, wenn er durch den Titel eigene Rechte aufgrund eines echten Vertrages zugunsten Dritter erworben hat, Zöller/Vollkommer Rn. 8; vgl. auch BGH NJW 1983, 685 (offengelassen).

8 Eine besondere Zulässigkeitsvoraussetzung ist in I 2 enthalten, wonach die Klage nach § 323a nur zulässig ist, wenn der Kläger Tatsachen vorträgt, die die Abänderung rechtfertigen. Genau wie im Rahmen des § 323 I 2 handelt es sich um eine doppelrelevante Tatsache, dh für die Zulässigkeit reicht der schlüssige Klägervortrag aus, während erst in der Begründetheit eventuell durch eine Beweisaufnahme festzustellen ist, ob eine Änderung des Titels wegen der vorgetragenen Tatsachen gerechtfertigt ist, Zöller/Vollkommer Rn. 7; → § 323 Rn. 16, 30. Zum Inhalt → Rn. 9 ff.

9 **2. Begründetheit. a) Allgemeines.** Wie II klarstellt, entscheiden bei der Frage, ob eine Änderung gerechtfertigt ist, materielle Kriterien. Die Begrenzungen des § 323 II – IV gelten nicht, weil die prozessuale Situation nach Erlass eines rechtskräftigen Urteils eine andere ist als die bei den Titeln des § 794 I Nr. 1 und 5, → Rn. 3. So ist auch entgegen § 323 III eine rückwirkende Änderung zulässig, BGH NJW 2009, 1742; Nürnb FamRZ 2004, 212. Das gilt sogar bei einer wiederholten Abänderung, BGH NJW 2009, 1742; Karlsr FamRZ 2005, 816. Eine wesentliche Veränderung, wie sie in § 323 I 2, IV gefordert wird, ist danach nicht zwingend, kann sich aber im Einzelfall aus dem materiellen Recht ergeben, BGH NJW 2010, 2349 (zum alten Recht); Zöller/Vollkommer Rn. 7; → § 323 Rn. 36–38 (zur Wesentlichkeit). Auch insoweit spielen aber Veränderungen der tatsächlichen, wirtschaftlichen oder rechtlichen Verhältnisse eine Rolle, auch die Änderung der höchstrichterlichen Rspr., BGH NJW 2012, 1356; 2004, 3106; Thomas/Putzo/Hüßtege Rn. 9; → § 323 Rn. 29 ff. Zur Darlegungs- und Beweislast kann auf → § 323 Rn. 30, Bezug genommen werden; Ros FamRZ 2009, 139.

10 **b) Geschäftsgrundlage bei Parteivereinbarungen.** Bei vollstreckbaren Vergleichen und vollstreckbaren Urkunden, die auf einer gemeinschaftlichen Parteivereinbarung beruhen, kommt es nach II darauf an, ob die Geschäftsgrundlage gemäß § 313 BGB fehlt oder weggefallen ist, BGH NJW 2012, 1356; Karlsr FamRZ 2009, 2108; Naumb FamRZ 2009, 1693. Ausgangspunkt sind die Grundlagen der Vereinbarung und die vertragliche Risikoverteilung, Köln FamRZ 2005, 1755; MüKoZPO/Gottwald Rn. 9. Maßgeblich ist, ob der Titel nach § 794 I Nr. 1 oder 5 nach dem Parteiwillen nach §§ 133, 157 BGB eine Zukunftsprognose enthielt, deren Grundlagen für die Parteien von Bedeutung waren und die sich verändert haben, oder ob der Titel unabänderlich sein sollte, BGH NJW 2007, 3618; Köln FamRZ 2012, 988; Stgt NJW 2002, 1355. Die Parteien können auch im Vergleich oder in der Urkunde Anpassungskriterien vereinbaren, die dann auch für das Gericht grundsätzlich beachtlich sind, BSG FER 1998, 167; Zweib FamRZ 2004, 1884; Hamm FamRZ 2001, 1024; Schlesw SchlHA 1978, 41. Das gilt zB dann, wenn nach dem Ablauf einer Frist eine Neufestsetzung und nicht nur eine Anpassung erfolgen soll, Zweibr FamRZ 1992, 840. Sind keine besonderen Grundlagen festgelegt worden, entscheidet die objektive Sachlage zur Zeit der Schaffung des Titels unter Berücksichtigung des Vergleichs oder der vollstreckbaren Urkunde; Ros NJW-RR 2008, 1178. Ist diese objektive Sachlage nicht feststellbar, muss der Anspruch nach den gegebenen Verhältnisses neu berechnet werden, BGH FamRZ 2001, 1140 = NJW 2001, 2229; MüKoZPO/Gottwald Rn. 11. Die Nichterwähnung der Geschäftsgrundlage schließt eine spätere Abänderbarkeit nicht aus, BGH NJW 2010, 441 (zust. Born). Eine Pflicht zur Selbstoffenbarung einer Verbesserung der Verhältnisse besteht nur in engen Grenzen, Schlesw MDR 2000, 399.

11 Im Rahmen des § 313 I BGB muss das Gericht den auch im Prozessrecht geltenden Grundsatz von Treu und Glauben nach **§ 242 BGB** beachten, BGH NJW 2004, 3106; Dresd 2009, 2071; Hamm NJW-RR 2006, 1443; Brdb FamRZ 2004, 211; MüKoZPO/Gottwald Rn. 8. Insoweit mag das Gericht die Leistungen der Höhe nach aufgrund derjenigen Veränderungen ändern müssen, die nach dem Vergleich eingetreten sind. Eine Anbindung an einen Bruchteil des Einkommens reicht aus, Zweibr FER 2000, 193.

12 Die Parteien können im Vergleich oder einer vollstreckbaren Urkunde seine Abänderbarkeit grundsätzlich ausschließen, BGH NJW 2015, 1242; Kblz FamRZ 2006, 1147; Zweibr FamRZ 1982, 302, AG Bad Mergentheim FamRZ 2010, 215. Die Vereinbarung des **Ausschlusses** der Anwendbarkeit des § 323a hat aber dort seine Grenze, wo diese zB einem unzulässigen Unterhaltsverzicht für die Zukunft gleichkäme, Hamm FamRZ 2001, 1023; Prütting/Gehrlein/Völzmann-Stickelbrock Rn. 11. Dann ist regelmäßig davon ausgehen, dass die Parteien bei einer Überschreitung jener Grenze die Verhältnisse zur Zeit des Vergleichsabschlusses nicht als gegeben ansehen wollten, BGH NJW 2010, 2569. Jedenfalls darf eine vertragliche Ausschließung der Abänderbarkeit

wegen der erhöhten Unterhaltspflicht des Mannes infolge einer Wiederverheiratung nicht seine Unterhaltspflicht gegenüber der zweiten Ehefrau infrage stellen. Denn diese Unterhaltspflicht stellt eine gesetzliche unabdingbare Verpflichtung dar.

c) Vollstreckbare Urkunde bei einseitiger Verpflichtung. Vollstreckbare Urkunden müssen nicht zwingend auf einer vertraglichen Vereinbarung beruhen, sondern können auch eine einseitige Verpflichtung enthalten, MüKoZPO/Gottwald Rn. 17. § 313 BGB greift dann nicht ein, weil die Grundlage fehlt. Wenn sich die Parteien einig sind, kann nach unserer Auffassung eine Abänderung bei einer veränderten Situation durch eine Abänderungsurkunde oder durch eine neue Urkunde erfolgen; zwar könnte der Wortlaut des § 323a dafür sprechen, dass die Parteien eine Änderung nur über eine Klage nach § 323a herbeiführen können; jedoch ist kein Grund ersichtlich, warum sie bei Einvernehmen nicht erneut einen anderen Titel schaffen können, ohne das Gericht zu bemühen, so auch BGH NJW 2017, 1317 Rn. 11; Musielak/Voit/Borth Rn. 6b; aM Köln FamRZ 2016, 1001; MüKoZPO/Gottwald Rn. 17. Beide Parteien können aber über eine Klage nach § 323a eine Neubewertung der wiederkehrenden Leistung nach gesetzlichen Regeln verlangen, BGH FamRZ 2011, 1041; NJW 2003, 3770. Dem Schuldner sind aber Einwendungen, die er zur Zeit seiner Erklärung kannte oder mit denen er rechnen musste, abgeschnitten, weil die Urkunde ein deklaratorisches Schuldanerkenntnis enthält, Hamm 2013, 3377; Köln FamRZ 2000, 905; MüKoZPO/Gottwald Rn. 18. 13

V. Verfahrensfragen. Es wird auf die Ausführungen zu § 323 Bezug genommen, → § 323 Rn. 46 ff. Werden die Titel des § 323a, Vergleich oder vollstreckbare Urkunde, korrigiert, tritt an ihre Stelle das Abänderungsurteil; bei erneuter Veränderung der Verhältnisse kommt dann nur § 323 in Betracht, BGH NJW 1988, 2473; Bamb FamRZ 1999, 31; Musielak/Voit/Borth Rn. 5. Bei Abweisung der Klage nach § 323a wird der Titel bestätigt; dann kann eine Klage nach § 323 nur erfolgreich sein, wenn sich die Verhältnisse wesentlich nach der letzten mündlichen Verhandlung des Verfahrens nach § 323a geändert haben (§ 323 II), Kobl FamRZ 1998, 765; Musielak/Voit/Borth Rn. 5. 14

323b *Verschärfte Haftung.* **Die Rechtshängigkeit einer auf Herabsetzung gerichteten Abänderungsklage steht bei der Anwendung des § 818 Abs. 4 des Bürgerlichen Gesetzbuchs der Rechtshängigkeit einer Klage auf Rückzahlung der geleisteten Beträge gleich.**

I. Systematik, Regelungszweck, Geltungsbereich. → § 323 Rn. 1–6. Durch die Norm wird die Rückforderung zuviel gezahlter Beträge im Fall von wiederkehrenden Leistungen iSd § 258 bei Veränderung der Verhältnisse erleichtert, indem die verschärfte Haftung des § 818 IV erweitert wird, Musielak/Voit/Borth Rn. 1. § 818 IV greift danach nicht nur bei Rechtshängigkeit der Klage auf Rückzahlung zuviel geleisteter Beträge ein, sondern nach der Vorschrift auch bei Rechtshängigkeit einer Klage nach § 323 oder § 323a, die auf Änderung eines Titels gerichtet ist. Das bewirkt, dass sich der Verpflichtete von diesem Zeitpunkt an nicht mehr auf den Wegfall der Bereicherung nach § 818 III BGB berufen kann. Vor Inkrafttreten dieser Regelung (1.9.2009) vertrat der BGH die Auffassung, dass eine Klage nach § 323 oder nach § 323a für die verschärfte Haftung des § 818 IV nicht ausreichend ist, BGH NJW 1998, 2433. Nunmehr ist eine gleichzeitige Erhebung der Rückzahlungsklage nicht mehr erforderlich; Musielak/Voit/Borth Rn. 2; Thomas/Putzo/Hüßtege Rn. 2. 1

Für die Unterhaltszahlungen nach dem FamFG gilt die Sonderregelung des § 241 FamFG, der dem § 323b entspricht. § 323b ist nicht entsprechend auf eine Klage nach § 767 anzuwenden, weil mit dieser Klage bei Erfolg nur die Vollstreckbarkeit, nicht aber der Titel beseitigt wird, Musielak/Voit/Borth Rn. 4; MüKoZPO/Gottwald Rn. 5. 2

II. Voraussetzungen. Dazu gehört die Rechtshängigkeit einer Klage nach § 323 oder 323a auf Herabsetzung der durch Urteil oder durch Vergleich bzw. durch eine vollstreckbare Urkunde (§ 794 I Nr. 1 und 5) titulierte Verpflichtung zu einer künftig fällig werdenden wiederkehrenden Leistung iSd § 258, → § 323 Rn. 28. Rechtshängigkeit tritt grundsätzlich nach §§ 253 I, 261 I mit Zustellung der Klageschrift an den Bekl., → § 253 Rn. 10; → § 261 Rn. 4 ff., oder nach § 261 II ein, → § 261 Rn. 7; → § 253 Rn. 10 (zu den Sonderfällen). 3

324 *Nachforderungsklage zur Sicherheitsleistung.* **Ist bei einer nach den §§ 843 bis 845 oder §§ 1569 bis 1586b des Bürgerlichen Gesetzbuchs erfolgten Verurteilung zur Entrichtung einer Geldrente nicht auf Sicherheitsleistung erkannt, so kann der Berechtigte gleichwohl Sicherheitsleistung verlangen, wenn sich die Vermögensverhältnisse des Verpflichteten erheblich verschlechtert haben; unter der gleichen Voraussetzung kann er eine Erhöhung der in dem Urteil bestimmten Sicherheit verlangen.**

I. Systematik. §§ 843–845 BGB gewähren eine Geldrente bei einer Tötung, Körperverletzung, Freiheitsentziehung. §§ 1569 ff. BGB gewähren eine solche bei der Scheidung. Das Gericht befindet, ob und in welcher Höhe der Ersatzpflichtige dem Berechtigten eine Sicherheit leisten muss. Soweit das Gericht keine oder eine nicht mehr ausreichende Sicherheit verlangt hat, greift § 324 mit einer dem § 323 entfernt ähnlichen, ihm gegenüber vorrangigen Regelung ein. Ähnliche Regelungen enthalten §§ 618 III BGB, 62 III HGB, 13 III StVG, 38 III LuftVG, 30 III AtomG, § 14 II UmweltHG, § 9 II ProdHG, § 8 III HaftPflG. Auf andere Renten ist § 324 nur anwendbar, soweit die sie anordnende Vorschrift auf die in § 324 genannten Bestimmungen verweist, so bei § 62 III HGB. 1

Die Nachforderungsklage ist eine von der Abänderungsklage des § 323 verschiedene Zusatzklage. Mit ihr betreibt der Kläger eine Ergänzung des früheren Urteils wegen seines sachlich-rechtlichen Sicherungsanspruchs. Die Grundsätze des § 323 finden darum hier keine Anwendung. Die Verurteilung auf die Geldrente muss nicht rechtskräftig sein. Es findet kein obligatorisches Güteverfahren nach § 15a II 1 Nr. 1 EGZPO statt, Hartmann NJW 1999, 3747. 2

Die teilweise befürwortete analoge Anwendung auf andere als den in der Norm geregelten Vollstreckungstitel, namentlich Vergleiche und vollstreckbare Urkunden, vgl. MüKoZPO/Gottwald Rn. 4; Prütting/Gehrlein/Völzmann-Stickelbrock Rn. 2; Musielak/Voit/Musielak Rn. 2, ist abzulehnen, weil die Parteien die Frage in 3 diesen Fällen selbst durch Vereinbarung regeln können und daher keine planwidrige Gesetzeslücke besteht; dafür spricht auch die Ausnahmeregelung des § 38 III 2 LuftVG.

4 **II. Regelungszweck.** Die Vorschrift bezweckt eine Sicherung des Gläubigers wegen seines erhöhten Bedürfnisses nach dem tatsächlichen Erhalt der Geldrente; ihr Hauptanwendungsgebiet sind Unterhaltstitel. Sie ist also auch eine in den Bereich der Vollstreckung reichende Gläubigerschutzvorschrift. Natürlich soll aber auch nicht jede kleine Verschlechterung der Schuldnersituation zur Nachforderungsklage berechtigen. Die Lage muss sich vielmehr „erheblich" verschlechtert haben. Beides muss man bei der Auslegung mitbeachten.

5 **III. Verfahren. Klageberechtigt** sind beide Teile. Der Berechtigte kann auf die Hingabe einer Sicherheit oder auf deren Erhöhung klagen. Der Verpflichtete kann analog § 324 auf die Aufhebung oder Ermäßigung einer erheblichen angeordneten Sicherheit wegen einer erheblichen Besserung seiner Verhältnisse klagen; diese spiegelbildliche Analogie ist geboten, um Ergebnisse zu vermeiden, die dem Zweck der Regelung, eine angemessene Sicherheit zu gewährleisten, entgegenliefen.

6 Die Klage ist nur unter einer besonderen Prozessvoraussetzung statthaft, nämlich bei einer erheblichen **Verschlechterung** der Vermögensverhältnisse des Verpflichteten bzw. umgekehrt einer erheblichen Verbesserung; Maßstab ist die Eignung des Vermögens als Deckung der Rentenverpflichtung. Nicht geregelt ist die Veränderung aus anderen Gründen, zB der Verschleierung oder Verschwendung. Die insoweit aA, vgl. Musielak/Voit/Musielak Rn. 3, geht über den Anwendungsbereich der Norm hinaus; der Unterschied ist allerdings gering, weil eine erkennbar unsachgemäße Verwendung von Vermögenswerten auch objektiv eine die Deckung der Rente gefährdende Lage schafft und damit eine Verschlechterung der Vermögensverhältnisse darstellt. Umgekehrt kann der Abschluss einer Versicherung zur Deckung der Rente den Bedarf nach der ausgeurteilten Sicherheit entfallen lassen. Warum der Gläubiger nicht früher eine Sicherheit verlangt hat, ist unerheblich. Die Veränderung muss nach dem Schluss der letzten Tatsachenverhandlung des Erstprozesses nach §§ 136 IV, 296a eingetreten sein. Es gilt der gewöhnliche Gerichtsstand nach §§ 12 ff.

7 Die Klage begründet ein neues Verfahren. Die Prozessvollmacht des Vorprozesses nach § 80 genügt hier nicht. Einen sachlichrechtlichen Anspruch gibt § 324 nicht. Er setzt vielmehr einen solchen voraus. Dabei ist der Zeitpunkt der letzten auf die Nachforderungsklage stattfindenden mündlichen Verhandlung maßgeblich. Soweit das Gericht vom Urteil des Vorprozesses in der Frage der Sicherheitsleistung abweicht, hebt es das frühere Urteil auf. Das Gericht spricht eine Sicherheitsleistung nur für die Zukunft zu, also ab der formellen Rechtskraft nach § 705 oder ab der vorläufigen Vollstreckbarkeit nach §§ 708 ff. Deshalb muss das Gericht sie auf der Grundlage derjenigen Raten bemessen, die in die Zukunft hinein fällig werden. Die Höhe der sachlichrechtlichen Sicherheit richtet sich nach dem Wert der Geldrente, Grüneberg/Ellenberger BGB Vor § 232 Rn. 1.

325 *Subjektive Rechtskraftwirkung.* **I Das rechtskräftige Urteil wirkt für und gegen die Parteien und die Personen, die nach dem Eintritt der Rechtshängigkeit Rechtsnachfolger der Parteien geworden sind oder den Besitz der in Streit befangenen Sache in solcher Weise erlangt haben, dass eine der Parteien oder ihr Rechtsnachfolger mittelbarer Besitzer geworden ist.**

II Die Vorschriften des bürgerlichen Rechts zugunsten derjenigen, die Rechte von einem Nichtberechtigten herleiten, gelten entsprechend.

III [1]Betrifft das Urteil einen Anspruch aus einer eingetragenen Reallast, Hypothek, Grundschuld oder Rentenschuld, so wirkt es im Falle einer Veräußerung des belasteten Grundstücks in Ansehung des Grundstücks gegen den Rechtsnachfolger auch dann, wenn dieser die Rechtshängigkeit nicht gekannt hat. [2]Gegen den Ersteher eines im Wege der Zwangsversteigerung veräußerten Grundstücks wirkt das Urteil nur dann, wenn die Rechtshängigkeit spätestens im Versteigerungstermin vor der Aufforderung zur Abgabe von Geboten angemeldet worden ist.

IV Betrifft das Urteil einen Anspruch aus einer eingetragenen Schiffshypothek, so gilt Absatz 3 Satz 1 entsprechend.

Schrifttum: Ellrich, Die subjektive Reichweite der Rechtskraft bei nicht akzessorischen Sicherungsrechten, 2009; Fervers, Die Bindung Dritter an Prozessergebnisse, Habil. 2022; Freitag, Die Zedentenklage, 2009; Hager, Normen ohne Anwendungsbereich?, FS Krüger, 2017, 389; Schlosser, „Schuldrechtliche" Ergänzungen der materiellen Rechtskraft, FS Stürner, 2013, 509.

Übersicht

1 **I. Einleitung. 1. Systematik, I–IV.** Grundsätzlich wirkt das rechtskräftige Urteil nur zwischen den Parteien desjenigen Rechtsstreits, in dem die Sache entschieden worden ist, BGH NJW 1989, 1285; BAG NZA 2018, 653 Rn. 23; zur Ermittlung der Parteistellung → Vor § 50 Rn. 7; zur Rechtskraftwirkung zwischen den Parteien → Vor § 322 Rn. 25.

2 § 325 stellt dem gegenüber eine **Ausnahmeregelung** dar, mit der die Wirkungen eines Urteils auf Rechtsnachfolger *oder* Besitzmittler erweitert werden, BGH NJW-RR 2005, 338; NJW 1996, 395. Da Dritte im Rechtsstreit das Recht auf Gehör vor Gericht nach Art. 103 I GG grds. nicht wahrnehmen können, bedarf die Ausnahme jeweils einer tragfähigen Rechtfertigung, BGH NJW 2011, 2048 Rn. 8. Das gilt umso mehr, wenn

der Anwendungsbereich des § 325 überschritten wird, BGH NZG 2012, 149. Es liegt daher ein untrennbarer Zusammenhang mit dem Recht auf Gehör nach **Art. 103 I GG** vor, vgl. auch BGH NZV 2015, 179 Rn. 9, 11; NJW 2008, 1227. Eine Erweiterung der objektiven Rechtskraft geht mit der Erweiterung ihrer subjektiven Grenzen nach § 325 nicht einher, BGH NJW-RR 2018, 719. Die Klärung der objektiven Rechtskraft hat daher in Fällen, in denen sich die Frage nach der Rechtskrafterstreckung stellt, gedanklich Vorrang. Weiter gehende theoretische Ansätze der Lit., vgl. die Nachweise bei Musielak/Voit/Musielak Rn. 3, haben aus diesen Gründen keine Berechtigung und insbesondere keine Folgen für die Praxis.

Die Norm ergänzt zunächst **§ 265;** die dort angeordnete gesetzliche Prozessstandschaft ginge ohne § 325 ins Leere, BGH MDR 2002, 1185; → § 265 Rn. 1. Hierfür ist entscheidend, dass es sich um eine Rechtsnachfolge in die in Streit befangenen Sache handelt, BGH NJW-RR 2018, 719 Rn. 9; näher dazu NJW 2001, 3339; NZM 2001, 961; → § 265 Rn. 9, 12. Erfasst von § 325 I ist indes auch die Rechtsnachfolge **nach** rechtskräftigem **Abschluss** des Rechtsstreits, BGH NJW 1991, 2552 II; NJW 1983, 2032 II; NJW 1981, 1517 I, 2. Die Wirkungen des Urteils in Bezug auf einen Rechtsnachfolger können indes nicht weiter gehen, als § 322 sie für den Rechtsstreit zwischen den Parteien vorgibt, grundlegend BGH NJW 2019, 2308 Rn. 28; NJW-RR 2018, 719; → Rn. 36. Auf den **Tenor** des Titels, d. h. auf die Frage, ob im Falle einer Rechtsnachfolge im laufenden Rechtsstreit auf Leistung an den ursprünglichen Kläger oder an den Rechtsnachfolger erkannt worden ist, kommt es nicht an, BGH NJW 2014, 1886 Rn. 11. 3

Weitere Regelungen der Rechtskrafterstreckung finden sich in § 326, § 327. In die **Zwangsvollstreckung** wird die Regelung durch § 727 fortgeschrieben, da ohne Umschreibung der Klausel eine Durchsetzung des Urteils nicht möglich ist. 4

Auch Vorschriften des materiellen Rechts können vergleichbare Folgen haben, namentlich beim Sicherungsgeber, BGH NJW 2016, 3158 (Verlust der Verjährungseinrede), oder bei der Abtretung. Die materiell-rechtliche Regelung des § 407 I BGB wird durch § 325 nicht verdrängt, BGH NJW 2005, 2157; der **Gutglaubensschutz** durch § 407 II BGB auf Fälle der Abtretung vor Rechtshängigkeit erweitert, BGH NJW 1975, 1121, näher → Rn. 28 „Abtretung". 5

2. Regelungszweck, I–IV. Liegt ein Anwendungsfall des § 325 vor, führt die Rechtskrafterstreckung zu einer Vereinfachung des zweiten Verfahrens und dient damit der Prozesswirtschaftlichkeit, BVerwG NVwZ 2015, 830. Daneben beugt sie, wie § 265, der im Einzelfall bestehenden Gefahr vor, dass sich eine Partei im Wege der Rechtsübertragung den Wirkungen des Urteils entzieht. Vielfach, namentlich im Erbfall, wird eine vom materiellen Recht vorgegebene Rechtsfolge in das Zivilprozessrecht fortgeschrieben. 6

3. Geltungsbereich, I–IV. Die Vorschrift gilt in allen Verfahren nach der ZPO, im WEG-Verfahren, BGH NJW 2001, 3339, in einer Markensache, BGH GRUR 2016, 500 Rn. 112, und im Patentverfahren, BGH GRUR 2013, 1269; NJW 1993, 203. Im Bereich des § 113 I 2 FamFG gilt § 325 entsprechend, ebenso bei §§ 174 ff. InsO, AG Köln NZI 2016, 168. § 325 gilt auch im arbeitsgerichtlichen Urteilsverfahren, nicht aber im dortigen Beschlussverfahren, BAG NZA 2015, 1530 Rn. 17. Im selbständigen Beweisverfahren ist das Regelungskonzept des § 325 entspr. anwendbar, BGH NZBau 2012, 36. 7

II. Rechtskraftwirkung, I. 1. Partei, Abs. I Alt. 1. a) Parteibegriff. Grundsätzlich wirkt die Rechtskraft nur zwischen den Parteien des Prozesses, in dem die Sache entschieden worden ist, BGH NJW 1989, 1285; BAG NZA 2018, 653 Rn. 23. Maßgeblich ist der **formelle Parteibegriff,** BGH NJW 2018, 2550 Rn. 27; → Vor § 50 Rn. 5. Ausgangslage ist die Konfrontation der einander gegenüberstehenden Parteien („für und gegen"); die Rechtskraft wirkt also **nicht zwischen Streitgenossen,** die folglich das im Vorprozess ihnen gegenüber bejahte Gesamtschuldverhältnis untereinander bestreiten können; das gilt auch, soweit der Innenausgleich auf der Grundlage einer **cessio legis** vorzunehmen ist, vgl. § 426 II BGB, BGH NJW 2019, 1751 Rn. 12; NJW-RR 2017, 911 Rn. 10; Hamm NJW-RR 1997, 90. Die Rechtskraft wirkt nicht gegenüber einem am Rechtsstreit nicht beteiligten Gesamtschuldner, BGH NJW-RR 2006, 1628, und nicht im Verhältnis zwischen Gesamtgläubigern, BGH NJW 1984, 125. Ausgangspunkt ist auch hier § 322 I, der an eine Entscheidung über die Klage anknüpft, also nicht über das Rechtsverhältnis von Streitgenossen zueinander. 8

Die Rechtskraft erstreckt sich nicht auf den gesetzlichen oder rechtsgeschäftlichen **Vertreter** oder den Prozessbevollmächtigten. Sie wirkt bei einer juristischen Person nicht auf deren Mitglieder. Sie wirkt auch nicht auf einen weiteren am Prozess nicht beteiligten Gesamtschuldner, BGH NJW-RR 2006, 1628. Sie erfasst aber den **Strohmann,** BGH NJW 1993, 2942. 9

In einzelnen Fällen erstreckt sich die Rechtskraft über die Partei im formellen Sinn hinaus auf Dritte, weil die Grundlagen der jeweiligen Parteistellung dies fordern. Die erweiterte Rechtskraftwirkung folgt hier unmittelbar aus der Begründung der Parteistellung selbst. Das ist namentlich bei der Prozessstandschaft der Fall, → Rn. 12. 10

b) Partei kraft Amtes. Die Partei kraft Amtes ist im vorstehenden Sinne Partei des Rechtsstreits und in dieser Eigenschaft wie jede andere Partei in die Rechtskraftwirkungen eines Urteils eingebunden. Die sich in dem Zusammenhang stellende Frage nach der Einbeziehung des Rechtsinhabers wird nachfolgend bei der Prozessstandschaft erörtert. 11

c) Prozessstandschaft. aa) Grundlagen. Der Prozessstandschafter macht ein fremdes Recht im eigenen Namen zulässig geltend; er ist hierfür prozessführungsbefugt, → Vor § 50 Rn. 32. Charakteristisch für seine prozessuale Stellung ist deren unmittelbare Herleitung aus den für die Zulässigkeit der Prozessstandschaft maßgeblichen Grundlagen. Für die Frage nach der Erstreckung der Rechtskraft auf den hinter ihm stehenden Rechtsinhaber kommt es daher zunächst auf diese Grundlagen an und folglich auch auf den Unterschied zwischen der gesetzlichen und der gewillkürten Prozessstandschaft. Für erstere ist der Zweck der jeweils einschlägigen gesetzlichen Regelung ausschlaggebend, für die zweite die zugrunde liegende vertragliche Vereinbarung. 12

bb) Gesetzliche Prozessstandschaft. Der für § 325 I geradezu prägende Fall der Prozessstandschaft ist die in **§ 265 I** geregelte Übertragung des streitbefangenen Gegenstands und die damit einhergehende grundsätzliche Fortführung des Rechtsstreits durch die ursprüngliche Partei als Prozessstandschafter des neuen Rechtsinhabers, BGH NJW 2011, 2193 Rn. 12; NJW 2000, 291; → Rn. 1. Entsprechend ist die Lage bei der **Partei kraft Amtes,** wie dem Insolvenzverwalter nach § 80 InsO, BGH NJW 1984, 739, in Anlehnung hieran dem Nachlassverwalter nach §§ 1984 f. BGB und dem Testamentsvollstrecker, für den die Rechtskrafterstreckung auf den Erben ausdrücklich vorgesehen ist, § 327. 13

14 Das gilt des Weiteren für die Verwaltung des Gesamtgutes nach § 1422 S. 1 Hs. 2 und § 1429 S. 2 BGB und für die Erhebung von Unterhaltsansprüchen nach § 1629 III 2 BGB. Fälle, in denen einer von mehreren Berechtigten das Recht alleine im eigenen Namen geltend machen kann, vgl. etwa § 432 I 2, § 1011, 2039 S. 2 BGB, sind ebenfalls dem vorliegenden Problemkreis zuzuordnen.

15 Soweit die Rechtskrafterstreckung nicht ausdrücklich geregelt ist, muss sie durch Auslegung der einschlägigen Norm nach deren Sinn und Zweck ermittelt werden. Sie ist bei der Prozessstandschaft im alleinigen **Fremdinteresse,** namentlich beim Insolvenzverwalter, selbstverständlich, BGH DGVZ 2017, 74; NZI 2016, 633; NJW 1986, 3206 (§ 265); vgl. für den Nachlassverwalter BGH NJW 1967, 1961 mit Hinweis auf § 1984 I 1 BGB; BGH NJW 1988, 2375 für Kindesunterhalt. Bei bestehendem **Eigeninteresse** des Prozessstandschafters, dem naturgemäß ein ebenso vorhandenes Eigeninteresse des weiteren Rechtsinhabers gegenübersteht, ist eine Rechtskrafterstreckung zu verneinen, so BGH NJW 1986, 1046 für § 423 I BGB; BGH NJW 1985, 2825; NJW 1981, 1097 für § 1011 und BGH NJW 2006, 1969 für § 2039 BGB. Ihr steht jedoch folgerichtig nichts im Wege, wenn die übrigen Rechtsinhaber der Prozessführung zustimmen, BGH NJW 1985, 2825; NJW 1981, 1097 (§ 1011 BGB).

16 Zur Titelumschreibung → § 727 Rn. 7.

17 **cc) Gewillkürte Prozessstandschaft.** Die Einbeziehung der gewillkürten Prozessstandschaft in die von §§ 265, 325 getroffenen Regelungen ist für sich nicht zweifelhaft, BGH NJW-RR 2018, 719 Rn. 35; allgem. zu ihren Voraussetzungen BGH NJW 1989, 1932; NJW 1980, 2461. Dies gilt jedenfalls dann, wenn der Kl. sich im Prozess auf die ihm erteilte Ermächtigung des Rechtsinhabers berufen und zum Ausdruck gebracht hat, wessen Recht er geltend macht, BGH NJW 1988, 1585. Grundlage der Rechtskrafterstreckung ist die, ggf. auszulegende, Vereinbarung. Wenn diese in dem Sinn zu verstehen ist, dass der Rechtsinhaber die Wirkungen eines im Verhältnis zum Prozessstandschafter ergangenen Urteils hinnehmen will, treten sie auch in seiner Person ein. Das wird man im Regelfall annehmen müssen. Anderes kann gelten, wenn das notwendige eigene Interesse des Kl. die eigenen Belange des Rechtsinhabers erkennbar nicht vollständig verdrängt, wie etwa in → Rn. 15.

18 Für die in der Rspr. noch nicht abschließend geklärte Frage der **Inkassozession** ist auf die Gegebenheiten des Einzelfalls abzustellen. IdR ist die Rechtskrafterstreckung auf den ursprünglichen Gläubiger gewollt, vgl. auch Prütting/Gehrlein/Völzmann-Stickelbrock Rn. 40; Musielak/Voit/Musielak Rn. 22; MüKoZPO/Gottwald Rn. 62.

19 Zur Titelumschreibung → § 727 Rn. 7.

20 **2. Rechtsnachfolge, Abs. I Alt. 2 Fall 1. a) Bedeutung des Begriffs. aa) Allgemeines.** Im Folgenden wird nur die Erweiterung der Rechtskraft durch Rechtsnachfolge erörtert. Zu sonstigen Fällen erweiterter Rechtskraftwirkungen → Rn. 51.

21 Rechtsnachfolger ist, wer an dem **streitbefangenen Gegenstand** ein Recht erwirbt, nicht lediglich einen Anspruch hierauf. Die Regelung ist in diesem Rahmen umfassend. Für die Erstreckung der Rechtskraftwirkungen auf den Rechtsnachfolger ist unerheblich, ob es sich um eine Einzel- oder um eine Gesamtrechtsnachfolge handelt, auf welchem Grund (Vertrag, Hoheitsakt; BGH NJW 1983, 886) die Rechtsnachfolge beruht und ob ein abgeleiteter oder ein originärer Erwerb vorliegt. Entscheidend ist die Rechtsnachfolge in den iSd **§ 265 I** in Streit befangenen Gegenstand; letzteres ist der Fall, wenn die Sachlegitimation des Kl. oder des Bekl. auf der rechtlichen Beziehung zu diesem Gegenstand beruht, BGH NJW-RR 2018, 719 Rn. 9; NJW 2001, 3339, → § 265 Rn. 8.

22 Die **Übertragung** muss **wirksam** sein, BGH NJW 2019, 1610 Rn. 22; NJW 2008, 2852 Rn. 34. Das zeigt nicht zuletzt der klare Wortlaut der Norm, denn Rechtsnachfolger kann man anders nicht werden. Das gilt auch für § 325 I Var. 2, die Besitzerlangung durch eine Partei oder deren Rechtsnachfolger. Der Zusammenhang mit der für die Var. 1 maßgeblichen Rechtsnachfolge und die in Var. 2 geregelte Erlangung des mittelbaren Besitzes auch durch einen Rechtsnachfolger lassen eine andere Interpretation schlechthin nicht zu. Ansichten, die hiervon abweichen, vgl. Fervers S. 48 mwN, ist daher von vornherein eine Absage zu erteilen.

23 Es muss sich um eine **Nachfolge** in den streitbefangenen **Gegenstand** handeln, nicht lediglich um eine in Bezug auf diesen Gegenstand geschaffene Befugnis; der **Insolvenzverwalter** ist daher nicht Rechtsnachfolger des Schuldners, BGH NJW 2019, 517; es genügt nicht, dass der Insolvenzschuldner stets Schuldner der Masseverbindlichkeiten ist und hierfür nach Aufhebung des Insolvenzverfahrens grundsätzlich persönlich haftet, BGH NJW-RR 2022, 701 Rn. 25; ZIP 2021, 528 Rn. 14.

24 Der Ersteigerer ist nicht Rechtsnachfolger des Zwangsverwalters, BGH BeckRS 1954, 31198700. Auch die bloße Wiederherstellung einer Rechtsposition durch Erlöschen eines sie einschränkenden Rechts ist keine Rechtsnachfolge, BGH NJW 2016, 1953 Rn. 14 (Nießbrauch); mit eingehender Begründung aA Pohlmann NJW 2016, 1905. Die Rechtsnachfolge kann auch auf **beiden Seiten** eingetreten sein. Ohne Bedeutung ist die Frage, ob es sich um einen Rechtsübergang kraft Rechtsgeschäfts, cessio legis oder behördliche Anordnung handelt. Erfasst ist auch die **weitere Rechtsnachfolge,** BGH DGVZ 2017, 74; Brdb FamRZ 2007, 62; → § 727 Rn. 4. Die **Rückübertragung** steht der Übertragung gleich, BGH MDR 2021, 446 = BeckRS 2020, 42305 Rn. 21. Vorausgesetzt ist allerdings, dass beide Rechtsgeschäfte wirksam sind. Zur anderen Lage bei der Anfechtung → Rn. 32.

25 Die Norm gilt beim Eigenbesitz, BGH NJW 1981, 1518, und beim Fremdbesitz, BGH NJW 1991, 2420. Die Begründung eines **minderen Rechtes** reicht aus, etwa der Nießbrauch BGH NJW 2014, 1740 Rn. 15; Drsd RPfleger 2006, 92, ein Pfändungspfandrecht, BGH NJW 1989, 39; OLGR Mü 2009, 334, eine Buchposition, RGZ 82, 35, oder die Lizenz an einem **Patent,** BGH GRUR 2013, 1269; krit. Nieder GRUR 2013, 1195.

26 Die Erstreckung der Rechtskraft auf einen **Rechtsvorgänger** sieht die Regelung nicht vor, BGH NJW-RR 2006, 1628 Rn. 9. Auch zwischen einer Partei und ihrem eigenen Rechtsnachfolger wirkt das Urteil nicht. Die Regelung ist in ihrem Zusammenhang mit §§ 265, 322 I auf die Rechtsbeziehung zum jeweiligen Gegner zugeschnitten, nicht auf das Innenverhältnis von Rechtsvorgänger und -nachfolger; hier sich die vertraglichen und sonstigen Rechtsbeziehungen ausschlaggebend.

27 **bb) Beispiele zur Rechtsnachfolge.** Die nachfolgenden Beispiele behandeln im Schwerpunkt die Frage der Rechtsnachfolge im Zusammenhang mit der Rechtskrafterstreckung nach § 325. Parallele Probleme ergeben sich bei § 727. Fragen, die im Zusammenhang mit der Titelumschreibung aufkommen, werden dort behandelt.

Abtretung: Sie ist ein Normalfall des § 325 I, BGH NJW 2019, 310 Rn. 11; NJW 1984, 805. Bedeutung hat das Verhältnis zu § 407 BGB. § 325 verdrängt nicht § 407 I BGB, BGH NJW 2005, 2157; NJW 1983, 886. 28

Für **§ 407 II BGB** gilt nach hM: Die Norm ist eine Erweiterung des § 325 ZPO zum Zwecke des Schuldnerschutzes, BGH NJW 1975, 1121. Anknüpfung hierfür ist alleine die **materiell-rechtliche** Regelung, nicht die prozessuale Rechtskrafterstreckung. Eine solche tritt nach § 407 II BGB nicht zugunsten, sondern allenfalls zulasten des neuen Gläubigers ein; sie bezieht sich mithin auf ein abweisendes Urteil, das den Schuldner vor Ansprüchen des neuen Gl. schützt, BGH NJW 2005, 2157; NJW 1994, 252 (jew.: keine Analogie); Dresd MDR 2015, 1097 = NJOZ 2016, 533 Rn. 26; Grüneberg/Grüneberg § 407 Rn. 11. Die aA von Stamm, NJW 2016, 2369; dem folgend Zöller/Vollkommer ZPO Rn. 27a, wendet § 407 II BGB auch auf Urteile an, die der Zedent zu seinen Gunsten erstreitet. Der Schuldner genießt hiernach bei Leistungen auf das Urteil Erfüllungswirkung und damit ebenfalls Schutz vor Zugriffen des Zedenten. Der Ausgleich zwischen den beiden Gläubigern soll nach § 816 II BGB erfolgen; der Titel soll ggf. analog § 727 auf den Zessionar umgeschrieben werden können. Das ist abzulehnen. Der von den Vertretern dieser Auffassung für den Fall eines obsiegenden Urteils zugunsten des Zessionars angenommene faktische Rückerwerb der Forderung durch den Zedenten würde den Schuldner dauerhaft gegen bestehende Ansprüche des Zessionars absichern; das hat im Gesetz schlechthin keine Grundlage. Eine dahingehende, erweiternde oder analoge Anwendung des § 407 II BGB würde gegen ihren eindeutigen Wortlaut den Ausnahmecharakter der Regelung missachten, BGH NJW 1969, 1479; die hierauf aufbauende Analogie zu § 727, mit der die Norm auf eine Abtretung vor Rechtshängigkeit angewendet würde, setzt die Abweichung von der klaren gesetzlichen Regelung nur fort. Zur entsprechenden Lage bei § 325 → Rn. 1; auch → § 325 Rn. 29.

Bei Abtretung ab Rechtshängigkeit sind alleine §§ 265 I, 325 I maßgeblich, nicht mehr § 407 II BGB; Kl. bleibt aktivlegitimiert, er muss indes aufgrund der veränderten materiell-rechtlichen Lage den Antrag auf Zahlung an den neuen Gl. umstellen, BGH NJW 1958, 98; Nürnbg NZFam 2016, 281; Grüneberg/Grüneberg BGB § 407 Rn. 10.

Eine sog. **stille Abtretung** wirkt nicht zugunsten des neuen Gläubigers, Mü JZ 2005, 361. Die Abtretung kraft Gesetzes, **cessio legis,** erzeugt gleiche Wirkungen. Wegen § 325 I (nach Rechtshängigkeit) ist nur Augenmerk darauf zu richten, wann genau sie eintritt, in Versicherungsfällen zB bereits mit dem Schadensfall, BGH NZV 2015, 179; Kblz VersR 2006, 1382.

Zur Titelumschreibung → § 727 Rn. 7.

Arbeitsrecht: Der Übernehmer nach § 612a BGB ist Rechtsnachfolger, BAG NJW 1998, 331; NJW 1977, 1119; LAG Ddf 15.12.2021 – 12 Sa 348/21, BeckRS 2021, 47784. Eine Pflicht des Betriebsveräußerers gegenüber dem Betriebsrat kann den Erwerber dann treffen, wenn die Nämlichkeit des Betriebs erhalten bleibt, BAG NZA 1991, 639. Freilich muss der Betriebsübergang nach der Rechtshängigkeit eingetreten sein, BAG NJW 2000, 92. Ein nach dem Betriebsübergang gestellter Auflösungsantrag ist, da er einen eigenständigen Streitgegenstand betrifft, von der Norm nicht erfasst, BAG NJW 1998, 331.

Besitz: Übertragung des unmittelbaren Besitzes kann die – auf den Besitz selbst beschränkte – Rechtsnachfolge auslösen; das Eigentum steht insoweit nicht in Rede, BGH NJW 1991, 2420; NJW 1981, 1517. Ein Urteil auf Herausgabe des Mitbesitzes eines Dritten entfaltet keine Rechtskraftwirkungen für den eigenen Mitbesitz des Bekl., BGH NJW-RR 2020, 1278 Rn. 17. Auch der Besitzdiener ist mangels eigenen Rechts nicht erfasst, Prütting/Gehrlein/Völzmann-Stickelbrock Rn. 31. Auch → „Miete".

Betriebliche Altersversorgung: Betr. den Versorgungsausgleich gelten die Vorschriften der ZPO, BAG NZA 2021, 571 Rn. 47.

Betriebsübergang: Arbeitsrecht.

Drittschuldner: → „Pfändung und Überweisung".

Ehe: Zur Rechtskraftwirkung betr. Hinterbliebenenversorgung des geschiedenen Ehepartners bei rechtskräftiger Entscheidung über die Versorgungsrente, Hamm NJW 2014, 708. Zur fortgesetzten Gütergemeinschaft vgl. § 1483 BGB.

Eigentum: Nachfolgende Auflassung durch den (hierzu ermächtigten) Auflassungsempfänger ist Rechtsnachfolge, KG Rpfleger 1998, 65. Die intern erteilte Zustimmung des Miteigentümers zur Klagerhebung durch den anderen reicht für die Rechtskrafterstreckung aus, andernfalls findet sie nicht statt, BGH NJW 1985, 2825; NJW 1981, 1097: → Rn. 15. Die Norm gilt analog bei die Veräußerung des Grundstücks im Rechtsstreit über die Unterlassung von Störungen nach §§ 906, **1004 BGB,** BGH NJW 2019, 310 Rn. 7. Auch → „Unterlassungsanspruch". Zur Titelumschreibung → § 727 Rn. 7.

Erbrecht: Der Erbe ist Rechtsnachfolger bereits nach § 1922 I BGB, BGH NJW 2004, 2896, auch der Erbeserbe, BGH FamRZ 1985, 164. Zwischen der Erbenstellung und sonstigen Rechtsbeziehungen zum Streitgegenstand ist dabei streng zu unterscheiden, BGH MDR 1956, 542 = BeckRS 1956, 31392582 Rn. 20. Zum materiell-rechtlichen Umfang vgl. §§ 1967 ff. BGB, zur Umschreibung des Titels § 727, zur **Zwangsvollstreckung** iÜ §§ 778 ff. ZPO; zu allem vgl. auch Zöller/Vollkommer ZPO Rn. 14.

Betr. die Rechtskraftwirkung ist indes Folgendes zu beachten: Erfasst sind nur Fälle ab Eintritt der Rechtshängigkeit, KG Rpfleger 1982, 353 (keine Kostenhaftung bei Klage gegen einen bereits Verstorbenen zugunsten dessen Erben). Die Rechtskrafterstreckung nach § 325 I Alt. 1 Fall 1 reicht zunächst nur so weit, wie der Rechtsnachfolger in die **Rechtsstellung des Rechtsvorgängers** eingerückt ist BGH NJW 1955, 1719; MDR 1956, 542. Deshalb ist der Erbe zB durch die gegenüber dem Erblasser erfolgte Feststellung des Eigentums eines Dritten nicht gehindert, sich darauf zu berufen, vor Rechtshängigkeit des Prozesses gegen den Erblasser **unabhängig von der Gesamtrechtsnachfolge** selbstständig Eigentum erworben zu haben, BGH NJW-RR 2018, 719 Rn. 11.

Die Rechtskrafterstreckung findet eine **Grenze** in Fällen, in denen der Übergang einer Verpflichtung auf einen anderen als den Erblasser schlechthin ausscheidet, BGH NJW 1978, 1160; NJW 1978, 2091. Die eidesstattliche Versicherung nach §§ 259 II, 260 II BGB muss kraft Erbfolge grds. abgegeben werden, BGH NJW 1988, 2729; Mü NJW-RR 1987, 649, wenn dies nicht aufgrund eines nach Schluss der mündlichen Verhandlung im Erstprozess eingetretenen Umstands unmöglich ist, → § 322 Rn. 100, oder wenn etwa der Anspruch durch den Tod des Erblassers untergegangen ist, zB derjenige nach § 1605 I BGB.

Die **Erbausschlagung** führt nicht zur Rechtsnachfolge des nunmehrigen Erben, BGH NJW 1989, 2885. Die Regelung zur Vorerbschaft in § 326 gilt wegen ihres Ausnahmecharakters und auch mit Blick auf

§ 2306 I 2 BGB selbst in Fällen des § 1959 II BGB nicht analog, aA MüKoZPO/Gottwald § 326 Rn. 4; Musielak/Voit/Musielak § 326 Rn. 4.

Firmenübernahme: Sie ist keine Rechtsnachfolge, → „Vermögensübernahme".

Gesellschaftsrecht: → „Juristische Person"; → „Kapitalgesellschaft"; → „Konzern"; → „Personengesellschaft".

Gesetzlicher Forderungsübergang: Zur Titelumschreibung → § 727.

Grundpfandrecht: → „Pfandschuldner", §§ 1137 II, 1211 II BGB.

Insolvenz: Hat ein Gl. vor Verfahrenseröffnung einen Titel über einen Anfechtungsanspruch erwirkt, ist der Insolvenzverwalter Rechtsnachfolger; umgekehrt erwächst ein Urteil, das dem Einzelgläubiger den Anfechtungsanspruch versagt, nicht in Rechtskraft zum Nachteil der Insolvenzmasse; dies folgt bereits daraus, dass die Parteien nicht identisch sind und Gl. nicht zu Lasten der Masse vorgehen kann, BGH NJW-RR 2017, 245 Rn. 19. Zur Titelumschreibung → § 727 Rn. 7.

Insolvenzverwalter: Ein Urteil gegen ihn in seiner Eigenschaft als Prozessstandschafter, → Rn. 13, wirkt gegen den Schuldner als Rechtsnachfolger, BGH NJW 1984, 739; BAG NJW 1980, 141, Celle NJW-RR 1988, 448; er ist aber seinerseits nicht Rechtsnachfolger des Schuldners, BGH NJW 2019, 517.

Juristische Person: Neue Organmitglieder sind keine Rechtsnachfolger von Vorgängern, gegen die in dieser Eigenschaft ein rechtskräftiges Urteil ergangen ist, BGH MDR 1958, 319.

Kapitalgesellschaft: Ausgang ist die grds. Unterscheidung zwischen der Gesellschaft als juristischer Person und den Gesellschaftern, so dass eine wechselseitige Rechtskrafterstreckung nicht in Betracht kommt, auch nicht im Verhältnis zum Alleingesellschafter, BGH NZG 2012, 149. Zur Anfechtungs- und Nichtigkeitsklage vgl. §§ 248, 249 AktG, zur Anwendung auf die GmbH vgl. BGH NJW 1996, 1753. Ein Urteil gegen einen GmbH-Gesellschafter wegen Kapitaleinzahlung bindet nicht für die Ausfallhaftung nach einem Kaduzierungsverfahren, BGH NZG 2005, 180.

Für die **Umwandlung** sind zu beachten:

- **(Ausgliederung):** Im Passivprozess des übertragenden Rechtsträgers kommt ein ipso iure-Eintreten des übernehmenden Rechtsträgers im Wege der Rechtsnachfolge nicht in Betracht, BGH NJW 2001, 1217.
- **(Eingliederung, Verschmelzung):** § 319 AktG, § 2 UmwG. Die übernehmende Gesellschaft ist Rechtsnachfolger, Hbg MD 2010, 52.
- **(Spaltung):** § 123 II Nr. 2 UmwG. Der übertragende Rechtsträger ist nicht Rechtsnachfolger des abgespaltenen, BGH NJW-RR 2006, 1628, allenfalls Rechtsvorgänger, für den § 325 nicht gilt, → Rn. 26. Für die Gesamtheit der denkbaren Fälle offen gelassen und für § 123 III UmwG verneint in BGH NJW 2001, 1217; für Klauselumschreibung nach Aufspaltung Ffm NJWE-WettbR 2000, 269.

Kindschaftssache: Wegen der erweiterten Rechtskrafterstreckung § 184 II FamFG.

Konzern: Eine „Konzernverbundenheit" schafft keine Rechtskraft für oder gegen ein am Prozess nicht beteiligtes Unternehmen, BPatG GRUR 1985, 126.

Markensache: § 325 ist anwendbar, BGH NJW-RR 2001, 181. § 55 IV 1 MarkenG ergänzt § 325 I dergestalt, dass abweichend von dessen Inhalt eine Rechtskrafterstreckung ausnahmsweise bei einem Rechtsübergang auch schon vor Rechtshängigkeit stattfindet, Köln GRUR-RR 2007, 405.

Miete/Pacht: Die Entstehung eines neuen Miet- oder Pachtverhältnisses mit dem Erwerber des Objekts nach § 566 I BGB stellt keine Rechtsnachfolge dar; § 727 gilt indes analog, wobei das Vorliegen eines Miet- oder Pachtvertrags insbesondere bei einem gemischten Vertrag mit Blick auf die Offenkundigkeit kritisch zu prüfen ist, BGH NZM 2022, 249 Rn. 18; NJW 2020, 683 Rn. 24. Zur Rechtskrafterstreckung bei Untermiete → § 322 Rn. 97.

Nießbrauch: Die Schaffung des Nießbrauchs kann gegenüber dem Eigentum die Schaffung eines minderen Rechtes und damit Rechtsnachfolge sein, BGH NJW 2014, 1740 Rn. 15; bei seinem Erlöschen wird der Eigentümer nicht Rechtsnachfolger, BGH NJW 2016, 1953 Rn. 14; aA Pohlmann NJW 2016, 1911. Auch → Rn. 22. Zur Klauselumschreibung gegen den Nießbraucher → § 727 Rn. 7.

Organstellung: Neue Organmitglieder sind nicht Rechtsnachfolger ihrer als solchen im Rechtsstreit belangten Vorgänger, BGH MDR 1958, 319.

Personengesellschaft: Der Erwerber eines Gesellschaftsanteils ist Rechtsnachfolger, BGH NJW 1978, 1525. Das Ausscheiden der Gesellschafter bis auf einen, ohne Liquidation, ist ein Fall der Gesamtrechtsnachfolge, BGH NJW 2000, 1119; NJW 1991, 844; NJW 1971, 1844, nicht aber der bloße Gesellschafterwechsel bei Fortbestehen der Gesellschaft, Zweibr GRUR 1988, 485; Prütting/Gehrlein/Völzmann-Stickelbrock Rn. 27; Musielak/Voit/Musielak Rn. 8.

Ein Urteil im Rechtsstreit mit den Gesellschaftern einer BGB-Gesellschaft wirkt nicht im Rechtsstreit gegen die Gesellschaft selbst; aus § 129 I HGB, § 736 ZPO folgt nicht anderes, BGH NJW 2011, 2048 Rn. 7, 11, unter Berufung auf BGH NJW 2001, 1056. Ein rechtskräftiger Sieg der Gesellschaft befreit die Gesellschafter. Denn es steht fest, dass die Gesellschaftsschuld nicht besteht. Das gilt auch dann, wenn ein Gesellschafter im Prozess ausgeschieden ist. IÜ § 129 IV HGB.

Pfändung und Überweisung: Die Pfändung einer streitbefangenen Forderung ist wie auch die Abtretung zulässig, BGH NJW 1983, 886; → Rn. 28. Hat ein Gläubiger eine solche Forderung wirksam gepfändet, wirkt das Urteil auch gegen ihn, OLGR Mü 2009, 334 (beim Notar hinterlegter Kaufpreis); vorbehaltlich des Einwands der Kollusion kann der Schuldner als Kläger des Rechtsstreits sich gegenüber dem bekl. Drittschuldner zur **Berufungsrücknahme** verpflichten, BGH NJW 1989, 39, oder eine neg. Feststellungsklage des Drittschuldners **anerkennen,** Mü FGPrax 2009, 84. Wenn der Drittschuldner nach Pfändung der vom Schuldner geltend gemachten Klageforderung entgegen der gebotenen Umstellung des Klageantrags auf Leistung an den Gl., → Rn. 28, fälschlich zur Zahlung an den Schuldner verurteilt wird, für eine erfüllungswirksame Zahlung an den Schuldner aber nicht den Gutglaubensschutz des § 407 BGB genießt, muss er notfalls **hinterlegen,** BGH NJW 2001, 231; NJW 1983, 886.

Die Rechtskraft des vom Drittschuldner gegen den Schuldner erstrittenen Urteils auf Vertragserfüllung bindet nicht den Vollstreckungsgläubiger, der einen vermeintlichen Anspruch des Schuldners aus ungerechtfertigter Bereicherung wegen Unwirksamkeit des Vertrags gepfändet hat; insoweit liegen verschiedene **Lebenssachverhalte** vor, BGH NJW 1996, 395; → § 322 Rn. 10.

Pfandschuldner: Er kann sich bei Abweisung der Klage des Gläubigers gegen den Schuldner auf das Nichtbestehen der Forderung berufen, BGH NZG 2012, 149 Rn. 12. Auch → Rn. 57 „Bürgschaft"

Rechtsanwalt: Eine Rechtsnachfolge liegt vor, soweit ein Anwalt nach dem Erlass des KfB nach § 104 oder nach § 11 RVG Nachfolger seines Sozius geworden ist; im Zweifel ist indes der Titel bei Nennung der Sozien als für alle erlassen auszulegen, Saarbr Rpfleger 1978, 227.
Rückübertragung: Sie steht der Übertragung gleich, BGH MDR 2021, 446 = BeckRS 2020, 42305 Rn. 21. Zum Zusammenhang mit der erforderlichen Wirksamkeit des Übertragungsgeschäfts → Rn. 22; zur abweichende Lage bei Anfechtung → Rn. 32.
Schiedsspruch: Zur Vollstreckbarerklärung gegenüber einem Rechtsnachfolger Mü BeckRS 2015, 9570.
Schuldübernahme: Sie ist bereits im Wortsinn keine Rechtsfolge, BGH NJW 1973, 1700; Mü BeckRS 2015, 9570. Bei der kumulativen Schuldübernahme steht zusätzlich § 425 II BGB entgegen, Zöller/Vollkommer ZPO Rn. 24.
Störung: → „Eigentum".
Umwandlung: „Kapitalgesellschaft".
Unterlassungsanspruch: Der Rechtsnachfolger haftet insoweit nicht, Hbg MD 2010, 52; Ddf NJW 1990, 1000; auch BGH NJW 2008, 301 (keine Wiederholungsgefahr).
Untermiete: → § 322 Rn. 97.
Vermögensübernahme: Der Übernehmer ist nicht Rechtsnachfolger, BGH NJW 1957, 420; offen gelassen in BGH NJW 1987, 2863, daher die Sonderregelung des § 729.
Vertrag zugunsten Dritter: Ein vom Versprechensempfänger gegen den Versprechenden erstrittenes Urteil wirkt nicht für den Dritten, BGH NJW 1952, 178.
Wasserrecht: Die Überleitung von privaten Rechtsinhabern auf eine Gemeinde ist kein Rechtsübergang, BGH NVwZ-RR 1989, 347.
Wohnungseigentum: §§ 325 I, 265 gelten auch hier, BGH NJW 2001, 3339; Ffm NJW-RR 2006, 155; Ddf FGPrax 2006, 203; → Rn. 7. § 48 III WEG aF ging weiter, LG Stgt NJW-RR 2013, 649. Bezüglich des Übergangs der Rechtsinhaberschaft für Ansprüche gegen Störer auf die Gemeinschaft nach § 9a II Alt. 1 WEG n. F. ist § 325 auch nicht analog anwendbar, LG Ffm NJW 2021, 643 Rn. 16.
Zwangshypothek: Die Rechtskraft des Urteils, aufgrund dessen sie eingetragen wird, erstreckt sich nicht auf den Erwerber des Grundstücks; dennoch hat dieser nur die Abwehrrechte des Vorgängers, BGH NJW 1988, 828.

b) Nach Rechtshängigkeit, nach Rechtskraft. Die Rechtsnachfolge muss **nach Rechtshängigkeit** der Klage eingetreten sein; auf Ereignisse davor ist die Regelung nicht anwendbar, BAG NJW 2000, 92. Ob das Gericht die Nachfolge kennt und im Urteil berücksichtigt, ist unerheblich. Dass die Rechtsnachfolge, etwa durch Abtretung, erst **nach Rechtskraft** des Urteils im Vorprozess eingetreten ist, hindert die Anwendung des § 325 I nicht, BGH NJW 1991, 2552 II; NJW 1983, 2032 II; NJW 1981, 1517 I, 2. 29

c) Eintritt der Rechtsänderung unter besonderen Voraussetzungen. aa) Aufschiebende Bedingung, Genehmigung. Da erst der Eintritt der Bedingung zur Änderung der Rechtslage führt, kommt es auf eben diesen Zeitpunkt an, der nach Eintritt der Rechtshängigkeit liegen muss, hM Prütting/Gehrlein/Völzmann-Stickelbrock Rn. 19; MüKoZPO/Gottwald Rn. 48; Zöller/Vollkommer ZPO Rn. 19. Das Sonderproblem des Erwerbs unter Eigentumsvorbehalt (§ 449 BGB) löst sich über den normalerweise stattfindenden Besitzübergang, jedenfalls aber durch die Einbeziehung der **Anwartschaft** in die Wirkungen der Norm, so wohl auch BGH NJW 2014, 1740 Rn. 15 („mindere Rechtsstellung"); Prütting/Gehrlein/Völzmann-Stickelbrock Rn. 25, indes ist genau zu prüfen, welches Recht die Anwartschaft vermittelt, KG JurBüro 2009, 611 (kein Recht zum Besitz). 30

Bei einer vor Rechtshängigkeit erfolgten Veräußerung heilt alleine die **nachträgliche Genehmigung** der Prozessführung den Mangel nicht, Drsd MDR 2015, 1097. Auch eine Analogie scheidet aus; das ergibt sich nicht zuletzt aus der Existenz materiell-rechtlicher Sonderregeln, etwa bei §§ 407 II, 408 I, 412, 413 BGB, § 372 HGB, §§ 8 IV 2, 15 I GebrMG, §§ 27, 28 MarkenG, §§ 30 III 2, 81 I 2 PatG, LG Stgt ZMR 2012, 731. Bei einem **genehmigungsbedürftigen** Geschäft kommt es hingegen darauf an, dass der Rechtsübergang nach Rechtshängigkeit wirksam wird. 31

bb) Auflösende Bedingung, Befristung, Anfechtung. Entgegen der hM, Prütting/Gehrlein/Völzmann-Stickelbrock Rn. 21; MüKoZPO/Gottwald Rn. 49; Zöller/Vollkommer Rn. 18, jew. mwN; → § 265 Rn. 12, erscheint es nicht selbstverständlich, dass der Eintritt einer **auflösenden Bedingung** zur Rechtsnachfolge führt. Sprachlich liegt eine solche in der Wiederherstellung des ursprünglichen Zustandes nicht. Bei der inhaltlich benachbarten Rückübertragung, → Rn. 22, liegt der von § 325 I sprachlich geforderte neue Begründungstatbestand vor. Auch kommt der Anfechtung die Wirkung des § 325 I nicht zu, s. u. 32

Die Rechtsposition, auf deren Grundlage der Rechtsstreit begonnen wird, erlischt durch den Eintritt der Bedingung, was alternativ zur Anwendung von §§ 265, 325 I den Anlass zur Abgabe einer **Erledigungserklärung** geben kann, → § 91a Rn. 46 „Erlöschen"; die Rechtsposition wird aber nicht auf den früheren Inhaber übertragen. Wird nach § 91a entschieden, stellt sich die Frage der Rechtskraftwirkung nicht, → § 91a Rn. 127, 132. Wird die Erledigung streitig festgestellt, mag hierdurch eine der materiellen Rechtskraft fähige Entscheidung über den Streitgegenstand ergehen, → § 91a Rn. 229, indes ist auch das erledigende Ereignis erfasst, dessen Eintritt die Lage des ursprünglichen und nunmehr neu auftretenden Rechtsinhabers nicht notwendig berührt. Vorrangig ist demnach die Anwendung des § 265 zu prüfen; tritt diese ein, wird die Anwendung des § 325 I wegen des inneren Zusammenhangs der beiden Regelungen, → Rn. 1, zu erwägen sein. Erlischt lediglich ein die Rechtsposition des Dritten einschränkendes Recht, stellt sich die Frage nach der Geltung des § 325 I nicht, da die Streitgegenstände verschieden sind, → Rn. 22. 33

Vergleichbar ist die Lage bei einer zeitlich **befristeten** Rechtsposition. 34

Die **Anfechtung** des Übertragungsgeschäfts mit den ex-tunc-Wirkungen des § 142 I BGB macht den ursprünglichen Rechtsinhaber nicht zum Rechtsnachfolger, BGH NJW 2008, 2852 Rn. 34; → § 265 Rn. 12 „Anfechtung". 35

d) Umfang der Rechtskraftwirkung. aa) Hauptsache. Vorrangig ist zu beachten, dass die in der Norm angeordnete Erweiterung der **subjektiven Grenzen** der Rechtskraft eines Urteils, dh deren Erstreckung auf den Dritten, BGH MDR 1958, 319, gegenüber dem Rechtsnachfolger nicht zu einer Erweiterung der **objektiven Grenzen** der Rechtskraft führt; die Rechtskraftwirkung eines Urteils kann nach §§ 265, 325 I nicht weiter reichen als die materielle Rechtskraft, die es nach § 322 I für den Streitgegenstand entfaltet, BGH NJW 2019, 36

2308 Rn. 28; NJW-RR 2018, 719 Rn. 15; NJW 1981, 1517 (Abweisung einer Herausgabeklage); → Vor § 322 Rn. 25. Bei Anwendung des § 325 sind mithin vorrangig die von der ersten Entscheidung ausgehende Rechtskraftwirkung nach § 322 I und deren Bedeutung für die nunmehr anstehende Sache genau zu untersuchen, → § 322 Rn. 7.

37 Das hat insbesondere Folgen in Fällen, in denen die Entscheidung auf einer Rechtsbeziehung der Parteien beruht, in die der Rechtsnachfolger nicht notwendig eintritt, BGH NJW-RR 2018, 719 Rn. 14. Der Erbe etwa ist durch die gegenüber dem Erblasser erfolgte Feststellung des Eigentums eines Dritten nicht gehindert, sich darauf zu berufen, vor Rechtshängigkeit des Prozesses gegen den Erblasser unabhängig von der Gesamtrechtsnachfolge selbstständig Eigentum erworben zu haben BGH NJW-RR 2018, 719 Rn. 12; MDR 1956, 542.

38 Die **Grenzen,** die der Rechtskraft durch den Eintritt neuer Tatsachen gezogen sind, → § 322 Rn. 102, gelten demzufolge auch für den Rechtsnachfolger. Dieser wird durch die Bindung an das gegen seinen Rechtsvorgänger ergangene Urteil deshalb ebenso wenig wie jener selbst daran gehindert, neue Tatsachen geltend zu machen und hieraus Ansprüche abzuleiten, selbst wenn sie auf das gleiche Ziel gerichtet sind, BGH NJW 2017, 893 Rn. 18. Bei Prüfung der Frage ist anhand der Entscheidungsgründe des ersten Urteils, → § 322 Rn. 7, zu klären, ob die **neu entstandene Tatsache** die dort bejahten oder verneinten Tatbestandsmerkmale beeinflusst, BGH NJW 1984, 126; NJW 1981, 2306.

39 Je nach Gestaltung des Einzelfalls kann sogar die Rechtsnachfolge selbst eine die Rechtskraftwirkungen begrenzende Tatsache sein. Die Regelung des **§ 566 BGB** zB findet auf ein bei der Eigentumsübertragung bereits beendetes Mietverhältnis keine Anwendung; tritt aber der Erwerber in dieses Mietverhältnis nicht ein, kann ein Urteil, das auf dem vertraglichen Recht des Mieters zum Besitz aufbaut, gegenüber dem Erwerber nicht fortgelten, BGH NJW-RR 2018, 719 Rn. 19; NJW 2010, 1068 Rn. 21.

40 Der Rechtsnachfolger muss einen zwischen dem Veräußerer und dem Prozessgegner geschlossenen gerichtlichen **Vergleich** gegen sich gelten lassen, wenn und soweit der Inhalt des Vergleichs auch das Ergebnis eines Urteils in dem anhängigen Prozess sein könnte und sich die Rechtskraft eines solchen Urteils auf den Rechtsnachfolger erstreckt hätte, BGH NJW 2019, 310 Rn. 18; aA Makowsky JR 2020, 1; zur Titelumschreibung → § 727 Rn. 7 „Vergleich".

41 **bb) Kosten.** Str. ist, ob und in welchem Umfang sich die Rechtskraft auf die Entscheidung über die Kosten erstreckt. Dem Wortlaut des § 325 I nach ist dies grds. der Fall. Zöller/Vollkommer Rn. 1 lehnt sie ab. Die wohl hM stellt darauf ab, ob die Rechtsnachfolge auch die Kostenhaftung erfasst, Prütting/Gehrlein/Völzmann-Stickelbrock Rn. 12; Stein/Jonas/Althammer Rn. 16; MüKoZPO/Gottwald Rn. 18. Das ist insoweit folgerichtig, als der Gedanke der begrenzten Rechtskraftwirkungen, → Rn. 36, in die Nebenentscheidungen hinein fortgeschrieben wird. Der Universalrechtsnachfolger zB haftet demnach auch auf die Kosten; wer nicht nach § 566 BGB in das Mietverhältnis eintritt, haftet auch insoweit nicht, → Rn. 37.

42 **3. Erwerb mittelbaren Besitzes, Abs. I Alt. 2 Fall 2.** Die Norm stellt den Erwerb des mittelbaren Besitzes dem Rechtserwerb gleich. Es mag dahinstehen, ob der Fall nicht ohnehin eine Rechtsnachfolge darstellt, wie die Übertragung des Eigenbesitzes, BGH NJW 1991, 2420; → Rn. 22; abweichend von Musielak/Voit/Musielak Rn. 10 ergibt sich auch aus BGH NJW 1981, 1517 nichts anderes. Jedenfalls wird die Rechtsnachfolge insoweit klargestellt. Betroffen sind im Wesentlichen Miet- und Pachtverhältnisse sowie die Leihe.

43 **III. Erwerb vom Nichtberechtigten, II.** Abs. II enthält eine Ausnahme von der in I ebenfalls mit Ausnahmecharakter geregelten Rechtskrafterstreckung, → Rn. 1; deren Tragweite soll grds. nicht geschmälert werden. Geregelt wird ausschließlich der Erwerb vom Nichtberechtigten; aA, die eine Anwendung auf den Erwerb vom Berechtigten befürworteten, sind durch BGH NJW 2019, 310 Rn. 32 (Fortsetzung BGH NJW 1993, 1396; NJW-RR 1987, 307) überholt; so auch MüKoZPO/Gottwald Rn. 111. Einen eigenen Gutglaubenstatbestand in Bezug auf die Rechtsposition enthält die Regelung nicht. Erforderlich ist eine **„doppelte Gutgläubigkeit",** die zum einen die Voraussetzung der jeweils einschlägigen, von II in Bezug genommenen Gutglaubensvorschriften erfüllt, und die sich zum anderen auch auf die fehlende Rechtshängigkeit bezieht, zusammenfassend BGH NJW 2019, 310 Rn. 32; NJW 1991, 2420.

44 Praktische Bedeutung haben damit in erster Linie §§ 135 II, 405 BGB, 892 ff. mit §§ 1138, 1155 BGB, §§ 932 ff. mit §§ 1032, 1207, 1244 BGB, die Vorschriften über die Wirkung von eherechtlichen Beschränkungen gegenüber Dritten nach §§ 1357, 1412 BGB, sowie die Bezugnahmen auf die Gutglaubensvorschriften im Erbrecht, §§ 2113 III, 2129 II 1, 2211 II BGB, die Regelung über den guten Glauben des Erbscheins in § 2366 BGB, entspr. für das Testamentsvollstreckerzeugnis in § 2368 S 2 BGB, sowie betr. die Todeserklärung § 2370 BGB, schließlich 363 ff. HGB, § 81 I 2 InsO, Art. 17 WG. Die **subjektiven Voraussetzungen** des guten Glaubens (Kenntnis, grobe Fahrlässigkeit) sind der jeweils einschlägigen Norm des materiellen Rechts zu entnehmen; sie beziehen sich mit ihren jeweiligen Anforderungen auch auf die Rechtshängigkeit, Stgt OLGZ 1979, 300 (Vorsatz bei § 892 I BGB). Für den bösen Glauben reicht eines der beiden Elemente, BGH NJW 1991, 2420. Es muss indes auch ein Eingriff gerade in die gutgläubig erworbene Position vorliegen, KG JurBüro 2009, 611.

45 **IV. Rechtshängigkeitsvermerk.** Kommt es in Bezug auf eine in das Grundbuch eingetragene Rechtsposition auf den guten Glauben wegen der Rechtshängigkeit an, kann man ihn durch die Eintragung eines im Gesetz zwar nicht vorgesehenen, allg. Ansicht nach jedoch zulässigen Vermerks ins Grundbuch ausschließen, wenn ein Rechtsschutzbedürfnis dafür vorliegt; bei fehlender Bewilligung des Buchberechtigten ist die Eintragung analog § 899 II BGB iVm §§ 936, 920 ZPO nur über eine einstweilige Verfügung erreichbar, BGH NJW 2013, 2357; eingehend auch zur aA Singbartl/Zintl MDR 2014, 1240. Käme es, wie die früher hM annahm, entspr. §§ 20, 29 GBO nur auf die Darlegung der Rechtshängigkeit an, entstünde ein Wertungswiderspruch zu § 899 BGB, der durch die Lösung des BGH vermieden wird, zutreffend bereits Köln Rpfleger 2012, 522. Abweichende Auffassungen sind für die Praxis unbeachtlich.

46 Das Grundbuchamt darf die Rechtmäßigkeit der eV nicht prüfen, KG Rpfleger 2013, 267.

47 **V. Eingetragenes Recht, III, IV. 1. Veräußerung, III 1.** Die Vorschrift enthält in Abs. III, IV Sonderregeln für ein Urteil über eine eingetragene **Reallast,** Hypothek, Grundschuld, Rentenschuld, Schiffshypothek, ferner für ein Registerpfandrecht an einem Luftfahrzeug, auf das IV sinngemäß anwendbar ist, § 99 I LuftfzRG. Hinsichtlich der Folgen ist zu unterscheiden.

III, IV machen eine Ausnahme von II, indem sie die Regel des I wiederherstellen. Auch der gutgläubige Erwerber wird im Falle einer gegen den Veräußerer und damit gegen ihn ergehenden Entscheidung bei den aufgeführten eingetragenen Rechten nicht geschützt, da es hinsichtlich der Rechtshängigkeit nach III 1 aE auf den guten Glauben nicht ankommt; man geht davon aus, dass er sich, nicht zuletzt aufgrund der Eintragung im Grundbuch, nach einem Rechtsstreit erkundigen kann. Der Prozessgegner (Gläubiger des eingetragenen Rechts) kann nach § 727 die vollstreckbare Ausfertigung umschreiben lassen. Bei einer zugunsten des Erwerbers ergehenden Entscheidung wirkt das Urteil ohne Einschränkung nach Abs. I; ein Vorteil für den Gegner wäre insoweit nicht gerechtfertigt. 48

Die Ausnahmeregel bezieht sich nur auf das **dingliche Recht,** nicht hingegen auf die diesem zugrunde liegende schuldrechtliche Forderung („in Ansehung des Grundstücks"), BGH NJW 1960, 1348. 49

2. Ersteigerung, III 2, IV. Die Vorschrift macht bei einem Grundstück, nicht auch bei einem Schiff, eine Unterausnahme von III 1 bei einem Erwerb in der Versteigerung. Es wirkt das Urteil gegen den Ersteher nur dann, wenn man die Rechtshängigkeit spätestens im Versteigerungstermin vor der Aufforderung zur Abgabe von Geboten angemeldet hatte, selbst wenn der Ersteher sie kannte. Die Regelung schreibt **§ 54 ZVG** in die ZPO hinein fort; sie soll eine Täuschung des Erstehers vermeiden, die andernfalls unter Ausnutzung von § 325 I möglich wäre. Auf Kenntnis der Rechtshängigkeit kommt es nicht an. 50

VI. Erweiterte Rechtskraftwirkungen außerhalb des § 325. 1. Grundlagen. Außerhalb der in § 325 getroffenen Regelungen finden sich im Verfahrensrecht wie im materiellen Recht Ausgangslagen, die im Zusammenhang mit Rechtsstreitigkeiten zwischen anderen Beteiligten und der Entscheidung über andere Streitgegenstände in eine Berücksichtigung von Rechtskraftwirkungen eines voraufgegangenen Urteils einmünden. Dabei geht es generell um eine Erweiterung der subjektiven Rechtskraft, wohingegen die objektive Rechtskraft unbeeinflusst bleibt. Die Ausgangslage entspricht also derjenigen des § 325 I Alt. 2, → Rn. 36. Es ist wie in jener Fallkonstellation streng zu trennen zwischen der vorrangigen Frage, an welchem Punkt der neu anstehenden Fallbearbeitung das voraufgegangene Urteil sich in welcher Weise auswirkt und welche Wirkungen genau es entfalten kann. Letzteres hängt von den jeweiligen Grundlagen der in Rede stehenden Rechtskraftwirkung ab. Allgemeine Gedanken zur Rechtskrafterstreckung werden aus den gesetzlichen Regelungen nicht hergeleitet, BGH NJW 1996, 395. Zum Ausnahmecharakter des § 325 auch → Rn. 1. 51

2. Verfahrensrecht. Das **Gestaltungsurteil** wirkt seiner Natur nach für und gegen alle. Es schafft eine neue Rechtslage. Die Frage der Rechtskrafterstreckung stellt sich mithin nicht. Zur **Prozessstandschaft** und insbes. zur Inkassozession → Rn. 17. Zur **Streitgenossenschaft** → Rn. 8; die notwendige Streitgenossenschaft kann sich aus dem Erfordernis einheitlich zu schaffender Rechtskraftwirkungen ergeben, sie schafft hingegen solche nicht, § 62. Auch die Nebeninterventionswirkung nach § 68 ist eine gesetzliche Folge eigener Art, nicht eine Regelung zur Rechtskrafterstreckung (anders die Vorauflagen). 52

3. Materielles Recht. a) Bindende gesetzliche Vorgaben. Wenn das Gesetz die Erweiterung der Rechtskraftwirkungen auf Dritte anordnet, kommt es für die Tragweite der Regelung insbesondere auf deren **Sinn und Zweck** an, eingehend BGH NJW-RR 2003, 1327 für § 124 VVG (§ 3 Nr. 8 PflVG aF). 53

Beispiele: 54

Abstammungssachen: Vgl. §§ 169 ff., 184 FamFG. 55

Aktienrecht: §§ 248 I 1, 252 AktG führen zur Rechtskrafterstreckung über die Parteien des Anfechtungs-, Nichtigkeitsprozesses hinaus. § 248 AktG gilt nach § 75 II GmbHG entspr. Auch § 51 V GenG.

Insolvenztabelle: Für die Wirkungen der Eintragung beachte §§ 178 III, 183 I InsO.

Pfändung: Für den Drittschuldnerprozess beachte § 856 IV, V.

Pflichtversicherung: Eine Rechtskrafterstreckung regelt § 124 I VVG für den Fall der vollen oder teilweisen Klageabweisung, nicht des Zuspruchs, im Rechtsstreit des Unfallgegners zum Versicherer oder zum Versicherungsnehmer, BGH NJW 1971, 940. Die Norm greift auch bei gesamtschuldnerischer Inanspruchnahme beider ein, BGH NJW 2019, 2397; NJW-RR 2012, 233 Rn. 5; NJW-RR 2003, 1327; NJW 1982, 996; NJW 1982, 999, bei Abweisung wegen Verjährung, BGH NJW-RR 2003, 1327, und selbst dann, wenn der mit dem Versicherer gesamtschuldnerisch verklagte Fahrer den (fingierten) Unfall zugestanden hat, Saarbr NJW-RR 2010, 326 (328 f.). Bedeutsam BGH NJW 2021, 2808: Abweisung der Direktklage gegen Versicherer und Fahrer schießt Klage gegen Halter aus, wenn Versicherer auch wegen Halterhaftung erfolglos in Anspruch genommen worden war, selbst wenn der klagende Dritte mangels Aktivlegitimation unterlegen ist; entscheidend ist die Abweisung aus sachlichen Gründen.

Sie gilt nicht für das Verhältnis von Fahrer und Halter, BGH NJW 1986, 1610, nicht für den Vergleich, BGH NJW-RR 1986, 22, und nicht für das strafrechtliche Adhäsionsverfahren, BGH NJW 2013, 1163. Die Rechtskraft eines zusprechenden Urteils wird durch eine spätere gegenteilige Entscheidung nicht berührt, BGH NJW-RR 1986, 22; allg. zu kollidierenden Urteilen § 322 → Rn. 96.

Rspr. zur Vorläuferregelung in § 3 Nr. 8 PflVG ist übertragbar (Stichtage 1.1.2008/2009).

Unterlassungsklage: Nach § 11 S. 1 UKlaG kann die Wirkung eines Unterlassungsurteils ganz oder teilweise im Wege der Einrede geltend gemacht werden. Dem steht eine spätere Gesetzesänderung nicht entgegen, soweit die Wirksamkeit einer Bestimmung streitig ist, die vorher in einen Vertrag einbezogen worden war, BGH NJW-RR 2022, 621.

Vorstand: Aktienrecht.

WEG: § 48 III WEG aF regelte einen Fall der Rechtskrafterstreckung, BGH NJW 2010, 2132. Sie gilt nach § 44 III WEG nF nur noch zwischen den Eigentümern, nicht mehr gegenüber dem Verwalter, kritisch Dötsch/Schultzky/Zschieschack, WEG-Recht 2021, § 44 Rn. 119.

Zurückbehaltungsrecht: Das Urteil auf eine Gestattung der Befriedigung aus einem kaufmännischen Zurückbehaltungsrecht wirkt regelmäßig gegenüber dem dritten Erwerber der zurückbehaltenen Sache nach § 372 II HGB.

b) Materiell-rechtliche Abhängigkeit aufgrund gesetzlicher Regelung. Die Frage der Rechtskraftwirkungen gegenüber Dritten kann sich in vielfältiger Weise stellen, wenn zwischen Beteiligten eine materiell-rechtliche Beziehung besteht, in die das zwischen einzelnen von ihnen ergangene Urteil hineinwirkt. Ausgangs- 56 punkt ist auch hier die neu anstehende Sache und die Frage, ob und auf welche Art die für eine Berücksichtigung des ersten Urteils einschlägige Norm sich auf die Lösung auswirkt.

57 **Bürgschaft:** Mit Blick auf die Akzessorietät der Bürgschaftsschuld zur Hauptforderung nach §§ 765 I, 767 I, 768 I BGB bedarf die Rechtskraft von Urteilen zwischen zwei der drei Beteiligten (**Gl**äubiger, **S**chuldner, **B**ürge) jeweils gesonderter Betrachtung.

– Auf die Abweisung einer **Klage gegen den Schuldner** kann der Bürge sich nicht wegen § 325 I, wohl aber wegen §§ 767 I 1, 768 I 1 BGB berufen, BGH NZG 2012, 149 Rn. 12. Der Zuspruch ist für den Bürgen nicht bindend, BGH NJW-RR 2005, 338. Nur eine **„Prozessbürgschaft"** kann im gegenteiligen Sinn auszulegen sein, BGH NZI 2007, 740 Rn. 27; NJW 1975, 1119; Kblz MDR 1998, 1022. Auch führt die rechtskräftige Verurteilung des Schuldners auf Klage des Gläubigers gegenüber dem Bürgen zum Lauf der 30jährigen Verjährung, BGH NJW 2016, 3158.
– Ein Urteil im Rechtsstreit **Schuldner gegen Bürgen** wirkt nicht gegen den Gläubiger, BGH NJW 1971, 701.
– Die Klage **Gläubiger gegen Bürge** wirkt nicht gegen Schuldner, insbesondere führt sie auch keine Lage herbei, die einer Hemmung der Verjährung entspräche, BGH NJW 1980, 1460. Der Einwand der **Aufrechenbarkeit** aus § 770 II BGB schafft bei Verneinung der Gegenforderung für diese keine Rechtskraft, BGH NJW 1973, 146; → § 322 Rn. 114. Der Bürge kann sich nach allem auf die Verjährung der Hauptforderung auch dann berufen, wenn die Bürgschaftsklage vor Vollendung dieser Verjährung erhoben worden war, BGH NJW 1980, 1460. Anders ist die Lage, wenn der Gläubiger (auch) erfolgreich Klage gegen den Schuldner erhoben hat, denn dessen rechtskräftige Verurteilung führt gegenüber dem Bürgen zum Lauf der 30jährigen Verjährung, BGH NJW 2016, 3158 (Abgrenzung zu BGH NJW 1980, 1460).

Zur Rechtskrafterstreckung **inter partes** → Vor § 322 Rn. 25.

GmbH: Die Frage nach Rechtskraftwirkungen von Urteilen, die im Verhältnis zur GmbH und zu deren Gesellschaftern ergangen sind, stellt sich wegen der rechtlichen Selbständigkeit der Gesellschaft grds. nicht, → § 322 Rn. 99 „Gesellschaft", Ddf ZIP 1994, 619; das gilt auch für eine vom Alleingesellschafter erhobene Klage, BGH NZG 2012, 149. Eine erfolgreiche Auflösungsklage gegen die GmbH wirkt auch gegen die nicht beteiligten Gesellschafter, Zöller/Vollkommer Rn. 37. Die Rechtmäßigkeit der **Kaduzierung** kann ein Gesellschafter bestreiten, obwohl ein Mitgesellschafter auf Klage von Gesellschaft oder Insolvenzverwalter verurteilt worden ist, BGH NJW-RR 2005, 338.

Hypothek: Da dem Sicherungsgeber (Eigentümer), gerade wenn er nicht der persönliche Schuldner ist, aufgrund der Akzessorietät der Sicherheit nach § 1137 Einwendungen offen stehen, kann er sich auf die Rechtskraft eines die Klage gegen den Schuldner abweisenden Urteils berufen, BGH NZG 2012, 149 Rn. 12. IÜ → „Bürgschaft".

KG: Einschlägig ist § 161 II HGB, → „OHG".

OHG: Da die OHG nach § 124 I HGB wie eine eigene Rechtsperson behandelt wird, findet eine allgemeine Erstreckung der Rechtskraft zwischen ihr und den Gesellschaftern nicht statt, BGH NJW 1975, 1280. Einschlägig ist insoweit **§ 129 I HGB.** Einwendungen sind nur dann **„in der Person"** des Gesellschafters begründet, wenn sie unmittelbar aus einer zwischen ihm und dem Gläubiger bestehenden Rechtsbeziehung hergeleitet werden; iÜ gilt § 129 I HGB, insbesondere für die Hemmung der Verjährung, BGH NJW 1979, 1361. Ein rechtskräftiges Urteil gegen die OHG, mit dem dieser **Einwendungen abgesprochen** werden, muss der Gesellschafter gegen sich gelten lassen, BGH NJW-RR 2005, 338; NJW-RR 1993, 1266; NJW 1981, 175; NJW 1975, 1280; auch bei der Scheingesellschaft, BGH NJW 1980, 784. Ob man die Regelung als Rechtskrafterstreckung, Zöller/Vollkommer Rn. 35, oder als Einwendungsausschluss ähnlich wie § 767 II versteht, offengelassen von BGH NJW-RR 2006, 1268, ist ohne Bedeutung. Eine Ausnahme gilt nur bei Ausscheiden vor Klageerhebung, BGH NJW 1966, 499; eingeschränkt in NJW 1981, 175, und bei Kollusion, BGH NJW 1996, 658.

Bei persönlicher Inanspruchnahme nach § 128 S. 1 HGB kann der Gesellschafter das Merkmal **„Verbindlichkeiten der Gesellschaft"** unter Hinweis auf ein zu deren Gunsten ergangenes rechtskräftiges Urteil erfolgreich bestreiten.

Ein **Urteil gegen die Gesellschafter** wirkt wegen der in § 124 HGB geregelten rechtlichen Selbständigkeit nicht gegen die OHG, selbst wenn alle Gesellschafter am Rechtsstreit beteiligt waren; eine Ausnahme bildet der Grundlagenstreit zwischen den Gesellschaftern, BGH NJW 2011, 2048 Rn. 16 (zur GbR, übertragbar); NJW 1967, 2159.

Die erfolglose **Einrede aus § 129 III HGB** führt nicht zu einer Sachentscheidung über die betr. Gegenforderung, BGH NJW 1973, 146, für den vergleichbaren Fall des Bürgen, vgl. auch → § 322 Rn. 114.

Pfand: Die Tragweite des § 1211 BGB entspricht den Regeln für die „Bürgschaft" und die „Hypothek", BGH NJW 1996, 395.

58 **c) Vereinbarung.** Die materielle Rechtskraft können die Parteien durch eine Vereinbarung nicht beeinflussen, sie können lediglich den Gegenstand des Urteils, soweit materiell-rechtlich möglich, einer neuen vertraglichen Regelung unterwerfen, → Vor § 322 Rn. 20.

59 Ebenso sind Vereinbarungen über die Tragweite eines rechtskräftigen Urteils möglich, namentlich über einen **Musterprozess.** Wirksam sind sie nur inter partes, eine Erstreckung von Urteilswirkungen auf Dritte ist prozessrechtlich nicht möglich, hM Musielak/Voit/Musielak Rn. 20; Prütting/Gehrlein/Völzmann-Stickelbrock Rn. 54; Zöller/Vollkommer Rn. 43a. Denkbar sind vertragliche Vereinbarung dahin, dass zwischen den Parteien eines nur über einen Teil des streitigen Gegenstands geführten Rechtsstreits die Wirkung des Urteils für den gesamten Gegenstand vereinbart wird oder dass Vertragspartner ein Urteil, das in einem Rechtsstreit unter Beteiligung Dritter ergangen ist, auch für ihre Rechtsbeziehung als verbindlich behandeln. Letzteres kann in AGB grds. nicht wirksam bedungen werden, BGH NJW 1984, 2408. Die Vereinbarung hat materiell-rechtlichen Charakter, so dass ihre Erfüllung ggf. in einem neuen Rechtsstreit eingefordert werden muss.

60 In Vertragsbeziehungen, die *mehr als zwei Beteiligte* umfassen, kann die Geltung eines Urteils im Streit zwischen zwei von ihnen auch für weitere vereinbart werden, BGH NJW 1982, 105; NJW 1984, 2408; NJW 1991, 1746 (Leasing). Entsprechendes gilt für die Prozessbürgschaft, → Rn. 57. Bei einem **Vertrag zugunsten Dritter** wirkt ein Urteil zwischen Versprechendem und Versprechensempfänger prozessual nicht zugunsten des

Dritten, BGH NJW 1952, 178; Zöller/Vollkommer Rn. 4, indes kann letzterer sich ggf. auf § 242 BGB berufen, MüKoZPO/Gottwald Rn. 96.

Zum Betriebsübergang → Rn. 28, zur Schuld- oder Vermögensübernahme → Rn. 28. 61

325a *Feststellungswirkung des Musterentscheids.* **Für die weitergehenden Wirkungen des Musterentscheids gelten die Vorschriften des Kapitalanleger-Musterverfahrensgesetzes.**

I. Systematik. Der Vorschrift kommt keine eigenständige Bedeutung zu. Sie verweist auf die Bindungswirkungen eines Musterentscheids nach § 16 KapMuG, SchlAnh. VIII, die sich aus § 22 KapMuG ergibt und hat insofern allein klarstellende Funktion, Musielak/Voit/Musielak Rn. 1. Die Formulierung „weitergehende Wirkungen" ist nur eine unscharfe Umschreibung der schon im KapMuG geregelten erweiterten Rechtskraft des Musterentscheids. Nach § 22 Abs. 1 S. 2 KapMuG wirkt der Musterentscheid für und gegen alle Beigeladenen, unabhängig davon, ob der Beigeladene selbst alle festgestellten Tatsachen ausdrücklich vorgebracht hat. 1

II. Regelungszweck. Der eigentliche Zweck der Aufnahme des Verweises auf das KapMuG in die ZPO für die „weitergehenden Wirkungen" war die Sicherstellung der Anerkennungsfähigkeit des Musterentscheids durch ausländische Gerichte als Entscheidungen iSv Art. 2 lit. a, Art. 65 EuGVVO bzw. Art. 2 lit. a Brüssel Ia-VO. Es sollte – insbesondere im Falle der Klagerücknahme des Musterklägers oder eines Beigeladenen – ermöglicht werden, die Wirkungen innerhalb der EU auch auf ein späteres Verfahren zu erstrecken (vgl. dazu BT-Drs. 15/5091, 34; vgl. auch Hess WM 2004, 2329 (2332)). Dieses, mit der Vorschrift verfolgte Ziel lässt sich jedoch nicht erreichen, da es sich beim Musterentscheid als einer bloßen Zwischenentscheidung nicht um eine anerkennungsfähige „Entscheidung" iSv Art. 2 lit a EuGVVO und Art. 2 lit. a Brüssel Ia-VO handelt (vgl. ausf. Stein/Jonas/Althammer Rn. 40 ff., auch zum Meinungsstand). 2

III. Geltungsbereich. Mangels eines über den § 22 KapMuG hinausgehenden Regelungsgehalts, kommt der Vorschrift keine eigenständige Bedeutung zu. Dementsprechend fehlt es bislang auch an gerichtlichen Entscheidungen, in denen die „weitergehenden Wirkungen" nach § 325a relevant geworden wären. 3

326 *Rechtskraft bei Nacherbfolge.* **I Ein Urteil, das zwischen einem Vorerben und einem Dritten über einen gegen den Vorerben als Erben gerichteten Anspruch oder über einen der Nacherbfolge unterliegenden Gegenstand ergeht, wirkt, sofern es vor dem Eintritt der Nacherbfolge rechtskräftig wird, für den Nacherben.**

II Ein Urteil, das zwischen einem Vorerben und einem Dritten über einen der Nacherbfolge unterliegenden Gegenstand ergeht, wirkt auch gegen den Nacherben, sofern der Vorerbe befugt ist, ohne Zustimmung des Nacherben über den Gegenstand zu verfügen.

I. Systematik, Regelungszweck, I, II. Es handelt sich um eine gegenüber § 325 vorrangige und deshalb eng auszulegende Spezialvorschrift. Ihr Geltungsbereich liegt neben demjenigen des gleichermaßen vorrangigen § 327. Bei **Zustimmung** des Nacherben zur Prozessführung des Vorerben kann die Rechtskrafterstreckung weiter gehen als die Norm vorsieht; es gelten hier die zur Prozessstandschaft entwickelten Grundsätze entsprechend, → § 325 Rn. 17. 1

Die **Zwangsvollstreckung** erfolgt nach § 728 I. 2

Der **Nacherbe** ist Rechtsnachfolger nicht des Vorerben, sondern des Erblassers. Deshalb muss § 326 die Lücke füllen, die § 325 I lässt, wenn ein Urteil zwischen dem Vorerben und einem Dritten ergeht. Die Lage ist insoweit vergleichbar der Erbausschlagung, die ebenfalls nicht zu einer Rechtsnachfolge des dann eintretenden Erben führt, BGH NJW 1989, 2885; auch → § 325 Rn. 28 „Erbrecht". 3

II. Rechtskrafterstreckung auf den Nacherben, I, II. 1. Günstiges Urteil, I. a) Gegenstand. Das Urteil muss entweder über einen gegen den Vorerben „als Erben" gerichteten Anspruch ergehen, dh über eine Nachlassverbindlichkeit §§ 1967 f. BGB ergehen oder über einen „der Nacherbfolge unterliegenden Gegenstand". Letzteres ist aus dem Willen des Erblassers herzuleiten, der den Umfang der Vor- und Nacherbschaft auch beschränken kann, BGH NJW 1980, 1276; Hmb FamRZ 2016, 1808; BayObLG NJW-RR 2003, 297; Brdb FamRZ 1998, 926. Hierdurch wird bereits in einem ersten, genau zu prüfenden Schritt die Rechtskraftwirkung des Urteils eingegrenzt. 4

b) Zugunsten des Nacherben. Das Urteil muss für den Nacherben günstig sein. Hierdurch wird verhindert, dass durch die Art der Prozessführung §§ 2112 ff. BGB unterlaufen werden. Eine teilweise günstige Entscheidung entfaltet Rechtskraft, soweit ihr Gegenstand als solcher teilurteilsfähig, dh von anderen abgrenzbar ist, § 301. Die **Kosten** des Rechtsstreits sind von der Rechtskrafterstreckung nicht umfasst, hM Musielak/Voit/Musielak Rn. 3; Prütting/Gehrlein/Völzmann-Stickelbrock Rn. 4 unter Hinweis auf BGH NJW 1970, 1742. 5

Das dem Vorerben ungünstige Urteil trifft den Nacherben nur nach §§ 2112 ff. BGB, § 326 II ZPO, d. h. nur im Rahmen der dem Vorerben verbliebenen Verfügungsbefugnisse bleibt es bei dem eingetretenen Verlust. Weitergehende nachteilige Wirkungen treten für den Nacherben nicht ein. 6

c) Eintritt der Rechtskraft. Nur ein Urteil, das vor dem Eintritt der Nacherbfolge gem. § 705 formell rechtskräftig wird, wirkt für den Nacherben. Die darin liegende günstige Rechtsposition erwirbt der Erbe materiell-rechtlich nach § 1922 I BGB. Eine Rechtskrafterstreckung nach Abs. I tritt bei Eintritt der Rechtskraft nach dem Nacherbfall nicht ein, näher → Rn. 10. 7

2. Verfügungsbefugnis des Vorerben, II. II enthält eine eng umschriebene Ergänzung zu I. Die Rechtskrafterstreckung reicht hier in dem Maße weiter als diejenige nach I, als es um einen Gegenstand geht, über den der Vorerbe verfügen kann. Die Norm ist ein Spiegelbild der §§ 2112 ff. BGB. Bedeutung hat die Regelung also dann, wenn die Ausnahmen von § 2112 BGB nicht eingreifen oder der Vorerbe nach § 2136 BGB befreit ist. Der Nacherbe muss insbesondere ein Leistungsurteil erfüllen, das über § 728 gegen ihn durchgesetzt werden kann. 8

9 Bei der Voraussetzung, dass das Urteil vor Eintritt des Nacherbfalls rechtskräftig geworden sein muss, bleibt es angesichts des ergänzenden Charakters von II auch hier. Bei Eintritt vor diesem Zeitpunkt gelten die Vorschriften über Unterbrechung und Aussetzung, → Rn. 10.

10 **III. Nacherbfall im Verlauf des Rechtsstreits.** Tritt der Erbfall im Verlauf des Rechtsstreits ein, gelten §§ 239, 242, 246, näher → § 242. Grds. verliert der Vorerbe in diesem Fall die Sachlegitimation, so dass Erledigung der Hauptsache eintritt. Eine Ausnahme bilden Fälle, in denen der Vorerbe für Nachlassverbindlichkeiten weiter haftet, vgl. § 2145 BGB. Auch kann ein Prozessbevollmächtigter nach § 246 den Rechtsstreit für den (ggf. unbekannten) Nacherben fortsetzen. Das ist in Absprache mit diesem im Einzelfall ratsam.

11 Unter den näheren Voraussetzungen des § 242 kann der Nacherbe analog § 239 I den Rechtsstreit aufnehmen. Wenn der Nacherbe nicht eintritt, gilt § 239. Schlägt der Nacherbe die Erbschaft aus und verbleibt diese dem Vorerben nach § 2142 II BGB, bleibt die Unterbrechung des Rechtsstreits bestehen, bis der Vorerbe den Prozess aufnimmt.

327 *Rechtskraft bei Testamentsvollstreckung.* [I] **Ein Urteil, das zwischen einem Testamentsvollstrecker und einem Dritten über ein der Verwaltung des Testamentsvollstreckers unterliegendes Recht ergeht, wirkt für und gegen den Erben.**

[II] **Das Gleiche gilt von einem Urteil, das zwischen einem Testamentsvollstrecker und einem Dritten über einen gegen den Nachlass gerichteten Anspruch ergeht, wenn der Testamentsvollstrecker zur Führung des Rechtsstreits berechtigt ist.**

1 **I. Systematik, Regelungszweck, I, II.** § 327 bezieht sich als eine wie § 326 gegenüber § 325 vorrangige und deshalb eng auslegbare Sondervorschrift nur auf den Testamentsvollstrecker nach §§ 2197 ff. BGB. Die Vorschrift baut darauf auf, dass dieser **Partei kraft Amtes** ist, → § 325 Rn. 11, und in dieser Eigenschaft handelt. Die Frage ist von Amts wegen zu prüfen, BGH NJW 1960, 523. Unanwendbar ist § 327, soweit der Testamentsvollstrecker nicht in dieser Eigenschaft vorgeht, sondern im eigenen Namen, sei es auch im Zusammenhang mit seinem Amt, BGH NJW-RR 1988, 386; NJW-RR 1987, 1090. Denkbar bleibt eine Tätigkeit des Testamentsvollstreckers über die Grenzen seines Amtes hinaus in gewillkürter **Prozessstandschaft,** BGH NJW 1980, 2461; hierfür gelten die insoweit maßgeblichen Regeln, → § 325 Rn. 17. All dies gilt auch dann, wenn der Testamentsvollstrecker in einen Rechtsstreit eintritt, weil der Erbfall erst in dessen Verlauf stattgefunden hat, BGH NJW 1988, 1390.

2 Die Vorschrift zieht die notwendigen prozessualen Folgerungen aus der Stellung des Testamentsvollstreckers nach dem sachlichen Recht, §§ 2197 ff. BGB. Die Erteilung einer **vollstreckbaren Ausfertigung** regeln für und gegen den Erben § 728 II, für und gegen den Testamentsvollstrecker § 749. Der **Nachlasspfleger** nach §§ 1960 ff. BGB fällt nicht unter § 327.

3 **II. Urteil zwischen dem Testamentsvollstrecker und einem Dritten, I, II. 1. Testamentsvollstreckung, I.** Der Testamentsvollstrecker ist nach § 2212 BGB allein prozessführungsberechtigt. Wenn das Urteil ein der Verwaltung des Testamentsvollstreckers unterliegendes Recht betrifft, wirkt es für und gegen den Erben. Erfasst ist des Weiteren nicht nur der vom Testamentsvollstrecker ausgehende Aktivprozess, in Gestalt von Klage oder Widerklage, sondern auch die vom Gegner ausgehende negative Feststellungsklage um einen der Verwaltung des Testamentsvollstreckers unterliegenden Gegenstand. Zum Sonderfall der Patentnichtigkeitsklage BGH NJW 1966, 2059. Die Zwangsvollstreckung richtet sich nach § 728 II. Der Erbe kann die fehlende Verwaltungsbefugnis des Testamentsvollsteckers durchgehend einwenden.

4 **2. Nachlassverbindlichkeit, II.** Wenn das Urteil eine Nachlassverbindlichkeit nach §§ 1967, 1968 BGB betrifft, wirkt es für und gegen den Erben nur insoweit, als der Testamentsvollstrecker nach § 2213 I 1 BGB prozessführungsberechtigt ist. Dies gilt nicht nur im Passivprozess, sondern auch für die vom Testamentsvollstrecker ausgehende negative Feststellungsklage, Grüneberg/Weidlich BGB § 2213 Rn. 1. Die Zwangsvollstreckung erfolgt nach §§ 728 II, 748, 749, 780 II. Hat der Gläubiger einen Titel nur gegen den Erben erstritten, kann er nach III Duldungsklage erheben.

5 **III. Prozess des Erben. 1. Aktivprozess.** Ein behauptender Prozess des Erben berührt den Testamentsvollstrecker nicht. Denn der Erbe ist nicht prozessführungsberechtigt, § 2212 BGB. Eine Ausnahme gilt, wenn der Testamentsvollstrecker dem Erben eine Prozessstandschaft erteilt, BGH NJW 1963, 297; NJW 1960, 523; → § 325 Rn. 17.

6 **2. Passivprozess.** Ein verneinender Prozess wirkt nur für den Testamentsvollstrecker, nach § 2213 BGB aber nicht gegen ihn, wenn der Erbe allein oder neben dem Testamentsvollstrecker prozessführungsberechtigt ist. Ist der Testamentsvollstrecker allein prozessführungsberechtigt, berührt ihn das Urteil nicht. Wenn der Erbe in einem alleine von ihm geführten Rechtsstreit obsiegt, kommt es auf die Frage, ob er prozessführungsbefugt war, nicht an. Denn das Urteil hat, selbst wenn es nicht hätte ergehen dürfen, in einem nachfolgenden Rechtsstreit des Testamentsvollstreckers materielle Rechtskraftwirkung; eine gegenteilige Entscheidung kann nicht mehr ergehen, weil zugunsten des Nachlasses bereits entschieden worden ist und der Zweck der Testamentsvollstreckung die Möglichkeit einer Abweichung nicht fordert.

7 Zur Prozessführung gegen den Testamentsvollstrecker auch nach Aufnahme des Rechtsstreits durch den Erben BGH NJW 1988, 1390.

328 *Anerkennung ausländischer Urteile.* [I] **Die Anerkennung des Urteils eines ausländischen Gerichts ist ausgeschlossen:**

1. wenn die Gerichte des Staates, dem das ausländische Gericht angehört, nach den deutschen Gesetzen nicht zuständig sind;

2. wenn dem Beklagten, der sich auf das Verfahren nicht eingelassen hat und sich hierauf beruft, das verfahrenseinleitende Dokument nicht ordnungsmäßig oder nicht so rechtzeitig zugestellt worden ist, dass er sich verteidigen konnte;

3. wenn das Urteil mit einem hier erlassenen oder einem anzuerkennenden früheren ausländischen Urteil oder wenn das ihm zugrunde liegende Verfahren mit einem früher hier rechtshängig gewordenen Verfahren unvereinbar ist;
4. wenn die Anerkennung des Urteils zu einem Ergebnis führt, das mit wesentlichen Grundsätzen des deutschen Rechts offensichtlich unvereinbar ist, insbesondere wenn die Anerkennung mit den Grundrechten unvereinbar ist;
5. wenn die Gegenseitigkeit nicht verbürgt ist.

II Die Vorschrift der Nummer 5 steht der Anerkennung des Urteils nicht entgegen, wenn das Urteil einen nichtvermögensrechtlichen Anspruch betrifft und nach den deutschen Gesetzen ein Gerichtsstand im Inland nicht begründet war.

I. Systematik, Regelungszweck. Die Regelung steht in Zusammenhang mit den §§ 722 f., die die Vollstreckbarkeit ausl. Urteile im Inland regeln. Der Anwendungsbereich wird durch **vorrangige Regelungen** stark eingeschränkt. Diese ergeben sich für den Bereich der EU aus Art. 36 Brüssel Ia-VO und aus einer Reihe int. Abkommen und Übereinkommen, MüKoZPO/Gottwald Rn. 17 ff.; Wieczorek/Schütze/Schütze Rn. 152 ff., zum Verhältnis zu einzelnen Staaten Anh. § 328. Für ausl. Entscheidungen aus dem Bereich des **FamFG** haben §§ 107 f. FamFG Vorrang. Für die Abgrenzung kommt es darauf an, ob die Entscheidung eine Familiensache oder Sache der freiwilligen Gerichtsbarkeit gewesen wäre, wenn ein inländisches Gericht entschieden hätte, BGH NJW 2019, 3575 Rn. 6. 1

Die Vorschrift bezweckt die Klärung derjenigen Voraussetzungen, unter denen ein ausl. Urteil im Inland verbindlich ist. Damit dient die Vorschrift einerseits der Wahrung der **Souveränität,** andererseits der Zweckmäßigkeit und damit der **Prozesswirtschaftlichkeit** durch die Vermeidung eines inländischen Zweitverfahrens. Beides muss man bei der Auslegung mitbeachten. 2

II. Anerkennung. Die Anerkennung einer ausl. Entscheidung ist im Inland regelmäßig **Vorfrage** für die zu treffende Entscheidung im Inland. Eine ausdrückliche Entscheidung über die Anerkennung ergeht mit Ausnahme des Sonderfalls der Vollstreckbarerklärung gem. §§ 722 f. idR nicht. Im Streitfall ist es aber unter den Voraussetzungen des § 256 möglich, (Zwischen-)**Feststellungsklage** betreffend die Anerkennungsfähigkeit zu erheben, MüKoZPO/Gottwald Rn. 14; Stein/Jonas/Roth Rn. 38. 3

Anerkennung bedeutet nach der herrschenden Lehre von der **Wirkungserstreckung,** dass die Wirkungen einer ausl. Entscheidung auf das Inland erstreckt werden, BGH NJW 1992, 3096 (3098); MüKoZPO/Gottwald Rn. 4; Wieczorek/Schütze/Schütze Rn. 1; krit. Stein/Jonas/Roth Rn. 7; Schack IntZivilVerfR Rn. 944 (Kumulationstheorie); Loyal ZZP 131, 373. Negativ bedeutet Wirkungserstreckung nicht Vollstreckbarkeit, denn diese unterliegt bes. Regelungen, Wieczorek/Schütze/Schütze Rn. 12. Die Anerkennung der ausl. Entscheidung ist zwar notwendige, aber nicht hinreichende Voraussetzung für die Vollstreckbarkeitsentscheidung (→ § 723 Rn. 3). 4

Positiv bedeutet Anerkennung: 5

- **Rechtskraftwirkung:** Soweit das ausl. Urteil eine Frage rechtskräftig entschieden hat, gilt die Rechtskraftwirkung **(ne bis in idem)** auch im Inland, MüKoZPO/Gottwald Rn. 165; Wieczorek/Schütze/Schütze Rn. 5; enger BGH NJW 1987, 1146; Stein/Jonas/Roth Rn. 13: Gebot der inhaltlich übereinstimmenden Entscheidung; offengelassen BGH NJW 2020, 399 Rn. 19. Eine Überprüfung der Richtigkeit der ausl. Entscheidung **(revision au fond)** ist ausgeschlossen, BGH NJW 1970, 1004 (1006); MüKoZPO/Gottwald Rn. 164. Ist die vom ausl. Urteil entschiedene Streitfrage im Inland nur **Vorfrage,** besteht auch insoweit Bindungswirkung, MüKoZPO/Gottwald Rn. 166. Str. ist, ob die einigen ausl. Rechtsordnungen bekannte Rechtskraftwirkung der Entscheidung von Vorfragen über § 328 auch im Inland wirkt, MüKoZPO/Gottwald Rn. 168; Nagel/Gottwald IZPR Rn. 12.29, 12.140.
- **Gestaltungswirkung:** Gestaltungsurteile, zB früher Scheidungsurteile, gestalten die materielle Rechtslage (→ Vor § 300 Rn. 5). Durch die Anerkennung wird diese zunächst auf den Urteilsstaat beschränkte Wirkung auf das Inland erstreckt, MüKoZPO/Gottwald Rn. 173; Stein/Jonas/Roth Rn. 17.
- **Tatbestandswirkung:** Tatbestandswirkung bedeutet, dass auch ein ausl. Urteil genügt, wenn eine inländische Bestimmung, z. B. § 197 I Nr. 3 BGB, ein Urteil erfordert. Eine solche Wirkung der Anerkennung wird von der hL verneint, MüKoZPO/Gottwald Rn. 180; Stein/Jonas/Roth Rn. 25, die dies als Frage des IPR ansieht; aA Wieczorek/Schütze/Schütze Rn. 10.
- **Interventionswirkung:** Auch eine im Ausland erfolgte Nebenintervention/Streitverkündung zieht im Inland die Interventionswirkung (§ 68) nach sich, MüKoZPO/Gottwald Rn. 178; Stein/Jonas/Roth Rn. 19.

III. Geltungsbereich: Urteil. 1. Jede gerichtliche Entscheidung. Unter „Urteil" versteht § 328 unabhängig von der Bezeichnung **jede gerichtliche Entscheidung,** die in einem Zivilrechtsstreit in der Sache ergeht und **der materiellen Rechtskraft fähig** ist, MüKoZPO/Gottwald Rn. 60; Stein/Jonas/Roth Rn. 54. Nach hM ist wie bei § 723 II 1 **formelle Rechtskraft** der Entscheidung erforderlich, MüKoZPO/Gottwald Rn. 70; Schack IntZivilVerfR Rn. 970; aA Wieczorek/Schütze/Schütze Rn. 28. Die ausländische Entscheidung muss nach dem Recht des ausländischen Entscheidungsstaats wirksam ergangen sein, um im Inland anerkennungsfähig zu sein, BGH NJW 1992, 3096 (3098) und der ausländische Staat darf die Grenzen seiner Gerichtsbarkeit nicht überschritten haben, Habscheid FamRZ 1981, 1142. Entsprechend anwendbar ist die Vorschrift auf eine Maßnahme der Zwangsvollstreckung nach §§ 704 ff., Kuntze/Otto IPRax 2010, 557. 6

2. Beispiele zur Frage einer gerichtlichen Entscheidung

Abänderungsurteil: Hierher gehört ein solches wie nach § 323, OLG Zweibr FamRZ 1999, 34. 7

Arrest, einstweilige Verfügung: Sie sind keine verfahrensbeendenden Sachentscheidungen und deshalb nicht anerkennungsfähig, Stein/Jonas/Roth Rn. 56; Schack IntZivilVerfR Rn. 974; aA wenn die Entscheidung de facto endgültig ist, Zöller/Geimer Rn. 70.

Exequatur: Nach neuerer Rspr. kommt die Exequatur einer Exequaturentscheidung **(„Doppelexequatur")** nicht in Betracht, BGH NJW 2009, 2826; abw. Kall IHR 2018, 137 (139).

Kostenfestsetzungsbeschluss: Hierher gehört auch er wie nach §§ 103 ff.

Mahnbescheid: Es handelt sich nicht um eine verfahrensbeendende Sachentscheidung.

Notarielle Urkunden: Sie sind keine gerichtlichen Entscheidungen und deshalb nicht anerkennungsfähig, Stein/Jonas/Roth Rn. 5612

Scheme of Arrangement: Es handelt sich nicht um ein Urteil, da es schon an einem Rechtsstreit fehlt, OLG Celle ZIP 2009, 1968 (1973).

Schiedsspruch: Nicht hierher gehört die Vollstreckbarerklärung eines ausländischen Staatsgerichts wegen eines ausländischen Schiedsspruchs wie nach §§ 1059 ff., BGH NJW 2001, 373.

Sondergericht: Hierher gehört die Entscheidung eines Sondergerichts über die Zivilsache in staatlichem Auftrag, etwa diejenige eines Börsenschiedsgerichts.

Strafurteil: Es gehört trotz § 3 EGZPO nicht hierher, wohl aber darin enthaltene Entscheidungen über zivilrechtliche Ansprüche (Adhäsionsverfahren), MüKoZPO/Gottwald Rn. 60.

Vergleich: Er gehört nicht hierher, Schack IntZivilVerfR Rn. 972.

Versäumnisurteil: Hierher gehört ein solches wie nach §§ 330 ff., Stein/Jonas/Roth Rn. 54.

Vollstreckungsbescheid: Hierher gehört auch er wie nach §§ 699, 700, Stein/Jonas/Roth Rn. 54.

Vorbehaltsurteil: Mangels verfahrensabschließender Entscheidung ist es nicht anerkennungsfähig, Stein/Jonas/Roth Rn. 55; Schack IntZivilVerfR Rn. 970; aA Zöller/Geimer Rn. 67.

Zahlungsauftrag: Hierher gehört ein österreichischer Zahlungsauftrag.

Zwischenentscheidung: Hierher kann auch sie gehören.

8 **IV. Verfahrensgrundregeln.** Abgesehen von den Fällen der Feststellungsklage (→ Rn. 3) erfolgt die Prüfung der Anerkennungsfähigkeit als Vorfrage der gerichtlichen Entscheidung **von Amts wegen.** Es gibt keine Vermutung für die Anerkennungsfähigkeit, Wieczorek/Schütze/Schütze Rn. 84, sondern es ist festzustellen, dass die Anerkennungshindernisse des **I Nr. 1–5** nicht vorliegen. Diese unterliegen nicht der Parteidisposition, sodass auch **Parteivereinbarungen** über die Anerkennung das Gericht nicht binden, Wieczorek/Schütze/Schütze Rn. 86. Ist die Feststellung, dass keine Anerkennungshindernisse vorliegen, nicht möglich, geht das zu Lasten der Partei, die sich auf die ausl. Entscheidung beruft, BGH NJW 1999, 3198 (3202); Wieczorek/Schütze/Schütze Rn. 84; Schack IntZivilVerfR Rn. 1038. Nicht zu prüfen ist die inhaltliche Richtigkeit der anzuerkennenden Entscheidung (**Verbot der revision au fond,** → Rn. 5).

9 **V. Unzuständigkeit, I Nr. 1. 1. Grundsatz: Maßgeblichkeit des deutschen Rechts.** Die Anerkennung muss dann unterbleiben, wenn die Gerichte des betreffenden Staats unzuständig sind, BayObLG NJW-RR 1992, 514; Wagner FamRZ 2013, 1623. Dieses ist nach dem deutschen Internationalen Verfahrensrecht zu beurteilen; eine indirekte Heranziehung der Brüssel Ia-VO ist unstatthaft, Schärtl IPRax 2006, 442. Insoweit gilt das **„Spiegelbildprinzip"**, BGH NJW 2019, 3575 Rn. 8; 2015, 479 Rn. 25. Maßgeblich ist allein, ob danach die int. Zuständigkeit des ausl. Gerichts besteht, auf dessen sachliche und örtliche Zuständigkeit kommt es dagegen nicht an, BGH NJW 1993, 1073; KG OLGZ 1976, 39. Irgendein Gericht des Staats müsste in dem Urteilsstaat nach den deutschen Gesetzen zuständig sein, wenn diese dort gelten würden, BGH NJW 1999, 3198; BayObLG FGPrax 2001, 112; OLG Hamm FamRZ 1993, 340. Daran fehlt es jedenfalls, wenn nach deutschem Verfahrensrecht die ausschließliche Zuständigkeit deutscher Gerichte besteht (zB § 24), MüKoZPO/Gottwald Rn. 87; Stein/Jonas/Roth Rn. 75.

10 Maßgeblich ist der **Zeitpunkt der Entscheidung** des ausl. Gerichts, BGH NJW 1999, 3198 (3199); MüKoZPO/Gottwald Rn. 98; Stein/Jonas/Roth Rn. 78. Für die Anerkennung kann dagegen auch auf die Rechtslage im Inland abgestellt werden, wenn nur danach die Voraussetzungen der Anerkennung gegeben sind, BayObLG NJW 1988, 2178 m. abl. Anm. Geimer; Stein/Jonas/Roth Rn. 35.

11 **Rügeloses Verhandeln** vor einem ausl. Gericht kann die int. Zuständigkeit begründen, § 295 I, BGH NJW 1993, 1073 (auch zu Grenzen) und 1272. Eine Unterwerfung durch schlüssiges Verhalten setzt voraus, dass man eindeutig den Willen des Bekl. erkennen kann, das Ergebnis der Verhandlung als Grundlage für die Anerkennung in weiteren Staaten hinzunehmen, BGH NJW 1993, 1073. Ein rügeloses Verhandeln begründet die internationale Zuständigkeit dann nicht selbständig, wenn der fremde Staat nach seinem eigenen Recht unabhängig davon international zuständig ist, BGH NJW 1993, 1073. Die einmal begründete Zuständigkeit wirkt nach § 261 III Nr. 2 fort, KG NJW 1988, 649 (zust. Geimer).

2. Beispiele zur Frage einer deutschen Unzuständigkeit, I Nr. 1

12 **Aufrechnung:** Die int. Zuständigkeit kann sich aus einer Aufrechnung ergeben, BGH NJW 1993, 2754.

Ausschließlicher Gerichtsstand: Es darf kein ausschließlicher deutscher Gerichtsstand zB nach § 40 II 1 Nr. 2 bestehen, BGH NJW 1993, 1271 (→ Rn. 9).

Doppelrelevante Tatsachen: Der Grundsatz, dass Tatsachen, die sowohl für die Zulässigkeit als auch für die Begründetheit Bedeutung haben, im Rahmen der Zulässigkeit unterstellt und erst im Rahmen der Begründetheit geprüft werden, gilt nicht im Rahmen der Urteilsanerkennung, weil eine Prüfung der Begründetheit wegen des Verbots der revision au fonds (→ Rn. 5) nicht erfolgt, BGH NJW 1994, 1413 (1414).

Feststellung: Die tatsächlichen Feststellungen des ausl. Urteils binden das deutsche Gericht nicht, **neuer Tatsachenvortrag** zur Zuständigkeit ist zulässig, BGH NJW 1994, 1413 (1414); MüKoZPO/Gottwald Rn. 95.

Gerichtsbarkeit: Sie muss im Urteilstaat bestanden haben, BVerfG NJW 2006, 2542; BGH NJW 2003, 3488.

Gerichtsstandsvereinbarung: Eine Vereinbarung des Gerichtsstands (Prorogation) wie nach § 38 genügt, soweit dieser Gerichtsstand nicht wie nach § 40 unzulässig ist, BGH MDR 2005, 1127; KG OLGZ 1976, 40. Eine Form ist für die Vereinbarung stets entbehrlich, BGH NJW 1972, 1622, auch für eine Widerklage, BGH NJW 1972, 1671. Ob das deutsche Recht einen entsprechenden Gerichtsstand kennt, ist dann belanglos, wenn sich danach ein anderer Gerichtsstand ergeben würde. Auch „Rechtsweg".

Nachweis: Der Nachweis der ausl. Zuständigkeit lässt sich auch durch neu vorgebrachte Tatsachen führen („Feststellung").

Prorogation: → „Gerichtsstandsvereinbarung".

Rechtsweg: Die Zulässigkeit des ordentlichen Rechtswegs nach §§ 13 ff. GVG fällt nicht unter **I Nr. 1.** Sie ist überhaupt eine innere Angelegenheit jedes Staates. Man darf sie daher hier nicht prüfen.

Rügeloses Verhandeln: Es kann zur int. Zuständigkeit ausreichen (→ Rn. 11).

Tatsachen: → „Feststellung".

Vermögensgerichtsstand: Dem ausl. Gerichtsstand des Vermögens steht ein Wohnsitz im Inland nicht entgegen, BGH NJW 1999, 3198 (3199).

VI. Nichteinlassung, I Nr. 2. 1. Grundsatz: Verteidigungsmöglichkeit. Eine ausl. Entscheidung, die den Bekl. verurteilt, der sich auf den Prozess nicht eingelassen hat und der sich darauf auch beruft, lässt sich nur dann anerkennen, wenn man dem Bekl. wenigstens das verfahrenseinleitende Dokument wie zB die Klage oder den Antrag und nicht nur eine bloße Schutzschrift wie nach §§ 945a, b in dem betreffenden Staat oder anderswo ordnungsgemäß (→ Rn. 16) und überdies so rechtzeitig (→ Rn. 17) zugestellt hatte, dass er sich ausreichend verteidigen konnte, BGH NJW 1999, 3198 (3200); BayObLG FamRZ 2004, 274. Das verfahrenseinleitende Dokument muss den Anspruch wenigstens im Kern erkennbar gemacht haben, aber nicht notw. auch einen Antrag enthalten, BGH NJW 1999, 3198 (3200). Eine spätere Klagerweiterung usw. gehört allenfalls zu **I Nr. 4,** BGH NJW-RR 1987, 377. Auf die Staatsangehörigkeit des Bekl. kommt es nicht an, entscheidend ist nur seine Parteistellung als Bekl. im Zeitpunkt der Zustellung oder Verteidigungsmöglichkeit. Der Wohnsitz bleibt ebenfalls außer Betracht, Gottwald FS Schumann, 2001, 149 (157). Bei anderen als natürlichen Personen ist der Sitz maßgeblich. 13

2. Begriff der Einlassung. Der Begriff der „Einlassung" ist weit auszulegen, BGH NJW-RR 2009, 1292 Rn. 9. Hierher gehört jede anerkennende oder abwehrende Parteiprozesshandlung, BGH NJW 1990, 3091; BayObLG FamRZ 2000, 1170; KG NJW 1988, 650. Zur Annahme einer Einlassung genügt selbst die Behauptung der Unzuständigkeit des Gerichts, BGH NJW 1979, 1105; OLG Hamm NJW-RR 1995, 190. Erst recht genügt die Benennung eines oder gar mehrerer Zustellungsbevollmächtigter nach §§ 174, 184, BGH NJW-RR 2009, 1292 Rn. 10 (zum entsprechenden Art. 45 I b Brüssel Ia-VO). Die Einlassung muss in einer beachtbaren Form geschehen, Matscher ZZP 86, 415. Sie kann auch durch einen gesetzlichen oder von der Partei bestellten Vertreter erfolgen, nicht aber durch einen ohne das Wissen der Partei bestellten Abwesenheitspfleger, OLG Hamm FamRZ 1996, 179. Eine Einlassung zur Hauptsache ist unnötig. Nur die Prozesseinleitung muss dem Bekl. zugegangen sein. 14

3. Berufung auf die Nichteinlassung. Die Nichteinlassung ist nur beachtlich, soweit sich der Bekl. auf sie spätestens im Zeitpunkt der Entscheidungsreife über die Anerkennung auch beruft, sie also geltend macht (Einrede, Rüge), OLG Brem FamRZ 2004, 1976. Die ausdrückliche Geltendmachung ist zwar nicht zwingend nötig. Sie ist aber dringend ratsam. Das Gesamtverhalten des Bekl. ist insoweit auslegbar. Dabei darf man zugunsten eines Rügeverzichts weit auslegen, OLG Brem FamRZ 2004, 1976. Ein völliges Schweigen ist kein auch nur stillschweigendes Sichberufen, es sei denn, die Rüge wäre nach dem Recht des Urteilsstaats sinnlos gewesen, OLG Hamm NJW 1988, 653. **Nr. 2** entfällt nicht schon deshalb, weil der Bekl. keinen nach der Verfahrensordnung des Urteilsstaats zulässigen Rechtsbehelf eingelegt hat, BGH NJW 1993, 598. 15

4. Zustellung. Die Zustellung muss „ordnungsgemäß" erfolgt sein, BVerfG ZIP 2013, 747; BGH NJW 1990, 3091; OLG Ffm MDR 2022, 106 (107); BayObLG FamRZ 2005, 924. Maßgeblich ist die lex fori, BGH NJW 2019, 2940 Rn. 22, aber die Entscheidung des ausl. Gerichts über die Ordnungsgemäßheit der Zustellung bindet das inl. Gericht bei der Entscheidung über die Anerkennung nicht, Wieczorek/Schütze/Schütze Rn. 44. Soweit danach die ZPO gilt, sind §§ 166 ff., 271 anwendbar, BayObLG FamRZ 2005, 638. Auch eine Ersatzzustellung nach §§ 178 ff. oder eine öffentliche Zustellung nach §§ 185 ff. können dann ausreichen, BayObLG FamRZ 2004, 275, ebenso eine Zustellung an einen Generalbevollmächtigten, einen gesetzlichen Vertreter, einen Prokuristen. Eine Zustellung „in Person" ist nicht mehr erforderlich, soweit das anwendbare Recht auch eine andere Zustellungsart ausreichen lässt, BayObLG FamRZ 2004, 275. Eine deutsche Rechtshilfe muss nach der ZRHO erfolgt sein, Bernstein FS Ferid, 1978, 80, oder durch ein deutsches Gericht, einen deutschen Konsul, einen deutschen Gesandten, nicht durch einen ausländischen Konsul oder in dessen Auftrag im Inland. Die bloße Übersendung der Klageschrift an den deutschen Konsul ist kein Gesuch um eine Rechtshilfe wie nach §§ 156 ff. GVG. 16

5. Rechtzeitigkeit der Zustellung. Kumulativ zur Ordnungsmäßigkeit der Zustellung muss diese rechtzeitig erfolgt sein, BGH NJW 2019, 2940 Rn. 19; OLG Stg. FamRZ 2017, 1517 (1519), dazu Roth IPRax 2018, 606. Man muss die Frage einer Rechtzeitigkeit nach den Umständen beurteilen, BayObLG FamRZ 2005, 924. Bei einem Widerspruch zwischen der richtigen fremdsprachlichen Ladung und der falschen deutschen Übersetzung kann man dem Bekl. evtl. eine Rückfrage zumuten und ihm dafür die Beweislast geben, BGH NJW 2002, 3181. Die Zumutbarkeit kann gegenüber dem ausländischen Verfahren später als gegenüber einem gleichartigen deutschen eingetreten sein. 8 Tage reichen dann nicht aus, wenn der Bekl. einen mehrseitigen fremdsprachigen Schriftsatz übersetzen lassen, einen beim ausländischen Gericht zugelassenen Anwalt ausfindig machen und ihn beauftragen und informieren musste, OLG Düss NJW 2000, 3290. 2 Wochen dürften meist die Mindestfrist sein, BGH NJW 1986, 2197. 17

6. Verstoß. Eine **Heilung** von Zustellungsfehlern entsprechend § 189 wird von der hM abgelehnt, BGH NJW 2019, 2940 Rn. 24; MüKoZPO/Gottwald Rn. 106; aA Schack IntZivilVerfR Rn. 998. Die Möglichkeit wegen des Zustellungsmangels ein **Rechtsmittel** einzulegen, reicht nicht aus, weil dadurch eine Tatsacheninstanz verloren ginge, BGH NJW 2019, 2940 Rn. 27. Zur Notwendigkeit und zur Qualität einer Übersetzung BGH NJW 1993, 398, Wilske/Krapfl IPRax 2006, 10. 18

VII. Verstoß gegen Rechtskraft, Rechtshängigkeit usw., I Nr. 3. 1. Abgrenzung zu I Nr. 4. Die Vorschrift regelt die Unvereinbarkeit des auf eine Anerkennung zu prüfenden Urteils mit einer früheren deutschen oder ausländischen Entscheidung. Sie regelt also vor allem den Verstoß gegen eine **Rechtskraft** sowie den Verstoß gegen eine frühere ausl. oder inl. **Rechtshängigkeit** (→ Rn. 21), OLG Ffm FamRZ 1997, 93. Damit ergeben sich Überschneidungen mit **Nr. 4 Fall 1,** denn zumindest die Rechtskraft zählt zu den Fundamenten des deutschen Rechts. Ob auch die Wirkungen der Rechtshängigkeit ein solches Gewicht haben, ist allerdings zweifelhaft (→ Rn. 28 „Rechtshängigkeit"). Jedenfalls erweist sich **Nr. 3** nur teilweise als eine Sonderregelung gegenüber **Nr. 4.** Auch wenn letztere nicht eingreift, kann **Nr. 3** anwendbar sein, und umgekehrt. Die Anforderungen sind bei **Nr. 3** nicht so hoch wie bei **Nr. 4.** 19

2. Unvereinbarkeit mit früherem Urteil. Es kann sich um ein früheres **deutsches Urteil** („hier erlassen") oder um ein **ausländisches Urteil** handeln, OLG Bbg FamRZ 1997, 96. Das ausländische Urteil mag bereits im Inland anerkannt oder erst noch anzuerkennen sein. Jenes Anerkennungsverfahren mag schon anhängig sein oder 20 noch nicht schweben. Im letzteren Fall muss man im Anerkennungsverfahren mitprüfen, ob das frühere ausländische Urteil hier anerkannt werden könnte. Die frühere Entscheidung muss im Ergebnis im Kernpunkt mit der jetzt zur Anerkennung anstehenden unvereinbar sein, OLG Hamm FamRZ 2001, 1015. Eine „offensichtliche" Unvereinbarkeit ist nicht erforderlich, anders als bei **Nr. 4 Fall 1,** die Entscheidungmuss zur Überzeugung des Gerichts unvereinbar mit der früheren sein. Daran fehlt es zB bei unterschiedlichen Zeiträumen, AG Gelsenkirchen FamRZ 1995, 1160.

21 Die formelle und/oder die innere **Rechtskraft** ist der Hauptanwendungsbereich der **Nr. 3 Fall 1.** Sie liegt dann nicht vor, wenn früher nur ein nicht der Rechtskraft fähiger Vergleich nach § 794 I Nr. 1 ergangen war oder wenn eine ebenfalls nicht der Rechtskraft fähige Urkunde nach § 794 I Nr. 5 vorliegt, OLG Hamm FamRZ 1993, 340. Das Gesetz erfasst aber zumindest nach seinem Wortlaut auch andere Fälle der Unvereinbarkeit der Urteile. Deshalb kann zB der Streit darüber ungeklärt bleiben, wie man das sittenwidrige oder erschlichene Urteil dogmatisch einwandfrei beseitigen kann. Auch mangels Rechtskraft kann ein solches Urteil unter **Nr. 3** fallen.

22 **3. Unvereinbarkeit mit früherem Verfahren.** Nach **Nr. 3 Fall 2** genügt auch schon eine Unvereinbarkeit der Verfahren. Sie kann nur dann eintreten, wenn zunächst im Inland ein Verfahren rechtshängig und nicht bloß anhängig geworden war, OLG Zweibr FamRZ 1999, 34. Die Rechtshängigkeit darf auch nicht in rechtsmissbräuchlicher Weise herbeigeführt worden sein, KG NJW-RR 2008, 744 (Erhebung einer Scheidungsklage beim SG). Dann mag das spätere ausl. oder deutsche Urteil eines Folgeverfahrens isoliert betrachtet einwandfrei sein. Eine Unvereinbarkeit des ihm zugrundeliegenden Verfahrens mit dem früheren deutschen kann zur Versagung der Anerkennung führen. Das Anerkennungshindernis besteht nur für die Dauer der inl. Rechtshängigkeit, nach Beendigung der Rechtshängigkeit hindert nur noch ein Urteil die Anerkennung, Wieczork/Schütze/Schütze Rn. 35.

23 **VIII. Verstoß gegen öffentliche Ordnung, I Nr. 4. 1. Anwendungsbereich.** Die Vorschrift erfasst einerseits den Verstoß gegen das sachliche Recht, andererseits und insofern in einer Ergänzung zu **Nr. 3** einen grundlegenden Verstoß gegen das Verfahrensrecht, BayObLG NJW-RR 2000, 885. Die Fassung entspricht im Wesentlichen dem mit „Öffentliche Ordnung (ordre public)" überschriebenen Art. 6 EGBGB. Sie geht über die Bereiche der Sittenwidrigkeit und des Verstoßes gegen den Gesetzeszweck hinaus, die sie mit umfasst. Zur Unterscheidung zwischen ordre public interne und ordre public international BGH NJW 1986, 3029; von Winterfeld NJW 1987, 3059; aM Kornblum NJW 1987, 1105. Eine sachlich-rechtliche Nachprüfung über die in **Nr. 4** genannten Verstöße hinaus ist unstatthaft (**Verbot der sog. révision au fond** → § 723 Rn. 3), BGH NJW 2018, 3254. Das gilt auch bei einer Versäumnisentscheidung wie nach §§ 330 ff., BGH NJW 1980, 531. Ein Verstoß gegen **Nr. 4** lässt sich nicht durch solche neuen Angriffs- oder Verteidigungsmittel feststellen, die dem ausl. Richter noch nicht vorgelegen hatten. Zur Internationalisierung des deutschen ordre public Scholz IPRax 2008, 213.

24 **2. Wesentlicher deutscher Rechtsgrundsatz.** Wie das Wort „insbesondere" zeigt, ist der Begriff der wesentlichen Grundsätze des deutschen Rechts sogar gegenüber dem Grundrechtsbegriff umfassender. Es muss sich um die Grundlagen des deutschen staatlichen, rechtlichen und in diesem Zusammenhang wirtschaftlichen Lebens handeln, BayObLG FGPrax 2001, 112, um die Grundwerte der deutschen Rechtsordnung, BGH NJW 2014, 1597; OLG Celle FamRZ 2012, 1227; OLG Düss FamRZ 2012, 1229 und 1233. Anders ausgedrückt: Es muss sich um die **das deutsche Recht tragenden Gedanken,** seine Fundamente und Grundprinzipien handeln, BGH VersR 1992, 1284. Nicht hierzu zählen solche Regeln, die sich derzeit als „Grundsätze" entwickelt haben, ohne über den Gegensatz zur „Ausnahme" hinaus zu eben fundamentalen Säulen des Rechts geworden zu sein, mögen sie auch einer noch so herrschenden Meinung entsprechen. Nicht hierher zählen daher viele sachlich- oder verfahrensrechtliche noch so deutliche Abweichungen des ausländischen vom deutschen Recht, BGH FamRZ 1986, 667; BayObLG NJW-RR 2000, 885; OLG Hamm FamRZ 1993, 438. Immerhin soll **Nr. 4** die Anerkennung ja nicht grundsätzlich erschweren, sondern eben nur an einer wirklich untragbaren Rechtsabweichung scheitern lassen, BGH NJW 1990, 2198.

25 **3. Maßgeblicher Zeitpunkt.** Wie das Wort „Ergebnis" in **Nr. 4** zeigt, kommt es nicht auf den Zeitpunkt des Erlasses der ausländischen Entscheidung an, auch nicht auf den meist schwer erkennbaren Eintritt der Wirkung der ausländischen Entscheidung, sondern auf denjenigen der Anerkennung, BGH NJW 1980, 531. Änderungen der beiderseitigen Rechtsentwicklung in der Zwischenzeit können die Anerkennung erleichtern oder erschweren.

26 **4. Grundrechte.** Gemeint sind die Grundrechte des GG, BGH MDR 1994, 40, aber auch die Grundrechte der Länderverfassungen, der EMRK und der Charta der Grundrechte der EU, EuGH NJW 2000, 1853; BGH NJW 2018, 3254; 2015, 479. Der **Anspruch auf rechtliches Gehör** nach Art. 103 I GG, den das BVerfG als „Prozessgrundrecht" bezeichnet, sollte eher nicht hierher gehören, sondern zu Rn. 28. Vgl. freilich auch → Rn. 28 „Rechtliches Gehör". Ebenso wenig zählt hierzu eine sonstige Verfassungsnorm, BGH NJW, 1993, 3269 (3271): Art. 34 GG. Es muss ein Inlandsbezug hinzutreten, BVerfG NJW 1971, 1509; BGH NJW 1993, 848.

27 **5. Unvereinbarkeit.** Die Anerkennung scheitert erst dann, wenn die ausländische Entscheidung im Ergebnis bei der Anwendung des deutschen Rechts mit eben diesem deutschen Recht unvereinbar ist, OLG Kblz NJW-RR 1993, 71. Diese Unvereinbarkeit darf also nicht nur gegenüber irgendwelchen Verfahrensabschnitten oder gar Einzelmaßnahmen oder Zwischenentscheidungen vorliegen. Sie muss sich aus der Endentscheidung ergeben, mag diese auch zB als Versäumnisurteil wie nach §§ 330 ff. ergangen sein. Es muss eine solche Abweichung von den deutschen Prinzipien vorliegen, dass nach deutscher Bewertung **kein geordnetes rechtsstaatliches Verfahren** mehr vorliegt, BGH NJW 1992, 3096 (3098); BayObLG NJW-RR 2000, 885. Dabei verlangt **Nr. 4** beim Verstoß gegen ein Grundrecht sprachlich nur eine „Unvereinbarkeit", beim Übrigen Verstoß eine „offensichtliche". Erforderlich ist stets eine unbezweifelbare, auf der Hand liegende, offensichtliche, unverkennbare Unvereinbarkeit, BGH NJW 1992, 3096 (3098); OLG Düss r+s 1991, 339. Sie liegt natürlich beim Grundrechtsverstoß schon begrifflich vor.

28 **6. Beispiele zur Frage eines Verstoßes gegen den ordre public, I Nr. 4.** Die zum Recht vor dem 1.9.86 ergangenen Entscheidungen usw. sind nur in den Grenzen der jetzigen Fassung der **Nr. 4** verwendbar.

dem inl. Recht ein inl. Gerichtsstand fehlte, vgl. auch § 40 II. Der Haupt-Streitgegenstand entscheidet, die Kostenentscheidung folgt.

Anhang zu § 328
Verbürgung der Gegenseitigkeit nach § 328 I Nr. 5

Die nachstehende Übersicht gibt keine abschließende Darstellung, sondern nur eine erste Orientierung. In der Aufstellung fehlen die Mitgliedstaaten der EU, weil insoweit die Anerkennung nach Art. 36 ff. Brüssel Ia-VO ohne Exequartur zu erfolgen hat 1

Ägypten Gegenseitigkeit verbürgt, OLG Ffm WM 1987, 276; Nagel ZZP 95, 369; Schütze AWD 1969, 437 2
Äthiopien Gegenseitigkeit nicht verbürgt, Arnold AWD 1968, 309; aM Martiny AWD 1968, 1320
Afghanistan Gegenseitigkeit nicht verbürgt, Krüger IPRax 1985, 152
Albanien Gegenseitigkeit nicht verbürgt
Algerien maßgeblich ist der französisch-algerische Vollstreckungsvertrag von 1964, Nagel ZZP 1995, 369; aM Krüger in Böckstiegel (Hrsg.), Vertragspraxis und Streiterledigung im Wirtschaftsverkehr mit arabischen Staaten, 1981, 49 (nein); vgl. BGH NJW 1968, 837
Andorra wohl jetzt Gegenseitigkeit verbürgt, Maus RIW 1981, 151
Angola Gegenseitigkeit nicht verbürgt
Antigua/Barbuda Gegenseitigkeit verbürgt Wieczorek/Schütze/Schütze Rn. 151 „Antigua und Barbuda"
Arabische Emirate, Vereinigte Gegenseitigkeit nicht verbürgt, Krüger RIW 1993, 385 und IPRax 1998, 129
Argentinien jetzt Gegenseitigkeit verbürgt, Weinberg IPRax 1986, 318
Armenien Gegenseitigkeit nicht verbürgt, Meyer WiRO 1997, 216; aM Schütze NJW 1995, 497
Asserbaidschan Gegenseitigkeit wohl verbürgt, LG Bremen IWRZ 2020, 191
Australien, Gegenseitigkeit auf der Grundlage des Foreign Judgements Act verbürgt, Wieczorek/Schütze/Schütze Rn. 151 „Australien"
Bahamas Gegenseitigkeit verbürgt
Bahrain Gegenseitigkeit verbürgt
Bangladesh Gegenseitigkeit nicht verbürgt, Wieczorek/Schütze/Schütze Rn. 151 „Bangladesh"
Barbados Gegenseitigkeit verbürgt beim Unterhalt, UN-UnterhÜbk
Belarus Gegenseitigkeit verbürgt, Art. 17 HZPrÜbk, Meyer WiRO 1997, 216; aA Wieczorek/Schütze/Schütze Rn. 151 „Belarus"
Belize Gegenseitigkeit verbürgt
Benin Gegenseitigkeit nicht verbürgt
Bhutan Gegenseitigkeit nicht verbürgt, Schütze JR 1961, 498
Birma „Myanmar"
Bolivien Gegenseitigkeit teilweise verbürgt, Wieczorek/Schütze/Schütze Rn. 151 „Bolivien"
Bosnien-Herzegowina Gegenseitigkeit verbürgt wegen nachehelichen Unterhalts, OLG Hamm NJW-RR 1995, 520, Gegenseitigkeit nicht verbürgt im Übrigen, OLG Köln IPRax 1996, 268; aM LG Darmst IPRax 2007, 49
Botswana Gegenseitigkeit verbürgt, Schütze JR 1978, 55
Brasilien Gegenseitigkeit verbürgt, Wieczorek/Schütze/Schütze Rn. 151 „Brasilien"
British Columbia Gegenseitigkeit verbürgt, Schütze JR 2001, 443
Burkina Faso Gegenseitigkeit im Wesentlichen verbürgt, Wieczorek/Schütze/Schütze Rn. 151 „Burkina Faso"
Burundi Gegenseitigkeit verbürgt
Chile Gegenseitigkeit verbürgt, MüKoZPO/Gottwald Rn. 141
China (Volksrepublik) jetzt wohl Gegenseitigkeit verbürgt, KG SchiedsVZ 2007, 100; Ma Lin IPRax 1997, 57; aA LG Saarbr BeckRS 2021, 14413
Ceylon → „Sri Lanka"
Costa Rica Gegenseitigkeit verbürgt, Wieczorek/Schütze/Schütze Rn. 151 „Costa Rica"
Cuba Gegenseitigkeit nicht verbürgt, MüKoZPO/Gottwald Rn. 142 „Cuba"
Dominica (kleine Antillen) Gegenseitigkeit verbürgt, MüKoZPO/Gottwald Rn. 143
Dominikanische Republik Gegenseitigkeit nicht verbürgt
Dubai Gegenseitigkeit nicht verbürgt
Ecuador Gegenseitigkeit partiell verbürgt, Wieczorek/Schütze/Schütze Rn. 151 „Ecuador"
Elfenbeinküste Gegenseitigkeit verbürgt, Schütze AWD 1974, 458
El Salvador Gegenseitigkeit nicht verbürgt, MüKoZPO/Gottwald Rn. 144 (ja ohne Versäumnisurteil)
Fidschi Gegenseitigkeit verbürgt für Zahlungsurteile, Wieczorek/Schütze/Schütze Rn. 151 „Fiji"
Gabun Gegenseitigkeit nicht verbürgt
Gambia Gegenseitigkeit nicht verbürgt
Georgien zweifelhaft, Meyer WiRO 1997, 216
Ghana Gegenseitigkeit nicht verbürgt
Guatemala Gegenseitigkeit nicht verbürgt, aM MüKoZPO/Gottwald Rn. 146 (ja ohne Versäumnisurteil)
Guernsey, Jersey Grds. Gegenseitigkeit verbürgt, Balthasar IPRax 2007, 478
Guyana Gegenseitigkeit nicht verbürgt
Haiti grds. Gegenseitigkeit nicht verbürgt, jedoch Gegenseitigkeit verbürgt beim Unterhalt, UN-UnterhÜbk, MüKoZPO/Gottwald Rn. 146
Honduras Gegenseitigkeit nicht verbürgt, abw. MüKoZPO/Gottwald Rn. 147 (ja ohne Versäumnisurteil)
Hongkong Gegenseitigkeit verbürgt, wie früher Großbritannien, Bek. v. 13.8.1973, BGBl. II 1306, Arnold AWD 1974, 135; Schütze RIW 1982, 722. Die frühere Regelung gilt zumindest im Ergebnis überwiegend fort, Nr. 2a, 7 der Ord.No. 110 of 1997 der Hong Kong Reunification-Gesetzgebung, BJM v. 29.9.1997 I A 4 Bln. – 9341 C 2a – 54 099 3/97, Luthra RIW 1997, 625, aM Drobnig/Ferid/Kegel, Gutachten zum Internationalen und Ausländischen Privatrecht, Baden-Baden 1997; natürlich bleibt die Entwicklung abzuwarten
Indien im Ergebnis Gegenseitigkeit verbürgt, BGH NJW 1964, 2350; aA Schütze NJW 1973, 2144
Indonesien ungeklärt, strenger OLG Karlsr RIW 1997, 689 (Gegenseitigkeit nicht verbürgt)

Irak Gegenseitigkeit nicht verbürgt, Krüger IPRax 1088, 182
Iran Gegenseitigkeit verbürgt, MüKoZPO/Gottwald Rn. 148.
Island Gegenseitigkeit teilweise verbürgt MüKoZPO/Gottwald Rn. 148
Israel weitgehend Gegenseitigkeit verbürgt, Art. 1 dt.-israelischer Vertrag, SchlAnh. V B 9 (wegen der Ausnahmen dort Art. 4), dort auch wegen des AusfG und des insoweit jetzt maßgeblichen AVAG, SchlAnh. V D. Gegenseitigkeit verbürgt zusätzlich wegen der Kosten, Art. 18, 19 HZPrAbk, Einl. IV 3
Jamaika Gegenseitigkeit verbürgt, aM Zöller/Geimer Rn. Anh. IV
Japan jetzt Gegenseitigkeit verbürgt, Menkhaus RIW 1988, 192; Nagata RIW 1976, 209; Nagel, Die Anerkennung usw., FS das Institut für Rechtsvergleichung der Waseda Universität, Tokio 1988, 797
Jemen zweifelhaft, Krüger RIW 1993, 471; Nagel ZZP 95, 370, strenger MüKoZPO/Gottwald Rn. 149
Jordanien Gegenseitigkeit verbürgt, Schütze RIW 1977, 766, aM Nagel IZPR VIII 48
Kamerun Gegenseitigkeit nicht verbürgt
Kanada scheinbar Gegenseitigkeit verbürgt, Art. 3155 des seit 1.1.1994 geltenden Code Civil; in Wahrheit wohl Gegenseitigkeit nicht verbürgt, denn nach Art. 3155 IV c. c. könnte der in der BRep verklagte Bürger durch eine, wenn auch unzulässige, Klage vor einem Gericht in Québec die Vollstreckbarkeit des deutschen Urteils unterlaufen; Gegenseitigkeit nicht verbürgt jedenfalls vorher, LG Hmb FamRZ 1994, 403, auch für die Provinz Québec (wegen révision au fond); sonst BGH NJW 2001, 524 (Gegenseitigkeit verbürgt für British Columbia); KG FamRZ 1988, 643, in der Provinz Saskatchewan ähnlich Großbritannien, Gegenseitigkeit verbürgt für Ontario, BGH NJW-RR 2009, 1653; teilw. abweichend MüKoZPO/Gottwald Rn. 150
Kap Verde teilweise Gegenseitigkeit verbürgt, Schütze JR 1989, 325, Gegenseitigkeit verbürgt beim Unterhalt, UN-UnterhÜbk,
Kasachstan Gegenseitigkeit nicht verbürgt, Meyer WiRO 1997, 216; aM Schütze NJW 1995, 497
Katar „Quatar"
Kenia Gegenseitigkeit verbürgt für ein Zahlungsurteil, soweit es sich um ein Sachurteil handelt, Schütze JR 1985, 54
Khmer (Rep) Gegenseitigkeit nicht verbürgt
Kirgisistan Gegenseitigkeit nicht verbürgt, Meyer WiRO 1997, 216; aM Schütze NJW 1995, 216
Kolumbien Gegenseitigkeit verbürgt, MüKoZPO(Gottwald Rn. 150
Kongo (früher: Zaire) Gegenseitigkeit verbürgt, MüKoZPO/Gottwald Rn. 150
Korea, Republik (Südkorea) Gegenseitigkeit verbürgt, MüKoZPO/Gottwald Rn. 150
Krim Es hängt seit Ende März 2014 von der deutschen internationalen Staatsrechtsbeurteilung ab. Wahrscheinlich gilt danach → „Ukraine". Die Alternative wäre → „Russische Föderation".
Kroatien Gegenseitigkeit verbürgt
Kuba s. Cuba
Kuwait im Zweifel Gegenseitigkeit nicht verbürgt, Krüger RIW 1983, 809
Lesotho Gegenseitigkeit nicht verbürgt
Libanon Gegenseitigkeit verbürgt wegen der Kosten, Art. 18, 19 HZPrÜbk; sonst Gegenseitigkeit verbürgt (wegen sachlicher Überprüfung), MüKoZPO/Gottwald Rn. 151
Liberia jetzt Gegenseitigkeit verbürgt, Schütze RIW 1987, 599
Libyen Gegenseitigkeit nicht verbürgt, Nagel ZZP 95, 370 (die Lage sei ungeklärt)
Liechtenstein Gegenseitigkeit verbürgt beim Unterhalt, MüKoZPO/Gottwald Rn. 151, sonst Gegenseitigkeit nicht verbürgt (wegen sachlicher Überprüfung), BGH DB 1977, 718; OLG Stgt NZFam 2014, 1016
Madagaskar ungeklärt, MüKoZPO/Gottwald Rn. 152
Malawi Gegenseitigkeit nicht verbürgt, MüKoZPO/Gottwald Rn. 152
Malaysia Gegenseitigkeit verbürgt für ein Zahlungsvorteil, sonst Gegenseitigkeit nicht verbürgt, Schütze JR 1984, 274
Mali Gegenseitigkeit nicht verbürgt, Schütze JR 1985, 457
Marokko grds. ungeklärt, Nagel ZZP 95, 370, aM MüKoZPO/Gottwald Rn. 152 (grds. Gegenseitigkeit verbürgt); grds. Gegenseitigkeit verbürgt beim Unterhalt, UN-UnterhÜbk; Gegenseitigkeit nicht verbürgt bei einem Unterhaltsurteil gegen den nichtehelichen Vater, Schütze NJW 1973, 2144
Mauretanien: zweifelhaft, Krüger RIW 1990, 990
Mauritius Gegenseitigkeit verbürgt, MüKoZPO/Gottwald Rn. 152
Mazedonien Gegenseitigkeit verbürgt
Mexiko Gegenseitigkeit verbürgt, MüKoZPO/Gottwald Rn. 152; aber ausgenommen der Bereich der mexikanischen Bundesgerichtsbarkeit
Moldau Gegenseitigkeit verbürgt, Art. 17 HZPrÜbk, Meyer WiRO 1997, 216
Monaco Gegenseitigkeit verbürgt (außerhalb von Gerichtsstandsprivilegien), MüKoZPO/Gottwald Rn. 152,
Mongolei Gegenseitigkeit nicht verbürgt
Myanmar Gegenseitigkeit nicht verbürgt
Nepal Gegenseitigkeit nicht verbürgt
Neuseeland für Zahlungsurteile Gegenseitigkeit verbürgt, MüKoZPO/Gottwald Rn. 153
Nicaragua ungeklärt
Nigeria wohl Gegenseitigkeit verbürgt
Norwegen Gegenseitigkeit verbürgt für die Kosten, Art. 18, 19 HZPrAbk, Schlussanh. V A Rn. 1, vgl. im Übrigen den deutsch-norwegischen Vertrag v. 17.6.1977, BGBl. 1981 II 342, dazu SchlAnh. V B 10
Oman Gegenseitigkeit nicht verbürgt, Krüger IPRax 1998, 129
Pakistan Gegenseitigkeit nicht verbürgt, Schütze NJW 1973, 2144 (Gegenseitigkeit verbürgt, aber zeitlich begrenzt)
Panama jetzt Gegenseitigkeit verbürgt (ohne Versäumnisurteil), MüKoZPO/Gottwald Rn. 155
Papua-Neuguinea Gegenseitigkeit verbürgt, MüKoZPO/Gottwald Rn. 155
Paraguay grds. Gegenseitigkeit verbürgt, aber Gegenseitigkeit nicht verbürgt wegen Versäumnisurteil, Schütze NJW 1973, 2144
Peru Gegenseitigkeit verbürgt, AG Hmb NJW-RR 1986, 374, Samtleben RabelsZ 85, 515
Philippinen Gegenseitigkeit verbürgt beim Unterhalt, UN-UnterhÜbk, MüKoZPO/Gottwald Rn. 155; im Übrigen Gegenseitigkeit nicht verbürgt (wegen sachlicher Überprüfung)

Puerto Rico Gegenseitigkeit verbürgt, LG Heilbr IPRax 1991, 262
Quatar wohl Gegenseitigkeit verbürgt, Krüger RIW 1991, 1008
Russische Föderation: Dazu Gerasimchuk, Die Anerkennung und Vollstreckung von zivilrechtlichen Urteilen im deutsch-russischen Rechtsverkehr, 2007; Kurzynsky-Singer RabelsZ 1974, 493 (differenzierend aus russischer Sicht). Gegenseitigkeit verbürgt, Art. 17 HZPrÜbk, Meyer WiRO 1997, 215. Auch → „Krim"
Rwanda Gegenseitigkeit verbürgt, Schütze JR 1986, 99
Sambia Gegenseitigkeit verbürgt, MüKoZPO/Gottwald Rn. 157
San Domingo s. Dominikanische Republik
San Marino Gegenseitigkeit verbürgt, MüKoZPO/Gottwald Rn. 157 (die Brüssel Ia-VO gilt nicht)
Saudi Arabien Gegenseitigkeit nicht verbürgt, Krüger RIW 1990, 113; Schütze RIW 1984, 262
Schweiz Gegenseitigkeit verbürgt, deutsch-schweizerisches Anerkennungs- und Vollstreckungsabkommen, SchlAnh. V B 1, abw. Stürner FS Schwab, 1990, 472 (nur teilweise). Wegen des LugÜbk SchlAnh. V D
Senegal grds. Gegenseitigkeit verbürgt, Schütze RIW 1985, 778
Serbien: [bisher] Gegenseitigkeit verbürgt wegen der Republik, OLG Düss NJW-RR 1993, 137
Sierra Leone Gegenseitigkeit nicht verbürgt
Simbabwe Gegenseitigkeit verbürgt
Singapur Gegenseitigkeit verbürgt, MüKoZPO/Gottwald Rn. 157
Somalia Gegenseitigkeit nicht verbürgt
Sri Lanka (Ceylon) Gegenseitigkeit verbürgt, MüKoZPO/Gottwald Rn. 157
Sudan teilweise Gegenseitigkeit verbürgt, Schütze RIW 1991, 818
Südafrika: Dazu Bäder, Die Anerkennung südafrikanischer Zivilurteile usw., 2014; Döser, Gegenseitigkeit und Anerkennung usw. (Südafrika), 1999. Teilweise Gegenseitigkeit verbürgt, BGH NJW 1969, 2090; 1964, 2350; großzügiger OLG Hmb NJW-RR 2013, 630; LG Hmb IPRax 2010, 444
Surinam Gegenseitigkeit nicht verbürgt
Syrien Gegenseitigkeit verbürgt, BGH NJW 1968, 357; OLG Hamm RIW 1987, 467; Nagel ZZP 95, 369
Swasiland Gegenseitigkeit nicht verbürgt, aA Wietzorek JR 2021, 312
Taiwan s. China
Tansania Gegenseitigkeit nicht verbürgt
Thailand Gegenseitigkeit nicht verbürgt, BGH VersR 1974, 471
Togo Gegenseitigkeit nicht verbürgt
Trinidad nebst Tobago Gegenseitigkeit nicht verbürgt
Tschad Gegenseitigkeit nicht verbürgt
Türkei Gegenseitigkeit verbürgt wegen der Kostenentscheidung gegen den abgewiesenen Kläger, Art. 3, 4 deutsch-türkisches Abkommen, Schlussanh. V B Rn. 10, im Übrigen seit 22.11.82 ja, Art. 34–45 türkisches IPR-Gesetz Nr. 2675, OLG Nürnb IPRax 1984, 162; OLG Oldb FamRZ 1984, 1096 (sein Art. 46 hat den vorher entsprechenden Art. 540 des türkischen ZPG aufgehoben; das übersieht noch OLG Brschw NJW 1984, 2767); AG Gummersbach NJW-RR 1986, 1392; Henrich IPRax 1991, 136
Tunesien, Gegenseitigkeit verbürgt, deutsch-tunesisches Anerkennungs- und Vollstreckungsabkommen, SchlAnh. V B 8 Rn. 10, Nagel ZZP 95, 369
Uganda Gegenseitigkeit verbürgt, soweit es um ein Zahlungsurteil geht, vgl. BGH NJW 1964, 2350r
Ukraine Gegenseitigkeit nicht verbürgt, Meyer WiRO 1997, 216; aM Schütze NJW 1995, 497. Auch → „Krim"
Uruguay Gegenseitigkeit verbürgt, MüKoZPO/Gottwald Rn. 159
Usbekistan Gegenseitigkeit nicht verbürgt
Vatikan Gegenseitigkeit verbürgt
Venezuela Gegenseitigkeit verbürgt, MüKoZPO/Gottwald Rn. 159
Vereinigte Arabische Emirate Gegenseitigkeit nicht verbürgt, Krüger IPRax 2001, 376
Vereinigtes Königreich Für Entscheidungen, die in bis zum 31.12.2020 eingeleiteten Verfahren ergangen sind, gilt noch die Brüssel Ia-VO (→ Brüssel Ia-VO Art. 1 Rn. 4). Unklar ist immer noch, ob für Entscheidungen in anderen Verfahren das LugÜ oder das Dt.-brit. Anerkennungs- und Vollstreckungsübereinkommen (→ Anh. V B. Rn. 11) Anwendung findet, Zöller/Geimer Art. 36 EuGVVO Rn. 1a; Ungerer NJW 2021, 1270 Rn. 13; Hau MDR 2021, 521 Rn. 12.
Vereinigte Staaten: Dazu Schütze, Deutsch-amerikanische Urteilsanerkennung, 1992. Für jeden Staat besonders zu prüfen, Schütze JR 1986, 180; vgl. auch Schütze, Die Anerkennung … in Produkthaftungssachen usw., FS Nagel, 1987, 392; ders., Die Anerkennung und Vollstreckbarerklärung US-amerikanischer Zivilurteile, die nach einer pre-trial-discovery ergangen sind, in der BRep, FS Stiefel, 1987: Gegenseitigkeit verbürgt wegen der Anerkennung ausländischer Urteile in den Staaten der USA; Deutsch ZZP 71, 321; Peterson, Anerkennung ausländischer Urteile im amerikanischen Recht, 1964 (Arbeiten zur Rechtsvergleichung Nr. 18). Im Einzelnen:
- **(Alabama):** Gegenseitigkeit verbürgt, Schütze JR 1987, 280.
- **(Alaska):** Gegenseitigkeit verbürgt, Schütze JR 1988, 9.
- **(Arizona):** Gegenseitigkeit eingeschränkt verbürgt, Schütze JR 1987, 186.
- **(Arkansas):** Gegenseitigkeit verbürgt, Schütze JR 1987, 499.
- **(California):** Gegenseitigkeit verbürgt, BGH VersR 1992, 1285.
- **(Colorado):** Gegenseitigkeit verbürgt, Schütze JR 1989, 236.
- **(Columbia):** Gegenseitigkeit verbürgt, Schütze JR 1989, 190.
- **(Connecticut):** Gegenseitigkeit verbürgt, Schütze JR 1987, 366.
- **(Delaware):** Gegenseitigkeit verbürgt, Schütze JR 1988, 104.
- **(Florida):** Gegenseitigkeit verbürgt, OLG Hamm NJW-RR 1995, 511; Schütze JR 1987, 59
- **(Georgia):** Gegenseitigkeit verbürgt, Schütze JR 1988, 60.
- **(Hawaii):** Gegenseitigkeit verbürgt, Schütze JR 1988, 142.
- **(Idaho):** Gegenseitigkeit verbürgt, Schütze JR 1990, 325.
- **(Illinois):** Gegenseitigkeit verbürgt, Schütze JR 1986, 365; aM OLG Hmb RIW 1997, 688.
- **(Indiana):** Gegenseitigkeit verbürgt, Schütze JR 1988, 323.
- **(Iowa):** Gegenseitigkeit verbürgt, Schütze JR 1988, 449.

– **(Kansas):** Gegenseitigkeit verbürgt, Schütze JR 1989, 57.
– **(Kentucky):** Gegenseitigkeit verbürgt, Schütze JR 1988, 276.
– **(Louisiana):** Gegenseitigkeit verbürgt, Schütze JR 1988, 230.
– **(Maine):** Gegenseitigkeit verbürgt, Schütze JR 1987, 102.
– **(Maryland):** Gegenseitigkeit verbürgt, Schütze JR 1987, 232.
– **(Massachusetts):** Gegenseitigkeit verbürgt, LG Bln DB 1989, 2120, im Wesentlichen ebenso Schütze JR 1990, 365.
– **(Michigan):** Gegenseitigkeit verbürgt, Schütze JR 1988, 499.
– **(Minnesota):** Gegenseitigkeit verbürgt, Schütze JR 1990, 416.
– **(Mississippi):** Gegenseitigkeit nicht verbürgt, Schütze JR 1990, 457.
– **(Missouri):** Gegenseitigkeit verbürgt, Schütze JR 1990, 59.
– **(Montana):** Gegenseitigkeit verbürgt für in rem judgments (bei Statusentscheidungen weitgehend bedeutungslos); Gegenseitigkeit nicht verbürgt für in personem judgments, Schütze JR 1986, 275.
– **(Nebraska):** Gegenseitigkeit verbürgt, Schütze JR 1989, 410.
– **(Nevada):** Gegenseitigkeit verbürgt, Schütze JR 1989, 367.
– **(New Hampshire):** Gegenseitigkeit im Ergebnis verbürgt, Schütze JR 1990, 235.
– **(New Jersey):** Gegenseitigkeit verbürgt, Schütze JR 1988, 366.
– **(New Mexico):** Gegenseitigkeit verbürgt, Schütze JR 1989, 459.
– **(New York):** Gegenseitigkeit verbürgt wegen eines New Yorker Exequaturtrurteils, BGH NJW 1984, 2765, und auch sonst verbürgt, Schütze JR 1986, 324.
– **(North Carolina):** Gegenseitigkeit verbürgt, Schütze JR 1986, 404.
– **(North Dakota):** Beim Zahlungsurteil streitig, Gegenseitigkeit nicht verbürgt beim Unterhaltstitel, im Übrigen Gegenseitigkeit verbürgt, Schütze JR 1987, 447.
– **(Ohio):** Gegenseitigkeit verbürgt, Schütze JR 1988, 195.
– **(Oklahoma):** Gegenseitigkeit verbürgt, Schütze JR 1989, 7.
– **(Oregon):** Gegenseitigkeit verbürgt bei einem Zahlungsurteil, im Übrigen nicht verbürgt, Schütze JR 1987, 319.
– **(Pennsylvania):** Gegenseitigkeit verbürgt, Schütze JR 1990, 191.
– **(Rhode Island):** Gegenseitigkeit verbürgt, Schütze JR 1990, 102.
– **(South Carolina):** Gegenseitigkeit verbürgt, Schütze JR 1990, 279.
– **(South Dakota):** Gegenseitigkeit zum Teil zeitlich eingeschränkt verbürgt, Schütze JR 1988, 406.
– **(Tennessee):** Gegenseitigkeit verbürgt, Schütze JR 1989, 278.
– **(Texas):** Gegenseitigkeit verbürgt, Schütze JR 1987, 405.
– **(Utah):** Gegenseitigkeit verbürgt, Schütze JR 1987, 143.
– **(Vermont):** Gegenseitigkeit verbürgt, Schütze JR 1989, 499.
– **(Virginia):** Gegenseitigkeit grds. verbürgt, jedoch bei einem Zahlungsurteil nur im Rahmen einer zeitlichen Grenze von 10 Jahren, Schütze JR 1990, 149. Auch → „– (Westvirginia)".
– **(Washington):** Gegenseitigkeit verbürgt, Schütze JR 1987, 10.
– **(Westvirginia):** Gegenseitigkeit im Ergebnis verbürgt, Schütze JR 1989, 103. Auch → „– (Virginia)".
– **(Wisconsin):** Gegenseitigkeit verbürgt, Schütze JR 1989, 146.
– **(Wyoming):** Gegenseitigkeit verbürgt, Schütze JR 1986, 445.

Zaire → „Kongo".
Zentralafrikanische Republik Gegenseitigkeit verbürgt beim Unterhalt, UN-UnterhÜbk, und auch sonst, MüKoZPO/Gottwald Rn. 161.

329 *Beschlüsse und Verfügungen.*

I [1]**Die auf Grund einer mündlichen Verhandlung ergehenden Beschlüsse des Gerichts müssen verkündet werden.** [2]**Die Vorschriften der §§ 309, 310 Abs. 1 und des § 311 Abs. 4 sind auf Beschlüsse des Gerichts, die Vorschriften des § 312 und des § 317 Abs. 2 Satz 1, 2, Absatz 3 und 4 auf Beschlüsse des Gerichts und auf Verfügungen des Vorsitzenden sowie eines beauftragten oder ersuchten Richters entsprechend anzuwenden.**

II [1]**Nicht verkündete Beschlüsse des Gerichts und nicht verkündete Verfügungen des Vorsitzenden oder eines beauftragten oder ersuchten Richters sind den Parteien formlos mitzuteilen.** [2]**Enthält die Entscheidung eine Terminsbestimmung oder setzt sie eine Frist in Lauf, so ist sie zuzustellen.**

III Entscheidungen, die einen Vollstreckungstitel bilden oder die der sofortigen Beschwerde oder der Erinnerung nach § 573 Abs. 1 unterliegen, sind zuzustellen.

Schrifttum: Fraga Novelle, Die Wirkung der Beschlüsse im Zivilprozeßrecht, 2000; Kischel, Die Begründung, 2003; Peters, Die Bestandskraft von Beschlüssen, FS Geimer, 2002, 811; Pochmarski, Beschluss und Rekurs in der ZPO, 2006; Schindler, Rechtskraft und Innenbindung von Beschlüssen nach der ZPO-Reform, 2006.

Übersicht

I. Systematik. § 329 enthält unvollständige Vorschriften über Beschlüsse und Verfügungen; → Vor § 300 Rn. 1, BGH NJW 1983, 123. Über die Notwendigkeit einer mündlichen Verhandlung → Vor § 128 Rn. 1. Eine schriftliche Abfassung ist nicht ausdrücklich nötig, aber selbstverständlich. Mündliche bloß vorläufige oder beiläufige Äußerungen sind nach § 160 III Nr. 6, 7 kein vollendeter Beschluss. Das Gericht muss nach → Rn. 6 einen in der mündlichen Verhandlung zum Protokoll verkündeten Beschluss im Allgemeinen begründen. Das muss nach → Rn. 8, 10 zumindest dann nachträglich geschehen, wenn der Beschluss anfechtbar ist. Theoretisch gibt es auch einen stillschweigenden Beschluss. In einem besonderen Fall kann ein Verhalten des Gerichts nach → Vor § 128 Rn. 59 notwendig auf einen Beschluss hindeuten und kann in diesem Verhalten dessen Bekanntmachung liegen. Aber auch → Rn. 16. 1

II. Regelungszweck. Die Vorschrift bezweckt eine Klarstellung der Form und teilweise auch des Inhalts, die man bei der Abfassung und Mitteilung der neben dem Urteil möglichen und in der Praxis ebenso wichtigen weiteren Entscheidungsart des Gerichts beachten muss, um die Rechtssicherheit zu wahren. Es muss ja der Umfang der materiellen Rechtskraft feststehen, auch derjenige der Vollstreckbarkeit, soweit sie in Betracht kommt. Das Gericht muss ferner das rechtliche Gehör gewährt haben, Art. 2 I, 20 III GG, Art. 103 I GG. Deshalb ist grundsätzlich eine strenge Auslegung notwendig. 2

Einwandfreie Bekanntgabe ist eine selbstverständliche Bedingung der Wirksamkeit auch eines solchen juristischen Staatsakts, der nicht in der Urteilsform nach §§ 300 ff. ergeht. Das gilt auch dann, wenn die Bekanntgabe keine Anwesenheit des Adressaten erfordert. Auch für den Lauf der Rechtsmittelfrist zB nach § 569 I hat ein formell einwandfreies Entstehen der Entscheidung gerade auch außerhalb der Urteilsform eine zentrale Bedeutung. Diese Formvorschriften werden manchmal etwas nachlässig gehandhabt. Das geht von dem bloßen Namenskürzel nach → § 129 Rn. 16 statt der vollen Unterschrift über die Formlosigkeit der Urkunde (einfache Abschrift oder Ablichtung statt Ausfertigung oder Beglaubigung) bis zur Formlosigkeit der Übersendung (einfacher Brief ohne Zustellungsurkunde nach §§ 166 ff. oder Empfangsbekenntnis nach §§ 174, 195, sodass man weder einen Fristbeginn noch folglich den Fristablauf klar feststellen kann). Juristische Formstrenge kann bei aller Lästigkeit doch unvermeidbar sein. Das ist auch bei der Handhabung in der Praxis und nicht nur in der unstreitigen Theorie zu beachten. 3

Die weitgehenden Bezugnahmen auf die Regelungen der Entscheidungen in der Urteilsform sind zweckmäßig. Die Notwendigkeiten einer förmlichen Zustellung sind wegen § 189 mit seiner Heilungschance trotz der verbreiteten formlosen Kommunikation über E-Mail oder Telefax erträglich und zwecks Rechtssicherheit auch unverändert unentbehrlich. 4

III. Geltungsbereich. Die Vorschrift gilt in allen Verfahren nach der ZPO, auch bei einer Unzuständigkeitserklärung iSv § 36 I Nr. 6, → § 37 Rn. 8; Brschw NJW-RR 2020, 317. Sie gilt ebenso im WEG-Verfahren, im arbeitsgerichtlichen Verfahren nach § 46 II 1 ArbGG mit den Besonderheiten des § 50 ArbGG. Wegen des Musterentscheids beim KapMuG SchlAnh. VI § 16. Im FamFG-Verfahren gelten §§ 15, 38 ff. FamFG. Hilfsweise ist § 329 im Bereich des § 113 I 2 FamFG entsprechend anwendbar. 5

IV. Notwendigkeit einer Begründung. Das Gesetz schreibt eine Begründung manchmal ausdrücklich vor, etwa in § 922 I 2, BGH NJW-RR 2013, 1077. Sie ist auch im Übrigen bei einem durch ein Rechtsmittel angreifbaren Beschluss grundsätzlich eine Rechtspflicht, BGH BeckRS 2014, 10060 = FamRZ 2014, 1364 (auch Sachverhalt); BAG NJW 2012, 2460; Saarbr FamRZ 2011, 745. Das folgt schon aus Art. 6 I EMRK, EGMR NJW 1999, 2429, und aus Art. 20 III, 103 I GG, BVerfG NJW 1991, 2757. Denn sonst würde die Grundlage der Nachprüfbarkeit durch die Partei wie durch das Gericht fehlen, BVerfG NJW 1987, 1619; BGH MDR 2010, 1210; KG GRUR-RR 2013, 272. Floskeln sind keine Begründung, Saarbr FamRZ 2011, 745. 6

1. Erste Instanz. Die bloße Bezugnahme auf „zutreffende Gründe" eines Schriftsatzes oder einer angefochtenen oder auch unveröffentlichten Entscheidung kann ausreichen, BGH NJW 1983, 123; Hamm MDR 1991, 452; Köln VersR 1983, 252. Aber der materiell-verfassungsrechtliche Maßstab des Willkürverbots verlangt mit Rücksicht auf die verfassungsrechtliche Gebundenheit des Richters an Gesetz und Recht eine Begründung jedenfalls dann und insoweit, als von dem eindeutigen Wortlaut einer Rechtsnorm abgewichen werden soll und der Grund hierfür den Beteiligten nicht offensichtlich ist, BVerfG NJW 1987, 1619. Man sollte sich deshalb davor hüten, zu „Begründungs"-Floskel zu greifen, statt den Sachverhalt umfassend nachzuprüfen, Hamm NJW-RR 2000, 211; Jena FamRZ 1997, 758. Eine widersprüchliche Begründung kann als deren Fehlen gelten, BGH MDR 1978, 928. Die Nichtbehandlung eines wesentlichen Tatsachenvortrags lässt auf seine Nichtbeachtung schließen, BVerfG FamRZ 2008, 674. 7

2. Rechtsmittelinstanz. Auch hier muss die Entscheidung den maßgeblichen Sachverhalt und den Streitgegenstand sowie mindestens die Anträge erkennen lassen, BGH NJW-RR 2014, 315. Soweit eine Begründung tatsächlich oder schon äußerlich fehlt, kommt eine Nachholung in Betracht. Das kann etwa in einem statthaften Nichtabhilfebeschluss auf ein Rechtsmittel geschehen, Bbg JurBüro 1992, 632; Karlsr Just 1976, 300. Andernfalls liegt ein Verfahrensmangel vor. Er kann auf Antrag zur Zurückverweisung entsprechend § 538 II 1 Nr. 1 führen, BGH FamRZ 2006, 1030; Hamm NJW-RR 2000, 212; Schlesw MDR 1997, 1154. Eine Begründung nach → Rn. 6 ist erst recht bei der Statthaftigkeit einer Rechtsbeschwerde nach § 574 nötig, BGH FamRZ 2013, 1125. 8

Wenn eine sofortige Beschwerde nach §§ 567 ff. zulässig ist, muss das Erstgericht nach § 572 I 1 Hs. 2 die Begründung nachholen, falls es der sofortigen Beschwerde nicht nach § 572 I 1 Hs. 1 abhilft, Nürnb MDR 2001, 893; Schlesw SchlHA 1982, 43. Die bloße Wiedergabe des Gesetzestextes ist keine Begründung, Düss FamRZ 1978, 919. Es ehrt auch den BGH, entsprechend BVerfG GRUR 1981, 295 einen Beschluss auf eine Zurückweisung der Beschwerde gegen die Nichtzulassung einer Revision nach § 544 IV 1 stets mit solchen Gründen zu versehen, die nicht nur durch eine gelegentlich formelmäßige Verweisung auf BVerfG NJW 1981, 9

39 erkennbar machen, ob er die Voraussetzungen der §§ 543, 544 geprüft und verneint hat (nobile officium). Beim Rpfl. gilt der § 11 RPflG.

10 **V. Entbehrlichkeit einer Begründung.** Eine gesetzlich nicht ausdrücklich notwendige Begründung kann aber ausnahmsweise dann fehlen, wenn der Beschluss schlechthin unanfechtbar ist, zB bei § 696 I 3, vgl. aber auch BVerfG NJW 1987, 1619 (zu § 119 II) und NJW 1993, 1909 (zu Art. 3 I GG). Eine Begründung kann auch bei einer grundsätzlichen Unanfechtbarkeit notwendig sein, falls im Ausnahmefall ein Rechtsmittel statthaft sein kann und das Rechtsmittelgericht dann zur Überprüfung imstande sein muss, zB bei §§ 707, 769, Düss FamRZ 1989, 89.

11 Eine Begründung kann auch fehlen, soweit der Beschluss in keine Rechte eines Betroffenen eingreift, BVerfG NJW 1957, 298. Das gilt zB dann, wenn er den übereinstimmenden Anträgen entspricht, etwa bei § 313a II, Stgt FamRZ 2006, 720, oder wenn schon alle die Gründe kennen. Es gilt auch bei einem allseitigen Rechtsmittelverzicht zB nach § 515, Schlesw MDR 1997, 1154; auch wenn die der Entscheidung zugrundeliegenden Fragen auf der Hand liegen oder wenn sie sich aus dem Streitstoff selbst ergeben, BayObLG NJW-RR 1991, 187; Ffm Rpfleger 1984, 477; Karlsr FamRZ 1991, 90, etwa bei einem Beweisbeschluss nach § 358 oder bei einer Wertfestsetzung für einen bezifferten Antrag nach §§ 3 ff., Schlesw SchlHA 1975, 180.

12 **VI. Unterschrift.** Beschlüsse bedürfen der richterlichen Unterschrift; fehlt sie, liegt nur ein Scheinbeschluss vor, BAG NJW 2010, 2748. Zum einen soll dadurch die interne Kontrolle, dass die schriftliche Fassung mit der von den Richtern getroffenen Entscheidung übereinstimmt, dokumentiert werden, zum anderen soll die nach außen wirkende Bekundung, dass die unterschriebene Fassung dem getroffenen Beschluss entspricht, gewährleistet werden, MüKoZPO/Musielak Rn. 3. Aus der Verweisung auf § 317 II 1, der die Zustellung von Urteilen betrifft, ist zu folgern, dass bei Beschlüssen die richterliche Unterschrift – wie bei Urteilen – als selbstverständlich vorausgesetzt wird, da sie durch die von der Geschäftsstelle veranlassten Zustellung nicht ersetzt werden kann, BGH NJW 1998, 609; BAG NJW 2010, 2784; Karlsr FamRZ 1999, 452 (bei PKH-Entscheidung). Streitig ist die Frage, ob der Beschluss von allen mitwirkenden Richtern unterschrieben werden muss oder ob die Unterschriften des Vorsitzenden und des Berichterstatters ausreichen, MüKoZPO/Musielak Rn. 3 (zum Streitstand). Diese in der Praxis wenig relevante Frage dürfte parallel zu den Urteilen nur so beantwortet werden, dass grds. alle Unterschriften – zumindest der Berufsrichter – erforderlich sind, BAG NJW 2010, 2748; MüKoZPO/Muisielak Rn. 3; Zöller/Feskorn Rn. 43; aA Thomas/Putzo/Seiler Rn. 11 (gerichtliche Übung). Soweit ein Richter an der Unterschriftsleistung verhindert ist, ist – wie bei Urteilen nach § 315 I 2 – unter Angabe des Verhinderungsgrundes im Beschluss vom Vorsitzenden oder im Falle seiner Verhinderung vom dienstältesten Beisitzer dieser Umstand zu vermerken und zu unterzeichnen, BGH NJW 1994, 1406; BPatG GRUR 2014, 913. Die Unterschriftsleistung erstreckt sich aber nicht in jedem Fall auch auf die ehrenamtlichen Richter. So sind in Landwirtschaftssachen Beschlüsse nicht von den ehrenamtlichen Richtern zu unterschreiben, BGH NJW-RR 2014, 243. Dagegen bedarf die Verlängerung einer Rechtsmittelbegründungsfrist durch Verfügung des Vorsitzenden nicht einer Unterschrift, BGH NJW 2017, 2273. Bei elektronischer Datenübermittlung gelten §§ 130a–d.

13 Ein Handzeichen (Paraphe) ist keine hier ausreichende Unterschrift, BGH VersR 1990, 673; Brdb Rpfleger 1998, 208; Karlsr NJW-RR 2004, 1507 (je: Rpfl.). Das gilt auch bei einer Verfügung des Urkundsbeamten, Düss Rpfleger 1989, 276.

14 Bei einem Verstoß liegt rechtlich nur ein Entwurf vor, BGH GRUR-RR 2011, 435; BAG NJW 2010, 2748 („Scheinbeschluss"). Er setzt keine Notfrist nach § 224 I 2 in Lauf, BGH NJW 1995, 533. Eine hiergegen gerichtete sofortige Beschwerde würde sich gegen einen Beschluss richten, der in Wirklichkeit gar nicht erlassen ist. Das macht jedoch die Beschwerde nicht unzulässig, da durch die Zustellung der Schein eines Beschlusses gesetzt wird. Derartige Scheinbeschlüsse können mit der sofortigen Beschwerde nach § 567 I angegriffen werden, BAG NJW 2010, 2748; Karlsr NJW-RR 2004, 1507. Die fehlende Unterschrift kann dann nachträglich mit Wirkung für die Zukunft geheilt werden, BGH NJW 1998, 609. Wird in dem Nichtabhilfebeschluss nach § 572 I 1 auf den ursprünglichen, formal unwirksamen Beschluss verwiesen, nimmt das Gericht damit die ursprüngliche Entscheidung in seinen Willen auf, Düss NJW-RR 1994, 383. Das steht der nachträglichen Anbringung der fehlenden Unterschrift gleich, BAG NJW 2010, 2748.

15 **VII. Verfügung.** Eine Verfügung des Vorsitzenden oder eines nach §§ 361, 362 ersuchten oder beauftragten Richters ist im Ergebnis ebenso wie ein Beschluss zu behandeln. Das gilt zB wegen der Notwendigkeit einer vollen Namensunterschrift, → Rn. 12, BVerwG NJW 1994, 746; Köln NJW-RR 1997, 1292. Nur braucht eine Verfügung dann keine Verkündung, wenn sie aufgrund einer mündlichen Verhandlung ergeht, sofern sie das Gericht nach II, III behandelt. Die Schriftform kann auch dann erforderlich sein, wenn die Entscheidung keine förmliche Zustellung nach §§ 166 ff. braucht, BGH NJW 1984, 2086.

16 **VIII. Verkündung, I 1.** Das Gericht muss seinen Beschluss dann verkünden, wenn er auf eine nach § 128 I notwendige oder auf eine nach § 128 IV freistehende mündliche Verhandlung ergeht, so schon BGH FamRZ 2000, 814 (Abweichung [jetzt] beim FamFG-Verfahren); Brem FamRZ 1981, 1091. Das gilt im Verfahren nach § 251a. Im schriftlichen Verfahren ist nach § 128 II 2 ebenfalls eine Verkündung notwendig. Wenn keine Verkündung, sondern eine Zustellung nach §§ 166 ff. erfolgt, ist der Beschluss entstanden. Man kann den Fehler aber rügen, Brem FamRZ 1981, 1091; Köln Rpfleger 1982, 113. Stellt der Beschluss nur nach → Rn. 23 eine innere Maßnahme des Gerichts dar, gibt das Gericht ihn den Parteien nicht bekannt. Ein stillschweigender „Beschluss" reicht jedenfalls nach außen meist nicht, Peters NJW 1990, 1833. Aber → Rn. 1.

17 **IX. Entsprechende Anwendung, I 2.** Die Vorschrift hat eine ganz erhebliche Bedeutung.

18 **1. Grundsatz: Keine abschließende Aufzählung.** Die Vorschrift macht in lückenhafter Weise einige Vorschriften auf Beschlüsse und Verfügungen entsprechend anwendbar. Bei § 319 zeigt sich klar, dass ein Umkehrschluss auf die Unanwendbarkeit anderer Vorschriften zu Unrichtigkeiten führen kann.

2. Einzelvorschriften

19 ***§ 308*** (*Nicht über den Antrag hinaus, I*) ist anwendbar. Das ergibt sich aus der Parteiherrschaft. Daher ergeht nach I keine Entscheidung über den Antrag hinaus. Ein solcher Beschluss, der aus dem Rahmen eines in sich geschlossenen Verfahrens herausfällt, wie ein Arrestbeschluss nach § 922, enthält nach II von Amts wegen eine Kostenentscheidung.

§§ 309, 310 I (Besetzung des Gerichts, Verkündung) sind ausdrücklich in I S. 2 erwähnt und damit für entsprechend anwendbar erklärt. Deshalb sind Beschlüsse, die aufgrund einer mündlichen Verhandlung ergehen, von den Richtern getroffen und grds. zu unterschreiben, die an diesem Verhandlungstermin teilgenommen haben, KG FamRZ 2008, 2054; MüKoZPO/Musielak Rn. 13. §§ 192 ff. GVG sind anwendbar. Hat ein Richter zwar an der mündlichen Verhandlung teilgenommen, war aber nach der Geschäftsverteilung nicht dazu berufen, darf er an dem Beschluss nicht mitwirken, BGH MDR 2005, 410; KG NJW-RR 1994, 278. Fristbeginn: Verkündung, → § 221 Rn. 5. Eine Zustellung kann evtl. eine Verkündung ersetzen, Ffm FamRZ 2018, 500. Unanwendbar ist § 310 II.

§ 311 (Art der Verkündung): I ist **unanwendbar,** Kranz FamRZ 2010, 705; Metzger FamRZ 2010, 704; aM Vogel FamRZ 2010, 704. Zum Problem auch Borth FamRZ 2010, 705. Auch II, III sind grds. unanwendbar, LG Ffm Rpfleger 1976, 257. IV ist nach I 2 anwendbar.

§ 312 (Parteien und Verkündung) ist nach I 2 anwendbar.

§§ 313–313b (Form und Inhalt) sind begrenzt anwendbar, BGH NJW 2001, 1653; Mü NJW-RR 2008, 1092 (III), Köln BB 2001, 1499; strenger Schneider MDR 1978, 528. Das Rubrum kann abgekürzt sein, Oldb JurBüro 1997, 377, etwa: „In pp", solange kein Vollstreckungstitel nach § 794 I vorliegt, Brdb Rpfleger 1998, 208. Stets muss aber die Identität der Beteiligten feststehen, BGH NJW-RR 2008, 367. Die Entscheidungsformel muss entsprechend § 313 I Nr. 4 natürlich verständlich und evtl. entsprechend §§ 704 ff. vollstreckbar sein, BAG NZA 2011, 1305 (ohne Hinweis auf § 329). § 313a I ist aber anwendbar, so schon Ffm NJW 1989, 841; Hamm JurBüro 1996, 96. Ein Sachverhalt muss nachprüfbar vorhanden sein, soweit ein Rechtsmittel infrage kommt, BGH FamRZ 2014, 1364.

Bezugnahmen sind ebenso möglich wie nach § 313 II 2 im Urteil. Diese ausdrückliche Sollvorschrift ist vor allem im Anwaltsprozess nach § 78 mit oder ohne Anwaltszwang eine wichtige Konsequenz zur Entlastung des Gerichts im Verfahren mit Parteiherrschaft. Das Gericht darf von ihr weitgehend Gebrauch machen. Auch ein Beschluss ist für die Parteien und daneben für Dritte da. Das gilt sogar bei einer Grundsatzentscheidung mit Ausnahme derjenigen mit materieller Rechtskraft für und gegen alle.

Alleinige Beschlussform (statt Urteil) wie zB nach dem FamFG hat natürlich strengere Anforderungen zur Folge.

Eine Begründung ist nach → Rn. 6 ff. zu beurteilen. Keineswegs darf man höhere Anforderungen als bei § 313 III stellen, BayObLG MDR 1987, 59. Eine „Rotklammer" o. ä. reicht aus, Hamm MDR 1999, 316. Über 20 Zitate mit sämtlichen Parallel-Fundstellen, so Kblz JurBüro 2003, 319, sind jedoch übertrieben selbst bei einer gewissen Streitfrage. Die bloße Verweisung selbst auf einen eindeutig bezeichneten Aktenteil reicht nicht beim Vollstreckungstitel. Bloße Textbausteine sind keine Begründung, Köln MDR 2009, 408.

§ 314 (Tatbestand) ist grds nicht anwendbar, es sei denn der Beschluss ergeht im Verfahren mit einer mündlichen Verhandlung, Ffm MDR 2004, 901; Zöller/Feskorn Rn. 41; vgl. auch BGH NJW 1975, 1837. Außerhalb der mündlichen Verhandlung ist § 314 bei einer großzügigen Handhabung aus praktischen Erwägungen meist unanwendbar, Ffm MDR 2004, 901; Köln MDR 1976, 848. Im schriftlichen Verfahren ist die Vorschrift unanwendbar, da sich die Beweiswirkung nach § 314 S. 1 nur auf das Parteivorbringen erstreckt, das Gegenstand der mündlichen Verhandlung gewesen ist, BGH NJW-RR 2008, 1566.

§ 315 (Unterschrift) → Rn. 12, 13; BPatG GRUR 2014, 916. Zur Nachholbarkeit → § 315 Rn. 22.

§ 317 (Zustellung): Die Regelungen in § 317 II 1, 2 zu Ausfertigungen, Auszügen und Abschriften sind auf Beschlüsse entsprechend anwendbar, OVG Bln-Brdb NVwz-RR 2017, 351.Weiter ist § 317 III (elektronisches Dokument) nach I 2 ebenso anwendbar wie § 317 IV (Unterschrift), BGH NJW 1980, 1960; KG MDR 1981, 853; § 317 V (abgekürzte Fassung) ist unanwendbar, LG Stade Rpfleger 1987, 253. Die Vorschrift des I 2 verweist jedoch nicht auf § 317 I 1 und II 3. Hiernach werden – eingefügt durch das Gesetz zur Förderung des elektronischen Rechtsverkehrs vom 10.10.2013 – seit dem 1.7.2014 Urteile den Parteien von Amts wegen grds. in Abschrift zugestellt, die nach § 169 II 1 von der Geschäftsstelle des Gerichts beglaubigt ist. Ausfertigungen werden nach § 317 II 1 nur auf Antrag erteilt, wobei die Ausfertigung nach § 317 II 3 Hs. 1 weder Tatbestand noch Entscheidungsgründe enthält. Damit ist die Übersendung einer beglaubigten Abschrift zur Regelform der Urteilszustellung geworden und für den Beginn der Rechtsmittelfrist ausreichend, BGH NJW 2019, 1374; NJOZ 2018, 1145; NJW 2016, 1180. Nichts anderes kann – trotz der fehlenden Verweisung – für die Zustellung der Beschlussverfügung gelten, wie es gerade an Entscheidungen in Eilverfahren besonders evident wird, BGH NJW 2019, 1374; Hmb BeckRS 2018, 17282; Mü GRUR 2018, 444. Wegen des Fristbeginns bei der sofortigen Beschwerde § 569 I.

§ 318 (Bindung des Gerichts). Dazu Fraga Novelle, Die Wirkung der Beschlüsse im Zivilprozessrecht, Diss. Passau 1999; Werner, Rechtskraft und Innenbindung zivilprozessualer Beschlüsse im Erkenntnis- und summarischen Verfahren, 1982.

- **(Vor Abänderung):** Bindend ist ein wirksam erlassener Beschluss nur, solange das Gericht ihn nicht zulässigerweise abgeändert hat, BGH NJW-RR 2006, 1554. Regelmäßig ist ein Beschluss frei abänderbar, solange sich das Gericht mit seinem Gegenstand befasst, zB beim Beweisbeschluss nach → § 360 Rn. 1, 2.
- **(Arrest, einstweilige Verfügung):** Bindend ist ein Beschluss nach §§ 924, 926, 927, 936.
- **(Befangenheit):** Bindend ist ein Beschluss nach § 46, Brdb FamRZ 2013, 1600.
- **(Berufungsverwerfung):** Beschlüsse, mit denen eine Berufung als unzulässig verworfen wird, entfalten Bindungswirkung entspr. § 318, BAG NJW 2004, 174; aM Bauer NJW 1991, 1714.
- **(Bestätigung):** Bindend ist ein bereits ausgeführter Beschluss nach einer Bestätigung durch das Rechtsmittelgericht, BAG MDR 1984, 83.
- **(Beweisbeschluss):** → „– (Vor Abänderung)".
- **(Entwurf):** Nicht bindend ist ein bloßer Entwurf, Köln NJW 1988, 2806. Das gilt, solange keine Unterzeichnung nach → Rn. 12, 13 vorliegt.
- **(Gegenvorstellung):** → Vor § 567 Rn. 10, BGH NJW 1995, 2497. Beim unanfechtbaren Beschluss kommt also zumindest auf eine Gegenvorstellung eine Nachholung des etwa versagten rechtlichen Gehörs und insofern auch eine Änderung in Betracht, Schlesw SchlHA 1984, 62.
- **(Gerichtsstandsbestimmung):** Bindend ist ein Beschluss nach §§ 36, 37 II und → Rn. 11.
- **(Prozesskostenhilfe):** Nicht stets bindend ist ihre Ablehnung nach § 127 I 1, BVerfGE 56, 146 (154).
- **(Prozessuale Überholung):** Bindend ist ein bereits ausgeführter Beschluss, soweit er prozessual überholt ist.

– **(Rechtliches Gehör):** → „– (Gegenvorstellung)".
– **(Rechtsmittelzulassung):** Bindungswirkung entfalten u. a. Beschlüsse im Verfahren auf Zulassung eines Rechtsmittels, BAG NJW 2011, 3053 Rn. 13f, zB auch nach § 522 I 3.
– **(Schiedsspruch):** Bindend ist ein Beschluss auf die Vollstreckbarerklärung eines Schiedsspruchs einschließlich desjenigen mit vereinbartem Wortlaut nach §§ 1053, 1054. Das folgt daraus, dass das Gesetz seine Aufhebung nach § 1059 an besondere Voraussetzungen knüpft.
– **(Selbständiges Beweisverfahren):** Nicht bindend ist regelmäßig ein Beschluss im Verfahren nach §§ 485 ff., solange sich das Gericht mit ihm befasst, zB nach → § 490 Rn. 6 ff., aM LG Konst NJW-RR 2003, 1379 (aber das führt zu einer sinnlosen Förmelei. Denn auch § 572 I Hs. 1 lässt eine Abänderung zu).
– **(Sofortige Beschwerde):** Nicht bindend ist wegen § 572 II 1 auch ein mit einer sofortigen Beschwerde angreifbarer Beschluss bis zu dessen Unanfechtbarkeit, BGH NJW-RR 2006, 1554; Schlesw MDR 2002, 1392. Wegen der Verweisung in § 573 I 2 auch auf § 572 II 1 gilt das auch für den mit einer sofortigen Erinnerung angreifbaren Beschluss.
– **(Sofortige Erinnerung):** Es gilt wegen der Verweisung in § 573 I 2 auch auf § 572 II 1 dasselbe wie bei einer → „– (Sofortigen Beschwerde)".
– **(Unabänderlichkeit):** Bindend ist natürlich ein nach den Regeln zu § 318 unabänderlicher Beschluss, BGH FamRZ 1989, 849; BPatG GRUR 1986, 54; Karlsr NJW-RR 1995, 1536 (zu § 281).
– **(Verweisung):** Bindend ist ein Beschluss nach §§ 281, 506, 696 V. Denn sie nimmt dem bisherigen Gericht dessen Zuständigkeit. Aber auch → § 319 (Berichtigung).
– **(Wiedereinsetzung):** Bindend ist ein Beschluss nach § 238 III, BVerfG JZ 1959, 59 (krit. Baur); BGH NJW 1995, 2497.

§ 319 (Berichtigung) ist nach → § 319 Rn. 2 grds. anwendbar, BVerfGE 29, 45 (50); BGH NJW-RR 1993, 700; BAG NZA 2004, 454 (nicht bei bloßer Klarstellung oder Auslegung). Bei einem unanfechtbaren Beschluss wäre es unbegreiflich, wenn das Gericht seinen Schreibfehler nicht berichtigen dürfte. Es darf zB eine versehentliche Verweisung berichtigen, BVerfGE 29, 45 (50). Wegen des Mahnbescheids → § 692 Rn. 11. Auch ein Kostenfestsetzungsbeschluss nach § 104 lässt sich berichtigen, Hamm Rpfleger 1977, 218; Kblz JurBüro 2015, 88, und zwar vom Rpfl, aber nicht nach § 319, soweit der Rpfl. die Kosten irrig von der Kostengrundentscheidung abweichend festgesetzt hat, VG Hann Rpfleger 1990, 388; Zöller/Feskorn Rn. § 319 Rn. 20; aM Mü Rpfleger 1992, 217. Der Rpfl kann ihn aber nach → § 319 Rn. 17 „Übersehen" nicht stets insoweit berichtigen, als er einen Teil vergessen hat, Kblz JurBüro 2015, 88; aM Zweibr Rpfleger 2003, 101. Wegen einer neuen Sachlage LG Nürnb-Fürth Rpfleger 1978, 333. Wegen des FamFG-Verfahrens → § 319 Rn. 6.

§ 320 (Berichtigung des Tatbestands) ist grds. unanwendbar. Denn das Gericht muss Unrichtigkeiten ohne weiteres nach § 319 von Amts wegen berichtigen, soweit keine Bindungswirkung nach § 318 vorliegt, Ffm MDR 2004, 901; Köln MDR 1976, 848; Vollkommer MDR 2010, 1163. Ausnahmen gelten nach → § 314 Rn. 4 nach einer mündlichen Verhandlung, BGH NJW 1975, 1837, und im arbeitsrechtlichen Beschlussverfahren, BAG NZA 2011, 1116.

§ 321 (Ergänzung) ist anwendbar, BGH NJW 2014, 2440; BAG NZA 2011, 1116; Mü MDR 2003, 522. Das gilt vor allem wegen des Kostenpunkts nach §§ 91 ff., KG Rpfleger 1981, 318; Oldb FamRZ 2007, 745; Stgt MDR 1999, 116, also auch wegen der Kostenfestsetzung nach §§ 103 ff., KG Rpfleger 1980, 159; Mü AnwBl 1988, 249, oder bei der Entscheidung im Insolvenzverfahren über angemeldete Kosten, KG Rpfleger 1980, 158. Innere Gründe verlangen die Anwendbarkeit. Nur eine Förmelei würde ihr entgegenstehen. Dass § 321 eine mündliche Verhandlung verlangt, besagt nichts, Zweibr FamRZ 1980, 1144. Denn auch der nach I 2 anwendbare § 310 I verlangt eine mündliche Verhandlung. Eine sinngemäße Anwendung bedeutet nicht bindende Anwendung.

Die Zweiwochenfrist beginnt mit dem Zugang des Beschlusses, auch wenn er nach II 1 nicht zustellungsbedürftig war, KG JurBüro 2015, 144. Eine Ergänzung durch eine sofortige Beschwerde ist (auch zu Ausnahmen) grundsätzlich unzulässig. Bei der Vollstreckbarerklärung eines Schiedsspruchs nach § 1060 oder einer ausländischen Kostenentscheidung lässt eine Ergänzung gar nicht entbehren. Vgl. auch § 794 I Nr. 4a.

§ 321a ist unanwendbar, nach → § 321a Rn. 7 insbesondere bei § 522 II. Denn I 2 verweist nicht auch auf § 321a. Das Ergebnis befriedigt jedoch nicht. Denn § 321a befreit das BVerfG von der Nachprüfung eines grundgesetzwidrigen Urteils, nicht aber von derjenigen einer ebenso schwerwiegend unrichtigen Entscheidung in einer Beschlussform. Dies dürfte in der Praxis seltener vorkommen. Man kann evtl. auch § 321a II 2 entsprechend anwenden und daher nur eine befristete Gegenvorstellung zulassen.

§§ 322–327 (Rechtskraft). Dazu Peters FS Geimer, 2002, 811; Schindler, Rechtskraft und Innenbindung von Beschlüssen nach der ZPO-Reform, 2006; Werner, Rechtskraft und Innenbindung zivilprozessualer Beschlüsse im Erkenntnis- und summarischen Verfahren, 1982. Der Beschluss ist der formellen Rechtskraft fähig, auch vor den Arbeitsgerichten, BAG BB 1996, 2470. Der inneren Rechtskraft nach → Vor § 322 Rn. 3 kann auch ein Beschluss fähig sein, BGH NJW 1985, 1336 (auch zu Grenzfällen); BAG MDR 1997, 71; BayObLGE 2003, 264. Die innere Rechtskraft kann natürlich nur eintreten, soweit der Beschluss eine entsprechende Entscheidung enthält soweit er also urteilsähnlich ist, Oldb FamRZ 2003, 1302; Peters FS Geimer, 2002, 811 (819); aM Koenigk NJW 1975, 529.
– **(§§ 3 ff.):** Rechtskräftig werden kann ein Wertfestsetzungsbeschluss, Nürnb OLGR 1999, 360.
– **(§§ 42 ff.);** Rechtskräftig werden kann ein Ablehnungsbeschluss, BGH NJW 1986, 2702.
– **(§ 91a):** Bei einem Beschluss tritt keine materielle Rechtskraft in der Hauptsache ein (anders als bei einem Urteil). Vielmehr tritt die materielle Rechtskraft nur wegen der Kosten ein.
– **(§§ 103 ff.):** Rechtskräftig werden kann ein Kostenfestsetzungsbeschluss, BGH NJW 1990, 2060; Hmb MDR 1986, 245; OVG Lüneb NVwZ-RR 2010, 661. Das gilt, soweit er zuerkennt oder aberkennt, Mü MDR 1987, 419 (auch zur Auswechselbarkeit von Einzelpositionen).
– **(§ 127 I):** Ein die Prozesskostenhilfe versagender Beschluss erlangt im Falle seiner Unanfechtbarkeit keine materielle Rechtskraft, BGH NJW 2004, 1805; Beschlüsse sind der materiellen Rechtskraft nur dann fähig, wenn sie in formelle Rechtskraft erwachsen und inhaltlich eine der Rechtskraft fähige Entscheidung enthalten, BGH NJW-RR 1986, 412; Oldb FamRZ 2003, 1302.
– **(§ 522 I 3):** Rechtskräftig werden kann ein Verwerfungsbeschluss, BGH NJW 1991, 1117.

– **(§ 544):** Rechtskräftig werden kann ein Ablehnungsbeschluss, BGH NJW 2004, 1531.
– **(§ 552 II):** Rechtskräftig werden kann ein Verwerfungsbeschluss, BGH NJW 1991, 1117.
– **(§ 572 II 2):** Rechtskräftig werden kann ein Verwerfungsbeschluss, BGH NJW 1991, 1117.
– **(§ 766):** Rechtskräftig werden kann ein Beschluss nach → § 766 Rn. 40.
– **(§§ 887 ff.):** Rechtskräftig werden kann ein Beschluss in einem dieser Verfahren, BGH NJW 1995, 3190.
– **(§§ 127 ff. GNotKG):** Rechtskräftig werden kann ein Beschluss in diesem Verfahren, Düss NJW-RR 1996, 1406.
– **(InsG):** Rechtskräftig werden kann ein Beschluss zur Eröffnung eines Insolvenzverfahrens, BGH NJW-RR 1986, 414; Hamm BB 1976, 640, wie zu ihrer Ablehnung, BGH KTS 2003, 149.
– **(§ 11 RVG):** Rechtskräftig werden kann ein Beschluss, (zum alten Recht) BGH NJW 1997, 743.
– **(§§ 46, 48 WEG):** Rechtskräftig werden kann ein solcher Beschluss, AG Halle ZMR 2012, 138 (auch ein durchführender Folgebeschluss).

§ 328 (ausländischer Beschluss) ist auf einen rechtskräftigen Beschluss nach → § 328 Rn. 6 anwendbar.

X. Nichtverkündeter Beschluss, II. Nach II sind nicht verkündete Beschlüsse den Parteien formlos mitzuteilen. Ist eine solche Mitteilung unterblieben, handelt es sich lediglich um einen akteninternen Vorgang, der gegenüber den Parteien rechtlich nicht wirksam ist, BGH NJW-RR 1997, 1161; NJW-RR 1995, 641; Brschw NJW-RR 2020, 317. 20

1. Entstehung. Entstanden ist ein nach II, III mitteilbarer Beschluss oder eine entsprechende Verfügung schon mit der ersten Herausgabe durch den Urkundsbeamten der Geschäftsstelle in den Geschäftsgang, Kblz AnwBl 2001, 522; LG Gött NJW-RR 1993, 1361. Im Zweifel muss man den sog. Meistbegünstigungsgrundsatz anwenden, BGH NJW 2002, 2106. 21

Der Beschluss entsteht, sobald er die Akten endgültig verlassen hat, um nach außen zu dringen, BGH FamRZ 2004, 1368; Köln FGPrax 2005, 181 (FGG); LG Mü RPfleger 2004, 717. Das ist zB dann so, wenn ihn der Urkundsbeamte der Geschäftsstelle dem Gerichtswachtmeister oder elektronisch oder der Post zur Beförderung übergeben hat, BGH FamRZ 2004, 1368; KG FamRZ 2007, 2088; Düss NJW-RR 2002, 428. Das muss er ja auch in den Akten vermerken. Entstanden ist der Beschluss ferner, sobald der Urkundsbeamte ihn ins Abtragefach gelegt hat, Kblz VersR 1982, 1058, oder sobald der Beschluss ins Anwaltsabholfach kommt, Kblz NJW-RR 1986, 935; LG Ffm NJW 2008, 93. 22

Bis dahin liegt rechtlich nur ein innerer Vorgang des Gerichts vor, BGH NJW 1998, 609; LG Ffm NJW 2008, 93. Das Gericht darf einen solchen nur inneren Vorgang jederzeit beseitigen oder ändern, BGH Rpfleger 1982, 306; Köln NJW 1988, 2806; LG Ffm NJW 2008, 93. Das Gericht muss ihn evtl. ändern, Kblz JurBüro 1991, 436; Schlesw SchlHA 1982, 43. Das kann zB wegen des Eingangs eines nach § 156 entscheidungserheblichen Schriftsatzes gelten, BGH WM 2012, 1638; KG FamRZ 2007, 2088; Zweibr NJW-RR 2002, 1016. 23

Das alles gilt evtl. auch dann, wenn sich die Akten zB schon in der Kanzlei befinden, die einen elektronischen Abgang oder eine Zustellung durch die Post abschließend vorbereiten soll, Kblz JurBüro 1991, 436; Köln NJW 1983, 460, oder wenn gar bereits irgendeine tatsächliche Voraus-Mitteilung an eine Partei erfolgt ist, Köln Rpfleger 1976, 102, oder an den Gerichtsvollzieher, oder wenn irgendein Vollstreckungsorgan zB von einem Einstellungsbeschluss etwa nach §§ 707, 719, 775 irgendwie vorab inoffiziell Kenntnis hat, Kirberger Rpfleger 1976, 8. 24

Nach der Herausgabe des Beschlusses kann keine Partei mehr seine Änderung oder die Berücksichtigung eines neuen Vortrags verlangen. Denn die Hinausgabe entspricht einer Verkündung nach dem Schluss einer mündlichen Verhandlung nach §§ 136 IV, 296a. Jedoch muss erkennbar eine vollständige Entscheidung bestehen. Diese ist nur vorhanden, wenn der Inhalt von den Richtern gefasst und unterschrieben ist, BGH NJW-RR 2011, 1282; NJW-RR 2000, 877. Eine solche Entscheidung liegt nicht vor, soweit die Unterschrift nicht ausreicht, Köln NJW 1988, 2806. 25

2. Wirksamkeitsgrundsatz: Gesetzmäßige Mitteilung. Wirksam wird ein Beschluss grundsätzlich erst mit seiner ordnungsmäßigen Verkündung, BGH NJW 2009, 515, oder mit seiner sonstigen gesetzmäßigen Mitteilung, BGH NJW 2005, 3724; KG NJW-RR 2000, 1240; Köln NJW-RR 1998, 365. Das gilt auch bei § 40 I FamFG (Ausnahmen gelten bei § 894 und bei dem dieser Vorschrift entsprechenden § 40 II FamFG mit der jeweiligen Unterstellung als bloßer Vollstreckungswirkung). Maßgeblich ist grundsätzlich die zeitlich erste dieser Maßnahmen, Schneider NJW 1978, 833; anders bei einem Verweisungsbeschluss nach § 281, da dieser beiden Parteien mitgeteilt werden muss, um eine „rechtskräftige" Unzuständigkeitserklärung iSd § 36 I Nr. 6 darzustellen, BGH NJW-RR 1995, 641; → § 36 Rn. 28. Nur für die Rechtsmittelfrist zB nach §§ 517 kommt es davon abweichend auf die Zustellung nach §§ 166 ff. an die jeweilige Partei an, BAG NJW 2008, 1611; KG NJW-RR 2000, 1240; Zöller/Feskorn Rn. 20. Bei einer Verweisung zB nach § 281 ist ausnahmsweise die letzte Mitteilung maßgeblich, BGH FamRZ 1995, 552. 26

Mit einer gesetzmäßigen Mitteilung ist der Beschluss „erlassen", Schlesw SchlHA 1982, 43. Bis zu diesem Zeitpunkt berührt er die Parteien nur insofern, als eine Anfechtung bereits möglich ist, BGH FamRZ 1995, 552; BAG NJW 2008, 1611; Stgt AnwBl 1980, 114. In einer eilbedürftigen Sache, also bei einer einstweiligen Einstellung nach §§ 707, 719, 769, bei einem Arrest nach §§ 916 ff. oder bei einer einstweiligen Verfügung nach §§ 935 ff. entscheidet die Bekanntmachung, die zuerst erfolgt, auch für die andere Partei, AG Neuruppin Rpfleger 2010, 551. 27

3. Ausnahme bei formloser Mitteilung. Ein nicht zu verkündender Beschluss ist dann erlassen, wenn er mit dem Willen des Gerichts aus dem inneren Geschäftsbetrieb herausgetreten ist, BGH NJW-RR 2004, 1575; NJW-RR 2000, 877; Düss MDR 1988, 62. Dafür kann es ausreichen, dass die Geschäftsstelle den Beschluss in den äußeren Geschäftsgang gegeben hat, BGH NJW 1983, 633. Voraussetzung hierfür ist, dass der Beschluss die Geschäftsstelle mit der unmittelbaren Zweckbestimmung verlassen hat, den Parteien bekannt gegeben zu werden, BGH NJW-RR 2011, 1282; NJW-RR 2004, 1575. Der maßgebende Zeitpunkt ergibt sich nur aus dem Vermerk dazu in den Akten. Jedoch ist die Wirksamkeit von diesem Aktenvermerk nicht abhängig. Das gilt zB bei einer telefonischen Mitteilung ohne einen Aktenvermerk, Hamm Rpfleger 1987, 251. 28

XI. Formlose Mitteilung, II 1. Die Vorschrift des II 1 sieht als Grundsatz vor, dass alle nicht zu verkündenden Beschlüsse den Parteien formlos mitzuteilen sind. Aus den Ausnahmen des II 2 und III ergibt sich, 29 dass die formlose Mitteilung grds bei einem nicht verkündeten unangreifbaren Beschluss des Gerichts genügt, BGH VersR 1981, 1056; LAG Düss BeckRS 2022, 4825 Rn. 9. Sie genügt auch bei einer nicht verkündeten Verfügung des Vorsitzenden oder des beauftragten oder des ersuchten Richters nach §§ 361, 362 oder des Rpfl., es sei denn es handelt sich um eine der Ausnahmen nach II 2, III. Die Mitteilung des Tenors eines Beschlusses durch die Geschäftsstelle an eine Partei ist keine unverbindliche Auskunft, sondern die formlose Bekanntgabe der Entscheidung, BGH NJW-RR 2011, 1282. Weiterhin sind ausreichend: die Übersendung durch die Post, BGH MDR 2017, 107; die Aushändigung durch einen Gerichtsboten; der Einwurf in einen Briefkasten; ein Telefonat, BGH NJW 1954, 1604; FamRZ 2000, 814 (jetzt im FamFG); Hamm Rpfleger 1987, 253; eine E-Mail; ein Telefax; eine Erklärung des Urkundsbeamten der Geschäftsstelle, auch eine telefonische Mitteilung, BGH NJW-RR 2000, 877 (FGG). Einen als unzustellbar zurückkommenden Brief hat das Gericht nicht gesetzmäßig übersenden können. Die Mitteilung des Beschlussinhalts an die Sekretärin des ProzBev. steht der Mitteilung an ihn gleich, wenn diese als Botin nachfragt, BGH NJW 1996, 1682.

30 Das Gericht muss die Voraussetzungen dieser Art der Mitteilung für jede Partei besonders prüfen, auch im Beschwerdeverfahren. Für die eine Partei mag eine formlose Mitteilung genügen, während für die andere eine Zustellung notwendig sein kann.

31 **XII. Verstoß, II 1.** Eine förmliche Zustellung nach §§ 166 ff. statt einer formlosen Mitteilung nach → Rn. 28–30 genügt immer. Bei einer formlosen Mitteilung statt einer notwendigen förmlichen Zustellung ist eine Entscheidung zwar entstanden, → Rn. 21–24, aber nicht wirksam geworden, → Rn. 26–28. Es ist zwar das jeweils bei einer Wirksamkeit vorgesehene Rechtsmittel zulässig. Jedoch kann das rechtliche Gehör fehlen. Ferner beginnt wegen des Mangels der Wirksamkeit die Rechtsmittelfrist nach § 569 I noch nicht zu laufen, Köln Rpfleger 1976, 102; Stgt FamRZ 1982, 429. Es ist allerdings nach → Rn. 16 eine Rüge erforderlich. Wegen des Gebots des Datenschutzes ist die Mitteilung der Beschlussgründe im Prozesskostenhilfeverfahren an den Prozessgegner des Antragstellers nur zur Frage von Erfolgsaussicht und Mutwillen zulässig, nicht auch zur Frage der Bedürftigkeit, LAG Hamm MDR 1988, 172.

32 **XIII. Zustellung von Amts wegen, II 2.** Eine Zustellung nach §§ 166 ff. ist schon zwecks rechtlichen Gehörs nach → Rn. 31 in den folgenden Fällen notwendig, BGH NJW 1980, 1167; Naumb FamRZ 2008, 1963.

33 **1. Terminsbestimmung.** Die Amtszustellung ist dann grundsätzlich erforderlich, wenn die Entscheidung eine Terminsbestimmung nach § 216 enthält. Eine Ausnahme gilt bei der Ladung des Klägers zum ersten Verhandlungstermin beim AG nach § 497 I 1, ferner bei einer mündlichen Mitteilung nach § 497 II.

34 **2. Fristbeginn.** Die förmliche Amtszustellung nach §§ 166 ff. ist ferner dann erforderlich, wenn die Entscheidung eine eigentliche Frist überhaupt wirksam in Lauf setzt, BGH NJW 2005, 3726. Das gilt zB: Bei einer Frist nach § 118 II 4, Naumb FamRZ 2008, 1963; bei einer Frist nach § 128 II 2; bei einer Frist nach § 234, BGH VersR 1995, 318; vgl. aber BGH VersR 1985, 69 (wegen § 234 II); bei einer Frist der in § 296 I genannten Art, BGH NJW 1989, 228; Düss MDR 1985, 852; Hamm NJW 1984, 1566; bei der Frist nach § 356, BGH NJW 1989, 228; bei einer Frist nach §§ 521 II, 524 II 2, BGH NJW 2009, 515; bei der sofortigen Beschwerde nach § 567 I. Nicht erforderlich ist eine Amtszustellung nach §§ 166 ff. aber bei einer uneigentlichen Frist.

35 Oft genug liegt ein Verstoß gegen II 2 und damit der schwere Verfahrensfehler einer Missachtung des Art. 103 I GG vor. Das Gericht darf nur nach dem Ablauf einer von ihm selbst gesetzten Frist entscheiden. Dazu muss nach → Rn. 16 erst einmal der Zeitpunkt des Fristablaufs feststehen.

36 **3. Friständerung.** Eine Fristverlängerung nach § 224 bedarf theoretisch keiner Zustellung. Denn der Beginn der alten Frist bleibt bestehen, BGH NJW 1994, 2365; Müller NJW 1990, 1779. Jedoch lässt sich ohne eine förmliche Zustellung nach §§ 166 ff. evtl. nicht feststellen, ob der Betroffene überhaupt von der Verlängerung erfahren hat und ob er die mit ihr bezweckte Verlängerung des rechtlichen Gehörs überhaupt ausnutzen konnte. Überdies darf kein Richter vor dem Ablauf einer richterlichen Frist entscheiden, → Rn. 35. Daher ist eine förmliche Zustellung zumindest anzuraten. Dasselbe gilt natürlich erst recht bei einer Fristverkürzung nach § 224.

37 **4. Gebot; Verbot.** Die Amtszustellung nach §§ 166 ff. ist schließlich dann erforderlich, wenn die Entscheidung ein Gebot oder Verbot enthält, zB nach §§ 936, 938, 940, BGH Rpfleger 1982, 306.

38 **XIV. Zustellung von Amts wegen, III.** Die Amtszustellung nach §§ 166 ff. ist dann erforderlich, wenn es sich um eine Entscheidung nach III handelt, also um eine Verfügung oder einen Beschluss des Gerichts oder des Vorsitzenden oder des nach §§ 361, 362 beauftragten oder ersuchten Richters. Das gilt unabhängig davon, ob das Gericht die angefochtene Entscheidung verkündet hat, BGH NJW-RR 2009, 1427. Eine nach III erforderliche Zustellung muss – wie der Vergleich mit den Regelungen der I und II zeigt – unabhängig davon stattfinden, ob es sich um einen verkündeten oder nicht verkündeten Beschluss handelt, Zöller/Feskorn Rn. 31. Diese Vorschrift gilt auch für das ZVG als Teil der ZPO, BGH NJW-RR 2008, 1084. Nur soweit das ZVG spezielle, von III abweichende Regelungen über die Zustellung von Entscheidungen enthält, sind diese als „lex specialis" vorrangig, BGH NJW-RR 2009, 1427. Es muss außerdem eine der folgenden Voraussetzungen vorliegen.

39 **1. Vollstreckungstitel, III Hs. 1.** Die Entscheidung muss entweder einen Vollstreckungstitel gegen denjenigen bilden, dem das Gericht sie dann deswegen förmlich zustellen muss. Die Entscheidung muss also äußerlich nach § 794 I und auch der Sache nach vollstreckungsfähig sein. Das müsste grds. auch bei einem Beschluss nach § 278 VI oder nach § 38 GKG gelten. Ob Beschlüsse iSd § 278 VI 1, gegen die nach allgem. Meinung kein Rechtsmittel statthaft ist, → § 278 Rn. 82,die aber einen Vollstreckungstitel darstellen, nach III 1 von Amts wegen zuzustellen sind, ist umstritten, LAG Düss BeckRS 2022, 4825, Rn. 10 (ausführl. zum Meinungsstand). Im Ergebnis scheint eine Amtszustellung von Beschlüssen nach § 278 VI 1 mit vollstreckungsfähigem Inhalt nicht geboten, da die von den Parteien abgeschlossenen Vergleiche zu ihrer Durchsetzung nicht in gleicher Weise der Zwangsvollstreckung bedürfen, da es sich nicht um eine kontradiktorische „Entscheidung" iSd III 1 handelt, LAG Düss BeckRS 2022, 4825 Rn. 14; → § 278 Rn. 76. Zum Beginn der Zwangsvollstreckung genügt grundsätzlich die Amtszustellung *nach §§ 166 ff.*, aber auch die Parteizustellung nach §§ 750 I, 794 I Nr. 3, 795.

40 **2. Befristetes Rechtsmittel, III Hs. 2.** Oder die Entscheidung muss der sofortigen Beschwerde nach § 567 I oder der Rechtsbeschwerde nach § 574 unterliegen, Köln NJW 2004, 619, oder der befristeten Erinnerung nach § 573 I, § 11 II 1 RPflG, Drsd JurBüro 1998, 28.

XV. Verstoß, II 2, III. → Rn. 16. Man kann das Fehlen der Unterschrift auf dem Empfangsbekenntnis nach § 174 für unschädlich halten, sofern die Sendung unstreitig tatsächlich zugegangen ist, (jetzt) § 189, Mü WRP 1975, 457. **Beispiel:** Ein Beschluss nach § 17a GVG; hierbei wird teilweise (jetzt) § 517 entsprechend angewendet, BAG DB 1992, 2040; BayObLG WuM 1992, 204. 41

Titel 3. Versäumnisurteil

Vorbemerkung zu § 330

Schrifttum: Heinrich, Säumnis im Zivil- und Arbeitsgerichtsprozess, 2001; Petzold, Die Säumnis von Streitgenossen, JuS 2021, 646; Schubert, Zur Rechtsgeschichte des Versäumnisverfahrens, FS E. Schneider, 1997; Steinhauer, Versäumnisurteile in Europa, 1996.

I. Systematik. §§ 230 ff. regeln die Versäumung einzelner Prozesshandlungen, während Titel 3 die Versäumnis von Terminen durch eine Partei und Versäumnis der Verteidigungsbereitschaft des Bekl. nach § 276 I 1 behandelt. § 251a regelt die Säumnis beider Parteien im Termin. 1

II. Regelungszweck. → Vor § 253 Rn. 1 ff. Das Versäumnisverfahren hat eine lange historische Entwicklung mit unterschiedlicher Ausprägung in ganz Europa, Schubert S. 65 ff.; Steinhauer S. 22 ff., 75 ff. Seine Berechtigung findet das Versäumnisverfahren in Deutschland in der Verletzung der durch das Prozessrechtsverhältnis begründeten Mitwirkungspflicht der Parteien, die sich aus dem Grundsatz der mündlichen Verhandlung und der Verhandlungsmaxime ergibt, Musielak/Voit/Stadler Rn. 1; → Vor § 128 Rn. 4 ff. (Prozessrechtsverhältnis), → Vor § 128 Rn. 54 (Prozesshandlungen). Das Gericht hat mit der Anberaumung des Termins und der Ladung der Parteien nach §§ 216 ff. Gelegenheit zur Wahrnehmung des Termins gegeben und deshalb insoweit den Grundsatz des rechtlichen Gehörs nach Art. 103 I GG gewahrt, → Vor § 128 Rn. 42 ff (zum rechtlichen Gehör). Die Partei kann aber zum Erscheinen trotz Anordnung, §§ 141, 273, nicht gezwungen werden. Bei Säumnis riskiert die betreffende Partei jedoch ihren Rechtsverlust. Allerdings schafft der Gesetzgeber auch einen Interessenausgleich. Der Prozessverlust bei Erlass eines ersten Versäumnisurteils ist (noch) nicht endgültig. Gegen ein erstes Versäumnisurteil kann Einspruch nach § 338 eingelegt werden, und ein endgültiger Rechtsverlust droht erst beim zweiten Versäumnisurteil nach § 345. Außerdem ist das Gericht bei fehlender Vorwerfbarkeit in Bezug auf die Säumnis nach §§ 335, 337 gezwungen, von Amts wegen bis zur Behebung des Hindernisses zu vertagen. 2

Mit der Rechtsfolge eines zulässigen Einspruchs nach § 342 wird eine Möglichkeit einer Prozessverzögerung durch eine **„Flucht in die Säumnis"** geschaffen. Die Flucht in die Säumnis ist eine formell zulässige Methode, Zeit zu gewinnen, zB weil man den Prozess nicht genug vorbereitet hat oder weil man ansonsten in die Gefahr einer Zurückweisung wegen Verspätung nach § 296 kommt. Insoweit hat der Gesetzgeber aber einen gewissen Ausgleich geschaffen durch die für den Säumigen ungünstige Kostenfolge nach § 344 und die Möglichkeit einer Aktenlageentscheidung nach § 331a. Einen Vorteil bietet zudem § 331 III, der bei Anordnung des schriftlichen Vorverfahrens eine Entscheidung ohne mündliche Verhandlung ermöglicht. wenn der Beklagten seine Verteidigungsbereitschaft nicht innerhalb der Frist des § 276 I 1 anzeigt. Außerdem kann ein Versäumnisurteil grundsätzlich durch die Stellung der Sachanträge gleich zu Beginn der mündlichen Verhandlung (§ 137 I) vermieden werden. Wer den Sachantrag gestellt hat, nimmt mangels gegenteiliger Erklärungen im Zweifel konkludent auf seinen schriftsätzlichen Vortrag Bezug und verhandelt damit mündlich, → § 137 Rn. 11, 16; → Rn. 14. Dann ist er in diesem Termin nicht mehr säumig, auch wenn er sich dann an ihm nicht mehr weiter beteiligt oder ihn gar verlässt, BAG MDR 2007, 1025; → Rn. 13; → § 137 Rn. 16; → § 279 Rn. 8. Wenn einmal die Anträge gestellt sind und damit im Zweifel mündlich verhandelt wurde, → § 137 Rn. 16, besteht zudem die Möglichkeit eines Vorgehens nach §§ 251a II, 331a bei Vorliegen der weiteren Voraussetzungen. Außerdem kann den Kritikern der Möglichkeit einer Flucht in die Säumnis mit dem Argument begegnet werden, dass die Säumnis Zeit zur selbstkritischen Besinnung schaffen kann und sie bei einer klaren Rechtslage für alle Beteiligten ein kostengünstiger Weg zur raschen Beendigung des Verfahrens ist. 3

III. Geltungsbereich. → Vor § 253 Rn. 6. Die Vorschriften gelten grundsätzlich in allen Verfahren nach der ZPO, unmittelbar für die vor den Landgerichten, aber auch für die vor dem Amtsgericht (§ 495), einschließlich der WEG-Verfahren und in allen Instanzen (Berufung, Revision, §§ 539, 555, 565), BGH NJW-RR 2005, 1297; 1992, 1474. Sie finden auch im arbeitsgerichtlichen Urteilsverfahren nach § 46 II ArbGG Anwendung, allerdings mit den Besonderheiten der §§ 55 I Nr. 4, 4a, 5, 59, 72, 72a ArbGG. §§ 330 ff. sind nach § 11 I 1 **KapMuG,** Schneider BB 2005, 1255, und grundsätzlich im Rahmen des **Musterfeststellungsverfahrens** gemäß § 610 V 1 anwendbar, → § 610 Rn. 10. Nach § 113 I 2 **FamFG** gelten die §§ 330 ff. grundsätzlich für Ehe- und Familienstreitsachen entsprechend; allerdings sind in Ehesachen Versäumnisentscheidungen gegen den Antragsgegner nach § 130 II FamFG ausgeschlossen; in Verbundsachen (§ 137 FamFG) ist einheitlich zu entscheiden, auch wenn eine Versäumnisentscheidung (teilweise) zu treffen ist (§ 142 I 2 FamFG), wobei bei einer Teilversäumnisentscheidung über den Einspruch bei gleichzeitiger Einlegung eines Rechtsmittels im Übrigen vorab über den Einspruchsteil nach § 143 entschieden wird, BGH NJW 2015, 2123 (Sperrwirkung des § 143 FamFG gilt nur bei zulässiger Beschwerde); Prütting/Gehrlein/Göbel § 330 Rn. 5. 4

Im schriftlichen Verfahren nach § 128 II, III ist ein Versäumnisurteil unzulässig, BGH NJW 2014, 3784 (für § 68 III 2 FamFG); MüKoZPO/Prütting § 330 Rn. 8; Musielak/Voit/Stadler Rn. 2. Im Verteilungsverfahren nach § 872 gilt bei Säumnis des Gläubigers im Termin die Sonderregelung des § 877, BGH NJW-RR 2020, 314 (zur Anwendbarkeit von § 93). Im Schiedsgerichtsverfahren gelten nicht die §§ 330 ff., sondern es gilt die Regelung des § 1048, Hamm MDR 2007, 483; → § 1048 Rn. 4 ff. 5

Das Versäumnisverfahren, das auf dem Beibringungs- bzw. Verhandlungsgrundsatz beruht, → Vor § 128 Rn. 21, gilt nicht in Verfahren mit Untersuchungsgrundsatz, so im arbeitsgerichtlichen Beschlussverfahren, § 83 I ArbGG, grundsätzlich in Verfahren nach dem FamFG, § 26 FamFG und in Verfahren der öffentlich-rechtlichen Gerichtsbarkeiten nach § 102 II VwGO, § 91 II FGG, § 110 I 2 SGG, MüKoZPO/Prütting § 330 Rn. 1, 5; Musielak/Voit/Stadler Rn. 3. 6

In **besonderen Verfahren** sind schriftliche Entscheidungen bzw. eine Aktenlageentscheidung vorgesehen, zB im Patentnichtigkeitsverfahren nach § 82 PatG, BGH NJW-RR 1996, 1320, in Baulandsachen nach § 227 III BauGB und in Verfahren nach § 50 IV ZKG. Im **europäischen Verfahren** ergeht nach Art 7 III EuGFVO für 7 geringfügige Forderungen bei Säumnis kein Versäumnisurteil, sondern ein Urteil nach Lage der Akten. Für die Vollstreckbarkeitserklärung inländischer und ausländischer **Schiedssprüche** durch das OLG, §§ 1025 IV, 1060 ff., finden §§ 330 ff. keine Anwendung, BGH NJW 2007, 772; → § 1063 Rn. 7.

8 **IV. Voraussetzungen der Säumnis. 1. Begriff.** Eine Säumnis liegt vor, wenn in einem ordnungsgemäß bestimmten **Termin** zur notwendigen **mündlichen Verhandlung** vor dem Prozessgericht, → Rn. 9 f. die ordnungsgemäß geladene Partei, → Rn. 11, nicht erscheint oder nicht verhandelt, BGH NJW 2018, 3252; 2016, 642; 2011, 928; → Rn. 13. Von einer Säumnis des Beklagten ist unter den Voraussetzungen des § 331 III auch auszugehen, wenn er nicht innerhalb der Frist des § 276 I 1 seine Verteidigungsbereitschaft anzeigt, → Rn. 16. Bei einer Videoverhandlung nach **§ 128a** tritt Säumnis ein, wenn die betreffende Partei bzw. der ProzBev. im Anwaltsprozess weder im Gerichtssaal erscheint (bzw. nicht verhandelt nach § 333) noch eine Übertragung im Wege der Bild- und Tonübertragung zustande kommt; dagegen kommt es nicht darauf an, ob der Beteiligte an dem im Beschluss angegebenen Ort erscheint, da der andere Ort technisch gesehen überall sein kann, Windau NJW 2020, 2753 Rn. 24, 25; aA MüKoZPO/Fritsche § 128a Rn. 9. Zum Begriff der Säumnis gehören ferner, dass kein Hindernis nach § 335 I vorliegt und die Partei sich nicht ausreichend entschuldigt hat, § 337, Anders/Gehle Assessorexamen ZivilR H Rn. 6; → Rn. 11, 12.

9 **2. Termin vor dem Prozessgericht.** Der Termin muss zur streitigen mündlichen Verhandlung ordnungsgemäß bestimmt sein (§ 214 ff.). Zu diesen Terminen gehören nicht reine Gütetermine, die nach § 278 II vor der mündlichen Verhandlung liegen,- im Normalfall folgt allerdings der Güteverhandlung eine mündliche Verhandlung (§§ 278, 279 I). Auch Güteverfahren nach § 278 V zählen nicht dazu, → § 278 Rn. 20.

10 Der Verhandlungstermin muss vor dem Prozessgericht stattfinden. Prozessgericht ist auch der nach §§ 348, 348a, 526, 527 III Nr. 2 zuständige Einzelrichter oder der Vorsitzende der Kammer für Handelssachen nach § 349 II Nr. 5, nicht aber der beauftragte Richter nach § 361 oder der ersuchte Richter nach § 362. Im Revisionsverfahren vor dem BAG wirken die ehrenamtlichen Richter beim Versäumnisurteil mit, weil § 55 I Nr. 4 ArbGG in § 72 VI ArbGG nicht erwähnt ist, BAG NJW 2014, 3262.

11 **3. Hindernisse nach § 335 I.** Liegt ein Hindernis nach § 335 I vor, darf kein Versäumnisurteil ergehen; das Nichtvorliegen eines Hindernisses nach § 335 I gehört zu den Voraussetzungen der Säumnis, Einzelheiten → § 335 Rn. 4 ff. Aus §§ 335 I Nr. 2, 3 folgt, dass ein Versäumnisurteil nicht erlassen werden darf, wenn die betreffende Partei nicht ordnungsgemäß nach §§ 214 ff. zum Termin zur mündlichen Verhandlung geladen wurde, insbesondere die Ladungsfrist des § 217 oder die Einlassungsfrist nach § 274 III nicht eingehalten wurde und ihr auch nicht im Übrigen das Vorbringen des Gegners rechtzeitig mitgeteilt wurde (§§ 132, 282), BGH NJW 2011, 928; AG Neuruppin NJW 2003, 2249; → § 335 Rn. 8 ff. Das Verfahren darf nicht unterbrochen oder ausgesetzt sein nach §§ 148, 239 ff., MüKoZPO/Prütting § 330 Rn. 12. Außerdem muss es sich um einen Termin zur mündlichen Verhandlung handeln, Einzelheiten → § 335 Rn. 9; → Rn. 9.

12 **4. § 337.** Nach dieser Vorschrift muss das Gericht vertagen, wenn die richterlich bestimmten Einlassungs- oder Ladungsfristen zu kurz bemessen waren, → Rn. 11, oder sich die säumige Partei ausreichend entschuldigt hat; die Gründe müssen dem Gericht bekannt sein; eine Amtsermittlung hat nicht zu erfolgen, BGH NJW 2009, 687; 2006, 448; NJW-RR 2016, 60; Hamm NJW 2014, 1603. Bei der Vertagungspflicht besteht eine Ermessensschrumpfung auf Null, Anders/Gehle Assessorexamen ZivilR H Rn. 7; im Einzelnen siehe § 337. Das Nichterscheinen des ProzBev. ist entschuldigt, wenn er mit dem Gegenanwalt vereinbart hat, kein Versäumnisurteil zu beantragen, → § 337 Rn. 8 „Wartevereinbarung". § 337 gilt auch im Falle des Nichtverhandelns iSd § 333; → § 333 Rn. 4; → Rn. 13.

13 **5. Nichterscheinen, Nichtverhandeln.** Die Partei ist im mündlichen Verhandlungstermin säumig, wenn sie nicht erscheint (§§ 330, 331 I, 331a, 345) oder nicht verhandelt (§ 333). Bei Anwaltsprozessen (§ 78) kommt es auf den ProzBev., dh die postulationsfähige Person, an. Tritt der vollmachtlose oder nicht zugelassene Anwalt auf, ist die Partei bei entspr. Rüge des Gegners (§ 89 I) säumig, MüKoZPO/Prütting § 333 Rn. 6. Die Partei bzw. ihr ProzBev. muss nach § 220 II bis zum Schluss der mündlichen Verhandlung (§§ 136 IV, 296a) nach ordnungsgemäßer Ladung und ordnungsgemäßem Aufruf zur Sache (§ 220) am richtigen Verhandlungsort (§ 219) nicht erschienen sein, BVerfG NJW 1977, 1443, oder nicht nach § 137 zur Sache verhandelt haben, BGH NJW 2018, 3252; 2016, 642; → § 137 Rn. 7 ff.; 11, 28 (Bezugnahmen); → § 333 Rn. 4. Erkennt die Partei, dass die von ihr erhobene Klage keine Aussicht auf Erfolg hat, kann sie durch ihre eigene Säumnis die Gebühren reduzieren, vgl. VV 3105 RVG.

14 Wenn die Parteien die Sachanträge stellen und damit die mündliche Verhandlung nach § 137 I einleiten, nehmen sie im Zweifel auf ihren schriftsätzlichen und sonstigen Vortrag konkludent Bezug und verhandeln damit mündlich, → Rn. 2; → § 137 Rn. 11, 16; geben sie dann im Übrigen keine Erklärung ab, so zum Tatsachenvortrag des Gegners, zu Urkunden oder Anträgen auf Parteivernehmung, kann dies Auswirkungen auf ihren Sachvortrag haben, zB nach §§ 138 III, 286, 427 S. 1, 439 I, III, 446, 453II, 454, 510 oder nach §§ 282, 296, 528. Von einem Nichtverhandeln und damit von einer Säumnis ist aber nicht auszugehen und eine Entscheidung nach §§ 330, 331, 331a, 345 kann gemäß § 334 nicht ergehen, BAG MDR 2007, 1025; → § 137 Rn. 16 f.; → § 279 Rn. 7 ff.; → Rn. 13. Keine mündliche Verhandlung liegt aber vor, wenn kein Sachantrag, sondern nur ein Aussetzungsantrag gestellt oder die Richter wegen Besorgnis der Befangenheit abgelehnt werden, BGH NJW-RR 1986, 1252.

6. Beispiele zur Säumnis einer Partei

15 **Anwaltsprozess:** Säumig im Anwaltsprozess gemäß § 78 I ist die Partei, wenn sie ohne einen bei diesem Gericht zugelassenen Anwalt auftritt; es kommt auf die Postulationsfähigkeit und damit auf ihren ProzBev. an, → Rn. 13. Das Gericht muss allerdings den ProzBev.. nach § 172 ordnungsgemäß geladen haben.

Aufruf zur Sache: → § 337 Rn. 8 (Stichwort dort).

Berufsrecht (§ 43 BRAO): Berufsrecht bindet den Anwalt nicht, BGH NJW 1991, 43. Das Gericht ist nicht gehindert, ein Versäumnisurteil zu erlassen, Zöller/Herget Rn. 12; zum früheren Standesrecht → § 337 Rn. 8 „Berufsrecht".

Beweisaufnahme nach streitiger Verhandlung: Keine Säumnis, wenn nach der Beweisaufnahme der vorher gestellte Antrag nicht wiederholt wird; dies ist nicht erforderlich, → § 279 Rn. 15, 18; → § 285 Rn. 8. Zur nicht vollständig erfolgten Beweisaufnahme: Ffm BauR 2015, 1219.

Freiwillige Entfernung: Eine Säumnis liegt auch dann vor, wenn sich die Partei freiwillig nach dem Aufruf zur Sache (§ 220) entfernt, bevor die Sachanträge gestellt sind. Lässt das Gericht die Partei aus Gründen der Sitzungspolizei nach § 177 GVG zwangsweise entfernen, gilt das nach § 158 als ein freiwilliges Sichentfernen.

Kostenvorschuss: Keine Säumnis bei Nichtzahlung nach § 12 GKG; kein Versäumnisurteil gegen den erschienenen und verhandlungsfähigen und -bereiten Kostenschuldner möglich, BGH NJW 1974, 1287.

Sitzungsliste: → § 337 Rn. 8 (Stichwort dort).

Streitgenosse: Soweit ein notwendiger Streitgenosse nach § 62 verhandelt, sind die anderen durch ihn vertreten und damit nicht säumig; bei einer einfachen Streitgenossenschaft, bei der eine einheitliche Sachentscheidung nicht zwingend ist, kann hingegen bei Vorliegen der weiteren Voraussetzungen ein Teilversäumnisurteil ergehen, Anders/Gehle Assessorexamen ZivilR H Rn. 5; Petzold JuS 2021, 646.

Streithelfer: Soweit er unter den Voraussetzungen des § 67 verhandelt, ist die Partei, der er beigetreten ist, nicht säumig.

Vertrauen auf Aussetzung: → § 337 Rn. 8 (Stichwort dort).

Zumutbarkeit längeren Wartens: Kein Verschulden bei Warten länger als 1 Stunde ohne triftigen Grund, Zöller/Herget Rn. 4

Zuständigkeit: Erörterung ist Verhandeln, BAG NJW 2003, 1548; Dresd NJW-RR 2001, 792.

Zwischentermine (§§ 280, 347): Es handelt sich um Termine iSd §§ 330 ff., allerdings beschränkt auf den Verhandlungsinhalt, Musielak/Voit/Stadler Rn. 5.

Warte-Vereinbarung zwischen den ProzBev.: → § 337 Rn. 8 (Stichwort dort).

Weitere Beispiele zur Frage des Verschuldens der Säumnis: → § 337 Rn. 8.

7. Schriftliches Vorverfahren, §§ 276 I 1, 331 III. Im schriftlichen Vorverfahren ist der Beklagte nach § 331 III säumig, wenn er nicht innerhalb der 2-Wochen-Frist des § 276 I 1 seine Verteidigungsbereitschaft anzeigt und er vom Gericht dazu aufgefordert sowie ordnungsgemäß belehrt wurde (§ 276 II). Ansonsten darf ein Versäumnisurteil nach § 331 III nicht ergehen (§ 335 I Nr. 4). Hat der Beklagte die Verteidigungsbereitschaft zwar nicht in der 2-Wochenfrist, aber vor Übergabe des vom Gericht unterschriebenen Versäumnisurteils an die Geschäftsstelle erklärt, darf das Versäumnisurteil nach § 331 III 1 Hs. 2 nicht mehr erlassen werden. 16

V. Arten von Versäumnisurteilen. 1. Allgemeines. Es gibt unterschiedliche Arten von Versäumnisurteilen. Zum zweiten Versäumnisurteil § 345. Eine mündliche Verhandlung wird durch die Anträge eingeleitet, § 137 I, und im Zweifel wird damit zumindest konkludent zur Sache verhandelt, → Rn. 14. Ist eine Partei säumig → Rn. 8 ff., kann eine (beiderseitige) mündliche Verhandlung nicht stattfinden. Dann kann das Verfahren unter den weiteren Voraussetzungen der §§ 251a, 330, 331, 331a, 345 durch eine Versäumnis-Entscheidung zum Abschluss kommen. Bei teilweiser Säumnis, zB bei teilweisem Verhandeln über einen urteilsfähigen Teil, ist ein Teil-Versäumnisentscheidung möglich, nicht aber bei einem unvollständigen Verhandeln iSd § 334, BGH NJW 2002, 145; → § 334 Rn. 3 f.. 17

2. Echtes Versäumnisurteil. Von einem echten Versäumnisurteil ist auszugehen, wenn es gegen die säumige Partei aufgrund ihrer Säumnis ergangen ist. Es unterscheidet sich von einem streitigen Urteil – abgesehen von der eingeschränkten Prüfung der materiellen Rechtslage, → § 330 Rn. 4; → § 331 Rn. 7 ff., in folgenden Punkten (**Beispiele** s. Anders/Gehle Assessorexamen ZivilR H Rn. 3): 18

Überschrift: § 313b I 2: „Versäumnisurteil". Beruht das Urteil nur teilweise auf einer Säumnis, ergeht uU ein „Versäumnis- und Endurteil"; → § 331 Rn. 17 (Problematik zu Teilurteilen). Es kommt aber auf den Inhalt, nicht auf die Bezeichnung an, Köln VersR 1998, 387.

Tenor: *„Die Klage wird abgewiesen/ Der Bekl. wird verurteilt,.... („aufgrund seiner Säumnis" nicht erforderlich). Die Kosten des Rechtsstreits trägt der Kläger/der Bekl. (§ 91 I). Das Urteil ist vorläufig vollstreckbar … (§§ 708 Nr. 2, 711)."* § 708 Nr. 2 und nicht § 62 ArbGG gilt im Revisionsverfahren vor dem BAG, BAG NJW 2014, 3262.

Tatbestand und Entscheidungsgründe: Nach § 313b I 1 grundsätzlich nicht erforderlich, Ausnahme: § 313b III, Vollstreckung im Ausland.

Gebühren: für Gerichtsgebühr keine Ermäßigung, KV 1210 ff., 1220 ff. GKG; für Anwaltsgebühren 0,5 Termingebühr nach VV 3105, 3104 RVG.

Schriftliches Vorverfahren: Urteil wird mit Zustellung **an beide** Parteien existent, so dass erst die letzte Zustellung die Einspruchsfrist in Gang setzt, § 310 III, BGH MDR 1995, 308. Das Rubrum lautet am Ende statt „.... auf die mündliche Verhandlung am …" *„.... im schriftlichen Vorverfahren am …… durch die Richter. für Recht erkannt:"*, wobei dann das Datum des Fristablaufes maßgeblich ist.

Verkündung: Nach § 311 II 3 kann sie erfolgen, ohne dass der Tenor schriftlich abgefasst ist.

Zustellung: Das verkündete Versäumnisurteil wird nur der säumigen Partei nach § 317 I 1 zugestellt, der Gegner erhält eine Ausfertigung auf Antrag, § 317 II.

3. Unechtes Versäumnisurteil. Von einem unechten Versäumnisurteil ist auszugehen, wenn es unabhängig von der Säumnis einer Partei gegen diese oder die andere Partei ergeht, BGH WM 1981,829. 19

Beispiele:

§§ 331 II Hs. 2, 539 II 2 Hs. 2: Bei Säumnis des Beklagten, wenn der Klägervortrag nicht schlüssig ist; dann müssen die Klage (als unbegründet) abgewiesen und die Berufung zurückgewiesen werden, → § 331 Rn. 7 ff. 20

Unzulässige Klage: Abweisung der Klage durch Prozessurteil unabhängig davon, welche Partei säumig ist, BGH GRUR-RR 2001, 48; NJW-RR 1986, 1041; näher → § 330 Rn. 6; → § 331 Rn. 6, 13; → § 139 Rn. 64 „Versäumnisverfahren".

Unzulässigkeit des Einspruchs (§ 341 I 2): Verwerfung unabhängig davon, wer säumig ist, Thomas/Putzo/Seiler Rn. 12.

Unzulässigkeit des Rechtsmittels: Ein Versäumnisurteil kann nicht ergehen, wenn der Berufungskläger im Termin nicht erscheint, die Berufung aber unzulässig ist; dann wird sie nach § 522 I 2 verworfen, BGH NJW 1995, 1561; LAG Mecklenburg-Vorpommern BeckRS 2020, 3931.

Das unechte Versäumnisurteil unterscheidet sich nicht von den sonstigen streitigen (kontradiktorischen) Urteilen, dh von solchen, die nach mündlicher Verhandlung oder im schriftlichen Verfahren nach § 128 II ergehen, Drsd NJW-RR 2000, 1337. Ein solches Urteil setzt nach Art. 103 I GG zuvor einen Hinweis des Gerichts nach § 139 auf die Bedenken gegen das beantragte echte Versäumnisurteil voraus, BGH NJW-RR 1986, 21

1041; Köln OLGZ 1989, 84; → § 139 Rn. 64 „Versäumnisverfahren". Ein solcher Hinweis kann in der Erörterung der Rechtslage liegen.

22 Beim unechten Versäumnisurteil gilt § 708 Nr. 2 nicht. Vielmehr gelten die allgemeinen Regelungen, insbesondere §§ 708 Nr. 11, 709, 711, 713. Das Gericht darf ein unechtes Versäumnisurteil, ein streitiges Endurteil, nicht als ein Versäumnisurteil bezeichnen. Ein solches muss nach § 313 I Nr. 5, 6, II, III Tatbestand und Entscheidungsgründe enthalten, BGH BB 1990, 1664. Ein unechtes Versäumnisurteil kann nur mit der Berufung nach § 511 oder mit der Revision nach § 542 angefochten werden. Soweit das Gericht § 313b I 2 zugrunde gelegt hat, läuft die Rechtsmittelfrist mangels Zustellung eines vollständigen Urteils zunächst nach § 517 nicht, spätestens aber nach fünf Monaten nach der Verkündung, BGH BB 1990, 1664. Zur Meistbegünstigung → § 330 Rn. 13; → § 338 Rn. 9. Zu Teilurteilen in Versäumnisfällen → S. 331 Rn. 17 „Teilurteil".

23 **4. Entscheidung nach Aktenlage.** Ein Urteil nach Lage der Akten gemäß §§ 251a, 331a ist immer ein Endurteil. Es steht in jeder Beziehung dem streitigen gleich. Es ist eigentlich keine Versäumnisentscheidung, auch wenn es durch die Säumnis einer Partei bzw. beider Parteien ausgelöst wird. Die Überschrift des Titels 3 ist daher ungenau.

24 **VI. Endurteil und Rechtskraft.** Für das unechte Versäumnisurteil gelten keine Besonderheiten. Es ist ein Endurteil und kann mit den allgemeinen Rechtsmitteln bei Vorliegen der Voraussetzungen angegriffen werden. Auch das echte Versäumnisurteil ist ein Endurteil, dh es beendet die Instanz. Jedoch besteht, soweit es sich um ein erstes Versäumnisurteil handelt, (nur) die Möglichkeit, Einspruch nach § 338 einzulegen, der bei Zulässigkeit die Wirkung des § 342 entfaltet, dh den Prozess in die Lage vor der Säumnis zurückversetzt. Eine Berufung ist beim ersten echten Versäumnisurteil nach § 514 I nicht statthaft. Beim zweiten echten Versäumnisurteil ist nur die Berufung, nicht hingegen der Einspruch statthaft, wobei in der Berufung nur die Frage der (schuldhaften) Säumnis überprüft wird, → § 345 Rn. 12.

25 Das echte Versäumnisurteil ist der materiellen Rechtskraft fähig, BGH NJW 2003, 1045. Sie ist auch bei Klageabweisung nach § 330 umfassend; das gilt sogar für den Fall, dass ein kontradiktorisches Urteil nur als „derzeit unbegründet" abgewiesen worden wäre, so zB bei fehlender Fälligkeit, BGH NJW 2003, 1044; aM Zöller/Herget § 330 Rn. 6; Musielak/Voit/Stadler § 330 Rn. 4 (arg.: Rechtskraft geht nicht weiter als bei einem kontradiktorischen Urteil, so dass danach bei Eintritt der Fälligkeit erneut geklagt werden kann). Der Gegenmeinung ist nicht zu folgen, weil bei einem echten Versäumnisurteil gegen den Kläger keine Prüfung der Schlüssigkeit des Klägervortrages erfolgt, → § 330 Rn. 4.

330 *Versäumnisurteil gegen den Kläger.* **Erscheint der Kläger im Termin zur mündlichen Verhandlung nicht, so ist auf Antrag das Versäumnisurteil dahin zu erlassen, dass der Kläger mit der Klage abzuweisen sei.**

Schrifttum: Schlappa, Säumnis und streitige Entscheidung, 2013.

1 **I. Systematik.** → Vor § 330 Rn. 1. Der Kläger bezahlt seine Säumnis im Termin mit einem Rechtsverlust, dh der Klageabweisung, wenn die Voraussetzungen erfüllt sind, → Rn. 4–9.

2 **II. Regelungszweck.** → Vor § 330 Rn. 2 f. Aus Gründen der Prozesswirtschaftlichkeit erfolgt bei Klageabweisung keine Sachprüfung, → Rn. 4–9.

3 **III. Geltungsbereich.** → Vor § 330 Rn. 4 ff. Die Vorschrift gilt auch für eine bereits vor dem Termin erhobene Widerklage, dh bei Säumnis des Klägers kann die Klage abgewiesen und der Widerklage ist bei Vorliegen der Voraussetzungen des § 331 stattgegeben werden.

4 **IV. Voraussetzungen. 1. Allgemein.** Im Rahmen des § 330 findet keine Prüfung statt, ob der Klageantrag nach dem Klägervorbringen (Schlüssigkeitsprüfung, Anders/Gehle Assessorexamen ZivilR A Rn. 89 ff.) oder nach dem Beklagtenvorbringen (Erheblichkeitsprüfung, Anders/Gehle Assessorexamen ZivilR A Rn. 115 ff.) gerechtfertigt ist, → Vor § 253 Rn. 50 ff.; → § 139 Rn. 23 (je zur Relationsmethode). Für den Erlass eines echten Versäumnisurteils gegen den Kläger müssen **folgende Voraussetzungen** vorliegen:

- **Säumnis des Klägers:** Einzelheiten → Vor § 330 Rn. 8–15. Dazu gehört auch das Nichtvorliegen der Hindernisse gegen ein Versäumnisurteil gemäß §§ 335, 337 → Vor § 330 Rn. 11, 12.
- **Antrag des Beklagten:** → Rn. 5.
- **Vorliegen der Zulässigkeitsvoraussetzungen:** → Rn. 6.

5 **2. Antrag.** Der Beklagte muss einen Antrag auf Erlass eines Versäumnisurteils gegen den Kläger stellen. Dieser Antrag ist ein Prozessantrag, so dass die Prozesshandlungsvoraussetzungen, so zB die Prozess- oder Postulationsfähigkeit, vorliegen müssen, Anders/Gehle Assessorexamen ZivilR H 8, 11; → Vor § 128 Rn. 54 ff. (allgemein zu den Prozesshandlungen). Daraus folgt auch, dass der Antrag bedingungsfeindlich ist, → Vor § 128 Rn. 62. Der Antrag kann konkludent erfolgen; allerdings sollte das Gericht bei Zweifeln immer eine Klärung über § 139 herbeiführen. Beantragt der Beklagte ausdrücklich nur ein streitiges Urteil, fehlt es an einem Antrag nach dieser Vorschrift und ein Versäumnisurteil kann nicht ergehen, BGH NJW 1953, 1830; MüKoZPO/Prütting Rn. 27. Sein Ziel kann der Beklagte dann nur über § 331a erreichen. Wird dagegen ein Versäumnisurteil beantragt, ist der Erlass eines streitigen Sachurteils unzulässig, Kobl NJW-RR 1991, 1087. Bei Fehlen jedes Antrags ist auch der Bekl. nach § 333 säumig, so dass das Gericht dann nach §§ 227, 251, 251a vorzugehen hat, Zweibr FamRZ 1983, 1155. Ein bloßer Vertagungsantrag nach § 227 reicht für einen Antrag nach § 330 nicht aus. Da nach unserer Auffassung bei Fehlen der Zulässigkeitsvoraussetzungen ein unechtes Versäumnisurteil gegen den Kläger ergehen kann, sollte der Bekl. jedenfalls konkludent neben dem Antrag auf Erlass eines Versäumnisurteils genau wie bei § 331 auch den Sachantrag auf Klageabweisung stellen, → Rn. 6; → Vor § 330 Rn. 19 f. (jeweils zum unechten Versäumnisurteil).

6 **3. Zulässigkeitsvoraussetzungen.** Da das echte Versäumnisurteil ein Sachurteil ist, kann es nur ergehen, wenn die von Amts wegen zu prüfenden Zulässigkeitsvoraussetzungen vorliegen; andernfalls ergeht ein Prozessurteil als unechtes Versäumnisurteil, wenn die Mängel nicht behebbar sind, und die säumige Partei Gelegenheit hatte, dazu Stellung zu nehmen, BGH GRUR-RR 2001, 48; NJW-RR 1986, 1041, Schlesw SchlHA 2009, 335;

Dü MDR 2008, 228; Prütting/Gehrlein/Göbel Rn. 18 mwN; Zöller/Herget Rn. 1; → Vor § 330 Rn. 19; → § 139 Rn. 64 „Versäumnisverfahren"; → Vor § 253 Rn. 22f. (zu den Zulässigkeitsvoraussetzungen). Das gilt aus prozesswirtschaftlichen Gründen unabhängig davon, dass der Gesetzgeber nur bei Säumnis des Bekl. in § 331 II Hs. 2 ein unechtes Versäumnisurteil vorgesehen hat, → Vor § 330 Rn. 19. Die nur auf Rüge zu beachtenden Mängel, → Vor § 253 Rn. 15 (Prozessrügen), sind bei einem Antrag des Bekl. nach § 330 nicht zu beachten; nach unserer Auffassung tritt aber dadurch keine Heilung nach §§ 39, 295 ein, so dass die Rüge noch nach zulässigem Einspruch erhoben werden kann, streitig, → § 342 Rn. 7.

Liegt in Bezug auf die Zulässigkeitsvoraussetzungen ein behebbarer Mangel vor, greift § 335 I Nr. 1 ein, dh der Antrag auf Erlass eines Versäumnisurteils wird abgelehnt, Düss MDR 2008, 228; Anders/Gehle Assessorexamen ZivilR H Rn. 9. Deswegen trägt ausnahmsweise der erschienene Bekl. die „Darlegungs- und Beweislast" für das Vorliegen der Zulässigkeitsvoraussetzungen, BGH NJW 1961, 2207; MüKoZPO/Prütting Rn. 24. Vor einer Ablehnung ist rechtliches Gehör zu gewähren, BGH NJW-RR 1986, 1041. 7

V. Entscheidung. Liegen die Voraussetzungen für ein echtes Versäumnisurteil, → Rn. 4ff., vor, erlässt das Gericht ein solches gegen den Kläger auf Klageabweisung ohne eine sachlich- rechtliche Schlüssigkeitsprüfung, → Rn. 4, und zwar allein aufgrund seiner Säumnis, BGH FamRZ 1987, 928. Dem Gericht steht kein Ermessensspielraum zu, Musielak/Voit/Stadler Vor § 330 Rn. 10; Thomas/Putzo/Seiler Rn. 4. Zum Kostentenor, zur vorläufigen Vollstreckbarkeit, zu den Gebühren sowie zur Form → Vor § 330 Rn. 18. Ausnahmen ergeben sich bei **§ 130 I FamFG** und bei **§ 881,** wo der Rechtsbehelf im Falle der Säumnis als zurückgenommen erklärt wird. Bei der **Stufenklage** wird bei Säumnis des Klägers auch bei den mündlichen Verhandlungen nur in den ersten beiden Stufen die Klage insgesamt durch echtes Versäumnisurteil abgewiesen, Musielak/Voit/Stadler § 254 Rn. 5; → § 254 Rn. 37. 8

Fehlen die Voraussetzungen für den Erlass eines echten Versäumnisurteils gegen den Kläger, → Rn. 4ff., gilt Folgendes: 9

Fehlt eine Zulässigkeitsvoraussetzung, ist die Klage durch Prozessurteil, dh durch ein unechtes Versäumnisurteil abzuweisen; im **Tenor** kann klarstellend wie folgt formuliert werden: *„Die Klage wird als unzulässig abgewiesen."* → Vor § 330 Rn. 20f. Betrifft das Fehlen der Prozessvoraussetzung nur einen Teil der Klage, der teilurteilsfähig ist, → Vor § 330 Rn. 9f., können gleichzeitig zwei Urteile, ein Teil-Prozessurteil und ein echtes Teil-Versäumnisurteil, beide gerichtet auf Klageabweisung, ergehen, BGH NJW 2002, 145. Die Überschrift lautet in diesem Fall: „Versäumnis- und Endurteil", → § 331 Rn. 17 „Teilurteile". Stellt der Beklagten **keinen Antrag** auf Erlass eines Versäumnisurteils gegen den Kläger, kann das Gericht nach §§ 227, 251, 251a vorgehen, → Rn. 5. Liegt **kein** Fall der **Säumnis** vor, → Vor § 330 Rn. 8ff., sind insbesondere die Voraussetzungen des §§ 335, 337 erfüllt, weist das Gericht durch Beschluss den Antrag auf Erlass eines Versäumnisurteils zurück, § 336. 10

VI. Rechtsbehelfe. Gegen einen Zurückweisungsbeschluss ist grundsätzlich die sofortige Beschwerde nach § 336 I 1, 567 I Nr. 1 statthaft. Eine Rechtsbeschwerde kommt unter den Voraussetzungen des § 574 in Betracht. 11

Gegen das echte erste Versäumnisurteil, → Rn. 8; → Vor § 330 Rn. 18, ist nur der Einspruch nach § 338, nicht aber die Berufung, § 514 I, statthaft, BGH NJW 1994, 665; Zweibr JurBüro 1997, 431. Für das zweite Versäumnisurteil gelten §§ 345, 514 II, → § 345 Rn. 12. 12

Gegen das unechte Versäumnisurteil, ein kontradiktorisches Urteil, → Rn. 12; → Vor § 330 Rn. 19, sind nur Berufung und Revision bei Vorliegen der weiteren Voraussetzungen statthaft, §§ 511, 542. Nach dem **Meistbegünstigungsgrundsatz** können Einspruch und Berufung eingelegt werden, wenn das Urteil fälschlicher Weise nicht als Versäumnisurteil bewertet wurde, Köln NJW-RR 1996, 581. Hat das Gericht ein Versäumnisurteil erlassen und ist irrtümlich von der Säumnis ausgegangen, kommt dagegen nur ein Einspruch in Betracht, BGH NJW 1999, 583, 13

331 *Versäumnisurteil gegen den Beklagten.*

I [1]Beantragt der Kläger gegen den im Termin zur mündlichen Verhandlung nicht erschienenen Beklagten das Versäumnisurteil, so ist das tatsächliche mündliche Vorbringen des Klägers als zugestanden anzunehmen. [2]Dies gilt nicht für Vorbringen zur Zuständigkeit des Gerichts nach § 29 Abs. 2, § 38.

II Soweit es den Klageantrag rechtfertigt, ist nach dem Antrag zu erkennen; soweit dies nicht der Fall, ist die Klage abzuweisen.

III [1]Hat der Beklagte entgegen § 276 Abs. 1 Satz 1, Abs. 2 nicht rechtzeitig angezeigt, dass er sich gegen die Klage verteidigen wolle, so trifft auf Antrag des Klägers das Gericht die Entscheidung ohne mündliche Verhandlung; dies gilt nicht, wenn die Erklärung des Beklagten noch eingeht, bevor das von den Richtern unterschriebene Urteil der Geschäftsstelle übermittelt ist. [2]Der Antrag kann schon in der Klageschrift gestellt werden. [3]Eine Entscheidung ohne mündliche Verhandlung ist auch insoweit zulässig, als das Vorbringen des Klägers den Klageantrag in einer Nebenforderung nicht rechtfertigt, sofern der Kläger vor der Entscheidung auf diese Möglichkeit hingewiesen worden ist.

I. Systematik. Einzelheiten → Vor § 330 Rn. 1. Während § 330 die Säumnis des Klägers regelt, behandelt § 331 diejenige des Bekl. Die amtliche Überschrift passt nicht zu II Hs. 2, Lappe Rpfleger 2003, 410. 1

II. Regelungszweck. Einzelheiten → Vor § 330 Rn. 2. Dem säumigen Beklagten wird nach dem Gesetz durch die vorgeschriebene Schlüssigkeitsprüfung, → Rn. 11, ein größerer Schutz zuteil als dem säumigen Kläger, weil es im Rahmen des § 330 nicht auf die materielle Rechtslage ankommt, → § 330 Rn. 4. Ein Versäumnisurteil gegen den Beklagten spielt in der Praxis eine weit größere Rolle als ein solches gegen den Kläger (ca. 20% der erstinstanzlichen Entscheidungen sind Versäumnisurteile, davon aber nur ca. 1% gegen den Kläger, näher MüKoZPO/Prütting § 330 Rn. 3. 2

III. Geltungsbereich. Einzelheiten → Vor § 330 Rn. 3. III ist unanwendbar in der Berufungsinstanz, Kramer NJW 1977, 1657, und im arbeitsgerichtlichen Verfahren, BAG NJW 2014, 3262, Grunsky JZ 1978, 81 (§ 55 II iVm I Nr. 5 ArbGG meint einen anderen Fall). Eine mit III vergleichbare Regelung enthält § 82 II PatG, dh bei Säumnis kann im schriftlichen Verfahren entschieden werden, BPatG GRUR 2010, 138. 3

4 **IV. Voraussetzungen. 1. Allgemein.** Ein echtes erstes Versäumnisurteil gegen den Beklagten nach II Hs. 1 (zum zweiten Versäumnisurteil § 345) setzt Folgendes voraus:

– **Säumnis des Beklagten:** Einzelheiten → Vor § 330 Rn. 8 ff. Dazu gehört auch das Nichtvorliegen der Hindernisse nach §§ 335, 337, → Vor § 330 Rn. 11, 12.

– **Antrag des Klägers:** Es gelten dieselben Anforderungen wie bei einem Versäumnisurteil gegen den Kläger, → § 330 Rn. 5; Einzelheiten → Rn. 5.

– **Zulässigkeitsvoraussetzungen:** Hier gelten dieselben Gesichtspunkte wie bei → § 330 Rn. 6; Einzelheiten Rn. 5.

– **Schlüssigkeit des Klägervorbringens:** § 331 I 1, II. Einzelheiten → Rn. 7; → Vor § 253 Rn. 50; → § 139 Rn. 23 (je zur Relationsmethode).

5 **2. Antrag und Zulässigkeitsvoraussetzung.** Der Kläger muss in jedem Fall den Sachantrag und den Antrag auf Erlass eines Versäumnisurteils gegen den Beklagten stellen. Das kann auch konkludent geschehen. In dem Sachantrag liegt in der Regel zugleich konkludent der Antrag auf Erlass des Versäumnisurteils, BGH NJW 1962, 1149; Kobl WM 1997, 1566; Thomas/Putzo/Seiler Rn. 2. Das ist praxisgerecht, insbesondere wenn anzunehmen ist, dass bei Hinweis auf diesen Punkt durch das Gericht der Antrag in der Regel ausdrücklich gestellt worden würde. Anträge auf Erlass eines streitigen Urteils, eines Anerkenntnisurteils oder eines Verzichtsurteils schließen eine solche Auslegung aber aus, MüKoZPO/Prütting Rn. 6. Wird ein Antrag auf Erlass eines Versäumnisurteils nicht gestellt, kann das Gericht nach §§ 227, 251, 251a vorgehen, → § 330 Rn. 5.

6 Fehlt eine Zulässigkeitsvoraussetzung und ist der Mangel nicht behebbar (ansonsten gilt § 335 I Nr. 1) oder geheilt, ist die Klage durch **Prozessurteil,** ein unechtes Versäumnisurteil, → Vor § 330 Rn. 19 f., abzuweisen. § 331 I 2 stellt klar, dass die Geständnisfiktion, → Rn. 11, nicht für das Vorbringen zur Zuständigkeit nach §§ 29 II, 38 gilt, Karlsr MDR 2002, 1269. Der Kläger trägt für das Vorliegen der Zulässigkeitsvoraussetzungen grundsätzlich die Darlegungs- und Beweislast, Anders/Gehle Assessorexamen ZivilR H 9; → § 253 Rn. 14.

7 **3. Schlüssigkeit des Klägervorbringens.** Das gesamte tatsächliche Vorbringen des Klägers zu den anspruchsbegründenden und zu den von ihm selbst vorgetragenen anspruchsfeindlichen (klageschädlichen) Tatsachen, dh den Einreden iSd ZPO; → Vor § 253 Rn. 60 ff.; → § 139 Rn. 64 „Einreden", wird gemäß § 331 I 1 als zugestanden gewertet **(Geständnisfiktion),** soweit nicht ausnahmsweise auch ein tatsächlich erklärtes Geständnis keine Wirkungen entfalten würde, → Rn. 9 f. Unter **Einreden** iSd ZPO versteht man alle Tatsachen, die den Tatbestand einer Gegennorm ausfüllen, wie rechtshindernde und rechtsvernichtenden Einwendungen sowie Einreden iSd des materiellen Rechts, Anders/Gehle Assessorexamen ZivilR A Rn. 66, 97; → Vor § 253 Rn. 62 ff. Für diese trägt der Bekl. grundsätzlich die Darlegungs- und Beweislast. Auf die Darlegungslast kommt es kommt bei der Schlüssigkeitsprüfung aber nur an, soweit es um die anspruchsbegründenden Tatsachen geht; fehlt insoweit ein Vortrag des Klägers, ist sein Vorbringen unschlüssig; das gilt aber nicht, soweit der Bekl.grundsätzlich die Darlegungs- und Beweislast trägt. Hat der Kläger insoweit nichts vorgetragen, werden die Einreden iSd ZPO bei der Schlüssigkeitsprüfung nicht berücksichtigt. Wenn er aber selbst hierzu Tatsachen vorträgt, müssen diese unabhängig von der Darlegungs- und Beweislast überprüft werden. Eine Besonderheit gilt bei den Einwendungen und Einreden im materiellen Sinn, wenn der Bekl. eine solche Einrede geltend machen oder eine Erklärung abgeben muss; dann führen allein vom Kläger vorgetragenen Tatsachen, die der Einrede iSd zugrunde liegen, nicht zur Unschlüssigkeit des Klägervorbringens, wenn er nicht auch vorträgt, dass der Bekl. die Einrede erhoben oder die Erklärung, wie die Aufrechnung abgegeben hat, BGH NJW 1999, 2120; MüKoZPO/Prütting Rn. 12, 18; → Vor § 253 Rn. 50 ff.; → § 139 Rn. 23 (zur Relationsmethode).

8 Das gesamte Klägervorbringen – anspruchsbegründend und anspruchsfeindlich- wird rechtlich darauf überprüft, ob es den Klageantrag rechtfertigt (Schlüssigkeitsprüfung); → Vor § 253 Rn. 55; → § 139 Rn. 23. Der Vortrag zu Einzelheiten ist dabei nicht erforderlich, wenn diese für die Rechtsfolge nicht von Bedeutung sind, BGH NJW 2005, 2710; → § 138 Rn. 21 ff. Unerheblich für die Schlüssigkeitsprüfung ist auch, ob der Kläger Beweis angetreten hat, MüKoZPO/Prütting Rn. 11.Bei fehlender Schlüssigkeit wird die Klage nach § 331 II Hs. 2 durch **unechtes Versäumnisurteil** abgewiesen. Wegen des Grundsatzes der Einheit der mündlichen Verhandlung kommt es bei dem Klägervorbringen nicht darauf an, in welchem Schriftsatz der Kläger die Tatsachen erstmalig vorgetragen hat. Lediglich bei der Frage der Säumnis ist § 335 I Nr. 3 zu beachten, → Vor § 330 Rn. 11, dh das Vorbringen muss dem Bekl. rechtzeitig vor dem Termin schriftsätzlich mitgeteilt worden sein. Das schriftliche oder in einem früheren Termin mündlich erfolgte Vorbringen des Bekl. bleibt unbeachtet, BGH NJW 1999, 2123. Auch frühere Beweisaufnahmen haben keine Bedeutung, soweit sich der Kläger die entsprechenden Tatsachen nicht zu eigen gemacht hat, MüKoZPO/Prütting Rn. 12; → § 138 Rn. 17.

9 Wegen der Geständnisfiktion findet auch keine Beweiswürdigung durch das Gericht statt, da das klägerische Vorbringen wegen der Geständnisfunktion als unstreitig zugrunde gelegt wird; auf eine richterliche Einschätzung (§ 287), ob das Klägervorbringen wahrscheinlich ist, kommt es nicht an, BAG NJW 2004, 3732; MüKoZPO/Prütting Rn. 11. Allerdings unterliegt der Kläger auch bei Säumnis des Bekl. der Wahrheitspflicht des § 138 I, so dass die Geständnisfiktion ihre Grenze bei offenkundig unrichtigen Tatsachen findet, BGH NJW 1979, 2089; MüKoZPO/Prütting Rn. 19; → § 138 Rn. 11 ff.

10 Nicht erfasst von der Geständnisfiktion werden **Erfahrungssätze,** → Vor § 284 Rn. 34 ff., und **Rechtsfragen,** die unabhängig von der Darstellung der Parteien allein vom Gericht zu bewerten sind; dazu gehören auch Auslegungsfragen und Fragen der Anwendung ausländischen Rechts MüKoZPO/Prütting Rn. 10, 13; → Vor § 128 Rn. 36 f. (zur rechtlichen Würdigungsfreiheit des Gerichts). Etwas anderes gilt für Rechtstatsachen/juristische Tatsachen, dh für Tatsachen, die der Kläger in einen Rechtsbegriff kleidet und von denen das Gericht zulässigerweise ausgehen kann, Anders/Gehle Assessorexamen ZivilR A Rn. 31, 101; → § 138 Rn. 11; → Vor § 284 Rn. 33.

11 Die Geständnisfiktion gilt nur für Tatsachen, die der Parteiherrschaft unterliegen und nicht von Amts wegen zu berücksichtigen sind. Daher ist ein Versäumnisbeschluss gegen den Antragsgegner anders als gegen den Antragsteller im **FamFG**-Verfahren unzulässig, soweit das Amtsermittlungsprinzip gilt. In einem Scheidungsfolgeverfahren muss man nach §§ 45, 142 I 2 FamFG grundsätzlich die formelle Rechtskraft des streitigen Scheidungsbeschlusses abwarten. Von Amts wegen hat das Gericht grundsätzlich die Zulässigkeitsvoraussetzungen zu prüfen, die ohnehin für den Erlass eines Versäumnisurteils, eines Sachurteils, vorliegen müssen, → § 330 Rn. 6, → Rn. 4; → Vor § 253 Rn. 14, 22 (Zulässigkeitsvoraussetzungen von Amts wegen). Allerdings greift die Geständ-

nisfiktion für Tatsachen ein, die die Zuständigkeit im Einzelfall begründen können; hiervon macht § 331 I 2 wiederum eine Ausnahme und schließt die Geständnisfiktion für Vorbringen zur Gerichtszuständigkeit nach §§ 29 II, 38 aus, Karlsr MDR 2002, 1269. Umstritten ist, ob die Geständnisfunktion auch für Tatsachen gilt, die die internationale Zuständigkeit eines Gerichts begründen; zum Meinungsstand MüKoZPO/Prütting Rn. 13 aE. Wir bejahen diese Frage, weil auch insoweit die Zuständigkeit betroffen ist und grundsätzlich die zugrunde liegenden Tatsachen der Geständnisfiktion unterliegen.

V. Entscheidungen. 1. Allgemein. Bei Nichterscheinen oder Nichtverhandeln des Bekl. im Termin gibt es verschiedene Möglichkeiten von Entscheidungen. Ein Ermessensspielraum steht dem Gericht nicht zu, MüKoZPO/Prütting Rn. 37. Zur Form, zum Inhalt und zum Tenor eines Versäumnisurteils sowie zu den Gebühren: Einzelheiten → Vor § 330 Rn. 18. **12**

2. Zulässigkeitsvoraussetzungen. Bei Fehlen der Zulässigkeitsvoraussetzungen, → Rn. 4, 29, ergeht ein Prozessurteil auf Klageabweisung. Dabei handelt es sich um ein kontradiktorisches Urteil und um ein unechtes Versäumnisurteil, → Vor § 330 Rn. 19. Vor der Entscheidung ist ein richterliches Hinweis nach § 139 erforderlich. **13**

3. Schlüssigkeit des Klägervorbringens. Ist das Klagevorbringen nicht schlüssig, ergeht bei Vorliegen der Voraussetzungen im Übrigen, → Rn. 4 ff., ein kontradiktorisches Urteil auf Klageabweisung nach § 331 II Hs. 2, BGH GRUR 2012, 914; BAG NJW 2002, 2072; LAG Hamm NJW 1981, 887. Liegen alle Voraussetzungen für den Erlass eines Versäumnisurteil einschließlich der Schlüssigkeit des Klägervorbringens vor, → Rn. 4 ff., muss das Gericht ein echtes Versäumnisurteil gegen den Beklagten auf Stattgabe der Klage nach § 331 II Hs. 1 erlassen, → Vor § 330 Rn. 18. Ist das Klägervorbringen nur teilweise schlüssig, ergeht ein Versäumnisurteil und Endurteil auf Klageabweisung im Übrigen als kontradiktorischen Urteil, § 331 II Hs. 1 und 2. Zu den Problemen eines Teilurteils → Rn. 17 „Teilurteil". **14**

4. Fehlen der Säumnis. Liegt keine Säumnis vor, greift insbesondere ein Hindernis nach §§ 335, 337 ein, → Rn. 4; → Vor § 330 Rn. 11 f., muss das Gericht den Antrag auf Erlass eines Versäumnisurteils durch einen Beschluss zurückweisen, § 336. Zuvor ist ein richterlicher Hinweis nach § 139 erforderlich. **15**

5. Fehlen des Antrages. Fehlt ein Antrag des Beklagten auf Erlass eines Versäumnisurteils, geht das Gericht nach §§ 227, 251, 251a vor. **16**

6. Beispiele zu den Entscheidungsmöglichkeiten:

Einrede: Bei Einreden iSd materiellen Rechts, wie zB die Verjährung oder das Zurückbehaltungsrecht, gehört ihre Geltendmachung neben den Voraussetzungen zum Einredetatbestand (§§ 214 I, 273 I BGB), so dass das Klägervorbringen nur unschlüssig ist, wenn der Kläger auch die Geltendmachung durch den Beklagten vorgetragen hat, → Rn. 7; → Vor § 253 Rn. 60 ff.; → § 139 Rn. 64 „Einreden". **17**

Erledigung der Hauptsache: Bei einer vom Kläger rechtzeitig im Schriftsatz erklärten Erledigung lautet das echte Versäumnisurteil gegen den säumigen Bekl.: *„Es wird festgestellt, dass die Hauptsache erledigt ist"*. Die Erledigungstatsachen unterliegen der Geständnisfiktion, § 331 I 1. Ob das auch bei der erstmaligen Erklärung im Säumnistermin gilt, ist im Hinblick auf § 335 I Nr. 3 bestritten, bejahend: Zöller/Herget Rn. 5 (Prozessökonomie); verneinend: MüKoZPO/Prütting Rn. 31. Wegen Art. 103 GG bejahen wir bei einer solchen Konstellation § 335 I Nr. 3. § 91a kommt nicht zur Anwendung, weil für die Erledigungserklärung, eine Prozesshandlung, die Geständnisfiktion nicht gilt und in der Säumnis keine konkludente Zustimmung des Bekl. zu sehen ist, MüKoZPO/Prütting Rn. 30.

Grund-Versäumnisurteil: Unzulässig ist ein Versäumnisurteil mit dem Ausspruch, der Anspruch sei dem Grunde nach gerechtfertigt, Kblz MDR 1979, 587.

Hilfsantrag: Das Gericht ist auch bei Säumnis des Beklagten an die Prüfungsreihenfolge gebunden, so dass bei Schlüssigkeit des Klägervorbringens zum Hauptantrag ein entsprechendes Versäumnisurteil nur zum Hauptantrag ergeht, → **§ 260 Rn. 9 ff.** Ist das Vorbringen zum Hauptantrag und zum Hilfsantrag nicht schlüssig, wird die Klage mit beiden Anträgen durch unechtes Versäumnisurteil, → Vor § 330 Rn. 19, nach § 331 II Hs. 2 abgewiesen; ist nur das Vorbringen zum Hauptantrag nicht schlüssig, wird dieser durch unechtes Versäumnisurteil abgewiesen und dem Hilfsantrag wird durch echtes Versäumnisurteil, → Vor § 330 Rn. 18, stattgegeben.

Schmerzensgeld: Ein echtes Versäumnisurteil kann in Höhe des aufgrund des Klägervortrages als angemessen anzusehenden immateriellen Schadens ergehen, BGH NJW 1969, 1427; Kblz MDR 1979, 587; MüKoZPO/Prütting Rn. 22. Bei Zurückbleiben hinter der vom Kläger genannten Mindestsumme oder Größenordnung ergeht gleichzeitig ein unechtes Versäumnisurteil auf Klageabweisung, → Vor § 330 Rn. 19; → „Teilurteil" (Probleme).

Schonfrist nach § 569 III Nr. 2 BGB: Vor Ablauf der Schonfrist, innerhalb der der bisher bestehende Räumungsanspruch noch rückwirkend durch eine spätere Handlung des säumigen Bekl. erlöschen kann, kommt gleichwohl ein Versäumnisurteil auf Stattgabe der Räumungsklage in Betracht; der Kläger handelt nicht arglistig, wenn er bis zur Erfüllung der überfälligen Mieterschuld auf Erteilung eines Vollstreckungstitels nach § 704 besteht, LG Hmb WuM 2003, 276; LG Köln NJW-RR 2004, 87, Grüneberg/Weidenkaff BGB § 543 Rn. 66; aM Hmb ZMR 1988, 225.

Streitverkündung: Die Bindungswirkung der §§ 68, 74 erfasst auch die nach § 331 I 1 zugestandenen Tatsachen, Hamm NJW-RR 1990, 163.

Stufenklage: Ein Versäumnisurteil wird grundsätzlich nur in der Stufe erlassen, in der sich der Prozess bei Säumnis des Bekl. befindet; nur bei Säumnis des Klägers wird die Klage insgesamt abgewiesen, → § 330 Rn. 8. → § 254 Rn. 37.

Teilurteil: Nach hM darf ein Teilurteil nach § 301 grundsätzlich nur ergehen, wenn die Entscheidung von dem Rest des Streitstoffes nicht abhängig ist, so dass nicht die Gefahr widersprüchlicher Entscheidungen besteht, BGH BeckRS 2022, 11646 Rn. 14; NJW 2021, 2438 Rn. 17; NJW-RR 2020, 956 Rn. 20; MüKoZPO/Musielak § 301 Rn. 17; Fritzsche NJOZ 2022, 673. Die Frage, ob dieser Unabhängigkeitsgrundsatz auch gilt, wenn nur hinsichtlich eines Teils des Rechtsstreits die Voraussetzungen für ein Versäumnisurteil vorliegen, wird nicht einheitlich beantwortet, vgl. näher zum Meinungsstand: Fritzsche NJOZ 2022, 673; → § 330 Rn. 4 ff. und § 331 Rn. 7 (zu den Voraussetzungen eines Versäumnisurteils); → Vor § 330 Rn. 19 (unechtes Versäumnisurteil).

Soweit nur teilweise die Voraussetzungen eines Versäumnisurteils vorliegen und im übrigen keine Entscheidungsreife eingetreten ist, darf ein Teilversäumnisurteil nach § 301 nur ergehen, wenn das Unabhängigkeitsgebot des § 301 erfüllt ist; dann ist durch Beschluss der Antrag auf Erlass eines Versäumnisurteils im Übrigen zurückzuweisen, Fritzsche NJOZ 2022, 673. Ein Teilversäumnisurteil ist stets bei einem teilweise Nichtverhandeln zulässig, weil sich das teilweise Nichtverhandeln auf einen entsprechend abgrenzbaren Teil beziehen muss und anderenfalls nur ein unvollständiges Verhandeln iSd § 334 vorliegt, BGH NJW 2002, 145; *Fritzsche* NJOZ 2022, 673; → § 334 Rn. 3. Eine Ausnahme ergibt sich im Falle der Säumnis eines einfachen Streitgenossen, gegen den bei Vorliegen der Voraussetzungen ein Teilversäumnisurteil ergehen kann und das Unabhängigkeitsgebot des § 301 zurücktritt, MüKoZPO/Musielak § 301 Rn. 36; Fritzsche NJOZ 2022, 673.

Bei teilweise Vorliegen der Voraussetzungen für den Erlass eines Versäumnisurteils und bei Entscheidungsreife im Übrigen, so, wenn die Klage teilweise unzulässig ist, das Klagevorbringen teilweise unschlüssig ist oder nur eine teilweise Säumnis vorliegt, erscheint fraglich, ob neben einem echten Versäumnisurteil ein unechtes Versäumnisurteil (Prozess- oder Sachurteil) ergehen kann. Das Problem besteht darin, dass teilweise Einspruch mit der Folge des § 342 und teilweise Berufung/Revision statthaft sein können und deshalb die Gefahr widersprechender Entscheidungen besteht. Zunächst ging der BGH von der Zulässigkeit eines Teilversäumnisurteils bei dieser Konstellation aus, BGH NJW-RR 1986, 1326; seit einer Entscheidung aus dem Jahr 1999, NJW 1999, 1718, sieht er darin einen Verstoß gegen § 301, so auch BGH BeckRS 2022, 11646 Rn. 9; NJW 2002, 145; Zöller/Feskorn § 331 Rn. 20; aA Fritzsche NJOZ 2022, 673. Konsequenz der hM ist entweder eine Prozesstrennung nach § 145 oder eine neue mündliche Verhandlung, in der die Parteien erscheinen und insgesamt verhandeln müssen, um eine Entscheidungsreife herbeizuführen. Ist der Beklagte dauerhaft säumig, bliebe dem Kläger nur die Möglichkeit, einen Teil der Klage zurückzunehmen mit der Kostenfolge des § 269 III 2. Deshalb stimmen wir aus Gründen der Prozessökonomie und Verfahrensbeschleunigung Fritzsche, NJOZ 2022, 673, zu, dass das Unabhängigkeitsgebot des § 301 bei Versäumnisurteilen nicht gilt, wenn nur teilweise die Voraussetzungen für ein Versäumnisurteil vorliegen, aber im Übrigen Entscheidungsreife besteht; da auch das Versäumnisurteil ein Endurteil ist, trifft auch der Wortlaut des § 301 auf die betreffende Konstellation nicht zu; Fritzsche ist ferner zuzustimmen, dass der Ausnahmecharakter eines echten Versäumnisurteils, ferner die Regelung des § 331 III 3 und die Tatsache, dass auch in anderen Fällen widersprüchliche Entscheidungen in Kauf genommen werden, wie zB bei Säumnis nur eines der einfachen Streitgenossen, gegen eine Analogie sprechen. Da es sich in einer solchen Konstellation um ein einziges Endurteil handelt, das zwei Teilurteile umfasst, folgen wir nun entgegen der Vorauflagen auch der Meinung, dass ein solches Urteil nicht als Teil-Versäumnisurteil und Schluss-Endurteil, sondern als *„Versäumnis- und Endurteil"* zu bezeichnen ist, so auch Fritzsche NJOZ 2022, 673.

Unbezifferter Klageantrag: → „Schmerzensgeld".

Urkundenprozess: Mangels Widerspruchs durch den Bekl. ergeht ein vorbehaltloses Versäumnisurteil bei Vorliegen der Voraussetzungen, auch wenn dieser sich in früheren Terminen verteidigt hat, Musielak/Voit/Stadler Rn. 8; Zöller/Herget Rn. 8; aM Naumbg NJW-RR 1995, 1085.

§ 331 II gilt nicht, wenn der Kläger keinen vollständigen Urkundenbeweis angetreten hat, da die Geständnisfiktion des § 331 I 1, → Rn. 7, die nicht durch Urkunden belegten Tatsachen nicht erfasst und die gewählte Prozessart dann nicht statthaft ist, BGH NJW 1974, 1199; Prütting/Gehrlein/Göbel Rn. 13.

Verjährung: → „Einrede",

Widerruf einer persönlichkeitsverletzenden Behauptung: Nach § 331 I 1 wird die Unwahrheit der Behauptung grundsätzlich als zugestanden fingiert und ein Versäumnisurteil auf Widerruf erlassen, Hamm MDR 1983, 850.

Zurückbehaltungsrecht: → „Einrede".

18 **VI. Entscheidung im schriftlichen Vorverfahren, § 331 III. 1. Voraussetzungen, allgemein.** Nach III kann ein Versäumnisurteil gegen den Beklagten auch ohne mündliche Verhandlung ergehen, allerdings nur, solange das schriftliche Vorverfahren läuft; es endet mit der Anberaumung eines mündlichen Verhandlungstermins, KG MDR 1985, 416. Anstelle der Säumnis des Bekl. im Termin besteht seine Säumnis in diesem Fall darin, dass er nach Anordnung des schriftlichen Vorverfahrens seine Verteidigungsbereitschaft iSd § 276 I 1 nicht rechtzeitig angezeigt hat. Ansonsten müssen dieselben Voraussetzungen vorliegen, die für ein Versäumnisurteil gegen den im Termin säumigen Bekl. erforderlich sind, → Rn. 4 ff. Das sind:

- **Säumnis des Bekl. iSd § 331 III:** Einzelheiten → Rn. 19.
- **Antrag des Klägers:** Einzelheiten → Rn. 22.
- **Zulässigkeitsvoraussetzungen:** Einzelheiten → Rn. 29.
- **Schlüssigkeit des Klägervorbringens:** Einzelheiten → Rn. 23.

19 **2. Säumnis des Beklagten nach § 331 III.** §§ 331 III, 276 I 1 setzen voraus, dass das Gericht nach Eingang der Klageschrift das schriftliche Vorverfahren angeordnet hat und der Beklagte die Zwei-Wochen-Frist zur Anzeige der Verteidigungsbereitschaft gegen die Klage versäumt oder erklärt hat, sich nicht verteidigen zu wollen, Drsd MDR 2008, 165. Ein Vorgehen des Gerichts nach § 275 (früher erster Termin) reicht nicht.

20 Nach **§ 335 I Nr. 4** ist ein Versäumnisurteil im schriftlichen Vorverfahren ausgeschlossen, wenn das Gericht den Bekl. nicht nach § 276 I 1 Hs. 1, II ordnungsgemäß zur Abgabe der schriftlichen Verteidigungsbereitschaft zwei Wochen nach Zustellung der Klageschrift aufgefordert und ihn nicht ordnungsgemäß über die Folgen der Versäumnis sowie die Form seiner Anzeige belehrt hat. Die Belehrung zur Form umfasst den Hinweis auf die Erforderlichkeit eines Schriftsatzes an das Gericht und die Abgabe der Verteidigungsbereitschaftserklärung durch einen zu bestellenden Anwalt bei Anwaltszwang nach § 78 I. Das Nichtvorliegen eines Hindernisses nach § 335 I Nr. 4 gehört genauso wie das Fehlen der Hindernisse nach § 335 I Nr. 2, 3 und § 337 zum Merkmal „Säumnis" → Vor § 330 Rn. 11, 12. Die Anzeige der Verteidigungsbereitschaft muss **schriftsätzlich** erfolgen, wobei die Erklärung auch elektronisch nach §§ 130a–130d und konkludent abgegeben werden kann. Es genügen die Klageerwiderungsschrift und grundsätzlich auch ein Prozesskostenhilfeantrag, weil darin der Wille zur Verteidigung zum Ausdruck kommt, Prütting/Gehrlein/Göbel Rn. 30, 31.

Die gesetzliche Frist nach § 276 I 1 ist eine Notfrist nach § 224 I 2. Sie beträgt grundsätzlich zwei Wochen (§ 276 I 1), bei einer Auslandszustellung mindestens einen Monat (§ 276 I 3, 4); der Vorsitzende kann bei Auslandszustellungen nach § 276 I 4 auch eine längere Frist zur Verteidigungsbereitschaft bestimmen. Bei Nichteinhaltung der Notfrist nach §§ 276 I 1, 2, § 224 I 2 ist eine Wiedereinsetzung nach §§ 233 ff. statthaft. Diese Möglichkeit hat nur Bedeutung bis zur Zustellung des Versäumnisurteils. Außerdem darf nach Ablauf der Frist ein Versäumnisurteil nach § 331 III 1 Hs. 2 nicht ergehen, wenn die Verteidigungsbereitschaft angezeigt wird, bevor das unterschriebene Versäumnisurteil der Geschäftsstelle übermittelt ist. Wird der Schriftsatz in Papierform übermittelt, ist sein etwaiger Eingang auf der Verwaltungsgeschäftsstelle, Gerichtskasse oder Posteingangsstelle, unerheblich KG MDR1989, 1003; Bergerfurth JZ 1978, 299; Zöller/Herget 12; aM Düss JR 1997, 161; Ffm MDR 2000, 902. Bei elektronischer Einreichung: → Rn. 27; → § 130a Rn. 15 ff. 21

3. Antrag. Der Kläger muss einen Antrag auf den Erlass eines Versäumnisurteils im schriftlichen Vorverfahren stellen, Düss MDR 1984, 950. Ein solcher Antrag kann nach III 2 schon in der Klageschrift oder in einem späteren Schriftsatz gestellt werden. Die Klageschrift muss nach § 276 I 1 zugestellt werden, weil sonst die Frist nicht läuft. Ob der spätere Antrag des Klägers dem Bekl. zugehen oder sogar zugestellt werden muss, ist bestritten, bejahend: Mü MDR 1980, 235; MüKoZPO/Prütting Rn. 48; verneinend: KG NJW-RR 1994, 1344; Musielak/Voit/Stadler Rn. 22; Prütting/Gehrlein/Göbel Rn. 34. Wir halten weder eine Zustellung noch eine formlose Mitteilung an den Bekl. für erforderlich, da § 335 I Nr. 3 nicht eingreift und der Bekl. auf die Möglichkeit eines Versäumnisurteils schon nach § 276 II hingewiesen werden musste. Der Meinungsstreit hat nur eine geringe Bedeutung, da in fast allen Anwaltsschriftsätzen der Antrag in der Klageschrift enthalten ist. Der Antrag auf Erlass eines Versäumnisurteils im schriftlichen Vorverfahren kann **konkludent** erfolgen, offengelassen BGH NJW 1917, 1483. Auch im Übrigen gelten dieselben Gesichtspunkte, wie sie im Rahmen des → § 330 Rn. 5 dargestellt wurden. 22

4. Schlüssigkeit. Ein echtes Versäumnisurteil im schriftlichen Vorverfahren setzt die Schlüssigkeit des Klägervorbringens nach I 1, II voraus, Einzelheiten → Rn. 7 ff. § 331 III 3 stellt außerdem klar, dass im schriftlichen Vorverfahren ein unechtes Versäumnisurteil auf Klageabweisung im Übrigen ergehen kann, wenn das Klägervorbringen (nur) zu den **Nebenforderungen** unschlüssig ist und ein richterlicher Hinweis erfolgte. Dann ergeht ein Teilversäumnisurteil auf Stattgabe des Klageantrages zu der Hauptforderung und ein Schlussurteil auf Klageabweisung im Übrigen (Nebenforderungen). 23

Aus III 3 ist gleichzeitig abzuleiten, dass im Übrigen ein Versäumnisurteil gegen den Kläger im schriftlichen Vorverfahren bei Unschlüssigkeit des Klägervorbringens zur Hauptforderung nicht möglich ist, weil ansonsten diese Regelung überflüssig wäre. Mit der Ergänzung um Satz 3 in Absatz 3 im Jahr 2004 hat der Gesetzgeber den bis dahin bestehenden Meinungsstreit beendet, zum früheren Meinungsstreit siehe Brdb MDR 1997, 1158; VerfGH Mü NJW 1991, 2079; LG Bln NJW-RR 1998, 1285; MüKoZPO/Prütting Rn. 50; aM Brdb MDR 1998, 1052; Köln MDR 2001, 954; Saenger/Sandhaus NJW 2014, 421. 24

5. Entscheidungsmöglichkeiten im schriftlichen Vorverfahren. Fehlt ein **Antrag** auf Erlass eines Versäumnisurteils im schriftlichen Vorverfahren, wird ein Termin zur mündlichen Verhandlung bestimmt. 25

Fehlt die **Säumnis,** → Rn. 18, 20, liegen insbesondere Hindernisse nach §§ 335 I Nr. 4, 337 vor, wird ebenfalls terminiert oder die Versäumnisse, wie zB eine Belehrung nach § 276 II, werden nachgeholt. Eine Zurückweisung des Antrages auf Erlass eines Versäumnisurteils im schriftlichen Vorverfahren kommt nicht in Betracht. 26

Geht die Erklärung der Verteidigungsbereitschaft des Bekl. zwar **nicht rechtzeitig,** aber ein, bevor das vom Richter unterschriebene Versäumnisurteil der Geschäftsstelle übermittelt ist, kann kein Versäumnisurteil im schriftlichen Vorverfahren mehr ergehen. Bei Einführung der **E-Akte** stellt sich die Frage, wann das Versäumnisurteil der Geschäftsstelle übermittelt ist; maßgeblich muss der genaue, insbesondere nachvollziehbare Zeitpunkt des Eingangs sein, Klasen/Schreiner/Spaniol JM 2021, 90 (95). Der maßgebliche Zeitpunkt kann nur derjenige sein, bei dem das Versäumnisurteil mit der Signatur und Freigabe durch den Richter in den Zugriffsbereich der Geschäftsstelle gelangt. Dabei kommt es auf die jeweilige technische Lösung an. So gibt ein Richter in NRW (E2A-Anwendung) seine Verfügung durch Signierung und Freigabe mit TSJ frei; daneben wird durch den Richter noch eine Aufgabe für die Geschäftsstelle erstellt, die aber nur die Information über die bereits erstellte Verfügung enthält, so dass die Geschäftsstelle auch ohne diese Aufgabenstellung auf die Verfügung zugreifen kann. Die Aufgabenerteilung entspricht der herkömmlichen Verfügung, auf die es im Rahmen des III aber nicht ankommt. 27

Liegen **alle Voraussetzungen** vor, → Rn. 18 ff., ergeht gegen den Bekl. im schriftlichen Vorverfahren nach III ein echtes Versäumnisurteil auf Stattgabe der Klage. Ist das Klägervorbringen nur zu den Nebenforderungen unschlüssig, ergeht ein entsprechendes Teilversäumnisurteil und gleichzeitig ein Schlussurteil (bezüglich der Nebenforderungen) auf Klageabweisung im Übrigen, wenn ein richterlicher Hinweis erfolgt ist, § 331 III 3, → Rn. 31. Bezüglich der **Form,** des Inhalt, des Tenors und der Gebühren → Vor § 330 Rn. 13. Am Ende lautet das Rubrum statt: „… auf die mündliche Verhandlung …" „… *im schriftlichen Vorverfahren am* …. ", wobei der Fristablauf maßgeblich ist. 28

Fehlt eine **Zulässigkeitsvoraussetzung** oder ist das Klägervorbringen zum Hauptanspruch **unschlüssig,** ergibt sich aus dem Umkehrschluss zu III 3, dass ein unechtes Versäumnisurteil gegen den Kläger im schriftlichen Vorverfahren nicht ergehen kann, → Rn. 23. Auch hier wird ein Termin zur mündlichen Verhandlung bestimmt. 29

6. Vorangegangenes Mahnverfahren. Das Gericht kann nach Erlass eines Mahnbescheides, Einlegung eines Widerspruchs und Eingang der Anspruchsbegründung gemäß § 697 II das schriftliche Vorverfahren anordnen; die Frist zur Erklärung der Verteidigungsbereitschaft beginnt dann nach § 697 II 2 mit Zustellung der Anspruchsbegründung. Die Erklärung der Verteidigungsbereitschaft wird nicht durch den Widerspruch ersetzt; wird die Frist versäumt, kann auf Antrag bei Vorliegen der weiteren Voraussetzungen ein Versäumnisurteil im schriftlichen Verfahren ergehen, MüKoZPO/Prütting Rn. 52; Prütting/Gehrlein/Göbel Rn. 32. Ist hingegen ein Vollstreckungsbescheid ergangen, ist gegen diesen ebenso wie gegen ein echtes Versäumnisurteil der Einspruch statthaft, §§ 700 I, 338. 30

31 **VII. Rechtsbehelfe.** Hier gelten dieselben Gesichtspunkte wie bei → § 330 Rn. 11. Gegen ein **echtes** erstes Versäumnisurteil gegen den Bekl. nach § 331 II Hs. 1 oder III 1, II Hs. 1 ist nur der Einspruch nach § 338 statthaft, nicht dagegen die Berufung, § 514 I. Bei einem zweiten Versäumnisurteil kommt die Berufung mit den Einschränkungen des § 514 II in Betracht.

32 Bei einem **unechten** Versäumnisurteil gegen den Kläger (Prozessurteil bei Fehlen einer Zulässigkeitsvoraussetzung oder Sachurteil nach § 331 II Hs. 2) sind bei Vorliegen der weiteren Voraussetzungen Berufung nach § 511 bzw. Revision nach § 542 statthaft. Beim echten Versäumnis- und Endurteil auf Klageabweisung im Übrigen sind gegen das erstere der Einspruch nach § 338 und gegen den Rest die Berufung bzw. Revision bei Vorliegen der weiteren Vorraussetzungen statthaft, BGH NJW-RR 1986, 1327; → Rn. 17 „Teilurteil" (zu den Problemen).

33 Bei einem Beschluss auf Zurückweisung eines Antrages auf Erlass eines Versäumnisurteils ist die sofortige Beschwerde nach §§ 336, 567 statthaft.

331a

Entscheidung nach Aktenlage. [1]**Beim Ausbleiben einer Partei im Termin zur mündlichen Verhandlung kann der Gegner statt eines Versäumnisurteils eine Entscheidung nach Lage der Akten beantragen; dem Antrag ist zu entsprechen, wenn der Sachverhalt für eine derartige Entscheidung hinreichend geklärt erscheint.** [2]**§ 251a Abs. 2 gilt entsprechend.**

1 **I. Systematik.** Einzelheiten → Vor § 330 Rn. 1. Die Vorschrift, die die Verfahrensbeschleunigung bezweckt, gibt eine Wahlmöglichkeit neben §§ 330, 331; die im Termin erschienene Partei kann statt eines Versäumnisurteils gegen die säumige Partei eine Entscheidung nach Aktenlage beantragen. Ist die Entscheidung ein Urteil, ist die Instanz endgültig beendet, da es sich um ein kontradiktorisches Urteil handelt, → Vor § 330 Rn. 20 ff. Dieses Urteil ist kein Versäumnisurteil, so dass die systematische Stellung dieser Vorschrift nicht ganz passt, MüKoZPO/Prütting Rn. 2. Sind beide Parteien säumig, gilt § 251a.

2 **II. Regelungszweck.** Einzelheiten → Vor § 330 Rn. 2. Die Vorschrift soll der „Flucht in die Säumnis", dh einer wiederholten Säumnis, entgegenwirken, → Vor § 330 Rn. 3. Auf der anderen Seite wird durch Satz 2 iVm § 251a II 1 sichergestellt, dass jede Partei in der Instanz zumindest einmal vor Gericht verhandelt hat und gehört wurde, → Rn. 6. Eine Entscheidung nach Lage der Akten hat je nach den Umständen Vor- und Nachteile. Diese muss derjenige abwägen, der sie beantragt. So entfällt zB hier die Geständnisfiktion des § 331 I 1. Denn die „Aktenlage" umfasst den gesamten Prozessstoff, also auch den schriftsätzlichen und mündlichen Vortrag des Säumigen, BGH NJW 2002, 301; → Rn. 6. Der Chance eines die Instanz endgültig beendenden günstigen Urteils steht das Risiko des in dieser Instanz endgültigen Prozessverlusts gegenüber.

3 **III. Geltungsbereich.** Einzelheiten → Vor § 330 Rn. 3. Die Vorschrift gilt nicht im schriftlichen Vorverfahren. § 331a greift auch im Eilverfahren nach §§ 916 ff., 935 ff. ein, LG Arnsb GRUR-RR 2011, 287. § 331a ist im Hinblick auf die Klage auch dann anwendbar, wenn über eine Widerklage ein Zweites Versäumnisurteil nach § 345 ergeht, LG Ffm MDR 2017, 665. Nach § 113 I 2 FamFG ist § 331a nur in Familienstreitsachen (§ 112 FamFG) zulässig, während die Vorschrift nach § 130 II FamFG in Ehesachen unanwendbar ist.

4 **IV. Voraussetzungen. 1. Allgemeines.** Eine Entscheidung nach Aktenlage gemäß § 331a kann nur ergehen, wenn eine Partei säumig iSd §§ 330, 331 ist, dh im Termin nicht erscheint oder nicht verhandelt sowie kein Hindernis nach §§ 335 I, 337 vorliegt und die nicht säumige Partei auch ein Versäumnisurteil beantragen könnte, BGH NJW-RR 1990, 342; Einzelheiten zur Säumnis → Vor § 330 Rn. 8 ff.; zu § 335 I Nr. 3 → § 335 Rn. 10. Darüber hinaus müssen folgende **Voraussetzungen** vorliegen:

– **Antrag:** → Rn. 5.
– **Früheres Verhandeln, §§ 331a S. 2, 251a II 1 (beim Urteil):** → Rn. 6.

Liegen diese Voraussetzungen vor, muss das Gericht die **Entscheidungsreife** prüfen, wozu die Zulässigkeit und Begründetheit der Klage gehören → Rn. 10.

5 **2. Antrag.** Der Antrag auf Entscheidung nach Aktenlage ist für ein Vorgehen nach § 331a notwendig, Schlesw FamRZ 1991, 96. Er ist ein Prozessantrag der erschienenen Partei, so dass die Prozesshandlungsvoraussetzungen vorliegen müssen. Der Antrag nach § 331a muss eindeutig sein und er ist bedingungsfeindlich, → Vor § 128 Rn. 62, 54 ff. (zu den Prozesshandlungen allgemein). Er ist – anders als bei → § 330 Rn. 5, → § 331 Rn. 5 – nicht allein aus dem Sachantrag abzuleiten, Hamm FamRZ 2016, 1289. Er ist auch wegen eines teilurteilsfähigen Teils der Klageforderung zulässig, Musielak/Voit/Stadler Rn. 3. Die Partei kann hilfsweise ein Versäumnisurteil für den Fall beantragen, dass das Gericht eine endgültige Entscheidung nach Lage der Akten ablehnt. Ein Hilfsantrag auf Erlass eines Versäumnisurteils ist aber nicht für den Fall zulässig, dass eine Aktenlageentscheidung ungünstig ausfällt, Prütting/Gehrlein/Göbel Rn. 4. Nicht zulässig ist auch die Beschränkung auf einen Beweisbeschluss, Musielak/Voit/Stadler Rn. 3. Wenn die erschienene Partei **keinen** Antrag stellt, liegt eine beidseitige Säumnis vor und das Gericht kann nach §§ 227, 251, 251a vorgehen.

6 **3. Frühere streitige Verhandlung.** Satz 2 bezieht sich nur auf ein Urteil. Das ergibt sich aus dem Regelungszweck, → Rn. 2. Nach § 331a S. 2 ist § 251a II entsprechend anzuwenden, so dass ein Urteil nach Aktenlage nur ergehen darf, wenn in der Instanz schon eine streitige mündliche Verhandlung mit Stellen der Anträge durch beide Parteien, auch vor einem anders besetzten Spruchkörper, stattgefunden hat, LAG Brem MDR 2004, 112; eine bloße Güteverhandlung nach § 278 II genügt nicht, eine nach § 54 ArbGG nur, wenn die Anträge gestellt wurden, Prütting/Gehrlein/Göbel Rn. 5. Nach Aufhebung und Zurückverweisung gemäß §§ 538 II, 563 I ist eine weitere mündliche Verhandlung nicht erforderlich, BAG NJW 2015, 365. Verhandlungen im Urkundenprozess (Vorverfahren) oder zum Anspruchsgrund reichen im Rahmen des Nachverfahrens oder der Verhandlung zur Anspruchshöhe nicht aus, Prütting/Gehrlein/Göbel Rn. 5.

7 **V. Entscheidungsmöglichkeiten. 1. Fehlen der Voraussetzungen.** Liegt keine **Säumnis** vor, wozu auch das Fehlen eines Hindernisses nach §§ 335 I, 337 gehört, → Vor § 330 Rn. 11 f. (§ 335 I Nr. 2, 3); → § 330 Rn. 10 (§ 335 I Nr. 1); → § 331 Rn. 20 (§ 335 I Nr. 4), wird der Antrag auf Entscheidung nach Lage der Akten zurückgewiesen; der Beschluss ist nach § 336 II unanfechtbar.

Fehlt ein **Antrag** nach § 331a oder ist dieser unzulässig, ist auch der im Termin Erschienene säumig und das Gericht kann nach §§ 227, 251, 251a vorgehen. 8

Fehlt der frühere mündliche **Verhandlungstermin** bei Vorliegen der Entscheidungsreife, darf das Gericht kein Urteil erlassen, MüKoZPO/Prütting Rn. 22. Es darf auch nicht das Ruhen nach § 251a III anordnen; denn Satz 2 verweist nur auf § 251a II und ansonsten würde auch der Nichtsäumige betroffen, Ffm NJW-RR 1998, 1288. Eine Vertagung nach §§ 227, 251a III ist statthaft. Das ergibt sich schon daraus, dass in jedem Antrag auf eine Aktenlageentscheidung ein Hilfsantrag auf eine Verlegung liegt. 9

2. Keine Entscheidungsreife bei Vorliegen der Voraussetzungen. Ist der Rechtsstreit nicht entscheidungsreif, ergeht als Entscheidung nach Lage der Akten die nächste zu treffende Entscheidung; das kann ein Hinweis-, Auflagen- oder Beweisbeschluss sein; diese Beschlüsse wären auch ohne Antrag nach § 331a zu erlassen; im Anschluss daran muss wieder neu terminiert und mündlich verhandelt werden, Anders/Gehle Assessorexamen ZivilR H Rn. 24. 10

3. Entscheidungsreife. Zur Entscheidungsreife gehört zunächst die Frage der **Zulässigkeit** der Klage. Fehlt eine Zulässigkeitsvoraussetzung, ist die Klage durch Prozessurteil abzuweisen, wenn der Kläger zuvor nach § 139 III darauf hingewiesen wurde, Prütting/Gehrlein/Göbel Rn. 9. 11

Bei Zulässigkeit der Klage muss das Gericht auf der Grundlage des gesamten Akteninhalts, bezogen auf den Zeitpunkt der Antragstellung, dh auf der Grundlage des schriftsätzlichen und mündlichen Vortrages beider Parteien bis zum maßgeblichen Termin sowie aufgrund des Ergebnisses durchgeführter Beweisaufnahmen prüfen, ob der Klageantrag gerechtfertigt ist, dh der Prozess entscheidungsreif ist, BGH NJW 2002, 301; → Rn. 2. Dabei kann das Gericht einen zum Termin geladenen Gutachter zwecks Erläuterung seines schriftlichen Gutachtens (§ 411 III 1) vor der Antragstellung, die die mündliche Verhandlung ersetzt, hören, BGH NJW 2002, 301. Der neue Vortag der erschienenen Partei in dem Termin selbst kann nicht berücksichtigt werden. Die Geständnisfiktion des § 331 I 1 greift nicht ein. Auch wenn sich der Wortlaut des § 331a S. 1 von dem des § 300 I unterscheidet („erscheint"), steht dem Gericht bei der Frage der hinreichenden Klärung des Sachverhalts kein Ermessensspielraum zu, weil die Frage der Entscheidungsreife eine Rechtsfrage ist, streitig: so MüKoZPO/Prütting Rn. 11; aM wohl Musielak/Voit/Stadler Rn. 3. Auch iRd § 331a gilt § 335 I Nr. 3, dh die Partei ist nicht säumig, wenn ihr das tatsächliche Vorbringen des Gegners nicht rechtzeitig mitgeteilt worden ist, → Rn. 4; → Vor § 330 Rn. 11; dies gilt aber nicht, wenn die säumige Partei sich zu diesem Vorbringen schon geäußert hat, Düss NJW-RR 1994, 892. 12

Es ergeht ein **Urteil** nach Lage der Akten, wenn der Sachverhalt für die Stattgabe der Klage oder für die Klageabweisung hinreichend geklärt ist. Da ein Urteil nach § 331a in jedem Fall ein kontradiktorisches Urteil und keine Versäumnisentscheidung ist, kommt es nicht darauf an, welche Partei den Antrag gestellt hat; nach § 331a kann auch ein für den Antragsteller ganz oder teilweise ungünstiges Urteil ergehen, hL: Prütting/Gehrlein/Göbel Rn. 9. 13

Ein solches Urteil unterscheidet sich nicht in der **Form** und im **Inhalt** von sonstigen streitigen Urteilen. Lediglich im Rubrum ist anstelle von „... auf die mündliche Verhandlung vom ..." zu formulieren: „*... nach Lage der Akten am ... (Datum des versäumten Termins)*", Anders/Gehle Assessorexamen ZivilR B Rn. 23; außerdem ist beim Tenor § 708 Nr. 2 zu beachten. Bezüglich der **Gebühren** gilt: Für das Gericht: KV 1210 GKG; der Anwalt der erschienenen Partei erhält die normale 1,2-Gebühr gemäß VV 3104 RVG. 14

Gegen ein Urteil nach § 331a ist nicht der Einspruch nach § 338, sondern es sind die Berufung nach §§ 511 ff. oder die Revision nach §§ 542 ff. bei Vorliegen der weiteren Voraussetzungen statthaft. 15

332 ***Begriff des Verhandlungstermins.*** **Als Verhandlungstermine im Sinne der vorstehenden Paragraphen sind auch diejenigen Termine anzusehen, auf welche die mündliche Verhandlung vertagt ist oder die zu ihrer Fortsetzung vor oder nach dem Erlass eines Beweisbeschlusses bestimmt sind.**

I. Systematik. Einzelheiten → Vor § 330 Rn. 1. Die Vorschrift macht eine Ausnahme vom Grundsatz der Einheitlichkeit der mündlichen Verhandlung und gibt der Säumnisfolge den Vorrang vor bereits gewonnenen Prozessergebnissen, Naumb MDR 1994, 1246; → Rn. 4. § 332 bezieht sich auf eine Versäumnis- und Aktenlageentscheidung nach §§ 330–331a, BGH NJW 1964, 658. 1

II. Regelungszweck. Einzelheiten → Vor § 330 Rn. 2. § 332 stellt klar, dass eine Entscheidung bei Säumnis einer Partei, §§ 330–331a, nicht nur im ersten mündlichen Verhandlungstermin, sondern auch in jedem späteren Termin zur mündlichen Verhandlung ergehen kann mit der Folge, dass der Vortrag in früheren Terminen seine Bedeutung verlieren kann und nur die Regeln der §§ 330 ff. gelten, MüKoZPO/Prütting Rn. 1; Zöller/Herget Rn. 1. 2

III. Geltungsbereich. Einzelheiten → Vor § 330 Rn. 4. 3

IV. Jeder Verhandlungstermin zur Hauptsache. § 332 bestimmt, dass Verhandlungstermin iSd §§ 330 ff. auch derjenige mündliche Verhandlungstermin ist, auf den das Gericht nach § 227 vertagt hat oder der der Fortsetzung der Verhandlung vor und nach Erlass eines Beweisbeschlusses dienen soll, dh also der nach der Beweisaufnahme stattfindet, § 370 I. Erfasst wird also jeder Verhandlungstermin, den das Gericht nicht nur für einen Zwischenstreit oder eine reine Güteverhandlung bestimmt hat, → Vor § 330 Rn. 5. Der Vorrang der Säumnisentscheidung vor dem Grundsatz der Einheitlichkeit der mündlichen Verhandlung, wie ihn § 332 verdeutlicht, ergibt sich aus Folgendem: Bei Säumnis des Klägers in einem späteren Termin verliert das Vorbringen beider Parteien grundsätzlich die Bedeutung bei einem Versäumnisurteil nach § 330. In einem späteren Termin muss das Gericht bei Säumnis des Bekl. das Vorbringen des Klägers nach § 331 I als nach § 288 I zugestanden unterstellen, so dass der Vortrag des Bekl. in einem früheren Termin ebenfalls keine Bedeutung hat. Auch Prozesshandlungen der Parteien in früheren Terminen, so zB Geständnisse, Anerkenntnisse Verzichtserklärungen der säumigen Partei, die zu keinem Urteil nach §§ 306, 307 geführt haben, sowie grundsätzlich auch Ergebnisse von Beweisaufnahmen verlieren jede Bedeutung, wenn kein Einspruch mit der Folge des § 342 eingelegt wird. Das gilt auch für ein Grundurteil nach § 304 im Fall des § 330, BGH NJW-RR 2019, 982 (zu 4 den Anforderungen nach § 304); andere Urteile, wie zB Vorbehaltsurteile, Zwischenurteile, sind dagegen zu beachten, MüKoZPO/Prütting Rn. 3.

5 **V. Ausnahmen.** Das Gericht darf auch bei § 332 keine prozessuale Arglist dulden; deshalb kann es einen solchen Vortrag unbeachtet lassen, Brdb MDR 1995, 1262. Sobald die Partei im mündlichen Verhandlungstermin einen Sachantrag gestellt hat, ist sie in diesem Termin grundsätzlich nicht mehr säumig; das gilt selbst dann, wenn in ihm eine Beweisaufnahme nach §§ 355 ff. folgt und wenn die Partei anschließend den Sachantrag nicht wiederholt, BGH NJW-RR 1986, 1253; → Vor § 330 Rn. 3; → § 279 Rn. 7. Bei einem zur Beweisaufnahme und Fortsetzung der Verhandlung nach § 370 I anberaumten Termin darf wegen § 367 ein erstes Versäumnisurteil erst nach dem Schluss der Beweisaufnahme ergehen, also im Verhandlungsteil des Termins nach § 285, Ffm BauR 2015,1219. Allerdings darf ein zweites Versäumnisurteil nach § 345 im Einspruchstermin nach § 341a sogleich nach einem vergeblichen Aufruf nach § 220 I und nach der Feststellung der erneuten Säumnis erlassen werden; eine vorgesehene Beweisaufnahme hat nicht zu erfolgen, da zunächst über den Einspruch zu verhandeln ist, §§ 341, 341a, MüKoZPO/Prütting § 345 Rn. 9.

333 *Nichtverhandeln der erschienenen Partei.* **Als nicht erschienen ist auch die Partei anzusehen, die in dem Termin zwar erscheint, aber nicht verhandelt.**

1 **I. Systematik.** Einzelheiten → Vor § 330 Rn. 1. Die Vorschrift stellt das Nichtverhandeln in einem mündlichen Verhandlungstermin dem Nichterscheinen gleich. Die Vorschrift ergänzt §§ 136, 251a, 330–332. Dabei setzt § 333 ein völliges Nichtverhandeln bis zum Verhandlungsschluss nach §§ 136 I, 296a voraus, BGH NJW 1993, 862. Das ergibt sich auch aus § 334; § 220 II steht dem nicht entgegen, BGH NJW 1993, 862. §§ 333, 334 gelten auch bei einer sitzungspolizeilichen Entfernung nach § 158, § 177 GVG.

2 **II. Regelungszweck.** Einzelheiten → Vor § 330 Rn. 2. Die Vorschrift dient der Klärung des Säumnisbegriffs nach §§ 330 bis § 331a und damit der Rechtssicherheit. Das Verhandeln selbst wird in dieser Vorschrift nicht definiert, → Rn. 4.

3 **III. Geltungsbereich.** Einzelheiten → Vor § 330 Rn. 4. Die Vorschrift gilt sowohl für §§ 330, 331 als auch für § 331a. Auch beim Nichtverhandeln ist § 337 anwendbar, dh es liegt keine Säumnis vor, wenn die Einlassungs- und Ladungsfristen zu kurz bemessen waren; für eine einschränkende Anwendung des § 337 auf die nicht erschienene Partei besteht keine Veranlassung, BGH NJW 2016, 3248; Düss BeckRS2016, 13875; Thomas/Putzo/Seiler Rn. 1; → § 337 Rn. 3; aA Musielak/Voit/Stadler § 337 Rn. 1. Zu den Besonderheiten bei Streitgenossen → Vor § 330 Rn. 15 „Streitgenosse".

4 **IV. Nichtverhandeln. 1. Grundsatz: Teilnahme am Prozessbetrieb.** Nichtverhandeln ist die gänzliche Nichteinlassung zur Sache, und zwar unabhängig davon, ob sich die Erörterung auf die Tatsachen oder Rechtsfragen bezieht, BGH NJW-RR 1986, 1253. § 333 stellt klar, dass säumig nicht nur die im Termin nicht erschienene Partei, sondern auch diejenige ist, die nicht verhandelt; insoweit wird die Säumnis fingiert, LG Düss ZIP 2017, 1871. Dabei kommt es auf die postulationsfähige Person an, das ist im Anwaltsprozess nach § 78 I der ProzBev., BAG MDR 2007, 1023; → Vor § 330 Rn. 13. Im Stellen der Sachanträge nach §§ 137 I, 297 ist regelmäßig auch ein zumindest konkludentes Verhandeln iSd Vorschrift zu sehen; die Stellung des Sachantrages durch den Kläger ist im ersten Termin zwingend; in späteren Terminen reicht die Erörterung der Sache aus, BGH NJW 2004, 2484, 3486; NJW-RR 1986, 1253; BAG NZA-RR 2014, 35; MDR 2007, 1023; NJW 2003, 1548; Bbg NJW-RR 1996, 317; Ffm NJW-RR 1998, 280; MüKoZPO/Prütting Rn. 14; → Vor § 330 Rn. 13; → § 137 Rn. 11 f. Die Antragstellung ist zwar nicht zugleich die Einlassung zur Sache, jedoch kann in der Antragstellung in der Regel zugleich eine sachliche und rechtliche Stellungnahme liegen, BGH NJW 2004, 2484, 3486; aM Drsd NJW-RR 2001, 792. Das ergibt sich daraus, dass mit dem Sachantrag des Klägers grundsätzlich zumindest stillschweigend eine **Bezugnahme** auf das schriftsätzliche Vorbringen nach § 137 III verbunden ist, BGH NJW 2004, 3484; Zöller/Herget Rn. 1; → § 137 Rn. 11, 28; → Vor § 330 Rn. 14. Der Bekl. muss den Abweisungsantrag nicht gemäß § 297 I ausdrücklich erklären; für sein „Verhandeln" reicht aus, wenn er zu erkennen gibt, sich gegen die beantragte Verurteilung zu wenden, BGH NJW 1972, 1373; Bbg NJW-RR 1996, 317. Aber grundsätzlich reicht für das Verhandeln des Bekl. der Klageabweisungsantrag aus, es sei denn, es ist noch nicht schriftsätzlich erwidert worden, Bbg NJW-RR 1996, 318; Dü MDR 1987, 852; aM Zweibr OLGZ 1983, 329. Ein Nichtverhandeln kann in der bloßen Antragstellung auch dann zu sehen sein, wenn ein Anwalt auftritt, der über den Gegenstand der Klage erkennbar nicht unterrichtet ist, Tübingen NJW-RR 1987, 1212; MüKoZPO/Prütting Rn. 7.

2. Beispiele zur Frage eines Verhandelns

5 **Ablehnung:** Kein Verhandeln liegt in einem bloßen Ablehnungsantrag nach §§ 42, 406, BGH NJW-RR 1986, 1252, auch nicht iVm einem eindeutig nur hilfsweise gestellten Sachantrag, Ffm WM 1992, 1088.

Abweisungsantrag: Grundsätzlich Verhandeln, → Rn. 4.

Antragstellung: Im Stellen der Sachanträge liegt ein Verhandeln, wenn, wie im Regelfall, anzunehmen ist, dass gleichzeitig eine konkludente Bezugnahme auf die Schriftsätze nach § 137 III erfolgt oder die Antragstellung ein sachliches Eingehen auf das Vorbringen des Gegners vor oder im Termin einschließt, → Rn. 4; → Vor § 330 Rn. 3, 14; → § 137 Rn. 11 ff. Das gilt bis zum Verhandlungsschluss nach §§ 136 IV, 296a, BGH NJW 1993, 862. Sobald die Partei während des Termins einen nicht nur hilfsweisen Sachantrag stellt, ist sie dann nicht mehr säumig. Sie kann eine Säumniswirkung auch nicht durch die anschließende Erklärung herbeiführen, sie nehme den Sachantrag zurück, Ffm NJW-RR 1992, 1406, oder sie verweigere jede weitere Erklärung oder „trete nicht auf". Sie ist ja bereits verhandelnd aufgetreten. Deshalb kann sie auch nicht wegen der im Termin zutage getretenen Schwäche ihrer Position durch solche Äußerungen in die Säumnis flüchten BAG MDR 2007, 1025; → § 279 Rn. 7; → Vor § 330 Rn. 3, 14. Zum Problem Schneider MDR 1992, 827.

„Auftrag" auf Zettel: Wer als Anwalt zwar den Saal betritt, dann aber die Handakten hinlegt und auf ihnen einen Zettel mit einem „Auftrag" an irgendeinen bei Aufruf evtl. anwesenden Kollegen zur Vertretung hinterlässt, ist säumig, LG Duisb NJW-RR 1991, 1022. Noch weniger reicht die Aufforderung an das Gericht, dieses möge einen Kollegen derart „beauftragen".

Aussetzung: Kein Verhandeln ist ein bloßer Aussetzungsantrag nach § 148, BGH NJW-RR 1986, 1253.

Beweisantrag: Sein Stellen ist ein Verhandeln, Prütting/Gehrlein/Göbel Rn. 5.

Beweisaufnahme und Verhandlung: Wenn zunächst aufgrund eines Antrags verhandelt und sodann Beweis erhoben wurde, schadet das Nichtstellen der Sachanträge bei der anschließenden Erörterung nach §§ 285 I, 370 I wegen der Einheit der mündlichen Verhandlung nicht; eine Wiederholung der gestellten Sachanträge nach der Beweisaufnahme ist nicht erforderlich, BGH WM 2004, 631; Hamm NJW 1974, 1096; → § 285 Rn. 5.

Bezugnahme: Ausreichend ist eine bloße Bezugnahme auf einen früher gestellten Antrag oder auf einen schriftlichen Vortrag nach § 137 III, → § 137 Rn. 11, 28.

Hilfsantrag: Nicht ausreichend ist das alleinige Stellen des Hilfsantrags, weil dieser unter der Bedingung der Erfolglosigkeit des Hauptantrages steht, Ffm WM 1982, 10, → § 260 Rn. 9.

Konkludenter Antrag: Reicht aus, Kblz FamRZ 2001, 1009; Ffm NJW-RR 1998, 280; Bbg NJW-RR 1996, 318.

Nichtauftreten: Kein Verhandeln ist die anfängliche Erklärung des ProzBev. im Termin, nicht aufzutreten, BGH NJW-RR 1986, 287; BAG MDR 2007, 1024.

Niederlegung des Mandats: Eine solche Maßnahme nach der Verhandlung ändert an ihr nichts, BAG MDR 2007, 1026.

Prozessantrag: Nicht ausreichend, BGH NJW-RR 1986, 1252; das gilt auch, wenn hilfsweise ein Sachantrag gestellt wird, Ffm WM 1982, 1088.

Streithilfe: Das erlaubte Verhandeln des Streithelfers nach §§ 66 ff. bedeutet auch ein Verhandeln der Hauptpartei, LG Köln NJW-RR 2007, 1100; Entsprechendes gilt nicht für die einfache Streitgenossenschaft, während bei der notwenigen der Säumige durch den anwesenden Streitgenossen vertreten wird, → Vor § 330 Rn. 15 „Streitgenosse".

Teilweises Verhandeln: Bei teilurteilsfähigen Teilen kann ein (Teil-)versäumnisurteil ergehen, nicht aber bei unvollständigem Verhandeln nach § 334, BGH MDR 2001, 1371; Zöller/Herget Rn. 3; → § 334 Rn. 4.

Verfahrensanträge, wie Trennung, Verbindung, Vertagung: Kein Verhandeln sind solche Anträge nach §§ 145, 147, 227, 337, Zöller/Herget Rn. 2; zum Verweisungsantrag nach § 281 → „Zuständigkeit".

Verweigerung der Fortsetzung der Verhandlung: Eine Verweigerung durch einen gesetzlichen Vertreter nach § 51, einen ProzBev. nach § 81 oder durch die Partei ändert an der in diesem Termin vorangegangenen Verhandlung nichts, BAG MDR 2007, 1026; → „Hilfsantrag".

Widerruf oder Rücknahme des Sachantrages: Ein solches Verhalten macht das Verhandeln nicht rückgängig, Mü MDR 2011, 384; Ffm MDR 1982, 153.

Zulässigkeitsvoraussetzungen: Das Verhandeln darf sich auf diese Voraussetzungen beschränken, Drsd NJW-RR 2001, 792; MüKoZPO/Prütting Rn. 1.

Zuständigkeit: Ein Verweisungsantrag nach § 281 kann ohne und vor dem Sachantrag gestellt werden, so dass dann noch nicht von einem Verhandeln auszugehen ist, BGH MDR 2013, 481 Rn. 8; → § 137 Rn. 15; → § 281 Rn. 8; strenger BAG NJW 2003, 1548; Ffm NJW-RR 1998, 280 (Sachantrag nötig).

V. Entscheidung. Liegt ein Nichtverhandeln vor, ergeht ein echtes Versäumnisurteil, wenn die weiteren 6 Voraussetzungen erfüllt sind, → Vor § 330 Rn. 8 ff., 18; → § 330 Rn. 4; → § 331 Rn. 7. Entsprechendes gilt für eine Entscheidung nach Aktenlage, → § 331a Rn. 4.

Wenn die Partei ein Versäumnisurteil beantragt, das Gericht aber die Säumnis verneint, weil es eine nach § 334 7 unvollständige Verhandlung annimmt oder weil es das Vorliegen eines Hindernisses nach §§ 335 I, 337 bejaht, erfolgt eine Zurückweisung durch einen Beschluss, § 336 I 1, BGH MDR 2016, 1108.

334 ***Unvollständiges Verhandeln.*** **Wenn eine Partei in dem Termin verhandelt, sich jedoch über Tatsachen, Urkunden oder Anträge auf Parteivernehmung nicht erklärt, so sind die Vorschriften dieses Titels nicht anzuwenden.**

I. Systematik. Einzelheiten → Vor § 330 Rn. 1. Es handelt sich um eine Einschränkung des Geltungsbereichs 1 der §§ 330 ff. und insofern um eine Ausnahmevorschrift. Auch wenn in der Regel die mündliche Verhandlung durch Stellen der Anträge eingeleitet wird, gehören nach § 137 an sich auch die Vorträge und damit die in der Vorschrift genannten Umstände dazu. Allerdings ist nach § 137 III im Zweifel von einer konkludenten Bezugnahme auszugehen, → § 137 Rn. 11 f.

II. Regelungszweck. Einzelheiten → Vor § 330 Rn. 2. Die bloße Unterlassung einer Erklärung zu den in 2 § 334 abschließend aufgezählten Umständen soll nicht die weitreichenden Rechtsfolgen einer Säumnis haben. Ein unvollständiges Verhandeln in diesem Sinn schließt ein Versäumnisurteil und auch eine Entscheidung nach § 331a aus. Das gilt nicht bei Verweigerung der Antragstellung, Musielak/Voit/Stadler § 334 Rn. 2.

III. Geltungsbereich. → Vor § 330 Rn. 4. Wenn sich eine Partei nach Stellen der beiderseitigen Anträge, 3 wonach in der Regel eine Verhandlung anzunehmen ist, BGH NJW-RR 1986, 1252; → Vor § 330 Rn. 3, 14; → § 333 Rn. 4 und → Rn. 5 „Antragstellung", im Übrigen nicht zu Tatsachen, Urkunden, Anträgen auf Parteivernehmung erklärt, kann dies Auswirkungen auf den Sachvortrag haben, z. B. nach 138 III, § 286, 427 S. 1, 439 I, III, 446, 453 II, 454, 510 oder nach §§ 282, 296, 528. Eine Versäumnisentscheidung und eine Entscheidung nach Aktenlage sind aber unzulässig.

Wird teilweise verhandelt, kann ein **(Teil)-Versäumnisurteil** ergehen, wenn das Nichtverhandeln einen 4 urteilsfähigen Teil des Verfahrens betrifft; anderenfalls handelt es sich um ein unvollständiges Verhandeln iSd Vorschrift, BGH NJW 2002, 145; Kblz FamRZ 23001, 1009; zur Frage der Zulässigkeit von Teilversäumnisurteilen → § 331 Rn. 17 „Teilurteil".

335 ***Unzulässigkeit einer Versäumnisentscheidung.*** [I] **Der Antrag auf Erlass eines Versäumnisurteils oder einer Entscheidung nach Lage der Akten ist zurückzuweisen:**

1. wenn die erschienene Partei die vom Gericht wegen eines von Amts wegen zu berücksichtigenden Umstandes erforderte Nachweisung nicht zu beschaffen vermag;

2. **wenn die nicht erschienene Partei nicht ordnungsmäßig, insbesondere nicht rechtzeitig geladen war;**
3. **wenn der nicht erschienenen Partei ein tatsächliches mündliches Vorbringen oder ein Antrag nicht rechtzeitig mittels Schriftsatzes mitgeteilt war;**
4. **wenn im Falle des § 331 Abs. 3 dem Beklagten die Frist des § 276 Abs. 1 Satz 1 nicht mitgeteilt oder er nicht gemäß § 276 Abs. 2 belehrt worden ist;**
5. **wenn in den Fällen des § 79 Abs. 3 die Zurückweisung des Bevollmächtigten oder die Untersagung der weiteren Vertretung erst in dem Termin erfolgt oder der nicht erschienenen Partei nicht rechtzeitig mitgeteilt worden ist.**

II Wird die Verhandlung vertagt, so ist die nicht erschienene Partei zu dem neuen Termin zu laden.

1 **I. Systematik.** Einzelheiten → Vor § 330 Rn. 1. Die Vorschrift erfasst diejenigen Fälle, in denen eine Versäumnisentscheidung unzulässig ist und das Gericht daher den Antrag auf eine solche Entscheidung durch einen zu verkündenden Beschluss, §§ 336 I, 329, zurückweisen muss.

2 **II. Regelungszweck.** Einzelheiten → Vor § 330 Rn. 2. Die Vorschrift dient wie § 337 dem rechtlichen Gehör nach Art. 103 I GG als einem wesentlichen Erfordernis der Rechtsstaatlichkeit, → Vor § 128 Rn. 42 ff. (zu den Einzelheiten des rechtlichen Gehörs). Man muss sie daher im Zweifel zugunsten des Gegners auslegen.

3 **III. Geltungsbereich.** Einzelheiten → Vor § 330 Rn. 3. Das Nichtvorliegen eines Hindernisses nach § 335 I ist Bestandteil des Säumnisbegriffes iSd §§ 330, 331, 331a, 345, 514 II, → Vor § 330 Rn. 8 ff., 11, und ist daher in allen dort geregelten Fällen bei dem Merkmal „Säumnis" zu prüfen. Bei der Frage der Säumnis kommt es in Verfahren, bei denen Anwaltszwang nach § 78 I besteht, auf die postulationsfähige Person, dh den ProzBev., an, Ros OLGR 1997, 75.

4 **IV. Zulässigkeitsmangel, I Nr. 1. 1. Allgemeines.** Nach I Nr. 1 muss das Gericht den Antrag auf Erlass eines Versäumnisurteils zurückweisen, wenn der Erschienene die wegen eines vom Gericht von Amts wegen zu beachtenden Umstandes erforderte Nachweisung nicht zu beschaffen vermag. Hierher gehören alle von Amts wegen zu prüfenden Zulässigkeitsvoraussetzungen einschließlich der Prozesshandlungsvoraussetzungen und die von Amts wegen zu beachtenden Verfahrensvoraussetzungen, BGH NJW-RR 2021, 1648 Rn. 10; MüKoZPO/Prütting Rn. 3; → Vor § 253 Rn. 14, 22 (Zulässigkeitsvoraussetzungen).

2. Beispiele:

5 **Anerkennungs- und Vollstreckungsvoraussetzungen:** §§ 328, 723.

Parteiwechsel, Unklarheiten: AG Ludwigslust NJW-RR 2002, 1293.

Prozessfähigkeit: Sie muss in jeder Lage des Verfahrens von Amts wegen geprüft werden; bestehen Zweifel oder sind die Aufklärungsmöglichkeiten nicht erschöpft, darf wegen I Nr. 1 kein Versäumnisurteil ergehen, BGH BeckRS 2021, 20203 = NJW-RR 2021, 1649; → Vor § 253 Rn. 22.

Prozessvollmacht: Fehlender Nachweis, § 88 II, Prütting/Gehrlein/Göbel Rn. 3.

Rechtshängigkeit, anderweitig oder fehlend: BGH FamRZ 1987, 928.

6 Nicht erfasst werden die nur auf Einrede zu beachtenden Rügen, wie die der Schiedsgerichtsvereinbarung (§ 1032 I), sowie außergerichtliche Parteierklärungen, wie ein Klagerücknahmeversprechen oder ein außergerichtlicher Vergleich. Die Einreden der fehlenden Kostenerstattung (§ 269 VI) und der fehlenden Kostensicherheit (§ 110 I, 113) berechtigen den Bekl., die Einlassung zu verweigern, so dass sie zu berücksichtigen sind, wenn ein entsprechender Antrag vorher gestellt wurde, Musielak/Voit/Stadler Rn. 2; Prütting/Gehrlein/Göbel Rn. 3.

7 Der Antrag auf Erlass eines Versäumnisurteils bzw. auf Entscheidung nach Lage der Akten ist nach Nr. 1 nur dann zurückzuweisen, wenn ein für den Erschienenen **behebbaren Mangel** vorliegt. Bei einem für den Erschienenen unbehebbaren Zulässigkeitsmangel weist das Gericht grundsätzlich die Klage durch ein unechtes Versäumnisurteil, oder durch ein Urteil nach Aktenlage nach § 331a ab, Klose, JA 2021, 55, 56; → Vor § 330 Rn. 19; → § 331a Rn. 4. Dabei handelt es sich um ein Prozessurteil, wenn eine Zulässigkeitsvoraussetzung endgültig fehlt. Einer fehlenden Zuständigkeit kann durch einen Verweisungsantrag nach § 281 begegnet werden, wenn der Kläger einen entsprechenden Antrag stellt, → § 281 Rn. 8. Vor der Entscheidung trifft das Gericht eine Frage- und Aufklärungspflicht nach § 139. Das Gericht kann nur von dem Beweispflichtigen den Nachweis iSd Nr. 1 verlangen. Das ist derjenige, der ein günstiges Sachurteil begehrt. Bei der Frage der Behebbarkeit kommt es hingegen in jedem Fall nur auf den Erschienenen an.

8 **V. Ladungsmängel, I Nr. 2.** Die nicht erschienene Partei ist nicht säumig, wenn sie nicht ordnungsgemäß, insbesondere nicht rechtzeitig geladen wurde, → Vor § 330 Rn. 11. Auf die erschienene Partei kommt es bei der Frage der ordnungsgemäßen Ladung nicht an, auch wenn diese nicht verhandelt (§ 333), weil dann das rechtliche Gehör gewährleistet ist, Prütting/Gehrlein/Göbel Rn. 6; Zöller/Herget Rn. 3. Das Gericht muss den Antrag auf Erlass eines Versäumnisurteils bei nicht ordnungsgemäßer Ladung zurückweisen, BGH NJW 2011, 928; AG Neuruppin NJW 2003, 2249. Das gilt allerdings nur, soweit eine Ladung notwendig war. Das ist nicht der Fall bei Entbehrlichkeit der Ladung bei einer zulässigen Terminmitteilung des AG nach § 497 II oder im Fall des § 218. Die rein vorsorgliche Terminbekanntgabe, zB vor Eingang des Einspruchs, ist unwirksam, BGH NJW 2015, 3661; 2011, 928. Das Gericht muss die Form der Ladung, insbesondere eine erforderliche Zustellung nach §§ 166 ff., 208 ff., 497, eingehalten haben, VerfGH Mü NJW-RR 2001, 1647 (zu § 497 I); Zweibr OLGR 2001, 391; AG Neuruppin NJW 2003, 2249. Es muss ferner die Ladungs- und Einlassungsfristen nach §§ 217, 239 III, 274 III, § 604 II beachtet haben, Hamm NJW-RR 1991, 896. Zudem muss der Termin am richtigen Ort,§ 219, stattfinden. Ein nach §§ 148 ff. ausgesetztes oder nach §§ 239 ff. unterbrochenes Verfahren muss nach § 250 aufgenommen worden sein, BGH NJW-RR 1989, 256. Erforderlich ist auch eine Belehrung über die Säumnisfolgen nach § 215 I.

9 Ein Versäumnisurteil kann auch nur ergehen, wenn eine Partei in einem mündlichen Verhandlungstermin säumig ist. Unerheblich ist nach § 332, ob es sich um den ersten oder einen Fortsetzungstermin, einen vertagten Termin bzw. einen solchen vor dem Prozessgericht handelt, der nach der Beweisaufnahme erfolgt (vgl. § 370 I); → § 332 Rn. 4, 5. Auch der Einspruchstermin nach § 341a und die freigestellte mündliche Verhandlung (§ 128 IV) über einen Arrest oder eine einstweilige Verfügung (vgl. §§ 922 I 1, 937 II) sind Termine iSd §§ 330 ff., nicht dagegen andere Termine bei freigestellter mündlicher Verhandlung, Musielak/Voit/Stadler Vor § 330 Rn. 5.

Auch in reinen Güteterminen nach § 278 II, V und Terminen vor dem beauftragten oder ersuchten Richter (§§ 361 f.) kann kein Versäumnisurteil ergehen.

VI. Verspätete Mitteilung tatsächlichen Vorbringens oder neuer Sachanträge, I Nr. 3. Der Antrag auf Erlass eines Versäumnisurteils ist zurückzuweisen, wenn das Gericht dem Säumigen das tatsächliche Vorbringen und den Sachantrag des Prozessgegners nicht rechtzeitig schriftsätzlich mitgeteilt hat, Ffm FamRZ 1993, 1468; → Vor § 330 Rn. 11. Die Vorschrift will den Säumigen vor Überraschungen schützen. Nr. 3 hat nur bei § 331, dh bei Säumnis des Bekl. eine Bedeutung, weil hier eine Schlüssigkeitsprüfung auf der Grundlage des Klägervorbringens stattfindet, § 331 I, II, während die Rechtslage bei Säumnis des Klägers nach § 330 nicht geprüft wird, es somit auf den Vortrag des Bekl. nicht ankommt, hM: MüKoZPO/Prütting Rn. 11; Zöller/Herget Rn. 3. Daraus folgt gleichzeitig, dass sich Nr. 3 nicht auf Tatsachen bezieht, die für den Kläger nachteilig oder die von Amts wegen zu prüfen sind, MüKoZPO/Prütting Rn. 13. Eine Abstandnahme von Tatsachen oder Anträgen durch den Kläger bedarf keiner Mitteilung, wenn es ein Weniger ist. Das gilt zB bei einer Klagebeschränkung nach § 264 Nr. 2. Bestritten ist, ob der Kläger erstmalig im Termin den Rechtsstreit in der Hauptsache für **erledigt** erklären, dh den Feststellungsantrag stellen kann, dass der Rechtsstreit in der Hauptsache erledigt ist, so: KG MDR 1999, 185; Köln MDR 1995, 103; Zöller/Herget § 331 Rn. 5; zweifelnd: Musielak/Voit/Stadler § 331 Rn. 15 oder ob die Erledigung rechtzeitig vorher schriftsätzlich erklärt werden muss, so: MüKoZPO/Prütting § 331 Rn. 31 (arg: Klageänderung). Wir vertreten die Auffassung, dass der Feststellungsantrag, der in der einseitigen Erledigungserklärung enthalten ist, ein Weniger ist und deshalb Nr. 3 für den geänderten Antrag nicht gilt. Nr. 3 greift aber ein, wenn die Erledigungstatsachen selbst erst im Termin vorgetragen werden. Auf Kostenfeststellungsanträge → § 254 Rn. 37; → § 256 Rn. 47, sind die vorgenannten Grundsätze nicht zu übertragen, vielmehr greift dann Nr. 3 ein, weil der geänderte Antrag ein aliud und kein Minus ist. 10

Nummer 3 bezieht sich nur auf Sachanträge, nicht auf **Prozessanträge.** Die Vorschrift gilt deshalb auch nicht für den Antrag nach § 596, vom Urkundenprozess Abstand zu nehmen, MüKoZPO/Prütting Rn. 12; aM Zöller/Greger § 596 Rn. 3. Zu Nummer 3 gehören auch nicht der Antrag auf den Erlass eines Versäumnisurteils, der Antrag, einen Vollstreckungsbescheid nach § 699 aufrechtzuerhalten sowie der Antrag auf eine Zurückweisung des gegnerischen Rechtsmittels, Celle MDR 1993, 686. Bei der Frage der Rechtzeitigkeit sind die §§ 129, 132, 226, 274 III (Einlassungsfrist), 282 I, 496 von Bedeutung. 11

VII. Mängel im schriftlichen Vorverfahren, I Nr. 4. Nr. 4 bezieht sich auf ein Versäumnisurteil gegen den Beklagten im schriftlichen Vorverfahren nach §§ 331 III, 276 I, II. Dieses darf nicht ergehen, wenn der Beklagte nicht ordnungsgemäß aufgefordert wurde, innerhalb von zwei Wochen seine Verteidigungsbereitschaft anzuzeigen und wenn er nicht über die Folgen der Fristsäumnis und über die Form der Anzeige ordnungsgemäß belehrt wurde, Einzelheiten → § 331 Rn. 19 f. 12

VIII. Zurückweisung des Bevollmächtigten, Untersagung der weiteren Vertretung, I Nr. 5. Nr. 5 betrifft im Parteienprozess die Zurückweisung eines Bevollmächtigten oder die Untersagung weiterer Vertretung in den Fällen des § 79 III. Geschehen diese Maßnahmen erst im Termin oder sind sie dem nicht Erschienenen nicht rechtzeitig vorher mitgeteilt worden, darf im Termin kein Versäumnisurteil erlassen werden. Hatte der so Behandelte vor der Maßnahme die Sachanträge gestellt, würde seine Zurückweisung ohnehin keine Säumnis in diesem Termin mehr auslösen, sondern eine streitige Sachentscheidung ermöglichen, falls er keine weiteren Sachanträge plante. Eine rechtzeitige Mitteilung der Maßnahme vor dem Termin liegt nur dann vor, wenn der Betroffene sich auf diesen Maßnahme einstellen, dh für eine andere Vertretung sorgen konnte. Nach hM soll die Frist des § 217 (drei Tage) grundsätzlich ausreichen, Prütting/Gehrlein/Göbel Rn. 12. 13

IX. Entscheidungsmöglichkeiten und Rechtsbehelfe. In den Fällen der Nr. 1–3, 5 ist der Antrag auf Erlass eines Versäumnisurteils durch Beschluss wegen fehlender Säumnis zurückzuweisen, § 336, nachdem zuvor ein richterlicher Hinweis erfolgt ist, Prütting/Gehrlein/Göbel Rn. 14, 16. Ob gleichzeitig ein neuer Termin zu bestimmen ist, § 216, oder ob der Eintritt der formellen Rechtskraft abgewartet werden muss, ist bestritten, Zöller/Herget Rn. 7 (sofortige Terminierung erforderlich); aM: MüKoZPO/Prütting Rn. 19. Nach unserer Auffassung besteht wegen § 336 I 2 keine Terminierungspflicht, solange die Beschwerdefrist noch läuft und solange über eine eingelegte Beschwerde noch nicht entschieden ist. 14

Bei einer Entscheidung nach Aktenlage ist dieser Beschluss nach § 336 II unanfechtbar; ansonsten kann gegen ihn sofortige Beschwerde eingelegt werden, §§ 336 I, 567. Hat die erschienene Partei einen Vertagungsantrag gestellt, kann darin grundsätzlich ein Verzicht auf die sofortige Beschwerde gesehen werden, Zöller/Herget Rn. 7. 15

Bei Nr. 4 können die Versäumnisse des Gerichts regelmäßig nachgeholt werden, so dass grundsätzlich eine Zurückweisung nicht in Betracht kommt, MüKoZPO/Prütting Rn. 20. Wenn auch nach der Nachbesserung keine Verteidigungsanzeige in der Frist eingeht, kann bei Vorliegen der weiteren Voraussetzungen ein Versäumnisurteil im schriftlichen Vorverfahren ergehen, Prütting/Gehrlein/Göbel Rn. 4. 16

X. Vertagungsantrag. Ein Anspruch auf eine Vertagung ergibt sich nicht aus Absatz 2. Sie erfordert nach § 227 I erhebliche Gründe, Ffm FamRZ 1993, 1468; Prütting/Gehrlein/Göbel Rn. 17; Thomas/Putzo/Seiler Rn. 8; aM MüKoZPO/Prütting Rn. 21; Zöller/Herget Rn. 6. Allerdings sind erhebliche Gründe zu bejahen, wenn die Hindernisse des § 335 I aus der Sphäre des Gerichts stammen, was in der Regel der Fall ist, Prütting/Gehrlein/Göbel Rn. 17. Das ergibt sich teilweise aus § 337, der eine Vertagung von Amts wegen vorschreibt, wenn die vom Vorsitzenden bestimmte Einlassungs- oder Ladungsfrist zu kurz bemessen ist. 17

Vertagt das Gericht und geht nicht nach §§ 251, 251a vor, muss es den Säumigen nach Absatz 2 trotz § 218 zu dem neuen verkündeten Termin nach § 274 laden, Köln NJW-RR 1995, 446. 18

336 ***Rechtsmittel bei Zurückweisung.*** I [1]**Gegen den Beschluss, durch den der Antrag auf Erlass des Versäumnisurteils zurückgewiesen wird, findet sofortige Beschwerde statt.** [2]**Wird der Beschluss aufgehoben, so ist die nicht erschienene Partei zu dem neuen Termin nicht zu laden.**

II **Die Ablehnung eines Antrages auf Entscheidung nach Lage der Akten ist unanfechtbar.**

1 **I. Systematik.** Einzelheiten → Vor § 330 Rn. 1. Die sofortige Beschwerde nach I 1 findet in § 567 ff. ihre nähere Ausgestaltung. II geht dem § 567 I vor.

2 **II. Regelungszweck.** Einzelheiten → Vor § 330 Rn. 2. Wegen § 567 I Nr. 2 ist I 1 auf den ersten Blick überflüssig. Die Vorschrift wirkt aber im Zusammenhang mit II zumindest klarstellend. Sie verdeutlicht den Zweck, in jedem Fall eine Überprüfung der nachteiligen Zurückweisung zu ermöglichen. I 2 dient der Zügigkeit der Fortsetzung nach Erfolg der sofortigen Beschwerde. Denn jetzt hat sich ja endgültig erwiesen, dass die Zurückweisung des Antrages auf Erlass eines Versäumnisurteils zu Unrecht erfolgte. Die Regelung dient der Prozesswirtschaftlichkeit.

3 **III. Geltungsbereich.** Einzelheiten → Vor § 330 Rn. 4. Die Vorschrift ist bei jeder Zurückweisung eines Antrages auf Erlass eines Versäumnisurteils durch Beschluss anwendbar, und zwar unabhängig vom Grund, dh nicht nur wegen eines Hindernisses aus § 335 I, sondern auch wegen Zurückweisung aus einem anderen Grund, wie zB wegen § 337, Musielak/Voit/Stadler Rn. 1. Sie geht § 252 vor. Nicht statthaft ist die sofortige Beschwerde gemäß II bei einer Entscheidung nach Aktenlage, § 331a. Unanwendbar ist § 336 – auch im Übrigen – bei einem Urteil, insbesondere bei einem unechten Versäumnisurteil, BGH NJW 1987, 1204; → Vor § 330 Rn. 19 (zum unechten Versäumnisurteil); insoweit kommen nur die Rechtsmittel der Berufung und Revision in Betracht.

4 **IV. Sofortige Beschwerde, I 1.** Weist das Gericht den Antrag auf den Erlass eines Versäumnisurteils durch Beschluss I zurück, kann der Erschienene unabhängig vom Grund der Entscheidung, → Rn. 3, die sofortige Beschwerde nach §§ 336 I 1, 567 I Nr. 1 einlegen; in der Entscheidung auf Vertagung kann konkludent auch ein Zurückweisungsbeschluss liegen, Zweibr FamRZ 1997, 506; Hamm NJW-RR 1991, 703; KG MDR 1983, 412. § 336 I 1 greift auch ein, wenn das Gericht ein Versäumnisurteil nur gegen einen Streitgenossen nach §§ 59 ff. verweigert hat oder wenn das Gericht den Beschluss in ein anderes Versäumnisurteil aufgenommen hat.

5 **V. Beschwerdeverfahren, I 1.** Form und Frist der Beschwerde ergeben sich aus § 569. Die sofortige Beschwerde ist nach § 569 I 1 bei dem Gericht, dessen Entscheidung angefochten wird, oder beim Beschwerdegericht einzulegen. Die Form ergibt sich aus 569 II, III. Sie ist nur statthaft bei Entscheidungen der Amts- und Landgerichte im ersten Rechtszug nach § 567 I, nicht hingegen bei solchen in der Berufungsinstanz vor dem LG oder OLG. Die Beschwerdefrist von 2 Wochen, eine Notfrist, beginnt nach § 569 I 2 mit der Zustellung des Beschlusses, § 329 III, und zwar unabhängig davon, ob er verkündet wurde; spätestens beginnt die Frist mit Ablauf von fünf Monaten nach Verkündung, wenn zuvor keine ordnungsgemäße Zustellung erfolgte, Musielak/Voit/Stadler Rn. 1. Hat auch keine Verkündung stattgefunden, beginnt die fünf-Monats-Frist mit dem Erlass der Entscheidung, Kobl NJW-RR 2003, 1079. Im Beschwerdeverfahren braucht das Gericht den Säumigen nicht zu hören, KG MDR 1983, 412. **Begründet** ist die sofortige Beschwerde dann, wenn der Erlass eines Versäumnisurteils zu Unrecht abgelehnt worden ist, weil zB kein Fall der Säumnis, insbesondere kein Hindernis nach §§ 335 I, 337 vorlag.

6 **VI. Beschwerdeentscheidung und weiteres Verfahren.** Bei Aufhebung des Beschlusses muss das Beschwerdegericht das weitere Verfahren dem Erstgericht überlassen. Zur neuen Verhandlung vor dem Erstgericht wird der Säumige nach I 2 nicht geladen, sondern nur der zuvor Erschienene nach § 216. Dadurch wird diesem die vor dem Zurückweisungsbeschluss bestehende günstige Prozesssituation wieder eingeräumt; er kann dann erneut ein Versäumnisurteil beantragen, MüKoZPO/Prütting Rn. 5. Es gibt aber kein Versäumnisurteil von Amts wegen. Vielmehr ist § 251a beim Ausbleiben des Beschwerdeführers oder dann anwendbar, wenn er kein Versäumnisurteil nach der Beschwerdeentscheidung beantragt.

7 Wenn der vor dem aufgehobenen Zurückweisungsbeschluss Säumige entgegen I 2, dh ohne Ladung im Termin vor dem Erstgericht nach der Beschwerdeentscheidung erscheint, erfordert die Prozesswirtschaftlichkeit, ihn zur Verhandlung zuzulassen, Zweibr FamRZ 1997, 506; Hamm NJW-RR 1991, 703.

8 Wenn das Beschwerdegericht die Beschwerde für unzulässig oder unbegründet hält und diese als unzulässig verwirft bzw. zurückweist, muss das Erstgericht nach § 216 terminieren und beide Parteien ordnungsgemäß laden, Zöller/Herget Rn. 3; aM MüKoZPO/Prütting Rn. 3 (Ruhen des Verfahrens aus tatsächlichen Gründen).

9 Eine Rechtsbeschwerde kommt unter den Voraussetzungen des § 574 in Betracht. Nimmt der Beschwerdeführer seine sofortige Beschwerde zurück, kann § 516 III entsprechend anwendbar sein, Zweibr FamRZ 1997, 506.

337 *Vertagung von Amts wegen.* **[1]Das Gericht vertagt die Verhandlung über den Antrag auf Erlass des Versäumnisurteils oder einer Entscheidung nach Lage der Akten, wenn es dafür hält, dass die von dem Vorsitzenden bestimmte Einlassungs- oder Ladungsfrist zu kurz bemessen oder dass die Partei ohne ihr Verschulden am Erscheinen verhindert ist. [2]Die nicht erschienene Partei ist zu dem neuen Termin zu laden.**

1 **I. Systematik.** Einzelheiten → Vor § 330 Rn. 1. Die Vorschrift schafft im Gegensatz zu § 335 eine nur vorläufige Regelung. § 337 nennt ähnlich dem § 227 einige Fälle, in denen vertagt werden muss. § 227 bleibt auf den Erschienenen anwendbar, wenn er etwa wegen einer zu kurzen Frist einen dort geregelten Vertagungsanspruch hat, Köln MDR 2000, 657.

2 **II. Regelungszweck.** Einzelheiten → Vor § 330 Rn. 2. Die Vorschrift verdeutlicht, dass ein Versäumnisurteil gegen den Säumigen nur ergehen kann, wenn ihm seine Säumnis vorwerfbar ist. Sie dient wie § 335 einerseits dem rechtlichen Gehör nach Art. 103 I GG als einem wesentlichen Erfordernis der Rechtsstaatlichkeit, → Vor § 128 Rn. 42 ff (allgemein zum rechtlichen Gehör). Andererseits müssen auch die Prozesswirtschaftlichkeit sowie die Interessen der erschienenen Partei berücksichtigt werden. Beide Bereiche müssen bei der Auslegung beachtet werden. Da eine Amtsermittlung bei der Frage der ausreichenden Entschuldigung nicht zu erfolgen hat, → Vor § 330 Rn. 12, ist ein entgegen § 337 erlassenes Versäumnisurteil wirksam, allerdings können nachträglich gewonnene Erkenntnisse bezüglich des Verschuldens bei § 344 und bei § 514 II berücksichtigt werden,

3 **III. Geltungsbereich.** Einzelheiten → Vor § 330 Rn. 4. Die Vorschrift findet auch in den Fällen des § 333 Anwendung, BGH NJW 2016, 3248; Köln MDR 2000, 657; Prütting/Gehrlein/Göbel Rn. 3; aM Musielak/

Voit/Stadler Rn. 1; → § 333 Rn. 3. Im schriftlichen Vorverfahren hat nur die zweite Alternative Bedeutung, Musielak/Voit/Stadler Rn. 1.

IV. Voraussetzungen. 1. Zu kurze Richterfrist. Nach dieser Vorschrift muss das Gericht nach einem Antrag auf Erlass eines Versäumnisurteils vertagen, wenn die vom Vorsitzenden bestimmte Einlassungs- oder Ladungsfrist nach §§ 226, 239 III, 274 III 3, 339 II, 523 II, 553 II zu kurz bemessen ist. Die Vorschrift gilt nicht bei den gesetzlichen Frist nach §§ 217, 274 III 1, 2. Die Frist ist insbesondere zu kurz bemessen, wenn ein Vertagungsgrund nach § 227 anzunehmen ist, MüKoZPO/Prütting Rn. 3. Dabei kommt es allein auf den Säumigen an. 4

2. Schuldlose Säumnis. Das Gericht muss auch dann vertagen, wenn die Partei bzw. im Anwaltsprozess nach § 78 I ihr ProzBev.. schuldlos am Erscheinen gehindert ist; für das Verschulden gelten dieselben Maßstäbe wie bei § 233 und § 514 II, BGH NJW-RR 2016, 60; NJW 2007, 2047; 2004, 2039; 1999, 2121; Kobl MDR 2011, 1498; Brdb NJW-RR 1998, 1679. Es ist keine Unabwendbarkeit erforderlich; ein normales Verschulden reicht, BGH MDR 1999, 157. Die bloße Darlegung, man werde „abwesend" oder „geschäftlich verhindert" sein, reicht nicht aus; vielmehr muss der Verhinderungsgrund nach § 291 offenkundig oder von der säumigen Partei schlüssig, dh unter Angabe der begründenden Tatsachen, dargelegt worden sowie nach § 294 glaubhaft gemacht sein, BGH NJW-RR 2019, 124 (zur Frage des Verschuldens iRd § 233 S. 1); NJW 2016, 642; 1991, 42; Mü NJW-RR 1989, 255; Zöller/Herget Rn. 3. Nicht erforderlich ist hingegen eine gesicherte richterliche Überzeugung nach § 286, zumal eine Beweisaufnahme und eine Ermittlung vom Amts wegen nicht stattfinden, BGH NJW 1991, 42; MüKoZPO/Prütting Rn. 8 („überwiegende Wahrscheinlichkeit"). Der Säumige muss auch in einer ihm zumutbaren Weise sein Ausbleiben rechtzeitig mitteilen, und zwar dem Spruchkörper oder der Service-Einheit/Geschäftsstelle; nur dann kann seine Entschuldigung berücksichtigt werden, BGH NJW-RR 2016, 60; NJW 2009, 687; 2006, 449; Celle NJW 2004, 2535; KG MDR 1999, 185; KG MDR 2008, 998. Im Einzelfall kann ein Fax, das bei einer zentralen Eingangsstelle des Gerichts vor dem Termin eingeht, oder eine andere elektronische Mitteilung ausreichen, Hamm NJW 2014, 1603. Das Gericht muss eine ausreichende Entschuldigung, die der Säumigen auch nach dem Termin bis zur Verkündung des Versäumnisurteils vorbringt, beachten, LG Bln MDR 1995, 1067. Die Partei muss sich ein Verschulden ihres ProzBev. nach § 85 II und ihres gesetzlichen Vertreters nach § 51 II zurechnen lassen. 5

Versäumt die Partei oder deren RA aufgrund der durch die **Corona-Krise** bedingten Krankheiten und aufgrund der erheblichen Einschränkungen des öffentlichen Verkehrs den Termin, stellen sich dieselben Fragen wie bei § 233 für die Prüfung des Verschuldens, BGH NJW 2007, 2047; Schmidt/Zschieschack § 14 Rn. 58 ff.; → Rn. 8 (Beispiele); → § 233 Rn. 37 „Rechtsanwalt: Krankheit (Unvorhersehbare Erkrankung)". Ist der Anwalt an Corona erkrankt, muss er sich auch bei einer eigenen Vertretung grundsätzlich durch einen anderen Anwalt vertreten lassen, es sei denn, er legt gewichtige Gründe vor, die seine Anwesenheit erfordern oder die Unzumutbarkeit einer Vertretung im Übrigen ergeben, BGH BeckRS 2021, 46370. Partei und RA sind in der Auswahl des Verkehrsmittels frei, müssen aber bei der Zeitkalkulation erwartbare Verspätungen (zB Schlechtwetterlage/Berufsverkehr pp.) mit einkalkulieren und sich deshalb auch in der Corona-Krise auf die voraussehbare Sondersituation einstellen, Rauscher COVuR 2020, 2 Rn. 49 f. Dazu gehört eine Beobachtungspflicht in Ansehung von Stornierungen, mit denen man aufgrund der allgemeinen Situation rechnen muss; auf der anderen Seite darf man auch in der Krise grundsätzlich auf einen kurz vor der Anreise veröffentlichten Fahrplan vertrauen; es kommt auf den Einzelfall an, was der Partei oder dem Prozessbevollmächtigten zumutbar ist, insbesondere, ob ein anderes Verkehrsmittel als das geplante genutzt werden muss, Gehrlein ZMR 2020, 257; Rauscher COVuR 2020, 2 Rn. 49 f. Es ist zu erwarten, dass die Gerichte in Anbetracht der Corona-Situation im Rahmen ihrer Wertung eine gewisse Großzügigkeit zeigen werden. 6

Soweit unklar ist, ob ein Verschulden am Nichterscheinen vorliegt, kann das Gericht, wenn der Erschienene den Sachantrag und einen Antrag auf ein Versäumnisurteil stellt, einen **Verkündungstermin** nach § 310 anberaumen und dem Abwesenden so quasi eine Frist zur Nachholung einer ausreichenden Entschuldigung geben. Dann kann bei einer nachträglich ausreichenden Entschuldigung vertagt und nach § 216 ein neuer Verhandlungstermin bestimmt werden. Auch wenn eine Verkündung am Ende der Sitzung erfolgt, wartet das Gericht üblicher Weise vor Erlass eines Versäumnisurteils eine gewisse Zeit, etwa 15 Minuten oder je nach Situation auch länger nach dem Aufruf, und zwar aus prozessualer Fürsorge und aus praktischen Erwägungen, um einen erneuten Termin nach Einspruch zu vermeiden. Eine Pflicht hierzu besteht zwar nicht, ist jedoch ratsam; das gilt allerdings nur, wenn die Partei ihre Mitwirkung im Verfahren angekündigt hat, BGH NJW 1999, 724; Mü OLGR 2007, 186. 7

3. Beispiele zur Frage einer Entschuldigung

Anderer Termin: → „Terminverzögerung".

Anwaltsvereinbarung: → „Wartevereinbarung zwischen den ProzBev.". 8

Anwaltsvertretung: Eine Entschuldigung dürfte dann vorliegen, wenn der Säumige trotz aller Bemühung noch keinen zu seiner Vertretung bereiten Anwalt gefunden hat und die Voraussetzungen des § 78b 1 zu bejahen sind. Der Anwalt muss aber alles Zumutbare für die Vertretung der Partei im Termin getan haben, BGH MDR 1978, 132. Deshalb kann der Anwalt grundsätzlich nicht erwarten, bei seinem Ausbleiben werde das Gericht einen zufällig in einer anderen Sache im Saal oder gar irgendwo im Gerichtsgebäude anwesenden anderen Anwalt bitten, für den Abwesenden einen Sachantrag zu stellen. Ist der sachbearbeitende ProzBev. kurzfristig verhindert, fehlt grundsätzlich das Verschulden, da dies in der Regel ein Grund für eine Terminänderung ist; etwas anderes gilt nur, wenn ausreichend Zeit für die Suche nach einer Terminvertretung besteht und dies wegen der Sach- und Rechtslage auch gerechtfertigt ist, Prütting/Gehrlein/Göbel Rn. 5; aM KG MDR 2008, 99 (Terminvertreter). Vgl. auch → „Erkrankung"; → „Terminverzögerung".

Anwaltswechsel: Eine Entschuldigung liegt hier bei einem von dem Auftraggeber unverschuldeten Wechsel vor, BGH NJW-RR 2008, 876.

Arbeitsunfähigkeit: → „Erkrankung".

Aufruf zur Sache: Bei der Frage der Säumnis ist eine Abwägung erforderlich zwischen der Pflicht des Gerichts gegenüber den Parteien, ihnen effektiv die Terminwahrnehmung zu ermöglichen, und der Pflicht der Parteien, sich darum zu kümmern, den Aufruf zur Sache zu erfahren, BVerfG NJW 1977, 1443. Eine Entschuldigung liegt vor, wenn das Gericht nicht oder vor der festgesetzten und ordnungsgemäß mitgeteilten Terminstunde

(8) nach § 220 I aufruft und die Partei oder der ProzBev. deshalb nicht in den Sitzungssaal eintritt, LG Hmb NJW 1977, 1459; Peters NJW 1976, 675.

Aushänge des Gerichts oder elektronische Anzeigen: Bei Fehlern aus der Sphäre des Gerichts, so zB hinsichtlich des Saales oder der Terminzeit, liegt kein Verschulden der Partei vor, Celle NJW-RR 2000, 1017. Das gilt auch für elektronische Terminrollen vor dem Sitzungssaal oder elektronische Hinweise im Eingangsbereich des Gerichts. Hier gilt dasselbe wie beim → „Aufruf zur Sache".

Aussetzung: → „Vertrauen auf Aussetzung".

Befangenheitsgesuch: Bleibt die ordnungsgemäß geladene Partei wegen der vermeintlich fehlerhaften Behandlung eines solchen Gesuchs dem Termin fern, liegt Verschulden vor, BGH NJW 2018, 3252.

Belehrung: Eine Entschuldigung fehlt, soweit das Gericht eine missverständliche, der ProzBev. aber eine richtige Belehrung über die Säumnisfolgen gegeben hat, Düss MDR 1987, 769.

Berufsrecht: Unwirksam ist die früher geltende standesrechtliche Regelung (§ 13 BORA aF), nach der ein Anwalt ohne eine vorherige Ankündigung gegenüber dem gegnerischen Kollegen kein Versäumnisurteil beantragen durfte; eine solche Kollegialität ist zur Aufrechterhaltung der Funktionsfähigkeit der Rechtspflege nicht unerlässlich und die Interessen des Mandanten sprechen dagegen, BVerfG NJW 2000, 347; anders noch BGH NJW 1999, 724. Da eine solche standesrechtliche Regelung wegen Feststellung der Verfassungswidrigkeit nicht mehr besteht, darf sich grundsätzlich kein ProzBev. darauf verlassen, anders bei konkreter → „Wartevereinbarung zwischen den ProzBev.". Deshalb kann weder die BORA noch die BRAO auch in Zukunft vorschreiben, dass der Erlass eines Versäumnisurteils von der Ankündigung gegenüber dem gegnerischen ProzBev. abhängig ist, LAG Hamm NZV-RR 2004, 158.

Bestellungsanzeige des ProzBev.: → „Späte Bestellung".

Erkrankung: Eine Entschuldigung liegt grundsätzlich nur dann vor, wenn die Partei oder der ProzBev. über ihre Erkrankung das Gericht oder die Geschäftsstelle unverzüglich informiert, BGH FamRZ 2016, 43; NJW-RR 2016, 60; NJW 2014, 228; Saarbr MDR 2016, 51 (zu § 514 II); vgl. auch BGH NJW 2020, 2413 (Erkrankung des RA am Tag vor Ablauf der Berufungsbegründung – Vorkehrungen). Eine Entschuldigung liegt auch vor, wenn die Partei krankheitsbedingt deshalb nach § 51 prozessunfähig ist, Köln NJW-RR 1990, 1341; Mü NJW-RR 1989, 255, oder wenn der ProzBev. plötzlich erkrankt ist und sich eine Stunde vorher entschuldigt, Hamm NJW 2014, 1603.

Eine Entschuldigung kann uU verneint werden, wenn zwar eine krankheitsbedingte Arbeitsunfähigkeit gegeben ist, diese aber nicht die Reise- oder Verhandlungsfähigkeit beeinträchtigt, Zweibr JurBüro 1976, 1256, oder wenn der ProzBev. seine seit einer Woche vorliegende Erkrankung erst unmittelbar vor dem Termin mitteilt, Jena MDR 2010, 836. Der Anwalt muss sich bei einer eigenen Erkrankung, zB auch an Corona, durch einen anderen Anwalt vertreten lassen; das gilt auch bei einer Eigenvertretung, es sei denn, es liegen gewichtige Gründe für das persönliche Erscheinen vor, BGH BeckRS 2021, 46370; → „Anwaltsvertretung".

Flugverspätung: Je nach Sachlage uU kein Verschulden, BGH ZIP 2007, 885; Jena MDR 2010, 836.

Fragepflicht: Der Vorsitzende muss im Rahmen des Zumutbaren versuchen,den Grund für das Nichterscheinen zu erfahren; unterlässt er dies, muss vertagt werden.

Gerichtsverschulden: Das Verschulden fehlt in der Regel, soweit sich das Gericht vorwerfbar verhält, zB unpünktlich aufruft, ohne dafür einen triftigen Grund zu haben und auch anzugeben, Prütting/Gehrlein/Göbel Rn. 7.

Krankheit: → „Erkrankung".

Kurzfristige Verhinderung des ProzBev.: → „Anwaltsvertretung".

Ladung: Eine Entschuldigung liegt bei Fehlen oder bei einer Verspätung der Ladung vor, BGH WM 1982, 601. Eine Entschuldigung fehlt beim Nichtabholen einer nach § 182 zugestellten Ladung, aM LAG Mannh JZ 1983, 620, oder bei der Unterzeichnung eines Empfangsbekenntnisses nach § 174 ohne Terminnotierung im Kalender, Köln MDR 2015, 54.

Prozesskostenhilfe: Als Entschuldigung kann ausreichen, dass das Gericht über einen ordnungsgemäß und rechtzeitig gestellten Antrag auf Prozesskostenhilfe vorwerfbar noch nicht entschieden hat, Kblz FamRZ 2016, 1386; Zweibr NJW-RR 2003, 1079; Brdb NJW-RR 2002, 286. Es kann auch als Entschuldigung ausreichen, dass das Gericht einen solchen Antrag erst unmittelbar vor oder im Termin LG Bln WuM 2011, 178, § 276 zurückweist, Drsd OLGR 1996, 71; Kblz MDR 1990, 255; Ros MDR 2002, 780. Allerdings gilt das nicht, wenn der ProzBev. vor der PKH-Entscheidung schon vergütungspflichtige Prozesshandlungen vorgenommen hat, BGH NJW 2016, 3248.

Rechtliches Gehör: Art. 103 I GG kann eine Frist zur Stellungnahme auf einen Gerichtshinweis nebst einem neuen Termin statt eines Versäumnisurteils erfordern, Zweibr NJW-RR 2003, 1079; Köln MDR 2000, 658; → Vor § 128 Rn. 42 ff.

Reisefähigkeit: → „Erkrankung".

Ruhen des Verfahrens: Eine Entschuldigung fehlt, soweit die Partei irrig ein Ruhen des Verfahrens annahm, BGH VersR 1981, 1056.

Sitzungsliste: Die Partei darf bis zum Aufruf nach § 220 vor dem Sitzungsraum warten, auch wenn sie sich in eine gesetzlich nicht vorgesehene, aber mancherorts übliche sog. Sitzungsliste eingetragen hatte; ein Verschulden für das Nichterscheinen bei Fehlen des Aufrufs ist zu verneinen BVerfG NJW 1977, 1443.

Späte Bestellung des ProzBev.: Wenn das Gericht eine bisher nach den Akten noch nicht anwaltlich vertretene Partei pflichtgemäß persönlich lädt und erst dann die Bestellungsanzeige eines ProzBev. nach § 172 eingeht, braucht das Gericht entgegen BAG DB 1977, 919 den Anwalt nicht schon aufgrund seiner vorsorglichen Bitte zusätzlich zu laden.

Standesrecht: → „Berufsrecht".

Streik: Eine Entschuldigung kann zwar aufgrund eines Streiks zB beim Gerichtspersonal eintreten, Hamm AnwBl 2007, 468, aber auch wegen eines unvorhersehbaren Streiks anderer Personen, wenn man deshalb unvorhergesehen nicht rechtzeitig zum Termin erscheinen kann.

Terminstunde: Als Entschuldigung kann es ausreichen, dass man auf diejenige Änderung der Terminstunde vertraut, die vor dem Sitzungssaal als solche angeschlagen steht, Celle MDR 1999, 1345; → „Aushänge".

Terminverlegung: Eine Entschuldigung kann dann vorliegen, wenn das Gericht eine solche Maßnahme nach § 227 unbegründet ablehnt, BGH VersR 2002, 268; → „Vertagungsantrag".

Terminverzögerung: Eine Entschuldigung des ProzBev.. kann vorliegen, wenn sich für ihn ein anderer vorangehender Termin unvorhersehbar verzögert. Es hängt von den Umständen ab, ob dergleichen unvorhersehbar war, BGH MDR 1978, 13; Peters NJW 1976, 675.

Unfall: Er kann entschuldigen, BGH NJW 2006, 448.

Urlaub: Jeder hat das Recht auf einen ungestörten Urlaub zur Zeit seiner Wahl, BVerfGE 25, 166. Daher muss das Gericht bei Urlaub des ProzBev.. oder der Partei grundsätzlich nach § 227 vertagen, wenn die Verhinderung rechtzeitig mitgeteilt wird, BGH NJW-RR 2016, 60. Wegen einer Sommersache § 227 III. Keine Entschuldigung liegt vor, soweit die Partei in den Urlaub fährt, ohne den ProzBev. vorsorglich zu informieren, obwohl sie aufgrund ihres eigenen Einspruchs nach § 338 mit einem Termin rechnen musste, BGH VersR 1983, 1082 (zu § 233).

Vereinbarung: → „Wartevereinbarung".

Verkehrsprobleme: Schwierigkeiten bei der Anfahrt zum Termin können ein Entschuldigungsgrund sein, zB bei einem plötzlichen Wetterumschwung, einem Streik, einer Pandemie oder bei einem Unfall, wobei auch hier grundsätzlich eine Informationspflicht gegenüber dem Gericht besteht, BGH ZIP 2007, 885, NJW 2006, 448; Celle NJW 2004, 2534; LAG Hamm NZA-RR 2004, 157; MüKoZPO/Prütting Rn. 5. Allerdings muss mit Verkehrsbehinderungen beim heutigen Verkehrsaufkommen gerechnet werden, so dass neben der normalen Fahrtzeit vorhersehbare Behinderungen einzuplanen sind, BGH NJW 2009, 688; Ros FamRZ 2012, 889; Celle NJW 2004, 2534; MüKoZPO/Prütting Rn. 5; aM Köln MD 1998, 617 (Abfahrt unter Einplanung der üblichen Wartezeit des Gerichts soll ausreichend sein). Eine Straßensperrung infolge eines Sport-Großereignisses reicht nicht stets, LG Zwickau NJW-RR 2003, 576. Zur **Corona-Krise** → Rn. 6.

Verspätung: → „Verkehrsprobleme".

Vertagungsantrag: → „Vertrauen auf Aussetzung, Vertagung".

Eine Entschuldigung fehlt, soweit man einen Vertagungsantrag nach § 227 erst vermeidbar spät ganz kurz vor dem Termin gestellt hatte, Brdb OLGR 1998, 324; Düss OLGR 1995, 267; Köln VersR 1992, 1023, noch dazu ohne eine entsprechende Rückfrage beim Gericht, ob es ihm noch stattgeben werde, BGH NJW 1982, 889. Wegen einer Sommersache nach § 227 III auch → „Terminverlegung".

Vertrauen auf Aussetzung oder Vertagung: Kann die Partei mit einer Aussetzung des Verfahrens (zB nach § 148) oder der Vertagung berechtigter Weise nicht rechnen, ist ihre Säumnis in dem anberaumten Termin nicht entschuldigt, BGH NJW 2018, 3252 (Zurückweisung eines Befangenheitsantrages und Einlegung einer Verfassungsbeschwerde gegen diese Entscheidung); MDR 2010, 1077. Etwas anderes gilt, wenn der Partei oder dem RA eine Terminverlegung telefonisch zugesichert wurde, BGH NJW-RR 2017, 638 Rn. 11.

Vertreter: → „Anwaltsvertretung".

Wartevereinbarung zwischen den ProzBev.: Nichterscheinen oder nicht rechtzeitiges Erscheinen eines ProzBevtl. ist eine Entschuldigung iSd § 337, da diese Vereinbarungen nicht unzulässig sind und bei Vertrauen darauf ein Verschulden nicht angenommen werden kann, BGH NJW 1991, 42; 1976, 196; Prütting/Gehrlein/Göbel Rn. 9; Musielak/Voit/Stadler Rn. 5; aM Foerste NJW 1993, 1309, aber analoge Anwendung von § 337; „Berufsrecht". Das gilt auch für Vereinbarungen zwischen den ProzBev., kein Versäumnisurteil zu beantragen oder einen dritten Anwalt um ein „Einspringen" zu bitten. In der Regel wird das Gericht bei Erlass eines gleichwohl beantragten Versäumnisurteils keine Kenntnis von der Vereinbarung haben. Jedoch kann diese dann uU iRd § 344 oder § 514 II berücksichtigt werden.

Zustellung: Eine Entschuldigung liegt bei Unwirksamkeit einer Zustellung nach §§ 166 ff. vor. Eine Entschuldigung fehlt dann, wenn die Partei eine ihr ordnungsgemäß durch eine Niederlegung nach § 181 zugestellte Sendung (Ladung) nicht abgeholt hat, → „Ladung".

V. Vertagung. Liegen die Voraussetzungen des § 337 vor, wird die mündliche Verhandlung von Amts wegen vertagt. Ein Ermessen steht dem Gericht nicht zu. Die Vertagung nach § 227 erfolgt durch einen Beschluss nach § 329, der nach III zuzustellen ist, weil gegen diesen Beschluss die sofortige Beschwerde statthaft ist, → Rn. 10. Das Gericht bestimmt einen neuen Termin, der verkündet werden muss. Das Gericht hat nach Satz 2 die abwesende Partei von Amts wegen nach § 216 zum neuen Termin zu laden. Ist die richterliche Einlassungs- oder Ladungsfrist zu kurz bemessen gewesen, muss sie neu bestimmt werden. Die Einlassungsfrist läuft unverändert ab Zustellung der Klage, MüKoZPO/Prütting Rn. 25. Die Ladungsfrist nach § 217 läuft neu. Der neue Termin ist ein mündlicher Verhandlungstermin. Auch der Säumige darf dann zur Sache verhandeln. Er kann dadurch die Säumnisfolgen abwenden und selbst eine Versäumnisentscheidung erwirken. Wenn der Säumige wieder ausbleibt, kann gegen ihn bei Vorliegen der Voraussetzungen eine Versäumnisentscheidung ergehen. 9

VI. Rechtsbehelfe. Der Vertagung kommt dieselbe Wirkung zu wie einer Zurückweisung des Antrages auf eine Versäumnisentscheidung; daher kann der Vertagungsbeschluss mit einer sofortigen Beschwerde nach §§ 336 I, 569 angefochten werden, Hamm NJW-RR 1991, 703; Zöller/Herget Rn. 4; aM Prütting/Gehrlein/Göbel Rn. 11 (keine Beschwerde wegen der systematischen Stellung). Die zweiwöchige Beschwerdefrist nach § 569 I 1 beginnt schon mit der Verkündung, nicht erst mit der Zustellung nach §§ 166 ff., Brschw MDR 1992, 292. 10

Ist entgegen § 337 ein Versäumnisurteil erlassen worden, kommt ein Einspruch nach § 338 oder, soweit es sich um ein zweites Versäumnisurteil handelt (§ 345), eine Berufung nach § 514 II in Betracht. Da im Falle des § 337 keine Säumnis vorliegt, → Vor § 330 Rn. 8, 12, kommt § 344 nicht zur Anwendung, weil das Versäumnisurteil nicht in gesetzlicher Weise ergangen ist. Die Berufung nach § 514 II ist begründet, weil dann kein Fall der Säumnis vorlag. Auf die Kenntnis des Gerichts kommt es dabei nicht an. 11

VII. Entscheidung nach Lage der Akten. Stellt die erschienene Partei einen Antrag auf Entscheidung nach Aktenlage, greift § 337 schon vom Wortlaut her ein. Bei Vorliegen der Voraussetzungen ist kein Fall der Säumnis gegeben, → Vor § 330 Rn. 8; das Gericht muss nach § 337 vertagen und einen neuen mündlichen Verhandlungstermin verkünden. Es gilt das Vorstehende, → Rn. 1–10. 12

338 *Einspruch.* **Der Partei, gegen die ein Versäumnisurteil erlassen ist, steht gegen das Urteil der Einspruch zu.**

I. Systematik. Einzelheiten → Vor § 330 Rn. 1. Das erste echte Versäumnisurteil, → Vor § 330 Rn. 18, unterscheidet sich im Rechtsbehelf von dem nach § 300 streitigen (kontradiktorischen) Urteil durch die Statt- 1 haftigkeit eines Einspruchs und die fehlende Statthaftigkeit der Berufung sowie Revision nach §§ 514 I, 565. Der Einspruch ist ein Rechtsbehelf, aber kein Rechtsmittel; es tritt zwar ein Suspensiveffekt ein (§ 705 S. 2); jedoch fehlt es am Devolutiveffekt, da nach einem Einspruch die Verhandlung und Entscheidung in derselben Instanz und nicht in der höheren Instanz erfolgen und eine Überprüfung des Versäumnisurteils nicht stattfindet, es vielmehr nur um die Beseitigung der Säumnis geht, BGH NJW-RR 1993, 1408; Mü NJW-RR 1995, 59; Köln NJW-RR 1993, 1408; MüKoZPO/Prütting Rn. 1–3; Anders/Gehle Assessorexamen ZivilR S Rn. 12 und Rn. 3 (zur Terminologie).

2 **II. Regelungszweck.** Einzelheiten → Vor § 330 Rn. 2. Für die Zulässigkeit des Einspruchs sind weder eine Begründung noch eine Entschuldigung der Säumnis erforderlich. Es findet keine Rechtmäßigkeitsprüfung des Versäumnisurteils statt, sieht man von §§ 344, 514 II ab, BGH NJW 1994, 665; Zweibr NJW-RR 1997, 1087. Ist der Einspruch zulässig, wird der Prozess nach § 342 umfassend in die Lage vor der Säumnis zurückversetzt, BGH NJW 1993, 1717. Dadurch werden die Folgen der Säumnis beseitigt. Bei einem eindeutig fehlerhaften Versäumnisurteil kann der Betroffene möglicherweise nach § 319 vorgehen, wobei eine rechtsirrige Willensbildung des Richters nicht korrigiert werden kann, BGH FamRZ 2003, 1270; Thomas/Putzo/Seiler § 319 Rn. 3; gleichwohl fehlt in einem solchen Fall grundsätzlich für einen Einspruch nicht das Rechtsschutzbedürfnis, Stgt NJW-RR 2009, 1364; Kblz NJW-RR 1997, 1352.

3 **III. Geltungsbereich.** Einzelheiten → Vor § 330 Rn. 4. Wie § 340 II 2 verdeutlicht, kann ein Einspruch auch nur gegen einen teilurteilsfähigen **Teil** des Versäumnisurteils eingelegt werden, so dass der andere Teil in Rechtskraft erwächst, BGH NJW-RR 1995, 580; Beckmann MDR 1997, 614. Die §§ 338 ff. finden auch bei einem Vollstreckungsbescheid Anwendung, weil dieser nach § 700 I einem vorläufig vollstreckbar erklärten Versäumnisurteil gleichsteht. Der verspätete Widerspruch gilt nach § 694 II 1 als Einspruch, Ffm OLGR 1997, 60. §§ 338 ff. gelten auch im arbeitsgerichtlichen Verfahren, BAG NJW 2014, 3262. Im Bereich des § 113 I 2 FamFG finden die §§ 338 ff. entsprechend Anwendung. In einer Scheidungssache ist vorrangig § 143 FamFG zu beachten.

4 **IV. Zulässigkeit des Einspruchs. 1. Allgemein.** Neben den allgemeinen Prozesshandlungsvoraussetzungen gehören folgende Voraussetzungen zur Zulässigkeit des Einspruchs, die von Amts wegen zu prüfen sind:

– Statthaftigkeit (§ 338),
– Einhaltung der Einspruchsfrist (§ 339),
– Einhaltung der Einspruchsform (§ 340 I, II).

5 Eine Begründung nach § 340 III ist keine Zulässigkeitsvoraussetzung, BGH NJW 1981, 928; 1980, 1102; BAG NJW 1978, 2215. Eine Beschwer wird nicht vorausgesetzt, Anders/Gehle Assessorexamen ZivilR H Rn. 13. Daher führt zB ein mit dem Einspruch vorgenommener Parteiwechsel nicht zur Verwerfung als unzulässig, Köln NJW-RR 1993, 1408. Eine Überprüfung des Versäumnisurteils auf seine Gesetzmäßigkeit spielt für die Zulässigkeit des Einspruchs keine Rolle und hat nur iRd §§ 344, 514 II eine Bedeutung, → Rn. 2.

6 **2. Statthaftigkeit.** Ein Einspruch ist gegen ein Urteil, das nach Säumnis einer Partei ergeht, grundsätzlich nur statthaft, wenn es sich um ein erstes und echtes Versäumnisurteil handelt, dh aufgrund der Säumnis gegen die säumige Partei ergeht und von dieser Partei eingelegt wird, BGH WM 2014, 321; Naumbg NJW-RR 2003, 212; → Vor § 330 Rn. 18. Nicht statthaft ist der Einspruch gegen ein zweites Versäumnisurteil nach § 345 – hier findet die Berufung mit einem eingeschränkten Prüfungsrecht statt, § 514 II – sowie gegen ein unechtes Versäumnisurteil, dh ein kontradiktorisches (streitiges) Urteil gegen die säumige oder die andere Partei – hier sind Berufung und die Revision bei Vorliegen der weiteren Voraussetzungen statthaft, §§ 511 ff., 542 ff. Zu den kontradiktorischen Urteilen, die bei Säumnis einer oder beider Partei ergehen, zählen

– Urteile nach Aktenlage gemäß §§ 251a, 331a, → § 331a Rn. 4, und
– unechte Versäumnisurteile, → Vor § 330 Rn. 20, das können ein Prozessurteil oder ein Sachurteil sein.

7 Wird nur **teilweise** ein echtes Versäumnisurteil erlassen und ergeht im Übrigen ein kontradiktorisches Endurteil, gilt das Vorstehende jeweils nur teilweise, dh teilweise ist ein Einspruch und teilweise die Berufung bzw. die Revision bei Vorliegen der weiteren Voraussetzungen statthaft, → § 331 Rn. 17 „Teilurteil" (zur Problematik von Teil-Versäumnisurteilen). Will der Betroffene gegen das gesamte Urteil vorgehen, muss er sowohl Einspruch als auch Berufung bzw. Revision einlegen.

8 Soweit das Gericht ein Versäumnisurteil im schriftlichen Vorverfahren nach §§ 276 I, II, 331 III zwar noch nicht nach §§ 310 III, 317 ordnungsgemäß zugestellt, es aber schon in einer nach § 724 vollstreckbaren Ausfertigung herausgegeben hat, ist ein Einspruch ausnahmsweise bereits statthaft, BGH NJW 1994, 3360; Brdb NJW-RR 1996, 766.

9 **3. Meistbegünstigung, Bezeichnung.** Maßgeblich für die Statthaftigkeit des Einspruchs ist nicht die Bezeichnung, sondern es sind die Art des Zustandekommens und der Inhalt der Entscheidung, dh das Urteil muss auf der Säumnis beruhen, BGH NJW-RR 1995, 257. Beruht das Urteil demgegenüber auf anderen Erwägungen, steht die fehlerhafte Bezeichnung als Versäumnisurteil der Berufung nicht entgegen; nach dem Grundsatz der Meistbegünstigung kann aber grundsätzlich alternativ auch Einspruch eingelegt werden, BGH NJW 1999, 583; → § 330 Rn. 13. Dasselbe gilt umgekehrt, MüKoZPO/Prütting Rn. 8. Legt der Betroffene gegen ein äußerlich streitiges Urteil, das in Wahrheit ein echtes Versäumnisurteil ist, Berufung ein, hat das Berufungsgericht auf die zulässige Berufung die Sache an das erstinstanzliche Gericht zur Entscheidung über den Einspruch abzugeben, Mü FamRZ 1989, 1204.

339 *Einspruchsfrist.*

I Die Einspruchsfrist beträgt zwei Wochen; sie ist eine Notfrist und beginnt mit der Zustellung des Versäumnisurteils.

II [1]Muss die Zustellung im Ausland erfolgen, so beträgt die Einspruchsfrist einen Monat. [2]Das Gericht kann im Versäumnisurteil auch eine längere Frist bestimmen.

III Muss die Zustellung durch öffentliche Bekanntmachung erfolgen, so hat das Gericht die Einspruchsfrist im Versäumnisurteil oder nachträglich durch besonderen Beschluss zu bestimmen.

I. Systematik. Einzelheiten → Vor § 330 Rn. 1; → § 338 Rn. 1. 1

II. Regelungszweck. Einzelheiten → Vor § 330 Rn. 2; → § 338 Rn. 2. Die Rechtssicherheit erfordert eine klar begrenzte Zeitspanne, nach deren Ablauf die Rechtskraft nach §§ 322, 705 eintritt. Durch die seit Juni 2017 geltende Mindesteinspruchsfrist von einem Monat bei Auslandszustellungen nach II wird eventuellen Schwierigkeiten, zB Sprachproblemen, und damit dem Grundsatz des rechtlichen Gehörs nach Art. 103 GG Rechnung getragen, Musielak/Voit/Stadler Rn. 2. 2

III. Geltungsbereich. Einzelheiten → Vor § 330 Rn. 4; → § 338 Rn. 3. § 700 I ergänzt § 339 für den Vollstreckungsbescheid, indem diese Vorschrift ihn einem vorläufig vollstreckbaren Versäumnisurteil gleichstellt. Alle Absätze, auch der geänderte II bei Auslandszustellungen, gilt für den Vollstreckungsbescheid, da eine Einschränkung in § 700 nicht normiert ist, Musielak/Voit/Stadler Rn. 2. Im arbeitsgerichtlichen Urteilsverfahren gilt nach §§ 59 S. 1, 64 VII ArbGG eine Notfrist von 1 Woche, LAG Hamm DB 1978, 896; BVerfG NJW 1974, 847 (zur Verfassungsmäßigkeit). Wegen einer Kurzausfertigung im arbeitsgerichtlichen Beschlussverfahren: BAG NJW 1974, 1156, im arbeitsgerichtlichen Urteilsverfahren: LAG Hmb NJW 1975, 951. Ohne die Belehrung nach § 59 S. 3 ArbGG beginnt die Frist trotz einer Zustellung nicht. 3

IV. Zweiwochenfrist, II. 1. Fristdauer. Die Einspruchsfrist nach § 339 I, 700 I beträgt zwei Wochen und beginnt mit der gesetzmäßigen Zustellung des Versäumnisurteils oder des Vollstreckungsbescheids, und zwar unabhängig davon, ob es sich um einen Partei- oder einen Anwaltsprozess nach § 78 I handelt, BGH WM 2014, 321; NJW 2013, 387; 2011, 522. Bei verkündeten Versäumnisurteilen ist die Zustellung an den Einspruchsführer maßgeblich, § 317 I 1 Hs. 2. Ist das Versäumnisurteil im **schriftlichen Vorverfahren** erlassen worden, beginnt die Einspruchsfrist mit der letzten Zustellung, § 310 III, BGH NJW 1994, 3359; Hamm FamRZ 2015, 1124; → § 331 Rn. 18. Die Einspruchsfrist ist eine Notfrist und kann daher nicht verlängert oder verkürzt werden, §§ 339 I, 224 I, MüKoZPO/Stackmann § 224 Rn. 3. Für die Fristberechnung gilt § 222. Der Einsprechende trägt die Beweislast für die Einhaltung der Frist, BGH NJW 1984, 1237. 4

Wird das Versäumnisurteil (oder der Vollstreckungsbescheid) nicht oder nicht ordnungsgemäß nach §§ 166 ff. zugestellt, ist es zwar in der Welt, jedoch läuft die Einspruchsfrist nicht. Zur ordnungsgemäßen Zustellung gehört nicht eine ordnungsgemäße Belehrung nach § 232 S. 1, der nach § 232 S. 2 beim Einspruch nicht nur im Parteiprozess, sondern auch im Anwaltsprozess nach § 78 I gilt; die nicht ordnungsgemäße Rechtsbehelfsbelehrung hat für die Wirksamkeit der Zustellung und für den Lauf der Einspruchsfrist keine Bedeutung, BGH NJW 2011, 522 (zum nicht mehr geltenden § 338 S. 2); Drsd MDR 2021, 54 = BeckRS 2020, 28859. Das ergibt sich aus § 233 S. 2, der bei fehlender oder unterbliebener Rechtsbehelfsbelehrung eine gesetzliche Vermutung aufstellt, dass keine schuldhafte Versäumung einer Rechtsbehelfseinlegung vorliegt. Bedeutsam ist daher die nicht ordnungsgemäße Rechtsbehelfsbelehrung für eine Wiedereinsetzung in den vorherigen Stand. 5

2. Beispiele zur Einspruchsfrist, I

Eingangsstempel: Hat Beweiskraft nach § 418, kann durch Gegenbeweis entkräftet werden, BGH NJW 1998, 461. 6

Fünfmonatsfrist: Unanwendbar sind die 5-Monats-Fristen nach §§ 517, 548, BGH NJW 1976, 1940.

Prozessbevollmächtigter: Notwendig ist eine Zustellung an ihn nach §§ 81, 172, AG Hbg-Harburg NJW-RR 1998, 791.

Prozessunfähige Partei, Zustellung an sie: Bei Nichterkennbarkeit Fristbeginn mit Zustellung, obwohl diese nach § 170 nicht ordnungsgemäß ist, BGH NJW 2014, 937; 2008, 2125; 1988, 762 (Argument: Möglichkeit nach §§ 579 I Nr. 4, 586 I, III, die Rechtskraft voraussetzen).

Sitzungsprotokoll: Für die Zustellung des dort enthaltenen Versäumnisurteils reicht die Zustellung des Protokolls aus, wenn die Zustellungsabsicht der Geschäftsstelle erkennbar ist, Drsd MDR 2021, 54 = BeckRS 2020, 28859.

Vor Verkündung: Unstatthaft ist der Einspruch grundsätzlich dann, wenn er vor der Verkündung des Versäumnisurteils nach § 310 I eingeht, Thomas/Putzo/Seiler Rn. 1; Zöller/Herget Rn. 2.

Widerspruch gegen einen Mahnbescheid: Nichteinlegung allein ist kein Verschulden für die Versäumung der Einspruchsfrist gegen einen Vollstreckungsbescheid iSd § 233 S. 1, weil ansonsten die Partei immer schuldhaft handeln würde, wenn sie es zu einer mit dem Einspruch anfechtbaren Entscheidung kommen lässt; hat aber die Partei durch den Mahnantrag tatsächlich Kenntnis von dem Verfahren erlangt, muss sie in den nächsten sechs Monaten Vorkehrungen zur rechtzeitigen Erledigung fristwahrender Handlungen treffen, BGH NJW-RR 2019, 124 = WM 2019, 38 (zum Verschulden nach § 233).

Zustellung: Einspruch vor Zustellung nach § 310 I statthaft, auch wenn die Frist dann erst ab der Zustellung läuft, BGH NJW 1976, 1940.

Wiederholte Zustellung: Sie setzt bei Wirksamkeit der ersten keine neue Einspruchsfrist in Lauf, BGH NJW 2011, 522.

V. Zustellung im Ausland, II und öffentliche Zustellung, III. Für Auslandszustellungen nach II gilt die Einspruchsfrist von zwei Wochen nach I nicht, vielmehr beträgt diese mindestens einen Monat und kann nach einer Bestimmung durch das Gericht, nicht durch den Vorsitzenden, auch länger sein. Die Frist beginnt genau wie nach I, → Rn. 4, mit der Zustellung. Eine Zustellung im Ausland nach §§ 183, 184 kommt aber nur dann infrage, wenn kein Zustellungsbevollmächtigter im Inland benannt wurde und wenn die direkte Übersendung durch die Post nicht nach EuZustVO oder internationalen Vereinbarungen statthaft ist, BGH NJW 2011, 1885 (zum Verhältnis des § 183 zu § 184); 1999, 1187; Zweibr MDR 2014, 799. 7

Bei einer öffentlichen Zustellung nach §§ 185 ff. muss das Gericht, nicht der Vorsitzende, gemäß III die Einspruchsfrist von Amts wegen im Versäumnisurteil oder nachträglich durch besonderen Beschluss bestimmen. Über die Frage der öffentlichen Zustellung entscheidet nach § 186 I das Gericht. Die nach III zu bestimmende Frist darf nicht kürzer sein als die gesetzliche Frist des I, MüKoZPO/Prütting Rn. 9. Auch hier beginnt die Frist mit der Zustellung des Versäumnisurteils bzw. des Vollstreckungsbescheides, Musielak/Voit/Stadler Rn. 3. Soweit das Gericht die Einspruchsfrist nicht bestimmt, läuft sie nicht und das Versäumnisurteil wird nicht rechtskräftig, BGH NJW 2011, 2218 Rn. 14 (zum alten Recht). Im umgekehrten Fall, dh bei Fristbestimmung ohne Vorliegen der Voraussetzungen, gilt die bestimmte Frist, BGH NJW 1992, 1700. Bei sich widersprechenden Fristen nach III im Versäumnisurteil und einem anschließenden Beschluss gilt die längere, BGH NJW 1992, 8

1700. Das OLG Jena, BeckRS 2017, 132807 Rn. 24, hat sich in einem obiter dictum noch zum nahezu wortgleichen § 339 II aF dafür ausgesprochen, dass bei **fehlender Fristbestimmung** durch das Gericht die erforderliche **Rechtsmittelbelehrung** nach § 232 mit dem allgemeinen Hinweis auf die zweiwöchige Einspruchsfrist nach § 339 I ausreichen solle. Dieser Meinung folgen wir nicht. Danach würde zwar zeitnah die Rechtskraft des Versäumnisurteils eintreten können und dann vermieden werden, dass der Einspruch noch nach vielen Jahren nicht verfristet ist, vgl. Ffm BeckRS 2016, 15729 (nach 26 Jahren). Jedoch handelt es sich bei III nach unserer Auffassung um eine zwingende Formvorschrift, die auch nach Einfügung der Rechtsbehelfsbelehrungspflicht gemäß § 232 im Jahr 2012 beibehalten wurde und eine bewusste Ermessensentscheidung des Gerichts über die im konkreten Fall geltende Einspruchsfrist erfordert.

9 Auch die Fristen der II, III sind Notfristen. Das ergibt sich aus dem Wortlaut des I. Bei II gilt die Besonderheit, dass die Frist nicht verkürzt, aber wegen Satz 2 verlängert werden kann, wobei ein Antrag nicht erforderlich ist, Musielak/Voit/Stadler Rn. 2.

10 Der Beschluss, durch den das Gericht die Frist bestimmt, ist unanfechtbar, MüKoZPO/Prütting Rn. 10. Er ist der säumigen Partei zuzustellen nach § 329 II 2, der anderen Partei mitzuteilen, wenn er nicht verkündet wurde, § 329 II 1.

340 *Einspruchsschrift.* [1] **Der Einspruch wird durch Einreichung der Einspruchsschrift bei dem Prozessgericht eingelegt.**

II [1]Die Einspruchsschrift muss enthalten:

1. die Bezeichnung des Urteils, gegen das der Einspruch gerichtet wird;

2. die Erklärung, dass gegen dieses Urteil Einspruch eingelegt werde.

[2]Soll das Urteil nur zum Teil angefochten werden, so ist der Umfang der Anfechtung zu bezeichnen.

III [1]In der Einspruchsschrift hat die Partei ihre Angriffs- und Verteidigungsmittel, soweit es nach der Prozesslage einer sorgfältigen und auf Förderung des Verfahrens bedachten Prozessführung entspricht, sowie Rügen, die die Zulässigkeit der Klage betreffen, vorzubringen. [2]Auf Antrag kann der Vorsitzende für die Begründung die Frist verlängern, wenn nach seiner freien Überzeugung der Rechtsstreit durch die Verlängerung nicht verzögert wird oder wenn die Partei erhebliche Gründe darlegt. [3]§ 296 Abs. 1, 3, 4 ist entsprechend anzuwenden. [4]Auf die Folgen einer Fristversäumung ist bei der Zustellung des Versäumnisurteils hinzuweisen.

1 **I. Systematik.** Einzelheiten → Vor § 330 Rn. 1, → § 338 Rn. 1. Während § 339 die Einspruchsfrist regelt, bestimmt § 340 den Inhalt der Einspruchsschrift.

2 **II. Regelungszweck.** Einzelheiten → Vor § 330 Rn. 2; → § 338 Rn. 2. Während I, II die Zulässigkeit des Einspruchs betreffen, → § 338 Rn. 2, 4, bezieht sich III trotz seiner systematischen Stellung nicht auf die Zulässigkeit, → Rn. 12.

3 **III. Geltungsbereich.** → Vor § 330 Rn. 4; → § 338 Rn. 3. Beim Vollstreckungsbescheid gelten über § 700 I die Absätze 1 und 2. § 700 III 3 schließt die Anwendbarkeit des Absatzes 3 ausdrücklich aus. Beim Vollstreckungsbescheid gelten die Sonderregelungen in § 700 III–V. Im arbeitsgerichtlichen Bereich gelten nach §§ 59 S. 2, 64 VII Besonderheiten.

4 **IV. Einlegung, I.** Der Einspruch muss nach I grundsätzlich durch Übermittlung einer Einspruchsschrift bzw. eines elektronischen Dokumentes beim Prozessgericht, dh. Ausgangsgericht, eingelegt werden, und zwar von der postulationsfähigen Person, dh im Anwaltsprozess nach § 78 I durch den ProzBev., BGH NJW-RR 1994, 1213; 1992, 1701. Wenn das Revisionsgericht ein kontradiktorisches Urteil des OLG in ein Versäumnisurteil umändert, muss der Einspruch beim OLG eingereicht werden. Beim Vollstreckungsbescheid nach § 699 genügt die Einreichung bei der Vollstreckungsabteilung desselben AG, das auch das Prozessgericht ist, LG Köln MDR 1988, 63. Wird der Einspruch beim unzuständigen Gericht eingelegt, ist er nur fristgemäß, wenn er vor Ablauf der Einspruchsfrist dem zuständigen Gericht übermittelt wird, MüKoZPO/Prütting Rn. 4.

5 Beim **AG** kann der Einspruch nicht nur durch die Einspruchsschrift oder durch ein elektronisches Dokument, sondern nach §§ 129a, 496 auch zu Protokoll der Geschäftsstelle eines jeden Amtsgerichts eingelegt werden, Musielak/Voit/Stadler Rn. 1. Die Einspruchsfrist ist bei einer Protokollierung aber erst bei rechtzeitigem Eingang beim Prozessgericht gewahrt. Eine Einlegung zu Protokoll der Geschäftsstelle ist beim LG nicht möglich, da sich die Ausnahmevorschriften der §§ 129a, 496 nur auf das amtsgerichtliche Verfahren beziehen, LG Berlin NJW 2000, 3291; aM Zweibr MDR 1992, 998. Der BGH hat im Verfahren vor einem Landgericht allerdings zugelassen, dass der Anwalt der säumigen Partei den Einspruch in der mündlichen Verhandlung zu richterlichem Protokoll erklärt, BGH NJW 1989, 530. Dieser Sonderfall ist mit Blick auf den eindeutigen Wortlaut des § 340 I nicht generell übertragbar.

6 Über die Möglichkeit, Einspruch auch durch Telegramm, Fernschreiben, Telefax, Telebrief oder Telekopie einzulegen: BVerfGE 36, 304; BGH NJW 2008, 2650; LG Köln NJW 2005, 79; → § 129 Rn. 15 „Telefax", „Telekopie"; → § 130 Rn. 29. Bei **elektronischer** Einreichung gelten die §§ 130a–130d.

7 **V. Ordnungsgemäße Einspruchsschrift, II. 1. Allgemeines.** Die Einspruchsschrift ist ein bestimmender Schriftsatz, so dass alle insoweit erforderlichen Voraussetzungen nach → § 129 Rn. 7 ff. beachtet sein müssen. So muss der Schriftsatz ordnungsgemäß unterschrieben sein, → § 129 Rn. 9 ff. Jedoch sind nicht alle Angaben erforderlich, die für eine Klage vorgeschrieben sind. So ist der Einspruch zB nicht unzulässig, wenn sich aus ihm eine zur förmlichen Ladung nach § 216 ausreichende Anschrift des Einsprechenden nicht ergibt, Mü NJW-RR 1995, 59; aM, Düss NJW-RR 1993, 1150. Notwendig sind aber alle nach II genannte Angaben.

8 **2. Bezeichnung des Versäumnisurteils, II 1 Nr. 1.** Das Versäumnisurteil (oder der Vollstreckungsbescheid, § 700 I) müssen bezeichnet werden, und zwar so genau, dass der Rechtsstreit und das angegriffene Versäumnisurteil zweifelsfrei zu erkennen sind. Das ist zu bejahen, wenn das Gericht, die Parteien, das Datum des Urteils (des Vollstreckungsbescheides) und das Aktenzeichen angegeben werden. Unklarheiten schaden nicht, soweit eine Auslegung mit Hilfe der Akten möglich ist. Die Einspruchsfrist ist gewahrt, wenn die (mangelhafte) Einspruchsschrift innerhalb der Frist zu den Verfahrensakten gelangt, BGH VersR 1983, 750.

3. Einspruchserklärung, II 1 Nr. 2. Es ist nicht erforderlich, dass das Wort „Einspruch" verwendet wird, BGH NJW-RR 1994, 1213. Wählt aber der ProzBev. diesen Begriff, ist grundsätzlich von seinem Willen auszugehen, Einspruch einzulegen, BGH NJW 2010, 3779. Notwendig ist in jedem Fall, dass zum Ausdruck gebracht wird, dass man das bestimmte Versäumnisurteil angreifen und eine Fortsetzung des Rechtsstreits haben will. U. U. kommt eine Umdeutung in Betracht, allerdings nicht, wenn der Bekl. keine Kenntnis von dem gegen ihn ergangenen Versäumnisurteil hat und sich mit einem Schriftsatz gegen die Klage verteidigt; hier fehlt schon der Bezug auf das angegriffene Versäumnisurteil, Köln MDR 2018, 822 (Verteidigungsanzeige); NJW-RR 2002, 237; MüKoZPO/Prütting Rn. 7; aM Brschw FamRZ 1995, 1231. 9

4. Beispiele zu II

Anschrift des Einsprechenden: Ratsam, aber nicht zwingend, Mü NJW-RR 1995, 59; aM Düss NJW-RR 1993, 1151. 10

Auslegung eines Einspruchs gegen „den Beklagten": Für „den Beklagten" kann mehrere Bekl. meinen, wenn sich dafür Anhaltspunkte ergeben, BGH FamRZ 2006, 982.

Entschuldigung für die Säumnis: Kann im Einzelfall als Einspruch gewertet werden, wenn das Gericht erkennen kann, dass der Absender den Rechtsstreit weiterführen will, Prütting/Gehrlein/Göbel Rn. 6.

„Ich"-Form: Diese Art in einem Anwaltsschriftsatz lässt meist keinen Zweifel daran, dass der Anwalt als ProzBev. für seine Partei nach § 81 handeln will, BGH NJW 2010, 3779.

PDF-Dokument mit eingescannter Unterschrift als Bilddatei: Als Emailanlage ist Unterschrift ausreichend, BGH NJW 2015, 1527; 2008, 2649.

Streitgenossen: Es muss klar sein, wer gegen wen vorgehen will, BGH NJW-RR 1999, 938.

Telefax mit eingescannter Unterschrift: Nicht ausreichend für den bestimmenden Schriftsatz „Einspruch", BGH NJW 2006, 3784; → § 129 Rn. 15 „Telefax" „(Unterschrift)".

Umdeutung der Klageerwiderung in einen Einspruch: Grundsätzlich nicht möglich; der Bekl. wendet sich zwar gegen die Forderung des Klägers, nicht aber ist auch stets erkennbar, dass er gegen die Beurteilung durch das Gericht vorgehen will, Köln NJW-RR 2005, 1231; LG Lpz MDR 1996, 418; aM Brschw FamRZ 1995, 237.

Umdeutung einer Rechtsmittelschrift in einen Einspruch: Nur möglich, wenn der Rechtsbehelf beim Prozessgericht und nicht beim nächsthöheren Gericht eingelegt wurde, BGH NJW-RR 1995, 257; MüKoZPO/Prütting Rn. 7.

Widerspruch gegen einen Mahnbescheid: Nach § 694 II 1 gilt der verspätete Widerspruch als Einspruch; ist vor Erlass des Vollstreckungsbescheides nicht erkannt worden, dass ein Widerspruch rechtzeitig eingelegt wurde, ist der Widerspruch in Analogie zu § 694 II 1 ebenfalls als Einspruch zu behandeln, BGH NJW 1983, 633; Düss OLGR 2002, 171.

Verteidigungsanzeige: Sie kann nicht in einen Einspruch gegen ein Versäumnisurteil nach § 331 III umgedeutet werden, wenn der Bekl. keine Kenntnis von dem Versäumnisurteil hat, → Rn. 9.

Wiedereinsetzungsgesuch: Wird der Wille erkennbar, dass sich die Partei gegen das Versäumnisurteil wenden will, ist in dem Gesuch gleichzeitig ein konkludenter Einspruch enthalten, BVerfG NJW 1993, 1635.

5. Teileinspruch, II 2. Soweit das Versäumnisurteil nur teilweise angefochten werden soll, ist die Bezeichnung desjenigen Teils des Versäumnisurteils notwendig, auf den sich der Einspruch beschränkt, § 340 II 2. Man kann einen beliebigen Teil anfechten, soweit dieser teilurteilsfähig nach § 301 ist, Bbg NJW-RR 1995, 581, oder die Anfechtung nur gegen einen von mehreren Streitgenossen durchgeführt wird, BGH VersR 1987, 988. Der Einspruch ist auch gegen die Kostenentscheidung möglich, Brdb NJW-RR 2000, 1668. Bei einer wirksamen Teilanfechtung wird der andere Teil des Versäumnisurteils nach Ablauf der Einspruchsfrist rechtskräftig. 11

6. Mängel der Einspruchsschrift. Ein Verstoß gegen II führt zur Unzulässigkeit des Einspruchs. Das Gericht muss auf die Mängel nach § 139 hinweisen. Wird innerhalb der Einspruchsfrist nicht nachgebessert, ist der Einspruch nach § 341 als unzulässig zu verwerfen. 12

VI. Einspruchsbegründung, III. 1. Keine Zulässigkeitsvoraussetzung. § 340 III, wonach der Einspruch begründet werden soll, stellt trotz seiner systematischen Stellung keine Zulässigkeitsvoraussetzung dar, BGH NJW-RR 1992, 957; → Rn. 2. Diese Regelung konkretisiert vielmehr die allgemeine Prozessförderungspflicht aus §§ 277, 282, BGH NJW-RR 1992, 957. Das folgt schon daraus, dass auf Verspätungsregeln Bezug genommen wird, die sich nur im Rahmen der Begründetheit auswirken können; das wird auch durch einen Vergleich zwischen § 340 III und § 520 verdeutlicht; § 522 I stellt für § 520 den Charakter der Zulässigkeitsvoraussetzung klar; eine entsprechende Regelung fehlt in § 340 III; außerdem ergibt sich dies aus dem Wortlaut der Normen (§ 340 III: „hat", „soweit"; § 520 I, III 2: „muss"), Anders/Gehle Assessorexamen ZivilR H Rn. 13. Dass die Begründung nicht zur Zulässigkeit des Einspruchs gehört, wird auch durch § 342 sowie dadurch verdeutlicht, dass bei einem Einspruch die Rechtmäßigkeit des Versäumnisurteils – sieht man von §§ 344, 514 II ab – nicht geprüft wird, → § 338 Rn. 5. 13

2. Begründung innerhalb der Einspruchsfrist. III bestimmt, dass die säumige Partei innerhalb der Einspruchsfrist zur Zulässigkeit und Begründetheit der Klage vorzutragen hat. Nach dem Wortlaut von III hat das zwar bereits in der Einspruchsschrift zu erfolgen. Entscheidend ist jedoch die Einspruchsfrist des § 339. Wenn die Begründung in einem weiteren Schriftsatz vor dem Ablauf dieser Frist eingeht oder verbessert bzw. ergänzt wird, ist nicht von einer Fristüberschreitung iSd III auszugehen, SchlHA 1982, 73; Mü NJW 1977, 1972. Bei einem Versäumnisurteil gegen den Bekl. wird uU die Mindestfrist zur Klageerwiderung (§ 276 I 1, 2) durch die Einspruchsfrist verkürzt; das ist wegen des Sanktionscharakters bei Säumnis hinzunehmen; § 340 III stellt insoweit eine Sonderregelung dar, MüKoZPO/Prütting Rn. 15; aM Nürnb NJW 1981, 2266 (Mindestfrist des § 276 I soll gelten). Die Begründungsfrist entspricht zwar der Einspruchsfrist. Sie ist aber keine Notfrist nach § 224 I 2, BVerfG NJW 1993, 1636; Ffm NJW-RR 1993, 1151. 14

3. Begründungsinhalt. Der Säumige muss innerhalb der Einspruchsfrist alle Tatsachen zur Zulässigkeit und Begründetheit, für die er die Darlegungslast trägt, vortragen. Es gelten dieselben Anforderungen wie bei §§ 277 I, 282, Schlesw SchlHA 1982, 73. Falls das Versäumnisurteil gegen den Kläger erging, muss er alle erforderlichen Ergänzungen der Klageschrift nach § 253 II Nr. 2 vornehmen und zugleich auf eine etwaige bereits vorliegende Klagerwiderung nach §§ 275 I 1, 276 I 2 antworten, Kramer NJW 1977, 1660. Auch hier kann dabei, wie in 15 allen anderen Fällen, eine Bezugnahme auf frühere Schriftsätze genügen, BGH NJW 1989, 533 (frühere Einspruchsschrift). Ist gegen den Beklagten im ersten Termin ein Versäumnisurteil ergangen, muss er die gesamte Klageerwiderung vorlegen, soweit dies noch nicht geschehen ist, und zwar innerhalb der Einspruchsfrist und nicht innerhalb einer evtl. längeren Erwiderungsfrist nach § 276 I 1 → Rn. 14. Zum erforderlichen Bekl.-Vortrag gehören auch verzichtbare Zulässigkeitsrügen, Mü NJW-RR 1995, 127. In welchem Umfang der Einspruch zu begründen ist, hängt vom Verfahrensstadium ab, Kramer NJW 1977, 1659. Bei einem Teileinspruch ist es ratsam, die Abgrenzung im Antrag und auch in der Begründung so zu verdeutlichen, dass der Umfang der Rechtskraft des Versäumnisurteils nach § 322 eindeutig wird. Das Gericht hat auch insofern eine Fragepflicht nach § 139.

16 **4. Fristverlängerung.** Nach III 2 kann das Gericht auf Antrag die Begründungsfrist verlängern, BGH NJW 2011, 523. Der Antrag muss vor Ablauf der Einspruchsfrist des § 339 gestellt werden, wobei in Anwaltsprozessen § 78 I gilt. Die gerichtliche Verlängerung kann dann auch noch nach dem Ablauf der Einspruchsfrist erfolgen. Voraussetzung für eine Verlängerung ist, dass entweder dadurch keine Verzögerung eintritt oder der Antragsteller für eine längere Begründungsfrist erhebliche Gründe dargelegt hat. III 2 entspricht weitgehend dem § 520 II 2, 3, der sich auf die Verlängerung der Berufungsbegründung bezieht. Zuständig für die Verlängerung ist der Vorsitzende.

17 **5. Folgen der nicht rechtzeigen Begründung.** Wenn die Einspruchsbegründung nach dem Ablauf der gesetzlichen oder der richterlichen Frist eingeht, muss das Gericht das Vorbringen als verspätet zurückweisen, sofern die Voraussetzungen des § 296 I, III oder IV vorliegen, BVerfG NJW 1995, 1418; BGH NJW 1980, 1103; 1981, 928; Drsd NJW-RR 1999, 214; LAG Köln NZA-RR 2008, 93. Das Gericht darf also den verspäteten Vortrag iSd § 340 III nur dann zulassen, wenn dadurch keine Verzögerung eintritt, oder wenn der Einsprechende die Verzögerung nach § 294 glaubhaft entschuldigt. Eine Entschuldigung kann noch im Einspruchstermin erfolgen, Prütting/Gehrlein/Göbel Rn. 14.

18 In der Regel kann von einer Verzögerung ausgegangen werden, wenn der Rechtsstreit nicht im Einspruchstermin erledigt werden kann. Das gilt allerdings nicht, wenn dies auch bei Begründung innerhalb der Einspruchsfrist nicht möglich gewesen wäre, so zB, wenn ein schriftliches Gutachten eingeholt werden muss und offenkundig ist, dass es in keinem Fall bis zu diesem Einspruchstermin vorgelegen hätte, BGH NJW 2012, 2808. Da ein Einspruchstermin nach § 341a in jedem Fall stattfinden muss, kommt es auch nicht darauf an, ob vor dem versäumten Termin eine Frist nicht eingehalten wurde, BGH NJW 1981, 286. Damit ist eine „Flucht in die Säumnis" uU möglich, um einer Verspätung im versäumten Termin zu entgehen, → Vor § 330 Rn. 3. Allerdings ist das Gericht nicht verpflichtet, den Einspruchstermin so weit nach hinten zu schieben, dass die Einspruchsbegründung in vollem Umfang berücksichtigt werden kann, BGH NJW 1981, 286. Außerdem kann eine Verzögerung angenommen werden, wenn die durch die Einspruchsbegründung erforderlich werdende Beweisaufnahme so umfangreich ist (zB zahlreiche Zeugen, evtl. auch als Gegenbeweis), dass sie in einem Termin nicht durchgeführt werden kann, BGH NJW 1984, 1964; 1983, 1495; 1982, 1535. Der Einspruchstermin muss, wie jeder andere Termin, vom Gericht nach § 273 vorbereitet werden, wobei Zumutbarkeitsgrenzen bedeutsam sein können; eine Überbeschleunigung ist nicht zulässig; jedoch sollte möglichst eine Terminierung auf den im normalen Geschäftsgang nächstmöglichen Termin erfolgen, BGH MDR 1981, 2309; Köln MDR 2005, 1003.

19 Auch verzichtbare Zulässigkeitsrügen, die nach § 282 III unentschuldigt verspätet wären und die erst in der Einspruchsfrist erhoben werden, sind nicht zurückzuweisen, auch wenn es bei ihnen nach § 296 III nicht auf eine Verzögerung ankommt; das Fehlen der Rüge ist durch das Versäumnisurteil überholt, Dresd NJW-RR 1999, 214; Thomas/Putzo/Seiler Rn. 9; aM Mü NJW-RR 1995, 217; Prütting/Gehrlein/Göbel Rn. 14.

20 **6. Hinweispflicht.** Die Begründungsfrist läuft nur dann, wenn das Gericht den Säumigen nach **III 4** auf die Folgen einer Fristversäumnis spätestens bei der Zustellung des Versäumnisurteils nach § 317 hingewiesen hat. Das Gericht braucht einen derartigen Hinweis allerdings noch nicht im Versäumnisurteil selbst zu geben. Unterbleibt der Hinweis nach Satz 4 oder ist er fehlerhaft, wird davon die Einspruchsfrist nicht berührt; jedoch kommt in diesem Fall eine Zurückweisung wegen Verspätung im Einspruchstermin nicht in Betracht, BGH NJW 2011, 522. Im Parteiprozess muss der Hinweis so gestaltet sein, dass ihn auch der nicht Rechtskundige ohne eine Nachfrage verstehen kann. Daher ist eine bloße Bezugnahme auf § 296 nur im Anwaltsprozess nach § 78 I ausreichend.

21 **7. Verstoß.** Ein Verstoß gegen die Form oder die Frist des III und daher auch das Fehlen einer jeglichen Begründung führt nicht zur Unzulässigkeit des Einspruchs, insbesondere berührt er den Lauf der Einspruchsfrist nicht, Köln VersR 1998, 1303; Mü NJW-RR 1989, 255. Bei einem solchen Verstoß kommt vielmehr eine Zurückweisung des Vortrages wegen Verspätung nach §§ 340 III 3, 296 I, III in Betracht. Erfolgt danach eine Zurückweisung des Vortrages wegen Verspätung, ist das Versäumnisurteil durch ein kontradiktorisches Urteil nach § 343 aufrechtzuerhalten. Eine gesetzwidrige Zulassung des verspäteten Vortrags ist unanfechtbar und für das Rechtsmittelgericht bindend. Ein Verstoß gegen III 2 durch das Gericht macht eine Zurückweisung wegen Verspätung nach § 296 unzulässig.

340a

Zustellung der Einspruchsschrift. **[1]Die Einspruchsschrift ist der Gegenpartei zuzustellen. [2]Dabei ist mitzuteilen, wann das Versäumnisurteil zugestellt und Einspruch eingelegt worden ist. [3]Die erforderliche Zahl von Abschriften soll die Partei mit der Einspruchsschrift einreichen. [4]Dies gilt nicht, wenn die Einspruchsschrift als elektronisches Dokument übermittelt wird.**

1 **I. Systematik.** Einzelheiten → Vor § 330 Rn. 1. Die Vorschrift ist mit §§ 521 I, 550 II vergleichbar. Sie regelt die Zustellung der Einspruchsschrift an den Nichtsäumigen.

2 **II. Regelungszweck.** Einzelheiten → Vor § 330 Rn. 2. Mit der Vorschrift soll gewährleistet sein, dass der Gegner des Säumigen schnell über den Stand des Verfahrens unterrichtet und in die Lage versetzt wird, den Einspruchstermin nach § 341a vorzubereiten. Sie dient daher dem Grundsatz des rechtlichen Gehörs nach Art. 103 I GG. Da das Gericht das Versäumnisurteil nach § 317 I 1 nur dem Verlierer von Amts wegen zustellt, weiß die nicht säumige Partei möglicherweise nichts von dem Versäumnisurteil, obwohl der Gegner schon seinen Einspruch eingelegt hatte. Die Vorschrift betrifft nicht die Zulässigkeit des Einspruchs, Thomas/Putzo/Seiler Rn. 1.

III. Geltungsbereich. Einzelheiten → Vor § 330 Rn. 4. 3

IV. Zustellung, Mitteilung. Das Gericht stellt die Einspruchsschrift jedem Gegner des Einsprechenden, dh jedem Streitgenossen und auch jedem Streithelfer, von Amts wegen nach S. 1 zu (§§ 166 ff., 270 I). Die Zustellung erfolgt nach dem Eingang des Einspruchs ohne eine Prüfung der Zulässigkeit des Einspruchs. Zuständig ist nach § 168 I 1 der Urkundsbeamte der Geschäftsstelle. Er fertigt in der Regel die in S. 2 vorgeschriebene Mitteilung (Zustellungsdatum für das Versäumnisurteil und Datum des Eingangs des Einspruchs) grundsätzlich ohne eine Vorlage beim Vorsitzenden an. Eine Ausnahme gilt nur dann, wenn der Vorsitzende angeordnet hat, ihm den Einspruch zuvor vorzulegen, oder wenn der Urkundsbeamte Zweifel über das Datum der Zustellung und/oder über den Zeitpunkt des Eingangs des Einspruchs hat. Hier gelten dieselben Gesichtspunkte wie bei §§ 521, 550. 4

V. Abschriften. Nach Satz 3 soll die erforderliche Anzahl von unbeglaubigten Abschriften bzw. Kopien beigefügt werden. Dies ist nach Satz 4 bei elektronischer Übermittlung nicht erforderlich. Wenn der Einsprechende Abschriften oder Kopien außerhalb eines elektronischen Einspruchs nicht mit eingereicht hatte, fertigt der Urkundsbeamte der Geschäftsstelle sie nach § 133 auf Kosten der Partei nach KV 9000 Nr. 1b GKG an. Die Vorschrift entspricht § 253 V, → § 253 Rn. 55. 5

341 *Einspruchsprüfung.* **I [1]Das Gericht hat von Amts wegen zu prüfen, ob der Einspruch an sich statthaft und ob er in der gesetzlichen Form und Frist eingelegt ist. [2]Fehlt es an einem dieser Erfordernisse, so ist der Einspruch als unzulässig zu verwerfen.**

II Das Urteil kann ohne mündliche Verhandlung ergehen.

I. Systematik. Einzelheiten → Vor § 330 Rn. 1. 1

II. Regelungszweck. Einzelheiten → Vor § 330 Rn. 2. Die Vorschrift dient sowohl der Rechtssicherheit als auch vor allem durch II der Prozesswirtschaftlichkeit. 2

III. Geltungsbereich. Einzelheiten → Vor § 330 Rn. 4. Im arbeitsgerichtlichen Urteilsverfahren ist § 341 anwendbar, BAG NJW 1978, 2215; LAG Köln NZA-RR 2004, 381. 3

IV. Amtsprüfung, nicht Amtsermittlung. 1. Zulässigkeitsvoraussetzungen. Das Gericht muss in allen Instanzen von Amts wegen und mit den Regeln nach § 286 – Glaubhaftmachung reicht nicht – prüfen, ob die Zulässigkeitsvoraussetzungen für den Einspruch zu bejahen sind, → Vor § 253 Rn. 14. Das sind, wie sich aus dem Wortlaut ergibt, 4

- die Statthaftigkeit des Einspruchs, → § 338 Rn. 6 ff.,
- die Einhaltung der Form, → § 340 Rn. 7 ff.; III gehört nicht zur Zulässigkeit, → § 340 Rn. 13 ff.,
- die Einhaltung der Einspruchsfrist, → § 339 Rn. 4 ff., und
- das Nichtvorliegen eines wirksamen Verzichts bzw. einer wirksamen Rücknahme (§ 346), → Rn. 7.

Fehlt eine dieser Voraussetzungen, ist der Einspruch nach I 2 grundsätzlich als unzulässig zu verwerfen. Eine Sachprüfung und die Klärung der Frage, ob das Versäumnisurteil in gesetzmäßiger Weise ergangen ist, erfolgen nicht, BGH NJW-RR 2007, 1363; → § 338 Rn. 2, 4. 5

Es findet keine Ermittlung von Amts wegen statt, sieht man von dem Ehe- und Kindschaftssachen nach dem FamFG ab, → Vor § 253 Rn. 14. Der Einsprechende hat die Tatsachen, die zur Beurteilung der Statthaftigkeit und der Einspruchsfrist erforderlich sind, grundsätzlich darzulegen und ihn trifft grundsätzlich auch die Beweislast, BGH NJW 1981, 1673; Brschw MDR 1998, 621; MüKoZPO/Prütting Rn. 7. Das gilt nicht für die möglicherweise auch bedeutsamen gerichtsinternen Vorgängen. Allerdings ist bezüglich der Zulässigkeitsvoraussetzungen des Einspruchs ein Freibeweis möglich, BGH BeckRS 2021, 20203 Rn. 13; → Vor § 253 Rn. 14. 6

2. Verzicht oder Rücknahme. § 346 regelt, dass für den Verzicht oder die Rücknahme die entsprechenden Vorschriften für die Berufung gelten. Liegt ein wirksamer Verzicht vor, → § 346 Rn. 3, 4, ist der Einspruch unzulässig und deshalb zu verwerfen. Ist er zurückgenommen worden, → § 346 Rn. 5, ist nach Ablauf der Einspruchsfrist das Versäumnisurteil rechtskräftig. 7

V. Verfahren. Wie II verdeutlicht, steht eine mündliche Verhandlung (§ 128 I) allein zur Zulässigkeit des Einspruchs im pflichtgemäßen Ermessen des Gerichts, BGH VersR 1982, 246; Kblz JurBüro 2011, 590. Wird ohne mündliche Verhandlung nach I entschieden, muss vorher rechtliches Gehör nach Art. 103 I GG eingeräumt werden, BGH VersR 1975, 899. 8

VI. Urteil. 1. Allgemeines. Das Gesetz sieht seit 2002 keinen Beschluss zur Zulässigkeit des Einspruchs mehr vor, Celle NJW-RR 2003, 647. Unabhängig davon, ob eine nach → Rn. 8 freistehende mündliche Verhandlung stattgefunden hat, ist nach I 2 stets durch kontradiktorisches Urteil zu entscheiden, BGH NJW-RR 2008, 218; Naumb FamRZ 2008, 287. Das Urteil nach mündlicher Verhandlung und das ohne mündliche Verhandlung werden entgegen § 310 I 1 nicht verkündet; vielmehr erfolgt nach § 310 III 2 statt einer Verkündung die Zustellung von Amts wegen nach §§ 166 ff. 9

2. Einspruch zulässig; Gegner des Einsprechenden verhandelt. Ist der Einspruch zulässig, ergeht nach mündlicher Verhandlung entweder ein Zwischenurteil nach §§ 303, 347 II über diese Frage oder das Gericht behandelt die Zulässigkeit des Einspruchs in den Gründen des Endurteils nach § 343, in dem es auch über die Zulässigkeit und Begründetheit der Klage entscheidet. Ein Zwischenurteil ergeht dagegen nicht nach § 280, weil die Zulässigkeit des Einspruchs nicht die Zulässigkeit der Klage betrifft. Der Einspruch ist bei seiner Zulässigkeit nicht auf seine „Begründetheit" zu prüfen. Es treten die Folgen des § 342 und entsprechend wird in den Entscheidungsgründen des Endurteils formuliert: *„ Der Einspruch des …. gegen das Versäumnisurteil vom … ist zulässig mit der Folge des § 342 ZPO, dass der Prozess in die Lage zurückversetzt wird, in der er sich vor Säumnis des … befand. Die Zulässigkeit des Einspruchs ergibt sich daraus, … Die Klage ist (zulässig und) begründet …"* 10

3. Einspruch unzulässig. Ist der Einspruch unzulässig, verwirft ihn das Gericht nach einer Anhörung des Einsprechenden durch ein Endurteil, und zwar unabhängig davon, ob eine mündliche Verhandlung stattgefunden hat, vgl. II; eine Sachprüfung findet nicht statt, BGH WM 2012, 1500; NJW-RR 2007, 1363. Da das Versäumnisurteil bereits eine Kostenentscheidung enthält, ist in dem Urteil nach § 341 I 2 nur über die weiteren 11

Kosten des Rechtsstreits zu entscheiden. Die Kostenentscheidung folgt nach unserer Auffassung aus § 91 und nicht aus § 97 I analog, weil der Einspruch kein Rechtsmittel ist, Anders/Gehle Assessorexamen ZivilR H Rn. 14; aM Musielak/Voit/Stadler Rn. 2; Thomas/Putzo/Seiler Rn. 5. Das Urteil ist vorläufig vollstreckbar nach § 708 Nr. 3 ohne Sicherheitsleistung; § 711 findet keine Anwendung.

12 Der **Tenor** lautet: *„Der Einspruch des … gegen das Versäumnisurteil vom … wird als unzulässig verworfen. Der … trägt die weiteren Kosten des Rechtsstreits. Das Urteil ist vorläufig vollstreckbar.“*, Anders/Gehle Assessorexamen ZivilR H Rn. 14. Damit ist das Versäumnisurteil weiter in der Welt. Eine ausdrückliche Aufrechterhaltung des mit dem Einspruch angefochtenen Versäumnisurteils ist nicht notwendig; sie ist aber auch nicht schädlich, aM LAG Ffm BB 1982, 1925.

13 Das Urteil muss als kontradiktorisches Urteil nach § 313 I Nr. 5, 6, II, III einen Tatbestand und Entscheidungsgründe enthalten, wobei sich beide Teile im Wesentlichen auf die Zulässigkeitsfragen bezüglich des Einspruchs beschränken können, soweit sich aus dem Grundsatz der Verständlichkeit und der Rechtsmittelfähigkeit kein größerer Umfang ergibt. Es ist auch nach einer mündlichen Verhandlung nicht nach § 310 III 2 zu verkünden, sondern nur zuzustellen → Rn. 9.

14 **4. Einsprechender säumig.** Soweit der Einspruch **zulässig,** der Einsprechende aber im Einspruchstermin wieder säumig ist, verwirft das Gericht auf Antrag den Einspruch durch ein sog. Zweites Versäumnisurteil nach § 345, van den Hövel NJW 1997, 2865; aM Düss MDR 2001, 833; LAG Hmb NJW 1975, 952.

15 Ist der Einspruch **unzulässig,** ist auch bei Säumnis des Einsprechenden im Einspruchstermin der Einspruch nach I S. 2 zu verwerfen; denn ein Versäumnisurteil setzt die Zulässigkeit der Klage oder des Rechtsbehelfs voraus; das muss auch beim zweiten Versäumnisurteil gelten; außerdem ergibt sich dies aus der systematischen Stellung des § 341, BGH NJW 1995, 1561; Dü MDR 2001, 833; LAG Hambg NJW 1975, 951; MüKoZPO/Prütting Rn. 14.

16 **5. Gegner des Einsprechenden ist säumig.** Ist der Einspruch **zulässig** und der Gegner des Einsprechenden im Einspruchstermin säumig, muss das Gericht gemäß § 343 das ursprüngliche Versäumnisurteil aufheben und bei Vorliegen der Voraussetzungen für den Erlass eines Versäumnisurteils, insbesondere auch eines Antrages, ein erstes echtes Versäumnisurteil, → Vor § 330 Rn. 18, gegen den Gegner erlassen. In diesem Urteil muss das Gericht wegen I 1, II die Zulässigkeit des Einspruchs abweichend von § 313b in den Entscheidungsgründe (§ 313 III) behandeln.

17 Ist der Einspruch unzulässig, ist auch bei Säumnis des Gegners eine Entscheidung nach § 341 I 2 zu treffen; hier gelten dieselben Gesichtspunkte wie bei der Säumnis des Einsprechenden im Einspruchstermin, wenn der Einspruch unzulässig ist, → Rn. 17.

18 **VII. Erneute Einlegung.** Das Verwerfungsurteil nach I 2 hindert einen neuen Einspruch gegen das Versäumnisurteil nicht, sofern der neue Einspruch die gesetzlichen Zulässigkeitserfordernisse erfüllt, insbesondere die Frist nach § 339 wahrt oder Wiedereinsetzung in den vorigen Stand nach §§ 233 ff. gewährt wurde. Ist allerdings der Einspruch wegen fehlender Statthaftigkeit verworfen worden, wird der neue Einspruch unzulässig, wenn das Verwerfungsurteil Rechtskraft erlangt, Thomas/Putzo/Seiler Rn. 6.

19 **VIII. Rechtsmittel und Rechtskraft.** Gegen eine Entscheidung, durch die der Einspruch für zulässig erklärt wird, kommt eine selbständige Anfechtung nicht in Betracht; vielmehr wird diese Entscheidung nur mit dem –zulässigen–Rechtsmittel gegen das Endurteil überprüft werden, auch wenn ein Zwischenurteil ergangen ist, MüKoZPO/Prütting Rn. 17. Kommt das Rechtsmittelgericht zur Unzulässigkeit des Einspruchs (Prüfung von Amts wegen, → Rn. 4), ist dieser unter Aufhebung des Endurteils zu verwerfen, Musielak/Voit/Stadler Rn. 4.

20 Gegen ein Endurteil nach I 2, das den Einspruch als unzulässig verwirft, sind die üblichen Rechtsmittel, Berufung, §§ 511 ff., und Revision bzw. Nichtzulassungsbeschwerde, §§ 542 ff., nach allgemeinen Regeln statthaft; eine Analogie zu § 26 Nr. 8 S. 2 EGZPO aF (Wertgrenze für die Nichtzulassungsbeschwerde), der mit Wirkung zum 1.1.2020 durch § 544 II Nr. 1 ersetzt wurde, → Einl. I Rn. 2, wurde verneint, BGH MDR 2011, 1251 = NJOZ 2012, 1415.

21 Hat das Gericht entgegen II durch einen Beschluss entschieden, gilt das Prinzip der Meistbegünstigung, dh dagegen kann auch mit einer sofortigen Beschwerde vorgegangen werden, wenn gegen das Urteil ein Rechtsmittel gegeben wäre; unter diesen Voraussetzungen ist das Verfahren nach der korrekten Verfahrensart als Berufung oder Revision bzw. als Nichtzulassungsbeschwerde weiterzuführen, Naumb FamRZ 2008, 287; Celle NJW-RR 2003, 648; LAG Köln MDR 2003, 953, MüKoZPO/Prütting Rn. 18.

22 Das Versäumnisurteil erwächst in formeller und materieller Rechtskraft, wenn innerhalb der Einspruchsfrist kein Einspruch eingelegt wird oder wenn ein eingelegter Einspruch als unzulässig verworfen und dagegen kein Rechtsmittel fristgemäß eingelegt wird, MüKoZPO/Prütting Rn. 20.

341a *Einspruchstermin.* Wird der Einspruch nicht als unzulässig verworfen, so ist der Termin zur mündlichen Verhandlung über den Einspruch und die Hauptsache zu bestimmen und den Parteien bekannt zu machen.

1 **I. Systematik.** Einzelheiten → Vor § 330 Rn. 1. Die Vorschrift stellt in Anknüpfung an die vorrangige positive Prüfung nach § 341 eine im Grunde überflüssige Klarstellung der Folgen dar. Das ergibt sich aus § 342 iVm §§ 216, 272 ff.

2 **II. Regelungszweck.** Einzelheiten → Vor § 330 Rn. 2. Zweck ist eine Überleitung in das Verfahren zur Hauptsache. Die Worte „zur mündlichen Verhandlung“ stellen klar, dass eine Güteverhandlung nach § 278 II 1 nicht durchzuführen ist. § 341a gestattet dem Vorsitzenden auch kein Ermessen. Die Vorschrift zwingt ihn vielmehr zur Terminbestimmung (§ 216) „zum Einspruch und zur Hauptsache“ mit Hinweis darauf, dass dessen Versäumung durch den Einsprechenden ein Zweites Versäumnisurteil nach § 345 und damit einen endgültigen Instanzverlust bedeuten kann.

3 **III. Geltungsbereich.** Einzelheiten → Vor § 330 Rn. 4. Im arbeitsgerichtlichen Verfahren gilt § 46a VI ArbGG, LAG Brem MDR 1988, 1083.

IV. Terminbestimmung. Bei Zulässigkeit eines Einspruchs muss zwingend ein Einspruchstermin bestimmt werden, BGH NJW 2015, 3661 Rn. 15; 2011, 928. Die Terminbestimmung erfolgt von Amts wegen durch den Vorsitzenden oder den Einzelrichter der §§ 348, 348a oder durch den Vorsitzenden der Kammer für Handelssachen nach § 349. Auch wenn § 341a eine mündliche Verhandlung über den Einspruch und die Hauptsache vorsieht, kann der Vorsitzende den Termin zur mündlichen Verhandlung nur „über den Einspruch" bestimmen, BGH ZIP 2016, 923. In einem solchen Termin wird entweder der Einspruch nach § 341 als unzulässig verworfen werden oder es kann ein Zwischenurteil nach §§ 303, 347 II – nicht nach § 280 → § 341 Rn. 10 – ergehen mit dem Tenor, dass der Einspruch zulässig ist. Üblich ist jedoch, dass der Vorsitzende den Termin sogleich zur Verhandlung „über den Einspruch und zur Hauptsache" ansetzt, BGH NJW 1982, 888. Auch müssen evtl. vorbereitende Maßnahmen nach § 273 getroffen werden. Das Gericht muss die Ladungsfrist nach § 217 gegenüber beiden Parteien wahren, Mü VersR 1974, 674. 4

Der Vorsitzende muss den Einspruchstermin nach § 216 II unverzüglich und nach § 272 III so früh wie möglich ansetzen, also grundsätzlich möglichst auf den nächsten freien Termintag; er ist nicht verpflichtet, den Termin so weit nach hinten zu verlegen, dass eine Verzögerung abgewendet werden kann, BGH NJW-RR 2008, 877; NJW 1981, 286; Celle NJW 1989, 3025; Köln MDR 2005, 1189; aM Hamm NJW 1980, 294; Zöller/Herget Rn. 2; → § 340 Rn. 15. Eine willkürlich allzu kurzfristige Terminierung ist unstatthaft, Dü MDR 2005, 1189. Unstatthaft ist eine Terminierung schon „für den Fall eines Einspruchs" vor dessen Einlegung, BGH NJW 2015, 3661; 2011, 928. 5

V. Bekanntmachung. Der Urkundsbeamte der Geschäftsstelle führt die Bekanntgabe als Ladung nach §§ 166 ff., 274 I durch, und zwar an alle Streitgenossen, soweit der Einspruch nicht beschränkt ist, und an die Streithelfer, die beigetreten sind. Er teilt den Zweck des Termins mit, BGH NJW 1982, 888. Es erteilt auch die Belehrung nach § 215. Spätestens gleichzeitig stellt der Urkundsbeamte dem Einspruchsgegner die Einspruchsschrift nach § 340a zu. Beim AG kann § 497 I 1 anwendbar sein, falls ein Vollstreckungsbescheid nach § 699 vorliegt. Dort genügt auch sonst bei der einlegenden Partei eine mündliche Mitteilung, falls diese nach § 497 II möglich war. Bei einem Mangel der Ladung gilt § 335 I Nr. 2. Es ist dann also keine neue Versäumnisentscheidung zulässig. 6

342 *Wirkung des zulässigen Einspruchs.* **Ist der Einspruch zulässig, so wird der Prozess, soweit der Einspruch reicht, in die Lage zurückversetzt, in der er sich vor Eintritt der Versäumnis befand.**

I. Systematik. Einzelheiten → Vor § 330 Rn. 1. Die Vorschrift beschreibt die Folge eines zulässigen Einspruchs. Der Prozess geht kraft Gesetzes in den Stand vor dem Eintritt der Säumnis (§§ 330, 331, 333) zurück. Daraus folgt, dass beim Einspruch- anders als bei den Rechtsmitteln- nicht nach Zulässigkeit und Begründetheit (des Einspruchs) zu prüfen ist. Vielmehr ist der Rechtsstreit im Zustand vor der Säumnis zu beurteilen und zu entscheiden, → § 341 Rn. 10. 1

II. Regelungszweck. Einzelheiten → Vor § 330 Rn. 2. Mit der Wiederherstellung des Zustandes vor der Säumnis soll dem bisherigen Gericht, dem judex a quo, die umfassende Beurteilung des Rechtsstreits mit den bisher erzielten Ergebnissen ermöglicht werden. Die Vorschrift dient nicht einer erfolglosen Klage oder Verteidigung gegen sie, sondern nur der Beseitigung von Säumnisfolgen. 2

III. Geltungsbereich. Einzelheiten → Vor § 330 Rn. 4. Die Vorschrift gilt für alle Instanzen. 3

IV. Wirkungen eines zulässigen Einspruchs. Mit der Zurückversetzung in den Zustand vor der Säumnis, zum Begriff: → Vor § 330 Rn. 8 ff., treten bei Zulässigkeit des Einspruchs folgende Wirkungen ein: Das Versäumnisurteil bleibt bis zu seiner Aufhebung nach § 343 S. 2 bestehen. Die formelle Rechtskraft des Versäumnisurteils ist aber nach § 705 S. 2 gehemmt, BGH NJW 2006, 2124. Die Zwangsvollstreckung bleibt unbeeinflusst. Das Versäumnisurteil ist nach § 708 Nr. 2 ohne Sicherheitsleistung weiter vorläufig vollstreckbar, Hamm NJW-RR 1986, 1509. Das Gericht kann die Zwangsvollstreckung aber bei einem entsprechenden Antrag nach §§ 707, 719 I einstweilen einstellen. Mit dem zulässigen Einspruch geht der Rechtsstreit nicht in die nächsthöhere Instanz, dh es tritt kein Devolutiveffekt ein, so dass der Einspruch kein Rechtsmittel ist, Mü MDR 1984, 948; → § 338 Rn. 1. 4

Alles vor dem Eintritt der Säumnis Geschehene ist zu beachten, → Rn. 2. Da das Versäumnisurteil aufgrund der Säumnis einer Partei im vorangegangenen Termin erlassen wurde, können nach dem zulässigen Einspruch kein früher erster Termin nach § 275 und auch kein weiterer Gütetermin nach § 278 II 1 anberaumt werden. Vielmehr muss das Gericht nunmehr der Sache nach gemäß § 216 einen Einspruchstermin stets als Haupttermin nach § 279 mit allen seinen Folgen bestimmen. Eine Verweisung nach §§ 281, 506 bleibt möglich, Zweibr NJW-RR 1998, 1606. 5

Durch die Zurückversetzung in die Lage vor der Säumnis bei einem zulässigen Einspruch wird bewirkt, dass das Gericht das als nicht geschehen zu unterstellen hat, was nach dem Eintritt der Säumnis stattfand; alles früher Geschehene ist dagegen wirksam, so Prozesshandlungen des Gerichts oder der Parteien, Hamm NJW-RR 1995, 1039; LG Mü NZM 1999, 308; LAG Hamm FamRZ 2012, 1908; MüKoZPO/Prütting Rn. 4. 6

Bestritten ist, auf welchen Zeitpunkt bei § 342 abzustellen ist, auf den Beginn des Verhandlungstermins, dh auf den Aufruf zur Sache, so: BGH NJW-RR 1997, 1532; NJW 1993, 861; Köln VersR 1992, 635; Musielak/Voit/Stadler Rn. 2; Thomas/Putzo/Seiler Rn. 4, oder auf den Schluss der mündlichen Verhandlung, in der der Einsprechende säumig war, so: MüKoZPO/Prütting Rn. 4; Prütting/Gehrlein/Göbel Rn. 7; Zöller/Herget Rn. 2 (Argument: § 220 II). Von dem Ergebnis dieses Meinungsstreits hängt ab, ob die Reaktionen der erschienenen Partei für den Rechtsstreit nach zulässigem Einspruch Bedeutung haben, wie zB ob die Nichtgeltendmachung von Prozessrügen im versäumten Termin zum Rügeverlust nach §§ 39, 295 führt, oder ob im Folgetermin noch ein sofortiges Anerkenntnisses nach § 93 abgegeben oder das Ablehnungsrecht mit Blick auf § 43 noch geltend gemacht werden kann. Wir folgen der Rechtsprechung und stellen auf den Zeitpunkt des Beginns des versäumten Termins ab. Auch wenn nach § 220 II ein Versäumnisurteil nicht ergehen kann, wenn die Partei bis zum Schluss erscheint, ist bei Erlass des Versäumnisurteils der gesamte Termin versäumt und § 342 stellt ohne Einschränkung auf die Säumnis ab; außerdem kann dafür § 137 I angeführt werden, wonach eine 7 mündliche Verhandlung mit dem Stellen der Anträge durch beide Parteien beginnt, was aber bei Säumnis einer Partei gerade nicht geschieht; auch deshalb ist iRd § 342 eine zeitliche Zäsur im Rahmen des insgesamt versäumten Termins nicht gerechtfertigt.

V. Beispiele: (bei Zugrundelegen der Rspr.-Meinung → Rn. 7)

8 **Anerkenntnis:** Wirksam bleibt ein früheres Anerkenntnis nach § 307. Ein sofortiges Anerkenntnis mit der Kostenfolge des § 93 nach einem Einspruch ist auch dann noch möglich, wenn der erschienene Bekl. ein solches im versäumten Termin nicht abgegeben hat, weil der Rechtsstreit nach § 342 in die Lage zu Beginn dieses Termins zurückversetzt wird, → Rn. 7

Ausschluss durch rügeloses Einlassen: Ein Ausschluss, etwa im Zusammenhang mit §§ 39, 43, 267, 295, hat bei einem zulässigen Einspruch keine Wirkung mehr, soweit dieser im versäumten Termin eingetreten ist. Durch § 342 wird das „Verhandeln des Bekl. zur Hauptsache" im versäumten Termin rückgängig gemacht, → Rn. 7.

Befangenheit: Wirksam bleibt eine Ablehnbarkeit nach § 42; § 43 greift für den versäumten Termin nicht (mehr) ein, → Rn. 6.

Beweis: Wirksam bleiben ein früherer Beweisbeschluss nach §§ 358, 358a und die Beweiserhebung mit ihrem Ergebnis vor dem versäumten Termin, LAG Hamm FamRZ 2012, 1908; → Rn. 6.

Geständnis: Wirksam bleibt ein früheres Geständnis nach § 288 I vor dem Einspruchstermin, LAG Hamm FamRZ 2012, 1908; → Rn. 6.

Heilung: Nicht wirksam bleibt eine Mängelheilung nach §§ 39, § 295 I, soweit sie im versäumten Termin eintritt, → Rn. 6. Etwas anderes gilt bei früherer Mängelheilung.

Klageänderung: Wirksam bleiben die Möglichkeiten und Grenzen einer Klagänderung nach §§ 263, 264.

Klagerücknahme: Wirksam bleibt die frühere Möglichkeit für den Kläger nach Säumnis des Bekl., die Klage nach § 269 I noch ohne dessen Einwilligung zurückzunehmen, BGH NJW 2006, 2124 (zur „Rechtsmittelrücknahme"); 1993, 861. Im umgekehrten Fall (Säumnis des Klägers und zulässiger Einspruch durch ihn) gilt ebenfalls § 269 I, da das „Verhandeln" des Bekl. im versäumten Termin durch den Einspruch keine Wirkung mehr hat, Musielak/Voit/Stadler Rn. 2; → Rn. 6.

Parteierklärung: Wirksam bleibt eine frühere Parteierklärung vor dem versäumten Termin, → Rn. 6.

Parteiwechsel: „Klageänderung", → § 263 Rn. 6 ff., Köln NJW-RR 2003, 1408.

Prozessvoraussetzungen: → „Zulässigkeitsvoraussetzungen".

Rechtsmittelrücknahme: Der Berufungskläger kann auch nach Verkündung eines Versäumnisurteils seine Berufung zurücknehmen, wenn gegen dieses Urteil zulässig Einspruch eingelegt wurde, BGH NJW 2006, 2124.

Schriftliches Vorverfahren: Der Zeitpunkt der Säumnis und damit die Wirkung des § 342 tritt mit Ablauf der Frist des § 276 I 1 zur Abgabe der Verteidigungsbereitschaft ein, Dü NJW 1981, 2264.

Sicherheitsleistung, Rüge: Wirksam bleibt die Möglichkeit des säumig gewesenen Bekl., jetzt erstmalig die Rüge des Fehlens einer Sicherheitsleistung wegen der Prozesskosten nach § 110 zu erheben, → Rn. 7.

Teilanfechtung: Soweit das Versäumnisurteil mit dem Einspruch nur teilweise angefochten wird, → § 340 Rn. 11, greift § 342 nur für den angefochtenen Teil ein; der restliche Teil wird rechtskräftig. Entsprechendes gilt bei einem Teilversäumnis- und (kontradiktorischen) Schlussurteil, bei dem nur das Teilversäumnisurteil mit dem Einspruch angegriffen werden kann, BGH NJW-RR 1986, 1326.

Versäumnisurteil: Es bleibt bis zu seiner Aufhebung nach § 343 S. 2 bestehen, → Rn. 4; jedoch gilt nicht die Bindungswirkung des § 318, Köln VersR 1992, 901; → Rn. 5.

Verspätung: Präklusion vor dem versäumten Termin wird durch § 342 nicht rückgängig gemacht, → Rn. 6.

Verzicht: Wirksam bleibt ein früherer Verzicht vor dem versäumten Termin nach § 306, → Rn. 6.

Zulässigkeitsvoraussetzungen: Eine Heilung durch rügeloses Einlassen des Bekl. im versäumten Termin, zB § 39, verliert ihre Wirkung bei zulässigem Einspruch, → Rn. 7.

Zuständigkeit: „Heilung".

Zwischenurteil: Wirksam bleibt ein solches zB nach § 280, da es Bindungswirkung nach § 318 hat, → Rn. 6.

343 *Entscheidung nach Einspruch.* **[1]Insoweit die Entscheidung, die auf Grund der neuen Verhandlung zu erlassen ist, mit der in dem Versäumnisurteil enthaltenen Entscheidung übereinstimmt, ist auszusprechen, dass diese Entscheidung aufrechtzuerhalten sei. [2]Insoweit diese Voraussetzung nicht zutrifft, wird das Versäumnisurteil in dem neuen Urteil aufgehoben.**

1 **I. Systematik.** Einzelheiten → Vor § 330 Rn. 1.

2 **II. Regelungszweck.** Einzelheiten → Vor § 330 Rn. 2. Die Vorschrift bezweckt eine Klarstellung der Rechtslage und eine Rechtssicherheit zu der Frage, ob das Versäumnisurteil oder der Vollstreckungsbescheid (§ 700 I), beides Vollstreckungstitel nach §§ 704, 794 I Nr. 4, nach zulässigem Einspruch bestehen bleibt, OVG Münst NVwZ-RR 2015, 397.

3 **III. Geltungsbereich.** Einzelheiten → Vor § 330 Rn. 4. Über § 700 I gilt die Vorschrift auch bei einem Vollstreckungsbescheid. Als mögliche Entscheidung nach § 343 kommt auch ein Vorbehaltsurteil (§§ 302, 599) und ein Grundurteil (§ 304), soweit sich das Versäumnisurteil gegen den Kläger richtet, in Betracht; bei einem Versäumnisurteil gegen den Bekl. ist eine Entscheidung nach § 343 nur im Betragsverfahren möglich, BGH NJW-RR 2015, 1180; MüKoZPO/Prütting Rn. 2; zum Grundurteil allgemein: BGH NJW-RR 2019, 982. Nach § 182a I, II 2 SGG gelten bei Ansprüchen von Unternehmen der privaten Pflegeversicherung für sozialgerichtliche Verfahren die Vorschriften der ZPO für das Mahnverfahren und bei Einspruch gegen einen Vollstreckungsbescheid die §§ 700 I, 343.

4 § 343 ist auf Zwischenurteile (§§ 71, 135 III, 280, 303, 387 III) und auf Verweisungsbeschlüsse (§ 281) nicht anwendbar, sondern vielmehr erst im Zusammenhang mit dem Endurteil, BGH NJW-RR 2015, 1180 Rn. 16 MüKoZPO/Prütting Rn. 3; Thomas/Putzo/Seiler Rn. 6.

5 **IV. Sachentscheidung. 1. Voraussetzungen.** Ist der Einspruch unzulässig ist, ergeht ein Urteil nach § 341 I 2 auf Verwerfung des Einspruchs, → § 341 Rn. 11. Erscheint der Einsprechende im Einspruchstermin

nach § 341a nicht, wird auf Antrag des Gegners ein zweites Versäumnisurteil nach § 345 erlassen. Beide Entscheidungen, § 341 I 2 und § 345, gehen § 343 vor. Eine Entscheidung nach § 343 ergeht demnach nur dann, wenn der Einspruch zulässig ist, kein zweites Versäumnisurteil zu erlassen ist und die Parteien nach dem Einspruch beiderseits verhandelt haben. Darüber hinaus kann die Entscheidung nach § 343 auch als echtes erstes Versäumnisurteil ergehen.

Das Versäumnisurteil bleibt bestehen, solange das Gericht es nicht nach § 343 S. 2 aufhebt, Hamm NJW-RR 1986, 1509; → § 342 Rn. 4. Wegen der Wirkung des § 342 gilt aber das Verbot der reformatio in peius nicht und es besteht auch keine Bindungswirkung nach § 318, → Rn. 7. 6

2. Entscheidungsmöglichkeiten nach § 343. Bei Anwendung des § 343 (keine Fälle des § 341, 345 → Rn. 4) wird geprüft, ob die Klage zulässig und begründet ist. Wegen § 342 spricht man nicht von „Begründetheit des Einspruchs", → § 341 Rn. 10. Ob das Versäumnisurteil gesetzmäßig ergangen ist, spielt nur im Rahmen der Kostenentscheidung eine Rolle,wenn neben §§ 91 ff. die Vorschrift des § 344 zur Anwendung kommt. Das ist nicht der Fall, wenn der Einsprechende in vollem Umfang unterliegt, weil ihm dann ohnehin die gesamten Kosten des Rechtsstreits nach §§ 91 ff. aufzuerlegen sind. 7

Ist der Rechtsstreit entscheidungsreif, ergeht ein Urteil nach § 343. Dabei gibt es folgende **Entscheidungsmöglichkeiten:** 8

- Ist das echte erste Versäumnisurteil, → Vor § 330 Rn. 18, **inhaltlich richtig,** wird es nach Satz 1 aufrechterhalten (zum Tenor → Rn. 12). Dabei kommt es nicht auf die Begründung, sondern auf das Ergebnis an, Zweibr FamRZ 2002, 470; OVG Münst NVwZ-RR 2015, 397.
- Ergibt die Prüfung der Zulässigkeit und Begründetheit der Klage, dass das Versäumnisurteil **unrichtig** ist, ist es nach Satz 2 aufzuheben (Aufhebungsverfahren) und es ist die neue richtige Entscheidung zu treffen (Ersetzungsverfahren) (zum Tenor → Rn. 12, 20). Wird die Aufhebung vergessen, kann § 319 eingreifen. Mit der Aufhebung entfällt die vorläufige Vollstreckbarkeit des Versäumnisurteils nach § 717 I. Legt der durch die neue Entscheidung (nach zulässigem Einspruch) Beschwerte das zulässige **Rechtsmittel** ein, kann das aufgehobene Versäumnisurteil nicht wieder aufleben und das Versäumnisurteil kann „nicht aufrecht erhalten werden"; vielmehr muss der ursprüngliche Antrag aufgegriffen werden, so dass der richtige Antrag lautet: *„in Abänderung des .... Urteils ... den ... zu verurteilen,....,* Mü BeckRS 2020, 14075; BeckRS 2012, 25482; Schneider NJW-Spezial 2021, 667.
- Ist der Gegner im Einspruchstermin oder in einem anderen Termin **säumig,** → Vor § 330 Rn. 8 ff., kann auf Antrag des erschienenen Einspruchsführers gegen den Säumigen bei Vorliegen der weiteren Voraussetzungen ein erstes echtes Versäumnisurteil ergehen, bei dem auch das ursprüngliche Versäumnisurteil nach Satz 1 aufgehoben wird (zum Hauptsachentenor → Rn. 12).
- Ist der Einsprechende zwar nicht im Einspruchstermin, aber in einem späteren Termin wiederum säumig, kann auf Antrag des Gegners bei Vorliegen der weiteren Voraussetzungen gegen ihn ein neues erstes Versäumnisurteil auf Aufrechterhaltung des ursprünglichen Versäumnisurteils nach Satz 1 ergehen (zum Hauptsachentenor → Rn. 12).

Ergibt die Prüfung der Zulässigkeit und Begründetheit der Klage, dass das Versäumnisurteil nur **teilweise richtig** ist, werden die dargestellten Möglichkeiten kombiniert („insoweit") (zum Tenor → Rn. 20). Dabei wird nur der Hauptsachentenor teilweise aufrechterhalten, nicht aber der Tenor zu den Kosten und der vorläufigen Vollstreckbarkeit, Anders/Gehle Assessorexamen ZivilR H Rn. 20. Nach unserer Auffassung kann in derartigen Fällen der Tenor teilweise aufgehoben und zur Klarstellung vollständig neu gefasst werden, da Nachteile bei einer bereits laufenden Zwangsvollstreckung bei nur „teilweiser Aufhebung" nicht entstehen können, Köln NJW 1976, 113; Thomas/Putzo/Seiler Rn. 3; Anders/Gehle Assessorexamen ZivilR H Rn. 20; aM wohl MüKoZPO/Prütting Rn. 14.

Nicht möglich ist dagegen eine vollständigen Aufhebung des Versäumnisurteils und Neufassung des Tenors allein zum Zwecke der Klarstellung, weil ansonsten in der Zwangsvollstreckung die Gefahr eines endgültigen Rangverlusts droht (§§ 775, 776, 804 III), Köln NJW 1976, 113; Anders/Gehle Assessorexamen ZivilR H Rn. 20. Bei einer bloßen Klarstellung des Tenors ohne inhaltliche Änderung kann aber wie folgt formuliert werden: *„Das Versäumnisurteil ... mit der Maßgabe aufrecht erhalten, dass .... ".* 9

Bei der Kostenentscheidung ist die vollständige Aufhebung zur Klarstellung hingegen unschädlich, weil ein bis dahin ergangener Kostenfestsetzungsbeschluss ohnehin seine Wirkung verliert, Prütting/Gehrlein/Schmidt § 103 Rn. 7. Soweit bereits wegen der Kosten vollstreckt wird, ist dies wegen der erforderlichen Kostenausgleichung nach § 106 hinzunehmen, Anders/Gehle Assessorexamen ZivilR H Rn. 20. 10

3. Inhalt der Entscheidungen. Neben der **Hauptsachenentscheidung,** → Rn. 7 ff., muss das Gericht im neuen Urteil eine **Kostengrundentscheidung** (Kosten des Rechtsstreits) treffen, und zwar auf der Grundlage der §§ 91 ff. und gegebenenfalls zusätzlich getrennt nach § 344 (über die Kosten der Säumnis). Wenn das Versäumnisurteil aufrechterhalten wird, ist in dem neuen Urteil nur über die *„weiteren Kosten des Rechtsstreits"* zu entscheiden, weil auch das Versäumnisurteil eine Kostenentscheidung enthält. Darüber hinaus muss über die **vorläufige Vollstreckbarkeit** entschieden werden. Wenn es sich bei einem Urteil nach § 343 nicht um ein Versäumnisurteil, → Rn. 8 f., sondern um ein kontradiktorisches Urteil handelt, gilt nicht § 708 Nr. 2, 3. Vielmehr finden dann, soweit kein besonderer Fall nach § 708 Nr. 1, 4–10 vorliegt, die allgemeinen Regelungen der §§ 708 Nr. 11, 709, 711, 713 Anwendung. Bei Aufrechterhaltung des Versäumnisurteils sind bei der Frage, ob das Urteil mit oder ohne Sicherheitsleistung für vorläufig vollstreckbar zu erklären ist (§ 708 Nr. 11 oder § 709 S. 1), das Versäumnisurteil und das auf den Einspruch ergehende Urteil nach § 343 als Einheit anzusehen und es ist auf die Rechtsfolge abzustellen, Anders/Gehle Assessorexamen ZivilR H Rn. 19. Soweit das Versäumnisurteil aufrechterhalten wird, braucht der Einspruchsgegner für die bereits vorgenommene Zwangsvollstreckung keine Sicherheit nachzuleisten. Er darf aber die Zwangsvollstreckung auch wegen der Kosten nach § 709 S. 3 nur gegen eine Sicherheitsleistung fortsetzen, LG Itzehoe DGVZ 1994, 172. Das ist im Urteil auszusprechen, LG Memmingen DGVZ 2003, 26. 11

Der **Tenor** bei § 343 kann lauten: 12
(Bei Aufhebung des Versäumnisurteils, → Rn. 8)

„Das Versäumnisurteil vom … (Der Vollstreckungsbescheid vom …) *wird aufgehoben. Die Klage wird abgewiesen./ Der Bekl. wird verurteilt, …. Der Bekl. trägt die Kosten seiner Säumnis. Die übrigen Kosten des Rechtsstreits werden dem Kläger auferlegt./Der Kläger trägt die Kosten seiner Säumnis. Die übrigen Kosten des Rechtsstreits trägt der Bekl.*

Das Urteil ist vorläufig vollstreckbar, für den Bekl./Kläger nur gegen Sicherheitsleistung in Höhe von 110% des jeweils zu vollstreckenden Betrages. Der Bekl./Kläger darf die Zwangsvollstreckung …. abwenden, wenn nicht der Kläger / Bekl. vor der Vollstreckung Sicherheit … leistet." (§§ 91 I 1 Hs. 1, 344, 708 Nr. 11, 709 S. 1, 2, 711).

(Bei Aufrechterhaltung des Versäumnisurteil, → Rn. 8)

„Das Versäumnisurteil vom … wird mit der Maßgabe aufrechterhalten, dass sich seine vorläufige Vollstreckbarkeit nach diesem Urteil richtet.

Der Kläger trägt die weiteren Kosten des Rechtsstreits.

Das Urteil ist gegen Sicherheitsleistung in Höhe von 110% …. vorläufig vollstreckbar. Die Vollstreckung aus dem Versäumnisurteil darf nur gegen Leistung dieser Sicherheit fortgesetzt werden." (§§ 91 I 1 Hs. 1, 709).

(Bei teilweiser Aufhebung und teilweiser Aufrechterhaltung)

„Das Versäumnisurteil vom … wird in Höhe von … nebst … Zinsen seit dem … aufrechterhalten; im Übrigen wird es aufgehoben und die Klage wird abgewiesen.

Der Bekl. trägt die Kosten seiner Säumnis. Die übrigen Kosten des Rechtsstreits werden dem Kläger zu … % und dem Bekl. zu … % auferlegt.

Das Urteil ist vorläufig vollstreckbar, für den … nur gegen Sicherheitsleistung … Die Vollstreckung aus dem Versäumnisurteil darf nur gegen diese Sicherheitsleistung fortgesetzt werden. Der Kläger darf … abwenden, wenn nicht der Bekl. …" (§§ 92 I, 344, 708 Nr. 11,709 S. 1, 2, 711).

Bei teilweiser Aufhebung und Neufassung zur Klarstellung, → Rn. 6, kann der Hauptsachentenor lauten: *„Das Versäumnisurteil vom … wird teilweise aufgehoben und insgesamt wie folgt neu gefasst: Der Bekl. wird verurteilt, an den Kläger …".*

13 **V. Abschluss ohne Urteil.** Wird der Rechtsstreit ohne Urteil beendet, wie zB bei Klagerücknahme, Vergleich oder beidseitiger Erledigungserklärung (§ 91a), wird das nicht rechtskräftige Versäumnisurteil wirkungslos; das ergibt sich aus § 269 III 1, der bei § 91a und auch allen anderen Beendigungstatbeständen analog angewendet werden kann, BGH MDR 2011, 810 (für § 91a); MüKoZPO/Prütting Rn. 19 (für alle Beendigungstatbestände). Soweit das Gericht in diesen Fällen eine Entscheidung zu treffen hat, so zB wegen der Kosten nach §§ 91a, 269 IV 1, muss es auch das Versäumnisurteil aufheben, Celle OLGR 1995, 216 (zu § 269 IV). Auch im Übrigen wird § 269 IV analog angewendet, so dass ein entsprechender Antrag gestellt werden kann, MüKoZPO/Prütting Rn. 20. Das gilt nicht nur für einen gerichtlichen, sondern auch für einen außergerichtlichen Vergleich, wenn sich die Parteien darüber einig sind und auf die Rechte aus dem Titel verzichten; es ist kein Grund ersichtlich, warum in diesem Fall der Rechtsstreit in der Schwebe gehalten werden soll, aM wohl Prütting/Gehrlein/Göbel Rn. 12.

344 *Versäumniskosten.* **Ist das Versäumnisurteil in gesetzlicher Weise ergangen, so sind die durch die Versäumnis veranlassten Kosten, soweit sie nicht durch einen unbegründeten Widerspruch des Gegners entstanden sind, der säumigen Partei auch dann aufzuerlegen, wenn infolge des Einspruchs eine abändernde Entscheidung erlassen wird.**

Schrifttum: Habel, Kostenerstattung bei vorangegangenem Versäumnisurteil, NJW 1997, 2357; Hansens RVGreport 2015, 50; Schneider, Kosten der Säumnis, NJW 2019, 556.

1 **I. Systematik.** Einzelheiten → Vor § 330 Rn. 1. § 344 ist, ähnlich wie §§ 281 III 2, 494a II 1, eine Ausnahme von § 91. Danach trägt der Säumige bei seinem letztendlichen Obsiegen die Versäumniskosten, die entgegen des Grundsatzes der Kosteneinheit von den übrigen Prozesskosten zu trennen sind, sog. Kostentrennung, Schneider NJW 2019, 556. Zum Kostentenor → Rn. 3.

2 **II. Regelungszweck.** Einzelheiten → Vor § 330 Rn. 2. Die Vorschrift bezweckt den Schutz des Gegners des Säumigen vor den Mehrkosten → Rn. 7, 8, die durch dessen Säumnis entstanden sind, LG Bonn Rpfleger 1996, 174.

3 **III. Geltungsbereich.** Einzelheiten → Vor § 330 Rn. 4. § 344 hat nur Bedeutung, wenn das Versäumnisurteil nach Einspruch gemäß § 343 S. 2 ganz oder teilweise aufgehoben wird. Zum Tenor → § 343 Rn. 11 ff.; → Rn. 6. Ob tatsächlich Mehrkosten durch die Säumnis entstanden sind, spielt für die Kostengrundentscheidung nach § 344 keine Rolle; diese Frage hat erst im Kostenfestsetzungsverfahren Bedeutung. Wird das Versäumnisurteil nach § 343 S. 1 in vollem Umfang aufrechterhalten oder ergeht ein zweites Versäumnisurteil § 345, hat die säumige Partei ohnehin die gesamten Kosten nach § 91 zu tragen, so dass § 344 hier keine Anwendung findet. Entsprechendes gilt, wenn der Einspruch nach § 341 als unzulässig verworfen wird → Rn. 4. § 344 gilt nicht bei einem Vergleich, da § 98 insoweit eine Sonderregelung enthält, Thomas/Putzo/Seiler Rn. 2. § 344 ist die speziellere Regelung zu § 95, Schneider NJW 2019, 556; Habel NJW 1997, 2357. § 344 gilt auch bei Klagerücknahme, BGH NJW 2004, 2309.

4 **IV. In gesetzlicher Weise ergangen.** Die Vorschrift setzt voraus, dass das Versäumnisurteil „in gesetzlicher Weise ergangen" ist. Das Gericht muss an dieser Stelle von Amts wegen prüfen, ob die Voraussetzungen für seinen Erlass vorlagen, Köln OLGR 1997, 88; → § 330 Rn. 4 ff.; → § 331 Rn. 4 ff. Auf die Kenntnis des Gerichts von den maßgeblichen Tatsachen kommt es nicht an, BGH NJW 2004, 2309. In gesetzlicher Weise ist das Versäumnisurteil ergangen, wenn folgende Voraussetzungen zu bejahen sind:

– Zulässigkeit der Klage, → § 330 Rn. 10; → § 331 Rn. 5;
– Säumnis der Partei iSd §§ 330, 331, 331a, 333, 345, 514 II, → Vor § 330 Rn. 8 ff. (auch Nichtvorliegen der Hindernisse der §§ 335 I, 337), gegen die das Versäumnisurteil aufgrund ihrer Säumnis ergangen ist;
– Schlüssigkeit des Vorbringens des Klägers, wenn der Bekl. säumig war, → § 331 Rn. 7;
– Antrag des Erschienenen auf Erlass eines Versäumnisurteils, → § 330 Rn. 5; → § 331 Rn. 5.

5 **V. Kostenentscheidung nach Einspruch. 1. Aufrechterhaltung des Versäumnisurteils.** Soweit das Versäumnisurteil aufrechterhalten wird, spielt § 344 keine Rolle, → Rn. 3; → § 343 Rn. 11. Da bereits das (erste)

Versäumnisurteil eine Kostenentscheidung enthält, wird in dem neuen Urteil bezüglich der (neuen) Kosten tenoriert: „Die weiteren Kosten des Rechtsstreits trägt der … (= Säumige)". Entsprechendes gilt, wenn der Einspruch nach § 341 als unzulässig verworfen wird oder ein zweites Versäumnisurteil nach § 345 ergeht.

2. Aufhebung des Versäumnisurteils. Bei einer vollständigen oder teilweisen Aufhebung des Versäumnisurteils nach § 343 S. 2 muss das Gericht über die gesamten Kosten unter Berücksichtigung des § 344 neu entscheiden; → § 343 Rn. 11 ff., Der Kostentenor kann lauten: „Der Beklagte trägt die Kosten seiner Säumnis. Die übrigen Kosten trägt der Kläger." oder „Der Beklagte trägt die Kosten seiner Säumnis. Die übrigen Kosten werden gegeneinander aufgehoben." Erfolgt im Kostentenor keine Regelung über die Säumniskosten, kann im Einzelfall eine Auslegung mit Hilfe der Entscheidungsgründe oder des Protokolls erfolgen. Eine isolierte Anfechtung der Kostenentscheidung kommt nur in den Fällen der §§ 99 II 1, 91a II, 269 V 1, ansonsten aber nach § 99 I nicht in Betracht. § 321 kann helfen, wenn die Kostentrennung übersehen wurde, Kblz BeckRS 1992, 9409; Schneider NJW 2019, 556. Im Einzelfall ist auch an eine Berichtigung nach § 319 zu denken, Schneider NJW 2019, 556. 6

3. Säumniskosten. Ob infolge der Säumnis tatsächlich Mehrkosten entstanden sind und wie hoch sie sind, hat für die Kostengrundentscheidung nach § 344 keine Bedeutung; diese Frage ist erst im Kostenfestsetzungsverfahren nach § 104 zu klären, Stgt MDR 1989, 269; Zöller/Herget Rn. 2. „Durch die Versäumnis veranlasst" sind nicht die dem Gegner der säumigen Partei durch die Wahrnehmung des versäumten Termins entstandenen Kosten, sondern die Kosten für die Wahrnehmung eines wegen der Säumnis erforderlichen späteren Einspruchstermins, Köln NJW 2019, 614; Stgt MDR 1989, 269. Ausgenommen sind auch die durch einen unbegründeten Widerspruch des Einspruchsgegners verursachten Kosten, wie zB Kosten einer Beweisaufnahme anlässlich eines Streits über die Rechtzeitigkeit des Einspruchs. Auch wenn § 344 bei der Klagerücknahme gilt, → Rn. 3, gehören die wegen des Versäumnisurteils nicht reduzierten Gerichtsgebühren (KV 1211 GKG) nicht zu Säumniskosten, Köln NJW 2019, 614; LG Freiburg NJW 2019, 310; Schneider NJW 2019, 556. 7

4. Beispiele für Säumniskosten:

Anwaltsgebühren: Keine Mehrkosten, da der Anwalt nur eine Termingebühr unabhängig von der Anzahl der Termine erhält (VV 3104, 3105 RVG), Köln BeckRS 2017, 133996. Ausnahme: Säumnisbedingter Anwaltswechsel, Schneider NJW 2019, 556. 8

Auslagen des Anwalts für Einspruchstermin: Säumnisbedingt, Kblz MDR 2010, 1494; Köln BeckRS 2008, 11052; Schneider NJW 2019, 556; Habel NJW 1997, 2357.

Auslagen des Gerichts: Mehrkosten für Einspruchstermin, zB Zustellungskosten, Schneider NJW 2019, 556.

Gebührenermäßigung: → „Gerichtsgebühren".

Gerichtsgebühren: Keine Mehrkosten, da keine gesonderten Gebühren anfallen (eine Verfahrensgebühr, KV 1210 GKG), Köln NJW 2019, 614. Die nach dem Versäumnisurteil nicht mehr in Betracht kommende Gerichtsgebührenermäßigung nach KV 1211 GKG, so zB bei Klagerücknahme (Nr. 1), stellen keine säumnisbedingten Mehrkosten dar, weil der Gegner des Säumigen erst durch seinen Antrag auf Erlass eines Versäumnisurteils diese Sperre auslöst, Köln NJW 2019, 614; LG Freiburg NJW 2019, 1310; Schneider NJW 2019, 556.

Parteikosten: Reisekosten und Entschädigung für Zeitversäumnis im Zusammenhang mit dem Einspruchstermin sind säumnisbedingt, nicht aber die Kosten für den versäumten Termin, Stgt BeckRS 1988, 7503; Schneider NJW 2019, 556; Habel NJW 1997, 2357.

Zwangsvollstreckungskosten oder Kosten der Einstellung nach §§ 707, 719: keine Mehrkosten, Ffm Rpfleger 1975, 260.

345 *Zweites Versäumnisurteil.* **Einer Partei, die den Einspruch eingelegt hat, aber in der zur mündlichen Verhandlung bestimmten Sitzung oder in derjenigen Sitzung, auf welche die Verhandlung vertagt ist, nicht erscheint oder nicht zur Hauptsache verhandelt, steht gegen das Versäumnisurteil, durch das der Einspruch verworfen wird, ein weiterer Einspruch nicht zu.**

Schrifttum: Stahlhacke, Problem des zweiten Versäumnisurteils, FS Schneider, 1997, 109.

I. Systematik. Einzelheiten → Vor § 330 Rn. 1. Die Vorschrift regelt den Fall, dass der Säumige im Einspruchstermin erneut säumig ist. 1

II. Regelungszweck. Einzelheiten → Vor § 330 Rn. 2. Die Vorschrift dient der Prozesswirtschaftlichkeit, BGH NJW-RR 2008, 877. Derjenige, der Einspruch gegen ein erstes Versäumnisurteil einlegt und im darauf anberaumten Einspruchstermin wieder säumig ist, zeigt sein Desinteresse an dem Verfahren, BGH NJW 1999, 2599; KG MDR 2000, 293. Mit dieser Regelung sowie mit § 514 II und der Möglichkeit nach § 331a soll der Verzögerung des Verfahrens durch Säumnis, dh einer Prozessverschleppung, in gewissen Umfang entgegengewirkt werden, BGH NJW 2018, 3252 (zu § 514 II); MüKoZPO/Prütting Rn. 4. 2

III. Geltungsbereich. Einzelheiten → Vor § 330 Rn. 4. § 345 setzt voraus, dass der Einspruch zulässig ist; ansonsten ergeht eine Entscheidung nach § 341, BGH NJW 1995, 1561. Im Arbeitsgerichtsverfahren bleibt erstinstanzlich § 345 nach § 59 S. 4 ArbGG unberührt, BAG NZA 2008, 1205. § 64 II d ArbGG stellt eine Sonderregelung zu § 514 II dar, BAG NJW 1989, 2644, LAG Hamm DB 1988, 1124, wobei Nr. 4 dem § 514 II entspricht. 3

IV. Voraussetzungen. Ein zweites Versäumnisurteil kann nur ergehen, wenn dieselbe Partei im Einspruchstermin nach § 341a erneut säumig ist. Der Einspruchstermin ist der erste Termin zur mündlichen Verhandlung nach dem Einspruch, → § 341a Rn. 6; die Bezeichnung „Termin zur mündlichen Verhandlung über den Einspruch" ist unschädlich, BGH NJW-RR 2008, 876. Wird hingegen im Einspruchstermin verhandelt und ist der Einsprechende in einem darauf folgenden Termin erneut säumig, kann wiederum ein erstes Versäumnisurteil ergehen, gegen das ein Einspruch statthaft ist, BGH MDR 2016, 351; BAG NZA 2008, 1205; Düss MDR 2001, 833; Dresd NJW-RR 2001, 792 (Sachantrag nicht erforderlich); → § 343 Rn. 8. 4

Zu den Voraussetzungen für den Erlass eines zweiten Versäumnisurteils gehören: 5

– Existenz des ersten echten Versäumnisurteils, fehlt bei mangelnder Zustellung, MüKoZPO/Prütting Rn. 3.
– Zulässigkeit des Einspruchs, BGH NJW 1991, 43; Düss MDR 2001, 833; → § 341 Rn. 4.
– Zulässigkeit der Klage, BGH NJW 1991, 43; LAG NZA-RR 2004, 157.
– Säumnis iSd §§ 330, 331, 331a, 333, 514 II, → Vor § 330 Rn. 8 ff. (auch Nichtvorliegen der Hindernisse der §§ 335 I, 337), desjenigen, der Einspruch eingelegt hat, im Einspruchstermin → Rn. 4.
– Antrag des Prozessgegners, Stgt NJW 1994, 1884.

6 Dagegen kommt es auf die Rechtmäßigkeit des ersten Versäumnisurteils, → § 344 Rn. 4, nicht an; insbesondere ist bei erneuter Säumnis des Bekl. nach Erlass eines ersten Versäumnisurteils nach § 331 gegen diesen nicht zu prüfen, ob das Klägervorbringen schlüssig ist, BGH NJW 2018, 3252 Rn. 18; 2016, 642 Rn. 13; 1999, 2599; BeckRS 2017, 139247 und 103962; MüKoZPO/Prütting Rn. 9–23; Musielak/Voit/Stadler Rn. 4; aA BAG JZ 1995, 523; Zöller/Herget Rn. 4; Thomas/Putzo/Seiler Rn. 4 (kein wünschenswertes Ergebnis); zur Schlüssigkeit → Vor § 253 Rn. 50 ff.; → § 139 Rn. 23; → § 331 Rn. 7. Das folgt aus dem Gesichtspunkt der Prozesswirtschaftlichkeit, → Rn. 2, und dem Umkehrschluss zu § 700 VI, der (nur) bei einem zulässigen Einspruch gegen einen Vollstreckungsbescheid nach § 700 diese Schlüssigkeitsprüfung ausdrücklich vorschreibt; der Grund liegt darin, dass beim Mahnbescheid und beim Vollstreckungsbescheid, anders als beim ersten Versäumnisurteil gegen den Beklagten (§ 331 I Hs. 2), eine Schlüssigkeitsprüfung nicht erfolgt, Anders/Gehle Assessorexamen ZivilR H Rn. 15.

7 Weil iRd § 345 keine Rechtmäßigkeitsprüfung stattfindet, kommt bei Säumnis des Einsprechenden im ersten mündlichen Verhandlungstermin nach dem Einspruch ein zweites Versäumnisurteil bei einer **Klageänderung** grundsätzlich nur in Betracht, soweit die Streitgegenstände übereinstimmen; im übrigen kann, so bei einer Klageerweiterung, nur ein erstes Versäumnisurteil bei Vorliegen der Voraussetzungen ergehen, BGH NJW 1991, 43; Köln NJW-RR 1988, 701; MüKoZPO/Prütting Rn. 26; Musielak/Voit/Stadler Rn. 5; Prütting/Gehrlein/Göbel Rn. 8; → § 253 Rn. 26 (Streitgegenstand). Auch beim gewillkürten Parteiwechsel, → § 263 Rn. 23 ff., kann kein zweites Versäumnisurteil ergehen, sondern gegebenenfalls nur ein erstes Versäumnisurteil, Karlsr NJW-RR 1993, 383; Prütting/Gehrlein/Göbel Rn. 8. Beim gesetzlichen Parteiwechsel, insbesondere bei einer Rechtsnachfolge zB durch Erbschaft, wird der notweniger Interessenausgleich durch die §§ 239 ff. hergestellt; jedoch kann sich der Rechtsnachfolger nicht der Bindung an die bestehende Prozesslage entziehen, so dass kein Grund besteht, von einem zweiten Versäumnisurteil bei Vorliegen der Voraussetzungen abzusehen, Thöne NJW 2022, 119, 122.

Beispiele zu den Voraussetzungen

8 **Ablehnungsgesuch:** Eine Rüge, das Gericht habe über ein Ablehnungsgesuch nach § 44 noch nicht entschieden, stellt noch keine mündliche Verhandlung dar, so dass bei dem nächsten Termin eine Entscheidung nach § 345 möglich ist, Ffm OLGZ 1992, 480. Nicht geprüft wird iRd Vorschrift, ob ein Ablehnungsgesuch zutreffend beschieden wurde, BGH NJW 2018, 3252; ZInsO 2018, 488,

Güteverhandlung: Nach § 278 II geht die Güteverhandlung der mündlichen Verhandlung voraus und ist deshalb kein Einspruchstermin.

Klageänderung, Parteiwechsel: → Rn. 7.

Terminierungsfehler: Setzt das Gericht mit Erlass des ersten Versäumnisurteils den Termin für den Fall des Einspruchs fest, darf mangels ordnungsgemäßer Terminierung und damit fehlender Säumnis kein zweites Versäumnisurteil ergehen, BGH NJW 2011, 928.

Unverschuldetes Nichterscheinen: Bejahend bei Einschränkung des Zugverkehrs, BGH BeckRS 2017, 103962; → § 337 Rn. 8 (Beispiele).

Vertagung: Wird der Einspruchstermin vertagt, kann bei erneuter Säumnis im vertagten Termin ein zweites Versäumnisurteil ergehen, BGH NJW-RR 1986, 1252; Brdb NJW-RR 1998, 167; Thomas/Putzo/Seiler Rn. 2.

Verweisungsantrag: Vorangegangene Erörterung der Streitfragen und dann Antrag nach § 281: Mündliche Verhandlung, Drsd NJW-RR 2001, 792.

Vollstreckungsbescheid: Bei Säumnis des Beklagten in dem ersten Termin nach Einspruch gegen den Vollstreckungsbescheid muss nach § 700 VI auch die Schlüssigkeit des Klagevorbringens geprüft werden, → Rn. 6.

Zulässigkeit des Einspruchs: Kein Verhandeln zur Hauptsache, Zöller/Herget Rn. 2.

Zuständigkeit: Erörterung ist Verhandeln, Drsd NJW-RR 2001, 792.

9 **V. Entscheidung.** Das zweite Versäumnisurteil ist als solches zu überschreiben. Der Hauptsachentenor ergibt sich aus § 345. Da das erste Versäumnisurteil bereits eine Kostenentscheidung enthält und bestehen bleibt, ist nur über die weiteren Kosten zu entscheiden. Für die vorläufige Vollstreckbarkeit gilt § 708 Nr. 2. § 711 findet keine Anwendung. Der **Tenor** lautet: *„Der Einspruch des … gegen das Versäumnisurteil vom … wird verworfen. Der … trägt die weiteren Kosten des Rechtsstreits. Das Urteil ist vorläufig vollstreckbar."*

10 Diejenigen, die bei Säumnis des Beklagten für § 345 eine erneute Schlüssigkeitsprüfung für erforderlich halten, → Rn. 6, und zu dem Ergebnis kommen, dass das erste Versäumnisurteil nicht in gesetzlicher Weise zustande gekommen ist, wollen das erste Versäumnisurteil aufheben und ein unechtes Versäumnisurteil mit Klageabweisung erlassen, Zöller/Herget Rn. 4; Thomas/Putzo/Seiler Rn. 7 (für Vollstreckungsbescheid). Ist die säumige Partei, nachdem sie Einspruch eingelegt hat und die Parteien im Einspruchstermin verhandelt haben, in einem späteren Termin wiederum säumig, kann auf Antrag des Gegners gegen sie erneut ein erstes Versäumnisurteil ergehen; dieses lautet auf Aufrechterhaltung des ersten Versäumnisurteils; hiergegen kann Einspruch eingelegt werden, MüKoZPO/Prütting Rn. 3; → § 343 Rn. 8.

11 Wenn der Gegner des vorher Säumigen im Einspruchstermin nicht erscheint, muss das Gericht auf Antrag bei Vorliegen der weiteren Voraussetzungen nach §§ 343, 344 das erste Versäumnisurteil durch ein neues erstes Versäumnisurteil aufheben und anderweit erkennen, → § 343 Rn. 8.

12 **VI. Rechtsmittel.** Demjenigen, gegen den auf Antrag das zweite Versäumnisurteil, ein echtes Versäumnisurteil, Anders/Gehle Assessorexamen ZivilR H Rn. 16, erlassen wurde, steht kein weiterer Einspruch zu und seine Berufung kann nach § 514 II nur darauf gestützt werden, dass kein Fall der Säumnis, → Vor § 330 Rn. 8 ff., vorlag, BGH NJW-RR 2015, 3661; 2008, 876. Dasselbe gilt für die Revision; wird die fehlende Säumnis nicht schlüssig dargelegt, ist das Rechtsmittel als unzulässig zu verwerfen, BGH NJW 2018, 3252; 2016, 642. Die Revision findet ohne Zulassung statt, BGH NJW 2018, 3252; NJW-RR 2019, 695 Rn. 9; 2008, 876. Das gilt

nicht für die Revision an das BAG, die nach § 72 I 1 ArbGG auch beim zweiten Versäumnisurteil des LAG nur stattfindet, wenn sie im Tenor des LAG-Urteils (§§ 72 I 2, 64 III ArbGG) oder durch Beschluss (§ 72a V 2 ArbGG) zugelassen wurde; dieser unterschiedliche Revisionszugang führt nicht zu einer Rechtsschutzlücke im arbeitsgerichtlichen Verfahren, weil die beschwerte Partei Gehörsverletzungen geltend machen kann, zu denen auch die Rüge gehört, eine Säumnis habe nicht bestanden (§§ 72 II Nr. 3, 72a III 2 Nr. 3 ArbGG), BAG NJW 2020, 2573 Rn. 11, 12.

VII. Meistbegünstigung. Soweit das Gericht ein erstes Versäumnisurteil irrig als „zweites" bezeichnet hat, sind nach dem Meistbegünstigungsgrundsatz der Einspruch nach § 338 oder die Berufung statthaft, BGH NJW 1997, 1448, Düss MDR 2001, 833, Ffm NJW-RR 2011, 216. Das gilt auch für den umgekehrten Fall, dass statt eines zweiten Versäumnisurteil ein erstes ergeht; dann kann der Betroffene ebenfalls Einspruch oder Berufung einlegen, wobei die Berufung nur erfolgreich ist, wenn kein Fall der Säumnis vorlag, BGH NJW 1997, 1448. Denn durch die Meistbegünstigung soll keine Erweiterung des Instanzenzuges gewährt werden, Musielak/Voit/Stadler Rn. 7. 13

346 ***Verzicht und Zurücknahme des Einspruchs.*** **Für den Verzicht auf den Einspruch und seine Zurücknahme gelten die Vorschriften über den Verzicht auf die Berufung und über ihre Zurücknahme entsprechend.**

I. Regelungszweck. Einzelheiten → Vor § 330 Rn. 2. Nach dieser Vorschrift sind die Rücknahme des Einspruchs und der Verzicht auf den Einspruch zulässig und richten sich nach den Regeln des Berufungsverfahrens, §§ 515, 516. Wegen der Protokollierung gilt § 160 III Nr. 8, 9. 1

II. Prozesshandlungen. Die Erklärungen des Verzichts und der Rücknahme gegenüber dem Gericht sind Prozesshandlungen, die grundsätzlich unwiderruflich und unanfechtbar sind, BGH FamRZ 1994, 300; → Vor § 128 Rn. 54 ff. (allgemein zu den Prozesshandlungen). Sie können sich auf den Einspruch gegen das gesamte Versäumnisurteil oder auf selbständige Teile davon beziehen. Unter den Voraussetzungen des § 580 ist ein Widerruf grundsätzlich möglich, nicht aber wegen Irrtums, MüKoZPO/Prütting Rn. 2. 2

III. Verzicht. Der Verzicht auf den Einspruch ist formlos dem Gericht oder dem Gegner gegenüber zu erklären, BGH NJW 1974, 1248. Er muss eindeutig sein und unterliegt bei Erklärung gegenüber dem Gericht dem Anwaltszwang bei Vorliegen der Voraussetzungen des § 78 I, Kblz NJW-RR 2002, 1510. Das Gericht muss den nach dem Eingang des Einspruchs erklärten Verzicht von Amts wegen dem Gegner nach §§ 166 ff. zustellen. Wird wirksam verzichtet, ist der gleichwohl eingelegte Einspruch als unzulässig zu verwerfen, § 341. Ist die Erklärung gegenüber dem Prozessgegner erfolgt, gilt dies nur, wenn dieser die entsprechende Einrede erhebt, BGH NJW-RR 1997, 1288; Prütting/Gehrlein/Lemke § 515 Rn. 13. 3

Wird der Verzicht vor Erlass des Versäumnisurteils abgegeben, ist er bei einer Vereinbarung der Parteien zulässig; streitig ist, ob dies auch bei einer einseitigen Erklärung des Einspruchsberechtigten gegenüber dem Amtsgericht der Fall ist, bejahend: BGH BeckRS 2021, 11489 = WM 2021, 1091; Prütting/Gehrlein/Göbel Rn. 2; aM MüKoZPO/Prütting Rn. 4; Zöller/Herget Rn. 1. Wir halten auch den einseitigen Verzicht für zulässig, weil der Erklärende in dieser Konstellation (Erklärung vor Erlass des Versäumnisurteils) nicht schutzbedürftiger ist. 4

IV. Rücknahme. Die Rücknahme des Einspruchs ist die Erklärung, das Verfahren beenden zu wollen, BGH NJW-RR 2006, 863. Sie bezieht sich auf den eingelegten Einspruch, so dass dieser innerhalb der Einspruchsfrist wiederholt werden kann, Zöller/Herget Rn. 1. Die Rücknahme muss nach §§ 346, 516 II dem Gericht gegenüber erfolgen, und zwar in der mündlichen Verhandlung oder schriftsätzlich bzw. elektronisch nach § 130a. Man kann den Einspruch nach §§ 346, 516 I bis zur Entscheidung über den Einspruch (§§ 341, 343, 345) zurücknehmen, und zwar auch ohne die Zustimmung des Gegners, Zöller/Herget Rn. 1. 5

V. Kosten bei Rücknahme. Die Kostenentscheidung erfolgt gemäß §§ 346, 516 III durch einen wegen § 329 III zuzustellenden Beschluss. Der **Kostentenor** lautet: *„Der … trägt die weiteren Kosten des Rechtsstreits."* 6

347 ***Verfahren bei Widerklage und Zwischenstreit.*** **[I] Die Vorschriften dieses Titels gelten für das Verfahren, das eine Widerklage oder die Bestimmung des Betrages eines dem Grunde nach bereits festgestellten Anspruchs zum Gegenstand hat, entsprechend.**

II [1]War ein Termin lediglich zur Verhandlung über einen Zwischenstreit bestimmt, so beschränkt sich das Versäumnisverfahren und das Versäumnisurteil auf die Erledigung dieses Zwischenstreits. [2]Die Vorschriften dieses Titels gelten entsprechend.

I. Regelungszweck. Einzelheiten → Vor § 330 Rn. 2. Die Vorschriften über das Versäumnisverfahren und über die Entscheidung nach Lage der Akten, § 331a, gelten entsprechend bei der Widerklage, bei dem Betragsverfahren nach Erlass eines Grundurteils oder bei einem Zwischenstreit. Abs. 1 enthält eine Klarstellung, Prütting/Gehrlein/Göbel Rn. 1. 1

II. Geltungsbereich. Einzelheiten → Vor § 330 Rn. 4. Über die in der Vorschrift genannten Fälle hinaus findet § 347 I auch Anwendung bei §§ 302, 599, 600 (Vorbehaltsurteile) und bei der Stufenklage, § 254, Musielak/Voit/Stadler Rn. 1. 2

III. Widerklage und Betragsverfahren, I. Die Widerklage steht bei einer ordnungsgemäßen Erhebung durch Zustellung eines Schriftsatzes nach § 253 II vor der mündlichen Verhandlung der Klage auch für das Versäumnisverfahren gleich. Der Bekl. kann bei Säumnis des Klägers in Bezug auf die Klage und die Widerklage jeweils ein Versäumnisurteil beantragen. Entsprechend kann der Kläger bei einer Säumnis des Bekl. vorgehen. Wenn eine Partei nur zur Klage oder nur zur Widerklage verhandelt, findet das Versäumnisverfahren für den anderen Teil statt. 3

Bei Erhebung der Widerklage im Termin nach § 261 II kann dagegen einer Versäumnisentscheidung für die Widerklage grundsätzlich gemäß § 335 I Nr. 3 nicht ergehen. Nur wenn sich der Widerbekl. rechtzeitig vorher auf sie einstellen konnte, greift diese Vorschrift ein. 4

Die Vorabentscheidung über den Grund nach § 304 kann nicht durch ein Versäumnisurteil erfolgen. Ist der Kläger säumig und ist noch kein Grundurteil ergangen, kommt nur ein Versäumnisurteil gegen ihn über die 5 gesamte Klage nach § 330 in Betracht. Ist bei dieser Konstellation der Beklagte säumig, ist ein Grundurteil als Versäumnisurteil nicht möglich, weil § 331 eine Entscheidung über den gesamten Anspruch voraussetzt, MüKoZPO/Prütting Rn. 5.

6 Nach Erlass des Grundurteils betrifft die Verhandlung über den Betrag trotz ihrer Beschränkung in Wahrheit den ganzen Anspruch. Deshalb muss das Gericht die Klage bei einer Säumnis des Klägers im Betragsverfahren nach § 330 abweisen. Bei einer Säumnis des Bekl. bindet die Vorabentscheidung das Gericht nach § 318. Daher darf es dann ein Versäumnisurteil nach § 331 nur über den Betrag erlassen.

7 **IV. Zwischenstreit, II.** Die Vorschrift betrifft nur den Zwischenstreit zwischen den Parteien, etwa nach §§ 146, 280. Sie setzt voraus, dass die Verhandlung ausschließlich diesem Zwischenstreit dient, dass also das Gericht die Parteien eindeutig erkennbar nur für den Zwischenstreit geladen hat, BGH NJW 1982, 888. Wenn gleichzeitig nach § 137 eine Verhandlung zur Hauptsache erfolgt, ergeht ein Versäumnisurteil in der Hauptsache. In dem nach II praktisch selten vorkommenden Fall ergeht ein Versäumniszwischenurteil. Beim Zwischenstreit mit einem Dritten, so zB §§ 71, 387, ist II nicht anwendbar, weil kein Einspruch, sondern die sofortige Beschwerde zulässig ist nach § 567.

Titel 4. Verfahren vor dem Einzelrichter

Vorbemerkung zu § 348

1 **I. Systematik.** § 348 bestimmt, wann der Einzelrichter schon kraft Gesetzes zuständig ist. § 348a regelt, wann die Kammer auch in den übrigen Fällen die Sache dem Einzelrichter (auch dem Proberichter) zur Entscheidung überträgt. § 349 regelt, wann der Vorsitzende einer KfH allein tätig wird und wann die Handelsrichter uA entscheiden. § 350 unterstellt die Einzelrichterentscheidungen denselben Rechtsmitteln wie die Kammerentscheidungen.

2 **II. Regelungszweck.** Ziel der Regelungen ist eine bessere Ausschöpfung der Binnenressourcen.

3 **III. Geltungsbereich.** Die Vorschriften gelten auch im WEG-Verfahren. Sie sind auch beim frühen ersten Termin anwendbar, Köln NJW-RR 2000, 1593. §§ 348–350 gelten in der ersten Instanz, §§ 524, 527 in der Berufungsinstanz. Beim Beschwerdegericht gilt vorrangig § 568, Fölsch MDR 2003, 308 (ausf. zum originären Einzelrichter). In der Revisionsinstanz sind §§ 348–350 nach § 555 II unanwendbar.

4 Unanwendbar sind §§ 348–350 bei der Kammer für Baulandsachen nach § 220 I 3 BauGB, ferner im FamFG-Verfahren, BayObLG DB 1995, 1169; Ffm DB 1992, 672, sowie nach § 11 I 2 KapMuG, SchlAnh. VI. Im arbeitsgerichtlichen Verfahren gilt § 55 ArbGG.

5 **IV. Begriffe.** Die ZPO kennt als einzelnen Richter: Den Richter am Amtsgericht auch als Familiengericht oder Betreuungsgericht nach dem FamFG; bei der erstinstanzlichen Zivilkammer den originären oder den obligatorischen Einzelrichter nach §§ 348, 348a. Er wird an Stelle des Kollegiums tätig, nicht in seinem Auftrag, Karlsr JurBüro 1976, 372. Er wird umfassend tätig und entscheidet, sofern er die Sache nicht an das Kollegium zurückgibt. Soweit er nicht kraft Gesetzes nach § 348 I 1 von Anfang an allein tätig wird, bestellt ihn nicht der Vorsitzende, sondern das Kollegium nach den generell für das Geschäftsjahr nach § 21g GVG usw. vom Vorsitzenden getroffenen Anordnungen, Stanicki DRiZ 1979, 343; bei der Kammer für Handelssachen den Vorsitzenden nach § 349. Er entscheidet zum Teil ohne die Notwendigkeit eines Einverständnisses der Parteien, zum Teil nur in ihrem Einverständnis, zum Teil bereitet er auch nur vor. Er heißt, anders als sein Gegenstück beim Berufungsgericht, nicht Einzelrichter. Er ist bei der Zivilkammer nicht mehr zulässig; beim Berufungsgericht den entscheidenden Richter nach § 526 und den vorbereitenden Einzelrichter nach § 527. Die Aufgaben des letzteren entsprechen im Wesentlichen denjenigen des Vorsitzenden der Kammer für Handelssachen nach § 349. Er wird, anders als der Einzelrichter des § 348a, nur ausnahmsweise und nur im Einverständnis der Parteien bis zum streitigen Endurteil tätig; den vorbereitenden Richter als Mitglied des Prozessgerichts oder als verordneten Richter nach § 375; den beauftragten Richter; den ersuchter oder beauftragter Richter nach §§ 361, 362; in der Beschwerdeinstanz den originären Einzelrichter nach § 568.

348 *Originärer Einzelrichter.* **I [1]Die Zivilkammer entscheidet durch eines ihrer Mitglieder als Einzelrichter. [2]Dies gilt nicht, wenn**

1. das Mitglied Richter auf Probe ist und noch nicht über einen Zeitraum von einem Jahr geschäftsverteilungsplanmäßig Rechtsprechungsaufgaben in bürgerlichen Rechtsstreitigkeiten wahrzunehmen hatte oder
2. die Zuständigkeit der Kammer nach § 72a Absatz 1 und 2 des Gerichtsverfassungsgesetzes oder nach dem Geschäftsverteilungsplan des Gerichts wegen der Zuordnung des Rechtsstreits zu den nachfolgenden Sachgebieten begründet ist:
   a) Streitigkeiten über Ansprüche aus Veröffentlichungen durch Druckerzeugnisse, Bild- und Tonträger jeder Art, insbesondere in Presse, Rundfunk, Film und Fernsehen;
   b) Streitigkeiten aus Bank- und Finanzgeschäften;
   c) Streitigkeiten aus Bau- und Architektenverträgen sowie aus Ingenieurverträgen, soweit sie im Zusammenhang mit Bauleistungen stehen;
   d) Streitigkeiten aus der Berufstätigkeit der Rechtsanwälte, Patentanwälte, Notare, Steuerberater, Steuerbevollmächtigten, Wirtschaftsprüfer und vereidigten Buchprüfer;
   e) Streitigkeiten über Ansprüche aus Heilbehandlungen;
   f) Streitigkeiten aus Handelssachen im Sinne des § 95 des Gerichtsverfassungsgesetzes;
   g) Streitigkeiten über Ansprüche aus Fracht-, Speditions- und Lagergeschäften;
   h) Streitigkeiten aus Versicherungsvertragsverhältnissen;
   i) Streitigkeiten aus den Bereichen des Urheber- und Verlagsrechts;
   j) Streitigkeiten aus den Bereichen der Kommunikations- und Informationstechnologie;
   k) Streitigkeiten, die dem Landgericht ohne Rücksicht auf den Streitwert zugewiesen sind.

Über die Auslegung entscheidet die Kammer. Da hierbei über den gesetzlichen Richter entschieden wird, ist eine eng am Gesetzeswortlaut und dessen Zweck orientierte Auslegung auf der Grundlage des Klägervortrags geboten, BeckOK-ZPO/Fischer Rn. 17. 17

1. Veröffentlichungsstreit, Nr. 2 lit. a. Abgrenzungsprobleme können insbesondere zu Nr. 2d, i, j entstehen. Das speziellere Gebiet hat den Vorrang, nicht allein der Schwerpunkt im Einzelfall, meist aber doch wohl im Ergebnis dieser letztere. Auch das Internet zählt hierher, Karlsr NJW-RR 2016, 1159. 18

Hierher gehören auch: Ein Streit um das Persönlichkeitsrecht, die Ehre, den Ruf, um den eingerichteten und ausgeübten Gewerbebetrieb, soweit es eben um eine Veröffentlichung geht. „Jede Art" von Bild- und Tonträger umfasst auch das Internet. Auch eine Gegendarstellung nach einem Landespressegesetz zählt hierher. Dabei mag es sich jeweils um einen gesetzlichen und/oder vertraglichen Anspruch handeln. Beim Konflikt mit Nr. 2j ist meist Nr. 2a die speziellere Zuweisung und daher meist vorrangig. 19

2. Bank- und Finanzgeschäft, Nr. 2 lit. b. Abgrenzungsprobleme können insbesondere zu Nr. 2f, h entstehen. Auch hier hat das speziellere Gebiet den Vorrang. Beteiligt sein kann zB: Eine Sparkasse; ein Finanzierungsinstitut. Es mag um Darlehens-, Diskont-, Effekten-, Depot-, Investment-, Leasing- und Wertpapiergeschäfte gehen, auch um eine Option oder um einen Terminkontrakt, um Festgeld, Spareinlagen, Tagesgeld usw., vgl. § 1 KWG. 20

3. Bau-, Architekten-, Ingenieurvertrag, Nr. 2 lit. c. Abgrenzungsprobleme können insbesondere zu Nr. 2 lit. j entstehen. Auch hier hat das speziellere Gebiet den Vorrang. Es kann gehen um: Einen Dienstvertrag, Werk- oder Werklieferungsvertrag; eine Geschäftsbesorgung; einen derartigen Mischvertrag; eine Geschäftsführung ohne Auftrag; einen Bereicherungsanspruch; insbesondere sind auch Bauverträge (§ 650a BGB), Verbraucherbauverträge (§ 650i BGB), Architekten- und Ingenieurverträge (§ 650p BGB) und Bauträgerverträge (§ 650u BGB) erfasst, Musielak/Voit/Wittschier Rn. 9; BT-Drs. 18/11437, 51. Auch die jeweiligen Mitarbeiter des Architekten, Bauunternehmers oder Bauingenieurs gehören zum hier behandelten Personenkreis. Auch ein Vorvertrag zählt hierher, ferner etwa ein Baubetreuungsvertrag, eine Anwartschaft, ein Träger-Bewerber-Vertrag mit der Pflicht zur Überwachung oder Durchführung des Baues. 21

4. Anwaltsvertrag, Nr. 2d. Abgrenzungsprobleme können insbesondere zu Nr. 2 lit. b, j entstehen. Auch hier hat das speziellere Gebiet den Vorrang. Nur die Berufstätigkeit ist einschlägig, nicht eine Tätigkeit etwa des Anwalts als Komponist, wohl aber eine solche als juristischer Kommentator über Anwaltsfragen, solange diese nicht völlig untergeordnet sind. Im letzteren Fall ist eher Nr. 2i anwendbar. Gegenständlich sein mag das Honorar n, auch eine Haftung, ein Regress, eine gerichtliche oder außergerichtliche Tätigkeit auf einem beliebigen Sachgebiet, die gesetzliche oder die vereinbarte Vergütung. Die Mitarbeiter der genannten Berufsgruppen gehören als Erfüllungsgehilfen hierher, soweit ihr Chef haftet usw. 22

5. Heilbehandlung, Nr. 2 lit. e. Abgrenzungsprobleme können insbesondere zu Nr. 2 lit. h entstehen. Auch hier hat das speziellere Gebiet den Vorrang. Auch der Schwerpunkt des Streits ist von Belang. Es geht um vertragliche wie gesetzliche Ansprüche für oder gegen alle beruflich mit der Heilbehandlung befassten Personen, wie den Arzt, so schon Brdb VersR 2001, 1242, ferner Schneider MDR 2003, 556 (Haftung), außerdem den Zahnarzt, auch den Tierarzt, ferner den Krankengymnasten, Psychologen, Psychotherapeuten, Physiotherapeuten, nicht aber um jemanden, der eine nicht als Heilbehandlung anerkannte Berufstätigkeit ausübt. Außerberufliche Ansprüche für oder gegen die genannten Berufsgruppen gehören nicht hierher. 23

6. Handelssache, Nr. 2f. Abgrenzungsprobleme können insbesondere zu Nr. 2 lit. a, b, c, g, h, i, j entstehen. Auch hier hat das speziellere Gebiet unter Mitbeachtung des Einzelfall-Schwerpunkts den Vorrang. § 95 GVG nennt den sachlichen Geltungsbereich. Die Vorschrift dient demjenigen LG, bei dem nicht ohnehin eine Kammer für Handelssachen besteht. Sie hätte natürlich Vorrang vor Nr. 2 lit. f. 24

7. Fracht, Spedition, Lagergeschäft, Nr. 2 lit. g. Abgrenzungsprobleme zu Nr. 2 lit. f können deshalb kaum entstehen, weil Nr. 2 lit. g eindeutig spezieller ist und deshalb den Vorrang hat, solange nicht seine Kriterien im Einzelfall eine völlig untergeordnete Rolle spielen. Erst recht gilt Nr. 2 lit. g natürlich, soweit kein beiderseitiges Handelsgeschäft vorliegt. Die Haftung für Erfüllungsgehilfen gehört zu dieser Fallgruppe. 25

8. Versicherungsvertrag, Nr. 2 lit. h. Abgrenzungsprobleme können insbesondere zu Nr. 2 lit. b, d, e, f, g entstehen. Auch hier hat das speziellere Gebiet unter Mitbeachtung des Schwerpunkts des Einzelfalls den Vorrang. Die Vorschrift erfasst gesetzliche wie vertragliche Versicherungsverhältnisse jeder Art zwischen dem Versicherer, dem Versicherungsnehmer, dem Versicherten oder einem Bezugsberechtigten, aber auch einem sonstigen Dritten, soweit das Versicherungsverhältnis ihn mitschützt. Hierher gehört auch ein Auslandsbezug. 26

9. Urheber- und Verlagsrecht, Nr. 2 lit. i. Abgrenzungsprobleme können insbesondere zu Nr. 2 lit. a, f, j entstehen. Auch hier hat das speziellere Gebiet unter Mitbeachtung des Schwerpunkts des Einzelfalls den Vorrang. Es geht um das Gesamtgebiet des Urheber- und Verlagsrechts unabhängig davon, ob nur ein Inlandsbezug besteht. Die Vorschrift erfasst vertragliche wie gesetzliche Ansprüche, auch gegenüber Lizenz- oder Unterlizenznehmern usw. 27

Nicht hierher gehören diejenigen Gebiete des Gewerblichen Rechtsschutzes, die nicht gerade zum Urheber- und Verlagsrecht zählen, Schneider MDR 2003, 555. 28

10. Kommunikations- und Informationstechnologie, Nr. 2 lit. j. Abgrenzungsprobleme entstehen evtl. insbesondere zu Nr. 2 lit. a, f, i. Auch hier hat das speziellere Gebiet unter Mitbeachtung des Schwerpunkts des Einzelfalls den Vorrang. Es geht um den wachsenden Bereich der Telekommunikation mittels beliebiger Wege mit Ausnahme der in Nr. 2 lit. a geregelten Veröffentlichungen. Die Vorschrift erfasst vertragliche wie gesetzliche Ansprüche in allen Verbreitungsformen und -stufen. Auch die Produkthaftung kann hierher zählen. 29

11. Zuständigkeit unabhängig vom Streitwert, Nr. 2 lit. k. Abgrenzungsprobleme können insbesondere dann entstehen, wenn ein Spezialgesetz Unklarheiten, Auslassungen, Widersprüchlichkeiten usw. aufweist. Neben den Amtshaftungsstreitigkeiten nach § 71 II GVG kommen spezialgesetzliche bundes- oder landesrechtliche Zuweisungen infrage. → GVG § 71 Rn. 24 ff. 30

VIII. Bei Zweifeln: Kollegialbeschluss, II. Sobald die Zuständigkeit des Einzelrichters nach I zweifelhaft wird, darf und muss die vollbesetzte Kammer als Kollegium über diese Frage entscheiden. Das ist eine nach dem Wortlaut von II im Vergleich zu III abweichende Regelung. In Wahrheit stimmt sie mit III zumindest dann 31 überein, wenn der Zweifel beim Einzelrichter nach I selbst entsteht. Denn dann legt er die Sache dem Kollegium ebenfalls zu dessen Entscheidung über seine weitere Zuständigkeit vor. Nur wenn die Akten gar nicht erst dem Einzelrichter vorlagen, führt der Vorsitzende sogleich bei II eine Kollegialentscheidung zur Zuständigkeitsfrage herbei. Bei § 568 gilt II entsprechend, → § 568 Rn. 3.

32 **1. Vorliegen eines Zweifels.** Es muss ein Zweifel über das Vorliegen der Voraussetzungen des I entstanden sein. Der Zweifel mag sich auf die ausreichende Zivilrichterzeit des Proberichters nach I 2 Nr. 1 beziehen oder auf das Vorliegen oder Fehlen einer Spezialzuständigkeit I 2 Nr. 2 oder aber auch auf beide Voraussetzungen.

33 Zweifel ist das Gegenteil von Gewissheit. Nach dem Wortlaut von II ist kein „ernsthafter" oder „erheblicher" Zweifel notwendig, die das Gesetz ja auch sonst durchaus als Begriffe kennt. Daher reicht jeder einfache Zweifel. Natürlich muss er nachvollziehbar begründbar sein. Es genügt also nicht, dass der Einzelrichter oder der Vorsitzende irgendein ungutes Gefühl haben, das nicht auf einer systematischen Prüfung der oben bei I entwickelten Tatsachen beruht. Andererseits kann jede vertretbare Ansicht einen Zweifel begründen. Es handelt sich ja in diesem Stadium noch nicht um die abschließende unanfechtbare Entscheidung der Zuständigkeitsfrage, sondern nur um die Schlüssigkeit der Umstände für das Verfahren nach II. Daher sollte man den Zweifelsbegriff weder zu großzügig noch zu streng auslegen, sondern eine vernünftige Abwägung fordern und ausreichen lassen.

34 **2. Verfahren.** Sobald nach → Rn. 32, 33 ein Zweifel vorliegt, darf und muss das Verfahren nach II vor dem Kollegium beginnen. Es kommt also zu einer Dreier-Beratung unter dem Vorsitz des diensttuenden Kammervorsitzenden und unter der etwaigen Mitwirkung weiterer Urlaubsvertreter usw. der ordentlichen Beisitzer. Der vorlegende Einzelrichter nimmt an der Beratung auch dann mit seinem Stimmrecht teil, wenn es um die in I 2 Nr. 1 erheblichen Fragen geht. Ist er im Zeitpunkt der Beratung verhindert, **entscheidet** die Kammer unter einer Mitwirkung seines geschäftsplanmäßigen Vertreters. Die Ablehnungsregeln der §§ 42 ff. gelten natürlich wie sonst.

35 Es gibt keine Entscheidung des Präsidiums nach II. Das Präsidium war nur für den Geschäftsverteilungsplan zuständig. Es darf nicht seine Auslegung dieses Plans an die Stelle der gerade der Kammer und nur ihr übertragenen Beurteilung setzen. § 21e GVG besagt nichts anderes. In seiner richterlichen Unabhängigkeit nach Art. 97 GG darf und muss der Spruchkörper selbst nach II abschließend nach §§ 192 ff. GVG beraten und abstimmen. Er darf daher streng genommen schon wegen seines Beratungsgeheimnisses das Präsidium gar nicht auch nur zu einer konkreten Einzelfall-Stellungnahme einschalten. Ob eine allgemeine Auskunft über die derzeitige Auslegung des Geschäftsverteilungsplans zulässig und ratsam ist, ist eine andere Frage.

36 Es gibt auch keine Anhörung der Parteien. Das ergibt sich beim Vergleich von II mit § 348a II 3. Denn nur dort entscheidet die Kammer „nach Anhörung der Parteien". Beide Vorschriften entstanden in der jetzigen Fassung gleichzeitig. Sie weichen also kaum nur irrig voneinander ab.

37 **3. Entscheidung.** Beschluss nach § 329 ist die vorgeschriebene Entscheidungsform. Ein bloße Verfügung nach → § 329 Rn. 15 reicht nicht. Der Beschluss lautet nicht etwa auf eine „Übertragung auf den Einzelrichter X". Denn die sieht das Gesetz nur bei III und bei § 348a II 3 vor. Vielmehr stellt der Beschluss nur fest: „In pp ist der Einzelrichter nach § 348 I 1 … zuständig". Eine Feststellung sollte tunlich bei I 2 Nr. 1 den Namen des Proberichters enthalten. Denn bei seinem Wechsel kann eine ganz andere Beurteilung des Jahreszeitraums notwendig werden. Bei I 2 Nr. 2a–k kommt es nicht darauf an, wie der Einzelrichter derzeit heißt. Daher sollte man ihn dann auch gar nicht im Beschluss mit seinem Namen nennen. Denn auch er kann wechseln und einen weiteren Beschluss wegen Namensänderung erforderlich machen.

38 Eine Begründung des Beschlusses ist wegen seiner ausdrücklichen Unanfechtbarkeit nach → § 329 Rn. 10 formell entbehrlich. Dennoch sollte sie in einer nachvollziehbaren Kurzform zumindest bei I 2 Nr. 1 erfolgen. Denn das BVerfG müsste einen etwaigen Verstoß gegen Art. 101 I 2 GG überprüfen können. Eine Kurzbegründung ist daher eine Anstandspflicht. Es entstehen in diesem Zwischenverfahren keine Gerichtskosten und nach § 19 I 2 Nr. 3 RVG keine Anwaltskosten.

39 **4. Unanfechtbarkeit.** Der Beschluss der Kammer nach II ist kraft dessen ausdrücklichen Wortlauts unanfechtbar, Schneider MDR 2003, 556 (krit.). Das gilt unabhängig vom Inhalt und seiner Begründung. Wegen etwaiger Verfassungswidrigkeit → Rn. 38.

40 **IX. Vorlagepflicht in Sonderfällen, III. 1.** In einer Abweichung vom Grundsatz I 1 (Einzelrichter kraft Gesetzes) eröffnet III in drei Sonderfällen ein solches Verfahren, das mit dem Fortbestand der originären Zuständigkeit des Einzelrichters nach I enden kann, aber auch mit der durch eine „Übernahme" gekennzeichneten Zuständigkeit der vollbesetzten Kammer nach III, schließlich aber auch mit einer als einer „Übertragung" bezeichneten Zuständigkeit des Einzelrichters nach § 348a (sog. obligatorischer Einzelrichter). Dieses Ineinander ist alles andere als übersichtlich. Es eröffnet evtl. manche fragwürdige Behandlung der Zuständigkeitsfrage.

41 Jede Situation III 1 Nr. 1–3 reicht zur Vorlagepflicht des Einzelrichters. Darin unterscheidet sich diese Bestimmung vom im Übrigen vergleichbaren § 348a I, wo alle Voraussetzungen seiner Nr. 1–3 zusammentreffen müssen. Die bloße Vorlage erfolgt nur „zur Entscheidung über eine Übernahme" durch die Kammer. Die Voraussetzungen einer Vorlagepflicht sind bei III 1 strenger geregelt als bei II.

42 **1. Vorlagepflicht.** Der originäre Einzelrichter darf und muss vorlegen, sobald eine der Voraussetzungen → Rn. 45 ff. eintritt. Er „legt vor" (nicht: Er „kann vorlegen"). **Ob** eine der Voraussetzungen III 1 Nr. 1–3 vorliegt, muss der Einzelrichter im Rahmen seiner Prüfung einer etwaigen Vorlagepflicht anhand der unbestimmten Rechtsbegriffe klären. Sie lassen ihm theoretisch keinen Ermessensspielraum, BGH NJW 2004, 449 (zu § 568 S. 2 Nr. 2). Wie weit praktisch eben doch zumindest bei III 1 Nr. 1, 2 ein sogar ziemlich weites Ermessen den Einzelrichter davon abhält, eine dieser Voraussetzungen zu bejahen, ohne dass die Parteien das beanstanden, ist eine ganz andere Frage. Sie hängt bei den Parteien auch davon ab, ob sie sich bei diesem Einzelrichter besser aufgehoben fühlen als bei der Kammer.

43 **2. Gesamtvorlage.** Der Einzelrichter darf den Rechtsstreit nur insgesamt oder gar nicht nach III 1 der Kammer vorlegen. Denn der Einzelrichter muss „den Rechtsstreit" vorlegen, „wenn" (nicht: „soweit") eine der Bedingungen Nr. 1–3 eingetreten ist. Man muss aber auch das Fehlen einer Zeitschranke in III mitbeachten, → Rn. 44.

44 **3. Keine Zeitschranke.** Für eine Vorlagepflicht nach III gibt es keine zeitliche Grenze. Das zeigt der Vergleich mit § 348a I Nr. 3 Hs. 1. Daraus folgt: Eine Gesamtvorlage nach → Rn. 43 kann und muss evtl. auch

noch im Verlauf des vor dem originären Einzelrichter vielleicht schon beträchtlich vorangeschrittenen Prozesses erfolgen, sogar bis zum Schluss der mündlichen Verhandlung, §§ 136 IV, 296a. Insofern erfolgt die Vorlage eben im Ergebnis doch nicht für die gesamte Dauer des Rechtsstreits. Wie weit Vorgänge und Entscheidungen vor der Vorlage bei einer anschließenden Übertragung auf die vollbesetzte Kammer wirksam bleiben, richtet sich auch bei III nach den allgemeinen Regeln.

4. Besondere Schwierigkeit, III 1 Nr. 1. Es genügt unabhängig von → Rn. 46, 47 zur Vorlagepflicht des originären Einzelrichters, dass er nach → Rn. 42 erkennt, dass der Prozess eine besondere qualitative Schwierigkeit tatsächlicher oder rechtlicher Art aufweist. Das mag sich allerdings nach → Rn. 44 auch erst jetzt herausgestellt haben, etwa aufgrund einer Beweisaufnahme nach §§ 355 ff. oder wegen einer von nun an zu beachtenden Gesetzesänderung. „Besonders" ist eine solche Schwierigkeit, die erheblich über den Durchschnitt hinauszuwachsen droht oder schon derart entstanden ist. Ob das so ist, muss man unter einer Abwägung aller sachlichen und persönlichen Aspekte ohne den grundsätzlichen Vorrang des einen oder des anderen Gesichtspunkts prüfen. Das Kollegium soll entlastet werden. Das darf aber nicht zum voraussichtlich erheblichen Nachteil der Parteien geschehen. Die besondere Sachkunde des Einzelrichters mag zur nur einfacheren Schwierigkeit führen. 45

5. Beispiele zur Frage einer Anwendbarkeit von III 1 Nr. 1

Arztsache: Anwendbar ist III 1 Nr. 1 oft in einer solchen Sache, Karlsr NJW-RR 2006, 205; Köln VersR 1987, 164. 46

Auslandsrecht: Anwendbar ist III 1 Nr. 1 meist dann, wenn der Einzelrichter nach § 293 ausländisches Recht in großem Umfang anwenden müsste.

Beweisaufnahme: Anwendbar ist III 1 Nr. 1 dann, wenn es wahrscheinlich eine sehr schwierige Beweisaufnahme nach §§ 355 ff. mit widersprüchlichen Aussagen oder Gutachten und daher auch eine komplexe Glaubwürdigkeitsprüfung geben wird, zB bei einer Arzthaftung, BGH NJW 1994, 801.

Entlegenes Sachgebiet: Anwendbar ist III 1 Nr. 1 meist dann, wenn es um ein entlegenes Sachgebiet geht, das der Einzelrichter nicht speziell beherrscht, LG Heilbr Rpfleger 2004, 56.

Hintergründe: Anwendbar ist III 1 Nr. 1 meist dann, wenn sich die wirtschaftlichen, politischen, technischen Hintergründe nicht leicht erfassen lassen, Meyer-Ladewig NJW 1978, 858.

Kompliziertes Recht: Anwendbar ist III 1 Nr. 1 meist dann, wenn es um bisher wenig erörtertes oder kompliziertes Recht geht.

Punktesache: Unanwendbar kann III 1 Nr. 1 auch bei einer lästigen solchen Sache sein, Holtgrave DB 1975, 40.

Schwerverständlichkeit: Anwendbar ist III 1 Nr. 1 in solcher Lage.

Streitwert: Unanwendbar kann III 1 Nr. 1 trotz eines hohen Streitwerts nach §§ 3 ff. usw. sein, Schneider MDR 2003, 355.

Umfang: Anwendbar ist III 1 Nr. 1 meist bei einem ganz außergewöhnlichen Umfang der Sache. Freilich gehören eine normale und auch einmal eine größere Stoffmenge zur einfachen Schwierigkeit des Richteralltags.

Unerfahrenheit: Anwendbar ist III 1 Nr. 1 meist dann, wenn sich der Einzelrichter auch nach einer Zivilrichtertätigkeit von über einem Jahr doch für diesen Fall noch zu unerfahren fühlt.

Unüberschaubarkeit: Anwendbar ist III Nr. 1 in solcher Lage.

Unversöhnlichkeit: Anwendbar ist III 1 Nr. 1 meist dann, wenn sich die Parteien höchst unversöhnlich gegenüberstehen.

6. Grundsätzliche Bedeutung, III 1 Nr. 2. Unabhängig von → Rn. 45, 41 genügt es zur Vorlagepflicht des originären Einzelrichters, dass er nach → Rn. 42 erkannt hat, dass die Rechtssache eine tatsächliche oder rechtliche grundsätzliche Bedeutung hat. Auch das mag sich freilich nach → Rn. 44 wie bei → Rn. 45 erst jetzt herausgestellt haben. Nicht jede Bedeutung hat den Rang des Grundsätzlichen. Das gilt selbst bei der Annahme eines Abweichens innerhalb der Rechtsprechung oder einer Notwendigkeit der Rechtsfortbildung, BGH NJW 2003, 3712 (beides erwähnen Nr. 1–3 nicht). Eine grundsätzliche Bedeutung liegt evtl. auch dann vor, wenn keine besondere Schwierigkeit nach III 1 Nr. 1 erkennbar ist. Ob eine grundsätzliche Bedeutung vorliegt, muss man beurteilen wie bei §§ 543 II Nr. 1, 574 II Nr. 1, § 72 II Nr. 1 ArbGG, BAG BB 1983, 1797, §§ 115 II Nr. 1 FGO, 162 I Nr. 1 SGG, 132 II Nr. 1 VwGO. 47

Maßgeblich ist, ob die Entscheidung eine allgemeine Bedeutung hat, die über die Regelung der Rechtsbeziehung der Parteien dieses Prozesses hinausgeht, Holtgrave DB 1975, 40, sei es rechtlich oder anders als zB bei §§ 522 II, 543 II wirtschaftlich, zB wenn typische Klauseln in AGB auslegungsbedürftig sind. Es kann auch ausreichen, dass eine einheitliche Rechtsprechung und Rechtsfortbildung erfolgen soll, BGH MDR 2003, 588 (zu § 568 S. 2 Nr. 2; zust. Abramenko Rpfleger 2003, 376). Eine höchstrichterlich entschiedene Rechtsfrage hat keine grundsätzliche Bedeutung mehr, → § 543 Rn. 6. Eine Ausnahme kann vorliegen, soweit das Gericht über eine solche Rechtsfrage jetzt anders entscheiden will, BGH MDR 1975, 927; BVerwG NJW 1975, 2037. Eine solche Abweichung wird erstinstanzlich selten infrage kommen, LG Ffm NJW-RR 2003, 215. 48

7. Übereinstimmende Parteianträge, III 1 Nr. 3. Unabhängig von → Rn. 45, 46 genügt es zur Vorlagepflicht des originären Einzelrichters schließlich, dass die Parteien eine Vorlage des Rechtsstreits gerade nach III und nicht etwa nur nach § 348a II Nr. 2 übereinstimmend beantragen. Sie mögen diese Anträge allerdings nach → Rn. 44 erst jetzt gestellt haben. Die Anträge sind jeweils Parteiprozesshandlungen. Dort auch zu ihrer Anfechtbarkeit und Rücknehmbarkeit usw. Die Parteien müssen sie nicht gleichzeitig gestellt haben. Es genügt vielmehr, dass nun der letzte für Nr. 3 notwendige Antrag vorliegt. Dann darf und muss der Einzelrichter allerdings unverzüglich wie bei § 121 I 1 BGB der Kammer vorlegen. Es müssen alle Streitgenossen nach §§ 59 ff. beantragen. 49

X. Übernahme durch die Kammer, III 2. Die Vorschrift regelt die Frage, wann die Kammer den Rechtsstreit übernehmen muss. Dabei ist der Wortlaut von III 2 auf den ersten Blick klar. Danach liegt diese Pflicht nach dem Gesetzestext scheinbar nur dann vor, wenn die Voraussetzungen III 1 Nr. 1 oder 2 vorliegen, nicht aber auch dann, wenn Nr. 3 erfüllt ist. Dann hat die Kammer nach Nr. 3 ein Ermessen wegen einer Übernahme, weil III 2 den Fall Nr. 3 nicht miterwähnt. Das ist aber problematisch. Denn gerade bei übereinstimmenden Anträgen 50 besteht eine Veranlassung zur entsprechenden Übernahme dann, wenn denn die Bedingungen III 1 Nr. 1–3 vorliegen, Hansens AnwBl 2002, 127.

51 III 2 setzt das daher bei einer richtigen **Auslegung** eher als selbstverständlich voraus und erwähnt Nr. 3 nur deshalb nicht ausdrücklich mit, obwohl natürlich seine Mitnennung zulässig gewesen wäre. Es kommt hinzu: Durch die Nichterwähnung von Nr. 3 soll wohl eine Klärung erfolgen, dass die Kammer in dieser Lage im Gegensatz zur derjenigen der Nr. 1 oder 2 ungeachtet der formellen Entscheidungsfreiheit nach → Rn. 53 im Grunde gar nichts mehr als die Wirksamkeit übereinstimmender Parteianträge prüfen muss, während bei Nr. 1 oder 2 auch die Kammer jetzt endgültig,über diese Voraussetzungen nach den in → Rn. 45–49 genannten Kriterien zusätzlich zum vorlegenden Einzelrichter befinden muss. Würde man bei Nr. 3 ein Ermessen eröffnen, wäre der mühsam errungene Fall übereinstimmender Anträge auf eine bloße Anregung reduziert. Das ist zwar vertretbar. Aber es entspricht wohl doch nicht dem Sinn der Vorschrift. Mag die Praxis entscheiden, aber bitte nicht nach Bequemlichkeitsüberlegungen.

52 **XI. Keine Parteianhörung, III 2.** Wie im Verfahren nach II nimmt die Kammer auch im Verfahren nach III keine Anhörung der Parteien vor, anders als im Verfahren nach § 348a II 3. Das ergibt der Vergleich des Wortlauts der beiden in ihrer jetzigen Form gleichzeitig in Kraft getretenen Vorschriften. Vgl. zum Parallelfall II → Rn. 36.

53 **XII. Entscheidung durch Beschluss, III 3.** Sobald die Sache dem Vorsitzenden der Kammer vorliegt oder sobald er es gar nicht zum Einsatz des originären Einzelrichters hatte kommen lassen, muss er eine Beratung der vollbesetzten Kammer zur Beschlussfassung ansetzen. Dabei gelten für die Mitwirkung des Einzelrichters nach → Rn. 34–39 dieselben Grundsätze wie im Kammerverfahren nach II. Das Kollegium **entscheidet** sodann durch einen Beschluss wie bei II. Diesen muss das Kollegium aus denselben Erwägungen wie bei II trotz der Unanfechtbarkeit nach IV kurz nachvollziehbar genug begründen. Dabei ist das Kollegium weder bei III 1 Nr. 1, 2 noch formell bei III 1 Nr. 3 (übereinstimmende Anträge der Parteien) an die Beurteilung des Einzelrichters oder an diejenige der Parteien gebunden. Die übereinstimmenden Anträge zwingen nur zur Vorlage und zur Beratung. Sie zwingen nicht zur Übernahme durch das Kollegium.

54 **XIII. Bei Übernahme: Kollegialzuständigkeit, III 2, 3.** Wenn das Kollegium den Prozess übernimmt, tritt ab jetzt die funktionelle Bearbeitung wie sonst in solchen Sachen ein, die das Kollegium bearbeiten muss. Der Vorsitzende verteilt also nach dem Plan seiner Kammer die Arbeit. Er mag den bisher als originär allein zuständig gewesenen Einzelrichter jetzt als den Berichterstatter einsetzen. Er mag aber auch einen anderen einschließlich sich selbst zum Berichterstatter bestellen müssen. Die während der Zuständigkeit des originären Einzelrichters erfolgten Maßnahmen und Parteiprozesshandlungen usw. bleiben wirksam.

55 **XIV. Bei Ablehnung der Übernahme: Weiter Einzelrichter, III 2, 3.** Wenn das Kollegium die Übernahme ablehnt, bleibt es bei der Zuständigkeit des bisherigen originären Einzelrichters mit allen ihren Wirkungen. Das Kollegium kann hier nicht etwa ein anderes Mitglied zum Einzelrichter bestellen. Denn der bisherige Kollege war ja kraft Gesetzes Einzelrichter, eben anders als bei § 348a.

56 **XV. Keine Zurückübertragung, III 4.** Aus den Gründen → Rn. 55 kommt auch keine Zurückübertragung auf den bisherigen Einzelrichter in Betracht. Er kann auch nicht etwa von sich aus erklären, er übernehme die Sache erneut. Hat das Kollegium übernommen, bleibt es zuständig, solange es die Sache nicht nach § 348a auf den bisherigen Kollegen oder auf ein anderes Kammermitglied überträgt. Das wäre ein zulässiger, aber nach den Voraussetzungen und der Durchführung ganz anderer Weg zu einem Mitglied der Kammer in einer ganz anderen, wenn auch teilweise dem originären Einzelrichter ähnlichen Funktion.

57 **XVI. Unanfechtbarkeit, IV.** Die Entscheidung des Kollegiums nach III ist unabhängig davon, ob sie auf eine Übernahme oder auf deren Ablehnung lautet oder dergleichen überlassen hat, nach § 318 weder seitens der Kammer abänderbar noch seitens der Parteien anfechtbar. Das stellt IV klar. Dasselbe gilt schon für die Entscheidung des Einzelrichters nach II, III, mag er vorgelegt haben oder dazu keine Möglichkeit gesehen haben, aus welchen Gründen auch immer.

58 **Greifbare Gesetzwidrigkeit** ist unter den Voraussetzungen einer Rechtsbeschwerde nach § 574 beachtlich. Art. 101 I 2 GG (Gebot des gesetzlichen Richters) ist mitbetroffen und führt nach § 295 zur Unheilbarkeit des Verstoßes, Celle MDR 2003, 524; Kblz JurBüro 2011, 493, und auf Antrag zur Zurückverweisung nach → § 572 Rn. 25, BGH MDR 2003, 588 (zu § 568 S. 2 Nr. 2; zust. Abramenko Rpfleger 2003, 376); Kblz JurBüro 2011, 493. Das mag auch die Verfassungsbeschwerde eröffnen können.

348a *Obligatorischer Einzelrichter.* **I Ist eine originäre Einzelrichterzuständigkeit nach § 348 Abs. 1 nicht begründet, überträgt die Zivilkammer die Sache durch Beschluss einem ihrer Mitglieder als Einzelrichter zur Entscheidung, wenn**

1. die Sache keine besonderen Schwierigkeiten tatsächlicher oder rechtlicher Art aufweist,
2. die Rechtssache keine grundsätzliche Bedeutung hat und
3. nicht bereits im Haupttermin vor der Zivilkammer zur Hauptsache verhandelt worden ist, es sei denn, dass inzwischen ein Vorbehalts-, Teil- oder Zwischenurteil ergangen ist.

II [1]Der Einzelrichter legt den Rechtsstreit der Zivilkammer zur Entscheidung über eine Übernahme vor, wenn

1. sich aus einer wesentlichen Änderung der Prozesslage besondere tatsächliche oder rechtliche Schwierigkeiten der Sache oder die grundsätzliche Bedeutung der Rechtssache ergeben oder
2. die Parteien dies übereinstimmend beantragen.

[2]Die Kammer übernimmt den Rechtsstreit, wenn die Voraussetzungen nach Satz 1 Nr. 1 vorliegen. [3]Sie entscheidet hierüber nach Anhörung der Parteien durch Beschluss. [4]Eine erneute Übertragung auf den Einzelrichter ist ausgeschlossen.

III Auf eine erfolgte oder unterlassene Übertragung, Vorlage oder Übernahme kann ein Rechtsmittel nicht gestützt werden.

Schrifttum: Stackmann, Der Einzelrichter im Verfahren vor den Land- und Oberlandesgerichten, 2006.

I. Systematik, I–III. Die Vorschrift entspricht teilweise dem früheren § 348. § 348a gilt nach den klaren Eingangsworten in I nur hilfsweise dann, wenn nicht § 348 I eine Zuständigkeit begründet. Die Vorschrift ähnelt aber dem § 348 in den Voraussetzungen und im Verfahren erheblich. Sie gilt wie § 348 nur in der ersten Instanz. Im Berufungsverfahren enthalten §§ 526, 527 vorrangige Sonderregeln. In der Revisionsinstanz macht § 555 II die §§ 348, 348a unanwendbar. § 375 bleibt unverändert bestehen. 1

II. Regelungszweck, I–III. Die Vorschrift dient der Arbeitsentlastung des Kollegiums. 2

III. Geltungsbereich, I–III. Er ist derselbe wie bei → § 348 Rn. 3. 3

IV. Keine Zuständigkeit nach § 348, I. Voraussetzung des Einsatzes des obligatorischen Einzelrichters nach § 348a ist, dass ein Einzelrichter nach § 348 nicht tätig werden darf. Gerade derjenige Proberichter, der noch nicht ein Jahr hindurch planmäßig als Zivilrichter tätig war, kann sehr wohl als Einzelrichter nach § 348a tätig werden. 4

V. Grundsatz: Übertragungszwang, I Hs. 1. Der bei § 348 I im Grundsatz unmittelbar kraft Gesetzes eintretenden Zuständigkeit des originären Einzelrichters entspricht beim obligatorischen Kollegen nach § 348a I Hs. 1 der Grundsatz, dass das Kollegium zwar tätig werden und stets zunächst einen Beschluss fassen muss, dass es aber das Weitere auf den obligatorischen Einzelrichter übertragen muss. Das Wort „überträgt" bringt damit ein „muss übertragen" zum Ausdruck. Damit entfallen jedenfalls alle bloßen Zweckmäßigkeitserwägungen oder persönlichen Neigungen etwa des Kammervorsitzenden in Richtung Übertragung oder Nichtübertragung wenigstens offiziell. Wie weit sie versteckt hinter Erwägungen vor allem zu I Nr. 1 oder 2 eine Rolle spielen können, ist eine dem Erkenntnisvermögen der Kollegen überlassene andere Frage. 5

VI. Gesamtübertragung, I. Nur zur Gesamtentscheidung darf die erstinstanzliche Zivilkammer den Rechtsstreit dem Einzelrichter übertragen. Der vorbereitende Einzelrichter ist nach § 375 bei der Zivilkammer möglich, außerdem bei der Kammer für Handelssachen nach § 349 und beim Berufungsgericht nach § 526, Köln NJW 1976, 2219. Die Übertragung auf den Einzelrichter ist auch keineswegs eine bloß interne arbeitsorganisatorische Maßnahme mehr. Deshalb ist auch keine Übertragung unter dem Vorbehalt eines Rückrufs usw. zulässig, Karlsr VersR 1986, 663. Der Einzelrichter darf eine Rückübertragung vielmehr nur unter den Voraussetzungen II 1 vornehmen, Köln NJW 1976, 1102. Die Begriffe „Sache" in I umfassen nach dem Entlastungszweck nach → Vor § 348 Rn. 1. 6

Mit der Übertragung auf den Einzelrichter geht die gesamte Tätigkeit des Gerichts in dieser Sache unbegrenzt auf ihn über, Karlsr VersR 1986, 663; Köln NJW 1977, 1159; Schultze NJW 1977, 2295. Der Einzelrichter ist nunmehr das erkennende Gericht, BVerfG NJW-RR 2010, 268; Karlsr VersR 1986, 663; Schlesw SchlHA 1978, 69. 7

Allenfalls durch eine Zurückverweisung nach zB § 538 II 1 Nr. 1 oder durch eine Rückübertragung nach II 1 bekommt die Zivilkammer oder deren Vorsitzender wieder irgendetwas mit der Sache zu tun, Karlsr VersR 1986, 663; Putzo NJW 1975, 187. Schon seine Hilfe vor der Rückübertragung wäre verfassungsrechtlich bedenklich. In der Regel erfolgt die Zurückverweisung freilich an den Einzelrichter, Schlesw SchlHA 1978, 69. Die Bestellung eines beauftragten oder ersuchten Richters nach §§ 361, 362 durch die Zivilkammer ist demgegenüber im Rahmen des § 375 zulässig. Wegen der Übertragung nur der Beweisaufnahme → § 375 Rn. 3, 4, 18. 8

VII. Beispiele zur Frage einer Gesamtübertragung, I

Anwaltszwang: Vor dem Einzelrichter besteht Anwaltszwang wie sonst nach → § 78 Rn. 1. 9

Arrest, einstweilige Verfügung: Anwendbar ist I auch im Verfahren nach §§ 916 ff., 935 ff.

Beanstandung der Prozessleitung: Unanwendbar ist § 140.

Befangenheit: Anwendbar ist I auch im Verfahren nach §§ 42 ff., 406 ff., Mü MDR 1983, 498.

Berichtigung: Anwendbar ist I auch für eine Entscheidung nach § 319.

Bindung: Eine Zwischenentscheidung des Einzelrichters zB nach §§ 280 II, 303 bindet das Kollegium nach einer Rückübertragung nach § 318.

Einstellung der Zwangsvollstreckung: Anwendbar ist I auch bei §§ 707, 719.

Erkennendes Gericht: Anwendbar ist I auch bei § 309, Köln NJW 1977, 1159.

Gehörsrüge: Anwendbar ist I auch bei § 321a.

Klagänderung: Anwendbar ist I auch bei einer solchen nach §§ 263, 264, aM Mü NJW-RR 1992, 123.

Kostenfestsetzung: Anwendbar ist I auch im Verfahren nach §§ 103 ff., Hamm MDR 1993, 384; VGH Kassel AnwBl 1986, 412.

Nachverfahren: Anwendbar ist I bei einem solchen nach §§ 302, 600.

Prozesskostenhilfeverfahren: Anwendbar ist I auch im Verfahren nach §§ 114 ff.

Selbständiges Beweisverfahren: Anwendbar ist I auch im Verfahren nach §§ 485 ff., Geffert NJW 1995, 506.

Tatbestandsberichtigung: Anwendbar ist I auch für eine Entscheidung nach § 320.

Unterlassung: Anwendbar ist I auch bei einer solchen Klage.

Unvertretbare Handlung: Anwendbar ist I auch bei einer solchen Klage, Kblz MDR 1978, 851; Mü MDR 1983, 499.

Urkundenprozess: Anwendbar ist I auch bei §§ 592 ff. Auch „Nachverfahren".

Urteilsergänzung: Anwendbar ist I auch für eine solche nach § 321.

Vertretbare Handlung: Anwendbar ist I auch bei einer solchen Klage, Kblz MDR 1978, 851; Mü MDR 1983, 499.

Verweisung: Statthaft ist eine solche durch den Einzelrichter zB nach § 281. Sie macht also den Einzelrichter des anderen Gerichts funktionell zuständig, Kblz MDR 1986, 153.

Wertfestsetzung: Anwendbar ist I auch im Verfahren zB nach §§ 3 ff.

Widerklage: Anwendbar ist I bei einer solchen nach Anh. § 253.

VIII. Zulässigkeit einer Übertragung, I. Die Übertragung ist nur beim Zusammentreffen der drei folgenden zusätzlichen Voraussetzungen notwendig. Über das Vorliegen dieser Voraussetzungen entscheidet keineswegs der infrage kommende Einzelrichter, sondern das Kollegium. Mangels wirksamer Übertragung bleibt das Kollegium voll zuständig, Kblz NJW-RR 2002, 1725. 10

1. Keine besonderen Schwierigkeit, I Nr. 1. Der Einzelfall, die „Sache", darf keine besonderen Schwierigkeiten aufweisen. Nicht jede Schwierigkeit verbietet eine Übertragung auf den Einzelrichter, sondern nur eine 11 besondere Schwierigkeit. Wegen der Einzelheiten gilt dasselbe wie bei → § 348 Rn. 45. Das gilt unabhängig davon, dass dort eine besondere Schwierigkeit **vorliegen,** hier aber **fehlen** muss. Das ist bei Arzthaftung kaum so, Karlsr NJW-RR 2006, 205.

12 **2. Keine grundsätzliche Bedeutung, I Nr. 2.** Eine im Einzelfall entstehende solche Rechtsfrage, die die Sache zur „Rechtssache" macht, darf außerdem auch keine grundsätzliche Bedeutung haben. Wegen dieses Begriffs und der Einzelheiten gilt auch hier dasselbe wie bei → § 348 Rn. 46, 47, unabhängig davon, dass dort eine besondere Bedeutung vorliegen, hier aber fehlen muss.

13 **3. Zeitschranke, I Nr. 3.** Anders als bei → § 348 Rn. 44 muss man nach I Nr. 3 außerdem noch die Zeitschranke beachten. Die Übertragung ist nur bis zum Beginn der umfassend vorbereiteten Verhandlung zur Hauptsache nach → § 137 Rn. 7, §§ 272 I, 279 statthaft. Brdb NJW-RR 2000, 1339,´; Hamm MDR 1993, 576; Jena MDR 1999, 501.

4. Beispiele zur Frage der Zeitschranke, I Nr. 3

14 **Angriffs- und Verteidigungsmittel:** Zulässig bleibt eine Übertragung nach einer Verhandlung vor dem Kollegium nur über einzelne Angriffs- oder Verteidigungsmittel.

Anspruchsgrund: Zulässig bleibt eine Übertragung nach einer Verhandlung vor dem Kollegium nur zum Anspruchsgrund, „Zwischenurteil".

Beweisbeschluss: Zulässig bleibt eine Übertragung bei oder nach einem vor der mündlichen Verhandlung nach § 358a erlassenen Beweisbeschluss, Schlesw SchlHA 1978, 69. **Unzulässig** wird sie nach einem Beweisbeschluss des Kollegiums nach § 358, Köln NJW-RR 1995, 512.

Einführung in Sach- und Streitstand: Zulässig bleibt eine Übertragung, soweit die Einführung zwar im Haupttermin erfolgt, aber vor der Sachantragstellung nach §§ 137 I, 297 I, dort → § 137 Rn. 4.

Entscheidungsgründe: Es kann ratsam sein, dass der Einzelrichter am Beginn seiner Entscheidungsgründe nach § 313 III knapp, aber nachvollziehbar darstellt, dass und weshalb eine Übertragung noch zulässig war. Denn damit kann er dem etwaigen Vorwurf eines schweren Verfahrensfehlers durch eine angebliche Nichtachtung des Art. 101 I 2 GG (Gebot des gesetzlichen Richters) nach → Rn. 13 vorbeugen.

Entscheidungsreife: Unzulässig ist eine Übertragung ab der Entscheidungsreife nach → § 300 Rn. 21 in ihrem jeweiligen Umfang.

Erörterung: Zulässig bleibt eine Übertragung, soweit eine Erörterung zwar im Haupttermin erfolgt, aber vor der Sachantragstellung nach § 137 I, → § 297 Rn. 4.

Früher erster Termin: I Nr. 3 gilt auch bei ihm nach § 275, Jena MDR 1999, 501; Mü NJW-RR 1986, 1512 (mit nicht überzeugender und unnötiger Begründung mittels § 128 II 2); aM Düss MDR 1980, 943; Hamm MDR 1993, 1236; Thomas/Putzo/Reichold Rn. 9 (aber auch ein früher erster Termin kann nach → § 272 Rn. 7 ein vollgültiger Haupttermin sein). Es kommt mangels seiner eindeutigen Bezeichnung auf die Vorbereitung und den Ablauf an, Brdb NJW-RR 2000, 1338; Düss NJW-RR 1996, 638; Mü MDR 1985, 679, sofern man überhaupt differenzieren will.

Güteverhandlung: Zulässig bleibt die Übertragung auch nach einer Güteverhandlung nach § 278 II. Denn sie ist gerade noch keine mündliche Verhandlung nach § 137 und erst recht noch kein Haupttermin nach § 279 I 1.

Hinweis: Zulässig bleibt die Übertragung auch nach einem Hinweis des Gerichts nach § 139, bevor es nach § 137 I den ersten Sachantrag nach → § 297 Rn. 4 entgegengenommen hat.

Mehrheit von Terminen: Zulässig sein kann eine Übertragung auch nach mehreren Haupt- oder sonstigen Terminen, soweit die Parteien dort jeweils noch nicht nach → § 137 Rn. 14 zur Hauptsache verhandelt hatten. Das übersieht Kblz MDR 1985, 66.

Rechtsmissbrauch: Eine Manipulation des Gerichts durch eine missbräuchliche Veranlassung zur (Noch-) Nichtstellung eines Sachantrags kann zur Unzulässigkeit einer Übertragung führen, Oldb MDR 1982, 856.

Sachantrag: Zulässig bleibt eine Übertragung bis zur Entgegennahme des ersten Sachantrags kann zur Hauptsache nach § 137 I gemäß → § 39 Rn. 7. Aber auch „Rechtsmissbrauch".

Säumnis: „Schriftliches Verfahren".

Schriftliches Verfahren: Nach einem solchen nach § 128 II gelten keine besonderen Zulassungsvoraussetzungen, LG Ffm NJW-RR 1995, 1211 (Versäumnisurteil).

Schriftliches Vorverfahren: Nach einem solchen nach § 276 gelten keine besonderen Zulassungsvoraussetzungen.

Teilurteil: Zulässig bleibt eine Übertragung auch nach einem Teilurteil zB nach § 301. Das folgt aus dem Wortlaut von I Nr. 3 Hs. 2. Das gilt freilich nur bis zum Sachantrag nach → § 297 Rn. 4 im folgenden Haupttermin.

Versäumnisurteil: „Schriftliches Verfahren".

Verweisung: Zulässig bleibt eine Übertragung nach einem Haupttermin vor dem AG.

Vorbehaltsurteil: Zulässig bleibt eine Übertragung auch nach einem Vorbehaltsurteil zB nach §§ 302, 599. Das folgt aus dem Wortlaut von I Nr. 3 Hs. 2. Es gilt freilich nur bis zum Sachantrag nach → § 297 Rn. 4 im folgenden Haupttermin.

Zwischenurteil: Zulässig bleibt eine Übertragung auch nach einem Zwischenurteil zB nach §§ 280 II, 303, 304. Das folgt aus dem Wortlaut von I Nr. 3 Hs. 2. Das gilt freilich nur bis zum Sachantrag nach → § 297 Rn. 4 im folgenden Haupttermin.

15 **IX. Übertragungsbeschluss, I.** Die Übertragung ergeht durch einen Beschluss nach § 329 ohne eine notwendige mündliche Verhandlung nach § 128 IV. Diesen Beschluss fasst das Kollegium und nicht etwa der Einzelrichter oder der Berichterstatter, Ffm NJW 1977, 301. Der Beschluss ordnet nicht nur die Übertragung schlechthin an, sondern auch die Übertragung auf einen bestimmten Einzelrichter, Müller DRiZ 1976, 43. Es liegt ja ein vom Vorsitzenden nach § 21g II, III GVG aufgestellter Plan vor, den der Vorsitzende nur nach § 21g II letzter Hs. GVG ändern darf, Schuster NJW 1975, 1495. Der Vorsitzende ist am Beschluss auch dann beteiligt, wenn er selbst zum Einzelrichter wird. Es ist also ein Beschluss der gesamten Kammer notwendig.

16 Eine formell ordnungsgemäße Übertragung ist nach III unanfechtbar. Trotzdem ist eine ganz kurze Begründung nach → § 329 Rn. 6 ratsam. Das gilt, zumal bei einer völligen Verkennung der Voraussetzungen einer Übertragung eine sofortige Beschwerde nach § 567 denkbar ist, Schlesw NJW 1988, 69, wenn auch nicht schon

wegen der Versagung des rechtlichen Gehörs nach Art. 103 I GG, Celle MDR 1994, 1146. Das gilt jedenfalls bei einer Entscheidung nach → § 707 Rn. 19 entgegen den Anträgen einer Partei. Das Kollegium muss seine Entscheidung verkünden oder beiden Parteien nach § 329 I, II 1 formlos mitteilen, auch den Streithelfern nach §§ 66 ff. usw.

Von ihrer Wirksamkeit nach → § 329 Rn. 26 an ist die Entscheidung unabänderlich. Denn der Rechtsstreit schwebt nach § 318 nunmehr nur noch beim Einzelrichter. Den nächsten Termin bestimmt erst dieser Einzelrichter. Die schon laufenden Beweiserhebungen zB durch Sachverständige nehmen ihren Fortgang. Er muss stets eine Schlussverhandlung vornehmen, Köln NJW 1977, 1159. Alle diesbezüglichen Entscheidungen liegen nunmehr nur beim Einzelrichter. Er bezeichnet sich zB „als obligatorischer Einzelrichter" oder „als der zur Entscheidung (oder: der gemäß § 348a ZPO) berufene Einzelrichter der Zivilkammer X". Gegen seine Entscheidung ist der gegen die Entscheidung des Prozessgerichts zulässige Rechtsbehelf statthaft, Kblz Rpfleger 1978, 329. 17

X. Vorlagepflicht in Sonderfällen, II 1. In einer Abweichung von dem Grundsatz I 1 (Einzelrichter wegen Übertragungszwangs) eröffnet II in zwei Sonderfällen ein dem § 348 III 1 gleichendes Verfahren, → § 348 Rn. 40, 41. 18

1. Vorlage. Es gelten dieselben Erwägungen wie → § 348 Rn. 42. 19

2. Gesamtvorlage. Es gelten dieselben Erwägungen wie → § 348 Rn. 43. 20

3. Wesentliche Änderung der Prozesslage, II 1 Nr. 1. Eine Vorlagepflicht des obligatorischen Einzelrichters entsteht, sobald die folgende Situation eintritt. Es muss eine Änderung der Prozesslage vorliegen. Es muss außerdem diese Änderung wesentlich sein, nicht bloß geringfügig. Es reicht ferner aus, dass die Änderung zwar erheblich ist, dass sie aber nicht schon zur Zeit der Übertragung auf den Einzelrichter vorhersehbar gewesen war, Karlsr VersR 1986, 663. Beispiele: Ein völlig neuer Parteivortrag; ein völlig neues Beweisergebnis nach der Übertragung; eine Gesetzesänderung; eine Änderung höchstrichterlicher Rechtsprechung; eine jetzt erst erklärte Haupt- oder Hilfsaufrechnung nach → § 145 Rn. 2 ff.; eine Klagänderung nach §§ 263, 264; eine Widerklage nach Anh. § 253. 21

Nicht ausreichend ist eine nun andere Beurteilung der Rechtslage. 22

4. Besondere Schwierigkeit, II 1 Nr. 1 Hs. 1. Es muss sich gerade aus der wesentlichen Änderung der Prozesslage nach → Rn. 21 eine besondere Schwierigkeit der Sache in tatsächlicher und/oder rechtlicher Art ergeben **oder** der Fall → Rn. 24 eingetreten sein. Zur besonderen Schwierigkeit gilt dasselbe wie bei → § 348 Rn. 45. 23

5. Grundsätzliche Bedeutung, II 1 Nr. 1 Hs. 2. Soweit die Bedingung → Rn. 23 nicht vorliegt, muss sich gerade aus der wesentlichen Änderung der Prozesslage nach → Rn. 21 die grundsätzliche Bedeutung der Rechtssache ergeben haben. Zu diesen Begriffen gilt dasselbe wie bei → § 348 Rn. 46, 47. Eine Vorlage ist also keineswegs schon deshalb zulässig, weil sich der Einzelrichter der Sache in ihrem Umfang nicht mehr gewachsen fühlt. Denn das ist systemwidrig, Baur ZZP 91, 330. Er muss sich dann durchbeißen. Ebenso wenig ist eine Vorlage schon wegen eines bloßen Irrtums der Zivilkammer darüber zulässig, es liege kein Fall von I Nr. 1 vor. Der Einzelrichter hat also keineswegs ein freies Ermessen, Kramer JZ 1977, 16 (mit anderer Begründung); aM Köln NJW 1976, 680 (aber das Gesetz engt die Möglichkeiten einer Vorlage bewusst ein). 24

6. Übereinstimmende Parteianträge, II 1 Nr. 2. Unabhängig davon, ob die Bedingungen → Rn. 23, 24 vorliegen, muss der obligatorische Einzelrichter den Rechtsstreit dem Kollegium dann vorlegen, wenn die Parteien es übereinstimmend beantragen. Ein Anwaltszwang besteht wie sonst nach → § 78 Rn. 1. Wegen der Einzelheiten gilt dasselbe wie bei → § 348 Rn. 50, 51. 25

XI. Übernahmepflicht der Kammer, II 2. Es gelten dieselben Erwägungen wie bei § 348. Das gilt insbesondere zur Auslegung dahin, dass das Kollegium auch bei II 1 Nr. 2 sehr wohl entscheidet, und zwar endgültig. 26

XII. Parteianhörung, II 3. Im Gegensatz zu § 348 III 2, dort → § 348 Rn. 52, darf und muss das Kollegium zumindest diejenige Partei anhören, die von einer ihr nachteiligen Entscheidung betroffen würde. Eine Anhörung nach Art. 103 I GG erfordert eine nach der Gesamtlage ausreichende Frist zur Stellungnahme. Eine gerade auch „mündliche" Anhörung ist nicht erforderlich. Denn die anschließende Entscheidung ergeht in der Beschlussform nach §§ 128 IV, 329. Das Kollegium muss die Fristsetzung aktenkundig machen. Ein Zustellungsfehler kann nach § 189 heilen. 27

XIII. Entscheidung durch Beschluss, II 3. Es gelten dieselben Erwägungen wie bei → § 348 Rn. 53–55. Anschließend muss das Kollegium nach § 309 neu verhandeln lassen. 28

XIV. Keine erneute Übertragung, II 4. Es kommt keine erneute Übertragung auf den Einzelrichter in Betracht, ebenso wenig wie bei § 348 II 4 eine Zurückübertragung, → § 348 Rn. 56. 29

XV. Unanfechtbarkeit, III. Es ist grundsätzlich kein Rechtsmittel zulässig, weder gegen eine erfolgte Übertragung noch gegen eine Unterlassung der Übertragung, Vorlage oder Übernahme, ebenso wenig wie bei § 348 IV, → § 348 Rn. 57. Eine greifbare Gesetzeswidrigkeit mag ganz ausnahmsweise eine Anfechtbarkeit nach § 574 wie bei → § 348 Rn. 58 zulassen. 30

XVI. Verstoß, I–III. Bloße Formfehler sind nach § 295 I oder §§ 319, 329 heilbar, Köln NJW 1976, 680, etwa dann, wenn das Kollegium den Beschluss gefasst hat, aber nur der Einzelrichter ihn unterschrieben hat. Ein gleichzeitiger Beweisbeschluss des Kollegiums ist formell unkorrekt, aber praktisch hinnehmbar, strenger Brdb NJW-RR 2000, 1338. 31

Eine echte bloße Selbstbestellung des Einzelrichters ist eine greifbare Gesetzwidrigkeit (zu diesem fragwürdigen Begriff → § 127 Rn. 31), Seidel ZZP 99, 82. Ein solcher Verstoß ist unheilbar. Denn er richtet sich gegen Art. 101 I 2 GG. Dieser Mangel führt auf einen Antrag evtl. zur Zurückverweisung an die gesamte Kammer nach (jetzt) § 538 II 1 Nr. 1, KG MDR 1979, 764; Köln NJW 1976, 1102; Schlesw JurBüro 1996, 42. Dasselbe gilt nach einer missbräuchlichen Übertragung Nürnb OLGZ 1993, 197; Oldb MDR 1982, 856. Eine Unterlassung der nach → Rn. 13 notwendigen Schlussverhandlung ist als Verstoß gegen § 128 I ein Verfahrensfehler. Es führt evtl. zur Zurückverweisung nach § 538 II 1 Nr. 1, Kblz MDR 2017, 361; Köln NJW 1977, 1159. 32

349 *Vorsitzender der Kammer für Handelssachen.* **I [1]In der Kammer für Handelssachen hat der Vorsitzende die Sache so weit zu fördern, dass sie in einer mündlichen Verhandlung vor der Kammer erledigt werden kann. [2]Beweise darf er nur insoweit erheben, als anzunehmen ist, dass es für die Beweiserhebung auf die besondere Sachkunde der ehrenamtlichen Richter nicht ankommt und die Kammer das Beweisergebnis auch ohne unmittelbaren Eindruck von dem Verlauf der Beweisaufnahme sachgemäß zu würdigen vermag.**

II Der Vorsitzende entscheidet
1. über die Verweisung des Rechtsstreits;
2. über Rügen, die die Zulässigkeit der Klage betreffen, soweit über sie abgesondert verhandelt wird;
3. über die Aussetzung des Verfahrens;
4. bei Zurücknahme der Klage, Verzicht auf den geltend gemachten Anspruch oder Anerkenntnis des Anspruchs;
5. bei Säumnis einer Partei oder beider Parteien;
6. über die Kosten des Rechtsstreits nach § 91a;
7. im Verfahren über die Bewilligung der Prozesskostenhilfe;
8. in Wechsel- und Scheckprozessen;
9. über die Art einer angeordneten Sicherheitsleistung;
10. über die einstweilige Einstellung der Zwangsvollstreckung;
11. über den Wert des Streitgegenstandes;
12. über Kosten, Gebühren und Auslagen.

III Im Einverständnis der Parteien kann der Vorsitzende auch im Übrigen an Stelle der Kammer entscheiden.

IV Die §§ 348 und 348a sind nicht anzuwenden.

Übersicht

1 **I. Systematik, I–IV.** Während in der erstinstanzlichen Zivilkammer ein Einzelrichter nur noch dann zulässig ist, wenn er diesen Rechtsstreit kraft Gesetzes nach § 348 oder durch einen Kollegialbeschluss nach § 348a insgesamt zur Entscheidung übertragen erhalten hat, ist gerade diese Übertragung in der erstinstanzlichen Kammer für Handelssachen nach IV unzulässig, auch wegen der Stellung der Handelsrichter (wegen der Beschwerdeinstanz → Vor § 348 Rn. 3). Der Vorsitzende ist nicht mit dem Einzelrichter der Zivilkammer verwechselbar, Karlsr NJW 2002, 1963. Denn es bestehen nach → Rn. 3 nun wirklich unverkennbar erhebliche Unterschiede. Das Gesetz nennt ihn deshalb auch nicht einen Einzelrichter. Er darf grundsätzlich nur vorbereitend tätig werden. Er darf und muss jedoch in zahlreichen Situationen nach II allein entscheiden. Beim Einverständnis der Parteien darf er nach III auch umfassend allein entscheiden. Er bestimmt nach seinem pflichtgemäßen Ermessen, ob er den ersten Termin vor sich allein durchführt. Er wird jedenfalls bis zur mündlichen Verhandlung nach § 128 I ohne eine förmliche Übertragung auf ihn tätig.

2 Seine Stellung entspricht also nach IV keineswegs derjenigen des Einzelrichters der §§ 348, 348a, die unanwendbar sind, Zweibr NJW 2002, 2722 (zu § 568). Sie entspricht aber derjenigen des Einzelrichters der §§ 526, 527. Sie ist gegenüber der letzteren bei einer Beweiserhebung nach §§ 355 ff. zum Teil enger, bei einer Entscheidung zum Teil weiter gefasst. Im Rahmen des § 349 ist der Vorsitzende weder ein nach § 361 beauftragter noch ein nach § 362 ersuchter Richter, sondern das Prozessgericht, Bergerfurth NJW 1975, 335. Der Vorsitzende kann beauftragte oder ersuchte Richter wie die Kammer für Handelssachen bestellen. Eine Versäumung von Vorbringen vor ihm kann eine Zurückweisung durch das Kollegium rechtfertigen, Bergerfurth NJW 1975, 335.

3 **II. Regelungszweck, I–IV.** Die Stellung des Vorsitzenden der Kammer für Handelssachen unterscheidet sich von derjenigen eines Zivilkammer-Vorsitzenden schon deshalb erheblich, weil man den Aufgabenkreis der ehrenamtlichen Handelsrichter nach § 112 GVG naturgemäß nur bedingt mit demjenigen der vollamtlichen Beisitzer der Zivilkammer vergleichen kann. Daher macht IV auch §§ 348, 348a gänzlich unanwendbar, und daher gibt zwar III den Parteien die Möglichkeit, den Vorsitzenden insgesamt allein tätig werden zu lassen. Andererseits schafft I 1 den Grundsatz, dass ohne solchen Parteiwillen der Vorsitzende ähnlich wie im Schöffengericht zwar umfassend vorbereitet, dass das Kollegium aber verhandeln lässt und entscheidet.

Keine entsprechende Anwendung kommt entgegen DJT 2014, 108 auf dort empfohlene Bausachverständige, Amtsärzte, Steuerberater usw. als weitere ehrenamtliche Richter infrage. Sie können sinnvoller auch als Sachverständige nach §§ 402 ff. tätig sein, ohne selbst Richter sein zu müssen. 4

III. Geltungsbereich, I–IV. Zunächst → Vor § 348 Rn. 5. Unstatthaft ist eine vorbereitende Tätigkeit des Vorsitzenden bei einem Arrest oder bei einer einstweiligen Verfügung nach §§ 916 ff., 935 ff. Denn eine solche Tätigkeit ist mit deren Natur grundsätzlich unvereinbar (Ausnahmen nach → Rn. 26: Einverständnis nach III). In der Berufungsinstanz gehen (jetzt) §§ 526, 527 vor, Putzo NJW 1975, 188; Schuster BB 1975, 541. In der Beschwerdeinstanz hat § 568 den Vorrang. Im (jetzt) FamFG-Verfahren gilt § 349 nicht, Naumb FGPrax 2000, 72. 5

IV. Förderungsgrundsatz, I 1. Der Vorsitzende muss die Sache so weit fördern, dass vor der gesamten Kammer für Handelssachen nach §§ 93 ff. GVG möglichst nur ein einziger Verhandlungstermin nach § 279 erforderlich ist. Was zulässig, ratsam, unzweckmäßig ist, muss der Vorsitzende nach seinem pflichtgemäßen Ermessen prüfen. Die Anhörung der Parteien ist anders als bei § 348a II nicht grundsätzlich notwendig. Sie ist aber evtl. im Einzelfall zumindest ratsam. 6

Die Förderung umfasst alle denkbaren Maßnahmen, insbesondere alle prozessleitenden nach § 273, Fristsetzungen zB nach §§ 186, 216, 275 I, III, IV, 276 und den Versuch einer gütlichen Einigung nach § 278 II. Ausnahmen können nur nach I 2 entstehen. So kann zB ein Termin vor dem Kollegium zunächst etwa wegen der Schwierigkeit und wegen der Bedeutung der Sache ratsam sein, Bergerfurth NJW 1975, 332. Dann aber mag er wegen eines inzwischen eingegangenen Schriftsatzes nicht mehr ratsam bleiben. Vielmehr mag stattdessen eine weitere Vorbereitung oder eine Entscheidung durch den Vorsitzenden nötig werden. Während der Vorbereitung darf der Vorsitzende die Handelsrichter nicht zuziehen. Sie sind dann auch noch nicht mitverantwortlich. Es ist natürlich zulässig, dass der Vorsitzende mit ihnen eine informatorische Rücksprache nimmt. Eine Verhandlungsreife nach → § 300 Rn. 21 vor dem Kollegium liegt dann vor, wenn nur noch solche Maßnahmen in Betracht kommen, die es deshalb selbst vornehmen muss, weil ihm sonst eine Überzeugungsbildung unmöglich würde. 7

V. Beweis, I 2. 1. Grundsatz: Keine zu enge Begrenzung der Befugnisse. Eine Beweiserhebung durch den Vorsitzenden ist eine Ausnahme vom Grundsatz der Unmittelbarkeit der Beweisaufnahme nach § 355 I 1. Daher darf man die Vorschrift an sich nicht weit auslegen. I 2 geht als eine engere Spezialvorschrift § 358a grundsätzlich vor. Freilich findet sich dort ein ähnlicher Grundgedanke. Daher ist § 358a zur Abgrenzung des nach I 2 Erlaubten mit heranziehbar. Beide Vorschriften nennen ja auch eine Förderungspflicht durch den Vorsitzenden. Daher darf man die Befugnisse des Vorsitzenden nicht allzu eng begrenzen, Bergerfurth NJW 1975, 332. Er darf zB nach §§ 359, 360, 362, 366, 375, 380, 387, 391 vorgehen. 8

2. Befugnis. Der Vorsitzende darf zB dann derart tätig werden, wenn zur Zeit des Beweisbeschlusses nach §§ 358, 358a voraussichtlich sowohl eine besondere Sachkunde der Beisitzer unerheblich ist als auch deren sachgemäße Beweiswürdigung auch ohne einen unmittelbaren eigenen Eindruck vom Verlauf der Beweisaufnahme möglich sein wird. Beide Voraussetzungen sind praktisch kaum trennbar. Wenn schon die Auswahl der Beweismittel, die Formulierung des Beweisbeschlusses, die Sichtung der Urkunden usw. nur mithilfe der Handelsrichter sinnvoll sind, ist meist auch nur mit ihrer Hilfe eine sachgemäße Beweiswürdigung nach § 286 möglich. 9

3. Fehlen einer Befugnis. Umgekehrt setzen evtl. nötige sachkundige Zusatzfragen an einen Zeugen zB nach §§ 396 III oft schon einen sachkundigen Beweisbeschluss voraus. Daher wird eine Beratung der gesamten Kammer bereits zu der Frage notwendig, welche der angetretenen Beweise das Gericht zunächst erheben soll. Man muss die Notwendigkeit mehrerer Termine zwecks einer sachkundigen Beweisaufnahme hinnehmen. Zwar darf der Vorsitzende seinen persönlichen Eindruck nach → § 285 Rn. 9 protokollieren. Trotzdem müsste das Gericht die Beweisaufnahme evtl. nach § 398 wiederholen. Darüber **entscheidet** das Kollegium nach seinem pflichtgemäßen Ermessen. § 285 II ist anwendbar. Einen Eid oder eine eidesgleiche Bekräftigung kann grundsätzlich nur die gesamte Kammer für Handelssachen nach §§ 482 ff. abnehmen. 10

4. Verstoß. Ein Verstoß gegen I 2 ist zwar ein Verfahrensfehler nach §§ 286, 355, 513 I, 545, 546. Er lässt aber die Beweisaufnahme nach § 355 II zunächst wirksam bleiben. § 295 I ist anwendbar. Ein Parteivortrag nach § 285 II ist evtl. nötig, auch eine erneute Beweisaufnahme vor dem Kollegium. Die Anfechtung ist nur zusammen mit derjenigen des Urteils möglich. Nach ihr erfolgt evtl. eine Zurückverweisung nach § 538 II 1 Nr. 1. Bei einer extrem unzweckmäßigen Entscheidung des Vorsitzenden ist evtl. eine Kostenniederschlagung nach § 21 GKG notwendig. Das gilt zB bei einer solchen, die hohe Gutachterkosten entstehen lässt, obwohl gegen die Notwendigkeit des Gutachtens gewichtige Gründe sprechen. 11

VI. Befugnisse des Vorsitzenden nach II Nr. 1–12. Nr. 1–12 ermächtigt nach ihrem Wortlaut den Vorsitzenden zwecks einer rascheren Prozessbeendigung auch ohne das Einverständnis der Parteien zu sämtlichen Entscheidungen nach § 160 III Nr. 6 (Urteil, Beschluss, Verfügung) in den folgenden gesetzlich nach → Rn. 25 nicht abschließend aufgezählten Fällen, Bergerfurth NJW 1975, 333. 12

1. Verweisung, II Nr. 1. In Betracht kommt jede Verweisung gleich welcher Art zB wegen der Unzulässigkeit des ordentlichen Rechtswegs oder wegen einer sachlichen oder örtlichen Unzuständigkeit nach § 281 ZPO, §§ 17, 17a II, 97, 99 I GVG. 13

2. Zulässigkeitsrüge, II Nr. 2. Hierher gehören alle Entscheidungen über eine Rüge der Unzulässigkeit, soweit dazu nach §§ 75–77, 146, 280 I, § 282 III, Nr. 1 eine abgesonderte Verhandlung stattfindet, BGH NJW-RR 2001, 930. Der Vorsitzende kann zB ein Zwischenurteil auch nach § 303 oder ein Endurteil mit einer Klagabweisung als unzulässig fällen oder einen Verweisungsbeschluss nach § 281 erlassen. Auch → Rn. 21 (I, J). 14

3. Aussetzung, II Nr. 3. Hierher gehört grundsätzlich jede Aussetzung nach §§ 65, 148 ff., auch ein Ruhenlassen nach § 251 (es gehört zum Titel „Unterbrechung und Aussetzung" nach §§ 239–252), auch die Entscheidung über die Ordnungsmäßigkeit der Aufnahme eines unterbrochenen oder ausgesetzten Verfahrens nach §§ 155, 250. § 251a fällt aber unter Nr. 5. Die Aussetzung nach Art. 100 I GG fällt wegen der gleichzeitigen Verweisung unter Nr. 1, MüKoZPO/Stackmann Rn. 11; Stein/Jonas/Bartels Rn. 19; aM Thomas/Putzo/Reichold Rn. 5 (diese Entscheidung müsse das Kollegium treffen); Zöller/Greger Rn. 7 (es sei dann III anwendbar. Aber beide Varianten beachten nicht genug den Vorrang von Nr. 1). 15

16 **4. Klagerücknahme, II Nr. 4.** Hierher gehören alle Entscheidungen nach einer Klagerücknahme nach § 269 III, IV, entsprechend nach einer Einspruchsrücknahme oder nach dem Verzicht auf sie nach §§ 346, 516 III 2, ferner nach einem Anspruchsverzicht nach § 306, nach einem Anerkenntnis nach § 307, nach einem Berufungsverzicht nach § 515, nach einer Berufungsrücknahme nach §§ 516 III 2, 527 III Nr. 1, auch eine Entbindung nach § 76, eine Entlassung nach § 75, eine Übernahme nach § 266.

17 **5. Säumnis, II Nr. 5.** Hierher gehören alle Entscheidungen aufgrund einer Säumnis nach §§ 330 ff., mag sie einseitig oder zweiseitig sein. Hierher fällt auch eine Entscheidung nach § 331 II. Denn auch das unechte Versäumnisurteil nach → Vor § 330 Rn. 13 ergeht „bei Säumnis". Hierher gehören ferner Entscheidungen nach §§ 251a, 303, 331a, 335, 341, 345, ferner über ein Wiedereinsetzungsgesuch gegen die Versäumung der Einspruchsfrist nach §§ 233, 236, 238 II.

18 **6. Erledigung, II Nr. 6.** Hierher gehört die Entscheidung nach beiderseitigen wirksamen Erledigungserklärungen wegen der Kosten nach → § 91a Rn. 125, aber **nicht** eine Entscheidung bei einer einseitigen Erledigungserklärung nach → § 91a Rn. 209. Denn dann muss das Gericht die Entscheidung auch darüber treffen, ob die Hauptsache überhaupt nach → § 91a Rn. 210 erledigt ist.

19 **7. Prozesskostenhilfe, II Nr. 7.** Hierher gehören alle Entscheidungen im Prozesskostenhilfeverfahren nach §§ 114 ff. Das gilt unabhängig davon, ob der Kläger oder der Bekl. Prozesskostenhilfe beantragt und ob die Entscheidung von den wirtschaftlichen Verhältnissen abhängt, von der Erfolgsaussicht oder vom Fehlen von Mutwillen nach → § 114 Rn. 34. Das gilt auch bei einer Entscheidung nach §§ 118 II, 124.

20 **8. Wechsel- und Scheckprozess, II Nr. 8.** Hierher gehören alle Entscheidungen im Wechsel- und Scheckprozess nach §§ 602, 605a, **nicht** im sonstigen Urkundenprozess nach §§ 592–595, 597–599, Bergerfurth NJW 1975, 333. Denn eine Auslegung der Urkunde nach §§ 133, 157 BGB hängt oft von der Sachkunde der Handelsrichter ab, und Rechtsfragen sind nur bei einem Wechsel oder Scheck meist allein erheblich. Der Vorsitzende darf jede Entscheidung fällen. Nr. 8 gilt **nicht** für das Nachverfahren nach § 600, Bergerfurth NJW 1975, 334, oder nach einem Abstand nach § 596.

21 **9. Sicherheitsleistung, II Nr. 9.** Hierher gehört die Entscheidung über die Art einer Sicherheitsleistung nach § 108, auch für deren Höhe nach §§ 108, 112, oder für deren Frist nach § 113 oder für ihre Rückgabe nach §§ 109, 715, aber **nicht** dazu, ob eine Sicherheitsleistung überhaupt notwendig ist. Denn Nr. 9 setzt eine erfolgte Anordnung ausdrücklich voraus. Die Zuständigkeit des Rpfl. bleibt unberührt.

22 **10. Einstellung der Zwangsvollstreckung, II Nr. 10.** Hierher gehören alle Entscheidungen über eine einstweilige Einstellung der Zwangsvollstreckung nach §§ 707, 719. Denn diese ist meist eilbedürftig. Unerheblich ist, ob die Einstellung mit einer Sicherheitsleistung oder ohne sie erfolgt. Der Vorsitzende kann aber nur bestimmen, soweit die Anordnung durch das Prozessgericht erfolgen darf, zB nach §§ 707, 719, 769, **nicht** dann, wenn das Vollstreckungsgericht zuständig wäre, zB nach § 813a I.

23 **11. Streitwert, II Nr. 11.** Hierher gehört jede Entscheidung über den Streitwert nach §§ 3 ff., §§ 62, 63 GKG, wegen der Zuständigkeit oder der Kosten oder wegen der Rechtsmittel, BayObLG DB 1995, 1169 (**nicht** im FamFG-Verfahren nach → Vor § 348 Rn. 5). Vgl. § 527 III Nr. 5.

24 **12. Kosten, II Nr. 12.** Hierher gehört jede erstinstanzliche Entscheidung wegen der Kosten, Gebühren und Auslagen nach §§ 91 ff., 379, 402, auch zB bei der öffentlichen Zustellung des Kostenfestsetzungsbeschlusses nach §§ 104, 185 ff., Ffm MDR 1987, 414, oder bei einer Erinnerung gegen den Kostenfestsetzungsbeschluss nach → § 104 Rn. 86, auch zB eine Abgabe an das Rechtsmittelgericht nach → § 104 Rn. 89. Die Zuständigkeit des Rpfleger nach § 21 RPflG bleibt unberührt.

25 **VII. Weitere Befugnisse des Vorsitzenden, II.** Die Aufzählung des II ist lückenhaft, Bergerfurth NJW 1975, 333. Wenn der Vorsitzende die Sache bis zur Schlussverhandlung nach I 1 fördern soll, müssen ihm die dazu notwendigen Entscheidungen zustehen, soweit sie nicht den Streitstoff sachlich würdigen. Auch III ergibt nicht, dass die Entscheidung des Vorsitzenden außerhalb II nur im Einverständnis der Parteien zulässig wäre. III ergibt eher, dass diese Entscheidung auch im Einverständnis der Parteien erfolgen kann. Zwar hat der Gesetzgeber den Katalog der Zuständigkeiten des Vorsitzenden erweitert. Dennoch fehlen regelungsbedürftige Fälle. Man muss daher II ergänzen. Das ist freilich nur unter einer Beachtung der Grenzen des I zulässig. Der Vorsitzende darf daher auch zB die folgenden Entscheidungen treffen.

26 **1. Arrest, einstweilige Verfügung.** Hierher gehören Entscheidungen bei einem Arrest nach §§ 916 ff. und bei einer einstweiligen Verfügung nach §§ 935 ff., soweit die Entscheidung nach § 944 dringlich ist, Bergerfurth NJW 1975, 334. Gerade hier wäre eine Verdrängung durch II sinnwidrig. Allerdings darf der Vorsitzende bei diesen Verfahren **nicht** außerhalb solcher Dringlichkeit entscheiden.

27 **2. Selbständiges Beweisverfahren.** Hierher gehören Entscheidungen beim selbständigen Beweisverfahren nach §§ 486 I, 490. § 486 III scheidet hier ohnehin aus. Freilich muss man I 2 beachten.

28 **3. Prozessabweisung.** Der Vorsitzende **entscheidet** ferner bei einer Prozessabweisung nach → Vor § 253 Rn. 14, soweit nicht II Nr. 2 anwendbar ist.

29 **4. Streithelfer.** Der Vorsitzende **entscheidet** auch über die Zulassung von Streithelfern nach § 71.

30 **5. Verbindung, Trennung.** Der Vorsitzende **entscheidet** über eine Verbindung oder Trennung der bisher vom Vorsitzenden allein bearbeiteten Prozesse nach §§ 145, 147, **nicht** der schon vor der gesamten Kammer für Handelssachen schwebenden Verfahren.

31 **6. Wiedereinsetzung.** Der Vorsitzende **entscheidet** über den Antrag auf eine Wiedereinsetzung gegen eine beim Vorsitzenden versäumte Frist nach §§ 350, 233 ff.

32 **7. Zeugnisverweigerung.** Der Vorsitzende **entscheidet** auch über die Folgen der Verweigerung des Zeugnisses nach § 387, soweit die Beweisaufnahme nach I 2 durch den Vorsitzenden oder einen von ihm ersuchten Richter stattgefunden hat.

33 **8. Sommersache.** Der Vorsitzende **entscheidet** vorbehaltlich der Entscheidung des Kollegiums über die Fragen im Zusammenhang mit § 227 III 2 (Terminierung vom 1. 7. bis 31. 8.), → § 227 Rn. 44, aM (zum alten

Recht) Ffm OLGZ 1991, 220 (aber das Gesetz gibt dem Kollegium nur den „Vorbehalt", den es freilich jederzeit ausüben darf).

9. Zwischenstreit mit Dritten. Der Vorsitzende **entscheidet** auch dann nach → § 303 Rn. 1. 34

10. Beanspruchersstreit; Urheberbenennung. §§ 75, 76. Der Vorsitzende **entscheidet** auch in einem 35 solchen Fall.

VIII. Kammertermin, II. II gibt keine ausschließliche Zuständigkeit. Im Kammertermin **entscheidet** das 36 Kollegium, Bergerfurth NJW 1975, 334. Ausnahmen gelten nach III.

IX. Verstoß, II. Bei einem Verstoß gegen II gilt mangels einer Heilung nach § 295 I oder bei einer Unheil- 37 barkeit nach § 295 II die Regelung des § 350.

X. Einverständnis der Parteien, III. Im Einverständnis der Parteien kann, nicht muss, der Vorsitzende auch 38 außerhalb II und → Rn. 25 entscheiden. Das gilt in einer vermögens- wie in einer nicht vermögensrechtlichen Sache nach → Vor § 1 Rn. 10ff. Das Einverständnis muss unbedingt sein. Seine Erklärung vor dem Vorsitzenden reicht, BVerfGE 98, 153. Es ist auch für ein Verfahren ohne eine notwendige mündliche Verhandlung nach § 128 IV zulässig. Es ist vor allem nicht auf eine bestimmte Richterperson und anders als bei § 128 II auch nicht auf die nächste Zwischenentscheidung beschränkbar. Das Einverständnis erstreckt sich freilich auch nicht automatisch auf eine spätere Widerklage nach Anh. § 253, Nürnb MDR 1978, 323, oder auf eine sonstige spätere Erweiterung des Streitgegenstands nach → § 2 Rn. 4, BGHZ 105, 273; Nürnb MDR 1978, 323, oder auf ein neues Verfahren nach einer Zurückverweisung nach § 538 II 1. Eine nach → Vor § 128 Rn. 59 unzweideutige und nach → § 253 Rn. 28 schlüssige Handlung reicht, Nürnb MDR 1978, 323; aM BGH VersR 2018, 154 (nicht einmal der Sachantrag reiche. Viel zu streng). Das Einverständnis wirkt nur für den Erklärenden. Bei Streitgenossen nach §§ 59ff. ist evtl. eine Verfahrenstrennung nach § 145 notwendig. Der Streitgehilfe nach §§ 66ff. kann das Einverständnis wirksam erklären, soweit er sich dadurch nicht nach § 67 zur Partei in einen Widerspruch setzt.

Das Einverständnis ist eine unwiderrufliche **Prozesshandlung,** BGH VersR 2018, 154. Der Vorsitzende 39 erhält durch die Erklärung des Einverständnisses die unbeschränkte Stellung der Kammer für Handelssachen, auch im Rahmen der Zwangsvollstreckung nach §§ 704ff. soweit dort das Prozessgericht entscheidet, Bergerfurth NJW 1975, 335. Die Kostenfestsetzung erfolgt nach → § 104 Rn. 68.

XI. Unanwendbarkeit der §§ 348, 348a. Diese Vorschriften sind unanwendbar. Die Stellung des Vor- 40 sitzenden der Kammer für Handelssachen ist nach → Rn. 1, 2, § 114 GVG eben mit derjenigen des Einzelrichters einer Zivilkammer nur begrenzt vergleichbar. Daher kann die Kammer für Handelssachen den Prozess weder auf den Vorsitzenden noch gar auf einen der Handelsrichter übertragen. Ein Handelsrichter kann freilich nach → Rn. 1 ein ersuchter oder beantragter Richter nach §§ 361, 375 sein.

XII. Rechtsmittel, I–IV. Vgl. § 350. 41

350 ***Rechtsmittel.*** **Für die Anfechtung der Entscheidungen des Einzelrichters (§§ 348, 348a) und des Vorsitzenden der Kammer für Handelssachen (§ 349) gelten dieselben Vorschriften wie für die Anfechtung entsprechender Entscheidungen der Kammer.**

I. Systematik, Regelungszweck. Die Vorschrift stellt durch ihre Verweisung klar, dass man die Entschei- 1 dungen der nach §§ 348, 348a, 349 zuständigen Richter wegen ihrer Gesamtverantwortung im Gegensatz zu §§ 361, 362, 375 wegen der Rechtsbehelfe als solche des gesamten Kollegiums werten darf und muss, BGH 156, 322. Das ist nicht nur nach → Vor § 128 Rn. 15 prozesswirtschaftlich. Es ist auch dann ein Gebot der Rechtssicherheit nach, wenn man schon dem Einzelrichter den Rang der Zivilkammer gibt.

II. Geltungsbereich. → Vor § 348 Rn. 5. 2

III. Einhaltung der Zuständigkeit. Trifft der Einzelrichter oder der Vorsitzende der Kammer für Handels- 3 sachen innerhalb seiner Zuständigkeit eine Entscheidung (Urteil, Beschluss, Verfügung nach § 160 III Nr. 6), steht sie einer solchen seines Kollegiums völlig gleich. Sie ist eine Entscheidung „des Landgerichts". Keineswegs kann man etwa wie bei § 140 gegen sie das Kollegium anrufen. Das Kollegium kann eine Entscheidung des Einzelrichters nach §§ 348 III 1, 348a II 1 nur nach einer Rückübertragung ändern. Das Kollegium kann die Entscheidung des Einzelrichters nach § 318 dann nur wie eine eigene behandeln. Das gilt auch dann, wenn es eine Entscheidung des Vorsitzenden der Kammer für Handelssachen ändern muss. Eine Zurückverweisung zB nach § 538 II 1 Nr. 1 erfolgt an denjenigen Einzelrichter, der vorher tätig war, Köln NJW 1976, 1102. Ein Einverständnis nach § 349 III bleibt freilich wirksam, Bergerfurth NJW 1975, 335.

IV. Überschreitung der Zuständigkeit. Bei einer Überschreitung der Zuständigkeit des Einzelrichters oder 4 des Vorsitzenden der Kammer für Handelssachen erfolgt eine Zurückverweisung an das Kollegium nach (jetzt) §§ 538 II 1 Nr. 1, 547 Nr. 1, KG Rpfleger 1979, 230; Karlsr Just 1979, 15. Es kommt auch eine Nichtigkeitsklage nach § 579 I Nr. 1 in Betracht. § 295 I ist ohnehin nach → § 551 Rn. 3ff. anwendbar, soweit nur ein Verstoß gegen die Geschäftsverteilung vorliegt, aM Düss NJW 1976, 114. Bei § 349 gilt das jetzt auch im Übrigen ohne eine Beschränkung auf vermögensrechtliche Ansprüche nach → Vor § 1 Rn. 13. Das ergibt sich aus § 349 III. Es gilt wegen des Fehlens einer entsprechenden Vorschrift in § 348 aber nicht beim Einzelrichter der Zivilkammer, solange er nicht zurückübertragen hat. Bei § 524 muss man wegen dessen IV wie bei § 349 verfahren. Hat fälschlich das Kollegium entschieden, ist seine Entscheidung unangreifbar, (jetzt) § 513 II, Schneider DRiZ 1978, 336.

351–354 **(weggefallen)**

Titel 5. Allgemeine Vorschriften über die Beweisaufnahme

Vorbemerkung zu § 355

Schrifttum: Jäckel, Das Beweisrecht der ZPO, 3. Aufl. 2020.

1 **I. Systematik.** Während §§ 285 ff. die Beweiswürdigung regeln, enthält Titel 5 als Ausführungsvorschriften zu § 284 allgemeine Vorschriften über das im Hauptprozess wie in vorläufigen Verfahren auf einen Arrest oder auf eine einstweilige Verfügung nach §§ 916 ff., 935 ff. ergehende Beweisverfahren. Seine Protokollierung erfolgt nach §§ 159 ff., seine Darstellung im Urteil nach § 313. Demgegenüber regeln §§ 485 ff. das sog. selbständige Beweisverfahren, insbesondere zwecks Beweissicherung, auch soweit es parallel zum Hauptprozess vor demselben Gericht abläuft, aM Celle NZM 1998, 160.

2 **II. Regelungszweck.** §§ 355 ff. dienen unterschiedlich scheinenden Zwecken, in Wahrheit demselben Ziel der Herbeiführung einer sachlich-rechtlichen Gerechtigkeit in den Bahnen und Grenzen der Verfahrensgrundsätze einschließlich des Verhältnismäßigkeitsgebots, Ciyiltepe-Pilarsky, Der Grundsatz der Verhältnismäßigkeit und seine Auswirkungen auf Beweisanwendungen, 1995.

3 **III. Geltungsbereich.** Die Vorschriften gelten in allen Verfahren nach der ZPO, auch bei §§ 402 ff., KG VersR 2015, 568, auch bei §§ 485 ff., MüKoZPO/Heinrich § 355 Rn. 2, auch im schiedsrichterlichen Verfahren nach §§ 1025 ff., 1042 I, auch im WEG-Verfahren, auch im arbeitsgerichtlichen Verfahren nach § 46 II 1 ArbGG mit den wenigen Besonderheiten der §§ 58, 64 VII ArbGG, und auch vor dem Beschwerdegericht nach § 73 Nr. 2 GWB. Im FamFG-Verfahren gelten §§ 29, 30 FamG und können im Bereich des § 113 I 2 FamFG §§ 355 ff. anwendbar sein, (je zum alten Recht) Karlsr NJW-RR 1998, 1772; Mü FamRZ 2008, 2048.

4 **IV. Beweisantritt.** Die Entscheidung, ob und zu welcher Behauptung das Gericht einen Beweis erheben darf und evtl. muss, unterliegt grundsätzlich der Parteiherrschaft und dem Beibringungsgrundsatz nach → Vor § 128 Rn. 21. Wichtige Ausnahmen, nämlich eine Beweiserhebung von Amts wegen nach → Vor § 128 Rn. 44, liegen vor zB bei §§ 144, 273 II 2, 293. Eine vertragliche Beschränkung der Beweismittel ist grundsätzlich statthaft.

5 **V. Durchführung der Beweisaufnahme.** Diese Durchführung liegt als ein besonders gearteter Prozessabschnitt weitgehend in der Entscheidung des Gerichts. Für dieses Verfahren gilt grundsätzlich der Amtsbetrieb nach → Vor § 128 Rn. 33. Die Parteien dürfen mitwirken. Sie dürfen aber nicht entscheidend eingreifen. Darum ist es auch dann kein „Nichtbetreiben" nach § 204 II 2 BGB, wenn sie nicht mitwirken.

6 **VI. Beweisarten.** Titel 5 gilt für fast sämtliche Beweismittel der ZPO. Das sind: Augenschein nach §§ 371–372a; Zeugenbeweis nach §§ 373–401, 414; Sachverständigenbeweis nach §§ 402–413; Urkundenbeweis nach §§ 415–444; Parteivernehmung nach §§ 445–455. Formell erlaubt § 284 S. 3–5 jede andere Beweisart unter der Voraussetzung des nur bedingt widerruflichen Einverständnisses der Parteien. Angesichts des unveränderten § 286 mit seiner Freiheit auch dann der Überzeugungsbildung hat § 284 S. 3–5 praktisch nach → § 284 Rn. 1, → § 286 Rn. 4 nur eine geringe Bedeutung. Das Geständnis nach § 288 ist kein Beweismittel. Es fällt also nicht unter den Titel 5. Wegen der amtlichen Auskunft → Vor § 373 Rn. 31. Das Beweisverfahren gliedert sich in die Beweisanordnung, die Beweisaufnahme und in einem weiteren Sinn auch in die Beweiswürdigung nach § 286.

355 *Unmittelbarkeit der Beweisaufnahme.* **I [1]Die Beweisaufnahme erfolgt vor dem Prozessgericht. [2]Sie ist nur in den durch dieses Gesetz bestimmten Fällen einem Mitglied des Prozessgerichts oder einem anderen Gericht zu übertragen.**

II Eine Anfechtung des Beschlusses, durch den die eine oder die andere Art der Beweisaufnahme angeordnet wird, findet nicht statt.

Schrifttum: Koukouselis, Die Unmittelbarkeit der Beweisaufnahme im Zivilprozeß usw., 1990; Pantle, Die Beweisunmittelbarkeit im Zivilprozeß, 1991; Schneider, Beweis und Beweiswürdigung, 5. Aufl. 1994.

1 **I. Systematik, I, II.** Die Vorschrift enthält zwar kein Grundrecht, BVerfG NJW 2008, 2244. Sie enthält aber einen der tragenden Grundsätze der Beweisaufnahme, Kblz MDR 2006, 771; Kern ZZP 125, 553, während § 286 den wichtigsten Grundsatz der Beweiswürdigung nennt. § 357 steht neben § 355, §§ 358 ff. enthalten Ausführungsvorschriften. §§ 371 ff. enthalten die einzelnen Beweismittel. II hat den Vorrang vor §§ 567 ff. Ergänzend gelten §§ 156 ff. GVG (Durchführung einer Rechtshilfe).

2 **II. Regelungszweck, I, II.** Das Gesetz steht mit Recht auf dem Standpunkt, dass nur eine möglichst frische Beweisaufnahme unter dem persönlichen Eindruck des nach § 309 erkennenden Gerichts eine einigermaßen gerechte Würdigung verbürgt. Daher darf der Sachverständige nach → § 407a Rn. 11 nur begrenzt Ermittlungen vornehmen.

3 **III. Geltungsbereich, I, II.** Zunächst → Vor § 355 Rn. 3. Die Vorschrift ist (jetzt) im FamFG-Verfahren zumindest bei einer förmlichen Beweisaufnahme nach § 30 FamFG, (zum alten Recht) Mü NJW-RR 2009, 84, sowie im Bereich des § 113 I 2 FamFG mit denjenigen Abweichungen anwendbar, die sich aus der Natur dieses Verfahrens ergeben, Karlsr FGPrax 1998, 78; Zweibr MDR 1989, 649. In einer Arbeitssache gelten §§ 13, 58, 64 ArbGG.

4 **IV. Unmittelbarkeit, I. 1. Grundsatz: Beweisaufnahme vor dem Prozessgericht, I 1.** Die Beweisaufnahme erfolgt nach §§ 279 III, 370 I, 375, 411 III grundsätzlich vor dem Prozessgericht. Sie erfolgt also mangels Zuständigkeit des Einzelrichters nach §§ 348, 348a, 526, 527, 568 vor dem vollständigen Kollegium, BGH NJW 2000, 2025; Kblz NVersZ 1998, 123. Das ist der Grundsatz der Unmittelbarkeit der Beweisaufnahme, BGH NJW 1991, 1302; Hamm MDR 2007, 1153. Zur Erleichterung der Durchführung dient § 160a.

2. Beispiele zur Beweisaufnahme vor dem Prozessgericht, I 1

5 **Anhörung durch Sachverständigen: Unzulässig** ist grds. der Ersatz einer Vernehmung des Zeugen nach §§ 394 ff. durch dessen Anhörung durch einen Sachverständigen nach → Vor § 402 Rn. 9, demgemäß auch die Würdigung einer solchen Anhörung durch das Gericht.

Ausnahmsweise **zulässig** ist das Einverständnis der Parteien bei einer Materialsammlung durch den Sachverständigen nach §§ 402 ff., falls die Parteien nach Art. 103 I GG an der Anhörung teilnahmen und teilnehmen konnten und falls sie keine Einwendungen erhoben, selbst wenn das Verfahren des Sachverständigen bedenklich war. Richtigerweise sollte freilich das Gericht den Zeugen in der Gegenwart des Sachverständigen vernehmen. Wegen seiner wiederholten Vernehmung → Rn. 8 und → § 398 Rn. 3 ff.

Audiovisuelle Beweiserhebung: Zulässig ist unter den Voraussetzungen der §§ 128a, 130a eine solche Verfahrensweise.

Eidesstattliche Versicherung: Unzulässig ist grds. der Ersatz einer Vernehmung des Zeugen nach §§ 394 ff. durch seine eidesstattliche Versicherung nach § 294.

Erneute Vernehmung: Wegen eines solchen Antrags → § 286 Rn. 54, § 398.

Unzulässig ist eine bloße Verwertung des nach § 118 im Prozesskostenhilfeverfahren Gehörten statt seiner im Berufungsverfahren nach § 398 beantragten zwecks Unmittelbarkeit notwendigen erneuten Vernehmung.

Mehrheit von Sachverständigen: Unzulässig ist die Würdigung der Ergebnisse nur eines von mehreren nach §§ 402 ff. beauftragten Sachverständigen, weil nur dieser auftritt.

Meinungsumfrage: Zulässig ist eine solche nach → Vor § 402 Rn. 11 etwa durch eine Industrie- und Handelskammer. Das gilt insbesondere dann, wenn das Gericht Vorschläge zu denjenigen Fragen macht, die die Befragten beantworten sollen.

Prozesskostenhilfeverfahren: Zulässig ist die Verwertung einer Zeugenaussage nach §§ 394 ff. im vorangegangenen Prozesskostenhilfeverfahren nach § 118 II 3. Auch „Erneute Vernehmung".

Schriftliche Aussage: Zulässig ist unter den Voraussetzungen des § 377 III die Einholung einer jedenfalls zunächst nur schriftlichen Beantwortung einer Beweisfrage durch einen Zeugen.

Teilurteil: Zulässig ist seine Verwertung im Berufungsverfahren nach §§ 511 ff. zum Rest.

Verwertung anderer Sache: Zulässig ist nach § 284 S. 2 (Einverständnis der Parteien), eine Verwertung der Beweisaufnahme aus einer anderen Sache, auch eines Gutachtens nach § 411a, oder aus einer Strafsache, Kblz MDR 2006, 771. Stets muss freilich das Protokoll der anderen Sache das Bild des anderen Gerichts von besonderen Umständen und zur Glaubwürdigkeit enthalten. Auch „Teilurteil".

3. Ausnahmen, I 2. Eine Abweichung ist nur insoweit statthaft, als das Gesetz sie besonders vorsieht. Eine Übertragung der Beweisaufnahme ist unter den Voraussetzungen der §§ 372 II, 375, 402, 405, 434, 451, auf ein Mitglied des Prozessgerichts statthaft, Köln NJW 1976, 2218, auch auf den nach § 361 beauftragten Richter, Düss NJW 1992, 188, nicht aber auf zwei Mitglieder des Gerichts. Die Übertragung ist ferner nach §§ 156 ff. GVG auf ein anderes AG statthaft. § 362 II spricht von einem ersuchten Richter. Man fasst diese beiden Fälle unter der Bezeichnung Richterkommissar oder „ersuchter oder beauftragter Richter" zusammen. Der Einzelrichter der §§ 348, 348a, 526, 527 II 2 und der Vorsitzende der Kammer für Handelssachen des § 349 I 2 sind während ihrer Tätigkeit das Prozessgericht, Hamm MDR 1993, 1235. Es ist auch eine Übertragung entsprechend I 2 auf eine ausländische Stelle denkbar, §§ 363 ff., Leipold ZZP 105, 510. Hierher gehört auch der gesetzliche Sonderfall im selbständigen Beweisverfahren nach § 493 I. 6

Der Richter des § 527 soll dann nur beschränkt Beweise erheben, wenn er nicht im Einverständnis der Parteien entscheidet. Das Kollegium kann die vom Einzelrichter der §§ 526, 527 nach §§ 355 ff. vorgenommene Beweisaufnahme jederzeit wiederholen. Eine Übertragung nach I 2 ist ohne eine mündliche Verhandlung zulässig. Denn sie bereitet insoweit die Beweisaufnahme evtl. nur vor. Die Übertragung ist jederzeit ebenso widerruflich. Der Beweisbeschluss nach §§ 358, 358a begrenzt die Befugnisse des verordneten Richters. 7

4. Richterwechsel, I 1, 2. Ein Richterwechsel nach dem Abschluss der Beweisaufnahme hindert nach → § 309 Rn. 5 die Beweiswürdigung nach §§ 286 ff. grundsätzlich nicht. Bei der Entscheidung dürfen die Richter aber nach § 309 nur dasjenige berücksichtigen, was auf der eigenen Wahrnehmung aller erkennenden Richter beruht, BGH ZIP 2016, 2408, nach → § 291 Rn. 11 aktenkundig ist und was auch Verhandlungsgegenstand war, BVerfG NJW 2008, 2244; Kblz MDR 2014, 1290. Wenn der persönliche Eindruck von einer Beweisperson erheblich ist, ist daher nach § 398 doch eine Wiederholung der Beweisaufnahme nötig, soweit der persönliche Eindruck nicht nach § 160 III Nr. 4 in einem früheren Protokoll steht und zum Verhandlungsgegenstand wurde, BGH NJW 1997, 1586; Hamm MDR 2007, 1153; Schlesw MDR 1999, 761. Eine solche Situation stellt ja auf die Glaubwürdigkeit statt auf die sachliche Beweiskraft ab, BGH ZIP 2016, 2408. Es kann eine Zurückverweisung nach § 538 II 1 Nr. 2 notwendig sein, Kblz MDR 2014, 1290. 8

5. Verstoß, I 1, 2. Eine Verletzung des Grundsatzes der Unmittelbarkeit ist zwar nicht stets ein Verfassungsverstoß, BVerfGE 1, 429. Sie ist aber ein Verfahrensfehler nach § 538 II 1 Nr. 1, BGH NJW 2000, 2025; BayObLG FamRZ 1988, 423; Pantle NJW 1988, 2028. Ein solcher Verfahrensfehler liegt nicht schon dann vor, wenn das Gericht nicht sämtliche nach §§ 355 ff. beantragten Beweismittel verwertet hatte, LAG Düss BB 1978, 1310, oder wenn es ein anderes Beweismittel hätte benutzen müssen. 9

Eine Verletzung ist nach § 295 I heilbar, soweit nicht auch § 286 verletzt ist. Sie ist daher evtl. nur auf eine Rüge nachprüfbar. Diese entfällt dann, wenn die Partei zustimmt oder wenn sie nach → § 375 Rn. 18 das Rügerecht verloren hat. Freilich liegt zugleich auch ein Verstoß gegen § 286 vor. 10

V. Anfechtung des Beweisbeschlusses, II. Auch hier stehen einem Grundsatz Ausnahmen gegenüber. 11

1. Grundsatz: Unanfechtbarkeit. Mag das Prozessgericht den Beweis selbst erheben oder ihn vom verordneten Richter nach §§ 361, 362, 375 erheben lassen, eine Anfechtung des Beweisbeschlusses nach §§ 358, 358a als solchen ist doch grundsätzlich unstatthaft, BGH GRUR 2009, 520; Brem MDR 2013, 618; Ffm FamRZ 2018, 454. Das gilt auch dann, wenn das Verfahren unrichtig oder unsachgemäß verlief, Jena MDR 2010, 404. Das gilt selbst dann, wenn das Gericht mit dem Beweisbeschluss eine weitere der sofortigen Beschwerde unterliegende Entscheidung verbunden hat, Brdb FamRZ 2001, 294; Köln Rpfleger 1990, 354; Zöller/Greger Rn. 7; aM Müller DRiZ 1977, 307 (aber II gilt uneingeschränkt, um die Prozessförderung zu ermöglichen. Sie ist gerade in diesem Verfahrensabschnitt meist dringend notwendig). 12

Das gilt auch dann, wenn das Gericht einen Antrag auf eine Übertragung der Beweisaufnahme zurückgewiesen hat, oder dann, wenn das Gericht die Beweisaufnahme einem ausländischen Gericht überträgt. Vgl. aber auch → § 252 Rn. 2, → § 364 Rn. 4, → § 372a Rn. 31. Das Urteil bleibt wie sonst anfechtbar, BGH NJW 2000, 2025. Wegen Berufung und Revision vgl. auch → § 375 Rn. 18. 13

2. Ausnahmen. Ein Beschluss ist ausnahmsweise dann anfechtbar, wenn er praktisch zum Verfahrensstillstand zB evtl. nach § 364 führt oder wenn er einen mehr ausgleichbaren Nachteil schafft, BGH GRUR 2009, 520. Er 14 ist nach § 252 mit der sofortigen Beschwerde nach → § 567 Rn. 4 anfechtbar. Zur Anfechtbarkeit eines Beschlusses nach § 372a dort → § 372a Rn. 32. Wegen einer Berufung und Revision → § 375 Rn. 18. Wegen einer greifbaren Gesetzwidrigkeit → § 567 Rn. 12 ff., großzügiger LAG Köln NZA-RR 2006, 435. Ein Grundrechtsverstoß kann zur Anfechtbarkeit führen, BGH NJW-RR 2009, 1223, Jena NJW-RR 2007, 1307.

15 **3. Gegenvorstellung.** Eine Gegenvorstellung nach → Vor § 567 Rn. 10 bleibt schon wegen des Fehlens einer Bindung des Gerichts an seine bisherige Anordnung zulässig, Brdb FamRZ 2001, 295 (zu § 360), LAG Köln NZA-RR 2006, 435.

356 ***Beibringungsfrist.*** **Steht der Aufnahme des Beweises ein Hindernis von ungewisser Dauer entgegen, so ist durch Beschluss eine Frist zu bestimmen, nach deren fruchtlosem Ablauf das Beweismittel nur benutzt werden kann, wenn nach der freien Überzeugung des Gerichts dadurch das Verfahren nicht verzögert wird.**

1 **I. Systematik.** Verspätete Beweismittel kann das Gericht nach § 296 zurückweisen. § 356 handelt von dem rechtzeitig vorgebrachten Beweismittel, bei dem die Beweisaufnahme auf ein beliebiges Hindernis stößt, zB auf einen Umzug desjenigen Zeugen, dessen neue Anschrift der Beweisführer nicht rechtzeitig kennen konnte, BVerfGE 65, 307; aM LG Ffm NJW-RR 1986, 143 (aber die Vorschrift erfasst jede Art von Hindernis).

2 **II. Regelungszweck.** Die Vorschrift bezweckt eine Verstärkung der Förderungspflicht aller Prozessbeteiligten, § 282. Ein Verschulden des Beweisführers steht der Annahme eines Hindernisses und damit der Anwendung der Vorschrift grundsätzlich nicht entgegen, BGH NJW 1993, 1926; 1989, 227; 1981, 1319; 1972, 1133; Musielak/Voit/Stadler Rn. 3; Stein/Jonas/Berger Rn. 10; Zöller/Greger Rn. 2. Etwas anderes gilt nur dann, wenn der Beweisführer das Hindernis bewusst in der Absicht geschaffen hat, die Beweisaufnahme zu verhindern. Eine Fristsetzung in einem solchen Fall widerspräche dem Zweck der Regelung; das Verhalten ist im Rahmen der freien Beweiswürdigung ohne Fristsetzung zu beurteilen, so auch MüKoZPO/Heinrich Rn. 5; für die Setzung einer kurzen Frist: Gerhardt ZZP 1973, 64 (66).

3 **III. Geltungsbereich.** → Vor § 355 Rn. 3. Die Vorschrift gilt also auch im Amtsermittlungsverfahren, Hamm FamRZ 2003, 617; Karlsr MDR 2011, 1180. § 356 gilt grundsätzlich für jede Art von Beweismittel, auch für die Parteivernehmung nach §§ 445 ff. Die Vorschrift ist aber auf solchen Sachverständigen unanwendbar, den das Gericht auswechseln kann, wie meist nach → § 402 Rn. 1, oder auf einen Augenschein oder auf eine Urkunde. Für sie gelten §§ 142 I 2, 144 I 2, 273 II Nr. 5, 371 I, 429, 431.

4 **IV. Kein Hindernis beim Zeugnis NN usw.** Das unter → Rn. 1, 2 Ausgeführte gilt insbesondere bei dem beliebten „Zeugnis NN" (nihil nomen = kein Name) oder „Zeugnis XYZ", BGH NJW 1987, 3080. Ihm stehen oft gleich: „Zeuge X, dessen Anschrift nachgereicht wird", BGH NJW 1993, 1927; aM Schneider MDR 1987, 726, oder „Zeuge (folgt Name), zu laden über den Arbeitgeber", LG Hagen MDR 1984, 1034, oder gar „an der vom Gegner mitzuteilenden Anschrift", oder über eine „Hausbank der Partei (deren Name und Anschrift fehlt)". Das alles ist grundsätzlich kein dem § 373 genügender Beweisantritt, BGH NJW-RR 1989, 1324, Düss VersR 1993, 1168; Reinecke MDR 1990, 769. Eine bloße „Individualisierbarkeit" ist keineswegs stets ausreichend, aM BGH MDR 2011, 160; Kblz MDR 2015, 975 (aber es kommt durchaus vor, dass eine rechtzeitige Präzisierung zumutbar möglich war).

5 **Unschädlich** ist es, im Anschluss an eine gesetzmäßige Angabe des Beweisantritts bei seiner Wiederholung zB „aaO" oder „wie vor" zu schreiben, Celle NJW-RR 1992, 703.

6 **1. Parteiaufgaben.** Der Kläger mag als Beweisführer grundsätzlich schon mit der Klage warten, bis er alles beisammen hat, oder eine Stufenklage nach § 254 erheben. Freilich mag es ausnahmsweise dann ein nach → Vor § 284 Rn. 44 ff. zunächst ausreichender Beweisantritt sein, wenn zB der Bekl. als Beweisführer trotz aller Sorgfalt bisher außerstande war, einen solchen Zeugen exakt namhaft zu machen, dessen Existenz ihm zwar zuverlässig oder hochgradig gewiss bekannt ist, den er aber im Einzelnen noch nicht präzise genug ermitteln konnte, BGH NJW 1998, 2368, oder wenn der Beweisführer den Zeugen nur hilfsweise neben anderen oder neben einer Urkunde benennt, Zimmermann JuS 1991, 587 (Bankbescheinigung).

7 **2. Verstoßfolgen.** Wenn die fehlenden Angaben auf einer bloßen Nachlässigkeit der Partei beruhen oder auf einer solchen ihres gesetzlichen Vertreters oder ihres ProzBevtl. nach §§ 51 II, 85 II, liegt in Wahrheit gar kein Hindernis vor, sondern eine bloße prozessuale Nachlässigkeit oder gar eine Verschleppungstaktik, LG Ffm NJW-RR 1986, 143 (Wechsel des Aufenthaltsorts des Zeugen), Zöller/Greger Rn. 4 („prozessuale Unsitte"). Der Beweisführer ist dann ja gar nicht gehindert, sondern er hat die Klärung nur nicht rechtzeitig genug für nötig gehalten. Das kann zB auch dann gelten, wenn er versäumt hat, sich eher nach der neuen Anschrift eines „Verzogenen" zu erkundigen. Man muss hierher evtl. sogar die bloße Angabe einer solchen Anschrift des namentlich benannten Zeugen rechnen, an der eine Ersatzzustellung nach §§ 178 ff. unzulässig wäre, also zB die Geschäftsanschrift, falls der Zeuge nicht zu den (jetzt) in § 178 Genannten zählt und falls der Beweisführer die Privatanschrift zumutbar hätte ermitteln können, LG Hagen MDR 1984, 1034.

8 Ob ein Hindernis vorliegt, ist also eine Fallfrage, BGH NJW 1998, 2369; LG Fulda VersR 1980, 1031; Rixecker NJW 1984, 2136. Der Beweisführer muss seine Schuldlosigkeit wegen des Fehlenden darlegen. Wenn eine Nachlässigkeit vorliegt, darf das Gericht auch nicht etwa nach § 139 das Fehlende herbeischaffen, BGH NJW 1987, 3080; Mayer NJW 1983, 858, Schneider MDR 1998, 1115. Andernfalls würde es § 356 aushöhlen. Das erörtern BVerfG NJW 2000, 946; KG MDR 2003, 472; Gottschalk NJW 2004, 2941, leider nicht mit. Auch → § 377 Rn. 6. Zur Beweiserleichterung im Wettbewerbsprozess wegen unzumutbarer Nachteile bei der Benennung von Zeugen BGH NJW 1983, 171.

9 **V. Ungewisse Dauer.** Das Hindernis muss von ungewisser Dauer sein. Steht seine begrenzte Dauer bereits zeitlich fest, darf und muss das Gericht nur nach § 216 entsprechend später terminieren. Dann kann § 148 anwendbar sein, aM Karlsr OLGZ 1990, 242 (dann könnten §§ 296, 356, 528 entsprechend anwendbar sein. Aber dafür gibt es dann nach → Vor § 128 Rn. 13 gar keine Veranlassung). Steht fest, dass seine Beseitigung unmöglich sein wird, ist § 356 unanwendbar. Dann ist dieses Beweismittel nach → § 286 Rn. 32 überhaupt ganz unerreichbar. Das gilt zB dann, wenn sich die Partei endgültig weigert, sich einer nach → Vor § 371 Rn. 17

erforderlichen Untersuchung zu unterziehen, LG Hmb NJW-RR 1994, 205, oder wenn die Partei einen nach § 379 rechtmäßig angeforderten Vorschuss ohne eine ausreichende Entschuldigung verweigert, oder wenn es auf das Verhalten eines Dritten ankommt und wenn dessen Zeitpunkt völlig ungewiss ist, BVerfG NJW-RR 2007, 1057. Das Ausbleiben eines Schiedsgutachtens kann nach → Vor § 1025 Rn. 20 reichen.

Im Übrigen muss man darauf abstellen, ob und welche Erklärungen die Partei dazu abgibt, wann sie das Hindernis beseitigen will, LG Fulda VersR 1980, 1031. Zwar besteht auch insofern im Prinzip eine gewisse Fragepflicht nach §§ 139, 273. Indessen darf die Partei nach → Rn. 7 nicht unter einer Berufung auf diese Vorschriften in Wahrheit § 356 unterlaufen. Daher sollte das Gericht nur dann nachfragen, wenn der Beweisführer von sich aus wenigstens angedeutet hat, dass und warum er zumindest bisher am Fehlen der erforderlichen Angaben schuldlos sei und dass und bis wann er in absehbarer Zeit das Fehlende nachreichen werde und könne, BVerfG NJW-RR 2007, 1057. Natürlich darf man die Zumutbarkeitsanforderungen an den Beweisführer nicht überspannen. Stets ist eine Feststellung im Urteil in den Grenzen der §§ 313 III, 313a I, II dazu nötig, ob und weshalb ein Hindernis von ungewisser Dauer vorliegt, BVerfG NJW-RR 2007, 1057. Ein endloses Zuwarten (Zeuge „auf See") ist aber nicht zumutbar. Vgl. auch hier §§ 198 ff. GVG. 10

VI. Fristsetzung. Das Gericht darf überhaupt grundsätzlich nur bei der Bejahung eines unverschuldeten Hindernisses nach → Rn. 2 eine Nachfrist setzen, also zB nicht beim Verstoß gegen § 296 II oder gegen §§ 379, 402. Auch das übersehen leider manche, zB BGH MDR 2011, 160; Ffm MDR 2014, 298. 11

1. Grundsatz: Bei Hindernis Fristzwang. Es kann nach → Rn. 9 ein Hindernis von ungewisser Dauer vorliegen, oder es kann das Gericht trotz des Fehlens dieser Voraussetzung zB die Vernehmung eines Zeugen „NN" angeordnet haben, BGH NJW 1989, 228. Dann muss das Gericht auf einen Antrag oder von Amts wegen dem Beweisführer eine angemessene Frist für die Beibringung setzen, BVerfG NJW 1985, 3006; BGH NJW 1984, 2039. Sie ist auch notwendig, solange ein solcher Beschluss nicht nach §§ 329, 705 formell rechtskräftig ist, durch den das Gericht dasjenige Ablehnungsgesuch nach §§ 42, 406 zurückgewiesen hat, das einen solchen Sachverständigen betraf, der den Beweisführer untersuchen sollte, Hamm MDR 2003, 1374. Es handelt sich um eine richterliche Frist nach → § 224 Rn. 14, BVerfGE 69, 255. Sie erfordert also die volle richterliche Unterschrift usw. nach → § 329 Rn. 12, 15, BVerfGE 69, 255, und eine förmliche Zustellung nach § 329 II 2, BGH NJW 1989, 228. 12

2. Fristberechnung. Ihre Berechnung erfolgt nach § 222 iVm mit §§ 187 ff. BGB. Ihre Abkürzung und Verlängerung richten sich nach §§ 224, 225. Es reicht zur Verlängerung nicht schon aus, dass die Zeugenanschrift jetzt nicht mehr stimmt. Es kommt nach → Rn. 4 darauf an, ob sich der Beweisführer früher erfolgreich die neue Anschrift hätte besorgen können und müssen. Im Zweifel darf das Gericht erst gar keine Fristverlängerung bewilligen. Er darf daher auch keinen entsprechenden Antrag anregen. Das Gericht muss aber zB dem Beweisführer mithilfe einer Aussetzung nach § 148 die Möglichkeit geben, gegen den Dritten in einem schon anhängigen dortigen Prozess ein rechtskräftiges Urteil auf eine Mitwirkung zu erzielen, wenn er sie überraschend verweigert hatte, Nürnb MDR 1983, 942. Es handelt sich nicht um eine Notfrist nach § 224 I 2. Deshalb ist eine Wiedereinsetzung nach § 233 an sich nicht möglich. Die Frist ist aber notfristähnlich, BGH NJW 1989, 228 (zu § 187 S. 2 aF). 13

3. Weiteres Verfahren. Das Prozessgericht, also das Kollegium und auch der Einzelrichter nach §§ 348, 348a, 526, 527, 568 setzt die Frist bei einer nach § 128 IV freistehenden mündlichen Verhandlung durch einen nach § 329 I, II Hs. 2 zu verkündenden oder förmlich zuzustellenden Beschluss, BGH VersR 1998, 913. Eine bloße Verfügung des Vorsitzenden nach → § 329 Rn. 15 reicht also nicht, BVerfG NJW 1985, 3006, BGH NJW 1998, 2369. Das Gericht sollte den Beschluss nach → § 329 Rn. 6 allenfalls ganz kurz begründen. Es kann die Frist auch im Beweisbeschluss nach §§ 358, 358a setzen, zB bei einer nach → § 373 Rn. 5 ff. unvollständigen Zeugenanschrift. 14

Solange das Gericht einen Antrag nicht wirksam eindeutig abgelehnt hat, liegt keine Entscheidung über ihn vor. Das Gericht mag sich die Entscheidung bis zur Erledigung der übrigen Beweisaufnahme oder anderer Verfahrensereignisse vorbehalten wollen. Das steht ihm ebenso frei wie grundsätzlich die Frage, ob es sämtliche in Betracht kommenden Beweise sogleich erheben will. Es muss zwar §§ 273, 275, 279 II beachten. Man darf es aber schon wegen der auch von ihm zu beachtenden Prozesswirtschaftlichkeit nicht dazu zwingen, seine Entscheidungen über den Umfang der etwaigen Beweisaufnahme in einem solchen Zeitpunkt zu treffen, in dem die Notwendigkeit einer Beweisaufnahme noch nicht für alle in Betracht kommenden Beweismittel feststeht. Daran ändern wohl auch §§ 198 ff. GVG nichts. 15

4. Fristverstoß. Nach dem erfolglosen endgültigen Fristablauf ist das Beweismittel in dieser Instanz für den Beweisführer nur noch benutzbar, soweit die Benutzung das Verfahren nach der freien Überzeugung des Gerichts nicht verzögert, BVerfG NJW-RR 1994, 700; Karlsr NJW-RR 1994, 512; Köln NJW-RR 1997, 1292. Das gilt unabhängig von einem etwaigen Verschulden, BGH NJW 1989, 228, Reinecke MDR 1990, 769; Zöller/Greger Rn. 7; aM Sass MDR 1985, 99 (aber mit der Fristsetzung hatte das Gericht das auch dem Prozessgegner äußerst Zumutbar getan). Das Verzögerungsverbot geht noch weiter als zB bei § 296 I, BGH NJW 1989, 228. Die Rechtsfolge eines Fristverstoßes tritt kraft Gesetzes nach §§ 230, 231 ein, LG Düss BauR 2011, 1210. Keine Verzögerung tritt dann ein, wenn die Partei den Zeugen wenigstens nach → § 273 Rn. 28 noch im Termin gestellt, ihn „sistiert", und wenn seine Vernehmung nach → § 273 Rn. 30 auch nach dem Terminfahrplan dieses Sitzungstags möglich ist. Mitgebrachte Zeugen dürfen den Fahrplan aber nicht völlig durcheinanderbringen. § 273 ist in den Grenzen → Rn. 9 auch hierzu beachten. Nach einem Einspruch nach §§ 338, 700 muss das Gericht die Frage der Verzögerung neu prüfen. Das Gericht darf und muss natürlich andere Beweisantritte wie sonst beachten, BGH NJW 2007, 2123. 16

VII. Rechtsbehelfe. Die Fristsetzung ist nach § 355 II ist von keiner der Parteien isoliert, MüKoZPO/Heinrich Rn. 14; Stein/Jonas/Berger Rn. 15; Thomas/Putzo/Reichold Rn. 6, sondern nur zusammen mit dem Endurteil anfechtbar, Celle NJW-RR 2000, 1166, dann freilich evtl. als die Rüge eines Verfahrensfehlers nach § 538 II 1 Nr. 1, BGH NJW 1989, 228. In der Berufungsinstanz lässt sich das Versäumte im Rahmen von (jetzt) §§ 530, 531 nachholen, Karlsr NJW-RR 1994, 512. Nach der Ablehnung einer Fristsetzung oder der bloßen Nichtentscheidung oder bei einer Überlänge der Frist ist eine sofortige Beschwerde nach § 567 I Nr. 2 zulässig, falls in dieser Verfahrensweise eine Aussetzung nach § 252 liegen sollte, aM Celle NJW-RR 2000, 1166 (§ 355 17

II). Das trifft allerdings nur selten zu. Eine Rechtsbeschwerde kommt unter den Voraussetzungen des § 574 in Betracht. Eine Verfassungsbeschwerde kommt beim Verstoß gegen Art. 2 I, 20 III GG (Rpfl.), BVerfGE 101, 404, oder gegen Art. 103 I GG (Richter) in Betracht, BVerfG NJW-RR 2007, 1057, freilich wegen § 321a nur hilfsweise, dort → § 321a Rn. 97. Vgl. auch §§ 198 ff. GVG.

357 *Parteiöffentlichkeit.* **I Den Parteien ist gestattet, der Beweisaufnahme beizuwohnen.**

II [1]Wird die Beweisaufnahme einem Mitglied des Prozessgerichts oder einem anderen Gericht übertragen, so ist die Terminsbestimmung den Parteien ohne besondere Form mitzuteilen, sofern nicht das Gericht die Zustellung anordnet. [2]Bei Übersendung durch die Post gilt die Mitteilung, wenn die Wohnung der Partei im Bereich des Ortsbestellverkehrs liegt, an dem folgenden, im Übrigen an dem zweiten Werktage nach der Aufgabe zur Post als bewirkt, sofern nicht die Partei glaubhaft macht, dass ihr die Mitteilung nicht oder erst in einem späteren Zeitpunkt zugegangen ist.

1 **I. Systematik, I, II.** Die Vorschrift gibt eine Ergänzung zu §§ 355, 370 I, 397. Sie gilt auch und gerade dann, wenn die Allgemeinöffentlichkeit nach §§ 169 ff. GVG entfällt.

2 **II. Regelungszweck, I, II.** Die Vorschrift behandelt die sog. Parteiöffentlichkeit, Jankowski NJW 1997, 3347. Sie ist Ausdruck des Anspruchs auf rechtliches Gehör, Art. 103 I GG.

3 **Erzwingen** lässt sich eine aus der Gerichtssicht noch so erwünschte Parteianwesenheit bei einer Beweisaufnahme praktisch weder nach §§ 141 ff. noch nach § 273.

4 **III. Geltungsbereich, I, II.** → Vor § 355 Rn. 3 I gilt nur für die Beweisaufnahme und bedeutet kein „Terminsblockierrecht".

5 **IV. Parteiöffentlichkeit, I. 1. Teilnahmerecht.** Die Parteien sowie die ProzBevtl. und die Streithelfer nach §§ 66 ff. dürfen nach §§ 137 IV, 397 II grundsätzlich an jeder Beweisaufnahme teilnehmen, auch an einer auswärtigen, Mü Rpfleger 1983, 319. Das gilt auch im Anwaltsprozess nach → § 78 Rn. 1. Auch ein zur Wahrung der Anonymität des Zeugen eingeschalteter Dritter kann ein Teilnahmerecht haben, BVerfG NJW 1994, 2247; BAG NJW 1993, 613; aM Prütting/Weth NJW 1993, 577. Eine Partei darf sich im Termin von ihrem Privatgutachter nach → Vor § 402 Rn. 41 beraten lassen, BGH NJW-RR 2009, 1192; Mü NJW-RR 1988, 1535. Die Beweisaufnahme ist von der Anwesenheit der Parteien freilich nach § 367 I nicht abhängig. Ein Dritter hat aber grds. kein Zutrittsrecht, OVG Kblz NVwZ-RR 2013, 972.

6 Es ist auch keineswegs stets statthaft, eine Partei schon deshalb von der Beweisaufnahme auszuschließen, weil sie dabei **Betriebsgeheimnisse** des Gegners oder eines Dritten wie bei → § 384 Rn. 13 ff. erfahren könnte, ebenso MüKoZPO/Heinrich Rn. 9. Ebenso wenig darf das Gericht einen Anwalt generell von einer Arztuntersuchung der Partei nach § 372a dann ausschließen, wenn sie seine Anwesenheit wünscht, LSG Mainz NJW 2006, 1547. Die oben dargelegte Bedeutung der Parteiöffentlichkeit hat den Vorrang, aM Kürschner NJW 1992, 1804; Zöller/Greger Rn. 2 (aber gerade das rechtliche Gehör hat meist den Vorrang). Das Gericht muss abwägen. Deshalb kann man sich auch grundsätzlich nicht auf den Parteiausschluss als ein letztes Mittel oder auf den Zutritt nur des ProzBevtl. berufen, BGHZ 116, 47; Köln NJW-RR 1996, 1277; Prütting/Weth NJW 1993, 577. Auch hier hilft eine Abwägung, BVerfG NJW 2000, 1178; BAG NJW 1993, 612; Wagner ZZP 108, 210. Bei einem erheblichen Grund ist eine Terminsänderung nach § 227 notwendig. Eine verdeckte Lärmermittlung (ohne Kenntnis des Störers) kann nötig sein, Hamm MDR 2015, 301.

7 Für Anträge und Fragen besteht ein Anwaltszwang wie sonst nach → § 78 Rn. 1. Keine Beweisaufnahme ist diejenige vorbereitende Besichtigung, die ein Sachverständiger nach → § 407a Rn. 11 ff. in der Abwesenheit des Gerichts vornimmt, Mü NJW 1984, 807. Freilich haben die Parteien auch dann grundsätzlich ein Anwesenheitsrecht. Ein technischer Berater usw. darf teilnehmen, Düss MDR 1979, 409, Schneider MDR 1991, 828. Die Gestellung, „Sistierung", eines Zeugen oder Sachverständigen nach → § 273 Rn. 28 kann mangels einer rechtzeitigen Nachricht an den Gegner einer Vernehmung entgegenstehen.

8 **2. Säumnisfolgen wie sonst.** Einer Partei „gestattet" I die Anwesenheit. Die Partei muss nicht teilnehmen, → Rn. 3. Ist sie säumig, gelten in der an die Beweisaufnahme nach §§ 370, 285 anschließenden mündlichen Verhandlung §§ 330 ff., also auch § 331a und damit § 251a (Aktenlageentscheidung).

9 **3. Zutrittsverweigerung.** Wenn ein Dritter bei einer Beweisaufnahme in seinen Räumen einer Partei oder deren ProzBevtl. den Zutritt verweigert, kann das Gericht den Zutritt nicht erzwingen, Jankowski NJW 1997, 3349. Es kann dann nach → § 286 Rn. 32 keine ordnungsgemäße Beweisaufnahme stattfinden. Verhält sich der Gegner des Beweisführers so, dann gilt zunächst dasselbe, Jankowski NJW 1997, 3347. Das Gericht muss aber seine Weigerung in der Regel nach zu seinem Nachteil würdigen, Köln NJW-RR 1996, 1277. Eine Verhinderung des ProzBevtl. des Beweisführers ist keine Beweisvereitelung, Karlsr NJW-RR 2009, 741. Ein Zeuge muss im Rahmen einer Aussagepflicht die Parteien nach → § 219 Rn. 9 zulassen. Stets muss das Gericht Art. 13 GG mitbeachten, Jankowski NJW 1997, 3347.

10 **V. Parteinachricht, II.** Eine rechtzeitige Benachrichtigung der Partei von dem Termin zur Beweisaufnahme ist für sie die Voraussetzung der Möglichkeit, ihn gesetzmäßig wahrnehmen zu können, Art. 2 I, 20 II GG (Rpfl.), BVerfGE 101, 404, Art. 103 I GG (Richter), BPatG GRUR 1981, 651<, VerfGH Bln WuM 2004, 459. Die Terminsnachricht geht zwar formell nur an den ProzBevtl. nach § 172. Sie geht nicht notwendig an den Unterbevollmächtigten, Nürnb OLGZ 1976, 481. Zulässig und oft zweckmäßig ist aber eine zusätzliche Benachrichtigung der Parteien persönlich. Ein verkündeter Beweistermin erfordert nach § 128 keine Ladung der Parteien oder ihrer ProzBev., wohl aber diejenige der Beweispersonen und diejenige nach § 141. Die Ladungsfrist nach § 217 gilt für alle Terminsarten nach Vorbemerkung zu § 214. Das Gericht muss sie nach → § 361 Rn. 4 strikt einhalten, soweit nicht alle Beteiligten darauf verzichten (bitte zum Protokoll nach § 160 II). Der ProzBevtl. muss aber nach → § 85 Rn. 8 schon Vorbereitungen zur Teilnahme am Beweistermin treffen, sobald er von dem Beweisbeschluss erfährt.

11 Beim verordneten Richter nach §§ 229, 361, 362 erleichtert II die Mitteilung der Form nach, Kblz OLGZ 1989, 368. Es besteht aber auch hier kein Anscheinsbeweis für den Zugang einer formlosen Terminsnachricht,

Kblz OLGZ 1989, 368. Ein Verzicht auf die Terminsnachricht bedeutet in der Regel einen Verzicht auf das Recht der Anwesenheit. Dieser ist wegen § 367 I zulässig.

VI. Verstoß, I, II. Ein Verstoß gegen § 357 macht die Beweisaufnahme nach § 286 unverwertbar, BGH VersR 1984, 947, BPatG GRUR 1981, 651, Köln WuM 1977, 49. Er zwingt daher grundsätzlich zu ihrer Wiederholung nach § 398. Es kann ausnahmsweise einwandfrei feststehen, dass die Anwesenheit der Partei am Ergebnis nichts geändert hätte, weil sie nur bestimmte belanglose Vorbehaltungen gemacht hätte, BGH VersR 1984, 947. Dann kann das Gericht die Wiederholung der Beweisaufnahme ablehnen. Die ausgebliebene Partei braucht nicht zu beweisen, dass der Zeuge auf die Fragen anders ausgesagt hätte. Der Verstoß kann nach § 295 I heilen, BGH NJW 1996, 2735; BayObLG FamRZ 1988, 423 (auch mit Abweichungen [jetzt] zum FamFG-Verfahren); KG VersR 1980, 654; aM Düss BB 1977, 1377, Köln OLGR 1998, 56. 12

VII. Rechtsbehelfe, I, II. Eine Anfechtung der Entscheidung erfolgt nach §§ 355 II, 539, 550, 564 grundsätzlich nur zusammen mit derjenigen des Endurteils, BGH VersR 1984, 946. Eine ausnahmsweise Anfechtbarkeit mag bei einem erheblichen Rechtseingriff bestehen, Düss FGPrax 2005, 252 (FGG). Es kommen auch eine Gehörsrüge nach § 321a und hilfsweise nach → § 321a Rn. 97 eine Verfassungsbeschwerde infrage. 13

357a (weggefallen)

358 *Notwendigkeit eines Beweisbeschlusses.* **Erfordert die Beweisaufnahme ein besonderes Verfahren, so ist es durch Beweisbeschluss anzuordnen.**

I. Systematik. Die Vorschrift eröffnet die Reihe der zur Durchführung von §§ 355–357 erforderlichen Einzelregelungen. Sie steht neben § 273 mit seinen prozessleitenden vorbereitenden Maßnahmen. §§ 358a, 359, 450 I 1 ergänzen sie. Im FamFG-Verfahren gilt § 30 FamFG. 1

II. Regelungszweck. Die Vorschrift dient der Klarstellung desjenigen Tatsachenstoffs nach → Vor § 284 Rn. 29, den das Gericht derzeit nach → Vor § 284 Rn. 4 für beweisbedürftig und nach → § 300 Rn. 21 für entscheidungserheblich hält. 2

III. Geltungsbereich. → Vor § 355 Rn. 3. 3

IV. Besonderes Verfahren. Eine prozessleitende Beweisanordnung ist immer notwendig. Sie liegt nicht schon stets in einer Anordnung nach § 273. Ein ausdrücklicher Beweisbeschluss ist nach → Rn. 2 stets zulässig und evtl. ratsam, zB vorbeugend zur Klärung von Kostenfragen. Er ist auch in einer Kurzform statthaft. Ein dem § 359 entsprechenden Beschluss ist aber nur dann erforderlich, wenn die Beweisaufnahme ein besonderes Verfahren einleitet und daher eine Vertagung nach § 227 notwendig macht, Brdb FamRZ 2001, 294. Denn dann muss für das weitere Verfahren klarstehen, was es zum Gegenstand haben soll. Wegen der nachträglichen Änderung oder Aufhebung § 360. 4

Ein Beweisbeschluss ist zB notwendig: bei § 358a; bei einer Untersuchung nach § 372a; bei einer schriftlichen Zeugenaussage nach § 377 III; bei einer Parteivernehmung nach § 450 I 1, auch dann, wenn die Partei sofort vernehmbar ist; bei einer Urkundenvorlage nach § 425; wenn ein ersuchter oder beauftragter Richter nach §§ 361, 362, 363, § 158 GVG (Rechtshilfe) tätig werden soll, BAG NJW 1991, 1252; wenn das Gericht nach § 411 I ein schriftliches Gutachten anfordert, Oldb MDR 1982, 856; wenn das Gericht beim Freistehen einer mündlichen Verhandlung nach → § 128 Rn. 12 eine solche anordnet; bei §§ 251a, 331a, weil er nach der Aktenlage die Grundlage für die weitere Verhandlung schafft, so auch Musielak/Voit/Stadler Rn. 2; MüKoZPO/Heinrich Rn. 2. 5

Ein besonderer Beweisbeschluss ist zB unnötig: Wenn das Gericht Beweiserhebungen nach § 118 II vornehmen will; bei einer bloßen Glaubhaftmachung nach §§ 294 II, 920 II, 936; wenn das Gericht den Beweis sofort erheben will und kann, Ffm AnwBl 1978, 69; Engel S. 168. 6

Gebühren: des Gerichts keine; des Anwalts: Terminsgebühr nach VV amtliche Vorbemerkung 3 III Hs. 1, VV 3104 RVG. 7

V. Verstoß. Das Unterlassen einer alsbaldigen Überprüfung des Beweisbeschlusses durch den ProzBev.. einer jeden Partei nach § 81 auf einen Anlass zu einem Antrag auf eine etwa notwendige Berichtigung oder Ergänzung oder auf die Einholung weiterer Informationen kann eine grobe Nachlässigkeit nach § 296 II sein, Köln VersR 1984, 1176. Das Fehlen eines an sich erforderlichen besonderen Beweisbeschlusses zwingt zwar zur Klärung, ob das Gericht überhaupt einen Beweis erheben wollte. Es hat aber bei einer solchen Absicht oder dann, wenn eben eine solche Klärung erfolgte, keine prozessrechtlichen Nachteilsfolgen. § 295 ist anwendbar. 8

VI. Rechtsbehelfe. Die Entscheidung ist grundsätzlich als eine nur verfahrensleitende Anordnung ohne eine Vorgreiflichkeit für die Erheblichkeit der Beweistatsache oder für die Beweislast und ohne eine Bindungswirkung für das Gericht nach § 355 II nur zusammen mit dem Endurteil anfechtbar, BGH NJW 2009, 996; Brdb FamRZ 2001, 294; MüKoZPO/Heinrich Rn. 7. Zum Problem Ahrens FS Coester-Waltjen, 2015. Eine sofortige Beschwerde kommt nach → § 252 Rn. 1 bei zu einer weiten Hinausschiebung der Beweisaufnahme in Betracht. Vgl. auch §§ 198 ff. GVG. Eine Gegenvorstellung nach → Vor § 567 Rn. 10 bleibt schon wegen des Fehlens einer Bindung des Gerichts an seine bisherige Anordnung zulässig, Brdb FamRZ 2001, 295. Eine Verfassungsbeschwerde kann statthaft sein, BVerfG NVwZ 2005, 681. 9

358a *Beweisbeschluss und Beweisaufnahme vor mündlicher Verhandlung.* **[1]Das Gericht kann schon vor der mündlichen Verhandlung einen Beweisbeschluss erlassen. [2]Der Beschluss kann vor der mündlichen Verhandlung ausgeführt werden, soweit er anordnet**

1. eine Beweisaufnahme vor dem beauftragten oder ersuchten Richter,
2. die Einholung amtlicher Auskünfte,
3. eine schriftliche Beantwortung der Beweisfrage nach § 377 Abs. 3,

4. die Begutachtung durch Sachverständige,
5. die Einnahme eines Augenscheins.

1 **I. Systematik, S. 1, 2.** § 273 I ermöglicht dem Gericht, § 273 II dem Vorsitzenden oder dem von ihm bestimmten Richter zur Vorbereitung jedes Termins solche Befugnisse, die eine Beweisaufnahme überflüssig machen oder im Termin erleichtern sollen. Demgegenüber ermöglicht § 358a im Rahmen jener Vorschriften eine so rechtzeitige Anordnung und teilweise Durchführung einer für notwendig gehaltenen Beweisaufnahme, dass das Gericht deren Ergebnisse im Termin bereits nach § 286 verwerten kann. Die Vorschrift ermöglicht das alles dem „Gericht", also nicht dem Vorsitzenden, BVerfG 63, 151, auch nicht dem Einzelrichter nach § 348a, wohl aber dem Einzelrichter nach §§ 348 und dem Vorsitzenden der Kammer für Handelssachen nach § 349. Freilich überschneiden sich die Anwendungsbereiche beider Vorschriften. Daher ergibt evtl. erst die Form der Anordnung, ob eine Maßnahme nach § 273 oder ein Beweisbeschluss nach § 358a vorliegt. Ergänzend gilt § 359.

2 **II. Regelungszweck, S. 1, 2.** Die Vorschrift dient der Prozessförderung und damit der Prozesswirtschaftlichkeit.

3 Das Gericht sollte durchaus von § 358a Gebrauch machen, wenn eine komplizierte Beweisaufnahme oder eine längere Zeitspanne bis zur Beweisaufnahme bevorstehen. Vor einer voraussichtlich baldigen einfachen Vernehmung etwa eines oder nur weniger Zeugen zu einem kurzen übersichtlichen Sachverhalt ist demgegenüber eine prozessleitende Verfügung nach § 273 II Nr. 4 in der Praxis vielfach üblich und sinnvoller, etwa dahin, den Zeugen nach → § 359 Rn. 8 mit dem bloßen Zusatz zu laden, es gehe „um den Unfall vom … um etwa … Uhr". Das erfordert wesentlich weniger Schreibarbeit und hat sich oft genug als ausreichend bewährt.

4 **III. Geltungsbereich, S. 1, 2.** Zunächst → Vor § 355 Rn. 3. Wegen der Unanwendbarkeit in der Berufungsinstanz BGH NJW 1986, 2320. Im arbeitsgerichtlichen Verfahren gilt § 55 IV ArbGG (der Vorsitzende kann allein entscheiden), Lakies BB 2000, 669, auch wegen eines Gutachtens nach § 55 IV 1 Nr. 5 ArbGG, Lakies BB 2000, 669.

5 **IV. Beweisanordnung, S. 1.** Schon vor der mündlichen Verhandlung kann das Gericht eine Beweisaufnahme beschließen. Der Beschluss ist ab dem Klageeingang zulässig, also schon vor dem Eintritt der Rechtshängigkeit nach § 261. Das gilt unabhängig davon, ob das Gericht einen frühen ersten Termin nach § 275 oder ein schriftliches Vorverfahren nach § 276 gewählt hat. Maßgeblich ist das pflichtgemäße Ermessen, Kblz NJW 1979, 374. Zweckmäßig ist eine Anordnung aber erst nach der Klärung, ob und wie etwa sich der Bekl. verteidigen will, zumal bereits der Erlass des Beschlusses unabhängig von seiner Durchführung Kosten verursachen kann, Hmb JurBüro 1979, 374. Bei einer allzu verfrühten Anordnung müsste das Gericht die daraus etwa folgenden Kosten später evtl. nach § 21 GKG niederschlagen.

6 Für den **Inhalt** und die Bekanntgabe des Beweisbeschlusses gilt § 359. Für seine Änderung gilt grundsätzlich § 360. Die Bekanntgabe ist jedoch evtl. schon vor der mündlichen Verhandlung und daher gerade ohne eine solche zulässig, Wenzel MDR 1978, 176. Denn sonst würde man den Hauptzweck des § 358a nach → Rn. 1 gefährden. Ein Beweisbeschluss darf an sich natürlich jede nach der ZPO zulässige Beweiserhebung enthalten. Zulässig sind aber vor der mündlichen Verhandlung nach § 358a nur die in Nr. 1–5 abschließend genannten Maßnahmen, BGH NJW 1983, 2320. Sie weichen von denjenigen nach § 273 zum Teil ab. Der Einzelrichter des § 527 oder der Vorsitzende der Kammer für Handelssachen nach § 349 können Beweis nur im Rahmen jener Vorschriften erheben.

7 **Gebühren:** des Gerichts keine (wegen der Auslagen → Rn. 5); des Anwalts: wie → § 358 Rn. 4.

8 **V. Ausführung der Beweisaufnahme, S. 2.** Es ist eine strikte Begrenzung ratsam. Es erörtert die Ergebnisse nach §§ 279 III, 285 I, 370 mit den Parteien. Das gilt auch schon wegen Art. 103 I GG.

9 **1. Grundsatz, S. 2 Nr. 1–5.** Die Ausführung der Beweisaufnahme ist vor der mündlichen Verhandlung nach → Rn. 4 nur in den folgenden Fällen zulässig. Es ist jeweils eine stufenweise Ausführung zulässig. Das Gericht benachrichtigt die Parteien usw. wie bei einem Beweisbeschluss aufgrund einer mündlichen Verhandlung nach § 128 I grundsätzlich von der Entscheidung nach § 358a, Ausnahme: § 218. Man muss stets § 357 mitbeachten.

10 **2. Beauftragter Richter usw., S. 2 Nr. 1.** Ausreichend ist folgende Lage: Die Beweisaufnahme findet unter den Voraussetzungen der §§ 375, 434 vor einem nach §§ 361, 362 beauftragten oder ersuchten Richter statt, also nicht vor dem Prozessgericht, es sei denn im Fall → Rn. 14. Die Parteien haben ein Anwesenheitsrecht nach § 357.

11 **3. Amtliche Auskunft, S. 2 Nr. 2.** Ausreichend ist die folgende Lage: Das Gericht holt nach § 273 II Nr. 2, → Vor § 373 Rn. 31 eine amtliche Auskunft ein.

12 **4. Schriftliche Beantwortung, S. 2 Nr. 3.** Ausreichend ist die folgende Lage: Das Gericht holt eine schriftliche Zeugenantwort nach § 377 III ein. § 379 (Vorschusspflicht) ist entsprechend anwendbar. Denn die Staatskasse soll keinen Schaden erleiden. Die Formulierung eines Beweisbeschlusses vor der Einholung der schriftlichen Antwort ist zwar nach → § 377 Rn. 19 aus prozesswirtschaftlichen Erwägungen nicht zwingend. Sie ist dennoch aber schon zur Vermeidung etwaiger Missverständnisse über die Beweisfrage ratsam.

13 **5. Gutachten, S. 2 Nr. 4.** Ausreichend ist die folgende Lage: Das Gericht holt nach § 411 I ein schriftliches Sachverständigengutachten ein. Ein Beweisantritt ist nach § 144 entbehrlich. Die Vorschrift sieht anders als § 273 II Nr. 4 keine Ladung des Sachverständigen vor. Sie soll ja die Vorbereitung der mündlichen Verhandlung erleichtern. Deshalb bezieht sie sich nicht auf die Ladung eines Sachverständigen zur mündlichen Aussage. §§ 379, 402 (Vorschusspflicht) sind entsprechend anwendbar. Das Gericht fordert dann kein Gutachten an, wenn es nicht mit einem Vorschuss rechnen kann.

14 **6. Augenschein, S. 2 Nr. 5.** Ausreichend ist die folgende Lage: Das Gericht nimmt nach §§ 371 ff. einen Augenschein ein. Ein Beweisantritt ist nach § 144 entbehrlich. Die Parteien haben ein Anwesenheitsrecht nach § 357. § 55 IV ArbGG nennt die Fälle → Rn. 11, 12 nicht. § 58 I 1 ArbGG steht der Augenscheinseinnahme entgegen, *Eich* DB 1977, 910.

15 **VI. Verstoß, S. 1, 2.** Ein Verstoß verletzt den Grundsatz der Unmittelbarkeit der Beweisaufnahme nach § 355 I 1. Dieser Verstoß ist nach § 295 I grundsätzlich heilbar. Ein Beschluss nur durch den Vorsitzenden statt durch das vollständige Kollegium oder den Einzelrichter der §§ 348, 348a ist ausnahmsweise nach § 295 II

unheilbar. Denn dann liegt nach Art. 101 I 2 GG keine ordnungsgemäße Besetzung des Gerichts vor, aM Köln NJW 1976, 2218, MüKoZPO/Musielak Rn. 7; Zöller/Greger Rn. 5.

VII. Rechtsbehelfe, S. 1, 2. Wegen der Rechtsbehelfe gegen eine prozessleitende Anordnung des Vorsitzenden usw. oder gegen deren Ablehnung s. bei § 273. Gegen einen Beschluss nach § 358a ist ein Rechtsmittel ebenso wenig zulässig wie gegen einen sonstigen Beweisbeschluss. Auch sind im Übrigen §§ 355 ff. direkt anwendbar. 16

359 *Inhalt des Beweisbeschlusses.* Der Beweisbeschluss enthält:

1. die Bezeichnung der streitigen Tatsachen, über die der Beweis zu erheben ist;
2. die Bezeichnung der Beweismittel unter Benennung der zu vernehmenden Zeugen und Sachverständigen oder der zu vernehmenden Partei;
3. die Bezeichnung der Partei, die sich auf das Beweismittel berufen hat.

I. Systematik, Nr. 1–3. Die Vorschrift enthält die notwendige Durchführungsregel zu §§ 358, 358a. Ergänzend gelten § 329 (Form, Mitteilung) und zB § 377 III (schriftliche Zeugenaussage). 1

II. Regelungszweck, Nr. 1–3. Es soll klar sein, über was und in welcher Weise das Gericht einen Beweis erheben will. Der Beweisbeschluss wendet sich ja auch an die Beweispersonen, die zuvor oftmals keine Kenntnis hatten. Sie sind jetzt von einem Prozessrechtsverhältnis betroffen und müssen zB übersehen können, ob und wie sie sich vorbereiten sollen. Insofern ist § 377 III mit zu beachten. 2

Sorgfalt bei der Art und dem Umfang der Formulierung vor allem des Beweisthemas ist ein Gebot der Rechtssicherheit nach → Einl. II Rn. 87 wie der Prozesswirtschaftlichkeit. Sie ist auch die ziemlich unentbehrliche Voraussetzung einer vollständigen Durchführung der Beweisaufnahme. Das gilt vor allem dann, wenn die Besetzung des Gerichts bis zu ihr wechselt oder wenn bis zur Beweisaufnahme eine längere Zeit verstreicht, aus welchen Gründen auch immer. Das Gericht muss aber auch die Einzelheiten nach § 358a I 2 Nr. 1–5 möglichst sorgfältig formulieren, vor allem für den etwa nach § 362 ersuchten Richter, aber natürlich ebenso für alle übrigen Prozessbeteiligten. Das erspart Missverständnisse bei der Vorbereitung der Aussage, des Gutachtens oder der Auskünfte. Es hilft dabei, eine zusätzliche Suche nach Unterlagen, eine zweite Vernehmung und dergleichen zu ersparen. 3

III. Geltungsbereich, Nr. 1–3. → Vor § 355 Rn. 3. 4

IV. Beweisreife Nr. 1–3. Zwecklose Beweiserhebungen wirken verschleppend und beweisen eine Hilflosigkeit des Gerichts. Als Voraussetzung einer sinnvollen Beweiserhebung muss aber das beim Kläger nach → § 253 Rn. 28 schlüssige, beim Bekl. nach → § 138 Rn. 37 ff. erhebliche Vorbringen ein lückenloses Bild des Streitstoffs geben, ein günstiges Beweisergebnis unterstellt. Trifft das nicht zu, ist die Sache für eine Beweiserhebung evtl. noch nicht reif. Das kann sich auch aus dem Verfahrensstand ergeben, etwa bei einer Stufenklage nach § 254. Auch ein bloßer Ausforschungsbeweisantrag nach → Vor § 284 Rn. 19 kann dem Beweisbeschluss entgegenstehen. Das Gericht muss die Beweisaufnahme evtl. durch eingehende Erörterungen nach § 139 mit den Parteien vorbereiten. Wegen der Ablehnung eines Beweisbeschlusses → § 286 Rn. 27 ff. Wegen seiner Änderung § 360. Auch eine Ergänzung des bisherigen Beschlusses oder der Erlass eines oder mehrerer weiterer Beschlüsse können notwendig werden. Der Beweisbeschluss braucht nach → § 329 Rn. 11 keine Begründung. Das Gericht muss ihn nach § 329 I 1 verkünden oder bei § 358a sowie im schriftlichen Verfahren nach § 128 II nach § 329 II 1 formlos mitteilen. 5

V. Beweisbeschluss, Nr. 1–3. Er ist eine prozessleitende Anordnung in besonderer Form, BAG NJW 2013, 957, ein nur für das Prozessgericht unabhängig von § 360 jederzeit abänderlicher Ausspruch über die Notwendigkeit einer bestimmten Beweiserhebung, BAG NJW 2013, 957. Er bindet nur den verordneten Richter nach §§ 361, 362, § 158 GVG. Der Beweisbeschluss sollte vernünftigerweise möglichst umfassend sein. Wenn sich nach der Erledigung eines Teils des Beweisbeschlusses herausstellt, dass die restlich beschlossenen Maßnahmen überflüssig sind, darf und muss das Gericht diesen Teil des Beweisbeschlusses unerledigt lassen. Eine hilfsweise Beweisanordnung ist bedenklich. Sie ist außerdem wegen § 360 entbehrlich. Beim Erlass des Beschlusses muss sich das Gericht über die Erheblichkeit des Beweispunktes und über die Beweislast nach Anh. § 286 klar sein. Freilich fehlt nach → § 358 Rn. 9 dem Beweisbeschluss eine das Gericht bindende Wirkung. 6

VI. Inhalt des Beweisbeschlusses, Nr. 1–3. 1. Grundsatz: Wesentlichkeit jedes Erfordernisses, Nr. 1–3. Die Erfordernisse des § 359 sind wesentlich. Soweit das Prozessgericht sie nicht beachtet hat, darf der nach § 362 ersuchte Richter die Erledigung des Beweisersuchens nach § 158 GVG ablehnen. 7

2. Beweisthema, Nr. 1. Der Beweisbeschluss muss eine Bezeichnung der Beweispunkte (des Beweisthemas) in einer so bestimmten Fassung enthalten, dass für die Parteien und auch zB für den Zeugen nach § 373 deutlich wird, welche Aufklärung das Gericht braucht und wie sich die Beteiligten demgemäß vorbereiten müssen, zB nach § 378, BAG NJW 1991, 1252; Ffm NJW-RR 1995, 637; Oldb JurBüro 1992, 1541. Der nach §§ 361, 362 verordnete Richter soll sich nicht alles erst aus der Akte zusammensuchen müssen, BAG NJW 1991, 1252; Ffm NJW-RR 1995, 637. Die Fassung kann in diesem Rahmen knapp sein. „Über den Unfallhergang vom …" kann nach → § 358a Rn. 2 genügen, Ffm NJW-RR 1995, 637; aM Zöller/Greger Rn. 3 (aber eine so knappe Form kann evtl. vernünftigerweise durchaus genügen). Reinecke MDR 1990, 1063 meint, eine zu präzise Formulierung berge eine Suggestionsgefahr. Aber das sollte ein Gericht durchaus trotz aller Präzision vermeiden können. Eine Verweisung auf Schriftsätze und Protokolle genügt, wenn sie hinreichend bestimmt ist und das Beweisthema klarstellt, so auch MüKoZPO/Heinrich Rn. 4; Zöller/Greger Rn. 3; Thomas/Putzo/Reichold Rn. 2. Zur Formulierung in EDV-Sachen Bergmann/Streitz NJW 1992, 1726. 8

3. Beweismittel, Nr. 2. Der Beweisbeschluss muss ferner die Bezeichnung der Beweismittel enthalten. Er muss nach → § 373 Rn. 5–10 Zeugen nach § 373, Sachverständige nach § 402, zu vernehmende Parteien nach §§ 445, 455 nach dem Namen, Stand und der vollständigen ladungsfähigen Anschrift bezeichnen. Es muss erkennbar sein, ob die Beweisperson als ein sachverständiger Zeuge nach § 414 oder als ein Sachverständiger 9 auftreten soll. Für den Sachverständigen gelten nach §§ 372 II, 405 Ausnahmen. Wegen der Anschriften usw. mag zunächst bei § 356 eine Frist ausreichen.

10 **4. Beweisführer, Nr. 3.** Der Beweisbeschluss muss schließlich die Bezeichnung des Beweisführers enthalten. Wer behauptet hat oder wer beweispflichtig ist, das ist hier nur wegen eines etwaigen Vorschusses nach § 379, § 17 I 1 GKG erheblich, anders als nach → Rn. 1 bei der Prüfung der Notwendigkeit einer Beweiserhebung. Nr. 3 ist wichtig für den Fall, dass eine Partei auf ein Beweismittel nach § 399 wirksam verzichtet.

11 **5. Weitere Einzelheiten, Nr. 1–3.** Der Beweisbeschluss muss ferner nach §§ 356, 379, 402 die Art der Beweiserhebung sowie die Höhe des etwaigen Auslagenvorschusses und eine klare Angabe enthalten, ob und inwieweit zB eine Ladung von seiner Einzahlung oder von der Nachreichung einer fehlenden Anschrift abhängig ist. Wenn der nach §§ 361, 362 verordnete Richter den Beschluss durchführen soll, empfiehlt es sich weiter, neben einer wegen → GVG § 158 Rn. 12 „Unbestimmtheit" nötigen besonders genauen Angabe des Beweisthemas nach → Rn. 8 auch nach → § 375 Rn. 7 den Grund der Übertragung auf ihn anzugeben. Eine Begründung des Beweisbeschlusses ist zulässig, selten ratsam und kaum üblich, jedenfalls nicht notwendig. Der sonstige Inhalt, zB die Terminsbestimmung oder eine Auflage, zählt nicht zum Beweisbeschluss.

12 **VII. Rechtsbehelfe, Nr. 1–3.** Der Beweisbeschluss und seine Unterlassung sind nach § 355 II grundsätzlich nur zusammen mit dem Endurteil anfechtbar. Ausnahmen können nur gelten, soweit das Gericht das Verfahren nach → § 252 Rn. 4 praktisch aussetzt, Brdb FamRZ 2001, 294. Soweit der nach § 362 ersuchte Richter die Durchführung ablehnt, kann das ersuchende Gericht nach → GVG § 159 Rn. 5, 6 Beschwerde und evtl. eine weitere Beschwerde einlegen, BAG NJW 1991, 1252.

360

Änderung des Beweisbeschlusses. **[1]Vor der Erledigung des Beweisbeschlusses kann keine Partei dessen Änderung aufgrund der früheren Verhandlungen verlangen. [2]Das Gericht kann jedoch auf Antrag einer Partei oder von Amts wegen den Beweisbeschluss auch ohne erneute mündliche Verhandlung insoweit ändern, als der Gegner zustimmt oder es sich nur um die Berichtigung oder Ergänzung der im Beschluss angegebenen Beweistatsachen oder um die Vernehmung anderer als der im Beschluss angegebenen Zeugen oder Sachverständigen handelt. [3]Die gleiche Befugnis hat der beauftragte oder ersuchte Richter. [4]Die Parteien sind tunlichst vorher zu hören und in jedem Fall von der Änderung unverzüglich zu benachrichtigen.**

1 **I. Systematik, S. 1–4.** Die Vorschrift ergänzt §§ 358, 359. Sie gilt nicht beim vorrangigen § 358a. Sie wird ihrerseits durch § 286 ergänzt. Ein Abänderungsbeschluss ist eine weitere verfahrensleitende Anordnung, Brdb FamRZ 2001, 294. Das Gericht kann und muss von einer weiteren Durchführung seines Beweisbeschlusses auch ohne dessen förmliche Änderung absehen, soweit es keine Beweisbedürftigkeit nach → Vor § 284 Rn. 4 oder keine Entscheidungserheblichkeit nach → § 300 Rn. 21 mehr sieht. Das kann unabhängig von § 360 geschehen. Das übersehen manche. Diese Vorschrift betrifft nur die Änderung oder Ergänzung des an sich fortbestehenden Beschlusses. Die Grenzen fließen freilich. Wer ganz aufheben kann, darf auch frei ändern. Auch bei § 399 (Verzicht der Partei auf Zeugen) erübrigt sich das Verfahren nach § 360. Mit zu beachten ist das Gebot rechtlichen Gehörs nach → Rn. 2, 13. Rechtspolitisch krit. Mertens MDR 2001, 666.

2 **II. Regelungszweck, S. 1–4.** Die Vorschrift dient der Rechtssicherheit und der Wahrung des rechtlichen Gehörs nach Art. 103 I GG.

3 **III. Geltungsbereich, S. 1–4.** → Vor § 355 Rn. 3.

4 **IV. Aufhebung, S. 1–4.** Das Gericht kann seinen Beweisbeschluss als eine prozessleitende Verfügung jederzeit von Amts wegen aufheben, etwa weil sich dessen Unerheblichkeit nach → Vor § 284 Rn. 4 herausgestellt hat oder weil das Gericht aufgrund einer neuen Überlegung zB jetzt nach § 287 schätzen will. Letzteres ist allerdings nur dann zulässig, wenn die Schätzung ohne Kosten stattfinden kann. Denn sonst läge eine Änderung vor, weil doch wieder eine Beweisaufnahme notwendig würde. Die Aufhebung kann auch stillschweigend geschehen, etwa durch die Anordnung eines Verkündungstermins nach § 311 IV. Daran ändert § 360 nichts. Das alles gilt nach → § 490 Rn. 6 auch im selbständigen Beweisverfahren. Wegen § 139 und aus den Gründen → Rn. 13 müssen die Parteien aber evtl. eine Gelegenheit zur Stellungnahme und zu weiteren Anträgen erhalten. Sonst droht eine Zurückverweisung nach § 538 II 1 Nr. 1. Allerdings kann die Partei das Gericht nicht schon durch einen Antrag auf eine kommissarische Vernehmung nach §§ 361, 362 zu einer Entscheidung nach § 360 zwingen, unklar BVerfGE 69, 256.

5 **V. Änderung von Amts wegen nach neuer Verhandlung, S. 1–4.** Von Amts wegen darf das Gericht seinen Beweisbeschluss nach einer neuen mündlichen Verhandlung unbeschränkt ändern, etwa wegen der inzwischen eingetretenen Entscheidungsunerheblichkeit des Beweisthemas.

6 **VI. Änderung von Amts wegen vor neuer Verhandlung, S. 1–4.** In dieser Situation darf das Gericht den Beweisbeschluss nur in einem der folgenden Fälle ändern, Oldb FamRZ 2011, 1828.

7 **1. Zustimmung des Gegners.** Die Änderung ist zulässig, soweit der Gegner des Beweisführers zustimmt. Das gilt auch, soweit es um eine Einbeziehung neuer Tatsachen und um die Vernehmung weiterer Zeugen usw. geht. Das Gericht muss bei einer beabsichtigten Änderung nach → Rn. 6 von Amts wegen die Zustimmungen beider Parteien einholen. Sie ist eine unwiderrufliche Parteiprozesshandlung. Sie muss den Inhalt der Änderung decken. Bei § 399 (Verzicht des Beweisführers auf seinen Zeugen) kommt es darauf an, ob der Prozessgegner verlangt, den erschienenen Zeugen zu vernehmen usw. Sie muss nicht schriftlich erfolgen, MüKoZPO/Heinrich Rn. 6.

8 **2. Berichtigung, Ergänzung.** Die Änderung ist ferner zulässig, und zwar auch ohne eine Zustimmung, soweit das Gericht den bisherigen Beweisbeschluss lediglich berichtigen oder die Beweistatsachen ergänzen will. Berichtigen bedeutet in Einklang bringen entweder mit dem mangelhaft ausgedrückten wahren Willen des Gerichts oder mit dem mangelhaft gewürdigten Parteivortrag. Die Grenze zwischen einer bloßen Berichtigung und einer Neuentscheidung lässt sich so ziehen, dass die Änderung nicht das Beweisthema nach → § 359 Rn. 8 gänzlich ändern darf. Denn eine bloße Berichtigung von Schreibfehlern und dergleichen wäre schon nach § 319 zulässig. Bei einer Änderung des Beweisthemas gilt → Rn. 6. Die Berichtigung kann auch die Art der Ausführung

gegen die Gebührenfestsetzung unter den Voraussetzungen der §§ 401 ZPO, 4 III JVEG; sofortige Beschwerde gegen ein Ordnungsmittel nach § 181 GVG, → § 573 Rn. 4; gegen die Ablehnung der Beweisaufnahmeentscheidung des OLG nach § 159 I 1 GVG, oder des BGH nach § 159 I 2 GVG; im Übrigen sofortige Erinnerung an das Prozessgericht nach → § 573 Rn. 4. Gegen dessen Entscheidung ist nach §§ 567 I Nr. 1, 573 II die sofortige Beschwerde statthaft. Eine Rechtsbeschwerde kommt unter den Voraussetzungen des § 574 in Betracht.

363 ***Beweisaufnahme im Ausland.*** I [1]**Für die Durchführung der Verordnung (EU) 2020/1783 des Europäischen Parlaments und des Rates vom 25. November 2020 über die Zusammenarbeit zwischen den Gerichten der Mitgliedstaaten auf dem Gebiet der Beweisaufnahme in Zivil- oder Handelssachen (Beweisaufnahme) (ABl. L 405 vom 2.12.2020, S. 1) in ihrer jeweils geltenden Fassung gelten die §§ 1072 und 1073.** [2]**Soweit die Verordnung (EU) 2020/1783 für die Beweisaufnahme im Ausland nicht maßgeblich ist, gelten hierfür die Absätze 2 und 3.**

II [1]**Die Beweisaufnahme im Ausland ist nach denjenigen völkerrechtlichen Vereinbarungen vorzunehmen, die im Verhältnis zu dem jeweiligen Staat gelten.** [2]**Das Ersuchen zur Durchführung der Beweisaufnahme im Ausland ist von dem Vorsitzenden des Prozessgerichts zu stellen.** [3]**Sieht eine völkerrechtliche Vereinbarung mehrere Wege zur Aufnahme von Beweisen vor, soll die Beweisaufnahme nur dann durch einen deutschen Konsularbeamten erfolgen, wenn ihre Erledigung durch die Behörden des ausländischen Staates nicht oder nicht innerhalb einer angemessenen Zeit zu erwarten ist oder ein sonstiger begründeter Ausnahmefall vorliegt.**

III [1]**Bestehen keine völkerrechtlichen Vereinbarungen zur Beweisaufnahme im Ausland, ersucht der Vorsitzende des Prozessgerichts die Behörden des ausländischen Staates um Aufnahme des Beweises.** [2]**Ist eine Beweisaufnahme durch diese nicht oder nicht innerhalb einer angemessenen Zeit zu erwarten oder liegt sonst ein begründeter Ausnahmefall vor, so kann der Vorsitzende des Prozessgerichts deutsche Konsularbeamte um Aufnahme des Beweises ersuchen.**

Die Vorschrift zur Beweisaufnahme im Ausland wurde durch Gesetz vom 24.6.22 (BGBl. I 2022 S. 959) **mit Wirkung ab dem 1.7.2022** weitgehend parallel zu § 183 strukturiert und neu gefasst. Es setzt die Änderung der Verordnung (EU) 2020/1783 des Europäischen Parlaments und des Rates vom 25. November 2020 über die Zusammenarbeit zwischen den Gerichten der Mitgliedstaaten auf dem Gebiet der Beweisaufnahme in Zivil- oder Handelssachen (ABl. L 4051 vom 2.12.20) (EuBVO) um, vgl. zu alledem BR-Drs. 84/22, 24 f. und BT-Drs. 20/1110, 26 f. 1

I betrifft die Beweisaufnahme im Verhältnis zu Mitgliedstaaten der Europäischen Union, II die Beweisaufnahme im Verhältnis zu Drittstaaten, mit denen völkerrechtliche Vereinbarungen zur Beweisaufnahme bestehen, und III die Beweisaufnahme im Verhältnis zu sonstigen Drittstaaten (vertragloser Zustand). 2

I enthält den in III aF verorteten Hinweis, dass bei einer Beweisaufnahme in einem anderen Mitgliedstaat außer Dänemark die EuBVO als unmittelbar anwendbares Unionsrecht gilt. Hierdurch wird ein struktureller Gleichlauf mit § 183 geschaffen und so die Rechtsanwendung erleichtert. Die unmittelbare Anwendbarkeit der EuBVO folgt aus Art. 288 UA 2 AEUV. Der Vorrang der EuBVO gegenüber sonstigen völkerrechtlichen Vereinbarungen resultiert aus Art. 29 I EuBVO. Die notwendigen Durchführungsbestimmungen zur EuBVO finden sich wie schon die Durchführungsbestimmungen zur EGBVO in § 1072 und § 1073. 3

II regelt die Beweisaufnahme in Drittstaaten, mit denen völkerrechtliche Vereinbarungen zur Beweisaufnahme bestehen. In der Regel sehen solche Vereinbarungen verschiedene Wege zur Beweiserhebung vor. Das in der Praxis im Verhältnis zu vielen Staaten anwendbare Haager Übereinkommen über die Beweisaufnahme im Ausland in Zivil- oder Handelssachen vom 18.3.1970 (HBÜ) ermöglicht es zumindest, ausländische Behörden um Durchführung der Beweisaufnahme zu ersuchen. Im Verhältnis zu einigen Vertragsstaaten erlaubt das HBÜ deutschen Gerichten zusätzlich, selbst oder durch einen Beauftragten des Gerichts im Ausland Beweis zu erheben, oder konsularische oder diplomatische Vertreter um Aufnahme des Beweises zu ersuchen. Bislang war die Beweisaufnahme durch Konsularbeamte nach II vorrangig. In der Praxis bildete die Beweisaufnahme durch Konsularbeamte wegen rechtlicher Hindernisse oder in Ermangelung der notwendigen Befugnisse oder Ermächtigungen (vgl. § 19 KonsG) aber die Ausnahme. Daher ist das bisherige Regel-Ausnahme-Verhältnis für Beweisaufnahmen durch Konsularbeamte umgekehrt worden. Nun sollen deutsche Konsularbeamte für inländische Gerichtsverfahren nur noch ausnahmsweise Beweis erheben, wenn völkerrechtlich auch andere Wege zur Beweisaufnahme offenstehen und der ausländische Staat grundsätzlich zuverlässig und binnen angemessener Zeit Rechtshilfe leistet. Zu den sonstigen zu begründenden Ausnahmen zählen Fälle, in denen das zugrundeliegende Gerichtsverfahren am Ort der Beweisaufnahme als ordre public-widrig angesehen würde, in denen eine Erklärung nach deutschem Recht beurkundet werden soll, Eilfälle und sonstige Fallkonstellationen, bei denen in der Vergangenheit Schwierigkeiten bei der Erledigung aufgetreten sind, BR-Drs. 84/22, 24 f. und BT-Drs. 20/1110, 26 f. 4

III regelt die Beweisaufnahme im Verhältnis zu Drittstaaten, mit denen keine völkervertraglichen Vereinbarungen zur Beweisaufnahme bestehen. Da viele Staaten Rechtshilfe leisten, ohne völkervertraglich hierzu verpflichtet zu sein, ist es sachgerecht, in solchen Fällen die Rechtshilfe dieser Staaten in Anspruch zu nehmen, sofern sich hierdurch die Beweisaufnahme nicht unangemessen verzögert. Leistet ein Drittstaat allerdings nicht oder nur sehr zögerlich Rechtshilfe, können nach Satz 2 Var. 1 und 2 auch deutsche Konsularbeamte um Durchführung der Beweisaufnahme ersucht werden. Gleiches gilt nach Satz 2 Var. 3 in sonstigen Ausnahmefällen, zu denen neben Eilsachen insbesondere Ersuchen um Beurkundung von Erklärungen nach deutschem Recht gehören. Allerdings empfiehlt es sich auch hier, schon vor der Stellung eines Ersuchens zu prüfen, ob in dem betroffenen Staat überhaupt ein befugter oder ermächtigter deutscher Konsularbeamter zur Verfügung steht und ob dieser nach den Regeln seines Gaststaates auch zu der gewünschten Beweiserhebung berechtigt ist, vgl. BR-Drs. 84/22, 25 und BT-Drs. 20/1110, 27. 5

Anhang zu § 363

1 Wegen des EU-Rechts → § 363 Rn. 9 und §§ 1072 ff.

2 **I. HBewÜbk.** Vom 18.3.1970, BGBl. 1977 II 1472

3 Wegen der Ukraine Bek. v. 16.12.2015, BGBl. 2016 II 43; wegen der Russischen Föderation Bek. v. 26.4.2017, BGBl. II 601; wegen der Ukraine Bek. v. 16.12.2016, BGBl. 2016 II 43; wegen Costa Rica Bek. v. 13.4.2017, BGBl. II 556; wegen Andorra Bek. v. 22.8.2017, BGBl. II 1247, berichtigt am 30.8.2017, BGBl. II 73; wegen Kasachstan Bek. v. 19.9.2017, BGBl. II 1309.

Kapitel I. Rechtshilfeersuchen. **Schrifttum:** Berger IPRax 2001, 522 (Grdz.); Geimer, Internationale Beweisaufnahme, 1998; Müller, Grenzüberschreitende Beweisaufnahme im Europäischen Justizraum, 2004; Schlosser, EuGVÜ usw., 1996; Schulze IPRax 2001, 527 (Grdz.).

Art. 1 HBewÜbk

I In Zivil- oder Handelssachen kann die gerichtliche Behörde eines Vertragsstaats nach seinen innerstaatlichen Rechtsvorschriften die zuständige Behörde eines anderen Vertragsstaats ersuchen, eine Beweisaufnahme oder eine andere gerichtliche Handlung vorzunehmen.

II Um die Aufnahme von Beweisen, die nicht zur Verwendung in einem bereits anhängigen oder künftigen gerichtlichen Verfahren bestimmt sind, darf nicht ersucht werden.

III Der Ausdruck „andere gerichtliche Handlung“ umfaßt weder die Zustellung gerichtlicher Schriftstücke noch Maßnahmen der Sicherung oder der Vollstreckung.

4 Zur grundsätzlichen Bedeutung des Übk. vgl. Supreme Court of the United States JZ 1987, 984 (Anm. Stürner). Dazu Veltins DB 1987, 2396; wegen der Schweiz Bek. v. 6.6.1995, BGBl. II 532.

Art. 2 HBewÜbk

I [1]Jeder Vertragsstaat bestimmt eine Zentrale Behörde, die von einer gerichtlichen Behörde eines anderen Vertragsstaats ausgehende Rechtshilfeersuchen entgegennimmt und sie der zuständigen Behörde zur Erledigung zuleitet. [2]Jeder Staat richtet die Zentrale Behörde nach Maßgabe seines Rechts ein.

II Rechtshilfeersuchen werden der Zentralen Behörde des ersuchten Staates ohne Beteiligung einer weiteren Behörde dieses Staates übermittelt.

5 In Deutschland sind folgende Stellen als Zentrale Behörden bestimmt worden, Bek. v. 23.12.1994, BGBl. 1995 II 77, und v. 25.2.2008, BGBl. II 216: **Baden Württemberg:** Präsident des AG Freiburg, Holzmarkt 2, 79098 Freiburg; **Bayern:** Präsident des Oberlandesgerichts München, Prielmayerstraße 5, 80097 München; **Berl** Senatsverwaltung für Justiz von Berlin, Salzburger Str. 21–25, 10825 Berlin; **Brandenburg:** Ministerium der Justiz des Landes Brandenburg, Heinrich-Mann-Allee 107, 14460 Potsdam; **Bremen:** Der Präsident des Landgerichts, Domsheide 16, 28195 Bremen; **Hamburg:** Präsident des Amtsgerichts Hamburg, Sievekingplatz 1, 20355 Hamburg; **Hessen:** Hessisches Ministerium der Justiz, Luisenstraße 13, 65185 Wiesbaden; **Mecklenburg-Vorpommern:** Justizministerium Mecklenburg-Vorpommern, Puschkinstr 19–21, 19055 Schwerin; **Niedersachsen:** Niedersächsisches Justizministerium, Am Waterlooplatz 1, 30169 Hannover; **Nordrhein-Westfalen:** Präsident des Oberlandesgerichts Düsseldorf, Cecilienallee 3, 40474 Düsseldorf; **Rheinland-Pfalz:** Ministerium der Justiz, Ernst-Ludwig-Straße 3, 55116 Mainz; **Saarland:** Ministerium der Justiz, Zähringerstraße 12, 66119 Saarbrücken; **Sachsen:** Präsident des OLG Dresden, Postfach 120732, Dresden; **Sachsen-Anhalt:** Ministerium der Justiz des Landes Sachsen-Anhalt, Wilhelm-Höpfner-Ring 6, 39116 Magdeburg; **Schleswig-Holste** Der Justizminister des Landes Schleswig-Holstein, Lorentzendamm 35, 24103 Kiel; **Thüringen:** Thüringer Justizministerium, Alfred-Hess-Str. 8, 99094 Erfurt.

6 **Im Übrigen** vgl. wegen Israel Bek. v. 5.6.1981, BGBl. II 374; wegen Singapur Bek. v. 21.10.1981, BGBl. II 962; wegen Finnland Bek. v. 5.7.1982, BGBl. II 682; wegen Barbados, Italien Bek. v. 9.11.1982, BGBl. II 998; wegen Zypern Bek. v. 12.6.1984, BGBl. II 567, und v. 13.9.1984, BGBl. II 919; wegen Aruba, Monaco Bek. v. 3.12.1986, BGBl. II 1135; wegen Spanien Bek. v. 23.9.1987, BGBl. II 615; wegen Mexiko Bek. v. 26.3.1990, BGBl. II 298; wegen Nordrhein-Westfalen Bek. v. 25.11.1991, BGBl. II 1396; wegen Deutschland Bek. v. 11.3.1993, BGBl. II 739; wegen Australien Bek. v. 23.9.1993, BGBl. II 2398; wegen Spanien Bek. v. 23.12.1994, BGBl. 1995 II 77; wegen der Schweiz Bek. v. 6.6.1995, BGBl. II 532; wegen Lettland, Venezuela Bek. v. 27.11.1995, BGBl. 1996 II 16; wegen Slowakei Bek. v. 28.8.1996, BGBl. II 2494; wegen Polen Bek. v. 9.12.1996, BGBl. 1997 II 161; wegen China Bek. v. 1.7.1998, BGBl. II 1729; wegen Spanien Bek. v. 11.8.1999, BGBl. II 788; wegen Bulgarien, Schweden, Schweiz, Vereinigtem Königreich (für Schottland) Bek. v. 21.8.2001, BGBl. II 1004; wegen Litauen, Slowenien, Sri Lanka Bek. v. 14.12.2001, BGBl. 2002 II 153, wegen der Ukraine Bek. v. 12.4.2004, BGBl. II 1161; wegen China (Macao) Bek. v. 7.11.2002, BGBl. II 2923; wegen Griechenland Bek. v. 11.5.2005, BGBl. II 603; wegen Frankreich, Monaco Bek. v. 27.3.2006, BGBl. II 434; wegen Australien, Mexiko, Schweiz, Spanien, Türkei, Weißrussland Bek. v. 7.5.2007, BGBl. II 787; wegen Indien, Seychellen Bek. v. 15.2.2008, BGBl. II 216; wegen Kuwait, Macedonien Bek. v. 15.2.2008, BGBl. II 216; wegen Bosnien-Herzegowina, Liechtenstein Bek. v. 7.12.2009, BGBl. 2010 II 8; wegen Republik Korea Bek. v. 2.6.2010, BGBl. II 830; wegen Kolumbien, Montenegro Bek. v. 21.8.2013, BGBl. II 1275; wegen Albanien Bek. v. 28.5.2014, BGBl. II 438; wegen Brasilien Bek. v. 26.8.2014, BGBl. II 720; wegen Armenien Bek. v. 11.2.2015, BGBl. II 302.

Art. 3 HBewÜbk

I Ein Rechtshilfeersuchen enthält folgende Angaben:

a) die ersuchende und, soweit bekannt, die ersuchte Behörde;
b) den Namen und die Anschrift der Parteien und gegebenenfalls ihrer Vertreter;
c) die Art und den Gegenstand der Rechtssache sowie eine gedrängte Darstellung des Sachverhalts;
d) die Beweisaufnahme oder die andere gerichtliche Handlung, die vorgenommen werden soll.

II Das Rechtshilfeersuchen enthält außerdem je nach Sachlage

e) den Namen und die Anschrift der zu vernehmenden Personen;
f) die Fragen, welche an die zu vernehmenden Personen gerichtet werden sollen, oder die Tatsachen, über die sie vernommen werden sollen;

g) die Urkunden oder die anderen Gegenstände, die geprüft werden sollen;
h) den Antrag, die Vernehmung unter Eid oder Bekräftigung durchzuführen, und gegebenenfalls die dabei zu verwendende Formel;
i) den Antrag, eine besondere Form nach Artikel 9 einzuhalten.

III In das Rechtshilfeersuchen werden gegebenenfalls auch die für die Anwendung des Artikels 11 erforderlichen Erläuterungen aufgenommen.

IV Eine Legalisation oder eine ähnliche Förmlichkeit darf nicht verlangt werden.

Art. 4 HBewÜbk

I Das Rechtshilfeersuchen muß in der Sprache der ersuchten Behörde abgefaßt oder von einer Übersetzung in diese Sprache begleitet sein.

II Jeder Vertragsstaat muß jedoch, sofern er nicht den Vorbehalt nach Artikel 33 gemacht hat, ein Rechtshilfeersuchen entgegennehmen, das in französischer oder englischer Sprache abgefaßt oder von einer Übersetzung in eine dieser Sprachen begleitet ist.

III [1]Ein Vertragsstaat mit mehreren Amtssprachen, der aus Gründen seines innerstaatlichen Rechts Rechtshilfeersuchen nicht für sein gesamtes Hoheitsgebiet in einer dieser Sprachen entgegennehmen kann, muß durch eine Erklärung die Sprache bekanntgeben, in der ein Rechtshilfeersuchen abgefaßt oder in die es übersetzt sein muß, je nachdem, in welchem Teil seines Hoheitsgebiets es erledigt werden soll. [2]Wird dieser Erklärung ohne hinreichenden Grund nicht entsprochen, so hat der ersuchende Staat die Kosten einer Übersetzung in die geforderte Sprache zu tragen.

IV Neben den in den Absätzen 1 bis 3 vorgesehenen Sprachen kann jeder Vertragsstaat durch eine Erklärung eine oder mehrere weitere Sprachen bekanntgeben, in denen ein Rechtshilfeersuchen seiner Zentralen Behörde übermittelt werden kann.

V Die einem Rechtshilfeersuchen beigefügte Übersetzung muß von einem diplomatischen oder konsularischen Vertreter, von einem beeidigten Übersetzer oder von einer anderen hierzu befugten Person in einem der beiden Staaten beglaubigt sein.

Vgl. wegen Dänemark, Finnland, Frankreich, Luxemburg, Norwegen, Portugal, Schweden, des Vereinigten Königreichs, der Vereinigten Staaten Bek. v. 5.9.1980, BGBl. II 1290; wegen Finnland ferner Bek. v. 19.2.1981, BGBl. II 123; wegen Singapur Bek. v. 21.10.1981, BGBl. II 962; wegen Anguilla, Monaco Bek. v. 3.12.1986, BGBl. II 1135; wegen Spanien Bek. v. 23.9.1987, BGBl. II 615; wegen Australien Bek. v. 23.9.1993, BGBl. II 2398; wegen Venezuela Bek. v. 29.9.1994, BGBl. II 3647; wegen der Schweiz Bek. v. 6.6.1995, BGBl. II 532; wegen Bulgarien, China, Portugal Bek. v. 21.8.2001, BGBl. II 1004; wegen Litauen, Sri Lanka Bek. v. 14.12.2001, BGBl. 2002 II 153; wegen der Ukraine und Belarus Bek. v. 12.4.2002, BGBl. 1161; wegen Griechenland Bek. v. 11.5.2005, BGBl. II 603; wegen Lettland, Mazedonien Bek. v. 7.12.2009, BGBl. 2010 II 8; wegen Liechtenstein Bek. v. 27.1.2010, BGBl. II 91; wegen Kroatien, Serbien Bek. v. 1.3.2012, BGBl. II 229. 7

Art. 5 HBewÜbk

Ist die Zentrale Behörde der Ansicht, daß das Ersuchen nicht dem Übereinkommen entspricht, so unterrichtet sie unverzüglich die Behörde des ersuchenden Staates, die ihr das Rechtshilfeersuchen übermittelt hat, und führt dabei die Einwände gegen das Ersuchen einzeln an.

Art. 6 HBewÜbk

Ist die ersuchte Behörde nicht zuständig, so wird das Rechtshilfeersuchen von Amts wegen unverzüglich an die nach den Rechtsvorschriften ihres Staates zuständige Behörde weitergeleitet.

Art. 7 HBewÜbk

[1]Die ersuchende Behörde wird auf ihr Verlangen von dem Zeitpunkt und dem Ort der vorzunehmenden Handlung benachrichtigt, damit die beteiligten Parteien und gegebenenfalls ihre Vertreter anwesend sein können. [2]Diese Mitteilung wird auf Verlangen der ersuchenden Behörde den Parteien oder ihren Vertretern unmittelbar übersandt.

Art. 8 HBewÜbk

[1]Jeder Vertragsstaat kann erklären, daß Mitglieder der ersuchenden gerichtlichen Behörde eines anderen Vertragsstaats bei der Erledigung eines Rechtshilfeersuchens anwesend sein können. [2]Hierfür kann die vorherige Genehmigung durch die vom erklärenden Staat bestimmte zuständige Behörde verlangt werden.

Vgl. wegen Dänemark, Finnland, Schweden, des Vereinigten Königreichs, der Vereinigten Staaten Bek. v. 5.9.1980, BGBl. II 1290, ferner wegen des Vereinigten Königreichs Bek. v. 12.11.1980, BGBl. II 1440, wegen Israel Bek. v. 5.6.1981, BGBl. II 374, wegen Italien Bek. v. 9.11.1982, BGBl. II 998, wegen Zypern Bek. v. 13.9.1984, BGBl. II 919, wegen Guernsey Bek. v. 20.3.1986, BGBl. II 578; wegen Anguilla Bek. v. 3.12.1986, BGBl. II 1135; wegen Spanien Bek. v. 23.9.1987, BGBl. II 615; wegen Australien Bek. v. 23.9.1993, BGBl. II 2398; wegen der Schweiz Bek. v. 6.6.1995, BGBl. II 532; wegen Bulgarien Bek. v. 21.8.2001, BGBl. II 1004; wegen Litauen, Sri Lanka Bek. v. 14.12.2001, BGBl. 2002 II 153; wegen Weißrußland Bek. v. 12.4.2002, BGBl. II 1162; wegen Griechenland Bek. v. 11.5.2005, BGBl. II 603; wegen Lettland, Mazedonien Bek. v. 7.12.2009, BGBl. 2010 II 8; wegen Irland, Liechtenstein Bek. v. 27.1.2010, BGBl. II 91. 8

Art. 9 HBewÜbk

I Die gerichtliche Behörde verfährt bei der Erledigung eines Rechtshilfeersuchens nach den Formen, die ihr Recht vorsieht.

II Jedoch wird dem Antrag der ersuchenden Behörde, nach einer besonderen Form zu verfahren, entsprochen, es sei denn, daß diese Form mit dem Recht des ersuchten Staates unvereinbar oder ihre Einhaltung nach der gerichtlichen Übung im ersuchten Staat oder wegen tatsächlicher Schwierigkeiten unmöglich ist.

III Das Rechtshilfeersuchen muß rasch erledigt werden.

Art. 10 HBewÜbk

Bei der Erledigung des Rechtshilfeersuchens wendet die ersuchte Behörde geeignete Zwangsmaßnahmen in den Fällen und in dem Umfang an, wie sie das Recht des ersuchten Staates für die Erledigung eines Ersuchens inländischer Behörden oder eines zum gleichen Zweck gestellten Antrags einer beteiligten Partei vorsieht.

Art. 11 HBewÜbk

I Ein Rechtshilfeersuchen wird nicht erledigt, soweit die Person, die es betrifft, sich auf ein Recht zur Aussageverweigerung oder auf ein Aussageverbot beruft,

a) das nach dem Recht des ersuchten Staates vorgesehen ist oder
b) das nach dem Recht des ersuchenden Staates vorgesehen und im Rechtshilfeersuchen bezeichnet oder erforderlichenfalls auf Verlangen der ersuchten Behörde von der ersuchenden Behörde bestätigt worden ist.

II Jeder Vertragsstaat kann erklären, daß er außerdem Aussageverweigerungsrechte und Aussageverbote, die nach dem Recht anderer Staaten als des ersuchenden oder des ersuchten Staates bestehen, insoweit anerkennt, als dies in der Erklärung angegeben ist.

9 Zu Ia LG Mü ZZP 95, 363 (zust. Schlosser); wegen Bulgarien Bek. v. 21.8.2001, BGBl. II 1004; wegen Liechtenstein Bek. 27.1.2010, BGBl. II 91.

Art. 12 HBewÜbk

I Die Erledigung eines Rechtshilfeersuchens kann nur insoweit abgelehnt werden, als

a) die Erledigung des Ersuchens im ersuchten Staat nicht in den Bereich der Gerichtsgewalt fällt oder
b) der ersuchte Staat die Erledigung für geeignet hält, seine Hoheitsrechte oder seine Sicherheit zu gefährden.

II Die Erledigung darf nicht allein aus dem Grund abgelehnt werden, daß der ersuchte Staat nach seinem Recht die ausschließliche Zuständigkeit seiner Gerichte für die Sache in Anspruch nimmt oder ein Verfahren nicht kennt, das dem entspricht, für welches das Ersuchen gestellt wird.

Art. 13 HBewÜbk

I Die ersuchte Behörde leitet die Schriftstücke, aus denen sich die Erledigung eines Rechtshilfeersuchens ergibt, der ersuchenden Behörde auf demselben Weg zu, den diese für die Übermittlung des Ersuchens benutzt hat.

II Wird das Rechtshilfeersuchen ganz oder teilweise nicht erledigt, so wird dies der ersuchenden Behörde unverzüglich auf demselben Weg unter Angabe der Gründe für die Nichterledigung mitgeteilt.

Art. 14 HBewÜbk

I Für die Erledigung eines Rechtshilfeersuchens darf die Erstattung von Gebühren und Auslagen irgendwelcher Art nicht verlangt werden.

II Der ersuchte Staat ist jedoch berechtigt, vom ersuchenden Staat die Erstattung der an Sachverständigen und Dolmetscher gezahlten Entschädigungen sowie der Auslagen zu verlangen, die dadurch entstanden sind, daß auf Antrag des ersuchenden Staates nach Artikel 9 Absatz 2 eine besondere Form eingehalten worden ist.

III [1]Eine ersuchte Behörde, nach deren Recht die Parteien für die Aufnahme der Beweise zu sorgen haben und die das Rechtshilfeersuchen nicht selbst erledigen kann, darf eine hierzu geeignete Person mit der Erledigung beauftragen, nachdem sie das Einverständnis der ersuchenden Behörde eingeholt hat. [2]Bei der Einholung dieses Einverständnisses gibt die ersuchte Behörde den ungefähren Betrag der Kosten an, die durch diese Art der Erledigung entstehen würden. [3]Durch ihr Einverständnis verpflichtet sich die ersuchende Behörde, die entstehenden Kosten zu erstatten. [4]Fehlt das Einverständnis, so ist die ersuchende Behörde zur Erstattung der Kosten nicht verpflichtet.

10 **Kapitel II. Beweisaufnahme durch diplomatische oder konsularische Vertreter und durch Beauftragte.** Vgl. wegen Singapur Bek. v. 21.10.1981, BGBl. II 962; wegen Venezuela Bek. v. 29.9.1994, BGBl. II 3647; wegen Portugal Bek. v. 21.8.2001, BGBl. II 1004.

Art. 15 HBewÜbk

I In Zivil- oder Handelssachen kann ein diplomatischer oder konsularischer Vertreter eines Vertragsstaats im Hoheitsgebiet eines anderen Vertragsstaats und in dem Bezirk, in dem er sein Amt ausübt, ohne Anwendung von Zwang Beweis für ein Verfahren aufnehmen, das vor einem Gericht eines von ihm vertretenen Staates anhängig ist, wenn nur Angehörige desselben Staates betroffen sind.

II Jeder Vertragsstaat kann erklären, daß in dieser Art Beweis erst nach Vorliegen einer Genehmigung aufgenommen werden darf, welche die durch den erklärenden Staat bestimmte zuständige Behörde auf einen von dem Vertreter oder in seinem Namen gestellten Antrag erteilt.

11 Vgl. wegen Dänemark, Norwegen, Portugal, Schweden Bek. v. 5.9.1980, BGBl. II 1290; wegen Australien Bek. v. 23.9.1993, BGBl. II 2398; wegen der Schweiz Bek. v. 6.6.1995, BGBl. II 532; wegen Portugal Bek. v. 21.8.2001, BGBl. II 1004; wegen Irland Bek. v. 27.1.2010, BGBl. II 91.

Art. 16 HBewÜbk

I Ein diplomatischer oder konsularischer Vertreter eines Vertragsstaats kann außerdem im Hoheitsgebiet eines anderen Vertragsstaats und in dem Bezirk, in dem er sein Amt ausübt, ohne Anwendung von Zwang Beweis für ein Verfahren aufnehmen, das vor einem Gericht eines von ihm vertretenen Staates anhängig ist, sofern Angehörige des Empfangsstaats oder eines dritten Staates betroffen sind,

a) wenn eine durch den Empfangsstaat bestimmte zuständige Behörde ihre Genehmigung allgemein oder für den Einzelfall erteilt hat und
b) wenn der Vertreter die Auflagen erfüllt, welche die zuständige Behörde in der Genehmigung festgesetzt hat.

II Jeder Vertragsstaat kann erklären, daß Beweis nach dieser Bestimmung ohne seine vorherige Genehmigung aufgenommen werden darf.

12 Vgl. wegen Dänemark, Finnland, Frankreich, Luxemburg, Norwegen, Tschechoslowakei, des Vereinigten Königreichs, der Vereinigten Staaten Bek. v. 5.9.1980, BGBl. II 1290, ferner wegen des Vereinigten Königreichs Bek. v. 12.11.1980, BGBl. II 1440; wegen Zypern Bek. v. 13.9.1984, BGBl. II 919; wegen Anguilla, Monaco Bek. v. 3.12.1986, BGBl. II 1135; wegen Spanien Bek. v. 23.9.1987, BGBl. II 615; wegen Australien Bek. v.

23.9.1993, BGBl. II 2398; wegen der Schweiz Bek. v. 6.6.1995, BGBl. II 532; wegen Bulgarien Bek. v. 21.8.2001, BGBl. II 1004; wegen Litauen Bek. v. 14.12.2001, BGBl. 2002 II 153; wegen Weißrußland Bek. v. 12.4.2002, BGBl. II 1161; wegen Frankreich, Monaco Bek. v. 27.3.2006, BGBl. II 434; wegen Australien Bek. v. 7.5.2007, BGBl. II 787; wegen Indien Bek. v. 15.2.2008, BGBl. II 216; wenn Lettland Bek. v. 7.12.2009, BGBl. 2010 II 8; wegen Kroatien Bek. v. 1.3.2012, BGBl. II 229.

Art. 17 HBewÜbk

I In Zivil- oder Handelssachen kann jede Person, die zu diesem Zweck ordnungsgemäß zum Beauftragten bestellt worden ist, im Hoheitsgebiet eines Vertragsstaats ohne Anwendung von Zwang Beweis für ein Verfahren aufnehmen, das vor einem Gericht eines anderen Vertragsstaats anhängig ist,

a) wenn eine von dem Staat, in dem Beweis aufgenommen werden soll, bestimmte zuständige Behörde ihre Genehmigung allgemein oder für den Einzelfall erteilt hat und

b) wenn die Person die Auflagen erfüllt, welche die zuständige Behörde in der Genehmigung festgesetzt hat.

II Jeder Vertragsstaat kann erklären, daß Beweis nach dieser Bestimmung ohne seine vorherige Genehmigung aufgenommen werden darf.

Vgl. wegen Dänemark, Finnland, Frankreich, Luxemburg, Norwegen, des Vereinigten Königreichs, der 13
Vereinigten Staaten Bek. v. 5.9.1980, BGBl. II 1290, ferner wegen des Vereinigten Königreichs Bek. v. 12.11.1980, BGBl. II 1440, wegen Zypern Bek. v. 13.9.1984, BGBl. II 919; wegen Anguilla, Monaco Bek. v. 3.12.1986, BGBl. II 1135; wegen Spanien Bek. v. 23.9.1987, BGBl. II 615; wegen Mexiko Bek. v. 26.3.1990, BGBl. II 298; wegen der Schweiz Bek. v. 6.619.95, BGBl. II 532; wegen Bulgarien Bek. v. 21.8.2001, BGBl. II 1004; wegen Litauen Bek. v. 14.12.2001, BGBl. 2002 II 153; wegen Weißrußland Bek. v. 12.4.2002, BGBl. 1161; wegen Frankreich, Monaco Bek. v. 27.3.2006, BGBl. II 434; wegen Indien Bek. v. 15.2.2008, BGBl. II 216; wegen Mazedonien Bek. v. 7.12.2009, BGBl. 10 II 8.

Art. 18 HBewÜbk

I 1Jeder Vertragsstaat kann erklären, daß ein diplomatischer oder konsularischer Vertreter oder ein Beauftragter, der befugt ist, nach Artikel 15, 16 oder 17 Beweis aufzunehmen, sich an eine von diesem Staat bestimmte zuständige Behörde wenden kann, um die für diese Beweisaufnahme erforderliche Unterstützung durch Zwangsmaßnahmen zu erhalten. 2In seiner Erklärung kann der Staat die Auflagen festlegen, die er für zweckmäßig hält.

II Gibt die zuständige Behörde dem Antrag statt, so wendet sie die in ihrem Recht vorgesehenen geeigneten Zwangsmaßnahmen an.

Vgl. wegen der Tschechoslowakei, des Vereinigten Königreichs, der Vereinigten Staaten Bek. v. 5.9.1980, 14
BGBl. II 1290, ferner wegen des Vereinigten Königreichs Bek. v. 12.11.1980, BGBl. II 1440, wegen Italien Bek. v. 9.11.1982, BGBl. II 998, wegen Zypern Bek. v. 13.9.1984, BGBl. II 919; wegen Anguilla Bek. v. 3.12.1986, BGBl. II 1135; wegen Mexiko Bek. v. 26.3.1990, BGBl. II 298; wegen Bulgarien Bek. v. 21.8.2001, BGBl. II 1004; wegen Weißrußland Bek. v. 12.4.2002, BGBl. II 1161; wegen Griechenland Bek. v. 11.5.2005, BGBl. II 603; wegen Indien Bek. v. 15.2.2008, BGBl. II 216; wegen Kroatien Bek. v. 1.3.2012, BGBl. II 229.

Art. 19 HBewÜbk

1Die zuständige Behörde kann, wenn sie die Genehmigung nach Artikel 15, 16 oder 17 erteilt oder dem Antrag nach Artikel 18 stattgibt, von ihr für zweckmäßig erachtete Auflagen festsetzen, insbesondere hinsichtlich Zeit und Ort der Beweisaufnahme. 2Sie kann auch verlangen, daß sie rechtzeitig vorher von Zeitpunkt und Ort benachrichtigt wird; in diesem Fall ist ein Vertreter der Behörde zur Teilnahme an der Beweisaufnahme befugt.

Vgl. wegen Bulgarien Bek. v. 21.8.2001, BGBl. II 1004. 15

Art. 20 HBewÜbk

Personen, die eine in diesem Kapitel vorgesehene Beweisaufnahme betrifft, können einen Rechtsberater beiziehen.

Art. 21 HBewÜbk

Ist ein diplomatischer oder konsularischer Vertreter oder ein Beauftragter nach Artikel 15, 16 oder 17 befugt, Beweis aufzunehmen,

a) so kann er alle Beweise aufnehmen, soweit dies nicht mit dem Recht des Staates, in dem Beweis aufgenommen werden soll, unvereinbar ist oder der nach den angeführten Artikeln erteilten Genehmigung widerspricht, und unter denselben Bedingungen auch einen Eid abnehmen oder eine Bekräftigung entgegennehmen;

b) so ist jede Ladung zum Erscheinen oder zur Mitwirkung an einer Beweisaufnahme in der Sprache des Ortes der Beweisaufnahme abzufassen oder eine Übersetzung in diese Sprache beizufügen, es sei denn, daß die durch die Beweisaufnahme betroffene Person dem Staat angehört, in dem das Verfahren anhängig ist;

c) so ist in der Ladung anzugeben, daß die Person einen Rechtsberater beiziehen kann, sowie in einem Staat, der nicht die Erklärung nach Artikel 18 abgegeben hat, daß sie nicht verpflichtet ist, zu erscheinen oder sonst an der Beweisaufnahme mitzuwirken;

d) so können die Beweise in einer der Formen aufgenommen werden, die das Recht des Gerichts vorsieht, vor dem das Verfahren anhängig ist, es sei denn, daß das Recht des Staates, in dem Beweis aufgenommen wird, diese Form verbietet;

e) so kann sich die von der Beweisaufnahme betroffene Person auf die in Artikel 11 vorgesehenen Rechte zur Aussageverweigerung oder Aussageverbote berufen.

Art. 22 HBewÜbk

Daß ein Beweis wegen der Weigerung einer Person mitzuwirken nicht nach diesem Kapitel aufgenommen werden konnte, schließt ein späteres Rechtshilfeersuchen nach Kapitel I mit demselben Gegenstand nicht aus.

Kapitel III. Allgemeine Bestimmungen

Art. 23 HBewÜbk. Jeder Vertragsstaat kann bei der Unterzeichnung, bei der Ratifikation oder beim Beitritt erklären, daß er Rechtshilfeersuchen nicht erledigt, die ein Verfahren zum Gegenstand haben, das in den Ländern des „Common Law" unter der Bezeichnung „pre-trial discovery of documents" bekannt ist.

16 Vgl. wegen Dänemark, Finnland, Frankreich, Luxemburg, Norwegen, Schweden, des Vereinigten Königreichs, Bek. v. 5.9.1980, BGBl. II 1290, ferner wegen Norwegen, Schweden und des Vereinigten Königreichs Bek. v. 12.11.1980, BGBl. II 1440, wegen Singapur Bek. v. 21.10.1981, BGBl. II 962, wegen Italien Bek. v. 9.11.1982, BGBl. II 998, wegen Zypern Bek. v. 13.9.1984, BGBl. II 919, wegen Guernsey Bek. v. 20.3.1986, BGBl. II 578, wegen Anguilla, Monaco Bek. v. 3.12.1986, BGBl. II 1135; wegen Spanien Bek. v. 23.9.1987, BGBl. II 615; wegen Argentinien Bek. v. 30.8.1988, BGBl. II 823; wegen Mexiko Bek. v. 26.3.1990, BGBl. II 298; wegen Australien Bek. v. 23.9.1993, BGBl. II 2398; wegen Venezuela Bek. v. 29.9.1994, BGBl. II 3647; wegen der Schweiz Bek. v. 6.6.1995, BGBl. II 532; wegen China Bek. v. 1.7.1998, BGBl. II 1729; wegen Bulgarien, China, Portugal Bek. v. 21.8.2001, BGBl. II 1004; wegen Litauen, Sri Lanka Bek. v. 14.12.2001, BGBl. 2002 II 153; wegen der Ukraine Bek. v. 12.4.2002, BGBl. II 1161; wegen Griechenland Bek. v. 11.5.2005, BGBl. II 603; wegen Indien, Seychellen, Bek. v. 15.2.2008, BGBl. II 216; wegen Mazedonien Bek. v. 7.12.2009, BGBl. 2010 II 8; wegen Irland, Liechtenstein Bek. v. 27.1.2010, BGBl. II 91; wegen Montenegro Bek. v. 21.8.2013, BGBl. II 1275.

Art. 24 HBewÜbk

I [1]Jeder Vertragsstaat kann außer der Zentralen Behörde weitere Behörden bestimmen, deren Zuständigkeit er festlegt. [2]Rechtshilfeersuchen können jedoch stets der Zentralen Behörde übermittelt werden.

II Bundesstaaten steht es frei, mehrere Zentrale Behörden zu bestimmen.

17 In Deutschland sind die in → Art. 2 Rn. 14 genannten Stellen als Zentrale Behörden bestimmt worden. Im Übrigen vgl. wegen des Vereinigten Königreichs Bek. v. 5.9.1980, BGBl. II 1290, und v. 12.11.1980, BGBl. II 1440; wegen Australien Bek. v. 23.9.1993, BGBl. II 2398; wegen der Schweiz Bek. v. 6.6.1995, BGBl. II 532; wegen China Bek. v. 21.8.2001, BGBl. II 1004; wegen Macao Bek. v. 7.11.2002, BGBl. II 2923.

Art. 25 HBewÜbk

Jeder Vertragsstaat, in dem mehrere Rechtssysteme bestehen, kann bestimmen, daß die Behörden eines dieser Systeme für die Erledigung von Rechtshilfeersuchen nach diesem Übereinkommen ausschließlich zuständig sind.

18 Vgl. wegen Guernsey Bek. v. 20.3.1986, BGBl. II 578.

Art. 26 HBewÜbk

I Jeder Vertragsstaat kann, wenn sein Verfassungsrecht dies gebietet, vom ersuchenden Staat die Erstattung der Kosten verlangen, die bei der Erledigung eines Rechtshilfeersuchens durch die Zustellung der Ladung, die Entschädigung der vernommenen Person und die Anfertigung eines Protokolls über die Beweisaufnahme entstehen.

II Hat ein Staat von den Bestimmungen des Absatzes 1 Gebrauch gemacht, so kann jeder andere Vertragsstaat von diesem Staat die Erstattung der entsprechenden Kosten verlangen.

Art. 27 HBewÜbk

Dieses Übereinkommen hindert einen Vertragsstaat nicht,

a) zu erklären, daß Rechtshilfeersuchen seinen gerichtlichen Behörden auch auf anderen als den in Artikel 2 vorgesehenen Wegen übermittelt werden können;
b) nach seinem innerstaatlichen Recht oder seiner innerstaatlichen Übung zuzulassen, daß Handlungen, auf die dieses Übereinkommen anwendbar ist, unter weniger einschränkenden Bedingungen vorgenommen werden;
c) nach seinem innerstaatlichen Recht oder seiner innerstaatlichen Übung andere als die in diesem Übereinkommen vorgesehenen Verfahren der Beweisaufnahme zuzulassen.

19 Vgl. wegen Dänemark, des Vereinigten Königreichs Bek. v. 5.9.1980, BGBl. II 1290, ferner wegen des Vereinigten Königreichs Bek. v. 12.11.1980, BGBl. II 1440; wegen Anguilla Bek. v. 3.12.1986, BGBl. II 1135; wegen Mexiko Bek. Bek. v. 26.3.1990, BGBl. II 298.

Art. 28 HBewÜbk

Dieses Übereinkommen schließt nicht aus, daß Vertragsstaaten vereinbaren, von folgenden Bestimmungen abzuweichen:

a) Artikel 2 in bezug auf den Übermittlungsweg für Rechtshilfeersuchen;
b) Artikel 4 in bezug auf die Verwendung von Sprachen;
c) Artikel 8 in bezug auf die Anwesenheit von Mitgliedern der gerichtlichen Behörde bei der Erledigung von Rechtshilfeersuchen;
d) Artikel 11 in bezug auf die Aussageverweigerungsrechte und Aussageverbote;
e) Artikel 13 in bezug auf die Übermittlung von Erledigungsstücken;
f) Artikel 14 in bezug auf die Regelung der Kosten;
g) den Bestimmungen des Kapitels II.

Art. 29 HBewÜbk

Dieses Übereinkommen tritt zwischen den Staaten, die es ratifiziert haben, an die Stelle der Artikel 8 bis 16 des am 17. Juli 1905 in Den Haag unterzeichneten Abkommens über den Zivilprozeß und des am 1. März 1954 in Den Haag unterzeichneten Übereinkommens über den Zivilprozeß, soweit diese Staaten Vertragsparteien jenes Abkommens oder jenes Übereinkommens sind.

Art. 30 HBewÜbk

Dieses Übereinkommen berührt weder die Anwendung des Artikels 23 des Abkommens von 1905 noch die Anwendung des Artikels 24 des Übereinkommens von 1954.

Art. 31 HBewÜbk

Zusatzvereinbarungen zu dem Abkommen von 1905 und dem Übereinkommen von 1954, die Vertragsstaaten geschlossen haben, sind auch auf das vorliegende Übereinkommen anzuwenden, es sei denn, daß die beteiligten Staaten etwas anderes vereinbaren.

Art. 32 HBewÜbk

Unbeschadet der Artikel 29 und 31 berührt dieses Übereinkommen nicht die Übereinkommen, denen die Vertragsstaaten angehören oder angehören werden und die Bestimmungen über Rechtsgebiete enthalten, die durch dieses Übereinkommen geregelt sind.

Wegen Mexiko Bek. v. 26.3.1990, BGBl. II 298. 20

Art. 33 HBewÜbk

I [1]Jeder Staat kann bei der Unterzeichnung, bei der Ratifikation oder beim Beitritt die Anwendung des Artikels 4 Absatz 2 sowie des Kapitels II ganz oder teilweise ausschließen. [2]Ein anderer Vorbehalt ist nicht zulässig.

II Jeder Vertragsstaat kann einen Vorbehalt, den er gemacht hat, jederzeit zurücknehmen; der Vorbehalt wird am sechzigsten Tag nach der Notifikation der Rücknahme unwirksam.

III Hat ein Staat einen Vorbehalt gemacht, so kann jeder andere Staat, der davon berührt wird, die gleiche Regelung gegenüber dem Staat anwenden, der den Vorbehalt gemacht hat.

Vgl. wegen Dänemark, Finnland, Frankreich, Norwegen, Portugal, des Vereinigten Königreichs Bek. v. 5.9.1980, BGBl. II 1290, ferner wegen des Vereinigten Königreichs Bek. v. 12.11.1980, BGBl. II 1440, wegen Zypern Bek. v. 13.9.1984, BGBl. II 919; wegen Anguilla Bek. v. 3.12.1986, BGBl. II 1135; wegen Spanien Bek. v. 23.9.1987, BGBl. II 615; wegen Argentinien Bek. v. 30.8.1988, BGBl. II 823, wegen China Bek. v. 1.7.1998, BGBl. 1729 und v. 21.8.2001, BGBl. II 1004; wegen Sri Lanka Bek. v. 14.12.2001, BGBl. 2002 II 153; wegen der Ukraine Bek. v. 12.4.2002, BGBl. II 1161; wegen der Russischen Förderation Bek. v. 1.2.2005, BGBl. II 329; wegen Griechenland Bek. v. 11.5.2005, BGBl. II 603; wegen Irland Bek. v. 27.1.2010, BGBl. II 91; wegen Montenegro Bek. v. 21.8.2013, BGBl. II 1275. 21

Art. 34 HBewÜbk

Jeder Staat kann eine Erklärung jederzeit zurücknehmen oder ändern.

Art. 35 HBewÜbk

I Jeder Vertragsstaat notifiziert dem Ministerium für Auswärtige Angelegenheiten der Niederlande bei der Hinterlegung seiner Ratifikations- oder Beitrittsurkunde oder zu einem späteren Zeitpunkt die nach den Artikeln 2, 8, 24 und 25 bestimmten Behörden.

II Er notifiziert gegebenenfalls auf gleiche Weise

a) die Bezeichnung der Behörden, an die sich diplomatische oder konsularische Vertreter nach Artikel 16 wenden müssen, und derjenigen, die nach den Artikeln 15, 16 und 18 Genehmigungen erteilen oder Unterstützung gewähren können;
b) die Bezeichnung der Behörden, die den Beauftragten die in Artikel 17 vorgesehene Genehmigung erteilen oder die in Artikel 18 vorgesehene Unterstützung gewähren können;
c) die Erklärungen nach den Artikeln 4, 8, 11, 15, 16, 17, 18, 23 und 27;
d) jede Rücknahme oder Änderung der vorstehend erwähnten Behördenbezeichnungen und Erklärungen;
e) jede Rücknahme eines Vorbehalts.

Vgl. wegen des Vereinigten Königreichs Bek. v. 12.11.1980, BGBl. II 1440; wegen Italien Bek. v. 9.11.1982, BGBl. II 998; wegen der Russischen Förderation Bek. v. 1.2.2005, BGBl. II 329; wegen Griechenland Bek. v. 11.5.2005, BGBl. II 603; wegen Indien Bek. v. 15.2.2008, BGBl. II 216; wegen Liechtenstein Bek. v. 27.1.2010, BGBl. II 91. 22

Art. 36 HBewÜbk

Schwierigkeiten, die zwischen Vertragsstaaten bei der Anwendung dieses Übereinkommens entstehen, werden auf diplomatischem Weg beigelegt.

Art. 37 HBewÜbk

I Dieses Übereinkommen liegt für die auf der Elften Tagung der Haager Konferenz für Internationales Privatrecht vertretenen Staaten zur Unterzeichnung auf.

II Es bedarf der Ratifikation; die Ratifikationsurkunden werden beim Ministerium für Auswärtige Angelegenheiten der Niederlande hinterlegt.

Art. 38 HBewÜbk

I Dieses Übereinkommen tritt am sechzigsten Tag nach der gemäß Artikel 37 Absatz 2 vorgenommenen Hinterlegung der dritten Ratifikationsurkunde in Kraft.

II Das Übereinkommen tritt für jeden Unterzeichnerstaat, der es später ratifiziert, am sechzigsten Tag nach Hinterlegung seiner Ratifikationsurkunde in Kraft.

Art. 39 HBewÜbk

I Jeder auf der Elften Tagung der Haager Konferenz für Internationales Privatrecht nicht vertretene Staat, der Mitglied der Konferenz oder der Vereinten Nationen oder einer ihrer Sonderorganisationen oder Vertragspartei des Statuts des Internationalen Gerichtshofs ist, kann diesem Übereinkommen beitreten, nachdem es gemäß Artikel 38 Absatz 1 *in Kraft getreten* ist.

II Die Beitrittsurkunde wird beim Ministerium für Auswärtige Angelegenheiten der Niederlande hinterlegt.

III Das Übereinkommen tritt für den beitretenden Staat am sechzigsten Tag nach Hinterlegung seiner Beitrittsurkunde in Kraft.

IV [1]Der Beitritt wirkt nur für die Beziehungen zwischen dem beitretenden Staat und den Vertragsstaaten, die erklären, daß sie diesen Beitritt annehmen. [2]Diese Erklärung wird beim Ministerium für Auswärtige Angelegenheiten der Niederlande hinterlegt; dieses Ministerium übersendet jedem der Vertragsstaaten auf diplomatischem Weg eine beglaubigte Abschrift dieser Erklärung.

V Das Übereinkommen tritt zwischen dem beitretenden Staat und einem Staat, der erklärt hat, daß er den Beitritt annimmt, am sechzigsten Tag nach Hinterlegung der Annahmeerklärung in Kraft.

23 Vgl. wegen Polen Bek. v. 28.8.1996, BGBl. II 2494; wegen Costa Rica Bek. v. 13.4.2017, BGBl. II 556; wegen Andorra Bek. v. 22.8.2017, BGBl. II 1247.

Art. 40 HBewÜbk

I [1]Jeder Staat kann bei der Unterzeichnung, bei der Ratifikation oder beim Beitritt erklären, daß sich dieses Übereinkommen auf alle oder auf einzelne der Hoheitsgebiete erstreckt, deren internationale Beziehungen er wahrnimmt. [2]Eine solche Erklärung wird wirksam, sobald das Übereinkommen für den Staat in Kraft tritt, der sie abgegeben hat.

II Jede spätere Erstreckung dieser Art wird dem Ministerium für Auswärtige Angelegenheiten der Niederlande notifiziert.

III Das Übereinkommen tritt für die Hoheitsgebiete, auf die es erstreckt wird, am sechzigsten Tag nach der in Absatz 2 erwähnten Notifikation in Kraft.

24 Vgl. wegen des Vereinigten Königreichs und dort Guernsey Bek. v. 20.3.1986, BGBl. II 578; wegen Anguilla Bek. v. 3.12.1986, BGBl. II 1135; wegen Jersey Bek. v. 20.5.1987, BGBl. II 306; wegen Australien Bek. v. 23.9.1993, BGBl. II 2398.

Art. 41 HBewÜbk

I Dieses Übereinkommen gilt für die Dauer von fünf Jahren, vom Tag seines Inkrafttretens nach Artikel 38 Absatz 1 an gerechnet, und zwar auch für die Staaten, die es später ratifizieren oder ihm später beitreten.

II Die Geltungsdauer des Übereinkommens verlängert sich, außer im Fall der Kündigung, stillschweigend um jeweils fünf Jahre.

III Die Kündigung wird spätestens sechs Monate vor Ablauf der fünf Jahre dem Ministerium für Auswärtige Angelegenheiten der Niederlande notifiziert.

IV Sie kann sich auf bestimmte Hoheitsgebiete beschränken, für die das Übereinkommen gilt.

V [1]Die Kündigung wirkt nur für den Staat, der sie notifiziert hat. [2]Für die anderen Vertragsstaaten bleibt das Übereinkommen in Kraft.

Art. 42 HBewÜbk

Das Ministerium für Auswärtige Angelegenheiten der Niederlande notifiziert den in Artikel 37 bezeichneten Staaten sowie den Staaten, die nach Artikel 39 beigetreten sind,

a) jede Unterzeichnung und Ratifikation nach Artikel 37;
b) den Tag, an dem dieses Übereinkommen nach Artikel 38 Absatz 1 in Kraft tritt;
c) jeden Beitritt nach Artikel 39 und den Tag, an dem er wirksam wird;
d) jede Erstreckung nach Artikel 40 und den Tag, an dem sie wirksam wird;
e) jede Behördenbezeichnung, jeden Vorbehalt und jede Erklärung nach den Artikeln 33 und 35;
f) jede Kündigung nach Artikel 41 Absatz 3.

25 **II. Aus dem AusfG.** Vom 22.12.1977, BGBl. 3105, zul. geänd. durch Art. 3 G v. 24.6.2022, BGBl. I 959

§ 7 AusfG

[1]Die Aufgaben der Zentralen Behörde (Artikel 2, 24 Abs. 2 des Übereinkommens) nehmen die von den Landesregierungen bestimmten Stellen wahr. [2]Jedes Land kann nur eine Zentrale Behörde einrichten. [3]Die Landesregierungen können die Befugnis nach Satz 1 auf die Landesjustizverwaltungen übertragen.

§ 8 AusfG

[1]Für die Erledigung von Rechtshilfeersuchen ist das Amtsgericht zuständig, in dessen Bezirk die Amtshandlung vorzunehmen ist. [2]Die Landesregierungen werden ermächtigt, diese Zuständigkeit durch Rechtsverordnung einem anderen Amtsgericht des Oberlandesgerichtsbezirks oder, wenn in einem Land mehrere Oberlandesgerichte errichtet sind, einem Amtsgerichtsbezirk für die Bezirke aller oder mehrerer Oberlandesgerichte zuzuweisen. [3]Die Zuweisung kann auch nur für einzelne Arten der Beweisaufnahme erfolgen. [4]Die Landesregierungen können diese Ermächtigung durch Rechtsverordnung auf die Landesjustizverwaltungen übertragen.

§ 9 AusfG

Rechtshilfeersuchen, die durch das Amtsgericht zu erledigen sind (Kapitel I des Übereinkommens), müssen in deutscher Sprache abgefaßt oder von einer Übersetzung in diese Sprache begleitet sein (Artikel 4 Abs. 1, 5 des Übereinkommens).

§ 10 AusfG

Mitglieder des ersuchenden ausländischen Gerichts können bei der Erledigung eines Rechtshilfeersuchens durch das Amtsgericht anwesend sein, wenn die Zentrale Behörde dies genehmigt hat.

§ 11 AusfG

[1]Eine Beweisaufnahme durch diplomatische oder konsularische Vertreter ist unzulässig, wenn sie deutsche Staatsangehörige betrifft. [2]Betrifft sie Angehörige eines dritten Staates oder Staatenlose, so ist sie nur zulässig, wenn die Zentrale Behörde sie genehmigt hat (Artikel 16 Abs. 1 des Übereinkommens). [3]Eine Genehmigung ist nicht erforderlich, wenn der Angehörige eines dritten Staates zugleich die Staatsangehörigkeit des Staates des ersuchenden Gerichts besitzt.

§ 12 AusfG

I [1]Ein Beauftragter des ersuchenden Gerichts (Artikel 17 des Übereinkommens) darf eine Beweisaufnahme nur durchführen, wenn die Zentrale Behörde sie genehmigt hat. [2]Die Genehmigung kann mit Auflagen verbunden werden.

II [1]Das Gericht, das für die Erledigung eines Rechtshilfeersuchens in derselben Angelegenheit nach § 8 zuständig wäre, ist befugt, die Vorbereitung und die Durchführung der Beweisaufnahme zu überwachen. [2]Ein Mitglied dieses Gerichts kann an der Beweisaufnahme teilnehmen (Artikel 19 Satz 2 des Übereinkommens).

§ 13 AusfG

Für die Erteilung der Genehmigung nach den §§ 10, 11 und 12 (Artikel 19 des Übereinkommens) ist die Zentrale Behörde des Landes zuständig, in dem die Beweisaufnahme durchgeführt werden soll.

§ 14 AusfG

Rechtshilfeersuchen, die ein Verfahren nach Artikel 23 des Übereinkommens zum Gegenstand haben, werden nur erledigt, wenn

1. die vorzulegenden Dokumente im Einzelnen genau bezeichnet sind,
2. die vorzulegenden Dokumente für das jeweilige Verfahren und dessen Ausgang von unmittelbarer und eindeutig zu erkennender Bedeutung sind,
3. die vorzulegenden Dokumente sich im Besitz einer an dem Verfahren beteiligten Partei befinden, 4. das Herausgabeverlangen nicht gegen wesentliche Grundsätze des deutschen Rechts verstößt und,
5. soweit personenbezogene Daten in den vorzulegenden Dokumenten enthalten sind, die Voraussetzungen für die Übermittlung in ein Drittland nach Kapitel V der Verordnung (EU) 2016/679 des Europäischen Parlaments und des Rates vom 27. April 2016 zum Schutz natürlicher Personen bei der Verarbeitung personenbezogener Daten, zum freien Datenverkehr und zur Aufhebung der Richtlinie 95/46/EG (DatenschutzGrundverordnung) (ABl. L 119 vom 4.5.2016, S. 1; L 314 vom 22.11.2016, S. 72; L 127 vom 23.5.2018, S. 2; L 74 vom 4.3.2021, S. 35) erfüllt sind.

§ 15 AusfG

Der Bundesminister der Justiz wird ermächtigt, durch Rechtsverordnung, die der Zustimmung des Bundesrates bedarf, die nach den §§ 1 und 7 dieses Gesetzes errichteten Zentralen Behörden als die Stellen zu bestimmen, die gemäß den §§ 1 und 3 Abs. 2 des Gesetzes vom 5. April 1909 zur Ausführung des Haager Abkommens über den Zivilprozeß vom 17. Juli 1905 (RGBl. 1909 S. 430) und gemäß den §§ 1 und 9 des Gesetzes zur Ausführung des Haager Übereinkommens vom 1. März 1954 über den Zivilprozeß zur Entgegennahme von Anträgen und Ersuchen des Konsuls eines ausländischen Staates zuständig sind.

Vgl. die Bek. v. 21.6.1979, BGBl. II 779, ergänzt durch Bek. v. 25.11.1991, BGBl. II 1396. Die dort genannten Zentralen deutschen Behördens sind dieselben wie beim Haager Zustellungsübereinkommen. 26

§§ 16, 17 AusfG

(nicht abgedruckt)

III. Bekanntmachung. Vom 21.6.1979, BGBl. II 780 27

Bek.

Nach Artikel 3 Abs. 2 des Gesetzes vom 22. Dezember 1977 zu dem Haager Übereinkommen vom 15. November 1965 über die Zustellung gerichtlicher und außergerichtlicher Schriftstücke im Ausland in Zivil- oder Handelssachen und zu dem Haager Übereinkommen vom 18. März 1970 über die Beweisaufnahme im Ausland in Zivil- oder Handelssachen (BGBl. 1977 II S. 1452) wird bekanntgemacht, daß das Haager Übereinkommen vom 18. März 1970 über die Beweisaufnahme im Ausland in Zivil- oder Handelssachen nach seinem Artikel 38 Abs. 2 für die Bundesrepublik Deutschland am 26. Juni 1979 in Kraft treten wird. Die Ratifikationsurkunde der Bundesrepublik Deutschland ist am 27. April 1979 bei dem Ministerium für Auswärtige Angelegenheiten der Niederlande hinterlegt worden.

Die Bundesrepublik Deutschland hat bei Hinterlegung der Ratifikationsurkunde folgende Erklärungen abgegeben:

„A. Die Regierung der Bundesrepublik Deutschland gibt folgende Erklärungen nach Artikel 33 Abs. 1 des Übereinkommens vom 18. März 1970 ab:Die Bundesrepublik Deutschland erklärt den in Artikel 33 Abs. 1 Satz 1 des Übereinkommens gegen die Anwendung des Artikels 4 Abs. 2 des Übereinkommens vorgesehenen Vorbehalt. Rechtshilfeersuchen, die nach Kapitel I des Übereinkommens zu erledigen sind, müssen gemäß Artikel 4 Abs. 1, 5 des Übereinkommens in deutscher Sprache abgefaßt oder von einer Übersetzung in diese Sprache begleitet sein.Die Bundesrepublik Deutschland erklärt gemäß der in Artikel 33 Abs. 1 Satz 1 des Übereinkommens vorgesehenen Möglichkeit, einen Vorbehalt gegen die Anwendung der Bestimmungen des Kapitels II des Übereinkommens einzulegen, daß in ihrem Hoheitsgebiet eine Beweisaufnahme durch diplomatische oder konsularische Vertreter unzulässig ist, wenn sie deutsche Staatsangehörige betrifft.

B. Die Regierung der Bundesrepublik Deutschland gibt folgende Erklärungen nach Artikel 35 des Übereinkommens vom 18. März 1970 ab:

1. Für die Erledigung von Rechtshilfeersuchen ist das Amtsgericht zuständig, in dessen Bezirk die Amtshandlung vorzunehmen ist. Rechtshilfeersuchen sind an die Zentrale Behörde des Landes zu richten, in dem das jeweilige Ersuchen erledigt werden soll. Zentrale Behörde nach Artikel 2, 24 Abs. 2 des Übereinkommens ist für
   Baden-Württemberg das Justizministerium Baden-Württemberg, D-7000 Stuttgart;
   Bayern: das Bayerische Staatsministerium der Justiz, D-8000 München;
   Berl der Senator für Justiz, D-1000 Berlin;
   Brandenburg:
   Bremen: der Präsident des Landgerichts Bremen, D-2800 Bremen;
   Hamburg: der Präsident des Amtsgerichts Hamburg, D-2000 Hamburg;
   Hessen: der Hessische Minister der Justiz, D-6200 Wiesbaden;
   Mecklenburg-Vorpommern:
   Niedersachsen: der Niedersächsische Minister der Justiz, D-3000 Hannover;
   Nordrhein-Westfalen: der Justizminister des Landes Nordrhein-Westfalen, D-4000 Düsseldorf;
   Rheinland-Pfalz: das Ministerium der Justiz, D-6500 Mainz;
   Saarland: der Minister für Rechtspflege, D-6600 Saarbrücken;
   Sachsen:
   Sachsen-Anhalt:
   Schleswig-Holste der Justizminister des Landes Schleswig-Holstein, D-2300 Kiel.
   Thüringen:
2. Gemäß Artikel 8 des Übereinkommens wird erklärt, daß Mitglieder des ersuchenden Gerichts eines anderen Vertragsstaats bei der Erledigung eines Rechtshilfeersuchens durch das Amtsgericht anwesend sein können, wenn die Zentrale Behörde des Landes, in dem das Ersuchen erledigt werden soll, hierfür die vorherige Genehmigung erteilt hat.

3. Betrifft eine Beweisaufnahme durch diplomatische oder konsularische Vertreter gemäß Artikel 16 Abs. 1 des Übereinkommens Angehörige eines dritten Staates oder Staatenlose, so ist sie nur zulässig, wenn die Zentrale Behörde des Landes, in dem die Beweisaufnahme durchgeführt werden soll, sie genehmigt hat. Eine Genehmigung ist gemäß Artikel 16 Abs. 2 des Übereinkommens nicht erforderlich, wenn der Angehörige eines dritten Staates zugleich die Staatsangehörigkeit des Staates des ersuchenden Gerichts besitzt.
4. Ein Beauftragter des ersuchenden Gerichts darf eine Beweisaufnahme nach Artikel 17 des Übereinkommens nur durchführen, wenn die Zentrale Behörde des Landes, in dem die Beweisaufnahme durchgeführt werden soll, sie genehmigt hat. Die Genehmigung kann mit Auflagen verbunden werden. Das Amtsgericht, in dessen Bezirk Amtshandlungen aufgrund eines Rechtshilfeersuchens in derselben Angelegenheit vorzunehmen wären, ist befugt, die Vorbereitung und die Durchführung der Beweisaufnahme zu überwachen. Ein Mitglied dieses Gerichts kann gemäß Artikel 19 Satz 2 des Übereinkommens an der Beweisaufnahme teilnehmen.
5. Die Bundesrepublik Deutschland erklärt gemäß Artikel 23 des Übereinkommens, daß in ihrem Hoheitsgebiet Rechtshilfeersuchen nicht erledigt werden, die ein Verfahren zum Gegenstand haben, das in den Ländern des ‚Common Law' unter der Bezeichnung‚pretrial discovery of documents' bekannt ist."

28 **Geltungsbereich, Inkrafttreten.** Hamm MDR 1978, 941. Zu den Vorbehalten verschiedener Staaten BGBl. 1980 II 1290, 1440, sowie bei den einzelnen Vorschriften. Zum Inhalt Celle NJW-RR 2008, 79, vgl. Böckstiegel NJW 1978, 1076. Es sind folgende AusführungsVOen ergangen: **Bayern:** VO v. 10.5.1978, GVBl 177; **Brandenburg:** VO v. 4.6.1991, GVBl 288; **Hessen:** VO v. 18.4.1978, GVBl 251; **Nordrhein-Westfalen:** VO v. 4.4.1978, GVBl 166; **Saarland:** VO v. 14.6.1978, GVBl 617; **Schleswig-Holstein:** VO v. 17.3.1978, GVBl 112.

364 ***Parteimitwirkung bei Beweisaufnahme im Ausland.*** **I Wird eine ausländische Behörde ersucht, den Beweis aufzunehmen, so kann das Gericht anordnen, dass der Beweisführer das Ersuchungsschreiben zu besorgen und die Erledigung des Ersuchens zu betreiben habe.**

II Das Gericht kann sich auf die Anordnung beschränken, dass der Beweisführer eine den Gesetzen des fremden Staates entsprechende öffentliche Urkunde über die Beweisaufnahme beizubringen habe.

III [1]In beiden Fällen ist in dem Beweisbeschluss eine Frist zu bestimmen, binnen der von dem Beweisführer die Urkunde auf der Geschäftsstelle niederzulegen ist. [2]Nach fruchtlosem Ablauf dieser Frist kann die Urkunde nur benutzt werden, wenn dadurch das Verfahren nicht verzögert wird.

IV [1]Der Beweisführer hat den Gegner, wenn möglich, von dem Ort und der Zeit der Beweisaufnahme so zeitig in Kenntnis zu setzen, dass dieser seine Rechte in geeigneter Weise wahrzunehmen vermag. [2]Ist die Benachrichtigung unterblieben, so hat das Gericht zu ermessen, ob und inwieweit der Beweisführer zur Benutzung der Beweisverhandlung berechtigt ist.

1 **I. Systematik, I–IV.** Auch → § 363 Rn. 1. § 364 erlaubt es dem Gericht, die Besorgung der Beweisaufnahme im Ausland den Parteien zu überlassen. Das bedeutet aber nur die formelle Art der Erledigung des Beweisbeschlusses nach §§ 358, 358a. Nicht etwa darf die Partei die inhaltliche Beweiserhebung nach § 364 selbst vornehmen. Freilich kann eine solche schriftliche Aussage, die die Partei beim Zeugen wie etwa nach § 377 III erwirkt, als eine Urkunde unter II in Verbindung mit § 416 fallen und deshalb ausreichen. Die Gerichte nutzen die Möglichkeit nach § 364 zu wenig, Hamm NJW-RR 1988, 703.

2 **II. Regelungszweck, I–IV.** Die Vorschrift stellt aber nicht etwa diese Art der Erledigung und diejenige aus § 363 zur freien Wahl. Vielmehr besteht zumindest eine Anstandspflicht, wenn nicht eine Amtspflicht des Gerichts, immer dann nach § 363 zu verfahren, wenn das einfacher und sicherer zum Ziel führt, BGH NJW-RR 1989, 161, Köln NJW 1975, 2350, und wenn es sich nicht um einen solchen Beweisantritt handelt, dem gegenüber ein Misstrauen nach → Vor § 284 Rn. 47 ratsam ist. Freilich brauchte und dürfte daher das Gericht nicht Jahr und Tag auf ein Ergebnis zu warten, BGH NJW 1984, 2039. Vgl. auch §§ 198 ff. GVG. Die Beweiswürdigung nach § 286 erfolgt grundsätzlich nach dem deutschen Prozessrecht. Das Prozessgericht braucht nicht an der ausländischen Vernehmung teilzunehmen, Saarbr NJW-RR 1998, 1685.

3 **III. Geltungsbereich, I–IV.** → Vor § 355 Rn. 3.

4 **IV. Anordnungen, I–IV.** Das Gericht darf anordnen, dass der Beweisführer entweder das Ersuchen der ausländischen Behörde selbst stellen muss oder dass er die Erledigung eines amtlichen Ersuchens selbst vornehmen muss oder dass er eine öffentliche Urkunde wie bei § 415 über die ausländische Beweisaufnahme beibringen muss. Das gilt nach → Vor § 284 Rn. 5 unabhängig von der Beweislast des Beweisführers nach Anh. § 286, BGH NJW 1984, 2039. Über eine Frist und die Folgen ihrer Versäumung → § 356 Rn. 11–16, BGH NJW 1984, 2039. IV ist auch bei § 383 anwendbar. Die Benachrichtigung erfolgt formlos nach § 329 II 1, soweit nicht das Gericht nach § 329 II 2 eine Frist setzt. Man muss ihre Möglichkeit und die Rechtzeitigkeit nach dem Einzelfall beurteilen. Inwieweit ein Mangel die Beweisaufnahme unbenutzbar macht, steht zwar nach IV 2 im pflichtgemäßen Ermessen des Gerichts. Es muss aber zumindest den Art. 103 I GG beachten. Über das Beweisergebnis müssen nach §§ 279 III, 285, 370 die Parteien verhandeln. Einzelheiten BGH NJW 1984, 2039. Ein Mangel ist jedenfalls nach § 295 I heilbar.

5 Die Ausübung des Ermessens dürfte zumeist mit Schwierigkeiten verbunden sein. Es ist kaum zuverlässig nachzuhalten, ob der Beweisführer von seiner Ermächtigung nach I oder II wirklich wie bei § 121 I 1 BGB unverzüglich und auch in der Sache nachhaltig Gebrauch macht. Es kann alles ganz vorzüglich und weitaus schneller als beim Staat funktionieren. Es kann aber auch eine mühsame und aufwendige Nachforschung schon dazu notwendig werden, ob die nach III 1 gesetzte Frist lang genug war und ob eine Verzögerung nach III 2 eintreten wird. Das Gericht sollte eine Übertragung nach I oder gar nach II trotz formeller Unabhängigkeit vom Beweisführer doch nicht ohne seine Bereitschaft und erkennbare Fähigkeit zur sachgemäßen Durchführung anordnen.

6 **V. Rechtsmittel, I–IV.** Bei einem Ermessensmissbrauch ist nach → § 252 Rn. 2, 7 die sofortige Beschwerde nach § 567 I Nr. 2 statthaft, Köln NJW 1975, 2349; aM LG Neubrdb MDR 1996, 1186 (aber ein Missbrauch

läuft auf die Ablehnung einer ordnungsgemäßen Anordnung hinaus). Eine Rechtsbeschwerde kommt unter den Voraussetzungen des § 574 in Betracht.

365 *Abgabe durch beauftragten oder ersuchten Richter.* [1]**Der beauftragte oder ersuchte Richter ist ermächtigt, falls sich später Gründe ergeben, welche die Beweisaufnahme durch ein anderes Gericht sachgemäß erscheinen lassen, dieses Gericht um die Aufnahme des Beweises zu ersuchen.** [2]**Die Parteien sind von dieser Verfügung in Kenntnis zu setzen.**

I. Systematik, S. 1, 2. Die Vorschrift ist eine Ergänzung zu §§ 361, 362. Die Praxis nutzt sie kaum. Denn sie schafft zwar eine Ermächtigung, nicht aber eine Verpflichtung des zunächst verordneten Richters. In der Regel reicht er zB bei einer Unzuständigkeit den Rechtshilfeauftrag an das ersuchende Gericht zurück. Denn er ist dann nicht mehr zu einer auch nur indirekten Rechtshilfe nach §§ 156 ff. GVG verpflichtet. 1

II. Regelungszweck, S. 1, 2. Die Vorschrift dient in S. 1 der Prozessförderung nach → Vor § 128 Rn. 13, durch eine Vermeidung eines Aktenhin- und -herlaufs und in S. 2 der Aufrechterhaltung der Parteiöffentlichkeit nach § 357 I in jedem Stadium der Beweisaufnahme. 2

III. Geltungsbereich, S. 1, 2. → Vor § 355 Rn. 3. 3

IV. Weiterleitung, S. 1, 2. Der verordnete Richter darf ein anderes Gericht um die Durchführung der Beweisaufnahme ersuchen. Er darf ein ihm zugegangenes Ersuchen also nach → Rn. 3 dorthin abgeben, falls ihm nach dem Empfang des Auftrags oder des Ersuchens solche Gründe bekannt werden, die eine Abgabe als sachgemäß erscheinen lassen. Das gilt etwa dann, wenn der Zeuge jetzt in einem anderen Gerichtsbezirk wohnt. Ein früheres Entstehen der Gründe hindert nicht. Bei einer Verhinderung des ersuchten Gerichts gilt nicht § 365, sondern § 36, es sei denn, das Prozessgericht stimmt der Abgabe zu. Eine Abgabe darf nur an ein deutsches AG erfolgen. Das Ersuchen an ein ausländisches Gericht steht nach § 363 I nur dem Vorsitzenden oder dem Einzelrichter zu. Wenn ein nach §§ 361, 362 ersuchter oder beauftragter Richter statt des Prozessgerichts den Beweisbeschluss erledigen soll, muss das Prozessgericht entsprechend beschließen. Ob eine ausländische Behörde abgeben darf, richtet sich nach ihrem Recht, Art. 9, 12 Haager Übk., Anh. I nach § 363. Der verordnete Richter muss die Parteien und natürlich auch das Prozessgericht von der Abgabe formlos benachrichtigen. 4

V. Rechtsmittel, S. 1, 2. Die Abgabe unterliegt keinem Rechtsbehelf, sondern allenfalls einer Dienstaufsichtsbeschwerde, sofern nicht in der Abgabe eine Rechtshilfeverweigerung liegt. Trifft das Letztere zu, gilt § 159 GVG. 5

366 *Zwischenstreit.* [I] **Erhebt sich bei der Beweisaufnahme vor einem beauftragten oder ersuchten Richter ein Streit, von dessen Erledigung die Fortsetzung der Beweisaufnahme abhängig und zu dessen Entscheidung der Richter nicht berechtigt ist, so erfolgt die Erledigung durch das Prozessgericht.**

[II] **Der Termin zur mündlichen Verhandlung über den Zwischenstreit ist von Amts wegen zu bestimmen und den Parteien bekannt zu machen.**

I. Systematik, I, II. Die Vorschrift ist zB mit §§ 280, 387 ff. vergleichbar. Sie ist § 389 gegenüber nachrangig. Sie regelt ein evtl. notwendiges Zwischenverfahren. Sie stellt insbesondere abweichend von § 365 die Zuständigkeit des Prozessgerichts klar. Sie steht neben §§ 158 ff. GVG. 1

II. Regelungszweck, I, II. Das Prozessgericht und nicht der nach §§ 361, 362 verordnete Richter können nach §§ 286, 399 am besten beurteilen, ob und inwieweit der Zwischenstreit überhaupt entscheidungsbedürftig ist oder ob es zB auf den auswärtigen Zeugen verzichten kann. Deshalb sollte der verordnete Richter im Zweifel zur Klärung der Notwendigkeit oder Entbehrlichkeit eines wirklichen Zwischenstreits die Akten an das Prozessgericht zurücksenden, sobald ein ernstlicher Zweifel entsteht. Natürlich muss ein echter Zwischenstreit nach → Rn. 4 drohen, also nicht nur irgendeine solche Unstimmigkeit etwa zum Alter oder zur Glaubwürdigkeit, die ohnehin erst das Prozessgericht prüfen darf. Wohl aber kann natürlich ein mögliches Aussageverweigerungsrecht nach → Rn. 4 reichen, soweit der Zeuge oder Sachverständige von ihm überhaupt Gebrauch machen will. Die letztere Klärung sollte noch der ersuchte Richter vornehmen. 2

III. Geltungsbereich, I, II. → Vor § 355 Rn. 3. 3

IV. Zwischenstreit, I, II. § 366 bezieht sich auf einen solchen Streit, der bei der Beweisaufnahme vor dem nach §§ 361, 362 verordneten Richter entsteht. Es kann sich handeln: Um einen Zwischenstreit zwischen den Parteien, § 303; um einen Zwischenstreit zwischen einer Partei und einem Zeugen oder Sachverständigen nach §§ 387, 389, 400, 402; um eine Meinungsverschiedenheit zwischen den Parteien und dem Richter. Die Fortsetzung der Beweisaufnahme muss von der Erledigung des Streits abhängen. Der Richter darf zur Erledigung des Streits nicht zuständig sein. Hierher gehören alle diejenigen Entscheidungen, die die Befugnis des verordneten Richters übersteigen, sich also nicht nur auf die Art der Erledigung des Auftrags oder Ersuchens beziehen. Der verordnete Richter übt nach § 180 GVG die Sitzungspolizei und die Ordnungsgewalt aus. 4

Er ist zur **Abänderung** des Beweisbeschlusses im Rahmen der §§ 360, 365 befugt. Er nimmt die Aufgaben der §§ 229, 400, 402, 405, 406 IV wahr. Er entscheidet zB über die Art eines Augenscheins nach § 371. Er setzt eine Entschädigung nach §§ 401, 402, 413 fest, soweit zB nach § 4 I JVEG für ihn erforderlich. Das Prozessgericht erledigt demgegenüber nach I, II zB einen Streit über: Die Zulässigkeit von Fragen nach § 397 III; die Verweigerung eines Zeugnisses oder Gutachtens nach §§ 387, 389, 408; die Beeidigung nach §§ 391, 392, 393, 478 ff.; eine Urkundenvorlegung nach § 434. 5

V. Verfahren, I, II. Der nach §§ 361, 362 verordnete Richter erledigt den Beweisbeschlussnach §§ 358, 358a bis auf die streitigen Fragen. Sie behält er dem Prozessgericht vor. Er sendet sodann die Akten zunächst wie bei § 121 I 1 BGB unverzüglich an das Prozessgericht zurück und teilt diesem den Zwischenstreit verständlich mit. Das Prozessgericht bestimmt von Amts wegen einen Verhandlungstermin nach § 216. Es lädt dazu die Parteien und die etwa sonst am Zwischenstreit Beteiligten von Amts wegen nach § 329 II 2. Seine Entscheidung ergeht 6 durch ein Zwischenurteil nach § 303, auch durch ein Versäumnisurteil nach § 347 II, oder durch eine Änderung seines Beweisbeschlusses nach § 360.

7 **VI. Rechtsbehelfe, I, II.** Gegen die Entscheidung des verordneten Richters: → § 362 Rn. 5. Gegen die Entscheidung des Prozessgerichts: die sich aus ihrer Art ergebenden.

367 *Ausbleiben der Partei.* **I Erscheint eine Partei oder erscheinen beide Parteien in dem Termin zur Beweisaufnahme nicht, so ist die Beweisaufnahme gleichwohl insoweit zu bewirken, als dies nach Lage der Sache geschehen kann.**

II Eine nachträgliche Beweisaufnahme oder eine Vervollständigung der Beweisaufnahme ist bis zum Schluss derjenigen mündlichen Verhandlung, auf die das Urteil ergeht, auf Antrag anzuordnen, wenn das Verfahren dadurch nicht verzögert wird oder wenn die Partei glaubhaft macht, dass sie ohne ihr Verschulden außerstande gewesen sei, in dem früheren Termin zu erscheinen, und im Falle des Antrags auf Vervollständigung, dass durch ihr Nichterscheinen eine wesentliche Unvollständigkeit der Beweisaufnahme veranlasst sei.

1 **I. Systematik, I, II.** Die Vorschrift stellt in einer Ergänzung zu § 279 III klar, dass im Gegensatz zu §§ 330 ff. die Säumnis oder auch nur das schuldlose freiwillige Ausbleiben einer Partei oder ihres ProzBevtl. nichts am Recht und an der Pflicht des Gerichts ändert, die Beweisaufnahme möglichst durchzuführen. Das gilt vor dem Prozessgericht (Kollegium, Einzelrichter) wie vor dem nach §§ 361, 362 verordneten Richter. Erst bei der nach §§ 279 II, III, 285, 370 notwendigen Verhandlung über das Ergebnis der Beweisaufnahme treten die gesetzlichen Folgen einer Säumnis ein. § 368 gilt ergänzend.

2 **II. Regelungszweck, I, II.** Die Vorschrift dient in I der Prozessförderung, in II der sachlich-rechtlichen Gerechtigkeit und insgesamt der Prozesswirtschaftlichkeit durch eine Verhinderung zusätzlicher Termine. Das Ausbleiben nach I ist insofern gefährlich, als der Termin in eine abschließende Verhandlung über das Ergebnis der Beweisaufnahme und zur übrigen Hauptsache nach §§ 279 II, III, 285, 370 unmittelbar und buchstäblich in Sekundenschnelle übergehen kann und ja auch nach § 279 III soll. Erfahrungsgemäß hat das Gericht dann wenig Neigung, nochmals nur auf den bloßen Verdacht einer schuldlosen Verhinderung hin nach § 227 zu vertagen. Das ist auch durchaus verständlich. Eine etwa jetzt eintretende Säumnis nach §§ 330 ff. kann zB dann, wenn das Gericht aufgrund eines Einspruchs nach §§ 338, 700 sogleich einen Beweis- und Verhandlungstermin anberaumt hatte, zum Zweiten Versäumnisurteil nach § 345 führen, evtl. auch zum Urteil nach Aktenlage nach § 251a, BGH AnwBl 2001, 2501. Deshalb ist bei I wie II seitens der Parteien eine große Sorgfalt in der Zeitplanung ratsam, zumindest eine rechtzeitige Rückfrage, ob man mit einer Vertagung nach dem Ende der Beweisaufnahme rechnen kann.

3 **III. Geltungsbereich, I, II.** → Vor § 355 Rn. 3. § 355 erfasst nur das freiwillige Ausbleiben, nicht den Fall, dass eine Partei zB zu einem Ortstermin vom Gegner keinen Zutritt erhält, so dass eine Beweisvereitelung nach → § 444 Rn. 7 vorliegen kann.

4 **IV. Ausbleiben, I.** Bleibt eine Partei oder bleiben beide Parteien oder ProzBevtl. nur im Beweistermin freiwillig aus, kann man nicht von einer Säumnis sprechen. Denn die Anwesenheit der Parteien ist nach → § 357 Rn. 3 nur deren Recht, nicht aber eine Voraussetzung zur Durchführung der Beweisaufnahme, Jankowski NJW 1997, 3347. Diese ist vielmehr notwendig, soweit das in der Abwesenheit der Partei geschehen kann. Das gilt vor dem Prozessgericht und vor dem nach §§ 361, 362 verordneten Richter. Die Voraussetzung der Beweisaufnahme in einer Abwesenheit der Partei ist nach → § 357 Rn. 8 die Bestimmung dieses Termins zur Beweisaufnahme sowie eine ordnungsmäßige Terminsbenachrichtigung der Partei. Fehlt sie, kann die Partei eine Wiederholung der Beweisaufnahme nicht mehr fordern, falls sie ihr Rügerecht nach § 295 I verloren hatte. Bei § 273 II muss dessen IV 1 beachtet werden. Dann darf beim Ausbleiben der Partei keine Beweisaufnahme außer einem Augenschein nach § 371 stattfinden. Etwas anderes gilt nur bei einem dann sofort zulässigen Beweisbeschluss nach Aktenlage nach §§ 251, 331a, MüKoZPO/Heinrich Rn. 3, sofern das Gericht den erschienenen Zeugen oder Sachverständigen sogleich vernehmen kann und sofern das Gericht auch die Parteien von der Ladung benachrichtigt hatte. Denn nur dann schließt ihre Säumnis einen Verzicht auf die Parteiöffentlichkeit ein.

5 Die **Folgen des Ausbleibens** sind: Der Ausgebliebene verliert seine aus der Parteiöffentlichkeit nach § 357 folgenden Rechte für diese Instanz. Das gilt zB für diejenigen Fragen, die er einem Zeugen nach § 397 vorgelegt hätte. Wenn das Ausbleiben die Beweisaufnahme verhindert, wie den Augenschein an der Person der Partei nach §§ 371, 372a, ist die Partei für diese Instanz mit dem Beweismittel nach § 528 ausgeschlossen, soweit sie nach Anh. § 286 beweispflichtig ist. Andernfalls würdigt das Gericht das Ausbleiben nach § 286 frei. Beim Ausbleiben der zu vernehmenden Partei gilt § 454. Vor der Erledigung des Beweisbeschlusses darf das Gericht kein Versäumnisurteil nach §§ 330 ff. erlassen, wohl aber nach ihr, da das Gericht korrekterweise den Termin nach §§ 279, 370 I auch zur Fortsetzung der Verhandlung bestimmt hatte (wichtig, nach → Rn. 2 nicht zu vergessen).

6 **V. Nachholung, Vervollständigung, II.** Das Gericht muss eine Beweisaufnahme in den folgenden Fällen nachholen oder vervollständigen, notfalls in der zweiten Instanz: Nach → § 296 Rn. 40 stets dann, wenn die Nachholung das Verfahren nicht verzögert, also dann, wenn keine Vertagung notwendig wird; bei einer Verzögerung aber nach → § 296 Rn. 46 nur dann, wenn der Gegner des Ausgebliebenen einwilligt oder wenn der Ausgebliebene an seinem Verhalten schuldlos ist; wenn er eine durch sein Ausbleiben verursachte wesentliche Unvollständigkeit nach § 294 glaubhaft macht. Eine Verhinderung des ProzBevtl. entschuldigt hier nur ausnahmsweise dann, wenn die Partei selbst nicht verhindert war. Auch eine zur Beweisaufnahme nicht geladene Partei kann dann, wenn sie diesen Mangel im nächsten Termin nicht nach § 295 I gerügt hatte, eine nachträgliche Beweisaufnahme nur noch wegen der Unvollständigkeit der bisherigen beantragen.

7 Die Partei muss eingehend darlegen, dass die Unvollständigkeit erhebliche Punkte betrifft. Insbesondere muss sie diejenigen Fragen angeben, die sie dem Zeugen nach § 397 vorgelegt hätte. Wenn eine Beweisaufnahme vor dem Einzelrichter des § 527 stattfand, kann das Prozessgericht sie vervollständigen. Die Vervollständigung ist nur auf einen Antrag des Ausgebliebenen und außer bei § 400 nur beim Prozessgericht zulässig. Ihre Anordnung erfolgt auf eine mündliche Verhandlung nach § 128 I durch einen Beweisbeschluss des Prozessgerichts nach

§ 358, Nürnb OLGZ 1976, 482. Das Gericht weist den Antrag durch ein Zwischenurteil nach § 303 oder im Endurteil nach § 300 zurück. Unabhängig von II kann eine Wiederholung nach §§ 398, 402 notwendig sein.

VI. Rechtsmittel, I, II. Die Anfechtung der Entscheidung des Gerichts ist nach § 355 II immer nur zusammen mit der Anfechtung des Endurteils möglich. Ein Verstoß ist dann ein Revisionsgrund nach § 545, wenn das Urteil auf ihm beruht. 8

368 ***Neuer Beweistermin.*** **Wird ein neuer Termin zur Beweisaufnahme oder zu ihrer Fortsetzung erforderlich, so ist dieser Termin, auch wenn der Beweisführer oder beide Parteien in dem früheren Termin nicht erschienen waren, von Amts wegen zu bestimmen.**

I. Systematik. Es handelt sich um eine Ergänzung zu § 367. Der neue Termin „zur Beweisaufnahme" kann vor oder nach einer Verhandlung über das Ergebnis der bisherigen Beweisaufnahme nach §§ 279, 285 erforderlich werden. Im letzteren Fall ist nach §§ 279 II, III, 285, 370 I eine solche Verhandlung im Anschluss an den weiteren Beweistermin erneut erforderlich. 1

II. Regelungszweck. Die Vorschrift sichert das Recht der Parteien auf eine Teilnahme an jedem Stadium der Beweisaufnahme nach § 357. Sie dient insofern dem ja in jedem Verfahrensstadium notwendigen rechtlichen Gehör nach Art. 103 I GG. Deshalb muss man sie strikt beachten und streng auslegen. Das Gericht muss die Ladungsfrist nach § 217 ohnehin einhalten. Eine weitere Einlassungsfrist nach § 274 III 1 kommt natürlich nicht in Betracht. Eine solche im weiteren Sinn einer Gelegenheit zur Stellungnahme zum Beweisergebnis nach § 285 kann wie sonst nötig sein. Das Gericht muss sie dann natürlich auch ausreichend bemessen. 2

III. Geltungsbereich. → Vor § 355 Rn. 3. 3

IV. Von Amts wegen. Die Durchführung der Beweisaufnahme erfolgt weitgehend im Amtsbetrieb. Daher sind §§ 251a, 330 ff. nur in der nach §§ 279 III, 285, 370 I bestimmten anschließenden Verhandlung anwendbar. Das Gericht muss jeden neuen Termin zur Beweisaufnahme bis zu deren Abschluss nach § 216 von Amts wegen bestimmen. Das gilt auch dann, wenn eine oder beide Parteien oder der Zeuge oder Sachverständige im früheren Beweistermin ausgeblieben sind oder wenn es um einen Zwischenstreit nach §§ 387 ff. geht. Das Gericht verkündet den neuen Termin nach § 218 oder stellt die Mitteilung nach § 329 II 2 von Amts wegen zu. Beim nach §§ 361, 362 verordneten Richter genügt die formlose Mitteilung nach § 357 II. Eine Verkündung wirkt nach § 312 auch gegenüber der vom früheren Termin ordnungsgemäß benachrichtigten Partei. Das Gericht muss die Beweispersonen erneut nach §§ 166 ff., 377, 402 laden. 4

369 ***Ausländische Beweisaufnahme.*** **Entspricht die von einer ausländischen Behörde vorgenommene Beweisaufnahme den für das Prozessgericht geltenden Gesetzen, so kann daraus, dass sie nach den ausländischen Gesetzen mangelhaft ist, kein Einwand entnommen werden.**

I. Systematik, Regelungszweck. §§ 363, 364 regeln die Form einer ausländischen Beweisaufnahme. § 369 regelt deren formelle Auswertbarkeit. § 286 regelt die inhaltliche Beweiswürdigung nach → Rn. 6. 1

II. Geltungsbereich. → Vor § 355 Rn. 3. 2

III. Voraussetzungen. Es genügt nach dem Meistbegünstigungsgrundsatz dann, wenn eine der folgenden Voraussetzungen vorliegt. 3

1. Ausländisches Recht. Entweder muss die Beweisaufnahme den Bestimmungen des betreffenden ausländischen Rechts entsprechen. Die Form einer Rechtshandlung richtet sich nach dem Ort der Vornahme, Art. 14 HZPrÜbk, → GVG Anh. § 168 Rn. 5–9, Grunsky ZZP 89, 243. 4

2. Deutsches Recht. Oder sie muss die deutschen Prozessvorschriften beachten. 5

IV. Beweiswürdigung. Wenn die Form der Beweisaufnahme beiden Rechten nicht genügt, muss das Gericht sie insoweit nach § 286 frei würdigen, BGH NJW 2000, 3089. Mängel heilen nach § 295 I. Das Gericht muss die Ergebnisse der Beweisaufnahme ausschließlich nach dem deutschen Recht würdigen, BGH NJW 2000, 3089, Brem NJW-RR 2009, 877. 6

370 ***Fortsetzung der mündlichen Verhandlung.*** **I Erfolgt die Beweisaufnahme vor dem Prozessgericht, so ist der Termin, in dem die Beweisaufnahme stattfindet, zugleich zur Fortsetzung der mündlichen Verhandlung bestimmt.**

II 1In dem Beweisbeschluss, der anordnet, dass die Beweisaufnahme vor einem beauftragten oder ersuchten Richter erfolgen solle, kann zugleich der Termin zur Fortsetzung der mündlichen Verhandlung vor dem Prozessgericht bestimmt werden. 2Ist dies nicht geschehen, so wird nach Beendigung der Beweisaufnahme dieser Termin von Amts wegen bestimmt und den Parteien bekannt gemacht.

I. Systematik, I, II. Die Vorschrift stellt in I als eine Folge von § 279 III klar, dass das Gericht den Termin zur Beweisaufnahme vor dem Prozessgericht nicht isoliert nur für diesen Zweck bestimmen darf. In II erfolgen ergänzende Klarstellungen für die dort genannten Fälle. § 216 gilt mit seinem Gebot einer wie bei § 121 I 1 BGB unverzüglichen Terminierung ergänzend. 1

II. Regelungszweck, I, II. Die Vorschrift bezweckt eine Prozessförderung. Sie dient der Prozesswirtschaftlichkeit. Wie in → § 369 Rn. 2 dargestellt, ist die Verbindung des Beweis- und des Verhandlungstermins für den im letzteren Abschnitt etwa obendrein erneut nach §§ 330 ff. Säumigen gefährlich. Deshalb sollten die Parteien I sorgfältig beachten. Aber auch das Gericht muss I ebenso strikt einhalten. Je frischer der Eindruck der Beweisaufnahme, desto fruchtbarer die Aussprache über ihr Ergebnis und die daraus folgenden Erwägungen über das weitere Gesamtverhalten aller Beteiligter, BGH WM 1977, 948. Ob man im Lauf einer solchen Aussprache dann doch noch eine Vertagung für förderlich oder notwendig hält, ist eine ganz andere Frage. 2

3 Klare Terminsbestimmung ist unbedingt notwendig, um die Möglichkeiten und Zwänge nach I auszulösen. Das Gericht muss also unmissverständlich in der Ladung unter Einhaltung der Ladungsfrist nach § 217 und der für eine Ladung nötigen Form der Mitteilung nach § 329 II 2 Fall 1 wie 2 klarstellen, dass der Termin auch nach Schluss der Beweisaufnahme einer mündlichen Verhandlung dienen soll. Andernfalls zB keine Säumnisfolgen nach §§ 330 ff.

4 **III. Geltungsbereich, I, II.** → Vor § 355 Rn. 3.

5 **IV. Beweisaufnahme vor dem Prozessgericht, I.** Soll die Beweisaufnahme vor dem vollbesetzten Prozessgericht stattfinden, ist der für sie bestimmte Termin kraft Gesetzes und daher auch ohne eine übliche ausdrückliche bekräftigende Anordnung auch zur Fortsetzung der mündlichen Verhandlung bestimmt, nach §§ 279 III, 285 I auch über das Ergebnis der Beweisaufnahme. Das gilt selbst bei einem nach § 219 außerhalb der Gerichtsstelle stattfindenden Lokaltermin, sofern dort die Öffentlichkeit nach § 169 GVG gewahrt ist. Das ist zB nicht irgendwo an der Unfallstelle so, selbst wenn dort jedermann zuschauen kann. Denn das ist nicht die Gerichtsöffentlichkeit. Dasselbe gilt gar für eine dortige Urteilsverkündung, einen nach § 295 II unheilbarer Fehler. Eine andere ausdrückliche Anordnung ist statthaft. Sie sollte aber nur ganz ausnahmsweise stattfinden. Denn die Frische des Eindrucks der Beweisaufnahme ist sehr wichtig, und auch die Besetzung des Gerichts kann nach § 309 wechseln.

6 **V. Anschließende Verhandlung, I, II.** Eine mündliche Verhandlung nach § 367 I findet erst nach der Beendigung der Beweisaufnahme statt. Daher wird ein Antrag auf eine Versäumnisentscheidung nach §§ 330 ff. erst dann zulässig, BGH NJW 2002, 302, Ffm OLGR 1992, 227. Ein die Säumnis ausschließendes Verhandeln ist bis zum Schluss der mündlichen Verhandlung nach §§ 136 IV, 296a möglich. Ein Verzicht auf die Beweisaufnahme oder auf ein Beweismittel erledigt insoweit. Er beschwört aber die Gefahr der Zurückweisung bei einer Erneuerung nach § 296 herauf. Erledigt ist die Beweisaufnahme dann, wenn das Gericht sie in dem nach → § 367 Rn. 4 jetzt noch erforderlichen Umfang voll vorgenommen hat oder wenn feststeht, dass sie unausführbar ist, oder wenn diejenige Partei ausbleibt, ohne die eine Beweiserhebung unmöglich ist.

7 Kann die Beweisaufnahme nur in diesem Termin nicht vollständig stattfinden, etwa weil der Sachverständige oder ein Zeuge ausgeblieben sind, muss das Gericht vor dem Eintritt in eine mündliche Verhandlung grundsätzlich nach → § 227 Rn. 9 vertagen. Dasselbe gilt, wenn das Gericht sonst das rechtliche Gehör verletzen würde, Art. 2 I, 20 III GG (Rpfl.), BVerfGE 101, 404, Art. 103 I GG (Richter), BGH NJW 2011, 3040 (reichlich großzügig). Nur dann kommt auch ein Schriftsatznachlass nach § 283 infrage, BPatG GRUR-RR 2011, 289. Die sofortige anschließende Verhandlung ist aber dann zulässig und notwendig, wenn das Gericht den verspätet benannten Zeugen zur „Rettung" des Beweistermins nach § 273 II Nr. 4, IV geladen hatte. Dann kommt es auch nicht auf eine Entschuldigung des Zeugen nach § 381 an. Bei einem Versäumnisurteil nach § 331 darf das Gericht das Ergebnis einer Beweisaufnahme grundsätzlich nicht berücksichtigen. Wegen der Ausnahme bei der Zuständigkeitsprüfung → § 331 Rn. 13. Wegen eines als unwahr erkannten Geständnisses → § 290 Rn. 9. Etwas anderes gilt bei einer Entscheidung nach Aktenlage nach §§ 251a, 331a, BGH NJW 2002, 302.

8 **VI. Beweisaufnahme vor dem verordneten Richter, II.** Sieht der Beweisbeschluss sie nach §§ 361, 362 vor, kann der Vorsitzende nach II 1 sogleich einen Termin zur weiteren Verhandlung nach dem Schluss der Beweisaufnahme bestimmen. Das ist dann zweckmäßig, wenn er mit einer Erledigung vor dem Termin rechnen kann. Andernfalls bestimmt der Vorsitzende nach II 2 den Verhandlungstermin nach der Erledigung der Beweisaufnahme. Dann muss das Gericht den Termin von Amts wegen durch eine Zustellung nach § 329 II 2 bekanntgeben. Es muss die Ladungsfrist nach § 217 einhalten und § 285 II beachten.

Titel 6. Beweis durch Augenschein

Vorbemerkung zu § 371

1 **I. Systematik.** §§ 371–372a enthalten die erste der im Gesetz näher geregelten zulässigen Beweisarten. Als solches setzt der Augenscheinsbeweis eine beweisbedürftige, streitige Tatsache voraus. Daran fehlt es häufig. Auch kann der Zustand eines Objekts nach Inaugenscheinnahme unstreitig gestellt werden. Die Möglichkeit eines Augenscheins von Amts wegen nach § 144 I bleibt unberührt. Die Beweiswürdigung erfolgt nach § 286, BGH NJW-RR 1986, 190 (keine abweichende Würdigung durch das Berufungsgericht ohne eigenen Augenschein); KG NJW-RR 1994, 599. Die Unmittelbarkeit des Augenscheins ersetzt nicht die Beweiswürdigung: „On ne voit bien qu'avec le cœur" (Saint-Exupéry, Le Petit Prince XXI). Man muss also unterscheiden zwischen der unmittelbaren Wahrnehmung (man nimmt in der Wohnung den Geruch eines Mastbetriebs wahr), der Beantwortung der Beweisfrage (der Geruch ist spürbar intensiver als derjenige von Landluft) und der Subsumtion (die Wohnung hat einen Mangel); auch → Rn. 5.

2 Zur **Beweislast** Anh. § 286 „Augenschein". Im Einzelfall können die Beweislast für die durch Augenschein zu beweisende Tatsache und diejenige für die Identität des Augenscheinsobjekts mit dem zum Beweis vorzulegenden Gegenstand auseinander fallen; letztere liegt bei dem, der den (Gegen-)Beweis durch Vorlage führt. Beim Indizienbeweis durch Augenschein gelten die insoweit einschlägigen Grundsätze für den Beweiswert von Hilfstatsachen, BGH NJW 2004, 3423; NJW-RR 2013, 743. § 398 gilt analog, BGH NJW-RR 1986, 190.

3 **II. Regelungszweck.** Der Augenschein dient der Möglichkeit einer unmittelbaren Sinneswahrnehmung. Hierdurch unterscheidet er sich von den übrigen Beweismitteln, die mittelbar Erkenntnisse liefern, der Zeuge etwa durch Schilderung seiner Wahrnehmung. Letzterer kann Gegenstand des Augenscheins sein, wenn es zB um die Wahrnehmungsfähigkeit bzw. Sprachvermögen oder -kenntnisse geht. Allgemein ist der Augenschein für die Aufklärung von Unfällen (→ Rn. 5 „Ortstermin") oder Nachbarstreitigkeiten zu empfehlen. Vgl. auch Schlimpert, Die Durchführung der Ortsbesichtigung bei der Unternehmensbewertung von kleinen und mittleren Unternehmen im gerichtlichen Verfahren, DS 2020, 107.

4 **III. Geltungsbereich.** Die Vorschriften gelten in allen Verfahren nach der ZPO, auch im WEG-Verfahren und im arbeitsgerichtlichen Verfahren nach § 46 II 1 ArbGG. §§ 55, 58 ArbGG enthalten hier keine Besonderheiten. Im Bereich des § 113 I 2 FamFG gelten die Vorschriften entsprechend.

IV. Begriff des Augenscheins. Inaugenscheinnahme ist eine unmittelbare Sinneswahrnehmung des Gerichts zur Beweisaufnahme, eine Kenntnisnahme von der äußeren Beschaffenheit einer Sache nach § 90 BGB, eines Menschen oder eines Tieres oder eines Vorgangs. 5

Kenntnisnahme vom Gedankeninhalt eines Schriftstücks ist nach §§ 415 ff. ein Urkundenbeweis, Kenntnisnahme von der Bekundung eines Menschen ist Zeugenbeweis nach §§ 373 ff., Sachverständigenbeweis nach §§ 402 ff. oder Parteivernehmung nach §§ 445 ff. Der Unterschied liegt darin, dass der Augenschein im Schwerpunkt nicht einen gedanklichen Inhalt übermittelt, Redeker NJW 1984, 2390 (Computerspeicher als Augenscheinsobjekt), sondern unmittelbar ein Objekt der Wahrnehmung. Dieses kann auch in einer behördlichen Auskunft liegen, OLGR Brem 2006, 105. Der Augenschein kann alle Sinne beanspruchen, das Gesicht, den Geruch, das Gefühl, den Geschmack, das Gehör (wegen einer Tonaufzeichnung usw. → Rn. 20), den Tastsinn. Einem blinden Richter kann der Seheindruck durch ein Mitglied des Kollegiums vermittelt werden, Ffm OLGR 1994, 166, NJW-RR 2010, 1651 (§ 579 I Nr. 1 greift nicht). 6

Richtiger wäre es, von einem **Wahrnehmungsbeweis** zu sprechen. Sein Ergebnis ist die Beurteilung der vorgefundenen, str. Tatsachen durch den Richter nach § 286. Diese Beurteilung unterliegt ihrerseits der freien, nur auf Beachtung allgemeiner Grundsätze überprüfbaren Würdigung des Prozessgerichts; eine Wiederholung des Augenscheins richtet sich nach § 398 analog, BGH NJW 1999, 356. 7

Beispiele für Augenscheinsobjekte: 8

- **Elektronische Dokumente:** vgl. §§ 371 I 2, 371a, Spickhoff/Bleckwenn VersR 2013, 1350 (Aufklärungsbogen des Arztes); Jena GRUR-RR 2019, 238; Kblz BeckRS 2014, 123626 (Screenshot); → Vor § 415 Rn. 11.
- **Fotografie:** BGH NJW 1976, 294. Das Gericht darf einen Augenschein vor Ort ablehnen, wenn das vom Beweisführer vorgelegte Foto ausreicht, BGH WM 2013, 1905 Rn. 44, NJW-RR 1987, 1237; Köln NZV 1994, 279; Jena GRUR-RR 2019, 238. (Bildschirmfoto als Augenscheinssurrogat). Entsprechendes gilt für Pläne, Skizzen, Zeichnungen.
- **Fotokopie:** Ist nach → Vor § 415 Rn. 8 keine Urkunde, sondern ein Augenscheinsobjekt, OLGR Ffm 2008, 67, LG Nürnb-Fürth VersR 1997, 382, insbesondere beim Vergleich der Übereinstimmung mit dem Original, Jena VRS 114, 453 → Vor § 415 Rn. 8.
- **Geräusche:** Beurteilung durch „Ohrenschein", Mü IBR 2018, 304.
- **Geruchsbildung:** BGH NJW 1999, 356 (Viehstall).
- Ein **Ortstermin** ist nur Beweismittel, wenn er der Aufklärung einer beweiserheblichen Tatsache dient, BGH NJW 1976, 715; er kann daneben auch den Zweck haben, die Zeugenvernehmung anschaulicher zu machen. Entscheidend ist also, ob die Örtlichkeiten str. sind, BGH VersR 1963, 192.
- **Scan:** Für öff. Urkunden vgl. § 371b; Scans von privaten Urkunden sind Augenscheinsobjekt.
- **Screenshot:** Jena GRUR-RR 2019, 238.
- Ein **Stadtplan:** vermittelt Offenkundigkeit, so dass er kein Beweismittel ist, BGH VersR 1959, 30.
- **Tonaufzeichnungen:** BGH NJW 1982, 277.
- **WhatsApp:** Nachrichten sind Augenscheinsobjekte, Ddf NJW-Spezial 2020, 140.

V. Anordnung und Durchführung des Augenscheins. 1. Grundlagen. Eine Augenscheinseinnahme ist gem. § 371 auf Beweisantrag anzuordnen und nach § 144 stets von Amts wegen zulässig. Sie kann auch im selbständigen Beweisverfahren nach § 485 I erfolgen und ist zur Vorbereitung der mündlichen Verhandlung nach § 273 II, § 358a Nr. 5 statthaft. 9

Der Erlass eines förmlichen Beweisbeschlusses ist nicht grundsätzlich erforderlich. Geboten ist er bei einer Untersuchung nach § 372a, BGH NJW 1990, 2936; Celle 15.6.1995 – 15 W 34/95, BeckRS 1995, 12424; → § 358 Rn. 4 und bei der Hinzuziehung nach § 372 I. Bei Inaugenscheinnahme im Rahmen der mündlichen Verhandlung ist der Erlass nicht erforderlich, Mü NJW 1964, 1527. Es entspricht jedoch dem Gebot praktischer Vernunft, den Augenscheinsbeweis durch Beweisbeschluss anzuordnen, wenn dies zur Klarstellung sinnvoll ist. Nicht selten dient der Augenschein lediglich der Information des Gerichts über den an sich unstreitigen Zustand eines Objekts. Auch der Ortstermin ist daher nicht notwendig die Erhebung eines Augenscheinsbeweises, da er zB bei unstreitigen Örtlichkeiten die Zeugenvernehmung gehaltvoller machen kann, auch → Rn. 1; → Rn. 13. Ein Beweisbeschluss beugt Missverständnissen über den Zweck der Inaugenscheinnahme vor. In der mündlichen Verhandlung sollte die Beweiserhebung auf jeden Fall im Protokoll ausdrücklich hervorgehoben werden. 10

2. Keine Ermessensfrage. Der Streit um die Frage, ob die **Ermessensregelung** des § 244 V StPO entsprechend anwendbar ist (abweichend von Zöller/Greger § 371 Rn. 4 ist dies BGH NJW 1970, 946 (949 f.) nicht zu entnehmen), liegt neben der Sache. Es kommt zunächst auf die Beweiserheblichkeit an. Ist die durch Augenschein zu klärende Behauptung beweiserheblich, muss sie geklärt werden; ist sie es nicht, kann auch jede andere Beweiserhebung unterbleiben, BGH NJW 1970, 946 (949 f.). Das Gericht darf allerdings eine begrenzte Auswahl von Augenscheinsobjekten verwerten, wenn dies zur Wahrheitsfindung ausreicht. So kann etwa auf die Inaugenscheinnahme von Orten oder Gegenständen bei Vorlage brauchbarer Fotografien oder von Zeichnungen, Skizzen, die allesamt ebenfalls Augenscheinsobjekte sind, verzichtet werden, BGH WM 2013, 1905 Rn. 44, NZBau 2006, 783, NJW-RR 1987, 1237; Jena GRUR-RR 2019, 238; Köln NZV 1994, 279. Das ist keine Ermessensfrage, sondern ein Problem des erforderlichen Umfangs der Beweiserhebung, Anders/Gehle Assessorexamen ZivilR F Rn. 33. 11

Die Lage ist dem **Indizienbeweis** vergleichbar, bei dem es auf den gebotenen logischen Beweiswert ankommt; auch hier kann eine Auswahl von Indizien ausreichen, → Vor § 284 Rn. 25. Häufig bezieht sich der Augenschein auch nur auf **Hilfstatsachen** wie etwa örtliche Gegebenheiten, unter denen die Wahrnehmungsmöglichkeiten von Zeugen beurteilt werden müssen. 12

3. Verfahren. Das Gericht kann den Augenschein selbst oder durch einen nach §§ 361, 362, 372 II beauftragten oder ersuchten Richter einnehmen. Die Protokollierung erfolgt nach § 160 III Nr. 5. Häufig verbindet sich der Augenschein mit einem anderen Beweis, etwa einer Zeugenvernehmung am Unfallort. Ein gemischter Augenscheinsbeweis liegt vor, wenn der Augenschein außer dem Gericht gleichzeitig eine Hilfsperson unterrichtet, meist einen Sachverständigen, den das Gericht nach § 372 zuziehen kann. Diesem ist im Einzelfall der Augenschein nach § 404a zu überlassen. Wenn der Augenscheinseinnahme ein Hindernis entgegensteht, gilt 13

§ 356. Nach § 17 I 2 GKG kann die Anordnung von der Einzahlung eines Auslagenvorschusses abhängig gemacht werden, dies aber nicht bei einer Beweiserhebung nach § 144 I, BGH NJW 2000, 743.

14 **Direktbesichtigung** durch den Richter ohne förmliches Beweisverfahren nach § 371 ist nicht von vornherein unstatthaft, insbes. nicht an öffentlich zugänglichen Unfallorten, deren Zustand iSd § 291 allgemeinkundig ist. Das Gericht muss lediglich im Termin oder schriftlich berichten, um § 357 I zu genügen, BGH NJW 2007, 3211, ein gutes Mittel der Verfahrenskonzentration! Ein Ablehnungsgrund liegt darin nicht.

15 **VI. Pflicht zur Duldung des Augenscheins. 1. Grundsatz: Keine allgemeine Pflicht.** Allgemein vgl. § 144 I 2 für die Vorlage von Augenscheinsobjekten. Prozessrechtlich besteht eine Duldungspflicht für die Inaugenscheinnahme eines Menschen nicht generell, sondern nur bei § 372a. Grundsätzlich braucht wegen Art. 2 II GG keine Partei ihren Körper zur Augenscheinseinnahme bereitzustellen, BGH NJW 2010, 1351 (auch nicht im Verfahren nach dem FamFG). Sie braucht also keine Untersuchung auf den Geisteszustand und keine körperliche Untersuchung zu dulden, Schlesw SchlHA 1984, 184. Weigert sie sich berechtigt, kann ein Sachverständiger sein Gutachten nur aufgrund der sonst erwiesenen Tatsachen erstatten. Ein Dritter kann zwar aufgrund eines Rechtsverhältnisses zu einer Prozesspartei verpflichtet sein, seine Wohnung zu einer Besichtigung zu öffnen. Jedoch gilt das nicht stets schon wegen einer bloßen Nachbarschaft, auch nicht in demselben Haus, BGH NJW 2013, 2687 (Bauteilöffnung); Nürnb WuM 1990, 143, eingehend betr. Wohnung Jankowski NJW 1997, 3347; Basler/Gutzeit NJW 2014, 3329.

16 **2. Prozessuale Parteipflicht.** Für die Partei begründet das Prozessrechtsverhältnis die Pflicht, an der Erledigung des Prozesses mitzuwirken. Für den Gegner gilt die Vorlagepflicht nach § 371 II, II 2 iVm §§ 422 ff. Daraus folgt: Keine Partei darf die Duldung des Augenscheins verweigern, wenn man sie ihr nach Treu und Glauben zumuten kann, Gerhardt AcP 169, 309. Die Pflicht besteht daher insbesondere bei einem Widerspruch zum bisherigen prozessualen Verhalten. Erzwingbar ist die Bereitstellung aber prozessrechtlich nicht. Die Partei kann also zB eine Grundstücksbesichtigung im Ergebnis verweigern. Sie kann das Gericht am Betreten ihres Grundstücks hindern, Schulte NJW 1988, 1009. Das gilt auch im selbständigen Beweisverfahren nach §§ 485 ff., BGH NJW 2013, 2687.

17 **3. Weigerung der Partei.** Wenn der Beweisführer sich weigert, den Augenschein (zB auch eine Untersuchung) zu dulden, muss ihn das Gericht nach §§ 230, 367 mit dem Beweismittel für diese Instanz ausschließen; Folge kann Umkehr der Beweislast sein, Stgt MDR 2017, 1322 (Entschuldigung und Wiederholung möglich). Wenn der Gegner die Weigerung erklärt, obwohl er sich bereitstellen müsste und könnte, Peters ZZP 1982, 200, vereitelt er die Beweisführung. Dann gilt § 371 III. Weigert der Gegner die Bereitstellung in anderen Fällen, etwa wegen Unzumutbarkeit einer körperlichen Untersuchung, Ddf VersR 1985, 457, darf und muss das Gericht seine Weigerung nach § 286 frei würdigen. Das Gericht kann dann auch zB ein Gutachten nach §§ 402 ff. einholen.

18 **4. Abstammungsuntersuchung.** Einen Sonderfall bildet das Abstammungsverfahren nach §§ 169 ff. FamFG. In ihm müssen sich Beteiligte nach §§ 7, 8 FamFG und Dritte notfalls einer Blutentnahme oder auch einer erbkundlichen Untersuchung unterwerfen, also einem Augenschein nach § 172 FamFG. Über den Beweiswert von DNA-Untersuchungen usw. → § 372a Rn. 5 ff.

19 **5. Weigerung eines Dritten.** Wenn sonst ein Dritter die Bereitstellung verweigert, steht das der Weigerung der Partei gleich, → Rn. 17, soweit sie für den Dritten einstehen muss. Das gilt zB nach → § 444 Rn. 7 dann, wenn ein Dritter im Einverständnis der Partei eine einzusehende Urkunde verbrennt. Im Übrigen darf das Gericht die Weigerung eines Dritten der Partei nicht zur Last legen. Aus der Zeugnispflicht nach §§ 373 ff. folgt grundsätzlich keine Pflicht zur Duldung der Augenscheinseinnahme, Schulte NJW 1988, 1009 (keine entsprechende Anwendung von § 380). Kein Dritter braucht mit Ausnahme von Fällen des § 372a seinen Körper bereitzustellen. Ein Zivilprozess anderer Personen darf nur im Rahmen des gesetzlich Bestimmten in den Rechtskreis Dritter eingreifen (Ausnahmen → Rn. 18, 20). Zum Ortstermin in Wohnungen vgl. Jankowski NJW 1997, 3347; allg. Basler/Meßerschmidt NJW 2014, 3329.

20 **6. Sachlichrechtliche Pflicht.** Häufig ergibt sich eine Pflicht Dritter aus dem sachlichen Recht. Sie kann sich zB aus einem Gesellschaftsverhältnis ergeben oder aus §§ 495 II, 809, 811 BGB, 418 HGB. Dann muss der Beweisführer klagen und die Zwangsvollstreckung nach §§ 883, 888, 890 betreiben. Evtl muss ihm das Gericht entsprechend § 431 eine Frist setzen, aM Thomas/Putzo/Seiler Vor § 371 Rn. 2: Frist nach § 356. Richtig ist § 431, weil dort die Notwendigkeit einer Klage gegen den Dritten gesehen wird.

VII. Schutz der Intimsphäre

Schrifttum: Ahrens, Elektronische Dokumente und technische Aufzeichnungen als Beweismittel usw., FS Geimer, 2002, 1; Balthasar, Beweisverwertungsverbote im Zivilprozess, JuS 2008, 35; Fink, Die Verwertung rechtswidrig erlangter Beweismittel im Zivilprozess, Diss. Köln 1994; Kiethe, Verwertung rechtswidrig erlangter Beweismittel im Zivilprozess, MDR 2005, 965; Muthorst, Das Beweisverbot usw., 2009; Pötters/Wybitul NJW 2014, 2074; Reichenbach, § 1004 BGB als Grundlage von Beweisverboten usw., 2004; Stöber, Zulässigkeit und Grenzen der Videoüberwachung durch Private, NJW 2015, 3681; eingehend Prütting/Gehrlein/Laumen § 284 Rn. 26 ff.

21 **1. Allgemeines.** Es gibt keine allgemeingültige Aussage zur Verwertbarkeit von Beweismitteln, die durch Eingriffe in den privaten Bereich einer Person erlangt worden sind. Es ist jeweils im Einzelfall eine Abwägung vorzunehmen, in der das allg. Persönlichkeitsrecht des Betroffenen gegen die berechtigten Interessen des Eingreifenden abgewogen wird. Berührt sind namentlich der Schutz der Menschenwürde, Art. 1 I GG, das allg. Persönlichkeitsrecht, Art. 2 I GG, der Grundsatz der Verhältnismäßigkeit, das Recht auf Gewährung effektiven Rechtsschutzes, Art. 19 IV GG, und der Anspruch auf rechtliches Gehör, Art. 103 I GG. Grundlegendes zur **Verwertbarkeit rechtswidrig erlangter Beweismittel** findet sich in BVerfG NJW 2004, 999; NJW 2002, 3619; NJW 2000, 3557; NJW 1990, 563 (Tagebuch); zum heimlichen DNA-Gutachten BVerfG NJW 2007, 753 Rn. 92 ff., BGH NJW 2006, 1657 und NJW 2005, 497; zur Anwendbarkeit von Art. 8 EMRK vgl. EGMR *(Große Kammer) NJW 2020*, 141. Im Ansatz wird der Schutzbereich des Betroffenen in **drei Sphären** unterteilt, den Sozialbereich (1. Sphäre), den schlichten Privatbereich (2. Sphäre) und den Intimbereich (3. Sphäre), vgl. insbes. BVerfG NJW 2004, 999. Die 3. Sphäre soll als unantastbarer Kernbereich durch ein Verwertungsverbot geschützt sein, Musielak/Voit/Huber § 371 Rn. 16 mwN. Für die Praxis eignen sich die Sphären nur als

Grobraster, weil sie nicht mit letzter Klarheit abgegrenzt werden können und die Abwägung unter Berücksichtigung der Gegebenheiten des Einzelfalls stattfinden muss, vgl. insbes. BGH NJW 2005, 3295 (heimlich aufgezeichnetes Selbstgespräch im Krankenzimmer unverwertbar, **wenn** Inhalt dem Kernbereich zuzurechnen).

22 Das Verwertungsverbot erfasst auch den **Tatsachenvortrag,** Karlsr NJW 2000, 1577, dh auch die indizielle Verwertung und die Beachtung für Anforderungen an die Substantiierungslast des Gegners. Die eine Unverwertbarkeit rügende Partei trägt die Beweislast, BGH NJW 2003, 1123.

23 **2. Tonaufzeichnung.** Tonbandaufnahmen und andere technische Aufzeichnungen, zB Schallplatten, Lochstreifen, Bildbänder, CDs, Videocassetten, DVDs, Computerspeicher, sind meist Gegenstand des Augenscheins, BGH NJW 1982, 277; → Rn. 3, 5.

24 **Grundsatz: Unverwertbarkeit unbefugter Aufzeichnungen.** Die Verwertung des nicht öffentlich gesprochenen oder geschriebenen fremden Worts ist ohne Zustimmung des Betroffenen nach den zu → Rn. 21 dargelegten Ansätzen grundsätzlich unzulässig, BVerfG NJW 1973, 891, BGH NJW 1988, 1016, Ddf OLGR 2001, 303, anders für Aufzeichnung lautstarker Worte jenseits der Wand LG Köln WuM 1995, 122, überholt BGH NJW 1982, 1398. Die Aufzeichnung und ihre Verwertung stellen eine Verletzung des Persönlichkeitsrechts dar, BGH NJW-RR 2010, 1289, BAG NJW 2010, 104, Karlsr VersR 2002, 590 (je: Fallabwägung).

25 Man darf auch die **Weigerung** des Betroffenen, der Verwertung einer unbefugten Aufzeichnung einer Zeugenaussage zuzustimmen, nicht nachteilig verwerten. Unbefriedigend ist es, die Einführung heimlicher Aufzeichnungen formell zuzulassen und sie erst bei einem Bestreiten im Rahmen von §§ 138, 282, 286 kritisch zu würdigen, Gleß NJW 2001, 3606. Der Betroffene gerät evtl. in die Drucksituation, den Sachverhalt unstr. zu stellen; indes ist dies für die zu → Rn. 21 aufgezeigte Abwägungslösung hinzunehmen.

26 Bei einer Unverwertbarkeit der Aufzeichnung ist auch **kein Zeugenbeweis** über dessen Anhörung oder Betrachtung der Aufzeichnung statthaft, BayObLG NJW 1990, 197, Karlsr NJW 2002, 2799, Kblz WM 2014, 1744 (anders bei erlaubtem Mithören), LG Kassel NJW-RR 1990, 62. Der Zeuge darf allerdings eine heimliche Aufnahme zur Gedächtnisstütze verwenden, BVerfG NZA 2002, 284.

27 **Ausnahme: Verwertbarkeit.** Die Verwendung der mit einer Zustimmung des Betroffenen gemachten und daher befugten Aufzeichnung ist zulässig, Köln NJW-RR 1994, 720. Das gilt auch bei einer stillschweigenden nachweisbaren Duldung. Sie kann nach einem Hinweis auf das Einschalten eines Lautsprechers im Schweigen liegen, BVerfG NJW 2003, 2375 (für Mithören, hier übertragbar), Kblz WM2014, 1744. Die Verwendung einer heimlich entstandenen Aufzeichnung ist allenfalls bei Notstand, Notwehr oder Nothilfe oder bei der Wahrnehmung höherer berechtigter Interessen zulässig, BVerfG NJW 1973, 891, BGH NJW 1994, 2289 (Lauschzeuge). Diese kann zB dann vorliegen, wenn der Beleidiger seine Äußerungen schwerwiegender Art unter einer Vermeidung dritter Zuhörer wiederholt und dabei seine Absicht kundtut, weitere Beleidigungen auszusprechen.

28 Man kann bei der Abwägung darauf abstellen, ob der Privatsphäre **überwiegende berechtigte Interessen** gegenüberstehen, BVerfG NJW 1973, 891 (Strafverfahren). Man kann auch die Verwertung solcher Aufnahmen erlauben, wenn die Schwere des Eingriffs in einem angemessenen Verhältnis zum erstrebten Zweck steht, BGH NJW 1982, 277. Zulässig ist es schließlich, die eigenen Worte oder nur diejenigen der im Raum anwesenden Einverstandenen aufzuzeichnen und zu verwerten, BVerfG NZA 2002, 284, nicht aber auch die Worte des Telefonpartners.

29 Der Grundsatz der **Unmittelbarkeit,** § 355, → Vor § 128 Rn. 47, bleibt auch bei Verwertbarkeit einer Aufzeichnung unberührt.

30 **3. Mithören am Telefon.** Das **offene,** von der Genehmigung des Gesprächspartners gedeckte Mithören eines von einem Apparat im Geschäftsraum eines Kaufmanns zu Geschäftszwecken geführten Gesprächs ist zulässig und daher verwertbar, BVerfG NJW 2003, 2375; NJW 2002, 3619, BGH NJW 2003, 1727; Jena MDR 2006, 533; Kblz MDR 2014, 743.

31 Die Verwertung des heimlichen Mithörens des **vertraulichen** Telefonats der Parteien an einer zweiten Ohrmuschel oder über den offen hingelegten Hörer ist verboten, also unverwertbar, BVerfG NJW 2002, 3619, 3622, BGH NJW 2003, 1727, BAG NJW 2010, 105 (kein Verwertungsverbot bei zufälligem Mithören, in der praktischen Umsetzung problematisch!), aM Prütting/Gehrlein/Laumen § 284 Rn. 30 (auch dann Güterabwägung); dem ist zuzustimmen. Die Verwertung wäre auch mit dem Arglistverbot unvereinbar, Brdb NJW-RR 2002, 1128; LG Kassel NJW-RR 1990, 62; LAG Bln ZZP 1996, 113.

32 **4. Mitlauschen, -verfolgen.** Zunächst → Rn. 30. Meist unstatthaft ist ein Belauschen oder Verfolgen durch technische Anlagen aller Art wie zB GPS, Kblz NJW 2007, 2863, Oldb NJW 2008, 3508, OVG Hbg NJW 2008, 96, oder Minisender, Richtmikrofone usw. Dergleichen begründet ein Verwertungsverbot. Grundsätzlich unzulässig ist auch nach Art. 6 I MRK, Art. 1, 2 GG die Vernehmung eines heimlich in einen Raum geführten oder gelangten Spitzels, der von dort aus mit bloßen Ohren mitlauscht, BVerfG NJW 2002, 3619; BGH NJW 1991, 1180; BAG NJW 1998, 1331 (je: Arbeitgeber – Arbeitnehmer), Karlsr NJW 2000, 1577 (krit. Schneider MDR 2000, 1029); Lenz/Meurer MDR 2000, 75, nicht mehr haltbar Ddf NJW 2000, 1578; Köln MDR 1994, 408.

33 In allen solchen Fällen ist eine **Abwägung** zwischen dem Persönlichkeitsrecht des Belauschten und dem Beweisführungsinteresse erforderlich, → Rn. 24 ff. Nach dem Erhalt eines Hinweises auf die Anwesenheit eines Dritten und auf das Einschalten eines Lautsprechers kann ein Schweigen als eine Zustimmung zum Mithören gelten, BVerfG NJW 2003, 2375, Kblz MDR2014, 743. Eine Art Notwehrlage kann rechtfertigen, BAG NJW 2003, 3436 (konkreter Verdacht einer strafbaren Handlung), AG Zerbst NZM 2003, 897 (wildes Urinieren im Miethauskeller), Foerste NJW 2004, 262 (drohender Prozessbetrug).

34 **5. Foto, Videoüberwachung.** § 201a StGB enthält ein Verbot einer unbefugter Bildaufnahme und -benutzung. Fotos oder eine heimliche Videoüberwachung sind als Gegenstand des Augenscheins evtl. schon nach Art 8 EMRK unzulässig, KG WuM 2008, 663, falls sie nicht nur als Beweismittel im Rechtsstreit verwertet werden und hierfür das einzige Mittel sind, EGMR NJW 2015, 1079, BAG NJW 2017, 1193 (zulässig, wenn ein einfacher Verdacht im Sinne eines Anfangsverdachts besteht, der über vage Anhaltspunkte und bloße Mutmaßungen hinausreichen muss), BAG NJW 2005, 313, BAG NJW 2003, 3436, BAG MDR 2017, 344 (Verwertbarkeit eines Zufallsfundes), für generelles Verwertungsverbot LG Berlin WuM 2020, 278.

35 Die permanente und anlasslose Aufzeichnung des Verkehrsgeschehens ist mit den datenschutzrechtlichen Regelungen des Bundesdatenschutzgesetzes und mit dem Grundrecht auf Persönlichkeitsschutz nicht vereinbar;

Die Verwertung von sogenannten **Dashcam-Aufzeichnungen,** die ein Unfallbeteiligter vom Unfallgeschehen gefertigt hat, als Beweismittel im Unfallhaftpflichtprozess ist dennoch zulässig, BGH NJW 2018, 2883, Anm. Schmidt JA 2018, 869; MDR 2018, 966; Nürnbg MDR 2017, 1299 (Dash-Cam taugliches Beweismittel, Anm. Laumen MDR 2018, 135, 966), OVG Lüneburg NJW 2015, 502 (Eingangsbereich, Verhinderung von Straftaten), ArbG Hbg NZA-RR 2005, 520. Zu Einzelfällen Ddf NJW 2007, 780 (Parkplatz), Horst NJW 2009, 1787 (Nachbarrecht), Balzer/Nugel NJW 2014, 1627 (Minikameras im Straßenverkehr), BGH NJW 1995, 1955 (öff. Weg), Köln NJW 2005, 2999 (gegen Dauerüberwachung). Greger NZV 2015, 114 (Minikamera im PKW). Zur Beurteilung eines digitalisierten Fotos Bleutge/Uschold NJW 2002, 2765.

36 **6. Sonstige Fälle.** Die Regeln → Rn. 21–34 können entsprechend anwendbar sein, wenn eine Partei einen Anspruch mit unzulässig vorgetragenen Tatsachen begründet, etwa mit einem anvertrauten Anwaltswissen, KG NJW 1994, 462. Zur Problematik eines heimlichen Stimmenvergleiches BGH(St) NJW 1994, 1807. Der sog. Lügendetektor ist zumindest im Bereich des Strengbeweises kein zulässiges Beweismittel, LAG Mainz BB 1998, 1216. Wegen des privaten Abstammungsgutachtens § 372a Rn. 18. Ein mitbestimmungswidrig erlangtes Beweismittel ist nicht schon deshalb stets unverwertbar, Altenburg/Leister NJW 2006, 469. Eine heimliche GPS-Überwachung kann unverwertbar sein, Oldb NJW 2008, 3508.

371 *Beweis durch Augenschein.* **I [1]Der Beweis durch Augenschein wird durch Bezeichnung des Gegenstandes des Augenscheins und durch die Angabe der zu beweisenden Tatsachen angetreten. [2]Ist ein elektronisches Dokument Gegenstand des Beweises, wird der Beweis durch Vorlegung oder Übermittlung der Datei angetreten.**

II [1]Befindet sich der Gegenstand nach der Behauptung des Beweisführers nicht in seinem Besitz, so wird der Beweis außerdem durch den Antrag angetreten, zur Herbeischaffung des Gegenstandes eine Frist zu setzen oder eine Anordnung nach § 144 zu erlassen. [2]Die §§ 422 bis 432 gelten entsprechend.

III Vereitelt eine Partei die ihr zumutbare Einnahme des Augenscheins, so können die Behauptungen des Gegners über die Beschaffenheit des Gegenstandes als bewiesen angesehen werden.

1 **I. Systematik, I–III.** Bei allen Beweisarten muss man zwischen dem Beweisantritt, der Beweisanordnung, der Beweisaufnahme, der Beweisführung und der Beweiswürdigung unterscheiden. I, II regelt den Beweisantritt. III regelt den allgemeinen Rechtsgedanken der Beweisvereitelung für den speziellen Fall des Augenscheinsbeweises.

2 **II. Regelungszweck, I–III.** Die Norm dient der Aufklärung streitiger Tatsachen durch unmittelbare Inaugenscheinnahme, → Vor § 371 Rn. 1 f. Der Beweisführer soll sein Beweisangebot von vornherein so bestimmt fassen, dass das Gericht wie der Gegner die Beweiserheblichkeit der str. Tatsache und die prozessuale Brauchbarkeit des angebotenen Augenscheinsobjekts erkennen können. Das wird in der Praxis von den Parteien oft nicht streng genug gehandhabt, insbes. beim Angebot des „Ortstermins", → Vor § 371 Rn. 8. Der Gegner des Beweisführers hat einen Anspruch auf Nichtbeachtung vermeidbar fehlerhafter Beweisantritte.

3 In III wird ein Teilaspekt von Arglist geregelt, ebenso wie zB in § 444, zur Beweisvereitelung → § 444 Rn. 7. Gerade beim Augenschein ist das Gericht ebenso wie der Beweisführer in einem besonderen Maß auf eine Zulassung, Öffnung, einen Zutritt, eine Gestattung durch den Besitzer angewiesen. Ist er obendrein ein Prozessgegner, könnte er den Beweis oft verhältnismäßig einfach unterlaufen, wenn er seine technisch notwendige Mitwirkung unterlassen dürfte. Zumutbarkeit ist in III ein brauchbarer, prozessual ja auch sonst vielfach üblicher Abgrenzungsbegriff.

4 **III. Geltungsbereich, I–III.** → Vor § 371 Rn. 4.

5 **IV. Beweisantritt bei Parteibesitz, I.** Man muss zwei Formen des Beweisantritts unterscheiden.

6 **1. Bezeichnung usw., I 1.** Beim nichtelektronischen Beweisgegenstand verlangt der Beweisantritt die Angabe der str. Tatsachen, also des Beweisthemas nach § 359 Nr. 1 und des Augenscheinsobjekts. Der Beweisführer muss den Gegenstand möglichst genau bezeichnen, BGH NJW 1976, 715 II 1, zB ein Schriftwerk mit den betreffenden Stellen; man darf das Gericht nicht darauf verweisen, sie sich selbst herauszusuchen. Zum Beweisantritt gehört auch die Angabe des Ortes, an dem das Objekt besichtigt werden kann, BFH/NV 2008, 1509. Sonst und auch ohne jeden Antrag sind evtl. §§ 144, 358a Nr. 5 anwendbar. Wer einen Augenschein nur zur Unterrichtung des Gerichts über eine nicht beweisbedürftige Tatsache beantragt, stellt keinen Beweisantrag, sondern einen Antrag nach § 144.

7 Das Gericht darf einen **förmlichen Beweisantritt** nur bei fehlender Beweisbedürftigkeit und -erheblichkeit ablehnen. Den Fall fehlender gerichtlicher Sachkunde erfasst § 372 I. Im Ermessen des Gerichts steht nur eine von Amts wegen erfolgende Augenscheinseinnahme, nicht aber die Beweisaufnahme über eine beweiserhebliche Tatsache, → Vor § 371 Rn. 1.

8 **2. Elektronisches Dokument, I 2.** Beim elektronischen Dokument erfolgt der Beweisantritt unter Benennung von Beweisthema und Objekt durch eine Vorlegung oder Übermittlung der Datei, Hbg CR 2020, 712 = GRUR-RS 2020, 31460 Rn. 70. Über § 130a ZPO und §§ 126a, b BGB hinaus fallen auch Grafik-, Audio- und Videodateien sowie Software und die Internet-Recherche in den Anwendungsbereich, Berger NJW 2005, 1016; betr. GPS Celle NJW-RR 2019, 152 Rn. 36. Sie unterliegen der freien Beweiswürdigung nach § 286; entgegen § 630f I 2, 3 nicht kenntlich gemachte Änderungen hindern die positive Indizwirkung für vorhandene Eintragungen, BGH NJW 2021, 2364 Rn. 24.

9 **V. Beweisantritt bei Besitz eines anderen, II.** Die Vorschrift schafft eine Möglichkeit, einen anderen, sei es den Gegner, sei es einen Dritten, in Grenzen zur Herbeischaffung oder zur Vorlegung des Gegenstands der Augenscheinseinnahme zu zwingen. Vgl. die Erläuterungen zu §§ 144 I 2, 3, 422–432. Beim elektronischen Dokument kommt es statt auf den „Besitz" auf die Verfügungsgewalt an, die Inanspruchnahme hängt insbesondere bei mehreren Verfügungsberechtigten von der Zumutbarkeit ab, Berger NJW 2005, 1016 (1019), → Vor § 371 Rn. 17, 11.

10 **VI. Beweisvereitelung, III.** Aus dem Verbot prozessualer Arglist folgt das Verbot einer Beweisvereitelung. § 444 regelt es für den Urkundenbeweis, → § 444 Rn. 4 ff. Abs. III schafft eine entsprechende Regelung für den

Augenscheinsbeweis. Legt der Beweisführer das Objekt nicht vor, bleibt er beweisfällig; vereitelt der Beweisgegner, können, nicht aber müssen die Behauptungen des Gegners als bewiesen angesehen werden. Ausschlaggebend ist zunächst die Zumutbarkeit, in deren Rahmen auch die Verhältnismäßigkeit des Eingriffs eine Rolle spielt, Ddf NJW 1984, 2635 (Operation); alsdann ist eine Gesamtwürdigung aller tats Umstände vorzunehmen, bei der die Vereitelung mit berücksichtigt wird, BGH NJW 2019, 2169; Stgt MDR 2017, 1322, Anm. Laumen MDR 2017, 1409 (Vereitelung der Besichtigung einer Wohnung durch Sv), Ddf BauR 2016, 299 Rn. 75, bereits Kblz NJW 1968, 897 vor Geltung von III. Wegen Vereitelung durch einen Dritten Jankowski NJW 1997, 3347. Eine Bauteilöffnung ist einem Dritten idR nicht zuzumuten, BGH NJW 2013, 2687. Eine Ablehnung nur der sofortigen Blutentnahme bei einer grundsätzlichen Bereitschaft dazu ist meist keine Verweigerung, Hamm FamRZ 2003, 616. Man darf allerdings wegen des Amtsermittlungsgrundsatzes nicht aus einer bloßen Verweigerung auf die Vaterschaft schließen, aM AG Hbg FamRZ 2003, 46. Freilich kann eine Beweisvereitelung ein Gutachten erübrigen und im Rahmen einer Gesamtwürdigung zur Annahme der Vaterschaft führen, AG Bln-Wedding FamRZ 2005, 1193, auch → § 372a Rn. 37, → § 444 Rn. 7.

VII. Sonstiger Verstoß. Der Verstoß gegen § 371 ist ein (nach § 295 I heilbarer) Verfahrensmangel. Dieser kann auf Antrag zur Zurückverweisung nach § 538 II 1 Nr. 1 führen. 11

371a *Beweiskraft elektronischer Dokumente.* **I [1]Auf private elektronische Dokumente, die mit einer qualifizierten elektronischen Signatur versehen sind, finden die Vorschriften über die Beweiskraft privater Urkunden entsprechende Anwendung. [2]Der Anschein der Echtheit einer in elektronischer Form vorliegenden Erklärung, der sich auf Grund der Prüfung der qualifizierten elektronischen Signatur nach Artikel 32 der Verordnung (EU) Nr. 910/2014 des Europäischen Parlaments und des Rates vom 23. Juli 2014 über elektronische Identifizierung und Vertrauensdienste für elektronische Transaktionen im Binnenmarkt und zur Aufhebung der Richtlinie 1999/93/EG (ABl. L 257 vom 28.8.2014, S. 73) ergibt, kann nur durch Tatsachen erschüttert werden, die ernstliche Zweifel daran begründen, dass die Erklärung von der verantwortenden Person abgegeben worden ist.**

II Hat sich eine natürliche Person bei einem ihr allein zugeordneten De-Mail-Konto sicher angemeldet (§ 4 Absatz 1 Satz 2 des De-Mail-Gesetzes), so kann für eine von diesem De-Mail-Konto versandte elektronische Nachricht der Anschein der Echtheit, der sich aus der Überprüfung der Absenderbestätigung gemäß § 5 Absatz 5 des De-Mail-Gesetzes ergibt, nur durch Tatsachen erschüttert werden, die ernstliche Zweifel daran begründen, dass die Nachricht von dieser Person mit diesem Inhalt versandt wurde.

III [1]Auf elektronische Dokumente, die von einer öffentlichen Behörde innerhalb der Grenzen ihrer Amtsbefugnisse oder von einer mit öffentlichem Glauben versehenen Person innerhalb des ihr zugewiesenen Geschäftskreises in der vorgeschriebenen Form erstellt worden sind (öffentliche elektronische Dokumente), finden die Vorschriften über die Beweiskraft öffentlicher Urkunden entsprechende Anwendung. [2]Ist das Dokument von der erstellenden öffentlichen Behörde oder von der mit öffentlichem Glauben versehenen Person mit einer qualifizierten elektronischen Signatur versehen, gilt § 437 entsprechend. [3]Das Gleiche gilt, wenn das Dokument im Auftrag der erstellenden öffentlichen Behörde oder der mit öffentlichem Glauben versehenen Person durch einen akkreditierten Diensteanbieter mit seiner qualifizierten elektronischen Signatur gemäß § 5 Absatz 5 des De-Mail-Gesetzes versehen ist und die Absenderbestätigung die erstellende öffentliche Behörde oder die mit öffentlichem Glauben versehene Person als Nutzer des De-Mail-Kontos ausweist.

Schrifttum: Bacher NJW 2015, 2753; Biallaß, Der Umgang mit dem elektronischen Empfangsbekenntnis, NJW 2019, 3495; Bohrer DNotZ 2008, 39; Degen NJW 2008, 1473; Funke/Quarch: Ersetzung der Schriftform durch die elektronische Form, NJW 2022, 569; Kaulartz/Matzke, Tokenisierung des Rechts, NJW 2018, 3278; Kienzle, Nachweis der Echtheit ausländischer öffentlicher E-Dokumente im Zivilprozess, NJW 2019, 1712; Jandt NJW 2015, 1209; Roßnagel NJW 2014, 3686; Voigt/Herrmann/Danz, Die elektronische Signatur und ihre Einsatzmöglichkeiten für digitale Vertragsschlüsse, NJW 2020, 2991.

Zur Rechtslage nach der VO (EU) Nr. 910/2014, eIDAS-VO, und dem VDG Döpke/Jülicher InTeR 2019, 16–20; Müller, E-Justice-Praxishandbuch, 2019; ders. NVwZ 2019, 579; Fischer ZAP 2019, 147; Gründel ZWE 2019, 199; Voigt/Herrmann/Danz, Die elektronische Signatur und ihre Einsatzmöglichkeiten für digitale Vertragsschlüsse, NJW 2020, 2991.

I. Systematik, I–III. Man muss wie bei einer schriftlichen Urkunde nach §§ 415 ff. zwischen einem privaten und einem öffentlichen Dokument unterscheiden. I, II regelt die Beweiskraft des ersteren, III diejenigen des letzteren. Dabei stellen I 2, II mit der gesetzlichen Regelung des Anscheinsbeweises eine Ergänzung zu § 292 dar; Parteivernehmung nach § 292 S. 2 ist also zulässig. Das Gericht ist an diese gesetzliche Beweisregel nach § 286 II gebunden. 1

Was unter eine qualifizierten elektronischen Signatur zu verstehen ist, richtet sich nach Art. 3 Nr. 12, Art. 32 VO (EU) Nr. 910/2014, eIDAS-VO; eingehend Voigt/Herrmann/Danz NJW 2020, 2991. Tokens einer Blockchain fallen nicht unter die Norm, Zöller/ ZPO Rn. 1; aA Kaulartz/Matzke NJW 2918, 3278 2

II. Regelungszweck, I–III. Die Vorschrift dient der Prozesswirtschaftlichkeit. Sie lässt aber auch das Erfordernis der Gerechtigkeit durch das Genügen „ernstlicher Zweifel" zur Geltung kommen. Die elektronische Form bringt ungeachtet ihres Beweiserleichterungs-, Vereinfachungs- und Beschleunigungszwecks zwecks Rechtssicherheit erhebliche technische Anforderungen an die Wirksamkeit mit sich. Das sollte man bei der Auslegung durch eine vorsichtige Abwägung mitbeachten. 3

III. Beweiskraft, I 1, II. Sofern eine qualifizierte elektronische Signatur nach § 130a ZPO, §§ 126a BGB vorliegt, sind §§ 416, 419 ff. entsprechend anwendbar, Stgt NJW-RR 2018, 758 (not. Eigenurkunde); Voigt/Herrmann/Danz NJW 2020, 2991. Ein De-Mail-Nachricht hat unter den Voraussetzungen II, III 3 praktisch dieselbe Wirkung; zum elektronisch zurückgesandten Empfangsbekenntnis OVG Münster NJW 2021, 1113 (Ls.) = BeckRS 2020, 32558; OVG Saarlouis NJW 2019, 3664. Fehlt die Signatur, gelten die allg. Beweisgrundsätze, dh die zitierten Beweisregeln gelten nur bei Überzeugung des Gerichts von der Echtheit bzw. wenn diese unstr. 4

ist, KGR 2008, 115 (§ 580 Nr. 7 lit. b gilt nur bei qual. Signatur). Zur Auslegung elektr. Dokumente Nürnbg ZIP 2015, 374.

5 **IV. Echtheitsanschein, I 2, II.** Der gesetzliche Anscheinsbeweis erfasst bei einem privaten elektronischen Dokument nur die Echtheit der Erklärung, also ihre elektronische Dokumentation. Zum Echtheitsbegriff → Vor § 437 Rn. 1. Andere als die Echtheitsfragen unterliegen den sonstigen Beweisregeln, Anh. § 286.

6 **§ 126a BGB** nennt die Voraussetzungen: Erklärung, Name des Ausstellers, qualifizierte elektronische Signatur, ohne die dem Dokument kein Beweiswert zukommt. Damit erfolgt eine Verweisung auf VO (EU) Nr. 910/2014, eIDASVO, → Rn. 1. Zur qualifizierten elektronischen Signatur, § 130a, iE BGH NJW 2010, 2134 Rn. 12 (noch zu § 2 Nr. 3 SigG). Das elektronische Dokument lässt den Augenscheinsbeweis nach § 371 I 2 zu. Bei einem Scan gilt § 371a nicht, Roßnagel/Wilke NJW 2006, 2147.

7 **V. Ernstliche Zweifel, I 2.** Der Anscheinsbeweis nach → Rn. 5 lässt sich nur durch eine Tatsache erschüttern, die ernstliche Zweifel daran begründet, dass die Erklärung mit dem Willen der verantwortlichen Person erfolgte. Dabei scheiden §§ 416, 440 II mangels Urkundenqualität nach → Rn. 5 aus. Ernstlich ist nicht jeder leichte Zweifel, sondern erst ein erheblicher, bei dem eine überwiegende Wahrscheinlichkeit für eine Unechtheit besteht. Andererseits braucht kein Vollbeweis der Unechtheit vorzuliegen, also noch kein Gewissheitsgrad wie bei § 286. Ob „ernstliche Zweifel" mehr, gleich viel oder weniger erfordern als eine Glaubhaftmachung nach § 294, darüber lässt sich streiten. Immerhin nimmt I 2 nicht gleich auf § 294 Bezug. Daraus kann man einen höheren Grad von Wahrscheinlichkeit der Unechtheit eher ableiten als einen geringeren. Es sind also keine allzu strengen Anforderungen notwendig, Roßnagel NJW 2001, 1817 (1826). Eine behutsame Abwägung ist der nach → Rn. 3 ratsame Weg. Nachweis unbefugter Benutzung wird idR ausreichen.

8 **VI. Begriffe, I 2, III 1.** Verantwortende Person ist der Inhaber des Signaturschlüssels. IÜ vgl. Art. 32 VO (EU) 910/2014, → Rn. 1.

9 **VII. Beweiskraft eines öffentlichen elektronischen Dokuments, III.** Nach III 1 müssen dieselben Voraussetzungen wie bei einer schriftlichen öffentlichen Urkunde nach → § 415 Rn. 5–8 vorliegen. Bei einer qualifizierten elektronischen Signatur nach § 130a gilt gem. III 1 § 437 entsprechend (Echtheitsvermutung), Ramsauer/Frische NVwZ 2013, 1505. Eine Registeranmeldung kann unter Abs 3 fallen, Stgt Rpfleger 2009, 461 (seinerzeit Abs. II). Auch hier hat eine De-Mail-Nachricht unter den Voraussetzungen III 3 dieselbe Wirkung. Zu den seit 1.7.2016 kraft VO (EU) Nr. 910/2014, ABl. L 257, 73 geltenden zusätzlichen Regeln für qual. Siegel, elektron. Zeitstempel und qual. Einschreiben vgl. Roßnagel NJW 2014, 3686 (3690) und Jandt NJW 2015, 1209. Zum ausländischen Dokument Kienzle NJW 2019, 1712.

371b

Beweiskraft gescannter öffentlicher Urkunden. **[1]Wird eine öffentliche Urkunde nach dem Stand der Technik von einer öffentlichen Behörde oder von einer mit öffentlichem Glauben versehenen Person in ein elektronisches Dokument übertragen und liegt die Bestätigung vor, dass das elektronische Dokument mit der Urschrift bildlich und inhaltlich übereinstimmt, finden auf das elektronische Dokument die Vorschriften über die Beweiskraft öffentlicher Urkunden entsprechende Anwendung. [2]Sind das Dokument und die Bestätigung mit einer qualifizierten elektronischen Signatur versehen, gilt § 437 entsprechend.**

Schrifttum: Roßnagel/Nebel NJW 2014, 886.

1 **I. Systematik, S. 1, 2.** Die Vorschrift ergänzt § 371 a. Sie ist eine im engen Geltungsbereich vorrangige Spezialregelung. Daher geht sie auch §§ 415 ff. theoretisch vor. Freilich verweist nicht nur S. 2 unter seinen Voraussetzungen auf § 437, sondern die ganze Vorschrift der Sache nach auf alle Bestimmungen der §§ 415 ff. zu einer öffentlichen Urkunde. Für private gescannte Urkunden gelten die Regeln über den Augenscheinsbeweis. Die Analogie zu § 371b ist ausgeschlossen.

2 **II. Regelungszweck, S. 1, 2.** Er ist praktisch derselbe wie bei § 371a.

3 **III. Geltungsbereich, S. 1, 2.** Die Vorschrift gilt in jedem Verfahren nach der ZPO oder nach einem auf die ZPO verweisenden Verfahrensgesetz. Sie gilt auch im WEG-Verfahren und im Verfahren nach dem FamFG, soweit dieses auf die ZPO verweist, nicht aber im Grundbuchverfahren, § 137 I 2 GBO.

4 **IV. Scannen, S. 1 Hs. 1.** Es muss der Übertragungsvorgang bei einer nach §§ 415 ff. öffentlichen Urkunde vorliegen, ausgeführt durch eine Behörde oder durch einen Amtsträger jeweils nach → § 415 Rn. 5 ff. Er muss dem Technikstand im Zeitpunkt der Übertragung entsprechen. Es muss außerdem zumindest die in S. 1 genannte Bestätigung zur bildlichen **und** inhaltlichen Seite vorliegen; unstr. Übereinstimmung reicht aus. Eine qualifizierte elektronische Signatur wie bei → § 130a Rn. 10 ist erst bei S. 2 Voraussetzung.

5 **V. Folgen, S. 1, 2.** Bei einem korrekten Scannen nach S. 1 ergeben sich leicht unterschiedliche Folgen.

6 **1. Beweiskraft öffentlicher Urkunde, S. 1 Hs. 2.** §§ 415 ff. gelten entsprechend. Das gilt insbesondere einerseits für § 418, andererseits für § 419 (mangelhafte Urkunde). Man muss mithin genau prüfen, welche Beweiskraft das elektronische Dokument als Urkunde hätte, Oldbg BeckRS 2018, 37436 Rn. 21 = MDR 2019, 548. Vgl. daher jeweils dort. Anwendbar sind auch §§ 165, 314.

7 **2. Bei qualifizierter Signatur: § 437 entsprechend.** Diese Folge hat Vorrang vor den Folgen nach S. 1 Hs. 2. Vgl. bei § 437.

372

Beweisaufnahme. **I Das Prozessgericht kann anordnen, dass bei der Einnahme des Augenscheins ein oder mehrere Sachverständige zuzuziehen seien.**

II Es kann einem Mitglied des Prozessgerichts oder einem anderen Gericht die Einnahme des Augenscheins übertragen, auch die Ernennung der zuzuziehenden Sachverständigen überlassen.

1 **I. Systematik, I, II.** Das Prozessgericht kann und soll wegen des Grundsatzes der Unmittelbarkeit der Beweisaufnahme nach § 355, → Vor § 128 Rn. 47, den Augenschein in der Regel selbst vornehmen, evtl.

außerhalb der Gerichtsstelle, § 219, § 166 GVG, aber auch durch den nach § 362, § 158 GVG ersuchten Richter, Naumb FamRZ 1993, 1099 (Blutabnahme). Die Parteien haben nach § 357 I grundsätzlich ein Anwesenheitsrecht, das die Anwesenheit des Privatgutachters einer Partei umfasst, Mü NJW-RR 1988, 1534. Das gilt auch für die ProzBev. Ausnahmsweise mag bei einer körperlichen Untersuchung davon jeweils eine enge Ausnahme notwendig werden, Saarbr OLGZ 1980, 37, → § 372 Rn. 6. Die Inaugenscheinnahme einer Partei, um aus deren Erscheinungsbild Rückschlüsse zu ziehen, ist nur bei Offenlegung in der mdl. Verh., nicht aber insgeheim zulässig, BSG NZS 2018, 188 Rn. 9.

Das Gericht muss das Ergebnis der Wahrnehmungen grundsätzlich nach § 160 III Nr. 5 protokollieren, BGH NJW-RR 2013, 1377. Das Protokoll muss auch anderen ein Bild des vorgefundenen Sachverhalts vermitteln. Eine weitergehende Würdigung im Protokoll etwa nach § 286 ist unnötig und auch nach § 279 III nicht geboten. Anstelle einer gebotenen Protokollierung können die Feststellungen in den Tatbestand aufgenommen werden, BGH JZ 1953, 184. Wenn das Prozessgericht nach § 309 in derselben Besetzung wie bei der Augenscheinseinnahme entscheidet und wenn das Endurteil weder der Berufung nach § 511 noch der Revision nach § 542 unterliegt, ist ein Protokoll nach § 161 I Nr. 1 entbehrlich. Wegen eines Richterwechsels § 309. 2

II. Regelungszweck, I, II. Das sachkundige Auge ist gerade bei dieser Beweisart eine oft ganz wesentliche Bedingung der Brauchbarkeit. Daher regelt die Vorschrift eigentlich eine Selbstverständlichkeit. Das Gericht könnte auch nach §§ 373, 402 ff. ähnlich vorgehen. Indessen kann man die in I enthaltene Befugnis als eine Ermutigung und auch als eine Verpflichtung verstehen. Ihre Nichtbeachtung könnte ein Verfahrensfehler nach § 538 II 1 Nr. 1 sein. 3

Nicht unproblematisch ist deshalb II mit seiner Abweichung vom Grundsatz der Unmittelbarkeit der Beweisaufnahme, § 355. Freilich sind die Ausnahmemöglichkeiten für den Zeugen bereits in § 375 enthalten. II dient wie § 375 der Prozesswirtschaftlichkeit. Das erlaubt trotz formellen Ausnahmecharakters eine gewisse Großzügigkeit. 4

III. Geltungsbereich, I, II. → Vor § 371 Rn. 4. 5

IV. Sachverständiger, Mittelsperson, I. Das Prozessgericht darf und muss evtl. einen Sachverständigen nach § 402 zuziehen. Das gilt zB dann, wenn dem Gericht die nötige Sachkunde zur Wahrnehmung des Wesentlichen fehlt, wenn der Sachverständige das Gericht also unterstützen soll, oder wenn der Sachverständige Unterlagen für ein Gutachten gewinnen soll. Wenn eine Augenscheinseinnahme durch den Richter unzweckmäßig ist, darf er sich einer Mittelsperson bedienen. Das gilt unabhängig von II zB dann, wenn ein Richter blind oder sonst wie behindert ist: Die Kollegen des Spruchkörpers können Mittelspersonen sein, Ffm OLGR 1994, 166, NJW-RR 2010, 1651 (§ 579 I Nr. 1 nicht anwendbar). 6

Der **männliche** Richter kann und muss sich zB vom körperlichen Zustand einer Frau durch eine Frau überzeugen lassen, deren Befund dann sein Augenschein ist, und umgekehrt. Das muss man aber auf unumgängliche Ausnahmefälle beschränken. Zu ihnen gehört auch die Untersuchung nach § 372a oder eine Meinungserforschung, → Vor § 402 Rn. 11. Diese Grundsätze sind auch zwecks Auswertung technischer Aufzeichnungen zulässig, zB solcher eines Computers. Das Gericht muss die Mittelsperson dann als einen Sachverständigen behandeln, wenn sie sachkundig sein muss oder wenn das Gericht die nötigen Versuche nicht selbst sachgemäß vornehmen kann. Sonst behandelt das Gericht die Mittelsperson **wie** einen Zeugen, aber nicht **als** einen solchen, LG Trier NJW 1987, 722 (Ordnungsgeld bei Weigerung). 7

V. Beauftragter oder ersuchter Richter, II. Das Gericht darf den Augenschein und die Ernennung eines Sachverständigen nach seinem pflichtgemäßen Ermessen einem Richter gem. §§ 361, 362 überlassen, BGH NJW 1990, 2936 (Blutentnahme). Das gilt unabhängig von II auch beim blinden Richter, → Rn. 6, → § 372 Rn. 6. Das Gericht muss bei seinem Ermessen den Grundsatz der Unmittelbarkeit der Beweisaufnahme nach § 355 beachten, → Vor § 128 Rn. 47. Das Prozessgericht darf dem Richter die Zuziehung eines Sachverständigen nach § 405 S. 1, § 407a überlassen. § 375 ist ungeachtet → Rn. 3 auch nicht entsprechend anwendbar. Der Richter darf mangels einer anderen Weisung des Prozessgerichts auch die Augenscheinseinnahme einem Sachverständigen allein überlassen. Das hat zur Folge, dass der Sachverständige zwar bei seiner Beurteilung in dieser Eigenschaft amtiert, wegen seiner zugrundeliegenden Wahrnehmungen aber ggf. als ein sachverständiger Zeuge nach § 414 aussagt und insoweit auch nicht nach § 406 ablehnbar ist. Die Protokollierung, → Rn. 1, ist hier unentbehrlich. 8

VI. Rechtsbehelfe, I, II. Vgl. → § 355 Rn. 9–14. 9

372a *Untersuchungen zur Feststellung der Abstammung.* **[I] Soweit es zur Feststellung der Abstammung erforderlich ist, hat jede Person Untersuchungen, insbesondere die Entnahme von Blutproben, zu dulden, es sei denn, dass die Untersuchung dem zu Untersuchenden nicht zugemutet werden kann.**

[II] [1]Die §§ 386 bis 390 gelten entsprechend. [2]Bei wiederholter unberechtigter Verweigerung der Untersuchung kann auch unmittelbarer Zwang angewendet, insbesondere die zwangsweise Vorführung zur Untersuchung angeordnet werden.

Schrifttum: Diakonis, Grundfragen der Beweiserhebung von Amts wegen im Zivilprozess, 2014; Grün, Vaterschaftsfeststellung und -anfechtung, 2. Aufl. 2010; Jayme, Exterritoriale Beweisverschaffung für inländische Verfahren usw., FS Geimer, 2002, 375; Orel, Heimliche Vaterschaftstests usw., Diss. Mü 2007; Peters, Auf dem Wege zu einer allgemeinen Prozessförderungspflicht der Parteien?, FS Schwab, 1990, 399; Schöpflin, Die Beweiserhebung von Amts wegen im Zivilprozess, 1992; Spickhoff, Streit um die Abstammung, 2007.

I. Systematik, I, II. Die Vorschrift ist mit §§ 81a–d StPO vergleichbar. Sie stimmt mit **§ 178 FamFG** praktisch wörtlich überein. Letztere ist im Verfahren einer Abstammungssache nach §§ 169 ff. FamFG Spezialregelung. Danach bleibt nach → Rn. 4, 5 für § 372a ein nur noch kleinerer Anwendungsbereich, namentlich wenn die Abstammung Vorfrage zB im Erbschaftsprozess ist. 1

Soweit ein Eingriff erfolgt, also bei der Entnahme einer Blutprobe, enthält die Vorschrift eine gesetzliche Einschränkung des Rechts auf eine körperliche Unversehrtheit. Diese Einschränkung ist nach Art. 2 II 2 GG 2 möglich, hat aber eine **strenge Prüfung der Eingriffsvoraussetzungen** zur Folge, BVerfGE 5, 13; BGH NJW 2014, 3786; NJW 2004, 3786 (postmortales Persönlichkeitsrecht tritt zurück); z. T. divergierend Mü NJW-RR 2000, 1603 und Celle NJW-RR 2000, 1100 (Exhumierung); Drsd MDR 2002, 1070; (Verstorbener); Hamm NJW-RR 2005, 231 (Tod des rechtlichen Vaters); Brdb MDR 2010, 701 (keine Weigerung aus Religionsgründen); Mü NJW 2011, 2892 (Einbeziehung von Angehörigen des verstorbenen Mannes). Gleichzeitig besteht eine Pflicht zur Duldung des Augenscheins nach → Vor § 371 Rn. 9. Das Gericht kann die Duldung nach → Vor § 371 Rn. 9 erzwingen. Deutsches Recht hat im Fall des § 1599 II BGB Vorrang vor ausländischem, KG FPR 2011, 411. Als Ausnahme ist § 372a nicht auf andere Fälle übertragbar, etwa auf einen Unfallschaden-Haftungsprozess. Freilich kann in einer Verweigerung der Untersuchung ausnahmsweise eine Beweisvereitelung nach § 371 III, → § 444 Rn. 7 ff. liegen, Brem NJW-RR 2009, 876 (fragliche Untersuchung in internat. Rechtshilfe).

3 **II. Regelungszweck, I, II.** Die Regelung ermöglicht die Klärung der Abstammung auf dem Weg über eine prozessual durchsetzbare Pflicht zur Duldung. Die Intensität des Eingriffs in die körperliche Integrität und das allgemeine Persönlichkeitsrecht fordern eine strenge Prüfung der Voraussetzungen von Abs. I, Hamm NJW-RR 2005, 231, dh der Erforderlichkeit und der Zumutbarkeit, die getrennt zu prüfen sind. Auch die Grundrechtspositionen der übrigen Beteiligten sind einzubeziehen, Ddf FamRZ 2008, 630.

4 **III. Geltungsbereich, I, II.** → Rn. 1. Die Vorschrift ist nach → Rn. 5 in allen nicht nach dem FamFG, sondern nur nach der ZPO ablaufenden Verfahren anwendbar.

5 **IV. Voraussetzungen, I, II.** § 372a setzt einen Rechtsstreit über die Notwendigkeit einer Untersuchung zur Feststellung der Abstammung voraus. Die Vorschrift erstreckt sich zB auf einen Streit um das Erbrecht oder den Namen. Es ist auch nicht erforderlich, dass die Parteien gerade über eine Abstammung streiten. § 372a ist hinter anderen Erkenntnisquellen nur **hilfsweise** anwendbar. Ein Zwang ist nicht erlaubt, solange sich die Abstammung ebenso sicher anderweitig ermitteln lässt, BGH NJW 2006, 1657; Ddf FamRZ 2008, 630, etwa durch einen Zeugenbeweis nach § 373, BGH NJW 1990, 2312 (Einbeziehung weiterer Mehrverkehrszeugen). Liegt bereits ein Abstammungsgutachten vor, ist eine weitere Beweiserhebung nur bei Zweifeln an seiner Überzeugungskraft geboten, BGH NJW 2022, 878 Rn. 12.

6 Zunächst ist die Ermittlung notwendig, **wann und mit wem** ein Geschlechtsverkehr stattfand. Ein Zwang ist nicht erlaubt, wenn die Partei eine Untersuchung ins Blaue hinein verlangt, also einen Ausforschungsbeweis betreibt, Stgt NJW 1972, 2226 (Anhaltspunkt für Verkehr muss vorhanden sein), Bbg FamRZ 1975, 51, BayObLG FamRZ 1999, 1365 (kein Anhalt für persönliche Begegnung), Brdb FamRZ 2000, 1581 (kein DNA-Gutachten, wenn Ergebnis bereits feststeht), oder etwa wenn das Gericht ohne nähere Gründe alle Mitglieder einer Wohngemeinschaft untersuchen lassen soll, sehr weitgehend aM KG NJW 1987, 2311. Auch hier muss das Gericht zunächst andere Beweise erschöpfen, BGH NJW 1997, 2051 (persönliche Einlassung, Unerreichbarkeit), Brem NJW 2009, 3313, großzügig Stgt FamRZ 1992, 971. Eine Wiederholung der Untersuchung kann in einem seltenen Ausnahmefall in Betracht kommen, etwa bei neuen Tatsachen oder bei moderneren Methoden und Auswertungswegen, BGH NJW 2006, 3416. Krit. gegen Erfordernis des Anfangsverdachts Wellenhofer FamRZ 2005, 665.

7 Eine Untersuchung ist dann nicht erforderlich, wenn sie entscheidungsunerheblich ist, etwa deshalb, weil die Anfechtungsfrist abgelaufen ist, Karlsr FamRZ 1998, 563. Nach dem Eintritt der formellen Rechtskraft nach § 705 kommt § 372a ab der Zulässigkeit eines Wiederaufnahmeverfahrens nach §§ 578 ff. in Betracht, Celle NJW-RR 2000, 1100.

8 Umgekehrt kann ein Beweisantrag zurückgewiesen werden, wenn er nur darauf abzielt, die feststehende Vaterschaft zu erschüttern, ohne zum Beweis des Gegenteils beizutragen, BGH NJW 2006, 3416 Rn. 33 (zudem: keine weitere Begutachtung bei bereits extrem hoher Wahrscheinlichkeit).

V. Prüfungsreihenfolge, I

Schrifttum: Zur biostatistischen Auswertung von Blutgruppengutachten zwecks positiven Vaterschaftsnachweises Hummel FamRZ 1997, 326.

9 Der Sachverständige richtet sich idR nach Richtlinien der Gendiagnostik-Kommission vom 17.7.2012, BGesundhBl 2013, 169. Vgl. auch das Gendiagnostikgesetz (GenDG) vom 31.7.2009, BGBl. I 2529 (FNA 2121-63), ferner die Leitlinien v. 13.6.2008, DGAB, www.dgab.org, dazu Geserick FPR 2011, 369 (Grdz.). Vgl. auch das whole genome sequencing, dazu Rittner FPR 2011, 372 (Grdz.).

10 **1. Blutgruppengutachten; genetisches Gutachten.** Die Blutgruppenuntersuchung steht seit der DNA-Analyse nach → Rn. 12 nicht mehr im Mittelpunkt. Sie kann freilich nicht nur zum sicheren Ausschluss der Vaterschaft führen, sondern auch die Vaterschaft als abstufbar wahrscheinlich bis hin zum Ausschluss des Gegenbeweises belegen, BGH NJW 1994, 1348. Zum Beweiswert der zahlreichen Blutgruppenfaktoren Orgis FamRZ 2002, 1157.

11 Ein Blutgruppengutachten lässt sich lt. Arbeitsgemeinschaft der gerichtlichen Blutgruppensachverständigen in der BRep (Fassung FamRZ 1994, 872) in ca. 2/3 aller Fälle **kostensparend** in der Form eines sog. Grundgutachtens erstellen. Es umfasst zB HLA und vor allem die inzwischen ganz in den Vordergrund getretene DNA-Untersuchung nicht mit. Ein Blutgruppengutachten kann bei anderer Rassenzugehörigkeit entbehrlich sein, Schlesw SchlHA 1989, 78. Zur DNA-Analyse vgl. auch Richtlinie der Gendiagnostik-Kommission (GEKO) für die Anforderungen an die Durchführung genetischer Analysen zur Klärung der Abstammung und an die Qualifikation von ärztlichen und nichtärztlichen Sachverständigen gemäß 23 Abs. 2 Nr. 4 und Nr. 2b GenDG, Bundesgesundheitsblatt 2013, 169.

12 Zum **DNA-System** BGH NJW 2006, 3416; NJW 1992, 2976 (enthält nur eine statistische Aussage, die eine Würdigung aller Beweisumstände nicht erübrigt), Brdb FamRZ 2000, 1581 (Ablehnung, wenn andere Gutachten hinreichend sicher), Sprenger/Fischer NJW 1999, 1830. Inzwischen ist beim DNA-System die sog. **PCR**-Analyse möglich. Schon daher hat die DNA-Analyse als Methode der Wahl einen entscheidend hohen Wert, BGH NJW 1991, 749 (Neumutation), Mutschler FamRZ 2003, 75. Bei monozygoten Zwillingen als Vätern kann das genetische Gutachten ungeeignet und daher nicht erzwingbar sein, Celle FamRZ 2013, 1669. Zu ihrem Zweck kommt auch eine Exhumierung in Betracht, Köln FamRZ 2001, 930, Mü NJW-RR 2000, 1603. Der sog. genetische Fingerabdruck ist inzwischen ebenfalls gesetzlich zugelassen. Er hat einen sehr hohen Beweiswert.

Zur Erhebung ohne eine Kenntnis → Rn. 20. Zu beiden Methoden Fluck NJW 2001, 2292, Rath/Brinkmann NJW 1999, 2697, Wollweber NJW 2001, 2304.

2. Biostatistische Zusatzbegutachtung. Hummel FamRZ 1997, 326 (ausf): Im Einzelfall kann auch heute noch eine biostatistische serostatistische Zusatzberechnung (nach Essen-Möller, neben dem DNA-Gutachten!) notwendig sein, BGH NJW 2006, 3416 (Nigerianer), BGH FamRZ 1988, 1037 (Iraner), NJW 1980, 636 (Türke), Hbg MDR 1977, 316, KG FamRZ 1975, 285 (Türke). 13

Durch die biostatistische Zusatzberechnung kann das Ergebnis eines **erbbiologischen** Gutachtens fragwürdig werden. Die Zusatzberechnung ist stets nötig, falls sich beim Blutgruppengutachten kein Ausschluss ermöglichen lässt. Sie hat den Vorrang vor der Einholung eines erbbiologischen Gutachtens. Es muss ein Verdacht auf einen Mehrverkehr bestehen, BGH FamRZ 1990, 615. 14

Eine **Wahrscheinlichkeit** von 99,85 % kann die Möglichkeit eines Gegenbeweises ausschließen und weitere Maßnahmen erübrigen, Mü NJW 1984, 1826 (Grieche). Das gilt zumindest dann, wenn kein Verdacht auf einen Mehrverkehr besteht, BGH FamRZ 1994, 506 (Essen-Möller 99 %), Bbg FamRZ 1975, 51 (Essen/Möller: 99,6 %, Hummel: 70 %), Oldb FamRZ 1979, 969. Eine so hohe Wahrscheinlichkeit kann sogar bei der Möglichkeit eines Mehrverkehrs die ausreichende Annahme einer überwiegenden Wahrscheinlichkeit der Vaterschaft des Bekl. rechtfertigen. Zu Prostituiertenfällen BGH NJW 1982, 2124 (Dirnenfall). Freilich darf das Gericht eine Aufklärung von Umständen, die gegen die Vaterschaft sprechen, auch bei einer hohen biostatistischen Wahrscheinlichkeit nicht unterlassen, BGH NJW 1987, 2296. 15

3. Tragezeitgutachten. Als Ergänzung von → Rn. 10–15 empfiehlt sich die Einholung eines solchen Gutachtens praktisch nicht mehr. 16

4. Erbbiologisches Gutachten. Auch diese Methode hat seit der DNA-Analyse nach → Rn. 12 kaum noch praktische Bedeutung. Das Gericht muss unter Umständen ein anthropologisch-erbbiologisches Gutachten einholen, wenn selbst nach → Rn. 11–14 Zweifel bleiben Naumb FamRZ 2001, 931. 17

5. Zeugungsfähigkeitsprüfung. Trotz einer sehr hohen Wahrscheinlichkeit kann die Prüfung der Zeugungsfähigkeit nötig werden. 18

6. Identitätsprüfung. Schließlich ist stets eine Identitätsprüfung notwendig, AG Hohenstein FamRZ 2006, 1769 (Duldungspflicht für Fertigen von Lichtbildern, Fingerabdrücken). 19

VI. Verfahren, I. Die Untersuchung nach § 372a ist immer eine Beweisaufnahme, ein Augenschein; die Anordnung der Untersuchung ist ein Beweisbeschluss nach § 358; sie erfolgt durch das Prozessgericht, BGH NJW 1990, 2936, auf Antrag einer Partei nach § 371, aber auch von Amts wegen nach § 144. Eine Anordnung nach § 273 II ist unzulässig. Im Übrigen kann das Gericht die Untersuchung bei jeder Beweiserhebung anordnen, auch durch einen Beschluss nach § 358a Nr. 4. Wenn das Gericht die Untersuchung bei einem Dritten anordnet, beschließt es damit dessen Vernehmung als Zeugen nach §§ 373 ff. Eine Belehrung über ein etwaiges Weigerungsrecht nach → Rn. 32–36 ist nicht erforderlich. Das Gericht kann die Durchführung der Beweisaufnahme im Wege der Rechtshilfe nach § 372 einem anderen Gericht übertragen, BGH NJW 1990, 2936; es kann auf Ersuchen eines ausländischen Gerichts tätig werden, Ffm NJW-RR 1988, 714 (Maßgeblich deutsches Recht). Die Ladung erfolgt nach § 377 II Nr. 1–3 durch das Prozessgericht, nicht durch den Sachverständigen, Brdb FamRZ 2001, 1010. Die Praxis kann letzteres über § 295 ermöglichen. Die Beweisanordnung ist unanfechtbar, aber für den Adressaten durch Verweigerung nach §§ 387 III, 372a II überprüfbar BGH NJW-RR 2007, 1375; → Rn. 32 ff., wohl aA Jena NJW-RR 2007, 1306. Ob eine Anfechtung unter dem Gesichtspunkt der irreversiblen Verletzung von Grundrechten in Betracht kommt, muss im – besonders gelagerten – Einzelfall geprüft werden, BGH NJW 2022, 2622. 20

Unverwertbar als ein förmliches Beweismittel ist wegen eines Verstoßes gegen Art. 1, 2 GG ein privates heimliches DNA-Gutachten, BVerfG NJW 2007, 753, BGH NJW 2006, 1657 (krit. Wellenhofer FamRZ 2006, 665, 687), Braun FPR 2011, 386, → Vor § 371 Rn. 21. Es kann auch keine Kostenpflicht des Betroffenen auslösen. Ausnahmen kommen allenfalls aufgrund nachträglicher wirksamer Genehmigungen aller Beteiligten infrage, vgl. auch BGH NJW 2006, 1657 (Gerichtsirrtum), NJW 2005, 497. Der Betroffene kann die Unverwertbarkeit als Beweismittel durch ein Zwischenurteil nach → Rn. 34 klären lassen, BGH NJW 2006, 1657. Ein heimlich eingeholtes Abstammungsgutachten bleibt unverwertbar, auch wenn das Gericht daraufhin ein weiteres Gutachten eingeholt hat; es ist auch als Sachvortrag nicht zugelassen, vgl. auch → Vor § 371 Rn. 21. Gegen ein prozessordnungswidrig beschlossenes gerichtliches Abstammungsgutachten kann sich das Kind im Zwischenverfahren wehren. Wurde davon kein Gebrauch gemacht, ist allerdings das sodann eingeholte gerichtliche Abstammungsgutachten verwertbar, BGH NJW 2006, 1657; NJW 2005, 497. 21

VII. Duldungspflicht, I. Sie besteht nur aufgrund einer gesetzmäßigen richterlichen Anordnung. Es müssen mehrere Bedingungen zusammentreffen. 22

1. Strenge Voraussetzungen. Die Duldungspflicht besteht nach → Vor § 371 Rn. 15 an sich nur in einem sehr beschränkten Rahmen. § 372a erweitert sie aber unter den in → Rn. 3 genannten, wegen → Rn. 1 von Amts wegen streng prüfbaren Voraussetzungen. Dabei richtet sich die Pflicht evtl. nach deutschem Recht, die Durchführbarkeit nach ausländischem, Brem FamRZ 2009, 802. Ein Einverständnis ist nur nach § 290 widerrufbar, Oldb NJW-RR 2005, 1022. Beim Minderjährigen entscheidet der gesetzliche Vertreter, Jena NJW-RR 2007, 1307 (Mutter). 23

2. Pflicht eines jeden. Der Duldungspflicht ist jeder unterworfen, dh die am Rechtsstreit Beteiligten, auch Streithelfer nach § 66 und Streitverkündungsgegner nach § 74 sowie für, die irgendwie für die Abstammung in Betracht kommen. Es gilt zB für den angeblichen Mehrverkehrer, wenn entsprechende tatsächliche Anhaltspunkte vorhanden sind, oder für einen vermutlichen Erzeuger, den keiner als Zeugen benannt hat, oder für leibliche Eltern des möglichen Vaters, Drsd NJW-RR 1999, 85, oder für den möglichen Großvater, nach sehr weit gehender Ansicht auch für das Mitglied einer Wohngemeinschaft mit der Mutter, KG NJW 1987, 2311. 24

Wo der zur Duldung der Untersuchung Verpflichtete im Inland wohnt, ist unerheblich. Ein Deutscher im Ausland unterliegt der Pflicht ebenfalls, Brem NJW 2009, 3313 (nur Durchsetzung folgt dem Recht des Wohnsitzes). Dasselbe gilt für einen in Deutschland lebenden und daher der deutschen Gerichtsbarkeit unterworfenen Ausländer (Ausnahmen: §§ 18–20 GVG). 25

26 Der Verpflichtete muss **tätig mitwirken,** soweit das nötig ist. Er muss also etwaige Fragen beantworten, der Vorladung des Sachverständigen zur Blutentnahme usw. folgen, sich einer längeren Beobachtung unterziehen, evtl. auch eine Klinik zu diesem Zweck aufsuchen. Die Duldungspflicht besteht nur unter den Voraussetzungen → Rn. 27 ff. Der gesetzliche Vertreter nach § 51 usw. ist zur Erklärung der Duldungsbereitschaft des Vertretenen zuständig, soweit der letzterem die Verstandesreife fehlt, Naumb FamRZ 2000, 1290. Auch eine Blutprobe beim Verstorbenen ist entnehmbar, Drsd MDR 2002, 1070; → Rn. 1.

27 **3. Erforderlichkeit.** Die Untersuchung muss nach → Rn. 5 notwendig sein.

28 **4. Aufklärbarkeit.** Die Untersuchung muss nach den anerkannten wissenschaftlichen Grundsätzen eine Aufklärung des Sachverhalts versprechen. Die Aufklärbarkeit muss feststehen. Es reicht also nicht aus, dass der Sachverständige eine neue noch unsichere Methode erproben soll. Aber auch die Anwendung erprobter Methoden reicht dann nicht aus, wenn sie nicht zum Ziel führen können. Wenn sich das während der Untersuchung herausstellt, muss man sie abbrechen.

29 **5. Zumutbarkeit.** Anschluss an → Rn. 5. Unzumutbarkeit ist ein Ausschlussgrund, Mü FamRZ 2012, 57. Das Gericht muss die Belange des zu Untersuchenden und diejenigen der Parteien unter Wahrung des Gebotes der Verhältnismäßigkeit abwägen, Nürnb FamRZ 2005, 728; Hamm NJW 1993, 474; Karlsr FamRZ 1992, 334; Ffm NJW 1979, 1257. Aussichtslosigkeit der Untersuchung spricht gegen Zumutbarkeit, Celle FamRZ 2013, 1669.

30 Zur Verweigerung genügt eine schriftliche Erklärung nebst einer Glaubhaftmachung der Gründe, §§ 386, 294. Der Weigernde muss seine Gründe auf seine Kosten darlegen. Denn er will sich einer allgemeinen staatsbürgerlichen Pflicht entziehen. Er erhält seine Unkosten bei einer erfolgreichen Verweigerung evtl. entsprechend § 7 JVEG erstattet, näher Toussaint/Weber JVEG § 7 Rn. 1 ff. Das Gericht darf sie dem Antragsteller nur auferlegen, wenn dieser am Zwischenstreit beteiligt war, Celle OLGR 1997, 82.

6. Beispiele zur Frage einer Zumutbarkeit, I

31 **Adoption:** Zumutbar ist eine Untersuchung auch dann, wenn der Ehemann der Mutter des nichtehelichen Kindes, die die Blutentnahme dulden soll, das Kind adoptieren will, Nürnb NJW-RR 1996, 645.

Andere Beweismöglichkeit: Unzumutbar ist eine Untersuchung, wenn man den Beweis auf andere Weise erbringen kann, Nürnb FamRZ 2005, 728 (selbst Exhumierung muss eindeutig weniger geeignet sein), näher → Rn. 1, 5.

Exhumierung: „andere Beweismöglichkeit", → Rn. 5.

Minderjähriger: Er handelt zwar grds. durch seinen gesetzlichen Vertreter nach § 51, evtl. durch einen Prozesspfleger, Jena NJW-RR 2007, 1306, Karlsr FamRZ 1998, 563 (der Minderjährige entscheidet bei Verstandesreife selbst), Mü FamRZ 1997, 1170 (Ordnungsgeld gegen Vertreter).

Nichtehelichkeit: Zumutbar ist eine Untersuchung auch dann, wenn evtl. die Nichtehelichkeit des Kindes herauskommt.

Operation: Unzumutbar ist eine obendrein riskante Operation. Sie ist mehr als eine bloße „Untersuchung".

Postmortales Persönlichkeitsrecht: tritt regelmäßig zurück, BGH NJW 2004, 3786, näher → Rn. 1.

Psychischer Schaden: Unzumutbar ist eine Untersuchung bei der Gefahr einer solchen Folge nach Kblz NJW 1976, 379 (Spritzenphobie, sehr weitgehend).

Strafverfolgungsgefahr: Die Zumutbarkeit kann je nach den Umständen vorhanden sein oder **fehlen,** wenn sich der zu Untersuchende der Gefahr einer Strafverfolgung aussetzen würde, für Inzestverdacht Unzumutbarkeit für den Verfahrensbeteiligten verneint von Hamm NJW 1993, 474 und Karlsr FamRZ 1992, 335. Man sollte § 81c III StPO bei der Auslegung des § 372a berücksichtigen, BGH NJW 1964, 1469 (1471), aM Ffm NJW 1979, 1257. Bei Gefahr nur für Dritte eher für Zumutbarkeit Köln NJW 1952, 149.

Unterhalt: Zumutbar ist eine Untersuchung auch dann, wenn ein Unterhaltsanspruch dadurch verlorengehen könnte, aM Mü NJW 1977, 341. Man darf die Untersuchung auch nicht mit der Begründung verweigern, man habe schon im Unterhaltsverfahren des Kindes gesiegt.

Vermögensnachteil: Zumutbar ist grds. eine Untersuchung auch dann, wenn sie einen Vermögensnachteil bringen würde oder könnte, Mü NJW 2011, 2892 (Erbrecht).

Zeuge Jehovas: Zumutbar ist eine Untersuchung auch dann, wenn der zu Untersuchende ein Zeuge Jehovas ist, Ddf FamRZ 1976, 51. Das ist für religiöse Gründe verallgemeinerungsfähig.

32 **VIII. Prüfung der Weigerung, II. 1. Grundsatz: Zwischenverfahren.** Unmittelbarer Rechtsschutz ist nach § 355 II ausgeschlossen. Im Prüfungsverfahren finden jedoch **§§ 386–390 sinngemäß** Anwendung, BGH NJW-RR 2007, 1375; NJW 1990, 2936, Brdb FER 2001, 130.

33 Es findet ein Zwischenstreit statt, Karlsr FamRZ 2007, 738. Das setzt eine Ladung nach § 377 II Nr. 1–3 durch das Prozessgericht voraus, Brdb FER 2001, 130 = FamRZ 2001, 1010, vgl. auch § 386 III. Daher muss das Gericht ein **Ordnungsmittel** angedroht haben, Köln FamRZ 1976, 548. Für den sich weigernden Dritten (Zeugen) besteht nach §§ 387 II, 569 II 2 kein Anwaltszwang, wohl aber wie sonst für die Parteien des Hauptverfahrens und auch für die sich weigernde Partei. Für den Minderjährigen kommt es auf die Verstandesreife an, Mü FamRZ 1997, 1170; Karlsr FamRZ 1998, 563. Gegen den ges. Vertreter kann Ordnungsgeld festgesetzt werden, Mü FamRZ 1997, 1170, aA Zöller/Greger FamFG § 178 Rn. 10.

34 **2. Verweigerung mit Grundangabe.** Bei einer Verweigerung mit einer Begründung nach §§ 386, 387 tritt der Zwischenstreit vor dem Prozessgericht nach § 387 ein, BGH NJW 1990, 2936, Naumbg FamRZ 2012, 1148, Brdb MDR 2011, 429, Saarbr FamFR 2010, 429 (jew. Zwischenurteil analog § 387), FamRZ 2001, 1010 (Beschluss ausreichend), Stgt FamRZ 1992, 971 (Abgrenzung zur vorbereitenden Verfügung), Ffm NJW-RR 1988, 714 (Ersuchen durch ausländisches Gericht). Auch ein Dritter kann ihn auslösen, Drsd NJW 2014, 3786. Das Gericht muss die Parteien nach Art. 103 I GG anhören, Brdb FamRZ 2001, 1010. Im Zwischenstreit entscheidet das Gericht nicht über den nach § 355 II unanfechtbaren Beweisbeschluss, → Rn. 20, sondern durch ein Zwischenurteil nach § 303 nur darüber, ob das Beweismittel sachlich geeignet ist, ob ein solcher Beweis also überhaupt zulässig ist, Mü NJW 1977, 341 und ob er notwendig ist, → Rn. 5. Das Prozessgericht ist auch dann zuständig, wenn der Betroffene sich unter einer Angabe von Gründen vor dem nach §§ 361, 362 beauftragten oder ersuchten Richter geweigert hat, BGH NJW 1990, 2936. Das gilt freilich nur für die Endentscheidung über die Rechtmäßigkeit der Weigerung. Die dazu erforderlichen Grundlagen darf und muss auch der beauftragte oder

ersuchte Richter nach § 389 I schaffen, BGH NJW 1990, 2936. Bei der Endentscheidung im Zwischenstreit muss das Gericht von der Rechtsansicht des Prozessgerichts im Hauptprozess ausgehen. Das BVerfG, FamRZ 2011, 787, Anm. Schneider, hat bei VerfBeschwerde gegen ein Zwischenurteil nach § 32 BVerfGG die Untersuchung ausgesetzt.

3. Rechtsmittel. Rechtsbehelfsbelehrung, Verstoß: §§ 232, 233 S. 2. Gegen das Zwischenurteil ist nach §§ 387 III, 567 I Nr. 1 eine sofortige Beschwerde zulässig. Sie steht bei einer Anordnung der Untersuchung dem zu Untersuchenden zu, bei einer Ablehnung der Untersuchung jeder Partei des Hauptprozesses. Sie hat nach § 570 I keine aufschiebende Wirkung. Denn es geht noch nicht direkt um ein Ordnungs- oder Zwangsmittel. Es ist eine einstweilige Anordnung nach § 570 III denkbar. Erst nach dem Eintritt der formellen Rechtskraft des Zwischenurteils nach § 705 darf das Gericht denjenigen, der sich weiter weigert, in die dadurch verursachten Kosten und in ein Ordnungsgeld verurteilen, ersatzweise in eine Ordnungshaft nach §§ 386–390 I, Brdb FamRZ2001, 1010. Eine Festsetzung der Ordnungsmittel ist ohne ein vorheriges Zwischenurteil unzulässig. Bei Unterlassung eines Zwischenurteils ist die Streitfrage in der Berufung gegen das Endurteil zu prüfen, § 512. 35

4. Vorführung. Zunächst gelten §§ 390 I, 372a II. Bei einer wiederholten Verweigerung, aufgrund des Gebots der Verhältnismäßigkeit also erst im Anschluss an erfolglose Maßnahmen nach § 390 I, Ffm NJW-RR 1988, 714, darf das Gericht nach II 2 die zwangsweise Vorführung des zu Untersuchenden anordnen. Die Vorführung erfolgt in der Regel durch den für den Aufenthaltsort des Vorzuführenden zuständigen Gerichtsvollzieher, auch bei größerer Entfernung zum Gerichtsort, LG Regensburg DGVZ 1980, 171. Näher § 149 GVGA. Die Entscheidung kann, wenn das Prozessgericht im Zwischenverfahren abschließend entschieden hat, durch das Rechtshilfegericht ergehen, BGH NJW 1990, 2936. 36

5. Verweigerung ohne Grundangabe; bloßes Nichterscheinen. Bei einer Verweigerung ohne eine Angabe von Gründen findet kein Zwischenverfahren statt. Das Gericht ordnet dann vielmehr nach II 1 sofort Maßnahmen entsprechend § 390 an, BGH NJW 1990, 2936 (ggf. das Rechtshilfegericht). Das geschieht evtl. gegen den Sorgeberechtigten unabhängig von einem Verfahren nach § 1666 BGB, Mü FamRZ 1997, 1170. Das Gericht darf eine bloße Terminsversäumung nur dann durch ein Ordnungsmittel ahnden, wenn die Weigerung daraus erkennbar wird. Denn beim Augenscheinsbeweis ist § 380 nicht anwendbar, Zweibr FamRZ 1986, 493. Wegen Rückschlusses aus der Weigerung auf die Vaterschaft AG Hbg FamRZ 2003, 46, AG Bln-Wedding FamRZ 2005, 1193, näher → § 371 Rn. 10. 37

Titel 7. Zeugenbeweis

Vorbemerkung zu § 373

Schrifttum: Arntzen, Psychologie der Zeugenaussage, 5. Aufl. 2011; Bender/Häcker/Schwarz, Tatsachenfeststellung vor Gericht, 5. Aufl. 2021; Hoffmann/Maurer, Voraussetzungen und Grenzen anwaltlicher Zeugenvorbereitung, NJW 2018, 257; Wessing/Ahlbrecht, Der Zeugenbeistand, 2013.

I. Systematik, Regelungszweck. §§ 373–401 betreffen die für die Praxis mit Abstand wichtigste Beweisart. §§ 355 ff. enthalten den Allgemeiner Teil des Beweisrechts, die Beweiswürdigung regeln §§ 284 ff. 1

Die Vorschriften dienen der Wahrheitsfindung und damit der materiellen Gerechtigkeit. Man muss die in → Rn. 11 dargestellten Probleme zwar bei der Handhabung der §§ 373 ff. stets mitbeachten. Sie ändern aber nichts an der Unentbehrlichkeit des Beweismittels und an der Aufgabe, durch einen unverkrampften Umgang auch und gerade mit einem schwierigen Zeugen der Wahrheit näher zu kommen. Dabei gebietet die **Menschenwürde** nach Art. 1 GG dem Gericht den Grundsatz einer zumindest anfänglichen Glaubwürdigkeit. Aus einem solchen Grundsatz darf keine oberflächliche Vertraulichkeit werden. Ebensowenig ist aber eine misstrauische Vorbehaltshaltung statthaft. Zu den verfassungsrechtlichen Rahmenbedingungen Zuck NJW 2010, 3494. 2

Die Zeugenvernehmung ist die ureigene Aufgabe des Gerichts. Außergerichtliche Äußerungen eines Zeugen, er könne sich an nichts erinnern, sind kein Anlass, einen Beweisantrag zurückzuweisen, BGH NZM 2020, 376. 3

Eine **Haftung** des Zeugen für falsche Aussagen kann sich aus § 823 II BGB iVm §§ 153 f., 263 StGB und aus § 826 BGB ergeben. 4

II. Sachlicher Geltungsbereich. §§ 373–401 gelten grundsätzlich in allen Verfahren nach der ZPO, nicht zuletzt im selbständigen Beweisverfahren nach §§ 485 ff. und im WEG-Verfahren, BGH NJW-RR 2018, 974 (WEG-Verwalter). Soweit der Amtsermittlungsgrundsatz besteht (vgl. auch § 26 FamFG), treten einzelne Regeln des Verfahrens zurück. Im Übrigen gelten §§ 373 ff. im Bereich des § 113 I 2 FamFG entsprechend. 5

III. Persönlicher Geltungsbereich. 1. Zeugenbegriff. a) Grundsatz. Zeuge ist nach → Rn. 16, wer nicht als Partei oder deren gesetzlicher Vertreter nach § 51 Auskunft über Tatsachen geben soll, BFH NJW-RR 1992, 63; andere Vertreter, namentlich Prozessbevollmächtigte, kommen in Betracht. Zeuge kann nur eine natürliche Person sein, Ddf MDR 1988, 593, freilich auch zB ein 7jähriges Kind, AG BergGladb WuM 1994, 193, ebenso ein hochbetagter Mensch, näher → Rn. 17. Der Zeuge soll sein Wissen über bestimmte Tatsachen bekunden, BGH NJW 2013, 3570. Das gilt auch beim Zeugen vom **Hörensagen** und beim sachverständigen Zeugen nach → § 414 Rn. 4. 6

b) Vernehmungsprotokoll. Das Protokoll über die Vernehmung eines Zeugen ist lediglich ein in § 160 III Nr. 4 vorgeschriebenes Hilfsmittel für die Verwertung der Zeugenaussage; es ist nicht die Aussage selbst. Bereits vorliegende Protokolle dürfen vom Gericht ohne unmittelbare Vernehmung nur ausnahmsweise verwertet werden, vgl. § 529 I Nr. 1. Protokolle aus anderen Verfahren sind Urkunden und können als solche in den Rechtsstreit eingeführt werden; ihre Verwertung anstelle der persönlichen Vernehmung ist indes grds. nur zulässig, wenn nicht eine Partei die persönliche Vernehmung beantragt, BGH MDR 2013, 1184; NJW-RR 2011, 1079; NJW 2000, 3072. Gleiches gilt für Strafurteile, BAG NJW 2015, 651 Rn. 26. Eine Ausnahme mag gelten, wenn ein Zeuge verstorben ist, BGH GRUR 2016, 1260. Die Verwertung zu Beweiszwecken muss eindeutig klargestellt werden, BGH NJW-RR 2016, 957. Unzulässig ist es, eine Tatsache aufgrund des Protokolls als 7 gerichtsbekannt zu behandeln und aus diesem Grunde von der Vernehmung abzusehen, BGH NJW-RR 2011, 568; auch Anders/Gehle ZivilR F Rn. 44.

8 Das Vernehmungsprotokoll ist mangels persönlichen Eindrucks in der Beweiswürdigung nur begrenzt verwertbar, vgl. BGH NJW 2000, 1420.

9 **c) Abgrenzung vom Sachverständigen.** Demgegenüber liefert der Sachverständige anders als im behördlichen Gutachten nach → Vor § 402 Rn. 16 und evtl. abweichend von der amtlichen Auskunft nach → Rn. 31 dem Richter aufgrund seiner Sachkunde Erfahrungssätze oder Schlussfolgerungen, BGH NJW 2007, 2122; (Wertermittlung); NJW-RR 2004, 1248 (Verkehrssitte); Braunschw NJW-RR 2020, 1358 (ärztliche Diagnose); KG NJW-RR 2011, 608. Der Zeuge ist unvertretbar, der Sachverständige ist vertretbar, → Vor § 402 Rn. 5. Zum **sachverständigen Zeugen** § 414. Zur Abgrenzung von der **Partei** → Rn. 17.

10 **2. Behördliches Zeugnis (Auskunft).** Das Gesetz erwähnt behördliche Zeugnisse, zB in § 183 IV 2, oder setzt sie voraus, vgl. §§ 273 II Nr. 2, 358a S. 2 Nr. 2, 437 II. Sie sind zulässige Beweismittel, BGHZ 89, 114 (119); BGH NJW 1979, 266 (268). Näher → Rn. 31

11 **3. Glaubwürdigkeit.** Der Zeugenbeweis ist nicht selten ein ungewisser Beweis, zB LG Köln NZV 1988, 28 (generelle Zweifel bei Unfallbeteiligten), Kirchhoff MDR 2001, 661 (Wahrnehmungsexperiment), Ulrich NJW 2014, 1342 (anwaltlicher Kontakt). Vernehmung ist eine erlernbare Kunst, Anders/Gehle Assessorexamen ZivilR F Rn. 8 ff.; Bender/Häcker/Schwarz Teil F; Geipel/Nill DRiZ 2007, 250. Es gibt kaum je eine objektive Wahrheit, allenfalls eine subjektive Wahrhaftigkeit. Der Vernehmende muss sich im Rahmen der nur dem Spruchrichter erlaubten Würdigung nach § 286 bis zur Überzeugung über die Fehlerquellen klar sein.

12 **4. Allgemeine Fehlerquellen.** Es gibt zunächst allgemeine Fehlerquellen. Sie beruhen auf der Schwäche der menschlichen Natur. Hierher gehören: Fähigkeit zur Wahrnehmung, zur Wiedergabe, Unzuverlässigkeit des Gedächtnisses. Die Erinnerungsstärke nimmt außerordentlich schnell ab, Anders/Gehle Assessorexamen ZivilR F Rn. 84 ff., Kirchhof MDR 2001, 661; eine Mangelhaftigkeit der Wahrnehmung. Man sollte sie freilich nicht zu streng bewerten. Bei einer Wahrnehmung aus einem gewissen Abstand kann der verschiedene Standpunkt der Zeugen für jeden ein ganz anderes Bild ergeben. Aber auch bei einer guten Wahrnehmungsfähigkeit ist noch nicht sicher, dass der Zeuge dasjenige gut und richtig wiedergeben kann, was er wahrgenommen hat. Der Eid soll nur die Wiedergabebereitschaft fördern, kann aber iÜ den Schwächen des Zeugenbeweises nicht abhelfen, Köln MDR 1971, 933. Weiter gehören hierher: Eine Beeinflussbarkeit durch eigene und fremde Gedanken über den Vorgang; eine Neigung zur Eigenbewertung; Zuneigung und Abneigung, Kühn NZA 2012, 1249 (Feststellung der Arbeitsunfähigkeit), besonders stark bei Schätzungen, die als solche schon wegen der geringen Möglichkeiten der Nachprüfung eine große Fehlerquelle sind; für eine gewisse Zuverlässigkeit von Entfernungsschätzungen aber BGH MDR 1985, 566 Nr. 31; außerdem jede Art wertender Einstellung.

13 **5. Persönliche Fehlerquellen.** Fehlerquellen können ferner in der Person des Zeugen liegen: In seinem Alter, Deekers NJW 1999, 1365 (Kind, ausf.), seiner Bildung, Erziehung, Begabung, Urteilskraft, in seinen persönlichen Beziehungen zu den Parteien, BGH NJW 1995, 955, NJW-RR 1995, 1210; in seinem Gesundheitszustand. So mancher hat zB „eine natürliche Gabe, als Zeuge aufzutreten. Fest wie ein Fels" (Galsworthy). Vielfach ist die Erinnerung an die frühere Vernehmung und insbesondere an bestimmte Formulierungen stärker als die Erinnerung an den eigentlichen Vorgang. Eine große Lügenquelle ist die Hysterie. Sie ist sehr oft kaum erkennbar. Hat der Richter von all dem keine Vorstellung, fehlt ihm jeder Maßstab zur Würdigung der Aussage. Die Vernehmung erfordert Geduld und Einfühlungsvermögen. Der Richter muss den Zeugen durch offene Fragen zum Sprechen bringen und die Sprache des Zeugen verstehen.

14 **6. Grenzen des Beweiswerts.** Jeder Richter sollte sich darüber klar sein, dass die Aussage auch des begabtesten und gewissenhaftesten Zeugen vielen solcher Fehlerquellen unterliegt, Bruns ZZP 91, 67; Meyke NJW 1989, 2032. Wer hätte nicht schon die feste Überzeugung von der Richtigkeit einer Tatsache gehabt, die sich nachher doch als falsch herausstellte? Welcher Richter dürfte sich auf die Erinnerung eines Zeugen an weit zurückliegende Vorgänge verlassen, wenn er doch leicht wahrnehmen kann, dass er selbst sich im Tatbestandsberichtigungsverfahren nach § 320 nach wenigen Wochen nicht mehr gut erinnert? Die Überschätzung des Zeugenbeweises oder gar der beschworenen Aussage ist verhängnisvoll.

15 **7. Verwertungsverbot, Spitzel.** Unzulässig ist nach § 286 die Vernehmung, unverwertbar die Aussage des Spitzels, sofern sein Verhalten einen Verstoß gegen das allgemeine Persönlichkeitsrecht nach Art. 1, 2 GG darstellt, BGH NJW 1970, 1848. Eine Ausnahme gilt nicht schon dann, wenn ein Beweis nicht anders möglich ist. Sonst würde man nämlich einen Anreiz zur Arglist geben, aM Zeiss ZZP 89, 396. Ein Verstoß dieser Art kann allerdings durch einen Rügeverzicht nach § 295 I heilen. Zulässig ist die Verwertung der Aussage eines Polizisten über die Erklärung eines Beschuldigten, wenn man den letzteren nicht nach § 136 I 2 StPO belehrt hatte. Unzulässig ist die Verwertung, wenn der Beschuldigte auch nur eventuell sein Aussageverweigerungsrecht nach §§ 376, 383 ff. nicht kannte oder bei dessen Kenntnis nicht ausgesagt hätte.

16 Die Erhebung und Verwertung von Zeugenaussagen über den Inhalt eines **mitgehörten Telefongesprächs** verstößt, wenn nicht das Mithören durch höherrangige Interessen oder von einer Zustimmung des Gesprächspartners gedeckt war, gegen dessen Recht am gesprochenen Wort als Ausprägung des allgemeinen Persönlichkeitsrechts, Art. 2 I GG iVm Art. 1 I GG, BVerfG NJW 2002, 3619; NJW 2003, 2375; BGH NJW 2003, 1727; OLG Koblenz MDR 2014, 743 = BeckRS 2014, 11138.

IV. Zeugnisfähigkeit. 1. Beispiele zur Frage der Zeugnisfähigkeit, Abgrenzung von der Partei

17 **Abtretung, Einziehung:** Zeugnisfähigkeit besteht grds. für den **Abtretenden,** BGH NJW 1989, 2750 (2751cc); WM 1976, 424 = BeckRS 2012, 789 (auch zu §§ 134, 138 BGB); Wunderlich DB 1993, 2269. Zeugnisfähigkeit besteht für den Abtretungsnehmer. Maßgeblich ist die formale Parteistellung. Keine Zeugnisfähigkeit besteht nach → Rn. 13, 16, § 138 BGB dann, wenn der Zedent die Absicht hat, als Zeuge zu lügen; idR handelt es sich jedoch nur um eine Frage der Glaubwürdigkeit, BGH NJW 2001, 826; WM 1985, 613; WM 1976, 424, strenger Buß JZ 1997, 694, Meyke NJW 1989, 2032. Entspr. gilt für die Prozessstandschaft.

Beistand: Zeugnisfähigkeit besteht, wenn der Beistand nach § 90 nicht auch Partei ist. Er kann ein Beistand des ProzBev. sein, Werner AnwBl 1995, 113.

Beteiligter: Im FamFG-Verfahren ist ein Beteiligter **nicht** zeugnisfähig, BayObLG FamRZ 1997, 772.

Betreuer: Zeugnisfähigkeit besteht außerhalb seines Aufgabenbereiches nach §§ 1896 II, 1902 BGB, Mü BeckRS 2007, 14935.

Betreuter: Zeugnisfähigkeit besteht auch beim Fehlen der Geschäfts- und Prozessfähigkeit im Prozess des Betreuers nach § 51, BGH NJW 2000, 289, 291.

Erbe: Zeugnisfähigkeit besteht im Prozess des Testamentsvollstreckers und für den am Nachlassprozess formell nicht beteiligten Miterben.

Ermächtigung: Der Ermächtigende ist Zeuge im Prozess des Prozessstandschafters.

Gemeinde: Zeugnisfähigkeit besteht beim bloßen Mitglied des Gemeinderates. Keine Zeugnisfähigkeit besteht nach → „Vertreter, gesetzlicher" für den Bürgermeister.

Gerichtspersonen: Zeugnisfähigkeit besteht, vgl. §§ 41 Nr. 5, 49.

Geschäftsunfähiger: → „Minderjähriger".

Gesellschaft, Genossenschaft: Eingehend MHdbGesRVII/Fischer § 12

Keine Zeugnisfähigkeit besteht für den gesetzlichen Vertreter, mithin den Organvertreter (Geschäftsführer, Vorstand), Kblz NJW-RR 1987, 809; Mü NZG 1999, 775, auch nicht für den satzungsmäßigen Vertreter nach § 30 BGB, da dieser als Partei, nicht als rechtsgeschäftlicher Vertreter handelt, aM Barfuß NJW 1977, 1273, Thomas/Putzo/Seiler Rn. 7, Zöller/Greger § 373 Rn. 8. Zeugnisfähigkeit besteht für den Leiter einer **Zweigniederlassung,** Barfuß NJW 1977, 1274.

Zeugnisfähigkeit besteht ausnahmsweise zur Wahrung der **Waffengleichheit,** → Einl II Rn. 47; → Vor § 128 Rn. 45, soweit auch der gegnerische gesetzliche Vertreter Zeuge sein darf, Art. 6 MRK, EGMR NJW 1995, 1413, Schlosser NJW 1995, 1404. Zum maßgeblichen **Zeitpunkt** Rn. 11.

– **(AG):** Zeugnisfähigkeit besteht für den **Aktionär** im Prozess der Gesellschaft, Barfuß NJW 1977, 1274, Zeugnisfähigkeit besteht für ein **Aufsichtsratsmitglied,** außer wenn es ausnahmsweise zugleich ein gesetzlicher Vertreter der Gesellschaft ist, § 112 AktG, BGH ZIP 2018, 1173 (Geschäftsleitervertrag); NJW-RR 2009, 690; NJW-RR 2007, 98; Barfuß NJW 1977, 1274. Zeugnisfähigkeit des Organvertreters besteht, soweit ein besonderer Vertreter nach § 147 III AktG bestellt ist; letzterer ist in seinem Aufgabenbereich Partei, MHdbGesRVII/Fischer § 12 Rn. 21. **Keine** Zeugnisfähigkeit besteht grds. für ein aktives Vorstandsmitglied, Kblz NJW-RR 1987, 809 (wohl aber nach Abberufung). In der SE gilt entspr. für die Vertretungsorgane.

– **(BGB-Gesellschaft):** Die Außengesellschaft mit ihrer eigenen Rechts-, Partei- und Prozessfähigkeit nach BGHZ 146, 341 wird im Zweifel nach § 714 BGB von allen Gesellschaftern gemeinsam vertreten, Schmidt NJW 2001, 993 (999). Nur wer nach dem Gesellschaftsvertrag nicht an ihrer gesetzlichen Vertretung teilhat, ist zeugnisfähig, BGH NJW 1965, 106. Auf die Frage, ob die Gesellschaft oder die Gesellschafter verklagt werden, kommt es nicht an, BGH NJW 2007, 2257.

– **(GmbH):** Zeugnisfähigkeit besteht für den nicht geschäftsführenden Gesellschafter, BGH DStR 1993, 843, Barfuß NJW 1977, 1274; Zeugnisfähigkeit besteht für den Aufsichtsrat, soweit ein besonderer Vertreter entsprechend § 147 III AktG vorhanden ist, sonst besteht **keine** Zeugnisfähigkeit, Kblz NJW-RR 1987, 809.

– Keine Zeugnisfähigkeit besteht für den echten Geschäftsführer, der als Organvertreter Partei ist, BGH IBR 2015, 462; Kblz NJW-RR 1987, 809, Barfuß NJW 1977, 1274. Zeugnisfähigkeit besteht, wenn in concreto ein Vertreter nach § 46 Nr. 8 GmbHG bestellt ist, und für den nur faktischen Geschäftsführer, Mü NZG 1999, 775.

– **(Genossenschaft):** Es gilt das gleiche wie bei Kapitalgesellschaften, der Aufsichtsrat ist nur im Fall des § 39 I 1 GenG Partei, sonst Zeuge.

– **(KG):** Zeugnisfähigkeit besteht für den Kommanditisten, weil er nicht selbst vertretungsberechtigt ist, BGH NJW 1965, 2253; NJW 1964, 723; Barfuß NJW 1977, 1274, und zwar auch dann, wenn er eine Prokura hat, BAG BB 1980, 580, Zeugnisfähigkeit besteht für denjenigen persönlich haftenden Gesellschafter einer in Liquidation befindlichen KG, der nicht Liquidator ist. Keine Zeugnisfähigkeit besteht grds. für den Komplementär, BGH NJW 1965, 106, ArbG Wiesb DB 1978, 2035, und daher auch keine für den Geschäftsführer der Komplementär-GmbH als gesetzlichen → Vertreter, LG Oldb BB 1975, 983, Barfuß NJW 1977, 1274. In der Liquidation ist der Komplementär Zeuge, wenn er nicht Liquidator ist, BGH BB 1964, 1321.

– **(OHG):** Zeugnisfähigkeit besteht für den Gesellschafter nach § 125 I HGB nur dann, wenn er kraft Satzung nicht vertretungsberechtigt ist; BGH NJW 1965, 2253, Zeugnisfähigkeit besteht nach → Rn. 16 für den früheren Gesellschafter. **Keine** Zeugnisfähigkeit besteht für alle Gesellschafter, weil sie in ihrer Gesamtheit Partei sind. Der besondere Vertreter analog § 46 Nr. 8 Alt. 2 GmbHG, BGH NZG 2010, 1381, ist als Partei zu vernehmen, Karrer NZG 2009, 932 (934 f.).

Insolvenz: Zeugnisfähigkeit besteht für den Schuldner im Prozess des Insolvenzverwalters, BFH NJW-RR 1998, 63 (auch ab Eintritt des Insolvenzverwalters in den bereits laufenden Rechtsstreit). Der Insolvenzverwalter kann als Partei vernommen werden, BGH NJW 2019, 517 Rn. 20.

Minderjähriger: Zeugnisfähigkeit besteht generell, vor Vollendung des 16. Lebensjahres auch bei Parteistellung, BGH NJW 2008, 289 (291); Hamm VersR 2003, 473 (Folge aus § 455 II). Das gilt unabhängig vom Alter oder einer geistigen oder seelischen Krankheit und der dadurch bedingten Begrenzung der Geschäftsfähigkeit, AG BergGladb WuM 1994, 193 (Siebenjähriger). Hinreichende Verständigkeit ist ein tatsächliches, kein rechtliches Problem.

Öffentlich-rechtliche Körperschaft: Zeugnisfähigkeit besteht für ein Gemeinderatsmitglied im Prozess der Gemeinde. **Keine** Zeugnisfähigkeit besteht für das Vertretungsorgan, Barfuß NJW 1977, 1274.

Partei: Zeugnisfähigkeit besteht für die nicht prozessfähige Partei in demjenigen Prozess, den der gesetzliche Vertreter nach § 51 betreibt, BGH NJW 2000, 289 (291); Hamm VersR 2003, 181, sowie für die an sich prozessfähige und nur gemäß § 53 unterstellt prozessunfähige Partei, wenn nicht das Gericht sie nach § 455 II vernehmen kann, → § 455 Rn. 2, BGH NJW 1965, 2253. Für die frühere Partei besteht sie selbst dann, wenn diese kostenmäßig noch eine Beteiligte ist, Kblz NJW-RR 2003, 283. Keine Zeugnisfähigkeit besteht in sonstigen Fällen, auch nicht bei der Partei kraft Amtes, namentlich Insolvenzverwalter, → „Insolvenz". Vgl. auch → Rn. 16. Eine Verwechslung ist nach § 295 heilbar, BGH WM 1977, 1007.

Pfleger: Er ist Zeuge, wenn er im Prozess nicht als Vertreter auftritt, vgl. auch § 455 I.

Prokurist: Zeugnisfähigkeit besteht, weil er als solcher kein gesetzlicher Vertreter nach § 51 ist, BAG BB 1980, 580.
Prozessbevollmächtigter: Zeugnisfähigkeit besteht, BGH NJW 2007, 3069; Hamm MDR 1977, 142.
Prozessunfähiger: Er kann Zeuge sein, soweit nicht § 455 Anwendung findet.
Prozessstandschafter: Er ist Partei, → Vor § 50 Rn. 3.
Streitgenosse: Grds. kann ein einfacher Streitgenosse Zeuge sein, wenn der str. Sachverhalt ausschließlich einen anderen Streitgenossen betrifft, BGH MDR 1984, 47 (Abkehr von RGZ 29, 370; 1991, 37); BAG MDR 1973, 169. Zeugnisfähigkeit besteht für den einfachen nach § 59 auch dann, wenn er nach §§ 322, 705 rechtskräftig oder durch einen Vergleich ausgeschieden ist, BGH NJW 1999, 135, Kblz NJW-RR 2003, 283, oder wenn sie ausschließlich betr. andere Parteien aussagen sollen, BGH NJW 1983, 2508; Ffm BeckRS 2006, 10827; Hamm NJW-RR 1986, 391; Ddf MDR 1971, 56. Ausschaltung von Zeugen durch Verklagen mehrerer ist für sich nicht unzulässig, BayObLG MDR 1998, 180. Vgl. auch → Rn. 16, insbes. betr ehemalige Streitgenossen. Keine Zeugnisfähigkeit besteht, wenn noch eine Vorabentscheidung nach § 304 erfolgt oder wenn er noch wegen der streitigen Kosten wenigstens formell beteiligt ist, → Rn. 16, wenn der nicht von der Widerklage betroffene Streitgenosse hierzu nur aussagen kann, indem er sich auch zur Klage äußert, KG OLGZ 1977, 244, für den notwendigen Streitgenossen nach § 62 oder bei einer Nämlichkeit des Streitgegenstands (Lebenssachverhalts), selbst wenn ein Streitgenosse in einem von mehreren Streitpunkten nicht Partei ist, BGH MDR 1984, 47. Zum ausgeschiedenen Streitgenossen → Rn. 16.
Streithelfer: Zeugnisfähigkeit besteht für den gewöhnlichen Streithelfer nach § 66, wenn er als Partei nicht (insbesondere im Sinne einer Anspruchshäufung bei Identität des Streitgegenstandes bzw. Anspruchsgrundes) unmittelbar selbst betroffen ist, Ddf MDR 2015, 178. Keine Zeugnisfähigkeit besteht für den streitgenössischen nach § 69, RGZ 46, 405.
Streitverkündungsgegner: Zeugnisfähigkeit besteht.
Vaterschaftsverfahren: Zeugnisfähigkeit besteht für die Mutter dann, wenn das Kind einen Pfleger hat, KG DAVorm 1977, 174. Sonst besteht **keine** Zeugnisfähigkeit.
Verbindung: Wird ein Zeuge aufgrund § 147 zur Partei, kann persönliche Anhörung geboten sein, Kblz NJW-RR 2014, 507.
Verein: Zeugnisfähigkeit besteht für das Mitglied des Vereins. **Keine** Zeugnisfähigkeit besteht für ein Vorstandsmitglied, Barfuß NJW 1977, 1273. Auch → „Gesellschaft".
Vertreter, gesetzlicher: Er ist als Partei nach §§ 445 ff. **nicht** zeugnisfähig, § 455.
– **(Amtspflegschaft):** Zeugnisfähigkeit besteht, soweit eine Amtspflegschaft nach § 1630 BGB vorliegt.
– **(Betreuer):** → Rn. 17
– **(Fiskus): Keine** Zeugnisfähigkeit besteht für das Mitglied einer den Fiskus vertretenden Kollegialbehörde.
– **(Gesamtvertretung): Keine** Zeugnisfähigkeit besteht bei ihr selbst dann, wenn nicht alle auftreten.
– **(Gesellschaft):** Wegen des satzungsmäßigen Vertreters → „Gesellschaft".
– **(Parteivernehmung):** Zeugnisfähigkeit besteht, soweit die Partei nach § 455 II 1 vernehmungsfähig ist. **Keine** Zeugnisfähigkeit besteht, soweit man im Prozess nicht als gesetzlicher Vertreter nach § 51 auftritt, weil § 455 die Parteivernehmung auch dann zulässt, Barfuß NJW 1977, 1274.
– **(Pfleger): Keine** Zeugnisfähigkeit besteht für ihn, soweit Parteivernehmung nach § 455 stattfindet.
– **(Sorgerecht):** Keine Zeugnisfähigkeit besteht bei der Mutter des nichtehelichen Kindes, soweit sie das volle elterliche Sorgerecht ausübt. Das FamFG hört sie als Beteiligte nach § 7 FamFG persönlich an, § 34 FamFG.
– **(Vormund):** Zeugnisfähigkeit besteht für den Vormund oder Gegenvormund, wenn er nicht als Partei vernommen werden muss, BGH NJW 1965, 2253.
– **(WEG-Verwalter):** Er ist im Rechtsstreit mit der WEG nicht Zeuge, sondern als Partei zu vernehmen, der einzelne Eigentümer ist Zeuge, Dötsch NZM 2015, 473 (475).
Vertreter, rechtsgeschäftlicher: Es ergeben sich hieraus für die Zeugenfähigkeit keine Einschränkungen.
Widerklage: Die „Ausschaltung" des gegnerischen Zeugen durch eine Widerklage (auch) gegen ihn ist an sich nicht unzulässig, BGH NJW 2011, 460, sehr kritisch Foerste MDR 2016, 1123, kann aber treuwidrig sein, BGH NJW 2008, 2852. Sie nimmt ihm in diesem Falle die Zeugnisfähigkeit nicht, Karlsr BB 1992, 97.

18 **2. Maßgeblicher Zeitpunkt.** Eine allgemeine Zeugnisunfähigkeit kennt das Gesetz nicht. Derjenige ist zeugnisfähig, den das Gericht nach → Rn. 6 nicht als Partei und nicht als gesetzlichen Vertreter nach § 51 vernehmen darf, BGH NJW 1965, 2253, BFH BB 1997, 2205. Das ergibt sich aus §§ 445 ff. Das Gesetz soll jede Person für das Beweisverfahren nutzbar machen.

19 Maßgeblich ist stets die formelle Parteistellung zum **Zeitpunkt der Vernehmung,** RGZ 49, 425 (ausgeschiedener Gesellschafter), BGH NJW 1999, 2446; FamRZ 1965, 137 (Komplementär); Kblz NJW-RR 2003, 283; NJW 1987, 809; KG DAVorm 1977, 174 (gesetzliche Vertretung). Eine frühere oder spätere Parteistellung stört nicht, BGH NJW 1999, 2446; NJW 1984, 1240 (Gegner im Vorprozess); NJW 1979, 819, Karlsr BB 1992, 97. Sie kann freilich die Beweiswürdigung nach § 286 mitbeeinflussen, BGH NJW 2001, 826 (827). Die nach §§ 322, 705 rechtskräftig ausgeschiedene Partei sowie der frühere gesetzliche Vertreter sind mithin jetzt zeugnisfähig BGH NJW 1999, 2446, NJW-RR 2003, 1212 (abberufener Organvertreter), auch wenn die Kostenfrage noch offen ist, KG MDR 1981, 765, Kblz NJW-RR 2003, 283, aA Celle NJW-RR 1991, 62 (nur wenn Kostenbelastung ausgeschlossen). Auf die Eintragung einer Abberufung in das Handelsregister kommt es nicht an, MHdbGesR VII/Fischer § 12 Rn. 13. Gleiches gilt nach Parteiwechsel sowie in der Berufung, etwa wenn der Streitgenosse erster Instanz nicht mehr Berufungspartei ist, BGH NJW 1999, 135. Ein verbindender Lebenssachverhalt kann der Zeugenstellung eines Streitgenossen entgegenstehen, auch wenn er im betr Streitpunkt nicht Partei ist, BGH MDR 1984, 47.

20 **Taktisches Vorgehen** zum Ausschluss der Zeugenstellung ist grds. zulässig, BayObLG NJW-RR 1998, 1291. Man darf die Zeugenstellung aber nicht erschleichen, Karlsr BB 1992, 97. Eine Partei darf die erschlichene Aussage nicht ausnutzen; das Gericht darf sie nicht verwerten, in dieser Hinsicht großzügig MüKoZPO/Damrau/Weinland § 373 Rn. 11. Der Gesichtspunkt hat geringe praktische Bedeutung, Schwerpunkt ist die Beweiswürdigung.

21 Hat die Vernehmung einmal zulässig stattgefunden, bleibt sie trotz Änderung in der Rechtsstellung des Vernommenen als solche verwertbar, BGH NJW 1965, 106; NJW 1965, 2253, Karlsr VersR 1979, 1033. Fehler

sind nach § 295 heilbar, Falschbezeichnung schadet ohnehin nicht, BGH LM § 295 ZPO Nr. 2, BGH WM 1977, 1007, 1968, 1099.

22 **3. Verstoß.** Die Vernehmung einer Partei als Zeugen und umgekehrt ist ein nach § 295 heilbarer Mangel, → Rn. 16 aE, dort auch zum maßgeblichen Zeitpunkt. Das Gericht darf und muss die Aussagen nach § 286 frei würdigen, auch beim Zweifel, ob der Vernommene Zeuge oder Partei war. Deshalb hat ein Verstoß eine wesentliche prozessuale Bedeutung nur dann, wenn ein Zeugnisverweigerungsrecht nach §§ 383 ff. bestand. Dann kann man aus der Weigerung regelmäßig nichts folgern, während man aus der Weigerung nach § 446 Schlüsse ziehen darf.

23 **V. Zeugnispflicht. 1. Inländer.** Das Erscheinen und grundsätzlich die Aussage und die Eidesleistung sind öffentlich-rechtliche Pflichten jedes ordnungsmäßig als Zeuge Geladenen nach §§ 380 ff., §§ 383 ff., §§ 391 ff., 478 ff. Das gilt auch bei demjenigen Ausländer, der nach §§ 18 ff. GVG der inländischen Gerichtsgewalt untersteht. In bestimmten Fällen gewährt das Gesetz ein Zeugnisverweigerungsrecht nach §§ 383 ff. Es findet seine Begründung teils allein in der Person des Zeugen, teils in seinen Beziehungen zum Staat oder in seinen Beziehungen zu den Parteien. Wegen der Pflicht zur Duldung einer körperlichen Untersuchung → § 372a Rn. 22.

24 Eine **schriftliche** Darstellung nach § 377 III 1 lässt sich nicht direkt erzwingen, sondern nur über § 377 III 2, 3 zu fördern; der Zeuge sollte im ersten Anschreiben darauf hingewiesen werden. Wegen einer Aussage im Rahmen einer Videokonferenzschaltung § 128a.

25 **2. Ausländer.** Zunächst → § 363 Rn. 1. Wegen ausländischer **Konsulatsangehöriger** Art 43–45 Wiener Übereinkommen v. 24.4.1963, BGBl. 1969 II 1587, dazu G v. 26.8.1969, BGBl. II 1585, für BRep in Kraft seit 7.10.1971, Bek. v. 30.11.1971, BGBl. II 1285.

26 Das Übereinkommen ist **in Geltung im Verhältnis** zu Algerien, Argentinien, Belgien, Bolivien, Brasilien, Chile, Costa Rica, Dominikanische Rep, Ecuador, Frankreich, Gabun, Ghana, Hlg Stuhl, Honduras, Bek. v. 30.11.1971, BGBl. II 1285, Fidschi, Kolumbien, Lesotho, Luxemburg, Portugal, Rumänien, Vereinigtem Königreich, Bek. v. 15.2.1973, BGBl. II 166 und v. 11.5.82, BGBl. II 542, Australien, Dänemark, Bek. v. 24.5.1973, BGBl. II 550, Guyana, Vietnam, Bek. v. 4.12.1973, BGBl. II 1755, Laos, Bek. v. 12.6.1974, BGBl. II 945, Oman, Ruanda, Schweden, Bek. v. 26.8.1974, BGBl. II 1225, Kanada, Tonga, Bek. v. 10.10.1974, BGBl. II 1322, Neuseeland, Bek. v. 16.12.1974, BGBl. 1975 II 42, Libanon, Iran, Bek. v. 15.7.1975, BGBl. II 1121, Griechenland, Kuwait, Nicaragua, Bek. v. 15.12.1975, BGBl. 1976 II 35, Jamaika, Türkei, Bek. v. 22.3.1976, BGBl. II 450, Pakistan, Bek. v. 17.5.1976, BGBl. II 642 (betr FakultativProt; wg Bangladesch Bek. v. 3.4.1978, BGBl. II 484), Zypern, Bek. v. 23.6.1976, BGBl. II 1082, Zaire, Bek. v. 17.9.1976, BGBl. II 1697, Äquatorial-Guinea, Bek. v. 19.11.1976, BGBl. II 1936, Vereinigte Arabische Emirate, Bek. v. 2.5.1977, BGBl. II 449, Korea (Rep), Marokko, Tansania, Bek. v. 13.10.1977, BGBl. II 1183, Indien, Bek. v. 26.1.1978, BGBl. II 171, Haiti, Bek. v. 3.4.1978, BGBl. II 484, Peru, Bek. v. 8.5.1978, BGBl. II 791, Island, Bek. v. 20.10.1978, BGBl. II 1315, Dschibuti, Syrien, Bek. v. 5.1.1979, BGBl. II 50, Benin, Bek. v. 29.5.1979, BGBl. II 682, Seychellen, Volksrepublik China, Bek. v. 9.8.1979, BGBl. II 950, Kap Verde, Bek. v. 10.10.1979, BGBl. II 1141, Norwegen, Bek. v. 17.4.1980, BGBl. II 619, Malawi, Bek. v. 10.8.1980, BGBl. II 1167, und v. 22.5.1981, BGBl. II 323 (betr das Fakultativprotokoll), Finnland, Suriname, Bek. v. 18.11.1980, BGBl. II 1477, Malawi, Bek. v. 22.5.1981, BGBl. II 323, Bhutan, Bek. v. 3.11.1981, BGBl. II 1020, Polen, Bek. v. 4.12.1981, BGBl. II 1079, St. Christoph-Nevis, Anguilla, Bermuda, Britisches Antarktis-Territorium, Britisches Territorium im Indischen Ozean, Britische Jungferninseln, Kaimaninseln, Falklandinseln und Nebengebiete, Gibraltar, Guernsey, Hongkong, Insel Man, Jersey, Montserrat, Pitcairn, Henderson, Ducieinsel und Oenoinsel, St. Helena und Nebengebiete, die britischer Staatshoheit unterstehenden Stützpunktgebiete Akrotiri und Dhekelia auf der Insel Zypern, Turks- und Caicosinseln, Bek. v. 11.5.1982, BGBl. II 542, Kiribati, Bek. v. 30.6.1982, BGBl. II 674, Indonesien, Bek. v. 24.9.1982, BGBl. II 945, Tuvalu, Bek. v. 6.12.1982, BGBl. II 1060, Mosambik, São Tomé und Principe, Bek. v. 5.7.1983, BGBl. II 477, Japan, Togo, Bek. v. 7.11.1983, BGBl. II 731, Korea, Demokratische Volksrepublik, Bek. v. 3.10.1984, BGBl. II 938, Liberia, Bek. v. 30.10.1984, BGBl. II 953, Niederlande, Bek. v. 3.7.1986, BGBl. II 780, St Lucia, Bek. v. 1.12.1986, BGBl. II 1099, Jemen, Ungarn, Bek. v. 29.10.1987, BGBl. II 783, Vanuatu, Bek. v. 8.12.1987, BGBl. 88 II 3, Vereinigte Staaten, Bek. v. 18.1.1988, BGBl. II 149 (wegen Jemen), DDR, Dominica, Samoa, Bek. v. 17.5.1988, BGBl. II 652, Guinea, Bek. v. 26.9.1988, BGBl. II 953, Saudi-Arabien, Bek. v. 30.1.1989, BGBl. II 177, Antigua und Barbuda, Bek. v. 2.3.1989, BGBl. II 334, Mongolei, Sowjetunion einschließlich Ukraine, Weißrussland, Bek. v. 5.7.1989, BGBl. II 640, Bulgarien, Südafrika, Bek. v. 25.10.1989, BGBl. II 859, Angola, Bek. v. 4.4.1991, BGBl. II 673, Albanien, Malaysia, Malediven, Marshallinseln, Föderierte Staaten von Mikronesien, Simbabwe, Bek. v. 24.2.1992, BGBl. II 233, Estland, Litauen, Bek. v. 2.4.1992, BGBl. 353, Lettland, Usbekistan, Bek. v. 12.6.1992, BGBl. II 458, Schweiz, Bek. v. 11.11.1992, BGBl. II 1177, Aserbaidschan, Bahrain, Grenada, Namibia, Bek. v. 28.12.1992, BGBl. 93 II 134, Kroatien, Bek. v. 26.3.1993, BGBl. II 767, Armenien, Barbados, Georgien, Moldau, Republik Vietnam, Tschechische Republik (als Rechtsnachfolgerin der Tschechoslowakei), Bek. v. 8.12.1993, BGBl. 94 II 308, Kasachstan, Bosnien-Herzegowina, Mazedonien, ehemalige Jugoslawische Republik Slowakei, Bek. v. 18.5.1994, BGBl. II 1189, Kirgistan, Bek. v. 22.3.1995, BGBl. II 326, Sudan, Bek. v. 12.6.1995, BGBl. II 564, Tadschikistan, Bek. v. 22.7.1996, BGBl. II 1454, Andorra, Bek. v. 26.9.1996, BGBl. II 2523, Turkmenistan, Bek. v. 3.12.1996, BGBl. 97 II 149, Eritrea, Myanmar, Bek. v. 21.4.1997, BGBl. II 1081, Malta, Niederlande (Gegenerklärung), Bek. v. 16.6.1998, BGBl. II 1635, Libysch-Arabische Dschamahirija, Bek. v. 7.12.1998, BGBl. 99 II 11, Katar, Bek. v. 13.4.1999, BGBl. II 394, Portugal, Thailand, Slowakei, Bek. v. 25.8.1999, BGBl. II 821, Belize, Mauretanien, Jugoslawien, Finnland, Niederlande, Schweden, Bek. v. 17.4.2001, BGBl. II 505, Mexiko, Bek. v. 10.4.2002, BGBl. II 1169, Timor-Leste, Bek. v. 11.2.2004, BGBl. II 364, Singapur, Vereinigte Staaten (letztere wegen des Fakultativprotokolls), Bek. v. 29.4.2005, BGBl. II 589, Monaco, Bek. v. 3.2.2006, BGBl. II 190, Kambodscha, Bek. v. 13.4.2006, BGBl. II 444, Sri Lanka, Bek. v. 26.6.2006, BGBl. II 684, Montenegro, Bek. v. 4.12.2006, BGBl. II 1349, Rep Montenegro, Bek. v. 4. und 6.12.2006, BGBl. 2007 II 47, 119, Peru, Bek. v. 26.9.2007, BGBl. II 1539, Botswana, Rumänien, Bek. v. 28.4.2008, BGBl. II 386, St Kitts und Nevis, Bek. v. 3.8.2010, BGBl. II 1069, Spanien, Bek. v. 8.11.2011, BGBl. II 1357, Nauru, Botsuana, Litauen, Bek. v. 30.1.2013, BGBl. II 271, Gambia, Bek. v. 5.4.2013, BGBl. II 554, Brunei Daressalam, Bek. v. 6.6.2013, BGBl. II 1066. Sansibar, Sierra Leone, Bek. v. 26.5.2016, BGBl. II 694.

27 **3. Verfahren.** Regelmäßig legt man sein Zeugnis während einer gerichtlichen Vernehmung nach § 396 ab, evtl. auch schriftlich nach § 377 III. Die Zeugnispflicht umfasst nach § 378 die Pflicht, das Gedächtnis durch eine nicht ungewöhnlich zeitraubende und mühevolle Vorbereitung aufzufrischen, Peters ZZP 87, 487. Zu eigenen Feststellungen ihm unbekannter Tatsachen ist kein Zeuge verpflichtet. Ein Zeuge muss sich nach § 372a und nach § 178 FamFG evtl. Blutproben entnehmen lassen und sich sonstigen erbkundlichen Untersuchungen unterwerfen. Der Zeuge darf einen Anwalt als Beistand wie bei § 90 hinzuziehen, solange das nicht eine wirksame Rechtspflege gefährdet, BVerfGE 38, 105. Eine solche Gefährdung liegt nicht schon dann vor, wenn das Gericht nach §§ 170 ff. GVG nichtöffentlich verhandelt. Der Zeuge muss seinen **Beistand** außerhalb des JVEG grds. selbst bezahlen, näher Toussaint/Weber JVEG § 7 Rn. 14. Das gilt indes nur in den Grenzen von Art. 12 I GG, dies allerdings zu deutlich gegen den Anwalt wendend BVerfG RVGRep 2020, 13. Der Beistand nach § 90 hat kein eigenes Fragerecht. Bei einer Verhaftung muss der Gerichtsvollzieher nach § 150 GVGA den Art. 36 I b Wiener Übk vom 24.4.1963 (BGBl. 1969 II 1585, 1587) beachten.

28 **VI. Zeugnisform.** Es besteht eine dem Strafprozess entgegengesetzte Regelung.

29 **1. Grundsatz: Uneidliche Aussage.** Das Gericht muss den Zeugen anders als im Strafprozess grundsätzlich uneidlich vernehmen. Es beeidigt ihn nach § 391 nur wegen der etwaigen Bedeutung seiner Aussage oder zur Herbeiführung einer wahrheitsgemäßen Aussage. Ein auch nur versuchter Prozessbetrug durch eine falsche Zeugenaussage ist eine Straftat nach § 263 StGB. Auch abgesehen davon kann die falsche Aussage nach §§ 153 ff. StGB strafbar sein. Der Zeuge darf die Eidesleistung wegen gewisser Beziehungen zu den Parteien oder nach § 391 wegen einer gewissen Beteiligung an der Sache verweigern.

30 **2. Verstoß.** Verstöße sind nach § 295 I heilbar, → Rn. 16 aE. Das gilt vor allem für die Beeidigung nach §§ 478 ff., auch soweit sie auf einem Gerichtsbeschluss nach § 391 beruht. Die praktische Relevanz der Vernehmung einer Partei als Zeuge oder umgekehrt ist wegen § 534 gering.

VII. Amtliche Auskunft

Schrifttum: Hohlfeld, Die Einholung amtlicher Auskünfte im Zivilprozess, 1995.

31 **1. Selbständiges Beweismittel.** Das Gesetz erwähnt die amtliche Auskunft, regelt sie aber nicht näher. Das gilt zB nach §§ 44 III, 118 II 2, 273 II Nr. 2, 358a S. 2 Nr. 2, → Vor § 402 Rn. 52, §§ 432, 437 II, BVerwG NJW 1988, 2491. Sie ist ein selbständiges Beweismittel eigener Art. Die Auskunft darf sich nur auf Tatsachen beziehen. Zu deren Wahrnehmung kann freilich eine besondere Sachkunde gehören. Für die Auswertung kommt es auf ihren Inhalt an. Sie kann einer Zeugenaussage, einem Gutachten oder einem anderen Beweismittel wie einem Augenscheinsobjekt entsprechen, zur Abgrenzung BVerfG NJW-RR 2012, 393 Rn. 59; BGH BB 1976, 480 (Gutachten), Brem OLGR 2006, 105. Ffm FamRZ 1980, 705 (Zeuge), LG Köln AnwBl 1985, 329 (Gutachterausschuss), VGH Kassel MDR 1996, 418 (Gutachten). Die auf die Person des Gutachters zugeschnittenen Normen sind bei gutachterlicher Auskunft nicht anwendbar, zB §§ 406, 411, BGH NJW 1974, 701; BVerwG NJW 1988, 2491, indes können Umstände, die zur Ablehnung eines Sachverständigen führen, bei der Würdigung einer Auskunft mit Gutachtencharakter berücksichtigt werden, BGH MDR 1964, 223.

32 All dies setzt freilich voraus, dass sie überhaupt der Klärung einer Streitfrage dienen soll, nicht etwa nur der rechtlichen Bewertung einer unstreitigen Tatsache. Sie ist als ein Beweismittel immer zulässig, BGH NJW 1979, 267 (268), AG Duisb Rpfleger 2012, 277. Das Gericht fordert sie auf einen Antrag an oder von Amts wegen. Sie können auch mündlich in der Verhandlung erteilt werden, BVerwG NJW 1988, 2491. § 377 III ist nicht einschlägig; es handelt sich um einen Fall des Freibeweises.

33 **Entgegenstehende Erlasse** binden den Richter nicht.

2. Beispiele zur Frage einer Anwendbarkeit der Auskunftsregeln

34 **Anwaltskammer:** Auskunft ist die Äußerung einer Anwaltskammer zB nach §§ 3a II, 4 III, 14 RVG. Gerade das letztere Gutachten beschränkt sich freilich durchweg auf die Erörterung von Rechtsfragen. Es dient also nicht der Klärung streitiger Tatsachen.

Aussagegenehmigung: Die Versagung nach § 376 verbietet nicht notwendig auch eine schriftliche Auskunft der Behörde, BGH NJW 1979, 267.

Gutachterausschuss: Anwendbar ist → Rn. 31 auf den Ausschuss nach §§ 192 ff. BauGB, BGH NJW 1974, 701 (angepasste Anwendung der §§ 402 ff.), Ddf NJW 1968, 1095 (Vorrang des Sachverständigengutachtens), KG NJW 1971, 1848; Stgt NJW-RR 1987, 190; BayObLG 2002, 384.

Kammern: Auskünfte von Handwerks- oder Industrie- und Handelskammern fallen unter → Rn. 31, BGH NJW 1960, 145.

Kirche: Anwendbar ist → Rn. 31 auf das Organ einer Kirche, zB auf eine Gemeinde.

Kommunalanstalt: Anwendbar ist → Rn. 31 auf ein Gemeindeorgan usw., zB auf ein Wasserwerk.

Unmittelbarkeit: Eine amtliche Auskunft, die einen Zeugenbeweis ersetzen soll, darf mündlich nicht von einem Amtsträger erteilt werden, der bereits im Verwaltungsverfahren mitgewirkt hat. Der Amtsträger ist gegebenenfalls als Zeuge zu vernehmen, BVerwG NJW 1988, 2491. Hierauf kann die Partei bestehen.

Sparkasse: Anwendbar ist → Rn. 31 auf eine öffentlich-rechtliche Sparkasse.

Versicherung: Anwendbar ist → Rn. 31 auf einen Versicherungsträger, zB bei der Rentenversicherung, BGH NJW 1984, 438.

373 *Beweisantritt.* **Der Zeugenbeweis wird durch die Benennung der Zeugen und die Bezeichnung der Tatsachen, über welche die Vernehmung der Zeugen stattfinden soll, angetreten.**

1 **I. Einleitung.** Zunächst → § 371 Rn. 1 f. und → Vor § 373 Rn. 2. Auch § 373 dient der Prozessförderung und der Prozesswirtschaftlichkeit. Der Versuch eines Ausforschungsbeweises, → Rn. 12, wird bei einer genauen Prüfung meist schon im Stadium des Beweisantritts erkennbar. Andererseits setzt die Zumutbarkeit dem gewissenhaftesten Beweisführer schon bei den nach § 373 geforderten Angaben eine Grenze.

2 Wegen **Untauglichkeit** darf der Zeugenbeweis nur abgelehnt werden, wenn Sachdienlichkeit ausgeschlossen ist, BGH NJW-RR 2015, 1151; NJW-RR 2013, 9. Vorweggenommene Beweiswürdigung ist auch bei Widerspruch zu Urkunden nicht zulässig, BGH BauR 2015, 1325. Die Zurückweisung eines Zeugen wegen **Ungeeig-**

netheit kommt nur ausnahmsweise in Betracht, BGH NJW-RR 2021, 861; NJW-RR 2021, 58 Rn. 11; NJW-RR 2019, 380; sie scheidet aus, wenn dadurch ein noch nicht erhobener Beweis vorab gewürdigt wird, BGH NJW 2018, 2803 Rn. 9; BGH NJW-RR 2019, 380; NZM 2020, 376 Rn. 10.

Der Zeugenbeweis kann auch **konkludent** angetreten werden, insbesondere durch Vorlage einer eidesstattlichen Versicherung eben dieses Zeugen, BGH FamRZ 2018, 281 Rn. 18; WuM 2011, 176 Rn. 9. 3

II. Geltungsbereich. → Vor § 373 Rn. 5 ff. Die Vorschrift gilt im FamFG-Verfahren, vgl. auch § 113 I 2 FamFG, BayObLG FamRZ 1997, 773. Wegen Zeugen im Ausland → § 363 Rn. 1. 4

III. Zeugenbenennung. Zum Zeugenbegriff → Vor § 373 Rn. 6. Ein Beweisantrag ist stets erforderlich. Es gibt keine Zeugenvernehmung von Amts wegen, anders als beim Augenschein nach § 144 oder bei der Parteivernehmung nach § 448. Die Angabe des Wortes Zeuge ist unnötig. Es muss aber klar sein, dass eine bestimmte Person zeugenmäßig aussagen soll. Zum konkludenten Beweisantrag Köln NJW-RR 2000, 1073. Bei einer Zeugnisunfähigkeit → Vor § 373 Rn. 16 ff. kann eine Umdeutung des Antrags geboten sein, etwa in eine Anregung nach § 448, BGH NJW-RR 1994, 1143. Die Bezugnahme auf vorhandene Angebote („Zeuge X b. b.“, „Beweis: wie vor“) ist zulässig, Celle NJW-RR 1992, 703. 5

Wer einen Zeugenbeweis antritt, muss den Zeugen mit **Namen** benennen. Er muss ladungsfähige Personalien und eine ladungsfähige Anschrift angeben. Dazu gehören grundsätzlich auch der Vorname und nach § 395 II 1 der „Wohnort“, also nach → Rn. 7 die Privatanschrift. Denn das Gericht muss imstande sein, den Zeugen ordnungsgemäß zu laden, auch nach §§ 178 ff. Danach ist aber grundsätzlich ein Zustellungsversuch in der Wohnung und nicht etwa am Arbeitsplatz erforderlich. Der Prozessgegner muss imstande sein, die Nämlichkeit des Zeugen sowie seine etwa jetzt schon zweifelhafte Kenntnis und Glaubwürdigkeit schon vor der Vernehmung zu überprüfen, soweit möglich und zulässig. Der Beweisführer braucht nicht anzugeben, ob der Zeuge Deutsch kann, sollte dies aus praktischen Gründen aber tun. Das Gericht darf eine Vernehmung nach Art. 2 I, 20 III GG (faires Verfahren) nicht wegen fehlenden Hinweises dazu ablehnen, Hamm MDR 2000, 657. 6

IV. Privatanschrift. Das Postfach reicht nie, BVerwG NJW 1999, 2608. In der Praxis gibt es oft die Angabe des Beweisführers, der Zeuge sei „zu laden bei der Partei“ oder „auf dem Polizeirevier“ oder „beim Arbeitgeber“ mit jeweils nur der **dazu** gehörigen Anschrift. Das funktioniert meist und ist im Lichte des § 295 nicht zu beanstanden. 7

Im Konfliktfall ist ein solcher Beweisantrag jedoch unzureichend, weil man den Zeugen nicht nach §§ 166 ff. oder zumindest nach § 178 laden kann, BGH MDR 1973, 297, LG Hagen MDR 1984, 1034, LG Bln NJW-RR 2002, 284; beachtlich ist der Mangel indes nur nach Fristsetzung gem. § 356, siehe dort und → Rn. 11. 8

§ 10 ZSHG enthält ähnlich wie § 68 StPO Möglichkeiten einer sog. Abschottung der privaten Zeugenanschrift usw. Es kann auch im Zivilprozess ein Interesse an der Geheimhaltung der Privatanschrift bestehen, namentlich bei Polizeibeamten. Die Angabe des Arbeitsplatzes kann daher, sie muss aber nicht ausreichen. Eine Berufung auf Rechte des Zeugen aus Art. 1, 2 I GG („informationelle Selbstbestimmung“) erfordert ein zusätzliches Schutzbedürfnis, BGH NJW 1990, 1860 (StPO). 9

Der Prozessgegner kann als Folge sekundärer Darlegungslast verpflichtet sein, die alleine ihm bekannte Anschrift mitzuteilen. Auch sind Ansprüche gegen Dritte denkbar, AG Offenbach NJW 1990, 2321 (Privatanschrift des Krankenhausarztes). 10

V. Zeuge N. N., sonstige Mängel. Das bloße „Zeugnis NN“ ist mangels Benennung kein genügender Beweisantritt; es kann ohne Fristsetzung nach § 356 übergangen werden, BGH NJW-RR 1989, 1323; NJW-RR 1989, 227 Nr. 12 (Beachtlichkeit „fraglich“), NJW 1983, 1905 (1908), Gottschalk NJW 2004, 2939. § 356 ist hingegen anzuwenden, wenn bestimmte Angaben zur Identität des Zeugen gemacht werden, und nur Namen oder Anschrift fehlen (zB „Mitarbeiter der X-Versicherung“), BGH NZI 2015, 191; NJW 1998, 2368; NJW 1993, 1926; BFH NJW 2012, 1168, Celle ZfSch 2005, 294, LG Bln NJW-RR 2002, 284, offen gelassen in BGH NJW 1998, 981 (982). Anordnungen nach § 273 sind aus Gründen der Klarheit daneben nicht angebracht, offen gelassen in BGH NJW 1989, 227. 11

VI. Tatsachenbezeichnung. 1. Genaue Angabe. Zunächst geht es nur um Tatsachen, mithin konkrete, nach Zeit und Raum bestimmte, der Vergangenheit oder Gegenwart angehörige Geschehnisse oder Zustände der Außenwelt und des menschlichen Seelenlebens, BGH NJW 1998, 1223; Rechtsfragen können nicht Gegenstand des Beweises sein, BGH VersR 2018, 354 (Vertragsschluss); WM 2013, 1314 Rn. 30; Anders/Gehle Assessorexamen ZivilR A Rn. 27 ff. Alsdann sind Substantiierung und Schlüssigkeit des Parteivortrags sowie dessen Beweiserheblichkeit zu prüfen; Fragen des Beweisantrags stellen sich erst danach, BGH NJW-RR 2018, 1150 Rn. 18; NJW 2012, 382; NJW 2012, 2427 Rn. 43; NJW 1999, 360; NJW 1996, 56; NJW 1996, 1826. Erwägungen zur Plausibilität des Beweisangebots und zur Wahrscheinlichkeit des str. Vorgangs sind grds. fehl am Platz, BGH NJW-RR 2021, 58; NJW-RR 2019, 380. 12

Der Beweisführer muss nach § 377 II 2 genau diejenigen Tatsachen angeben, die der Zeuge bekunden soll, Köln MDR 1976, 407 („Notwehr“ und „Hergang der Auseinandersetzung“ nicht ausreichend). Die Tatsache ist bestimmt und widerspruchsfrei zu bezeichnen, BGH NJW-RR 1987, 1469. Der Antrag genügt diesen Anforderungen, wenn die Partei Tatsachen vorträgt, die das geltend gemachte Recht als in ihrer Person entstanden erscheinen lassen. Die Angabe näherer **Einzelheiten** ist nicht erforderlich, soweit diese für die Rechtsfolgen ohne Bedeutung sind. Weiterer Vortrag kann in diesem Fall nicht verlangt werden. Nicht zum Beweisantrag gehört auch die Angabe darüber, wie der Zeuge sein unter Beweis gestelltes Wissen erlangt hat; das ist eine Frage der Beweiswürdigung, die nicht vorweggenommen werden darf, BGH 12.5.2021 – XII ZR 153/19, BeckRS 2021, 14271 Rn. 12; MDR 2016, 1111; TranspR 2015, 433 Rn. 39; VersR 2014, 1095 Rn. 45; NJW 1994, 2289; OLGR Mü 2007, 365. Füllt der Sachvortrag die einschlägige Norm aus, sind weitere Anforderungen an die **Substantiierung** erst bei der Beweiswürdigung zu prüfen, BGH JurBüro 2015, 304, dsgl. die Plausibilität des Vortrags, BGH NJW 2015, 409; WuM 2014, 741 Rn. 25; NJW 2012, 382 oder die Frage, weshalb eine str. Tatsache keinen Eingang in einen Vertragstext gefunden hat, BGH JurBüro 2015, 304 Rn. 7; NJW-RR 2015, 910 Rn. 13 ff. Selbst Widersprüche stehen der Beachtlichkeit des Beweisangebots nicht notwendig entgegen, BGH NJW-RR 2018, 1550. Näherer Erläuterung bedarf es beim Beweisangebot zu einer **inneren Tatsache,** welche die Partei selbst, BGH MDR 2015, 1191, DB 2010, 1578; NJW 1983, 2034, oder einen Dritten betrifft, 13

BGH NJW 1992, 2489; NJW-RR 1987, 1403; OLG Koblenz r+s 2007, 121. Hier muss man nach Möglichkeit vortragen, woher der Zeuge seine Kenntnisse hat, BGH NJW-RR 2019, 380.

14 **2. Ausforschung.** Unbeachtlichkeit aus dem Gesichtspunkt des Ausforschungsbeweises bzw. der Behauptung „ins Blaue hinein" ist erst gegeben, wenn der Antragsteller in lediglich formelhafter und pauschaler Weise Tatsachenbehauptungen aufstellt, ohne diese zu dem zugrunde liegenden Sachverhalt in Beziehung zu setzen, BGH NJW-RR 2018, 1550 Rn. 18; NJW-RR 2016, 1963, NJW 2006, 3413; NJW 2003, 140; NJW 2001, 2632; NJW-RR 2003, 491; Drsd RuS 2013, 564. Das ist nur ausnahmsweise der Fall; Sachverhaltsaufklärung geht Zweifeln vor, BGH NJW-RR 2015, 829; NZG 2015, 1432. Ergebnisse einer Ausforschung sind indes verwertbar, BGH NJW 2006, 1657 (1659). Bloß **vermutete Tatsachen** dürfen vorgetragen werden, BGH NJW 2020, 393; NJW-RR 2002, 1419.

15 **3. Hörensagen.** Es genügt die Wiedergabe der Darstellung eines Dritten (Zeugnis vom **Hörensagen**). Deren Beweiskraft darf und muss das Gericht nach § 286 frei (und idR sehr kritisch) würdigen, BGH NJW 2017, 386; NJW 2012, 2427 Rn. 44 (auch zur Parallele mit dem Indizienbeweis, → Vor § 284 Rn. 25); NJW 2006, 3416; NJW 1984, 2039 (2040).

16 **VII. Weitere Angaben.** Schlüsse aus nicht nachprüfbaren Tatsachen nach → Rn. 12 sind keine Zeugenfragen. Ebensowenig kann das Gericht einen Zeugen zur Abgabe einer rechtsgeschäftlichen Willenserklärung zwingen. Grundsätzlich ist die Bezugnahme auf einen ordnungsgemäßen früheren oder anderweitigen Beweisantritt zulässig, Celle NJW-RR 1992, 703. Unzulässig ist aber nach § 138 I die Verweisung auf einen in sich widersprüchlichen gegnerischen Vortrag ohne eine Klarstellung, auf welchen Teil dieses Vortrags sie sich genau bezieht, BGH NJW-RR 1987, 1469. Das Gericht muss dann nach § 139 fragen, BVerfG NJW 1985, 3005, BGH NJW 1999, 1702. § 296 II ist neben § 356 unanwendbar, BGH NJW 1993, 1926.

374 (weggefallen)

375 *Beweisaufnahme durch beauftragten oder ersuchten Richter.* **I Die Aufnahme des Zeugenbeweises darf einem Mitglied des Prozessgerichts oder einem anderen Gericht nur übertragen werden, wenn von vornherein anzunehmen ist, dass das Prozessgericht das Beweisergebnis auch ohne unmittelbaren Eindruck von dem Verlauf der Beweisaufnahme sachgemäß zu würdigen vermag, und**

1. wenn zur Ausmittlung der Wahrheit die Vernehmung des Zeugen an Ort und Stelle dienlich erscheint oder nach gesetzlicher Vorschrift der Zeuge nicht an der Gerichtsstelle, sondern an einem anderen Ort zu vernehmen ist;

2. wenn der Zeuge verhindert ist, vor dem Prozessgericht zu erscheinen und eine Zeugenvernehmung nach § 128a Abs. 2 nicht stattfindet;

3. wenn dem Zeugen das Erscheinen vor dem Prozessgericht wegen großer Entfernung unter Berücksichtigung der Bedeutung seiner Aussage nicht zugemutet werden kann und eine Zeugenvernehmung nach § 128a Abs. 2 nicht stattfindet.

Ia Einem Mitglied des Prozessgerichts darf die Aufnahme des Zeugenbeweises auch dann übertragen werden, wenn dies zur Vereinfachung der Verhandlung vor dem Prozessgericht zweckmäßig erscheint und wenn von vornherein anzunehmen ist, dass das Prozessgericht das Beweisergebnis auch ohne unmittelbaren Eindruck von dem Verlauf der Beweisaufnahme sachgemäß zu würdigen vermag.

II Der Bundespräsident ist in seiner Wohnung zu vernehmen.

1 **I. Systematik, I–II.** Die nach § 355 I 2 zulässige Vorschrift schafft Einschränkungen wie Erweiterungen der Befugnisse zur Übertragung von Aufgaben des Prozessgerichts. Sie ergänzt § 361, geht ihm im Zweifel aber vor. I und Ia haben zT sich überlappende Voraussetzungen und Folgen. Man muss von dem in § 375 genannten Mitglied des Prozessgerichts den nach § 362 ersuchten Richter eines anderen Gerichts unterscheiden. Ergänzend muss man § 398 beachten. Abs. I a erweitert die Möglichkeit des Abs. I. Abs. I Nr. 2, 3 gelten nicht bei der in § 128a geregelten Videokonferenz, → Rn. 12. Unerreichbarkeit, § 377 III, ist zu verneinen, wenn § 375 eingreift, BGH VRR 2010, 322.

2 Der nach § 362 ersuchte Richter darf die Vernehmung nur unter den Voraussetzungen → GVG § 158 Rn. 3–6 ablehnen, nicht aber weil aus seiner Sicht der pers Eindruck unverzichtbar ist, OLGR Brdb 2009, 349, OLGR Nürnbg 2003, 352, oder I Nr. 3 verkannt worden sei, BAG NJW 2001, 2196.

3 **II. Regelungszweck, I–II.** Bezweckt sind Beschleunigung und Vereinfachung, insbes. Ia. Die **Unmittelbarkeit** der Beweisaufnahme nach § 355 ist allerdings beim Zeugenbeweis wegen des persönlichen Eindrucks besonders wichtig, allg. → Vor § 128 Rn. 47. Die Ausnahmen I Hs. 2 Nr. 1–3, Ia sind daher, wie die Wendung „von vornherein" zeigt, zurückhaltend anzuwenden, BGH NJW-RR 2016, 583 Rn. 9 f., Ffm BauR 2011, 1214, Köln NJW-RR 1998, 1143 (Gefahr widersprüchlicher Aussagen bei mehreren Vernehmenden). Das Prozessgericht muss auch als Einzelrichter nach §§ 348, 348a, 526, 527, 568, den man nicht mit dem „Mitglied des Gerichts" in I verwechseln darf, die Beweisaufnahme grundsätzlich selbst vornehmen. Der nach § 362 ersuchte Richter darf nicht am Sitz des Prozessgerichts amtieren, § 375.

4 Die sorgfältige Protokollierung des persönlichen Eindrucks des nach § 375 tätigen Richters nach § 160 III Nr. 4 oder in einem Aktenvermerk kann die Verwertbarkeit der Beweisaufnahme erheblich steigern, auch bei *einem Richterwechsel*, OLGR Brem 2009, 352. Andererseits haben die Parteien einen auch hier zu berücksichtigenden Anspruch auf die Tätigkeit des Kollegiums in des Fällen des § 348 I 2. Ein Verstoß gegen § 375 ist ein Verfahrensfehler. Er macht die Wiederholung der Vernehmung erforderlich, OLGR Ffm 2005, 321, und kann zu einer Zurückverweisung führen, → Rn. 18 ff. Das gilt auch, wenn das Fehlen von Voraussetzungen, → Rn. 7 ff., sich erst nachträglich herausstellt.

Eine Heilung nach § 295 I ist möglich, BGH NJW 1996, 2734, indes darf die Übertragung nicht unter Verdrängung des Sachprüfung routinemäßig erfolgen, BGH NJW 1979, 2518, Köln NJW-RR 1998, 1143, Ddf NJW 1976, 1103. Letzteres trägt den Missbrauchseinwand, der allerdings mit Tatsachen eingehend zu begründen ist. 5

III. Geltungsbereich, I–II. Die Vorschrift ist in allen Verfahren nach der ZPO anwendbar, zB § 765a, BGH NJW-RR 2016, 583, auch im WEG-Verfahren, offen gelassen für Parteianhörung bei notwendiger mündlicher Verhandlung BGH NJW-RR 2016, 583. Sie ist im FamFG-Verfahren grds. anwendbar, vgl. auch § 113 I 2 FamFG, BGH FamRZ 2010, 1433 (§ 420 I FamFG), nicht aber in Betreuungssachen, BGH NJW 2012, 317 Rn. 27. In Arbeitssachen gelten die teilweise abweichenden §§ 13, 58, 64 VII ArbGG. 6

IV. Voraussetzungen, I. Die Übertragung der Beweisaufnahme nach I ist nur dann zulässig, wenn nach einer sorgfältigen Prüfung die nachfolgende Voraussetzung → Rn. 8 und eine der folgenden Voraussetzungen → Rn. 10–13 kumulativ vorliegen. 7

1. Entbehrlichkeit unmittelbaren Eindrucks, I Hs. 1. Stets muss „von vornherein anzunehmen" und nicht nur denkbar sein, dass das Prozessgericht das Beweisergebnis „auch ohne unmittelbaren Eindruck von dem Verlauf der Beweisaufnahme sachgemäß zu würdigen vermag", Brem OLGR 2009, 352. Eine Prognose mit hohem Grad von Wahrscheinlichkeit wie nach § 294 genügt. Die Entbehrlichkeit des unmittelbaren Eindrucks liegt vor, je weniger es auf die Glaubwürdigkeit ankommen wird, genauer: je weniger man mit Zweifeln an ihr zu rechnen braucht. Dabei kommt es auf die Sicht des Gerichts und nicht auf diejenige der übrigen Prozessbeteiligten an. Freilich muss man ihre Ansichten mit abwägen. Notfalls muss man nach § 398 vorgehen, → Rn. 4. 8

2. Ermessen, I Hs. 1, 2. Das Prozessgericht entscheidet nach seinem pflichtgemäßen Ermessen. Es berücksichtigt das Beweisthema, die Person des Zeugen, die bisher vorliegenden Beweisergebnisse und die sonstigen etwa unstreitigen Hilfsmittel, etwa Fotos oder Skizzen, sowie die Verfahrensbeschleunigung. Es kann den nach §§ 361, 362 verordneten Richter ersuchen, seinen Eindruck von der Glaubwürdigkeit so zu protokollieren oder in Form eines Aktenvermerks mitzuteilen. Das Prozessgericht darf dergleichen aber nach → Rn. 3 nicht zum systematischen Vorwand der Arbeitsteilung und Arbeitsvorgabe machen. Eine Glaubwürdigkeitsprüfung muss vor dem Kollegium erfolgen, BGH NJW 1997, 1586; Köln NJW-RR 1998, 1143. 9

3. Möglichkeit sachdienlicher Würdigung, I Hs. 2 Nr. 1 Alt. 1. Eine Vernehmung an Ort und Stelle, wenn auch im Gerichtsbezirk, muss die Wahrheitsermittlung fördern können, namentlich iVm einer Inaugenscheinnahme oder wenn ein Zeuge einem anderen, unter I Nr. 3 fallenden Zeugen gegenübergestellt werden muss. Natürlich darf und muss grundsätzlich auch das Prozessgericht einen **Ortstermin** nach § 219 wahrnehmen. Es sollte das aber nur dann tun, wenn Aufwand und Nutzen in einem richtigen Verhältnis stehen. 10

4. Pflicht zur auswärtigen Vernehmung, I Hs. 2 Nr. 1 Alt. 2. Der Zeuge muss nach gesetzlichen Vorschriften nach § 382 an einem anderen Ort vernehmbar sein. Hier gilt Rn. 6 entsprechend. Für den Bundespräsidenten gilt II, für ein Parlaments- oder Regierungsmitglied gilt § 382. 11

5. Verhinderung, I Hs. 2 Nr. 2. Die Vorschrift gilt nur dann, wenn das Gericht den Zeugen nicht nach § 128a per Videokonferenz hören kann. Der Zeuge muss am Erscheinen verhindert sein, und zwar für eine längere Zeit, etwa durch eine Krankheit, hohes Alter oder infolge Transportunfähigkeit. Der in der Wohnung vernehmbare Zeuge darf den Zutritt trotz seines Hausrechts wegen der Zeugnispflicht nach → Vor § 373 Rn. 23 dem Gericht, den Parteien, den ProzBev. und den zB für eine Gegenüberstellung erforderlichen Personen wie auch dem Sachverständigen nach § 402 nicht verweigern. Reisekosten sind kein Verhinderungsgrund nach § 401. Das Gericht muss sie dem Zeugen nach § 3 JVEG evtl. vorschießen. 12

6. Weite Entfernung, I Hs. 2 Nr. 3. Die Vorschrift gilt nur dann, wenn das Gericht den Zeugen nicht nach § 128a per Videokonferenz vernimmt. Der Zeuge muss sich so weit vom Gerichtsort entfernt aufhalten, dass man ihm seine Vernehmung vor dem Prozessgericht auch unter einer Berücksichtigung der Bedeutung seiner Aussage nicht zumuten kann. Ob das zutrifft, richtet sich nach → Rn. 8 nach den Umständen, auch nach der Geschäftslage des Prozessgerichts. Abwägen muss das Gericht: Die Bedeutung des Prozesses, Ffm BauR 2011, 1214 (Ls.), AG Ludwigslust NJW-RR 2014, 1206, 1208; die Bedeutung der Aussage; die Schwierigkeit der Beweisfragen; den Wert eines persönlichen Eindrucks vom Zeugen; andere Pflichten des Zeugen; seinen Gesundheitszustand; die entstehenden Kosten; die bestehenden Verkehrsverbindungen. Ein Aufenthalt in demselben Landgerichtsbezirk bedeutet meist keine weite Entfernung, erst recht keine Entfernung von nur 4 km, Fischer MDR 1993, 838. Ein Aufenthalt nur in demselben OLG-Bezirk kann in einem Flächenland mit schlechteren Verkehrsverbindungen eine weite Entfernung bedeuten. Wegen der Reisekosten → Rn. 12. Wegen einer Vernehmung im Ausland §§ 363, 364. 13

V. Voraussetzungen, Ia. Während I die Übertragung sowohl auf den sog. vorbereitenden Richter (Mitglied des Prozessgerichts) als auch auf einen nach §§ 361, 362 verordneten Richter regelt, erfasst I a nur den ersteren. Er darf wie bei I dann nach § 166 GVG auch im Bezirk eines auswärtigen Gerichts amtieren. Das gilt auch bei § 68 III 1 iVm § 420 I FamFG, BGH FamRZ 2010, 1433. In einer Abweichung von I brauchen bei I a nur die Bedingungen → Rn. 15, 16 zusammenzutreffen. 14

1. Zweckdienlichkeit der Übertragung, Ia Hs. 1. Die Vorschrift dient der Prozesswirtschaftlichkeit. Die Übertragung muss „zur Vereinfachung der Verhandlung vor dem Prozessgericht zweckmäßig erscheinen". Die Verhandlung vor dem Kollegium muss gerade infolge der Übertragung anschließend einfacher sein, namentlich aus Gründen der Zeitersparnis. Hierbei entscheidet das Prozessgericht nach pflichtgemäßem Ermessen. Es kommt auf seine Sicht an und nicht auf die natürlich mitbeachtliche Sicht der übrigen Prozessbeteiligten. So betrachtet kann man die Vorschrift durchaus sinnvoll nutzen, zB in einer Prozessserie, in der nur bestimmte Streitpunkte für jeden einzelnen Fall eigens geklärt werden müssen, krit. Baumgärtel DNotZ 1992, 270. 15

2. Entbehrlichkeit unmittelbaren Eindrucks, Ia Hs. 2. Zusätzlich zu der Voraussetzung → Rn. 15 („und") muss dieselbe Bedingung wie bei I Hs. 1 vorliegen. Dazu → Rn. 8, 9. 16

VI. Verfahren, I–II. Das Gericht entscheidet durch unanfechtbaren Beschluss → Rn. 20. Ein genaues Protokoll nach §§ 160 III Nr. 4, 162 ist stets erforderlich. 17

18 **VII. Verstoß, I–II.** Ein Verstoß ist ein erheblicher Verfahrensmangel. Er ermöglicht evtl. eine Ablehnung nach § 42, Schneider JurBüro 1977, 1341. Er ermöglicht außerdem eine Berufung oder Revision zum Zweck einer Zurückverweisung nach §§ 538 II 1 Nr. 1, 563 I, fortgeltend Ddf NJW 1976, 1103.

19 Zulässig ist aber eine **freibeweisliche** Verwertung nach § 286, soweit es nicht auf den persönlichen Eindruck ankommt, Ffm FGPrax 1998, 62. Zulässig ist es ferner, im Einzelfall einen Verzicht auf das Rügerecht nach § 295 I herbeizuführen, → Rn. 4.

20 **Rechtsmissbrauch** und daher unbeachtbar wäre nach → Rn. 4 ein systematisch erwirkter Rügeverzicht. Bei einer Rüge darf man im Rahmen von I Hs. 2 Nr. 1–3 nur prüfen, ob das Gericht über deren Voraussetzungen hinaus das Vorliegen von § 375 bejaht hat. Man kann die Entscheidung des Gerichts nach § 355 II nur zusammen mit seinem Endurteil nach § 300 anfechten. Der ersuchte Richter darf nicht schon deshalb die Rechtshilfe verweigern, weil das Prozessgericht sie unter einem Verstoß gegen I beantragt habe → Rn. 1.

21 **VIII. Vernehmung des Bundespräsidenten, II.** Sie erfolgt in seiner Wohnung, und zwar nach den allgemeinen Vorschriften, da I Hs. 2 Nr. 1 vorliegt. Die Norm gilt nicht für die Organe der Länder, § 219.

Vorbemerkung zu § 376

1 Man muss zwischen Bundes- und Landesbeamten unterscheiden.

2 **1. Bundesbeamte.** Für sie gelten §§ 67, 68 BBG. Sie sind nach § 46 DRiG auf Richter im Bundesdienst entsprechend anwendbar.

3 **2. Landesbeamte.** Für sie gilt § 37 BeamtStG. Die nachfolgende Übersicht verweist auf die für den richterlichen Dienst geltenden landesrechtlichen Vorschriften, mit denen u. a. § 37 BeamtStG für entsprechend anwendbar erklärt wird.

4 **Baden-Württemberg:** § 8 LRiStAG; **Bayern:** Art. 2 BayRiG; **Berlin:**, § 10 BlnRiG; **Brandenburg:** § 10 BbgRiG; **Bremen:** § 4 BreRiG; **Hamburg:** § 8 HbgRiG; **Hessen:** § 2 HessRiG; **Mecklenburg-Vorpommern:** § 3 LRiG M-V; **Niedersachsen:** § 2 NRiG; **Nordrhein-Westfalen:** § 2 LRiStAG; **Rheinland-Pfalz:** § 5 I LRiG; **Saarland:** § 4 I RiG; **Sachsen:** § 3 SächsRiG; **Sachsen-Anhalt:** § 3 S. 2 LRiG; **Schleswig-Holstein:** § 6 LRiG; **Thüringen:** § 2 ThürRiStAG.

376 *Vernehmung bei Amtsverschwiegenheit.*

I Für die Vernehmung von Richtern, Beamten und anderen Personen des öffentlichen Dienstes als Zeugen über Umstände, auf die sich ihre Pflicht zur Amtsverschwiegenheit bezieht, und für die Genehmigung zur Aussage gelten die besonderen beamtenrechtlichen Vorschriften.

II Für die Mitglieder des Bundestages, eines Landtages, der Bundes- oder einer Landesregierung sowie für die Angestellten einer Fraktion des Bundestages oder eines Landtages gelten die für sie maßgebenden besonderen Vorschriften.

III Eine Genehmigung in den Fällen der Absätze 1, 2 ist durch das Prozessgericht einzuholen und dem Zeugen bekannt zu machen.

IV Der Bundespräsident kann das Zeugnis verweigern, wenn die Ablegung des Zeugnisses dem Wohl des Bundes oder eines deutschen Landes Nachteile bereiten würde.

V Diese Vorschriften gelten auch, wenn die vorgenannten Personen nicht mehr im öffentlichen Dienst oder Angestellte einer Fraktion sind oder ihre Mandate beendet sind, soweit es sich um Tatsachen handelt, die sich während ihrer Dienst-, Beschäftigungs- oder Mandatszeit ereignet haben oder ihnen während ihrer Dienst-, Beschäftigungs- oder Mandatszeit zur Kenntnis gelangt sind.

1 **I. Systematik, I–V.** Die in → Vor § 376 Rn. 1, 3 genannten Bestimmungen ergänzen § 376. Zu ihr bildet beim Sachverständigenbeweis § 408 II das Gegenstück. § 376 passt das Verfahrensrecht im Interesse des Schutzes der dem Staat dienenden Geheimnisse dem Beamtenrecht an, nicht umgekehrt. Die Regelung setzt eine durch andere Bestimmungen begründete Pflicht des Zeugen zur Amtsverschwiegenheit voraus BGH NStZ 1981, 70. Sie enthält Einschränkungen der Befugnis des Prozessgerichts bei der Beweiserhebung nur über eine bei der Amtsausübung bekanntgewordene Tatsache. Sie enthält damit scheinbar auch eine Einschränkung des wichtigen Grundsatzes der Freiheit der Beweiswürdigung nach §§ 286, 287. In Wahrheit bleibt er jedoch eingeschränkt bestehen, sofern der Richter die Verweigerung einer Aussagegenehmigung zurückhaltend kritisch würdigt. Wegen des Vernehmungsorts gilt § 382.

2 Die Norm begründet ein **Vernehmungsverbot,** BGH NZG 2016, 1159; NStZ 1981, 70. Man muss es vom **Zeugnisverweigerungsrecht** unterscheiden, §§ 383 ff. Die ausnahmsweise Zeugnispflicht aus § 385 macht eine etwa notwendige Genehmigung nicht entbehrlich.

3 Die Erteilung einer Aussagegenehmigung kann Gegenstand einer Verpflichtungsklage vor den VerwGerichten sein, BVerwG NJW 1971, 160; OVG Berlin StV 1984, 279 (280); VG Ddf StV 2015, 685; VG Minden WM 2011, 1130 (jew. eA).

4 **II. Regelungszweck, I–V.** Die Norm schützt die öffentlichen Geheimhaltungsinteressen auch im gerichtlichen Verfahren, BGHSt 50, 318 (326 f.); BayObLG NJW 1990, 1857 (1858). Eine sachgerechte Abgrenzung der Ersten oder Zweiten von der Dritten Gewalt ist problematisch, wie sich bei der Aussagegenehmigung deutlich zeigt. Regelungen hierzu finden sich in allen Prozessordnungen zB nach §§ 46 ArbGG, 54 StPO, 98 VwGO. Man muss die Konfliktlage bei der Auslegung und Anwendung angemessen respektieren. Die Freiheit der Beweiswürdigung nach § 286 und damit auch einer kritischen Mitbeachtung der Haltung der Genehmigungsstelle bleibt bestehen.

5 Die **Fürsorgepflicht des Gerichts** erstreckt sich auch auf die Einhaltung der Bedingungen und Grenzen der Herbeiführung und Auswertung der Aussage eines solchen Zeugen, der unter → Rn. 7, 8 fällt oder auch nur fallen könnte. Der Umstand, dass die Zweite Gewalt entscheidet, ob und wozu der Zeuge aussagen darf, entbindet den Richter nicht von der Mitverantwortung bei der Klärung, ob überhaupt und durch wen eine solche Entscheidung erforderlich ist. Dazu kann es gehören, das Beweisthema nach § 359 genau und umfassend in dem

wegen § 376 praktisch stets notwendigen Beweisbeschluss zu formulieren, um der Behörde Rückfragen zu ersparen und eine von den Beteiligten hinnehmbare Entscheidung zur Aussagegenehmigung zu erreichen. Das dient auch der Prozesswirtschaftlichkeit.

Die Prüfung der Voraussetzungen des § 376 obliegt alleine dem erkennenden Gericht, BGH NZG 2016, 1159; BayObLG NJW 1990, 1857. Die Anwendbarkeit der besonderen beamtenrechtlichen Vorschriften nach I bedeutet nicht, dass das Gericht an die Auslegung gebunden wäre, die der Dienstherr des Beamten diesen Vorschriften gibt. Das wäre mit Art. 97 I GG unvereinbar. 6

III. Sachlicher Geltungsbereich, I–V. → Vor § 373 Rn. 5 ff. Maßgeblich ist der Gegenstand der Vernehmung einschließlich denkbarer ergänzender Fragen, nicht alleine der Beweisbeschluss, BGH NJW 1979, 266. 7

IV. Persönlicher Geltungsbereich: Notwendigkeit der Genehmigung, I, II, V. Maßgebend ist das deutsche Recht. Zur früheren DDR Rein/Hilger DtZ 1993, 261. Wegen der EU vgl. die VO v. 29.2.1968, ABl. EG L 56, 1 (wie § 67 BBG). Im FamFG-Verfahren gilt § 376 entsprechend, § 29 II FamFG. 8

1. Betroffene. Eine Genehmigung zur Aussage als Zeuge brauchen Richter, auch Güterichter, ehrenamtliche Richter, Beamte, auch auf Widerruf, Probe, Zeit usw. und andere Personen des öffentlichen Dienstes, also auch solche, die nicht Beamte im staatsrechtlichen Sinn sind, LG Gött NJW-RR 2003, 117 (Sparkassenangestellter); auch Hilfspersonen, wenn ihnen eine Pflicht zur Amtsverschwiegenheit auferlegt worden ist, BGHSt 50, 318 (327); dies setzt eine öffentlich-rechtliche Bestellung voraus, BGHSt 54, 39 Rn. 46, oder eine förmliche Verpflichtung nach dem VerpflG, BGHSt 50, 318 (327 f.); NStZ 1981, 70. Sie ist nicht erforderlich, wenn die Anstellungskörperschaft ohnehin zur **Amtshilfe** verpflichtet ist, BayObLG NJW 1990, 1857. Unter I fallen die Beamten usw. des Bundes, die Beamten usw. der Länder, der Kommunen, der Gemeindestände, der einer staatlichen Aufsicht unterstellten Körperschaften, Anstalten und Stiftungen des öffentlichen Rechts nach § 2 I BBG, also auch Kirchenbeamte und -angestellte, Zweibr MDR 1995, 202, ferner Schiedsrichter, Mitglieder eines Ehrengerichts. Für die Vernehmung gehören hierher auch die im Vorbereitungsdienst beschäftigten Beamten. Im Einzelfall kann es auf den Umfang der Pflicht zur Verschwiegenheit ankommen, BGH NZG 2016, 1159 (BAFin). 9

Notare, Notarvertreter und Notarverweser sind keine Beamten; sie brauchen eine Befreiung durch die Beteiligten. Wenn diese verstorben sind oder wenn man die Befreiung nur mit unverhältnismäßigen Schwierigkeiten erlangen kann, erteilt der Präsident des LG die Aussagegenehmigung nach §§ 18, 92 Nr. 1 BNotO, nach Erlass eines Beweisbeschlusses auch aufgrund des Antrags einer Prozesspartei, Köln DNotZ 1981, 716. 10

Wirtschaftsprüfer iSd § 4 III FinDAG fallen nur unter § 376 I, wenn ihnen Pflicht zur Amtsverschwiegenheit im Sinne dieser Vorschrift auferlegt worden war, BGH NJW-RR 2016, 683; BeckRS 2016, 5742. 11

2. Nichtbetroffene. Nicht hierher gehören Ehrenbeamte wie Schöffen, ehrenamtliche Richter der Arbeitsgerichte, vgl. aber auch → § 383 Rn. 19, 22, ferner nicht ausländische Beamte. Für die Angestellten und Arbeiter im öffentlichen Dienst regeln die Tarifverträge die Schweigepflicht. Das gilt zB für die Angestellten des Bundes und der Länder, für Arbeiter des Bundes und der Länder und für Soldaten. Die sich aus § 8 I 1 WpHG und § 9 I KWG ergebende Verschwiegenheitspflicht fällt, soweit sie von der BAFin beauftragte Wirtschaftsprüfer betrifft, nicht unter § 376, möglicherweise aber unter § 383 I Nr. 6, BGH NJW-RR 2016, 683. 12

3. Erste, Zweite Gewalt. Bei den Mitgliedern des Bundestages, eines Landtages, den Mitgliedern der Bundes- oder der Länderregierungen, also dem Bundeskanzler und den Bundesministern nach Art. 62 GG sowie den Angestellten einer Fraktion des Bundestages oder eines Landtages gelten nach **II** die für sie maßgebenden besonderen Vorschriften, zB Art. 47 GG, ferner § 382, → § 383 Rn. 19. IÜ gelten §§ 6, 7 BMinG (die Bundesregierung erteilt die Aussagegenehmigung), dies auch nach dem Ausscheiden aus dem Amt, wenn sich die str. Tatsachen während der aktiven Dienstzeit ereignet haben oder wenn der Betroffene sie während dieser Zeit erfahren hat. 13

V. Genehmigung, III. 1. Allgemeines. Die Genehmigung ist nicht erforderlich, wenn die Anstellungskörperschaft ohnehin zur Amtshilfe verpflichtet ist, BayObLG NJW 1990, 1857. Über die Versagungsgründe § 68 BBG, eingehend VG Minden WM 2011, 1130. Die Entscheidung über die Genehmigung ist ein Verwaltungsakt, OVG Münster NJW 1960, 2116. Das erkennende Gericht darf ihn grundsätzlich nicht nachprüfen, Hamm MDR 1977, 849, setzt aber ggf. eine Frist zur Beibringung nach § 356, MüKoZPO/Damrau/Weinland § 376 Rn. 15. Das ist wegen Art 97, 101 I GG problematisch. Die betroffene Partei kann aber vor dem VG klagen, → Rn. 1, oder nach § 111 BNotO vorgehen. Dem Gericht steht eine solche Möglichkeit nicht offen. Es muss den Rechtsstreit zB wegen eines Rechtsstreits der Partei vor dem VG nach § 148 aussetzen, Zweibr MDR 1995, 202. 14

Eine Genehmigung ist **entbehrlich,** wenn der **Fiskus Beweisführer** ist und die vorgesetzte Dienststelle des Beamten den Fiskus im Prozess vertritt. Wer die vorgesetzte Stelle ist, richtet sich nach dem in Betracht kommenden Staatsrecht. Dasselbe gilt für die Frage, wer bei einem Wechsel der Dienststellung die Genehmigung erteilen muss. Beim Ausgeschiedenen ist der letzte Dienstherr zuständig, hilfsweise beim Bund der Bundesinnenminister nach Art. 13 G v. 28.11.1952, BGBl. 749. Eine Versagung der Genehmigung ist eine Aufgabe der obersten Aufsichtsbehörde nach § 68 III BBG. Das Verbot einer mündlichen Aussage erstreckt sich nicht stets auf die Erteilung einer schriftlichen Auskunft nach → Vor § 373 Rn. 10, 31 f., BGH NJW 1979, 266. Bis zur Vorlage einer das Beweisthema deckenden Genehmigung besteht ein Vernehmungsverbot. Vor Zusatzfragen, die den Umfang der beantragten Genehmigung verlassen, muss das Gericht evtl. eine Zusatzgenehmigung einholen. Vorrangig muss das Gericht den Umfang der bisherigen Genehmigung vernünftig auslegen. Ein **Verwertungsverbot** der unter Verstoß gegen § 376 gemachten Aussage besteht nicht, OVG Lüneb NVwZ 2004, 1381. 15

Nach Dienstende kann die Notwendigkeit einer Genehmigung gem. V fortdauern. 16

2. Prozessgericht. Das Prozessgericht muss nach III die Genehmigung einholen, sobald die Aussage auch nur möglicherweise unter die Amtsverschwiegenheit fällt, und dem Zeugen bekanntgeben. Der nach §§ 361, 362 verordnete Richter ist dazu nicht zuständig. Die Einholung erfolgt schon vor der Zeugenladung. Denn nur diese Reihenfolge ist prozesswirtschaftlich. Bei einem Rechtshilfeersuchen eines ausländischen Gerichts holt das ersuchte Gericht die Genehmigung ein. Wird die Genehmigung dem Zeugen entgegen III nicht bekannt gegeben, kann er nach § 386 III das Zeugnis schriftlich verweigern. 17

18 **3. Beamte, Richter.** Der Beamte muss sein Weigerungsrecht aber auch selbst prüfen und im Zweifel selbst eine Entscheidung seiner vorgesetzten Dienstbehörde einholen. Er hat insofern zumindest eine Obliegenheit. Ein Verstoß kann Rechtsfolgen nach § 380 auslösen. Die Genehmigung kann nicht von der Beachtung des Beratungsgeheimnisses nach §§ 43, 45 I 2 DRiG befreien, BGHZ 23, 138 (auch nicht Schiedsrichter).

19 **4. Polizei.** Das alles gilt auch bei der Vernehmung von Polizeibeamten und V-Leuten, BGH NStZ 1981, 70. Die etwaige „Entbindung" durch die Partei(en) befreit noch nicht von Schweigepflicht. Man kann nicht stets von einer allgemeinen Genehmigung sprechen oder gar von einer stillschweigenden. Sie wäre bei einer Erteilung „im Voraus" nicht mit der Fürsorgepflicht des Dienstherrn vereinbar. Diese zwingt zu einer Einzelfallprüfung. Bei Verkehrsunfällen liegt die Genehmigung idR vor, weil insoweit eine Pflicht zur Prüfung im Einzelfall praktisch ausscheidet.

20 **5. Dienstherr.** Eine selbst vom obersten Dienstherrn durch einen Erlass von vornherein für künftige Fälle allgemein mitgeteilte Rechtsansicht, eine Aussagegenehmigung sei „nicht erforderlich" oder nur unter besonderen etwa noch dazu dem untergeordneten Beamten zur Prüfung überlassenen Umständen notwendig oder auch nur zulässig, ist grds. ohne Wirkung, Ausnahme → Rn. 19. Sie wäre für das Gericht keine wirksame Genehmigung. Darauf darf und muss das Gericht nach § 139 hinweisen.

21 **6. Instanzfragen.** Die Erteilung der Genehmigung gilt mangels eines abweichenden Inhalts für alle Rechtszüge. Sie gilt aber nur in diesem Prozess, freilich auch für abgetrennte Teile usw. Sie gilt also nicht in einem Parallelverfahren, auch nicht im Prozess aufgrund einer weiteren Teilklage. Die Verweigerung der Genehmigung ohne eine ausdrückliche Beschränkung auf diese Instanz ist auch für das nächsthöhere Gericht verbindlich. Daher ist ein neuer Vernehmungsantrag unbeachtlich, sofern man nun nicht doch noch mit einer Genehmigung rechnen kann. Im Zweifel muss sich das Gericht bei der Behörde erneut erkundigen.

22 **VI. Bundespräsident, IV.** Er darf das Zeugnis verweigern, soweit IV nach seinem nicht nachprüfbaren Ermessen zutrifft.

23 **VII. Angehöriger der Streitkräfte, I–V.** Wegen der Soldaten der Bundeswehr § 14 SoldatenG. Wegen der Einholung der Genehmigung in besonderen Fällen bei den Angehörigen der ausländischen Streitkräfte Art 38 ZAbkNTrSt, SchlAnh. III.

24 **VIII. Verstoß, I–V.** Er führt nicht zu einem Verwertungsverbot, BGH NJW 1952, 151 (StPO), und kann nach § 295 I heilen, OVG Lüneb NVwZ 2004, 1381.

377 *Zeugenladung.* **I [1]Die Ladung der Zeugen ist von der Geschäftsstelle unter Bezugnahme auf den Beweisbeschluss auszufertigen und von Amts wegen mitzuteilen. [2]Sie wird, sofern nicht das Gericht die Zustellung anordnet, formlos übermittelt.**

II Die Ladung muss enthalten:

1. die Bezeichnung der Parteien;
2. den Gegenstand der Vernehmung;
3. die Anweisung, zur Ablegung des Zeugnisses bei Vermeidung der durch das Gesetz angedrohten Ordnungsmittel in dem nach Zeit und Ort zu bezeichnenden Termin zu erscheinen.

III [1]Das Gericht kann eine schriftliche Beantwortung der Beweisfrage anordnen, wenn es dies im Hinblick auf den Inhalt der Beweisfrage und die Person des Zeugen für ausreichend erachtet. [2]Der Zeuge ist darauf hinzuweisen, dass er zur Vernehmung geladen werden kann. [3]Das Gericht ordnet die Ladung des Zeugen an, wenn es dies zur weiteren Klärung der Beweisfrage für notwendig erachtet.

Schrifttum: Metz, Die schriftliche Zeugenvernehmung im Zivilprozess, MDR 2020, 1094.

1 **I. Systematik, I–III.** Die Vorschrift enthält in I mehr formelle, in II, III inhaltliche Regelungen für das Stadium zwischen der Beschlussfassung und der Beweisaufnahme nach §§ 355 ff. Sie geht allgemeinen Ladungsvorschriften im Zweifel vor. §§ 130a, 378 ergänzen III. Die Ladung ist keine Bedingung der Vernehmung und Verwertung. Der gestellte, zitierte oder sonstwie zufällig anwesende oder herbeirufbare Zeuge ist nach → Rn. 6 zu vernehmen, wenn hinreichend vorbereitet.

2 **II. Regelungszweck, I–III.** Das Gericht soll alle Prozessbeteiligten eindeutig über Art, Ort und Zeit sowie über den voraussichtlichen Inhalt der Beweisaufnahme informieren. Andernfalls sind Ordnungsmittel nach § 380 nicht zulässig, OLGR Saarbr 2005, 960. Damit dient die Vorschrift auch der Prozessförderung und der Prozesswirtschaftlichkeit. Man soll die Vorschrift daher aus prozesswirtschaftlichen Erwägungen weit auslegen.

3 **Prozessleitend** nach § 273 II Nr. 4, III darf und soll sich der Richter knapp fassen. Es ist ja sogar eine Ladung durch einen Anruf beim Zeugen oder einem seiner Mitarbeiter oder über einen ProzBev. statthaft. Sie ist ja sogar im Anwaltsprozess nach § 78 über eine Partei persönlich in geeigneter Lage sinnvoll oder sogar dann notwendig, wenn zB der Zeuge in kürzester Zeit unerreichbar wird, generell für Zulässigkeit kurzfristiger Ladung MüKoZPO/Damrau/Weinland Rn. 2. Auch bei einer normalen Ladung mag eine Kurzfassung des Beweisthemas ausreichen, etwa „zum Unfall vom … um … Uhr", wenn keine Verwechslung infrage kommt. Der Zeuge muss sich vorbereiten und auch abwägen können, ob sein Recht auf Urlaub, BVerfGE 34, 154, der Ladung vorgeht.

4 Zeitgemäß ist vor allem III allemal. Natürlich lässt sich die Brauchbarkeit einer schriftlichen Darstellung nie ganz sicher vorhersagen. Das direkte Gespräch ist zur Klärung von Sachverhalt und Glaubwürdigkeit an sich besser geeignet. Andererseits kann die Ausnutzung von III viel Zeit sparen helfen. Eine schriftliche Darstellung hat insbes. bei komplizierten technischen Sachverhalten den höheren Wert.

5 **III. Geltungsbereich, I–III.** → Vor § 373 Rn. 5 ff. Im arbeitsgerichtlichen Verfahren trifft § 58 ArbGG spezielle Regelungen. III ist im FamFG-Verfahren nach § 113 I 2 FamFG entsprechend anwendbar, Köln FamRZ 2004, 1382. Im Markenrecht gilt § 82 I MarkenG, BPatG GRUR-RR 2017, 100 Rn. 35.

6 **IV. Form und Zeitpunkt der Ladung, I.** Sie kann an sich formlos und ohne jede Frist geschehen; § 217 meint nur die Parteien. IdR sollte sie förmlich erfolgen, → Rn. 9. Sie muss auch bei § 372a durch das Prozessgericht geschehen und nicht durch den Sachverständigen, Brdb FamRZ 2001, 1010. Indessen darf das Gericht

den Zeugen nicht unzumutbar überfallen und muss Art. 1, 2, 12 GG beachten. Zumindest kann nach → Rn. 26 bei einer zu knappen Ladungszeit § 381 anwendbar sein. Wegen eines Vorschusses gilt § 379.

1. Wohnsitz im Inland. Das Gericht muss die Ladung eines Zeugen nach §§ 166 ff. von Amts wegen veranlassen. Die Parteien können einen Zeugen stellen, also ihn veranlassen, freiwillig zu erscheinen, ihn sistieren, ihn aber nicht laden (anders § 220 StPO). Eine öffentliche Zustellung nach §§ 185 ff. ist unzulässig. Wegen der Ladung von Angehörigen der ausländischen Streitkräfte usw. Art. 37 ZAbkNTrSt, SchlAnh. III. Einige fremde Konsuln haben nach Staatsverträgen oder nach der Meistbegünstigungsklausel das Recht auf eine Vernehmung in ihrer Wohnung oder schriftlich, zB die Konsuln von Argentinien, Belgien, Bolivien, Bulgarien, Finnland, Frankreich, Großbritannien, Griechenland, Honduras, Italien, Japan, Luxemburg, Nicaragua, Paraguay, Salvador, Schweden, Siam, Sowjetunion, Spanien, Südafrika, Türkei, Ungarn, Vereinigten Staaten von Amerika. 7

2. Wohnsitz im Ausland. Das Gericht sollte einen im Ausland wohnenden Zeugen im Allgemeinen nicht durch eine formell zulässige Rechtshilfe-Zustellung nach §§ 183, 184 laden. Das kann viel Zeit kosten und garantiert keinen Erfolg. Ein Ordnungsmittel nach § 380 ist hier ohnehin unzulässig, Mü NJW-RR 1996, 59. Es bleibt oft nur die Vernehmung im Ausland nach § 363 und nach Anh. § 363 möglich, soweit sie überhaupt durchführbar ist, Hamm NJW-RR 1988, 703 (Beweisfälligkeit bei Aussichtslosigkeit). Wegen einer schriftlichen Aussage im Ausland III sowie → § 363 Rn. 1. Wegen des EU-Auslands §§ 1072 ff. 8

3. Förmliche Zustellung. Eine besondere Ladungsform nach ist nach → Rn. 6 an sich nicht erforderlich. Daher genügt auch das Telefon. Eine förmliche Zustellung erfolgt aber dann, wenn das Prozessgericht oder der nach §§ 361, 362 verordnete Richter sie besonders anordnen; im Dezernatsbetrieb der Regelfall. **Einschreibebrief** mit Rückschein bietet häufig eine genügende Gewähr, so auch MüKoZPO/Damrau/Weinland § 377 Rn. 3. 9

Im Übrigen steht es dem Gericht frei, Zeugen auch ohne besondere Umstände förmlich laden zu lassen, zB um sie vor einem Beschluss nach § 380 zu schützen oder nach → § 373 Rn. 7 zu klären, ob die Anschrift zutrifft. Das Gericht handelt nach seinem pflichtgemäßen **Ermessen,** das es nicht in der Ladungsanordnung zu begründen braucht. 10

Insgesamt ist eine **förmliche Zustellung** nach §§ 166 ff. häufig ratsam. Bei ihr kann das Gericht sofort aus der Akte ersehen, ob, wann und ob unter einer zB den §§ 178 ff. entsprechenden Weise der Zeuge die Ladung erhalten hat. Diese Ladungsform ist auch als ein praktischer Regelfall durchaus zulässig. Sie ermöglicht beim Ausbleiben, zunächst nach § 380 vorzugehen und auch dadurch zur Prozessbeschleunigung beizutragen. Das Gericht darf sehr wohl aus diesen Erwägungen nach § 356 darauf bestehen, eine auch den §§ 178 ff. entsprechende volle Zeugenanschrift zu erhalten. 11

Das Gericht braucht sich **nicht** damit abspeisen zu lassen, es dürfe ja auch nach I 1 und damit zB unter der Anschrift des **privaten Arbeitgebers** laden, LG Hagen MDR 1984, 1034. Hat das Gericht eine Zustellung angeordnet, sind die diesbezüglichen Auslagen keine unrichtige Sachbehandlung nach § 21 GKG, § 20 FamGKG, solange die Maßnahme nicht schlechthin unnötig war. Den Minderjährigen oder eine juristische Person usw. lädt das Gericht zu Händen des oder der gesetzlichen Vertreter (einer genügt) nach § 170 I, III. 12

V. Inhalt der Ladung, II. Die Ladung muss den Namen des Zeugen so genau angeben, dass keine Verwechslung möglich ist. Sie muss auf den Beweisbeschluss nach § 359 oder zumindest bei § 273 II Nr. 4 auf das Beweisthema Bezug nehmen. Sie muss ferner die Parteien angeben, damit der Zeuge ein Verweigerungsrecht prüfen kann, den Gegenstand der Vernehmung und zum Erscheinen im Saal des Prozessgerichts oder des verordneten Richters auffordern. 13

Die Ladung muss den Ort genau angeben, an dem der Zeuge zu erscheinen hat; auch bei einer Vernehmung im Wege der Bild- und Tonübertragung ist dies der Sitzungssaal, nicht der Ort, an dem der Zeuge sich aufhält, LAG Ddf 13.1.2021 – 12 Sa 453/20, BeckRS 2021, 3353. Bei einem Ortstermin muss die Ladung zum dortigen Erscheinen auffordern, beim Haustermin zum Sich-Bereithalten dort. Sie muss neben der Beachtung von Nr. 1–3 nach § 380 einen Hinweis auf die etwaige Notwendigkeit von **Ordnungsmitteln** enthalten, widrigenfalls diese nicht verhängt werden können, OLGR Saarbr 2005, 960, Ffm MDR 1979, 236. Beim Gegenstand der Vernehmung genügt meist eine ungefähre stichwortartige Angabe. Der Zweck der Mitteilung liegt darin, dem Zeugen eine ausreichende Vorbereitung zB nach § 378 zu ermöglichen, Reinecke MDR 1990, 1061. Am besten stellt man offene Fragen, die den Zeugen nicht von vornherein festlegen („Wie kam es zu dem Unfall …?") Es entscheidet die Lage des Einzelfalls. Die Übermittlung des auch auszugsweisen Beweisbeschlusses kann notwendig, aber auch unzweckmäßig sein, etwa dann, wenn der Zeuge dadurch befangen werden könnte, Reinecke MDR 1990, 1061. 14

VI. Schriftliche Anhörung, III. Die Regelung ist vorrangig auf neutrale Zeugen zugeschnitten, die aus ihren Unterlagen Auskünfte geben, namentlich Ärzte, Steuerberater. 15

1. Ermessen. a) Grundsatz. Das Gericht darf eine schriftliche Zeugenaussage nach seinem pflichtgemäßen Ermessen anordnen, Köln FamRZ 2004, 1382, dies aber eher aber zurückhaltend. Sie kommt auch in Betracht, wenn ein Zeuge sich mit Krankheit entschuldigt und eine schriftliche Aussage einreicht, Kblz OLGZ 1994, 460. Die Regelung ist eine Ausnahme vom Grundsatz der Unmittelbarkeit der Beweisaufnahme nach § 355 I, LG Gießen MDR 1996, 200; allg. → Vor § 128 Rn. 47. Die Aussage ist mithin kein Urkundenbeweis, Musielak/Voit/Huber § 377 Rn. 5 Es fehlen der persönliche Eindruck und der heilsame Einfluss der Parteiöffentlichkeit nach § 357, BPatG GRUR 1978, 359, betont auf den Einzelfall abstellend Ulrich NJW 2014, 1341 (1344). Die Erfahrung lehrt, wie sehr sich die Darstellung wie die Glaubwürdigkeit eines Zeugen in Rede und Gegenrede im Termin ändern können, ohne dass man damit vorher rechnen musste. Deshalb kommt es auch nur begrenzt auf die zeitliche Belastung des Gerichts oder gar des Zeugen an, Ffm OLGR 2008, 76 (Ermessensreduzierung auf Null nur bei Extrembelastung des Zeugen). Das Gericht muss prüfen, ob es mit einer einigermaßen selbständigen Abfassung der Erklärung durch den Zeugen rechnen kann. Zur Dogmatik krit. Stadler ZZP 110, 137. Wegen der Grenzen der Möglichkeiten nach III bei einem Auslandsbezug BGH NJW 1984, 2039. 16

Die schriftliche Zeugenaussage besteht in der schriftlichen **Beantwortung der Beweisfrage.** Eine eidesstattliche Versicherung nach § 294 ist nicht mehr notwendig. Der Zeuge darf sie aber erklären. Das Gericht sollte sie freilich keineswegs anregen oder anheimgeben. Denn es darf nicht den Anschein eines unzulässigen Drucks geben, obwohl es den Zeugen natürlich vorladen und dann grundsätzlich sogar nach § 391 beeidigen kann. 17

18 **b) Verhältnis zu §§ 397, 398.** Allein der Antrag auf persönliche Vernehmung verpflichtet das Gericht nicht zur Ladung; bei Ergänzungsbedarf kann schriftliche Anfrage ausreichen, BAG NJW 2017, 1770 Rn. 7; kritAnm Fölsch. Dem **Fragerecht** der Parteien, § 397, wird nach dem Ermessen des Gerichts wahlweise durch schriftliche Ergänzung oder aus Gründen der beschleunigten Aufklärung durch Ladung stattgegeben; gleiches gilt für die Anordnung einer erneuten Vernehmung nach § 398. § 377 III ist seiner Stellung im Titel 7 nach die allgemeine, für alle Zeugenvernehmungen geltende Vorschrift. Wollte man § 397 I, II und § 398 I, II im Sinne einer Pflicht zur persönlichen Vernehmung interpretieren, könnte die Ermessensregelung in § 377 III 3 leerlaufen. Entscheidend sind letztlich praktische Gründe, namentlich auch die Verfahrensbeschleunigung; für notwendige Ladung LG Berlin NJW-RR 1997, 1289; offenbar für vorrangige Anwendung des § 398 Ddf NJW-RR 1994, 1453. Ist es zur Klärung des Sachverhalts geboten, muss der Zeuge nach § 377 III 3 geladen werden, Hamm NJW 2014, 78, 83 Nr. 5. Bei Unvollständigkeit der Aussage muss dies geschehen, Schlesw BeckRS 2020, 8530 = NJOZ 2020, 1594. Entscheidend bleibt, ob eine schriftliche Aussage ausreichend ist. Auch → § 397 Rn. 14; → § 398 Rn. 1.

19 **2. Rechtsnatur: Zeugenaussage.** Die ordnungsgemäße schriftliche Aussage nach III ist Zeugenaussage, nicht Urkundenbeweis nach §§ 415 ff. Eine Umfrage ist Auskunft oder Sachverständigenbeweis, BGH NJW 1997, 2817. Geht die Aussage in fremder Sprache ein, ist den Parteien zunächst hinreichend Zeit zu lassen, BGH MDR 1978, 46; bei Bedarf ist eine Übersetzung geboten. Außerhalb von § 377 III, dh auch bei Missachtung der Voraussetzungen der Norm oder des § 383 II, kann das Gericht eine schriftliche Aussage nach §§ 415 ff. urkundenbeweislich verwerten, falls die Parteien auf die Unmittelbarkeit der Vernehmung, § 355, verzichten und dem zustimmen. Der Ansatz ist von der Vernehmung nach § 377 III streng zu trennen.

20 Wenn das Gericht den Zeugen zur Vernehmung lädt, kann es nicht zusätzlich eine schriftliche Aussage verlangen. Wohl aber kann das Gericht den Zeugen zB für den Fall laden, dass nicht innerhalb einer zu bestimmenden Frist eine schriftliche Aussage eingeht. Es muss eine schriftliche Aussage kritischer würdigen als die mündliche. Die Anordnung wie die Ausführung der schriftlichen Aussage sind nach § 358a Nr. 3 vor der mündlichen Verhandlung zulässig. Eine heute nicht mehr vorgeschriebene, dennoch abgegebene **eidesstattliche Versicherung** der Richtigkeit der schriftlichen Aussage ersetzt nicht eine Beeidigung nach §§ 478 ff.

21 **3. Ausreichen einer schriftlichen Erklärung, III 1.** Das Gericht muss im Hinblick auf die Beweisfrage und die Person des Zeugen eine schriftliche Beantwortung der Beweisfrage nach § 359 Nr. 1 für ausreichend halten können. Dabei muss es alle Umstände würdigen, zB das Alter und den Bildungsgrad des Zeugen, seine persönliche Zuverlässigkeit, die Schwierigkeit der Beweisfrage, die etwaige Notwendigkeit eines Vorhalts nach § 396 II, III, etwaige Parteifragen nach § 397, § 398, eine Gegenüberstellung nach § 394 II oder eine Beeidigung nach §§ 478 ff. Gerichtserfahrung ist nicht notwendig, ebenso wenig die Volljährigkeit. Das Gericht muss einen **vollwertigen Ersatz** einer mündlichen Aussage erwarten können, LG Gießen MDR 1996, 200. Im FamFG-Verfahren darf das Gericht eine schriftliche Aussage evtl. wegen des in § 26 FamFG verankerten Amtsermittlungsprinzips auch ohne eine solche Erwartung anordnen.

22 Eine **Zustimmung** der Parteien ist nicht erforderlich. Sie mag erörtert werden, kann aber die pflichtgemäße Abwägung des Gerichts nicht ersetzen. Die Parteien behalten natürlich ihr Fragerecht nach § 397 und können durch geeigneten Vortrag auf eine Ermessensentscheidung nach § 377 III 3 Einfluss nehmen, → Rn. 15.

23 **4. Unzulässigkeit, III 1.** Unzulässig ist eine schriftliche Anhörung, solange noch keine streitige Einlassung des Gegners vorliegt oder wenn der Zeuge zeugnisunfähig ist, → Vor § 373 Rn. 16 f. Wenn der Zeuge einen Zeugnis- oder Eidesverweigerungsgrund nach § 383 haben kann, muss das Gericht ihn darüber schriftlich belehren, § 383 III. Im Zweifel muss es ihn vorladen. Amtsermittlung steht III nicht entgegen.

24 **5. Verfahren, III 2, 3.** Die Anordnung der schriftlichen Anhörung erfolgt durch das Prozessgericht, nicht durch den nach §§ 361, 362 verordneten Richter. Dieser muss seinen Auftrag nach § 158 GVG so erledigen, wie das Prozessgericht es ihm vorschreibt. Sie darf nicht die bessere Aussage durch die schlechtere ersetzen. Die Anordnung erfolgt nur auf einen Beweisantrag nach § 373 oder zumindest aufgrund eines Beweisbeschlusses auch nach § 273, sofern nicht der Amtsermittlungsgrundsatz besteht. Ein förmlicher Beweisbeschluss ist zwar an sich nur bei §§ 358, 358a notwendig. Indessen kommt eine „Beantwortung der Beweisfrage" erst dann in Betracht, wenn das Gericht die Beweisfrage in einem Beweisbeschluss für den Zeugen ausreichend formuliert hat, Ulrich NJW 2014, 1344. Eine vorher eingeholte oder eingereichte schriftliche Darstellung ist folglich keine schriftliche Zeugenaussage, sondern eine Urkunde nach § 416. Daher kann auch eine Anordnung nach § 273 vor einem Beweisbeschluss ausreichen.

25 **6. Belehrung.** Der Zeuge darf unter den Voraussetzungen des vorrangigen § 130a auch elektronisch aussagen. Das Gericht muss ihn nach III 2 ausdrücklich darauf hinweisen, dass es ihn zur Vernehmung laden kann, auch wenn sich noch gar nicht abschätzen lässt, ob eine persönliche Vernehmung erforderlich wird. Da die schriftliche Darstellung eine Zeugenaussage ist, muss das Gericht auch die Belehrungen entsprechend § 395 I über die Wahrhaftigkeitspflicht, über eine Amtsverschwiegenheitspflicht nach § 376, über ein Aussageverweigerungsrecht nach § 383 wie vor einer mündlichen Aussage erteilen. Das macht diesen Weg in der Praxis gefährlich, zumal wenigstens im Kern aktenkundig sein muss, dass Hinweise und Belehrungen erfolgt sind, andererseits aber nach § 270 S. 1 die Geschäftsstelle die Ausfertigung besorgt.

26 **7. Weitere Anordnungen.** Das Gericht kann seine Anordnung mit einer Terminsbestimmung nach § 216 zwecks einer bloßen Verhandlung oder anderen Beweisaufnahme verbinden. Der Zeuge braucht dann nicht im Termin zu erscheinen, wenn er vorher eine genügende formgerechte schriftliche Äußerung einreicht und wenn das Gericht ihn nicht ausdrücklich auch für einen solchen Fall vorgeladen hatte. Eine Pflicht zur schriftlichen Aussage zusätzlich zur Ladung besteht nicht. Das Gericht kann eine solche Aussage auch nicht durch Zwangs- oder Ordnungsmittel nach § 380 erzwingen. Eine Pflicht zur schriftlichen Aussage besteht aber ausnahmsweise nach einer vorausgegangenen Ladung, soweit das Gericht erkennbar zum Verfahren nach § 377 übergegangen ist. § 376 ist im Rahmen des § 377 III anwendbar.

27 Das Fragerecht nach § 397 kann auch im Wege der schriftlichen Beantwortung umgesetzt werden, wobei praktische Gesichtspunkte für eine Ladung nach § 377 III 3 ausschlaggebend sind, → § 397 Rn. 14; → § 398 Rn. 1. Bei Unvollständigkeit der Aussage ist der Zeuge zu laden, → Rn. 18.

28 **8. Verzögerung.** Wenn der Zeuge eine schriftliche Aussage inhaltlich unvollständig oder sonstwie unbefriedigend abfasst oder sie grundlos verzögert oder verweigert oder wenn es aus anderem Grund nach dem

Ermessen des Gerichts nach §§ 391 ff. ratsam oder etwa wegen abweichender Aussagen anderer Zeugen zB nach § 398 notwendig ist, bleibt nur eine unverzügliche Bestimmung eines möglichst baldigen Termins sowie die Ladung des Zeugen übrig, Stadler ZZP 110, 161. Vom Eingang der Äußerung und auch von ihrem Ausbleiben muss das Gericht die Parteien benachrichtigen, § 362 II entsprechend. Zugleich setzt es meist nach § 216 II einen Termin zur Verhandlung über das Beweisergebnis nach § 285 an.

Wenn das Gericht den Zeugen nur bedingt geladen hatte, dh für den Fall, dass eine schriftliche Aussage nicht 29
rechtzeitig eingeht, muss es bei seinem Ausbleiben nach § 380 verfahren. Eine nachträgliche Ladung kommt in Betracht. Sie wird nach III 3 zwingend, soweit das Gericht sie zur weiteren Klärung der Beweisfrage für notwendig erachtet. Eine Beeidigung muss nach §§ 478 ff. im Termin erfolgen.

VII. Verstoß, I–III. Ein Verstoß des Gerichts ist ein Verfahrensfehler; er kann auf einen Antrag zur Zurück- 30
verweisung nach § 538 II 1 Nr. 1 führen, LAG Köln BB 2007, 612 (Ls.). Er kann indes nach § 295 I heilen. Ein Ordnungsmittel nach § 380 kann unzulässig sein, evtl. kann sich der Zeuge nach § 381 entschuldigen, Ddf OLGR 1994, 170. Ein Ladungsmangel beeinträchtigt die Zulässigkeit der Vernehmung des erschienenen Zeugen und deren Verwertbarkeit nicht.

Bei **Nichtbeachtung** des § 377 III 1 ist der Zeuge zu laden; § 380 gilt insoweit nicht. 31

378 *Aussageerleichternde Unterlagen.* **I [1]Soweit es die Aussage über seine Wahrnehmungen erleichtert, hat der Zeuge Aufzeichnungen und andere Unterlagen einzusehen und zu dem Termin mitzubringen, wenn ihm dies gestattet und zumutbar ist. [2]Die §§ 142 und 429 bleiben unberührt.**

II Kommt der Zeuge auf eine bestimmte Anordnung des Gerichts der Verpflichtung nach Absatz 1 nicht nach, so kann das Gericht die in § 390 bezeichneten Maßnahmen treffen; hierauf ist der Zeuge vorher hinzuweisen.

I. Systematik, I, II. Die Vorschrift stellt eine Erweiterung der Pflichten der Zeugen dar, wie sie § 396 I 1
schafft. Sie begründet eine echte Rechtspflicht des Zeugen mit Sanktionen bei einem Verstoß in II, aber keine Pflicht, sich Kenntnisse neu zu verschaffen, fortgeltend Köln NJW 1973, 1983.

II. Regelungszweck, I, II. Die Vorschrift dient der Gerechtigkeit, aber auch der Prozesswirtschaftlichkeit 2
durch die Vermeidung weiterer Vernehmungstermine letztlich auf Kosten des Verlierers. Man sollte sie nicht zu großzügig auslegen. Eine Verpflichtung des Gerichts, dem Zeugen den Zugang zu Unterlagen zu ermöglichen, enthält die Norm nicht, OLGR Kblz 2007, 915.

Zumutbarkeit nach → Rn. 5 ist das entscheidende Merkmal. Je genauer der Zeuge weiß, was das Gericht 3
von ihm wissen möchte, und je eher er dergleichen übersehen kann, notfalls durch eine Rückfrage, desto mehr Sorgfalt der Vorbereitung kann man von ihm erwarten. Die notwendigen Kosten einer Rückfrage sind nach dem JVEG erstattbar. Je stärker ein auf dem Zeugen lastender seelischer, gesundheitlicher, beruflicher Druck, desto geringere Erwartungen darf man auf die Vorbereitung setzen. Überlastung kann ein Grund zur Verringerung der Vorbereitung sein, er ist aber selten ein ausreichender.

III. Geltungsbereich, I, II. → Vor § 373 Rn. 5 ff. 4

IV. Einsichts- und Mitbringpflicht, I. Die Pflicht besteht aus sich heraus, Verletzung bleibt aber ohne 5
Hinweis nach II Hs. 2 sanktionslos. Keineswegs besteht eine Pflicht des Zeugen, Tatsachen erst zu erforschen oder eine Unterlage erst noch zu beschaffen oder zu erstellen, fortgeltend Köln NJW 1973, 1983. Es kann nur darum gehen, das bereits im Kern vorhandene Wissen zumutbar aufzufinden oder aufzubereiten.

1. Voraussetzung: Aussageerleichterung, I 1. Die Einsichts- und Mitbringpflicht nach → Rn. 7 besteht 6
nur, „soweit es die Aussage über seine Wahrnehmungen erleichtert". Sie besteht also nur nach den Umständen, setzt aber auch nicht voraus, dass sie zur Aussage „notwendig" oder „ratsam" wäre. Daher besteht sie auch dann, wenn der Zeuge zwar ohne die Einsicht usw. leidlich aussagen könnte, wenn er es aber mithilfe seiner Unterlagen vor Gericht doch eindeutig leichter hätte, rasch und präzise® auszusagen. Er kann sich daher nicht im Termin damit entschuldigen, er habe nicht an eine in Wahrheit durchaus zu erwartende Zusatzfrage gedacht, sein Gedächtnis habe ihn verlassen, er habe befürchtet, durch eine Einsicht und eine Mitnahme seiner Unterlagen eher zu verwirren usw. Er muss sich im Rahmen des Zumutbaren nach → Rn. 9 eben Mühe geben und Zeit aufwenden, um im Termin förderlicher aussagen zu können.

2. Maßstab: Objektive Beurteilung, I 1. Das Gericht hat durch eine ausreichende Formulierung der 7
Beweisfrage im Beweisbeschluss nach §§ 358, 358a oder in der prozessleitenden Anordnung nach § 273 eine Mitverantwortung dafür, dass der Zeuge objektiv zutreffend beurteilen kann, ob und wie eingehend er eine Einsicht nehmen und Unterlagen zum Termin mitnehmen muss. Es kommt bei der Frage, ob eine Einsicht usw. die Aussage erleichtern würde, weder auf die subjektive Ansicht des Zeugen bei der Vorbereitung auf den Termin an noch auf die Ansicht des Beweisführers oder seines Prozessgegners, sondern auf eine aus anfänglicher Sicht objektiv erkennbare Erleichterungsmöglichkeit.

Der Zeuge mag wie bei § 121 I 1 BGB unverzüglich nach dem Erhalt der Ladung nach § 377 notfalls 8
telefonisch beim Vorsitzenden **anfragen** müssen, zu welchen Einzelheiten das Gericht voraussichtlich präzise Einzelheiten brauchen wird. Ein Betriebsgeheimnis usw. darf und muss der Zeuge schon nach § 384 Nr. 4 und ebenso das Gericht achten. Der Zeuge muss die Unterlagen nur persönlich einsehen und evtl. mitbringen, sie aber nicht dem Gericht oder den Parteien im Termin oder außerhalb von diesem vorlegen.

3. Gestattung, Zumutbarkeit, I 1. Weitere Voraussetzung der Einsichts- oder Mitbringpflicht ist, dass dem 9
Zeugen die Einsicht usw. überhaupt „gestattet" ist. Das kann zB von betrieblichen Anweisungen abhängen, von einer Behördenorganisation, von der vorherigen Erlaubnis eines Kollegen als des Miteigentümers oder strafrechtlich Gefährdeten. Der Zeuge braucht nicht solche Hindernisse von sich aus zu beseitigen oder gar irgendwelche rechtlichen oder auch nur moralischen Risiken einzugehen. Er braucht die Hindernisse im Verfahren nach §§ 386 ff. nur so zu umreißen, dass das Gericht bei der nötigen Rücksichtnahme ihre Erheblichkeit abschätzen kann. Auch soweit der Zeuge die Einsicht usw. nehmen darf, muss sie ihm aber außerdem auch „zumutbar" sein.

Die Zumutbarkeit entsteht nicht automatisch aus der Gestattung. Die Zumutbarkeit hängt vielmehr von den Umständen ab, Kühn NZA 2012, 1249 (1251) (Arzt).

10 **4. Einsicht, Mitbringen, I 1.** Unter den Voraussetzungen → Rn. 5–9 besteht eine Pflicht des Zeugen nur dahin, die Aufzeichnungen usw. „einzusehen und zu dem Termin mitzubringen". Er muss sich also optisch, akustisch und anderswie über die Form und den Inhalt orientiert zeigen, Kühn NZA 2012, 1251. Er muss im Termin ohne einen übermäßigen Zeitverlust auch Einzelheiten aus den Unterlagen vortragen können. Er ist aber nach → Rn. 7 nicht auch zur Vorlage verpflichtet oder auch nur zur Einsicht durch das Gericht, den Beweisführer, dessen Prozessgegner oder andere Prozessbeteiligte oder gar zur Niederlegung auf der Geschäftsstelle, zur Aushändigung zwecks eines auch nur vorübergehenden Verbleibs in den Akten, zur Anfertigung von Kopien usw., Schack JZ 1993, 512. Das gilt selbst dann, wenn die Aufzeichnungen keine Betriebsgeheimnisse enthalten und wenn auch sonst kein Hindernis erkennbar ist. Der Zeuge ist ja kein Urkundenlieferant. Er ist nach → Rn. 14 zur Aussage und zu nichts weiter verpflichtet, insoweit fortgeltend Schlosser NJW 1992, 3275 (3277), von §§ 420 ff., 429 abgesehen.

11 Daher kann er **frei entscheiden,** ob er einer Bitte um die Vorlage usw. nachkommen will. Das Gericht kann ihn nicht wegen eines Verstoßes gegen I nach II behandeln, soweit er eine solche Bitte zurückweist. Ob er wegen einer solchen Haltung mit einer Beeidigung nach §§ 478 ff. oder doch mit lästigen Vorhalten rechnen und **diese** beantworten muss, ist eine andere Frage. §§ 131 ff. sind jedenfalls auf ihn unanwendbar. Notfalls muss der Beweisführer den Zeugen auf eine Vorlage verklagen, soweit überhaupt ein sachlichrechtlicher Vorlageanspruch besteht, Schlosser NJW 1992, 3275 (3277).

12 **Beispiele der Zumutbarkeit:** Ein gewisser Aufwand an Zeit zum Heraussuchen oder zum Hin- und Hertransport, die Notwendigkeit, Rückfragen beim Steuerberater oder im Firmenarchiv oder eine Nachschau in der eigenen Ablage zu halten. Denn auch diesen muss das Gericht nach § 7 JVEG ersetzen.

13 **Beispiele der Unzumutbarkeit:** Ein solcher Aufwand, der überhaupt nicht mehr im Verhältnis zur Beweisfrage steht, soweit der Zeuge das bei einer selbstkritischen Prüfung und notfalls durch eine Rückfrage beim Gericht erkennen kann; Mitbringen solcher Unterlagen, über die der Zeuge ohnehin von vornherein schweigen darf und will; solche Einsichtskosten, die das Gericht voraussichtlich nicht wenigstens zu einem erheblichen Teil nach § 7 JVEG erstatten darf.

14 **5. Vorlegungspflicht eines Dritten, I 2.** Die Vorschrift stellt durch ihre Verweisungen auf §§ 142, 429 klar, dass ein Dritter aus denselben Gründen wie der Gegner des Beweisführers zur Vorlegung einer Urkunde verpflichtet sein kann, also zu weit mehr als zur bloßen Einsicht und Mitnahme zum Termin, wie sie § 378 allein fordert.

15 **V. Verstoß des Zeugen, II.** Soweit der Zeuge einer Verpflichtung nach I nicht nachkommt, gelten die folgenden Regeln:

16 **1. Verstoß gegen bestimmte Anordnung, II Hs. 1.** Sanktioniert ist der Verstoß nur, wenn das Gericht ihm eine „bestimmte Anordnung" gegeben hat. Sie fehlt, soweit sich das Gericht auf einen bloßen Hinweis auf I und auf die Wiedergabe des Gesetzeswortlauts beschränkt hatte. Es muss vielmehr eine so genaue Anordnung getroffen haben, dass der Zeuge das im Termin ihm Fehlende verständigerweise hätte einsehen oder mitbringen dürfen und können, zB durch Bezeichnung der Unterlagen wie etwa Rechnungen; Stundenlohnzettel, Krankenunterlagen. Ergibt sich Näheres erst in der Vernehmung, muss diese nach Erteilung der gebotenen Hinweise in einem neuen Termin fortgesetzt werden.

17 **2. Hinweis des Gerichts auf Verstoßfolgen, II Hs. 2.** Das Gericht muss den Zeugen rechtzeitig auf die Folgen eines Verstoßes hingewiesen haben. Das ist eine gleiche Pflicht des Gerichts wie zB bei §§ 141 III 3, 340 III 4.

18 **3. Folgen: Kostenauferlegung; Ordnungsmittel, II Hs. 1, 2.** Unter den Voraussetzungen → Rn. 10, 12 ist das Gericht zu den in § 390 genannten Maßnahmen berechtigt und verpflichtet. Im Umfang eines Rechts zur Aussageverweigerung nach §§ 383 ff. oder gar einer Schweigepflicht nach § 376 besteht keine der vorgenannten Möglichkeiten. Das Gericht darf und muss zwecks Vermeidung eines Verfahrensfehlers darauf achten, das vom Zeugen vorwerfbar Versäumte nachholen zu lassen, das Beweismittel also nach § 286 voll auszuschöpfen, BGH ZIP 1993, 1307.

19 **VI. Rechtsbehelfe, I, II.** Rechtsbehelfsbelehrung, Verstoß: §§ 232, 233 S. 2. Gegen eine Anordnung nach I ist nach § 355 II weder dem Zeugen noch einer Partei ein Rechtsbehelf möglich. Es kann freilich ein Verstoß des Gerichts gegen § 286 eingetreten sein, BGH ZIP 1993, 1307. Gegen eine Maßnahme nach II sind die Rechtsbehelfe → § 390 Rn. 13 statthaft.

379 ***Auslagenvorschuss.*** **[1]Das Gericht kann die Ladung des Zeugen davon abhängig machen, dass der Beweisführer einen hinreichenden Vorschuss zur Deckung der Auslagen zahlt, die der Staatskasse durch die Vernehmung des Zeugen erwachsen. [2]Wird der Vorschuss nicht innerhalb der bestimmten Frist gezahlt, so unterbleibt die Ladung, wenn die Zahlung nicht so zeitig nachgeholt wird, dass die Vernehmung durchgeführt werden kann, ohne dass dadurch nach der freien Überzeugung des Gerichts das Verfahren verzögert wird.**

Schrifttum: Heistermann, Vorschussanordnung vor der Beweisaufnahme – Folgen der fehlerhaften Zahlung, MDR 2001, 1987; Berding/Deckenbrock, Der Streithelfer als Kosten- und Vorschussschuldner bei Beweisanträgen, NZBau 2006, 337.

1 **I. Systematik, S. 1, 2.** § 379 hat als eine zivilprozessuale vorrangige Sonderregel gegenüber dem nur allgemein geltenden § 17 I 2 GKG den Vorrang, Bbg NJW-RR 2001, 1578, Drsd JurBüro 2007, 212, Stgt BauR 2011, 1710. Für den Sv. gilt § 379 nach § 402 entspr., auch bei Anhörung nach § 411, für andere Beweismittel gilt § 17 I 2 GKG. Wird ein Dolmetscher nur für die Vernehmung benötigt, gilt § 379 entspr., ansonsten kostenfreie Amtspflicht nach § 185 GVG. Art 47 EuGRC kann eine Pflicht nach § 379 begrenzen, zB bei einer juristischen Person nach § 50, EuGH ZIP 2011, 144 (fordert Abwägung aller Umstände).

II. Regelungszweck, S. 1, 2. Der Staat übt die Gerichtsbarkeit im Zivilprozess nicht kostenfrei aus. Er ist auch nicht über ein unvermeidbares Maß hinaus zur vorläufigen Finanzierung eines Verfahrens da, das der Kläger zwar benötigt, das er aber dessen ungeachtet doch weitgehend in seiner Parteiherrschaft führt. Das klarzustellen ist einer der Zwecke des § 379. Im Vordergrund steht damit ein fiskalischer Regelungszweck, BGH, NJW 1995, 1903. 2

Die Vorschrift dient auch der **Beschleunigung,** aber nicht der Bestrafung des Säumigen, BGH NJW 1982, 2559. Das Gericht ist auch nicht dazu da, fiskalische Interessen höher zu bewerten als den Beschleunigungsgrundsatz, Heistermann MDR 2001, 1087; Röbke NJW 1986, 237. Ihm gegenüber muss indes das Kosteninteresse einer Partei zurücktreten. Das Gericht sollte besonders bei Anordnungen nach §§ 273, 358a mit einer Vorschussanforderung zurückhalten. Es darf aber auch nicht die Ladung als zu kostspielig ablehnen, BVerfG NJW 1979, 413; dies zu prüfen obliegt der antragstellenden Partei. Die Kannvorschrift in S. 1 bedeutet nicht etwa nur eine Zuständigkeitsregelung, sondern die Einräumung eines echten Ermessens für das Gericht, Bbg NJW-RR 2001, 1578, Stgt BauR 2011, 1710. 3

III. Sachlicher Geltungsbereich, S. 1, 2. Erfasst ist die Ladung des Zeugen, nicht Kosten für eine Reise des Gerichts zum Zeugen, Ddf NJOZ 2007, 4990. Die Vorschrift gilt – unanfechtbar – auch im selbständigen Beweisverfahren nach §§ 485 ff., BGH NJW-RR 2009, 1433; Köln MDR 2014, 494; Ffm MDR 2004, 1255. Bei einer Anordnung aus § 273 II Nr. 4 ist § 379 nach § 273 II 2 entsprechend anwendbar. Die Vorschrift ist unanwendbar, soweit eine Partei oder der Gegner eine Auslagenfreiheit oder völlige **Kostenfreiheit** nach § 2 GKG hat, Hamm MDR 1999, 502 (Verstoß schwerer Verfahrensfehler), oder soweit sie eine **Prozesskostenhilfe** nach § 122 I Nr. 1a, II erhalten hat, Karlsr NJW-RR 2012, 1478, Hamm MDR 1999, 502, oder nach § 11 I 2 KapMuG. Zeugengebühren sind als Auslagen ein Teil der Gerichtskosten nach § 1 I GKG, KV 9005 GKG. Das kann dann nach § 122 II auch zugunsten des Prozessgegners gelten. Freilich muss der nicht mittellose Widerkläger evtl. den Vorschuss zahlen, soweit man die Kosten der Klage und der Widerklage trennen kann. § 379 ist in Abweichung von § 17 III GKG ferner dann unanwendbar, wenn das Prozessgericht nach § 144 I eine Beweiserhebung von Amts wegen anordnet, BGH NJW-RR 2010, 1059 Rn. 19, NJW 2000, 743, und auch dann nicht, wenn insoweit auf Antrag einer Partei ergänzende Fragen gestellt werden sollen. 4

IV. Persönlicher Geltungsbereich, S. 1, 2. Die Vorschrift belastet nur den Beweisführer, dh den Antragsteller, Karlsr OLGZ 1984, 102, Stgt BauR 2011, 1710. Sie gilt nicht gegenüber derjenigen Partei, die zwar die Beweislast hat, aber keinen diesbezüglichen Beweis nach § 359 Nr. 3 antritt; bei § 411 kommt es auf den Anhörungsantrag an, nicht auf das ursprüngliche Beweisangebot, BGH MDR 1964, 501. Wenn beide Parteien Beweisführer sind, entscheidet die Beweislast nach Anh. § 286, BGH NJW-RR 2010, 1059 Rn. 18; NJW 1999, 2823; Stgt NJW-RR 2002, 143 (keine Zweitschuldnerhaftung der nicht beweisbelasteten Partei), für Sachverständigenbeweis auf Antrag beider Parteien generell aM Zweibr Rpfleger 1989, 81 (Gesamtschuld); wenn etwa im Bauprozess ein Gesamtgutachten über Tatsachen erhoben wird, für die jeweils eine Seite die Beweislast trägt; sollte versucht werden, den Vorschuss für jede Seite sachgerecht zu bemessen. Tritt ein **Streithelfer** nach § 66 den Beweis an, ist seine Partei die Beweisführerin, Stgt BauR 2011, 1710; Köln BauR 2009, 540, eingehend Berding/Deckenbrock NZBau 2006, 337 (340). Der nach §§ 361, 362 verordnete Richter darf der Anordnung des Prozessgerichts keine Bedingungen beifügen. Er darf also nicht eigenmächtig nach § 379 verfahren. 5

V. Verfahren, S. 1, 2. Die Auflage des Vorschusses erfolgt nach pflichtgemäßem Ermessen, dies aber auch mit Rücksicht auf die Staatskasse, BGH MDR 1964, 501. Denn das Gericht „kann" in einer prozessleitenden Anordnung so vorgehen, Bbg FamRZ 2001, 1378; Drsd JurBüro 2007, 212. Zuständig ist das angerufene Gericht; das nach § 362 ersuchte Gericht darf die Durchführung eines Ersuchens nicht davon abhängig machen, dass der Vorschuss **seiner** Kasse zugeht, Ausnahme: § 405. Die Auflage erfolgt nach § 273, im Beweisbeschluss nach §§ 358, 358a oder später; Nachforderungen wegen gestiegener Kosten sind zulässig, Mü MDR 1978, 412 (für Sv.). Eine Begründung ist entbehrlich, Karlsr OLGZ 1984, 103, vgl. aber die in Rn. 8 genannten Fälle der Anfechtbarkeit. Das Gericht kann nur die Ladung von der Zahlung abhängig machen, nicht die Vernehmung (zB eines präsentierten oder ohne Ladung erschienenen Zeugen) bzw. die Verwertung von Protokoll oder Gutachten, BVerfG NJW-RR 2004, 1150. Das Gericht muss seine Auflage verkünden oder dem Zahlungspflichtigen nach §§ 166 ff. förmlich zustellen, § 329 II 2, und eine Frist setzen, BVerfG NJW-RR 2004, 1150. 6

1. Auslagenverzicht. Der Zeuge kann auf die Erstattung seiner Auslagen verzichten. Das Gericht hat keine Pflicht, hierauf hinzuweisen. Nach Verzicht bestehen wegen § 2 I 1 JVEG keine diesbezüglichen Ladungshindernisse mehr. Das gilt selbst dann, wenn das Gericht vorher einen Vorschuss angeordnet hatte, BVerfG NJW 1986, 833. Eine Verzichtserklärung ist als eine Parteiprozesserklärung nur wegen Täuschung, Drohung, Irrtums, Fortfalls der Geschäftsgrundlage widerruflich, Ddf JurBüro 1997, 374; MDR 1991, 66. Der Zeuge muss seinen Widerruf entsprechend § 5 V JVEG unverzüglich erklären, Mü OLGR 1995, 94. 7

2. Kostenübernahme. Soweit ein Anwalt sich vor allem als ProzBev. für eine Kostenhaftung bereiterklärt (sich „stark sagt"), muss das Gericht prüfen, ob das für eine den Vorschuss evtl. erübrigende Kostenübernahme spricht, Ddf MDR 1991, 161. Das richtet sich nach den Umständen, Toussaint/Toussaint GKG § 29 Rn. 13. 8

3. Bezifferung; Frist. Das Gericht muss den Vorschuss beziffern, BVerfG NJW-RR 2004, 1150 und die Kasse angeben, BVerfG NJW-RR 1996, 1533, sowie die Anordnung übermitteln, BVerfG NJW-RR 2004, 1150. Seine Höhe hängt von der voraussichtlich nach dem JVEG anfallenden Summe ab. Das Gericht darf und muss sie im Rahmen eines pflichtgemäßen weiten, aber nicht zugunsten der Staatskasse allzu großzügigen Ermessens schätzen, Heistermann MDR 2001, 1085. Eine nachträgliche Anforderung ist zulässig, jedenfalls bis zur Ladung oder Erteilung des Auftrags an den Sv., Ffm OLGZ 1968, 436, zur nachträglichen Erhöhung → Rn. 6. Das Gericht muss der Partei zur Zahlung eine Frist setzen, S. 2. Diese muss es so bemessen, dass der Beweisführer sie einhalten kann. In Anwaltsprozess können 3 Wochen reichen, 2 Wochen sind grundsätzlich zu kurz, BGH GE 2016, 1207 = BeckRS 2016, 10411; Ffm NJW-RR 2010, 717 (zu § 402, jedenfalls bei nicht unerheblicher Höhe). Zwischen dem Fristablauf und dem Beweistermin sollte so viel Zeit liegen, dass das Gericht den Zeugen trotz einer geringen Fristüberschreitung noch laden kann. 9

Es handelt sich um eine **richterliche** Frist. Im Normalfall reicht für die Einzahlung eines Auslagenvorschusses eine Frist von mindestens **einer Woche,** BGH NZG 2020, 238 Rn. 11; NJW 2015, 3101; bei höheren Vorschüssen ist eine längere Frist zu setzen, BGH GE 2016, 1207. Ihre Abkürzung oder Verlängerung richtet sich 10 nach § 224 II. Eine Androhung der Versäumnisfolgen nach → Rn. 13 f. ist unnötig., BVerfG NJW-RR 2004, 1150, aM für selbständiges Beweisverfahren Ddf BauR 2012, 1992. Ein Verstoß ist keine unrichtige Sachbehandlung nach § 21 I GKG, § 20 FamGKG, Ddf VersR 1985, 504, Hamm NJW-RR 2007, 1295. BVerfG NJW-RR 1996, 1533 fordert evtl. eine Rückfrage beim Kostenschuldner betr. den Eingang der Zahlungsanzeige. Im Übrigen kann beim Unterlassen der Vernehmung ein Verstoß gegen Art. 103 I GG vorliegen, BVerfG NJW 2000, 1327. Nichtzahlung kann als Antragsrücknahme auszulegen sein, Köln MDR 2014, 494, für selbständiges Beweisverfahren.

11 Eine Aufhebung oder eine nachträgliche Bewilligung der Prozesskostenhilfe machen die Vorschussanforderung unwirksam.

12 **VI. Rechtsbehelfe, S. 1.** Gegen die Anordnung des Vorschusses ist mangels einer ausdrücklichen gesetzlichen Zulassung grundsätzlich keine sofortige Beschwerde nach § 567 I Nr. 1 statthaft, BGH NJW-RR 2009, 1433, Karlsr NJW-RR 2012, 1478, Stgt OLGR 2009, 188, aM für das selbständige Beweisverfahren Kblz OLGR 2003, 346. Es kann aber eine Gegenvorstellung infrage kommen, Brem OLGR 2007, 922, auch ein Ablehnungsgesuch nach § 42, Mü NJW-RR 2013, 123. Gegen die Ablehnung einer Anordnung kommt die sofortige Beschwerde nach § 567 I Nr. 2 in Betracht, Ffm MDR 2004, 1255. Bei einer Prozesskostenhilfe ist unter den Voraussetzungen des § 127 II 2 die sofortige Beschwerde nach § 567 I Nr. 1 statthaft, Karlsr NJW-RR 2012, 1478. Ein Unterbleiben der Ladung trotz des Fehlens der Vorschusspflicht ist ein wesentlicher Verfahrensmangel nach § 538 II 1 Nr. 1, Hamm MDR 1999, 502. Auch kann das rechtliche Gehör dadurch verletzt sein, BVerfG NJW-RR 2004, 1151; VerfGH Mü NJW-RR 2001, 353. § 67 GKG ist unanwendbar, Toussaint/Toussaint GKG § 67 Rn. 2.

13 **VII. Versäumnisfolgen, S. 2.** Es gibt zwei Arten von Folgen, wobei eine Belehrung hierüber nicht vorgesehen ist. Beide Folgen hängen von der Ursächlichkeit des Verstoßes für eine Verfahrensverzögerung ab, Ffm NJW-RR 2009, 792. Stets darf und muss das Gericht prüfen, ob es auch ohne den Vorschuss nach § 286 weiterkommt, BGH NJW 2007, 2122. Andererseits ist die Nichtzahlung kein Anlass, die Beweiserhebung von Amts wegen zu erwägen, Ddf MDR 1964, 321. Im Übrigen gebührt dem Versuch, die Aufklärung des Sachverhalts trotz Fristversäumnis zu retten, generell der Vorrang. Zwischen § 379 S. 2 und den Folgen von §§ 230, 296 ist streng zu unterscheiden.

14 **1. Keine Ladung.** Hat die Partei einen ordnungsgemäß angeforderten Vorschuss nicht ausreichend oder nicht fristgerecht gezahlt, unterbleibt die Ladung zu dem bestehenbleibenden Beweistermin, indes muss die anberaumte Verhandlung stattfinden, Ddf NJW-RR 1997, 1085. Der Beweisführer verliert das Beweismittel nach § 379 S. 2 nicht wie nach § 230 endgültig, BVerfG NJW 1986, 833. Das gilt gem. § 230 f. unabhängig von einer Androhung, BGH NJW 1998, 761, Köln NJW-RR 1997, 1291. Es gilt auch **unabhängig von einem Verschulden,** BGH NJW 1982, 2559. Es gilt aber nur dann, wenn die Frist nicht zu kurz war, Hamm NJW-RR 2007, 1295, Ffm NJW-RR 2010, 717 (zu § 402), und wenn der Vorschuss nicht so zeitig eingeht oder wenn das Gericht die Vernehmung nicht ohne jede Verzögerung durchführen kann, BVerfG NJW 2000, 1327, BGH NJW 1998, 761. Das Gericht hat nach S. 2 auch insofern ein pflichtgemäßes, weites Ermessen, §§ 279 II, 356 S. 1. Die „Flucht in die Säumnis" ist möglich, indes muss ein alsdann kurzfristig anberaumter Termin nicht erneut vertagt werden, um eine Einzahlung zu ermöglichen, Hamm NJW-RR 1995, 1038.

15 **2. Ausschluss.** § 356 ist auf Fristsetzung nach § 379 S. 2 nicht anwendbar, Köln NJW-RR 1997, 1291. Ob § 356 durch erneute Fristsetzung zur Geltung gebracht werden kann, lässt BGH NJW 1998, 761 offen; die Frage ist wegen abschließenden Charakters des § 379 zu verneinen. § 356 käme allenfalls bei erneuter Fristsetzung zum Zuge, so wohl angenommen in BVerfG NJW-RR 2004, 1150; das indes setzt eine weiträumige Terminslage voraus, angesichts derer eine Verzögerung iSd § 356 ohnehin kaum eintreten wird. Meist genügt ein weiterer (telefonischer) Hinweis, um die Einzahlung zu veranlassen.

16 Ein Ausschluss des Beweismittels kommt freilich unter den Voraussetzungen von §§ 282 I, 296 II in Betracht, wenn der Beweisführer trotz Unterlassung der Vorschusszahlung auf dem Beweisangebot beharrt, BVerfG NJW 2000, 1327, BGH NJW 1998, 761, Köln NJW-RR 1997, 1291, Rostock BauR 2004, 708. Die Voraussetzungen von **§ 296 II** sind eigenständig, unter Ausschöpfung des Ermessensspielraums und streng zu prüfen; die bloße Fristversäumnis ist keine grobe Fahrlässigkeit; vorheriger Hinweis ist geboten, BGH GE 2016, 1207; NJW 1982, 2559. Auf eine Herabsetzung darf vorab hingewirkt werden, BGH NJW 2019, 3456.

17 Anwendung von § 296 I mit § 531 I verstößt gegen Art. 103 I GG, wenn die Zurückweisung nur auf § 379 beruhte, BVerfGE 69, 145. Auf eine unbeachtliche **Gegenvorstellung** der Partei betr. die Höhe darf das Gericht nicht ohne ergänzenden Hinweis von grober Nachlässigkeit ausgehen, BGH NJW 2019, 3456 Rn. 22. Wenn das Gericht einen Zeugen trotz des Fehlens eines Vorschusses lädt oder wenn es von einem Vorschuss abgesehen hat, muss er erscheinen. Wenn er ohne eine Vorschussanordnung oder -anforderung erscheint, muss das Gericht ihn vernehmen, BGH NJW 1982, 2559. Dann hat der Zeuge, selbst wenn die Vernehmung unterbleibt, evtl. einen Entschädigungsanspruch nach dem JVEG, Stgt MDR 1964, 857.

18 **Kein** Ausschluss erfolgt entsprechend den zu § 296 entwickelten Grundsätzen bei einer Nichtursächlichkeit des Versäumnisses für die weitere Verfahrensdauer, BGH NJW-RR 2011, 526, dh bei verspäteter Zahlung ist jeder Versuch einer Durchführung der Beweisaufnahme zu unternehmen.

19 Bei Beweisangebot in erster Instanz ist die erstmalige Einzahlung des Vorschusses im Berufungsrechtszug nicht „neu" iSd **§ 531,** BGH NJW 2017, 2288.

380 ***Folgen des Ausbleibens des Zeugen.*** **I [1]Einem ordnungsgemäß geladenen Zeugen, der nicht erscheint, werden, ohne dass es eines Antrages bedarf, die durch das Ausbleiben verursachten Kosten auferlegt. [2]Zugleich wird gegen ihn ein Ordnungsgeld und für den Fall, dass dieses nicht *beigetrieben werden kann,* Ordnungshaft festgesetzt.**

II Im Falle wiederholten Ausbleibens wird das Ordnungsmittel noch einmal festgesetzt; auch kann die zwangsweise Vorführung des Zeugen angeordnet werden.

III Gegen diese Beschlüsse findet die sofortige Beschwerde statt.

I. Systematik, I–III. Die Vorschrift nennt die Rechtsfolgen, ohne die alle vorgehenden Bestimmungen „leges imperfectae" wären. Sie erfasst nur die Folgen des unentschuldigten Ausbleibens, nicht diejenigen einer unerlaubten Aussageverweigerung (§§ 387 ff.) oder einer falschen Aussage (§§ 153 ff. StGB) oder einer Ungebühr des Anwesenden (§ 178 GVG), Hbg NJW 1997, 3452. § 381 ergänzt § 380; die Prüfung einer rechtzeitigen oder nachträglichen Entschuldigung hat Vorrang, wenn eine solche vor der Entscheidung nach § 380 I, II vorliegt. Die Beschwerde, → Rn. 23 f, sichert insoweit die Beachtung der Voraussetzungen von § 380 und § 381. Zur Beschwerde im Fall des § 381 I 3 → § 381 Rn. 12. 1

§ 141 III verweist inhaltlich auf § 380, indes abweichend hiervon generell nur im Rahmen einer Ermessensentscheidung (vgl. auch → Rn. 3). Diese ist großzügig zu handhaben, LAG Schlesw FA 2015, 149; Stgt NJW-RR 2015, 358 (für unzulängliche anwaltliche Vertretung), Hamm DV 2014, 200 (nur bei Einfluss auf die Sachverhaltsaufklärung). 2

II. Regelungszweck, I–III. Die Vorschrift bezweckt eine Achtung und Durchsetzbarkeit der staatsbürgerlichen Ehrenpflichten des Zeugen, OVG Münst NJW 2013, 954. Ihre Anwendung steht daher nicht im Ermessen des Gerichts, sondern ist nach Rn. 9 dessen Pflicht. Sie dient freilich nicht einer Bestrafung. Beides muss man bei der Auslegung mitbeachten, LAG Hamm FA 2015, 53; Saarbr NJW-RR 2005, 1661, so dass ausdehnende Interpretation verfehlt wäre. Bei Tod des Zeugen ist das Ordnungsgeldverfahren folgerichtig einzustellen, BFH DStRE 2007, 790. 3

Nur in diesem Sinne ist I 2 („zugleich") mit Art. 103 I GG vereinbar. Die bloße Möglichkeit einer nachträglichen Abschwächung oder Aufhebung nach § 381 I 2, 3 ist ohnehin systematisch bedenklich. Immerhin liegt aber zunächst bei korrekter Handhabung eine „ordnungsgemäße Ladung" vor. Wegen der Berechtigung des Zeugen, seine Urlaubsabwesenheit frei zu wählen, BVerfGE 34, 156, und wegen vielfältiger Störfaktoren bei der Ladung ist der gesetzliche Zwang sofortiger Ahndung zwiespältig; bereits entschuldigende Hinweise von Verfahrensbeteiligten sollten daher einer Anwendung von I vor Gelegenheit zur Stellungnahme entgegen stehen. 4

Zeitgemäß ist § 380 gerade wegen seines Auferlegungszwangs sehr wohl. Ein Zeuge kann heute viel schneller, einfacher und billiger auch elektronisch eine rechtzeitige Entschuldigung an das Gericht schicken und damit eine Vertagung ermöglichen. Die hohe Belastung der Gerichte macht eine straffe Terminierung notwendig! 5

III. Geltungsbereich, I–III. Zunächst → Vor § 373 Rn. 5 ff. Die Vorschrift gilt auch im WEG-Verfahren. Bei § 51 II ArbGG (Zurückweisung des Prozessbevollmächtigten) ist III nicht entsprechend anwendbar, LAG Ddf MDR 1985, 435. 6

IV. Ausbleiben, I. Der Zeuge „erscheint" auch dann nicht, wenn er sich zwischen dem Aufruf nach § 220 I und seiner Entlassung entfernt. Wenn er in einem vorwerfbar vernehmungsunfähigen Zustand etwa betrunken auftritt und wenn das Gericht ihn daher oder nach § 158 oder nach § 177 GVG sitzungspolizeilich entfernen lassen muss, gelten nur §§ 177, 178 GVG. 7

1. Ordnungsmäßigkeit der Ladung. Nachteilige Folgen hat das Ausbleiben nur des nach Form und Inhalt gem. → § 377 Rn. 5–13 ordnungsmäßig geladenen und daher des zum Erscheinen verpflichteten Zeugen, OLGR Celle 1994, 286. Wegen der Ausnahmen von dieser Pflicht §§ 375 II, 377 III, 382, 386 III. LSG Brdb BeckRS 2013, 70640 – verneint die Voraussetzung, wenn der Zeuge nur geladen wird, um die Aussage nach § 377 III zu erzwingen. Ladungsmängel hindern die Sanktion aus sich heraus; eine Entschuldigung nach § 381 I ist nicht zu prüfen; aA führt indes zum gleichen Ergebnis. 8

2. Beispiele zur Frage einer ordnungsgemäßen Ladung, I

Abbestellung durch Prozessbevollmächtigten: Ordnungsgemäß bleibt die Ladung auch dann, wenn ein ProzBev. den Zeugen zwar unbefugt, aber wohlmeinend abbestellt hatte. Allerdings sollte das Gericht von vornherein § 381 mit abwägen; Verschulden des Prozessbevollmächtigten muss der Zeuge sich zurechnen lassen, Köln NJW 1978, 2515. 9

Auslandsladung: § 380 ist nicht anwendbar, → § 377 Rn. 8.

Beweisthema: Ordnungsgemäß ist eine stichwortartige Angabe nach → § 377 Rn. 2, 13. **Nicht** ordnungsgemäß ist eine solche Ladung, die keine klare Mitteilung des Beweisthemas nach § 359 Nr. 1 enthält, Saarbr OLGR 2005, 960 (gilt auch für § 273 II Nr. 4); Celle OLGR 1994, 286; Reinecke MDR 1990, 1063.

Entbehrlichkeit: Ordnungsgemäß bleibt eine Ladung trotz einer inzwischen eingetretenen Entbehrlichkeit des Zeugen. Das Gericht sollte aber von einer Maßnahme nach I absehen, → Rn. 11, auch → § 381 Rn. 8.

Entschuldigung: Ordnungsgemäß bleibt eine Ladung trotz einer Entschuldigung des Zeugen. Dann gilt § 381.

Ersuchter Richter: Ordnungsgemäß bleibt die Ladung auch dann, wenn der auswärtige Zeuge um seine Vernehmung vor dem nach § 362 ersuchten Richter gebeten und eine dem Gericht zumutbare ablehnende Antwort nicht erhalten hat, Köln VersR 1993, 718 (von Ordnungsgeld absehen).

Formlosigkeit: Ordnungsgemäß kann auch eine formlose Ladung sein, zB eine mündliche oder telefonische.

Ladungsverbot: **Nicht** ordnungsgemäß ist eine verbotene Ladung, etwa diejenige eines Zeugen nach → Vor § 373 Rn. 16, zB der Mutter eines nichtehelichen Kindes, soweit sie nicht zB Amtspflegerin ist.

Ladungsverzicht: **Nicht** anwendbar ist I dann, wenn der Zeuge auf eine förmliche Ladung nach der Kenntnisnahme vom Termin wirksam verzichtet hatte. Das darf man freilich nicht mit einer nur mündlichen oder telefonischen, aber eben erfolgten Ladung verwechseln.

Maßnahme nach § 380 I: Wenn der Zeuge erst nach ihrem Erlass erscheint, gilt § 381 I 2. **Nicht** anwendbar ist I dann, wenn der Zeuge zwar verspätet erscheint, aber noch vor einer Maßnahme nach I.

Prozessleitende Ladung: Ordnungsgemäß sein kann auch eine nur nach § 273 II Nr. 4 prozessleitende Ladung des Zeugen, Saarbr OLGR 2005, 960.

Rechtzeitigkeit: Ordnungsgemäß ist nur eine rechtzeitige Ladung. § 217 ist nicht anwendbar.

Schriftliche Aussage: **Unanwendbar** ist I bei einem Ausbleiben des nur zu einer schriftlichen Äußerung nach § 377 III aufgeforderten Zeugen. Äußert dieser sich nicht, mag das Gericht ihn eben nach § 377 I, II laden, → § 377 Rn. 28 f.

Verschulden: Ordnungsgemäß bleibt eine Ladung auch bei einer nur geringen Mitschuld des ausgebliebenen Zeugen. Das Gericht darf dann aber von einer Maßnahme nach I absehen, Köln VersR 1993, 718, Grüneberg MDR 1992, 330.

Verspätung: Anwendbar ist I auch bei einer wegen Verspätung im Termin nicht mehr nachholbaren Vernehmung, soweit sie noch notwendig bleibt.

Verzögerung: Ordnungsgemäß sein kann die Ladung auch trotz einer folgenden Verzögerung des Prozessablaufs. Ihr Eintritt zwingt erst recht zur Maßnahme, BFH DB 1988, 1836.

Wartepflichten: Verkehrsverhältnisse und eigene Unpünktlichkeit des Gerichts gebieten angemessenes Abwarten bis zur Verhängung eines Ordnungsgelds, ausführlich Schneider MDR 1998, 1205.

10 **3. Ladungsnachweis.** Es genügt der Nachweis, dass das Gericht die Ladung nach § 377 I, II (formlos!) hinausgegeben hat. Nicht erforderlich ist der Nachweis, dass der Zeuge sie auch erhalten hat; der Zugang muss indes wahrscheinlich sein und darf nicht auch nur möglicherweise fehlen. Für die Zeit des Zugangs kann man § 357 II entsprechend heranziehen. Das Gericht braucht keine Ladungsfrist nach § 217 einzuhalten. Allerdings muss dem Zeugen genügend Zeit zum Erscheinen bleiben, nicht unbedingt auch zur Vorbereitung; dies, wie auch eine Rücksichtnahme auf den Arbeitgeber (ex ante?) befürwortend MüKoZPO/Damrau/Weinland § 380 Rn. 3. Die erforderliche **Belehrung** des Zeugen bei der Ladung muss die Art des möglichen Ordnungsmittels angeben. Sie braucht nicht dessen Höhe zu nennen. Das Gericht muss vor der Entscheidung nach I 2 keine Ermittlungen vornehmen. Es sollte aber alleine zur Vermeidung unnötigen Aufwandes aufzuklären versuchen, ob die Ladung zuging, auch zB durch eine telefonische Rückfrage. Wird gegen ZU geladen, lassen sich viele Schwierigkeiten vermeiden.

11 **4. Pflicht zu Maßnahmen, Minderjährige.** Das Gericht entscheidet in voller Besetzung, LAG Brem MDR 1993, 1007. Der nach §§ 361, 362 verordnete Richter ist gem. § 400 zuständig. Das Gericht hat beim Vorliegen der Voraussetzungen Rn. 4–7 kein Wahlrecht, weder zum Ob des Ordnungsmittels nach → Rn. 10 noch zum Nebeneinander von Ordnungsmittel und Kosten nach → Rn. 15, aA Celle OLGR 1994, 286 (generell Ermessen), großzügig wohl auch Kblz MDR 1979, 424. **Ermessensspielraum** besteht, wenn die Vernehmung nicht mehr erforderlich ist, Drsd 14.10.2020 – 4 W 749/20, BeckRS 2020, 28857 (Erledigung durch Vergleich); Hamm NJW-RR 2013, 384; DV 2014, 200, dsgl wenn der Beweisführer auf die Vernehmung verzichtet und wenn der Gegner zustimmt, generell entbehrlich, wenn das Ausbleiben folgenlos war, Oldb MDR 2017, 171, aA Kblz FamRZ 2020, 1855; Ffm OLGZ 1983, 458 (jew.: Maßnahme wegen Sanktionscharakters geboten), Zöller/Greger § 380 Rn. 3, streng auch Schmidt MDR 1980, 116. Nachträgliche Erkenntnisse zur Entbehrlichkeit der Aussage stehen der Maßnahme indes nicht entgegen, Celle MDR 2016, 547 (Erledigung).

12 Generell besteht Ermessen bei Nichterscheinen der Partei, BGH NJW-RR 2007, 1365; BAG NJW 2008, 252. Ggf. sollte zwischen Ordnungsgeld und Kosten differenziert werden; für letztere ist auch bei Erledigung des Beweisangebots schwer einzusehen, dass sie in die Kostenrechnung der Parteien eingehen sollen, wenn der Zeuge sie verursacht hat, Grüneberg MDR 1992, 329. Es kommt nicht darauf an, ob das Gericht mit einer Entschuldigung rechnen kann, solange dafür nicht bereits triftige Anhaltspunkte vorliegen. Maßnahmen sind auch nach der Erledigung des Verfahrens noch zulässig, BFH DB 1988, 1836.

13 Gegenüber einem **minderjährigen** Zeugen ist abweichend von § 381 eine Prüfung der Schuldfähigkeit nötig, LAG Nürnb MDR 1999, 1342; LG Brem NJW 1970, 1429 (JGG entsprechend anwendbar). Der gesetzliche Vertreter nach § 51 unterliegt nicht als solcher dem § 380, sondern nur insoweit, als er selbst Zeuge ist. Das Gericht kann ihn im Übrigen allenfalls nach § 1666 BGB behandeln.

14 **5. Beschluss.** Das Gericht entscheidet nach I 2 stets über Kosten und Ordnungsmittel nebeneinander, „zugleich". Es gilt § 329. Das Gericht muss seinen Beschluss nach § 329 begründen. Dem Zeugen ist er als Vollstreckungstitel förmlich zustellen, § 329 III, § 794 I Nr. 3; es ist keine Rechtsmittelbelehrung nötig. IÜ ist er zu verkünden oder den Parteien wegen der Kosten nach § 329 II 1 formlos mitzuteilen.

15 **6. Kostenauferlegung.** Der Zeuge muss die durch sein Ausbleiben entstandenen, nach § 91 notwendigen Kosten tragen, BGH NJW-RR 2005, 725, Celle NJW-RR 2009, 503. Dazu zählen neben den Gerichtskosten an sich zB Anwaltskosten (Reisekosten) wegen der Teilnahme an einer Vernehmung vor dem nach § 361 ersuchten Richter, BGH NJW-RR 2005, 725, oder Reisekosten, auch der Parteien, Celle NJW-RR 2009, 503. Diese sind insoweit antrags- und bei einer Ablehnung beschwerdeberechtigt. Nicht hierher zählt nach wohl hM der Umfang des Zeitaufwands bzw. entgangener anderweitiger **Verdienst des Anwalts,** Celle NJW-RR 2009, 503 (wegen der nach § 91 II 1 alleine anzusetzenden Pauschgebühr), für Berücksichtigung des Zeitaufwands Hahn AnwBl 1976, 122, billigenswert, da andernfalls dem Anwalt ein Sonderopfer abverlangt wird. Der Beschluss enthält an sich nur die Kostengrundentscheidung nach § 91. Celle hat in OLGR 1994, 287 von Auferlegung abgesehen, wenn Kosten nicht anfallen konnten; das ist aus Gründen der Vereinfachung vertretbar. Der Beschluss ist ein zur Kostenfestsetzung durch den Rpfl nach §§ 103 ff. geeigneter Titel iSd § 794 I Nr. 3. Kosten sind nicht aufzuerlegen, soweit sie auch bei einer rechtzeitigen Entschuldigung entstanden wären, Nürnb NJW-RR 1999, 788. Der Prozessverlierer muss die dem Zeugen auferlegten Kosten nach § 104 erstatten, soweit der Gegner die Erfolglosigkeit der Beitreibung nachweist, Mü NJW 1968, 1727, Zug um Zug gegen Abtretung.

16 **7. Ordnungsmittel.** Ordnungsmittel sind Rechtsnachteile ohne Strafcharakter. Das stellt Art 5 EGStGB klar, Köln NJW 1978, 2515 (krit. Schneider NJW 1979, 987); Saarbr OLGR 2005, 960. Das Ordnungsgeld beträgt 5–1000 EUR, Art. 6 I EGStGB. 400 EUR können auch bei ungünstigen wirtschaftlichen Verhältnissen eines Erscheinens unwilligen Zeugen zulässig sein, Köln MDR 2004, 900; für Anwendung des § 40 StGB auf Ehegatten Stgt FamRZ 2020, 1754. Soweit das Gericht den oberen Rahmen wählt, muss es das begründen, BFH BB 1988, 2452. Zugleich muss das Gericht nach Art. 6 II 1 EGStGB ohne ein Wahlrecht zwingend ersatzweise Ordnungshaft von einer sogleich zu bestimmenden Dauer von einem Tag bis zu 6 Wochen verhängen. Die Festsetzung erfolgt nicht nach Wochen, sondern stets nach Tagen. Manche empfehlen schon beim ersten Mal (jetzt ca.) 50 EUR, LG Kiel JurBüro 1976, 114; 75 EUR, Schalhorn JurBüro 1976, 114; 100 EUR, Mü OLGR 1994, 202; 250 EUR für Sachverständigen Oldb MDR 2012, 247.

17 Die etwaige Stundung, Gewährung von Raten und deren Änderungen oder Wegfall richten sich nach Art 7 EGStGB. Wenn das Gericht eine ersatzweise Ordnungshaft nicht festgesetzt hatte, muss es Art 8 EGStGB beachten. Eine etwaige Niederschlagung richtet sich nach Art. 8 II EGStGB, die Verjährung nach Art. 9

EGStGB, Hamm BB 1978, 574. Zur Anordnung eines Ordnungsmittels, auch eines nachträglichen, ist nur der Richter zuständig. Dasselbe gilt von der Gewährung nachträglicher Raten nach Art. 7 II EGStGB.

8. Vollstreckung. Für sie ist nach § 31 III RPflG grundsätzlich der Rpfl. zuständig, soweit sich nicht der Richter die Vollstreckung ganz oder teilweise vorbehält, Mümmler JurBüro 1975, 582. Jedoch darf nach § 4 II Nr. 2a RPflG nur der Richter eine Ordnungshaft auch im Rahmen der Vollstreckung androhen oder anordnen. Zuständig ist das Prozessgericht, nicht die Staatsanwaltschaft, Mü NJW-RR 1988, 1407 (zu § 890). Eine Beitreibung von Kosten und Ordnungsgeld erfolgt nach § 1 I Nr. 3, 4 JBeitrO iVm §§ 3, 4 EBAO, Toussaint JBeitrO, EBAO. 18

V. Wiederholtes Ausbleiben, II. 1. Begriff. Ein wiederholtes Ausbleiben liegt vor, wenn das Gericht schon einmal aus demselben Anlass auf eine Maßnahme nach I gegen den Zeugen erkannt hat, mag es sie auch nicht vollstreckt haben. Das gilt jedoch dann nicht, wenn das Gericht die erste Maßnahme nach § 381 I 2 aufgehoben hatte, BayObLG 1990, 37 (40). 19

2. Erneutes Ordnungsmittel. Das Gericht muss noch einmal ein Ordnungsgeld und ersatzweise eine Ordnungshaft festsetzen. Nur das Gericht kann auch die Vorführung des Zeugen anordnen, OVG Greifsw LKV 2004, 231 (keine Grundlage in § 13 II 2 RundfG MV). Voraussetzung ist eine strenge Prüfung der Verhältnismäßigkeit, BayObLG 1990, 37. Die Vorführung geschieht nicht durch die Polizei, sondern nach § 149 S. 1–5 GVGA durch den Gerichtswachtmeister oder den Gerichtsvollzieher. Das gilt auch bei Soldaten, Erlass d BMVert 23.7.1998, VMBl 246; 14.6.2004, VMBl 109. Der für den Wohnsitz des Zeugen zuständige Gerichtsvollzieher muss auch dann tätig werden, wenn er zur Vorführung eine größere Strecke zurücklegen muss, LG Regensb DGVZ 1980, 171. Wegen der Vorführungseinzelheiten → § 372a Rn. 36. Der Vorführungsbefehl wird am besten bei der Ausführung der Vorführung zugestellt. Die Kosten der Vorführung sind Kosten des Ausbleibens. Der Beweisführer muss sie nach § 379 mit vorschießen. 20

3. Kosten. Das Gericht kann dem Zeugen auch die durch sein erneutes Ausbleiben verursachten weiteren Kosten auferlegen. Zwar nennt II nur „das Ordnungsmittel"; wie § 381 I 1 zeigt, unterscheidet das Gesetz zwischen diesem Ordnungsmittel und der Auferlegung von Kosten. Die Nichterwähnung der Kosten in II beruht aber darauf, dass auch bei einem wiederholten Ausbleiben I 1 gilt. Sonst würden die weiteren Kosten in der Luft hängen und der hartnäckig ausbleibende Zeuge insoweit risikofrei bleiben. 21

4. Drittes Ausbleiben. Auch eine dritte und weitere Auferlegung von Kosten nebst einer Feststellung von Ordnungsmitteln ist zulässig. Der Wortlaut steht nicht entgegen. Denn der Ton liegt auf „noch", nicht auf „einmal". Es ist aus praktischen Gründen nicht vertretbar, dass ein Zeuge durch seinen dauernden Ungehorsam der Zeugnispflicht entgeht, KG NJW 1960, 1726; Zöller/Greger ZPO Rn. 8; Musielak/Voit/Huber ZPO Rn. 5; aA Drsd MDR 2002, 1088; Celle OLGZ 1975, 372 (Sv); Karlsr NJW 1967, 2166; MüKoZPO/Damrau/Weinland Rn. 10 unter Hinweis auf ein engeres Verständnis des Wortlauts. Das gilt auch vor der Vollstreckung des früheren Ordnungsmittels. 22

VI. Sofortige Beschwerde, III. Rechtsbehelfsbelehrung, Verstoß: §§ 232, 233 S. 2. Beim Rpfl. gilt § 11 RPflG iVm §§ 567 ff. Für den beauftragten oder ersuchten Richter und den Urkundsbeamten der Geschäftsstelle gilt § 573. 23

1. Zulässigkeit. Der **Zeuge** kann sich nicht gegen den Beweisbeschluss nach §§ 358, 358a beschweren, §§ 380 III, 567 I, sondern nur gegen einen Beschluss nach I oder II, das aber auch als Minderjähriger, LAG Nürnb MDR 1999, 1342. § 381 I 3 hat Vorrang vor einem Beschwerdeverfahren. Das Gericht muss Eingaben zur Vermeidung unnötigen Aufwands nach ihrem Sinn auslegen, insbesondere eine nachträgliche Entschuldigung, und in diesem Fall grds. nach § 381 I 3 vorgehen. Eigenständige Bedeutung hat die Beschwerde nach § 380 III, wenn sie zumindest teilweise nicht auf eine Entschuldigung iSd § 381 I gestützt wird, sondern auf andere Gründe, insbes. in den Fällen von → § 380 Rn. 11, in denen eine Entscheidung gegen den Zeugen nicht ergehen darf, oder bei Verletzung von § 382, → § 382 Rn. 3. 24

Gegen die Entscheidung des nach §§ 361, 362 verordneten Richters nach § 400 ist zunächst die befristete Erinnerung nach § 573 I 1 statthaft. Es besteht für den Zeugen nach §§ 78 III Hs. 2, 569 III Nr. 3 **kein Anwaltszwang.** Die sofortige Beschwerde hat nach § 570 I eine aufschiebende Wirkung. § 567 II ist unanwendbar. Es gibt keine Notwendigkeit einer Beschwerdesumme. Denn es handelt sich nicht um eine Kostenentscheidung nach § 181 GVG. Soweit das Berufungs- oder Beschwerdegericht entschieden hat, kommt wegen § 567 I keine sofortige Beschwerde, sondern nur eine Rechtsbeschwerde an den BGH unter den Voraussetzungen des § 574 I–III in Betracht, Köln NJW 2011, 1890. 25

Die **Parteien** haben das Beschwerderecht nur hinsichtlich der unterbliebenen Auferlegung von Kosten, → Rn. 15, nicht wegen des Ordnungsgelds (keine Beschwer), BFH RVGRep 2020, 477, mAnm Hansens. Es unterliegt dem Anwaltszwang und ist von der Wertgrenze des § 567 II abhängig. Die Verfassungsbeschwerde ist idR unzulässig, BVerfGE 33, 257. 26

2. Kosten. Für die erfolglose Beschwerde gilt § 97 I. Bei einer erfolgreichen sofortigen Beschwerde sind wegen der Kosten §§ 7, 19 JVEG anwendbar, dh eine Kostenentscheidung ist nicht veranlasst, weil die Kosten des Zeugen der unterliegenden Partei in Rechnung gestellt werden BGH NJW-RR 2007, 1364; BAG NJW 2008, 252; Oldb MDR 2017, 171; Kblz NJW-RR 2014, 762 (für Anwaltskosten offen gelassen); Musielak/Voit/Huber § 380 Rn. 7. Anderslautende Rspr., die eine Kostenentscheidung zum Nachteil der Staatskasse befürwortete, zuletzt AG Mehldorf NJW-RR 2009, 576 mwN, ist überholt. 27

381 *Genügende Entschuldigung des Ausbleibens.* **I [1]Die Auferlegung der Kosten und die Festsetzung eines Ordnungsmittels unterbleiben, wenn das Ausbleiben des Zeugen rechtzeitig genügend entschuldigt wird. [2]Erfolgt die Entschuldigung nach Satz 1 nicht rechtzeitig, so unterbleiben die Auferlegung der Kosten und die Festsetzung eines Ordnungsmittels nur dann, wenn glaubhaft gemacht wird, dass den Zeugen an der Verspätung der Entschuldigung kein Verschulden trifft. [3]Er-**

folgt die genügende Entschuldigung oder die Glaubhaftmachung nachträglich, so werden die getroffenen Anordnungen unter den Voraussetzungen des Satzes 2 aufgehoben.

II Die Anzeigen und Gesuche des Zeugen können schriftlich oder zum Protokoll der Geschäftsstelle oder mündlich in dem zur Vernehmung bestimmten neuen Termin angebracht werden.

1 **I. Systematik, I, II.** Die Vorschrift stellt eine notwendige Ergänzung zu § 380 dar, → § 380 Rn. 1. § 381 I 1–3 regeln den Eingang der Entschuldigung in gestaffelter zeitlicher Reihenfolge. I 3 hat Vorrang vor der Beschwerde nach § 380 III, → § 380 Rn. 23, → § 381 Rn. 12. Jede Sanktion erfordert die Überzeugung des Gerichts vom Verschulden des Zeugen, LAG Hessen FA 2010, 19.

2 **II. Regelungszweck, I, II.** Zunächst → § 380 Rn. 3. Wenn es das Gesetz dem Zeugen überlässt, sich rechtzeitig zu entschuldigen oder das nachzuholen, nachdem er ahnungslos ausgeblieben und ein Ordnungsmittel ergangen war, darf man die Entschuldigungschance nicht auch noch durch eine zu strenge Anforderung verringern. Niemand, insbes. keine Berufsgruppe, hat von vornherein Vorteile, auch nicht der Arzt, überhaupt nicht jeder arbeitende Mensch in der Arbeitszeit. Arbeitszeit ist nun einmal auch diejenige des Gerichts und der ProzBev. Fingerspitzengefühl und Einfühlungsvermögen helfen bei der Abwägung. Eine Ordnungshaft bleibt im Zivilprozess eine praktisch nur ganz selten zu vollstreckende, aber als ein Druckmittel wirksame Ausnahme.

3 **III. Geltungsbereich, I, II.** → Vor § 373 Rn. 5 ff.

4 **IV. Ahndungsfreiheit des Zeugen, I. 1. Rechtzeitige Entschuldigung, I 1.** Ein Rechtsnachteil unterbleibt, wenn der Zeuge sein Ausbleiben rechtzeitig genügend entschuldigt. Nach dem Gesetzestext ist nicht stets eine Glaubhaftmachung gem. § 294 nötig. Sie wird erst von I 2 gefordert. Im Rahmen des pflichtgemäßen Ermessens kann das Gericht aber schon bei I 1 verlangen, dass der Zeuge den Entschuldigungsgrund glaubhaft macht. Es müssen Umstände vorliegen, die das Ausbleiben als nicht pflichtwidrig erscheinen lassen, OVG Münst NJW 2013, 954; das Gericht muss vom Verschulden des Zeugen überzeugt sein, LAG Hessen FA 2010, 19. Eine **Zurechnung fremden Verschuldens,** etwa nach § 85 II, kommt nicht in Betracht, BGH NJW-RR 2011, 1363 Rn. 20. Evtl. ist ein ärztliches Attest notwendig; das Gericht muss seinen Wert freibeweislich klären, Köln OLGR 1999, 415. Das Gericht muss von Amts wegen prüfen. Es muss nicht, darf aber Ermittlungen anstellen, Nürnb NJW-RR 1999, 940 (diskrete Behandlung ärztlichen Attestes analog § 177 II 2). Vorsicht bei Anhalt für Gefälligkeitsbescheinigung, Köln MDR 2004, 900!

5 Der Zeuge erhält die **Attestkosten** nach § 7 JVEG dann ersetzt, wenn seine Entschuldigung durchgreift, wie bei → § 380 Rn. 27; Toussaint/Weber JVEG § 7 Rn. 8. Was als Entschuldigung genügt, ist eine Frage des Einzelfalls, Ddf OLGR 1994, 170 (zu kurzfristige Ladung). § 233 ist entsprechend anwendbar.

6 Die **Rechtzeitigkeit** ist objektiv zu prüfen. Sie liegt vor, wenn die Entschuldigung noch so früh auf der Geschäftsstelle oder auf der Posteinlaufstelle des Gerichts eingeht, dass das Gericht den Termin noch zur Kenntnis aller übrigen Prozessbeteiligten aufheben oder verlegen kann, Brdb NJW-RR 2021, 863. Dabei ist eine unverzügliche und objektiv rasche Weiterleitung an den Vorsitzenden eine Voraussetzung. Störungen im Geschäftsbetrieb gehen nicht zum Nachteil des Zeugen.

7 **2. Schuldlosigkeit verspäteter Entschuldigung, I 2, 3.** Ist eine Entschuldigung zwar vorhanden, aber nicht nach → Rn. 4 rechtzeitig, sondern verspätet eingegangen, reicht auch eine nach § 294 glaubhafte Schuldlosigkeit dieser Verspätung, Brdb BeckRS 2018, 34890; Saarbr NJW-RR 2005, 1661 (Überhören akustischen Terminplaners reicht nicht). Nur bei einer solchen Schuldlosigkeit kommt nach I 3 eine Aufhebung der vom Gericht inzwischen angeordneten Maßnahmen infrage, Nürnbg NJW-RR 1999, 788 (Verkehrsstörung).

V. Beispiele zur Frage einer Entschuldigung, I

8 **Abbestellung:** Grds. **nicht** entschuldigen kann die bloße Abbestellung durch einen ProzBev. Denn allein das Gericht darf die Ladung wirksam aufheben. Das muss dem Zeugen grds. klar sein, Köln OLGR 1999, 14. Es ergibt sich aus der Ladung. Der Zeuge muss zumindest beim Gericht rückfragen. Er darf das Ausbleiben einer Antwort grds. nicht als stillschweigende Zustimmung zu seinem Ausbleiben ansehen. Die Erwägungen zur Geringfügigkeit der (Mit-)Schuld des vom ProzBev. abbestellten Zeugen in → § 380 Rn. 9 gelten entsprechend. Eine Zurechnung fremden Verschuldens, etwa nach § 85 II, kommt nicht in Betracht, BGH NJW-RR 2011, 1363 Rn. 20.

Arbeitsunfähigkeit: „Erkrankung".

Aussageverweigerungsrecht: Ein solches nach §§ 383 ff. bildet nicht stets einen Entschuldigungsgrund. Denn erst die Mitteilung, der Zeuge wolle von ihm auch Gebrauch machen, gibt dem Gericht die Möglichkeit entsprechender Umplanung, BFH DStRE 2007, 790.

Berufsbedingte Abwesenheit: Entschuldigen kann eine berufsbedingte Abwesenheit, soweit sie bei einer strengen Prüfung wirklich unvermeidbar ist. Der Arbeitspflicht geht die Zeugenpflicht grds. vor, BFH NJW 1975, 1248 (aber: Gericht muss Vertagung prüfen).

Corona-Krise: Sonderregelungen gibt es insoweit nicht, indes ist bei Entschuldigung mit deren Risiken großzügige Betrachtung geboten, Brdb NJW 2021, 863 (sehr hohe Inzidenz); MüKoZPO/Damrau/Weinland § 381 Rn. 18.

Darlegungs- und Beweislast: Der Zeuge hat den Entschuldigungsgrund darzulegen; die Aufklärung obliegt dem Gericht, Zöller/Greger ZPO Rn. 4; vergleichbar zur Lage der Partei Nürnb NJW-RR 1999, 940, auch zum Umgang mit vertraulichen ärztlichen Auskünften.

Ehepartner: Bei einer Ersatzzustellung nach § 178 S. 1 Nr. 1 ist dessen Unachtsamkeit für den Zeugen **nicht stets** auch sein Verschulden, Ddf NJW-RR 1995, 1341.

Elektronische Terminplanung: Nicht entschuldigt ihr Überhören, Saarbr NJW-RR 2005, 1661.

Erkrankung: *Entschuldigen* kann eine Erkrankung, die das Erscheinen unzumutbar oder unmöglich macht, nicht freilich schon jede krankheitsbedingte Arbeitsunfähigkeit, OLGR Saarbr 2007, 464. Ob eine Medikamenteneinnahme zumutbar gewesen wäre, ist Fallfrage. Grds. reicht ein ärztliches Attest aus, Ffm FA 2016, 277; das Gericht darf es nicht alleine deshalb zurückweisen, weil der Zeuge die dort genannten Einzelheiten den Parteien nicht offenbart, Nürnb NJW-RR 1999, 940 (§ 177 II 2 analog), Mü MDR 2000, 413. In

Problemen begründeter Alkoholkonsum entschuldigt nicht, Köln 15.12.11 – 19 W 57/11, BeckRS 2012, 21170.

Nicht entschuldigen kann eine Arbeitsunfähigkeit, die weder zur Reise- noch zur Verhandlungs- oder Aussageunfähigkeit führt, Zweibr JurBüro 1976, 1255; eine Pflicht zur Einnahme von Medikamenten bejaht KGR 1994, 239. Nicht ausreichend ist eine substanzlose ärztliche Bescheinigung, die alleine auf den Angaben des Zeugen beruht, KG NZFam 2021, 138 = NJOZ 2021, 361.

Erledigung der Hauptsache: Str. Kein Aufhebungsgrund: Celle MDR 2016, 547; Ffm OLGZ 1983, 458; BFHE 153, 310; Aufhebungsgrund: Hamm NJW-RR 2013, 384.

Falschauskunft „Abbestellung".

Irrtum: Nicht entschuldigen kann ein bloßer Irrtum über den Terminstag.

Krankheit: „Erkrankung".

Ladung: Entschuldigen kann das Fehlen oder eine Verspätung oder ein sonstiger Fehler der Ladung nach §§ 377 I, II. War sie nach § 377 I 2 formlos erfolgt, kann eine eidesstattliche Versicherung ausreichen, sie nicht oder nicht rechtzeitig erhalten zu haben. Es entscheiden nach → Rn. 4 die Umstände. **Nachsendeauftrag** ist nur bei konkretem Anhalt für eine Ladung geboten, Nürnb MDR 1998, 1369, Ddf NJW-RR 1995, 1341 (grds. kein Einstehen für Verschulden der Ersatzperson). Auch „Ehepartner", → § 380 Rn. 9 ff.

Parknot: Der Zeuge muss eine Parknot in der Gerichtsnähe grds. einkalkulieren. Sie kann daher **nicht** entschuldigen.

Sorgen: Ob sie entschuldigen können, hängt von den Umständen ab, streng BFH DB 1977, 2312.

Rufbereitschaft: Der Zeuge braucht keineswegs stets von vornherein „auf Verdacht abrufbereit" zu sein, Schmid NJW 1981, 858.

Terminüberschneidung: Entschuldigen kann ein berechtigter Wunsch, an einem gleichzeitig anberaumten und trotz eines Verlegungsantrags nach § 227 nicht verlegten Gerichtstermin in einer anderen Sache teilzunehmen. Das gilt selbst dann, wenn dort keine Anwesenheitspflicht besteht, BFH DB 1981, 924. Beim Anwalt geht ein anderer gleichzeitiger Termin **nicht stets** vor, BFH NJW 1975, 1248 (entschuldigt bei unterbliebenem Vertagungsversuch). Grundsätzlich geht der Gerichtstermin anderen Terminen vor, BVerfG NJW 2002, 955.

Todesfall: Entschuldigen kann ein Todesfall im engen Familien- oder Berufskreis, streng BFH DB 1977, 2312; OLGR Naumbg 2006, 998.

Überflüssigkeit: Ob der Zeuge sein Erscheinen für überflüssig oder nicht mehr notwendig hält, ist grds. unerheblich, anders evtl., wenn Gründe nach → § 380 Rn. 11 sich für ihn aufdrängen.

Umzug: Entschuldigen kann ein Umzug, selbst wenn der Zeuge einen Nachsendeauftrag vergessen hat, solange der Zeuge nicht mit einer Ladung rechnen musste, „Ladung".

Unaufschiebbares Geschäft: Entschuldigen kann ein unaufschiebbares Geschäft.

Urlaub: Es gibt ein Recht auf einen ungestörten Urlaub zum selbstgewählten Zeitpunkt, BVerfGE 34, 156. Daher kommt es darauf an, ob der Zeuge mit einer Ladung rechnen musste und seine Abwesenheit dem Gericht hätte mitteilen können und müssen (im Zweifel nein).

Vergessen: Nicht entschuldigen kann ein bloßes Vergessen.

Verkehrsstörung: Entschuldigen kann eine unvorhersehbare erhebliche Verkehrsstörung, Nürnb MDR 1998, 1432, **nicht** aber eine übliche einkalkulierbare, Schlesw MDR 1978, 323.

Verspätete Mitteilung: Der Zeuge muss die ausreichende Verhinderung unverzüglich mitteilen, also ohne schuldhaftes Zögern wie bei § 121 I BGB. Nur auf diese Weise hilft er unnütze Termine zu vermeiden. Entschuldigen kann also nur eine schuldlose Verspätung der Verhinderungsmitteilung. Großzügigkeit ist geboten, wenn dies dem Gericht keinen Nutzen gebracht hätte. Dann sollte das Gericht einen Beschluss nach I 2 nachträglich wieder aufheben; großzügig Ffm MDR 1999, 824, mit Recht strenger Nürnb MDR 1998, 1432, ohne Berücksichtigung des Normzwecks aM Celle MDR 1999, 437.

VI. Entscheidung, I. Ein Beschluss ist nach → § 380 Rn. 15 nur dann erforderlich, wenn die Partei wegen der Kosten eine Maßnahme beantragt. Das Gericht muss seinen Kostenbeschluss und seine Ordnungsmittel nach I 3 iVm I 2 dann aufheben, wenn die Entschuldigung oder deren Glaubhaftmachung nach § 294 nachträglich eingehen. Statt einer Entschuldigung ist auch die sofortige Beschwerde nach § 380 III zulässig, → § 380 Rn. 23. Es hebt auf, wer erlassen hat, das Prozessgericht nach § 576 I, → § 400 Rn. 3 aber auch für den nach §§ 361, 362 verordneten Richter. Zulässig ist auch eine Ermäßigung. 9

Bei **Erledigung** des Rechtsstreits ohne weitere Verhandlung ist str., ob die Aufhebung vAw oder auf Beschwerde geboten ist, → Rn. 8 „Erledigung". Wegen einer Stundung und Raten Art 7 EGStGB. Das Gericht muss seinen Beschluss nach → § 329 Rn. 6 begründen. Es muss ihn dem Zeugen und, soweit Kosten infrage kommen, den Parteien verkünden oder von Amts wegen nach §§ 166 ff., 329 II 2 zustellen. Es muss ein Ordnungsgeld nach der Aufhebung an den Zeugen zurückzahlen, und zwar ohne Zinsen, § 5 IV GKG (Beendigung einer Streitfrage, auch in § 6 GNotKG usw.). Rechtsbehelfsbelehrung, Verstoß: §§ 232, 233 S. 2. 10

VII. Anbringung, II. Der Zeuge kann seine Gesuche elektronisch entsprechend § 130a oder schriftlich oder zum Protokoll der Geschäftsstelle oder im Vernehmungstermin mündlich anbringen. Es besteht nach § 78 III Hs. 2 kein Anwaltszwang. Auf eine Terminsverlegung ist § 227 unanwendbar. 11

VIII. Rechtsmittel, I, II. Rechtsbehelfsbelehrung, Verstoß: §§ 232, 233 S. 2. Bei einer Zurückweisung des Gesuchs aus § 381 I 3 ist die sofortige Beschwerde nach § 567 I Nr. 2 statthaft; auf § 380 III kommt es hier nicht an. Die Einkleidung eines Antrags nach I 3 in eine „Beschwerde" ist im Sinne dieses Antrags auszulegen, KG 1.2.2022 – 22 W 4/22, BeckRS 2022, 1028; Beschwerderecht findet keine Anwendung. Das mag bei Zurückweisung (anstelle der Vorlage nach § 572 I) umständlich erscheinen, ist aber dennoch praktisch, weil der Zeuge in dieser Entscheidung erstmals die Gründe erfährt und sie abwägen kann. Nur wenn neben § 381 I noch andere Gründe gegen die Entscheidung nach § 380 I oder II vorgebracht werden, zB Ermessensfragen nach → § 380 Rn. 11, ist bei Nichtabhilfe sofortige Vorlage geboten. Zur Abgrenzung auch → § 380 Rn. 23. 12

Soweit das OLG entschieden hat, kommt nur unter den Voraussetzungen des § 574 eine Rechtsbeschwerde an den BGH in Betracht. Gegen die Aufhebung des Ordnungsmittels ist grundsätzlich kein Rechtsmittel statthaft, Hamm NJW-RR 1987, 815. Eine sofortige Beschwerde gegen die Aufhebung des Kostenbeschlusses 13 hat aber die Partei gemäß → § 380 Rn. 15, 23 soweit der Beschluss sie beschwert. Beim Rpfl. gilt nach § 104 der § 11 RPflG.

14 Eine Kostenentscheidung ist nicht veranlasst, → § 380 Rn. 27.

382 ***Vernehmung an bestimmten Orten.*** **I Die Mitglieder der Bundesregierung oder einer Landesregierung sind an ihrem Amtssitz oder, wenn sie sich außerhalb ihres Amtssitzes aufhalten, an ihrem Aufenthaltsort zu vernehmen.**

II Die Mitglieder des Bundestages, des Bundesrates, eines Landtages oder einer zweiten Kammer sind während ihres Aufenthaltes am Sitz der Versammlung dort zu vernehmen.

III Zu einer Abweichung von den vorstehenden Vorschriften bedarf es:
für die Mitglieder der Bundesregierung der Genehmigung der Bundesregierung,
für die Mitglieder einer Landesregierung der Genehmigung der Landesregierung,
für die Mitglieder einer der im Absatz 2 genannten Versammlungen der Genehmigung dieser Versammlung.

1 **I. Systematik, I–III.** Die Vorschrift stellt für den von § 376 erfassten Personenkreis eine Ergänzung dar. Sie hat den Vorrang gegenüber dem Grundsatz, dass der Zeuge dort vernommen wird, wo das Prozessgericht nach § 355 oder der nach §§ 361, 362 verordnete Richter tagen. Ein Aussageverweigerungsrecht nach §§ 383 ff. oder eine Schweigepflicht nach § 376 usw. bleiben unberührt ebenso wie Art. 47 S. 1 GG.

2 **II. Regelungszweck, I–III.** Der Sinn der Regelung ist eine Rücksicht auf das Amt und den Rang des betroffenen Zeugen. Das ist keineswegs selbstverständlich. Es gibt in der übrigen Bevölkerung genug andere Menschen mit vergleichbarem Rang und Amt. Es lässt sich bezweifeln, ob die Bevorzugung der Ersten und Zweiten Gewalt noch dem Ansehen seiner gleichwertigen Dritten Gewalt dient.

3 **III. Geltungsbereich, I–III.** Wegen der Mitglieder der Bundesregierung und der Landesregierungen → § 376 Rn. 1, 4. eine „zweite Kammer" gibt es nicht mehr. Die Vernehmung erfolgt nach § 219 im Gericht des Dienstorts. Sie erfolgt also nicht am Dienstsitz oder in der Wohnung. Dort vernimmt das Gericht nur den Bundespräsidenten nach § 375 II. Das Prozessgericht bestimmt im Beweisbeschluss nach §§ 358, 358a oder später, ob es selbst oder ob der nach §§ 361, 362 verordnete Richter die Vernehmung durchführt. Die Genehmigung zu einer Abweichung muss das Gericht oder der Beweisführer durch den Justizminister einholen, auch wenn der Zeuge mit dem Erscheinen vor dem Prozessgericht oder sonst mit der Abweichung einverstanden ist. Denn der Vorrang ist für den Zeugen unverzichtbar.

4 Das Gericht muss die Vorschrift **von Amts wegen** beachten. Ein Verstoß des Gerichts beseitigt die Pflicht zum Erscheinen. Er macht § 380 unanwendbar. Er lässt aber die Vernehmung wirksam. Keine Genehmigung ist bei einem Abgeordneten dann notwendig, wenn der Vernehmungstermin außerhalb einer parlamentarischen Sitzungswoche oder einer Ausschlussperiode (-sitzung, -termin) liegt, ständige Praxis des zuständigen Bundestagsausschusses. Wann die Sitzungswochen liegen, kann das Gericht bei der Verwaltung des Parlaments erfahren.

383 ***Zeugnisverweigerung aus persönlichen Gründen.*** **I Zur Verweigerung des Zeugnisses sind berechtigt:**

1. der Verlobte einer Partei;
2. der Ehegatte einer Partei, auch wenn die Ehe nicht mehr besteht;
2a. der Lebenspartner einer Partei, auch wenn die Lebenspartnerschaft nicht mehr besteht;
3. diejenigen, die mit einer Partei in gerader Linie verwandt oder verschwägert, in der Seitenlinie bis zum dritten Grad verwandt oder bis zum zweiten Grad verschwägert sind oder waren;
4. Geistliche in Ansehung desjenigen, was ihnen bei der Ausübung der Seelsorge anvertraut ist;
5. Personen, die bei der Vorbereitung, Herstellung oder Verbreitung von periodischen Druckwerken oder Rundfunksendungen berufsmäßig mitwirken oder mitgewirkt haben, über die Person des Verfassers, Einsenders oder Gewährsmanns von Beiträgen und Unterlagen sowie über die ihnen im Hinblick auf ihre Tätigkeit gemachten Mitteilungen, soweit es sich um Beiträge, Unterlagen und Mitteilungen für den redaktionellen Teil handelt;
6. Personen, denen kraft ihres Amtes, Standes oder Gewerbes Tatsachen anvertraut sind, deren Geheimhaltung durch ihre Natur oder durch gesetzliche Vorschrift geboten ist, in Betreff der Tatsachen, auf welche die Verpflichtung zur Verschwiegenheit sich bezieht.

II Die unter Nummern 1 bis 3 bezeichneten Personen sind vor der Vernehmung über ihr Recht zur Verweigerung des Zeugnisses zu belehren.

III Die Vernehmung der unter Nummern 4 bis 6 bezeichneten Personen ist, auch wenn das Zeugnis nicht verweigert wird, auf Tatsachen nicht zu richten, in Ansehung welcher erhellt, dass ohne Verletzung der Verpflichtung zur Verschwiegenheit ein Zeugnis nicht abgelegt werden kann.

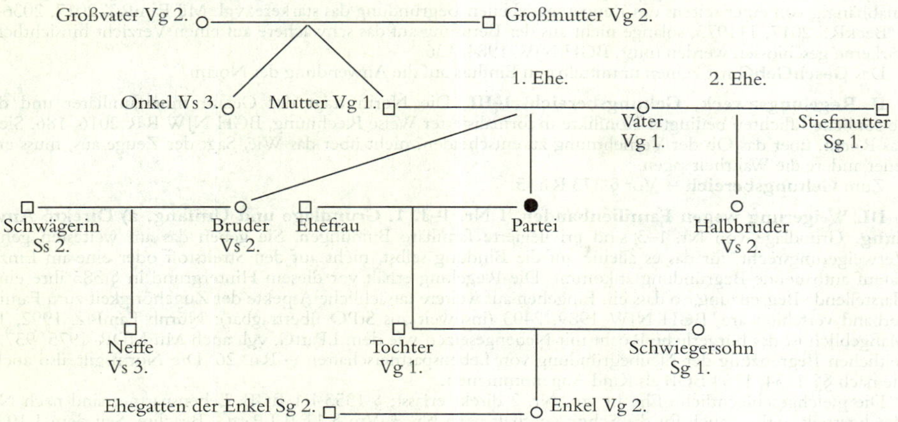

Erläuterung: V = Verwandtschaft, S = Schwägerschaft, g = in gerader Linie, s = in der Seitenlinie, 1, 2, 3 = Bezeichnung des Grades. – Anmerkung: In der geraden Linie fordert das Gesetz keine Gradnähe

Schrifttum: Götz, Der Schutz von Betriebs- und Geschäftsgeheimnissen im Zivilverfahren, 2014 (Bespr. Stadler JZ 2016, 742); Winzer, Der Schutz von Geschäftsgeheimnissen usw., 2018.

Übersicht

I. Systematik, I–III. Das Zeugnisverweigerungsrecht nach § 383 Nr. 1–3 fußt auf den persönlichen Beziehungen des Zeugen zu einer Partei. Es führt im Gegensatz zu § 384 Nr. 1–3 zu einer generellen, vom Streitgegenstand unabhängigen, grundsätzlichen Befugnis, zur Sache zu schweigen, BGH NJW 1994, 197; jedwede einschränkende Einflussnahme des Gerichts hierauf, und sei es nur durch Motivforschung, ist unzulässig, BGH NJW 1989, 2403. Nr. 4–6 knüpfen demgegenüber an bestimmte berufliche Treuepflichten an, die in Bezug auf konkrete Tatsachen für den Träger eine Konfliktlage mit sich bringen könnten; die Voraussetzungen der Verweigerung sind hier also wesentlich enger umschrieben. Das Verweigerungsrecht steht alleine den Zeugen zu, Parteien können hieraus keine Rechte herleiten, BGH NJW 2018, 65 Rn. 27 (sekundäre Darlegungslast). Zur Abgrenzung Zeuge/Partei → Vor § 373 Rn. 17. 1

Die Norm gilt über §§ 402, 408 I 1 für den Sachverständigen entsprechend. Für die Partei gilt sie nur, wenn diese als Zeuge vernommen werden kann, BGH NJW 1965, 2253; → § 455 Rn. 6. Das Recht zur Zeugnisverweigerung berechtigt auch zur Verweigerung des Eides, BGH NJW 1965, 1530; → § 391 Rn. 8. Im Verfahren nach § 178 FamFG gilt § 383 nicht, Mü NJW 2011, 2892. 2

Dem **Tarnschutz** des gefährdeten Zeugen dient der vorrangige § 10 ZSHG. 3

I Nr. 1–3 werden durch § 385 I, die Regelungen in Nr. 4 und 6 werden durch § 384 I Nr. 1, 2 ergänzt und durch § 385 II eingeschränkt. Abs. I Nr. 5 enthält eine verfassungskonforme Einschränkung von Art. 5 GG durch allgemeines Gesetz, BVerfG NJW 2002, 592; Drsd NJW-RR 2002, 342. Abs. I Nr. 6 dsgl. für Art. 47 GG und die entsprechenden Regelungen in den Länderverfassungen. Abs. III schützt das Grundrecht auf informationelle Selbstbestimmung nach Art. 2 I GG, BVerfG NJW-RR 2005, 658 Grenzen ziehen dem Verweigerungsrecht auch vorrangig zu berücksichtigende Interessen, so kann Europarecht begrenzend wirken, EuGH ZIP 2015, 1606 (Bankgeheimnis nach I Nr. 6), ebenso die Verletzung von Amtspflichten, BGH NJW 2005, 2406 (Notargehilfe, StPO), **vorrangige Gründe des Gemeinwohls,** BGH NJW 2016, 2190; NJW 2011, 1077, des Kindeswohls, Saarbr NJW 2015, 2740, oder privater Interessen, Brdb MDR 2002, 905 (Honorarprozess). 4

5 Unter **mehreren Verweigerungsrechten** gilt mit Blick auf den Umfang und auf die Begrenzung in § 385 unabhängig von einer seitens des Zeugen gegebenen Begründung das stärkere, vgl. Mü FamRZ 2017, 2036 (Ls.) = BeckRS 2017, 111973, solange nicht aus der Berufung auf das schwächere auf einen Verzicht hinsichtlich des stärkeren geschlossen werden muss, BGH NJW 1984, 136.

6 Das **GeschGehG** hat keinen unmittelbaren Einfluss auf die Anwendung der Norm.

7 **II. Regelungszweck, Geltungsbereich, I–III.** Die Norm trägt der Gefahr innerfamiliärer und durch persönliche Pflichten bedingter Konflikte in formalisierter Weise Rechnung, BGH NJW-RR 2016, 186. Sie gibt das Recht, über das Ob der Vernehmung zu entscheiden, nicht über das Wie. Sagt der Zeuge aus, muss er wie jeder andere die Wahrheit sagen.

8 Zum **Geltungsbereich** → Vor § 373 Rn. 5.

9 **III. Weigerung wegen Familienbanden, I Nr. 1–3. 1. Grundlage und Umfang. a) Direkte Anwendung.** Grundlage von Nr. 1–3 sind privilegierte familiäre Bindungen. Sie geben das am weitesten gehende Verweigerungsrecht, für das es alleine auf die Bindung selbst, nicht auf den Streitstoff oder eine im Einzelfall darauf aufbauende Begründung ankommt. Die Regelung erhält vor diesem Hintergrund in § 385 ihre einzige, klarstellende Begrenzung, so dass ein Eingehen auf weitere tatsächliche Aspekte der Zugehörigkeit zum Familienverband verfehlt wäre, BGH NJW 1989, 2403 (insoweit aus StPO übertragbar); Nürnb FamRZ 1992, 1316. Maßgeblich ist das bürgerliche Recht mit Nebengesetzen wie dem LPartG, vgl. auch Mü MDR 1975, 937. Zur zeitlichen Begrenzung der Neubegründung von Lebenspartnerschaften → Rn. 26. Die Norm gilt also auch für die nach §§ 1754, 1764 BGB als Kind Angenommenen.

10 Die gleichgeschlechtliche Ehe ist von Nr. 2 direkt erfasst, § 1353 I 1 BGB. Lebenspartner sind nach Nr. 2a gleichgestellt, insbes. auch für die Schwägerschaft nach Nr. 3 iVm § 11 II LPartG. Beachte: Seit dem 1.10.2017 können Lebenspartnerschaften zwischen Personen gleichen Geschlechts gem. § 1 LPartG in Deutschland nicht mehr begründet werden. Der rein tatsächliche Lebensgefährte hat im Gegensatz zum eingetragenen Lebenspartner oder früheren Lebenspartner nach dem LPartG kein Schweigerecht, BVerfG NJW 1999, 1622 (StPO).

11 **b) Analogie bei nur formaler Parteistellung.** Direkt anwendbar sind Nr. 1–3 auf Bindungen an eine **Partei.** Hat die Parteistellung im Lichte der gegebenen familiären Bindung nur formalen Charakter und steht insoweit die Beziehung zu einem der Partei verbundenen Beteiligten im Vordergrund, stellt sich die Frage nach einer planwidrigen Gesetzeslücke und deren Ausfüllung durch Analogie. Sie wird bejaht für die Bindung an den gesetzlichen oder Organvertreter der Partei, namentlich den **Geschäftsführer** der GmbH, BGH NJW-RR 2016, 186; Mü FamRZ 2017, 2036 (Ls.) = BeckRS 2017, 111973 (auch zu § 385 I Nr. 4); die Beziehung zu einem von mehreren reicht aus. Demgegenüber ist die Beziehung zum Gesellschafter/Aktionär einer Kapitalgesellschaft oder zum Genossen einer Genossenschaft ohne Bedeutung; bei aA müsste der Gesellschaftsanteil abgewogen werden, was der Norm den bestimmten Inhalt nähme. Bei Personengesellschaften ist trotz formaler Parteistellung, BGH NJW 2001, 1056 (BGB-Gesellschaft), auf die Gesellschafter abzustellen, weil aufgrund deren persönlicher Haftung die Konfliktlage, → Rn. 1, mit derjenigen einer Parteistellung identisch ist; auch für Geschäftsführer bleibt es bei der Analogie.

12 Klagt der **Insolvenzverwalter** als Partei kraft Amtes, kommt es für die Analogie alleine auf die Bindung des Zeugen an den Gemeinschuldner an, BGH NJW 1979, 1832. Das gilt für andere Parteien kraft Amtes ebenfalls.

13 Zur Beteiligung von Nichtparteien am Rechtsstreit → Rn. 17.

14 **2. Einzelfragen. a) Eigenverantwortliche Ausübung, Minderjährige.** Für die Abgrenzung des nicht prozessfähigen, insbes. minderjährigen Zeugen von der Partei vgl. zunächst § 455. Scheidet eine Parteistellung aus, gilt:

15 Der **minderjährige, nicht verstandesreife** Zeuge kann die Aussage ungeachtet der Entscheidung seiner ges. Vertreter selbständig verweigern, BGH NJW 1979, 1722, ist aber nur bei Zustimmung des gesetzlichen Vertreters zur Aussage verpflichtet, Ddf NZBau 2017, 605 Rn. 21; Stgt OLGZ 1985, 385 (Pfleger); BayObLG NJW 1967, 206 (Pflegerbestellung bei Interessenwiderstreit unter den Eltern); zur Lage im Strafverfahren gegen einen Elternteil Stgt NJW 1971, 2237. Bei Verstandesreife entscheidet der Mdj. selbst. Ist er nach § 455 Zeuge, kann er in Bezug auf die als gesetzliche Vertreter handelnden Eltern, die Partei sind, die Aussage verweigern. Verstandesreife kann bei einem Strafmündigen idR angenommen werden; feste Altersgrenzen gibt es jedoch nicht, BGH NJW 1960, 1396 (7 Jahre: verneint); 1965, 1870 (14 Jahre: bejaht). Wenn ein gesetzlicher Vertreter, auf dessen Mitwirkung es ankommt, fehlt, ist notfalls ein Pfleger zu bestellen. Der verstandesreife Minderjährige entscheidet selbst.

16 Entspr. ist bei anderen nicht prozessfähigen Zeugen zu verfahren.

17 **b) Persönlicher Geltungsbereich, Streitgenossen.** Es genügt die Beziehung zu lediglich einem von mehreren **Streitgenossen** nach §§ 59 ff. Bei der notwendigen Streitgenossenschaft nach § 62 ist die Weigerung immer berechtigt. Beim einfachen Streitgenossen kommt es insoweit auf die Frage an, ob der Sachverhalt, über den der Zeuge vernommen werden soll, dessen Lage im Rechtsstreit berührt. Dabei ist ein großzügiger Maßstab anzulegen; bereits bei Auswirkungen auf die Beurteilung der Glaubwürdigkeit anderer Zeugen ist eine Berührung gegeben. § 383 ist in diesen Fällen direkt anwendbar. Das Verweigerungsrecht erlischt, wenn der dieses vermittelnde Streitgenosse, etwa durch Teilurteil oder Verfahrenstrennung, aus dem Rechtsstreit ausscheidet, BGH NJW 1992, 1116 (StPO).

18 Für **Haupt- und Nebenintervenient** gilt die Norm entspr., weil die Konfliktlage die gleiche ist. Dsgl. für die Beziehung zu einem Streithelfer nach §§ 66 ff., aA MüKoZPO/Damrau/Weinland Rn. 7. Für den Streitverkündeten nach §§ 72 ff. gilt dies erst ab dessen Beitritt.

19 **c) Zeitlicher Rahmen.** Die maßgebliche Beziehung muss bei der Vernehmung bestehen oder – wenn sie fortwirkt – bestanden haben; ob der str. Sachverhalt sich während ihres Bestehens abgespielt hat, ist ohne Bedeutung. Soweit in Nr. 2–3 das Recht über den Bestand der Bindung hinauswirkt, liegt dem ein allgemeiner Rechtsgedanke zugrunde, so dass Änderungen in der familiären Beziehung ein einmal entstandenes Verweigerungsrecht nicht mehr beeinflussen, Mü FamRZ 2017, 2036 (Ls.) = BeckRS 2017, 111973.

20 Besondere Probleme können sich bei rückwirkender Aufhebung familiärer Bindungen ergeben. Dazu im jeweiligen Zusammenhang → Rn. 22 ff.

Die Verweigerung kann auch noch während der Vernehmung wirksam erklärt werden. Das Berufungsgericht muss das erst in dieser Instanz ausgeübte Schweigerecht respektieren; eine abweichende Würdigung der erstinstanzlichen Aussage aus Gründen von Urteilsfähigkeit, Erinnerungsvermögen oder Wahrheitsliebe und Vollständigkeit oder Widerspruchsfreiheit der Aussage ist dann nicht möglich, BGH NJW 2007, 372 Rn. 25. Das kann dazu führen, dass die Aussage als ungeschehen zu behandeln ist. Eine Bindung an die Würdigung der Vorinstanz wäre hier nicht vertretbar, BGH NJW 2007, 2919. Eine nach ordnungsgemäßer Belehrung erstattete Aussage kann nach späterer Verweigerung urkundlich verwertet werden; § 252 StPO gilt nicht entspr., BGH NJW-RR 2013, 159. 21

d) Verlöbnis, I Nr. 1. Bei Verlobten ist nach § 1297 BGB ein ernstliches, schon und noch bestehendes Ehe- oder eben Lebenspartnerversprechen notwendig. Probleme ergeben sich angesichts geringer Akzeptanz des Verlöbnisses im tatsächlichen Bereich. Hier ist strenge Prüfung geboten, zumal Register hierüber nicht geführt werden. Besonders kritisch zu würdigen ist die Behauptung eines erst im Zusammenhang mit dem Rechtsstreit geschlossenen Verlöbnisses wie auch eine ungewöhnlich lange Dauer, die Zweifel an der Ernsthaftigkeit des Ehewillens weckt, Stgt BeckRS 2011, 9329 (27 Jahre). Nicht ausreichend ist ein nichtiges Eheversprechen, BVerfG NJW 1987, 2807 (Partner noch verheiratet) oder eine bloß freundschaftliche Beziehung, BVerfG NJW 1999, 1622. Die Verlobung eines **Minderjährigen** ohne eine Genehmigung derjenigen, die die Personensorge über ihn haben, ist schwebend unwirksam und hat daher kein Verweigerungsrecht zur Folge, da den nur scheinbar Verlobten die fehlende Bindungswirkung idR bekannt ist; aA MüKoZPO/Damrau/Weinland Rn. 13. 22

Nach Beendigung hat das Verlöbnis keine Wirkungen mehr. 23

e) Ehe, I Nr. 2. Für die Ehe mit dem Organvertreter einer Partei → Rn. 11. Maßgeblich ist mit Blick auf ausländische Ehen das deutsche Recht. Das einmal entstandene Recht gilt auch bei Begründung einer anderweitigen familiären Beziehung fort, Mü FamRZ 2017, 2036 (Ls.) = BeckRS 2017, 111973. Eine Doppelehe begründet das Verweigerungsrecht, weil die ehetypische Konfliktlage des Zeugen, → Rn. 1, hierdurch ebenfalls begründet wird, RGSt 41, 113 betr. Eidesverweigerung. 24

Bei **Aufhebung einer Ehe** gelten deren Wirkungen jedenfalls insoweit fort, als gem. § 1318 BGB lediglich die Folgen der Scheidung eintreten; auch in den übrigen Fällen soll trotz Nichtigkeit das Schweigerecht grds. weiterbestehen, BGHSt 9, 37. Dem ist nicht zu folgen, wenn die Verbindung nur zum Schein eingegangen worden ist oder wenn die Aufhebung nach § 1314 II Nr. 5 BGB erfolgt. Entscheidend ist, ob die das Verweigerungsrecht begründende Konfliktlage bestanden hat oder aber die Ehe von vornherein eine dahingehende tatsächliche Wirkung nicht hatte, weil sie nur vorgeschoben worden ist. 25

f) Lebenspartnerschaft, I Nr. 2a. Hier gelten die gleichen Grundsätze wie bei der Ehe; die Norm findet auf Fälle, in denen der Partner gesetzlicher Vertreter einer juristischen Person ist, entspr. Anwendung, BGH NJW-RR 2016, 186; Zöller/Greger ZPO Rn. 9. Die Bedeutung der Norm wird wegen § 1 LPartG sinken. 26

g) Verwandtschaft, I Nr. 3. Maßgeblich ist das bürgerliche Recht, Art. 51 EGBGB, §§ 1589 f. BGB. Zum Grad der Verwandtschaft/Schwägerschaft vgl. auch das Schaubild vor → Rn. 1. 27

Die erfolgreiche **Anfechtung** der Vaterschaft führt ab Rechtskraft des Urteils zum Wegfall der Verwandtschaft, § 1599 BGB. Dennoch muss trotz der Rückwirkung aufgrund der zunächst entstandenen, verwandtschaftstypischen Konfliktlage, → Rn. 1, das Verweigerungsrecht fortbestehen, zumal es nach § 383 I Nr. 3 auf den Grund des Fortfalls nicht ankommt, aA Zöller/Greger Rn. 10. Allenfalls ist zu erwägen, für Wahrnehmungen nach Rechtskraft des Urteils das Verweigerungsrecht zu verneinen, weil als Anknüpfung für eine Konfliktlage nunmehr die Auseinandersetzung, nicht aber die vormals angenommene Verwandtschaft im Vordergrund steht und damit ein von § 383 nicht erfasster Fall. 28

Adoption vermittelt Verwandtschaft, § 1754 BGB, so dass § 383 I Nr. 3 eingreift; für die Adoption Erwachsener gilt die Einschränkung des § 1770 BGB; § 1755 BGB ist ein normaler Fall des fortgeltenden Verweigerungsrechtes. Nach **Auflösung** der Adoption erlischt die Beziehung gem. § 1764 II BGB für die Zukunft. Die Fortgeltung des Verweigerungsrechts kann fraglich sein, weil nach § 1764 III BGB voraufgegangene Verwandtschaft wieder auflebt. Dennoch bleibt auch aufgrund nur zeitweilig vermittelter Verwandtschaft die typische Konfliktlage, → Rn. 1, bestehen, so dass nach dem Wortlaut der Norm das Verweigerungsrecht fortgelten muss, aA Zöller/Greger Rn. 10. Pflegekinder genießen nach § 383 keine Rechte. 29

h) Verzicht auf das Verweigerungsrecht; erneute Benennung nach Verweigerung. Der Verzicht auf das Verweigerungsrecht ist allg. Ansicht nach möglich, Hamm NVersZ 2002, 478, es kann indes frei widerrufen werden, zB im zweiten Rechtszug, BGH NJW 2007, 372 Rn. 25. Die Verwertung früherer Aussagen bleibt zulässig, BGH NJW-RR 2013, 159 Rn. 17. 30

Erneute Benennung nach Verweigerung setzt Angaben zu einem Sinneswandel des Zeugen voraus, BGH NJW-RR 1987, 445. 31

IV. Weigerung wegen Treuepflichten, I Nr. 4–6. 1. Grundlagen. I Nr. 4–6 fußen auf Interessenwiderstreit infolge Treuepflicht gegenüber dem durch diese geschützten Personenkreis; die Konfliktlage ergibt sich hier iwS aus der Einbindung in berufliche Pflichten. Daher kommt es, anders als in Nr. 1–3, auch auf die Beweisfrage an, weil jeweils ein Bezug zu den näheren Umständen der Wahrnehmung hergestellt wird. Insoweit reicht wiederum grds. jeder Zusammenhang mit der Wahrnehmung der betr. Pflicht, BGH NJW 2011, 1077; 2005, 1948. Hat die Wahrnehmung außerhalb dieses Pflichtenkreises stattgefunden, greift die Norm nicht ein, Ddf MDR 1975, 1025. Einzelheiten ergeben sich zB aus Art. 47 GG, §§ 83, 203 StGB, aus der jeweiligen Berufspflicht, namentlich den einschlägigen Berufsordnungen wie § 43a II BRAO, § 83 StBerG, § 18 BNotO, § 64 WPO. Deren Inhalt ist vorrangig zu prüfen, AG Duisb VersR 1993, 202. 32

Eine Schweigepflicht besteht nicht in Bezug auf Tatsachen, die bereits bekannt geworden sind, wobei dem allerdings jedwede Ungewissheit, die vom Zeugen noch aufgeklärt werden könnte, entgegensteht. Sie besteht insbesondere nicht für Kenntnisse, die vor Erteilung des Auftrags bereits bestanden, Nürnb ZIP 2015, 38; wenn sie jedoch in die Tätigkeit mit einfließen, sind sie von der Schweigepflicht erfasst. 33

Eine Belehrung sieht das Gesetz für die Fälle von Nr. 4–6 nicht vor, weil davon auszugehen ist, dass der betr. Personenkreis über seine Rechte selbst informiert ist. Bei offenkundiger Unkenntnis ist ein Hinweis jedoch Ehrenpflicht des Gerichts. 34

35 **2. Geistliche, I Nr. 4.** Hierher gehört zunächst jeder Religionsdiener einer unter Art. 140 GG iVm Art. 137 WV (Weimarer Verfassung) Glaubensgemeinschaft, der als Seelsorger tätig ist. Insoweit ist wegen der Freiheit der Kirchen in Angelegenheit ihrer inneren Organisation (Art. 137 III 1 WRV, Art. 140 GG) auf deren Entscheidung abzustellen, BGH NJW 2007, 307 (katholischer Anstaltsseelsorger ohne Weihe). Darüber hinaus ist auch jede andere mit einem Schweigegebot verbundene seelsorgerische Tätigkeit erfasst, die einer Person von einer Religionsgemeinschaft anvertraut wird und mit einem herausgehobenen Amt innerhalb der Religionsgemeinschaft verbunden ist, BGH NStZ 2010, 646 (yezidischer Geistlicher). Die Feststellung ist ein rein tatsächliches, kein rechtliches Problem; aA MüKoZPO/Damrau/Weinland Rn. 22: Nr. 6.

36 Entscheidend ist die nach dem Verständnis der jeweiligen **Religionsgemeinschaft** ausgeübte Seelsorge, Nürnb MDR 1963, 508 (Versöhnungsgespräch); eine lediglich erzieherische, verwaltende, fürsorgende Tätigkeit ist keine seelsorgerische, BGH NJW 2007, 307. Mitwirkung beim Vermögenserwerb für die Kirche fällt nicht unter Nr. 4. Anders als § 53 I Nr. 1 StPO erfasst § 383 I Nr. 4 nur „anvertraute“ Tatsachen, nicht auch solche, die dem Seelsorger in dieser Eigenschaft „bekannt geworden“ sind; sie müssen also in der erkennbaren Erwartung der Geheimhaltung mitgeteilt worden sein, BGH NJW 1990, 3283; anders für Nr. 6 BGH NJW 2005, 1948. Dabei kommt es auf die äußeren Umstände an; es ist unerheblich, ob man die betr. Person zur Geheimhaltung ausdrücklich aufgefordert hat. Das einem Dritten bereits Mitgeteilte müssen sie bekunden, es sei denn, dieser sei selbst ebenfalls Seelsorger. Das Verweigerungsrecht kann sich mithin auch nur auf Teile des Sachverhalts beziehen, wobei die näheren Umstände ggf. mit unter das Verweigerungsrecht fallen.

37 Nach Art. 9 Reichskonkordat vom 20.7.1933, RGBl. II 679, sind katholische Geistliche auch bei einer Entbindung von der Verschwiegenheitspflicht zur Zeugnisverweigerung berechtigt, LG Nürnb-Fürth FamRZ 1964, 513 (Geltung für alle Religionsgemeinschaften).

38 **3. Weigerung der Mitwirkenden bei Druckwerken oder Sendungen, I Nr. 5.** Personen, die bei periodischen Druckwerken oder Rundfunksendungen mitwirken oder mitgewirkt haben, haben ein Zeugnisverweigerungsrecht als Folge der Pressefreiheit nach Art. 5 I 2 GG, BVerfGE 20, 162 (Spiegel); NJW 1990, 701; NJW 1984, 1101 (jew. Chiffreanzeige). Den Begriff „periodisch“ darf und muss man großzügig auslegen; er erfasst auch Veröffentlichungen im Internet.

39 **a) Persönlicher Schutz.** Es handelt sich um ein uneingeschränktes Zeugnisverweigerungsrecht für Journalisten, Lektoren, Redakteure, Verleger, Sendeleiter, Reporter, Schriftleiter, Autoren, Bearbeiter und sämtliche anderen irgendwie berufsmäßig innerhalb des redaktionellen Teils bei der Vorbereitung, Herstellung oder Verbreitung Beteiligten. Sie haben das Recht unabhängig davon, ob sie insoweit im künstlerischen, wissenschaftlichen, technischen oder finanziellen Bereich tätig waren oder sind, BVerfG NJW 1984, 1742, Mü NJW 1989, 1226.

40 Keinen Schutz hat der Zeuge, der einen Dritten bereits benannt hat, BVerfG NJW 2002, 592; BGH NJW-RR 2013, 159.

41 **b) Sachlicher Schutz.** I Nr. 5 schützt nur den redaktionellen Teil, aber grundsätzlich nicht zB den Werbeteil, den Inseratenteil, hier kann nur ausnahmsweise wegen Art. 5 I GG ein Schweigerecht bestehen, BVerfG NJW 1990, 701; NJW 1984, 1101 (Chiffreanzeige).

42 Die **Verbreitung** umfasst eine Veröffentlichung, auch eine Äußerung in einer Pressekonferenz, Mü NJW 1989, 1226, wie eine nichtöffentliche Abgabe, zB an Mitglieder. Die Ausstrahlungsweise, zB Kabelfernsehen, Bildschirmzeitung, Internet ist unerheblich. Bei Druckwerken sind nur die periodischen geschützt, zB die Illustrierten, Vereinsblätter, wissenschaftlichen Zeitschriften. Nicht schützt I Nr. 5 die einmalig erscheinenden Werke, selbst wenn weitere Auflagen in Zukunft denkbar sind. Anders verhält es sich bei Büchern, die in einem einigermaßen regelmäßigen Zeitabstand eine Neuauflage erlebt haben und höchstwahrscheinlich weiter haben werden, Skibbe DRiZ 1976, 159. Tonbänder, Kassetten, CDs, Videokassetten usw. erhalten den Schutz nur, soweit sie im Rahmen vom Rundfunk usw. herauskommen.

43 **c) Berufstätigkeit.** Der Schutz setzt eine gegenwärtige oder frühere berufsmäßige Tätigkeit voraus. Es genügt jede haupt- oder nebenberufliche Tätigkeit in der Absicht, durch eine wiederholte Ausübung zu einer dauernden oder wiederkehrenden Beschäftigung zu kommen. Insoweit erhält auch der freie Mitarbeiter einen Schutz, Löffler NJW 1978, 913. Unerheblich ist, ob die Tätigkeit entgeltlich erfolgt. Das Zeugnisverweigerungsrecht umfasst die Person des Verfassers, des Einsenders oder des sonstigen Informanten oder Gewährsmannes, Mü NJW 1989, 1226. Das gilt nach § 385 auch dann, wenn er auf eine Verschwiegenheit des Zeugen keinen Wert mehr legt. Das Verweigerungsrecht umfasst nicht eigene Recherchen, BVerfG NJW 1988, 329, wohl aber den gesamten Inhalt der Information gleich welcher Art, zB den Wortlaut des Manuskripts, Notizen über Quellen, Hintermänner, auch soweit eigene Recherchen mittelbar zu deren Offenbarung führen würden, BGH NJW 1990, 525; OVG Lüneb NJW 2015, 104; KG NJW 1984, 1133 (Leserbriefe), sowie den sonstigen, auch kriminellen Hintergrund, Mü NJW 1989, 1226, aber auch etwaige Honorare, Spesen und dergleichen, soweit sie für das Druckwerk oder die Sendung gelten.

44 Einen Schutz erhalten auch die noch nicht veröffentlichten und nicht mehr zur Veröffentlichung geplanten Informationen. Die Art der Mitwirkung des Informanten wie des Zeugen ist unerheblich. Schutz erhält also zB auch derjenige, der seinen Beitrag selbst im Rundfunk spricht. Entscheidend ist, für welchen Teil der Beitrag entsteht, nicht, in welchem Teil der Beitrag tatsächlich erscheint.

45 **4. Schweigepflicht kraft Amtes, I Nr. 6. a) Persönlicher Schutz.** Die Vorschrift dient ausschließlich dem Auftraggeber als dem „Herrn des Geheimnisses“, nicht dem eigenen Geheimhaltungsinteresse des Geheimnisträgers; das letztere kann indes hinsichtlich höchstpersönlicher Wahrnehmungen nach Art. 12 GG schützenswert sein, BGH NJW 1990, 510, 511 f. Sie gilt nicht im Honorarprozess des Geheimnisträgers, → Rn. 4. Bei Aussage trotz Verweigerungsrecht ist uneingeschränkt verwertbar, BGH NJW 1977, 1198.

46 **b) Sachlicher Schutz.** Das Zeugnisverweigerungsrecht bezieht sich nicht nur auf eine unmittelbar mitgeteilte *Tatsache. Es genügt,* dass der Zeuge die Kenntnis in der seine Schweigepflicht begründenden Eigenschaft irgendwie erlangt hat, BGH NJW 2011, 1077 (Strafverteidiger); NJW 2005, 1948; DB 1983, 1921. Die betr. Tatsache muss **nicht** im engeren Wortsinn eigens **„anvertraut“** worden sein; das Tatbestandsmerkmal ist weit aufzufassen und umfasst auch eigene Handlungen, wenn sie mit der Wahrnehmung der beruflichen Tätigkeit in engem Zusammenhang stehen, BGH NJW 2005, 1948 (Notar). Die Schweigepflicht muss nicht alleine einer

Partei gegenüber bestehen; sie kann auch gegenüber beiden Seiten bestehen, BGH DB 1983, 1921. Bloße Erörterung der Frage durch die Parteien und Aussagen weiterer Zeugen stehen der Berufung auf das Schweigerecht nicht entgegen, Hamm BeckRS 2017, 106822.

c) Beispiele zu I Nr. 6

Schrifttum: Drehsen, Zum Zeugnisverweigerungsrecht von Helfern in Kriseninterventions- und Einsatznachsorgeteams vor Gericht, MedR 2015, 96.

Abgeordneter: Ein Schweigerecht kann sich aus Art. 47 GG usw. ergeben. 47

Anwalt und Notar: Der Anwalt und sein Sozius sind im Prozess und außerhalb des Prozesses nach §§ 43a II, 76 BRAO wegen aller solcher Umstände schweigepflichtig, die man ihnen anlässlich der Beauftragung anvertraut hat, BGH NJW 2018, 2319 Rn. 19 (Herausgabe von Handakten); NJW-RR 2017, 120 (Vorstand der Anwaltskammer); NJW 2011, 1077; Köln NJW 1992, 2772; Eich MDR 1991, 385. Zur Befreiung von der Schweigepflicht bedarf es der Zustimmung auch eines Dritten, der im Vertrauen auf die Amtspflichten Informationen erteilt hat, Stgt MDR 2016, 353. Ein Anwalt, der sich auf Nr. 6 beruft, trägt die **Darlegungslast** eines Zeugen, BGH NJW 2018, 2319 Rn. 19.

– **(Angestellter):** Ein angestellter Anwalt hat im Honorarprozess des Chefs grds. kein Schweigerecht, Stgt MDR 1999, 192.

– **(vor Auftrag):** Nicht schweigepflichtig ist der Anwalt oder Notar der ihm vor der Beauftragung bekanntgewordenen Umstände, Nürnb ZIP 2015, 38. Freilich sollte er darauf sofort hinweisen. Schweigepflicht entsteht, wenn die Vorkenntnis in die anwaltliche Tätigkeit einfließt.

– **(Dritter):** Eine Schweigepflicht kann auch über die Information durch einen Dritten bestehen, BGH NJW 2018, 2319; Stgt MDR 2016, 353.

– **(Güteverfahren, Schlichtung):** Die Schweigepflicht besteht auch, soweit ein Anwalt in einem obligatorischen Güteverfahren nach § 15a EGZPO als ein Parteivertreter nach § 51 oder als eine Gütestelle tätig war, BGH BeckRS 2011, 4366 (Vorgespräch auf dem Gerichtsflur).

– **(Notar):** Für ihn gelten alle hier genannten Regeln auch dann, wenn er beide Parteien beraten hat, Kanzleiter DNotZ 1981, 662; Schweigepflicht erstreckt sich aber nicht auf eigene Amtshandlungen aM Mü MDR 1981, 853 (Inhalt der Rechtsbelehrung; nur zu vertreten, wenn Zusammenhang mit dem Verhalten der Parteien schlechthin ausgeschlossen ist).

– **(Syndikus):** Die Schweigepflicht erstreckt sich auch auf eine solche Tatsache, die der Anwalt bei einer Syndikustätigkeit für den Arbeitgeber erfahren hat, LG Mü AnwBl 1982, 197. Das gilt zumindest insoweit, als er in einem solchen Rahmen eine selbständige anwaltliche Tätigkeit ausübt, Roxin NJW 1992, 1129.

– **(Testament):** BayObLG FamRZ 1991, 963; Köln Rpfleger 1985, 494 schließen aus den Umständen der Testamentserrichtung auf den mutmaßlichen Willen, den Anwalt/Notar von der Schweigepflicht zu entbinden.

– **(Tod):** Die Schweigepflicht wirkt über den Tod des Mandanten hinaus; das Verfügungsrecht geht nicht auf die Erben über, Mü FamRZ 2019, 376.

– **(Umfang):** Die Schweigepflicht erstreckt sich auf alles selbst wahrgenommenen Tatsachen, Ddf OLGZ 1979, 466 (Begriff des Beteiligten iSd § 18 I BNotO), falls es sich um solche im beruflichen Verkehr handelt. Das Schweigerecht erstreckt sich keineswegs nur auf solche Tatsachen, die dem Anwalt oder Notar gerade sein Auftraggeber anvertraut hat oder die gerade diesen betreffen, BGH NJW 2005, 1948.

– **(Vorbereitung):** Das Schweigerecht umfasst auch Umstände bei der Vorbereitung der Amtshandlung des schon beauftragten Notars, BGH NJW 2005, 1949.

Apotheker: Er ist über berufliche Dinge schweigepflichtig.

Arzt: Er ist grds. umfassend schweigepflichtig, BGH NJW 1984, 2893. Sein Verweigerungsrecht umfasst alles, was er als Arzt mit oder ohne eine Kenntnis des Patienten erfahren hat, evtl. auch aus dem Anbahnungsstadium, etwa bei der Aufnahme im Krankenhaus und der Anbahnung des Beratungsverhältnisses, BGH MDR 1985, 597 (StPO). Einer näheren Begründung bedarf es nicht, wenn hierbei geheimzuhaltende Tatsachen offenbart werden müssten, LG Hanau NJW 1979, 2357. Der Arzt muss in solchen Fällen jedoch selbst kritisch prüfen, welche Schlüsse er aus dem ihm bekannten Verhalten des Patienten ziehen darf, Naumb NJW 2005, 2017. Allgemein Fellner, Grenzen der ärztlichen Schweigepflicht, MDR 2011, 1452.

– **(Ehegattenkrankheit):** Der Arzt ist zwar verpflichtet, dem Ehegatten von der (syphilitischen) Erkrankung des anderen Ehegatten eine Mitteilung zu machen, nicht aber im Ehescheidungsverfahren, in dem der andere Ehegatte durch eine Bezugnahme auf das Zeugnis des Arztes zusätzliche Argumente schaffen will.

– **(Gefahrenlage):** Notstand, Nothilfe oder Notwehr führen für jedermann evtl. zur Rechtfertigung von etwas eigentlich tatbestandsmäßig Verbotenem oder sogar Strafbarem. Es kann eine solche Gefahrenlage sogar zur Zurückstellung des Schweigegebots zwingen, um das Risiko einer Anschuldigung wegen Unterlassung des Redens und damit einer Beteiligung an fremder Straftat bis hin zum 150fachen Mord (Germanwings 24.3.15) zu vermeiden. Sorgfältigste Dokumentation der Gründe für den Entschluss zum Nichtschweigen ist natürlich ratsam.

– **(Gesetzlicher Vertreter):** Derjenige, demgegenüber der Arzt nicht schweigepflichtig ist, etwa der gesetzliche Vertreter des Patienten, darf die ihm erteilte Auskunft evtl. auch in den Prozess einführen.

– **Reproduktionsmediziner:** Das Kind kann uU einen Auskunftsanspruch betr. den Spender haben, BGH NJW 2015, 1098.

– **(Tod):** Nach dem Tod des Patienten besteht die Schweigepflicht grds. fort, BGH NJW 1984, 2893. Über Umstände der Testierunfähigkeit darf der Arzt bei ausdrücklichem, konkludent geäußertem oder mutmaßlichem Einverständnis aussagen; letzteres liegt vor, wenn die Aufklärung im wohlverstandenen Interesse des Verstorbenen lag, BGH NJW 1984, 2893; BayObLG NJW-RR 1991, 1287; NJW 1987, 1492; Naumb NJW 2005, 2017. Steht der Wille des Verstorbenen entgegen, ist eine Vorsorgevollmacht zugunsten Dritter unbeachtlich; bei der Ermittlung der Willensentschließung des Verstorbenen hat der Arzt einen Ermessensspielraum, Karlsr NJW 2002, 162.

Aufsichtsratsmitglied: Es ist über berufliche Dinge schweigepflichtig wie ein Vorstandsmitglied nach §§ 93 I 3, 116 AktG, Kblz NJW-RR 1987, 809; v. Kann/Keiluweit DB 2009, 2251.

Auskunftei: Derjenige Geschäftsinhaber, der in der üblichen Weise eine Auskunft eingeholt hat, muss schweigen. Der Angestellte einer Auskunftei darf das Zeugnis wie der Inhaber verweigern. Der Inhaber einer Auskunftei darf die Aussage verweigern, soweit er über eine solche Auskunft aussagen soll, die er nicht gerade dem Beweisführer mitgeteilt hat. Er darf die Auskunft nicht über eine Frage verweigern, ob er ein ganz bestimmtes Gerücht gehört habe, wohl aber darüber, von wem er diese Kenntnis habe.

Bank, Bankangestellter. Stephan, Das Bankgeheimnis im Insolvenzverfahren, WM 2009, 241. Er muss über seine Geschäftsbeziehung zum Kunden schweigen, Stgt GRUR-RR 2012, 73 (stärker als § 19 II Nr. 3 MarkenG), LG Gött NJW-RR 2003, 117 (Sparkasse). Europarecht begrenzt das Bankgeheimnis, EuGH ZIP 2015, 1606 (Vorlage des BGH GRUR 2013, 1237), dazu Ahrens GRUR 2015, 1083; wie auch § 19 II 1 Hs. 2 MarkenG, BGH NJW 2016, 2190. Hauck NJW 2016, 2218 zur RL (EU) 2016/943. Zur Vereinbarkeit von § 19 II MarkenG, § 383 I 1 Nr. 6 ZPO mit der RL Naumb GRUR-RR 2012, 388. Er muss über das Konto des Erblassers gegenüber jedem Miterben aussagen.

Beamter: Er muss nach § 376 über dienstliche Dinge schweigen. BGH NJW-RR 2016, 683 zählt eine Verschwiegenheitspflicht nach WpHG oder UWG zu I Nr. 6.

Beistand: Er muss über dienstliche Dinge schweigen, Werner AnwBl 1995, 113.

Betreuer: Er muss über dienstliche Dinge grds. schweigen, nicht aber über Umstände der Testamentserrichtung, Köln FER 1999, 191 (mutmaßlicher Wille).

Büropersonal: Es muss nach § 376 über berufliche Dinge grds. schweigen.

Detektiv: Er muss über berufliche Dinge schweigen.

Diplompsychologe: Er hat wie der Arzt ein Schweigerecht und eine Schweigepflicht. Sie erstreckt sich auch auf seine Mitarbeiter. Falls er im öffentlichen Dienst steht, gilt § 376.

Dolmetscher: Er muss über berufliche Dinge schweigen.

Drogenberater: Er muss über berufliche Dinge schweigen, obwohl das G v. 23.7.92, BGBl. 1366, ihn nur im Strafprozess ausdrücklich schützt.

Eheberater: Er muss über berufliche Dinge schweigen, BVerfG NJW 1972, 2214.

Ehrenrichter: Er muss über dienstliche Dinge schweigen.

Erbe und Testamentsvollstrecker eines Schweigepflichtigen, etwa eines Arztes: Er darf und muss wegen der aus dem Nachlass ersichtlichen Punkte ebenso schweigen wie der Verstorbene.

Gewerkschaftssekretär: Er muss zB über Mitgliedschaftsfragen schweigen, LAG Hamm BB 1995, 51.

Grundgesetz: Eine Schweigepflicht kann sich aus Grundrechten ergeben, BVerfG NJW 1972, 2214.

Hebamme: Sie muss über berufliche Dinge schweigen.

Heilgehilfe, -praktiker: Er muss über berufliche Dinge schweigen.

Jugendamt: Saarbr NJW 2015, 2740 lässt im Statusprozess schützenswerte Interessen des Kindes vorgehen.

Krankenkasse: Ihre Mitarbeiter müssen über dienstliche Dinge schweigen, Ddf NJW-RR 2013, 1440, 1442.

Krankenpfleger, -schwester: Sie müssen über berufliche Dinge schweigen, unabhängig von der Ausbildung. Maßgeblich ist die tatsächliche Tätigkeit.

Lebensversicherung: Nach dem Tod des Versicherungsnehmers kann ein Verweigerungsrecht des Versicherers entfallen, AG Duisb VersR 1993, 202.

Mediator: Die Annahme eines Verweigerungsrechtes aus Nr. 6 ist zu befürworten. Zum Thema Probst JR 2009, 265; Peters JR 2009, 314; Wagner NJW 2001, 1398; Groth/v. Bubnoff NJW 2001, 338 (Nr. 6 zu eng).

Notar: → Rn. 47.

Nothilfe, Notstand, Notwehr: §§ 32 ff. StGB gelten natürlich auch zugunsten eines eigentlich Schweigepflichtigen. Sie können als Rechtfertigungs- wie Entschuldigungsgründe fungieren.

Patentanwalt: Er muss über berufliche Dinge schweigen; näher → Rn. 47.

Post, Telekom: Der Mitarbeiter muss über berufliche Dinge schweigen, § 39 PostG, § 105 II AO.

Psychologe: Es gelten dieselben Regeln wie für → „Arzt"

Psychotherapeut: Es gilt Nr. 6, wie beim Psychologen. Das gilt aber wegen der ohnehin gegebenen Offenbarung an Dritte nicht für einen Gruppenpatienten. Er fällt auch nicht unter § 384.

Richter: Er muss nach §§ 43, 45 DRiG und den LRiGen über dienstliche Dinge schweigen. Vgl. ferner § 376.

Schiedsmann: Er muss über berufliche Dinge schweigen.

Schlichter: Er muss über berufliche Dinge vertraulicher Art schweigen, zB nach Art. 8 II 1 BaySchlichtungsG.

Sozialarbeiter: Für Verweigerungsrecht im Einzelfall BVerfG NJW 1972, 2214; Hamm NJW-RR 1992, 583 (Herleitung aus dem GG); LG Köln NJW 2002, 909 (kein Recht bei Schwangerschaftskonfliktberatung nach der Geburt).

Steuerberater, -bevollmächtigter: Er muss nach § 83 StBerG über berufliche Dinge schweigen, BGH DB 1983, 1921; Schroer DStR 1994, 1173. Nach der Löschung der auftraggebenden Firma im Handelsregister erlischt die Schweigepflicht grds., Nürnb ZIP 2015, 38; Mü NJW-RR 1998, 1495 (kein schützenswertes Interesse).

Testamentsvollstrecker: „Erbe und Testamentsvollstrecker".

Tierarzt: Er hat kein Verweigerungsrecht, BVerfG NJW 1975, 588.

Übersetzer: Er muss über berufliche Dinge schweigen.

Verfahrensbeistand: Schweigerecht teilw verneint auch für Rechtsanwalt, Brschw FamRZ 2012, 1408; Anm. Menne FamRZ 2012, 1356.

Vermessungsingenieur: Er muss über berufliche Dinge schweigen.

Verteidiger: → Rn. 47. Schweigepflichtig ist auch ein Nichtanwalt.

Vorstandsmitglied: → „Aufsichtsratsmitglied".

Wirtschaftsprüfer: Er muss schweigen sowohl für die beratende als auch für die prüfende Tätigkeit nach §§ 50 (beschäftigte Personen), §§ 57, 64, 66b WPO.

48 ***5. Tod des Begünstigten oder Erlöschen der jur. Person, I Nr. 4–6.*** Die Schweigepflicht erlischt mit dem Tod des Begünstigten grds. nicht, BGH NJW 1984, 2893; Mü ZEV 2019, 35 (Spielraum des Entscheidungsträgers); Köln NJW-Spezial 2018, 552. Entscheidend für eine Befreiung nach § 385 bleibt der Wille des Geschützten, so dass es auch auf den mutmaßlichen Willen des Verstorbenen ankommt und die Weigerungsgründe hierzu in Beziehung zu setzen sind, BGH NJW 1984, 2893; Köln NJW-Spezial 2018, 552; Kblz FamRZ

2016, 1210; Naumb NJW 2005, 2017; BayObLG NJW-RR 1991, 6; 1991, 1287; Köln OLGZ 1982, 1 (Notar). Etwas anderes gilt auch dann, wenn kein weiterer objektiver Grund zur Geheimhaltung mehr besteht Köln Rpfleger 1985, 494 (Anwalt betr. Inhalt eines nicht mehr auffindbaren Testaments). Bei Erlöschen einer jur. Person kann die Schweigepflicht entfallen, LG Bielefeld NJW-RR 2003, 1545 (Steuerberater einer GmbH). Näher zur **Befreiung** → § 385 Rn. 15.

V. Belehrung, II. 1. Allgemeines. Das Gericht muss Verlobte, Gatten, Verwandte und Verschwägerte der Nr. 1–3 über ihr Verweigerungsrecht belehren. Die Belehrung muss sich, insbesondere wenn mehrere verschiedene Verweigerungsrechte wie § 384 Nr. 1, 2 im Raum stehen, eindeutig zumindest auch auf Nr. 1–3 beziehen, BGH NJW 2016, 950 Rn. 26. Dabei ist zur Vermeidung von Ungewissheiten und unnötigem Streit insbes. auf die Tragweite des Verweigerungsrechts nach § 383 I Nr. 1 – 3, namentlich die **Entscheidungsfreiheit** nach → Rn. 7, eindeutig hinzuweisen, BGH NJW 1989, 2403 (aus StPO übertragbar). Die Erläuterung von Alternativen nach § 384 rundet diese Belehrung ab, weil sie dem Zeugen die gegebenen Möglichkeiten klarer vor Augen führt. Das nimmt der Frage, ob im Einzelfall auch über die Rechte aus § 384 belehrt werden muss, die Spitze, → § 384 Rn. 3. Aussagebereitschaft nach einwandfreier Belehrung genehmigt auch die Verwertung voraufgegangener, nicht von einer ordnungsgemäßen Belehrung gedeckter Protokolle, Hamm NVersZ 2002, 478. 49

Die Aufnahme der Belehrung in das **Protokoll** sieht § 160 III Nr. 4 zwar nicht ausdrücklich vor, sie ist indes ratsam, weil die sich aus § 383 I Nr. 1–3 ergebende Entscheidungsfreiheit dem Zeugen bei der Aussage bewusst sein muss, vgl. auch BGH NJW 2016, 950. Die Anwendung des § 160 II ist zumindest zur Vermeidung von Unklarheiten aus praktischen Gründen angezeigt. („Ich bin der Vater der Beklagten. Nach Belehrung über seine sich hieraus ergebenden Rechte: Ich bin zur Aussage bereit.") 50

Die Belehrung sollte nach Möglichkeit schon mit der Ladung erfolgen. Im Fall der § 377 III muss das Gericht sie der Aufforderung beifügen. Es muss sie so klar fassen, dass der Zeuge den Grund und Umfang des Schweigerechts erkennen und abwägen kann. Im Termin muss das Gericht eine Belehrung vor der Vernehmung zur Sache nach § 396 vornehmen und nach § 160 II protokollieren. Bei nicht verstandesreifen Zeugen sind formal nur die ges. Vertreter zu belehren, indes dient auch die Belehrung des Zeugen selbst der Wahrheitsfindung und ist daher ratsam. Es gilt zunächst → Rn. 14. Die Entscheidung über die Verweigerung liegt hier bei den ges. Vertretern, Ffm MDR 1987, 152. 51

2. Verfahrensfehler. Unterlassen der Belehrung ist **Verfahrensfehler,** der indes der Verwertung nicht entgegensteht, wenn der Zeuge später nach Belehrung seiner Vernehmung zustimmt, BGH NJW 1985, 1470; Schlesw NJW-RR 2019, 285; Hamm NVersZ 2002, 478, oder wenn § 295 eingreift, BGH NJW 1985, 1158. Eine in Kenntnis des Verweigerungsrechts erstattete Aussage darf nach späterer Verweigerung (zB in einem anderen Rechtsstreit oder im Berufungsrechtszug) urkundlich verwertet werden, BGH NJW-RR 2013, 159. Im Übrigen darf ein fehlerhaft, da ohne Belehrung erstelltes Vernehmungsprotokoll auch urkundlich nicht verwertet werden, obwohl eine dem § 252 StPO entsprechende Regelung in der ZPO fehlt, Ffm MDR 1987, 151; Schlesw NJW-RR 2019, 285; aA MüKoZPO/Damrau/Weinland Rn. 41. Auch → Rn. 19. 52

VI. Beschränkte Vernehmung, III. Die in Nr. 4–6 Genannten sind nicht nach II zu belehren, indes muss der Richter sie von Amts wegen mit Fragen verschonen, die sie nur unter einer Verletzung einer gesetzlichen oder vertraglichen Schweigepflicht beantworten könnten. Das ist der Mittelweg zwischen der Eigenverantwortung der unter die Regelung fallenden Zeugen und der auch ihnen gegenüber obliegenden Pflicht des Gerichts. Eine dennoch erstattete Aussage ist aber verwertbar, BGH NJW 1977, 1198. Anderes gilt, wenn der Zeuge durch verfahrenswidrige Maßnahmen des Gerichts zu seiner Aussage bestimmt worden ist, wozu aber die bloße Missachtung des Abs. III nicht gehört, insbesondere wenn der Konflikt für das Gericht nicht erkennbar ist, BGH NJW 1990, 1734; erneut in NJW 1994, 2220 (2225). 53

Eine Vernehmung von Richtern, Schöffen, anderen ehrenamtlichen Richtern über Vorgänge bei der Beratung und Abstimmung ist stets unzulässig. 54

VII. Beweiswürdigung. Aus der Verweigerung als solcher dürfen im Rahmen der Beweiswürdigung keine Rückschlüsse gezogen werden, BGH NJW 2018, 68 Rn. 27 f. (auch: kein Einfluss auf sekundäre Darlegungslast); NJW 1980, 794 (schwankendes Aussageverhalten); anders für Partei BGH NJW 2018, 65 Rn. 27 f.; aA bei str. Versicherungsfall Hamm NJW 1994, 528. Das Gericht darf und muss die einmal erstattete Aussage ungeachtet bestehender Verweigerungsrechte nach § 286 verwerten, BGH NJW 1985, 1470; Köln VersR 1993, 335; zum Verfahrensfehler bei unterbliebener Belehrung → Rn. 52. Es würdigt die Verweigerung einer Entbindung von der Schweigepflicht beim nicht Beweispflichtigen nach § 286 frei, BGH NJW-RR 1996, 1534; DB 1983, 1921; Drsd BeckRS 2019, 38618; BayObLG FamRZ 1990, 205. Einseitige Entbindung kann Beweisvereitelung sein, BAG NZA 2014, 1356; LAG Ddf LAGE § 385 ZPO 2002 Nr. 1. Zu Fragen der Beweisvereitelung siehe § 444. 55

384 ***Zeugnisverweigerung aus sachlichen Gründen.*** **Das Zeugnis kann verweigert werden:**

1. **über Fragen, deren Beantwortung dem Zeugen oder einer Person, zu der er in einem der im § 383 Nr. 1 bis 3 bezeichneten Verhältnisse steht, einen unmittelbaren vermögensrechtlichen Schaden verursachen würde;**
2. **über Fragen, deren Beantwortung dem Zeugen oder einem seiner im § 383 Nr. 1 bis 3 bezeichneten Angehörigen zur Unehre gereichen oder die Gefahr zuziehen würde, wegen einer Straftat oder einer Ordnungswidrigkeit verfolgt zu werden;**
3. **über Fragen, die der Zeuge nicht würde beantworten können, ohne ein Kunst- oder Gewerbegeheimnis zu offenbaren.**

Schrifttum: Bahner, Geheimnisschutz im Zivilprozess, 2013; Götz, Der Schutz von Betriebs- und Geschäftsgeheimnissen im Zivilverfahren, 2014.

I. Systematik, Nr. 1–3. § 384 Nr. 1 und Nr. 2 schaffen für den Zeugen aus eigenem Recht und in Ergänzung des § 383 I Nr. 1 – 3 zugunsten des dort genannten Personenkreises ein auf **Teilbereiche** des Vernehmungsgegenstands begrenztes Zeugnisverweigerungsrecht aus sachlichen Gründen. Dieses Recht besteht im 1

Gegensatz zu § 383 grundsätzlich nur für bestimmte Punkte und nicht allgemein; zunächst muss also mit der Vernehmung des Zeugen begonnen werden, um zu klären, hinsichtlich welcher Fragen die Aussage verweigert wird; die konkrete Konfliktlage als solche ist mithin zu erörtern, da es nicht angeht, den Zeugen im Vorgriff hierzu erst gar nicht zu befragen, BGH NJW 1994, 197.

2 Im Einzelfall können die Verweigerungsrechte aus § 383 Nr. 1–3 und aus § 384 Nr. 1, 2 sich vollständig überlagern, BGH NJW 2008, 2038 (zu Nr. 2); Köln BeckRS 2019, 15694; auch ist eine Überlappung von § 384 Nr. 3 mit § 383 I Nr. 6 denkbar.

3 § 384 Nr. 3 hat ausschließlich eigene Belange des Zeugen zur Grundlage. § 385 I schränkt § 383 Nr. 1 ein. Bei der Erklärung nach § 386 darf keine **Begründung** verlangt werden, die auf eine Offenbarung der Tatsachen hinausläuft, wegen derer das Verweigerungsrecht besteht; Glaubhaftmachung bzw. deren Notwendigkeit ist abweichend von § 386 I in dieser Hinsicht praktisch kaum vorstellbar, weil der Konflikt selbst das Verweigerungsrecht begründet und er als solcher jedenfalls idR auf der Hand liegt.

4 Eine **vertragliche Unterlassungsverpflichtung** und die hieraus drohenden Sanktionen berechtigten nicht zu Aussageverweigerung aus § 384; die Vereinbarung von Sanktionen ist nach § 138 I BGB nichtig, Hamm FamRZ 1999, 939; auch BayObLGZ 1956, 389 zur fehlenden Unmittelbarkeit des Schadens; Zöller/Greger ZPO Rn. 4; Sasse/Dege MDR 2020, 1038.

5 **II. Regelungszweck, Geltungsbereich, Nr. 1–3.** Die Vorschrift bezweckt den Schutz des Zeugen vor nachteiligen Folgen seiner staatsbürgerlichen Pflicht; er wird daher nicht verpflichtet, seine vermögensrechtlichen Interessen denen der beweisführenden Partei unterzuordnen, BGH NJW 2007, 155. Das ist bei der Frage nach einer Belehrung, → Rn. 17, wie auch bei der Auslegung zu beachten. Andererseits können Auskunftsansprüche der Partei gegen den Zeugen dessen Verweigerungsrecht begrenzen, BAG NZA 2017, 1631 Rn. 6. Zum Geltungsbereich → Vor § 373 Rn. 5.

6 **III. Drohen eines unmittelbaren Vermögensschadens, Nr. 1.** Für den zusätzlich zum Zeugen selbst geschützten Personenkreis wird auf → § 383 Rn. 9, 11 verwiesen. Auch soweit dort die analoge Anwendung in Rede steht, gilt all dies für § 384 Nr. 1, 2 ebenfalls, unter Einschluss nicht mehr bestehender, aber fortwirkender familiärer Bindungen. Selbst betroffen ist der Insolvenzschuldner im Rechtsstreit um die Feststellung zur Insolvenztabelle, § 97 InsO ist insoweit ohne Bedeutung, AG Köln NZI 2017, 126, dort verneint wegen § 385 I Nr. 4.

7 Unmittelbarkeit des drohenden vermögensrechtlichen Schadens setzt nicht voraus, dass ein Nachteil, namentlich ein Anspruch, infolge der Aussage erst entsteht. Es reicht eine konkrete Vermögensgefährdung. Für deren Annahme genügt es, dass die Durchsetzung einer bereits bestehenden Verpflichtung durch die Aussage selbst und auch nicht erst durch den Ausgang des Rechtsstreits erleichtert werden könnte, namentlich durch Schaffung neuer Beweismittel, BGH NJW 2007, 155, gegen RGZ 32, 381, unter Bestätigung von Ffm WM 2000, 2359; Karlsr NJW 1990, 2758 sowie der hier vertretenen Auffassung. Genügen kann: ein drohender **Regressschaden,** Oldb JurBüro 1991, 125, dass der Zeuge einen nach dem AnfG anfechtbaren Erwerb preisgeben müsste, BGH NJW 1979, 1832, wenn dem Zeugen die Durchsetzung eines eigenen Anspruchs gegen eine Partei erschwert würde, BAG NZA 2017, 1631. Ein faktisch nachteiliger Einfluss reicht mithin aus. Das gilt auch hinsichtlich eines Nachteils, der einer jur. Person droht, wenn der Zeuge analog § 383 Nr. 1–3 wegen der Beziehung zum Organvertreter zur Verweigerung berechtigt ist, offen gelassen in BGH NJW 2007, 155, aber nunmehr gesichert durch BGH NJW-RR 2016, 186; aA Zöller/Greger Rn. 4; MüKoZPO/Damrau/Weinland Rn. 7; Musielak/Voit/Huber Rn. 3; gegenteilige Ansichten sind durch die Rspr. überholt. Eine Witwe darf den Ehrenschutz des Ehemanns geltend machen, Nürnb MDR 1975, 937.

8 **Nicht** beachtlich ist ein bloß **mittelbarer Nachteil,** etwa drohende Zahlungsschwäche der Partei gegenüber Forderungen des Zeugen, namentlich wenn dieser an der Partei als Gesellschafter beteiligt ist. In Bezug auf Gefahren für die Durchsetzung eines eigenen Anspruchs kann Mittelbarkeit anzunehmen sein, wenn der Zeuge diesen wiederum nur begründen kann, indem er die betr. Tatsachen in einem eigenen Rechtsstreit gegen die Partei vortragen müsste, BAG NZA 2017, 1631 Rn. 7. Vertragliche Unterlassungsansprüche begründen einen nur mittelbaren Schaden, BayObLGZ 1956, 389. Pauschal vorgetragene Nachteile im Berufsleben reichen nicht aus, OVG Lüneburg NJW 1978, 1493.

9 **IV. Unehre, Bestrafung, Nr. 2. 1. Grundsatz: Schutz vor Herabsetzung.** Ein Weigerungsrecht besteht bei solchen Fragen, deren Beantwortung gerade dem Zeugen oder einem Angehörigen nach § 383 I Nr. 1–3 objektiv eine Unehre bringen oder die konkrete Gefahr einer Verfolgung wegen einer Straftat oder einer Ordnungswidrigkeit zuziehen oder erhöhen würde. Betr. den geschützten Personenkreis → Rn. 6 und → § 383 Rn. 9, 11. Eine Überlappung mit § 383 I Nr. 6 ist denkbar, aber unproblematisch.

10 Bei der **Subsumtion** unter die tatbestandlichen Voraussetzungen kommt es nicht auf die Frage an, ob der Zeuge in tatsächlicher Hinsicht eine ihn belastende Aussage machen wird, sondern nur darauf, dass die Aussage zu einer Belastung führt, wenn sie hierfür die tatsächliche Grundlage liefert, BGH NJW 1958, 826. Andernfalls müsste der Zeuge aussagen, alleine um die Voraussetzungen der Norm auszufüllen. Der bloße Hinweis auf die befürchtete Bestrafung wegen Falschaussage reicht demgegenüber nicht, weil der Zeuge die Wahrheit sagen muss; angegebene Beweisrisiken können keine Bedeutung haben.

11 **Unehre** bringt, was unter Würdigung aller Umstände das Ansehen des Zeugen in sittlicher Beziehung allgemein herabsetzen könnte, Karlsr NJW 1994, 528; Stgt FamRZ 1981, 1967, Dillenburg/Pauly MDR 1995, 341. Maßgeblich ist die obj Beurteilung nach der heutigen Wertordnung des Grundgesetzes, namentlich des Schutzes des Persönlichkeitsrechtes, nicht eine nur für die engere Umgebung des Zeugen beachtliche Bewertung, OVG Lüneburg NJW 1978, 1493; MüKoZPO/Damrau/Weinland Rn. 8. Für den Verdacht einer **Straftat/OWi** reicht die mittelbare Bedeutung für die Beurteilung eines Tatverdachts aus, wenn zB aus der Aussage möglicherweise Rückschlüsse gezogen werden, die zur Einleitung eines Strafverfahrens führen können, Celle NZG 2016, 699, oder die Gesamtwürdigung mit anderen Aussagen eine solche Gefahr mit sich bringt, Saarbr Prozessrecht aktiv 2014, 154. Alle ernsthaft in Betracht kommenden Risiken sind zu berücksichtigen, Köln BeckRS 2019, 15694. Im Regelfall muss es sich um eine Tat handeln, die vor der Zeugenaussage bereits begangen worden ist.

2. Beispiele zur Frage einer Anwendbarkeit von Nr. 2

Absehen von Strafe: § 158 StGB. Die Möglichkeiten aus § 158 StGB reichen idR nicht aus, weil das Zivilgericht sie nicht verlässlich abschätzen kann, aA Zöller/Greger Rn. 6, die abzulehnen ist, weil nach zutreffender Auffassung von KG MDR 1983, 139 eine Aussetzung bis zum Abschluss eines Strafverfahrens nicht in Betracht kommt. 12

Anklage: Ihre Erhebung reicht generell aus, Mü BeckRS 2019, 33514 Rn. 36.

Befürchtung: Kein Schweigerecht gibt die bloße Befürchtung einer erheblichen Gefährdung, Hamm OLGZ 1989, 469.

Dienstgericht, Ehrengericht: Dort zu befürchtende Nachteile können ausreichen, zumal die Folgen schwerwiegender sein können als bei einer Ordnungswidrigkeit, BGH NJW 1979, 324.

Einstellung des Strafverfahrens: Sie steht der Anwendung der Norm nicht entgegen, weil sie nicht den endgültigen Abschluss des Verfahrens gewährleistet, BGH NJW 2008, 2038; LAG Ddf BeckRS 2015, 73301 Rn. 45.

Falschaussage: Die Gefahr, wegen einer Aussage strafrechtlich verfolgt zu werden, berechtigt in der höheren Instanz zur Zeugnisverweigerung, BGH NJW 2008, 2038; kritisch Zöller/Greger ZPO Rn. 6.

Mittelbare Gefahr: Sie kann reichen, Celle NZG 2016, 699, etwa bei Zusammenwirken mehrerer Beweismittel, Saarbr BeckRS 2014, 12734.

Ordnungswidrigkeit: Sie reicht nach dem Wortlaut aus, indes muss im Einzelfall kritisch geprüft werden, ob das Gewicht der denkbaren Sanktion den Verlust an Sachverhaltsaufklärung rechtfertigt, vgl. etwa Celle NJW-RR 2016, 827 Rn. 43; Stgt NJW-RR 2007, 250; AG Köln NZI 2017, 126.

Repressalien: Angst vor Repressalien seitens einer Partei reicht nicht aus, Hamm OLGZ 1989, 468.

Schweigeabrede: Kein Schweigerecht ergibt sich unter dem Gesichtspunkt der Unehre bei einem bloßen Verstoß gegen eine solche Absprache, näher → Rn. 3.

Nach Tod: Nr. 2 schützt auch einen verstorbenen Ehegatten und daher seine Hinterbliebenen, Nürnb MDR 1975, 937.

Verjährung: Kein Schweigerecht mag mehr nach dem Eintritt einer Verjährung bestehen, Ddf Prozessrecht aktiv 2014, 133; Stgt NJW-RR 2007, 250. Das gilt aber nur, wenn gesicherte Erkenntnis für das Zivilgericht nicht zu gewinnen ist.

Vorinstanz: Es genügt, dass die Gefahr aus der Aussage nur in Verbindung mit anderen Umständen folgt, etwa wegen einer vorinstanzlichen Aussage, § 153 StGB; aus § 158 StGB ergibt sich kein hinreichender Schutz, BGH NJW 2008, 2038.

Wiederaufnahme: Ein Schweigerecht kann bei hinreichend konkreter Gefahr bestehen, dass es zur Wiederaufnahme eines Zivilprozesses nach §§ 578 ff. oder eines anderen Verfahrens, namentlich eines Strafverfahrens kommen könnte; die nur noch entfernte Möglichkeit einer Wiederaufnahme trägt die Verweigerung nicht, Celle NJW-RR 1991, 62.

V. Kunst- oder Gewerbegeheimnis, Nr. 3. 1. Geheimnis. Geheimnis ist eine Tatsache, die nur bestimmte Personen kennen und deren Kenntnis obj begrenzt bleiben muss, Karlsr MDR 2006, 591; eingehend Stürner JZ 1985, 453. Erfasst sind nicht nur Fabrikationsgeheimnisse, sondern auch Tatsachen, an deren Nichtoffenbarung der Zeuge oder zB sein Arbeitgeber ein erhebliches, unmittelbares, gewerbliches Interesse hat, Hbg MDR 1977, 761. Nr. 3 schützt das eigene oder ein fremdes Gewerbe, Ddf MDR 1978, 147; Schlosser ZZP 1995, 364; Stadler NJW 1989, 1202. Die Vorschrift ist eng auszulegen, um zu verhindern, dass Zeugen ausufernd davon Gebrauch machen, Hbg MDR 1977, 761. Dennoch muss sie auch Interessen Dritter schützen, denen gegenüber der Zeuge nicht zur Verschwiegenheit verpflichtet ist, um zu verhindern, dass auf dem Umweg über die Vernehmung eine Partei schützenswerte Geheimnisse erfährt, zu denen sie sonst keinen Zugang hätte. Das entspringt dem Gebot gerechter Interessenabwägung, aA die wohl hM, MüKoZPO/Damrau/Weinland Rn. 13; Zöller/Greger Rn. 7. Verpflichtung gegenüber eine Partei greift nur durch, wenn diese dem Gegner das Geheimnis nicht offenbaren muss. Vorrang hat § 172 Nr. 2 GVG. 13

Das Geheimnis muss bei der Vernehmung noch bestehen, Nürnbg ZIP 2015, 38. Nicht ausreichend ist eine bloße Absprache im Anstellungsvertrag, Karlsr MDR 2006, 591. Eine Entbindung durch einen anderen lässt das Schweigerecht unberührt. 14

2. Gewerbe. „Gewerbe" meint auch zB den freien Beruf etwa eines Wissenschaftlers. Das gilt schon wegen Art. 12 GG. Zum verfassungsrechtlichen Schutz Wolff NJW 1997, 98. 15

3. Beispiele zu Nr. 3

Auskunftei: Sie kann schweigepflichtig sein, vgl. auch § 383 I Nr. 6. 16

Bankkredit: Unter Nr. 3 fällt die Auskunft über einen Bankkredit.

Dritter: Dritte fallen in den Schutzbereich der Regelung, → Rn. 13.

Gewerbegeheimnis. Dazu Stadler ZZP 123, 261 (Grdz.). Eine Schweigepflicht kann sich vertraglich über ein Gewerbegeheimnis ergeben, vgl. auch § 383 I Nr. 6. Dazu können zählen: Arbeitsmethoden; Arbeitsmittel; die Bankverbindung; ein Geldgeber; Informationsmöglichkeiten; eine Kreditlinie; die Kundenkartei; Patentfragen; die Preiskalkulation; ein Teilhaber; Vertragseinzelheiten.

Kartell: Unter Nr. 3 fällt die Auskunft über jede auch nur kartellähnliche Absprache, zB über Preise oder Lieferbedingungen.

Kunstgeheimnis: Eine Schweigepflicht kann sich vertraglich über ein Kunstgeheimnis ergeben.

Mitarbeiter: Er kann schweigen dürfen, Hbg MDR 1977, 761, Gottwald BB 1979, 1781. Es muss aber ein beachtliches Geheimhaltungsinteresse bestehen, Mü NJW-RR 1998, 1496.

Politische Partei: Nr. 3 schützt nicht ein Geheimnis einer politischen Partei, OVG Lüneb NJW 1978, 1493.

Preisgestaltung: Es ist ein schutzfähiges Geheimnis, RGZ 53, 40; 54, 323.

Steuerfrage: Unter Nr. 3 fällt die Auskunft über steuerliche Fragen und Verhältnisse, Ddf MDR 1978, 147.

Urheber: Unter Nr. 3 fällt die Auskunft über den oder die Urheber etwa eines urheberrechtlich geschützten Werkes.

Wettbewerbsfähigkeit: Bedeutung des Geheimnisses hierfür wird gefordert von Mü NJW-RR 1998, 1495.

VI. Keine Belehrung. Eine Belehrung ist nicht geboten, Köln Rpfleger 1985, 494; Frommhold MDR 2016, 925. Auch besteht keine dem § 383 III entsprechende Regelung. Dennoch ist es im Interesse der Wahrheits- 17 findung sachdienlich, die Frage mit dem Zeugen vorab zu erörtern, insbesondere um zu verhindern, dass dieser sich erst während der Aussage, möglicherweise auf Intervention einer Partei, der Konfliktlage besinnt und die Beweiswürdigung, → Rn. 20, am Ende mit Halbheiten mehr belastet als gefördert wird.

18 Der Zeuge hat zudem das Recht auf ein **faires Verfahren** und auf anwaltlichen Beistand, BVerfG NJW 1975, 103, was jedenfalls bei erkennbarer Unerfahrenheit die Belehrung fordert. Wenn sich Verweigerungsrechte aus § 383 I Nr. 1–3 und zugleich aus § 384 ergeben, muss bereits nach § 383 II belehrt werden, wobei eine Abgrenzung und Erläuterung zu § 384 mit vorgegeben ist, damit die Tragweite der verschiedenen Zeugenrechte klar wird, anklingend auch in BGH NJW 2016, 950 Rn. 26. Eine Gesetzesverletzung liegt in der Belehrung über die Rechte aus § 384 in keinem Fall, Köln OLGZ 1986, 59. Beachte auch BGH NStZ 2005, 33: Mangelnde Belehrung als Strafmilderungsgrund.

19 **VII. Verstoß, Nr. 1–3.** Eine Missachtung des § 384 kann zur Aufhebung führen, BGH NJW 1994, 197.

20 **VIII. Beweiswürdigung.** Aus dem konkreten Aussageverhalten des Zeugen können im Rahmen der **Beweiswürdigung** Schlüsse gezogen werden, soweit (!) die **Gesamtwürdigung** aller Umstände, nicht alleine des Aussageverhaltens selbst, bestimmte Schlüsse ermöglicht, BGH NJW 1994, 197; NJW 1985, 1539; Karlsr NZG 2021, 120; Mü NJW 2011, 80. Dabei ist auch der Tatsache Rechnung zu tragen, dass der Zeuge sich zu den Gründen der Verweigerung nicht oder jedenfalls nicht umfassend äußern muss, → Rn. 3. Zur Frage der Beweiswürdigung bei Aussageverweigerung nach § 383 I Nr. 1–3 → § 383 Rn. 1.

385 *Ausnahmen vom Zeugnisverweigerungsrecht.* **I In den Fällen des § 383 Nr. 1 bis 3 und des § 384 Nr. 1 darf der Zeuge das Zeugnis nicht verweigern:**

1. über die Errichtung und den Inhalt eines Rechtsgeschäfts, bei dessen Errichtung er als Zeuge zugezogen war;
2. über Geburten, Verheiratungen oder Sterbefälle von Familienmitgliedern;
3. über Tatsachen, welche die durch das Familienverhältnis bedingten Vermögensangelegenheiten betreffen;
4. über die auf das streitige Rechtsverhältnis sich beziehenden Handlungen, die von ihm selbst als Rechtsvorgänger oder Vertreter einer Partei vorgenommen sein sollen.

II Die im § 383 Nr. 4, 6 bezeichneten Personen dürfen das Zeugnis nicht verweigern, wenn sie von der Verpflichtung zur Verschwiegenheit entbunden sind.

1 **I. Systematik, I, II.** Die Vorschrift bringt Ausnahmen von den in §§ 383 f. geregelten Ausnahmen, also systematisch eine Rückkehr zur grundsätzlichen Aussagepflicht. Wer nach § 383 Nr. 1–3 oder wer nach § 384 I Nr. 1 allgemein das Zeugnis verweigern dürfte, nicht aber nach § 384 I Nr. 2, muss unabhängig von einem unmittelbaren Schaden aussagen, soweit seine Aussage einen der Fälle von § 385 I betrifft. Wer nach § 383 I Nr. 4, 6 das Zeugnis verweigern dürfte, muss aussagen, wenn er von der Schweigepflicht befreit ist. Das gilt nach II aber nur, soweit die Befreiung sachlichrechtlich wirksam ist.

2 **II. Regelungszweck, Geltungsbereich, I, II.** Die Vorschrift dient dem Interesse der Rechtspflege an der Wahrheitsfindung, Mü FamRZ 2014, 328; Nürnb FamRZ 1992, 1316. Die Rückkehr zum Grundsatz der Aussagepflicht nach → Rn. 1 führt bei der Auslegung zu einer Abwägung zwischen diesem Ziel, mithin an sich zu einem weiten Verständnis der Norm, und deren Ausnahmecharakter, der eine am Wortsinn des jeweiligen Tatbestandsmerkmals orientierte und damit eher enge Auslegung fordert. Beide Gesichtspunkte stehen in einem Spannungsverhältnis. Das gilt auch für die Frage, welche Anforderungen man an eine Entbindung von der Schweigepflicht nach II stellen soll. Die einzelnen Fälle des I sind ihrer Natur nach schon Entbindungen. Natürlich soll der Gegner nun auch nicht über I Nr. 3 eine Ausforschung über Vermögensangelegenheiten betreiben dürfen. Es gilt also auch bei § 385 über die ausdrücklich genannten Umstände hinaus auf manches weitere Merkmal des Gesamtvorgangs mitzuachten und es in die Beurteilung einzubeziehen.

3 Zum Geltungsbereich → Vor § 373 Rn. 5.

4 **III. Aussagepflicht nach I. 1. Rechtsgeschäft, I Nr. 1.** Es muss um die Zuziehung als ein Zeuge bei einem erfolgten oder doch vorbereiteten Rechtsgeschäft gehen, also bei jeder Rechtshandlung. Denn man kann sich nicht zuerst gerade als Zeuge zur Verfügung stellen, um dann darüber schweigen zu dürfen. Die Regelung hat damit eine Nähe zur Entbindung von der Schweigepflicht aufgrund konkludenter oder mutmaßlicher Einwilligung nach § 385 II. Der Zeuge muss, um iSd Nr. 1 „zugezogen“ zu sein, nach den Umständen zumindest mit der Möglichkeit einer nachfolgenden Aufklärung des Sachverhalts haben rechnen müssen, BayObLGZ 1984, 141. Er mag als ein sog. Förmlichkeitszeuge aufgetreten sein, etwa bei einer Testamentserrichtung, Köln OLGZ 1986, 59 (Anwalt, auf mutmaßliche Einwilligung abstellend); OLGZ 1982, 1 (Notar). Auf das **Zustandekommen** oder Scheitern des betr. Rechtsgeschäfts kommt es nicht an, da dessen Aufklärung gerade Zweck der Norm ist; die aA von Zöller/Greger betr. Vorverhandlungen, § 385 Rn. 2, überzeugt bereits mit Blick auf § 311 II BGB. Nr. 1 umfasst nicht die Zuziehung zu anderen Zwecken oder zufällige Anwesenheit vor der Zuziehung oder nach der etwaigen Entlassung oder die Zuziehung nur zu einer Vor- oder Nachbereitungsmaßnahme des eigentlichen Rechtsgeschäfts. Wer sich auf die Zeugnispflicht beruft, muss die Zuziehung beweisen, allgemM. Möglich ist auf dieser Grundlage eine Vorab-Vernehmung des Zeugen über die Hinzuziehung, soweit damit nicht die Offenbarung von Tatsachen einhergeht, wegen derer die Aussage verweigert werden soll.

5 **2. Geburt usw., I Nr. 2.** Es muss im engeren Wortsinn um Geburten, Heiraten, Sterbefälle gehen, RGZ 169, 48; erfasst ist auch die Kindesannahme. Die Ursache, etwa die Erzeugung, fällt nicht unter Nr. 2, ebenso wenig der Name des Erzeugers, LSG Darmst NJW 1989, 2710. „Familienmitglied“ des Zeugen zu sein, setzt Verwandtschaft nicht voraus, zumindest aber eine eheliche oder schwägerschaftliche Verbindung bzw. ein Verlöbnis; häusliche Gemeinschaft reicht nicht. Maßgeblich ist der in § 383 I Nr. 1 – 3 umschriebene Personenkreis, aA MüKoZPO/Damrau/Weinland Rn. 3. Wirkt eine nicht mehr bestehende Verbindung nach § 383 fort, greift insoweit auch § 385 ein, → Rn. 2.

6 **3. Familiäre Vermögensangelegenheit, I Nr. 3.** Ein Regelungsanlass ist der mutmaßliche Mangel anderer Beweismittel, Nürnbg FamRZ 1992, 1316. Es muss um Vermögensangelegenheiten gehen, die unmittelbar durch

das Familienverhältnis bedingt sind. Ob der Rechtsstreit darauf beruht, ist unerheblich. Auch müssen nicht alle Prozessparteien Familienangehörige sein, Mü FamRZ 2014, 328 (Regressstreit zwischen Familienmitglied und Anwalt); Stgt FamRZ 2013, 803. Die str. Tatsachen müssen ihre Grundlage im Familienverhältnis haben, nicht nur aus einem solchen entstehen können. Beispiele: Ein Mitgiftversprechen; ein Unterhaltsanspruch, Ddf FamRZ 1980, 616 (auch nach Abtretung); Karlsr FamRZ 1989, 764 (auch nach gesetzlicher Überleitung); ein Ehevertrag; ein Abfindungsvertrag; ein güterrechtlicher Vertrag, Stgt FamRZ 2013, 803; eine Altenteilsregelung; das Erbrecht; eine Erbausschlagung; Einkommen sowie Kosten für Unterkunft und Heizung von Mitgliedern einer Bedarfsgemeinschaft iSd § 7 III Nr. 2, 4 SGB II, LSG NRW NZS 2015, 199.

Nr. 3 gilt auch und erst recht für solche Personen, deren Verweigerungsrecht nach § 383 I Nr. 1–3 fortbesteht, obwohl sie jetzt außerhalb des Familienverbands stehen, Nürnb FamRZ 1992, 1316, Stgt FamRZ 2013, 803; erfasst ist auch der Regressprozess eines Familienmitglieds gegen einen Anwalt, Mü FamRZ 2014, 328. 7

Nicht hierher gehören diejenigen Fragen, die nicht gerade durch das Familienverhältnis „bedingt" sind, zB: Die Höhe des Pflichtteils; ein außerehelicher Geschlechtsverkehr ohne eine Zeugung; die Höhe des in die Ehe Eingebrachten; ein Alltagsgeschäft mit einem Angehörigen. Angaben zur Zeugung oder zum Namen des Erzeugers fallen nicht unter die Ausnahme, zumal der Abkömmling insoweit die Möglichkeit des Vaterschaftsfeststellungsverfahrens hat, LSG Darmst NJW 1989, 2711 (in dieser Frage keine Anwendung des § 385 I Nr. 3 auf eine Tante). 8

4. Eigene Handlung, I Nr. 4. Es kann sich um die Begründung eines Rechtsverhältnisses oder um Vorgänge während seines Bestehens bis zur Beendigung handeln. Es muss um eine eigene beliebige Handlung des Zeugen gehen, die sich auf den Prozess bezieht, soweit er Rechtsvorgänger oder Vertreter einer Partei ist. Rechtsvorgänger ist der Universalrechtsnachfolger und der Nachfolger iSd § 265. Vertreter ist der gesetzliche Vertreter nach § 51 oder ein sonstiger Vertreter im weitesten Sinn, aber nur ein rechtlicher, nicht ein tatsächlicher, etwa als Wortführer, Ratgeber, OLGR Mü 1996, 242; Köln NJW 1955, 1561; Zöller/Greger Rn. 5; für deren Einbeziehung MüKoZPO/Damrau/Weinland Rn. 7, was aber der Norm die Bestimmtheit nimmt und im Gefüge von §§ 383, 385 nicht gefordert wird. In einem Prozess eines Gläubigers auf Feststellung einer Forderung zur **Insolvenztabelle** ist der Insolvenzschuldner nicht Rechtsvorgänger des beklagten Insolvenzverwalters im Sinne des § 385 Abs. 1 Nr. 4; die Vorschrift ist mangels planwidriger Regelungslücke auch nicht analog auf den Insolvenzschuldner anwendbar, BGH NJW 2019, 517, Anm. Tolani NJW 2019, 519; Rieger/Göbel NZI 2019, 246; Tyarks, Ausnahmen vom Zeugnisverweigerungsrecht für Rechtsvorgänger und Vertreter, MDR 2019, 588. 9

Nr. 4 meint auch den Vertreter des Rechtsvorgängers. Der vollmachtlose Vertreter, dessen Erklärungen nicht genehmigt worden sind, unterfällt nicht der Regelung, BGH NJW 2019, 517, da seine Handlungen ohne Bindung bleiben und daher für die Entscheidung idR nicht relevant sind. 10

„Handlungen" meint: Eine Tätigkeit, aber auch bloße Wahrnehmungen, die aM begrenzt auf Handlungen, MüKoZPO/Damrau/Weinland Rn. 5; Zöller/Greger Rn. 5; Musielak/Voit/Huber ZPO Rn. 5, aber auch eine Wahrnehmung ist eine Betätigung, nämlich eines Sinnes. Zumindest ist die vorgenommene oder unterlassene Reaktion auf die Wahrnehmung eine Handlung, ähnlich Tyarks MDR 2019, 588. Es genügt nicht, dass die Partei für Handlungen oder Unterlassungen des Zeugen als eines bloßen Verrichtungsgehilfen einstehen müsste. Ein „irgendwie erlangtes Wissen" reicht nicht aus, so dass Handlungen Dritter, die bei Gelegenheit von Vertragsverhandlungen wahrgenommen werden, von der Norm nicht erfasst sind, Mü FamRZ 2017, 2036. 11

Nr. 4 ist auf die bloße Behauptung anwendbar, man habe entsprechend gehandelt („sein sollen"). Vor Vernehmung eines Zeugen müssen die Voraussetzungen des § 385 Abs. 1 Nr. 4 ZPO nicht bewiesen oder unstreitig sein. Es reicht insoweit der Vortrag des Beweisführers aus. Die Feststellung der Voraussetzungen nimmt mithin, anders als etwa bei → § 384 Rn. 9, auf das Interesse des Zeugen an Geheimhaltung keine Rücksicht. 12

IV. Aussagepflicht nach II. 1. Rechtsträger. Im Fall des § 383 Nr. 5 greift die Norm nicht ein, weil hier höherrangige Interessen der Allgemeinheit geschützt werden. Für § 385 II ist grds. vorab zu klären, ob ein Verweigerungsrecht nach § 383 Nr. 4, 6 besteht; nur in diesem Rahmen kommt es auf die Entbindung an; ist diese unschwer zu bejahen, kann § 383 im Einzelfall offen bleiben. Die Entbindung muss von der Person ausgehen, zu deren Gunsten die Bindung nach § 383 Nr. 4, 6 besteht, BGH NJW 2021, 1022, zB der Patient, Karlsr NJW 1960, 1392, nicht derjenige, der die Untersuchung veranlasst oder bezahlt hat, oder vom Mandanten gegenüber dem Anwalt, BGH NJW 2011, 1077 Rn. 12; denn Schutzgut ist alleine das Recht der geschützten Person, nicht dasjenige etwa einer Partei oder Dritter, → § 383 Rn. 32. Ohne bestimmende Wirkungen ist nach dem fortgeltenden Reichskonkordat eine Entbindung von der seelsorgerlichen Schweigepflicht, → § 383 Rn. 35. Bei öffentlichen Beamten tritt § 376 hinzu. 13

2. Beispiele zur Befreiungsbefugnis

Bevollmächtigter: Ein Generalbevollmächtigter kann wirksam entbinden, Celle NJW 1955, 1844. 14

Erbe: Er hat grds. kein originäres Entbindungsrecht; es kommt auf den mutmaßlichen Willen des Verstorbenen an, Ffm NVersZ 1999, 523; Mü AnwBl 1975, 159. Für höchstpersönliche Angelegenheiten gibt es keine Entbindung durch den Erben. In rein vermögensrechtlichen Fragen kann eine Ausnahme gelten, weil die Befreiungsbefugnis insoweit nach § 1922 BGB auf die Erben übergeht, Ddf NJW-RR 2018, 1160; Stgt MDR 1983, 236.

Insolvenzverwalter: Soweit die Verschwiegenheitspflicht zugunsten des Schuldners besteht und vermögensrechtliche Angelegenheiten betroffen sind, d. h. soweit das Vertrauensverhältnis Angelegenheiten der Insolvenzmasse betrifft, BGH NJW 2021, 1022; BeckRS 2016, 5742 Rn. 25; NJW-RR 2016, 683 Rn. 23; eine Befreiung durch den Schuldner wirkt über die Insolvenzeröffnung hinaus nicht fort, weil die Dispositionsbefugnis damit auf den Insolvenzverwalter übergeht und es auf den Zeitpunkt der Vernehmung ankommt, BGH NJW 1994, 2220, 2225; Ddf NJW-RR 1994, 958. Widerspruch des Schuldners ist bei iÜ wirksamer Befreiung unbeachtlich, Nürnb MDR 1977, 144.

Juristische Person: Diejenigen, welche zur Vertretung zum Zeitpunkt der Zeugenaussage berufen sind, BGH NJW 2021, 1022 (zu § 53 StPO).

Minderjährige: Entbindung ist bei ausreichender Verständigkeit in Fortsetzung des Verweigerungsrechts ohne Mitwirkung der ges. Vertreter wirksam, BayObLG 1985, 53; → § 383 Rn. 14. Auch Vertreter.

Mutmaßlicher Wille: → Rn. 16.

Notar: Man beachte die Sonderregelung in § 18 II BnotO: Befreiung durch die Aufsichtsbehörde. Diese hat nach pflichtgemäßem Ermessen zu entscheiden, ob der verstorbene Beteiligte, wenn er noch lebte, bei verständiger Würdigung der Sachlage die Befreiung erteilen würde, BGH NJW 2021, 316; DNotZ 2003, 780; für abschließende Spezialregelung in § 18 II BnotO Ffm ZEV 2021, 525.

Pfleger: Er darf alleine die Interessen des Pfleglings berücksichtigen, ohne Beachtung der Belange der Parteien, BayObLG FamRZ 1990, 205.

Prozessvollmacht: Sie reicht für sich nicht aus, anders bei ausdrücklicher Bevollmächtigung, LAG Ddf LAGE § 385 ZPO 2002 Nr. 1.

Tod: Durch den Tod des Geschützten erlischt die Verschwiegenheitspflicht nicht; der Geheimnisträger muss prüfen, ob und inwieweit er insbesondere aufgrund mutmaßlichen Willens des Verstorgenen hieran nicht mehr gebunden ist; dabei steht ihm ein gerichtlich nicht nachprüfbarer Ermessensspielraum zu, OLGR Mü 2007, 158.

Vertreter: Auf die Entscheidung des ges. Vertreters kommt es nur an, wenn der Entbindende nicht hinreichend verständig ist, BayObLG 1985, 53. Auch → § 383 Rn. 47.

Wirtschaftsprüfer: Im Rahmen eines Mandatsverhältnisses regelmäßig nur der oder die Auftraggeber, BGH NJW 2021, 1022.

15 **3. Befreiungserklärung. a) Ausdrücklich.** Die Befreiung erfolgt durch eine Erklärung gegenüber dem Zeugen, dem Gericht oder dem Gegner. Sie liegt ggf. schon in der Benennung des Zeugen durch den Rechtsträger selbst, nicht aber schon durch seinen ProzBev; das Gericht muss den Punkt aufklären, BGH NZV 1990, 385. Sie muss eindeutig in Kenntnis des Weigerungsrechts erfolgt sein.

16 **b) Konkludent, mutmaßlich, Fortfall des Interesses.** Die Frage nach konkludenter oder mutmaßlicher Befreiung stellt sich in der Praxis, wenn der Geschützte verstorben oder aus anderen Gründen zu einer Erklärung nicht mehr in der Lage ist.

17 Vorrangig ist zu prüfen, ob die Befreiung konkludent erklärt wurde, weil die entspr. Indizien idR tragfähiger sind. Eine Benennung durch die berechtigte Partei enthält idR die Befreiung.

18 Eine nur mutmaßliche Befreiung reicht indes aus, BGH NJW 1984, 2893, 2895 (Testierfähigkeit); BayObLG NJW-RR 1991, 6 (8); FamRZ 1986, 1238; Mü ZEV 2019, 35 mAnm Grunewald; OLGR Mü 2007, 158; BAG NJW 2015, 365 Rn. 40. Die hierfür maßgeblichen Umstände können auf der Hand liegen, etwa betr. die Weitergabe des Erblasserwillens zugunsten der Erben, näher → § 383 Rn. 47 „Erbe"; → Rn. 47 „Anwalt und Notar"; → Rn. 47 „Betreuer". Eine restriktive Handhabung ist abweichend von Zöller/Greger ZPO Rn. 12 nicht geboten; sorgfältige freie Würdigung des Sachverhalts genügt. Abweichend von Ffm ZEV 2021, 525 enthält § 18 II BNotO (Genehmigung durch die Aufsichtsbehörde) gegenüber dem Gesichtspunkt der mutmaßlichen Einwilligung keine abschließende Spezialregelung; denn dort geht es um die Befugnisse des Notars, wohingegen hier die rein tatsächliche Lage maßgeblich ist; die aA von Ffm gäbe der Aufsichtsbehörde ohne rechtfertigenden Grund eine zu starke Position.

19 Mit dem Tod entfällt das **Interesse** des Erblassers an der Geheimhaltung seines letzten Willens den gesetzlichen Erben gegenüber insoweit, als der letzte Wille diese betrifft, BGH NJW 2021, 316 (Notar). Der Gedanke hat allgemeine Bedeutung und erfasst daher alle unter die Regelung fallenden Personen.

20 **4. Wirkungen, Beweiswürdigung.** Das Gericht muss prüfen, ob die Befreiung wirksam ist. Eine wirksame Befreiung verpflichtet zur Aussage. Wenn (!) die Entbindung als Prozesshandlung mitgeteilt wird, namentlich durch Erklärung einer Partei gegenüber dem Gericht, ist sie **unwiderruflich,** BayObLG NJW 1990, 1857; Nürnbg 10 WF 1770/81; aA Zöller/Greger Rn. 11; MüKoZPO/Damrau/Weinland Rn. 14 unter einer diesen Standpunkt allerdings nicht tragenden Berufung auf BGH NJW 1986, 3077 (3079 aE). Bei außergerichtlichen Erklärungen namentlich des Berechtigten gegenüber dem Zeugen oder einer Partei wie auch bei der mutmaßlichen Einwilligung kommt es für einen Widerruf auf die Rechtswirkungen nach materiellem Recht an. Grds. ist er möglich, BGH NJW 1986, 3077 aE; iE str., vgl. auch Musielak/Voit/Huber Rn. 8; Prütting/Gehrlein/Trautwein Rn. 9. Eine vertraglich übernommene Pflicht zur Entbindung muss eingeklagt werden und befreit erst analog § 894, MüKoZPO/Damrau/Weinland § 285 Rn. 14.

21 Das Gericht würdigt die Verweigerung einer Entbindung von der Schweigepflicht beim nicht Beweispflichtigen nach § 286 frei, BGH DB 1983, 1921. Eine Versagung der Befreiung ist regelmäßig keine arglistige Vereitelung der Beweisführung; denn hier übt der Versagende ein Recht aus, solange das Verhalten nicht vorwerfbar und missbilligenswert ist, BGH NJW-RR 1996, 1534; BayObLG FamRZ 1990, 205. Eine bereits zulässig erstattete Aussage bleibt verwertbar, wenn die Entbindung später widerrufen wird und der Zeuge die Aussage danach verweigert, übertragbar BGH NJW 1963, 723. Zu einzelnen weiteren Fragen der Beweisvereitelung näher → § 383 Rn. 55; allg. § 444.

22 **V. Verstoß, I, II.** Eine nicht nach II erlaubte Aussage bleibt nach § 286 grundsätzlich verwertbar, → § 383 Rn. 53. Eine irrtumsbedingt fehlerhafte Zeugnisverweigerung kann bei unklarer Rechtslage entschuldigt sein, BGH 27.1.2021 – StB 48/20, BeckRS 2021, 2076.

386 *Erklärung der Zeugnisverweigerung.* **I Der Zeuge, der das Zeugnis verweigert, hat vor dem zu seiner Vernehmung bestimmten Termin schriftlich oder zum Protokoll der Geschäftsstelle oder in diesem Termin die Tatsachen, auf die er die Weigerung gründet, anzugeben und glaubhaft zu machen.**

II Zur Glaubhaftmachung genügt in den Fällen des § 383 Nr. 4, 6 die mit Berufung auf einen geleisteten Diensteid abgegebene Versicherung.

III Hat der Zeuge seine Weigerung schriftlich oder zum Protokoll der Geschäftsstelle erklärt, so ist er nicht verpflichtet, in dem zu seiner Vernehmung bestimmten Termin zu erscheinen.

IV Von dem Eingang einer Erklärung des Zeugen oder von der Aufnahme einer solchen zum Protokoll hat die Geschäftsstelle die Parteien zu benachrichtigen.

I. Systematik, Regelungszweck, Geltungsbereich, I–IV. Die Vorschrift nennt die Pflichten des Zeugen, der von einem Zeugnisverweigerungsrecht nach §§ 383 ff. Gebrauch macht. §§ 387 ff. regeln den weiteren Zwischenstreit. Die Vorschrift unterwirft die Geltendmachung der sich aus §§ 383 ff. ergebenden Rechte im Dienste einer möglichst schnellen Klarstellung und damit auch der Verfahrensbeschleunigung eindeutigen Regeln. Die Schriftform nach Abs. I ist unverzichtbar, Ddf MDR 2010, 712. Die Zeugenentschädigung nach dem JVEG erfolgt unabhängig von einer Zeugnisverweigerung, § 401. 1

Zum Geltungsbereich → Vor § 373 Rn. 5. Die Norm gilt nach § 372a entspr. 2

II. Erklärung, Glaubhaftmachung I, II. Der zeugnisverweigernde Zeuge muss die Weigerung nach § 387 II grundsätzlich entweder vor dem Termin schriftlich oder zum Protokoll der Geschäftsstelle oder mündlich im Termin und insgesamt nach § 78 III Hs. 2 stets ohne Anwaltszwang erklären. Bei elektronischer Einreichung gelten §§ 130ad. Den Weigerungsgrund muss er so angeben, dass der Richter die Berechtigung der Weigerung nachprüfen kann. Dabei braucht der Zeuge aber nicht dasjenige preiszugeben, was er verschweigen darf, VGH Kassel NJW 1989, 3110. Falsche Angaben im Termin oder vor der Geschäftsstelle sind nach §§ 153 ff. StGB strafbar; bei schriftlichen Angaben ist dies nicht der Fall, Mü MDR 1968, 939. Für die falsche eidesstattliche Versicherung gilt § 156 StGB. Darüber muss das Gericht den Zeugen belehren. 3

Glaubhaftmachung setzt vorrangig Klärungsbedürftigkeit von Tatsachen voraus, aus denen sich das Verweigerungsrecht ergibt. Alleine um deren Klärung geht es, nicht um häufig mitgeteilte Erläuterungen der Motive, die den Zeugen leiten. Eine Glaubhaftmachung ist daher nicht erforderlich, wenn bereits die Beweisfrage nach § 359 den Weigerungsgrund glaubhaft macht, wie meist bei § 384 Nr. 2. Man muss den **Anlass der Glaubhaftmachung** also genau erfassen, etwa die Zweifelhaftigkeit eines Verlöbnisses, BGH NJW 1972, 1334. Art und Umfang der Angaben richten sich nach den Gegebenheiten des Einzelfalls, BGH NJW 2018, 2319 Rn. 19. Zugelassen ist nach § 294 auch die eidesstattliche Versicherung. Beamte, nicht auch Geistliche privater Religionsgemeinschaften oder Anwälte, dürfen durch Berufung auf den Diensteid glaubhaft machen. Die Beweislast liegt grds. bei Zeugen, für Ausnahmen wie § 385 bei der Partei, die sich hierauf beruft. 4

Wird für die Aussageverweigerung überhaupt **keine Begründung** angegeben oder wird eine offenkundig abwegige Begründung mitgeteilt, greifen – nach Hinweis – zunächst **§§ 380, 390,** BGH NJW 1990, 2936; Ffm NJW-RR 2012, 832. In diesen Fällen liegen keine nach § 387 zu klärende streitige Umstände vor, so dass das Verhalten des Zeugen dem unentschuldigten Fernbleiben entspricht, aA MüKoZPO/Damrau/Weinland § 386 Rn. 4. Die hier vertretene Auffassung ergibt sich letztlich aus dem Zusammenwirken von §§ 380, 390, 387. Jede andere Lösung entbehrt der auch für praktische Bedürfnisse erforderlichen Klarheit; auch → § 390 Rn. 1. 5

Die Verweigerung alleine der Glaubhaftmachung fällt demgegenüber unter § 387, BFH BeckRS 2007, 25011729. Bleiben lediglich Unklarheiten, greifen nach Anhörung der Parteien §§ 387 ff. Das Recht auf Klärung kann durch rügelose Verhandlung erlöschen, BGH NJW-RR 1987, 445; Mü BeckRS 2019, 32108 Rn. 36. In Fällen dieser Art ist es generell ratsam, mit den Parteien den **Verzicht** nach § 399 zu erörtern, da dies der Klarheit dient; näher zum Verzicht → § 387 Rn. 7. 6

III. Recht zum Ausbleiben, III. Grds. nur derjenige Zeuge darf ausbleiben, der seine Weigerung vor dem Termin nach → Rn. 3 erklärt und nach § 294 glaubhaft gemacht hat und dessen Zeugnisverweigerungsrecht nach §§ 383 ff. die gesamten Beweisfragen nach § 359 deckt, Jena NJW-RR 2018, 955 (bei Zwischenstreit Ladung als Partei), Ddf MDR 2010, 712. Gleiches gilt, wenn bereits feststeht, dass die erforderliche Entbindung von der Schweigepflicht nicht erteilt wird, Drsd WM 2018, 426 Ziff. 5.2. Bloße Hinweise des Gerichts auf die Pflicht zum Erscheinen sollen bei einer mit Gründen versehenen schriftlichen Verweigerung nach Ddf MDR 2010, 712 keine Pflicht zum Erscheinen begründen, sondern in das Verfahren nach § 387 führen. Das erscheint zu großzügig, wenn dem Zeugen durch Hinweise klar gemacht wird, dass kein Verweigerungsrecht besteht und daher seine Grüne offensichtlich abwegig sind, so auch MüKoZPO/Damrau/Weinland § 388 Rn. 2. Wenn nämlich die Erklärung unzureichend, **offenbar** grundlos oder unglaubhaft ist, darf das Gericht gegen den Zeugen beim Ausbleiben nach § 380 ein Ordnungsmittel anordnen, so auch Ddf MDR 2010, 712. Deuten die schriftlich mitgeteilten Gründe auf mangelnde Rechtskenntnis hin, ist großzügig zu verfahren. Bei Erscheinen des Zeugen muss das Gericht ggf. nach § 390 vorgehen. Beim ausländischen Berufsdiplomaten mag eine andere Form der Weigerung ausreichen, VGH Kassel NJW 1989, 3110. Wenn sich die Weigerung als unbegründet herausstellt, ist ein Ordnungsmittel nur bei einem schlechten Glauben des Zeugen möglich. Bei einer Verweigerung einer schriftlichen Aussage nach § 377 III, IV erfolgt kein Ordnungsmittel. Denn dann ist noch kein Zwang zulässig, so dass nur die Vorladung bleibt. 7

Eine erneute Ladung erfolgt allenfalls, wenn eindeutig feststeht, dass der Zeuge nun doch aussagen will, BGH NJW-RR 1987, 445; Köln NJW 1975, 2074. 8

IV. Benachrichtigung, IV. Von der vor dem Termin erklärten Weigerung muss die Geschäftsstelle beide Parteien formlos benachrichtigen, damit diese zB durch Entbindung von der Schweigepflicht rechtzeitig reagieren können. Das Gericht sollte ggf. nach § 139 darauf hinweisen, dass das Beweismittel bis zur etwaigen Entbindung von der Schweigepflicht nach § 385 II ungeeignet ist, BGH NJW-RR 1987, 445. Ein Verstoß ist prozessual belanglos. 9

387 *Zwischenstreit über Zeugnisverweigerung.* **I Über die Rechtmäßigkeit der Weigerung wird von dem Prozessgericht nach Anhörung der Parteien entschieden.**

II Der Zeuge ist nicht verpflichtet, sich durch einen Anwalt vertreten zu lassen.

III Gegen das Zwischenurteil findet sofortige Beschwerde statt.

I. Systematik, Regelungszweck. Die Norm ist im Zusammenhang mit §§ 383–390 zu sehen; sie gilt für alle Fälle streitiger Aussageverweigerung nach §§ 383–385; für andere Gründe Analogie erwägend Nürnb NJW 1966, 1926. Das Zwischenurteil soll nach § 318 I und ggf. durch Beschwerdeentscheidung eine Bindung des Gerichts herbeiführen, damit das Verweigerungsrecht für die anschließende Hauptsachenentscheidung nicht mehr nach § 538 II 1 Nr. 1 erheblich werden kann, BGH NJW 1993, 1391, 1392 aE. Auch kann das Zwischenurteil sichere Grundlage für weiteres Vorgehen nach § 390 sein, Brdb FamRZ 2011, 397. Daher dient die Norm der Prozesswirtschaftlichkeit; ihre Anwendung ist, wenn die Voraussetzungen erfüllt sind, zur weiteren Verfahrensförderung 1 notwendig vorgegeben. §§ 387, 388 betreffen die Weigerung vor dem Prozessgericht, mithin auch dem Einzelrichter nach §§ 348, 348a, 526, 527, 568. Die Weigerung vor dem Richter nach §§ 361, 362 regelt § 389. Bei Rechtshilfe für ein ausländisches Gericht ist der ersuchte Richter zuständig, Ffm NJW-RR 1988, 714.

2 Der Zwischenstreit wird als Teil der Beweisaufnahme generell von Amts wegen eingeleitet. Aufgrund der Parteihoheit stehen den Parteien indes Rechte zu, hierauf Einfluss zu nehmen, → Rn. 4. § 295 ist anwendbar, → Rn. 7.

3 **II. Geltungsbereich, §§ 387–389.** § 387 gilt bei § 372a II 1 entsprechend, → § 372a Rn. 32, und auch im WEG-Verfahren, ferner im Insolvenzverfahren, in dem ebenfalls durch Zwischenurteil entschieden wird, Celle Prozessrecht aktiv 2010, 157; anders für § 72 KO AG Duisb KTS 1992, 135: Beschluss. Im arbeitsgerichtlichen Verfahren wird durch Zwischenurteil entschieden, LAG Ddf BB 2015, 308. Die Norm gilt im Verfahren nach §§ 167a, 178 II 1 FamFG, die Entscheidung ergeht durch Beschluss, Celle NZFam 2019, 232; Oldb FamRZ 2017, 895; Dresd NJW 2011, 2892; Brdb FamRZ 2011, 397. Nach § 118 I 2 SGG ergeht die Entscheidung im sozialgerichtlichen Verfahren ebenfalls durch beschwerdefähigen Beschluss, LSG NRW BeckRS 2010, 75912. Im finanzgerichtlichen Verfahren gilt die Norm nach § 82 FGO sinngemäß; die Entscheidung ergeht durch Zwischenurteil, BFH/NV 2007, 1524; BFHE 124, 497.

4 **III. Verfahren, I, II. 1. Einleitung des Verfahrens.** Als Teil der nach §§ 355 ff. laufenden Beweisaufnahme wird der Zwischenstreit **von Amts wegen** eingeleitet, aA Nürnb NJW 1966, 1926 (1927); Zöller/Greger Rn. 2: bloße Hinnahme der Zeugnisverweigerung sei als Verzicht auf den Zeugen zu werten. Das geht zu weit, weil dem ein Irrtum zugrunde liegen kann. Die Frage ist vorrangig durch Erörterung mit der Partei bzw. dem Prozessbevollmächtigten zu klären.

5 Die Prüfung konzentriert sich zunächst auf die Frage, ob **Klärungsbedarf** besteht. Dieser ist Zulässigkeitsvoraussetzung des Zwischenstreits. Er ist nur in eindeutigen Fällen nicht gegeben, Bbg BayJMBl. 52, 237, dh bei einer Verweigerung, die dem Nichterscheinen entspricht, insbesondere bei der Ablehnung jeder Begründung, → § 386 Rn. 4. Dann ist unmittelbar nach § 390 vorzugehen, weil der Regelungszweck der Norm, Zweifelsfragen des Verweigerungsrecht verfahrenssicher zu klären, → Rn. 1, hier nicht erreichbar ist. Bleiben auch nur geringe Zweifel, ist der Zwischenstreit durchzuführen.

6 Der nächste Schritt ist die Anhörung der Parteien durch das erkennende Gericht, zum Vorgehen des Richters nach §§ 361, 362 → § 389 Rn. 7. In klaren Fällen kommt der Gedanke an die Durchführung eines Zwischenverfahrens erst garnicht auf. Hier ergeben sich, wenn Einvernehmen nicht zu erzielen ist, verschiedene Möglichkeiten:

7 Bestreitet die Partei, auf deren Antrag die Vernehmung stattfindet, das Verweigerungsrecht, ist im Zwischenstreit zu entscheiden. Verzichtet sie nach § 399 auf den Zeugen, ist der Zwischenstreit ohne Notwendigkeit weiterer Entscheidung erledigt, es sei denn, die Gegenseite mache aus ihrem Recht aus § 399 Hs. 2 Gebrauch, Hbg FamRZ 1965, 277; dann ist das Verfahren fortzusetzen. Gleiches gilt bei Verweigerung der Aussage nach § 386 I außerhalb der mündlichen Verhandlung, wenn die beweisführende Partei auf die Zwischenentscheidung anträgt. Im Ergebnis ist also **jedweder Antrag** gleich welcher Partei auf Durchführung des Zwischenverfahrens vom Gericht zu beachten. Damit können auch Streithelfer das Verfahren in Gang bringen. Bei beiderseitigem Verzicht, dh bei Hinnahme der Verweigerung, ist die Vernehmung beendet.

8 Konkludente Erklärungen sollen zur Vermeidung von Verfahrensrügen, → Rn. 1, großzügig berücksichtigt werden. Das Beharren auf einem gegen das Verweigerungsrecht gerichteten Rechtsstandpunkt ist als Antrag, BGH BeckRS 2010, 17871, eine Zustimmung zur Verweigerung ist als Verzicht anzusehen. Wenn eine Partei im Anschluss ohne Rüge zur Hauptsache verhandelt, verliert sie nach **§ 295 I** das Recht, eine Entscheidung nach § 387 zu verlangen, BGH NJW-RR 1987, 445; OLGR Ffm 1995, 274. Die aA von Zöller/Greger § 387 Rn. 2 betr. die Einleitung vAw hat daher kaum praktische Bedeutung.

9 **2. Parteien des Zwischenstreits.** Von vornherein feststehende Partei des Zwischenstreits ist der Zeuge, Jena NJW-RR 2018, 955 (Zeuge im Fall des § 386 III in einem neuen Termin als Partei zuladen); Hbg NJW 1968, 1240; Köln MDR 73, 857; auch der Verpflichtete im Fall des § 372a, Hbg NJW-RR 2010, 155; BayObLG FamRZ 1992, 574. Auch der nicht (voll) geschäftsfähige Zeuge ist Partei und hat im Rahmen eigener Verständigkeit, → § 383 Rn. 14, das Recht zur Abgabe eigener Erklärungen; grds. bedarf es seiner gesetzlichen Vertretung. Für den nicht verständigen Minderjährigen ist der gesetzliche Vertreter Partei. Als Partei kann dem Zeugen PKH bewilligt werden, Hbg NJW-RR 2010, 155 (§ 372a).

10 Im Übrigen kommt es auf die Frage an, auf wessen Initiative das Verfahren durchgeführt wird, → Rn. 7. Die Prozessparteien sind nach § 62 notwendige Streitgenossen, soweit sie die Weigerung übereinstimmend bekämpfen. Zwischen dem Zeugen und derjenigen Partei, die ihn in seiner Weigerung unterstützt, besteht ebenfalls eine notwendige Streitgenossenschaft. „Anhörung der Parteien" bedeutet hier: Ihre Antwort ergibt die Parteirollen, Köln MDR 73, 857. Auch Streithelfer können Partei sein.

11 **3. Durchführung.** Das Zwischenverfahren findet vor dem erkennenden Gericht möglichst sofort statt, es sei denn, es müsse nach § 389 verfahren werden. Das Gericht muss den abwesenden Zeugen unter einer Einhaltung der Ladungsfrist des § 217 laden, soweit es nicht in seiner Gegenwart sogleich entscheidet. Da der Zeuge indes nicht zu erscheinen braucht, worauf hingewiesen werden soll, kann auch alleine unter Auswertung der vorliegenden Unterlagen und des Parteivortrags entschieden werden, § 388. Zweckmäßig ist es, den Zeugen darauf hinzuweisen, dass er als Partei des Zwischenstreits keine Entschädigung erhält. Ergeht allerdings gegen ihn sofort ein Zwischenurteil, das er akzeptiert oder gibt er die Verweigerung nach Erörterung auf, und wird er alsdann sofort vernommen, ist er nach § 401 zu entschädigen.

12 Die **Versäumnisfolgen** nach §§ 330 ff. treten weder gegenüber dem Zeugen, Jena NJW-RR 2018, 955, noch gegenüber einer anderen Partei des Zwischenverfahrens ein. Vielmehr gilt § 388. In einer mündlichen Verhandlung im Zwischenstreit besteht für die Parteien des Hauptprozesses **Anwaltszwang** wie sonst nach § 78, weil es sich um einen Teil der Beweisaufnahme handelt, für den Zeugen nach § 78 II nicht. Natürlich darf er einen Beistand nach § 90 beauftragen, BVerfG NJW 1975, 103, worauf nach dem Gebot des fairen Verfahrens jedenfalls in schwierigen Fällen hingewiesen werden sollte. Zu einem schriftlichen Zwischenstreit muss bei § 128 II auch der Zeuge sein Einverständnis geben, Hbg NJW 1968, 1240.

13 Das Verfahren kann während des laufenden Zwischenstreits fortgesetzt, es darf nur noch nicht durch Endurteil abgeschlossen werden. Verfahrensförderung und Interesse an der Klarstellung der Zeugnisverweigerung müssen,

am besten nach Anhörung der Parteien, abgewogen werden. Möglich ist daher, weitere Zeugen zu vernehmen und die Verhandlung über den Zwischenstreit in einem anderen Termin durchzuführen. Entscheidend ist die praktische Erwägung, ob die Vernehmung ohne den betr. Zeugen sinnvoll ist oder ob erst nach Abschluss des Zwischenstreites ein neuer Vernehmungstermin angesetzt werden soll, weil nur das Gesamtbild der Aussagen ein brauchbares Ergebnis liefert. Denkbar ist auch eine Verhandlung über zB Klageänderung oder Teilerledigung, solange nicht dem Ergebnis des Zwischenstreits vorgegriffen wird.

IV. Entscheidung, I. 1. Hauptsache. Die Entscheidung über die Rechtmäßigkeit der Weigerung erfolgt durch das Prozessgericht, erst recht im Fall des § 389. Sie ergeht auch im Fall des § 372a durch Zwischenurteil nach § 303, BGH NJW 1990, 2936, Brdb FamRZ 2007, 1755, aM Brdb FamRZ 2001, 1010 (analog § 372a Beschluss). Es muss aufgrund seiner Klarstellungsfunktion, → Rn. 1, auch dann ergehen, wenn das Gericht die Weigerung billigt, und lautet auf die Feststellung der Berechtigung oder Nichtberechtigung zu der genau anzugebenden Aussageverweigerung. Tenor: Der Zeuge/Die Zeugin ist (hinsichtlich der Behauptung, ...,) zur Verweigerung des Zeugnisses (nicht) berechtigt. Nach aA sollen die betr. Beweisfragen in den Entscheidungsgründen aufgeführt werden, Musielak/Voit/Huber § 387 Rn. 3; das ist nicht grds. abzulehnen, indes zwingt die Aufnahme in den **Tenor** zu klarer Formulierung. Eine Entscheidung erst in den Gründen des Endurteils nach § 313 III ist wegen § 387 III unstatthaft, Brdb FamRZ 2007, 1755. 14

Das Gericht muss ein im mündlichen oder schriftlichen Zwischenstreit ergehendes Zwischenurteil nach § 317 I auch dem Zeugen nach § 329 II 2 zustellen, Ffm NJW 1968, 1240. Es schafft mat. Rechtskraft nur für den im Zwischenstreit erster Instanz vorgebrachten Grund, Hamm FamRZ 1999, 939. 15

2. Nebenentscheidungen. Die durch den Zwischenstreit entstandenen besonderen Kosten trägt entsprechend § 91 der in diesem Zwischenstreit Unterliegende, mithin eine Partei, die sich mit dem von ihr vertretenen Standpunkt nicht durchgesetzt hat, das kann auch der Zeuge sein, → Rn. 9. Etwas anderes gilt, wenn der an sich zeugnisbereite Zeuge nur deshalb nicht aussagt, weil die Partei des Hauptprozesses ihn nicht von der Schweigepflicht befreit; unterliegt er, weil er sich insoweit im Irrtum befindet, muss nach dem Grundsatz der Kostengerechtigkeit die Partei die Kosten tragen, vgl. auch Hbg MDR 1987, 947. 16

Die Kostenentscheidung ergeht nach **§§ 91, 92** gegen die unterliegende Partei; betr. Zeugen Nürnb ZIP 2015, 38 Rn. 17, für den sich selbst vertretenden Anwalt vgl. Köln MDR 2018, 1085. Einer nur für die Kosten relevanten Vollstreckbarkeitsentscheidung bedarf es nach § 794 I Nr. 3 nicht, für Anwendbarkeit des § 708 Nr. 10 beim Berufungsgericht offenbar Nürnb ZIP 2015, 38 Rn. 18; auch Prütting/Gehrlein/Trautwein Rn. 10. Gegen den als Partei unterlegenen Zeugen wird die Kostenentscheidung wegen § 390 I 1 ohnehin erst ab Rechtskraft vollstreckbar. 17

Gebühren: Des Gerichts keine, für die Beschwerde vgl. KV Nr. 1812; des ProzBev. keine, § 19 I 2 Nr. 3 RVG, anders bei einer Beauftragung des Anwalts nur für das Zwischenverfahren, VV Nr. 300, Hbg MDR 1987, 947, des Zeugen keine nach dem JVEG (er ist ja jetzt Partei). Wert: → Anh. § 3 Rn. 147. 18

V. Sofortige Beschwerde, Rechtskraft, III. Zulässig ist die sof. Beschwerde für jede beschwerte Partei des Zwischenstreits, MDR 1983, 236 (beweisführende Partei), also zB auch für eine Partei, die nur nach § 399 Hs. 2 auf der Vernehmung und daher auch auf dem Zwischenverfahren besteht, zu eng Zöller/Greger Rn. 6; zur Parteistellung → Rn. 9. Rechtsschutzbedürfnis kann trotz einer Erledigung des Hauptverfahrens noch wegen des Kostenpunkts fortbestehen, Köln FamRZ 1986, 708. Wenn das Gericht fälschlich erst im Endurteil entschieden hat, ist nach dem Meistbegünstigungsprinzip neben dem gegen das Urteil statthaften Rechtsmittel die sofortige Beschwerde gegen das Zwischenurteil eröffnet, Brdb FamRZ 2007, 1755. Nach rechtskräftigem Abschluss des Rechtsstreits, etwa infolge fehlerhaft ergangenen Endurteils, ist die sof. Beschwerde gegen ein Zwischenurteil mangels Rechtsschutzinteresse nicht mehr zulässig. 19

Die **Form** richtet sich nach § 569 II, III. Die **Frist** des § 569 I 1, 2 läuft ab Zustellung des Zwischenurteils nach § 317 I. Es besteht kein Anwaltszwang, §§ 569 III Nr. 3, 78 III. Gegenstand des Beschwerdeverfahrens ist nur der Verweigerungsgrund, den das Zwischenurteil behandelt hat. Andernfalls würde das Beschwerdegericht Einfluss auf das Hauptsacheverfahren nehmen. Aufschiebende Wirkung besteht nur für die Kostenentscheidung gegen den Zeugen (§ 390 spricht von „rechtskräftig"). Wegen § 572 I 2 ist eine Abhilfe nicht zulässig, vgl. auch OVG Lünebg VerwRspr 2011, 118. 20

Aus der Klarstellungsfunktion des Zwischenurteils, → Rn. 1, ergibt sich dass das Gericht erst nach Rechtskraft die Hauptsache abschließt. Eine Aussetzung des Hauptprozesses oder eines Parallelprozesses etwa nach § 148 kommt jedenfalls dann nicht in Betracht, wenn offen ist, ob und wann der Zeuge aussagen wird, Oldb JurBüro 1991, 1255. IÜ gilt → Rn. 11. 21

Das Zwischenurteil ist **unanfechtbar**, wenn es vom Berufungsgericht oder vom Oberlandesgericht im ersten Rechtszug erlassen wird, § 567 I. Dies gilt auch dann, wenn die Rechtsbeschwerde im Zwischenurteil zugelassen worden ist, BGH MDR 2018, 1395 = NJOZ 2019, 294. 22

Die formelle Rechtskraft des Zwischenurteils nach § 705 bindet auch das Gericht der höheren Instanz im Verfahren gegen das Urteil des Hauptprozesses, BGH NJW 1993, 1391; NJW 1966, 1755. Sein Ergebnis kann mit einem Rechtsmittel gegen die Hauptsachenentscheidung nicht mehr angegriffen werden, BGH NJW 1966, 1755. Es erfasst indes nur die in der ersten Instanz geltend gemachten Weigerungsgründe, so dass neue Gründe geltend gemacht werden können, Hamm FamRZ 1999, 939. 23

388 ***Zwischenstreit über schriftliche Zeugnisverweigerung.*** **Hat der Zeuge seine Weigerung schriftlich oder zum Protokoll der Geschäftsstelle erklärt und ist er in dem Termin nicht erschienen, so hat auf Grund seiner Erklärungen ein Mitglied des Prozessgerichts Bericht zu erstatten.**

Zunächst → § 387 Rn. 1, 2. 1

§ 388 bezieht sich nur auf einen Zwischenstreit nach § 387. Die Vorschrift setzt voraus, dass der Zeuge seine Weigerung nach § 386 I mit erörternswerten Gründen erklärt hat. Sonst gilt → § 386 Rn. 7. Ein Versäumnisverfahren nach §§ 330 ff. gegen den Zeugen findet nicht statt, Jena NJW-RR 2018, 955. Denn er ist ja gerade in diesem Fall zum Erscheinen nach § 386 III nicht verpflichtet, → § 386 Rn. 7. Vielmehr verfährt das Gericht nach § 388 und erlässt ein Zwischenurteil nach § 387. Die Berichterstattung besteht idR aus einer kurzen mündlichen 2

Mitteilung. Zu ergänzenden Fragen muss der Zeuge zumindest schriftlich Stellung nehmen können, wenn nicht ein Termin nach → § 387 Rn. 11 stattfindet. Schreiben von Zeugen müssen den Parteien zur Kenntnis gebracht werden, wenn nicht ohnehin vorher Kopien versandt worden sind.

389 *Zeugnisverweigerung vor beauftragtem oder ersuchtem Richter.* **I Erfolgt die Weigerung vor einem beauftragten oder ersuchten Richter, so sind die Erklärungen des Zeugen, wenn sie nicht schriftlich oder zum Protokoll der Geschäftsstelle abgegeben sind, nebst den Erklärungen der Parteien in das Protokoll aufzunehmen.**

II Zur mündlichen Verhandlung vor dem Prozessgericht werden der Zeuge und die Parteien von Amts wegen geladen.

III [1]Auf Grund der von dem Zeugen und den Parteien abgegebenen Erklärungen hat ein Mitglied des Prozessgerichts Bericht zu erstatten. [2]Nach dem Vortrag des Berichterstatters können der Zeuge und die Parteien zur Begründung ihrer Anträge das Wort nehmen; neue Tatsachen oder Beweismittel dürfen nicht geltend gemacht werden.

1 **I. Systematik, Regelungszweck, I–III.** Zunächst → § 387 Rn. 1, 2. Die Vorschrift ist eine Ergänzung zu §§ 386–388. Sie regelt in Abs. II im Interesse der Prozesswirtschaftlichkeit die Zuständigkeit dahin, dass im Zwischenstreit das Prozessgericht entscheidet. Erfasst ist hiervon auch die schriftliche Verweigerung und die Erklärung zu Protokoll der Geschäftsstelle nach § 386 I. Abs. 1 dient der Schaffung einer Entscheidungsgrundlage für das Prozessgericht. Liegt eine Verweigerung bereits auf der Hand, ist ein Rechtshilfeersuchen zumindest nicht tunlich, Hbg RIW 2002, 717.

2 **II. Geltungsbereich, I–III.** → Vor § 373 Rn. 5, → § 387 Rn. 3. Die Vorschrift ist im Verfahren nach § 372a entsprechend anwendbar.

3 **III. Weigerung vor dem Richter nach §§ 361, 362, I.** Im Fall einer mit Gründen versehenen schriftlichen oder zu Protokoll der Geschäftsstelle erklärten Weigerung, § 386 I, sollte der Richter nach §§ 361, 362 seinen Termin unter Mitteilung nach § 386 IV und Beifügung von Schreiben oder Protokoll idR sofort aufheben und die Sache dem Gericht vorlegen. Ist die Weigerung berechtigt, hat sich der Auftrag erledigt. Wollen die Parteien einen Zwischenstreit führen, findet dieser nach § 389 II vor dem Gericht statt. Zur verweigerten oder offenkundig falschen Begründung → Rn. 7.

4 Weigert ein Zeuge das Zeugnis im Termin und gibt hierfür eine schlüssige Begründung ab, gilt Folgendes:

5 Treten die Parteien der Verweigerung nicht entgegen oder verzichten sie gar auf den Zeugen, → § 387 Rn. 4, liegt ein Zwischenstreit nach § 387 nicht vor; der Auftrag des Richters ist erledigt.

6 Im Streitfall sind die Erklärungen des Zeugen und die Erklärungen der Parteien zum Protokoll zu nehmen. Dieses Protokoll gibt die abschließende Unterlage für die Entscheidung des Prozessgerichts, bei dem es sich auch (wenn der ersuchte Richter tätig wird) um einen Einzelrichter nach §§ 348, 348a handeln kann. Die Parteien des Hauptprozesses können bereits vor dem Richter nach §§ 361, 362 zum **Protokoll** auf den Zeugen nach § 399 verzichten, was in jedem Fall erörtert werden sollte. Aus bloßem Schweigen der Parteien zur (ggf. unschlüssigen) Verweigerung kann nicht auf einen konkludenten Verzicht geschlossen werden, str. Sie können Erklärungen zum Verweigerungsrecht abgeben, sich aber auch eine Frist zur schriftsätzlichen Stellungnahme einräumen lassen. Alsdann verfährt das Prozessgericht nach § 387 und nach § 386 II, III.

7 Sind im Termin keine Parteien oder deren Prozessbevollmächtigte anwesend, sind nur die Erklärungen des Zeugen zu protokollieren und den Parteien mitzuteilen, damit dort die Entscheidung über eine Durchführung des Zwischenstreits nach § 387 fallen kann. Gibt der Zeuge keine Begründung oder ist diese offensichtlich abwegig, gilt § 390 mit § 400, BGH NJW 1990, 2936; Ffm NJW-RR 2012, 832; → § 386 Rn. 4. Der Richter nach §§ 361, 362 muss seine Tätigkeit also fortsetzen.

8 **IV. Weiteres Verfahren, II, III.** Das Prozessgericht lädt den Zeugen nicht als solchen, sondern als Partei des Zwischenstreits und die Parteien des Hauptprozesses von Amts wegen zur mündlichen Verhandlung. Zuständig hierfür ist auch das Gericht der internationalen Rechtshilfe, soweit es sich im Anwendungsbereich des deutschen Rechts bewegt, Ffm NJW-RR 1988, 714. Die Ladung des Zeugen als einer der Parteien des Zwischenstreits ist wesentlich.

9 Abs. III 2 zwingt alle Beteiligten zur Konzentration ihres Vorbringens. Der Zeuge kann die Weigerung auf einen neuen Rechtsgrund stützen. Er kann zudem seine schon vor dem Richter nach §§ 361, 362 vorgebrachten Tatsachen erläutern. Weder er noch die Parteien des Hauptprozesses können indes im Termin neue Tatsachen zur bisherigen Aussageverweigerung vortragen, selbst wenn sie erst nachträglich entstanden sind. Ein Zwischenurteil ergeht nach § 387.

10 **V. Verstoß, Rechtsmittel, I–III.** Wenn das Gericht nicht nach § 389 vorgegangen ist, liegt in einer rügelosen Verhandlung ein Verzicht auf die Rügemöglichkeit nach § 295 I. Ein Zwischenstreit nach § 387 findet dann nicht mehr statt. Das Rechtsmittelgericht muss ein ohne eine Ladung des Zeugen als einer Partei des Zwischenstreits nach → Rn. 7 ergangenes Zwischenurteil aufgrund des zulässigen Rechtsmittels aufheben. Das kann auf einen Antrag zur Zurückverweisung nach § 538 II 1 Nr. 1 führen.

390 *Folgen der Zeugnisverweigerung.* **I [1]Wird das Zeugnis oder die Eidesleistung ohne Angabe eines Grundes oder aus einem rechtskräftig für unerheblich erklärten Grund verweigert, so werden dem Zeugen, ohne dass es eines Antrages bedarf, die durch die Weigerung verursachten Kosten auferlegt. [2]Zugleich wird gegen ihn ein Ordnungsgeld und für den Fall, dass dieses nicht beigetrieben werden kann, Ordnungshaft festgesetzt.**

II [1]Im Falle wiederholter Weigerung ist auf Antrag zur Erzwingung des Zeugnisses die Haft anzuordnen, jedoch nicht über den Zeitpunkt der Beendigung des Prozesses in dem Rechtszug hinaus. [2]Die Vorschriften über die Haft im Zwangsvollstreckungsverfahren gelten entsprechend.

III Gegen die Beschlüsse findet die sofortige Beschwerde statt.

eine eidesgleiche Bekräftigung noch nach der Aussage ohne Angabe weiterer Gründe verweigern BGH NJW 1965, 1530. Das gilt auch trotz eines etwaigen entgegenstehenden Beschlusses. Das Gericht muss sogar entsprechend § 480 belehren, dies wegen der verschärften Sanktionierung des Falscheids auch in den Fällen, in denen eine Belehrung nach § 383 II nicht geboten wäre, str. Es würdigt die Eidesverweigerung frei nach § 286 unter Auswertung aller Umstände und ggf. der Erklärungen des Zeugen; notwendiger Verlust der Glaubwürdigkeit tritt nicht ein. Ein Verfahren nach § 387 findet alleine wegen der Weigerung nicht statt, sondern nur im Streitfall. Im Übrigen gilt § 390.

4. Pflichtgemäßes Ermessen. a) Entscheidungserheblichkeit, Beweisbedürftigkeit. Man darf keine Beeidigung anordnen, soweit die Aussage nicht entscheidungserheblich ist, BGH NJW 1972, 584; NJW 1965, 1530. Das ist keine Ermessensfrage, sondern eine aus dem Zweck der Regelung, → Rn. 2, folgende, zwingende Voraussetzung. Bei einer nicht (mehr) entscheidungserheblichen Aussage kann die Vereidigung nicht „geboten" sein. 9

Vorrangig ist mithin zu prüfen, ob und mit welchem Ziel es für die Entscheidung auf die Verwertung der Aussage ankommt. Das ist nicht der Fall, wenn die streitige Tatsache unstreitig wird oder wenn das Gericht vom Gegenteil dessen, was der Zeuge bekundet, überzeugt ist. Gleiches gilt, wenn konkrete Umstände schwerwiegende Zweifel an der **Glaubwürdigkeit** wegen einer erheblich gebliebenen Tatsache aufkommen lassen oder wenn solche Tatsachen vorliegen, die den Beweiswert der Aussage nachhaltig mindern oder die ihr den Beweiswert nehmen, etwa beeidigte Aussagen anderer Zeugen oder der Partei, BGH NJW 1965, 1530. Die Unergiebigkeit einer Aussage führt nur dann zur Vereidigung, wenn der dahinter stehende Nachdruck verstärkte Anstrengungen erwarten lässt, nicht aber wenn eine unzulängliche Wahrnehmung feststeht. 10

Mit dieser Zielrichtung ist also der Entscheidung über die Vereidigung eine Beweiswürdigung voranzustellen. Anknüpfungspunkt für die Vereidigung ist generell das Ziel der erhöhten Wiedergabebereitschaft, → Rn. 2; die Erhöhung einer abstrakt gesehenen „Glaubwürdigkeit" ist nicht Sinn der Vereidigung. Bei einander widersprechenden Aussagen mag zunächst eine Gegenüberstellung nach § 394 II ratsam sein. Nur wenn zumindest die Möglichkeit besteht, die Wahrheitsfindung zu fördern, kommt die Vereidigung in Betracht. 11

Gegen eine Vereidigung können nach allem tatsächliche Gründe sprechen, so wie sie sich im unmittelbaren Anschluss an die Vernehmung darstellen. Davon zu unterscheiden ist die Frage, ob bei der abschließenden rechtlichen Würdigung des Falles die Zeugenaussage überhaupt noch Bedeutung hat. Mag auch eine Begutachtung dem Beweisbeschluss über die Zeugenvernehmung vorausgehen, so kann sich insbesondere in umfangreichen Verfahren der Fall nach längerer Verfahrensdauer doch anders darstellen als zunächst angenommen. Wegen solcher Erwägungen darf indes eine Entscheidung über die Vereidigung nicht auf einen späteren Zeitpunkt hinausgeschoben werden. Sie muss anhand der tatsächlichen Lage sofort fallen, weil andernfalls das Verfahren mit Unwägbarkeiten belastet würde. 12

b) Ermessensausübung. Das Gericht entscheidet, wenn die tatbestandlichen Voraussetzungen des § 391 vorliegen, ohne bestimmende Rücksicht auf Anträge nach seinem pflichtgemäßen, in der Revision nur auf die Wahrung seiner Grundlagen und Grenzen überprüfbaren Ermessen, BVerwG NJW 1998, 3369; BGH NJW 1972, 584; NJW 1965, 1530; Ddf OLGZ 1970, 170. Wenn die Entscheidung von der Aussage abhängt, ist die Beeidigung im Allgemeinen notwendig. Sie ist geboten, soweit das Gericht die Änderung einer abgegebenen Aussage erwartet oder soweit das Gericht seine Zweifel an der Wahrheit der Aussage beseitigen oder mindern will. Andererseits kann sie trotz offener Zweifel unterbleiben, wenn ein Einfluss auf die Wiedergabebereitschaft nicht zu erwarten ist, → Rn. 1. 13

Das heute weitgehende Absehen von der Beeidigung enthebt das Gericht von der Notwendigkeit, entsprechendes in das Vernehmungsprotokoll aufzunehmen. Ausnahmen sind nur bei Anträgen oder Anregungen seitens der Parteien zu erwägen. Der Ratschlag von Zöller/Greger Rn. 5, die Entscheidung vorsorglich in das Protokoll aufzunehmen, mag daher in konfliktbelasteten Verfahren als äußerste Vorsorge noch erwogen werden; er erscheint indes eher überflüssig. 14

c) Beschränkung auf einen Teil der Aussage. Das Gericht kann die Beeidigung eines Teils der Aussage anordnen, insbesondere wenn es auf andere Teile nicht ankommt, → Rn. 9. Zweckmäßig ist dies auch bei einem teilweisen Weigerungsrecht nach §§ 383 ff., → Rn. 8. 15

V. Anordnung der Beeidigung, Entscheidungsgründe. Sie erfolgt in einem Beschluss nach § 329 durch das Prozessgericht, auch durch den Einzelrichter nach §§ 348, 348a oder im Rahmen von § 349 durch den Vorsitzenden der Kammer für Handelssachen, durch einen Richter nach §§ 361, 362 nur, soweit das Prozessgericht ihn dazu ermächtigt hat. Das ist im Rahmen des § 375 zulässig und sollte im Beweisbeschluss nach § 359 stehen. Die Anordnung erfolgt zur Vermeidung von Verzögerungen nach § 360 auch ohne eine Ermächtigung dann, wenn der Richter aufgrund seines persönlichen Eindrucks der Aussage misstraut, Stein/Jonas/Berger § 391 Rn. 16; aM Thomas/Putzo/Seiler Rn. 2, Zöller/Greger Rn. 6. Wurde grundlos beeidigt, schadet das prozessual nicht. 16

War eine Beeidigung überhaupt oder nach der vorgenommenen Art zB als ein Zeugeneid statt als eine Sachverständigenbehandlung **unzulässig,** darf und muss das Gericht die eidliche Aussage nach § 286 als eine uneidliche würdigen. Andernfalls liegt ein Verfahrensfehler vor, § 538 II 1 Nr. 1. Unterbleibt die Beeidigung, weil das Gericht irrig ein Eidesverweigerungsrecht oder einen Verzicht annimmt, ist auch das ein Verfahrensmangel. Diese Mängel sind nach § 295 I heilbar, BVerwG NJW 1998, 3369, außer nach → GVG § 189 Rn. 3 beim Dolmetscher, BGH NJW 1987, 260. Das Gericht muss nur im Streitfall die Nichtbeeidigung zwar nicht rechtfertigen, wohl aber begründen, um die Nachprüfung seines Ermessens zu ermöglichen, BGH NJW 1952, 384; BVerwG NJW 1998, 3369; die offenere Position in BGH NJW 1965, 1530 lässt es für das Berufungsgericht ratsam erscheinen, in Zweifelsfällen Gründe darzulegen. Andernfalls können Erwägungen unterbleiben, wie auch der routinemäßig erlassene Beschluss, der Zeuge werde „unvereidigt entlassen" überflüssig ist; Bindungen gehen hiervon ohnehin nicht aus. 17

Das **Berufungsgericht** kann die Beeidigung einer in der 1. Instanz gemachten Aussage anordnen, Kblz FPR 2002, 446; wohl auch BGH NJW 1972, 584. Im selbständigen Beweisverfahren nach §§ 485 ff. ist das anordnende Gericht zuständig. Die Anordnung erfolgt durch einen Beschluss nach § 329. Das Gericht muss ihn verkünden oder mangels einer Verhandlung den Parteien und dem Zeugen nach § 329 II 1 formlos mitteilen. Ein stillschweigender „Beschluss" reicht nicht, Peters NJW 1990, 1833. 18

19 **VI. Rechtsmittel.** Die Entscheidung ist eine Ergänzung des Beweisbeschlusses nach § 359. Sie ist deshalb nach §§ 355 II nur zusammen mit dem Endurteil anfechtbar.

392 *Nacheid; Eidesnorm.* **[1]Die Beeidigung erfolgt nach der Vernehmung. [2]Mehrere Zeugen können gleichzeitig beeidigt werden. [3]Die Eidesnorm geht dahin, dass der Zeuge nach bestem Wissen die reine Wahrheit gesagt und nichts verschwiegen habe.**

1 **I. Systematik, Regelungszweck, Geltungsbereich.** Die Vorschrift regelt nur das Wann einer Beeidigung. Das Ob ergibt sich aus §§ 391, 393, das Wie aus §§ 478 ff. und auch aus § 188 GVG. Bei einer Ergänzung der Aussage nach der Beeidigung gilt § 398 III.

2 Der Nacheid ist im Zivilprozess für den Zeugen, anders als für den Sachverständigen nach § 410, bindend vorgegeben. Das hat den Vorteil, dass die richterliche Entscheidung über eine Anordnung der Beeidigung erst dann erforderlich wird, wenn man die Ergiebigkeit der Aussage und die Persönlichkeit des Zeugen übersehen kann. Die Vorschrift dient also auch der Prozesswirtschaftlichkeit. Das gilt bei S. 1 und erst recht bei S. 2.

3 Zum Geltungsbereich → Vor § 373 Rn. 5 ff.

4 **II. Vorgehensweise.** Das Gericht muss die Beeidigung im Anschluss an die Vernehmung, die Genehmigung des Protokolls, § 162, und nach Anhörung der Parteien (§ 391!) durch Beschluss anordnen (Nacheid). Es muss die Aussage schon wegen § 153 StGB dem Zeugen vor der Beeidigung nach § 162 I grundsätzlich vorlesen bzw. vom Tonträger vorspielen. Eine Ausnahme ist allenfalls bei sehr kurzen Aussagen denkbar. Ein **Voreid** ist unzulässig, aber wirksam. Er ist bei einer Eidesverletzung ebenfalls eine Straftat. Im Übrigen kann man einem Voreid eine erneute Vereidigung wie auch eine Versicherung nach § 398 III folgen lassen.

5 „Reine Wahrheit" ist frei von falschen Tatsachen und insbesondere von Wertungen. Über die Bedeutung des „nichts verschwiegen" ist eine Belehrung dahin notwendig, dass der Zeuge sich Mühe geben muss, den Sachverhalt in Erinnerung zu rufen, wobei dem unmittelbaren Zusammenhang mit der Beweisfrage die tragende Bedeutung zukommt, BGHSt 1, 22. Dass er nichts hinzusetzen darf, versteht sich von selbst. Trotzdem sollte das Gericht ihn auch darüber belehren.

6 Die gleichzeitige Vereidigung mehrerer Zeugen nach S. 2 ist zweckmäßig, wenn erst die Gesamtwürdigung der Aussagen Aufschluss über die Entscheidungserheblichkeit gibt, → § 391 Rn. 9. Ansonsten mag es bei der Einzelvereidigung bleiben.

393 *Uneidliche Vernehmung.* **Personen, die zur Zeit der Vernehmung das 16. Lebensjahr noch nicht vollendet oder wegen mangelnder Verstandesreife oder wegen Verstandesschwäche von dem Wesen und der Bedeutung des Eides keine genügende Vorstellung haben, sind unbeeidigt zu vernehmen.**

1 **I. Systematik.** Es handelt sich um eine Ausnahme von der Ausnahme des § 391; man beachte die unterschiedlichen Altersgrenzen im Vergleich mit § 60 Nr. 1 StPO (18 Jahre). Maßgeblich ist der Zeitpunkt der Vernehmung. § 393 betrifft nur die Beeidigung. Er ändert nichts an der grundsätzlichen Notwendigkeit einer Vernehmung. Das Gericht muss die Regelung von Amts wegen beachten. Bei der Parteivernehmung gilt § 455 II.

2 **II. Regelungszweck.** Ein Zeugenschutz ist der eine Zweck, eine Verhinderung späterer Streitigkeiten über die Brauchbarkeit oder Strafbarkeit eines Eides beim geistig problematisch wirkenden Zeugen der andere Sinn der Vorschrift. Freilich erfordert ihre Anwendung eine Beurteilung der Verstandeskraft desjenigen Menschen, den der Richter evtl. nur in einer sehr kurzen Phase und oft nur in einer spannungsgeladenen Situation erlebt. Die Anhörung der Parteien ist unverzichtbar; Zurückhaltung bei der Beeidigung ist ratsam. Besser ist es, sie ggf. schon nach § 391 für entbehrlich zu erachten.

3 **III. Geltungsbereich.** → Vor § 373 Rn. 5 ff.

4 **IV. Kein Eid.** Uneidlich muss das Gericht ausnahmslos vernehmen: Eidesunmündige, Unreife, Verstandesschwache, die zwar evtl. aussagefähig sind, aber den Sinn und die Tragweite des Eides nicht überblicken. Das Gericht muss bei Zeugen jenseits der Altersgrenze die Reife von Amts wegen prüfen, BGH NJW 1969, 61 (StPO). Bei einer nur vorübergehenden Eidesunfähigkeit etwa eines Übermüdeten muss das Gericht, wenn nicht ohnehin von der Vernehmung abzusehen ist, die Beeidigung vertagen und evtl. § 380 anwenden. Die unzulässig beeidete Aussage ist als uneidliche zu verwerten.

5 **V. Verstoß.** Wenn eine Beeidigung zu Unrecht erfolgte oder unterblieb, gilt → § 391 Rn. 19.

394 *Einzelvernehmung.* **I Jeder Zeuge ist einzeln und in Abwesenheit der später abzuhörenden Zeugen zu vernehmen.**

II Zeugen, deren Aussagen sich widersprechen, können einander gegenübergestellt werden.

1 **I. Systematik, I, II.** Die Vorschrift leitet die Regelung der Vernehmung zur Person und zur Sache ein. Sie enthält in Abs. I eine vielfach missverstandene und falsch gehandhabte Anweisung, in II eine Selbstverständlichkeit. Tangiert ist § 169 GVG, soweit Zeugen den Saal verlassen müssen. Über § 394 hinaus ist dies auch zweckmäßig und keine Verletzung von § 169 GVG, soweit in der vor der Zeugenvernehmung durchgeführten Verhandlung der Sache Tatsachen zur Sprache kommen, durch welche die Zeugen beeinflusst werden könnten; daher ist es üblich, dass nach der Ermahnung, § 395, zunächst alle Zeugen den Saal verlassen, BAG BB 1988, 1330. Umgekehrt kann die Anwesenheit der Zeugen bei einer anfänglichen Erörterung der Wahrheitsfindung dienen. Nach ihrer Vernehmung dürfen die Zeugen idR anwesend bleiben, wenn nicht, etwa wegen einer erst anschließend zweckmäßigen Gegenüberstellung, jeder einzeln vernommen werden muss. Wegen der Ordnungs- und Zwangsmittel §§ 177 ff. GVG. Zur Bedeutung eines Verstoßes gegen § 394 im Schiedsverfahren BGH SchiedsVZ 2021, 46.

II. Regelungszweck, I, II. Die Vorschrift dient der Vermeidung von Absprachen und Beeinflussungen. Richtig gehandhabt dient auch I der Prozesswirtschaftlichkeit, → Rn. 5. Es spricht nichts dagegen, mehrere Zeugen gemeinsam etwa nach § 383 II zu belehren, sie nach § 395 zu ermahnen und ihnen bedeutsame Details des str. Sachverhalts vor Augen zu führen, um sie danach einzeln zu vernehmen. Andererseits ist bei der Vernehmung vieler Zeugen die gestaffelte Ladung zweckmäßig. Die Norm ist eine als solche nicht sanktionierte **Ordnungsvorschrift,** Köln FamRZ 1996, 310; Ddf MDR 1979, 409; Zöller/Greger Rn. 1. Im Einzelfall ist es ratsam, am besten im Einvernehmen der Parteien, § 295, Zeugen von vornherein gemeinsam zu vernehmen, wenn hiervon ein Gewinn für die Wahrheitsfindung zu erwarten ist; zum sog. „witness conferencing" Raeschke-Kessler AnwBl 2015, 822 (826). Gegen den Widerspruch einer Partei sollte das Gericht dies nur bei Darlegung der Gründe im Protokoll tun. 2

III. Sachlicher Geltungsbereich, I, II. Die Vorschrift gilt in allen Verfahren nach der ZPO, auch im WEG-Verfahren. Daneben gilt die Norm in allen weiteren Verfahrensordnungen. 3

IV. Persönlicher Geltungsbereich, I, II. Auf den Sachverständigen ist § 394 nach § 402 nicht anwendbar, → § 402 Rn. 2, wohl aber auf den sachverständigen Zeugen nach § 414. 4

V. Einzelvernehmung, I. Abs. I verbietet nach → Rn. 2 nicht die Anwesenheit der Zeugen vor dem Beginn der Vernehmung, zur Berührung mit dem Grundsatz der Öffentlichkeit → Rn. 1. Es kann ratsam sein, vernommene Zeugen erst am Schluss der Beweisaufnahme zu entlassen, schon wegen denkbarer weiterer Fragen, § 397, oder der Notwendigkeit, am Ende der Vernehmungen über eine Beeidigung zu entscheiden. Üblich ist es zu fragen, ob gegen die Entlassung Bedenken bestehen. 5

Wird der Prozessbevollmächtigte einer Partei als Zeuge vernommen und darf er in dieser Eigenschaft nach Abs. I nicht an der Vernehmung der übrigen Zeugen teilnehmen, ist ggf. ein anderer Prozessbevollmächtigter zu bestellen, BAG NZA 2014, 55. Im Übrigen hilft es, ihn als ersten zu vernehmen. 6

VI. Gestellter Zeuge, I, II. Die bloße Anheimgabe oder eine wirklich bloße Bitte des Vorsitzenden, ein nach § 273 gestellter Zeuge möge bis zur Entscheidung darüber, ob das Gericht ihn vernehmen werde, trotz seiner derzeitigen noch bloßen Zuhörereigenschaft besser den Saal freiwillig verlassen, ist ungeachtet → Rn. 1 kein Verstoß gegen § 169 GVG. Ein verständiger Beweisführer schließt sich erfahrungsgemäß einer solchen Bitte des Vorsitzenden an. 7

VII. Gegenüberstellung, II. Nur bei widersprechenden Aussagen kann das Gericht nach seinem pflichtgemäßen und nach § 355 II erst zusammen mit dem Endurteil nachprüfbaren Ermessen, BAG NJW 1968, 566, Zeugen einander gegenüberstellen. Das darf auch der Richter nach §§ 361, 362. Grundlage der Entscheidung ist alleine das Gebot der Wahrheitsfindung, nicht die Beachtung von Förmlichkeiten. Daher bleibt es auch bei übereinstimmenden Aussagen zulässig, Einzelheiten nochmals mit den Zeugen zu erörtern. Ein eigenständiges Recht auf Gegenüberstellung haben die Parteien nicht; Anträge sollten aber generell Anlass zur Erörterung und Durchführung sein. Steht die Gegenüberstellung bereits nach der ersten Vernehmung im Raum, kann der betr. Zeuge aufgefordert werden, während der folgenden Vernehmung draußen zu warten. Das **Kreuzverhör** ist mit der Regelung nicht gemeint; auch → § 397 Rn. 1. 8

VIII. Verstoß, I, II. Ein Verstoß ist als solcher kein Verfahrensfehler; denn § 394 ist bloße Ordnungsvorschrift → Rn. 2. Ein Fehler liegt alleine im Verstoß gegen § 286. 9

395 *Wahrheitsermahnung; Vernehmung zur Person.*

I Vor der Vernehmung wird der Zeuge zur Wahrheit ermahnt und darauf hingewiesen, dass er in den vom Gesetz vorgesehenen Fällen unter Umständen seine Aussage zu beeidigen habe.

II **1Die Vernehmung beginnt damit, dass der Zeuge über Vornamen und Zunamen, Alter, Stand oder Gewerbe und Wohnort befragt wird. 2Erforderlichenfalls sind ihm Fragen über solche Umstände, die seine Glaubwürdigkeit in der vorliegenden Sache betreffen, insbesondere über seine Beziehungen zu den Parteien vorzulegen.**

I. Systematik, I, II. §§ 395 ff. nennen in zeitlicher Reihenfolge den Hergang des Gesprächs mit dem Zeugen. §§ 383 ff. enthalten die Vorschriften über ein Zeugnisverweigerungsrecht nach §§ 383 ff. und den etwa dazu notwendigen Zwischenstreit nach §§ 387 ff. §§ 391–393 geben den Schlussteil des Zeugenbeweises wieder, ergänzt durch §§ 478 ff. Wegen der Vernehmung hör- und sprachbehinderter Personen § 186 GVG. 1

II. Regelungszweck, I, II. Die Vorschrift dient in I der äußeren Ordnung nach → Rn. 4, in II 1 der Klärung notwendiger Formalien, in II 2 der Erzielung wahrheitsgemäßer Aussagen. „Wahrheit" ist wie bei → § 392 Rn. 4 die von Wertungen nicht beeinflusste Übereinstimmung der Aussage mit den str. Tatsachen. Die Ermahnung zielt auf subjektive Wahrhaftigkeit, wobei ein Schwerpunkt auf der Abgrenzung von selbst wahrgenommenen Tatsachen zu Wertungen liegen muss. Gerade dies ist vielen, durchaus ehrlichen Zeugen nicht bekannt. 2

III. Geltungsbereich, I, II. → Vor § 373 Rn. 5 ff. Die Norm gilt auch für einen als Zeugen zu vernehmenden Prozessbevollmächtigten. 3

IV. Ermahnung, I. Das Gericht muss den Zeugen vor seiner Vernehmung unter Beachtung von → Rn. 2 zur Wahrheit ermahnen und auf die Möglichkeit einer Beeidigung und auf die Strafbarkeit einer eidlichen oder uneidlichen falschen Aussage nach §§ 153, 154 StGB hinweisen. Das gilt auch für die Angaben zur Person. Es handelt sich um eine der Vernehmung vorgeschaltete und schon nach dem Wortlaut von I, II noch nicht zur Vernehmung zählende Ordnungsmaßnahme. Daher kann das Gericht auch andere Zeugen nach → § 394 Rn. 2 gleichzeitig ermahnen. Die Belehrung über Zeugnisverweigerungsrechte, bei der notwendig auch auf Beziehungen zu den Parteien einzugehen ist, kann damit verbunden werden, vgl. insbes. § 383 II. Bisweilen lässt sich die Zahl der Zeugen bereits zu Beginn der Sitzung verkleinern, indem Erklärungen zur Zeugnisverweigerung vorgezogen werden. Über das Eidesverweigerungsrecht belehrt man erst vor der Beeidigung nach → § 391 Rn. 8. 4

V. Allgemeine Fragen (Generalfragen), II. Die Vernehmung beginnt mit den in II 1 genannten Fragen, dh Vor- und Zunamen, Alter, Stand, Gewerbe, Wohnort, wobei die Anschrift nur aus gegebenem Anlass, wie 5 etwa einem Umzug, erfragt wird; für Gefährdungsfälle gilt § 68 StPO analog, Stuttg NStZ 1991, 297. Nach Art. 136 III Weimarer Verfassung in Verbindung mit Art. 140 GG muss niemand seine religiöse Überzeugung offenbaren. Demgemäß darf das Gericht nur insoweit danach fragen, als davon Rechte und Pflichten abhängen, also nicht anlässlich der Fragen nach II 1. Bedeutung für die Entstehung der früheren Beweisgebühr hat die Frage nicht mehr; Rspr. dazu ist überholt.

6 Nach gerichtlichem **Ermessen** („erforderlichenfalls") muss das Gericht gem. II 2 auch Glaubwürdigkeitsfragen stellen. Sie können die Glaubwürdigkeit im Allgemeinen oder im Einzelfall betreffen. Dies sollte nur aus gegebenem Anlass und schonend erfolgen, man muss aber Fragen, die im Schwerpunkt auf Unglaubwürdigkeit abzielen, nicht von vornherein vermeiden, MüKoZPO/Schreiber § 451 Rn. 4. Mit Angaben zu den Beziehungen zwischen Zeuge und Parteien (Familie, berufliche Tätigkeit, Freundschaft) kann die Vernehmung begonnen werden, um zur Sache überzuleiten, nicht um Misstrauen zu zeigen. Nach Vorstrafen fragt man grds. nicht ins Blaue hinein, vgl. auch § 51 BZRG. Es besteht nach § 384 Nr. 2 keine Pflicht des Zeugen, den Verlust seiner Eidesfähigkeit anzugeben. Das Gericht muss die Glaubwürdigkeit sorgfältig, aber vorrangig durch die Sachfragen ermitteln. Zum äußerst seltenen Fall des Glaubwürdigkeitsgutachtens BGH NJW 1999, 2746; Offe NJW 2000, 929. Eine Beeidigung nur wegen der aus II zu stellenden Fragen ist unstatthaft.

7 **VI. Verstoß, I, II.** Die Norm ist bloße Ordnungsvorschrift, allgM, deren Verletzung alleine die Revision nicht trägt, BAGE 6, 1. Eine Unterlassung der Befragung zur Person kann allenfalls im Lichte des § 286 gerügt werden, soweit die Nämlichkeit des Zeugen feststeht.

396 *Vernehmung zur Sache.* **I Der Zeuge ist zu veranlassen, dasjenige, was ihm von dem Gegenstand seiner Vernehmung bekannt ist, im Zusammenhang anzugeben.**

II Zur Aufklärung und zur Vervollständigung der Aussage sowie zur Erforschung des Grundes, auf dem die Wissenschaft des Zeugen beruht, sind nötigenfalls weitere Fragen zu stellen.

III Der Vorsitzende hat jedem Mitglied des Gerichts auf Verlangen zu gestatten, Fragen zu stellen.

Schrifttum: Bender/Häcker/Schwarz, Tatsachenfeststellung vor Gericht, 5. Aufl. 2021.

1 **I. Systematik, Regelungszweck, Geltungsbereich, I–III.** Die Vorschrift regelt das Kernstück der Zeugenaussage. § 397 gilt ergänzend. Abs. II ist eine gegenüber § 139 vorrangige Sonderregel, Kblz NJW-RR 1991, 1471; rechtspolitisch krit. Stoll ZRP 2009, 46. Der Zeuge darf grds. auf eigene Kosten einen Rechtsbeistand haben, BVerfG NJW 1975, 103. Er darf diesem freilich nicht die ganze Aussage oder die Formulierung entscheidungserheblicher Antworten überlassen.

2 Rahmen der Befragung ist der Beweisbeschluss bzw. das Beweisthema. Darüber hinausreichende Befragung darf nur der Aufklärung dieser Fragen und der Prüfung der Glaubwürdigkeit dienen und nicht in eine Beweisaufnahme von Amts wegen einmünden. Die Norm dient in Abs. I dem Ziel, eine möglichst wenig beeinflusste Aussage mit den ganz eigenen Worten des Zeugen zu erhalten, und in Abs. II, III der Schließung erkennbarer Widersprüche, Lücken der Darstellung und damit insgesamt der Wahrheitsfindung. Der Beginn der Vernehmung mit der allgemein gehaltenen Frage nach den Wahrnehmungen des Zeugen zum str. Geschehen ist für den Regelfall der beste Einstieg, vgl. Anders/Gehle Assessorexamen ZivilR F Rn. 11. Bei einer Vernehmung nach § 128a II kann dieses Vorgehen in besonderer Weise dazu beitragen, anfängliche Unsicherheiten zu beseitigen. Der Einzelfall mag Abweichungen gebieten. Eine zB **fernmündliche Rückfrage** nach § 284 S. 2 ist im Lichte des § 396 sorgfältig abzuwägen, dazu Helle JR 2000, 353. Zum Geltungsbereich → Vor § 373 Rn. 5 ff.

3 Die Aussage ist nach § 160 III Nr. 4 zu protokollieren. Die Ersetzung durch einen „Berichterstattervermerk" ist nach BGH NJW 2010, 3774 Rn. 7 zulässig, aber allenfalls dann ratsam, wenn eine Protokollierung, wie zB bei einem kleinen Kind, die Vernehmung stören würde. Die Protokollierung soll die Aussage zusammenfassen, aber nicht in die Worte der Richter übersetzen, vgl. auch Stürner JZ 2016, 137.

4 **II. Vernehmung durch den Vorsitzenden, I. 1. Äußerung im Zusammenhang.** Wenn möglich, soll sich der Zeuge zunächst unbeeinflusst von Detailfragen im Zusammenhang äußern, Kblz NJW-RR 1991, 1471. Dabei sollte das Gericht ohne Unterbrechung und ohne satzweises Diktat des Protokolls zuhören. Zwischenrufe und Fragen der Prozessbevollmächtigten und der weiteren Verfahrensbeteiligten sind zu unterbinden.

5 **2. Keine Beeinflussung.** Zu Grundfragen der Vernehmungstechnik vgl. Anders/Gehle Assessorexamen ZivilR F Rn. 11. Es ist idR kontraproduktiv, von vornherein spezielle Frage zu stellen, die das Beweisthema nach § 359 nur punktuell behandeln, BAG NJW 1983, 1691 (1693). Fragen, die nur mit „ja" oder „nein" beantwortet werden können, geben dem Zeugen die Antworten zu sehr vor und erschweren die Beweiswürdigung. Bei Beweisthemen mit vielen Punkten mag dies anders sein. Dort empfiehlt sich ggf. eine genaue Protokollierung der Frage und der Antwort nach § 160 III Nr. 4, um die Fragestellung ersichtlich zu machen. Auch bei Zeugen sehr einfachen Zuschnitts kann punktuelle Befragung der einzige Weg sein. **Suggestivfragen** sind generell zu vermeiden.

6 **3. Unterlagen.** Ersetzen kann ein Schriftstück die Vernehmung nur im Rahmen der §§ 130a, 377 III, 378. Entsprechend ist ein nachträglich eingereichtes Schriftstück benutzbar. Notfalls gibt das Gericht das Schriftstück zur Beifügung einer eidesstattlichen Versicherung nach § 294 zurück. Einwendungen gegen die Protokollierung: § 160 IV, § 164 II. Über die Verpflichtung des Zeugen zur Nachforschung → Vor § 373 Rn. 23, § 378.

7 **Vorbereitete Texte** sollen jedenfalls zu Beginn nicht verwendet werden. Ist dies ausnahmsweise geboten, etwa weil Zeugen sich aufgrund von Behinderungen in freier Rede nicht sicher bewegen, muss das Gericht dafür Sorge tragen, dass der Vorgang im Protokoll erwähnt und die Texte nach Möglichkeit (in Ablichtung) nach § 160 V als Anlage des Protokolls zu den Akten genommen werden. Auch muss durch Befragen und Protokollvermerke sichergestellt werden, dass die Erklärung vom Zeugen selbst stammt. Frühere Aussagen dürfen verlesen werden; Zustimmung der Zeugen reicht alsdann aus, wenn die Parteien Gelegenheit zur Fragestellung haben, *BGH NZG 2010, 1395 Rn. 7*; zu den teilweise stark einschränkenden aA der Lit. vgl. Musielak/Voit/Huber ZPO Rn. 2; MüKoZPO/Damrau/Weinland Rn. 2.

8 **III. Fragerecht und Fragepflicht, II, III. 1. Vorsitzender.** Nachdem der Zeuge im Zusammenhang ausgesagt hat, stellt der Vorsitzende notfalls weitere Fragen. Dabei soll er feststellen, worauf die Kenntnis des

Zeugen beruht, vor allem ob auf einer eigenen zuverlässigen Wahrnehmung, auf einer fremden Mitteilung oder gar auf bloßen Mutmaßungen. Es kann sinnvoll sein zu erfragen, ob der Zeuge seine heutige Erinnerung vielleicht in Wahrheit wesentlich auf eine erst kürzliche Lektüre damaliger Notizen usw. stützt.

2. Beisitzer. Der Vorsitzende muss jedem Mitglied des Gerichts auf dessen Verlangen Fragen erlauben. Beanstandet ein Richter oder eine Partei eine Frage als unzulässig, entscheidet das Prozessgericht nach § 140 oder der Richter nach §§ 361, 362 gem. § 400. 9

3. Parteien. Die Parteibefragung und daher auch die Befragung durch einen ProzBev. nach § 81 darf trotz § 397 I, II formell überhaupt erst dann einsetzen, wenn der Zeuge bereits im Zusammenhang ausgesagt und nachdem das Gericht seine ergänzenden Fragen gestellt und Vorhalte gemacht hat, § 397. 10

IV. Verstoß, Rechtsmittel, I–III. Ein Verstoß ist ein Verfahrensfehler, der zur Zurückverweisung nach § 538 II 1 Nr. 1 führen kann, Kblz NJW-RR 1991, 1471. Heilung nach § 295 I ist möglich, BGH NJW 2006, 830, 833. Eine nicht verwertbare Aussage muss wiederholt werden. 11

397 *Fragerecht der Parteien.* **I Die Parteien sind berechtigt, dem Zeugen diejenigen Fragen vorlegen zu lassen, die sie zur Aufklärung der Sache oder der Verhältnisse des Zeugen für dienlich erachten.**

II Der Vorsitzende kann den Parteien gestatten und hat ihren Anwälten auf Verlangen zu gestatten, an den Zeugen unmittelbar Fragen zu richten.

III Zweifel über die Zulässigkeit einer Frage entscheidet das Gericht.

Schrifttum: → Vor § 373 Rn. 1; Hoffmann/Maurer Voraussetzungen und Grenzen anwaltlicher Zeugenvorbereitung, NJW 2018, 257; Schneider, Rechtliches Gehör in der Beweisaufnahme, MDR 1991, 828.

I. Systematik, I–III. Die Vorschrift enthält nach eine wichtige Ergänzung zu §§ 396, 357. Die Vernehmung beginnt also mit der Befragung durch das Gericht. Ergänzend gelten §§ 136, 140. § 397 I regelt die Pflicht des Gerichts, Zeugen auf Antrag einer Partei, oder deren Prozessbevollmächtigten, bestimmte Fragen zu stellen. Nach II ist das Gericht verpflichtet, Anwälten die unmittelbare Befragung zu gestatten; Fragen der Parteien können nach pflichtgemäßem Ermessen zugelassen werden. Zweifelsfragen klärt das Gericht nach III durch Beschluss. 1

In der Praxis ist die Ausübung des Fragerechts gegenüber Zeugen in der mündlichen Beweisaufnahme eine Selbstverständlichkeit; Konfliktfälle treten eher wegen der Anhörung von Sachverständigen nach §§ 397, 402 auf, → § 411 Rn. 13. Die dazu ergehende Rspr. ist nicht generell nach hier übertragbar, da bei der Anhörung eines Sv. der Einfluss auf die Überzeugungsbildung des Gerichts in Fachfragen eigenes Gewicht hat, wohingegen es beim Zeugen, auch im Fall des § 414, nur um die Feststellung von Tatsachen geht, BAG NJW 2017, 1770. Umgekehrt gelten die zu § 397 entwickelten Grundsätze für die mündliche Befragung des Sachverständigen. In der Parteivernehmung gilt § 397 gem. § 451 entsprechend. Zum Verhältnis von § 397 zu § 377 III → Rn. 14 und → § 377 Rn. 18. 2

Das namentlich im englischen Rechtskreis gepflogene **Kreuzverhör** ist der ZPO unbekannt; es ist zwar nicht unzulässig, aber so unüblich, dass es zumindest vertretbar, wenn nicht geboten ist, in Ausübung freien Ermessens davon abzusehen, vgl. auch BGH NJW 1970, 1004. 3

II. Regelungszweck, Geltungsbereich, I–III. Die Möglichkeit der Parteibefragung wahrt das rechtliche Gehör nach Art. 103 I GG, was für die Anhörung des Sachverständigen ausführlich behandelt wird, → § 411 Rn. 13 mwN. Sie dient der Aufklärung des Sachverhalts. Auslegung und Anwendung der Norm, insbesondere bei unsachlichen Fragen, werden hierdurch geprägt, KG MDR 1993, 797. Die Vorschrift gilt auch im WEG-Verfahren und zudem nach § 113 I 2 FamFG entsprechend sowie in allen weiteren Verfahrensordnungen. 4

III. Fragerecht, I, II. 1. Frageberechtigung. Das Recht der Partei nach Abs. I kann gem. § 81 auch vom Anwalt ausgeübt werden, muss ihr indes auch dann zustehen, wenn dieser sich dagegen ausspricht. Nur II trifft hinsichtlich der Pflicht des Gerichts eine Unterscheidung zwischen Partei und Anwalt; alleine letzterem ist die Befragung notwendig zu gestatten. Der Streithelfer / Nebenintervenient hat im Rahmen von § 67 das gleiche Recht wie eine Partei, Stgt MDR 2018, 1272. **Streitgenossen** sind im Rahmen der Ermessensentscheidung nach II allenfalls dann vom Fragerecht ausgeschlossen, wenn der betr. Sachverhalt ihre Lage schlechthin nicht berührt. Fragen eines von der Partei zum Termin gestellten Privatgutachters sind im Rahmen pflichtgemäßen Ermessens nach II ebenfalls zu gestatten, vgl. auch → Vor § 402 Rn. 46. 5

Für die Parteien und ihre Bevollmächtigten besteht nicht nur das Recht zu fragen, sondern eine dahin gehende verfahrensrechtliche **Obliegenheit**, weil das Übergehen nachträglich nicht mehr gerügt werden kann, BGH NJW-RR 2020, 312. 6

2. Nach mündlicher Aussage. §§ 396, 397 geben eine Reihenfolge der Befragung nur insoweit vor, als das Gericht die Zeugen idR zuerst vernimmt. Initiative und Verfahrensleitung müssen beim Gericht bleiben. Eine Ausnahme ist denkbar, wenn der anwesende Zeuge zu derselben Frage bereits eine protokollierte Aussage erstattet hat und nur noch ergänzende Fragen zu stellen sind. 7

Zwischen Abs. I und II gibt es keine Reihenfolge. Zweckmäßig wird seitens des Gerichts mit den Anwesenden erörtert, wie vorgegangen werden kann. Das Recht der ersten Initiative liegt auf Seiten der benennenden Partei. Soweit Parteien persönlich von ihrem Recht Gebrauch machen wollen, liegt es zur Vermeidung von unsachlichen Äußerungen im Ermessen des Vorsitzenden, zunächst die Vorlage von Fragen nach Abs. I anzuregen, bevor Fragen nach II gestattet werden. Auch ist von vornherein darauf zu achten, dass im engeren Sinne des Wortes **Fragen** zur Sache gestellt und nicht Erklärungen abgegeben werden. Insoweit verweist man auf eine anschließende Gelegenheit zur Stellungnahme nach § 137 IV. Von der Gestattung unmittelbarer Fragen ist andererseits im Rahmen pflichtgemäßen Ermessens großzügig Gebrauch zu machen, soweit sachliche Beiträge zu erwarten sind. Das gilt auch für schriftlich vorformulierte Fragen. Die Unerfahrenheit einer Partei sollte allein mit Blick auf die Überzeugungskraft des Verfahrens nicht dazu genutzt werden, die Vernehmung abzukürzen. 8

9 Das Fragerecht besteht nur im Vernehmungstermin. Eine Partei verliert das Fragerecht, wenn sie ohne zwingenden Grund an der Verhandlung nicht teilnimmt, Hamm FamRZ 1991, 466. Für nachträgliche Fragen gilt § 398.

10 **3. Gerichtliche Kontrolle der Zulässigkeit, III.** Die in III geregelte Entscheidung „über die Zulässigkeit einer Frage" ergeht nicht nur betr. die in I und II direkt geregelten Fälle, namentlich nicht nur im Rahmen der Ermessensentscheidung über das Fragerecht der Parteien nach II. Grundlage des Beschlusses kann darüber hinaus jedweder Gesichtspunkt sein, der nach Sinn und Zweck der Norm einer Fragestellung entgegensteht. Dabei kommt es nicht darauf an, die Lage durch Beschluss zu klären, sondern vorrangig durch sachgerechte Verfahrensleitung und Erörterung.

11 Einschlägige Gesichtspunkte sind zB drohende Beeinflussung oder die Herabwürdigung von Zeugen, **Suggestivfragen,** bloße Wiederholung bereits beantworteter, gegen §§ 376, 383 III verstoßende Fragen, solche, die offenbar nicht zum Beweissatz nach § 359 gehören. Zudem besteht ein Befragungsrecht immer nur wegen bestimmter Fragen. Das gilt auch im Rahmen von Abs. II für die Fragen von Anwälten. Leitidee ist die Wahrheitsfindung. § 136 ZPO sowie §§ 177, 178 GVG haben daneben Bedeutung, indes beruht der Beschluss nach III auf der spezielleren Regelung und hat für die Instanz verlässlichen Bestand.

12 Die Entscheidung nach III kein Befangenheitsgrund, KG MDR 1993, 797.

13 Eine nicht zugelassene Frage ist nach § 160 II möglichst wortgetreu zu protokollieren, auf Antrag nach § 160 IV 1.

14 **4. Nach schriftlicher Aussage.** Bei § 377 III gibt § 397 den Parteien zwar stets einen Anspruch auf Fragen, nicht aber stets einen solchen auf Befragung in einer mündlichen Beweisaufnahme. Andernfalls könnte jede Partei die vom Gesetz in das pflichtgemäße Ermessen des Gerichts gestellte Erleichterung unterlaufen, den Zeugen nur schriftlich aussagen zu lassen. Alternativ kommt mithin die ergänzende schriftliche Befragung in Betracht, wenn diese ausreicht, Ddf NJW-RR 1994, 1453; aM LG Bln NJW-RR 1997, 1289 (notwendige Ladung); den praktischen Aspekt verkennen auch MüKoZPO/Damrau/Weinland Rn. 2. Gründe der Zweckmäßigkeit können die sofortige Ladung gebieten, insbesondere wenn eine schriftliche Ergänzung iSd § 377 III nicht mehr ausreichend ist. Die Lösung liegt also zunächst in § 377 III, nicht in § 397, auch → § 377 Rn. 18. Die Voraussetzungen von § 398 sind demgegenüber eigenständig zu prüfen, → § 398 Rn. 5.

15 Werden neue Fragen aufgeworfen, ist darauf zu achten, dass nicht die Verspätungsregeln, § 296, unterlaufen werden.

16 **IV. Entscheidung, I–III.** Die Entscheidung über die Zulässigkeit einer Frage ergeht durch das Prozessgericht oder den Einzelrichter nach §§ 348, 348a auch bei einer Vernehmung durch den Richter nach §§ 361, 362. Er darf nach § 400 vorläufig entscheiden. Die Entscheidung ergeht auf mündliche Verhandlung nach § 128 I durch einen zu verkündenden Beschluss nach § 329. Das Gericht muss ihn nach § 329 grundsätzlich kurz begründen.

17 **V. Rechtsmittel, I–III.** Die Entscheidung nach Abs. III ist nach § 355 II stets nur zusammen mit dem Endurteil anfechtbar, KG MDR 1993, 797. In einem Verstoß liegt ein Verfahrensfehler; je nach Umfang der Beweisaufnahme kommt ein auf Antrag Zurückverweisung nach § 538 II 1 Nr. 1 in Betracht, § 538. Untätigkeit kann zum Verlust des Rügerechts führen, BGH NJW-RR 2020, 312.

398 *Wiederholte und nachträgliche Vernehmung.* **I Das Prozessgericht kann nach seinem Ermessen die wiederholte Vernehmung eines Zeugen anordnen.**

II Hat ein beauftragter oder ersuchter Richter bei der Vernehmung die Stellung der von einer Partei angeregten Frage verweigert, so kann das Prozessgericht die nachträgliche Vernehmung des Zeugen über diese Frage anordnen.

III Bei der wiederholten oder der nachträglichen Vernehmung kann der Richter statt der nochmaligen Beeidigung den Zeugen die Richtigkeit seiner Aussage unter Berufung auf den früher geleisteten Eid versichern lassen.

Schrifttum: Geipel, Die Wiederholung einer Beweisaufnahme nach neuem Berufungsrecht, AnwBl 2005, 346.

1 **I. Systematik, Regelungszweck, I–III.** Die Vorschrift dient der Wahrheitsfindung und enthält in Abs. I so besehen eine den § 286 ergänzende Klarstellung. Soweit es um die letztlich entscheidenden Richter geht, die an der Vernehmung nicht beteiligt waren, ist auch der Grundsatz der Unmittelbarkeit berührt, § 355, BGH NJW-RR 1997, 506; → Vor § 128 Rn. 47. Ihre vornehmliche Bedeutung liegt in der Anordnung einer Entscheidung nach pflichtgemäßem Ermessen, wann immer ein verfahrensrechtlich begründeter Anlass besteht, die Vernehmung eines Zeugen zu einem Thema, zu dem er im selben Rechtsstreit, nicht notwendig in der selben Instanz, bereits vernommen worden ist, zu wiederholen. Eine Vernehmung im selbständigen **Beweisverfahren** steht diesem Fall nach § 493 I gleich, BGH NJW 1970, 1919; MDR 1965, 116 (Verklärungsverfahren). Die Regelung setzt eine voraufgegangene Zeugenvernehmung voraus; nach einer lediglich **informatorischen** Anhörung gilt sie auch nicht entsprechend, BGH BVerwG NZA-RR 2006, 550. Sie erfasst auch nicht den Fall, in dem sich nach **Zeugnisverweigerung** die Frage stellt, ob der Zeuge auf neuen Antrag nun doch zu vernehmen ist, → § 383 Rn. 30. Bei einem nach § 377 **schriftlich vernommenen** Zeugen greift § 398 I direkt ein, auch → § 377 Rn. 18, 26; → § 397 Rn. 14. Nicht anzuwenden ist § 398 I auf die Vernehmung aufgrund neuer Anordnung wie etwa einem Beweisbeschluss zu neuen Streitfragen. Für die Parteivernehmung gilt die Norm nach § 451 entspr., dazu BGH IBR 2020, 565.

2 Dem Gebot des Rechts auf Gehör vor Gericht, Art. 103 I GG, kommt insgesamt besondere Bedeutung zu, BVerfG NJW 2011, 49; NJW 2005, 1487; NJW 2003, 2524. Der Regelung in **§ 367 II,** in der dieser Grundsatz besonderes Gewicht hat, geht § 398 als zwingende Norm vor, wobei allerdings auch die Ermessensentscheidung dasselbe Ergebnis hätte.

3 Abs. II setzt den Ansatz von I für den spezielleren Fall einer ablehnenden Entscheidung des Richters nach §§ 361, 362 fort und führt ggf. zu einer nachträglichen, mithin einer ergänzenden Vernehmung. Abs. III lässt für

die Fälle von Abs. I und II die Berufung auf den bereits geleisteten Eid zu, wenn dies für die Förderung der Wiedergabebereitschaft ausreicht, → § 391 Rn. 2.

II. Geltungsbereich, I–III. Die Vorschrift gilt auch im WEG-Verfahren, im arbeitsgerichtlichen Verfahren, BAG NJW 2002, 2196 und im FamFG-Verfahren nach einer förmlichen Beweisaufnahme gem. §§ 30, 113 I 2 FamFG. Nach § 402, § 451 gilt sie für Sachverständigenbeweis und Parteivernehmung entsprechend, unter Geltung der gleichen Grundsätze, BVerfG NJW 2017, 3218; BGH NJW 2015, 75. Im Fall des § 411a greift sie nicht ein, da es sich um einer Erstverwertung handelt, die einer Ermessensentscheidung alleine nach dieser Norm unterliegt. Sie gilt entsprechend bei § 141, BGH NJW 2018, 308. 4

III. Ermessen, Wiederholungspflicht, I. 1. Ermessen. Das in Abs. I eingeräumte Ermessen ist pflichtgebunden, BGH NJW-RR 2021, 1074 Rn. 9; NJW-RR 2006, 267; NJW-RR 2002, 1649; NJW 2000, 3718. Eine erneute Vernehmung setzt erhebliche Gründe voraus, BAG NZA 2000, 381, 384; Nürnb OLGZ 1976, 480. Sie erfolgt mithin dann und nur dann, wenn die erste Aussage aus verständlichen Gründen gleich welcher Art dem Gebot der Wahrheitsfindung nicht genügt. Maßgeblich sind Bedeutung und Regelungszweck der Norm, → Rn. 1. Auch bei inhaltlichen Unzulänglichkeiten muss daher ein Anhalt dafür bestehen, dass die erneute Vernehmung weitere Ergebnisse bringt, Schlesw OLGZ 1980, 58. 5

Der Antrag einer Partei ist nicht notwendige Voraussetzung, aber Anlass zur Ausübung des Ermessens. 6

Obwohl die Ausgangslage in der Instanz, in welcher die Zeugenvernehmung stattgefunden hat, und in der Berufung, wenn dort die Auswertung einer erstinstanzlichen Zeugenvernehmung vorzunehmen ist, wegen § 529 I Nr. 1 anders scheint, bleibt im Lichte von Sinn und Zweck der Regelung, → Rn. 1, generell zu prüfen, inwieweit die erneute Vernehmung im Dienste der **Wahrheitsfindung** geboten ist. Das kann geboten sein, wenn sich neue Vorhalte an Zeugen ergeben, BGH NJW 1994, 2960. Defizite in dieser Hinsicht müssen generell behoben werden. Dabei sind Verfahrensmängel, die sich auf den Inhalt der Vernehmung unmittelbar oder auch nur mittelbar auswirken können, gesondert zu betrachten; sie führen idR zur Notwendigkeit einer erneuten Vernehmung. Bei inhaltlichen Ungewissheiten ist im Rahmen der Gesamtwürdigung aller Beweisergebnisse zu prüfen, ob und inwieweit es auf die Zeugenaussage ankommt. Revisionsrichterliche Rechtsprechung zur Wiederholung in der Berufungsinstanz beherrscht das Bild, indes gelten die dort entwickelten Grundsätze normalerweise auch innerhalb desselben Rechtszugs, namentlich beim Richterwechsel, KG BauR 2011, 297; Brdb MedR 2002, 149. 7

2. Besonders geregelte Fälle. Die Wiederholung ist bei Vorliegen der Voraussetzungen von § 367 II, 2. Alt. zwingend erforderlich, ebenso, wenn aufgrund nachträglich gewonnener Erkenntnisse eine Gegenüberstellung nach § 394 II erfolgen muss, → § 394 Rn. 8. 8

3. Verfahrensmängel. Die Wiederholung ist grundsätzlich notwendig, soweit die frühere Vernehmung oder Verwertung verfahrensrechtlich nicht ordnungsgemäß war, BGH NJW 1994, 941 (Verstoß gegen § 189 GVG), BSG MDR 1989, 1131 (Abweichungen bei unergiebigen Aussagen möglich). Das gilt etwa wegen unzulänglicher Information des Zeugen über das Beweisthema, BGH NJW-RR 1994, 511, der unterbliebenen Erörterung eines jedenfalls jetzt entscheidungserheblichen Punkts, BGH NJW 1994, 2962 (unterbliebener Vorhalt), oder wegen einer Unzulänglichkeit des Protokolls des Erstgerichts nach § 160 III Nr. 4, BGH NJW 2000, 3718; NJW 2000, 3720; NJW-RR 1987, 1197; BAG NZA 2004, 257, 261, zB wegen seiner Mehrdeutigkeit, BGH BauR 2014, 141; Hamm NJW 2019, 3085 Rn. 34. Es gilt auch bei einer auch nur möglichen Widersprüchlichkeit, BGH NJW-RR 2016, 175. 9

Für Verfahrensmängel bei der Erhebung des Beweises gilt all dies aber nur, wenn der Mangel nicht nach **§ 295 I** heilbar und auch nicht geheilt ist, Ddf NJW 1992, 187. Soweit das Berufungsgericht nach einer mangelhaften erstinstanzlichen Beweisaufnahme nicht nach § 538 II 1 Nr. 1 zurückverweist, sondern nach § 538 I selbst entscheiden will, muss es die Beweisaufnahme auch selbst wiederholen, BGH NJW 2000, 2024. Ein Verstoß gegen § 189 GVG kann nicht geheilt werden, BGH NJW 1994, 941, ebenso wenig das Unterlassen einer Belehrung nach § 383 II, da es hier um ein Recht des Zeugen geht, nicht um Rechte der Parteien. 10

4. Andere Beurteilung. Kommt es auf den persönlichen Eindruck an, ist die Vernehmung grds. von den Richtern vorzunehmen, welche die Entscheidung treffen, BGH NJW-RR 2021, 1074 Rn. 9; NJW-RR 2016, 175; NJW 2000, 1420; NZM 2000, 144. Die Aussage ist generell zu wiederholen, wenn das BerGer. der Aussage eine andere Tragweite, ein anderes Gewicht oder eine vom Wortsinn abweichender Auslegung geben will, BGH NJW 2018, 2335; NJW 1993, 64; Naumb MDR 2014, 743. Gerade dabei ist zu beachten, dass die **Protokollierung** idR aus der unmittelbaren Wahrnehmung der Aussage entsteht und eben dies auch in die Beweiswürdigung einfließt, diese also letztlich aus den Akten nicht nachvollziehbaren Einflüssen unterliegt. Daher setzt auch eine Entscheidung über die Urteilsfähigkeit von Zeugen, das Erinnerungsvermögen oder die Wahrheitsliebe (d. h. die Glaubwürdigkeit), die Vollständigkeit oder Widerspruchsfreiheit die persönliche Vernehmung voraus, BVerfG MDR 2017, 1202 (auch für Parteivernehmung); NJW 2011, 49; BGH NJW-RR 2020, 1519; MDR 2019, 567; NJW-RR 2012, 704; NJW-RR 2009, 1291. Gleiches gilt für die Motivation von Zeugen oder Parteien, BGH NZM 2018, 988 (Eigennutzung). 11

Eine Ausnahme gilt, wenn solche Umstände vom vernehmenden Richter in einem **Aktenvermerk** festgehalten worden sind, BGH NJW 1991, 1180. 12

5. Berufung. In der **Berufung** ist nach § 529 I Nr. 1 vorrangig zu prüfen, ob Zweifel an der Richtigkeit und Vollständigkeit der vom Gericht erster Instanz getroffenen Feststellungen bestehen, BGH NJW 2004, 1876; diese können sich auch aus Umständen ergeben, die in der Zeugenvernehmung und in der Würdigung der Aussage ihre Grundlage haben, BGH NJW-RR 2017, 219 Rn. 10; damit kommt es zu einer Überlappung mit Gesichtspunkten, die für eine erneute Vernehmung von Zeugen maßgeblich sind, namentlich bei der Frage, ob Erwägungen zur Glaubwürdigkeit die erneute Vernehmung fordern, etwa weil das Berufungsgericht der Aussage eine andere Tragweite oder ein anderes Gewicht geben will; berührt ist letztlich das grundrechtsgleiche Recht aus **Art. 103 I GG,** BGH NJW-RR 2021, 718; NJW-RR 2020, 1519; FamRZ 2019, 301; MDR 2019, 567; NJW 2018, 308 Rn. 9; BauR 2014, 141; NJW-RR 2012, 704. Kommt es auf den **persönlichen Eindruck** an, ist die erneute Vernehmung unentbehrlich, BGH NJW-RR 2021, 1074. Zweifel gleich welcher Art führen mithin gem. § 529 I Nr. 1 zur Notwendigkeit neuer Tatsachenfeststellungen; nach § 398 ist im Einzelfall zu entscheiden, ob die Zweifel im Wege **erneuter Zeugenvernehmung** zu beseitigen sind. Die eingehende Würdigung der 13

Aussagen durch das Ausgangsgericht führt in der Berufung eher zur Notwendigkeit erneuter Vernehmung, wenn hiervon abgewichen werden soll, BGH ZEV 2019, 281.

14 **6. Entbehrlichkeit einer Wiederholung.** Beurteilt das später tätig werdende Gericht die Streitfrage als unerheblich, können Zeugenaussagen selbstverständlich auf sich beruhen. Das kann auch eintreten, wenn sich der Kl. in der Berufung eine Zeugenaussage zu eigen macht und hierdurch die Klage unschlüssig wird, Kblz NJW-RR 2013, 475. Eine erneute Vernehmung ist entbehrlich, wenn das Erstgericht die Aussage des Zeugen **unergiebig** angesehen hat oder weder die Urteilsfähigkeit, das Erinnerungsvermögen oder die Wahrheitsliebe des Zeugen noch die Vollständigkeit oder Widerspruchsfreiheit seiner Aussage in Rede stehen und hieran Zweifel iSd § 529 I Nr. 1 nicht aufkommen, BGH GRUR-RR 2012, 312; NJW-RR 2009, 1291. Das ist idR der Fall, wenn es nur um die Ergiebigkeit der Aussage geht, Ddf MDR 2005, 532. Dies muss sicher feststehen; andernfalls gilt → Rn. 11. Entbehrlich ist die persönliche Vernehmung auch dann, wenn eine Vernehmung im Ausland stattgefunden hat und eine spätere persönliche Vernehmung nicht in Betracht kommt, Karlsr NJW-RR 1990, 191. Bei der Abgrenzung des (erneut aufklärungsbedürftigen) subjektiven Bereichs von objektiven Umständen kommt es auf die Situation des Zeugen, nicht auf die Umstände an, BGH NJW-RR 1986, 285.

IV. Weitere Beispiele

15 **Auslegung:** Nicht entbehrlich ist eine erneute Vernehmung dann, wenn das Berufungsgericht eine andere Auslegung der Aussage vornehmen will, BGH NJW-RR 2002, 1649; NJW-RR 1993, 893; NJW-RR 1986, 284. Die abweichende Auslegung einer vom Zeugen verlässlich bekundeten Willenserklärung erfordert die erneute Vernehmung demgegenüber grds. nicht, BGH NJW 1998, 384; BAG NZA 2004, 257, 261.

Erinnerungsvermögen: Bei Zweifel an Erinnerungsvermögen ist neue Vernehmung geboten, BVerfG NJW 2011, 49; BGH NJW 1984, 2629.

Gegenüberstellung: Notwendigkeit nach § 394 II zwingt generell zur Wiederholung mit allen Zeugen, BGH NJW-RR 1993, 213; NJW 1985, 3078; BAG NZA 2004, 257, 260. Bei Abweichungen sind generell alle Zeugen erneut zu vernehmen, BGH WuM 2016, 353.

Glaubwürdigkeit: Die Wiederholung einer Vernehmung ist wegen des Grundsatzes der Unmittelbarkeit der Beweisaufnahme nach § 355 I grundsätzlich nur notwendig, soweit zur Glaubwürdigkeit die nicht nur theoretische Möglichkeit einer unterschiedlichen Wertung besteht, BGH NJW 2018, 2335; NJW-RR 2000, 432, oder soweit das Berufungsgericht die Glaubwürdigkeit des Zeugen erstmals überhaupt prüfen will, BGH NJW 1990, 3088 (Rechtshilfevernehmung). Auch der Anwesenheit der Parteien kommt in dieser Frage besondere Bedeutung zu, BGH NJW 2000, 1420. Entbehrlich ist eine erneute Vernehmung dann, wenn das Berufungsgericht die Glaubwürdigkeit ebenso wie das Erstgericht beurteilt, Kblz WuM 2002, 150.

Glaubwürdigkeitsgutachten: Entbehrlich sein kann im Einzelfall eine erneute Vernehmung nach einem solchen Gutachten, Mü NJW-RR 2008, 1523.

Persönlicher Eindruck: Kommt es auf den persönlichen Eindruck an, darf hierauf nur abgestellt werden, wenn alle entscheidenden Richter an der Vernehmung teilgenommen haben oder über den persönlichen Eindruck ein Aktenvermerk gefertigt worden ist, BGH NJW-RR 2016, 175; NJW 1997, 1586; Kblz MDR 2014, 1290. Fehlen relevante Erwägungen hierzu im angefochtenen Urteil, ist die Vernehmung zu wiederholen, BGH NJW-RR 2000, 432 Rn. 23.

Teilurteil: Werden in einem Teilurteil, dessen Zulässigkeit iÜ unterstellt, keine Erwägungen zur Wiederholung der Beweisaufnahme angestellt und ordnet des Gericht vor Erlass des Schlussurteils eine Wiederholung an, ist grds. davon auszugehen, dass beim Teilurteil § 398 verletzt worden ist, BGH NJW-RR 1992, 253.

Widersprüche: Innerhalb einer Aussage oder zwischen verschiedenen Aussagen sind für den neuen Richter generell Anlass zur Wiederholung der Vernehmung, BGH MDR 2019, 567.

16 **V. Verfahren, I.** Die Anordnung der erneuten Vernehmung erfolgt durch nach § 355 II unanfechtbaren Beschluss des Prozessgerichts ohne Begründungszwang, auch nach § 360 S. 2 ohne eine mündliche Verhandlung. Die erneute Vernehmung muss vollwertig nach §§ 394 ff. stattfinden; eine informatorische Anhörung reicht nicht aus, BGH NJW-RR 1998, 1601.

17 **VI. Neue Tatsache, I.** Eine Vernehmung über neue Tatsachen fällt nicht unter § 398, → Rn. 1. Die Vernehmung über neue Erkenntnisse des Zeugen betr. Tatsachen, die bereits Gegenstand der Vernehmung waren, ist demgegenüber (mit Ermessensspielraum) nach § 398 zu beurteilen, BGH NJW-RR 1986, 284.

18 **VII. Nachträgliche Vernehmung, II.** Wenn sich ein Richter nach §§ 361, 362 geweigert hat, eine von einer Partei angeregte Frage zu stellen, kann und muss evtl. das Prozessgericht auf einen Antrag oder von Amts wegen die nachträgliche Vernehmung über diese Frage anordnen. Es ergeht ein nach § 355 II unanfechtbarer Beschluss. Der Beschluss bindet den ersuchten Richter nach § 158 GVG. Das Prozessgericht kann den Zeugen über die Frage auch selbst vernehmen, was das Verfahren idR beschleunigt und Konflikten um die Unparteilichkeit vorbeugt. Grundlage der Ermessensausübung ist die umfassende Prüfung der Beweisbedürftigkeit und des Regelungszwecks nach → Rn. 3.

19 **VIII. Berufung auf den Eid, III.** Die nachträgliche oder wiederholte Vernehmung geschieht nach §§ 391, 394–397. Das Gericht befindet also erneut über die Beeidigung. In beiden Fällen lässt III die Berufung auf den früher nach §§ 478 ff. geleisteten Eid nach dem pflichtgemäßen Ermessen des Gerichts zu. Ein gerichtlicher Hinweis auf den Eid genügt nicht. Die Berufung auf den Eid ist nur dann zulässig, wenn eine Beeidigung noch zulässig ist. Auch bei einer Wiederholung der Vernehmung 1. Instanz in der zweiten Instanz ist die Berufung auf den Eid möglich.

20 **IX. Rechtsmittel, I–III.** Gegen die Anordnung der Wiederholung kann man nach § 355 II nur zusammen mit dem Endurteil angehen. Gegen die Ablehnung durch einen besonderen Beschluss kommt eine Anfechtung ebenfalls erst derart in Betracht.

399 *Verzicht auf Zeugen.* **Die Partei kann auf einen Zeugen, den sie vorgeschlagen hat, verzichten; der Gegner kann aber verlangen, dass der erschienene Zeuge vernommen und, wenn die Vernehmung bereits begonnen hat, dass sie fortgesetzt werde.**

Schrifttum: Tiedemann, Erstinstanzlicher Verzicht auf Zeugen im reformierten Berufungsverfahren, MDR 2008, 237.

I. Systematik. Vorrang für die Frage, ob die Vernehmung eines Zeugen durchzuführen ist oder unterbleibt, hat die **Beweisbedürftigkeit,** die in jeder Lage des Verfahrens neu zu prüfen ist. Das gilt insbesondere auch für die bereits in der Sitzung anwesenden Zeugen und sogar während deren Vernehmung. Wird eine Tatsache unstreitig, kann das Gericht von der (weiteren) Zeugenvernehmung absehen, ohne insoweit auf Anträge oder Erklärungen der Parteien Rücksicht nehmen zu müssen. Darin liegt gerade in umfangreichen Beweisaufnahmen eine Möglichkeit, den Streitstoff und den Zeitaufwand zu reduzieren. 1

§ 399 ist mit dieser Vorgabe Ausfluss der **Parteiherrschaft.** Er enthält unabhängig von Fragen der Beweisbedürftigkeit die nur in Hs. 2 eingeschränkte Möglichkeit, den Umfang einer Zeugen-Beweisaufnahme durch Verzicht zu begrenzen, ohne dass es einer Angabe von Gründen bedürfte. Damit schafft die Norm eine ausdrücklich geregelte Möglichkeiten des ausnahmsweisen Widerrufs einer Prozesshandlung, nämlich des Beweisantrags nach § 373. Dem muss das Gericht nachkommen. Folge ist die Nichterhebung des Beweises; ein Teil des Sachverhalts bleibt also offen. 2

Ob es neben dem Verzicht eine Rücknahme des Beweisantrags gibt, kann für den Zeugen dahinstehen, da eine erneute Antragstellung in jedem Fall an sich zulässig ist, näher → Rn. 11. Die Regelung gilt für den Sachverständigenbeweis entsprechend, → § 402 Rn. 2. Zur Parteivernehmung → § 451 Rn. 4. 3

II. Regelungszweck. Sinn der Vorschrift ist die Wahrung der Parteiherrschaft. Zugleich liegt hier eine Möglichkeit der Verfahrenskonzentration, indem der Verzicht gerade in laufender Beweisaufnahme mit den Parteien erörtert wird. 4

III. Geltungsbereich. → Vor § 373 Rn. 5 ff. 5

IV. Verzicht des Beweisführers, Hs. 1. 1. Grundlage. Der Beweisführer kann bis zur Beendigung der Vernehmung ohne Zustimmung des Gegners auf Zeugen verzichten; es kommt insoweit nur darauf an, dass er den Beweisantrag gestellt hat. Bei Zeugenvernehmung auf Antrag beider Parteien müssen beide verzichten. Der Verzicht unterliegt dem Anwaltszwang, § 78. Man kann ihn in jeder Lage des Verfahrens schriftlich erklären, in der Sitzung zu Protokoll, auch des Richters nach §§ 361, 362. 6

2. Konkludenter Verzicht. Der Verzicht erfolgt ausdrücklich oder **konkludent,** BGH NJW-RR 1997, 342, KG MDR 2018, 361 (Zusammenhang mit § 531 II). Er ist als Prozesshandlung auslegbar. Das gilt zB dann, wenn der Beweisführer einen unberücksichtigten Beweisantrag nicht aufgreift, obwohl der Zeuge anwesend ist, insbesondere wenn das nach einer solchen Beweisaufnahme geschieht, die das Gericht erkennbar als erschöpfend ansieht, BGH NJW-RR 1997, 342, oder wenn der Beweisführer das Ausbleiben eines Zeugen nicht rügt oder dessen Weggang nicht widerspricht. 7

Mit Blick auf die Wirkungen des Verzichts alleine für die jeweilige Instanz, → Rn. 11, ist die Frage nach einer konkludenten Erklärung in der ersten Instanz auch im Zusammenhang mit § 531 II zu prüfen, dh mit dem Risiko, in der Berufung wegen der begrenzten Zulassung neuer Beweismittel auf den Zeugen nicht mehr zurückgreifen zu können, BGH NJW 2014, 52; NJW-RR 2007, 774. Es bedarf daher **strenger Prüfung** im Rahmen einer Gesamtwürdigung des prozessualen Verhaltens und ggf. sachdienlicher Hinweise des Gerichts, § 139. Bleibt ein Hinweis, die Beweisaufnahme sei abgeschlossen, seitens der Parteien ohne jede Reaktion, ist von einem konkludenten Verzicht auf noch nicht erledigte Beweisangebote auszugehen, Dresd MDR 2019, 57 = BeckRS 2018, 22272, Anm. Laumen S. 84. Die Zustimmung zu einer Zeugnisverweigerung kann als Verzicht ausgelegt werden, → § 387 Rn. 5. Kein konkludenter Verzicht liegt vor beim bloßen Einverständnis mit der beweismäßigen Auswertung einer Beiakte, OLGR Hamm 2002, 292; aM Karlsr NJW-RR 1986, 864; MüKoZPO/Damrau/Weinland Rn. 3; ausdrückliche Zustimmung beider Parteien hierzu reicht demgegenüber aus, BGH NJW 2014, 52. Kein Verzicht ist die Zustimmung zum schriftlichen Verfahren, BGHZ 31, 210 (214 f.). 8

Die bloße Nichtverlesung eines Beweisantrags ist grundsätzlich kein Verzicht, wenn nicht die Partei nach dem Verlauf des Verfahrens damit rechnen musste, dass das Gericht die Sachverhaltsaufklärung als abgeschlossen ansieht, BGH NJW 1994, 329; NJW-RR 1987, 1403, ebenso wenig die bloße Nichtzahlung eines nach § 379 erforderlichen Vorschusses, wenn nicht weitere Gesichtspunkte hinzutreten, BGH NJW 2017, 2288; Celle NJW-RR 1995, 1407; für den Einzelfall anders KG MDR 2018, 361. Umso mehr stehen Äußerungen entgegen, die auf eine kritische Auseinandersetzung mit der ausbleibenden Reaktion des Gerichts auf einen Beweisantrag hindeuten, BGH NJW-RR 1987, 1403. Ein Verzicht unter der Bedingung der Übernahme eines früheren Protokolls als überzeugender Darstellung oder für den Fall, dass das Gericht von der str. Behauptung bereits überzeugt ist, reicht nicht, mag auch in Erklärungen dieser Art eine Unsitte gesehen werden. 9

Stillschweigen hinsichtlich eines im Beweisbeschuss übergangenen Zeugen ist für sich kein Verzicht. 10

V. Wirkung des Verzichts. Das Gericht darf einen Zeugen nach einem Verzicht des Beweisführers und beim Fehlen eines Vernehmungsantrags des Prozessgegners grundsätzlich nicht mehr vernehmen. Es muss eine begonnene Vernehmung abbrechen und den Zeugen entlassen. Bei der Erhebung von Sachverständigenbeweis von Amts wegen, § 144 I 1, § 287 I 2, und im Fall des § 448 darf das Gericht die Beweisaufnahme fortsetzen. 11

Der Verzicht wirkt **nur für die jeweilige Instanz;** in der Berufung muss das Gericht ggf. über § 139 aufklären, ob ein Verzicht im Verfahren des ersten Rechtszuges fortgelten soll, BGH NJW-RR 2002, 1500. Das gilt auch dann, wenn der Beweisführer oder beide Parteien weitergehende Erklärungen abgeben. Nur diese letzteren darf und muss das höhere Gericht nach § 286 frei würdigen. Eine erneute Benennung des Zeugen ist in der ersten Instanz oder in der Berufungsinstanz nur in den Grenzen der §§ 296, 530, 531 II Nr. 3 sowie § 67 ArbGG zulässig, BGH NJW 2017, 2288; NJW 2014, 52; BAG NJW 1974, 1349. 12

Die laufende Vernehmung ist nicht fortzusetzen, wenn nicht der Gegner dies beantragt. Soweit der Zeuge schon ausgesagt hat, ist allerdings der Verzicht nicht wirksam; die Aussage ist zu verwerten. Der gegenteiligen Ansicht, vgl. Prütting/Gehrlein/Trautwein Rn. 4; MüKoZPO/Damrau/Weinland Rn. 2, ist nicht zu folgen, weil sie dem Gericht aufgibt, sein in Ausübung der richterlichen Aufgabe erworbenes Wissen – praxisfern! – auszublenden. Das gäbe der benennenden Partei über die in der Nichterhebung von Beweis liegende, unmittelbare Wirkung des Verzichts hinaus die Möglichkeit, Erkenntnisse, die ihr normalerweise nachteilig sein werden, ungeschehen zu machen. Mit der Grundlage der Norm in der **Parteiherrschaft,** → Rn. 2, ist gerade dies nicht vereinbar, weil eben solche Erkenntnisse ihr entzogen sind, vgl. nur § 291. Auch im Ausbleiben eines Verlangens 13 nach § 399 Hs. 2 kann man ein Einvernehmen der Parteien über eine Nichtverwertung der Teilaussage nicht erblicken. Im Übrigen ist ein Ausblenden von erlaubt erworbenem Wissen unmöglich; es wird idR mittelbar Einfluss haben. Die Verwertung der Teilaussage ist ein Problem der Beweiswürdigung nach § 286, in deren Rahmen auch die Lückenhaftigkeit zu berücksichtigen ist. Nicht verwertbar sind Erkenntnisse, die im Rahmen einer gegen den Verzicht fortgesetzten Beweisaufnahme gewonnen werden; dies ist nur bei Rügeverzicht nach § 295 anders, Zöller/Greger Rn. 1.

14 Ein Verzicht nach Abschluss der Vernehmung ist ohne Wirkungen.

15 **VI. Vernehmungsantrag des Prozessgegners, Hs. 2.** Der Gegner kann, andauernde Beweisbedürftigkeit vorausgesetzt, → Rn. 1, die Vernehmung des erschienenen Zeugen oder die Fortsetzung der Vernehmung verlangen. Wenn er den Antrag unterlässt und sich später auf den Zeugen beruft, liegt darin ein an sich zulässiger Beweisantrag, indes kann das Gericht diesen nach § 296 zurückweisen, in der Berufung gilt § 531 II. Solange der Zeuge nicht erschienen ist, sei es auch unentschuldigt, hat der Gegner keinen Anspruch auf Zeugenvernehmung, dh der Verzicht ist wirksam.

16 Der Streitgenosse der verzichtenden Partei ist nicht „Gegner"; er hat indes die Möglichkeit des spontanen Beweisantrags, da selbst bei Anwendbarkeit des § 296 eine Verzögerung idR nicht eintreten wird. Der Streithelfer des Gegners ist nach § 67 antragsberechtigt. Im Zwischenstreit nach § 387 ist derjenige, welcher die Vernehmung verlangt hat, Partei, → § 387 Rn. 9.

17 **VII. Verstoß.** Soweit das Gericht die Vernehmung entgegen § 399 vorgenommen oder fortgesetzt hat, ist die Aussage wegen eines Verstoßes gegen die Parteiherrschaft unverwertbar. Freilich kann der Verstoß nach § 295 I geheilt werden, → Rn. 13. Soweit das Gericht fälschlich einen Verzicht angenommen hat, kann ein Verfahrensfehler vorliegen, § 538 II 1 Nr. 1.

400 ***Befugnisse des mit der Beweisaufnahme betrauten Richters.*** **Der mit der Beweisaufnahme betraute Richter ist ermächtigt, im Falle des Nichterscheinens oder der Zeugnisverweigerung die gesetzlichen Verfügungen zu treffen, auch sie, soweit dies überhaupt zulässig ist, selbst nach Erledigung des Auftrages wieder aufzuheben, über die Zulässigkeit einer dem Zeugen vorgelegten Frage vorläufig zu entscheiden und die nochmalige Vernehmung eines Zeugen vorzunehmen.**

1 **I. Systematik, Regelungszweck, Geltungsbereich.** Die Aufzählung des § 400 ist unvollständig. Die Vorschrift dient durch Klarstellung der Prozessförderung und der Prozesswirtschaftlichkeit.

2 Zum Geltungsbereich → Vor § 373 Rn. 5 ff.

3 **II. Ermächtigung.** Der nach § 361 beauftragte oder nach § 362 ersuchte Richter darf unter anderem folgende Anordnungen treffen: Er darf beim Ausbleiben des Zeugen nach § 380 verfahren, Ddf BeckRS 2014, 5546. Er darf bei einer Zeugnisverweigerung nach §§ 383 ff., 386, in den Grenzen der → Rn. 5 nach § 390 vorgehen, bei offensichtlich unberechtigter oder überhaupt nicht mit Gründen versehener Zeugnisverweigerung sofort, ohne die rechtskräftige Entscheidung im Zwischenstreit nach § 387 abwarten zu müssen, BGH NJW 1990, 2936; Ffm NJW-RR 2012, 832; → § 386 Rn. 4; → § 387 Rn. 4. Er darf die Anordnungen nach § 381 wieder aufheben, und zwar auch nach der Erledigung seines Auftrags. Da eine solche Wiederaufhebung zugleich eine Änderung nach § 573 II darstellt, ist auch das Prozessgericht zur Wiederaufhebung nach → § 381 Rn. 9 befugt und verpflichtet, soweit die Voraussetzungen vorliegen; dieser Entscheidung darf er nicht mehr entgegenwirken. Er darf über die Zulässigkeit einer Frage nach § 397 II vorläufig entscheiden.

4 Er muss die Ablehnung einer Frage nach § 160 IV protokollieren. Eine wörtliche Aufnahme der Frage ist unnötig. Endgültig entscheidet das Prozessgericht nach § 398 II. Er darf die nochmalige Vernehmung nach § 398 I vornehmen. Er darf und muss alle nach § 273 prozessleitenden Verfügungen im Rahmen seines Auftrags treffen, zB laden, belehren, vertagen, §§ 216, 227. Er darf und muss die Sitzungspolizei nach § 176 GVG ausüben. Er darf und muss die erforderlichen Anweisungen zur Entschädigung des Zeugen nach dem JVEG treffen, § 401. Er darf, nie muss, schließlich den Beweisbeschluss nach § 359 im Rahmen des § 360 S. 3 ändern.

5 **III. Zuständigkeit des Gerichts.** Der Richter darf nicht zB: Eine schriftliche Aussage nach § 377 III anordnen, einen Zwischenstreit entscheiden, vor allem über eine Zeugnisverweigerung nach §§ 383 ff. oder über eine Eidesverweigerung oder eine Beeidigung nach §§ 478 ff., es sei denn, die Verweigerung wäre ohne jede Begründung oder nur mit einer abwegigen erfolgt oder nach § 387 rechtskräftig zurückgewiesen worden, BGH NJW 1990, 2936; Ffm NJW-RR 2012, 832; → § 386 Rn. 4; → § 387 Rn. 4. Bei Verweigerung einer Fragestellung kann das Gericht nach § 398 II über die Vernehmung entscheiden.

6 **IV. Weitere Wirkungen.** Ein Widerspruch gegen eine Anordnung nach → Rn. 3, 4 begründet keinen Zwischenstreit. Der Richter bindet das Prozessgericht nur mit sitzungspolizeilichen Maßnahmen nach §§ 177 ff. GVG und mit der Gebührenfestsetzung nach dem JVEG.

7 **V. Verstoß, Rechtsmittel.** Ein Verstoß kann ein Verfahrensfehler iSd § 538 II 1 Nr. 1 sein, KG BauR 2011, 297. Wenn der Richter eine Frage zu Unrecht zulässt, entscheidet das Prozessgericht im Urteil über die Würdigung der Antwort nach §§ 286, 313 III. Bei einem sonstigen Verstoß muss man das Prozessgericht nach § 573 I 1 anrufen; der Richter ist zur Abhilfe berechtigt, §§ 573 I 3, 572 I, Ddf BeckRS 2014, 5546. Im Zwischenstreit gilt § 366. Erst gegen die Entscheidung des Prozessgerichts ist grundsätzlich nach § 573 II eine sofortige Beschwerde nach § 567 I Nr. 1 statthaft. Gegen eine sitzungspolizeiliche Maßnahme ist direkt eine Beschwerde an das übergeordnete Gericht nach § 181 GVG zulässig. Eine Rechtsbeschwerde kommt unter den Voraussetzungen des § 574 in Betracht. Fehler können nach § 295 geheilt werden, Ddf BeckRS 2014, 5546.

401 ***Zeugenentschädigung.*** **Der Zeuge wird nach dem Justizvergütungs- und -entschädigungsgesetz entschädigt.**

1 Die Vorschrift enthält zwecks Vereinfachung eine Gesamtverweisung. Die Entschädigung des geladenen wie des nach § 273 gestellten, sistierten und dann auch vernommenen Zeugen für Auslagen und Zeitverlust richtet sich nach dem JVEG, Toussaint/Weber JVEG.

Titel 8. Beweis durch Sachverständige

Vorbemerkung zu § 402

Schrifttum: Bayerlein/Bleutge/Roeßner, Praxishandbuch Sachverständigenrecht, 6. Aufl. 2021; Bayerlein/Walter, „Todsünden" des Sachverständigen, 6. Aufl. 2017; Börstinghaus DS 2016, 73 (Mieterhöhungsverfahren); Ehlers, Medizinische Gutachten im Prozess, 4. Aufl. 2016; Enko, Ethik und Recht in der Medizin, 2022; Ghassemi-Tabar/Nober Der Privatgutachter im Zivilprozess, NJW 2016, 552; Heß/Burmann, Der Sachverständigenbeweis bei Haftpflichtprozessen, NJW 2019, 492; Jungk AnwBl 2015, 620 (Verhältnis zur Anwaltschaft); Lindacher, Die gerichtliche In-Auftrag-Gabe demoskopischer Gutachten, GRUR 2016, 242; Luz BauR 2017, 14 (Baurecht); Meller/Hannich, Die Rolle des Sachverständigen im deutschen Zivilprozess, ZZP 129 (2016), 263; Neuhaus, BUV-Typische Probleme im Zusammenhang mit Sv.-Gutachten zu psychischen Störungen, VersR 2021, 1525; Salzgeber, Familienpsychologische Gutachten, 7. Aufl. 2020; Ulrich, Der gerichtliche Sachverständige, 13. Aufl. 2019; Ulrich, Die Sachverständigen und ihr Honorar, 2018.

Übersicht

I. Systematik. §§ 402–413 regeln das wegen der technischen Entwicklung neben dem Zeugenbeweis sehr bedeutsame Beweismittel „Sachverständiger". Der sachverständige Zeuge nach § 414 gehört infolge der dort klarstellenden Verweisung systematisch zum Zeugenabschnitt der §§ 373 ff. § 144 ergänzt die Regelungen in §§ 403 f. Zur Verfassungsmäßigkeit Zuck NJW 2010, 3622. 1

II. Regelungszweck. §§ 402 ff. sollen dem Gericht helfen, sich für die Beweiswürdigung nach §§ 286, 287 insbesondere technisch, aber zB auch psychologisch genügend kundig zu machen, ihm mithin abstrakte Erfahrungssätze vermitteln, BGH NJW 2007, 2122; NJW 1993, 1796; NJW 1978, 751; NJW-RR 2004, 1248; KG NJW-RR 2011, 608. Dennoch bleibt die letzte Verantwortung beim Gericht, das sich auch bei fehlender Sachkunde mit Gutachten kritisch auseinandersetzen und bei Zweifeln die Beweiserhebung fortsetzen muss, BGH NJW-RR 2008, 1252; Hartmann-Hilter NZFam 2015, 600; Sass BauR 2014, 181. 2

Zeitgemäß sind §§ 402 ff. entgegen DJT NJW 2014, Heft 40 S. 17 rot und entgegen DJT 2018 trotz unverkennbarer einzelner Schwächen im Ergebnis sehr wohl geblieben. Vgl. zur jüngeren Diskussion auch Iglauer-Sander DS 2016, 179; Blendinger DS 2015, 211; Walter DS 2015, 205. 3

III. Geltungsbereich. §§ 402–414 gelten grundsätzlich in allen Verfahren der ZPO, Ddf NJW-RR 1998, 933 (Ablehnung des Sv. im Beweisverfahren). Sie gelten auch im WEG-Verfahren, im FamFG, BGH NJW 2020, 398, und im Verfahren nach § 46 II 1 ArbGG. Zum Kindschaftsverfahren nach § 163 FamFG Ernst FPR 2009, 345, ZVG-Verfahren, BGH NJW 2003, 2825, Insolvenzverfahren nach § 4 InsO, Keller Rpfleger 2011, 66 (ausf.). Sie gelten über § 113 I 2 FamFG auch im weiteren dortigen Verfahren, Brdb NZFam 2015, 284. Wegen der Abweichungen vgl. bei den einzelnen Vorschriften. 4

IV. Aufgaben des Sachverständigen. 1. Definition, Abgrenzung vom Zeugen. Eine gesetzliche Definition gibt es nicht. Der Begriff des Sachverständigen ist von seinen Aufgaben her inhaltlich zu erfassen; die Beauftragung gerade durch das erkennende Gericht ist begrifflich nicht erforderlich, BSG 22.12.2021 – B 5 R 175/21 B, BeckRS 2021, 45257 Rn. 8. 5

Aus dem Gesamtbild insbesondere der §§ 407a I, 410 I 2, 411a, 414 lässt sich Folgendes gewinnen: Der Sachverständige ist ein **Fachkundiger.** Er gibt dem Gericht allgemeine Erfahrungssätze aus seinem Fachgebiet und wendet sie auf den Einzelfall an, → Rn. 2. Mit ihrer Hilfe zieht der Richter die ihm mangels einer eigenen Sachkunde nicht möglichen, aber nötigen Schlüsse, BVerwG DS 2018, 127. Das Gericht darf sich fehlende, auf andere Weise nicht zu erlangende Sachkunde nur durch Sachverständige verschaffen, nicht etwa durch Zeugen; es muss darauf achten, dass der Sv. die rechtlichen Schlüsse nicht selbst zieht, BGH NJW-RR 2021, 1455 (Mietspiegel); NJW 1993, 1796. Der Sv. ist in seinem Aufgabenbereich ersetzbar, BGH NJW 2007, 2122 Rn. 21; NJW 1985, 1399, der Zeuge nicht. Zur Abgrenzung des Sachverständigen vom Zeugen → Vor § 373 Rn. 6. Der Zeuge macht bekundet sein Wissen über bestimmte Tatsachen, allg. → Vor § 284 Rn. 29. Wegen des sachverständigen Zeugen § 414.

Das **ärztliche Zeugnis** steht dem Sachverständigengutachten inhaltlich nahe und kann bei der Ermessensentscheidung über die Einholung eines Gutachtens mit verwertet werden, BGH 16.2.2022 – XII ZB 355/21, BeckRS 2022, 7012 Rn. 15. 6

Am deutlichsten zeigt sich der Unterschied zwischen Zeugen und Sv. bei den Tatsachen, die dem Gutachten zugrunde liegen. Während der Zeuge eine Tatsachenfeststellung durch das Gericht ermöglichen soll, muss der Sv. sein Gutachten auf feststehende Tatsachen stützen. Daher muss der Sachverständige die seiner Überzeugung zugrunde liegenden **Tatsachen** und die von ihm benutzten Erfahrungssätze derart angeben, dass das Gericht wie die Parteien ihre Richtigkeit und Vollständigkeit sowie die Ermittlungsumstände nachprüfen können, BVerfG NJW 1997, 1909; BGH NJW 2012, 317. Näher zu den Grundlagen des Gutachtens → Rn. 33. 7

8 **2. Tätigkeitsfeld.** Dazu Meller/Hannich ZZP 129, 263 (Grdz.). Der Sachverständige leistet eine oft mit streitentscheidende Tätigkeit, zumindest eine erhebliche Teilnahme am Entscheidungsvorgang, Keller Rpfleger 2011, 66. Trotzdem ist er kein Angehöriger der staatlichen Rechtspflege, sondern Helfer und Berater des Gerichts, BGH NJW 2006, 3214 (Unzulässigkeit der Streitverkündung), BVerwG NVwZ-RR 2009, 977, Hamm NJW-RR 2016, 1206, was durch die in §§ 404a, 407a geregelte Zusammenarbeit unterstrichen wird. Schlichtungsaufgaben sind dem Sv. daher nicht zu übertragen, AG Osnabr FamRZ 2009, 130. Zur grds. anderen Funktion des **sachverständigen Prüfers** nach §§ 7 III 2, 8 II SpruchG Ddf NZG 2020, 1072 Rn. 25.

9 Die Aufgabengebiete sind weit gespannt, zur Parapsychologie Wimmer NJW 1976, 1131. Über den Beweiswert erbbiologischer Gutachten → § 372a Rn. 17. **Rechtsgutachten** soll ein Gericht nach § 293 grundsätzlich nur bei ausländischem Recht anfordern, dies aber auch dann, wenn es um eine Vorlage an den EuGH geht, BGH, WM 2022, 670 = BeckRS 2022, 5369; die Lösung von Rechtsfragen ist im Übrigen alleine Aufgabe des Gerichts, nicht des Sachverständigen, BGH NJW-RR 2004, 1248 (Auslegung eines Vertrags ist Rechtsanwendung), Feststellung einer Verkehrssitte kann Sv.-Frage sein, BGH NJW-RR 2004, 1248; BVerwG DS 2018, 127 Rn. 22; Seibel NJW 2014, 1628. Die Frage nach „Mängeln" oder „Wertminderung" ist jedoch bei Billigung durch die Parteien nicht verfahrensfehlerhaft, § 295, und etwa im Bauprozess durchaus praktikabel, Stgt NZBau 2005, 640; Hamm NJW-RR 2002, 1674.

10 Das Gericht darf und muss das Gutachten eingehend darauf prüfen, ob es **überzeugt,** BVerfG NJW 1997, 1909, BGH GRUR 2008, 779. Das Gericht darf aber trotz der Notwendigkeit einer freien Beweiswürdigung, → § 286 Rn. 6, nicht ohne eine genügende eigene Sachkenntnis über das Gutachten hinweggehen, BGH NJW-RR 2019, 497 (eigenständiger Wechsel der Bewertungsmethode); Herrler NZFam 2015, 597. Schon der Beweisbeschluss nach § 359 darf dem Sachverständigen nach alledem nicht die Prüfung von Rechtsfragen übertragen, Sass BauR 2014, 188, auch nicht derjenigen, ob eine Fahrlässigkeit oder ein Kunstfehler vorliege. Der Sv. darf nur die zugehörigen Tatsachen und die auf seiner Sachkunde beruhenden Schlüsse nach → Rn. 5 liefern. Die Praxis weicht hiervon gerade im Bauprozess nicht selten ab und fragt nach „Mängeln" oder „Wertminderung". Solange der Sachverständige dies nicht zum Anlass nimmt, die Darlegung von Tatsachen und fachlichen Rückschlüssen gleichsam zu überspringen, ist dies unschädlich, Stgt NZBau 2005, 640; Hamm NJW-RR 2002, 1674.

11 **V. Marktforschung.** Besonders im Wettbewerbs- und Markenrecht machen viele von der Meinungsbefragung durch anerkannte Spezialinstitute Gebrauch, zB um den Grad der Bekanntheit einer Marke, die Kennzeichnungskraft einer Ausstattung, die Verwechslungsgefahr oder die Verkehrsauffassung bei einer angeblich irreführenden oder unzulässig vergleichenden Werbung beim Verbraucher festzustellen, BGH 29.7.2021 – I ZR 114/20; NJW 2004, 1163; NJW 1997, 2817. Dazu Lindacher GRUR 2016, 242. Gehören die Parteien den betr. Kreisen an, kann hierauf verzichtet werden, BGH GRUR-RS 2020, 17323.

12 **1. Befragung.** Die Befragung findet durch hierfür geschulte Leute aufgrund bestimmter Fragen statt, zB seitens der IHK. Je nach der Lage legt man dem Befragten auch Bildzeichen vor. Die Auswahl der Befragten erfolgt nach bestimmten Gesichtspunkten, damit sie einen für die Frage maßgebenden Bevölkerungsdurchschnitt darstellt. Auch hier handelt es sich um ein Sachverständigengutachten, BGH NJW 1991, 493; Eichmann GRUR 1999, 939 (953).

13 **2. Gutachten.** Das Gutachten gibt schon wegen § 407a I, II der Leiter des Unternehmens anhand der erarbeiteten Feststellungen ab. Das Gericht muss ihn nach § 404a ausreichend anleiten, Eichmann GRUR 1999, 939 (953). In der Befragung durch das Personal des Instituts liegt nicht schon eine – unzulässige – Vernehmung. Sie ist allein eine Aufgabe des Gerichts. Es handelt sich vielmehr um die Befragung eines ausgewählten Bevölkerungsteils nach für alle gleichen Fragen und um die Registrierung ihrer Antworten Die Institute bleiben also Hilfspersonen des Richters.

14 Auf ein Erfordern müssen die **Unterlagen offengelegt werden,** soweit sich das nicht schon aus der Begründung des Gutachtens ergibt. Das folgt bereits aus § 407a II 2, BVerfG NJW 1995, 40, BGH MDR 1980, 308. Ferner muss der Gutachter ggf. die Art des Zustandekommens des Gutachtens darlegen. Bei begründeten Bedenken gegen die Ordnungsmäßigkeit des Gutachtens müssen die Mitarbeiter des Instituts einschließlich der Befrager als Zeugen zur Verfügung stehen. Vgl. ferner § 411a.

15 **3. Kosten.** Zweckmäßig und nach § 404a I, II bisweilen unabdingbar ist eine genaue Ausarbeitung der Fragen unter einer Heranziehung der Parteien und des Sachverständigen. Sie empfiehlt sich nicht zuletzt wegen der meist sehr hohen Kosten, Heldrich AcP 186, 74 (89). Denn der Beweisführer muss auch für eine Meinungsumfrage einen Vorschuss nach §§ 379, 402 einzahlen, Mü NJW-RR 1994, 1201.

16 **VI. Fachbehörde.** Titel 8 kennt nach dem Wortlaut zB des § 407a I, II grundsätzlich nur die **Einzelperson** des Sachverständigen, Hamm NJW-RR 1990, 1471 (Gutachterausschuss kein ablehnungsfähiger Sachverständiger), nicht wie zB § 83 StPO auch Fachbehörden; indes ist der Begriff weit zu interpretieren, BGH NJW 1998, 3355. Nicht etwa kann man aus der gesetzlichen Regelung folgern, dass ein Gutachten einer Fachbehörde unbenutzbar wäre, BGH NJW 1997, 2817. Im Gegenteil sehen einige Gesetze solche Gutachten besonders vor, zB § 29 PatG, § 21 I GebrMG, § 58 I MarkenG, §§ 192 ff. BauGB, §§ 73 II Nr. 8, 177 II Nr. 5 BRAO, § 14 II RVG, § 91 I Nr. 8 HandwO, für das BEG bereits BGH MDR 1967, 999. Obwohl dann eine mündliche Vernehmung nur eingeschränkt möglich ist, zB durch die Anhörung eines vom Gutachterausschuss benannten Mitglieds, BGH NJW 1974, 701, liegt ein wirklicher Sachverständigenbeweis und nicht ein Urkundenbeweis vor, BGH NJW 1998, 3355. Bei einer privaten Organisation muss das Gutachten den verantwortlichen Verfasser nennen, Karlsr MDR 1975, 670.

17 Wegen der amtlichen Auskunft → Vor § 373 Rn. 31. Zu Gutachten von Gutachterkommissionen und Schlichtungsstellen für den Arzthaftpflichtprozess BGH NJW 2019, 2399 Rn. 10; Scholz VersR 2016, 625; → § 411a Rn. 3, für den Gutachterausschuss nach § 192 BauGB → § 404 Rn. 5.

18 **VII. Dolmetscher.** Der Dolmetscher nach § 185 GVG ist als solcher kein Sachverständiger, Stgt Rpfleger 1983, 416, wohl aber bei der Bestätigung einer Übersetzung, Karlsr FamRZ 2013, 2011; Köln NJW 1987, 1091.

19 **VIII. Hinzuziehungsgrundsätze. 1. Hinzuziehungsfreiheit. a) Vorrangige Regelungen.** In seltenen Fällen kann das Gesetz dem Gericht vorgeben, anstelle des Sachverständigenbeweises eine andere Quelle zu verwerten, so etwa die ortsgerichtliche Schätzung nach § 2 Hess OrtsGerG für den Anspruch aus § 2314 I 2

BGB, Ffm NJW-RR 2022, 516. Im Verwaltungsprozess kann sich aus § 86 I 1 VwGO ergeben, dass das von einer Verwaltungsbehörde eingeholte Gutachten ausreicht, OVG Lünebg NJW 2022, 1401.

b) Bedeutung eigener Sachkunde. Das Gericht darf grds. eigene, im Urteil indes darzulegende **Sachkunde** zur Geltung bringen und sein Wissen auch aus anderen Quellen beziehen, zB dem Fachschrifttum oder aus eigenem Augenschein, BGH NJW-RR 2021, 1455 (Mietspiegel); NJW-RR 2015, 847; NJW-RR 2007, 357; NJW-RR 2000, 1946. Entsprechendes kann durch häufige Bearbeitung ähnlich liegender Sachen geschehen. § 291 ist nicht anwendbar, BGH GRUR 2011, 1043 Rn. 49. Man darf auch ein Gutachten verwerten, das in einem anderen Prozess eingeholt wurde; unter den Voraussetzungen von § 411a ist es als Sachverständigenbeweis zu verwerten; vgl. auch BGH MDR 2008, 915; NJW 1995, 1294 (auf vollständige Aufklärung achten!). Die Hinzuziehung kann auf Antrag geschehen, aber auch von Amts wegen nach §§ 144 I, 273 II Nr. 4, 372 II. Die Parteien haben insofern weder ein Widerspruchsrecht noch ein Ablehnungsrecht nach § 42 oder nach § 406. Da indes **§ 144** die Parteien nicht von ihrer Darlegungs- und Beweislast befreit, ist es regelmäßig nicht ermessensfehlerhaft, wenn das Gericht angesichts eindeutig entgegenstehenden Willens der Partei von einer Maßnahme nach § 144 absieht, BGH NJW-RR 2019, 719, Anm Dörr MDR 2019, 1173. Seit dem 1.1.2020 gibt § 144 I 1 dem Gericht auch die Möglichkeit, einen Sachverständigen als Berater hinzuzuziehen, zB wenn es bei der Vernehmung eines Kindes nicht auf dessen Zustand ankommt, sondern nur auf die bestmögliche Herbeiführung der Aussage. Die nach § 144 III entspr. Geltung der §§ 402 ff. bezieht sich auf die Verfahrensregeln. 19a

Das **ärztliche Zeugnis** steht dem Sachverständigengutachten inhaltlich nahe und kann bei der Ermessensentscheidung über die Einholung eines Gutachtens mit verwertet werden, BGH 16.2.2022 – XII ZB 355/21, BeckRS 2022, 7012 Rn. 15. 20

Freilich kann man umgekehrt die Sachkunde rügen und dadurch die Hinzuziehung eines (anderen) Sachverständigen veranlassen, BGH NJW-RR 2007, 357; NJW 2000, 3072; BVerwG NJW 2009, 2614. Die Sachkunde eines Mitglieds des Kollegiums reicht aus, wenn sie den übrigen vermittelt wird, BGHSt 12, 18. Im Zweifel sollte das Gericht sich, nicht zuletzt wegen denkbarer Besetzungswechsel im Laufe des Verfahrens, auf den Sachverständigenbeweis stützen, BGH MedR 2009, 342 (Arzthaftung). Auch → Rn. 23. 21

Davon zu unterscheiden ist die Einholung eines Sachverständigengutachtens im Rahmen der **Schadensschätzung,** → § 287 Rn. 25. 22

2. Hinzuziehungspflicht. Die allgemeinen Grundsätze für die Beweiserheblichkeit und -bedürftigkeit streitigen Sachvortrags, Anders/Gehle Assessorexamen ZivilR A Rn. 131; F Rn. 20, gelten uneingeschränkt; ein Ermessen besteht insoweit nicht. 23

Den Sv. zieht das Gericht alsdann grundsätzlich nach seinem **pflichtgemäßen Ermessen** hinzu, BGH NJW 2018, 2803; NJW 2010, 3160; zur Vergleichsmiete: BGH WuM 2021, 442; NJW 2019, 3142. Es sollte das großzügig tun, Broß ZZP 102, 413 (438). Die Hinzuziehung ist seine Pflicht vor der Herabsetzung einer Anwaltsvergütung nach § 3a II 2 Hs. 1 RVG, ferner beim Streit um eine Rahmengebühr nach § 14 II RVG, BGH 13440; NJW 2008, 3641 (ohne Bindung an das Ergebnis); Köln NJW 1998, 1960. Das Gericht sollte sich eine eigene Sachkunde nur dann zutrauen, wenn es die Frage wirklich beherrscht, BGH NJW-RR 2021, 1455 (Mietspiegel). Hierauf sind die Parteien **hinzuweisen,** BGH NJW 2019, 2607 Rn. 9; NJW 2015, 1311 Rn. 5; NJW-RR 2020, 65; 2019, 497; auch die Entscheidungsgründe müssen sich hierzu verhalten, BGH NJW 2015, 1311; NJW 2000, 1946; NJW-RR 2015, 158 Rn. 18; NJW-RR 2007, 357; NJW-RR 2000, 1547, namentlich in **medizinischen Fragen,** BGH NJW 2021, 1398; NJW 2015, 1601; Martis/Winkart B30; Bischof JurBüro2020, 341. Allg. → Vor § 128 Rn. 53. Ein Gericht darf den medizinischen Standard grundsätzlich nicht ohne Grundlage in einem Sachverständigengutachten oder gar entgegen sachverständigen Ausführungen aus eigener Beurteilung festlegen, BGH NJW 2021, 1536, mAnm Laumen MDR 2021, 794. 24

Die genügende **Sachkunde** darf das Gericht sich nicht durch (sachverständige) Zeugen verschaffen, BGH NJW 1993, 1796; Kblz MedR 2005, 473. Globale Verweisungen auf die „Erfahrung" des Gerichts sind fehl am Platz, BGH VersR 2007, 1008. Das ist bei vorhandener Erfahrung mit Blick auf Glaubwürdigkeitsgutachen anders, BGH NJW-RR 1997, 1110 und kann auch bei irreführender Werbung den Verzicht auf Sachverständigenbeweis tragen, BGH NJW 2004, 1163. Wenn das Gericht der Sachkunde der Handelsrichter nach §§ 93 ff. GVG traut, braucht es keinen Sachverständigen zuzuziehen. Das Gericht kann den Sachverständigen auch bei der übrigen Beweisaufnahme hinzuziehen, BGH NJW 1993, 2380; VersR 1979, 939 (Parteianhörung). Es kann ihm aber auch nach § 404a das Ergebnis der übrigen Beweisaufnahme oder bestimmte Fragen vorlegen. Die Ablehnung eines Beweisantrags wegen **Ungeeignetheit** des Beweismittels kommt nur dann in Betracht, wenn es völlig ausgeschlossen erscheint, dass das Beweismittel zu dem Beweisthema sachdienliche Erkenntnisse erbringen kann, BGH NJW 2018, 2803; NJW-RR 2015, 158. Dabei ist größte Zurückhaltung geboten, BGH NJW 2004, 767. Insbesondere ist eine vorweggenommene Beweiswürdigung zu vermeiden, BGH 11.5.2021 – VI ZR 1206/20, BeckRS 2021, 16298. 25

Die Ausübung des Ermessens ist in der Revision nur **eingeschränkt überprüfbar,** BGH NJW-RR 2021, 1017 Ls. 3. 26

3. Verfahren. Die Auswahl des Sachverständigen liegt grundsätzlich allein beim Gericht, § 404, Ausnahmen bei § 487. Eine Befragung der Handelskammer, Handwerkskammer usw. kann zweckmäßig sein. Sie ist vielfach notwendig und üblich. 27

4. Nachprüfungspflicht. Das Gericht muss Gutachten auf ihre wissenschaftliche Begründung nach Kräften nachprüfen, BVerfG WuM 1997, 318, BGH BB 1976, 481, Köln VersR 1995, 1082. Es muss die vom Sachverständigen verwendeten Tatsachen nachprüfbar vortragen lassen, Ddf MDR 1995, 1267. Die Begründung des Urteils muss die tragenden Erwägungen ergeben und insbesondere auch darlegen, warum der Richter weiteren Anregungen der Parteien nicht nachzugehen brauchte, BGH NJW 1997, 1446; NJW-RR 2009, 387. 28

IX. Rechtsstellung des Sachverständigen. 1. Tätigkeitspflicht. Die Sachverständigenpflicht, § 407, liegt zwar wie jede Beweisaufnahme im Zivilprozess zunächst im Interesse der beweispflichtigen Partei. Das ändert aber entgegen DJT 2014, 105 nichts daran, dass sie auch zwecks Erzielung eines sachgerechten Ergebnisses in den Formen der Rechtsstaatlichkeit erfolgt. Sie ist daher konsequent schon wegen ihrer richterähnlichen Verantwortung in der Form öffentlich-rechtlich, BGH NJW 1976, 1154, Deutsch FS Ferid, 1978, 131, Sprenger, Internationale Expertenhaftung, 2008. Sie verpflichtet den inländischen Sachverständigen (nicht den ausländischen, 29

Deutsch FS Ferid, 1978, 132) zur Vorbereitung und Erstattung des Gutachtens, soweit das Gericht ihn ordnungsgemäß ernannt hat, LSG Essen NJW 1983, 360 (namentliche Benennung im BB). Sie greift aber nach → Rn. 1 anders als die Zeugenpflicht nur gegenüber den vom Gericht bestimmten Personen durch, eben weil der Sachverständige grundsätzlich vertretbar ist. Der Sachverständige übt keine öffentliche Gewalt aus. Er ist kein Vertragspartner der Parteien, Ddf NJW 1986, 2891; Hamm BB 1986, 1397 (in der Haftungsfrage durch § 839a BGB überholt).

30 **2. Haftung.** Die Frage ist seit 2002 in **§ 839a BGB** geregelt; für den **Vergleich** gilt die Norm analog, BGH NJW 2020, 2471; ältere Rspr. und Lit. sind weitestgehend überholt. Für den Anspruch nach § 839a BGB ist danach zu unterscheiden, ob das unrichtige Gutachten für den Inhalt der gerichtlichen Entscheidung (mit-) ursächlich geworden ist („beruhen auf"; haftungsbegründende Kausalität) und ob der geltend gemachte Schaden durch die von dem unrichtigen Gutachten beeinflusste Gerichtsentscheidung herbeigeführt worden ist (haftungsausfüllende Kausalität), für letzteres ist maßgebend, wie der Ausgangsprozess bei Vorlage eines richtigen Gutachtens des Sachverständigen richtigerweise hätte entschieden werden müssen, BGH NJW-RR 2018, 1364; FamRZ 2018, 796 (aussagepsychologisches Gutachten); NJW-RR 2017, 1105 (Privatgutachten ist kein Rechtsmittel); BauR 2017, 1222 (grobe Fahrlässigkeit); BGH NJW 2014, 1665 (Strafverfahren); Ffm ZHR 2017, 511 (Zwangsversteigerung); Ffm NJW-RR 2017, 984 (keine Haftung für Gutachten im selbst. Beweisverfahren ohne Hauptsache). Verzögerungsschäden können dem Sv. und dem Gericht zur Last gelegt werden, BGH NJW 2011, 1072, 1074. Bei **Behördengutachten** geht § 839 als Spezialvorschrift vor, BGH NJW 2014, 1665. Der Antrag auf Anhörung nach § 411 III ist ein Rechtsmittel iSd § 839a II, 839 III BGB, BGH MDR 2007, 1210; Celle MDR 2012, 82. Zur entspr. Geltung bei Gutachten in **staatsanwaltlichen** Verfahren BGH NJW 2020, 1592. Im Sachverständigenregress gelten Grundsätze zur Erleichterung der **Darlegungslast** beim Antrag auf Sachverständigenbeweis nicht, BGH NJW 2020, 856; Katzenmeier NJW 2020, 1856.

31 Vereinzelt ist eine Wiederherstellung des Zustandes vor der Begutachtung angeordnet worden, Ddf MDR 1997, 886; gegenteilig Celle MDR 2017, 422; Köln MDR 2018, 271; näher zur **Bauteilöffnung** → § 404a Rn. 10. Für die Schädigung Dritter bei Wahrnehmung des Auftrags haftet der Sv. nach allgemeinen Vorschriften, BGH NJW 1973, 554 (Behandlungsfehler bei Erarbeitung eines med. Gutachtens).

32 Wegen der weiteren Einzelheiten wird auf die Kommentarliteratur zum BGB verwiesen.

33 **X. Tatsächliche Grundlagen des Gutachtens und Ermittlungen des Sachverständigen. 1. Anschluss- und Befundtatsachen, Parteiöffentlichkeit.** Welche Tatsachen dem Gutachten zugrunde zu legen sind, ob sachverständigerseits in dieser Hinsicht Ermittlungen angestellt werden können oder müssen und inwieweit hieraus auf der in Anspruch genommenen Sachkunde beruhende Schlüsse zu ziehen sind, lässt das Gesetz letztlich offen, was in der Vielfalt der denkbaren Fallkonstellationen eine Rechtfertigung findet. §§ 397, 402 führen nicht weiter, weil einerseits der Sv.-Beweis an bereits feststehende Tatsachen anknüpfen muss, er aber andererseits über die bloße Feststellung von Tatsachen hinausreicht. Die in § 403 erwähnten „Punkte" sind ebenfalls weit gefasst, → § 403 Rn. 4. § 404a III betrifft lediglich das Verhältnis des Gerichts zum Sv.; wie auch § 407a umschreibt die Regelung Rahmenbedingungen der Sv.-Tätigkeit, nicht aber deren Inhalt. Sie zeigt indes auf, dass Sv. an bestimmte, notfalls vom Gericht zu bestimmende Tatsachen gebunden ist. Dies geschieht nicht aus eigener Vollkommenheit, sondern alleine aufgrund hergebrachter Regeln der Tatsachenfeststellung sowie der Darlegungs- und Beweislast; zu ermitteln sind diese Tatsachen vom Gericht, BGH NJW 1997, 1446; Mü r+s 2016, 153; Köln NJW 1994, 394; näher → § 404a Rn. 7. Diese tatsächlichen Grundlagen bezeichnet man als **Anschlusstatsachen** oder Anknüpfungstatsachen, BGH NJW 2017, 160 Rn. 41; NJW-RR 2009, 244; NJW 1962, 1770; Zöller/Greger § 404a Rn. 3.

34 Die **eigenständige Ermittlung** von Tatsachen darf dem Sv. nur überlassen werden, wenn die Sachkunde des Gerichts bereits hierfür nicht ausreicht bzw. wenn die Ermittlung nur unter Anwendung von Sachkunde Sinn gibt, BGH NJW 1997, 1446; NJW 1997, 3097; NJW-RR 1995, 715 (Augenschein), NJW 1974, 1710; KG VersR 2015, 568 (Bindung für das Berufungsverfahren). Karlsr VersR 2003, 977. Man bezeichnet sie als **Befundtatsachen,** BGH NJW-RR 2011, 1459 Rn. 18 (Auswertung von Krankenunterlagen). Bei ärztlichen Untersuchungen mag hierzu Anlass bestehen, Hamm MDR 2006, 889; MedR 2004, 60 (Ausschluss der **Parteiöffentlichkeit**), bei einer Zeugenvernehmung praktisch nie, BGH NJW 1957, 906. Das Gericht kann zur Zeugenvernehmung oder Parteianhörung einen Sv. hinzuziehen, BGH NJW 1993, 2380; VersR 1979, 939.

35 Zentrales Problem sind die **Unmittelbarkeit** und die Parteiöffentlichkeit der Beweisaufnahme, §§ 355, 357, für letzteres Kürschner NJW 1992, 1804; BVerwG NVwZ 2006, 1194 (Verwertungsverbot bei Verstoß); für Intimsphäre als höherrangiges Rechtsgut Köln NJW 1992, 1568 (Ausschluss des bekl. Arztes von Untersuchung des Kl. durch Sv.); für Ausschluss des störenden Ag. vom Ortstermin Köln MDR 2011, 1320. Betr. Einsatz von Kameradrohnen Regenfus DS 2016, 14. Zur Verletzung des Rechts aus Art. 103 I GG, wenn bloße Wiedergaben als Wertung des Sv. behandelt werden, BGH NJW 2020, 934.

36 Unzulässige Tatsachenermittlung durch Sv. kann den Verdacht der Befangenheit hervorrufen und selbst wenn kein Ablehnungsantrag gestellt wird, den Beweiswert des Gutachtens mindern, BGH NJW 2017, 160 Rn. 41.

37 In der **Beweiswürdigung** darf das Gericht die Befundtatsachen als gegeben zugrunde legen, wenn sie unstreitig sind; wenn sie streitig sind, müssen sie überprüft werden, BGH NJW-RR 2021, 1017 Rn. 41; NJW-RR 2021, 76 Rn. 50; auch BVerfGE 91, 176 (182).

38 Fehlerhaftes Vorgehen kann nach **§ 295** geheilt werden, Ffm VersR 2003, 927; Karlsr VersR 1989, 810; daneben ist erforderlich, dass die Parteien tatsächliche Feststellungen des Sv. zum Inhalt ihres Sachvortrags gemacht haben, weil sie nur dann berücksichtigt werden können; im Regelfall wird dies konkludent geschehen, BGH NJW 2001, 2177. Bei Zweifeln sind die gebotenen tatrichterlichen Feststellungen nachzuholen, BGH NJW 1962, 1770. Gerade Arzthaftung und Bauprozess bieten in dieser Hinsicht ein vielfältiges Erscheinungsbild, das nach sachkundiger, vorausschauender Verfahrensleitung und ausführlicher Information der Parteien verlangt.

39 Auch → § 404a Rn. 7 (Bestimmung der zugrunde zu legenden Tatsachen); → § 407a Rn. 11 (Ermittlungen des Sachverständigen); § 414, Abgrenzung vom sachverständigen Zeugen.

40 **2. Offenlegung.** Der Sachverständige muss diejenigen Tatsachen offenlegen, die er zur Begutachtung herangezogen hat, BVerfG BeckRS 2017, 130738; NJW 1997, 1909; NJW 1995, 40; BGH BeckRS 2019, 36874; NJW-RR 2011, 1459 Rn. 18; NJW 1994, 2899; NJW 1992, 1817. Mangelt es hieran, verletzt das darauf ergehende Urteil § 286 und Art. 103 I GG, BGH VersR 2015, 338.

XI. Privatgutachten

Schrifttum: Ghassemi-Tabar/Nober NJW 2016, 552 (Grdz.); Hattemer/Rensen MDR 2012, 1384 (Arzthaftung); Thode, Erstattungsfähigkeit von Privatgutachten (insbes. Lebensversicherung), VersR 2021, 346; Ulrich DS 2017, 315 (Grdz.).

41 **1. Parteivortrag.** Es handelt sich um ein Gutachten, das sich eine Partei bei einem von ihr ausgewählten Sachverständigen beschafft. Seiner Natur nach ist es kein Sachverständigenbeweis, sondern substantiiertes, **urkundlich** belegtes Parteivorbringen nach § 138, BGH NJW 2016, 2328 Rn. 78; NJW 2009, 2894; NJW 1993, 2382 (fehlinterpretiert als auf Parteivereinbarung beruhender Sachverständigenbeweis von Zöller/Greger ZPO Vor § 402 Rn. 3); Hamm NJW-RR 2014, 1245; Naumb NZFam 2014, 136; Kblz BauR 2013, 513; Mü NJW-RR 1988, 1534; Meller-Hannich ZZP 129, 263, 276; Gehrlein VersR 2003, 574. Es ist im Einzelfall also bereits bei der Frage nach hinreichend substantiiertem Vortrag bzw. nach den Anforderungen an die **Substantiierungslast** des Gegners zu verwerten, Köln NJW 2015, 2046; Hamm NJW-RR 2014, 1245; für erhöhte Anforderungen auch im Arztprozess bei ablehnendem Gutachten einer Schlichtungsstelle Jena GesR 2020, 376, sowie für die Anforderungen an eine Berufungsbegründung Drsd NJW-RR 2020, 1415. Allg. zur Substantiierung → § 138 Rn. 18.

42 **2. Urkunde.** Ein Privatgutachten ist im Rahmen der Beweiswürdigung ohne Einverständnis des Gegners urkundenbeweislich benutzbar, BGH NJW 2019, 2399; Nürnb NJW-RR 2022, 112 Rn. 21; Köln VersR 2014, 492 (jew. ärztliche **Gutachter- oder Schlichtungsstelle**); BGH MDR 2008, 915; NJW 1987, 2300; Blz MedR 2015, 515; LG Aurich VersR 1991, 214. Daher kommt eine Ladung des Sachverständigen außerhalb § 273 II Nr. 4 nicht in Betracht, Karlsr VersR 2003, 977. Eine nach § 592 ff. verwertbare Urkunde ist das Privatgutachten nicht, → § 592 Rn. 22. Man beachte, dass nach § 416 nur die – meist ohnehin unstreitige – Urheberschaft bewiesen ist, nicht die sachliche Richtigkeit. Rückschlüsse hierauf erfordern eine inhaltliche Auseinandersetzung. **Urteilsfindung** alleine aufgrund eines Privatgutachtens kommt in Betracht, wenn die Parteien zustimmen, BGH NJW-RR 1994, 255, oder wenn es aus sich heraus überzeugt und der Parteivortrag schlechthin keinen Anhalt für die Notwendigkeit des Sachverständigenbeweises bietet (selten!), BGH NJW-RR 2007, 1409; NJW 1993, 2882; VersR 1987, 1007; Drsd BauR 2020, 16, wenn überhaupt, dann nach Hinweis, Karlsr NJW 1990, 192.

43 **3. Verfahren.** Den Verzicht auf ein gerichtliches Sachverständigengutachten erlauben Privatgutachten grds. nicht, Nürnb NJW-RR 2022, 112. Auch das Gutachten einer **medizinischen Schlichtungsstelle** (Gutachterkommission) ersetzt als solches den Sachverständigenbeweis nicht; es erhöht auch nicht die Darlegungslast, BGH NJW 2019, 2399 Rn. 10.

44 IdR liefert eine Partei mit der Vorlage eines Privatgutachtens neue, bis dahin unbekannte Anschlusstatsachen, die notwendig in den Sachverständigenbeweis führen, vgl. BGH NJW 2002, 2324; NJW 1997, 3381. Das Gericht muss bei Vorlage eines Privatgutachtens dem Prozessgegner nach Art. 103 I GG eine **Gelegenheit zur Stellungnahme** geben, BGH MDR 2016, 1022; 1468; 2001, 568, Karlsr NJW 1990, 192. Es muss das Privatgutachten auch in der Beweiswürdigung nach → § 286 Rn. 6 kritisch und ausführlich verwerten, BGH NJW-RR 2020, 186; r + s 2020, 298; NJW 2019, 3001; VersR 2019, 569; NJW 2002, 2324; NJW 2002, 1651 (Notwendigkeit ergänzender Stellungnahme); NJW 1997, 3381; Oldb NJW 2021, 244; Köln NJW 2015, 2046; Hamm NJW-RR 2014, 1245, darf ihm aber gegen das gerichtliche Gutachten nur bei Darlegung vorhandener eigener Sachkunde folgen, BGH NJW-RR 2008, 1252.

45 Widersprüche zwischen den Gutachten sind aufzuklären und in der **Beweiswürdigung** eingehend zu erörtern, BGH NJW 2022, 2845; NJW-RR 2020, 186; BauR 2019, 1487; Baumgärtel/Laumen/Prütting/Laumen Bd. I Kap. 4 Rn. 24. Sie können Anlass sein, von Amts wegen die **mündliche Erläuterung** des Gerichtsgutachtens nach §§ 397, 411 III anzuordnen, BGH NZM 2019, 531; NJW 2002, 1651; NJW-RR 2014, 760; NJW-RR 1998, 1528; NJW-RR 1992, 1459. Dem Antrag auf Fristbewilligung für die Vorlage eines Privatgutachtens ist jedenfalls in schwierigen Fällen stattzugeben, BGH ZfIR 2018, 559. Zur eingeschränkten Berücksichtigung eines in der **Berufung** erstmals vorgelegten Privatgutachtens KG VersR 2015, 568; für den Einzelfall Notwendigkeit der Vorlage in der Berufungsbegründung fordernd Drsd NJW-RR 2020, 1415.

46 Eine **Anhörung** des Privatgutachters findet nicht statt, BGH NJW-RR 2009, 409; NJW-RR 1994, 255; NJW 1993, 2989; NJW 1986, 3077; Brdb BeckRS 2020, 4912 Rn. 7; Kblz BauR 2013, 513; Karlsr VersR 2003, 977; OVG Lünebg DÖV 2020, 793, es sei denn, die Parteien stimmten zu, womit dann aber der Privatgutachter durch konkludente Bestellung nach § 404 I 1 zum Gerichtsgutachter wird. Denkbar ist die Bestellung des Privatgutachters zum Gerichtsgutachter; das wird indes mit Blick auf § 406 kaum jemals in Betracht kommen.

47 Ein Privatgutachter kann indes zur Anhörung des Gerichtsgutachters hinzugezogen werden, BGH NJW-RR 2009, 409. Abgesehen von besonderen Einzelfällen wird das Gericht indes vAw kaum jemals Anlass hierzu haben, Karlsr VersR 1990, 55. Eine Partei mag zum Anhörungstermin den Privatgutachter stellen. Von dessen Seite aus gestellte Fragen an den Gerichtsgutachter sind als Parteifragen nach §§ 397 II, 402 zu gestatten, → § 397 Rn. 5.

48 Das Privatgutachten mag dem Prozessgegner einen Antrag auf ein Gegengutachten ermöglichen. Es mag ferner einen Anlass zur **weiteren Aufklärung** nach einem Gutachten des gerichtlich bestellten Sachverständigen geben, BGH NJW 2019, 3001; VersR 2019, 569; NJW 2017, 3661; NJW 2016, 639; NJW-RR 2011, 609 (andernfalls Verletzung des Rechts auf Gehör);NJW 2001, 77; NJW 1998, 2735; Köln VersR 2014, 492; NJW 1994, 394; Mü NJW-RR 1988, 1534, dies insbesondere bei einander widersprechenden Privatgutachten, BGH NJW 2015, 411 Rn. 15. Ohne weitere Auswertung des gerichtlichen Sachverständigenbeweises darf umgekehrt ein Privatgutachten nicht unkritisch übernommen werden, BVerfG NJW 1997, 122.

49 Ob man vom Anwalt verlangen muss, nach dem Gebot des **sicheren Weges** notfalls ein Privatgutachten vorzulegen, so BGH NJW 2013, 2965, erscheint allerdings fraglich. Gleiches gilt für die von Drsd NJW-RR 2020, 1415 verlangte Vorlage eines Privatgutachtens mit der Berufungsbegründung. Wenn das Gericht einen Privatgutachter nur zu seinen tatsächlichen Feststellungen vernimmt, ist er sachverständiger Zeuge nach § 414, BGH NJW 1998, 1060; Hamm MDR 1988, 418.

50 Ein **Privatauftrag** an einen Gutachter kann (wegen der Möglichkeit zivilrechtlicher Regressansprüche des Auftraggebers) den Verdacht der **Befangenheit** begründen, weshalb seitens des Gerichts generell ein anderer Gutachter beauftragt wird, BGH NJW 2017, 1247; 1248; Ffm NJW-RR 2017, 982; → § 406 Rn. 14; zur

Haftung auch BGH NJW 1998, 59. § 410 ist nicht anwendbar, BGH NJW-RR 2011, 419. Daher wird generell ein anderer Gutachter beauftragt.

51 Zu den **Kosten** nach § 91 BGH NJW 2017, 1397; Ddf NJW-RR 2018, 1467.

52 **XII. Amtliche Auskunft.** → Vor § 373 Rn. 10, 31 f.

402 ***Anwendbarkeit der Vorschriften für Zeugen.*** **Für den Beweis durch Sachverständige gelten die Vorschriften über den Beweis durch Zeugen entsprechend, insoweit nicht in den nachfolgenden Paragraphen abweichende Vorschriften enthalten sind.**

1 Die Bestimmungen über den Zeugenbeweis sind grundsätzlich entsprechend anwendbar. Grundlegende Abweichungen finden sich in § 411.

2 **§§ 283, 296** (Zurückweisung) sind dann **unanwendbar,** wenn eine Amtspflicht zur Zuziehung besteht, weil das Gericht eine eigene Sachkunde verneint, BGH NJW 1982, 2317 aE. Bei Nichteinzahlung des Auslagenvorschusses kann § 296 II eingreifen; § 531 I ist jedoch nur anwendbar, wenn das Gericht des ersten Rechtszuges hiervon eindeutig Gebrauch gemacht hat, BGH NJW 2017, 2288. Allgem. zur Anwendung des § 296 KG VersR 2010, 1471; MDR 2010, 345. Zur Anwendung des § 296 bei Nichteinzahlung BGH GE 2016, 1207; KG NJW 2017, 1889.

§ 355: Die Norm ist anwendbar. Zum Rügeverzicht BGH NJW 1964, 108. Bei Erteilung des Auftrags an mehrere Sv. müssen ggf. alle gehört werden, BGH NJW 1959, 1323. Körperliche Untersuchung durch den Sv. kann die Partei bei Nachteilen in der Tatsachenfeststellung ablehnen, Hamm NZV 2004, 41. Dem Streithelfer steht ein Beschwerderecht gegen die Ablehnung eines Beweisantrags nicht zu, Stgt MDR 2018, 1272.

§ 356 (Beibringungsfrist) ist unanwendbar, soweit der Sachverständige auswechselbar ist, BGH NJW 2007, 2122, gilt bei Unerreichbarkeit eines für die Begutachtung benötigten Zeugen, BGH NJW 2006, 3416 und bei Widerruf der Zustimmung zur Verwertung erhobener Befunde, BGH NJW 1981, 1319. Zurückweisung erfordert Kausalität, OLGR Ffm 2009, 542. Das Hindernis kann darin liegen, dass die Partei ohne billigenswerten Grund zur körperlichen Untersuchung eine weitere Person hinzuziehen will, Köln MedR 2010, 879. Findet das Gericht keinen geeigneten Sachverständigen, kann unter den Voraussetzungen von § 356 von der Beweiserhebung abgesehen werden; die maßgeblichen Erwägungen müssen in den Urteilsgründen dargelegt werden, BGH NJW 2017, 2354 Rn. 13. Für Vorschuss gilt alleine § 379, ggf. iVm § 296, BGH NJW 1982, 2559; Köln NJW-RR 1997, 1291; siehe §§ 283, 296.

§ 357 (Parteiöffentlichkeit) Dem Wunsch einer Partei ist grds. nachzugehen, solange nicht die Feststellungen des Sv. behindert werden, LSG Rh-Pf NJW 2006, 1547; Köln NJW-RR 1996, 1277; MüKoZPO/Heinrich § 357 Rn. 8.

§§ 358, 359 (Beweisbeschluss) Die Normen gelten selbstverständlich, ein Beweisbeschluss ist der Regelfall, aber nicht immer zwingend vorgegeben, BGH NJW 2011, 520, zur überflüssigen Beweisaufnahme Kblz MDR 2013, 1366.

§§ 361, 362, 363 (Vernehmung durch den verordneten Richter) sind anwendbar, BGH MDR 1981, 1014 (konsularische Vernehmung); MDR 1980, 931.

§ 373 (Beweisantritt) ist durch **§ 403** ersetzt, weitere Sonderregelungen in §§ 404, 405.

§ 374 (Verwertung richterlicher Vernehmungsniederschrift) ist auf die Niederschrift über eine mündliche richterliche Vernehmung des Sachverständigen anwendbar. Beim schriftlichen Gutachten gilt § 411a.

§ 375 (Beweisaufnahme durch den verordneten Richter) Die Norm ist anwendbar, OLGR Mü 2007, 303, am ehesten Abs. Ia. Zur Geltung des § 295 BGH NJW 1996, 2734.

§ 376 (Genehmigung zur Vernehmung von Beamten) mit den einschlägigen Vorschriften, vgl. bei § 376, sind anwendbar, man beachte § 408 II. Die Behörde kann die Genehmigung zur Erstattung eines Gutachtens dann versagen, wenn die Erstattung den dienstlichen Interessen Nachteile bereiten würde. Die Unmittelbarkeit der Beweisaufnahme nach § 355 spielt oft keine Rolle. Dann ist eine Übertragung auf den nach §§ 361, 362 verordneten Richter unbedenklich.

§ 377 I, II (Ladung), ist nach § 411 anwendbar. III gilt nur für den Zeugen. Statt dessen gilt § 411, BGHZ 6, 398; aM Jessnitzer DS 1991, 38.

§ 378 (Unterlagen des Sachverständigen) gilt nur neben dem vorrangigen § 404a, ist aber grundsätzlich anwendbar, aA ohne Gründe MüKoZPO/Zimmermann Rn. 3.

§ 379 (Vorschuss, Ermessen) ist grds. anwendbar, BGH NJW 2019, 3456 (strenge Anforderungen an grobe Nachlässigkeit bei Verspätung); NJW 2006, 3416, 3419; Drsd JurBüro 2007, 212 (Anforderung nicht beschwerdefähig), Ffm NJW-RR 2010, 717 (angemessene Dauer der Einzahlungsfrist). Zur Zurückweisung wegen verspäteter Einzahlung müssen §§ 296 II, 525 erfüllt sein, BGH GE 2016, 1207.

– **(Aktenübersendung):** Unanwendbar ist § 379 dann, wenn das Gericht die Akten dem Sachverständigen zwecks Begutachtung bereits übersandt hat, ein weiterer Vorschuss kann indes angefordert werden, Mü MDR 1978, 412.
– **(Amtliche Auskunft):** Unanwendbar ist § 379 bei einer solchen nach → Vor § 373 Rn. 10, 31 f., zB bei derjenigen der Rechtsanwaltskammer, Mü NJW 1975, 884.
– **(Von Amts wegen):** Anwendbar ist § 379 auch dann, wenn das Gericht nach § 144 I den Sachverständigen von Amts wegen einschalten könnte, Mü NJW-RR 1994, 1201 (Umfrage). Sobald es dies anordnet, ist § 379 unanwendbar, Neuhaus/Krause MDR 2006, 606. Dann muss man aber § 17 III GKG beachten, BGH MDR 1976, 396 (zur aF), indes ohne die Begutachtung von einem Vorschuss abhängig zu machen, Köln NJOZ 2011, 1337; Ddf AnwBl 1989, 237.
– **(Beweisantrag):** Anwendbar ist § 379, wenn der Beweisführer einen Beweisantrag stellt, Karlsr OLGZ 1984, 103, Mü MDR 1978, 412 (auch noch nach Erteilung des Auftrags). Das gilt etwa bei einer Erläuterung des Gutachtens nach § 411 III dann, wenn der Beweisführer die Vorladung und Erläuterung durch den Sachverständigen beantragt, LG Berlin NJW-RR 2007, 674. Soweit beide Parteien Beweisführer sind, entscheidet die Beweislast, BGH NJW 1999, 2823.
– **(Dolmetscher):** Anwendbar sein kann § 379 bei seiner Einschaltung als Sachverständiger, soweit dies nicht nach § 185 GVG vAw zwingend vorgegeben ist, s. o.

– **(Einzelrichter):** Anwendbar kann § 379 auch dann sein, wenn der Einzelrichter nach §§ 348, 348a, 526, 527 eine ausreichende Zahlungsfrist erfolglos gesetzt hatte und wenn die Zahlung dann erst im Kammer- oder Senatstermin erfolgt.
– **(Erhöhung):** Anwendbar ist § 379 zwecks nachträglicher Erhöhung des Vorschusses, soweit die zunächst angeforderte Summe nicht zur Sicherstellung der Kostenzahlung nach § 407a III 2 ausreicht, Mü MDR 1978, 412.
– **(Frist):** Im Normalfall reicht für die Einzahlung eines Auslagenvorschusses eine Frist von mindestens **einer Woche,** BGH NZG 2020, 238 Rn. 11; NJW 2019, 3456 Rn. 20 (strenge Anforderungen an grobe Nachlässigkeit); NJW 2015, 3101. Unanwendbar ist § 379 dann, wenn das Gericht zur Vorschusszahlung eine zu kurze Frist gesetzt hatte, Ffm NJW-RR 2010, 717 (bei 2000 EUR nur 2 Wochen). Ein Verschulden ist ohne Bedeutung.
– **(Rücknahme):** Eine Nichtzahlung bedeutet nicht stets eine konkludente Klage- oder Antragsrücknahme, Köln NJW-RR 2014, 534; Ddf NJW-RR 2002, 864.
– **(Streithelfer):** Kostenschuldner ist die Partei, Erfurt IBR 2014, 121; Stgt Justiz 2011, 357.
– **(Terminsbestimmung):** Unanwendbar sein kann § 379 dann, wenn das Gericht bereits einen Termin nach § 216 bestimmt hatte, Köln NJW-RR 1997, 1291.
– **(Verschulden):** „– (Frist)".
– **(Weiterleitung):** Unanwendbar ist § 379 für die bloße Weiterleitung eines schon ohne ausreichenden Vorschuss eingeholten oder eingereichten Gutachtens, Ffm MDR 2004, 1255.
– **(Zeugenbeweis):** Trotz Nichteinzahlung nach § 379 kann ein solcher nach §§ 373 ff. erheblich bleiben, Naumb NJW-RR 2012, 1535.

§ 380 (Folgen des Ausbleibens) ist durch **§ 409** ersetzt.
§§ 381, 382 (Unterbleiben und Änderung von Ordnungsmitteln, Vernehmung am bestimmten Ort) sind anwendbar. Eine nachträgliche Entschuldigung kann ausreichen, LG Bochum NJW 1986, 2890.
§§ 383, 384 (Zeugnisverweigerung aus persönlichen, sachlichen Gründen) sind nach § 408 I 1 anwendbar. § 383 I Nr. 6 gibt zwar nur ein Schweigerecht, indes ist das Gutachten ohnehin idR unverwertbar, LG Mü II WuM 2003, 1997; bedenklich LG Kref BB 1979, 190 (Schweigen über Identität von Vergleichswohnungen).
§ 385 (ausnahmsweise Zeugnispflicht) ist unanwendbar.
§§ 386–389 (Erklärung der Verweigerung und Verfahren) sind anwendbar.
§ 390 (Zeugniszwang) ist durch **§ 409** ersetzt.
§ 391 (Beeidigung) ist neben dem vorrangigen § 410 mit zu beachten, BGH NJW 1998, 3356; BayObLG FamRZ 1991, 620 (freies Ermessen).
§ 392 (Beeidigung) ist durch **§ 410** ersetzt, BGH NJW 1998, 3356.
§ 393 ist ohne Relevanz.
§ 394 (Einzelvernehmung) Die Norm ist nach Sinn und Zweck auf den Sv. nicht übertragbar.
§ 395 Die Ermahnung nach **§ 395 I** ist beim allgemein beeidigten Sachverständigen per se nicht notwendig. Im Übrigen gilt § 410, so dass eine Ermahnung generell unterbleibt. **Abs. II** gilt entsprechend, MüKoZPO/Zimmermann Rn. 6.
§ 396 Gilt als Ordnungsvorschrift.
§ 397 Die Parteien haben ein Fragerecht nach § 397, BGH NJW 2020, 1141 Rn. 17; NZM 2006, 797, das sich nicht erst aus § 411 III ergibt, aber im Zusammenhang mit dieser Regelung zu sehen ist und, wenn nicht Anhörung vAw geboten, den Grenzen des IV unterliegt, eingehend → § 411 Rn. 13.
§ 398 ist in der Praxis bedeutsam und unzweifelhaft anwendbar, BGH BauR 2010, 1095; VersR 2006, 950; NJW 2004, 2828. Zur Anhörung des Sv. → § 411 Rn. 13.
§ 399 ist anwendbar, BGH NJW 2017, 2288, s. o. § 379. Das Gericht kann dennoch nach § 144 vorgehen.
§ 400 (ersuchter oder beauftragter Richter) ist anwendbar, jedoch nur unter einer Beachtung von §§ 408, 409.
§ 401 ist durch § 413 ersetzt.

403 *Beweisantritt.* **Der Beweis wird durch die Bezeichnung der zu begutachtenden Punkte angetreten.**

1 **I. Systematik.** Die mit §§ 371, 373, 420, 445 I, 447 vergleichbare Vorschrift leitet die Beweismöglichkeit „Sachverständiger" ein. Sie folgt dem Umstand, dass das Gericht nur **ausnahmsweise** von Amts wegen einen Sachverständigenbeweis beschließen darf. Das gilt zB bei §§ 3, 144 I 1, 273 II, 287 I 2, II, 372, 442 und in Fragen der Prozessfähigkeit nach § 51, BGH VersR 2017, 966 = BeckRS 2017, 109294 Rn. 15. Grundsätzlich ist der Sachverständige ein normales, auf Antrag eingesetztes Beweismittel. BGH NJW 2019, 3147 Rn. 18 ist abweichend von Zöller/Greger ZPO Rn. 1 nicht anders zu verstehen; mag es dort auch heißen, der Beweisantritt sei nur eine Anregung, das Gericht müsse den Sachverständigenbeweis nach pflichtgemäßem Ermessen von Amts wegen erheben, wenn seine eigene Sachkunde nicht ausreiche, ist damit nur gemeint, dass es bei Vorliegen eines gesetzlich geregelten Ausnahmefalles des Antrags nicht bedarf und dass auch im Falle des § 403 von der Beweiserhebung abgesehen werden darf, wenn die Sachkunde des Gerichts ausreicht, → Vor § 402 Rn. 19; im Übrigen bleibt es indes beim Antragserfordernis, wie der Wortlaut der Norm hinreichend deutlich macht und wie es sich aus dem Grundsatz der Parteiherrschaft ergibt, vgl. auch Ddf NJW-RR 1999, 793.

2 **II. Regelungszweck.** Die Vorschrift fordert nicht erst den Richter, sondern zunächst ganz wesentlich den Beweisführer. Denn § 403 bezweckt eine Erleichterung bei der Auswahl und Anleitung nach → Vor § 402 Rn. 2. Der Beweisführer kann es sich schon wegen § 404 I 1 mit dessen Auswahlpflicht des Gerichts mit den Worten „Beweis: Sachverständigengutachten" scheinbar recht bequem machen. Umso mehr Sorgfalt können der Gegner und das Gericht, nicht zuletzt aber gerade der Sachverständige von derjenigen Präzision verlangen, mit der der Beweisführer wenigstens das Beweisthema nach → Rn. 4 „bezeichnen" und nicht etwa nur umschreiben oder andeuten oder skizzieren muss. Übrigens kann eine solche Präzision den Prozess auch erheblich beschleunigen und verbilligen helfen. Das sollte der Beweisführer mitbedenken. Oft kann er viel besser als das Gericht die Beweisfrage so auf den Punkt bringen, dass die gesamte anschließende Arbeit weitaus erfolgreicher verlaufen kann. Skizzen, Fotos, technische Angaben können zu einer geradezu notwendigen Bezeichnung des Beweis-

themas gehören. Das Gericht sollte gerade am Anfang nach §§ 273 II Nr. 1 von seinen vielfältigen Möglichkeiten energisch Gebrauch machen, bevor es den Gutachter überhaupt beauftragt, natürlich auch im weiteren Verlauf.

3 **III. Geltungsbereich.** → Vor § 402 Rn. 4. Die Vorschrift gilt auch im WEG-Verfahren. Im selbständigen Beweisverfahren geht § 487 vor. Im FamFG-Verfahren ist die Vorschrift im Bereich seines Amtsermittlungsgrundsatzes nach § 26 FamFG nur bedingt anwendbar, AG Mönchengladb FamRZ 1999, 730.

4 **IV. Beweisantritt. 1. Sachthema.** Der Sachverständigenbeweis wird durch die Bezeichnung der zu begutachtende Punkte nebst dem stets zweckmäßigen, wenn auch nicht unbedingt nötigen Antrag auf „ein" Sachverständigengutachten angetreten („Beweis: Sachverständigengutachten").

5 Art und Umfang des Beweisangebots sind in weitem Rahmen vom Einzelfall abhängig, vgl. nur BGH NJW 2017, 2354 Rn. 12. Von der beweispflichtigen Partei wird keine wissenschaftliche Substantiierung verlangt. Es muss nur das Ergebnis mitgeteilt werden, zu dem der Sachverständige kommen soll, nicht der Weg, auf dem dies geschieht, BGH NJW-RR 2022, 69 Rn. 12; so auch BAG NJW 2015, 1709 Rn. 23; zu großzügig Zöller/Greger ZPO 2.

6 Man braucht daher das vom Sachverständigen zu behandelnde Beweisthema nicht mit einer letztmöglichen Präzision zu formulieren, BGH NJW 1995, 131. Man muss es aber so genau umschreiben, dass das Gericht Beweiserheblichkeit und Eignung erkennen kann, BAG NJW 2015, 1710. Im Regelfall sind bestimmte Anknüpfungstatsachen anzugeben, BVerwG NVwZ-RR 2020, 1078; → Vor § 402 Rn. 33. Nicht erforderlich ist es, Anhaltspunkte für die Richtigkeit der in die Sachkenntnis des Sachverständigen gestellten Behauptung mitzuteilen, BGH 2020, 1679 Rn. 8.

7 Die in der Praxis häufig vorzufindende Frage nach dem Vorliegen eines „Mangels" oder „Fehlers" ist untunlich, weil rechtliche Wertungen nicht einfließen sollten, vgl. etwa Hamm NJW 2013, 2980; eingehend Seibel NJW 2014, 1628. Auch ist nicht nach der Vertragsauslegung zu fragen, sondern ggf. nach der Verkehrssitte, die hierfür maßgeblich sein kann, BGH NJW-RR 2004, 1248. Im Lichte des § 295 I lebt die Praxis hier mit manch einer Ungenauigkeit, auch → § 404a Rn. 7. Besser ist es jedoch in jedem Fall, präzise nach den Abweichungen vom jeweiligen Standard zu fragen, nicht zuletzt weil dies für Sv. Anlass zu eingehenderen Darlegungen im Gutachten bietet.

8 Der **Ausforschungsantrag** ist, wie beim Zeugen, → § 373 Rn. 12, ist nicht zulässig, andererseits besteht in Bereichen, in welchen die Partei keine Sachkunde hat, namentlich der **Arzthaftung,** eine eingeschränkte Darlegungslast, BGH NJW 2019, 3236; MDR 2017, 783 (Geschäftsfähigkeit); NJW 2008, 2846; NJW 2004, 2885; NJW 1995, 130 (summarische Angabe); Oldb MDR 2008, 527 (zulässig: Antrag, „sonstige" Behandlungsfehler aufzuklären); auch BGH NJW 2020, 1679 (§ 45 I LuftVG). Entsprechendes gilt im Produkthaftungsprozess für medizinische Vorfragen, BGH NJW 2021, 1398. § 139 kann zu einem Hinweis des Gerichts veranlassen, BGH WuM 2010, 372 (Abgrenzung von Vorsatzarten); NJW-RR 2009, 244; KG MDR 2010, 345 (Hilfsweise Sv.-Beweis, wenn Zeuge nicht ausreicht). Das gilt nicht für den **Regressanspruch** gegen den Sachverständigen aus § 839a BGB, BGH NJW 2020, 856 (Ls.) = BeckRS 2020, 1960 = MDR 2020, 348 = MedR 2020, 841.

9 Zu den tatsächlichen Grundlagen des Sv.-Beweises → Vor § 402 Rn. 33.

10 **2. Personenvorschlag.** Es kann nach → § 404 Rn. 14, 15 ratsam sein, einen oder zur Vermeidung von Befangenheitsverdacht nach § 406 mehrere geeignete Sachverständige vorzuschlagen, um dem Gericht die Ermittlung eines brauchbaren Sachverständigen zu erleichtern oder gar erst zu ermöglichen. Da das Gericht die Beweiserhebung ablehnen kann, soweit es sich für genügend sachkundig hält und halten darf, und da das Auswahlrecht nach § 404 unberührt bleibt, ist der Vorschlag ohnehin nur eine Anregung.

11 **3. Privatgutachten.** Nicht ausreichend ist die bloße Vorlage eines Privatgutachtens, die nach → Vor § 402 Rn. 41 nur Parteivortrag darstellt, nicht aber einen Beweisantrag, Oldb NJW-RR 2000, 949.

404 ***Sachverständigenauswahl.*** **I [1]Die Auswahl der zuzuziehenden Sachverständigen und die Bestimmung ihrer Anzahl erfolgt durch das Prozessgericht. [2]Es kann sich auf die Ernennung eines einzigen Sachverständigen beschränken. [3]An Stelle der zuerst ernannten Sachverständigen kann es andere ernennen.**

II Vor der Ernennung können die Parteien zur Person des Sachverständigen gehört werden.

III Sind für gewisse Arten von Gutachten Sachverständige öffentlich bestellt, so sollen andere Personen nur dann gewählt werden, wenn besondere Umstände es erfordern.

IV Das Gericht kann die Parteien auffordern, Personen zu bezeichnen, die geeignet sind, als Sachverständige vernommen zu werden.

V Einigen sich die Parteien über bestimmte Personen als Sachverständige, so hat das Gericht dieser Einigung Folge zu geben; das Gericht kann jedoch die Wahl der Parteien auf eine bestimmte Anzahl beschränken.

Schrifttum: Lüblinghoff NJW 2016, 3329 (Grdz.); Schmidbauer/Jacobs DS 2015, 228.

1 **I. Systematik, I–V.** Die Vorschrift gilt auch beim Sachverständigenbeweis von Amts wegen nach § 144 wegen seines II uneingeschränkt, im selbständigen Beweisverfahren aber nur hilfsweise, § 487. Sie regelt die Ernennung von Sv. wie auch nach § 404 I 3 die Entziehung des Auftrags.

2 **II. Regelungszweck, I–V.** Die Vorschrift dient in V der Parteiherrschaft, → Vor § 128 Rn. 20, in I–IV dagegen der Prozessförderung und damit auch der Prozesswirtschaftlichkeit. In der Praxis sollte das Gericht auch bei I–IV möglichst dem Vorschlag der Parteien folgen, wohingegen es zur Vermeidung weiterer Konflikte untunlich ist, dem str. Vorschlag nur einer Partei zu folgen.

3 Besondere Sorgfalt sowie die Anhörung der Parteien am besten schon im schriftlichen Vorverfahren oder im frühen ersten Termin sind an dieser Stelle des Beweisverfahrens dringend erforderlich. Zeitgemäß ist § 404 im Kern sehr wohl. Der Forderung zB von Lübbinghoff DRiZ 2014, 135, nach mehr Transparenz bei der Auswahl ist damit in hinreichendem Maße Rechnung getragen.

4 **III. Geltungsbereich, I–V.** → Vor § 402 Rn. 4.

IV. Auswahl, I–IV

Schrifttum: Lindacher GRUR 2016, 242; Neuhaus/Krause MDR 2006, 605; Piper DS 2017, 96; Rensen MDR 2012, 497. Zunächst → § 403 Rn. 1.

1. Ermessen, bestimmte Auswahl, I, II. Das Gericht wählt nach seinem pflichtgemäßen Ermessen, BGH NJW 2009, 1209 Rn. 18; Ddf NJW 2013, 618 (620); Neuhaus/Krause MDR 2006, 606, soweit nicht eine Einigung nach Abs. V vorliegt oder **eigene Sachkunde** den Beweis erübrigt, eingehend → Vor § 402 Rn. 19 f. Es muss alle Erkenntnisquellen ausnutzen, bevor auf den Sv.-Beweis verzichtet wird, BGH NJW 2017, 2354 Rn. 11. Es beachtet die persönliche und die fachliche Eignung, gerade auf dem Gebiet der Beweisfrage, BGH NJW-RR 1998, 1117; Celle BauR 2017, 770; Neuhaus/Krause MDR 2006, 609. Die Bedeutung des Falles bestimmt auch die Anforderungen, Saarbr FamRZ 2019, 606 (Wegnahme eines Kindes). Als ungeeignet darf das Beweismittel nur im Ausnahmefall eingestuft werden, BGH NJW 2018, 2803; NJW 2004, 767, etwa wenn andernfalls eine Beweisantizipation droht, BGH NJW-RR 2015, 158. Die Auswahl eines ungeeigneten Sachverständigen verletzt das Recht auf Gehör vor Gericht, Mü NJW-RR 2020, 199. **Amtshilfe** einer Körperschaft, zB IHK oder Ärztekammer, ist zulässig. 5

Das Gericht darf sich beraten lassen, muss die Auswahl aber selbst treffen. Einen Losentscheid befürwortet Piper DS 2017, 96, was dem Gebot der Ermessensauswahl zuwider läuft. Es wählt Sachverständige in einer beliebigen Zahl aus, grundsätzlich (Ausnahme→ Vor § 402 Rn. 16) aber **einen bestimmten Sachverständigen,** BGH NJW 2009, 1209 Rn. 18, nicht zB eine Alternativauswahl, Ffm VersR 2003, 927, und nicht eine Einrichtung als solche, zB Universitätsklinik, Institut, Verein, Ddf FamRZ 1989, 1101, Karlsr MDR 1975, 670; Mü NJW 1974, 611, ausnahmsweise aber den Gutachterausschuss nach § 192 BauGB, BGH NJW 1974, 701 (noch zum BBauG); Hamm NJW-RR 1990, 147, oder eine Behörde, OLGR Ffm 1998, 381. Entscheidende Bedeutung haben **Spezialausbildung und Erfahrung** des Sv. für die Beantwortung der Beweisfrage, BGH NJW 2020, 691. Augenmerk ist auch darauf zu legen, dass der Sv. an einer mündlichen **Anhörung** teinehmen kann, EGMR NJW 2011, 1055 Rn. 28. 6

Im Regelfall ist das Fachgebiet zu beachten, das für die Beantwortung der Beweisfrage einschlägig ist; das hat angesichts hochgradiger Spezialisierung insbesondere im **Medizinrecht** erhebliche Bedeutung, BGH NJW 2018, 3316 Rn. 14; NJW 2016, 3785 Rn. 13; NJW-RR 2014, 1053; Drsd NJW 2022, 2124; NJW-RR 2020, 1101. Ermessensfehlerfrei ist es, eine durch Landesgesetz bestimmte **Gutachtenstelle** zu wählen, BGH NJW 1998, 3355. 7

Sind **mehrere Fachgebiete** beteiligt, kann grds. der Vertreter eines davon gewählt werden, Hamm NJW-RR 2022, 245. Bei besonderem Bedarf kann man ein **Team** von Sv. bestimmen, je nach Sachlage unter Federführung eines von ihnen. Eine nicht zum Ablehnungsantrag nach § 406 führende Tatsache bringt nicht stets einen Ermessensmissbrauch mit sich. Rechtliches Gehör der Parteien ist zwar nicht nach dem Wortlaut von II, wohl aber von Art. 103 I GG zwingend vorgeschrieben, anders ist auch BGHZ 131, 76 (80) nicht zu verstehen. Rechtzeitige Anhörung vermeidet nachträgliche Verzögerungen, einleuchtend BGH NJW 1996, 196. Bei Sv. im Ruhestand ist auf Kontakt zum Fachgebiet zu achten, BGH NJW 2020, 691; NJW 1987, 2300. 8

Die Partei kann das Ermessen nicht durch die Benennung eines sachverständigen Zeugen nach **§ 414** unterlaufen, Hamm VersR 2001, 249, LG Ffm VersR 1993, 1138. § 295 ist beachtbar, Ffm VersR 2003, 927, solange nicht Zweifel an der Überzeugungskraft des Gutachtens anderweitiges Vorgehen gebieten. Nur wenn sich unter Ausschöpfung aller Erkenntnisquellen kein Gutachter findet, darf unter Anwendung von § 356 von der Beweiserhebung abgesehen werden; die maßgeblichen Erwägungen müssen in den Urteilsgründen dargelegt werden, BGH NJW 2017, 2354 Rn. 13. 9

Gleiches gilt für die nachträgliche Auswahl eines anderen Sv. (Stationsärztin anstelle des Chefarztes) nach Anhörung der Parteien und pflichtgemäßem Ermessen, BayObLG NJW 2003, 216, 219. 10

Die Ausübung des Ermessens ist in der Revision nur eingeschränkt überprüfbar, BGH WuM 2021, 442. **Ermessensfehler** des Gerichts können zur Unverwertbarkeit des Gutachtens führen, auch zur Zurückverweisung nach § 538 I 1 Nr. 1, Celle BauR 2017, 769. Das Gutachten eines anderen als des Bestellten mag auch ohne Beschluss nach § 404 I 3 bei (stillschweigendem) Einverständnis der Parteien verwertbar sein, § 295, Hamm FamRZ 2010, 1265. 11

2. Vorrang des öffentlichen Sachverständigen, III. Für gewisse Arten von Gutachten gibt es nach → Vor § 402 Rn. 16 öffentlich bestellte Sachverständige. Sie haben bei der Auswahl grundsätzlich Vorrang, indes handelt es sich insoweit nur um eine **Ordnungsvorschrift,** deren Verletzung für sich keinen Verfahrensfehler darstellt, sondern nur im Rahmen der pflichtgemäßen Ermessensausübung von Bedeutung sein kann, Hamm NJW-RR 2021, 408; Ddf NJW 2013, 618 (620); BayObLG FamRZ 1991, 619; Neuhaus/Krause MDR 2006, 609. Das kann wegen § 407 Bedeutung haben und gilt zB dann, wenn ein besonders hohes Maß von Sachkunde nötig ist oder wenn gegen die Person des Bestellten Bedenken bestehen. Die Namen der öffentlich bestellten Sachverständigen werden in Listen oder online veröffentlicht. Ein zertifizierter Gutachter ist nicht schon deshalb öffentlich bestellt, FG Bln-Brdb DS 2018, 176 (für den Fall der notwendigen Tätigkeit eines öffentlich bestellten Sv.). 12

Trotz eines Antrags auf die Ernennung eines öffentlich bestellten Sachverständigen ist ein Auftrag an den Gutachterausschuss nach §§ 192 ff. BauGB zulässig, BGHZ 62, 93. 13

3. Bezeichnung durch die Partei, IV. Das Gericht kann nach IV die Parteien zur Benennung geeigneter Sachverständiger auffordern. Wegen V empfiehlt sich das, wenn das Gericht keinen Sv. vorschlagen kann. Aus Gründen der Beschleunigung hat indes die Benennung durch das Gericht aus praktischen Gründen Vorrang. 14

V. Einigung, V. Bei Einigung Parteien über bestimmte Personen, bindet diese das Gericht nach dem Grundsatz der Parteiherrschaft, Neuhaus/Krause MDR 2006, 609. Das Gericht kann die Zahl der Sachverständigen vorher oder nachher beschränken oder erweitern, dh wenn die Parteien die Zahl nicht einhalten, darf das Gericht nach I 1 wieder frei wählen. Es darf neben den Gewählten andere Sachverständige bestimmen, so auch Zöller/Greger ZPO Rn. 2. 15

Dabei handelt sich indes um eine Beauftragung, die nur von Amts wegen, § 144, zulässig ist. V hat die Bedeutung, dass das Gericht den vereinbarten Sachverständige unbedingt hören muss. Es handelt sich um eine einseitig unwiderrufliche Parteiprozesshandlung. **Anwaltszwang** besteht wie sonst nach § 78. Die Einigung ist 16 nur beim Eingang der Einigungsmitteilung beider Parteien bis zur Ernennung eines Sachverständigen oder bis zur Ermächtigung des nach §§ 361, 362 verordneten Richters nach § 405 zulässig. Einigen sich die Parteien nach der Bestimmung eines Sv. durch das Gericht, aber vor Erteilung des Auftrags, entspricht es praktischer Vernunft, dem nachzugeben. Das Gericht kann eine Einigung anregen, aber nicht erzwingen. Eine Einigung nach IV ist kein Schiedsgutachtervertrag.

17 Unerheblich ist die Einigung der Parteien, auf einen Sachverständigenbeweis zu verzichten, wenn das Gericht diesen Beweis von Amts wegen einholen muss, § 144.

18 **VI. Entscheidung, Bestellung, I–V.** Die Ernennung erfolgt durch Beschluss nach § 329, sei es ein Beweisbeschluss nach §§ 358 ff., sei es eine spätere Entscheidung, Neuhaus/Krause MDR 2006, 609. Das Prozessgericht muss seinen Beschluss wegen § 355 II zwar nicht begründen. Es sollte dies aber kurz tun, wenn über einen Punkt Streit herrscht, BayObLG NJW 1986, 2892. Es sollte den Beschluss zumindest aus praktischen Erwägungen wegen einer etwaigen Ablehnbarkeit nach § 406 II 1 den Parteien förmlich nach § 329 II 2 zustellen, BGH NJW 2011, 520. Ein Verstoß ist zunächst unbeachtlich. Er ist vielmehr nach → Rn. 20 erst zusammen mit dem Endurteil anfechtbar.

19 Die Bestellung kann **konkludent** geschehen, etwa wenn anstelle des Sachverständigen dessen Mitarbeiter im Termin vernommen wird, Mü BeckRS 2012, 5130 A. I. Auch kann insoweit § 295 eingreifen, Zweibr NJW-RR 1999, 1368.

20 **VII. Rechtsbehelfe, I–V.** Gegen die Auswahl gibt es außer dem Rechtsmittel gegen die Sachentscheidung des Gerichts wegen § 355 II keinen Rechtsbehelf, Ffm IBR 2020, 164; KG BauR 2005, 1070 (auch im selbst. Beweisverfahren); BayObLG FamRZ 1987, 967 (FamFG). Das gilt auch bei einem Verstoß gegen II. Rügen können insgesamt nur mit dem Rechtsmittel gegen das Urteil vorgebracht werden. Freilich besteht das Ablehnungsrecht nach § 406. Dem Sv. steht gegen die Entziehung selbst kein Rechtsmittel zu, Stgt MDR 2017, 900. Zum Streit stellen kann er lediglich seine Honorarforderung, → § 413 Rn. 4 ff.

404a *Leitung der Tätigkeit des Sachverständigen.* **[I] Das Gericht hat die Tätigkeit des Sachverständigen zu leiten und kann ihm für Art und Umfang seiner Tätigkeit Weisungen erteilen.**

[II] Soweit es die Besonderheit des Falles erfordert, soll das Gericht den Sachverständigen vor Abfassung der Beweisfrage hören, ihn in seine Aufgabe einweisen und ihm auf Verlangen den Auftrag erläutern.

[III] Bei streitigem Sachverhalt bestimmt das Gericht, welche Tatsachen der Sachverständige der Begutachtung zugrunde legen soll.

[IV] Soweit es erforderlich ist, bestimmt das Gericht, in welchem Umfang der Sachverständige zur Aufklärung der Beweisfrage befugt ist, inwieweit er mit den Parteien in Verbindung treten darf und wann er ihnen die Teilnahme an seinen Ermittlungen zu gestatten hat.

[V] [1]Weisungen an den Sachverständigen sind den Parteien mitzuteilen. [2]Findet ein besonderer Termin zur Einweisung des Sachverständigen statt, so ist den Parteien die Teilnahme zu gestatten.

Schrifttum: Bleutge, Der Gerichtliche Gutachtenauftrag usw., 9. Aufl. 2016 (Bespr. Jacobs DS 2017, 61); Daub, Die Tatsachenerhebung durch den Sachverständigen, 1997; Noack NZG 2016, 1259 (Grdz.); Schneider DS 2017, 307; Seibel BauR 2013, 536 (je: Grdz.); Walterscheidt NZFam 2015, 385 (Grdz.); Weder DS 2020, 112 (140).

1 **I. Systematik, I–V.** Die Vorschrift stellt zusammen mit § 407a eine Reihe von Grundsätzen auf, welche die Leitungsfunktion des Gerichts und den Pflichtenkreis des Sv. näher umschreiben. Zu den tatsächlichen Grundlagen der Gutachtertätigkeit enthält die Norm allenfalls in III eine mittelbare Aussage, indem sie klarstellt, dass Sv. das Gutachten auf feststehende Tatsachen stützen muss, diese also selbst nicht aufzuklären hat. Der Problembereich betrifft die allg. Grundlagen des Sachverständigenbeweises, → Vor § 402 Rn. 33.

2 **II. Regelungszweck, I–V.** Die Bestimmung soll wie § 407a die Zusammenarbeit zwischen dem Gericht und dem Sachverständigen und damit natürlich auch zwischen allen übrigen Prozessbeteiligten erleichtern, beschleunigen und verbilligen. Das muss man bei Auslegung und Anwendung berücksichtigen, Hirtz NJW 2014, 2529, 2531. Andererseits darf nicht durch eine zu weite Auslegung der Rechte und Pflichten des Gerichts aus einem Prozess mit einer Parteiherrschaft ein Verfahren mit einem Ermittlungsgrundsatz werden.

3 **Einfühlungsvermögen und Kontaktfreudigkeit** sind in einem hohen Maß bei allen Beteiligten notwendig, vor allem aber beim Gericht. Die mehrfache Erwähnung von „Weisungen" darf daher nicht im Sinne von „Anweisungen" missverstanden werden, sondern als gesetzliche Vorgabe, die Leitungsaufgaben des Gerichts und die Sachkunde des Sv. im Dienste der Wahrheitsfindung miteinander in Einklang zu bringen. Dazu muss auch der Sachverständige von Anfang an beitragen. Das offene direkte Gespräch in einem Termin oder am Telefon sogar noch vor der Formulierung des Beweisbeschlusses und des eigentlichen Auftrags oder sogleich nach dessen Erteilung mit einer sofortigen anschließenden Unterrichtung der restlichen Beteiligten macht meist verhältnismäßig wenig Mühe. Es bringt aber erheblich voran und hilft, einer Überlänge nach §§ 198 ff. GVG von Anfang an vorzubeugen. Ständige Information der Parteien ist hierbei oberstes Gebot. Bei allem bleibt die abschließende Beurteilung des fertigen Gutachtens eine Aufgabe des Gerichts nach § 286.

4 **III. Geltungsbereich, I–V.** → Vor § 402 Rn. 4.

5 **IV. Anleitung, Anweisung, I.** Der Sachverständige wird zwar oft genug wegen seiner alleinigen Sachkunde praktisch zum entscheidenden Prozessbeteiligten. Dennoch gilt: Er ist nicht ein Richter, sondern nach → Vor § 402 Rn. 8 ein Helfer und Berater des Gerichts. Hieraus folgt die richterliche Leitungsaufgabe, Franzki DRiZ 1991, 314. Sie steht im pflichtgemäßen Ermessen des Gerichts; dessen Ausübung lässt sich nicht formularmäßig bewältigen, sondern muss sich am Einzelfall orientieren, BGH NJW-RR 2020, 1425 Rn. 16 (Bauteilöffnung); Rostock JurBüro 2007, 215, allg. Seibel NJW 2014, 1628. So ist bei umfangreichen Einwendungen einer Partei eher eine detaillierte Fragestellung an den Sv. geboten, Bbg DS 2018, 104, dsgl. bei einem juristischen Fach-

begriff, BGH VersR 1996, 959 (Berufsunfähigkeit), Köln VersR 1998, 1249 (Kausalität). Der Sachverständige muss im Gegenzug nach § 407a um Erfüllung der richterlichen Vorgaben bemüht sein und Einzelheiten selbst regeln, Ffm NJW 1998, 2834. Die gesamte Regelung ist nach allem auf Zusammenarbeit angelegt, was sich auch in den Anschreiben an den Sachverständigen wiederfinden sollte. Zur Bauteilöffnung → Rn. 10.

V. Anhörung, Einweisung, Erläuterung, II. Maßnahmen kommen nach II nur in Betracht, „soweit es die 6
Besonderheit des Falles erfordert". Das kann zB dann vorliegen, um das Ausreichen der Sachkunde dieses Sachverständigen oder die mutmaßliche Höhe der Auslagen, die Zusammenarbeit mehrerer Fachleute, oder wenn es um den wahren Umfang eines zu kontrollierenden Sachverhalt geht, Nürnb BauR 2011, 142, oder wenn die Frage zu klären ist, ob weitere Sv. hinzugezogen werden müssen, Hamm VersR 2001, 249. Ein technisches Regelwerk muss Sv. auch von sich aus beachten, Seibel BauR 2016, 1885. Wenn evtl. in eine Bausubstanz eingegriffen werden muss, ist seitens des Gerichts beim „Einweisen" Zurückhaltung geboten, weil diese Frage alleine vom Sv. zu klären ist, Ffm DS 2018, 216; → Rn. 10. Entscheidend sind ein Kontakt auf Augenhöhe und die Information der Parteien, vgl. Schobel MDR 2014, 1003. Oft hilft bereits eine sachgerechte Abfassung des Beweisbeschlusses, namentlich der Beweisfragen. Die **Grenze** der Weisungsmöglichkeiten ist erreicht, wenn bei der Wertung inhaltliche Vorgaben gemacht werden, Nürnb MDR 2021, 902 (Bitte des Sv., zwischen verschiedenen Lösungen zu wählen).

VI. Bestimmung der zugrunde zu legenden Tatsachen, III. Die tatsächlichen Grundlagen der Sv.- 7
Tätigkeit und deren Feststellung, dh die **Anschluss- und Befundtatsachen,** werden in § 404a III nicht geregelt. Sie sind ein die §§ 402 ff. übergreifendes Problem, das bei → Vor § 402 Rn. 33 behandelt wird.

Normalerweise reicht der Akteninhalt für den Sv. als Arbeitsgrundlage aus. Nur im Zweifelsfall muss das 8
Gericht nach § 404a III die für das Gutachten maßgebenden Tatsachen vorher selbst klären, BGH NJW 1997, 1446, dies dann aber auch in verständlicher Weise, Nürnb BauR 2011, 142. Globale Gutachtenaufträge auf ungeklärter Tatsachengrundlage, evtl. noch unter Einbeziehung von Rechtsfragen, sind verfehlt, Sass BauR 2014, 181. Wegen der im weiten Bereich des Sachverständigenbeweises häufig fließenden Grenzen ist allerdings Großzügigkeit mit Augenmaß angezeigt, insbesondere wenn die Parteien keine Einwände erheben, § 295, BGH NJW 2001, 2177. Bleibt etwa die Frage nach **„Mängeln"** oder „Wertminderung" ohne Reaktion der Parteien, ist das Vorgehen des Gerichts nicht verfahrensfehlerhaft, § 295, Stgt NZBau 2005, 640; Hamm NJW-RR 2002, 1674; → § 403 Rn. 4. Nach umfänglichen Einwendungen gegen das schriftliche Gutachten gilt für die Fortsetzung der Beweisaufnahme entsprechendes, Brem NJW-RR 2001, 213 (keine kommentarlose Übersendung).

Hohe Bedeutung hat III, wenn die streitigen Tatsachen der Gegenstand anderer Ermittlungen, namentlich 9
einer Zeugenvernehmung waren und Sv. nicht wissen kann und in seinem Aufgabenbereich auch nicht festlegen darf, welcher Version das Gericht folgt. Hier ist ggf. ein ausführlicher Hinweis geboten, wobei, insbesondere wenn die Begutachtung ihrerseits wiederum Beiträge zur Würdigung der Zeugenaussagen leisten kann, alternative Sachverhalte zugrunde gelegt werden können. Natürlich kann es gerade dann notwendig werden, das Gutachten ergänzen zu lassen, wenn es sich zeigt, dass das Gericht nun doch einen anderen Sachverhalt für bewiesen hält, BGH NJW 1997, 1446. Alternative Fragestellungen sind jenseits dieses engen Bereichs eher nicht angezeigt, weil andernfalls zu leicht die eigentliche Sachverhaltsfeststellung dem Sv. überlassen wird.

VII. Bestimmung des Aufklärungsumfangs, Bauteilöffnung, IV. Derartige Maßnahmen kommen nur 10
in Betracht, „soweit es erforderlich ist", mithin im begründeten Einzelfall. Gerade in diesem Punkt sollte das Gericht Zurückhaltung üben, da die Einzelheiten der Ausführung im Fachgebiet des Sv. liegen, Celle MDR 2017, 422; offenbar für genauere Weisungen Rostock JurBüro 2007, 215; zum Ortstermin trotz Corona-Pandemie LG Saarbr NJW-RR 2020, 712. So wünschenswert helfende Anleitungen sein mögen, so sehr können sie sich verzögernd sowie verteuernd auswirken. Eher liegt die Lösung in einer präzisen Formulierung der **Beweisfrage,** Ffm NJW 1998, 2834; Seibel NJW 2014, 1628 (1632). Zum Ortstermin des Sachverständigen Hartmann DS 2017, 194; Seidel DS 2017, 188 (jew. Ortstermin). Zum Gebot umfassender Beweiswürdigung, auch wenn die beweisbelastete Partei eine Bauteilöffnung verweigert, BGH NZBau 2019, 295; hierzu Linz DS 2019, 144. Die Ablehnung, dem Sachverständigen zur Bauteilöffnung zu verpflichten, ist jedenfalls im selbst. Beweisverfahren nicht anfechtbar, BGH NJW 2020, 1074.

Besondere Probleme ergeben sich, wenn mit der Begutachtung eine **Substanzbeschädigung,** namentlich 11
eine **Bauteilöffnung** einhergeht. Der BGH hat die Frage, ob sich aus § 404a in dieser Hinsicht ein generelles Weisungsrecht ergibt, bislang offen gelassen, BGH NJW-RR 2020, 1425 Rn. 16. Das Thema ist, zumal es schwerpunktmäßig im selbständigen Beweisverfahren aufkommt, bislang nicht abschließend geklärt und str., daher weiterhin lesenswert Greger FS Leipold, 2009, 51. Das Gericht sollte alleine wegen der Haftungsrisiken eine Bauteilöffnung nicht von sich aus anordnen und auch Anregungen des Sv. nicht ohne weiteres folgen, wenn die betr. Partei hierzu selbst imstande ist oder entspr. veranlassen kann, BGH NJW-RR 2020, 1425 Rn. 16, Bestätigung Celle r+s 2019, 153; Schlesw ZfBR 2018, 364; Ddf BauR 2016, 299; zurückhaltend auch Brdb BauR 1996, 432. Keinesfalls sollten Maßnahmen dieser Art ohne Einwilligung des Eigentümers ermöglicht werden, hiervon mit Recht ausgehend Celle MDR 2017, 422; für Restitution durch den Sv. Ffm NJW 1998, 2834; für Anordnung der Restitution Ddf NJW-RR 1997, 1360; gegen Wiederherstellungspflicht Köln MDR 2018, 271; ausf. Beutge DS 2018, 80; für Anweisung des Gerichts aus Gründen des Haftungsrisikos (!) Kern BauR 2014, 603.

Dennoch muss sich der Sachverständige durchweg im Bereich der ihm vorliegenden Fragen umfassend 12
informieren können, Prütting ZZP 106, 460. § 407a erlaubt nicht eine etwa aus der Sicht des Sachverständigen erforderliche Zeugenvernehmung nach §§ 373 ff.; hierzu wie auch zur Sachverhaltsaufklärung durch Sv. im Allgemeinen → Vor § 402 Rn. 33.

Zu **eigenen Ermittlungen** des Sv. → Vor § 402 Rn. 34. 13

VIII. Fristsetzung, IV. Für das Gutachten darf das Gericht nach § 411 I eine Frist setzen und in den 14
Gutachterauftrag aufnehmen, soweit das nicht schon im Beweisbeschluss nach §§ 358, 358a geschehen ist. Ein Haupttermin zur Verhandlung über das Gutachtenergebnis nach § 285 enthält konkludent eine Fristsetzung, wenn Sv. gleichzeitig mit dem Gutachtenauftrag geladen wird. Das Gericht mag erwägen, von der Befugnis zur Fristsetzung grundsätzlich auch wegen der Gefahr einer Überlänge nach §§ 198 ff. GVG sogleich Gebrauch zu machen. Andererseits kann es zur Zurückweisung des Auftrags führen, wenn Sv. überlastet ist.

15 **IX. Mitteilungen; Terminsteilnahme der Parteien, V.** Die Mitteilungen erfolgen zwecks rechtlichen Gehörs nach Art. 103 I GG unverzüglich von Amts wegen an beide Parteien formlos; sie können dem Sv. überlassen werden. Das Gericht braucht nicht von vornherein Stellungnahmen auch der Parteien einzuholen oder gar abzuwarten. Wenn der Einzelfall es erfordert, kann dergleichen ratsam sein. Eine ausführliche Information ist hilfreich. Ihre Unterlassung verstößt aber nicht von vornherein gegen § 42, Hamm NJW-RR 2016, 1206.

16 **X. Verstoß, I–V.** Er kann zur teilweisen oder gänzlichen Unverwertbarkeit des Gutachtens und zur unrichtigen Sachbehandlung nach § 21 GKG, § 20 FamGKG mit deren Folgen führen, BVerwG NVwZ 2014, 744; 2006, 1194; Nürnb BauR 2011, 141.

17 **XI. Rechtsbehelfe, I–V.** Anordnungen des Prozessgerichts nach § 404a Abs. 4 ZPO sind als Bestandteil oder Ergänzung des Beweisbeschlusses (§§ 358, 358a ZPO) wie dieser nicht selbstständig mit Rechtsmitteln anfechtbar, BGH NJW 2020, 1074, mAnm Laumen MDR 2020, 589; Schlesw NJW 2018, 1174 (jew. für das selbst. Beweisverfahren); Köln MedR 2020, 132; GesR 2019, 718; Ffm IBR 2019, 713; Schlesw DS 2018, 97 (Bauteilöffnung); Brem MedR 2013, 618, es sei denn, die Zwischenentscheidung habe für eine Partei bereits einen bleibenden rechtlichen Nachteil zur Folge, der sich im weiteren Verfahren nicht oder jedenfalls nicht mehr vollständig beheben lässt, BGH GRUR 2009, 519 (Verweigerung effektiven Rechtsschutzes).

405 *Auswahl durch den mit der Beweisaufnahme betrauten Richter.*

[1]Das Prozessgericht kann den mit der Beweisaufnahme betrauten Richter zur Ernennung der Sachverständigen ermächtigen. [2]Er hat in diesem Falle die Befugnisse und Pflichten des Prozessgerichts nach den §§ 404, 404a.

1 **I. Systematik, Regelungszweck, S. 1, 2.** Die Vorschrift ergänzt für den Anwendungsbereich der §§ 361, 362 den § 404 zwecks Prozesswirtschaftlichkeit. Sie ist im Lichte des § 375 zu sehen, Prütting/Gehrlein/Katzenmeier § 405 Rn. 1. Freilich sollte man zur Vermeidung von Konflikten im Zweifel das Kollegium entscheiden lassen. Der originäre Einzelrichter nach §§ 348, 526, 568 entscheidet alleine. Der vorbereitende Einzelrichter nach § 527 hat insoweit keine Befugnisse.

2 **II. Geltungsbereich, S. 1, 2.** → Vor § 402 Rn. 4.

3 **III. Ermächtigung, S. 1, 2.** In den Fällen der §§ 361 f. bindet die Anordnung durch das Prozessgericht nach § 359 Nr. 2 und auch grundsätzlich die Auswahl nach § 144 I. Das Prozessgericht kann aber auch ohne eine Anhörung der Parteien zur Ernennung des Sachverständigen ermächtigen. Das muss im Rahmen des § 375 geschehen, auch nachträglich, → § 402 Rn. 1 „§ 375". Das Gericht darf die Auswahl eines ausländischen Sachverständigen dem deutschen Konsul überlassen, BGH RzW 1965, 466. Denn die Auswahl steht ja auch sonst nach § 404 IV nicht nur dem Gericht zu, und das Ablehnungsrecht nach § 406 bleibt. Das Gericht muss seinen Beschluss begründen. Es kann ihn verkünden oder nach § 329 II 1 formlos mitteilen.

4 Zulässig ist auch die Ermächtigung eines **ausländischen** Richters nach §§ 1072 ff. Von § 405 umfasst ist es auch, die Zahl der Sachverständigen nach § 404 I zu bestimmen, nach § 360 andere zu wählen und über ein Ablehnungsgesuch nach § 406 IV zu entscheiden. Eine Einigung der Parteien nach § 404 IV bindet. Die in § 404a genannten Rechte und Pflichten der Anleitung und Überwachung sind mit umfasst.

5 **IV. Rechtsbehelfe, S. 1, 2.** Gegen die Ermächtigung und gegen die Ernennung nach § 355 II kein Rechtsbehelf. Gegen eine Entscheidung des beauftragten oder ersuchten Richters Anrufung des Prozessgerichts nach § 573 I (Erinnerung). Gegen dessen Entscheidung sofortige Beschwerde nach § 573 II.

406 *Ablehnung eines Sachverständigen.*

I [1]Ein Sachverständiger kann aus denselben Gründen, die zur Ablehnung eines Richters berechtigen, abgelehnt werden. [2]Ein Ablehnungsgrund kann jedoch nicht daraus entnommen werden, dass der Sachverständige als Zeuge vernommen worden ist.

II [1]Der Ablehnungsantrag ist bei dem Gericht oder Richter, von dem der Sachverständige ernannt ist, vor seiner Vernehmung zu stellen, spätestens jedoch binnen zwei Wochen nach Verkündung oder Zustellung des Beschlusses über die Ernennung. [2]Zu einem späteren Zeitpunkt ist die Ablehnung nur zulässig, wenn der Antragsteller glaubhaft macht, dass er ohne sein Verschulden verhindert war, den Ablehnungsgrund früher geltend zu machen. [3]Der Antrag kann vor der Geschäftsstelle zu Protokoll erklärt werden.

III Der Ablehnungsgrund ist glaubhaft zu machen; zur Versicherung an Eides statt darf die Partei nicht zugelassen werden.

IV Die Entscheidung ergeht von dem im zweiten Absatz bezeichneten Gericht oder Richter durch Beschluss.

V Gegen den Beschluss, durch den die Ablehnung für begründet erklärt wird, findet kein Rechtsmittel, gegen den Beschluss, durch den sie für unbegründet erklärt wird, findet sofortige Beschwerde statt.

Schrifttum: Diehm, Die Vorbefassung des Sachverständigen, DS 2022, 116; Linz DS 2017, 145; Milde NJW 2018, 1149; Thierau, Wann ist der gerichtliche Sachverständige befangen? DS 2022, 121; Nr. 7; Titz NZFam 2015, 388.

Übersicht

I. Systematik, I–V. § 406 behandelt in einer Anlehnung an §§ 41 ff., aber formell vorrangig und teilweise abweichend die Ablehnung des Sachverständigen. Sie ist auch bei der Zuziehung von Amts wegen möglich. Eine als solche (ausnahmsweise zulässig, → § 404 Rn. 5) beauftragte Einrichtung kann man grds. nicht ablehnen, BGH NJW 1974, 701; Oldb FamRZ 1992, 451; Hamm NJW-RR 1990, 1471 (jew. Gutachterausschuss); OLGR Ffm 1998, 381 (Behörde); besondere Gründe können indes Abweichendes gebieten. Anders liegt es nach → § 404 Rn. 1 bei der Beauftragung einer namentlich benannten Leitungskraft oder sonstigen Person. Erteilt eine Behörde nur Auskünfte, → Vor § 373 Rn. 31, können auch die Mitglieder nicht nach § 406 abgelehnt werden, da sie nicht Sachverständige sind, Stgt NJW-RR 1987, 190. 1

Eine **Ausschließung** des Sachverständigen entspr. § 41 kennt die ZPO nicht, BGH NJW-RR 2006, 1221; Ffm MedR 2018, 281; die Ausschließungsgründe des § 41 berechtigen indes über den Wortlaut von § 406 I 1 hinaus grds. zur Ablehnung; sie stellen nach dem Grundsatz de minore ad maiorem die stärkeren, vorrangig zu prüfenden Gründe dar. Für § 41 Nr. 5 gilt dies wegen § 406 I 2 eindeutig nicht, VG Köln NJW 1986, 2207; § 406 I 2 nennt zwar nur die frühere Vernehmung als Zeuge, indes kann eine frühere Vernehmung als Sachverständiger genauso wenig oder noch weniger schaden. § 41 Nr. 6 ist ebenfalls nicht übertragbar, BGH MDR 1961, 397. Die sonst in § 41 aufgeführten Ausschließungsgründe sind in die Gesamtabwägung, → Rn. 7, einzubeziehen, wobei Nr. 1 bis 4 im Ergebnis absolut wirken, da Ausnahmen kaum denkbar sind, Nr. 7, 8 nur relativ, als besondere Fälle eines Interessenkonflikts, → Rn. 11; BGH NJW 2017, 1247 enthält insoweit keine weitergehende Aussage. 2

Ein **Selbstablehnungsrecht** entspr. § 48 hat der Sv. nicht, wohl aber trifft ihn eine Anzeigepflicht nach § 407a II wie ihm auch nach § 408 I die Möglichkeit eröffnet ist, u. a. wegen Ablehnungsgründen die Erstattung des Gutachtens zu verweigern. Eine Selbstablehnung kann für sich ein Ablehnungsgrund sein, → Rn. 21. 3

Einen sachverständigen Zeugen nach § 414 kann man alleine wegen der Vernehmung nicht als Sv. ablehnen, KG MDR 2009, 946, ebenso wenig den Privatgutachter, → Vor § 402 Rn. 41 ff. Er kann auch nach → § 414 Rn. 4 zum Sachverständigen geworden sein, Jena MDR 2008, 587. Umgekehrt kommt der erfolgreich abgelehnte Sachverständige als ein sachverständiger Zeuge in Betracht, → § 414 Rn. 5. Entsprechendes gilt nach → Vor § 373 Rn. 31 bei der amtlichen Auskunft zB der Anwaltskammer, BVerwG NJW 1988, 2491. Für den Dolmetscher gilt § 406 nach § 191 S. 1 GVG entsprechend, BVerwG NJW 1985, 757; werden sie zur Bestätigung der Richtigkeit einer Übersetzung herangezogen, gelten die Vorschriften über den Sv. unmittelbar, Karlsr FamRZ 2013, 2011; Köln NJW 1987, 1091. § 406 gilt nicht für den Umgangspfleger, Karlsr FamRZ 2005, 1571. Ergänzend gilt § 407a II. 4

II. Regelungszweck, I–V. Die Vorschrift dient wie §§ 42 ff. dem Schutz vor allzu großem Einfluss des Sachverständigen, der **Gehilfe des Richters** ist, und hat damit letztlich Unparteilichkeit der Rechtsprechung und das faire Verfahren im Blick, BVerfGE 21, 139, 146; BGH NJW 2020, 1074 Rn. 12; NJW 1995, 1677; LG Wuppertal Rpfleger 2005, 692. Das Ablehnungsrecht steht entspr. § 42 III daher generell beiden Seiten und auch weiteren Verfahrensbeteiligten zu, BGH NJW-RR 2006, 1312 (Streithelfer). Wegen seiner bedeutsamen Stellung und zugleich mit Blick auf seine Auswechselbarkeit nach → Vor § 402 Rn. 5 ist eine strenge Anwendung des § 406 notwendig, Köln NJW 1992, 762. Allein diese bietet die erforderliche Gewähr der Neutralität und damit der sachlichen Richtigkeit. Da die Ablehnung als Antragsrecht der Parteien ausgestaltet ist, → Rn. 22, können die Parteien wirksam verzichten, BGH WM 2002, 289; Köln VersR 1993, 1502. Das Recht kann auch durch Fristablauf nach § 406 II verloren gehen, → Rn. 22 f. Dem Gericht obliegt daneben indes die Prüfung von Amts wegen, → Rn. 22. 5

III. Geltungsbereich, I–V. Zunächst → Vor § 402 Rn. 4. Im Verfahren auf einen Arrest oder eine einstweilige Verfügung nach §§ 916 ff., 935 ff. ist § 406 anwendbar, Nürnb NJW 1978, 954, ebenso aufgrund Tätigkeit als Schiedsgutachter, LG Kiel BauR 2013, 1163, und im WEG-Verfahren, im Prozesskostenhilfeverfahren nach §§ 114 ff. sowie im FamFG-Verfahren, Ffm FamRZ 2017, 914; Brdb FamRZ 2015, 68, im Insolvenzverfahren, LG Mü ZIP 2013, 2475, und im SGG-Verfahren, Kühl NZS 2003, 579. Im **selbständigen Beweisverfahren** nach §§ 485 ff. ist die Ablehnung ebenfalls möglich, Drsd IBR 2015, 458; OLGR Saarbr 2007, 636; Ddf NJW-RR 1998, 933, und im Hauptsacheverfahren jedenfalls dann nachholbar, wenn sie vorher nicht zulässig war, BGH NJW-RR 2006, 1312, andernfalls kann sie verspätet sein, § 406 II 2, Köln VersR 1993, 1502, → Rn. 31. Die Geltung von § 406 für den sachverständigen Prüfer und die für diesen tätigen Wirtschaftsprüfer im **Spruchverfahren,** § 17 I SpruchG, § 30 I FamFG, wird verneint von Ddf NZG 2020, 1072. 6

IV. Ablehnungsgründe, I. 1. Grundlagen, Gesamtabwägung. Da der Sachverständige nach → Vor § 402 Rn. 8 ein Gehilfe des Richters ist, können ihn beide Parteien aus denselben Gründen ablehnen wie einen Richter, VGH Mü NJW 2004, 90, LG Oldb AnwBl 2017, 336. Die in § 41 aufgeführten Gründe haben bei der Prüfung Vorrang; sie sind hinsichtlich § 41 Nr. 1 bis 4 praktisch absolute Gründe, hinsichtlich Nr. 7, 8 sind in der immer vorzunehmenden Gesamtabwägung Ausnahmen denkbar, näher → Rn. 1. 7

Eine Befangenheit liegt nach dem sog. parteiobjektiven Maßstab dann vor, wenn ein Grund besteht, der bei einer verständigen Würdigung das Vertrauen der Partei in die Unparteilichkeit des Sachverständigen von deren Standpunkt aus gestört sein kann, BVerfG NJW 2018, 1307 Rn. 17; BGH NJW-RR 2017, 569; BauR 2013, 1308 Rn. 10; Naumb NJW-RR 2014, 93; Celle MDR 2012, 1309; Hamm FamRZ 2010, 1265; GRUR-RR 2008, 365, NJW 2005, 1869; Nürnb VersR 2001, 391. Der Schwerpunkt liegt auf dem Anschein, eine tatsächlich gegebene oder gar offenkundige Pflichtwidrigkeit ist nicht erforderlich, Kblz MedR 2013, 379. Offenlegung von tatsächlichen Umständen kann deren Gewicht abmildern, Ddf BauR 2013, 1283; Saarbr MDR 2008, 226. 8

Es ist eine Gewichtung der einzelnen Ablehnungsgründe und alsdann eine **Gesamtabwägung** aller Umstände vorzunehmen, Ddf FamRZ 2020, 523; Kblz MDR 2008, 1298; Saarbr NJW-RR 2008, 1087; Mü VersR 2006, 1709. Schwerwiegend ist jede Form von Einseitigkeit, Drsd VersR 2007, 86; Hamm FamRZ 1994, 974; Köln VersR 1992, 255. **Verschweigen** von bedeutsamen Umständen kann hierbei Eigengewicht haben, Jena NJW- 9

RR 2021, 191. Beachtung von Anweisungen des Gerichts nach § 404a steht idR der Befangenheit entgegen. Die Einigung der Parteien, auf Ablehnung zu verzichten, heilt analog § 404 V.

10 **2. Beispiele zur Befangenheit, I.** Die nachfolgende Zusammenfassung von Rspr. und Lit. ist in die Abschnitte gegliedert:

a) Interessenkonflikt → Rn. 11
b) Tätigkeit mit mittelbarem Bezug zum Gutachtenauftrag → Rn. 13
c) Nähe zu einer Partei → Rn. 15
d) Nähe zu Prozessbevollmächtigten → Rn. 17
e) Nähe zu Dritten → Rn. 18
f) Verhalten in Ausübung des Auftrags → Rn. 20

11 **a) Interessenkonflikt.** Bei einem eigenen Interesse am Ausgang des Rechtsstreits kann Anlass zu der Befürchtung bestehen, der Sachverständige stehe der Sache nicht unvoreingenommen und unparteiisch gegenüber. Dabei muss es sich nicht notwendig um wirtschaftliche Interessen handeln; es reichen auch partei- oder verbandspolitische Zielsetzungen. Ob dies anzunehmen ist, kann nur aufgrund der Umstände des jeweiligen Einzelfalls entschieden werden; eine schematische Betrachtungsweise ist fehl am Platz, BGH NJW 2020, 691; MDR 2019, 1077; NJW 2017, 1248.

12 **Betroffenheit:** Befangenheit kann vorliegen, wenn der Sv. einen Sachverhalt begutachten soll, aus dem er selbst gegenüber Dritten Ansprüche herleitet, BGH NJW 2020, 1680; NJW 2020, 3458 (für Richter, Dieselskandal).

Hersteller: Er kann regelmäßig nicht als Sv. bestellt werden, wenn ein eigenes Produkt als Fehlerquelle in Betracht kommt, Stgt NJW-RR 2010, 412.

Konkurrenz: Ein Konkurrenzverhältnis kann zur Ablehnung führen, bloße Berührung von Interessen reicht indes nicht aus, BGH GRUR 2008, 191; 2002, 369; Ddf GRUR 2009, 322 (Erfinder und Patentinhaber); OLGR Kblz 2001, 141 (Beteiligung an Konkurrenzunternehmen); Köln NJW-RR 1990, 383 (Insolvenzverwaltung). Allgemeine Wettbewerbssituation reicht nicht, Mü NJW-RR 1989, 1088; Ddf JurBüro 1980, 284; LG Freiburg BauR 2016, 1532.

Privatgutachten: Der Interessenkonflikt kann sich aus der vertraglichen Bindung ergeben, näher → Rn. 14.

Streithilfe: Beitritt nach Streitverkündung einer Partei führt zur (nicht vorwerfbaren) Ablehnung, lässt aber das Gutachten grds. verwertbar, BGH NJW-RR 2007, 1293.

Verbandsaktivitäten: Es genügt ein Fortbildungsangebot des Sv. unter der Überschrift „Weiterbildung – von Frauen für Frauen" bei einem Verein, der „parteilich für Frauen ist", Ffm NZFam 2021, 800.

13 **b) Tätigkeit mit mittelbarem Bezug zum Gutachtenauftrag, Vorbefassung.** Diehm, Die Vorbefassung des Sachverständigen, DS 2022, 116 (auch zur Prüf- und Mittelungspflicht und Sanktionen); Plaßmeier/Keilmann, Zur Befangenheitsablehnung aufgrund inhaltlicher Vorbefassung BauR 2018, 891. Regelfall dieses Teilaspekts ist die Vorbefassung des Sachverständigen mit dem der Beauftragung zugrunde liegenden Sachverhalt oder eine Tätigkeit in der Nähe der Beteiligten.

14 **Arzt:**
– **Gutachterkommission:** → Schiedsgericht.
– **Leistungserbringung:** Die Erbringung str. Leistungen auch durch Sv. begründet für sich alleine den Verdacht nicht, BGH NJW 2020, 691; Mü MDR 2018, 1498.
– **Sachverständiger Zeuge:** Eine Ablehnung kann unbegründet sein, soweit das Gericht den Arzt nur als einen sachverständigen Zeugen nach § 414 beigezogen hat, KG MDR 2009, 946.

Frühere Gutachtertätigkeit: Ablehnung in einem anderen Verfahren reicht nicht, KG VersR 2017, 1104, erst recht nicht die bloße Tätigkeit, Ddf ZIP 2014, 1504, auch in einem Strafverfahren, Ddf VersR 1994, 704.

Lehrmeinung: Festlegung hierauf führt nicht notwendig zur Befangenheit, OLGR Mü 2006, 135.

Öffentliche Stellungnahmen, Werbung, Internet: Eine Ablehnung ist nicht alleine deshalb begründet, weil Sv. öffentlich seine Standpunkte vertritt, Hamm NJW-RR 2015, 831, Köln VersR 2014, 480, etwa in wissenschaftlichen Veröffentlichungen, Mü ZIP 2011, 1983, oder ein einfaches Werbeschreiben versendet, LG Mönchengladb WuM 1993, 415; im Einzelfall anders, wenn Voreingenommenheit erkennbar wird, Kblz MedR 2013, 379; LG Itzehoe WuM 1989, 439.

Privatgutachten: Eine Ablehnung ist nicht zuletzt wegen denkbarer Konflikte mit dem Auftraggeber grds. dann begründet, wenn der Sv. in derselben oder einer vergleichbaren Sache bereits ein Privatgutachten nach → Vor § 402 Rn. 41 angeboten oder erstattet hatte, BGH NJW-RR 2017, 569 (auch bei Erstattung für einen Dritten, eingeschränkt in BGH NJW 2020, 691); Ffm NJW-RR 2017, 982; Ddf NJW-RR 1997, 1428 (für Erwerber desselben Haustyps), wenn der Sv. das Privatgutachten erst nach einem selbständigen Beweisverfahren nach §§ 485 ff. erstattet, oder wenn der Sv. anstelle eigener Ermittlungen nur einen Privatgutachter befragt hat, LG Wuppert VersR 2007, 1675.

Eine Ablehnung ist **unbegründet,** wenn ein konkreter Bezug zum Fall fehlt, Karlsr ZIP 2018, 970; Stgt MDR 2016, 1225; Ddf BauR 2013, 1283 (Tätigkeit für mittelbar betroffenen Dritten und sofortiger Offenlegung); Celle NJW-RR 2003, 135 (allg. Tätigkeit für die Versicherungswirtschaft).

Schiedsgericht, Schlichtung: Ablehnung des Sv. ist unter dem Gesichtspunkt einer zumindest subjektiv bindenden Vorbefassung zu erörtern; sie war in einem solchen Verfahren nach überkommener Rechtsprechung nicht ausreichend, Ffm MDR 2011, 126; Brschw MDR 1990, 730. Nach der jüngeren Rspr. des BGH, die im Anschluss an die Einfügung des § 41 Nr. 8 mWv 26.7.2012 ergangen ist, BGH NJW 2017, 1247, soll demgegenüber die Ablehnung grds. in Betracht kommen; dem wohl folgend BSG 10.1.2018 – B 5 R 301/17 B, BeckRS 2018, 493.

Das mag formal zutreffen, ist aber kontraproduktiv, etwa nach der Erstattung von Gutachten neutraler Schlichtungsstellen, namentlich von **Gutachterkommissionen** der Ärztekammern, weil Zeit- und Kostenaufwand hierdurch ohne sachliche Rechtfertigung erhöht werden. Man sollte kritisch prüfen, ob § 41 Nr. 8 wirklich auf den neutralen Sachverständigen übertragbar ist, da er in dem Gerichtsverfahren nun einmal nicht entscheidet, sondern erneut nur an der Aufklärung des Sachverhaltes beteiligt ist. Die Parteien mögen dies erwägen und auf den Ablehnungsantrag verzichten, hierauf hinweisend auch Ffm MedR 2018, 281 Rn. 27.

Insbesondere sollte die Gelegenheit genutzt werden, neutrale Gutachter im Streitverfahren sofort nach §§ 397, 411 anzuhören; auch → § 411a Rn. 3.

15 **c) Nähe zu einer Partei.** Berührt ist hier die Objektivität des Sachverständigen, so dass er unabhängig von der Frage, welcher Partei er nahe steht, entspr. § 42 III von beiden Seiten abgelehnt werden kann, Naumbg BauR 2014, 324. Der bloße Anschein einer persönlichen Nähe kann ausreichen, Ddf FamRZ 2013, 1241.

16 **Arbeitnehmer:** Eine Ablehnung kann begründet sein, wenn der Sachverständige ein Angestellter einer Partei ist oder war. (Frühere) Mitarbeit als Arbeitnehmer reicht idR aus, OLGR Köln 2000, 16.

Arzt:
- **(Behandlung):** Einmalige frühere Behandlung muss nicht ausreichen, Köln VersR 1992, 517 (abhängig vom Einzelfall). Eine Ablehnung kann dann begründet sein, wenn der Arzt einen Beteiligten schon lange behandelt (hat), Rostock VersR 1996, 124; Köln VersR 1992, 518.
- **(Klinik):** Eine Ablehnung soll unbegründet sein, wenn der Sachverständige als Klinikdirektor vom beklagten Arzt Patienten überwiesen erhalten oder nach der Begutachtung dessen Ehefrau in seine Klinik aufgenommen hat, Karlsr OLGZ 1984, 104, oder der Sohn des ärztlichen Sachverständigen arbeite in der beklagten Klinik als Arzt in einer Fort- oder Weiterbildung, solange nicht das Gutachten selbst einen Grund zur Beanstandung gibt, Köln VersR 1989, 210 (beides zu großzügig).
- **(Sozius):** Eine Ablehnung kann dann begründet sein, wenn der Sachverständige einen Sozius des „gegnerischen" Arztes ohne Einwilligung des Patienten einschaltet, Ffm MDR 2010, 652.

Ausbildung, Schule: Eine Ablehnung kann begründet sein, wenn der Sachverständige seine Ausbildung bei einer Partei erhielt, Jena MDR 2010, 170. Der Umstand, dass eine Partei den Sachverständigen vor 30 Jahren auf einer Fachoberschule unterrichtet hat, rechtfertigt keine Ablehnung des Sachverständigen wegen Befangenheit, Celle MDR 2007, 105.

Ausschusswahl: Eine Ablehnung ist unbegründet, soweit man sie nur darauf stützen kann, der Sachverständige sei nach der Begutachtung in einen Gutachterausschuss des Gegners gewählt worden, Ddf BB 1975, 627 (bei weiteren Umständen kann gegenteilig zu entscheiden sein).

Beamter, Hochschullehrer: Eine Ablehnung kann dann begründet sein, wenn der Sachverständige bei einer Partei im Dienstverhältnis tätig ist, soweit der Dienstzweig in Betracht kommt, BVerwG NJW 1999, 965; Nürnb MDR 2006, 469; Mü MDR 2002, 291; Hbg MDR 1983, 412. Eine Ausnahme gilt, wenn der Beamte in eben seiner Tätigkeit zur Erstattung neutraler Gutachten verpflichtet ist, BVerwG NVwZ 1998, 634. Allg. OVG Lüneburg NdsRpfl 1985, 285.

Berufs-, Geschäftskontakt: Bloße Erbringung von Leistungen reicht nicht aus, Hamm BauR 2013, 278. Es sind intensivere Kontakte, Mü NJW-RR 2007, 575, oder engere Beziehung erforderlich, Drsd IBR 2019, 525 (für gemeinsame Mitgliedschaft in Kammervorstand verneint); Celle MedR 2007, 229; Oldb MedR 2007, 716 (fortlaufende ärztliche Zusammenarbeit); Ddf GRUR 2007, 83 (Mitgliedschaft in Gremien), nicht bloße Bekanntschaft, Saarbr MDR 2008, 227. Gelegentliche Überweisung von Patienten des bekl. Arztes an den Sv. reicht nicht, Karlsr NJW 1984, 1413. Dauernde Tätigkeit einer Wirtschaftsprüfungsgesellschaft soll ebenfalls nicht ausreichen, BayObLG NJW-RR 1988, 163 (bei geringem Zeitabstand abzulehnen). Umfangreiche allgemeine Tätigkeit für eine Vielzahl von Geschäftspartnern steht Ablehnung entgegen, wenn die Zahl der Geschäftskontakte zur Partei gering ist, Karlsr VersR 2013, 77; Celle NJW-RR 2003, 135; Kblz NJW-RR 1992, 1470 (jew. Versicherungssachverständiger); Köln VersR 1992, 850 (vom Versicherer unabhängiger Chefarzt). Bei Monopolstellung einer Partei muss wirtschaftliche Abhängigkeit des Sv. zu dem Kontakt hinzutreten, Saarbr DS 2015, 254. Generell ausreichend ist die Mitwirkung des Sv. an der Erstellung eines Tarifs der Partei, LG Karlsr VersR 2007, 226.

Das **Verschweigen** von voraufgegangenen Kontakten kann Eigengewicht haben, Jena NJW-RR 2021, 191.

Ehepartner: Die Freundschaft mit einer Prozesspartei kann Befangenheit begründen, BGH NJW-RR 2021, 187 (von Richter am Sv. übertragbar).

Frühere Tätigkeit: In einem Schlichtungsverfahren zwischen den Parteien kann ausreichen, BGH NJW 2017, 1247.

Hinweis: Hinweise zur Gefahrenabwehr (etwa auf der Baustelle) schaden nicht, Stgt MDR 2016, 1225,

Honoraranspruch: Begründung eines solchen gegenüber einer Partei nach Erteilung des Gutachtenauftrags führt generell zur Befangenheit, Ddf MDR 2005, 474; Hamm FamRZ 1994, 974.

Kollegialität: Eine Ablehnung ist nicht schon deshalb begründet, weil eine Partei und der Sachverständige nebenberuflich an derselben großen Universität lehren, Oldb MDR 2008, 335, gemeinsam Herausgeber wissenschaftlicher Veröffentlichungen sind, Mü NJW-RR 2007, 575; OLGR Mü 2006, 135 (Hilfe bei Erstellen einer Monographie), oder sonstige Kollegen sind, LG Mü ZIP 2013, 2475 (Insolvenzverwalter), strenger Naumb BauR 2014, 324, auch wenn nur der Streithelfer in Rede steht. Bei zeitlichem und inhaltlichem Abstand zu dem streitigen Geschehen kann nunmehrige persönliche Nähe zwischen Sv. und Leitungskraft einer Partei unschädlich sei, Hamm MDR 2012, 119.

Mängelbeseitigung: Das Angebot einer Beseitigung der gutachtlich festgestellten Mängel kann auf Befangenheit hindeuten, Oldb NJW 2019, 863.

Mitarbeit: In einem von einem bekl. Versicherer abhängigen Unternehmen, wenn sie mehr als ein Jahr zurückliegt, reicht nicht, Nürnb r+s 2022, 180.

Mitnahme im PKW: Kann im Einzelfall ausreichen, Karlsr Justiz 1980, 79.

d) Nähe zu Prozessbevollmächtigten

17 **Kanzleigemeinschaft mit Prozessbevollmächtigtem einer Partei:** Sie begründet die Ablehnung, Ddf MDR 2001, 1262.

Privatgutachten: Eine Ablehnung kommt auch bei einer für den Gutachter wirtschaftlich erheblichen Vortätigkeit für verschiedene Auftraggeber des gegnerischen Anwalts infrage, Mü MDR 2006, 1309.

Prozessgegner: Eine Ablehnung kann dann begründet sein, wenn der Prozessbevollmächtigte einer Partei gegen den medizinischen Sachverständigen einen Rechtsstreit führt, Naumbg MedR 1999, 183; Köln NJW 1992, 762, oder der Sv. ihn in anderer Angelegenheit mandatiert hat, BGH NJW-RR 1987, 893.

18 **e) Nähe zu Dritten.** Befangenheit des Sachverständigen kann sich aus einer Beziehung zu nicht verfahrensbeteiligten Dritten ergeben, wenn sich hieraus Zweifel an der Unparteilichkeit ergeben können, → Rn. 6. Das

kann der Fall sein, wenn dieser zuvor für einen am Rechtsstreit nicht beteiligten Dritten tätig geworden ist, dessen Interessen in gleicher Weise wie die der anderen Partei denen der ablehnenden Partei entgegengesetzt sind, und die Tätigkeit einen gleichartigen Sachverhalt betrifft, Ffm NJW 1983, 581, oder wenn Sv. zu einem im „Lager" einer Partei stehenden Dritten Kontakt aufnimmt, Köln MDR 2011, 507. Auch die Nähe zu einem wegen Befangenheit abgelehnten Sv. kann ausreichen.

19 **Berufsbeziehung:** Gemeinsame berufliche Beziehung von Sv. und Partei zu einem Dritten reichen für sich nicht aus, Stgt VersR 2010, 499, ebenso wenig mittelbare enge Kontakte (Sv. – Chefarzt – bekl. Oberarzt), Saarbr MDR 2008, 226; wohl aber eine laufende Geschäftsbeziehung zu einer Gesellschaft, die mit einer Partei verbunden ist, BGH GRUR-RR 2008, 365, sowie Anstellungsverhältnis bei einer Partei, Naumb MedR 1999, 183.

DEKRA: Eine Ablehnung ist unbegründet, soweit man sie nur auf die Mitarbeit des Sachverständigen beim DEKRA stützen kann, Schlesw VersR 1991, 1196.

Doktorvater/-mutter: Es stellt keinen Befangenheitsgrund dar, wenn der Gerichtssachverständige vor längerer Zeit (hier: bis vor ungefähr 10 Jahren) am (wissenschaftlichen) Institut einer Professorin beschäftigt war, die für eine Partei oder ein mit dieser verbundenes Unternehmen in derselben Angelegenheit nun ein Privatgutachten erstattet hat. Auch der Umstand, dass diese Professorin damals seine „Doktormutter" war, rechtfertigt nicht die Ablehnung wegen Besorgnis der Befangenheit, Stgt DS 2016, 205.

Fachinstitut: Mitgliedschaft alleine reicht nicht, Karlsr AG 2018, 405.

Hilfskraft: Verwandtschaft mit ihr kann zu Ablehnung des Sv. führen, Köln OLGZ 1983, 121. Ihr Verhalten kann zur Ablehnung führen, Karlsr Justiz 1980, 79.

Lehrkrankenhaus: Es reicht grds. nicht aus, dass sowohl das Krankenhaus, in dem der Sachverständige als Chefarzt tätig ist, als auch das beklagte Klinikum akademische Lehrkrankenhäuser derselben Universität sind, OLGR Stgt 2008, 617. Ergeben sich indes hieraus besondere Beziehungen zur Partei, ist anders zu entscheiden, vgl. auch Köln VersR 2012, 738.

Privatgutachter: Tätigkeit für einen Dritten kann Besorgnis auslösen, wenn der Fall gleichgelagert ist, Ddf NJW-RR 1997, 1428. Beziehungen des Dritten zu einer Partei können uU ausreichen, BGH NJW-RR 2012, 1463. Allgemeiner Gedankenaustausch mit Privatgutachtern schadet nicht, LG Stgt BauR 2017, 157, länger zurückliegende Tätigkeit am Institut des Privatgutachters einer Partei ebenso wenig, Stgt MDR 2016, 1225; ähnlich LG Ddf BauR 2012, 988. Ausreichend ist enge wissenschaftliche Zusammenarbeit mit dem Privatgutachter einer Partei, Ddf MedR 2005, 42.

Versicherer: Öffentliche Kritik am Haftpflichtversicherer einer Partei (Internet) begründet Befangenheit, LG Bochum NJW-RR 2010, 498.

Verwandtschaft: Enger Kontakt mit einem Familienangehörigen der Partei reicht aus, OLGR Ffm 2008, 784.

20 **f) Verhalten in Ausübung des Auftrags.** Da die Aufgabe des Sachverständigen darin liegt, eine Streitfrage zu beantworten, kann die Beziehung einer Position kein Ablehnungsgrund sein, KG VersR 2017, 1104. Auch ist die sachliche Richtigkeit der sachverständigen Feststellungen im Ablehnungsverfahren nicht zu prüfen, Saarbr MDR 2005, 233.

21 **Abrechnung:** Unrichtigkeiten sind für sich kein Ablehnungsgrund, Ddf NZG 2019, 662.

Alternative Methode: Eine Ablehnung kann dann unbegründet sein, wenn der Sachverständige hilfsweise die vom Gericht gewünschte Methode nebst seiner Begründung für die Abweichung wählt, Naumb BauR 2014, 1192.

Anfrage: Die Bitte an das Gericht, zwischen verschiedenen Alternativen zu wählen, kann den Verdacht begründen, Nürnb MDR 2021, 902.

Arbeitsteilung: Ein Verstoß gegen § 407a III 1 ist für sich kein Ablehnungsgrund, Drsd NJW-RR 2021, 318.

Arzt:

– **(Befund):** Eine Ablehnung kann evtl. sogar dann unbegründet sein, wenn der Arzt zur Befunderhebung nicht beide Parteien zugezogen hat, Stgt MDR 2006, 889.

– **(Gutachterkommission):** Eine Ablehnung kann dann begründet sein, wenn der Sachverständige im Schlichtungsverfahren der Ärztekammer (Gutachterkommission) tätig war, Ffm MDR 2011, 126.

– **(Krankenunterlagen):** Eine einseitige Auswertung kann den Verdacht begründen, Oldb MDR 2018, 1495.

– **(Sprachführung):** Eine Ablehnung kann **unbegründet** sein, soweit der Sachverständige im Arzthaftungsprozess eine auch für den Laien verständliche und nur deshalb deutliche Kritiksprache gewählt hat, Saarbr MDR 2005, 648.

– **(Überschreitung des Auftrags):** Eine Ablehnung alleine hierwegen ist grds. nicht begründet, Drsd MedR 2021, 312 (Ermittlungen in Unkenntnis des Sachverhalts); Oldb NJW 2020, 348; sie kann begründet sein, wenn sich der Sachverständige mit Belastungstendenz zu einer anderen als der Beweisfrage nach → § 403 Rn. 4 äußert, Bmbg MedR 2017, 714; 2008, 735, oder wenn mit der Beantwortung der Beweisfragen aus Sicht einer verständigen Partei bereits eine offensichtliche und damit ohne Weiteres erkennbare Überschreitung des Beweisthemas einhergeht, Ffm NJW-RR 2022, 863.

– **(Unterlagen):** Eine Ablehnung kann unbegründet sein, soweit der Arzt Behandlungsunterlagen nicht erhalten und nur deshalb nicht mitbegutachtet hat, Köln VersR 1997, 596, oder wenn er Arztunterlagen direkt beim Arzt angefordert und dann im Gutachten genau aufgeführt hat, Bbg VersR 2009, 1427.

Auftragsanweisung: Eine Ablehnung kann dann begründet sein, wenn der Gutachter von einer Anweisung des Gerichts abgewichen ist, Naumb BauR 2014, 2146; Nürnb MDR 2007, 295 (jew. Zweifel am anzunehmenden Sachverhalt). Rückfrage oder Bitte um Anweisung ist grds. unschädlich, Zweibr MDR 1998, 492.

Auftragsgrenzen: Ihre Überschreitung kann eine Ablehnung nur begründen, wenn die Umstände des Einzelfalls dies rechtfertigen, BGH NJW-RR 2013, 851 (erkennbare Belastungstendenzen); Drsd DS 2020, 224; Oldb NJW 2020, 348; Brdb NJW Spezial 2019, 238; Bbg DS 2017, 232; MedR 2017, 714; Kblz MedR 2013, 379; Celle NJW-RR 2003, 135; aA Ffm NJW-RR 2016, 710 (grds. zu bejahen), nicht aber alleine wegen *überflüssiger Rechtsausführungen*, Hamm BauR 2013, 1162. Vermutetes Einverständnis des Gerichts entlastet, Stgt MDR 2003, 172.

Äußerungen: Vorabinformation über das Ergebnis der Begutachtung ist grds. unschädlich, Hamm DS 2015, 286.

Ausdrucksweise: Ein gewisser Spielraum in der Wortwahl ist dem Sv. zuzubilligen, Ffm DS 2018, 204; 311 (Bezeichnung einer Partei als „Gegenseite" im Einzelfall ausreichend); MDR 2016, 1332. Eine Ablehnung ist begründet, soweit der Gutachter sprachlich entgleist, Drsd BauR 2011, 306, sich über die Glaubhaftigkeit einer Partei abfällig äußert, Karlsr FamRZ 2016, 651, oder soweit er ein abweichendes Gutachten als „ergebnisorientiert" bezeichnet, ein Beweisthema als „verfehlt", Saarbr MDR 2007, 1393, eine Parteivertreterkritik als „unverschämt, völlig absurd, inkompetent", KG MDR 2008, 528, als „frech", Köln VersR 2009, 1287, wenn der Sachverständige von „überheblich und ignorant" spricht, Celle MDR 2012, 1309, wenn er einen Beweisantrag als „Prozesshanselei" bezeichnet, Hamm MDR 2015, 1320, wenn er eine Ansicht als „Unsinn" bezeichnet, Stgt NJW-RR 2017, 1088, aM Ffm FamRZ 2015, 1414, soweit er sonstwie polemisch wird, Ddf BauR 2013, 1162 (Unterstellen falschen Vortrags), Hamm FPR 2011, 50 (Nahelegen proz. Schritte) wenn er eine sachliche Kritik am Gutachten als „unmoralisch" bezeichnet, Ffm DS 2021, 263 oder soweit er über dieselbe Partei in einem anderen Prozess unsachlich redet, LG Mü WuM 2012, 154.

Im Einzelfall kann es auf die Frage ankommen, ob die Äußerung aus einer Situation heraus spontan erfolge oder Überlegungszeit bliebt, Drsd NJ 2020, 119. Scharfe Kritik an einer unsachlichen Äußerung der Partei ist hinnehmbar, Saarbr DS 2022, 112 (Ls.).

Eine Ablehnung kann **unbegründet** sein, soweit der Sachverständige eine Partei als „aggressiv" bezeichnet hat, Hamm FamRZ 2010, 1265, oder soweit der Sachverständige nur deutlich reagiert, Zweibr BauR 2013, 2068, oder auf scharfe Angriffe ebenso scharf erwidert, Karlsr VersR 2013, 77 („anwaltliche Fantasie", „Spekulation" sowie „Mut- und Böswilligkeit"); Naumb BauR 2013, 137 („parteiliche Fokussierung" und „plakative Betrachtungen" sowie den Hinweis auf die Emeritierung des Privatgutachters); nicht notwendig ausreichend auch „Pfusch am Bau", Rostock MDR 2020, 1503.

Ungeschicklichkeit in der Ausdrucks- oder Handlungsweise sollte nicht zu stark gewichtet werden. Problematisch ist die Bezeichnung der Partei als „Anwalt seiner Patienten", Mü NJW-RR 2007, 575. **Provokation** kann mildernd wirken, Ffm DS 2018, 136.

Befragung: Eine Ablehnung kann unbegründet sein, soweit der Sachverständige Anknüpfungstatsachen durch Befragung ermittelt, Ffm FamRZ 2017, 914, es sei denn, es handele sich um gänzlich unbeteiligte Dritte, Nürnbg MDR 2007, 237.

Begleiter, Berater: Wenn der Sachverständige bei einer Untersuchung die Anwesenheit eines bloßen Begleiters verweigert, ist Befangenheit nur bei Einfluss auf die Feststellung des Sachverhalts gegeben, Hamm NJW 2015, 1461. Anders liegt der Fall, wenn eine Partei auf einen Berater angewiesen ist, Ddf MDR 1979, 409.

Beweisvereitelung: Gleichgültigkeit ihr gegenüber kann Ablehnung begründen, AG Kassel WuM 1993, 415.

Beweiswürdigung: Sachwidrige Einmischung in die die Beweiswürdigung kann die Ablehnung begründen, Saarbr NJW-RR 2008, 1087, namentlich wenn sie eine einseitige Festlegung erkennen lässt, Mü NJW 1992, 1569, oder der Sachverständige eine str. Behauptung als bewiesen ansieht, Nürnb ErbR 2020, 258 Rn. 27.

Duzen: Eines Arztes der bekl. Klinik reicht nicht aus, Drsd MedR 2022, 266 mAnm Wever.

Eilbedarf: Kann ausreichen, wenn Sv. vollendete Tatsachen schafft, Hamm FamRZ 2012, 894.

Entschuldigung: Eine Klarstellung oder Entschuldigung kann heilen, Ffm MDR 2017, 170.

Ermittlungstätigkeit: Sie kann Anknüpfungspunkt sein, wenn sie einseitig erfolgt, Drsd MedR 2020, 257.

Fehler: Sie begründen für sich keine Befangenheit, Mü BauR 2021, 292.

Hilfsperson: Ihre Befangenheit alleine reicht nicht, Kblz NJW-RR 2009, 1653; Zweibr MDR 1986, 417 (jew. Antrag unzulässig), wohl aber die Übernahme der von ihr erzielten Ergebnisse, Ddf MDR 2008, 104.

Honorarforderung: Eine Ablehnung kann begründet sein, soweit der Sachverständige eine deutlich überhöhte Honorarforderung stellt, solange dies nicht auf Unkenntnis des JVEG beruht, Mü Rpfleger 1980, 303 (großzügig ablehnend).

Information an Parteien, Kontaktaufnahme: Eine Ablehnung ist unbegründet, soweit man sie nur darauf stützen kann, der Sachverständige habe eine bloß technische Anfrage bei nur einer der Parteien ohne eine Erörterung der Sache oder des Gutachtens gehalten, BGH NJW 1975, 1363; Ffm FamRZ 1989, 410, bereits ein Gespräch kann indes ausreichen, Kblz JurBüro 2006, 213, insbesondere wenn es verschwiegen wird, Stgt MDR 2011, 190; Saarbr MDR 2005, 233, oder der Erhalt von Anknüpfungstatsachen ohne Information der übrigen Beteiligten, Saarbr MDR 2005, 233, insoweit zusätzliche Umstände fordernd Zweibr NJW-RR 2001, 1149. Unterlassene Übermittlung von Unterlagen einer Partei an den Gegner begründet Befangenheit, Kblz MDR 2012, 994.

Mängel der Begutachtung: Sie rechtfertigen alleine die Ablehnung nicht, BGH NJW 2005, 1869; Ddf NZG 2019, 662; KG FamRZ 2016, 483; Celle NJW-RR 2003, 135; AG Bergheim WuM 2014, 747. Das gilt auch bei fehlender Sorgfalt, Ffm NJW 2021, 3204; selbst dann, wenn Mängel das Gutachten entwerten, Celle NJW-RR 2003, 135, es sei denn, fehlende Sorgfalt gehe zum Nachteil einer Partei, Karlsr MDR 2010, 230; VGH Mü NJW 2004, 90, so etwa unsachliche Äußerungen über einen Prozessbevollmächtigt oder über die Lebensführung einer Partei, Nürnb MDR 2012, 365.

- **Falsche Angaben:** Eine Ablehnung kann dann begründet sein, wenn der Sachverständige falsche Angaben über die tatsächlichen Grundlagen seines Gutachtens macht, Ffm FamRZ 1980, 932.
- **Fristwahrung:** Verzögerungen reichen für sich nicht, Brdb NJW-RR 2001, 1433.
- **Mindestanforderungen:** Missachtung kann zur Ablehnung führen, Hamm FamRZ 2017, 540.
- **Sachverhalt:** Plausible Fehler bei der Auswertung sind unerheblich, Drsd NJW-RR 2021, 892.
- **Umfang:** Der Umfang eines Gutachtens kann für sich keine Ablehnung begründen, AG Itzehoe FamRZ 2009, 443. Eine unzulängliche Untersuchung kann zur Ablehnung führen, Stgt NZM 2012, 427.
- **Verfahrensfehler:** Reicht für sich grds. nicht aus, Schlesw NJW-Spezial 2019, 13.

Minderjährige: Begutachtung ohne Information der Sorgeberechtigten führt zur Ablehnung, Stgt FamRZ 2018, 455.

Mitteilungspflicht (§ 407a II): Eine Verletzung für sich reicht nicht aus, Jena MDR 2006, 1011.

Offenlegung: Verletzung der Pflicht, die Grundlagen der Begutachtung offenzulegen, kann ausreichen, Stgt MDR 2014, 560; Kblz VersR 2013, 1196.

Ortstermin, Parteiöffentlichkeit: Nachricht an nur eine Partei kann Ablehnung begründen, Karlsr NJW 2019, 1691; Kblz MDR 2010, 463, anders wenn Sv. von Desinteresse der Partei ausgehen kann, Saarbr MDR 2011, 1315, oder die Partei den Termin kennt, Oldb MDR 1978, 1028; bei Beginn der Besichtigung vor der

Terminstunde vom Einzelfall abhängig, Braunschw FamRZ 2017, 128. Ausschluss eines Prozessbevollmächtigten reicht aus, Ddf MDR 1979, 409. Mangelnde Benachrichtigung beider Parteien ist großzügiger Auffassung nach unschädlich, Stgt BauR 2013, 272, nicht aber, wenn eine Partei doch teilnimmt, KG BauR 2011, 1217; für Unbeachtlichkeit bei Abwesenheit auch der anderen Partei Brem BauR 2012, 843, oder bei rein stummem Kontakt mit der Partei, LG Brem MDR 1997, 502, was zu großzügig ist, weil es auf den Anschein der Befangenheit ankommt, → Rn. 7. Anberaumung trotz **Corona-Risiken** reicht nicht aus, Mü BauR 2022, 300. Unschädlich ist Verlust der Terminsmitteilung, Versuch nachträglicher Benachrichtigung muss nicht unternommen werden, Hbg BauR 2013, 1317, ebenso Verwendung von Gerätschaften einer Partei, Mü BauR 2012, 547.

Zulässig ist der Ausschluss der anderen Partei bei intimen Untersuchungen, Mü VersR 2006, 1709, auch wenn jene Arzt ist, Hamm MedR 2004, 60; Köln NJW 1992, 1568; Stgt VersR 1991, 1305. Eine Ablehnung kann dann begründet sein, wenn der Sachverständige einen Ortstermin trotz Zutrittsverweigerung einer Partei durchführt, Saarbr BauR 2014, 152.

Prozesskostenhilfe: Eine Ablehnung kann dann begründet sein, wenn der Sachverständige anregt, einem Beteiligten eine Prozesskostenhilfe zu verweigern, Karlsr NZFam 2015, 432.

Rechtliche Würdigung: Eine Ablehnung kann dann begründet sein, wenn der Sachverständige statt der Beantwortung der Beweisfrage nach § 403 eine Prüfung der Schlüssigkeit oder Erheblichkeit des Parteivortrags vornimmt, Kblz BauR 2013, 1317; Saarbr NJW-RR 2008, 1087; Köln NJW-RR 1987, 1198.

„Rückversicherung“: Bei Fachkollegen unbeachtlich, Karlsr 3.2.2021 – 9 W 72/20, BeckRS 2021, 19504.

Sachkunde: Fehlen kann im Einzelfall für Ablehnung ausreichen, Ddf MDR 2008, 104, idR reicht dies jedoch nicht, Mü Rpfleger 1980, 303.

Selbstablehnung: Ein solches Recht besteht zwar nicht, → Rn. 1, dennoch kann die Anzeige einen Befangenheitsgrund liefern, BGH BeckRS 1998, 30038509; LG Kblz JurBüro 2017, 33; auch BVerfGE 72, 296 (297).

Streitschlichtung: Der Versuch kann zur Ablehnung führen, AG Osnabrück FamRZ 2009, 130.

Verteidigung gegen Einwände: Eine Ablehnung ist unbegründet, soweit man sie nur darauf stützen kann, man habe das Gutachten nebst der Gebührenrechnung angegriffen, Mü Rpfleger 1980, 303, und der Sachverständige habe sich sachlich verteidigt, wenn auch vielleicht nach einem unberechtigten Ablehnungsantrag mit deutlichen Worten, Zweibr MDR 2013, 1425, in einer scharfen Weise, Stgt VersR 2014, 521, Mü BauR 2012, 547; LG Ddf BauR 2011, 1535, durch überflüssige Rechtsausführungen, Hamm NJW-RR 2013, 1017, durch die Ankündigung, sich gegen die Bezeichnung als „Lobbyist“ außergerichtlich zur Wehr zu setzen, Karlsr MDR 2013, 930, oder sogar durch einen Strafantrag. Überschritten wird die Grenze durch unsachliche Äußerungen, Saarbr NJW-RR 2008, 1087. Die Bezeichnung eines Privatgutachtens als „Gefälligkeitsgutachten“ begründet die Ablehnung, Zweibr NJW 1998, 912, so auch die Unterstellung falscher Angaben, Ddf BauR 2013, 1162, die verzögerliche Reaktion auf die Aufforderung zur Stellungnahme, LG Kleve MDR 2010, 1419, oder wenn er eine Kritik am Gutachten stark abwertet, Hamm MDR 2010, 653, zB sie als „rüpelhaft“ oder „flegelhaft“ bezeichnet, Brdb MDR 2009, 288; Kblz NJW-RR 2009, 1653 (Bezichtigung des Untersuchten als vorsätzlichen Täuscher); Köln MDR 2002, 53.

Voreingenommenheit: Kann relevant sein, wenn Sv. auf Bitte um Ergänzung vorab erklärt, mit hoher Wahrscheinlichkeit würden sich keine neuen Erkenntnisse ergeben, Braunschw IBR 2020, 672.

22 **V. Ablehnungsantrag, II, III. 1. Antragstellung, Verlust des Ablehnungsrechts.** Befangenheit wird als solche nicht von Amts wegen berücksichtigt; bei Bedenken des Gerichts gelten §§ 404 I 3, 408 I 2, 412. Es bedarf des Ablehnungsantrags einer Partei oder sonstigen Verfahrensbeteiligten; ein Dritter ist nicht antragsberechtigt, BGH NJW-RR 2020, 1321; NJW-RR 2006, 1312 (Streithelfer); Ffm DS 2018, 72.

23 Der **Streithelfer** ist antragsberechtigt, hins. des Sv. aus dem selbst. Beweisverfahren auch noch im Hauptsacheverfahren, wenn er bis dahin die Möglichkeit nicht hatte, BGH NJW-RR 2006, 1312. Wegen des Insolvenzverwalters Köln NJW-RR 1990, 383. Man muss den Antrag gem. § 406 II 1 bei demjenigen **Richter** anbringen, der den Sachverständigen ernannt hat, mithin auch beim Einzelrichter nach §§ 348, 348a, 526, 527, 568 oder beim Vorsitzenden der Kammer für Handelssachen nach § 349, bei dem nach § 405 betrauten Richter; in der Berufung ist der Antrag beim Berufungsgericht zu stellen, auch wenn der Ablehnungsgrund im Verfahren des ersten Rechtszuges entstanden ist, OLGR Kblz 2000, 442; Köln MDR 1977, 57; praxisfern die aA Zöller/Greger Rn. 10; MüKoZPO/Zimmermann Rn. 11; aus § 406 IV folgt insoweit nichts anders, da die Norm mit der Bezugnahme auf § 406 II ersichtlich auf die laufende Beweisaufnahme zugeschnitten ist. Darauf kommt es im Berufungsrechtszug nicht mehr an, wo der Antrag zu allem weit schneller erledigt werden kann. Ein ausdrücklicher Antrag ist nicht erforderlich, solange das Ziel der Ablehnung (konkludent) erkennbar wird; die bloße Anregung, einen anderen Sv. zu beauftragen, reicht nicht aus, wenn nicht der Vorwurf gerade der Befangenheit deutlich zutage tritt, Rostock MDR 2019, 1337; → § 412 Rn. 4.

24 Es besteht nach § 406 II 3 und nach § 78 III Hs. 2 kein Anwaltszwang, da der Antrag auch zur Protokoll der Geschäftsstelle gestellt werden kann, VerfGH Mü NJW-RR 2002, 1501. Der Antrag ist eine Parteiprozesshandlung. Bei elektronischer Einreichung gelten §§ 130ad. Man kann den Antrag nicht unter einer Bedingung stellen, Stgt NJW 1971, 1090; er ist auslegbar, muss aber klar und bestimmt sein, Ddf BauR 2013, 1283 Rn. 66.

25 § 43 **(Verlust des Ablehnungsrechts)** gilt entsprechend, Bbg MDR 2016, 789 (jedenfalls bei umfangreichem Sachverhalt); Hamm MDR 2015, 1320 (nicht ausreichend Verhandlung nur über die Ablehnung); Köln VersR 2009, 1287 (im Anhörungstermin sofortige Reaktion erforderlich!).

26 Die Einigung nach § 404 IV steht dem Ablehnungsrecht für die bis dahin bekannten Ablehnungsgründe entgegen, BGH NZBau 2006, 648 Rn. 12, ebenso die in Kenntnis belastender Umstände abgegebene Erklärung, der Person des Sv. stehe nichts entgegen, Köln VersR 1993, 1502. Zum Verlust des Ablehnungsrechts führt auch ein rügeloses Verhandeln über das Beweisergebnis nach §§ 279 III, 285 in Kenntnis des Ablehnungsgrundes, Ddf MDR 1994, 620; schon II 2 zeigt die Verlustmöglichkeit. Das kann auch vor Ablauf der Zweiwochenfrist geschehen, weil die Wirkungen rügelosen Verhandelns alleine wegen § 295 umfassend sind und allgemein bekannt sein müssen. Dennoch sind die Ablehnungsgründe in der Beweiswürdigung und nach § 412 zu berücksichtigen, BGH NJW 2017, 160 Rn. 41.

27 **2. Zeitrahmen, Frist, II 1.** Der Ablehnungsantrag ist erst nach der Ernennung des Sachverständigen zulässig, Karlsr MDR 2010, 230; vorher mag man im Rahmen des rechtlichen Gehörs, § 404 II, Stellung nehmen.

Er ist nach §§ 406 II 1, 402, 396 grundsätzlich nur bis zum **Beginn der Vernehmung** des Sachverständigen 28
zur Sache zulässig, dh er ist unabhängig von der Frage, ob dem ein schriftliches Gutachten vorausgegangen ist, vor der Vernehmung zu stellen, BayObLGZ 1997, 142; möglicherweise aA Ddf MDR 1994, 620 (bis vor den Sachanträgen). Solange diese noch nicht begonnen hat, läuft eine zweiwöchige Frist nach II 1 Hs. 2, auch nach § 89 VwGO, VGH Mü NJW 2004, 90. Sie beginnt mit der gesetzmäßigen Verkündung oder Zustellung des Ernennungsbeschlusses nach § 329 I, II 2, Köln VersR 1994, 1086, aber auch im Fall des § 189. Sie ist keine Notfrist nach § 224 I 2. Eine Abkürzung oder Verlängerung ist nach § 224 II Hs. 2 nicht möglich, da § 406 das nicht bestimmt. Auch § 296 ist grds. unanwendbar; man beachte aber § 411 IV 2, → Rn. 35.

§ 406 II 1 gilt nur für Ablehnungsgründe, die zu den genannten Zeitpunkten bereits entstanden waren. Der 29
wesentliche Zweck der Regelung liegt neben der allgemeinen Zielsetzung der Beschleunigung darin zu verhindern, dass mit dem Ablehnungsantrag abgewartet wird, bis die Ergebnisse der Begutachtung feststehen. Denn Ziel der Ablehnung ist die Unparteilichkeit der Rechtsprechung, → Rn. 5, nicht ein bestimmtes Ergebnis.

Für alle anderen Fälle, sei es späterer Entstehung, sei es Fristversäumnis aus sonstigen Gründen, sei es 30
insbesondere die Erkennbarkeit von Ablehnungsgründen erst aus dem schriftlichen Gutachten nach § 411 I, gilt II 2, der eben nicht nur einen speziellen Wiedereinsetzungsgrund für die Versäumung der Zweiwochenfrist nach II 1 enthält. Einer erweiternden Auslegung von II 1 oder der Analogie bedarf es wegen der eindeutigen und umfassenden Formulierung von II 2 nicht, so dass jenseits der Fälle von II 1 keine starre Zweiwochenfrist gilt, BGH NJW 2005, 1869; bereits Mü NJW 1964, 1576.

3. Antrag nach Fristablauf, II 2. a) Fehlendes Verschulden. Nach Beginn der Vernehmung oder dem 31
Ablauf der Zweiwochenfrist vor diesem Zeitpunkt, II 1 Hs. 2, kommt die Ablehnung unter den Voraussetzungen des II 2 nur bei Schuldlosigkeit am Fristverstoß in Betracht. Für eine Wiedereinsetzung nach §§ 233 ff. ist neben § 406 II 2 kein Raum. Die Regelung erfasst alle Fälle, auf die II 1 nach seinem klaren (engen) Wortlaut nicht anwendbar ist, → Rn. 27.

Teilweise wird erwogen, die **Zweiwochenfrist** des II 1 zum Maßstab zu nehmen, Jena MDR 2016, 416; Ddf 32
BauR 2013, 1284 Rn. 69. Das ist gerade wegen des eng gefassten Anwendungsbereichs von II 1 abzulehnen, weil II 2 dem eine offene, an den Besonderheiten des Falles auszurichtende Lösung gegenüberstellt.

Die angemessene **Überlegungszeit** kann also deutlich kürzer sein, etwa bei Äußerungen des Sv. in der 33
mündlichen Verhandlung. Ob man jedoch mit KG NJW 2021, 2894; Köln VersR 2009, 1287 generell sofortige Antragstellung verlangen kann, erscheint fraglich, weil gerade in einer streitigen Verhandlungssituation die Gelegenheit zu ruhigem Überlegen nicht eingeschränkt und daher Druck auf voreilige Anträge nicht ausgeübt werden darf. Die Überlegungsfrist kann deutlich länger sein, wenn zB Nachforschungen angestellt werden müssen, zutreffend für gleichen Rang der Zweiwochenfrist nach II 1, der fallorientierten Bemessung nach II 2 und auch der Beachtung einer Frist nach § 411 IV 2 im jeweiligen Kontext, KG NJW 2021, 2894 /10; Köln BauR 2013, 498; zu starr Ddf NJW-RR 1998, 933 (mehr als ein Monat idR zu lang).

Bei der Bemessung der Bedenkzeit nach II 2 ist die Prozessförderungspflicht mit den Besonderheiten des Falles in 34
Einklang zu bringen. Im Umfang weniger Wochen ist, auch mit Rücksicht auf übliche Verfahrenslaufzeiten, ein großzügiger Maßstab anzulegen, Celle MDR 2004, 709 (7 Wochen). Gründe können bei Anordnung eines Ergänzungsgutachtens nicht nachgeschoben werden, Köln MDR 1983, 412; sie müssen sich aus diesem selbst ergeben.

b) Frist nach § 411 IV 2. Setzt das Gericht eine Frist nach § 411 IV 2 und muss sich die Partei zur 35
Begründung eines Ablehnungsantrags mit dem Inhalt des Gutachtens auseinandersetzen, läuft die nach § 406 II 2 maßgebliche Bedenkzeit idR gleichzeitig mit dieser Frist ab, BGH NJW 2005, 1869, dazu Christopoulos/Weimann MDR 2005, 1201; KG NJW 2021, 2894; Nürnb ErbR 2020, 258 Rn. 25; Brdb BeckRS 2019, 11795; Ddf FamRZ 2020, 523; Celle BauR 2018, 874; BayObLGZ 1994, 183, jedenfalls nicht vorher. Das gilt zur Vermeidung von Zufälligkeiten auch dann, wenn die Frist, selbst wenn eine angemessene Überlegungszeit bereits verstrichen gewesen sein sollte, erst eine Zeit nach Übersendung des Gutachtens gesetzt wird, und zudem im selbst. Beweisverfahren, Köln BauR 2013, 498. Bmbg VersR 2009, 1427, will bei sich aufdrängender Sachlage eine Bedenkzeit unterhalb der Frist des § 411 IV 2 annehmen; das ist mit Blick auf den gebotenen Vertrauensschutz und wegen nicht hinnehmbarer Unklarheiten abzulehnen.

Nur im Ausnahmefall ist denkbar, dass wegen besonders gelagerter Umstände für die Ablehnung eine längere 36
Zeit als bis zum Fristablauf in Anspruch genommen werden kann. Nach schriftsätzlicher Stellungnahme zum Gutachten ist ein hierauf aufbauender Ablehnungsantrag kaum noch fristgerecht, Ffm MDR 1989, 744.

c) Verschuldensmaßstab. Verschuldensmaßstab ist die einfache Fahrlässigkeit, einzureichen ist der Antrag ab 37
Kenntnis des Ablehnungsgrundes unverzüglich, § 121 I 1 BGB, Ddf BauR 2013, 1284 Rn. 69 (25 Tage zu lang); missverständlich Kblz MDR 1994, 1147, wo „unverzüglich" offenbar mit „sofort" und nicht zutreffend im Sinne einer angemessenen Frist interpretiert wird. Die Partei muss nur bei besonderem Anlass frühzeitig zur etwaigen Ablehnbarkeit **nachforschen,** BGH NJW 2009, 84; Celle JurBüro 2005, 558. Bloßes Abwarten der Reaktion auf ein Vergleichsangebot entschuldigt nicht, Hamm NJW-RR 2013, 1017. Erfolgt die Ablehnung nach selbst. Beweisverfahren erst im Hauptsacheverfahren, kommt es auf die Frage an, ob dem Ablehnenden die Antragstellung vorher bereits möglich war, BGH NJW-RR 2006, 1312. Wenn der Befangenheitsgrund vorher erkennbar war, darf das Gutachten nicht abgewartet werden, BrbgVerfG NJW-RR 2019, 831; Naumb NJW-RR 2014, 94; man darf auch nicht abwarten, ob der Sv. die Bedenken noch ausräumt, Nürnb NJOZ 2002, 2433. Vorbringen kann man allerdings neue Gesichtspunkte, die sich im Gutachten erst niedergeschlagen haben.

d) Zeitgrenze und Relevanz. Letzte Zeitgrenze ist der **Abschluss der Instanz.** Nach Verkündung des 38
Urteils ist selbst ein versehentlich übergangenes Ablehnungsgesuch nicht mehr zu bescheiden; bei Stattgabe würden die Grundlagen des Urteils vom Ausgangsgericht in Zweifel gezogen, obwohl nunmehr alleine für die beschwerte Partei die Entscheidung über eine Anfechtung zusteht; der aA, MüKoZPO/Zimmermann Rn. 10, die in den zitierten Entscheidungen nicht unmittelbar eine Stütze findet, ist daher nicht zu folgen. In der Berufung kann indes der Antrag, bei Wahrung der Frist, auch auf Tatsachen gestützt werden, die während des ersten Rechtszuges bereits eingetreten waren, → Rn. 22.

Allzu große Bedeutung darf man dem Fristablauf allerdings nicht beimessen. Selbst wenn der Ablehnungsantrag 39
hiernach unzulässig ist und zurückgewiesen wird, muss das Gericht die vorgebrachten Tatsachen in die **Beweiswürdigung** einbeziehen und außerdem immer **§ 412** beachten, BGH NJW 2017, 160 Rn. 41; NJW 1981, 2009; Celle BauR 2017, 1239; BSG NJW 1993, 3022.

4. Beispiele zur Frage des Fristablaufs, II 2

40 **Auswertung mit Anwalt:** Zulässig bleibt eine gewisse Frist zur Auswertung und Abstimmung mit dem ProzBev, Nürnb VersR 2001, 391 (20 Tage).

Beweisverfahren: → Rn. 6.

Einigung auf Person: Bei einer Einigung auf eine bestimmte Person des Sachverständigen entscheidet der Zeitpunkt der Einigung, → Rn. 22.

Erkundigung: Verspätet ist eine Ablehnung nach II 2, wenn sich der Ablehnende nicht zeitig sorgfältig nach der Person und nach dem Verfahren des Sachverständigen erkundigt hat, BGH NJW 2012, 1517; NJW 2009, 84; Ddf GRUR 2007, 83; Celle JurBüro 2005, 558.

Erläuterung: Unverändert bleibt die Frist nach II 2 dann, wenn der Sachverständige sein Gutachten nach § 411 III erläutern soll. Sonst könnte eine Partei ein ihr ungünstiges Gutachten leicht verhindern.

Fristsetzung nach § 411 IV: Die Fristen decken sich im Normalfall, wenn der Ablehnungsgrund aus dem Gutachten hergeleitet wird, → Rn. 35.

Instanzenzug: Ein Verlust des Ablehnungsrechts gilt wegen der bisherigen Gründe für alle Instanzen, BayObLG FamRZ 1986, 829.

Postlaufzeit: Man darf dem Ablehnenden Postlaufzeiten zugutehalten, Nürnb VersR 2001, 391.

Rechtsbehelfsunterlassung: Bei Absehen von einem befristeten Rechtsbehelf, wie etwa dem Ablehnungsantrag nach § 406 II 1, ist man nicht verhindert iSd II 2, so dass hierdurch der Verlust des Ablehnungsrechts eintreten kann, Ffm DS 2018, 72.

Rechtsprechungsänderung: Das Bekanntwerden neuer gerichtlicher Entscheidungen oder eine andere Bewertung vermögen ein fehlendes Verschulden im Sinne von II 2 nicht zu begründen, Ffm DS 2018, 72.

Selbständiges Beweisverfahren: → Rn. 6.

Stellungnahme zum Gutachten: Zur Bedeutung der Fristsetzung nach § 411 IV 2 → Rn. 35.

Untersuchung: Äußerungen während einer Untersuchung müssen binnen Tagen geltend gemacht werden, Jena MDR 2016, 416.

Zweites Gutachten: Wenn das Gericht ein zweites Gutachten desselben Sachverständigen einfordert, muss es den Verlust des Ablehnungsrechts erneut prüfen.

41 **5. Glaubhaftmachung, III.** Die Partei muss, soweit der Sachverhalt nicht unstr. ist, nach III Hs. 1 ihr Ablehnungsgesuch grundsätzlich nach § 294 glaubhaft machen, nach III Hs. 2 aber nicht durch eigene eidesstattliche Versicherung; seitens Dritter ist sie zulässig. III Hs. 2 gilt IÜ nur für die Ablehnungsgründe; Vortrag zur Fristwahrung kann auch durch eidesstattliche Versicherung glaubhaft gemacht werden. kommen alle Beweismittel in Betracht, die freibeweislich zu verwerten sind. Antrag auf zeugenschaftliche Vernehmung des Sachverständigen kann entsprechend § 44 II 2 genügen, Bbg FamRZ 1993, 1097. Bei non liquet ist die Glaubhaftmachung gescheitert, BGH NJW-RR 2011, 136 Rn. 10.

42 **VI. Weiteres Verfahren, IV. 1. Anhörung, Fortsetzung der Gutachtertätigkeit.** Obwohl eine dem § 44 III entsprechende Vorschrift fehlt, ist die Anhörung der Verfahrensbeteiligten nach Art. 103 I GG jedenfalls insoweit geboten, als einem Beteiligten durch die Ablehnung ein Nachteil drohen könnte, für den Sv., generell, Kblz NJW 1977, 395; BayObLG FamRZ 1988, 213; jedenfalls aber, wenn die Gründe sich auf außerhalb des Gutachtens liegende Gesichtspunkte stützen, Karlsr NJW 1984, 1413; aA Ddf MDR 1994, 1050 (Belieben des Gerichts); Honorarinteressen des Sv. sind hier ohne Belang, da sie im Festsetzungsverfahren verfolgt werden können, → § 413 Rn. 9 „Festsetzungsverfahren". Gegen Gehör des Antragsgegners Mü AnwBl 1987, 288. Praxisnah ist die routinemäßige Anhörung aller Beteiligten, um die Basis der Entscheidung zu verbessern, zB auch um den Ablehnungsgrund zu beheben, Stgt MDR 2017, 170, oder ihn zu untermauern, KG FamRZ 2006, 1214 (unsachliche Stellungnahme des Sv.).

43 Der Sachverständige kann seine Tätigkeit während des Ablehnungsverfahrens theoretisch fortsetzen, wenn auch auf eigenes Vergütungsrisiko, Brdb NZFam 2020, 44. IdR wird er hiervon absehen.

44 **2. Beschluss vor der Sachentscheidung. a) Grds. eigenständiger Beschluss, Berufungsgericht.** Das Verfahren erfolgt bei einer nach § 128 IV freistehenden mündlichen Verhandlung idR schriftlich. Zur Zuständigkeit vgl. zunächst → Rn. 22, insbes. betr. das Berufungsgericht. Gerade dort kann auch die Sachentscheidung über einen im Verfahren des ersten Rechtszuges übergangenen oder fälschlich (vgl. nachfolgend) in den Gründen des angefochtenen Urteils abgehandelten Ablehnungsantrag nachgeholt werden. Das entspricht der Zielrichtung des § 538 Abs. 2 Satz 1 Nr. 1 und der dazu ergangenen Rspr., BGH NJW 2019, 3001; Drsd NJW-RR 2021, 318.

45 Erforderlich ist nach IV ein **gesonderter Beschluss** gem. § 329 vor Erlass der Hauptsachenentscheidung. Eine Sachentscheidung ohne vorherige Behandlung des Ablehnungsgesuchs ergeht verfahrensfehlerhaft und ist Berufungsgrund; die Bescheidung erst in den Gründen der Sachentscheidung nach § 313 III ist grds. unzulässig, BGH NJW 2019, 3001; BSG MDR 1996, 94; BFH BB 1987, 1593; Drsd NJW-RR 2021, 318; Saarbr MDR 2013, 1230; KG MDR 2009, 946; Brdb FamRZ 2002, 975; Schlesw MDR 2001, 711; SchlHA 1982, 30; BayObLG FamRZ 1995, 425. Eine Ausnahme mag gelten, wenn das Gericht das Gesuch für rechtsmissbräuchlich hält, Saarbr MDR 2013, 1230; BayObLG FamRZ 1988, 213, indes ist hiervon wegen der Ungewissheit über den Standpunkt der höheren Instanz eher abzuraten. Wird der Antrag erst in der Spruchfrist gestellt und ist Rechtsmissbrauch, namentlich Verschleppungsabsicht, nicht eindeutig festzustellen, ist zunächst die Spruchfrist zu verlängern und eine Beschlussfassung anzustreben; es kommt auch die Wiedereröffnung nach § 156 in Betracht.

46 Die **Entscheidung** lautet entweder auf Feststellung der Befangenheit („Das Ablehnungsgesuch gegen den Sachverständigen … ist begründet.") oder auf Zurückweisung des Antrags (der Zusatz „als unzulässig/unbegründet" ist nicht erforderlich), sie verhält sich aber nicht zur Verwertbarkeit des Gutachtens, BGH NJW-RR 2007, 1293. Das Gericht muss seinen Beschluss grundsätzlich begründen. Es teilt einen stattgebenden Beschluss den Parteien formlos nach § 329 II 1 mit. Einen zurückweisenden Beschluss muss es dem Antragsteller nach § 329 III förmlich zustellen.

47 Das **Berufungsgericht** darf bei Fehlen eines eigenständigen Beschlusses den Antrag selbst bescheiden; eine Zurückverweisung ist nur unter den Voraussetzungen des § 538 II 1 Nr. 1 zulässig, BGH NJW 2019, 3001 Rn. 15; Dresd NJW-RR 2021, 318; ähnlich bereits KG NJW 2017, 3530 Rn. 52; eingehend Bellinghausen/Krause NJW 2019, 2978.

Entscheidet das Berufungsgericht ohne eigenständigen Beschluss fehlerhaft im Urteil, erfolgt alleine hierwegen in der **Revision** keine Aufhebung durch den BGH, wenn die Entscheidung über das Ablehnungsgesuch mangels Zulassung der Rechtsbeschwerde nicht beschwerdefähig gewesen wäre; eine Ausnahme ist allenfalls denkbar, wenn das Berufungsgericht sich willkürlich über die gesetzliche Regelung hinwegsetzt und hierdurch das grundrechtsgleiche Recht auf den gesetzlichen Richter nach Art. 101 I 2 GG verletzt, BGH NJW-RR 2020, 779; NJW-RR 2007, 411 Rn. 9; NJW-RR 2007, 775 Rn. 4. Entsprechend mag zu entscheiden sein, wenn das OLG sich mit dieser Frage nicht auseinander gesetzt hat. 48

b) Nach voraufgegangener Entscheidung. Nach einer rechtskräftigen **Zurückweisung** des Ablehnungsantrags hat die bisherige Ablehnungsbegründung als solche keine Bedeutung mehr, auch nicht im Lichte des § 404 und in der höheren Instanz, BGH NJW 1959, 434; Hamm NJW-RR 2013, 1176. Eine neue Ablehnung aufgrund neuer Erwägungen ist denkbar. Im Übrigen kann das Gericht jedoch nach § 412 von Amts wegen oder auf einen Antrag einen neuen Sachverständigen hinzuziehen. Das Gericht sollte das zumindest bei verbliebenen Zweifeln auch tun, BGH NJW 2017, 160 Rn. 41; BSG NJW 1993, 3022; → Rn. 38. Derjenige Richter, der einen nur ihm bekannten Ablehnungsgrund nach § 406 nicht mitbeachtet, kann selbst nunmehr nach § 42 ablehnbar sein, zumindest wegen eines Verstoßes gegen Art. 103 I GG, BSG MDR 1999, 955. 49

Nach einer **Stattgabe** darf das Gericht das Gutachten des Abgelehnten grundsätzlich nicht mehr verwerten. Es darf und muss dann evtl. einen anderen Sachverständigen beauftragen. Davon kann bei rechtsmissbräuchlicher Herbeiführung einer Ablehnung (zB Streitverkündung an den Sv.) eine Ausnahme gelten, BGH NJW-RR 2007, 1293. Wegen der Vergütung des Abgelehnten → § 413 Rn. 4. Er mag als sachverständiger Zeuge nach → § 414 Rn. 5 infrage kommen. 50

Entscheidungen in anderen Verfahren haben keine Bindungswirkung, Karlsr NJW-RR 1992, 572. 51

3. Kosten, Streitwert. Eine Kostenentscheidung ergeht in der Entscheidung über den Ablehnungsantrag nicht, Brdb MDR 2002, 1092, wohl aber bei einer erfolglosen Beschwerde, § 97 I, während bei erfolgreichem Rechtsmittel die Kosten unter § 91 fallen, BGH NJW 2019, 428. Zum Streitwert → Anh. § 3 Rn. 4. 52

VII. Rechtsbehelfe, V. Im arbeitsgerichtlichen Verfahren gibt es kein Rechtsmittel, BAG NJW 2009, 935. 53

1. Gegen stattgebende Entscheidung. Der dem Ablehnungsantrag stattgebende Beschluss ist selbst bei (im Gesetz nicht vorgesehener) Zulassung der Rechtsbeschwerde und selbst für den Gegner unanfechtbar, BGH MDR 2015, 1197. Das gilt auch dann, wenn ihn der nach §§ 361, 362 verordnete Richter im Rahmen seiner Zuständigkeit nach § 405 erlassen hat, und im selbständigen Beweisverfahren. Eine Anhörungsrüge ist nach § 321a I 2 unstatthaft, Ddf JurBüro 2007, 270. 54

2. Gegen Zurückweisung des Ablehnungsantrags. Gegen den einen Ablehnungsantrag als unzulässig oder unbegründet zurückweisenden Beschluss hat der Ablehnende die sofortige Beschwerde nach § 567 I Nr. 2 ohne aufschiebende Wirkung nach § 570 I; die Rechtsbeschwerde ist bei Zulassung nach § 574 eröffnet, NJW-RR 2005, 294. Es handelt sich um ein kontradiktorisches Verfahren, BGH NJW 2019, 428. Nach § 571 II 1 sind auch neue Ablehnungsgründe zulässig, Saarbr MDR 2005, 233; die aA von Ddf NJW-RR 2001, 1434 erscheint unter Beschleunigungsgesichtspunkten unzweckmäßig, weil neue Gründe einen neuen Ablehnungsantrag rechtfertigen können, → Rn. 49. Wenn das Gericht nach → Rn. 42 f. fälschlich nicht gesondert entschieden hat, ist das Urteil wegen Verfahrensfehlers anfechtbar; es ergeht im **Berufungsrechtszug** eine eigenständige Entscheidung über das Ablehnungsgesuch; eine Aufhebung und Zurückverweisung kommt nur unter den Voraussetzungen des § 538 Abs. 2 Satz 1 Nr. 1 ZPO in Betracht, BGH NJW 2019, 3001; Brdb FamRZ 2002, 976. Die Kosten des Unterliegenden im Beschwerdeverfahren fallen unter § 97 I, diejenigen des Obsiegenden unter § 91, BGH NJW 2019, 428. 55

Wenn der nach §§ 361, 362 zuständige Richter entschieden hat, kann die Partei (vorrangig vor der sofortigen Beschwerde, RGZ 1964, 429) das Kollegium nach § 573 I 1 ebenfalls nur bei einer Zurückweisung des Gesuchs anrufen, unabhängig davon, ob die Ablehnung des Sv. unzulässig oder unbegründet war, § 406 V. 56

Der Erlass einer Sachentscheidung vor einer Entscheidung des Beschwerdegerichts ist wegen § 570 I denkbar, aber unzweckmäßig, weil eine Ablehnung des Sv. das Urteil in Zweifel ziehen könnte, BGH NJW 1972, 1133. Tritt Rechtskraft des Urteils ein, erledigt sich ein Beschwerdeverfahren über die Zurückweisung eines Ablehnungsantrags in der Hauptsache; der aA von Zweibr MDR 1966, 423 und KG NJW 1965, 1086 ist nicht zu folgen, weil einzige Wirkung einer Ablehnung der Zweifel an den Grundlagen des Urteils wäre, nicht aber eine sachliche Änderung; eine Ausnahme mag für den Fall des § 580 Nr. 3 gelten. 57

Wird die **Zurückweisung** des Ablehnungsantrags durch Fristablauf oder Beschwerdeentscheidung **unanfechtbar,** kann der Ablehnungsgrund im **Rechtsmittelzug** nicht mehr gerügt werden; die Grenze wird erst bei Verletzung von Art. 101 I 2 GG überschritten, BGH NJW-RR 2020, 779 Rn. 20; auch BVerfG NJW 2009, 883 Rn. 15; → Rn. 44. 58

407 *Pflicht zur Erstattung des Gutachtens.*

I Der zum Sachverständigen Ernannte hat der Ernennung Folge zu leisten, wenn er zur Erstattung von Gutachten der erforderten Art öffentlich bestellt ist oder wenn er die Wissenschaft, die Kunst oder das Gewerbe, deren Kenntnis Voraussetzung der Begutachtung ist, öffentlich zum Erwerb ausübt oder wenn er zur Ausübung derselben öffentlich bestellt oder ermächtigt ist.

II Zur Erstattung des Gutachtens ist auch derjenige verpflichtet, der sich hierzu vor Gericht bereit erklärt hat.

I. Systematik, Regelungszweck, I, II. Der Sachverständige ist nach → Vor § 402 Rn. 5 vertretbar. Das gilt im Gegensatz zum Zeugen, auch zum sachverständigen Zeugen des § 414, → Vor § 373 Rn. 6. Daher besteht grundsätzlich keine Pflicht zur Begutachtung. Die Vorschrift schränkt diese Freiheit in ihrem persönlichen Geltungsbereich ein. Prüfmaßstab ist die Pflichtenstellung des Sv. zum Staat, nicht zu den Parteien, Ddf InstGE 2013, 221 (Bürgerpflicht); Kblz ZfSch 2010, 268. Freilich bleiben die Weigerungsbefugnisse nach § 408 unberührt. 1

2 Die Vorschrift schafft für das Gericht eine im Ansatz verlässliche Grundlage bei der Auswahl von Sachverständigen, insbesondere von denjenigen, deren öffentliche Bestellung aus allgemein zugänglichen Listen wie etwa derjenigen der IHK, Handwerkskammer oder Ärztekammer ersichtlich ist.

3 **II. Geltungsbereich: Begutachtungspflicht, I, II.** Die Vorschrift gilt nur gegenüber einem im Inland ansässigen Sachverständigen, Hau DS 2004, 127. Man muss in jedem der folgenden Fällen tätig werden. Ein Pensionär ist nicht mehr zur Begutachtung verpflichtet. Zentrales Problem ist die Überlastung von Sachverständigen. Das Gericht muss in Fällen glaubhafter Darlegung auch im Interesse der Verfahrensförderung von der Beauftragung absehen, ultra posse nemo obligatur.

4 **1. Öffentliche Bestellung, I.** Für das Gericht muss zunächst der für Gutachten der betreffenden Art öffentlich Bestellte tätig werden. Das gilt nach → Vor § 402 Rn. 16; → § 404 Rn. 12 nur für Gutachten, die in den betr. Fachbereich fallen, auch Saarbr Rpfleger 1988, 165. Zur öffentlichen Bestellung sind Bundes- wie Landesbehörden berechtigt, zB eine Industrie- und Handels- oder Handwerkskammer. Sie veröffentlichen Listen der Bestellten und erteilen darüber Auskunft, evtl. nur gegen Gebühren. Diese Gebühren können als sog. Vorbereitungskosten Teil der Prozesskosten werden. Zu den Anforderungen gerade an den öffentlich bestellten Sv. OVG Münst NJW 1987, 512.

5 **2. Öffentliche Ausübung zum Erwerb, I.** Für das Gericht muss ferner derjenige tätig werden, der die zum Gutachten nötige Wissenschaft, Kunst oder Gewerbetätigkeit öffentlich tatsächlich zum Erwerb ausübt, also der Allgemeinheit gegenüber. Das gilt unabhängig davon, ob es für eigene oder fremde Rechnung mit oder ohne eine Bestellung oder Ermächtigung geschieht, RGZ 50, 391 (auch als Angestellter eines einschlägig tätigen Unternehmens). Gewerbe ist hier wie bei §§ 383 I Nr. 6, 384 Nr. 3 jede dauernde entgeltliche Erwerbstätigkeit in Handel, Industrie, Landwirtschaft, in einem freien Beruf.

6 **3. Öffentliche Bestellung als Wissenschaftler usw., I.** Für das Gericht muss ferner der zur Ausübung einer für das Gutachten vorausgesetzten Tätigkeit öffentlich Bestellte oder Ermächtigte tätig werden, solange er sie noch grundsätzlich ausübt, also nach → Rn. 3 nicht mehr nach der Pensionierung. Eine Bestellung liegt in einer Zulassung zB als Anwalt, Arzt oder Architekt. Zur Bestellung die ggf. gesetzlich erforderliche Erlaubnis hinzutreten, sei es eine generelle, sei es eine für den Einzelfall, etwa gegenüber einem beamteten Wissenschaftler.

7 **4. Bereiterklärung, II.** Für das Gericht muss schließlich derjenige tätig werden, der sich vor dem Gericht dazu bereit erklärt hat, II, sei es allgemein für Gutachten bestimmter Art oder im Einzelfall. Die Erklärung kann stillschweigend durch die Entgegennahme des Auftrags, bloßes Erscheinen oder das Unterlassen einer unverzüglichen Ablehnung erfolgt sein. Der Sachverständige kann sie auch vor dem nach §§ 361, 362 verordneten Richter abgeben. In Betracht kommt zB ein Mitarbeiter einer Einrichtung, der dem Gericht die Übernahme des Auftrags mitteilt, Köln MDR 1982, 677. Den Geboten der Praxis folgend ist großzügige Auslegung angezeigt. Man tritt auch auf diese Weise in alle Pflichten des Sv. ein.

8 Macht der Sv. die Tätigkeit von höherer Bezahlung abhängig, liegt eine Erklärung nach II nicht vor.

9 **III. Verstoß, I, II.** Zunächst muss man prüfen, ob nicht ein Weigerungsgrund nach § 408 vorliegt. Liegt dennoch ein Verstoß vor, gelten §§ 409, 411 II, → § 413 Rn. 4.

407a

Weitere Pflichten des Sachverständigen. **I [1]Der Sachverständige hat unverzüglich zu prüfen, ob der Auftrag in sein Fachgebiet fällt und ohne die Hinzuziehung weiterer Sachverständiger sowie innerhalb der vom Gericht gesetzten Frist erledigt werden kann. [2]Ist das nicht der Fall, so hat der Sachverständige das Gericht unverzüglich zu verständigen.**

II [1]Der Sachverständige hat unverzüglich zu prüfen, ob ein Grund vorliegt, der geeignet ist, Misstrauen gegen seine Unparteilichkeit zu rechtfertigen. [2]Der Sachverständige hat dem Gericht solche Gründe unverzüglich mitzuteilen. [3]Unterlässt er dies, kann gegen ihn ein Ordnungsgeld festgesetzt werden.

III [1]Der Sachverständige ist nicht befugt, den Auftrag auf einen anderen zu übertragen. [2]Soweit er sich der Mitarbeit einer anderen Person bedient, hat er diese namhaft zu machen und den Umfang ihrer Tätigkeit anzugeben, falls es sich nicht um Hilfsdienste von untergeordneter Bedeutung handelt.

IV [1]Hat der Sachverständige Zweifel an Inhalt und Umfang des Auftrages, so hat er unverzüglich eine Klärung durch das Gericht herbeizuführen. [2]Erwachsen voraussichtlich Kosten, die erkennbar außer Verhältnis zum Wert des Streitgegenstandes stehen oder einen angeforderten Kostenvorschuss erheblich übersteigen, so hat der Sachverständige rechtzeitig hierauf hinzuweisen.

V [1]Der Sachverständige hat auf Verlangen des Gerichts die Akten und sonstige für die Begutachtung beigezogene Unterlagen sowie Untersuchungsergebnisse unverzüglich herauszugeben oder mitzuteilen. [2]Kommt er dieser Pflicht nicht nach, so ordnet das Gericht die Herausgabe an.

VI Das Gericht soll den Sachverständigen auf seine Pflichten hinweisen.

Schrifttum: Schmidbauer/Jacobs DS 2015, 229; Seibel, Der Sachverständige und die gerichtliche Leitung seiner Tätigkeit nach der ZPO, NJW 2014, 1628; zur Haftung Rixe FPR 2012, 534; Walterscheidt NZFam 2015, 385.

1 **I. Systematik, Regelungszweck, Geltungsbereich, I–VI.** Die seit 15.10.16 maßgebliche Fassung ist um Abs. II ergänzt, so dass Abs. III bis VI den früheren II bis V entsprechen; daher bei älteren Fundstellen Vorsicht geboten. Vgl. zunächst → Vor § 402 Rn. 2, → § 404a Rn. 1, 2. Regelungszweck ist die Beschleunigung des Verfahrens durch – im weiten Sinne – alsbaldige Klärung von Hinderungsgründen und Offenlegung sämtlicher Grundlagen des Gutachtens. Zum Geltungsbereich → Vor § 402 Rn. 4. Abs. VI ergänzt § 404a. Generell steht Sv. nur für Verschulden ein; Unzulängliche Anleitung durch das Gericht entlastet vom Verschuldensvorwurf, Celle JurBüro 2016, 91.

2 **II. Prüfung der Fachkundigkeit, I.** Die Pflicht zur unverzüglichen Prüfung nach I 1 und Verständigung des Gerichts nach I 2 folgt dem Maßstab des § 121 I 1 BGB. Der Sv. muss daher auch eine Überlastung und die

II. Verweigerungsrecht, I 1. Jeder Sachverständige darf die Erstattung eines Gutachtens aus den Gründen der §§ 383–384 verweigern. Er kann dieses Recht wie ein Zeuge frei wahrnehmen, BGH FamRZ 2011, 1142. Das Gericht ist ohne Spielraum hieran gebunden. 4

III. Entbindung, I 2. Das Gericht kann einen Sachverständigen über die zwingende Regelung von § 408 I 1 hinaus auch aus Zweckmäßigkeitsgründen von seiner Verpflichtung befreien, Bbg DS 2004, 101 (Verzögerung). §§ 383 ff. sind insoweit nicht einschlägig. Zweifel am Bestehen eines Verweigerungsrechts zB reichen aus. Gründe zur Freistellung sind etwa: Das Fehlen von Sachkunde, Überlastung Drsd DS 2021, 229, beruflicher Nachteil, Gefahr einer Ablehnung nach § 406. Häufigster Grund ist die Überlastung des Sachverständigen, der das Gericht in glaubhaft vorgebrachten Fällen großzügig Rechnung tragen sollte. 5

Entscheidend ist die Verfahrensförderung. Insbesondere lässt man sich nicht auf einen Zwischenstreit nach §§ 387 f. ein. Zuständig ist das Prozessgericht, auch der Einzelrichter nach §§ 348, 348a, 526, 527 oder nach § 360 S. 3 der Richter nach §§ 361, 362. Die Entscheidung ergeht nach dem pflichtgemäßen Ermessen durch einen Beschluss nach § 329. Er ist nach § 355 II unanfechtbar, Bbg DS 2004, 101. Man beachte die Fortsetzung der Regelung in § 412 I. 6

IV. Vernehmungsverbot, II. Bei Richtern nach §§ 43, 45 I 2 DRiG oder bei Beamten und anderen Personen des öffentlichen Dienstes nach § 376 verweist das Gesetz wie bei der Zeugenvernehmung auf die besonderen beamtenrechtlichen Vorschriften. Das gilt natürlich nicht nur „für die Vernehmung", sondern für die gesamte Tätigkeit. Entsprechendes gilt nach → § 376 Rn. 13 bei den Mitgliedern der Bundes- und der Landesregierungen. Die bei einem Beamten etwa zur gutachtlichen Nebentätigkeit erforderliche Genehmigung muss der Beamte nach §§ 64 ff. BBG, § 46 DRiG usw. selbst einholen. Wegen der Entscheidungsform → Rn. 5. 7

V. Befreiung, III. Befreit werden soll, wer bei einer richterlichen Entscheidung über eine mitentschiedene Frage mitgewirkt hat. Das muss man weit verstehen. Eine Mitwirkung bei einem Schiedsspruch nach § 1054 oder bei einer Entscheidung eines Ehrengerichts, Disziplinargerichts, Seeamts genügt. Da es sich um eine bloße Sollvorschrift handelt, ist ein Verstoß prozessual belanglos. 8

VI. Verfahren, Entscheidung, I–III. Sv. kann durch unanfechtbaren Beschluss aus dem Verfahren entlassen und durch einen anderen ersetzt werden. Bei Zurückweisung der Entlassung läuft das Verfahren nach §§ 386–389, 402 über den Erlass eines Zwischenurteils; Drsd DS 2021, 229; Zöller/Greger Rn. 5. Es entscheidet das Prozessgericht. Richter nach §§ 361, 362 entscheiden nur dann, wenn ein Sachverständiger durch einen anderen nach §§ 360, 404 ff. ersetzt oder nach I 2 entlassen wird. Die Entscheidung erfolgt aufgrund einer nach § 128 IV freistehenden mündlichen Verhandlung. Sie geschieht von Amts wegen. Wenn das Gericht das Verweigerungsrecht oder die entsprechende Pflicht anerkennt, muss es den Sachverständigen entbinden. Vorabinformation der Parteien ist nach §§ 404 II, 360 S. 4 ratsam, in Fällen des § 404 IV ist Anhörung vorgegeben. 9

Bei einer unberechtigten Verweigerung verfährt das Gericht nach §§ 409, 411 II und wegen der Kosten nach → § 413 Rn. 4 ff. 10

VII. Rechtsbehelfe, I–III. Eine Entscheidung ist nach § 355 II nur zusammen mit dem Endurteil anfechtbar. 11

409 ***Folgen des Ausbleibens oder der Gutachtenverweigerung.*** I [1]**Wenn ein Sachverständiger nicht erscheint oder sich weigert, ein Gutachten zu erstatten, obgleich er dazu verpflichtet ist, oder wenn er Akten oder sonstige Unterlagen zurückbehält, werden ihm die dadurch verursachten Kosten auferlegt.** [2]**Zugleich wird gegen ihn ein Ordnungsgeld festgesetzt.** [3]**Im Falle wiederholten Ungehorsams kann das Ordnungsgeld noch einmal festgesetzt werden.**

II **Gegen den Beschluss findet sofortige Beschwerde statt.**

I. Systematik, Regelungszweck, I, II. Die Vorschrift entspricht in etwa § 380. Zum Zusammenhang mit dem Beschluss nach § 407a V 2, → § 407a Rn. 16. Bei bloßer Verzögerung greift § 411 II ein. Einem Privatgutachter nach → Vor § 402 Rn. 41 gegenüber hat die beauftragende Partei keine Rechte nach § 409. 1

Wie beim Zeugen nach § 380 muss auch beim Sachverständigen eine Möglichkeit bestehen, die grundsätzlich gesetzlich geschuldete oder im Einzelfall freiwillig übernommene Tätigkeit zu erzwingen. Andernfalls könnte die Prozessförderung scheitern. Das Gericht muss auch eine Überlänge wegen §§ 198 ff. GVG verhindern. Beide Seiten haben normalerweise ein Interesse an reibungsloser Zusammenarbeit. 2

II. Geltungsbereich, I, II. → Vor § 402 Rn. 4. Die Vorschrift gilt nur gegenüber einem im Inland ansässigen Sachverständigen, Hau DS 2004, 127. 3

III. Kosten, Ordnungsgeld, I. 1. Endgültige Verweigerung. § 409 gilt auch bei bloßer Verweigerung der mündlichen Erläuterung, Brdb VersR 2006, 1238. Die Regelung verpflichtet das Gericht („werden auferlegt", „wird festgesetzt"). Fallen indes bei bloßer Entpflichtung keine Kosten an oder sind andere Zweckmäßigkeitserwägungen anzustellen, kann von Maßnahmen abgesehen werden, Brdb MDR 2005, 1131. Das Gericht muss Maßnahmen treffen gegen den zum Tätigwerden verpflichteten und nach §§ 402, 377 I, II, 380 I ordnungsgemäß geladenen, auch nicht nach §§ 402, 381 entschuldigten, auch nicht unter §§ 375 II, 382 fallenden, nicht erschienenen, das Gutachten verweigernden oder Akten oder sonstige Unterlagen zurückbehaltenden Sachverständigen. Natürlich muss der Sachverständige die Akten eindeutig überhaupt erhalten haben, Kblz NJW-RR 2014, 762 (Zugangsnachweis, Beweislast). Wer das Gutachten nach § 408 verweigern darf, braucht nicht zu erscheinen, wenn er nach § 386 III verfährt. Erscheinen oder erstatten muss aber der zur Erstattung Bereite nach → § 407 Rn. 7, Köln MDR 1982, 677. Die Akten usw. muss natürlich auch zurückgeben, wer das Gutachten verweigern darf. Seine Versandkosten mag er anschließend nach § 12 I 1 Nr. 1 JVEG erstattet fordern. Wegen einer Verweigerung erfolgen erst dann Maßnahmen nach §§ 386 ff., wenn die Verweigerung ohne jede Grundangabe erfolgt oder wenn das Gericht sie nach §§ 329, 705 formell rechtskräftig für unbegründet erklärt hat. 4

2. Verzögerung. Bei einer bloßen Verzögerung ist alleine § 411 II anwendbar. Freilich kann ein allzu langes Hinauszögern nach → § 411 Rn. 11 eine Verweigerung darstellen, Stgt MDR 2017, 900; Drsd MDR 2002, 1088. Dem Nichterscheinen steht das Sichentfernen vor dem Aufruf nach § 220 I oder eine Entfernung nach § 158 oder auch nach § 177 GVG gleich. Denjenigen Gutachter, der die zugrunde gelegten Tatsachen nicht angeben darf, etwa bei § 558b II Nr. 4 BGB bei Vergleichswohnungen, darf das Gericht nicht mit einem 5

Ordnungsgeld belangen, LG Mönchengladb WuM 1998, 297. Vielmehr ist das Gutachten dann unverwertbar (wegen der Vergütung → § 413 Rn. 4).

6 **3. Maßnahmen.** Zulässige Maßnahmen sind die Auferlegung der gerade nur durch die Weigerung entstandenen und entstehenden Kosten nach I 1 sowie ein Ordnungsgeld nach I 2, Brdb VersR 2006, 1238, evtl. auch ein weiteres nach I 3, darüber hinaus aber keines mehr, Drsd MDR 2002, 1088, → Rn. 8. Gegen den Sachverständigen darf anders als gegen einen sachverständigen oder sonstigen Zeugen nach §§ 373 ff., 414 keine Ordnungshaft verhängt werden. Das ergibt sich im Vergleich mit § 380 I, II aus dem klaren Wortlaut von I 2, 3. Auch eine zwangsweise Vorführung ist unzulässig. All dies ist die Folge der Ersetzbarkeit des Sv., → Vor § 402 Rn. 4, die Zwangsmitteln engere Grenzen setzt, wo sinnvolle Mitarbeit nicht mehr zu erwarten ist.

7 Das Gericht kann alsdann dem Gutachter den Auftrag nach §§ 404 I 3, 412 I vergütungslos entziehen, Hbg MDR 2006, 1258, und es kann einen anderen Gutachter beauftragen, Brdb VersR 2006, 1238 (ebenfalls: Verlust der Vergütung). Ein Sachverständiger, der die Begutachtung verweigert, weil die Parteien mit der Gewährung einer besonderen Vergütung nach § 13 JVEG nicht einverstanden sind, verliert nach Stgt MDR 2019, 962 seinen Vergütungsanspruch nur unter den Voraussetzungen des § 8a II 1 Nr. 4 JVEG, also nach erfolgloser Festsetzung von Ordnungsgeld gemäß § 409.

8 **4. Verfahren, Entscheidung.** Die Anordnung erfolgt durch einen Beschluss nach § 329. Das Gericht muss ihn grundsätzlich begründen. Es muss ihn verkünden oder den Parteien wegen der Kosten nach § 329 II 1 formlos mitteilen, dem Sachverständigen jedoch als einen Vollstreckungstitel nach § 794 I Nr. 3 nach § 329 III förmlich zustellen. Der Beschluss verurteilt immer in die Kosten und zugleich zu einem Ordnungsgeld von 5–1000 EUR nach Art. 6 I EGStGB. Eine Ordnungs- oder Zwangshaft und eine Vorführung sind dagegen nach → Rn. 6 beim Sachverständigen unstatthaft. Auch ist nach dem klaren Wortlaut von § 409 I 3 in Abgrenzung von § 380 Rn. 14 ein weiteres Ordnungsgeld nicht erlaubt, Drsd MDR 2002, 1088; OLGZ Celle 75, 372; zudem → Rn. 6.

9 **IV. Rechtsbehelf, II.** Gegen den Beschluss ist nach § 409 II iVm § 567 I Nr. 1 grundsätzlich die sofortige Beschwerde mit aufschiebender Wirkung nach § 570 I statthaft. Soweit das OLG entschieden hat, kommt eine Rechtsbeschwerde unter den Voraussetzungen des § 574 I–III in Betracht.

410 ***Sachverständigenbeeidigung.*** **I [1]Der Sachverständige wird vor oder nach Erstattung des Gutachtens beeidigt. [2]Die Eidesnorm geht dahin, dass der Sachverständige das von ihm erforderte Gutachten unparteiisch und nach bestem Wissen und Gewissen erstatten werde oder erstattet habe.**

II Ist der Sachverständige für die Erstattung von Gutachten der betreffenden Art im Allgemeinen beeidigt, so genügt die Berufung auf den geleisteten Eid; sie kann auch in einem schriftlichen Gutachten erklärt werden.

Schrifttum: Peters, Sachverständigeneid ohne Gerichtsbeschluss?, NJW 1990, 1832.

1 **I. Systematik, Regelungszweck, Geltungsbereich, I, II.** Die Vorschrift regelt nur das Wie der Vereidigung; das Ob beurteilt sich nach §§ 391, 402; es liegt daher im pflichtgemäßen Ermessen des Tatrichters, BGH NJW 1998, 3355; Rostock OLG-NL 2004, 146, vgl. parallel hierzu → § 391 Rn. 1; → Vor § 478 Rn. 1. Anders als bei Zeugen liegt der Schwerpunkt hier nicht auf der Wiedergabebereitschaft, → § 391 Rn. 2, sondern auf der Beachtung der für das Gutachten maßgeblichen fachlichen Regeln; nicht anders ist die Verpflichtung auf eine „wahrheitsgemäße Aussage" nach §§ 391, 402 auf den Sachverständigen zu übertragen; eine Gewährleistung sachlicher „Richtigkeit" durch Eid ist nicht denkbar, LG Ffm MDR 1989, 75; einleuchtend auch Ddf MDR 2006, 92. Die weitere Alt. des § 391, die „Bedeutung" des Gutachtens, ist generell gegeben, indes Anlass für den Gutachterauftrag, nicht für die Beeidigung. Die praktische Bedeutung des Sachverständigeneides ist daher gering. Bei Zweifeln am gebotenen fachlichen Einsatz ist eher nach §§ 412, 413 iVm § 8a JVEG zu verfahren, → § 412 Rn. 4 ff.; → § 413 Rn. 4 ff.

2 Die Parteien können nach §§ 391, 402 auf den Eid verzichten. Ergänzend gelten §§ 478 ff. Bei weiteren tatsächlichen Bekundungen über Befundtatsachen, → Vor § 402 Rn. 33, ist § 391 anwendbar, also evtl. ein Zeugeneid (Nacheid). Das kann Bedeutung haben für Zusatztatsachen, die ein Sachverständiger nur gelegentlich seiner Tätigkeit erfahren, → § 414 Rn. 1, nicht aber für Befundtatsachen, die er in Erfüllung des Gutachtenauftrags ermittelt hat, → Vor § 402 Rn. 33; für letzteres gilt § 410.

3 Zum Geltungsbereich → Vor § 402 Rn. 4.

4 **II. Einzelbeeidigung, I. 1. Grundsatz: Uneidliche Vernehmung.** Das Gericht vernimmt den Sachverständigen nach §§ 391, 402 grundsätzlich uneidlich, Mü VersR 1984, 590, und entscheidet über die Beeidigung nach freiem Ermessen, BGH NJW 1998, 3355; BayObLG FamRZ 1991, 618. Dazu wird selten ein Anlass sein, → Rn. 1

5 Das Gericht hat in einer Abweichung von § 392 die **freie Wahl,** ob es einen Voreid oder einen Nacheid abnimmt. Das ergibt sich aus der Fassung „erstatten werde oder erstattet habe" in I 2. Der erstere ist vorzuziehen. Denn er umfasst die gesamte Tätigkeit im Rahmen des Auftrags einschließlich einer Erläuterung nach §§ 397, 402, 411 III. Es würde sonst bei einem Nachtrag ein neuer Eid oder eine Versicherung nach § 398 III nötig.

6 **2. Ausnahme: Beeidigung.** Die Beeidigungsanordnung erfolgt durch einen Beschluss des Prozessgerichts nach § 329, Peters NJW 1990, 1832. Eine wirksame Anordnung der Beeidigung hat die Pflicht nach §§ 478 ff. zur Folge, evtl. also nur zur eidesgleichen Bekräftigung nach § 484. Bei einer Behörde muss der erschienene Vertreter den Eid leisten, aA Prütting/Gehrlein/Katzenmeier Rn. 3. Der Eid deckt insbesondere auch ein späteres schriftliches Gutachten, ferner Aussagen über den Befund und über die Quellen der Wahrnehmung, namentlich auch Befundtatsachen, → Vor § 402 Rn. 33, weil ihre Erhebung Teil der Gutachterleistung ist und damit unter die Versicherung sachlicher Richtigkeit fällt. **Zusatztatsachen,** die nur bei Gelegenheit der Gutachtertätigkeit wahrgenommen werden, fallen nicht darunter; insoweit ist der Sachverständige ggf. als Zeuge zu vereidigen, übertragbar BGH NJW 1959, 828 (StPO); → Vor § 402 Rn. 5, 40; → § 414 Rn. 5. Die beiden Eide haben wechselseitig keine Wirkungen. wegen des Dolmetschereids § 189 GVG. Die Vereidigung kann nur in

mündlicher Verhandlung stattfinden, auch die Weigerung, eine Versicherung nach § 410 II zu erklären, führt daher nicht unmittelbar in eine Sanktion nach § 409, LG Ffm MDR 1989, 75.

Zur Zuständigkeit für die Eidesanordnung → § 391 Rn. 16. Anders als beim Zeugen kann indes der beauftragte oder ersuchte Richter aufgrund der beim Sachverständige generell gegebenen besonderen Ausgangslage für den Eid, → Rn. 1, nicht alleine über die Beeidigung entscheiden, § 405 analog. 7

3. Verstoß. Bei einer unberechtigten Eidesverweigerung gilt § 409, indes nur nach mdl. Verh., LG Ffm MDR 1989, 75, → Rn. 6. Ein Verstoß gegen § 410 ist nach § 295 I heilbar. § 410 ist kein Schutzgesetz nach § 823 II BGB, Hamm BB 1993, 2408, Mü VersR 1984, 590, Oldb VersR 1989, 108, was wegen § 839a ohnehin kaum noch Bedeutung hätte. 8

III. Allgemeinbeeidigung, II. Ob Sachverständige nach II allgemein vereidigt werden sollen, ist Angelegenheit speziellen Bundes- oder Landesrechts. Eine solche Vereidigung erfolgt besonders bei häufig zuzuziehenden Sachverständigen. Es genügt dann bei Anordnung der Vereidigung die Berufung des Sachverständigen auf den geleisteten Eid, sofern er sich auf Gutachten solcher Art erstreckte, BGH NJW 1984, 2883. Bei der Erstattung eines schriftlichen Gutachtens genügt nach II 2 auch eine schriftliche Erklärung. Eine Berufung auf einen Dolmetschereid nach § 189 II GVG reicht nicht. So selten die Vereidigung des Sachverständigen vorkommen mag, so routinemäßig wird die Bezugnahme auf den Eid in Gutachten aufgenommen und in der mündlichen Anhörung protokolliert. Das ist ohne nachteilige Wirkungen. Im Rahmen der Ermessensausübung, → Rn. 1, kann hierwegen eine spätere gesonderte Anordnung der Beeidigung entbehrlich werden. 9

„Berufen" meint eine vom Sachverständigen ausgehende Bezugnahme. Die bloße Verwendung des **Stempels** „öffentlich bestellter und vereidigter Sachverständiger" oder ein gleichlautender maschinenschriftlicher Zusatz unter der Unterschrift stellen grds. keine Berufung nach II dar, Mü VersR 1984, 590, Oldb VersR 1989, 108, Peters NJW 1990, 1832. Das gilt auch dann, wenn neben dem Stempel die Versicherung „nach bestem Wissen und Gewissen" steht, Oldb VersR 1989, 108. Die Auslegung kann indes anderes ergeben, insbesondere wenn das Gericht (ausnahmsweise) eine Einzelbeeidigung angeordnet hatte. 10

411 *Schriftliches Gutachten.* [I] **Wird schriftliche Begutachtung angeordnet, setzt das Gericht dem Sachverständigen eine Frist, innerhalb derer er das von ihm unterschriebene Gutachten zu übermitteln hat.**

[II] [1]**Versäumt ein zur Erstattung des Gutachtens verpflichteter Sachverständiger die Frist, so soll gegen ihn ein Ordnungsgeld festgesetzt werden.** [2]**Das Ordnungsgeld muss vorher unter Setzung einer Nachfrist angedroht werden.** [3]**Im Falle wiederholter Fristversäumnis kann das Ordnungsgeld in der gleichen Weise noch einmal festgesetzt werden.** [4]**Das einzelne Ordnungsgeld darf 3000 Euro nicht übersteigen.** [5]**§ 409 Abs. 2 gilt entsprechend.**

[III] [1]**Das Gericht kann das Erscheinen des Sachverständigen anordnen, damit er das schriftliche Gutachten erläutere.** [2]**Das Gericht kann auch eine schriftliche Erläuterung oder Ergänzung des Gutachtens anordnen.**

[IV] [1]**Die Parteien haben dem Gericht innerhalb eines angemessenen Zeitraums ihre Einwendungen gegen das Gutachten, die Begutachtung betreffende Anträge und Ergänzungsfragen zu dem schriftlichen Gutachten mitzuteilen.** [2]**Das Gericht kann ihnen hierfür eine Frist setzen; § 296 Abs. 1, 4 gilt entsprechend.**

Schrifttum: Bermig (bei § 411a vor → Rn. 1).

I. Systematik, I–IV. Die mündliche, persönliche Erstattung des Gutachtens nach §§ 394 II, 402 ist an sich der gesetzliche Regelfall. In der Praxis ist es hingegen die Anordnung eines schriftlichen Gutachtens nach § 411 I, dem sich im Einzelfall die mündliche Erläuterung in der Verhandlung anschließt. Eine von Anbeginn stattfindende mündliche Begutachtung kann angezeigt sein, wenn Sv. zB eine Zeugenvernehmung begleitet oder wenn es nur um Fragen geht, die für den Sv. rasch und leicht zu beantworten sind, indes folgt dem nicht selten ein schriftliches Gutachten nach III. Statt einer schriftlichen Erstellung ist auch die elektronische Abgabe nach § 130a statthaft. 1

III ist mit §§ 397, 402 zu lesen, BGH MDR 2007, 1210, näher → Rn. 13 f. 2

II. Regelungszweck, I–IV. I, II dienen der Prozessförderung. Dabei sind Behutsamkeit und Respekt vor dem oft gerade wegen seines Könnens überlasteten Fachmann einerseits, Entschlossenheit in der Prozessführung andererseits erforderlich. Im (Telefon-)Gespräch lassen sich Maßnahmen nach § 409 erfahrungsgemäß eher vermeiden als durch schriftliche Mahnungen. Andererseits weckt oft erst eine unmissverständliche schriftliche Fristsetzung mit der nach § 329 II 2 notwendigen förmlichen Zustellung die Bereitschaft des Gutachters, endlich tätig zu werden. Eine Fristsetzung in Verbindung mit einer möglichst unjuristisch formulierten Bitte um Verständnis für die Pflicht zur Prozessförderung ist auch ein erfahrungsgemäß oft zum zeitlichen Durchbruch führender Weg. Beim ständig trödelnden, aber leider unersetzbaren Sachverständigen mag auch eine lapidar kurze Fassung der Frist richtig sein. Das Gebot der Rechtsstaatlichkeit ergibt die Notwendigkeit, ein allzu langes Zuwarten zu unterlassen, KG FamRZ 2005, 729. III dient dem Zweck, die Überzeugungskraft des Gutachtens zu erhöhen, unabhängig von der Frage, ob es zunächst schriftlich oder mündlich erstattet wird; in diesem Sinne ist die Regelung großzügig zu handhaben, → Rn. 13 f. IV hat wiederum die Beschleunigung im Blick. 3

III. Geltungsbereich, I–IV. Die Norm gilt in allen Verfahren nach der ZPO, auch im WEG-Verfahren; sie gilt auch im selbständigen Beweisverfahren und im FamFG-Verfahren Hbg ZMR 2004, 140, all dies aber nur gegenüber einem im Inland ansässigen Sachverständigen, Hau DS 2004, 127. Sie ist nicht mehr auf den bereits durch einen anderen Gutachter nach § 412 abgelösten Sv. anwendbar, BGH NJW 2011, 852. Auf Privatgutachten ist § 411 schon wegen § 404 unanwendbar, → Vor § 402 Rn. 46, dsgl. wegen § 14 II 1 RVG auf ein Gutachten der Anwaltskammer im Gebührenstreit, KG AGS 2012, 599. 4

IV. Schriftliches Gutachten, I. Das Gericht befindet über die Art der Begutachtung nach seinem pflichtgemäßen Ermessen. Im Normalfall findet jedenfalls zunächst eine schriftliche Begutachtung statt. Die Parteien 5 brauchen wie bei § 377 nicht zuzustimmen. Ihre Zustimmung schließt andererseits nach → Rn. 21 einen Antrag nach III oder IV nicht aus. Die Parteien dürfen unabhängig hiervon grds. die Ladung des Sachverständigen verlangen, um Fragen zu stellen, → Rn. 13. Bisweilen empfehlen sich vor der Erstattung des schriftlichen Gutachtens ein Unterrichtungstermin oder andere Maßnahmen nach § 404a, auch eine voraufgehende Zeugenvernehmung (zB über Fragen der Geschäftsfähigkeit einer Person) in Gegenwart des Sv.

6 **V. Frist, I.** Das Gericht muss nach dem Wortlaut der Norm dem Sachverständigen zur Erstattung des Gutachtens sofort eine Frist setzen. Sie soll angemessen sein, nicht zuletzt um eine Entbindung des überlasteten Sv. nach § 408 I 2 zu vermeiden. Das Gericht darf die Frist aber auch nicht zu großzügig bemessen. Es handelt sich um eine richterliche Frist nach § 224 und um keine Notfrist nach § 224 I 2. Ihre Verkürzung mit einer Zustimmung des Sachverständigen und ihre Verlängerung richten sich nach §§ 224, 225. Die Fristsetzung erfordert eine volle Namensunterschrift und eine förmliche Zustellung nach § 329 II 2 (gilt auch bei einer Verfügung nach § 329 II 1). Praktisch ist die Anordnung im Beweisbeschluss oder seitens Vorsitz im Auftragsschreiben.

7 **VI. Ordnungsgeld, II. 1. Nachfrist.** Ist Sv. vor dem 15.10.2016 ernannt worden, gilt gem. § 41 EGZPO § 411 II aF iVm Art. 61 EGStGB, Ffm 13.4.2021 – 26 W 5/21, BeckRS 2021, 12268 Rn. 19. Bei Fristversäumnis soll das Gericht gem. II eine angemessene Nachfrist bestimmen. Zweck ist die zeitgerechte Erstellung, Ffm 13.4.2021 – 26 W 5/21, BeckRS 2021, 12268. Die wirksame Nachfrist setzt eine wirksame Fristsetzung nach I voraus, LSG SachsAnh Breith 2018, 693; Kblz ZIP 2014, 344; JurBüro 2014, 657. Man braucht das Wort „Androhung" nicht sogleich zu verwenden, sondern kann von einem „Hinweis" auf die „gesetzliche Pflicht" die Folgen einer Fristversäumung sprechen. Das hat sich in der Praxis bewährt und vermeidet Konflikte, da sorgfältig vorgehende Sachverständige die Fristen nach Möglichkeit ohnehin wahren. Bei bekannt hoher Belastung kann zunächst eine einfache Anfrage angezeigt sein.

8 Die Fristen muss das **Gericht** setzen, nicht nur der Vorsitzende, Köln OLGR 1996, 182; auch Oldb JurBüro 2011, 659, und mit der Androhung eines nicht notwendig schon dann bestimmten Ordnungsgelds verbunden haben, Kblz ZIP 2014, 344; Bbg DS 2004, 101. Das Gericht muss die Frist so bemessen, dass sie in Verbindung mit der ersten Frist zur Anfertigung des Gutachtens genügt. Die Androhung ist kurz zu begründen, der Beschluss nach § 329 II 2 förmlich zuzustellen. Es reicht nicht, erst nach dem Ablauf der ersten Frist den Auftrag endgültig zu erteilen, Kblz JurBüro 2014, 657. Eine Verlängerung dieser Frist erfolgt entgegen § 225 II ohne Anhörung der Parteien, da hiermit eine Verzögerung verbunden wäre. Das Gericht sollte überlange Wartezeiten unterbinden, KG NJW-RR 2005, 374, hierbei aber auch auf den telefonischen Kontakt zum Sv. zurückgreifen. Die praktische Erfahrung steht dem erhofften Ertrag förmlicher Strenge entgegen.

9 Erst bei der Versäumung einer echten **zweiten** Nachfrist liegt eine wiederholte Fristversäumung vor. Dann kommt an sich keine weitere Verlängerung in Betracht, Köln VersR 2003, 1281.

10 **2. Verschulden.** Voraussetzung für die Verhängung eines Ordnungsgelds ist schuldhaftes Handeln, Bbg DS 2004, 101. So muss man den Begriff „Versäumung" in II 1 verstehen. Ein Verschulden liegt schon dann vor, wenn der Sachverständige seinen etwaigen Hinderungsgrund nicht rechtzeitig anzeigt, wenn er also zB weder unverzüglich einen Mitarbeiter nach § 407a I 2 vorschlägt noch bei einer Verzögerung wenigstens einen festen Termin nennt und ihn dann auch einhält, selbst bei einer Überlastung. Eine Entschuldigung muss überzeugend begründet werden, Kblz ZIP 2014, 344. Ein „privater Grund" ohne eine nähere Begründung reicht nicht aus, Bbg DS 2004, 101.

11 **3. Weitere Prüfung.** Die Orientierung an einem Bruchteil des Honorars kann anfangs ausreichen. 1.000 EUR können durchaus vertretbar sein, Bbg DS 2004, 101. Nach II 4 darf das „einzelne" Ordnungsgeld höchstens 3.000 EUR betragen. Das wiederholte Ordnungsgeld darf nochmals bis 3.000 EUR kosten. Der Verhängung eines dritten Ordnungsgeldes wird § 409 I 3 entgegenstehen, Drsd MDR 2002, 1088; jedenfalls ist es idR ratsam, nach zwei vergeblichen Versuchen einen anderen Sv. zu beauftragen. Eine Ordnungshaft ist unzulässig. Eine hartnäckige Versäumung kann das Gericht als eine Weigerung des Gutachters auffassen, Stgt MDR 2017, 900; Drsd MDR 2002, 1088. Folglich darf das Gericht dann den Sachverständigen nach § 409 behandeln oder gebührenlos entlassen, Hbg MDR 2006, 1258. Eine Ahndung aus § 411 hindert für eine Nachfrist Maßnahmen nach § 409 nicht und umgekehrt.

12 **4. Rechtsbehelfe.** Rechtsbehelfsbelehrung, Verstoß: §§ 232, 233 S. 2, Karlsr MDR 2016, 51. Wegen der Rechtsmittel auch gegen Nachfristsetzung und Androhung gilt § 409 II, Köln VersR 2003, 1282.

13 **VII. Anordnung des Erscheinens zwecks Erläuterung, III. 1. Ermessen, Missbrauch.** Das Recht der Parteien auf mündliche Erläuterung des Gutachtens folgt aus §§ 397, 402. § 411 III gibt dem Gericht einen **Ermessensspielraum** nur bei der Gestaltung des Verfahrens, nicht in Bezug auf das Recht selbst. Eine schriftliche Erläuterung nach III 2 kann, wenn der Zeitaufwand vertretbar ist, der Anhörung vorausgehen, um deren Umfang zu konzentrieren, BGH NJW 2011, 1072 Rn. 25; BayObLG 2002, 376, diese aber nur im Einvernehmen der Parteien ersetzen. Das Ermessen unterliegt einer Überprüfung durch das Revisionsgericht, BGH NJW-RR 2014, 295. Die praktische Erfahrung gibt allen Recht, die für eine **großzügige Handhabung** des Anhörungsrechts eintreten.

14 Letztlich ist das Anhörungsrecht in Art. 103 I GG (Richter), Art. 20 III GG (Rpfl.), verankert und daher streng zu handhaben, BVerfG NJW-RR 2013, 626; NJW 2012, 1346, BGH NJW 2018, 3097; NJW 2017, 3450; NJW-RR 2014, 295 (ggf. in der Berufung nachzuholen).

15 Dem **Antrag** ist daher grds. stattzugeben; zur (eher unbeachtlichen) Ausdeutung von Vortrag als Antrag auf Anhörung BGH NJW-RR 2021, 76 Rn. 62. Ausformulierter Fragen oder eines Fragenkatalogs bedarf es nicht, allenfalls der Angabe, in welche Richtung die Fragestellung weisen wird, BGH NJW-RR 2015, 510; VersR 2007, 1697; BSG 20.5.2020 – B 5 R 298/19 B, BeckRS 2020, 13279; strenger noch Gehle DRiZ 1984, 101.

16 Es kommt nicht auf die Frage an, ob das Gericht selbst noch **Erläuterungsbedarf** sieht, BGH MedR 2020, 284; BauR 2019, 1011 = IBR 2019, 2635 (Anm. Rehbein); NJW 2018, 3097; NJW-RR 2017, 1144; Elzer FD-ZVR 2019, 416929. Auch kann § 156 beachtbar sein, BGH NJW 1988, 2302. Von den Parteien kann nicht verlangt werden, die Fragen vorher einzureichen, BGH IV ZR 345/15, BeckRS 2016, 13600; das gilt auch bei der Vernehmung des Sv. durch zB einen Konsul im Ausland, BGH MDR 1981, 1014. Nach einem mündlichen Gutachten muss das Gericht nach §§ 279 III, 285 ebenfalls das rechtliche Gehör geben, BVerfG NJW-RR 2013,

626; BGH NJW-RR 2017, 762; NJW-RR 2015, 510; NJW 2009, 2604 (Stellungnahmegelegenheit nach der Anhörung); NJW 2001, 2796.

Schon deshalb muss das Gericht bei verbleibenden Unklarheiten evtl. auch ohne Antrag im Rahmen eines pflichtgemäßen **Ermessens** das Erscheinen des Sachverständigen zur Erläuterung seines Gutachtens anordnen, was die Möglichkeiten nach IV begrenzt, BVerfG NJW 2012, 1346; BGH NJW-RR 2017, 1144 (Nachholung vAw in der Berufung), NJW 2003, 2311 (gezielte Befragung); NJW 2001, 2791; NJW 1986, 2886 (erneute Anhörung); Ffm BauR 2015, 725, Kblz NJW-RR 2015, 1434 (Antragsablehnung nur bei reinen Rechtsfragen an den ärztlichen Sachverständigen); Köln VersR 1997, 511 (kein Ermessen); NJW 1994, 394. Das gilt im selbst. Beweisverfahren bei neuem Vortrag, BGH BauR 2010, 503. 17

Allerdings muss das Gericht einen Anhörungs-Antrag bei **Rechtsmissbrauch** ablehnen, BVerfG NJW 2012, 1346 Rn. 14; BGH VersR 2005, 1555; NJW-RR 2001, 1431; NZBau 2000, 249; Köln VersR 2014, 1504. Das gilt namentlich bei einer Verschleppungsabsicht, BGH VersR 2007, 1697; Hbg ZMR 2002, 963; Ddf NJW 2000, 3364 (nicht anzunehmen, wenn Partei zunächst einen Privatgutachter beauftragt). Der Gesichtspunkt ist mit Blick auf Art. 103 I GG restriktiv zu handhaben, BGH NJW 2018, 3097. Reine Sachdienlichkeitserwägungen sind fehl am Platz, BGH NJW-RR 2009, 1361; NJW-RR 2008, 303. Gelangt indes das Gericht zu der Überzeugung, anstelle der Anhörung gem. § 412 einen anderen Sv. zu beauftragen, ist diese Entscheidung in der Revision nicht nachprüfbar, BGH NJW 2011, 852. Bei Mitverwertung des ersten Gutachtens ist allerdings auch die Anhörung des ersten Sv. geboten. Die **Corona-Pandemie** rechtfertigt keine Einschränkungen, BGH NJW 2021, 892. 18

Den Parteien muss ausreichende Gelegenheit zur Vorbereitung des Termins eingeräumt werden. Dazu gehören die rechtzeitige Überlassung eines von dem Sv. erstellten schriftlichen Gutachtens, BGH NJW 2019, 1681; NJW-RR 2019, 641, sowie auch die Unterrichtung über mündliche Erläuterungen, die der Sv. dem Gericht fernmündlich gegeben hat, BGH NJW-RR 2022, 148 (für § 68 III 2 FamFG). 19

Zur Fristsetzung nach IV → Rn. 24 f. 20

2. Beispiele zur Frage von Gestaltungsmöglichkeiten und Ermessen, III

Ausländischer Sachverständiger: Anwendbar ist III auch nach der Ernennung eines solchen nach → § 405 Rn. 3, BGH MDR 1980, 931; aM Hau DS 2004, 128. Die Anhörung erfolgt dann nach § 363, BGH MDR 1980, 931, insoweit fortgeltend Pantle MDR 1989, 312, 316. 21

Berufungsverfahren: Selbst Verlust des Antragsrechts nach §§ 296 I, 411 IV 2 steht Pflicht zur Anhörung vAw nicht entgegen, wenn Zweifel dies gebieten, BGH NJW 2004, 2828; NJW 2001, 3269; NJW 1992, 1459. Fehlerhaft unterbliebene Anhörung im Verfahren des ersten Rechtszuges ist vom Berufungsgericht nachzuholen, BGH NJW-RR 2017, 1144. Würdigung abweichend von der Vorinstanz verlangt erneute Anhörung, BGH NJW-RR 2020, 1259; NJW-RR 2019, 665; NJW-RR 2018, 1173.

Entscheidungserheblichkeit: Unanwendbar werden kann III bei ihrem Wegfall, BGH NJW-RR 1989, 953; KG VersR 2011, 1199.

Erneute Anhörung: Kann je nach Entwicklung der Sachlage geboten sein, BGH NJW 1986, 2886.

Meinungsänderung: Eine Neubewertung in der Anhörung nach III verletzt das Recht auf Gehör für sich nicht, KG NJW-RR 2014, 593.

Parteiantrag: Er reicht grds. aus, BVerfG NJW 2012, 1346, BGH NJW-RR 2017, 762, Ffm BauR 2015, 725, → Rn. 13. Ein ProzBev. muss einen Antrag nach III stellen, sobald er merkt, dass das Gericht ein den Anwalt überzeugendes Gutachten nicht so beurteilt, Hamm VersR 2002, 366 (Regressgefahr).

Privatgutachten: Veranlasst sein kann die Anhörung des Gerichtssachverständigen vAw bei Vorlage, nicht aber diejenige des Privatgutachters, → Vor § 402 Rn. 41, 43.

Protokoll: Das Gericht muss eine Erläuterung nach § 160 III Nr. 4 protokollieren, zumindest muss das Urteil den Inhalt einer solchen Erläuterung hinreichend deutlich werden lassen, BGH NJW 2001, 3269; NJW-RR 1993, 1034.

Sachverständiger Zeuge: III ist bei einem solchen, wie beim Privatgutachter, unanwendbar, indes kommt bei Beweiserheblichkeit die zeugenschaftliche Vernehmung in Betracht, BGH NJW 1993, 2989.

Schriftliche Ergänzung: Das Gericht kann vor einer Anhörung die schriftliche Ergänzung des Gutachtens anordnen, was indes die Pflicht zur mündlichen Anhörung bestehen lässt, → Rn. 13.

Schriftsatznachlass: Er ist nach einer Anhörung grds. zu bewilligen, BSG NJW 2021, 2138.

Tod des Sachverständigen: Wenn der anzuhörende Sachverständige verstorben ist, muss das Gericht insgesamt einen neuen beauftragen, BGH NJW 1978, 1633.

Unklarheit: Anwendbar ist III vAw zwecks ihrer Beseitigung, BGH NJW 2003, 2311, Köln NJW 1994, 394, → Rn. 13.

Weiterer Sachverständiger: Nach Bestellung eines neuen Sv. gem. § 412 entfällt das Recht auf Anhörung des bisherigen, BGH NJW 2011, 852.

Wiederholter Antrag: Ihm muss nicht ohne weiteres stattgegeben werden, BGH BeckRS 1988, 06258.

Zeugenvernehmung: Ihre Ergebnisse können Anlass zur Anhörung vAw sein, Ffm BeckRS 2018, 13253.

Zweifel: Anwendbar ist III zwecks ihrer Beseitigung, → Rn. 13.

VIII. Einwendungen, Anträge, Fragen, IV. 1. Rechtzeitigkeit. Da die Parteien nach § 284 ohnehin Gelegenheit zur Stellungnahme haben, liegt der Schwerpunkt von IV 1 in der Fristsetzung und den Folgen der Fristversäumnis nach § 296 I, § 411 IV 2. Art. 103 I GG gibt hierfür den Rahmen vor, → Rn. 13. Da das Gericht bei Zweifeln an der Überzeugungskraft des Gutachtens die weitere Begutachtung oder die Anhörung nach → Rn. 13 ohnehin vAw anordnen muss, kommt der Ausschluss nicht hinsichtlich Beiträgen zur Beweiswürdigung in Betracht, diese sind in jedem Falle zur Kenntnis zu nehmende Ansichten, sondern ausschließlich mit Blick auf neuen Tatsachenvortrag. 22

So besehen muss jede Partei ihre Einwände von vornherein im Rahmen des Zumutbaren „innerhalb eines angemessenen Zeitraumes" erheben, Ffm NJW 2012, 1153. Das muss so rechtzeitig vor demjenigen Termin geschehen, in dem sie das Gutachten vortragen und damit in den Rechtsstreit einführen will, dass die Ladung des Sachverständigen noch möglich ist, BGH NJW 1998, 162; NJW-RR 1997, 1487 (Verspätung unerheblich, wenn Anhörung vAw geboten); Celle NJW-RR 2001, 142; Kblz NJW-RR 1993, 1215. 23

24 **2. Fristsetzung, IV 2, Ausschluss verspäteten Vorbringens.** Die Fristsetzung ist nur wirksam, wenn sie durch das Gericht, ggf. das Kollegium, nicht alleine von einem Mitglied vorgenommen wird und inhaltlich eindeutig ist, BGH NJW-RR 2001, 1431. Diese Fristsetzung bezieht sich nur auf das **Gutachten,** nicht auf den Vortrag anderer Tatsachen, BGH NJW-RR 2017, 1018. Das Gericht muss den Ablauf der Frist vor der Entscheidung abwarten, widrigenfalls Art. 103 I GG verletzt ist, BGH NJW 2020, 935; NJW 2018, 3316.

25 § 411 IV hat keine materiellrechtlichen Folgen und keine Einfluss auf die Beweislast; er erlaubt, wie S. 2, 2. Hlbs. zeigt, keinen Ausschluss alleine aufgrund der Fristversäumnis. Vielmehr müssen die Voraussetzungen des **§ 296 I** eigens festgestellt werden, BGH NJW 2010, 2873 Rn. 27; Brdb NJW-RR 2021, 1600 Rn. 13.

26 **Antragsübergehung:** Nach einer solchen durch das Erstgericht muss das Berufungsgericht einem nach §§ 398, 402 wiederholten Antrag stattgeben, BGH NJW 1996, 788. Das gilt bei Unklarheiten im Gutachten auch dann, wenn in erster Instanz kein rechtzeitiger Antrag vorgelegen hatte, BGH NJW-RR 1997, 1487. Eine sofortige Fristsetzung wäre mithin verfehlt.

Begründung: Das Gericht muss seine Fristverfügung kurz begründen, § 329.

Beweisprobleme: Das Gericht muss bei der Fristbemessung auch die etwaige Schwierigkeit der Beweisfrage mitbeachten, BGH BeckRS 2018, 11143; NJW 2011, 594; NJW 2011 1072 Rn. 29, NJW 2009, 2604; Ddf NJW-RR 1996, 1527.

Bindung: Anwendbar ist § 531 I, Ffm VersR 2003, 927 (zur aF). Aber: Wenn vAw weiterer Klärungsbedarf besteht, ist die Beweisaufnahme fortzusetzen, → Rn. 13, 22.

Eindeutigkeit: Die Frist muss nach Art und Länge wegen ihrer einschneidenden Wirkung eindeutig sein, „Gelegenheit zur Stellungnahme" kann daher unzureichend sein, BGH NJW-RR 2001, 1431.

Einwendungen: Sollen nach Ffm NJW 2012, 1153 nach selbst. Beweisverfahren bereits in der Klageerwiderung vorgebracht werden; das erscheint zu streng, denn dann liefe IV 2 leer.

Fristbeginn: Die Frist läuft ab dem Erhalt des Ausgangsgutachtens, Ffm NJW-RR 2007, 18 (selbst. Beweisverfahren).

Fristdauer: Sie muss angemessen sein, damit hinreichend Gelegenheit zur Stellungnahme besteht; dabei hat der Umfang des Gutachtens maßgebliche Bedeutung, BSG NJW 2021, 2138. Eine Frist von mehr als etwa 8–12 Wochen zwischen Übersendung des Gutachtens und Antragstellung im selbst. Beweisverfahren dürfte nur ausnahmsweise hinzunehmen sein, großzügiger Ddf MDR 2004, 1200 (fast vier Monate im selbständigen Beweisverfahren nach §§ 485 ff.). Im laufenden Streitverfahren kommt es alleine auf den obj. vertretbaren Zeitaufwand an, → § 404a Rn. 14.

Hinweispflicht: Sie besteht auf die Folgen eines Fristverstoßes wenigstens im Kern, BGH NJW-RR 2006, 428; Celle NJW-RR 2009, 1364; KG NJW-RR 2008, 371.

Interessenlage: Das Gericht muss bei der Fristbemessung die Interessen der Parteien mit dem Anliegen einer sachgerechten Terminplanung in Einklang bringen, BGH NJW 2011, 1072 Rn. 27; Ddf NJW-RR 1996, 1527 (selbst. Beweisverfahren).

Kenntnisnahme: Es kommt für eine relevante Fristversäumnis mit darauf an, wann der Antragsteller die für seinen Einwand entscheidende Tatsache erfahren hat, BGH NJW-RR 2009, 409.

Selbständiges Beweisverfahren: Verspätete Antragstellung kann der Fortsetzung der Begutachtung und der Anhörung entgegenstehen, BGH WM 2010, 1514 Rn. 28; Celle NJW-RR 2009, 1364; Hamm BauR 2010, 658. **Verspätet** ist ein Antrag, wenn keine Frist gesetzt wird, erst nach längerer Zeit, Köln NJW-Spezial 2019, 621 (3 Monate); Celle NJW-RR 2001, 142 (10 Monate); Gartz BauR 2011, 906 (je zu § 492). Ein Fristablauf beendet das Verfahren selbst dann, wenn das Gericht eine Teil-Beweisfrage übergangen hatte, Hamm BauR 2010, 658.

Die Missachtung einer Fristsetzung im selbständigen Beweisverfahren wirkt grds. in das **Hauptsacheverfahren** fort, mit dem Ergebnis, dass Präklusion nach § 296 I möglich ist; das folgt aus § 492 I, BGH NJW 2010, 2873 Rn. 28; Ffm NZBau 2019, 172 Rn. 28. Man beachte jedoch, dass eine Würdigung des Gutachtens im selbständigen Beweisverfahren nicht stattfindet, so dass Beiträge hierzu im Hauptsacheverfahren ohne Begrenzung vorgebracht werden können. Zudem verweist § 411 IV 2 nur auf § 296 I, also die Fälle der wirksamen Fristsetzung. Weitergehende Wirkungen hat die Verweisung nicht, Brdb NJW-RR 2021, 1600 Rn. 14. In der Praxis ist bei Zweifeln ohnehin weiter aufzuklären,.

Überzeugungsgrad: Das Gericht muss bei der Fristbemessung auch den Gehalt des bisherigen Gutachtens mitbeachten, BGH NJW 2011, 1072; Ddf NJW-RR 1996, 1527.

Verschulden: Unanwendbar ist § 296 bei Schuldlosigkeit, BGH NJW-RR 2009, 409.

Verspätung: Nach einer ordnungsgemäßen Fristsetzung kommt eine Zurückweisung nur von verspätetem tatsächlichen Vorbringen nach §§ 296 I, IV, 411 IV infrage, nicht von Ansichten, mit denen die Überzeugungskraft des Gutachtens angegriffen wird, → Rn. 22.

Verzicht: Es kann ein stillschweigender Antragsverzicht vorliegen, aufgrund dessen das Absehen von der Anhörung keinen Verfahrensfehler darstellt, KG VersR 2011, 1199.

Zustellung: Das Gericht muss die Fristverfügung nach § 329 II 2 förmlich zustellen.

27 **3. Auslandsbezug.** Wohnt der Sachverständige im Ausland, ist das allein kein Grund, den Antrag einer Partei abzulehnen, er möge sein Gutachten mündlich erläutern. Allerdings ist dann § 363 entsprechend anwendbar, BGH MDR 1980, 931, → Rn. 21. Soll die Anhörung durch zB einen Konsul vorgenommen werden, sind an die Begründung des Antrags keine höheren Anforderungen zu stellen als im Normalfall, BGH MDR 1981, 1014.

28 **4. Gelegenheit zur Stellungnahme, Wiedereröffnung.** Im Anschluss an eine mündliche Erläuterung mit gegenüber dem schriftlichen Gutachten neuen ausführlichen Erörterungen müssen die Parteien nach § 285 eine Gelegenheit zu einer weiteren sachverständigen Stellungnahme erhalten, Art. 2 I, 20 III GG (Rpfl.), BVerfG 101, 404, Art. 103 I GG (Richter), BGH NJW-RR 2020, 1268; NJW 1984, 1823; Stgt VersR 2011, 1286. Es kann zB wegen neuer Einwendungen nach der ersten Erläuterung eine weitere notwendig werden, BGH NJW 1986, 2886. Evtl. ist eine Wiedereröffnung nach § 156 nötig, BGH NJW-RR 2011, 428; NJW 2009, 2604.

29 **5. Amtliche Auskunft.** Nach dem Eingang eines Gutachtens als einer amtlichen Auskunft ordnet das Gericht grundsätzlich kein persönliches Erscheinen nach III, IV an. Das gilt zB beim Gutachten einer Rechtsanwaltskammer nach §§ 3a II 2, 14 RVG, Mü NJW 1975, 884 (insoweit fortgeltend). Wohl aber darf und muss das Gericht evtl. zB ergänzende Auskünfte der Behörde anfordern oder bestimmte Mitglieder etwa eines Gutachter-

ausschusses nach §§ 192 ff. BauGB laden, nicht aber den Ausschuss selbst, BGHZ 62, 95. Sie sind damit Gutachter. Das Gericht muss sie daher entsprechend behandeln, BGH NJW 1998, 3355, auch nach § 414. Im Übrigen können zur näheren Aufklärung Maßnahmen nach I, III, IV von Amts wegen nötig sein, BGH BB 1976, 481.

411a

***Verwertung von Sachverständigengutachten aus anderen Verfahren.* Die schriftliche Begutachtung kann durch die Verwertung eines gerichtlich oder staatsanwaltschaftlich eingeholten Sachverständigengutachtens aus einem anderen Verfahren ersetzt werden.**

Schrifttum: Dölling, Gutachten aus anderen Verfahren im Zivilprozess, NJW 2018, 2092; Seidel, Die Verwertung von Sachverständigengutachten aus anderen Verfahren – Rechte, Haftung und Vergütung, DS 2021, 302.

I. Systematik. Die Vorschrift erweitert die Verwertungsmöglichkeiten eines Gutachtens über dasjenige Verfahren hinaus, für das es erstattet worden ist. Eine solche Verwertung war schon vor der Einführung 2004 als Urkundenbeweis nach §§ 415 ff. möglich. Jetzt ist sie Sachverständigenbeweis, so dass §§ 402 ff. unmittelbar gelten, Ffm NJW-RR 2022, 402 Rn. 23. Jedenfalls bleibt der Grundsatz einer freien Beweiswürdigung nach → § 286 Rn. 6 unverändert bestehen. Mängel der Überzeugungskraft führen vAw zu einer neuen Begutachtung, ggf. durch den Sv. des anderen Verfahrens. Dieser ist nach §§ 407 f. zur erneuten Mitwirkung, zB mdl. Erläuterung, verpflichtet; auf Urheberrechte, vgl. BGH NJW 2010, 2354, kann er sich insoweit nicht berufen. Unterliegt das Gutachten für die neue Verwertung besonderen Regeln, gehen diese dem § 411a vor, BGH NJW-RR 2019, 1345 (§ 280 FamFG), fortgesetzt in NJW 2020, 852. 1

II. Regelungszweck. § 411a bezweckt eine Verbesserung der Prozesswirtschaftlichkeit. Das Verfahren kann billiger werden und schneller vorankommen. Einer Schwächung des Grundsatzes der Unmittelbarkeit nach §§ 355, 402 kann über § 411 III und weitere Begutachtung vAw vorgebeugt werden. 2

III. Geltungsbereich. Die Vorschrift gilt in allen Beweisverfahren nach der ZPO, im WEG-Verfahren und im FamFG-Verfahren, BGH FamRZ 2017, 48; NJW-RR 2016, 833. Wichtig ist die Erstattung in einem gerichtlichen oder staatsanwaltlichen Verfahren. **Unanwendbar** ist die Vorschrift auf ein Gutachten aus einem bloßen Verwaltungsverfahren, BVerfG NJW-RR 2012, 393 (amtsärztliches Zeugnis) oder einer ärztlichen Schlichtungsstelle **(Gutachterkommission),** BGH NJW 2019, 2399 Rn. 10. Denn dieses ist nicht „gerichtlich eingeholt". Dennoch kommt ihm als Privatgutachten im Rahmen des gerichtlichen Sachverständigenbeweises und in der Beweiswürdigung **hohe Bedeutung** zu, → Vor § 402 Rn. 43. Bei aA hätten sich durch Einführung des § 411a zum 31.12.2006 die Erkenntnismöglichkeiten, welche die betr. Gutachten den Gerichten bieten, verschlechtert, vgl. Köln VersR 1990, 311. Im Verfahren der PKH kann das Gutachten verwertet werden, etwa um einen Antrag mangels Erfolgsaussicht abzulehnen, Drsd DS 2022, 112. 3

Ein Privatgutachten nach → Vor § 402 Rn. 41 ist solange nicht gerichtlich eingeholt, wie das Gericht des anderen Verfahrens es nicht als ein gerichtlich eingeholtes behandelt hat. Unanwendbar ist § 411a auch beim sachverständigen Zeugen nach § 414 und bei ausländischen Gutachten. Im selbständigen Beweisverfahren nach §§ 485 ff. erscheint die Verwertung unter dem Aspekt des rechtlichen Interesses fragwürdig, insbesondere wenn das bereits vorliegende Gutachten in einem Rechtsstreit verwendet werden könnte, kritisch auch Rath/Küppersbusch VersR 2005, 890. Ein Interesse mag gegeben sein, wenn ein vorübergehender Zustand gesichert werden muss. Die Beweisfrage nach → § 403 Rn. 4 muss im jetzigen Prozess nicht mit derjenigen des anderen Verfahrens übereinstimmen; entscheidend ist die Eignung des Gutachtens für die Beantwortung. 4

In dem neuen Verfahren sind die dort maßgeblichen **Verfahrensgrundsätze** zu beachten, so dass zB ein Gutachten aus einem Zivilprozess im Betreuungsverfahren nicht ohne Anhörung verwertet werden darf, BGH NJW-RR 2019, 1345. 5

IV. Ermessen. Das Gericht hat ein weites pflichtgemäßes Ermessen, ob und in welchem Umfang es trotz Antrags auf die Einführung eines Gutachtens ein früheres gerichtliches Gutachten benutzt, BGH NJW-RR 2016, 833; KG VersR 2006, 1378, aM Mü NJW-RR 2009, 1293, oder ob es ein Gutachten aus einem anderen Verfahren als einen vollwertigen Sachverständigenbeweis verwendet. Weder das Alter des Gutachtens noch seine Form noch eine Nämlichkeit der Parteien oder der Streitgegenstände sind eine Bedingung oder ein Hindernis. §§ 279 III, 285 I, 402 ff., 412 bleiben anwendbar. Auch im Übrigen gelten sämtliche für den Sv.-Beweis bestehenden Regeln fort; ein Vorgehen nach § 411a ersetzt auch nicht eine beantragte Zeugenvernehmung, selbst wenn deren Ergebnisse im Gutachten dokumentiert sind, BGH FamRZ 2012, 298. § 295 I ist umfänglich anwendbar, Brdb NJW-RR 2011, 1400; Stgt BauR 2011, 555. 6

V. Verfahren. Das Gericht muss zunächst die Parteien **anhören,** BGH NJW 2018, 1171; FamRZ 2017, 48; MDR 2016, 1022; 1468, und das Gutachten zwecks Stellungnahme förmlich in den Rechtsstreit einführen, BGH MDR 2012, 226; hierfür bedarf es einer eindeutigen **Verwertungsanordnung,** BGH NJW 2018, 1171; NJW-RR 2016, 833; MDR 2016, 1468, am klarsten in Gestalt eines Beweisbeschlusses, wobei Verletzung von Förmlichkeiten nach § 295 geheilt werden kann, Stgt BauR 2011, 555. Einverständnis der Parteien ist nicht vorausgesetzt. Die Entscheidung ist ebenso **unanfechtbar** wie ein sonstiger Beweisbeschluss auf einen Sachverständigen, → § 404 Rn. 18. §§ 402 ff., 411 bleiben anwendbar, BGH NJW 2018, 1171, Anm. Dölling NJW 2018, 2092; MDR 2016, 1022; 1468. Es entstehen nicht schon infolge der Verwertung zusätzliche Vergütungsansprüche des damaligen Sachverständigen. Etwas anderes kann gelten, soweit er sein damaliges Gutachten zB jetzt mündlich erläutern soll. Er muss eine solche Zusatzarbeit unter denselben Voraussetzungen leisten wie bei der Erstattung des damaligen Gutachtens. Die Schweigepflicht kann ihm wie dem Gericht Grenzen der Verwertbarkeit setzen. 7

VI. Verstoß. Es gelten dieselben Regeln wie dann, wenn das Gericht erstmals ein Gutachten einholt. Ein Verstoß gegen die Schweigepflicht nach → Rn. 7 kann die Unverwertbarkeit des Gutachtens und eine Amtshaftung usw. auslösen, Stgt BauR 2011, 556. 8

412 *Neues Gutachten.* I **Das Gericht kann eine neue Begutachtung durch dieselben oder durch andere Sachverständige anordnen, wenn es das Gutachten für ungenügend erachtet.**

II **Das Gericht kann die Begutachtung durch einen anderen Sachverständigen anordnen, wenn ein Sachverständiger nach Erstattung des Gutachtens mit Erfolg abgelehnt ist.**

1 **I. Systematik, I, II.** Die Norm greift ein, wenn nach § 402 bereits ein Gutachten erstattet worden ist, BVerwG NVwZ-RR 2020, 1078. Es handelt sich um eine etwa dem § 398 entsprechende, § 411 ergänzende Vorschrift. Sie wäre letztlich wegen des Grundsatzes der freien Beweiswürdigung nach → § 286 Rn. 6 entbehrlich. Denn das Gericht müsste erforderlichenfalls ohnehin weitere Beweise erheben. § 412 I umfasst Ergänzungsgutachten sowie den Wechsel des Gutachters, dh auch die Entziehung des Auftrags; II ordnet letzteres bei Ablehnung zwingend an. Gleiches gilt, wenn nicht ein Gutachten nach §§ 402 ff. im laufenden Verfahren eingeholt worden ist, wohl aber ein nach **§ 411a** zu verwertendes Gutachten vorliegt. Aus systematischen wie aus praktischen Gründen einschließlich der Kostenfrage hat die Ergänzung durch den bereits beauftragten Sv. Vorrang. Die Grenzen der Aufklärungspflicht sind erreicht, wenn eine weitere Begutachtung keinen Ertrag mehr verspricht, Ddf GRUR-RS 2021, 30148.

2 **II. Regelungszweck, I, II.** Die Vorschrift stellt klar, dass das Ziel der sachlichrechtlichen Gerechtigkeit höher steht als Erwägungen der Prozesswirtschaftlichkeit. Ergänzung durch den bereits ernannten Gutachter hat aus Gründen der Kosten- und Zeitersparnis grds. Vorrang, Ffm NJW-RR 2007, 19. Mehrkosten sind im Allgemeinen hinnehmbar, wenn eine Aussicht auf bessere Beweisergebnisse besteht. Eine Grenze bildet das Verbot der Unverhältnismäßigkeit der Mittel. Das Gericht muss es auch im Bereich der Parteiherrschaft zum Schutz des Unterliegenden vor extremen Kosten mitbeachten.

3 **III. Geltungsbereich, I, II.** → Vor § 402 Rn. 4. Im Berufungsverfahren gilt § 412 in den Grenzen von §§ 530 f., Ffm NJW-RR 2007, 19, indes sind Mängel an Überzeugungskraft vAw zu berücksichtigen, → § 402 Rn. 1 zu §§ 283, 296; → § 411 Rn. 24. Im selbständigen Beweisverfahren nach §§ 485 ff. darf es nicht mithilfe von § 412 zur Vorwegnahme der Beweiswürdigung im Hauptsacheverfahren kommen, Hamm NJW 2010, 622. Die Norm ist nach § 98 VwGO entspr. anwendbar, BVerwG NJW 2020, 3672.

4 **IV. Freie Beweiswürdigung, Ermessensspielraum, I.** Das Gericht muss sein Ermessen pflichtgemäß ausüben. Zu diesem Zweck würdigt es zunächst die vorhandene Begutachtung nach → § 286 Rn. 6, BGH GRUR 2010, 410, BVerwG NVwZ 2005, 1325. Wenn dies nicht zur Gewinnung einer Überzeugung reicht, muss es zunächst die Möglichkeit der Ergänzung prüfen und im Falle der Verneinung auch ohne Antrag ein weiteres Gutachten anfordern, BGH NJW-RR 2019, 497 (Wechsel der Bewertungsmethode); NJW 1997, 803; NJW 1996, 730; BGHZ 86, 1930; NJW 1970, 946; BVerwG NVwZ 2015, 439; NVwZ-RR 2013, 620; Oldb NJW 2019, 863; Dresd BeckRS 2018, 17739 (jew. Widersprüche); KG NJW-RR 2012, 830 (ausl. Recht); Köln VersR 2015, 583; ausf. Kblz NJW-RR 2010, 41; KG VersR 2002, 439 (nicht auf bloßen Verdacht); LG Bonn NJW-RR 2012, 25 (Kfz).

5 Z. T. wird eine Pflicht zur Beauftragung eines neuen Gutachters für das Gericht nur ausnahmsweise angenommen, nämlich im Falle einander widersprechender Sachverständigengutachten, bei besonders schwierigen Fragen, bei groben Mängeln der vorhandenen Gutachten und dann, wenn ein neuer Gutachter über überlegene Forschungsmittel verfügt, Saarbr NJW-RR 2021, 1480 Rn. 32; Zöller/Greger ZPO Rn. 2. Das darf nicht schematisch gehandhabt werden. Ausschlaggebend ist die Frage, ob eine neue Begutachtung zusätzliche Erkenntnisse einbringt.

6 **Widersprüche** zwischen gerichtlichem und privatem Gutachten sind aufzuklären, BGH IBR 2019, 2943; Oldb NJW 2021, 244. Bei hoher Irrtumsanfälligkeit kann ein **Kontrollgutachten** geboten sein, BGH NJW 1978, 751, desgl bei besonders schwierigen Fragen, Brdb BeckRS 2019, 4954. Im Anwendungsbereich des § 98 VwGO kann das Vorhandensein behördlicher Gutachten ein Absehen von weiterer Begutachtung rechtfertigen, BVerwG NJW 2020, 3672; DÖV 2018, 634 = BeckRS 2018, 7740 Rn. 32.

7 Anträge der Parteien sind von der Ablehnung nach § 406 abzugrenzen, Rostock MDR 2019, 1337; → § 406 Rn. 22. Einen Antrag darf das Gericht nur übergehen, wenn es nach Ausschöpfung der bisherigen Beweismittel und Möglichkeiten zur Sachverhaltsaufklärung das bereits vorliegende Gutachten für vollständig und überzeugend hält und die Gründe dafür im Urteil ausführlich darlegt, BGH NJW-RR 2009, 681. Bei offenkundigen **Mängeln** ist § 412 erfüllt, Celle MDR 2012, 280, Ffm NJW-RR 2010, 1256. Vorrang hat das Ergänzungsgutachten bzw. § 411 III; bessere Kenntnisse eines anderen Sachkundigen reichen für sich nicht aus, einen anderen zu beauftragen, Ffm NJW-RR 2007, 19. Andererseits ist die Beauftragung eines neuen Sv. anstelle der Anhörung des alten nach § 411 III in der Revision nicht angreifbar, BGH NJW 2011, 852.

8 § 244 IV StPO soll rechtsähnlich anwendbar sein, wenn das Gegenteil bereits bewiesen ist, BVerwG NVwZ-RR 2013, 620, indes ist im Rahmen der Ermessensausübung das gleiche zu erzielen.

9 **V. Obergutachten, I. 1. Begriff.** Broß ZZP 102, 434. Obergutachter ist streng genommen ein Sachverständiger, der aufgrund seiner überragenden Sachkunde oder besonderen Autorität die durch gegensätzliche Auffassungen mehrerer anderer Sv. entstehenden und nicht anders ausräumbare Zweifel klären soll. Der Begriff wird allerdings uneinheitlich auch für ein lediglich zweites Gutachten verwendet.

10 **2. Notwendigkeit.** Es besteht im Rahmen der freien Beweiswürdigung und des pflichtgemäßen Ermessens, → Rn. 4, nur ausnahmsweise eine Pflicht zur Einholung des im Gesetz nicht geregelten, nur sog. „Obergutachtens"; das gilt zB bei besonders schwierigen Fragen und überlegenen Forschungsmitteln des Weiteren, dritten Gutachters, BGH BB 1980, 863. Es ist nicht schon deshalb notwendig, weil zwei Gutachter einander trotz einer Zugrundelegung derselben Tatsachen widersprechen; Vorrang haben Ergänzung und Anhörung, BGH NJW 2011, 852 Rn. 30 („häufig zweckmäßig"); NJW 2001, 1787; 1987, 442.

11 **3. Ermessen.** Die Einholung eines Obergutachtens erfolgt nach pflichtgemäßem Ermessen, BGH VersR 2009, 499 (Unaufklärbarkeit); BayObLG Rpfleger 1980, 189. Im Übrigen gelten die gleichen Grundsätze wie bei jedem weiteren Gutachten nach § 412 I.

12 **VI. Weitere Begutachtung, II.** Nach einer erfolgreichen Ablehnung eines Sachverständigen im Anschluss an sein Gutachten ist bei Fortbestand einer Entscheidungserheblichkeit, → Rn. 5, ein weiterer Auftrag an einen

anderen Sachverständigen trotz der Formulierung „kann“ die Pflicht des Gerichts, da die Parteien ein Recht auf die Tätigkeit eines unbefangenen Sv. haben. Der Abgelehnte kann sachverständiger Zeuge nach § 414 sein.

VII. Verfahren, I, II. Die Anordnung erfolgt auch ohne eine mündliche Verhandlung, aber nach Anhörung der Parteien durch das Prozessgericht mit Beschluss nach § 360 S. 2, BGH NJW 1985, 1399. Er gehört immer zum Beweisbeschluss nach §§ 358, 358a. Es kann bei einem nicht von Amts wegen erhebbaren Beweis ein weiterer Vorschuss nach §§ 379, 402 notwendig werden. Ihn muss der Beweisführer zahlen. Denn § 412 setzt im Gegensatz zu § 398 voraus, dass das Gericht und nicht nur die Partei eine weitere Begutachtung wünscht. 13

VIII. Rechtsbehelf, I, II. Eine sofortige Beschwerde gegen den Beschluss ist nach § 355 II weder bei der Anordnung noch bei der Ablehnung zulässig, BGH MDR 2011, 746; Brdb IBR 2020, 568; Mü IBRRS 2018, 1608; Bbg BauR 2015, 2038; Celle BauR 2011, 143; Köln MDR 2008, 818. Das gilt nach der zit. Rspr. auch im selbständigen Beweisverfahren; der aM Stgt NJW-RR 2009, 497; Ffm MDR 2008, 585, ist nicht zu folgen, weil § 485 III, 492 I eindeutig auf die allg. Regeln verweisen. Dem Sv. steht gegen die Entziehung des Auftrags selbst kein Rechtsmittel zu, Stgt MDR 2017, 900. Zum Streit stellen kann er lediglich seine Honorarforderung, → § 413 Rn. 4 ff. 14

413 *Sachverständigenvergütung.* **Der Sachverständige erhält eine Vergütung nach dem Justizvergütungs- und -entschädigungsgesetz.**

Schrifttum: Bayerlein/Bleutge/Roeßner, Praxisbuch Sachverständigenrecht, 6. Aufl. 2021; Toussaint/Weber, Kostenrecht, 51. Aufl. 2021, JVEG; Meyer/Höver/Bach/Oberlack/Jahnke, JVEG, 28. Aufl. 2021; Ulrich, Der gerichtliche Sachverständige, 13. Aufl. 2019.

I. Systematik, Regelungszweck: Verweisung auf JVEG, Geltungsbereich. Als abschließende Spezialregelung ist das JVEG mit §§ 1 ff., 8a maßgebend, so bereits zum ZSEG, dem Vorläufer des JVEG, BGH NJW 1984, 870, auch LG Heidelb DS 2015, 96, Toussaint/Weber JVEG. Die Regelung ist verfassungsgemäß, BVerfG NJW-RR 2002, 67 (zum ZSEG). Zum Geltungsbereich → Vor § 402 Rn. 4. 1

II. Anspruchsvoraussetzungen. Eine Vergütung wird gem. § 1 I 2 JVEG nur nach diesem Gesetz gewährt; das gilt nach § 1 V JVEG auch für Festsetzung und Rechtsmittel. Voraussetzung ist nach § 1 I 3 JVEG die Erteilung eines Auftrags. Für die Bearbeitung einer bloßen Anfrage erhält der Sachverständige keine Vergütung, allenfalls Aufwendungsersatz, BGH NJW 2002, 2253; NJW 1979, 1939. Demgegenüber wird eine Stellungnahme gem. § 407a notwendig erst nach Erteilung des Auftrags abgegeben und ist daher vergütungspflichtig. 2

Grds. unanwendbar ist § 413 auf eine Stellungnahme des Sachverständigen zu einem gegen ihn gerichteten Ablehnungsgesuch nach § 406, BGH DS 2011, 33; Celle BauR 2012, 1685, oder zu seiner Kostenrechnung, Kblz JurBüro 2007, 95. Ausnahmsweise kann eine Vergütung fällig werden, wenn die Ablehnung auf der fachlichen Leistung beruht und daher eine Auseinandersetzung mit der Beweisfrage erforderlich ist, die auch in Gestalt einer ergänzenden Stellungnahme geboten wäre, Köln MDR 2009, 1015; differenzierend auch Prütting/Gehrlein/Katzenmeier Rn. 2. Soweit der Sachverständige auftragsgemäß über die Beweisfrage nach → § 403 Rn. 4 hinaus tätig war, erhält er eine Vergütung unabhängig davon, ob eine Partei insofern nach § 91 Kostenschuldner wird, Ddf DS 2004, 264 (Interventionsgutachten zwecks Mediation). Die Vergütung ist wie bei § 121 I 1 BGB unverzüglich nach Beendigung der Arbeit und Rechnungsstellung fällig, Kblz BauR 2013, 1916. 3

III. Wegfall oder Beschränkung des Vergütungsanspruchs nach § 8a JVEG. Zentrale Norm ist seit Inkrafttreten von Art. 7 Nr. 6 des G vom 23.7.2013 am 1.8.2013, BGBl. I 2586, 2682, § 8a JVEG, redaktionell geändert durch Art. 5 Abs. 1 Nr. 1, 2 des G vom 11.10.2016, BGBl. I 2222, 2224. Die Regelung lautet: 4

§ 8a JVEG Wegfall oder Beschränkung des Vergütungsanspruchs

(1) Der Anspruch auf Vergütung entfällt, wenn der Berechtigte es unterlässt, der heranziehenden Stelle unverzüglich solche Umstände anzuzeigen, die zu seiner Ablehnung durch einen Beteiligten berechtigen, es sei denn, er hat die Unterlassung nicht zu vertreten.

(2) [1] Der Berechtigte erhält eine Vergütung nur insoweit, als seine Leistung bestimmungsgemäß verwertbar ist, wenn er

1. gegen die Verpflichtung aus § 407a Absatz 1 bis 4 Satz 1 der Zivilprozessordnung verstoßen hat, es sei denn, er hat den Verstoß nicht zu vertreten;
2. eine mangelhafte Leistung erbracht hat und er die Mängel nicht in einer von der heranziehenden Stelle gesetzten angemessenen Frist beseitigt; die Einräumung einer Frist zur Mängelbeseitigung ist entbehrlich, wenn die Leistung grundlegende Mängel aufweist oder wenn offensichtlich ist, dass eine Mängelbeseitigung nicht erfolgen kann;
3. im Rahmen der Leistungserbringung grob fahrlässig oder vorsätzlich Gründe geschaffen hat, die einen Beteiligten zur Ablehnung wegen der Besorgnis der Befangenheit berechtigen; oder
4. trotz Festsetzung eines weiteren Ordnungsgeldes seine Leistung nicht vollständig erbracht hat.

[2] Soweit das Gericht die Leistung berücksichtigt, gilt sie als verwertbar. [3] Für die Mängelbeseitigung nach Satz 1 Nr. 2 wird eine Vergütung nicht gewährt.

(3) Steht die geltend gemachte Vergütung erheblich außer Verhältnis zum Wert des Streitgegenstands und hat der Berechtigte nicht rechtzeitig nach § 407a Absatz 4 Satz 2 der Zivilprozessordnung auf diesen Umstand hingewiesen, bestimmt das Gericht nach Anhörung der Beteiligten nach billigem Ermessen eine Vergütung, die in einem angemessenen Verhältnis zum Wert des Streitgegenstands steht.

(4) Übersteigt die Vergütung den angeforderten Auslagenvorschuss erheblich und hat der Berechtigte nicht rechtzeitig nach § 407a Absatz 4 Satz 2 der Zivilprozessordnung auf diesen Umstand hingewiesen, erhält er die Vergütung nur in Höhe des Auslagenvorschusses.

(5) Die Absätze 3 und 4 sind nicht anzuwenden, wenn der Berechtigte die Verletzung der ihm obliegenden Hinweispflicht nicht zu vertreten hat.

Die Regelung setzt grds. die frühere Rspr. fort; sie greift ein, wenn der Auftrag ab dem Tag des Inkrafttretens, 1.8.2013, erteilt worden ist, Ffm FamRZ 2018, 1172. Dennoch hat sie mit ihren sehr differenzierten Vorgaben, 5 namentlich betr. den verschuldensmaßstab (Fahrlässigkeit – grobe Fahrlässigkeit oder Vorsatz), Beweislastumkehr nach I 1, II 1 Nr. 1, V sowie Maßgaben für den Fall begrenzter Verwertbarkeit und Verwertung einschließlich der Fiktion in II 2 die bis dahin geltenden Grundsätze deutlich fortentwickelt, was genaue Subsumtion gebietet, eingehend Toussaint/Weber JVEG § 8a Rn. 1 ff.; Binz/Dörndorfer/Zimmermann/Binz JVEG § 8a Rn. 1 ff.

6 Zu trennen ist zwischen dem vollständigen Fortfall nach § 8a I JVEG und der abgestuften Kürzung der Vergütung nach § 8a II JVEG, wobei nach dessen S. 2 die Berücksichtigung der Leistung die Verwertbarkeit fingiert, näher VGH Mü BayVBl 2019, 282 = BeckRS 2018, 6981 Rn. 11.

7 Die nachfolgenden Grundsätze gelten auch in Verfahren mit **Amtsermittlung,** wobei eine analoge Anwendung von § 8 IV JVEG auf Fälle, in denen zwar kein Auslagenvorschuss eingefordert, dem Sv. aber eine Kostenobergrenze genannt wird, nicht in Betracht kommen soll, Brdb BeckRS 2019, 37454; allg. → Vor § 128 Rn. 41.

8 Vor Inkrafttreten der Norm wurde bei Unbrauchbarkeit eines Gutachtens der Anspruch im Wege ergänzender Auslegung des ZSEG verneint, BGH NJW 1984, 870; später kam § 839a BGB ins Blickfeld. Der Sachverständige konnte (analog § 628 I 2 BGB) seinen Anspruch auf eine Vergütung verlieren, wenn er mindestens grob fahrlässig gehandelt hat, nicht aber alleine aufgrund von (fahrlässiger) Befangenheit, BGH WM 1976, 461; Stgt MDR 2014, 1346; Rostock JurBüro 2013, 651; Naumb MDR 2012, 802; Kblz MDR 2010, 463; LG Köln BauR 2013, 1906; im tatsächlichen Zweifel für eine Entschädigung Kblz MDR 2015, 118. Die vielfach noch herangezogene ältere Rspr. ist mit äußerster Vorsicht und nur dann zu verwerten, wenn sie sich explizit auf einen Gesichtspunkt bezieht, der in ein Tatbestandsmerkmal des § 8a JVEG eingeflossen ist. Nicht selten fehlt es daran, vgl. insoweit auch die Beispiele → Rn. 11.

IV. Beispiele zur Anwendbarkeit von § 8a JVEG

9 **Ablehnung:** Man beachte den Unterschied beim Verschuldensmaßstab zwischen § 8a II 1 Nr. 1 JVEG iVm § 407a II und § 8a II 1 Nr. 3 JVEG; der strengere Maßstab für die Leistungserbringung ist mit Blick auf die erforderlichen Beurteilungsspielräume des Sv. unabdingbar. Bloße Ungeschicklichkeiten oder Nachlässigkeiten sollen für § 8a II 1 Nr. 3 JVEG nicht ausreichen, Kblz MDR 2015, 118, zur Frage grober Fahrlässigkeit wegen der Formulierung Naumbg MedR 2015, 506. Eine nicht mit Gründen versehene „Selbstablehnung" reicht aus, LG Kblz JurBüro 2017, 33; vgl. auch Toussaint/Weber JVEG § 8a Rn. 15. Andererseits soll der Vergütungsanspruch bei unvertretbarer Fehlentscheidung des Gerichts über das Ablehnungsgesuch erhalten bleiben, Drsd 15.6.2010 – 3 W 0549/10, BeckRS 2010, 23055. Str. ist, ob leichte Fahrlässigkeit ausreicht, vgl. Binz/Dörndorfer/Zimmermann/Binz JVEG § 8a Rn. 3. Letzteres ist nach dem klaren Wortlaut von Abs. 1 der Fall, Ffm JurBüro 2017, 370.

Anleitung: Unzulängliche Anleitung durch das Gericht entlastet den Sv. vom Verschuldensvorwurf, Celle JurBüro 2016, 91.

Festsetzungsverfahren: Begründete Ablehnung des Sv. im Hauptsacheverfahren ist hier nicht bindend, weil ihm nach § 406 V keine Beschwerde offen steht, Ffm FamRZ 2018, 1172.

Hinweispflicht (§ 407a IV 2, teilw noch zum gleichlautenden III 2 aF): Für das Merkmal „voraussichtlich" kommt es auf die obj. Sicht eine sorgfältigen Sv. ex ante an; unterhalb einer Überschreitung von 20 % ist jedenfalls Verschulden des Sv. idR nicht gegeben, Hamm NZFam 2016, 1001. Auf die hypothetische Entscheidung der Partei betr. die Abstandnahme von der Begutachtung oder alternativ die Fortsetzung zum höheren Honorar kommt es für § 8a IV JVEG nicht an, Karlsr BauR 2019, 546; Ddf IBR 2018, 420; JurBüro 2017, 426; JurBüro 2016, 485; Hamm MDR 2015, 1033; BauR 2015, 714; IBR 2015, 46; insoweit aA Stgt JurBüro 2021, 87; Ffm JurBüro 2020, 85; KG JurBüro 2019, 88; Karlsr JurBüro 2017, 368; dem ist nicht zu folgen, denn hierdurch verliert § 407a IV 2 seine **Ordnungsfunktion,** zudem ist die Hypothese kaum aufklärbar; zu streng allerdings Ddf IBR 2018, 420, wo Nachzahlung selbst bei Einverständnis der Parteien abgelehnt wird. Bei Zustimmung der Parteien ist die volle Vergütung (als Vorschuss einzufordern und alsdann) zu zahlen, Hamm IBR 2017, 535; LG Ffm JurBüro 2019, 478.

Die **Erheblichkeit der Überschreitung** ist nicht schematisch und nicht mit pönalem Einschlag, sondern anhand der wirtschaftlichen Interessen der Parteien zu klären, KG JurBüro 2019, 88; Karlsr JurBüro 2017, 368; Drsd IBR 2015, 335. Für feste Grenze von 20 % und Korrekturmöglichkeit zugunsten des Sv. Oldb MedR 2018, 180; Ddf JurBüro 2019, 36; JurBüro 2017, 654; für entspr. Sicherheitszuschlag Hamm IBR 2015, 46; für Erheblichkeit bei 20–25 % Erfurt BauR 2015, 301. Das ist als Richtschnur brauchbar, aber nur unter Abwägung aller Umstände. Eine Überschreitung von mehr als 50 % ist immer außer Verhältnis, Brdb NZFam 2019, 1068; Zweibr BauR 2016, 312. Nicht erhebliche Überschreitungen sind zu vergüten. Ungefähre oder Mindestangaben des Sv. sind verständig aufzurunden. Bei erheblicher Überschreitung ist indes ein hypothetischer Toleranzbetrag nicht aufzuschlagen, LG Kiel SchlHA 2017, 353.

Mangel, § 8a II Nr. 2 JVEG: Mangelhaft im Sinne dieser Regelung ist eine gutachterliche Leistung dann, wenn sie wegen fachlicher Mängel oder Darstellungsmängeln nicht oder nur eingeschränkt verwertbar ist, Ddf IBR 2018, 540; Brdb JurBüro 2018, 89 (unterbliebener Ortstermin); Hamm IBR 2015, 46; LG Wuppertal DAR 2017, 150 (Weigerung, Unterlagen beizuziehen). Für die Fortführungsprognose müssen die Planzahlen plausibilisiert werden, AG Duisburg ZInsO 2018, 622. Einfache Fahrlässigkeit reicht aus, Naumbg NJ 2020, 409.

Vergleich: Wird das Ergebnis eines Gutachtens beim Vergleichsschluss mit berücksichtigt, gilt es iSd § 8 II 2 JVEG als verwertbar, LG Halle NJW 2014, 2886.

Verschulden: Das Verschulden wird mit der Möglichkeit der Entlastung vermutet, Ffm JurBüro 2017, 370. Auf die Kenntnis der sich aus § 8a JVEG ergebende Folge des Honorarverlustes kommt es nicht an, Hamm MDR 2015, 1033; für großzügige Berücksichtigung von Unkenntnis der einschlägigen Normen bei nicht öff. bestelltem Sv. Schleswig BauR 2019, 548. Die Höhe eines Vorschusses muss dem Sv. mitgeteilt worden sein, Hamm BauR 2014, 1819. Nachlässige Vorbereitung ist grob fahrlässig, KG IBR 2018, 656.

Verweigerung der Leistung: Die Festsetzung eines Ordnungsgeldes, § 8a II 1 Nr. 4 JVEG, ist auch dann erforderlich, wenn der Sv. die Leistung nur wegen Ablehnung eines erhöhten Honorars ablehnt, Stgt JurBüro 2019, 377.

10 **V. Schadensersatz.** Wenn der gerichtlich bestellte oder beauftragte Sachverständige die nach der Beurteilung (nur) des Gerichts, LG Halle NJW 2014, 2886, bestehende Unverwertbarkeit seines Gutachtens grob fahrlässig oder gar auch nur bedingt vorsätzlich verschuldet, kann man ihn nicht wegen eines Vertragsverstoßes oder einer

vertragsähnlichen Haftung belangen, Kblz NJW-RR 2016, 796, Köln DS 2015, 126. Er kann sich vielmehr allenfalls nach § 839a BGB wegen eines Schadens infolge einer auf dem Gutachten beruhenden Gerichtsentscheidung ersatzpflichtig machen, Celle BauR 2014, 731 Rn. 30, es sei denn, der Geschädigte hatte vorwerfbar kein Rechtsmittel eingelegt, §§ 839 III, 839a II BGB. IÜ wird auf die Kommentierungen zu § 839a BGB verwiesen.

VI. Beispiele aus der älteren Rspr. Zur (eingeschränkten) Verwertbarkeit der Rspr. vor Inkrafttreten des § 8a JVEG → Rn. 4. 11

Ablehnung: Auch bei Ablehnung bleibt ein Gutachten verwertbar, wenn die Parteien sich das Ergebnis zu eigen machen oder ein neuer Sachverständiger durch Mitverwertung dieses Gutachtens Kosten spart, Mü NJW-RR 1998, 1687. 12

Bürogemeinschaft: Grob fahrlässig kann es sein, wenn der Sachverständige seine Kanzleigemeinschaft mit einem der ProzBev. nicht mitgeteilt hat, Ddf MDR 2001, 1262.

Dritte: Mitwirkung Dritter führt zur Unbrauchbarkeit, wenn die Verantwortung des Sv. nicht mehr gesichert ist, Nürnb JurBüro 2006, 654.

Fachsprache: Verwertbar bleiben kann die Tätigkeit, wenn der Sachverständige eine notwendige Fachsprache wählt, Oldb NJW 1991, 1241.

Fristeinhaltung: Verschulden kann nur nach vorheriger Mahnung angenommen werden, Kblz JurBüro 2013, 320; Mü MDR 2002, 57. Bei besonderer Eilbedürftigkeit oder definitiver Weigerung zu beschleunigen bedarf es der Mahnung nicht, Mü MDR 2012, 306.

Grobe Fahrlässigkeit: Unsachliche Äußerungen über Prozessbevollmächtigte und Parteien, Nürnb MDR 2012, 365.

Kostenschätzung: Kein Verlust des Anspruchs, wenn nach Anzeige einer unbestimmten Überschreitung kein Beteiligter eine genaue Kostenschätzung des Sachverständigen verlangt hat, Celle BauR 2011, 1710.

Mitarbeiter: Grob fahrlässig handelt der Sachverständige, wenn er einen nicht ganz untergeordneten Mitarbeiter nicht nach dessen Beziehungen zu einer Partei befragt hat, Celle MDR 2008, 164.

Ortstermin: Ohne eine Benachrichtigung der beiden Parteien grds. Verlust des Anspruchs, Mü MDR 1998, 1123; Verzicht auf sachlich gebotenen Ortstermin ist unbeachtlich, wenn Sv. ihn nachvollziehbar (nicht notwendig überzeugend) erläutert, Kblz JurBüro 2008, 379.

Reaktion: Keine Befangenheit, wenn Sv. offensiv, aber sachlich auf Kritik reagiert, Ddf NJW-RR 1997, 1353.

Übertragung: Die nachträgliche Bereitschaft des Sv. zur Übernahme der Verantwortung für das auftragswidrig von einem Dritten erarbeitete Gutachten rettet den Anspruch nicht, Kblz MDR 2012, 1491.

Unsachlichkeit: Unverwertbar sein kann infolgedessen das Gutachten, Nürnb MDR 2012, 365.

Untätigkeit: Unverhältnismäßig lange Untätigkeit über Jahre statt (wie beim Nachfolger) Monate führt zum Verlust des Anspruchs, Hbg MDR 2006, 1258; Ffm DS 2004, 349.

414

Sachverständige Zeugen. **Insoweit zum Beweis vergangener Tatsachen oder Zustände, zu deren Wahrnehmung eine besondere Sachkunde erforderlich war, sachkundige Personen zu vernehmen sind, kommen die Vorschriften über den Zeugenbeweis zur Anwendung.**

I. Einleitung. Der Sachverständige nach §§ 402 ff. bleibt auch dann in seiner Funktion, wenn er sich die Kenntnis der für sein Gutachten notwendigen Tatsachen selbst verschaffen muss, → Vor § 402 Rn. 33; → § 404a Rn. 7 f. Sachverständiger Zeuge ist, wer ohne Zusammenhang mit einem gerichtlichen Sachverständigenauftrag **Wahrnehmungen** bekunden soll, für die besondere Sachkunde erforderlich war, Kblz WuM 2017, 292; KG NJW-RR 2011, 608; OVG Kassel MDR 1997, 97. Beide Aufgaben können sich in einer Person vereinen, was bei Belehrung und Beeidigung zu berücksichtigen ist; § 406 I 2 geht von einer Doppelfunktion des Sv. als selbstverständlich aus. Insbesondere kann ein Sv. für Tatsachen, die er gelegentlich der Wahrnehmung seiner Aufgaben erfährt, (sachverständiger) Zeuge sein. Bei der Beweiswürdigung kommt der Sachkunde Bedeutung zu, Brdb VersR 2006, 237. Bei kritischer Befassung mit der Sachkunde des Zeugen muss das Gericht eigene Sachkunde darlegen, BGH NJW 2003, 1325. Gesichtspunkte der Befangenheit sind ebenfalls in diesem Zusammenhang zu werten, BGH MDR 1974, 382. Zur Entschädigung → Rn. 7. 1

Die Regelung hat klarstellende Bedeutung und trägt auf diese Weise zur Abgrenzung von Sv. und Zeugen bei, → Vor § 402 Rn. 1, 5, 46 aE; → § 404 Rn. 5. Der sachverständige Zeuge ist zunächst Zeuge. Das hat für den Beweisantrag und die hieran anknüpfende Vorgehensweise des Gerichts eminente Bedeutung. Beim Zeugen gibt es keinen Ermessensspielraum wie in § 404! Der sv. Zeuge kann je nach Art seiner Inanspruchnahme ohne Bestellung nach § 404 I in die Funktion des Sv. nach §§ 402 ff. hineinwachsen. Von diesem Augenblick an muss das Gericht ihn als einen Sachverständigen behandeln, beaufsichtigen und nicht zuletzt auch vergüten, OVG Lüneb NJW 2012, 1307. Die Anwendbarkeit des § 414 endet damit; insbesondere § 406 wird anwendbar, Jena MDR 2008, 587. 2

Zum Geltungsbereich → Vor § 402 Rn. 4. 3

II. Rechtsnatur. 1. Ersetzbarkeit. Maßgebend ist nach → Vor § 402 Rn. 5, ob er unersetzbar ist (dann ist er ein sachverständiger Zeuge) oder ob er auswechselbar ist (dann ist er Sachverständiger), BGH NJW 2007, 2122 Rn. 21; NJW 1985, 1399; BVerwG NJW 1986, 2268; Hamm MDR 1988, 418 (Privatgutachter). Seine Eigenschaft ergibt sich zunächst aus dem Beweisbeschluss nach §§ 358, 358a oder aus dem Auftrag nach § 404a IV, Brdb VersR 2006, 237. Sie kann sich jedoch gegenüber der Ladung durch die Art der tatsächlichen Heranziehung nach → Rn. 5 ändern, Kblz MDR 2014, 1296; OVG Lüneb NJW 2012, 1307; Jena MDR 2008, 587 (§ 406!). Das gilt zB auch nach einem Privatgutachten entspr. → Vor § 402 Rn. 41, Hamm JurBüro 1991, 1259; → Vor § 402 Rn. 46 aE. 4

2. Abgrenzung. Die Abgrenzung erfordert eine sorgfältige Analyse der dem Beweismittel angesonnenen Aufgaben, BGH NJW 2007, 2122 Rn. 21; Kblz MedR 2005, 474. Vgl. etwa BGH NJW 2013, 3570 Rn. 20: „Zwar kann eine Zeugenaussage gewisse Beurteilungen enthalten, die nicht ohne besondere Sachkunde möglich sind. Geht es aber vorrangig nicht oder nicht nur um die Ermittlung der Befund- und Zusatztatsachen, sondern um die objektive Bewertung eines im Wesentlichen feststehenden Sachverhalts, ist der Zeugenbeweis ungeeignet 5 und ein Sachverständigengutachten einzuholen; denn es ist nicht Aufgabe eines Zeugen, aufgrund von Erfahrungssätzen oder besonderen Fachkenntnissen Schlussfolgerungen aus einem feststehenden Sachverhalt zu ziehen oder dem Gericht allgemeine Erfahrungssätze oder besondere Fachkenntnisse in dem jeweiligen Wissensgebiet zu vermitteln." Der **Arzt** ist zB ein sachverständiger Zeuge, wenn er über eine bestimmte Krankheit aussagt, aber ein Sachverständiger und Zeuge, wenn er die Ursache und die Wirkung dieser Krankheit bekundet, OVG Lüneb NJW 2012, 1307; für eine **Diagnosestellung** kann ein Arzt nicht Zeuge sein, Braunschw NJW-RR 2020, 1358, wohl aber über die Ergebnisse einer Befunderhebung, VGH Mannh NVwZ-RR 2021, 133. Hinsichtlich Zufallsbefunden (Zusatztatsachen) ist der Sachverständige immer nur Zeuge, Hamm NJW 1954, 1820. Der nach § 406 erfolgreich abgelehnte Sachverständige kann anschließend (sachverständiger) Zeuge sein, BGH NJW 1965, 1492; der sachverständige Zeuge ist als solcher nicht nach § 406 ablehnbar. Insofern erfolgt eine freie Beweiswürdigung nach → § 286 Rn. 6. Man beachte auch § 406 I 2. Die Ablehnung eines als Zeuge vernommenen Sachverständigen erfordert weitere Umstände.

6 **3. Keine Ermessensauswahl.** Es findet beim sachverständigen Zeugen keine gerichtliche Auswahl statt. Von seiner Anhörung darf das Gericht nicht schon wegen seiner fehlenden Sachkunde absehen, oder weil die schriftlichen Ausführungen eines als sachverständiger Zeuge benannten Privatgutachters ohnehin ausgewertet werden, Ffm BauR 2019, 294. Er erhält für seine Tätigkeit in dieser Eigenschaft eine Zeugenentschädigung nach dem JVEG und wegen einer etwa vorausgegangenen oder nachfolgenden Tätigkeit als ein Sachverständiger eine Vergütung nach den in → § 413 Rn. 1–9 dargestellten Regeln, Ddf VersR 1983, 544, Mü JurBüro 1981, 1699. Es ist die Aufgabe des Gerichts, schon wegen §§ 8, 9 JVEG, aber natürlich auch im Übrigen sogleich auch im Protokoll nach § 160 II, III Nr. 4 die beabsichtigte oder eingetretene Funktionsänderung klarzustellen. Die von ihm bekundeten Tatsachen sind notfalls unter der Hinzuziehung eines Sachverständigen nachprüfbar.

7 **4. Entschädigung.** Für die Entschädigung gelten §§ 8 ff. JVEG, Kblz MDR 2014, 1296 (Art der Heranziehung); OVG Lüneb NJW 2012, 1307; Jena MDR 2008, 587. Beim Hereinwachsen des sv. Zeugen in die Rolle des Sachverständigen, → Rn. 4, entstehen schwierige und für den Verlierer kostspielige Abgrenzungsfragen.

Titel 9. Beweis durch Urkunden

Vorbemerkung zu § 415

Schrifttum: Ante, Der Zugangs-Nachweis beim Einwurf-Einschreiben, NJW 2020, 3487; Boczek/Lührs, Beurkundung und Beglaubigung, JuS 2020, 916; Hennigs/Feige, der Urkundenbeweis im Zivilprozess, JA 2012, 128.

1 **I. Systematik, Regelungszweck.** §§ 415 ff. regeln die Beweiskraft von Urkunden und das Verfahren des Urkundenbeweises. Obwohl die (echte) Urkunde nicht zuletzt aufgrund der in §§ 415 ff. enthaltenen, dem § 286 vorgehenden Beweisregeln ein Beweismittel darstellt, dessen Überzeugungskraft schwer zu bezweifeln ist, wird der Urkundenbeweis in der Praxis nur selten erhoben, weil die Inhalte von Urkunden kaum einmal streitig sind.

2 Vor der Verwertung einer Urkunde zu Beweiszwecken muss mithin die Prüfung der Beweiserheblichkeit und der Beweisbedürftigkeit stattfinden, um näher zu klären, welche Beweisfrage mit Hilfe der Urkunde beantwortet werden soll; näher → Vor § 253 Rn. 55. Gerade in dem Zusammenhang kommt es häufig nicht auf die in §§ 415 ff. geregelte formelle Beweiskraft an, sondern auf die materielle Beweiskraft, dh auf die Frage, ob der (unstr.) Inhalt der Urkunde Rückschlüsse auf die Richtigkeit einer str. Tatsachenbehauptung zulässt, BGH NJW-RR 2015, 819 (Quittung); NJW-RR 2005, 1557; NJW-RR 1988, 882; MDR 2014, 1455 Rn. 9 f.; Ddf ZInsO 2018, 34 Rn. 56. Diese Frage kann ohne weiteres auch mithilfe anderer Tatsachen als der beurkundeten geführt werden. Bisweilen dreht sich die Auseinandersetzung alleine um die **Auslegung** des Textes, die aber ihrerseits nicht auf die Beweisregeln der §§ 415 ff. gestützt werden kann, vgl. BGH NJW 2002, 3164; NJW 1995, 1683; NJW 1986, 2571; → § 592 Rn. 20. In der Praxis findet sich die Urkunde als Beweismittel eher in der Gestalt von Nachweisurkunden wie Quittungen oder Lieferscheinen, wohingegen Vertragsurkunden in der Regel unstreitig sind und daher nicht als Beweismittel vorgelegt werden. Der in §§ 415 II, 418 II geregelte Beweis der Unrichtigkeit bedarf kritischer Betrachtung für den jeweiligen Regelungszusammenhang; die für beide Normen grundverschiedene Ausgangslage führt auch bei der Beweiswürdigung zu verschiedenen Überlegungen, näher bei der jeweiligen Norm, → § 415 Rn. 17 f., → § 418 Rn. 13 ff. Zur freien Beweiswürdigung → § 286 Rn. 6.

3 Trotz der mit Hilfe moderner Technik möglich gewordenen Manipulationen bleibt die Urkunde ein Beweismittel erster Wahl. Erhöhte Wachsamkeit ist freilich unumgänglich geworden. Zeitgemäß sind §§ 415 ff. bei umsichtiger Abwägung allemal.

4 **II. Geltungsbereich.** §§ 415 ff. gelten in allen Verfahrensarten der ZPO, besonders bei §§ 492 ff., ferner bei § 246a I 2 AktG, Nürnb ZIP 2012, 2052. Sie gelten im Insolvenzverfahren, BGH NJW 2012, 3574 (Überschreitung der Befugnisse des Insolvenzgerichts), bei § 71 II ZVG, BGH NJW-RR 2011, 953, im WEG-Verfahren, im arbeitsgerichtlichen Verfahren nach § 46 II 1 ArbGG. Sie gelten auch für eine ausländische Urkunde, wenn deren Echtheit nach § 438 feststeht, BGH NJW-RR 2007, 1006; Nürnb ZIP 2014, 2033; BayObLGZ 55, 63, 72; Kienzle NJW 2019, 1712; Lorenz ZZP 111, 59, unter Begrenzung auf die Beweiskraft nach dem Recht des Ursprungslandes, BGH NJW-RR 2013, 435; BSG NZA 1986, 373. §§ 415 ff. gelten auch im FamFG-Verfahren, BayObLG NJW-RR 2000, 456 (Testamentserrichtung); Mü FGPrax 2008, 162, und nach § 98 VwGO auch im dortigen Verfahren, OVG Lüneb NVwZ-RR 2016, 333. Nach §§ 82, 81 I 2 FGO können Urkunden auch im finanzgerichtlichen Verfahren verwertet werden, indes gelten die Beweisregeln der §§ 415 ff. dort nicht, BFH NJW 1996, 679. § 415 bindet auch das Grundbuchamt, Mü NJW-RR 2018, 645; Celle NJW-RR 2006, 448. Zur Anwendbarkeit bei § 29 GBO Zweibr IPRax 1994, 122. Für elektronische Dokumente vgl. §§ 371a, 416a.

5 Für das nach §§ 485 ff. im selbständigen Beweisverfahren eingeholte Gutachten gelten nach § 493 die §§ 402 ff.; es ist kein Urkundenbeweis, BGH NJW 2008, 523.

6 **III. Begriff und Rechtsnatur. 1. Gedankenverkörperung, Echtheit.** Urkunde nach der ZPO ist die zur Erbringung des Beweises geeignete schriftliche Verkörperung eines Gedankens, BGH NJW-RR 2013, 833 Rn. 17; NJW 1998, 58, BVerwG NVwZ 2018, 81 Rn. 11, OVG Lüneb NVwZ-RR 2016, 333. Demgegenüber

zielt der Augenschein nach § 371 nur auf die Sinneswahrnehmung der Person oder Sache ab. Anders als im StGB gehören Grenzzeichen und dergleichen nicht zum Urkunden-, sondern zum Augenscheinsbeweis. Denn sie dienen keiner Aussage, sondern einer Kennzeichnung. Das gilt zB für Siegel, Fahrzeug- oder Motorziffern, für Dienstsiegel allerdings Nürnb Rpfleger 2018, 621. Dasselbe gilt nach → Vor § 371 Rn. 23 für Tonbandaufnahmen, Schallplatten, CDs, DVDs usw., Roßnagel/Wilke NJW 2006, 2145, 2148, sowie Fotos, evtl. auch für einen digitalen Aufklärungsbogen, Spickhoff/Bleckwenn VersR 2013, 1350. Eine **Unterschrift** ist nicht Wesensmerkmal der Urkunde, Köln NJW 1992, 1174; MüKoZPO/Schreiber § 415 Rn. 3; für Urkundsqualität der Durchschrift BGH NJW 1959, 2011; indes kann sich die Notwendigkeit aus der für die betr. Urkunde geltenden mat.-rechtl. Regelung ergeben, BGH NJW-RR 2007, 351 (Quittung); vgl. auch § 439 I und II, 440 II. Unerheblich ist, aus wie vielen erkennbar zusammengehörigen Blättern die Urkunde besteht, BGH NJW 1998, 58; Karlsr NJW-RR 2004, 1497, ob es eine (Rück-)Verweisung bei einer Anlage gibt, BGH NJW 1999, 1105, aus welchen üblichen oder vereinbarten Schrift- oder Druckzeichen die Urkunde besteht, welches Material sie trägt oder welche Bedeutung sie hat und welchem Zweck sie dient. Ausreichend ist generell eine eindeutige Bezugnahme, BGH NJW 2009, 2195.

Die Beweisregeln der §§ 415 ff. gelten nur für **echte Urkunden.** Eine inländische öffentliche Urkunde gilt unter den Voraussetzungen des § 437 als echt, eine ausländische nach § 438; vgl. auch § 1118. Eine Privaturkunde ist echt, wenn die Unterschrift dem Namensträger zuzuordnen ist und die über der Unterschrift stehende Schrift vom Aussteller selbst stammt oder mit dessen Willen dort steht, BGH NJW 1988, 2741; man muss ihre Echtheit nach §§ 439 ff. beurteilen. 7

2. Kopie, Ausfertigung. Die Kopie einer Urkunde ist als solche zunächst keine Urkunde BGH NJW 1992, 829; NJW 1980, 1047; Kblz FamRZ 2016, 1478 (freie Beweiswürdigung); KG NJOZ 2010, 240; Schlesw SchlHA 2009, 388; Köln NJW 1992, 1774, sondern Augenscheinsobjekt, → Vor § 371 Rn. 5. Sie unterliegt als solche der freien Beweiswürdigung, BGH NJW 1980, 1047. Das gilt auch für die Telekopie, BGH NJW-RR 2007, 165. Eine (Original-)Unterschrift ist allerdings nicht Wesensmerkmal der Urkunde, Köln NJW 1992, 1174. Die Kopie kann Urkundenqualität erlangen, wenn der Aussteller ihr diese Funktion beimisst; insoweit ist die Lage nicht anders, als wenn der Aussteller von einem Dokument mehrere Ausdrucke fertigt, so auch MüKoZPO/Schreiber § 415 Rn. 8. Im Einzelfall können besondere gesetzliche Regelungen der Verwertbarkeit entgegenstehen, Bbg NJW-RR 2014, 352 (§ 246a II Nr. 2 AktG). Die erneute Unterzeichnung einer Kopie kann, was die Urkundenqualität angeht, konstitutiv sein; im Übrigen ist die Unterzeichnung kein Problem der Urkundenqualität, sondern der Beweiskraft, § 416. 8

(Öffentliche) Urkunde ist der **Beglaubigungsvermerk,** der allerdings nur als solcher an den Wirkungen der §§ 415, 418 teilnimmt, BGH NJW 1971, 659; Ddf DNotZ 2019, 661; Mü NZG 2010, 1036; KG FamRZ 2007, 1197; Hamm NJW 1991, 365, diese dem Inhalt der Kopie selbst aber nicht vermittelt, BGH NJW 1980, 1047. § 435 setzt eine Beglaubigung durch öffentliche Urkunde voraus. Im Normalfall bezieht sich der Beglaubigungsvermerk nur auf die äußere Übereinstimmung der Vorlage mit der Kopie; wenn der Beglaubigende die Urkunde selbst geschaffen hat, nimmt nach seinem Willen auch die Kopie an den Beweiswirkungen des Originals teil, so dass insoweit auf §§ 415 ff. abzustellen ist. Das ergibt sich mittelbar aus § 440 II Alt. 2. Eine vorbeglaubigte Urkunde kann (wegen fraglichen Aussagegehalts der Beglaubigung) Zweifeln an ihrer Beweiskraft ausgesetzt sein, Ddf StAZ 2018, 380. 9

Nachträgliche Änderungen des Textes lassen zwar die Wirkungen der Beglaubigung nicht entfallen, indes erstrecken diese sich nicht auf die Ergänzung, Ddf RNotZ 2019, 210; Mü DNotZ 2011, 151. Zur Abgrenzung von Formgültigkeit und Beweiswert in solchen Fällen auch KG NZG 2022, 618. Ob die Ergänzung vom Erklärenden selbst oder einer zur Ergänzung berechtigten Person stammt, ist in freier Beweiswürdigung zu prüfen, Ffm DNotZ 2006, 767; → § 286 Rn. 6. Zur Problematik ausführlich Zoller NJW 1993, 429.

Einer **Ausfertigung** verleiht erst der Ausfertigungsvermerk den Charakter der öffentlichen Urkunde, BGH NJW 2010, 2519 Rn. 7 (Urteil); NJW-RR 2007, 1006. 10

3. Elektronische Dokumente. Der Zustand eines Speichermediums sowie ein hieraus gefertigter Ausdruck sind für sich alleine keine Urkunden, Jena GRUR-RR 2019, 238; Redeker NJW 1984, 2394, sondern Augenscheinsobjekt nach § 371 I 2. Das zeigen §§ 371a, b, 416a hinreichend deutlich. Ziel ist die Information über den Inhalt, nicht die Verwendung im Rechtsverkehr, MüKoZPO/Schreiber § 415 Rn. 9.Der Ausdruck kann, wie eine Kopie, infolge Verwendungsbestimmung des Ausstellers Urkundenqualität erlangen, → Rn. 8; BVerwG NVwZ 2018, 81 Rn. 11; MüKoZPO/Schreiber § 415 Rn. 9. Schuppenhauer DB 1994, 2041 (ausf.) wendet §§ 415 ff. auf andere elektronische Dokumente bei einer ausreichenden Fehler- und Fälschungssicherheit entsprechend an, aM Malzer DNotZ 1998, 107. Angesichts §§ 371a, b, 416a fehlt es hierfür an einer Gesetzeslücke. Keinen Einfluss auf den Urkundenbegriff hat § 126a BGB. 11

IV. Art und Inhalt von Urkunden. Die ZPO unterscheidet die öffentliche Urkunde (Begriff → § 415 Rn. 5, Beweiskraft §§ 417, 418) und die Privaturkunde (Begriff → § 416 Rn. 3, Beweiskraft → § 416 Rn. 7–10). Maßgeblich ist nicht der Inhalt, sondern die Form, BayObLG Rpfleger 1975, 316. Sämtliche Urkundenarten können räumlich verbunden und inhaltlich aufeinander bezogen sein, zB bei einer öffentlich beglaubigten Urkunde. Fallen Art und Inhalt einer Urkunde unter verschiedene Normen, richtet sich die Beweiskraft nach der jeweils einschlägigen Regelung. Die notariell beglaubigte Kopie einer privaten Urkunde zB fällt daher hinsichtlich der Beglaubigung unter § 415 I, hinsichtlich der Urkunde selbst unter § 416, Hamm NJW 1991, 365. 12

V. Beweiskraft. 1. Formelle Beweiskraft. Nur eine echte und körperlich intakte Urkunde hat eine volle Beweiskraft. **Echt** ist eine Privaturkunde, wenn die Unterschrift dem Namensträger zuzuordnen ist und die über der Unterschrift stehende Schrift vom **Aussteller** selbst stammt oder mit dessen Willen dort steht, BGH NJW 1988, 2741. Man muss ihre Echtheit nach §§ 437–443 beurteilen, die Unversehrtheit nach § 419. Ist die Urkunde echt, muss man wie folgt unterscheiden: 13

Die äußere Beweiskraft nach §§ 415 ff. bezeugt, dass der Aussteller die in der Urkunde niedergelegte Erklärung wirklich abgegeben hat, BGH NJW-RR 2007, 1006 (auch in fremder Sprache). Dabei regeln §§ 415, 417, 418 die äußere Beweiskraft einer öffentlichen Urkunde, § 416 diejenige einer privaten. § 286 wird insoweit verdrängt, BGH NJW-RR 2015, 819 Rn. 14; NJW 2013, 3306 Rn. 29; allg. Britz ZZP 110, 61; → § 415 Rn. 2, → § 416 Rn. 7, → § 417 Rn. 3, → § 418 Rn. 1. Ob die Erklärung richtig oder falsch ist, gehört zur inneren Beweiskraft, → Rn. 15. Die äußere Beweiskraft erfordert den Nachweis der Echtheit der Urkunde. Für ihn stellen §§ 437 ff. 14

bindende Beweisregeln auf und schließen auch insofern § 286 aus. Die öffentliche Urkunde ersetzt jede Beglaubigung; sie braucht keine notarielle Legalisation BGH NJW-RR 2011, 953.

15 **2. Materielle Beweiskraft.** Gegenstand des Urkundenbeweises ist der verkörperte gedankliche Inhalt. Die Beweiskraft der Urkunde hat dessen sachliche Bedeutung für den Beweissatz zum Gegenstand, BGH NJW-RR 2007, 1006; NJW 1986, 3086. Das Gericht darf und muss die materielle Beweiskraft nach einer freien richterlichen Überzeugung nach **§ 286** würdigen, BGH NJW-RR 1993, 1379; VG Sigmaringen NVwZ-RR 2005, 634. Nach ihr entscheidet sich zB, ob die Urkunde ein Schuldanerkenntnis enthält oder etwa eine Mängelrüge. Wenn die in der Urkunde enthaltene Erklärung nicht als ein Beweispunkt infrage kommt, sondern als ein Indiz, würdigt das Gericht nach § 286 frei, was die Abgabe der Erklärung für den Beweissatz besagt. Beispiele: Ob in der Mängelrüge ein außergerichtliches Geständnis des Vertragsschlusses liegt; ob die vom Arzt aufgezeichnete Krankengeschichte die Krankheit beweist. Hierbei kommt es auch auf die Glaubwürdigkeit des Ausstellers an. Nur bei dem öffentlichen Zeugnis einer Behörde oder Urkundsperson stellt das Gesetz diese Glaubwürdigkeit durch gesetzliche Beweisregeln fest, zB in §§ 165, 415, → § 286 Rn. 56. **Negative Beweiskraft** in dem Sinne, dass nicht beurkundete Vorgänge nicht stattgefunden haben, kommt einer Urkunde als solcher grds. nicht zu, BGH NJW 2020, 1800 Rn. 95. Zur Vermutung der Richtigkeit und Vollständigkeit → Rn. 22.

16 **Beispiele:**

17 **Eingangsstempel:** Er beweist Datum und (ggf.) Uhrzeit des Eingangs bei Gericht, BGH BeckRS 2018, 16028; NJW 2017, 2285; MDR 2012, 667; NJW-RR 2010, 217; NJW 2008, 3501; NJW-RR 2005, 75; → § 418 Rn. 5.

Quittung: Die materielle Beweiskraft hängt von weiteren Umständen ab BGH NJW-RR 2015, 819; NJW-RR 1988, 882; → § 416 Rn. 3.

Sitzungsprotokoll: Beweiskraft nur für das lfd. Verfahren und das Instanzgericht, BGH NJW 1963, 1060 (Zwangsversteigerungstermin); → § 415 Rn. 19

Verkündungsprotokoll: Beweist die Verlesung der Urteilsformel, BGH NJW 2015, 2342; Jena NJOZ 2008, 18; → § 418 Rn. 5.

Zustellungsurkunde: Beweist nicht den Wohnsitz des Empfängers, BGH NJW 2018, 2802; NJW 2004, 2386; Hamm BeckRS 2020, 2471 Rn. 12; Stgt NJW 2006, 1887; → § 418 Rn. 5, 8.

18 **3. Zeugenaussage, Auskunft, Gutachten.** Über eine urkundenbeweisliche Verwertung siehe § 411a. Über amtliche Auskünfte und behördliche Zeugnisse → Vor § 373 Rn. 31.

19 **4. Parteibeweis.** Der Urkundenbeweis ist regelmäßig ein Parteibeweis. Eine Erhebung von Amts wegen ist nur zulässig: Im Amtsverfahren nach § 26 FamFG; nach §§ 142, 143, 273, also dann, wenn sich eine Partei auf die Urkunde bezogen hat; bei Akten und zur Vorbereitung der mündlichen Verhandlung nach § 128 I; bei § 358a nur indirekt, nämlich im Rahmen von Nr. 2, 3; bei Vollkaufleuten und gewissen Streitpunkten zur Vorlegung von Handelsbüchern und Tagebüchern der Handelsmakler, §§ 45, 47, 102 HGB. In den letzteren beiden Fällen können die Parteien die Verwertung durch deren vereinbarten Ausschluss verhindern.

20 **5. Zuverlässigkeit.** Die Urkunde war lange Zeit hindurch das einzige zuverlässige Beweismittel. Auch heute noch hat sie gegenüber anderen Beweismitteln nach § 580 Nr. 2, 7b herausgehobene Bedeutung, BayObLG NJW-RR 1997, 1027 („das sicherste Beweismittel"). Einen gegenüber einer Urkunde versuchten Zeugenbeweis muss man oft mit einem gewissen Misstrauen betrachten. Meist soll er dem Beweisführer das rechtswidrige Lossagen von der niedergelegten Vereinbarung ermöglichen. Die Rechtssicherheit verlangt, dass das Gericht eine Urkunde nicht ohne Not in ihrem Wert antastet.

21 **VI. Ersetzung einer Urkunde.** Die Ersetzung einer zerstörten oder abhanden gekommenen gerichtlichen oder notariellen Urkunde nach §§ 46, 68 BeurkG erfolgt durch eine beglaubigte Abschrift oder Ablichtung einer noch vorhandenen Ausfertigung oder beglaubigten Kopie. Andernfalls muss das Gericht oder der Notar den Inhalt der Urkunde klären. Stets ist der Beweis nach dem Verlust einer privaten Urkunde mit allen anderen Beweismitteln zulässig.

22 **VII. Vermutung der Richtigkeit und Vollständigkeit einer Urkunde.** Von den Beweiswirkungen der §§ 415–418 streng zu unterscheiden ist die **tatsächliche Vermutung** der Richtigkeit und Vollständigkeit der Urkunde. Sie beruht auf dem Satz der Lebenserfahrung, wonach schriftliche Erklärungen, allem voran Verträge, in besonderer Weise durchdacht sind und daher den Willen der Erklärenden regelmäßig richtig und vollständig wiedergeben, BGH NJW 2008, 2852; NJW 2003, 2380; gleiches gilt aber auch für einseitig errichtete Urkunden, BGH NJW-RR 2018, 974 (Eigentümerliste); Jena MDR 2020, 1399 = BeckRS 2020, 19070 Rn. 30 (ärztl. Attest). Bei der Beurkundung einer **Patientenaufklärung,** § 630f II BGB, fehlt es an einer über die Bestätigung hinausreichenden Gedankenerklärung und damit an einem die Vermutung tragenden Zweck der Beurkundung, ähnlich Geiß/Greiner Rn. C-134. Vermutungsgrundlage ist der als solcher feststehende, durch Auslegung bereits geklärte Text der echten Urkunde, BGH BeckRS 2016, 14928; NJW 2002, 3164; NJW 1986, 3086; → Vor § 415 Rn. 2. Außerhalb der Urkunde liegende Umstände bleiben für die Vermutungswirkung außer Betracht, BGH WM 2018, 817; NJW 2002, 3164; NJW-RR 2003, 1432; für die Vermutung ist insoweit kein Raum, BGH NJW 2002, 1500. Auch eine außerhalb der Urkunde zu erteilende Information nimmt an der Vermutungswirkung nicht teil, BGH NJW 2003, 2380.

23 Die **Tragweite** der Vermutung ergibt sich in Bezug auf str. **Nebenabreden** nicht zuletzt aus den Umständen der Urkunden-Errichtung. Eine notarielle Urkunde hat aufgrund der hohen Anforderungen namentlich an die Prüfungs- und Belehrungspflichten des Notars eine besonders starke Vermutungswirkung, die alleine durch Vorlage eines abweichenden Vertragsentwurfs nicht erschüttert werden kann, vielmehr trifft den Gegner die Beweislast für eine abweichende Vereinbarung, BGH NJW 2017, 175. Auch genügt die bloße Behauptung des Gegenteils idR nicht, KG GE 2014, 799. Geboten ist grds. eine Darlegung zu der Frage, aus welchem Grunde Ergebnisse von Vorverhandlungen und Nebenabreden nicht Eingang in die Urkunde gefunden haben. Im Übrigen kann zur Widerlegung auch auf außerhalb der Urkunde liegende Umstände zurückgegriffen werden, BGH NJW 2002, 3164. Die Beweislast liegt generell bei der Partei, die sich darauf beruft, Mü WM 2019, 110. Dem Zeugenbeweis zu nicht beurkundeten Nebenabreden ist nachzugehen, ohne dass die Partei näher darlegen müsste, aus welchem Grund sie nicht in die Urkunde eingeflossen sind, BGH NJW 2015, 409; NJW 1989, 898.

Die Beweisregeln der §§ 415 ff. und 437 ff. haben im Streitfall also Vorrang. Erst wenn der Inhalt feststeht, kann die Vermutung der Richtigkeit und Vollständigkeit greifen. 24

415 ***Beweiskraft öffentlicher Urkunden über Erklärungen.*** **I Urkunden, die von einer öffentlichen Behörde innerhalb der Grenzen ihrer Amtsbefugnisse oder von einer mit öffentlichem Glauben versehenen Person innerhalb des ihr zugewiesenen Geschäftskreises in der vorgeschriebenen Form aufgenommen sind (öffentliche Urkunden), begründen, wenn sie über eine vor der Behörde oder der Urkundsperson abgegebene Erklärung errichtet sind, vollen Beweis des durch die Behörde oder die Urkundsperson beurkundeten Vorganges.**

II Der Beweis, dass der Vorgang unrichtig beurkundet sei, ist zulässig.

I. Systematik, I, II. Die Vorschrift regelt die Beweiskraft einer öffentlichen Urkunde im Gegensatz zur privaten nach § 416. Das gilt auch bei ihr nur, soweit es sich um eine private Erklärung handelt, nicht um eine behördliche Erklärung nach § 417 oder um einen sonstigen öffentlich beurkundeten Vorgang. Die in der Norm liegende gesetzliche Beweisregel enthält eine Einschränkung des Grundsatzes der freien Beweiswürdigung nach → § 286 Rn. 6, näher → Rn. 11. Ergänzend gelten §§ 371b, 419. Wegen des Regelungszwecks und zur Stellung des Urkundenbeweises in der Fallanalyse → Vor § 415 Rn. 1 f. 1

II. Regelungszweck, I, II. Für den Regelfall der unangefochten echten und nicht mangelbehafteten Urkunde ermöglicht die Norm eine schnelle und einfache richterliche Sachverhaltsfeststellung. Sie bringt damit die gesicherte Erfahrung erhöhter Zuverlässigkeit öffentlicher Urkunden mit dem Beschleunigungsgrundsatz in Einklang. Als Ergebnis bleibt die beurkundete Erklärung selbst zumeist unstreitig. Der nach II eröffnete Gegenbeweis, → Rn. 17, schafft bei sachgerechter Beweislastverteilung den gebotenen Ausgleich. 2

III. Geltungsbereich, Beglaubigung, I, II. → Vor § 415 Rn. 4. Die Vorschrift gilt auch im WEG-Verfahren, im Insolvenzverfahren, BGH NJW 2012, 3574 (Überschreitung der Befugnisse des Insolvenzgerichts) und im FamFG-Verfahren, BayObLG NJW-RR 2000, 456; Celle NJW-RR 2006, 448. Eine Urkunde, die den Erfordernissen der Norm genügt, hat einen „öffentlichen Glauben", für maschinell aufgedrucktes Dienstsiegel Nürnb Rpfleger 2018, 621. Fehlt es daran, tritt freie Beweiswürdigung nach → § 286 Rn. 6 ein. Die beurkundete Erklärung muss „vor" der Behörde oder Urkundsperson abgegeben worden sein, also von einem Dritten stammen, BGH NJW 1952, 1211. Andernfalls finden §§ 417 f. Anwendung. 3

Eine öffentlich nur verwahrte oder beglaubigte Urkunde ist alleine hierwegen über den Beglaubigungsvermerk hinaus keine öffentliche Urkunde; sie bleibt, was sie ursprünglich war, BGH NJW 1980, 1047; Mü NJW-RR 2018, 1423. Die Beglaubigung einer Unterschrift unter einer Privaturkunde genügt nicht § 415, sondern hat nur die Wirkungen des § 416 zur Folge, BGH NJW 1992, 829; BayObLG DNotZ 1985, 220; LAG Kiel Rpfleger 1989, 162. Auch macht die nachlassgerichtliche Eröffnung eines privatschriftlichen Testaments dieses nicht zur öffentlichen Urkunde, Mü NJW-RR 2018, 645. Deutsche Konsuln dürfen eine Unterschrift nach § 17 KonsG beglaubigen. Die vorbeglaubigte Urkunde kann (wegen fraglichen Aussagegehalts der Beglaubigung) Zweifeln an ihrer Beweiskraft ausgesetzt sein, Ddf StAZ 2018, 380. 4

IV. Begriff der öffentlichen Urkunde, I. 1. Behörde. Notwendig ist nach der Legaldefinition in I die Ausstellung durch eine öffentliche Behörde oder eine mit öffentlichem Glauben versehene Person. Öffentliche Behörde ist eine solche Behörde, die durch den erkennbar gewordenen Staatswillen als ein dauernder Träger staatlicher Hoheitsrechte so anerkannt und eingerichtet ist, dass sie nicht vom Dasein eines einzelnen Beamten abhängt. Ob das zutrifft, richtet sich nach dem am Ausstellungsort der Urkunde geltenden Verwaltungsrecht, Karlsr FamRZ 2013, 2011, für maschinell aufgedrucktes Dienstsiegel Nürnb Rpfleger 2018, 621, für Notar BGH NJW 2014, 2026 Rn. 13; Ddf IPrax 1996, 423; OLGR Zweibr 1999, 370 (Beglaubigung). Eine ausländische öffentliche Urkunde hat keine höhere Beweiskraft als eine inländische, Hamm NJW-RR 2000, 406; NJW-RR 1995, 469, aber auch keine geringere, BGH FamRZ 2018, 1253 (ZU); NJW-RR 2013, 435; NJW-RR 2007, 1006, BVerwG NVwZ 2010, 1162; ZOV 2008, 172; BSG NZA 1986, 373; KG FGPrax 2011, 168; Zweibr FamRZ 2004, 729. Die Legaldefinition gilt auch in Grundbuchsachen, BGH NJW 1957, 1673; Mü NJW-RR 2018, 1423. Einer **Ausfertigung** verleiht der Ausfertigungsvermerk den Charakter der öffentlichen Urkunde, BGH NJW 2010, 2519 Rn. 7; NJW-RR 2007, 1006; diese ist damit die Urkunde selbst, nicht bloß eine (beglaubigte) Kopie. 5

2. Mit öffentlichem Glauben versehene Person. Das ist eine durch eine staatliche Ermächtigung allgemein oder beschränkt zur Beurkundung bestellte oder ermächtigte Person. 6

3. Beispiele, I

Amtliche Verwahrung: Ein eigenhändiges Testament wird hierdurch nicht zu einer öffentlichen Urkunde, Schlesw FGPrax 2021, 254. 7

Anstalt des öffentlichen Rechts: Sie ist eine Behörde nach I.

Anwalt: Er ist keine Person mit öffentlichem Glauben, auch nicht beim Empfangsbekenntnis, → § 416 Rn. 3.

Ausländische Behörde: Eine solche zB nach § 438 ist meist eine Behörde nach I, BGH NJW-RR 2013, 435; NJW-RR 2007, 1006, Karlsr FamRZ 2013, 2011, Zweibr FamRZ 2004, 729.

Beamter: Er ist eine Person mit öffentlichem Glauben nach I, was aber nur beim ausländischen Beamten Bedeutung haben kann. Vgl. auch § 438.

Beleihung: → § 418 Rn. 5 „Post".

Berufsvertretung: Eine amtliche ist eine Behörde nach I.

Bundesbehörde: Sie ist eine Behörde nach I.

Deutsche Bahn AG, Paketdienst: Sie ist keine Behörde nach I (mehr). Der Empfangsbeleg eines Paketdienstes genießt nicht analog § 415 die Beweiskraft einer öffentlichen Urkunde, Kblz NJW-RR 2014, 762.

Deutsche Post AG: Sie ist an sich keine Behörde nach I, aber beliehener Unternehmer nach § 168 I 2, BVerfG NJW-RR 2002, 1008, ferner → § 418 Rn. 5 „Post" (Beleihung).

Dolmetscher: Er ist **keine** Behörde nach V, KG FGPrax 2011, 168.

Eingangsstempel: Er kann öffentliche Urkunde sein, VGH Mü BeckRS 2019, 27431.

Enteignungsbehörde: „Landesbehörde".

Eröffnung: Ein eigenhändiges Testament wird hierdurch nicht zu einer öffentlichen Urkunde, Schlesw FGPrax 2021, 254.
Finanzamt: Es ist eine Behörde nach I, BGH NJW-RR 2012, 823.
Gemeindebehörde: Sie ist eine Behörde nach I.
Gericht: Jedes Gericht ist eine Behörde nach I, BayObLG NJW-RR 1997, 1015; Jena NJOZ 2008, 18. Das gilt auch für ein ausländisches Gericht, BGH NJW-RR 2007, 1006.
Gerichtsvollzieher: Er ist eine Person mit öffentlichem Glauben nach I, Köln NJW-RR 1991, 383.
Gerichtsvorstand: Der Präsident oder Direktor ist eine Behörde nach I, Stgt NJW-RR 1986, 7 (Berufung eines Testamentsvollstreckers).
Handelsmakler: Er ist nach §§ 93 ff. HGB keine Person mit öffentlichem Glauben.
Handwerkskammer: „Berufsvertretung".
Hinterlegungsbescheinigung: BGH NJW-RR 2017, 1274.
Hochschule: Eine öffentliche ist eine Behörde nach I, eine private nicht.
Industrie- und Handelskammer: „Berufsvertretung".
Innung: „Berufsvertretung".
Insolvenzgericht: Es kann Behörde sein, freilich nur im Rahmen von → Rn. 8, BGH NJW 2012, 3574.
Jugendamt: Es ist eine Behörde nach I, LG Ddf FamRZ 1984, 923, LG Duisb Rpfleger 1984, 98.
Kirchenbehörde: Vom Einzelfall abhängig und in der Rspr. ungeklärt, offen lassend VG Osnabr NJW 2006, 3158; ablehnend für Taufbescheinigung FG Bd-Wrtbg 18.12.1998 – 9 K 352/98.
Körperschaft des öffentlichen Rechts: Sie ist eine Behörde nach I.
Konsul: Der Berufs- wie der Honorarkonsul ist eine Person mit öffentlichem Glauben nach I, soweit er im Rahmen von §§ 10 ff. KonsG arbeitet, Geimer DNotZ 1988, 3.
Kreisbehörde: Sie ist eine Behörde nach I.
MfS: Urkunden sind generell Zweifeln ausgesetzt, BGH NJW 1992, 1975.
Landesbehörde: Sie ist eine Behörde nach I, etwa eine Enteignungsbehörde, BGHZ 88, 170.
Notar: Er ist eine Person mit öffentlichem Glauben nach I, BGH NZG 2015, 867 Rn. 26 (§ 130 AktG), Mü NJW-RR 2018, 645, KG MDR 2014, 1075. Das kann auch bei einem ausländischen Notar so sein, Nürnb ZIP 2014, 2034. Unanwendbar ist I auf eine vom deutschen Notar im Ausland erstellte Urkunde, BGH NJW 1998, 2830. Die Beweiskraft des beglaubigten Originals ergibt sich alsdann aus der für dieses geltenden Regelung in §§ 415 ff.; § 417 kann daher anwendbar sein, → § 417 Rn. 1. Auch → Vor § 415 Rn. 8.
Ortsbehörde: „Gemeindebehörde".
Paketdienst: § 415 gilt auch nicht entsprechend, Kblz JurBüro 2014, 653.
Postbank AG: Sie ist keine Behörde nach I (mehr), für die Zeit vor der Privatisierung BayObLG NJW 1993, 2947.
Post: „Deutsche Post AG".
Protokoll: Nach §§ 285 I, 291 AO ist eine öffentliche Urkunde, Kblz MDR 2021, 258; MDR 2021, 350. Für das Prüfungsprotokoll VGH Mannh VBlBW 2021, 34 Rn. 14.
Rechtsbestandsverfahren: UMV Art. 9 II b, Die Entscheidung stellt eine öffentliche Urkunde dar, LG Hmb 9.4.2020 – 327 O 391/14, GRUR-RS 2020, 14306.
Rechtsanwalt: „Anwalt".
Sitzungsbuch: § 13 Nr. 4 des G über die Verwaltung des kath. Kirchenvermögens NRW; es ist öff. Urkunde.
Sozialamt: „Jugendamt"; → § 418 Rn. 5.
Sparkasse: Die öffentlich-rechtliche fällt unter I, BGH NJW-RR 2011, 953 Rn. 18 ff.; Zweibr FBPrax 2001, 10; LG Marbg NJW-RR 2001, 1100.
Standesamt, -beamter: Es ist eine Behörde nach I, er ist eine Person mit öffentlichem Glauben nach I, LSG Hess BeckRS 2008, 55079.
Universität: Sie ist eine Behörde nach I.
Urkundsbeamter: Er ist eine Person mit öffentlichem Glauben nach I, Mü OLGZ 1980, 465, soweit er nicht ohnehin als eine Behörde nach I fungiert.
Versicherungsanstalt: Eine öffentliche ist eine Behörde nach I.

8 **4. Sachliche Zuständigkeit.** Notwendig ist die Einhaltung der Grenzen der Amtsbefugnisse oder des zugewiesenen Geschäftskreises, BGH NJW 2012, 3574 Rn. 18. Es genügt nicht, dass die Amtsstelle diejenige Urkunde ausstellen darf, die bei ihr gebräuchlich ist. Ihre Vollmacht lässt sich aber vermuten. Maßgebend ist die sachliche Zuständigkeit. Diese dürfte zB dann fehlen, wenn ein Ermittlungsrichter bei einer Zeugenvernehmung solche Erklärungen des Zeugen protokollieren lässt, die den letzten Willen des Zeugen enthalten, BayObLG 1979, 232. Die örtliche Zuständigkeit berührt zwar die innere Beweiskraft insofern, als bei ihrem Fehlen die Urkunde unwirksam sein kann, nach → Vor § 415 Rn. 13, 15 nicht aber die äußere. Auch die privatrechtliche Urkunde einer öffentlichen Behörde über ein in ihren Amtsbereich fallendes Privatrechtsgeschäft ist eine öffentliche Urkunde; damit geschieht aber deren Ausstellung noch nicht immer in einer Ausübung öffentlicher Gewalt, so dass die Urkunde keine öffentliche ist, soweit die Behörde nur in Vertretung einer Privatperson auftritt, LG Kiel DNotZ 1987, 48. Die Eigenurkunde des Notars ist eine öffentliche Urkunde, die er errichtet, um eine zuvor beurkundete oder beglaubigte Erklärung eines Beteiligten zu berichtigen oder zu ergänzen oder sie inhaltlich zB an grundbuchrechtliche Erfordernisse anzupassen, BGH NJW 1981, 125.

9 **5. Form.** Notwendig ist schließlich die Beobachtung aller wesentlichen Formvorschriften zB nach §§ 159 ff., 166 ff., 182, 313 ff., 329, 725, 762 ZPO, Art. 80 ff. WG, 55 III ScheckG, § 130 AktG, §§ 6 ff. BeurkG, BayObLG FGPrax 2001, 7, die persönliche Entgegennahme der Erklärung, die Verlesung des gesamten in der Niederschrift des Notars enthaltenen Erklärungsinhalts, zumindest soweit er beurkundungsbedürftig ist, Mü NJW-RR 2018, 645, sowie die Unterschrift, auch bei handschriftlichen Zusätzen, BGH NJW 1994, 2768 (bei Fehlen nur allg. Beweisgrundsätze), und eine etwa notwendige Siegelung. Die Unterschrift ist mit dem Familiennamen zu leisten, BGH NJW 2003, 1120. Eine beglaubigte Kopie kann reichen, BGH NJW-RR 2007, 1006. Man kann die Einhaltung der Form nur der Urkunde selbst oder denjenigen Vorgängen entnehmen, die mit ihrer Errichtung in einem unmittelbaren Zusammenhang stehen, nicht aus außerhalb liegenden Umständen. Die Einhaltung einer Sollvorschrift ist nicht notwendig. Aus dem Erklärungsinhalt kann man nichts gegen die Eigenschaft als öffentliche Urkunde herleiten. Hierfür sind lediglich die formalen Voraussetzungen des § 415 maßgeblich.

Scheitert die Charakterisierung als öffentliche Urkunde an einem Formmangel, kann im Einzelfall eine private Urkunde nach § 416 vorliegen. 10

V. Beweiskraft, I. 1. Erklärung. § 415 gibt eine gesetzliche Beweisregel, BGH NJW 2017, 175; NJW-RR 2007, 1006 Rn. 2016, mit Vorrang vor § 286, BGH NJW 1980, 1000; → § 286 Rn. 56. Sie gilt unter der Voraussetzung der Echtheit, BGH NJW 2001, 449 (für § 416); WM 1965, 868, und erfordert eine äußerliche Mangelfreiheit der Urkunde nach § 419. 11

Erklärung ist dabei jede Willensäußerung, zB eine Grundstücksauflassung, und jede Wissenserklärung, BayObLG Rpfleger 1995, 410 (Beglaubigung). Protokolle über **Tatsachenerklärungen** wie etwa eine Zeugenaussage fallen unter § 418, ungenau in BGH NJW-RR 1994, 386. Aber nicht jede öffentliche Urkunde hat diese Beweiskraft, sondern nur diejenige über eine vor der Behörde oder vor der Urkundsperson abgegebene Erklärung. Das ist nur eine solche „bezeugende" Urkunde, in der die beurkundende Behörde am zu beurkundenden Vorgang nicht beteiligt ist, BGH NJW-RR 2011, 953; NJW 1952, 1211; LG Drsd Rpfleger 1995, 67 (Untervollmacht). Die Beurkundung des **Geburtsdatums** fällt daher nicht unter § 415 I, Ddf FGPrax 2017, 35. 12

Nicht hierher gehört auch eine solche öffentliche Urkunde, die eine von der Behörde selbst abgegebene Erklärung enthält, sog. „bewirkende" Urkunde, BGH NJW 1952, 1211; LG Drsd Rpfleger 1995, 67. Sie kann je nach ihrem Inhalt hoheitsrechtlich (Gerichtsentscheidung, Polizeiverfügung, Steuerbescheid) oder zB gewerberechtlich sein (Mietvertrag, Kaufvertrag, Personen- und Güterbeförderungsvertrag, Vollmacht einer Bundesanstalt usw.). Insofern gelten §§ 417, 418, BayObLG Rpfleger 1975, 315. 13

2. Beurkundeter Vorgang. Die Beweisregel gilt nur für die Abgabe der beurkundeten Erklärung als den von der Regelung erfassten „Vorgang", BGH NJW-RR 2012, 649. Der beurkundete Vorgang als solcher ist voll bewiesen, Jena NJOZ 2008, 418; LG Stralsund NJW 1997, 3178. Jede andere Beweiswürdigung schließt § 415 in einer Abweichung von § 286 aus, BGH NJW 1978, 1480; BayObLG NJW-RR 1997, 1027. Daher besteht kein Anlass, den Aufnehmenden als Zeugen zu vernehmen. Die Beweisregel gilt nicht für die inhaltliche Richtigkeit, BGH NJW-RR 2012, 823, KG MDR 2014, 1075. Insofern gilt § 286, BGH NJW 1980, 1000. Von den Beweiswirkungen des § 415 zu unterscheiden ist die tatsächliche Vermutung der Richtigkeit und Vollständigkeit der Urkunde, die erst auf deren bewiesenen Inhalt aufbaut, BGH NJW 2017, 175; NJW-RR 1989, 1323; → Vor § 415 Rn. 22. Anders ist die Lage auch beim Streit um die Auslegung der Urkunde, BGH NJW 2002, 1500; → Vor § 415 Rn. 2. 14

„Vorgang" begreift in sich: Den Ort und die Zeit, Hamm VersR 2000, 1220; die Anwesenheit der Urkundsperson, BGH NJW-RR 2009, 852; MüKoZPO/Schreiber Rn. 27, die Tatsache der Abgabe der Erklärung, BGH WM 2009, 2212, Hamm VersR 2000, 1220, einschließlich der Vollständigkeit der Wiedergabe des geäußerten rechtsgeschäftlichen Willens, BGH NJW 2017, 175 Rn. 9, Karlsr NJW 1999, 1044; deren Herkunft von einer bestimmten Person, Celle NJW-RR 2006, 448; Hamm VersR 2000, 1220; die Abgabe vor der dort bezeichneten Urkundsperson, BGH NStZ 1986, 550. Wenn die Erklärung ein Anerkenntnis der Echtheit eines übergebenen Schriftstücks enthält, erstreckt sich die Beweisregel auch auf dieses Schriftstück. Einen weiteren Beweis für den Vorgang darf das Gericht nicht verlangen. Ein abweichender Entwurf entkräftet die Vermutung beim Endtext nicht, BGH NJW 2017, 175. Die Richtigkeit und die Wirksamkeit der abgegebenen Erklärung gehören nicht hierher. → Vor § 415 Rn. 15. 15

Nicht zählt dazu: dass eine Person tatsächlich existiert, BGH NJW 2011, 778, oder „persönlich bekannt ist"; auch nicht sonstige Hinweise oder Informationen, BGH DNotZ 1986, 78. 16

VI. Beweis der Unrichtigkeit, II. 1. Unrichtigkeit der Beurkundung. Die Regelung hat eine Parallele in § 418 II, → § 418 Rn. 11. Der **Gegenbeweis** der Unechtheit erfordert eine volle Entkräftung. Der Streit um die Frage, ob es sich um einen Beweis des Gegenteils handelt, dazu eingehend MüKoZPO/Schreiber Rn. 30, ist müßig, weil er das Ergebnis und dessen Herleitung vom praktischen Standpunkt nicht beeinflusst. Es gilt § 286. Der Beweis muss die Beurkundung der abgegebenen Erklärung betreffen, nicht den dahinter stehenden Willen, BGH NJW 1978, 1480; Naumbg BeckRS 1998, 31356162 Rn. 27 (beide: Irrtumsanfechtung nach allg. Regeln möglich). Es sind alle Möglichkeiten auszuräumen, die dem Beweis nach § 415 I entgegenstehen, BGH NJW 1955, 625; BayObLG NJW-RR 2000, 456. Zulässig sind grds. alle Beweismittel. §§ 165 S. 2, 314 S. 2 enthalten Beweisbeschränkungen. 17

Die Zulässigkeit der **Parteivernehmung** bedarf differenzierter Betrachtung. Bei unbestrittener Echtheit der Urkunde ist der Beweis durch Parteivernehmung gem. § 445 II ausgeschlossen, weil das Gericht nach § 415 I bereits vom Gegenteil ausgehen muss, BGH MDR 1965, 818; Zweibr FGPrax 2005, 171; anders für Fälle des Amtsermittlungsgrundsatzes BVerwG NVwZ 2005, 1441; LSG Nds-Brem BeckRS 2012, 67055. In BGH NJW 1994, 320 ist die Frage nicht behandelt worden, nachdem sich die Unzulässigkeit einer Parteivernehmung aus § 448 ergab. Richtet sich der Angriff gegen die Echtheit der Urkunde, ist das Beweismittel der Parteivernehmung nach den hierfür geltenden Regeln zulässig, ebenso bzgl. der Voraussetzungen des § 419, auch § 595 II. Zur Ausgangslage bei der Privaturkunde → § 416 Rn. 9, 11. 18

2. Beispiele zur Frage einer Unrichtigkeit, II

Datum: Falsches Datum einer Urkunde steht der Beweiskraft nach I entgegen, Hamm NJW-RR 2000, 406; VersR 2000, 1219. 19

Falschverständnis: „Irrtum".

Inhalt: Unrichtig kann die inhaltliche Angabe sein, Hamm NJW-RR 2000, 406.

Irrtum: Nicht unrichtig wird eine Beurkundung durch ein Überhören beim Vorlesen; ein Genehmigen ohne Kenntnis des Inhalts ist kein Beurkundungs-, sondern ein Willensmangel, sodass allenfalls eine Anfechtung möglich ist, BGH NJW 1978, 1480. Ein Irrtum der Urkundsperson kann zum Beweis nach II vorgebracht werden, BGH Rpfleger 1957, 110.

Mangel: Hier gilt § 419.

Nämlichkeit: Unrichtig können Angaben zur Nämlichkeit des Beurkundenden sein, → Rn. 14.

Ort: Unrichtig kann die Ortsangabe sein, → Rn. 14.

Protokoll: Ein Privatprotokoll reicht gegen ein notarielles nicht, BGH NZG 2015, 867 Rn. 26. Ein Sitzungsprotokoll ist Urkunde nach § 415 I, bindet aber nur im Instanzenzug, BGH NJW 1963, 1060 (Zwangsversteigerungstermin).

Teil der Beurkundung: Welche Bedeutung eine nachgewiesene Unrichtigkeit eines Teils der Beurkundung für die Wirksamkeit der ganzen Erklärung hat, ist eine Frage des Einzelfalls. Evtl. fehlt eine wesentliche Form. Es kann die gesamte Beweiskraft entfallen, Hamm NJW-RR 2000, 406. Zu einer Erklärung seitens einer beteiligten Partei vgl. BGH Rpfleger 1957, 110.
Überhören: „Irrtum".
Unmöglichkeit: Die U. des beurkundeten Vorgangs steht der Beweiskraft von Vornherein entgegen, Kobl FamRZ 2015, 2074 Rn. 5.
Unechtheit: Hier gelten §§ 437, 438.
Unvollständigkeit: Unrichtig kann eine unvollständige Angabe sein, Hamm NJW-RR 2000, 406; Teil der Beurkundung.
Verlesung: Für den Einwand, die Vereinbarung sei mangels Verlesung nach § 125 I BGB, § 13 I 1 BeurkG nichtig, steht der Gegenbeweis über die Umstände der Beurkundung offen, BGH WM 2009, 2212.
Widerspruch: Widerspruch zweier Beurkundungen nach I erleichtert den Beweis nach II, wobei es auf die Umstände des Einzelfalls ankommt, BGH NZG 2015, 867 Rn. 25 f. (u. a. Widerspruch nach § 245 Nr. 1 AktG)
Willensmangel: → „Irrtum".
Zeit: Unrichtig kann die Zeitangabe sei, Hamm NJW-RR 2000, 406.

416 *Beweiskraft von Privaturkunden.* **Privaturkunden begründen, sofern sie von den Ausstellern unterschrieben oder mittels notariell beglaubigten Handzeichens unterzeichnet sind, vollen Beweis dafür, dass die in ihnen enthaltenen Erklärungen von den Ausstellern abgegeben sind.**

1 **I. Systematik, Regelungszweck, Geltungsbereich.** Bei der Privaturkunde regelt das Gesetz die Beweiskraft wegen der Erklärung sowie sonstige Umstände in derselben Vorschrift. Zur Ausgangslage bei der öffentlichen Urkunde → § 415 Rn. 1, 2. Wegen des Regelungszwecks und zur Stellung des Urkundenbeweises in der Fallanalyse → Vor § 415 Rn. 1 f. § 416 gilt nur für die unterschriebene, im Bestreitensfall nach § 420 im Original vorgelegte Privaturkunde, BGH NJW 1980, 1047; Köln NJW-RR 2000, 152. Zur gleichen Wirkung der elektr. Signatur Art. 25 VO (EU) 910/2014, ABl. 2014 L 257, 73; eIDAS-VO und § 371a I 1. Parallel hierzu regelt § 440 II die Vermutung der Echtheit. Der praktische Unterschied ist gering, → § 440 Rn. 1. IdR dreht sich der Streit ohnehin nur um die Auslegung, → Vor § 415 Rn. 2, und um die indizielle Bedeutung der, für sich unstreitigen, Urkunde im Rahmen der freien Beweiswürdigung, → § 286 Rn. 6.

2 **II. Privaturkunde. 1. Begriff.** Privaturkunde ist in Abgrenzung zu § 415 jede von einem privaten Rechtssubjekt unterschriebene nichtöffentliche Urkunde einschließlich der öffentlich beglaubigten nach → § 415 Rn. 3, BGH NJW 2013, 3306; Hbg MDR 1999, 375. Vgl. freilich § 440 II. Auf einen in die Urkunde aufgenommenen Vorbehalt der Begebung auf gesonderte Anweisung kommt es nicht an, BGH NJW 2013, 3306 Rn. 29. Eine öffentliche Urkunde, der ein wesentliches Erfordernis fehlt, kann an den Wirkungen des § 416 teilhaben, vgl. den Fall BGH NJW 1994, 2768; NJW 1962, 1149; BayObLGZ 1979, 232. Jenseits der Wirkungen des § 416 muss das Gericht nach § 286 frei würdigen, BGH NJW-RR 2007, 1077. Grundsätzlich ist zur Beweisführung nur das Original geeignet, Ddf NJW-RR 1995, 737.

2. Beispiele zur Privaturkunde

3 **Abholbescheinigung:** Sie ist eine Privaturkunde auch bei einem Frachtvertrag, Ddf NJW-RR 1996, 361.
Abtretungserklärung: Sie kann eine Privaturkunde sein, LG Stgt NJW-RR 2013, 380.
Bankbestätigung: Sie ist eine Privaturkunde, Bbg NJW-RR 2014, 352 (§ 246a II Nr, 2 AktG).
Begebung: Auf einen in die Urkunde aufgenommenen Vorbehalt der Begebung auf gesonderte Anweisung kommt es nicht an, BGH NJW 2013, 3306 Rn. 29.
Elektronisches Dokument: Es gelten §§ 416a, 371a I.
Einschreiben Einwurf: Die Benachrichtigung ist eine Privaturkunde, AG Erfurt WuM 2007, 581; ArbG Ddf 22.2.2019 – 14 Ca 465/19, BeckRS 2019, 17926; Reichert NJW 2001, 2523 (Ausnahme: „Beliehene" Post nach § 168 I 2, → § 418 Rn. 5). Ein Problem der Beweisführung liegt auch darin, dass vom Rückschein idR nur ein Scan-Ausdruck vorgelegt wird, mithin keine Urkunde, → Vor § 415 Rn. 8; dazu Kaiser NJW 2009, 2187. Der Schwerpunkt des Interesses liegt daher auf der Frage, ob beim Einwurf-Einschreiben die Grundsätze des **Anscheinsbeweises** zur Geltung kommen, dafür BGH NJW 2017, 68 Rn. 33 (überholt daher BGH NJW-RR 2007, 1567); OLGRep Ffm 2007, 601 = NJOZ 2008, 840 (848); Kobl OLGRep Ffm 2005, 869; der neuen Rspr. folgend LAG Meckl.-Vorp. 12.3.2019 – 2 Sa 139/18, BeckRS 2019, 18247; AG Ddf 24.8.2018 – 43 C 370/17, BeckRS 2018, 51206; eingehend Ante NJW 2020, 3487. Zum Zugang in diesen Fällen BGH NJW 2017, 68 Rn. 25; 2008, 843.
Einschreiben-Rückschein: Er ist eine Privaturkunde, Brdb GE 2021, 1432 = BeckRS 2021, 19062 Rn. 33; LG Flensb JurBüro 2004, 47.
Empfangsbekenntnis: Es ist zwar eine Privaturkunde, aber für den Beweis des Gegenteils wie die Zustellungsurkunde nach § 418 II zu behandeln, BGH NJW 2012, 2117; NJW 2012, 3378; NJW-RR 2018, 1400; → § 418 Rn. 5; noch auf Vermutung abstellend BGH NJW 2011, 1598; Jena NJOZ 2016, 457; Brem NJW 2015, 3797; Zweibr FamRZ 2014, 1655; LAG Ddf NZA-RR 2010, 658; Born NJW 2011, 2022. Zu den (hohen) Anforderungen an den Nachweis eines falschen Datums BSG NJW 2021, 2144; OVG Münster NJW 2021, 1113 (Ls.) = BeckRS 2020, 32558; OVG Saarlouis NJW 2019, 3664; vgl. auch BVerfG NJW 2001, 1563. Eine ungewöhnlich lange Zeit zwischen Absendung und Datierung reicht nicht aus, BGH NJW-RR 2021, 1584.
Fotokopie: → Vor § 415 Rn. 8.
Frachtbrief: Er ist eine Privaturkunde, BGH NJW-RR 1998, 32; Ddf NJW-RR 1996, 361.
Handelsbuch: Es ist eine Privaturkunde. Eine Eintragung zulasten des Kaufmanns kann ein außergerichtliches Geständnis sein.
Kontoblatt: Nicht unterschriebene Kontoblätter fallen nicht unter § 416 und können daher gegen die Beweiswirkungen eines Sparbuchs nicht eingesetzt werden, Hamm NJW 1987, 964.

Medizinische Schlichtungsstelle: Das Gutachten hat die Beweiskraft des § 416; es unterliegt den allgemeinen Regeln der Beweiswürdigung und erhöht die Darlegungslast des Patienten nicht; § 411a ist nicht anwendbar, BGH NJW 2019, 2399; NJW 1993, 2378; NJW-RR 2012, 649.
Nebenkostenrechnung: Sie ist meist eine Privaturkunde, LG Bonn WuM 2012, 155.
Nottestament: Das Nottestament ist als solches eine Privaturkunde, BayObLGZ 1979, 232 (Niederschrift in Kurzschrift ausreichend).
Paktdienst: Der Empfangsbeleg eines Paketdienstes genießt nicht analog § 415 die Beweiskraft einer öffentlichen Urkunde, Kblz NJW-RR 2014, 762.
Privatgutachten: Ein solches nach → Vor § 402 Rn. 41 ist eine Privaturkunde, BAG NZA-RR 2015, 371 Rn. 59.
Protokoll: Die privatschriftliche Niederschrift zB über eine Versammlung der Wohnungseigentümer ist eine Privaturkunde, BayObLG NZM 2002, 747 aE; AG Bonn ZMR 2013, 68.
Quittung: Sie ist durchweg eine Privaturkunde, BGH NJW-RR 2005, 1557. Diejenige zB eines Frachtführers (einfach unterzeichneter Frachtbrief) ist eine Privaturkunde, BGH NJW-RR 1998, 32.
Rechnung: Sie ist auch ohne eine Unterschrift eine Privaturkunde, OLGR Stgt 2006, 249 (Schwarzgeldabrede).
Rückschein: „Einschreiben".
Schuldschein: Er ist eine Privaturkunde, Köln MDR 2014, 1227.
Sendebericht: Er ist Privaturkunde von begrenztem Beweiswert, BGH NZI 2017, 950; NJW 2013, 2514.
Telekopie: Sie ist nicht mit der formalen Beweiskraft des § 416 ausgestattet, BGH NJW-RR 2007, 165.
Testament: Es bleibt auch bei öffentlicher Verwahrung oder nachlassgerichtlicher Eröffnung Privaturkunde, Mü NJW-RR 2018, 1423.
Zeugenaussage: Eine solche gegenüber einem Privaten (Versicherer) ist eine Privaturkunde, BGH NJW-RR 2007, 1077.

III. Unterschrift. 1. Notwendigkeit der Nämlichkeitsklärung und Texterfassung. Der Aussteller muss die Urkunde unterschrieben haben. Seine Nämlichkeit muss klar erkennbar sein, BayObLG Rpfleger 1979, 337 (für Testament). Aussteller ist nicht schon derjenige, der die Niederschrift vornimmt, sondern derjenige, der die Erklärung in der Urkunde abgibt, also zB der Vertreter, nicht der Vertretene. Die Unterschrift muss den ganzen Text decken, BGH NJW 1992, 829; NJW 1991, 487. 4

Zu den Anforderungen an das Bild der Unterschrift BGH NJW-RR 2010, 358: „Unterschrift setzt einen die Identität des Unterzeichnenden ausreichend kennzeichnenden Schriftzug voraus, der individuelle, charakteristische Merkmale, die die Nachahmung erschweren, aufweist, der sich, ohne lesbar sein zu müssen, als Wiedergabe eines Namens darstellt und der die Absicht einer vollen Unterschrift erkennen lässt, selbst wenn er nur flüchtig niedergelegt und von einem starken Abschleifungsprozess gekennzeichnet ist. Unter diesen Voraussetzungen kann selbst ein vereinfachter und nicht lesbarer Namenszug als Unterschrift anzuerkennen sein, wobei insbesondere von Bedeutung ist, ob der Unterzeichner auch sonst in gleicher oder ähnlicher Weise unterschreibt. Dabei ist in Anbetracht der Variationsbreite, die selbst Unterschriften ein und derselben Person aufweisen, jedenfalls bei gesicherter Urheberschaft ein großzügiger Maßstab anzulegen." 5

2. Beispiele zur Unterschrift
Abkürzung: „Paraphe" 6
Amtsbezeichnung, Berufsbezeichnung: Sie kann je nach der Art der Urkunde reichen.
Beglaubigung: Diejenige der Unterschrift lässt den Charakter der Privaturkunde bestehen, Mü Rpfleger 2010, 668; → Vor § 415 Rn. 8.
Blankounterschrift: Sie kann für das Eingreifen des § 416 reichen, soweit eine abredegemäße Textausfüllung nachgefolgt ist, BGH NJW 1988, 2741. Für einen Missbrauch ist der Behauptende beweispflichtig, BGH NJW-RR 2015, 819 (strenge Anforderungen); Mü WM 2019, 110.
Bleistift: Er genügt zur Unterschrift.
Datum: Es ist für die Unterschrift entbehrlich.
Deckname: Er kann je nach der Art der Urkunde reichen, BayObLG Rpfleger 1979, 337 (Unterzeichnung mit „persönlich" reicht nicht aus); Celle NJW 1977, 1690.
Digitale Unterschrift: → „Elektronische Unterschrift".
Durchschrift: Erforderlich ist eine solche Unterschrift, die den Unterzeichner hinreichend kennzeichnet, Ddf NJW-RR 1995, 737 (bloße Durchschrift nicht ausreichend).
Eigenhändigkeit: Die Unterschrift muss, anders als der Text, grds. eigenhändig und handschriftlich erfolgen, BGH NJW-RR 2015, 819; Köln NJW 1992, 1774; str. vgl. Prütting/Gehrlein/Preuß Rn. 10; § 440 Rn. 4. Unterzeichnung durch Dritte reicht nicht aus, RGZ 58, 387. Bei aA wird der Urkundenbeweis zum Zeugenbeweis. Ist der Punkt unstreitig, liegt eine nach § 439 anerkannte Urkunde vor. Schreibhilfe ist möglich, solange die Unterzeichnung vom Willen des Ausstellers abhängig bleibt, BGH NJW 1981, 1900. Die Unterzeichnung durch den Vertreter genügt (Vertretung in der Unterschrift), RGZ 74, 69.
Ergänzungen: Fallen unter § 416, wenn sie erkennbar von der Unterschrift gedeckt sind, BGH NJW 1974, 1083.
Faksimile: Es reicht grds. **nicht.**
Familienname: Er reicht meist je nach der Art der Urkunde, etwa bei einem Familienbrief.
Firma: Sie kann schon nach § 17 HGB reichen.
Funktion: Diejenige des Unterzeichners kann je nach der Art der Urkunde reichen, etwa bei einem Familienbrief „Deine Mutter".
Handelsverkehr: Es genügt die kaufmännische Firma nach § 17 HGB.
Handschriftlichkeit: → „Eigenhändigkeit".
Handstützung: Sie kann unschädlich sein.
Handzeichen: → „Paraphe".
Künstlername: → „Deckname".
Maschinelle Quittung: Bei Unterzeichnung voller Beweiswert, BGH NJW-RR 1988, 881.
Neben-Unterschrift: Die Unterschrift darf grds. nicht nur neben dem Text stehen, BGH NJW 1992, 829, es sei denn, es blieb unter dem Text kein Platz und die Unterschrift neben dem Text deckt ihn eindeutig, Köln Rpfleger 2000, 163 (Tatsachenwürdigung).

Ober-Unterschrift: Die Unterschrift darf nicht über (vor) dem Text stehen (Oberschrift). Denn sie muss den ganzen Text decken, BGH NJW 1991, 487; Hamm NJW 1989, 2137. Ausnahme: Es blieb unter dem Text kein Platz und die Unterschrift vor (über) oder aber dem Text deckt ihn eindeutig, letztlich offen in BGH NJW 2002, 2707 (Hilfsüberlegung).
Ortsangabe: Sie ist für die Unterschrift entbehrlich.
Paraphe: Sie reicht als Unterschrift nicht aus, BGH NJW-RR 2007, 351 (Quittung), ist aber im Rahmen der freien Beweiswürdigung verwertbar, Köln DB 1983, 105 = BeckRS 1982, 1537 Rn. 9.
Pseudonym: Es kann reichen, BayObLG Rpfleger 1979, 337.
Rückseite: Es kann ausreichen, dass eine Unterschrift unter einem auf Vor- und Rückseite eines Dokuments geschriebenen Fließtext sich nur auf der Rückseite befindet, Saarbr ZEV 2014, 495.
Sachliches Recht: Das Gericht muss die sachlichrechtliche Gültigkeit der Unterschrift unabhängig von § 416 prüfen, zB nach § 126 BGB.
Scan: Eine eingescannte Unterschrift kann genügen, wenn es auf die Vorlage nach § 420 nicht ankommt. Das Gericht muss ihren etwaigen Fehler nach § 286 frei würdigen, Köln DB 1983, 105, zT aA Roßnagel/Wilke NJW 2006, 2145.
Schreibhilfe: → „Eigenhändigkeit".
Sparbuch: (Einer privaten Bank) Nicht ausreichend ist eine Eintragung ohne Unterschrift, Mü MDR 2008, 1353; → § 418 Rn. 5. Zur Beweislastverteilung bei Abhebungen BGH NJW 2022, 1170.
Spitzname: Er kann je nach der Art der Urkunde reichen, etwa beim Freundes- oder Familienbrief.
Stempel: Er genügt grds. nicht.
Telefax: Es kann genügen, wenn es auf die Vorlage des Originals nach § 420 nicht ankommt.
Vorname: Er kann je nach der Art der Urkunde reichen, etwa bei einem Familienbrief, zur anderen Lage bei der öffentlichen Urkunde → § 415 Rn. 9.
Willenserklärung: Auf nähere Umstände der Begebung kommt es nicht an, BGH NJW 2013, 3306 Rn. 29 (zust. Schäfer).

7 **IV. Beweiskraft. 1. Äußere Beweiskraft: Abgabe der Erklärung.** § 416 gibt eine gesetzliche Beweisregel für die Abgabe der Erklärung, nicht für die inhaltliche Richtigkeit, BGH NJW-RR 2015, 819 Rn. 13; NJW-RR 2003, 384; NJW-RR 1993, 1379; Hbg MDR 1999, 375 (Quittung). Sie bezieht sich auch auf die Begebung durch den Aussteller („abgegeben"), BGH NJW 2013, 3306; NJW-RR 2006, 847 (Abhandenkommen); NJW-RR 2003, 384; VGH Mannh NJW 2009, 389. Das hat indes nur Bedeutung, wenn die Begebung der Streitpunkt ist; auf einen in die Urkunde aufgenommenen Vorbehalt der Begebung auf gesonderte Anweisung kommt es für den Beweis der beurkundeten Erklärung selbst nicht an, BGH NJW 2013, 3306 Rn. 29. Die Beweisregel gilt nur unter der Voraussetzung der Echtheit nach → Vor § 437 Rn. 1, BGH BeckRS 2016, 14928; NJW 1988, 2741, und der äußerlichen Mängelfreiheit der Urkunde nach § 419. Echt iSd § 440 ist eine Privaturkunde, wenn die Unterschrift dem Namensträger zuzuordnen ist und die über der Unterschrift stehende Schrift vom Aussteller selbst stammt oder mit dessen Willen dort steht BGH NJW-RR 2015, 819; NJW 1988, 2741. Für den Einwand, die Urkunde sei entwendet oder ohne Willen des Erklärenden an den Inhaber gelangt, ist der Beweis des Gegenteils zu führen, BGH NJW 2013, 3306 Rn. 31.

8 Nur diese (eng gefasste) Beweisregel schließt eine freie Beweiswürdigung nach → § 286 Rn. 6 aus, während die Privaturkunde dieser iÜ unterliegt, BGH NZG 2015, 867 Rn. 26; NJW-RR 1987, 1522; Bbg NJW-RR 2014, 352; Britz ZZP 110, 81; → § 286 Rn. 56. Die Vorschrift bezieht sich nur auf die äußere Beweiskraft, BGH NJW-RR 1988, 881; BAG NZA-RR 2015, 378. Über den Unterschied zwischen § 416 und § 440 → § 440 Rn. 1.

9 Die Norm greift nur bei echten Urkunden. Echt ist eine Privaturkunde, wenn die Unterschrift dem Namensträger zuzuordnen ist und die über der Unterschrift stehende Schrift vom Aussteller selbst stammt oder mit dessen Willen dort steht, BGH NJW 1988, 2741. Die Echtheit der Urkunde muss nach § 440 I beweisen, wer sich darauf beruft, BGH NJW 2001, 448; der Gegenbeweis kann mit allen Beweismitteln, insoweit also auch durch **Parteivernehmung** geführt werden, BGH NJW-RR 2015, 819; NJW 1988, 2741 (jew. Blankettmissbrauch), vgl. auch § 595 II, zur vergleichbaren Lage bei der öffentlichen Urkunde → § 415 Rn. 17. Über Zweifel an der Beweiskraft wegen Mängeln der Urkunde, § 419, ist nach § 286 zu befinden, BGH NJW-RR 1989, 1323; Köln NJW-RR 1999, 1509.

10 **2. Innere Beweiskraft.** Nach § 416 begründet die Privaturkunde nur in formeller Hinsicht den vollen Beweis dafür, dass die in ihr enthaltenen Erklärungen von dem Aussteller abgegeben sind. Die Beweisregel erstreckt sich dagegen nicht auf den materiellen Inhalt der beurkundeten Erklärungen, also darauf, dass die in der Privaturkunde bestätigten tatsächlichen Vorgänge wirklich so geschehen sind, sie ergreift mithin nicht den Inhalt der Erklärung; diese Frage unterliegt vielmehr der freien tatrichterlichen Beweiswürdigung unter Auswertung aller Umstände nach → § 286 Rn. 6, BGH NJW 2019, 2399 Rn. 10 (med. Schlichtungsstelle); NZM 2019, 146 Rn. 36; NJW-RR 2015, 819; NJW-RR 1989, 1323 (Differenzierung zwischen Urkundsvermutung und § 416); 1988, 881 (starke Beweiskraft der Bankquittung); NJW 2002, 2707; NJW 1995, 2856 (im Allgemeinen geringere Beweiskraft); NJW 1986, 3086; BAG NJW 2004, 2848, 2853; Kblz NJW-RR 2014, 762 (Empfangsbeleg Paketdienst); Hbg MDR 1999, 375; Köln NJW 1993, 3079 (Bankquittung); AG Bonn ZMR 2013, 68 (Beschluss einer WEG-Versammlung). Die Beweisregel ergreift mithin anders als § 415 (→ § 415 Rn. 14) nicht die Umstände ihrer Abgabe, weil diese aufgrund ihrer Vielfalt als solche nicht mit bestimmtem Inhalt angenommen werden können, KG MDR 1977, 674.

11 Für das Angebot des **Gegenbeweises** reicht abweichend von älterer Lit. und Rspr. der Vortrag einer gegenteiligen Erklärung oder Vereinbarung aus, während Erwägungen zur Plausibilität der Abweichung in der Beweiswürdigung zu berücksichtigen sind, BGH NJW 2015, 409. Die Vermutung der Richtigkeit und Vollständigkeit einer echten Urkunde, BGH NJW 2008, 2852; NJW 2003, 2380, ist hiervon streng zu unterscheiden. Sie setzt eine echte Urkunde und einen, ggf. auch über § 416 festgestellten Inhalt voraus, BGH NJW 2017, 175; NJW 2002, 3164; → Vor § 415 Rn. 22.

12 **Parteivernehmung** ist zulässiges Beweismittel, wenn sich der Beweisantrag auf eine Tatsache erstreckt, bei deren Erweislichkeit die Anwendung der Beweisregel des § 416 ausgeschlossen ist, namentlich auf die Unechtheit der Urkunde; § 445 II findet insoweit keine Anwendung, BGH NJW 1988, 2741. Steht die Echtheit der Urkunde fest, kann der Beweis gegen die damit bewiesene Abgabe der beurkundeten Erklärung nach § 445 II nicht durch Parteivernehmung geführt werden. Betr. die abweichende Ausgangslage bei der öffentlichen Urkunde → § 415 Rn. 17; → § 418 Rn. 11.

Der Gegenbeweis bedarf nach allem der vollen Überzeugung des Gerichts. Im parallelen Fall des § 440 II gilt im Ergebnis entsprechendes über § 292, BGH NJW-RR 2015, 819 Rn. 18, → § 440 Rn. 10. 13

3. Beispiele zur materiellen Beweiskraft

Anfechtung: Sie bleibt statthaft, zB wegen Irrtums, Drohung oder Täuschung, BGH NJW 1978, 1480 (für die öff. Urkunde). 14

Begleitumstände: → „Datum", → „Ort", → „Zeit".

Datum: „Zeit".

Erschleichung: § 416 erfasst nicht eine Erschleichung der Unterschrift oder einer abredewidrigen Niederschrift, Anfechtung.

Frachtbrief: Der abgestempelte Frachtbrief hat eine volle Beweiskraft nach Art. 8 § 3 CIM.

Missverständnis: → „Anfechtung".

Nebenabrede: → „Vertragsurkunde".

Ort: § 416 erfasst nicht den Ort der Entstehung der Urkunde, für die andere Lage bei der öff Urkunde → § 415 Rn. 14. Im Übrigen vgl. wie bei → „Zeit".

Parteivereinbarung: Die Parteien können einer Privaturkunde nicht durch ihre Vereinbarung die innere Beweiskraft einer öffentlichen Urkunde nach § 418 geben, BayObLG WuM 1988, 98.

Parteivernehmung: → Rn. 9, 11.

Quittung: Sie bedarf auch bei unstr. Unterschrift der vollen Würdigung ihres Aussagegehaltes und der Umstände ihrer Erteilung, BGH WM 1979, 1157. Die Bankquittung hat an sich eine hohe Beweiskraft, BGH NJW-RR 1988, 882; Köln NJW 1993, 3079, Empfangsquittungen über den Inhalt verschlossener Verpackungen eine geringe, BGH NJW-RR 2005, 1557.

Verlust: § 416 erfasst nicht einen Verlust zB des Entwurfs, BGH NJW-RR 2006, 847, → Rn. 7.

Wirksamkeit: § 416 erfasst nicht die Wirksamkeit des Zustandekommens der Urkunde. Im Übrigen vgl. wie bei → „Zeit".

Zeit: § 416 erfasst nicht den Zeitpunkt der Entstehung der Urkunde. Ein in der Urkunde enthaltenes Datum beweist nur, dass es dort steht, nicht auch seine Richtigkeit, BGH NJW 1993, 1380; NJW 1990, 716; KG MDR 1977, 674. Zur Widerlegung → Rn. 3.

Zugang: § 416 erfasst nicht den Zugang der Urkunde, LAG Hamm NZA-RR 2005, 547 (hinsichtlich Begebung Widerspruch zu BGH NJW-RR 2006, 847; NJW-RR 2003, 384, → Rn. 7).

416a *Beweiskraft des Ausdrucks eines öffentlichen elektronischen Dokuments.*

Der mit einem Beglaubigungsvermerk versehene Ausdruck eines öffentlichen elektronischen Dokuments gemäß § 371a Absatz 3, den eine öffentliche Behörde innerhalb der Grenzen ihrer Amtsbefugnisse oder eine mit öffentlichem Glauben versehene Person innerhalb des ihr zugewiesenen Geschäftskreises in der vorgeschriebenen Form erstellt hat, sowie der Ausdruck eines gerichtlichen elektronischen Dokuments, der einen Vermerk des zuständigen Gerichts gemäß § 298 Absatz 3 enthält, stehen einer öffentlichen Urkunde in beglaubigter Abschrift gleich.

I. Systematik. Während § 371a die Beweiskraft eines elektronischen privaten oder öffentlichen Dokuments regelt, Roßnagel/Fischer-Dieskau NJW 2006, 806, nennt § 416a die Voraussetzungen der Beweiskraft eines papiernen bloßen Ausdrucks eines elektronischen öffentlichen Dokuments iSd § 371a III, §§ 39a, 42 IV BeurkG. Die Vorschrift ergänzt insoweit §§ 415, 417 f., für gerichtliche Dokumente §§ 165, 314. Eingehend Berger NJW 2005, 1016; Prell NVwZ 2013, 1519. Die in der Lit. erörterte Analogie für private elektronische Dokumente, Prütting/Gehrlein/Preuß Rn. 9; Stein/Jonas/Berger Rn. 15, geht bereits deshalb fehl, weil eine planwidrige Gesetzeslücke nicht erkennbar ist. Als Ergänzung zum allein einschlägigen § 416 wäre die Regelung ohne Nutzen, da ein Ausdruck nur vom Urheber gezeichnet werden muss, um dessen Beweiskraft zu entfalten, → § 416 Rn. 4 f. 1

II. Regelungszweck. Die Regelung soll gewährleisten, dass der Beweis durch Urkunden in Papierform auch dann geführt werden kann, wenn das Originaldokument (nur) in elektronischer Form besteht. Die Vorschrift bestimmt, unter welchen Voraussetzungen dem Papier-Ausdruck eines bestimmten elektronischen Dokuments die Wirkungen einer Urkunde zukommen können. Daraus ergibt sich, dass ein öffentliches elektronisches Dokument iS der § 371a Abs 3 S. 1 und § 416a mit Ausnahme der Schriftlichkeit die Merkmale einer öffentlichen Urkunde iS der §§ 415, 417 f. erfüllen muss, um mit diesen gleichgestellt werden zu können, LSG NRW BeckRS 2015, 66451. Die Beweiskraft ähnelt damit demjenigen des § 415. Man soll auch nach § 435 vorlegen können. Freilich bringt § 416a nur die Beweiskraft einer beglaubigten Abschrift, nicht des Originals. Das kann im Einzelfall die Beweisführung nach §§ 415 II, 418 II beeinflussen. 2

III. Ausdruck nebst Beglaubigungsvermerk. Es muss zunächst ein Ausdruck nach § 298 I, III vorliegen. Eine bloße E-Mail-übermittlung reicht nicht aus, VG Saarlouis BeckRS 2013, 46609, auch nicht Dokumente, die vom Papier zur Datei gleichsam den umgekehrten Weg gegangen sind, Viefhues NJW 2005, 1009; Malzer DNotZ 2006, 9; eingehend Roßnagel/Nebel NJW 2014, 886. Es muss sich bei der Vorlage auch gerade um eine öffentliche elektronische Urkunde nach § 371a III handeln. Schließlich muss ein Beglaubigungsvermerk vorliegen, den gerade eine der zB auch in § 371a III, 415 genannten öffentlichen Urkundspersonen erstellt hat. Stattdessen kann auch ein gerichtliches elektronisches Dokument nebst einem Transfervermerk nach § 298 III zugrundeliegen. Eine qualifizierte elektronische Signatur des Ursprungsdokuments iSd Art. 3 Nr. 12, Art. 32 VO (EU) Nr. 910/2014, ABl. L 257, eIDAS-VO, iVm dem VDG ist für die Beweiskraft des Ausdrucks nach § 371a III nicht erforderlich. Dennoch folgert die wohl hM aus § 298 II Nr. 2 ihre Notwendigkeit, weil andernfalls gerichtliche und andere öffentliche Dokumente unterschiedlich behandelt würden, MüKoZPO/Schreiber Rn. 3 mwN; aA Prütting/Gehrlein/Preuß Rn. 4. Dem ist nicht zu folgen, weil an die Stelle der Signatur die Beglaubigung tritt und eine Sonderregelung der ZPO für gerichtliche Dokumente iÜ keine Wirkungen entfalten kann. Nur für den Echtheitsnachweis des elektronischen Dokuments, → Rn. 5, ist die Signatur erforderlich. Die Beglaubigung kann nicht nur von der Ausgangsbehörde, sondern von jeder zuständigen Behörde in ihrem Geschäftsbereich erteilt werden. 3

4 **Andere Arten** von Vorlagen reichen nicht, ebenso wenig eine solche Vorlage, die nach ihrer Art genügt, aber keine Vermerke der in § 416a genannten Art aufweist. Ein unzureichender Vermerk reicht ebenfalls nicht. Es gilt dann nur noch § 286.

5 **IV. Beweiskraft.** Unter den Voraussetzungen → Rn. 3 steht der Ausdruck einer öffentlichen Urkunde einer beglaubigten Abschrift oder Ablichtung gleich. Das alles bedeutet nicht die volle Beweiskraft nach → § 415 Rn. 11 ff., wohl aber mehr als die Beweiskraft nach → § 416 Rn. 7 ff. Praktisch beschränkt sich der Unterschied auf Fehler beim Ausdruck. Das elektronische Dokument selbst muss naturgemäß echt sein; im Zweifel greift § 435. Im Übrigen bleibt über die formellen Grenzen der Beweiskraft hinaus die Möglichkeit der Beweiswürdigung nach → § 286 Rn. 6.

417 *Beweiskraft öffentlicher Urkunden über amtliche Anordnung, Verfügung oder Entscheidung.* **Die von einer Behörde ausgestellten, eine amtliche Anordnung, Verfügung oder Entscheidung enthaltenden öffentlichen Urkunden begründen vollen Beweis ihres Inhalts.**

1 **I. Systematik, Regelungszweck.** Zunächst → Vor § 415 Rn. 1–3. § 417 betrifft diejenige öffentliche Urkunde nach → § 415 Rn. 5, die nach → Vor § 437 Rn. 1 echt und äußerlich nach § 419 mangelfrei ist und die nicht etwas bezeugt, sondern mit Außenwirkung etwas anordnet oder entscheidet, die also die Willenserklärung einer Behörde enthält, wie ein Urteil, BVerwG NVwZ-RR 2013, 125 Rn. 15; BAG NJW 2015, 651; Mü JurBüro 2017, 266 Rn. 31; KG FGPrax 2009, 201, einen Beschluss, eine Verfügung, einen Strafbefehl, einen Verwaltungsakt, eine Bestellung nach § 56 II 1 InsO oder nach § 290 FamFG, eine Vollmacht, BGH NJW-RR 2011, 953 (Bietvollmacht); einen Erbschein, BGH NJW 1964, 558 (auch: Hoffolgezeugnis); BayObLGZ 55, 63 (72), eine Erbausschlagung durch den Amtsvormund und deren Anfechtung, LG Bln Rpfleger 1994, 167, LG Kiel Rpfleger 1990, 420, die Festsetzung einer Vergütung, Kblz Rpfleger 1985, 442, das Zeugnis, Bbg NJOZ 2015, 1903; für weite Anwendung auch MüKoZPO/Schreiber § 417 Rn. 5. Auch die schriftliche Fixierung einer mündlichen Anordnung nimmt an der Beweiskraft Teil, weil eben hierin ihr Zweck liegt. Für die notariell beglaubigte Ablichtung einer solchen Urkunde gilt nichts anderes; die Beweiskraft baut insoweit auf die Urkundsqualität der Beglaubigung auf, mithin auf § 415, → § 415 Rn. 7 „Notar“, und stützt sich damit auf die Beweisregel, wonach der Notar richtig beglaubigt hat; der Beweis des Inhalts der Urkunde folgt alsdann aus § 417. Zur Form → § 415 Rn. 9. Die Norm hat Vorrang vor § 286, → Vor § 415 Rn. 13; → § 286 Rn. 56.

2 **II. Geltungsbereich.** → Vor § 415 Rn. 4. Ist die Behörde Partei, gilt § 418 wegen Verletzung der Waffengleichheit nicht, KG NJW 2007, 707; zweifelnd bereits BVerwG NJW 1984, 2962; allg. → Vor § 128 Rn. 45.

3 **III. Beweiskraft.** Die Regelung enthält eine gesetzliche Beweisregel mit Vorrang vor § 286, → Vor § 415 Rn. 13, → § 286 Rn. 56. Der gesamte Inhalt der Urkunde ist voll bewiesen, Prell NVwZ 2013, 1514, 1519, also auch das Ergehen der Anordnung usw. einschließlich ihrer Begleitumstände, zB der teilnehmenden Personen, des Orts und des Zeitpunkts, darüber hinaus gehende Tatsachen indes nicht, BGH NJW 1964, 558; BVerwG NVwZ-RR 2013, 125 Rn. 15; Kblz Rpfleger 1985, 442; Neustadt NJW 1964, 2163; MüKoZPO/Schreiber Rn. 6.

4 Nicht bewiesen sind die Motive der Behörde und die sachliche Richtigkeit des Inhalts, RGZ 146, 133 (143 f.) (Vergleichsprotokoll); BGH NJW 2018, 3029; NJW-RR 2012, 823 Rn. 21 (Bescheid des Finanzamtes), Mü JurBüro 2017, 266 Rn. 31 (Feststellung des Annahmeverzugs in einem nicht rechtskräftigen Urteil); Ffm NStZ 1996, 234 (Einfuhr von Zollgut), VG Sigmaringen NVwZ-RR 2005, 634 (Anmeldung). Beim Urteil ist zunächst der Tenor bewiesen, nicht die sachliche Richtigkeit oder die Entscheidungsgründe, BGH NJW 2018, 3029; Ffm NJOZ 2019, 670; Bbrg BeckRS 2006, 10159, wohl aber der Richter, BVerwG NVwZ-RR 2013, 125. Rechtswirkungen eines Feststellungstenors treten also erst mit Rechtskraft ein, BGH NJW 2018, 3029 (Feststellung der Erfüllung des Anspruchs auf die Gegenleistung in Zug-um-Zug-Verurteilung). Bei der behördlichen Eigenurkunde ist das Dienstsiegel entbehrlich, LG Bln NJW-RR 1994, 1099.

5 Ein **Gegenbeweis** nach → § 418 Rn. 11 ff. für die dokumentierte Entscheidung selbst ist ausgeschlossen, weil die beurkundete Anordnung als solche bei echter Urkunde denknotwendig nicht widerlegt werden kann; nicht aber betrifft dies die Richtigkeit weiterer Angaben wie etwa über den Ort und den Zeitpunkt. Das Fehlen einer den §§ 415 II, 418 II entsprechenden Vorschrift rechtfertigt trotz Abweichung im Wortlaut bei der sachlichen Gleichartigkeit keine andere Auslegung. Der Gegenbeweis kann sich auch auf eine Abweichung einer Ausfertigung oder beglaubigten oder gar einfachen Abschrift oder Ablichtung vom Original beziehen. Die Frage wird in der Lit. zT uneinheitlich beantwortet, indes dürfte im Ergebnis kein Streit bestehen, vgl. MüKoZPO/Schreiber Rn. 7; Prütting/Gehrlein/Preuß Rn. 6; Zöller/Feskorn Rn. 2.

6 Eine Anfechtung der in der Urkunde enthaltenen Anordnung ist nur nach den allgemeinen Vorschriften zulässig, zB mit einem Rechtsmittel.

418 *Beweiskraft öffentlicher Urkunden mit anderem Inhalt.* **I Öffentliche Urkunden, die einen anderen als den in den §§ 415, 417 bezeichneten Inhalt haben, begründen vollen Beweis der darin bezeugten Tatsachen.**

II Der Beweis der Unrichtigkeit der bezeugten Tatsachen ist zulässig, sofern nicht die Landesgesetze diesen Beweis ausschließen oder beschränken.

III Beruht das Zeugnis nicht auf eigener Wahrnehmung der Behörde oder der Urkundsperson, so ist die Vorschrift des ersten Absatzes nur dann anzuwenden, wenn sich aus den Landesgesetzen ergibt, dass die Beweiskraft des Zeugnisses von der eigenen Wahrnehmung unabhängig ist.

1 **I. Systematik, I–III.** Zunächst → § 415 Rn. 1, dessen Definition der Urkunde in § 418 übernommen wird. Die Vorschrift enthält in Abs I eine umfassende Auffangregelung und gilt unabhängig von der Frage, ob die Beurkundung auf eigener Wahrnehmung beruht. Sie hat Vorrang vor § 286, BVerfG NJW 1992, 225. In Abs II, III wird insoweit differenziert und auf die (nicht bestehende) Landesgesetzgebung verwiesen, → Rn. 9. Soweit die

Norm keine Beweiswirkungen vermittelt, bleibt es bei der freien Beweiswürdigung nach → § 286 Rn. 6. Zur Beweiskraft von Personenstandsurkunden vgl. §§ 54 ff. PStG.

2 **II. Regelungszweck, I–III.** Vgl. zunächst die identische Lage → § 415 Rn. 2. Unabhängig von der Problematik der Manipulation entsteht bei § 418 das Problem der Beweiskraft öffentlicher Urkunden, die nur aufgrund einer Gleichstellung von Privatpersonen entstehen, wie bei der Briefzustellung durch andere Unternehmen als die nach § 168 I 2 beurteilbare Deutsche Post AG. Unbeholfene Zustellungsfehlleistungen geben Anlass zu einer vorsichtigen Anwendung des § 418 auf diesem Teilgebiet.

3 **III. Geltungsbereich, I–III.** → Vor § 415 Rn. 3. § 418 gilt nach § 168 I 2 entsprechend bei der Zustellungsurkunde der Deutschen Post AG, → Rn. 5 „Post". BGH NJW 1998, 1716 (damalige Form einer Beleihung) ist überholt.

4 **IV. Öffentliche Urkunde, I–III. 1. Begriff.** Eine öffentliche Urkunde nach → § 415 Rn. 2 mit einem anderen Inhalt als demjenigen nach §§ 415, 417 ist eine solche über eigene tatsächliche Wahrnehmungen oder Handlungen (Zeugnisurkunde); die zur Beurkundung berufene Amtsperson oder ein anderer Mitarbeiter der Behörde muss die bekundete Tatsache entweder selbst verwirklicht oder aufgrund eigener Wahrnehmung zuverlässig festgestellt haben, BGH NJW-RR 2012, 823 Rn. 21. Bei fremden Wahrnehmungen ist Abs. I gem. III nur dann anzuwenden, wenn nach einem Landesgesetz die Beweiskraft von eigenen Wahrnehmungen unabhängig ist. Zu den Fällen des § 418 I gehört also nicht die Beurkundung einer Erklärung oder einer bloßen Schlussfolgerung aus einer Wahrnehmung, iwS mithin die reine „Bescheinigung" oder „Bestätigung" aufgrund eines Werturteils, KG NJW-RR 2012, 1159; Ffm NJW-RR 1996, 529 („Notarbestätigung" über das rechtliche Vorliegen einer Löschungsvoraussetzung); Ddf MDR 1975, 320; BayObLGZ 1974, 336 (jew. Beurteilung der Geschäftsfähigkeit/Testierfähigkeit durch Notar). Für Bescheinigungen nach § 21 BNotO gilt dies generell, da die Beweiskraft sich erst aus seinem I 2 ergibt, hiervor ausgehend OLGR Schlesw 2008, 748.

2. Beispiele zu Rechtsnatur und Beweiskraft einer öffentlichen Urkunde, I–III

5 **Aktenvermerk:** § 418 ist anwendbar auf einen Aktenvermerk (Erledigungsvermerk) von Richtern, Rpflegern oder Urkundsbeamten, Ddf NVersZ 2000, 469; aA von BayObLG NJW-RR 2000, 671 durch Aufhebung des § 211 II überholt; oder auf einen Aktenausdruck nach § 696 II, BGH NJW 2006, 150.

Arbeitsagentur: § 418 kann bei einer Bescheinigung über Anrechnungszeiten der Ausbildungssuche für den Rentenversicherungsträger anwendbar sein, BFH NJW 2012, 112.

Auskunft: § 418 ist anwendbar auf eine amtliche Auskunft nach § 273 II 2, → Vor § 373 Rn. 10, 31 f., BVerwG NJW 1987, 1159; LG Bln DGVZ 1990, 25 (Aktenvermerk des Gerichtsvollziehers). Für Sozialhilfe siehe dort.

Ausländische Urkunde: Man sie kann sie nach § 418 beurteilen, BGH NJW-RR 2013, 435 (Zustellung, Begrenzung auf die Beweiskraft nach dem Recht des Ursprungslandes); BVerwG NJW 1987, 1159 (bei Echtheit identische Beweiskraft); Ddf FamRZ 1994, 630 (Geburtsdatum fällt unter III). Freilich muss man konkrete Zweifel mitbeachten, Ddf FamRZ 2018, 943; StAZ 2018, 380.

Auslieferungsbeleg: § 418 ist selbst bei der Deutschen Post AG unanwendbar, AG Erfurt WuM 2007, 580 (aber: Indizwirkung).

Beglaubigung: § 418 ist anwendbar auf eine Beglaubigung einer Abschrift, Hbg NJW-RR 2007, 986 (Schwarz-weiß-Kopie einer farbigen Vorlage); Ffm NJW-RR 1993, 983, oder einer Fotokopie, KG Rpfleger 2007, 264 (Testament), Zweibr JurBüro 1997, 326 (Leistungen der Sozialhilfe), oder einer Unterschrift nach § 129 BGB, §§ 40–42 BeurkG, Hamm NJW 1991, 365. Die Beweisregel umfasst die Tatsache, dass die Urkunde vorgelegen hat, BGH WM 2021, 129. § 418 ist hingegen unanwendbar auf die beurkundete Erklärung selbst; diese unterfällt der hierfür einschlägigen Norm, Hamm OLGZ 1991, 25.

Bescheinigung: Unanwendbar ist § 418 dann, wenn sie keine Zeugnisurkunde nach → Rn. 4 ist.

Eingangsbescheinigung: § 418 kann anwendbar sein auf eine Eingangsbescheinigung.

Eingangsstempel: § 418 kann anwendbar sein auf einen Eingangsstempel, BVerfG NJW 1993, 254, BGH NJW 2021, 2201 Rn. 31; BeckRS 2019, 2066 = NJOZ 2019, 841; BeckRS 2018, 16028; NJW 2017, 2285; NJW-RR 2001, 280 (auch zur Widerlegung bei Tagesbriefkasten); NJW 2000, 1872 (Nachtbriefkasten); BAG NZA 2012, 691 (jew. auch zu II); BFH NJW 1996, 679 (auch: Zeit und Ort); OVG Weimar NVwZ-RR 1995, 233. Maßgeblich für den Gegenbeweis ist der falsche Inhalt, nicht das Warum, BGH NJW-RR 2012, 701 (falscher Eingangsstempel unerklärlich). Eine handschriftliche Änderung begründet bereits von sich aus einen verringerten Beweiswert, OVG Bautzen LKV 1994, 336.

Einschreiben-Rückschein: → „Post".

Empfangsbekenntnis: Es ist Privaturkunde, hat aber die Wirkungen des § 418 I, BGH NJW 2012, 2117; NJW 2012, 3378 unter Bezugnahme auf BVerfG NJW 2001, 1563; BGH NJW-RR 2018, 1400; näher → § 416 Rn. 3.

Geburtsdatum: Beurkundung fällt nicht unter § 415 I, Ddf FGPrax 2017, 35, sondern unter § 418 III, Ddf FamRZ 1994, 630. Auch → § 415 Rn. 11.

Genehmigung: § 162, → „Protokoll".

Grundbuchamt: § 418 ist anwendbar auf ein Zeugnis des Grundbuchamts.

HU-Plakette: Sie ist öffentliche Urkunde iSd §§ 418, 415, BGH NStZ 2019, 87.

Identität: § 418 ist auf ihre Feststellung anwendbar, zB durch den Notar nach §§ 10, 28 BeurkG.

Konsulat: § 418 gegen Anwendbarkeit auf eine Konsulatsbescheinigung über die Staatsangehörigkeit Ddf StAZ 2018, 380. Ein konsularisches Zustellungszeugnis kann unter § 418 fallen, BVerwG NJW 2000, 683.

Mahnverfahren: → „Aktenvermerk", → „Post".

Medizinischer Dienst: § 418 ist auf ein sozialmedizinisches Gutachten anwendbar, LAG Köln MDR 2003, 462.

Niederlegungsvermerk: § 418 ist anwendbar auf einen postalischen Niederlegungsvermerk zB nach § 182 II Nr. 4, BGH ZVI 2005, 299.

Notar: § 418 ist anwendbar auf die Urkunde nach § 130 AktG, BGH NJW 2009, 2207; oder soweit sie sich zu feststellbaren Vorgängen verhält, Zweibr NJW 2004, 2912. § 418 ist nach §§ 11, 28 BeurkG unanwendbar auf eine Feststellung des Notars zur Testierfähigkeit (dafür gilt § 417), BayObLG DNotZ 1975, 555, oder auf eine Bescheinigung nach § 32 I 2 GBO, § 21 I 1 Nr. 2 BNotO, KG NJW-RR 2012, 1159. Auch → Rn. 4.

Notfristzeugnis: § 418 ist auf das Zeugnis nach § 706 II anwendbar, folgt aus BGH MDR 2003, 826.

Parteistellung: Ist die Behörde Partei, gilt § 418 wegen Verletzung der Waffengleichheit nicht, KG NJW 2007, 707; zweifelnd bereits BVerwG NJW 1984, 2962.

Personenstand: § 418 ist grds. auf seine Feststellung anwendbar, zB nach §§ 53, 60, 66 PStG, häufig aber durch III begrenzt, Ddf StAZ 2018, 380 (auch zu Zweifeln); VG Berlin InfAuslR 2019, 98.

Polizei-Einsatzbericht: § 418 ist auf ihn anwendbar, OVG Lüneb NJW 2005, 171. Eine einfache E-Mail erfüllt die Voraussetzungen der Norm nicht, VGH Mü 10.7.2020 – 11 ZB 20.88, BeckRS 2020, 16898 = ZfS 2020, 716 (Ls.).

Post: § 418 I ist nach §§ 168 I 2, 182 I 2 iVm § 33 PostG auf die Zustellungsurkunde der Deutschen Post AG anwendbar, nicht aber auf sonstige Auslieferungsbelege, die Privaturkunde sind, → § 416 Rn. 3 „Einschreiben".

Protokoll: Wegen seiner Förmlichkeiten gilt die erhöhte Beweiskraft des § 165 S. 2. § 418 ist anwendbar: Auf ein gerichtliches Verhandlungsprotokoll nach §§ 159 ff., BGH NJW-RR 2007, 1451 (keine Beweiskraft der öff. Urkunde bei Verstoß gegen § 162); Ffm DNotZ 2011, 48; auf das Protokoll einer Gemeinderatssitzung, BGH NVwZ-RR 2015, 630; auf ein Beweisprotokoll, BGH NJW-RR 1994, 386 (nennt zwar § 415, indes erscheint dies ungenau, da Zeugen keine rechtsverbindlichen Erklärungen iSd Norm abgeben, sondern Tatsachen schildern, → § 415 Rn. 11); auf ein Verkündungsprotokoll, BAG NJW 2021, 187; Jena NJOZ 2008, 18 (nennt nur § 415 I); Unterscheidung zwischen §§ 415 und 418 ist indes ohne Bedeutung wegen § 165 S. 2; auf ein **Vollstreckungsprotokoll** nach § 762, Ddf NJOZ 2019, 538 (Annahmeverzug); BayObLG NJW 1992, 1841 (Räumung), Köln NJW-RR 1991, 383; NJW-RR 1986, 863 (Annahmeverzug); LG Bln DGVZ 1990, 25 (Durchsuchung); auf ein Protokoll des Patentamts, BPatG GRUR 2013, 101 (104); auf ein Polizeiprotokoll, KG NJOZ 2018, 1803.

Quittung: Bestätigung einer Teilzahlung in not. Urkunde wird dem § 418 zugeordnet, BGH NJW-RR 1998, 1470.

Rechtskraftzeugnis: § 418 ist auf das Zeugnis nach § 706 I anwendbar, Hamm FamRZ 1982, 508.

Rückschein: → „Post".

Scan: Es gilt § 371b. Auch → § 416 Rn. 6.

Sozialhilfe: § 418 ist anwendbar auf die Bescheinigung ihres Trägers, dass jemand Leistungen erhalten habe, Hamm NZFam 2014, 1062; Karlsr NJW-RR 2004, 154 (monatliche Aufstellung); Hbg FamRZ 1997, 1489 (aber: III), Stgt FamRZ 1987, 81 (Angabe über die Art der Auszahlung durch den zust. Beamten erforderlich); Hamm FamRZ 1981, 915.

Sparbuch: Einer öff.-rechtl. Sparkasse, BayObLG NJW 1993, 2947; → § 416 Rn. 6.

Standesamt: § 418 ist anwendbar auf eine Urkunde des Standesamts, Ddf StAZ 2018, 380 (irakisches Eheregister); OLGR Mü 1996, 103 (Geburtenbuch).

Sterbeurkunde: § 418 ist nach §§ 60, 66 PStG für den Tod anwendbar. § 418 ist unanwendbar auf die Frage der Todesursache.

Strafurteil: § 418 ist anwendbar, Zweibr NJW-RR 2011, 496 (Bezug auf §§ 415, 417 erscheint nicht zutreffend).

Tatbestand: „Urteil".

Telefax: § 418 ist für den Eingangszeitpunkt anwendbar auf den Faxvermerk des Faxservers, BPatG GRUR-RR 2011, 432.

Testament: § 418 I ist anwendbar auf die Feststellung der Eigenhändigkeit der Unterschrift. III ist anwendbar auf die Feststellung der Identität des Testators, „Identität". § 415 ist anwendbar auf die Abgabe der testamentarischen Erklärung. Eine beglaubigte Kopie reicht zum Inhaltsbeweis, KG Rpfleger 2007, 264. § 418 ist unanwendbar auf die Feststellung der Testierfähigkeit, → „Notar".

Testierfähigkeit: → „Notar".

Umschreibung: Ein Eintragungsvermerk im Grundbuch „Ohne Eigentumswechsel umgeschrieben" begründet allenfalls vollen Beweis für die erfolgte Umschreibung, nicht aber für die inhaltliche Richtigkeit der Eintragung, Nürnb NJOZ 2022, 298.

Unterschrift: „Beglaubigung".

Urteil: § 418 ist anwendbar auf die tatbestandlichen Feststellungen nach § 314, BVerwG NVwZ 2010, 1438, das Rubrum, BGH NJW 2009, 594, aber nicht auf die rechtliche Beurteilung, BGH NJW 2016, 1823 Rn. 17. Bei einem Feststellungsurteil kommt es auf die Rechtskraft an; vorher ist der Inhalt der Feststellung nicht bewiesen, BGH NJW 2018, 3029 Rn. 14.

Vollstreckungsprotokoll: Protokoll.

Wechselprotest: § 418 ist anwendbar auf einen Wechselprotest nach Art. 80 WG.

Zustellungsart: Bei der falschen Zustellungsart greift bereits I nicht, BFH BB 1981, 230 (Einschieben von Post in einen Türspalt), Hbg NJW-RR 2007, 986 (Kopie in schwarz-weiß statt Farbe); Zweibr FGPrax 2005, 171 (bestr. Annahmeverweigerung).

Zustellungsort: I gilt nicht für den Zustellungsort, BGH NJW 1992, 1963; → Rn. 8.

Zustellungsurkunde: § 418 ist auf sie anwendbar, Mü Rpfleger 2018, 200; Köln NStZ 2012, 284; LAG Rostock JurBüro 2017, 543; Zweibr FamRZ 2006, 447 (Zustellungsurkunde des Gerichtsvollziehers); LG Bambg NJW-RR 2021, 383. Das gilt nach § 182 I 2 auch für die Post, s. o. Hierher zählt auch eine Zustellungsurkunde einer deutschen Auslandsvertretung, OVG Münst NVwZ-RR 1995, 623, oder einer ausländischen Stelle, BGH NJW 2013, 387 Rn. 25; NJW 2002, 521; auch → Rn. 8. Zur Frage von Tragweite und eigener Wahrnehmung, I, III, → Rn. 8. Auch → „Auslieferungsbeleg", → „Niederlegungsvermerk", → „Post", → „Zustellvermerk".

Zustellungszeit: I greift nicht bei der Zustellungszeit, BVerfG NJW-RR 2002, 1008, BGH NJW 2006, 1207, Brem MDR 2011, 188.

Zustellvermerk: § 418 ist anwendbar auf den Zustellvermerk auf einem Vollstreckungstitel zB nach § 184 I 2, BGH NJW 2012, 2588 Rn. 30; Ddf OLGZ 1991, 230 (nicht für Datum), aber → Rn. 9.

6 **V. Beweisregel für inhaltliche Richtigkeit, I, III. 1. Inhalt und eigene Wahrnehmung der Behörde, I.** Der Inhalt der Urkunde muss den betr. Vorgang **eindeutig** wiedergeben, BAG NJW 2021, 187 (Verkündungsprotokoll).

1323. Zwischen diesen Polen liegt die volle Bandbreite einer Gesamtwürdigung aller maßgeblichen Gesichtspunkte.

420 *Vorlegung durch Beweisführer; Beweisantritt.* **Der Beweis wird durch die Vorlegung der Urkunde angetreten.**

1 **I. Systematik, §§ 420–427.** Beim Urkundenbeweis muss man zwischen Ankündigung des Beweisantritts (durch schriftsätzliches Beweisangebot), dem Beweisantritt durch Vorlegung der Urkunde, der Beweisanordnung nach §§ 358, 358a, der Beweisaufnahme nach §§ 355 ff. sowie der Beweisführung und Beweiswürdigung nach §§ 286, 287 unterscheiden. §§ 420–436 regeln den Beweisantritt und teilweise auch die Art der Beweisanordnung, letzteres in Ergänzung zu §§ 358 ff. Man muss den Urkundenbeweis bereits dadurch antreten und nicht erst erbringen, dass man die Urkunde nach → Rn. 6 vorlegt. Das Erbieten zur Vorlegung ist nur bei § 434 ein Beweisantritt, BGH NJW-RR 1993, 691. Da in der Praxis allerdings der Inhalt von Urkunden aufgrund der den vorbereitenden Schriftsätzen beigefügten Kopien häufig unstreitig bleibt, ist die Vorlegung zum Beweisantritt eine eher seltene Ausnahme, näher → Vor § 415 Rn. 2.

2 Man kann den Urkundenbeweis auch wie folgt antreten: Durch den Antrag, dem Gegner die Vorlegung nach §§ 421 ff. aufzugeben; durch den Antrag nach §§ 428 ff. eine Frist zur Herbeischaffung der Urkunde zu setzen, wenn ein Dritter die Urkunde besitzt; durch den Antrag auf eine Einforderung der Urkunde bei einer öffentlichen Behörde nach §§ 432 ff. Bei einer öffentlichen Urkunde enthält § 435 eine vorrangige Sonderregelung.

3 **Unterscheiden** muss man die Vorlegung nach §§ 420 ff. von derjenigen nach § 142, die auch der bloßen Bereitstellung von Beweismitteln dienen kann, BGH NJW 2017, 3304; NJW 2007, 155; NJW 2007, 2989; NJW 2000, 3488.

4 **II. Regelungszweck, Geltungsbereich, §§ 420–427.** Die Notwendigkeit, schon zwecks eines bloßen Beweisantritts die Urkunde vorzulegen, entspricht dem Gebot der Prozesswirtschaftlichkeit. Deshalb muss das Gericht an den Urkunden-Beweisantritt einen strengen Maßstab anlegen, insbesondere bei Vorlage größerer Konvolute, in denen die Urkunde genau zu bezeichnen ist; in Zweifelsfällen ist hierauf hinzuweisen, Kbl FamRZ 2019, 626 Rn. 158. Geregelt wird indes nur der Beweisantrag, nicht das Verhältnis des Urkundenbeweises zu anderen Beweismitteln, BGH WM 1985, 567.

5 Zum Geltungsbereich → Vor § 415 Rn. 4. Zum arbeitsgerichtlichen Verfahren Bergwitz NZA 2018, 333.

6 **III. Vorlegung, § 420. 1. Vorzulegendes Exemplar.** Wer eine Urkunde in Händen hat oder sie sich ohne eine gerichtliche Hilfe beschaffen kann, tritt den Beweis durch eine bloße Ankündigung der Vorlage noch nicht ordnungsgemäß an, BGH NJW 1991, 693; NJW 1980, 1047; NJW-RR 1993, 691, 693. Man tritt den Beweis nach → Rn. 1 erst dadurch korrekt an, dass man das Original vorlegt; vorbereitende Handlungen nach §§ 131, 134 sind kein Beweisantritt, auch KG ErbR 2019, 317 (Ls., Hinterlegungsstelle); Roßnagel/Wilke NJW 2006, 2145, 2148. Es genügt also nicht bloß eine beglaubigte Abschrift oder Fotokopie usw., BGH DB 1986, 798, oder gar eine unbeglaubigte, BGH NJW 1992, 829; NJW 1980, 1047; Ddf NJW-RR 1995, 737 (Gefahr der Manipulation); Köln NJW-RR 2000, 152; MüKoZPO/Schreiber § 415 Rn. 8; anders für öffentliche Urkunden § 435. Diese Norm gilt für Privaturkunden nicht analog; die **Kopie** unterliegt als solche der freien Beweiswürdigung, BGH NJW 1980, 1047; → Vor § 415 Rn. 8; → § 435 Rn. 1. Die Bezugnahme auf eine bereits vorliegende Urkunde reicht in jedem Fall aus, BGH ZEV 2001, 116.

7 Zweck der Erfordernisses ist indes alleine die Klärung der Echtheit; ist diese unstreitig oder wird die ausbleibende Vorlegung des Originals nicht gerügt, § 295 I, kann von der Vorlage des Originals abgesehen werden, BGH NJW 1990, 1170; NJW-RR 2006, 847; Schlesw SchlHA 2009, 388. Gerade in diesen Fällen ist vorrangig zu prüfen, ob nicht der Inhalt der Urkunde ohnehin unstreitig und evtl. nur die Auslegung streitig ist, so dass sich die Frage der **Beweiserheblichkeit** und -bedürftigkeit erst gar nicht stellt; → Vor § 253 Rn. 55. Im Übrigen würdigt das Gericht die Kopie frei nach § 286, BGH DB 1986, 798. Im Hinterlegungsverfahrnen kann auch bei unstr. Echtheit auf das Original nicht verzichtet werden, KG RPfleger 2019, 469. Näher zur Kopie → Vor § 415 Rn. 8.

8 Eine Vorlegung setzt die Existenz der Urkunde voraus. Deshalb ist ein Beweisantritt durch die „Vorlegung" einer erst noch anzufertigenden Urkunde unzulässig, Ddf MDR 1988, 593 (betr. Gebührenrecht überholt).

9 **2. Genaue Bezeichnung.** Die Vorlegung einer Sammlung von Urkunden, etwa einer Behörden- oder Privatakte oder eines Briefwechsels, ist nur dann ein ordnungsgemäßer Beweisantritt, wenn der Vorlegende die einzelnen beweisenden Urkunden ausreichend bezeichnet, etwa nach Blattzahl, BGH NJW 2014, 3312 Rn. 25; NJW 1994, 3295 II 1b; Kblz FamRZ 2019, 626 Rn. 156. Bei pauschalen Bezugnahmen handelt es um einen Ausforschungsbeweis nach → Vor § 284 Rn. 51.

10 **3. Verfahren.** Vorlegen muss der Beweisführer die Urkunde spätestens bis zum Schluss der mündlichen Verhandlung, wenn nicht eine frühere Vorlegung veranlasst ist, etwa nach §§ 134 (273 II Nr. 5), 142, 356, BGH NJW 1986, 428. Auf die Notwendigkeit ist ggf. nach § 139 hinzuweisen, BGH NJW 1986, 428. Bei einer verspäteten Vorlegung kann § 296 I anwendbar sein. Wenn der Beweisführer die Urkunde nicht genau bezeichnet oder nur einen Teil der Urkunde vorlegt, muss das Gericht ihn nach § 139 auf das Fehlen des restlichen Teils hinweisen und ihm eine Gelegenheit zur Vervollständigung geben, Kbl FamRZ 2019, 626 Rn. 158.

11 Die Vorlegung der Urkunde vor dem Richter nach §§ 361, 362 ohne eine Aufforderung des Prozessgerichts ist kein Beweisantritt. Die Beweisaufnahme findet durch eine Einsicht in die Urkunde statt, Schlesw SchlHA 1979, 183. Auch der Gegner darf sie einsehen, § 357 I.

421 *Vorlegung durch den Gegner; Beweisantritt.* **Befindet sich die Urkunde nach der Behauptung des Beweisführers in den Händen des Gegners, so wird der Beweis durch den Antrag angetreten, dem Gegner die Vorlegung der Urkunde aufzugeben.**

1 **I. Systematik, Regelungszweck.** Zunächst → § 420 Rn. 1, 2. § 421 behandelt den Fall, dass sich die Urkunde nach der Behauptung des Beweisführers nachvollziehbar im Zeitpunkt der Antragstellung „in den Händen" des Gegners befindet; die Norm ist mit § 424 zu lesen, KG NJW 1993, 2879. Das Ausforschungsverbot

nach → Vor § 284 Rn. 51 darf nicht dazu führen, § 810 BGB zu unterlaufen, Schlesw NJW-RR 1991, 1338. Bei der Schriftvergleichung gelten §§ 421 ff. entsprechend. Zu unterscheiden ist der Fall einer Anordnung vAw gem. § 142, BGH MDR 2019, 825; WM 2010, 1448; → § 420 Rn. 1. Für Kartellsachen beachte § 89d IV GWB. Zu Auswirkungen auf die Restitutionsklage Köln NJOZ 2009, 1334; Oldb NJW-RR 1999, 1443.

II. Geltungsbereich. → Vor § 415 Rn. 4. Die Regelung gilt auch für den Gegner des selbst. Beweisverfahrens, Hamm MedR 2020, 40. Im Urkundenprozess nach §§ 592 ff. ist § 421 jedoch nach § 595 III unanwendbar, BGH NJW 1994, 3295, → § 595 Rn. 10; Zöller/Geimer Rn. 4, MüKoZPO/Schreiber Rn. 2; im Eheverfahren nach §§ 121 ff. FamFG nur beschränkt wirksam. 2

III. Antragsvoraussetzungen. Im Allgemeinen lässt sich das Merkmal „in den Händen" dahin verstehen, dass der Gegner die Urkunde im unmittelbaren Besitz hat. Die Wortwahl des Gesetzes ist nicht einheitlich, vgl. § 421 mit § 424 Nr. 4. Es reicht in jedem Falle aus, dass der Gegner nur mittelbarer Besitzer ist und auf dieser Grundlage eine tatsächliche Verfügungsgewalt gegenüber dem Besitzmittler ausüben kann. Die Frage wird mit Nuancen in allen Kommentaren anders beantwortet, vgl. MüKoZPO/Schreiber § 420 Rn. 2 mwN. Abzugrenzen ist gegenüber dem Merkmal „Besitz" in § 428 und dem Verfahren nach §§ 428 ff. Im Übrigen ist der Gesetzgeber über Feinheiten großzügig hinweggegangen. Entscheidend bleibt daher für § 421 letzten Endes der tatsächliche Zugriff unabhängig von der Besitzart. Muss dieser erst auf dem Gerichtsweg durchgesetzt werden, greift § 421 nicht ein. Besitz eines gesetzlichen Vertreters steht daher der Verfügungsgewalt des Gegners gleich. Bei Verwahrung der Urkunde durch einen Notar oder eine Behörde ist grds. ebenfalls von tatsächlicher Verfügungsgewalt auszugehen. Im selbständigen Beweisverfahren ist der **Arzt** als Ag. zur Vorlage verpflichtet, nicht aber ein Dritter, Hamm MedR 2020, 40. 3

Des Weiteren muss der Gegner entweder nach bürgerlichem Recht, § 422, oder aufgrund eigener Bezugnahme, § 423, zur Herausgabe verpflichtet sein. Auf eine sekundäre Darlegungslast kann insoweit nicht abgestellt werden, BGH 23.3.2022 VIII ZR 252/20 Rn. 13, BeckRS 2022, 9437; NJW 2007, 2989; dazu Becker MDR 2008, 1309. 4

IV. Verfahren. Der Antrag richtet sich nach § 424, BGH NJW 1989, 717. § 297 gilt nicht, da ein Sachantrag nicht vorliegt. Man tritt den Beweis durch den Antrag an, dem Gegner die Vorlegung der Urkunde aufzugeben. Man braucht allenfalls die in den eigenen Händen befindliche Kopie zur Substantiierung vorzulegen, Ddf DB 1989, 620. Antragsberechtigt ist der Beweisführer, BGH NJW-RR 1999, 254; das ist neben der Partei auch ein **Streitgenosse** nach § 59, soweit er einen Vorlegungsanspruch nach § 422 hat, Hamm NVwZ-RR 2017, 241. Der Streithelfer nach § 66 ist aus solchen Gründen antragsberechtigt, die in seiner Person oder in derjenigen der Partei liegen, soweit die Partei nicht nach § 67 widerspricht. Der streitgenössische Streithelfer nach § 69 ist wie ein Streitgenosse antragsberechtigt, insgesamt auch MüKoZPO/Schreiber Rn. 3. Maßgeblich für die Prüfung eines Vorlegungsgrundes ist die Rechtsbeziehung zwischen dem Antragsteller und demjenigen, der die Urkunde in Händen hält. Der Beweisantritt erfolgt spätestens zum Schluss in der mündlichen Verhandlung nach. Er ist nach § 130 Nr. 2, 5 anzukündigen. Außerdem gelten §§ 128 II, 251a, 331a, hier reicht schriftsätzlicher Antrag. Auch → § 420 Rn. 1 und 10, § 424. 5

Antragsgegner ist derjenige, der zum Zeitpunkt des Beweisantritts nach § 420 die Gegenpartei ist, also evtl. auch jeder gegnerische Streitgenosse und streitgenössische Streithelfer. Andere Streithelfer sind immer Dritte. Das weitere Verfahren folgt §§ 425 f. 6

Einer Herausgabeklage fehlt in den Fällen des § 421 das Rechtschutzbedürfnis. Sie kann in einen Antrag nach § 421 umdeutbar sein, Ffm MDR 1980, 228. Die Entscheidung erfolgt nach § 425. Bei Nichtvorlage gilt § 427. 7

422 ***Vorlegungspflicht des Gegners nach bürgerlichem Recht.*** **Der Gegner ist zur Vorlegung der Urkunde verpflichtet, wenn der Beweisführer nach den Vorschriften des bürgerlichen Rechts die Herausgabe oder die Vorlegung der Urkunde verlangen kann.**

I. Systematik. Zunächst → § 420 Rn. 1. Eine prozessuale Pflicht zur Vorlegung einer Urkunde nach § 422 besteht nur bei einer bürgerlich rechtlichen Vorlegungspflicht. Aus Grundsätzen der sekundären Darlegungslast, → § 138 Rn. 28, kann sie nicht hergeleitet werden, BGH 23.3.2022 – VII ZR 252/20 Rn. 13, BeckRS 2022, 9437. Zum Fall der Bezugnahme im Prozess § 423, zur Schriftvergleichung § 441 III. Eine allgemeine Pflicht zur Vorlegung, ähnlich etwa der Zeugnispflicht nach → Vor § 373 Rn. 23, gibt es nicht, zu § 4 II NWIFG OVG Münst NVwZ-RR 2003, 800. 1

II. Regelungszweck. Zunächst → § 420 Rn. 4. § 422 verweist um der Vereinfachung und Rechtseinheit willen auf das bürgerliche Recht und damit auf die dortige Interessenabwägung. Die Vorschrift bezweckt nicht, den Eigentümer (dem die Urkunde zB entwendet wurde) vor einer Verwertung der Urkunde zu bewahren, BAG NZA 2003, 432, Schlewing NZA 2004, 1071 (1073). 2

III. Geltungsbereich. → Vor § 415 Rn. 4. Zur entsprechenden Anwendung auf elektronische Urkunden nach § 371 Celle NJW-RR 2019, 152 Rn. 36; Berger NJW 2005, 1016. Für öffentlich-rechtliche Pflichten gilt die Regelung analog, wenn sie einen Anspruch der Partei ergeben. 3

IV. Prozessuale Voraussetzungen. Geprüft wird die Norm bei einem zulässigen Beweisantrag nach § 421; bei Begründetheit, dh bei Beweisbedürftigkeit, → Vor § 415 Rn. 2, erfolgt die Vorlegungsanordnung nach § 425; ein weitergehendes rechtliches Interesse ist nicht erforderlich. Die Verpflichtung geht nicht auf eine Vorlegung an den Beweisführer an einen bestimmten Ort, wie bei § 811 BGB. Ihr Inhalt ist vielmehr die Anordnung einer Vorlegung grundsätzlich vor dem Prozessgericht und ausnahmsweise vor dem Richter nach §§ 361, 362 gem. § 434. In jedem Fall muss die Urkunde genau bezeichnet werden, BGH NJW 2014, 3312 (für § 810 BGB), was § 424 1 Nr. 1 ohnehin nahelegt. 4

V. Sachlichrechtliche Voraussetzungen. Das bürgerliche Recht sieht eine Vorlegungs- oder Herausgabepflicht vor zB in §§ 259 I, 311, 371, 402, 666, 667, 676, 681, 713, 716, 810, 812 ff., 823 ff., 867, 896, 952, 985, 1005, 1144, 1605, 1799, 2130 II BGB, 118, 157 III, 166, 233, 258–261 HGB, §§ 42a, 51a GmbHG, Köln NZG 1998, 779, §§ 131, 170, 175 II, 340d AktG, Art. 50 WG, § 19 MarkenG, § 836 III ZPO, in § 809 BGB nur, wenn der Anspruch „in Ansehung der Sache" besteht, also in einer Ansehung der Urkunde als solcher. Die 5 wichtigste Bestimmung ist § 810 BGB, zu Voraussetzungen und Umfang BGH NJW 2014, 3312. Ihre drei Fälle schließen einander nicht aus, bisweilen treffen mehrere gleichzeitig zu. Die Entwendung einer Urkunde steht der Verwertung gem. § 422 nach BAG NZA 2003, 432 nicht entgegen, dazu auch Schlewing NZA 2004, 1071 (1073). Die Regelung ist mit ihrer Grundlage im bürgerlichen Recht eng auszulegen; die allg. Prozessförderungspflicht reicht nicht aus, wohl aber § 242 BGB, der umgekehrt dem Anspruch Grenzen setzen kann. Entscheidend sind durchgehend die Voraussetzungen der Anspruchsnorm; auf Besitz kommt es nur in diesem Rahmen an.

6 Wenn sich der Gegner zur Vorlegung bereiterklärt, schließt er einen prozessualen Vorlegungsvertrag, auf den § 422 ebenfalls anwendbar ist.

VI. Beispiele

7 **Abtretung:** Eine Vorlegungspflicht besteht beim bisherigen Gläubiger gegenüber dem neuen nach § 402 BGB.

Akteneinsicht: § 299 reicht als Grundlage nicht aus, da keine bürgerlich rechtliche Pflicht vorliegt.

Arztunterlagen: Der Patient kann die Unterlagen des Arztes nach § 630g einsehen.

Ausforschung: Ein schutzwürdiges rechtliches Interesse im Sinne von § 810 Fall 2 BGB fehlt, wenn der Anspruchsteller die Einsicht nur aufgrund vager Vermutungen über den Inhalt der Urkunde verlangt, um Anhaltspunkte für eine spätere Rechtsverfolgung zu gewinnen, BGH NJW 2014, 3312; Stgt AG 2007, 633; für insoweit weite Auslegung des § 810 BGB Schlesw NJW-RR 1991, 1338. Zahlung kann zB nicht mit einem Antrag auf Vorlage der Kontoauszüge des Gegners bewiesen werden, Kblz ZMR 2014, 279.

Geheimhaltungsrecht: Eine Vorlegungspflicht fehlt, BGH FamRZ 2013, 950 (Pflegedokumentation); NJW 1983, 2627.

Handelsbuch: § 258 I HGB lässt die Anordnung der Vorlegung von Handelsbüchern eines Vollkaufmanns auf einen Antrag oder von Amts wegen zu. §§ 259–261 HGB regeln den Umfang und die Art der Einsichtnahme und Vorlegung. Im Übrigen bleibt es nach § 258 II HGB auch insofern bei den allgemeinen Regeln. Gemeinschaftliche Urkunden sind nur insoweit Handelsbücher, als der bestimmte Eintrag eine Rechtsbeziehung zum Gegner betrifft. Um eine Handelssache braucht es sich nicht zu handeln.

Mieterhöhung: Eine Vorlegungspflicht fehlt beim Bekl. im Prozess nach § 558b II BGB wegen des gegnerischen Zustimmungsverlangens, AG Mü WuM 1992, 136.

Notiz, Privatgebrauch: Man muss nach → Vor § 415 Rn. 6 prüfen, ob etwa eine Notiz als Urkunde anzusehen ist, Zöller/Feskorn Rn. 4. Eine Vorlegungspflicht fehlt bei einer Aufzeichnung, die man sich nur als Erinnerungsstütze gemacht hat, BGHZ 60, 275 (292).

Unauffindbarkeit: Sie kann rechtliches Interesse iSd § 810 BGB begründen, BGH NJW-RR 2002, 1419.

Vormundschaft: Eine Vorlegungspflicht besteht beim Vormund gegenüber dem Gegenvormund nach § 1799 II BGB.

Zeugnisverweigerung: Die Rechte aus §§ 383 f. stehen der Pflicht entgegen.

Zurückbehaltungsrecht: Eine Vorlegungspflicht kann trotzdem bestehen, da die vorübergehende Verwertung zu Beweiszwecken Gegenrechte unberührt lässt.

8 **VII. Verstoß.** Die Folgen der Unterlassung bestimmen sich im bisherigen Prozess nach §§ 426 ff., 444.

423 *Vorlegungspflicht des Gegners bei Bezugnahme.* **Der Gegner ist auch zur Vorlegung der in seinen Händen befindlichen Urkunden verpflichtet, auf die er im Prozess zur Beweisführung Bezug genommen hat, selbst wenn es nur in einem vorbereitenden Schriftsatz geschehen ist.**

1 **I. Systematik.** Zunächst → § 420 Rn. 1, → § 422 Rn. 1, 2. § 423 gibt neben dem sachlichrechtlichen Vorlegungsanspruch des § 422, der einen Prozessvertrag über die Vorlegung durch den Gegner einschließt, → § 422 Rn. 5, einen rein prozessualen Verpflichtungsgrund aus einem vorangegangenen eigenen Tun. Aus Grundsätzen der sekundären Darlegungslast, → § 138 Rn. 28, kann die Vorlagepflicht nicht hergeleitet werden, BGH 23.3.2022 – VII ZR 252/20 Rn. 13, BeckRS 2022, 9437. Er gilt auch für den Nebenintervenienten nach § 66 und sonstige Verfahrensbeteiligte, die nach § 421 Rn. 4 antragsberechtigt sind, wie etwa Streitgenossen und Streithelfer, nicht aber für sonstige, insbesondere nicht den Zeugen, MüKoZPO/Schreiber Rn. 1. Wer auf eine Urkunde **zur Beweisführung** und nicht nur auf den Inhalt Bezug nimmt, wenn auch nur in einem vorbereitenden Schriftsatz nach § 129, muss sie dem Gegner vorlegen, soweit er sie in Händen hat. Eine Bezugnahme durch einen Zeugen nach § 373 genügt insoweit nicht. Ein späterer Verzicht des Gegners auf das Beweismittel beseitigt die Pflicht nicht. Zu § 142 vgl. → § 420 Rn. 1.

2 **II. Regelungszweck, Geltungsbereich.** Zunächst → § 420 Rn. 4. Die Vorschrift zeigt eine Folge der Prozessförderungspflicht der Parteien. Außerdem wirkt sie der Gefahr prozessualer Arglist entgegen. §§ 383 f. gelten, anders als bei → § 422 Rn. 7 „Zeugnisverweigerung" nicht, weil die Verweigerung widersprüchlich wäre. Gleiches gilt, wenn der Gegner eine Kopie einreicht, die Vorlage des Originals hingegen verweigert.

3 Zum Geltungsbereich → Vor § 415 Rn. 4.

4 **III. Voraussetzungen, Verstoß.** Die Bezugnahme muss zu Beweiszwecken erfolgt sein, nicht nur zur Substantiierung des Vortrags, RGZ 60, 401, 405. Bei der Inbezugnahme durch „Beweis: ..." ist die Lage eindeutig. Das Gericht würdigt das Verhalten nach § 286 frei. Bei Nichtvorlage gelten §§ 427, 444 und in deren Rahmen auch die Grundsätze der freien Beweiswürdigung nach § 286, → § 444 Rn. 9.

424 *Antrag bei Vorlegung durch Gegner.* **Der Antrag soll enthalten:**

1. **die Bezeichnung der Urkunde;**
2. **die Bezeichnung der Tatsachen, die durch die Urkunde bewiesen werden sollen;**
3. ***die möglichst vollständige* Bezeichnung des Inhalts der Urkunde;**
4. **die Angabe der Umstände, auf welche die Behauptung sich stützt, dass die Urkunde sich in dem Besitz des Gegners befindet;**
5. **die Bezeichnung des Grundes, der die Verpflichtung zur Vorlegung der Urkunde ergibt. Der Grund ist glaubhaft zu machen.**

I. Systematik, Nr. 1–5. Zunächst → § 420 Rn. 1. In einer Ergänzung zu §§ 421–423, die die Voraussetzungen einer Vorlegungspflicht regeln, nennt die Vorschrift die Art und Weise, in der der Beweisführer anstelle einer Urkundenvorlegung nach § 420 den Antrag auf eine Vorlegung durch einen anderen stellen muss, BGH NJW 1989, 717. 1

II. Regelungszweck, Geltungsbereich, Nr. 1–5. Zunächst → § 420 Rn. 4. Die Vorschrift hat den Zweck, dem Gericht zu ermöglichen, die Entscheidungserheblichkeit der str. Tatsache, die Beweiserheblichkeit, die Beweisbedürftigkeit der str. Tatsache und die Beweiseignung der Urkunde sowie die Verpflichtung zur Vorlage zu prüfen, BGH NJW 1989, 717; Ddf ZInsO 2018, 34 Rn. 56; KG NJW 1993, 2879; → Vor § 253 Rn. 55; sie dient auch dem **Rechtsschutzinteresse** des Benachteiligten, BAG NZA 2014, 1258 Rn. 33; → Vor § 253 Rn. 43. Die Vorlegung einer Urkunde durch einen anderen als den Beweisführer stellt einen Eingriff in ein fremdes Eigentum dar. Denn § 903 BGB gibt dem Eigentümer das Recht, mit der Urkunde „nach Belieben zu verfahren". Dazu gehört an sich auch das Recht, sie anderen vorzuenthalten, BGH GRUR 2022, 899 Rn. 74. Daher muss man strenge Anforderungen stellen. Freilich darf der Beweisführer durch einen Antrag nach § 425 nicht Ausforschung betreiben, BGH NJW 2014, 3312. 2

Zum Geltungsbereich → Vor § 415 Rn. 4. 3

III. Vorlegungsantrag, Nr. 1–5. 1. Mussvorschrift, Nr. 1–5. § 424 ist trotz seiner „Soll"-Fassung eine Mussvorschrift, KG VersR 2004, 1193. Die Sollfassung besagt nur, dass die Erfordernisse im Rahmen des dem Antragsteller Zumutbaren und spätestens am Ende der mündlichen Verhandlung vorliegen müssen. Sie konkretisiert die sich aus §§ 421 ff. ergebenden Antragsvoraussetzungen; das ist bei der Auslegung mit zu berücksichtigen. 4

2. Urkundenbezeichnung, Nr. 1. Man muss die Urkunde so genau bezeichnen, dass ihre Nämlichkeit nach ihrem Aussteller sowie dem Ort und dem Datum feststeht, KG VersR 2004, 1193; NJW 1993, 2879, LG Bln WuM 1986, 184 (Mieterhöhungsverlangen). Die Bezeichnung als „Korrespondenz" oder sonstige Ungenauigkeiten, wie Nr. 3 sie zulässt, reichen nicht. Denn ein Ausforschungsbeweis ist unzulässig, BGH NJW 2014, 3312. Bei Unklarheit muss vor Zurückweisung des Beweisantrags nach § 139 hingewiesen werden, BGH NJW 2016, 3162 Rn. 50. Auch → § 425 Rn. 2; die Anforderungen des § 424 Nr. 1 haben auch die Formulierung des Beschlusstenors nach § 425 im Blick. 5

3. Tatsachen, Nr. 2. Die Regelung schließt an die Grundvoraussetzungen des Beweisantrags an, nämlich die hinreichend substantiierte Tatsachenbehauptung. Dies dient letztlich der Prüfung der Beweisbedürftigkeit. 6

4. Urkundeninhalt, Nr. 3. Die Angabe hat über den Regelungszweck, → Rn. 2, hinaus Bedeutung für den Fall des § 427. Unvollständigkeit und Ungenauigkeiten können im Rahmen von Nr. 3 hingenommen werden („möglichst"), wenn die Urkunde selbst nach Nr. 1 klar umschrieben ist; denn die Klärung des genauen Inhalts ist gerade Zweck der Vorlegung, KG VersR 2004, 1193 (nach Möglichkeit). Man muss auch angeben, ob eine Niederschrift (Vorlegungspflicht) oder bloß ein Aktenvermerk (Notiz) vorliegt, damit der Grund des Anspruchs nach Nr. 5 geklärt werden kann, BGHZ 60, 275 (292); → § 422 Rn. 5. 7

5. Besitzumstände, Nr. 4. Man muss mehr tun als bloß den Besitz zu behaupten. Wenn der Gegner ihn leugnet, findet eine Vorlegungsvernehmung nach § 426 statt. Dasselbe gilt, wenn er die Existenz der Urkunde leugnet. Ist das Gericht vom Nichtbestehen der Urkunde überzeugt, ist eine Vorlegungsvernehmung nach § 445 II unstatthaft, Mü GmbHR 2000, 934 = GmbHR 2001, 108 = BeckRS 2000, 30109766. Dasselbe gilt, wenn der Gegner die Originalurkunde gar nicht in seinen Händen haben kann, KG NJW 1993, 2879. 8

6. Vorlagepflicht, Nr. 5, Glaubhaftmachung. Grund der Verpflichtung sind die Tatsachen, aus denen sich der Anspruch auf Vorlegung ergibt, → § 422 Rn. 5 ff. Hier ist Glaubhaftmachung nach S. 2 notwendig, § 294. Sie bezieht sich nach dem klaren Wortlaut der Regelung alleine auf die tatsächlichen Grundlagen der Herausgabepflicht. Nur der Herausgabeanspruch muss im Streitfall durch Glaubhaftmachung untermauert werden, da er nicht Teil des Streitgegenstands ist. Die übrigen Voraussetzungen Nr. 1–3 brauchen nicht glaubhaft gemacht zu werden; dies wäre widersinnig, da die Norm insoweit nur der Vorbereitung des Beschlusses nach § 425 dient; für Nr. 4 gilt § 426. Ergibt sich die Vorlagepflicht aus § 423, bedarf es keiner Glaubhaftmachung, da die Bezugnahme ihrer Natur nach unstreitig ist. 9

IV. Verfahren, Nr. 1–5. Der Antrag ist ein Prozessantrag, kein Sachantrag. Deshalb ist § 297 nicht anwendbar. 10

V. Verstoß, Nr. 1–5. Fehlen die Voraussetzungen Nr. 1–5 am Schluss der mündlichen Verhandlung, muss das Gericht den Antrag zurückweisen. Daneben gilt § 296. Eine Zurückweisung kann evtl. nach einem vergeblichen Hinweis nach § 139 durch ein wegen des vorrangigen § 355 II unanfechtbares Zwischenurteil nach § 303 oder in den Entscheidungsgründen des Endurteils nach § 313 III erfolgen. 11

425 ***Anordnung der Vorlegung durch Gegner.*** **Erachtet das Gericht die Tatsache, die durch die Urkunde bewiesen werden soll, für erheblich und den Antrag für begründet, so ordnet es, wenn der Gegner zugesteht, dass die Urkunde sich in seinen Händen befinde, oder wenn der Gegner sich über den Antrag nicht erklärt, die Vorlegung der Urkunde an.**

I. Systematik. Zunächst → § 420 Rn. 1. Die Vorschrift gilt wie §§ 426, 427 bei Vorlegungspflicht des Prozessgegners nach §§ 422, 423. Entscheidend ist die vorherige Klärung der Beweisbedürftigkeit, → Vor § 415 Rn. 2; Ddf ZInsO 2018, 34 Rn. 56. Demgegenüber erfassen §§ 428 ff. die Vorlegungspflicht eines Dritten. 1

II. Regelungszweck, Geltungsbereich. Zunächst → § 420 Rn. 4. Ein Vollstreckungstitel wird durch den Beschluss nicht geschaffen; alleine § 427 zeigt die Rechtsfolgen. Der Zweck der Regelung beschränkt sich auf die Klarstellung von Art und Umfang der Vorlegung. Dies muss sich im Einklang mit § 424 Nr. 1 unter genauer Beschreibung der Urkunde (nicht: ihres Inhalts) aus dem Tenor des Beschlusses ergeben. 2

Zum Geltungsbereich → Vor § 415 Rn. 4. 3

III. Begründetheit des Antrags. Wenn die Beweistatsache erheblich und beweisbedürftig ist, wenn das Beweismittel geeignet und der Vorlegungsantrag nach §§ 422 ff. begründet ist, kann eintreten: Der Gegner leugnet den Besitz. Dann verläuft das Verfahren nach § 426; oder: Der Gegner leugnet die Pflicht zur Vorlegung. 4

Dann entsteht ein Zwischenstreit. Die Entscheidung ergeht durch ein wegen § 355 II unanfechtbares Zwischenurteil nach § 303 oder bei einer Säumnis nach § 347 oder im Endurteil nach § 313; oder: Der Gegner gibt den Besitz der Urkunde und die tatsächlichen Grundlagen der Vorlegungspflicht nach § 288 zu; oder: Er erklärt sich nicht nach § 138 II, III, BGH NJW-RR 2002, 1419. Dann ordnet das Gericht nach § 425 die Vorlegung durch einen gem. § 355 II unanfechtbaren **Beweisbeschluss** nach § 358 an.

5 **IV. Unbegründetheit des Antrags.** Wenn der Vorlegungsantrag unbegründet ist oder die Voraussetzungen von § 424 nicht hinreichend erfüllt sind, weist das Gericht den Antrag durch einen Beschluss nach § 329 und bei einem Zwischenstreit durch ein Zwischenurteil nach § 303 oder im Endurteil nach § 313 zurück.

6 **V. Rechtsmittel.** Die Anfechtbarkeit des zurückweisenden oder des anordnenden Beschlusses oder eines Zwischenurteils entfällt wegen § 355 II. Wird fälschlich durch Teilurteil entschieden, muss die Anfechtung eröffnet sein, BGH ZZP 1992, 362.

426 *Vernehmung des Gegners über den Verbleib.*

[1]**Bestreitet der Gegner, dass die Urkunde sich in seinem Besitz befinde, so ist er über ihren Verbleib zu vernehmen.** [2]**In der Ladung zum Vernehmungstermin ist ihm aufzugeben, nach dem Verbleib der Urkunde sorgfältig zu forschen.** [3]**Im Übrigen gelten die Vorschriften der §§ 449 bis 454 entsprechend.** [4]**Gelangt das Gericht zu der Überzeugung, dass sich die Urkunde im Besitz des Gegners befindet, so ordnet es die Vorlegung an.**

1 **I. Systematik, Regelungszweck, Geltungsbereich, S. 1–4.** Zunächst → § 420 Rn. 1, 4, → § 425 Rn. 1, 2. Die Vorschrift regelt den etwa notwendigen Zwischenstreit in Anlehnung an §§ 387 ff. Sie ist nach S. 3 eine Art Parteivernehmung. Eine Zeugenvernehmung zum selben Thema ist mit Blick auf die eigenständig geregelten Sanktionen in §§ 427, 444 nicht zulässig, RGZ 16, 395. Ist allerdings bereits str., ob die Urkunde überhaupt errichtet wurde, kommt eine Beweisaufnahme unter Ausschöpfung aller Beweismittel in Betracht. Denn die Schaffung einer Urkunde geht jeder Erwägung zu deren Beweiskraft vor, wohingegen § 426 nur zum „Verbleib" eine Regelung trifft.

2 Vgl. zum Geltungsbereich → Vor § 415 Rn. 4.

3 **II. Voraussetzungen, S. 1–4.** Das Gericht muss den Gegner des Beweisführers über den Verbleib der Urkunde vernehmen, wenn ein Beweisantritt nach § 421 und ein Vorlegungsantrag nach § 424 vorliegen, wenn die Urkunde erheblich ist, wenn es ihn nach §§ 422, 423, 425 zur Vorlegung für verpflichtet erklärt hat und wenn er den Besitz oder das Vorhandensein der Urkunde bestreitet. Eine Glaubhaftmachung des Besitzes oder auch nur der Existenz der Urkunde ist nicht erforderlich. Bloßes Bestreiten des Besitzes ist ja gerade der Anlass der Vernehmung, RGZ 92, 222; aA MüKoZPO/Schreiber Rn. 2. Eine Vorlegungsvernehmung ist entsprechend § 445 II nur dann unstatthaft, wenn bereits feststeht, dass die Urkunde nicht (mehr) existiert; die Analogie ist jenseits von S. 3 angezeigt, wenn man nicht in diesem Fall die Zulässigkeit der Anordnung aus Gründen der Unmöglichkeit verneinen will. Dann lehnt das Gericht die Anordnung durch Beschluss nach § 329 und nach etwaigem Zwischenstreit durch Zwischenurteil nach § 303 oder in den Gründen des Endurteils nach § 313 III ab, Rechtsmittel → Rn. 9, aA Musielak/Voit/Huber Rn. 1. Folge kann die Anwendung von §§ 427, 444 sein, wenn dem Verlust ein Verhalten des Gegners zugrunde liegt.

4 **III. Vernehmung, S. 1–3. 1. Anordnung.** Das Gericht ordnet die Vernehmung durch **Beweisbeschluss** nach §§ 450 I, 358 an. Ein besonderer Antrag ist nicht erforderlich; er liegt im Beweisantritt. Das Gericht lädt den Gegner persönlich, gem. § 450 I 3 ohne Zustellung. In der Ladung gibt es ihm auf, nach dem Verbleib der Urkunde sorgfältig zu forschen, § 426 S. 2. Von Streitgenossen nach §§ 59 ff. vernimmt das Gericht nur den Vorlegungspflichtigen. Wenn sich der Antrag gegen alle richtet, gilt § 449 entspr. Für einen nach § 51 Prozessunfähigen muss das Gericht den gesetzlichen Vertreter vernehmen. Sind mehrere gesetzliche Vertreter vorhanden, vernimmt das Gericht entspr. § 455 I nach seinem Ermessen einen von ihnen oder alle. § 455 II ist nicht anwendbar. Bei einer Behörde vernimmt das Gericht vertretenden Beamten.

5 **2. Durchführung.** Sie erfolgt nach §§ 451, 375 durch das Prozessgericht oder durch den Richter nach §§ 361, 362. Sie erstreckt sich notwendig auf folgende Fragen: Welche ihm zumutbaren Nachforschungen der Gegner angestellt hat, wohin er etwa die Urkunde verbracht hat, welche Ansprüche er auf ihren Besitz oder ihre Rückgabe oder ihre Vorlegung hat. Denn sämtliche Umstände sind für die Frage nach einer Anwendbarkeit der §§ 426 S. 4, 427, 444 von entscheidender Bedeutung. Die Vernehmung erfolgt wie bei § 391 grundsätzlich uneidlich. Eine Beeidigung nach §§ 478 ff. steht entspr. § 452 im pflichtgemäßen Ermessen des Gerichts. Eine völlige oder teilweise Auskunftsverweigerung würdigt das Gericht gemäß § 453 II nach § 286 frei. Bei einer Säumnis des Gegners verläuft das Verfahren entspr. § 454.

6 **IV. Entscheidung nach Vernehmung, S. 4.** Es entscheidet die Besitzlage.

7 **1. Besitz.** Kommt das Gericht zu der Überzeugung, dass der Gegner die Urkunde im unmittelbaren oder mittelbaren Besitz hat, ordnet es durch Beschluss nach § 329 die Vorlegung gem. § 426 S. 2 an, ebenso bei einer Würdigung der Säumnis als einer Auskunftsverweigerung nach § 453 II. Legt der Gegner dann nicht vor, ist § 427 anwendbar.

8 **2. Kein Besitz.** Wenn das Gericht nicht zu einer solchen Überzeugung kommt, gilt folgendes: Wenn das Gericht die Nachforschungspflicht für erfüllt hält, weist es den Vorlegungsantrag durch einen Beschluss nach § 329, durch ein Zwischenurteil nach § 303 oder im Endurteil zurück. Wenn der Gegner die Nachforschung unterlassen oder nicht sorgfältig vorgenommen hat, ist § 427 anwendbar. Bei Zweifeln an der Sorgfalt des Gegners ist zunächst nach § 426 S. 4 die Vorlegung anzuordnen; erst wenn dem nicht Folge geleistet wird, gilt § 427; die in §§ 426 f. nicht direkt geregelte Frage ist in diesem Sinne zu beantworten, damit der Gegner, dem die Zweifel des Gerichts im Beschluss dargelegt werden, die Gelegenheit hat, die Urkunde noch vorzulegen, um dem Vorwurf mangelnder Sorgfalt zu entgehen. Das ist der sofortigen Anwendung des § 427 vorzuziehen, da die mögliche Vorlage der Urkunde der Wahrheitsfindung besser dient. Wenn der Gegner eine Urkunde arglistig beseitigt, ist § 444 anwendbar.

9 **V. Rechtsmittel, S. 1–4.** Eine Anfechtung ist in allen Fällen nach § 355 II nur zusammen mit derjenigen des Endurteils möglich.

427 *Folgen der Nichtvorlegung durch Gegner.* **[1]Kommt der Gegner der Anordnung, die Urkunde vorzulegen, nicht nach oder gelangt das Gericht im Falle des § 426 zu der Überzeugung, dass er nach dem Verbleib der Urkunde nicht sorgfältig geforscht habe, so kann eine vom Beweisführer beigebrachte Abschrift der Urkunde als richtig angesehen werden. [2]Ist eine Abschrift der Urkunde nicht beigebracht, so können die Behauptungen des Beweisführers über die Beschaffenheit und den Inhalt der Urkunde als bewiesen angenommen werden.**

I. Systematik, S. 1, 2. Zunächst → § 420 Rn. 1. Die Vorschrift regelt für die Fälle der §§ 425, 426 die prozessualen Folgen des Ungehorsams des Prozessgegners. In einer Anlehnung zB an §§ 444 (Urkunden-Beweisvereitelung), §§ 446, 454 (Parteivernehmung) arbeitet das Gesetz mit einer dem Gericht möglichen, nicht zwingenden Unterstellung zulasten des Säumigen. Die Norm wird folglich dem Bereich der für die Beweisvereitelung geltenden Regeln zugeordnet, BGH NJW 2006, 434 Rn. 23; NJW 1986, 59; näher → § 444 Rn. 7. §§ 437 ff. bleiben anwendbar. IÜ gelten die nach § 427 erzielten Ergebnisse nur für Beschaffenheit und Inhalt der Urkunde, dh für die formelle Beweiskraft nach §§ 415 ff., nicht aber für die materielle Beweiskraft, → Vor § 415 Rn. 15. 1

II. Regelungszweck, S. 1, 2. Zunächst → § 420 Rn. 4. Die Vorschrift bezweckt eine Prozesswirtschaftlichkeit. Der Grundsatz der freien Beweiswürdigung nach § 286 soll aber bestehen bleiben. Deshalb „kann“, aber nicht muss das Gericht die Unterstellungen vornehmen. Wie bei §§ 446, 454 sollte auch hier eine sorgfältige Gesamtabwägung aller Umstände das pflichtgemäße weite Ermessen prägen. Dabei kann ein Geheimhaltungsgebot mit zu beachten sein, BGH DNotZ 2014, 837. 2

III. Geltungsbereich, S. 1, 2. → Vor § 415 Rn. 4. Die Vorschrift gilt entsprechend bei §§ 134, 142, 273 II Nr. 1. 3

IV. Voraussetzungen, S. 1, 2. 1. Keine Vorlegung. Entweder muss der vorlegungspflichtige Gegner des Beweisführers diejenige Urkunde nicht vorgelegt haben, deren Vorlegung das Gericht nach §§ 425, 426 angeordnet hat. 4

2. Keine Nachforschung. Oder der vorlegungspflichtige Gegner muss bei seiner Vernehmung erklärt haben, er habe die Urkunde nicht im unmittelbaren oder mittelbaren Besitz nach → § 421 Rn. 1, und das Gericht muss nach seiner freien, nicht nachprüfbaren Überzeugung nach → § 426 Rn. 4, 5 annehmen, er habe nicht sorgfältig genug nach dem Verbleib der Urkunde geforscht. Für Zweifel insoweit → § 426 Rn. 8. 5

V. Folgen, S. 1, 2. 1. Abschrift vorgelegt. Wenn der Beweisführer eine Abschrift oder Ablichtung der Urkunde vorlegt, kann das Gericht diese Kopie als richtig ansehen. Es darf aber auch der Kopie misstrauen und die Behauptungen des Beweisführers über die Beschaffenheit und den Inhalt der Urkunde im Rahmen einer Gesamtabwägung nach § 286 frei würdigen. Dabei kommt es auch auf die Beschaffenheit der Kopie im Sinne von § 419 an. 6

2. Keine Abschrift vorgelegt. Wenn der Beweisführer keine Abschrift oder Ablichtung beibringt, kann das Gericht das wie bei → Rn. 6 frei würdigen, Mü NJW-RR 2020, 342 Rn. 17. Hält das Gericht die Behauptungen des Beweisführers über die Beschaffenheit und den Inhalt der Urkunde für bewiesen, würdigt es die Bedeutung dieses Umstands frei. Eine Parteivernehmung des Gegners des Beweisführers entfällt alsdann nach § 445 II. 7

VI. Verfahren, S. 1, 2. Das Gericht muss einen Gegenbeweis beachten, indes ist die Parteivernehmung nach § 445 II nicht zulässig. Es kann nach seinem pflichtgemäßen Ermessen, nach → Rn. 1, in einem wegen § 355 II unanfechtbaren Zwischenurteil nach § 303 entscheiden oder im Endurteil nach § 313 III. Der Gegner kann die Vorlegung in der zweiten Instanz unter den Voraussetzungen des § 536 nachholen. Die Würdigung des Erstgerichts bindet das Berufungsgericht nicht. Wenn das Gericht die Vorlegung nach §§ 142 ZPO, 45, 102 HGB angeordnet hat, würdigt es eine Nichtvorlegung frei nach § 286, wobei § 427 entsprechend herangezogen werden kann. 8

428 *Vorlegung durch Dritte; Beweisantritt.* **Befindet sich die Urkunde nach der Behauptung des Beweisführers im Besitz eines Dritten, so wird der Beweis durch den Antrag angetreten, zur Herbeischaffung der Urkunde eine Frist zu bestimmen oder eine Anordnung nach § 142 zu erlassen.**

I. Systematik, §§ 428–432. Während §§ 420–427 die Vorlegung durch den Beweisführer oder den Prozessgegner regeln, regeln §§ 428 ff. die Vorlegung durch einem Dritten. Ungeachtet eines Antrags muss man § 142 auch vAw beachten. Maßgeblich bleibt nach § 422 die materiellrechtliche Verpflichtung. Zu den Voraussetzungen des § 142 Köln NZV 2018, 273 1

II. Regelungszweck, §§ 428–432. §§ 428 f. stellen mit dem Ziel der Wahrheitsfindung eine der in § 903 S. 1 BGB zugelassenen Ausnahmen vom Grundsatz freier Verfügbarkeit des Eigentums das. Ausnahmevorschriften sind eng auszulegen. Man muss aber auch eine etwaige Beweisnot des Beweisführers berücksichtigen. § 429 stellt klar, dass ein Dritter nur unter den dort in Bezug genommenen Voraussetzungen der §§ 142, 421 ff. vorlegen muss. Alleine nach § 428 kann nur dem Beweisführer eine Frist zur Herbeischaffung nachgelassen werden, Braunschw NdsRpfl 2010, 80 (Schonfrist). Einen Titel gegen den Besitzer gibt die Norm nicht, § 429. 2

III. Geltungsbereich. Zunächst → Vor § 415 Rn. 4. Im Urkundenprozess nach §§ 592 ff. ist § 428 grundsätzlich nach § 595 III, → § 595 Rn. 10, unanwendbar. Im FamFG-Verfahren ist § 428 iVm § 113 I 2 FamFG anwendbar. 3

IV. Besitz eines Dritten. Die Vorschrift gilt, soweit der Dritte nach der ausreichenden Behauptung des Beweisführers die Urkunde im unmittelbaren Besitz hat und der Beweisführer sie nicht von dort herbeischaffen kann oder will. Auf ein „In-Händen-Halten“ wie in → § 421 Rn. 3 kommt es nicht an. Wegen eines mittelbaren Besitzes → § 421 Rn. 1. Dritter ist jeder, der weder Beweisführer noch Gegner nach → § 421 Rn. 5 ist. Dritter kann auch ein Streitgenosse des Beweisführers nach §§ 59 ff. oder sein Streithelfer nach §§ 66 ff. sein. Das gilt mit Ausnahme des notwendigen Streitgenossen nach § 69. Es kann sich auch um einen einfachen Streitgenossen des Beweisgegners handeln. In diesen Fällen ist auch eine Anwendung von § 423 denkbar. 4

haft mache, die ihn an der Vorlegung der Urschrift verhindern. [2]Bleibt die Anordnung erfolglos, so entscheidet das Gericht nach freier Überzeugung, welche Beweiskraft der beglaubigten Abschrift beizulegen sei.

I. Systematik, Regelungszweck, Geltungsbereich, S. 1, 2. Der Beweisführer muss eine Privaturkunde nach → § 416 Rn. 3 grundsätzlich nach → § 420 Rn. 6 in ihrer Urschrift vorlegen. Denn nur so ist die Feststellung ihrer Echtheit nach § 439 und ihrer Fehlerfreiheit nach § 419 möglich; eine Analogie für Privaturkunden kommt wegen der geringeren Beweiswirkungen und der Notwendigkeit, Unversehrtheit, § 419, und Echtheit, § 439, zu prüfen, nicht in Betracht, BGH NJW 1980, 1047. Bei einer öffentlichen Urkunde nach → § 415 Rn. 5 lässt § 435 die Vorlegung einer beglaubigten Abschrift oder Ablichtung zu. Denn die Urschrift befindet sich meist in einer amtlichen Verwahrung. Bei der notariellen Urkunde kommt nach den vorrangigen §§ 45 I, 47 BeurkG nur die Vorlage einer Ausfertigung in Betracht. Sie gilt als die Urschrift nach §§ 420, 435. Zur Vollmacht → § 415 Rn. 11; → § 417 Rn. 1. 1

Zum Geltungsbereich → Vor § 415 Rn. 4. Die Norm gilt auch für ausländische Urkunden, BGH NJW-RR 2007, 1006. 2

II. Öffentliche Urkunde, S. 1. Zu ihrem Begriff → § 415 Rn. 5 f. Dahin zählt zB auch der Beglaubigungsvermerk auf der Fotokopie oder Abschrift, BGH NJW-RR 2007, 1006 (auch für ausländische Urkunde in fremder Sprache), aber nicht die Fotokopie einer beglaubigten Abschrift. Die Ausfertigung einer Urkunde ist selbst die Urkunde, nicht bloß eine beglaubigte Kopie, BGH NJW 2010, 2519 Rn. 7; NJW-RR 2007, 1006; → § 415 Rn. 5, § 435 findet mithin keine Anwendung. Für § 435 muss die Beglaubigung den Erfordernissen einer öffentlichen Urkunde nach § 418 genügen. Damit gibt § 435 die folgende Beweisregel: Eine öffentlich beglaubigte Ablichtung oder Abschrift einer öffentlichen Urkunde hat dieselbe Beweiskraft wie die Urkunde selbst. Das gilt auch dann, wenn die Beglaubigung von einer anderen Behörde, einem Notar oder dem Urkundsbeamten der Geschäftsstelle herrührt. Die Erfordernisse der Urschrift und die Zuständigkeit zur Beglaubigung richten sich nach dem maßgeblichen Bundes- oder Landesrecht. Die Ausfertigung einer öffentlichen Urkunde ist immer nur eine Abschrift oder Ablichtung. Ein Auszug aus einer öffentlichen Urkunde fällt nicht unter § 435. Er mag selbst eine öffentliche Urkunde sein. 3

III. Anordnung, S. 1, 2. Wenn das Gericht gegen die Richtigkeit der beglaubigten Abschrift einer öffentlichen Urkunde Bedenken hat, kann es dem Beweisführer die wahlweise Vorlegung der Urschrift, KG ErbR 2019, 317 (Ls.), oder eine Glaubhaftmachung der Hinderungsgründe nach § 294 aufgeben. Die Anordnung erfolgt durch Beweisbeschluss nach § 358 aufgrund einer mündlichen Verhandlung nach § 128 I oder ohne solche in einer Ergänzung eines Beweisbeschlusses nach § 360. Der Gegner darf das vorgelegte Exemplar nach §§ 134, 142 II auf der Geschäftsstelle einsehen. Er darf nach §§ 131, 299 die Aushändigung einer Kopie fordern. Wenn der Beweisführer beiden Anordnungen nicht nachkommt, würdigt das Gericht die beglaubigte Abschrift nach § 286 frei, BGH NJW-RR 2007, 1006; NJW 1980, 1047; BVerwG NJW 1987, 1159. 4

IV. Rechtsmittel, S. 1, 2. Die Entscheidung ist nach § 355 II nur zusammen mit dem Endurteil anfechtbar. 5

436 *Verzicht nach Vorlegung.* **Der Beweisführer kann nach der Vorlegung einer Urkunde nur mit Zustimmung des Gegners auf dieses Beweismittel verzichten.**

I. Systematik, Regelungszweck, Geltungsbereich. Die Vorschrift entspricht formell dem beim Zeugenbeweis geltenden § 399. Sie hat aber keinen so weitgehenden Inhalt. Zwar erfordert die Parteiherrschaft auch beim Urkundenbeweis einen gewissen Handlungsspielraum der Parteien. Indessen ist schon wegen des ja meist klaren Inhalts usw. im Interesse der Gerechtigkeit eine Möglichkeit eingeschränkt, auf ein nun nicht mehr so günstiges Beweismittel zu verzichten. 1

Zum Geltungsbereich → Vor § 415 Rn. 4. 2

II. Zustimmungsbedürftigkeit. Bis zur Vorlegung einer Urkunde kann der Beweisführer einseitig auf sie verzichten. Der Gegner kann aber nach § 423 die Vorlegung der einmal in Bezug genommenen Urkunde verlangen. Hat eine der Parteien oder eine Behörde oder ein Dritter nach → § 428 Rn. 4 die Urkunde erst einmal vorgelegt, kann der Beweisführer nur mit Zustimmung des Gegners auf sie verzichten. Verzicht und Zustimmung sind unwiderrufliche Parteiprozesshandlungen. Die Zustimmung kann auch durch konkludente Handlung erfolgen. Dann scheidet die Urkunde für die Beweiswürdigung nach § 286 aus. 3

Ob das Gericht trotzdem die Vorlegung aus §§ 142 ff. von Amts wegen nach §§ 358, 358a anordnen darf, ist str., mit Recht befürwortend Zöller/Feskorn Rn. 1 unter Hinweis auf BGH NJW 2007, 2989 Rn. 20 und mwN; dafür spricht vom praktischen Standpunkt, dass eine einmal zur Kenntnis genommene Urkunde letztlich Einfluss auf die Entscheidung des Gerichts behält, weil man ihren Inhalt nicht vollständig ausblenden kann; dann muss man dem auch einen verfahrensrechtlich gesicherten Rahmen geben können, aA Musielak/Voit/Huber Rn. 1. In jedem Fall kann nunmehr der Gegner nach §§ 421, 423 die Vorlegung verlangen. 4

Zu prüfen ist bei Verzicht, ob nicht eine zulässige Verfügung über die Beweisfrage in dem Sinne vorliegt, dass die str. Behauptung fallen gelassen oder zugestanden wird. Das muss das Gericht nach § 139 klären. Von einer Zustimmung ist dies nicht abhängig. Ein wiederholter Beweisantritt kann nach §§ 282, 296 II, 531 II verspätet sein. 5

Vorbemerkung zu § 437
Echtheit von Urkunden

I. Systematik. Nur die echte Urkunde ist nach → Vor § 415 Rn. 13 beweiskräftig. Das Gericht muss die Echtheit also stets prüfen, BGH NJW 2001, 448. Die Urkunde ist nach der ZPO dann echt, wenn sie von derjenigen Person herrührt, von der sie herrühren soll, und zwar nach der Behauptung des Beweisführers oder im Verfahren mit einer Amtsermittlung nach der Behauptung der durch den Urkundeninhalt begünstigten Partei, BGH NJW 2001, 448; NJW 1988, 2741. Der Klärung der Echtheit dienen bei der nach §§ 415, 417, 418 öffentlichen Urkunde §§ 437, 438, bei der nach § 416 privaten §§ 439, 440, bei beiden §§ 441 ff. Beim Vorliegen 1 eines Feststellungsinteresses kann man die Echtheit auch mit einer Feststellungsklage nach § 256 I geltend machen.

2 Von der Echtheit muss man die **Unverfälschtheit** unterscheiden, also das Fehlen nachträglicher Veränderungen. Es lässt sich mit allen Beweismitteln beweisen, § 419.

3 **II. Regelungszweck, Geltungsbereich.** Das Gericht muss die Echtheit ungeachtet § 437 besonders sorgfältig prüfen. Denn die echte Urkunde schränkt ja vielfach die Freiheit des Gerichts in der Beweiswürdigung ausnahmsweise als eine gesetzliche Beweisregel ein, → Vor § 415 Rn. 13.

4 Zum Geltungsbereich → Vor § 415 Rn. 4.

437 *Echtheit inländischer öffentlicher Urkunden.* **I Urkunden, die nach Form und Inhalt als von einer öffentlichen Behörde oder von einer mit öffentlichem Glauben versehenen Person errichtet sich darstellen, haben die Vermutung der Echtheit für sich.**

II Das Gericht kann, wenn es die Echtheit für zweifelhaft hält, auch von Amts wegen die Behörde oder die Person, von der die Urkunde errichtet sein soll, zu einer Erklärung über die Echtheit veranlassen.

1 **I. Systematik, Regelungszweck, Geltungsbereich, I, II.** § 437 stellt nach → Rn. 4 eine einfache Rechtsvermutung der Echtheit einer inländischen öffentlichen Urkunde nach → § 292 Rn. 1 auf, LG Kiel Rpfleger 1990, 420. Erfasst sind alle öff. Urkunden nach §§ 415, 417, 418. Maßgebend ist das äußere Erscheinungsbild. § 438 regelt die Echtheit einer ausländischen öffentlichen Urkunde. Zur ersteren und evtl. auch zur letzteren Art gehört auch die sog. Eigenurkunde des Notars, BGH NJW 1981, 125; BayObLG DNotZ 1983, 434; Reithmann DNotZ 1983, 438.

2 Zum Geltungsbereich → Vor § 415 Rn. 4. Inländische Urkunden sind von einer deutschen Behörde iSd § 415 I ausgestellt; darunter fallen auch Urkunden der vormaligen DDR, BGH NJW 1982, 1947. Auf Urkunden der EU ist die Norm entsprechend anwendbar. Nach Maßgabe von § 371a III 2 gilt § 437 für elektr. Dokumente entsprechend, Stgt ZIP 2009, 1867.

3 **II. Vermutung der Echtheit, I.** Echt ist die Urkunde, wenn der vorgetragene Aussteller mit dem tatsächlichen identisch ist. Die Vermutung umfasst auch das Handeln der Behörde „innerhalb der Grenzen ihrer Amtsbefugnisse" nach der Legaldefinition des § 415 I, da es für die Echtheit nur auf Form und Inhalt und eben nicht auf die Zuständigkeit ankommt, aA wohl MüKoZPO/Schreiber Rn. 4. Sie gilt nur insoweit, als die Urkunde nicht nach § 419 fehlerhaft ist. Inländische öffentliche Urkunden brauchen keine Amtsbekräftigung (Legalisation). Die Vermutung bezieht sich nur auf die Herkunft der Urkunde, nicht auf ihren Inhalt (dafür gelten §§ 415 ff.).

4 **III. Zweifel an der Echtheit, II.** Man kann die Vermutung des § 437 nach § 292 durch den Beweis der Unechtheit entkräften; nach § 292 S. 2 ist der Antrag auf Parteivernehmung zulässig. Wenn das Gericht die Echtheit nach seinem pflichtgemäßen Ermessen für zweifelhaft hält, muss es unabhängig von der Haltung der Parteien von Amts wegen auch ohne mündliche Verhandlung den Aussteller um Auskunft über die Echtheit ersuchen, Ffm NJW-RR 1993, 983. „Kann" stellt nur die Zuständigkeit und die fehlende Notwendigkeit eines Antrags klar („auch") und eröffnet kein Ermessen. Der Ersuchte muss sich durch eine dienstliche Erklärung nach Art. 35 I GG äußern. Eine Vernehmung als Zeuge nach §§ 394 ff. ist dazu nicht erforderlich. Die Vermutung gilt bis zur Feststellung der Unechtheit, VGH Mannheim NVwZ-RR 1992, 152 (154).

438 *Echtheit ausländischer öffentlicher Urkunden.* **I Ob eine Urkunde, die als von einer ausländischen Behörde oder von einer mit öffentlichem Glauben versehenen Person des Auslandes errichtet sich darstellt, ohne näheren Nachweis als echt anzusehen sei, hat das Gericht nach den Umständen des Falles zu ermessen.**

II Zum Beweis der Echtheit einer solchen Urkunde genügt die Legalisation durch einen Konsul oder Gesandten des Bundes.

Schrifttum: Bindseil DNotZ 1992, 275 und DNotZ 1993, 5 (zur konsularischen Beurkundung); Kienzle, Nachweis der Echtheit ausländischer öffentlicher E-Dokumente im Zivilprozess, NJW 2019, 1712; Reithmann IPRax 2012, 133 (ausländischer Notar); Wagner DNotZ 2011, 183; NJW 2017, 1796; Bindseil DNotZ 1992, 278.

1 **I. Systematik, Regelungszweck, Geltungsbereich, I, II.** Zunächst → Vor § 437 Rn. 1, 3. Während § 437 die inländische Urkunde behandelt, regelt § 438 die ausländische. Die Vermutung des § 437 gilt hier grds. nicht, es sei denn, aus besonderen Regelungen ergäbe sich insoweit etwas anderes, → Rn. 11. Uneingeschränkt anwendbar ist § 419. Bei Echtheit greifen auch die Beweisregeln der §§ 415 ff., BVerwG ZOV 2008, 172; → § 415 Rn. 5. EU-Behörden sind inländische Behörden. Für die Mitgliedsländer → Rn. 11.

2 Zum Geltungsbereich → Vor § 415 Rn. 4. Zum Grundbuchverfahren nach § 29 GBO Roth IPRax 1994, 86. Wichtige Arbeitshilfe unter www.dnoti.de, „Arbeitshilfen", „IPR und ausländisches Recht".

3 **II. Echtheit, I.** Eine öffentliche Urkunde nach → § 415 Rn. 5, die eine ausländische Amtsperson im Inland oder im Ausland ausgestellt hat, besitzt bis zum Vorliegen einer etwaigen Legalisation nach → Rn. 5 grds. keine Vermutung der Echtheit für sich, Köln FamRZ 2020, 1509; Schlesw Rpfleger 2008, 498; Brem FamRZ 1992, 1083; Langhein Rpfleger 1996, 45. Das Gericht entscheidet über die Echtheit von Amts wegen nach pflichtgemäßem Ermessen unabhängig von Parteierklärungen, etwa von Erklärungen über die Echtheit, OLGR Zweibr 2002, 173; 1999, 370 (Erfahrungswert für Beachtung der Förmlichkeiten). Eine Parteivereinbarung kann den Nachweis erübrigen, Schlesw NZG 2008, 670. Zur Klärung kann es zB eine Auslandsvertretung einschalten, BVerwG NJW 1987, 1159. Man kann indes § 439 I und II entsprechend anwenden, Bindseil DNotZ 1992, 275, und in eindeutigen Fällen in den Grenzen des ordre public vom Echtheitsnachweis absehen, Drsd NJOZ 2011, 1839; Schlesw NZG 2008, 670. § 292 gilt nicht; es reicht der Gegenbeweis.

Soweit das Gericht von der Echtheit ausgehen darf und muss, hat die ausländische öffentliche Urkunde je nach ihrem Inhalt dieselbe Beweiskraft nach §§ 415, 417, 418 wie eine deutsche, BGH FamRZ 2018, 1253 Rn. 9; NJW-RR 2007, 1006 Rn. 17; Köln FamRZ 2020, 1509 Rn. 15, wegen des insoweit geltenden deutschen Verfahrensrechts aber keine höhere, BVerwG NJW 1987, 1159; Hamm NJW-RR 2000, 406, und auch keine weitergehende, als ihr nach dem Recht des ausländischen Staates zukommt. 4

III. Amtsbekräftigung (Legalisation), II. 1. Grundsatz: Herkunftsbescheinigung. Amtsbekräftigung (Legalisation) ist die Bescheinigung der Echtheit, also der Herkunft einer Urkunde, durch die dazu berufene deutsche Amtsstelle, Bindseil DNotZ 1992, 277 (ausf.); Luther MDR 1986, 10. 5

Vgl. die folgenden Ländervorschriften: **Baden-Württemberg:** VO vom 12.11.1980, GBl 586; **Bayern:** VO vom 7.3.1966, GVBl. 106, geändert durch VO vom 18.4.1978, GVBl. 141; Bek. v. 18.1.1989, JMBl 13; **Hessen:** AnO vom 19.1.1981, GVBl. 25; **Rheinland-Pfalz:** RdSchr. JM vom 18.12.2002, JurBürol 2003, 34; **Saarland:** VO vom 21.1.1981, ABl. 101; **Schleswig-Holstein:** AV vom 29.6.1966, SchlHA 161, und vom 7.12.1977, SchlHA 1978, 8, geändert durch AV vom 4.12.1980, SchlHA 1981, 6. 6

Die Amtsbekräftigung durch einen **Konsul** nach §§ 13, 14 KonsG vom 11.9.1974, BGBl. 2317, oder durch einen deutschen **Gesandten** genügt fast immer zum Nachweis der Echtheit einer ausländischen öffentlichen Urkunde nach → § 415 Rn. 3, Bindseil DNotZ 1992, 284 (ausf.). Das Gericht darf und muss die Zuständigkeit der ausländischen Behörde und die Formgültigkeit des Akts nach § 286 frei prüfen, Drsd DNotZ 2011, 52; AG Bln-Tempelhof FamRZ 2004, 1488; Bindseil DNotZ 1992, 285. 7

2. Zweiseitige Staatsverträge. Zahlreiche Staatsverträge machen eine Amtsbekräftigung entbehrlich, Bindseil DNotZ 1992, 281 (ausf.). 8

Das gilt für Belgien, Abk. v. 13.5.1975, BGBl. 1980 II 815, nebst Gesetz v. 25.6.1980, BGBl. II 813, dazu VO v. 15.10.1980, BGBl. 2002 und Bek. v. 9.3.1981, BGBl. II 142, ferner für gewisse Behörden in Dänemark, Abk. v. 17.6.1936, RGBl. II 214, aufgrund Bek. v. 30.6.1953, BGBl. II 186, Frankreich gemäß Abk. v. 13.9.1971 nebst Gesetz v. 30.7.1974, BGBl. II 1074, berichtigt durch BGBl. II 1100 (betr. öffentliche und gewisse private Urkunden; in Kraft seit 1.4.1975, Bek. v. 6.3.1975, BGBl. II 353. Einzelheiten Arnold DNotZ 1975, 581), Griechenland infolge des deutsch-griechischen Rechtshilfeabk v. 11.5.1938 Art. 24 (bezüglich der von Gerichten aufgenommenen oder aufgestellten Urkunden, sowie notarieller Urkunden, die vom Präsidenten des Gerichtshofs 1. Instanz beglaubigt worden sind), RGBl. 39 II 849, wieder in Kraft aufgrund Bek. v. 26.6.1952, BGBl. II 634, Großbritannien und Nordirland gemäß Art VI Abs. 3 des deutsch-britischen Abk. v. 14.7.1960, SchlAnh. V B 5, Italien gemäß Vertrag v. 7.6.1969 nebst Gesetz v. 30.7.1974, BGBl. II 1069 (betr. öffentliche, einschließlich diplomatischer und konsularischer Urkunden; in Kraft seit 5.5.1975, Bek. v. 22.4.1975, BGBl. II 660; dazu Bek. v. 30.6.1975, BGBl. II 931, betr. die Zuständigkeit, ferner auch VO v. 24.9.1974, BGBl. 2353, ferner zB DVO SchlH v. 23.12.1974, GVBl. 1975, 4. Einzelheiten Arnold DNotZ 1975, 581), Luxemburg gemäß Abk. v. 7.12.1962, BGBl. 1964 II 194 (in Kraft seit 7.9.1966, BGBl. II 592) und v. 3.6.1982, BGBl. 1983 II 698 (betr. Personenstandsurkunden und Ehefähigkeitszeugnisse), Österreich (bezügl gerichtlicher und notarieller Urkunden sowie Personenstandsurkunden), Vertrag v. 21.6.1923, RGBl. 24 II 61, aufgrund Bek. v. 13.3.1952, BGBl. II 436, der Schweiz, Vertrag v. 14.2.2007, RGBl. 2007, 411, dazu Bek. v. 11.12.1997, BGBl. 1998 II 71 (keine Beglaubigung nötig), sowie wegen Personenstands- bzw. Zivilstandsurkunden Abk. v. 4.11.1985, BGBl. 1988 II 127, dazu Gesetz v. 28.1.1988, BGBl. II 126, Portugal, Bek. v. 18.5.1982, BGBl. II 550 (betr. Personenstandsurkunden), Marokko, Art. 27 des Vertrags v. 29.10.1985, BGBl. 1988 II 1055, Ungarn, Art. 31 II Abk. v. 2.5.1998, BGBl. 1999 II 962 (Sozialversicherung usw.). 9

3. Konsularverträge. Außerdem bestimmt eine Reihe von Konsularverträgen, dass ausländische Konsuln Rechtsgeschäfte und Verträge aufnehmen, bestätigen, beglaubigen und mit einem Siegel versehen dürfen und dass solche Urkunden sowie Auszüge aus ihnen und Übersetzungen den inländischen öffentlichen Urkunden gleichstehen: Spanien v. 12.1.1972, RGBl. 211; Türkei v. 28.5.1929, RGBl. 1930 II 748, aufgrund Bek. v. 29.5.1952, BGBl. II 608, USA Abk. v. 3.6.1953, Bek. v. 20.11.1954, BGBl. II 721, 1051. 10

4. Europäische Übereinkommen. Vgl. hierzu Art. 58 ff. Brüssel Ia-VO. Außerdem Art. 59 EuErbVO; Art. 58 EuEhegüterVO; Art. 58 PartnergüterVO; Art. 46 EuEheVO; Art. 48 EuUntVO.Vgl. auch § 1118. 11

5. Haager Übereinkommen. Durch das Haager Übereinkommen v. 5.10.1961 zur Befreiung ausländischer öffentlicher Urkunden von der Legalisation, BGBl. 1965 II 876, dazu Gesetz vom 21.6.1965, BGBl. II 875, Bindseil DNotZ 1992, 280 (ausf.), tritt an die Stelle der Legalisation die Apostille, also die Echtheitsbestätigung in der äußeren Form des Art. 4 des vorgenannten Übk. (Muster: BGBl. 1965 II 883, 884), die die zuständige Behörde des Errichtungsstaates auf der Urkunde oder einem damit verbundenen Blatt anbringt. Zur Apostille Hecker/Müller-Chorus/Bindseil, Handbuch der konsularischen Praxis, § 4 C Rn. 10. 12

Das **Übereinkommen gilt für** Urkunden eines staatlichen Gerichts oder einer Amtsperson als Organ der Rechtspflege einschließlich derjenigen Urkunden, die von der Staatsanwaltschaft oder einem Vertreter des öffentlichen Interesses, dem Urkundsbeamten der Geschäftsstelle oder einem Gerichtsvollzieher ausgestellt sind; für Urkunden der Verwaltungsbehörden, soweit sie sich nicht unmittelbar auf den Handelsverkehr oder das Zollverfahren beziehen; für notarielle Urkunden; für amtliche Bescheinigungen auf Privaturkunden, so auch bei der Beglaubigung von Unterschriften; nicht jedoch für Urkunden von diplomatischen oder konsularischen Vertretern. Zur Ausstellung der Apostille VO v. 9.12.1997, BGBl. 2872, in § 2 I geändert zuletzt durch Art. 4 XXXXV Gesetz v. 14.8.2013, BGBl. 3153, mit Wirkung seit 14.8.2018, Art. 5 III Gesetz, sowie Mitt. in DNotZ 1989, 721 (betr. Vereinigtes Königreich und Nordirland, BayObLG Rpfleger 1993, 192 (betr. die USA). 13

Das Übereinkommen ist für die BRep **in Kraft seit** 13.2.1966, Bek. v. 12.2.1966, BGBl. II 106. **Das Übk. gilt** im Verhältnis zu Frankreich, Jugoslawien, Niederlanden, Vereinigtem Königreich und zahlreichen Besitzungen, Bek. v. 12.2.1966, BGBl. II 106, Niederländische Antillen und Surinam, Bek. v. 17.5. u. 17.7.1967, BGBl. II 1811, 2082, Österreich, Malawi, Bek. v. 18.1.1968, BGBl. II 76, Malta, Bek. v. 19.2.1968, BGBl. II 131, Portugal, Bek. v. 21.1.1969, BGBl. II 120 und Bek. v. 25.2.1970, BGBl. II 121, Japan, Bek. v. 4.7.1970, BGBl. II 752, Fidschi, Bek. v. 12.7.1971, BGBl. II 1016, Tonga, Bek. v. 16.3.1972, BGBl. II 254, Liechtenstein, Lesotho, Bek. v. 20.9.1972, BGBl. II 1466, Ungarn, Bek. v. 10.1.1973, BGBl. II 65, Schweiz, Bek. v. 8.3.1973, BGBl. II 176, Zypern, Bek. v. 13.4.1973, BGBl. II 391, Belgien, Bek. v. 7.1.1976, BGBl. II 199, Bahamas, Bek. v. 5.1.1977, BGBl. II 20, Surinam auch seit seiner Unabhängigkeit, Bek. v. 1.6.77, BGBl. II 593, Italien, Bek. v. 14

23.1.1978, BGBl. II 153, Israel, Bek. v. 23.8.1978, BGBl. II 1198, Spanien, Bek. v. 30.10.1978, BGBl. II 1330, Seychellen, Swasiland, Bek. v. 30.4.1979, BGBl. II 417, Luxemburg, Bek. v. 30.5.1979, BGBl. II 684, Vereinigte Staaten, Bek. v. 16.9.1981, BGBl. II 903, Norwegen, Bek. v. 8.7.1983, BGBl. II 478, Finnland, Bek. v. 1.8.1985, BGBl. II 1006, Griechenland, Türkei, Bek. v. 22.8.1985, BGBl. II 1108, Antigua, Barbuda, Bek. v. 10.3.1986, BGBl. II 542, Brunei Darussalam, Bek. v. 25.1.1988, BGBl. II 154, Argentinien, Bek. v. 19.2.1988, BGBl. II 235, Panama, Bek. v. 7.8.1991, BGBl. II 998, Marshallinseln, Russland, Bek. v. 24.8.1992, BGBl. II 948, Belize, Bek. v. 21.6.1993, BGBl. II 1005, Bosnien-Herzegowina, Kroatien (als Rechtsnachfolger), Bek. v. 16.12.1993, BGBl. 1994 II 82, Mazedonien, Bek. v. 6.6.1994, BGBl. II 1191, Armenien, Bek. v. 31.8.1994, BGBl. II 2532, St. Kitts und Nevis, Bek. v. 14.11.1994, BGBl. II 3765, Australien, San Marino, Bek. v. 8.2.1995, BGBl. II 222, Südafrika, Bek. v. 22.3.1995, BGBl. II 326, Mexiko, Bek. v. 25.7.1995, BGBl. II 694, Lettland, Bek. v. 8.1.1996, BGBl. II 223, El Salvador, Bek. v. 29.4.1996, BGBl. II 934, Andorra, Bek. v. 29.11.1996, BGBl. II 2802, Litauen, Bek. v. 10.6.1997, BGBl. II 1400, Nue, Tschechische Republik, Venezuela, Irland, Bek. v. 4.2.1999, BGBl. II 142, Schweden, Bek. v. 27.4.1999, BGBl. II 420, Samoa, Bek. v. 12.8.1999, BGBl. II 794, Trinidad, Tobago, Bek. v. 6.10.2000, BGBl. II 1362, Kasachstan, Kolumbien, Namibia, Bek. v. 21.2.2001, BGBl. II 298, Bulgarien, Rumänien, Bek. v. 19.7.2001, BGBl. II 801, Estland, Neuseeland (ohne Tokelau), Slowakei, Bundesrepublik Jugoslawien (Rechtsnachfolge), Bek. v. 11.2.2002, BGBl. II 626, Grenada, Bek. v. 10.6.2002, BGBl. II 1685, St. Lucia, Bek. v. 29.8.2002, BGBl. II 2503, Monaco, Bek. v. 13.12.2002, BGBl. 2003 II 63, St. Vincent, Grenadinen, Bek. v. 21.5.2003, BGBl. II 698, Dominica, Bek. v. 10.7.2003, BGBl. II 734, Honduras, Island, Bek. v. 17.12.2004, BGBl. 2005 II 64, Cookinseln, Ecuador, Kolumbien, Bek. v. 20.6.2005, BGBl. II 752, Polen, Bek. v. 20.1.2006, BGBl. II 132, Dänemark außer Grönland und Färöer, Republik Korea, Serbien, Bek. v. 18.12.2008, BGBl. II 224, São Tomé und Principe, Vanuatu, Bek. v. 28.4.2009, BGBl. II 596, Kap Verde, Bek. v. 28.1.2010, BGBl. II 93, Georgien, Bek. v. 28.5.2010, BGBl. II 609, Ukraine, Bek. v. 27.9.2010, BGBl. II 1195, Costa Rica, Kirgisistan, Tonga, Bek. v. 19.12.2011, BGBl. 2012 II 79, Oman, Usbekistan, Bek. v. 7.3.2012, BGBl. II 273, Uruguay, Bek. v. 29.8.2012, BGBl. II 1029, Nicaragua, Bek. v. 27.3.2012, BGBl. II 528, Bahrein, Bek. v. 20.11.2013, BGBl. II 1593, Peru, Bek. v. 22.1.2014, BGBl. II 137, Paraguay, Burundi, Bek. v. 14.1.2015, BGBl. II 151, Tadschikistan, Bek. v. 24.9.2015, BGBl. II 1219, Ukraine, Bek. v. 16.12.2015, BGBl. 2016 II 43, Brasilien, Chile, Bek. v. 20.7.2016, BGBl. II 1008, Albanien, Bek. v. 19.1.2017, BGBl. II 100, Russische Föderation Bek. 26.4.2017, BGBl. II 601, Guatemala Bek. v. 19.9.2017, BGBl. II 1309, Serbien, Kosovo, Niederlande, Bek. v. 6.11.2017, BGBl. II 1375, Tunesien, Bek. v. 15.12.2017, BGBl. II 1565, und v. 8.1.2018, BGBl. II 31, Bolivien, Plurinationaler Staat, Bek. v. 23.2.2018, BGBl. II 102, Österreich, Niederlande, Schweiz, Bek. v. 12.7.2018, BGBl. II 340.

15 **Unanwendbar** ist das Übk. gegenüber Albanien, Aserbaidschan, Georgien, Indien, Liberia, Moldau, Ukraine, Bek. v. 18.2.2008, BGBl. II 224.

439 ***Erklärung über Echtheit von Privaturkunden.*** **I Über die Echtheit einer Privaturkunde hat sich der Gegner des Beweisführers nach der Vorschrift des § 138 zu erklären.**

II Befindet sich unter der Urkunde eine Namensunterschrift, so ist die Erklärung auf die Echtheit der Unterschrift zu richten.

III Wird die Erklärung nicht abgegeben, so ist die Urkunde als anerkannt anzusehen, wenn nicht die Absicht, die Echtheit bestreiten zu wollen, aus den übrigen Erklärungen der Partei hervorgeht.

1 **I. Systematik, I–III.** Echt ist eine Privaturkunde im Sinne des § 416 ZPO, wenn die Unterschrift dem Namensträger zuzuordnen ist und die über der Unterschrift stehende Schrift vom Aussteller selbst stammt oder mit dessen Willen dort steht, BGH NJW 1988, 2741; → Vor § 437 Rn. 1. Eine Privaturkunde nach → § 416 Rn. 3 hat nach § 437 im Gegensatz zur öffentlichen Urkunde keine gesetzliche Vermutung der Echtheit, so dass letztere auf Bestreiten des Gegners zunächst festgestellt werden muss, BGH NJW 2001, 448. Der Beweisführer muss die Urkunde nach → § 420 Rn. 1, 6 grundsätzlich urschriftlich vorlegen. In der Vorlegung liegt die Behauptung der Echtheit.

2 Der Gegner darf die Echtheit grds. einfach bestreiten, BGH NJW 2001, 448. Das kann nach § 528 II auch in der Berufungsinstanz geschehen. Daraus ergibt sich die Erklärungspflicht. Wenn der Gegner die Richtigkeit einer beigebrachten Abschrift oder Ablichtung nicht bestreitet, genügt nach → § 420 Rn. 6 deren Vorlegung. Das Gericht muss insofern nach § 139 hinweisen.

3 § 439 II ist mit § 440 II zu lesen; eine Unterschrift und das gleichstehende notariell beglaubigte Namenszeichen haben damit erhöhten Wert, wenn die Urkunde iSd § 419 äußerlich unversehrt ist. § 439 I bezieht sich auf nicht unterschriebene Urkunden, → Vor § 415 Rn. 6.

4 **II. Regelungszweck, Geltungsbereich, I–III.** § 439 III ergänzt § 138 III, BGH NJW 1982, 183. Als überflüssig ist die (eben nur fast) wörtliche Wiederholung auch im Lichte der Verweisung in § 439 I nicht anzusehen, weil die Nichtabgabe der Erklärung zur Echtheit nach III durch die Fiktion des Anerkennens Bedenken aus § 419 ausräumen kann; das wäre bei bloßem Schweigen auf den Vortrag des Inhalts einer Urkunde nach § 138 III nicht der Fall. Dies kann insbesondere Bedeutung haben, wenn nur einzelne Teile einer größeren Urkunde von äußeren Mängeln betroffen sind und der für die Beweisfrage maßgebliche Teil hiervon nicht betroffen ist, sich aber die Frage stellt, ob die Mängel sich dennoch auswirken können, → § 419 Rn. 1.

5 Zum Geltungsbereich → Vor § 415 Rn. 4. Eine Sondervorschrift besteht im Verfahren vor dem AG, § 510. Im Eheverfahren ist § 439 nach § 113 IV Nr. 7 FamFG unanwendbar.

6 **III. Erklärung, I, II. 1. Grundsatz: Mangels Unverzüglichkeit Geständniswirkung, I.** Der Gegner muss sich wie bei § 121 I 1 BGB unverzüglich nach §§ 282, 296 zur Echtheit äußern, spätestens aber am Schluss der letzten Tatsachenverhandlung nach §§ 136 IV, 296a, BGH NJW 1982, 183. Die Annahme, das vorliegende *Schriftbild entspreche demjenigen* der betr. Person, steht dem Bestreiten nicht entgegen, solange nicht eine gute Fälschung als ausgeschlossen angenommen wird, BGH ZMR 2021, 203 Rn. 17. Bestreitet der Gegner nicht, greift nach → Rn. 10 das unterstellte Geständnis nach III ein.

7 Eine Erklärung mit **Nichtwissen** ist nach § 138 IV bei einer eigenen oder bei einer in der Gegenwart des Erklärenden von anderen unterschriebenen Urkunde unzulässig, wohl aber bei einer Urkunde, an deren Er-

richtung der Bestreitende nicht mitgewirkt hat, bei einem Insolvenzverwalter gilt dies indes nur insoweit, als er aus den Unterlagen und durch Befragen des Schuldners keine Erkenntnisse über die Echtheit der Urkunde gewinnen kann und seine diesbezüglichen Bemühungen nachvollziehbar darlegt, BGH MDR 2013, 486; NJW-RR 2012, 1004; allg. → § 138 Rn. 60.

Die sog. **Anerkennung** der Urkunde ist kein Anerkenntnis nach § 307, sondern ein gerichtliches Geständnis nach §§ 288 I, dessen Wirkungen sich auf den Rechtsstreit beschränken, in dem es abgegeben wurde BGH NJW 2006, 154, 157, Saarbr MDR 2002, 109. Sie ist nur nach § 290 widerruflich. Eine Anerkennung vor dem Prozess ist ein außergerichtliches Geständnis. Soweit der Gegner die Echtheit bestreitet, gilt § 440 I. Man kann die Echtheit auch erstmals in Nachverfahren des Urkundenprozesses nach § 600 bestreiten, wenn man sich im Urkundenprozess nicht erklärt hat, BGH NJW 1982, 183; nur das Geständnis nach § 288 I bleibt wirksam, Saarbr MDR 2002, 109, allg. → § 600 Rn. 18, 19. Der Fälschungseinwand ist ggf. durch Vorlage von Vergleichsunterschriften zu substantiieren, BGH NJW 2017, 3304 Rn. 24. 8

2. Unterschriebene Urkunde, II. Wenn die Urkunde nach → § 416 Rn. 2 einen Namen als Unterschrift trägt, nicht unbedingt den eigenen, auch ein beglaubigtes Handzeichen, muss man schon wegen § 440 II eine Erklärung über die Echtheit der Unterschrift abgeben. Wenn eine Unterschrift fehlt oder wenn ein Handzeichen unbeglaubigt ist, muss man nach I die Erklärung über die Echtheit des Textes abgeben. 9

IV. Unterlassung einer Erklärung, III. Die Regelung in III hat als Sonderregel den Vorrang vor §§ 138, 439 I, → Rn. 1. Zur Bedeutung gegenüber § 138 III → Rn. 4. Wenn der Gegner des Beweisführers die Echtheit nicht ausdrücklich oder konkludent bestreitet, gilt die Urkunde als anerkannt. Das ist ein unterstelltes Geständnis, BGH NJW 2006, 154 (157). Das gilt nicht, soweit die Geständniswirkung versagt, also vor allem bei einem von Amts wegen zu beachtenden Punkt. 10

440 *Beweis der Echtheit von Privaturkunden.* [I] **Die Echtheit einer nicht anerkannten Privaturkunde ist zu beweisen.**

[II] **Steht die Echtheit der Namensunterschrift fest oder ist das unter einer Urkunde befindliche Handzeichen notariell beglaubigt, so hat die über der Unterschrift oder dem Handzeichen stehende Schrift die Vermutung der Echtheit für sich.**

I. Systematik, Regelungszweck, I, II. Während § 416 die Beweiskraft der echten Privaturkunde regelt, befasst sich § 440 mit deren Echtheit selbst. Der Unterschied ist systematisch bedeutsam, praktisch aber gering, BGH NJW-RR 2007, 351; NJW 1992, 829, → § 416 Rn. 1, 11. Beide betreffen nur die äußere Beweiskraft nach → Vor § 415 Rn. 13. § 416 besagt: Mit einer Unterschrift liegt rechtlich die Erklärung des verkörperten Textes vor. § 440 besagt: Wenn die Unterschrift echt ist, ist die Erklärung echt, dh der Unterzeichnende ist der Aussteller des verkörperten Textes, was wiederum zu § 416 führt. Wenn die Erklärung echt ist, ist sie auch erfolgt. Die Beweisregel des § 416 bezieht sich auch auf die Begebung der Urkunde, → § 416 Rn. 7. Willensmängel betreffen dagegen nur die innere Beweiskraft nach → Vor § 415 Rn. 15. Äußere Mängel der Urkunde sind Regelungsbereich des § 419. 1

II. Geltungsbereich, I, II. → Vor § 415 Rn. 4, → § 439 Rn. 4. Die Vorschrift gilt auch im WEG-Verfahren. Im FamFG-Verfahren gilt statt II der Grundsatz der freien Beweiswürdigung uneingeschränkt, BayObLG NZM 2002, 449, → § 286 Rn. 6. 2

III. Beweislast, I. Bei einer Privaturkunde nach § 416 gibt es anders als in § 437 keine Echtheitsvermutung. Im Übrigen muss man zwischen der Echtheit der Unterschrift und der Echtheit der Schrift unterscheiden, also des durch die Unterschrift Gedeckten. Wenn die Echtheit der Urkunde weder anerkannt noch nach § 439 III unterstellbar ist, muss sie der Beweisführer nach § 286 zur vollen Überzeugung des Gerichts beweisen, BGH NJW 2017, 3304; NJW 2006, 154, 157; NJW 1995, 1683; Köln DB 1983, 104, LG Stgt NJW-RR 2013, 380, nicht hingegen muss der Gegner die Unechtheit beweisen, BGH NJW 2001, 448. Er darf die Echtheit unter den Voraussetzungen des § 138 IV mit Nichtwissen bestreiten, ein Insolvenzverwalter aber nur dann, wenn er sich beim Schuldner kundig gemacht hat, BGH ZIP 2013, 385; allg. → § 138 Rn. 60. All dies gilt auch dann, wenn eine Urkunde im Vorprozess unstreitig echt war, BGH NJW 2006, 156. 3

Es sind **alle Beweismittel** nach §§ 371 ff. zulässig, zB die Benennung des Ausstellers als Zeugen nach § 373, auch eine Schriftvergleichung nach §§ 441, 442 und eine Parteivernehmung nach §§ 445 ff., vgl. § 595 II. 4

IV. Vermutung, II. Die Regelung hat eine gesetzliche Vermutung zum Inhalt. Es gilt daher § 292, BGH NJW-RR 2015, 819 Rn. 18; Köln WuM 1996, 266; LAG Hamm NZA-RR 2005, 547, → Rn. 10, → § 416 Rn. 11. Die Vermutung erstreckt sich auf die Willensäußerung, nicht auf deren inhaltliche Richtigkeit, Nürnbg NJW-RR 2021, 20. 5

1. Echtheit. Eine Unterschrift muss vorliegen, nicht eine bloße Paraphe, BGH NJW-RR 2007, 351. Auch ein Telefax reicht jedenfalls bei rechtlich nachteiligen Erklärungen nicht aus, Ffm MDR 2000, 1330; Köln NJW 1992, 1774. Zu den Anforderungen an eine Unterschrift → § 416 Rn. 6. 6

Wenn der Aussteller die Echtheit der Namensunterschrift im Rechtsstreit anerkennt, liegt ein Geständnis nach § 288 I vor, BGH NJW 2006, 156, es kann also nur unter den Voraussetzungen des § 290 widerrufen werden, OLGR Saarbr 2001, 472. Die Vermutung besteht, sobald die Echtheit der Unterschrift feststeht oder der Notar ein Handzeichen beglaubigt hat. Sie geht dahin, dass die Schrift echt ist. Das gilt sogar bei einer Blankounterschrift oder beim Blankettmissbrauch; erst wenn feststeht, dass das Blankett abredewidrig ausgefüllt wurde, greift § 440 II nicht ein, BGH NJW 2000, 1179. Echt ist die Urkunde natürlich auch dann, wenn der Aussteller einen von fremder Hand geschriebenen oder vorgedruckten Text unterschrieben hat; maßgeblich ist die Unterschrift, BGH NJW-RR 2015, 819. Zur elektr. Signatur Art. 25 II eIDAS-VO. 7

Das Gericht beurteilt eine Beglaubigung der Unterschrift nach § 418, → Vor § 415 Rn. 8; → § 418 Rn. 5. Entspr. gilt für das Handzeichen. Nachträgliche Änderungen des Textes lassen zwar die Wirkungen der Beglaubigung nicht entfallen, indes erstrecken diese sich nicht auf die Ergänzung, Ddf RNotZ 2019, 210; Mü DNotZ 2011, 151. In einem solchen Falle prüft das Grundbuchamt in freier Beweiswürdigung, → § 286 Rn. 6, ob die 8

Ergänzung vom Erklärenden selbst oder einer zur Ergänzung berechtigten Person stammt, Ffm DNotZ 2006, 767.

9 **2. Willen des Ausstellers.** Der Wortlaut von II gibt für das Namenszeichen wie auch für das notariell beglaubigte Handzeichen vorgibt, es müsse „unter" der Urkunde (= dem verkörperten Text) stehen. Oberste Regel ist indes für alle Fälle der aus dem Gesamtbild der Urkunde folgende Wille des Unterzeichners, den Text als Verkörperung seiner Erklärung zu billigen. Das im Vordergrund stehende Erfordernis einer „Unter"-Zeichnung beruht auf der tatsächlichen Erfahrung, dass dies in einem solchen Fall regelhaft anzunehmen ist und andere Erscheinungsbilder Anlass zu Zweifeln geben oder jedenfalls zu kritischer Nachprüfung. Daher genügt zB grundsätzlich nicht, dass die Schrift nachträglich hinzukam oder dass die Schrift unter dem Namenszeichen steht, also bei einer sog. „Oberschrift" nach → § 416 Rn. 4 f., BGH NJW 2002, 2707; NJW 1992, 829; Hamm NJW 1989, 2137; Mü VersR 1988, 1136; die anderslautenden Erwägungen in BayObLG NJW 1991, 928 betreffen nur § 2247 BGB; dazu auch BGH NJW 1974, 1083. Dasselbe gilt grundsätzlich bei einer sog. Nebenschrift nach → § 416 Rn. 4, BGH NJW 1992, 829, es sei denn, es blieb unter dem Text kein Platz und die Unterschrift neben dem Text deckt ihn eindeutig, Köln Rpfleger 2000, 163 (Tatsachenwürdigung im Einzelfall).

10 **3. Einschränkung des II, Begebung.** § 440 II gilt nicht für einen nachträglich eingefügten Text, BGH MDR 2009, 1002 (§ 419). Ob man dies der Auslegung der Norm entnimmt, so KG FGPrax 2013, 8; Mü NZG 2010, 1036; BayObLG DNotZ 1985, 220; oder auf § 419 zurückgreift, so BGH NJW 1980, 873; Ddf MDR 2009, 1002, mag von Gegebenheiten des Einzelfalls abhängen und ist im praktischen Ergebnis ohne Bedeutung. Jedenfalls greift § 440 II bei äußeren Mängeln iSd § 419 nicht ein, BGH MDR 2009, 1002; NJW-RR 1989, 1323; Bmbg BeckRS 2003, 30310634. Bei mehrseitigen Urkunden muss feststehen, dass sie bei Unterzeichnung fest verbunden waren, LAG Köln AE 2016, 59.

11 § 440 II gilt nicht für die Begebung, BGH NJW-RR 2006, 847 Rn. 19; zur Beweiskraft insoweit → § 416 Rn. 7.

12 **4. Beweis des Gegenteils.** Dem Aussteller ist gegen die Echtheit der Urkunde nach § 292 der Beweis des Gegenteils eröffnet, der zur vollen Überzeugung des Gerichts geführt werden muss, BGH NJW-RR 2015, 819 Rn. 18; NJW-RR 1989, 1323, LAG Hamm NZA-RR 2005, 547. Antrag auf Parteivernehmung ist nach § 292 S. 2 zulässig, BGH NJW 1988, 2741. An den Beweis sind strenge Anforderungen zu stellen; das gilt auch für den Erben des verstorbenen Ausstellers; beim str. Blankettmissbrauch muss der Unterzeichner die abredewidrige Ausfüllung beweisen, BGH NJW-RR 2015, 819 (Ls.).

441 *Schriftvergleichung.* **I Der Beweis der Echtheit oder Unechtheit einer Urkunde kann auch durch Schriftvergleichung geführt werden.**

II In diesem Fall hat der Beweisführer zur Vergleichung geeignete Schriften vorzulegen oder ihre Mitteilung nach der Vorschrift des § 432 zu beantragen und erforderlichenfalls den Beweis ihrer Echtheit anzutreten.

III [1]Befinden sich zur Vergleichung geeignete Schriften in den Händen des Gegners, so ist dieser auf Antrag des Beweisführers zur Vorlegung verpflichtet. [2]Die Vorschriften der §§ 421 bis 426 gelten entsprechend. [3]Kommt der Gegner der Anordnung, die zur Vergleichung geeigneten Schriften vorzulegen, nicht nach oder gelangt das Gericht im Falle des § 426 zu der Überzeugung, dass der Gegner nach dem Verbleib der Schriften nicht sorgfältig geforscht habe, so kann die Urkunde als echt angesehen werden.

IV Macht der Beweisführer glaubhaft, dass in den Händen eines Dritten geeignete Vergleichungsschriften sich befinden, deren Vorlegung er im Wege der Klage zu erwirken imstande sei, so gelten die Vorschriften des § 431 entsprechend.

1 **I. Systematik, Regelungszweck, Geltungsbereich, I–IV.** Die Vorschrift ergänzt §§ 437–440 und auch §§ 420 ff. § 441 III, IV gehen § 144 vor, soweit es um die Vorlage von Vergleichsurkunden geht, die für den Beweis der Echtheit oder Unechtheit einer Urkunde nach § 441 I benötigt werden, grundlegend BGH NJW 2017, 3304; alte Fundstellen sind überholt. Wegen der strengen Beweisregeln im Urkundenbeweis soll der Beweis der Echtheit nicht zu schwer werden. Das Gesetz gibt daher mit der Schriftvergleichung die Möglichkeit des richterlichen Augenscheins nach §§ 371 ff. oder des Sachverständigenbeweises nach §§ 402 ff. Das insoweit freie Ermessen des Gerichts wird in § 442 klargestellt, Kblz NJW-RR 2014, 505. Aus der Vorlegungspflicht in II folgt, dass die Schriftvergleichung einen Parteiantrag voraussetzt; die weitergehende Regelung bezieht sich alleine auf die Vergleichsunterschriften. Nur in der Wahl der Beweismittel ist das Gericht frei.

2 Das **Persönlichkeitsrecht** des Urhebers bleibt von der reinen Vergleichung unberührt, BAG BB 1982, 117. Anders liegt es bei graphologischen Gutachten, die unmittelbar von §§ 402 ff. und nicht von § 441 erfasst sind, Kblz MDR 2013, 1064; zur Unterscheidung auch BGH NJW-RR 2022, 69 Rn. 8.

3 Zum Geltungsbereich → Vor § 415 Rn. 4, → § 439 Rn. 4.

4 **II. Schriftvergleichung, I–IV.** Schriftvergleichung ist die Untersuchung eines handschriftlichen Erzeugnisses zur Ermittlung seiner Echtheit durch Vergleich mit unstr. Schriftproben, BAG BB 1982, 117. Sie ist bei sämtlichen Urkunden zulässig. Sie erstreckt sich nach → Vor § 437 Rn. 3 auf die Schrift und die Unterschrift. Die Schriftvergleichung liefert einen Indizienbeweis, → Vor § 284 Rn. 25. Sie geschieht durch Inaugenscheinnahme nach § 371, BAG BB 1982, 117, LG Stgt NJW-RR 2013, 380, oder Sachverständigenbeweis nach §§ 402 ff. und erfolgt durch den Vergleich der streitigen mit unbestrittenen echten oder nach § 437 als echt vermutbaren oder erweisbaren Schriftstücken. Die Schriftvergleichung untersteht insofern den Vorschriften des Urkundenbeweises.

5 **III. Verfahren, I–IV.** Zur Anfertigung von Vergleichsschriften darf das Gericht nach → Vor § 371 Rn. 8 den Gegner des Beweisführers anhalten. Wenn die Partei die Anfertigung verweigert, vereitelt sie den Beweis nach → § 444 Rn. 7; aM möglicherweise Zöller/Feskorn Rn. 3 (§ 286). Die Vergleichsstücke müssen der Gegenstand der mündlichen Verhandlung nach § 128 I sein. Es gilt § 357.

gesetzliche Zulässigkeits- oder Würdigungsregeln, zB §§ 447, 454, teils durch den ohnehin geltenden Grundsatz der freien Beweiswürdigung nach § 286 begrenzt. Das Gericht darf eine Parteivernehmung unter keinen Umständen mit der Begründung ablehnen, es verspreche sich von ihr wegen des Bestreitens der Partei keinen Erfolg.

10 **III. Geltungsbereich.** §§ 45 ff. gelten in allen Verfahrensarten nach der ZPO, auch im WEG-Verfahren, wegen § 113 I 2 FamFG auch im dort genannten Verfahren mit einer Abweichung in §§ 113 IV Nr. 8, 128 FamFG entsprechend, auch im arbeitsgerichtlichen Verfahren nach § 46 II 1 ArbGG. Im Wiederaufnahmeverfahren gilt einschränkend § 581 II. Im sozialgerichtlichen Verfahren gelten §§ 445 ff. mangels Verweisung in § 118 I SGG nicht.

11 **IV. Zulässigkeit.** Sie folgt zu Recht strengen Bedingungen. Es gelten die allgemeinen Grundsätze eines Beweisverfahrens nach §§ 284 ff., 355 ff., dh die Parteivernehmung kann nur zur Aufklärung einer beweisbedürftigen Tatsache angeordnet werden. Auch in dieser Hinsicht unterscheidet sie sich von der Anhörung nach § 141, → Rn. 1; zur Beweisbedürftigkeit → Vor § 253 Rn. 55.

12 **1. Förmliche Voraussetzungen.** Die Parteivernehmung ist zunächst auf **Antrag** zulässig, und zwar nach § 445 die Vernehmung des Gegners des Beweisführers nach → Vor § 284 Rn. 21, soweit der Beweisführer keine anderen Beweismittel vorbringt oder den Beweis mit solchen nur unvollkommen oder gar nicht geführt hat, und nach § 447 die Vernehmung des Antragstellers im Einverständnis des Gegners. Die Parteivernehmung ist ferner von Amts wegen unabhängig von der Beweislast stets dann zulässig, wenn das Gericht nach § 448 einigen Beweis für erbracht hält. Das Gericht kann dann eine Partei oder in den Grenzen von → Rn. 14 auch beide Parteien nach § 448 vernehmen.

13 Der häufig vorfindliche Antrag **„Beweis: Parteivernehmung"** ist unbeachtlich, weil §§ 445 ff. auf die Angabe einer bestimmten Partei zugeschnitten sind, Laumen MDR 2020, 145 (149). Es reicht indes aus, dass die Auslegung zu einem bestimmten Ergebnis führt.

14 **2. Vernehmung nur einer Partei.** Abweichend vom österreichischen Recht darf das Gericht grundsätzlich nicht beide Parteien vernehmen, Ausnahme → § 448 Rn. 22. Das Gesetz will das Recht, die eigene Behauptung beweismäßig zu bestärken, grundsätzlich nicht dem Beweispflichtigen geben und beschränkt daher dessen Recht auf die Vernehmung des Gegners.

15 **3. Eid.** Die Vernehmung erfolgt uneidlich. Nur dann, wenn eine uneidliche Bekundung das Gericht nicht voll überzeugt, kann das Gericht die Partei oder dann, wenn es beide Parteien über verschiedene Tatsachen vernommen hatte, beide nach §§ 452, 478 ff. beeidigen. Das Gericht würdigt auch eine eidliche Parteiaussage frei nach §§ 286, 453. Nennenswerte Bedeutung hat die Vereidigung nicht.

16 **4. Subsidiarität.** Der Beweis durch eine Parteivernehmung ist nach §§ 445 I, 450 II subsidiär, BGH NJW 2020, 776 = MDR 2020, 237 mAnm Laumen 334; BAG NJW 2014, 1326 Rn. 15; Nürnbg IBR 2018, 546; Ddf MDR 2013, 1370. Seine Durchführung kommt also erst nach einer vergeblichen Prüfung aller anderen zulässigen Beweismittel in Betracht. Zur Wahrung der Subsidiarität ist es indes nicht erforderlich, eine im Lager des Prozessgegners stehende Person als Zeugen zu benennen; gleiches gilt erst recht für die Vernehmung des Gegners als Partei, BGH NJW 2020, 776 Rn. 23; NJW 2013, 2601. Zur weiter gehenden Bedeutung bei der Parteivernehmung vAw → § 448 Rn. 5.

17 Aus dem Charakter des **Hilfsbeweises** folgt, dass zunächst ein Beweisbeschluss nur betr die Verwertung vorrangiger Beweismittel ergehen kann; nach dessen Erledigung ist der bereits gestellt Antrag auf Parteivernehmung, seine Voraussetzungen als gegeben angesehen, zu berücksichtigen oder der Partei Gelegenheit zur Antragstellung zu geben, Oldb NJW-RR 1990, 125. Zulässig und praktischer ist die sofortige Aufnahme auch der Parteivernehmung in den Beweisbeschluss, am besten mit dem Hinweis, dass diese Vernehmung erst nach einer Verwertung der vorrangigen Beweismittel stattfinden soll. Die hierauf geladene Partei muss zwecks Vermeidung der Folgen des § 454 erscheinen.

18 Heranzuziehen sind auch die Beweise, die das Gericht vAw verwerten kann, §§ 142, 144. Auch die bloße Kenntnis des Gerichts von weiteren Beweismitteln kann der Parteivernehmung entgegenstehen, wenn deren Verwertung nicht von Vornherein mit der Erwartung der Ergebnislosigkeit belastet ist.

445

Vernehmung des Gegners; Beweisantritt. I **Eine Partei, die den ihr obliegenden Beweis mit anderen Beweismitteln nicht vollständig geführt oder andere Beweismittel nicht vorgebracht hat, kann den Beweis dadurch antreten, dass sie beantragt, den Gegner über die zu beweisenden Tatsachen zu vernehmen.**

II **Der Antrag ist nicht zu berücksichtigen, wenn er Tatsachen betrifft, deren Gegenteil das Gericht für erwiesen erachtet.**

1 **I. Einleitung.** Als beweiserhebliches Beweismittel kommt die Parteivernehmung generell nur in Frage, wenn eine beweisbedürftige Tatsache durch sie bewiesen werden soll, BGH NJW 2019, 1137 Rn. 35 (Verteidigung gegen eine tatsächliche Vermutung); zur Beweisbedürftigkeit → Vor § 253 Rn. 55. § 445 macht die Parteivernehmung nach → Vor § 445 Rn. 16 zu einem **subsidiären** Beweis. Er kommt erst dann zur Durchführung, wenn die anderen vorgebrachten Beweismittel erschöpft sind, BGH ZIP 2018, 1173. Daher muss derjenige, der in der ersten Instanz eine Parteivernehmung hinter anderen Beweismitteln beantragt hatte, den Antrag in der zweiten Instanz bei Erledigung dieser Beweismittel wiederholen; dabei ist indes eine großzügige Betrachtung von Bezugnahmen geboten. Das Gericht hat des Weiteren eine Fragepflicht nach § 139, BGH NJW-RR 1996, 1459 (kein konkludenter Verzicht bei Bezugnahme). Das gilt erst recht in der ersten Instanz, Oldb NJW-RR 1990, 125, wo nur aufgrund besonderer Umstände des Einzelfalls eine Wiederholung des Beweisantrags nicht erforderlich ist, BGH NJW 1991, 1290 (1292). Es besteht **kein Zwang** zur vorrangigen Benennung anderer Beweismittel, selbst wenn solche vorhanden wären; § 445 unterscheidet sich also von § 448. Auch bedarf es für die Anordnung der Parteivernehmung nach § 445 keiner Wahrscheinlichkeit der unter Beweis gestellten Behauptung, BGH NJW 2019, 1137 Rn. 35; NJW 2012, 2427 Rn. 39; zur anderen Lage bei § 448 → § 448 Rn. 5. § 445 ist dennoch vor § 448 nicht die speziellere Vorschrift, LAG Hamm NZA-RR 2011, 399 unter Bezugnahme auf

BAG NJW 2007, 2427. Sie bringt indes den Beweisführer im Rahmen ihres Anwendungsbereichs leichter zum Ziel. Der Antrag ist ein Beweisantrag wie jeder andere. Das Verfahren regeln §§ 450 ff.

Zum Geltungsbereich → Vor § 445 Rn. 10. 2

II. Antrag auf Vernehmung des Gegners, I. 1. Antrag. Er ist unbedingt erforderlich, Hamm NJW 2007, 611 und kann nur von der beweispflichtigen Partei gestellt werden, → Rn. 9. Sie muss ihn wegen des Hilfscharakters der Parteivernehmung nach → Vor § 445 Rn. 16, → Rn. 1, nach einer Beweisaufnahme durch Verwertung anderer Beweismittel wiederholen, Ddf MDR 2013, 1370; Oldb NJW-RR 1990, 125 (auch zu § 139). Rügeloses Verhandeln kann einen Antragsverzicht bedeuten, Kblz NJW-RR 2008, 342. Eine Rücknahme ist wie bei § 399 bis zum Vernehmungsbeginn statthaft, konkludent aber iZw nicht erklärt, BGH NJW-RR 1996, 1459; Hbg MDR 1964, 414 (Kein Widerruf nach Vernehmung); sie kann durch erneuten Antrag widerrufen werden, BAG NJW 1974, 1349. Eine Zurückweisung wegen **Ausforschung** oder sonst wegen mangelnder Substantiierung des Sachvortrags ist nur unter äußerster Zurückhaltung tunlich, damit nicht die Grenze zu § 448 verschwimmt, BGH IBRRS 2019, 1518; NJW 2012, 2427 Rn. 39 f. (obwohl die Gefahr „naheliegt"); NJW-RR 2003, 491; NJW-RR 1991, 888 (890); für kritische Prüfung allerdings BGH BKR 2013, 506. Bei gleichzeitigem Angebot weiterer Beweismittel ist die Parteivernehmung zurückzustellen, ggf. auch nach Erlass eines Beweisbeschlusses, § 450 II, → Vor § 445 Rn. 16. 3

Antragsberechtigt sind die Partei, ihr gesetzlicher Vertreter nach § 51, ihr ProzBev. nach § 81, jeder Streitgenosse nach §§ 59 ff., der Streithelfer nach § 66, soweit die Partei nicht nach § 67 widerspricht. **Verspätung,** etwa nach § 296 I, kann gegen einen erst nach Ausschöpfung der übrigen Beweismittel gestellten Antrag auf Parteivernehmung nicht vorgebracht werden, weil § 445 I die Beurteilung des bisherigen Beweisergebnisses vor der Antragstellung ausdrücklich vorsieht. 4

Um der unter → § 447 Rn. 9 erörterten Falle des § 447 zu entgehen, mag eine Partei, die sich ausschließlich auf § 445 stützen will, einen eingeschränkten Beweisantrag erwägen, der ausdrücklich auf die Beweislast aufbaut. Zulässig ist etwa die Erklärung: „Beweis: Vernehmung des Gegners, falls ich beweispflichtig bin" oder „mit der Vernehmung des Gegners bin ich einverstanden, falls ich beweispflichtig bin". Eine Einverständniserklärung in der Verhandlung kommt nach §§ 160 III Nr. 510a ins Protokoll. 5

2. Unvollständigkeit vollen Beweises. Die Vernehmung des Prozessgegners kommt in Betracht, soweit der Beweispflichtige nur unvollständig Beweis angeboten oder nicht erfolgreich erbracht hat. Eine Wahrscheinlichkeit des behaupteten Sachverhalts ist hier, anders als im Fall des § 448, nicht vorausgesetzt, BGH NJW 2019, 1137 Rn. 35; NJW 2012, 2427 Rn. 39; NJW 1960, 1950; Ffm BeckRS 2020, 2397 Rn. 27 = NZG 2020, 462 (Ls.); Stgt OLGR 2007, 1034. Die **aA,** die einen sog. **„Anbeweis"** fordert, dh eine aufgrund der voraufgegangenen Beweisaufnahme bereits gegebene, gewisse Wahrscheinlichkeit für die unter Parteivernehmung gestellte Behauptung, Musielak/Voit/Huber § 445 Rn. 8, ist abzulehnen; die Berufung auf BGH NJW 2010, 3292 ist verfehlt, da auf § 448 zugeschnitten. Im Vergleich mit § 448 trägt der Wortlaut des § 445 I den Standpunkt nicht. Bei einer dahingehenden Handhabung des § 445 I käme es hinsichtlich des zweiten Anwendungsfalles, → Rn. 7, zu unüberwindbaren Abgrenzungsproblemen. Das Gericht muss ggf. nach § 139 hinweisen und Gelegenheit zur Antragstellung geben, → Rn. 1. 6

3. Fehlen anderen Beweises. Die Vernehmung des Prozessgegners kommt ferner in Betracht, soweit der Beweispflichtige freiwillig oder notgedrungen keinen anderen Beweis antritt. Er kann sich auf den Antrag auf Parteivernehmung beschränken, arg. § 450 II. 7

III. Weitere Beweiserhebung, I. Es ist zulässig, nach einer Parteivernehmung in den Grenzen der Verspätungsregeln neue Beweismittel vorzubringen, Karlsr NJW-RR 1991, 200 (Berufung). Abwarten bis zum Ergebnis der Parteivernehmung ist allerdings grds. hinzunehmen. Andernfalls entstünde ein dem § 445 I nicht zu entnehmender Druck, von Anfang an die übrigen Beweismittel zu benennen, was für den Gegner nicht zuletzt im Lichte der §§ 446, 452, 454 einen taktischen Vorteil mit sich brächte. 8

IV. Beweislast, I. Das Antragsrecht aus § 445 steht alleine der beweisbelasteten Partei zu. Gemeint ist der Hauptbeweis, nicht der Gegenbeweis, Ddf MDR 1995, 959. Maßgeblich ist nach allgemeinen Grundsätzen das mat. Recht, BGH IBR 2015, 462 (Vertragsauslegung); NJW 1991, 1052. Das gilt auch im Falle einer **Beweislastumkehr,** BGH NJW 2012, 2427 Rn. 37 ff. Parteivereinbarungen oder Rügeverzicht nach § 295 sind als solche unbeachtlich, da die Beweislast nicht aus dem Verfahrensrecht folgt; entsprechendes zeigen auch §§ 446, 452 sehr deutlich. Ein Verstoß macht die Aussage unverwertbar, MüKoZPO/Schreiber Rn. 9. Parteivereinbarungen können aber im Rahmen von §§ 447, 448 beachtlich sein. 9

V. Vernehmungsgegenstand, I. Das Gericht darf eine Partei nur über Tatsachen vernehmen, und dies ohne eine Begrenzung auf eigene Handlungen und Wahrnehmungen. Die Vernehmung erstreckt sich also nicht auf Rechtsfragen und Werturteile, was seitens der Parteien nicht immer beachtet wird. Unerheblich ist: Ob die Tatsache eine äußere oder innere ist; ob es sich um eine Vermutungstatsache (hypothetische) oder um eine negative Tatsache handelt; ob die zu bekundende Handlung unsittlich oder strafbar ist. Der Beweisführer muss die Tatsache so bestimmt wie ihm ohne Überspannung möglich bezeichnen, ohne dass weitergehende Darlegung etwa zu Plausibilität oder Wahrscheinlichkeit geboten wäre, BGH NJW-RR 1991, 888 (890). Das Gericht muss sie im Beweisbeschluss nach § 359 angeben. 10

VI. Gegner, I. Erforderlich und ausreichend ist ein Antrag auf die Vernehmung des Gegners. Der häufig unpräzise gestellte Antrag auf „Parteivernehmung" ist auslegungsbedürftig und muss bei Unklarheit nach § 139 geklärt werden, ebenso der Antrag, den Gegner als „Zeugen" zu vernehmen, BGH NJW-RR 1994, 1143. Wenn die Gegenseite aus Streitgenossen besteht, ist zu klären, ob der Antrag sich auf alle bezieht und wie alsdann nach § 449 zu verfahren ist, → § 449 Rn. 4. Ist der Gegner gesetzlich vertreten, gilt § 455. 11

VII. Unzulässigkeit, II. Der Antrag ist unzulässig, wenn das Gericht das Gegenteil der zu bekundenden Tatsachen für erwiesen erachtet. Abs II gilt unabhängig davon, ob eine Beweisaufnahme nach §§ 355 ff. geschehen ist oder nicht zB also bei Offenkundigkeit nach § 291, wenn die Beweistatsache unmöglich ist oder wenn eine gesetzliche Beweisregel oder eine durchgreifende Lebensregel der Behauptung unwiderleglich entgegensteht. Zu den Beweisregeln im Urkundenbeweis → § 415 Rn. 17, → § 416 Rn. 11, → § 418 Rn. 11. Allgemein kann II auch eingreifen, wenn eine Beweisaufnahme stattgefunden und zum vollen Beweis des Gegenteils geführt hat, Ffm BeckRS 2004, 18486 Rn. 46 (Strafurteil); OLGR Karlsr 2002, 396 (Zeugenvernehmung). 12

13 Eine Parteivernehmung zur Widerlegung einer **Rechtsvermutung** lässt § 292 S. 2 als Ausnahmeregelung ausdrücklich zu, daher ist § 445 II hier unanwendbar, BGH NJW 1988, 2741; Ddf MDR 1995, 959. Bei **Indizienbeweis, tatsächlicher Vermutung oder Anscheinsbeweis** für das Gegenteil der str. Tatsache ergibt sich ein Spannungsverhältnis zwischen den einzelnen, dieser Beweisführung zugrunde liegenden Tatsachen und der (iSd § 445 II das Gegenteil darstellenden) Haupttatsache, die mit ihrer Hilfe bewiesen werden soll. Einzelne tatsächliche Elemente dieser Beweisführung können iSd § 445 II bewiesen und damit von vornherein feststehende Grundlage einer Tatsachenfeststellung gegen die beweisbelastete Partei sein. Die vom Beweisführer mit der Parteivernehmung des Gegners zu beweisende, streitige Tatsache kann indes nach § 415 I unter Beweis gestellt werden, ohne dass II entgegenstünde, Arg § 292 S. 2. Kann nämlich eine gesetzliche Vermutung mit Hilfe der Parteivernehmung widerlegt werden, muss dies erst recht für den letztlich ja auch auf Erfahrungen aufbauenden Indizienbeweis sowie den Anscheinsbeweis gelten. Zu beachten ist des Weiteren, dass die gedanklichen Rückschlüsse und Erfahrungswerte, auf denen Indizien- und Anscheinsbeweis aufbauen, ihrerseits nicht Gegenstand einer Parteivernehmung sein können, weil es sich hierbei nicht um Tatsachen handelt, sondern um Rechtsanwendung.

14 Es genügt **nicht,** dass das Gericht das Gegenteil für bloß **wahrscheinlich** hält; das gebietet eine klare Urteilsbegründung, weil abweichendenfalls ein Verfahrensfehler vorliegt, der auf Antrag nach § 538 II 1 Nr. 1 zur Zurückverweisung führen kann, Mü NJW-RR 2014, 1123. Mit Blick hierauf ist die Tragweite des § 445 II begrenzt, weil der Beweisführer die Überzeugung des Gerichts vom Gegenteil, wenn nicht Verspätungsregeln eingreifen, durch Vortrag neuer Tatsachen erschüttern und damit den Weg des I öffnen kann.

446 *Weigerung des Gegners.* Lehnt der Gegner ab, sich vernehmen zu lassen, oder gibt er auf Verlangen des Gerichts keine Erklärung ab, so hat das Gericht unter Berücksichtigung der gesamten Sachlage, insbesondere der für die Weigerung vorgebrachten Gründe, nach freier Überzeugung zu entscheiden, ob es die behauptete Tatsache als erwiesen ansehen will.

1 **I. Systematik.** Das System der Rechtsfolgen beim Widerstand oder bei sonstigen Zwischenfällen im Verlauf einer Parteivernehmung ist nicht übersichtlich. Gemeinsamer Gedanke aller Regelung ist der Verzicht auf Aussagezwang bei am Einzelfall orientierter Würdigung auch des Verhaltens, das die Partei an den Tag legt. Man muss, zulässige Anordnung der Beweiserhebung vorausgesetzt, eine Säumnis einerseits und einen Widerstand des zu Vernehmenden andererseits unterscheiden. Im ersteren Fall gilt § 454, im letzteren muss man wiederum unterscheiden: Lehnt der zu Vernehmende die ordnungsgemäß beschlossene Vernehmung gänzlich ab oder schweigt er auf Fragen des Gerichts ohne jede Grundangabe oder unter einer bloß fadenscheinigen Begründung etwa des Nichtwissens, gilt § 446 mit der Maßgabe, dass dieses Verhalten zugunsten des Beweisführers frei gewürdigt werden kann. Verweigert er lediglich die Aussage zur Sache oder einen Eid oder eine eidesgleiche Bekräftigung nach §§ 452, 478 ff., gilt § 446 über § 453 II entsprechend, dies idR mit gleichem Ergebnis. Gibt der Verweigerer vernünftige Gründe an, gilt insoweit § 286, evtl. auch § 384 entsprechend. §§ 380, 381 treten gegenüber diesen Spezialregeln zurück. Das Ausforschungsverbot nach → § 445 Rn. 3 bleibt unberührt.

2 **II. Regelungszweck.** Die Parteivernehmung ist nach → Vor § 445 Rn. 16 nur hilfsweise zulässig. Daher soll mit der Bewältigung von Problemen infolge Säumnis oder Weigerung im Interesse der Prozesswirtschaftlichkeit nicht viel Zeit und Aufwand getrieben werden. Der BGH rechnet die Regelung der Beweisvereitelung zu, BGH NJW 2006, 434 Rn. 23. Das bezweckt auch einen gewissen Druck auf den zu Vernehmenden, der sich im Angesicht der ihm drohenden Folgen für eine wahrheitsgemäße Schilderung des Sachverhalts entscheiden soll, Karlsr EWiR 2015, 499. Das alles dient letztlich der Aufklärung des Sachverhalts. Das Gericht ist daher zu einer gewissenhaften Gesamtabwägung aller Umstände nach § 286 verpflichtet. Die Handhabung der Norm als Sanktion ist verfehlt.

3 **III. Geltungsbereich.** → Vor § 445 Rn. 10.

4 **IV. Widerstand des Gegners.** Das Prozessrechtsverhältnis verpflichtet jede Partei zur Mitarbeit an der Wahrheitsfindung. Hier setzt § 446 ähnlich wie § 444 an. Die Vorschrift setzt einen Widerstand des Vernehmungsgegners voraus, also der nicht beweispflichtigen Partei nach § 445. Er kann ausdrücklich vorliegen. Das gilt etwa dann, wenn der Gegner es ablehnt, sich vernehmen zu lassen. Er kann auch **stillschweigend** vorliegen. Das gilt etwa dann, wenn der Gegner keine Erklärung abgibt. Das Gericht braucht ihn kraft gesetzlicher Regelung nicht auf ein Verweigerungsrecht hinzuweisen, Celle VersR 1977, 361, indes ist es nach § 139 II 1 geboten, auf die nachteiligen Folgen des Widerstands aufmerksam zu machen. Auch → § 451 Rn. 3 „§ 395". Die Erklärung der Partei ist bis zum Schluss der mündlichen Verhandlung möglich. Im schriftlichen Verfahren nach § 128 II erfolgt sie schriftlich. Sie erfolgt auch nach § 130a elektronisch. Es besteht Anwaltszwang wie sonst nach § 78.

5 Das **Schweigen** lässt sich nur dann als Unterlassen ansehen, wenn das Gericht zur Erklärung aufgefordert hatte. Die Erklärung muss eindeutig und unbedingt sein. Sie ist in der ersten Instanz bis zum Verhandlungsschluss und in der zweiten Instanz nach § 533 – auch dies kann frei gewürdigt werden – widerruflich; auch für die zweite Instanz für freien Widerruf MüKoZPO/Schreiber Rn. 2.

6 **V. Folgen.** Das Gericht würdigt die Weigerung nach § 286, § 453 frei, dh umfassend, unter Auswertung des gesamten Sachverhalts, BGH NJW 2005, 3773 (Vorenthaltung einer ladungsfähigen Anschrift); NJW-RR 1991, 888 (Verwertung der Gründe auch gegen die Partei). Die Weigerung einzelner **Streitgenossen** unterliegt den gleichen Bewertungen. Es kann einen vernünftigen Weigerungsgrund geben, BGH WM 2010, 1017 Rn. 20; NJW 1991, 2500 (Fehlen sicheren Geleits nach § 295 StPO); WM 1981, 369 (keine Kenntnis des Vorstands von Details des Sachverhalts); Ddf WM 1981, 369 (Weigerung im Urkundenprozess). Ein Weigerungsgrund wie die Sorge vor Bestrafung kann aber auch entfallen sein, Naumbg NJW 2016, 1102 Rn. 29 (Freispruch). Zur Weigerung berechtigen können ähnlich wie beim Zeugen nach §§ 383 ff., Mü NZV 1991, 427: Unsittlichkeit; Unehrenhaftigkeit; Strafbarkeit der zu bekundenden Handlung; ein Geschäfts- und Betriebsgeheimnis wie bei § 284 Nr. 3, aM Gottwald BB 1979, 1783 (aber der Parteienschutz sollte nicht hinter dem Zeugenschutz zurückstehen); Schamgefühl; die Befürchtung von Nachteilen außerhalb des Prozesses; eine organisationsbedingte generelle Unkenntnis. Kann vom Gegner billigerweise erwartet werden, dass er Verdachtsmomente ausräumt, darf der Verdacht bei unbegründeter Weigerung als bestätigt angesehen werden, BGH NJW-RR 1991, 888. Eine

bloße Widerspenstigkeit ist kein Entschuldigungsgrund. Das Gericht muss sie daher nach § 286 nachteilig würdigen.

Eine Verweigerung nur zu einzelnen Punkten kann, je nach Begründung, durchaus berechtigt und sachlich unschädlich sein. Das Gericht kann aufgrund einer Weigerung die bloße Wahrscheinlichkeit einer Tatsache annehmen und daraufhin den Beweispflichtigen nach § 448 vernehmen. 7

Eine weitergehende Sanktion wird an die Weigerung nicht angeknüpft, namentlich keine Pflicht zur Tragung von Mehrkosten. Es gilt hingegen § 95. 8

VI. Verfahren. Die Weigerung wird beim AG nach § 510a protokolliert, sonst nach § 160 III Nr. 3. Wenn die Partei erscheint und aussagt, jedoch nicht zu einem wesentlichen Punkt, muss das Gericht sie insofern nunmehr als verweigernd ansehen. Das gilt aber nur dann, wenn der Richter sie ausdrücklich nach dem wesentlichen Punkt befragt hat. Das letztere soll das Protokoll nach § 160 III Ziff. 4 ergeben. 9

447 *Vernehmung der beweispflichtigen Partei auf Antrag.* **Das Gericht kann über eine streitige Tatsache auch die beweispflichtige Partei vernehmen, wenn eine Partei es beantragt und die andere damit einverstanden ist.**

I. Systematik. §§ 445, 447, 448 sind aufeinander abgestimmt: Während § 448 die Beweisanordnung ohne Antrag unter erschwerten Voraussetzungen zulässt und evtl. notwendig macht, hängen Beweisanordnungen nach §§ 445, 447 von Anträgen ab. Zusätzlich muss bei § 447 das Einverständnis des Prozessgegners hinzutreten. Beides ist nach §§ 160 III Nr. 3, 510a, 162 zu protokollieren. Anwaltszwang besteht nach § 78. 1

Wie die Wendung „auch" zeigt, ergänzt die Norm § 445. Daher müssen dessen Voraussetzungen ebenfalls vorliegen. Es gilt also der Grundsatz der Subsidiarität, wie auch § 445 II zu beachten ist. 2

II. Regelungszweck. Das meist erhebliche Risiko einer dem Beweisführer ungünstigen Aussage erfordert bei § 445 keine weiteren Absicherungen vor den Gefahren einer Beweisverlagerung in den Mund des Gegners. Der Beweisführer mag sich einen Antrag auf die Vernehmung des Gegners nach § 445 gut überlegen. Das größere Risiko uferloser Beweisangebote mithilfe von zum Beweismittel „aufgewerteten" eigenen Parteidarstellungen bedarf zusätzlicher Begrenzung. Daher ist das Erfordernis einer Zustimmung des Gegners nicht nur eine Ausprägung der Parteiherrschaft, sondern auch ein Gebot der Gerechtigkeit; das Gebot der **Waffengleichheit** erfordert keine Abweichung vom Wortlaut, KG NJW 2018, 239 Rn. 18 ff.; insoweit offener, aber letztlich für Anwendung alleine von §§ 448, 141 Ffm MDR 2013, 107. Das Gericht darf mithin das Ausbleiben des Einverständnisses grundsätzlich selbst dann nicht nachteilig würdigen, wenn keine Begründung gegeben wird. 3

III. Geltungsbereich. → Vor § 445 Rn. 10. 4

IV. Antrag auf Vernehmung der beweispflichtigen Partei. § 447 stellt anders als § 445 nicht auf die Beweislast der antragstellenden Partei ab, sondern – unabhängig von der Parteirolle – auf eine Übereinstimmung von Antrag und Einverständnis und daneben auf die Beweispflicht der zu vernehmenden Partei. Der Antrag muss inhaltlich eindeutig sein. Man kann ihn bis zum Vernehmungsbeginn zurücknehmen, später nur entsprechend § 399, dh nach Beginn der Vernehmung nicht mehr gegen den Willen des Gegners. 5

V. Einverständnis des Gegners. Das Einverständnis ist eine Parteiprozesshandlung. Es muss eindeutig vorliegen; für ausdrückliche Erklärung Brdb NZFam 2018, 224, Ffm WM 2012, 1120. Ein Widerspruch des Gegners ist nicht erforderlich, LG Mü NZM 2015, 893. Für eine generell denkbare konkludente Zustimmung bleibt in der Praxis wenig Raum. Im Schweigen des Gegners liegt sie nicht, VerfGH Bln JR 1994, 499; MüKoZPO/Schreiber § 447 Rn. 2; anders die hiesige Vorauflage. Keine Zustimmung ist der bloße Gegenbeweisantritt nach § 445, Born JZ 1981, 775. 6

Das Einverständnis gilt nur für die Instanz und auch nicht für einen erneut gestellten Antrag. Es ist unwiderruflich, str, wie hier Prütting/Gehrlein/Müller-Christmann Rn. 5; Zöller/Greger § 447 Rn. 3; aA MüKoZPO/Schreiber Rn. 2. Ein dennoch erklärter **Widerruf** des Einverständnisses ist als Weigerung iSd § 446 auszulegen. In der Lit. wird erwogen, das Einverständnis mit einer Parteivernehmung, die in Verkennung der Beweislast nach § 445 beantragt wird, für unwirksam zu halten, Prütting/Gehrlein/Müller-Christmann Rn. 4; MüKoZPO/Schreiber § 447 Rn. 2; Born JZ 1981, 775. Dem ist nicht zu folgen, da jede Partei für ihre Einschätzung der Rechtslage selbst verantwortlich ist. 7

In Zweifelsfällen ist nach § 139 hinzuweisen; Fehler oder vorwerfbares Unterlassen des Gerichts können ein Anlass sein, vom Ast nach Treu und Glauben die Zustimmung zum Widerruf des Einverständnisses zu verlangen. Das Gericht braucht den Gegner des Antragstellers nicht zum Einverständnis aufzufordern, Naumb NJW-RR 2016, 349 Rn. 43. Bei fehlendem Einverständnis ist generell zu prüfen, ob die Amtsvernehmung nach § 448 in Betracht kommt. 8

VI. Praktische Probleme. Antrag und Einverständnis stehen gleichrangig nebeneinander, sind also austauschbar, dh der **voreilig** unter Verkennung der Beweislast gestellte Antrag kann als Einverständnis anzusehen sein, wenn die Gegenseite ihrerseits mit einer gleichgerichteten Antragstellung reagiert. Denn welche Partei den Antrag stellt, ist gleichgültig. Nach dem Einverständnis kommt es nur noch darauf an, ob die zu vernehmende Partei nach der Auffassung des Gerichts, nicht notwendig der Parteien, wirklich beweispflichtig ist. Die nicht selten schwierigen Probleme, die sich insoweit ergeben, sollten zur Vorsicht mahnen, weil ein nicht durchdachter Beweisantrag dem beweisbelasteten, nicht über weitere Beweismittel verfügenden Gegner den Weg zur eigenen Vernehmung öffnen kann. Ob der voreilige Beweisantrag aber wirklich als unwiderrufliches Einverständnis zu behandeln sein soll, erscheint fraglich, da die Partei in dem Bewusstsein handelt, einen Antrag zunächst zurücknehmen zu können. Sachgerecht erscheint es daher, formal darauf abzustellen, von wem der Antrag ausgegangen ist; dieser Partei bleibt das Recht der Rücknahme erhalten. Drohenden Nachteilen kann man iÜ dadurch entgehen, dass man rechtzeitig andere Beweise antritt. Denn das Gericht muss diese aufgrund der Subsidiarität und ggf gem. § 450 II vorher erledigen. Dadurch tritt eine neue Lage ein; die bis dahin gestellten Anträge zur Parteivernehmung sind hinfällig. Schließlich können die Parteien unabhängig von den aufgezeigten Problemen auf die noch bevorstehende Parteivernehmung einvernehmlich verzichten; ist sie allerdings durchgeführt, kann das Gericht sie auch verwerten, Hbg MDR 1964, 414. 9

Zur Möglichkeit eines eingeschränkten Beweisantrags, der die Falle des § 447 vermeidet, → § 445 Rn. 3. 10

11 **VII. Weiteres Verfahren, Ermessen.** Das Gericht „kann", nicht muss eine Vernehmung beschließen. Entscheidungsgrundlage ist das vorrangige Ziel der Wahrheitsfindung unter Auswertung des gesamten Streitstoffs. Das Einvernehmen der Parteien wird idR die Durchführung gebieten. Zur Geltung des § 445 vgl. allerdings → Rn. 1.

12 **VIII. Beweiswürdigung.** Die Würdigung der Aussage und der Verweigerung erfolgt nach freier Überzeugung gem. §§ 286, 453, 446.

13 **IX. Verstoß.** Soweit das Gericht den Beweispflichtigen ohne eine wirksame Zustimmung des Gegners und auch ohne die Voraussetzungen des § 448 vernommen hat, muss es den Gegner unter einer Belehrung über die Folgen einer etwa nachträglichen Zustimmung nach § 139 fragen, ob er zustimmt. Mangels einer eindeutigen nachträglichen Zustimmung ist § 453 I unanwendbar. Andernfalls wäre § 447 wirkungslos; das ist mit dem Sinn dieser Vorschrift nicht vereinbar. Allerdings ist der Verstoß nach § 295 I heilbar, BGH VersR 1981, 1176 (zum insoweit vergleichbaren § 448).

448 ***Vernehmung von Amts wegen.*** **Auch ohne Antrag einer Partei und ohne Rücksicht auf die Beweislast kann das Gericht, wenn das Ergebnis der Verhandlungen und einer etwaigen Beweisaufnahme nicht ausreicht, um seine Überzeugung von der Wahrheit oder Unwahrheit einer zu erweisenden Tatsache zu begründen, die Vernehmung einer Partei oder beider Parteien über die Tatsache anordnen.**

Schrifttum: Effer-Uhe, Die Parteivernehmung usw., 2015; Greger MDR 2014, 312; Müller, Die Ausstrahlung der Waffengleichheit im Zivilprozess auf die Parteiaussage, EuGRZ 2019, 297; Musielak, Hilfen bei Beweisschwierigkeiten im Zivilprozess, FG 50 Jahre Bundesgerichtshof, 2000, 193; Reimer NZV 2018, 258 (Verkehrssachen).

1 **I. Systematik.** § 448 ist im Vergleich mit §§ 445, 447 eine eng auslegbare Regelung, die dem Gericht unter Durchbrechung des Beibringungsgrundsatzes ein Mittel zur Gewinnung letzter Klarheit verschafft, BGH NJW 2002, 2247; Jena BeckRS 2012, 07388 (Korrektiv). Er gibt dem Gericht ein wichtiges Machtmittel zur Ergänzung der bereits erhobenen Beweise an die Hand und rundet zugleich die Möglichkeiten der Sachverhaltsaufklärung durch Parteivernehmung über die engen Voraussetzungen der §§ 445, 447 hinaus ab, ohne einer der Regelungen Vorrang zu geben, LAG Hamm NZA-RR 2011, 399, 401; aA MüKoZPO/Schreiber § 448 Rn. 2. Jede Partei muss zunächst die ihr zu Gebote stehenden Beweismittel benennen, soweit ihr das **zumutbar** ist; das Gericht muss diese im Rahmen pflichtgemäßen Ermessens vorrangig verwerten; nur bei Beweisnot kann das Gericht alleine aufgrund des Sachvortrags § 448 anwenden BGH NJW 1997, 1988. Das gilt sowohl für die auf einen Antrag möglichen Beweisarten als auch für die von Amts wegen in Betracht kommenden. Die Regelung greift mithin nachrangig und dient in erster Linie der Ergänzung vorhandener Sachverhaltsfeststellung, AG Nürnb NJW 1987, 660 (Geldautomat); MüKoZPO/Schreiber Rn. 1. Zur Klärung einer Schadenshöhe darf das Gericht den Beweisführer von Amts wegen nach § 287 I 3 Hs. 1 ohne die weiteren Voraussetzungen des § 448 vernehmen, → Vor § 445 Rn. 1.

2 Die Vorschrift ist bei Beachtung ihrer strengen Voraussetzungen → Rn. 4, 5 mit dem GG vereinbar, BVerfG NJW 2001, 2531; mittelbar auch NJW 1998, 1938; aM Gehrlein ZZP 110, 474 (nur bei Verzicht auf den Anfangsbeweis, → Rn. 5, und eingeschränktem Ermessen, → Rn. 12); für unveränderten Beibehalt Lange NJW 2002, 483. Die Grenzen der Norm sind im Lichte von §§ 137 IV, 141 von Verfassungs wegen hinnehmbar, BVerfG NJW 2017, 3218; BGH NJW 2003, 3636. Zum Verhältnis dieser Regelungen zur Parteivernehmung → Vor § 445 Rn. 4.

3 **II. Regelungszweck.** Die Norm erweitert die Grundlagen der Wahrheitsfindung. Sie soll, unter Abwägung der den Parteien insgesamt gegebenen Beweismöglichkeiten, im Einzelfall einer Beweisnot abhelfen, EGMR NJW 1995, 1413; BVerfG NJW 2001, 2531; BGH NJW 2003, 3636; NJW 2002, 2247; NJW 1997, 1988; NJW-RR 2003, 1002; Naumb BauR 2014, 2145, und auf diese Weise wirkungsvollen Rechtsschutz gewährleisten, BAG NJW 2009, 1019. Ein zurückhaltender Gebrauch ist angesichts der das Beweismittel kennzeichnenden Konfliktlage, → Vor § 445 Rn. 9, dennoch ratsam, Mü NJW-RR 1996, 958 („gefährliches, verführerisches Machtmittel"). Das Gericht darf nicht mithilfe von § 448 zur Amtsermittlung übergehen.

4 **III. Geltungsbereich.** → Vor § 445 Rn. 10. Die Vorschrift gilt auch im WEG-Verfahren, und vor den Arbeitsgerichten, BAG NJW 2007, 2427 Rn. 16. Sie ist im Bereich des § 113 I 2 FamFG anwendbar. Freie Beweiswürdigung nach § 286 bleibt auch hier einer der Kerngrundsätze des Zivilprozesses. Dann sollte es sich nicht allzu davor scheuen, eine förmliche Parteivernehmung erst einmal zuzulassen. Die Mühe, hinterher einen Vorgang bis zu einer Erwiesenheit aufzuklären, bleibt dem Gericht beim Zeugen oft nicht weniger als bei einem näher am damaligen Geschehen als Partei Beteiligten.

5 **IV. Zulässigkeit. 1. Schon einiger, aber noch nicht ausreichender Anfangsbeweis.** Voraussetzung der Parteivernehmung von Amts wegen ist, dass das Ergebnis der Verhandlung und einer im Übrigen völlig durchgeführten Beweisaufnahme noch „nicht ausreicht". Das Merkmal tritt zur ohnehin gegebenen **Subsidiarität** der Parteivernehmung hinzu, → Vor § 445 Rn. 16.

6 Die in Rspr. und Lit. mit Blick auf die Subsidiarität der Parteivernehmung und den Zweck der Regelung, BGH NJW 2013, 1299 Rn. 39, vorfindlichen **Interpretationen** dieses Merkmals, wie etwa: „Anfangswahrscheinlichkeit", „Einige Wahrscheinlichkeit", „Gewisse Wahrscheinlichkeit", „Hinreichende Wahrscheinlichkeit", „Überwiegende Wahrscheinlichkeit", „Gewinnung letzter Klarheit", laufen sämtlich auf das gleiche Ergebnis hinaus. Es müssen bei Anordnung und Beginn der Parteivernehmung alle anderen möglichen Beweismittel erschöpft und ungeachtet einer etwaigen Beweisnot jedenfalls schon „einiger Beweis", dh ein „Anbeweis", erbracht sein, BGH NJW 2016, 950 Rn. 35; NJW 2015, 74 Rn. 14; NJW 2013, 1299 Rn. 39; NJW 2002, 2249; NJW 1999, 363; NJW 1997, 1988 (Versicherungsfall); VersR 1984, 665; Mü NJW-Spezial 2019, 43; Köln BeckRS 2018, 21084; Oldbg NJW-RR 2010, 1717; KG MDR 2010, 170; Hamm NJW 2007, 611; LAG Köln MDR 2002, 590; weitere Nachweise zu Einzelaspekten → Rn. 11. Auch muss das Gericht durch die Parteivernehmung die Ausräumung seiner restlichen Zweifel erwarten, BGH WM 1968, 406. Ist, zB wegen unzuläng-

licher Patientenaufklärung, **Beweisskepsis** vorgegeben, BGH NJW 2019, 1076 Rn. 34, sind die Voraussetzungen von § 448 kaum erfüllt, allgem. hierzu → § 444 Rn. 5.

Vor einer Ablehnung der Vernehmung nach § 448 müssen mithin die übrigen Beweisantritte ausgeschöpft sein, Grundsatz der **Subsidiarität,** BGH NJW 1997, 1988; NJW 1989, 3222; VersR 1984, 665. Die Partei muss alle ihr zumutbaren Beweismittel angeboten haben, nur die im Lager des Gegners stehenden Zeugen und dessen Parteivernehmung muss sie nicht beantragen, BGH NJW 2020, 776. Erfahrungssätze können ausreichen, BGH NJW-RR 1994, 636. Näher zur Subsidiarität → Vor § 445 Rn. 16; auch → § 445 Rn. 7. 7

Widerspruchsfreien Angaben in der Anhörung nach **§ 141** kann die erforderliche Wahrscheinlichkeit ebenfalls entnommen werden, BGH NJW-RR 1991, 983; BAG NZA 2016, 295 Rn. 32; LAG Hamm NZA-RR 2018, 361 (unzulängliches Ergebnis einer Anhörung); LG Köln NJW-RR 2014, 1012. Zum Verhältnis der §§ 141 und 448 aber zunächst → Vor § 445 Rn. 4. Die Beurteilung obliegt dem Tatsachengericht, dessen Entscheidung ist in der Revision nur darauf nachprüfbar, ob die rechtlichen Voraussetzungen verkannt worden sind oder das Ermessen rechtsfehlerhaft ausgeübt worden, BGH NJW 2013, 1301; NJW 2013, 2601 Rn. 11; Schmidt MDR 1992, 637, näher → Rn. 20. 8

Wenn bislang kein Beweis erbracht ist, wenn also zB nur ein widersprüchlicher Vortrag des Beweisführers vorliegt oder wenn sich nur widersprechende Behauptungen gegenüberstehen, ist eine Amtsvernehmung grundsätzlich unzulässig, BGH NJW1989, 3222; NJW-RR 1991, 983; Mü NJW-RR 1996, 958; LG Siegen NJW-RR 2005, 1340. Mit ihr würde das Gericht die notwendigen Folgen der Beweisfälligkeit beseitigen und gegen den Beibringungsgrundsatz verstoßen. Zum Problem der Waffengleichheit aber → Rn. 12. 9

Die Vielfalt der gedanklichen Ansätze zeigt keinen klaren Weg, sondern das Dilemma der Norm, insbesondere weil die Anwendung des § 448 in beiden Richtungen auf **Rechtsfehler** überprüfbar ist, → Rn. 25. In den Entscheidungen der Tatsacheninstanz muss daher die Auseinandersetzung mit den Voraussetzungen der Norm und mit den Gegebenheiten des Falles nachvollziehbar dargelegt werden. Dabei kann vom Berufungsgericht verwendeten, nicht hinreichend durchdachten Formulierungen erhebliches Gewicht zukommen, BGH NJW-RR 1994, 636 („durchaus möglich"). Einzelaspekte aus der Vielfalt der vorliegenden Entscheidungen zeigt → Rn. 11 auf. 10

2. Beispiele zur Frage der Zulässigkeit

Anbeweis: Einen solchen fordern Hbg ZIP 2014, 912; Naumb NJW-RR 2016, 349 Rn. 43; LG Mü NZM 2015, 893. 11

Anfangswahrscheinlichkeit, Anfangsbeweis: Diesen Grad fordern BGH NJW 2005, 2450, 2453; NJW 2004, 2664, 2667 aE; Stgt WM 2009, 2382, 2387; Zweibr NJW-RR 2007, 1232. Aber: → Rn. 19!

Anhörung: Zum Verhältnis der §§ 141, 448 vgl. zunächst → Vor § 445 Rn. 4 und → Rn. 9. Auch Prütting/Gehrlein/Müller-Christmann § 448 Rn. 11; Zöller/Greger §§ 141, 448 jew. Rn. 1.

Anscheinsbeweis: Die Anfangswahrscheinlichkeit kann sich auch aus der Lebenserfahrung ergeben, Köln VersR 1994, 574.

Ausforschungsbeweis: Ein solcher ist auch hier unstatthaft, BAG NZA 2016, 295 Rn. 32; → § 445 Rn. 3.

Beweisnot: Sie ist nach → Rn. 12 mitbeachtbar.

Beweisskepsis: Ist sie zB wegen unzulänglicher Patientenaufklärung vorgegeben, BGH NJW 2019, 1076, ist Parteivernehmung vAw kaum vorstellbar.

Einiger Beweis: Ihn nennt Naumb NJW-RR 2016, 349 Rn. 43.

Einige Wahrscheinlichkeit: Diesen Grad fordert BGH NJW 2013, 1299.

Ergänzung: Als solche charakterisiert LAG Köln MDR 2002, 590 die Parteivernehmung vAw.

Gewichtige Umstände: Diesen Grad nennt BGH NJW-RR 1994, 636.

Gewisse Wahrscheinlichkeit: Diesen Grad fordern BGH NJW 2016, 950 Rn. 35; BAG NJW 2014, 1326; Karlsr FamRZ 2007, 225; Hamm VersR 1992, 49.

Glaubwürdigkeit: Hat das Gericht Zeugen vernommen, darf es nach § 448 nur vorgehen, wenn es die Aussagen überwiegend iSd Beweisführers würdigt, Saarbr OLGZ 1984, 122. Auch der Glaubwürdigkeit der Partei kommt tragende Bedeutung zu, BGH NJW-RR 1992, 920; BGH VersR 1984, 665; Köln NVersZ 2002, 83 (Vorstrafen); Hamm VersR 1992, 49.

Hinreichende Wahrscheinlichkeit: Diesen Grad fordert BGH NJW-RR 1989, 1220.

Lebenserfahrung: Sie kann zur Vernehmung nach § 448 ausreichen, → „Anscheinsbeweis".

Parteianhörung: Eine formlose oder nach § 141 durchgeführte kann ausreichen, → Rn. 5; → Vor § 445 Rn. 4.

Strafverfahren: Feststellungen des Strafrichters können ausreichen, Hbg MDR 1982, 340.

Überwiegende Wahrscheinlichkeit: Diesen Grad fordert LG Köln WuM 1997, 503.

Urkunde: Die Auswertung einer Urkunde kann die hinreichende Wahrscheinlichkeit begründen, BGH NJW 2014, 1527 (Patientenaufklärung); NZM 1998, 449; NJW-RR 1994, 1143 (1144 f.); Mü VersR 1988, 1136.

Vieraugengespräch: → „Beweisnot", ferner → Rn. 18.

Vorprozessuale Behauptung: Nicht ausreichend ist eine solche ohne weitere Umstände, BGH NJW1989, 3222.

Waffengleichheit: → Rn. 12.

V. Beweisnot und Waffengleichheit. 1. Grundlagen. Der Regelungszweck der Norm, → Rn. 3, kommt in besonderer Weise zum Tragen, wenn eine Partei sich in Beweisnot befindet, was insbesondere beim **Vieraugengespräch** der Fall sein kann. 12

Beweisnot führt nicht dazu, dass an die Behauptung der beweisbelasteten Partei nur ein geminderter Wahrscheinlichkeitsmaßstab anzulegen wäre; auch ein unverschuldeter Mangel an Beweismitteln rechtfertigt keine Vergünstigung gegenüber der anderen Partei; wohl aber sind an die Gründe, mit denen der Tatrichter die Wahrscheinlichkeit der Behauptung verneint, erhöhte Anforderungen zu stellen; sie müssen erkennen lassen, dass sich das Gericht der Beweisnot der Partei bewusst war, BGH NJW 1990, 1721 (Indizien); NJW-RR 2001, 1431 (Arzthaftung); 1992, 920 (Glaubwürdigkeit der Partei, zur Anfangswahrscheinlichkeit vgl. aber → Rn. 19, allg. → Rn. 5. Bei Beweisnot auf beiden Seiten soll nur die Anhörung nach § 141 in Betracht kommen, Naumbg BauR 2014, 2145, oder die Vernehmung beider Parteien, OLGR Mü 1995, 181, was nach → Vor § 445 Rn. 4 im Ergebnis auf das gleiche hinausläuft, BGH NJW-RR 2003, 1002. Der bloße Mangel an Beweismitteln ist demgegenüber ein Prozessrisiko, dem der Gesetzgeber durch die Voraussetzungen der §§ 445 ff. bereits Rechnung getragen hat; insoweit bedarf es keiner Abweichung hiervon, BGH NJW 2017, 3367 Rn. 21. 13

14 Der Grundsatz der **prozessualen Waffengleichheit,** Art. 3 I, 103 I, 20 III GG, Art. 6 MRK, → Einl. II Rn. 37; → Vor § 128 Rn. 45, der Anspruch auf rechtliches Gehör sowie das Recht auf Gewährleistung eines fairen Prozesses und eines wirkungsvollen Rechtsschutzes erfordern, dass eine Partei, die aufgrund der Umstände des str. Sachverhalts außer ihrer eigenen Parteivernehmung kein Beweismittel aufbieten kann, auf der Gegenseite aber möglicherweise solche Beweismittel, namentlich Zeugen, gegen sich hat, beweismäßig keinen Nachteil erleidet, wobei Vorgehen nach § 141 und nach § 448 zunächst gleichrangig sind, EGMR NJW 1995, 1413 (Rs Dombo); BVerfG NJW 2018, 3631; NJW 2018, 3634; NJW 2017, 2985; NJW 2017, 3218 (Arzthaftung); NJW 2008, 2170; NJW 2001, 2531; BGH NJW 2019, 2691 Rn. 39; NJW 2013, 2601; NJW 2011, 2889 Rn. 19 (Berufshaftung); NJW-RR 2006, 61; NJW 1997, 3230 (Erstrezeption von EGMR NJW 1995, 1413, in den Folgejahren wird diese Linie indes zugunsten einer eigenen Lösung nicht weiter verfolgt); Hamm VersR 2020, 676 Rn. 11; BAG NJW 2007, 2427 (für § 448 allg. auf dessen „Voraussetzungen" abstellend); NZA 2005, 416; NJW 2002, 2196; Ddf MDR 2015, 541; Mantz NJW 2019, 953; ausführlich Müller EuGRZ 2019, 297. Dabei muss das Gericht dieses Prinzip vor allem bei einem Vorgang **„unter vier Augen"** mitbeachten, und dies nicht nur, wenn das Gespräch von einer Partei mit dem Zeugen der anderen Seite geführt worden ist, so noch BGH BeckRS 2008, 23053, sondern auch bei Gesprächen zwischen den Parteien, BGH NJW 2011, 2889. Vgl. auch BGH NJW 2013, 2601 Rn. 10 (Sechsaugengespräch); BauR 2013, 1148; NJW-RR 2001, 1431 (Einseitigkeit der Beweismöglichkeit); NJW 1999, 363 (Wechsel des Gesprächspartners von der Partei- in die Zeugenrolle), Ffm VuR 2013, 56; dies auch dann, wenn der Gegner zu einer anderen Streitfrage als Partei vernommen wird, Karlsr MDR 2010, 1055. Bei der Beurteilung der Frage, ob die Partei in Beweisnot ist, kommt es vorrangig auf die Beweislast an. Eingehend zum Vieraugengespräch Greger MDR 2014, 312; MüKoZPO/Rauscher Einl Rn. 282.

15 Sind demgegenüber Beweismittel, etwa Zeugen beider Seiten oder Indizien vorhanden, gilt all dies nicht, BGH NJW 2013, 2601; NJW 1999, 352. Auch das Vorliegen einer Urkunde kann der Parteivernehmung entgegenstehen, KG GE 2014, 799.

16 Ein **Beweisantrag ist nicht erforderlich.** Ein „Antrag", auch fälschlich auf „Zeugenvernehmung" einer Partei, ist als beachtliche Anregung zur Ermessensausübung auszulegen, BGH NJW 2013, 2601 Rn. 12; NJW-RR 1994, 1143 (1144); BAG NJW 2007, 2427. Von Verfassungs wegen bestehen gegen ein Antragserfordernis in Fällen vorliegender Art allerdings keine Bedenken, BVerfG NJW 2008, 2170. Parteivernehmung und Parteianhörung sind letztlich gleichwertig, BGH NJW-RR 2003, 1002.

17 Auf andere Vorgänge als Gespräche sind diese Grundsätze nicht notwendig übertragbar, Naumbg NJOZ 2017, 488 (Verkehrsunfall).

18 **2. Ausnahme.** Das gilt nicht, wenn andere Beweismittel zur Verfügung stehen, jedenfalls wenn sie eine verlässliche Sachverhaltsaufklärung ermöglichen, namentlich bei Zeugen, die nicht von vornherein auf der Gegenseite stehen, BGH NJW 2020, 776; NJW 2013, 2601 Rn. 12; NJW-RR 2008, 1086 (jew. Ehepartner); BGH NJW 2010, 3292 Rn. 16 (Sohn); NJW 2003, 3636, oder wenn das Gericht seine Überzeugung nicht ausschließlich auf das Zeugnis eines nicht neutralen Zeugen der Gegenseite stützt, BGH NJW-RR 2003, 1003. Auch wenn die Partei durch Wahrnehmung ihrer Rechte nach § 137 IV auf die Überzeugungsbildung des Gerichts Einfluss nehmen kann, kommt der Grundsatz nicht notwendig zum Tragen, BGH NJW 2010, 3292 Rn. 16. Teilweise wird vertreten, dass auch ein auf der Gegenseite stehender Zeuge vorrangig benannt werden muss, LG Kleve NZG 2016, 228.

19 **3. Keine Anfangswahrscheinlichkeit.** Ob und inwieweit eine Anfangswahrscheinlichkeit, → Rn. 5, vorliegen muss, ist nicht abschließend geklärt, zumal meist auf §§ 141 und 448 parallel abgestellt wird. Beim Vieraugengespräch ist hierauf zu verzichten, BGH NJW 2017, 3367 Rn. 21. Der BGH hält im Übrigen hieran fest, ist aber bei den Voraussetzungen sehr großzügig. Bei formalem Vorgehen könnte das Gericht die erforderliche Wahrscheinlichkeit zunächst durch Anhörung nach § 141 oder durch Auswertung des Parteivortrags nach § 137 IV herstellen, um danach in die Parteivernehmung einzutreten, die Darstellung der Partei also zweimal hören, BGH NJW 2017, 3367 Rn. 18. Hierauf indes kann jedenfalls im Einzelfall verzichtet werden, BGH NJW 2010, 3292; NJW-RR 2006, 61, 63 (keine überwiegende Wahrscheinlichkeit erforderlich, es sei denn, der Sachverhalt könne auch mit anderen Beweismitteln oder Indizien aufgeklärt werden); anders BGH NJW-RR 1992, 920; schwer verständlich im Lichte der jüngeren Entscheidungen der Hinweis in BGH NJW 2016, 950 Rn. 35 aE; ohne Problematisierung BAG NJW 2007, 2427. Die Möglichkeit einer Beeidigung der Parteiaussage sollte nicht überbewertet und erst recht nicht als entscheidendes Kriterium herangezogen werden. Auch → Vor § 445 Rn. 4.

20 **VI. Anordnung. 1. Ermessen.** Die Formulierung „kann anordnen" stellt die Entscheidung in das pflichtgemäße Ermessen des Gerichts; ein Beweisantrag ist nicht erforderlich, aber als Anregung im Rahmen der Entscheidungsgründe ggf. mit zu beachten. Dem Ermessensspielraum ordnet die Rspr. auch die Einschätzung zu, ob der „Anbeweis", → Rn. 5, geführt ist, jedenfalls was die Ausschöpfung des Prozessstoffs angeht, BGH NJW 2017, 3367, nachgehend Mü WM 2019, 110; BAG NZA 2014, 31 Rn. 19, oder die **Abwägung** einer Beweisnot, BGH NJW 2011, 2889 Rn. 19; Kblz BauR 2014, 1048, und wirkungsvollen Rechtsschutzes, BAG NJW 2009, 1019; Kblz AnwBl 2014, 563. Das Gericht muss eine Ablehnung nachvollziehbar begründen, BAG NJW 2014, 1327, jedenfalls naheliegende Erwägungen darlegen, BGH NZM 1998, 449, oder einen Beweisantrag mit Gründen ablehnen, BGH NJW 1983, 2033. Es muss schon wegen → Rn. 3 prüfen, ob nicht die Voraussetzung einer Amtsvernehmung vorliegt, bevor es eine Partei für beweisfällig erklärt, BGH NZM 1998, 449, aM Oldb MDR 2010, 1078 (nur auf Antrag, gegen den Wortlaut der Norm).

21 In der Rev ist die Entscheidung nur auf Ermessensfehler nachprüfbar, BGH NJW 2016, 950 Rn. 35; NJW 2013, 1301, dies allerdings in beiden Richtungen (für oder gegen die Parteivernehmung), BGH NJW 1999, 363.

22 **2. Vernehmung einer oder beider Parteien.** Da Ziel der Vernehmung die Wahrheitsfindung ist, kann für die Frage nicht darauf ankommen, in wessen Sinne sie stattfindet. Das Gericht kann daher ohne Rücksicht auf die Beweislast, RGZ 145, 271; BGH NJW 1999, 363; VersR 1959, 199, nach pflichtgemäßem Ermessen die Vernehmung einer oder beider Parteien anordnen, OLGR Mü 1995, 181, oder eine nach § 141 anhören und die andere als Partei vernehmen, Kblz NJW-RR 2002, 630. Die Einschätzung der Kenntnisse des Sachverhalts, BGH NJW 1999, 363, oder der persönlichen Zuverlässigkeit, BGH VersR 1969, 220; MDR 1965, 287, darf mit ausschlaggebend sein. Ebenfalls muss der Gedanke der Waffengleichheit zum Tragen kommen. Bedenken können aus § 452 I 2 hergeleitet werden.

3. Form. Die Anordnung der Vernehmung erfolgt nach § 450 I 1. Das Gericht muss das Beweisthema möglichst genau nennen und verdeutlichen, dass es mehr als eine Anhörung nach § 141 plant. Zwar darf das Gericht die Parteivernehmung nach dem auch für § 448 mitgeltenden § 445 I erst nach der Durchführung der übrigen Beweisaufnahme nach §§ 355 ff. vornehmen. Anordnen darf es sie aber schon vorher mit der Maßgabe subsidiärer Ausführung. 23

4. Verstoß. Die Beurteilung der gesetzlichen Voraussetzungen obliegt dem Tatsachengericht, dessen Entscheidung ist in der Revision nur darauf nachprüfbar, ob die rechtlichen Voraussetzungen verkannt worden sind oder das Ermessen rechtsfehlerhaft ausgeübt worden, BGH NJW 2013, 1301; NJW 2013, 2601 Rn. 11; → Rn. 20. 24

Soweit das Gericht eine nach § 448 erforderliche Vernehmung zu Unrecht abgelehnt hat, liegt ein Verfahrensfehler vor, BGH NJW-RR 1994, 1143 (1144 f.). Das Gericht darf umgekehrt eine nach § 448 unstatthafte, aber herbeigeführte Parteiaussage der Sachentscheidung nicht zugrundelegen, Celle OLGR 1994, 254. **§ 295 I** ist an sich anwendbar, BGH VersR 1977, 1124, ein erstinstanzliches Verhandeln im Anschluss an die unzulässige Parteivernehmung beseitigt indes nicht die Rügemöglichkeiten in der Berufungsinstanz, wenn die Partei erst den Entscheidungsgründen des Urteils entnehmen konnte, dass das Gericht sich im Irrtum befand, BGH NJW 1999, 363. Der BGH hebt das insoweit fehlerhafte Urteil auf, BGH NJW-RR 1994, 636; NJW-RR 1994, 1144. In der Berufung gilt § 538. 25

Das Berufungsgericht muss die Aussage einer nach § 448 ZPO vernommenen Partei in eine von ihm vorzunehmende Beweiswürdigung auch dann einbeziehen, wenn es aus seiner Sicht keinen Anlass für eine Parteivernehmung gesehen hätte, BGH NJW 1999, 363; BAG NJW 2002, 2196. Wirkt sich hierin ein Verfahrensfehler des Erstgerichts aus, muss über die Grundlagen der Beweisaufnahme neu befunden und diese ggf. wiederholt werden. 26

449 ***Vernehmung von Streitgenossen.*** **Besteht die zu vernehmende Partei aus mehreren Streitgenossen, so bestimmt das Gericht nach Lage des Falles, ob alle oder nur einzelne Streitgenossen zu vernehmen sind.**

I. Systematik. Die Vorschrift gilt nach ihrem eindeutigen Wortlaut und ihrer systematischen Stellung ohne prinzipielle Differenzierung bei jeder beantragten oder von Amts wegen durchzuführenden Parteivernehmung, aA mit Abweichungen in einzelnen Aspekten MüKoZPO/Schreiber Rn. 1; Musielak/Voit/Huber Rn. 2; Prütting/Gehrlein/Müller-Christmann Rn. 2; Zöller/Greger Rn. 1. Sie gilt auch bei notwendigen Streitgenossen nach § 62 oder streitgenössischen Streithelfern nach § 69. Ihr ist zu entnehmen, dass in §§ 445 ff. unter „Partei" jeweils sämtliche auf einer Seite stehenden Personen verstanden werden. Der Beweisantrag „Parteivernehmung" bezieht sich mithin grds. auf die Gesamtheit. Zur Vernehmung von ges. Vertretern vgl. § 455 I 2. § 445 begrenzt die Parteiherrschaft, näher → Rn. 4. Zur Abgrenzung der Partei vom Zeugen in Fällen der Streitgenossenschaft → Vor § 373 Rn. 17 „Streitgenosse". Die Grundsätze der freien Beweiswürdigung und der §§ 446, 453 f. gelten uneingeschränkt. 1

II. Regelungszweck. Die Norm muss vorrangig im Sinne der Wahrheitsfindung verstanden werden. Mit dieser Vorgabe kann sie auch der Prozesswirtschaftlichkeit dienen, was aber behutsamer Handhabung bedarf. Bedenkt man, dass gerade Varianten in der Darstellung zur Überzeugungskraft beitragen können, sollte die Entscheidung zur Begrenzung der Zahl trotz eines gewissen Mehraufwands bis hin zur Notwendigkeit einer Gegenüberstellung im Zweifel zugunsten mehrerer Vernehmungen ausfallen. Wirtschaftlich kann es zudem sein, bei begrenztem Beweisantrag die Zahl der zu Vernehmenden zu erhöhen, → Rn. 4. 2

III. Geltungsbereich. → Vor § 445 Rn. 10. Kommen für die Abgabe etwa einer Vermögensauskunft gem. § 807 mehrere gesetzliche Vertreter in Betracht, gelten §§ 455 I 2, 449 entspr., BGH NJW-RR 2009, 1; LG Ffm Rpfleger 1993, 502; LG Mainz Rpfleger 2000, 283 (jew. übertragbar). 3

IV. Bedeutung des Beweisantrags. Der Beweisantrag mag sich auf „Parteivernehmung" richten und damit auf Vernehmung sämtlicher Streitgenossen, → Rn. 1, oder auf namentlich benannte einzelne. Dem Wortlaut nach darf das Gericht auch die Vernehmung weiterer Streitgenossen anordnen, auf die der Beweisantrag sich ausdrücklich nicht bezieht. Das steht zum Beibringungsgrundsatz in einem Spannungsverhältnis, kann aber im Interesse der Wahrheitsfindung durchaus sinnvoll sein, insbes. bei Antrag auf Vernehmung der eigenen Partei nach § 447. Im Rahmen pflichtgemäßen Ermessens wird sich idR über § 448 das gleiche ergeben, MüKoZPO/Schreiber Rn. 2, wenn auch möglicherweise erst nach anfänglicher Vernehmung einer begrenzten Anzahl. Im Lichte der Prozesswirtschaftlichkeit, → Rn. 2, kann es empfehlenswert sein, von vornherein über den Beweisantrag hinauszugehen, aA Musielak/Voit/Huber Rn. 2; Prütting/Gehrlein/Müller-Christmann Rn. 2; Zöller/Greger Rn. 1. Zumindest aber ist idR eine vorbereitende Ladung angezeigt. Die Reihenfolge der Vernehmung hat das Gericht generell frei zu bestimmen. 4

V. Entscheidungsgrundlagen. Die Prüfung ist von Amts wegen vorzunehmen, unabhängig vom Beweisantrag, → Rn. 4. Wegen des Beweisantritts auch → § 445 Rn. 11. Vorrangig zu prüfen ist alsdann die Beweisbedürftigkeit, ohne dass insoweit ein Spielraum bestünde; anders ist der Verweis auf die „Lage des Falles" nicht zu verstehen; zur Beweisbedürftigkeit → Vor § 253 Rn. 55. Erst wenn die Wahrheitsfindung Spielräume lässt, kann im Rahmen pflichtgemäßen Ermessens der Verzicht auf einzelne Streitgenossen erwogen werden, etwa wenn von ihnen Kenntnis des str. Sachverhalts nicht zu erwarten ist. Begründete Weigerung nach § 446, vgl. auch dort → § 446 Rn. 6, kann ebenfalls ein Anlass sein, auf die Vernehmung zu verzichten und damit die Folgen des § 446 auszuschließen. Anträge der Parteien stehen der Abstandnahme im Regelfall entgegen. Das Gericht kann seine Anordnung entsprechend § 360 S. 2 ändern. Es kann also nachträglich noch andere Streitgenossen hören oder deren Anzahl begrenzen, so auch MüKoZPO/Heinrich § 360 Rn. 10. 5

450 ***Beweisbeschluss.*** I [1]**Die Vernehmung einer Partei wird durch Beweisbeschluss angeordnet.** [2]**Die Partei ist, wenn sie bei der Verkündung des Beschlusses nicht persönlich anwesend ist, zu der Vernehmung unter Mitteilung des Beweisbeschlusses von Amts wegen zu laden.** [3]**Die Ladung**

ist der Partei selbst mitzuteilen, auch wenn sie einen Prozessbevollmächtigten bestellt hat; der Zustellung bedarf die Ladung nicht.

II [1]Die Ausführung des Beschlusses kann ausgesetzt werden, wenn nach seinem Erlass über die zu beweisende Tatsache neue Beweismittel vorgebracht werden. [2]Nach Erhebung der neuen Beweise ist von der Parteivernehmung abzusehen, wenn das Gericht die Beweisfrage für geklärt erachtet.

1 **I. Systematik, I, II.** Die Vorschrift ist eine Ergänzung zu §§ 358 ff., 329. Auf diese nimmt sie in I 1 indirekt Bezug. Sie verdrängt sie also nicht, sondern trägt lediglich den Besonderheiten der Parteivernehmung Rechnung, namentlich der Subsidiarität, → Vor § 445 Rn. 16. Die Ablehnung einer Parteivernehmung erfolgt in den Gründen des Endurteils nach § 313 III.

2 **II. Regelungszweck, I, II.** I dient vornehmlich der Rechtssicherheit, gerade wegen der Abgrenzung zu § 141, → Vor § 445 Rn. 4, dies betonend BGH NJW-RR 1988, 394. Abs II setzt den Gedanken der Subsidiarität, → Vor § 445 Rn. 16, in die laufende Beweisaufnahme hinein fort.

3 **III. Geltungsbereich, I, II.** → Vor § 445 Rn. 10.

4 **IV. Beweisbeschluss, I. 1. Notwendigkeit eines Beschlusses, I 1.** Das Gericht muss jede Parteivernehmung durch einen Beweisbeschluss nach §§ 358 ff. anordnen, widrigenfalls die Verwertung einer Parteiaussage als solcher nicht zulässig ist, BGH NJW-RR 1988, 394. Das gilt auch für § 448. Es gilt auch im Eilverfahren nach §§ 916 ff., 935 ff., Ddf MDR 1960, 850. Der Beweisbeschluss muss dem § 359 genügen. Er kann auch, insbes. im Anschluss an eine Zeugenvernehmung oder Gutachteranhörung, in der mündlichen Verhandlung zu Protokoll ergehen.

5 Es muss klar sein, dass das Gericht eine Beweisaufnahme und **keine Anhörung** nach § 141 plant. Ferner ist anzugeben, ob eine die Vernehmung von Amts wegen oder auf Antrag stattfindet, Arg § 359 Nr. 3, am klarsten, wenn auch nicht notwendig, unter Zitieren der maßgeblichen Norm, §§ 445, 447, 448. Das Gericht muss das Beweisthema eindeutig formulieren, auch um dem Betroffenen Gegenvorbringen oder einen Gegenantrag zu ermöglichen. Ein Verstoß ist an sich nach § 295 I heilbar; dies kann jedoch über Zweifel an der Eindeutigkeit gerade der Durchführung einer Parteivernehmung nicht hinweghelfen, wenn nicht weitere Umstände hinzukommen, BGH FamRZ 1965, 212 (Belehrung nach §§ 451, 395); NJW 1959, 1433 (Vorbehalt im BB). Das Gericht muss also in jedem Falle auf Klarheit hinwirken. Der Beschluss ist gem. § 360 S. 2 frei abänderbar; § 450 II steht dem nicht entgegen, sondern ergänzt diese Möglichkeit aus Gründen der Subsidiarität, → Rn. 8 f.

6 **2. Ladung, I 2, 3.** Wenn die zu vernehmende Partei bei der Verkündung nicht anwesend war, lädt das Gericht sie von Amts wegen zum Vernehmungstermin. Das geschieht unter Mitteilung des Beweisbeschlusses, dh am praktischsten einer Ablichtung, zumindest aber der wesentlichen Elemente des § 359, damit §§ 446, 453 II unmittelbar angewendet werden können. Die Ladung erfolgt gem. I 2 an die Partei persönlich unter deren Anschrift, abweichend von § 172 nicht an den Prozessbevollmächtigten und auch nicht zu dessen Händen, BGH NJW 1965, 1598. Es ist nach I 3 grundsätzlich keine förmliche Zustellung nach §§ 166 ff. notwendig. Eine formlose Mitteilung des Termins genügt. Die Mitteilung gilt nach § 270 S. 2 als zugegangen. Der Gegner erhält eine formlose Mitteilung nach § 329 II 1. Eine Androhung der Folgen eines Ausbleibens nach §§ 446, 453 II ist nicht erforderlich. Für die Ladungsfrist gelten §§ 217, 604, 605a entspr., BGH WM 2010, 1537 (1540) (§ 217).

7 **Zulässig** bleibt eine förmliche Zustellung sehr wohl. Denn II 2 besagt, dass es ihrer nicht „bedürfe", nicht, dass sie „nicht stattfinde". Von Seiten des Gerichts muss man daher in pflichtgemäßem Ermessen prüfen, ob eine förmliche Zustellung sachgerecht ist und angeordnet werden sollte. Sie kommt in Betracht etwa wegen einer Unklarheit über die gegenwärtige Anschrift der Partei oder deren Mitwirkungsbereitschaft und erfolgt evtl. durch eine Ersatzzustellung nach §§ 178 ff. Das Gericht darf nur nicht routinemäßig vorgehen und muss § 21 GKG beachten.

8 **V. Aussetzung usw., II. 1. Amtspflicht bei neuem Beweismittel, II 1.** Die Vorschrift ergänzt § 360. Das Gericht kann bei §§ 445, 447, 448 die Ausführung nach seinem pflichtgemäßen Ermessen durch einen Beschluss nach § 329 oder stillschweigend dann **aussetzen,** wenn eine Partei nach dem Erlass des Beschlusses neue Beweismittel benennt, nicht unähnlich MüKoZPO/Schreiber Rn. 3. Sie schreibt mithin den Grundsatz der Subsidiarität in das laufende Beweisverfahren hinein fort, → Rn. 2. Voraussetzung ist Beweisbedürftigkeit der str. Behauptung und Beweiserheblichkeit der angebotenen, weiteren Beweismittel; zur Beweisbedürftigkeit → Vor § 253 Rn. 55. Dann ist Vorgehen nach II 1 Amtspflicht. Ein Ermessensspielraum besteht insoweit nicht; er ist allenfalls dahin gegeben, dass das Gericht berechtigt ist, die Verwertung der neuen Beweismittel (zB Zeugen) zu beschließen und zugleich die Partei weiterhin zum Beweistermin zu laden, um die Parteivernehmung im Anschluss an eine Zeugenvernehmung sofort durchzuführen; das kann sich über §§ 446, 453 II auswirken und auf diese Weise der Verfahrenskonzentration dienen. Ansonsten ist die Aussetzung geboten, am besten durch kurz begründeten Beschluss.

9 Die **Verspätungsregeln,** §§ 296, 531, sind zu beachten, aber in der jeweiligen Lage eher selten einschlägig, insbes. weil der anberaumte Termin idR auch für eine Zeugenvernehmung genutzt werden kann und weil selbst in der Berufung alleine wegen der Anordnung der Parteivernehmung auch eine neue Sachlage gegeben sein wird. Wenn der nach §§ 361, 362 verordnete Richter die Partei nach §§ 375, 451 vernehmen soll, muss er entsprechende Anträge aufnehmen und sie dem Prozessgericht vorlegen. Wenn die Parteien schriftlich neue Beweise beantragen, muss das Prozessgericht auch ohne mündliche Verhandlung, aber nach Gewährung rechtlichen Gehörs, gem. § 360 zunächst darüber entscheiden.

10 Werden erst nach der Parteivernehmung neue Beweismittel vorgebracht, bleibt ihr Ergebnis berücksichtigungsfähig, BGH NJW 1974, 56.

11 **2. Klärung der Beweisfrage, II 2.** Wenn das Gericht nach Verwertung der vorrangigen Beweismittel die Beweisfrage für geklärt hält, muss die bereits angeordnete Parteivernehmung unterbleiben. „Geklärt" ist die Frage indes nur, wenn auch die Vernehmung nach § 448 ausscheidet. § 445 II ist ebenfalls zu berücksichtigen. Alleine aus Anlass des neuen Beweisantrags kann das Gericht, unabhängig von den nunmehr benannten Beweismitteln, abweichend von seiner früheren Meinung ebenfalls zu der Überzeugung gelangen, es bedürfe der Parteivernehmung nicht, etwa aufgrund neuer Einschätzung der Beweislast oder wegen § 445 II. Dann muss es den Beweisbeschluss nach § 360 aufheben; § 450 II 2 ist nicht einschlägig. Das Gericht muss in jedem Fall nach § 139

auf seine gewandelte Auffassung hinweisen, um der antragstellenden Partei eine Wiederholung des Beweisantrags zu ermöglichen, Oldb NJW-RR 1990, 125, die nach den Umständen des Einzelfalls nicht erforderlich sein mag, BGH NJW 1991, 1290, die aber unabhängig hiervon Klarheit schafft, → § 445 Rn. 1.

VI. Rechtsmittel, I, II. Die Entscheidung oder ihr Unterbleiben ist nach § 355 II stets nur zusammen mit dem Endurteil anfechtbar. Ein Rechtsfehler kann zur Aufhebung führen, BGH NJW-RR 1994, 636. 12

451 *Ausführung der Vernehmung.* **Für die Vernehmung einer Partei gelten die Vorschriften der §§ 375, 376, 395 Abs. 1, Abs. 2 Satz 1 und der §§ 396, 397, 398 entsprechend.**

Schrifttum: Prange, Materiell-rechtliche Sanktionen bei Verletzung der prozessualen Wahrheitspflicht durch Zeugen und Parteien, 1995.

I. Systematik, Regelungszweck. Die Vorschrift schafft zur Vereinfachung und Vereinheitlichung des Beweisrechts eine grundsätzlich abschließende Verweisung. 1

II. Geltungsbereich. → Vor § 445 Rn. 10. 2

III. Entsprechende Anwendbarkeit

§ 375: Wichtig ist die Unmittelbarkeit der Beweisaufnahme nach § 355, allg. → Vor § 128 Rn. 47. Das Prozessgericht muss die Vernehmung grundsätzlich selbst durchführen. Ein nach §§ 361, 362 ersuchter oder beauftragter Richter darf nur in den Fällen des § 375 I Nr. 1–3 amtieren. Bei der Parteivernehmung ist mehr Zurückhaltung geboten als bei der Zeugenvernehmung, da es noch mehr auf den persönlichen Eindruck ankommt. Das gilt auch in der Berufung, wenn eine Parteiaussage anders gewürdigt werden soll, BGH NJW 1974, 56. 3

§ 376: Eine Genehmigung zur Aussage ist wie bei einem Zeugen notwendig, BGH NJW-RR 1988, 394. Ein Aussageverbot bedeutet natürlich nicht eine Verweigerung nach § 446 oder nach § 453 II.

§ 395: Die Norm ist umfassend anwendbar, BGH NJW-RR 1988, 394.

Zu I: Es ist eine Ermahnung zur Wahrheit und ein Hinweis auf eine mögliche Beeidigung nach § 452 erforderlich. Es besteht keine Belehrungspflicht über ein Aussageverweigerungsrecht nach §§ 383 ff., Celle VersR 1977, 361. Freilich ist ein Hinweis auf §§ 446, 453 II ratsam.

Zu II: Die Personalien sind nach § 395 II 1 aufzunehmen. Glaubwürdigkeitsfragen nach S. 2 sind nicht zwingend vorgegeben, da § 451 nur auf S. 1 verweist, aber nicht unzulässig und daher im Einzelfall angezeigt.

§ 396: Die Partei muss ihre Aussage im Zusammenhang machen. Erst anschließend stellen das Gericht und die Parteien Fragen. Ratsam ist, die Äußerungen der Partei auf die Beweisfrage zu konzentrieren.

§ 397: Die Befragung durch die Gegenpartei und die ProzBev., auch denjenigen der vernommenen Partei, erfolgt wie bei einem Zeugen.

§ 398: Eine wiederholte oder nachträgliche Vernehmung erfolgt wie bei einem Zeugen, BAG NJW 2002, 2196. Eine andere Würdigung der in der Vorinstanz beeidigten Aussage ist nur nach einer erneuten Vernehmung der Partei zulässig, BGH NJW 1999, 363; NJW 1974, 56. Das gilt auch dann, wenn die Partei im ersten Rechtszug lediglich nach § 141 angehört worden ist, BGH BeckRS 2020, 19014.

Wegen der **Protokollierung** §§ 160 III Nr. 4, 162. Das richtig formulierte Protokoll ergibt, ob eine bloße Aufklärung nach §§ 141, 613 oder eine förmliche Parteivernehmung stattgefunden hat, vgl. BGH NJW-RR 1988, 394. Bei § 161 I Nr. 1 ist eine Wiedergabe des wesentlichen Inhalts der Aussage im Urteil unentbehrlich.

IV. Unanwendbarkeit

§ 377 III: Es erfolgt keine Anordnung einer schriftlichen Beantwortung der Beweisfrage, BGH NJW 2001, 1500, 1502. Daher entfällt auch eine elektronische Aussage nach § 130a. 4

§§ 383–389: Diese Vorschriften passen schon wegen der Aussagefreiheit einer Partei nicht.

§ 394: Eine Einzelvernehmung ist ausnahmsweise zulässig, wenn das Gericht beide Parteien vernimmt und aus Sachgründen eine Beeinflussung der einen durch die andere verhindert werden muss. Ratsam ist es, den Parteien die Einigung hierüber nahezulegen. Der als zweite vernommenen Partei ist indes nach ihrer Aussage das Protokoll der ersten Vernehmung sofort zugänglich zu machen, wie auch alsdann beiden Parteien die Gelegenheit zur Stellungnahme zu geben ist. Im Übrigen ist die Parteiöffentlichkeit nach § 357 unentbehrlich.

§ 399 (Verzicht auf die Vernehmung): Es ist zulässig, dass eine Partei bei § 445 ihren Antrag zurücknimmt. Zwar ist ein Verzicht im Lichte des § 448 nicht möglich, indes kommt die Rücknahme des Antrags außerhalb seines Anwendungsbereichs einem Verzicht gleich; daher kann ab Beginn der Vernehmung die andere Seite entspr. § 399 auf deren Fortsetzung bestehen, → § 445 Rn. 3; → § 447 Rn. 5, 9. Von einem konkludenten Verzicht ist nur in klaren Fällen, iZw also nicht auszugehen, BGH NJW-RR 1996, 1459. Eine Neubenennung in der ersten Instanz oder in der Berufungsinstanz, die dem Widerruf des Verzichts gleichkommt, ist im Rahmen der Verspätungsregeln möglich, BAG NJW 1974, 1349.

§ 401 (Entschädigung für Zeitversäumnis usw.): Die Norm gilt nicht, statt dessen kommt es auf § 91 an. Der mittellosen Partei muss das Gericht anlässlich ihrer Parteivernehmung die Reisekosten zum Termin aus der Staatskasse ersetzen und vorschießen, KV 9008 GKG.

452 *Beeidigung der Partei.* **I [1]Reicht das Ergebnis der unbeeidigten Aussage einer Partei nicht aus, um das Gericht von der Wahrheit oder Unwahrheit der zu erweisenden Tatsache zu überzeugen, so kann es anordnen, dass die Partei ihre Aussage zu beeidigen habe. [2]Waren beide Parteien vernommen, so kann die Beeidigung der Aussage über dieselben Tatsachen nur von einer Partei gefordert werden.**

II Die Eidesnorm geht dahin, dass die Partei nach bestem Wissen die reine Wahrheit gesagt und nichts verschwiegen habe.

III Der Gegner kann auf die Beeidigung verzichten.

IV **Die Beeidigung einer Partei, die wegen wissentlicher Verletzung der Eidespflicht rechtskräftig verurteilt ist, ist unzulässig.**

Schrifttum: Dölling, Eid und eidesstattliche Versicherung, NZFam 2014, 112.

1 **I. Systematik, I–IV.** In einer teilweisen Abweichung gegenüber den vergleichbaren §§ 391 ff., die aber in der Praxis kaum eintritt, regeln §§ 452, 478 ff. die Beeidigung in § 452 einschließlich der mit § 392 S. 2 übereinstimmenden Eidesnorm des II für die Parteivernehmung. Beim Minderjährigen geht § 455 II vor. Eine Pflicht der Partei zur Beeidigung besteht aufgrund einer Anordnung nach I 1 nur scheinbar. Das Gericht kann den Eid nicht erzwingen. Eine Eidesverweigerung hat vielmehr die Rechtsfolgen des § 453 II. Man kann deshalb von einer Obliegenheit sprechen. Eines Antrags bedarf es generell nicht. Die praktische Bedeutung des Parteieides ist eher geringer als diejenige der Parteivernehmung selbst.

2 Für die **Würdigung** der beeideten Aussage gilt § 453 I iVm § 286 ohne Besonderheiten, dh die Eidesleistung mag Gewicht haben, ihr kommt indes gegenüber den sonstigen Gesichtspunkten kein gesteigertes Gewicht zu, str. aA MüKoZPO/Schreiber Rn. 4, dem nicht darin zu folgen sein wird, dass Zweifel, die das Gericht bei der Entscheidung über die Vereidigung als unbeachtlich eingeschätzt hat, nachher nicht mehr neu bedacht werden sollen.

3 **II. Regelungszweck, I–IV.** Die Vorschrift soll der Gefahr eines versuchten Prozessbetrugs vorbeugen. Daher stellt sie die Beeidigung der Parteiaussage unter das erhöhte Risiko einer Bestrafung nach § 154 StGB. Auch der Widerruf einer Aussage im Angesicht bevorstehender Vereidigung oder die nach §§ 446, 453 II zu würdigende Eidesverweigerung sind Gesetzesziele, BGH MDR 1964, 490; Kblz NJW-RR 2002, 630. Gerade wenn der Parteiaussage, wie I 1 voraussetzt, (noch) nicht überzeugt, ist der Eid mit Bedacht einzusetzen, weil in seinem Angesicht nur die Übernahme des erhöhten Risikos als Element der Überzeugungskraft in die Beweiswürdigung einfließen kann, nicht aber sonstige Zweifel ausgeräumt werden. Deshalb sollte das Gericht die Voraussetzungen der Norm streng prüfen und mit der Ausübung seines Ermessens, insbesondere in den Fällen von I 2, zurückhaltend verfahren, dies auch im Angesicht von § 580; aA MüKoZPO/Schreiber Rn. 1, indes gegen die fortschreitende Abstandnahme von der Vereidigung.

4 **III. Geltungsbereich, I–IV.** → Vor § 445 Rn. 10. Zur Anwendbarkeit im Insolvenzverfahren Schmitz-Herscheidt KTS 1996, 519.

5 **IV. Grundsatz: Uneidlichkeit, I.** Jede Parteivernehmung geschieht zunächst uneidlich. Die vorsätzlich falsche uneidliche Aussage kann ein zumindest versuchter Prozessbetrug sein. Sie kann darüber hinaus aus materiellem Recht ersatzpflichtig machen. Jedoch steht die uneidliche falsche Aussage der Partei sonst nicht unter Strafe. Denn § 153 StGB betrifft sie nicht, wohl aber § 154 StGB. Ein fahrlässiger Falscheid ist eine Straftat nach § 163 StGB. Wenn eine uneidliche Bekundung ausreicht, um dem Gericht die Grundlagen einer Entscheidung zu geben, unterbleibt die Beeidigung. Sie unterbleibt nach dem klaren Wortlaut der Norm auch dann, wenn das Gericht die Aussage für unglaubwürdig hält und sich von der Beeidigung keine Abänderung verspricht. Das Gericht sollte einen unnützen Eid vermeiden. Freilich muss das Gericht diese Erwägungen im Urteil nach § 313 III begründen.

6 **V. Ausnahme: Eidesanordnung, I.** Das Prozessgericht muss aber im Rahmen der bisherigen Beweiswürdigung nach seinem pflichtgemäßen Ermessen zur Erschöpfung aller Erkenntnismöglichkeiten eine Beeidigung des Gegners in Erwägung ziehen und die für die Entscheidung maßgeblichen Gründe im Urteil darlegen, Kblz NJW-RR 2002, 630. Das gilt auch dann, wenn das Gericht nur von der Unwahrheit des Bestreitens durch den nicht beweispflichtigen Gegner nicht überzeugt ist oder wenn das Gericht sonst Zweifel an der Richtigkeit des Bestreitens hat. Das Gericht kann auch dem Eid einer sonst vertrauensunwürdigen Person nach → § 453 Rn. 3 eine ausreichende Überzeugungskraft beimessen. Im Einzelnen gilt hier verstärkt → § 448 Rn. 20. „Kann" bedeutet auch hier mehr als nur die gesetzliche Ermächtigung. Denn es ist regelmäßig richterliche Aufgabe, nachvollziehbar zu prüfen, ob die Eidesleistung geeignet ist, das Beweisergebnis zu beeinflussen. Das Gericht muss beeidigen, wenn es sich davon einen Erfolg verspricht.

7 Der Eid kann auf Teile der Aussage begrenzt werden.

8 **VI. Eid nur einer Partei, I 2.** Dieselbe Tatsache darf nur eine Partei beschwören. Wenn das Gericht beide Parteien über dieselbe Tatsache vernommen hat, muss es ohne Rücksicht auf die Beweislast beschließen. Es kommt auf eine Einschätzung des vorläufigen Beweisergebnisses und auch auf die Glaubwürdigkeit an. Das Gericht darf jedenfalls nicht derjenigen Partei die Eidesmöglichkeit geben, gegen die schon einiger Gegenbeweis vorliegt. Wenn das Gericht eine von beiden Parteien gesetzwidrig vernommen hatte, etwa den Beweispflichtigen nach § 445, muss es von der Beeidigung dieser Partei absehen. Ihr Eid wäre bedeutungslos. § 379 der österreichischen ZPO lässt eine Vertagung zu, wenn es als angemessen erscheint, der Partei vor dem Eid eine Überlegungsfrist zu bewilligen. Das ist auch im deutschen Zivilprozess oft zweckmäßig. Ein übereilter Eid ist zu vermeiden.

9 Das Gericht darf beide Parteien insoweit beeidigen, als es sie über verschiedene Tatsachen vernommen hat und nicht die eine Tatsache in Abhängigkeit von einer anderen steht. Für Streitgenossen gilt § 449 entspr., nicht § 452 I 2.

10 **VII. Eidesbeschluss, I.** Für den Beschluss ist nur das Prozessgericht zuständig, nicht der nach §§ 361, 362 verordnete Richter. Dieser holt vielmehr eine Entscheidung des Prozessgerichts ein. Der Beschluss, § 329, lässt sich auf einzelne Tatsachen begrenzen. Er erfolgt nur auf eine mündliche Verhandlung nach § 128 I. Nicht zuletzt wegen III sollte das Gericht stets den Prozessgegner des zu Beeidigenden hören. Das Gericht muss seinen Beschluss verkünden. Wenn die Beeidigung unterbleiben soll, ist ein entsprechender Beschluss unnötig. Die Eidesabnahme erfolgt nach §§ 478 ff.

11 **VIII. Eidesnorm, Verzicht, II, III.** Es ist nur ein Nacheid zulässig. Ein fälschlich abgenommener Voreid wäre aber im Rahmen der Beweiswürdigung nicht bedeutungslos. Vgl. im Einzelnen bei § 391. Form der Eidesleistung: II in Verbindung mit §§ 478 ff., 536. Ein nach III wirksamer Verzicht des Gegners führt zur Unzulässigkeit einer noch nicht erfolgten Beeidigung, aber nicht zur Unverwertbarkeit der schon ordnungsgemäß erfolgten. III ist im Eheverfahren nach § 113 IV Nr. 8 FamFG unanwendbar. Wegen der Eideswürdigung § 453.

IX. Eidesunfähigkeit, IV. Die Vorschrift ist trotz Aufhebung der vormals parallelen Regelung in § 161 StGB weiterhin anwendbar, Zöller/Greger Rn. 3, gegen Stein/Jonas/Berger Rn. 15. Eine wissentliche Verletzung der Eidespflicht nach §§ 154 ff. StGB ist jede vorsätzliche, nicht aber auch eine fahrlässige Eidesstraftat. Die Unfähigkeit tritt erst mit einer rechtskräftigen Bestrafung ein. Deshalb ermittelt das Zivilgericht dazu nicht etwa von Amts wegen, auch nicht bei Anhaltspunkten, solange nicht das ganze Verfahren der Amtsermittlung nach § 26 FamFG folgt. Eine Aussetzung nach § 149 bis zum Abschluss eines laufenden Strafverfahrens ist an sich zulässig. Doch kann das Gericht im Rahmen der Ermessensausübung von einer Beidigung absehen, wenn es ohnehin durchgreifende Bedenken hat. 12

Wegen Minderjährigen und Prozessunfähigen vgl. § 455 II 1. 13

X. Eidesverweigerung, I–IV. Vgl. §§ 446, 453 II. 14

XI. Rechtsmittelinstanz, I–IV. In der Berufung ist § 536 II zu beachten. Die Entscheidung nach § 452 wie auch ihr Unterbleiben ist nur zusammen mit dem Endurteil anfechtbar. Eine verfahrensfehlerhafte Nichtbeeidigung kann die Revision begründen, BGH MDR 1964, 490, und in der Berufung auf Antrag nach § 538 II 1 Nr. 1 zur Zurückverweisung führen, mit Recht zurückhaltend Kblz NJW-RR 2002, 630. 15

453 *Beweiswürdigung bei Parteivernehmung.* **I Das Gericht hat die Aussage der Partei nach § 286 frei zu würdigen.**

II Verweigert die Partei die Aussage oder den Eid, so gilt § 446 entsprechend.

I. Einleitung. Die Verweisung in I auf § 286 ist an sich überflüssig. Sie stellt lediglich klar, dass der Grundsatz der freien Beweiswürdigung nach § 286 mit allen seinen Ausprägungen auch bei der Parteivernehmung gilt. Die Verweisung in II ist ein Teil des in → § 446 Rn. 1 dargestellten Systems der Rechtsfolgen. Ein Geständnis iSd § 288 kann die Parteiaussage nicht sein, → Vor § 445 Rn. 4 aE. 1

Wegen des **Regelungszwecks** von II → § 446 Rn. 2. Wegen des **Geltungsbereichs** → Vor § 445 Rn. 10. 2

II. Aussagewürdigung, I. 1. Freie Beweiswürdigung. Das Gericht würdigt die uneidliche wie auch die eidliche Parteiaussage nach ihrem Inhalt und anhand sämtlicher Umstände des Falles, nicht zuletzt unter Berücksichtigung einerseits der Sachkenntnis der Partei, andererseits aber auch ihres Interesses am Ausgang des Rechtsstreits. Bei Unklarheit kann sich eine Beeidigung nach § 452 empfehlen, → § 452 Rn. 6; Kblz NJW-RR 2002, 630. Das Gericht kann dennoch der unbeeidigten Aussage glauben, der eidlichen misstrauen und das Gegenteil der Behauptung des Beweisführers als bewiesen erachten. Die Eidesleistung ist mit dem Gewicht des sich aus § 154 StGB ergebenden Risikos zu würdigen. 3

Bei der Parteiaussage entscheidet mehr als bei anderen Beweismitteln der **persönliche Eindruck.** Deshalb lässt sich ohne ihn grds. keine verlässliche Feststellung treffen. Bei einem Richterwechsel muss das Gericht eine nicht genau protokollierte, mit einem Vermerk zum persönlichen Eindruck unterlegte Vernehmung iZw wiederholen. Soweit der nach §§ 361, 362 verordnete Richter tätig war, darf das Prozessgericht nur dasjenige berücksichtigen, was sich aus dem Vernehmungsprotokoll nach §§ 160 III Nr. 4, 162 zur Sache wie zu den Begleitumständen ergibt. Notfalls muss das Prozessgericht die Vernehmung wiederholen, was den Einsatz des verordneten Richters gerade bei der Parteivernehmung begrenzt. Das gilt in der Berufung erst recht, BGH NJW 1974, 56 (jedenfalls nach Vereidigung, was heute mit der hier vertretenen restriktiven Auffassung zur Vereidigung, § 452, nicht ganz in Einklang stünde). Wegen eines Verstoßes gegen § 447 → § 447 Rn. 12. 4

2. Verhältnis zur Zeugenaussage. Einer Zeugenaussage nach § 396 kann man die Parteibekundung nicht stets gleichstellen. Das gilt vor allem dann, wenn die Partei nach → § 451 Rn. 3 „§ 394" zulässigerweise an den Zeugenvernehmungen teilgenommen und die Einstellung des Gerichts vor der eigenen Aussage kennengelernt hat. Dennoch ist der Erkenntnisspielraum nicht grds. anders als bei der Würdigung anderer Beweismittel. Im Übrigen kann (nicht: muss) eine Bestätigung der gegnerischen Behauptung durch die Partei bei ihrer Vernehmung einen erheblichen Beweiswert haben. Man sollte auch eine Parteiaussage nicht von vornherein geringer bewerten, ebenso wenig wie die Darstellung eines Angehörigen als Zeugen. 5

III. Weigerungswürdigung, II. Eine Aussageverweigerung oder eine Eidesverweigerung ist eine Beweisvereitelung, BGH NJW 1986, 59. Das Gericht behandelt sie nach § 446. Erläuterungen der Partei sind einzubeziehen; Voreingenommenheit ist fehl am Platz. Das Urteil muss seine Erwägungen erkennen lassen; Lücken eröffnen dem Berufungsgericht Spielräume, Köln VersR 1993, 1373. Eine Belehrung ist nicht notwendig. Ein Hinweis auf die Folgen der Eidesverweigerung nach II ist aber zulässig. Er ist evtl. sogar hilfreich, insbes. bei einer erkennbaren Rechtsunkenntnis der Partei, → § 446 Rn. 4. Jedweder Zwang ist unstatthaft. Einzelheiten bei → § 446 Rn. 6. 6

454 *Ausbleiben der Partei.* **I Bleibt die Partei in dem zu ihrer Vernehmung oder Beeidigung bestimmten Termin aus, so entscheidet das Gericht unter Berücksichtigung aller Umstände, insbesondere auch etwaiger von der Partei für ihr Ausbleiben angegebener Gründe, nach freiem Ermessen, ob die Aussage als verweigert anzusehen ist.**

II War der Termin zur Vernehmung oder Beeidigung der Partei vor dem Prozessgericht bestimmt, so ist im Falle ihres Ausbleibens, wenn nicht das Gericht die Anberaumung eines neuen Vernehmungstermins für geboten erachtet, zur Hauptsache zu verhandeln.

I. Einleitung. Zu Systematik und Regelungszweck → § 446 Rn. 1, 2. Zum Geltungsbereich → Vor § 445 Rn. 10. 1

II. Grundsatz: Kein Vertagungsanspruch, I, II. Die Vorschrift regelt eine Beweisvereitelung, § 444, BGH NJW 1986, 59. Abs I findet nur dann Anwendung, wenn das Gericht den Termin zur förmlichen Vernehmung oder Beeidigung der Partei nach §§ 445, 446, 448 ansetzen durfte und auch vorgesehen hat, wenn es also nicht nur nach §§ 141, 273 II Ziff. 3, 279 II Anordnungen erlassen hat. Die Partei hat grundsätzlich kein Recht auf eine Vertagung nach § 227. Sie kann freilich entschuldigt sein, → Rn. 6, 7. Wegen eines „sicheren Geleits" BGH NJW 1991, 2500. 2

3 Wenn das Gericht einen Termin zur Parteivernehmung in der Anwesenheit der Partei verkündet, ist nach § 450 I keine zusätzliche Ladung nötig. Sonst muss das Gericht die Partei nach § 450 I 2 persönlich laden, → § 450 Rn. 6. Alleine die Anordnung persönlichen Erscheinens ist nicht ausreichend, weil die nachteiligen Folgen des § 454 hieraus nicht erkennbar sind. Das Gericht muss die Ladungsfrist beachten, § 217, BGH WM 2010, 1537 (1540). Ausgeblieben ist die Partei dann, wenn sie bis zum Terminsende nach §§ 136 IV, 296a unentschuldigt nach § 220 II nicht erschienen ist. Eine schriftliche Aussage ersetzt nicht das Erscheinen, BGH NJW 2001, 1500 (1502).

4 **III. Freie Würdigung, I.** Das Gericht würdigt das Ausbleiben nur der ordnungsgemäß geladenen Partei oder das Verschweigen ihrer ladungsfähigen Anschrift frei im Rahmen seines Ermessens; es darf und muss dabei alle Umstände berücksichtigen, vor allem die mitgeteilten Entschuldigungsgründe, selbst wenn diese für eine Entschuldigung nach obj nicht ausreichten, BGH WM 2010, 1017 Rn. 20; NJW 2001, 1500 (1502). Die Partei kann sie ohne Anwaltszwang nach § 78 vorbringen. Erstmaliges Ausbleiben kann nur bei geklärtem Sachverhalt zur Entscheidung nach § 454 führen; für einen weiteren Termin ist Ladung gegen ZU ratsam, → § 450 Rn. 6. Die endgültige Entscheidung zu § 454 bringt erst das Urteil. Bis zum Schluss der letzten mündlichen Verhandlung kann die ausgebliebene Partei sich jederzeit zur Aussage und Beeidigung bereit erklären, auch ohne dass sie sich für ihr vorheriges Verhalten genügend entschuldigt.

5 § 454 sieht keine Ordnungs- oder Zwangsmittel vor. Es gibt auch keine Verurteilung in die durch das Ausbleiben entstandenen **Kosten.** Freilich kann das Gericht § 95 anwenden; es kann auch eine Verzögerungsgebühr nach § 38 GKG festsetzen, dies jedoch nicht alleine wegen der Weigerung; aA Zöller/Greger Rn. 2.

6 **IV. Verfahren, II. 1. Maßgeblichkeit einer Entschuldigung.** Das Gericht muss nach von Amts wegen nach § 227 vertagen, wenn es die Partei für entschuldigt hält. Dann darf es auch nicht die Aussage als verweigert ansehen, BGH WM 2010, 1537 (1539). Es beraumt einen neuen Vernehmungstermin an. Bei Ladungshindernissen ist § 356 einschlägig.

7 **2. Verhandlung zur Hauptsache.** Wenn das Gericht die Aussage für verweigert erklärt, müssen die Parteien nach § 137 zur Hauptsache verhandeln, evtl. auch nach § 370 I sofort, und das Gericht muss zur Hauptsache entscheiden. Evtl. setzt das Gericht einen Verkündungstermin an, wenn es noch mit einer nachträglichen Entschuldigung rechnen kann. Wenn ein Urteil ergeht, ist dagegen nur die Berufung nach § 511 statthaft. Wenn die Partei anwaltlich nicht vertreten ist, kann der Gegner ein Versäumnisurteil nach §§ 330 ff. oder eine Entscheidung nach Lage der Akten nach §§ 251a, 331a beantragen. Nach einem Einspruch gem. § 338 kann sich die Partei wieder zur Aussage oder Beeidigung erbieten. Wenn der nach §§ 361, 362 verordnete Richter das Ausbleiben feststellt und nicht nach → Rn. 2 vertagen muss, muss das Prozessgericht von Amts wegen gem. § 216 einen Verhandlungstermin anberaumen, also **vertagen.** In diesem Termin kann das Prozessgericht die Aussage für verweigert erklären. Wenn aber die zu vernehmende Partei erscheint, muss das Gericht sie vernehmen.

455 *Prozessunfähige.* I [1]**Ist eine Partei nicht prozessfähig, so ist vorbehaltlich der Vorschrift im Absatz 2 ihr gesetzlicher Vertreter zu vernehmen.** [2]**Sind mehrere gesetzliche Vertreter vorhanden, so gilt § 449 entsprechend.**

II [1]**Minderjährige, die das 16. Lebensjahr vollendet haben, können über Tatsachen, die in ihren eigenen Handlungen bestehen oder Gegenstand ihrer Wahrnehmung gewesen sind, vernommen und auch nach § 452 beeidigt werden, wenn das Gericht dies nach den Umständen des Falles für angemessen erachtet.** [2]**Das Gleiche gilt von einer prozessfähigen Person, die in dem Rechtsstreit durch einen Betreuer oder Pfleger vertreten wird.**

1 **I. Systematik, I, II.** Die Vorschrift gilt für alle Fälle einer Parteivernehmung. Sie knüpft an die in §§ 51 ff. geregelte Prozessfähigkeit an. Für mehrere gesetzliche Vertreter gilt § 449 entsprechend, so dass das Gericht unter mehreren einzelne auswählen kann, aber an Beweisanträge insoweit nicht gebunden ist, → § 449 Rn. 3, 4. In II liegt eine gegenüber § 452 vorrangige Sonderregelung. Minderjährige, die das 16. Lebensjahr noch nicht vollendet haben, sind immer Zeuge, OLGR Hamm 2003, 181; 1998, 284.

2 **II. Regelungszweck, I, II.** Die Vorschrift enthält in I eine an sich selbstverständliche Klarstellung. II dient der Verhinderung eines Falscheids beim noch nicht voll dessen Tragweite übersehenden, wenn auch formell eides- und strafmündigen Minderjährigen. Die Vorschrift hat damit den Zweck, die Möglichkeiten der Wahrheitsfindung zu erweitern. Das macht sich insbesondere bei § 448 bemerkbar, wenn ein Antrag auf Vernehmung nicht gestellt wird.

3 **III. Geltungsbereich, I, II.** → Vor § 445 Rn. 10.

4 **IV. Gesetzliche Vertretung, I.** Für eine nach § 52 prozessunfähige Person muss das Gericht regelmäßig den gesetzlichen Vertreter nach § 51 als Partei vernehmen, Brdb NJW-RR 2020, 1222; Köln MDR 1976, 937 (Schutz des fälschlich einbezogenen Vertreters); Barfuß NJW 1977, 1273. Zur Abgrenzung des Vertreters von der Partei → Vor § 373 Rn. 17 „Gesellschaft"; „Vertreter".

5 Der Vertretene kann in diesem Fall nach § 373 Zeuge sein, auch wenn er das 16. Lebensjahr bereits vollendet hat, BGH NJW 1965, 2253. Es entscheidet die gesetzliche Vertretung im Zeitpunkt der Vernehmung. Bei einem Wechsel der Vertretung nach dem Zeitpunkt der Anordnung muss das Gericht den neuen gesetzlichen Vertreter in den Beschluss aufnehmen. Der frühere kann nunmehr Zeuge sein. Bei mehreren gesetzlichen Vertretern gilt § 449 entsprechend, → Rn. 1.

6 **V. Minderjährige usw., II. 1. Geltungsbereich.** Minderjährige, die das 16. Lebensjahr noch nicht vollendet haben, können nur Zeuge sein, nicht Partei, KG RuS 2000, 482; OLGR Hamm 2003, 181; 1998, 284. Das Gericht kann nach seinem pflichtgemäßen Ermessen den Prozessunfähigen selbst als Partei vernehmen, wenn er ein Minderjähriger ist, der das 16. Lebensjahr vollendet hat, oder wenn es sich um einen durch einen Betreuer oder Pfleger nach §§ 1896 ff. BGB in diesem Prozess vertretenen Prozessfähigen handelt, also um einen nach § 53 unterstellt Prozessunfähigen. Notwendig ist aber, dass die Beweistatsachen in eigenen Handlungen dieser Person bestehen oder ein Gegenstand ihrer Wahrnehmung gewesen sind. Handlungen des Gegners, des Rechtsvorgängers

oder des Vertreters der Partei scheiden aus, MüKoZPO/Schreiber Rn. 2. Soweit das Gericht die Partei nach II vernimmt, kann ihr gesetzlicher Vertreter nach § 373 Zeuge sein (Umkehrung des Falls → Rn. 4). Auf andere Personen, zB Insolvenzschuldner, ist II aufgrund seines Ausnahmecharakters auch analog nicht anwendbar.

Bei der Ausübung des pflichtgemäßen **Ermessens** nach II 1 sind insbesondere die Einsichtsfähigkeit des Minderjährigen und ggf. eine besondere (familiäre) Konfliktlage gegen das Interesse an der Wahrheitsfindung abzuwägen. Für die Entscheidung, ob der Vertreter oder die Partei als Zeuge bzw. Partei vernommen werden, kommt es vorrangig auf die Sachkenntnis an. Das Gericht darf sich generell mit der Vernehmung des gesetzlichen Vertreters begnügen; II schließt dies auch bei einem Minderjährigen ab dem 16. Lebensjahr nicht grds. aus. 7

Mit Blick auf den Ermessensspielraum des Gerichts ist ein Antrag auf Zeugen-, Parteivernehmung hier generell im Sinne der jeweils angezeigten Vernehmungsart zu interpretieren, OLGR Hamm 2003, 181. 8

2. Beeidigung. Die Beeidigung der genannten Personen nach §§ 452, 478 ff. setzt weiter voraus, dass das Gericht sie angemessen findet. Dabei muss das Gericht alle Umstände würdigen, vor allem auch persönliche Eigenschaften, etwa die Einsichtsfähigkeit oder Zuverlässigkeit. Nicht vertretbar ist es, einen uneinsichtigen Jugendlichen in die Strafbarkeit wegen Meineids zu leiten. 9

3. Anordnung. Der Beweisbeschluss nach § 450 oder der Beeidigungsbeschluss muss den Vertretenen besonders bezeichnen. Das Gericht muss die Gründe der Vernehmung gerade des Vertretenen und nicht seines Vertreters im Urteil nach § 313 III nennen. Das Gericht kann zunächst den Vertreter oder zunächst den Vertretenen vernehmen. Es ist mangels widersprüchlicher Aussagen zulässig, beide zu beeidigen. 10

456-477 (weggefallen)

Titel 11. Abnahme von Eiden und Bekräftigungen

Vorbemerkung zu § 478

Schrifttum: Dölling, Eid und eidesstattliche Versicherung, NZFam 2014, 112; Egon Schneider, Abschied vom Zeugeneid, ZAP 2013, Heft 1, 3.

I. Systematik. Das Ob einer Eidespflicht unterliegt der Gewissens- und Religionsfreiheit nach Art. 9 I MRK, Art. 4 I GG, auch wenn sie ohne religiöse Beteuerung verlangt wird, BVerfG NJW 1989, 827; NJW 1972, 1183, näher § 484. Auch durch die Notwendigkeit, unter einem im Gerichtssaal befindlichen Kreuz auszusagen, kann das Grundrecht berührt sein, BVerfG NJW 1973, 2198. Es gibt Regelungen für den Zeugen in §§ 391 ff., für den Sachverständigen in § 410 I 1, für die als Beweisperson vernommene Partei in §§ 426 S. 3, 446, 452 I 1, 453 II, 455 II, für den Dolmetscher in § 189 GVG und im zugehörigen Landesrecht nach → GVG § 189 Rn. 1. §§ 478–484 regeln das Wie der Vereidigung. Die Rechtsfolgen der Eidesverweigerung befinden sich für Zeugen und Sachverständige in §§ 390, 402, für die Partei in § 453 II, für Vollstreckungsschuldner in §§ 889 II, 888. Für Dolmetscher gibt es keine entspr. Regelung, BVerfG NJW 1967, 195. 1

Die ZPO kennt die folgenden formell-feierlichen Beteuerungsarten. 2

1. Eid. Er besteht mindestens aus den Worten „Ich schwöre es". Nach der Wahl des Schwörenden erfolgt der Eid entweder mit einem Zusatz „so wahr mir Gott helfe" als Eid mit religiöser Beteuerung, oder der Eid erfolgt ohne jeden Zusatz. Das ist ein Eid ohne religiöse Beteuerung. Der Eid kann auch mit einem Zusatz der Beteuerungsformel einer anderen Religions- oder Bekenntnisgemeinschaft erfolgen. 3

2. Eidesgleiche Bekräftigung. Sie erfordert nach § 484 mindestens das Wort „Ja". Ihre Ableistung ist Pflicht, sofern eine Eidespflicht besteht. 4

3. Eidesstattliche Versicherung. § 294. 5

4. Berufung auf einen geleisteten Eid. Diese erfolgt beim Zeugen nach § 386 II, beim Sachverständigen nach § 401 II auf einen früheren sonstigen Eid oder auf eine frühere eidesgleiche Bekräftigung. 6

II. Regelungszweck. Zweck der Regelungen ist es, das betr. Beweismittel in eindringlicher Form zur Erfüllung seiner Pflicht anzuhalten und pflichtwidriges Verhalten verschärft zu sanktionieren. Alles Weitere hängt von den jeweils für die einzelnen Beweismittel, → Rn. 1, geltenden Besonderheiten ab. So ist beim Zeugen alleine die **Wiedergabebereitschaft** maßgeblich, nicht etwa das Erinnerungsvermögen, Köln MDR 1971, 933. Der Meineid ist nach § 154 StGB strafbar. Dem Eid steht nach § 155 StGB die Bekräftigung sowie die Berufung auf den früheren Eid oder auf eine frühere Bekräftigung gleich. Strafbar sind ferner der fahrlässige Falscheid nach § 163 StGB und eine falsche eidesstattliche Versicherung nach § 156 StGB. Die vorgenannten Vorschriften sind bürgerlich-rechtlich **Schutzgesetze** nach § 823 II BGB, BGH MDR 1959, 118; OLGR Düss 2005, 533; OLGR Hamm 2006, 389 (für den Fall des § 410 verneint), im Ansatz durch § 839a BGB nicht überholt. Der Eid erbringt dennoch nicht zwingend einen höheren Beweiswert, vielmehr bedarf es nach § 286 der freien Würdigung, Brdb BeckRS 2009, 12046; BayVerfGH NJW-RR 2009, 1433. Auch aus diesem Grunde ist die praktische Bedeutung des Eides und der Bekräftigung heute gering. 7

III. Sachlicher Geltungsbereich. §§ 478 ff. gelten in allen Verfahrensarten nach der ZPO, auch im WEG-Verfahren. Sie gelten im arbeitsgerichtlichen Verfahren nur nach Maßgabe der §§ 46 II, 58 II 1, 80 II ArbGG, im Verwaltungsrechtsstreit nach § 98 VwGO. Titel 11 gilt ferner entsprechend beim Affidavit, Bambring DNotZ 1976, 728 (737). In einer Ehe- oder Familienstreitsache nach §§ 111 Ziff. 1, 112 FamFG gelten §§ 478 ff. entsprechend, §§ 30 I, 113 I 1 FamFG (Ausnahme: § 113 IV Ziff. 8 FamFG). Für die Abgabe der eidesstattlichen Versicherung gelten sie entspr., §§ 802c III, 883 II, 889 I 2. 8

IV. Persönlicher Geltungsbereich. Titel 11 gilt bei: Zeugen; Sachverständigen; Dolmetschern; vernommenen Parteien nach → Rn. 1. 9

478 *Eidesleistung in Person.* **Der Eid muss von dem Schwurpflichtigen in Person geleistet werden.**

1 Jede Vertretung bei der Eidesleistung ist unzulässig. Der gesetzliche Vertreter nach § 51 muss gem. § 455 I selbst schwören. Die „Schwurpflicht" ist für die einzelnen Beweismittel jeweils gesondert geregelt, → Vor § 478 Rn. 1.

479 *Eidesleistung vor beauftragtem oder ersuchtem Richter.* I **Das Prozessgericht kann anordnen, dass der Eid vor einem seiner Mitglieder oder vor einem anderen Gericht geleistet werde, wenn der Schwurpflichtige am Erscheinen vor dem Prozessgericht verhindert ist oder sich in großer Entfernung von dessen Sitz aufhält und die Leistung des Eides nach § 128a Abs. 2 nicht stattfindet.**

II **Der Bundespräsident leistet den Eid in seiner Wohnung vor einem Mitglied des Prozessgerichts oder vor einem anderen Gericht.**

1 **I. Systematik, Regelungszweck, I, II.** Vor § 478. Man muss die Vorschrift als eine Ausnahme vom Grundsatz der Unmittelbarkeit der Beweisaufnahme nach § 355 I und auch mit Blick auf die Bedeutung des Eides in der Beweiswürdigung, → Vor § 478 Rn. 7, eng auslegen und entspr. handhaben.

2 **II. Geltungsbereich, I, II.** → Vor § 478 Rn. 8, 9. Geregelt ist ausschließlich die von der Aussage selbst getrennt vorgenommene Vereidigung, so dass die praktische Bedeutung der Norm äußerst gering ist; zum Verfahren vor dem Gerichtsvollzieher Pinnel/Rodemann DGVZ 2005, 97.

3 **III. Verhinderung usw, I.** Regelmäßig ist der Eid vor dem Prozessgericht erforderlich, wobei die Videokonferenz nach § 128a dem gleichsteht. Das Prozessgericht kann aber bei einer Behinderung oder bei einer weiten Entfernung des Schwurpflichtigen nach §§ 375, 402, 451 die Leistung vor einem nach §§ 361, 362 beauftragten oder ersuchten Richter anordnen. Die Anordnung ergeht auch ohne mündliche Verhandlung. Sie erfolgt durch einen nach § 355 II unanfechtbaren Beschluss, auch wenn der Eid im Ausland nötig wird. Das Gericht muss seinen Beschluss den Parteien von Amts wegen nach § 357 mitteilen. Das kann gem. § 329 II 1 formlos erfolgen. Erst die Ladung vor den verordneten Richter muss förmlich erfolgen, § 329 II 2. Eine Änderung des Beschlusses erfolgt von Amts wegen oder auf Antrag nach § 360 S. 2. Beim Auslandseid ergeht ein Rechtshilfeersuchen nach § 157 GVG. Über einen vor dem verordneten Richter entstehenden Zwischenstreit über die Abnahme des Eides entscheidet das Prozessgericht nach § 366. Die Parteien dürfen bei der Beeidigung nach § 357 anwesend sein.

4 **IV. Exterritorialer usw, I.** Exterritoriale und ausländische Konsuln, die das Gericht nach → § 377 Rn. 5 in ihrer Wohnung als Zeugen vernehmen muss, werden dort beeidigt.

5 **V. Bundespräsident, II.** Der Bundespräsident leistet einen Eid stets in seiner Wohnung. Dazu zählen jeder Amtssitz wie jede Privatwohnung nach seiner Wahl. Es reicht aus, dass ein Mitglied des Prozessgerichts oder ein anderes vollständig besetztes Gericht den Eid abnehmen. Das Erscheinen des vollständig besetzten Prozessgerichts zur Beeidigung kann bei einer geringen Entfernung als nobile officium notwendig sein.

480 *Eidesbelehrung.* **Vor der Leistung des Eides hat der Richter den Schwurpflichtigen in angemessener Weise über die Bedeutung des Eides sowie darüber zu belehren, dass er den Eid mit religiöser oder ohne religiöse Beteuerung leisten kann.**

1 **I. Systematik, Regelungszweck.** Zunächst Vor § 478. Die Vorschrift schließt an die Belehrungspflicht nach § 395 I an. Sie setzt eine Klärung der Nämlichkeit des Eidespflichtigen als selbstverständlich voraus. Vor allem soll der Schwurpflichtige den Ernst des Augenblicks und die Tragweite des Eids erkennen, um selbstkritisch prüfen zu können, ob er bei seiner Aussage bleiben will. Das gilt umso mehr, als der Eid in der Tragweite, die das Gesetz ihm durch die Sanktion des Falscheides beimisst, heute nicht mehr durchgehend erfasst wird. Unerlässlich ist ein Hinweis auf die Strafbarkeit eines falschen Eides. Das Gericht soll auch die Strafbarkeit des fahrlässigen Falscheides nach → Vor § 478 Rn. 7 ansprechen. Wenn es seine Belehrung schon vor dem Beginn der Aussage vorgenommen hatte, wiederholt es sie, falls es sie für ratsam oder gar notwendig hält. Belehren muss das Gericht. Nicht ausreichend ist eine Belehrung durch die Partei oder durch einen Dritten, auch nicht durch den ProzBev. Wegen eines etwaigen späteren Strafverfahrens muss das Gericht den gesamten Vorgang der Beeidigung sorgfältig nach §§ 159 ff. protokollieren, zumal ein Eid immer ein wesentlicher Vorgang nach § 160 II ist. Das Gericht muss etwaige Vorhaltungen oder Bedenken einer Partei gegen eine Beeidigung protokollieren, auch wenn sie das nicht beantragt hat.

2 **II. Geltungsbereich.** → Vor § 478 Rn. 8, 9.

3 **III. Art und Umfang der Belehrung.** Die Belehrung erfolgt in angemessener Weise. Sie muss sich im Einzelfall auch auf die Möglichkeit einer Korrektur erstrecken, OVG Schlesw NordÖR 2017, 64 = BeckRS 2016, 49399 Rn. 33. Der Vorsitzende muss sie der Sprachkenntnis anpassen, der Intelligenz, der Verständigkeit, aber auch der bisherigen Glaubwürdigkeit des Schwurpflichtigen und der Situation. Bei einem ausländischen Zeugen ist evtl. eine ausführliche Darlegung der Möglichkeiten des § 481 notwendig. Dabei muss das Gericht den Dolmetscher zu einer besonderen Sorgfalt anhalten. Stets muss es auf die Wahlfreiheit des Schwurpflichtigen hinweisen, mit oder ohne eine religiöse Beteuerung zu schwören. Der Hinweis auf § 481 III ist nur bei „Angabe" des Zeugen geboten, aus besonderem Anlass aber in jedem Falle sinnvoll. Ein Hinweis auf die Möglichkeit einer bloßen eidesgleichen Bekräftigung nach § 484 erfolgt grundsätzlich nur dann, wenn der Schwurpflichtige sich gegen eine Eidesleistung, etwa unter einer Berufung auf Glaubens- oder Gewissensgründe, wehrt, BVerfG NJW *1972, 1183. Es* ist also nicht stets von vornherein ein Hinweis „auf Verdacht" nötig, indes auch nicht verfehlt. Das Gericht beurteilt die Parteiabwesenheit bei der Belehrung und beim Eid selbst nach § 367.

4 **IV. Verstoß.** Ein Verstoß macht den Eid weder zivil- noch strafrechtlich unwirksam. Er kann aber Verfahrensmangel sein, § 538 II 1 Ziff. 1.

481 *Eidesleistung; Eidesformel.* **I Der Eid mit religiöser Beteuerung wird in der Weise geleistet, dass der Richter die Eidesnorm mit der Eingangsformel:**
„Sie schwören bei Gott dem Allmächtigen und Allwissenden"
vorspricht und der Schwurpflichtige darauf die Worte spricht (Eidesformel):
„Ich schwöre es, so wahr mir Gott helfe."

II Der Eid ohne religiöse Beteuerung wird in der Weise geleistet, dass der Richter die Eidesnorm mit der Eingangsformel:
„Sie schwören"
vorspricht und der Schwurpflichtige darauf die Worte spricht (Eidesformel):
„Ich schwöre es."

III Gibt der Schwurpflichtige an, dass er als Mitglied einer Religions- oder Bekenntnisgemeinschaft eine Beteuerungsformel dieser Gemeinschaft verwenden wolle, so kann er diese dem Eid anfügen.

IV Der Schwörende soll bei der Eidesleistung die rechte Hand erheben.

V Sollen mehrere Personen gleichzeitig einen Eid leisten, so wird die Eidesformel von jedem Schwurpflichtigen einzeln gesprochen.

I. Eidesteile, I, II. Der Eid besteht stets aus den folgenden drei Teilen. Die beiden ersteren sind der Vorspruch des Gerichts. 1

1. Eingangsformel. Zunächst spricht der Richter die Eingangsformel: „Sie schwören" mit oder ohne den Zusatz „bei Gott dem Allmächtigen und Allwissenden", je nach der Wahl der Eidesformel durch den Schwurpflichtigen, die er nach → Rn. 8 vorweg abklären muss. 2

2. Eidesnorm. Sodann spricht der Richter die Eidesnorm, und zwar beim Zeugen nach § 392 I 3: „dass Sie nach bestem Wissen die reine Wahrheit gesagt und nichts verschwiegen haben", beim Sachverständigen nach § 410 I 2: „dass sie Ihr Gutachten unparteiisch und nach bestem Wissen und Gewissen erstattet haben" (oder: „erstatten werden"), beim Dolmetscher nach § 189 I GVG: „dass Sie treu und gewissenhaft übertragen werden", beim Schuldner nach §§ 802b III 2, 883 II 3 wie beim Zeugen. 3

3. Eidesformel. Schließlich antwortet der Schwurpflichtige mit der von ihm gewählten Eidesformel. 4

4. Gemeinsame Regeln. Jeder Teil kann also je nach der Art des Schwurpflichtigen wie des Eides unterschiedlich lauten. Ein falscher Wortlaut gefährdet hier, wo das Gesetz die Form zur höchsten Wichtigkeit erhebt, die Gültigkeit des Eides und beeinträchtigt damit oft die Verwertbarkeit des Beschworenen in nicht mehr heilbarer Weise. Deshalb ist eine äußerste Sorgfalt notwendig. Ein Protokoll „X leistete den Eid" oder gar mit dem Zusatz „… vorschriftsmäßig" reicht zwar sogar nach § 165 aus. Jedoch sollte das Gericht im Zweifel näher protokollieren, ob es nach I, II, III oder nach § 484 verfahren ist. 5

Dem Eid vorangehen muss die **Belehrung** nach § 480. Natürlich ist einem Ausländer gegenüber eine wörtliche Übersetzung sämtlicher Teile des Eides unentbehrlich. Dass dies geschehen ist, sollte (nicht: muss) das Gericht besonders protokollieren. 6

II. Eidesarten, I–III. 1. Grundsatz: Wahlrecht des Schwurpflichtigen. Wenn das Gericht die Beeidigung beschließt, besteht grundsätzlich Eideszwang. Von ihm gibt es Ausnahmen nach § 484 nur aus Glaubens- oder Gewissensgründen. Dagegen hat der Schwurpflichtige wegen Art. 4 GG die freie Wahl, ob er nach I, II oder III schwören will. Eine Belehrung erfolgt nach → § 480 Rn. 3. Mit diesen Wahlmöglichkeiten ist die Freiheit des Schwurpflichtigen erschöpft. Wenn er zB die Eidesart I wählt, kann er nicht dessen Teile ändern oder ablehnen. Die Eidesnorm ist ohnehin zwingend. 7

2. Abgabeverfahren. Man muss folgende Vorschriften beachten: Beim Zeugen § 392; beim Sachverständigen § 410 I; bei der vernommenen Partei § 452 II; beim Dolmetscher § 189 GVG und das zugehörige Landesrecht nach → GVG § 189 Rn. 1, BGH NJW 1997, 2335 (StPO); bei der eidesstattlichen Versicherung zur Vermögensauskunft § 883 II, III oder die Urteilsformel. Da es wegen Art. 4 GG nach § 484 III genügt, dass der Schwurpflichtige „angibt", die fragliche Formel verwenden zu wollen, darf das Gericht nach → § 484 Rn. 4 die Wahrheit seiner Behauptung über die Mitgliedschaft in der Religions- oder Bekenntnisgemeinschaft sowie die Existenz und die Üblichkeit der angeblich besonderen Beteuerungsformel jedenfalls solange nicht prüfen, wie keine begründeten Zweifel vorliegen. Erst bei Zweifeln kann eine Maßnahme nach § 178 GVG in Betracht kommen; aA unter Hinweis auf den nicht eindeutigen Wortlaut des § 481 III MüKoZPO/Schreiber Rn. 2. Der Streit mag dahinstehen, da die Wirkung des Eides durch die Formel nicht beeinträchtigt wird. 8

Bzgl. **Juden und Muslime** Jünemann MDR 1970, 725. Zulässig ist zB „beim Worte Allahs", Leisten MDR 1980, 636. Zu den Bekenntnisgemeinschaften nach III zählen auch weltliche. Es ist also eine weite Auslegung erforderlich. Heimann-Trosien JZ 1973, 609 hält „bei Lenin" für zulässig, will evtl. sogar auf „ich schwöre es" verzichten. Das geht gerade wegen der sinkenden Wertschätzung des Eides und mit Blick auf § 484 zu weit. 9

Sich zu erheben ist zwar kein gesetzlicher Zwang, aber üblich. Das gilt für alle Anwesenden einschließlich des Gerichts und bereits während des Vorspruchs und der Eidesformel. Der Verstoß gegen eine entspr. Anordnung kann nach §§ 178 f. GVG geahndet werden. 10

III. Handerheben, IV. Es handelt sich um eine bloße Sollvorschrift. Ein Linkshänder darf entgegen dem Wortlaut von IV und soll durchaus mit der linken Hand schwören. Das ist für seine psychische Verfassung, die der Richter bei jeder Eidesabnahme wegen der Bedeutung des Eides ohnehin mitbeachten sollte, nicht unwesentlich. Der Verstoß gegen IV ist jedenfalls prozessual belanglos. Ein „Abschwören" durch ein Weghalten der linken Hand usw. kann dann beachtlich sein, wenn der Schwurpflichtige dadurch zu erkennen gibt, dass er in Wahrheit nicht schwören will. Das Gericht muss dergleichen notfalls als eine Verweigerung beurteilen und nach § 160 II protokollieren. Insoweit besteht eine Belehrungspflicht nach § 139. Auseinandersetzungen hierüber sind fehl am Platz. 11

IV. Beeidigung mehrerer, V. Sie ist bei Zeugen ausdrücklich zulässig, §§ 392 S. 2, 402. Der Vorsitzende kann die Eidesnorm und Belehrung zunächst für alle gemeinsam sprechen. Natürlich muss dann jeder die Eidesformel nach eigener Entscheidung wählen und sprechen. Mehrere Versicherungen nach § 883 II, III sind getrennt erforderlich, zumal sie meist verschiedene Prozesse betreffen. 12

482 **(weggefallen)**

483 *Eidesleistung sprach- oder hörbehinderter Personen.* I [1]**Eine hör- oder sprachbehinderte Person leistet den Eid nach ihrer Wahl mittels Nachsprechens der Eidesformel, mittels Abschreibens und Unterschreibens der Eidesformel oder mit Hilfe einer die Verständigung ermöglichenden Person, die vom Gericht hinzuzuziehen ist.** [2]**Das Gericht hat die geeigneten technischen Hilfsmittel bereitzustellen.** [3]**Die hör- oder sprachbehinderte Person ist auf ihr Wahlrecht hinzuweisen.**

II **Das Gericht kann eine schriftliche Eidesleistung verlangen oder die Hinzuziehung einer die Verständigung ermöglichenden Person anordnen, wenn die hör- oder sprachbehinderte Person von ihrem Wahlrecht nach Absatz 1 keinen Gebrauch gemacht hat oder eine Eidesleistung in der nach Absatz 1 gewählten Form nicht oder nur mit unverhältnismäßigem Aufwand möglich ist.**

1 Die Vorschrift ergänzt § 186 GVG. Sie gilt nicht nur für einen gänzlich Stummen und Taubstummen, sondern für jeden Hör- oder Sprachbehinderten. Wenn bei ihnen die Möglichkeit einer Verständigung selbst bei einer Anwendung von § 483 vollständig fehlt, sind sie eidesunfähig und ist das Beweismittel ungeeignet geworden.

2 **Hör- oder Sprachbehinderung** ist vorhanden, soweit und solange eine nicht nur ganz vorübergehende nicht ganz unerhebliche Beeinträchtigung desjenigen Grads vorliegt, bei dem man sich selbst oder gegenüber einem solchen Menschen nicht ohne einen besonderen technischen oder sonstigen Aufwand im objektiv vor Gericht erforderlichen Umfang einigermaßen brauchbar verständigen kann. Das Gericht klärt die Frage freibeweislich, grds. alleine aufgrund eigener Erkenntnis. Eine menschenfreundliche Auslegung hilft und ist notwendig, so auch Musielak/Voit/Huber ZPO Rn. 2. Als technische Hilfsmittel kommen Hörhilfen und für schriftliche oder bildliche Darstellungen auch der Bildschirm in Betracht; zur Hilfsperson BGH NJW 1997, 2335. § 189 GVG gilt analog.

3 Bei der Wahl der Mittel hat das Gericht einen weiten, nur am Ziel der Wahrheitsfindung und an den besonderen Gegebenheiten des Falles, namentlich der Würde des zu Vernehmenden ausgerichteten Ermessensspielraum. Die Prozessbeteiligten müssen den notwendigen Zeit-Mehraufwand hinnehmen. Mehrkosten sind Prozesskosten nach §§ 91 ff.

4 **Unanwendbar** ist § 483 beim nach §§ 393, 455 II uneidlich zu Vernehmenden.

484 *Eidesgleiche Bekräftigung.* I [1]**Gibt der Schwurpflichtige an, dass er aus Glaubens- oder Gewissensgründen keinen Eid leisten wolle, so hat er eine Bekräftigung abzugeben.** [2]**Diese Bekräftigung steht dem Eid gleich; hierauf ist der Verpflichtete hinzuweisen.**

II **Die Bekräftigung wird in der Weise abgegeben, dass der Richter die Eidesnorm als Bekräftigungsnorm mit der Eingangsformel:**
„Sie bekräftigen im Bewusstsein Ihrer Verantwortung vor Gericht"
vorspricht und der Verpflichtete darauf spricht:
„Ja".

III **§ 481 Abs. 3, 5, § 483 gelten entsprechend.**

1 **I. Systematik, I–III.** Die Vorschrift gibt dem Schwurpflichtigen nach **seiner** Wahl neben den drei in → § 481 Rn. 7 genannten Möglichkeiten der Ableistung des Eids drei weitere Möglichkeiten der Ableistung einer sog. eidesgleichen Bekräftigung und damit insgesamt nicht weniger als sechs Möglichkeiten. Verweigert die Beweisperson auch eine eidesgleiche Bekräftigung, gilt § 390.

2 **II. Regelungszweck, I–III.** Die Vorschrift zieht die prozessual notwendigen Folgen aus der in Art. 4 I GG verankerten Glaubens- Gewissens- und Bekenntnisfreiheit. Dem Rang dieses Grundrechts muss das Gericht bei Auslegung und Anwendung des § 484 Rechnung tragen, BVerfG NJW 1972, 1183.

3 **III. Geltungsbereich, I–III.** → Vor § 478 Rn. 8, 9.

4 **IV. Glaubens- oder Gewissensgründe, I.** „Ich aber sage euch, dass ihr überhaupt nicht schwören sollt" (Matth. 5, 34 ff). Nur aus einem Grund dieser Art darf der Schwurpflichtige jeden Eid ablehnen. Andere Gründe können zwar dazu führen, dass das Gericht nach § 481 II nur den Eid ohne eine religiöse Beteuerung verlangen kann, oder nach § 481 III nur den Eid mit einer besonderen Beteuerungsformel. Solche anderen Gründe ändern aber nichts an der Eidespflicht und an den Folgen der Eidesverweigerung. Wegen der Hinweispflicht → § 480 Rn. 3, § 484 I 2. „Gewissensgründe" erfassen auch nichtreligiöse Motive, also auch weltanschauliche. Durch die Fassung „gibt an" verwehrt das Gesetz dem Gericht nach → § 481 Rn. 8 grundsätzlich die Überprüfung der Wahrheit der Gründe, also der wirklichen Überzeugung des den Eid Verweigernden, zumindest solange keine begründeten Zweifel bestehen. Auch im Übrigen ist eine Überprüfung durchweg untunlich, wenn auch nicht gänzlich ausgeschlossen, aA MüKoZPO/Schreiber Rn. 1. Denn wer den Eid verweigert, muss eine eidesgleiche Bekräftigung abgeben. Sie steht dem Eid nach I 2 zivil- wie strafrechtlich gleich.

5 Das Gericht sollte den Verweigernden belehren, dass statt § 484 die Möglichkeiten des § 481 II, III bestehen, damit die Aussage auf der Grundlage umfassender Kenntnis und subjektiver Überzeugung bekräftigt wird. Das Protokoll lautet wie bei → § 481 Rn. 5. Eine Verweigerung sowohl des Eids als auch der eidesgleichen Bekräftigung ist nur nach → § 391 Rn. 8 zulässig. Das Gericht muss sie andernfalls als eine Eidesverweigerung ahnden, selbst wenn der Verweigernde sie auf Glaubens- oder Gewissensgründe stützt. Das Gericht muss nach → § 480 Rn. 3 angemessen besonders darauf hinweisen, dass die eidesgleiche Bekräftigung dem Eid gleichsteht. Wegen eines Kreuzes im Sitzungsraum → Vor § 478 Rn. 1.

6 **V. Bekräftigungsarten, II, III.** Die Bekräftigung besteht wie der Eid aus drei Teilen: Zunächst der vom Richter gesprochenen Eingangsformel, II; sodann der ebenso vom Richter vorgesprochenen Bekräftigungsnorm, die der sonst jeweils anwendbaren Eidesnorm nach → § 481 Rn. 7, 8 wörtlich entspricht; schließlich der vom Verpflichteten gesprochenen Bekräftigungsformel „Ja". „Ich bekräftige es!" dürfte gleichwertig sein. Der Ver-

pflichtete darf nach III wie bei § 481 III, → § 481 Rn. 7, 8, eine zusätzliche Beteuerungsformel anfügen. Er ist nicht verpflichtet, die Hand zu heben. Denn III verweist nicht auf § 481 IV. Wegen einer eidesgleichen Bekräftigung mehrerer vgl. § 481 V. Wegen der Bekräftigung Stummer usw vgl. § 483. Strafbarkeit: → Vor § 478 Rn. 7.

Titel 12. Selbständiges Beweisverfahren

Vorbemerkung zu § 485

Schrifttum: Anders/Gehle Assessorexamen ZivilR F Rn. 60 ff.; Büte FuR 2017, 642; Edlbauer, Das selbständige Beweisverfahren in Arzthaftungssachen usw., 2012; Koenen, Sachverständigenbeweis im Bauprozess, 2011; Frank 2020, 18; Ulrich, Selbständiges Beweisverfahren mit Sachverständigen, 2. Aufl. 2008; Werner/Pastor, Der Bauprozess, 17. Aufl. 2020 (Bespr. Keldungs BauR 2018, 932).

I. Systematik. Die Sicherung des Beweises entstammt dem kanonischen Recht. Die Beweissicherung erfolgt unter den Voraussetzungen des § 485 in einem stets eigenständigen, „selbständigen" Verfahren. Das ist der Fall, wenn noch kein Rechtsstreit anhängig ist oder wenn das Prozessgericht in dem rechtshängigen Verfahren noch keine Beweisaufnahme nach §§ 358, 358a beschlossen hat und diese Anordnung nicht in der mit Blick auf den Sicherungszweck gebotenen Zeit zu erwarten ist, Zöller/Herget Rn. 1; nach Anordnung vgl. III. Die Zuständigkeit geht auf das Prozessgericht in dem Zeitpunkt über, in dem es eine Beweisaufnahme als erforderlich ansieht und daher die Akten des selbständigen Beweisverfahrens beizieht, BGH MDR 2005, 45. Soweit ein Verfahren nach §§ 485 ff. in Betracht kommt, ist ein solches nach §§ 935 ff. unzulässig, OLG Köln VersR 1996, 733 (734). 1

II. Regelungszweck. Durch das selbständige Beweisverfahren soll den Parteien außerhalb eines streitigen Verfahrens, jedenfalls vor einer Beweiserhebung dort ermöglicht werden, verbindliche Tatsachenfeststellungen mit voller Beweiskraft nach § 493 I treffen zu lassen, BGH NJW 2014, 789 (790). Grundgedanke ist in allen Fällen des Verfahrens nach § 485, Verfahren zu vermeiden, jedenfalls zu beschleunigen und widersprüchliche Prozessergebnisse zu verhindern, BGH NJW 2014, 789 (790). 2

Das Beweisverfahren darf nicht weitergehen als ein Hauptsacheverfahren, die Beweismöglichkeiten gehen nicht über die im Hauptsacheverfahren verfügbaren hinaus, § 492, BGH VersR 2017, 908. 3

Während Abs. 1 das konsensuale („wenn der Gegner zustimmt") und sichernde („zu besorgen ist, dass das Beweismittel verloren geht oder seine Benutzung erschwert wird") Beweisverfahren betrifft, zielt die Regelung in Abs. 2 bei Vorliegen eines rechtlichen Interesses auf Streitvermeidung ab („Ein rechtliches Interesse ist anzunehmen, wenn die Feststellung der Vermeidung eines Rechtsstreits dienen kann."). 4

III. Geltungsbereich. §§ 485 ff. gelten für alle Verfahren nach der ZPO. 5

1. Notwendigkeit eines bestimmten Gegners. Das selbständige Beweisverfahren richtet sich grundsätzlich gegen einen bestimmten Antragsgegner. Bei dessen Unbekanntheit gilt ausnahmsweise § 494. Als Antragsgegner kommen auch mehrere in Betracht, OLG Nürnb MDR 1999, 1522. 6

2. Beispiele zur Frage des Geltungsbereichs

Arbeitsgerichtsverfahren: §§ 485 ff. gelten auch im Verfahren nach dem ArbGG, vgl. auch § 46 II ArbGG, BAG NZA 2009, 112; für die Sozialgerichtsbarkeit § 76 SGG; für die Finanzgerichtsbarkeit § 82 FGO. 7

Arrest, einstweilige Verfügung: Unanwendbar sind §§ 485 ff. im Eilverfahren nach §§ 916 ff., 935 ff. Denn das Eilverfahren bezweckt weit mehr als eine bloße Tatsachenklärung, nämlich die Sicherung eines Anspruchs, eines einstweiligen Zustands oder einer Zwangsvollstreckung.

Arzthaftung: §§ 485 ff. gelten grundsätzlich auch in einer Arzthaftungssache, BGH NJW 2020, 2273. Allerdings sind Besonderheiten zu beachten, so im Bereich der Abgrenzung von zulässiger Beweisfrage und Ausforschungsbeweis, hierzu BGH NJW 2020, 2273; NJW-RR 2016, 63; OLG Köln BeckRS 2019, 36671; OLG HmbVersR 2017, 967; OLG Köln MedR 2017, 572. Beweisfragen zu Inhalt und Umfang der ärztlichen Aufklärungspflicht kommen als Gegenstand eines selbständigen Beweisverfahrens in Betracht, BGH NJW 2020, 2273 (dort auch Übersicht zum Streitstand). Fragen der ärztlichen Aufklärungspflicht betreffen die Ursache eines Personenschadens, vgl. § 485 Abs. 2 S. 1 Nr. 2 ZPO, hierzu BGH NJW 2020, 2273. Allerdings genügt die Frage: „Ist der Antragsteller über den geplanten Eingriff nicht ordnungsgemäß aufgeklärt worden?" nicht. Rein abstrakte Fragestellungen sind auch hier nicht ausreichend. Zulässig wäre die Frage nach sachverständigen Feststellungen, über welche konkreten Risiken und Behandlungsalternativen hätte aufgeklärt werden müssen, OLG Dresden BeckRS 2021, 29440.

Bausache: §§ 485 ff. gelten auch und insbesondere bei Bausachen, beispielhaft nur BGH NJW 2009, 354; zu den auf ein Grundstück einwirkenden Geräuschimmissionen als Verfahrensgegenstand, OLG Hamm BeckRS 2019, 34757.

FamFG: §§ 485 ff. gelten auch im dortigen streitigen Verfahren, § 113 I 2 FamFG, BayObLG ZMR 2001, 641.

Kindschaftssache: §§ 485 ff. gelten auch im Bereich des § 113 I 2 FamFG, OLG Celle NJW-RR 2000, 1100.

Schiedsvereinbarung: §§ 485 ff. können auch im Verfahren nach §§ 1025 ff. gelten, auch beim Schiedsgutachtervertrag, OLG Köln BauR 2008, 1488, somit auch § 1033 BGH NJW-RR 2020, 147 (148 f.).

Verwaltungsgerichtsverfahren: Unanwendbar sind §§ 485 ff. im Verfahren nach der VwGO im Fall der Drittanfechtung von Verwaltungsakten sowie der erforderlichen Klärung von Beweisfragen von Amts wegen, VGH München RdL 2014, 192.

Wohnungseigentum: §§ 485 ff. gelten auch im WEG-Verfahren, BGH NJW 2003, 3196. Allerdings ist das selbständige Beweisverfahren im Hinblick auf bauliche Veränderungen des Gemeinschaftseigentums nur dann zulässig, wenn der Antragsteller eine davon ausgehende Störung im Bereich seines Sondereigentums geltend macht, LG Frankfurt BeckRS 2021, 38518.

Zugewinnausgleich: §§ 485 ff. gelten auch hier, Born FPR 2009, 307.

IV. Verfahrensgrundsätze. Ein Verfahren nach §§ 485 ff. wird nur auf Antrag, § 487, nicht von Amts wegen eingeleitet. Der Antrag kann nicht aus Zweckmäßigkeitsaspekten abgelehnt werden, dem Gericht kommt kein Ermessen zu. Für den Antrag (Ergänzung, Berichtigung) besteht kein Anwaltszwang, § 486 IV, § 78 III 8

(Befreiung beschränkt auf eine Prozesshandlung), im Unterschied zur Durchführung des Verfahrens nach §§ 485 ff.

V. Beispiele zu Verfahrensgrundsätzen

9 **Ablehnung:** Anwendbar sind §§ 42 ff. (Richterablehnung). Anwendbar ist § 406 (Ablehnung des Sachverständigen).

Aussetzung: Anwendbar sind §§ 148 ff. gerade auf das Hauptsacheverfahren, soweit zB Mängel(-ursachen) im selbständigen Beweisverfahren begutachtet werden und im Hauptsacheverfahren streitig sind, BGH NJW-RR 2007, 456.

Ruhen des Verfahrens: Grundsätzlich anwendbar ist § 251a, soweit der Sicherungszweck nicht gefährdet ist, OLG Düss NJW-RR 2009, 496.

Schiedsgutachten: Seine Vereinbarung wirkt nicht ausschließend, OLG Karlsr MDR 2015, 1201.

Unterbrechung: Ob §§ 239 ff. anwendbar sind, bestimmt sich nach dem besonderen Beschleunigungsbedürfnis des selbständigen Beweisverfahrens. Dieses entfällt nach Beendigung der Beweisaufnahme, sodass eine Unterbrechung erfolgen kann, BGH NJW 2011, 1679.

Wohnungseigentum: Pauli MDR 2018, 558 (Grdz.).

10 **VI. Kosten.** Im selbständigen Beweisverfahren ist eine Prozesskostenhilfe statthaft. Der Gegenstandswert richtet sich nach dem voraussichtlichen Streitwert der Klage in einem Hauptsacheprozess, OLG Karlsr JurBüro 2020, 204. Eine Vorschusspflicht besteht bei Beantragung einer Handlung (Beweiserhebung) wie sonst nach § 17 GKG, Kostenschuldner ist derjenige, der die Handlung beantragt hat, OLG Frankfurt BeckRS 2007, 18439. Ihre Nichterfüllung führt zu den Folgen → § 490 Rn. 5 und evtl. zur Beendigung des Verfahrens, OLG Ffm OLGR 2001, 103. § 21 GKG ist anwendbar, Siegburg BauR 2001, 878. Für eine Kostenentscheidung entsprechend § 269 III 3 ist kein Raum, BGH MDR 2021, 126.

11 **Gebühren:** des Gerichts: KV 1610 GKG; des Anwalts: VV 3100 ff. RVG. Eine Nichtzahlung kann als Antragsrücknahme gelten, OLG Ffm MDR 1995, 751, bewirkt aber keinen Beweismittelausschluss für das Hauptsacheverfahren, OLG Rostock BauR 2004, 708; OLG Köln NJW-RR 1997, 1291.

485

Zulässigkeit. **I Während oder außerhalb eines Streitverfahrens kann auf Antrag einer Partei die Einnahme des Augenscheins, die Vernehmung von Zeugen oder die Begutachtung durch einen Sachverständigen angeordnet werden, wenn der Gegner zustimmt oder zu besorgen ist, dass das Beweismittel verloren geht oder seine Benutzung erschwert wird.**

II 1Ist ein Rechtsstreit noch nicht anhängig, kann eine Partei die schriftliche Begutachtung durch einen Sachverständigen beantragen, wenn sie ein rechtliches Interesse daran hat, dass

1. der Zustand einer Person oder der Zustand oder Wert einer Sache,
2. die Ursache eines Personenschadens, Sachschadens oder Sachmangels,
3. der Aufwand für die Beseitigung eines Personenschadens, Sachschadens oder Sachmangels

festgestellt wird. 2Ein rechtliches Interesse ist anzunehmen, wenn die Feststellung der Vermeidung eines Rechtsstreits dienen kann.

III Soweit eine Begutachtung bereits gerichtlich angeordnet worden ist, findet eine neue Begutachtung nur statt, wenn die Voraussetzungen des § 412 erfüllt sind.

1 **I. Systematik, I–III.** Die Vorschrift nach § 485 II durchbricht den Grundsatz der Unmittelbarkeit der Beweisaufnahme nach § 355, OLG Mü NJW-RR 2001, 1652.

2 **II. Regelungszweck, I–III.** Das selbständige Beweisverfahren bezweckt die rechtzeitige Klärung gerade einer Tatsache, nicht einer Rechtsfrage, OLG Bbg BauR 2017, 2033. Es schützt vor dem drohenden Verlust oder vor der drohenden Erschwerung der Verwertbarkeit des Beweismittels mit den Mitteln der ZPO, KG MDR 2002, 1453. Das Verfahren bezweckt aber nicht schon eine Beweiswürdigung nach § 286, OLG Hamm NJW 2010, 622. Es dient der beweismäßigen Vereinfachung, der Prozessökonomie durch Verwertung des Gutachtens später im Rechtsstreit nach § 493 I, BGH NJW 2003, 3057. In der Regel ist das Prozessgericht nach § 486 I, II zuständig, auch das nach § 486 III zuständige AG als solches.

3 Prozessvermeidung ist ein weiterer Zweck, Fellner MDR 2014, 69, das Verfahren ferner Ausdruck der Gebote der Prozesswirtschaftlichkeit und der Unmittelbarkeit der Beweisaufnahme nach § 355 I 1, BGH NJW 2012, 2810; OLG Schlesw NJW-RR 2016, 994; OLG Hamm MDR 1999, 184. Auch die Vergleichsbereitschaft kann durch Schaffung einer klaren Tatsachengrundlage gefördert werden, Fellner MDR 2014, 69; auch in Gestalt einer späteren gütlichen Einigung nach § 278.

4 Neben einer Beweissicherung, Prozessvermeidung und Verfahrensbeschleunigung beinhaltet die Einleitung des Verfahrens zudem eine Verjährungshemmung, § 204 I Nr. 7 BGB, die mit förmlicher Zustellung des Antrags eintritt, zur Dauer der Hemmung, → § 492 Rn. 7. Als Beweismittel stehen der Augenschein, § 371, der Zeugenbeweis, § 373, und das Sachverständigengutachten, §§ 402, 411, zur Verfügung, nicht aber der Urkundenbeweis, §§ 415 ff., und die Parteivernehmung, § 445; im Verfahren nach II ausschließlich das schriftliche Sachverständigengutachten.

5 **III. Geltungsbereich, I–III.** § 485 I ist anwendbar bei einem Beweis durch Zeugen nach § 373, auch durch sachverständige Zeugen, durch Sachverständige nach § 402, auch mittels eines schriftlichen Gutachtens nach § 411 und durch einen Augenschein nach § 371, auch nach § 441. Die Absätze unterscheiden: einerseits der Fall eines bereits anhängigen Verfahrens in der Hauptsache, die Zulässigkeit regelt sich hier nach I. Vor einer Anhängigkeit des Hauptsacheverfahrens andererseits kommt der Beweis nach II 1 in Betracht, und zwar mittels eines schriftlichen Gutachtens, also nicht wie bei I durch Zeugen oder Augenschein, OLG Mü NJW-RR 2001, 1652. Eine mündliche Erörterung des Gutachtens wird hierdurch nicht ausgeschlossen, §§ 411 III, 492 III. Urkunden nach §§ 415 ff. und Parteivernehmung nach § 445 sind hingegen keine tauglichen Beweismittel.

6 **IV. Antrag, I–III.** Die Anordnung erfolgt nur aufgrund eines Antrags einer Partei, auch eines Wohnungseigentümers oder Wohnungseigentumsverwalters wegen eines Mangels am Gemeinschaftseigentum, BGH MDR 2018, 1113. Das Gericht muss dem Antrag stattgeben, wenn nach seiner Erkenntnis dessen Voraussetzungen,

einschließlich das Rechtsschutzinteresse, vorliegen. Es darf ihn also dann nicht etwa als unzweckmäßig zurückweisen. Eine im Hauptsacheverfahren bloße Ankündigung einer Beweisanordnung ist unschädlich, OLG Hamm MDR 2010, 714.

Die Beweiswürdigung nach § 286 bleibt nach § 493 dem Hauptsacheverfahren vorbehalten. Das Gericht darf daher zB nicht einen Zeugen als ein ungeeignetes Beweissicherungsmittel behandeln, OLG Hamm NJW-RR 1989, 1464. Ein bloßer Ausforschungs-„Antrag" ist allerdings unstatthaft, AG Halle NJW-RR 2010, 25. Es kann aber ausreichen, etwa bei II 1 Nr. 2 Fall 3 vorzutragen, die Ursachen seien dem Antragsteller unbekannt, OLG Celle BauR 2011, 145. Der Antragsgegner kann einen Gegenantrag auf Beweissicherung stellen, soweit auch bei ihm die Zulässigkeitsvoraussetzungen vorliegen, MüKoZPO/Schreiber Rn. 38. 7

V. Zulässigkeit, I, II. Es muss eine der in I genannten Voraussetzungen vorliegen, → Rn. 9 f. Die Ablehnung des Gesuchs ist mit der sofortigen Beschwerde nach § 567 I Nr. 2 anfechtbar, der stattgebende Beschluss ist unanfechtbar, § 490 II 2. 8

1. Zustimmung des Gegners, I Hs. 1. Ist ein Hauptsacheverfahren bereits anhängig, ist eine der alternativ erforderlichen Zulässigkeitsvoraussetzungen die Zustimmung des Gegners. Eine Zustimmung des Gegners oder der etwaigen mehreren Gegner genügt, OVG Lüneb NVwZ-RR 2006, 368. Ein Widerruf oder eine Anfechtung dieser Parteiprozesshandlung wegen Willensmängeln ist nicht zulässig. Die Erklärung muss gegenüber dem Gericht erfolgen, mündlich, schriftlich, elektronisch nach § 130a oder zum Protokoll der Geschäftsstelle nach § 78 III Hs. 2. Auch eine Erklärung gegenüber dem Antragsteller genügt, MüKoZPO/Schreiber Rn. 6. Als Zulässigkeitsvoraussetzung ist sie nach §§ 487 Nr. 4, 294 glaubhaft zu machen. Soweit der Antragsgegner unbekannt ist, regelt sich das Vorgehen nach § 494. Die Rücknahme des Antrags ist nicht von der Zustimmung des Antragsgegners abhängig. Sie liegt bei einer einseitigen Erledigungserklärung vor, BGH BB 2004, 2602. 9

2. Verlustgefahr, Erschwerungsgefahr, I Hs. 2. Statt einer Zustimmung des Gegners genügt eine Besorgnis, dass das Beweismittel verlorengeht oder seine Benutzung erschwert wird, OLG Karlsr OLGR 2006, 644; OVG Lüneb NVwZ-RR 2006, 368. Ob eine solche Besorgnis vorliegt, hat das Gericht nach den Umständen im Zeitpunkt der Anordnung nach § 490 zu beurteilen. Dabei erfolgt keine Prüfung der Erfolgsaussichten eines späteren Hauptsacheverfahrens oder hinsichtlich der Erheblichkeit des in Rede stehenden Beweismittels, OLG Düss MDR 2001, 50, MüKoZPO/Schreiber Rn. 8. 10

3. Beispiele zur Frage einer Besorgnis, I Hs. 2

Alter: Eine Besorgnis kann sich aus hohem Alter ergeben, OLG Nürnb MDR 1997, 594. 11

Arzthaftung: Eine Besorgnis kann sich aus Arzthaftung ergeben, OLG Köln VersR 2012, 123; OLG Düss VersR 2010, 1056.

Ausforschung: Eine Besorgnis fehlt bei bloßer Ausforschungsabsicht, so im Anschluss an ein schon vorliegendes Gutachten, OLG Stgt NJW-RR 1986, 1448.

Auskunft: Eine Besorgnis fehlt, soweit es tatsächlich nur um einen Auskunftsanspruch geht, OLG Ffm NJW 1992, 2837.

Auslandsbezug: Eine Besorgnis kann sich aus der Notwendigkeit einer Beweisaufnahme im Ausland nach §§ 363 ff. ergeben. Erforderlich sind weitere Umstände, wie keine erwartete Rückkehr auf freiwilliger Basis oder keine Möglichkeit, eine Aussage zu erzwingen, BFH BeckRS 2007, 25012730.

Erhaltungskosten: Eine Besorgnis kann sich aus übermäßigen Erhaltungskosten ergeben.

Erinnerungsverlust: Eine Besorgnis kann reichen, sogar bei einem Zeugen, Effer-Uhe MDR 2018, 707.

Erkrankung: Eine Besorgnis kann sich aus einer gefährlichen Erkrankung des Zeugen ergeben.

Instanzenverlust: Eine Besorgnis kann sich aus einer Gefahr des Prozessverlusts bis zur höheren Instanz ergeben. Da die Partei gegen den Beweisbeschluss nach § 360 keinen Rechtsbehelf hat, kann der Schaden nicht zu beseitigen sein.

Rechtsfrage: Eine Besorgnis fehlt, soweit es nur um eine Rechtsfrage geht, OLG Schlesw SchlHA 1989, 142.

Schimmel: Eine Besorgnis kann sich aus einer Schimmelbildung in einer Wohnung ergeben, BayObLG NZM 2002, 448.

Unfallrekonstruktion: Eine Besorgnis kann bei Gefahr ihrer späteren Erschwerung vorliegen, OLG Mü NZV 2015, 35.

Untersuchung: Eine Besorgnis kann bejaht werden, wenn der Verlust einer Untersuchungsmöglichkeit – so zur Feststellung der Abstammung – droht, beispielsweise wegen Erkrankung oder bevorstehender Auswanderung (Musielak/Voit/Huber Rn. 10).

Veränderung: Eine Besorgnis kann sich aus einer geplanten oder schon direkt bevorstehenden Veränderung ergeben, OLG Köln MDR 1994, 94. Hierzu zählen Reparatur- und Beseitigungsmaßnahmen, da regelmäßig ein Interesse besteht, Mängel, einen vertragswidrigen Zustand im Rahmen eines selbständigen Beweisverfahrens zu dokumentieren, um sie sodann zügig beseitigen zu lassen. Es ist einem Bauherrn nicht zuzumuten, bis zur Beseitigung eines vertragswidrigen Zustands einen Bauprozess abzuwarten, OLG Hamm NJW-RR 2010, 1035.

Verderb: Eine Besorgnis kann sich aus der Gefahr des Verderbs oder Untergangs einer Sache oder Ware ergeben.

Vergleichsmiete: Eine Besorgnis fehlt, soweit das Gericht nur die ortsübliche Vergleichsmiete feststellen soll.

Verjährung: Eine Besorgnis kann sich nicht aus einer drohenden Verjährung ergeben, LG Mü BauR 2004, 1671.

4. Kein anhängiger Rechtsstreit; rechtliches Interesse, II. Der Wortlaut von II 1 verdeutlicht: Ein Rechtsstreit darf noch bei keinem Gericht anhängig sein. Das Mahnverfahren nach §§ 688 ff. ist ein Rechtsstreit, OLG Jena OLGR 2000, 59. Dasselbe gilt beim Nachverfahren nach § 600. Eine Aussetzung oder Unterbrechung nach §§ 148 ff., 239 ff. beseitigen den Rechtsstreit hier, OLG Düss JurBüro 1984, 280. Wird ein Rechtsstreit während des Verfahrens nach § 485 II anhängig, ist das sodann nicht mehr zulässige Beweisverfahren aufzuheben oder unter den Voraussetzungen nach I fortzusetzen (Musielak/Voit/Huber Rn. 11). 12

Das im Fall von II regelmäßig erforderliche rechtliche Interesse ist weit zu fassen, BGH NJW 2004, 3488. Das rechtliche Interesse liegt dann vor, wenn der Zustand der Sache oder ihr Wert die Grundlagen eines materiellrechtlichen Anspruchs des Antragstellers oder eines anderen gegen ihn bilden kann, OLG Karlsr MDR 2013, 1120. Es ist nach II 2 insbesondere dann vorhanden, wenn die Feststellung der Vermeidung eines Rechtsstreits 13 dienen kann, BGH MDR 2013, 1342. Die Anforderungen dürfen – mit Blick auf eine andernfalls unzulässige Schlüssigkeits- oder Erheblichkeitsprüfung im selbständigen Beweisverfahren – nicht überspannt werden, BGH NJW 2004, 3488. Die Besorgnis nach I ist nicht erforderlich, genügt aber den Anforderungen an ein rechtliches Interesse. Das Rechtsschutzinteresse wird nur ausnahmsweise bei Ausschluss jedes denkbaren Anspruchs und Rechtsverhältnisses zu verneinen sein, OLG Hamm BeckRS 2020, 50576.

5. Beispiele zur Frage eines rechtlichen Interesses, II

14 **AKB:** Fehlen kann das rechtliche Interesse während eines Sachverständigenverfahrens nach § 14 AKB, OLG Hamm NJW 1998, 689.

Amtliche Klärbarkeit: Ausreichen kann eine Frage trotz der Möglichkeit amtlicher Klärung, OLG Hamm MDR 2010, 282.

Anderweitige Anhängigkeit: Nicht ausreichend ist eine schon bei einem anderen Gericht bestehende Anhängigkeit derselben Frage, auch bei einem ausländischen Gericht, OLG Köln BauR 2011, 1868.

Aussichtslosigkeit: Fehlen kann das rechtliche Interesse bei ihrer Offensichtlichkeit nach § 292, OLG Karlsr MDR 2013, 1120.

Beweis im Hauptsacheverfahren: Nicht ausreichend ist es, soweit eine zügige Beweisaufnahme im laufenden Hauptsacheverfahren zu demselben Ziel führen kann, OLG Schlesw OLGR 2003, 351.

Klageermöglichung: Ausreichend ist ihr Zweck nach §§ 253 ff., 578 ff.

Nutzlosigkeit: Nicht ausreichend ist eine nach § 291 offensichtliche Nutzlosigkeit, BGH NJW 2004, 3488.

Verjährung: Nicht ausreichend ist ihr Drohen.

Weiterer Aufklärungsbedarf: Unschädlich; schon ausreichend ist auch in diesem Fall beispielsweise das Interesse, einen Rechtsstreit zu vermeiden, BGH NJW 2013, 3655.

Wohnungseigentum: Eine Vorbefassung in einer Eigentümerversammlung ist grds. nicht nötig, BGH DS 2018, 130.

15 **6. Zustandsfeststellung, II 1 Nr. 1.** Es reicht aus, dass ein schriftliches Gutachten nach § 411 I den früheren oder gegenwärtigen Zustand einer Person klären soll, BGH NJW-RR 2014, 181; OLG Köln MDR 2011; MüKoZPO/Schreiber Rn. 18, wie den Invaliditätsgrad einer Person, OLG Nürnberg, NJW-RR 2015, 160. Gleiches gilt, wenn der Zustand oder Wert einer Sache festgestellt werden soll, mithin auch versteckte Mängel. Zur Feststellung erforderliche Veränderungen an der Sache wie die Zerlegung einer Maschine sind mithin zulässig, Musielak/Voit/Huber Rn. 12. Nicht ausreichend sind Feststellungen nur zum früheren oder künftigen Zustand, OLG Ffm VersR 1992, 1152; OLG Mü OLGZ 1992, 471. Als Person kommen in Betracht: die Parteien, OLG Köln NJW 1999, 875; Streithelfer nach § 66; Streitverkündete nach § 72; Zeugen nach § 373; Dritte, zB ein Vollmachtgeber, Dodegge FamRZ 2010, 1788. Es kann zB ausreichen zu klären, ob ein Schaden dem Eigentümer oder einem Dritten bekannt bzw erkennbar war, BGH MDR 2010, 41.

16 Als Sache kommen alle Sachen nach §§ 90 ff. BGB in Betracht, ebenfalls Tiere nach § 90a S. 3 BGB. Unerheblich sind: Eigentums- und Besitzverhältnisse; Aggregatzustand; Alter; Empfindlichkeit; Vereinbarkeit mit technischen Regeln, OLG Jena BauR 2001, 1945. Die Rechte, gerade mit Blick auf datenschutzrechtliche Bestimmungen, sind zu beachten, auch von am Prozess nicht Beteiligten. Es ist nicht erforderlich, die Ursachen des Zustands darzulegen, BGH DB 1992, 1408.

17 Der Wert mag sich auf den Handels- oder Liebhaberpreis, auf die Verkäuflichkeit oder auf einen Schätzpreis beziehen, auch auf den Mietwert, Scholl NZM 1999, 398.

18 **7. Ursachenfeststellung, II 1 Nr. 2.** Es werden die Fälle erfasst, in denen das schriftliche Gutachten nach § 411 I die tatsächliche Ursache eines Personenschadens, Sachschadens oder Sachmangels feststellen soll, BGH NJW-RR 2014, 181. Das ist kein Ausforschungsbeweis, OLG Ffm MDR 2003, 772. Ursache kann auch eine nur teilweise, mittelbare, bloß mitwirkende sein, OLG Düss NJW-RR 1997, 1312. Das Ziel muss ihre Feststellung sein. Unerheblich ist, ob der Gutachter später nur ihre Möglichkeit feststellen kann. Dabei sind die Anforderungen an die Darstellung des angeblichen Fehlers nicht zu überspannen, OLG Köln MDR 2000, 227 (EDV-Mangel). Ausreichend ist, dass die aufgetretenen Schäden beschrieben werden. Unerheblich ist, was der Antragsteller als Ursache bezeichnet. Durch die Bezeichnung der Erscheinungen macht er den Mangel selbst zum Gegenstand seiner Erklärung, BGH BauR 1998, 632.

19 **8. Aufwandsfeststellung, II 1 Nr. 3.** Es reicht aus, dass ein schriftliches Gutachten nach § 411 I den Aufwand für die Beseitigung eines Personen-, Sachschadens oder Sachmangels feststellen soll, BGH NJW-RR 2014, 18. Damit steht natürlich noch nicht fest, ob der Aufwand auch nach Ansicht des Spruchrichters notwendig war, Schreiber NJW 1991, 2602. Die bloße Aufwandsfeststellung kann ein Verfahren nach §§ 485 ff. rechtfertigen. Ein Aufwand ist jede tatsächlich notwendige Leistung, auch Dritter. Der Antragsteller braucht nur vorzutragen, die Ursachen seien ihm unbekannt, OLG Celle BauR 2011, 145.

9. Beispiele zur Frage einer Anwendbarkeit von II 1 Nr. 1–3

20 **Arzthaftung.** Dazu Luxenburger, Selbständiges Beweisverfahren im Arzthaftungsrecht, 2001. §§ 485 ff. sind anwendbar, BGHZ 153, 305 (Fallfrage). Zum aktuellen Stand → Vor § 485 Rn. 7 „Arzthaftung", ferner BGH NJW-RR 2014, 180; NJW 2020, 2273; NJW-RR 2020, 1005.

Aufgraben: Der Zustand nach II 1 Nr. 1 umfasst auch eine solche Tatsache, die man erst durch ein Aufgraben und vergleichbares Vorgehen ermitteln kann, OLG Köln BauR 2005, 752.

Ausforschung: Für II nicht ausreichend ist das Bestreben, die Erfolgsaussichten einer Klage zu überprüfen, also eine bloße Ausforschung zu betreiben, KG MDR 1999, 565.

Bauwerk: Es gelten dieselben Regeln wie → „Kaufsache".

Berufsunfähigkeit: Ausreichend ist ein Aufklärungsinteresse, OLG Celle NJW-RR 2011, 586.

Bürge: II kann auch gegenüber einem Bürgen anwendbar sein, OLG Ffm MDR 1991, 989.

Dauer: II 1 Nr. 3 ist anwendbar.

Dritter: → „Rückhaftung".

Entsorgungskosten: II 1 Nr. 3 ist anwendbar, OLG Köln BauR 2002, 1120.

Erbrecht: → „Testierfähigkeit".

Geschäftsfähigkeit: II 1 Nr. 1 kann anwendbar sein, Dodegge FamRZ 2010, 1788.

Gewinnverlust: II 1 Nr. 3 kann – im Gegensatz zu II 1 Nr. 1 – anwendbar sein, BGH NJW-RR 2014, 180; MDR 2010, 40.
Gütliche Einigung: Die Anwendbarkeit von II hängt nicht davon ab, ob der Gegner eine gütliche Einigung nach § 278 ablehnt oder anstrebt, LG Passau NJW-RR 1992, 767.
Immission: II ist bei einer akustischen, optischen oder sonstigen Einwirkung anwendbar, soweit sie sich auf den Zustand der gestörten Sache auswirkt, OLG Saarbr BauR 2015, 880.
Kaufsache: II 1 Nr. 1 ist anwendbar, soweit es um die Feststellung des Zustands einer Kaufsache geht. Man muss ihn nicht in allen Einzelheiten behaupten. Es sind aber doch zB angebliche tatsächliche Mängel so zu bezeichnen, dass der Sachverständige weiß, was er untersuchen soll. Es kann eine Schadensminderungspflicht zu beachten sein, OLG Kblz BauR 2006, 1191.
Klagerücknahme: Eine Klagerücknahme kann das rechtliche Interesse nach II beseitigen.
Kommission: II ist anwendbar, zB wegen einer Beschädigung oder eines Mangels, § 388 HGB.
Lagergeschäft: II ist anwendbar, zB wegen Veränderungen am Lagergut nach § 417 II HGB.
Mängelbeseitigung: II ist anwendbar, OLG Hamm BauR 2014, 734.
Mieterhöhung: Für II nicht ausreichend ist das Begehren, die ortsübliche Vergleichsmiete festzustellen, soweit der Wohnungszustand unstreitig ist, LG Bln NJW-RR 1997, 585; LG Freibg/Br WoM 1997, 337; aM OLG Köln WoM 1995, 490; Scholl WoM 1997, 308.
Mietsache: II 1 Nr. 1 ist anwendbar, soweit es um die Feststellung des Zustands einer Mietsache geht, nicht aber, wenn der Vermieter unstreitig zur Mängelbeseitigung bereit ist, LG Hmb ZMR 2008, 210 (II 1 Nr. 1 wäre in diesem Fall nur dann anzuwenden, wenn ein Anspruch nach § 536a II BGB dargetan oder ersichtlich wäre). Vgl. auch wegen der Einzelheiten → „Kaufsache".
Minderwert: II 1 Nr. 1, 2 sind auf seine Feststellung anwendbar, zB dann, wenn eine Mängelbeseitigung unmöglich oder zu kostenintensiv wäre, OLG Hamm NJW-RR 2002, 1674.
Rechtsfrage: Ihre Klärung wird nicht von II erfasst, OLG Ffm BauR 2011, 724.
Rechtskraft: Für II nicht ausreichend ist das Begehren, nur solche Tatsachen aufzuklären, die der Begründung eines rechtskräftig abgewiesenen Anspruchs gedient hätten, LG Bln MDR 1993, 1015.
Rechtsverhältnis: Für II nicht ausreichend ist das Begehren, etwas zu klären, solange ein Rechtsverhältnis oder ein möglicher Prozessgegner fehlen, OLG Bbg NJW-RR 1995, 894.
Rückhaftung: Auch ein mittelbares Interesse genügt für II, etwa aus Haftung gegenüber Dritten.
Sachmangel: II ist anwendbar, soweit es um einen Sachmangel nach §§ 434 ff. BGB geht. Auch → „Verjährung".
Sachverständigenhaftung: II ist unanwendbar, solange man sie im Vorprozess noch klären kann, BGH FamRZ 2006, 1523.
Schadensersatz: II 1 Nr. 1 ist anwendbar, OLG Düss NJW-RR 2008, 1711.
Schenkung: II ist bei Schenkung anwendbar, zB wegen Sachmängelhaftung nach § 524 BGB.
Spedition: II ist auf den Speditionsvertrag anwendbar, zB wegen einer Beschädigung oder eines Mangels nach §§ 388, 407 II HGB.
Tausch: II ist beim Tausch nach § 480 BGB anwendbar.
Testierfähigkeit: II ist unanwendbar, soweit es um die Testierfähigkeit eines künftigen Erblassers geht, OLG Ffm MDR 1997, 481.
Ursachenanteil: II 1 Nr. 2 ist zu seiner Klärung anwendbar, OLG Köln BauR 2005, 752.
Verjährung: Unbeachtlich ist ihre Rüge, da Erfolgsaussichten und damit eine Verjährung des Anspruchs in der möglichen Hauptsache keine Zulässigkeitsvoraussetzungen sind, OLG Celle BauR 2003, 1076.
Werkvertrag: II ist beim Werkvertrag anwendbar, zB wegen Nacherfüllung, §§ 634 Nr. 1, 635 BGB.
Wertermittlung: II ist anwendbar, OLG Naumb FamRZ 2011, 1532.

VI. Neue Begutachtung, III. „Soweit" das Gericht eine Begutachtung zu demselben Beweisthema nach I oder II bereits angeordnet hatte, ist eine neue nur unter den Voraussetzungen des § 412 statthaft, OLG Ffm NJW-RR 2007, 18. Dies gilt unabhängig davon, ob die Begutachtung in einem früheren Verfahren, dem jetzigen Verfahren nach I, II oder in einem Prozess angeordnet wurde, MüKoZPO/Schreiber Rn. 21. Andernfalls wären die Möglichkeiten nach §§ 485 ff. weitergehend als diejenigen nach §§ 402 ff. und es bestünde uU die Gefahr sich widersprechender Gutachten. Gleiches gilt beim Abtretungsnehmer; nach einem vom Zedenten eingeleiteten selbständigen Beweisverfahren kann nicht vom Zessionar erneut ein inhaltsgleiches angestrengt werden, BGH MDR 2012, 48. Nicht jede weitere Untersuchung ist neu, Ergänzungen (Erweiterung der Beweisfrage, Gegenbeweis) bleiben zulässig, OLG Naumb NJW-RR 2012, 1418. Die Entscheidung, mit der der Antrag auf neue Begutachtung abgelehnt wird, ist unanfechtbar, BGH NZBau 2011, 420. 21

486 *Zuständiges Gericht.* **I Ist ein Rechtsstreit anhängig, so ist der Antrag bei dem Prozessgericht zu stellen.**

II [1]Ist ein Rechtsstreit noch nicht anhängig, so ist der Antrag bei dem Gericht zu stellen, das nach dem Vortrag des Antragstellers zur Entscheidung in der Hauptsache berufen wäre. [2]In dem nachfolgenden Streitverfahren kann sich der Antragsteller auf die Unzuständigkeit des Gerichts nicht berufen.

III In Fällen dringender Gefahr kann der Antrag auch bei dem Amtsgericht gestellt werden, in dessen Bezirk die zu vernehmende oder zu begutachtende Person sich aufhält oder die in Augenschein zu nehmende oder zu begutachtende Sache sich befindet.

IV Der Antrag kann vor der Geschäftsstelle zu Protokoll erklärt werden.

I. Systematik, Regelungszweck, I–IV. § 486 steht als Zuständigkeitsbestimmung den Folgeregelungen für das selbständige Beweisverfahren im Buch 2, Abschnitt 1, Titel 12 voran. Abgesehen von den Eilfällen nach III, ist das Gericht zuständig, das in der Hauptsache bereits oder ggf. künftig über den Rechtsstreit zu entscheiden hat. Sinn der Vorschrift sind also Vereinheitlichung und Vereinfachung, mithin Verfahrensförderung. 1

2 **II. Antrag, I, IV.** Das selbständige Beweisverfahren unterliegt dem Anwaltszwang, § 78 I 1. Eine Ausnahme stellt die Antragstellung dar, §§ 486 IV, 78 III 2. HS, OLG Koblenz NJOZ 2007, 5382. Auch die Beitrittserklärung des Nebenintervenienten in einem beim Landgericht anhängigen Verfahren unterliegt nicht dem Anwaltszwang, BGH NJW 2012, 2810. Der Antragsgegner braucht sich nicht aktiv am Verfahren zu beteiligen, es steht ihm indes frei, Sachanträge zu stellen.

III. Antragstellung, I, IV

3 **Berechtigung zur Antragstellung:** Partei- und prozessfähige Parteien, bei WEG-Sachen jeder Wohnungseigentümer ohne Ermächtigung auch bezüglich Mängeln am Gemeinschaftseigentum, BGH NJW 1991, 2480; MDR 1980, 222. Der Antrag kann ohne Zustimmung des Gegners zurückgenommen werden.

Inhalt des Antrags: vgl. § 487, BGH MDR 2016, 295.

Verjährung: Die Zustellung des Antrags hemmt die Verjährung, § 204 I Nr. 7 BGB, vgl. auch § 167. Erforderlich ist, dass der Antrag nicht tatsächlich als unstatthaft zurückgewiesen worden ist, allein Fehler im Antrag sind unschädlich, BGH NJW 1998, 1305. Für die Unterbrechung der Mängelverjährung genügt der bei Gericht eingegangene Antrag; nicht erforderlich ist, dass der Sachverständige auch tatsächlich einen Mangel feststellt, BGH NJW-RR 1998, 1475.

4 **IV. Zuständigkeit, I–III.** Das Gericht prüft von Amts wegen seine Zuständigkeit in jeder Verfahrenslage als eine Prozessvoraussetzung. Für familienrechtliche Streitigkeiten vgl. §§ 30, 113 I 2 FamFG, in WEG-Sachen ist die entsprechende Abteilung beim AG zuständig, Zöller/Herget Rn. 3a.

5 **1. Rechtsweg, I–III.** Der ordentliche Rechtsweg muss nach § 13 GVG statthaft sein. §§ 17, 17a GVG sind anwendbar. Ist der Rechtsweg unzulässig, spricht das Gericht die Unzulässigkeit nach Parteianhörung aus und verweist den Rechtsstreit durch bindenden Beschluss an das zuständige Gericht, § 17a II 1, 3 GVG.

6 **2. Anhängigkeit des Hauptsacheverfahrens, I.** Ab Anhängigkeit, nicht notwendig Rechtshängigkeit des Hauptsacheverfahrens und bis zu dessen Beendigung ist für ein nachfolgendes selbständiges Beweisverfahren grundsätzlich das Prozessgericht der Instanz zuständig, OLG Köln BauR 2011, 569, abweichende Vereinbarungen zu Schiedsgerichts- und Schlichtungsverfahren lassen die Zuständigkeit unberührt, zum Streitstand Zöller/Herget Rn. 3. Zum Hauptsacheverfahren im Sinne von I zählen auch der Urkundenprozess und das Mahnverfahren, allerdings erst ab Akteneingang beim Prozessgericht, § 694 I 4, MüKoZPO/Schreiber Rn. 2. Eine Schiedsvereinbarung nach § 1025 hindert vor dem Zusammentritt des Schiedsgerichts wegen des Eilcharakters des selbständigen Beweisverfahrens dessen Zulässigkeit nach § 1033 noch nicht, OLG Ffm BauR 1993, 504; OLG Kblz MDR 1999, 503. Zuständig ist evtl. also das Mahngericht nach §§ 688 ff., OLG Jena OLGR 2000, 59. Eine Gerichtsstandsvereinbarung ausschließlich bezüglich des selbständigen Beweisverfahrens oder eine Zuständigkeitsbegründung durch rügelose Einlassung sind unzulässig, auch im späteren Hauptsacheverfahren kann der Antragsgegner noch (erstmals) die Unzuständigkeit rügen, OLG Jena OLGR 2000, 59. Beim Landgericht richtet sich die Zuständigkeit als Kammer- oder Einzelrichtersache wie üblich nach § 348 I 1, 2, OLG Saarbrücken BeckRS 2013, 1266. Evtl. ist also auch das Berufungsgericht zuständig. Das gilt auch für denjenigen Teil des Hauptsacheverfahrens, den das selbständige Beweisverfahren miterfasst. Das Revisionsgericht ist mit Blick auf die erforderliche Unmittelbarkeit der Beweisaufnahme während des Revisionsverfahrens nicht zuständig, die Anordnung der Beweissicherung ergeht in diesem Fall durch das Berufungsgericht, BVerwG NJW 1961, 1228; BGH NJW 1955, 908. Hauptsacheverfahren kann auch ein Klageverfahren des Antragsgegners sein, OLG Hamm OLGR 2004, 278, zB auf Zahlung des Werklohns.

7 Das Gericht eines nur vorläufigen Verfahrens zB auf einen Arrest oder eine einstweilige Verfügung nach §§ 916 ff., 935 ff. ZPO, 49 ff. FamFG ist nicht allein nach I zuständig, OLG Ffm NJW 1985, 811. Eine Aussetzung des Hauptsacheverfahrens nach §§ 148 ff. ist möglich, BGH NJW-RR 2007, 456. Eine spätere Klagerücknahme im Hauptsacheverfahren berührt die Zuständigkeit nicht, kann aber wie auch eine rechtskräftige Entscheidung das rechtliche Interesse entfallen lassen, Zöller/Herget Rn. 3. Ein Rechtsmittel gegen die Entscheidung des Hauptsachegerichts, das das selbständige Beweisverfahren angeordnet hatte, beseitigt die Zuständigkeit ebenfalls solange nicht, bis das Rechtsmittelgericht das Beweisergebnis zum Gegenstand seiner Beweiserhebung macht, Zöller/Herget Rn. 3.

8 **3. Vor Anhängigkeit, II 1.** Vor Anhängigkeit des Hauptsacheverfahrens ist grundsätzlich nur das Gericht örtlich und sachlich zuständig, das nach dem Tatsachenvortrag des Antragstellers, § 487 Nr. 4, zur Entscheidung in der Hauptsache berufen wäre; mit Blick auf mögliche Software-Manipulationen an Dieselfahrzeugen, AG Frankenthal BeckRS 2018, 39606; also das künftige etwaige Prozessgericht, Cuypers NJW 1994, 1988. Für die sachliche Zuständigkeit ergibt sich der Wert nach §§ 23, 71 GVG. Maßgebend ist der Antragseingang, OLG Schlesw NJW-RR 2010, 533. Spätere gesetzliche Änderungen sind also unbeachtlich, OLG Mü OLGZ 1994, 230. §§ 96 ff. GVG sind anwendbar, BayObLG NJW-RR 1999, 1010. Unter etwaig mehreren Gerichtsständen übt der Antragsteller mit dem Antrag sein Wahlrecht nach § 35 aus, vgl. auch § 261 III Nr. 2 für die bleibende Zuständigkeit des Beweissicherungsgerichts im Fall nachträglicher Veränderungen der zuständigkeitsbegründenden Umstände, MüKoZPO/Schreiber Rn. 3. Eine Gerichtsstandsvereinbarung erfasst auch die Zuständigkeit für das selbständige Beweisverfahren, allein eine Vereinbarung bezüglich des selbständigen Beweisverfahrens ist indes unzulässig, → Rn. 6; MüKoZPO/Schreiber Rn. 3. Die Vorschrift sichert die Unmittelbarkeit der Beweisaufnahme, OLG Hamm BauR 2021, 729.

9 **4. Keine Rüge der Unzuständigkeit, II 2.** Soweit einem vor der Anhängigkeit des Hauptsacheverfahrens eingeleiteten selbständigen Beweisverfahren ein Hauptsacheverfahren vor demselben Gericht folgt, kann sich der frühere Antragsteller weder als Kläger noch als Bekl. auf eine in Wahrheit bestehende örtliche oder sachliche Unzuständigkeit dieses Gerichts berufen, OLG Celle OLGR 2005, 253. Folglich darf dieses Gericht insofern nicht nach § 281 verweisen oder abgeben. Eine Zuständigkeitsrüge bleibt dem früheren Antragsgegner im Hauptsacheverfahren wie sonst möglich, OLG Ffm NJW-RR 1998, 1610. § 39 gilt im selbständigen Beweisverfahren nicht. § 36 ist anwendbar, OLG Naumb BauR 2007, 1623.

10 Als Kläger darf der Antragsteller des Beweisverfahrens aber ein anderes Gericht anrufen, OLG Celle NJW-RR 2000, 1738.

11 **5. Dringende Gefahr, III.** Bei einer dringenden Gefahr ist unabhängig von der Anhängigkeit der Hauptsache oder dem Streitwert neben dem Prozessgericht das AG der Belegenheit des gefährdeten Beweismittels zuständig

(Partei, Zeuge, Dritter, zu begutachtende Sache). Der Begriff der dringenden Gefahr ist eng auszulegen, erfasst werden Naturkatastrophen, schwere Erkrankungen von Zeugen, unmittelbar drohender Untergang der zu begutachtenden Sache oder Bahnstreiks, nicht aber ein Verkehrsstau. Eine dringende Gefahr erfordert neben dem Beweismittelverlust die Unmöglichkeit, diesen durch das Gericht nach I, II zu verhindern, BayObLG BeckRS 2020, 12330. Die dringende Gefahr ist also nur dann zu bejahen, wenn das zuständige Prozessgericht den Beweis nicht rechtzeitig erheben kann, Zöller/Herget Rn. 5. Daher liegt eine dringende Gefahr zumindest dann nicht vor, wenn sich das nach I, II zuständige LG an demselben Ort wie das AG befindet, OLG Celle NJW-RR 2000, 1738. Der Antragsteller hat die Voraussetzungen nach § 487 Nr. 4, § 294 glaubhaft zu machen.

6. Örtliche Zuständigkeit. Der Wohn-, Geschäftssitz oder Aufenthaltsort des Sachverständigen ist nicht ausreichend. Denn III spricht nur von der „zu begutachtenden" Person, nicht von der „begutachtenden". Zwar verweist III auf die „zu vernehmende" Person. Indes unterscheidet der vorrangige § 485 I klar zwischen der „Vernehmung von Zeugen" und der „Begutachtung durch einen Sachverständigen", der somit nicht erfasst wird, MüKoZPO/Schreiber Rn. 5. Außerhalb einer dringenden Gefahr richtet sich die Zuständigkeit ausschließlich nach I oder II. 12

7. Mehrheit von Amtsgerichten, I–III. Wenn die Eilzuständigkeit des AG nach III besteht, hat der Antragsteller das Wahlrecht zwischen dem (künftigen) Hauptsachegericht I, II, und dem AG nach III, § 35. Wenn zB Belegenheit des Beweismittels in verschiedenen AG-Bezirken besteht, die Vernehmungen von mehreren Zeugen in verschiedenen Bezirken notwendig werden, fehlt ein einheitlicher Gerichtsstand. Es ist dann eine Gerichtsbestimmung nach § 36 I Nr. 3 einzuholen, soweit nicht aus Gründen der Verfahrensbeschleunigung die Anträge bei dem jeweiligen AG gestellt werden oder der Antragsteller sich an das Gericht der Hauptsache nach I, II wendet, Zöller/Herget Rn. 6. 13

8. Zuständigkeitsübergang, II, III. Die Zuständigkeit geht auf das Prozessgericht über, sobald es die Beweissicherung einleitet, BGH MDR 2005, 45. Allein die Klageerhebung vor einem Hauptsachegericht noch während des selbständigen Beweisverfahrens ändert die Zuständigkeit nicht. 14

487 *Inhalt des Antrages.* Der Antrag muss enthalten:

1. die Bezeichnung des Gegners;
2. die Bezeichnung der Tatsachen, über die Beweis erhoben werden soll;
3. die Benennung der Zeugen oder die Bezeichnung der übrigen nach § 485 zulässigen Beweismittel;
4. die Glaubhaftmachung der Tatsachen, die die Zulässigkeit des selbständigen Beweisverfahrens und die Zuständigkeit des Gerichts begründen sollen.

I. Systematik, Nr. 1–4. Die Erfordernisse des § 487 regeln, welche Bestandteile für den Antrag wesentlich sind, und konkretisieren damit zugleich die Bestimmtheitsanforderungen. Fehlt auch nur ein Erfordernis, ist der Antrag nach Hinweis zurückzuweisen. Der Antragsteller legt durch den Antrag den Gegenstand der Beweisaufnahme und die Beweismittel fest, BGH NJW 2000, 960. 1

II. Regelungszweck, Nr. 1–4. Durch die Vorgaben wird der Gefahr einer bloßen Ausforschung entgegengewirkt, bezweckt wird die Vermeidung eines Rechtsstreits, BGH NJW 2019, 520. Gerade bei einem Sachverständigenbeweis können präzise Antragstellung und -begründung die Vorbereitung des Sachverständigen auch durch das Gericht erleichtern und zu einer Verfahrensstraffung beitragen, OLG Hamm BeckRS 2019, 34757. 2

III. Geltungsbereich, Nr. 1–4. → Vor § 485 Rn. 5. 3

IV. Mindestangaben, Nr. 1–4. Der nach § 486 notwendige Antrag ist ein bestimmender Schriftsatz, er unterliegt nicht dem Anwaltszwang, § 486 IV. Der Antragsteller muss ihn als solchen unterschreiben. Bei elektronischer Einreichung gelten §§ 130a–d. Der Schriftsatz muss alle folgenden Angaben enthalten, wobei von Nr. 2–4 die Zulässigkeit abhängt. Es handelt sich um Prozessvoraussetzungen. 4

1. Bezeichnung des Gegners, Nr. 1. Der Antrag hat den Gegner zu bezeichnen. Die Voraussetzung zählt nicht zu den Zulässigkeitsvoraussetzungen, allerdings ist der Antragsgegner individualisierbar, so genau wie möglich zu bezeichnen. Die Vorgaben entsprechen denen nach § 253 II Nr. 1, die Bezeichnung des Gegners ist für den Eintritt der Hemmung der Verjährung maßgeblich, BGH NJW 1980, 1458. Der Antragsteller muss alle in Betracht kommenden Gegner benennen, OLG Brdb BauR 2004, 698. Soweit dem Antragsteller eine Benennung nicht zumutbar ist, gilt § 494. Nebenintervention und Streitverkündung sind zulässig, die Vorschriften nach §§ 66 ff. gelten entsprechend, BGH NJW 2016, 1018 (1020). Die bloße Möglichkeit, dass ein Gutachten im selbständigen Beweisverfahren erstellt wird, dessen Ergebnis sich bei § 411a ungünstig auf die Rechtsposition des Nebenintervenienten auswirkt, stellt keinen geeigneten Interventionsgrund dar, BGH NJW 2016, 1018. 5

2. Bezeichnung der Beweistatsachen, Nr. 2. Der Antrag muss ferner die Tatsachen bezeichnen, über die Beweis erhoben werden soll. Besondere inhaltliche Anforderungen an die Darlegung der Beweistatsachen bestehen nicht, BGH NJW-RR 2016, 63. Erforderlich ist, dass der Verfahrensgegenstand eindeutig abgrenzbar ist und der Sachverständige weiß, zu welchen behaupteten Tatsachen er Antworten geben soll, OLG Saarbr MDR 2021, 998; KG, NJW-RR 2000, 468, 469. Die Bezeichnung der Beweistatsachen hat in substantiierter Form zu erfolgen: Nicht ausreichend sind Tatsachenbehauptungen in allein formelhafter und pauschaler Weise, ohne sie zu dem zugrunde liegenden Sachverhalt in Verbindung zu setzen. Erforderlich ist stets ein Einzelfallbezug, Anlagen ersetzen schriftliches Vorbringen nicht. 6

Die Anforderungen sind im Einzelnen umstritten, es sind jedenfalls nicht zu hohe Anforderungen an die Substantiierung des Beweisthemas zu stellen, OLG Hamm BeckRS 2019, 34757. Der Antragsteller muss die Beweistatsachen jedenfalls grundsätzlich wie bei §§ 359 Nr. 1, 371, 373, 377 II Nr. 2, 403 angeben, zumindest in groben Zügen, BAG NZA 2009, 112; OLG Naumb VersR 2017, 444. Da die Beweiserhebung auf Kosten des Antragstellers stattfindet, sind erst recht keine allzu hohen Anforderungen statthaft, BGH MDR 2010, 40. Das Gericht hat die Erheblichkeit nicht zu prüfen, das Verfahren darf aber nicht zu einem Ausforschungsbeweis führen, KG NJW-RR 2000, 468; OLG Köln MDR 2000, 226. Deshalb sind zB bei § 287 ausreichende Anknüpfungstatsachen anzugeben, BGH AnwBl 2016, 932. Der Antragsteller hat zumindest über den beweisbe- 7 dürftigen Zustand einer Person oder Sache in einem ihm zumutbaren Umfang bestimmte Behauptungen aufzustellen, OLG Celle BauR 1994, 800. Auch kann die Angabe des Anspruchs zweckmäßig sein, Cuypers NJW 1994, 1989. Es kann ausreichen, nach geeigneten Folgebeseitigungsmaßnahmen zu fragen, OLG Nürnb MDR 2008, 997, oder insbesondere bei Bausachen die Tatsachen mitzuteilen, wie sie sich nach ihrem äußeren Erscheinungsbild für den Laien darstellen, Symptomtheorie, OLG Köln BauR 2002, 1120. Man darf das selbständige Beweisverfahren aber nicht zur Klärung von Rechtsfragen missbrauchen, OLG Bbg BauR 2017, 2033, fließende Grenzen zB beim Baumangel, OLG Hamm NJW 2013, 2980. Auch die Zulässigkeit einer Begutachtung zur Höhe der Mietminderung ist umstritten, bejahend OLG Saarbr MDR 2021, 998; aA LG Hmb BeckRS 2012, 8455.

8 **3. Benennung der Zeugen; Bezeichnung der übrigen zulässigen Beweismittel, Nr. 3.** Das Gericht muss prüfen können, ob das selbständige Beweisverfahren auf einem zulässigen Weg möglich sein kann, also mit einem dort zulässigen Beweismittel, nicht zB mit einem Urkundenbeweis nach §§ 415 ff. und nicht mit einer Parteivernehmung nach §§ 445 ff., OLG Saarbr OLGR 2008, 26.

9 Der Antragsteller hat daher die möglichen Zeugen nach § 373 zu benennen oder die sonstigen nach § 485 zulässigen Beweismittel zu bezeichnen. Er darf einen bestimmten Sachverständigen vorschlagen, es handelt sich dann aber nur um eine Anregung für das Gericht, das den Sachverständigen frei auswählt, §§ 492 I, 404.

10 **4. Gerichtliche Auswahl, Nr. 3.** Der Antragsteller hat wie im Hauptsacheverfahren die Zeugen zu benennen und die übrigen zulässigen Beweismittel – Augenschein und Sachverständigen – zu bezeichnen. Er kann schon nach dem Wortlaut einen Sachverständigen lediglich „bezeichnen", nicht hingegen wie einen Zeugen „benennen", mithin bestimmen. Die Bestimmung der Person des Sachverständigen durch das Gericht ist auch zur Vermeidung einer Ablehnung durch den Gegner wegen Befangenheit im selbständigen Beweisverfahren oder später im Prozess sachgerecht, §§ 492, 406. Das Gericht darf dem Sachverständigen schon wegen § 308 I keine über den Antrag hinausgehende Aufgabe übertragen, auch nicht nach § 404a III, OLG Mü NJW-RR 2001, 1652, der Sachverständige entsprechend den Auftrag oder Antrag nicht überschreiten, OLG Mü NJW-RR 2001, 1652.

11 **5. Recht auf Ablehnung, Gegenantrag Nr. 3.** Für die Frage der Befangenheit gelten die für einen Richter anwendbaren Grundsätze; ein mit dem Antragsteller geführtes Gespräch zu der Frage, ob er kurzfristig als Sachverständiger zur Verfügung stehe, begründet dabei noch nicht den Verdacht der Befangenheit, Prütting/Gehrlein/Ulrich Rn. 4. Gegen die gerichtliche Bestellung des Sachverständigen ist eine Beschwerde mit dem Zweck, einen anderen Sachverständigen zu bestimmen, nicht statthaft; aber sofortige Beschwerde gegen einen Beschluss, durch den die Ablehnung des Sachverständigen wegen Besorgnis der Befangenheit als unbegründet erklärt wurde, § 406 V 2. Hs, OLG Frankfurt NJW-RR 1993, 1341. Es bleibt den Parteien unbenommen, übereinstimmend einen Sachverständigen auszuwählen, §§ 492, 404 IV. Wird das Verfahren vor einem Gericht, bei dem Anwaltszwang besteht, § 78 I, geführt, so ist die Erklärung des Antragsgegners durch einen Anwalt abzugeben; MüKoZPO/Schreiber Rn. 5. Hierauf ist hinzuweisen, da dies für den Antragsteller, der den Gutachter dann bereits in der Antragsschrift benennt, nicht gilt, §§ 78 III 2. Hs, 486 IV. Der Antragsgegner kann die Anhörung des Sachverständigen beantragen, BGH VersR 2006, 95. Der Sachverständige kann auch von dem Streithelfer, ebenfalls noch im Hauptsacheverfahren, abgelehnt werden, soweit ihm das im selbständigen Beweisverfahren nicht möglich war, BGH NJW-RR 2006, 1312.

12 Der Antragsgegner kann jederzeit Einwendungen gegen die Zulässigkeit des Verfahrens vorbringen. Er muss Verteidigungsmittel des Hauptsacheverfahrens noch nicht im selbständigen Beweisverfahren anbringen, OLG München BauR 2008, 716; Seibel MDR 2017, 1397. Gegenanträge sind grundsätzlich zulässig, ihr Tatsacheninhalt ist glaubhaft zu machen. Hinsichtlich unselbständiger Beweisanträge ist regelmäßig insbesondere das Rechtsschutzinteresse zu prüfen; wie auch sonst genügt nicht die reine Umkehr der Beweisfrage, zB der Mangelfreiheit; hingegen empfiehlt sich regelmäßig, insbesondere in einer Bausache, eine Beweiserhebung bezüglich der Sowieso-Kosten aus Sicht des Antragsgegners, Prütting/Gehrlein/Ulrich Rn. 10.

13 Für selbständige Gegenanträge ist ein selbständiges Rechtsschutzbedürfnis erforderlich, zudem ist ein Sachzusammenhang analog § 33 I notwendig, Prütting/Gehrlein/Ulrich Rn. 11. Die Frage, ob eine Vorschusspflicht nach §§ 17 I, 22 I GKG besteht, ist grundsätzlich zu bejahen, bei unselbständigen Gegenanträgen aber streitig, bejahend OLG Köln NJW-RR 2009, 1365; aM: nur bei selbständigem Angriff LG Hmb BauR 2006, 735.

14 **6. Glaubhaftmachung der Zulässigkeit und Zuständigkeit, Nr. 4.** Der Antragsteller muss diejenigen Tatsachen, die die Zulässigkeit des selbständigen Beweisverfahrens und die Zuständigkeit des Gerichts begründen sollen, nach §§ 485, 486 darlegen und nach Nr. 4 außerdem gemäß § 294 glaubhaft machen. Dazu gehören die Zustimmung des Gegners, die Besorgnis, das Beweismittel könne verloren gehen, seine Benutzung erschwert werden, das rechtliche Interesse des Antragstellers, § 485 I, II, die Anhängigkeit des Hauptverfahrens, § 486 I, II auch nach § 486 III die Glaubhaftmachung einer dringenden Gefahr und der zusätzlichen Zuständigkeit des AG des Aufenthalts oder der Belegenheit. Die Angaben nach § 487 Nr. 1 bis 3, insbesondere die Tatsachen, über die Beweis erhoben werden soll, Nr. 2, sind hingegen nicht glaubhaft zu machen, OLG Oldenburg NJW-Spezial 2008, 461.

15 **V. Weiteres, Nr. 1–4.** Bis zur Beendigung des selbständigen Beweisverfahrens kann der Antragsteller seinen Antrag ohne Zustimmung des Antragsgegners erweitern, beschränken oder zurücknehmen (vgl. dann § 204 II BGB). Zugleich kann der Antragsgegner ggf. auf eigene Kosten nach §§ 379, 402 selbst Beweis antreten, → Rn. 12, und so Inhalt und Umfang des Verfahrens mitbestimmen, OLG Köln VersR 1994, 1328.

16 Bei Verstoß gegen Nr. 1 tritt gegenüber dem Gegner keine materiell-rechtliche Wirkung, insbesondere keine Verjährungshemmung, ein, BGH NJW 1980, 1458.

488-489 (weggefallen)

490 *Entscheidung über den Antrag.* [I] **Über den Antrag entscheidet das Gericht durch Beschluss.**

[II] [1]In dem Beschluss, durch welchen dem Antrag stattgegeben wird, sind die Tatsachen, über die der Beweis zu erheben ist, und die Beweismittel unter Benennung der zu vernehmenden Zeugen und Sachverständigen zu bezeichnen. [2]Der Beschluss ist nicht anfechtbar.

I. Systematik I, II. Die Vorschrift regelt das sich an den Antrag anschließende Verfahren in I, die Entscheidung in II. Beide Bereiche finden in §§ 491 ff. ergänzende Regelungen. Außerdem findet das Buch 1, mit der Maßgabe einer freigestellten mündlichen Verhandlung, §§ 128 IV, 492, ergänzend Anwendung. Die in § 490 vorgesehene Entscheidung ohne mündliche Verhandlung ist weitreichender als im einstweiligen Rechtsschutzverfahren nach § 937 II. 1

II. Regelungszweck, I, II. Der Wegfall des Verhandlungszwangs dient der Prozessförderung. Das gilt, zumal ein selbständiges Beweisverfahren wegen des drohenden Verlusts des Beweismittels häufig vergleichbar eilbedürftig ist wie ein Verfahren auf Erlass eines Arrests oder einer einstweiligen Verfügung nach §§ 916 ff., 935 ff. 2

Beweiserheblichkeit im Hauptsacheverfahren ist eine bei § 490 noch nicht klärungsbedürftige Frage, das Gericht prüft allein die Zulässigkeitsvoraussetzungen. Der Antragsgegner ist vor Bestellung des Sachverständigen zu dessen Person zu hören, OLG Koblenz MDR 2013, 171. 3

III. Geltungsbereich, I, II. → Vor § 485 Rn. 5. 4

IV. Verfahren, I. § 261 III Nr. 2 ist anwendbar, BGH MDR 2010, 585. Über den Antrag entscheidet das Gericht bei einer freistehenden mündlichen Verhandlung nach § 128 IV, OLG Köln BauR 2010, 251 (§ 71 ist unanwendbar). Zur Vorschusszahlung §§ 17 I 2 GKG, §§ 492, 402, 379. Eine Verweisung nach § 281 ist statthaft, BGH MDR 2010, 585. § 142 ist nicht anwendbar; BGH BauR 2017, 767; aM wohl Prütting/Gehrlein/Ulrich § 491 Rn. 2. Zum sog. Düsseldorfer Verfahren nach § 101a III UrhG, OLG Düss GRUR 2016, 536. 5

V. Entscheidung, I, II. Die Entscheidung über den Antrag ergeht nach I durch Beschluss. 6

1. Beschlussinhalt. Wenn das Gericht dem Antrag stattgibt, ist das inhaltlich ein Beweisbeschluss nach § 359. In der Praxis ist es verbreitet, den Wortlaut des Antrags zu übernehmen, bei Gefahr eines Missverständnisses oder einer Ausforschung empfiehlt sich aber eine Klarstellung. Soweit noch nicht im Antrag enthalten, ist beispielsweise zu präzisieren, ob die Mangelfreiheit nach den allgemein anerkannten Regeln der Technik oder aufgrund vertraglich vereinbarter Beschaffenheit zu bewerten ist, Prütting/Gehrlein/Ulrich Rn. 3; OLG Köln BauR 2002, 1120. Der Beschluss darf wegen § 308 I und wegen der vielfach abschließenden Wirkung der Beweisaufnahme im Verfahren nach § 485 nicht über die Anträge hinausgehen, BGH NJW 2000, 960 f. Das Gericht muss einen Sachverständigen nach § 404a anleiten, OLG Köln BauR 2002, 1120. Ein stattgebender Beschluss ist nicht anfechtbar, § 490 II 2 gilt auch für die Stattgabe durch das Beschwerdegericht. Eine dagegen gerichtete Rechtsbeschwerde ist nicht statthaft, BGH NJW 2011, 3371. 7

Das Gericht wird den Antrag nach einem erfolglosen Hinweis zurückweisen, wenn der Beweisantrag unzulässig ist oder es an einer Zulässigkeitsvoraussetzung für das selbständige Beweisverfahren fehlt: das Gericht also seine Unzuständigkeit erkennt; wenn die Voraussetzungen der §§ 485, 487 fehlen; wenn eine Beweisaufnahme unzulässig ist. Nicht prüfen darf das Gericht die Beweisbedürftigkeit und die Entscheidungserheblichkeit der behaupteten Tatsache, BGH NJW 2000, 961. Die (teilweise) Ablehnung des Antrags, auch der mündlichen Anhörung des Sachverständigen ist mit der sofortigen Beschwerde, § 567 I Nr. 2, anfechtbar, BGH NJW 2011, 3371. Auch der Beschluss, mit dem eine beantragte Änderung oder Ergänzung der Beweiserhebung (und ihre Fortsetzung) abgelehnt wird, ist mit der sofortigen Beschwerde anfechtbar, OLG München BeckRS 2019, 31704. 8

2. Begründung, Mitteilung. Der Beschluss ist nur dann zu begründen, wenn er von dem Antrag abweicht, OLG München IBR 2018, 116; MüKoZPO/Schreiber Rn. 2. Das Gericht muss seine ablehnende Entscheidung nach § 329 III zustellen, seine stattgebende grundsätzlich nur nach § 329 II 1 formlos mitteilen. 9

VI. Weiteres. Es gibt zahlreiche Einzelaspekte: 10

Änderung: Bis zur Beendigung möglich. Das Gericht hat die weitere Begutachtung anzuordnen, wenn das Gutachten in einem wesentlichen Punkt unklar bleibt, OLG München IBR 2018, 116. 11

Antrag: Ein Beschluss, der nach gerichtlichem Ermessen ergeht und nicht einen Antrag der Parteien voraussetzt, ist nicht anfechtbar; zur Ablehnung einer begehrten (also nicht beantragten) Anordnung der Urkundenvorlage, § 142 I, BGH BauR 2017, 767.

Auslagenvorschuss: Anforderung nicht anfechtbar, BGH NJW-RR 2009, 1433.

Auswahl des Sachverständigen: Sofortige Beschwerde gegen einen Beschluss, der ein Befangenheitsgesuch zurückweist, § 412 II; im Übrigen ist die Entscheidung, durch die die Anregung auf Entpflichtung des Sachverständigen (negativ) beschieden wird, nicht selbständig anfechtbar; OLG Köln FamRZ 2008, 1362.

Bauteilöffnung: Anordnungen nach § 404a sind grundsätzlich nicht selbständig anfechtbar, OLG Stuttgart Justiz 2015, 34. Die Anordnung ist nur ausnahmsweise dann anfechtbar, wenn sie zu einem bleibenden rechtlichen Nachteil führt, BGH NJW-RR 2009, 995. Eine gerichtliche Anweisung an den Sachverständigen, diese selbst oder durch Dritte vorzunehmen, ist von diesem mit der sofortigen Beschwerde anfechtbar, OLG Frankfurt IBR 2018, 421; nicht aber die Ablehnung einer solchen Weisung nach § 404a, OLG Köln NJW-RR 2010, 1368; aM OLG Karlsruhe IBR 2018, 599.

Gegen Ablehnung der Einholung eines weiteren Gutachtens: auch im selbständigen Beweisverfahren unanfechtbar, §§ 412, 492.

Gegenantrag: Auch gegen die Zurückweisung eines sog. Gegenantrags ist die sofortige Beschwerde nach § 567 I Nr. 2 statthaft, OLG Stgt MDR 2011, 319.

Gegenvorstellung: Die entscheidende Instanz prüft selbst mit Abhilfemöglichkeit; Gegenvorstellung analog § 321a binnen zwei Wochen nach Mitteilung des Beschlusses, OLG Kblz MDR 2013, 171. Gegen eine

Stattgabe erst durch das Berufungsgericht ist also keine Rechtsbeschwerde statthaft, BGH NJW 2011, 3372, → Rn. 7.

Gegen Stattgabe: Unanfechtbar, II 2.

Gegen Zurückweisung: Dann ist grds. eine sofortige Beschwerde nach § 567 I Nr. 2 statthaft, OLG Stgt OLGR 2002, 418.

Insolvenzverfahren: Mit Eröffnung des Insolvenzverfahrens über das Vermögen einer Partei tritt keine Unterbrechung nach § 240 ein, anders aber im Verfahren nach § 494a, BGH NJW 2004, 1388; 2011, 1679.

Kostenentscheidung: Im selbständigen Beweisverfahren ergeht grundsätzlich keine Kostenentscheidung, BGH NJW-RR 2004, 1005. Es handelt sich um Kosten des Hauptsacheverfahrens, über die in der Regel dort entschieden wird, BGH NJW 2018, 402. Ausnahme: § 494a II. Zu weiteren Ausnahmen, insbesondere analog § 269 III 2, BGH NJW 2017, 1399. Im Beschwerdeverfahren unterbleibt eine Kostenentscheidung bei (zumindest Teil-)Erfolg der Beschwerde, OLG Celle NJW 2015, 3174. Bei Erfolglosigkeit Kostenentscheidung nach § 97 I möglich, Zöller/Herget Rn. 5.

Prozesskostenhilfe: Sie kann grundsätzlich auch für ein selbständiges Beweisverfahren bewilligt werden. Dem Antrag ist stattzugeben, wenn dem Antrag auf Durchführung eines selbständigen Beweisverfahrens voraussichtlich stattzugeben ist. Dabei hat der Antragsteller nicht darzulegen, warum er nicht sofort Klage erhebt oder ob und wann dies erfolgen soll. Auch die Erfolgsaussichten einer etwaigen späteren Klage sind für die Bewilligung unbeachtlich, OLG Köln BeckRS 2016, 17018.

491 *Ladung des Gegners.* **I Der Gegner ist, sofern es nach den Umständen des Falles geschehen kann, unter Zustellung des Beschlusses und einer Abschrift des Antrags zu dem für die Beweisaufnahme bestimmten Termin so zeitig zu laden, dass er in diesem Termin seine Rechte wahrzunehmen vermag.**

II Die Nichtbefolgung dieser Vorschrift steht der Beweisaufnahme nicht entgegen.

1 **I. Systematik, I, II.** Es handelt sich um eine durch die Eilbedürftigkeit des selbständigen Beweisverfahrens bedingte Abwandlung der im Hauptsacheverfahren geltenden Ladungsvorschriften mit Vorrang zB gegenüber § 274 III (Einlassungsfrist) oder § 217 (Ladungsfrist). Die Bestimmungen zum „Wie" einer Ladung eines schon bekannten Gegners nach § 487 Nr. 1, zB §§ 166 ff., 178 ff. (Ersatzzustellung) bleiben beachtlich. Soweit der Gegner noch unbekannt ist, gilt § 494. Soweit überhaupt kein Termin in Betracht kommt, etwa bei einer zunächst nur schriftlichen Zeugenaussage nach § 377 III 1 oder beim zunächst nur schriftlichen Gutachten nach § 411 I, ist § 491 unanwendbar. Das Gericht teilt den Beweisbeschluss nach § 490 dann formlos dem Gegner mit. Eine förmliche Zustellung nach §§ 166 ff. empfiehlt sich.

2 **II. Regelungszweck, I, II.** Durch die Mitwirkung der Parteien sollen etwaige Unklarheiten beseitigt und mögliche Fehler korrigiert werden. Die Regelung verdeutlicht, dass der Sachverständige in seinem Ergebnis bis zur Ausübung des Fragerechts und bis zum Abschluss der Beweisaufnahme noch nicht festgelegt ist, OLG Saarbrücken MDR 2007, 1279. Die Vorschrift stellt zugleich in II klar, dass eine Nichtladung die Beweisaufnahme – mit Blick auf die erhebliche Eilbedürftigkeit – nicht ausschließt. Allerdings ist das Beweisergebnis anschließend nicht verwertbar, wenn eine ordnungsgemäße Ladung unterblieben ist, § 493 II.

3 **III. Geltungsbereich, I, II.** → Vor § 485 Rn. 5.

4 **IV. Ladungspflicht, I.** Das Gericht lädt die Beteiligten, evtl. ProzBev. nach § 172 I 1, zum Beweistermin. Eine Ladungsfrist ist nicht vorgesehen, doch insoweit geboten, als dass der Gegner seine Rechte im Termin nach §§ 357, 397, 402 ff. wahrnehmen kann, Dölling BauR 2015, 197. Das Gericht lädt einen Zeugen oder Sachverständigen wie sonst nach §§ 377, 402. Ein Termin entfällt, soweit nur ein schriftliches Gutachten nach § 411 I ohne mündliche Erläuterung erfolgen soll. Die Einbeziehung eines weiteren Gegners ist jedenfalls nicht mehr zulässig, soweit das Verfahren beendet ist, LG Köln MDR 1994, 202.

5 **V. Verstoß, II.** Bei einem Verstoß, also bei fehlender oder nicht rechtzeitiger Ladung, findet die Beweisaufnahme trotzdem statt. Der Antragsteller hat keinen Anspruch auf erneute Durchführung einer Beweisaufnahme, Prütting/Gehrlein/Ulrich Rn. 3. Das gilt nach § 367 I auch beim bloßen Ausbleiben einer Partei. Die Unterlassung einer Ladung kann sich allerdings nach § 493 II auswirken, bei Nichterscheinen des Antragsgegners ist eine Verwertbarkeit im Hauptsacheverfahren nur bei ordnungsgemäßer Ladung zulässig. Gleiches gilt bei unterbliebener Ladung des Antragstellers, analog § 493 II, Prütting/Gehrlein/Ulrich Rn. 3. §§ 144 I, 273 II Nr. 5 bleiben beachtlich, OLG Köln OLGR 2002, 129. Eine unterbliebene Ladung einer Partei durch den Sachverständigen oder die Durchführung eines Ortstermins in Anwesenheit nur einer Partei, ohne die andere zu benachrichtigen, begründet die Besorgnis der Befangenheit, OLG Saarbrücken MDR 2007, 1279.

492 *Beweisaufnahme.* **I Die Beweisaufnahme erfolgt nach den für die Aufnahme des betreffenden Beweismittels überhaupt geltenden Vorschriften.**

II Das Protokoll über die Beweisaufnahme ist bei dem Gericht, das sie angeordnet hat, aufzubewahren.

III Das Gericht kann die Parteien zur mündlichen Erörterung laden, wenn eine Einigung zu erwarten ist; ein Vergleich ist zu gerichtlichem Protokoll zu nehmen.

1 **I. Systematik, I–III.** Die Vorschrift enthält Ergänzungen zu § 490 I. Nach III „kann" das Gericht „zur mündlichen Erörterung (…) laden, wenn eine Einigung zu erwarten ist". Die Möglichkeit nach III entspricht damit der Ladungsmöglichkeit zwecks Einigung im PKH-Verfahren nach § 118 I 3. Sie stellt eine Abwandlung zu § 285 dar, der die Verhandlung über das Beweisergebnis im Anschluss an die Beweiserhebung im Hauptsacheverfahren zwingend vorsieht.

2 **II. Regelungszweck, I–III.** Auch wenn das selbständige Beweisverfahren wegen eines drohenden Verlusts des Beweismittels oft eilbedürftig ist, soll doch gerade auch wegen der gewissen Endgültigkeit der Beweisauf-

nahme nach § 493 ihre Vornahme ebenso umfassend wie im Hauptsacheverfahren nach §§ 355 ff. sein. I dient also der Ermittlung der Wahrheit und damit der sachlichen Gerechtigkeit. II kommt technische Bedeutung zu. III dient wie §§ 118 I 3 der Prozesswirtschaftlichkeit auch wegen der im selbständigen Beweisverfahren geltenden Parteiherrschaft.

III. Geltungsbereich, I–III. Über I finden die allgemeinen Vorschriften zur Beweisaufnahme, §§ 355–370, ferner §§ 371–372a (Augenschein), §§ 373–401 (Zeugenbeweis) und §§ 402–414 (Sachverständigenbeweis) Anwendung. 3

IV. Beweisaufnahme, I. Die Beweisaufnahme erfolgt dem Wortlaut nach also gemäß der allgemeinen Vorschriften zur Beweisaufnahme §§ 355–414 und damit auch nach § 375, aM Thomas/Putzo/Reichold Rn. 1. Die Regelung nach § 142 findet weder direkt noch analog Anwendung, vgl. aber §§ 421 ff., OLG Hamm MedR 2020, 40. Eine Beeidigung erfolgt wegen der dem Hauptsacheverfahren nach § 286 vorbehaltenen Beweisaufnahme im selbständigen Beweisverfahren nur ausnahmsweise und bei Anhängigkeit des Hauptsacheverfahrens nur aufgrund einer Anordnung des Prozessgerichts. Ein Dritter braucht nur in einem ihm zumutbaren Umfang mitzuwirken, KG NJW-RR 2006, 241. Über Einwendungen gegen die Zuständigkeit, den Antrag oder sonstige Zulässigkeitsvoraussetzungen entscheidet das Gericht im Termin durch Beschluss. Bei einer Beweisaufnahme vor dem nach §§ 361, 362 beauftragten oder ersuchten Richter entscheidet als Prozessgericht dasjenige Gericht, das die Beweisaufnahme angeordnet hat. § 407a II 1 ist anwendbar, BGH MDR 2011, 185. Die Einholung eines schriftlichen Sachverständigengutachtens ist nach §§ 411 I, II, 485 II zulässig. Dabei läuft eine Frist ab dem Erhalt des Ausgangsgutachtens, OLG Ffm NJW-RR 2007, 18. §§ 411 III, 412 I sind anwendbar, OLG Celle MDR 2001. Die Parteien können die Anhörung des Sachverständigen beantragen, BGH DAR 2006, 93. § 142 findet keine Anwendung, BGH BauR 2017, 767; § 144 jedenfalls nicht für Bauteilöffnungen in Wohnungen, BGH NJW 2013, 2687, Zöller/Herget Rn. 1 mwN. 4

V. Ermittlungen, I. Das Gericht entscheidet von Amts wegen, welche Anweisungen es dem Sachverständigen nach §§ 492 I, 404a I zur Art und Weise der Beweiserhebung erteilt, BGH DS 2020, 63; OLG Frankfurt BeckRS 2019, 21535. Sollten sich bei der Prüfung durch das Gericht auf Vollständigkeit und Schlüssigkeit Widersprüche ergeben, so ist die Begutachtung fortzusetzen, durch Einholung schriftlicher Ergänzungen oder mündliche Anhörung des Sachverständigen, ggf. eine neue Begutachtung nach §§ 485 III, 412. Gleiches gilt, wenn eine Partei Entsprechendes darlegt, BVerfG NJW-RR 2013, 626; BGH MDR 2004, 699. 5

VI. Beispiele zur Frage von Ermittlungen, I

Anhörung: Auch der Antrag einer Partei auf mündliche Anhörung des Sachverständigen ist zu berücksichtigen; BGH NJW-RR 2015, 510; RuS 2015, 44. Die Anhörung kann im selbständigen Beweisverfahren erfolgen, BGH 164, 96; OLG Stgt MDR 2014, 744 (nicht mehr nach dem Verfahrensende nach → § 492 Rn. 7). Man kann sie aber auch im Hauptsacheverfahren unverzüglich beantragen, BGH RdL 2016, 158. Eine mündliche Erläuterung durch den Sachverständigen auf Antrag einer Partei darf nicht mit der Begründung abgelehnt werden, das Gericht selbst halte das schriftliche Gutachten für überzeugend und sehe keinen weiteren Erläuterungsbedarf, BGH DWW 2017, 230. § 411 III ist zwar anwendbar, OLG Düss NJW 2000, 3364. Allerdings ist das Ermessen nach dem Wortlaut „kann" auf Null reduziert (oder: besteht nicht, so MüKoZPO/Schreiber Rn. 1), da wegen des Anspruchs auf rechtliches Gehör grundsätzlich eine Anhörungspflicht bei Parteiantrag besteht, BGH NJW-RR 2007, 1294. 6

Befangenheit: Die Vorschriften nach §§ 406, 411 III über die Ablehnung und Ladung des Sachverständigen sind anwendbar, damit die erhobenen Beweise möglichst von Bestand sind, BT-Drs 11/3621, 42. Ablehnen kann die Partei einen Sachverständigen nach § 406 auch nach Zurückweisung noch im Hauptsacheverfahren. Der Ablehnungsantrag ist unverzüglich, in der Regel binnen fünf Tagen, zu stellen, OLG Stuttgart Justiz 2012, 474. Zu Einzelfällen der Befangenheit Prütting/Gehrlein/Ulrich Rn. 3. Der Vergütungsanspruch des Sachverständigen kann bei darauffolgender Unverwertbarkeit des Gutachtens entfallen, OLG Naumburg IBR 2015, 640. Für die Verwertbarkeit ist entscheidend, ob der Sachverständige bei Gutachtenerstellung voreingenommen war, BGH NJW-RR 2007, 1293.

Einwendungen: § 411 IV ist anwendbar, BGH MDR 2011, 185. Eine Frist nach § 411 IV 2 beginnt erst nach Unterzeichnung, OLG Kblz OLGR 2000, 178, und förmlicher Zustellung nach § 329 II 2, OLG Celle BauR 2005, 1961.

Verspätung: Ein verspäteter Antrag kann reichen, BGH NJW 2006, 1208.

Unterlassung: Diejenige einer zumutbaren Einwendung im Beweisverfahren kann entsprechend § 444 deren Unbeachtlichkeit im Hauptsacheverfahren bewirken; hierzu Weingart BauR 2015, 189.

Zutritt: Der Antragsgegner muss dem Sachverständigen Zutritt gewähren, OLG Karlsr NJW-RR 2002, 951.

VII. Ende, I. Das Verfahren endet durch sachliche Erledigung, ein Beschluss des Gerichts ist nicht erforderlich, BGH NJW-RR 2009, 1243. Damit ist es mit der Übermittlung des schriftlichen Sachverständigengutachtens an die Parteien beendet, wenn weder das Gericht eine Frist nach § 411 IV 2 setzt, noch eine mündliche Erläuterung durch den Sachverständigen erfolgt. Eine Fortsetzung der Begutachtung ist anzuordnen, wenn innerhalb eines angemessenen Zeitraums nach Gutachtenübersendung Einwendungen oder Ergänzungsfragen übermittelt werden. Nur in Ausnahmefällen dürfte ein längerer Zeitraum als von drei Monaten zwischen Gutachtenübermittlung und Antrag auf Fortsetzung noch angemessen sein, OLG Düsseldorf MDR 2004, 1200; spätestens sechs Monate nach Zugang, OLG Jena BauR 2003, 581. Zwecks Rechtssicherheit bietet sich eine richterliche Fristsetzung an, unter gleichzeitig förmlicher Zustellung des Gutachtens und Belehrung hinsichtlich der Säumnisfolgen, OLG Celle NJW-RR 2009, 1364. Die Angemessenheit der Frist hängt auch dann von den Umständen des Einzelfalls ab, insbesondere von Umfang und Schwierigkeit des Gutachtens, und ob die Partei sachverständige Hilfe benötigt, BGH NJW 2011, 594; es besteht ein Anspruch auf Fristverlängerung bei umfangreichen Gutachten, BGH ZfIR 2018, 559. Zur Bedeutung der Beendigung vgl. § 204 II 1 BGB (Ende der Verjährungshemmung), §§ 411 III, 494a. 7

VIII. Weitere Beispiele zur Frage eines Endes, I

Antragsrücknahme: Ein Ende tritt mit ihr ein, BGH 60, 212. Auch mit nicht angefochtenem Aufhebungsbeschluss. 8

Kostenentscheidung: Ein Ende tritt mit derjenigen nach § 494a II 1 ein.

Kostenvorschuss: Seine Nichtzahlung bewirkt zwar keinen Beweismittelausschluss für das Hauptsacheverfahren, OLG Rostock BauR 2004, 708; beendet aber das Verfahren und gibt dem Gegner einen Kostenerstattungsanspruch, OLG Köln NJW 2015, 705 (aM OLG Rostock BauR 2004, 708: nur ggf. Zurückweisung des Beweisantrags nach § 296 II). Die Kostenentscheidung ergeht analog § 269 III 2. Ist kein Hauptsacheverfahren anhängig und haben sich die Parteien nicht über die Kosten geeinigt, ergeht im selbständigen Beweisverfahren – ausnahmsweise – eine Kostenentscheidung, BGH NJW 2017, 1399. Die Anordnung eines Auslagenvorschusses ist grundsätzlich unanfechtbar, OLG Köln BeckRS 2019, 10251.

Prozessvergleich: Ein Ende tritt nach III ein mit Abschluss, OLG Hamm NJW-RR 2007, 600.

Wertfestsetzung: Die Streitwertfestsetzung kann nach § 63 III Nr. 1 GKG geändert werden, nach § 63 III 2 GKG binnen sechs Monaten nach Rechtskraft der Entscheidung in der Hauptsache oder anderweitiger Erledigung, § 63 III 2 GKG. Das selbständige Beweisverfahren ist bei nachfolgendem Hauptsacheverfahren, in dem der Beweis verwertet wurde, mit dessen rechtskräftigem Abschluss beendet, OLG Stgt BauR 2015, 1023.

Zeugenaussage: Ein Ende tritt ein mit Verlesung und Genehmigung im Termin des Hauptsacheverfahrens nach § 162.

9 **IX. Protokollaufbewahrung, II.** Das Protokoll nach §§ 159 ff. verbleibt beim Gericht des selbständigen Beweisverfahrens; vgl. auch § 362 II. Das Hauptsachegericht wird das Protokoll zusammen mit den Akten beiziehen und sie nach Abschluss des Hauptsacheverfahrens zurücksenden.

10 **X. Erörterung; Vergleich, III.** Die Vorschrift stimmt mit § 118 I 3 wörtlich überein. Durch §§ 493 III Hs. 1, 160 können die Parteien bereits zu diesem Zeitpunkt einen Vollstreckungstitel nach § 794 I Nr. 1 erhalten. Gleiches gilt für den Vergleichsabschluss außerhalb des Termins analog § 278 VI, MüKoZPO/Schreiber Rn. 5; aM bzgl. § 278 VI Prütting/Gehrling/Ulrich Rn. 10. Eine Kostengrundentscheidung unterbleibt, wenn der Streit durch Vergleich beendet wird, LG Stade MDR 1995, 1270. Ein Protokoll ist nach § 160 III Nr. 1, 4, 5 erforderlich.

493 *Benutzung im Prozess.* **I Beruft sich eine Partei im Prozess auf Tatsachen, über die selbständig Beweis erhoben worden ist, so steht die selbständige Beweiserhebung einer Beweisaufnahme vor dem Prozessgericht gleich.**

II War der Gegner in einem Termin im selbständigen Beweisverfahren nicht erschienen, so kann das Ergebnis nur benutzt werden, wenn der Gegner rechtzeitig geladen war.

Schrifttum: Dölling NJW 2018, 2092.

1 **I. Systematik, I, II.** § 493 ist „Bindeglied" zwischen selbständigem Beweis- und Hauptsacheverfahren (Prütting/Gehrlein/Ulrich Rn. 3). Die Vorschrift enthält im Anschluss an die Regeln zur Beweisaufnahme diejenigen zur Beweiswürdigung. Sie ergänzt damit §§ 286, 287, 367, ohne deren Grundsatz freier Beweiswürdigung einzuschränken oder zu ersetzen, OLG Hamm NZG 2018, 29. Gerade in der Verwertung des Beweisergebnisses besteht der wesentliche Zweck des selbständigen Beweisverfahrens, soweit der Rechtsstreit nicht vermieden werden kann. Aus dieser Verwertbarkeit folgt auch die Erstattungsfähigkeit der Kosten im späteren Rechtsstreit (im Unterschied zum obligatorischen Güteverfahren nach § 15a EGZPO), BGH NJW 2021, 2887.

2 **II. Verwertung, Voraussetzungen, I, II.** In Fällen nach § 493 I, in denen sich eine Partei im Prozess auf Tatsachen beruft, über die selbständig Beweis erhoben worden ist, steht eine selbständige Beweiserhebung einer Beweisaufnahme vor dem Prozessgericht gleich, soweit die jeweiligen Verfahrensbeteiligten identisch sind. Die vorgezogene Beweisaufnahme wirkt wie eine unmittelbar im Hauptsacheverfahren selbst durchgeführte Beweiserhebung, BGH NJW 2019, 1147; NJW 2018, 1171; OLG Stuttgart BauR 2019, 155. Sobald sich eine Partei auf Tatsachen, über die im selbständigen Beweisverfahren Beweis erhoben wurde, beruft, steht es der anderen nicht frei, ob diese in den Prozess eingeführt werden; die Verwertung der erhobenen Beweise erfolgt dann von Amts wegen, Zöller/Herget Rn. 1. Zu den Voraussetzungen zählt dabei die Zulässigkeit der Beweiserhebung selbst nach §§ 492 I, 355 ff., nicht aber die Zulässigkeit der Anordnung des selbständigen Beweisverfahrens nach §§ 485–487, OLG Celle NZM 1998, 158.

3 **III. Geltungsbereich, I, II.** Die Vorschrift betrifft nur die Verwertung im Hauptsacheverfahren der Parteien. Die Verwertung in einem Verfahren anderer Beteiligter regelt § 411a. Die danach zulässige Verwertung erfordert regelmäßig einen gerichtlichen Hinweis auf § 411a, OLG Hamm BeckRS 2014, 17492.

4 **IV. Verstoß, I, II.** Nach den vorgenannten Voraussetzungen, insbesondere der Beachtung des Beteiligungsgebots, kann ein Verstoß zB in der fehlenden „Ladung" zur Ortsbesichtigung liegen. Ein Verstoß ist grundsätzlich nach § 295 I heilbar. Zu beachten sind ferner Mängel der Identität der Parteien des selbständigen Beweis- und des Hauptsacheverfahrens, OLG Celle NZM 1998, 158, 160, wobei eine Abtretung von Ansprüchen nach Klageanhängigkeit die Verwertung des Ergebnisses eines vom Zedenten geführten selbständigen Beweisverfahrens im Hauptsacheverfahren durch den Zessionar nicht hindert, BGH NJW-RR 2012, 224. Ferner kann das Beweisergebnis bei wirksamer Streitverkündung im selbständigen Beweisverfahren im Hauptsacheverfahren analog § 66 im Verfahren zwischen Streitverkünder und Streitverkündungsempfänger verwertet werden, Prütting/Gehrlein/Ulrich Rn. 3. In Betracht kommen als Hauptsacheverfahren auch einstweilige Verfügungsverfahren, Prütting/Gehrlein/Ulrich Rn. 3. Hingegen macht die Nichtbeteiligung eines von mehreren Bekl. des Hauptsacheverfahrens am selbständigen Beweisverfahren dessen Ergebnis zumindest diesem Bekl. gegenüber nach § 493 unverwertbar, BGH NJW 2003, 3057.

5 Eine Ergänzung oder Wiederholung vor dem Prozessgericht ist ausnahmsweise zulässig, nach §§ 360, 398, 411 IV, 412, BGH NJW-RR 2008, 303. Der Antragsgegner hat sowohl im Fall des II als auch bei Erstattung eines schriftlichen Gutachtens ein umfassendes Beteiligungsrecht: Ein Verstoß gegen Art. 103 I GG durch nicht ordnungsgemäße (rechtzeitig, nachweisbar, §§ 166, 217, 491 I) Ladung oder Beteiligung nach § 411 kann – als Ausnahme zu I – zu einer Wiederholung/Fortsetzung der Beweiserhebung vor dem Prozessgericht führen. Gleiches gilt für die Rechte nach §§ 397, 411 (Frage-/Anwesenheitsrecht), Zöller/Herget Rn. 3. Das gilt etwa auch bei einer unterbliebenen Beeidigung nach §§ 391, 452, bei der Ablehnung eines Sachverständigen nach § 406 oder beim Wechsel der Parteien des selbständigen Beweisverfahrens zum Hauptsacheverfahren, BGH

MDR 1991, 236. Darum findet auch dann keine Verwertung eines Urkundenbeweises nach §§ 415 ff. statt, wenn eine solche Verwertung im Hauptsacheverfahren unzulässig wäre, etwa weil sie eine Zeugenvernehmung nach § 396 ersetzen soll. Das gilt auch im Urkundenprozess nach § 492. Eine Entscheidung im selbständigen Beweisverfahren über einen Ablehnungsantrag bindet ebenfalls im Hauptsacheverfahren, OLG Ffm NJW-RR 1990, 768.

Auch bei einem Verstoß besteht kein absolutes Beweisverwertungsverbot: II schützt den Antragsgegner vor 6 den Folgen des I, er kann also uneingeschränkt Beweis im Hauptsacheverfahren antreten. Der Antragsteller kann allerdings auch bei einem Verstoß das Beweisergebnis urkundenbeweislich in das Hauptsacheverfahren einführen, Zöller/Herget Rn. 5.

V. Bewertung, I. Die selbständige Beweiserhebung steht einer vor dem Prozessgericht geschehenen gleich, 7 OLG Düss BauR 2013, 497. Deshalb ist weder ein expliziter Antrag noch Beschluss notwendig. Vorausgesetzt wird allein eine ordnungsgemäße Protokollierung nach § 160 III, OLG Düss JurBüro 2004, 534.

Die Beweiserhebung wird durch schlüssiges Vorbringen zu den beweiserheblichen Tatsachen, durch Bezug- 8 nahme auf Feststellungen des Gutachtens, eingeführt. Daran fehlt es, wenn die Anknüpfungstatsachen für die Feststellungen sich nicht dem Gutachten entnehmen lassen, OLG Hamm ZIP 2018, 837. Die Verwertung im Hauptsacheverfahren erfolgt im Anschluss an die Einführung nach § 286 von Amts wegen, Zöller/Herget Rn. 1. Der Streitwert im selbständigen Beweisverfahren, als „vorgezogener Hauptsachebeweis", bestimmt sich nach dem Hauptsachewert, OLG Koblenz JurBüro 2018, 474. Die Kosten der Beweisaufnahme sind Bestandteil der Kosten des Hauptsacheverfahrens, BGH NJW 2021, 2887; OLG Hamm BeckRS 2020, 15150.

Streitig ist, in welchem Umfang die grundsätzlich auch für das selbständige Beweisverfahren geltenden 9 Präklusionsvorschriften auf §§ 485 ff. Anwendung finden. So wird vertreten, dass Einwendungen auch noch im Hauptsacheverfahren vorgetragen werden können, BGH BeckRS 2011, 14042. Es dürfte überzeugen, auf den Wortlaut von § 492 I und die damit verbundene Geltung von §§ 411 IV, 296 zu verweisen, BGH NJW 2010, 2873; zum Ganzen Seibel MDR 2017, 1397.

494 *Unbekannter Gegner.* **[I] Wird von dem Beweisführer ein Gegner nicht bezeichnet, so ist der Antrag nur dann zulässig, wenn der Beweisführer glaubhaft macht, dass er ohne sein Verschulden außerstande sei, den Gegner zu bezeichnen.**

[II] Wird dem Antrag stattgegeben, so kann das Gericht dem unbekannten Gegner zur Wahrnehmung seiner Rechte bei der Beweisaufnahme einen Vertreter bestellen.

I. Systematik, I, II. § 494 stellt eine Ausnahme von § 487 Nr. 1 dar. Die Bezeichnung des Gegners kann 1 hierbei ausgeschlossen sein. Der Schädiger kann zB unbekannt sein, etwa als Unfallverursacher, BGH NJW 1980, 1458, oder beim Vorgehen in Bausachen des Bestellers aus abgetretenem Recht gegen den unbekannten Subunternehmer nach Liquidation des Hauptunternehmers, Prütting/Gehrlein/Ulrich Rn. 1.

II. Regelungszweck, I, II. Da der Gegner unbekannt ist, liegt der Zweck des selbständigen Beweisverfahrens 2 nicht in der Vermeidung eines Rechtsstreits, sondern in der Beweissicherung, BeckOK/Kratz Rn. 1. Eine Verjährungshemmung nach § 204 I Nr. 7 BGB tritt im Fall des § 494 nicht ein, MüKoZPO/Schreiber Rn. 1. Auch der nach II bestellte Vertreter ist nicht Zustellungsempfänger für den unbekannten Gegner, BGH NJW 1980, 1458.

III. Geltungsbereich, I, II. Der Anwendungsbereich erstreckt sich insbesondere auf das selbständige Beweis- 3 verfahren nach §§ 494, 485 II, bei dem Beweisverlust droht, bei dem ein Hauptsacheverfahren noch nicht anhängig ist. Im Fall der Anhängigkeit des Rechtsstreits dürfte auch der Gegner nach § 485 bekannt sein.

IV. Unverschuldete Unmöglichkeit der Bezeichnung des Gegners, I. Ein selbständiges Beweisverfahren 4 ist ausnahmsweise auch ohne eine an sich notwendige Bezeichnung des Gegners dann zulässig, wenn der Beweisführer nach § 294 glaubhaft macht, dass er den Gegner ohne eigenes Verschulden nicht benennen kann, sei es während oder außerhalb eines Streitverfahrens nach § 485 I, sei es – vor allem – vor Anhängigkeit eines Rechtsstreits nach § 485 II. Späteres Bekanntwerden des Gegners beseitigt die weitere Statthaftigkeit des Vorgehens nach § 494 ab Erkennbarkeit.

V. Vertreter, II. Das Gericht kann nach pflichtgemäßem Ermessen dem unbekannten Gegner einen Vertreter 5 bestellen. Eine Bestellung kommt auch in Betracht, wenn der Gegner gestorben oder der gesetzliche Vertreter weggefallen ist, Zöller/Herget Rn. 2. Er ist für dieses Verfahren ein gesetzlicher Vertreter nach § 51. Der Bestellte ist zur Übernahme des Amts nicht verpflichtet. Der Antragsteller trägt zunächst seine Vergütung, die im nachfolgenden Hauptsacheverfahren erstattungsfähig ist. Der Vertreter hat keinen Anspruch gegen die Staatskasse, § 17 GKG ist unanwendbar. II findet dann entsprechende Anwendung, wenn die Partei gestorben oder ihr gesetzlicher Vertreter weggefallen ist.

494a *Frist zur Klageerhebung.* **[I] Ist ein Rechtsstreit nicht anhängig, hat das Gericht nach Beendigung der Beweiserhebung auf Antrag ohne mündliche Verhandlung anzuordnen, dass der Antragsteller binnen einer zu bestimmenden Frist Klage zu erheben hat.**

[II] [1]Kommt der Antragsteller dieser Anordnung nicht nach, hat das Gericht auf Antrag durch Beschluss auszusprechen, dass er die dem Gegner entstandenen Kosten zu tragen hat. [2]Die Entscheidung unterliegt der sofortigen Beschwerde.

I. Systematik, I, II. Die Regelung kann in kostenrechtlicher Hinsicht als Bindeglied zwischen dem – auch 1 gebührenrechtlich – selbständigen Verfahren und dem Hauptsacheverfahren verstanden werden: Denn grundsätzlich trägt der Antragsteller neben der Gerichtsgebühr nach KV 1610 (der Gegner beim Gegenbeweis) nur seine eigenen außergerichtlichen Kosten. Ein Ausgleich nach §§ 91 ff. findet grundsätzlich nicht hier, sondern erst in einem späteren streitigen Rechtsstreit statt. Im selbständigen Beweisverfahren ist eine Kostenentscheidung nur in den Fällen nach §§ 490, 492, 494a II vorgesehen. Da ein selbstständiges Beweisverfahren keinen „Selbstzweck" im Sinne „ausschließlich außerprozessuale(r) Ausforschung von Tatsachen" verfolgt, Zöller/Herget Rn. 1, eröffnet die Regelung dem Antragsgegner die Möglichkeit, dem Antragsteller eine Prozessführung aufzugeben, I; nach erfolglosem Ablauf einen Kostentragungsbeschluss zulasten des Antragstellers herbeizuführen, II.

2 Die Vorschrift entspricht in I weitgehend § 926 I. Sie zieht aber in II andere, wesentlich engere, nämlich auf die bloße Kostenfrage beschränkte Folgerungen aus einem Verstoß als der wesentlich weitergehende § 926 II. Sie erfasst nur ein solches selbständiges Beweisverfahren, das vor der Anhängigkeit der Hauptsache geendet hat, sei es bei oder ohne dringende Gefahr nach § 486 III.

3 **II. Regelungszweck, I, II.** Dem – unabhängig vom Ausgang ohne Kostengrundentscheidung beteiligten – Antragsgegner soll ermöglicht werden, einen Kostentitel nach II zu erlangen, ohne ein etwaiges Hauptsacheverfahren mit Kostenentscheidung abwarten zu müssen, BGH FamRZ 2004, 868. Das selbständige Beweisverfahren dient der Verfahrensvereinfachung und -beschleunigung. Wenn der Antragsteller durch Verfahrenseinleitung und im Grundsatz ohne Kostenentscheidung sich diese Verfahrensvorteile zunutze macht, hat der Antragsgegner seinerseits die Möglichkeit, eine Entscheidung in der Sache oder jedenfalls wegen der Kosten zu erreichen, vertieft bei Prütting/Gehrlein/Ulrich Rn. 1.

4 **III. Geltungsbereich, I, II.** Die Regelung bezieht sich auf die Zeit nach Beendigung der Beweiserhebung, solange noch kein Rechtsstreit durch Klageerhebung anhängig geworden ist.

5 **IV. Noch keine Anhängigkeit, I.** Es darf also (noch) nicht ein Rechtsstreit anhängig sein, BGH NJW 2017, 1399; vgl. §§ 485 II 1, 486 II 1. Die selbständige Beweiserhebung muss vor Anhängigkeit des Hauptsacheverfahrens bereits beendet sein, OLG Düss JurBüro 1993, 622. Nach Beseitigung der im selbständigen Beweisverfahren festgestellten Mängel ist eine einseitige (auch beiderseitige) Erledigungserklärung unzulässig.

6 **V. Antrag, I.** Das Anordnungsverfahren nach I erfolgt auf einen nicht fristabhängigen Antrag eines jeden Antragsgegners des Beweisverfahrens, LG Bonn BauR 2012, 1828. Vor dem LG besteht Anwaltszwang für die Anträge nach I u. II, Umkehrschluss aus § 486 IV, der nur den Antrag nach § 486 vom Anwaltszwang ausnimmt, dieser aber im Übrigen für das selbständige Beweisverfahren bleibt, → § 486 Rn. 2.

7 Der Antragsgegner darf auch nach dem Wegfall eines etwaigen Anspruchs gegen ihn seitens eines weiteren Antragsgegners nach I vorgehen, OLG Hamm MDR 2018, 822. Nach Eröffnung des Insolvenzverfahrens über das Vermögen einer Partei ist eine Entscheidung über den Antrag wegen Unterbrechung des Verfahrens ausgeschlossen, BGH NJW 2011, 1679. Unzulässig ist ein Antrag auf Klagerhebung allein gegen den Nebenintervenienten auf Seiten des Antragsgegners nach § 66, OLG Kblz NJW-RR 2003, 880, oder ein Antrag des Vertreters nach § 494 II.

8 **VI. Anordnungszwang, I.** Unter den Voraussetzungen → Rn. 5, 6 wird das Gericht anordnen, dass der Antragsteller des Beweisverfahrens eine Klage gegen den Antragsgegner zu erheben hat. Es besteht kein Ermessen. Erforderlich ist eine solche Klage, die zumindest auch den Gegenstand des selbständigen Beweisverfahrens betrifft, OLG Zweibr MDR 2002, 476.

9 **VII. Verfahren, I.** Das Gericht des selbständigen Beweisverfahrens wird dem Antragsteller zunächst rechtliches Gehör gewähren. Ein Zuwarten bis zur Verjährung des Anspruchs des Antragstellers kann missbräuchlich sein, BGH NJW 2010, 1446. Eine mündliche Verhandlung ist nach dem Wortlaut von I nicht anzuberaumen. Das Gericht entscheidet durch Beschluss: „Der Antragsteller muss bis zum… bei dem Gericht der Hauptsache Klage erheben." Es ist streitig, ob eine Belehrung über die Folgen einer Fristversäumung notwendig ist, verneint von OLGR Frankfurt 2002, 295; aM OLGR Köln 1997, 116.

10 Den eine angemessene Klagefrist anordnenden Beschluss stellt es dem Antragsteller förmlich zu, den ablehnenden Beschluss teilt es ihm nach I formlos mit. Die sich nach § 222 berechnende Frist kann das Gericht nach § 224 II ändern, OLG Düss JurBüro 1993, 622. Eine Klageerhebung vor unzuständigem Gericht wahrt – wegen der Verweisungsmöglichkeit nach § 281 – die Frist. § 167 ist anwendbar, OLG Hamm OLGR 1994, 622.

11 **VIII. Rechtsbehelfe, I.** Es sind zwei Situationen zu unterscheiden:

12 **1. Antragsteller des Beweisverfahrens.** Gegen die stattgebende Anordnung besteht kein Rechtsmittel, BGH MDR 2010, 1144. Der Antragsteller kann keine sofortige Beschwerde nach § 567 I Nr. 2 einlegen, weil das Gericht nicht ein Gesuch des Gegners zurückgewiesen hat. Das gilt auch wegen einer zu kurzen Frist, OLG Hamm BauR 2002, 522, oder einer Fristverlängerung, OLG Düss JurBüro 1993, 622.

13 **2. Antragsgegner des Beweisverfahrens (= Antragsteller nach I).** Er kann gegen den zurückweisenden Beschluss nach I die sofortige Beschwerde nach § 567 I Nr. 2 einlegen. Rechtsbeschwerde kommt unter den Voraussetzungen des § 574 in Betracht.

14 **IX. Kostenentscheidung.** Dazu Gercke, Entscheidung über die Kosten des selbständigen Beweisverfahrens, 2012.

15 **1. Keine Klageerhebung.** Nur soweit der Antragsteller des selbständigen Beweisverfahrens einer Anordnung nach I nicht fristgerecht folgt, besteht für den Antragsgegner die Möglichkeit, eine Kostengrundentscheidung zu erwirken, OLG Düss BauR 2017, 1242. Die Klage wird dabei nicht durch die bloße Einreichung einer Klageschrift bei Gericht binnen gesetzter Frist, sondern erst mit Zustellung nach §§ 261 I, 253 I erhoben; § 167 findet Anwendung, OLG Köln BeckRS 2022, 1049. Demgemäß ist die Klage auch nicht erhoben, wenn sie mangels Vorschusszahlung nicht zugestellt werden kann, BGH NJW 2017, 1399. Ein Vermögensverfall beeinflusst grundsätzlich nicht den Fristablauf, OLG Ffm NJW-RR 2008, 1552. Gleiches gilt für eine nicht umfassende, zB hinsichtlich der Kosten unklare Einigung, OLG Stgt BauR 2012, 1289. Das Gericht muss die Klagefrist ausreichend bemessen haben, etwa auch zur Erwirkung einer Prozesskostenhilfe für die Hauptklage nach §§ 114 ff. Das gilt aber nicht nach einem unzulässigen Antrag gegen den bloßen Streithelfer des Antragsgegners nach § 66, OLG Kblz NJW-RR 2003, 880.

16 „Klageerhebung" bedeutet nach II wie bei §§ 253 I, 261 I: Rechtshängigkeit (Zustellung der Klageschrift), Anhängigkeit (bloße Klageeinreichung) genügt nicht, OLG Kblz MDR 2015, 482. § 167 ist anwendbar, OLG Köln BauR 2011, 1210.

17 II gibt dem Antragsgegner die Möglichkeit, einen vollstreckbaren Kostentitel zu erwirken: Folgt der Antragsteller der Anordnung nach I, entscheidet sich die Kostenfrage im Hauptsacheverfahren nach den allgemeinen Regeln, §§ 91, 269 III 2. Kommt der Antragsteller der Anordnung nicht nach, ergeht eine Kostenentscheidung

nach II. Es stellt sich also bei den folgenden Beispielen stets die Frage, ob noch ein Rechtsschutzbedürfnis des Antragsgegners für eine Klageerhebung besteht.

2. Beispiele zur Klageerhebung, Kostenentscheidung, II

Antragsrücknahme: Eine Anordnung zur Klageerhebung ist ausgeschlossen, Kostenentscheidung im selbständigen Beweisverfahren analog § 269 III, BGH MDR 2018, 59. Dies gilt auch für die Kosten des Streithelfers, § 101 I. Die Kostenfolge analog § 269 III 2 ergibt sich auch, wenn der Beweisantrag als unzulässig zurückgewiesen wird, OLG Schleswig BauR 2018, 1466. Soweit hingegen allein Ergänzungsfragen zurückgezogen werden, ist kein Raum für eine analoge Anwendung von § 269 III 2, OLG Braunschweig BauR 2018, 1467. 18

Aufrechnung: Eine Geltendmachung des Verfahrensgegenstands durch Aufrechnung des Antragstellers schließt Anordnung der Klageerhebung aus, BGH BauR 2005, 1799. Dies gilt auch für die hilfsweise Aufrechnung, str., so auch OLG Frankfurt a. M. BeckRS 2021, 42578.

Außergerichtlicher Vergleich: Keine Anordnung zur Klageerhebung nach einem umfassenden außergerichtlichen Vergleich nach § 779 BGB, OLG Kblz NJW-RR 2004, 1728 (dann ist evtl. § 98 anwendbar).

Erledigungserklärung: Einseitige wie auch übereinstimmende Erledigungserklärungen sind unzulässig. Eine Kostenentscheidung analog § 91a kommt im selbständigen Beweisverfahren nicht in Betracht, BGH NJW-RR 2011, 931. Eine einseitige Erledigungserklärung ist in eine Antragsrücknahme umzudeuten, BGH BauR 2005, 133. Dabei ist die Anwendung von § 269 III 3 im selbständigen Beweisverfahren ausgeschlossen, BGH MDR 2021, 126. Das bedeutet: Wenn kein Hauptsacheverfahren anhängig ist und der Antragsteller seinen Antrag zurücknimmt, erfolgt eine Kostenentscheidung, nach der der Antragsteller grundsätzlich die Kosten analog § 269 III 2 zu tragen hat, BGH MDR 2021, 126. Nach Erfüllung, zB durch Beseitigung der vom Antragsgegner zu vertretenen Mängel, steht es dem Antragsteller frei, einen Hauptsacheprozess in Gestalt der Feststellungsklage zu führen oder die Kosten des selbständigen Beweisverfahrens durch Leistungsklage gestützt auf einen materiell-rechtlichen Kostenerstattungsanspruch geltend zu machen, BGH MDR 2021, 126.

Feststellungsklage: Sie genügt, so anstelle der Leistungsklage, wenn zuvor Störung beseitigt wurde, BGH MDR 2004, 1325. Eine Klage auf Kostenerstattung reicht nicht.

Klageverzicht: Keine Klageerhebung, die Kosten sind grundsätzlich vom Antragsteller zu tragen, OLG Jena BauR 2011, 896.

Kostenerstattungsklage: Keine Klageerhebung (zur Hauptsache) liegt in der Geltendmachung der bloßen Kostenerstattungsforderung nach §§ 91 ff., BGH MDR 2004, 1325.

Kostenvorschuss/Kostenvorschussklage: Eine Klageerhebung erfordert neben der Einreichung einer Klageschrift auch die fristgerechte Vorschusszahlung, damit die Klage zugestellt wird, OLG Kblz MDR 2015, 482. Eine Kostenvorschussklage ist Klage iSv § 494a I, OLG Saabr NJW-RR 2013, 316.

Mahnverfahren: Eine Klageerhebung ist nicht mit einem anhängigen Mahnverfahren gleichzusetzen. Erst das Streitverfahren, das sich nach Erhebung es Widerspruchs auf Antrag einer der Parteien anschließt, reicht aus, OLG Hamm BauR 2009, 1774.

Mehrheit von Antragsgegnern: II 1 gilt (nur) zugunsten des nicht Mitbekl, OLG Ffm NJW 2014, 3256.

Mehrheit von Antragstellern: Es müssen sämtliche Antragsteller die Klagefrist versäumt haben, bevor der Antragsgegner nach II 1 vorgehen kann, OLG Stgt MDR 2000, 1094.

Streithelfer: Keine Klageerhebung liegt bei einem unzulässigen bloßen Antrag gegen den Streithelfer des Antragsgegners des Beweisverfahrens nach § 66 vor, OLG Kblz NJW-RR 2003, 880.

Teilbetrag: Eine Klageerhebung liegt grds. auch bei Geltendmachung eines Teilbetrags vor, OLG Düss MDR 2009, 894; anders bei Geltendmachung eines äußerst geringfügigen Teilbetrags, BGH NJW 2004, 3121.

Widerklage: Eine Klageerhebung liegt auch in Erhebung einer Widerklage, BGH JurBüro 2003, 488.

Zurückbehaltungsrecht: Klageerhebung liegt in der Ausübung eines Zurückbehaltungsrechts, vergleichbar der Aufrechnung, OLG Stgt BauR 2001, 1950; aM OLG Zweibr BauR 2004, 1490.

3. Antrag. Das Verfahren nach II findet nur auf Antrag statt. Diesen kann man mit demjenigen nach I verbinden oder ihn gesondert stellen. Er ist nicht form- oder fristgebunden. 19

4. Kostenausspruch. Unter den Voraussetzungen → Rn. 5–10 wird das Gericht ebenso wie bei I einen unverzüglichen Ausspruch grundsätzlich vornehmen, OLG Karlsr MDR 2008, 526. Die Entscheidung ergeht dahin, dass der Antragsteller des Beweisverfahrens die seinem Gegner in dem selbständigen Verfahren entstandenen Kosten tragen muss. Es besteht kein Ermessen des Gerichts. Das gilt unabhängig davon, welche Ergebnisse das Beweisverfahren erbrachte, OLG Hamm MDR 2007, 621. Es handelt sich um eine echte Kostengrundentscheidung, OLG Ffm MDR 1999, 1223. Der Umfang der Erstattungspflicht richtet sich wie sonst nach §§ 494a II, 91 ff., einschließlich Kosten des Streithelfers, BGH NJW 2013, 1821. Das Kostenfestsetzungsverfahren verläuft nach §§ 103 ff. 20

5. Verfahren. Durch Anhörung ist dem Antragsteller rechtliches Gehör zu geben. Eine mündliche Verhandlung steht im Verfahren nach II anders als nach I nach § 128 IV frei. Denn der hier zu beachtende § 486 IV gilt nur für die Anträge nach → Rn. 6, nicht für das gesamte Verfahren. Das Gericht entscheidet auch nach II durch Beschluss. 21

Die Formel nach § 313 I Nr. 4 lautet grundsätzlich nicht etwa auf bloße Feststellung, sondern etwa: „Der Antragsteller des Beweisverfahrens trägt die Kosten des Antragsgegners." Über die eigenen Kosten des Antragstellers des Beweisverfahrens ergeht keine Kostengrundentscheidung nach II, selbst wenn er oder beide Parteien dies beantragen. Er kann sie im Hauptsacheverfahren erstreiten, OLG Nürnb OLGZ 1994, 242. Das Gericht lässt den Beschluss stets beiden Beteiligten nach §§ 166 ff. förmlich zustellen, § 329 III Hs. 1. Der Kostenausspruch ist nach II 3 iVm § 794 I Nr. 3 Vollstreckungstitel, von beiden Seiten anfechtbar, II 2. 22

6. Kein Kostenausspruch nach Anhängigkeit des Hauptsacheverfahrens. Der Beschluss nach II 1 ist nicht mehr zulässig, wenn bis zum Erlass der Antragsteller des selbständigen Beweisverfahrens doch noch verspätet eine Klage zumindest wegen eines Teils des selbständigen Beweisverfahrens erhoben hat, BGH NJW 2007, 3357. Dasselbe gilt dann, wenn er zwar einen Kostenvorschuss nach §§ 379, 402 verspätet gezahlt hat, das Hauptsachegericht die Klage aber alsbald nach dem Vorschusseingang nach § 271 zugestellt hat, bevor es zur Kostenentscheidung nach II kommen konnte, OLG Düss NJW-RR 1998, 359. Denn das gesamte Verfahren nach II setzt ja gerade voraus, dass die Klagefrist nach I erfolglos verstrichen ist, OLG Mü MDR 2001, 833. Es erfolgt 23 indes keine Ermittlung von Amts wegen, ob und bei welchem Gericht der Antragsteller des Beweisverfahrens eine Klage doch noch erhoben hat, OLG Mü MDR 2001, 833. Wenn ein Beschluss in Unkenntnis der Klageerhebung ergeht, ist er objektiv nicht mehr zulässig und auf eine sofortige Beschwerde hin aufzuheben, OLG Mü MDR 2001, 833.

24 **X. Sofortige Beschwerde, II 2.** Gegen den Kostenausspruch hat der davon Beschwerte die sofortige Beschwerde nach § 567, OLG Mü MDR 2001, 833. Gegen die Ablehnung des Kostenausspruchs hat der Antragsteller des Verfahrens nach II die sofortige Beschwerde nach II 3, § 567 I Nr. 1, 2; zum Beschwerdewert ist § 567 II zu beachten. Das gilt auch im WEG-Verfahren, BayObLG MDR 1996, 144. Gegen eine Entscheidung des OLG kommt eine Rechtsbeschwerde nach § 574 I–III in Betracht. Wegen einer Anschlussbeschwerde § 567 III. Nach einem ablehnenden Beschluss bleibt auch eine Klage auf einen materiell-rechtlichen Kostenersatz möglich, OLG Düss NJW-RR 2006, 572, zumindest bei abweichendem Sachverhalt, LG Mü ZMR 2014, 916.

25 **XI. Rechtskraft des Kostenausspruchs, II. 1. Grundsatz: Vollstreckungstitel.** Soweit Klage erhoben wird, bevor der Beschluss nach § 494a II das Gericht verlassen hat, darf der Beschluss nicht mehr ergehen, BGH NJW 2007, 3357; OLG München MDR 2001, 833. Hat er schon das Gericht verlassen, ist streitig, ob er noch, ggf. in der Beschwerdeinstanz, aufgehoben werden kann, verneinend OLG Koblenz MDR 2015, 482; aA OLG Köln BeckRS 2022, 1049. Nach hier vertretener Ansicht ist eine Aufhebung mit Blick auf die Ratio der Vorschrift geboten: Bezweckt ist eine Klageerhebung, um eine Kostenentscheidung durch den Antragsgegner bewirken zu können. Die Regelung dient hingegen nicht einer bloßen Sanktionierung einer verspäteten Klageerhebung. Es besteht kein Anlass, eine unzutreffend gewordene isolierte Kostenentscheidung aufrechtzuerhalten, wenn die Interessen des Antragsgegners durch eine Kostengrundentscheidung im Hauptsacheverfahren gesichert werden, so auch OLG Köln BeckRS 2022, 1049. Diese Wertung steht im Einklang mit dem vorgenannten Verbot, noch eine Kostenentscheidung zu erlassen, soweit eine Klage – verspätet –erhoben worden ist, BGH NJW 2007, 3357; OLG München MDR 2001, 833. Der rechtskräftige Kostenausspruch nach II bildet schon wegen seiner Eigenschaft eines Vollstreckungstitels eine vom weiteren Verlauf des folgenden Hauptsacheverfahrens unabhängige endgültige Entscheidung. Sie ist nicht stillschweigend auflösend bedingt durch eine abweichende Kostengrundentscheidung im Hauptsacheverfahren, aA Zöller/Herget Rn. 4a. Der nach II Unterliegende bleibt auch dann in der Haftung, wenn er später in der Hauptsache obsiegt. Das ist auch bei einer späteren Kostenentscheidung in der Hauptsache unter Einbeziehung der Kosten des selbständigen Beweisverfahrens zu beachten.

26 **2. Verstoß.** Soweit das Gericht bei späterer Kostengrundentscheidung die Regeln → Rn. 25 verletzt, ist die Entscheidung wie sonst anfechtbar.

Abschnitt 2. Verfahren vor den Amtsgerichten

Vorbemerkung zu § 495

1 **I. Systematik.** Im Grundsatz entspricht das amtsgerichtliche Verfahren dem landgerichtlichen. Grundlegende Abweichungen des Verfahrens vor dem Amtsgericht sind: das grundsätzliche Fehlen des Anwaltszwangs nach § 78 und damit verbundene vermehrte Hinweis- und Belehrungspflichten des Gerichts wie in §§ 499, 504, 510; die grundsätzliche Entbehrlichkeit einer Vorbereitung durch Schriftsätze nach § 129 I (Ausnahme: § 129 II sowie vor allem §§ 275–277) sowie Verfahrenserleichterungen nach §§ 495a, 496; die Verbindung der Funktionen des Vorsitzenden und des Kollegiums in demselben Richter. In bestimmten Verfahren muss das obligatorische Güteverfahren nach § 15a EGZPO als Prozessvoraussetzung zwingend vorangehen.

2 **II. Regelungszweck.** Die vorgenannten verfahrensrechtlichen Besonderheiten tragen den tatsächlichen Besonderheiten amtsgerichtlicher Verfahren Rechnung, der deutlich höheren Verfahrenszahl, der häufig geringere Streitwert. Der grundsätzlich fehlende Anwaltszwang und die Verfahrenserleichterungen erhöhen die Anforderungen an die gerichtliche Fürsorgepflicht.

3 Die von den landgerichtlichen abweichenden Regelungen dienen insbesondere der Beschleunigung und Vereinfachung der Verfahren, vgl. für Bagatellverfahren § 495a.

4 **III. Geltungsbereich.** §§ 495 ff. gelten in jedem erstinstanzlich dem Amtsrichter nach §§ 23–27, 157 GVG unterstehenden Verfahren nach der ZPO, auch im WEG-Verfahren; als erstinstanzliche Regel grundsätzlich auch im arbeitsgerichtlichen Verfahren nach § 46 II 1 ArbGG, nach § 46 II 2 ArbGG ohne § 495a. Ferner gehen zahlreiche Sonderregelungen vor, §§ 47 ff. ArbGG. Da das FamFG eine eigene Verfahrensordnung vorsieht, finden §§ 495 ff. insoweit keine Anwendung, § 113 I 2 FamFG.

495 ***Anzuwendende Vorschriften.*** **Für das Verfahren vor den Amtsgerichten gelten die Vorschriften über das Verfahren vor den Landgerichten, soweit nicht aus den allgemeinen Vorschriften des Buches 1, aus den nachfolgenden besonderen Bestimmungen und aus der Verfassung der Amtsgerichte sich Abweichungen ergeben.**

1 Abweichungen vom landgerichtlichen Verfahren ergeben sich aus den folgenden Sondervorschriften nach Buch 2, Abschnitt 2, §§ 495–510b. Sie gehen den allgemeinen Bestimmungen nach Buch 1 vor.

495a ***Verfahren nach billigem Ermessen.*** **[1]Das Gericht kann sein Verfahren nach billigem Ermessen bestimmen, wenn der Streitwert 600 Euro nicht übersteigt. [2]Auf Antrag muss mündlich verhandelt werden.**

Schrifttum: Eckardt, Die Sachabweisung a limine litis im amtsgerichtlichen Bagatellverfahren, FS Lindacher, 2017, 75.

1 **I. Systematik, S. 1, 2.** Die Vorschrift nimmt eine Sonderstellung im Verfahren erster Instanz ein. Sie enthält vorrangige Sonderregeln, beispielsweise kann in Abweichung zu §§ 331 ff., 251a bei Säumnis einer Partei ein streitiges Endurteil ergehen, BVerfG NJW 2007, 3486, 3487, unter Beachtung von Art. 103 I GG (Berücksichtigung des schriftsätzlichen Vortrags), BVerfG JZ 2015, 1053 (zum Teil wird ein entsprechender vorheriger Hinweis gefordert Zöller/Herget Rn. 12). Das Gericht entscheidet im Einzelfall, ob und wieweit die sonstigen Verfahrensvorschriften anwendbar bleiben. Mittels verfassungskonformer Auslegung ist § 495a zulässig, BFH NVwZ-RR 2016, 796, 797. Wegen des obligatorischen Güteverfahrens § 15a EGZPO. Die Obergrenze nach § 15a I 1 Nr. 1 EGZPO liegt in Abweichung von S. 1 bei 750 EUR.

2 Das Ermessen wird insbesondere durch S. 2 iVm Art. 103 I GG nach allgemeinen Verfahrensgrundsätzen wie Treu und Glauben und dem Willkürverbot begrenzt. Weitere Grenzen ergeben sich aus dem Beibringungs-, Verhältnismäßigkeits-, Öffentlichkeitsgrundsatz, der Dispositionsmaxime, den Belehrungspflichten nach §§ 215 I, 276 II, 338, 499, ferner § 14 II RVG, den Grundsätzen der Gleichbehandlung, Neutralität und des fairen Verfahrens (Thomas/Putzo/Reichold Rn. 2).

3 **II. Regelungszweck, S. 1, 2.** Die Regelungen dienen einer Verfahrensvereinfachung und -beschleunigung. Sie ermöglichen, wirtschaftlich angemessene Lösungen mit Blick auf Verfahren mit geringem Streitwert zu finden.

4 Das Verfahren stellt sich in der Praxis als arbeitserleichternd dar, kritisch Zöller/Herget Rn. 1; MüKoZPO/Deppenkemper Rn. 1.

5 **III. Sachlicher Geltungsbereich, S. 1, 2.** Grenzüberschreitend gilt nach der freien Wahl des Antragstellers statt § 495a auch das Verfahren nach VO (EG) Nr. 861/2007 mit den nationalen Durchführungsbestimmungen §§ 1097–1109. Die dortige Streitwertobergrenze liegt bei 2.000 EUR. Die Wahlfreiheit ergibt sich aus Art. 1 S. 2 VO.

6 **1. Streitwertgrenze 600 EUR.** Der Zuständigkeitswert darf 600 EUR nicht übersteigen. Es kommt zwar zunächst nach § 4 I Hs. 1 auf den Wert bei Klageeinreichung an, darüber hinaus aber auf den auch sonst maßgebenden Zeitpunkt. Wenn sich der Streitwert zB infolge einer Klageänderung oder Klageerweiterung nach §§ 263, 264 erhöht, fällt die Sache kraft Gesetzes aus dem Anwendungsbereich von § 495a heraus. Sie ist sodann im ordentlichen Verfahren unter Beibehaltung der Wirksamkeit der bisherigen Verfahrensergebnisse weiterzubehandeln, Zöller/Herget Rn. 3; MüKoZPO/Deppenkemper Rn. 11. Dagegen führt eine Widerklage nicht zur Änderung, sofern ihr Streitwert 600 EUR nicht überschreitet, vgl. § 5 Hs. 2. Dasselbe gilt bei Hilfsaufrechnung (en), KG MDR 1999, 438 (439).

7 Mindert sich der Streitwert bei gleichem Streitgegenstand nach dem für den Zuständigkeitswert maßgebenden Zeitpunkt auf 600 EUR oder weniger, wird das Verfahren nicht als vereinfachtes fortgeführt. Dagegen entspricht es dem Gesetzeszweck, beim Absinken des Streitgegenstands auf 600 EUR etwa nach einer teilweisen wirksamen

Klagerücknahme, Teilerledigung oder Erlasses eines Teilurteils § 495a ab diesem Zeitpunkt anzuwenden, Prütting/Gehrlein/Schelp Rn. 2.

8 **2. Sonstige Zuständigkeit des AG.** Das AG muss auch im Übrigen örtlich und sachlich zuständig sein, Bergerfurth NJW 1991, 961. In einer vorbehaltlosen Einlassung liegt ein Rügeverzicht, der wegen seiner Wirksamkeit wie bei Zuständigkeitsfragen nach § 295 I zu beurteilen ist.

9 **3. Anwendungsbereich.** Das Verfahren ist nach dem Wortlaut der Regelung und den vorgenannten Zwecken → Rn. 3 nicht auf bestimmte Verfahrensarten begrenzt. Es findet – unter Berücksichtigung vorrangiger Sondervorschriften – auch Anwendung im einstweiligen Verfügungs-, Arrest- und PKH-Verfahren, im Urkunden-, Scheck- und Wechselprozess, Zöller/Herget Rn. 4; Prütting/Gehrlein/Schelp Rn. 4.

10 **4. Anspruch jeder Art.** Ferner ist das Verfahren nicht auf Streitigkeiten über vermögensrechtliche Ansprüche begrenzt, Ecker AnwBl 1992, 440. Daher ist auch die Verbindung beider Anspruchsarten nach § 147 innerhalb des Gesamtwerts von 600 EUR zulässig. Andererseits wird das Verfahren nach § 495a nicht schon allein deshalb statthaft, weil das AG unabhängig vom Streitwert zuständig ist, etwa in einer Mietsache.

11 **IV. Persönlicher Geltungsbereich, S. 1, 2.** Soweit das Verfahren nach § 495a zulässig ist, gilt es für alle Prozessbeteiligten uneingeschränkt.

12 **V. Billiges Ermessen, S. 1.** Mit der Vorschrift wird dem Gericht ein weites Ermessen eingeräumt, zu den Grenzen → Rn. 1 f., 4.

13 **1. Verfahrensgestaltung.** Während der gesamten Verfahrensdauer bieten sich ermessensabhängige Möglichkeiten der Verfahrensgestaltung, BFH NVwZ-RR 2016, 796 (797).

14 Beispiele: Abkürzung oder Verlängerung von Fristen; formlose, insbesondere telefonische Gespräche statt Verhandlungen, solange nicht nach S. 2 eine mündliche Verhandlung notwendig ist. Selbst im letzteren Fall Verzicht auf ein vollständiges Protokoll nach §§ 159 ff., soweit nicht zB ein Prozessvergleich zustande kommt. Von einer – im Grundsatz zulässigen – telefonischen Beweisaufnahme ist wegen des damit verbundenen Aufwands und der Schwierigkeit, den Beweiswert zu sichern, allerdings abzuraten. Es würden nach der Befragung – wohl schriftliche – Mitteilungen an die Parteivertreter, an die Parteien, erforderlich, die ihrerseits ein – erneut im Schriftverkehr dem Gericht anzutragendes – Recht zu ergänzender Zeugenbefragung haben, Zöller/Herget Rn. 10.

15 **2. Bindung an das materielle Recht.** Die Bindung an das materielle Recht bleibt unberührt (insb. Beweislastverteilung, Verjährung).

16 **3. Bindung an Verfahrensgrundregeln.** Auch grundlegende Verfahrensvorschriften bleiben unberührt, ein etwaiger Verzicht unbeachtlich, § 295 II. Die mündliche Verhandlung nach S. 2 wird auf Antrag einer Partei notwendig.

17 Der Richter ist auch im Rahmen des § 495a nicht zur Amtsermittlung verpflichtet oder berechtigt, aM Bergerfurth NJW 1991, 963. Zivilprozessuale Wahrheitspflichten und die Pflicht zu rechtzeitigem Vorbringen nach § 282 gelten für die Parteien uneingeschränkt.

VI. Mündliche Verhandlung, S. 1, 2

Schrifttum: Thun NJW 2014, 3198 (Grdz.).

18 **1. Grundsatz: Freistehende Verhandlung, S. 1.** Schon aus dem Antragserfordernis des S. 2 ist erkennbar, dass bis zu einem Antrag eine mündliche Verhandlung entgegen § 128 I im Bagatellverfahren möglich, aber nicht notwendig ist, LG Wiesb MDR 2002, 1212. Vor einem Antrag kann der Richter jederzeit seine Entscheidung ändern und im Rahmen pflichtgemäßen Ermessens zB vom schriftlichen zum mündlichen Verfahren übergehen.

19 **2. Auf Antrag: notwendige Verhandlung, S. 2.** Auf Antrag ist mündlich zu verhandeln, BVerfG NJW-RR 2017, 690 (691); BFH NVwZ-RR 2016, 796 (797). Den insoweit erforderlichen Antrag kann jede der Parteien stellen. Er ist auslegbar, sodass der Hinweis, einer Entscheidung nach Aktenlage nicht zuzustimmen, ausreichend ist, BVerfG NJW-RR 2017, 690 (691). Ein Antrag eines Zeugen oder Sachverständigen ist unbeachtlich. Eine mündliche Verhandlung ist jedenfalls nach Beweisaufnahme wegen Art. 6 I EMRK anzuberaumen; so auch Prütting/Gehrlein/Schelp Rn. 12. Im Übrigen unterliegt der Antrag im Fall einer Fristsetzung den allgemeinen Verspätungsregelungen, § 296, Prütting/Gehrlein/Schelp Rn. 12.

20 **3. Parteistellung, S. 2.** Der Antrag ist eine Parteiprozesshandlung. Eine antragsgemäß anberaumte Verhandlung bleibt bis zur wirksamen allseitigen Rücknahme notwendig.

21 **4. Gerichtsstellung, S. 2.** Es ist sicherzustellen, dass der ein Verfahren ohne Verhandlung anordnende Beschluss den Beteiligten zugeht, BVerfG NJW 2006, 2248, 2249. Wird indes eine zwingend anzusetzende mündliche Verhandlung nicht anberaumt, das rechtliche Gehör verletzt, Art. 103 I GG, so genügt für die Gehörsrüge ein Hinweis auf dieses Übergehen; der Betroffene hat im Rahmen der hiergegen gerichteten Verfassungsbeschwerde darzulegen, dass die angegriffene Entscheidung auch auf dem gerügten Gehörsverstoß beruht, BVerfG BeckRS 2021, 16007.

22 **5. Säumnisfragen, S. 2.** Bleiben beide Parteien aus, kann das Gericht die Sache ruhen lassen, vertagen oder auch ohne frühere streitige Verhandlung nach Lage der Akten entscheiden, sofern es das Gehör gegeben hatte. Es genügt, dass beide Parteien das Vorbringen des Gegners kennen oder schuldhaft nicht kennen und dass das Gericht sie nachweislich zum Erscheinen im Termin aufgefordert hatte. § 497 bleibt anwendbar.

23 Bleibt nur eine Partei aus, kann das Gericht mit oder ohne Antrag der erschienenen vertagen, wenn das trotz des Beschleunigungszwecks des § 495a sachgerecht erscheint. Das Gericht kann ferner ein Versäumnisurteil, ein die Instanz beendendes Urteil erlassen sowie nach Aktenlage entscheiden. Gegen ein Versäumnisurteil ist ein Einspruch innerhalb der gesetzlichen Frist zulässig.

24 **VII. Urteil, S. 1, 2, §§ 313 I, 313a I.** Der frühere II ist in § 313a I aufgegangen. Auch nach § 495a ergeht ein Urteil, soweit es im ordentlichen Verfahren notwendig würde. Die verfassungsrechtlich gebotene Pflicht, die Entscheidung zu begründen, besteht auch im Verfahren nach § 495a und wird einfach-rechtlich durch §§ 313, 313a und Art. 6 I EMRK konkretisiert, VerfGH NRW BeckRS 2021, 27623. Die Gerichte werden, auch wenn sie ein Rechtsmittel nicht zulassen, nicht von der Pflicht zur Begründung der Entscheidung befreit, § 313 III. So

hat eine Auseinandersetzung nach § 313 III mit den entscheidungserheblichen umstrittenen Rechtsfragen zu erfolgen, VerfGH NRW BeckRS 2021, 27623.

1. Rubrum, Formel, § 313 I. Bezeichnungen der Parteien und die Urteilsformel, § 313 I Nr. 4, sollten wie üblich erfolgen; möglich ist eine Bezeichnung als „Verfahren nach § 495a ZPO". 25

2. Tatbestand, § 313a I 1. Das Urteil im Verfahren nach § 495a „bedarf keines Tatbestandes", § 313a I 1. Ein Anspruch auf Abfassen eines Tatbestands besteht nicht. § 320 wird nicht mit der Begründung anwendbar, es fehle ein aussagekräftiger Tatbestand. Etwas anderes mag bei eklatanten verständnishindernden Auslassungen gelten. Um Akzeptanz für die Entscheidung zu schaffen und die umfassende Auseinandersetzung mit Sach- und Streitstand darzulegen, bietet sich zumindest eine kurze Abfassung an. §§ 319, 321a bleiben anwendbar. 26

3. Entscheidungsgründe, § 313a I 2. Das Urteil beinhaltet grundsätzlich Entscheidungsgründe, § 313 III, VerfGH Mü NJW 2005, 3771 (3772). Wenn es sich um ein Anerkenntnis- oder Versäumnisurteil nach §§ 307, 330 ff. handelt, sind Entscheidungsgründe schon grundsätzlich ebenso wenig erforderlich wie sonst nach § 313b I 1. Sie sind allenfalls nach § 99 II zur Kostenfrage zweckmäßig. Die Parteien können nach § 313a I 2 Hs. 1 wie sonst auf Entscheidungsgründe verzichten, vgl. auch § 313a I 2 Hs. 2. 27

Das Gericht kann nach § 313a I 2 Hs. 2 den „wesentlichen Inhalt" der Entscheidungsgründe „in das Protokoll aufnehmen". Vor dem Hintergrund erforderlicher Nachvollziehbarkeit, Akzeptanz und Vollständigkeit der Gründe bleiben Bedenken. 28

4. Mitteilung, Ausfertigungen. Das Urteil ist nach mündlicher Verhandlung nicht zwingend zu verkünden, es kann zugestellt werden, § 317, VerfGH NRW BeckRS 2021, 16065. Rechtskrafteintritt wie üblich, §§ 319 ff. sind anwendbar (Ausnahme wegen § 320). 29

VIII. Kosten, S. 1, 2. Es entstehen die üblichen Gebühren und Auslagen. Wegen der Notwendigkeit der Einholung eines Gutachtens der Anwaltskammer § 14 II 1 Hs. 2 RVG → Rn. 36 „Gebührenrechtsstreit". 30

IX. Rechtsbehelfe, S. 1, 2. Das Urteil wird unabhängig davon, ob es einen Tatbestand enthält und ob Entscheidungsgründe im Protokoll, im Urteil oder gar nicht vorhanden sind, wie ein im Normalprozess ergangenes Urteil beurteilt. Ein Einspruch ist wie sonst statthaft. Die Berufung ist grundsätzlich auch vom Übersteigen der Wertgrenze des § 511 II 1 Nr. 1 (600 EUR) oder von einer Zulassung durch den Amtsrichter nach § 511 II Nr. 2, 4 abhängig. Zum Verstoß gegen S. 2 BVerfG NJW 2015, 3779. 31

Trotz Nichterreichens des Beschwerde(-gegenstands-)werts kommt nach Erschöpfung des Ergänzungsverfahrens nach § 321a die Einlegung einer Verfassungsbeschwerde in Betracht, BT-Drs. 14/4722, 94. Das gilt etwa dann, wenn das Urteil widersprüchlich ist oder kein zur Zwangsvollstreckung nach § 704 geeigneter Titel vorliegt, wenn die Voraussetzungen des § 495a fehlten, wenn das Gericht gegen elementare rechtsstaatliche Regeln verstoßen, etwa das rechtliche Gehör versagt hatte, BVerfG NJW 2006, 2248 (2249). Ob allerdings das rechtliche Gehör fehlte, lässt sich nicht schon aus dem Umstand allein bejahen, dass der Gegner nicht in einem Termin erschienen war, LG München NJW-RR 1995, 1022. Schließlich macht nicht schon ein sonstiger Verfahrensfehler das Urteil rechtsmittelfähig, LG Paderborn MDR 2000, 171. 32

Ob die Voraussetzungen eines Rechtsmittels vorliegen, entscheidet wie sonst das Rechtsmittelgericht, in den Grenzen des § 511 IV 2 (Bindung an eine Zulassung der Berufung durch das AG). § 717 ist anwendbar. Eine Wiederaufnahme ist wie sonst nach §§ 578 ff. statthaft. 33

X. Dienstaufsichtsbeschwerde, S. 1, 2. Bei der Prüfung ist zu berücksichtigen, dass die gesetzlich eingeräumten Verfahrenserleichterungen die Nachvollziehbarkeit der ordnungsgemäßen Sachbearbeitung erschweren können. 34

XI. Verfassungsbeschwerde, S. 1, 2. Sie kommt wie sonst in Betracht, BVerfG NJW 2012, 2262, meist erst nach Durchführung eines Ergänzungsverfahrens, § 321a, oder eines Nichtigkeitsverfahrens nach §§ 579 ff., BVerfGE 34, 204. 35

XII. Beispiele zum Verfahren nach § 495a

Ablehnung: Die Regeln zur Ablehnbarkeit sowohl des Richters als auch des Rpfl., Urkundsbeamten oder Sachverständigen finden wie bekannt Anwendung, §§ 42 ff. Zu besonderen verfahrensgestaltenden Wegen nach § 495a, LG Baden-Baden NJW-RR 1994, 1088. 36

Akteneinsicht: § 299 gilt auch bei § 495a grds. uneingeschränkt. Gerade insoweit, als keine Verhandlung stattfindet, haben die Parteien ein erhebliches Einsichtsinteresse.

Aktenlage: § 251a ist anwendbar. Indes ist das Gericht bei einer ein- oder beiderseitigen Säumnis nicht an sämtliche Voraussetzungen der §§ 251a, 331a gebunden. Es kann insbesondere auch nach erster Verhandlung bereits aufgrund der Aktenlage entscheiden. Darüber hinaus kann das Gericht gerade bei Säumnis auch eine Entscheidung „im Verfahren nach § 495a" erlassen, insbesondere das Urteil, ohne überhaupt einen Verkündungstermin anzusetzen. Die Gelegenheit auf rechtliches Gehör bestand bis zum Ablauf der gesetzten Äußerungsfrist, BVerfG NJW 2007, 3486 (3487).

Amtsprüfung: Soweit es sich nach dem Gesetz um ein Verfahren mit Ermittlungsgrundsatz handelt, bleiben die daraus entstehenden Rechte und Pflichten des Gerichts grds. bestehen. Allerdings liegt der Streitwert dann in der Regel ohnehin weit über der Grenze von S. 1.

Anerkenntnis: § 307 gilt auch bei § 495a grds. uneingeschränkt.

Arrest, einstweilige Verfügung: Im Verfahren nach § 495a wie sonst nach §§ 916 ff., 935 ff. möglich.

Auslandsbezug: Eine Abkürzung nur des Tatbestands und/oder der Entscheidungsgründe kommt nicht in Betracht, §§ 313a II Nr. 4, 313b III.

Aussetzung: Sie ist wie sonst nach §§ 148 ff. möglich.

Belehrung: Belehrungen haben auch im Verfahren nach § 495a den gesetzlich vorgegebenen zB nach § 232 zu entsprechen.

Beratungshilfe: Hierbei sollte das Gericht nur zurückhaltend vom BerHG abweichen.

Berichtigung: § 319 ist grds. anwendbar. Da die Entscheidungsgründe über § 313 III hinaus kurz gefasst werden können, insbesondere soweit das Gericht sie nach § 313a I 2 Hs. 2 in das Protokoll aufnimmt, muss es sie formell nach § 165 berichtigen, der Sache nach unter Beachtung von § 319.

Berufung: Zunächst → Rn. 31–33. Sie bleibt grds. nur dann statthaft, wenn der Wert des Beschwerdegegenstands die in § 511 II Nr. 1 genannte Summe übersteigt oder wenn die Voraussetzungen des § 511 II Nr. 2 vorliegen. Über die Voraussetzungen des § 511 II Nr. 2 (Zulassung) entscheidet der Amtsrichter, zunächst für das Berufungsgericht bindend, § 511 IV 2. Hat das Amtsgericht aber einen Streitwert auf über 600 EUR festgesetzt – sodass es keinen Anlass für eine Zulassung der Berufung nach § 511 IV 1 Nr. 2 gesehen hat – und hält das Berufungsgericht diese Festsetzung für unzutreffend, holt es die Entscheidung über die Zulassung nach § 511 IV 1 Nr. 1 nach, BGH NJW 2011, 615. Soweit eine Berufung in Betracht kommt, bietet es sich an, den nach § 313a I 1, 2 nicht ausgeschlossenen Tatbestand und die Entscheidungsgründe auch nach einer mündlichen Verhandlung nicht nur nach § 313a I 2 Hs. 2 im Protokoll zu fertigen, sondern wie im ordentlichen Verfahren, um eine Zurückverweisung wegen eines Verfahrensverstoßes nach § 538 II 1 Nr. 1 zu vermeiden. Eine Berufung ist nach Erschöpfung des Ergänzungsverfahrens nach § 321a ausnahmsweise unabhängig von der Berufungssumme oder einer Zulassung der Berufung wegen eines Verstoßes gegen das Recht auf rechtliches Gehör statthaft, BVerfG NJW 1997, 1301.

Beschlussverfahren: Auch nach § 495a muss das Gericht durch Urteil entscheiden, soweit das im Normalverfahren notwendig wäre, anderenfalls soweit statthaft durch Beschluss.

Beweis: Die Fragen zu Beweiserhebung/-würdigung beurteilen sich wie sonst nach §§ 286, 287. Der Wortlaut der Gesetzesbegründung stellte erhebliche Freiheiten in Aussicht, BT-Drs 11/4155, 11: Es sollte ermöglicht werden, „die zur Sachaufklärung erforderlichen Erkenntnisse ohne Bindung an die Vorschriften der ZPO über das Beweisaufnahmeverfahren zu gewinnen. (…) Eine Bindung an Beweisanträge besteht insoweit nicht. (…) Bloße Glaubhaftmachung (§ 294 Abs. 1 ZPO) genügt nicht." Rein tatsächlich dürften indes allein einige verfahrensrechtliche Fragen im Einzelfall abweichend beurteilt werden, für die §§ 355–455, LG Baden-Baden NJW-RR 1994, 1088. So ist eine Zeugenbefragung am Telefon (auch per E-Mail oder schriftlich) zwar möglich, aber wegen der Anforderungen an die Gewähr rechtlichen Gehörs nicht bedenkenfrei (→ Rn. 14).

Beweisbeschluss: Ein besonderer Beweisbeschluss nach §§ 358, 358a ist stets zulässig. Seine Notwendigkeit ergibt sich in einer Abweichung von § 358 nicht schon aus dem etwaigen Erfordernis eines „besonderen Verfahrens". Die Notwendigkeit kann sich aus dem auch bei S. 1 zu beachtenden Art. 103 I GG ergeben. Ob der Richter ein Ordnungsmittel nach § 380 verhängt, hängt nicht von der Existenz eines Beweisbeschlusses und dessen Mitteilung ab, ebenso wenig wie ein Aussageverweigerungsrecht nach §§ 383 ff.

Beweislast: Abweichungen sind nicht zulässig.

Beweiswürdigung: Der Umfang der Beweisaufnahme bleibt unverändert, § 286, nur hinsichtlich Art und Weise ihrer Durchführung bleibt größerer Freiraum.

Bindung an Parteianträge: § 308 I, II gelten auch bei § 495a unverändert.

Einlassungsfrist: Die Fristen des § 274 III gelten als gesetzliche Mindestfristen mit Ausnahme der in § 224 II genannten Lagen auch bei § 495a zwingend.

Elektronische Einreichung: Es gelten §§ 130a–d.

Erledigung der Hauptsache: § 91a ist anwendbar.

Europarecht: §§ 1097 ff.

Feststellungsklage: § 256 ist auch bei § 495a anwendbar, die Grundsätze gelten unverändert.

Frist: Der Richter kann eine Notfrist nach § 224 I 2 wegen ihrer grundlegenden Verfahrensbedeutung nicht ändern. Abkürzungs- oder Verlängerungsmöglichkeiten bestehen wie sonst, §§ 224 ff.

Früher erster Termin: Zur weiten Ermessensfreiheit gehört auch die Befugnis, einen frühen ersten Termin anzusetzen oder anschließend in das schriftliche (Vor-)Verfahren zu wechseln.

Gebührenrechtsstreit: Ein Gutachten der Anwaltskammer nach § 14 II RVG ist auch bei § 495a notwendig. Das stellt § 14 II 1 Hs. 2 RVG klar.

Gerichtsstand: Obwohl S. 1 dem Richter ein weites Ermessen bei der Verfahrensgestaltung einräumt, bleiben die Regeln zur örtlichen Zuständigkeit nach §§ 12 ff. unabdingbar. Die Regelungen nach §§ 38 ff., 281, 295 I bleiben unberührt.

Geständnis: § 288 gilt auch bei § 495a grds. wie sonst. Sollte eine mündliche Verhandlung nicht anberaumt werden, ist die Erklärung eines Geständnisses nicht ausgeschlossen. Es gelten die Grundsätze wie beim schriftlichen Verfahren, § 128 II, oder der Entscheidung nach Aktenlage, § 251a.

Glaubhaftmachung: § 294 gilt wie sonst im Bagatellverfahren nach § 495a im Eilverfahren.

Grundurteil: § 304 ist auch bei § 495a grds. – wenn auch in der Praxis eher selten – anwendbar.

(einstweilen frei)

Klageänderung: Sie ist wie sonst nach §§ 263, 264 zu beurteilen, auch streitwertmäßig. Infolge der Klageänderung kann das Verfahren nach § 495a anwendbar werden.

Klagerücknahme: Die Auslegung der Parteiprozesshandlungen erfolgt wie sonst. Der Kostenfolgebeschluss nach § 269 IV erfolgt wie sonst. Soweit überhaupt keine Verhandlung stattfindet, gelten die Regeln nach § 269, AG Norden JurBüro 2000, 370.

Klageschrift: Für sie gelten dieselben Anforderungen wie sonst. Dem Kläger steht frei, einen Antrag auf mündliche Verhandlung nach S. 2 in der Klageschrift, später oder gar nicht zu stellen.

Kostenentscheidung: Die Regelung zur Kostengrundentscheidung gelten unverändert, §§ 91 ff.

Kostenfestsetzung: Die Kostenfestsetzung hat sich an geltenden Gebührentatbeständen zu orientieren, AG Kleve BeckRS 2006, 10370; ferner zu den einzelnen Tatbeständen bei § 495a, OLG Düsseldorf BeckRS 2009, 9603. Ein weitergehendes Ermessen wird im Kostenfestsetzungsverfahren auch bei Verfahren nach § 495a nicht eröffnet.

Kostenvorschuss: § 12 GKG ist zwingend anwendbar wie sonst.

Ladungsfrist: Die Fristen nach § 217 gelten als gesetzliche Mindestfristen mit Ausnahme der in § 224 II genannten Lagen zwingend. Der Richter kann von Amts wegen ihre Verlängerung anordnen oder sie von vornherein angemessen länger bemessen.

Mahnverfahren: § 495a ist anwendbar, berührt aber Sonderregeln nach §§ 688 ff. nicht.

Nachfrist: § 283 S. 2 Hs. 2 ist anwendbar, BVerfG NJW 1993, 2793 (2794).

(einstweilen frei)

Partei: Für den Parteibegriff und die Regelungen, zB zu Prozessstandschaft, Vertretung des Minderjährigen, juristischer Person, Partei kraft Amts, ergeben sich keine Änderungen.

Parteiöffentlichkeit: § 357 gilt auch bei § 495a grds. Hinsichtlich der Durchführung einer Beweisaufnahme besteht indes die Möglichkeit, zB einen Zeugen oder Sachverständigen auch außerhalb einer Verhandlung etwa telefonisch zu befragen. Das Ergebnis ist aktenkundig zu machen und es ist Gelegenheit zur Stellungnahme zu geben.

Persönliches Erscheinen: Das Gericht kann bei § 495a das persönliche Erscheinen der Partei auch außerhalb der sonst geltenden Voraussetzungen zB nach § 141 anordnen.

Protokoll: Das Gericht kann die Möglichkeit nach § 313a I 2 Hs. 2 nutzen, statt eines Urteils mit Entscheidungsgründen nach § 313 III nur deren wesentlichen Inhalt zu formulieren und das im Protokoll aufzunehmen. Seine Berichtigung erfolgt wegen der Entscheidungsgründe nach § 319.

Prozessbevollmächtigter: Man muss seine Stellung mit den Rechten und Pflichten nach § 81 auch bei § 495a grds. wie sonst beurteilen, so insbesondere auch §§ 78, 80 I, 89.

Prozesshandlung: Man muss ihre Notwendigkeit, Form und Wirksamkeit grds. wie sonst beurteilen. Soweit nicht andere gesetzliche Vorschriften zwingend entgegenstehen, können Abweichungen in der Form zugelassen werden.

Prozesskostenhilfe: § 495a gilt auch für das Prozesskostenhilfeverfahren, Lüke NJW 1996, 3265, unter Beachtung der Verfahrensgrundlagen: zB bzgl. der erforderlichen hinreichenden Erfolgsaussicht.

Prozessvoraussetzungen: Es ergeben sich hinsichtlich § 495a keine Besonderheiten.

Rechtliches Gehör: Es besteht die Notwendigkeit, dem Betroffenen als Partei oder sonstigem Prozessbeteiligten vor einer ihm nachteiligen Entscheidung rechtliches Gehör zu geben, BVerfG JZ 2015, 1053. Das gilt gerade dann, wenn es nicht zu einer mündlichen Verhandlung kommt, die auf Antrag anzuberaumen ist, BVerfG NJW-RR 1994, 254, 255. Wegen der regelmäßigen Unanfechtbarkeit der Entscheidung kommt dem Gehör besondere Bedeutung zu. Bei Verletzung des rechtlichen Gehörs ist Berufung analog § 513 II zuzulassen, BVerfG NJW 1999, 1176 (1177).

Rechtsbehelf: Das gesamte System bleibt unverändert, LG Baden-Baden NJW-RR 1994, 1088.

Rechtshängigkeit: Sie lässt sich wie sonst beurteilen.

Rechtskraft: §§ 322, 705 sind wie sonst anwendbar.

Rechtsschutzbedürfnis: Es zählt zu den auch bei § 495a ausnahmslos zu beachtenden Regeln.

Rechtzeitigkeit des Vorbringens: § 282 gilt auch bei § 495a. Das gilt auch dann, wenn der Richter überhaupt keine mündliche Verhandlung ansetzt, für die Pflichten nach § 282 II.

Ruhen des Verfahrens: Für die Voraussetzungen, die Herbeiführung und die Beendigung des Verfahrens nach § 251 ergeben sich bei § 495a keine Abweichungen.

Materielles Recht: § 495a räumt dem Gericht nur wegen seines Verfahrens erweiterte Möglichkeiten ein, nicht auch im Übrigen. Daher bleibt das materielle Recht unberührt.

Sachliche Zuständigkeit: Die Vorschriften der sachlichen Zuständigkeit nach dem GVG sind ähnlich wie bei der örtlichen, die gesetzlichen Regeln und ein etwaiger Rügeverzicht bindend.

Säumnis: Wenn der Erschienene nur ein Versäumnisurteil nach §§ 330 ff. beantragt, keine Entscheidung nach Aktenlage nach § 251a, ist das Gericht nicht etwa wegen § 308 I gehindert, eine Entscheidung nach Aktenlage oder eine solche „im Verfahren nach § 495a", zu treffen, also ohne besonderen Verkündungstermin nach §§ 251a, 331a. Nur durch ein Versäumnisurteil eröffnet das Gericht die Möglichkeit eines Einspruchs nach §§ 338 ff. Gegen ein unechtes Versäumnisurteil ist kein Einspruch zulässig, BVerfG NJW 2007, 3486 (3487).

Schlussfrist: Zwar muss das Gericht nach § 495a nicht einen solchen Schlusszeitpunkt bestimmen, bis zu dem ein Vortrag zulässig ist, solange es nicht das schriftliche Verfahren nach § 128 II gewählt hat. Indes ist es nach einem Schriftsatzwechsel wegen Art. 103 I GG kaum vermeidbar, zumindest der Partei eine abschließende Frist zu setzen, die den möglicherweise überraschenden gegnerischen Vortrag bisher nicht beantwortet hat, zumindest bei § 139 V. Der dem Verhandlungsschluss nach §§ 136 IV, 296a entsprechende Zeitpunkt sollte bekannt sein.

Schriftliches Verfahren: Das Gericht kann im Bereich bis 600 EUR Streitwert auch nach § 128 II verfahren und jene Verfahrensart wieder verlassen; § 128 II 2 ist dabei zu beachten, BVerfG NJW-RR 2009, 562.

Schriftliches Vorverfahren: S. 1 lässt dem Richter die Möglichkeit, ein schriftliches Vorverfahren wie sonst nach § 276 einzuleiten, durchzuführen oder in eine andere Verfahrensart überzuleiten. Innerhalb des Vorverfahrens gelten dessen Regeln, soweit der Richter sie nicht zulässigerweise abändert. Er wird verdeutlichen, dass ohne Verhandlung entschieden werden soll, und zugleich eine Schlussfrist für den Parteivortrag setzen, BVerfG AnwBl 2019, 494. Andernfalls würde eine schriftliche Entscheidung wegen eines Überraschungseffekts gegen Art. 103 I GG und § 139 II verstoßen, LG Wiesb MDR 2002, 1212.

Schriftliche Zeugendarstellung: Das Gericht kann nach § 495a zum einen den § 377 III anwenden und zum anderen auch darüber hinaus statt einer Vernehmung eine schriftliche Stellungnahme des Zeugen entweder von sich aus oder über die beweispflichtige Partei herbeiführen, auch über den Bereich des § 364 (Auslandsbezug) hinaus.

Schriftsatz: Zwar besteht im Parteiprozess kein grundsätzlicher Schriftsatzzwang. Indes ist die schriftsätzliche Prozessführung meist zweckmäßig. § 495a S. 2 bleibt unberührt.

Selbständiges Beweisverfahren: §§ 485 ff. gelten auch bei § 495a.

Sicherheitsleistung: Das ohnehin schon nach § 108 I 1 „freie Ermessen" bei Art und Höhe der prozessualen Sicherheitsleistung ist nach § 495a noch weiter. Das „Ob" der Notwendigkeit einer Sicherheitsleistung unterliegt allerdings nicht gerichtlicher Verfügungsbefugnis.

Streitwert: Der Wert ist wie sonst nach §§ 3 ff. zu ermitteln, OLG Köln WuM 2010, 96. Um zu verhindern, dass das Berufungsgericht aufgrund einer eigenen höheren Wertfestsetzung zu einer Zurückverweisung nach § 538 II 1 Nr. 1 wegen verfahrensfehlerhafter Anwendung des § 495a kommt, bietet es sich an, zumindest ein Urteil nebst Tatbestand nach § 313 zu formulieren.

Stufenklage: Sie ist wie sonst nach § 254 statthaft, mit entsprechender Wertbestimmung.

Tatbestandsberichtigung: § 320 ist auch im Verfahren nach § 495a grds. anwendbar, soweit das Urteil überhaupt einen ja nach § 313a I 1 freigestellten Tatbestand enthält.

Teilurteil: § 301 ist auch bei § 495a grds. anwendbar, bietet sich aber bei § 495a selten an.

Terminanberaumung: Soweit nicht ein Antrag nach S. 2 vorliegt, ist der Richter nach S. 1 stets berechtigt, aber nicht verpflichtet, einen Termin anzuberaumen. Die Terminanberaumung nach § 216 sollte zweckmäßigerweise für die Parteien den Zusatz „im Verfahren nach § 495a ZPO" enthalten, um sie auf ihr erhöhtes Risiko aufmerksam zu machen, etwa bei Säumnis.

Terminantrag: „muss mündlich verhandelt werden" in S. 2 meint nur, dass eine Verhandlung stattfinden muss. Die Partei kann dem Gericht durch Antrag nach S. 2 weder einen frühen ersten Termin nach § 275 noch einen Verhandlungstermin nach § 276 vorgeben.

Terminart: Das Gericht sollte die Terminart auch bei § 495a in der Terminladung kennzeichnen. Beim Wechsel von der einen in die andere Verfahrensart ist eine Klarstellung anzuraten.

Terminmehrheit: Soweit eine Partei zulässigerweise nach S. 2 einen Verhandlungstermin beantragt hatte, gilt dieser Antrag im Zweifel auch für jeden weiteren im Normalprozess notwendigen Termin. Im Termin ist es sachgerecht, beiden Parteien ggf. die Absicht mitzuteilen, ohne weiteren Termin zu entscheiden, so unter Anberaumung einer etwaigen Schlussfrist.

Trennung, Verbindung: §§ 145 ff. gelten auch im Verfahren nach § 495a.

Umfang der Entscheidungsgründe: Nach § 313 III ist es erforderlich, dass das Urteil „eine kurze Zusammenfassung der Erwägungen" enthält, „auf denen die Entscheidung in tatsächlicher und rechtlicher Hinsicht beruht", um eine ausreichende Nachvollziehbarkeit sicherzustellen, VerfGH München NJW 2005, 3771 (3772); LG München NJW-RR 2004, 353 (354).

Soweit der Richter die Begründung seiner Entscheidung nach § 313a I 2 Hs. 2 in das Protokoll aufnimmt, braucht das abgefasste Urteil keine Entscheidungsgründe zu enthalten. Es endet also wegen der Entbehrlichkeit eines Tatbestands nach § 313a I 1 nach Wahl des Richters mit dem Tenor nach § 313 I Nr. 4 wie beim Versäumnisurteil. Freilich sind Entscheidungsgründe statthaft, soweit sie nicht von dem in das Protokoll aufgenommenen Begründungstext abweichen.

Unmittelbarkeit der Beweisaufnahme: § 355 gilt auch bei § 495a grds. uneingeschränkt.

Unschlüssigkeit: Bei § 495a scheint das Gericht mangels Klägerantrags auf einen Verhandlungstermin nach S. 2 eine Klage aufgrund unschlüssigen Vortrags ohne Anhörung des Bekl. sogleich nach Eingang durch Urteil abweisen zu dürfen. Indes mag der Bekl. Gründe haben, zB ein Anerkenntnis nach § 307 abzugeben oder einen Vergleich unter Einbeziehung weiterer Punkte herbeizuführen. Der Normalprozess verlangt vor dem Endurteil ein Prozessrechtsverhältnis. Es kann in dieser Verfahrensart anders als evtl. im Eilverfahren nach §§ 916 ff., 935 ff. grds. erst infolge Klagezustellung entstehen. Das ist Folge der auch im Bagatellverfahren bestehenden Parteiherrschaft. Das Gericht darf daher erst nach Anhörung des Bekl. entscheiden.

Unterbrechung: §§ 239 ff. sind auch bei § 495a grds. anwendbar.

Unzulässigkeit: Die Erwägungen zur Unschlüssigkeit gelten auch bei der unzulässigen Klage.

Urkundenverfahren: Auch im Urkunden- und Wechselprozess nach §§ 592 ff. gibt § 495a Ermessensspielraum. Allerdings kann die Ausführung der Rechte des widersprechenden Beklagten im Nachverfahren nicht eingeschränkt werden, §§ 599 I f., vgl. auch § 605a.

Vergleich: Die Regeln zum außergerichtlichen Vergleich nach § 779 BGB wie zum Prozessvergleich gelten auch bei § 495a grds. uneingeschränkt.

Verkündung: Bei § 495a braucht das Gericht seine Entscheidung, auch ein Urteil, grds. nicht nach § 310 zu verkünden, VerfGH NRW BeckRS 2021, 16065. Es kann die Entscheidung durch Zustellung nach §§ 166 ff. mitteilen, evtl. sogar formlos. Das gilt sowohl nach als auch ohne Verhandlungstermin.

Verspätetes Vorbringen: § 296 ist auch bei § 495a grds. uneingeschränkt anwendbar, BVerfG NJW 1993, 1319. § 296a hat strengen Ausnahmecharakter, BVerfG NJW 2020, 142.

Vertagung: Eine Maßnahme nach § 227 kommt auch bei § 495a in Betracht.

Verweisung: Es gelten die „normalen" Regeln, auch zur Form und zur Kostenfolge.

Verzicht auf Klageanspruch: § 306 gilt auch bei § 495a grds. uneingeschränkt.

Verzicht auf Verfahrensrüge: Man muss § 295 und seine Grenzen wie sonst beachten.

Vollmacht: Es gelten die üblichen Regeln nach § 80.

Vorbehaltsurteil: §§ 302, 599, 605a gelten, wenn auch weniger relevant, uneingeschränkt.

Vorbereitende Maßnahmen: § 273 ist bei § 495a anwendbar.

Vorläufige Vollstreckbarkeit: §§ 708 ff. gelten auch bei § 495a.

Widerklage: Sie ist grds. wie sonst und unter denselben Anforderungen zulässig, vgl. auch § 5 Hs. 2, demgemäß kommt eine Beschwer bis zu 1.200 EUR in Betracht. Die Widerklage bewirkt bei eigenem Wert von mehr als 600 EUR, dass man den Rechtsstreit schon deshalb nicht mehr als ein Verfahren nach § 495a behandeln darf. Im Übrigen bleibt § 506 anwendbar.

Widerspruchsbegründung: Es gelten die bekannten Grundsätze, wobei bei § 495a schon die Säumnis zum streitigen Urteil ohne Verhandlung führen kann.

Wiedereinsetzung: Ihre Statthaftigkeit hängt nach § 233 unter anderem von der Versäumung einer Notfrist ab. Es gelten die Grundsätze wie sonst.

Wiederholte Beweisaufnahme: § 398 ist auch bei § 495a grds. anwendbar. Nach wirksamem Terminantrag nach S. 2 muss die wiederholte Beweisaufnahme in einem Termin stattfinden.

Zustellung: Die Notwendigkeit ist bei § 495a wie sonst nach §§ 166 ff., 191 ff. zu beurteilen.

496

Einreichung von Schriftsätzen; Erklärungen zu Protokoll. **Die Klage, die Klageerwiderung sowie sonstige Anträge und Erklärungen einer Partei, die zugestellt werden sollen, sind bei dem Gericht schriftlich einzureichen oder mündlich zum Protokoll der Geschäftsstelle anzubringen.**

1 **I. Systematik.** Die Vorschrift stellt in Abwandlung von §§ 253 V, 130 f. und § 133 eine weitere Erleichterung des amtsgerichtlichen Verfahrens für die Beteiligten dar. So können – bedeutend insbesondere für die nicht anwaltlich vertretenen – Parteien, Erklärungen – anders als ausschließlich schriftsätzlich im Anwaltsprozess, § 129 I – auch mündlich zu Protokoll der Geschäftsstelle abgeben. Das Gericht kann allerdings nach § 129 II nach pflichtgemäßem Ermessen einen Schriftsatz fordern. § 129a gilt ergänzend. Im Mahnverfahren gilt § 702. Wegen eines elektronischen Dokuments §§ 130a–d.

2 **II. Regelungszweck.** Die Vorschrift dient der Vereinfachung für den insbesondere anwaltlich nicht vertretenen Rechtssuchenden und damit der Gewährleistung effektiven Rechtsschutzes. Sowohl der Urkundsbeamte

der Geschäftsstelle als auch ein Rpfl. in der Rechtsantragsstelle hat auf sachdienliche Erklärungen hinzuwirken. Ihm kommt eine Beratungspflicht zu (Prütting/Gehrlein/Schelp Rn. 5).

III. Geltungsbereich. § 496 erfasst zB: die Klage; die Klageerwiderung, unerheblich, ob sie auf eine Aufforderung nach §§ 275, 276 erfolgt; die Klagerücknahme; Sachanträge; solche Parteierklärungen, für die das Gericht eine Zustellung besonders angeordnet hat. Man kann diese Anträge entweder schriftlich einreichen oder nach § 129a, § 153 GVG zum Protokoll der Geschäftsstelle jedes AG erklären, sofern das Gericht nicht nach § 129 II einen Schriftsatz anordnet. 3

IV. Verfahren. Der Urkundsbeamte der Geschäftsstelle oder bei der Klage, Klagerwiderung oder in schwierigen Fällen der Rpfl. nach § 24 RPflG wird bei Erklärungsaufnahme zum Protokoll die Partei sachgemäß belehren und darauf achten, dass die Klage § 253 genügt und dass bei sonstigen Erklärungen §§ 130 ff. Beachtung finden. Er wird wegen §§ 129a, 167 die Aufnahme eines an das AG gerichteten Antrags nicht ablehnen. Eine Ausnahme gilt bei offenbar sinnlosen Erklärungen, vgl. ferner §§ 130a–d. 4

V. Einreichungsmöglichkeiten. Die Einreichung ist bewirkt mit der Empfangnahme durch einen zuständigen und zur Vornahme des Eingangsvermerks befugten Beamten, durch den Urkundsbeamten der Geschäftsstelle oder den Rpfl. Eine Einlegung per Telefax kann genügen. Der Nachweis der Einreichung erfolgt durch den dienstlichen Eingangsvermerk. Er ist eine öffentliche Urkunde mit der Beweiskraft des § 418. 5

Die Erklärung ist bei jedem AG zulässig, nach § 129a II besteht eine Weiterleitungspflicht an das zuständige Gericht. Allerdings sind bei einem unzuständigen Gericht eingereichte Schriftsätze und Erklärungen erst ab Eingang beim zuständigen Gericht eingegangen, § 167 findet keine Anwendung. 6

497 *Ladungen.* I [1]**Die Ladung des Klägers zu dem auf die Klage bestimmten Termin ist, sofern nicht das Gericht die Zustellung anordnet, ohne besondere Form mitzuteilen. [2]§ 270 Satz 2 gilt entsprechend.**

II [1]**Die Ladung einer Partei ist nicht erforderlich, wenn der Termin der Partei bei Einreichung oder Anbringung der Klage oder des Antrages, aufgrund dessen die Terminsbestimmung stattfindet, mitgeteilt worden ist. [2]Die Mitteilung ist zu den Akten zu vermerken.**

I. Systematik, I, II. Die Ladung zum Termin erfolgt auch im amtsgerichtlichen Verfahren von Amts wegen, §§ 214, 274, nach dem Wortlaut erfolgt eine Zustellung der Ladung an den Kläger nur auf ausdrückliche Anordnung des Gerichts. Er wird schon aufgrund der Klageerhebung mit einem Termin rechnen können, MüKoZPO/Deppenkemper Rn. 1. Die Vorschrift ist zusammen mit der Regelung nach § 329 II 2 zu lesen, die eine Zustellung der Terminsbestimmung in einer nicht verkündeten Entscheidung vorsieht. Für den Beklagten bleibt es bei dem Zustellungserfordernis. 1

II. Regelungszweck, I, II. Die Regelung bezweckt eine Verfahrenserleichterung und Kostenreduzierung, da sie eine formlose Mitteilung zulässt, I, und im Fall von II, der vorherigen Terminsmitteilung bei Einreichung von Klage oder Antrag, auf eine Ladung ganz verzichtet. Wegen der Regelung nach § 329 II 2, → Rn. 1, sind der Bereich, in dem auf Zustellung oder Ladung verzichtet werden kann, und die damit verbundene Verfahrensvereinfachung in der Praxis eher zu vernachlässigen. Soweit die Ladung formlos erfolgt, gilt hinsichtlich des Zugangszeitpunkts nach I 2 § 270 S. 2, die Ladung also am nächsten, sonst am übernächsten Werktag nach Aufgabe zur Post als bewirkt. Da I 2 iVm § 270 S. 2 allerdings keine Zustellungsvermutung begründet, wären sowohl ein Versäumnisurteil als auch ein im Verfahren nach § 495a ergangenes kontradiktorisches Urteil, soweit die erfolgte Ladung streitig würde, mangels Zustellungsnachweises aufzuheben. Vor Erlass eines kontradiktorischen Endurteils ist das Gericht zur Wahrung des rechtlichen Gehörs verpflichtet, sich über den tatsächlichen Zugang der formlosen Ladung Gewissheit zu verschaffen, zB durch Beifügen einer rückgabepflichtigen Empfangsbestätigung, BayVerfGH NJW-RR 2001, 1647. 2

III. Geltungsbereich, I, II. Zunächst → Vor § 495 Rn. 4. § 47 I ArbGG enthält eine Sonderregel nur für die Frist. In Ehe- und Familienstreitsachen findet die Vorschrift nach § 113 I 2 FamFG keine Anwendung. 3

IV. Ladung des Klägers zum ersten Termin, I. „Auf die Klage bestimmt" ist der frühe erste Termin nach §§ 272 II, 275 I. Ferner erfasst die Regelung den neuen Termin nach einer Verlegung, Zöller/Herget Rn. 2; ebenso den ersten Termin nach einem Mahnverfahren. Nicht hierzu zählt ein nach § 495a S. 2 anberaumter Verhandlungstermin. Auch der nach § 276 im schriftlichen Vorverfahren angesetzte Termin fällt nicht in den Anwendungsbereich, Musielak/Voit/Wittschier Rn. 2. Wenn auch der Wortlaut insoweit nicht eindeutig ist, spricht doch die Gesetzessystematik für diese Differenzierung, MüKoZPO/Deppenkemper Rn. 2. 4

Die Ladungsfrist umfasst außerhalb eines Bagatellverfahrens nach § 495a stets den in § 217 genannten Zeitraum. Die Einlassungsfrist richtet sich in derselben Weise nach § 274 III. Friständerungen erfolgen nach § 226. 5

V. Andere Ladungen, II. Alle anderen Ladungen, auch diejenige des Bekl. zum ersten Termin, geschehen durch eine förmliche Zustellung nach §§ 166 ff., 329 II 2, soweit nicht § 497 II eingreift. 6

VI. Mitteilung statt Ladung, II. 1. Voraussetzungen. Es ist keine Ladung nötig, wenn das Gericht den Termin bei Einreichung oder Anbringung einer Erklärung, auch zB des Einspruchs mündlich oder schriftlich mitteilt. Das Gericht muss den Gegner immer nach § 329 II 2 förmlich laden. Einen weiteren Fall der Entbehrlichkeit der Ladung enthält § 218. 7

2. Vermerk. Der Urkundsbeamte der Geschäftsstelle vermerkt die Mitteilung mit seiner Unterschrift zu den Gerichtsakten, ähnlich wie bei § 173. Der Empfänger der Mitteilung braucht die Kenntnisnahme nicht zu quittieren. Der ordnungsgemäße Vermerk ist keine Wirksamkeitsvoraussetzung für die Mitteilung. Es handelt sich um eine öffentliche Urkunde nach § 418, der Gegenbeweis ist möglich. Der Vermerk weist die Mitteilung nach, auch für ein Versäumnisurteil nach §§ 330 ff. oder für ein die Instanz beendendes Urteil nach einer Säumnis. Das Gericht schlägt die Gerichtskosten nach § 21 GKG nieder, wenn der Kläger nach § 294 glaubhaft macht, die Ladung nicht erhalten zu haben, BVerfG NJW 1974, 133. Das Gericht hat die Zwangsvollstreckung nach § 707 ohne Sicherheitsleistung einzustellen. § 344 ist unanwendbar, das Versäumnisurteil ist dann nicht „in gesetzlicher 8

Weise ergangen". Eine Entscheidung nach Aktenlage nach § 251a ist ohne erforderlichen Ladungsnachweis nicht möglich.

9 **3. Weiteres Verfahren.** Eine Mitteilung an den ProzBev. nach § 81 oder an den gesetzlichen Vertreter nach § 51 genügt, nicht hingegen an Verwandte oder Boten. Bei Anordnung des persönlichen Erscheinens nach § 141 ist eine Mitteilung nur an den ProzBev. unzulässig. II gilt auch für Nebenintervenienten nach § 66, nicht aber für einen sonstigen Dritten.

498 *Zustellung des Protokolls über die Klage.* **Ist die Klage zum Protokoll der Geschäftsstelle angebracht worden, so wird an Stelle der Klageschrift das Protokoll zugestellt.**

1 **I. Systematik.** Die Vorschrift zieht die prozessuale Folge aus § 496, wonach beim Amtsgericht eine Klage mündlich zum Protokoll der Geschäftsstelle angebracht werden kann. Sie ergänzt für das Verfahren vor dem AG die Regelung nach § 253 I, wonach die Klageerhebung durch Zustellung der Klageschrift nach § 271 erfolgt.

2 **II. Regelungszweck.** Da die Vorschrift die zwingende Folge aus §§ 496; 253 I ist, gewährleistet sie demgemäß einerseits das Recht auf effektiven Rechtsschutz für den besonders schutzwürdigen, nicht vertretenen Rechtssuchenden, § 496; andererseits sichert sie, entsprechend dem Zustellungserfordernis, das Recht auf rechtliches Gehör. Da diese Zwecke bereits durch die Vorschriften nach §§ 496, 253 I gesichert werden, ist die Bedeutung der Regelung begrenzt, MüKoZPO/Deppenkemper Rn. 1.

3 **III. Geltungsbereich.** Im Kontext von §§ 496 I, 166 II, 168 I, 253 I kommt der Regelung daher klarstellende Bedeutung zu.

4 **IV. Protokollzustellung.** Bei einer Klage zum Protokoll der Geschäftsstelle stellt das Gericht das Protokoll dem Bekl. von Amts wegen nach §§ 168 I 1, 271 zu. Das löst die Wirkung der Klageerhebung nach §§ 253 I, 261 I aus, sofern das Protokoll den Anforderungen des § 253 II–IV entspricht. Hinsichtlich etwaiger Mängelbehebung besteht wie sonst eine Hinweispflicht. § 270 ist anwendbar. Eine Einreichung nach § 167 liegt erst mit Eingang beim zuständigen AG nach § 129a II 2 vor.

5 **V. Verstoß.** Ein Mangel des Protokollinhalts oder der Zustellung ist nach §§ 295, 189 heilbar.

499 *Belehrungen.* **I Mit der Zustellung der Klageschrift oder des Protokolls über die Klage ist der Beklagte darüber zu belehren, dass eine Vertretung durch einen Rechtsanwalt nicht vorgeschrieben ist.**

II Mit der Aufforderung nach § 276 ist der Beklagte auch über die Folgen eines schriftlich abgegebenen Anerkenntnisses zu belehren.

1 **I. Systematik, Regelungszweck, I, II.** Die Belehrung nach I ist das Gegenstück zu § 215 II und dient der Information des Beklagten, Prütting/Gehrlein/Schelp Rn. 1 II erweitert § 276 und soll den Schutz des Beklagten erhöhen.

2 **II. Geltungsbereich, I, II.** → Vor § 495 Rn. 4.

3 **III. Belehrung nach I.** Sie ergeht nach dem Wortlaut von I dahin, dass eine Vertretung durch einen Rechtsanwalt nicht zwingend ist. Sie ist im Verfahren mit einem frühen ersten Termin nach § 275, beim schriftlichen Vorverfahren nach § 276 und im Verfahren nach § 495a notwendig.

4 **IV. Belehrung nach II.** Es besteht eine Belehrungspflicht dahin, dass ein etwaiges schriftliches teilweises oder unbeschränktes Anerkenntnis nach § 307 auch ohne Antrag und ohne mündliche Verhandlung zu einem entsprechenden Anerkenntnisurteil führt. Sie ergänzt die Belehrungen nach §§ 276 II, 277 II und sollte zum frühestmöglichen Zeitpunkt, also bei der Aufforderung nach § 276 I 1, erfolgen, Prütting/Gehrlein/Schelp Rn. 3. Eine Belehrung erfolgt wegen § 87 auch dann, wenn der Bekl. durch einen Anwalt vertreten ist. Eine Belehrung über die Kostenfolgen des sofortigen Anerkenntnisses ist nicht notwendig.

5 **V. Verstoß, I, II.** Ein unterbliebener Hinweis nach II schließt den Erlass eines schriftlichen Anerkenntnisurteils aus, nicht eines in der mündlichen Verhandlung. Wird der Hinweis, dass die Vertretung durch einen Rechtsanwalt nicht vorgeschrieben ist, unterlassen, so hat dies keine Auswirkungen auf das weitere Verfahren, MüKoZPO/Deppenkemper Rn. 13.

499a–503 (weggefallen)

504 *Hinweis bei Unzuständigkeit des Amtsgerichts.* **Ist das Amtsgericht sachlich oder örtlich unzuständig, so hat es den Beklagten vor der Verhandlung zur Hauptsache darauf und auf die Folgen einer rügelosen Einlassung zur Hauptsache hinzuweisen.**

1 **I. Systematik.** Die Vorschrift stellt in Erweiterung von § 139 eine gegenüber §§ 39 S. 1, 282 III vorrangige Sonderregel für das amtsgerichtliche Verfahren dar. § 504 und § 39 S. 2 sind zusammen zu lesen: Nach § 39 S. 2 wirkt eine rügelose Einlassung nicht zuständigkeitsbegründend bei Verstoß gegen die Belehrungspflicht nach § 504, den dort vorgesehenen Hinweis auf die Unzuständigkeit des AG.

2 **II. Regelungszweck.** Die Vorschrift dient dem Schutz des Beklagten und soll eine Erschleichung der sachlichen oder örtlichen Zuständigkeit des AG durch den Kläger verhindern. Sie entspricht dem erhöhten Schutzbedürfnis des vor dem AG ggf. nicht anwaltlich vertretenen Beklagten: Denn § 39 S. 1 begründet den Grundsatz der zuständigkeitsbegründenden rügelosen Einlassung des Beklagten; § 39 S. 2 sieht für das amtsgerichtliche Verfahren eine Ausnahme vor: Nach § 504 ist der Beklagte im amtsgerichtlichen Verfahren auf die Unzuständigkeit und die Folgen einer rügelosen Einlassung hinzuweisen. Soweit dies nicht geschieht, wird der

Zuständigkeitsmangel auch nicht durch rügelose Einlassung geheilt, § 39 S. 2. Es steht dem Bekl. dann weiterhin frei, die Unzuständigkeit des Amtsgerichts zu rügen, abweichend von § 282 III (Zöller/Herget Rn. 1).

III. Geltungsbereich. → Vor § 495 Rn. 4. Sie gilt über den Wortlaut hinaus auch für die internationale Zuständigkeit mangels Regelung in Brüssel Ia-VO entsprechend (MüKoZPO/Deppenkemper Rn. 4). 3

IV. Hinweispflicht. Zu erfolgen hat der Hinweis vorzugsweise schriftlich nach § 273 I, spätestens aber im Verhandlungstermin mündlich vor Eintritt in die mündliche Verhandlung, § 137 I (zu protokollieren, § 160 II, Zöller/Herget Rn. 2). Das Gericht hat auf eine sachliche und/oder örtliche Unzuständigkeit und auf die Folgen seiner rügelosen Einlassung nach §§ 39, 282 III, 296 III hinzuweisen. Ein bloßer Hinweis gegenüber dem Kläger reicht nicht, BayObLG NJW 2003, 366. 4

Die Hinweispflicht besteht auch, soweit der Bekl. anwaltlich vertreten ist. Nach einem Mahnverfahren nach §§ 688 ff. ist § 696 zu beachten, § 39 ist erst im streitigen Verfahren nach § 697 II anwendbar. Eine zunächst unterbliebene Belehrung ist bis zum Schluss der mündlichen Verhandlung nachzuholen; die Regel der Zuständigkeit nach rügeloser Einlassung, § 39 S. 1, gilt dann ex nunc, Zöller/Herget Rn. 2. 5

V. Verhältnis zu § 39 S. 2. → Rn. 2. Der Verweis in § 39 S. 2 auf § 504 impliziert eine möglichst frühzeitige Belehrung. 6

VI. Verstoß. Solange eine danach notwendige Belehrung unterbleibt oder das Gericht unzutreffend von seiner Zuständigkeit ausgeht, entsteht die bisher fehlende Zuständigkeit nach § 39 S. 2 trotz rügeloser Verhandlung des Bekl. zur Hauptsache grundsätzlich nicht, BGH NJW-RR 1992, 1091. Ein antragsgemäßer Verweisungsbeschluss vor Eintritt in die mündliche Verhandlung zur Hauptsache bleibt auch bei unterlassener Belehrung nach § 504 bindend, BGH MDR 2013, 1304. Die Bindungswirkung entfällt nur im Fall der Willkür, mithin bei einer Verweisung trotz ausdrücklichen Verzichts auf die Zuständigkeitsrüge. Der Bekl. soll im amtsgerichtlichen Verfahren davor geschützt werden, in Unkenntnis der Unzuständigkeit diese durch Einlassung zu heilen; eine Belehrungspflicht dahingehend, dass er gerade durch Verzicht auf die Zuständigkeitsrüge die Zuständigkeit begründen kann, besteht hingegen nicht, BGH NJW-RR 2013, 1398. Damit bleibt ein Verstoß – allein – gegen § 504 für die Bindungswirkung nach § 281 unschädlich. 7

Die Rüge des Bekl. nach § 39 S. 2 ist in einer vorrangigen Abweichung von § 282 III bis zu derjenigen Verhandlung zur Hauptsache zulässig, die auf eine ordnungsgemäße Belehrung folgt. Die übrigen Prozesshandlungen beider Parteien bleiben unberührt. Mehrkosten infolge verspäteter Belehrung sind niederschlagen. 8

505 (weggefallen)

506 *Nachträgliche sachliche Unzuständigkeit.*

I Wird durch Widerklage oder durch Erweiterung des Klageantrages (§ 264 Nr. 2, 3) ein Anspruch erhoben, der zur Zuständigkeit der Landgerichte gehört, oder wird nach § 256 Abs. 2 die Feststellung eines Rechtsverhältnisses beantragt, für das die Landgerichte zuständig sind, so hat das Amtsgericht, sofern eine Partei vor weiterer Verhandlung zur Hauptsache darauf anträgt, durch Beschluss sich für unzuständig zu erklären und den Rechtsstreit an das Landgericht zu verweisen.

II Die Vorschriften des § 281 Abs. 2, Abs. 3 Satz 1 gelten entsprechend.

I. Systematik, I, II. Die Vorschrift ist eine Ausnahme von dem Grundsatz, dass die Zuständigkeit des Prozessgerichts von einer Veränderung der sie begründenden Umstände nicht berührt wird, § 261 III Nr. 2, perpetuatio fori. Eine entsprechende Anwendung auf Verfahren vor dem Landgericht ist ausgeschlossen, BGH NJW-RR 1996, 891. Keine Anwendung findet die Vorschrift auf die ursprüngliche Unzuständigkeit. Bei der Letzteren gelten §§ 281, 504. 1

II. Regelungszweck, I, II. § 506 bezieht sich auf die erst nach Eintritt der Rechtshängigkeit entstehende sachliche Unzuständigkeit, also eine nachträgliche Unzuständigkeit. Die Regelung dient der Verfahrensökonomie und ermöglicht, dass über zusammenhängende Ansprüche, hier im Rahmen von Klageerweiterung oder Widerklage geltend gemacht, einheitlich entschieden wird. Ohne die Regelung wären die Entscheidungen zu Widerklage und neu erhobenem Anspruch (beim Landgericht) und zum ursprünglichen Klageanspruch (weiterhin beim Amtsgericht wegen § 261 III Nr. 2) durch unterschiedliche Zuständigkeiten auseinandergefallen, MüKoZPO/Deppenkemper Rn. 1. 2

III. Geltungsbereich, I, II. Die Vorschrift gilt auch im selbständigen Beweisverfahren nach §§ 485 ff., nicht aber in Fällen nach §§ 302 IV 4, 510b, 600 II, 717 II, 1065 II 2; Zöller/Herget Rn. 2. Ob sie im Fall der Prozessverbindung Anwendung findet, ist streitig; hierzu Prütting/Gehrlein/Schelp Rn. 3. 3

IV. Zuständigkeitsverlust, I, II. Die Vorschrift regelt, unter welchen Voraussetzungen ein Verfahren, bei einem zunächst sachlich zuständigen AG rechtshängig, an das LG verwiesen werden kann. So kann ein ursprünglich sachlich zuständiges AG unzuständig werden durch: Widerklage, § 33; Klageerweiterung, § 264 Nrn. 2, 3; streitwerterhöhende Klageänderung, § 263, auch bei unbezifferten Zahlungsanträgen, zB auf Schmerzensgeldzahlung möglich, OLG Hamm BeckRS 2018, 20359; nachträglicher Zwischenfeststellungsklage, § 256 II; nicht aber durch: Anspruch nach § 510b; Aufrechnung OLG Schleswig-Holstein NJW 2022, 82; Ersatz- oder Bereicherungsanspruch zB aus §§ 302 IV 4, 600 II 2, 717 II 2; Prozessverbindung, § 147; aM AG Bln-Neukölln MDR 2005, 773. Eine Widerklage auf eine verneinende Feststellung gegenüber einer Teilleistungsklage wegen des überschießenden Teils ist statthaft. Wenn die Widerklage die Zuständigkeit des AG übersteigt, wird es auf einen Antrag verweisen. 4

V. Verweisung, I, II. 1. Antrag. Die Verweisung erfolgt nicht von Amts wegen, sondern nur auf Antrag. Bei elektronischer Einreichung vgl. §§ 130a–d. Auf Grund einer Zulässigkeitsrüge erfolgt mangels Verweisungsantrags nach Hinweis eine Abweisung der Widerklage oder des erweiterten Antrags als unzulässig durch Urteil des AG. 5

Antragsberechtigt ist abweichend von § 281 jede Partei, aber nur bevor sie nach Belehrung selbst zur Hauptsache weiter verhandelt. Der Gegner muss die Verweisung ebenso vor seiner Einlassung auf den neuen Anspruch 6 beantragen, vgl. §§ 39 S. 2, 40 II. Die Verweisung ist auch bei Säumnis des Gegners nach §§ 330 ff. zulässig. Dann prüft das LG, an das die Verweisung erfolgt, den Erlass eines Versäumnisurteils. Zwar fehlt eine vergleichbare Vorschrift wie in § 39 S. 2. Indes besteht die Pflicht der Belehrung nach § 504 auch bei nachträglicher Unzuständigkeit (aufgrund Klageerweiterung, Widerklage), mit Blick auf die Schutzbedürftigkeit des Beklagten ist auch § 39 S. 2 analog anwendbar. Das Rügerecht der Partei besteht, solange sie nicht belehrt wurde und rügelos verhandelt hat, MüKoZPO/Deppenkemper Rn. 8.

7 **2. Stattgabe.** Die Verweisung erfolgt nur an das zuständige LG, und zwar durch Beschluss nach Gewährung rechtlichen Gehörs, in der höheren Instanz im Urteil. Der Beschluss ist nach § 281 II grundsätzlich unanfechtbar. Er bindet das LG, soweit es um dessen sachliche Zuständigkeit geht, OLG Celle NJW-RR 2009, 1512, nach den bekannten Regeln, insbesondere § 281 II 2 unter Berücksichtigung des Willkürverbots, OLG Rostock MDR 2018, 549. Dabei ist es nach zutreffender Ansicht jedenfalls nicht willkürlich, wenn das AG einen Klageantrag mitverweist, für den das AG an sich ausschließlich zuständig ist, OLG München BauR 2015, 313; hierzu Thomas/Putzo/Hüßtege § 33 Rn. 18.

8 **3. Unzulässigkeit.** Eine Verweisung vom Berufungsgericht an die erstinstanzliche Zivilkammer ist unzulässig. Denn § 506 gilt nur im Verfahren vor dem AG und betrifft nicht die funktionelle Zuständigkeit, OLG Düss MDR 1994, 620. Erst recht unzulässig ist eine Verweisung vom LG als Berufungsgericht an das OLG als Berufungsgericht, BGH NJW-RR 1996, 891.

9 **4. Richterliche Hinweispflicht.** Wenn trotz Hinweises des Gerichts keine Partei einen Verweisungsantrag stellt, muss das Gericht die Klage durch Prozessurteil als unzulässig abweisen. Der erforderliche Hinweis kann nach dem Schluss der mündlichen Verhandlung nach §§ 136 IV, 296a nur durch Wiedereröffnung nach § 156 oder durch ein eingeleitetes Rügeverfahren nach § 321a erfolgen. Andernfalls liegt ein Verfahrensfehler vor. Er kann auf Antrag zur Zurückverweisung nach § 538 II 1 Nr. 1 führen, LG Hann MDR 1985, 772.

10 **5. Zurückweisung.** Die Zurückweisung des Verweisungsantrags geschieht dann durch Zwischenurteil nach § 280 II, wenn es sich um einen Antrag des Gegners der Partei handelt, die den neuen Anspruch erhoben hat. Andernfalls erfolgt sie durch Zwischenurteil nach § 303 oder im Endurteil.

507-509 (weggefallen)

510 *Erklärung über Urkunden.* **Wegen unterbliebener Erklärung ist eine Urkunde nur dann als anerkannt anzusehen, wenn die Partei durch das Gericht zur Erklärung über die Echtheit der Urkunde aufgefordert ist.**

1 **I. Systematik, Regelungszweck.** § 510 erweitert zum Schutz des Prozessgegners des Beweisführers die Aufklärungspflicht des § 139 bei einer Privaturkunde nach § 416 in Abweichung von § 439 III zwecks Vermeidung einer unbedachten Anerkenntniswirkung. Insbesondere die nicht vertretene Partei wird nicht zwingend davon ausgehen, dass eine unterbliebene Erklärung als Anerkennung verstanden wird, mit den Folgen nach §§ 138 III, 439 I, III. Zweckmäßig erscheint, dass das Gericht auch bezüglich Tatsachenvortrags nach § 138 III entsprechend auffordert, MüKoZPO/Deppenkemper Rn. 1. Die Aufforderung zur Erklärung sollte sich zwecks Prüfungsmöglichkeit des Berufungsgerichts aus dem Tatbestand des Urteils nach §§ 313 II, 314 ergeben. Eine Nachholung des Bestreitens im Berufungsverfahren ist mangels erstinstanzlicher Aufforderung evtl. zuzulassen.

2 **II. Geltungsbereich.** → Vor § 495 Rn. 4.

510a *Inhalt des Protokolls.* **Andere Erklärungen einer Partei als Geständnisse und Erklärungen über einen Antrag auf Parteivernehmung sind im Protokoll festzustellen, soweit das Gericht es für erforderlich hält.**

1 **I. Systematik, Regelungszweck.** In das Protokoll gehören alle Einzelheiten nach § 160, den § 510a nicht etwa verdrängt, sondern ergänzt. „Andere Erklärungen", deren Feststellungen das Gesetz vorschreibt, fallen unter § 160 III Nr. 3. § 160 IV gilt auch beim AG. § 510a geht als Spezialvorschrift in seinem Geltungsbereich § 139 IV 1 vor.

2 **II. Geltungsbereich.** → Vor § 495 Rn. 4.

510b *Urteil auf Vornahme einer Handlung.* **Erfolgt die Verurteilung zur Vornahme einer Handlung, so kann der Beklagte zugleich auf Antrag des Klägers für den Fall, dass die Handlung nicht binnen einer zu bestimmenden Frist vorgenommen ist, zur Zahlung einer Entschädigung verurteilt werden; das Gericht hat die Entschädigung nach freiem Ermessen festzusetzen.**

1 **I. Regelungszweck.** § 510b soll eine Verfahrensbeschleunigung dadurch erreichen, dass er über § 259 – der vor Fristablauf die Besorgnis voraussetzt, dass sich der Schuldner der Leistung entziehen werde – hinausgehend dem Kläger ermöglicht, von vornherein drei Ansprüche geltend zu machen: die Verurteilung zur Vornahme einer Handlung; eine Fristsetzung für diese Vornahme; eine Verurteilung zur Entschädigung bei erfolglosem Fristablauf. Die Vorschrift dient also der Prozessökonomie und -vereinfachung, beinhaltet aber für die Parteien auch neue Risiken: Der Kläger kann wegen § 888a nicht aus dem titulierten Anspruch nach §§ 887 f. vollstrecken, eine Entscheidung über den Primäranspruch kann sich evtl. wegen einer ggf. aufwendigen Beweisaufnahme verzögern. Der Beklagte hat spätere Einwendungen im Wege von § 767 mit für ihn nachteiliger Beweislastverteilung vorzubringen, Prütting/Gehrlein/Schelp Rn. 1. Der Vorschrift kommt „Appellfunktion" zu, MüKoZPO/Deppenkemper Rn. 1, der Protokollinhalt bleibt im Ermessen des Gerichts, MüKoZPO/Deppenkemper Rn. 2.

2 **II. Geltungsbereich.** Die Vorschrift ist anwendbar auf Anträge, die auf die Vornahme einer vertretbaren oder unvertretbaren Handlung gerichtet sind, also nach §§ 887 ff. vollstreckt werden. Dies ergibt sich aus dem klaren

Wortlaut und aus § 888a. Unbeachtlich ist, ob die Zwangsvollstreckung im Einzelfall nach § 888 II unzulässig ist. Nicht erfasst werden hingegen Herausgabeansprüche nach §§ 883 ff., für die insbesondere §§ 255, 259 zu beachten sind, BGH MDR 2008, 109; NJW-RR 2018, 331. § 510b gilt ausschließlich im Verfahren vor dem Amtsgericht, auch im Berufungsverfahren nach § 511 gegen ein Urteil des AG. Im Anwendungsbereich des FamFG ist die Regelung wegen § 113 I 2 FamFG nicht anwendbar, im arbeitsgerichtlichen Verfahren gilt § 61 II ArbGG. Die Vorschrift findet Anwendung auf Ansprüche nach §§ 887, 888, 889, nicht aber nach §§ 883–885, 890.

III. Voraussetzungen. 1. Antrag. Das Gericht entscheidet also nicht von Amts wegen. Erforderlich ist ein Antrag des Klägers, vgl. auch Zöller/Herget Rn. 3: „(…) zu verurteilen, binnen einer vom Gericht gesetzten Frist (oder exakte Frist) Handlung x vorzunehmen und nach fruchtlosem Fristablauf an den Kläger eine Entschädigung zu zahlen, deren Höhe in das Ermessen des Gerichts gestellt wird (oder exakte Höhe)." Der Antrag ist mündlich oder schriftlich für diese Instanz zulässig, evtl. auch erst im Berufungsverfahren nach § 511, bis zum Schluss der letzten mündlichen Verhandlung nach §§ 136 IV, 296a, 525. Bei elektronischer Einreichung vgl. §§ 130a–d. Der Antrag macht den Anspruch auf den Ersatzbetrag rechtshängig. Da er unbedingt erhoben ist, bewirkt er eine Anspruchshäufung im Sinne einer Eventualklagehäufung nach § 260. Eine Bezifferung der verlangten Entschädigung ist nicht zwingend, empfiehlt sich aber aus Klarstellungsgründen. Die Höhe des Entschädigungsanspruchs ist für die Streitwertbestimmung irrelevant. Bei Urteilsverkündung ist regelmäßig noch unklar, ob der Hauptanspruch nicht fristgerecht erfüllt wird und so den Entschädigungsanspruch bedingt. Die Anspruchshäufung bezweckt allein eine erleichterte Zwangsvollstreckung, ohne dass der noch ungewisse, durch die Nichterfüllung des Hauptanspruchs bedingte Entschädigungsanspruch für den Zuständigkeitsstreitwert erheblich wäre, Zöller/Herget Rn. 9. Eine Belehrung über die Beschränkungen der Zwangsvollstreckung durch § 888a ist nach § 139 nötig. Nach einer Verweisung aus § 506 ist der Antrag nicht mehr zulässig. 3

2. Prüfungspflicht. Das Gericht prüft wie üblich, ob dem Kläger ein Anspruch auf Vornahme einer konkreten Handlung und Entschädigungszahlung zusteht. Wegen des insoweit klaren Wortlauts, „so kann der Beklagte (…) zur Zahlung einer Entschädigung verurteilt werden", wird dem Gericht hinsichtlich der Entscheidung über die Entschädigung ein Ermessen eingeräumt. 4

3. Entschädigungsanspruch. Das Gericht muss nach § 287 prüfen, ob dem Kläger ein Entschädigungsanspruch nach materiellem Recht zusteht und in welcher Höhe er in Betracht kommt. Auch eine Vertragsstrafe kann hierzu zählen. § 510b gibt nicht selbst einen materiell-rechtlichen Anspruch, sondern erleichtert nur die Durchführung eines solchen. Der Bekl. muss alle Einreden gegen den Anspruch vorbringen. Eine Aufrechnung ist unzulässig. Denn der Anspruch ist noch nicht aufrechnungsfähig, § 387 BGB, da es sich bei dem Entschädigungsanspruch um einen künftigen handelt. Der Beklagte kann seine Einwendungen später nach § 767 anbringen, da die Präklusion nach § 767 II insoweit nicht greift. 5

IV. Entscheidung. Ob das Gericht über den Entschädigungsanspruch entscheidet, erfolgt nach pflichtgemäßem Ermessen. Sollte beispielsweise eine umfangreiche Beweiserhebung bezüglich des Entschädigungsanspruchs nach Grund und Höhe erforderlich werden, kann es von einer Sachentscheidung über den Entschädigungsanspruch absehen: Im Sinne der Verfahrensbeschleunigung wird dem Kläger so ein rascher Titel (nur) hinsichtlich des Primäranspruchs verschafft und Vollstreckungsverzögerungen werden vermieden, Prütting/Gehrlein/Schelp Rn. 8. Eine Begründung für ein Absehen von der Entscheidung in den Entscheidungsgründen genügt, Zöller/Herget Rn. 5; aM im Tenor Prütting/Gehrlein/Schelp Rn. 10. Soweit das Gericht eine Sachentscheidung hinsichtlich des Entschädigungsanspruchs hingegen für geboten hält, kann bezüglich des Primäranspruchs kein Teilurteil ergehen („zugleich"). Es sind dann folgende Entscheidungen möglich: 6

1. Kein Anspruch. Bei Verneinung des Anspruchs auf Vornahme der Handlung ist über den Entschädigungsanspruch nicht zu entscheiden. Über ihn soll nur entschieden werden, wenn der Primäranspruch besteht, anderenfalls ist er gegenstandslos. 7

2. Vornahmeanspruch, aber kein Entschädigungsanspruch. Wenn das Gericht einen Anspruch auf Vornahme der Handlung bejaht, einen Entschädigungsanspruch aber verneint, muss es den Bekl. zur Vornahme der Handlung verurteilen und den Entschädigungsanspruch als unzulässig oder unbegründet im Tenor abweisen. 8

3. Vornahmeanspruch und Entschädigungsanspruch. Wenn das Gericht beide Ansprüche bejaht, verurteilt es den Bekl. zur Vornahme der Handlung. Es setzt ihm eine Frist und verurteilt ihn zugleich für den Fall des ergebnislosen Ablaufs zur sogleich oder später zu beziffernden Entschädigung nach richterlichem Ermessen. Das Gericht schätzt die Höhe der Entschädigung nach § 287. Das besagt auch Hs. 2. Evtl. weist das Gericht eine Zuvielforderung ab. Es erklärt sein ganzes Urteil für vorläufig vollstreckbar. § 888a begrenzt die Zwangsvollstreckung: Soweit der Beklagte zur Entschädigungszahlung verurteilt wird, ist eine Zwangsvollstreckung auf Vornahme der Handlung (unabhängig vom Fristablauf) ausgeschlossen. Das Gericht erteilt eine Vollstreckungsklausel nach § 724 sogleich, also ohne den Nachweis der Nichtvornahme der Handlung. Die Vornahme der Handlung oder der Fall, dass der Bekl. nach dem Urteilserlass nicht mehr imstande ist, sie vorzunehmen, eröffnen den Weg der Vollstreckungsabwehrklage nach § 767. 9

4. Keine Kostenentscheidung. Da § 5 unanwendbar ist, löst der bloße Entschädigungsanspruch keine Kosten aus. Infolgedessen erübrigt sich eine Kostenentscheidung neben derjenigen zur Hauptsache. 10

510c (weggefallen)

Buch 3. Rechtsmittel

Schrifttum: Anders/Gehle, Das Assessorexamen im Zivilprozess, 15. Aufl. 2022; Beck'sches Mandatshandbuch Zivilrechtliche Berufung, 6. Aufl. 2018; Hirtz/Oberheim/Siebert, Berufung im Zivilprozess, 6. Aufl. 2020.

Vorbemerkung zu § 511

I. Begriff und Wesen des Rechtsmittels

Schrifttum: Anders/Gehle, Das Assessorexamen im Zivilrecht, 15. Aufl. 2022, S. 557 ff.; Hirtz/Oberheim/Siebert, Berufung im Zivilprozess, 6. Aufl. 2020; Kramer, Die Berufung in Zivilsachen, 9. Aufl. 2022.

1. Rechtsbehelf. Ein Rechtsbehelf ist jedes prozessuale Mittel zur Verwirklichung eines Rechts. Es kann das erste Mittel sein, wie die Klage nach § 253, oder ein späteres, wie ein Einspruch nach §§ 338 ff., 700, ein Widerspruch nach § 694, eine Anhörungsrüge nach § 321a, eine Erinnerung nach § 766 und eine Wiederaufnahmeklage nach §§ 578 ff. Rechtsmittel sind nach der ZPO (anders nach § 839 III BGB) nur die Berufung nach § 511, die Nichtzulassungsbeschwerde nach § 544, ferner die Revision nach § 542, die Sprungrevision nach § 566, die sofortige Beschwerde nach § 567, die Rechtsbeschwerde nach § 574, also diejenigen Rechtsbehelfe, die eine Entscheidung vor ihrer formellen Rechtskraft nach §§ 329, 705 der Nachprüfung eines höheren Gerichts unterbreiten, um mehr als bisher zu erreichen. Das Rechtsstaatsprinzip und die Gerechtigkeit fordern es, den Zugang auch zum Rechtsmittel nicht unzumutbar zu erschweren, BVerfG NJW 1993, 1380. In diesem Sinn darf und muss man jeden Antrag und jede sonstige Eingabe nach → Vor § 128 Rn. 60 auslegen und handhaben. Zur Anhörungsrüge vgl. § 321a. 1

2. Hemmungswirkung. Zum Wesen der Rechtsmittel gehört die Hemmungswirkung (Suspensiveffekt). Das Rechtsmittel hemmt nach → § 705 Rn. 9 evtl. den Eintritt der formellen Rechtskraft. Diese Wirkung kommt freilich einem nach → Rn. 6 allgemein nicht statthaften Rechtsmittel nicht zu. Dagegen hemmt das generell statthafte, aber im Einzelfall nach → Rn. 7 unzulässige Rechtsmittel bis zu seiner Verwerfung nach §§ 522 I 2, 552 I 2, 572 II 2, 577 I 2 die Rechtskraft, BGH NJW 1984, 1027; LSG Essen FamRZ 1982, 1037 (zust. Rüffer FamRZ 1982, 1039). 2

Die **Hemmung erfasst** bei einer Berufung auch den nicht angefochtenen Teil der Entscheidung, solange eine Partei auch diesen Rest durch eine Erweiterung des Rechtsmittels nach §§ 525, 533 oder durch eine Anschließung nach § 524 der Nachprüfung des höheren Gerichts unterwerfen kann, BGH Beck RS 2021, 41672; NJW 1992, 2296; Hamm NJW-RR 1990, 1470. Insofern kann eine vorläufige Vollstreckbarerklärung nach § 537 helfen. Der mit der Berufung nicht angefochtene Teil wird daher erst mit dem Schluss der mündlichen Verhandlung der Berufungsinstanz nach §§ 136 IV, 296a, 525 rechtskräftig. Das gilt in der Revisionsinstanz, sobald der Revisionsbekl. die Anschließungsmöglichkeit nach § 554 verloren hat, BGH WuM 1994, 551. Dagegen kann man auch nicht mit einem Teilurteil des Berufungsgerichts nach §§ 301, 525 über den nicht angefochtenen Rest angehen. Er wird weiter rechtskräftig beim Verzicht auf ein Rechtsmittel nach § 515, soweit für den Gegner jede Beschwer nach → Rn. 16 fehlt. Kündigt der Berufungskläger bei der Berufungseinlegung nach § 519 lediglich beschränkte Anträge an, ist das meist noch keine Berufungsbegrenzung. Etwas anderes gilt nur bei einem erklärten teilweisen Rechtsmittelverzicht, BGH BeckRS 2021, 41672. Infolgedessen kann er auch nach einer Zurückverweisung durch das Revisionsgericht nach § 563 I die Berufung auch auf Teile ausdehnen, die bisher nicht angefochten waren. Ein Rechtsmittel hemmt die Vollstreckbarkeit nur dann, wenn das Gesetz das besonders bestimmt. Die Anfechtung eines Teilurteils nach § 301 hindert nicht den Eintritt der Rechtskraft des Schlussurteils, BGH VersR 1986, 1210. 3

3. Anfallwirkung. Zum Wesen der Rechtsmittel gehört weiter die Anfallwirkung (Devolutiveffekt, Abwälzungswirkung), Brdb FamRZ 2013, 1600 (zu §§ 567 ff.). Die Zuständigkeit zur weiteren Behandlung fällt dem höheren Gericht an. Der Streitgegenstand nach → § 2 Rn. 4 wird dort ähnlich wie in erster Instanz nach → § 261 Rn. 1 anhängig. Das gilt auch bei der sofortigen Beschwerde nach §§ 567, 574, §§ 72, 119 I Nr. 1 GVG. Das Erstgericht kann freilich der Beschwerde durch seine Abhilfe nach § 572 I 1 Hs. 1 den Boden entziehen. Aus dieser Wirkung folgt der Grundsatz, dass kein unteres Gericht eine Entscheidung des höheren nachprüfen darf (Ausnahme → § 924 Rn. 15). 4

4. Bedingtes Rechtsmittel. Das Rechtsmittel als Ganzes darf nach → § 253 Rn. 1 grundsätzlich nicht von einer außerprozessualen Bedingung abhängig werden. Davon unterscheiden muss man nach §§ 260, 525 hilfsweise gestellte Rechtsmittelanträge und auch diejenigen in einem anhängigen Rechtsmittelverfahren eingelegten Rechtsmittel, die von einem künftigen innerprozessualen Ereignis abhängig werden, zB von einer Prozesskostenhilfe nach §§ 114 ff., BGH FamRZ 2004, 1553, oder die Wiederholung eines Rechtsmittels zB nach § 524 für den Fall, dass sich die Unwirksamkeit der ersten Einlegung ergibt, oder ein Anschlussrechtsmittel zB nach § 524 für den Fall, dass das eigene Hauptrechtsmittel unzulässig ist, BGH WM 1986, 60, oder dass dasjenige des Gegners erfolgreich sein sollte, BGH NJW 1984, 1240; Nürnb MDR 2012, 1186; Kornblum NJW 1997, 922; aM BAG NJW 1996, 2533 (ohne Vorlage nach dem RsprEinhG, Anh. § 140 GVG). Insofern gilt Ähnliches wie bei einer Hilfswiderklage nach → Anh. § 253 Rn. 16, BGH NJW 1996, 2166. 5

II. Zulässigkeit und Begründetheit. Bei jedem Rechtsbehelf nach → Rn. 1 und daher auch bei jedem Rechtsmittel ist zwischen seiner Zulässigkeit und seiner sachlichen Berechtigung (Begründetheit) zu unterscheiden, BGH KTS 2014, 73. 6

Die Zulässigkeitsvoraussetzungen sind nach → Vor § 253 Rn. 13 ff. von Amts wegen zu prüfende besondere Prozessvoraussetzungen für das zur Entscheidung berufene Gericht, BAG NZA 2018, 542; BVerwG NJW 2008, 3588; Karlsr ZIP 2014, 376. Der Rechtsmittelführer muss grundsätzlich ihr Vorliegen beweisen, BGH VersR 1986, 60. Das Gericht wendet §§ 286, 525 an und benutzt alle Beweismittel, BVerfG NJW 2008, 3588. Das Rechtsmittelgericht muss dem Rechtsmittelführer evtl. helfende Hinweise nach §§ 139, 525 geben, BGH VersR 1980, 90. Ein nicht klärbarer gerichtsinterner Umstand ist kein Zulässigkeitshindernis, BGH NJW 2001, 1581. 7

Der Justizgewährungsanspruch nach → Vor § 253 Rn. 1 verbietet eine zu scharfe Handhabung der Frage der Zulässigkeit, StGH Stgt AnwBl 2015, 721.

8 Ist das Rechtsmittel unzulässig, wird es evtl. nach einem vergeblichen Hinweis ohne eine Sachprüfung durch ein Prozessurteil oder durch einen Beschluss nach §§ 522 I 2, 552 I 2, 572 II 2, 577 I 2 verwerfen, Karlsr ZIP 2014, 376. Die formelle Rechtskraftwirkung der Verwerfung nach §§ 329, 525, 705 ergreift die Sache selbst nicht. Fehlt die sachliche Berechtigung, ist das Rechtsmittel als unbegründet zurückweisen. Dieses Sachurteil hat eine innere Rechtskraftwirkung nach → Vor § 322 Rn. 7. Die Statthaftigkeit und Zulässigkeit darf bei einer Berufung und einer Revision auch dann nicht offen bleiben, wenn das Rechtsmittel unbegründet ist, wie bei einer Klage nach → Vor § 253 Rn. 14 ff., Thomas/Putzo/Reichold Rn. 11; aM KG NJW 1976, 2353. Das folgt auch daraus, dass vom Inhalt des Urteils die Wiederholbarkeit des Rechtsmittels und das Schicksal der Anschließung nach § 524 abhängen, ebenso die Zuständigkeit nach § 584.

9 **III. Zulässigkeitsvoraussetzungen im Einzelnen. 1. Urteilserlass.** Er ist die Verkündung oder Zustellung nach §§ 310 ff., 329, ausnahmsweise die Bekanntmachung nach → § 569 Rn. 3 einer mit diesem Rechtsmittel angreifbaren Entscheidung oder der Eintritt von Scheinwirkungen nach → Rn. 26. Dabei bleibt unerheblich, ob die Entscheidung richtig und mängelfrei ist. Sie muss freilich nach → Rn. 26 ff. wirksam sein. Sie lässt sich nach → Vor § 128 Rn. 60 auslegen und nach § 319 berichtigen. Einen Rechtssatz des Inhalts, dass erhebliche Verfahrensmängel die Anrufung des höheren Gerichts gegen eine sonst unanfechtbare Entscheidung ermöglichen, gibt es nicht.

10 **2. Statthaftigkeit.** Die Statthaftigkeit eines Rechtsmittels richtet sich nach der Art der tatsächlich getroffenen Entscheidung, BGH MDR 2008, 994; BAG NJW 2008, 1612, oder nach der Person, BGH MDR 1978, 307. Sie richtet sich nach den jeweiligen gesetzlichen Bestimmungen nach §§ 511, 514 II, 542–544, 566, 567, 574. Außerhalb von ihnen eröffnet auch ein Verstoß gegen Grundrechte kein Rechtsmittel. Beim Fehlen abweichender Bestimmungen führt eine nachträgliche gesetzliche Beschränkung eines Rechtsmittels nicht zum Wegfall der Statthaftigkeit eines bereits eingelegten Rechtsmittels, BVerfG NJW 1993, 1124. Legt ein Unberechtigter ein Rechtsmittel ein, ist nach → Vor § 128 Rn. 64 keine Anfechtung wegen Irrtums statthaft. Vielmehr muss das Gericht das Rechtsmittel grundsätzlich auf Kosten des Unberechtigten verwerfen. Davon gilt eine Annahme beim irrtümlich als Partei bezeichneten Dritten, BGH MDR 1978, 307. Sog. greifbare Gesetzwidrigkeit nach → § 567 Rn. 12 macht nicht statthaft, BGH NJW 2002, 1577; Hamm MDR 2003, 296. Eine wirksame Klagerücknahme beseitigt mit dem Wegfall der Rechtshängigkeit nach → § 261 Rn. 1 auch die Statthaftigkeit eines Rechtsmittels nach § 269 III 1, BGH WM 2010, 1663. Eine sog. Anhörungsrüge nach § 321a ist nur statthaft, wenn die Entscheidung keinem Rechtmittel (auch keinem Anschlussrechtsmittel) oder Rechtsbehelf unterliegt. Anderenfalls muss die Gehörsrüge dort angebracht werden.

11 **3. Anfechtungsrecht.** Die Einlegung des Rechtsmittels muss nach → § 511 Rn. 5 ff. durch eine anfechtungsberechtigte Person erfolgen. Anfechtungsberechtigt ist nach → § 50 Rn. 9 auch eine BGB-Gesellschaft, Rostock OLGR 2002, 423, und eine solche an sich nach § 50 nicht parteifähige Partei, gegen die ein Urteil vorliegt, BGH NJW 1993, 2944, ebenso ein nach § 51 Prozessunfähiger im Streit über die Frage, ob er prozessfähig ist, Hager ZZP 97, 174, aM Karlsr ZIP 2014, 377. Das gilt also insoweit, als er geltend macht, zu Unrecht habe das Gericht seine Prozessfähigkeit verneint, BGH NJW 2000, 289, aM Karlsr ZIP 2014, 377. Das gilt ferner dann, wenn er geltend macht, es habe kein Sachurteil gegen ihn ergehen dürfen, BGH NJW 2000, 291; VGH Kassel NJW 1990, 403; aM OVG Münst NVwZ-RR 1996, 620 (aber dann besteht erst recht ein solcher Bedarf). Es gilt auch dann, wenn die in erster Instanz als prozessfähig angesehene Partei eine Sachänderung der Entscheidung erstrebt, Düss NJW-RR 1997, 1350; Hamm MDR 1992, 412. Es gilt schließlich dann, wenn sich das Rechtsmittel gegen Maßnahmen wegen des Geisteszustands des Rechtsmittelführers richtet und tief in seine persönliche Rechtssphäre eingreift, BVerfG NJW 1984, 1025; BayObLG FamRZ 1989, 316; Stgt NJW-RR 1991, 832. Anfechtungsberechtigt ist auch der nach § 51 als gesetzlicher Vertreter Auftretende, um dessen Berechtigung der Streit geht (anders bei gewillkürter Vertretung), BGH NJW 1990, 3152. Ein ProzBev. muss als Anwalt zugelassen sein.

12 **4. Form, Frist.** Die gesetzliche Form nach §§ 519, 549, 569 II, III, 575 I und die gesetzliche Frist nach §§ 517, 548, 569 I, 575 I 1 müssen vorliegen, letztere zumindest dann, wenn das Rechtsmittel befristet ist.

13 **5. Beschwer.** Es muss nach → Rn. 17 ff. stets eine Beschwer des Rechtsmittelführers vorliegen.

14 **6. „Beschwerdesumme".** Zusätzlich muss teilweise (§ 511 II Nr. 1; § 544 II Nr. 1) ein Mindestbetrag vorliegen.

15 **7. ordnungsgemäße Begründung.** Bei der Berufung und bei der Revision sowie bei der Rechtsbeschwerde ist nach §§ 520, 551, 575 II–V eine formelle Begründung notwendig. Eine sofortige Beschwerde „soll" nach § 571 I begründet werden.

16 **8. Rechtsschutzbedürfnis.** Trotz einer Beschwer kann für das Rechtsmittel ausnahmsweise das Rechtsschutzbedürfnis fehlen, Köln NJW-RR 1986, 1509. Das ist zB dann so, wenn der Urteilsausspruch nach § 313 I Nr. 4, III und der mit der Berufung verfolgte Antrag gleichwertig sind, BGH NJW 1979, 428, oder wenn das Erstgericht dem Antrag mit einer anderen rechtlichen Begründung stattgegeben hat, oder wenn der Rechtsmittelkläger keine Beseitigung seiner Beschwer erstrebt, Karlsr FamRZ 1980, 682. In aller Regel ist mit der Beschwer aber auch das Rechtsschutzbedürfnis vorhanden, BGH NJW 1997, 1445. Es kann für den Versicherungsnehmer durch die Zahlung des Versicherers entfallen, BGH MDR 1976, 473; aM Ffm VersR 1985, 956 (bei § 3 PflVG), ferner durch den Verfahrensablauf, BGH WM 2010, 2123. Es entfällt für die Berufung gegen eine einstweilige Verfügung nicht im Hinblick auf das Aufhebungsverfahren nach §§ 927, 936, Düss NJW-RR 1988, 188, Schlesw SchlHH 91, 94, und auch nicht stets infolge zB einer vom Gegner geforderten Auskunft zwischen den Instanzen, Schlesw FamRZ 1984, 174. Bei einem Schreibfehler im Urteil ist zu differenzieren. Ein Rechtsmittel zur Berichtigung einer fehlerhaften Entscheidung ist dann zulässig, wenn es sich nicht zweifelsfrei um eine offensichtliche Unrichtigkeit handelt, die gemäß § 319 korrigiert werden könnte. Solange und soweit ein Berichtigungsantrag angezeigt und innerhalb einer laufenden Rechtsmittelfrist möglich ist, besteht kein Rechtsschutzbedürfnis hinsichtlich der Einlegung eines Rechtsmittels gegen die unrichtige Entscheidung, Frankfurt/Main 5.11.2020 – 22 U 222/19, BeckRS 2020, 34230.

IV. Einzelheiten zur Beschwer. Ein Rechtsmittel ist nur zulässig, soweit und solange die angefochtene Entscheidung als eine allgemeine Statthaftigkeitsvoraussetzung nach → Rn. 6, 13 und auch in diesem Einzelfall eine Beschwer des Rechtsmittelführers enthält, BGH MDR 2017, 899. Sie gibt grundsätzlich erst das auch im Rechtsmittelverfahren nach §§ 525, 555 nötige Rechtsschutzbedürfnis, Mü GRUR-RR 2006, 388. Das gilt auch nach einem sachlich-rechtlichen Fehler des Ersturteils, Kahlke ZRP 1981, 268; Lüke NJW 1979, 2049; Waldner NJW 1980, 218. Der Rechtsmittelkläger muss mit dem Rechtsmittel grundsätzlich gerade die Beseitigung dieser Beschwer oder eines Teils von ihr erstreben, BGH NJW-RR 2012, 516; BAG NJW 2009, 171; Karlsr NZV 2015, 77. Das muss sich aus seinem nach § 520 III ausreichend begründeten Berufungsantrag ergeben, BGH NJW-RR 2008, 584; LG Mü ZMR 2018, 74. Dann erhält der Rechtsmittelführer nach → § 525 Rn. 2 die Möglichkeit, das Rechtsmittel auch zur Erweiterung der Anträge zu benutzen, BGH FamRZ 1982, 1198. Das Rechtsmittel wird aber nicht nur zur Auswechslung des Begehrens statthaft, BGH MDR 2008, 1351; Köln NJW-RR 1990, 1086. Es muss nach → Rn. 24 „Klageänderung" ein Bezug zum erstinstanzlichen Streitgegenstand nach → § 2 Rn. 4 verbleiben. 17

Im Zeitpunkt der **Berufungseinlegung** nach § 519 I muss eine Beschwer vorliegen, BGH WM 2016, 455; Karlsr NZV 2015, 77. Sie muss auch noch im Entscheidungszeitpunkt bestehen, BGH NJW 2017, 3164 und WM 2018, 332. Ob das so ist, muss das Berufungsgericht beurteilen, BGH NJW-RR 1988, 837, und zwar grundsätzlich nach dem Urteilstenor des Erstgerichts nach § 313 I Nr. 4, BGH NJW 1993, 2052, und nach pflichtgemäßem weiten Ermessen, BGH WM 2016, 867. Jedoch muss man bei Zweifeln über seinen Inhalt den Tatbestand nach § 313 II, die nach → Vor § 128 Rn. 60 auslegbaren Gründe nach § 313 III und das zugrundeliegende Parteivorbringen heranziehen, BGH MDR 1999, 3564. Das Rechtsmittel muss sich beim Schluss der mündlichen Verhandlung nach §§ 136 IV, 296a, 525 auch gegen die im angefochtenen Urteil liegende Beschwer richten, BGH NJW-RR 2004, 1365 (Unzulässigkeit) und BB 2006, 350 (Klagerweiterung). Die Beschwer kann für beide Parteien verschieden hoch sein, BGH NJW-RR 1996, 460. 18

Streit besteht aber darüber, **wie** die Beschwer beschaffen sein muss. Manche bejahen eine solche nur bei einer Abweichung der Entscheidung vom gestellten Antrag (formelle Beschwer), Brox ZZP 1981, 379 fordert eine materielle Beschwer, also die Nachprüfung, ob die ergangene Entscheidung dem Rechtsmittelkläger einen rechtlichen Nachteil bringt, ob also die Urteilswirkungen oder eine von ihnen ihn belasten, Grunsky ZZP 1976, 165, ob die Entscheidungsgründe in weiterem Maße als durch die Rspr. anerkannt wirken. Bettermann ZZP 1982, 44 hält eine formelle oder eine materielle Beschwer für erforderlich und genügend. Zum Teil wird eine Unterscheidung nach Parteien getroffen: Die Rspr. und Teile der Lit. halten beim Kläger die formelle und beim Bekl. die materielle Beschwer für maßgeblich; andere Stimmen stellen bei beiden Parteien jeweils auf die formelle oder die materielle Beschwer ab, zum Streitstand → Rn. 21 f. und MüKoZPO/Rimmelspacher Rn. 17. 19

Das Rechtsmittel kann nicht erst eine Beschwer nach → Rn. 16 **schaffen.** Für die Zulässigkeit des Rechtsmittels genügt es aber auch nicht, dass die angefochtene Entscheidung eine Beschwer des Rechtsmittelführers enthält. Erforderlich ist zusätzlich, dass mit dem Rechtsmittel die Beseitigung dieser Beschwer erstrebt wird, BGH WM 2020, 751 und ständig. Das vorinstanzliche Begehren muss also zumindest teilweise weiterverfolgt werden; es darf nicht ausschließlich ein neuer Anspruch geltend gemacht werden, BGH WM 2020, 751. Ob der Rechtsmittelführer die Beseitigung der in der angefochtenen Entscheidung enthaltenen Beschwer anstrebt, ergibt sich aus dem Rechtsmittelantrag, BGH WM 2020, 751. Dabei bindet das erstinstanzliche Begehren die Partei, BGH NJW-RR 1995, 839. Der Streitgegenstand nach → § 2 Rn. 4 ändert sich nicht dadurch, dass der Berufungskläger eine neue Schlussrechnung vorlegt, BGH NJW-RR 2004, 526. 20

1. Beschwer des Klägers. Für ihn ist eine formelle Beschwer nach → Rn. 17 erforderlich, BGH WM 2018, 332; Bbg NJW-RR 1994, 459; Saarbr MDR 2006, 169. Sie liegt dann vor, wenn die Entscheidung des Erstgerichts dem Berufungskläger etwas versagt, was er beantragt hat und eigentlich noch immer begehrt, BGH MDR 2017, 899; LG Hmb ZMR 2017, 832; Lieder KTS 2014, 74. Der Rechtsmittelkläger darf also nicht nur einen neuen Anspruch oder eine Klagänderung nach § 533 verfolgen, BGH NJW 2003, 2172; Karlsr NZV 2015, 77; Gehrlein NJW 2007, 2834. Maßgeblich ist der letzte Klagantrag der Vorinstanz nach § 296a, → § 297 Rn. 4, BGH NJW-RR 2007, 138; KG MDR 2011, 880; Zweibr MDR 2008, 1244. Anders ausgedrückt: Beschwer ist dasjenige, was man erhalten wollte, aber nicht erhalten hat und was man gerechterweise eigentlich auch noch bekommen müsste. Noch kürzer: Beschwer ist nach → § 511 Rn. 24 das Zurückbleiben des Erreichten hinter dem bisher Erstrebten. Die Urteilsformel nach § 313 I Nr. 4 geht den Gründen nach § 313 III vor, BGH NJW 1993, 2052. Bei einer unklaren Urteilsformel nach § 313 I Nr. 4 muss man das durch eine Heranziehung der nach → Vor § 128 Rn. 60 auslegbaren Gründe nach § 313 III ermitteln, BGH MDR 2016, 1162, strenger Bbg FamRZ 2006, 965 (maßgeblich nur der Tenor). Eine Beschwer liegt zB dann vor, wenn das Gericht einen Antrag nicht mitbeschieden hat, BGHR 2009, 1217. Sie liegt auch dann vor, wenn das Gericht über einen solchen Punkt entschieden hat, der nicht mehr Gegenstand des Rechtsstreits nach → § 2 Rn. 4 war, BGH NJW-RR 2004, 1715. Der Anschein einer Beschwer zB durch eine ins Leere gehende Teilabweisung genügt, BGH NJW 1993, 2052; BVerwG NVwZ-RR 1993, 368. Eine Beschwer kann sich auch aus einer Veränderung der Verhältnisse nach dem Urteil, aber vor dem Ablauf der Berufungsfrist des § 517 ergeben, Rostock FamRZ 2002, 674 (Unterhalt). 21

2. Beschwer des Beklagten. Ihn beschwert auch beim Fehlen oder Fortfall eines vollstreckungsfähigen Inhalts eine Verurteilung dann, wenn er eine Abweisung mangels Rechtsschutzbedürfnisses des Klägers erreichen kann. Überhaupt liegt für den Bekl. immer dann eine Beschwer vor, wenn er eine zu seinen Gunsten abweichende Entscheidung erlangen kann (materielle Beschwer nach → Rn. 17), BGH NJW 2017, 3164; Kblz NJW-RR 1993, 462; Zweibr FamRZ 1992, 972; aM MüKoZPO/Rimmelspacher Vor § 511 Rn. 18. Maßgeblich dafür ist der nach § 322 rechtskraftfähige Inhalt der angefochtenen Entscheidung, BGH NJW-RR 1996, 829. Die Beschwer kann sogar den Wert des Streitgegenstands nach → § 2 Rn. 4 übersteigen, BGH GRUR-RR 2013, 496. 22

3. Beispiele zur Frage einer Beschwer des Klägers oder Beklagten. Vgl. zunächst das hier weitgehend umfangreiche Streitwert-ABC im Anh. § 3. Ergänzend gilt: 23

Abänderungsklage: Zum Einwand nach § 323 Karlsr NJW-RR 1989, 1468. 24

Andere Begründung: Eine Beschwer des **Klägers** wie des **Bekl. fehlt,** soweit sich das Rechtsmittel nur gegen die Urteilsbegründung nach § 313 III richtet und dieselbe Entscheidung nach § 313 I Nr. 4 nur mit einer anderen Begründung nach → Rn. 23 „Begründungsart" erstrebt (anders also, wenn die Begründung eine nachteilige Bedeutung des Tenors ergibt), BGH MDR 2016, 1163, Celle MDR 2011, 449. Auch → Rn. 23 „Erfüllung", → „Unzulässigkeit".

Anerkenntnisurteil: Eine Beschwer des **Klägers** liegt vor, soweit der Tenor nach § 307 unklar ist und sich nicht nach § 319 berichtigen lässt. Sie **fehlt** beim richtigen oder fehlerhaften Anerkenntnisurteil, BGH NJW 1994, 2697. Eine Beschwer des **Bekl.** liegt beim Anerkenntnisurteil vor, KG MDR 2011, 880; Karlsr MDR 1982, 417; Kblz NJW-RR 1993, 462. Denn der Bekl. muss die Unwirksamkeit des Anerkenntnisses einwenden können. Das gilt erst recht bei einem Vorbehalt des Bekl., Schlesw MDR 2005, 350. Zur Berufung gegen ein klagabweisendes Ersturteil BGH BauR 2015, 1218 (Ls.). Auch → „Zurückbehaltungsrecht".

Angemessenheit: → „Unbestimmter Klagantrag".

Antragsänderung: Sie kann unschädlich sein, BGH WPR 1989, 478.

Antragsmehrheit: → Rn. 17.

Antragsüberschreitung: Eine Beschwer des **Klägers** liegt vor, soweit das Erstgericht einen solchen prozessualen Anspruch abgewiesen hat, den der Kläger nicht mehr begehrt hatte, BGH NJW 1991, 1683. Eine Beschwer des **Bekl.** kann sich aus einem Verstoß des Erstgerichts gegen § 308 I ergeben, BGH NJW 2004, 2020. Auch → „Sachantrag".

Aufopferung: Eine Beschwer des **Bekl.** liegt vor, soweit ihn das Erstgericht zum Ersatz jeden Schadens statt zu einer angemessenen Entschädigung verurteilt hat.

Aufrechnung: Eine Beschwer des **Klägers** liegt bei einer Hilfsaufrechnung des Bekl. nach → § 145 Rn. 21 vor, soweit das Erstgericht ihr stattgegeben hat. Eine Beschwer des **Bekl.** liegt vor bei einer Abweisung nur wegen seiner Hauptaufrechnung, BGH FamRZ 2004, 1714, oder bei einer Verurteilung trotz seiner Aufrechnung, BGH FamRZ 2004, 1716 (Restbetrag), oder bei einer Abweisung nur wegen einer Hilfsaufrechnung statt wegen Fehlens der Hauptforderung, BGH NJW 2002, 900. Eine Beschwer des **Bekl. fehlt** bei einer Abweisung der klägerischen Forderung. Dasselbe gilt, soweit eine Entscheidung über die Aufrechnung offenbleibt, BGH NJW 1988, 3210. Auch → „Vorbehaltsurteil".

Auskunft: Die Beschwer des **Klägers** richtet sich nach ihrem Wert, zB nach dem Aufwand der Erteilung, BGH FamRZ 2014, 645, oder mit 1/4 der Leistung, Brdb MDR 2011, 985. Die Beschwer des **Bekl.** ergibt sich aus dem Interesse, die Auskunft nicht erteilen zu müssen. Der Übergang zum Zahlungsanspruch kann die Beschwer nach → „Klagänderung" bestehen lassen.

Baulandsache: Die Behörde braucht grds. nur eine andere Entscheidungsformel nach § 313 I Nr. 4 zu erstreben und die Begründung der angegriffenen Entscheidung nicht zu beanstanden, BVerwG MDR 1977, 867. Anders kann es bei einem Aufhebungs- und Bescheidungsurteil liegen, zB nach § 226 BauGB, Maetzel FS den VGH München, 1979, 29.

Baurecht: Eine Beschwer entsteht durch Rückbaukosten, LG Hmb ZMR 2014, 307. Beseitigungskosten sind maßgeblich, BGH NJW-RR 2015, 338.

Begründungsart: Der Kläger darf einen Berechnungsfaktor austauschen, BGH NJW-RR 1991, 1279. Eine Beschwer des **Klägers fehlt,** soweit er nur eine andere Art der Begründung des ihm günstigen Urteils erstrebt, BGH NJW 1994, 2697; Celle OLGZ 1979, 194; Düss MDR 1979, 956; aM Ffm MDR 1987, 62. Dasselbe gilt beim **Bekl.,** Köln Rpfleger 1986, 184; aM BGH MDR 2000, 966.

Berechnungsverfahren: → „Begründungsart".

Derzeit unbegründet: Eine Beschwer des **Bekl.** liegt vor, soweit sich die ihm nachteilige Bedeutung des Tenors aus den Entscheidungsgründen nach § 313 III ergibt, etwa bei einer Abweisung nur als derzeit noch unbegründet.

Duldung: Die Beschwer richtet sich nach den Kosten des Duldenden, LG Hmb ZMR 2013, 463. Bei Ablichtungen meist unter 600,01 EUR, LG Bln WuM 2017, 291.

Entscheidungsgründe: → „Andere Begründung".

Erfüllung: Eine Beschwer des **Bekl.** kann vorliegen, soweit ein mitverurteilter Gesamtschuldner erfüllt hat, BGH NJW 2000, 1120. Sie kann ferner vorliegen, soweit der Bekl. die Klageforderung nach der Berufungseinlegung nach § 519 I erfüllt hat, BGH NJW 1994, 943; Düss ZMR 2010, 678; Köln OLGR 2002, 94, oder sogar vorher zwecks Abwehr der Zwangsvollstreckung nach → „Zwangsvollstreckung", BAG NJW 2012, 3328; Karlsr OLGZ 1979, 351; Schlesw MDR 1991, 669. Eine Beschwer des **Bekl. fehlt,** soweit ihm das Erstgericht wegen zulässiger und begründeter Erfüllung statt wegen schon anfänglicher Unbegründetheit rechtgibt. Sie fehlt ihm ferner bei einer vorbehaltlosen frei erfolgenden Erfüllung vor der Rechtsmitteleinlegung, BGH NJW 1994, 942, BAG NJW 2012, 3328; Stgt NJW-RR 1995, 892, auch durch den mitverurteilten Versicherer, BGH MDR 1976, 473; aM Ffm MDR 1985, 60.

Erledigung der Hauptsache: Eine Beschwer des **Klägers** liegt vor, soweit das Erstgericht statt der beantragten Feststellung der Erledigung die Klage abgewiesen hat. Das gilt selbst dann, wenn es dem Kläger nur oder doch überwiegend um eine bloße Änderung der Kostenentscheidung nach §§ 91 ff. geht, BGH WM 1981, 386; KG MDR 1986, 241. Eine Erledigung zwischen den Instanzen nach → § 91a Rn. 75 beseitigt die Beschwer durch eine Klagabweisung nicht, BGH NJW-RR 1992, 1032; KG OLGZ 1989, 330; Nürnb OLGR 2000, 130; aM BGH WM 2018, 292; Düss NJW-RR 1998, 776; LG Oldb NJW-RR 1995, 717 (aber eine Abweisung wirkt in der Sache selbst). Das gilt auch im Eilverfahren nach §§ 916 ff., 935 ff., Ffm NJW-RR 1992, 493. Eine Beschwer des Klägers kann zur Klärung der ursprünglichen Begründetheit vorliegen, BGH NJW-RR 1992, 1033; Hmb NJW-RR 1989, 570; KG OLGZ 1989, 330.

Eine Beschwer des **Klägers fehlt** freilich, soweit er nach der Erledigung der Hauptsache weiter den Sachantrag betreibt, statt die Berufung auf die Kosten zu beschränken, BGH FamRZ 1987, 469. Eine Erledigung erst während des Berufungsverfahrens beseitigt die Beschwer nicht stets, Ffm FamRZ 1989, 195; Hmb VersR 1983, 1040; Hamm FamRZ 1987, 1056.

Eine Beschwer des **Bekl.** liegt vor, soweit das Erstgericht nach → § 91a Rn. 213 die Erledigung feststellt, statt die Klage abzuweisen, oder soweit der Bekl. nach dem Wegfall seines Rechtsschutzinteresses nach → Vor § 253 Rn. 3 die Hauptsache für erledigt erklärt hat.

Fälligkeit: Eine Beschwer des **Klägers** liegt dann vor, wenn das Erstgericht die Klage abweist, weil der Anspruch noch nicht fällig und außerdem verjährt sei, BGH NJW 2000, 591, oder wenn das Gericht zu einer späteren Zahlung statt zu einer sofortigen verurteilt hat, BGH WM 1995, 2060. Eine Beschwer des **Bekl.** liegt dann vor, wenn er die Klageforderung erst zwischen den Instanzen getilgt hat, falls sie nach seiner Meinung erst nach der Verurteilung fällig geworden war, BGH NJW 1975, 539.

Feststellung: Die Beschwer bemisst sich nach dem Interesse an der Feststellung, evtl. der Hauptforderung, BGH WM 2016, 455.

Freistellung: Eine Beschwer des **Bekl.** liegt bei einer Verurteilung zur Zahlung statt Freistellung in Höhe von 10% der Forderung vor, Stgt JurBüro 2011, 483.

Geringere Forderung: Eine Beschwer des **Klägers fehlt,** soweit der Kläger jetzt weniger als vorher begehrt, zB bloße Minderung statt Rückabwicklung, Saarbr MDR 2006, 269.

Gesamtschuldner: Eine Beschwer eines Gesamtschuldners als Bekl. bleibt evtl. auch nach der Leistung durch einen anderen bestehen, BGH MDR 2011, 384. Maßgeblich ist der einfache Betrag des Urteils, BGH MDR 2004, 406.

Gesetzesänderung: Eine Beschwer des **Bekl.** liegt dann vor, wenn die Klage nach ihrer Abweisung infolge einer Gesetzesänderung jetzt begründet scheint und der Kläger trotz einer Bereitschaft des Bekl. zu ihrer außergerichtlichen Anerkennung ein schutzwürdiges Interesse an einem Vollstreckungstitel nach §§ 704 ff. hat.

Größenordnung: Eine Beschwer des Klägers liegt dann vor, wenn das Erstgericht bei einem in sein Ermessen gestellten Betrag hinter der vom Kläger im Klagantrag zulässig zum Ausdruck gebrachten Größenordnung zurückgeblieben ist, BGH MDR 2016, 788; Dunz NJW 1984, 1736. Das gilt auch dann, wenn sich die vorgestellte Größenordnung nur aus dem sonstigen Klägervortag ergab, BayObLG AnwBl 1989, 164. Es gilt bei einer wesentlichen Unterschreitung auch dann, wenn das Gericht keine Teilabweisung ausgesprochen hat, BGH VersR 1979, 472. Der Kläger muss also verbindlich zu erkennen geben, welche Vorstellungen er hat, BGH NJW 1982, 340. Tut er das nicht, kann eine Beschwer **fehlen,** BGHZ 140, 335.

Grundurteil: Eine Beschwer des Klägers liegt dann vor, wenn das Erstgericht in einem Grundurteil nach § 304 aus einer solchen Anspruchsgrundlage verurteilt hat, die mit einer gewissen Wahrscheinlichkeit anders als die vorgebrachte den Anspruch nicht in voller Höhe rechtfertigt, BGH MDR 2005, 470; Ffm NJW-RR 1987, 191, zB nur nach dem StVG dann, wenn der Kläger den Anspruch gleichzeitig auch mit einer unerlaubten Handlung begründet, BGH NJW 1997, 2116. Das gilt selbst bei einer summenmäßig vollen Verurteilung im Betragsverfahren. Etwas anders gilt dann, wenn die Tragweite beider Gründe gleich ist, BGH MDR 2016, 1163. Eine Beschwer liegt auch vor bei einer Einschränkung der Verurteilung in der Formel eines Grundurteils nach § 313 I Nr. 4 und nicht nur in den Entscheidungsgründen nach § 313 III. Eine Beschwer des **Bekl.** liegt in Höhe des eingeklagten Betrags vor.

Haftungsbeschränkung: Eine Beschwer des **Bekl. fehlt,** soweit das Erstgericht eine Haftungsbeschränkung zwar nicht im Urteilstenor nach § 313 I Nr. 4 ausgesprochen hat, wohl aber zweifelsfrei in den Entscheidungsgründen nach § 313 III angenommen hat, BGH NJW 1982, 447 (§ 12 StVG); BGH NJW 1986, 2704 (§ 3 Nr. 1 PflVG).

Hilfsantrag: Eine Beschwer des **Klägers** liegt dann vor, wenn das Erstgericht nur nach dem Hilfsantrag nach → § 260 Rn. 9 statt nach demjenigen Hauptantrag verurteilt hat, der weiter ging, nicht aber umgekehrt, aM KG OLGZ 1979, 348. Das gilt auch bei einer gleichen Höhe beider Anträge dann, wenn es sich um verschiedene Ansprüche handelt und das Gericht den Hauptanspruch verneint hat, BGH NJW 2001, 226; Gaier NJW 2001, 3289. Alles das gilt zB bei einer Verurteilung zu einer Schmerzensgeldrente statt zu einem Schmerzensgeldkapital, selbst bei gleichem Wert, BGH MDR 1985, 40 (zust. Lindacher JR 1984, 503).

Eine Beschwer des Klägers fehlt, soweit das Erstgericht die Klage statt einer Abweisung als unzulässig auf seinen Hilfsantrag nach § 281 an das zuständige Gericht verwiesen hat, Hamm WM 1988, 391, oder soweit das Gericht auf einen Hilfsanspruch zur Leistung an einen Dritten statt auf den Hauptanspruch zur Leistung an den Kläger verurteilt hat, oder soweit der Kläger neben dem neuen Antrag den bisherigen zumindest teilweise als einen Hilfsantrag weiterverfolgt, BGH NJW 2001, 227.

Hilfsaufrechnung: → „Aufrechnung".

Hilfsbegründung: Eine Beschwer des **Bekl. fehlt,** soweit das Erstgericht das Urteil hilfsweise auf den Sachvortrag des Bekl. nach → § 297 Rn. 4 gestützt hat.

Insolvenz: Wer eine Beschwer nachvollziehbar darlegt, ist beschwerdebefugt, BGH NJW-RR 2011, 690.

Klageänderung: § 264 Nr. 2 gilt auch hier, BGH WM 1998, 1591, ebenso § 264 Nr. 3, BGH NJW-RR 2005, 322.

Der Berufungskläger darf eine neue, der Sache nach in die erste Instanz gehörige Angelegenheit in der Berufungsinstanz verfolgen, BGH NJW-RR 1991, 1279; Köln OLGR 2002, 46. Eine Klagänderung nach §§ 263, 264, 525 setzt aber nach → Rn. 17 die Zulässigkeit der Berufung voraus, BGH NJW-RR 2012, 516; BAG NJW 2009, 171. Es muss daher ein Bezug zum erstinstanzlichen Streitgegenstand nach → § 2 Rn. 4 vorliegen, BGH NJW 1996, 527, Hamm NJW-RR 2001, 142; Saarbr MDR 2006, 169. Eine erst nach dem Verhandlungsschluss erster Instanz nach §§ 137, 296a eingetretene Lage nach § 264 Nr. 3 muss eine Klagänderung in der Berufungsinstanz zur Vermeidung eines Rechtsverlusts erlauben, BGH NJW-RR 1992, 1033, Hamm WM 1992, 641; Schlesw NJW-RR 1992, 192.

Eine Beschwer des Klägers liegt dann vor, wenn er nach der Abweisung einer Auskunftsklage nun bei demselben Streitgegenstand nach → § 2 Rn. 4 einen Zahlungsanspruch erhebt oder von ihm zur Abänderung nach § 323 übergeht, BGH NJW 2001, 2259; Köln OLGR 2002, 46, oder zur Stufenklage nach § 254, Stgt OLGR 1999, 293, oder wenn er nach der Abweisung einer Feststellungsklage nach § 256 nun einen Leistungsantrag nach → Vor § 253 Rn. 8 stellt, BGH NJW 1994, 2099; aM Köln NJW-RR 1990, 1086. Das gilt aber nicht nach einem stattgebenden Feststellungsurteil, BGH NJW 1988, 827. Es gilt auch nicht beim Übergang zu einem Anspruch nach § 731, BGH MDR 2004, 225.

Das Rechtsmittel darf also nicht nur einen noch in der ersten Instanz anhängigen und dort nicht beschiedenen Anspruch betreffen, BGH NJW-RR 2012, 516. Ebenso wenig darf ein nicht in die zweite Instanz gelangter Anspruch zum Gegenstand einer Revision werden, BGH FamRZ 1983, 684.

Eine Beschwer des Klägers fehlt, soweit seine Berufung nur eine Klagänderung bezweckt, BGH NJW 2011, 3653, oder evtl. nur eine Klagerweiterung, BGH BB 2006, 350S Spickhoff JZ 1998, 227 (Ausnahme evtl. → „Feststellung").

Kostenentscheidung: Eine Beschwer des Klägers liegt vor, soweit das Erstgericht eine nach §§ 91 ff. notwendige Kostenentscheidung unterlassen hat. Das gilt auch dann, wenn es die Kosten einem Dritten auferlegt hat. Denn dann ist zwischen den Parteien überhaupt noch keine Kostenentscheidung ergangen. Es gilt auch dann, wenn eine Beschwer ohnehin besteht, BGH NJW 1992, 1513.

Eine Beschwer kann fehlen, soweit es nur nach § 99 I um den in der Entscheidung mitgeregelten Kostenpunkt geht, BGH WM 2018, 332, Düss FamRZ 1991, 350. Vgl. aber auch § 319, BGH WM 1981, 48. Auch → „Erledigung der Hauptsache".

Kostenstreitwert: Er stimmt nicht stets mit der Beschwer überein, LG Lüneb ZMR 2010, 473. Ein zu niedriger beschwert grds. **nicht,** BGH WuM 2012, 114.

Mängelbeseitigung: Eine Beschwer des **Klägers** liegt bei einer Verurteilung nur zur Mängelbeseitigung statt zum Schadensersatz vor, BGH MDR 2005, 470. Nach einer Klagabweisung sind die Kosten einer Selbstvornahme maßgebend, BGH NJW-RR 2014, 404. Bei einer Antenne kann eine Beschwer unter 600,01 EUR vorliegen, Mü ZMR 2016, 338. Eine Beschwer des Bekl. ist dann gegeben, wenn das Erstgericht ihm eine Nachbesserung zugesprochen hat und er eine andere und bessere Art der Nachbesserung fordert, BGH WM 1985, 1457.

Mieterhöhung: Eine Beschwer kann bei einer Zustimmungsklage vorliegen, BGH WuM 2014, 427.

Mietverhältnis, Feststellung der Beendigung/Nichtbeendigung: Die Beschwer ist nach dem Betrag der auf die gesamte streitige Zeit entfallenden Miete (ohne Feststellungsabschlag) zu bemessen. Lässt sich die „streitige Zeit" nicht bestimmen, berechnet sich die Beschwer analog § 9 ZPO nach dem 3,5-fachen Jahresbetrag der Miete (und ist damit höher als der Streitwert, der nach § 41 II GKG idR auf eine Jahresmiete festzusetzen ist).

Mietzahlung: Bei Mietzahlungsklagen ist für die Bemessung der Beschwer die Urteilssumme auch maßgebend, wenn sich die Parteien letztlich nur über den Fortbestand des zugrundeliegenden Mietverhältnisses streiten, BGH NZM 2002, 736.

Mindestbetrag: Eine Beschwer des Klägers liegt dann vor, wenn das Erstgericht bei einem in sein Ermessen gestellten Betrag hinter dem vom Kläger geforderten Mindestbetrag zurückgeblieben ist, BGH MDR 2004, 349; Köln OLGR 2002, 186; Fenn ZZP 89, 128. Das gilt auch dann, wenn sich die Mindestforderung nicht direkt aus dem Klagantrag ergab, BGH NJW 1992, 312. Der Kläger muss also verbindlich angeben, welche Vorstellungen er hat, BGH NJW 1982, 340.

Eine Beschwer des Klägers fehlt, soweit das Erstgericht den angeforderten Mindestbetrag zugesprochen hat, BGH NJW-RR 2004, 863. Das gilt selbst dann, wenn das Gericht ein Mitverschulden des Klägers bejaht hat, BGH NJW 2002, 212.

Mittelwert: Eine Beschwer des **Klägers** liegt vor, soweit das Erstgericht den vorgeschlagenen Mittelwert deutlich überschritten hat, BGH NJW 1999, 1339.

Nebenforderung: Sie zählt **nicht** zur Beschwer, solange sie nicht zur Hauptforderung wurde, BGH MDR 2014, 1051.

Nichtzulassung: Es gelten keine besonderen Regeln, BGH NJW 2017, 3164; BAG NZA 2016, 575.

Parteiwechsel: Eine Beschwer des Klägers wie des Bekl. liegt dann vor, wenn ein Zwischenurteil zB nach § 280 den vom Kläger beantragten Beklagtenwechsel gegen den Willen des alten wie des neuen Bekl. für zulässig erklärt hat, BGH NJW 1981, 989. Eine Beschwer des Klägers **fehlt** dann, wenn er nach einer Abweisung durch das Ersturteil nur durch einen Parteiwechsel weiterkommen will, BGH NJW 1998, 1496.

Prozessabweisung: Eine Beschwer des Bekl. liegt vor bei einer Prozess- statt einer Sachabweisung nach → Vor § 253 Rn. 14, BAG NZA 1998, 189; BVerwG NVwZ 2012, 1187; Zweibr FamRZ 2000, 238. Das gilt aber nicht umgekehrt, BAG MDR 1986, 961. Eine Beschwer des **Klägers fehlt,** soweit nach → Vor § 253 Rn. 14 eine Prozess- statt einer Sachabweisung erfolgt ist, BAG MDR 1986, 961; aM BGH NJW-RR 2001, 930 (ohne Vorlage nach dem RsprEinhG, Anh. § 140 GVG. Zu großzügig).

Prozessführungsbefugnis: Eine Beschwer des Klägers fehlt, soweit seine Prozessführungsbefugnis nach dem Erlass des Ersturteils entfallen ist, Zweibr FamRZ 1989, 194 (zu § 1629 III BGB).

Rechtsänderung: Sie kann eine Beschwer schaffen, Rostock FamRZ 2003, 673.

Rechtshängigkeit: Eine Beschwer kann fehlen, soweit eine Rechtshängigkeit nach → § 261 Rn. 1 weggefallen ist, BAG NZA 2011, 1154 (Nichteinhaltung von § 321 II).

Rechtskraftwirkung: Maßgeblich ist, worüber das Erstgericht entscheiden sollte und worüber es tatsächlich mit innerer Rechtskraftfähigkeit nach → § 322 Rn. 9 ff. entschieden hat, BGH MDR 2004, 1093.

Rechtsmittelrücknahme: Eine Beschwer des Bekl. fehlt bei einer Verwerfung als unzulässig trotz einer Rechtsmittelrücknahme nach § 516.

Rechtsnachfolger: Er hat eine Beschwer, soweit er den Prozess anstelle des Vorgängers übernimmt, BGH MDR 1988, 956.

Rechtsschutzbedürfnis: → „Unzulässigkeit".

Rechtsweg: Eine Beschwer des Klägers liegt vor, soweit das Erstgericht statt einer Sachentscheidung nach §§ 17, 17a GVG in einen anderen Rechtsweg verwiesen hat. Auch → „Unzulässigkeit".

Sachantrag: Eine Beschwer des Klägers liegt vor, soweit das Erstgericht über einen gar nicht mehr nach → § 297 Rn. 4 gestellten Sachantrag entschieden hat, BGH NJW 2004, 2019. Auch → „Antragsüberschreitung".

Sachlich-rechtliches Begehren: Eine Beschwer des Klägers liegt vor, soweit das Erstgericht im Urteil dem Antrag nur dem Wortlaut nach entspricht, nicht aber dem sachlich-rechtlichen Begehren nach, Karlsr NJW-RR 1986, 582.

Sachlich-rechtlicher Urteilsfehler: Er ändert nichts an der Notwendigkeit einer Beschwer, Kahlke ZRP 1981, 268; Lüke NJW 1979, 2041; Waldner NJW 1980, 218, auch nicht bei einer greifbaren Gesetzwidrigkeit BGH NJW 2002, 1577, Hamm MDR 2003, 296.

Schmerzensgeld: → „Größenordnung", → „Hilfsantrag", → „Mindestbetrag".

Schlussurteil: → „Teilurteil".

Schufa: Zur Beschwer des Bekl. BGH WM 2016, 866 (ausf.).

Streitgenosse: Eine Beschwer fehlt, soweit nur ein Streitgenosse des Berufungsklägers nach §§ 59 ff. Nachteile hat, BGH MDR 1991, 427, Schlesw SchlHA 1978, 198.

Streithelfer, -verkündeter: Eine Beschwer der nach § 67 unterstützten Partei ist notwendig und reicht aus, BGH Rpfleger 1980, 220; Hmb NJW 2009, 1362; Stgt NJW-RR 2011, 669. Das gilt freilich nicht bei einem nur für den Streithelfer nachteiligen Inhalt der Entscheidungsgründe, BGH NJW 1997, 2385; Köln NJW 1975, 2108. Der siegende Streithelfer darf nicht nach einem Seitenwechsel des Bekl. Berufung einlegen.

Streitwert: Eine Beschwer des **Klägers** kann dann vorliegen, wenn er sich eine gerichtliche Streitwertfestsetzung nach § 63 GKG zu Eigen gemacht hat, BGH MDR 1985, 40, oder wenn er einen Wert als bestimmenden Faktor höher als den zugesprochenen angegeben hatte.

Stufenklage: → „Klageänderung" und § 511 Rn. 17.

Teilabweisung: Eine Beschwer des **Klägers** liegt vor, soweit das Erstgericht bei einer Teilabweisung die Einheitlichkeit des Streitgegenstands nach → § 2 Rn. 4 übersehen hat, BGH WM 2004, 466. Der Kläger darf nach einer Teilabweisung mit der Berufung auch den nicht abgewiesenen Teil erweitern, (zum alten Recht) BGH NJW 1983, 172. Eine Beschwer des **Bekl.** liegt vor, soweit das Erstgericht die Klage nicht voll abgewiesen hat, sondern nur als zur Zeit unbegründet, BGH NJW 2000, 2988; Walchshöfer FS Schwab, 1990, 521.

Teilklage: Eine Beschwer des **Klägers** liegt dann vor, wenn das Erstgericht bei einer Teilklage einzelne Positionen für unbegründet erklärt hat, selbst bei einem vollen Erfolg, BGH NJW 1999, 3564.

Teilurteil: Ein solches nach § 301 führt wie das Schlussurteil zu einer eigenen Beschwer, BGH NJW 2000, 218.

Tierhaltung: Es kommt ganz auf die Umstände an, BGH WuM 2018, 175 (1.200 EUR?).

Umsatzsteuer: Die gesondert auszuweisende erhöht die Beschwer, BGH MDR 2010, 766.

Unbegründetheit: Eine Beschwer des **Klägers** liegt vor, soweit das Erstgericht die Klage als unbegründet statt als unzulässig abgewiesen hat, „Unzulässigkeit". Eine Beschwer des Bekl. liegt vor bei einer Abweisung nur als derzeit unbegründet statt als endgültig unbegründet, BGH NJW 2000, 2988, Walchshöfer FS Schwab, 1990, 521. Sie **fehlt** dem Bekl. bei einer Klagabweisung als unbegründet statt als unzulässig, da die sachlich-rechtliche Abweisung weitergehende Folgen hat, BVerwG MDR 1977, 867.

Unbestimmter Klagantrag: Eine Beschwer des **Klägers** liegt dann vor, wenn das Erstgericht ihn vollständig abweist. Bei einer offensichtlichen wesentlichen Teilabweisung liegt die Beschwer in diesem Umfang vor, BGH NJW 1992, 311. Zur Problematik Butzer MDR 1992, 539; Husmann NJW 1989, 3129. Eine Beschwer des **Klägers fehlt,** soweit das Erstgericht das betragsmäßig umschriebene „Angemessene" zugesprochen hat, BGH NJW 2004, 2224. Das gilt auch dann, wenn das Gericht dabei ein Mitverschulden des Klägers bejaht hat, BGH NJW 2002, 212. Auch → „Größenordnung", → „Mindestbetrag", → „Mittelwert".

Unfall: Eine Beschwer des Klägers fehlt, soweit der Unfallgeschädigte nach der Abweisung seiner Direktklage gegen den Haftpflichtversicherer die Berufung allein auf dessen Einstandspflicht für einen anderen Beteiligten stützt, BGH NJW 1988, 2540.

Ungerechtfertigte Bereicherung: → „Erfüllung".

Unterlassung: Die Beschwer entsteht aus dem Nachteil bei einer Erfüllung, BGH JurBüro 2014, 93, nicht aus einem Ordnungsgeld, BGH NJW-RR 2009, 549. Auch nach einer Unterlassungserklärung kann eine Beschwer des Bekl. zwecks Klageabweisung bestehen, Schlesw MDR 2002, 51. Ein Ende des Verbots durch einen Zeitablauf beseitigt die Beschwer des Schuldners nicht stets, Schlesw MDR 2003, 51. Auch ein verneinendes Feststellungsinteresse kann nach gegenseitiger Abmahnung trotz dessen Unterlassungsklage bestehen bleiben, Hamm NJW-RR 1986, 923.

Unzulässigkeit: Eine Beschwer des Klägers liegt nach einer Abweisung als unbegründet statt als nur unzulässig vor (dann nach → § 322 Rn. 79 geringere schädliche Rechtskraft), BGH NJW-RR 2001, 930; Zweibr FamRZ 2000, 238. Eine Beschwer des **Bekl.** liegt vor, soweit das Erstgericht die Klage nur als unzulässig und deshalb ja wiederholbar statt als unbegründet und deshalb mit der Möglichkeit innerer Rechtskraft nach § 322 abgewiesen hat, BGH NJW 2000, 2988, oder soweit der Berufungsführer gar keine Beseitigung seiner Beschwer erstrebt, Karlsr FamRZ 1980, 682.

Eine Beschwer des **Bekl. fehlt,** soweit das Erstgericht die Klage wegen des Fehlens eines Rechtsschutzinteresses nach → Vor § 253 Rn. 3 statt wegen eines Fehlens des Rechtswegs nach § 13 GVG als unzulässig behandelt hat, oder bei einer Verwerfung als unzulässig trotz einer Rechtsmittelrücknahme nach § 516, oder bei der Erklärung als zurückgenommen statt als unzulässig, Stgt ZZP 76, 418, oder bei einem Missbrauch, BAG NJW 2015, 109.

Urteilsbegründung: → „Andere Begründung". → „Derzeit unbegründet".

Urteilsergänzung: → „Rechtshängigkeit".

Vergleich: Eine Beschwer des Klägers fehlt, soweit er nach einem Vergleich über den im Ersturteil beschiedenen Anspruch nur noch einen anderen Anspruch geltend macht, BGH NJW-RR 2006, 443.

Verjährung: → „Fälligkeit".

Versäumnisurteil: Eine Beschwer des Klägers fehlt, soweit das Erstgericht nur durch ein Versäumnisurteil nach §§ 330 ff. statt durch ein streitiges Urteil nach § 313 entschieden hat, Bbg NJW-RR 1994, 459, oder soweit es nur ein rechtskräftiges Versäumnisurteil bestätigt hat, Celle NJW 1980, 2140 (zust. Kniestedt).

Verschweigen: Eine Beschwer des Klägers fehlt, soweit er seine Vorstellungen nicht verbindlich zu erkennen gegeben hat, BGH NJW 1982, 340; Oldb VersR 1979, 657. Aber auch → „Streitwert".

Verweisung: Eine Beschwer des **Bekl.** liegt vor bei einer Verweisung nach § 281 usw. statt einer Klagabweisung. Auch → „Hilfsantrag", → „Unzulässigkeit".

Verzichtsurteil: Eine Beschwer des **Klägers fehlt** beim Verzichtsurteil nach § 306, BGH NJW 1994, 2697.

Vorbehaltsurteil: Eine Beschwer des Klägers liegt dann vor, wenn das Erstgericht in einem Vorbehaltsurteil nach § 302 über die Zulässigkeit einer Aufrechnung nach → § 145 Rn. 15 entschieden hat, BGH NJW 1979, 1046, sonst nicht, Karlsr NJW-RR 1987, 297. Der Vorbehalt darf nicht nach § 780 II entbehrlich gewesen sein, BGH MDR 2017, 899. Eine Beschwer des **Bekl.** liegt vor, soweit das Erstgericht den Vorbehalt nicht erklärt hat, Schlesw MDR 2005, 350 (dann aber auch § 321).

Vorgreiflichkeit: Eine Beschwer fehlt grds. bei einer Entscheidung nur über eine solche Vorfrage nach → § 145 Rn. 4. Denn es kommt nur auf das Ergebnis an, BGH NJW 1990, 2683.

Widerklage: § 5 Hs. 2 gilt nicht, soweit Klage und Widerklage nach Anh. § 253 verschiedene selbständige Vorgänge betreffen, BGH NJW 1994, 3293. Im Übrigen: Der Widerkläger nach Anh. § 253 darf sie gegenüber der Vorinstanz ändern oder durch eine neue ersetzen, BGH NJW 1998, 2058. Er darf aber nicht erstmals eine Widerklage in der zweiten Instanz erheben, Ffm MDR 2001, 53. Eine Beschwer des Bekl. fehlt, soweit seine Berufung nur eine Widerklage bezweckt.

Widersprüchlichkeit: Sie kann eine Beschwer begründen, BGH NJW 1993, 2053.

Willkür: Eine solche nach → § 281 Rn. 29 kann eine Zulässigkeit entfallen lassen, BGH WuM 2017, 221.

Wohnungseigentümer: Bei Streit über die Wirksamkeit eines Beschlusses zählt grds. der Nennbetrag des Positionsansatzes, BGH WuM 2016, 580. Beim Streit um eine Entlastung des Verwalters beträgt die Beschwer 1000 EUR, bei demjenigen wegen des Beirats 500 EUR, LG Düss ZMR 2014, 389.

Zeitablauf: Eine Beschwer kann nach 3 Jahren entfallen sein, BGH NJW 2015, 788 (natürlich Fallfrage).

Zinsen: Eine Beschwer des Klägers liegt vor, soweit das Erstgericht seine Zinsforderung abgewiesen hat, Köln NJW-RR 1993, 1215 (auch zur Berechnung).

Zug um Zug: Eine Beschwer des Klägers liegt dann vor, wenn das Erstgericht nur zur Zug-um-Zug-Leistung statt ohne diese Einschränkung verurteilt hat, BGH FamRZ 2009, 1057; LG Dessau-Roßlau BauR 2013, 136. Das gilt auch dann, wenn die Gegenleistung unstreitig erfolgt ist, BGH NJW 1982, 1048. Eine Beschwer des Bekl. fehlt, soweit er nur den Gegenanspruch eingewendet hatte und das Erstgericht ihn nur Zug-um-Zug verurteilt hat. Bei voller Verurteilung ist er in Höhe des Gegenanspruchs und höchstens der Klageforderung beschwert, BGH NJW-RR 1996, 828.

Zurückbehaltungsrecht: Eine Beschwer des Bekl. fehlt meist bei der erfolglosen Geltendmachung eines Zurückbehaltungsrechts, BGH BauR 2018, 145.

Zurückverweisung: Eine Beschwer des Klägers kann dann vorliegen, wenn er statt einer bloßen Zurückverweisung zB nach § 538 II 1 Nr. 1 eine stattgebende Sachentscheidung beantragt hatte, oder dann, wenn der Kläger die Zurückweisung der Berufung beantragt, das Berufungsgericht aber nur zurückverwiesen hatte, BGH WM 2010, 2123. Das gilt auch dann, wenn der in erster Instanz abgewiesene Kläger tatsächlich sein Sachbegehren weiterverfolgt. Denn dieser Antrag ist nur ein Prozessantrag nach → § 297 Rn. 5, § 525, und die Sache selbst ist dem Berufungsgericht nach → Rn. 4 angefallen. Eine Beschwer des Bekl. liegt vor bei einer Zurückverweisung statt einer Sachabweisung, BGH NJW 1997, 1710.

Zwangsvollstreckung: Eine Beschwer des Bekl. liegt nach → Rn. 23 „Erfüllung" dann vor, wenn er nur zur Abwendung der Zwangsvollstreckung nach dem Urteilserlass geleistet hat, BGH NJW 1994, 942; Karlsr OLGZ 1979, 351; LAG Köln NZA-RR 2006, 660. Sie fehlt dann, wenn das Ersturteil keinen nach §§ 704 ff. vollstreckungsfähigen Inhalt hat.

25 **V. Rechtsmittel bei mangelhafter Entscheidung. 1. Scheinurteil.** Dazu Braun JuS 1986, 365: Eine Scheinentscheidung nach → Vor § 300 Rn. 35 ist rechtlich kein Urteil. Sie unterliegt daher zwar theoretisch keinem Rechtsmittel. Ein solches ist aber nach → Rn. 6 praktisch dann statthaft, wenn – wie zumeist – Scheinwirkungen eingetreten sind, zB eine Mitteilung des Urteils nach § 317 oder die Erteilung einer vollstreckbaren Ausfertigung nach §§ 724 ff., BGH NJW 1996, 1970; Ffm MDR 1991, 63; Saarbr OLGR 2001, 301. Solche Scheinurteile sind nach → Vor § 300 Rn. 35, 12 selten. Hierhin gehören die Entscheidung durch ein Nichtgericht und Entscheidungen mit schwersten und offenkundigen Mängeln, Düss NStZ 1989, 44 (zust. Feiber), ferner ein überhaupt nicht verkündetes Urteil, BGH NJW 1999, 1192; Brdb NJW-RR 2002, 357; Ffm MDR 1991, 63, und evtl. auch ein nur nicht nach §§ 310, 311 wirksam verkündetes Urteil, BGH VersR 1984, 1193; Brdb MDR 1999, 564, oder ein Urteil gegen eine nicht existente Partei, BGH WM 1994, 1213. In allen diesen Fällen einer Scheinwirkung ist ein Rechtsmittel stets statthaft und stets zulässig. Es führt zur Aufhebung und meist zur Zurückverweisung nach § 538 II 1 Nr. 1, BGH NJW 1996, 1970 (zust. Braun JZ 1996, 979); Saarbr OLGR 2001, 301. Es ermöglicht aber keine Sachentscheidung bei Verkündungsmängeln, aM Ffm NJW-RR 1988, 128.

26 Nicht hierhin gehört ein Urteil, das gegen § 249 verstößt, BGH NJW 1995, 2563; Köln NJW-RR 1995, 891, oder das das Erstgericht in einem entgegen §§ 310, 311 fehlerhaft bestimmten Verkündungstermin verkündet hat oder statt einer Verkündung zugestellt hat, Ffm MDR 1980, 320; aM Ffm FamRZ 1978, 430 (zu streng), und ebenso wenig ein unter Verstoß gegen § 310 II verkündetes Urteil, BGH MDR 1988, 567, sowie ein bloßer Fehler bei der Unterzeichnung des Urteils nach § 315. Gegen ein Scheinurteil ist sonst evtl. nach § 256 eine Klage auf die Feststellung zulässig, dass der Gegner aus ihm keine Rechte herleiten kann. Alle anderen Entscheidungen sind als Staatshoheitsakt nach → Vor § 300 Rn. 34 nun einmal da. Sie wirken bis zu ihrer Beseitigung durch ein Rechtsmittel, auch wenn es sich um einen wegen besonders schwerer, offenkundiger Fehler nichtigen Beschluss handelt, BGH ZZP 107, 98 (zust. Walker).

27 **2. Unvollständiges Urteil.** Hier ist zu entscheiden, ob die Berufung mit der Rüge eines Verstoßes gegen Art. 103 I GG zulässig ist, oder ob eine Urteilsergänzung nach § 321 beantragt werden muss. In den Fällen, in denen ein Haupt- oder Nebenanspruch vom Gericht nur versehentlich übergangen wird, liegt regelmäßig nur eine ergänzungsbedürftige Teilentscheidung vor, deren Unvollständigkeit im Verfahren nach § 321 ZPO zu beheben ist, BGH NJW 2006, 1351 (1352). Mangels Beschwer ist das Rechtsmittel unzulässig. Eine Ergänzung nach § 321 kommt aber nicht in Betracht, wenn ein prozessualer Anspruch (Streitgegenstand) rechtsfehlerhaft bewusst nicht beschieden worden ist, vgl. BGH NJW 2019, 1950 Rn. 20 mwN, oder wenn das Gericht über einen Anspruchsteil nicht entschieden hat, weil es das Begehren der Partei (wenn auch unrichtig) enger ausgelegt hat. Eine Urteilslücke im Sinne des § 321 fehlt auch dann, wenn der Urteilstenor den ganzen Streitstoff erfasst und lediglich keine Gründe dazu vorliegen, BGH 29.10.2020 – V ZR 300/19, BeckRS 2020, 32460.

28 **3. Formfehlerhafte Entscheidung: Meistbegünstigungsgrundsatz.** Bei ihr handelt es sich um eine der Art nach falsche oder zweifelhafte Entscheidung nach → Vor § 300 Rn. 52 ff. Bei ihr ist das nach → Rn. 6 statthafte Rechtsmittel oft ungewiss. Darin liegt eine große Gefahr für die Parteien.

29 Einer Auffassung zufolge ist maßgebend, wie das Gericht tatsächlich entschieden hat, also die prozessuale Form der Entscheidung; der Wille des Gerichts ist nach → Vor § 128 Rn. 60 zur Auslegung heranzuziehen. Eine andere Auffassung stellt darauf ab, welche Entscheidung das Gericht bei richtiger Behandlung hätte erlassen müssen. Nach dem Grundsatz der Meistbegünstigung ist wahlweise dasjenige Rechtsmittel zulässig, das der getroffenen Entscheidung, und auch dasjenige, das der richtigen Entscheidung entspräche, BGH FamRZ 2012, 1785 (auch beim FamFG). Der Grundsatz der Meistbegünstigung hat sich begrüßenswerterweise durchgesetzt, BGH NJW-RR 2016, 588. Danach ist also sowohl das in Wahrheit richtige als auch das der tatsächlichen Entscheidungsform entsprechende Rechtsmittel statthaft, BGH WM 2010, 2123; Brdb FamRZ 2008, 426; Stgt BauR 2013, 512, es sei denn, dass einer Partei durch den Fehler des Gerichts ein derartiger Vorteil entstehen würde, den sie sonst nicht gehabt hätte, dass also nur durch diesen Fehler eine sonst unanfechtbare Entscheidung anfechtbar würde, BGH NJW 2004, 1599; Brdb FER 2000, 241; Köln NJW-RR 1999, 1084. Das ganze weitere

Verfahren unterfällt dann dem günstigeren Rechtsmittelrecht, Zweibr MDR 2011, 448. Fehler des Gerichts dürfen nicht zulasten der Partei gehen, BGH MDR 2012, 864. Daher gilt der Meistbegünstigungsgrundsatz bei einer ihrer Art nach zweifelhaften Entscheidung, BGH NJW-RR 2005, 717; Ffm NJW-RR 1993, 958. Er gilt im Ergebnis wegen → Rn. 26 auch bei einer sog. Scheinentscheidung nach → Rn. 26, BGH FamRZ 2009, 39 (im Ergebnis zust. Eichel Rpfleger 2009, 608). Bei der Unsicherheit der Rspr. ist es ratsam, im Zweifel das nach der prozessualen Form der Entscheidung in Betracht kommende Rechtsmittel einzulegen und hilfsweise eine Verweisung an das „richtige" Rechtsmittelgericht zu beantragen, Rimmelspacher JR 1987, 194. Evtl. muss dann das zu Unrecht angegangene Gericht die Sache entsprechend §§ 281, 525 verweisen, BGH NJW 1980, 1282; Schenkel MDR 2003, 136; aM Celle NJW-RR 2003, 647. Freilich entstehen der Partei evtl. dadurch besondere Kosten.

4. Verfahren. Das Rechtsmittelgericht muss das Verfahren in derjenigen Verfahrensart weiterbetreiben, die der wahren Natur seines Streitgegenstands nach → § 2 Rn. 4 entspricht. Es muss in derjenigen Form entscheiden, die bei einer korrekten Entscheidung des Erstgerichts und nach dem danach statthaft gewesenen Rechtsmittel allein zulässig wäre, BVerwG NJW 1982, 2460; Köln NJW-RR 1999, 1084; Zweibr NJW-RR 1998, 508; aM Köln NJW-RR 1997, 956 (aber man muss bei Formfragen stets streng sein). Es lässt sich aber kein ungesetzlicher weiterer Rechtszug eröffnen, BGH NJW 1997, 1448; Brdb MDR 1996, 635; Köln NJW-RR 1999, 1084. § 281 ist evtl. entsprechend anwendbar, BGH NJW-RR 1991, 55. 30

5. Beispiele zur Frage der Anfechtbarkeit einer formfehlerhaften Entscheidung

Auslandsbeklagter: Es gibt keine Besonderheit mehr. Denn § 119 I Nr. 1b GVG hat seit dem FamFG einen andersartigen Inhalt. 31

Beschluss und Urteil: Ein Beschluss nach § 329 statt eines Urteils nach §§ 313 ff. erlaubt wahlweise Berufung (oder Revision, BGH NJW-RR 1993, 956) oder sofortige Beschwerde nach § 567, Hamm FamRZ 1989, 877; Köln NJW-RR 1997, 956; Zweibr NJW-RR 1998, 508. Jedoch gilt nach → Rn. 29 auch für die Beschwerde die Berufungssumme nach § 511 II Nr. 1, LG Bielef MDR 1987, 941. Ein Urteil statt eines Beschlusses erlaubt die Berufung nach → Rn. 29 dann, wenn gegen den Beschluss ein Rechtsmittel statthaft wäre, Brdb FER 2000, 241; Schlesw NJW-RR 1988, 1413; Zweibr NJW-RR 1992, 904. Das gilt zB im Arrest- und einstweiligen Verfügungsverfahren nach §§ 916 ff., 935 ff., ebenso bei einem unzulässigen Kostenurteil statt einer Entscheidung durch Beschluss über die Kosten, BGHZ 98, 382; Hamm FamRZ 1989, 877; Zweibr FamRZ 1983, 1154. Es gilt ferner bei einem Urteil statt einer Verweisung durch einen Beschluss nach § 17a II GVG, Naumb NJW-RR 2002, 792; LG Trier NJW-RR 1992, 1533. Evtl. muss man die Berufung im weiteren Verfahren als eine sofortige Beschwerde behandeln, LG Itzehoe NJW-RR 1994, 1216. Anders ist es bei einer bloßen Erörterung in den Gründen zB über die Ablehnung eines Sachverständigen nach § 406 oder eines Aussetzungsantrages nach §§ 148 ff. oder über eine Wertfestsetzung.

Familien- oder Streitgericht: Der Meistbegünstigungsgrundsatz gilt auch hier, BGH MDR 2011, 683.

Grundurteil: In ihm nach § 304 ändert die irreführende Bezeichnung „Teilurteil" nichts, BGH WM 1991, 107.

Hinweisfehler: Der Meistbegünstigungsgrundsatz → Rn. 29 gilt nach einem solchen Gerichtsfehler, BGH NJW 2004, 1598.

Streitmäßiges oder Versäumnisurteil: Es kommt auf die Form und den Inhalt der Erstentscheidung an, BGH JR 2000, 245, Schmidt JuS 1994, 437. Bei einem Zweifel fragt es sich, ob das Erstgericht eine Folge der Versäumnis aussprechen wollte. Wenn ja, liegt ein Versäumnisurteil nach §§ 330 ff. vor, auch wenn es zu Unrecht eine Säumnis angenommen hat, BGH JR 2000, 245. Wenn nein, liegt ein streitmäßiges Urteil nach § 313 vor, selbst wenn ein Versäumnisurteil richtig war, und umgekehrt, BGH JR 2000, 245; Mü FamRZ 1989, 1205. Bei einem Zweifel gilt der Grundsatz der Meistbegünstigung nach → Rn. 29, Köln NJW-RR 1996, 581; Zweibr NJW-RR 1997, 1087. Nimmt das Berufungsgericht ein Versäumnisurteil an, hebt es auf und verweist nach § 538 II 1 Nr. 1 zurück, Köln FamRZ 1995, 888. Beim Zusammentreffen beider Urteilsarten ist Berufung statthaft, BGH NJW-RR 1986, 1327, freilich nicht mehr nach einer Aufrechterhaltung des Ersturteils aufgrund eines ebenfalls eingelegten Einspruchs, KG MDR 2015, 1439.

Versäumnisurteil: Fehlt die Bezeichnung als Versäumnisurteil und enthält das Urteil weder einen Tatbestand noch Gründe, ist dagegen sowohl der Einspruch nach § 338 als auch die Berufung statthaft, Hamm NJW-RR 1995, 186. Dasselbe gilt für die fehlerhafte Bezeichnung als Versäumnisurteil, BGHZ 176, 48, oder umgekehrt, Mü FamRZ 1989, 1204, oder als Zweites Versäumnisurteil nach → § 345 Rn. 13, BGH NJW 1997, 1448; Düss MDR 2001, 833; Ffm NJW-RR 2011, 216, und auch dann, wenn ein weiteres Erstes Versäumnisurteil statt eines Zweiten Versäumnisurteils ergeht, Ffm NJW-RR 1992, 1468.

Verweisung: Hat dasjenige Gericht, an das eine Verweisung zB nach § 281 erfolgte, in erster Instanz erkannt statt in zweiter, ist die Berufung zulässig.

Zwischenurteil: Nennt sich ein unzulässiges Zwischenurteil zB nach § 280 Teilurteil, ist die Berufung zulässig, BGH ZZP 92, 362 (zust. Gottwald). Nennt sich ein Zwischenurteil über den Grund nach § 304 Zwischenurteil aus § 303 oder ist ein solches Urteil bei sachlicher Prüfung ein Grundurteil: Berufung. Gegen ein Zwischenurteil aus § 280 ist die Berufung statthaft, auch wenn es unzulässig war. Bei einem solchen unzulässigen Urteil aus § 256 II, das in Wahrheit ein Zwischenurteil aus § 303 ist, ist die Berufung zulässig. Ein unzulässig erlassenes Zwischenurteil bindet nicht.

VI. Grundsatz der Subsidiarität und Auswirkungen im Berufungsverfahren. Der Subsidiaritätsgrundsatz fordert, dass ein Bet. über das Gebot der Erschöpfung des Rechtswegs im engeren Sinne hinaus alle nach Lage der Sache zur Verfügung stehenden prozessualen Möglichkeiten ergreifen muss, um eine Korrektur der geltend gemachten Grundrechtsverletzung zu erwirken oder eine solche zu verhindern, BGH BeckRS 2021, 31644. Da er auch im Nichtzulassungsbeschwerde- und Revisionsverfahren gilt, vgl. BGH NJW 2020, 1740 Rn. 15, ist eine auf die Verletzung der Gewährung wirkungsvollen Rechtsschutzes gestützte Rechtsbeschwerde unzulässig, wenn in der Berufungsinstanz versäumt wurde, die Grundrechtsverletzung zu verhindern oder zu korrigieren. BGH BeckRS 2021, 31644. Gibt etwa ein Hinweisbeschluss des BerGer. Anlass zur Annahme, die Ausführungen des Ber.kl. würden nicht hinreichend berücksichtigt, muss er dies in einer Stellungnahme geltend machen, vgl. BGH aaO. 32

33 **VII. Verfassungsbeschwerde.** Sie ist kein zusätzliches Rechtsmittel, sondern ein außerordentlicher Rechtsbehelf, BVerfG NJW 2004, 1855; Hamm NJW-RR 1999, 651, Stürner JZ 1986, 526. Vielmehr gibt sie nach §§ 90 ff. BVerfGG einen Rechtsschutz zur prozessualen Durchsetzung der Grund- und diesen gleichgestellten Rechte grundsätzlich erst nach der Erschöpfung aller anderen möglichen Rechtsbehelfe. Im Ergebnis führt die Verfassungsbeschwerde zunehmend zur Überprüfung und Korrektur unanfechtbarer Entscheidungen, vor allem wegen Verstößen gegen Art. 103 I GG, Schumann NJW 1985, 1134; Wimmer DVBl 1985, 773; Zuck JZ 1985, 921. Zu den Möglichkeiten der Abhilfe durch das Gericht selbst vgl. § 321a.

Abschnitt 1. Berufung

511 *Statthaftigkeit der Berufung.* **I [1] Die Berufung findet gegen die im ersten Rechtszug erlassenen Endurteile statt.**

II Die Berufung ist nur zulässig, wenn

1. der Wert des Beschwerdegegenstandes 600 Euro übersteigt oder

2. das Gericht des ersten Rechtszuges die Berufung im Urteil zugelassen hat.

III Der Berufungskläger hat den Wert nach Absatz 2 Nr. 1 glaubhaft zu machen; zur Versicherung an Eides statt darf er nicht zugelassen werden.

IV [1] Das Gericht des ersten Rechtszuges lässt die Berufung zu, wenn

1. die Rechtssache grundsätzliche Bedeutung hat oder die Fortbildung des Rechts oder die Sicherung einer einheitlichen Rechtsprechung eine Entscheidung des Berufungsgerichts erfordert und

2. die Partei durch das Urteil mit nicht mehr als 600 Euro beschwert ist.

[2] Das Berufungsgericht ist an die Zulassung gebunden.

Übersicht

I. Systematik, I–IV. Die Vorschrift enthält mehrere von Amts wegen zu beachtende Prozessvoraussetzungen, BAG NZA 2018, 111. Dabei stehen die beiden gleichermaßen ausreichenden Zulässigkeitsvoraussetzungen II Nr. 1, 2 im Mittelpunkt. Auch der kleine Wert macht dann berufungsfähig, wenn das Erstgericht aus den beiden zusammentreffenden Gründen IV 1 Nr. 1 und 2 eine Zulassung ausspricht. 1

II. Regelungszweck, I–IV. § 511 regelt die Statthaftigkeit und damit eine der Zulässigkeitsvoraussetzungen der Berufung. 2

III. Geltungsbereich, I–IV. Die Vorschrift gilt in jedem Berufungsverfahren nach der ZPO und den auf sie verweisenden Gesetzen. II gilt bei § 514 II 1 nicht, dort II 2. Sie gilt auch im WEG-Verfahren, Brückner NJW 2017, 3185; Sauren NZM 2007, 860. In arbeitsgerichtlichen Streitigkeiten gilt § 64 ArbGG; dort ist – anders als bei Urteilen der Zivilgerichte – die Entscheidung über die (gesonderte) Zulassung oder Nichtzulassung der Berufung zwingend in den Urteilstenor aufzunehmen, § 64 Abs. 3a ArbGG. 3

IV. Zuständigkeit. Über die Berufung gegen ein Urteil des AG entscheidet das LG, teils die Zivilkammer, teils die Kammer für Handelssachen nach §§ 72, 100 GVG. Wegen der Berufung gegen ein Urteil des Schifffahrtsgerichts → GVG § 14 Rn. 4. Über die Berufung gegen ein Urteil des LG entscheidet nach § 119 I Nr. 2 GVG das OLG. Die Berufung gegen ein Urteil des ArbG geht ans LAG. Das arbeitsgerichtliche Berufungsverfahren ist das landgerichtliche mit erheblichen Abweichungen nach §§ 64 ff. ArbGG. 4

V. Statthaftigkeit, I. 1. Grundsatz: Gegen Erst-Endurteil. Die Berufung ist statthaft gegen ein nach dem GVG erstinstanzliches Endurteil nach → § 300 Rn. 7, BGH NJW 2008, 219, unabhängig von seiner Bezeichnung. Das gilt nach → Vor § 511 Rn. 26 auch gegen ein Scheinurteil. Sie ist dann statthaft, wenn und soweit die allgemeinen Voraussetzungen ihrer Zulässigkeit nach → Vor § 511 Rn. 7 ff. vorliegen. Ob die Statthaftigkeit eines anderen Rechtsbehelfs die Berufung ausschließt, lässt sich nur nach den Umständen beantworten. Wegen formfehlerhaften Entscheidungen → Vor § 511 Rn. 28 ff. 5

Ein Endurteil entscheidet den Prozess nach → § 300 Rn. 7 für die Instanz **endgültig.** Das gilt sowohl bei einer Stattgabe als auch bei einer Verwerfung oder Abweisung, BGH NJW-RR 2005, 326. Unerheblich ist, ob das Kollegium nach §§ 60, 75 GVG, der Einzelrichter nach §§ 348, 348a oder der Vorsitzende der Kammer für Handelssachen nach § 105 GVG erkannt hat. Ein Urteil besteht erst dann, wenn das Gericht es korrekt nach § 311 verkündet oder nach § 310 III zugestellt hat. 6

Nicht berufungsfähig sind regelmäßig das echte Versäumnisurteil nach § 514 I (Ausnahme: § 514 II) und eine Kostenentscheidung nach § 99 I, II dann, wenn nicht gleichzeitig eine Berufung in der Sache erfolgt (unschädlich, wenn es dem Kläger vorwiegend oder nur auf eine Änderung der Kostenentscheidung nach §§ 91 ff. ankommt, solange er den Sachantrag nach → § 297 Rn. 4 weiterverfolgt). Zur Anfechtung der Kostenentscheidung des Schlussurteils nach einem Teilurteil → § 99 Rn. 44 ff., zur Anfechtung der im Endurteil enthaltenen Kostenentscheidung über einen erledigten Teil → § 91a Rn. 169, BGHZ 113, 365; Hamm NJW-RR 1987, 426; KG MDR 1986, 241. Die Entscheidung über die vorläufige Vollstreckbarkeit kann der alleinige Gegenstand der Berufung sein, → Vor § 708 Rn. 6, Mü FamRZ 1990, 84; Nürnb NJW 1989, 842. Ein Anerkenntnisurteil nach § 307 kann berufungsfähig sein, BGH FamRZ 2003, 1922. 7

Nur ein **Erst-Endurteil** ist berufungsfähig. Deshalb kommt eine Berufung gegen ein Berufungsurteil des LG nie in Betracht, BGH NJW 1999, 62. Das gilt auch dann, wenn das LG dabei über einen erstmals bei ihm 8 anhängig gemachten Streitgegenstand nach → § 2 Rn. 4 entschieden hat, BGH NJW-RR 1994, 61, oder gegen einen erst jetzt hinzugekommenen weiteren Bekl., BGH NJW 1999, 62.

2. Beispiele zur Frage eines Endurteils, I

9 **Anerkenntnisurteil:** Endurteil ist auch ein Anerkenntnisurteil nach § 307, BGH FamRZ 2003, 1922.

Arrest, einstweilige Verfügung: Endurteil zumindest im Eilverfahren ist auch ein Urteil nach §§ 925 I, 936.

Ergänzungsurteil: Endurteil ist auch ein Ergänzungsurteil nach § 321.

Grundurteil: Einem Endurteil gleicht die Vorabentscheidung über den Anspruchsgrund nach § 304 II, BGH NJW 2005, 291.

Kleinverfahren: Endurteil ist auch ein Urteil nach § 495a.

Prozessurteil: Endurteil ist auch ein Prozessurteil nach → Vor § 300 Rn. 15.

Scheinurteil: Endurteil ist auch ein sog. Scheinurteil nach → Vor § 511 Rn. 26.

Teilurteil: Endurteil ist auch ein Teilurteil nach § 301.

Unterbrechung: Endurteil ist auch die Ablehnung der Aufnahme des Verfahrens wegen des Fehlens der Sachbefugnis des Nachfolgers nach einer Unterbrechung nach §§ 239 ff., BGH MDR 2004, 1312.

Versäumnisurteil: Endurteil ist sowohl ein echtes Versäumnisurteil als auch ein streitmäßiges sog. unechtes, BAG MDR 2003, 520.

Verzichtsurteil: Endurteil ist auch ein Verzichtsurteil nach § 306.

Vollstreckungsurteil: Endurteil ist auch ein Vollstreckungsurteil nach § 722.

Vorbehaltsurteil: Einem Endurteil gleicht das Vorbehaltsurteil nach §§ 302 III, 599 III für ein selbständiges Rechtsmittel.

Zwischenurteil: Einem Endurteil gleicht das die Zulässigkeit feststellende Zwischenurteil nach § 280 II 1, BGH FamRZ 2006, 408, Hmb VersR 1979, 847, sowie ein solches Zwischenurteil, das eine Wiedereinsetzung nach § 238 versagt, BGH NJW 1982, 184, oder das den vom Kläger nach → § 263 Rn. 9 beantragten Beklagtenwechsel gegen den Willen des alten und des neuen Bekl. für zulässig erklärt, BGH NJW 1981, 989. **Nicht** gleichsteht ein sonstiges Zwischenurteil, BGH NJW 2005, 291, zB ein solches über die Anordnung einer Ausländersicherheit nach § 110, BGH NJW 1988, 1733, oder ein solches nach § 303 (anfechtbar nur mit dem Endurteil).

10 **3. Berufungsberechtigung.** Zur Berufung berechtigt ist derjenige, gegen den sich das Ersturteil richtet, BGH NJW-RR 2005, 118, aber auch derjenige, den eine unrichtige Bezeichnung im Ersturteil betrifft, BGH MDR 1978, 307, Ffm NJW-RR 1996, 1169. Zur Berechtigung eines Partei- oder Prozessunfähigen und eines als gesetzlicher Vertreter Auftretenden → Vor § 511 Rn. 11. Eine Berichtigungsmöglichkeit nach § 319 beeinträchtigt nicht das Rechtschutzbedürfnis nach → Vor § 253 Rn. 3, BGH WM 1978, 69, solange keine Berichtigung erfolgt ist. Wegen eines Parteiwechsels in der Berufungsinstanz → Rn. 9 und → § 263 Rn. 10–12.

11 **VI. Berufungskläger, I.** Maßgeblich ist zunächst die Stellung im Ersturteil, BGH NJW-RR 2005, 118. Man kann die Stellung aber im Berufungsverfahren klären, BGH NJW 1993, 2943. Das gilt auch zur Klärung ihrer Partei- oder Prozessfähigkeit nach §§ 50, 51, → Vor § 511 Rn. 11. Nach deren Wegfall im Berufungsverfahren kann die Zulässigkeit dieser Berufung enden, Karlsr WRP 1986, 714.

12 **1. Partei erster Instanz.** Berufungskläger sein kann jede Partei der Erstinstanz. Nach der Beendigung einer Prozessstandschaft ist berufungsberechtigt der selbst sachlich Berechtigte, Zweibr FamRZ 1989, 194, als Rechtsnachfolger der Partei, der Insolvenzverwalter, BGH MDR 1997, 494, nicht dagegen ein Gesellschafter gegen ein Ersturteil gegen die Gesellschaft, Rostock OLGR 2002, 423, oder ein Rechtsnachfolger als solcher dann, wenn die Voraussetzungen des § 265 II 2 fehlen, BGH NJW 1996, 2799. Jeder Streitgenosse nach §§ 59 ff. kann die Berufung einlegen, soweit keine unzulässige zweitinstanzliche Klagänderung nach → § 263 Rn. 10 eintritt, Saarbr VersR 2002, 1091. Nach einem Ersturteil gegen einen gesetzlichen Vertreter nach § 51 kann seine Partei Berufung zwecks Genehmigung oder Klagabweisung einlegen, ebenso natürlich der Vertreter selbst, BGH NJW 1990, 3152.

13 Das Rechtsmittel einer Partei, die sich dagegen wendet, dass sie in der Vorinstanz zu Unrecht als **prozessunfähig** behandelt worden sei, ist ohne Rücksicht darauf zulässig, ob die für die Prozessfähigkeit erforderlichen Voraussetzungen festgestellt werden können, BGHZ 143, 122.

14 Ergibt sich im Berufungsverfahren, dass der in erster Instanz sachlich unterlegene (Berufungs-)Kläger schon seit dem Zeitpunkt der Klageerhebung **prozessunfähig** ist – bzw. verbleiben in dieser Richtung nicht ausräumbare Zweifel –, so ist nicht die Berufung als unzulässig zu verwerfen, sondern die Klage als unzulässig abzuweisen, BGHZ 143, 122.

15 **2. Abgelehnter.** Berufungskläger sein kann auch derjenige, dessen Eintritt als Partei das Erstgericht nach §§ 239, 265, 266 abgelehnt hat, wenn er seinen Eintritt weiter betreiben will, BGH NJW 2003, 2172 (Parteiwechsel auf Klägerseite), ebenso wie derjenige, den das Erstgericht gegen seinen Willen in das Verfahren gezogen hat, BGH NJW-RR 1995, 764; Ffm NJW-RR 1996, 1169 (Scheinpartei); BGH NJW 1981, 989 (Parteiwechsel auf der Beklagtenseite).

16 **3. Streitgenosse, Streithelfer.** Berufungskläger sein kann auch ein Streitgenosse nach §§ 59 ff. oder nach § 856 II sowie ein streitgenössischer Streithelfer nach § 69, BGH NJW-RR 1997, 865, ferner ein sonstiger Streithelfer, auch nach → § 67 Rn. 14 ff. iVm seinem Beitritt, BGH MDR 1982, 650. Für ihn kommt nur die Beschwer der Partei in Betracht, BGH NJW 1997, 2386; Gorski NJW 1976, 811; aM Köln NJW 1975, 2108.

17 Legen die **Hauptpartei und** der einfache **Streithelfer** Berufung ein, handelt es sich um ein einheitliches Rechtsmittel nur des ersteren, BGH NJW 1995, 199. Der Streithelfer kann es dann nicht fortführen, wenn die Hauptpartei mit der Rücknahme ihres Rechtsmittels nach § 516 zweifelsfrei der Fortführung des Prozesses widerspricht, BGH WM 1999, 280 (Ausnahme: § 69). Die Rücknahme genügt für sich allein nicht, BGH NJW 1993, 2944, ebenso wenig das Nichtbetreiben des Rechtsmittels, BGH NJW 1985, 2480, oder der Verzicht nach § 515, Hmb NJW 1989, 1362, Pantle MDR 1988, 924. Der Streithelfer kann einen höheren Berufungsantrag nach § 520 III 1 Nr. 1 als die Partei dann stellen, wenn diese damit einverstanden ist, Hamm NJW-RR 1997, 1156. Das alles gilt freilich nur bis zur formellen Rechtskraft einer Zurückweisung des Beitritts nach § 705, BGH NJW 1982, 2070.

18 **4. Gläubiger.** Berufungskläger sein kann schließlich jeder Gläubiger bei der Hinterlegungsklage aus § 856 II.

VII. Berufungsbeklagter, I. Auch hier ist zunächst die Stellung im Ersturteil maßgeblich und kann zudem die Stellung im Berufungsverfahren nach → Rn. 11, 15 klären. Berufungsgegner kann nur eine gegnerische Partei erster Instanz sein, Karlsr OLGZ 1986, 197, nie ein Dritter wie der Streithelfer nach § 66, vgl. freilich BGH MDR 1982, 650 (zu § 71 II), oder der eigene Streitgenosse nach § 59. Streitgenossen stehen behauptend und verneinend selbständig da. Bei einer notwendigen Streitgenossenschaft nach § 62 wirkt die Berufung eines Streitgenossen für den untätigen anderen mit. Über Streithelfer → § 67 Rn. 14 ff., → § 69 Rn. 8. 19

VIII. Zulässigkeit: Entweder Berufungssumme mindestens 600,01 EUR, II Nr. 1, III. Nicht jedes Ersturteil lässt sich mit der Berufung anfechten. Eine Beschränkung ergibt sich aus II Nr. 1. Diese Vorschrift knüpft die Zulässigkeit der Berufung an eine Berufungssumme. Sie ergibt sich aus dem Wert des Beschwerdegegenstands nach → Rn. 24, Roth JZ 2006, 9. Dieser Wert muss 600 Euro übersteigen, BGH VersR 2011, 817 BAG NZA 2018, 111. Das gilt unabhängig von der wirtschaftlichen Bedeutung, Waldner NJW 1980, 217. Das gilt nach → Rn. 41 nicht für bestimmte Streitigkeiten. Erweist sich die Berufung nur als in geringerer Höhe begründet, ist der Mehranspruch unbegründet. Ab Erreichen der Berufungssumme ist keine grundsätzliche Bedeutung der Sache notwendig, Roth JZ 2006, 11. 20

Die Berufungssumme gilt auch für **nichtvermögensrechtliche Streitigkeiten** nach → Vor § 1 Rn. 13. Das Gesetz geht davon aus, dass diese Beschränkung insoweit nur Streitigkeiten über kleine Störungen erfasst, weil nichtvermögensrechtliche Streitigkeiten von einiger Bedeutung einen die Berufungssumme übersteigenden Wert haben, krit. Lappe NJW 1994, 1190. 21

Bei einer Berufung gegen **mehrere Urteile** muss für jedes die Berufungssumme vorliegen. Hat das Erstgericht ein Verfahren ohne einen sachlichen Grund nach § 145 in mehrere Verfahren aufgespalten, ist der Wert des ursprünglichen Streitgegenstands nach → § 2 Rn. 4 maßgeblich, BVerfG NJW 1997, 649; BGH NJW 1995, 3120. 22

Für die **Anschlussberufung** gilt die Beschränkung des II nicht, vgl. BGHZ 1968, 1476 (1477) zur Anschlussrevision. Die Zulässigkeit der Anschlussberufung setzt nur die zulässige Berufung der gegnerischen Partei, die Einhaltung der Frist des § 524 II 2 sowie ordnungsgemäße Begründung nach § 524 III voraus. 23

1. Wert des Beschwerdegegenstands, II Nr. 1. Maßgeblich für die Zulässigkeit der Berufung ist sowohl beim vermögensrechtlichen als auch beim nichtvermögensrechtlichen Streit jeweils grundsätzlich der Wert des Beschwerdegegenstands nach Anh. § 511, BGH VersR 2011, 817, und zwar zunächst im Zeitpunkt der Berufungseinlegung nach § 511 nach → Vor § 511 Rn. 16, BGH WM 2016, 365, und gerade nur beim Berufungskläger selbst, LG Hmb ZMR 2012, 573. 24

Man darf ihn **nicht** mit der **Beschwer** durch das angefochtene Urteil nach → Vor § 511 Rn. 16 verwechseln, BGH MDR 2005, 409; Schneider MDR 2003, 903. Das gilt, obwohl der Beschwerdegegenstand und die Beschwer natürlich übereinstimmen können, BGH NJW 2008, 219. Beschwer ist nach → Vor § 511 Rn. 17 das Zurückbleiben des von diesem Beschwerdeführer erstinstanzlich in der Hauptsache Erreichten hinter dem erstinstanzlich bis zum Verhandlungsschluss nach §§ 136 IV, 296a Erstrebten, BGH VersR 2011, 817. Beschwerdegegenstand ist demgegenüber dasjenige, was man jetzt noch von diesem Unterschied weiterverfolgt, sei es alles, sei es nur noch einen Teil. Diese Bestimmung ist verbindlich. Demgemäß bestimmt sich die Zulässigkeit der Berufung nach dem Wert der Anträge des Berufungsführers nach § 520 III 1 Nr. 1, LG Bln ZMR 2018, 323. Sie sind für die Nachprüfung des angefochtenen Urteils maßgeblich, BVerwG NVwZ 1987, 219; OVG Kblz NVwZ 1991, 277; Knauer/Wolf NJW 2004, 2863. Dabei ist nach → Vor § 128 Rn. 60 eine wirtschaftliche Betrachtung notwendig, BGH NJW 1992, 1513; LG Bln ZMR 2018, 323. 25

Die **Entscheidungsgründe** des Ersturteils nach § 313 III können die Beschwer ergeben, Zweibr FamRZ 1992, 972. Demgegenüber kann man den Wert des Beschwerdegegenstands wegen → § 297 Rn. 4, § 525 endgültig erst in der mündlichen Verhandlung bestimmen, BGH NJW-RR 2008, 585. Der Wert des Beschwerdegegenstands kann nie höher sein als der Wert der Beschwer, BGHZ 124, 313. Sie bemisst sich durch den Streitgegenstand nach → § 2 Rn. 4, BGH MDR 2005, 345. Ist das Gericht dem Antrag auf eine Erledigungserklärung nicht gefolgt, hat es die Klage abgewiesen. Verfolgt der Kläger jenen Antrag aber weiter, bemisst sich der Beschwerdewert nach dem Wert der Hauptsache, ebenso meist bei einem Rechtsmittel des Bekl. gegen ein die Erledigung nach → § 91a Rn. 213 aussprechendes Urteil. Berücksichtigen darf man nur zulässig nachvollziehbar dargelegte Anträge, BGH BB 1976, 815. Ergänzungen können beachtlich sein, BGH NJW-RR 2013, 1077. Ein zunächst beschränkter Antrag unterhalb der Berufungssumme lässt sich in der mündlichen Verhandlung erweitern, soweit die nach § 520 II fristgerecht eingereichte Berufungsbegründung das deckt, BGH NJW-RR 2012, 662. Bei Zweifeln, ob der Beschwerdewert reicht, empfiehlt sich eine Berufungseinlegung ohne Rücksicht auf den Ausgang einer Streitwertbeschwerde nach § 66 GKG, Mü NJW 1978, 1489; Schlee AnwBl 1985, 582. 26

Der Beschwerdewert lässt sich **nicht nachträglich oder künstlich** herstellen, so nicht durch Erstrecken der Klage auf einen solchen Anspruch, der im Widerspruch mit der Sach- und Rechtslage nur zwecks Erreichung der Beschwerdesumme aufrechterhalten bleibt, LG Bonn NJW-RR 1995, 959. Auch eine Antragsermäßigung auf einen Restwert unter 600,01 EUR lässt die Zulässigkeit nach II Nr. 1, III wegfallen, BGH MDR 2008, 1360; Kblz FamRZ 1996, 557. 27

2. Beispiele zur Frage eines Beschwerdegegenstands, II Nr. 1

Begrenzung: Den Beschwerdewert begrenzt nach → Rn. 24 der Streitwert nach oben, nicht nach unten. Das gilt jedoch dann nicht, wenn man den Wert nach § 3 bemessen muss, BGH NJW 1994, 735, wohl aber bei §§ 4 ff., zB § 8, BGH NJW-RR 1994, 286, und bei § 9, Zweibr FamRZ 1993, 1336. 28

Berechnung: Anh. § 511.

Entschädigung: Ein im Prozess erhobener Entschädigungsanspruch aus §§ 302 IV, 717 II, III bleibt außer Betracht, sofern er nicht über die vollstreckte Klageforderung hinausgeht. Sonst muss man ihn wie bei einer Widerklage nach Anh. § 253 hinzurechnen.

Ergänzungsurteil: Man muss die Beschwerdewerte dieses Urteils nach § 321 und des Haupturteils zusammenrechnen.

Erledigung der Hauptsache: Nach einer einseitigen Erledigungserklärung richtet sich die Beschwer des Rechtsmittelführers regelmäßig nach der Summe der bis zum Zeitpunkt der Erledigungserklärung entstandenen Kosten, ausnahmsweise nach dem Umfang zwischen den Parteien noch streitiger Ansprüche, wenn aus der angegriffenen Entscheidung rechtskräftige Feststellungen zu diesen Ansprüchen hergeleitet werden, BGH BeckRS 2022, 4892.

Feststellungsklage: Der Beschwerdewert lässt sich **nicht** durch eine nach § 256 unzulässige Feststellungs- oder Zwischenfeststellungsklage herstellen.

Gegenforderung: bei einem auf Rücktritt gestützten Rückzahlungsverlangen mindernde Berücksichtigung, wenn Rückzahlung Zug um Zug gegen Erstattung einer (bezifferten) Gegenforderung begehrt wird, BGH BeckRS 2021, 34009; auch → „Zug-um-Zug".

Grundurteil: Bei einer Vorabentscheidung nach § 304 entscheidet allein der bisher verlangte Betrag. Bei einer gleichzeitigen Berufung gegen eine Vorabentscheidung und das Schlussurteil ist ein Beschwerdewert für beide nötig.

Haupt- und Hilfsantrag: Stellt der Berufungskläger einen Haupt- und einen Hilfsantrag nach → § 260 Rn. 9, § 525, genügt es, wenn einer von ihnen die Berufungssumme nach → Rn. 20 übersteigt, KG OLGZ 1979, 348, Schumann NJW 1982, 1272 und 2802. Hat das Erstgericht den Haupt- und Hilfsantrag abgewiesen, muss man die Werte aller wirtschaftlich selbständigen Anträge zusammenrechnen, BGH NJW-RR 1994, 701 und 827. Verfolgen mehrere dieser Anträge wirtschaftlich dasselbe Ziel, ist der höhere Wert maßgeblich, Schumann NJW 1982, 2802. Hat das Erstgericht den Hauptantrag abgewiesen, aber den Hilfsantrag zugesprochen, entscheidet für die Höhe der Beschwer der Hauptantrag, nicht der Unterschied zum Hilfsantrag, Kblz NJW 2011, 2373. Hat der Kläger nach → Vor § 253 Rn. 8 eine Leistung beantragt, das Erstgericht aber nur dem hilfsweise geltend gemachten Feststellungsanspruch entsprochen, ist unter einer Anwendung der wirtschaftlichen Betrachtungsweise nicht die Höhe des Anspruchs, sondern das Interesse des Klägers am Erfolg der Leistungsklage seine Beschwer.

Der Beschwerdewert lässt sich **nicht** durch eine nachträgliche Verrechnung von Gegenleistungen statt wie bisher auf Haupt- nun auf Nebenansprüche (Zinsen, Kosten usw.) herstellen.

Insolvenz: Im Insolvenzverfahren stört eine mögliche Quote von 0 % nicht, BGH MDR 2008, 1360.

Klagerweiterung: Der Beschwerdewert lässt sich grds. **nicht** durch eine wirkliche Klagerweiterung nach § 533 herstellen, BGH VersR 1983, 1160. Eine Ausnahme gilt bei einer durch die nach § 520 II fristgerechte Berufungsbegründung schon miterfassten Erweiterung nach → Rn. 24.

Kosten: Ihre Belastung ist nach → Anh. § 511 Rn. 7 unbeachtlich neben der Hauptforderung. Zur Berücksichtigung vorgerichtlicher RA-Kosten siehe BGH MDR 2011, 811.

Kostensicherheit: → „Unzulässigkeitsrüge".

Nebenforderung: Soweit die frühere zu einer Hauptforderung geworden ist, muss man sie nach → § 4 Rn. 6 einrechnen.

Nutzungen: Die Nutzungsentschädigung ist bei der Berechnung von Streitwert und Rechtsmittelbeschwer als Vorteil vom Ersatzanspruch nach § 249 BGB abzuziehen, ohne dass es einer Gestaltungserklärung oder Einrede des Schuldners bedürfte. Es handelt sich – anders als im Fall des Rückgewährschuldverhältnisses nach §§ 346 ff. BGB, vgl. BGH NJW 2017, 2102 Rn. 19 f. – um einen Fall der Anrechnung, nicht der Aufrechnung, BGH 23.2.2021 – VI ZR 1191/20, BeckRS 2021, 4547.

Rechtsänderung: Die Berufung ist trotz einer dem erstinstanzlichen Klageantrag entsprechenden Verurteilung für den Unterhaltskläger zulässig, wenn nach der Verkündung des Urteils, aber vor Ablauf der Berufungsfrist eine für ihn günstigere Rechtslage eingetreten ist, OLG Rostock FamRZ 2002, 673.

Stufenklage: Hier ist nach dem Ergebnis der I. Instanz zu unterscheiden: Ist die Klage auf Auskunft/eidesstattliche Versicherung **abgewiesen worden,** gilt Folgendes: Da die Auskunft die Geltendmachung des Leistungsanspruchs erst vorbereiten und erleichtern soll, beträgt der Wert des Auskunftsanspruchs in der Regel einen Bruchteil, nämlich $^{1}/_{10}$ **bis** $^{1}/_{4}$ **des Leistungsanspruchs** und ist umso höher anzusetzen, je geringer die Kenntnisse des Anspruchsstellers von den zur Begründung des Leistungsanspruchs maßgeblichen Tatsachen sind, BGH NJW-RR 2018, 1265. Der Wert des Beschwerdegegenstandes der Berufung ist, wenn die Abgabe einer eidesstattlichen Versicherung begehrt wird, regelmäßig nach denselben Grundsätzen zu bemessen wie im Auskunftsverfahren, BGH NJW-RR 2018, 1265; 1991, 1467. Ist der Beklagte hingegen zur Auskunft **verurteilt worden,** ist sein Interesse maßgebend, die Auskunft nicht erteilen zu müssen. Dabei kommt es grundsätzlich auf den **Aufwand an Zeit und Kosten** an, den die Erteilung der geschuldeten Auskunft erfordert, BGH ZEV 17, 278, welcher je nach den Umständen im Einzelfall mit nur bis zu 600 EUR bemessen werden kann. Dabei ist grds. auf die Stundensätze zurückzugreifen, die der Auskunftspflichtige als Zeuge in einem Zivilprozess erhalten würde, wenn er mit der Erteilung der Auskunft weder eine berufstypische Leistung erbringt noch einen Verdienstausfall erleidet, BGH FamRZ 2020, 1572 Rn. 9 mwN. Gem. § 20 JVEG sind Zeugen mit 4 Euro je Stunde zu entschädigen. Diese Grundsätze gelten auch für die Festsetzung des Beschwerdegegenstandes bei Verurteilung zur Abgabe der eidesstattlichen Versicherung. Er richtet sich nach dem Aufwand an Zeit und Kosten für die Abgabe, BGH 4.11.2020 – IV ZB 12/20, BeckRS 2020, 31456. Auch dann, wenn es in der Sache um erhebliche Werte geht, führt dies nicht ohne Weiteres zur Notwendigkeit, einen RA hinzuzuziehen, BGH 4.11.2020 – IV ZB 12/20, BeckRS 2020, 31456. Besteht ein besonderes Geheimhaltungsinteresse, ist dieses bei der Beschwer zu berücksichtigen, vgl. BGH ZEV 2017, 278. Ist der Auskunftspflichtige zur Belegvorlage verpflichtet, kann der Kostenaufwand für die Rechtsverfolgung gegen einem Dritten nur angesetzt werden, wenn dargelegt und glaubhaft gemacht worden ist, dass der Dritte nicht herausgabebereit ist und die Belege auch nicht anderweitig beschafft werden können, BGH BeckRS 2021, 41802.

Weist die I. Instanz die Stufenklage im Tenor insgesamt ab, ist die Leistungsstufe auch dann abgewiesen, wenn der Kläger nur den Antrag auf Auskunft gestellt hatte, BGH BeckRS 2020, 40738.

Streitgenossen: Bei ihnen nach §§ 59 ff. muss man die Beschwerdegegenstände aller zusammenrechnen, soweit es sich nicht um wirtschaftlich identische Streitgegenstände nach → § 2 Rn. 4 handelt, LG Köln VersR 1989, 1160. Legt nur einer von ihnen das Rechtsmittel ein, ist auch nur sein Teil maßgebend, Schlesw SchlHA 1978, 198. Das gilt auch bei einer notwendigen Streitgenossenschaft nach § 62. Sinkt durch eine Zurücknahme der Berufung nach § 516 durch einen Streitgenossen der Wert unter die erforderliche Summe, wird die Berufung der übrigen unzulässig. Bei einer unteilbaren Leistung oder Gesamthaftung kommt der ganze Streitwert infrage.

Teilerledigung: → „Erledigung der Hauptsache".

Teilurteil: Bei einem Teilurteil nach § 301 ist allein die mit ihm verbundene Beschwer nach → Vor § 511 Rn. 16 maßgeblich, BGH NJW 1998, 686. Entsprechendes gilt auch für das über den restlichen Streitstoff ergehende Schlussurteil, BGH NJW 1989, 2757. Das alles gilt auch bei mehreren Teilurteilen nach § 301, BGH NJW 1989, 2757.
Teilverzicht: Der Berufungsbekl. kann die Berufung nicht durch den Verzicht auf einen Teil seines Anspruchs nach § 306 unzulässig machen.
Trennung: Das Erstgericht mag eine nach § 145 sachwidrige, den Gleichheitssatz verletzende Trennung von Verfahren vorgenommen haben, BVerfG NJW 1997, 649; BGH NJW 1996, 3216. Deshalb mag sich der Beschwerdewert nach → § 145 Rn. 12 nicht mehr erreichen lassen. Dann muss man ausnahmsweise die Berufung als zulässig behandeln, BGH NJW 1995, 3120, um den Umweg über die Verfassungsbeschwerde zu vermeiden. Wegen der Anwendung von (jetzt) § 21 GKG dann BGH NJW-RR 1997, 832; OVG Münst NJW 1978, 720.
Unterlassung: Maßgeblich ist der Nachteil bei einer Erfüllung und nicht ein etwaiges Ordnungsgeld, BGH NJW-RR 2009, 549. Bei einem Antrag auf Unterlassung einer Äußerung kommt es nicht nur auf deren Breitenwirkung, sondern auch auf die Wirkung der Äußerung auf den Kläger selbst an, BGH BeckRS 2021, 37681.
Unzulässigkeitsrüge: Bei einer Rüge der Unzulässigkeit der Klage ist der Streitwert auch der Beschwerdewert, zB bei einer Einrede mangelnder Kostensicherheit nach § 110.
Versäumnisurteil: II gilt bei § 514 II 1 nicht, dort II 2.
Verzicht: Der Beschwerdewert lässt sich **nicht** durch die Nichtbeachtung eines Verzichts zB nach § 306 erstellen.
Wertänderung: Sie bleibt bei demselben Streitgegenstand nach → § 2 Rn. 4 unbeachtlich.
Widerklage: Der Beschwerdewert lässt sich **nicht** durch eine nach Anh. § 253 unzulässige Widerklage herstellen.
Wohnungseigentum: Das Gemeinschaftsinteresse kann neben dem Klägerinteresse **unbeachtlich** sein, BGH NZM 2012, 422.
Zeitpunkt: → Rn. 24.
Zinsen: Ihr etwa höherer Wert als die Hauptsache bleibt maßgebend, BGH NJW 1994, 1869. § 367 BGB ist zu beachten, BGH NJW-RR 2016, 760.
Zug-um-Zug: Beim Streit um die Zug-um-Zug zu erbringende Gegenleistung ist diese maßgeblich, BGH WuM 2017, 221. Ihren Wert muss man evtl. mit dem Wert einer Teilabweisung zusammenrechnen, BGH NJW-RR 1986, 1062. Kommt es zur unbedingten Verurteilung, fällt die Gegenleistung als Beschwer nach → Vor § 511 Rn. 16 weg, BGH WM 1992, 376. Bei einer anderen Art von Gegenleistung ist die teurere Art maßgeblich, BGH WM 1985, 1457. Siehe auch oben „Gegenforderung".
Zweifel: Dann muss man als Anwalt notfalls Berufung **und** Anhörungsrüge nach § 321a einlegen, BGH NJW 2012, 2523 (sehr streng).

3. Glaubhaftmachung, III. Den Beschwerdewert muss der Berufungskläger grundsätzlich bis zum Ablauf der Berufungsfrist nach § 517 nicht nach → § 286 Rn. 18 beweisen, sondern nur gemäß § 294 glaubhaft machen, BGH FamRZ 2005, 1986 (Geheimhaltungsinteresse). Dabei ist seine eigene eidesstattliche Versicherung unstatthaft. Im Übrigen stehen alle Beweismittel frei, BGH NJW 2015, 874. Es kann genügen, bei einer Auskunftspflicht den maßgebenden Aufwand darzulegen, Karlsr OLGR 2002, 419. Der Berufungskläger darf die Glaubhaftmachung ausnahmsweise bis zur Verwerfung der Berufung nachholen. Sonst muss das Berufungsgericht den Wert evtl. nach § 3 schätzen, BGH NJW-RR 1999, 573 (keine Einholung eines Sachverständigengutachtens). 29

4. Festsetzung des Beschwerdegegenstandes und Anfechtbarkeit, II Nr. 1. Den für das Erreichen der Berufungssumme maßgeblichen Wert des Beschwerdegegenstandes nach § 511 gemäß setzt das Berufungsgericht ohne eine Bindung an die Streitwertfestsetzung erster Instanz fest, BGH NJW 2012, 2524; LG Stgt ZMR 2012, 47. Gemäß § 63 III 1 Nr. 2 GKG kann das Berufungsgericht – auch ohne oder im Falle einer unzulässigen Beschwerde – auch den Streitwert für die erste Instanz von Amts wegen (nach oben und nach unten) abändern, und zwar zeitlich bis zu 6 Monate nach Rechtskraft, § 63 III 2 GKG. Dabei ist rechtliches Gehör zu gewähren. 30

Das Berufungsgericht entscheidet durch einen besonderen Beschluss nach § 329 oder in den Gründen der Entscheidung über das Rechtsmittel. Hat das Berufungsgericht den Wert des Beschwerdegegenstandes für das Berufungsverfahren **nur mit bis zu 600 EUR festgesetzt** und die Berufung daher als **unzulässig verworfen** (§ 522 I 2), ist dagegen die **Rechtsbeschwerde** nach § 574 statthaft (§ 522 I 4); zulässig ist diese jedoch nur, wenn auch die Voraussetzungen des § 574 II (= Revisionszulassungsgründe) vorliegen. Dies kommt etwa dann in Betracht, wenn die angefochtene Entscheidung Verfahrensgrundrechte einer Partei – etwa auf Gewährung rechtlichen Gehörs (Art. 103 I GG) oder wirkungsvollem Rechtsschutzes (Art. 2 I GG iVm dem Rechtsstaatsprinzip) – verletzt und darauf beruht. Beruht die Festsetzung auf freiem Ermessen nach § 3, beschränkt sich die Prüfungskompetenz des BGH darauf, ob das Berufungsgericht von seinem Ermessen einen ungesetzlichen Gebrauch gemacht hat, etwa indem es maßgebliche Tatsachen nicht berücksichtigt oder unter Verstoß gegen die Fragepflicht des § 139 ZPO nicht festgestellt hat, BGH VersR 2007, 707. Das Berufungsgericht muss seine Festsetzung deshalb meist nach → § 329 Rn. 6 begründen, BGH NJW-RR 1991, 326. Das Fehlen einer Begründung ist ein Verfahrensmangel, wenn nicht die maßgebenden Umstände nach Art und Umfang außer Zweifel stehen, BGH FamRZ 1991, 317. 31

Das Berufungsgericht ist verpflichtet, die Entscheidung über die Zulassung der Berufung nach § 511 IV Nr. 1 nachzuholen, wenn das erstinstanzliche Gericht keine Veranlassung gesehen hat, die Berufung nach § 511 IV ZPO zuzulassen, weil es von einer über 600 € hinausgehenden Beschwer ausgegangen ist, und das Berufungsgericht diesen Wert für nicht erreicht hält, BGH BeckRS 2021, 43178; ZEV 2017, 278. Nach Auffassung des BGH lässt sich allein einer Entscheidung nach § 709 nicht entnehmen, dass die I. Instanz von einer über 600 € hinausgehenden Beschwer ausgegangen ist, BGH BeckRS 2021, 43178 mit kritischer Anm. Elzer. Dann müsste die Entscheidung über § 511 IV Nr. 1 von Ber.Ger. nicht nachgeholt werden. 32

Die idR bei Eingang der Berufungsbegründung erfolgende vorläufige Festsetzung des Gegenstandswertes ist nicht anfechtbar. 33

34 **5. Fehlen der Berufungssumme, II Nr. 1.** Erreicht die Beschwer die notwendige Berufungssumme nicht, kann das Erstgericht die Berufung nach → Rn. 36 ff. unter den Voraussetzungen II Nr. 2, IV zulassen. Geschieht das nicht, ist das Ersturteil insoweit unanfechtbar. Eine Nichtzulassungsbeschwerde zum Berufungsgericht gibt es nicht. Unter Umständen kann eine Verfassungsbeschwerde zulässig sein.

35 Hat das erstinstanzliche Gericht keine Veranlassung gesehen, die Berufung nach § 511 IV ZPO zuzulassen, weil es den Streitwert auf über 600 EUR festgesetzt hat und deswegen von einem entsprechenden Wert der Beschwer der unterlegenen Partei ausgegangen ist, hält aber das Berufungsgericht diesen Wert nicht für erreicht, so muss das Berufungsgericht, das insoweit nicht an die Streitwertfestsetzung des Erstgerichts gebunden ist, die Entscheidung darüber nachholen, ob die Voraussetzungen für die Zulassung der Berufung nach § 511 IV 1 Nr. 1 ZPO erfüllt sind, BGH NJW 2008, 218. Dass das Berufungsgericht die Gründe für die Zulassung der Berufung als erfüllt angesehen hat, kann – wegen der inhaltlichen Identität mit den Gründen für die Zulassung der Revision – darin gesehen werden, dass es die Revision zugelassen hat, BGH NJW 2008, 218.

36 **IX. Zulässigkeit: Oder Zulassung, II Nr. 2, IV.** Soweit das Ersturteil nach IV 1 Nr. 2 eine Partei mit nicht mehr als 600 Euro beschwert, muss das Erstgericht eine Berufung gerade (nur) dieser Partei insoweit zulassen, als ein Zulassungsgrund nach IV 1 Nr. 1 vorliegt. Die Zulassung bindet das Berufungsgericht nach IV 2. Sie entbindet aber nicht von den übrigen Zulässigkeitsvoraussetzungen. Bei einer Beschwer von über 600 EUR kommt einer Nichterwähnung der Zulassungsfrage im Ersturteil keineswegs stets die Bedeutung einer Nichtzulassung zu, selbst mangels eines Zulassungsantrags. Denn die Berufung ist dann nach II Nr. 1 ja ohne jede Zulassung statthaft, Nürnb NJW 2004, 2838.

37 Hat die erste Instanz den Gegenstandswert auf über 600 EUR festgesetzt und deswegen nicht über Zulassungsgründe entschieden und sieht das Berufungsgericht den Gegenstandswert als geringer an, muss es die Entscheidung über die Zulassungsgründe nachholen, → Rn. 35. Das Fehlen der Entscheidung über die Zulassung bedeutet grds. die Nichtzulassung. Eine Berichtigung kommt nur in Betracht, wenn die Zulassung versehentlich unterblieben ist und sich dies aus dem Urteil ergibt, BGH MDR 2011, 811.

38 **1. Zulassungsgründe, IV 1.** Die Zulassung ist nach IV 1 Nr. 1 Hs. 1 notwendig, soweit die Rechtssache nach der Beurteilung (nur) des Erstgerichts eine grundsätzliche Bedeutung hat, zumindest in einem nach §§ 280, 301, 304 selbständig beurteilbaren Teil, BGH MDR 2009, 1183, LG Karlsr NJW-RR 2013, 110, oder wenn die Fortbildung des Rechts oder die Sicherung einer einheitlichen Rechtsprechung eine Entscheidung des Berufungsgerichts nach IV 1 Nr. 1 Hs. 2 erfordert, BVerfG AnwBl 2016, 695. Diese Gründe entsprechen den Gründen einer Zulassung der Revision nach § 543 II, BGH VersR 2018, 313, und der Rechtsbeschwerde nach § 574 II. Vgl. daher die ausführlichen Erläuterungen bei → § 543 Rn. 6 ff. Es muss sich in beiden Fällen um solche Rechtsfragen handeln, die für die Entscheidung des Rechtsstreits erheblich und nicht der Nachprüfung im Berufungsrechtszug entzogen sind, zB nach § 513 II.

39 **2. Verfahren, IV 1, 2.** Die Zulassung braucht keinen Antrag, BGH GRUR-RR 2013, 88. Daher sind entsprechende Ausführungen der Parteien zwar zweckmäßig, aber nur Anregungen. Das Erstgericht entscheidet also von Amts wegen über die Zulassung im Urteil, BGH GRUR-RR 2013, 88.

3. Beispiele zur Frage des Verfahrens, IV 1, 2

40 **Abänderung:** Eine Zulassung wie Nichtzulassung ist **unabänderlich,** BAG MDR 2017, 1007. Aber auch „Berichtigung".

Anhörungsrüge: Anwendbar ist § 321a, → § 543 Rn. 15. Aber auch → § 321a Rn. 91.

Anwaltsgerichtshof: Zur Umdeutbarkeit einer dortigen Revision in eine Zulassungsbemühung um eine Berufung BGH AnwBl 2017, 1115.

Berichtigung: Statthaft ist eine solche entsprechend § 319, BGH NJW 2004, 2389 (Notwendigkeit eines eindeutigen Irrtums des Gerichts).

Beschränkung: „Teilzulassung".

Bloße Möglichkeit fehlender Beschwer: Eine Entscheidung über die Zulassung wird schon dann stets nötig, wenn der Wert der Gesamtbeschwer nach → Vor § 511 Rn. 16 oder eines von mehreren selbständigen Ansprüchen die Berufungssumme auch nur möglicherweise nicht erreicht.

Ergänzung: siehe BGH MDR 2011, 811.

Kein Ermessen: Ein Ermessen ist nicht eingeräumt. Das Erstgericht muss vielmehr beim Vorliegen der Voraussetzungen nach IV eine Berufung zulassen.

Form: Die Entscheidung über die Zulassung gehört grds. in den Tenor des Ersturteils nach § 313 I Nr. 4. Jedoch genügt auch eine eindeutige Zulassung in den Entscheidungsgründen wie bei → § 543 Rn. 13, BGH NJW 2016, 1180. Schweigen kann Nichtzulassung bedeuten, BGH NJW 2011, 927 (zumindest beim Fehlen eines Zulassungsantrags); LG Görlitz WuM 2003, 39; aM Haecker SchlHA 2005, 247. Aber → Rn. 36.

Nachholung: → Rn. 35.

Rechtsmittel: Eine Zulassung wie eine Nichtzulassung sind unanfechtbar, BGH NJW 1984, 927. Aber auch → „Verfassungsrecht".

Teilzulassung: Das Erstgericht kann die an sich wie bei einer Revision nach → § 543 Rn. 11 statthafte Beschränkung der Zulassung auf einen wie nach § 301 selbständigen Streitpunkt erklären, BGH NJW-RR 2008, 877. Es muss solche Beschränkung freilich zumindest in den Entscheidungsgründen nach § 313 III klar erklären, BGH NJW-RR 1998, 505. Eine Beschränkung kommt auch bei § 304 infrage, BGH NJW-RR 2008, 143. **Unstatthaft** ist eine Beschränkung aber bei nur einzelnen tatsächlichen oder rechtlichen Fragen, BGH NJW-RR 2006, 878.

Verfassungsrecht: Eine gesetzwidrige Nichtzulassung kann ein Grundrecht aus Art. 2, 3, 20 GG verletzen, BVerfG AnwBl 2016, 695, oder einen Verstoß gegen Art. 101 I 2 GG darstellen, VerfGH Bln NJM 2009, 429; VGH Mü MDR 2014, 1467.

Vollstreckbarerklärung: Sie lässt die Zulassungsfrage offen, BGH MDR 2012, 602.

41 **X. Zulässigkeit: Sonderfälle.** Keine Berufungssumme oder Berufungszulassung braucht die Berufung gegen eine sog. Zweite Versäumnisentscheidung nach § 514 II 2. Eine entsprechende Anwendung dieser Vorschrift auf Fälle der Verletzung des Rechts auf rechtliches Gehör kommt wegen der Möglichkeit einer Abhilfe nach § 321a nicht in Betracht, Voßkuhle NJW 2003, 2193. Keine Berufungssumme oder -zulassung brauchen ferner: Die

Anschlussberufung nach § 524; die Anfechtung der Kostenentscheidung des Schlussurteils nach → § 99 Rn. 48 dann, wenn der Rechtsmittelführer das ohne eine Kostenentscheidung ergangene Teilurteil angefochten hat, Schlee AnwBl 1985, 582; eine Berufung im Verfahren vor einem Schifffahrtsgericht nach § 14 GVG; die Anfechtung eines bloßen Scheinurteils nach → Vor § 511 Rn. 26, BGH NJW 1995, 404.

Anhang zu § 511
Wert des Beschwerdegegenstands

I. Geltung der §§ 3 ff. Die Festsetzung des nach § 511 II Nr. 1 für die Zulässigkeit der Berufung maßgebenden Wertes **Beschwerdegegenstandes** steht gemäß §§ 2, 3 ZPO im freien Ermessen des Berufungsgerichts und kann nach der ständigen Rechtsprechung des BGH nur beschränkt daraufhin überprüft werden, ob das Berufungsgericht die Grenzen des Ermessens überschritten oder von dem Ermessen in einer dem Zweck der Ermächtigung nicht entsprechenden Weise Gebrauch gemacht hat, BGH NJW 2008, 219, etwa indem es maßgebliche Tatsachen nicht berücksichtigt oder unter Verstoß gegen die Fragepflicht des § 139 ZPO nicht festgestellt hat, BGH VersR 2007, 707. 1

1. § 3. Der **Wert im Einzelfall** richtet sich ganz nach dem Interesse des Rechtsmittelklägers an der Abänderung des Ersturteils bei wirtschaftlicher Betrachtung, BGH ZMR 2012, 567, ohne eine Rücksicht auf die Belastung der Gegenpartei, BGH NJW-RR 2011, 490 (Ausnahme: § 247 I und VersR 2011, 814). Ihn begrenzt aber nach oben der Streitwert, sofern er sich nach §§ 4 ff. richtet, BGH FamRZ 2009, 1057 (Zug um Zug statt unbedingt). Die Wertfestsetzung gehört zur Prüfung der Zulässigkeit der Berufung nach → Vor § 511 Rn. 7. Parteierklärungen über die Höhe binden nicht. 2

Gegenleistungen bleiben unberücksichtigt, auch wenn man sie von vornherein angeboten hatte. Hat das Erstgericht die Klageforderung zuerkannt, erhöht sich die Beschwer nicht dadurch, dass ein hilfsweise geltend gemachtes Zurückbehaltungsrecht erfolglos geblieben ist, BGH NJW-RR 1996, 829. Ist eine Zug-um-Zug zu erbringende Gegenleistung oder ein Zurückbehaltungsrecht allein Gegenstand der Berufung, ist deren Wert maßgeblich, nach oben begrenzt durch den Wert des Klaganspruchs, BGH NJW 1999, 723; Düss MDR 1999, 627. Bei einer Unterlassungsklage wegen einer Eigentumsstörung kommt es auf das Abwehrinteresse an der behaupteten Störung an, BGH NJW 1998, 2368. 3

Ergeht eine den Bekl. nur formal belastende Entscheidung, die eine ihn belastende Kostenentscheidung nach sich zieht, ist für den Beschwerdegegenstand mindestens das **Kosteninteresse** maßgeblich, BGH NJW 1992, 1514. Übersteigt bei einer Erledigung der Hauptsache das Kosteninteresse den Wert der Hauptsache, ist dieses für die Beschwer maßgebend, Hamm VersR 1992, 514. 4, 5

Wegen weiterer Einzelheiten s. Anh. § 3. 6

2. § 4. Maßgebender Zeitpunkt für die Berechnung ist gem. § 4 I grundsätzlich die Einlegung des Rechtsmittels nach § 519 I, BGH NJW-RR 1988, 837; BAG NJW 2016, 1900; Mü NJW-RR 1990, 1022. Eine bis dahin eingetretene Erhöhung oder Minderung des Umfangs oder des Werts ist zu beachten. Schränkt der Berufungsführer seine Anträge danach freiwillig so ein, dass die Berufungssumme nicht mehr erreicht wird, ist die Berufung unzulässig, BAG NJW 2016, 1900. Das kann man erst nach dem in der mündlichen Verhandlung nach §§ 520 III 1 Nr. 1, 528 gestellten Berufungsantrag beurteilen, BGH NJW 1983, 1063. Ein Hinweis des Berufungsgerichts ändert eine Freiwilligkeit nicht, BAG NJW 2016, 1900. Ermäßigt der Berufungskläger die Anträge ohne einen sich aus dem Verlauf des Rechtsstreits ergebenden Grund zB wegen einer Prozesskostenhilfe-Entscheidung nach §§ 119, 127 unter die Rechtsmittelgrenze, wird seine Berufung unzulässig, Hmb NJW-RR 1998, 356. So liegt es dann, wenn die Zahlung zur endgültigen Erfüllung und nicht nur zur Abwendung der Zwangsvollstreckung erfolgt, BGH NJW 1994, 943, anders aber dann, wenn der Abweisungsantrag aufrecht erhalten bleibt und die Erledigungserklärung nach → § 91a Rn. 47 nur hilfsweise erfolgt. 7

Zinsen darf man nicht einrechnen, soweit die zugrunde liegende Hauptforderung in derselben Instanz anhängig ist. Zum Begriff „Zinsen“ BGH NJW 1998, 2060. Sind sie allein Gegenstand des Berufungsantrags, ist ihr Wert entscheidend, BGH NJW 1991, 639. Dabei sind auch die bis zur Erfüllung der Hauptschuld voraussichtlich auflaufenden Zinsen zu beachten, Köln NJW-RR 1993, 1215. Dasselbe gilt dann, wenn die Zinsen durch eine nach § 705 formell rechtskräftige Entscheidung über die Hauptsache zur Hauptsache geworden sind. Dabei bemisst sich das Interesse an ihrer Beseitigung nach wirtschaftlichen Gesichtspunkten, Ffm FamRZ 1982, 806. Das gilt auch dann, wenn noch ein anderer Teil des Hauptanspruchs in derselben Instanz anhängig ist, BGH NJW 1994, 1869, oder wenn sich der Hauptanspruch durch ein Teilurteil nach § 301 erledigt und das Schlussurteil nur wegen der Zinsen ergeht, auch wenn man gegen beide Berufung einlegt. Zinsen muss man auch dann einrechnen, wenn Gegenstand des Verfahrens ein Sparkonto ist, BGH ZIP 1994, 1977. Dagegen bleiben Zinsen dann eine bloße Nebenforderung, wenn Gegenstand der Berufung der einen Partei die Hauptforderung und Gegenstand der Berufung der anderen Partei die dazu gehörige Zinsforderung ist, BGH MDR 1985, 52. Das gilt, obwohl die Nichtberücksichtigung der Zinsen dann unbillig ist, BFH BStBl. 1977 II 36 (zu § 140 FGO). 8

Die **Kosten** des jeweiligen Rechtsstreits bleiben außer Betracht, BGH NJW-RR 2007, 765, solange noch ein geringer Teil der Hauptsache im Streit ist, BGH NJW 1995, 664; Roth JZ 1995, 681. 9

3. § 5. Zusammenrechnen muss man nach → § 5 Rn. 4 ff. bei einem Streitgenossen, auch bei einem gewöhnlichen nach § 59, soweit es sich nicht um wirtschaftlich identische Streitgegenstände nach → § 2 Rn. 4 handelt, BGH NJW 2015, 2816; LG Köln VersR 1989, 1160 (zust. Haarmann). Bei einer Berufung gegen Streitgenossen erfolgt eine Zusammenrechnung, soweit die Beschwer nach → Vor § 511 Rn. 16 sich nicht deckt, LAG Köln NZA-RR 2016, 272. Klage und Widerklage nach Anh. § 253 sind mehrere Ansprüche auch für die Berufung derselben Partei. Man muss beide also abweichend vom Wortlaut des § 5 für die Beschwer dann zusammenrechnen, wenn sie nicht wirtschaftlich identisch sind, BGH NJW 1994, 3292; Oldb NJW-RR 1993, 827; LG Gießen NJW 1992, 2709; aM Düss NJW 1992, 3246; Glaremin NJW 1992, 1146. Dasselbe gilt bei einer Klage und Hilfswiderklage nach → Anh. § 253 Rn. 16 dann, wenn der Eventualfall eintritt. Etwas anderes gilt für die Berufungen verschiedener Beteiligter. Zusammenrechnen muss man eine Teilabweisung und eine Zug-um-Zug-Leistung, BGH MDR 1985, 1022, und ebenso unbeschränkt berufungsfähige Ansprüche mit anderen. Zusammenrechnen muss man die einzelnen Ansprüche bei einer Stufenklage nach § 254, krit. Lappe NJW 1986, 2550, und auch die Streitwerte mehrerer nach § 147 zu einer gemeinsamen Entscheidung verbundener Sachen, BFH 10

BStBl. 1986 II 569. Bei einer Klage gegen Gesamtschuldner erfolgt keine Zusammenrechnung. Daher ist bei einer Teilabweisung für jeden Bekl. der jeweilige Betrag maßgeblich, BGH NJW-RR 1991, 186.

11 **4. Aufrechnung.** Zum Beschwerdewert bei einer Aufrechnung nach § 322 II (wegen des Streitwerts → Anh. § 3 Rn. 15 ff.) Pfennig NJW 1976, 1075; Schneider MDR 1985, 266. Man muss eine zuerkannte Klageforderung und aus sachlich-rechtlichen Gründen zB wegen der Unschlüssigkeit nach → § 253 Rn. 28 eine aberkannte Gegenforderung zusammenrechnen, BGH NJW 1994, 1538, und zwar letztere bis zur Höhe des Aufrechnungsbetrags, Düss NJW-RR 1994, 1279 (auch zu einer Mehrheit von Gegenforderungen). Es erfolgt aber keine Zusammenrechnung bei einer bloßen Verrechnung der Gegenforderung, BGH NJW-RR 2000, 285. Dagegen erfolgt die Zusammenrechnung bei einer für unbegründet gehaltenen Hauptaufrechnung gegen eine unbestrittene Klageforderung, nicht aber bei einer Verurteilung desjenigen Bürgen, der erfolglos mit einer Forderung des Hauptschuldners aufgerechnet hat. Auch erfolgt eine Zusammenrechnung dann, wenn das Erstgericht eine vorsorglich auch auf eine Aufrechnung gestützte Vollstreckungsabwehrklage nach § 767 abgewiesen hat, nicht aber dann, wenn die Zulässigkeit der Aufrechnung offengeblieben ist, BGH NJW 1988, 3210. Keine Zusammenrechnung erfolgt bei einer Verurteilung des Bekl. wegen einer unzulässigen oder nicht zugelassenen Aufrechnung, BGH NJW 2001, 3616, ebenso wenig bei einer Klagabweisung aufgrund einer Haupt- oder Hilfsaufrechnung. Hier ergibt sich der Beschwerdewert für jede Partei aus der Höhe der verrechneten Forderung.

512 *Vorentscheidungen im ersten Rechtszug.* **Der Beurteilung des Berufungsgerichts unterliegen auch diejenigen Entscheidungen, die dem Endurteil vorausgegangen sind, sofern sie nicht nach den Vorschriften dieses Gesetzes unanfechtbar oder mit der sofortigen Beschwerde anfechtbar sind.**

1 **I. Systematik, Regelungszweck, Hs. 1, 2.** Die Vorschrift ergänzt § 511 klarstellend zwecks Rechtssicherheit und zur Ermöglichung der Fehlerbeseitigung über das Erst-Endurteil hinaus.

2 **II. Geltungsbereich, Hs. 1, 2.** Die Vorschrift gilt in jedem Berufungsverfahren nach der ZPO und den auf sie verweisenden Gesetzen. Sie gilt auch im WEG-Verfahren. Entsprechend anwendbar ist § 512 im Verfahren der Arbeitsgerichte, Grunsky/Waas/Benecke/Greiner ArbGG § 64 Rn. 30. Zu den erst mit dem Endurteil anfechtbaren Entscheidungen gehört hier auch das Grundurteil nach § 304, § 61 III ArbGG.

3 **III. Grundsatz: Nachprüfbarkeit, Hs. 1.** Der Nachprüfung des Berufungsgerichts unterliegen grundsätzlich auch die dem Endurteil vorausgegangenen und für das Endurteil irgendwie mitursächlichen Entscheidungen, zB alle Einsprüche nach §§ 338, 700, Zwischenurteile nach § 303, Beweisbeschlüsse nach §§ 358, 358a, Beschlüsse über eine Trennung und Verbindung nach §§ 145 ff., Mü NJW 1984, 2227, ein Versäumnisurteil nach §§ 330 ff. außer bei § 538 II 1 Nr. 2, 6 und andere nach § 136 prozessleitende Anordnungen des Gerichts, nicht des Vorsitzenden (dann gilt § 140). Eine Rüge ist nur bei § 529 II notwendig.

4 **IV. Ausnahmen, Hs. 2.** Nicht nachprüfen darf das Berufungsgericht ausnahmsweise diejenigen vorausgegangenen Entscheidungen des Erstgerichts, die selbständig anfechtbar sind, und zwar entweder mit der sofortigen Beschwerde nach § 567 (zB die Zurückweisung der Ablehnung eines Richters nach § 46 II Hs. 2, KG FamRZ 1986, 1023, oder eines Sachverständigen nach § 406 I, Zwischenurteile im Streit zwischen der Partei und einem Dritten), oder über den Wortlaut hinaus mit der Berufung (Teilurteil nach § 301, Zwischenurteil nach § 280 II, Grundurteil nach § 304, Vorbehaltsurteil nach § 599), oder die nach § 406 V Hs. 2 schlechthin unanfechtbar sind, weil das Gesetz ein Rechtsmittel ausdrücklich ausschließt, zB §§ 46 II Hs. 1, 225 III, 227 IV, 268, 281 II, 348 III, IV, 348a I, III, Saarbr VersR 1992, 765. Das gilt auch für die verfahrenswidrige Zulassung neuen Vorbringens entgegen § 296, Köln NJW 1980, 2361.

5 Die vorstehenden Entscheidungen des Erstgerichts binden das Berufungsgericht. Hat das erstinstanzliche Gericht jedoch verfahrensfehlerhaft über die Ablehnung eines Richters oder Sachverständigen nicht vorab durch gesonderten Beschluss, sondern erst in den Gründen seines Endurteils entschieden, ist das Berufungsgericht befugt, inzidenter auch über das Ablehnungsgesuch zu befinden. Eine Aufhebung und Zurückverweisung kommt nur unter den Voraussetzungen des § 538 II 1 Nr. 1 in Betracht, BGH NJW 2019, 3001 Rn. 16; NJW 2008, 1672; vgl. auch OLG Dresden 10.11.2020 – 4 U 255/20, BeckRS 2020, 37521 und → § 406 Rn. 44. Eine Zurückverweisung erfordert daher in diesem Fall einen Antrag einer der Parteien, Erfolgsaussichten des Angriffs gegen die Zurückweisung des Ablehnungsgesuchs und eine umfangreiche oder aufwändige Beweisaufnahme.

513 *Berufungsgründe.* [I] **Die Berufung kann nur darauf gestützt werden, dass die Entscheidung auf einer Rechtsverletzung (§ 546) beruht oder nach § 529 zugrunde zu legende Tatsachen eine andere Entscheidung rechtfertigen.**

[II] **Die Berufung kann nicht darauf gestützt werden, dass das Gericht des ersten Rechtszuges seine Zuständigkeit zu Unrecht angenommen hat.**

1 **I. Regelungszweck.** Die bedingt mit §§ 545 II, 571 II 2, § 576 II vergleichbare Vorschrift bringt in I eine Begrenzung der Rügemöglichkeiten in der Berufungsinstanz. Es gibt zwar eine zweite Tatsacheninstanz, aber keine volle, BGH VersR 2017, 704; Hamm MDR 2003, 1249; Mü MDR 2003, 952. Eine einzige volle Überprüfung in erster Instanz ist verfassungsgemäß, BVerfG VersR 1992, 679; BGH NJW 1981, 1378; Oldb MDR 2011, 1100. Die Berufungsinstanz ist aber auch keine bloße „Unterrevisionsinstanz", Brdb VersR 2005, 954. II begrenzt den Streit über die von der I. Instanz angenommene Zuständigkeit.

2 **II. Gegenstand der Nachprüfung nach I.** Hinsichtlich des Begriffs der Rechtsverletzung verweist I auf § 546. Das Berufungsgericht überprüft die Entscheidung daher nach der Definition in § 546 darauf, ob eine Rechtsnorm nicht oder nicht richtig angewendet worden ist.

3 Anders als das Revisionsgericht prüft das Berufungsgericht dabei jedoch die **Auslegung von Willenserklärungen** und Verträgen durch die Vorinstanz nicht nur auf die Verletzung von Denkgesetzen und Erfahrungssätzen und die Beachtung des Auslegungsgrundes; das Berufungsgericht muss die Auslegung auf der Grundlage der nach § 529 ZPO maßgeblichen Tatsachen vielmehr selbst vornehmen, BGH NJW 2004, 2751; 2016, 3015;

BeckOK ZPO/Wulf Rn. 4; Musielak/Voit/Ball Rn. 4a; Saenger/Wöstmann Rn. 2; Anders/Gehle, Assessorexamen, Rn. 6; aA OLG Oldenburg OLGR 2003, 423,424; OLG Celle OLGR 2002, 238; OLG München OLGR 2003, 310, 311; MüKoZPO/Rimmelspacher Rn. 11. Dem steht nicht entgegen, dass I auf § 546 verweist. Aus dieser Verweisung und dem Regelungsgehalt des § 546 ZPO ergibt sich eine Beschränkung auf den revisionsrechtlichen Prüfungsumfang nämlich nicht, BGH NJW 2004, 2751. Die in I iVm § 529 I Nr. 1 angeordnete Bindung des Berufungsgerichts an die von der Vorinstanz „festgestellten Tatsachen" im Rahmen der Ermittlung des Inhalts von Vereinbarungen gilt nur für die Feststellung des (tatsächlichen) Erklärungstatbestandes der beiderseitigen Erklärungen sowie die weiteren tatsächlichen Umstände, die für das Verständnis der Vereinbarung von Bedeutung sind. Der Vorgang des juristischen Verstehens einer Vereinbarung durch richterliche Vertragsauslegung fällt hingegen in den Bereich der Anwendung materiellen Rechts, so dass dem Berufungsgericht gemäß I, § 546 auch bei Individualerklärungen eine unbeschränkte Überprüfung der vorinstanzlichen Vertragsauslegung dahin eröffnet ist, ob diese bei Würdigung aller dafür im Einzelfall maßgeblichen Umstände sachgerecht erscheint, BGH NJW 2016, 3015.

Nach § 529 hat das Berufungsgericht grds. die erstinstanzlich festgestellten Tatsachen zugrunde zu legen. Eine neue Feststellung ist dann geboten, wenn die Richtigkeit und Vollständigkeit der Feststellungen aufgrund konkreter Anhaltspunkte zweifelhaft ist, § 529 I Nr. 1. Nach § 529 I Nr. 2 kann auch neues Vorbringen beachtlich sein. Wird die Berufung auf neues Vorbringen gestützt, muss die Berufungsbegründung darlegen, warum dieser neue Vortrag nach § 531 II ZPO zuzulassen ist. **4**

Die Berufung kann nach I nur darauf gestützt werden, dass die erstinstanzliche Entscheidung auf dem Rechtsfehler beruht oder die nach § 529 zugrunde zu legenden Tatsachen eine andere Entscheidung rechtfertigen. Die Entscheidung müsste also für den Berufungskläger ohne den Verstoß oder bei Beachtung der neuen Tatsachen günstiger ausgefallen sein. Bei Verfahrensfehlern (etwa der Verletzung rechtlichen Gehörs) reicht hingegen, dass die Entscheidung möglicherweise anders ausgefallen wäre, BGH NJW 1995, 1841,1842. Ist der Verfahrensfehler ein absoluter Revisionsgrund (§ 547), besteht eine unwiderlegliche Vermutung für die Ursächlichkeit. **5**

III. Ausschluss von Zuständigkeitsrügen, II. Die Vorschrift schließt die Rüge aus, dass das Erstgericht ausdrücklich oder stillschweigend seine Zuständigkeit zu Unrecht angenommen hat, und sie nicht etwa nur verneint hat, Köln GRUR-RR 2010, 174. „Zuständigkeit" umfasst sowohl die sachliche Zuständigkeit nach §§ 23 ff., 71 GVG als auch die funktionelle Zuständigkeit, KG MDR 2014, 562, wie auch die örtliche Zuständigkeit nach §§ 12 ff., BGH WM 2011, 1465, und sogar eine ausschließliche Zuständigkeit zB nach § 40 II 1 Nr. 4, BGH NJW 2005, 1661; Naumb FPR 2008, 640, ferner eine nach § 38 vereinbarte Zuständigkeit, BGH NJW 2000, 2822, und eine Zuständigkeit aufgrund rügeloser Verhandlung nach § 39 S. 1. Zur funktionellen Zuständigkeit gehört auch die Prüfung, ob eine Familiensache nach § 111 FamFG vorliegt. Das Berufungsgericht darf nicht nach § 281 verweisen, BGH MDR 2005, 266. **6**

Von II nicht umfasst ist die von Amts wegen zu prüfende internationale Zuständigkeit der deutschen Gerichte. Grds. ist die örtliche Zuständigkeit auch dann nicht zu prüfen, wenn die internationale im Streit steht, BGH BeckRS 2021, 31427. Die Rügebegrenzung des II ist jedoch bezüglich der örtlichen Zuständigkeit dann nicht anzuwenden, soweit daneben die internationale Zuständigkeit im Streit ist und beide Zuständigkeiten von denselben Voraussetzungen abhängen, BGH BeckRS 2021, 31427; VersR 1997, 209 zu 549 II aF; vgl. BGH VersR 2015, 1531, 1532. **7**

Ausnahmsweise ist die Rüge auch zulässig, wenn das erstinstanzliche Gericht (oder das Berufungsgericht) die Zuständigkeit willkürlich angenommen und damit den gesetzlichen Richter entzogen hat, str., so OLG Oldenburg NJW-RR 1999, 865; offengelassen in BGH VersR 2015, 1531,1532 mwN zum Streitstand. **8**

II ist nach § 545 II **entsprechend** anwendbar auf die Revision, BGH NJW 2005, 1660, nach § 571 II 2 auf die sofortige Beschwerde, BGH ZIP 1992, 66; Karlsr MDR 2003, 276; Köln RIW 1993, 499, sowie nach § 576 II auf die Rechtsbeschwerde. **9**

IV. Beispiele zur Frage einer Anwendbarkeit von II

Abgesonderte Verhandlung: Anwendbar sein kann II auch nach einer abgesonderten Verhandlung und Entscheidung des Erstgerichts zur Zuständigkeit nach § 280, BGH NJW 1998, 1230; Schlesw FamRZ 1978, 429. **10**

Ausschließliche Zuständigkeit: „Zuständigkeitsbejahung".

Erschleichung: Unanwendbar ist II nach einer Erschleichung der Zuständigkeit zB nach → Vor § 12 Rn. 30, aM Düss FamRZ 1987, 281.

Exterritorialität: Unanwendbar ist II bei der Frage einer Exterritorialität nach §§ 18 ff. GVG.

Gerichtsstandswahl: Unanwendbar ist II bei der Prüfung des Rechtsschutzbedürfnisses nach → Vor § 253 Rn. 3 bei einer Wahl des Gerichtsstands zB nach § 35, Hamm OLGZ 1987, 336.

Internationale Zuständigkeit: Unanwendbar ist II bei der Prüfung der internationalen Zuständigkeit nach → Vor § 12 Rn. 6, BGH NJW 2004, 1456; Düss OLGR 2003, 298; Stgt VersR 2011, 1074. Denn dann handelt es sich darum, ob überhaupt ein deutsches Gericht tätig werden darf, BGH NJW 2004, 1456; Celle IPRax 2003, 252; Stgt MDR 2003, 351; Schellhammer MDR 2001, 1141. Diese Frage muss das Berufungsgericht grds. in jeder Lage des Verfahrens von Amts wegen prüfen, vgl. auch Art. (jetzt) 27 Brüssel Ia-VO SchlAnh V C 2, EuGH IPRax 1995, 92; BGH NJW 1987, 593; Ffm NJW-RR 2018, 803. Eine Ausnahme gilt nur nach einer rügelosen Einlassung, Geimer IPRax 1991, 35. Hängt die örtlich Zuständigkeit von derselben Vorschrift ab, gilt auch hierfür § 513 II nicht, BGH VersR 1997, 209 zu 549 II aF; vgl. BGH VersR 2015, 1531 (1532).

Neue Anspruchsbegründung: Unanwendbar ist II dann, wenn das Erstgericht eine nur auf Delikt gestützte Klage unter einer Prüfung auch anderer Anspruchsgründe abgewiesen hatte und wenn der Berufungskläger sie jetzt auch auf einen solchen anderen Grund stützt, BGH NJW 1986, 2436; Köln NJW-RR 1987, 942.

Obligatorisches Güteverfahren: Anwendbar ist II auch dann, wenn das Erstgericht kein nach § 15a EGZPO notwendiges Güteverfahren vorausgesetzt hatte, LG Marbg NJW 2005, 2866.

Rechtsweg: Unanwendbar ist II grds. bei der Frage der Zulässigkeit des Rechtswegs nach § 13 GVG im Rahmen des § 17a II 2 GVG. Insoweit ist § 17a V GVG abschließend. Zwar überprüft das Gericht, das über ein Rechtsmittel gegen eine Entscheidung in der Hauptsache entscheidet, nicht, ob der beschrittene Rechtsweg zulässig ist, § 17a V GVG. Das Überprüfungsverbot setzt aber voraus, dass die I. Instanz nicht gegen unverzichtbare Verfahrensgrundsätze des § 17a GVG verstoßen hat. Der Ausschluss der Prüfung gilt damit nicht, wenn die Zulässigkeit des Rechtswegs trotz Rüge nicht durch Vorabbeschluss, sondern entgegen § 17a III 2 GVG erst in der Sachentscheidung bejaht wurde, BGH BeckRS 2021, 39604. Das gilt auch dann, wenn die I. Instanz gar nicht über die Rüge entschieden hat.

Sachzusammenhang: Unanwendbar ist II dann, wenn das Erstgericht wegen eines Sachzusammenhangs bei § 937 I seine Zuständigkeit verneint hat, Hmb MDR 1981, 1027.

Willkür: Anwendbarkeit von II bei Willkür des Erstgerichts ist **streitig,** dagegen Oldb NJW-RR 1999, 865, dem zuzustimmen ist; offengelassen in BGH VersR 2015, 1531 (1532).

Zuständigkeitsbejahung: Anwendbar ist II nach einer solchen Bejahung, aM Karlsr JurBüro 2013, 157 (nur bei Verstoß gegen Art. 102 I GG). Das gilt auch zulasten des Berufungsbekl. Es gilt auch bei einer ausschließlichen Zuständigkeit zB nach § 40 II 1 Nr. 2 oder bei der Vermögensauskunft nach §§ 802b ff. Die Gründe der Bejahung sind unerheblich, etwa ein Irrtum nach § 18 oder ein Tatsachenirrtum.

Zuständigkeitsverneinung: Unanwendbar ist II dann, wenn das Erstgericht seine Zuständigkeit verneint hat, BGH MDR 2005, 266; Drsd WM 2016, 644; KG GRUR-RR 2006, 252. Auch „Sachzusammenhang".

Zwischenentscheidung: „Abgesonderte Verhandlung".

11 **V. Verstoß, I, II.** Das Berufungsgericht muss eine gegen II verstoßende Berufung durch einen Beschluss als unzulässig nach § 522 I 2 verwerfen, BGH NJW 1998, 1230; Celle OLGR 1995, 29; Waldner ZZP 93, 333. Eine Verweisung findet nicht statt, BGH NJW-RR 2005, 504; aM Köln NJW-RR 2009, 569. Einen Verstoß gegen das Gebot des rechtlichen Gehörs nach Art. 103 I GG darf und muss man nach § 321a rügen.

514 *Versäumnisurteile.* **I Ein Versäumnisurteil kann von der Partei, gegen die es erlassen ist, mit der Berufung oder Anschlussberufung nicht angefochten werden.**

II 1Ein Versäumnisurteil, gegen das der Einspruch an sich nicht statthaft ist, unterliegt der Berufung oder Anschlussberufung insoweit, als sie darauf gestützt wird, dass der Fall der schuldhaften Versäumung nicht vorgelegen habe. 2§ 511 Abs. 2 ist nicht anzuwenden.

1 **I. Systematik, I, II.** Es handelt sich um eine Ergänzung zu §§ 338 ff., 511. Ein Einspruch ist eben grundsätzlich der einzige Rechtsbehelf gegen ein Versäumnisurteil nach §§ 330 ff. II 1 bringt von diesem Grundsatz eine notwendige Ausnahme, konsequent unterstützt von II 2.

2 **II. Regelungszweck.** I dient der Prozesswirtschaftlichkeit. Der Einspruch nach § 338 soll eben nur zum bisherigen Richter führen.

3 Ein erstes Versäumnisurteil kann noch im Wege des Einspruchs aus der Welt geschafft werden. Um zu verhindern, dass der Einspruch zur Verzögerung genutzt werden kann, hat der historische Gesetzgeber seine wiederholte Zulassung jedoch beschränkt. Erscheint die Partei nach rechtzeitigem Einspruch gegen das (erste) Versäumnisurteil erneut nicht zur mündlichen Verhandlung über den Einspruch oder erscheint sie zwar, ist sie aber nicht ordnungsgemäß vertreten oder verhandelt sie nicht, hat das Gericht nur noch die Voraussetzungen der wiederholten Säumnis, insbesondere die ordnungsgemäße Ladung zum Termin, zu prüfen, bevor es den Einspruch durch (zweites) Versäumnisurteil verwirft (§ 345). Ein weiterer Einspruch findet nicht statt, alles BGH WM 2018, 445 mwN. Die Berufung gegen ein (zweites) Versäumnisurteil kann gemäß II nur darauf gestützt werden, dass der Fall der schuldhaften Versäumung nicht vorgelegen habe. Die Vorschrift II entspringt nicht der grundsätzlichen Wertung, dass ein Verstoß gegen das rechtliche Gehör oder gegen andere Verfahrensgrundrechte bereits für sich allein die Berufung oder die Revision ermöglichen soll. Vielmehr geht es lediglich um die Regelung des Sonderfalls der (unverschuldeten) Säumnis, BGH WM 2018, 445.

4 **III. Geltungsbereich.** Die Vorschrift gilt fast im gesamten Berufungsrecht nach der ZPO und der auf sie verweisenden Gesetze. Sie gilt auch im WEG-Verfahren. Im Revisionsverfahren verweist § 565 auf § 514 mit. Im Verfahren der Arbeitsgerichte gilt § 64 II lit. d ArbGG.

5 **IV. Abs. 1.** Ein gegen die säumige Partei ergangenes Erstes sog. echtes Versäumnisurteil kann von ihr weder mit der Berufung nach § 511 noch mit einer Anschlussberufung nach § 524 angefochten werden. Es unterliegt nur dem Einspruch nach § 338, BGH WM 2014, 321. Dasselbe gilt beim Vollstreckungsbescheid nach § 699, BGH WM 2014, 321. Ein unechtes Versäumnisurteil zB nach § 331 II 2, ein Prozessurteil gegen den erschienenen Kläger nach → Vor § 300 Rn. 15 und eine Aktenlageentscheidung nach §§ 331a, 251a sind berufungsfähig, Mü MDR 1988, 973. Darum bleibt immer zu prüfen, ob nicht eine Aktenlageentscheidung vorliegt. Für die Entscheidung, ob ein echtes Versäumnisurteil vorliegt, ist nicht die Bezeichnung maßgeblich, sondern der Inhalt des Urteils, BGH NJW 1999, 583, Mü MDR 1988, 973, Zweibr NJW-RR 1997, 1087. Nicht maßgeblich ist dasjenige, was hätte geschehen müssen, BGH NJW 1997, 1448; Düss MDR 1985, 1034. Zu formfehlerhaften Entscheidungen → Vor § 511 Rn. 29, BGH JR 2000, 245, Ffm NJW-RR 1992, 1468; Nürnb OLGZ 1984, 447 (je: Grundsatz der Meistbegünstigung nach → Vor § 511 Rn. 29).

6 **V. Abs. 2.** Dazu Braun ZZP 93, 443; Schneider MDR 1998, 577; Vollkommer ZZP 94, 91 (je: Grdz.).

7 **1. Unstatthaftigkeit des Einspruchs.** Die Berufung oder eine Anschlussberufung nach § 524 kommt nur in Betracht, soweit der Einspruch an sich nicht statthaft ist, also nur bei einem Zweiten Versäumnisurteil nach § 345, BGH WM 2018, 445, und soweit das Erstgericht nach § 238 II 2 im Versäumnisurteil eine Wiedereinsetzung ablehnt. Auch gegen ein fälschlich als Zweites Versäumnisurteil bezeichnetes Urteil ist nach → Vor § 511 Rn. 29 die Berufung statthaft (Meistbegünstigung), BGH NJW 1997, 144; Düss OLGR 2001, 281; Ffm NJW-RR 1992, 1468. Das Erreichen der Berufungssumme nach § 511 II Nr. 1 ist nach II 2 nicht erforderlich, damit das rechtliche Gehör nach Art. 103 I GG gesichert bleibt, Kramer NJW 1978, 1416.

8 **2. Keine schuldhafte Versäumung.** Eine Versäumung nach § 345 darf wegen eines Entschuldigungsgrunds nach → § 337 Rn. 4, 7 ff. nicht vorgelegen haben, Kblz MDR 2011, 1498. Eine einfache Fahrlässigkeit ist schon schädlich. Das Erstgericht muss also zu Unrecht angenommen haben, dass der Einspruchsführer in der mündlichen Verhandlung nach § 345 nicht erschienen ist oder nicht nach → § 137 Rn. 15 zur Hauptsache verhandelt hat, Ffm NJW-RR 1992, 1468. Die Maßstäbe zur Beurteilung des Verschuldens sind die gleichen wie bei der Wiedereinsetzung in den vorigen Stand, BGH NJW-RR 2016, 505.

Vgl. das umfangreiche ABC in → § 337 Rn. 7. Zu prüfen ist hier insbesondere die ordnungsgemäße Ladung zum Termin. 9

Nicht gerügt werden kann mit der Berufung, dass das Erste Versäumnisurteil nicht hätte ergehen dürfen, weil die Klage unzulässig oder unschlüssig war. Ist aufgrund mündlicher Verhandlung durch Versäumnisurteil gegen den Beklagten erkannt, sind die Zulässigkeit der Klage, ihre Schlüssigkeit und die Voraussetzungen für den Erlass eines Versäumnisurteils in dem versäumten Termin richterlich geprüft. Eine erneute Prüfung sieht § 345 ZPO im Rahmen der Entscheidung über den Einspruch nicht vor, BGHZ 141, 351. 10

Verwirft das Zweite Versäumnisurteil hingegen den Einspruch gegen einen **Vollstreckungsbescheid,** kann wegen § 700 VI die Berufung (ausnahmsweise) auf die verfahrensrechtliche Unzulässigkeit des Vollstreckungsbescheids gestützt werden, BGHZ 73, 87; 112, 367; 141, 351. Ist der Bekl. in dem zur mündlichen Verhandlung über seinen Einspruch gegen den Vollstreckungsbescheid bestimmten Termin säumig, darf der Einspruch gegen den Vollstreckungsbescheid anders als der Einspruch gegen ein Versäumnisurteil nur dann gem. § 345 verworfen werden, wenn die in § 331 I, II Hs. 1 für eine Entscheidung durch Versäumnisurteil bestimmten Voraussetzungen vorlagen (§ 700 VI). Die Prüfung der Schlüssigkeit der Klage und der Zulässigkeit des Erlasses des Vollstreckungsbescheids sind in dem zur mündlichen Verhandlung bestimmten Termin daher trotz Säumnis des Bekl. nachzuholen. Das findet seinen Grund darin, dass eine richterliche Prüfung der vollstreckbaren Entscheidung bis dahin nicht stattgefunden hat, BGHZ 141, 351. 11

Ein aus anderen Gründen gesetzwidriges Ergehen des Zweiten Versäumnisurteils eröffnet keine Berufung. Die Berufung gegen ein zweites Versäumnisurteil kann z. B. nicht darauf gestützt werden, **Ablehnungsgesuche** der säumigen Partei seien fehlerhaft behandelt worden. II dient nämlich nicht allgemein der Korrektur von Rechtsanwendungsfehlern. Die Regelung stellt eine eng auszulegende **Ausnahmevorschrift** dar, die lediglich die Überprüfung ermöglichen soll, ob eine schuldhafte Säumnis tatsächlich vorgelegen hat, mithin die Sanktion des endgültigen Prozessverlustes gerechtfertigt ist. Ansonsten soll sie (nur) einer Verschleppung des Rechtsstreits vorbeugen, BGH WM 2018, 445. 12

VI. Verfahren, II 2. Der Berufungskläger muss das Fehlen oder die Unabwendbarkeit der Säumnis vollständig nach allen Richtungen wie bei → § 253 Rn. 28 schlüssig vortragen, BGH NJW 2007, 2047; Hamm MDR 2016, 178; KG MDR 2007, 49. Das muss zumindest in der Berufungsbegründungsfrist nach § 520 II geschehen; anderenfalls ist die Berufung nach § 522 I als unzulässig zu verwerfen, BGH NJW 1991, 43. In der Revisionsinstanz ist eine Ergänzung des Vortrags unstatthaft, BGH NJW 1999, 2121. Erweist sich die Behauptung nicht als richtig, ist die Berufung als unbegründet zurückzuweisen. 13

Hat eine schuldhafte Versäumung nicht vorgelegen, hebt das Berufungsgericht das Versäumnisurteil auf. Auf Antrag einer der Parteien und bei Vorliegen auch der übrigen Voraussetzungen des § 538 Abs. 2 Satz 1 Nr. 6 darf das Berufungsgericht die Sache an das erstinstanzliche Gericht **zurückverweisen.** 14

515 *Verzicht auf Berufung.* Die Wirksamkeit eines Verzichts auf das Recht der Berufung ist nicht davon abhängig, dass der Gegner die Verzichtsleistung angenommen hat.

I. Systematik. § 515 regelt den einseitigen Verzicht einer Partei. Er muss gegenüber dem Gericht (I. oder II. Instanz) erklärt werden. 1

Gleichwohl möglich ist jedoch auch eine Parteivereinbarung (z. B. ein außergerichtlicher Vergleichsvertrag) mit dem Inhalt, kein Rechtsmittel einzulegen. Für diese Vereinbarung besteht kein Anwaltszwang, weil sie keine Prozesshandlung darstellt, BGH WM 1989, 868. Hält sich eine Partei nicht an die vertragliche Verpflichtung, kann der Vertragspartner dies im Wege der Einrede geltend machen, denn mit seinem vorausgegangenen rechtsgeschäftlichen Verhalten darf sich prozessual niemand in Widerspruch setzen, BGH WM 1989, 868. Erst durch die Erhebung der Einrede erlangt der Verzicht auch Wirkung im Prozess. Das Rechtsmittel ist dann als unzulässig zu verwerfen, vgl. BGH NJW 2002, 2108. 2

Die Vereinbarung ist auch bedingt möglich. Wird die Verpflichtung, ein Rechtsmittel zurückzunehmen, von einer Bedingung abhängig gemacht, die jedoch nicht eintritt, so kann der Vertragsgegner im Prozess diese Verpflichtung nur dann einredeweise mit Erfolg geltend machen, wenn die Vertragspartei den Eintritt dieser Bedingung wider Treu und Glauben verhindert hat (§ 162 Abs. 1 BGB), BGH WM 1989, 868. 3

II. Regelungszweck. Die Vorschrift ist eine Folge der Parteiherrschaft. Sie dient der Prozesswirtschaftlichkeit. 4

III. Geltungsbereich und Grenzen. Die Vorschrift gilt in jedem Verfahren nach der ZPO und der auf die ZPO verweisenden Gesetze. Sie gilt auch im WEG-Verfahren. Im Verfahren der Arbeitsgerichte ist § 515 anwendbar, BAG NZA 2011, 937. Entsprechend § 515 lässt sich der Verzicht auf andere Rechtsmittel zB nach §§ 565, 567 und Rechtsbehelfe und auf den Einspruch nach § 346 behandeln. Wegen des Verzichts auf die Anschließung → § 524 Rn. 19. 5

Ein Verzicht auf die Berufung ist auch **nach Beginn der mündlichen Verhandlung** nicht von der Einwilligung des Gegners abhängig. Die gegenteilige Rechtsprechung (BGHZ 124, 305) schloss dies aus einer Analogie zum Einwilligungserfordernis bei der Rücknahme (§ 515 I aF), das zwischenzeitlich weggefallen ist. 6

IV. Verzicht durch einseitige Erklärung. Ein Rechtsmittelverzicht kann als einseitige Erklärung einer Partei dem Gericht oder dem Gegner gegenüber jedenfalls nach Erlass der rechtsmittelfähigen Entscheidung abgegeben werden. Er führt zur Unzulässigkeit eines gleichwohl eingelegten Rechtsmittels, BGH BeckRS 2021, 43366 Rn. 6 mwN. 7

1. Gegenüber dem Gericht. Der Verzicht kann gegenüber dem Gericht schriftlich oder in der mündlichen Verhandlung erklärt werden. Er ist Prozesshandlung und unterliegt damit im Anwaltsprozess dem Anwaltszwang. Ein **auftragswidriger** Verzicht kann wirksam sein, BGH FamRZ 1994, 300 (Ausnahme: Vollmachtsmissbrauch). Der dem Gericht gegenüber erklärte Verzicht ist **nicht** nach bürgerlichem Recht wegen Willensmängeln **anfechtbar;** seine Wirksamkeit ist allein nach den Maßstäben des Verfahrensrechts zu beurteilen. Als Prozesshandlung ist **er unwiderruflich,** BGH NJW 1985, 2335. Als Ausnahme ist aus Gründen der Prozesswirtschaftlichkeit nur der Fall des Vorliegens eines Restitutionsgrundes anerkannt (vgl. BGHZ 80, 389, 394 mwN). 8

9 **2. Gegenüber dem Gegner.** Der Verzicht kann auch dem Gegner gegenüber erklärt werden, und zwar schriftlich oder mündlich, BGH NJW-RR 1991, 1213, Hamm FamRZ 1998, 381. Der Verzicht gegenüber dem Gegner unterliegt nicht dem Anwaltszwang, BGH NJW-RR 1997, 1288; Hamm WRP 1992, 337. Für den Gegner begründet der ihm gegenüber erklärte Verzicht lediglich eine prozessuale Einrede, auf die wiederum verzichtet werden kann, BGH NJW 1985, 2335. Da ein solcher Verzicht vom Gericht erst zu beachten ist, wenn er durch Einrede in das Verfahren eingeführt wird, kann mit dem Empfänger der Verzichtserklärung nachträglich vereinbart werden, von ihr keinen Gebrauch zu machen. Auf diese Weise kann ein außergerichtlicher Rechtsmittelverzicht wieder rückgängig gemacht werden, so dass von einer **Widerruflichkeit** im Einverständnis mit dem Gegner gesprochen werden kann. Die diesbezügliche Dispositionsbefugnis der Parteien endet erst mit dem Eintritt der Rechtskraft der Entscheidung, insbesondere aufgrund eines beiderseitigen Rechtsmittelverzichts, weil in die Rechtskraft durch Parteivereinbarung nicht mehr eingegriffen werden kann, BGH NJW 1985, 2335.

10 **3. Auslegung.** Ob ein Rechtsmittelverzicht vorliegt, ist durch objektive Auslegung der Erklärung zu ermitteln. Dabei ist wegen seiner weitreichenden Wirkungen Zurückhaltung geboten. Ein Rechtsmittelverzicht ist nur dann anzunehmen, wenn in der Erklärung klar und eindeutig der Wille zum Ausdruck kommt, die Entscheidung endgültig hinnehmen und nicht anfechten zu wollen, BGH BeckRS 2021, 43366 mwN. Das Wort „Verzicht" ist dabei nicht erforderlich.

4. Beispiele zur Frage einer Verzichtserklärung

11 **Absichtserklärung: Kein** Verzicht liegt natürlich in seiner bloßen Absichtserklärung.

Antragsbeschränkung: Ausreichen kann eine Beschränkung der Berufung auf einen von mehreren Klaganträgen, soweit der Verzichtswille wegen des Rests eindeutig ist, BGH NJW-RR 1998, 572 (dann Unerheblichkeit eines nachträglich behaupteten „Schreibfehlers"), sonst aber nicht, BGH NJW 2001, 146.

Außergerichtliche Erklärung: Ausreichen kann ein außergerichtlicher Verzicht gegenüber dem Gegner.

Entscheidungsgründe: Ausreichen kann nach → Rn. 2 ein beiderseitiger Verzicht auf Entscheidungsgründe des Ersturteils, Brdb NJW-RR 1995, 1212, Hamm NJW-RR 1996, 509, Köln MDR 2000, 472; aM BGH NJW 2006, 3498. **Kein** Verzicht liegt bei § 313a I 2 vor, BAG NZA 2006, 877.

Erledigung: Ausreichen kann die Erklärung nach → § 91a Rn. 253, die Berufung habe sich erledigt, Hamm MDR 1989, 910.

„Keine Berufung": Ausreichen kann nach → Vor § 128 Rn. 60 die Erklärung, der Kläger lege keine Berufung ein oder werde sie nicht einlegen, BGH NJW-RR 1991, 1213.

„Keine Rechtsmittelabsicht": Kein Verzicht liegt in der Erklärung, man wolle kein Rechtsmittel einlegen, verbunden mit der Bitte um eine Kostenrechnung. Denn das lässt noch eine andere endgültige Entscheidung der Partei offen.

Kostengründe: Kein Verzicht ist ein solcher nur auf eine Begründung der Kostengrundentscheidung, BGH NJW 2006, 3498.

Mündliche Erklärung: Sie kann ausreichen.

Mündliche Verhandlung: Verzicht auf das Recht der Berufung ist nach Beginn der mündlichen Verhandlung des Berufungsbeklagten analog § 516 I nur mit dessen Einwilligung zulässig, BGHZ 124, 305.

Rücknahme: Kein Verzicht liegt in der Erklärung, man habe die bereits eingelegte Berufung zurückgenommen, BGH MDR 1994, 1035 (anders beim Ablauf der Berufungsfrist, BGH NJW 2002, 2109), oder man werde sie evtl. zurücknehmen, aM BGH NJW-RR 1997, 1288 ohne Vorlage nach § 132 GVG (aber → Rn. 10).

Sprungrevision: Der Zulassungsantrag gilt nach § 566 I 2 als Verzicht.

Stillschweigende Erklärung: Sie kann ausreichen, Drsd FamRZ 2003, 1196 (Einverständnis mit einer vom Gegner entworfenen Entscheidung usw.).

Teilbetrag: Es gilt dasselbe wie bei „Antragsbeschränkung".

Vergleich: Er kann ausreichen. Auch „Stillschweigende Erklärung".

Vorläufige Beschränkung: Kein (Teil-)Verzicht liegt in der bloßen Erklärung einer Beschränkung als einer vorläufigen.

Vorläufige Vollstreckbarkeit: Kein Verzicht liegt in einer Zahlung aufgrund eines nach §§ 708 ff. nur vorläufig vollstreckbaren Ersturteils, BGH NJW 1994, 942, LAG Köln NZA-RR 2006, 660 (Ausnahme: Eindeutig endgültiger Verfüllungswille, BGH MDR 1976, 473, Hamm MDR 1975, 496).

Widerklage: Ausreichen kann die Erklärung des Klägers, er werde eine Berufung nur wegen der Widerklage nach Anh. § 253 einlegen, BGH NJW-RR 1989, 1344.

Zahlung: Kein Verzicht liegt in einer Zahlung zusammen mit der bloßen Bitte, nicht zu vollstrecken, BGH NJW 1981, 1729; aM Hamm MDR 1975, 496 (zu weitgehend). Auch „Vorläufige Vollstreckbarkeit".

Zurückbleiben hinter Beschwer: Kein (Teil-)Verzicht liegt schon deshalb vor, weil der Antrag hinter der Beschwer nach → Vor § 511 Rn. 16 zurückbleibt, BGH NJW-RR 1998, 572, oder weil nach einer Berufungseinlegung nach § 519 I noch ohne einen Antrag der spätere Antrag nur noch gegenüber dem Ersturteil eingeschränkt erfolgt, BGH NJW 1983, 1562.

5. Beispiele Verzichtswirkung

12 **Anschlussberufung:** Infolge eines wirksamen Verzichts auf die Berufung verliert eine Anschlussberufung des Gegners nach → § 524 Rn. 34 ihre Wirkung, BGH NJW 1994, 738. Ob der Verzichtende die Möglichkeit einer Anschlussberufung behält, ist Frage der Auslegung im konkreten Fall, Hamm FamRZ 1979, 944. Das ist eine Auslegungsfrage.

Arglist: „Rechtsmissbrauch".

Außergerichtlicher Verzicht: Ein solcher beiderseitiger hat auf die formelle Rechtskraft nach § 705 grds. keinen Einfluss, Düss FamRZ 1980, 709, Rimmelspacher JuS 1988, 955. Auch ein solcher Verzicht hat aber eine Bedeutung für eine trotzdem eingelegte Berufung.

Einrede: Ein dem Gegner gegenüber erklärter Verzicht gibt eine entsprechende verzichtbare Einrede, BGH NJW 2002, 2108, Hamm FamRZ 1998, 381. Aber auch „Rechtsmissbrauch".

Nichtzulassungsbeschwerde: „Verwerfung".

Rechtsmissbrauch: Er ist wie stets nach → Einl. II Rn. 103 unstatthaft. Möglich bleibt daher die Gegeneinrede einer Arglist, BGH NJW 1985, 2335, Hamm OLGR 1999, 60.

Rückgängigmachung: Statthaft ist eine solche vertragliche vor dem Eintritt der formellen Rechtskraft nach § 705, BGH MDR 1985, 831. **Unstatthaft** wird sie ab formeller Rechtskraft.

Streithelfer: Wegen der Wirkung des Berufungsverzichts auf ein Rechtsmittel des Streithelfers → § 67 Rn. 13 „Rechtsmittelverzicht".

Verwerfung: Nach einem wirksamen Verzicht muss das Berufungsgericht die Berufung von Amts wegen nach § 522 I 2 als unzulässig (geworden) verwerfen. Das gilt auch für das Verfahren nach § 566 I 2, und zwar nur auf Einrede, falls der Verzicht der anderen Partei gegenüber erfolgte, BGH NJW-RR 1997, 1288, Schlesw SchlHA 1985, 104. Auch eine Nichtzulassungsbeschwerde nach § 544 wird dann unzulässig, BAG NJW 2006, 1996. Auf die Einrede kann man nachträglich verzichten.

Weisungswidrigkeit: Wirksam ist grds. auch der weisungswidrige Verzicht durch einen Vertreter, BGH FamRZ 1994, 300. Aber auch „Rechtsmissbrauch".

Widerruf: Statthaft ist er nach → Rn. 7 nur beim Vorliegen eines Restitutionsgrundes nach § 580, BGH FamRZ 1988, 1158.

516 *Zurücknahme der Berufung.* **[I] Der Berufungskläger kann die Berufung bis zur Verkündung des Berufungsurteils zurücknehmen.**

II [1]Die Zurücknahme ist dem Gericht gegenüber zu erklären. [2]Sie erfolgt, wenn sie nicht bei der mündlichen Verhandlung erklärt wird, durch Einreichung eines Schriftsatzes.

III [1]Die Zurücknahme hat den Verlust des eingelegten Rechtsmittels und die Verpflichtung zur Folge, die durch das Rechtsmittel entstandenen Kosten zu tragen. [2]Diese Wirkungen sind durch Beschluss auszusprechen.

I. Systematik, I–III. Die Vorschrift ähnelt teilweise § 269 mit seiner Regelung der erstinstanzlichen Klagerücknahme. In der Berufungsinstanz ist jedoch zu differenzieren, BGH NJW 1998, 2453: Die Berufungsrücknahme nach § 516 erledigt nur die eingelegte Berufung; solange die Berufungsfrist noch läuft, kann eine neue Berufung eingelegt werden. Der Verzicht auf Berufung nach § 515 gibt hingegen jeden Anspruch auf eine Nachprüfung und Abänderung der Entscheidung auf. Die Klagerücknahme nach § 269 in dessen Zeitgrenze erledigt die Klage; der Verzicht auf den Anspruch wirkt nach § 306; eine Erledigungserklärung kann nach § 91a wirken; eine erneute Berufung ist evtl. statthaft. Was die Partei erklären will, muss das Berufungsgericht durch eine Auslegung und durch die Ausübung seines Fragerechts nach § 139 ermitteln. § 565 verweist für eine Rücknahme der Revision auf § 516. § 346 verweist für die Zurücknahme eines Einspruchs ebenfalls auf § 516. 1

II. Regelungszweck, I–III. Die Regelung entspricht der Dispositionsfreiheit der Parteien und dient der rascheren Herbeiführung der Rechtskraft der Entscheidung. 2

III. Geltungsbereich, I–III. Die Vorschrift gilt in jedem Verfahren nach der ZPO und den auf sie verweisenden Gesetzen. Wegen einer Nichtzulassungsbeschwerde → § 544 Rn. 14. Sie gilt auch im WEG-Verfahren, dort freilich mit dem Vorrang von §§ 62 ff. WEG, Düss NZM 2009, 520. Im Verfahren der Arbeitsgerichte ist § 516 nach § 64 VI ArbGG entsprechend anwendbar. 3

1. Keine Zustimmungsbedürftigkeit. Die Rücknahme der Berufung **bedarf** – anders als die Rücknahme der Klage, nachdem bereits verhandelt worden ist, § 269 I – **nicht der Zustimmung** des Berufungsbekl., BGH GRUR 2014, 912; Köln NJW 2016, 253. Der Berufungskläger kann eine einseitige Rücknahme ab Berufungseinlegung (§ 519) bis zur Verkündung des Berufungsendurteils nach § 310 erklären, BAG NZA-RR 2013, 616 (zu § 565), oder bis zum Hinausgehen eines Zurückweisungsbeschlusses aus der Geschäftsstelle, BGB WM 2017, 1902. Der Zurückweisungsbeschluss, der gem. § 329 II nicht zu verkünden ist, wird im diesem Sinne erst zu dem Zeitpunkt „hinausgegeben", zu dem er die Geschäftsstelle mit der unmittelbaren Zweckbestimmung verlässt, den Parteien bekannt gegeben zu werden. Ist dies noch nicht geschehen, kann die Berufung noch zurückgenommen werden. 4

2. Mehrere Berufungserklärungen. Haben zwei Prozessbevollmächtigte unabhängig voneinander Berufung wegen desselben Anspruchs eingelegt und nimmt einer von ihnen „die Berufung" ohne weitere Beschränkung zurück, so bewirkt dies regelmäßig den Verlust des Rechtsmittels, BGHZ 07, 3640. 5

3. Vertragliche Rücknahmeverpflichtung. Die vertragliche Verpflichtung zur Berufungsrücknahme ist möglich, etwa durch Vergleichsvertrag iSd § 779 BGB. Sie unterliegt nicht dem Anwaltszwang, da sie keine Prozesshandlung darstellt. Der Gegner kann daraus eine Einrede herleiten; die entgegen der Verpflichtung nicht zurückgenommene Berufung ist dann unzulässig und nach § 522 I zu verwerfen, BGH NJW-RR 1992, 568. Einer Klage auf die Rücknahme würde das Rechtsschutzbedürfnis § 253 fehlen. Wird die Verpflichtung, ein Rechtsmittel zurückzunehmen, von einer Bedingung abhängig gemacht, die jedoch nicht eintritt, so kann der Vertragsgegner im Prozess diese Verpflichtung nur dann einredeweise mit Erfolg geltend machen, wenn die Vertragspartei den Eintritt dieser Bedingung wider Treu und Glauben verhindert hat (§ 162 I BGB), BGH WM 1989, 868. Eine auftragswidrige Rücknahme ist wirksam, BGH FamRZ 1988, 496. 6

IV. Rücknahmeerklärung, II. 1. Parteiprozesshandlung. Die Vorschrift regelt eine Erklärung der Berufungsrücknahme entsprechend der Erklärung der Klagerücknahme nach → § 269 Rn. 30 ff. Sie ist eine Prozesshandlung. Sie ist als solche nach → Vor § 128 Rn. 62 bedingungsfeindlich, BGH BB 2007, 2540. Der Berufungskläger darf sie auch nicht von einem innerprozessualen Vorgang abhängig machen, BGH BB 2007, 2540. Die Erklärung unterliegt dem Anwaltszwang und ist gegenüber dem Gericht abzugeben. 7

2. Grundsatz: Unwiderruflichkeit und Unanfechtbarkeit. Eine wirksame Rücknahmeerklärung ist grundsätzlich unwiderruflich, BGH BB 2007, 2540, KG NJW 1998, 3357 (auch keine Beseitigung durch Parteivereinbarung). Sie ist grundsätzlich nicht wegen Willensmängeln anfechtbar oder widerruflich, BGH BB 2007, 2540; KG NJW 1998, 3357. Nur und ausnahmsweise bei einem für Gegner und Gericht völlig offensichtlichen Irrtum kann nach den Grundsätzen von Treu und Glauben aber in Betracht kommen, eine Rücknahme als unwirksam zu behandeln, BGH NJW-RR 2006, 862. 8

9 **3. Ausnahme: Widerruflichkeit.** Ausnahmsweise ist ein Widerruf statthaft, soweit das Berufungsurteil der Restitutionsklage aus § 580 unterläge. Denn dann wäre ein vorheriges Urteil ein sinnloser Umweg, BGH NJW 1991, 2839. Abweichend von dieser Entscheidung ist bei einer Eides- oder Wahrheitspflichtverletzung entsprechend § 581 ein Widerruf nur dann möglich, wenn das Strafverfahren geendet hat, sofern das letztere nicht etwa unmöglich ist. Ist es undurchführbar, ist ein Widerruf wegen § 586 II 2 später als 5 Jahre unstatthaft. Auch wenn die Voraussetzungen des § 581 noch nicht vorliegen, ist ein Widerruf aber wegen § 586 I, II 1 nur innerhalb eines Monats nach der Kenntnis der dazu berechtigenden Tatsachen statthaft, aM Gaul ZZP 75, 267 (es sei zur Geltendmachung des Widerrufs stets die Wiederaufnahmeklage notwendig. Er will also der Wiedereröffnung die Prüfung der Zulässigkeit und des Grundes der Wiederaufnahme vorschalten).

10 Als eine Prozesshandlung ist der Widerruf auch in der Revisionsinstanz nach § 559 **nachprüfbar.**

11 **4. Erklärung.** Sie erfolgt nach II 1 wirksam nur gegenüber dem jetzt zuständigen Berufungsgericht, BGH MDR 1991, 668. Das gilt auch nach einer vereinbarten Rücknahme nach → Rn. 6. Bei elektronischer Einreichung gelten §§ 130ad. Man kann sie in der mündlichen Verhandlung nach § 160 III Nr. 8 zu Protokoll abgeben. Das Protokoll hat dann gem. § 160 III Nr. 8 eine entsprechende Feststellung zu enthalten. Die Wirksamkeit einer in der mündlichen Verhandlung erklärten Rücknahme der Berufung ist jedoch nicht davon abhängig, dass sie ordnungsgemäß protokolliert wird. Ist das Protokoll unter Verstoß gegen § 162 I den Beteiligten nicht vorgelesen und von ihnen nicht genehmigt worden, fehlt dem Protokoll insoweit die Beweiskraft einer öffentlichen Urkunde. Die Rechtsmittelrücknahme kann in diesem Fall aber auf andere Weise bewiesen werden, vgl. BGH NJW 1984, 1465 zum Rechtsmittelverzicht.

5. Beispiele zur Frage einer Erklärung, II

12 **Antragsbeschränkung:** Sie kann eine teilweise Klage- oder Berufungsrücknahme bedeuten, muss das aber nicht tun (Auslegungsfrage nach → Vor § 128 Rn. 60), „Teilrücknahme", BGH NJW-RR 1998, 572. Bleiben die Anträge einer unbeschränkt eingelegten Berufung hinter der Beschwer zurück, ist dies keine Teilrücknahme, sondern schlicht eine Bestimmung des Umfangs des Rechtsmittels, vgl. BGH ZIP 2010, 1024 zur Revision.

Anwaltswechsel: Ein Anwalt kann auch die von einem Kollegen eingelegte Berufung wirksam zurücknehmen, BGH NJW 2007, 3641; LG Brem NJW 1979, 987. Entsprechendes gilt für die von der Partei selbst eingelegte Berufung, weitergehend BFH BStBl. II 1981, 395.

Anwaltszwang: Er besteht grds. wie sonst nach → § 78 Rn. 1, BGH NJW 1984, 805 (ohne Vorlage nach dem RsprEinhG, Anh. § 140 GVG); aM BFH BStBl. II 1981, 395. Freilich kann der Berufungskläger eine unzulässige Berufung selbst zurücknehmen, BGH NJW-RR 1994, 759.

Auftragsentzug: Wirksam ist eine Erklärung auch dann, wenn der Auftraggeber dem Anwalt das Mandat nach § 87 entzogen hatte, BGH NJW 2007, 3640; Mü OLGR 1998, 192.

Auslegung: „Eindeutigkeit".

Bedingung: Die Erklärung muss nach bedingungslos sein, BGH NJW-RR 2006, 863.

Eindeutigkeit: Die Erklärung muss nach inhaltlich eindeutig sein. Das Gericht muss ihren Inhalt evtl. nach § 139 klären. Als eine Parteiprozesshandlung ist die Erklärung natürlich auslegbar. Auch „Erledigungserklärung", → „Stillschweigen".

Form: Die Erklärung muss nicht das Wort „Berufungsrücknahme" enthalten. Sie muss nicht ausdrücklich erfolgen, sondern kann stillschweigend geschehen.

Irrtum: Unwirksam sein kann eine offensichtlich irrige Erklärung, BGH NJW-RR 2006, 862.

Mehrere Erklärungen: Jede von ihnen muss einwandfrei ergeben, auf welche Berufung sie sich bezieht, BGH NJW-RR 2006, 863. Wegen der Einlegungen mehrerer Berufungen gegen dasselbe Urteil → § 519 Rn. 12.

Teilrücknahme: Sie ist für einen nach § 301 beurteilbaren selbständigen Teil des Streitgegenstands nach → § 2 Rn. 4 statthaft, „Antragsbeschränkung".

Verzicht: Wirksam als Rücknahme kann ein nach der Berufungsrücknahme erklärter Verzicht sein, BGH NJW 1994, 737 (dann aber nicht III). Eine unwirksame Rücknahme kann nach → Vor § 128 Rn. 60 als ein Verzicht nach § 515 auslegbar sein.

Weisungswidrigkeit: Wirksam ist nach § 83 auch eine weisungswidrige Erklärung, BGH NJW-RR 1998, 1446.

13 **6. Streitgenossen, Streithelfer.** Bei Streitgenossen nach §§ 59 ff. handelt jeder grundsätzlich selbständig. Bei einer notwendigen Streitgenossenschaft nach § 62 verliert jeder Streitgenosse durch seine Rücknahme das eigene Rechtsmittel, bleibt aber trotzdem wegen der Berufung der anderen Streitgenossen Berufungskläger, BGH NJW-RR 1991, 187. Hat nur ein Streitgenosse Berufung eingelegt, nachdem die Frist für die anderen abgelaufen ist, verlieren diese mit der Rücknahme ihre Stellung als Partei, BGH NJW-RR 1999, 286. Hatte der Zurücknehmende allein Berufung eingelegt, können die anderen die Berufung aufrechterhalten. Der Streithelfer nach § 66 darf die Berufung der Hauptpartei nach → § 67 Rn. 11 nicht zurücknehmen. Der streitgenössische Streithelfer nach § 69 kann nach der Berufungsrücknahme der Hauptpartei nicht weiterverfahren, BGH MDR 2011, 181. Umgekehrt kann auch die Hauptpartei die Berufung des gewöhnlichen Streithelfers nicht wirksam zurücknehmen, Hamm FamRZ 1984, 810, Pantle MDR 1988, 925, aM Zöller/Heßler Rn. 3. Die Rücknahme der Berufung des Streithelfers lässt die Hauptpartei-Berufung bestehen, Nürnb BauR 2017, 2210. Wohl aber kann die Hauptpartei sie durch einen Widerspruch unzulässig oder gegenstandslos machen, BGH NJW 1993, 2944. Die Auslegung muss ergeben, ob die Hauptpartei nur **ihre** Berufung zurücknimmt, Mü BauR 2012, 1145.

14 **7. Beschränkung des Berufungsantrags.** Sie kann ein Verzicht auf den Restanspruch, eine teilweise Klagerücknahme sein, aber auch eine teilweise Berufungsrücknahme, wenn der Berufungskläger einen weitergehenden Antrag gestellt hatte, BGH NJW-RR 1989, 962; Schlesw NJW 2016, 1745. Sie kann freilich auch eine Erklärung sein, das Verfahren insoweit einstweilen nicht zu betreiben, BGH NJW-RR 1989, 962.

15 Die letztere Erklärung steht einer späteren Erweiterung der Berufung nicht entgegen, während durch die ersteren Erklärungen ein endgültiger Zustand entsteht. Für eine Berufungsrücknahme spricht keine Vermutung; die Erklärung ist vielmehr auszulegen.

16 **V. Wirkungen, III. 1. Verlust des eingelegten Rechtsmittels, III 1.** Der Berufungskläger verliert für die Zukunft das bisher nach § 519 I eingelegte Rechtsmittel, also nur diese Berufung und bis zum Ablauf der Berufungsfrist nach § 517 nicht das Recht zur Berufung überhaupt. Das stellt III 1 klar, BGH NJW 1994, 737. Ist die Einlegungsfrist noch nicht abgelaufen, kann also erneut Berufung eingelegt werden. Hat der Berufungskläger

mehrmals Berufung wegen desselben Anspruchs einlegen lassen, erledigt eine undifferenziert erklärte Rücknahme regelmäßig sämtliche bisherigen Berufungen, BGH NJW 2007, 3642; BAG NZA 2010, 184; Ffm NJW 2014, 1678. Anders liegt es dann, wenn er etwa nur eine der bisherigen Berufungen als überflüssig zurücknehmen will, BSG NJW 1998, 2078, oder wenn sich eine der Berufungen auf einzelne Prozesshandlungen beschränkte, Ffm NJW 2014, 1678. Was er will, muss das Berufungsgericht durch eine Auslegung nach → Rn. 11 ermitteln. Handelte es sich um Berufungsschriften sowohl der Hauptpartei als auch ihres Streithelfers nach § 66, wird die Rücknahme durch die Hauptpartei meist nur ihre bisherige Berufung betreffen, BGH NJW 1993, 2944; Pantle MDR 1988, 925. Dasselbe gilt dann, wenn nach zwei Berufungen mehrerer selbständiger ProzBev. nur der eine „die Berufung" zurücknimmt, Brem FamRZ 2006, 964. Ein außergerichtlicher Vergleich der Hauptpartei und des Gegners nach § 779 BGB bindet aber auch ihren Streithelfer, BGH NJW 1988, 712.

Da die Rücknahme nur die bisher eingelegte Berufung betrifft, kann der Berufungskläger das Rechtsmittel also 17
in der Notfrist nach § 517 **erneuern,** BGH NJW 1994, 738. Dasselbe gilt nach einer Wiedereinsetzung nach § 238 III. Rechtskräftig wird das angefochtene Urteil mit dem Verlust der eingelegten Berufung nicht. Die formelle Rechtskraft nach § 705 tritt mit dem Ablauf der Berufungsfrist mit dem Eingang der Rücknahmeerklärung beim Berufungsgericht ein, BGH NJW 2008, 373; Düss GRUR-RR 2006, 384, ohne dass eine Rückdatierung entsprechend § 269 eintritt, und ohne eine Möglichkeit zur Wiedereinsetzung, BGH NJW 2007, 3640.

2. Wirkungslosigkeit vorangegangener Entscheidungen, III 1. Der Verlust des Rechtsmittels führt dazu, 18
dass eine in dieser Instanz ergangene noch nicht nach § 705 formell rechtskräftige Entscheidung wirkungslos wird. Das gilt zB für ein Versäumnisurteil nach §§ 330 ff., auch für ein solches gegen den Berufungsbekl, Düss MDR 1988, 681.

3. Kosten der Rücknahme der Berufung, III 1. Das Gericht muss über die Kosten nach §§ 308 II, 525 19
von Amts wegen entscheiden, Hmb MDR 2003, 1261; Karlsr FamRZ 2018, 379. Zuständig ist das Berufungsgericht auch nach einer irrig beim Erstgericht eingereichten und dann zurückgenommenen Berufung, Köln JurBüro 2008, 438. Mangels einer Entscheidung über das Rechtsmittel ist § 97 unanwendbar, Karlsr FamRZ 2002, 1052. Das Berufungsgericht muss den Berufungskläger bei einer Wirksamkeit der Berufungsrücknahme ohne jede weitere Prüfung in diese Kosten verurteilen. Zu ihnen gehören wie stets nach → § 91 Rn. 18 auch die Auslagen.

4. Beispiele zur Frage der Kosten der Berufung, III 1

Begründungsmangel: Der Berufungskläger trägt die Kosten auch einer nach § 524 zulässig gewesenen An- 20
schlussprüfung dann, wenn das Berufungsgericht die Berufung wegen des Fehlens oder eines Mangels der Berufungsbegründung nach § 522 I 2 als unzulässig verwirft, BGH FamRZ 2007, 631; Hmb FamRZ 2006, 619; Hamm AnwBl 2008, 796; aM Brschw NJW 1975, 2302; Ffm FamRZ 1998, 302 (je: § 91a entsprechend); Stgt FamRZ 2007, 748.

Erstattung: → § 91 Rn. 199 ff., BGH ZIP 2016, 792; Schlesw MDR 2003, 717.

Fristwahrung: III 1 ist auch dann anwendbar, wenn man die Berufung nur zur Fristwahrung eingelegt hatte, BGH NJW 2003, 756; aM Zöller/Heßler Rn. 21 (aber auch dann liegt eine echte Rücknahme vor).

Keine Prozessvollmacht: Anwendbar ist III 1 auf die Kosten zulasten desjenigen Anwalts, der die Berufung ohne eine Prozessvollmacht nach § 80 eingelegt hat, Schneider Rpfleger 1976, 229.

Streitgenossen: Ob Streitgenossen nach Kopfteilen oder als Gesamtschuldner für die Kostenerstattung haften, richtet sich nach § 100. Gem. § 100 III haften sie als Gesamtschuldner, wenn sie sie als Gesamtschuldner in der Hauptsache verurteilt worden sind.

Bei **Teilrücknahme** der Berufung oder bei Rücknahme der Berufung durch eine von mehreren Parteien findet § 92 Anwendung, Köln NZG 2021, 26 Rn. 35; → § 92 Rn. 11.

Vergleich mit Kostenregelung: Unanwendbar ist III 1, soweit die Parteien einen Prozessvergleich nach Anh. § 307 oder einen außergerichtlichen Vergleich nach § 779 BGB mit einer jeweils nach § 98 abweichenden Kostenregelung geschlossen haben, BGH WM 1988, 1460; LG Karlsr NJW-RR 2013, 1343.

Vergleich ohne Kostenregelung: Anwendbar ist III 1 und nicht § 98 dann, wenn der Berufungskläger die Berufung zur Erfüllung eines außergerichtlichen Vergleichs nach § 779 BGB ohne eine Kostenregelung zurücknimmt, BGH NJW 1989, 39 (falls der Vergleich im Wesentlichen die Anerkennung des angefochtenen Urteils enthält); aM Ffm MDR 2004, 844; LAG Mü VersR 1988, 280 (aber § 98 erfordert stets eine Kostenregelung).

Zurückweisungsantrag: Nicht erstattungsfähig sind die Kosten eines solchen Zurückweisungsantrags, der einem Hinweis des Berufungsgerichts nach § 522 II 2 erst nachfolgt, Kblz JurBüro 2006, 486.

Zweite Berufung: Unanwendbar ist III 1 auf die Kosten einer nur zur Fristsicherung eingelegten und dann „zurückgenommenen zweiten Berufung". Denn dieser Vorgang hat keine selbständige Bedeutung.

5. Kosten der Rücknahme einer Anschlussberufung, III 1. Dazu Finger MDR 1986, 881; Maurer NJW 21
1991, 72. Zu den Kosten der Anschlussberufung besagt III 1 nur indirekt denselben Grundsatz wie zu den Berufungskosten nach → Rn. 19.

6. Beispiele zur Frage der Kosten einer Anschlussberufung, III 1

Berufungsrücknahme vor Anschlussberufung: Der Anschlussberufungskläger trägt die Kosten seiner An- 22
schlussberufung dann, wenn der Berufungskläger die Berufung noch vor der Einlegung der Anschlussberufung nach § 254 I zurückgenommen hatte, Zweibr NJW-RR 2005, 507. Das gilt auch dann, wenn dieser Umstand dem Anschlussberufungskläger bei der Einlegung noch unbekannt war, BGHZ 67, 307.

Berufungsrücknahme nach Verhandlungsbeginn: Dann kann es zur Kostenteilung nach § 92 im Verhältnis der Werte kommen, Zweibr NJW-RR 2005, 507.

Berufungsrücknahme vor Verhandlungsbeginn: Dann trägt der Berufungskläger die Kosten einer nach § 524 zulässig gewesenen Anschlussberufung, BGH FamRZ 2007, 631; Hamm AnwBl 2008, 796; Kblz NJW-RR 2014, 1212; aM Brschw NJW 1975, 2302; Ffm FamRZ 1998, 302 (je: § 91a entsprechend); Stgt FamRZ 2007, 748 (§ 92).

Rücknahme nur der Anschlussberufung: Dann trägt der Anschlussberufungskläger die Kosten seiner Anschlussberufung.

23 **7. Verfahren, III 2.** Alle Wirkungen und auch die Wirkungslosigkeit einer vorher ergangenen Entscheidung sind endgültig. Sie lassen sich durch keine Vereinbarung beseitigen. Das Berufungsgericht ist auch nach einer Berufungseinlegung beim Erstgericht zuständig, Köln JurBüro 2008, 428. Es muss die Kostenfolge von Amts wegen nach § 128 IV ohne eine notwendige mündliche Verhandlung dann durch einen Beschluss nach § 329 aussprechen, wenn es sich nicht um eine Teilrücknahme handelt, Düss MDR 1993, 802. Zuständig ist auch der Einzelrichter nach §§ 526 I oder § 527 III Nr. 1.

24 **8. Entscheidung, III 2.** Die **Formel** lautet etwa: *„Der Berufungskläger ist der am … eingelegten Berufung gegen das Urteil … verlustig und hat die Kosten des Berufungsverfahrens zu tagen, § 516 III."* Dieser Beschluss ist eine Kostengrundentscheidung. Er entzieht die Rücknahme jedem Zweifel. Er bleibt auch dann wirksam, wenn es zu einer weiteren Berufung nebst Sachurteil kommt, Ffm JurBüro 1978, 1409. Jedoch entfällt der Kostenausspruch mangels Rechtsschutzbedürfnis dann, wenn darüber ein Vergleich etwa nach Anh. § 307 zustande kommt und wenn der Gegner die übernommenen Kosten unstreitig bezahlt hat oder wenn eindeutig keine nach §§ 91 ff. erstattungsfähigen Kosten entstanden sind, BGH JurBüro 1981, 1169; Drsd MDR 1998, 1309; Köln FamRZ 1998, 1382; aM BayObLG MDR 1994, 1153; Düss NJW-RR 1999, 142; Mü MDR 1999, 568. Der Beschluss ergeht **gebührenfrei.** Die Entscheidung ist unanfechtbar, BGH NJW 1990, 841. Analog III hat das Berufungsgericht auch über die Kosten einer bei ihm eingelegten und vor Abgabe an den BGH zurückgenommenen NZB zu befinden, BGH BeckRS 2022, 6226.

25 **VI. Streit über die Wirksamkeit, I–III.** Entsteht ein Streit darüber, ob die Rücknahme wirksam ist oder ob die zurücknehmende Partei sie mit Erfolg angefochten oder widerrufen hat, muss das Berufungsgericht die Wirksamkeit klären und bei deren Bejahung den Verlust des Rechtsmittels feststellen. Ein Kosten- und Verlustigkeitsbeschluss ist auch dann unanfechtbar, wenn zwischen den Parteien streitig ist, ob die Berufungsrücknahme wirksam erklärt worden ist, BGH NJW 1995, 2229. Verneint das Gericht die Wirksamkeit der Rücknahme, entscheidet es durch ein Zwischenurteil nach § 303 oder in den Gründen des Endurteils nach § 540, das auf die fortgesetzte Verhandlung ergeht.

517 *Berufungsfrist.* **Die Berufungsfrist beträgt einen Monat; sie ist eine Notfrist und beginnt mit der Zustellung des in vollständiger Form abgefassten Urteils, spätestens aber mit dem Ablauf von fünf Monaten nach der Verkündung.**

1 **I. Systematik.** Die Vorschrift wird ergänzt durch § 518. Sie ist vergleichbar beim erstinstanzlichen Einspruch mit § 339, bei der Revision mit § 548, bei der sofortigen Beschwerde mit § 569 und bei der Rechtsbeschwerde mit § 575 I, II. Zur Fristberechnung gelten ferner §§ 221 ff. mit. In einer Entschädigungssache gilt § 218 II BEG (3 oder 6 Monate).

2 **II. Regelungszweck.** Jede Frist dient der Rechtssicherheit, BGH MDR 2013, 1058. Wiedereinsetzung nach §§ 233 ff. ist bei Vorliegen der Voraussetzungen möglich.

3 **III. Geltungsbereich.** Die Vorschrift gilt in jedem Berufungsverfahren nach der ZPO und den auf sie verweisenden Gesetzen. Sie gilt auch im WEG-Verfahren. Sie gilt bei einem zustellbaren Beschluss nach § 329 entsprechend. Im Verfahren der Arbeitsgerichte gelten §§ 9, 66 I ArbGG, LAG Köln BB 2007, 612. Fehlt die Zustellung eines nach § 313 vollständig abgefassten Urteils, beginnt die Berufungs- und Begründungsfrist spätestens mit dem Ablauf von 5 Monaten nach der Verkündung nach §§ 310, 311. Dann endet die Berufungsfrist 6 Monate und die Begründungsfrist 7 Monate nach der Verkündung, BAG NJW 2005, 700.

4 **IV. Berufungsfrist.** Man darf eine Berufung schon ab der Urteilsverkündung nach §§ 310, 311 einlegen, BGH NJW 1999, 3269. Man muss das aber spätestens bis zum Ablauf der Berufungsfrist tun.

5 **1. Einlegung beim Berufungsgericht.** Die Frist wird nur durch Einlegung der Berufung beim Berufungsgericht (519 I) gewahrt. Wird die Berufung beim erstinstanzlichen Gericht eingelegt und gelangt vom dort erst nach Fristablauf zum Berufungsgericht, ist die Frist versäumt. Unter Umständen kann eine **Wiedereinsetzung** gewährt werden, was jedoch davon abhängt, wie lange vor Fristablauf die Berufung beim erstinstanzlichen Gericht eingegangen ist. Der Rechtssuchende darf nämlich darauf vertrauen, dass das mit der Sache befasst gewesene Gericht den bei ihm eingegangenen, aber für das Rechtsmittelgericht bestimmten Schriftsatz im ordentlichen Geschäftsgang dorthin weiterleiten wird. Geht der Schriftsatz dabei so zeitig ein, dass die fristgerechte Weiterleitung an das Rechtsmittelgericht im ordentlichen Geschäftsgang ohne weiteres erwartet werden kann, darf die Partei auch darauf vertrauen, dass er noch fristgerecht bei dem Rechtsmittelgericht eingeht. Geschieht dies tatsächlich nicht, ist der Partei Wiedereinsetzung in den vorigen Stand unabhängig davon zu gewähren, auf welchen Gründen die fehlerhafte Einreichung beruht, BGH BeckRS 2015, 18256. Geht die Berufung jedoch zB erst am letzten Tag der Frist beim erstinstanzlichen Gericht ein, ist mit einer Weiterleitung im ordentlichen Geschäftsgang nicht mehr zu rechnen. Die Berufung wäre dann unzulässig.

6 Für die Einlegung der Berufung besteht Anwaltszwang, § 78 I. Dies gilt nicht für einen PKH-Antrag, §§ 78 III, 117 I 1 Hs. 2.

7 **2. Berufungsfrist und PKH-Antrag.** Die Erklärung ist nötigenfalls auszulegen. So kann die Auslegung eines mit „Berufung" überschriebenen Schreibens einer Naturalpartei als PKH-Antrag auszulegen sein, BGH NJW 2019, 3727, für den nach §§ 78 III, 117 I 1 Hs. 2 kein Anwaltszwang besteht. Dieser Antrag ist jedoch innerhalb der Berufungseinlegungsfrist zu stellen. Ihm ist innerhalb der Rechtsmittelfrist eine vollständig und wahrheitsgemäß ausgefüllte Erklärung über die persönlichen und wirtschaftlichen Verhältnisse auf dem dafür vorgesehenen Formular nach § 117 IV nebst den insoweit notwendigen Belegen beizufügen, BGHZ 148, 66, 69; BGH NJW-RR 2017, 691; 2020, 944. Da die Bewilligung der PKH für jeden Rechtszug gesondert erfolgt (§ 119 I), ist die Erklärung nach § 117 II, IV auch im höheren Rechtszug, gegebenenfalls erneut, beizufügen, *wenn die Partei nicht zugleich* auf einen in der Vorinstanz vorgelegten Vordruck verweist und unmissverständlich mitteilt, dass ihre persönlichen und wirtschaftlichen Verhältnisse unverändert geblieben sind, BGH NJW-RR 2016, 507. Sind diese Voraussetzungen erfüllt, darf die Berufung nicht als unzulässig verworfen werden, bevor über den Prozesskostenhilfeantrag entschieden worden ist, BGH NJW-RR 2017, 691. Das gilt bei einer nach Fristablauf vervollständigten Erklärung über die persönlichen und wirtschaftlichen Verhältnisse auch

dann, wenn der Vorsitzende des Berufungsgerichts der Partei zur Vorlage der Unterlagen eine über das Ende der Berufungsfrist hinausgehende Frist gesetzt hatte, BGH NJW-RR 2017, 691.Ist der PKH-Antrag innerhalb der Frist wegen Fehlens der Erklärung über die persönlichen und wirtschaftlichen Verhältnisse auf dem Vordruck unvollständig, muss das Berufungsgericht bei einer nicht anwaltlich vertretenen Partei darauf hinweisen; anderenfalls kann der Antrag aus diesem Grund nicht abgelehnt werden, BGH NJW 2019, 3727. Nach st. Rspr. des BGH ist ein Rechtsmittelführer, der vor Ablauf der Rechtsmittelfrist die Bewilligung von Prozesskostenhilfe beantragt hat, so lange als ohne sein Verschulden an der rechtzeitigen Vornahme einer fristwahrenden Handlung verhindert anzusehen, als er nach den gegebenen Umständen vernünftigerweise nicht mit der Ablehnung seines Antrags rechnen musste, weil er sich für bedürftig iSd §§ 114 ff. halten durfte und aus seiner Sicht alles Erforderliche getan hatte, damit auf Grund der von ihm eingereichten Unterlagen ohne Verzögerung über seinen Prozesskostenhilfeantrag entschieden werden konnte. Eine Wiedereinsetzung kommt allerdings nur in Betracht, wenn die Mittellosigkeit der betroffenen Partei für die Fristversäumung kausal geworden ist, vgl. BGH NJW-RR 2012, 757 Rn. 9. Rechtsmittelfristen werden nur schuldlos iSv § 233 versäumt, wenn eine Partei sich wegen ihrer Mittellosigkeit außerstande sieht, einen Rechtsanwalt mit der Einlegung oder Begründung des Rechtsmittels zu beauftragen. Entscheidend für die Ursächlichkeit der Mittellosigkeit einer Partei für die Versäumung der Frist ist, ob der Rechtsanwalt bereit war, das Rechtsmittel auch ohne Bewilligung von Prozesskostenhilfe einzulegen und zu begründen. Holt die Partei die Verfahrenshandlung nach Ablauf der dafür vorgesehenen Frist, aber vor der Entscheidung über das Prozesskostenhilfegesuch nach, so ist, solange sich nichts Gegenteiliges ergibt, davon auszugehen, dass die Mittellosigkeit für die zunächst unterbliebene und sodann verspätet vorgenommene Verfahrenshandlung ursächlich geworden ist, alles BGH NJW-RR 2016, 507 Rn. 10.

Bei Ablehnung von PKH nach Ablauf der Berufungsfrist bleibt der Partei nach der Bekanntgabe der Entscheidung noch eine Zeit von 3–4 Tagen für die Überlegung, ob sie das Rechtsmittel auf eigene Kosten durchführen will. Im Anschluss an die Überlegungsfrist beginnt die zweiwöchige Frist des § 234 I für das Wiedereinsetzungsgesuch und die damit zu verbindende Einlegung des Rechtsmittels. Das gilt auch dann, wenn das Gericht nicht die Bedürftigkeit der Partei, sondern die Erfolgsaussicht der beabsichtigten Rechtsverfolgung verneint hat. Die Überlegungsfrist von 3–4 Tagen steht der Partei auch bei nur teilweiser Versagung der PKH zu, wenn ihr (für den bewilligten Teil) kein RA beigeordnet worden ist. Ist ihr insoweit ein RA beigeordnet worden; hat sie die Überlegungsfrist nicht, da das Rechtsmittel zunächst unbeschränkt eingelegt werden und evtl. später im Rahmen der Begründung beschränkt werden kann, alles BGH NJW 2021, 242. Die Zweiwochenfrist beginnt grundsätzlich mit der Bekanntgabe der Ablehnung, jedoch ausnahmsweise dann früher, wenn die Partei auf die voraussichtliche Erfolglosigkeit des Antrags hingewiesen worden ist. In diesen Fällen darf sie nur dann weiterhin auf die Bewilligung von PKH vertrauen, wenn sie vernünftigerweise davon ausgehen durfte, die Zweifel ausräumen zu können, und die gerichtliche Auflage ordnungsgemäß erfüllt, BGH BeckRS 2021, 7058. Diese Grundsätze gelten entsprechend für die Berufungsbegründungsfrist. 8

3. Selbständige Frist. Die Berufungs(einlegungs)frist ist eine selbständige Frist gegenüber der Begründungsfrist. Ihre Einhaltung ist (wie auch die Einhaltung der Begründungsfrist) eine Zulässigkeitsvoraussetzung. Das Gericht muss sie in jeder Verfahrenslage von Amts wegen beachten. Sie beträgt grundsätzlich einen Monat. In einer Entschädigungssache beträgt sie nach § 218 II BEG 3 oder 6 Monate. Die Frist beginnt mit den in → Rn. 11 ff. näher erläuterten Zeitpunkten. Wegen der Wirkung einer Unterbrechung des Verfahrens auf den Fristenlauf → § 249 Rn. 2, BGH NJW 1990, 1855. Eine während der Unterbrechung eingelegte Berufung kann wirksam sei, BGH NJW 1997, 1445. 9

4. Beispiele zur Frage der Berufungsfrist

Anhörungsrüge: Die Erhebung einer Anhörungsrüge hat keinen Einfluss auf den Ablauf prozessualer Fristen und hindert den Eintritt der formellen Rechtskraft nicht, BGH BeckRS 2022, 16849. 10

Baulandsache: Der Fristablauf hängt von einer richtigen Rechtsmittelbelehrung nach § 211 BauGB ab, Mü NVwZ 1988, 1070.

Berechnung: Sie erfolgt nach § 222 I, III iVm §§ 187 I, 188 II, III BGB. Erfolgt die Urteilszustellung nach § 317 am 31. 1., läuft die Berufungsfrist mit dem 28. 2. (in Schaltjahren 29. 2.) ab, bei einer Zustellung am 28. 2. mit dem 28. 3., BGH MDR 1985, 471. Das Ende der Frist verschiebt sich wegen eines Feiertages nur dann nach § 222 I, wenn der betreffende Tag an demjenigen Ort, wo man das Rechtsmittel nach § 519 I einlegen muss, ein gesetzlicher Feiertag nach → § 758a Rn. 26 ist, BAG NZA 2012, 112. § 222 II ist aber unanwendbar, BGH BB 2006, 182; Schneider MDR 2005, 61.

Berichtigung: Eine solche nach §§ 319, 320 hat nach → § 319 Rn. 24 grundsätzlich keinen Einfluss auf den Beginn und Lauf der Berufungsfrist, wohl aber dann, wenn erst die Berichtigung eine Beschwer erst schafft oder klar erkennen lässt, BGH NJW-RR 2001, 211, oder wenn nach → § 319 Rn. 27, 29 erst die Berichtigung zweifelsfrei ergibt, gegen wen man eine Berufung richten muss. Diese Wirkung hat aber nur eine wirksame Berichtigung. Daher setzt eine auf diesem Weg vorgenommene Parteiauswechslung nach → § 263 Rn. 10 ff. für die neue Partei keine Berufungsfrist in Lauf, Düss MDR 1990, 930; Vollkommer MDR 1992, 642. Zur Wirkung eines Ergänzungsurteils nach § 321 vgl. § 518.

Beweis: Zum Umfang der Nachprüfung bei Zweifeln über den rechtzeitigen Eingang BGH VersR 1984, 442. Nötig nach § 525 ist ein voller Beweis nach → § 286 Rn. 16. Dabei gilt der sog. Freibeweis nach → Vor § 284 Rn. 14, BGH BB 2005, 2325; Peters ZZP 101, 297. Die Beweislast nach Anh. § 286 für die Wahrung der Frist liegt beim Berufungskläger. Zum Nachweis des rechtzeitigen Eingangs BGH NJW 2005, 75; Schlee AnwBl 1986, 339; Wolf NJW 1989, 2594 (für Telex und Telefax). Für Zustellungsurkunden gilt im Rahmen ihrer Beweiskraft § 418 II.

Fristwahrung: Sie erfolgt durch eine rechtzeitige Einreichung der Berufungsschrift nach § 519. Der Berufungskläger hat grds. einen Anspruch auf eine volle Ausnutzung der Frist bis zur letzten Sekunde.

Mehrfache Einlegung: Das sachlich unzuständige Gericht für Wohnungseigentumssachen kann die Berufung nach form- und fristgerechter Einlegung der Berufung beim zuständigen Gericht für allgemeine Zivilsachen nicht nach § 522 I verwerfen, BGH NZM 2015, 826.

Notfrist: Die Berufungsfrist ist eine Notfrist nach § 224 I 2.

Prozesskostenhilfe: → Rn. 7.

Verkürzung, Verlängerung: Das Gericht darf die Berufungsfrist wegen ihres Notfristcharakters nach § 224 I 1, 2 weder verkürzen noch verlängern.
Wiedereinsetzung: Sie ist nach §§ 224 I 2, 233 ff. statthaft.

11 **V. Fristbeginn mit Urteilszustellung.** Nach § 317 Abs. 1 S. 1 iVm § 169 Abs. 2–4 bedarf es Zustellung einer **beglaubigten Abschrift** des Urteils. Soweit der BGH früher entschieden hatte, es bedürfe der Zustellung einer Ausfertigung, hat er daran nach der Neufassung des § 317 durch das Gesetz zur Förderung des elektronischen Rechtsverkehrs mit den Gerichten vom 10.10.2013 (BGBl. I 3786) nicht mehr festgehalten. Urteile werden den Parteien danach von Amts wegen grundsätzlich in Abschrift zugestellt, die von der Geschäftsstelle nach § 169 II zu beglaubigen ist (BT-Drs. 17/12634, 30). Ausfertigungen eines Urteils werden nach § 317 II 1 nur noch auf Antrag einer Partei erteilt, weshalb für den Beginn der Fristen zur Einlegung und zur Begründung einer Berufung nicht mehr an die Zustellung einer Ausfertigung des Urteils angeknüpft werden kann, BGH NJW 2016, 1180 Rn. 14 ff.

1. Beispiele zur Frage einer Wirksamkeit der Zustellung

12 **Abkürzung:** Die Zustellung eines nach § 313a oder § 313b abgefassten Urteils setzt die Frist dann **nicht** in Lauf, wenn die Voraussetzungen nicht vorlagen, BGH NJW-RR 1991, 255.
Abschrift: Urteil werde in Form einer Abschrift zugestellt, § 317 I 1.
Abweichung: Zur alten Rechtslage, nach der die Ausfertigung zuzustellen war, hat der BGH entschieden, die fünfmonatige Berufungsfrist beginne auch dann zu laufen, wenn die zugestellte Ausfertigung der gerichtlichen Entscheidung vom Original abweicht, BGH FamRZ 2004, 1478; MDR 2013, 1058.
Aussetzung: Es gilt dasselbe wie bei einer → „Unterbrechung".
Frühere DDR: → „Rechtsmittelbelehrung".
Kostengrundentscheidung: Wirksam sein kann eine Zustellung trotz des Fehlens der Kostengrundentscheidung nach → Vor § 91 Rn. 53, BGH VersR 1982, 70.
Lückenhaftigkeit: Unwirksam ist eine Zustellung beim Fehlen mindestens einer Seite, BGH NJW 1998, 1960.
Öffentliche Zustellung: Die Voraussetzungen nach §§ 185 ff. müssen vorliegen, BGH NJW 2007, 303.
Prozessunfähigkeit: Die Zustellung an eine prozessunfähige Partei ist unwirksam, § 170 I 2. Der unwirksamen Zustellung an eine als prozessfähig behandelte, tatsächlich aber prozessunfähige Partei kommt aber ausnahmsweise insoweit Rechtswirkung zu, als es um die Auslösung der Einspruchs- oder Rechtsmittelfrist geht, BGH NJW 2014, 937 Rn. 15.
Scheinurteil: Unwirksam ist eine Zustellung beim sog. Scheinurteil nach → Vor § 300 Rn. 40. Es erlaubt also eine fristlose Berufung.
Terminsvertretung: Unwirksam ist die Zustellung an einen bloßen Terminsvertreter, BGH BB 2007, 182.
Unechtes Versäumnisurteil: → „Versäumnisurteil".
Unleserlichkeit: Wirksam sein kann die Zustellung bei einer Unleserlichkeit nur einzelner nicht wichtiger Wörter, BGH NJW-RR 2000, 1666; Naumb OLGR 2000, 98; LAG Bln MDR 2003, 1376. Unwirksam ist eine Zustellung bei einer Unleserlichkeit von nicht völlig unerheblichen Wörtern oder gar Zeilen, BGH VersR 1980, 772; Naumb MDR 2000, 602; LAG Bln MDR 2003, 1376.
Unterbrechung: Unwirksam ist eine Zustellung während einer Unterbrechung des Prozesses nach §§ 239 ff., BGHZ 111, 107.
Unterschrift: Bei einer nach § 317 unterzeichneten Ausfertigung reicht es, dass man die Nämlichkeit des Unterzeichners ohne weiteres feststellen kann, BGH DtZ 1993, 55. Wirksam sein kann eine Zustellung bei einer offenbar versehentlichen Unterschrift durch einen an der Entscheidung gar nicht beteiligten Richter, BGH MDR 1998, 336. Unwirksam ist eine Zustellung bei einem unvollständig unterschriebenen Urteil, BGH NJW 1998, 611, oder bei einer fehlerhaften Wiedergabe der Unterschriften der beteiligten Richter nach § 315, BGH FamRZ 1990, 1227, oder beim Fehlen der Unterschrift unter dem Ausfertigungsvermerk nach → § 317 Rn. 32, BGH NJW 1991, 1116.
Verkündungsvermerk: Wirksam sein kann eine Zustellung, falls nur der Verkündungsvermerk nach § 315 III auf der Ausfertigung fehlt oder unvollständig ist, BGH ZIP 1993, 75.
Versäumnisurteil: Wirksam bleibt seine Zustellung unabhängig von einem Einspruch nach § 338, BGH NJW-RR 1986, 1326. Das gilt auch beim zugehörigen streitigen Schlussurteil nach § 300. **Unwirksam** ist die Zustellung eines unechten Versäumnisurteils ohne Tatbestand und Entscheidungsgründe nach § 313 II, III, denn nach § 517 beginnt die Berufungsfrist mit der Zustellung des in vollständiger Form abgefassten Urteils, BGH NJW-RR 1991, 255.

13 **2. Berechnung je Partei.** Die Berufungsfrist beginnt für jede Partei getrennt mit der Zustellung nach § 317 I 1 gerade an sie oder an ihren ProzBev., BGH FamRZ 1988, 1159, oder an ihren etwaigen gesetzlichen Vertreter zB nach § 170 I. Das gilt auch bei einer einfachen wie bei einer notwendigen Streitgenossenschaft nach §§ 59 ff. Für den gewöhnlichen Streithelfer nach § 66 gibt es keine gesonderte Rechtsmittelfrist. Es darf ein Rechtsmittel nach nur solange einlegen, wie die Frist für die Hauptpartei läuft, BGH MDR 2005, 409; Ffm OLGR 2005, 641. Denn es handelt sich um ein einheitliches Rechtsmittel der Hauptpartei und des Streithelfers, BGH BB 2006, 577. Beim streitgenössischen Streithelfer nach § 69 kommt es grundsätzlich auf die Zustellung gerade an ihn an, BGH NJW-RR 1997, 865 (Ausnahme: nicht Beigetretener bei einer aktienrechtlichen Klage, BGH NJW 2008, 1889). Hat ein Beteiligter mehrere ProzBev., genügt die Zustellung an einen von ihnen und ist evtl. die zeitlich erste Zustellung maßgeblich, BVerwG NJW 1984, 2114.

14 **3. Zustellungsnachweis.** Er ergibt sich aus den Gerichtsakten. Ebenso wie eine Zustellungsurkunde nach § 182 erbringt er nach → § 418 Rn. 5 „Empfangsbekenntnis" einen vollen Beweis. Über die Anforderungen an seine Entkräftung → § 418 Rn. 9 ff. Eine etwaige Unaufklärbarkeit geht grundsätzlich zulasten des Berufungsklägers, BGH NJW 1981, 1674; BVerwG Rpfleger 1982, 385. Das gilt aber ausnahmsweise dann nicht, wenn die *ungeklärten Umstände in den Verantwortungsbereich* des Gerichts fallen, BGH NJW 1981, 1674, und auch nicht bei einer Unleserlichkeit des Datums des anwaltlichen Empfangsbekenntnisses nach § 174 dann, wenn der Anwalt das spätere Datum als richtig bestätigt, BGH VersR 1981, 354. Das muss evtl. zur Aufklärung nach § 139 von Amts wegen beitragen, BGH VersR 1980, 90. Mängel der Zustellung sind nicht durch eine Parteivereinbarung heilbar, auch nicht nach § 189. Eine Vereinbarung kann auch nicht eine erfolgte Zustellung beseitigen, weil sich

die Berufungsfrist als eine Notfrist nach § 224 I 2 nicht verlängern lässt. Die Parteien haben aber nach § 317 I 3 die Möglichkeit, die Zustellung hinausschieben zu lassen.

15 **VI. Fünfmonatsfrist.** Spätestens und daher auch nach einem Mangel nach Hs. 1 beginnt die Berufungsfrist mit dem Ablauf von 5 Monaten nach der Verkündung des Urteils nach §§ 310, 311, BGH WM 2011, 426. Die Vorschrift geht davon aus, dass es den Beteiligten nach einer streitigen Verhandlung zumutbar ist, sich nach → § 218 Rn. 5 nach einer Entscheidung zu erkundigen, Mü FamRZ 2007, 491 (also keine Geltung für einen Unbeteiligten). Sie soll verhindern, dass die Rechtskraft eines Urteils allzu lang in der Schwebe bleibt, nämlich dann, wenn die Zustellung an einen Beteiligten unterblieben oder unwirksam ist, BGH WM 2011, 426. Auf die Kenntnis von dem Urteil kommt es nicht an, BGH MDR 2004, 406; Jena MDR 2008, 43. Notfalls muss eine Wiedereinsetzung nach §§ 233 ff. helfen. Die Vorschrift gilt für alle Berufungsverfahren und auch für die sofortige Beschwerde nach § 569. Zu ihrer entsprechenden Anwendung im Rahmen von §§ 320, 339 Rimmelspacher FS Schwab, 1990, 422.

16 **1. Fristbeginn mit Verkündung.** Die Fünfmonatsfrist beginnt mit der wirksamen Verkündung des Urteils nach §§ 310 I, 311, BGH MDR 2004, 1437; BAG NJW 2008, 1610, oder mit seiner wirksamen Zustellung. Sie ist auch im schriftlichen Verfahren nach § 128 II, III notwendig.

2. Beispiele zur Frage eines Beginns der Fünfmonatsfrist

17 **Abwesenheit:** Die Fünfmonatsfrist beginnt auch dann, wenn zB eine Partei den Sitzungssaal vorzeitig in der Annahme verlässt, die Verhandlung sei beendet, BGH NJW-RR 1997, 770.

Aktenkundigkeit: Die Verkündung innerhalb der Fünfmonatszeit muss nach → § 291 Rn. 10 aktenkundig sein, BGH AnwBl 2012, 559.

Aktenlageverfahren: Die Fünfmonatsfrist beginnt auch im Verfahren nach § 251.

Anerkenntnisurteil: → „Keine Verhandlung".

Auslandswohnsitz: Die Fünfmonatsfrist beginnt auch bei ihm, BGH WM 2011, 426.

Berichtigung: → Rn. 4.

Fristabkürzung, -verlängerung: Sie sind unstatthaft. Denn die Fünfmonatsfrist ist eine uneigentliche nach → Vor § 214 Rn. 18.

Insolvenz: Keine Unterbrechung der Fünfmonatsfrist erfolgt bei einer Insolvenzeröffnung usw. Wohl aber hindert eine Unterbrechung den Beginn der einmonatigen Berufungsfrist, BGH NJW 1990, 1855.

Ladung: Die Fünfmonatsfrist beginnt mit der Verkündung der Entscheidung nach einer wirksamen Ladung auch nach §§ 174, 175, BGH NJW 1989, 1433. Die Frist beginnt dann nicht, wenn das Erstgericht den Betroffenen am Verfahren bislang nicht beteiligt hatte oder wenn er im Termin nicht vertreten war und wenn das Erstgericht ihn nicht ordnungsgemäß geladen hatte, BGH MDR 2010, 1141; Celle FamRZ 1997, 761; Mü FamRZ 1996, 740. Dann beginnt die Berufungsfrist erst mit Kenntnis des Urteils.

Notfrist: Nur der 6. Monat ist eine Notfrist nach § 224 I 2, und nur für diese Monatsfrist gilt § 222 II, aM BAG NJW 2000, 2835 (II ganz unanwendbar). Eine Wiedereinsetzung nach § 233 ist nur gegen den Ablauf dieser Notfrist zulässig, BGH NJW 1989, 1432, Stgt FamRZ 1991, 342.

Protokoll: Die Fünfmonatsfrist beginnt mit einer ordnungsgemäßen Protokollierung der Verkündung nach § 160 III Nr. 7, BGH AnwBl 2012, 559. Dabei kommt es auf geringfügige Mängel oder auf eine verspätete Absetzung des Protokolls nicht an, Rostock OLG-NL 1994, 68. Man kann die Verkündung nach § 165 nur aus dem Protokoll beweisen, BGH NJW 1985, 1783. Zu den Anforderungen an den Nachweis des Verkündungsdatums bei einer unvorschriftsmäßigen späteren Ergänzung des Protokolls BGH VersR 1986, 488.

Schriftliches Vorverfahren: „Keine Verhandlung".

Späte Zustellung: Unberührt bleibt die Fünfmonatsfrist auch dann, wenn nach einer ordnungsgemäßen Verkündung eine Zustellung erst nach mehr als fünf Monaten folgt, Jena MDR 2008, 43, Köln NJW-RR 1998, 1447.

Keine Verhandlung: Die Fünfmonatsfrist beginnt auch mit der Zustellung nach §§ 166 ff., 310 III, BGH NJW 1999, 144; Jauernig NJW 1986, 117. Sie beginnt dann auch bei § 341 II, aM Kblz JurBüro 2009, 348.

Verkündungsmangel: Die Fünfmonatsfrist beginnt grds. trotz eines leichteren Verkündungsmangels, BGH VersR 2006, 94, zB beim Verstoß gegen §§ 310 I, 313 I, Nr. 3, BGH VersR 1980, 744, oder § 315 I, oder bei einer unerheblichen Abweichung der zugestellten Ausfertigung nach § 317 vom Original, BGH VersR 2006, 94; aM KG FamRZ 2003, 620 (zu großzügig), oder beim Fehlen nur der ersten oder letzten Buchstaben auf einer Seite, BGH NJW-RR 2000, 1665. Die Frist beginnt aber nicht bei einem Elementarverstoß, BGH NJW-RR 1994, 127, zB beim unerlaubten Fehlen von Tatbestand oder Entscheidungsgründen nach § 313 II, III, BGH NJW-RR 1991, 255, oder ganzer Seiten, BGH NJW 1998, 1960, und natürlich beim gänzlichen Fehlen einer Verkündung nach §§ 310, 311, BGH VersR 1984, 1192.

Verkündungstermin: Unerheblich ist dessen Kenntnis oder Unkenntnis, BGH NJW-RR 2004, 786.

Versäumnisurteil: „Keine Verhandlung".

Vervollständigung: Darauf, ob das Urteil bei seiner Verkündung nach § 310 II vollständig schriftlich vorlag, kommt es nur dann an, wenn das Erstgericht seine Urteilsformel nach § 313 I Nr. 4 bei der Verkündung durch eine Bezugnahme noch nicht schriftlich fixiert hatte, BGH NJW 1999, 794, nicht aber sonst, BGH NJW 1988, 2046; Jauernig NJW 1986, 117.

Wiedereinsetzung: Eine solche nach § 233 ist nur gegen den Ablauf der Notfrist (6. Monat seit Verkündung) statthaft, → „Notfrist".

Zustellungsverzögerung: Unberührt beginnt die Fünfmonatsfrist auch bei einem Hinausschieben nach § 317 I 3.

18 **3. Fristende.** Die Fünfmonatsfrist endet nach → Rn. 4 nach Maßgabe des § 222 I, II. Dass innerhalb der 5 Monate das vollständige Ersturteil nicht zu den Akten kommt, sollte wegen § 310 II nicht vorkommen. Es liegt dann ein wesentlicher Verfahrensmangel nach § 538 II 1 Nr. 1 vor, Stgt VersR 1989, 863. Auch liegt der absolute Revisionsgrund des § 547 Nr. 6 vor, → § 547 Rn. 21. Nach dem Ablauf der Fünfmonatsfrist genügt zur Begründung der Berufung nach § 520 III 2 Nr. 2 der Vortrag, das Erstgericht habe sein Urteil immer noch nicht fertiggestellt, BGH FamRZ 2004, 179; BAG NJW 1996, 1431.

19 **4. Verstoß.** Fehlt die Verkündung oder Zustellung bei § 310 III, läuft keine Frist, BGH NJW 1985, 1783. Bevor das Ersturteil auf diese Weise rechtlich existent geworden ist, ist auch keine Berufung statthaft. Denn sie wäre ein bedingtes und darum nach → Vor § 511 Rn. 5 unstatthaftes Rechtsmittel. Daran ändert auch eine fernmündliche Durchsage des Tenors nach § 313 I Nr. 4 durch das Erst- oder gar das Berufungsgericht nichts, VGH Mannh DVBl 1975, 381. Tritt jedoch das Ersturteil gegenüber den Parteien als bestehend in Erscheinung, etwa durch die Erteilung einer Ausfertigung oder einer beglaubigten Ablichtung oder Abschrift nach §§ 166 ff., 317 durch die Geschäftsstelle, ist die Berufung statthaft, Ffm FamRZ 1978, 430.

20 **5. Falsche Rechtsmittelbelehrung und Fristwahrung.** Ein RA unterliegt in aller Regel einem – zur Wiedereinsetzung wegen schuldloser Fristversäumung führenden – unverschuldeten Rechtsirrtum, wenn er die Berufung in einer Wohnungseigentumssache aufgrund einer unrichtigen Rechtsmittelbelehrung nicht bei dem nach § 72 II GVG zuständigen Berufungsgericht, sondern bei dem für allgemeine Zivilsachen zuständigen Berufungsgericht einlegt. Der unverschuldete Rechtsirrtum führt aber nicht dazu, dass die bei dem funktionell unzuständigen Gericht eingelegte Berufung die Berufungsfrist wahrt und der Rechtsstreit auf Antrag in entsprechender Anwendung des § 281 an das zuständige Gericht zu verweisen ist, BGH 22.10.2020 – V ZB 45/20, BeckRS 2020, 32872. Die Frist ist also durch die Einlegung beim unzuständigen Gericht nicht gewahrt. Der RA muss die Berufung beim zuständigen Gericht einlegen und einen Antrag auf Wiedereinsetzung in den vorigen Stand stellen. Die Wiedereinsetzungsfrist beginnt regelmäßig erst mit dem Hinweis des unzuständigen Gerichts, BGH 22.10.2020 – V ZB 45/20, BeckRS 2020, 32872.

21 Die Versäumung einer Rechtsmittelfrist ist jedoch auch in Fällen einer unrichtigen Rechtsbehelfsbelehrung dann nicht unverschuldet, wenn diese offenkundig falsch gewesen ist und deshalb – ausgehend von dem bei einem RA vorauszusetzenden Kenntnisstand – nicht einmal den Anschein der Richtigkeit zu erwecken vermochte, BGH 25.11.2020 – XII ZB 256/20, BeckRS 2020, 37294.

22 **VII. Fristversäumnis.** Sie führt zur Verwerfung der Berufung nach § 522 I 2, Jena MDR 2008, 43. Eine Umdeutung in eine nach § 524 zulässige Anschlussberufung bleibt nach → Vor § 128 Rn. 60 denkbar, BGH FamRZ 1987, 800. Der Berufungsführer muss die Frist auch dann einhalten, wenn er die Nichtigkeit des Ersturteils nach § 579 II geltend macht, VGH Mü BayVBl. 1983, 502. Zum Nachweis des rechtzeitigen Eingangs ist nach → Rn. 14 ein voller Beweis nötig, Schlee AnwBl 1986, 339. Für die Beweiserhebung gilt nach → Rn. 4 der sog. Freibeweis nach → Vor § 284 Rn. 14.

518 ***Berufungsfrist bei Urteilsergänzung.*** **[1]Wird innerhalb der Berufungsfrist ein Urteil durch eine nachträgliche Entscheidung ergänzt (§ 321), so beginnt mit der Zustellung der nachträglichen Entscheidung der Lauf der Berufungsfrist auch für die Berufung gegen das zuerst ergangene Urteil von neuem. [2]Wird gegen beide Urteile von derselben Partei Berufung eingelegt, so sind beide Berufungen miteinander zu verbinden.**

1 **I. Systematik, Regelungszweck, S. 1, 2.** Es handelt sich um eine Ergänzung des § 517 für den Fall einer Urteilsergänzung nach § 321. § 518 ist im Revisionsverfahren entsprechend anwendbar, BGH VersR 1980, 263.

2 **II. Geltungsbereich, S. 1, 2.** Die Vorschrift gilt grundsätzlich bei jedem Fall nach der ZPO, zB bei einer vergessenen Nebenentscheidung nach § 255, BGH NJW-RR 1996, 1238, oder bei den auf die ZPO verweisenden Gesetzen. Sie gilt auch im WEG-Verfahren. Im Verfahren der Arbeitsgerichte ist § 518 nach § 64 VI ArbGG entsprechend anwendbar, nicht aber bei §§ 319, 320 ZPO.

3 **III. Grundsatz, S. 1, 2.** Das ergänzte und das ergänzende Urteil sind selbständige Teilurteile nach § 301. Gegen sie laufen getrennte Berufungsfristen. Beim Ergänzungsurteil muss eine Beschwer vorliegen, BGH VersR 1980, 263. Die Rechtsmittelvoraussetzungen sind für beide Urteile gesondert zu prüfen. Ist das ergänzte Urteil bei Erlass des Ergänzungsurteils bereits rechtskräftig, ändert § 518 daran nichts.

4 **IV. Sonderregelung, S. 1, 2.** Besonderes gilt nach § 518, falls das ergänzte Urteil dann noch nicht nach → Rn. 3 rechtskräftig ist, wenn die Ergänzungsentscheidung ergeht.

5 **1. Fristbeginn beim Ergänzungsurteil, S. 1.** Die Zustellung des Ergänzungsurteils nach §§ 166 ff., 317 setzt die Berufungsfrist für das ergänzende und neu auch für das ergänzte Urteil in Lauf, BGH VersR 1981, 57. Die neue Frist für das ergänzte Urteil beginnt auch dann zu laufen, wenn das Ergänzungsurteil für sich allein (zB mangels Beschwer) nicht anfechtbar ist, RGZ 151, 304, 309. Voraussetzung für den Neubeginn der Berufungsfrist gegen das ursprüngliche Urteil ist, dass sie beim Erlass des Ergänzungsurteils noch nicht **ab**gelaufen war, BGH NJW 2009, 442. Sie braucht noch nicht einmal auch nur **an**gelaufen zu sein. Äußerster Termin ist dann der Ablauf von 6 Monaten seit der Verkündung des Ergänzungsurteils nach §§ 310, 311. Die Rücknahme nach § 516 oder eine Verwerfung der Berufung gegen das ergänzte Urteil als unzulässig nach § 522 I 2 ändert nichts an dem Neubeginn der Berufungsfrist auch für dieses Urteil. Wegen der Möglichkeit einer Urteilsergänzung nach dem Fristablauf ist stets eine rechtzeitige Berufung gegen ein unvollständiges Urteil ratsam. Über ein ergänzendes Kostenurteil → § 321 Rn. 26. Ergeht das Ergänzungsurteil erst nach dem Ablauf der Berufungsfrist, aber vor dem Ablauf der Begründungsfrist nach § 520 II gegen das ursprüngliche Urteil, ist für die Begründungsfrist die Zustellung des Ursprungsurteils maßgeblich, BGH NJW 2009, 442. Eine Berufungsbegründung nach § 520 nebst einem Wiedereinsetzungsantrag wegen einer Fristversäumung nach § 236 lässt sich evtl. nach § 518 in eine erneute Rechtsmitteleinlegung umdeuten, LAG Brem MDR 2003, 173.

6 Eine **Berichtigung** des Urteils nach §§ 319, 320 ändert nach → § 319 Rn. 24 nichts an der Berufungsfrist, BGH NJW 2003, 2991, es sei denn, die Beschwer ergibt sich (in zweifelfreier Form) erst aus der Berichtigung, BGH NJW-RR 2001, 211. Eine Ausnahme ist auch dann zu machen, wenn die richtige Partei erst aus der berichtigten Urteilsfassung zweifelsfrei zu erkennen ist; in einem solchen Fall beginnt die Frist ausnahmsweise erst mit der Zustellung des Berichtigungsbeschlusses, BGH NJW-RR 2020, 472 zu § 549.

7 **Unanwendbar** ist S. 1 nach der Ablehnung eines Ergänzungsurteils, RGZ 140, 353.

8 **2. Berufung gegen beide Urteile, S. 2.** Legt dieselbe Partei gegen beide Urteile Berufung ein, muss das Gericht die Berufungen verbinden; entgegen § 147 ist dies zwingend. Dasselbe gilt bei einem Teilurteil nach § 301 zur Hauptsache und einem Schlussurteil zu den Kosten.

519 *Berufungsschrift.* **[I] Die Berufung wird durch Einreichung der Berufungsschrift bei dem Berufungsgericht eingelegt.**

[II] Die Berufungsschrift muss enthalten:

1. die Bezeichnung des Urteils, gegen das die Berufung gerichtet wird;
2. die Erklärung, dass gegen dieses Urteil Berufung eingelegt werde.

[III] Mit der Berufungsschrift soll eine Ausfertigung oder beglaubigte Abschrift des angefochtenen Urteils vorgelegt werden.

[IV] Die allgemeinen Vorschriften über die vorbereitenden Schriftsätze sind auch auf die Berufungsschrift anzuwenden.

I. Systematik, I–IV. Die Vorschrift ähnelt § 253 I, IV. Ihr entspricht im Revisionsverfahren § 549, im 1 Beschwerdeverfahren § 569 II und im Rechtsbeschwerdeverfahren § 575 I, IV.

II. Regelungszweck, I–IV. Die Regelung dient der Rechtssicherheit und der Rechtsklarheit, indem sie die 2 Formalien regelt, die zur Hemmung der Rechtskraft (§ 705) des erstinstanzlichen Urteils führen, Musielak/Voit/Ball Rn. 1.

III. Geltungsbereich, I–IV. Die Vorschrift gilt in jedem Berufungsverfahren nach der ZPO und den auf sie 3 verweisenden Gesetzen. Sie gilt auch im WEG-Verfahren. Im Verfahren der Arbeitsgerichte ist § 519 nach §§ 64 VI 1, 66 I 2, 5 ArbGG entsprechend anwendbar, BAG NZA 2016, 381; LAG Bln-Brdb NZA-RR 2016, 182; LAG Köln NZA-RR 2016, 272. Zur Wahrung der Schriftform Düwell NZA 1999, 291. Zur Einstellung der Zwangsvollstreckung §§ 707 I, 719 I, Groeger NZA 1994, 253.

IV. Notwendigkeit einer Berufungsschrift, I. Die Einlegung der Berufung ist nur durch die Einreichung 4 der Berufungsschrift bei dem zur Zeit der Einreichung nach §§ 72, 95, 119 I Nr. 2 GVG zuständigen Berufungsgericht statthaft. Die Berufungsschrift ist ein bestimmender Schriftsatz nach → § 129 Rn. 5, zum Unterschriftserfordernis siehe dort. Mit der Einreichung wird das Berufungsverfahren nach → § 261 Rn. 1, § 525 anhängig, BGH DtZ 1995, 444. Die Zustellung nach § 521 ist für die Wirksamkeit der Berufung unerheblich, BGH NJW 1988, 2046. Nötig ist stets eine schriftliche Erklärung. Daher reicht eine mündliche oder fernmündliche Einlegung nicht aus, Friedrichs NJW 1981, 1422. Auch die Angabe einer nur mündlichen Quelle zum Inhalt reicht nicht, BGH NJW-RR 1994, 1213. Für die Einlegung besteht grundsätzlich Anwaltszwang nach § 78 I 1, BGH WuM 2005, 262. Das gilt auch in einer Baulandsache, Hamm NJW 1996, 601. In einer Schifffahrtssache ist das Schifffahrtsobergericht zuständig, BGH MDR 1979, 475.

V. Rechtzeitige Einreichung beim Berufungsgericht, I. Es handelt sich um eine einseitige Parteiprozess- 5 handlung, BGH NJW 1994, 1354. Bei elektronischer Einreichung, vgl. IV, gelten §§ 130ad. Allein entscheidend, ob die Berufungsschrift fristgerecht in die Verfügungsgewalt des BerGer. gelangt. Wie und wann diese Verfügungsgewalt begründet wird, richtet sich nach den Umständen des Einzelfalles, deren Bewertung eine Frage der Auslegung des einfachen Rechts ist, BGH NJW 1994, 1354 zur Berufungsbegründung. Sie ist zB dann nicht fristgerecht beim Berufungsgericht eingegangen, wenn sie zwar in dessen (alleinigen) Briefkasten eingeworfen wird, aber an ein anderes Gericht adressiert ist. Hat eine Partei eine Sendung nicht an das zuständige Gericht adressiert, sie aber dennoch dort eingeworfen, so ist ihr Inhalt nicht derart in den Machtbereich dieses Gerichts gelangt, dass es sich bei normaler Gestaltung seiner Verhältnisse Kenntnis von dem Inhalt der Sendung verschaffen kann, BGH NJW 1994, 1354; aA Zöller/Heßler Rn. 13. Ein bei einer für mehrere Gerichte eingerichteten **gemeinsamen Briefannahme** eingereichter Schriftsatz wird nur für das Gericht angenommen, an das er gerichtet ist; nur dieses Gericht erlangt deshalb mit der Einreichung die tatsächliche Verfügungsgewalt, BGH NJW-RR 1997, 892. Der BGH hat aber eine Berufung gegen ein Urteil eines LG als fristwahrend erachtet, die **ohne Angabe eines Empfängers** innerhalb der Berufungsfrist bei der Gemeinsamen Annahmestelle von LG und OLG eingegangen, aber erst nach Fristablauf an das Rechtsmittelgericht weitergeleitet worden war, BGH NJW 1992, 1047. Der Adressat der Berufung braucht nicht ausdrücklich bezeichnet zu werden; es genügt vielmehr, dass der Schriftsatz einem bestimmten Empfänger hinreichend sicher – etwa durch Angabe des Aktenzeichens der angefochtenen Entscheidung – zugeordnet werden kann, BGH NJW 1992, 1047.

Der Eingangsstempel des Gerichts erbringt nach § 418 den vollen Beweis dafür, wann die Berufung einge- 6 gangen ist. Nach § 418 II ist indessen der Gegenbeweis zulässig. Die Rechtzeitigkeit des Eingangs der Berufung muss zur vollen Überzeugung des Gerichts nachgewiesen werden. Allein die kaum jemals völlig auszuschließende Möglichkeit, dass ein Nachtbriefkasten aus technischen Gründen nicht richtig funktioniert oder bei der Abstempelung Fehler unterlaufen, reicht zur Führung dieses Gegenbeweises nicht aus, BGH NJW-RR 2005, 75.

Wird die Berufung **beim erstinstanzlichen Gericht** eingelegt und gelangt vom dort erst nach Fristablauf 7 zum Berufungsgericht, ist die Frist versäumt. Unter Umständen kann eine Wiedereinsetzung gewährt werden, was jedoch davon abhängt, wie lange vor Fristablauf die Berufung beim erstinstanzlichen Gericht eingegangen ist. Der Rechtssuchende darf nämlich darauf vertrauen, dass das mit der Sache befasst gewesene Gericht den bei ihm eingegangenen, aber für das Rechtsmittelgericht bestimmten Schriftsatz im ordentlichen Geschäftsgang dorthin weiterleiten wird. Geht der Schriftsatz dabei so zeitig ein, dass die fristgerechte Weiterleitung an das Rechtsmittelgericht **im ordentlichen Geschäftsgang** ohne weiteres erwartet werden kann, darf die Partei auch darauf vertrauen, dass er noch fristgerecht bei dem Rechtsmittelgericht eingeht. Geschieht dies tatsächlich nicht, ist der Partei Wiedereinsetzung in den vorigen Stand unabhängig davon zu gewähren, auf welchen Gründen die fehlerhafte Einreichung beruht, BGH BeckRS 2015, 18256; BVerfG NJW 1995, 3173. Eine Zeitspanne von neun Tagen soll ausreichen (BVerfG NJW 2005, 2137), eine von fünf Tagen kann zu kurz sein (BVerfG NJW 2001, 1343); zwei Tage reichen nicht (BGH NJW 2008, 1890 Rn. 13).

VI. Beispiele zur Frage der fristwahrenden Einreichung, I

Adressat: Versehentliche Adressierung an RA hat dieselben Folgen wie Adressierung an unzuständiges Gericht, 8 BGH NJW 1990, 2822.

Adresse: Unzuständiges Gericht: Ein unzuständiges Gericht reicht als solches **nicht,** Zweibr VersR 2005, 1000, LG Mü ZMR 2014, 484. Das unzuständige Gericht muss einen bei ihm eingegangenen Schriftsatz lediglich im Rahmen des normalen Geschäftsganges nach § 129a weiterleiten, BVerfG NJW 2005, 2138; BGH NJW-RR 2004, 1655; BAG NZA 2017, 1287.

Aktenzeichen: Unschädlich soll die vom Verfahrensbeteiligten zu verantwortende Angabe eines falschen Aktenzeichens sein, solange der Schriftsatz fristgerecht beim richtigen Gericht eingeht, BVerfG NJW 2013, 925 allgemein zu fristwahrenden Schriftsätzen (dort Klageerwiderung).

Angabe des Gerichts: → „Verhinderung, Verzögerung".

Auskunft des Gerichts: → „Verhinderung, Verzögerung".

Auswärtiger Spruchkörper: Ist ein auswärtiger Spruchkörper eines Gerichts zuständig, genügt auch die fristgerechte Einreichung beim Stammgericht oder bei einem anderen auswärtigen Spruchkörper dieses Gerichts, BAG NJW 1982, 1119; BFH BB 1981, 1759, Karlsr OLGZ 1984, 223. Ebenso wahrt der Eingang der an das Stammgericht gerichteten Schrift bei einem auswärtigen Spruchkörper nach § 116 II GVG die Frist, Karlsr NJW 1984, 744.

Behördenaustauschfach: → „Empfangsfach des Gerichts".

Beweis: Über die Rechtzeitigkeit des Eingangs entscheidet das Gericht nach § 286, BGH NJW 2005, 3501, BVerwG NJW 2008, 3588. Eine Glaubhaftmachung nach § 294 reicht nicht, BGH VersR 1986, 60; LAG Düss JurBüro 1987, 1565. Die Beweislast nach Anh. § 286 liegt grds. beim Absender, BGH VersR 1991, 896; Ffm NJW-RR 2006, 67. Die Regeln zur Beweisvereitelung gelten auch hier. Die Beweislast erfasst aber nicht einen solchen Vorgang zulasten des Berufungsklägers, der nur in den Verantwortungsbereich des Gerichts fällt, BVerfGE 09, 385, BGH FamRZ 1991, 548; BVerwG NJW 1991, 2076. Denkbar ist auch eine Umkehr der Beweislast, BGH VersR 1980, 91.

Bezeichnung: Fristwahrend kann auch ein ungenau bezeichnetes Schriftstück sein, BGH NJW 1989, 591.

Kartellsache: In einer Kartellsache kann man die Berufung gegen das Urteil des LG stets wirksam bei dem diesem LG allgemein vorgeordneten OLG einlegen, mag das LG auch ausdrücklich als Kartellgericht entschieden haben. Das OLG muss die Berufung dann evtl. auf einen Antrag entsprechend § 281 an das für Kartellsachen bestimmte OLG verweisen, BGHZ 71, 367 (zust. Schmidt BB 1978, 1538).

LG – OLG: Grundsätzlich muss die Berufungsschrift rechtzeitig in den Gewahrsam des nach §§ 72, 119 GVG zuständigen Berufungsgerichts gelangen, Zweibr VersR 2005, 1000, mag dies auch erst nach einer Weiterleitung geschehen, BGH NJW-RR 1997, 92. Zu den Anforderungen an den Nachweis BGH VersR 1984, 442. Das gilt auch dann, wenn die Zuständigkeit auf einer Spezialvorschrift beruht, BGH NJW 2000, 1574 (BauGB), LG Hechingen NJW-RR 2003, 769; LG Mannh GRUR-RR 2009, 160 (je UrhG).

Patentsache: In einer Patentsache nach Anh. § 78b GVG muss man die Berufung gegen das Urteil eines nach § 143 II PatG zuständigen LG bei dem ihm übergeordneten OLG auch dann einlegen, wenn es sich sachlich nicht um eine Patentsache handelt, BGHZ 72, 1.

Rechtsmittelbelehrung: Man wahrt die Frist nach einer ein objektiv unzuständiges Gericht als zuständig benennenden Belehrung auch durch die dortige Einreichung, BGH WuM 2017, 359.

Verhinderung, Verzögerung: Das Gericht mag selbst den rechtzeitigen Zugang verzögern, zB durch eine falsche Auskunft, BGH NJW 1989, 589, oder durch die Angabe eines unrichtigen Anschlusses auf seinen Briefbögen, BVerfG NJW 1986, 244; BGH NJW 1987, 2587, oder ihn durch organisatorische Maßnahmen verhindern.

Weiterleitung: Sie ist ähnlich wie bei → § 129a Rn. 12 unverzüglich nötig, BVerfG NJW 1995, 3173, BGH MDR 2007, 1276, Zweibr OLGR 2009, 250.

Wiedereinsetzung: → „Verhinderung, Verzögerung".

Zuständigkeitskonzentration: Fristwahrend ist nur der Eingang beim objektiv richtigen Gericht, BGH ZMR 2010, 774.

9 **VII. Form der Einlegung, IV.** Seit dem 1.1.22 gilt die Pflicht zur Nutzung des elektronischen Rechtsverkehrs. Nach § 130d S. 1 sind vorbereitende Schriftsätze und deren Anlagen sowie schriftlich einzureichende Anträge und Erklärungen, die durch einen Rechtsanwalt eingereicht werden, als elektronisches Dokument zu übermitteln. Die Nutzungspflicht gilt grundsätzlich umfassend für sämtliche Schriftsätze, die außerhalb der mündlichen Verhandlung bei Gericht eingereicht werden, BT-Drucks 17/12634, S. 28. Gem. IV gelten die §§ 130a ff. auch für die Berufungsschrift. Sie ist daher in elektronischer Form mit qualifizierter Signatur des RA oder mit einfacher Signatur auf einem sicheren Übermittlungsweg (ein solcher ist gegeben bei Übersendung aus dem beA des verantwortenden RA) einzureichen, vgl. Kommentierung zu §§ 130a ff. Ein elektronisches Dokument ist eingegangen, sobald es auf der für den Empfang bestimmten Einrichtung des Gerichts gespeichert ist, § 130a V.

10 Grundsätzlich ist nach der Zivilprozessordnung im Fall der Vertretung einer Partei im Prozess die wirksame Prozessvollmacht Prozesshandlungsvoraussetzung. Liegt sie bei der Einlegung eines Rechtsmittels nicht vor, so ist dieses als unzulässig zu verwerfen. Von dem Grundsatz, dass die Prozesshandlungsvoraussetzung zum Zeitpunkt der Einlegung des Rechtsmittels erfüllt sein muss, hat die Rechtsprechung eine Ausnahme dann zugelassen, wenn die gesetzliche Vertretung schon in der Vorinstanz in Streit steht. Die hierfür maßgeblichen Erwägungen treffen jedoch dann nicht zu, wenn es – wie hier – um die gewillkürte Vertretung im Prozess geht, Der Mangel der Vollmacht ist nach → § 89 Rn. 17, 19 heilbar. Das gilt evtl. auch rückwirkend, BGH VersR 1984, 781, Zweibr MDR 2010, 1407 (auch zu sachlich-rechtlichen Grenzen). Daher wird die Berufung auch dann zulässig, wenn die Partei nach dem Ablauf der Berufungsfrist nach § 517 eine Prozessvollmacht nach § 80 erteilt, Ffm MDR 1984, 499. Dagegen scheidet eine Heilung in der Revisionsinstanz dann aus, wenn das Berufungsgericht die vollmachtlos eingelegte Berufung nach einer ergebnislosen Fristsetzung durch ein Prozessurteil verworfen hat, BGH NJW 1984, 2149. Eine Postulationsfähigkeit des Anwalts nach → Vor § 78 Rn. 1 liegt im Zweifel vor, BGH NJW 2005, 3415. Der Anwalt kann die Kosten einer ohne Legitimation eingelegten Berufung bei Kenntnis der Umstände tragen müssen, Zweibr MDR 2010, 1649.

Beispiele zur Frage einer ordnungsgemäßen Vertretung, I

11 **Abwickler:** *Er reicht, BGH NJW 1981, 1740.* Der Abwickler eines Simultananwalts kann auch nach 6 Monaten seiner Tätigkeit nach § 55 II 2 BRAO dann wirksam Berufung einlegen, wenn der Simultananwalt unbeschränkt einen Auftrag zur Prozessvertretung hatte, BGH NJW 1992, 2158.

Amtliche Bestellung: Es genügt, dass eine amtliche Bestellung nach § 53 BRAO erfolgt ist, BGH AnwBl 1982, 246, Mü AnwBl 1985, 589 (Referendar).

Ausländischer Anwalt: Über die Vertretung durch ihn SchlAnh VII.
Ausschluss: → „Wiedereinsetzung".
Berufsverbot: Zwecks Rechtssicherheit kann eine Einlegung trotz eines Berufsverbots nach § 155 II, IV BRAO (eigene Sache) wirksam sein, BGH AnwBl 2010, 3610.
Erkennbarkeit: Es ist nötig und reicht aus, dass die Berufungsschrift eine Vertreterbestellung hinreichend deutlich erkennbar macht, BGH FamRZ 1995, 134, BAG MDR 2010, 1398, Zweibr MDR 2005, 1132.
Genehmigung: Eine etwa noch notwendige Genehmigung innerhalb der Einlegungsfrist ist dann nachholbar, wenn erkennbar ist, dass der Anwalt den Mangel erkannt hat und ihn beseitigen will, (zum alten Recht) BGH FamRZ 1999, 1498.
Im Namen: Im Zweifel hat der Anwalt zumindest auch im eigenen Namen unterzeichnet, BGH NJW 2009, 3162.
Referendar: → „Amtliche Bestellung".
Prozessvollmacht: Die von der Rechtsprechung zur gesetzlichen Vertretung entwickelten Grundsätze, nach denen bei vorinstanzlichem Streit über die Vertretungsbefugnis die betroffene Partei durch den „Vertreter" auch dann, wenn ein Mangel in der gesetzlichen Vertretung vorliegt, Rechtsmittel einlegen kann, kommen bei der gewillkürten Vertretung nicht zur Anwendung, BGH NJW 1990, 3152.
Streithilfe: Über den Beitritt eines Streithelfers bei der Berufungseinlegung → § 66 Rn. 10.
Unterbrechung: Über eine Aufnahme des Prozesses → § 250 Rn. 2.
Wiedereinsetzung: Erhält ein durch ein Urteil aus der Anwaltschaft ausgeschlossener Anwalt wegen der Berufung gegen dieses Urteil eine Wiedereinsetzung nach § 238, sind seine zwischenzeitlich erfolgten Prozesshandlungen wirksam, BGH WM 1987, 154.
Zeitpunkt: Maßgeblich ist die Vertretungsmacht zur Zeit der Unterschrift und Hinausgabe, nicht ihres Zugangs, BGH VersR 1990, 65, Ffm JurBüro 1985, 151. Auch → „Prozessvollmacht", → „Zulassung".
Zulassung: Maßgeblich ist die Aushändigung der Zulassungsurkunde nach § 12 I BRAO, (zum alten Recht) BGH NJW 1992, 2706. Die Zulassung muss in demjenigen Zeitpunkt bestehen, in dem der Anwalt die Berufungsschrift absendet, nicht notwendigerweise auch noch bei deren Eingang, BGH NJW 1990, 1305, Ffm NJW 1984, 2896 (zust. Münzberg NJW 1984, 2871).

VIII. Mehrere Berufungsschriften, I. Die Berufung ist zwar ein einheitliches Rechtsmittel, kann aber mehrfach eingelegt werden, BGH NJW 2015, 3171. Die mehrfache Einlegung kann sich bei der Befürchtung eines Formfehlers empfehlen. Daher kann sich auch die Nachreichung empfehlen, BGH NJW 1993, 3141. 12

Ob er eine oder mehrere Berufungen einlegen will, kann der **Rechtsmittelführer** bestimmen. Fehlt eine ausdrückliche Bestimmung, entscheidet sein gesamtes prozessuales Verhalten, BGH NJW 1993, 1341, BAG NJW 1996, 1366. Mehrkosten sind nicht erstattungsfähig. 13

Wird eine Berufung zurückgenommen, ist – sofern er nicht anderes erklärt – der Berufungsführer auch nur dieser eingelegten Berufung verlustig und kann – solange innerhalb der Frist – noch weitere Berufungen einlegen. 14

Das einheitliche Rechtsmittel der Berufung darf nur verworfen werden, wenn keine der Einlegungen erfolgreich war. Das später angerufene Gericht darf daher eine mehrfach eingelegte Berufung nicht schon dann verwerfen, wenn sie bei ihm selbst nicht form- und fristgerecht eingelegt worden ist; es muss dann auch die frühere Einlegung prüfen und darf vor einer rechtskräftigen Entscheidung über die erste Einlegung der Berufung nicht über die zweite Einlegung entscheiden, BGH NJW 2015, 3171. 15

IX. Beispiele zur Frage mehrerer Berufungsschriften, I

Anschlussberufung: Erweist sich ein zunächst als unzulässig erachtetes Rechtsmittel infolge der Entscheidung des Revisionsgerichts als doch zulässig, ist das weitere Rechtsmittel gegenstandslos, BGH NJW 1985, 2480. Das gilt auch bei § 524 dann, wenn dieselbe Partei sowohl eine Berufung als auch eine Anschlussberufung eingelegt hatte, Karlsr Just 1984, 394. 16
Begründungsfristverlängerung: Eine solche nach § 520 II 2, 3 gilt für alle, BGH NJW 1993, 269. Folglich darf das Berufungsgericht grundsätzlich nicht etwa eine dieser Berufungen nach § 522 I 2 als unzulässig verwerfen, BGH NJW 1996, 2659. Vielmehr hängt die Bedeutung des zweiten und jedes weiteren Einlegungsakts von der Wirksamkeit und dem Wirksambleiben des vorangegangenen ab, BGH NJW 1993, 3141; BAG NZA 1999, 895.
Einlegungsfrist: Man muss sie auch bei einer (vorsorglichen) weiteren Berufung beachten, BGH NJW 1993, 269, BAG NJW 1999, 2989. Bei einer Versäumung der Begründungsfrist nach § 520 II und Verwerfung nach § 522 I 2 ist eine weitere Berufungsschrift das einzige Mittel, den Eintritt der formellen Rechtskraft des Ersturteils nach § 705 zu verhindern, falls die Berufungsfrist noch läuft, Pantle NJW 1988, 2773.
Mehrkosten: Sie sind nicht stets nach §§ 91 ff. erstattbar.
Meistbegünstigung: Erfüllt auch nur eine der Berufungsschriften die Zulässigkeitsvoraussetzungen, muss das Berufungsgericht nach dem Meistbegünstigungsgrundsatz nach → Vor § 511 Rn. 29 in der Sache entscheiden, BGH NJW 1993, 3141; BayObLG BayVBl. 1981, 153; Brdb NJW-RR 2006, 1193.
Rechtsmittel: Gegen dasselbe Ersturteil gibt es rechtlich nur ein einheitliches Rechtsmittel. Über dieses muss das Berufungsgericht einheitlich entscheiden, BGH NJW 2015, 3171; MDR 2005, 824, BAG NZA 2010, 184; Brdb NJW-RR 2006, 1193.
Rücknahme: → „Begründungsfristverlängerung".
Streithilfe: Bei einer Berufung sowohl der Partei als auch ihres Streithelfers nach §§ 66 ff. hat die erstere den Vorrang, BGH BB 1993, 1837. Erweist sich infolge der Entscheidung des Revisionsgerichts ein zunächst als unzulässig erachtetes Rechtsmittel als doch zulässig, ist das weitere Rechtsmittel gegenstandslos, BGH NJW 1985, 2480.
Unterbrechung: Eine neue Berufung kann auch in einer Aufnahme nach § 250 liegen.
Unzulässigkeit: Sind alle Berufungen unzulässig, muss das Berufungsgericht sie einheitlich nach § 522 I 2 verwerfen. Erweist sich dann infolge einer Entscheidung des Revisionsgerichts eines der Rechtsmittel als doch zulässig, ist das in anderer Form eingelegte weitere Rechtsmittel gegenstandslos, BGH NJW 1989, 2480, Düss OLGZ 1979, 454. Auch → „Anschlussberufung", → „Streithilfe".
Wiederholung: In einer Wiederholung der Berufung liegt keine selbständige Berufung, BGH MDR 2005, 824, Brdb NJW-RR 2006, 1193 (je: auch nicht bei der Einreichung bei verschiedenen Gerichten, BGH BB 2006, 577).

17 **X. Inhalt der Berufungsschrift, II.** Es gilt der verfassungsrechtliche Grundsatz der Rechtsmittelklarheit: Die Grundsätze über die Einlegung und Begründung von Rechtsmitteln müssen sich durch ein besonderes Maß an Gleichheit, Klarheit und innerer Logik auszeichnen, BVerfG NJW 1987, 2067 Rn. 25. Es muss klar sein, dass der Berufungskläger das Ersturteil überprüfen lassen will, BGH FamRZ 2008, 1926. Dabei gilt sein vernünftiges Interesse, BGH NJW-RR 2004, 862. Für die Richtigkeit und Vollständigkeit sind der Berufungskläger und sein ProzBev. verantwortlich, nicht das Berufungsgericht, BGH VersR 1985, 767. Es darf und muss aber schon nach § 139 Hinweise geben, BGH MDR 1991, 1198. Ein wesentlicher Mangel macht die Berufung nach § 522 I unzulässig. Eine Heilung nach §§ 189, 295 I ist nur bis zum Ablauf der Berufungsfrist nach § 517 möglich, BGH DB 1977, 1684. Es genügt, wenn innerhalb der Frist mehrere solche Schriftsätze vorliegen, die insgesamt eine formgerechte Berufung ergeben, BAG MDR 1982, 965. Die Erklärungen der Parteien müssen evtl. ausgelegt werden, BGH FamRZ 2013, 1720. Sie bezwecken im Zweifel dasjenige, was vernünftig ist und der wahren Interessenlage entspricht. Dieser Auslegungsgrundsatz wiederum rechtfertigt regelmäßig keine Auslegung gegen den Wortlaut eines Vorbringens, BGH NJW-RR 2002, 646. Ein solcher Schriftsatz, der alle Anforderungen an eine Berufungsschrift und Berufungsbegründung erfüllt, ist nur bei völliger Deutlichkeit **nicht** als solche auslegbar, BGH FamRZ 2013, 1720.

18 **1. Bezeichnung des angefochtenen Urteils, II Nr. 1.** Sie ist unbedingt und in zweifelsfreier Form notwendig, BGH VersR 2004, 623, BAG NZA 2011, 999. Wie dies geschieht, schreibt § 519 II jedoch nicht vor. Es muss beim Gericht innerhalb der Berufungsfrist nach § 517 und beim Berufungsgegner rechtzeitig vor dem Ablauf einer Erwiderungsfrist nach § 521 II 1 Gewissheit darüber bestehen, welches Urteil der Berufungsführer anficht, BGH NJW-RR 2013, 122. Die einfachste, aber nicht die einzige Möglichkeit ist hierbei die Einhaltung der Soll-Vorschrift des § 519 III. Die notwendige Klarheit kann aber auch im Wege der Auslegung der Berufungsschrift und der etwa sonst vorliegenden Unterlagen gewonnen werden. Dabei sind, wie auch sonst bei der Ausdeutung von Prozesserklärungen, alle Umstände des jeweiligen Einzelfalls, uU auch vom Gegner schon eingereichte Unterlagen, zu berücksichtigen, BGH MDR 2008, 814. Die Angabe eines falschen Aktenzeichens in der Berufungsschrift steht der Zulässigkeit der Berufung nicht entgegen, wenn aufgrund der sonstigen erkennbaren Umstände für das Gericht und den Prozessgegner nicht zweifelhaft bleibt, welches Urteil angefochten wird, BGH NJW 2006, 1003.Besteht am Ende der Frist des § 517 beim Gericht und beim Gegner **nicht** die erforderliche **Gewissheit,** ist die Berufung grundsätzlich unzulässig, BGH NJW-RR 2013, 122. Das gilt unabhängig davon, ob sich die Bearbeitung des Rechtsstreits durch das Fehlen der nötigen Angaben verzögert, BGH VersR 1983, 250. Eine ausnahmsweise Zulässigkeit kommt nur dann infrage, wenn zumindest klar erkennbar ist, welches Ersturteil die Berufung meint.

2. Beispiele zur Frage einer Urteilsbezeichnung, II Nr. 1

19 **Anderes Urteil:** Liegt der Berufungsschrift ein anderes Urteil bei als das in ihr genannte, kommt es auf die Umstände an, BGH NJW 1991, 2081.

Auslegung: Ausreichen kann eine Auslegung der Berufungsschrift und anderer Unterlagen zB aus den Akten, BGH NJW-RR 2013, 123; BAG NZA 2011, 999. Maßgeblich ist zunächst das Interesse des Berufungsklägers, BGH NJW-RR 2004, 862, im Zweifel auch dasjenige seines Gegners, BGH NJW 2003, 3204.

Begleitumstand: Ausreichen kann ein Begleitumstand, BGH FamRZ 2006, 1116.

Berichtigung: Ausreichen kann sie innerhalb der Frist, BGH VersR 1976, 1157. Das kann auch durch die Einreichung des richtigen Ersturteils geschehen, soweit das Gericht und der Rechtsmittelgegner über das Ersturteil keinen Zweifel haben können. **Nicht** ausreichend ist eine Berichtigung erst nach dem Ablauf der Berufungsfrist nach § 517, BGH MDR 1978, 308.

Ermittlung: Ausreichen kann eine Ermittlung zB der Geschäftsstelle nach → Vor § 128 Rn. 44, BGH VersR 1993, 1549; BAG NZA 1997, 456. Das Gericht hat aber keine solche Pflicht, BAG NJW 1979, 2000. Aber auch „Hinweispflicht".

Erstgericht: Unschädlich sein kann seine unrichtige Angabe oder deren Fehlen, BGH MDR 1989, 730. Das gilt freilich nur, soweit trotzdem für das Berufungsgericht Klarheit besteht, BGH VersR 2004, 623; BAG NZA 2011, 999; Schlesw SchlHA 1990, 88. Die ausdrückliche Verweisung auf das beigefügte Ersturteil genügt, BGH NJW-RR 1989, 959. Fehlt es, muss das Berufungsgericht den Berufungskläger nach §§ 139, 525 darauf hinweisen, BGH NJW 1991, 2081. Hat der Berufungskläger das Ersturteil eindeutig bezeichnet, kann er die Berufung nicht nachträglich auf ein anderes Urteil beziehen.

Ersturteil: Ausreichen kann natürlich die Beifügung des Ersturteils nach III, BVerfG NJW 1993, 1720, BGH NJW-RR 1989, 958; VerfGH Mü NJW 1991, 3140. Dann schadet das Fehlen oder die Unrichtigkeit von Angaben in der Berufungsschrift nicht.

Hinweispflicht: Geht der Berufungsführer ersichtlich davon aus, der Berufungsschrift eine Ablichtung des angefochtenen Urteils beigelegt zu haben, befindet sich eine solche jedoch nicht bei den Akten, so hat ihn das Berufungsgericht auf diese Tatsache hinzuweisen, wenn von der Beifügung des Urteils die Zulässigkeit der Berufung abhängen kann, BGH NJW 1991, 2081.

Rechtzeitigkeit: Ausreichend ist die Gewissheit innerhalb der Frist des § 517, BGH MDR 1978, 308.

Teilurteil: Bei mehreren Teilurteilen nach § 301 muss das hier wesentliche richtige Aktenzeichen vorliegen, BGH VersR 1981, 854; Ffm OLGR 1994, 202.

Verkündungsdatum: Unschädlich sein kann seine Unrichtigkeit.

Verwechslung: Unschädlich sein kann die Verwechslung zB eines Urkunden-Vorbehaltsurteils nach § 599 mit dem Urteil des Nachverfahrens nach § 600, BGH VersR 1975, 928.

20 **3. Erklärung der Berufungseinlegung, II Nr. 2.** Auch sie ist grundsätzlich unbedingt notwendig, BGH BauR 2013, 513; Schlee AnwBl 1985, 252. Der Gebrauch des Wortes „Berufung" ist dabei dann unnötig, wenn der Wille klar ist, das Ersturteil einer Nachprüfung durch das Berufungsgericht zu unterstellen, BGH FamRZ 2008, 1926, BVerwG BayVBl. 1996, 31. Die Angabe, **in welchem Umfang** die Berufung erfolgt, ist in der Berufungsschrift entbehrlich. Erfolgt sie dennoch, steht das einem weitergehenden Antrag innerhalb der Begründungsfrist nach § 517 dann nicht entgegen, wenn kein ausdrücklicher gänzlicher oder teilweiser Berufungsverzicht nach § 515 vorliegt, BGH NJW 1983, 1562; BAG NZA 1994, 272, auch → Vor § 511 Rn. 5.

4. Beispiele zur Frage einer Einlegungserklärung, II Nr. 2

Anschlussberufung: → „Beschwerde“, → „Unzulässigkeit“. 21

Auslegung: Bei einer Erfüllung der gesetzlichen Anforderungen kommt eine Deutung gegen das Vorliegen einer Berufung zwar grds. nur in einem ganz klaren Fall infrage, BGH FamRZ 2009, 494. Es ist eine Umdeutung statthaft, vgl. dazu bei den einzelnen Umdeutungsmöglichkeiten. Die Eingabe darf aber nicht eindeutig ein anderes Ziel haben, BVerwG NVwZ 1998, 1297. **Nicht** ausreichend ist die Notwendigkeit für das Gericht, erst mühsam den Inhalt der Eingabe zu ermitteln, BGH FamRZ 2009, 1056.

Beabsichtigung: Nicht ausreichend ist solche Einschränkung im Antrag, BGH NJW-RR 2000, 879.

Bedingung. Dazu Fölsch NJW 2009, 2796. Eine als Ganzes bedingte Berufung ist nach → Vor § 511 Rn. 5 **unstatthaft,** BVerfGE 40, 272; BGH FamRZ 2011, 29. Ob eine Berufung bedingt ist, muss durch Auslegung ermittelt werden, BVerfGE 40, 272; BGH FamRZ 2009, 1056; BFH NVwZ 1983, 439. Das kann etwa bei einer Berufungseinlegung iVm einem Prozesskostenhilfegesuch nach § 117 gelten, BGH FamRZ 2009, 1056, BVerwGE 59, 305.

Begründung: Möglich ist ihre Umdeutung in die Einlegung, BGH VersR 1978, 720. Auch „Berufungsbegründung“.

Berufung: Unnötig ist der Gebrauch dieses Worts wegen einer Auslegbarkeit dann, wenn der Wille klar ist, das Ersturteil einer Nachprüfung durch eine höhere Instanz zu unterstellen, BGH FamRZ 2008, 1926; BVerwG BayVBl. 1996, 31.

Berufungsbegründung: Möglich ist eine Umdeutung von deren Ankündigung in Berufungseinlegung, BGH MDR 2006, 1100.

Beschwerde: Möglich ist eine Umdeutung in Anschlussberufung nach § 524. Auch „Sofortige Beschwerde“.

Entwurf: Nicht ausreichend ist diese Bezeichnung im Antrag, BGH FamRZ 2007, 895, Stgt FamRZ 2000, 240; aM BGH FamRZ 2008, 1520 ohne Vorlage nach § 132 GVG (außerdem viel zu großzügig).

Fortsetzung: Möglich ist nach einer Bewilligung von Prozesskostenhilfe nach § 119 eine Umdeutung eines solchen Antrags in Berufungseinlegung, BGH NJW-RR 1998, 507.

Hilfsweise: Nicht ausreichend ist solche Fassung. Denn das wäre eine nach → Rn. 21 unstatthafte bedingte Einlegung, OVG Kblz NJW 2012, 2988.

Klarstellung: Nicht möglich ist eine Umdeutung einer solchen späteren Erklärung in das früher erfolgte Unstatthafte, BGH MDR 2012, 732.

Partei: → „Streithilfe“.

Zunächst Prozesskostenhilfe: Ausreichen kann eine Bitte, eine Berufung zunächst nur zu den Akten zu nehmen und dann zuerst über einen Antrag nach § 119 zu entscheiden, BGH NJW 1988, 2047 (großzügig).

Erst nach Bewilligung von Prozesskostenhilfe: Ausreichen kann es, die Berufung erst nach einer Bewilligung nach § 119 „durchzuführen“, BGH MDR 2013, 481 (ohne Vorlage nach § 132 GVG); aM BGH FamRZ 2009, 1056. Ausreichend ist die Bitte, ein „weiteres Tätigwerden des ProzBev. und insbesondere die Berufungsbegründung“ von Prozesskostenhilfe abhängig zu machen.

Revision: Möglich ist eine Umdeutung in Berufung.

Rücknahme: Diejenige einer Bedingung kann eine Rücknahme nach § 516 bedeuten, BGH FamRZ 2001, 1703. Sie kann aber auch eine erneute Berufung bedeuten, BGH VersR 1993, 713.

Sofortige Beschwerde: Möglich ist eine Umdeutung in Berufung, BGH FamRZ 2013, 1120. Auch „Beschwerde“.

Streithilfe: Möglich ist eine Umdeutung des Worts „Partei“ in Streithelfer nach §§ 66 ff., BGH WM 2001, 539.

Unzulässigkeit: Möglich ist die Umdeutung einer solchen Berufung in eine zulässige Anschlussberufung nach § 524, BGH NJW 1987, 3263; Rimmelspacher JR 1988, 93.

Zulassung: Ein Antrag auf Zulassung der Berufung kann als Einlegung der Berufung ausgelegt werden, BGH FamRZ 2008, 1926.

5. Angabe der Berufungsparteien, II Nr. 1, 2. Notwendig ist bis zum Ablauf der Berufungsfrist nach §§ 517, 518 die Angabe, für wen und gegen wen der Anwalt die Berufung einlegt, BGH WuM 2017, 737; Köln MDR 2016, 610; Stgt NJW 2012, 1376. Das gilt vor allem dann, wenn die Berufung nicht für oder gegen alle auf einer Seite Stehenden erfolgt. Das Berufungsgericht muss das innerhalb der Rechtsmittelfrist nach § 517 ohne Förmelei mit ausreichender Deutlichkeit erkennen können, BVerfG NJW 1991, 3140; BGH WuM 2017, 737, Stgt NJW 2012, 1376. Aus der Berufungsschrift muss entweder für sich allein oder mit Hilfe weiterer Unterlagen, etwa einer der Berufungsschrift beigefügten Ablichtung des angefochtenen Urteils, vgl. BGH, NJW-RR 2004, 862 Rn. 19, bis zum Ablauf der Rechtsmittelfrist eindeutig zu erkennen sein, wer Berufungskläger und wer Berufungsbeklagter sein soll. Dabei sind vor allem an die eindeutige Bezeichnung des Rechtsmittelführers strenge Anforderungen zu stellen. Bei verständiger Würdigung des gesamten Vorgangs der Rechtsmitteleinlegung muss jeder Zweifel an der Person des Rechtsmittelklägers ausgeschlossen sein, BGH 24.2.2021 – VII ZB 8/21, BeckRS 2021, 4029; BGH VersR 2010, 89; Brdb MDR 2004, 1438 (das gilt auch dann, wenn das Urteil nur eine Partei nach → Vor § 511 Rn. 16 beschwert). Auch insoweit ist die Erklärung nötigenfalls unter Berücksichtigung des gesamten Inhalts, der Umstände und der beigefügten Unterlagen auszulegen, BGH 24.2.2021 – VII ZB 8/21, BeckRS 2021, 4029. 22

Die Angabe des unrichtigen Rechtsmittelklägers in der Rechtsmittelschrift führt zwar grundsätzlich zur Unzulässigkeit. Eine falsche oder ungenaue Bezeichnung des Rechtsmittelklägers kann aber behoben werden, wenn der richtige Rechtsmittelkläger aufgrund weiterer Erkenntnismöglichkeiten innerhalb der Rechtsmittelfrist zweifelsfrei erkennbar wird, beispielsweise im Wege der Auslegung der Rechtsmittelschrift und der im Zeitpunkt des Ablaufs der Rechtsmittelfrist vorliegenden sonstigen Unterlagen, etwa der zwischenzeitlich eingegangenen Instanzakten, BGH NJW-RR 2020, 472, zu § 549. Die Auslegung von Prozesshandlungen und damit auch der Berufungsschrift durch das Berufungsgericht unterliegt nach stRspr des BGH freier revisionsrechtlicher Nachprüfung. Sie orientiert sich an dem Grundsatz, dass im Zweifel dasjenige gewollt ist, was nach den Maßstäben der Rechtsordnung vernünftig ist und dem recht verstandenen Interesse entspricht. Lediglich theoretisch mögliche Zweifel, für die tatsächliche Anhaltspunkte nicht festgestellt sind, können dabei nicht ausschlaggebend sein, BGH 24.2.2021 – VII ZB 8/21, BeckRS 2021, 4029. Zweifel liegen danach nicht etwa schon bei einer an einer Stelle der Berufungsschrift falschen Bezeichnung der Partei vor, vgl. BGH 24.2.2021 – VII ZB 8/21, BeckRS 2021, 4029. 23

6. Beispiele zur Frage der Angabe der Berufungsparteien, II Nr. 1, 2

24 **Aktenvermerk: Ungenügend** ist ein solcher über eine mündliche oder telefonische Erklärung. Die Berufungseinlegung muss schriftlich erfolgen, BGB NJW 1999, 291; BAG NJW 1975, 2039; krit. Westerhoff JR 1986, 269.

Anschrift: Das Fehlen derjenigen des Berufungsbekl. und seines ProzBev. macht die Berufung nicht unzulässig, BGH NJW 2005, 3773; Ffm BauR 2017, 1573. Das gilt auch beim arbeitsgerichtlichen Verfahren, BAG NJW 1987, 1356; Karlsr FamRZ 2003, 1672.

Auslegung: Statthaft ist eine solche. Sie kann auch bei einer Berufungsschrift des Gegners erfolgen und ergeben, wer eigentlich Berufungskläger und wer Berufungsbekl. ist, BGH WuM 2017, 737, insbesondere zusammen mit einer beigefügten Urteilsabschrift, BGH MDR 2013, 114; Stgt NJW 2012, 1376. Auch die Prozessakten können dabei nützlich sein, BGH NJW-RR 2007, 936.

Genauigkeit: Der Berufungskläger muss natürlich vor allem sich selbst wie bei § 253 II Nr. 1 genau bezeichnen, BGH MDR 2010, 828, wenn auch evtl. nur als „erstinstanzlicher Beklagter“, BGH VersR 1999, 1171, vgl. freilich auch BGH NJW 2005, 3773. Er muss auch den Berufungsbekl. unter Angabe der Parteirolle mit dessen Namen und zweckmäßigerweise auch mit dessen jetziger Anschrift bezeichnen, BGH NJW-RR 2006, 284, wenn auch nicht stets so genau, BGH MDR 2010, 828; BAG NJW 1987, 1356.

Insolvenzverwalter: Ungenügend ist es, wenn unklar bleibt, ob er persönlich oder nur als Partei kraft Amtes Berufungskläger ist, Düss ZIP 2012,1100.

Keine Nämlichkeit: Ungenügend ist bei Benennung des Berufungsbekl. die Angabe eines mit ihm nicht identischen Unternehmens, in dessen Firma der Name des Berufungsbekl. erscheint, BGH NJW 1985, 2651.

Streithelfer: Es muss klar sein, welche der Hauptparteien er nach §§ 66 ff. unterstützt, Köln MDR 2016, 610.

Versicherung: Ungenügend ist die Benennung der Haftpflichtversicherung des Berufungsbekl. statt seiner eigenen Person, BGH VersR 1992, 761.

Widerklage: Der Widerbekl steckt **nicht** stets hinter der Angabe „Berufungskläger“, BGH NJW-RR 2006, 284.

25 **7. Angabe bei Streitgenossen, II Nr. 1, 2.** Ist ein Streitgenosse nach § 59 zugleich ein Streithelfer des anderen nach § 66, muss die Berufungsschrift zweifelsfrei ergeben, wer der Berufungskläger ist, Oldb NJW-RR 2004, 1029. Richtet sich die Berufung gegen mehrere Streitgenossen, genügt meist die Nennung des an erster Stelle stehenden, BGH NJW 2002, 832, oder von zweien nur einer, BGH NJW 2003, 3204. Anders liegt es aber dann, wenn der Berufungskläger von 3 Streitgenossen nur 2 nennt. Freilich kann auch hier eine sinnvolle Auslegung ergeben, dass sich das Rechtsmittel gegen alle richtet, BGH MDR 2011, 181; Hamm MDR 2000, 539. Denn die uneingeschränkt eingelegte Berufung richtet sich im Zweifel gegen alle erfolgreichen Streitgenossen, BGH NJW 1984, 58, Brem NJW-RR 1995, 1023. Deshalb kann bei einer ausnahmslosen Aufführung aller Rechtsmittelgegner deren unterschiedliche Bezeichnung als „Beklagte“ und als „Beklagte und Berufungsbeklagte“ unschädlich sein, BGHZ 03, 3204. Die Auslegung mag andererseits ergeben, dass sich die Berufung gerade nicht gegen alle Streitgenossen richtet, BGH NJW 1991, 2775.

26 Bei einer Vielzahl von Rechtsmittelgegnern genügt eine **Sammelbezeichnung** jedenfalls dann, wenn sich die Einzelheiten aus der beigefügten oder innerhalb der Berufungsfrist nach § 517 nachgereichten Urteilsablichtung oder -abschrift ergeben, BGH NJW-RR 2000, 1661. Sind mehrere einfache Streitgenossen dagegen Berufungskläger, müssen alle als solche auftreten, BGH NJW 1993, 2944, Brdb OLG-NL 1998, 261, es sei denn, die Reihenfolge der in der Berufungsschrift aufgeführten Namen lässt hinreichend sichere Schlüsse zu, BGH NJW 1999, 3124. Das Fehlen der Bezeichnung eines Streithelfers nach § 66 ist evtl. unschädlich, BAG NJW 1978, 392, strenger BGH NJW 2003, 3204 (ohne Vorlage nach dem RsprEinhG, Anh. § 140 GVG). Wegen einer WEG BGH WuM 2017, 737.

27 **8. Verstoß, II Nr. 1, 2.** Eine fehlende oder falsche Bezeichnung der Parteien kann die Berufung unzulässig machen, BGH NJW-RR 2004, 572, Köln MDR 2016, 610. Darauf muss das Berufungsgericht hinweisen, BGH NJW 1991, 2081. Aber sie schadet nur dann, wenn das Berufungsgericht und der unbefangene Leser die richtige Angabe nicht deutlich erkennen können, auch nicht bei einer notwendigen vernünftigen Auslegung, BGH NJW 2002, 831, oder bei einer bis zum Ablauf der Berufungsfrist nach § 517 nachgereichten Unterlage usw., BGH FamRZ 2006, 1116; Brschw MDR 2004, 1438. Dabei darf das Berufungsgericht auch das der Rechtsmittelschrift beigefügte Urteil heranziehen. Sein Tenor nach § 313 I Nr. 4 reicht aber nicht stets zur Klärung, Brdb MDR 2004, 1438; Mü OLGR 1995, 129. Wo es üblich ist, den Kläger stets dann an erster Stelle zu nennen, wenn er auch Berufungskläger ist, bezeichnet schon die Reihenfolge die Parteien meist hinreichend deutlich, BVerfG NJW 1986, 2101; BGH FamRZ 2007, 903. Ein Antrag ist erst nach § 520 III 2 Nr. 1 nötig, Zweibr FamRZ 2007, 1578. Enthält die Berufungsschrift bereits Anträge nach § 520 III 2 Nr. 1, kann sich mangels anderer Hinweise aus ihnen ergeben, gegen welchen von mehreren Prozessgegnern sich die Berufung richtet, BGH NJW 1991, 2775.

28 Eine **Parteiverwechslung** ist nur ausnahmsweise unschädlich, Mü MDR 2006, 540. Ist der Name des Berufungsklägers überhaupt nicht in der Berufungsschrift vorhanden, schadet das dann nicht, wenn er aus sonstigen innerhalb der Notfrist nach § 517 eingereichten Unterlagen hervorgeht, Celle Nds. Rpfl. 1990, 152. Deshalb reicht es nicht aus, wenn das Berufungsgericht den Namen nur aus den Gerichtsakten ermitteln kann und wenn diese ihm nicht innerhalb der Notfrist vorliegen, BGH MDR 2007, 734. Wenn nicht alle in der Berufungsschrift genannten Personen das Berufungsverfahren durchführen, genügt eine Klarstellung bis zum Ablauf der Begründungsfrist nach § 520 II, Celle Nds. Rpfl. 1990, 153 (keine teilweise Verwerfung der Berufung). Die Personalien eines Streithelfers können fehlen, BAG NJW 1978, 392.

29 **XI. Anlagen der Berufungsschrift, III.** Der Berufungskläger **soll** der Berufungsschrift eine Ausfertigung oder beglaubigte Abschrift des Ersturteils nach § 317 beifügen. Die erste Seite kann reichen, BGH NJW 1991, 2081. Es handelt sich um eine bloße Ordnungsvorschrift. Deren Beachtung ist aber wichtig. Denn es können sich aus dem Ersturteil solche Umstände ergeben, die für die Auslegung der Berufungsschrift wesentlich sind, BGH NJW-RR 1989, 959; Köln WRP 1985, 46; Schlee AnwBl 1990, 35.

520 ***Berufungsbegründung.*** **[I] Der Berufungskläger muss die Berufung begründen.**

[II] [1]Die Frist für die Berufungsbegründung beträgt zwei Monate und beginnt mit der Zustellung des in vollständiger Form abgefassten Urteils, spätestens aber mit Ablauf von fünf Monaten nach der Verkündung. [2]Die Frist kann auf Antrag von dem Vorsitzenden verlängert werden, wenn der Gegner einwilligt. [3]Ohne Einwilligung kann die Frist um bis zu einem Monat verlängert werden, wenn nach freier Überzeugung des Vorsitzenden der Rechtsstreit durch die Verlängerung nicht verzögert wird oder wenn der Berufungskläger erhebliche Gründe darlegt.

[III] [1]Die Berufungsbegründung ist, sofern sie nicht bereits in der Berufungsschrift enthalten ist, in einem Schriftsatz bei dem Berufungsgericht einzureichen. [2]Die Berufungsbegründung muss enthalten:

1. die Erklärung, inwieweit das Urteil angefochten wird und welche Abänderungen des Urteils beantragt werden (Berufungsanträge);
2. die Bezeichnung der Umstände, aus denen sich die Rechtsverletzung und deren Erheblichkeit für die angefochtene Entscheidung ergibt;
3. die Bezeichnung konkreter Anhaltspunkte, die Zweifel an der Richtigkeit oder Vollständigkeit der Tatsachenfeststellungen im angefochtenen Urteil begründen und deshalb eine erneute Feststellung gebieten;
4. die Bezeichnung der neuen Angriffs- und Verteidigungsmittel sowie der Tatsachen, auf Grund derer die neuen Angriffs- und Verteidigungsmittel nach § 531 Abs. 2 zuzulassen sind.

[IV] Die Berufungsbegründung soll ferner enthalten:

1. die Angabe des Wertes des nicht in einer bestimmten Geldsumme bestehenden Beschwerdegegenstandes, wenn von ihm die Zulässigkeit der Berufung abhängt;
2. eine Äußerung dazu, ob einer Entscheidung der Sache durch den Einzelrichter Gründe entgegenstehen.

[V] Die allgemeinen Vorschriften über die vorbereitenden Schriftsätze sind auch auf die Berufungsbegründung anzuwenden.

Übersicht

I. Systematik, I–V. Die Vorschrift tritt nach § 525 an die Stelle des erstinstanzlichen § 253 II Nr. 2. An ihre Stelle treten in der Revisionsinstanz § 551, in der Beschwerdeinstanz § 571 I und bei der Rechtsbeschwerde § 575 II–IV. Ergänzend gilt § 133 I 1 (Beifügung von Abschriften, Sollvorschrift). 1

II. Regelungszweck, I–V. Der Begründungszwang dient der Prozesswirtschaftlichkeit. Der Berufungsführer soll mithilfe seines (ja notwendigen) ProzBev. schnell und stets klar prüfen und erst anschließend erklären, was ihm am Ersturteil in einer nach der ZPO überprüfbaren Art und Weise missfällt und ihn beschwert, BGH VersR 2017, 823; BAG NZA 2017, 51. Damit soll eine für alle Beteiligten wirksame Vorsiebung erfolgen, auf der das Gericht dann zügig und konzentriert aufbauen kann und bei der auch der Gegner von vornherein erkennen kann, inwiefern der Streit fortgesetzt werden soll, Mü WM 2015, 2140. Das alles dient auch der Rechtssicherheit zur Begrenzung des verbleibenden Streitstoffs nach → § 2 Rn. 4 und zur Klärung, inwieweit das Ersturteil entweder bereits nach § 705 formell rechtskräftig ist oder doch nicht mehr gesondert weiter umstritten bleibt. 2

III. Geltungsbereich, I–V. Die Vorschrift gilt in jedem Berufungsverfahren nach der ZPO und der auf sie verweisenden Gesetze, auch im Eilverfahren nach §§ 922 I, 936, auch im WEG-Verfahren. Im Verfahren der Arbeitsgerichte (Urteilsverfahren) gelten die §§ 64 ArbGG. 3

IV. Begründungszwang, I. 1. Grundsatz: Zwang. Die Zulässigkeit der Berufung hängt von der Erfüllung der zeitlichen, förmlichen und inhaltlichen Anforderungen an die Berufungsbegründung ab (§ 522 I). Die Anforderungen bestimmt III abschließend. Dieser Begründungszwang ist mit dem GG vereinbar, BVerfG NJW 4

1974, 133; VerfGH Mü BayVBl. 1987, 314. Er soll eine ausreichende Vorbereitung für die Berufungsinstanz gewährleisten, BGH NJW-RR 2005, 1716. Er gilt auch in einer Arrest- und Verfügungssache nach §§ 916 ff., 935 ff. Deren Eiligkeit ändert nichts an der Notwendigkeit einer ordnungsmäßigen Begründung.

5 Die Begründungsschrift ist ein bestimmender Schriftsatz nach → § 129 Rn. 5.

2. Beispiele zu den förmlichen Voraussetzungen

6 **Ablichtung, Abschrift:** Ausreichen kann eine unterzeichnete beglaubigte Kopie, BGH VersR 1986, 868.

Aktenzeichen: Es darf fehlen oder unkorrekt sein, BGH VersR 1982, 673.

Anwaltserklärung: Ausreichend ist eine selbstverantwortliche Unterschrift des Anwalts nach → § 129 Rn. 10, BGH NJW 2008, 1311. Seine Blankounterschrift reicht **nicht,** BGH NJW 2005, 2709.

Auch Begründung: Ausreichend ist ein solcher Schriftsatz, der zumindest auch der Berufungsbegründung dient, BGH MDR 2005, 944.

Auslegung: Sie ist stets statthaft und notwendig wie bei jeder Parteiprozesshandlung. Aber auch → Rn. 36.

In Berufungsschrift: Ausreichend ist nach III 1 eine Berufungsbegründung schon in der Berufungsschrift nach § 519. Zu deren Einreichung gilt dasselbe wie bei → § 519 Rn. 9.

Bezugnahme: Ausreichen kann dieser Vorgang nach → Rn. 50, 51.

Einstellungsantrag: Ausreichen kann ein solcher zB nach §§ 707, 719 dann, wenn er inhaltlich auch den Anforderungen des § 520 genügt und fristgerecht eingeht, BGH NJW 1995, 2112.

Elektronik: Es gelten §§ 130a ff.

Mehrheit von Schriftsätzen: Ausreichend ist eine Begründung in mehreren gleichzeitigen oder aufeinander folgenden rechtzeitigen Schriftsätzen, solange alle fristgerecht eingehen.

Mündliche Erklärung: Nicht ausreichend ist diese Form.

Persönliche Abgabe: „Fehlen der Unterschrift".

Protokollerklärung: Nicht ausreichend ist diese Form.

Prozesskostenhilfegesuch: Es reicht aus, wenn es innerhalb der Berufungseinlegungsfrist oder – wenn zuvor ein RA die Berufung noch eingelegt hatte – vor Ablauf der Begründungsfrist eingeht. Das Gesuch kann von der Partei selbst eingelegt werden und braucht auch nicht begründet zu werden; das Berufungsgericht prüft die Erfolgsaussichten des Gesuchs von Amts wegen. Nach Beiordnung eines RA ist die Berufung einzulegen (wenn noch nicht erfolgt), zu begründen und Wiedereinsetzung in die Einlegungs- und/oder die Begründungsfrist zu beantragen. Die Versäumung der jeweiligen Frist ist dann schuldlos iSv § 233 ZPO, wenn die finanzielle Bedürftigkeit kausal für die Fristversäumung war (zu alledem BGH NJW-RR 2018, 61).

Streitgenossen: Jeder einfache Streitgenosse nach § 59 muss seine Berufung besonders begründen, wenn auch evtl. nur durch eine bloße Bezugnahme. Bei einer notwendigen Streitgenossenschaft gelten → § 62 Rn. 14 ff., 24.

Streithilfe: Die Hauptpartei darf die Berufung des Streithelfers nach § 66 begründen, BGH NJW 1985, 2480. Umgekehrt darf der beigetretene Streithelfer die Berufung der Hauptpartei nach § 67 Hs. 2 begründen, BGH NJW 1999, 2046.

Telefaxerklärung: Sie reicht, BVerfGE 74, 228; BGH NJW 1990, 188; BAG NJW 1987, 341. Dabei würde eine Abweichung von diesem Grundsatz gegen das Gebot gleichen Zugangs zum Gericht verstoßen, BVerfG NJW 1987, 2067; aM VerfGH Mü BayVBl. 1987, 314.

Telefonische Erklärung: Nicht ausreichend ist diese Form.

Überspannung: → Rn. 2.

Unterbevollmächtigter: Ausreichend ist auch die Unterschrift eines anwaltlichen Unterbevollmächtigten.

Vor Urteilszustellung: Ausreichend ist eine vollständige und abschließende Berufungsbegründung schon vor der Zustellung des Ersturteils nach § 317 im Prinzip, BGH NJW 1999, 3270; BAG NJW 2003, 2774.

Verweisung: „Bezugnahme".

Zustellung: Zu den Anforderungen bei einer Urteilszustellung nach dem Ablauf der 5-Monatsfrist des § 317 I 3 BGH NJW-RR 2005, 1986.

7 **V. Begründungsfrist, II 1.** Sie ist eine selbständige Frist gegenüber der Einlegungsfrist nach § 517, BGH MDR 2001, 1072; Brdb FamRZ 2004, 648. Maßgebend ist die gesetzliche Zeitbestimmung, BGH MDR 2004, 46. Die Frist beträgt **zwei Monate** ab wirksamer Amtszustellung nach §§ 166 ff. des in vollständiger Form abgefassten Ersturteils in einer Ausfertigung oder beglaubigten Abschrift oder Ablichtung nach § 317, BGH NJW 2008, 3707. Das gilt unabhängig davon, ob der Berufungsführer seine Berufung vor oder nach der Zustellung des Ersturteils eingelegt hat, BGH MDR 2003, 1308. Fehlt noch eine Zustellung des Ersturteils, beginnt die Frist nach II 2 und → § 517 Rn. 15–19 mit dem Ablauf von 5 Monaten nach der Verkündung, BGH NJW 2005, 2860. Man darf die Begründung ab der Urteilsverkündung nach §§ 310, 311 einreichen, BGH NJW 1999, 3269. Eine Klagerweiterung nach § 533 ist auch nach dem Ablauf der Begründungsfrist statthaft, BGH NJW-RR 2005, 714. Die Berufungsbegründung ist beim Berufungsgericht einzureichen, III 1.

8 **1. Hemmung.** Der Lauf der Berufungsbegründungsfrist beginnt auch dann, wenn der Rechtsmittelführer wegen Kostenarmut um Prozesskostenhilfe nachsucht und deshalb an der Einhaltung dieser Frist gehindert ist. Es steht ihm in diesen Fällen jedoch nach Wegfall des Hindernisses die Wiedereinsetzungsfrist von einem Monat zur Verfügung, innerhalb deren die versäumte Prozesshandlung nachzuholen ist, BGH NJW 2006, 2858. Eine Hemmung tritt auch nicht durch eine Verwerfung der Berufung nach § 522 I 2 ein, BGH FamRZ 2005, 194, und durch ein nachfolgendes Rechtsbeschwerdeverfahren nach § 574, BVerfG NJW 1987, 1191; BGH FamRZ 2004, 1783. Daher muss man die Berufung trotzdem innerhalb der Frist vorsorglich begründen, Wagner NJW 1989, 1156; krit. Clausnitzer AnwBl 1988, 136. Hebt aber das BVerfG einen innerhalb der Begründungsfrist nach § 522 I 2 ergangenen Verwerfungsbeschluss des LG auf, muss der Berufungskläger die Möglichkeit erhalten, die Berufung binnen einer angemessenen Frist zu begründen, BVerfG NJW 1987, 1191. Dies kann mittels Auslegung der Regelung des § 520 geschehen oder im Wege der Wiedereinsetzung.

9 Reicht der Berufungskläger vorsorglich eine **zweite Berufungsschrift** ein, weil die erste Berufung vielleicht unwirksam ist, und ist die erste doch formrichtig, ist die zweite Berufung so lange wirkungslos, bis etwa die erste unwirksam wird, zB durch ihre Rücknahme nach § 516. Erst dann richtet sich die Begründungsfrist nach der Einlegung der zweiten Berufung, BGH NJW 1985, 2480; Pantle NJW 1988, 2774.

Auch ein Akteneinsichtsgesuch „hemmt" die Frist nicht; ist die Akte noch nicht übersandt worden, ist gleichwohl ein Fristverlängerungsantrag zu stellen, BGH BeckRS 2013, 4170 Rn. 9. 10

2. Berechnung. Für die Berechnung → § 517 Rn. 2. Eine Urteilsberichtigung nach § 319 ändert den Fristlauf nicht. Die Frist wird nach → § 519 Rn. 3 ff. durch die **Einreichung der Begründungsschrift** beim Berufungsgericht gewahrt. Der Berufungskläger muss die Fristeinhaltung nach § 286 beweisen, BGH VersR 1978, 960. Dafür reicht eine bloße Glaubhaftmachung nach § 294 meist nicht aus, BGH NJW 2000, 814. Zu den Beispielen bei falscher Adressierung etc. vgl. die Ausführungen bei § 517. 11

3. Wiedereinsetzung. Die Wiedereinsetzung muss bei Versäumung der Berufungsbegründungsfrist **innerhalb eines Monats** (§ 234 I 2) beantragt werden. Die Frist beginnt mit dem Tag, an dem das Hindernis behoben ist (§ 234 II ZPO). Innerhalb dieser Frist ist nach § 236 II 2 Hs. 1 auch die versäumte Prozesshandlung, hier also die Berufungsbegründung, nachzuholen, BGH NJW 2008, 1740. 12

Die Begründungsfrist ist keine Notfrist nach § 224 I 2. Trotzdem ist eine Wiedereinsetzung nach § 233 I statthaft. Das gilt selbst nach einer Verwerfung des Rechtsmittels nach § 522 I 2. Denn sie wird mit einer Wiedereinsetzung nach § 238 wirkungslos, BGH ZZP 71, 400. Die Frist für den Wiedereinsetzungsantrag nach § 236 beginnt mit der sicheren Kenntnis davon, dass man mit der Einhaltung dieser Frist nicht rechnen kann, BGH NJW-RR 1990, 380. (Spätestens) ein eindeutiger Hinweis des Gerichts setzt die Frist des § 234 I 2 in Lauf, BGH BeckRS 2022, 7002. Über die Wiedereinsetzung entscheidet das Berufungsgericht, das Revisionsgericht nur dann, wenn das Berufungsgericht den Antrag übergangen hatte, BGH NJW 1982, 887; FamRZ 1980, 347. Zur bloßen Ergänzung einer fristgerechten, aber inhaltlich teilweise unzureichenden Begründung kann eine Wiedereinsetzung nicht erfolgen, BGH NJW 1997, 1310. Nach dem Widerruf einer Zurücknahme der Berufung beginnt die Frist zur Wiedereinsetzung mit dem Widerrufseingang beim Gericht. 13

Der Berufungskläger kann etwa im Falle von **Prozesskostenarmut** schuldlos an der Einhaltung der Begründungsfrist gehindert gewesen sein. Er muss dann jedoch fristgerecht einen PKH-Antrag stellen und unter Verwendung der vorgeschriebenen Vordrucke (§ 117 IV) eine Erklärung zu den persönlichen und wirtschaftlichen Verhältnissen nebst den erforderlichen Nachweisen einreichen, st. Rspr., vgl. etwa BGH NJW 2017, 1179. Entscheidend für die Ursächlichkeit der Mittellosigkeit einer Partei für die Versäumung der Frist ist, ob der Rechtsanwalt bereit war, das Rechtsmittel auch ohne Bewilligung von Prozesskostenhilfe (einzulegen und) zu begründen. Holt die Partei die Verfahrenshandlung nach Ablauf der dafür vorgesehenen Frist, aber vor der Entscheidung über das Prozesskostenhilfegesuch nach, so ist, solange sich nichts Gegenteiliges ergibt, davon auszugehen, dass die Mittellosigkeit für die zunächst unterbliebene und sodann verspätet vorgenommene Verfahrenshandlung ursächlich geworden ist. Einer Darlegung der Gründe, weshalb das Rechtsmittel nicht schon vor Ablauf der Frist unabhängig von der Entscheidung über die Prozesskostenhilfe begründet werden konnte, bedarf es nicht. Anders verhält es sich, wenn die Begründung noch innerhalb der Frist erfolgt. Dann ist davon auszugehen, dass die Mittellosigkeit für eine gleichwohl eintretende Fristversäumung nicht kausal geworden ist, alles BGH NJW-RR 2016, 507 Rn. 10. Im Falle einer unvollständigen Berufungsbegründung wird ein Wiedereinsetzungsantrag wegen sorgfaltswidrigen Verhaltens des RA keinen Erfolg haben, wenn er bei der Signierung eines (ein Rechtsmittel oder) eine Rechtsmittelbegründung enthaltenden fristwahrenden elektronischen Dokumentes dieses nicht zuvor selbst sorgfältig auf Richtigkeit und Vollständigkeit geprüft hat, BGH BeckRS 2022, 7011. Diese Prüfung ist nicht auf das Büropersonal übertragbar, BGH aaO. Soll etwa ein Fehler auf einer Seite vom Büropersonal korrigiert werden, ist das elektronische Dokument mangels Austauschmöglichkeit einzelner Seiten erneut zu erstellen und dann von RA selbst erneut auf Vollständigkeit zu prüfen, Toussaint, FD-ZVR 2022, 448098, auch zu den praktischen Hinweisen zur Nutzung der entsprechenden beA-Funktionen. 14

VI. Fristverlängerung, II 2, 3. Zuständig ist der Vorsitzende, nicht das Gericht, BGH NJW 1988, 211, Demharter MDR 1986, 797, Schneider MDR 2005, 61. Eine Verkürzung der Frist durch den Vorsitzenden ist unstatthaft, weil § 520 die §§ 224 II, 226 I ausschließt, Schlesw SchlHA 1976, 28. Die Frist lässt sich aber durch eine Parteivereinbarung abkürzen. Eine Mediation verlängert keine Frist nach II, BGH VersR 2010, 548. Der Fristverlängerungsantrag hat Vorrang vor einem Wiedereinsetzungsgesuch. Ein RA, der erkennt, dass er die Begründungsfrist nicht einhalten kann, muss einen Fristverlängerungsantrag stellen und damit dafür sorgen, dass eine Wiedereinsetzung nicht notwendig wird. Etwas anderes gilt aber dann, wenn die Fristverlängerung von der Einwilligung des Gegners abhängig ist und diese etwa aufgrund der Tageszeit nicht mehr zu erlangen ist, BGH BeckRS 2021, 16492. 15

1. Antrag, II 2 Hs. 1. Erforderlich ist ein wirksamer Antrag des ProzBev., BGH NJW-RR 2001, 572. Er muss bis zum Ablauf der Begründungsfrist beim Berufungsgericht eingehen, BGH MDR 2015, 1027. Hinsichtlich des Grundes der begehrten Verlängerung sind keine hohen Anforderungen zu erfüllen; eine Überlastung braucht nicht im Einzelnen dargelegt zu werden, BGH MDR 2017, 353. 16

Ein mit der Berufungseinlegung gestelltes **Akteneinsichtsgesuch** ist nicht als Fristverlängerungsantrag für die Berufungsbegründung bis zum Eingang der Akte auszulegen, BGH 7.2.2013 – V ZB 176/12, BeckRS 2013, 4170 Rn. 9. Das Ausbleiben der Gerichtsakten kann zwar einen nach II 3 erheblichen Grund zur Verlängerung der Berufungsbegründungsfrist auch ohne Einvernehmen des Gegners darstellen, vgl. BGH NJW-RR 2000, 947,948. Die Verlängerung tritt aber nicht ohne weiteres Zutun des Berufungsklägers ein. Es muss demnach auch dann Fristverlängerung beantragt werden; anderenfalls ist die Berufung unzulässig. 17

2. Beispiele zur Frage eines Antrags, II 2 Hs. 1

Akteneinsicht: Antrag auf Akteneinsicht ist nicht ohne Weiteres als Fristverlängerungsantrag auszulegen, BGH BeckRS 2013, 4170 Rn. 9. 18

Anwaltszwang: Er besteht wie sonst nach → § 78 Rn. 1, BGH NJW 1998, 1155; Schneider MDR 2005, 61.

Auslegung: Ob ein Verlängerungsantrag vorliegt, darf und muss das Berufungsgericht durch eine Auslegung ermitteln, BGH VersR 2016, 617. Dabei muss es dasjenige annehmen, was vernünftig ist und dem erkennbaren Interesse der Partei entspricht, BGH AnwBl 2004, 59. Eine „Bitte" ist daher evtl. ein Antrag, Schneider MDR 2005, 61. Eine Verlängerung um 1 Monat „bis zum..." (in Wahrheit nur 3 Wochen) ist problematisch. Beide Auslegungen erscheinen möglich, offen gelassen in BGH MDR 2015, 604. Dem Interesse der Partei dürfte die Auslegung am ehesten entsprechen, die zur längstmöglichen Fristverlängerung führt. Auch „Nämlichkeit".

Bedingung: Eine solche des Antragstellers ist unstatthaft und unwirksam, beeinträchtigt aber nicht eine erfolgte Verlängerung, BGH MDR 2017, 1019.

Endtermin: Der Antragsteller braucht keinen bestimmten Zeitraum oder Endtermin der erbetenen Verlängerungsfrist zu nennen, BGH MDR 2001, 951, strenger Ffm MDR 2003, 471.

Ergänzungsbitte: Zunächst „Auslegung". Eine Bitte um die Erlaubnis zu einer Ergänzung nach einem etwaigen Scheitern von Vergleichsverhandlungen reicht meist **nicht** als Antrag, BGH NJW 1990, 2628.

Erkundigung: Der Anwalt braucht sich während der Begründungsfrist grds. nicht zu erkundigen, ob sein Verlängerungsantrag Erfolg haben wird, BGH NJW 2012, 2522.

Fristausnutzung: Ausreichend ist ein in letzter Sekunde eingehender Antrag, wie bei jeder Frist, BVerfG NJW 2001, 3473; BGH NJW 2005, 679; BayObLG 2004, 230. Dann darf der Vorsitzende die Frist auch nach dem ursprünglichen Ablauf verlängern, BGH NJW 1982, 1651; BAG NJW 1980, 309.

Glaubhaftmachung: Nicht nötig ist eine solche nach § 294, BGH NJW 2010, 1611. Es kann aber nach § 224 II zumindest ratsam sein.

Mangelhaftigkeit: Ausreichen kann ein mangelhafter Verlängerungsantrag, BGH NJW-RR 1990, 67.

Mehrere Berufungen: → § 519 Rn. 12, BGH NJW 1993, 269.

Nämlichkeit: Man muss die Identität des Absenders klären, BGH FamRZ 2010, 206.

Postverzögerung: Geht der Antrag wegen einer Postverzögerung erst nach dem Fristablauf ein, kommt eine Wiedereinsetzung in die versäumte Begründungsfrist nach § 233 infrage, „Wiedereinsetzung".

Prozesskostenhilfeverfahren: Ausreichend ist (nur) ein im Übrigen rechtzeitiger Antrag auch während eines noch laufenden Bewilligungsverfahrens nach §§ 114 ff. im Rahmen der Prozessvollmacht nach § 80, BGH NJW 2013, 1684; Zweibr FamRZ 2004, 1300 (auch zur Ausnahme mangels einer Vollmacht).

Rechtskraft: Erfolgt der Antrag verspätet, muss das Berufungsgericht schon wegen der inzwischen nach § 705 eingetretenen formellen Rechtskraft die Berufung nach § 522 I 2 als unzulässig verwerfen, BGH NJW 1992, 842. Daran ändert auch eine dann nach → Rn. 29 unwirksame Verlängerung der Frist nach → § 233 Rn. 11 „Berufung" grundsätzlich nichts. Aber auch „Postverzögerung".

Ruhen des Verfahrens: Kein Verlängerungsantrag steckt in einem Antrag auf ein Ruhen des Verfahrens nach § 251, BGH FamRZ 2010, 206.

Überleitung: → Rn. 15 (A).

Vollmacht: „Prozesskostenhilfeverfahren".

Wiedereinsetzung: zunächst → Rn. 12. Wiedereinsetzung ist aber nach §§ 224 I 2, 233 ff. statthaft, BVerfG NJW 2007, 3342; BGH NJW-RR 2006, 143; BAG NJW 1986, 603. Das gilt zB nach einer Postverzögerung, s. dort. Dazu muss der Berufungskläger freilich auch gerade eine Wiedereinsetzung beantragen, Brdb NJW 2003, 2995. Aus prozessökonomischen Gründen ist uU Wiedereinsetzung auch ohne vorherige Entscheidung über einen Verlängerungsantrag zu bewilligen, BGH FamRZ 2009, 1057.

Die **Frist** beträgt dafür nach § 234 I 2 einen Monat. Sie läuft auch nach einer Verwerfung der Berufung nach § 522 I 2, BGH FamRZ 2005, 791. Das bloße Vertrauen des Berufungsklägers darauf, dass das Berufungsgericht dem Antrag auch auf eine weitere Verlängerung stattgeben werde, reicht aber nicht stets, BGH NJW 2004, 1742. Zur Frage, ob beim Vorliegen eines solchen Wiedereinsetzungsgrunds die fristgerechte Nachholung des Verlängerungsantrags genügt, §§ 234 I, 236 II 2, BGH NJW 1995, 60; Drsd FamRZ 2003, 1849; Ganter NJW 1994, 164. Es stellt kein stets die Wiedereinsetzung nach § 233 ausschließendes Verschulden dar, dass der ProzBev. sich nicht vor dem Ablauf der Frist wegen der Verlängerung erkundigt hat, BGH NJW 1983, 1741. Zum Vorrang des Fristverlängerungsantrags → Rn. 15.

19 **3. Einwilligung des Gegners, II 2 Hs. 2.** Verlängern darf der Vorsitzende die Frist in den Grenzen von → Rn. 29 ohne zeitliche Begrenzung dann, wenn und soweit der Gegner einwilligt, BGH MDR 2018, 547, Zweibr NJW 2003, 11. Die Einwilligung (vorherige Zustimmung nach § 183 BGB) braucht keine besondere Form, BGH NJW 2005, 72 (krit. Rimmelspacher JZ 2005, 522). Sie darf nur ausnahmsweise nach zweifelsfreien Äußerungen stillschweigend geschehen, BGH NJW 2006, 2192; Drsd MDR 2017, 1025. Sie kann entweder dem Gericht gegenüber oder ausdrücklich dem Berufungsführer gegenüber erfolgen. Sie kann auch durch eine anwaltliche Versicherung des ProzBev. des Berufungs**klägers** nach § 81 erfolgen, BGH NJW 2005, 73 (krit. Rimmelspacher JZ 2005, 522). Das muss der ProzBev. des Berufungsklägers dem Gericht aber natürlich auch wie bei § 121 I 1 BGB unverzüglich mitteilen, BGH MDR 2005, 1129. Die Einwilligung ist nach → Vor § 128 Rn. 62 bedingungsfeindlich und grundsätzlich unwiderruflich. Der Gegner kann sie auf eine zeitlich begrenzte Verlängerung beschränken. Er kann aber die Frist nach → Rn. 31 auch mehrmals bewilligen. Der Vorsitzende muss vor seiner Entscheidung den Gegner zu einer nur behaupteten Einwilligung anhören und dessen Interessen beachten. Ein bloßer Hinweis auf Vergleichsverhandlungen ist keine Einwilligung, BGH MDR 2012, 1113.

20 Den Vorsitzenden bindet die Einwilligung, Zweibr NJW 2003, 3211. Eine Verlängerung aufgrund eines Missverständnisses über eine angebliche Einwilligung oder ohne sie bleibt wirksam, BGH NJW 2008, 813. Der Berufungskläger darf darauf vertrauen, dass das Gericht eine erforderliche Einwilligung eingeholt hat, BGH NJW 2004, 1460; Rimmelspacher JZ 2005, 522. Natürlich muss er dazu auch eine ihm etwa vom Gegner übermittelte Einwilligung an das Gericht weitergeleitet haben, BGH MDR 2005, 1129.

21 **4. Keine Verzögerung oder erhebliche Gründe, II 3.** Ohne eine Einwilligung des Gegners darf der Vorsitzende die Begründungsfrist nur bis zu insgesamt einem Monat verlängern, BGH NJW-RR 2008, 1163; Zweibr NJW 2003, 3211.

22 Der Vorsitzende darf die Frist nur dann verlängern, wenn sich nach seiner freien nicht nachprüfbaren Überzeugung im Entscheidungszeitpunkt nach → Rn. 29 der Rechtsstreit durch die Verlängerung nicht verzögert oder wenn der Berufungskläger erhebliche Gründe darlegt, BGH MDR 2018, 547. Dabei bestehen bei einem ersten Antrag keine hohen Anforderungen, BGH MDR 2018, 547, 548; BeckRS 2021, 41501. Auf den Erfolg seines Fristverlängerungsantrags darf der Ber.kl. nur dann vertrauen, wenn es sich um einen ersten Verlängerungsantrag handelt und im Antrag erhebliche Gründe iSd II 3 dargelegt sind, BGH BeckRS 2021, 41501mit Anm. Tousssaint FD-ZVR 2022, 445106. Fehlt diese Darlegung, muss der Antragsteller damit rechnen, dass der Vorsitzende in einer grundlosen Verlängerung eine ungerechtfertigte Verzögerung des Rechtsstreits sehen wird, BGH NJW 2008, 3304; im Wiedereinsetzungsverfahren kann sich der Ber.kl. dann auch nicht mit Erfolg auf sein Vertrauen in die Gewährung der Fristverlängerung berufen, BGH BeckRS 2021, 41501. Eine Glaubhaftmachung

nach § 294 ist nicht von vornherein erforderlich, BGH NJW 2010, 1611; BAG NJW 1995, 150, wohl aber auf Verlangen des Vorsitzenden, BGH NJW 1999, 430, soweit ihre Gründe nicht nach → § 291 Rn. 9 gerichtsbekannt sind.

Verzögerung bedeutet an sich dasselbe wie bei § 296 II, III, → § 296 Rn. 39 ff. 23

Erhebliche Gründe sind an sich dieselben wie bei § 227 I 1. BGH MDR 2018, 548 nennt insbesondere die Arbeitsüberlastung des Prozessbevollmächtigten. 24

Beim Vorliegen auch nur einer dieser beiden Voraussetzungen muss der Vorsitzende nach allgemeiner Meinung einem **ersten Antrag meist folgen,** BVerfG NJW 2007, 3342; BGH MDR 2018, 548; KG MDR 1999, 1523. Darauf kann der ProzBev. grundsätzlich vertrauen, BGH BauR 2017, 1086. Eine gegenüber dem Gesetz strengere Praxis verstößt danach gegen das Gebot rechtsstaatlicher Verfahrensgestaltung nach BVerfG FamRZ 2002, 533; BGH NJW-RR 2011, 285; VerfGH Mü MDR 1996, 1074. Sie könnte eine Wiedereinsetzung nach § 233 ermöglichen, BGH NJW 1999, 430. 25

Es kann der Anwalt bei einem ersten Antrag aber sogar dann **nicht** stets einen Erfolg erhoffen, wenn er den Antrag nur ungenügend begründet, BVerfG NJW 2001, 812; BGH NJW-RR 1998, 573, oder wenn er überhaupt keinen der Gründe des II 3 nennt, BGH NJW 1993, 135. Ein falscher Hinweis des Gerichts, eine Mediation nach → § 278 Rn. 2 werde zur Fristverlängerung führen, gibt keinen solchen Anspruch, BGH NJW 2009, 1149, wohl aber evtl. einen Wiedereinsetzungsanspruch nach § 233. 26

Ebenso wenig wie eine schematische Verlängerung ist eine engherzige Ablehnung statthaft, zumal die Verlängerung oft eine sorgfältigere Begründung bewirkt. Zulässig ist die Verlängerung unter einer Rechtsbedingung, BGH NJW 1988, 3266. Die Verlängerung erfordert nicht die Feststellung und daher auch nicht die Darlegung, dass man die Berufung rechtzeitig eingelegt hat, BGH MDR 2005, 944. Hierüber darf das Berufungsgericht unabhängig von der Verlängerung erst bei der Prüfung der Zulässigkeit der Berufung entscheiden, BGH MDR 2005, 944. 27

5. Beispiele zur Frage des Fehlens einer Verzögerung oder erheblicher Gründe, II 3

Akteneinsicht: Sie eröffnet allein keine Möglichkeit nach II 3, BGH NJW 2018, 1023. 28

Anwaltswechsel: „Neuer Anwalt".

Entscheidungsreife: Keine Verzögerung liegt dann vor, wenn das Gericht ohnehin erst nach geraumer Zeit über die Berufung wie nach → § 300 Rn. 21 entscheiden kann.

Grundsatzentscheidung: Erheblicher Grund ist das Abwarten einer solchen Entscheidung.

Informationsgespräch: Erheblicher Grund sein kann seine Notwendigkeit, BGH NJW 2010, 1611; Müller NJW 1998, 506. Freilich kommt es auf die Umstände an.

Neuer Anwalt: Erheblicher Grund sein kann seine Einarbeitungsschwierigkeit, BGH NJW-RR 2000, 800.

Personalprobleme: Erheblicher Grund ist zB eine Kur oder eine Erkrankung, BGH NJW-RR 1989, 1280; Schneider MDR 1977, 89. Freilich kommt es auf die Fallumstände an (Zumutbarkeit von Ersatz).

Räumung: Das Gericht muss das Beschleunigungsgebot mitbeachten, BGH WuM 2018, 223.

Überlastung: Erheblicher Grund ist dieser Zustand, BVerfG NJW 2000, 1634; BGH MDR 2018, 548, BAG NJW 1995, 1446 (je: konkrete Angaben über die Ursachen sind nicht erforderlich), aM LG Mü NJW 2004, 79 (nur bei vorübergehender Überlastung am Fristende. Etwas praxisfern).

Urlaub: Erheblicher Grund ist er sowohl beim Anwalt als auch bei der Partei, BGH BauR 2017, 1086.

Urteilsausfertigung: Erheblicher Grund ist ihr Ausbleiben, Thomas/Putzo/Reichold Rn. 12, aM Vogg MDR 1993, 293 (aber erst sie ergibt den ganzen Inhalt des Ersturteils).

Vergleichsgespräch: Erheblicher Grund ist ein solches, BGH NJW 1999, 430.

6. Entscheidung, II 2, 3. Für den Umfang einer gerichtlichen Fristverlängerung ist der objektive Inhalt der Mitteilung maßgeblich, die an die die Fristverlängerung beantragende Partei gerichtet ist (vgl. BGH, NJW-RR 2009, 643 Rn. 13 mwN). Verlängert der Vorsitzende die Berufungsbegründungsfrist für eine kürzere Zeit als beantragt, liegt darin in aller Regel zugleich die (stillschweigende) Ablehnung des weitergehenden Antrags und nicht ein Vorbehalt, insoweit erst noch entscheiden zu wollen, BGH MDR 2015, 604. Auch wenn der Berufungskläger seinen Antrag (einen Monat bis zu einem bestimmten Datum, das aber nur drei Wochen entfernt liegt; Verlängerung wird bewilligt nur bis zu diesem Datum) anders ausgelegt haben sollte, ist die gerichtliche Entscheidung maßgeblich. Die Berufung ist dann innerhalb dieser gerichtlichen Frist zu begründen. 29

7. Beispiele zur Frage einer Entscheidung, II 2, 3

Anhörung: Der Vorsitzende muss den Antragsgegner mangels dessen Einwilligung schon wegen Art. 103 I GG vor einer Verlängerung rechtlich anhören, BVerfG NJW 2000, 945. Das erfolgt wie bei § 121 I 1 BGB unverzüglich, spätestens nach 5 Monaten, BGH 102, 37. 30

Form: Die Entscheidung erfolgt durch eine grds. schriftliche Verfügung nach §§ 225 III, 329, 567 mit voller Unterschrift, BGHZ 76, 236. Diese ist nach §§ 315 II 2, 329 nachholbar. Eine telefonische Verlängerung ist wirksam, BGH NJW 1998, 1156; krit. Zöller/Heßler Rn. 18. Eine Unterschrift ist stets wie bei jeder Entscheidung nach → § 329 Rn. 12 nötig, aM BGH NJW 2017, 2274 (durchaus systemwidrig). **Unwirksam** ist eine stillschweigende Verlängerung, BGH NJW-RR 1990, 67; Rostock MDR 2013, 1000.

Nach erstem Fristablauf: Möglich ist eine Verlängerung aufgrund eines nach → Rn. 15 rechtzeitigen Antrags auch noch nach dem ersten Fristablauf. **Wirkungslos** ist aber eine Verlängerung nach diesem Fristablauf dann, wenn schon der Antrag verspätet war, BGH NJW-RR 2017, 577.

Fristberechnung: Sie erfolgt nach §§ 221, 222. Sie beginnt also mit einem bestimmten Ereignis, BGH NJW 2018, 1024. Die Frist endet evtl. an dem auf einen Sonn- oder Feiertag folgenden Werktag um 24 Uhr, BGH MDR 2009, 644; aM Rostock NJW 2003, 3141 (aber es gibt keinen Grund zu solchem Abweichen vom bewährten Grundsatz). Bei einem nicht bundeseinheitlichen Feiertag ist der Empfangsort maßgeblich, Kblz NJW-RR 2017, 254. Auch → „Inhalt".

Fristversäumnis: Bei demjenigen wegen der Berufungsbegründung ist eine Verwerfung nach § 522 I 2 unstatthaft, BGH VersR 1982, 1191.

Inhalt: Derjenige einer Ausfertigung ist auch dann maßgebend, wenn er über eine Kopie hinausgeht, sogar über die Urschrift, BGH NJW 1999, 1036. Fehlt in der Ausfertigung der Fristverlängerung ein Enddatum, ist der Berufungskläger an keine neue Frist – auch nicht an diejenige aus der Original-Vfg. – gebunden, BGH MDR

1987, 651. Eine „antragsgemäße" Verlängerung macht auch einen vom Antragsteller falsch berechneten Zeitraum wirksam, BGH MDR 2008, 813.

Mitteilung an Berufungsbeklagten: Sie erfolgt formlos. Sie ist für die Wirksamkeit einer Verlängerung auch belanglos.

Mitteilung an Berufungskläger: „Form", „Zustellung".

Bei Rechtsbeschwerde: Eine Entscheidung erfolgt auch aufgrund einer Rechtsbeschwerde nach § 574, BGH NJW-RR 1988, 581.

Rechtzeitigkeit der Berufung: Nicht nötig ist eine solche Feststellung, BGH MDR 2005, 944.

Unanfechtbarkeit: Sie ergibt sich aus §§ 225 III, BGH VersR 1980, 772. Das gilt sowohl bei einer Zurückweisung als auch bei einer Verlängerung, BGH 102, 39.

Verlängerungsdauer: Sie darf nach II 3 höchstens 1 Monat dann betragen, wenn der Gegner nicht in eine längere Dauer einwilligt. Eine zeitlich unbestimmte Dauer ist unstatthaft, BGH VersR 1986, 91 (nicht „bis zur Prozesskostenhilfeentscheidung"). „2 Wochen" schließt an eine vorangegangene Frist an, KG VersR 1981, 1075. Der Vorsitzende darf von der nach → Rn. 19 erbetenen Dauer abweichen.

Wahrscheinlichkeit: → Rn. 21.

Wiedereinsetzung: Eine solche nach §§ 233 ff. ist möglich, BGH NJW 1999, 430.

Zuständigkeit: Die funktionelle liegt beim Vorsitzenden, BGH NJW 2018, 1024, Demharter MDR 1986, 797. Das gilt auch bei einer Zurückweisung des Antrags. Der Vorsitzende braucht sie nicht zu begründen, BGH NJW-RR 1989, 1279. Wegen ihrer Mitteilung „Mitteilung".

Zurückweisung: Zunächst „Zustellung". Der Antragsteller-Anwalt muss sich rechtzeitig erkundigen, wenn er mit einer Zurückweisung rechnen muss, BGH FamRZ 2007, 1808 (ohne Vorlage nach § 132 GVG), aM BGH VersR 1986, 787 (nicht nach rechtzeitigem Verlängerungsantrag. Aber der mag trotzdem keine Erfolgsaussicht haben). Der Vorsitzende braucht eine Zurückweisung nicht zu begründen, BGH NJW-RR 1989, 1279. Die Gewährung einer kürzeren Frist ist nach → Vor § 128 Rn. 60 meist zugleich eine Ablehnung des weitergehenden Antrags, BGH NJW-RR 1989, 1279. Auch „Unanfechtbarkeit", „Wiedereinsetzung".

Zustellung: Auch eine schriftliche Verfügung braucht nach § 329 II 1 keine förmliche Zustellung. Denn sie setzt nach § 329 II 2 keine neue Frist in Lauf, BGH NJW 1994, 2365, Müller NJW 1990, 1778. Es genügt an sich die formlose Übermittlung an den Anwalt des Berufungsklägers unabhängig davon, ob das auf Veranlassung des Gerichts oder des Anwalts geschieht, BGHZ 93, 394. Ratsam ist aber eine förmliche Zustellung. Ein Aktenvermerk zur formlosen Übermittlung ist zwar zweckmäßig, für die Rechtswirksamkeit aber nicht erforderlich, BGH NJW-RR 1989, 1279. Nicht nötig ist eine auch nur telefonische oder per Fax erfolgende Mitteilung einer Antragszurückweisung an den Antragsteller vor dem Fristablauf, BGH FamRZ 2007, 1808. Dieser muss freilich die Möglichkeit haben, noch binnen verbleibender Frist seine Berufungsbegründung einzureichen, BVerfG NJW 2001, 812.

31 **8. Mehrfache Verlängerung durch Kombination von II 2, 3.** Gemäß II 3 kann die Berufungsbegründungsfrist wegen „erheblicher Gründe" nur um höchstens einen Monat verlängert werden. Eine solche zeitliche Beschränkung besteht gem. II 2 nicht, wenn der Gegner einwilligt. Diese Regelung lässt es daher auch zu, dass der Berufungsführer mit Einwilligung des Gegners eine zweite, über einen Monat hinausgehende Verlängerung der erstmalig bereits wegen erheblicher Gründe verlängerten Berufungsbegründungsfrist erreichen kann, BGH NJW 2009, 3100, 3101.

32 Streitig (im Rahmen des insoweit gleichlautenden § 551 II 6) ist zwischen den Vorsitzenden der Zivilsenate des BGH, ob mit „die Frist" in II 3 nur die reine gesetzliche Rechtsmittelbegründungsfrist (520 II 1; 551 II 2) von zwei Monaten gemeint ist oder auch die mit Einwilligung des Gegners bereits verlängerte Frist erfasst ist, zu alledem Waclawik NJW 2020, 1621. Dafür, dass mit „die Frist" die gesetzliche Begründungsfrist gemeint ist, könnte der Wortlaut sprechen; zwingend ist dies jedoch nicht. Sinn und Zweck des Verlängerungsregimes sowie das Zusammenspiel von II 2 und 3 sprechen jedoch dagegen, vgl. Waclawik NJW 2020, 1621 zu § 551 II 5, 6. Auch die mit Einwilligung des Gegners bereits verlängerte Frist kann daher nach II 3 weiter verlängert werden.

33 **9. Wirkung, II 2, 3.** Sie besteht grundsätzlich nach → Rn. 29 nur für den Antragsteller und für dessen Streithelfer nach § 66, BAG ZIP 1991, 234. Die Auslegung kann eine Wirkung auch für eine selbständige gegnerische Berufung mitergeben. Wegen der Wirkung der Verlängerung einer Begründungsfrist bei mehrfacher Berufungseinlegung durch dieselbe Partei → § 519 Rn. 12, BGH NJW 1993, 269. Eine Frist über den Antrag hinaus lässt sich voll ausnutzen. Dasselbe gilt dann, wenn nur die Mitteilung an die Partei eine über die Verfügung des Vorsitzenden hinausgehende Verlängerung enthält, BGH NJW 1999, 1036; BAG BB 1979, 1772. Der Empfänger kann und darf seine Entscheidung nur nach der Mitteilung richten. Fehlt in der Ausfertigung der Verlängerungsverfügung ein Enddatum, läuft keine Frist, BGH NJW-RR 1987, 1277. Teilt die Geschäftsstelle das vom Vorsitzenden festgesetzte neue Fristende versehentlich nicht mit, ist die Bindung an das bisherige Fristende aufgehoben, eine Bindung an das neue Fristende aber nicht begründet, BGH NJW-RR 1987, 1277. Zur Berechnung der Frist → § 224 Rn. 18 und bei einer Verlängerung vor einer Unterbrechung nach § 239 BGHZ 64, 1. Vor einer Entscheidung über den Verlängerungsantrag darf das Berufungsgericht nicht die Berufung nach § 522 I 2 verwerfen, BGH NJW-RR 2001, 931. Das gilt freilich nur dann, wenn innerhalb der verlängerten Frist nun auch eine Berufungsbegründung eingeht, BGH VersR 1983, 248. Es gilt der Grundsatz des Vertrauensschutzes. Der Berufungsführer, dem eine beantragte Verlängerung der Berufungsbegründungsfrist gewährt worden ist, darf grundsätzlich darauf vertrauen, dass die betreffende richterliche Verfügung wirksam ist. Grenzen ergeben sich allerdings aus dem Gebot der Rechtssicherheit und der Rechtsklarheit. Im Hinblick darauf kann eine Partei ein schützenswertes Vertrauen in die Wirksamkeit einer Verlängerung der Berufungsbegründungsfrist grundsätzlich nicht bilden, wenn die Verlängerung nach Ablauf der Frist erfolgt und sie bis zu deren Ablauf keinen Antrag gestellt hat. Eine solche Verlängerung ist unwirksam, BGH NJW-RR 2016, 1529. Ein unrichtiges Aktenzeichen stört bei einem sonst klaren Antrag nicht, BGH NJW 2003, 3418. Eine irrtümliche Verlängerung durch einen nach der Geschäftsverteilung nicht zuständigen Vorsitzenden oder irrig durch den Berichterstatter ist wirksam. Dasselbe gilt bei einer Verlängerung über den Antrag hinaus. Eine solche Verfügung wird auch dann wirksam, wenn die Mitteilung darüber dem Antragsteller erst nach dem neuen Fristende ergeht und zugeht, BGH MDR 1982, 637, BFH BStBl. 1991 II 640. Die Verlängerung wirkt dann nur zugunsten der antragstellenden Partei, wenn sich aus der Verfügung nichts anderes ergibt, BGH MDR 2009, 464.

Bei einer auf einen **Streitgenossen** nach § 59 beschränkten Verlängerung ohne klar erkennbare solche Begrenzung hat der andere Empfänger aber evtl. eine Möglichkeit der Wiedereinsetzung nach § 233, aM BGH MDR 2009, 461. Die Verlängerung auf Antrag des Streithelfers nach § 66 wirkt aber auch zugunsten der Hauptpartei, BGH NJW 1982, 2069; BAG ZIP 1991, 335. Im Streit über die Frage, ob der Vorsitzende die Frist verlängert hat, trifft den Berufungskläger die Beweislast, BGH NJW-RR 1989, 1279. 34

10. Versäumung der Frist, II 2, 3. Sie führt dazu, dass die spätere Begründung verspätet ist und dass das Berufungsgericht die Berufung nach § 522 I 2 verwerfen muss. Eine Verwerfung kommt aber dann nicht in Betracht, wenn die Partei nach § 524 eine zulässige Anschlussberufung eingelegt hat oder wenn sie die Berufung als Anschließung aufrechterhält, BGH NJW 1996, 2659; Rimmelspacher JR 1988, 93. Dasselbe gilt dann, wenn der Streithelfer nach § 66 die Berufung der Partei rechtzeitig begründet. Hier muss das Berufungsgericht einheitlich entscheiden, BGH MDR 1985, 751; Karlsr Just 1984, 394.Die Berufungsbegründungsfrist ist nicht schuldhaft versäumt, wenn der Berufungskläger innerhalb der Berufungsbegründungsfrist zwar die Gewährung von Prozesskostenhilfe beantragt, aber weder einen Antrag auf (erstmalige) Verlängerung der Berufungsbegründungsfrist gestellt noch seinen Prozesskostenhilfeantrag begründet hat und das Gericht über die Prozesskostenhilfe erst nach Ablauf der Berufungsbegründungsfrist entscheidet, BGH BB 2007, 1414. §§ 233 ff. sind nach → Rn. 18 unanwendbar. 35

VII. Begründungsschrift, III 1, V. Seit dem 1.1.22 gilt die Pflicht zur Nutzung des elektronischen Rechtsverkehrs. Nach § 130d S. 1 sind vorbereitende Schriftsätze und deren Anlagen sowie schriftlich einzureichende Anträge und Erklärungen, die durch einen Rechtsanwalt eingereicht werden, als elektronisches Dokument zu übermitteln. Die Nutzungspflicht gilt grundsätzlich umfassend für sämtliche Schriftsätze, die außerhalb der mündlichen Verhandlung bei Gericht eingereicht werden, BT-Drucks 17/12634, S. 28.Gem. V gelten die §§ 130a ff. auch für die Berufungsbegründungsschrift. Sie ist daher in **elektronischer Form** mit qualifizierter Signatur des RA oder mit einfacher Signatur auf einem sicheren Übermittlungsweg (ein solcher ist gegeben bei Übersendung aus dem beA des verantwortenden RA) einzureichen, vgl. Kommentierung zu §§ 130a ff. Ein elektronisches Dokument ist eingegangen, sobald es auf der für den Empfang bestimmten Einrichtung des Gerichts gespeichert ist, § 130a V. 36

Die zwingenden inhaltlichen Anforderungen an die Berufungsbegründung enthalten eine Prozessvoraussetzung, BGH WM 2011, 2153; BAG NZA 2017, 1343. Sie dienen einer Zusammenfassung und Beschränkung des Rechtsstoffs, BGH WM 2018, 398; BAG NZA 2011, 62. Sie sind ein wirksames Mittel, den Berufungskläger im Interesse der sorgfältigen Vorbereitung und zwecks Beschleunigung des Berufungsverfahrens dazu zu zwingen, sein Vorbringen aus dem ersten Rechtszug nach → Rn. 43 straff zusammenzufassen. Er soll es darauf prüfen, inwieweit er es trotz einer abweichenden Beurteilung des Erstgerichts noch aufrechterhalten oder ergänzen und dem Berufungsgericht unterbreiten will, BGH WM 1977, 941. Schon aus der Begründung sollen das Berufungsgericht und der Gegner erkennen können, zu welchem Verfahren die Berufungsbegründung gehört, Karlsr VersR 1993, 1170, und welche Gesichtspunkte der Berufungskläger seinem Vorgehen zugrundelegen will, BGH NJW-RR 2016, 397; Düss ZVertriebsR 2016, 103; Mü WM 2015, 2140. Freilich beschränkt III das Berufungsgericht nicht im Prüfungsumfang, BGH WM 2011, 2153. 37

Jedoch ist die Berufung dann insgesamt zulässig, wenn nur die Gründe zu dem behaupteten **Verfahrensfehler** nach § 520 genügen, BGH NJW 1987, 3265, oder zu einem den Klaganspruch betreffenden Einzelpunkt, BGH MDR 2017, 963; Lepp NJW 1984, 1944; krit. Schneider MDR 1985, 22 (für nachgeschobene Angriffs- und Verteidigungsmittel gelten §§ 529–531). Ein während der Begründungsfrist nach II eingehender Schriftsatz muss auch zur Begründung dienen. Hierfür reicht es nicht aus, wenn der Berufungskläger zwar einzelne Rügen erhebt, wenn er sich aber ausdrücklich die Prüfung vorbehält, ob er das Rechtsmittel überhaupt durchführen will, BGH MDR 2005, 944. Ein Prozesskostenhilfegesuch für die Berufung nach §§ 117, 119 I 2 braucht keine dem III 2 ganz entsprechende Begründung, BGH NJW 2008, 1740, Celle MDR 2003, 470. Seine Begründung steht nicht einfach einer Berufungsbegründung gleich, BGH NJW 2011, 231. Ein als Berufungsbegründung bezeichneter und signierter Schriftsatz als Anlage eines Prozesskostenhilfegesuchs ist nach → Vor § 128 Rn. 60 grundsätzlich auch als Berufungsbegründung auslegbar, BGH FamRZ 2009, 1408. Ein bloßer Entwurf als Anlage zum Prozesskostenhilfegesuch erster Instanz reicht aber nicht, BGH NJW 2012, 2042. Einer an sich möglichen Auslegung kann aber ein klarer Wortlaut Grenzen setzen, BGH NJW-RR 2002, 646. Ein Antrag auf Einstellung der Zwangsvollstreckung mag auch eine ausreichende Berufungsbegründung darstellen, BGH FamRZ 2015, 1791. 38

VIII. Berufungsanträge, III 2 Nr. 1. Aus der Begründung muss sich der Umfang der Anfechtung des Urteils ergeben. 39

1. Notwendige Angaben. Die Anträge müssen bedingungsfrei sein, BGH MDR 2005, 844. Die Anträge bestimmen nach → § 511 Rn. 24 den Streitgegenstand des Berufungsverfahrens, BGH NJW-RR 2005, 1659. Der Berufungskläger muss sich zu jedem von ihm angegriffenen prozessualen Anspruch nach → § 2 Rn. 4 äußern, BGH MDR 2015, 481; BAG NJW 2008, 3372, Düss BauR 2013, 1149. Aus der Begründung muss klar ersichtlich sein, inwieweit der Berufungskläger das Ersturteil anficht und welche Abänderungen er beantragt, BGH VersR 2016, 617; BAG NZA 2017, 117; Brdb NJW-RR 2016, 467. Das alles gilt schon wegen § 513 I, BGH VersR 2004, 1065. Formeln reichen nicht, BAG NZA 2017, 802. 40

2. Ausreichende Angaben. Es genügt, wenn sich die Anfechtung und deren Umfang aus der Begründung ergeben, BGH BeckRS 2019, 15297. Die Erklärung nach III 2 Nr. 1 muss nicht notwendig in einem bestimmten Antrag niedergelegt werden. Die Vorschrift verlangt lediglich, dass die Begründungsschrift ihrem gesamten Inhalt nach eindeutig erkennen lässt, in welchem Umfang und mit welchem Ziel das Urteil der ersten Instanz angefochten werden soll. Das ist bereits dann der Fall, wenn die Begründung den Schluss auf die Weiterverfolgung des erstinstanzlichen Begehrens zulässt, BGH NJW-RR 2019, 1293. Diesen Anforderungen wird die Begründung schon dann gerecht, wenn hinreichend deutlich zum Ausdruck gebracht wird, dass der Berufungskläger die Abweisung der Klage insgesamt erstrebt und daher im vollen Umfang das gegen ihn ergangene Urteil anficht, NJW-RR 2019, 1293. 41

3. Beispiele zur Frage der Berufungsanträge, III 2 Nr. 1

Alternativantrag: Ausreichend ist für § 520 ein solcher, BGH WM 1989, 1873. 42

Antragsfassung: Nicht unbedingt ist ein bestimmt gefasster Antrag dann nötig, wenn nur die innerhalb der Frist zur Begründung eingegangenen oder nach → Rn. 50 zulässigerweise in Bezug genommenen Schriftsätze ein bestimmtes Begehren eindeutig aufzeigen, BGH NJW 2015, 1607; BAG NZA 2006, 164; Ffm OLGR 1998, 333.

Aufhebung und Zurückverweisung: Ausreichen kann grds. ein solcher Antrag, BGH NJW 2006, 2705, Oldb NJW 2012, 2894. **Nicht** ausreichen kann dieser Antrag aber dann, wenn deutlich ist, dass der Berufungsführer das Ersturteil eigentlich für sachlich richtig hält, BGH NJW-RR 2003, 1580; BAG NZA-RR 2012, 600; Düss BauR 2013, 1149. Auch „Hilfsantrag".

Aufrechnung: Ausreichend sein kann die Beschränkung des Begehrens auf eine Aufrechnung nach → § 145 Rn. 15.

Auslegung: Zulässig ist eine solche wie bei jeder Prozesshandlung, BGH NJW-RR 2005, 1659, und zwar dahin, dass der Berufungskläger das bisherige Sachbegehren weiterverfolgt, BGH NJW-RR 1995, 1154; BAG NZA 2006, 164; Saarbr OLGR 2000, 46. Eine Auslegung **gegen** den Text einer Berufungsbegründung kommt nur in einem ganz klaren Fall infrage, BGH FamRZ 2009, 494. Auch „Nur Berufungseinlegung", „Hilfsantrag".

Bedingung: Unerheblich ist für § 520, ob der Berufungsantrag eine Bedingung enthält, Karlsr OLGZ 1986,197.

Nur „Berufungseinlegung": Ausreichen kann sie dann, wenn der ganze Sachverhalt eindeutig ergibt, welchen Antrag der Berufungskläger stellt. Auch „Auslegung", „Vorbehalt".

Unter Berufungssumme: Unstatthaft ist eine willkürliche Beschränkung auf einen solchen Betrag, der die Berufungssumme nach § 511 II Nr. 1 nicht erreicht, BGH MDR 2008, 225 (ohne Vorlage nach § 132 GVG); aM BGH NJW 1989, 170 (Teilverzicht); KG FamRZ 1988, 520 (Teilvergleich).

Entscheidungserheblichkeit: Ausreichen kann es, dass sie sich unmittelbar aus dem Ersturteil ergibt, BGH NJW 2015, 1459.

Vor Ersturteilszustellung: Ausreichend ist vor solcher vollständigen Zustellung eine Auseinandersetzung mit den möglichen Gründen des Ersturteils, BAG NZA 2011, 1149.

Erweiterung: Spätere Erweiterungen setzen eine zulässige Berufung voraus. Sie dürfen daher nach → Vor § 511 Rn. 17 ff. nicht alleiniger Gegenstand sein. Unter dieser Voraussetzung können spätere Erweiterungen wegen § 705 S. 1 (Gesamthemmung der Rechtskraft) nach §§ 263, 264, 533 bis zum Schluss der mündlichen Verhandlung nach §§ 136 IV, 296a, 525 zulässig sein, BGH NJW 2009, 3723 (auch zu den Grenzen). Das gilt unabhängig davon, ob der Kläger die klagerweiternden Tatsachen schon vor dem Erstgericht hätte geltend machen können, BGH NJW 2009, 3723.

– **(Feststellung – Leistung):** Statthaft ist ein solcher erweiternder Übergang aufgrund desselben Sachverhalts nach § 264 Nr. 2 gemäß §§ 256, 525 und nach → Vor § 253 Rn. 8, § 525, BGH NJW 1994, 2897.
– **(Nach Fristablauf): Unstatthaft** ist grds. eine Erweiterung der Anträge oder ein neuer Anfechtungsgrund nach dem Ablauf der Begründungsfrist, BGH NJW 2009, 3723; Kblz WRP 1981, 115; Köln FamRZ 1998, 762. Eine Erweiterung **nach** dem Ablauf der Begründungsfrist kann nicht eine anfänglich unzulässige Berufung zulässig machen. Dabei muss man aber berücksichtigen, dass eine unbeschränkt eingelegte Berufung trotz eines niedrigeren Antrags auch den Rest mangels eines ausdrücklichen Verzichts auf diesen nicht rechtskräftig werden lässt. **Statthaft** sein kann ausnahmsweise eine derartige Erweiterung dann, wenn sie sich auf eine erst später eingetretene Tatsache stützen lässt, BGH NJW 1987, 1024 (Sorgerechtsregelung); Hmb FamRZ 1984, 706 (Unterhaltsänderung); BGH NJW 1985, 2029 (Sonderfall).
– **(Vor Fristablauf):** Statthaft ist eine Erweiterung der Berufungsanträge im Rahmen einer fristgerecht eingereichten Begründung bis zum Schluss der letzten mündlichen Verhandlung nach §§ 136 IV, 296a, 525, BGH NJW-RR 1998, 572. Das gilt auch für eine Widerklage nach § 533 dann, wenn sie das Gegenstück zu der vom ersten Antrag erfassten Klage ist, BGH WM 1985, 144.
– **(Patentsache):** Es gelten zB im Nichtigkeitsverfahren keine Besonderheiten.
– **(Nach Teilanfechtung):** Statthaft ist eine Erweiterung dann auch auf andere Anspruchsteile nur im Rahmen von fristgerecht vorgebrachten Anfechtungsgründen, BGH NJW 2009, 3723; Düss FamRZ 1987, 285; Kblz FamRZ 1990, 770.
– **(Vorbehalt):** Nicht nötig ist ein Erweiterungsvorbehalt, BGH NJW-RR 1998, 572.
– **(Widerklage):** → „– (Vor Fristablauf)", BGH NJW 1985, 3079.
– **(Nach Zurückverweisung):** Statthaft ist eine Erweiterung nach einer solchen Entscheidung nach § 538 II 1 Nr. 1.

Herabsetzung: Ist sie das Berufungsziel etwa bei einer Ersturteilssumme auf einen vom Berufungskläger als angemessen betrachteten geringeren Betrag, muss er klar erkennen lassen, in welchem Umfang er eine Klagabweisung anstrebt, BGH NJW 1987, 1335.

Hilfsantrag: Bei einem Antrag auf „Aufhebung und Zurückverweisung" mag ein Sachantrag nach → § 297 Rn. 4 nur hilfsweise erfolgen, auch stillschweigend, BGH VersR 1985, 1164. Ein Hilfsantrag nach → § 260 Rn. 9, § 525 ist keine Bedingung.

Hinweis: Notwendig ist bei einer offensichtlich nur aus Versehen zu engen Antragsfassung ein Hinweis des Berufungsgerichts darauf nach §§ 139, 278 III, Nürnb MDR 1991, 1081; Schneider MDR 1991, 1082.

Inhaltliche Zulässigkeit: Unerheblich ist sie für § 520. Aber auch „Unzulässigkeit des Antrags".

Klagerücknahme: Sie liegt meist **nicht** schon in einer Beschränkung der Berufungsanträge zB auf eine Aufrechnung oder auf ein Zurückbehaltungsrecht, BGH NJW-RR 1989, 1277 (auch keine Teilrücknahme).

Klagerweiterung: Unschädlich ist eine zunächst bloße Ankündigung einer Erweiterung nach § 533 wegen → Rn. 42 dann, wenn der Berufungskläger erklärt, er fechte das Ersturteil voll an, BGH NJW 1999, 211; Ffm OLGR 1998, 333.

Kostenbeschränkung: Unstatthaft ist eine Beschränkung auf die Kostengrundentscheidung des Ersturteils nach § 99 I.

Laienhafte Weise: Sie kann reichen, VerfGH Stgt NVwZ 2017, 623 (zu § 124a IV 4 VwGO).

Mehrheit von Erwägungen: Der Berufungskläger muss bei einer solchen Mehrheit im Ersturteil jede es tragende Erwägung gesondert angreifen, BGH NJW-RR 2017, 365.

Nach Prozesskostenhilfe: Ausreichend ist die Kombination eines Antrags nach § 117 und der Ankündigung des Sachantrages „nach Bewilligung der Prozesskostenhilfe", BGH NJW 2006, 694.

Neue Tatsachen: Sie ändern nichts an der Notwendigkeit nach → Rn. 36, 39, Zweibr FamRZ 2018, 940.
Rechtliche Haltbarkeit: Unerheblich ist sie bei der Prüfung der Zulässigkeit der Berufung, BGH NJW 2015, 1459.
Rechtsgrund: Unstatthaft ist eine Beschränkung auf nur einen von mehreren möglichen rechtlichen Gründen eines vom Erstgericht behandelten Anspruchs, Naumb BauR 2015, 168.
Schlüssigkeit: Unerheblich ist nach → Rn. 43 eine Schlüssigkeit nach → § 253 Rn. 28.
Stufenklage: Ausreichend ist ein Antrag zur ersten Stufe in Kombination mit der Ankündigung von Anträgen zu den weiteren Stufen nach § 254, Karlsr FamRZ 1987, 607.
Tatbestandsfehler: Er lässt sich nur nach § 320 beseitigen, BGH NJW-RR 2016, 397.
Teilanfechtung: Sie ist statthaft, BGH WuM 2012, 46; Müller-Rabe NJW 1990, 283. Der Berufungskläger muss dann ihren Umfang natürlich klar abgrenzen, BGH NJW 2012, 764. Eine solche Beschränkung hindert den Berufungsführer bis zum Ende der mündlichen Verhandlung nach §§ 136 IV, 296a, 525 dann nicht an einer Erstreckung auf andere Teile des Ersturteils, wenn seine Berufungsbegründung das deckt und wenn kein wirksamer eindeutig erklärter Rechtsmittelverzicht nach § 515 vorliegt, BGH NJW-RR 1988, 66; Celle OLGR 2002, 290. Das gilt nach → § 516 Rn. 9 auch für eine Erweiterung nach einer teilweisen Berufungsrücknahme dann, wenn der Berufungsführer sie wirksam widerrufen hat, Kblz NJW-RR 1997, 514. Geht eine solche Erweiterung nicht über die Begründung hinaus, kann man sie auch durch eine Erweiterung einer Anschlussberufung nach § 524 vornehmen, BGHZ 163, 326. Zur Nichtberücksichtigung eines eingeschränkten Berufungsantrags bei der Festsetzung des Kostenwerts nach § 63 GKG BGH NJW 1978, 1263; aM Baumgärtel/Klingmüller VersR 1980, 420. Auch → „Rechtsgrund".
Teilbetragsaufteilung: Unerheblich ist für § 520 ein Fehlen der Aufteilung in einzelne selbständige Ansprüche, BGH VersR 1987, 101.
Teilvergleich: → „Unter Berufungssumme".
Teilverzicht: Der Berufungsantrag kann auch einen etwaigen solchen Verzicht nach § 515 bestimmen, BGH NJW 1983, 1561; BAG DB 1994, 1576. Auch → „Unter Berufungssumme", → „Teilanfechtung".
Unbestimmter Zahlungsantrag: Ausreichend ist für § 520 ein solcher, Karlsr FamRZ 1987, 607.
Tragende Urteilsgründe: Ausreichend ist ein Angriff nur der nach → § 322 Rn. 9 tragenden Gründe des Ersturteils, Kblz MDR 2012, 54.
Vor Urteilszustellung: Notwendig ist in solchem Stadium ein Hinweis auf den Berufungsantrag nach § 139, BAG NZA 2011, 1149.
Versehen: → „Hinweis".
Vollanfechtung: Ausreichend ist es, dass sich dieses Ziel (auch ohne konkreten Antrag) aus dem Inhalt der Berufungsbegründung oder aus einem sonstigen in der Begründungsfrist eingegangenen Schriftsatz ergibt, BGH WuM 2013, 367. Auch „Klagerweiterung".
Vorbehalt: Nicht reicht eine bloße „Berufungseinlegung" dann, wenn sich der Berufungskläger einen Antrag nur vorbehält.
Erschöpfende Vorbereitung: Notwendig ist für das Berufungsgericht wie für den Berufungsgegner eine Möglichkeit erschöpfender Vorbereitung, BAG NZA 2010, 239.
Wiederholung von Vortrag: Nicht stets ausreichend ist ein derartiges Vorgehen nebst Beweisantritt, BVerfG NJW-RR 2002, 135; BAG NZA 2017, 1343; Kblz VersR 2014, 1148.
Zurückbehaltungsrecht: Unzureichend kann es sein, wenn der Berufungskläger nur ein solches geltend macht, Ffm MDR 2001, 53. Es kann auch dann die nach → Vor § 511 Rn. 16 natürlich stets erforderliche Beschwer vorliegen, BGH NJW-RR 2001, 1572.

IX. Berufungsgründe und neues Vorbringen, III 2 Nr. 2–4. Dazu Heßler FG Vollkommer, 2006, 318. 43
Die Anforderungen sind zwar begrenzt, aber keineswegs gering, BGH NJW-RR 2003, 1580; aM Fellner MDR 2009, 126 (Grdz.). Die Berufungsbegründung soll den Streitstoff zusammenfassen und beschränken, BVerfG NJW-RR 2002, 135; BGH NJW-RR 2007, 415; BAG NZA 2017, 51. Sie muss die Berufungsgründe und etwaiges neues Vorbringen enthalten, BGH VersR 2004, 1065. Eine **Schlüssigkeit** nach → § 253 Rn. 28 ist nicht erforderlich, BGH NJW 2016, 397 und MDR 2016, 1222; BAG NZA 2017, 117; Brdb NJW-RR 2016, 467; Kblz NZG 2017, 1144. Man braucht die angeblich verletzte Norm nicht zu benennen, soweit erkennbar ist, worin man den Rechtsfehler sieht, BGH NJW-RR 2016, 80; Rixecker NJW 2004, 705. Es reichen keine kurzen Einzelrügen nebst einem Vorbehalt dazu, ob der Absender sein Rechtsmittel überhaupt durchführen will, BGH FamRZ 2005, 822. Andererseits können auch schon kurze auf die wesentlichen Gesichtspunkte beschränkte Ausführungen in der Berufungsschrift genügen, BGH NJW 2006, 143. Die Berufung braucht neben dem Antrag dann keine weitere Begründung, wenn der Berufungskläger nur den Vorbehalt seiner Rechte im Nachverfahren nach § 599 erreichen will, Hamm MDR 1982, 415. Auf eine Erweiterung der Klage und auf eine Widerklage nach § 533 ist Nr. 2 unanwendbar, BGH NJW-RR 1988, 1465. Eine Klageänderung mit neuem Streitgegenstand nach → § 2 Rn. 4 (Parteiwechsel) nach → § 263 Rn. 10 darf nicht das alleinige Ziel sein, BAG NZA 2017, 140; Brdb MDR 2002, 1087. Nur neue Gründe sind nur bei Darlegung der Voraussetzungen nach § 531 II ausreichend, BGH MDR 2015, 355.

1. Darlegung, III 2 Nr. 2. Vgl. Anders/Gehle Assessorexamen ZivilR S. 541 f. Gem. § 520 III 2 Nr. 2 hat 44
die Berufungsbegründung die Bezeichnung der Umstände zu enthalten, aus denen sich nach Ansicht des Rechtsmittelführers die Rechtsverletzung und deren Erheblichkeit für die angefochtene Entscheidung ergibt. Dies bedeutet nach der stRspr des BGH, dass die Berufungsbegründung erkennen lassen muss, aus welchen tatsächlichen und rechtlichen Gründen der Berufungskläger das angefochtene Urteil für unrichtig hält. Daher hat er diejenigen Punkte rechtlicher Art darzulegen, die er als unzutreffend ansieht, und dazu die Gründe anzugeben, aus denen er die Fehlerhaftigkeit jener Punkte und deren Erheblichkeit für die angefochtene Entscheidung herleitet, BGH NJW-RR 2016, 1125 Rn. 10. Es **reicht nicht aus,** die tatsächliche oder rechtliche Würdigung durch den Erstrichter mit **formelhaften Wendungen** zu rügen oder lediglich auf das **Vorbringen erster Instanz zu verweisen.** Insbesondere **genügt es nicht,** die Auffassung des Erstrichters als **falsch** oder die Anwendung einer bestimmten Vorschrift als **irrig** zu rügen, BGH BeckRS 2017, 101481 Rn. 12.

Rügt die Berufung die **Verletzung des Anspruchs auf rechtliches Gehör,** muss sie zur Entscheidungs- 45
erheblichkeit des Verfahrensfehlers darlegen, was bei Gewährung des rechtlichen Gehörs vorgetragen worden

wäre und dass nicht auszuschließen ist, dass dieser Vortrag zu einer anderen Entscheidung geführt hätte, BGH NJW 2016, 2890 Rn. 11.

46 Es braucht nicht der gesamte Tatsachenvortrag wiederholt zu werden. Im ersten Rechtszug nicht zurückgewiesenes Vorbringen wird ohne Weiteres Prozessstoff der zweiten Instanz; eines erneuten Vorbringens bedarf es insoweit grundsätzlich nicht, BGH BeckRS 2021, 29973; BeckRS 2020, 11007. Die Partei kann den in I. Instanz gehaltenen Vortrag allerdings in der Berufungsinstanz fallenlassen, BGH BeckRS 2021, 29973. Auch wenn es sich empfiehlt, muss nicht einmal alles gerügt werden, was der Berufungskläger bzgl. der Entscheidung moniert; es muss lediglich die Hürde der Zulässigkeit genommen werden. Das Berufungsgericht muss nämlich alle konkreten Anhaltspunkte, die Zweifel an der Richtigkeit oder Vollständigkeit der Tatsachenfeststellungen begründen, berücksichtigen, die ihre Grundlage im erstinstanzlichen Vorbringen der Parteien haben, auch wenn das Übergehen dieses Vortrags von dem Berufungskläger nicht zum Gegenstand einer Berufungsrüge gemacht worden ist. Bemerkt das Berufungsgericht etwa anlässlich der Prüfung sonstiger Berufungsrügen, dass das Eingangsgericht eine für die Beweiswürdigung bedeutsame Tatsache oder ein erhebliches Beweisangebot übergangen hat, dann bestehen auch ohne dahingehende Rüge konkrete Anhaltspunkte für Zweifel an der Richtigkeit der entscheidungserheblichen Feststellungen, die das Berufungsgericht gemäß § 529 I Nr. 1 Hs. 2 zu einer erneuten Tatsachenfeststellung verpflichten, BGH BeckRS 2020, 11007; BGHZ 158, 269, 279.

2. Beispiele zur Frage einer ausreichenden Darlegung, III 2 Nr. 2

47 **Abhängigkeit:** Ausreichend ist eine Auseinandersetzung mit demjenigen anderen Anspruch, von dessen Bestehen der jetzige (Haupt-)Anspruch abhängt, BGH NJW-RR 2001, 789, BAG NJW 1990, 599.

Absoluter Revisionsgrund: Ausreichend ist bei § 547 eine weitgehende Bezugnahme, BGH VersR 1985, 1164.

Abweichung vom Ersturteil: Notwendig ist die Darlegung, warum das Berufungsgericht ein von Feststellungen des Erstgerichts abweichendes Vorbringen berücksichtigen soll, LG Mü NJW-RR 2003, 285.

Aktenbeiziehung: Unzureichend ist die Erklärung, das Erstgericht habe trotz eines Antrags bestimmte Akten nicht beigezogen, aus denen sich ein vollständiges Bild ergebe.

Aufrechnung: Wenn das Erstgericht eine Aufrechnungsforderung aberkannt hat und wenn der Berufungskläger nun mit weiteren Ansprüchen aufrechnet, ist eine Auseinandersetzung mit dem Ersturteil nur dann entbehrlich, wenn die neuen Ansprüche weder mit der Klageforderung noch mit der aberkannten Gegenforderung in einem rechtlichen oder tatsächlichen Zusammenhang stehen, BGH NJW 1997, 3449; strenger Brdb OLGR 2001, 299; Karlsr OLGR 1998, 13; Zöller/Heßler Rn. 37b (keine Beschwer). **Nicht** notwendig ist die Wiederholung einer erstinstanzlichen Aufrechnungserklärung, BGH MDR 1986, 578.

Austausch: Er ist bei Berufungsgründen zu demselben Streitgegenstand nach → § 2 Rn. 4 statthaft, BGH NJW 1985, 2828.

Beschwer: Notwendig ist bei jedem Einzelvorgang eine Beschwer nach → Vor § 511 Rn. 16.

Beweisantritt: Man muss seine Nichterörterung im Ersturteil ausdrücklich rügen, BGH NJW-RR 1990, 831; Mü WM 2012, 1429; Gehrlein FS Prütting, 2018, 283.

Bezugnahme: → Rn. 50, 51.

Eigene Fundstellen: Nicht notwendig ist die Angabe der Fundstellen aus früheren, angeblich übergangenen Schriftsätzen des Berufungsklägers, BGH NJW 2004, 1877.

Einfache Sache: Notwendig ist auch bei ihr eine Darlegung, weshalb die Beurteilung des Erstgerichts unrichtig sei, BGH MDR 1981, 656.

Einzelvorgang: Notwendig ist ein Eingehen auf jeden solchen Einzelvorgang, den der Berufungskläger anders gewürdigt sehen will, BGH NJW-RR 2007, 415; Köln MDR 2007, 1095.

Einziger Entscheidungsgrund: Ausreichend ist eine Auseinandersetzung mit ihm, BGH NJW 2007, 1534; Köln WM 1992, 485. Auch → „Fälligkeit", → „Verjährung".

Entscheidungserheblichkeit: → „Rechtliche Beurteilung".

Ergänzung: Es gilt dasselbe wie beim → „Austausch".

Erheblichkeit: Sie muss stets deutlich werden, bei jeder Rüge usw. Das ergibt sich entgegen DJT NJW 2014, Heft 40 S. 18 rot schon aus dem geltenden § 520.

Ermessensfehler: Notwendig ist nach einem Ermessensfehler des Erstgerichts die Darlegung, dass und warum es ohne diesen Fehler eine dem Berufungsführer günstigere Erstentscheidung gegeben hätte, Hamm VersR 2004, 757.

Fälligkeit: Ausreichend ist eine Begründung nur zu ihr, falls das Erstgericht nur zu ihr anders entschieden hatte, BGH FamRZ 1985, 1023.

Formaler Abweisungsgrund: Ausreichend ist schon wegen § 538 eine Erörterung hierzu.

Fünf Monate seit Verkündung: Liegt die Zustellung nach § 317 dann immer noch nicht vor, darf sich der Berufungskläger auf diese Rüge beschränken, BGH FamRZ 2004, 179; KG MDR 2007, 795.

Hilfsanspruch: Ausreichend sein kann eine Begründung nur zu ihm nach → § 260 Rn. 9, falls man nur seinetwegen Berufung eingelegt hat.

Hilfsantrag: Nicht notwendig ist eine Begründung zu einem vom Erstgericht nicht miterörterten Hilfsantrag nach → § 260 Rn. 9, soweit es auf ihn nach der Beurteilung des Erstgerichts nicht ankam.

Hilfsweise Entscheidungsgründe: Nicht stets notwendig ist eine Erörterung auch solcher sachlich-rechtlicher Gründe, die das Erstgericht hilfsweise genannt hat und die für andere Teile des Ersturteils bedeutsam sind, Kblz MDR 2012, 54, strenger Ffm NJW-RR 1997, 1427.

Hinweispflicht des Gerichts: Notwendig ist bei einer Rüge nach § 139 eine Darlegung, was man auf einen Hinweis hin vorgetragen hätte, BGH NJW-RR 2004, 495; Düss MDR 2015, 299; KG MDR 2010, 105.

Kosten: Nicht notwendig ist eine Begründung, soweit sich die Berufung nur gegen die nach § 308 II von Amts wegen nötig gewesene Kostenentscheidung nach §§ 91 ff. oder gegen die in einem Mischurteil enthaltene Kostenentscheidung richtet, aM Stgt WRP 1997, 357 (mit Recht abl. Schneider MDR 1997, 704).

Kürze: Der maßgebliche rechtliche Gesichtspunkt usw. lässt sich evtl. in einem einzigen Satz darlegen, zB „Fälligkeit", → „Verjährung".

Leerfloskeln: → Rn. 44.

Mehrere Ansprüche: Notwendig ist eine Auseinandersetzung mit jedem angegriffenen Anspruch, Brdb NJW-RR 2011, 603.

Mehrere Anspruchsgrundlagen: Notwendig ist grds. eine Auseinandersetzung mit allen selbständigen solchen Gründen für denselben Anspruch, soweit der Berufungskläger sie aufrechterhält, BGH MDR 2018, 170; BAG NJW 2008, 3372 (je: ohne Vorlage nach dem RsprEinhG, Anh. § 140 GVG); Nürnb MDR 2017, 998; aM BGH ZIP 2015, 1702 (ebenfalls ohne Vorlage), Schwab ZZP 84, 445 (aber der Umfang der Beanstandungen muss ganz klar sein). Freilich auch → „Verjährung".

Neues Vorbringen: Nicht notwendig grds. ist eine Auseinandersetzung mit dem Ersturteil dann, wenn die Berufung sich nach § 531 II nur auf natürlich näher darzulegende neue Tatsachen und auf neue Beweismittel zum bisherigen Streitgegenstand nach → § 2 Rn. 4 stützt, BGH MDR 2007, 966.

Normzitat: Notwendig ist mehr als eine bloße Wiedergabe des angeblich missachteten oder angeblich maßgeblichen Gesetzestexts, BGH NJW 1995, 1559.

Prozesskostenhilfeantrag: In der Regel muss davon ausgegangen werden, dass ein den inhaltlichen Anforderungen des § 519 Abs. 3 entsprechendes Prozesskostenhilfegesuch auch der Berufungsbegründung dienen soll, sofern nicht ein anderer Wille des Berufungsklägers erkennbar ist. Sollen nach der Berufungsschrift Berufungsbegründung und Anträge einem „gesonderten Schriftsatz" vorbehalten werden, und enthält der später eingereichte Schriftsatz ein Prozesskostenhilfegesuch, in dem die Parteien ausdrücklich nur als Antragsgegner und Antragsteller bezeichnet werden, sowie einen Klageentwurf, so handelt es sich hingegen nicht um eine ordnungsgemäße Berufungsbegründung, BGH NJW-RR 1999, 212.

Rechtliche Beurteilung: Notwendig ist bei ihrer Beanstandung die Darlegung der Kritikgründe, BGH NJW 1984, 177; Brdb NJW-RR 2016, 854. Eine andere Beurteilungsart kann genügen, BGH GRUR 2013, 1279. **Nicht** stets notwendig ist eine Erörterung eines vom Erstgericht nicht klar als entscheidungserheblich mitbehandelten Rechtsgrunds, BGH NJW-RR 2013, 509. Aber auch „Rechtliches Gehör".

Rechtliches Gehör: Die Entscheidungserheblichkeit der Verletzung des rechtlichen Gehörs ist darzulegen. Hierzu ist auszuführen, was bei Gewährung des rechtlichen Gehörs vorgetragen worden wäre und dass nicht auszuschließen ist, dass dieser Vortrag zu einer anderen Entscheidung geführt hätte, BGH NJW 2016, 2890 Rn. 11.

Richtpunkte: Unzureichend sind bloße Richt- oder Anhaltspunkte, BGH VersR 1976, 588, etwa die Behauptung, das Erstgericht habe einige von mehreren Posten unrichtig gewürdigt, BGH NJW 2002, 1578.

Schlüssigkeit: → Rn. 43.

Tatsachenfeststellungen: Der Berufungskläger muss entgegenstehende miterörtern, BGH NJW 2003, 2531.

Teilanfechtung: Man kann einen bloßen Teil des Gesamtstreitstoffs anfechten, soweit er wie bei → § 301 Rn. 11 tatsächlich und rechtlich selbständig und abtrennbar ist, BGH NJW 2006, 3069 (das gilt auch für Verteidigungsmittel, zB für eine Aufrechnung nach → § 145 Rn. 15). Bei einem aus teilurteilsfähigen Posten bestehenden Anspruch muss sich die Begründung mit allen für fehlerhaft gehaltenen Punkten befassen, BGH NJW-RR 2000, 1015, ebenso bei mehreren selbständigen Ansprüchen, BGH MDR 2018, 170; BAG NJW 2008, 3372; Mü NJW-RR 2002, 1216; aM Zweibr FamRZ 2007, 2074 (zu großzügig). Den noch angegriffenen Teil muss man für sich als nach § 511 berufungsfähig darstellen, BGH MDR 2008, 225. Bei einer Teilanwendung von § 91a darf man zusammen mit der Hauptsache-Schlussentscheidung angreifen, Mü BauR 2012, 537.

Teilbegründung: Sie kann ausreichen, BGH WM 2012, 209. Bei einer Vollberufung kann der nicht ausreichend begründete Teil zur Unstatthaftigkeit dieses Teils führen, Saarbr NJW-RR 2014, 1331.

Umfang: Derjenige der Berufungsbegründung entscheidet nicht, Karlsr AnwBl 1992, 88. Sie kann aber ausreichen, BGH WuM 2012, 165.

Umsatzsteuer: Sie muss natürlich angefallen sein, BGH NJW 2013, 2586.

Unerkennbarkeit: Nicht notwendig ist es, auch zu nur indirekt evtl. vorhandenen, aber unerkennbaren Erwägungen des Erstgerichts etwas zu sagen, BGH NJW-RR 2006, 500.

Ursächlichkeit: Erforderlich sein kann ihre nähere Darlegung zB bei einer Arzthaftung, Naumb VersR 2016, 945.

Verjährung: Ausreichend ist eine Begründung nur zu ihr, falls das Erstgericht nur zu ihr anders entschieden hatte, BGH NJW 2001, 388; Müller-Rabe NJW 1990, 287; Schneider MDR 1985, 22.

Verlängerung: Nicht ausreichend ist eine bloße solche Bitte, BGH VersR 1988, 1163.

Versäumnis: Notwendig sein kann eine Darlegung, dass zB bei § 514 kein Versäumnis nach § 337 vorgelegen habe, LG Münst MDR 1988, 681.

Verspätung: Notwendig ist die Darstellung des angeblich zu Unrecht nach § 296 als verspätet Zurückgewiesenen.

Vollmacht: Nicht nötig ist die Wiederholung der erstinstanzlichen Vollmachtrüge, BGH WM 1986, 1127.

Widerklage: Nach ihrer Abweisung braucht der Kläger sie nicht zu erörtern, Mü OLGR 2004, 441.

Wiederholung: Nicht ausreichend ist eine bloße Wiederholung des erstinstanzlichen Vortrags, BVerfG NJW-RR 2002, 135; BGH VersR 2016, 617; Köln MDR 2007, 1095. Auch → „Bezugnahme".

Zinsen: Notwendig ist eine Begründung auch zum Zinsantrag, BGH NJW 2012, 2796; Müller-Rabe NJW 1990, 284. Das gilt freilich nur dann, wenn man nicht das Ersturteil (auch) über die Hauptforderung substantiiert angreift, BGH NJW 1994, 1657; strenger BGH FamRZ 1995, 1138; Zöller/Heßler Rn. 38.

Zurückbehaltungsrecht: Nicht notwendig ist eine Rüge, das Erstgericht habe ein hilfsweise geltend gemachtes Zurückbehaltungsrecht versagt, falls man die Berufung uneingeschränkt eingelegt hat, BGH NJW-RR 1986, 991; aM Müller-Rabe NJW 1990, 286.

Zuständigkeit: Ausreichend ist die Erörterung dieser Frage dann, wenn sich die Berufung nur auf deren Beurteilung im Ersturteil erstrecken soll.

3. Unterschrift, III 2 Nr. 2. Der unterzeichnende Anwalt muss eine selbständige Arbeit leisten und die Verantwortung für seine Begründung nach den in → § 129 Rn. 9 ff. ausführlich dargestellten Regeln durch seine Unterschrift übernehmen, BGH WuM 2010, 695; Zweibr MDR 2010, 46. Deshalb ist die Einreichung einer fremden Begründung mit einem Vorbehalt unzureichend, BFH NJW 1982, 2896 (zust. Offerhaus), ebenso die rein formale Unterschrift unter der erkennbar nur von einem Dritten verfassten Schrift, BGH NJW 2008, 1312; Nürnb MDR 2010, 46. 48

Eine Unterschrift in Vertretung des Verfassers genügt dann, wenn der Verfasser ebenfalls ProzBev. ist und der Unterzeichner nicht zu erkennen gibt, dass er die Verantwortung nicht übernehmen will oder den Inhalt nicht 49 gekannt haben kann, BGH AnwBl 2012, 659 und 660 (je: „i. V." kann reichen). Eine Unterschrift mit dem Zusatz „i. A." reicht grds. nicht aus, BGH NJW 2013, 237; zum Zusatz „pro abs." LAG Düsseldorf 15.8.2016 – 9 Sa 318/16, BeckRS 2016, 73512. Grundsätzlich muss man davon ausgehen, dass der Berufungsanwalt die mit der Begründung zusammenhängenden Pflichten kennt, dass er also wirklich das Ersturteil geprüft hat und das Ergebnis auch dann vorträgt, wenn er den Schriftsatz des Verkehrsanwalts übernimmt. Ein erst späterer Vorbehalt kann unschädlich sein, BGH NJW-RR 1998, 575.

50 **4. Bezugnahme, III 2 Nr. 2–4.** Eine reine Bezugnahme auf den erstinstanzlichen Vortrag genügt jedoch den Anforderungen an eine ordnungsgemäße Berufungsbegründung nicht, BGH BeckRS 2017, 101481 Rn. 12; NJW 2000, 1576.

5. Beispiele zur Frage einer Bezugnahme, III 2 Nr. 2–4

51 **Aktenbestandteil:** Ausreichend ist eine Bezugnahme auf ein anderes Schriftstück dann, wenn es sich schon bei der Akte befindet, wenn es inhaltlich nach III reicht, wenn der Gegner es schon kennt und wenn ein Anwalt es nach → § 129 Rn. 9 unterzeichnet hat, (je zum alten Recht) BGH NJW 1998, 1647; Lange NJW 1989, 438.

Allgemeine Bezugnahme: Nicht ausreichend ist grds. eine nur allgemeine Bezugnahme, BGH VersR 2016, 617; BAG NZA 2016, 542; Hamm NJW-RR 2012, 1596, auch nicht in einer einfachen Sache, BGH NJW-RR 1996, 572, auch nicht bei demselben ProzBev.

Anlage: Ausreichend ist die Verweisung auf eine den Anforderungen nach III genügende Anlage dann, wenn sich der ProzBev. ihren Inhalt klar zu eigen macht, BGH bei Lang AnwBl 1982, 242, zB auf eine Prozesskostenhilfebewilligung nach §§ 119 ff., BGH NJW 1993, 3334. Auch „Parallelprozess", „Urkunde".

Ausdrücklichkeit: „Auslegung", „Form".

Auslegung: Ausreichend ist eine Auslegbarkeit wie bei jeder Prozesshandlung, BGH NJW-RR 2001, 789, Bbg FamRZ 1996, 300. Auch „Form".

Beweisantrag: Nicht ausreichend sein kann die bloße Bezugnahme auf einen erstintanzlichen Beweisantrag nach §§ 371 ff., BGH NJW 2010, 367; Mü WRP 1977, 432; Gehrlein MDR 2018, 447 (Ausnahme: damalige Nichtbeurteilung); BVerfGE 60, 311; BGH MDR 1982, 29; Köln OLGR 2005, 5).

Einstellungsantrag: Ausreichend sein kann die Bezugnahme auf einen eigenen Einstellungsantrag nach §§ 707, 719, BGH NJW 1995, 2113.

Erstinstanzlicher Vortrag: Nicht ausreichend ist die allgemeine Bezugnahme auf den erstinstanzlichen Vortrag, BGH BeckRS 2017, 101481 2017, Rn. 12; NJW 2000, 1576.

Form: Ausreichend ist ein inhaltlich dem III genügendes Gesuch auch als Begründung, sofern nicht ein entgegenstehender Wille erkennbar ist. Auch „Auslegung".

Gutachten: Nicht ausreichend ist evtl. die bloße allgemeine Bezugnahme auf ein Gutachten nach §§ 402 ff., BGH NJW-RR 1994, 569. Das gilt evtl. selbst dann, wenn es alles Nötige enthält, BFH BStBl. 1985, II 470. Es gilt erst recht bei der bloßen Verweisung auf eine sonstige Stellungnahme, BGH NJW 1994, 1481.

Mehrere Prozesse: Ausreichend ist eine Begründung mehrerer Sachen in einem einzigen Schriftsatz, falls das genügend erkennbar ist. Das ist freilich evtl. gefährlich und daher unzweckmäßig.

Nichtbeurteilung: Ausreichen kann die Bezugnahme auf einen vom Erstgericht übergangenen Vortrag, BVerfGE 60, 311; BGH NJW 2007, 3070; Gehrlein MDR 2018, 447. Eine Nichtbeachtung kann gegen Art. 103 I GG verstoßen, BVerfG NJW-RR 2003, 3191; BGH WRP 2008, 956; BFH NJW 2006, 861. Auch eine teilweise Nichtbeachtung kann ein Verfahrensverstoß des Gerichts sein, BGH NJW-RR 1990, 831.

Parallelprozess: Ausreichend ist die Bezugnahme auf eine Berufungsbegründung in einem Parallelprozess vor demselben Spruchkörper, BGH NJW 1993, 3334. Eine Bezugnahme auf die Begründung in einem anderen Verfahren reicht dann, wenn der ProzBev. die jetzige Begründung nach → § 129 Rn. 9 unterzeichnet hat und wenn er jetzt eine beglaubigte Ablichtung oder Abschrift jener Begründung beifügt, BGH VersR 1986, 67. Strenger allgemein BAG NZA 2011, 63 (ohne Vorlage nach dem RsprEinhG, Anh. § 140 GVG); Jena OLGR 2000, 100.

Privatgutachten: Ausreichen kann eine Bezugnahme darauf, BGH NJW-RR 2014, 761 (Fallfrage).

Prozesskostenhilfeantrag: Ausreichend ist eine Bezugnahme auf einen zweitinstanzlichen ProzBev. nach → § 520 Rn. 39. **Nicht** ausreichend ist eine Bezugnahme nur auf seine eigene erstinstanzliche Begründung nach § 117, BGH NJW-RR 1999, 212; Naumb OLGR 1997, 208; großzügiger BGH NJW 2008, 1740 (ohne Vorlage nach § 132 GVG). Nicht ausreichend ist eine Bezugnahme auf die Stellungnahme des Anwalts zum gegnerischen Antrag nach § 117. Auch „Unterschrift".

Prozesskostenhilfebewilligung: Ausreichend ist eine Bezugnahme auf einen Bewilligungsbeschluss nach § 119, BGH NJW 1993, 3334.

Rechtliches Gehör: → „Nichtbeurteilung".

Sachverständiger: → „Gutachten".

Schlüssigkeit: Eine Bezugnahme ersetzt keine Schlüssigkeit nach → § 253 Rn. 28, Kblz NJW 2013, 3380.

Schlussantrag: Ausreichend ist eine Bezugnahme auf den erstinstanzlichen Schlussantrag nach → § 297 Rn. 4 zumindest dann, wenn ihn das Ersturteil wiedergibt, BGH MDR 2010, 279.

Stellungnahme: → „Gutachten".

Stillschweigen: → „Auslegung", „Form".

Streitgenosse: Ausreichend kann eine Bezugnahme auf die nach III ausreichende Berufungsbegründung eines Streitgenossen nach §§ 59 ff., BGH NJW 1993, 3333; BAG NZA 2008, 1314.

Streithilfe: Ausreichend ist ein Widerspruch der Hauptpartei gegen die Berufung ihres Streithelfers nach § 66. Denn ihre Erklärung hat nach → § 67 Rn. 10 den Vorrang. Daher muss dann der Streithelfer die Kosten seiner Berufung tragen, Zöller/Heßler Vor § 511 Rn. 24; aM Hamm FamRZ 1984, 810 (systemwidrig).

Telefax: Ausreichend sein kann diese Art der Einreichung eines Schriftsatzes dann, wenn nur in ihm eine Unterschrift vorhanden ist, wenn er aber auf eine beigefügte Berufungsbegründung verweist, BGH NJW-RR 2009, 934.

Übergehung: → „Beweisantrag", → „Nichtbeurteilung".

Urkunde: Ausreichend ist eine Bezugnahme auf übersichtlich geordnete und die Forderung nach → § 253 Rn. 28 schlüssig belegende Urkunden nach §§ 415 ff., BGH NJW 1993, 1866.

Zwangsvollstreckung: „Einstellungsantrag".

6. Mehrheit von Ansprüchen/Mehrheit von Abweisungsgründen. Vgl. Anders/Gehle Assessorexamen ZivilR S. 543. III 2 Nr. 2 erfordert weder, dass der Berufungskläger in der Begründung des Rechtsmittels zu allen für ihn nachteilig beurteilten Streitpunkten im erstinstanzlichen Urteil Stellung nimmt, noch gebietet die Vorschrift eine inhaltliche Trennung der Angriffe nach den Gründen der erstinstanzlichen Entscheidung, BGH BeckRS 2021, 39297. Die Berufung muss aber grundsätzlich hinsichtlich jedes **selbständigen prozessualen Anspruchs,** über den zu Lasten des Rechtsmittelführers entschieden worden ist, begründet werden, BGHZ 22, 272 (278), BGH BeckRS 2022, 15509. Etwas anderes gilt nur dann, wenn sich die Voraussetzungen für die verschiedenen Ansprüche decken bzw. der Angriff gegen einen selbstständigen Abweisungsgrund aus Rechtsgründen auch den anderen Abweisungsgrund zu Fall brächte es reicht dann aus, wenn die Berufungsbegründung einen einheitlichen Rechtsgrund im Ganzen angreift, BGH BeckRS 2021, 39297; NJW 1998, 1399. Ist die **Klageabweisung** hinsichtlich eines prozessualen Anspruchs auf zwei voneinander unabhängige, selbständig tragende rechtliche Erwägungen gestützt, muss die Berufungsbegründung für jede der beiden Erwägungen darzulegen, warum sie die Entscheidung nicht trägt, BGH BeckRS 2021, 45086; NJW 2002, 682. Unerheblich ist dabei, ob eine Erwägung der I. Instanz von der obergerichtlichen Judikatur abweicht, BGH BeckRS 2022, 15509. Wird nur eine der selbstständig tragenden Erwägungen angegriffen, ist die Berufung unzulässig, BGH BeckRS 2021, 45086. Etwas anders gilt dann, wenn die Berufungsbegründung sich mit einem Punkt befasst, der den gesamten Streitgegenstand betrifft; eine (formale) inhaltliche Trennung der einzelnen Angriffspunkte ist insoweit nicht nötig, BGH BeckRS 2021, 39297; NJW 2002, 682. Etwas anderes gilt auch dann, wenn die Abweisungsgründe nicht **gleichwertig** sind. Weist das erstinstanzliche Gericht die Klage ab, weil der erhobene Anspruch nicht fällig geworden und zudem verjährt sei, so enthält der letztere Klageabweisungsgrund, weil nur deswegen die Klage als endgültig und nicht nur als **zur Zeit unbegründet** abgewiesen worden ist, eine zusätzliche, die Einlegung der Berufung für sich genommen rechtfertigende Beschwer des Klägers. In einem solchen Falle ist die unbeschränkt eingelegte Berufung nicht schon deshalb unzulässig, weil der Kläger mit der Berufungsbegründung die Richtigkeit des landgerichtlichen Urteils nur bezüglich der Bejahung des Verjährungseintritts, nicht aber auch hinsichtlich der Ablehnung der Fälligkeit in Frage stellt, BGH NJW 2000, 590. 52

7. Ergänzung der Begründung, III 2 Nr. 2–4. Genügt die Begründung den formalen Anforderungen, darf der Berufungskläger auch nach dem Ablauf der Frist sein Vorbringen im Rahmen seiner Anträge ergänzen, BGH NJW 1984, 178, krit. Lepp NJW 1984, 1944; Schneider MDR 1985, 22. Er darf zB innerhalb eines einheitlichen Anspruchs die Begründung in anderen Punkten nachschieben, BGH MDR 2004, 587. Er darf die ausgesparte Begründung zu einem abtrennbaren Anspruch nachholen und diesen Teil durch eine Berufungserweiterung nach § 533 einführen, BGH NJW 1984, 438. 53

Eine unzulängliche, nicht den Anforderungen genügende, Berufungsbegründung kann jedoch nach Fristablauf nicht mehr geheilt werden, BGH BeckRS 2021, 37318; BeckRS 2021, 8556 Rn. 13; NJW-RR 2015, 511 Rn. 15. 54

8. Verstoß, III 2 Nr. 2–4. Fehlt jede Begründung oder bezeichnet die eingereichte die Berufungsgründe nicht ausreichend oder hat der Berufungskläger seine Anträge nicht fristgerecht gestellt, muss das Berufungsgericht den Berufungskläger auf den Mangel und die Absicht, die Berufung aus diesem Grunde zu verwerfen, hinweisen. Dasselbe gilt bei einer Begründung nur für einen unterhalb der nach → Vor § 511 Rn. 16 notwendigen Beschwer liegenden Teil, BGH BB 1976, 815; Schlesw SchlHA 1978, 198. Eine neue Berufung innerhalb der Frist ist zulässig. Ist nur einer von mehreren Posten zureichend begründet, ist die Berufung nur insoweit zulässig, BGH NJW 1991, 1684. Ob die Begründung wie bei → § 253 Rn. 28 schlüssig, hinreichend substantiiert oder rechtlich haltbar ist, hat für die Zulässigkeit keine Bedeutung, BGH NJW 2006, 143; Drsd NJW-RR 2009, 1295. 55

X. Rechtsverletzung, III 2 Nr. 2. Nr. 2 fordert nicht mehr die bestimmte Bezeichnung der vorgeblich verletzten Rechtsnorm nach §§ 513 I, 546, BGH NJW 2006, 143. Ausreichend ist vielmehr die Bezeichnung derjenigen Umstände, aus denen sich die sachlich-rechtliche oder prozessuale Rechtsverletzung ergibt, BGH NJW 2006, 143. Da die Berufungsbegründung erkennen lassen soll, aus welchen tatsächlichen und rechtlichen Gründen der Berufungskläger das angefochtene Urteil für unrichtig hält, hat dieser – zugeschnitten auf den Streitfall und aus sich heraus verständlich – diejenigen Punkte rechtlicher Art darzulegen, die er als unzutreffend beurteilt ansieht, und dazu die Gründe anzugeben, aus denen sich die Fehlerhaftigkeit jener Punkte und deren Erheblichkeit für die angefochtene Entscheidung herleitet. Zur Darlegung der Fehlerhaftigkeit ist somit lediglich die Mitteilung der Umstände erforderlich, die das Urteil aus der Sicht des Berufungsführers in Frage stellen. Besondere formale Anforderungen werden nicht gestellt; für die Zulässigkeit der Berufung ist es insbesondere ohne Bedeutung, ob die Ausführungen in sich schlüssig oder rechtlich haltbar sind, BGH NJW 2012, 3581 Rn. 8; BeckRS 2021, 8556. Er muss aber die auch nur mögliche (Mit-)Ursächlichkeit der Rechtsverletzung für das Ersturteil darlegen, BGH NJW-RR 2008, 1308. Nicht ausreichend ist eine nur formelhafte Angabe, BGH NJW-RR 2002, 210. 56

XI. Tatsachenfeststellung, III 2 Nr. 3. Die Vorschrift verlangt die Bezeichnung konkreter Anhaltspunkte, die Zweifel an der Richtigkeit oder Vollständigkeit der Tatsachenfeststellungen im Ersturteil begründen und deshalb eine erneute Feststellung gebieten BGH BeckRS 2021, 8556. Da das BerGer an die von der I. Instanz festgestellten Tatsachen grundsätzlich gebunden ist (§ 529 I 1), muss die Berufung, die den festgestellten Sachverhalt angreifen will, eine Begründung dahin enthalten, warum die Bindung an die festgestellten Tatsachen ausnahmsweise nicht bestehen soll, BGH BeckRS 2021, 8556; BeckRS 2009, 08726. Formale Anforderungen an die Darlegung entstehen nicht. Nötig ist aber eine vertiefte und aus sich heraus verständliche und Zweifel gegenüber dem Ersturteil begründende inhaltliche Auseinandersetzung mit den angefochtenen Tatsachenfeststellungen, BGH NJW 2003, 2531; Saarbr NJW-RR 2003, 453. Dergleichen prüft das Berufungsgericht aber auch von Amts wegen, BGHZ 158, 278. Ausführungen gegen das Argument 1 des Erstgerichts können auch das Argument 2 mittreffen, BGH NJW 2011, 384. Zum Prüfungsmaßstab des Berufungsgerichts und zur Frage, wann Anhaltspunkte zu Zweifeln an den Feststellungen der Vorinstanz bestehen, ausführlich → § 529 Rn. 5 ff. 57

XII. Neue Angriffs- und Verteidigungsmittel, III 2 Nr. 4. Wegen § 529 I Nr. 2 muss der Berufungskläger sein etwaiges neues Vorbringen als solches bezeichnen, BGH NJW 2003, 2532; BAG NZA 2012, 232. 58

Wird eine Berufung ausschließlich auf neues Vorbringen gestützt, muss sie Angaben zu den Tatsachen enthalten, die eine Zulassung des neuen Vorbringens nach § 531 II rechtfertigen. Anderenfalls ist die Berufung unzulässig und kann durch Beschluss nach § 522 I verworfen werden, BGH BeckRS 2021, 34457. Dass das neue Vorbringen kein neues Angriffsmittel (mehr) wäre, wenn es von der Gegenseite nicht bestritten wird, ist in diesem Verfahrensstadium nicht relevant. Das Gericht ist auch nicht gehalten, eine mündliche Verhandlung anzuberaumen. Der Berufungskläger hat keinen Anspruch darauf, dass allein wegen der Möglichkeit, dass das neue Vorbringen im Verlauf des Berufungsrechtszuges unstreitig wird, von der in § 522 I vorgesehenen Möglichkeit einer (beschleunigten) Verwerfung der Berufung durch Beschluss abgesehen wird, BGH BeckRS 2021, 34457; NJW-RR 2015, 465.

59 **XIII. Sollvorschriften, IV.** Die Berufungsbegründung soll nach **IV Nr. 1** ferner die Angabe des Werts des nicht in einer bestimmten Geldsumme bestehenden Beschwerdegegenstands nach Anh. § 511 dann enthalten, wenn von ihm die Zulässigkeit der Berufung nach § 511 II Nr. 1 abhängt, → § 511 Rn. 17 ff. Der Berufungskläger soll nach **IV Nr. 2,** → § 526 Rn. 2 außerdem angeben, ob einer Entscheidung der Sache durch den Einzelrichter nach § 526 Gründe entgegenstehen. Das Fehlen von Ausführungen zu Nr. 1 oder 2 berührt die Zulässigkeit der Berufung nicht.

60 **XIV. Vorschriften über vorbereitende Schriftsätze, V.** § 130 Nr. 6 ist auch auf die Begründungsschrift als bestimmenden Schriftsatz anwendbar. Sie ist daher grundsätzlich zu unterschreiben Zur Unterschrift vgl. auch Rn. 27 und → § 129 Rn. 9 ff., KG MDR 2008, 535. Zur Begründung mittels Computerfax ohne eingescannte Unterschrift BGH NJW 2005, 2086. Zu den Voraussetzungen für die Wirksamkeit einer Blanko-Unterschrift BGH FamRZ 2005, 1553. Zur E-Mail § 130a.

61 Für die Frage, ob eine formgültige Unterschrift vorliegt, ist nicht die Lesbarkeit oder die Ähnlichkeit des handschriftlichen Gebildes mit den Namensbuchstaben entscheidend, sondern es kommt darauf an, ob der Name vollständig, wenn auch nicht unbedingt lesbar, wiedergegeben wird; BGH MDR 2020, 305. Bei der Frage, ob die Begründungsschrift eine Unterschrift iSd § 130 Nr. 6 aufweist, ist grundsätzlich auf den Zeitpunkt des Ablaufs der Begründungsfrist und die bis dahin bekannten Umstände abzustellen. Eine Klärung der Identität und Postulationsfähigkeit zu einem späteren Zeitpunkt ist nur zulässig, wenn bis zum Fristablauf klar ist, dass eine Unterschrift vorliegt, die von einem Rechtsanwalt stammt, BGH MDR 2020, 305. Durch die Hinzufügung des Zusatzes „i. V." gibt der Unterzeichnende regelmäßig zu erkennen, dass er als Unterbevollmächtigter des Prozessvertreters der Partei die Verantwortung für den Inhalt der Berufungsbegründung übernimmt. Das setzt aber voraus, dass es sich beim Unterzeichnenden um einen postulationsfähigen Rechtsanwalt handelt, BGH MDR 2020, 305.

62 Ausnahmen vom Grundsatz des Unterschriftserfordernisses sind dann anerkannt, wenn auch ohne die Unterschrift aufgrund anderer, eine Beweisaufnahme nicht erfordernder Umstände zweifelsfrei feststeht, dass der Rechtsmittelanwalt die Verantwortung für den Inhalt der Rechtsmittelbegründungsschrift übernommen hat, darf deren Wirksamkeit nicht allein deshalb verneint werden, weil es an der Unterschrift fehlt, BGH NJW-RR 2020, 309; also etwa dann, wenn die nicht unterzeichnete Berufungsbegründung mit einem vom Rechtsanwalt unterschriebenen Anschreiben fest verbunden ist, BGHZ 97, 251 (254 f.), oder wenn die eingereichten beglaubigten Abschriften der nicht unterzeichneten oder nicht eingereichten Urschrift der Berufungsbegründung einen vom Prozessbevollmächtigten handschriftlich vollzogenen Beglaubigungsvermerk enthalten, BGH VersR 2005, 136 (137); NJW 2012, 1738; BGHZ 24, 179 (180).

63 Für die Wiedereinsetzung in den vorigen Stand ist die versäumte Prozesshandlung in der für sie vorgeschriebenen Form nachzuholen. Hat es der Rechtsmittelführer versäumt, eine unterschriebene und damit wirksame Rechtsmittelbegründung einzureichen, hat er somit bis zum Ablauf der Wiedereinsetzungsfrist einen unterschriebenen Begründungsschriftsatz nachzureichen, BGH NJW-RR 2020, 309. Die oben genannte Rechtsprechung zur ausnahmsweisen Wirksamkeit nicht unterzeichneter ist auf die Nachholung einer Berufungsbegründung im Zusammenhang mit einem Wiedereinsetzungsantrag nach Einreichung einer mangels Unterzeichnung unwirksamen Begründung nicht übertragbar, BGH NJW-RR 2020, 309.

521 *Zustellung der Berufungsschrift und -begründung.* **I Die Berufungsschrift und die Berufungsbegründung sind der Gegenpartei zuzustellen.**

II 1Der Vorsitzende oder das Berufungsgericht kann der Gegenpartei eine Frist zur schriftlichen Berufungserwiderung und dem Berufungskläger eine Frist zur schriftlichen Stellungnahme auf die Berufungserwiderung setzen. 2§ 277 gilt entsprechend.

1 **I. Systematik, Regelungszweck, I, II.** Die Regelung dient der Unterrichtung des Berufungsbeklagten über Einleitung und Fortgang des Rechtsmittelverfahrens und über die Zielrichtung des Rechtsmittelangriffs, Musielak/Voit/Ball Rn. 1.

2 **II. Geltungsbereich, I, II.** Die Vorschrift gilt in jedem Fall nach der ZPO oder den auf sie verweisenden Gesetzen. Sie gilt auch im WEG-Verfahren. Im Verfahren der Arbeitsgerichte ist § 521 nach § 64 VI ArbGG entsprechend anwendbar. Mit der Zustellung muss das Berufungsgericht den Berufungsbekl. nach § 66 I 2–4 ArbGG auf die Berufungsbeantwortungsfrist hinweisen. Für die Revision enthalten §§ 550 II, 551 IV entsprechende Regelungen.

3 **III. Zustellung, I.** Die Berufungsschrift nach § 519 und die Berufungsbegründung nach § 520 III 1 bleiben mit ihren Urschriften bei den Gerichtsakten. Jedem Gegner des Berufungsklägers oder nach § 172 I seinem erstinstanzlichen ProzBev. muss das Berufungsgericht nach § 172 II 1 eine beglaubigte Kopie nach §§ 166 II, 169 II von Amts wegen zustellen. Das gilt unabhängig von § 522 II, Schellenberg MDR 2005, 612. Mangels eines zweitinstanzlichen ProzBev. nach § 172 II 2 erfolgt die Zustellung an den erstinstanzlichen oder nach II 3 an die Partei selbst. Eine Zustellung von Anwalt zu Anwalt nach § 195 reicht nicht. Wenn ein Streitgenosse nach §§ 59 ff. Berufungskläger ist, erfolgt die Zustellung nach § 63 an alle diejenigen übrigen Streitgenossen, die das Urteil betrifft. Wenn ein Streitgenosse nach §§ 59 ff. Berufungsbekl. ist, erfolgt die Zustellung an diejenigen Streitgenossen, gegen die sich die Berufung ausdrücklich richtet, beim Fehlen einer Beschränkung an alle diejenigen, zu deren Gunsten das Ersturteil lautet. Aufgetretenen Streithelfern nach §§ 66 ff. muss das Berufungs-

gericht nach § 67 immer zustellen. Nachträge zur Berufungsbegründung muss es zustellen, soweit sie in der Begründungsfrist nach § 520 II eingehen. Die Geschäftsstelle muss die Zustellung möglichst beschleunigen. Sie muss aber keine Frist beachten.

Die **Zulässigkeit** der Berufung hängt nicht von der Zustellung ab, BGH NJW-RR 1991, 511. Ihre Unterlassung ist nach § 295 I heilbar, BGH 65, 116. Vor der Zustellung ist keine Terminsbestimmung nach § 523 zulässig. Ist die Berufung von Anfang an offensichtlich und nach §§ 295 II, 525 unheilbar unzulässig, darf die Zustellung an den Gegner unterbleiben und sogleich ein Verwerfungsbeschluss nach § 522 I 2 ergehen. 4

IV. Fristsetzung, II. Der Vorsitzende oder das Berufungsgericht kann nach seinem pflichtgemäßen Ermessen Fristen setzen. Die Setzung einer Erwiderungsfrist für den Berufungsbeklagten setzt die Frist für die Einlegung der **Anschlussberufung** in Gang, § 524 II. Die Erwiderungsfrist sollte daher im Falle der Möglichkeit einer Anschlussberufung in jedem Fall und rechtzeitig vor der mündlichen Verhandlung gesetzt werden. Eine Wiedereinsetzung nach §§ 233 ff. in die Erwiderungsfrist findet nicht statt, BGH BeckRS 2022, 4375, s. auch § 233 Rn. 7. 5

Kommt nach Auffassung des Berufungsgerichts die Zurückweisung der Berufung nach § 522 II wegen offensichtlich fehlender Erfolgsaussichten in Betracht, empfiehlt es sich aus Beschleunigungsgründen, einen Hinweisbeschluss zu verfassen, ohne dem Gegner vorher eine Erwiderungsfrist zu setzen. 6

V. Verstoß, I, II. Ein solcher des Fristbelasteten macht §§ 296 I, IV, 530, 531 anwendbar. Ein Gerichtsverstoß bedeutet keinen Fristbeginn, BGH NJW 2009, 515 (bloß formlose Fristmitteilung). Freilich ist eine Heilung nach §§ 189, 295 I, 525 möglich. 7

522 *Zulässigkeitsprüfung; Zurückweisungsbeschluss.*

I [1]Das Berufungsgericht hat von Amts wegen zu prüfen, ob die Berufung an sich statthaft und ob sie in der gesetzlichen Form und Frist eingelegt und begründet ist. [2]Mangelt es an einem dieser Erfordernisse, so ist die Berufung als unzulässig zu verwerfen. [3]Die Entscheidung kann durch Beschluss ergehen. [4]Gegen den Beschluss findet die Rechtsbeschwerde statt.

II [1]Das Berufungsgericht soll die Berufung durch Beschluss unverzüglich zurückweisen, wenn es einstimmig davon überzeugt ist, dass

1. die Berufung offensichtlich keine Aussicht auf Erfolg hat,
2. die Rechtssache keine grundsätzliche Bedeutung hat,
3. die Fortbildung des Rechts oder die Sicherung einer einheitlichen Rechtsprechung eine Entscheidung des Berufungsgerichts nicht erfordert und
4. eine mündliche Verhandlung nicht geboten ist.

[2]Das Berufungsgericht oder der Vorsitzende hat zuvor die Parteien auf die beabsichtigte Zurückweisung der Berufung und die Gründe hierfür hinzuweisen und dem Berufungsführer binnen einer zu bestimmenden Frist Gelegenheit zur Stellungnahme zu geben. [3]Der Beschluss nach Satz 1 ist zu begründen, soweit die Gründe für die Zurückweisung nicht bereits in dem Hinweis nach Satz 2 enthalten sind. [4]Ein anfechtbarer Beschluss hat darüber hinaus eine Bezugnahme auf die tatsächlichen Feststellungen im angefochtenen Urteil mit Darstellung etwaiger Änderungen oder Ergänzungen zu enthalten.

III Gegen den Beschluss nach Absatz 2 Satz 1 steht dem Berufungsführer das Rechtsmittel zu, das bei einer Entscheidung durch Urteil zulässig wäre.

Schrifttum: Borth FamRZ 2012, 764 (Familienrechtsfolgen); Gehrlein NJW 2014, 3393 (Grdz.); Gross, Die Zukunft der mündlichen Verhandlung, FS Krüger, 2017, 383; Leonhardt, Die Zurückweisung der Berufung durch Beschluss, 2013; Lindner AnwBl 2011, 943; Meller-Hannich NJW 2011, 3393; Reichling DRiZ 2011, 46; Weller ZZP 124, 343 (je: Grdz.).

Übersicht

I. Systematik, I–III. I regelt die Prüfung der Zulässigkeit der Berufung und das Verfahren im Falle der Feststellung der Unzulässigkeit. II regelt das Verfahren der Zurückweisung der Berufung bei offensichtlichem 1

Fehlen der Erfolgsaussicht und der Abwesenheit von Revisionszulassungsgründen. III bestimmt das Rechtsmittel gegen den Zurückweisungsbeschluss nach II.

2 **II. Regelungszweck, I–III.** Die Vorschrift dient der Rechtssicherheit sowie der Vereinfachung und Beschleunigung des Verfahrens.

3 Die Regelung des § 522 II stand in den vergangenen Jahren wiederholt auf dem Prüfstand. Die Herbstkonferenz der Justizminister*innen vom 15.11.2018 hat sich zu Recht gegen eine Aufhebung der Regelung ausgesprochen. Die Berufungsentscheidung nach § 522 II wird transparent und mit institutionalisierter Überlegungsfrist für den Berufungsführer vorbereitet. Das Vorgehen gemäß § 522 II kann bei erkennbar aussichtslosen Berufungen zu erheblich zügigeren Erledigungen führen und offenkundig berechtigten Anliegen zu schnellerer Rechtsdurchsetzung verhelfen. Die verschwindend geringe Erfolgsquote bei gegen Zurückweisungsbeschlüsse gerichteten Nichtzulassungsbeschwerden zeigt, dass die Berufungsgerichte das Verfahren regelmäßig verantwortungsbewusst gestalten, Brückner/Guhling/Menges DRiZ 2019, 92 (93).

4 **III. Geltungsbereich, I–III.** Die Vorschrift gilt in jedem Berufungsverfahren nach der ZPO und der auf sie verweisenden Gesetze, auch im WEG-Verfahren, auch im BEG-Verfahren, BGH NJW-RR 2006, 1575. Im Verfahren der Arbeitsgerichte ist I anwendbar, LAG Köln NZA-RR 2010, 210, nicht dagegen II, III, § 66 II 2, 3 ArbGG, BAG NJW 2011, 251. Die Verwerfung der Berufung nach I ohne eine mündliche Verhandlung ergeht durch einen Beschluss der Kammer der LAG. Gegen ihn findet die Rechtsbeschwerde dann statt, wenn das LAG sie in dem Beschluss nach §§ 77, 72 II ArbGG zugelassen hat. Karlsr NJW 2010, 324 wendet II aF auch bei § 117 FamFG entsprechend an.

5 **IV. Zulässigkeitsprüfung, I 1–3.** Das Berufungsgericht prüft die Statthaftigkeit der Berufung, die Beschwer des Berufungsklägers, die Berufungssumme (sofern die Berufung nicht erstinstanzlich zugelassen wurde), Form und Frist der Einlegung der Berufung, die Einhaltung der Begründungsfrist, die inhaltlichen Anforderungen an die Berufungsbegründung (zB: Ist das Urteil hinreichend angegriffen oder nur formelhaft als falsch gerügt?; Ist jeder der die Klageabweisung tragenden Gründe angegriffen?).

6 **1. Prüfung von Amts wegen, I 1.** Sie erfolgt wegen der Berufung jeder Partei gesondert, Karlsr MDR 2003, 711, Schellenberg MDR 2005, 613. Das Berufungsgericht muss prüfen, ob der noch angegriffene Teil für sich nach § 511 berufungsfähig ist, BGH MDR 2008, 225.

2. Beispiele zur Frage einer Prüfung von Amts wegen, I 1

7 **Abgabe:** Eine vom LG ohne eine Verweisung nach § 281 an das objektiv zuständige OLG abgegebene Berufung macht das OLG zuständig, aber nicht umgekehrt, BGH VersR 1978, 626. Ein beim **unzuständigen** Gericht eingereichter Schriftsatz muss wie bei § 121 I 1 BGB unverzüglich an das zuständige weitergehen. Andernfalls liegt evtl. ein Wiedereinsetzungsgrund vor.

Anschlussberufung: „Umdeutung".

Begründung: Das Berufungsgericht muss von Amts wegen prüfen, ob der Berufungskläger die Berufung rechtzeitig nach § 520 begründet hat, BGH BauR 2012, 678, LAG Hamm NZA 2011, 107. Diese Prüfung muss nach → Vor § 253 Rn. 14 jeder Sachentscheidung vorausgehen. Sie beschränkt sich auf den dem Berufungsgericht vorliegenden gesamten und auf einen nach §§ 291, 525 offenkundigen Prozessstoff, BGH VersR 1982, 492. Das Berufungsgericht darf mit der Prüfung auch nicht stets bis zum Eingang der Berufungsbegründung warten, BVerfG NJW 2006, 1580.

Beschwer: Notwendig ist eine Prüfung der Beschwer nach → Vor § 511 Rn. 16. Es reicht eine Glaubhaftmachung nach §§ 294, 511 III.

Beweislast: Der Berufungskläger muss diejenigen Tatsachen und nach → § 286 Rn. 18 beweisen, aus denen sich die Zulässigkeit der Berufung ergibt, BGH BauR 2012, 678. Es gibt keine strengeren Anforderungen, BGH NJW 2007, 1547.

Beweiswürdigung: Sie erfolgt wie stets frei nach § 286, hier iVm § 525, BGH FamRZ 2007, 553. Das Gericht steht im Rahmen seines pflichtgemäßen Ermessens ziemlich frei da, BGH BauR 2012, 678. Von der Erhebung zulässiger und rechtzeitig angetretener Beweise darf das Berufungsgericht nur dann absehen, wenn das Beweismittel nach → § 286 Rn. 34 völlig ungeeignet ist oder die Richtigkeit der unter Beweis gestellten Tatsache bereits erwiesen ist oder sich nach → § 286 Rn. 30 unterstellen lässt, BVerfG NJW 1993, 254. Reichen die Beweismittel nicht aus, muss man auf andere Beweismittel zurückgreifen. Deshalb muss die Partei die Gelegenheit zu Beweisangeboten erhalten, BGH NJW 2000, 814.

Keine Bindung: Die Zulässigkeitsprüfung erfolgt ohne eine Bindung an Feststellungen des Vordergerichts, BGH WuM 2008, 614.

Einzelrichter: Ob sich das Kollegium mit einer Prüfung durch ihn nach §§ 526, 527 begnügen will, steht im pflichtgemäßen Ermessen. Freilich darf diese Prüfung nach § 523 I 1 erst nach einer Prüfung und Entscheidung nach § 522 I, II stattfinden.

Form, Frist: Notwendig ist die Prüfung, ob der Berufungskläger die gesetzliche Form und Frist eingehalten hat, und zwar nach §§ 517–519, BGH FamRZ 2017, 50, BAG NZA 2013, 928. Das Berufungsgericht muss daher zunächst auch über einen Antrag nach § 520 auf Fristverlängerung entscheiden.

Neues Vorbringen: siehe BGH NJW-RR 2015, 465.

Partei- und Prozessfähigkeit: → „Prozessvoraussetzungen".

Prozessvoraussetzungen: Notwendig ist die Prüfung ihres Vorliegens, BGH ZIP 2010, 1515 (Prozess- und Parteifähigkeit nach → § 50 Rn. 5 ff., 45).

Rechtliches Gehör: Der Berufungskläger muss vor einer Verwerfung das Gehör nach Art. 103 I GG erhalten, BGH NJW 2016, 2509 (zust. Bub), Kblz VersR 2006, 136. **Nicht** zu äußern braucht sich in solcher Lage der Berufungsbekl. Das Berufungsgericht braucht ihm daher dann die Berufungsschrift und eine etwaige Berufungsbegründung vor einer Verwerfung auch nicht zuzustellen, BGH ZIP 1991, 42.

Rechtsfrage: Unanwendbar ist I 2, soweit es um eine umstrittene höchstrichterliche ungeklärte revisible Rechtsfrage geht, BVerfG NJW 2009, 573.

Statthaftigkeit: Notwendig ist die Prüfung der allgemeinen Statthaftigkeit der Berufung nach → Vor § 511 Rn. 6, BGH NJW 2007, 2046 (unabhängig von einer etwaigen Unstreitigkeit), aM Köln NJW 2008, 3650.

Streithelfer: Notwendig ist eine einheitliche Prüfung bei Berufungen der Hauptpartei und ihres Streithelfers nach § 66, BGH MDR 1982, 744.
Umdeutung: Sie kann nötig sein, zB in eine Anschlussberufung nach § 524, BGH NJW-RR 2004, 1503.
Verspätung: Unanwendbar ist § 530, → § 530 Rn. 2.
Widerklage: Notwendig ist bei Klage und Widerklage nach Anh. § 253 eine Prüfung für jedes Rechtsmittel gesondert, BAG NZA 2013, 928.
Wiedereinsetzung: Notwendig ist eine Prüfung, ob eine Wiedereinsetzungsbitte nach §§ 233 ff. auch nach § 238 Erfolg hatte, BGH VersR 1985, 1143.
Wiederholte Berufungen: Notwendig ist eine einheitliche Prüfung bei einer Wiederholung der Berufung für beide, BGH NJW-RR 1999, 287, Ffm NJW 1983, 2395, vgl. aber auch BGH FamRZ 2005, 791.
Zulässigkeit: Notwendig ist die Prüfung der Zulässigkeit der Berufung in diesem Einzelfall nach § 511 II. Auch → „Form, Frist".
Zuständigkeit: Sie liegt bei der vollen Besetzung des Berufungsgerichts. Das folgt aus § 523 I 1. Auch → „Abgabe".
Zustellung: Notwendig ist die Prüfung der Zustellung des Ersturteils von Amts wegen nach § 317. Auch → „Rechtliches Gehör".

3. Verwerfung, I 2, 3. Dazu Schneider NZFam 2017, 693. Fehlt eines der Zulässigkeitserfordernisse endgültig, muss das Berufungsgericht die Berufung ohne eine inhaltliche Begründetheitsprüfung als unzulässig verwerfen, BAG NZA 2018, 542, Drsd MDR 2012, 668, Köln MDR 2015, 54. Das Berufungsgericht „kann" nach I 3 in Beschlussform vorgehen. Der Berufungskläger ist zuvor auf die beabsichtigte Verwerfung hinzuweisen. Eine Verwerfung erfolgt nach I 2 durch ein Urteil dann, wenn sie aufgrund einer mündlichen Verhandlung nach § 128 I ergeht, im Übrigen durch Beschluss. Ob eine mündliche Verhandlung bei I stattfinden soll, steht zunächst nach § 128 IV im freien nicht nachprüfbaren Ermessen des Gerichts, Kblz JurBüro 2014, 533. 8

Auch der Verwerfungsbeschluss muss die Darstellung des **Sachverhalts** sowie der **Anträge der Parteien** enthalten. Beschlüsse, die der Rechtsbeschwerde unterliegen, müssen nämlich den maßgeblichen Sachverhalt, über den entschieden wird, wiedergeben und den Streitgegenstand und die Anträge der Parteien in beiden Instanzen erkennen lassen; andernfalls sind sie nicht mit den gesetzmäßigen Gründen versehen, BGH VersR 2006, 1423. Hinsichtlich des Sachverhalts und der erstinstanzlichen Anträge kann dies durch Bezugnahme auf das erstinstanzliche Urteil geschehen. Die Anträge in der Berufungsinstanz müssen wiedergegeben werden (erkennbar sein). 9

Die Kostenentscheidung beruht auf § 97 Abs. 1. Das erstinstanzliche Urteil braucht nicht für ohne Sicherheitsleistung vorläufig vollstreckbar erklärt zu werden. § 708 Nr. 10 Satz 2 gilt nur für die Berufung zurückweisende Urteile und Beschlüsse, nicht aber für die Berufung als unzulässig verwerfende Urteile und Beschlüsse. Die Regelung ist auch nicht analog anzuwenden, aA BeckOK ZPO/Ulrici § 708 Rn. 24a. Der Verwerfungsbeschluss selbst ist wegen § 794 I Nr. 3 vorläufig vollstreckbar, was daher ebenfalls nicht tenoriert zu werden braucht. 10

4. Beispiele zur Frage einer Verwerfung, I 2, 3

Begründungspflicht: Sie besteht nach → § 329 Rn. 6, § 525, BGH NZM 2012, 31. Dabei muss das Berufungsgericht den maßgebenden Sachverhalt nennen und den Streitgegenstand nach → § 2 Rn. 4 sowie die Anträge beider Parteien in beiden Instanzen erkennen lassen, BGH WM 2009, 329. Das Rechtsbeschwerdegericht muss darüber nach § 577 entscheiden können, BGH MDR 2016, 292. 11
Beschlussform: Die Verwerfung erfolgt nach I 3 dann so, wenn keine mündliche Verhandlung vorausging. Sie steht nach § 128 IV frei, Kblz JurBüro 2014, 533. Es ist unerheblich, ob man früher einmal zur Sache, aber nicht zur Zulässigkeit verhandelt hatte, BGH NJW 1979, 1891. Darum hindert auch eine Verhandlung vor dem Einzelrichter nach §§ 526, 527 eine Beschlussform des Kollegiums nicht.
Hemmungswirkung: Urteil und Beschluss beseitigen diejenige nach → Vor § 511 Rn. 2 nicht rückwirkend. Auch „Rechtskraft".
Mehrere Berufungen: Legt eine Partei eine zweite Berufung ein, bevor das Berufungsgericht über die erste entschieden hatte, muss es einheitlich über beide befinden, BGH NZM 2015, 826. Ist eine der beiden Berufungen ordnungsgemäß, ergeht eine Entscheidung in der Sache. Die andere Berufung behält dann keine selbständige Bedeutung.
Parteiunfähigkeit: Bei ihr nach → § 50 Rn. 5 gilt dasselbe wie bei einer → „Prozessunfähigkeit", aM KG ZIP 2009, 2123.
Prozesskostenhilfe: Eine Verwerfung nebst gleichzeitiger Zurückweisung eines Gesuchs nach § 127 I kann gegen das Gebot wirkungsvollen Rechtsschutzes verstoßen, BGH NJW-RR 2004, 1218.
Prozessunfähigkeit: Bei einer von Anfang an nach § 51 prozessunfähigen Partei folgt bei I keine Verwerfung, sondern eine Klagabweisung als unzulässig nach → Vor § 253 Rn. 14, BGH NJW 2000, 291, und umgekehrt, BGH NJW 1990, 1784.
Rechtliches Gehör: Es ist wie stets nach Art. 103 I GG nötig. Auch → „Entgegen Verkündung".
Rechtsbehelfsbelehrung: Sie ist bei der Verwerfung dann zu erteilen, wenn der Berufungskläger nicht anwaltlich vertreten ist Verstoß: §§ 232, 233 S. 2.
Rechtskraft: Das Ersturteil wird infolge der formellen Rechtskraft der Verwerfungsentscheidung nach §§ 329, 705 selbst ebenfalls dann formell rechtskräftig, wenn das Berufungsgericht eine an sich statthafte und rechtzeitig eingelegte Berufung erst nach dem Ablauf der Rechtsmittelfrist nach § 520 II verwirft, BGH NJW 1984, 1027. Wegen der Erneuerung der formellen Berufung vor Rechtskraft des Verwerfungsbeschlusses vgl. auch → Rn. 17.
Streitgegenstand: → „Begründungspflicht".
Entgegen Verkündung: Wenn das Berufungsgericht am Schluss einer mündlichen Verhandlung nach §§ 136 IV, 296a, 525 einen „neuen Termin von Amts wegen" ankündigte und dann ohne eine weitere Verhandlung eine Beschlussverwerfung vornimmt, verstößt es gegen das Gebot rechtlichen Gehörs nach Art. 103 I GG, BGH FamRZ 2006, 1750.
Vorläufige Vollstreckbarkeit: → „Zwangsvollstreckung".
Wiederholung: → „Mehrere Berufungen".

Zustellung: Das Berufungsgericht muss einen Verwerfungsbeschluss wegen → Rn. 20 dem Berufungskläger nach §§ 166 ff., 329 II 2, III förmlich zustellen lassen.

Zwangsvollstreckung: Der Beschluss ist wegen der Kosten ein Vollstreckungstitel nach → § 794 Rn. 15. Er macht das Ersturteil **nicht** entsprechend § 708 Nr. 10 vorläufig vollstreckbar.

12 **5. Zulässigkeit, I 3.** Über die Zulässigkeit der Berufung kann durch Zwischenurteil nach § 303 entschieden werden; dieses ist jedoch nicht selbstständig, sondern nur zusammen mit dem Endurteil anfechtbar, BGH BB 2007, 522. Ein die Zulässigkeit bejahender Beschluss kommt nicht in Betracht. I 3 bezieht sich nur auf I 2, so auch MüKoZPO/Rimmelspacher Rn. 14. Dies wird insbesondere im Zusammenhang mit I 4 deutlich, der gegen „den Beschluss" die Rechtsbeschwerde für statthaft erklärt. Dies kann sich sinnvollerweise nur auf einen die Zulässigkeit verneinenden beziehen, da anderenfalls ein weitergehender Rechtsschutz eröffnet wäre als gegen ein die Zulässigkeit bejahendes Zwischenurteil.

13 **6. Entscheidungszeitpunkt, I 3.** Die Entscheidung soll durch das Kollegium vor einer etwaigen Übertragung auf den entscheidenden oder vorbereitenden Einzelrichter nach §§ 526, 527 ergehen. Das zeigt § 523 I 1. Natürlich muss das Berufungsgericht dem Berufungskläger zuvor das rechtliche Gehör nach Art. 103 I GG gewähren, BGH FamRZ 2010, 882, Wegen einer **Fristversäumung** darf das Gericht die Berufung nicht als unzulässig verwerfen, bevor es über einen wirksam gestellten Verlängerungsantrag nach § 520 II 2, 3 entschieden hat, BGH FamRZ 2004, 1189. Darauf darf der Berufungskläger vertrauen, BGH VersR 1986, 166, es sei denn, es handelt sich um einen rechtsmissbräuchlich wiederholten Verlängerungsantrag, BGH VersR 1986, 166. Eine Verwerfung ist dann **fehlerhaft,** wenn der Beschluss nicht den entscheidenden Sachverhalt und das Rechtsschutzziel angibt, BGH WuM 2012, 404, oder wenn das Berufungsgericht nicht zuvor über einen Antrag auf eine **Wiedereinsetzung** nach § 233 entschieden hat, BGH VersR 1985, 1143, oder wenn eine Rechtsbehelfsbelehrung nach §§ 232, 233 S. 2 usw. fehlt, BGH WuM 2016, 314. Ebenso ist eine Verwerfung beim Fristablauf dann unstatthaft, wenn eine bedürftige Partei vorher ein Gesuch um eine Prozesskostenhilfe nach § 117 eingereicht hat, BGH FamRZ 2011, 881; Brschw Nds. Rpfl. 1989, 76. Eine Verwerfung kommt ferner nach → § 514 Rn. 10 nicht in Betracht, solange es möglich ist, die unzulässige Berufung durch eine Umdeutung nach → Vor § 128 Rn. 60 als eine Anschließung nach § 524 zu behandeln oder eine solche noch zu erklären, BGH NJW 1996, 2659; Rimmelspacher JR 1988, 93.

14 Wird über einen **Wiedereinsetzungsantrag** und das Rechtsmittel gesondert entschieden, muss zwingend die Ablehnung der Wiedereinsetzung angefochten werden, vgl. BGH NJW-RR 2020, 309 Rn. 5. Wird die Ablehnung der Wiedereinsetzung nicht angefochten, ist kein Raum mehr für die Aufhebung der auf der Fristversäumung beruhenden Verwerfungsentscheidung, Toussaint FD-ZVR 2019, 422530. Die isolierte Anfechtung der Rechtsmittelverwerfung schadet nicht, ist jedoch nicht zwingend notwendig, weil diese im Falle einer Wiedereinsetzung von selbst gegenstandslos wird, Toussaint FD-ZVR 2019, 422530; vgl. BGH NJW-RR 2019, 899; NJW 2013, 697.

15 Wird eine Berufung ausschließlich auf **neues Vorbringen** gestützt, kann sie ohne weiteres durch Beschluss verworfen werden, wenn die Berufungsbegründung keine Angaben zu den Tatsachen enthält, die eine Zulassung des neuen Vorbringens nach § 531 II rechtfertigen. Dass das neue Vorbringen kein neues Angriffsmittel (mehr) wäre, wenn es von der Gegenseite nicht bestritten wird, ist in diesem Verfahrensstadium der Zulässigkeitsprüfung nicht relevant. Das Gericht ist auch **nicht gehalten, eine mündliche Verhandlung anzuberaumen.** Der Berufungskläger hat keinen Anspruch darauf, dass allein wegen der Möglichkeit, dass das neue Vorbringen im Verlauf des Berufungsrechtszuges unstreitig wird, von der in § 522 I vorgesehenen Möglichkeit einer (beschleunigten) Verwerfung der Berufung durch Beschluss abgesehen wird, BGH NJW-RR 2015, 465.

16 **7. Bindungswirkung, I 3.** Der Verwerfungsbeschluss bindet das Gericht analog § 318, BGH NJW-RR 1995, 765.

17 **8. Erneute Berufung trotz Verwerfung.** Die Verwerfung der Berufung hindert den Rechtsmittelführer vor der Rechtskraft des Verwerfungsbeschlusses nicht, während der noch laufenden Berufungsfrist erneut Berufung einzulegen, BGH NJW-RR 1999, 287. In der Praxis dürfte dies jedoch nur dann möglich sein, wenn die Berufungsfrist von einem Monat mangels einer Zustellung des in vollständiger Form abgefassten Urteils erst mit dem Ablauf von fünf Monaten nach der Verkündung beginnt. Ist die neue Einlegung dann zulässig, ist die Berufung insgesamt – im Sinne eines einheitlichen Rechtsmittels – als zulässig zu behandeln, so dass der angefochtene Verwerfungsbeschluss aufgehoben werden muss; BGH NJW-RR 1999, 287.

18 **9. Mehrfache Einlegung der Berufung.** Da es sich um ein einheitliches Rechtsmittel handelt, gilt Folgendes: Macht eine Partei von der Berufung mehrmals Gebrauch, bevor über dasselbe in anderer Form schon früher eingelegte Rechtsmittel rechtskräftig entschieden ist, hat das Berufungsgericht über das Rechtsmittel einheitlich zu entscheiden. Das gilt auch dann, wenn es bei unterschiedlichen Gerichten eingelegt worden ist; das einheitliche Rechtsmittel darf nur dann als unzulässig verworfen werden, wenn keine der Einlegungen zulässig ist. In einem solchen Fall müssen die ggf. bei verschiedenen Gerichten anhängigen Berufungsverfahren koordiniert werden (Zuständigkeitsprüfung, Abgabe, bei Kompetenzkonflikt Zuständigkeitsbestimmung nach § 36 I Nr. 5 oder 6), BGH BeckRS 2020, 36581.

19 **V. Rechtsmittel gegen Verwerfung, I 4. 1. Gegen Verwerfungsurteil: Revision oder NZB.** Gegen die Entscheidung durch ein **Endurteil** nach § 300 findet im Falle der Zulassung die Revision nach allgemeinen Grundsätzen nach §§ 542 ff. statt, BGH BB 2007, 853. Statthaft ist anderenfalls die Nichtzulassungsbeschwerde nach § 544. Die Wertgrenze gilt nach § 544 II Nr. 2 im Falle der Verwerfung nicht. Die Entscheidung durch ein **Zwischenurteil** nach § 303 ist nur zusammen mit dem Endurteil anfechtbar, BGH NJW 1987, 3265.

20 **2. Gegen Verwerfungsbeschluss: Rechtsbeschwerde.** Gegen einen **Verwerfungsbeschluss** findet grundsätzlich nach I 4 die Rechtsbeschwerde nach § 574 I Nr. 1 statt, BGH AnwBl 2014, 1062. Das gilt allerdings nur unter den (engen) Voraussetzungen des § 574 II, BGH NJW-RR 2006, 1435. Über sie entscheidet der BGH nach § 133 GVG, BVerfG NJW 2004, 3696 Sie muss beim BGH durch einen dort zugelassenen Rechtsanwalt eingelegt werden, § 78 I 3. Eine Rechtsbeschwerde kommt auch nach einem die Wiedereinsetzung versagenden Beschluss infrage, da es sich praktisch um einen die Berufung als unzulässig verwerfenden Beschluss handelt, vgl. BGHZ 21, 147.

VI. Zurückweisung, II. Dazu Baumert MDR 2013, 7, Hinrichs DRiZ 2016, 66 (je: ausf.). 21

1. Einstimmige Überzeugung, II 1 Nr. 1–4. Die Überzeugung des Berufungsgerichts muss einstimmig sein, was im Zurückweisungsbeschluss auch so bezeichnet werden sollte. Auch ohne ausdrückliche Bezeichnung der Entscheidung als „einstimmig" dürfte gleichwohl davon auszugehen sein, dass sie einstimmig gefällt wurde, weil dem Berufungsgericht die Voraussetzungen des § 522 II bekannt sind. 22

2. Offensichtlich keine Erfolgsaussicht, II 1 Nr. 1. Die Vorschrift ist verfassungsgemäß, BVerfG NJW-RR 2007, 1195; Ffm NJW 2004, 165; Zuck NJW 2006, 1703. Das Berufungsgericht „soll zurückweisen". Natürlich muss Art. 101 I 2 GG Beachtung erhalten, BVerfG NJW 2003, 281. Daher bleibt nach → Rn. 38 ein pflichtgemäßes Ermessen. Freilich muss das Berufungsgericht zuvor davon einstimmig überzeugt sein, dass die Berufung zwar zulässig ist (sonst müsste es wegen → Vor § 253 Rn. 14 nach I 2 verfahren), Köln ZIP 2011, 2019, dass sie aber im Ergebnis offensichtlich keine Aussicht auf Erfolg hat, Bbg GRUR-RR 2018, 166; Hamm NJW-RR 2018, 546; Kblz NJW-RR 2017, 1171. 23

Zum Begriff **Erfolgsaussicht** auch → § 114 Rn. 27 ff. Eine Erfolgsaussicht besteht zB bei einer auch nur ernsthaft in Betracht kommenden Notwendigkeit einer Beweisaufnahme. Das ist dann nicht so, wenn das Vorbringen des Berufungsklägers einschließlich etwaiger nach §§ 529, 531 zulässiger neuer Angriffs- und Verteidigungsmittel dem Rechtsmittel zweifelsfrei zumindest im Ergebnis nicht zum Erfolg verhelfen kann, BGH FamRZ 2016, 2010; KG VersR 2008, 658; Rostock NJW 2003, 1676. Dabei muss das Berufungsgericht ein etwaiges Gegenvorbringen des Berufungsbekl. berücksichtigen, Celle NJW 2002, 2800. Korrigierbar sind die Kostengrundentscheidung wie die Wertfestsetzung des Erstgerichts, LG Mü ZMR 2011, 59 (zu § 49a WEG). Keine Aussicht auf Erfolg besteht zwar auch dann, wenn sich das Urteil im Ergebnis mit einer anderen Begründung aufrechterhalten lässt, Ffm NJW 2004, 167; Hmb NJW 2006, 71; KG VersR 2008, 658. Zur Erforderlichkeit einer mündlichen Verhandlung bei Auswechslung der Begründung → Rn. 31. 24

Offensichtlich ist eine Aussichtslosigkeit erst dann, wenn jeder Sachkundige ohne längere Nachprüfung erkennen kann, dass die vorgebrachten Berufungsgründe das Ersturteil nicht zu Fall bringen können, BVerfG NJW 2002, 815 (StPO). Das ist mehr als nur „wahrscheinlich" oder „voraussichtlich", aber weniger als „unwiderlegbar", eher etwa dasselbe wie „(hochgradig) gewiss" oder „(so gut wie) sicher" oder „eindeutig" oder „zweifelsfrei". Es muss also mehr vorlegen als eine bei vorläufiger Prüfung vorliegende einfache Erfolglosigkeit wie bei → § 114 Rn. 27 ff. zum Gegenteil einer hinreichenden Erfolgsaussicht. II 1 Nr. 1 fordert einen höheren Grad von Aussichtslosigkeit, Baumert MDR 2013, 8. 25

Eine **Klageerweiterung**, eine **Widerklage** oder ein **Hilfsantrag** schließen die Zurückweisung nach II nicht aus; sie werden entsprechend § 524 IV wirkungslos, BGH NJW 2017, 56; 2015, 251; 2014, 151;, Ffm NJW 2004, 165; Nürnb MDR 2007, 171; Bub MDR 2011, 84 (ausf.); aM Rostock NJW 2003, 3211 (zu eng), ebenso wenig schließt eine vom Berufungsführer erhobene Hilfswiderklage die Zurückweisung aus, Ffm NJW 2003, 165; Rostock NJW 2003, 3211, oder die bloße wirtschaftliche Bedeutung, Mü OLGR 2004, 455; Rostock BauR 2016, 144. Eine unstreitige Tatsache ist trotz § 531 zu beachten, BGH NJW 2005, 291. 26

3. Entscheidungsgrundlage. Neues Vorbringen ist zu berücksichtigen, soweit dieses nach §§ 529, 531 zulässig ist. Welche Tatsachen das Berufungsgericht bei seiner Entscheidung zugrunde zu legen hat, ist in § 529 I bestimmt. Die Anwendung dieser Vorschrift im Berufungsverfahren hängt nicht davon ab, ob über die Berufung im Beschluss- oder im Urteilsverfahren entschieden wird. II schränkt die Geltung des § 529 nicht ein. Eine Zurückweisung der Berufung durch Beschluss gemäß II ist im Gegenteil nur dann zulässig, wenn die Berufung auch unter Berücksichtigung nach den §§ 529, 531 zulässigen neuen Vorbringens offensichtlich keine Aussicht auf Erfolg hat, BGH NJW 2017, 736 Rn. 13. 27

4. Keine grundsätzliche Bedeutung, II 1 Nr. 2. Hinzu kommen muss ferner die einstimmige Überzeugung des Gerichts, dass die Rechtssache auch keine grundsätzliche Bedeutung nach §§ 511 IV 1 Nr. 1 Hs. 1, 543 II 1 Nr. 1, 574 II Nr. 1 hat, vgl. daher dort. Eine Rechtssache hat grundsätzliche Bedeutung, wenn sie eine entscheidungserhebliche, klärungsbedürftige und klärungsfähige Rechtsfrage aufwirft, die über den Einzelfall hinaus Bedeutung für die Allgemeinheit hat, BVerfG NJW 2008, 26, 29; WM 2011, 117 (118); BGH WM 2010, 936 Rn. 3 und ständig. Die Rechtsfrage hat dann über den Einzelfall hinaus Bedeutung für die Allgemeinheit, wenn sie in einer unbestimmten Vielzahl von Fällen auftreten kann, BVerfG WM 2011, 1117 (1118); BGHZ 152, 182 (191), oder andere Auswirkungen des Rechtsstreits auf die Allgemeinheit deren Interessen in besonderem Maße berühren und ein Tätigwerden des Revisionsgerichts erforderlich machen. Letzteres kann sich insbesondere aus dem tatsächlichen oder wirtschaftlichen Gewicht der Sache für den Rechtsverkehr ergeben, BGHZ 152, 182 (192). 28

5. Keine Rechtsfortbildung usw., II 1 Nr. 3. Zusätzlich zu Nr. 1 und zu Nr. 2 ist es außerdem nötig, dass die Fortbildung des Rechts oder die Sicherung einer einheitlichen Rspr. eine Entscheidung des Berufungsgerichts nach seiner einstimmigen Überzeugung nicht erfordert. Damit knüpft das Gesetz an diejenigen Maßstäbe an, die für die Zulassung der Berufung nach § 511 IV 1 Nr. 1 Hs. 2 und die Zulassung der Revision nach § 543 II Nr. 2 gelten, Schellenberg MDR 2005, 610, sowie bei der Rechtsbeschwerde nach § 574 II 1 Nr. 2. Vgl. daher dort. Eine höchstrichterliche Entscheidung ist zur Fortbildung des Rechts dann erforderlich, wenn der Einzelfall Veranlassung gibt, Leitsätze für die Auslegung von Gesetzesbestimmungen des materiellen oder des formellen Rechts aufzustellen oder Gesetzeslücken auszufüllen, BGHZ 151, 221 (225); 154, 288 (292); WM 2003, 1397 (1398). Ein solcher Anlass besteht für die Entwicklung höchstrichterlicher Leitsätze nur dann, wenn es für die rechtliche Beurteilung typischer oder verallgemeinerungsfähiger Lebenssachverhalte an einer richtungsweisenden Orientierungshilfe ganz oder teilweise fehlt, BGHZ 151, 221 (225); 154, 288 (292). 29

Dass das Erstgericht die Berufung nach § 511 IV zugelassen hat, schließt eine Beschlusszurückweisung dann nicht aus, wenn das Berufungsgericht die Zulassungsvoraussetzungen anders beurteilt. 30

6. Nichtgebotenheit einer Verhandlung, II 1 Nr. 4. Die einstimmige Überzeugung von der Nichtgebotenheit einer mündlichen Verhandlung ist nach der einstimmigen Überzeugung des Berufungsgerichts neben den Bedingungen II 1 Nr. 1–3 eine zusätzliche weitere Voraussetzung eines Zurückweisungsbeschlusses. Dies ist der Fall, wenn eine mündliche Verhandlung keinen weiteren Erkenntnisgewinn verspricht. Es wird vertreten, eine mündliche Verhandlung sei jedoch geboten, wenn die Sache für den Berufungskläger existentielle Bedeutung habe, BT-Drs. 17/6406, 9 unter Nennung der Arzthaftungssachen. Soweit die Gesetzesbegründung ein Vor- 31 gehen nach II auch immer dann ausschließen will, wenn das Urteil nur im Ergebnis richtig, aber unzutreffend begründet ist, BT-Drs. 17/6406, 9, ist dem nicht zuzustimmen, so auch OLG Köln NZG 2021, 26; OLG Frankfurt BeckRS 2013, 22588; OLG Koblenz r+s 2013, 450; OLG Rostock NJW 2003, 1676; OLG Hamburg NJW 2006, 71; MüKo/Rimmelspacher Rn. 25; Doukoff Rn. 1247 ff. Eine Ausnahme gilt nur dann, wenn das schriftliche Hinweisverfahren nach II bei Veränderung der entscheidungstragenden Erwägungen das Fairnessgebot verletzen würde, weil es eine angemessene Erörterung nicht gewährleistete, OLG Frankfurt aaO. Der BGH scheint eine Zurückweisung durch Beschluss nach II sogar dann für zulässig zu halten, wenn das Berufungsgericht die Klage für unbegründet hält, das erstinstanzliche Gericht sie jedoch als unzulässig abgewiesen hat, vgl. BGH WM 2019, 2255. Dass das Erfordernis des II 1 Nr. 4 der Auswechslung der Begründung nicht zwangsläufig entgegensteht, dürfte sich dabei daraus ergeben, dass der BGH im Zusammenhang mit dem Hinweisbeschluss die Regelung des § 139 II erwähnt, ohne etwa darauf hinzuweisen, dass ein Vorgehen nach § 522 II ohnehin nicht zulässig gewesen wäre, vgl. BGH WM 2019, 2255.

32 **7. Verfahren mit Hinweispflicht, II 2.** Vor der Zurückweisung ist der Ber.kläger durch eine Verfügung oder einen Hinweisbeschluss mit einer Stellungnahmefrist auf das beabsichtigte Vorgehen hinzuweisen. Inhaltlich gelten dieselben Anforderungen wie bei § 139 I, II, Musielak/Voit/Ball Rn. 26; vgl. auch BGH WM 2019, 2255. Nach dem Wortlaut des II 2 wird der Hinweis durch das Berufungsgericht oder den Vorsitzenden erteilt. Ob der Hinweis durch den Vorsitzenden eine vorherige Willensbildung im Spruchkörper voraussetzt, so KG BeckRS 2021, 30704, ist streitig, vgl. Elzer FD-ZVR 2021, 443234 mwN. In Abgrenzung zum Hinweisbeschluss könnte argumentiert werden, dass der Vorsitzende im Falle einer Verfügung für sich allein spricht. Der Sinn und Zweck des Hinweises, rechtliches Gehör zu einer beabsichtigten einstimmigen Zurückweisung zu gewähren, wie auch der Wortlaut der Norm, „der Vorsitzende hat zuvor auf die beabsichtigte Zurückweisung hinzuweisen", erfordern jedoch zwangsläufig eine vorherige Willensbildung. Die Absicht einer (einstimmigen) Zurückweisung durch den Spruchkörper kann es überhaupt nur nach einer entsprechenden Abstimmung geben.

33 Der durch einen notwendigen Hinweis nach §§ 522 II 2, 139 II 1 veranlasste Vortrag einer Partei darf nicht als verspätet zurückgewiesen werden, BGH WM 2019, 2255. Die Stellungnahme des Berufungsklägers kann, je nach Inhalt, die Erteilung eines weiteren Hinweises, die Stellungnahme des Berufungsbeklagten oder auch – statt eines Zurückweisungsbeschlusses – die Durchführung einer mündlichen Verhandlung erforderlich machen.

34 Die erstinstanzlichen Feststellungen braucht der Hinweisbeschluss nicht zu enthalten; vgl. für den anfechtbaren Zurückweisungsbeschluss hingegen II 4.

35 Eine Berufungserwiderung braucht nicht vorzuliegen. Das Verfahren nach II setzt insgesamt nicht voraus, dass eine Berufungserwiderung eingegangen oder dem Berufungsbeklagten ergebnislos eine Frist zur Erwiderung gesetzt worden ist, BGH NJW-RR 2018, 303.

36 Wird dem Berufungskläger die Frist durch einen Beschluss gesetzt, ist sie auch durch Beschluss zu verlängern.

8. Beispiele zur Frage einer Hinweispflicht, II 2

37 **Form:** Ein Hinweis ergeht durch eine Verfügung oder einen prozessleitenden Beschluss nach §§ 273, 329, 525. Wegen der erforderlichen Frist muss das Gericht ihn nach §§ 166 ff., § 329 II 2 von Amts wegen förmlich zustellen. Es empfiehlt sich eine Zustellung gegen EB.

Frist. Dazu Fellner MDR 2017, 435. Das Gericht muss dem Berufungskläger zur anheimgestellten Stellungnahme zu den Bedenken des Gerichts und ihren Gründen eine angemessene Frist setzen, Celle MDR 2009, 1303; Hmb NJW-RR 2005, 138; Kblz VersR 2007, 402. Ratsam sind ähnlich wie bei §§ 277 III, IV, 521 II 2 mindestens 2 Wochen, das ist verfassungsgemäß, BVerfG NJW 2011, 3357. Eine Fristverlängerung ist nach § 224 II statthaft, Rostock OLGR 2009, 268 (strenge Anforderungen). Sie erfordert vom Antragsteller eine nicht nur pauschale und möglichst baldige Begründung mit Glaubhaftmachung nach § 294, Mü MDR 2017, 483, und beim Gericht eine behutsame Interessenabwägung, Schellenberg MDR 2005, 612. Eine Wiedereinsetzung nach §§ 233 ff. ist unstatthaft, Kblz FamRZ 2008, 1460. Es gibt aber **keine gesetzliche** Frist, Ffm OLGR 2006, 86; Zweibr OLGR 2004, 523.

Gegenäußerung: Einer Gegenäußerung des Berufungsbeklagten bedarf es nicht, BGH WM 2018, 52.

Richterwechsel: Ein solcher zwischen dem Hinweis nach II 2 und der Zurückweisung der Berufung ist statthaft und kein Verstoß gegen Art. 102 I 2 GG, BVerfG NJW 2004, 3696.

Überraschungsentscheidung: Der Beschluss darf nicht zu ihr werden, BVerfG NJW 2007, 428, BGH NJW 2016, 2509 (zust. Bub).

Umfang eines Hinweises: Der Hinweis braucht **nicht alle Aspekte** zu erfassen, BVerfG NJW 2011, 3357; Oldb NJW 2004, 3194; Schellenberg MDR 2005, 612. Er muss nicht ausdrücklich auf eine erfolgte Einstimmigkeit mithinweisen, Köln NJW-RR 2012, 1054. Er darf und sollte das aber tun, Ffm ZIP 2014, 613. Er darf sich aber natürlich auch nicht auf eine bloße Leerformel beschränken, Zuck NJW 2006, 1704.

Umgangsverfahren: II 2 gilt auch in solchem Verfahren nach §§ 151, 167a FamFG, Karlsr NJW 2010, 3247.

Unanfechtbarkeit: Sie besteht wie bei jeder prozessleitenden Maßnahme, KG MDR 2008, 42, Zuck NJW 2006, 1704.

Verspätete Stellungnahme: Das Gericht muss sie bei ihrem Eingang vor einer Bekanntgabe einer Entscheidung beachten, BGH MDR 2017, 107.

Zuständigkeit: Nur das Kollegium darf eine Berufung durch Beschluss zurückweisen. Das folgt schon aus dem Zwang zur Einstimmigkeit nach II 1, ebenso aus § 523 I. Daher müssen die ehrenamtlichen Arbeitsrichter mitwirken, LAG Düss MDR 2004, 160 (auch bei einer Säumnis des Berufungsklägers).

38 **9. Entscheidung, II 1, 3, 4.** Sie ergeht nach → Rn. 32 durch einen Beschluss nach §§ 329, 525 in voller Besetzung. Das ist verfassungsgemäß, VerfGH Bln NJW-RR 2004, 1720. Er hat eine Urteilsfunktion, BGH WM 2018, 1511; Mü MDR 2003, 522; Trimbach NJW 2009, 405. § 321 ist anwendbar, Mü MDR 2003, 522. Der Zurückweisungsbeschluss muss nach **II 1** (anders als bei § 196 I GVG) auf einer **einstimmigen** Überzeugung des Kollegiums beruhen, KG WM 2015, 1942; LG Bln WuM 2011, 157. Vgl. dazu zunächst → Rn. 23. Die Einstimmigkeit erhärtet die Verfassungsmäßigkeit der Regelung, BVerfG NJW-RR 2007, 1195. Sie muss erst bei der Beschlussfassung vorliegen, Schellenberg MDR 2005, 611. Richterwechsel zwischen Hinweis- und Zurückweisungsbeschluss ist unschädlich. Die Entscheidung kann im Umlaufverfahren gefällt werden.

Die Entscheidung muss begründet werden, II 3. Hat der Berufungskläger auf den Hinweisbeschluss hin keine Stellungnahme abgegeben, genügt insoweit eine Bezugnahme auf den Hinweisbeschluss. Hat der Berufungskläger Stellung genommen, hat der Zurückweisungsbeschluss eine Auseinandersetzung damit zu enthalten. 39

Ein anfechtbarer Zurückweisungsbeschluss (also mit Streitwert über 20.000 Euro, § 544 II Nr. 1) hat darüber hinaus eine Bezugnahme auf die tatsächlichen Feststellungen im angefochtenen Urteil nebst Darstellung etwaiger Änderungen oder Ergänzungen zu enthalten, II 4. Darüber hinaus müssen auch die Anträge der Parteien aus beiden Instanzen erkennbar sein. Weiter muss das Berufungsurteil erkennen lassen, von welchem Sach- und Streitstand das Berufungsgericht ausgegangen ist, und die Anträge, die die Parteien im Berufungsverfahren gestellt haben, müssen zumindest sinngemäß deutlich werden. Diesen Anforderungen muss der Zurückweisungsbeschluss jedenfalls in der Kombination mit dem von ihm in Bezug genommenen Hinweisbeschluss (soweit dieser die Bezugnahme auf die Feststellungen des angefochtenen Urteils enthält) genügen. Die schlichte Erwähnung des erstinstanzlichen Urteils ist dabei keine Bezugnahme auf die dort getroffenen tatsächlichen Feststellungen sowie die in erster Instanz gestellten Anträge, denn das Berufungsgericht leistet damit lediglich die für die Ankündigung und den Ausspruch der Berufungszurückweisung nach § 522 II ZPO zwingend erforderliche Individualisierung der betroffenen erstinstanzlichen Entscheidung nach Datum und Aktenzeichen, BGH BeckRS 2020, 8348. Ein Defizit in den tatsächlichen Feststellungen hat zwar für sich genommen noch nicht die Zulassung der Revision zur Folge, führt aber dazu, dass Vortrag des Beschwerdeführers, soweit diesem keine tatsächlichen Feststellungen in der Entscheidung des Berufungsgerichts entgegenstehen, für die NZB-Entscheidung als zutreffend zu unterstellen ist. Insoweit ist nach § 559 I 2, § 551 III 1 Nr. 2 Buchst. b von den tatsächlichen Angaben der Beschwerdebegründung auszugehen, BGH NJW 2017, 2561 Rn. 10; BGH 17.3.2020 – XI ZR 226/19, BeckRS 2020, 8348 Rn. 9; BGH 19.6.19 – IV ZR 224/18, BeckRS 2019, 13264 Rn. 14. Aus dem Beschwerdevorbringen dürften sich nicht selten Zulassungsgründe ergeben. Besondere Genauigkeit ist daher zB bzgl. der Ermittlung der Anfechtbarkeit in Räumungssachen gefragt. Die Rechtsmittelbeschwer bestimmt sich bei unbefristeten Mietverhältnissen in stRspr gemäß §§ 8, 9 nach dem dreieinhalbfachen Jahreswert der Nettomiete, BGH WuM 2015, 681; 2015, 313, der oftmals über 20.000 Euro liegen dürfte und vom Streitwert nach § 41 GKG abweicht. 40

Eine kurze Darstellung der Anträge und Bezugnahme auf die Feststellungen empfiehlt sich (vorsichtshalber) auch im Falle eines nicht (mit der NZB) anfechtbaren Beschlusses für den Fall, dass Verfassungsbeschwerde eingelegt wird, und auch dann, wenn nicht fernliegt, dass der BGH den Wert der geltend zu machenden Beschwer (§ 544 II Nr. 1) anders (höher) ansetzt als das Berufungsgericht. 41

Statt eines Zurückweisungsbeschlusses kommt (selbstverständlich) auch die Terminierung und Verhandlung der Sache in Betracht, wenn dies auf die Stellungnahme des Berufungsklägers hin erforderlich ist. 42

Die Kostenentscheidung folgt aus § 97 I. Mit Blick auf §§ 308 II, 525 S. 1 kann die erstinstanzliche Kostenentscheidung auch bei Erfolglosigkeit des Rechtsmittels und auch unabhängig von der ausdrücklichen Erstreckung der Berufung auf den Kostenpunkt geändert werden, vgl. § 308 Rn. 16. Das gilt auch im Beschlussverfahren nach II, OLG Rostock GRUR-RS 2021, 1794 mwN. 43

Das erstinstanzliche Urteil ist ohne Sicherheitsleistung für vorläufig vollstreckbar zu erklären, § 708 Nr. 10. Heßler (in Zöller Rn. 42) vertritt, dass auch der Zurückweisungsbeschluss für vorläufig vollstreckbar zu erklären ist. Die vorläufige Vollstreckbarkeit ergibt sich eigentlich schon aus § 794 I Nr. 3. In der Praxis wird der Beschluss gleichwohl von einigen Gerichten für vorläufig vollstreckbar erklärt, so auch die Empfehlung von Anders/Gehle Assessorexamen ZivilR S Rn. 67. Ggf. ist eine Abwendungsbefugnis zu tenorieren. 44

10. Beispiele zur Frage einer Entscheidung, II 1, 3, 4

Begründung: Notwendig ist nach II 3 eine kurze, aber doch nachvollziehbare, soweit die Gründe nicht schon in dem Hinweis nach II 2 enthalten waren, Kblz MDR 2012, 830; Schellenberg MDR 2005, 613. Erkennbar sein muss das Bestreben des Rechtsmittelführers, BGH WM 2018, 1511. Nach II 4 muss der Beschluss bei einer Anfechtbarkeit nach III außerdem auf die tatsächlichen Feststellungen des Ersturteils eingehen und die vom Berufungsgericht vorgenommenen etwaigen Änderungen oder Ergänzungen solcher Feststellungen darstellen. Das darf natürlich bündig kurz erfolgen. Er muss eine Auseinandersetzung mit Argumenten der Parteien enthalten. 45

Berichtigung: §§ 319, 329 sind anwendbar, § 525, Mü OLGR 2008, 691.

Bezugnahme: Statthaft ist eine solche auf das Ersturteil, auch → Rn. 38. Es genügt auch eine Kette von Bezugnahmen (Hinweisbeschluss auf Feststellungen/Anträge im Urteil; Zurückweisungsbeschluss auf Hinweisbeschluss).

Bindungswirkung: Sie entsteht wie bei § 318 ebenso wie bei einem Beschluss nach I 3, BGH MDR 2007, 660; Mü MDR 2003, 522.

Ergänzung: §§ 321, 329 sind nach § 525 anwendbar, Jena OLGR 2007, 414, Mü MDR 2003, 522, Rostock OLGR 2009, 267.

Hilfsantrag: Ein solcher nach → § 260 Rn. 9 wird mit einem Beschluss nach II unwirksam, Düss OLGR 2007, 465; KG NJW 2006, 3505.

Klagänderung, -erweiterung: Sie wird mit einem Beschluss nach II wirkungslos, BGH WM 2016, 2342; Ffm ZIP 2018, 969; Rostock MDR 2011, 127; aM Kblz OLGR 2004, 17 (aber nun ist die Instanz beendet).

Kostenentscheidung: Sie ist schon nach § 97 I notwendig, Ffm NJW 2011, 2672; Mü MDR 2003, 522; Schellenberg MDR 2005, 614. Es erfolgt eine Quotelung nach den Streitwerten der Haupt- und der Anschlussberufung, Düss MDR 2010, 769; KG JurBüro 2010, 546; Nürnb NJW 2012, 3452; aM Brem MDR 2008, 1306; KG JurBüro 2014, 92; Köln OLGR 2009, 496 (je: grds. Kostenlast des Berufungsklägers. Das entspricht aber nicht dem Prinzip des § 97 I).

Teilentscheidung: Sie ist grds. wie bei § 301 denkbar, BGH MDR 2007, 601. Statthaft ist eine Zurückweisung nur einer von mehreren Berufungen, Karlsr MDR 2003, 711. **Unstatthaft** ist aber eine Zurückweisung nur eines Teils desselben Rechtsmittels, Karlsr MDR 2003, 711, Köln MDR 2005, 1070; Stackmann NJW 2007, 11; aM Rostock OLGR 2009, 134 (aber die Instanz soll insgesamt beendet sein).

Vorläufige Vollstreckbarkeit des erstinstanzlichen Urteils: Sie muss nach § 708 Nr. 10 S. 2 ohne Sicherheitsleistung möglich werden.

Zeitpunkt: Die Zurückweisung soll unverzüglich erfolgen. Das Berufungsgericht darf jedenfalls nicht über enge Ausnahmefälle hinaus auf sich warten lassen, auch nicht wegen einer etwa bevorstehenden höchstrichterlichen Parallelentscheidung, BVerfG NJW 2008, 505.

Zustellung: Eine förmliche nach §§ 166 ff. ist wegen → Rn. 47 ratsam, Mü MDR 2003, 522.
Zwangsvollstreckung: Der Beschluss ist ein Vollstreckungstitel nach § 794 I Nr. 3.

46 **11. Folgen der Zurückweisung für Widerklage und Klageerweiterung.** Die Erhebung einer Widerklage im Berufungsrechtszug hindert einen Beschluss nach II nicht; sie verliert ihre Wirkung, wenn die Berufung durch einstimmigen Beschluss zurückgewiesen wird, BGH NJW 2015, 251 mwN. Auch eine im Berufungsverfahren verfolgte Klageerweiterung verliert bei Berufungszurückweisung nach II ihre Wirkung, BGH NJW 2015, 251.

47 **VII. Rechtsmittel usw., III. 1. Anfechtbarkeit wie gegen Berufungsurteil.** Der Berufungsführer hat gegen einen Zurückweisungsbeschluss nach II 1 dasjenige Rechtsmittel, das dann statthaft wäre, wenn das Berufungsgericht die Berufung durch ein Urteil zurückgewiesen hätte.

48 **2. Nichtzulassungsbeschwerde.** Von den Möglichkeiten der Anfechtung eines Berufungsurteils nach §§ 542 ff. kommt hier nur eine Nichtzulassungsbeschwerde nach § 544 infrage. Denn eine Zulassung nach § 543 I Nr. 1 findet schon deshalb nicht statt, weil die dafür nach § 543 II 1 nötigen Voraussetzungen ja gerade nicht vorliegen dürfen. § 62 II WEG steht einer Nichtzulassungsbeschwerde entgegen, BGH NJW-RR 2016, 588.

49 **§ 544** nennt Zulässigkeitsvoraussetzungen einer Nichtzulassungsbeschwerde sowie die Rechtsfolgen von deren Stattgabe oder Erfolglosigkeit. Die Zulässigkeit der NZB ist – soweit die Berufung nicht als unzulässig verworfen wurde – nach § 544 II Nr. 1 von einer mit der Revision geltend zu machenden Beschwer von mehr als 20.000 Euro abhängig. Die Regelung zur Wertgrenze war früher befristet und in § 26 Nr. 8 Satz 1 EGZPO enthalten. Im neuen § 544 II Nr. 1gilt sie seit dem 1.1.2020 dauerhaft.

50 **3. Verfassungsbeschwerde.** Möglich ist die Einlegung einer Verfassungsbeschwerde, BVerfG NZM 2007, 678, VerfGH Bln WuM 2013, 292. Zu Art. 6 I EMRK Baumert MDR 2013, 7.

51 **4. Beispiele zur Frage einer Anfechtbarkeit nach III.** Die folgenden Entscheidungen entstammen zum Teil der Zeit vor 2011. Auch → Rn. 38.

52 **Anhörungsrüge:** § 321a ist anwendbar, wenn die Entscheidung nicht anders anfechtbar ist, BGH MDR 2007, 601; Zöller/Heßler Rn. 43; Zuck NJW 2006, 1705.
Grundsätzliche Bedeutung: Anfechtbar sein kann ein Verstoß gegen die Notwendigkeit, der Sache eine grundsätzliche Bedeutung beizumessen, BVerfG NJW 2013, 2882; BGH WM 2015, 1185 (dort verneint).
Europarechtsverstoß: Er ist anfechtbar, BVerfG WM 2015, 119.
Rechtliches Gehör: Anfechtbar sein kann ein Verstoß gegen Art. 103 I GG, BGH NJW-RR 2006, 863. Auch „Verfahrensgrundrecht".
Verfahrensgrundrecht: Mit einer Gegenvorstellung nach → Vor § 567 Rn. 10 anfechtbar sei kann der Verstoß gegen ein Verfahrensgrundrecht, Ffm NJW 2004, 165; aM Köln MDR 2005, 1070; Lindner ZIP 2003, 192; Schellenberg MDR 2005, 613 (je: viel zu eng). Auch „Rechtliches Gehör".
Verfassungsbeschwerde: Zu ihr BVerfG WM 2010, 794; VerfGH Mü NJW 2013, 368; Zuck NJW 2006, 1705.

523 *Terminsbestimmung.*

I [1]Wird die Berufung nicht nach § 522 durch Beschluss verworfen oder zurückgewiesen, so entscheidet das Berufungsgericht über die Übertragung des Rechtsstreits auf den Einzelrichter. [2]Sodann ist unverzüglich Termin zur mündlichen Verhandlung zu bestimmen.

II Auf die Frist, die zwischen dem Zeitpunkt der Bekanntmachung des Termins und der mündlichen Verhandlung liegen muss, ist § 274 Abs. 3 entsprechend anzuwenden.

1 **I. Systematik, Regelungszweck, I, II.** Die Bestimmung regelt den Gang des Verfahrens bei einer nicht schon nach § 522 durch einen Beschluss zu verwerfenden oder zurückzuweisenden Berufung. I 1 ähnelt § 348a I 2 übernimmt den Grundsatz des § 216 II. II verweist auf § 274 III. Alles dient der Prozessförderung.

2 **II. Geltungsbereich, I, II.** Die Vorschrift ist in jedem Verfahren nach der ZPO oder nach einem auf sie verweisenden Gesetz anwendbar. Sie gilt auch im WEG-Verfahren. Im Verfahren der Arbeitsgerichte gilt für die Terminierung § 66 II 1 (Terminierung unverzüglich nach dem Eingang der Berufungsbegründung).

3 **III. Einzelrichter, I 1.** Macht das Berufungsgericht in voller Besetzung nicht von den Möglichkeiten des § 522 Gebrauch, muss das Kollegium zunächst nach seinem pflichtgemäßen nicht nachprüfbaren Ermessen über die Übertragung der Sache auf den entscheidenden Einzelrichter nach § 526 I und mangels einer solchen Übertragung über die Zuweisung an den vorbereitenden Einzelrichter nach § 527 I 1 entscheiden. Denn die in I 1 nicht ausdrücklich miterwähnte Möglichkeit der Zuweisung nach § 527 I 1 ist trotz des auch dort vorhandenen Ermessens doch eine sogleich hilfsweise klärungsbedürftige Folge.

4 **IV. Terminsbestimmung, I 2.** Mangels auch einer Zuweisung nach § 527 I 1 muss der Vorsitzende nach §§ 521 II, 525 unverzüglich wie bei § 121 I 1 BGB nach § 216 II einen Termin zur mündlichen Verhandlung bestimmen, Düss NJW-RR 1996, 638. Der etwa nach I 1 bestimmte Einzelrichter setzt selbst einen Termin an. Eine Fristbestimmung für die Berufungserwiderung und für die Replik des Berufungsklägers regelt § 521 II.

5 **V. Einlassungsfrist, II.** Sie ist nur dem Berufungsbekl. gegenüber notwendig. Sie bestimmt sich nach §§ 274 III, 525 mit mindestens 2 Wochen. Gegenüber dem Berufungskläger genügt die Einhaltung der mindestens einwöchigen Ladungsfrist nach §§ 217, 525, im Wechsel- und Scheckprozess nach § 604. Wegen der Möglichkeit der Abkürzung § 226. Es kann ein Hinweis usw. nach §§ 139, 273, 358a, 525 notwendig sein. Die Bekanntmachung und Ladung erfolgt wie in der ersten Instanz, §§ 166 ff., 214 ff.

524 *Anschlussberufung.*

I [1]Der Berufungsbeklagte kann sich der Berufung anschließen. [2]Die Anschließung erfolgt durch Einreichung der Berufungsanschlussschrift bei dem Berufungsgericht.

II [1]Die Anschließung ist auch statthaft, wenn der Berufungsbeklagte auf die Berufung verzichtet hat oder die Berufungsfrist verstrichen ist. [2]Sie ist zulässig bis zum Ablauf der dem Berufungsbeklagten

gesetzten Frist zur Berufungserwiderung. [3]Diese Frist gilt nicht, wenn die Anschließung eine Verurteilung zu künftig fällig werdenden wiederkehrenden Leistungen (§ 323) zum Gegenstand hat.

III [1]Die Anschlussberufung muss in der Anschlussschrift begründet werden. [2]Die Vorschriften des § 519 Abs. 2, 4 und des § 520 Abs. 3 sowie des § 521 gelten entsprechend.

IV Die Anschließung verliert ihre Wirkung, wenn die Berufung zurückgenommen, verworfen oder durch Beschluss zurückgewiesen wird.

Schrifttum: Born NJW 2005, 3038; Doms NJW 2004, 189; Jacoby ZZP 115, 185; Liesching NJW 2003, 1224; Pape NJW 2003, 1150; Piepenbrock MDR 2002, 675 (je: Grdz.).

Übersicht

I. Systematik, I–IV. Die erstinstanzliche Figur einer Widerklage nach Anh. § 253 findet sich zweitinstanzlich in § 524 stark abgewandelt wieder: Der Angegriffene geht über seine bloße Verteidigung hinaus zum Gegenangriff über. Das ist ein Instrument der Prozesswirtschaftlichkeit. Es handelt sich nicht um ein eigenes Rechtsmittel. Man vermeidet mit der Einlegung einer Anschlussberufung ein gesondertes weiteres Verfahren. § 516 gilt auch für die Rücknahme einer Anschlussberufung in den Grenzen von § 524. 1

II. Regelungszweck, I–IV. Die in → Rn. 1 genannte Prozesswirtschaftlichkeit ist nur eines der Ziele des § 524. Er dient nach → Rn. 8 auch der Rechtssicherheit, der Gerechtigkeit und der Waffengleichheit. Denn er hilft unterschiedliche Ergebnisse unterschiedlicher Richter dann zu vermeiden, wenn es darum geht, eine umfassende Überprüfung des Ersturteils im Interesse **beider** mit ihm unzufriedenen Parteien in einem und demselben Verfahren möglichst einheitlich und rasch zu erreichen. 2

III. Geltungsbereich, I–IV. Die Vorschrift gilt grundsätzlich in jedem Berufungsverfahren nach der ZPO und nach den auf die ZPO verweisenden Gesetzen. Sie gilt auch im WEG-Verfahren. Ähnliche Regelungen gelten im Revisionsverfahren nach § 554 und im Beschwerdeverfahren nach § 567 III. § 524 gilt vor den Arbeitsgerichten entsprechend, §§ 46 II, 64 VI 1, 87 II 1 ArbGG, BAG NZA 2012, 1224, LAG Ffm NZA-RR 2011, 521; OVG Hmb NZA-RR 2010, 335. 3

IV. Anschließung, I, II. 1. Anschließungsrecht, Rechtsnatur. Jede durch ein Urteil nach → Vor § 511 Rn. 16 beschwerte Partei darf Berufung nach § 511 einlegen, soweit sie nicht darauf vor oder nach der Einlegung der gegnerischen Berufung nach § 515 verzichtet hat und solange nicht die Berufungsfrist nach § 517 abgelaufen ist. Evtl. dürfen es also beide Parteien tun. Auch der Streithelfer ist nach § 67 berechtigt, ein sonstiger erstinstanzlich Beteiligter nur, soweit die (Haupt-)Berufung auch gegen ihn läuft, BGH NJW 1991, 2569. 4

Richten sich die Berufungen gegen dasselbe Ersturteil, muss das Berufungsgericht über sie **einheitlich** verhandeln und entscheiden. Eine Prozessverbindung nach § 147 kommt nicht infrage, weil keine getrennten Prozesse vorliegen, Schopp ZMR 1988, 324. Es darf freilich ein Teilurteil nach § 301 ergehen. Anders liegt es bei Berufungen gegen verschiedene Ersturteile, wenn auch zu demselben Streitgegenstand nach → § 2 Rn. 4. Aus der Hemmungswirkung der Berufung nach → Vor § 511 Rn. 2 ergibt sich das Wahlrecht des Berufungsbekl., statt der selbständigen Berufung eine in Wahrheit nach → Rn. 8 stets unselbständige bloße Anschließung an die Berufung des Berufungsklägers zu wählen, BGH NJW-RR 2004, 1502. Wendet er sich gegen einen ihm ungünstigen Teil des Ersturteils, hat er die Wahl zwischen beiden Möglichkeiten, BGH VersR 2004, 802. Eine „Anschlussberufung" kann als eigenständige Berufung auslegbar sein, BGH MDR 2011, 622. 5

Dagegen muss er sich dann anschließen, wenn er nach einem vollen Erfolg der ersten Instanz jetzt **mehr erreichen will** als die Verwerfung oder Zurückweisung der gegnerischen Berufung, BGH GRUR 2015, 1110. Das gilt vor allem dann, wenn er in zweiter Instanz die Klage nach § 533 erweitern will, BGH NJW 2015, 1609; Düss GRUR-RR 2006, 120, oder wenn er nach § 531 einen neuen Klagegrund geltend machen will, BGH NJW 2015, 1609, oder wenn er nun (auch) einen Hilfsantrag nach → § 260 Rn. 9, § 525 stellen will, BGH NJW 2015, 1609, oder wenn er eine Widerklage nach § 533 erheben will, oder wenn er mehr als eine nur teilweise oder nur derzeitige Klagabweisung erreichen möchte, oder die Vorbehaltserklärung eines Vorbehaltsurteils nach §§ 302, 599, Karlsr NJW-RR 1987, 254, oder eine Entscheidung nach § 718, Düss FamRZ 1985, 307. 6

Jedoch ist eine Anschlussberufung dann **nicht nötig,** wenn er nur die Zurückweisung der Berufung dahin begehrt, dass er nunmehr an einen Zessionar zahlen solle, BGH MDR 1978, 398; aM Grunsky ZZP 91, 316. Eine Anschließung ist auch nicht nur wegen der Kosten nötig, weil das Gericht über sie nach § 308 II von Amts wegen entscheidet und seine Kostenentscheidung auch nachteilig abändern darf, und wegen der Zwischenanträge aus §§ 302 IV, 600 II, 717 II, III usw. Zulässig ist eine Berufung oder Anschließung auch da. Wegen des Verhältnisses zwischen der Abänderungsklage nach § 323 und der Anschließung BGH NJW 1988, 1735; Eckert MDR 1986, 542. 7

2. Unselbständigkeit. Die Anschließung ist grundsätzlich unselbständig. Sie ist also nach IV von der gegnerischen Berufung abhängig, BGH VersR 2004, 802; Köln FamRZ 2010, 224; Knauer/Wolf NJW 2004, 8

2863. Sie ist nicht an die Berufung des eigenen Streitgenossen nach §§ 59 ff. anknüpfbar, KG VersR 1975, 452. Sie ist kein Rechtsmittel, BGHZ 109, 45; KG JurBüro 2010, 375; aM Klamaris, Das Rechtsmittel der Anschlussberufung, 1975. Sie ist vielmehr eine bloße Auswirkung des Rechts des Berufungsbekl, im Rahmen der fremden Berufung auch einen angriffsweise wirkenden Antrag zu stellen und die Grenzen der neuen Verhandlung mitzubestimmen, BGH NJW-RR 2005, 727. Dieses Recht ist die notwendige Folge der Ausgestaltung der Berufungsinstanz als eine freilich nur noch beschränkte zweite Tatsacheninstanz. Die Anschließung beugt überflüssigen oder nur vorsorglich eingelegten Rechtsmitteln vor und stellt für den Gegner des Hauptrechtsmittels eine Waffengleichheit her, BGH NJW 1984, 1240.

9 Das Recht zur Anschließung kann nach → § 301 Rn. 1 grundsätzlich nicht so weit gehen, dass man noch mit Recht **beim Erstgericht anhängige** Teilansprüche durch eine Anschließung in die Berufungsinstanz ziehen dürfte, BGH FamRZ 1983, 459. Das verbietet sich schon deshalb, weil die Partei die Sache nicht willkürlich demjenigen Gericht, bei dem sie nach → § 261 Rn. 1 anhängig ist, entgegen Art. 102 I 2 GG entziehen kann. Wer vom Berufungskläger unabhängig bleiben will, muss selbst Berufung einlegen. Es kann eine solche nach → Rn. 4 auslegbar sein. Für die Prozesskostenhilfe nach § 114 ist jede Anschließung als eine selbständige Berufung behandelbar. Vgl. wegen der Kosten → § 99 Rn. 8 „Anschlussrechtsmittel", BGH NJW 2010, 2199, → § 516 Rn. 19, 20. Eine nach §§ 322, 705 rechtskräftige Teilabweisung durch das Erstgericht macht nur den dort nicht miterfassten Rest nach § 524 angreifbar. Der Säumige muss bei einer Anschließung § 514 II beachten.

10 **3. Hilfsanschließung.** Es ist anerkannt, dass eine Anschlussberufung auch bedingt eingelegt werden kann, BGH BeckRS 2021, 10633 mwN. Es muss sich dabei jedoch um eine innerprozessuale Bedingung handeln. Eine Hilfsanschließung (Eventualanschließung) ist daher bedingt für den Fall des Erfolgs der gegnerischen Berufung statthaft, BGH NJW-RR 1991, 510; Saarbr OLGZ 1988, 234. Sie ist auch für den Fall der Unzulässigkeit der eigenen Hauptberufung statthaft, BGH NJW-RR 2004, 1502. Sie ist auch dann zulässig, wenn sie von einem anderen innerprozessualen Vorgang abhängig sein soll, etwa von einer Prozesskostenhilfe nach §§ 114 ff., BGH NJW 2001, 1131; Ffm FamRZ 2006, 240. Die bestimmte Beurteilung einer Rechtsfrage ist jedenfalls dann eine zulässige Bedingung, wenn auf ihr eine Sachentscheidung unmittelbar beruht. Unzulässig ist hingegen eine Bedingung, die ein anderes – selbständiges – Prozessrechtsverhältnis betrifft, BGH BeckRS 2021, 10633. Eine Hilfsanschließung des Klägers für den Fall, dass das Berufungsgericht den Klaganspruch eines nicht notwendigen Streitgenossen nach § 59 abweist, ist daher unzulässig, BGH NJW-RR 1989, 1099. Unzulässig ist daher auch eine Hilfsanschlussberufung des Klägers gegen den Beklagten zu 2 unter der Bedingung, dass die Berufung des Beklagten zu 1 gegen seine Verurteilung Erfolg hat, BGH BeckRS 2021, 10633.

11 **4. Gegenanschließung.** Eine Anschließung des Berufungsklägers an die Anschlussberufung des Gegners (Gegenanschließung) ist grundsätzlich nur als eine Erweiterung oder Änderung der Berufung nach § 533 statthaft. Sie unterliegt den für sie geltenden Beschränkungen, BGH NJW 1986, 1494; Celle Nds. Rpfl. 1982, 64; Ffm FamRZ 1985, 822. Jedoch ist die Anschließung des Berufungsklägers an eine Anschlussberufung des Berufungsbekl. dann zulässig, wenn diese sich gegen einen anderen, auch als selbständiges Urteil nach § 301 denkbaren Teil des Ersturteils wendet und wenn der Berufungskläger nunmehr eine Änderung dieses Teils zu seinen Gunsten erreichen möchte. Denn auch hier greifen die eine Anschließung rechtfertigenden Gründe ein.

12 **5. Auslegung und Umdeutung.** Eine unzulässige Berufung kann – und muss sogar – bei beiderseitiger Berufung dann als zulässige Anschlussberufung ausgelegt werden, wenn sie innerhalb der Frist des § 524 II 2 eingelegt worden ist, BGH NJW 2009, 442; NJW-RR 2015, 700. Der Wille, eine unzulässige (Haupt-)Berufung als Anschlussberufung aufrechtzuerhalten, ist regelmäßig gegeben und muss im Berufungsverfahren nicht einmal ausreichend zum Ausdruck kommen, BGH NJW-RR 2016, 445. Die Auslegung darf nur nicht ergeben, dass die Partei ausschließlich ein selbstständiges Rechtsmittel einlegen und keinesfalls – etwa als ein Weniger oder hilfsweise – auch die Abhängigkeit von dem Rechtsmittel des Gegners gewollt hat, BGH NJW-RR 2016, 445. Evtl. lässt sich eine Anschlussberufung auch in eine Berufungserweiterung nach § 533 umdeuten, Mü FamRZ 1984, 492, oder in eine Neufassung des Klagantrags, BGH NJW 1991, 3028.

13 Legt ein in der Hauptsache obsiegender Beklagter gegen eine ihn teilweise belastende, gemischte Kostenentscheidung, soweit sie aufgrund übereinstimmender teilweiser Erledigungserklärung auf § 91a I 1 beruht, nicht fristgemäß sofortige Beschwerde ein, kann sein Vorbringen in der Berufungserwiderung als Anschlussberufung gegen die Kostenentscheidung (soweit sie ihn beschwert) ausgelegt werden, KG BeckRS 2020, 40465.

14 **6. Verspätung.** Ist die Anschlussberufung mangels (wirksam) gesetzter Frist nach II 2 bis zum Schluss der mündlichen Verhandlung zulässig, bedeutet dies nicht, dass jederzeit neue Tatsachen in das Verfahren eingeführt werden dürfen. Die Tatsachen können ggf. als verspätet zurückgewiesen werden, selbst wenn die Anschließung rechtzeitig erfolgt ist. Es gilt auch dann die Prozessförderungspflicht, vgl. BGH NJW 1982, 1708 zur alten Rechtslage. In die versäumte Frist nach II 2 findet eine Wiedereinsetzung nach §§ 233 ff. nicht statt, BGH BeckRS 2022, 4375.

15 **7. Zulässigkeit der Anschlussberufung.** Die Anschlussberufung muss nicht selbst die Voraussetzungen einer selbstständigen Berufung erfüllen, sondern nur die im Folgenden genannten Anforderungen:

16 Die (Haupt-)Berufung muss schon und noch nach → § 261 Rn. 1 anhängig sein. Eine Zulässigkeit der Anschlussberufung kann mit der erst nachfolgenden gegnerischen Hauptberufung entstehen. Auf eine Zulässigkeit und Begründetheit der Hauptberufung kommt es bis zur Entscheidung darüber nach → Rn. 44 nicht an. Hat der Berufungskläger die Berufung nach § 516 vor der Einlegung der Anschlussberufung nach § 519 I gemäß § 516 zurückgenommen, ist die Anschlussberufung selbst dann unzulässig, wenn die Zurücknahme nicht bekannt war. Entsprechendes gilt für die Verwerfung oder Zurückweisung der Berufung nach § 522, Nürnb MDR 2012, 1309. Maßgebend ist das Recht zur Zeit der Prüfung nach § 522 I, BGH MDR 2008, 159.

17 Die Anschließung muss sich gerade **gegen das** mit dieser Berufung angefochtene **Ersturteil** richten, BGH NJW-RR 2008, 222, oder gegen eine nach § 512 zugehörigen Vorentscheidung. Sie muss sich nicht notwendig gegen denselben Anspruch nach → § 2 Rn. 4 richten. Gibt das Gericht einer Klage durch Teilurteil teilweise statt und weist sie durch Schlussurteil im Übrigen ab und legt der Beklagte gegen das Teilurteil und gegen die in dem Schlussurteil enthaltene Kostenentscheidung Berufung ein, so ist eine unselbständige Anschlussberufung des Klägers wegen des abgewiesenen Teils der Klage unzulässig, KG MDR 1990, 160. Der Kläger kann aber nicht den noch erstinstanzlich anhängigen Rest mit einer Anschließung in die Berufungsinstanz ziehen, BGH FamRZ

1983, 459. Das Berufungsgericht darf freilich nach einem unzulässigen Teilurteil von sich aus so vorgehen, Schneider MDR 1975, 95. Hat das Erstgericht einen Teilanspruch abgewiesen, kann der Kläger durch eine Anschließung in dem wegen des Restanspruchs anhängigen Nachverfahren nach § 302 vorgehen.

Die Anschließung muss sich immer **gegen den Rechtsmittelführer** richten, BGH NJW 1991, 2569, oder gegen dessen nach § 62 notwendigen Streitgenossen, BGH NJW 1991, 2569, BAG NZA 1997, 902. Sie ist also grundsätzlich nicht gegen einen nur einfachen Streitgenossen nach § 59 statthaft. Sie ist erst recht nicht gegen einen solchen bisher am Verfahren unbeteiligten Dritten statthaft, der neben eine der Parteien treten soll, BGH MDR 2000, 843, etwa einen Streithelfer nach § 66, BGH NJW 1995, 198, oder gegen einen Insolvenzverwalter, BGH ZIP 1991, 42. Das gilt auch nach einer Parteiänderung in der Berufungsinstanz nach → § 263 Rn. 10, § 525, BGH NJW 1991, 510, oder nach einer Parteierweiterung, BGH NJW-RR 2000, 1114; Brdb NJW 2011, 2219. Eine Anschlussberufung ist auch nicht gegen einen schon in der ersten Instanz voll Unterlegenen statthaft, Hamm OLGR 1995, 38. Etwas anderes gilt bei einer Auswechslung einer Partei zB beim Übergang des Klägers vom Gesellschafts- zum Gesellschafterprozess, BGH NJW-RR 1989, 441, oder bei einer Erstreckung der Klage auf einen solchen Dritten, der zustimmt oder seine Zustimmung rechtsmissbräuchlich verweigert, BGH NJW 1984, 2104, oder bei einer Klagerweiterung des erstinstanzlich siegreich gewesenen Klägers, BGH NJW-RR 2008, 222. Fehlt eine Klagänderung nach §§ 264 Nr. 2, 525, ist keine Anschlussberufung nötig, BAG NZA 2009, 436. Man kann nicht den erneuten Erlass einer Eilanordnung nach §§ 916 ff., 935 ff. erreichen, Schlesw SchlHA 1989, 74, aM Schneider MDR 1985, 114. Die Frist des § 524 II 2 darf noch nicht abgelaufen sein. 18

8. Streitgenossen. Bei gewöhnlichen Streitgenossen nach § 59 muss unterschieden werden. Legt einer von ihnen Berufung ein, kann sich die Anschließung der Gegenpartei nur gegen ihn richten, BAG NZA 1997, 902, Hamm FamRZ 2000, 433. Legt die gegnerische Hauptpartei Berufung ein, ist zur Anschließung nur derjenige Streitgenosse berechtigt, gegen den die Berufung läuft, BGH NJW 1991, 2569; Mü FamRZ 1987, 169 (krit. Philippi). Immer muss der Anschlussberufungskläger ein dem Berufungskläger entgegengesetztes Ziel verfolgen. Deshalb ist die Anschließung eines Streitgenossen mit demselben Antrag wie demjenigen des Berufungsklägers unzulässig, KG VersR 1975, 452. Unerheblich ist, ob die Partei oder ein Streithelfer nach § 66 Berufungskläger ist. **Unstatthaft** ist nach → Rn. 11 meist eine **Anschließung an eine Anschließung.** 19

9. Anschließungsumfang. Er muss klar erkennbar sein, BGH NJW 2000, 3116; Grunsky NJW 2002, 800; Heiderhoff NJW 2002, 1402, spätestens in der mündlichen Verhandlung nach § 128 I, Saarbr OLGZ 1988, 235. Gegenstand der Anschließung können auch andere Ansprüche nach → § 2 Rn. 4 als die mit der Berufung verfolgten dann sein, wenn das Erstgericht über sie in demselben Urteil entschieden hat und wenn der Berufungskläger sie nicht durch eine Klagerücknahme nach § 269 oder durch einen Verzicht auf den Anspruch nach § 306 fallen gelassen hat, Mü FamRZ 1987, 1032, OVG Hmb HbgJVBl 1985, 183. Die Anschließung darf nicht einen noch in der ersten Instanz nach → § 261 Rn. 1 anhängigen Teilanspruch betreffen, BGH FamRZ 1983, 459. Eine an sich nach § 533 schon und noch statthafte Klagerweiterung wird nach dem Schluss der mündlichen Verhandlung nach §§ 136 IV, 296a, 525 unstatthaft, BGH NJW 1984, 2951. Eine Widerklage nach Anh. § 253 ist statthaft, soweit § 533 das zulässt. Eine auflösende Bedingung ist denkbar, Saarbr NJW-RR 2009, 1152. 20

10. Mindestziel; Erforderlichkeit der Anschließung. Die Anschließung ist nur dann zulässig, wenn man mit ihr mehr erreichen will als die reine Zurückweisung der Berufung. Sie ist deshalb dann unzulässig, wenn man mit ihr in Wahrheit nur ein bereits vom Erstgericht zuerkanntes Begehren verfolgt, BGH NJW-RR 1988, 185, oder wenn man mit ihr nur weiterhin einen noch in der ersten Instanz nach → § 261 Rn. 1 anhängigen und nicht beschiedenen Anspruch erhebt, BGH NJW 1983, 1313. Sie ist ferner dann unzulässig, nur um eine Verurteilung auch aus einem anderen vom Erstgericht verneinten Klagegrund zu erreichen, falls das Erstgericht den Anspruch im Ergebnis schon in seinem vollen Umfang zugesprochen hat. Vgl. aber → Vor § 511 Rn. 15. Sie ist auch dann unstatthaft, wenn man einen einheitlichen prozessualen Anspruch auf solche verschiedene sich ausschließende Klagegründe stützt, von denen jeder den Anspruch in voller Höhe rechtfertigt. Denn das wäre eine Anschlussberufung nur zur Abänderung der Gründe, BGH NJW 1986, 2707. 21

Der Berufungsbeklagte, der seine in erster Instanz erfolgreiche Klage (auch gem. § 264 Nr. 2) erweitern oder auf einen neuen Klagegrund stellen will, muss sich dazu gem. § 524 der Berufung der Gegenseite anschließen. Das gilt auch dann, wenn die Einführung des neuen Klagegrundes eine Änderung des Sachantrags nicht erforderlich macht. Auch in einem solchen Fall will nämlich der Berufungsbeklagte, der im Berufungsrechtszug seine Klage auf einen anderen Klagegrund stützt, damit mehr erreichen als die bloße Bestätigung der erstinstanzlichen Entscheidung über den mit der Klage verfolgten Anspruch, BGH NJW 2015, 1296 Rn. 15. Will also der Kl., der in erster Instanz obsiegt hat, sein Räumungsbegehren hilfsweise auf weitere Kündigungen stützen, muss er sich dazu der Berufung der Gegenseite anschließen. Stützt er sein Begehren hilfsweise auf die neuen Kündigungen, liegt darin unproblematisch schon eine Anschlussberufung. Dies ist jedoch nur möglich, solange dies noch innerhalb der Frist zur Anschlussberufung erfolgt, § 524 II 2. 22

Lediglich dann, wenn in der Berufungsinstanz gemäß § 264 Nr. 3 ohne Änderung des Klagegrundes statt des ursprünglich geforderten Gegenstandes wegen einer späteren Veränderung ein anderer Gegenstand gefordert und mit dem nunmehr geltend gemachten Antrag nicht mehr verlangt wird als bereits erstinstanzlich zuerkannt, ist die Einlegung einer Anschlussberufung entbehrlich, BGH NJW 2015, 2812. 23

Eine Anschlussberufung des Klägers ist auch dann erforderlich, wenn die I. Instanz seinen Hauptantrag abgewiesen und dem Hilfsantrag stattgegeben hat und der Kläger die Entscheidung über den Hauptantrag nicht in Rechtskraft erwachsen lassen will, BGH GRUR-RS 2021, 30716. 24

11. Beispiele zur Frage einer Zulässigkeit, I, II

Abweisung endgültig: Zulässigkeit kann bestehen, um nach einer Abweisung als nur zur Zeit unbegründet nun eine endgültige Abweisung zu erreichen. 25

Arrest, einstweilige Verfügung: Zulässigkeit kann bestehen, um für den Fall einer verfahrensrechtlich begründeten Aufhebung des eine einstweilige Verfügung enthaltenden Ersturteils ein inhaltlich gleiches Urteil zu erreichen.

Begründung: Unzulässig ist eine Anschlussberufung nur zwecks günstigerer Begründung des Ersturteils, Düss MDR 1987, 1032.

Beschränkung der Hauptberufung: Unzulässig ist nach → Rn. 8 eine Anschlussberufung bei einer nur beschränkt zugelassenen Hauptberufung, soweit es jetzt um einen nicht mitzugelassenen Anspruch(steil) geht, BGH NJW 1995, 2036.

Beschwer: Zulässigkeit kann unabhängig von einer Beschwer nach → Vor § 511 Rn. 16 bestehen, BGH NJW 2011, 3298; BAG NJW 1976, 2143; Brdb NJW 2011, 2219; aM Gilles ZZP 92, 159 ff. (dieselben Grenzen wie bei selbständiger Berufung).

Betragsverfahren: Zulässigkeit kann bestehen, um einen im Grundverfahren abgewiesenen Teil des Anspruchs im Betragsverfahren nach § 304 wegen des Restanspruchs geltend zu machen.

Dritter: „Klagerweiterung".

Hilfsanspruch: Zulässigkeit kann bestehen, um statt des zugesprochenen Hauptanspruchs einen günstigeren Hilfsanspruch nach → § 260 Rn. 9 durchzusetzen, Köln FamRZ 1981, 486, Schneider JurBüro 1978, 490.

Klagerweiterung: Zulässigkeit kann bestehen, um durch eine Erweiterung nach § 533 mehr zu erreichen, BGH NJW 2011, 3298, BAG NZA 1994, 761; Brdb NJW-RR 2016, 219. **Unzulässig** ist die Hineinziehung eines bisher unbeteiligten Dritten, BGH NVersZ 2000, 392. Unzulässig ist die Hineinziehung eines schon nach § 705 formell rechtskräftig abgewiesenen Teilanspruchs.

Kosten: Passt der im ersten Rechtszug erfolgreiche Kl. in der Berufungsinstanz seinen Antrag dahin an, dass er statt des ursprünglich geforderten Kostenvorschusses nunmehr Kostenerstattung geltend macht, ist dies jedenfalls dann ohne Anschlussberufung zulässig, sofern der geltend gemachte Anspruch auf Kostenerstattung den im angefochtenen Urteil zuerkannten Betrag nicht übersteigt, BGH MDR 2006, 586.

Kündigung: Auf eine neue Kündigung kann ein Berufungsbeklagter sein Räumungsbegehren nur stützen, wenn er dies noch innerhalb der Frist zur Anschlussberufung tut, BGH NJW 2015, 1296 Rn. 13.

Neuer Anspruch: Zulässigkeit kann bestehen, um einen neuen Anspruch zu erheben, BGH NJW 2011, 3298, Saarbr OLGZ 1988, 235; aM Stackmann NJW 2007, 11.

Neuer Gläubiger: Zulässigkeit kann bestehen, um statt einer Zahlung an den bisherigen Gegner eine solche an dessen neuen Gläubiger zu erreichen, BGH MDR 1978, 398.

Räumungsfrist: Zulässigkeit kann bestehen, um eine Veränderung einer Räumungsfrist zu erreichen, LG Nürnb-Fürth NJW-RR 1992, 1231.

Sachabweisung: Zulässigkeit kann bestehen, um statt einer bloßen Prozessabweisung nach → Vor § 253 Rn. 14 eine Sachabweisung zu erreichen, BGH NJW 1995, 2563, aM Düss MDR 1987, 1032 (zu formell). Zum Problem auch BGH GRUR 2010, 992.

Sieg: Zulässigkeit besteht auch nach einem vollen erstinstanzlichen Sieg, um etwas über das Zugesprochene hinaus zu erhalten, BGH NJW-RR 1988, 185.

Stufenklage: Zulässigkeit kann bestehen gegen eine spätere Stufe einer Klage nach § 254, Hamm MDR 2004, 411; Saarbr OLGZ 1988, 233.

Teilanspruch: → „Klagerweiterung".

Umwandlung des Klagegrunds: Zulässigkeit kann bestehen, um mehr durch eine Umwandlung oder einen Wechsel des Klagegrunds zu erreichen, BGH NJW 2008, 1953.

Vollstreckbarkeit: Zulässigkeit kann bestehen, soweit es nur um die Vollstreckbarkeit geht, Düss FamRZ 1985, 307, Ffm MDR 1987, 1033.

Vorbehaltserklärung: Zulässigkeit kann bestehen, um eine solche Erklärung zu erreichen, Karlsr NJW-RR 1987, 254.

Widerklage: Zulässigkeit kann nach §§ 264 Nr. 2, 3 bestehen, um eine Widerklage nach § 533 zu erreichen, BGH NJW 1982, 1708.

26 **12. Verzicht auf die Berufung, II 1.** Auch → Rn. 42: Der Verzicht nach § 515 hindert die Anschließung nicht. Dasselbe gilt für die Anschließung nach einer Rücknahme der eigenen Berufung nach § 516. Anders liegt es beim Verzicht auf die Anschließung. Er ist entsprechend § 515 vor der Einlegung eines solchen Rechtsmittels zulässig, an das die Anschließung erfolgen könnte, BGH NJW 1984, 2829; Hamm FamRZ 1983, 823; Stgt FamRZ 1983, 1152; aM Köln FamRZ 1983, 824; Walter FamRZ 1983, 1153 (je: systemwidrig). Ein Verzicht liegt noch nicht in der vorbehaltlosen Zahlung der Urteilssumme. Er kann aber ausnahmsweise im Verzicht auf die Berufung liegen, Hamm FamRZ 1979, 944. Der Verzicht auf den Anspruch und das Anerkenntnis des Berufungsklägers nach §§ 306, 307 stehen der Anschließung entgegen. Denn damit hat die jeweilige Partei endgültig über den prozessualen Anspruch verfügt.

27 **13. Ablauf der Berufungsfrist, II 1.** Ihr Ablauf nach § 517 steht der Anschließung nicht entgegen, BGH VersR 2004, 802. Man darf die Anschließung also auch nach dem Ablauf der Berufungsfrist erklären.

28 **14. Bedeutung der Berufungserwiderungsfrist, II 2.** Die Anschließung ist **nur zulässig** bis zum Ablauf der dem Berufungsbekl. etwa wirksam gesetzten Frist zur Berufungserwiderung nach § 521 II, BGH NJW 2015, 1609, BAG NZA 2015, 764, Düss GRUR-RR 2017, 250. Das gilt auch bei einer bloßen Rüge einer fehlerhaften Rechtsanwendung des Erstgerichts, Kblz NJW 2007, 3362. Die Frist ändert sich auch nicht durch eine den Streitgegenstand nach → § 2 Rn. 4 nur ändernde Anschlussberufung, BGH NJW 2008, 1954. Das Berufungsgericht kann die Berufungserwiderungsfrist nach § 224 II verlängern, aM Celle MDR 2002, 1142. Eine solche Verlängerung gilt dann auch für die Einlegungsfrist der Anschlussberufung, BAG NZA 2015, 764. Wenn man sie versäumt, tritt zumindest gegen den Säumigen die formelle Rechtskraft nach § 705 ein, BGH MDR 2005, 1099. Eine Wiedereinsetzung nach §§ 233 ff. in die Frist nach II 2 findet nicht statt, BGH BeckRS 2022, 4375; s. auch § 233 Rn. 7. Von Gesetzes wegen ist sie nichtvorgesehen; für eine analoge Anwendung der Wiedereinsetzungsregelungen fehlt es am Vorliegen einer planwidrigen Regelungslücke, BGH aaO. Voraussetzung für den wirksamen Lauf der Frist des II 2 ist, dass die Frist zur Berufungserwiderung wirksam gesetzt wurde, was nur dann der Fall ist, wenn dem Berufungsbeklagten gemäß § 329 II 2 eine beglaubigte Abschrift der richterlichen Verfügung zugestellt und er über die Rechtsfolgen der Versäumung der Berufungserwiderungsfrist gemäß § 521 II 2, § 277 II belehrt worden ist. Das Vorliegen dieser für die Zulässigkeit einer Anschlussberufung maßgeblichen Voraussetzung ist – ungeachtet der fehlenden Verweisung in § 524 III 2 auf § 522 I von Amts wegen zu überprüfen, BGH NJW 2015, 2812. Wird keine Frist zur Berufungserwiderung gesetzt, kann die Anschlussberufung bis zum Schluss der mündlichen Verhandlung eingelegt werden.

Die Befristung **gilt aber nach II 3 dann nicht,** wenn die Anschließung die Verurteilung zu künftig regelmäßig wiederkehrenden Leistungen nach § 323 zum Gegenstand hat, BGH NJW 2009, 1273. Die Anwendung von II 3 setzt nicht voraus, dass sich die tatsächlichen Verhältnisse, die der Anschlussberufung zu Grunde liegen, seit der letzten mündlichen Verhandlung erster Instanz oder sogar seit Ablauf der gesetzlichen Ausschlussfrist des II 2 geändert haben, BGH NJW 2016, 1963. Dann kann die Anschließung also bis zum Schluss der mündlichen Verhandlung nach §§ 136 IV, 296a, 525 erfolgen, BGH NJW 2009, 1273 (auch wegen vor diesem Zeitpunkt entstandener Umstände). Dasselbe gilt mangels einer wirksamen Berufungsbegründungsfrist nach § 520 II und beim Unterbleiben oder bei der Unwirksamkeit einer Erwiderungsfrist nach §§ 531 II, 533, etwa mangels deren förmlicher Zustellung nach §§ 329, 525, BGH FamRZ 2009, 222, auch nach einer Zurückverweisung nach § 563 I. Ist eine Anschlussberufung hinsichtlich der mit ihr geltend gemachten künftig fällig werdenden wiederkehrenden Leistungen gem. II 3 nicht verfristet, kann sie auch insoweit nicht wegen Verfristung als unzulässig verworfen werden, als mit ihr zusätzlich Rückstände für die Vergangenheit geltend gemacht werden, BGH NJW 2016, 1963. 29

Die Befristung kann darüber hinaus dann nicht gelten, wenn eine Prozesshandlung des Berufungsklägers die Anschließung auslöst, zB eine bloße Erweiterung oder Änderung des Klagebegehrens nach § 533, BGH NJW 2005, 3067. Der Grundsatz der Waffengleichheit, den die Anschließungsmöglichkeit wahren soll, lässt eine zeitliche Begrenzung dann nicht zu, Zweibr FamRZ 2004, 554; Gerken NJW 2002, 1095. Dasselbe gilt für die sog. Gegenanschließung nach → Rn. 11. Ferner darf man die Anschlussberufung nach dem Ablauf der Frist des II 2 insoweit nach erweitern, als man die Erweiterung schon im Kern in die fristgerecht eingereichte Anschlussberufungsbegründung aufgenommen hatte, BGH NJW 2005, 3067. 30

15. Keine Berufungssumme usw. Die Anschlussberufung ist weder von einer Berufungssumme nach § 511 II Nr. 1 noch von einer Zulassung nach § 511 II Nr. 2 abhängig. 31

V. Verfahren, I 2, III. 1. Einlegung, I 2. Schließt ein Kläger sich in der Berufungsinstanz der Berufung des Beklagten unselbständig an, so kann das nur durch einen von seinem Prozessbevollmächtigten unterzeichneten bestimmenden Schriftsatz geschehen; eine in der mündlichen Verhandlung abgegebene und dort protokollierte Erklärung ist für die Anschließung nicht ausreichend, BGH MDR 1989, 522. 32

Eine Parteizustellung der Anschließungsschrift nach §§ 191 ff. ist keine Einreichung, sondern eine bloße Ankündigung des Vortrags. 33

2. Auslegbarkeit, I 2. Die Anschlussberufung muss nicht ausdrücklich als solche bezeichnet werden, BGH NJW 2020, 3038 Rn. 19 mwN. Es genügt vielmehr jede Erklärung, die sich ihrem Sinn nach als Begehren auf Abänderung des Urteils erster Instanz darstellt. Dementsprechend kann der Anschluss an das Rechtsmittel der Gegenseite zB auch konkludent in der Weise erfolgen, dass der Kl. sein im Übrigen unverändertes Klagebegehren auf einen weiteren Klagegrund stützt, BGH NJW 2015, 1296 Rn. 16. Dagegen reicht eine solche Erklärung nicht aus, die nur die Abwehr des gegnerischen Begehrens zum Ziel hat, BGH FamRZ 1984, 659. Der sich Anschließende muss erkennen lassen, dass er den Weg der Anschließung wählt und nicht denjenigen der selbständigen Berufung, BGH NJW 2003, 2388, BAG NZA 2012, 627. Eine „Berufungsbegründung" erst nach dem Ablauf der Begründungsfrist nach § 520 II lässt sich innerhalb der Anschließungsfrist in eine Anschließung umdeuten, → Rn. 12. „Selbständige Anschließung" kann wegen → Rn. 8 eine eigene Berufung meinen, BGH NJW 2003, 2388. Das Berufungsgericht muss eine Unklarheit nach § 139 ansprechen, Saarbr OLGZ 1988, 235. 34

Die Erklärung unterliegt der freien Prüfung durch das Revisionsgericht, BGH NJW 2003, 2388. 35

3. Anschlussschrift, III 1. Für ihre Form gilt dasselbe wie für die Berufungsschrift nach → § 519 Rn. 9. Die Anschlussschrift muss als Voraussetzung einer Zulässigkeit der Anschließung enthalten: Die Bezeichnung desjenigen Urteils, gegen das sich die Anschließung richtet; nach III 2 iVm § 519 II, IV die Erklärung, dass man gegen dieses Urteil eine Anschlussberufung einlege; ferner nach **III 1** die Begründung der Anschlussberufung, für die **§ 520 III** entsprechend gilt, also die in bestimmter Form nötigen Anschließungsanträge und die Anschließungsgründe nach → § 520 Rn. 39 ff., BGH NJW 2003, 2389, Düss GRUR-RR 2017, 253; Zöller/Heßler Rn. 12; aM Schneider MDR 2003, 903. Man braucht einzelne Anfechtungsgründe und Neues nur im Umfang der Anfechtung anzugeben, BGH FamRZ 1995, 1138, nicht bei einem schon erörterten Punkt, BGH NJW 1995, 1560; Brdb FamRZ 2007, 1986. 36

Eine **Nachreichung** der Begründung innerhalb der Anschließungsfrist der II 2 genügt, Musielak/Voit/Ball Rn. 21, daher erst recht eine nachgereichte Ergänzung. Eine entgegen III nicht formgerecht begründete Anschließung ist auch dann unwirksam, wenn sie vor dem Eingang der Berufungsbegründung eingeht, Köln NJW 2003, 1879, aM Hackmann NJW 2007, 12 (aber in Formfragen muss man streng sein). Eine Verlängerung der Begründungsfrist ist unstatthaft, Celle FamRZ 2003, 1303; Drsd MDR 2012, 1435. Das Berufungsgericht muss eine nicht fristgerecht begründete Anschlussberufung nach §§ 522 I 2, 524 verwerfen, Drsd MDR 2012, 1435; Ffm FamRZ 1987, 496. Gegen eine Fristversäumung ist die Wiedereinsetzung nach → § 233 Rn. 11 „Anschlussberufung" statthaft. 37

4. Erweiterung, Änderung, III 1. Eine nachträgliche Erweiterung oder Änderung der Anträge ist in demselben Umfang statthaft wie bei der Berufung nach § 533, KG NJW 2014, 2023. Sie muss sich also im Rahmen der Anschließungsgründe halten. Dann kann man sie aber auch nach § 160 II, III Nr. 2 zum Protokoll erklären, BGH NJW 1993, 270; Schnauder JuS 1993, 365. Die Erweiterung der Anschließung ist zulässig, solange auch eine erstmalige Anschließung möglich ist, BGH NJW 1984, 2951; Düss FamRZ 1982, 923; Hmb NJW-RR 2006, 479. Enthält die Anschließung neue Ansprüche, werden diese nach → § 261 Rn. 1 rechtshängig. 38

5. Zustellung, Frist, Entscheidung, III 2. Das Berufungsgericht muss die Anschließungs- und Begründungsschrift dem Berufungskläger entsprechend § 521 I nach §§ 166 ff. von Amts wegen zustellen. Das ist freilich nur eine Ordnungsvorschrift, Düss FamRZ 1982, 922. Ein neuer Anspruch wird dadurch nach §§ 261 II, 525 rechtshängig. 39

Eine **Frist** zur Erwiderung auf die Anschlussberufung oder zur schriftlichen Stellungnahme auf diese Erwiderung ist nach III 2 iVm § 521 II möglich, → § 521Rn. 5, BGH GRUR 2017, 787; Düss GRUR-RR 2017, 253 (ausf.). 40

Die **Entscheidung** erfolgt grundsätzlich erst zusammen mit derjenigen über die Berufung. 41

42 **VI. Verlust der Wirkung, IV. 1. Bei Berufungsrücknahme oder -verzicht usw.** Jede Anschließung auch innerhalb der Berufungsfrist nach § 517 wird mit einer wirksamen Rücknahme der Hauptberufung nach § 516 mit ihren Kostenfolgen nach dort III unwirksam, vgl. BGH NJW 2020, 3038; Ffm MDR 2003, 594, bei einer Gegenanschließung mit einer wirksamen Rücknahme der Anschließung. Das gilt nach → Rn. 15 unabhängig von einer derartigen Kenntnis des sich „Anschließenden". Hat das Berufungsgericht über einen Teil der Berufung durch ein Teilurteil nach §§ 301, 540 entschieden, bleibt die Anschließung bei einer Rücknahme der restlichen Berufung wirksam, Celle NJW-RR 1986, 357. Die Rücknahme der eigenen Berufung steht einer späteren Anschließung nicht im Weg. Das gilt natürlich nur dann, wenn die Wiederholung rechtzeitig erfolgt. Unwirksam wird die Anschlussberufung auch durch den wirksamen Verzicht auf die Berufung, BGH NJW 1994, 738. Aber → Rn. 26.

43 Erklären beide Parteien den Klaganspruch nach → § 91a Rn. 111, 115 in der **Hauptsache übereinstimmend wirksam voll für erledigt** oder tut das nur **eine** Partei nach → § 91a Rn. 210, 246, wird die Anschließung dadurch nicht wirkungslos, BGH NJW 1986, 852; Zöller/Heßler Rn. 26; aM Mü MDR 1984, 320; VGH Kassel NJW 2012, 2458 (je: zu formell), es sei denn, dass die Erklärung eine Berufungsrücknahme nach § 516 enthält. Ein Vergleich nach Anh. § 307 über den mit der Hauptberufung verfolgten Anspruch macht die Anschließung unwirksam, BGH NJW 1984, 852, BAG NJW 1976, 2143; VGH Kassel NJW 2012, 2458. Dasselbe gilt bei einer Klagerücknahme nach § 269 und bei einem Anspruchsverzicht nach § 306, bei einem Anerkenntnis nach § 307 oder bei einem Versäumnisurteil auf Zurückweisung der Berufung nach § 539.

44 **2. Bei Verwerfung oder Beschlusszurückweisung.** Die Anschließung wird ferner unwirksam mit einer nach §§ 329, 705 formell rechtskräftigen Verwerfung der Berufung als unzulässig nach § 522 I 2 oder mit ihrer Zurückweisung durch einen Beschluss nach § 522 II, BGH NJW 2020, 3038; MDR 2016, 665; Ffm NJW 2011, 2672; KG NJW 2014, 1023. Das gilt entsprechend für eine Widerklage nach § 533, BGH NJW 2014, 151; NJW 2015, 251; sie verliert bei Zurückweisung nach § 522 II ihre Wirkung. Dasselbe gilt entsprechend IV für eine im Berufungsverfahren verfolgte Klageerweiterung, BGH NJW 2015, 251.Die Zurückweisung als unbegründet durch ein streitiges Urteil oder durch ein Versäumnisurteil nach § 539 führt nicht zur Unwirksamkeit der Anschließung, Düss FamRZ 1982, 922. Die Anschließung bleibt dann wirksam, auch wenn das Berufungsgericht über die Hauptberufung entschieden hat, bevor der Anschließungsantrag in einer mündlichen Verhandlung nach → § 297 Rn. 4, § 525 erfolgt war, oder wenn das Berufungsgericht den Art. 103 I GG verletzt hatte, BGH VersR 2017, 1102.

45 **3. Folgerungen.** Solange die Möglichkeiten → Rn. 42, 44 bestehen, kann das Berufungsgericht über eine Anschlussberufung nicht vorweg durch ein Teilurteil nach §§ 301, 525, 540 oder durch einen Zurückweisungsbeschluss vorab entscheiden, BGH NJW 1994, 2236; BAG NJW 1975, 1248; Kblz FamRZ 1989, 770. Das gilt auch dann, wenn die Anschlussberufung nach §§ 295 II, 525 unheilbar unzulässig ist, BGH NJW 1994, 2236; Zöller/Heßler Rn. 42; aM MüKoZPO/Rimmelspacher § 521 Rn. 40. Ein Teilurteil über die Anschließung ist unter den Voraussetzungen des § 301 auch in der Sache dann möglich, wenn das Berufungsgericht über einen Teil der Berufung vorab durch ein Teilurteil entschieden hat. Das bleibt auch bei einer Anschließung zulässig, Celle NJW-RR 1986, 357. Das gilt jedoch dann nicht, wenn es sich bei der Entscheidung über den anderen Teil um ein Versäumnisurteil nach § 539 handelt, Kblz NJW-RR 1989, 960. Eine bei Auslegung nach → Rn. 4 in Wahrheit eigenständige Berufung ermöglicht evtl. eine Anfechtung, BGH MDR 2011, 622.

46 Die **Wirkungslosigkeit** kann und muss beim Streit hierüber das Berufungsgericht in seinem Urteil oder Beschluss nach § 522 aussprechen. Ein nur bekräftigender Ausspruch ist mangels eines zugehörigen Streits nicht anfechtbar, BGH NJW 1998, 2224. Wenn die Anschlussberufung trotzdem weiterläuft, muss das Berufungsgericht sie verwerfen, BGH NJW 2000, 3216; Baumert NJ 2014, 149. Die Anfechtung richtet sich auch dann nach → § 522 Rn. 46 ff., BGH JR 1999, 160.

47 Zur **„Vorwirkung"** einer Änderungsklage nach § 323 III auf den Zeitpunkt einer später wirkungslos gewordenen Anschließung im Vorprozess BGH NJW 1988, 1735.

48 **4. Kosten.** Dazu Doms NJW 2004, 190; Klose MDR 2006, 724; Reuß NJW 2018, 1846 (je: Grdz.): Wenn das Berufungsgericht über die Anschließung entscheidet, gelten wegen des Fehlens einer dem § 516 III entsprechenden Regelung in § 524 die allgemeinen Vorschriften nach §§ 91 ff., BGH NJW 1983, 578; Köln NJW 2003, 1879 (je: Unzulässigkeit); BGH NJW 1981, 1790; KG JurBüro 2010, 375; Köln FamRZ 2010, 224 (je: Unbegründetheit); BGH NJW 1987, 3263 (Weiterbetreiben trotz nach IV eingetretener Wirkungslosigkeit); BGH NJW-RR 2005, 727 (Verlust der Anschlussberufung infolge eines eigenen Verhaltens, zB wegen eigener Einwilligung). Dasselbe gilt beim Unwirksamwerden der Anschließung wegen einer anfänglichen Unzulässigkeit des Hauptrechtsmittels, Nürnb MDR 1989, 648. Wegen der Kosten bei dessen Rücknahme → § 516 Rn. 20, 21. Das Berufungsgericht muss dem Rechtsmittelkläger grundsätzlich auch die Kosten des Anschlussrechtsmittels auferlegen, BGH MDR 2005, 704; Ffm FamRZ 1998, 302; KG NJW 2014, 1023; aM Ffm FamRZ 1995, 945. Bei einer Zurückweisung der Berufung nach § 522 II fallen die Kosten den Parteien aber im Verhältnis der Werte ihrer Rechtsmittel zur Last, BGH FamRZ 2006, 619; Stuttgart BeckRS 2021, 16784; KG JurBüro 2010, 375; Köln FamRZ 2010, 224; aM Drsd MDR 2015, 1227; KG NJW 2015, 32 (nur bei Klagerweiterung), Nürnb NJW 2012, 3452. Das gilt grundsätzlich auch bei einer Widerklage nach § 533, KG FamRZ 1988, 1301. Freilich muss der Anschließungskläger die Mehrkosten einer Widerklage gegen einen Dritten selbst tragen, Köln VersR 1977, 62, auch die Kosten einer Erweiterung der Anschlussberufung, KG NJW 2014, 1023. Zum Problem Vidal/Aufderheide NJW 2016, 3269 (ausf.).War mit einer im Wege der erforderlichen Anschließung erhobenen Widerklage die Verurteilung als Gesamtschuldner erstrebt, ist insoweit § 100 IV 1 entsprechend anwendbar, BGH NJW 2020, 3038.

525 *Allgemeine Verfahrensgrundsätze.* **[1]Auf das weitere Verfahren sind die im ersten Rechtszuge für das Verfahren vor den Landgerichten geltenden Vorschriften entsprechend anzuwenden, soweit sich nicht Abweichungen aus den Vorschriften dieses Abschnitts ergeben. [2]Einer Güteverhandlung bedarf es nicht.**

I. Systematik, S. 1, 2. Die Vorschrift leitet im Anschluss an §§ 551-524 das gesamte „weitere“ Berufungsverfahren mit einer Doppelfunktion ein: Der Klarstellung des Vorrangs der §§ 526–541 und hilfsweise der Globalverweisung auf §§ 253–494a, 592 ff., 916 ff. Das Buch 1 gilt ohnehin stets mit. 1

II. Regelungszweck, S. 1, 2. Beide in → Rn. 1 genannten Funktionen dienen sowohl der Prozesswirtschaftlichkeit als auch der Rechtssicherheit durch ihre Klarstellungen, insbesondere auch in S. 2. Das erfordert eine in beiden Richtungen aufmerksame Abwägung bei der Frage, wie weit der Vorrang nach S. 1 Hs. 2 geht. 2

III. Geltungsbereich, S. 1, 2. Die Vorschrift gilt im Gesamtbereich der ZPO und der auf diese verweisenden Gesetze. Sie gilt auch im WEG-Verfahren. Im Verfahren der Arbeitsgerichte ist § 525 nach § 64 VI ArbGG entsprechend anwendbar. Daher gelten im Berufungsverfahren vor dem LAG §§ 46 ff. ArbGG nur insoweit, als § 64 VII ArbGG sie ausdrücklich nennt. 3

Freigestellt sind nach S. 2 Vorschriften über eine Güteverhandlung nach § 278 III–V. **Unanwendbar** sind Maßnahmen wegen § 513 II ZPO, § 17a V GVG. 4

IV. Anwendbarkeit der LG-Verfahrensregeln, S. 1. Grundsätzlich richtet sich das Berufungsverfahren nach den für das landgerichtliche Verfahren geltenden Vorschriften in §§ 253–494a, mögen diese im Buch 2, in anderen Büchern oder in anderen Gesetzen stehen. 5

1. Prüfung von Amts wegen. Das Berufungsgericht muss alle Prozessvoraussetzungen wie das Erstgericht von Amts wegen prüfen, BGH NJW 2004, 2523. Zur Wiederholung der Beweisaufnahme § 398. Wegen einer Widerklage und Aufrechnung oder Hilfsaufrechnung § 533, wegen des Versäumnisverfahrens s. § 539. 6

2. Beispiele einer Anwendbarkeit von LG-Verfahrensregeln, I. § 51, Kblz VersR 2009, 698; **§ 56,** BGH NJW 2004, 2523; **§ 91a** bei beiderseitigen wirksamen Erledigungserklärungen; bei einseitiger nur ausnahmsweise, BGH NJW 1998, 2454; **§ 128 I, II, IV; § 139,** BGH NJW-RR 2010, 1282; **§ 156; § 256 II,** Schlesw NJW-RR 1991, 190; **§ 261,** Ffm FamRZ 1980, 710; **§§ 263, 264,** BGH MDR 2006, 587, Düss GRUR 2007, 224, Saarbr NJW-RR 2012, 539; **§ 269; §§ 273 II Nr. 1, 275 I 1, III, IV, 276 I 2, III; § 277,** BGH MDR 1990, 1102; **§ 278 I, VI; § 279 II, III; § 280 I,** Düss GRUR 2007, 224; **§ 281** (auch im Verhältnis verschiedener Berufungsgerichte bei wahlweise zulässiger Einlegung, BGHZ 71, 367), Köln OLGR 1997, 166, aM BGH NJW-RR 1997, 55 (ohne Vorlage nach § 132 GVG); **§§ 282 II, 296,** BGH NJW 1999, 2446, Celle NJW-RR 1998, 69, Schneider MDR 2002, 686; **§ 283,** BGH NJW 1986, 2257, LG Landsberg MDR 1976, 726; **§ 286,** BGH NJW-RR 2009, 787; **§ 295,** BGH MDR 1976, 379; **§ 296,** soweit nicht vorrangig § 530 gilt, BGH NJW 1999, 2446, Hamm NJW-RR 1993, 1150, Kinne DRiZ 1985, 15; **§ 301** (unzulässig bei Berufungen beider Seiten, die denselben Sachverhalt betreffen, Kblz NJW-RR 1989, 960); **§ 303,** BGH NJW 2004, 2983, Düss GRUR 2007, 224; **§ 307; § 313 I** (vgl. § 540); **§ 319,** Düss MDR 1991, 789; **§ 321; § 321a,** BGH FamRZ 2004, 1278, Celle NJW 2003, 906, Jena NJW 2003, 3495, aM Karlsr MDR 2004, 593, Oldb NJW 2003, 150, Rostock NJW 2003, 2105; **§ 355 I 2; §§ 398, 402; §§ 592 ff.; §§ 916 ff.** 7

V. Anwendbarkeit von AG-Verfahrensregeln, S. 1. Von den Vorschriften des amtsgerichtlichen Verfahrens nach §§ 495 ff. kommt im Berufungsverfahren vor dem LG in entsprechender Anwendung in Betracht: **§ 510b,** Verurteilung zu einer Handlung und Entschädigung. Eine Verweisung vom LG als Berufungsgericht an die erstinstanzliche Zivilkammer ist nach → § 506 Rn. 8 grundsätzlich unzulässig. Erst recht unzulässig ist eine Verweisung an das OLG als Berufungsgericht entsprechend § 506, BGH NJW-RR 1996, 891. 8

526 *Entscheidender Richter.* **[I] Das Berufungsgericht kann durch Beschluss den Rechtsstreit einem seiner Mitglieder als Einzelrichter zur Entscheidung übertragen, wenn**

1. die angefochtene Entscheidung von einem Einzelrichter erlassen wurde,
2. die Sache keine besonderen Schwierigkeiten tatsächlicher oder rechtlicher Art aufweist,
3. die Rechtssache keine grundsätzliche Bedeutung hat und
4. nicht bereits im Haupttermin zur Hauptsache verhandelt worden ist, es sei denn, dass inzwischen ein Vorbehalts-, Teil- oder Zwischenurteil ergangen ist.

II [1]Der Einzelrichter legt den Rechtsstreit dem Berufungsgericht zur Entscheidung über eine Übernahme vor, wenn

1. sich aus einer wesentlichen Änderung der Prozesslage besondere tatsächliche oder rechtliche Schwierigkeiten der Sache oder die grundsätzliche Bedeutung der Rechtssache ergeben oder
2. die Parteien dies übereinstimmend beantragen.

[2]Das Berufungsgericht übernimmt den Rechtsstreit, wenn die Voraussetzungen nach Satz 1 Nr. 1 vorliegen. [3]Es entscheidet hierüber nach Anhörung der Parteien durch Beschluss. [4]Eine erneute Übertragung auf den Einzelrichter ist ausgeschlossen.

III Auf eine erfolgte oder unterlassene Übertragung, Vorlage oder Übernahme kann ein Rechtsmittel nicht gestützt werden.

IV In Sachen der Kammer für Handelssachen kann Einzelrichter nur der Vorsitzende sein.

Schrifttum: Deutsch NJW 2004, 1150 (krit.); Schneider MDR 2004, 1269 (Grdz.); Stackmann, Der Einzelrichter im Verfahren vor den Land- und Oberlandesgerichten, 2006.

I. Systematik, I–IV. In einer gewissen Anlehnung an §§ 348a bringt die Vorschrift zusammen mit dem ergänzenden § 527 Möglichkeiten einer Entlastung des Kollegiums. 1

II. Regelungszweck, I–IV. Die Vorschrift dient mit der Entlastung des Spruchkörpers der Prozesswirtschaftlichkeit. Im Interesse einer höheren Richtigkeitsgewähr und in Anbetracht des Umstandes, dass das Berufungsgericht in einer hohen Anzahl der Fälle auch letztinstanzlich entscheidet, empfiehlt sich ein zurückhaltender Gebrauch dieser Möglichkeit. 2

III. Geltungsbereich, I–IV. Die Vorschrift gilt grundsätzlich im Gesamtbereich der ZPO und der auf sie verweisenden Gesetze. Sie gilt auch im WEG-Verfahren. Im Verfahren der Arbeitsgerichte ist § 526 unanwendbar, § 64 VI 2 ArbGG. Jedoch darf der Vorsitzende in bestimmten Fällen allein entscheiden. 3

4 § 526 **gilt nicht** bei § 36, Rostock FamRZ 2004, 650, und nicht im Baulandverfahren nach § 220 I 3 iVm § 229 I 2 BauGB.

5 **IV. Übertragung auf den Einzelrichter, I.** Das Berufungsgericht, also das Kollegium und abgesehen von § 349 nicht nur sein Vorsitzender darf von Amts wegen nach § 523 I 1 erst im Anschluss an eine Prüfung und Entscheidung nach § 522 nun nach § 523 I 1 aufgrund der Berufungsbegründung und einer etwaigen Erwiderung usw. nach § 521 II über die Übertragung der Sache auf den Einzelrichter entscheiden.

6 **1. Grundsatz: Ermessen, I Nr. 1–4.** Das Berufungsgericht entscheidet darüber nach seinem pflichtgemäßen Ermessen („kann"-Vorschrift, anders § 348a I). Der Einzelrichter amtiert nicht originär, sondern kraft Übertragung, BGH MDR 2004, 49. Es ist eine Anhörung der Parteien wegen §§ 521 II 2, 277 I 2 notwendig. Das folgt indirekt auch aus § 520 IV 2. Auf eine Zustimmung der Parteien kommt es aber nicht an, Roth JZ 2006, 9. Ein Antrag ist nicht erforderlich und allenfalls eine Anregung. Eine Tätigkeit des Einzelrichters vor einem Beschluss des Kollegiums ist ein nach § 295 II unheilbarer Verstoß gegen Art. 102 I 2 GG.

7 **2. Voraussetzungen, I Nr. 1–4.** Das Kollegium darf die Sache dem Einzelrichter nur dann übertragen, wenn nach

8 **I Nr. 1** der Einzelrichter die angefochtene Entscheidung gefällt hat; der an Stelle der Kammer entscheidende **Vorsitzende der Kammer für Handelssachen** soll zwar kein Einzelrichter sein, BGH NJW 2004, 856 (zu § 568), vor diesem Hintergrund ergäbe die Regelung in IV jedoch keinen Sinn und liefe leer,

9 **I Nr. 2** die Sache außerdem nach § 348a I Nr. 1 keine besonderen Schwierigkeiten tatsächlicher oder rechtlicher Art aufweist. → § 348 Rn. 45,

10 **I Nr. 3** ferner die Rechtssache nach § 348a I Nr. 2 keine grundsätzliche Bedeutung hat. → § 348 Rn. 46.

11 **I Nr. 4** das Berufungsgericht nach § 348a I Nr. 3 nicht bereits nach → § 39 Rn. 7, § 137 I, → § 297 Rn. 4 im Haupttermin zur Hauptsache (gemeint: streitig) verhandelt hat, es sei denn, dass inzwischen nach §§ 280 II, 301, 302, 304, 599 I (nicht § 303) ein Vorbehalts-, Teil- oder Zwischenurteil ergangen ist.

12 **Alle** diese Voraussetzungen müssen vorliegen. Eine Übertragung entfällt ferner bei II 4 nach → Rn. 17. Mangels einer Übertragung nach § 526 bleibt eine Zuweisung zur Vorbereitung nach § 527 möglich.

13 **3. Übertragung, I Nr. 1–4.** Über die Übertragung entscheidet das Kollegium in derjenigen Besetzung, die sich aus dem wegen Art. 101 I 2 GG bindenden Mitwirkungsplan nach § 21g III GVG ergibt, BVerfG NJW 2005, 2690; BGH ZIP 2009, 93; Zweibr MDR 2005, 348. Auch der Vorsitzende kann Einzelrichter sein, bei der Kammer für Handelssachen ohnehin nur er, Bergerfurth NJW 1975, 331, aM BGH NJW 2011, 990 (systemwidrig). Der Name des zum Einzelrichter bestimmten Berichterstatters braucht nicht zu erscheinen, BGH NJW 2003, 601; BayObLG FamRZ 2004, 1136. Eine Beauftragung des Berichterstatters mit der Beweisaufnahme „als Einzelrichter" meint nach → Vor § 128 Rn. 60 nicht § 526, sondern § 527, BGH NJW 2000, 2024. Ein Vorbehalt der Rücknahme ist unstatthaft und daher unwirksam, Karlsr VersR 1986, 663. Eine sonstige Einschränkung mag als Zuweisung nach § 527 usw. auslegbar sein.

14 Die Entscheidung ergeht durch einen **Beschluss** des Kollegiums nach § 329. Er kann nach § 128 IV ohne eine mündliche Verhandlung ergehen. Er braucht nach → § 329 Rn. 6 eine Begründung, soweit ein Beteiligter gegen ihn Bedenken geäußert und nachvollziehbar begründet hatte, Seidel ZZP 99, 64. Das Berufungsgericht teilt ihn den Parteien formlos mit. Er ist nach III grundsätzlich unanfechtbar. Entscheidet der Einzelrichter ohne einen Übertragungsbeschluss, ist die Entscheidung nach → Rn. 5 wegen einer nicht ordnungsmäßigen Besetzung des Gerichts aufhebbar.

15 **V. Stellung des Einzelrichters, I.** Der Einzelrichter tritt an die Stelle des Kollegiums. Er übernimmt den Prozess im Stand der Übertragung. Fristen laufen weiter. Er allein hat jetzt alle Rechte und Pflichten des Berufungsgerichts, BGH NJW-RR 2012, 703. Er ist bis zu einer etwaigen Übertragung nach II das Prozessgericht, BVerfG NJW-RR 2010, 268. Er ist ab Wirksamkeit der Übertragung der gesetzliche Richter nach Art. 101 I 2 GG, ohne sie nicht, BGH NJW-RR 2009, 1220; BayObLG FamRZ 2004, 1137, Zweibr FamRZ 2004, 564. Er ist mithin wesentlich mehr als der vorbereitende Einzelrichter des § 527. Er entscheidet auch nach einer Erweiterung oder Widerklage nach § 533. Entscheidet er über die Berufung, darf er auch über eine Grundsatzfrage entscheiden, BGH NJW 2014, 301. Auch kann er die Revision nach § 543 I Nr. 1 zulassen, BGH NZM 2017, 38; Gehrlein MDR 2004, 912. Er darf und muss auch alle Nebenentscheidungen treffen, zB zu den Kosten nach §§ 91 ff., zum Streitwert nach §§ 103 ff., ferner nach §§ 114 ff., 319, 320, 485 ff., 707, 719, 732, Hamm MDR 1993, 384; Kblz MDR 1978, 851, oder nach §§ 887, 888, 890, 916 ff., 935 ff. Es bindet auch seine Zwischenentscheidung das Kollegium nach einer Rückübertragung nach → Rn. 16.

16 **VI. Rückübernahme durch das Kollegium, II. 1. Vorlage, II 1.** Der Einzelrichter legt nach Prüfung der Voraussetzungen dem Kollegium durch einen nach → § 329 Rn. 6 zwar nur knapp, aber nachvollziehbar und nicht nur floskelhaft begründeten Beschluss ohne eine Kostenentscheidung den Rechtsstreit zur Entscheidung über die Übernahme nur dann vor, wenn sich nach **II 1 Nr. 1** eine wesentliche Änderung der Prozesslage ergibt, BGH NJW 2015, 2582, wie bei § 348a II Nr. 1, und wenn sich aus dieser Änderung zB wegen einer Klagänderung nach §§ 263, 264 entweder besondere tatsächliche oder rechtliche Schwierigkeiten der Sache oder die grundsätzliche Bedeutung der Rechtssache ergeben oder wenn nach **II 1** Nr. 2 die Parteien die Übernahme nach § 348a II 1, → § 348 Rn. 49 übereinstimmend beantragen. „Wesentliche Änderung der Prozesslage" meint dasselbe wie § 348a II 1 Nr. 1. „Grundsätzliche Bedeutung" erfasst auch die in §§ 511 IV 1 Nr. 2, 522 II 1 3, 543 II 1 Nr. 1 besonders hervorgehobenen Fälle. Außerdem liegt eine „grundsätzliche Bedeutung" auch dann vor, wenn der Einzelrichter von einer gefestigten Rspr. gerade seines Spruchkörpers abweichen will. Der Einzelrichter teilt seinen Beschluss den Parteien nach § 329 II 1 formlos mit. Eine entsprechende Verfügung ist unschädlich. **Unstatthaft** ist es, die Beurteilung des Kollegiums ausreichen zu lassen, BGH MDR 2004, 43.

17 **2. Entscheidung, II 2–4.** Das Kollegium übernimmt nach **II 2** den Rechtsstreit bei II 1 Nr. 2 (Antrag der Parteien) ohne jede weitere Prüfung oder bei II 1 Nr. 1 dann, wenn deren Voraussetzungen vorliegen. Es entscheidet nach **II 3** hierüber nach einer Anhörung der Parteien. Die Entscheidung ergeht in voller Besetzung mit dem Einzelrichter durch einen Beschluss nach § 329. Er setzt nach § 128 IV keine mündliche Verhandlung voraus. Die Übernahme schließt nach **II 4** eine erneute Übertragung nach I aus, nicht dagegen eine Zuweisung nach § 527. Das gilt auch dann, wenn ein Teilurteil nach §§ 301, 525, 540 den Rückübertragungsgrund beseitigt

hat. Vorangegangene Entscheidungen des Einzelrichters binden das Kollegium. Freilich kann zB eine Wiederholung der Beweisaufnahme in Frage kommen.

18 **VII. Rechtsmittel, III.** Der Rückübernahmebeschluss braucht keine Begründung. Gegen eine Entscheidung des Einzelrichters ist dasselbe Rechtsmittel statthaft wie gegen eine Kollegialentscheidung des Berufungsgerichts. Auf eine formell wirksam erfolgte oder bewusst nicht erfolgte Übertragung nach I oder Vorlage nach II 1 oder Rückübertragung nach II 1 oder Rückübernahme nach II 2 kann man ein Rechtsmittel nach III nicht stützen, BGH WM 2015, 1623, auch nicht nach einem Verstoß zB gegen I, BGH BB 2007, 522, Düss NJW 1981, 352; KG FamRZ 2008, 1977. Das gilt selbst bei einer greifbaren Gesetzwidrigkeit, Zöller/Heßler Rn. 12; aM BGH NJW 2007, 1467 (zu großzügig). Vgl. § 348 IV, § 348a IV. Es gilt auch bei §§ 578 ff. Jedoch führt eine Einzelrichterentscheidung ohne eine vorherige Übertragung durch das Kollegium zur Gehörsrüge nach § 321a oder zur Zurückverweisung nach § 538 II 1 Nr. 1, BGH MDR 2004, 49, BayObLG FamRZ 2004, 1137, Celle NJW-RR 2006, 1077. Umgekehrt begründet eine Entscheidung des Kollegiums nach der Übertragung auf den Einzelrichter und vor einer Rückübernahme nach II ein Rechtsmittel zB nach § 547 Nr. 1, Mü MDR 1983, 498. Das gilt selbst dann, wenn dieser Einzelrichter an der Kollegialentscheidung mitgewirkt hat, Mü MDR 1983, 498. Nach einer Zurückverweisung bleibt der Einzelrichter zuständig, selbst wenn die Sache nun ein anderes Aktenzeichen hat, Zweibr FamRZ 2005, 221, falls keine Zurückverweisung an einen anderen Spruchkörper nach § 563 I 2 erfolgt ist. Diese Zurückverweisung kann nur an ein anderes Kollegium ergehen. Denn nur dieses darf evtl. an **seinen** Einzelrichter übertragen.

19 **VIII. Handelssache, IV.** In einer Berufungssache der Kammer für Handelssachen kann Einzelrichter nur der Vorsitzende des Senats sein.

527 *Vorbereitender Einzelrichter.* **I** [1]**Wird der Rechtsstreit nicht nach § 526 dem Einzelrichter übertragen, kann das Berufungsgericht die Sache einem seiner Mitglieder als Einzelrichter zur Vorbereitung der Entscheidung zuweisen.** [2]**In der Kammer für Handelssachen ist Einzelrichter der Vorsitzende; außerhalb der mündlichen Verhandlung bedarf es einer Zuweisung nicht.**

II [1]**Der Einzelrichter hat die Sache so weit zu fördern, dass sie in einer mündlichen Verhandlung vor dem Berufungsgericht erledigt werden kann.** [2]**Er kann zu diesem Zweck einzelne Beweise erheben, soweit dies zur Vereinfachung der Verhandlung vor dem Berufungsgericht wünschenswert und von vornherein anzunehmen ist, dass das Berufungsgericht das Beweisergebnis auch ohne unmittelbaren Eindruck von dem Verlauf der Beweisaufnahme sachgemäß zu würdigen vermag.**

III **Der Einzelrichter entscheidet**

1. **über die Verweisung nach § 100 in Verbindung mit den §§ 97 bis 99 des Gerichtsverfassungsgesetzes;**
2. **bei Zurücknahme der Klage oder der Berufung, Verzicht auf den geltend gemachten Anspruch oder Anerkenntnis des Anspruchs;**
3. **bei Säumnis einer Partei oder beider Parteien;**
4. **über die Verpflichtung, die Prozesskosten zu tragen, sofern nicht das Berufungsgericht gleichzeitig mit der Hauptsache hierüber entscheidet;**
5. **über den Wert des Streitgegenstandes;**
6. **über Kosten, Gebühren und Auslagen.**

IV **Im Einverständnis der Parteien kann der Einzelrichter auch im Übrigen entscheiden.**

Schrifttum: Vgl. bei § 526.

1 **I. Systematik, I–IV.** Die Vorschrift ähnelt § 349. Sie schließt an § 526 an. Sie ist daher nach einer Prüfung und Entscheidung zunächst nach § 522 und sodann nach § 526 anwendbar. Sie zeigt auch gewisse Parallelen zu § 348a. Sie lässt sich ähnlich wie § 349 handhaben. Freilich gehen die Befugnisse nach § 527 nicht ganz so weit. Der Einzelrichter nach dieser Vorschrift kann dann in Frage kommen, wenn derjenige nach § 526 nicht stattfindet.

2 **II. Regelungszweck, I–IV.** Er ist praktisch fast derselbe wie bei → § 526 Rn. 2. Freilich ist die Zweckrichtung nicht so stark wie bei § 526 als Entlastung ausgeprägt. Immerhin kann auch der „nur" vorbereitende Richter ganz erheblich zur Beschleunigung und Arbeitserleichterung und vor allem zur Konzentration des Kollegiums auf die verbleibenden Kernfragen beitragen.

3 **III. Geltungsbereich, I–IV.** Die Vorschrift gilt grundsätzlich in jedem Berufungsverfahren der ZPO und der auf sie verweisenden Gesetze. Sie gilt auch in einer Arrest- und einstweiligen Verfügungssache nach §§ 916 ff., 935 ff., nicht aber in einer Baulandsache nach §§ 220 I 3, 229 I 2 BauGB, BGHZ 86, 112 (beim Verstoß gilt § 295 I). Sie gilt auch im WEG-Verfahren. Sie gilt allerdings nach § 555 II nicht im Revisionsverfahren und nach § 568 nicht im Beschwerdeverfahren, oder nach → Rn. 4 in einer Baulandsache. Im Verfahren der Arbeitsgerichte ist § 527 nach § 64 VI 2 ArbGG unanwendbar. Jedoch darf der Vorsitzende in bestimmten Fällen allein entscheiden.

4 **IV. Zuweisung an den Einzelrichter, I 1, 2. 1. Ermessen.** Die Zuweisung ist statthaft. Die Entscheidung über die Zuweisung erfolgt nach den in → Rn. 1 genannten Prüfungen und Entscheidungen nun nach einem pflichtgemäßen Ermessen. Dabei gibt die Zweckmäßigkeit den Ausschlag. **Unstatthaft** ist eine Zuweisung ab Entscheidungsreife nach → § 300 Rn. 21.

5 **2. Form.** Die Zuweisung erfolgt nach einer freistehenden Anhörung ohne eine notwendige mündliche Verhandlung nach § 128 IV durch einen Beschluss des Berufungsgerichts als Kollegium nach § 329, BGH NJW 1999, 2972. Wegen der Bekanntgabe an die Parteien § 329 I, III. Das Unterbleiben einer Zuweisung braucht keinen besonderen Beschluss. Eine Anfechtung der Zuweisung oder ihres Unterbleibens ist unstatthaft. Fehlt die Zuweisung oder ist sie gesetzwidrig, liegt unabhängig vom etwaigen Einverständnis der Parteien der absolute Revisionsgrund des § 547 Nr. 1 vor, BGH NJW 2001, 1357.

6 **3. Bestimmung des Einzelrichters.** Bei der Kammer für Handelssachen ist der Vorsitzende nach I 2 kraft Amts Einzelrichter, ohne dass eine Zuweisung erfolgt. Im Übrigen bestellt das Kollegium zum Einzelrichter ein Mitglied des Gerichts nach dem Mitwirkungsplan nach § 21g II GVG, meist den Berichterstatter, BGH NJW 2000, 2024. § 21g III GVG gilt nur für den zur Entscheidung berufenen Einzelrichter nach § 526. Eine Bekanntgabe an die Parteien ist zumindest dann ratsam, wenn die Parteien sonst keine Klarheit über die Funktion des Einzelrichters erhielten. Die Bestimmung ist wie bei § 526 III unanfechtbar.

7 **4. Aufhebung der Zuweisung.** Sie ist dann zulässig, wenn das zur sachgemäßen Erledigung erforderlich ist. Die Entscheidung trifft das Kollegium, Schneider DRiZ 1978, 336. Es kann nach erneuter Tätigkeit wiederum nach § 527 zuweisen.

8 **V. Förderung durch den Einzelrichter, II.** Der vorbereitende Einzelrichter ist für die Dauer seiner Tätigkeit das Berufungsgericht. Daher besteht vor ihm Anwaltszwang nach § 78 I 1. Drei Aspekte kommen infrage.

9 **1. Herbeiführung der Entscheidungsreife, II 1.** Der vorbereitende Einzelrichter muss die Sache nach → § 349 Rn. 6 zumindest so weit fördern, dass nach Möglichkeit eine einzige Verhandlung vor dem Kollegium zur Erledigung nach → § 300 Rn. 21 genügt. Auch im Berufungsverfahren muss der Einzelrichter mangels eines Vergleichs den ganzen Streitstoff erschöpfend mit den Parteien erörtern und festlegen. Er handelt eigenverantwortlich. Er handelt zB nach §§ 138 I 1, 2, 139 II, 142, 143, 273 II, 278 II 2 in den Grenzen der §§ 528 ff., ferner Anh. § 307, § 794 I Nr. 1 (Prozessvergleich). Bei IV entscheidet er umfassend und endgültig.

10 **2. Beweiserhebung, II 2.** Dazu Pantle NJW 1991, 1279 (Grdz.). Zu dem genannten Zweck kann der Einzelrichter weitergehend als ein nur nach §§ 361, 375, 402, 451 beauftragter Richter aufgrund einer Entscheidung des Kollegiums oder einer eigenen Entscheidung einzelne Beweise nach §§ 355 ff., 525 erheben, BGH NJW 2011, 1075. Das kann zB bei einem Gutachten sinnvoll sein, krit. BGH NJW 1994, 802. In einer Punktesache usw. wird er häufig mit Nutzen alle Beweise erheben. Der Wortlaut „einzelne" steht nicht entgegen. Denn er enthält den Grundsatz, dass dem Kollegium eine solche Beweisaufnahme ganz erspart bleibt, bei der es auf einen persönlichen Eindruck nicht ankommt. Entscheidend ist stets, ob die Beweisaufnahme durch den Einzelrichter zur Vereinfachung der Verhandlung vor dem Kollegium wünschenswert ist und ob man ähnlich wie bei § 375 Ia von vornherein annehmen darf, dass das Kollegium das Beweisergebnis auch ohne seinen eigenen unmittelbaren Eindruck von dem Verlauf der Beweisaufnahme sachgemäß würdigen kann, BGH MDR 2013, 929. Das wäre in einem Arzthaftungsprozess meist schwierig, BGH NJW 1995, 1293.

11 Diese **zwingende** von § 349 I 2 abweichende Regelung schränkt den dem Einzelrichter nach der Gesetzesfassung eingeräumten Beurteilungsspielraum im Interesse der Unmittelbarkeit der Beweisaufnahme nach § 355 ein, Pantle NJW 1991, 1279. Sie hat im zweiten Rechtszug eine besondere Bedeutung, BGH FamRZ 2006, 1020 (daher bei § 141 nur bei einer Berücksichtigung im Rahmen der Beweiswürdigung nach § 286). Bei der Nachprüfung im Revisionsverfahren kommt es demgemäß darauf an, ob die Beweiserhebung durch den Einzelrichter vertretbar war oder nicht. Nur im letzteren Fall kann ein Verfahrensfehler vorliegen, zB dann, wenn nur ein Zeuge infrage kam (keine Vereinfachung der Verhandlung vor dem Kollegium) oder wenn von Anfang an klar war, dass das Kollegium den persönlichen Eindruck brauchte.

12 Ein **Verstoß** ist aber nach §§ 295 I, 525 heilbar, BGH NJW 1995, 1293. Stellt sich heraus, dass ein persönlicher Eindruck nötig ist, muss nach §§ 398 I, 525 ein Antrag auf eine nochmalige Vernehmung durch das Kollegium gestellt werden. Von ihr darf das Kollegium nur dann ausnahmsweise absehen, wenn der Einzelrichter seinen Eindruck ausreichend nach § 160 III Nr. 4, 5 zum Protokoll genommen hat, BGH NJW 1992, 1966; Pantle NJW 1991, 1279. Dazu muss er das Protokoll den Parteien mitteilen, BGH NJW 2000, 1420. Eidlich sollte der Einzelrichter weder Zeugen nach §§ 373 ff. noch Parteien nach §§ 445 ff. vernehmen, Parteien möglichst überhaupt nicht. Denn eine solche Vernehmung sollte wegen ihrer Bedeutung schon wegen § 391 meist dem Kollegium vorbehalten bleiben, BGH WM 1987, 1562. Immer darf der Einzelrichter einen umfassenden Beweisbeschluss nach §§ 358, 358a, 525 erlassen und dessen Erledigung oder Aufhebung dem Kollegium anheimstellen. Er kann auch gerade einen Sachverständigen nach §§ 402 ff., 525 beauftragen. Bei extremer Unzweckmäßigkeit, zB hohen Kosten eines solchen Gutachtens, gegen dessen Erforderlichkeit gewichtige Gründe sprechen, kann eine Niederschlagung der Kosten nach § 21 GKG, § 20 FamGKG nötig werden. Das ändert nichts an der Wirksamkeit des Beweisbeschlusses.

13 **3. Vorlage an das Kollegium, II 1, 2.** Hält der Einzelrichter die Sache für reif zur Schlussverhandlung, legt er sie dem Vorsitzenden formlos zur Terminsbestimmung vor, Schneider MDR 2003, 374. Er darf nach → Rn. 17 trotzdem noch Nebenentscheidungen zu seinem Tätigkeitsabschnitt fällen. Eine Endentscheidung darf er nur nach III oder IV treffen. Eine Endentscheidung ist auch die Ahndung einer Zuwiderhandlung gegen einen Duldungs- oder Unterlassungstitel. Die Parteien haben auf den Abschluss des Verfahrens vor dem Einzelrichter keinen Einfluss. Bei Meinungsverschiedenheiten zwischen dem Einzelrichter und dem Kollegium über die weitere Behandlung der Sache entscheidet dieses, Schneider DRiZ 1978, 335. Es kann die Zuweisung an den Einzelrichter aus diesem Grunde jederzeit widerrufen, solange nicht IV gilt. Es kann die Zuweisung aber auch erneuern.

14 **VI. Entscheidung durch den Einzelrichter, III.** Hier ist eine Zustimmung der Parteien anders als bei IV nicht nötig. Eine Entscheidung bindet den Einzelrichter und das Kollegium nach §§ 318, 329, 525.

15 **1. Ausdrücklich geregelte Fälle, III Nr. 1–6.** Die Aufzählung derjenigen Fälle, in denen der Einzelrichter im Berufungsverfahren ohne ein Einverständnis der Parteien entscheiden darf und muss, ist nach → Rn. 17 nicht ganz abschließend, aM Schneider MDR 2003, 375 (auch Sachzusammenhang). Sie entspricht mit einigen Abweichungen dem Katalog in § 349 II. Der Einzelrichter entscheidet danach stets über

16 **Nr. 1:** Verweisung nach § 100 GVG, nicht aber nach § 281 oder nach § 179 II GVG;

Nr. 2: Zwingend über Folgen der Klagerücknahme nach § 269 III, IV, der Berufungsrücknahme nach § 516, auch dort III 2, und bei einem Verzicht oder Anerkenntnis nach → § 349 Rn. 15;

Nr. 3: bei der Säumnis einer oder beider Parteien nach → § 349 Rn. 15, auch durch ein unechtes Versäumnisurteil;

Nr. 4: Kosten des Verfahrens, auch nach § 91a, soweit nicht das Kollegium nach → § 349 Rn. 15 gleichzeitig mit der Hauptsache hierüber entscheidet;

Rechtshängigkeit: War die Rechtshängigkeit nach → § 261 Rn. 1 noch vor dem Ersturteil weggefallen, ist kein Anfall in der Berufungsinstanz nach → Vor § 511 Rn. 4 erfolgt, BGH NJW 1991, 1684. Freilich gilt § 533.
Rechtskraft: Hat das Erstgericht wegen Rechtskraft nach §§ 322, 705 abgewiesen und verneint das Berufungsgericht diesen Grund, gilt § 538 II, BGH NJW 1984, 128.
Restanspruch: Soweit eine Abänderung des Ersturteils in eine Klagabweisung nötig wird und ein Restanspruch dadurch bedeutungslos wird, muss das Berufungsgericht ihn (mit)abweisen, BGH VersR 1977, 430; Köln NJW-RR 1996, 699. Dafür ist kein besonderer Antrag nötig. Das Berufungsgericht kann zB bei einer Stufenklage nach § 254 den Hauptanspruch bei einer Verneinung des in die Berufungsinstanz gekommenen Rechnungslegungs- oder Auskunftsanspruchs abweisen, BGH NJW-RR 1995, 1021 (auch dann, wenn der Kläger beim Erstgericht eine Verhandlung über den Hauptanspruch beantragt), Celle Nds. Rpfl. 1995, 15; Ffm OLGR 2006, 79. Es kann den Auskunfts- und Schadensersatzanspruch auch bei einer Abweisung eines Unterlassungsanspruchs abweisen. Nach dem Wegfall der Rechtshängigkeit nach → § 261 Rn. 1 ohne Entscheidung kommt ein neues Berufungsverfahren infrage, BGH NJW 1991, 1684.
Schiedsvereinbarung: Nach ihrer prozessualen Einrede nach § 1032 I Hs. 1 fällt die Hauptsache evtl. gar nicht an, BGH WM 1986, 402.
Stufenklage: „Restanspruch". Freilich darf das Berufungsgericht evtl. nur über den Auskunftsanspruch nach § 254 entscheiden, BGH NJW-RR 1987, 1029.
Teilurteil: Grundsätzlich fällt nur der nach § 301 entschiedene Teil der Berufungsinstanz an, es sei denn, es wirkt auch auf den noch nicht beschiedenen Teil mit, BGH NJW 2013, 1009; Celle NJW-RR 1995, 1021. Hat das LG unzulässigerweise ein Teilurteil nach → § 301 Rn. 10 ff. erlassen, kann das Berufungsgericht statt einer Zurückverweisung nach § 538 II 1 Nr. 7 auch über den danach noch in erster Instanz verbliebenen Teil mitentscheiden, falls es das für zweckmäßig hält, da es dann nur einheitlich entscheiden kann, BGH NJW 2001, 78; Mü ZIP 2010, 1745; Saarbr OLGR 1998, 303. Ist ein Teilurteil nach § 705 formell rechtskräftig geworden, kann die unterlegene Partei im Rahmen des Berufungsverfahrens eine Abänderungswiderklage nach § 323, Anh. § 253, § 525 dann erheben, wenn sich solche Umstände ergeben, die eine Änderung des Teilurteils rechtfertigen würden, BGH NJW 1993, 1795.

Möglich ist auch die **Heranziehung** des noch in erster Instanz nach → § 261 Rn. 1 anhängigen Teils dann, wenn beide Parteien einverstanden sind, BGH NJW 1986, 2112; Düss VersR 1989, 507. Das gilt zB dann, wenn sich der Berufungsbekl. insoweit rügelos auf den das Ganze betreffenden Abweisungsantrag einlässt, BGH NJW 1986, 2112. Das muss aber die Ausnahme bleiben. Daher darf das Berufungsgericht grds. nicht über den noch in der ersten Instanz anhängigen Teil mitentscheiden, mögen auch die abweisenden Gründe des Berufungsurteils nach § 540 ebenso für den Rest zutreffen, BGH VersR 1977, 430, noch weniger über die dort noch anhängige Widerklage nach Anh. § 253.
Übergangener Anspruch: Über ihn darf das Berufungsgericht grds. nicht (mit)entscheiden. Seinetwegen ist vielmehr eine Ergänzung nach §§ 321, 525 nötig, BGH NJW 1991, 1684. Aber auch → Rn. 6 „Anspruchshäufung".
Vorbehaltsurteil: Es gilt dasselbe wie bei → „Grundurteil", Karlsr NJW-RR 1987, 254. Auch „Übergangener Anspruch".
Vorentscheidung: Sie fällt aus der ersten Instanz mit an, soweit sie zu § 512 zählt.
Widerklage: Es gilt § 533. Auch → Rn. 6 „Abrechnung".
Zinsen: → „Mehrheit von Ansprüchen".
Zurückbehaltung: Hatte der verurteilte Bekl. hilfsweise ein Zurückbehaltungsrecht geltend gemacht, muss das Berufungsgericht darüber auch ohne eine Rüge entscheiden, BGH NJW-RR 1986, 991.
Zurückverweisungsantrag: Bei ihm muss nach § 538 II das Berufungsgericht dann selbst entscheiden, wenn die Sache nach → § 300 Rn. 21, § 525 entscheidungsreif ist. Denn der Kläger verfolgt sie mit der Berufung weiter. Sie ist daher nach → Vor § 511 Rn. 22 angefallen.
Zwischenentscheidung: Nach einer solchen zB nach §§ 280, 525 fällt die Hauptsache evtl. gar nicht an, BGH NJW-RR 1986, 61.

V. Prüfung und Entscheidung, S. 1, 2. Das Berufungsgericht muss den gesamten Streitstoff nach → § 2 Rn. 4 im Umfang des Anfalls nach → Vor § 511 Rn. 4 zur Kenntnis nehmen, neu erörtern und würdigen. Das bedeutet indessen nicht, dass man so verhandeln und würdigen muss, als habe keine erste Instanz stattgefunden. Vielmehr darf und muss man auf der Grundlage des Ersturteils und der früheren Verhandlung verfahren, Schneider AnwBl 1988, 259. Neues Vorbringen ist bis zum Schluss der mündlichen Verhandlung nach §§ 136 IV, 296a, 525 statthaft, soweit es §§ 530 ff. erlauben, darüber hinaus nicht. Die Nichtbeachtung eines tatsächlichen Vorbringens kann den Anspruch auf rechtliches Gehör nach Art. 103 I GG verletzen, BVerfG NJW 1980, 278. Unabänderliche Prozesshandlungen behalten ihre Wirkung für die Berufungsinstanz. Abänderliche bleiben beim Vorliegen der Voraussetzungen ihrer Änderung in der Berufungsinstanz abänderbar. Ihre Berufungsanträge müssen die Parteien nach §§ 297, 525 stellen. Das Gericht muss nach → Rn. 4 möglichst früh auf sachdienliche Anträge hinwirken. Es muss § 528 auch bei einer Zurückverweisung nach § 538 beachten. 7

VI. Begrenzung durch Anträge, S. 1, 2. 1. Grundsatz, S. 1. Die Anträge nach §§ 297, 520 III 2 Nr. 1, 525 ziehen entsprechend §§ 308 I, 525 dem Berufungsgericht die Grenzen, BGH NZA 2016, 363. Es gilt also außer aufgrund einer Anschlussberufung nach § 524 ein Verschlechterungsverbot, BGH NJW 2011, 2130; LG Mü NJW-RR 2014, 1108. Eine Beschränkung der Anträge ist dann keine teilweise Berufungsrücknahme nach § 516, wenn die Berufungsschrift keinen Antrag enthielt, wohl aber sonst. Ihre Erweiterung ist kein neuer Anspruch. Denn es ist entscheidend, welche Anträge die Parteien in der mündlichen Verhandlung stellen (anders liegt es für die Frage der Zulässigkeit der Berufung), BGH NJW-RR 1989, 962. Hat der abgewiesene Kläger nur wegen eines Teils Berufung eingelegt, ist das Berufungsurteil kein Teilurteil nach § 301, sondern ein abschließendes Endurteil. Denn eine Erweiterung der Anträge ist nur bis zum Schluss der letzten mündlichen Verhandlung nach §§ 136 IV, 296a, 525 zulässig. Die äußerste Grenze des zulässigen Berufungsantrags ist der Klagantrag nach → § 297 Rn. 4, soweit nicht eine Klagerweiterung nach § 533 stattfinden darf, BGH FamRZ 1986, 661. 8

2. Änderung des Urteils, S. 2. Dazu Kuhlmann, Das Verbot der Reformatio in peius im Zivilprozeßrecht, Diss. Passau 2009. Das Berufungsgericht darf das stattgebende wie abweichende Ersturteil wegen §§ 308 I, 525 9 nur bei einer zulässigen und zumindest teilweise begründeten Berufung und nur im Rahmen der in der Berufungsinstanz gestellten Anträge nach § 520 III 1 Nr. 1 zur Berufung wie Anschlussberufung nach § 524 abändern. Darin stecken zwei Verbote, dasjenige der Änderung zum Vorteil des Berufungsklägers, also über seine Anträge hinaus (reformatio in melius), BGH ZIP 2013, 1540, sowie dasjenige der Änderung zu seinem Nachteil (reformatio in peius), BGH MDR 2005, 1435 (freilich nicht nach einer Anhörungsrüge nach § 321a, → § 321a Rn. 83, LG Mü NJW-RR 2014, 1108); LG Mü ZMR 2017, 979. Das ändert freilich nichts an der Befugnis zum Austausch einzelner Teilbeträge usw., BGH MDR 2005, 1435. Es entscheiden die Anträge beim Schluss der mündlichen Verhandlung nach §§ 136 IV, 296a, 525, BGH NJW 1983, 1063. Was die Anträge dann nicht angreifen, ist für das Gericht unantastbar, mag es noch so falsch sein, BGH NJW 2003, 140; LG Mü NJW-RR 2014, 1108. In der Berufungsbegründung nach § 520 III können die Parteien Anträge dann nicht mehr wirksam stellen, wenn die Berufung schon vorher zB wegen des Ablaufs der Begründungsfrist nach § 520 II unzulässig geworden ist, BGH MDR 1977, 649. Die Bindung an die Anträge gilt auch bei einer Zurückverweisung nach § 538, Jessen NJW 1978, 1616, oder nach § 563 I, IV.

10 Das Verbot der weitergehenden Änderung entspricht der Bindung des Erstgerichts an die Anträge nach § 308 I. Eine andere Begründung für das Zugesprochene oder die Verurteilung zu einem Weniger sind grundsätzlich statthaft. Den Maßstab dazu, ob ein Nachteil entsteht, gibt die innere Rechtskraftwirkung nach → Vor § 322 Rn. 10. Macht der Berufungskläger mehrere Ansprüche geltend, gilt das Verbot für jeden von ihnen auch dann, wenn sie auf einem einheitlichen Klagegrund beruhen.

11 Ist die Klage im ersten Rechtszug als derzeit unbegründet abgewiesen worden, steht einer endgültigen Abweisung der Klage im Berufungsverfahren nicht das Verschlechterungsverbot entgegen. Das Verbot der Reformatio in peius ist nicht anwendbar, da der Kläger durch das angefochtene Urteil noch keine schutzwürdige Position erlangt hat, OLG Hamm BeckRS 2022, 5640.

3. Beispiele zur Frage der Zulässigkeit einer Änderung, S. 2

12 **Von Amts wegen:** Zulässig bleibt eine solche Änderung, BGH NJW 1989, 230; Saarbr NJW 2016, 3191; aM Karlsr OLGR 2004, 511. Das gilt zB bei den Kosten, Jena NJW-RR 2002, 970 (§ 308 II).

Anschließung: Zulässig ist eine Änderung zum Nachteil des Berufungsklägers nur bei einer Anschließung des Berufungsbekl. nach § 524, LG Bln NJW-RR 2016, 19.

Erweiterung: Unzulässig ist eine schlichte Erweiterung der Verurteilung des Bekl. aufgrund nur **seiner** Berufung.

Fälligkeit: „Nach nur derzeitiger Abweisung".

Fassung des Tenors: Zulässig ist es, einen unklaren Tenor des Ersturteils nach § 313 I Nr. 4 jetzt besser zu formulieren.

Nach Hilfsantrag: Das Gericht muss die vom Kläger nach → § 260 Rn. 11 genannte Reihenfolge beachten.

Nach Hilfsaufrechnung: Unzulässig ist nach einer Klagabweisung wegen einer bloßen Hilfsaufrechnung nach → § 145 Rn. 21 und einer Berufung nur des Klägers eine Überprüfung des ursprünglichen Bestehens der Hauptforderung und eine darauf gegründete Klagabweisung, BGH NJW-RR 2001, 1572. Entsprechendes gilt für die Entscheidung über die auf den Aufrechnungseinwand beschränkte Berufung des Bekl., BGH NJW 1996, 527; aM Hamm MDR 1992, 998 (zu großzügig). Das Berufungsgericht darf umgekehrt auf eine Berufung des Bekl. diesem seine Gegenforderung nicht absprechen.

Hilfswiderklage: Unzulässig ist eine Entscheidung des Berufungsgerichts ohne Antrag zB des Gegners, falls das Erstgericht eine Hilfswiderklage gar nicht beschieden hatte, aM BGH NJW-RR 2005, 220.

Klarstellung: „Von Amts wegen".

Kosten: „Von Amts wegen".

Rechnungsposten: Zulässig ist es, einzelne Rechnungsposten ohne eine Veränderung des Ergebnisses zu ändern, BGH NJW 2004, 96.

Schuldform: Zulässig ist die Feststellung einer anderen Schuldform als im Ersturteil, zB des Vorsatzes statt einer bloßen Fahrlässigkeit oder eines anderen Grads von Mitverschulden nach § 254 BGB. Denn die Entscheidungsgründe des Ersturteils nach § 313 III entstehen grds. nach → § 322 Rn. 11 nur sehr bedingt in innerer Rechtskraft nach § 322.

Nach Teilabweisung: Zulässig ist eine Änderung, soweit das Erstgericht den Inhalt der Teilabweisung nicht ausreichend beschrieben hat, BGH WM 1996, 1240. **Unzulässig** ist nach einer Teilabweisung und einer Berufung nur des Klägers eine Vollabweisung. Nach einer Berufung nur des Bekl. ist es **unzulässig,** dem Kläger eine höhere Leistung zuzusprechen.

Unklarheit: Zulässig ist eine Änderung bei einer Unklarheit des Umfangs des Ersturteils, BGH NJW-RR 2001, 1351.

Nach Urteil Zug-um-Zug: Unzulässig ist auf eine Berufung des Klägers eine Klagabweisung und auf eine Berufung des Bekl. die Verweigerung des Rechts auf die Gegenleistung.

Vorläufige Vollstreckbarkeit: Zulässig ist ihre Änderung.

Wertersatz: Unzulässig ist eine Verurteilung auf ihn statt auf die vom Erstgericht verhängte sog. Naturalrestitution ohne Antrag.

Zurückbehaltungsrecht: Es ist auch dann zu beachten, wenn es in der Berufungsbegründung nicht wiederholt geltend gemacht wird, BGH NJW-RR 1986, 991.

Nach Zusammenrechnung: Unzulässig ist es, nach einer unrichtigen Zusammenrechnung von Klage und Widerklage nach Anh. § 253 auf eine Berufung nur des Bekl. und Widerklägers die Forderungen wieder nach § 145 zu trennen, BGH NJW 2003, 140.

13 **VII. Ausnahmen von der Antragsbegrenzung, S. 1, 2. 1. Keine Ausnahme bei unzulässigem Teilurteil.** Wird ein das Gebot der Widerspruchsfreiheit von Teil- und Schlussurteil verletzendes Teilurteil nur teilweise angefochten, steht einer auf diesen Verfahrensfehler gestützten Aufhebung des gesamten Teilurteils das Verbot der reformatio in peius entgegen, BGH NJW 2013, 1009. Soweit das OLG Köln entschieden hatte, das Verbot der reformatio in peius stehe der Aufhebung des ganzen (unzulässigen, weil nur gegen ein Mitglied einer notwendigen Streitgenossenschaft erlassenen) Teilurteils, das neben dem betroffenen Beklagten teilweise auch der Kläger und alleinigen Berufungsführer beschwert, nicht entgegen, OLG Köln VersR 174, 64, dürfte dies nach der vorgenannten Entscheidung des BGH nicht mehr haltbar sein.

2. Kosten. Bei der Entscheidung über die Prozesskosten nach §§ 91 ff. kommt es nach §§ 308 II, 525 auf die Anträge nicht an, Jena NJW-RR 2002, 970. Daher ist insoweit nach → § 308 Rn. 27 eine Schlechterstellung möglich, BGH WM 1981, 46. Das gilt auch dann, wenn die Entscheidung denjenigen Streitgenossen nach § 59 betrifft, der nach §§ 322, 705 rechtskräftig aus dem Prozess ausgeschieden ist, BGH NJW 1981, 2360. Auch bei Erfolglosigkeit des Rechtsmittels kommt eine Änderung der Kostenentscheidung in Betracht, vgl. § 308 Rn. 16. 14

3. Klagabweisung als unzulässig. Sie darf das Rechtsmittelgericht trotz unterschiedlicher Rechtskraftwirkungen auf die Berufung des Klägers dann in eine Abweisung als unbegründet ändern, wenn kein anderes Ergebnis möglich ist, BGH NJW-RR 2003, 933; Celle BauR 2014, 1048; Stgt ZIP 2010, 1645. Voraussetzung für eine derartige aus Gründen der Prozesswirtschaftlichkeit zulässigen Änderung muss aber in der Revisionsinstanz nach → § 563 Rn. 4 sein, dass ein Schlüssigmachen des Anspruchs wie nach → § 253 Rn. 28 nicht mehr wahrscheinlich ist, und in der Berufungsinstanz, dass das Berufungsgericht sein Fragerecht nach §§ 139, 525 dahingehend ausgeübt hat. Dasselbe gilt umgekehrt dann, wenn der Bekl. gegen ein Prozessurteil Berufung einlegt und eine Sachabweisung beantragt, BGH NJW 1999, 1113. Die Zurückverweisung kann nach § 538 nunmehr dazu führen, dass die Klage aufgrund der vom Bekl. begehrten sachlichen Prüfung begründet ist. 15

4. Verfahrensfehler. Ob und inwieweit das Verschlechterungsverbot in Fällen, in denen ein von Amts wegen zu beachtender Verfahrensmangel vorliegt, der Aufhebung des gesamten Urteils bei einer Teilanfechtung entgegensteht, hängt von der **Qualität des Fehlers** ab. Zu differenzieren ist zwischen behebbaren und unheilbaren Verfahrensfehlern. Bei einem **behebbaren Verfahrensfehler** ist es zulässig, auf eine Teilanfechtung das ganze von dem Mangel betroffene Urteil aufzuheben und die Sache zurückzuverweisen, um den Prozess in die richtige Lage zu bringen und den Mangel im Ganzen zu beheben. Dabei steht es außer Frage, dass die von neuem zu treffende sachliche Entscheidung nicht zu Ungunsten des Rechtsmittelführers von der aufgehobenen Entscheidung abweichen darf. Die Frage des Vorrangs zwischen dem Verschlechterungsverbot und dem Gebot der Berücksichtigung zwingenden Verfahrensrechts stellt sich daher bei einer möglichen Behebung des Mangels durch die untere Instanz letztlich nicht BGH NJW 2013, 1009; NJW-RR 1989, 1404; NJW 1986, 1494 (1495). Dagegen entscheidet bei **unheilbaren, von Amts wegen zu berücksichtigenden Verfahrensmängeln** über den Vorrang eine Abwägung zwischen der verletzten Verfahrensnorm und dem Verschlechterungsverbot. Maßgebend ist danach, ob der verletzten Verfahrensnorm ein größeres Gewicht zukommt als dem Verschlechterungsverbot, BGH NJW 2013, 1009; 1986, 1494 (1496). Das gilt zB: bei der Verletzung von Verfahrensvorschriften, die eine Wiederaufnahme begründeten, BGH NJW 1989, 229; 1986, 1494, 1496; wenn das Erstgericht einen Einspruch gegen ein Versäumnisurteil nach § 338 fehlerhaft als zulässig angesehen hat, Brdb MDR 2007, 1448; beim Fehlen von Prozessvoraussetzungen; bei einem Urteil, dessen Tenor in sich selbst unauflösbar widersprüchlich ist, BGH NJW-RR 2001, 1351; beim Übersehen der Rechtskraft nach §§ 322, 705; nicht dagegen bei einem unzulässigen Teilurteil, BGH NJW 2013, 1009. 16

529 *Prüfungsumfang des Berufungsgerichts.* [I] Das Berufungsgericht hat seiner Verhandlung und Entscheidung zugrunde zu legen:

1. die vom Gericht des ersten Rechtszuges festgestellten Tatsachen, soweit nicht konkrete Anhaltspunkte Zweifel an der Richtigkeit oder Vollständigkeit der entscheidungserheblichen Feststellungen begründen und deshalb eine erneute Feststellung gebieten;

2. neue Tatsachen, soweit deren Berücksichtigung zulässig ist.

[II] [1]Auf einen Mangel des Verfahrens, der nicht von Amts wegen zu berücksichtigen ist, wird das angefochtene Urteil nur geprüft, wenn dieser nach § 520 Abs. 3 geltend gemacht worden ist. [2]Im Übrigen ist das Berufungsgericht an die geltend gemachten Berufungsgründe nicht gebunden.

I. Systematik, I, II. I regelt, welche Tatsachen das Berufungsgericht seiner Entscheidung zugrundezulegen hat, und ob und inwieweit es an die Feststellungen des erstinstanzlichen Gerichts gebunden ist. II regelt und beschränkt den Prüfungsumfang des Berufungsgerichts. 1

II. Regelungszweck, I, II. Die Vorschrift regelt entsprechend der Konzeption der Berufungsinstanz vornehmlich als bloßes Fehlerkontroll- und Fehlerbeseitigungsinstrument den Prüfungsumfang in der Berufungsinstanz, BGH NJW 2010, 377. Es handelt sich auch nach Inkrafttreten des Zivilprozessreformgesetzes um eine zweite – wenn auch eingeschränkte – Tatsacheninstanz, deren Aufgabe in der Gewinnung einer „fehlerfreien und überzeugenden" und damit „richtigen" Entscheidung des Einzelfalls besteht, BGH NJW 2016, 3015. 2

III. Geltungsbereich, I, II. Die Vorschrift gilt in jedem Berufungsverfahren nach der ZPO und den auf sie verweisenden Gesetzen. Sie gilt auch im WEG-Verfahren. Im Arbeitsgerichtsverfahren gilt § 529 nach § 64 VI ArbGG entsprechend, BAG NZA 2017, 1609. 3

IV. Grundsatz: Bindung an die Feststellungen der I. Instanz; Zugrundelegung korrekt festgestellter Tatsachen, I Nr. 1 Hs. 1. Dazu Ullenboom ZZP 129, 235 (Grdz.). Es gibt keine volle zweite Tatsacheninstanz mehr, Roth JZ 2006, 9. Die Bindung betrifft diejenigen Tatsachen, die das Erstgericht seinem Urteil zugrundegelegt hat, sei es als wahr oder unwahr, BGH NJW 2004, 2152, sei es als nach § 291 offenkundig, gerichtsbekannt, als nach § 288 I zugestanden oder als unstreitig usw., BGH NJW 2005, 983, oder auch als unerheblich, BGH WM 2010, 1143. Der Tatbestand des Ersturteils liefert hier abweichend von § 314 evtl. keinen Beweis dafür, dass eine Partei einen dort nicht erwähnten Umstand auch nicht vorgetragen hatte, BGH NJW 2007, 2414; Gaier NJW 2004, 2043. Mit der zulässigen Berufung gelangt nämlich der gesamte aus den Akten ersichtliche Prozessstoff erster Instanz ohne Weiteres in die Berufungsinstanz, so dass das Berufungsgericht auch schriftsätzlich angekündigtes Parteivorbringen zu berücksichtigen hat, das der Erstrichter für unerheblich gehalten und im Urteilstatbestand nicht erwähnt hat, BGH NJW 2011, 2796. Allenfalls im Zweifel kann eine Berichtigung nach §§ 319, 320 ratsam sein, Stackmann NJW 2013, 2933. 4

V. Ausnahme: Anhalt zu Zweifeln, I Nr. 1 Hs. 2. Die Bindung entfällt, BGH WM 2013, 2321; Kblz NJW-RR 2004, 392, soweit konkrete Anhaltspunkte Zweifel an der Richtigkeit oder Vollständigkeit der entscheidungserheblichen Feststellungen begründen, BVerfG NJW 2011, 49; BGH NZM 2017, 76; Düss NJW 2018, 628. 5

6 **1. Erforderlichkeit einer Berufungsrüge.** Die Prüfung, ob solche Zweifel vorliegen, hat das Berufungsgericht von Amts wegen vorzunehmen. Liegt eine zulässige Berufung vor, so ist das angefochtene Urteil nämlich nicht nur auf Rechtsfehler hin zu überprüfen, vielmehr gehört es gem. § 513 I ZPO zu den Aufgaben des Berufungsgerichts, das Urteil der Vorinstanz auch ohne dahingehende Rüge auf konkrete Anhaltspunkte für Zweifel hinsichtlich der Richtigkeit und Vollständigkeit der getroffenen Tatsachenfeststellungen zu prüfen und etwaige Fehler zu beseitigen, BGH WM 2004, 845, 848. Die dem BerGer. nach Maßgabe des § 529 I Nr. 1 Hs. 2 obliegende Kontrolle der Feststellungen des Erstgerichts besteht deshalb unabhängig davon, ob die Berufungsbegründung einen den Anforderungen des § 520 III 2 Nr. 3 ZPO genügenden Angriff gegen diese Feststellungen enthält, BGH NJW 2005, 983, Anders/Gehle Assessorexamen ZivilR S Rn. 5. Bemerkt das Berufungsgericht etwa anlässlich der Prüfung sonstiger Berufungsrügen, dass das Eingangsgericht eine für die Beweiswürdigung bedeutsame Tatsache oder ein erhebliches Beweisangebot übergangen hat, dann bestehen auch ohne dahingehende Rüge konkrete Anhaltspunkte für Zweifel an der Richtigkeit der entscheidungserheblichen Feststellungen, die das Berufungsgericht gemäß § 529 I Nr. 1 Hs. 2 zu einer erneuten Tatsachenfeststellung verpflichten, BGH NJW-RR 2020, 822; BGHZ 158, 269 (279).

7 Kurz gefasst: Ist das Urteil (hinsichtlich irgendeines Punktes) hinreichend angegriffen im Sinne des § 520 III, ist es **unabhängig vom Vortrag der Berufung vollständig dahingehend zu überprüfen,** ob Zweifel an der Richtigkeit oder Vollständigkeit der Feststellungen bestehen, vgl. BGH NJW 2004, 1876; 2005, 1583; 2014, 2797; VersR 2014, 1018. Dies kann dazu führen, dass die Berufung aus Gründen erfolgreich ist, die der Berufungsführer nicht einmal im Blick hatte.

8 **2. Konkrete Anhaltspunkte.** Voraussetzung für eine Durchbrechung der Bindungswirkung ist zunächst, dass das Ersturteil „nicht überzeugt", BGH NJW-RR 2018, 652; Hamm NJW-RR 2018, 34; Jena NJW-RR 2017, 215. Es genügt jeder objektivierbare rechtliche oder tatsächliche Einwand, BGH NJW-RR 2018, 652; Düss NJW-RR 2013, 1441; LG Detm NJW-RR 2012, 958; krit. Rimmelspacher JZ 2005, 1063. Ein bloß subjektiver Zweifel, eine nur abstrakte Erwägung oder Vermutung oder Gefühlsregung ohne einen greifbaren Anhaltspunkt reicht nicht, BGH NJW 2006, 153. Zweifel iS der Regelung sind aber bereits dann begründet, wenn aus der Sicht des BerGer. eine **gewisse – nicht notwendig überwiegende – Wahrscheinlichkeit** dafür besteht, dass im Fall der Beweiserhebung die erstinstanzlichen **Feststellungen keinen Bestand haben werden,** BGH NJW 2003, 3480; 2004, 2825; 2004, 2828. Zweifel können sich daraus ergeben, dass die Feststellung verfahrensfehlerhaft getroffen wurde, BGH NJW 2014, 1550. Zweifel können sich (auch ohne Verfahrensfehler) allein schon aus der **Möglichkeit unterschiedlicher Wertung** ergeben, BVerfG NJW 2003, 2524, insbesondere daraus, dass das BerGer. das Ergebnis einer erstinstanzlichen Beweisaufnahme anders würdigt als das Gericht der Vorinstanz, BVerfG NJW 2003, 2524; 2005, 1487; BGH NJW 2005, 1583; NJW-RR 2017, 725 Rn. 20; NJW-RR 2017, 219 Rn. 11; NJW-RR 2017, 75 Rn. 24; BeckOK ZPO/Wulf Rn. 9; Musielak/Voit/Ball Rn. 3b; einschränkend MüKoZPO/Rimmelspacher Rn. 15 und MüKoZPO/Rimmelspacher § 520 Rn. 52. Wenn sich das BerGer. von der Richtigkeit der erstinstanzlichen **Beweiswürdigung** nicht zu überzeugen vermag, so ist es an die erstinstanzliche Beweiswürdigung, die es aufgrund konkreter Anhaltspunkte nicht für richtig hält, nicht gebunden, sondern zu einer erneuten Tatsachenfeststellung nicht nur berechtigt, **sondern verpflichtet,** BGH NJW 2005, 1583.

9 **3. Erneute Feststellung.** Eine erneute Prüfung und Entscheidung ist immer geboten, wenn die konkrete Möglichkeit eines anderen Beweisergebnisses besteht, BGH NJW 2004, 2828. Das Berufungsgericht hat die Feststellungen grundsätzlich selbst zu treffen. Eine Aufhebung und Zurückverweisung an die I. Instanz ist nur unter den Voraussetzungen des § 538, zu denen auch der Antrag einer der Parteien gehört, möglich.

10 Das Berufungsgericht muss einen **Zeugen** nochmals selbst vernehmen, wenn es bei der Beurteilung der **Glaubwürdigkeit** von dem Ergebnis der Vorinstanz abweichen will, BGH NJW 2014, 550 mwN. Es muss den Zeugen auch dann erneut vernehmen, wenn es die **Aussage anders würdigt** als die I. Instanz; das BerGer. kann dessen Auslegung nicht verwerfen und zum gegenteiligen Ergebnis kommen, ohne zuvor die Zeugen gem. § 398 I ZPO selbst vernommen zu haben, BGH BeckRS 2006, 05648. Dasselbe gilt bei der **Parteivernehmung,** BGH NZG 2013, 1436, und auch der **persönlichen Anhörung der Parteien,** BGH 28.7.2020 – II ZR 20/20, BeckRS 2020, 19014; NJW 2018, 308, und auch im Falle eines unvollständigen oder zweifelhaften **Sachverständigengutachtens,** BGH NJW 2004, 2828.

11 Ggf. kann auch die Wiederholung der gesamten erstinstanzlichen Beweisaufnahme erforderlich sein, wenn eine Gesamtwürdigung getroffen werden muss.

12 Trägt das Berufungsgericht all dem nicht Rechnung, liegt darin ein Verstoß gegen Art. 103 I GG, BGH NJW 2018, 308 Rn. 11.

13 Die **fehlerhafte Annahme** eines BerGer., die Voraussetzungen des I Nr. 1 seien erfüllt, so dass neue oder ergänzende Feststellungen zu treffen seien, ist einer revisionsrechtlichen Überprüfung entzogen, BGHZ 162, 313 (318 f.); BGH NJW 2019, 2169 Rn. 17; NJW-RR 2021, 76 Rn. 18. Im Falle von vom BerGer. verfahrens- oder rechtsfehlerhaft getroffener neuer Feststellungen können die Parteien die diesem unterlaufenen Verfahrensfehler (zB §§ 139, 411 III, IV, Art. 103 I GG) oder materielle Mängel der Beweiswürdigung (§ 286, vgl. BGH NJW 2020, 1947 Rn. 68) im Revisionsverfahren rügen und im Falle berechtigter Rügen den vom BerGer.in Abweichung von der Vorinstanz zugrunde gelegten Tatsachen ihre Bindungswirkung entziehen, BGH NJW-RR 2021, 76 Rn. 22.

14 **4. Die Auslegung von Willenserklärungen und Verträgen.** Sie wird vom Berufungsgericht **in vollem Umfang** und ohne Rüge überprüft, BGH NJW 2004, 2751; Anders/Gehle Assessorexamen ZivilR S. 515 f.; vgl. auch Musielak/Voit/Ball Rn. 8. Auch nach der Reform des Rechtsmittelrechts hat dieses die erstinstanzliche Auslegung einer Individualvereinbarung gemäß §§ 513 I, 546 ZPO – auf der Grundlage der nach § 529 ZPO maßgeblichen Tatsachen – in vollem Umfang darauf zu überprüfen, ob die Auslegung überzeugt. Hält das Berufungsgericht die erstinstanzliche Auslegung lediglich für eine zwar vertretbare, letztlich aber – bei Abwägung aller Gesichtspunkte – nicht für eine sachlich überzeugende Auslegung, so hat es selbst die Auslegung vorzunehmen, die es als Grundlage einer sachgerechten Entscheidung des Einzelfalles für geboten hält. Die Bestimmung des Inhalts von Willenserklärungen im Wege juristischer Auslegung ist nämlich keine empirische Tatsachenfeststellung, sondern verstehende Interpretation von Tatsachen, BGH NJW 2004, 2751, um damit eine rechtliche Bewertung; auch → § 513 Rn. 2.

5. Beispiele zur Frage eines Anhalts zu Zweifeln, I Nr. 1 Hs. 2

Augenschein: Zweifel können bei dem Fehlen seiner Ergebnisse bestehen, Hamm NJW-RR 2003, 1006, auch beim Übergehen weiteren Beweisantritts wegen Vorliegen von Fotos, denn ein Foto ist manipulierbar. 15

Auslegung: Das Berufungsgericht darf und muss die erstinstanzliche Auslegung einer Individualvereinbarung nach §§ 513 I, 546 auf der Grundlage der nach § 529 maßgeblichen Tatsachen in vollem Umfang darauf überprüfen, ob die Auslegung überzeugt, BGH FamRZ 2010, 460; Düss MDR 2005, 532; Roth JZ 2006, 12. Hält das Berufungsgericht die erstinstanzliche Auslegung lediglich für zwar vertretbar, letztlich aber bei einer Abwägung aller Gesichtspunkte nicht für sachlich überzeugend, muss es selbst diejenige Auslegung vornehmen, die es als Grundlage einer sachgerechten Entscheidung für richtig hält, BGH NJW 2004, 2751.

Beweisaufnahme: Zweifel können wegen der Art der Beweisaufnahme bestehen, etwa der Fragen an einen Zeugen, BGH MDR 2005, 1308. Sie können auch beim Verstoß gegen ihre Unmittelbarkeit nach § 355 bestehen, BGH NJW 2000, 2024, oder wegen des Unterbleibens einer notwendigen Beweisaufnahme, BGH WM 2013, 2321. Auch → Rn. 15 „Gutachten".

Beweislast: Das Berufungsgericht darf sie nach Anh. § 286, § 525 entscheiden lassen, BGH NJW 2005, 423.

Beweiswürdigung: Zweifel können bei einem vorinstanzlichen Verstoß gegen § 268 bestehen, BVerfG NJW 2003, 2524; BGH NJW 2014, 301; Saarbr NJW-RR 2015, 948. Auch „Erneute Vernehmung"; Zweifel bestehen auch schon, wenn das Berufungsgericht anders würdigt, → Rn. 9.

Bewertung: Zweifel können bei unterschiedlicher Bewertung bestehen, BGH NZV 2017, 25.

Denkgesetze, Erfahrungssätze: Zweifel bestehen nach einem Verstoß gegen Denkgesetze oder allgemein anerkannte Erfahrungssätze etwa nach → Vor § 284 Rn. 34, BGH NJW 2014, 301, Saarbr NJW-RR 2015, 948.

Ermessen: Zweifel können aufgrund seiner Art der Ausübung bestehen, die das Berufungsgericht voll überprüfen darf und muss, etwa bei → § 287 Rn. 11 „Schmerzensgeld". Zum Problem Arnold ZZP 126, 63 (ausf.).

Erneute Vernehmung: Zunächst → § 398 Rn. 5 ff., § 525. Zweifel bestehen nach einem Verstoß des Erstgerichts gegen § 398, BVerfG NJW 2005, 1487; BGH BauR 2014, 142; Saarbr NJW-RR 2006, 251. Dabei können neue Methoden erheblich sein, BGH NJW-RR 2007, 212, auch ein Privatgutachten nach → Vor § 402 Rn. 41, § 525, BGH NJW 2007, 1531. Eine erneute Vernehmung ist regelmäßig Voraussetzung einer neuen Beweiswürdigung nach §§ 286, 525, BVerfG NJW 2005, 1487; BGH WM 2013, 2321. Entbehrlich ist eine Vernehmung evtl. nach erstinstanzlich nur schriftlicher Aussage nach § 377 III, BGH NJW 1998, 384.

Ersturteil: Zweifel können natürlich wegen der Fassung des Ersturteils bestehen, BGH NJW 2004, 2829; Stackmann NJW 2007, 9.

Gerichtsbekanntheit: Zweifel können bestehen, soweit das Erstgericht eine → § 291 Rn. 9 gerichtskundige Tatsache verkannt hat.

Gutachten: Zweifel können bei einer Unvollständigkeit eines Gutachtens bestehen, BGH MDR 2006, 531, oder nach seiner fehlerhaften Nichterhebung, BGH MDR 2005, 1308; Saarbr NJW-RR 2006, 250, oder nach seiner fehlerhaften Würdigung zur Person oder zur Sache, BGH FamRZ 2004, 23. Es kann eine Anhörung des Gutachters nach §§ 411 III, 412 I, 525 nötig sein, BGH MDR 2009, 1184; Düss BauR 2018, 116; Mü BauR 2018, 126, auch eine erneute, BGH BauR 2010, 1095. **Kein** ausreichender Zweifel besteht wegen einer bloßen besseren Aufklärbarkeit, Stackmann NJW 2002, 781. Unzulässig ist bei Streitgenossen nach §§ 59 ff. eine erneute Vernehmung für nur den einen wegen eines beide betreffenden Punkts, BGH MDR 1992, 411, oder eine erneute Vernehmung nur eines von mehreren Zeugen, BGH NJW 1991, 2082.

Gutachtenerläuterung: Zweifel bestehen nach einem Verstoß gegen § 411 III, BGH MDR 2005, 1309.

Klageänderung: Zweifel können bei einer Klagänderung nach §§ 263, 264 bestehen, BGH NJW 2007, 2415.

Neue Angriffs- oder Verteidigungsmittel: Zweifel können sich aus solchen Mitteln nach § 531 II ergeben, BGH NJW 2004, 2825.

Parteivernehmung: § 536.

Parteivortrag: Zweifel können schon seinetwegen bestehen. Das kann zB dann gelten, wenn das Erstgericht ihn übergangen hat, BGH BGHR 2007, 30, oder wenn der Berufungskläger die erstmalige Vernehmung eines unmittelbaren Tatzeugen nach §§ 373, 525 beantragt, oder bei einem sonstigen neuen Vortrag in den Grenzen des § 531 II.

Protokoll: Zweifel bestehen bei seiner Lückenhaftigkeit nach §§ 160 ff., Hamm MDR 2003, 830, oder bei einem unauflösbaren Widerspruch zwischen dem Vernehmungsprotokoll und den daraus gezogenen Schlüssen, BGH NJW 1991, 1183; Saarbr VersR 2004, 624. Das gilt unabhängig von einer damaligen Beeidigung, BGH MDR 1982, 297.

Schätzung: Zweifel können auch bei §§ 287, 525 bestehen, BGH WM 1988, 1029. Das gilt aber nur ausnahmsweise, Ffm ZIP 2013, 1954.

Schmerzensgeld: Es gilt dasselbe wie bei → Rn. 15 „Auslegung", BGH NJW 2006, 1589; Brdb VersR 2005, 953; aM Brschw VersR 2004, 924; Hamm VersR 2006, 134, insofern auch Kblz VersR 2010, 1323 (abl. Jaeger).

Streitigkeit: Zweifel bestehen dann, wenn das Erstgericht eine objektiv streitige Tatsache fälschlich nach → § 286 Rn. 28 als unstreitig behandelt hat, aM Karlsr NJW-RR 2003, 891, Rostock OLGR 2004, 61, Stöber MDR 2006, 5.

Tatsachenfeststellung: Zweifel können bei ihrer Fehlerhaftigkeit bestehen, BGH NJW 2014, 75.

Übergehung: Zweifel bestehen nach dem Übergehen eines entscheidungserheblichen Vortrags, BVerfG NJW 2005, 1487; Barth NJW 2002, 1702; aM Saarbr NJW-RR 2003, 573; Crückeberg MDR 2003, 199; Grunsky NJW 2002, 800 (aber das ist ein schwerer Verfahrensfehler).

Unstreitigkeit: Kein Zweifel besteht grds. bei Unstreitigkeit, BGH NJW 2013, 2525 (dann evtl. § 320); LG Bonn NJW-RR 2010, 312. Aber auch „Streitigkeit".

Verfahrensfehler: Zweifel können natürlich nach einem Verfahrensfehler des Erstgerichts bestehen, BGH NJW 2016, 3662; Saarbr NJW-RR 2015, 948; Stgt NJW-RR 2007, 567. **Kein** solcher Zweifel ist schon dann berechtigt, wenn das Erstgericht seine Feststellungen ohne einen Verfahrensfehler getroffen hat, BGH NJW 2005, 1583.

Vermutung: Nicht ausreichen kann eine bloße Vermutung, Düss NJW 2011, 3043.

Wahrscheinlichkeit: Sie kann reichen, BGH VersR 2014, 1018.

Widersprüchlichkeit: Zweifel bestehen bei einer Widersprüchlichkeit zB der Entscheidungsgründe des Ersturteils nach § 313 III, BGH NJW 2014, 301; BAG NJW 2015, 432; Karlsr VersR 2006, 229; aM Rostock OLGR 2004, 60 (aber das ist ein typischer Fall).

Zeugenvernehmung: Zweifel bestehen wegen ihrer pflichtwidrigen Unterlassung, BGH WM 2013, 2321, oder bei der Glaubwürdigkeitsfrage, BGH NJW 2018, 2335. Erscheint ein Zeuge nicht, mag zB seine erstinstanzliche Vernehmung reichen, Mü GRUR 2017, 631.

Zeugnisverweigerungsrecht: Zweifel müssen nicht schon wegen dessen erstmals zweitinstanzlicher Ausübung nach §§ 383 ff., 525 bestehen, BGH NJW 2007, 2919.

16 **VI. Berücksichtigung neuer Tatsachen, I Nr. 2.** Grundlage für die Verhandlung und Entscheidung des Berufungsgerichts sind neue Tatsachen oder zB eine neue Urkunde nach §§ 415 ff. nur, soweit ihre Berücksichtigung nach §§ 530, 531 II zulässig ist, BGH NJW 2010, 377, KG NJW-RR 2007, 368 (zweitinstanzliche Abtretung). Dazu zählt die Einrede der Verjährung dann nicht, wenn man sie schon erstinstanzlich hätte erheben können, Oldb MDR 2004, 292.

17 **VII. Verfahrensmängel und andere Berufungsgründe, II. 1. Verfahrensmängel, II 1.** Auf einen nicht von Amts wegen zu beachtenden Verfahrensfehler prüft das Berufungsgericht das Ersturteil nur dann, wenn die Partei ihn nach § 520 III 2 Nr. 2, 3 oder nach § 524 III nachvollziehbar genau gerügt hat, Saarbr NJW-RR 2003, 139; aM Gehrlein NJW 2007, 2834 (stets Amtsprüfung, zu streng). Es gilt dasselbe wie bei § 295 II, → § 295 Rn. 23 ff.

18 **Beispiele:** Verstöße gegen §§ 159 ff., 166, 271, 274, 283, 311 ff., 355, 377.

19 **2. Andere Berufungsgründe, II 2.** Im Übrigen, wie etwa bei einem von Amts wegen zu beachtenden Verfahrensmangel und bei der Prüfung der Anwendung des sachlichen Rechts, prüft das Berufungsgericht in den Grenzen von § 528 S. 2 frei, BGH GRUR 2013, 278. Es kann evtl. auf Antrag nach § 538 II 1 Nr. 1 zurückverweisen.

20 **Beispiele:** Art. 103 I GG, BGH NJW 2000, 1498; Parteifähigkeit nach § 50, BGH NJW 2004, 2523; Prozessvoraussetzungen, BGH NJW-RR 1999, 388; Urteil während einer Verfahrensunterbrechung nach §§ 239 ff.; Unklarheit des Klagantrags nach § 253 II Nr. 2 Hs. 2, BGHZ 135, 6; Verstoß gegen § 286, BGH NJW 2005, 1583; Verstoß gegen § 304, BGH NJW 2000, 664; Verstoß gegen § 308 I, BGH NJW-RR 1989, 1087; Fehlen des Tatbestands nach § 314; Zulässigkeit des Einspruchs gegen ein Versäumnisurteil nach § 338, BGH NJW 1976, 1940; Verstoß gegen §§ 169 ff. GVG. Auch die Unzulässigkeit des Erlasses eines Grund- und Teilurteils ist in der Berufungsinstanz von Amts wegen zu berücksichtigen; es bedarf keiner entsprechenden Berufungsrüge, OLG Hamm 3.12.2020 – 24 U 14/20, BeckRS 2020, 37654.

21 **VIII. Rechtsmittel, I, II.** Es kann eine Revision nach §§ 542 ff., hilfsweise eine Verfassungsbeschwerde (kein Rechtsmittel) in Frage kommen. **Unangreifbar** ist eine rechtswidrige Neufeststellung nach I Nr. 2, BGH NJW 2005, 1583.

530 *Verspätet vorgebrachte Angriffs- und Verteidigungsmittel.* **Werden Angriffs- oder Verteidigungsmittel entgegen den §§ 520 und 521 Abs. 2 nicht rechtzeitig vorgebracht, so gilt § 296 Abs. 1 und 4 entsprechend.**

Schrifttum: Fellner MDR 2004, 241; Schneider NJW 2003, 1434 (je: Grdz.).

1 **I. Systematik.** Während § 531 die Behandlung erstinstanzlicher und neuer zweitinstanzlicher Angriffs- und Verteidigungsmittel regelt, tut § 530 das mit den gegen die Vorschriften zur Berufungsbegründung oder -erwiderung oder Stellungnahme nach §§ 520, 521 II verstoßenden derartigen Mitteln, Rohlfing NJW 2010, 1787.

2 **II. Regelungszweck.** Die Vorschrift dient wie § 531 der Beschleunigung und Konzentration des Berufungsverfahrens, indem sie bestimmt, dass ähnlich wie beim Erstgericht nach § 296 I das Berufungsgericht ein verspätetes Vorbringen ohne dessen besondere Zulassung nicht berücksichtigen darf. In dieser Beschränkung liegt kein Verstoß gegen das GG, BGH MDR 2005, 706. Jedoch gilt der strenge Ausnahmecharakter aller Präklusionsvorschriften, BVerfG NJW 1984, 2203; BGH MDR 2005, 706. Das Berufungsgericht darf ein Vorbringen zu einer von Amts wegen prüfbaren Prozessvoraussetzung nach → Vor § 253 Rn. 14 nicht als verspätet zurückweisen, BGH NJW 2004, 2533.

3 **III. Geltungsbereich.** Die Vorschrift gilt nur eingeschränkt. Sie gilt auch im WEG-Verfahren. Im Verfahren der Arbeitsgerichte ist § 530 nicht entsprechend anwendbar. An seiner Stelle gilt § 67 II ArbGG mit im wesentlichen gleichem Inhalt, LAG Bln NZA 1998, 168. Unberührt bleibt § 525 iVm §§ 282, 296 II. **Unanwendbar** ist § 530 bei § 522 II, Schneider NJW 2003, 1434.

4 **IV. Nicht rechtzeitige Angriffs- und Verteidigungsmittel.** Beide Parteien dürfen Angriffs- und Verteidigungsmittel nach §§ 282, 296, 525 nicht zeitlich unbeschränkt in das Berufungsverfahren einführen, BGH NJW 1999, 2446. Das gilt sowohl für die Wiederholung von Vorbringen der ersten Instanz auch dann, wenn das Erstgericht es zurückgewiesen hatte (vgl. § 531 I), als auch für neues Vorbringen. Dieses unterliegt außerdem den Beschränkungen des § 531 II. Darauf, ob es sich um solche Tatsachen handelt, die man schon in ersten Instanz hätte vorbringen können, oder um andere, kommt es nicht schon bei § 530 an, sondern erst beim Verschulden nach § 531 II 1 Nr. 3, BGH WM 1989, 278; Wolf ZZP 94, 314. Keine Partei muss aber eine ihr unbekannte Tatsache ermitteln, BGH NJW 2003, 200.

5 **Neue Anträge** gehören als eigene Angriffe und nicht nur Angriffsmittel **nicht** hierher, ebenso wenig nach → Rn. 2 Anregungen zu einem solchen Punkt, den das Berufungsgericht von Amts wegen beachten muss, zB zur internationalen Zuständigkeit nach → Vor § 12 Rn. 6, oder zu Ausführungen zum sachlichen Recht. Für die Erweiterung und Änderung der Klage gelten §§ 263, 264, 525, 533. Das sie begründende Vorbringen unterliegt § 530, BAG NJW 2007, 794; Schneider MDR 1982, 627.

Nach dem maßgeblichen Zeitpunkt entstandene oder als wesentlich erkennbar gewordene Angriffs- und Verteidigungsmittel dürfen zeitlich unbegrenzt geltend gemacht werden, soweit man dadurch nicht die Prozessförderungspflicht nach → Rn. 20 verletzt, BVerfG NJW 1991, 2276. 6

Im ersten Rechtszug nicht zurückgewiesenes Vorbringen wird ohne Weiteres Prozessstoff der zweiten Instanz; eines erneuten Vorbringens bedarf es insoweit grundsätzlich nicht, BGH WM 2020, 1152; BGH WM 2019, 2255 und ständig. 7

Das Berufungsgericht muss nach §§ 139, 525 auf seine abweichende Beurteilung hinweisen, BVerfG NJW 1978, 413 (zust. Jekewitz); BGH NJW 1982, 582. Der durch einen notwendigen Hinweis des Berufungsgerichts nach § 139 II 1 veranlasste Vortrag einer Partei darf nicht als verspätet zurückgewiesen werden, BGH WM 2019, 2255. 8

1. Rechtzeitigkeitsgrenzen. Die Angriffs- und Verteidigungsmittel (zB neue Beweisangebote, in erster Instanz entschuldbar unterbliebenes Bestreiten der Zinsforderung, BGH WM 1977, 172) müssen vorbringen: Der Berufungskläger in der Berufungsbegründung nach § 520 III Nr. 4, → § 520 Rn. 58, Müller-Rabe NJW 1990, 290; Schneider NJW 2003, 1434; Stöber NJW 2005, 3605, und zwar innerhalb der Begründungsfrist, auch der etwa nach § 520 II verlängerten; wenn nach § 521 II eine Frist läuft, der Berufungsbekl. und evtl. der Berufungskläger, falls ihn erst die Berufungserwiderung zu weiterem Vorbringen veranlasst, innerhalb dieser Fristen, Stgt NJW 1981, 2581; Schneider NJW 2003, 1434. Der Berufungsbekl. darf sich grundsätzlich nicht auf Floskeln und allgemeine Bezugnahmen beschränken, BGH WM 1986, 1509 (auch zu einer Ausnahme). Er muss dabei seine Verteidigungsmittel nach §§ 277 I, 521 II, 525 insoweit vorbringen, als es nach der Prozesslage einer sorgfältigen und auf Förderung des Verfahrens bedachten Prozessführung entspricht, BGH NJW-RR 1992, 1214; Karlsr FamRZ 1991, 191; Stgt NJW 1981, 2581. Das alles gilt entsprechend bei einer Anschlussberufung nach § 524. 9

Für den **Streithelfer** nach § 66 gelten diese Beschränkungen nicht unmittelbar. Sein Vortrag ist aber dann unbeachtlich, wenn das Berufungsgericht einen solchen Vortrag der Hauptpartei zurückweisen müsste. Dabei muss es ein Verschulden nach → Rn. 11 aus der Person der Hauptpartei beurteilen, Fuhrmann NJW 1982, 978. 10

2. Zulässigkeit bei Verspätung: Entweder keine Verzögerung. Ist danach ein Vorbringen nach §§ 520, 522 II, 521 II verspätet, gilt § 296 I und IV entsprechend, BGH NJW-RR 2005, 669; Mü WM 2014, 1916. Das Berufungsgericht darf ein Vorbringen also nur dann zulassen, wenn nach der freien Überzeugung des Gerichts die Zulassung die Erledigung des Rechtsstreits nicht verzögern würde, BGH MDR 2005, 706; Düss NJW-RR 1992, 1239; Karlsr WM 2012, 214, oder wenn die Partei oder ihr ProzBev. nach § 85 II die Verspätung nach → Rn. 13 genügend entschuldigt. Für beide Alternativen hat die vom Ausschluss bedrohte Partei die Darlegungs- und Beweislast nach Anh. § 286, Schneider MDR 1987, 900. Man darf die Anforderungen an ihre Bemühungen aber nicht überspannen, BGH MDR 1987, 915. Das Berufungsgericht muss vor einer Zurückweisung dem Betroffenen das rechtliche Gehör geben, BVerfGE 75, 183; BGH NJW 1984, 2039; LG Münst MDR 1990, 1021. Das Berufungsgericht muss auch §§ 139, 273, 283, 525 beachten, BGH NJW 1999, 585. 11

Ob eine **Verzögerung** vorliegt, bestimmt sich nach → § 296 Rn. 39 ff., § 525 allein nach der Prozesslage zur Zeit des Vorbringens, BGHZ 76, 133. Das Berufungsgericht muss bei einer Nichtzulassung die Verzögerung in den Gründen nach § 540 nachprüfbar feststellen und die Möglichkeit ihrer Vermeidung erörtern, BGH NJW 1999, 585, falls die Verzögerung nicht nach → Rn. 13 offensichtlich ist. Die Notwendigkeit einer Vertagung nach § 227 oder gar einer Beweisaufnahme nach §§ 355 ff., 525 kann nach dem sog. absoluten Verzögerungsbegriff nach → § 296 Rn. 40 reichen. Eine Aufrechnung nach → § 145 Rn. 15 verzögert bei ihrer Eignung zur vollständigen Streitbeendigung nicht, BGH NJW-RR 2004, 1076. Zum Verfahren bei unvollständigen Beweisangeboten vgl. § 356, BVerfG NJW 2000, 946. 12

3. Oder: Genügende Entschuldigung. Sie kann eine Verzögerung nach §§ 295 I, 525 heilen, BVerfGE 62, 255; BGH NJW 1982, 581. Dass eine genügende Entschuldigung vorliegt, muss die Partei wie nach § 296 IV auf Verlangen des Berufungsgerichts nach §§ 294, 525 glaubhaft machen, BGH NJW 1984, 2039. Sie ist auch beweispflichtig, Schneider MDR 1987, 900. Schon ihre leichte Fahrlässigkeit ist schädlich, BGH NJW 1985, 744. 13

Das Berufungsgericht braucht aber nur im Rahmen des **Zumutbaren** derart tätig zu werden, BVerfG NJW-RR 1999, 1079; BGH NJW 2001, 151. 14

4. Beispiele zur Frage genügender Entschuldigung

Eilmaßnahme: Das Berufungsgericht braucht nicht stets eine Eilmaßnahme anzuordnen, BGH NJW 1989, 729; Celle NJW 1989, 3023; Hamm MDR 1986, 766. 15

Einverständnis: Ausreichen kann ein solches des Gegners, Schneider NJW 2003, 1434. Denn § 530 hebelt die Parteiherrschaft nicht aus. Aber auch „Widerspruch".

Erkrankung: Ausreichen kann diejenige eines Zeugen, BGH NJW-RR 1986, 1317.

Gegenbeweis: → „Terminsvorbereitung".

Geschäftsgang: Das Berufungsurteil braucht nur im Rahmen seines normalen Geschäftsgangs zuzulassen, BGH NJW 1999, 3272.

Gesetzlicher Vertreter: Es gilt wie stets § 51 II.

Kenntniszeitpunkt: Ausreichen kann es, dass eine Tatsache erst nach dem Fristablauf zur Kenntnis kam oder wenn die Partei nicht erkennen konnte, dass es auf ein bestimmtes Vorbringen ankam, BVerfGE 67, 39; BGH NJW 1982, 581.

Prozessbevollmächtigter: Es gilt wie stets § 85 II.

Streitigkeitszeitpunkt: Ausreichen kann es, dass ein Vortrag des Gegners erst in der Berufungsinstanz streitig wurde und einen Gegenbeweis nach → Vor § 284 Rn. 21 oder einen Erstbeweis erfordert, BGH NJW 2013, 3180.

Terminsvorbereitung: Ausreichen kann eine ungenügende Beachtung von § 273 durch das Erstgericht, BVerfGE 32, 92; BGH NJW 1999, 585; Köln VersR 1990, 674. Nicht erforderlich ist aber eine Maßnahme nach § 273 schon wegen eines umfangreichen Gegenbeweisangebots, BVerfG MDR 1986, 896; BGH WM 1985, 819; Köln MDR 1985, 772.

Unannehmlichkeit: Ausreichen kann es, dass eine Partei ihren Vortrag aus berechtigter Befürchtung von Unannehmlichkeiten unzumutbarer Art nach → § 296 Rn. 46 ff. zurückhielt.

Widerspruch: Nicht ausreichen kann es, wenn der Gegner widerspricht und dafür zB Zeitnot nennt, BGH NJW 1986, 257; Hamm MDR 1986, 766.

Zeugenladung: Ausreichen kann die Möglichkeit der Ladung weiterer Zeugen bei einem dazu noch ausreichenden Zeitraum im schon anberaumten Termin, BVerfG NJW-RR 1999, 1079, BGH NJW 1999, 3273. Auch → „Einverständnis", aber auch → „Widerspruch".

Zurückhaltung: → „Unannehmlichkeit".

Zusatztermin: Das Berufungsgericht braucht nicht einen solchen stets anzusetzen, BGH NJW 1989, 729; Celle NJW 1989, 3023; Hamm MDR 1986, 766.

Zweifel: Hat das Berufungsgericht ihn, darf es **nicht** zulassen, Schneider JurBüro 1975, 23, muss das aber im Urteil nach § 540 darlegen, BGH NJW 1999, 585.

16 **5. Entscheidung über Zulassung.** Sie erfolgt erst nach Anhörung des Gegners, und zwar entweder im Beschluss nach § 522 II, Mü WM 2014, 1916, oder im Berufungsurteil nach § 540, BVerfG NJW 1990, 566; BGH NJW-RR 1991, 768; Schneider MDR 1987, 900. Dabei muss das Gericht bei der Feststellung einer Verzögerung und des Verschuldens nach → § 286 Rn. 13 von Amts wegen handeln und dabei zumindest diejenigen Erkenntnismittel ausschöpfen, die es ohnehin heranziehen müsste und die zu keiner Verzögerung führen, BVerfG NJW 1989, 705. Hierzu gehört nach → Rn. 11 stets die Anhörung der Parteien zur Frage der Zurückweisung wegen Verspätung nach §§ 139, 273, BGH NJW-RR 1990, 856; Franke NJW 1986, 3049; Hermisson NJW 1985, 2558. Liegen die Voraussetzungen für eine Zulassung nicht vor, muss das Berufungsgericht ohne ein Ermessen das verspätete Vorbringen zurückweisen, Düss NJW-RR 1992, 1239; Stgt NJW 1981, 2581. Es muss die Entscheidung unter der Angabe von Tatsachen so begründen, dass das Revisionsgericht ihre gesetzlichen Voraussetzungen nachprüfen kann, BGH NJW 2006, 153. Auch das BVerfG muss nachprüfen können, BVerfG NJW 1990, 2373. Anders liegt es nach → Rn. 11 nur dann, wenn der Prozessverlauf das Nötige klar ergibt. Eine Zurückweisung verspäteten Vorbringens durch ein Teilurteil nach § 301 ist unstatthaft, BGHZ 77, 306; aM Deubner NJW 1980, 2355; Mertins DRiZ 1985, 345. Nach einer Zulassung muss das Gericht neues dadurch veranlasstes gegnerisches Vorbringen ebenfalls zulassen, BGH NJW 2013, 1380.

17 **6. Verstoß.** Hat das Berufungsgericht bei der Zurückweisung die Begriffe der Verzögerung oder des Verschuldens verkannt oder jede Prüfung versäumt, liegt ein Verfahrensmangel nach § 563 I, IV vor. Setzt sich das Berufungsgericht mit dem Vorbringen nicht auseinander und trifft keine Entscheidung über dessen Zulassung, kann ein darin liegender Gehörsverstoß dazu führen, dass der BGH die Entscheidung aufhebt und die Sache an das Berufungsgericht zurückverweist, auch wenn eine Verspätung möglicherweise tatsächlich vorgelegen hat, vgl. BGH MDR 2020, 57. Dies schließt es jedoch nicht aus, den Vortrag im wiedereröffneten Berufungsverfahren doch noch zurückzuweisen, Toussaint FD-ZVR 2019, 422528.

18 Eine offenkundig unrichtige Zurückweisung, BVerfG NJW 1991, 2276, oder die Zurückweisung eines solchen Vorbringens, dessen Verspätung klar erkennbar nicht ursächlich für eine Verzögerung ist, verletzt den Anspruch der Partei auf rechtliches Gehör nach Art. 103 I GG, BVerfG NJW 1987, 2735 (zust. Deubner). Das gilt jedoch dann nicht, wenn die Partei in erster Instanz von der Möglichkeit der Äußerung vorwerfbar keinen Gebrauch gemacht hat, VerfGH Mü NJW 1980, 278. Das Revisionsgericht darf eine Zurückweisung nicht mit einer anderen Begründung aufrechterhalten, BGH NJW 1982, 1708.

19 Hat das Berufungsgericht ein Vorbringen **zu Unrecht zugelassen,** ist das anders als bei § 532 mit der Revision nicht angreifbar, BVerfG NJW 1995, 2980, BGH NJW 1985, 743, BAG MDR 1983, 1053. Denn das Geschehene zu beseitigen, dient weder der Beschleunigung noch der Wahrheitsfindung, Deubner NJW 1982, 1710. Wegen der Kosten bei einer Zurückverweisung → § 538 Rn. 34.

20 **V. Verletzung der Prozessförderungspflicht.** Auch in der Berufungsinstanz haben die Parteien die vor allem durch §§ 282, 525 bestimmte Prozessförderungspflicht nach → Vor § 128 Rn. 13. Soweit nicht § 530 oder § 531 eingreift, kann das Berufungsgericht bei einer Verletzung dieser Pflicht Angriffs- und Verteidigungsmittel nach seinem pflichtgemäßen Ermessen zurückweisen, BGH NJW 1987, 501, Oldb NJW 1987, 1339, Stgt NJW 1981, 2581. Das gilt dann, wenn ihre Zulassung nach der freien Überzeugung des Berufungsgerichts die Erledigung des Rechtsstreits verzögern würde oder wenn die Verspätung nach §§ 296 II, 525 auf grober Nachlässigkeit beruht (insoweit enger als nach § 521), BVerfG NJW 1991, 2276; BGH NJW-RR 1986, 1317; Putzo NJW 1977, 7. Für neues Vorbringen gilt insoweit § 531 II, → § 531 Rn. 15 ff. auch zu den Grenzen der Prozessförderungspflicht des Siegers erster Instanz. Eine Klagerweiterung ist nur im Rahmen von § 533 zulässig. Wegen der Folgen einer verfahrensfehlerhaften Zurückweisung → Rn. 16.

21 **VI. Rechtsmittel.** Die Zulassung ist unanfechtbar, BVerfG NJW 1995, 2980. Die Nichtzulassung mag auf Revision mangels ausreichender Begründung nach → Rn. 13, 16 zur Aufhebung und Zurückverweisung nach § 563 I, IV führen.

531 *Zurückgewiesene und neue Angriffs- und Verteidigungsmittel.*

I Angriffs- und Verteidigungsmittel, die im ersten Rechtszuge zu Recht zurückgewiesen worden sind, bleiben ausgeschlossen.

II [1]Neue Angriffs- und Verteidigungsmittel sind nur zuzulassen, wenn sie

1. einen Gesichtspunkt betreffen, der vom Gericht des ersten Rechtszuges erkennbar übersehen oder für unerheblich gehalten worden ist,

2. infolge eines Verfahrensmangels im ersten Rechtszug nicht geltend gemacht wurden oder

3. im ersten Rechtszug nicht geltend gemacht worden sind, ohne dass dies auf einer Nachlässigkeit der Partei beruht.

[2]Das Berufungsgericht kann die Glaubhaftmachung der Tatsachen verlangen, aus denen sich die Zulässigkeit der neuen Angriffs- und Verteidigungsmittel ergibt.

1 **I. Systematik, I, II.** Es handelt sich um eine der wichtigsten Spezialvorschriften des Berufungsrechts. Sie hat nach § 525 den Vorrang vor § 296. Sie verdrängt die letztere Vorschrift aber nicht völlig. Die Vorschrift ist verfassungsmäßig, auch II, BVerfG NJW 2005, 1768; Köln OLGR 2005, 25; aM Schneider NJW 2003, 187. Zum Verhältnis zu § 530 dort → § 530 Rn. 1.

II. Regelungszweck, I, II. Die Berufungsinstanz ist nach → § 513 Rn. 1 keine volle zweite Tatsacheninstanz. Das kommt vor allem in II klar zum Ausdruck. Darin liegt **kein Verstoß gegen Art. 3 oder Art. 103 I GG.** Denn diese Regelung beruht auf dem sachgerechten Streben des Gesetzes, die Maßnahmen zur Konzentration und Beschleunigung des Verfahrens in der ersten Instanz wirksam zu machen. 2

III. Geltungsbereich, I, II. Die Vorschrift gilt grundsätzlich in allen Berufungsverfahren nach der ZPO und den auf sie verweisenden Gesetzen. Das gilt auch nach einer Zurückverweisung nach § 538, BGH NZM 2016, 717. Sie gilt auch im Eilverfahren nach §§ 916 ff., 935 ff., Hamm VersR 2008, 1118 (Zurückhaltung ratsam); Köln GRUR-RR 2018, 211; Stürner IPRax 2004, 513, ferner nach § 117 PatG, in einer Patentsache, BGH GRUR 2016, 368, und in einer Baulandsache, BGHZ 161, 33, auch im WEG-Verfahren; zur Verspätung der Rüge der internationalen Unzuständigkeit vgl. OLG Köln NJW 1988, 2182. Im Verfahren der Arbeitsgerichte gilt § 67 ArbGG, BAG NZA 2011, 103; LAG Bln-Brdb NZA-RR 2011, 154. Wegen II → Rn. 11. 3

IV. Erstinstanzlich zu Recht zurückgewiesene Angriffs- und Verteidigungsmittel, I. Solche Mittel müssen erstinstanzlich streitig gewesen und zweitinstanzlich streitig geblieben sein, BGH NJW 1980, 945. Sie bleiben in der zweiten Instanz unstatthaft, BGH GRUR-RR 2010, 400. Das gilt auch nach einer Aufhebung und Zurückverweisung nach §§ 538 II, 563 I, BGH NJW 2004, 2382.Ein Wechsel der Begründung der Zurückweisung ist unzulässig, BGH GRUR-RR 2010, 400. Das gilt unabhängig davon, ob das Erstgericht ein Ermessen hatte oder nicht, BGH NJW 2006, 1741. **Kein** Angriffsmittel ist ein Angriff selbst, BGH NZM 2018, 444. 4

1. Zurückweisung in erster Instanz. Der Ausschluss gilt aber überall nur für ein solches an sich nach → § 253 Rn. 28 schlüssiges Vorbringen, das das Erstgericht zumindest im Ergebnis zu Recht nach §§ 296 II zurückgewiesen oder nach §§ 296 I oder III, 340 III 3 in seinem Urteil mit Gründen nicht zugelassen hatte, BVerfG MDR 1987, 904, BGH NJW-RR 2013, 655; KG MDR 2010, 1451. Er gilt nicht für andere Fälle der Nichtberücksichtigung eines Vortrags etwa durch Beschluss, BGH NJW 2002, 290, und erst recht nicht für einen zB nach → § 282 Rn. 10 zurückgehaltenen Umstand, LG Freibg NJW 1980, 295; aM Ffm MDR 1980, 943. 5

2. Beispiele zur Frage einer früheren Zurückweisung, I

Amtsprüfung: Unanwendbar ist I nach einem solchen Umstand, den das Berufungsgericht von Amts wegen nach → Vor § 128 Rn. 44, 46 prüfen darf oder muss, zB bei einem Gutachten in den Grenzen von § 259 oder bei einer Auskunft nach → Vor § 402 Rn. 19. 6

Beibringungsfrist: Unanwendbar ist I nach dem Ausschluss eines Beweismittels nach § 356, Karlsr NJW-RR 1994, 512.

Beweisangebot: Anwendbar ist I grds. nach der Zurückweisung eines einzelnen Beweisantrags nach §§ 371 ff. nur für diesen, BGH MDR 1980, 487 (krit. Schneider); KG MDR 2010, 1451. **Unanwendbar** ist I für einen weiteren erst in der Berufungsinstanz gestellten Beweisantrag oder einen neuen Zeugen nach § 373. Dann gilt vielmehr II, BGH NJW 1989, 716 (zust. Deubner). Einen Sachverständigen darf und muss das Berufungsgericht auch nach einer Zurückweisung durch das Erstgericht evtl. von Amts wegen nach §§ 402 ff., 525 in den Grenzen des § 529 beauftragen.

Erörterungs- und Fragepflicht: → „Sachliche Prozessleitung".

Hilfsanspruch: Unanwendbar ist I bei einem jetzt erstmals erhobenen Hilfsanspruch nach → § 260 Rn. 9, Ffm MDR 1983, 235. Auch → „Neuer Sach- und Streitstand".

Neuer Sach- und Streitstand: Unanwendbar ist I bei einem solchen Vorbringen, das ein neuer Sach- und Streitstand bedingt, BGH GRUR-RR 2010, 400, Wolf ZZP 94, 326.

Offenkundige Neuheit: Unanwendbar ist I bei einem in der Berufungsinstanz nach §§ 291, 525 offenkundig neuen Vorbringen.

Parteibitte: Anwendbar bleibt I trotz entgegenstehender Parteiwünsche. Denn die Grundsätze der Konzentration und der Beschleunigung nach → Vor § 253 Rn. 6 sind zwar kein Selbstzweck, sondern sie dienen den Parteiinteressen. Dennoch fordert die Rechtssicherheit die Anwendung von I, Kühnemund KTS 1999, 47; Lange DRiZ 1980, 413; aM Bettermann ZZP 91, 383; Schneider MDR 1989, 676 (zu großzügig).

Sachliche Prozessleitung: Unanwendbar ist I beim Verstoß des Gerichts gegen § 139, Stöber NJW 2005, 3605.

Schriftliches Verfahren: Unanwendbar ist I nach der Versäumung der Frist des § 128 II, Kramer NJW 1978, 1411.

Stufenklage: Unanwendbar ist I in der 2. oder 3. Stufe einer Klage nach § 254, soweit das Erstgericht nur zur 1. Stufe entschieden hatte, Karlsr MDR 1985, 239.

Unschlüssigkeit: Unanwendbar ist I nach einer Nichtberücksichtigung wegen einer Unschlüssigkeit nach → § 253 Rn. 28, BGH NJW 1985, 1543.

Unstreitigkeit: Unanwendbar ist I wie II bei einem in der Berufungsinstanz unstreitigen oder unstreitig gewordenen Vorbringen, falls es auch nicht verzögernd wirkt und daher auch keine Beweisaufnahme nach §§ 355 ff., 525 erfordert, BVerfGE 55, 84; BGH NJW 2009, 2532 (ohne Vorlage nach § 132 GVG); Kblz BauR 2012, 1838; aM BGH NJW 2008, 448; Ffm OLGR 2005, 588; Rostock OLGR 2006, 916. Davon zu unterscheiden ist jedoch, dass eine Berufung, dies sich ausschließlich auf neues Vorbringen stützt, nur dann zulässig ist, wenn vorgetragen wird, warum es zu beachten ist. Dies gilt unabhängig davon, dass das Vorbringen später unstreitig werden könnte, → § 520 Rn. 58, BGH NJW-RR 2015, 465.

Urkundenbeweis: Unanwendbar ist I bei einem solchen Vorbringen, das die Partei durch präsente Urkunden nach §§ 415 ff., 592 S. 1 beweisen kann, Schlesw SchlHA 1980, 213; Dengler NJW 1980, 163.

Verhandlungsschluss: Unanwendbar ist I nach einer Nichtzulassung nach § 296a, BGH NJW 1979, 2109; Köln OLGR 2004, 60; aM BGH MDR 2018, 617 (ohne Vorlage nach § 132 GVG). Dasselbe gilt dann, wenn in der Erstinstanz nach dem Verhandlungsschluss nach §§ 136 IV, 296a ein solcher Schriftsatz einging, den das Gericht nicht zB nach § 283 erlaubt hatte und den es dann als unbeachtlich ansah und nicht förmlich zurückwies, BGH MDR 2018, 617; Köln GRUR 2006, 206.

Vorschuss: Unanwendbar ist I nach dem Unterbleiben einer Zeugenvernehmung wegen der Nichtzahlung des Auslagenvorschusses nach § 379, BVerfG NJW 1985, 1150; BGH NJW 1982, 2559.

Wahrheitswidrigkeit: Anwendbar ist I auch dann, wenn ein Bestreiten als wahrheitswidrig gegen § 138 verstößt.

Wiederaufnahmegrund: Unanwendbar ist I beim Vorliegen eines solchen Grds. nach §§ 578 ff.

Zulassung eines Vorbringens: Unanwendbar ist I nach der Zulassung solchen Vortrags, mag das auch zu Unrecht geschehen sein, BVerfG NJW 1995, 2980; BGH NJW 1990, 1304; LG Freib NJW 1980, 295. Das gilt selbst dann, wenn das zunächst zugelassene Vorbringen dann doch mangels ausreichender Substantiierung nach → § 253 Rn. 28 im Ergebnis erfolglos geblieben ist, BGH WuM 2009, 62; Köln NJW 1980, 2361. Dasselbe gilt für ein solches neues Vorbringen, das das Erstgericht hätte zurückweisen müssen, selbst wenn die Partei es zB nach → § 282 Rn. 10 bewusst zurückgehalten hatte, BGH NJW 1981, 1218; LG Freib NJW 1980, 295; aM Ffm MDR 1980, 943; Wolf ZZP 94, 318.

Zulassungsvorbehalt: Anwendbar ist I nach einer erstinstanzlichen Zulassung auf Probe oder unter Vorbehalt, Deubner NJW 1978, 355; aM Lüke JuS 1981, 506.

Zurückverweisung: → Rn. 4.

7 **3. Berechtigung früherer Zurückweisung.** Dazu Fellner MDR 2004, 241 (Grdz.). Sie liegt dann vor, wenn das Erstgericht § 296 aus der späteren Sicht des Berufungsgerichts zutreffend angewendet hat, BGH GRUR-RR 2010, 400 (keine Auswechslung unzutreffender Gründe), Mü NJW-RR 1997, 944. Dabei ist § 85 II wie sonst anwendbar, BGH NJW 1975, 1656. Hatte das Erstgericht ein Vorbringen zu Recht zurückgewiesen und liegt keiner der Ausnahmefälle nach → Rn. 5 vor, bleibt es für die zweite Instanz unstatthaft, BGH GRUR-RR 2010, 400. Unterlässt das Berufungsgericht die Prüfung, weil es die Frage für unerheblich hält, prüft das Revisionsgericht die Rechtmäßigkeit der Zurückweisung, BGH NJW 1985, 1558. Maßgeblich für die Nachprüfung ist die objektive Lage zur Zeit der Verkündung des Ersturteils nach §§ 310, 311, BGH NJW 1987, 499; Hensen NJW 1984, 1672. Daher ist ein danach rechtmäßig zurückgewiesenes Vorbringen eben auch jetzt unstatthaft, Grunsky JZ 1977, 206. Auf die Kenntnis des Erstgerichts kommt es demgemäß nicht an, BGH NJW-RR 1992, 123; Schneider MDR 1978, 969; Weil JR 1978, 493.

4. Beispiele zur Frage einer Berechtigung, I

8 **Auswechslung:** Hatte das Erstgericht die Zurückweisung zu Unrecht auf eine Vorschrift A gestützt, darf das Berufungsgericht sie nicht einfach auf eine Vorschrift B stützen, BGH GRUR-RR 2010, 400.

Beibringungsfrist: Prüfen muss das Berufungsgericht, ob das Erstgericht bei § 356 richtig vorgegangen ist, BGH NJW 1989, 227.

Entschuldigung: Grundsätzlich lässt sich eine in erster Instanz unterlassene Entschuldigung nicht einfach in der nächsten Instanz nachholen, Ffm NJW 1979, 375. Wegen Art. 103 I GG muss man I aber verfassungskonform dahin auslegen, dass eine in erster Instanz **schuldlos** unterbliebene Entschuldigung einer Verspätung in der Berufungsinstanz ausnahmsweise nachholbar ist, BVerfG NJW 1987, 2003, krit. Schmidt-Aßmann DÖV 1987, 1037.

Erforderlichkeit weiteren Vortrags: Unberechtigt war eine Zurückweisung durch das Erstgericht nach seinem fehlerhaften Hinweis etwa nach § 139, weiterer Vortrag sei nicht nötig, BGH MDR 2005, 161.

Ermessen: Unanwendbar ist I nach einer Ermessensentscheidung, BGH NJW 2006, 1741, aM Düss WRP 1983, 414 (zu streng).

Fristeinhaltung: Prüfen muss das Berufungsgericht, ob das Erstgericht seine selbst gesetzte Frist auch eingehalten hatte, LG Münst MDR 1990, 1021.

Fristsetzung: Prüfen muss das Berufungsgericht, ob das Erstgericht eine Frist ordnungsgemäß gesetzt hatte, zB durch eine korrekte Unterschrift nach → § 129 Rn. 9 ff., BGH MDR 1980, 543, und durch eine korrekte Zustellung nach §§ 166 ff., 329 II 2.

Früher erster Termin: Prüfen muss das Berufungsgericht, ob das Erstgericht ein Vorbringen im frühen ersten Termin nach § 275 zurückweisen durfte, BVerfG NJW 1989, 706; BGH NJW 1987, 500; Düss NJW 1995, 2173.

Fürsorgepflicht: Unberechtigt war eine Zurückweisung durch das Erstgericht nach einer Vernachlässigung seiner Fürsorgepflicht nach § 139 usw., BVerfG NJW 1987, 2003; Deubner NJW 1987, 1585.

Gerichtsfehler: Berechtigt war eine Zurückweisung evtl. trotz ihrer fehlerhaften Begründung, falls eine bessere möglich war, BGH NJW 2006, 1741. **Unberechtigt** war eine Zurückweisung durch das Erstgericht dann, wenn man nicht ausschließen kann, dass die damalige Annahme einer Verspätung auf einem Fehlverhalten des Gerichts (mit)beruhte, BGH NJW 1991, 2773; Oldb NJW 1980, 295; Schneider MDR 1987, 901. Das gilt sogar dann, wenn in der Berufungsinstanz feststeht, dass es auch bei einer Vermeidung des Fehlers evtl. zu einer Zurückweisung durch das Erstgericht hätte kommen müssen, LG Münst MDR 1990, 1021; Hensen NJW 1984, 1672; aM KG NJW 1983, 580 (zu streng).

Grobe Nachlässigkeit: Prüfen muss das Berufungsgericht, ob das Erstgericht bei § 296 II den Vorwurf einer groben Nachlässigkeit zutreffend erhoben hatte, BGH NJW 1997, 2245, etwa weil er sich nach dem jetzigen Sachverhalt als gerechtfertigt erweist, BGH NJW 1986, 134.

Insolvenzanfechtung: Zu derjenigen nach § 129 InsO Kühnemund KTS 1999, 45.

Parteivernehmung: Berechtigt war evtl. eine Zurückweisung nach § 445. Das Berufungsgericht muss aber evtl. nach §§ 141, 448, 525 vorgehen.

Schriftliches Vorverfahren: Prüfen muss das Berufungsgericht, ob das Erstgericht eine der Fristen des § 276 richtig gesetzt oder angewendet hatte, BGH VersR 1983, 33; LAG Hamm MDR 1982, 612.

Streithilfe: Eine rechtmäßige Zurückweisung der Hauptpartei schließt nach § 66 auch einen Streithelfer mit seinem Vortrag in zweiter Instanz aus, Fuhrmann NJW 1982, 979.

Streitigkeit: Prüfen muss das Berufungsgericht, ob ein Vortrag streitig geblieben war, BGHZ 76, 733.

Terminierung: Prüfen muss das Berufungsgericht, ob zB für den Haupttermin nach § 276 zu wenig Zeit zur Verfügung stand, BVerfG NJW 1992, 299. Dabei musste das Erstgericht nach → § 530 Rn. 13 nur in einem zumutbaren Umfang vorbereiten.

Unerheblichkeit: Offenlassen darf das Berufungsgericht, ob das Erstgericht ein Vorbringen mit Recht zurückgewiesen hatte, falls das Berufungsgericht das Vorbringen für unerheblich hält. Das bindet sogar das Revisionsgericht, BGH NJW 1985, 1558.

Unklarheit: „Gerichtsfehler".

Verfahrensfehler: Prüfen muss das Berufungsgericht, ob das Erstgericht keinen auch nur mitursächlichen Verfahrensfehler begangen hatte, BVerfGE 75, 183; Oldb NJW 1980, 295. Auch bei den einzelnen Fehlerarten.

Verzögerung: Prüfen muss das Berufungsgericht, ob das Erstgericht eine Verzögerung zB nach § 296 mit Recht bejaht hatte, BGH NJW 1985, 1543; BAG NJW 1989, 2214; LG Münst MDR 1990, 1021 (zu § 283). Nach einer unberechtigten erstinstanzlichen Zurückweisung muss das Berufungsgericht das Vorbringen auch dann **zulassen,** wenn es zu einer Verzögerung nach → § 296 Rn. 45 führt. Auch „Auswechslung".

Vorbereitende Maßnahme: Prüfen muss das Berufungsgericht, ob das Erstgericht eine Verzögerung durch eine vorbereitende Maßnahme zB nach § 273 hätte abwenden können und müssen, BGH NJW 1987, 499.

Zurückverweisung: Das Berufungsgericht darf und muss evtl. nach § 538 II 1 Nr. 1 zurückverweisen.

5. Verfahren; Entscheidung. Je nach dem Ergebnis dieser Nachprüfung gilt wegen des zurückgewiesenen oder nicht zugelassenen Vorbringens: Auch das Berufungsgericht muss nach § 525 den § 139 beachten, selbst bei § 522 II, BVerfGE 92, 1268; BGH NJW 1981, 1378; Oldb NJW 2002, 271. Dann darf das Berufungsgericht hierzu einen Zeugen auch dann nicht vernehmen, wenn es ihn zu einem neuem Vorbringen hören muss, BGH NJW 1980, 1102; Schneider MDR 1980, 488; aM Hamm MDR 1979, 148. 9

Die Entscheidung über die Zulassung gehört in das **Berufungsurteil** nach § 540. Sie unterliegt der Nachprüfung des Revisionsgerichts. Ein darauf beschränktes Teilurteil nach § 301 ist unzulässig, BGH NJW 1981, 1217; krit. Deubner NJW 1980, 2355; Mertins DRiZ 1985, 345. Eine Zurückweisung kann eine Anwaltshaftung herbeiführen, BGH NJW 1975, 1656. 10

V. Neue Angriffs- und Verteidigungsmittel, II. Dazu Geisler AnwBl 2006, 609; Schenkel MDR 2004, 790; Schmidt NJW 2007, 1172 (je: Grdz.). Ausgangspunkt sind die Begriffe im umfangreichen ABC in → Einl. II Rn. 113f., → § 282 Rn. 5, → § 296 Rn. 27, Hamm MDR 2006, 695. § 531 verfolgt ebenso wie § 529 das Ziel, das Berufungsgericht an die fehlerfrei gewonnenen Erkenntnisse des Erstgerichts zu binden und neue Angriffs- und Verteidigungsmittel nur zuzulassen, soweit besondere Gründe es rechtfertigen, BGH NJW 2010, 377; Naumb NJW-RR 2016, 662; LG Düss NZM 2017, 738. Die Vorschrift gilt für jeden Streitgegenstand nach → § 2 Rn. 4 gesondert, BGH WM 2010, 1986. Sie gilt auch grundsätzlich bei jedem angegriffenen selbständigen Teil des Streitgegenstands, BGH NJW-RR 2000, 1015. Eine Ausnahme kann bei einem einheitlichen Rechtsgrund vorliegen, BGH NJW 2001, 2466. Die Vorschrift gilt ferner für einen Nebenanspruch oder Hilfsanspruch nach → § 260 Rn. 9, BGH FamRZ 1995, 138. Sie gilt auch nach einer Zurückverweisung gemäß § 538, BGH NZM 2016, 717, und im Arzthaftungsprozess, Kblz VersR 2015, 493, sowie in Verfahren nach §§ 217 ff. BauGB, BGH NJW 2005, 900. 11

Die Regelung gilt auch nach Aufhebung und Zurückverweisung der Sache durch den BGH; das BerGer. darf auch nach einer Zurückverweisung neue Angriffs- und Verteidigungsmittel nur in den Grenzen des II zulassen, BGH NJW 2004, 2382. 12

1. Neuheit. Ein Angriffs- und Verteidigungsmittel nach → Rn. 11 ist nur dann neu, wenn die Partei es nach dem Tatbestand des Ersturteils nach § 314 oder nach dem Schlussprotokoll in der ersten Instanz bis zum Schluss der mündlichen Verhandlung nach §§ 136 IV, 296a oder dem ihr nach § 128 II 2 gleichstehenden Zeitpunkt nach §§ 128, 283 nicht vorgebracht hat, BGH NZM 2016, 717, und auch nicht vorbringen konnte, BGH BauR 2016, 1362; Kblz VersR 2014, 884; Naumb NJW-RR 2014, 536, oder wenn sie es jedenfalls nicht nach → § 253 Rn. 28 substantiiert genug vorgebracht hat, BVerfGE 67, 39, BGH NZM 2016, 717; Naumb NJW-RR 2014, 19, oder wenn sie es in erster Instanz fallenließ, BGH NJW 2017, 2289. Ein Vorbringen ist jedoch nicht deshalb neu, weil es in erster Instanz für unerheblich befunden wurde. Nach der Rechtsprechung des BGH gelangt der gesamte in erster Instanz vorgetragene Tatsachenstoff in die Berufungsinstanz; es bedarf dazu weder eines erneuten Vortrags noch einer Bezugnahme, BGH BeckRS 2021, 29973. Das gilt auch, wenn ihn das erstinstanzliche Gericht als unerheblich ansieht und es daher keine Feststellungen trifft, BGH NJW-RR 2012, 429. 13

Ob ein in zweiter Instanz konkretisiertes Vorbringen neu ist, hängt davon ab, wie allgemein es in erster Instanz gehalten war. Wenn es einen sehr allgemein gehaltenen Vortrag der ersten Instanz konkretisiert oder erstmals substantiiert, ist es neu, nicht aber dann, wenn ein bereits schlüssiges Vorbringen aus der ersten Instanz durch weitere Tatsachenbehauptungen zusätzlich konkretisiert, verdeutlicht oder erläutert wird, BGH NJW 2004, 2825. 14

2. Beispiele zur Frage einer Neuheit, II

Arglist: Neu sein kann eine Anfechtung wegen einer Täuschung nach § 123 BGB, BAG MDR 1984, 347. 15

Aufrechnung: Neu sein kann eine schon vorher möglich gewesene Aufrechnung nach → § 145 Rn. 15, BGHZ 91, 303; Hamm NJW 2003, 2323, oder eine Hilfsaufrechnung nach → § 145 Rn. 21.

Bestreiten: Neu sein kann das jetzige Bestreiten eines in erster Instanz noch unbestrittenen Vortrags, Köln ZIP 1985, 436; Oldb VersR 2008, 125. Das gilt auch dann, wenn die Partei es in erster Instanz zunächst vorgebracht, dann aber fallengelassen hatte, BGH NJW 2007, 774, Michalski NJW 1991, 2070, oder wenn der Tatbestand des Ersturteils das in Wahrheit streitige Vorbringen als unstreitig darstellte, Rostock MDR 2011, 217. Auch → „Verspätung".

Einwilligung: Neu sein kann der Einwand einer nur hypothetischen Einwilligung eines Patienten, (zum alten Recht) BGH NJW 2009, 1210.

Hilfsaufrechnung: Neu sein kann eine Hilfsaufrechnung nach → § 145 Rn. 21.

Nähere Darlegung: Nicht neu ist eine nähere Darlegung oder Ordnung eines schon in erster Instanz eingeführten Vorbringens, BGH NZM 2016, 717; Köln OLGR 2003, 32. Das gilt zB dann, wenn damals eine Rechnung für den Leistungsumfang reichte, BGH NJW-RR 2007, 1170.

N. N.: Neu sein kann die nähere Bezeichnung eines Zeugen nach einer erstinstanzlichen bloßen Angabe „N. N." (nihil nomen) nach → § 356 Rn. 4.

Privatgutachten: Nicht neu ist es evtl. dann, wenn es erstinstanzliches nur zusätzlich verdeutlicht oder erläutert, BGHZ 194, 298.

Stellungnahme: Nicht neu ist ein Beweisantrag im Rahmen der Stellungnahme nach § 285 I, BGH WM 2013, 2321.

Substantiierung: Neu sein kann eine in erster Instanz noch nicht ausreichend erfolgte Substantiierung zur Schlüssigkeit nach → § 253 Rn. 28, BGH NJW 2010, 1360; KG MDR 2007, 211; Rixecker NJW 1984, 2136. Auch → „N. N.".

Unerheblichkeit: Neu sein kann auch ein Vortrag zu einem vom Erstgericht für unerheblich gehaltenen Punkt, BGH NJW-RR 2003, 1321; aM BGH WM 2010, 1143 ohne Vorlage nach § 132 GVG (aber der BGH verwechselt in dieser letzteren Entscheidung den Neuheitsbegriff mit den Voraussetzungen → Rn. 17. Sie setzen gerade die Neuheit ihrerseits voraus).

Unschlüssigkeit: Neu sein kann eine solche Rüge, BGH NJW 2009, 679.

Unstreitigkeit: Nicht neu ist ein zwar erst jetzt, aber doch unstreitig erfolgender Vortrag, BGH NJW 2009, 2533; Oldb VersR 2015, 1421; Stgt BauR 2016, 669.

Verjährung: Neu sein kann die Einrede der Verjährung nach § 214 I BGB, BGH NJW 2011, 842; Karlsr MDR 2005, 412; Noethen MDR 2006, 1027; aM Meller-Hannich NJW 2006, 3388 (aber sie kann keine Sonderrolle spielen). Aber auch „Unstreitigkeit".

Verspätung: Neu sein kann ein solches Vorbringen, das die Partei im ersten Rechtszug nach §§ 282, 296 verspätet eingeführt hatte, BGH NJW 1982, 2559; Hmb WM 2017, 1106; aM Zöller/Heßler Rn. 4.

Verzicht: „Vorschuss".

Vorschuss: Neu ist ein solcher erstinstanzlich gewesener Vortrag, für den die Partei einen zB nach § 12 GKG nötigen Vorschuss nicht gezahlt hatte, BGH NJW 2017, 2289 (zust. Manteiffel); KG MDR 2018, 361.

Zeuge: Neu sein kann die jetzige Benennung eines in erster Instanz nur vom Gegner benannten Zeugen als nunmehr des eigenen nach § 373, Hamm MDR 2003, 892, oder die Benennung eines solchen Zeugen, auf den man in erster Instanz nach § 399 verzichtet hatte, Tiedemann MDR 2008, 238. Auch „N. N.".

Zurückbehaltungsrecht: Neu sein kann seine Geltendmachung, Düss ZVertriebsR 2016, 109.

16 **3. Zulassung.** Neues Vorbringen bedarf der Zulassung. Art. 103 I GG verpflichtet das Gericht, die Ausführungen der Prozessbeteiligten zur Kenntnis zu nehmen und bei seiner Entscheidung in Erwägung zu ziehen, BGH MDR 2020, 57. Dabei braucht nicht jedes Vorbringen in den Urteilsgründen einzeln beschieden zu werden. Es kann jedoch einen Gehörsverstoß darstellen, der zur Aufhebung und Zurückverweisung nach § 544 VII führt, wenn sich im Einzelfall klar ergibt, dass tatsächliches Vorbringen überhaupt nicht zur Kenntnis genommen oder erwogen worden ist, vgl. BGH MDR 2020, 57 mit Anmerkung Touissant FD-ZVR 2019, 422528. Das gilt auch bei neuem Vorbringen, über dessen Zulassung das Berufungsgericht mangels Befassung nicht entschieden hat, vgl. Touissant FD-ZVR 2019, 422528. „Neues" Vorbringen ist nach → Rn. 6, 15 erlaubt, soweit es **unstreitig** ist und daher keine Beweisaufnahme nach §§ 355 ff. erfordert, Düss BauR 2013, 497; Zweibr NZV 2017, 81. Das gilt auch beim verbraucherschützenden Widerrufsrecht, Rohlfing NJW 2010, 1789, und bei Verjährungsfragen, BGH NJW 2011, 842; Hmb WM 2017, 1106; strenger Schenkel MDR 2005, 728. Ein neues Vorbringen ist auch dann zulässig, wenn man dadurch einen Folgeprozess vermeiden kann und wenn das Erstgericht zu den tatsächlichen Voraussetzungen bereits Beweis erhoben hat, Saarbr MDR 2004, 412, oder wenn keine Verzögerung nach §§ 296 I, 525 eintritt, Hmb NJW-RR 2006, 479, oder wenn nur eine Vertiefung und Konkretisierung des Erstinstanzlichen erfolgt, BGH GRUR 2017, 152. Ein neues Vorbringen ist ferner dann zulässig, wenn das Berufungsgericht das sachliche Recht anders als das Erstgericht beurteilt (Hinweispflicht nach § 139), BGH NJW 2010, 365, also auch bei einem neuen rechtlichen Gesichtspunkt, BGH NJW-RR 2012, 1408, oder wenn das Erstgericht Streitiges als unstreitig beurteilt hatte. Die Dürftigkeitseinrede nach § 1990 BGB ist zum Vorbehaltsurteil nach § 780 stets zuzulassen, Celle FamRZ 2010, 1274. Das alles gilt auch bei einer Beweiswürdigung nach § 286, Kblz NJW-RR 2016, 1416. Der durch einen notwendigen Hinweis des Berufungsgerichts nach § 139 II veranlasste Vortrag einer Partei darf nicht als verspätet zurückgewiesen werden. Bleibt ein Angriffs- oder Verteidigungsmittel einer Partei unberücksichtigt, weil der Tatrichter es in offenkundig fehlerhafter Anwendung der Präklusionsnormen zu Unrecht zurückgewiesen hat, ist zugleich das rechtliche Gehör der Partei verletzt, BGH MDR 2020, 55. Die Beweiskraft des erstinstanzlichen Tatbestands steht nicht jedem abweichenden Vortrag entgegen. Er erbringt nach § 314 Beweis nur für das mündliche Parteivorbringen in der jeweiligen Instanz, schließt aber abweichenden Vortrag in einer höheren Instanz – in den Grenzen der §§ 530, 531 – nicht aus, BGH BeckRS 2021, 20050. Es ist daher über die Zulassung bzw. Zurückweisung zu entscheiden.

17 **VI. Voraussetzungen im Einzelnen, II 1.** Das Berufungsgericht darf ein nach → Rn. 11–15 neues Vorbringen unabhängig von einer daraus folgenden Verzögerung zulassen, aber aus der Sicht des Berufungsgerichts nur unter der einen oder der anderen der folgenden Voraussetzungen, BGH WuM 2007, 284; Kblz MDR 2011, 286. Sie müssen im Entscheidungszeitpunkt feststehen, Schneider JurBüro 1975, 293. Der Berufungskläger muss schon in der Berufungsbegründung nach § 520 III Nr. 4 genügend substantiieren, Düss VersR 2013, 441; Mü WM 2010, 1983. Er darf also nicht ins Blaue vortragen, Mü WM 2010, 1985; Naumb NJW-RR 2011, 1102. Er hat die Beweislast nach Anh. § 286, BGH MDR 1985, 403.

18 **1. Erkennbar übersehen oder für unerheblich gehalten, II 1 Nr. 1.** Der Vortrag muss einen solchen tatsächlichen oder rechtlichen erheblichen Gesichtspunkt betreffen, den das Erstgericht infolge eines Verfahrensmangels im Ersturteil gar nicht mitbedacht und daher erkennbar übersehen oder zwar erwogen, aber erkennbar für unerheblich gehalten hat, BGH BeckRS 2021, 1196; BGH DNotZ 2016, 477; Mü ZVertriebsR 2016, 38; Oldb VersR 2010, 1223. Weitere Voraussetzung ist, dass die nach Auffassung des Berufungsgerichts fehlerhafte Rechtsansicht der I. Instanz zumindest mitursächlich dafür geworden ist, dass sich das Parteivorbringen in die Berufungsinstanz verlagert hat, BGH BeckRS 2021, 1196. Dies kommt schon dann in Betracht, wenn das Gericht des ersten Rechtszugs, hätte es die später vom Berufungsgericht für zutreffend erachtete Rechtsauffassung geteilt, zu einem Hinweis nach § 139 II verpflichtet gewesen wäre, BGH BeckRS 2021, 1196; BGH DNotZ 2016, 477; NJW-RR 2015, 1278. Eine zusätzlich vorliegende Nachlässigkeit der Partei schadet – anders als im Falle des II 1 Nr. 3 – nicht und schließt die Anwendung des II 1 Nr. 1 ZPO nicht aus, BGH NJW-RR 2015, 1278. Den Hinweis muss das Berufungsgericht dann nachholen, BGH BeckRS 2021, 1196.

19 Das Berufungsgericht muss den Parteien dann eine ausreichende Gelegenheit geben, sich auf eine gegenüber dem Ersturteil abweichende rechtliche Beurteilung durch das Berufungsgericht einzustellen und deshalb neue Angriffs- und Verteidigungsmittel vorbringen zu können, BGH NJW 2008, 3361. Das gilt schon wegen Art. 103 I GG, BGH NJW-RR 2010, 1509. Wird der Hinweis erst in der mündlichen Verhandlung erteilt, ist sie ggf. zu vertagen, in das schriftliche Verfahren überzugehen oder Schriftsatznachlass zu gewähren, wenn eine sofortige Äußerung nicht erwartet werden kann, BGH BeckRS 2021, 1196.

20 **2. (Weiterer) Verfahrensmangel, II 1 Nr. 2.** Das Berufungsgericht muss ein nach → Rn. 11–15 neues Vorbringen ferner dann zulassen, wenn die Partei es infolge eines (weiteren) Verfahrensmangels des Erstgerichts dort nicht geltend machen konnte, BGH NJW-RR 2009, 245, Schlesw NJW-RR 2010, 1032. Das Erstgericht

mag die Partei durch eine fehlerhafte Prozessleitung veranlasst haben, von einem bestimmten Vorbringen abzusehen, oder es mag erforderliche Hinweise unterlassen haben, etwa nach §§ 136 III, 139, BGH NJW-RR 2005, 213, oder nach §§ 273 II Nr. 1, 279 III, 283 S. 1, 310, 311, BGH NJW 2008, 3361, oder nach § 411 III, BGH MDR 2005, 1308. Dann ist es notwendig, der Partei zu einem neuen Vorbringen eine Gelegenheit zu geben, BGH NJW-RR 2008, 624; Düss MDR 2008, 1267; Saarbr NJW-RR 2007, 683. Der Berufungskläger muss einen nicht von Amts wegen zu beachtenden erstinstanzlichen Verfahrensfehler nach § 529 II rügen.

3. Keine Nachlässigkeit, II 1 Nr. 3. Jede Partei ist grundsätzlich gehalten, schon im ersten Rechtszug die Angriffs- und Verteidigungsmittel vorzubringen, deren Relevanz für den Rechtsstreit ihr bekannt ist oder bei Aufwendung der gebotenen Sorgfalt hätte bekannt sein müssen und zu deren Geltendmachung sie dort imstande ist. Sorgfaltsmaßstab ist dabei die einfache Fahrlässigkeit, BGH NJW 2004, 2825. Die Vorschrift ist verfassungsgemäß, BVerfG NJW 2005, 1769. Das Berufungsgericht darf und muss ein nach → Rn. 11–15 neues Vorbringen (mit Ausnahme der zu Nr. 1 geschilderten Konstellation) nur dann zulassen, wenn es ohne eine Nachlässigkeit der Partei erstinstanzlich unterblieb, BGH NZM 2018, 518; Celle BauR 2018, 295; Naumb NJW-RR 2014, 19. Das mag zB dann gelten, wenn die Partei nach der vorläufigen Beurteilung des Erstgerichts keine Veranlassung zu einem weiteren Vortrag hatte, BGH NJW-RR 2014, 85. II 1 Nr. 3 gilt auch beim einstweiligen Rechtsschutz nach §§ 916 ff., 935 ff. und in einem internationalen Streit, Hmb IPRax 2004, 527; Staudinger IPRax 2004, 510; Stürner IPRax 2004, 513 (evtl. geringere Anforderungen). Die Zulassung ist nach → Rn. 16 immer dann nötig, wenn das Angriffs- oder Verteidigungsmittel nach → Rn. 13 erst nach dem Schluss der mündlichen Verhandlung erster Instanz nach §§ 136 IV, 296a entstanden ist. Im Übrigen muss man darauf abstellen, ob der Partei das neue Angriffs- oder Verteidigungsmittel bis zum Schluss der erstinstanzlichen mündlichen Verhandlung oder bis zum Ende des schriftlichen Verfahrens nach § 128 II hätte bekannt sein müssen, BGH VersR 2009, 1684; Hmb ZVertriebsR 2015, 109; Brdb BauR 2011, 1546, oder ob es ihr gar bekannt gewesen ist, Brdb BauR 2011, 1546; Celle NJW 2013, 1314; Köln GRUR-RR 2010, 175. 21

Maßstab ist ebenso wie nach §§ 282, 296 die **einfache Fahrlässigkeit,** BGH NJW 2014, 3571; Düss BauR 2011, 1696; Mü WM 2018, 809. Dabei reicht an sich jede Vernachlässigung der Prozessförderung, Düss BauR 2011, 1696. Das gilt schon wegen der im Gegensatz zum früheren Recht jetzt eindeutigen gesetzlichen Begrenzung der Möglichkeiten neuen Tatsachenvortrags. Schon eine leichte Nachlässigkeit ist schädlich, Mü WM 2018, 809. 22

Indessen darf das Berufungsgericht die Anforderungen wie stets im Prozessrecht zwecks Verwirklichung des sachlichen Rechts als des Hauptziels nun auch **nicht überspannen,** BGH NJW 2016, 1329, weder beim ProzBev., BGH MDR 2009, 161 (keine Strafaktendurchsicht), noch insbesondere bei einer erstinstanzlich anwaltlich nicht vertreten gewesenen Partei, BGH NJW 2006, 153. Das gilt erst recht im Eilverfahren nach §§ 916 ff., 935 ff., Hmb NJW-RR 2003, 135; Stürner IPRax 2004, 513. Im **Arzthaftungsprozess** gelten jedoch geringere Anforderungen an die Informations- und Substantiierungspflicht einer klagenden Partei, was auch bei II 1 Nr. 3 zu berücksichtigen ist, vgl. BGH NJW 2004, 2825. 23

4. Beispiele zur Frage einer Nachlässigkeit, II 1 Nr. 3

Abtretung: Unschädlich ist die erst nach dem vorinstanzlichen Verhandlungsschluss nach §§ 136, 296a entstandene, BGH BauR 2011, 1851. 24

Anfechtung: Sie ist nach § 282 unabhängig von § 124 BGB rechtzeitig nötig, BAG BB 1984, 345.

Arzthaftung: Der Patient und sein ProzBev. brauchen sich kein medizinisches Fachwissen anzueignen, BGH NJW 2016, 1329. Zu den geringeren Anforderungen an die Informations- und Substantiierungspflicht einer klagenden Partei, die auch im Rahmen von II 1 Nr. 3 Beachtung finden, BGH NJW 2004, 2825.

Aufrechnung: Man muss sie unverzüglich wie bei § 121 I 1 BGB erklärt haben, ebenso eine Verjährung, BGH WRP 2006, 483; Karlsr MDR 2005, 412; Ostermeier ZZP 120, 219.

Augenschein: Schädlich ist ein Parteiverstoß bei einem Augenschein des Gerichts nach § 371, Mü NJW 1984, 807.

Auslandswegzug: Schädlich ist ein solcher ohne eine Benachrichtigung des Gerichts mit neuer Anschrift, BGH WM 1984, 1622.

Aussageverweigerung: Schädlich ist nach erstinstanzlicher Verweigerung nach §§ 376, 383 ff. eine erst jetzt erklärte Aussagebereitschaft, Karlsr FamRZ 1991, 191.

Befragung: Schädlich ist ihre vorwerfbare Unterlassung, Stgt BauR 2011, 1367 (Mitarbeiter).

Beschränkte Erbenhaftung: Zur Zulässigkeit nach § 780 I BGH FamRZ 2010, 636.

Beweislast: Unschädlich ist die frühere Zurückhaltung dann, wenn das Gericht eine gegnerische Beweislast nach Anh. § 286 verkannt hatte, BGH NZV 2015, 76.

Einigung: Sie reicht aus, Kblz BauR 2017, 256.

Einigungsversuch: Ausreichen kann ein früherer solcher Versuch, BGH MDR 1991, 523.

Einstellung: Nicht notwendig ist eine Ermittlung der Partei wegen eines ihr unbekannten Umstands, BGH VersR 2011, 414 (auch zu Ausnahmen).

Erklärungspflicht: Schädlich ist ein Verstoß gegen § 138. Aber auch → Rn. 21 (keine Überspannung)

Ermittlung: Nicht notwendig ist eine Ermittlung der Partei wegen eines ihr unbekannten Aufenthalts, BGH NJW-RR 2014, 85, oder wegen eines ihr sonst unbekannten Umstandes, BGH VersR 2011, 414 (auch zu Ausnahmen).

Nur „für die erste Instanz": Unstatthaft ist solche Beschränkung einer Erklärung als unstreitig. Der Berufungskläger war also nachlässig, BGH NJW 2010, 377.

Fristeinhaltung: Notwendig ist die Darlegung, weshalb die Partei eine Frist nicht einhalten konnte, nach dem Wegfall des Hindernisses, LG Kblz NJW 1982, 289. **Schädlich** ist ein Verstoß gegen eine angenommene Frist etwa zur Zahlung eines weiteren Vorschusses, Düss MDR 2015, 236.

Gegenbeweis: Schädlich ist die Zurückhaltung eines Gegenbeweisantrags, Kblz AnwBl 1990, 216, Saarbr OLG 2002, 109.

Gutachten: Die Verzögerung eines Privatgutachtens nach → Vor § 402 Rn. 41 kann ohne ein Parteiverschulden eingetreten sein, BGH VersR 1990, 732, etwa nach einer erstinstanzlichen Unstreitigkeit, BGH NJW-RR 2007, 1253, oder nach einem Gutachten eines vom Gericht bestellten Sachverständigen, BGH NZM 2014, 687. Auch eine Notwendigkeit sachkundiger Überprüfung des Gutachtens kann also eine Nachlässigkeit ausschließen, BGH NZM 2014, 687. **Schädlich** sein kann eine Beanstandung eines Gutachtens erst lange Zeit nach seiner Vorlage nach § 412 I, Saarbr NJW-RR 2003, 139.

Hilfsantrag: Schädlich ist eine Zurückhaltung des Hilfsbeweisantrags nur zwecks Abwartens der Beurteilung des Hauptbeweises durch das Erstgericht, KG MDR 2009, 1244. Auch „Verweisung".

Hinderniswegfall: Der Berufungsführer muss danach unverzüglich wie bei § 121 I 1 BGB vorgetragen haben, LG Kblz NJW 1982, 289.

Hinweis des Gerichts: Unschädlich ist seine Nichtbeachtung dann, wenn er zB nach § 139 gar nicht notwendig war, Hamm NJW-RR 2003, 526. Unschädlich ist ein solcher Vortrag, zu dem das Erstgericht keinen Hinweis nach § 139 gegeben hatte, BGH GRUR MDR 2015, 537; LG Heidelb WuM 2010, 747, oder keinen unmissverständlichen Hinweis, BGH GRUR 2015, 365. **Schädlich** ist aber seine Nichtbeachtung dann, wenn er mit Recht erfolgt war, KG NJW 1977, 395. Natürlich muss das Berufungsgericht einen von ihm selbst nach § 139 anheimgegebenen Vortrag zulassen, BGH ZIP 2013, 1716.

Irrtum: „Hinweis des Gerichts".

Klarstellung: Unschädlich ist die erst durch den Gegner veranlasste, BGH BauR 2010, 818.

Nachforschung: Schädlich kann ihre Unterlassung sein, Stgt BauR 2011, 556.

„Nochmalige" Erinnerung: Schädlich sein kann eine angeblich erst jetzt einsetzende solche Art von Erinnerung, Kblz NJW 2004, 864.

Privatgutachten: „Gutachten".

Prozessförderung: → Vor § 128 Rn. 13, BGH NJW 1982, 1533. Auch → Rn. 15.

Sachverständiger: Unschädlich sein kann ein Vertrauen auf ihn, Kblz MDR 2016, 210. **Schädlich** ist seine Benennung erst nach einem erstinstanzlichen Abwarten, ob das Prozessgericht einem Zeugen nach → § 286 Rn. 16 glaubt, KG MDR 2010, 345.

Sachvortrag: Der Berufungsführer muss zu seiner Rüge stets einen zugehörigen Sachvortrag liefern, BGH NJW 2007, 2626.

Säumnis: Unschädlich sein kann eine „Flucht in die Säumnis" nach → § 342 Rn. 4. Sie ist aber jedenfalls nicht notwendig, Köln NJW-RR 1990, 1341. Auch → „Taktik".

Schriftsatznachlass: Unschädlich ist seine Ausnutzung nach § 283, BGH NJW 1985, 1558.

Sprachkenntnis: Schädlich sein kann ihre Schwäche, Düss BauR 2011, 1696.

Strafhaft: Schädlich sein kann die Berufung auf eine mehrmonatige Strafhaft, KG NZM 2006, 377.

Taktik: Trotz § 282 darf der Berufungsführer **nicht** zu sehr nach → § 282 Rn. 10 taktiert haben, BGH VersR 2007, 373; KG MDR 2009, 1244; Schlesw OLGR 2005, 8. Auch → „Säumnis".

Unerkennbarkeit: Der Berufungsführer muss darlegen, dass und weshalb er eine Tatsache nicht früher erkennen konnte, BGH VersR 2009, 1684; KG MDR 2003, 471; Zweibr NJW-RR 2007, 1233.

Unstreitigkeit: Unanwendbar ist II 1 Nr. 3 in diesem Fall, BGH NJW 2008, 3434; Düss ZVertriebsR 2016, 312; Kblz NJW-RR 2018, 123.

Unverzüglichkeit: Der Berufungsführer muss wie bei § 121 I 1 BGB unverzüglich vorgetragen haben, LG Kblz NJW 1982, 289.

Verjährung: → „Aufrechnung", → „Unstreitigkeit".

Verweisung: Ausreichen kann ein erst jetzt gestellter Hilfsantrag nach → § 260 Rn. 9 auf eine Verweisung nach § 281, Köln MDR 2009, 222.

Vorschuss: → „Fristeinhaltung".

Widersprüchlichkeit: Schädlich ist dieser Vorgang, Mü ZVertriebsR 2016, 38.

Zeugenbenennung: Unschädlich sein kann eine erst jetzt erfolgende Benennung eines Zeugen nach § 373 dann, wenn der Beweisführer annehmen durfte, das Erstgericht werde die Aussage zB nach § 284 S. 2 aus einer Strafakte hinzuziehen, BGH NJW 1983, 999.

Zurückbehaltung: „Taktik". **Schädlich** sein kann eine vorwerfbar erst jetzt erfolgende solche Handlung nach § 373, BGH VersR 2007, 373; Hamm MDR 2003, 892; KG VersR 2010, 1471.

25 **VII. Glaubhaftmachung, II 2.** Das Berufungsgericht kann von der in Betracht kommenden Partei gemäß § 294 die Glaubhaftmachung derjenigen Tatsachen verlangen, aus denen sich die Zulassung des neuen Vorbringens ergibt. Auf diese Weise kann es schon frühzeitig prüfen, ob die Partei das neue Vorbringen zulässigerweise in das Verfahren einführen kann. Erfolgen gegen das Urteil lediglich neue Angriffs- und Verteidigungsmittel nach → Rn. 13 und misslingt die Glaubhaftmachung, muss das Berufungsgericht die Berufung unter den weiteren Voraussetzungen des § 522 II im Beschlussweg zurückweisen. Das gilt unabhängig von einer Verzögerung und auch nach einer Zurückverweisung nach § 538 II.

26 **VIII. Verfahren nach Zulassung, Entscheidung, I, II.** → § 530 Rn. 16. Dort auch Näheres zu der Hinweispflicht des Gerichts und zu den Folgen einer verfahrensfehlerhaften Zurückweisung. Die Nichtzulassung ist bei II 1 Nr. 3 dann unstatthaft, wenn das Verschulden auch auf einer Verletzung der richterlichen Fürsorgepflicht beruht, BVerfG NJW 1987, 2003. Das Berufungsgericht muss ein Verschulden in den Gründen nach § 540 nachprüfbar feststellen, BVerfG NJW 1992, 2556; BGH NJW-RR 1991, 701 und 768; VerfGH Mü FamRZ 1992, 460. Ein Verstoß gegen II ist ein solcher gegen Art. 103 I GG, BGH NJW 2008, 3362. Eine in der Berufungsinstanz unterbliebene Zurückweisung nach II kann vom BGH nicht nachgeholt werden. Ist das übergangene, aber nicht nach II zurückgewiesene Vorbringen entscheidungserheblich, ist das Berufungsurteil gem. § 562 I aufzuheben und die Sache zur neuen Verhandlung und Entscheidung an das Berufungsgericht zurückzuverweisen, BGH BeckRS 2021, 20050.

27 **IX. Rechtsmittel, I, II.** Hat das Berufungsgericht ein Vorbringen in fehlerhafter Anwendung des II zugelassen, kann die Revision hierauf nicht gestützt werden, BGH NJW 2007, 3128; NJW 2004, 2382; Rimmelspacher/Fleck FS Spellenberg, 2010, 121; Schneider MDR 1985, 289. Die Nichtzulassung ist hingegen überprüfbar, BGH NJW 2004, 2830. Art. 103 I GG ist dann verletzt, wenn der Tatrichter Angriffs- oder Verteidigungsmittel einer Partei in offenkundig fehlerhafter Anwendung einer Präklusionsvorschrift zu Unrecht für ausgeschlossen erachtet hat, BGH MDR 2015, 537. Daher kommt auch ggf. eine Verfassungsbeschwerde in Frage, BVerfG NJW 1987, 273;, BGH VersR 2018, 891, auch evtl. wegen Art. 3 I GG, BVerfG NJW 1980, 1737. Das gilt aber nicht bei einem Verstoß gegen einfaches Recht, VerfGH Mü NJW 1980, 278.

532 *Rügen der Unzulässigkeit der Klage.* **[1]Verzichtbare Rügen, die die Zulässigkeit der Klage betreffen und die entgegen den §§ 520 und 521 Abs. 2 nicht rechtzeitig vorgebracht werden, sind nur zuzulassen, wenn die Partei die Verspätung genügend entschuldigt. [2]Dasselbe gilt für verzichtbare neue Rügen, die die Zulässigkeit der Klage betreffen, wenn die Partei sie im ersten Rechtszug hätte vorbringen können. [3]Der Entschuldigungsgrund ist auf Verlangen des Gerichts glaubhaft zu machen.**

I. Systematik, Regelungszweck, S. 1–3. Es handelt sich um eine gegenüber → § 296 Rn. 66, §§ 530, 531 vorrangige, der Sache nach aber gleichartige Regelung aus denselben Erwägungen wie bei → § 296 Rn. 2, dort auch zu den ratsamen Auslegungswegen. Der Bekl. soll sich nicht eine verzichtbare Rüge ganz für die zweite Instanz aufsparen, Ffm MDR 1982, 329. 1

II. Geltungsbereich, S. 1–3. Die Vorschrift gilt in jedem Verfahren nach der ZPO oder einem der auf sie verweisenden Gesetze. Sie gilt auch im WEG-Verfahren und entsprechend § 64 VI ArbGG im arbeitsgerichtlichen Verfahren. 2

III. Verzichtbare Rüge der Unzulässigkeit der Klage, S. 1–3. Bei dieser Art Rüge nach → § 296 Rn. 62 ff. (dort ABC) handelt es sich um Tatsachenbehauptungen und Beweismittel des Bekl. gegen die Zulässigkeit der Klage nach → § 282 Rn. 19 ff. Die Einrede der Nichteinhaltung einer Schlichtungsabrede fällt nicht darunter, Zöller/Heßler Rn. 2; aM Oldb MDR 1987, 414; Prütting ZZP 99, 95 (Fallfrage). Vorbringen des Klägers zur Rechtfertigung der Zulässigkeit fällt unter § 531 II, aM Schröder ZZP 91, 310 (aber die scharfe Sanktion in S. 1 zielt darauf ab, eine Prüfung der Zulässigkeit dann abzuschneiden, wenn das Gericht bereits sachlich entschieden hat). Soweit es sich um nach → § 295 Rn. 23 unverzichtbare von Amts wegen zu prüfende Zulässigkeitsvoraussetzungen handelt, ist keine Zurückweisung wegen Verspätung statthaft. 3

IV. Form, Frist, S. 1–3. Die verzichtbare Rüge muss der Bekl. als Berufungskläger in der Berufungsbegründung nach § 520 II und sonst innerhalb der ihm gesetzten Fristen nach § 521 II schriftsätzlich geltend machen oder zumindest erkennbar wiederholen. Der Berufungsbekl. muss entsprechend bis zum Ablauf der ihm nach § 521 II gesetzten Erwiderungsfrist vorgehen. Mangels einer solchen Frist gelten §§ 282 III 1, 296 III, 525, BGH NJW-RR 2006, 496. Hält die Partei ihre Frist nicht ein, darf das Gericht die Rüge nach → § 530 Rn. 13 nur dann zulassen, wenn die Partei ihre Verspätung genügend entschuldigt. 4

V. Neue Rüge, S. 2. Dasselbe gilt nach § 282 III für eine solche verzichtbare neue Rüge nach S. 2, die erstmals in der Berufungsinstanz erfolgt, obwohl sie schon in erster Instanz möglich war, auch bei § 112 III, BGH NJW-RR 1993, 1021, und für eine solche Rüge, die die Partei zwar vorgebracht, aber wieder fallengelassen hat, BGH NJW 1990, 378. Dann darf das Gericht sie nur bei einer genügenden Entschuldigung zulassen, BGH NJW-RR 1993, 1021; Ffm MDR 1992, 189; Mü OLGZ 1992, 217. Das gilt unabhängig davon, ob der Berufungskläger §§ 519 II, 521 beachtet hat. Das Verschulden entfällt nicht schon deshalb, weil der Bekl. sich in erster Instanz in der Sache selbst verteidigt hat. § 282 III zwingt ihn, eine Zulässigkeitsrüge sogleich zu erheben oder erheben zu lassen, Ffm MDR 1982, 329; Hmb ZMR 2015, 325. Dagegen fällt eine erst nach dem Schluss der mündlichen Verhandlung erster Instanz nach §§ 136 IV, 296a entstandene oder der Partei bekanntgewordene Rüge nicht unter S. 2, BGH NJW 1981, 2646. 5

VI. Sorgfalt, S. 1–3. Bei S. 1, 2 schadet jeder Sorgfaltsverstoß, BGH NJW 1985, 744. Den Entschuldigungsgrund muss man nach S. 3 nur auf Verlangen des Gerichts nach §§ 294, 528 I 2 glaubhaft machen. Auf eine Verzögerung der Erledigung durch die Rüge kommt es nicht an, BGH NJW 1985, 744; Schneider NJW 2003, 1435. 6

VII. Entscheidung, S. 1–3. Sie erfolgt durch ein Zwischenurteil nach § 280 oder im Urteil nach § 540. 7

VIII. Rechtsmittel, S. 1–3. Die durch eine rechtmäßige Zurückweisung eintretende Ausschließung dauert im Revisionsverfahren fort, BGH NJW-RR 1993, 1021. Die unter einem Verstoß gegen S. 1 oder 2 erfolgte Zulassung einer Rüge kann Gegenstand der Revision sein, BGH NJW 1985, 743 (anders als bei → § 531 Rn. 9). 8

533 *Klageänderung; Aufrechnungserklärung; Widerklage.* **Klageänderung, Aufrechnungserklärung und Widerklage sind nur zulässig, wenn**

1. der Gegner einwilligt oder das Gericht dies für sachdienlich hält und

2. diese auf Tatsachen gestützt werden können, die das Berufungsgericht seiner Verhandlung und Entscheidung über die Berufung ohnehin nach § 529 zugrunde zu legen hat.

Schrifttum: Münch MDR 2004, 781 (Grdz.).

I. Systematik, Nr. 1, 2. Die Vorschrift enthält vorrangige Sonderbestimmungen für die Klagänderung nach §§ 263, 264, für eine Aufrechnungserklärung nach → § 145 Rn. 15 und für eine Widerklage nach Anh. § 253, BGH NJW 2008, 3436. Sie bestimmt in Nr. 1 praktisch dasselbe wie erstinstanzlich § 263, hat aber als Spezialvorschrift Vorrang, aM BGH MDR 2010, 1011; Naumb WM 2015, 614. Vgl. daher zur Auslegung dort → § 263 Rn. 2. 1

II. Regelungszweck, Nr. 1, 2. Die Vorschrift dient der Prozesswirtschaftlichkeit. 2

III. Geltungsbereich, Nr. 1, 2. Die Vorschrift gilt in jedem Berufungsverfahren nach der ZPO oder einem der auf sie verweisenden Gesetze. Sie gilt auch bei einer Abstandnahme vom Urkundenprozess nach § 596, Celle MDR 2006, 111; Henke JurBüro 2008, 343. Sie gilt auch im WEG-Verfahren. Vor den Arbeitsgerichten ist § 64 VI ArbGG anwendbar, auch § 81 III ArbGG, BAG NZA 2016, 60. 3

IV. Klagänderung, Nr. 1, 2. Dazu Altmeppen ZIP 1993, 65, Spickhoff JZ 1998, 227 (je: Grdz.). 4

1. Grundsatz: Anwendbarkeit der erstinstanzlichen Regeln. Für sie gilt nach §§ 263, 525 dasselbe wie in der ersten Instanz, BGH WM 2011, 1146; BAG NZA 2010, 1445; LAG Hamm NZA-RR 2018, 433. Vgl. daher die Erläuterungen zu § 263. Auch §§ 264–266 bleiben nach § 525 mit zu beachten, BGH ZIP 2015, 1901. Eine Änderung oder Erweiterung des Klageantrags nach § 264 Nr. 2, 3 ist auch in der Berufungsinstanz keine Klageänderung, BGH NJW-RR 2012, 678. Der Kläger kann von der Feststellungsklage auf die Leistungsklage 5 oder umgekehrt wechseln, wobei es sich um eine Klageerweiterung bzw. -beschränkung (§ 264 Nr. 2) und nicht um eine Klageänderung (§ 263) handelt, wenn sich der neue Antrag auf dasselbe Rechtsverhältnis bezieht, BGH NJW 1992, 2296. Der Wechsel von der Feststellungs- zur Leistungsklage kann auch noch im Berufungsrechtszug vollzogen werden; ebenso wie ein Kläger von einer positiven Feststellungsklage vollständig zu einer deckungsgleichen Leistungsklage – und umgekehrt – übergehen kann, besteht prozessual auch die Möglichkeit, im Wege der Klageerweiterung durch teilweise Bezifferung des Anspruchs eine Leistungsklage zu erheben und die (Rest-) Feststellungsklage daneben weiterzuverfolgen, BGH NJW-RR 2002, 283. Eine Klagebeschränkung unterliegt nicht § 533, sondern §§ 264 Nr. 2, 525, Saarbr NJW-RR 2012, 539. Wegen der Abstandnahme vom Urkundenprozess gilt → § 596 Rn. 5. Die Klagänderung setzt aber ein nach § 511 zulässiges Rechtsmittel voraus, BGH MDR 2003, 1054; Hamm MDR 2004, 411; Köln MDR 2005, 160, oder eine nach § 524 statthafte Anschließung, Münch MDR 2004, 781.

2. Beispiele zur Frage einer Klagänderung, Nr. 1, 2

6 **Bei Anschlussberufung:** Bei einer solchen nach § 524 ist eine Klagänderung im Rahmen des § 533 statthaft, BGH WuM 2011, 311; Kblz NJW-RR 2006, 1523.

Beklagtenwechsel: Statthaft ist er wie auch die Erstreckung auf weitere Bekl. in der zweiten Instanz nur dann, wenn eine Zustimmung erfolgt, und zwar sowohl beim ausscheidenden bisherigen Bekl., BGH NJW 1981, 989, als auch beim neuen oder nach → § 263 Rn. 11, 12 dann, wenn dessen Weigerung rechtsmissbräuchlich wäre, BGH NJW 1987, 1946; Celle Nds. Rpfl. 1990, 225; Mü OLGR 1994, 238. Das gilt zB dann, wenn der Kläger anstelle einer GmbH eine solche Kommanditgesellschaft in Anspruch nimmt, deren einziger Komplementär die GmbH ist, LG Kblz MDR 1980, 407. Rechtsmissbräuchlich ist die Weigerung ferner immer dann, wenn man ein schutzwürdiges Interesse des neuen Bekl. nicht anerkennen und ihm nach der gesamten Sachlage den Eintritt in den Rechtsstreit zumuten kann, BGH NJW 1987, 1946.

Beschwer: Eine solche nach → Vor § 511 Rn. 16 muss stets vorliegen, Köln MDR 2005, 160. Es muss mindestens ein Teil der durch das Ersturteil gesetzten Beschwer Gegenstand der Berufung sein, BGH NJW-RR 2012, 516; Ffm OLGR 2001, 138.

Feststellung – Leistung: Soweit das Erstgericht eine Feststellungsklage nach § 256 als unbegründet abgewiesen hat, kann der Kläger nur dann zur Leistungsklage nach → Vor § 253 Rn. 8 übergehen, wenn er diesen Teil der Entscheidung durch eine zulässige Berufung oder Anschließung nach § 524 anficht, BGH NJW-RR 1987, 249. Hat er mit einem Feststellungsantrag gesiegt, kann er aufgrund einer Berufung gegen andere Teile zur Leistungsklage übergehen, BGH NJW 1992, 2296.

Hilfsantrag: Klagänderung ist evtl. auch ein solcher nach → § 260 Rn. 9, BGH GRUR 2015, 1110; Mü NJW 2012, 2210. Auch „Weiterer Streitgegenstand".

Klägerwechsel: Klagänderung ist auch dieser Vorgang nach → § 263 Rn. 10, BGH MDR 2003, 1054. Dazu gehört auch der Beitritt mindestens eines weiteren Klägers, BGH ZZP 102, 471; Rostock MDR 2005, 1011; Roth NJW 1988, 2977; aM Baumgärtel JZ 1975, 668.

Neuer Patentnichtigkeitsgrund: Klagänderung ist auch sein Hinzukommen, BGH GRUR 2010, 901.

Neuer Sachverhalt: Klagänderung ist auch das Hinzukommen eines solchen, BGH NJW 2009, 3723 (unter den Voraussetzungen von § 531 II); BAG NJW 2006, 2717; LG Itzehoe ZMR 2015, 315.

Neue Schadensart: Klagänderung ist dieser Vorgang, Karlsr NZV 2015, 77.

Weiterer Streitgegenstand: Klagänderung ist auch sein Hinzukommen nach → § 2 Rn. 4, Ffm DS 2017, 262; Kblz NJW 2011, 3663; Stgt NZFam 2014, 1016, auch eine Hilfsbegründung mit ihm, Celle NJW-RR 2006, 539. Auch bei den einzelnen solchen Gründen.

Verspätung: Bei einer zulässigen Klagänderung gelten §§ 296, 525, 530.

Wertersatz: Unanwendbar ist Nr. 1 bei einem bloßen solchen Anspruch, BAG NZA 2006, 750. Anwendbar bleibt aber Nr. 2, Saarbr MDR 2006, 228.

Zwischenfeststellung: Statthaft ist auch eine solche Klage nach §§ 256 II, 525.

7 **V. Aufrechnung, Nr. 1, 2.** Die Vorschrift dient auch der Waffengleichheit, BGH NJW 2000, 145.

8 **1. Grundsatz, Nr. 1.** Die Vorschrift ist auch anwendbar auf eine Abrechnung (Verrechnung von Gegenforderungen, aM Schlesw MDR 1976, 50), und auf ein Zurückbehaltungsrecht bei beiderseits fälligen Geldforderungen, Kblz NJW-RR 1992, 761; Schneider MDR 1975, 980; aM Düss ZVertriebsR 2016, 109, sonst aber nicht, BGH DB 1975, 145. Unanwendbar ist sie dagegen auf die Minderung usw. § 533 betrifft nur die prozessuale Erklärung der Aufrechnung durch den Bekl. zB nach → § 145 Rn. 15, nicht diejenige für oder durch einen Dritten (für sie gilt § 530), BGH NJW 1992, 2576. Dabei genügt evtl. die hilfsweise Aufrechnung nach → § 145 Rn. 21, Ffm MDR 1980, 235; aM Schneider MDR 1975, 982 (nicht prozesswirtschaftlich). Unerheblich ist, ob der Bekl. Berufungskläger oder Berufungsbekl. ist, ob er die Aufrechnung innerhalb oder außerhalb des Prozesses erklärt, BGH NJW 1992, 2576, und ob seine Forderung mit der Klageforderung in einem rechtlichen Zusammenhang steht (wenn nicht, gelten §§ 145 III, 302), Schneider MDR 1975, 982.

9 Es muss eine **eindeutige Aufrechnungserklärung** erfolgen, BGH WM 1976, 583. Das Gericht mag nach § 139 nachfragen müssen. Der Kläger darf im Rahmen der §§ 282, 296, 525, 530, 531 unbeschränkt aufrechnen, BGH NJW-RR 1990, 1470; Deubner JuS 1990, 1007. Das gilt auch für den Vollstreckungsabwehrkläger nach § 767. Es sind auch mehrere Forderungen in bestimmter Rangfolge aufrechenbar, auch nach → § 260 Rn. 9 hilfsweise gestaffelt, BGH NJW 2000, 143. Zur Gegenaufrechnung des Klägers Braun ZZP 89, 93. Dazu, dass man andererseits eine nicht zugelassene Aufrechnung auch nicht mit dieser Klage geltend machen darf, bei welcher der Bekl. dann Kläger wäre, → § 767 Rn. 80.

10 **2. Neue Tatsache, Nr. 2.** Die Aufrechnung des Bekl. im Berufungsrechtszug benötigt dann eine Zulassung, wenn die Aufrechnung nach → Rn. 7 neu ist. Sie ist dann neu, wenn sie im ersten Rechtszug noch nicht Gegenstand des Verfahrens gewesen ist, oder sie im Berufungsverfahren wieder aufgegriffen wird, nachdem sie schon im ersten Rechtszug zurückgewiesen oder fallen gelassen worden ist. Neu ist sie auch dann, wenn sie im ersten Rechtszug unsubstantiiert war und erst im Berufungsverfahren genügend begründet vorgetragen wird, BGH MDR 1975, 1008. Nicht anwendbar ist § 533 dann, wenn es sich um eine unstreitige Tatsache handelt, BGH NJW 2016, 99, oder wenn das Erstgericht sich mit einer Hilfsaufrechnung nach → § 145 Rn. 21 nicht befasst, sondern die Klage schon aus anderen Gründen abgewiesen hat, BGH NJW 1983, 931. Für den zu einer

nicht neuen Aufrechnung vorgetragenen Tatsachenstoff gilt § 530, Saarbr MDR 1981, 679, für das Vorbringen zu einer zugelassenen neuen Aufrechnung dagegen nicht, BGH NJW-RR 1987, 1196.

VI. Widerklage, Nr. 1, 2. Für eine Widerklage nach Anh. § 253 gilt dasselbe wie für die Klagänderung nach §§ 263, 264, BGH MDR 2007, 158; Kblz NZM 2018, 566. Auch eine Widerklage eines Dritten oder gegen ihn nach → Anh. § 253 Rn. 5, 7 zählt hierher, BGH MDR 2007, 1419, Ffm OLGR 2006, 689, Karlsr VersR 1979, 1033, oder eine Hilfswiderklage nach → Anh. § 253 Rn. 16, oder eine Wider-Widerklage des Klägers nach → Anh. § 253 Rn. 18, oder eine Änderung der Widerklage. **Nicht hierher** gehört die Zwischenfeststellungswiderklage nach § 256 II, BGH MDR 2008, 158. 11

VII. Zulässigkeit, Nr. 1, 2. Sie hängt von drei Voraussetzungen ab. Von ihnen müssen mindestens → Rn. 13 und 16 oder → Rn. 14 und 16 zusammentreffen, Hmb OLGR 2006, 226; Saarbr NJW-RR 2010, 128. Das gilt für jede Aufrechnungsforderung nach → Rn. 7, BGH NJW 2000, 143. 12

1. Entweder: Einwilligung des Gegners, Nr. 1. Entweder ist eine Einwilligung des Gegners wie bei → § 263 Rn. 25 nötig, BGH GRUR 2015, 1110; Karlsr GRUR-RR 2013, 523, Kblz MDR 2013, 84. Sie kann wie bei § 267 stillschweigend erfolgen, BGH MDR 2005, 588; Schneider MDR 1977, 973 (je: rügelose Einlassung). Sie muss eindeutig sein. Die Einwilligung ist nach → Vor § 128 Rn. 62, 66 bedingungsfeindlich und unwiderruflich. Für sie besteht kein Anwaltszwang. Das Gericht mag nach §§ 139, 525 fragen müssen. Die Verweigerung darf nicht rechtsmissbräuchlich sein, BGH MDR 2007, 1419. **Keine Einwilligung** braucht eine Zwischenfeststellungswiderklage nach § 256 II. 13

2. Oder: Sachdienlichkeit, Nr. 1. Hat der Gegner nicht nach → Rn. 13 eingewilligt, reicht eine objektive Sachdienlichkeit wie bei → § 263 Rn. 26, BGH NJW 2015, 1609; Karlsr NZV 2015, 77; LAG Hamm NZA-RR 2018, 41. Maßgeblich für die nach objektiven Gesichtspunkten zu beurteilende Sachdienlichkeit ist der Gedanke der Prozesswirtschaftlichkeit, für den es entscheidend darauf ankommt, ob und inwieweit die Zulassung der Widerklage zu einer sachgemäßen und endgültigen Erledigung des Streitstoffs im Rahmen des anhängigen Verfahrens führt und einem andernfalls zu erwartenden weiteren Rechtsstreit vorbeugt, BGH NJW-RR 1992, 733. Der Gesichtspunkt, die Partei verliere bei Zulassung der Widerklage eine Tatsacheninstanz, ist daher unerheblich, BGH NJW-RR 1992, 733. 14

3. Beispiele zur Frage einer Sachdienlichkeit, Nr. 1

Entscheidungsreife: Sachdienlichkeit besteht auch ab dieser Lage nach → § 300 Rn. 21, BGH NJW 2009, 2886 (ohne Vorlage nach § 132 GVG), aM BGH MDR 2004, 1075; Düss OLGR 2000, 168. 15

Instanzverlust: Sachdienlichkeit kann trotz einer solchen Folge bestehen, BGH NJW 1992, 2296 (ohne Vorlage nach § 132 GVG); Mü FamRZ 1984, 492; aM BGH WM 1976, 1278.

Laufendes anderes Verfahren: Keine Sachdienlichkeit besteht dann, wenn man in ein solches Verfahren hineinkäme, BGH FamRZ 1990, 975; Ffm MDR 1980, 235.

Neuer Streitgegenstand: Keine Sachdienlichkeit besteht bei einem solchen nach → § 2 Rn. 4, BGH NJW 1977, 49; LG Gera ZIP 2017, 1567.

Rechtlicher Zusammenhang: Keine Sachdienlichkeit besteht schon seinetwegen, BGH NJW 1977, 49, Schneider MDR 1975, 982.

Rechtskraft: Keine Sachdienlichkeit besteht dann, wenn ein Gericht eine Gegenforderung schon nach §§ 322, 705 rechtskräftig beschieden hat, Hamm OLGR 2005, 94.

Später Vortrag: Sachdienlichkeit kann auch dann bestehen, wenn man einen Vortrag schon in der ersten Instanz hätte vornehmen können, BGH NJW-RR 1994, 1143.

Unstreitigkeit: Sachdienlichkeit besteht natürlich in solcher Lage, BGH MDR 2005, 588.

Urkundenprozess: Sachdienlichkeit besteht meist beim Übergang in den Normalprozess nach § 596, BGH NJW 2000, 143; aM Ffm MDR 1988, 326 (aber das ist meist nach → Vor § 128 Rn. 15 prozesswirtschaftlich).

Verschulden: Keine Sachdienlichkeit besteht bei einer solchen Mitursächlichkeit, BGH MDR 1987, 1019.

Verweisung: Keine Sachdienlichkeit besteht bei ihr zB nach § 281, Hamm FamRZ 1981, 1200. Auch „Zurückverweisung".

Verzögerung: Keine Sachdienlichkeit besteht bei solcher Gefahr nach §§ 296, 525, BGH WM 1976, 1278. Auch bei den einzelnen derartigen Fällen.

Vorbehalt: Sachdienlichkeit besteht auch bei einer schon erstinstanzlich vorbehaltenen Klagerweiterung nach §§ 263, 264, Kblz BauR 2012, 1838.

Weiterer Prozess: Sachdienlichkeit besteht insbesondere dann, wenn er sich vermeiden lässt, BGH WM 2009, 1201; Düss GRUR-RR 2013, 2; LG Itzehoe WuM 2011, 27 (je zur Klage); Kblz MDR 2005, 588 (zur Widerklage nach Anh. § 253).

Zurückverweisung: Keine Sachdienlichkeit besteht bei ihr zB nach § 538, BGH NJW 1984, 1555.

4. Außerdem stets: Kongruente Tatsachengrundlage, Nr. 2. Auch wenn der Gegner nach → Rn. 13 einwilligt oder das Gericht nach → Rn. 14 die Sachdienlichkeit bejaht, muss abweichend von § 263 stets eine weitere Voraussetzung vorliegen, BGH NJW-RR 2010, 1509; Karlsr GRUR-RR 2013, 523: Die Partei muss ihre Klageänderung usw. auf solche Tatsachen stützen können, die das Berufungsgericht seiner Verhandlung und Entscheidung über die Berufung ohnehin nach § 529 zugrundelegen darf und muss, BGH NJW-RR 2012, 429; Karlsr GRUR-RR 2013, 523. Die Partei darf das Gericht also nicht mit einem solchen Tatsachenstoff konfrontieren, den es nach § 529 iVm § 531 unbeachtet lassen muss, BGH NJW-RR 2010, 1509; Naumb NJW-RR 2011, 249. Zu beachten ist hierbei, dass der gesamte in erster Instanz vorgetragene Tatsachenstoff in die Berufungsinstanz gelangt, und zwar auch dann, wenn ihn das erstinstanzliche Gericht als unerheblich angesehen und es daher keine Feststellungen getroffen hat, BGH NJW-RR 2012, 429. Ein unstreitiger Sachvortrag reicht stets aus, BGH MDR 2005, 588. 16

VIII. Verfahren, Nr. 1, 2. Über die Zulässigkeit entscheidet das Berufungsgericht selbst, BGH NJW 1984, 1552, und zwar nach seinem pflichtgemäßen Ermessen und evtl. nach § 522 II, Nürnb MDR 2003, 770, sonst im Endurteil nach § 540. Die Nichtzulassung hindert als eine bloße Prozessabweisung nach → Vor § 253 Rn. 14 mangels einer inneren Rechtskraft nach → § 322 Rn. 79 die Geltendmachung der davon betroffenen Ansprüche in einem anderen Verfahren nicht, BGH NJW-RR 1987, 1196. Das gilt auch nach einer Verneinung der Sachdienlichkeit einerseits und einer Beurteilung als unbegründet andererseits, BGH NJW 1984, 128. Bei einer 17

Sachdienlichkeit erfolgt keine Zurückverweisung nach § 538, BGH NJW 1984, 1552. Eine Verwerfung oder Zurückweisung nach § 522 macht die Widerklage nach Anh. § 253, § 525 wirkungslos, Ffm NJW 2004, 167 (keine Entscheidung über sie mehr).

18 **IX. Rechtsmittel, Nr. 1, 2.** Das Berufungsgericht entscheidet unangreifbar, BGH NJW 2000, 3273, und für das Revisionsgericht bindend, BGH WM 2016, 2092. Eine Nichtzulassung ist nur darauf nachprüfbar, ob das Berufungsgericht die Rechtsbegriffe der Nr. 2 verkannt hat, BGH NJW 1977, 49.

534 *Verlust des Rügerechts.* **Die Verletzung einer das Verfahren des ersten Rechtszuges betreffenden Vorschrift kann in der Berufungsinstanz nicht mehr gerügt werden, wenn die Partei das Rügerecht bereits im ersten Rechtszuge nach der Vorschrift des § 295 verloren hat.**

1 **I. Systematik.** Die wegen § 525 überflüssige Vorschrift entspricht fast wörtlich dem erstinstanzlich geltenden § 295 I. Auf ihn nimmt sie ja auch ausdrücklich Bezug. Daher → § 295 Rn. 1 und 24 (umfangreiches ABC). Bei einer Zulässigkeitsrüge gilt § 532.

2 **II. Regelungszweck.** Die Regelung dient der Prozesswirtschaftlichkeit.

3 **III. Geltungsbereich.** Die Vorschrift gilt in jedem Verfahren nach der ZPO, auch im WEG-Verfahren. Sie gilt nach § 64 VI ArbGG entsprechend im arbeitsgerichtlichen Verfahren.

4 **IV. Heilungsarten, Rügemöglichkeiten.** Es gelten alle erstinstanzlichen Regeln infolge der Verweisung auf § 295 voll, dort → § 295 Rn. 9 ff., 24, Brdb NJW-RR 2011, 1401. Spätere Mängel nach dem Schluss der letzten erstinstanzlichen mündlichen Verhandlung nach §§ 136 IV, 296a zB im Ersturteil oder bei seiner Zustellung nach § 317 lassen sich noch rügen. Das muss aber auch nach § 529 II geschehen. In der zweiten Instanz ist § 295 nach § 525 selbständig anwendbar. Daher darf und muss das Berufungsgericht zB die Zulässigkeit einer nochmaligen Zeugenvernehmung nach §§ 398, 525 unabhängig von deren erstinstanzlicher Beurteilung auch selbst in den Grenzen des § 296 prüfen. Bei einer Zulässigkeitsrüge gilt § 532. Ein zweitinstanzlicher Verfahrensfehler ist auch nach dem Verlust des entsprechenden erstinstanzlichen Rügerechts rügbar.

535 *Gerichtliches Geständnis.* **Das im ersten Rechtszuge abgelegte gerichtliche Geständnis behält seine Wirksamkeit auch für die Berufungsinstanz.**

1 **I. Systematik.** Die wegen § 525 überflüssige Vorschrift ergänzt §§ 288–290. Wegen der Begriffe daher → Vor § 288 Rn. 1–3.

2 **II. Regelungszweck.** Es gelten die erstinstanzlichen Erwägungen in → Vor § 288 Rn. 2 wegen des Straffungszwecks des Berufungsverfahrens verstärkt.

3 **III. Geltungsbereich.** Die Vorschrift gilt in jedem Berufungsverfahren der ZPO, auch im WEG-Verfahren. Sie gilt nach § 64 VI ArbGG entsprechend im arbeitsgerichtlichen Verfahren.

4 **IV. Gerichtliches Geständnis.** Zunächst → § 288 Rn. 3 ff. Ein nach der Beurteilung des Berufungsgerichts wirksames erstinstanzliches eindeutiges gerichtliches Geständnis nach §§ 288, 289 wirkt unabhängig von der Beurteilung des Erstgerichts für die zweite Instanz fort, BGH NJW 1995, 1432; Rimmelspacher NJW 2002, 1899. Das gilt auch dann, wenn eine Partei es mit einer entsprechenden unwirksamen Einschränkung nur für die erste erklärt hatte, Köln JurBüro 1975, 1251; Schneider MDR 1991, 298. Sein Widerruf ist auch im Berufungsverfahren nur entsprechend § 290 zulässig, Celle WuM 1985, 1114; Köln ZIP 1985, 437. Freilich mag der Widerstand schon in der ersten Instanz vorgelegen haben. Dagegen ist die Rüge zulässig, das Erstgericht habe irrig ein Geständnis angenommen. Dabei kommt es nach → § 288 Rn. 3, 5 nicht auf den Wortlaut an, sondern darauf, ob die Umstände auf ein Geständnis hindeuten.

5 **V. Außergerichtliches Geständnis; Nichtbestreiten.** Ein außergerichtliches Geständnis erster Instanz und sein Widerruf lassen sich nach §§ 286, 525 frei würdigen. Es kann auch ein Widerrufsverzicht vorliegen. Für das bloße Nichtbestreiten nach § 138 III gilt § 535 nicht, BGH NJW 1987, 1948; Köln ZIP 1985, 437; aM Mü MDR 1984, 321 (aber Nichtbestreiten ist nach → Vor § 288 Rn. 4 etwas anderes). Ob ein bloßes Nichtbestreiten vorliegt, muss man wie → Vor § 128 Rn. 60 beurteilen. Ein Bestreiten im Berufungsrechtszug unterliegt den Beschränkungen der §§ 530, 531, Köln ZIP 1985, 437.

536 *Parteivernehmung.* **I Das Berufungsgericht darf die Vernehmung oder Beeidigung einer Partei, die im ersten Rechtszuge die Vernehmung abgelehnt oder die Aussage oder den Eid verweigert hatte, nur anordnen, wenn es der Überzeugung ist, dass die Partei zu der Ablehnung oder Weigerung genügende Gründe hatte und diese Gründe seitdem weggefallen sind.**

II War eine Partei im ersten Rechtszuge vernommen und auf ihre Aussage beeidigt, so darf das Berufungsgericht die eidliche Vernehmung des Gegners nur anordnen, wenn die Vernehmung oder Beeidigung im ersten Rechtszuge unzulässig war.

1 **I. Systematik, I, II.** Die Vorschrift wandelt die erstinstanzlichen §§ 445 ff. einschränkend ab. Vgl. daher zunächst → Vor § 445 Rn. 1. § 141 I 1 gilt ohnehin auch im Berufungsverfahren direkt mit.

2 **II. Regelungszweck, I, II.** Die Einschränkungen nach → Rn. 1 dienen dem auch hier deutlichen Zweck der Straffung des Berufungsverfahrens zur Erzielung größerer Prozesswirtschaftlichkeit. In diesem Sinn sollte man sie auslegen. Zusätzlich → Vor § 445 Rn. 9.

3 **III. Geltungsbereich, I, II.** Die Vorschrift gilt in jedem Berufungsverfahren der ZPO, auch im WEG-Verfahren. Sie gilt nach § 64 VI ArbGG entsprechend im arbeitsgerichtlichen Urteilsverfahren.

4 **IV. Parteimöglichkeiten, I, II.** Es gilt nach § 525 grundsätzlich dasselbe wie erstinstanzlich nach §§ 445 ff. Die Partei muss sich auf den Antrag auf eine Parteivernehmung nach § 446 dann erklären, wenn es das Gericht verlangt. Sie kann ablehnen. Dann ist damit der Beweisantritt erledigt und das Berufungsgericht zieht nach

§§ 286, 525 seine Schlüsse. Sie kann sich auch bereit erklären. Dann muss das Gericht geeignetenfalls ihre Vernehmung beschließen. Die Partei kann dann aber immer noch nach § 453 II die Aussage verweigern. Sie kann auch zumindest nach §§ 481, 484 den Eid verweigern. Die Verweigerung der Aussage oder des Eids ist statthaft sowohl bei der vereinbarten Vernehmung nach § 447 als auch bei der Amtsvernehmung nach § 448. In allen diesen Fällen ist die Weigerung in der ersten Instanz nicht unbedingt endgültig.

V. Erstinstanzliche Nichtvernehmung, Nichtbeeidigung, I. In allen Punkten der → Rn. 4 kann die Partei die unterlassene Erklärung nachholen oder die Weigerung in eine Bereiterklärung verwandeln. Dann stellt sie das Berufungsgericht vor eine neue Entscheidung. Es muss jetzt prüfen, ob die Vernehmung oder Beeidigung noch nötig ist oder ob die Partei in erster Instanz grundlos verweigert hat (dann muss es eine Vernehmung ablehnen) oder ob sie damals einen genügenden tatsächlichen oder rechtlichen Grund zB nach §§ 383 ff. hatte, der jetzt nachvollziehbar fortgefallen ist. Das letztere muss die Partei nach §§ 294, 525 glaubhaft machen, nicht nach → § 286 Rn. 14 vollbeweisen. Nur soweit das Berufungsgericht den Wegfall des Hindernisses nach seiner freien Überzeugung bejaht, darf es die Vernehmung oder Beeidigung anordnen. Es kann auch genügen, wenn rein persönliche Gründe fortgefallen sind, wenn etwa die Partei aus einem begreiflichen Schamgefühl nicht aussagen wollte, die Hemmung aber jetzt überwindet, oder wenn es um eine nur erstinstanzliche nach § 384 Nr. 2 ehrenrührige Tatsache ging. Hatte das Erstgericht aus der Säumigkeit der Partei nach § 454 ihre Weigerung gefolgert, muss das Berufungsgericht erneut darüber befinden, ob dieser Schluss berechtigt war. 5

VI. Erstinstanzliche Vernehmung, Beeidigung, II. Hat eine Partei in erster Instanz ihre Aussage nach §§ 452, 478 ff. beeidet, verbietet II grundsätzlich die eidliche, nicht die uneidliche, Vernehmung ihres Gegners. Das gilt nach §§ 453, 525 auch dann, wenn das Erstgericht der eidlichen Aussage nicht geglaubt hat und wenn ihr auch das Berufungsgericht nicht glaubt. Das Gericht soll nun einmal nicht Eid gegen Eid stellen. Darum gilt II auch dann, wenn das Berufungsgericht selbst eidlich vernommen hat. Nur nach einer unzulässigen Beeidigung darf und muss das Gericht anders verfahren, etwa bei §§ 452 IV, 455 II. Das gilt nicht bei § 445 II. Der unzulässige Eid, etwa der dem Beweisführer entgegen § 445 I und ohne die Voraussetzungen der §§ 447, 448 abgenommene, hat keine Beweiskraft. 6

VII. Entscheidung, I, II. Sie erfolgt zusammen mit dem Berufungsurteil nach § 540. Das Gericht muss sie nach § 540 I Nr. 2 kurz, aber nachvollziehbar begründen. 7

VIII. Verstoß, I, II. Ein Verstoß des Berufungsgerichts ist ein Verfahrensfehler nach § 551 III Nr. 2b. Er macht den zweiten Eid trotz §§ 286, 525 praktisch wertlos. Denn es handelt sich um zwingendes Recht, und das Gericht handelt außerhalb seiner Befugnisse. 8

537 *Vorläufige Vollstreckbarkeit.* **I [1]Ein nicht oder nicht unbedingt für vorläufig vollstreckbar erklärtes Urteil des ersten Rechtszuges ist, soweit es durch die Berufungsanträge nicht angefochten wird, auf Antrag von dem Berufungsgericht durch Beschluss für vorläufig vollstreckbar zu erklären. [2]Die Entscheidung ist erst nach Ablauf der Berufungsbegründungsfrist zulässig.**

II Eine Anfechtung des Beschlusses findet nicht statt.

I. Systematik, I, II. Es handelt sich um eine Erweiterung des erstinstanzlichen Systems der §§ 708 ff. Diese Erweiterung hat als eine Sonderregel Vorrang. 1

II. Regelungszweck, I, II. § 537 bezweckt den Schutz des aus einem Ersturteil Berechtigten vor den Nachteilen der Hemmungswirkung nach → Vor § 511 Rn. 2, BGH NJW 1992, 2296, Hamm NJW-RR 1990, 1470, Grunsky ZZP 95, 57; aM Thomas/Putzo/Reichold Rn. 1 (zu vage). Die Vorschrift ermöglicht es ihm, alsbald aus einem Ersturteil ohne eine Sicherheitsleistung nach → Rn. 5 zu vollstrecken, soweit der Gegner es nicht durch die Berufungsanträge anficht. Berufungsanträge sind insofern auch Anschließungsanträge nach § 524, Hamm MDR 1995, 311. Das gilt auch für den Berufungskläger bei einer nicht angefochtenen ihm günstigen Teilentscheidung nach § 301, BGH NJW 1992, 2296; Hamm NJW-RR 1990, 1470; Waltermann NJW 1992, 159; aM Hamm NJW-RR 1987, 832 (aber die Vorschrift schützt nach → Rn. 8 jeden Berechtigten). 2

III. Geltungsbereich, I, II. Die Vorschrift gilt in jedem Berufungsverfahren der ZPO, auch im WEG-Verfahren. Im arbeitsgerichtlichen Verfahren gilt grundsätzlich § 62 I 1 ArbGG. Daher gilt § 537 allenfalls bei § 62 I 2 ArbGG entsprechend. 3

Unanwendbar ist § 537 auf die Kostenentscheidung eines teilweise angefochtenen Urteils nach §§ 91 ff., Brschw MDR 2006, 1185; Schlesw MDR 1985, 679; Thomas/Putzo/Reichold Rn. 3, sowie nach → § 922 Rn. 9 auf ein ohne dahingehenden Ausspruch kraft Gesetzes vorläufig vollstreckbares Urteil und für eine bloße Herabsetzung einer Sicherheitsleitung nach § 718, Groeger NJW 1994, 431, und schließlich bei einem Ersturteil auf die Abgabe einer Willenserklärung nach § 894 und bei einem Gestaltungsurteil sonstiger Art nach → Vor § 253 Rn. 10. Das Rechtsschutzbedürfnis muss stets bestehen, Zweibr JurBüro 1983, 1889. 4

IV. Verfahren, I 1. Es gibt drei Voraussetzungen. 5

1. Keine oder bedingte vorläufige Vollstreckbarkeit. Das Gericht darf das Ersturteil zutreffend oder fälschlich zB nach § 712 I 2 gar nicht oder zB nur bedingt durch eine Sicherheitsleistung nach § 709, 711, 712 I 1, II 2 für vorläufig vollstreckbar erklärt haben. Es mag auch dem Schuldner die Abwendung der Zwangsvollstreckung durch eine Sicherheitsleistung nach § 711 erlaubt haben. Eine gar nicht für vorläufig vollstreckbar zu erklärende Entscheidung etwa im Eilverfahren nach §§ 916 ff., 935 ff. zählt nicht hierher. 6

2. Bloße Teilanfechtung. Der Berufungsführer darf das Ersturteil nach seinen Anträgen schon und noch im Zeitpunkt → Rn. 9 nur zu einem Teil angegriffen haben, Hamm NJW-RR 1990, 1470; Celle NdsRPfl 1989, 107; Kblz MDR 2013, 873; aM Hamm NJW-RR 1983, 832 (zu streng). Auch ein Anschließungsantrag nach § 524 zählt hierher, Hamm MDR 1995, 311, ebenso eine Teilrücknahme nach § 516 oder ein Teilverzicht nach § 515. 7

3. Antrag. Eine Partei muss den Antrag stellen, den ihr günstigen unangefochtenen Ersturteilsteil für vorläufig vollstreckbar zu erklären, Kblz MDR 2013, 873. Auch der durch das Ersturteil teilweise Begünstigte oder Abgewiesene ist nach → Rn. 2 antragsberechtigt. Der Antrag ist schon vor der Verhandlung statthaft. Er unterliegt nach § 78 I dem Anwaltszwang des Berufungsverfahrens, aM Ffm FamRZ 1979, 538 (aber es handelt sich um 8 einen zweitinstanzlichen Vorgang). Man braucht den Antrag nicht zu begründen. Eine Prozesskostenhilfe nach § 119 umfasst auch dieses Nebenverfahren. Die Erfolgsaussicht der etwaigen Berufung ist unerheblich, Schneider DRiZ 1979, 45. Der Antrag ist bis zur Entscheidung des Berufungsgerichts statthaft, sogar noch nach einer Zurückverweisung nach § 563 I.

9 **V. Entscheidung, I 1, 2.** Sie ergeht nach § 128 IV ohne eine notwendige mündliche Verhandlung nach einer Anhörung des Gegners vor einer ihm nachteiligen Entscheidung. Sie erfolgt beim Vorliegen ihrer Voraussetzungen zwingend stets durch einen Beschluss nach § 329 und immer erst nach dem Ablauf der Begründungsfrist nach § 520 II. Sie erfolgt ohne eine sachliche Nachprüfung. Der Beschluss muss bei einer Stattgabe die vorläufige Vollstreckbarkeit des nicht mitangefochtenen Teils unbedingt erklären, Kblz MDR 2013, 873. Er darf keine Abwendung der Zwangsvollstreckung oder eine einstweilige Einstellung der Zwangsvollstreckung gestatten. Eine etwaige Beschränkung der Vollstreckbarkeit durch das Ersturteil zB durch eine Sicherheitsleistung wird dadurch hinfällig. Der Einzelrichter ist wie sonst nach §§ 526, 527 zuständig.

VI. Beispiele zur Frage einer Entscheidung, I 1, 2

10 **Anschlussberufung:** „Erledigung".

Antragserweiterung: Eine nachträgliche solche berührt den Beschluss nicht, aM Hamm MDR 1995, 311 (aber er erging vorher).

Antragsrücknahme: → „Kosten".

Erfüllung: Ein solcher Einwand ist mangels beiderseitiger wirksamer Erledigungserklärungen nach → § 91a Rn. 115 nur dann zur Abweisung mangels Rechtsschutzbedürfnisses nach → Vor § 253 Rn. 3 geeignet, wenn eine Erfüllung feststeht, Schlesw SchlHA 1987, 172.

Erledigung: Ein Antrag des Klägers erledigt sich dann, wenn der Bekl. Anschlussberufung nach § 524 einlegt, Hamm MDR 1995, 311.

Feststellung: Unstatthaft ist eine solche durch ein Teilurteil nach § 301 dahin, das Ersturteil sei nicht angefochten.

Hemmungswirkung: Diejenige nach → Vor § 511 Rn. 2 bleibt unverändert.

Kosten: Über sie muss das Berufungsgericht im Beschluss nach §§ 91 ff. mitentscheiden, notfalls durch dessen Ergänzung nach §§ 321, 329, 525. Es muss evtl. die Kostenentscheidung auch nach §§ 92, 97, 525 nachholen. Nach einer Antragsrücknahme ist § 516 III entsprechend anwendbar.

Rechtskraft: Die formelle nach § 705 tritt für den nicht angefochtenen Teil des Ersturteils durch den Beschluss nicht, sondern unabhängig von ihm ein, Zweibr JurBüro 1983, 1889.

11 **VII. Unanfechtbarkeit, II.** Der stattgebende und der zurückweisende Beschluss sind unanfechtbar, Mü MDR 2017, 698. Er bindet das Berufungsgericht nach §§ 318, 329. §§ 707, 719 sind aber anwendbar, Schlesw SchlHA 1977, 190. Den zurückweisenden Beschluss darf das Berufungsgericht auf einen neuen Antrag jederzeit ändern. Eine Änderung des stattgebenden Beschlusses ist wegen der Folgen für die Zwangsvollstreckung unzulässig, es sei denn, er verletzte Art. 103 I GG, Köln NJW-RR 1995, 894.

538 *Zurückverweisung.* **I Das Berufungsgericht hat die notwendigen Beweise zu erheben und in der Sache selbst zu entscheiden.**

II [1]Das Berufungsgericht darf die Sache, soweit ihre weitere Verhandlung erforderlich ist, unter Aufhebung des Urteils und des Verfahrens an das Gericht des ersten Rechtszuges nur zurückverweisen,
1. soweit das Verfahren im ersten Rechtszuge an einem wesentlichen Mangel leidet und auf Grund dieses Mangels eine umfangreiche oder aufwändige Beweisaufnahme notwendig ist,
2. wenn durch das angefochtene Urteil ein Einspruch als unzulässig verworfen ist,
3. wenn durch das angefochtene Urteil nur über die Zulässigkeit der Klage entschieden ist,
4. wenn im Falle eines nach Grund und Betrag streitigen Anspruchs durch das angefochtene Urteil über den Grund des Anspruchs vorab entschieden oder die Klage abgewiesen ist, es sei denn, dass der Streit über den Betrag des Anspruchs zur Entscheidung reif ist,
5. wenn das angefochtene Urteil im Urkunden- oder Wechselprozess unter Vorbehalt der Rechte erlassen ist,
6. wenn das angefochtene Urteil ein Versäumnisurteil ist oder
7. wenn das angefochtene Urteil ein entgegen den Voraussetzungen des § 301 erlassenes Teilurteil ist
und eine Partei die Zurückverweisung beantragt. [2]Im Fall der Nummer 3 hat das Berufungsgericht sämtliche Rügen zu erledigen. [3]Im Fall der Nummer 7 bedarf es eines Antrags nicht.

Übersicht

I. Systematik, I, II. § 538 regelt die Zurückverweisung, indem er sie in II als einer eng auszulegenden Ausnahme von I einschränkt, BGH ZIP 2010, 777, und – mit Ausnahme der Fälle nach II 1 Nr. 7 – von einem Antrag einer der Parteien abhängig macht. Eine notwendige Zurückverweisung gibt es bis auf → Rn. 29 nicht. 1

II. Regelungszweck, I, II. Die Vorschrift dient der Gerechtigkeit. Sie gilt evtl. selbst auf Kosten der Prozesswirtschaftlichkeit, Stgt NZM 2007, 288. 2

III. Geltungsbereich, I, II. Die Vorschrift gilt in jedem Berufungsverfahren nach der ZPO und den auf sie verweisenden Gesetzen. Wegen des Beschwerdeverfahrens → § 572 Rn. 25. Sie gilt auch im WEG-Verfahren. Im Verfahren der Arbeitsgerichte ist II 1 Nr. 1 nach § 68 ArbGG unanwendbar, BAG NJW 2015, 192. Jedoch muss das LAG dann zurückverweisen, wenn es einen erstinstanzlichen Verfahrensmangel nicht korrigieren kann. Unanwendbar ist ferner II 1 Nr. 5, weil der Fall nach § 46 II 2 ArbGG nicht vorkommen kann. Im Übrigen ist § 538 nach § 64 VI ArbGG entsprechend anwendbar. Vor dem Familiengericht ist II beschränkt zu beachten, Brdb FamRZ 2013, 237. 3

IV. Grundsatz: Eigene Beweisaufnahme und Entscheidung, I. Das Berufungsgericht muss die notwendigen Beweise nach §§ 355 ff., 525 erheben, soweit die Beweiserhebung nach §§ 528 bis 531 zulässig ist, BGH NJW 2013, 2601. Soweit die Berufung zulässig ist, muss es in der Sache selbst entscheiden. Dasselbe gilt dann, wenn die Sache trotz eines Rechtsfehlers des Erstgerichts nach → § 300 Rn. 21 entscheidungsreif ist, Hamm Rpfleger 2010, 511. 4

V. Ausnahmen, II. Soweit eine weitere Verhandlung nach § 128 I erforderlich ist, darf das Berufungsgericht die Sache unter Aufhebung des Ersturteils und des erstinstanzlichen Verfahrens dann an das Erstgericht zurückverweisen, wenn eine Partei das nach → Rn. 29 beantragt, Saarbr MDR 2003, 1250 (nach II 3 bei Nr. 7 auch ohne einen Antrag), und wenn außerdem auch eine der folgenden Voraussetzungen vorliegt. II 1 Nr. 1–7 zählt sie als eng auszulegende Ausnahmen von I abschließend auf, BGH FamRZ 2005, 882. Fehlen diese letzteren Voraussetzungen, darf das Berufungsgericht selbst bei einer Prozesswirtschaftlichkeit und bei übereinstimmenden Anträgen nicht zurückverweisen, BGH NJW-RR 2005, 22. 5

1. Erste Voraussetzung: Wesentlicher Verfahrensmangel, II 1 Nr. 1. Eine Zurückverweisung kommt dann infrage, wenn als erste Voraussetzung das Ersturteil an einem wesentlichen Mangel gerade im Verfahren leidet, nicht in der Rechtsfindung (error in procedendo, nicht in iudicando), BGH NJW 2012, 304; Düss BauR 2017, 2197; Hamm VersR 2016, 584. Die Grenzen sind nicht selten fließend, etwa bei einer Vertragsauslegung nach §§ 133, 157 BGB, BGH NJW 2002, 370 (AGB), oder bei der Beweislast nach Anh. § 286 und bei der Beweiswürdigung nach § 286, Schneider MDR 1989, 138. Man muss an die Voraussetzungen nach → Rn. 1 einen strengen Maßstab anlegen, BGH MDR 2005, 645. Im Eilverfahren nach §§ 916 ff., 935 entfällt meist eine Zurückverweisung, Hamm VersR 2008, 1118. 6

Eine Zurückverweisung ist also nur wegen eines **„wesentlichen" Verfahrensmangels** zulässig, BGH NJW 2012, 304. Wesentlich ist der Mangel dann, wenn er seiner Natur nach so erheblich ist, dass das erstinstanzliche Verfahren keine ordnungsmäßige Grundlage für die Erstentscheidung abgeben konnte, BGH NJW 2012, 304. Deshalb kommt es nicht auf die Größe oder Schwere des Mangels an, sondern auf seine Bedeutung für die Richtigkeit der Entscheidung. Es muss auf den Verfahrensfehler für das Ergebnis rechtlich ankommen, BGH NJW 2000, 2508; Köln FamRZ 1998, 696. Dabei genügt es, dass der Fehler für die Erstentscheidung ursächlich gewesen sein kann oder sie auch nur beeinflusst haben kann, BGH NJW 1993, 539. Ein etwaiges Verschulden des Erstgerichts ist unerheblich, Hamm NJW 2008, 3075. 7

Maßgeblich für die Beurteilung der Frage, ob ein wesentlicher Verfahrensfehler vorliegt, ist der **sachlich-rechtliche** Standpunkt des Erstgerichts ohne eine Rücksicht darauf, ob er zutrifft oder nicht, BGH MDR 2017, 597; Kblz BauR 2017, 282; Rostock OLGR 2009, 508; aM Rimmelspacher ZZP 106, 251. Deshalb ist eine Zurückverweisung nicht schon dann zulässig, wenn das Berufungsgericht ein erstinstanzliches Parteivorbringen sachlich-rechtlich anders beurteilt, BGH WM 2012, 1454, oder wenn das Erstgericht auf eine andere Weise eine sachlich-rechtliche Frage falsch beurteilt hat, BGH MDR 1999, 1016; Köln MDR 1998, 678, oder wenn es zB irrig eine Sachbefugnis angenommen hat, BGH NW 07, 596. Das Berufungsgericht darf eine Zurückverweisung auch nicht darauf stützen, dass das Erstgericht eine solche verfahrensrechtliche Entscheidung getroffen hat, die sich noch in den ihm eingeräumten Ermessensgrenzen hielt, BGH MDR 2001, 469. 8

2. Beispiele zur Frage eines wesentlichen Verfahrensmangels, II 1 Nr. 1

Ablehnung: → „ZPO § 45", → „ZPO §§ 46 ff.". 9

Von Amts wegen: Wesentlich ist ein Verstoß gegen eine von Amts wegen zu beachtende Vorschrift, insbesondere zur Revision.

Anhörung nach FamFG: Wesentlich ist ein Verstoß gegen diese Pflicht, Hamm MDR 2012, 778.

Auslegung: Wesentlich ist eine Auslegung gegen die Vorstellungen beider Parteien, Düss NJW-RR 1992, 1268; Mü NJW-RR 1992, 61, oder eine unvernünftige Auslegung, Celle MDR 2012, 77. **Kein** wesentlicher Mangel ist eine sonstige Auslegung. Denn sie gehört zum sachlichen Recht nach §§ 133, 157 BGB, BGH MDR 2017, 597; Rimmelspacher ZZP 106, 246. Daher ist auch das Übersehen einer nötigen ergänzenden Auslegung hier kein Mangel, BGH NJW 2003, 538; aM Oldb NJW-RR 1994, 843.

Begründung: Wesentlich ist ein Verstoß durch das Fehlen einer nach → § 329 Rn. 6 notwendigen Begründung, KG GRUR-RR 2013, 272; Mü MDR 2016, 203.

Beibringungsgrundsatz: Wesentlich ist ein Verstoß gegen → Vor § 128 Rn. 21, Saarbr OLGZ 1984, 79.

Beratung: Wesentlich ist ein Verstoß gegen § 193 GVG.

Beweisantrag: Wesentlich ist das Übergehen eines zulässigen und entscheidungserheblichen Beweisantrags nach → Vor § 284 Rn. 44, Celle BauR 2017, 2213; Düss MDR 1982, 502; KG MDR 2005, 1071, auch zu einem Einwand, Köln JMBlNRW 75, 113.

Beweislast: Ein Fehler bei ihrer Klärung nach Anh. § 286 kann ein wesentlicher Verfahrensfehler sein, Schneider MDR 1989, 138; aM BGH NJW 1997, 1447.

Funktionelle Unzuständigkeit: Wesentlich ist die Verkennung der funktionalen Unzuständigkeit des Erstgerichts, Hamm OLGZ 1989, 338.

Gesetzlicher Richter: Wesentlich ist ein Verstoß gegen Art. 101 I 2 GG, Ffm MDR 2003, 1375; Kblz JurBüro 2011, 493; LG Wiesb MDR 1984, 676. Auch → „ZPO: § 348".

Grundregeln: Wesentlich ist ein Verstoß gegen eine Grundregel des Zivilprozesses. Auch „Rechtliches Gehör".
Heilung: Kein wesentlicher Verfahrensmangel bleibt der nach § 295 I heilbare und geheilte, BGH NJW 1999, 62.
Irrtum: Ob ein Irrtum in der Urteilsfindung ein wesentlicher Mangel ist, hängt von den Umständen ab.
Kernvortrag: Wesentlich ist ein Verstoß gegen den Kern eines Parteivortrags, BGH NJW 1998, 2053; Naumb BauR 2014, 1361 (je: Verkennung).
Mehrheit von Ansprüchen: Wesentlich ist das Übergehen eines von ihnen nach → § 2 Rn. 4, Köln MDR 1984, 151.
Öffentlichkeit: Wesentlich ist ein Verstoß gegen §§ 169 ff. GVG.
Örtliche, sachliche Unzuständigkeit: Kein wesentlicher Mangel ist meist schon wegen § 513 II ein solcher Fehler, BGH WM 1986, 657.
Parteivortrag: Wesentlich ist das Verkennen seines Kerngehalts, Hamm NJW 2014, 84.
Rechtliches Gehör: Wesentlich ist ein Verstoß gegen Art. 103 I GG, BVerfG NJW 1991, 2824; BGH NJW 2012, 304; Drsd NJW-RR 2017, 1184.
Sachliches Recht: Kein wesentlicher Mangel ist eine nur sachlich-rechtliche Beanstandung nach → Rn. 6, BGH FamRZ 2008, 782. Eine Zurückverweisung kommt dann nicht in Betracht, wenn das Erstgericht von seinem irrigen sachlich-rechtlichen Standpunkt aus folgerichtig über einen Verfahrenspunkt entschieden hat, BGH FamRZ 2016, 1076, oder nicht entschieden hat, BGH MDR 1991, 1047 (nach → Anh. § 253 Rn. 16 hilfsweise erhobene Widerklage). Aber auch „Beweislast".
Unklarheit: Wesentlich ist eine Unklarheit darüber, welchen Anspruch nach → § 2 Rn. 4 das Erstgericht beschieden hat, Hamm NJW-RR 1992, 1279.
Unstreitigkeit: Wesentlich ist die Verkennung eines unstreitigen erheblichen Vorbringens, Köln ZIP 1983, 869.
Verjährung: Kein wesentlicher Verstoß ist eine unrichtige Beurteilung der tatsächlichen Voraussetzungen, aM Kblz MDR 1994, 99.
Vertrag: Wesentlich ist die Verkennung desjenigen Vertragsinhalts, aus dem der Kläger ein Recht herleitet, BGH NJW 2002, 370; Oldb MDR 1987, 413.
Widerklage: Bei ihr nach Anh. § 253 besteht evtl. **kein** wesentlicher Mangel, da § 533 heilen kann, BGH NJW 1984, 1555.
Willkür: Wesentlich ist ein Verstoß gegen das Willkürverbot, BVerfGE 70, 93.
ZPO: Wesentlich sein kann ein Verstoß zB gegen eine der folgenden Vorschriften:
§ 2, BGH NJW 2006, 3068;
§ 45, Evtl. **nicht** wesentlich, BGH NJW 2008, 1672;
§§ 46 ff., BayObLGZ FamRZ 1982, 1136; Hmb OLGR 2008, 781;
§ 48, BGH NJW 1995, 1679;
§ 51, BGH NJW 1992, 2100;
§ 91a, Mü FamRZ 1983, 629;
§ 128, Bbg FamRZ 1996, 496; BayObLG FamRZ 1982, 1136; Zweibr FamRZ 1999, 456;
§ 136, Bbg FamRZ 1994, 1045;
§ 137 I, Kblz MDR 2002, 415;
§ 138, Drsd NJW-RR 2017, 1184;
§ 139, BAG NZA 2008, 115, etwa durch eine Überraschungsentscheidung nach → § 139 Rn. 51, BVerfGE 84, 188; BGH NJW 1993, 667; Hamm NJW-RR 2012, 234, oder durch die Unterlassung der Anhörung einer Partei, Düss NJW-RR 1992, 1404; Hamm AnwBl 1984, 93; Kblz NJW-RR 1991, 1087, oder durch die Unterlassung der Aufklärung, Ffm NJW-RR 2018, 799; Naumb NJW-RR 2012, 1536. **Kein** wesentlicher Verfahrensfehler liegt in einer bloßen rechtlichen Beurteilung des Erstgerichts, BGH NJW 2012, 305;
§ 141, Zweibr NJW 1998, 167;
§ 156, BGH NJW 2009, 2379; Sangmeister BB 1992, 1535; Schneider MDR 1990, 122;
§ 172, → § 172 Rn. 23;
§§ 183 ff., Düss FamRZ 2006, 131;
§ 224 II, Ffm NJW 1986, 731 (zu kurze Frist);
§ 227, Hamm NJW-RR 1992, 121; Köln JurBüro 1977, 410;
§ 240, Oldb MDR 2005, 836; Schlesw FamRZ 2008, 793;
§ 244, Hamm MDR 2008, 997;
§ 249
§ 251a (kein Sachantrag nach → § 297 Rn. 4), LAG Brem MDR 2004, 112;
§ 253, BGH NJW-RR 1991, 256, Saarbr MDR 2003, 1372;
§ 254, Hamm FamRZ 2016, 1259; BGH NZFam 2018, 270 wendet II 1 Nr. 4 (statt Nr. 2) an;
§ 256
§ 261 iVm (jetzt) Art. 29 I Brüssel Ia-VO, BGH NJW 2002, 2796; Hau IPRax 2002, 117;
§ 263, Ffm NJW-RR 1990, 1471;
§ 278 VI, Karlsr NJW-RR 2011, 10 (dort viel zu streng);
§ 281, Ffm MDR 2003, 1375; Unterlassen einer notwendigen Kenntnisnahme, KG MDR 2005, 1431;
§ 283, BVerfGE 70, 215; BGH NJW 2000, 142;
§ 284, BGH NJW-RR 2006, 1678; Kblz NJW 2004, 1186 (kein Gutachten); Zweibr OLGR 2000, 221, nicht aber Verkennung der Beweislastregeln nach Anh. § 286, BGH MDR 1988, 648; Ffm NJW-RR 1996, 575; Schneider MDR 1989, 138;
§ 286, BGH VersR 1991, 1055; KG MDR 2015, 1385; Kblz MDR 2014, 1169;
§ 287, BGH NJW 1996, 2924; Kblz MDR 2014, 1169; Zweibr MDR 1989, 268;
§ 293, BGH NJW 1992, 2026; Mü NJW-RR 2018, 84; Saarbr NJW 2002, 1209;
§ 296, BVerfG NJW-RR 1995, 1469; Brdb NJW-RR 1998, 498; Celle NJW-RR 1995, 1407;
§ 300, § 301, BGH NJW 2001, 79; Düss NJW-RR 1997, 659. Aber → Rn. 28;
§ 302, BAG NJW 1999, 1035; Karlsr NJW-RR 1987, 254;
§ 304, BGH NJW 1999, 1035, Celle NJW 2015, 91, aM MüKoZPO/Rimmelspacher Rn. 24;
§ 307, Jena FamRZ 2009, 1513;

§ 308 I: Fallfrage, BGH NJW 1999, 61 (Genehmigung heilt); Kblz MDR 2002, 415; Köln NJW-RR 1996, 581;
§ 309, Brdb OLG-NL 97, 58;
§ 310, Ffm NJW-RR 1988, 128; Mü MDR 1986, 62; Schlesw SchlHA 1979, 21;
§ 313, Ffm NJW-RR 1999, 217 (Berichtigung statt Parteiwechsel); Hmb GRUR 1981, 91 (Falsche Parteibezeichnung); Tatbestand und Entscheidungsgründe widersprechen sich, Brdb FamRZ 2006, 130; Düss NVwZ NJW-RR 1994, 946; Kblz Rpfleger 1985, 497, oder sie fehlen teilweise, BGH VersR 1988, 943; Hamm NJW 1979, 434, oder sie fehlen gar ganz, Köln FamRZ 2005, 1921; Schlesw SchlHA 1996, 104, oder eines von beiden genügt nicht den Mindestanforderungen nach → § 313 Rn. 28; Düss NVwZ-RR 1994, 7; Naumb NJ 1997, 91, oder sie folgen erst nach Monaten, BGH MDR 1976, 658; Stgt AnwBl 1989, 323;
§ 313a, Hamm MDR 1979, 322;
§ 315, BGH GRUR 2011, 57; Kblz VersR 1981, 688; Stgt VersR 1989, 863;
§ 317: Evtl. **nicht** wesentlich, BGH MDR 2009, 1238;
§ 319, Ffm NJW-RR 1990, 217;
§ 322 I, Hamm NJW-RR 1992, 1279;
§ 322 II
§ 323 nach den Grundsätzen der Erstklage, Zweibr FamRZ 1981, 415;
§ 329: → Rn. 9 „Begründung";
§ 333, Bbg FamRZ 1996, 496;
§ 341 II durch Beschluss, Naumb FamRZ 2008, 287;
§ 348, Ffm MDR 2003, 1375; Saarbr OLGR 2007, 510, bei fehlender oder fehlerhafter Bestellung, Nürnb NJW-RR 1993, 574; Schlesw NJW 1988, 69; Seidel ZZP 99, 88, oder nach einer Verhandlung im Haupttermin, wobei das Berufungsgericht aber meist nach § 540 verfahren muss, BGH NJW-RR 1991, 473 (keine Zurückverweisung auch bei einer Entscheidung durch die Kammer ohne eine Zurückübertragung, Ffm NJW 1977, 813); aM Hamm MDR 1993, 1235 (Zurückverweisung nur bei willkürlichem und offensichtlich fehlerhaftem Verfahren);
§ 355, Düss NJW 1992, 187; Kblz MDR 2014, 1290;
§ 356, Brschw NJW-RR 1992, 124; Ffm NJW 1986, 731; KG MDR 2005, 1071;
§ 357, § 371, BGH NJW 2003, 1727 (Telefonat); Kiethe MDR 2005, 965;
§ 373, BAG NJW 2008, 542;
§ 375 Ia, Köln NJW-RR 1998, 1143;
§ 379, Ffm NJW 1986, 731; Hamm FamRZ 1999, 453; KG MDR 2005, 1071;
§ 398, KG BauR 2011, 297 Kblz OLGR 2006, 106; Köln VersR 1993, 1366;
§§ 402 ff., Celle BauR 2017, 770;
§ 406, Düss JZ 1977, 565; Karlsr BB 1977, 1424; Schlesw SchlHA 1982, 30;
§ 411 III, KG VersR 2008, 137; Saarbr NJW-RR 1999, 719; Zweibr NJW-RR 1999, 1156;
§ 411 IV, BGH NJW 1988, 2302;
§ 412, Ffm NJW-RR 2007, 19;
§ 444, § 448, Kblz MDR 1998, 712;
§ 547, BGH GRUR 2011, 57; Ffm MDR 1995, 311; KG MDR 2007, 48.

3. Zweite Voraussetzung: Notwendigkeit einer umfangreichen oder aufwändigen Beweisaufnahme, II 1 Nr. 1. Aufgrund des wesentlichen Mangels muss als weitere Voraussetzung einer Zurückverweisung eine umfangreiche oder aufwändige Beweisaufnahme nach §§ 355 ff. und deshalb zur Vermeidung eines Instanzverlusts vor dem Erstgericht notwendig sein, BGH NJW 2011, 2579; Düss BauR 2017, 2197. Dabei hat das BerGer. eine Abwägung zwischen der mit einer Zurückverweisung verbundenen Verzögerung und Verteuerung des Verfahrens auf der einen und dem Interesse an der Wahrung des vollen Instanzenzuges auf der anderen Seite vorzunehmen und in der Entscheidung auch darzulegen; die Zurückverweisung ist hierbei auf Ausnahmefälle zu beschränken, BGH VersR 2011, 1393. Diese Voraussetzung liegt nur dann vor, wenn das Gericht über das gewöhnliche Maß hinausgehende Beweise etwa in vielen Terminen erheben muss, wenn es zB eine Vielzahl von Zeugen nach §§ 373 ff. vernehmen muss, BGH NJW 2011, 2579; KG MDR 2015, 1385, oder mehrere zeitraubende Gutachten nach §§ 402 ff. einholen muss, oder wenn die ganze Beweisaufnahme weit entfernt zB im Ausland nach Anh. § 363 stattfinden muss, BGH MDR 2005, 645; Ffm NJW-RR 2011, 1001. Die bloße Möglichkeit einer Notwendigkeit einer Beweisaufnahme reicht nicht, BGH WuM 2018, 899, auch nicht die Notwendigkeit einer vor dem Berufungsgericht zumutbaren Beweisaufnahme, Kblz NJW-RR 2015, 590. Die pauschale Erwägung, es sei nicht eine Aufgabe des Berufungsgerichts, erstinstanzlich versäumte Entscheidungsgrundlagen zu erarbeiten, reicht gerade wegen eines wesentlichen Verfahrensfehlers nicht aus, BGH NJW-RR 2005, 1037, ebenso wenig stets eine Augenscheinseinnahme nach § 371, BGH MDR 2007, 289. Ein Baumängelgutachten zählt nicht stets zu solcher Gutachtenart, BGH MDR 2005, 645, wohl aber evtl. ein Gutachten zur Arzthaftung, KG NJW-RR 2008, 371. Das Berufungsgericht muss in der Zurückverweisungsentscheidung deren Notwendigkeit nach §§ 313 III, 540 nachprüfbar darlegen, BGH MDR 2005, 645. Es muss abwägen, ob die Nachteile einer Zurückverweisung überwiegen würden, BGH NJW-RR 2007, 1678. Dabei darf es auf effektiven Rechtschutz mitachten, Baumert MDR 2011, 897. Eine Korrektur muss sicher bevorstehen, BGH FamRZ 2016, 1076. Nach Wortlaut und Sinn von § 538 II Satz 1 Nr. 1, den Aufwand mehrfacher Bearbeitung klein zu halten und Verfahrensverzögerungen durch Hin- und Herschieben von Fällen in den Instanzen zu vermeiden, genügt es nicht, dass die Parteien ihren Vortrag noch näher substantiieren müssen. Eine Zurückverweisung durch das Berufungsgericht ist daher nicht deshalb gerechtfertigt, weil den Parteien aufgrund eines Verfahrensmangels des erstinstanzlichen Verfahrens Gelegenheit zu weiterem Vortrag zu geben ist und danach möglicherweise eine Beweisaufnahme erforderlich wird, BGH WM 2013, 1210. 10

4. Einspruchsverwerfung, II 1 Nr. 2. Eine Zurückverweisung ist auch dann zulässig, wenn das Erstgericht im angefochtenen Urteil einen Einspruch nach §§ 338, 700 gegen ein Erstes Versäumnisurteil nach §§ 330 ff. oder einen Vollstreckungsbescheid nach § 341 als unzulässig verworfen hat. Dann ist nur die Entscheidung über die Zulässigkeit des Einspruchs dem Berufungsgericht angefallen. Die Zurückverweisung kommt nur dann in 11

Betracht, wenn die Berufung Erfolg hat. Sinngemäß ist II 1 Nr. 2 dann anwendbar, wenn das Berufungsgericht einen nach § 238 II verworfenen Wiedereinsetzungsgrund gegen die Versäumung der Einspruchsfrist nach § 339 durchgreifen lässt. Nach einem Zweiten Versäumnisurteil nach §§ 345, 514 II kommt II 1 Nr. 6 infrage.

12 **5. Zulässigkeitsentscheidung, II 1 Nr. 3, II 2.** Weiter kommt eine Zurückverweisung dann in Betracht, wenn das Erstgericht nur die objektiv unzulässige Klage abgewiesen hat, sei es zutreffend eben wegen Unzulässigkeit, BGH NJW 1984, 128, Oldb NJW 2012, 2894, sei es fälschlich als unbegründet, BGH WM 1983, 660, BayObLG 2002, 160; Drsd VersR 2003, 93, oder wenn das Erstgericht die Klage für zurückgenommen erklärt hat, zB nach § 113 S. 2. Das gilt unabhängig davon, ob die Parteien nach § 280 abgesondert verhandelt hatten, BGH NJW-RR 1986, 61 (Anfall nur des Zwischenstreits), ob man den Mangel nach § 282 III genügt hatte und ob das Erstgericht von Amts wegen aufgrund mangelnder Vertretung abgewiesen hatte, BGH WM 1983, 658. Über die Bedeutung hilfsweiser sachlich-rechtlicher Erörterungen → Vor § 253 Rn. 17, → Vor § 300 Rn. 15, Ffm FamRZ 1981, 979; Schneider MDR 1983, 105. Hatte das Erstgericht die Rüge als unbegründet erachtet, muss das Berufungsgericht nach II 2 über sämtliche anderen solchen Rügen entscheiden, die die Zulässigkeit der Klage betreffen, und je nachdem abweisen oder zurückverweisen. Aus dem Grund der Vorschrift, dem unvollständigen Anfall nach → Vor § 511 Rn. 4, und aus §§ 280, 282 III folgt, dass sich Nr. 3 auf alle Prozesshindernisse und sämtliche Prozessvoraussetzungen bezieht, auch auf solche, die nach → Vor § 128 Rn. 44, 46 von Amts wegen zu beachten sind, Zweibr NJW 1977, 1928.

13 **Über den Wortlaut hinaus** greift Nr. 3 immer dann ein, wenn das Erstgericht über einen sachlich-rechtlichen Anspruch zu Unrecht aus prozessualen Gründen nicht entschieden hat, BGH NJW 1984, 128; Düss NJW-RR 1990, 1040.

14 **Unanwendbar** ist Nr. 3 bei einer Abweisung aus sachlich-rechtlichen Gründen, BGH VersR 2000, 1391.

6. Beispiele zur Frage einer Anwendbarkeit von II 1 Nr. 3

15 **Allgemeine Geschäftsbedingungen: Unanwendbar** ist II 1 Nr. 3 dann, wenn das Erstgericht die Klage wegen AGB abgewiesen hat, BGH MDR 1978, 838.

Anerkenntnisurteil: Anwendbar ist II 1 Nr. 3 dann, wenn das Erstgericht ein Anerkenntnisurteil nach § 307 ohne ein wirksames Anerkenntnis erlassen hat, Düss NJW-RR 1990, 1040; Karlsr MDR 2005, 1368; LG Fürth NJW 1976, 633.

Arrest, einstweilige Verfügung: Unanwendbar ist II 1 Nr. 3 hier, Drsd MDR 2012, 668.

Feststellungsklage: Anwendbar ist II 1 Nr. 3 dann, wenn das Erstgericht ein Feststellungsinteresse nach → § 256 Rn. 24 zu Unrecht verneint hat, Kblz NJW-RR 1989, 510.

Klagefrist: Anwendbar ist II 1 Nr. 3 dann, wenn das Erstgericht die Klage wegen der Versäumung einer Klagefrist abgewiesen hatte, LG Mannh WuM 1975, 98.

Nichtigkeitsklage: Anwendbar ist II 1 Nr. 3 dann, wenn das Berufungsgericht im Gegensatz zum Erstgericht einen Nichtigkeitsgrund nach § 579 bejaht, KG FamRZ 1989, 647.

Prozessunfähigkeit: Anwendbar ist II 1 Nr. 3 dann, wenn nach einer Klagabweisung wegen Prozessunfähigkeit nach § 51 der gesetzliche Vertreter die Prozessführung genehmigt hat.

Prozessvergleich: Anwendbar ist II 1 Nr. 3 dann, wenn das Erstgericht irrig den Widerruf eines Prozessvergleichs für unwirksam gehalten hatte.

Rechtsschutzbedürfnis: Anwendbar ist II 1 Nr. 3 dann, wenn das Erstgericht die Klage wegen Fehlens eines Rechtsschutzbedürfnisses nach → Vor § 253 Rn. 3 abgewiesen hatte.

Sachbefugnis: Unanwendbar ist II 1 Nr. 3 dann, wenn das Erstgericht die Sachbefugnis verneint hat, BGH VersR 2000, 1391; aM Ffm VersR 1986, 1195; Hamm MDR 1977, 585 (aber auch das war eine Zulässigkeitsfrage).

Schiedsgutachten: Unanwendbar ist II 1 Nr. 3 dann, wenn das Erstgericht eine Schiedsgutachtenabrede nach → Vor § 1025 Rn. 19 mit Recht verneint hat, falls jetzt aber dem Berufungsgericht ein solches Gutachten vorliegt, Thomas/Putzo/Reichold Rn. 17; aM Ffm MDR 1985, 150.

Schiedsrichterliches Verfahren: Anwendbar ist II 1 Nr. 3 dann, wenn der für begründet gehaltene Einwand der Entscheidung durch Schiedsgutachter nach → Vor § 1025 Rn. 20 in der Berufungsinstanz wegfällt, Ffm MDR 1985, 150; Walchshöfer FS Schwab, 1990, 530. Denn die Sache ist dem Berufungsgericht nur in diesem Umfang angefallen, BGH MDR 1986, 130. Auch „Schiedsgutachten".

Verjährung: Unanwendbar ist II 1 Nr. 3 dann, wenn das Berufungsgericht den Eintritt einer Verjährung verneint, BGH NJW 1999, 3125; Prütting DRiZ 1977, 78; aM Brschw MDR 1975, 671 (irrig zust. Schneider MDR 1976, 52); Ffm NJW 1987, 784; Hamm MDR 1977, 585.

Vorprozess: Anwendbar ist II 1 Nr. 3 dann, wenn das Erstgericht eine Klage zu Unrecht wegen einer angeblich nach § 322 entgegenstehenden inneren Rechtskraft des in einem Vorprozess ergangenen Urteils abgewiesen hat, BGH NJW 1984, 128.

Wider-Widerklage: Unanwendbar ist II 1 Nr. 3 bei einer Wider-Widerklage nach → Anh. § 253 Rn. 18 erst nach einer formell nach § 705 rechtskräftigen Entscheidung zur Widerklage, BGH NJW 2009, 149.

Wiederaufnahme: → „Nichtigkeitsklage".

Zwischenurteil: Unanwendbar ist II 1 Nr. 3 nach einem solchen nach § 280 II, BGHZ 86, 62; Musielak/Voit/Ball Rn. 20; aM MüKoZPO/Rimmelspacher Rn. 9.

16 **7. Grundurteil, II 1 Nr. 4.** Weiter ist eine gänzliche oder nach → § 301 Rn. 11 ff. abtrennbar teilweise Zurückverweisung dann zulässig, wenn das Erstgericht bei einem nach Grund und Betrag streitigen Anspruch durch das Ersturteil über den Grund nach § 304 vorab entschieden oder die Klage abgewiesen hat, Hamm NJW-RR 2013, 1245; Mü ZVertriebsR 2018, 33, es sei denn, der Streit über den Betrag nach → § 300 Rn. 21 ist zur Entscheidung reif, BGH VersR 1983, 735; Celle OLGR 2008, 136; Kblz MDR 1992, 805. Es ist ein Antrag erforderlich, BGH NJW 2009, 431. Denn II 3 nimmt nur Nr. 7 davon aus. Das Berufungsgericht hat zur Zurückverweisung grundsätzlich ein pflichtgemäßes Ermessen, BGH NJW 2001, 2551. Dieses kann aber auch praktisch dazu zwingen, selbst zu entscheiden, BGH NJW 2016, 3245. Es braucht die Zurückverweisung zwar *nicht ausdrücklich nach §§ 313 I* Nr. 4, 540 im Tenor auszusprechen, BGH NJW-RR 2004, 1294. Es sollte das aber klarstellend tun.

17 **8. Bisher keine Prüfung der Anspruchshöhe, II 1 Nr. 4.** Voraussetzung ist, dass das Erstgericht bei einem nach Grund und Höhe streitigen Anspruch die Höhe ungeprüft gelassen hat, BGH NJW 1998, 614; Oldb NJW

2018, 1826. Eine Zurückverweisung ist auch dann zulässig, wenn der Kläger im Berufungsverfahren von der Feststellungsklage gemäß § 525 nach § 256 zur Leistungsklage nach → Vor § 253 Rn. 8 übergeht, Ffm NJW-RR 1987, 1536, oder wenn das Erstgericht die Klage mangels eines Anspruchs abgewiesen hat, das Berufungsgericht aber den Zahlungsanspruch dem Grunde nach bejaht, BGH NJW 1998, 614; Düss MDR 1985, 61; Mü FamRZ 2006, 1450. Bei einer Abweisung im Ersturteil ist unerheblich, ob das Erstgericht das Verfahren auf den Grund beschränkt hatte, ferner ob der Kläger den Betrag erst in zweiter Instanz beziffert hat. Voraussetzung ist immer, dass das Erstgericht den Grund verneint hat. Darunter fällt nicht die Abweisung wegen des Fehlens nur eines Schadens, BGH NJW 1998, 613. Die Aufrechnung nach → § 145 Rn. 15 gehört zum Grund, soweit sie die Klageforderung ausräumt. Deshalb muss das Berufungsgericht sie bescheiden.

Hat das Erstgericht die Widerklage nach Anh. § 253 auf einen **Mehrbetrag** des Eingeklagten abgewiesen, hat es über den Betrag erkannt. Das Berufungsgericht darf insoweit nicht zurückverweisen. Stellt aber das Berufungsgericht bei einer Abweisung wegen einer Aufrechnung einen Mehrbetrag der Gegenforderung fest, muss es bei einer Widerklage dann zurückverweisen. Stehen die Klage und die Widerklage in einem unlöslichen Zusammenhang, muss das Berufungsgericht auch wegen der Widerklage dann zurückverweisen, wenn an sich nur die Klage betroffen wäre, Düss NJW-RR 1993, 976. War in erster Instanz nur der Betrag streitig und ist in zweiter Instanz auch der Grund streitig, muss das Berufungsgericht selbst entscheiden. War in erster Instanz der Grund streitig, jedoch der Betrag unstreitig, gilt → Rn. 22. 18

9. Erledigung des Anspruchsgrunds, II 1 Nr. 4. Weitere Voraussetzung der Zurückverweisung ist, dass das Berufungsgericht den Grund voll erledigt hat, also jeden Klagegrund, auch ein Mitverschulden dem Grund nach, BGHZ 100, 196; Kblz OLGR 2004, 601, und jeden und daher auch den nach → § 260 Rn. 9 hilfsweise geltend gemachten Grund, auch wenn die Partei den Grund erst in der Berufungsinstanz geltend gemacht hat, und außerdem die gegen den Grund gerichteten Einreden. Dem Erstgericht darf nur die Entscheidung über den Betrag bleiben. Deshalb muss das Berufungsgericht den Streit über den Mitverursachungsanteil selbst beenden, BGH MDR 1997, 774; Kblz OLGR 2004, 601. Hält das Berufungsgericht die Klage für unbegründet, muss es sie abweisen. Hält es entgegen dem Erstgericht die Klage dem Grunde nach für gerechtfertigt, genügt nicht eine Aufhebung und Zurückverweisung. Vielmehr muss das Berufungsgericht den Grund selbst beurteilen und ein Grundurteil nach § 304 dann erlassen, wenn es wegen des Betrags nach Nr. 4 zurückverweist, BGH NJW 1978, 1430. Hatte das Erstgericht vorabentschieden, ist eine Zurückverweisung nicht stets nötig. Sie ist aber immer ratsam, damit keine Zweifel entstehen. Hat das Erstgericht wegen des Fehlens einer Prozessvoraussetzung abgewiesen, muss das Berufungsgericht nach Nr. 4 verfahren. Bei einer Verbindung einer Zahlungs- mit einer Feststellungsklage kann es die Zurückverweisung nicht auf die Feststellungsklage erstrecken, BGH NJW 2002, 302; Köln NJW-RR 2000, 1264; aM Düss OLGR 1995, 250; Zöller/Heßler Rn. 47 (zu weitgehend). Zur Problematik Schneider MDR 1977, 709; BGH NZFam 2018, 270 wendet II 1 Nr. 4 (statt Nr. 2) auch bei § 254 an. 19

10. Entsprechende Anwendbarkeit, II 1 Nr. 4. Entsprechend anwendbar ist Nr. 4 nach → § 254 Rn. 37 auf die Stufenklage, BGH NJW 2009, 432, Hamm NJW-RR 2003, 907; Köln GRUR-RR 2014, 323. Demgemäß ist eine Aufhebung und Zurückverweisung dann zulässig, wenn das Erstgericht die Klage insgesamt abgewiesen hat und das Berufungsgericht zur Auskunft oder Rechnungslegung verurteilt, BGH NJW 2009, 431; Mü NJW-RR 2011, 717; Saarbr NJW-RR 2000, 229. Das gilt auch dann, wenn der Kläger trotz einer nach § 519 uneingeschränkt eingelegten Berufung dann nach § 520 III 1 Nr. 1 nur den Antrag auf eine Auskunft gestellt hat, BGH NJW 1985, 862. Jedoch kommt nach wirksamen Erledigungserklärungen der Auskunftsstufe nach → § 91a Rn. 115 eine Zurückverweisung nur dann in Betracht, wenn das Berufungsgericht über den Grund des Zahlungsanspruchs vorab selbst entscheidet, BGH NJW 1991, 1898. Dasselbe gilt bei einem zweitinstanzlichen Übergang zur Stufenklage nach § 254 nach einer Verurteilung zur Rechnungslegung, BGH NJW 1979, 925, und bei einem zweitinstanzlichen Hilfsantrag nach → § 260 Rn. 9 auf eine Zahlung, Hamm OLGZ 1988, 468. Ebenso ist Nr. 4 dann anwendbar, wenn das Erstgericht durch ein Teilurteil nach § 301 zu Unrecht einen Teil der Ansprüche abgewiesen hat und wenn eine Sachaufklärung für alle Ansprüche erfolgen muss, Ffm VersR 1986, 1195. Eine Zurückverweisung wegen der Zahlungsklage ist dann nicht nötig, wenn die Klage teilweise noch nach → § 261 Rn. 1 in der Vorinstanz anhängig ist, BGH NJW 1995, 2230. Ferner ist II 1 Nr. 4 entsprechend beim Übergang von einer Feststellungsklage nach § 256 zu einer Leistungsklage nach → Vor § 253 Rn. 8 anwendbar, Ffm NJW-RR 1987, 1536; Hamm OLGZ 1988, 469. Schließlich ist Nr. 4 dann entsprechend anwendbar, wenn das Erstgericht zu Unrecht einen Vergleichswiderruf für unwirksam hielt, BGH VersR 1983, 735; Karlsr MDR 2005, 1368; Kblz MDR 1992, 805. 20

Keine entsprechende Anwendung erfolgt bei unterschiedlicher Beurteilung der Sachbefugnis, BGH NJW 1975, 1785. 21

11. Entscheidungsreife, II 1 Nr. 4. Ist der Streit über den Betrag nach → § 300 Rn. 21 spruchreif, entscheidet das Berufungsgericht über ihn ohne eine Zurückverweisung, Celle JurBüro 2011, 1578; Ffm MDR 1986, 945. Das erfolgt auch dann, wenn das Erstgericht den Grund voll bejaht hat und wenn eine Anschließung fehlt, Ffm MDR 1986, 945. Spruchreif ist die Entscheidung über den Betrag dann, wenn kein weiteres Verfahren mehr nötig ist. Es darf also auch keine Beweisaufnahme nach §§ 355 ff. außer durch einen Urkundenbeweis nach §§ 415 ff. erforderlich sein, Stgt NZM 2007, 288. Ist nur ein Teil spruchreif, ergeht ein Teilurteil nach § 301 und darf das Berufungsgericht nur wegen des Rests zurückverweisen. 22

12. Vorbehaltsurteil, II 1 Nr. 5. Eine Zurückverweisung ist auch dann zulässig, wenn das Ersturteil im Urkunden- oder Wechselprozess nach § 599 unter dem Vorbehalt der Rechte ergangen ist. Eine Zurückverweisung ist dort bei einer Bestätigung nötig. Denn das Nachverfahren muss dann zunächst in der ersten Instanz stattfinden, Brem NJW-RR 2014, 1100; Düss NJW-RR 2009, 157. Erlässt das Berufungsgericht erstmals das Vorbehaltsurteil, muss es nach Nr. 5 an das Erstgericht zurückverweisen, BGH NJW-RR 1988, 63, → § 600 Rn. 8 (dort zur Streitfrage), Mü NJW-RR 1987, 1024. 23

Dagegen muss das Berufungsgericht entsprechend Nr. 5 dann zurückverweisen, wenn das Erstgericht die Klage im Urkunden- oder Wechselprozess nach § 597 abgewiesen hat und wenn nun das Berufungsgericht ein Vorbehaltsurteil nach § 599 erlässt, Mü MDR 2000, 903. Nr. 5 gilt entsprechend auch für den Vorbehalt der Aufrechnung nach § 302 durch das Berufungsgericht, BGH NJW 1985, 1397; Bettermann ZZP 88, 396. 24

25 **Keine** Zurückverweisung erfolgt dann, wenn der Kläger erst in der Berufungsinstanz vom Urkundenprozess nach § 596 Abstand nimmt.

26 **13. Versäumnisurteil usw., II 1 Nr. 6.** Zulässig ist die Zurückverweisung dann, wenn das Ersturteil ein Versäumnisurteil nach §§ 345, 514 II ist. Über die Zulässigkeit der Berufung in diesem Fall § 514 II. Nr. 6 ist auch entsprechend anwendbar bei einem Anerkenntnisurteil nach § 307 ohne ein Anerkenntnis, KG NJW-RR 1995, 958; Mü MDR 1991, 795; Naumb FamRZ 2013, 1152 (zum FamFG).

27 **Unanwendbar** ist Nr. 6 auf ein unechtes Versäumnisurteil. Bei ihm muss das Berufungsgericht den Rechtsstreit voll beenden.

28 **14. Teilurteil, II 1 Nr. 7.** Ferner ist die Zurückverweisung dann möglich, wenn das Ersturteil ein entgegen den Voraussetzungen des § 301 erlassenes Teilurteil ist, BGH NJW 2016, 1651; Hamm MDR 2012, 552; Mü GRUR-RR 2015, 331. Dann ist nach II 3 ausnahmsweise kein Antrag nötig. Es handelt sich um einen Unterfall von II 1 Nr. 1, BGH NJW 2001, 79, zur Beschleunigung des Verfahrens. Der Mangel darf zweitinstanzlich nicht behebbar sein, LAG Hamm NZA-RR 2006, 158. Das Berufungsgericht darf aber auch ausnahmsweise selbst entscheiden, BGH WM 1994, 868; Hamm OLGR 1995, 222.

29 **15. Analoge Anwendung des II?** Die Zurückverweisung an das Erstgericht entsprechend II soll auch dann zulässig sein, wenn das angefochtene Urteil in Tatbestand und Entscheidungsgründen grob verfahrensfehlerhaft ist und es deshalb keine taugliche Grundlage für ein Berufungsverfahren nach der Konzeption des Reformgesetzgebers darstellt, OLG München BeckRS 2022, 1093. Angesichts der Konzeption der Zurückverweisung als Ausnahme erscheint dies zweifelhaft.

30 **VI. Verfahren, I, II. 1. Antrag.** Die Zurückverweisung setzt bei II 1 Nr. 1–6 den Antrag zumindest einer der Parteien – und zwar nicht notwendigerweise des Berufungsklägers – voraus, BGH NJW 2011, 2799. Bei einer Stufenklage nach § 254 kann eine Ausnahme gelten, BGH NJW 2011, 1438. Bei einem nach § 301 unzulässigen Teilurteil entscheidet das Berufungsgericht nach II 1 Nr. 7 von Amts wegen nach II 3, Hamm MDR 2012, 552. Ein Antrag ist auch nach dem Ablauf der Berufungsbegründungsfrist nach § 520 II noch bis zum Schluss der mündlichen Verhandlung nach §§ 136 IV, 296a, 525 zulässig, Saarbr VersR 2004, 624. Er umfasst den Sachantrag nach → § 291 Rn. 4, § 525, Kblz FamRZ 2008, 166. Er kann auch als ein Hilfsantrag nach → § 260 Rn. 9, § 525 erfolgen, Ffm OLGR 2003, 388; Kblz MDR 2007, 1411; Saarbr NJW-RR 2003, 573.

31 Der Antrag ist eine Prozesshandlung. Er ist nach → Vor § 128 Rn. 60 auslegbar.

32 **2. Ermessen.** Über die Zurückverweisung und deren Umfang oder die eigene Sachentscheidung befindet das Berufungsgericht nach seinem pflichtgemäßen Ermessen, BGH WuM 2018, 899; Naumb BauR 2015, 2036; Stgt WuM 2018, 899. Die Grenze für dessen Ausübung ergibt sich daraus, dass die Zurückverweisung schon wegen der Notwendigkeit der Prozesswirtschaftlichkeit eine Ausnahme von dem in I genannten Grundsatz bedeutet, dass ihre Zulässigkeit also nach → Rn. 1 unter strengen Anforderungen steht, LG Bln NZM 2018, 515; Rostock OLGR 2009, 508. Denn jede Zurückverweisung bringt eine Verzögerung und Verteuerung des Verfahrens mit sich, BGH VersR 2011, 1393. Sie darf auch bei II 1 Nr. 2–7 nur in schwerwiegenden und dazu geeigneten Fällen stattfinden, auch wegen der Folgen einer Überlänge nach §§ 198 ff. GVG. Das gilt etwa dann, wenn das Berufungsgericht eine zeitraubende Sachaufklärung auf sich nehmen müsste, obwohl es vornehmlich Kontrollfunktionen hat, oder beim Fehlen einer Entscheidungsreife nach → § 300 Rn. 21, BGH NJW 2009, 217, oder zwecks Erhalt der Vorderinstanz, LG Bln NZM 2018, 515. Eine erforderliche Sachaufklärung und die Gefahr des Verlusts der ersten Instanz sind freilich gewichtige Argumente für eine Zurückverweisung, Naumb BauR 2015, 2036.

33 Das Berufungsgericht darf und muss dann selbst **durchentscheiden,** wenn es ohne weiteres eine Verfahrensentscheidung treffen kann, BGH NJW 2002, 2795 (Aussetzung), oder wenn es eine sachliche Endentscheidung treffen kann, zB eine Abweisung, also bei einer Entscheidungsreife nach → § 300 Rn. 21, BGH FamRZ 2005, 882; Düss VersR 2006, 1269. Das gilt auch dann, wenn zB eine Partei das Fehlende nachgeholt hat, LG Ffo ZMR 2011, 741. Eine Erörterung mit den Parteien ist meist ratsam und evtl. nach §§ 139, 525 notwendig.

34 **3. Entscheidung.** Die Entscheidung über die Zurückverweisung ergeht von Amts wegen im Endurteil nach § 540 I, BGH WM 2016, 1027. Das Berufungsgericht hebt das Ersturteil evtl. auf. Das Berufungsurteil beendet stets den Prozess für die Instanz. Die Zurückverweisung kann auch für einen nach § 301 selbständigen Teil des Verfahrens erfolgen. Eine Zurückverweisung an eine andere Kammer oder Abteilung ist anders als bei § 563 I 2 unstatthaft, aM Ffm FamRZ 1981, 980. Das Berufungsgericht entscheidet auch über die Zulassung einer Revision nach § 543 I Nr. 1. Das zurückverweisende Urteil braucht schon wegen seiner Bindungswirkung nach §§ 318, 525 stets eine Begründung der Sachdienlichkeit, BGH NJW-RR 2005, 928; Keller MDR 1992, 435. Das Berufungsgericht muss eine Abwägung der Argumente für und gegen eine Zurückverweisung nach → Rn. 32, 34 erkennen lassen, BGH VersR 2011, 1393. Dabei darf man die Anforderungen nicht überspannen; regelmäßig reicht es aus, wenn die Begründung erkennen lässt, dass beide Möglichkeiten gesehen und erwogen worden sind BGH VersR 2011, 1393. Die Ermessensentscheidung zwischen der Zurückverweisung und der eigenen Entscheidung ist im Revisionsrechtszug auf ihre Voraussetzungen und Grenzen zu überprüfen (BGH NJW 1957, 539; 1993, 2318; VersR 2011, 1393). Die Kostenentscheidung bleibt nach → § 97 Rn. 58 grundsätzlich dem Erstgericht als dem Adressaten der Zurückverweisung vorbehalten, Brdb NJW-RR 2014, 202; Köln NJW-RR 1987, 1152. Eine Entscheidung über die vorläufige Vollstreckbarkeit nach § 537 erübrigt sich, Köln NJW-RR 1987, 1152; aM Brdb NJW-RR 2014, 202; Kblz JurBüro 2008, 43; Mü NZM 2002, 1032. Das Berufungsgericht muss die Gerichtskosten der Berufungsinstanz und diejenigen des aufgehobenen Urteils bei einem offensichtlichen schweren Verfahrensfehler nach § 21 GKG ausnahmsweise selbst niederschlagen, BGHZ 93, 213; Brdb NJW-RR 2014, 202, Toussaint/Toussaint GKG § 21 Rn. 8 ff.

35 **4. Zurückverweisungsfolgen; Bindungswirkungen.** Die Zurückverweisung überlässt die ersetzende Entscheidung ganz dem Erstgericht. Das dortige Verfahren setzt das frühere erstinstanzliche Verfahren fort, sofern das Berufungsgericht es nicht aufgehoben hat, BAG NJW 2015, 366. Im letzteren Fall muss das Erstgericht das Verfahren wiederholen. Das gilt grundsätzlich auch für eine frühere Prozesshandlung und für eine frühere Beweisaufnahme nach §§ 355 ff., Brdb MDR 2002, 171. Eine schon eingetretene teilweise Rechtskraft nach §§ 322, 705 bleibt bestehen, BGH NJW 2009, 148. §§ 529 ff. gelten jetzt nicht mehr. Diejenigen Richter, die an

der aufgehobenen Entscheidung mitgewirkt haben, sind nach → § 563 Rn. 3 im neuen Verfahren nicht ausgeschlossen.

Die **Beurteilung des Berufungsgerichts** bindet das Erstgericht bei seiner neuen Entscheidung entsprechend § 563 II, soweit es nicht nun auch einen nach → § 2 Rn. 4 neuen Streitstoff beurteilen muss, Brdb NJW-RR 2013, 215; Brem FamRZ 2018, 225; Hamm NJW-RR 1987, 188. Das gilt auch dann, wenn die Zurückverweisung rechtsfehlerhaft war, BGH MDR 2013, 296; LG Ffm NJW 1988, 77; Schneider MDR 1988, 108, 151. Die Bindung erstreckt sich auf sämtliche Rechtsausführungen des Berufungsgerichts, LG Köln NJW-RR 2002, 189. Diese interprozessuale Bindung gilt aber nur, soweit das Berufungsgericht nach → § 322 Rn. 9 entschieden hat, nicht auch für sonst von ihm angestellte Erwägungen, BGH MDR 2005, 1241. Über den Umfang dieser Bindungswirkung ist die Auffassung des Berufungsgerichts maßgeblich, Schneider MDR 1978, 529. Die eigene frühere Entscheidung bindet das Erstgericht nach § 318, soweit das Berufungsgericht sie nicht aufgehoben hat. 36

Es gilt das Verschlechterungsverbot (§ 528). Es schützt den Rechtsmittelkläger auch bei über den Rechtsmittelantrag hinausgehender vollständiger Aufhebung und Zurückverweisung wegen eines Verfahrensfehlers der Vorinstanz davor, schlechter als in der von ihm angegriffenen Entscheidung gestellt zu werden, BGH MDR 1989, 979. 37

5. Berufung gegen neues Ersturteil. Bei einer Berufung gegen das neue Urteil des Erstgerichts ist das Berufungsgericht entsprechend § 563 II wegen § 318 grundsätzlich an sein früheres zurückverweisendes Urteil gebunden, BGH NJW 1992, 2832 (krit. Tiedtke ZIP 1993, 252), Brem NJW-RR 2009, 1511, ebenso das Revisionsgericht, an das das neue Urteil gelangt, BGH NJW 1992, 2832. Ein Verstoß ist von Amts wegen zu beachten. Diese Bindung an die Rechtsauffassung des Berufungsgerichts gilt für das Revisionsgericht auch bei einer Sprungrevision gegen das neue Urteil des Erstgerichts nach § 566, BVerwG MDR 1978, 342. Die Bindung erfasst auch die funktionelle Zuständigkeit nach → Vor § 1 Rn. 8, (zum alten Recht) BGH FamRZ 1982, 789. 38

Die Bindung besteht immer nur **für denselben Streitgegenstand** nach → § 2 Rn. 4, BGH WM 1987, 940. Sie besteht also in einem neuen Rechtsstreit auch dann nicht, wenn er dieselben Rechtsfragen betrifft und wenn ihn dieselben Parteien führen, BVerwG NVwZ 1982, 120. Ferner kann eine Bindung nach einer zwischenzeitlichen Änderung der Rspr. ausnahmsweise entfallen, Brem NJW-RR 2009, 1511. 39

VII. Rechtsmittel, I, II. Gegen das zurückverweisende Berufungsurteil ist die Revision oder Nichtzulassungsbeschwerde nach §§ 542 ff. statthaft. Nach → Vor § 511 Rn. 16 beschwert ist jeder Antragsteller nach → Rn. 32 und bei II 1 Nr. 7 jeder Benachteiligte. Mit der Revision kann man rügen, es habe keinen erstinstanzlichen Verfahrensmangel zB nach → Rn. 6 gegeben oder er sei nach §§ 295 I, 525 geheilt, überhaupt habe das Berufungsgericht sein Ermessen nach → Rn. 32 nicht ordnungsmäßig ausgeübt, BGH VersR 2011, 1393, oder überschritten, BGH MDR 2005, 645. Das Rechtsmittelgericht muss nach → Rn. 6 den sachlich-rechtlichen Standpunkt des Erstgerichts zugrunde legen. 40

539 *Versäumnisverfahren.* **I Erscheint der Berufungskläger im Termin zur mündlichen Verhandlung nicht, so ist seine Berufung auf Antrag durch Versäumnisurteil zurückzuweisen.**

II 1Erscheint der Berufungsbeklagte nicht und beantragt der Berufungskläger gegen ihn das Versäumnisurteil, so ist das zulässige tatsächliche Vorbringen des Berufungsklägers als zugestanden anzunehmen. 2Soweit es den Berufungsantrag rechtfertigt, ist nach dem Antrag zu erkennen; soweit dies nicht der Fall ist, ist die Berufung zurückzuweisen.

III Im Übrigen gelten die Vorschriften über das Versäumnisverfahren im ersten Rechtszug sinngemäß.

I. Systematik, I–III. Es handelt sich um eine gegenüber §§ 330 ff. vorrangige und daher eng auszulegende Sonderregelung. Soweit nicht I, II Abweichungen bringen, würden §§ 330 ff. schon wegen § 525 gelten. Das stellt III überflüssigerweise klar. 1

II. Regelungszweck, I–III. Es gelten dieselben Erwägungen wie in der ersten Instanz. Daher → Vor § 330 Rn. 2 sowie bei §§ 331 ff. jeweils → Rn. 2. 2

III. Geltungsbereich, I–III. Die Vorschrift gilt in jedem Berufungsverfahren nach der ZPO und den auf sie verweisenden Gesetzen, soweit danach überhaupt ein Versäumnisurteil in Frage kommt, also nicht im Verfahren ohne mündliche Verhandlung, BGH NJW 2014, 3784. Sie gilt auch im WEG-Verfahren. Im Verfahren der Arbeitsgerichte ist § 539 nach §§ 59, 64 VI, VII ArbGG entsprechend anwendbar, BAG NJW 2004, 3732. 3

IV. Verfahrensgrundsätze, I–III. Das Versäumnisverfahren im Berufungsrechtszug ist grundsätzlich dasselbe wie in der ersten Instanz nach §§ 330 ff. Deshalb muss man auch hier die Grundlagen des ganzen Verfahrens vorweg prüfen, also auch die **Zulässigkeit der Berufung** nach § 511, Düss MDR 2000, 667. Ergibt sich nach § 522 I, dass die Berufung unzulässig ist, muss das Berufungsgericht sie auch im Versäumnisverfahren verwerfen. Das gilt unabhängig davon, welche Partei säumig ist. Das Berufungsurteil ist dann ein streitmäßiges Urteil (unechtes Versäumnisurteil), BGH NJW 2001, 2095; NJW 1999, 291; Brdb NJW-RR 1998, 1679; Düss FamRZ 1994, 1535. Sodann ist das Ersturteil zu überprüfen. Es darf keinen solchen Mangel haben, der ihm die Eignung als Grundlage des weiteren Verfahrens nimmt. Solche Fehler liegen zB dann vor, wenn das Erstgericht den Einspruch gegen ein Versäumnisurteil zu Unrecht nach § 342 als zulässig angesehen hat, das Ersturteil ein nach § 301 unzulässiges Teilurteil ist oder wenn es während der Unterbrechung des Verfahrens nach §§ 239 ff. ergangen ist. In allen diesen Fällen muss das Berufungsgericht ohne Rücksicht darauf, welche Partei säumig ist, das Ersturteil aufheben und die Klage abweisen oder an das Erstgericht nach § 538 II 1 Nr. 1 zurückverweisen, Ffm OLGZ 1994, 78; Hamm FamRZ 1998, 303; Köln ZIP 1994, 958; aM MüKoZPO/Rimmelspacher Rn. 7. Auch hier ist das Berufungsurteil stets ein streitmäßiges Urteil, kein Versäumnisurteil, BGH JR 1987, 26 (krit. Dunz JR 1987, 27); Köln ZIP 1994, 958; Nürnb NJW-RR 1996, 58. 4

V. Versäumnisurteil gegen den Berufungskläger, I. Liegt keiner der Fälle der → Rn. 4 vor, ergeht bei einer Säumnis auf Antrag des Berufungsbekl. nach → § 330 Rn. 1, § 525 gegen den säumigen Berufungskläger ohne weitere Prüfung ein echtes Versäumnisurteil auf eine Zurückweisung der Berufung, Celle MDR 1993, 686; 5

Hamm FamRZ 1998, 382. Das geschieht mit Kostenfolgen nach § 97 I und vorläufiger Vollstreckbarkeit nach § 708 Nr. 2. Zur inneren Rechtskraftwirkung des Urteils nach §§ 322, 525 BGH NJW 2003, 1044 (krit. Siemon MDR 2004, 301). Mangels eines Antrags des Gegners beraumt das Berufungsgericht nach § 523 einen Verhandlungstermin an oder ordnet das Ruhen des Verfahrens nach § 251a III an oder entscheidet nach Lage der Akten. Nach einer Berufungsrücknahme gilt § 516 III.

6 **VI. Versäumnisverfahren gegen den Berufungsbeklagten, II.** Es gibt zwei Verfahrensabschnitte.

7 **1. Voraussetzung, II 1.** Muss das Berufungsgericht nicht die Berufung nach § 522 I verwerfen oder über die Klage durch ein streitmäßiges Urteil (unechtes Versäumnisurteil) entscheiden, muss es nach § 525 bei einer Säumnis des Berufungsbekl. das zulässige tatsächliche erst- wie zweitinstanzliche Vorbringen des Berufungsklägers wie bei § 331 I 1 als zugestanden annehmen, BGH NJW-RR 2008, 1650 (deshalb Fragepflicht nach § 139), BAG NJW 2004, 3733. Darauf, ob der Berufungsbekl. das Vorbringen früher bestritten hat, kommt es nicht an. Auch die Feststellungen im Ersturteil und etwaige Beweisergebnisse bleiben außer Betracht, soweit sich der Berufungskläger das Beweisergebnis nicht zu Eigen macht, BAG NJW 2004, 3733. Dasselbe gilt für solche sonstigen Umstände, die für die Unrichtigkeit des Vorbringens sprechen können, BGH MDR 1979, 930. Wegen § 535 muss das Berufungsgericht jedoch ein in erster Instanz nach § 288 I wirksames Geständnis berücksichtigen, Düss MDR 2000, 1211. Das Vorbringen muss freilich zulässig sein. Das muss das Berufungsgericht nach §§ 529–531 prüfen. Voraussetzung für den Erlass des Versäumnisurteils ist nach III stets die rechtzeitige Mitteilung wie nach § 335 I Nr. 3.

8 **2. Stattgabe, II 2 Hs. 1.** Soweit das als zugestanden fingierte tatsächliche Vorbringen des Berufungsklägers seinen Berufungsantrag nach § 520 III 1 Nr. 1 rechtfertigt, soweit es also nach → § 253 Rn. 28, § 525 schlüssig ist, muss das Berufungsgericht auf seinen Antrag nach II 2 Hs. 1 durch ein Versäumnisurteil wie nach § 331 II Hs. 1 entscheiden, BAG NJW 2004, 3733. Das geschieht auf Kosten des Berufungsbekl. nach §§ 91 ff. und nach § 708 Nr. 2 vorläufig vollstreckbar. Es geschieht ohne Beachtung der Ergebnisse einer erstinstanzlichen Beweisaufnahme und eines nach § 531 I, II unstatthaften oder ausgeschlossenen Vortrags. Auch der Einzelrichter geht so vor, auch bei § 527 III Nr. 2. Hat der Kläger die Berufung eingelegt, muss sich daraus die Schlüssigkeit der Klage nach → § 253 Rn. 28, § 525 ergeben. Ist der Bekl. Berufungskläger, muss sein Vorbringen zur auch teilweisen Unbegründetheit der Klage führen, Putzo NJW 1977, 8. Dann hebt das Berufungsgericht das Ersturteil auf oder ändert es ab und weist die Klage durch ein echtes Versäumnisurteil ab. Ein echtes erstinstanzliches Geständnis nach § 288 I wirkt nach § 525 fort, Düss MDR 2000, 1211.

9 **3. Keine Stattgabe, II 2 Hs. 2.** Soweit die Lage → Rn. 8 **nicht** vorliegt, muss das Berufungsgericht die Berufung durch ein unechtes Versäumnisurteil bei einem prozessualen Mangel verwerfen, Kblz JurBüro 1986, 119, und sonst nach II 2 Hs. 2 zurückweisen, BGH ZIP 1986, 740, BAG NJW 2004, 3733. Ist das zu Unrecht geschehen, kann auch bei einer Säumnis des Bekl. das Revisionsgericht nicht anstelle des Berufungsgerichts der Klage durch ein echtes Versäumnisurteil stattgeben, sondern es muss aufheben und nach § 563 I, IV zurückverweisen, BGH NJW 1986, 3085, BAG NJW 1989, 62, 734. Eine Prozesskostenhilfe nach § 114 nur für einen Antrag nach §§ 331, 525 kommt nicht in Betracht, Köln OLGZ 1989, 70. Bei wechselseitigen Berufungen und bei der Säumnis einer Partei muss das Berufungsgericht evtl. einheitlich entscheiden, also durch ein (Teil-) Sachurteil und Versäumnisurteil, Kblz FamRZ 1998, 304.

10 **VII. Sonstige Vorschriften, III.** Im Übrigen gelten bei einer Säumnis die Vorschriften über das erstinstanzliche Versäumnisverfahren „singgemäß" nach § 525 „entsprechend", zB §§ 313b I 1, 330, 331a–347, also auch § 340 III 4 (Hinweis auf die Folgen der Fristversäumung bei der Zustellung des Versäumnisurteils nach → § 340 Rn. 19). Bei einer zweiseitigen Säumnis gelten §§ 251a, 525. Für Anträge des Berufungsgegners gilt § 335 I Nr. 3 nicht, Celle MDR 1993, 686. Die zur Aktenlageentscheidung nach § 251a II 1 nötige mündliche Verhandlung muss in der zweiten Instanz stattgefunden haben (ebenso nach § 331a). Zur Zuständigkeit des Einzelrichters §§ 526, 527 III 2. **Unanwendbar** ist § 331 III.

11 **VIII. Rechtsbehelfe, I–III.** Gegen ein echtes Versäumnisurteil kommt ein Einspruch nach III iVm §§ 338 ff., 525 in Frage. Gegen ein unechtes Versäumnisurteil kann man Revision/NZB nach §§ 542 ff. einlegen. Zum Meistbegünstigungsgrundsatz vgl. BGH NJW 1999, 291.

540 *Inhalt des Berufungsurteils.*

I [1]Anstelle von Tatbestand und Entscheidungsgründen enthält das Urteil

1. die Bezugnahme auf die tatsächlichen Feststellungen im angefochtenen Urteil mit Darstellung etwaiger Änderungen oder Ergänzungen,

2. eine kurze Begründung für die Abänderung, Aufhebung oder Bestätigung der angefochtenen Entscheidung.

[2]Wird das Urteil in dem Termin, in dem die mündliche Verhandlung geschlossen worden ist, verkündet, so können die nach Satz 1 erforderlichen Darlegungen auch in das Protokoll aufgenommen werden.

II Die §§ 313a, 313b gelten entsprechend.

Schrifttum: Burgermeister ZZP 116, 165; Fellner MDR 2004, 981 (je: Grdz.); Oberheim in Hirtz/Oberheim/Siebert, Berufung im Zivilprozess, 6. Aufl. 2020, S. 454 ff.

1 **I. Systematik, Regelungszweck, I, II.** § 540 trägt der Ausgestaltung der Berufungsinstanz in ein Instrument der Fehlerkontrolle und -beseitigung Rechnung. Das ist ein klassisches Mittel der Prozesswirtschaftlichkeit. Die Vorschrift dient der Entlastung des Gerichts, BGH NJW 2005, 437 und 831; krit. Gaier NJW 2004, 2045; Seitz NJW 2003, 567. Freilich müssen die Parteien den Inhalt des Berufungsurteils kritisch überprüfen können und muss auch eine Überprüfung durch das Revisionsgericht nach § 559 möglich bleiben, BGH FamRZ 2006, 775.

2 **II. Geltungsbereich, I, II.** Die Vorschrift gilt in jedem Berufungsverfahren nach der ZPO und den auf sie verweisenden Gesetzen. Sie gilt auch im WEG-Verfahren. Vor den Arbeitsgerichten gilt § 69 III, VI 1 ArbGG, BGH NZA 2009, 486; BAG NJW 2012, 2461.

III. Kurzfassung und Aufbau im Allgemeinen I 1 und II. Anstelle von Tatbestand und Entscheidungsgründen braucht das Berufungsurteil neben den nach § 525 iVm §§ 313 ff. geltenden Anforderungen nur eine „kurze Begründung" zu enthalten, BGH NJW 2012, 3569; 2016, 3234. Regelmäßig wird dieser Teil mit „Gründe" überschrieben, die sich in I. (Sachverhalt mit Tatsachengrundlage und Schilderung der Entscheidung der ersten Instanz und Wiedergabe der Anträge und Begehren in beiden Instanzen) und II. (die Entscheidung des Berufungsgerichts) gliedern. Die Entscheidung des Berufungsgerichts gliedert sich in die Zulässigkeit der Berufung und die Begründetheit der Berufung. Im Rahmen der Begründetheit der Berufung werden die Zulässigkeit und die Begründetheit der Klage geprüft, vgl. dazu im Einzelnen Anders/Gehle Assessorexamen ZivilR S. 567 f.; Oberheim S. 485 ff. 3

Ist die NZB gegen die Entscheidung (klar) nicht zulässig, kann von der Darstellung des Sachverhalts (alles unter Punkt I der Gründe), abgesehen werden, §§ 540 II, 313a, 544 II Nr. 1. Bei der Beurteilung der geltend zu machenden Beschwer von nicht über 20.000 EUR, die nicht identisch mit dem Streitwert definiert wird, sollte sich das Berufungsgericht dabei aber sicher sein; fehlt nämlich der Sachverhalt (auch in Form jeglicher Bezugnahme) und hält der BGH die NZB für zulässig, stellt dies für sich alleine zwar noch keinen Revisionszulassungsgrund dar, BGH BeckRS 2020, 7456 Rn. 3, führt aber dazu, dass der Beschwerdevortrag, soweit er anhand des Urteils nicht überprüft werden kann, als richtig zu unterstellen ist. Insoweit ist gemäß §§ 559 I S. 2, 551 III S. 1 Nr. 2 Buchst. b allein von den Angaben in der Beschwerdebegründung auszugehen, BGH NJW 2017, 2561 Rn. 10; 17.3.2020 – XI ZR 226/19, BeckRS 2020, 8348 Rn. 9; 19.6.2019 – IV ZR 224/18, BeckRS 2019, 13264 Rn. 14, was nicht selten zum Erfolg der NZB führen dürfte. Auch → Rn. 11. Besondere Genauigkeit ist zB bzgl. der Ermittlung der Anfechtbarkeit in Räumungssachen gefragt. Die Rechtsmittelbeschwer bestimmt sich bei unbefristeten Mietverhältnissen in stRspr gemäß §§ 8, 9 nach dem dreieinhalbfachen Jahreswert der Nettomiete, BGH WuM 2015, 681; 2015, 313, der oftmals über 20.000 EUR liegen dürfte und vom Streitwert nach § 41 GKG abweicht, vgl. dazu auch BGH BeckRS 2021, 6383 Rn. 5. Die Berufungsanträge müssen im Berufungsurteil zumindest sinngemäß wiedergegeben werden. Ohne die Wiedergabe der Anträge leidet das Berufungsurteil regelmäßig an einem von Amts wegen zu berücksichtigenden Verfahrensmangel, der auf die Revision zur Aufhebung und Zurückverweisung führt. Die ausdrückliche Wiedergabe der Anträge ist jedoch entbehrlich, wenn sich aus dem Gesamtzusammenhang der Gründe das Begehren des Berufungsführers noch mit hinreichender Deutlichkeit entnehmen lässt, BGH BeckRS 2021, 17199. Ein Zulassungsgrund ist das Fehlen der (sinngemäßen) Wiedergabe der Anträge jedoch nicht, BGH BeckRS 2020, 7456. Unterliegt es jedoch der – etwa vom BG selbst zugelassenen – Revision, ist es aufzuheben. 4

1. Verständlichkeit. Stets müssen die Ausführungen iVm den in Bezug genommenen Angaben im Ersturteil die Verständlichkeit der Feststellungen und Rechtsausführungen des Berufungsgerichts sicherstellen, BGH MDR 2017, 785. Dazu gehört auch grundsätzlich die Wiedergabe der Berufungsanträge nach § 520 III 1 Nr. 1, BGH WuM 2017, 530, mindestens Ausführungen über das Ziel des Berufungsklägers, BGH MDR 2017, 1076; BAG NJW 2003, 918; Lindner NJW 2003, 3322. Sie können sich aus dem Zusammenhang des Urteils ergeben, BGH WM 2017, 1263. Man muss den Umfang des Streitgegenstands nach → § 2 Rn. 4 und der inneren Rechtskraft nach § 322 erkennen können, BGH GRUR 2008, 367, und zwar für das Revisionsgericht erkennbar, BGH WuM 2017, 530. Es muss auch erkennbar sein, von welchem Sach- und Streitstand das Gericht ausgegangen ist, BGH WuM 2017, 530, welches Rechtsmittelbegehren die Parteien verfolgt haben und welche tatsächlichen Feststellungen der Entscheidung zugrunde liegen, BGH MDR 2017, 785. Gibt das Berufungsgericht dem Hauptantrag statt, wird das Ersturteil zum Hilfsanspruch nach → § 260 Rn. 9 auch ohne ausdrücklichen Anspruch des Berufungsgerichts wirkungslos, BAG MDR 2009, 164. 5

2. Beispiele zur Frage einer Kurzfassung, I 1

Änderung, Ergänzung: Das Berufungsurteil muss schon wegen §§ 545, 559 etwaige Änderungen oder Ergänzungen zur Erstgerichtsentscheidung angeben, BGH NJW 2014, 3435. 6

Beweiswürdigung: Sie muss nachvollziehbar sein, BVerfGE 54, 46; Schneider MDR 1981, 462. Auch → „Zeugenaussage".

Bezugnahme: Eine solche auf das Ersturteil ist zulässig, BGH WuM 2017, 530, LG Darmst NJW 2012, 2671. Das gilt insbesondere im Umfang seiner Bestätigung. Sie ist auch dann zulässig, wenn es nach § 313 II 2 selbst solche Verweisungen enthält, die die Parteien kennen, BVerfG NVwZ-RR 2018, 173; BGH MDR 1991, 506. Grundsätzlich haben die Parteien mit ihren Anträgen in der Verhandlung ihren gesamten bisherigen Schriftsatzvortrag stillschweigend in Bezug genommen, BGH VersR 1992, 1136. Eine Bezugnahme ist auch auf Protokolle nach §§ 159 ff. und auf bloße Vermerke des Gerichts statthaft, BGH WuM 2017, 530. Freilich muss das Protokoll die Anträge oder zumindest das jeweilige Begehren klar ergeben, BGH WM 2014, 219. Eine Wiederholung des Ersturteils kann dann reichen, wenn das Berufungsgericht erkennbar den Sachvortrag der Parteien in der Berufungsinstanz wahrgenommen und gewürdigt hat, BAG NZA 2015, 1216.

Erweiterung der Beweisaufnahme: Nach einer solchen nach §§ 355 ff., 525 muss das Berufungsgericht in seinem Urteil kurz begründen, weshalb es trotzdem dem Erstgericht im Ergebnis voll rechtgibt, BGH NJW-RR 2007, 1412.

Kosten: Maßgeblich sind §§ 91 ff., 97.

Protokoll: → „Bezugnahme" und → Rn. 7.

Revisionszulassung: Notwendig ist ein ausdrücklicher Ausspruch einer etwa erfolgenden Zulassung nach § 543 I Nr. 2. Seine versehentliche Nichterwähnung lässt sich zwar evtl. berichtigten, nicht aber nach → § 321 Rn. 15 „Revision". Dann läuft die Revisionsfrist nach → § 319 Rn. 27 erst seit der Mitteilung der Berichtigung. Das **Fehlen** des Ausspruchs bedeutet regelmäßig die Nichtzulassung, wenn sich aus den Urteilsgründen nicht anderes ergibt.

Unterschriften: Anwendbar bleibt § 315 I, BGH WuM 2010, 98.

Vorläufige Vollstreckbarkeit: Maßgeblich ist § 708 Nr. 10, BGH 109, 11; Mü NZM 2002, 1032.

Zeugenaussage: Eine wegen §§ 543, 544 evtl. notwendige Wiedergabe einer solchen Aussage muss sich von der Beweiswürdigung nach §§ 286, 525 abheben, BGH VersR 1989, 189.

7 **IV. Protokollurteil, I 2.** Das Berufungsgericht darf sein Urteil in demjenigen Termin verkünden, in dem es die mündliche Verhandlung nach §§ 136 IV, 296a, 525 geschlossen hat, sog. Stuhlurteil, BGH ZIP 2010, 933. Dann bleiben die Darlegungen nach I 1 erforderlich, BGH NJW 2004, 1389. Jedoch darf das Berufungsgericht sie ähnlich wie bei § 313a I 2 Hs. 2 auch ohne eine Zustimmung der Parteien in das Protokoll nach §§ 159 ff. verlagern, BGH NJW 2007, 1314. Das gilt auch dann, wenn das Berufungsgericht die Revision nach § 543 I Nr. 1 zulässt oder wenn eine Nichtzulassungsbeschwerde nach § 544 in Frage kommt, krit. Fellner MDR 2004, 981. Ein prozessordnungsgemäßes Protokollurteil stellt bestimmte Anforderungen, die die Erleichterungswirkung mehr als in Frage stellen. Es ist nur auf zwei möglichen Wegen herzustellen, zu alledem ausführlich und mwN BGH BeckRS 2021, 6383: Entweder wird ein alle Bestandteile nach § 313 I Nr. 1–4 enthaltendes Urteil von allen Richtern unterschrieben und mit dem Sitzungsprotokoll vor dessen Unterzeichnung verbunden. Hierbei genügt ein Hinweis auf das Sitzungsprotokoll nicht; ebenso wenig die Verbindung mit dem schon hergestellten (unterschriebenen) Sitzungsprotokoll. Die zweite Möglichkeit ist die Erstellung eines Sitzungsprotokolls, das neben den Darlegungen nach I 2 auch die nach § 313 I Nr. 1–4 erforderlichen Urteilsbestandteile enthält und von allen mitwirkenden Richtern unterschrieben wird (dann Sitzungsniederschrift = Urteil). Erfüllt das Protokollurteil die Voraussetzungen nicht und enthält das Urteil daher keinen Sachverhalt und/oder keine Entscheidungsgründe, kann das Urteil schon im NZB-Verfahren gem. § 544 IX aufgehoben und die Sache zurückverwiesen werden, vgl. BGH BeckRS 2021, 6383.

8 Es ist die Zustellung auch des Protokolls zum Fristanlauf nach §§ 166 ff. notwendig, BGH FamRZ 2007, 1314. Eine Nachholung nach dem Ablauf der Frist des § 517 S. 2 ist unstatthaft, BGH NJW-RR 2008, 1521. Erst recht ist eine Nachholung nach über fünf Monaten seit der Verkündung unstatthaft, BGH MDR 2008, 996.

9 **V. Weitere Vereinfachungen, II.** Die Vorschriften in § 313a über den Verzicht der Parteien und in § 313b über die abgekürzte Form des Versäumnis-, Anerkenntnis- und Verzichtsurteils gelten nach § 525 entsprechend. Unanwendbar ist II bei einer Möglichkeit nach § 544, BGH MDR 2012, 1312.

10 **VI. Sonstiger Urteilsinhalt, I, II.** Die stets erforderlichen Angaben ergeben sich aus §§ 313 I, 315, 525. Nötig ist ferner von Amts wegen eine nachvollziehbar begründete Entscheidung über die Zulassung der Revision nach § 543 I Nr. 1, → § 543 Rn. 13 ff. Einen Satz dazu auch am Schluss des Tenors zu formulieren (Die Revision wird zugelassen/nicht zugelassen.), ist empfehlenswert, wenngleich nicht nötig. Fehlen Ausführungen zur Zulassung der Revision im Berufungsurteil, ist im Zweifel von einer Nichtzulassung auszugehen, Anders/Gehle Assessorexamen ZivilR S. 581.

11 **VII. Verstoß, I, II.** Fehlen die Urteilsgründe – etwa bei einem missglückten Protokollurteil – vollständig, stellt dies einen absoluten Revisionsgrund nach § 547 Nr. 6 dar. Im NZB-Verfahren ist dann der Vortag des Beschwerdeführers im Parteivorbringen in den Instanzen zu unterstellen. Ist dieser entscheidungserheblich und fehlt es an Entscheidungsgründen, ist zugleich deren gehörswidriges Übergehen durch das Berufungsgericht zu unterstellen (Verstoß gegen Art. 103 I GG). In diesem Fall kann der BGH das Urteil nach § 544 IX bereits im NZB-Verfahren aufheben und die Sache zurückverweisen, BGH BeckRS 2021, 6383 und Anmerkung Touissant FD-ZVR 2021, 438059.

12 Das Fehlen eigener tatbestandlicher Feststellungen und das Unterlassen einer Bezugnahme auf die erstinstanzlichen Feststellungen begründen für sich alleine zwar noch keinen Revisionszulassungsgrund, führen aber dazu, dass der Beschwerdevortrag, soweit er anhand des Urteils nicht überprüft werden kann, als richtig zu unterstellen ist. Insoweit ist gemäß §§ 559 I 2, 551 III S. 1 Nr. 2 Buchst. b allein von den Angaben in der Beschwerdebegründung auszugehen, BGH NJW 2017, 2561 Rn. 10; 17.3.2020 – XI ZR 226/19, BeckRS 2020, 8348 Rn. 9; 19.6.2019 – IV ZR 224/18, BeckRS 2019, 13264 Rn. 14. Unterliegt das Urteil der (etwa vom BG selbst zugelassenen) Revision und fehlt ihm die für die revisionsrechtliche Nachprüfung nach §§ 545 I, 559 erforderliche tatsächliche Beurteilungsgrundlage (Sachverhalt), ist es nach §§ 562 I, 563 I 1 aufzuheben und die Sache an das Berufungsgericht zur neuen Verhandlung und Entscheidung zurückzuverweisen, BGH BeckRS 2021, 16510. Zur Aufhebung und Zurückverweiseung wegen eines Verfahrensmangels führt auch das Fehlen der (zumindest sinngemäßen) Wiedergabe der Berufungsanträge, BGH BeckRS 2021, 17199.

541 *Prozessakten.* **I [1]Die Geschäftsstelle des Berufungsgerichts hat, nachdem die Berufungsschrift eingereicht ist, unverzüglich von der Geschäftsstelle des Gerichts des ersten Rechtszuges die Prozessakten einzufordern. [2]Die Akten sind unverzüglich an das Berufungsgericht zu übersenden.**

II Nach Erledigung der Berufung sind die Akten der Geschäftsstelle des Gerichts des ersten Rechtszuges nebst einer beglaubigten Abschrift der in der Berufungsinstanz ergangenen Entscheidung zurückzusenden.

1 **I. Systematik, Regelungszweck, I, II.** Es handelt sich um eine notwendige Klärung des Aktenverbleibs während des Berufungsverfahrens und hinterher zwecks Zügigkeit und Prozesswirtschaftlichkeit, aber auch zwecks Rechtssicherheit. Außerdem soll kein verfrühtes Rechtskraftzeugnis nach § 706 ergehen. § 565 verweist für die Behandlung der Prozessakten im Revisionsverfahren auf § 541.

2 **II. Geltungsbereich, I, II.** Die Vorschrift gilt in jedem Berufungsverfahren der ZPO, auch im WEG-Verfahren. Sie ist im arbeitsgerichtlichen Verfahren nach § 64 VI ArbGG entsprechend anwendbar, ebenso im FamFG-Verfahren, BGH FamRZ 2016, 1668.

3 **III. Übersendung, Rücksendung, I, II.** Auf die unverzügliche Einforderung der Akten nach I ohne jagende Eile, BGH NJW 2008, 1890, muss der Urkundsbeamte des Erstgerichts diese unter allen Umständen ebenfalls unverzüglich und damit ohne schuldhaftes Zögern wie bei § 121 I 1 BGB und am besten sofort der Geschäftsstelle des Berufungsgerichts übersenden. Das gilt sogar dann, wenn ein Teil des Prozesses noch nach → § 261 Rn. 1 in erster Instanz schwebt. Dann muss sich das Erstgericht die dort restlich benötigten Akten kopieren. Nach dem Ende des Berufungsverfahrens, also nach dem Erlass des Berufungsurteils oder nach einem Prozessvergleich nach Anh. § 307 oder nach beiderseitigen vollen wirksamen Erledigungserklärungen nach → § 91a Rn. 115, 255 muss der zweitinstanzliche Urkundsbeamte die Akten an das Erstgericht zurücksenden. Ob er die Akten zweiter Instanz beifügen muss, bestimmt die AktO nach → GVG Vor § 153 Rn. 2. Wenn danach die

Urschrift des Berufungsurteils nicht zu den Prozessakten des Erstgerichts kommt, sondern beim Berufungsgericht verbleibt, ist das rechtlich unbedenklich. Die Übersendung einer beglaubigten Ablichtung oder Abschrift des Berufungsurteils nach §§ 317, 525 mit allem, was zum Urteil gehört wie einem Verkündungsvermerk nach § 315 III, einem Berichtigungsbeschluss nach § 319 usw., ist zwingend. Dasselbe gilt für andere Endentscheidungen des Berufungsgerichts, zB für einen Beschluss nach § 516 III.

Abschnitt 2. Revision

542 *Statthaftigkeit der Revision.* [I] **Die Revision findet gegen die in der Berufungsinstanz erlassenen Endurteile nach Maßgabe der folgenden Vorschriften statt.**

[II] [1]**Gegen Urteile, durch die über die Anordnung, Abänderung oder Aufhebung eines Arrestes oder einer einstweiligen Verfügung entschieden worden ist, findet die Revision nicht statt.** [2]**Dasselbe gilt für Urteile über die vorzeitige Besitzeinweisung im Enteignungsverfahren oder im Umlegungsverfahren.**

1 **I. Systematik, I, II.** § 542 I beschreibt den Revisionsgegenstand (Berufungsurteil) im Allgemeinen und enthält einen Verweis auf die folgenden Vorschriften. § 542 II enthält eine wichtige Einschränkung, wonach im Wege des einstweiligen Rechtsschutzes getroffene Entscheidungen nicht mit der Revision angreifbar sind, BGH BeckRS 2020, 15819. Vgl. zur Sprungrevision § 566. Revisionsgericht ist der BGH, § 133 GVG; in Bayern zusätzlich das BayObLG, § 8 EGGVG iVm dem Gesetz zur Errichtung des Bayerischen Obersten Landesgericht vom 12.7.2018, bay. GVOBl. S. 545.

2 **II. Regelungszweck, I, II.** Die Revisionsinstanz dient in erster Linie der Klärung grundsätzlicher oder streitiger Rechtsfragen sowie der einheitlichen Handhabung des Rechts und damit der Rechtssicherheit und Anleitung der Rechtsprechung. Sie dient aber, mit Einschränkungen, auch der Korrektur von Rechts- und Verfahrensfehlern, insbesondere von solchen, die verfassungsrechtliche Relevanz haben, zB bei Verstößen gegen das Recht auf rechtliches Gehör.

3 **III. Geltungsbereich, I, II.** Die Vorschrift gilt in allen Verfahren nach der ZPO und den auf sie verweisenden Vorschriften. Sie gilt auch im WEG-Verfahren. In arbeitsrechtlichen Streitigkeiten findet die Revision nach § 72 I ArbGG gegen ein Endurteil des LAG statt, soweit es sie zugelassen hat. Gegen ein Urteil, das über die Anordnung, Änderung oder Aufhebung eines Arrests oder einer einstweiligen Verfügung nach §§ 916 ff., 935 ff. entschieden hat, ist die Revision nach § 542 II, bzw. nach § 72 IV ArbGG im arbeitsgerichtlichen Verfahren, unstatthaft.

4 **IV. Statthaftigkeit, I, II.** Die Revision ist in erster Linie statthaft gegen die Endurteile der Berufungsinstanz, § 542 I.

5 **1. Berufungsendurteil, I. Berufungsendurteile** sind diejenigen Urteile der Berufungsinstanz, durch die der gesamte Streitgegenstand oder ein Teil des Streitgegenstands für die Instanz abschließend beschieden wird. In der Regel handelt es sich um Urteile, die der Klage ganz oder teilweise stattgeben oder diese ganz oder teilweise abweisen, vgl. für anderslautende Endurteile aber auch §§ 75 Satz 1, 76 IV 1, 113 S. 2. Als Endurteile behandelt werden auch diejenigen **Zwischenurteile,** für die das Gesetz dies ausdrücklich anordnet, vgl. §§ 280 II 1, 302 III, 304 II, 599 III. Das Gleiche gilt, wenn ein Zwischenurteil für eine Partei wie ein Endurteil wirkt, wenn etwa die Aufnahme eines unterbrochenen Prozesses verweigert wird, BGH NJW-RR 2006, 288; NJW 2004, 2983, oder ein gewillkürter Parteiwechsel durch Zwischenurteil für zulässig erklärt wird und eine Partei deshalb aus dem Prozess ausscheidet, BGH NJW 1981, 989.

6 Die Revision ist in diesen Fällen grundsätzlich nur dann statthaft, wenn das Berufungsgericht sie nach § 543 I Nr. 1 oder das Revisionsgericht sie nach § 543 I Nr. 2 zugelassen hat. Etwas anderes gilt bei der Revision gegen zweite Versäumnisurteile nach §§ 565, 514 II. Hier ist eine Zulassung nicht erforderlich, BGH NJW 2015, 3661; NJW-RR 2008, 876.

2. Beispiele zur Frage eines Berufungsendurteils, I

7 **Anerkenntnisurteil:** Berufungsendurteil ist ein in der Berufungsinstanz ergehendes Anerkenntnisurteil nach § 307.

Ergänzungsurteil: Berufungsendurteil kann auch ein in der Berufungsinstanz ergehendes Ergänzungsurteil nach § 321 sein.

Erledigung der Hauptsache: Berufungsendurteil ist auch ein Berufungsurteil nach einer einseitigen Erledigungserklärung.

Formfehler: Ein formfehlerhaftes Berufungsurteil ist nur dann revisibel, wenn auch ein ordnungsgemäß erlassenes Urteil revisionsfähig wäre. Der Meistbegünstigungsgrundsatz ist anwendbar.

Grundurteil: Berufungsendurteil ist auch ein in der Berufungsinstanz ergehendes Zwischenurteil über den Grund, § 304 II.

Parteiwechsel: Berufungsendurteil ist auch ein in der Berufungsinstanz ergehendes Zwischenurteil über die Zulässigkeit eines Parteiwechsels nach §§ 263, 264, BGH NJW 1981, 989.

Teilurteil: Berufungsendurteil ist auch ein Teilurteil des Berufungsgerichts nach § 301.

Unanfechtbarkeit: Nicht statthaft wird die Revision dadurch, dass das Berufungsgericht ein kraft Gesetzes unanfechtbares Berufungsurteil zur Revision nach § 543 I Nr. 1 zugelassen hat, BGH NJW 2003, 211.

Unechtes Zwischenurteil: Berufungsendurteil ist auch ein solches Urteil dann, wenn es sich nur der Fassung nach um ein unselbständiges Zwischenurteil handelt, in Wirklichkeit aber um eine Endbeurteilung des Berufungsgerichts, MüKoZPO/Krüger Rn. 6.

Unstatthafte Berufung: Entscheidet das Berufungsgericht unrichtigerweise sachlich über eine unstatthafte Berufung, ist das Berufungsurteil nicht revisionsfähig, BGH NJW 1988, 1733.

Unterbrechung: Berufungsendurteil ist auch ein Berufungsurteil auf endgültige Zurückweisung einer Prozessaufnahme nach §§ 239 ff., 249, BGH NJW-RR 2006, 288; NJW 2004, 2983.

Versäumnisurteil: Berufungsendurteil ist auch ein Versäumnisurteil nach §§ 330 ff., 539, aber → Rn. 13.

Verzichtsurteil: Berufungsendurteil ist auch ein in der Berufungsinstanz ergehendes Verzichtsurteil nach § 306.

Vorbehaltsurteil: Berufungsendurteil ist auch ein Vorbehaltsurteil des Berufungsgerichts nach §§ 302, 599.

Wiedereinsetzung: Berufungsendurteil ist auch eine solche Entscheidung, durch die das Berufungsgericht ohne eine gleichzeitige Verwerfung der Berufung eine Wiedereinsetzung nach § 238 abgelehnt hat, BGH VersR 1979, 960.

Zurückverweisung: Berufungsendurteil ist auch ein zurückverweisendes Berufungsurteil nach § 538 II, BGH NJW 1986, 1994.

Zwischenurteil: Berufungsendurteil ist auch ein selbständig anfechtbares Zwischenurteil des Berufungsgerichts zB nach §§ 280 II 1, 302 III, 304 II, 599 III, BGH NJW 1988, 1733.

3. Erstinstanzliches Endurteil. Mit der **Sprungrevision** nach § 566 können auch erstinstanzliche Urteile des AG und des LG angefochten werden. Für **erstinstanzliche Urteil des OLG** sieht das Gesetz weitgehend ebenfalls die Revision vor, vgl. § 614 (→ § 614 Rn. 2), §§ 219 ff. BEG, § 129 III VGG, § 201 II 3 GVG. 8

4. Ausgenommene Endurteile. a) Nicht im Arrest- und Verfügungsverfahren, II 1. Ein Urteil nach §§ 922, 925, 926 f., 936 ist ohne Rücksicht auf seinen Inhalt nicht revisibel, BGH BeckRS 2020, 15819; NJW 2003, 1531. Das gilt auch dann, wenn das Berufungsgericht die Berufung nach § 522 I 2 als unzulässig verworfen hat, BGH WuM 2009, 145; NJW 2003, 69. Unerheblich ist, ob das Urteil dem Gesuch stattgibt oder es zurückweist. Ebenso unbeachtlich ist eine Zulassung nach § 543, BGH NJW 2011, 3025; NJW 2003, 1531. Nicht revisibel ist ein Urteil über die Aufhebung oder Bestätigung einer solchen landesrechtlichen Anordnung, auf die die Vorschriften über die einstweilige Verfügung entsprechend anwendbar sind. In allen diesen Fällen ist auch die Rechtsbeschwerde nach § 574 unstatthaft, BGH NJW-RR 2003, 1075. Das gilt auch bei einer Kostenentscheidung nach § 91a, BGH NJW-RR 2003, 1075. Die Revision ist auch insoweit nicht statthaft, als die Aufhebung einer einstweiligen Verfügung im Wege der Widerklage im Hauptprozess begehrt wird, BGH GRUR 2017, 938 Rn. 38. 9

Dagegen ist die Revision **statthaft,** soweit das Berufungsgericht über einen Ersatzanspruch aus § 945 entschieden hat. Das gilt auch sonst dann, wenn es sich nicht um die Anordnung eines Arrests handelt, zB bei der Zulassung eines ausländischen Arrestbefehls zur Vollstreckung, BGH NJW 1980, 528. 10

b) Nicht gegen vorzeitige Besitzeinweisung, II 2. Im Enteignungs- oder Umlegungsverfahren nach §§ 77, 116 BauGB ist das Endurteil ebenfalls unanfechtbar. 11

c) Nicht gegen isolierte Kostenentscheidung. Eine isolierte Kostenentscheidung ist nicht revisibel. Bei einem Teilanerkenntnis nach § 307 endet der Rechtszug wegen der diesen Teil betreffenden Kosten auch bei einer einheitlichen Kostenentscheidung beim OLG, ebenso bei einer Teilerledigung, BGH NJW 1991, 2020. 12

d) Nicht gegen Versäumnisurteil, II. Ein (echtes) erstes Versäumnisurteil kann nicht mit der Revision angegriffen werden, §§ 565, 514 I; das zweite Versäumnisurteil ist insoweit (ohne Zulassung gem. § 543) mit der Revision anfechtbar, als geltend gemacht wird, dass ein Fall der schuldhaften Säumnis nicht vorgelegen habe, §§ 565, 514 II. 13

V. Beschwer. Voraussetzung der Zulässigkeit der Revision ist wie bei jedem Rechtsmittel eine **Beschwer** des Revisionsklägers, BGH NJW-RR 2017, 1040; NJW 1957, 1401. Auch die Nichtzulassungsbeschwerde nach § 544 setzt voraus, dass der Beschwerdeführer beschwert ist, BGH NJW-RR 2007, 138 Rn. 21. Eine Beschwer im Kostenpunkt allein genügt nicht. Erforderlich ist darüber hinaus, dass mit der Revision – und zwar im **Zeitpunkt der Entscheidung** des Revisionsgerichts, vgl. BGH NJW-RR 2006, 442 Rn. 13; 2002, 1435 Rn. 10 – die **Beseitigung der Beschwer** begehrt wird, BGH NZI 2020, 445; NJW 1990, 2683. Die Einlegung eines Rechtsmittels ausschließlich zur Änderung oder Erweiterung des Begehrens ist nicht zulässig, BGH, NJW-RR 1989, 254; NJW 1988, 2540. 14

Für den Kläger ist die **formelle Beschwer** maßgeblich, die vorliegt, wenn die angefochtene Entscheidung hinter seinem Antrag zurückbleibt, BGH NJW-RR 2017, 1040; 2007, 138; NJW 1999, 1339. Es reicht aus, dass ein missverständliches Urteil nur scheinbar hinter den Anträgen des Klägers zurückbleibt, BGH NJW-RR 2004, 1715; NJW 1993, 2052. Eine formelle Beschwer liegt auch dann vor, wenn von den Anträgen in (scheinbar) günstiger Weise abgewichen wird, BGH NJW 2004, 2019. Für den Beklagten ist auf die **materielle Beschwer** abzustellen, die in dem Betrag oder in dem Wert seiner Verurteilung liegt, BGH NJW-RR 2012, 888; 2007, 765. 15

Ein nach **§ 538 zurückverweisendes Berufungsurteil** beschwert denjenigen, der eine endgültige Entscheidung des Berufungsgerichts begehrt. Statthaft ist die Revision auch mit dem Antrag, die eigene Berufung für unzulässig (statt unbegründet) zu erklären, wenn das Berufungsgericht auf eine **Anschlussberufung** nach § 524 hin zu Gunsten des Gegners entschieden hat. Greift der Revisionskläger ausschließlich den Vorbehalt der **beschränkten Erbenhaftung** an, ist er nicht beschwert, wenn der Ausspruch nach § 780 II entbehrlich war, BGH NJW-RR 2017, 1040. Der Kläger ist auch dann beschwert, wenn zu seinen Gunsten ein **Grundurteil** nach § 304 ergangen ist, in dessen Entscheidungsgründen bindend festgestellt wird, auf welcher Grundlage das Betragsverfahren aufzubauen ist und das daher negative Bindungswirkung für den Kläger entfaltet, BGH NJW-RR 2007, 138 Rn. 17; 1986, 412. Nicht bindende, wenn auch ungünstige Ausführungen im Grundurteil beschweren den Kläger indes nicht; hier muss er das nachteilige Betragsurteil abwarten, gegen das er ggf. ins Feld führen kann, dass die Ausführungen im Grundurteil nicht bindend waren, BGH NJW-RR 2007, 138 Rn. 19. Zum Begriff der Beschwer vgl. im Übrigen → Vor § 511 Rn. 17. 16

Eine **„greifbare Gesetzwidrigkeit"** eröffnet die Revision seit der Reform des Zivilprozesses im Jahr 2001 nicht mehr, BGH NJW 2002, 1577; in Fällen greifbarer Gesetzwidrigkeit kann aber die Zulassung der Revision nach § 543 I Nr. 2 unter dem Gesichtspunkt der Willkür erfolgen, BGH NJW 2003, 1943 Rn. 20. 17

543 ***Zulassungsrevision.*** **I Die Revision findet nur statt, wenn sie**

1. das Berufungsgericht in dem Urteil oder

2. das Revisionsgericht auf Beschwerde gegen die Nichtzulassung

zugelassen hat.

II 1Die Revision ist zuzulassen, wenn

1. die Rechtssache grundsätzliche Bedeutung hat oder

2. die Fortbildung des Rechts oder die Sicherung einer einheitlichen Rechtsprechung eine Entscheidung des Revisionsgerichts erfordert.

2Das Revisionsgericht ist an die Zulassung durch das Berufungsgericht gebunden.

Übersicht

1 **I. Systematik, I, II.** Das Gesetz kennt seit der Änderung der ZPO durch das Gesetz zur Reform des Zivilprozessgesetzes vom 27.7.2001, BGBl. I S. 1887, grundsätzlich nur noch die Zulassungsrevision, dh die Revision ist unabhängig vom Wert der Streitsache unzulässig, wenn weder das Berufungsgericht noch das Revisionsgericht die Revision zugelassen hat. Dabei hängt die Zulassung durch das Revisionsgericht ihrerseits von einer Mindestbeschwer von 20.000 EUR ab, § 544 II Nr. 1. Die Vorschrift ist verfassungsgemäß, BVerfG NJW 2005, 3345.

2 **II. Regelungszweck, I, II.** Die Regelung dient der Konzentration des BGH als Revisionsgericht auf Rechtsfragen von übergeordneter Bedeutung, vgl. BVerfG WM 2016, 1434.

3 **III. Geltungsbereich, I, II.** Die Vorschrift gilt in jedem Revisionsverfahren nach der ZPO (wegen der Sprungrevision vgl. § 566) und der auf sie verweisenden Gesetze. Sie gilt auch im WEG-Verfahren. Im Verfahren der Arbeitsgerichte gelten für die Revision §§ 72–76 ArbGG. Zum Wohnraummietverfahren Milger NZM 2011, 177. Für das Musterfeststellungsverfahren → § 614 Rn. 2. Für andere erstinstanzliche Verfahren vor dem OLG vgl. etwa §§ 219 ff. BEG, § 129 III VGG und § 201 II 3 GVG.

4 **IV. Zulassungsrevision, I.** Die Revision findet nur dann statt, wenn sie zugelassen worden ist, BGH NJW 2015, 351. Die Zulassung der Revision erfolgt nach § 543 I Nr. 1 durch das **Berufungsgericht** und zwar ggf. auch durch den Einzelrichter von Amts wegen im Tenor oder in den Entscheidungsgründen, BGH NJW 2014, 1441 Rn. 12. Ein Schweigen zu dieser Frage bedeutet Nichtzulassung. Eine Ergänzung des Urteils gem. § 321 in der Weise, dass die Revision nachträglich zugelassen wird, ist nicht möglich, BGH NJW 2011, 1516 Rn. 4. Gleiches gilt für eine Nachholung der Zulassung aufgrund einer Anhörungsrüge, wenn nicht gerade im Hinblick auf die Frage, ob die Revision zuzulassen ist, ein Gehörsverstoß vorliegt, BGH NJW 2011, 1516 Rn. 6. Eine Berichtigung des Urteils gem. § 319 ist jedoch möglich, wenn das Berufungsgericht die Revision zulassen wollte, dies aber versehentlich nicht im Urteil zum Ausdruck gebracht hat, vgl. BGH NJW 2005, 156. Lässt das Berufungsgericht die Revision nicht zu, erfolgt die Zulassung nach §§ 543 I Nr. 2, 544 auf Nichtzulassungsbeschwerde hin durch das **Revisionsgericht.**

5 Die Voraussetzungen für eine Zulassung der Revision (Zulassungsgründe) sind in beiden Fällen die gleichen und finden sich in § 543 II. Eine Wertgrenze besteht nur für die Nichtzulassungsbeschwerde, § 544 II Nr. 1: 20.000 EUR. Ein Ermessen steht weder dem Berufungsgericht noch dem Revisionsgericht zu. Die Zulassung durch das Berufungsgericht bindet das Revisionsgericht auch dann, wenn es selbst die Zulassung nicht ausgesprochen hätte, vgl. BVerfG NJW 2005, 3345. Keine Bindung der Zulassung tritt jedoch ein, wenn die Zulassung verfahrensfehlerhaft erfolgt ist, etwa gem. §§ 321, 321a (→ Rn. 4), oder wenn die Revision von Gesetzes wegen nicht statthaft ist, etwa nach § 542 II (→ § 542 Rn. 9).

6 **V. Zulassungsgründe, II 1.** Das Gericht muss die Revision zulassen, wenn mindestens ein Zulassungsgrund gem. § 543 Nr. 1 (grundsätzliche Bedeutung) oder Nr. 2 (Erfordernis der Fortbildung des Rechts, Alt. 1, oder der Sicherung einer einheitlichen Rechtsprechung, Alt. 2) vorliegt, vgl. BGH NJW-RR 2014, 396. Die Zulassungsgründe sind gleichwertig und voneinander unabhängig. Maßgeblich ist grundsätzlich der Zeitpunkt der Entscheidung über die Zulassung. Ausnahmsweise ist der Zeitpunkt der Einlegung der Nichtzulassungsbeschwerde maßgeblich, wenn etwa ein Zulassungsgrund nachträglich wegfällt, BVerfG 2008, 2493; vgl. auch BGH ZIP 2007, 1780 sowie Lindner NJW 2003, 1097 und Stackmann NJW 2007, 9.

7 **1. Grundsätzliche Bedeutung der Rechtssache, II 1 Nr. 1.** Der Zulassungsgrund der grundsätzlichen Bedeutung der Rechtssache liegt vor bei einer **klärungsbedürftigen** und **klärungsfähigen** Rechtsfrage, die sich in einer **unbestimmten Vielzahl** weiterer Fälle stellen kann und deshalb oder aufgrund anderer Auswirkungen des Rechtsstreits auf die Allgemeinheit das abstrakte Interesse derselben an der einheitlichen Entwicklung und Handhabung des Rechts berührt, vgl. BVerfG NJW 2013, 2881; BGH NJW-RR 2018, 662; NJOZ 2016, 1157; NJW 2002, 3029. Die Rechtsfrage muss ferner **entscheidungserheblich** sein, vgl. BGH NJW-RR 2020, 94; NJW 2003, 831.

8 **Klärungsbedürftig** ist die Rechtsfrage, wenn sie in der obergerichtlichen Rechtsprechung oder in der Literatur unterschiedlich beurteilt wird, vgl. BGH NZG 2020, 20; NJW-RR 2018, 662; NJOZ 2016, 1157; NJW 2004, 2222. Ist die Rechtsfrage höchstrichterlich entschieden, ist sie nicht (mehr) klärungsbedürftig, BGH BeckRS 2020, 35774; GRUR 2012, 172. Das Gleiche gilt, wenn sie aufgrund der bisherigen Rechtsprechung eindeutig beantwortet werden kann, vgl. BGH NJW-RR 2010, 1598. Etwas anderes kann bei Vorliegen einer höchstrichterlichen Entscheidung gelten, wenn weiterer Klärungsbedarf aufgrund neuer Argumente entstanden ist, BGH BeckRS 2018, 16618. Dafür genügt es aber nicht, dass einzelne obergerichtliche Entscheidungen von der Rechtsprechung des BGH abweichen, ohne sich mit dieser auseinanderzusetzen, BGH NJW 2014, 456. Auch vereinzelte oder nicht nachvollziehbar begründete abweichende Ansichten in der Literatur begründen keinen Klärungsbedarf, BGH NJW-RR 2010, 1047; 2010, 978.

9 **Klärungsfähig** ist die Rechtsfrage dann, wenn sie revisibles Recht iSd § 545 betrifft, BVerfG NJW 2013, 2881.

10 **Entscheidungserheblich** ist eine Rechtsfrage für den zu entscheidenden Rechtsstreit, wenn es auf sie ankommt, der Rechtsstreit also je nach Beantwortung der Rechtsfrage anders zu entscheiden wäre, vgl. BGH FamRZ 2004, 1275; NJW 2004, 1167; 2003, 1943; 2003, 831 Rn. 11. Das ist insbesondere dann nicht der Fall,

wenn zugleich eine andere Begründung, die keine zulassungsrelevanten Rechtsfragen berührt, die Entscheidung trägt, vgl. auch BGH ZInsO 2021, 1764.

11 **2. Fortbildung des Rechts, II 1 Nr. 2 Alt. 1.** Der Zulassungsgrund nach § 543 II Nr. 2 Alt. 1 ist eng mit dem der grundsätzlichen Bedeutung nach § 543 II Nr. 1 verwandt, BGH NJW-RR 2003, 1248. Er liegt vor, wenn der Fall Veranlassung gibt, Leitsätze für die Auslegung von Gesetzesbestimmungen des materiellen oder formellen Rechts aufzustellen oder Gesetzeslücken auszufüllen, wofür allerdings nur dann Anlass besteht, wenn es für die rechtliche Beurteilung typischer oder verallgemeinerungsfähiger Lebenssachverhalte an einer richtungsweisenden Orientierungshilfe ganz oder teilweise fehlt, BGH NZG 2020, 20; NJW-RR 2019, 524; NJW 2003, 65; vgl. zu diesem Zulassungsgrund Gehrlein VersR 2008, 1623. Zur Entscheidungserheblichkeit → Rn. 10.

3. Einzelheiten zur Frage einer grundsätzlichen Bedeutung oder einer Rechtsfortbildung, II 1 Nr. 1, Nr. 2 Alt. 1

12 **Allgemeine Geschäftsbedingungen; Allgemeine Versicherungsbedingungen:** Nicht zwingend grundsätzliche Bedeutung hat die Anwendbarkeit und Auslegung solcher Klauseln. Erforderlich ist, dass deren Auslegung über den Einzelfall hinaus in Rechtsprechung, Literatur oder den beteiligten Verkehrskreisen umstritten ist, BGH NJW-RR 2017, 994; NJW 2012, 1289; NJW-RR 2004, 537.

Auslaufendes Recht: Betrifft eine Rechtsfrage auslaufendes Recht, setzt die grundsätzliche Bedeutung einer solchen Rechtsfrage voraus, dass noch eine erhebliche Anzahl von Fällen nach altem Recht zu entscheiden sind oder die Frage für das neue Recht weiterhin von Bedeutung ist, BGH BeckRS 2018, 16618; NJW 2003, 1943. Eine Rechtsfrage kann auch bei fortgeltendem Recht dadurch an grundsätzlicher Bedeutung verlieren, dass aus tatsächlichen Gründen nur noch wenige offene Restfälle zu entscheiden sind, BGH NJW-RR 2008, 220.

Beweiswürdigung: Keine grundsätzliche Bedeutung hat die Beweisentscheidung nach §§ 286, 525, da diese in aller Regel einzelfallbezogen ist. Die Revision kann aber zur Sicherung einer einheitlichen Rechtsprechung zuzulassen sein, wenn es im Rahmen der Beweiswürdigung zB zu einem Verstoß gegen das Grundrecht auf rechtliches Gehör gekommen ist.

Bisheriges Recht: → „Auslaufendes Recht".

Einzelfall: Keine grundsätzliche Bedeutung hat eine Entscheidung, wenn sie, wie zB bei der Frage, ob ein bestimmtes Verhalten treuwidrig ist, durch den Tatrichter unter Würdigung aller Umstände des Einzelfalls zu treffen ist; in einem solchen Fall ist auch die Zulassung zur Rechtsfortbildung nicht erforderlich, BGH NJW-RR 2012, 648; NZM 2010, 815; NJW-RR 2003, 1248; NJW 2002, 3029.

EuGH-Vorlage: → „Vorabentscheidungsverfahren".

Geklärte Rechtsfrage: Keine grundsätzliche Bedeutung (mehr) hat eine schon geklärte Rechtsfrage, auch → Rn. 8.

Gewichtigkeit: Grundsätzliche Bedeutung kann sich auch ohne einen bisherigen Streit aus dem (wirtschaftlichen) Gewicht der Frage für die beteiligten Kreise ergeben, BGH NJW 2003, 3765. Eine erhebliche wirtschaftliche Bedeutung für die Parteien des Rechtsstreits an sich genügt jedoch nicht, vgl. BGH NJW 2003, 1943.

Größerer Personenkreis: Keine grundsätzliche Bedeutung folgt schon aus der Auswirkung auf einen größeren Personenkreis.

Landesrecht: Grundsätzliche Bedeutung hat die Vereinbarkeit einer (revisiblen) Vorschrift des Landesrechts mit dem Bundesrecht. Auch → „Verfassungswidrigkeit".

Mehrheit von Begründungen: Keine grundsätzliche Bedeutung liegt schon dann vor, wenn bei mehreren gleichwertigen Begründungen nur eine von ihnen grundsätzliche Bedeutung hat, da es dann an der Entscheidungserheblichkeit fehlt.

Musterfeststellungsurteil: Die Revision gegen ein Musterfeststellungsurteil hat stets grundsätzliche Bedeutung, § 614 S. 2 (→ § 614 Rn. 2). Grundsätzliche Bedeutung hat auch ein Musterverfahren nach § 20 I 2 KapMuG, SchlAnh VIII: statthaft ist die Rechtsbeschwerde.

Parallelsache: Allein der Umstand, dass eine einheitliche Entscheidung des Revisionsgerichts in mehreren denselben Sachverhalt betreffenden Parallelverfahren angestrebt wird, begründet keine grundsätzliche Bedeutung, BGH BeckRS 2019, 39529 Rn. 16.

Rechtsfehler: Grundsätzliche Bedeutung liegt nicht schon deshalb vor, weil die angefochtene Entscheidung rechtsfehlerhaft ist.

Rechtsprechungsänderung: Grundsätzliche Bedeutung hat eine bevorstehende solche Entwicklung, BVerfG NJW 2005, 1931.

Revisibilität: Grundsätzliche Bedeutung setzt voraus, dass die Rechtsfrage zu dem nach §§ 545 ff. revisiblen Recht gehört, weil sie nur dann klärungsfähig ist, BVerfG NJW 2013, 2881.

Tarif: Grundsätzliche Bedeutung kann die Anwendbarkeit und Auslegung eines Tarifs haben.

Tatsächliche Auswirkung: Keine grundsätzliche Bedeutung folgt schon aus einer rein tatsächlichen Auswirkung.

Ursächlichkeit: Grundsätzliche Bedeutung setzt nach voraus, dass es auf die Rechtsfrage auch ankommt, diese also entscheidungserheblich ist, → Rn. 10.

Verfassungswidrigkeit: Grundsätzliche Bedeutung hat die Frage der Verfassungswidrigkeit einer gesetzlichen Vorschrift, vgl. BGH NZA-RR 2005, 50.

Vermögensinteresse: → „Gewichtigkeit".

Vorabentscheidungsverfahren: Grundsätzliche Bedeutung hat eine Sache, wenn voraussichtlich ein Vorabentscheidungsverfahren nach Art. 267 AEUV vor dem EuGH durchzuführen ist, BVerfG WM 2015, 119; NJW 2014, 1796; BeckRS 2003, 1439.

Wirtschaftliche Tragweite: → „Gewichtigkeit".

Zeitgebundenes Recht: → „Auslaufendes Recht".

13 **4. Sicherung einer einheitlichen Rechtsprechung, II 1 Nr. 2 Alt. 2. a) Übersicht.** Der Zulassungsgrund nach § 543 II 1 Nr. 2 Alt. 2 liegt dann vor, wenn eine Entscheidung des Revisionsgerichts erforderlich ist, um zu vermeiden, dass schwer erträgliche Unterschiede in der Rechtsprechung entstehen oder fortbestehen, wobei es darauf ankommt, welche Bedeutung die angefochtene Entscheidung für die Rechtsprechung im Ganzen hat, BGH NJW 2003, 1943 Rn. 13; 2003, 65 Rn. 11. Zur Sicherung einer einheitlichen Rechtsprechung ist die

Revision daher in den Fällen der **Divergenz** (→ Rn. 14) zuzulassen. Enthält die angefochtene Entscheidung materiell-rechtliche oder verfahrensrechtliche Fehler unterhalb der Schwelle der Divergenz erfordern diese die Zulassung der Revision, wenn sie **symptomatische Bedeutung** (→ Rn. 17) aufweisen. Schließlich ist die Zulassung der Revision zur Sicherung einer einheitlichen Rechtsprechung zuzulassen, wenn dem Berufungsgericht schwerwiegende Verfahrens- oder Rechtsfehler **verfassungsrechtlicher Relevanz** (→ Rn. 19) unterlaufen sind oder wenn ein **absoluter Revisionsgrund** nach § 547 Nr. 1–4 vorliegt (→ Rn. 26).

14 **b) Divergenz.** Divergenz (Obersatzabweichung) liegt bei einer Abweichung der angefochtenen Entscheidung von einer höher- oder gleichrangigen Entscheidung in ein und derselben Rechtsfrage vor; vgl. auch § 18 Abs. 1 RsprEinhG zur Abweichung von einer Entscheidung des Gemeinsamen Senats der obersten Gerichtshöfe; ausreichend ist die Divergenz zu einem Finanzgericht, auch wenn es sich dabei um ein erstinstanzliches Gericht handelt, BGH HFR 2014, 174; vgl. auch BGH WM 1994, 1452. Divergenz setzt voraus, dass von einer Entscheidung abgewichen wird, die vor dem angefochtenen Urteil erlassen worden ist, BGH NJW 2003, 2319. Auch ist jeweils der neueste Stand der Rechtsprechung des Vergleichsgerichts maßgeblich, vgl. BGH NJW 1990, 3073; WM 1994, 1452. Erforderlich ist die Abweichung in einem abstrakt formulierten Rechtssatz. Das Berufungsgericht muss also einen Obersatz aufgestellt haben, der sich mit einem in der Vergleichsentscheidung zu Grunde gelegten Obersatz nicht vereinbaren lässt, BGH NJW-RR 2019, 524; NJW 2003, 1943 Rn. 11; 2002, 2957.

15 Der Zulassungsgrund der Divergenz setzt damit mehr als nur den **Vergleich der Ergebnisse** der angefochtenen Entscheidung und der Vergleichsentscheidung voraus, vgl. BGH NJW 2004, 1167. Erforderlich ist, dass das von der Vergleichsentscheidung abweichende Ergebnis der angefochtenen Entscheidung auf einer **grundsätzlich abweichenden Rechtsauffassung** beruht, dass also die Voraussetzungen für eine bestimmte Rechtsfolge abstrakt anders dargestellt werden oder aus einem bestimmten Tatbestand generell eine andere Rechtsfolge abgeleitet wird. **Keine Divergenz** begründet es daher, wenn die Rechtsanwendung im konkreten Fall die Grundsätze der höchstrichterlichen Rechtsprechung (in fehlerhafter Weise) nicht beachtet, ohne einen abstrakten Rechtssatz aufzustellen, BGH BeckRS 2010, 16580; NJW 2005, 154; 2003, 1943 Rn. 11. Hierunter fallen **Subsumtionsfehler,** die dem Berufungsgericht trotz richtigem Obersatz unterlaufen, wobei es irrelevant ist, ob es sich um einen offensichtlichen oder schweren Fehler handelt, BGH BeckRS 2010, 16580; BeckRS 2003, 3709; NJW 2003, 1943; 2003, 831; 2003, 65. Darunter fallen auch die Fälle, in denen der Rechtsanwendung des Berufungsgerichts **kein erkennbarer Obersatz** zu Grunde liegt, vgl. BGH NJW 2011, 2443. Zu den Darlegungsanforderungen in der Nichtzulassungsbeschwerde → § 544 Rn. 17. Ebenfalls keine Zulassung aufgrund von Divergenz erfordert es, wenn zwei Berufungsgerichte in ähnlich oder identisch gelagerten Fällen aufgrund **unterschiedlicher Würdigung** zu unterschiedlichen Einzelfallentscheidungen gelangen, zumal in solchen Fällen die revisionsrechtliche Kontrolle ohnehin häufig eingeschränkt ist, BGH NJW-RR 2012, 648; 2007, 1676; NJW 2004, 1167. Auch eine **auf tatsächlichem Gebiet liegende Divergenz** etwa aufgrund eines unterschiedlichen Verkehrsverständnisses gebietet nicht die Zulassung zur Sicherung einer einheitlichen Rechtsprechung, BGH MMR 2010, 184.

16 Die divergierenden Rechtsfragen müssen sowohl für das angefochtene Urteil, vgl. BGH NJW-RR 2019, 524, als auch für das Vergleichsurteil vgl. BGH NZI 2017, 975; WM 2012, 746; aA Stein/Jonas/Jacobs Rn. 14, **entscheidungserheblich** sein. Die Urteile müssen also jeweils auf dem jeweiligen Obersatz **beruhen,** was dann nicht der Fall ist, wenn es entweder für die eine oder für die andere Entscheidung auf die Rechtsfrage im Ergebnis nicht ankommt, zB weil das Urteil auf mehrere voneinander unabhängige Begründungen gestützt ist und die Rechtsfrage nicht für alle Begründungen eine Rolle spielt, vgl. BGH NJW-RR 2019, 524; WM 2012, 746; NJW-RR 2003, 1366, oder wenn der Rechtssatz lediglich ein obiter dictum darstellt. Ebenfalls nicht entscheidungserheblich ist eine Obersatzabweichung, wenn die angefochtene Entscheidung sich aufgrund des Zusammenwirkens mehrerer Fehler im Ergebnis als richtig erweist, BGH NJW 2004, 1167.

17 **c) Symptomatischer Rechtsfehler.** Schwer erträgliche Unterschiede in der Rechtsprechung können auch dann entstehen oder fortbestehen, wenn die Schwelle der Divergenz, also einer abstrakten Obersatzabweichung, nicht erreicht wird. In ständiger Rechtsprechung lässt der BGH daher auch Revisionen zu, die erforderlich sind, um Rechtsfehler von **symptomatischer Bedeutung** zu beseitigen. Dabei handelt es sich um Rechts- oder Verfahrensfehler, die eine **Wiederholung** durch dasselbe Gericht besorgen lassen oder die ernsthafte Gefahr einer **Nachahmung** durch andere Gerichte begründen, BGH BeckRS 2018, 16618; NJW 2003, 1943 Rn. 13; 2003, 754; 2003, 65. Solche Rechtsfehler liegen etwa dann vor, wenn die fehlerhafte Rechtspraxis auf einem **grundlegenden Missverständnis** der richtigen Rechtslage oder der höchstrichterlichen Rechtsprechung beruht und sich daraus eine strukturelle Wiederholungsgefahr ergibt, BGH NJW 2005, 154. Auch lassen sich symptomatische Rechtsfehler daraus entnehmen, dass die Begründung der angefochtenen Entscheidung **sich verallgemeinern lässt** und eine **nicht unerhebliche Zahl künftiger Sachverhalte** zu erwarten ist, auf welche die Argumentation übertragen werden kann, vgl. BGH NJW 2004, 2222; 2004, 1960; FamRZ 2004, 265. Einfache Rechtsanwendungsfehler oder auch die **Offensichtlichkeit** oder **Schwere** eines Rechtsfehlers genügen dagegen für sich betrachtet nicht, wenn es sich um eine **Fehlentscheidung im Einzelfall** handelt, BGH FamRZ 2004, 265; NJW 2003, 2319; 2003, 754, zumal bei offensichtlichen Rechtsfehlern die Gefahr der Wiederholung oder Nachahmung eher gering ist, BGH NJW 2003, 1943. Soll der symptomatische Rechtsfehler aus einer entgegenstehenden höchstrichterlichen Entscheidung hergeleitet werden, ist erforderlich, dass diese zum Zeitpunkt der Berufungsentscheidung **bereits ergangen und veröffentlicht** war und das Berufungsgericht diese daher in vorwerfbarer Weise nicht beachtet hat. Andernfalls scheidet in aller Regel eine Wiederholungsgefahr und damit ein Zulassungsgrund aus, vgl. BGH BeckRS 2007, 8332; NJW 2003, 2319.

18 Auch der symptomatische Rechtsfehler erfordert nur dann die Zulassung der Revision, wenn er **entscheidungserheblich** ist. Insoweit gilt das zur Divergenz Gesagte entsprechend (→ Rn. 16).

19 **d) Verfassungsrechtlich relevanter Rechtsfehler; absoluter Revisionsgrund. (1) Schwerwiegender Rechtsfehler.** Nach der ständigen Rechtsprechung des BGH ist die Revision schließlich dann zur Sicherung einer einheitlichen Rechtsprechung zuzulassen, wenn das Berufungsurteil auf einem schwerwiegenden Rechts- oder Verfahrensfehler beruht, der geeignet ist, das **Vertrauen in die Rechtsprechung** zu beschädigen, BGH NJW 2003, 1943 Rn. 14. Ein solcher Rechtsfehler, der nicht offenkundig sein muss, BGH NJW 2004, 2222 Rn. 13; NJW 2003, 1943, liegt dann vor, wenn das Berufungsgericht bei der Auslegung oder Anwendung von

Vorschriften des materiellen Rechts oder des Verfahrensrechts gegen grundlegende, **verfassungsrechtlich abgesicherte Gerechtigkeitsanforderungen** verstoßen hat, BGH NJW 2003, 1943 Rn. 16 (anders noch BGH NJW 2003, 65, wonach ein offenkundiger Verstoß gegen Verfahrensgrundrechte der Rechtssache grundsätzliche Bedeutung verleiht).

Damit sind insbesondere Verstöße gegen das aus Art. 3 I GG herzuleitende **Willkürverbot** und den Anspruch auf ein **faires Verfahren,** gegen die Garantie des **gesetzlichen Richters,** Art. 101 I 2 GG, gegen das Recht auf **Gewährung wirkungsvollen Rechtsschutzes** oder – von besonderer praktischer Relevanz – gegen das Recht auf **rechtliches Gehör** nach Art. 103 I GG gemeint, vgl. BGH NJW 2004, 2222; 2004, 367; 2003, 1943; 2003, 831; NJW-RR 2003, 1366; NJW 2002, 3029; 2002, 2957. Aber auch Verstöße gegen **materiell-rechtliche Grundrechte** rechtfertigen die Zulassung der Revision, BGH BeckRS 2016, 12053. Allgemein soll die Zulassung der Revision und die damit mögliche Korrektur des entscheidungserheblichen Rechtsfehlers so weit reichen, wie eine Verfassungsbeschwerde gegen das angefochtene Urteil voraussichtlich Erfolg hätte, BGH NJW 2003, 1943 Rn. 16. Die Nichtzulassungsbeschwerde dient insoweit auch der Vermeidung erfolgreicher Verfassungsbeschwerden. Zu den Darlegungsanforderungen in der Nichtzulassungsbeschwerde → § 544 Rn. 17. Das Vorliegen eines **absoluten Revisionsgrundes** gem. § 547 Nr. 1–4 führt ebenfalls zur Zulassung der Revision. Verfahrensfehler, die diese Schwelle nicht erreichen, erfordern die Zulassung der Revision nicht, es sei denn, ihnen kommt symptomatische Bedeutung zu, BGH NJW 2003, 3057, → Rn. 17. 20

(2) Insbesondere der Verstoß gegen das rechtliche Gehör. Das Recht auf rechtliches Gehör gem. Art. 103 I GG verpflichtet die Gerichte, die Ausführungen der Prozessbeteiligten zur Kenntnis zu nehmen und in Erwägung zu ziehen und erhebliche Beweisanträge zu berücksichtigen, BGH NJW 2003, 1943 Rn. 22. Das Gericht ist dabei nicht verpflichtet, sich mit dem Vorbringen in den Entscheidungsgründen ausdrücklich zu befassen. Vielmehr kann grundsätzlich davon ausgegangen werden, dass ein Gericht das Vorbringen der Parteien **zur Kenntnis genommen und in Erwägung gezogen** hat. Es müssen daher besondere Umstände vorliegen, die darauf schließen lassen, dass tatsächliches Vorbringen nicht zur Kenntnis genommen oder nicht erwogen worden ist, BGH NJW 2003, 1943 Rn. 22. Solche Umstände liegen allerdings dann vor, wenn das Gericht auf den **wesentlichen Kern des Tatsachenvortrags** einer Partei zu einer Frage nicht eingeht, die für das Verfahren von zentraler Bedeutung ist, BGH NJW-RR 2020, 693; BeckRS 2019, 35141; NJW 2015, 2125. Auch darf das Gericht den Parteivortrag nicht bloß dem äußeren Wortlaut nach zur Kenntnis nehmen und seinen Überlegungen zu Grunde legen, sondern muss den **Sinn des Vortrags** erfassen und berücksichtigen, BGH NJW-RR 2016, 29. Dabei hat es ua zu beachten, dass eine Partei sich die bei einer Beweisaufnahme zu Tage tretenden günstigen Umstände regelmäßig zumindest hilfsweise (konkludent) zu eigen macht, BGH MDR 2019, 567 Rn. 27. Weist das Berufungsgericht Vortrag einer Partei als **präkludiert** oder als **unsubstantiiert** zurück, verletzt sie damit das rechtliche Gehör, wenn die Anwendung der Präklusionsvorschrift oder die Einordnung als unsubstantiiert offensichtlich fehlerhaft ist, BGH MDR 2019, 692. Liegt eine Verletzung des rechtlichen Gehörs vor, kann das Berufungsurteil auch gem. § 544 IX im Beschlusswege aufgehoben und die Sache zurückverwiesen werden. 21

Ebenfalls einen Verstoß gegen das rechtliche Gehör stellt es dar, wenn das Berufungsgericht seine **Hinweispflicht** gem. § 139 I vernachlässigt, BGH BauR 2021, 1342; NJW-RR 2003, 1003, oder wenn es nicht hinreichend Gelegenheit zur Stellungnahme auf einen Hinweis gibt, BGH BeckRS 2016, 04424 Rn. 10; NJW-RR 2014, 177. 22

(3) Insbesondere der Verstoß gegen das Willkürverbot. Der häufig gerügte Verstoß gegen das aus Art. 3 I GG folgende Willkürverbot liegt nicht bereits bei einer fehlerhaften Rechtsanwendung und auch nicht bei einer offensichtlichen oder schweren fehlerhaften Rechtsanwendung vor. Eine Entscheidung ist vielmehr dann willkürlich, wenn sie unter keinem denkbaren Aspekt rechtlich vertretbar ist und sich daher der Schluss aufdrängt, dass sie auf sachfremden Erwägungen beruht, BGH NJW 2003, 1943 Rn. 20 mwN. Nicht erforderlich ist dabei, dass dem Richter ein subjektiver Schuldvorwurf gemacht werden kann; vielmehr ist bei der Frage, ob Willkür vorliegt, ein **objektiver Maßstab** anzulegen, BGH NJW 2005, 153. Willkür liegt danach, wenn auch nicht ausschließlich, in den früher angenommenen Fällen greifbarer Gesetzwidrigkeit vor, BGH NJW 2003, 1943 Rn. 20 mwN zur früheren Rspr. Willkür ist aber auch dann zu bejahen, wenn eine offensichtlich einschlägige Norm nicht berücksichtigt wird oder ihr Inhalt in krasser Weise missdeutet wird, BGH NJW 2003, 831. Auch ein Verstoß gegen die Denkgesetze der Logik können die Annahme von Willkür begründen, BGH NJW 2009, 855. 23

(4) Weitere Verfahrensgrundrechte. Das Recht auf **Gewährung wirkungsvollen Rechtsschutzes** wird insbesondere dann verletzt, wenn der Zugang zur Rechtsmittelinstanz in unzumutbarer, aus Sachgründen nicht mehr zu rechtfertigender Weise erschwert wird, BVerfG WM 2016, 1434. Das ist etwa dann der Fall, wenn die Anforderungen an die Wiedereinsetzung in die Berufungs- oder Berufungsbegründungsfrist überspannt werden, vgl. BGH NJW 2004, 367, oder uU auch bei einer fehlerhaften Rechtsbehelfsbelehrung, BGH NJW-RR 2020, 29. Praktisch relevant wird dieser Zulassungsgrund daher bei der Rechtsbeschwerde gem. §§ 574 II Nr. 2, 522 I 4 ZPO. 24

Eine Beeinträchtigung des **Rechts auf den gesetzlichen Richter** gem. Art. 101 I 2 GG erfordert dann die Zulassung der Revision, wenn ein grundrechtlich relevanter Verstoß vorliegt. Dies ist nicht bereits bei jedem objektiven Verstoß gegen Zuständigkeitsregelungen oder die Geschäftsverteilung der Fall. Vielmehr muss sich das Gericht willkürlich über die Zuständigkeitsregelung hinweggesetzt oder Tragweite und Bedeutung von Art. 101 I 2 GG grundlegend verkannt haben, vgl. BGH GRUR-RS 2019, 36491; NJW-RR 1987, 124; Stein/Jonas/Jacobs Rn. 25. 25

(5) Insbesondere die absoluten Revisionsgründe. Die Rechtsprechung des BGH sieht einen Zulassungsgrund nach § 543 II 1 Nr. 2 Alt. 2 auch darin, dass ein absoluter Revisionsgrund gem. **§ 547 Nr. 1–4** vorliegt, denn dabei handelt es sich um **schwerwiegende Verfahrensverstöße,** die das Recht auf den gesetzlichen Richter bzw. das Recht auf rechtliches Gehör unmittelbar berühren können, vgl. BGH NJW 2007, 2702. Der Revisionsgrund der unzureichenden Vertretung gem. § 547 Nr. 4 kann dabei nur von der betroffenen Partei geltend gemacht werden, BGH NZI 2017, 540. 26

Der absolute Revisionsgrund nach **§ 547 Nr. 5** – vgl. insoweit aber § 72 II Nr. 3 ArbGG für den Arbeitsgerichtsprozess – erfordert nicht stets die Zulassung der Revision, BGH WM 2021, 198. Hiergegen spricht zwar der hohe Rang, den alle Verfahrensordnungen des deutschen Rechts dem **Öffentlichkeitsprinzip** als Bestandteil des Rechtsstaatsprinzips beimessen, vgl. BeckOK GVG/Allgayer GVG § 169 Rn. 1. Es erscheint aber zweifelhaft, 27 ob bei jedem Verstoß gegen das Prinzip der Öffentlichkeit gerade die Verfahrensgrundrechte der Parteien in einer den Revisionsgründen nach § 547 Nr. 1–4 vergleichbaren Weise betroffen sind. Die Zulassung der Revision ist daher, wenn nicht andere Zulassungsgründe hinzukommen, bei § 547 Nr. 5 nicht stets erforderlich, vgl. auch MüKoZPO/Krüger Rn. 18.

28 Das **Fehlen von Gründen (§ 547 Nr. 6)** führt nicht notwendigerweise zur Zulassung der Revision, vgl. MüKoZPO/Krüger Rn. 18. Jedenfalls wenn die unterlassene Begründung nur einen Nebenanspruch betrifft, dem die Parteien in den Vorinstanzen keine nennenswerte Bedeutung beigemessen haben, bleibt die Nichtzulassungsbeschwerde ohne Erfolg, BGH NJW-RR 2012, 760. Auch das **Fehlen tatbestandlicher Feststellungen** nach § 540 I 1 Nr. 1 erfordert nicht schon für sich betrachtet die Zulassung, BGH NJW-RR 2004, 712; NJW 2003, 3208; anders BGH NJW 2004, 293; offengelassen BGH NJW 2003, 3352. In diesem Fall ist es vielmehr Sache der Nichtzulassungsbeschwerde, den für das Verständnis und die Beurteilung der geltend gemachten Zulassungsgründe erforderlichen Sachverhalt vorzutragen, BGH NJW-RR 2004, 712; NJW 2003, 3208.

29 **(6) Entscheidungserheblichkeit.** Ein zulassungsrelevanter schwerer Rechts- oder Verfahrensfehler erfordert wie jeder Zulassungsgrund nur dann die Zulassung der Revision, wenn die angefochtene Entscheidung auf ihn beruht, er also **entscheidungserheblich** ist. Dies ist insbesondere bei Verfahrensfehler dann der Fall, wenn nicht ausgeschlossen werden kann, dass die Entscheidung des Berufungsgerichts anders ausgefallen wäre, wenn der Verfahrensfehler unterblieben wäre, BGH BeckRS 2019, 35141; NZI 2019, 850; MDR 2019, 692; NJW-RR 2016, 29; NJW 2015, 2125. Dabei ist die rechtliche Sichtweise des Berufungsgerichts maßgeblich, BGH ZIP 2019, 1719. In der Begründung der Nichtzulassungsbeschwerde muss daher auch dargelegt werden, was vorgetragen worden wäre, wenn zB der vermisste gerichtliche Hinweis erfolgt wäre; andernfalls kann nicht überprüft werden, ob der Verfahrensfehler entscheidungserheblich ist, was zur Zurückweisung der Nichtzulassungsbeschwerde führt.

5. Einzelheiten zur Frage der Sicherung der Einheitlichkeit der Rechtsprechung, II 1 Nr. 2 Alt. 2

30 **Absoluter Revisionsgrund:** Ein solcher gem. § 547 Nr. 1–4 stellt einen Zulassungsgrund dar, → Rn. 26. Die absoluten Revisionsgründe gem. § 547 Nr. 5 und 6 erfordern hingegen nicht zwingend die Zulassung der Revision → Rn. 27.

Denkgesetze: Ein Verstoß gegen die Denkgesetze kann die Zulassung der Revision unter dem Gesichtspunkt der Willkür erfordern, BGH NJW 2009, 855.

Einzelfallentscheidung: Eine von höherrangigen oder gleichrangigen Urteilen abweichende Berufungsentscheidung, die auf den Umständen des Einzelfalls oder einer abweichende Würdigung der tatsächlichen Umständen beruht, rechtfertigt nicht die Zulassung der Revision, BGH NJW-RR 2012, 648.

Entscheidungserheblichkeit: Ist die Divergenz oder der Rechtsfehler nicht entscheidungserheblich, muss die Revision nicht zugelassen werden. Auch → Rn. 16, 29.

Ergebnisrichtigkeit: Die Revision gegen ein im Ergebnis richtiges Berufungsurteil muss nicht zugelassen werden, BGH MDR 2005, 1241. Auch → Rn. 16, 29.

Finanzgerichtliches Urteil: Ausreichend ist die Divergenz zu einer (erstinstanzlichen) finanzgerichtlichen Entscheidung, BGH HFR 2014, 174.

Gesetzlicher Richter: Entscheidet nicht der gesetzliche Richter, kann dies die Zulassung der Revision erfordern; dies aber nicht stets, → Rn. 25.

Irrtum über Bindungswirkung: Bei einem Irrtum des Berufungsgerichts über die Bindungswirkung des § 314 kann ein Verstoß gegen das rechtliche Gehör vorliegen, BGH MDR 2019, 692.

Missverständnis: Ein grundlegendes Missverständnis des Berufungsgerichts begründet einen symptomatischen Rechtsfehler, der die Zulassung der Revision erfordert, BGH NJW 2005, 155; → Rn. 17.

Nachahmungsgefahr: → Rn. 17.

Offenbare Unrichtigkeit: Die (offenbare) Unrichtigkeit des Berufungsurteils rechtfertigt für sich betrachtet nicht die Zulassung der Revision.

Rechtliches Gehör: Verstöße gegen das Recht auf rechtliches Gehör gem. Art. 103 I GG führen zur Zulassung der Revision und ggf. zur Aufhebung und Zurückverweisung im Beschlusswege, § 544 IX; → Rn. 21.

Spätere höchstrichterliche Rechtsprechung: Weicht das Berufungsgericht von einer Entscheidung des BGH ab, die erst nach dem Erlass des Berufungsurteils ergangen ist, scheidet ein symptomatischer Rechtsfehler in der Regel aus, BGH BeckRS 2007, 8332.

Verfahrensgrundrecht: Verstöße gegen Verfahrensgrundrechte erfordern die Zulassung der Revision, wenn mit ihr eine (erfolgreiche) Verfassungsbeschwerde vermieden werden kann, → Rn. 20.

Wiederholungsgefahr: → Rn. 17.

Willkür: Die Zulassung der Revision ist erforderlich, wenn sie der Korrektur einer auch nur objektiven Willkürentscheidung dient, → Rn. 23.

31 **VI. Revisionszulassung. 1. Unbeschränkte Zulassung.** Die Zulassung der Revision durch das Berufungs- oder das Revisionsgericht erfasst grundsätzlich den **gesamten Streitgegenstand** und **alle Parteien,** die von der Entscheidung benachteiligt werden, wenn nicht die Zulassung ausdrücklich oder konkludent (wirksam) beschränkt worden ist, vgl. BGH MDR 2010, 622; NJW-RR 2010, 1146. Die Revision ist auch dann unbeschränkt zugelassen, wenn eine von dem Berufungsgericht erklärte **Zulassungsbeschränkung unwirksam** ist, BGH BeckRS 2020, 4027; NJW 2004, 2745; 2003, 2529.

32 **2. Beschränkte Zulassung.** Die Zulassung der Revision kann auf einen tatsächlich und rechtlich selbständigen **Teil des Gesamtstreitstoffs** beschränkt werden, der Gegenstand eines Teilurteils sein könnte oder auf den der Revisionskläger selbst seine Revision beschränken könnte, stRspr, vgl. BGH NJW 2010, 3037; 2004, 2745. Dies dient der Vermeidung einer unnötigen Belastung des Revisionsgerichts, vgl. BGH NJW-RR 2006, 877; 2004, 1365; NJW 1953, 110.

33 Die **abstrakten Voraussetzungen** der Zulassungsbeschränkung werden dabei in den Entscheidungen des BGH *nicht immer ganz einheitlich* dargestellt. So erachtet der BGH einerseits in strenger Sichtweise eine Zulassungsbeschränkung für unzulässig, wenn auch ein Teilurteil über den beschränkt zugelassenen Teil des Streitgegenstands unzulässig wäre und verweist hierzu ausdrücklich auf die Voraussetzungen des § 301, vgl. BGH NJW 2008, 2351. Auch formuliert er häufig, dass die Zulassungsbeschränkung voraussetzt, dass der zugelassene Teil tatsächlich und rechtlich unabhängig von dem übrigen Prozessstoff beurteilt werden und auch im Falle einer

Zurückverweisung kein Widerspruch zum nicht anfechtbaren Teil des Streitstoffs auftreten kann, BGH NJW-RR 2019, 610; NJW 2017, 2679. Andererseits heißt es in vielen Entscheidungen, dass die Beschränkung gerade nicht voraussetzt, dass der zugelassene Streitteil teilurteilsfähig wäre oder einen eigenen Streitgegenstand bilde, BGH NJW-RR 2019, 610; GWR 2016, 341; NJW-RR 2009, 1612, jeweils mwN, und dass es nicht erforderlich ist, dass ein (Wertungs-)Widerspruch zwischen der abschließenden Entscheidung und der bereits rechtskräftigen Teilentscheidung auszuschließen ist, BGH NJW-RR 2009, 740; NJW 2009, 989.

Inhaltlich dürfte damit allerdings kein relevanter Unterschied ausgedrückt sein. Gemeinsam ist allen Entscheidungen zu Zulassungsbeschränkungen, dass eine Beschränkung nur auf abgrenzbare Teile des Streitgegenstands oder auf einzelne Streitgegenstände möglich ist, nicht auf **einzelne Rechtsfragen** oder **Anspruchselemente,** stRspr, vgl. BGH NJW 2017, 2679; 2011, 1228. Ebenfalls nicht zulässig ist die Beschränkung auf einzelne **Anspruchsgrundlagen,** BGH NJW 2010, 1144; 2004, 2745; 2003, 2529. Sind die Voraussetzungen für den Erlass eines **Teilurteils** nach § 301 oder eines **Grundurteils** nach § 304 oder auch eines **selbständig anfechtbaren Zwischenurteils** nach § 280 gegeben, ist eine Zulassungsbeschränkung jedenfalls möglich, BGH NJW 2010, 3037; 2010, 2122; 2005, 680. So kann die Revisionszulassung auf die **Zulässigkeit der Klage** beschränkt werden, BGH NJW 2018, 1880, nicht aber auf die Begründetheit der Klage, denn die Zulässigkeit muss von dem Revisionsgericht von Amts wegen geprüft werden, BGH NJW 2018, 227; NZG 2011, 1352. Auch kann die Beschränkung der Zulassung sowohl auf **eine von mehreren Prozessparteien,** BGH NJW-RR 2019, 373, als auch auf **einen von mehreren Streitgenossen,** BGH BeckRS 2020, 2978; NJW-RR 2019, 1524, und auch auf die **Klage** oder die **Widerklage,** BGH WuM 2012, 163; NJW 2010, 3015; NJW-RR 2003, 1192 möglich sein. Zu weiteren Einzelfällen → Rn. 46. 34

3. Zulassungsentscheidung. a) Durch das Berufungsgericht. aa) Form der Entscheidung. Das Berufungsgericht muss, wenn die Voraussetzungen des § 543 II vorliegen, die Revision **von Amts wegen** zulassen. Auch der Einzelrichter ist zur Zulassung der Revision befugt, wenn das Kollegium ihm den Rechtsstreit gemäß § 526 I zur Entscheidung übertragen hat und er die Frage der grundsätzlichen Bedeutung bei im Wesentlichen unveränderten Sachstand anders einschätzt als das Kollegium, BGH NJW 2020, 1947. Dabei dürfte es sich aber eher um Ausnahmefälle handeln. Die Zulassung sollte grundsätzlich im **Tenor des Berufungsurteils** nach §§ 540, 313 I Nr. 4 ausgedrückt werden, kann sich aber auch aus den **Entscheidungsgründen** ergeben, BGH BeckRS 2021, 7798; NJW 1956, 830. Auch die Nichtzulassung sollte im Urteilstenor bzw. in den Entscheidungsgründen erklärt werden; verhält sich das Berufungsurteil aber überhaupt nicht zu der Frage der Zulassung der Revision, ist die Revision nicht zugelassen, vgl. BGH NJW 2004, 779; 1966, 931. In Bayern muss das Berufungsgericht mit der Revisionszulassung gemäß § 7 I 1 EGZPO zugleich darüber entscheiden, ob der BGH oder das BayObLG revisionszuständig ist; die Entscheidung ist bindend, BGH BeckRS 2021, 4533. 35

Auch eine eventuelle **Beschränkung** der Zulassung der Revision sollte in die Urteilsformel mit aufgenommen werden, kann sich aber auch ausdrücklich oder schlüssig aus den Urteilsgründen ergeben, BGH NZI 2020, 180; NJW 2010, 3037. Die Beschränkung ist aber nur wirksam, wenn sie hinreichend klar und eindeutig ist, BGH NJW 2010, 1144; MDR 2010, 622; NJW 2003, 1518. Dabei kann eine Beschränkung aus dem Umstand hergeleitet werden, dass die Revision wegen einer bestimmten Rechtsfrage zugelassen wird, diese Rechtsfrage aber ersichtlich nur für einen beschränkbaren Teil des Streitgegenstands relevant ist, BGH NZM 2017, 418. Dies gilt aber etwa dann nicht, wenn das Berufungsgericht ausführt, die Revision „u. a." wegen der bestimmten Rechtsfrage zulassen zu wollen, BGH BeckRS 2018, 23066. Allgemein folgt allein aus dem Umstand, dass das Berufungsgericht in den Entscheidungsgründen eine Begründung für die Zulassung der Revision gibt, in der Regel keine Zulassungsbeschränkung, wenn nicht das Berufungsgericht deutlich macht, die Zulassung beschränken zu wollen, BGH NZI 2020, 180. Bei der Frage, ob das Berufungsgericht eine Beschränkung beabsichtigt hat, sind allerdings auch die Zulassungsgründe des § 543 II zu berücksichtigen, da davon auszugehen ist, dass das Berufungsgericht sich bewusst ist, dass die Revision nur bei Vorliegen eines Zulassungsgrundes zugelassen werden darf; liegt ein Zulassungsgrund daher nur für einen Teil des Streitgegenstands vor, kann daraus eine entsprechende Zulassungsbeschränkung gefolgert werden, wenn sich eine solche in den Entscheidungsgründen andeutet, vgl. BGH NJW 2004, 3264. 36

bb) Berichtigung und Ergänzung der Zulassungsentscheidung. Hatte das Berufungsgericht die Zulassung oder eine Beschränkung der Zulassung beschlossen, dies aber versehentlich nicht in den Tenor aufgenommen, ist eine **Berichtigung nach § 319** zulässig, BGH NJW 2004, 779. Dies setzt allerdings voraus, dass die Tatsache, dass eine Zulassung oder eine Beschränkung gewollt war, sich aus dem Zusammenhang des Urteils oder aus den Vorgängen bei seinem Erlass oder seiner Verkündung ergibt und nach außen getreten ist, BGH NJW 2004, 779. In Bayern ist die versehentlich unterlassene Entscheidung gem. § 7 I 1 EGZPO mit Bindungswirkung im Wege der Berichtigung nachholbar, BGH BeckRS 2021, 4533. Sofern aber nicht bloß die Tenorierung, sondern die Entscheidung an sich vergessen wurde, dürfte der Weg des § 321 der bessere sein, vgl. aber auch → Rn. 39. 37

Maßgeblich ist allerdings stets allein die richterliche Entscheidung; eine **versehentliche** Aufnahme der Zulassungsformel in eine Ausfertigung oder Abschrift führt nicht zur Zulassung, BGH BeckRS 2022, 3794. 38

Ein **Ergänzungsurteil gemäß § 321** dahingehend, dass eine unterlassene Zulassungsentscheidung nachgeholt wird, ist nicht zulässig, denn der unterlassene Ausspruch der Zulassung bedeutet Nichtzulassung; eine nachträgliche Änderung dieser Entscheidung durch das Berufungsgericht selbst ist nicht möglich, vgl. BGH NJW 2004, 779; 1966, 931. 39

Vergleichbar ist die Situation, wenn eine Partei im Hinblick auf eine unterlassene Zulassungsentscheidung eine **Gehörsrüge gemäß § 321a** erhebt. Auch in diesem Fall ist eine nachträgliche Zulassung durch das Berufungsgericht nicht zulässig; die Nichtzulassung der Revision als solche verletzt den Anspruch der Parteien auf rechtliches Gehör nicht, BGH NJW-RR 2019, 460. Etwas anderes gilt nur dann, wenn das Gericht gerade im Hinblick auf die Frage der Revisionszulassung Parteivortrag verfahrensfehlerhaft übergangen hat oder wenn das Verfahren aufgrund eines Gehörsverstoß gem. § 321a V fortgesetzt wird und sich erst aus dem nunmehr gewährten rechtlichen Gehör ein Grund für die Zulassung ergibt, BGH NJW-RR 2019, 460, oder wenn die Zulassungsentscheidung zuvor willkürlich unterlassen worden ist, vgl. BGH NJW-RR 2014, 1470; 2009, 1349 (§ 321a analog). 40

cc) Wirkung der Zulassungsentscheidung. Die Zulassung der Revision durch das Berufungsgericht entfaltet **Bindungswirkung** für das Revisionsgericht, § 543 II 2, vgl. auch BGH NJW-RR 2015, 67. Das gilt 41 auch dann (erst recht dann), wenn entgegen der Auffassung des Berufungsgerichts ein Zulassungsgrund nicht gegeben ist, BGH NJW-RR 2015, 67; NJW 2011, 1516. Das Gleiche gilt, wenn es auf die Rechtsfrage, wegen der die Zulassung erfolgt ist, im Ergebnis nicht ankommt.

42 Fehlt es allerdings trotz bindender Zulassung durch das Berufungsgericht an einem Zulassungsgrund, steht dem Revisionsgericht der Weg des § 552a frei (Beschlusszurückweisung bei Einstimmigkeit im Senat).

43 Ist die Revision nur **beschränkt zugelassen** und ist die Beschränkung wirksam, so ist das Revisionsgericht gehindert, das Urteil im Hinblick auf den Teil zu überprüfen, dessentwegen die Revision nicht zugelassen ist, BGH NJW 1996, 527; dies gilt natürlich nicht, wenn das Urteil im nicht zugelassenen Umfang erfolgreich mit einer Nichtzulassungsbeschwerde angegriffen wird. Ist die **Beschränkung unwirksam,** so erfasst die Zulassung das gesamte Urteil, → Rn. 31.

44 Die Zulassung der Revision bindet das Revisionsgericht jedoch dann nicht, wenn die Zulassungsentscheidung **verfahrensfehlerhaft** ergangen ist. Das ist etwa dann der Fall, wenn das Berufungsgericht die Zulassungsentscheidung unter Verstoß gegen die Bindungswirkung gemäß § 318 im Wege der Ergänzung oder auf eine Gehörsrüge gemäß § 321a hin getroffen hat, vgl. im Einzelnen → Rn. 37, 39; vgl. BGH NJW 2011, 1516. Ebenfalls keine Bindung der Zulassungsentscheidung tritt ein, wenn die Revision **von vorneherein nicht statthaft** ist, wie das gem. § 542 II im Bereich des einstweiligen Rechtsschutzes der Fall ist, → § 542 Rn. 9; vgl. auch BGH MDR 2012, 863 zu Entscheidungen aus dem Bereich der freiwilligen Gerichtsbarkeit. Ist die Rechtsfrage, wegen der die Revision zugelassen worden ist, **irrevisibel,** ist die darauf gestützte Revision zwar zulässig, aber unbegründet, BGH MDR 1980, 203 (örtliche Zuständigkeit).

45 **b) Durch das Revisionsgericht.** Ist die Revision nicht von dem Berufungsgericht zugelassen worden, lässt das Revisionsgericht die Revision auf zulässige und begründete Nichtzulassungsbeschwerde hin zu; siehe dazu § 544.

4. Einzelheiten zur Zulassung der Revision, II 1, 2

46 **Aktienrecht:** Statthaft ist die Beschränkung auf einen aktienrechtlichen Beschlussanfechtungsgrund bei einer Anfechtungsklage nach § 246 AktG, BGH NJW-RR 2010, 954. Nicht statthaft ist die Beschränkung auf die Frage nach dem Anwendungsbereich des § 116 AktG, BGH BeckRS 2016, 12065.

Allgemeine Geschäftsbedingung: Unstatthaft ist die Beschränkung auf die Frage der Wirksamkeit von AGB, vgl. BGH NJW 2016, 1441.

Anspruchsgrund: Statthaft ist die Beschränkung auf den Grund des Anspruchs, BGH WuM 2010, 294, das gilt auch bei einem in den Prozess eingeführten Gegenanspruch, BGH NJW 2010, 148.

Anspruchsgrundlage: Unstatthaft ist die Beschränkung auf eine von mehreren Anspruchsgrundlagen, BGH NJW 2010, 1144; 2004, 2745; 2003, 2529.

Anspruchshöhe: Statthaft ist die Beschränkung auf die Höhe des Anspruchs dann, wenn man den Streit in ein Grund- und Höheverfahren nach § 304 zerlegen kann, BGH BauR 2018, 555; NZG 2011, 1352; NJW 2010, 3037. Das gilt auch dann, wenn kein Grundurteil ergangen ist, BGH NJW 2011, 156. Eine Beschränkung auf die Anspruchshöhe kann sich daraus ergeben, dass die in Rede stehende Rechtsfrage nur für die Höhe des Anspruchs maßgeblich ist und das Berufungsgericht den Anspruchsgrund für unproblematisch gehalten hat, BGH NJW 2010, 2122.

Anspruchsteil: Statthaft ist die Beschränkung auf einen abtrennbaren Teil eines prozessualen Anspruchs, BGH NJW 2017, 2679.

Aufrechnung: Statthaft ist die Beschränkung auf den Aufrechnungsanspruch, BGH NJW-RR 2022, 306; NJW-RR 2010, 572; NJW-RR 2001, 1572. Das gilt auch bei einer Hilfsaufrechnung, BGH NJW 1996, 527; 1990, 447.

Aussetzung: Die Beschränkung auf die Frage, ob der Prozess gemäß § 613 II ausgesetzt werden muss, ist nicht statthaft, BGH WM 2020, 836.

Bayerisches Oberstes Landesgericht: Das BayObLG ist als Revisionsgericht zuständig, wenn das Berufungsgericht dies gleichzeitig mit der Zulassung angeordnet hat, § 7 I 1 EGZPO. Fehlt die Entscheidung des Berufungsgerichts gem. § 7 I 1 ZPO kann die Revision fristwahrend sowohl beim BGH als auch beim BayObLG eingelegt werden, BGH BeckRS 2021, 4533.

Begründetheit der Klage: Die Beschränkung auf die Begründetheit der Klage ist nicht statthaft, denn die Zulässigkeit der Klage muss das Revisionsgericht von Amts wegen prüfen, BGH NJW 2018, 227; NZG 2011, 1352.

Begründung der Zulassung: Der Umstand, dass das Berufungsgericht eine bestimmte Begründung für die Zulassung der Revision gegeben hat, ohne erkennbar zu machen, dass die Zulassung beschränkt sein soll, bewirkt keine Zulassungsbeschränkung, wenn nicht klar erkennbar ist, dass das Berufungsgericht die Zulassung beschränken wollte, vgl. BGH NZI 2020, 180; NZM 2017, 418; NJW-RR 2010, 1146.

Begünstigte Partei: Ist die Revision im Hinblick auf eine bestimmte Rechtsfrage beschränkt, wirkt die Zulassung nicht für die Partei, zu deren Gunsten die Rechtsfrage entschieden ist und die das Urteil aus einem anderen Grund angreifen will, BGH NJW-RR 2005, 715; 2004, 426.

Beschlusszurückweisung: Auch bei § 522 II ist eine Zulassungsbeschränkung (durch das Revisionsgericht) statthaft, BGH NJW 2017, 736.

Duldungsvollmacht: → „Vollmacht".

Gehörsrüge, § 321a: Nicht statthaft ist die Beschränkung auf die Frage der Anwendbarkeit von § 321a, BGH NJW 2005, 680.

Klage: Statthaft ist die Beschränkung auf die Klage, wenn daneben noch eine Widerklage anhängig ist; das gilt auch bei einer Hilfswiderklage, BGH WuM 2012, 163; NJW 2010, 3015.

Kündigung: Sind mehrere Kündigungen zwischen den Parteien streitig, kann im Räumungsprozess die Revision auf einzelne Kündigungen beschränkt zugelassen werden, BGH NZM 2018, 1017; WuM 2018, 514. Geht es in dem Rechtsstreit allerdings um die Frage, ob das Mietverhältnis fortbesteht, kann die Revision nicht auf einzelne Kündigungen beschränkt werden, BGH WM 2020, 648.

Mangel: Die Zulassung kann nicht auf die Frage beschränkt werden, ob ein bestimmter Umstand einen Mangel der Kaufsache oder des Werks darstellt, vgl. BGH NJW 2013, 1948.

Mehrheit von Ansprüchen: Statthaft ist die Beschränkung auf einen von mehreren selbständigen Ansprüchen, BGH VersR 2012, 720; NJW 1980, 1579. So kann die Zulassung auf wettbewerbsrechtliche Ansprüche beschränkt werden, wenn daneben noch markenrechtliche Ansprüche im Raum stehen, BGH GRUR 2009, 783. Auch ist eine Beschränkung auf werkvertragliche Ansprüche wegen entgangenen Gewinns nach Kündigung neben nicht zugelassener Ansprüche wegen Behinderung der Arbeiten vor der Kündigung zulässig, BGH NZBau 2005, 150. Eine Beschränkung auf das Sicherungsverlangen nach § 648a BGB sowie auf Gewährleistungsansprüche wegen einzelner Mängel ist zulässig, wenn die Revision wegen des ebenfalls anhängigen Werklohnanspruchs oder wegen Ansprüche aufgrund anderer Mängel nicht zugelassen wird, BGH NJW 2004, 3264. Grundsätzlich nicht zulässig ist allerdings die Beschränkung auf den Pflichtteilsergänzungsanspruch, wenn daneben noch der Pflichtteilsanspruch anhängig ist, denn diese Ansprüche können voneinander abhängen, BGH NJW-RR 2006, 877.

Mehrheit von Parteien: Statthaft ist die Beschränkung auf eine von mehreren Parteien, BGH NJW 2013, 875; ZUM 2012, 35. Die Zulassung wirkt nicht zu Gunsten der durch das angefochtene Urteil in der fraglichen Rechtsfrage begünstigten Partei, NJW-RR 2011, 618; 2004, 426. Auch „Streitgenossen".

Mieterhöhung: Statthaft ist die Beschränkung auf die Frage des Stichtagszuschlags bei der Mieterhöhung gem. § 558 BGB, BGH NJW 2017, 2679.

Mitverschulden: Statthaft ist die Beschränkung auf die Frage eines Mitverschuldens nach § 254 BGB dann, wenn es sich nicht um ein einheitlich zu würdigendes Verhalten handelt, wenn also das Berufungsgericht ein Grundurteil hätte erlassen und die Frage des Mitverschuldens dem Betragsverfahren vorbehalten können, BGH NJW 2015, 1686; 2013, 1948; 1980, 663.

Rechtsfrage: Unstatthaft ist die Beschränkung auf eine einzelne Rechtsfrage, BGH NJW 2010, 1144; 2004, 2745. Ist die Rechtsfrage aber nur für einen eindeutig abgrenzbaren selbständigen Teil des Streitstoffs von Bedeutung, kann eine Beschränkung auf diesen Teil des Streitstoffs angenommen werden, stRspr, vgl. BGH NZI 2020, 180; NJW 2010, 3037.

Schadensersatz: Die Beschränkung der Zulassung auf eine einzelne geltend gemachte Schadensposition im Rahmen eines geltend gemachten Gesamtschadens ist nicht statthaft, da es sich dabei um ein unselbständiges Element bei der Berechnung der Höhe des Gesamtschadens handelt, vgl. BGH NJW 2004, 2823; anders aber BGH NJW-RR 2004, 1365. Die Beschränkung auf eine von mehreren zur Begründung eines Schadensersatzanspruchs vorgetragener Pflichtverletzungen ist zulässig, BGH BeckRS 2021, 5279 Rn. 18; BKR 2014, 245.

Streitgenossen: Statthaft ist die Beschränkung auf einen von mehreren Streitgenossen nach §§ 59 ff., soweit es sich nicht um notwendige nach § 62 handelt, BGH NJW 2012, 2435; NJW-RR 2005, 494. Auch „Mehrheit von Parteien".

Teilurteil: Statthaft ist die Beschränkung auf einen solchen rechtlich oder tatsächlich selbständigen Teilanspruch, über den ein Teilurteil nach § 301 ergehen könnte, → Rn. 32.

Unterhalt: Statthaft ist die Beschränkung auf die Frage der Befristung nachehelichen Unterhalts, BGH NJW 2009, 989; NJW-RR 1995, 449. Auch kann die Zulassung auf einen Teil des Zeitraums beschränkt werden, für den insgesamt Unterhalt begehrt wird, BGH NJW 2003, 1518. In der Regel nicht statthaft ist die Beschränkung auf die Frage des Altersvorsorgeunterhalts neben der Frage des Elementarunterhalts, BGH NJW 2012, 1581; 2007, 144.

Urkundsprozess: Die Beschränkung auf die Frage, unter welchen Voraussetzungen eine Abstandnahme vom Urkundsprozess nach § 596 in der Berufungsinstanz möglich ist, ist nicht statthaft, BGH BeckRS 2020, 6364.

Verbraucherwiderruf: Statthaft ist die Beschränkung der Zulassung auf die Frage des Verbraucherwiderrufs im Verhältnis zu einem Widerspruch nach § 5a VVG (aF), BGH VersR 2015, 126.

Verjährung: Unstatthaft ist die Beschränkung auf die Frage der Verjährung, vgl. BGH NJW 2011, 1228; 2010, 1144; NJW-RR 2007, 182.

Verschuldensabhängige Ansprüche: Die Beschränkung der Zulassung auf verschuldensabhängige Ansprüche ist etwa neben einem nachbarrechtlichen Ausgleichsanspruch, der einen anderen Streitgegenstand bildet, zulässig, BGH NJW 2011, 3294.

Vollmacht: Unstatthaft ist die Beschränkung auf die Frage, ob eine Vollmacht vorliegt, denn das ist (nur) eine Vorfrage des Anspruchs, BGH NJW 2004, 2745.

Vorfrage: Unstatthaft ist die Beschränkung auf eine Vorfrage des geltend gemachten Anspruchs, BGH NJW 2004, 2745.

WEG-Recht: Statthaft ist eine Beschränkung auf einen einzelnen Beschlussmangelgrund bei der Anfechtungsklage gem. § 46 WEG, vgl. BGH NJW 2018, 1309; NZM 2017, 418; NJW 2015, 3371.

Widerklage: Statthaft ist die Beschränkung auf die Widerklage, BGH WuM 2012, 163; vgl. auch BGH NJW-RR 2003, 1192.

Wirksamkeit eines Vertrags: Die Beschränkung auf die Frage, ob ein Vertrag wirksam geschlossen oder gekündigt ist, ist nicht statthaft, BGH NJW 2016, 1441.

Zulässigkeit der Klage: Statthaft ist die Beschränkung der Zulassung auf die Frage der Zulässigkeit der Klage, denn diese könnte durch selbständig anfechtbares Zwischenurteil nach § 280 geklärt werden, BGH NJW 2018, 1880; NJW-RR 2011, 1287. Die Beschränkung ist sogar dann statthaft, wenn die in Rede stehende Rechtsfrage (wie die örtliche Zuständigkeit gem. §§ 565, 513 II) von dem Revisionsgericht nicht geprüft werden kann, BGH NJW-RR 2012, 759. Ist die Revision auf einen Teil des Streitstoffs beschränkt, so hat das Revisionsgericht im Hinblick auf den zugelassenen Streitgegenstand die Zulässigkeit der Klage in jedem Fall zu prüfen, BGH NZG 2011, 1352.

Zwischenurteil: Statthaft ist die Beschränkung auf einen solchen Teil des Streitstoffs, über den das Gericht durch ein Zwischenurteil nach §§ 280, 303 hätte entscheiden dürfen, → Rn. 34.

544 *Nichtzulassungsbeschwerde.* **I Die Nichtzulassung der Revision durch das Berufungsgericht unterliegt der Beschwerde (Nichtzulassungsbeschwerde).**

II Die Nichtzulassungsbeschwerde ist nur zulässig, wenn

1. der Wert der mit der Revision geltend zu machenden Beschwer 20.000 Euro übersteigt oder
2. das Berufungsgericht die Berufung als unzulässig verworfen hat.

III [1]Die Nichtzulassungsbeschwerde ist innerhalb einer Notfrist von einem Monat nach Zustellung des in vollständiger Form abgefassten Urteils, spätestens aber bis zum Ablauf von sechs Monaten nach der Verkündung des Urteils bei dem Revisionsgericht einzulegen. [2]Mit der Beschwerdeschrift soll eine Ausfertigung oder beglaubigte Abschrift des Urteils, gegen das die Revision eingelegt werden soll, vorgelegt werden.

IV [1]Die Beschwerde ist innerhalb von zwei Monaten nach Zustellung des in vollständiger Form abgefassten Urteils, spätestens aber bis zum Ablauf von sieben Monaten nach der Verkündung des Urteils zu begründen. [2]§ 551 Abs. 2 Satz 5 und 6 gilt entsprechend. [3]In der Begründung müssen die Zulassungsgründe (§ 543 Abs. 2) dargelegt werden.

V Das Revisionsgericht gibt dem Gegner des Beschwerdeführers Gelegenheit zur Stellungnahme.

VI [1]Das Revisionsgericht entscheidet über die Beschwerde durch Beschluss. [2]Der Beschluss soll kurz begründet werden; von einer Begründung kann abgesehen werden, wenn sie nicht geeignet wäre, zur Klärung der Voraussetzungen beizutragen, unter denen eine Revision zuzulassen ist, oder wenn der Beschwerde stattgegeben wird. [3]Die Entscheidung über die Beschwerde ist den Parteien zuzustellen.

VII [1]Die Einlegung der Beschwerde hemmt die Rechtskraft des Urteils. [2]§ 719 Abs. 2 und 3 ist entsprechend anzuwenden. [3]Mit der Ablehnung der Beschwerde durch das Revisionsgericht wird das Urteil rechtskräftig.

VIII [1]Wird der Beschwerde gegen die Nichtzulassung der Revision stattgegeben, so wird das Beschwerdeverfahren als Revisionsverfahren fortgesetzt. [2]In diesem Fall gilt die form- und fristgerechte Einlegung der Nichtzulassungsbeschwerde als Einlegung der Revision. [3]Mit der Zustellung der Entscheidung beginnt die Revisionsbegründungsfrist.

IX Hat das Berufungsgericht den Anspruch des Beschwerdeführers auf rechtliches Gehör in entscheidungserheblicher Weise verletzt, so kann das Revisionsgericht abweichend von Absatz 8 in dem der Beschwerde stattgebenden Beschluss das angefochtene Urteil aufheben und den Rechtsstreit zur neuen Verhandlung und Entscheidung an das Berufungsgericht zurückverweisen.

1 **I. Systematik, I–IX.** Die Regelung ist verfassungsgemäß, BVerfG NJW 2009, 138. Wenn man die Möglichkeit eines nochmaligen Rechtsmittels in § 543 I Nr. 1 von einer Zulassung durch den bisherigen Richter abhängig macht, ist die Anfechtbarkeit einer Zulassung wie einer Nichtzulassung keineswegs selbstverständlich. Wenn man aber jedenfalls eine Nichtzulassung überhaupt anfechtbar macht, muss man dazu Verfahrensregeln schaffen. Die Vorschrift schafft kein echtes Rechtsmittel. Denn es gibt bis zur Zulassung nach VIII 1 keine volle Anfallwirkung, BAG NJW 2008, 1611; von Gierke/Seiler JZ 2003, 403; Piekenbrock/Schulze JZ 2002, 912. Freilich knüpft die Vorschrift an dieselben Voraussetzungen wie im Berufungsverfahren bei § 511 IV 1 Nr. 1 an. Damit folgt die Vorschrift auch den Regelungen in anderen Prozessordnungen nach § 72a ArbGG, § 115 III–VI FGO, § 160a SGG, § 133 VwGO. Ein Rechtsmittelverzicht nach § 515 macht die Nichtzulassungsbeschwerde unzulässig, BGH BauR 2014, 140; BAG NZA 2006, 877. Der Verzicht auf Entscheidungsgründe nach § 313a I 2 ist kein Rechtsmittelverzicht, BAG NZA 2006, 877. § 544 gilt auch bei § 522 III. Der Wegfall der Parteifähigkeit gem. § 50 während des Nichtzulassungsbeschwerdeverfahrens führt zur Unzulässigkeit der Nichtzulassungsbeschwerde, BGH MDR 2016, 1165.

2 **II. Regelungszweck, I–IX.** Nach dem Zweck der Regelung soll das Berufungsgericht nicht die alleinige Befugnis zur Zulassung der Revision erhalten, BAG NJW 2009, 3739. Denn dann wären seine eigenen Fehler unanfechtbar. Die Nichtzulassungsbeschwerde ist kein Rechtsmittel in der Hauptsache, BGH FamRZ 2006, 860. IV 3 dient der Entlastung des Revisionsgerichts von der Ermittlung der Zulassungsvoraussetzungen, BGH NJW 2004, 1961. Die Entscheidungsbefugnis des BGH verletzt nicht den Justizgewährleistungsanspruch.

3 **III. Geltungsbereich, I–IX.** Die Vorschrift gilt grundsätzlich in jedem Verfahren nach der ZPO und den auf sie verweisenden Gesetzen. Sie gilt auch bei § 522 III. Sie gilt auch im WEG-Verfahren, BGH NJW 2012, 3311; Brückner NJW 2017, 3185. Im Verfahren der Arbeitsgerichte gelten §§ 72 II Nr. 2, 72a I ArbGG, BAG NJW 2015, 3263, und im Beschlussverfahren § 77 S. 1 ArbGG, BAG NZA 2015, 317. Beim VwGO-Verfahren vgl. §§ 133, 144 IV VwGO.

4 **IV. Gegenstand der Beschwerde, I.** Die Nichtzulassungsbeschwerde setzt schon nach ihrem begrifflichen Wortlaut eben eine Nichtzulassung der Revision durch das Berufungsgericht in einem Berufungsurteil voraus. Dabei kommt es nicht darauf an, ob das Gericht die Nichtzulassung ausdrücklich ausspricht. Eine Nichtzulassung liegt in der Regel auch im Schweigen des Urteils zu der Frage der Zulassung. Man darf eine Revision auch grundsätzlich nicht in eine Nichtzulassungsbeschwerde umdeuten, BGH WuM 2005, 576. § 544 gilt auch nach der irrtümlichen Annahme einer Zulassungsfreiheit der Revision durch das Berufungsgericht, BGH FamRZ 2006, 777. **Unstatthaft** ist die Nichtzulassungsbeschwerde gegen ein Ersturteil, BGH FamRZ 2011, 1582.

5 **V. Zulässigkeit der Beschwerde, II.** Das ZPO-RG enthielt für das Revisionsrecht die Abkehr von der Streitwertrevision. Durch eine vorübergehende Beschränkung der Nichtzulassungsbeschwerde auf Streitwerte über 20.000 EUR sollte einer möglichen Überlastung des BGH vorgebeugt werden (BT-Drs. 14/4722, 126). Nach mehrfacher Verlängerung der übergangsweise eingeführten Beschränkung wurde die beschwerdewertabhängige Zulässigkeit der Beschwerde zum 1.1.2020 unbefristet in das Gesetz übernommen, II Nr. 1. Die Regelung verletzt weder das Rechtsstaatsprinzip noch Art. 3 GG, BGH WuM 2014, 754; NJW-RR 2003, 645.

6 Die Wertabhängigkeit der Nichtzulassungsbeschwerde gilt im Rahmen des § 201 II 3 GVG entsprechend, BGH NJW-RR 2015, 256 Rn. 7; NJW 2013, 2762 Rn. 3.

7 Nicht wertabhängig ist nach II Nr. 2 die Revision gegen Urteile, durch die die Berufung als unzulässig verworfen wird, weil im Falle der Verwerfung durch Beschluss auch immer die Rechtsbeschwerde eröffnet ist, BGH NJW 2017, 1180; BT-Drs. 15/1508, 22. II Nr. 2 findet entsprechende Anwendung, wenn eine unzulässige Berufung vom Berufungsgericht willkürlich als unbegründet zurückgewiesen wurde, BGH GRUR-RR 2013, 496 Rn. 3; NJW-RR 2011, 1289 Rn. 11; gilt aber nicht entsprechend für die Revision gegen Verwerfung eines Einspruchs als unzulässig gem. § 341 II, BGH NJOZ 2012, 1415 Rn. 6; MDR 2011, 1251 Rn. 5 und auch nicht

– mangels Berufungsverwerfung – wenn eine Klage gem. § 201 GVG als unzulässig zurückgewiesen wurde, BGH NJW-RR 2015, 256 Rn. 9.

Der Wert der Beschwerde muss 20.000 EUR übersteigen. Maßgeblich ist dabei nicht die Beschwer, sondern der **Beschwerdegegenstand,** BGH NJW 2006, 1142; 2002, 2720 Rn. 6; aM Jauernig NJW 2007, 3615 (3617). Die Überschreitung des Beschwerdewertes ist vom Beschwerdeführer darzulegen, BGH NJW-RR 2012, 1087 Rn. 2; eine Glaubhaftmachung sieht das Gesetz im Gegensatz zu § 511 III nicht vor, gleichwohl wird in einigen BGH-Entscheidungen eine Glaubhaftmachung iSd § 294 gefordert; BGH NJW-RR 2015, 383 Rn. 3, GE 2015, 912; NJW 2002, 3180 (jew. V. ZS). Wertfestsetzungen durch das Berufungsgericht binden den BGH nicht, BGH NJW-RR 2013, 1401 Rn. 8; soweit die Wertfestsetzung auf Angaben des Beschwerdeführers beruht, muss er sich aber im Rahmen der Nichtzulassungsbeschwerde daran festhalten lassen, BGH MMR 2021, 812; GRUR-RR 2012, 496 Rn. 4; BGH NJW 2010, 681 Rn. 5. Ist der erforderliche Beschwerdewert erreicht, ist es unerheblich, dass ein Zulassungsgrund (§ 543 II) nur für einen Teil des Streitstoffs besteht, der unterhalb der Wertgrenze liegt, BGH NJW 2009, 1423 Rn. 6. 8

Der Beschwerdewert ergibt sich aus der Differenz zwischen dem in der letzten mündlichen Verhandlung vor dem Berufungsgericht gestellten Antrag und dem angefochtenen Urteil, danach entstandene neue Tatsachen bleiben für die Bewertung der Beschwer außer Betracht, BGH BauR 2015, 1009 Rn. 7; VersR 2009, 279 Rn. 3. Korrekturen früherer Angaben zum Wert im Rahmen der Nichtzulassungsbeschwerde sind unbeachtlich, BGH NJW-RR 2013, 1402 Rn. 3; NJW 2010, 681 Rn. 5. Maßgeblich ist das unmittelbare Interesse der Partei an der Rechtsverfolgung; etwaige mittelbare wirtschaftliche Folgen des angefochtenen Urteils bleiben außer Betracht, BGH BeckRS 2021, 5163 Rn. 9. 9

Um dem Revisionsgericht die **Prüfung der Wertgrenze** als Zulässigkeitsvoraussetzung zu ermöglichen, muss der Beschwerdeführer innerhalb der Begründungsfrist des § 544 II 1 darlegen, dass er mit der beabsichtigten Revision die Änderung des Berufungsurteils in einem solchen Umfang erstreben will, der die Wertgrenze von 20.000 Euro übersteigt, BGH BeckRS 2021, 5163; NJW 2002, 2720. Eine Glaubhaftmachung nach § 294 ist nach BGH NJW 2002, 3180 nötig und ausreichend. 10

Einzelfälle zur Bestimmung des Beschwerdewertes: 11

Abberufung/Neubestellung eines Verwalters: Dazu BGH WuM 2021, 399. 12

Annahmeverzug: Wird neben einer Zug-um-Zug-Verurteilung die Feststellung des Annahmeverzugs begehrt, erhöht das den Beschwerdewert nicht, BGH BeckRS 2021, 4275.

Aufrechnung: Die Entscheidung über eine zur Aufrechnung gestellte Forderung erhöht die Beschwer entsprechend, BGH AGS 2011, 344.

Auskunft: BGH NJW-RR 2014, 1319 Rn. 5; die Beschwer des Auskunftsverpflichteten richtet sich nach dem Aufwand an Zeit und Kosten, den die Erfüllung des titulierten Anspruchs erfordert, BGH IHR 2022, 41; NJW-RR 2012, 888 Rn. 5; NJW 2010, 2812 Rn. 4. Zum urheberrechtlichen Besichtigungsanspruch (§ 101a I 1 UrhG): BGH WRP 2010, 902.

Beseitigung: Die Beschwer des zur Beseitigung einer baulichen Veränderung Verurteilten bemisst sich nach den Kosten der Ersatzvornahme der Beseitigung, BGH WuM 2021, 655. Die Beschwer des Grundstückseigentümers, der die Beseitigung einer Störung verlangt, bemisst sich nach dem drohenden Wertverlust, BGH BeckRS 2021, 13348.

Einseitige Erledigung: Kosteninteresse, BGH NJW-RR 2005, 1728 Rn. 6.

Feststellungsklage: nur 80% des Leistungsbegehrens, BGH BeckRS 2021, 4275; WuM 2007, 640; bei der Feststellung der Unwirksamkeit eines Vertrages die Höhe des Rückforderungsanspruchs, BGH NJW 2016, 2428 Rn. 3.

Feststellung zur Insolvenztabelle: Betrag, der bei der Verteilung der Insolvenzmasse für die Forderung zu erwarten ist (§ 182 InsO), BGH NZI 2014, 357 Rn. 4.

Gesellschaftsrecht: Urteil über die Einziehung eines Geschäftsanteils der Wert des Geschäftsanteils, BGH ZIP 2013, 1692; NZG 2009, 518 Rn. 2; Abberufung eines Geschäftsführers, das Interesse an der Fortführung des Amtes, nicht das Gehalt, BGH NZG 2011, 911; DStR 2009, 1656 Rn. 3; Beschlussanfechtung entsprechend § 247 AktG, NZG 2011, 997.

Mehrheit von Forderungen: Es gilt § 5, aber nur hinsichtlich der Forderungen, für die ein Zulassungsgrund dargelegt wird, BGH GRUR-RR 2012, 48; ZEV 2007, 486 Rn. 10, NJW 2006, 1142 Rn. 4; NJW-RR 2006, 1097 Rn. 8, 717 Rn. 4 oder die Revision ist teilweise bereits vom Berufungsgericht zugelassen worden, BGH NJW-RR 2007, 417 Rn. 11.

Mietverhältnis: Feststellung eines unbefristeten Mietverhältnisses: § 8, BGH WuM 2015, 681; Räumung: § 9, BGH WuM 2014, 219; 2010, 386; Betriebskostenvorauszahlungen erhöhen den Wert nicht, BGH WuM 2016, 376 Rn. 2.

Nachbarrecht: Maßgeblich ist der durch die Störung drohende Wertverlust, BGH ZMR 2014, 300 Rn. 5.

Nebenforderungen erhöhen die Beschwer auch dann nicht, wenn sie nicht als Prozentsatz, sondern als Kapitalbetrag geltend gemacht werden, BGH VersR 2015, 912; NJW 2013, 3100 Rn. 6; dasselbe gilt für Sicherheiten, BGH NJW-RR 2006, 997.

Nutzungsentschädigung: → „Vorteilsausgleich".

Prämiensparvertrag: Zur Klage auf Feststellung des Fortbestehens eines solchen BGH AGS 2021, 277.

Schmerzensgeld: Maßgeblich ist nicht das angemessene, sondern das vom Kläger begehrte Schmerzensgeld, bei entsprechender Angabe der Mindestbetrag, BGH NZM 2019, 65 Rn. 3; BGH NZV 2016, 517 Rn. 6; NJW-RR 2004, 102 Rn. 4.

Streitgenossenschaft: Die Beschwer der einzelnen Streitgenossen ist zu addieren, soweit es sich nicht um wirtschaftlich identische Streitgegenstände handelt, BGH NJW 2015, 2816 Rn. 6 f.; NJW-RR 2004, 638 Rn. 5 f.; bei wirtschaftlich identischen Streitgegenständen findet eine Addition nicht statt, BGH BeckRS 2021, 4275.

Unterlassung: Maßgeblich ist der Nachteil, der sich aus der Unterlassung ergibt, nicht das angedrohte Ordnungsgeld, BGH NJW-RR 2009, 549 Rn. 4.

Unterlassungsklage: BGH NJW 2018, 1880 Rn. 34; BGH MMR 2016, 179 (UKlaG); VersR 2016, 140.

Versicherungsrecht: Feststellung des Bestehens einer Versicherung: 3,5-facher Wert der Jahresprämie, BGH r+s 2012, 50; VersR 2011, 237 Rn. 2.

Vorteilsausgleich: Ein vom Kläger in Ansatz gebrachter Vorteilsausgleich ist bei der Bestimmung des Beschwerdewerts zu berücksichtigen, BGH BeckRS 2021, 4547.

Widerklage: Klage und Widerklage sind jeweils für sich zu betrachten, eine Addition erfolgt nicht, BGH NJW-RR 2009, 1612 Rn. 9.

Wohnungseigentumsrecht: Maßgeblich ist das wirtschaftliche Interesse, für das es auf den Miteigentumsanteil ankommt, BGH NZM 2017, 529 Rn. 4; BGH NJW-RR 2018, 775.

13 **VI. Einlegung der Beschwerde, III.** Sie erfolgt durch die Einreichung der Beschwerdeschrift als eines bestimmenden Schriftsatzes beim BGH mit der ordnungsgemäßen Unterschrift eines dort zugelassenen Anwalts nach § 78 I 3, BGH MDR 2012, 1433 (auch bei einem Prozesskostenhilfeantrag). Der ProzBev der Vorinstanz kann einen Vertreter zu diesem Zweck bestellen, BGH GRUR-RR 2013, 360. Bei elektronischer Einreichung gelten §§ 130a–130d. Die Einreichung erfolgt innerhalb einer Notfrist nach § 224 I 2 von einem Monat nach der ordnungsgemäßen Zustellung des in vollständiger Form abgefassten Berufungsurteils in Ausfertigung oder beglaubigter Abschrift oder Ablichtung nach §§ 166 ff., 317, 525 I, BGH ZIP 2017, 1344, bei deren Fehlerhaftigkeit oder Unterlassung aber spätestens bis zum Ablauf von 6 Monaten nach der einwandfreien oder fehlerhaften Verkündung des Urteils, BGH FamRZ 2015, 1185. Gegen eine Versäumung der Notfrist kommt eine Wiedereinsetzung nach §§ 233 ff. in Betracht, BGH ZIP 2017, 1344. Für den Inhalt der Nichtzulassungsbeschwerde gilt wegen VIII 2 im Ergebnis dasselbe wie bei § 549. Eine Berichtigung des Urteils nach §§ 319, 525 hat auf den Beginn und Lauf der Frist keinen Einfluss, BGH MDR 2004, 900. Mit der Beschwerdeschrift soll und nicht: muss man nach II 3 eine Ausfertigung oder beglaubigte Abschrift des Berufungsurteils vorlegen. Der Anwaltszwang gilt auch für einen Einstellungsantrag nach § 719 II, BGH NJW-RR 2004, 936, und vor dem BAG, BAG NJW 2015, 3263.

14 Eine **Änderung** seiner Nichtzulassungsentscheidung darf das Berufungsgericht nach §§ 318, 555 I nicht vornehmen. Dagegen ist nach §§ 319, 555 I eine Berichtigung zulässig. Eine **Zurücknahme** der Nichtzulassungsbeschwerde ist wie bei § 516 III statthaft, BGH WM 2017, 1902. Die Insolvenzeröffnung unterbricht das Verfahren des Insolvenzschuldners, BFH ZIP 2011, 592.

15 **VII. Begründung der Beschwerde, IV. 1. Begründungsfrist.** Man muss die Nichtzulassungsbeschwerde innerhalb von 2 Monaten nach der Zustellung des in vollständiger Form abgefassten Urteils nach §§ 317, 555 I in derselben Form wie die Einlegung begründen, spätestens aber bis zum Ablauf von 7 Monaten nach der Verkündung des Urteils. Das muss durch einen beim BGH zugelassenen Anwalt erfolgen, BGH NJW 2007, 1462. Er muss hohe Anforderungen erfüllen, BVerfG NZM 2015, 162; BGH AnwBl 2015, 448; Nasall NJW 2003, 1349; krit. Baumert MDR 2014, 1186; v. Gierke/Seiler JZ 2003, 405. Eine Gegenvorstellung ändert am Fristlauf nichts, BGH VersR 2007, 132.

16 **2. Fristverlängerung.** Die Verlängerung der Frist richtet sich nach § 551 II 5, 6. Wegen einer Wiedereinsetzung → § 233 Rn. 11 „Nichtzulassungsbeschwerde".

17 **3. Darlegung der Zulassungsgründe.** In der Begründung kann man schon eine Revisionsbegründung nach § 551 vornehmen, BGH NJW 2004, 2981; Kornblum ZZP 122, 338; krit. Büttner NJW 2004, 3524. Man muss nach **IV 3** die Zulassungsgründe nach § 543 II 1 Nr. 1, 2 im Einzelnen nachvollziehbar substantiieren und darf sie nicht nur floskelhaft darlegen, BGH WuM 2011, 701. Das gilt bei jedem Anspruch, BGH NZG 2015, 924. Es gilt zur Grundsätzlichkeit der Rechtsfrage, BGH NJW 2004, 2223; Seiler MDR 2003, 785, wie zur Sicherung der Einheitlichkeit der Rechtsprechung, BGH NJW 2003, 95, und zur Entscheidungserheblichkeit, BGH NJW 2003, 1125; aM Baumert MDR 2003, 606; Lindner NJW 2003, 1097. Mangels Verweisung auf § 559 muss man zB den vom Berufungsgericht unterlassenen Sachverhaltsvortrag jetzt vornehmen, BGH NZM 2014, 913. Ein Verstoß gegen § 540 II kann reichen, BGH VersR 2017, 1294.

18 Die **rechtliche Einordnung** des Beschwerdeführers bindet das Revisionsgericht nicht, BAG MDR 2005, 825. Eine bloße Rechtsansicht zur Frage der grundsätzlichen Bedeutung reicht nicht, BGH NJW 2003, 1943. Man muss ausführen, was man bei einer Anhörung vorgebracht hätte, BGH NJW-RR 2003, 1003. Es muss deutlich werden, dass zB ein Gehörsverstoß nach Art. 103 I GG entscheidungserheblich war, Zuck NJW 2008, 2081. Man darf die Nichtzulassungsbeschwerde nicht mit einer solchen Erwägung begründen, die schon Gegenstand einer vorangegangenen früheren Revisionsentscheidung gewesen war, BAG NJW 2009, 3739, oder die man im Berufungsverfahren unterlassen hat, BGH GRUR-RR 2012, 271. Das Revisionsgericht prüft nach IV 3 nur die in der Beschwerdebegründung schlüssig dargelegten Zulassungsgründe, BGH GRUR 2010, 858; Nassall NJW 2003, 1349; Schütt MDR 2003, 107. Sie mögen sich allerdings auch schon aus dem Berufungsurteil ergeben, BGH NJW 2004, 2222. Man muss nach II 1 auch darlegen, dass der Beschwerdewert 20.000 EUR übersteigt, BVerfG NJW-RR 2007, 862 (keine Überspannung); BGH VersR 2018, 181. Das Revisionsgericht muss die Beschwer ohne Bindung prüfen, BGH MDR 2013, 741.

19 **VIII. Gelegenheit zur Stellungnahme, V.** Der BGH gibt dem Gegner des Beschwerdeführers vor einem möglichen Erfolg der Nichtzulassungsbeschwerde eine Gelegenheit zur Stellungnahme. Die Stellungnahme muss nach § 78 I 3 durch einen beim BGH zugelassenen Anwalt erfolgen. § 307 ist entsprechend anwendbar, BGH NJW-RR 2010, 783.

20 **IX. Weiteres Verfahren, Entscheidung, VI.** Anerkenntnis und Erledigterklärung(en) bleiben statthaft, Stuckert ZZP 125, 511. Das Revisionsgericht entscheidet dann über die Beschwerde nach § 128 IV ohne eine notwendige mündliche Verhandlung.

21 **1. Prüfungsumfang.** Zunächst muss das Revisionsgericht die Zulässigkeit der Nichtzulassungsbeschwerde prüfen, BGH WuM 2008, 614. Ein Parteiwechsel ist unstatthaft. Eine Verwerfung als unzulässig erfolgt, soweit der Beschwerdeführer bei der Einlegung oder Begründung deren notwendige Form oder Frist nicht eingehalten hat. Eine Verwerfung vor dem Ablauf der Begründungsfrist ist unstatthaft, BGH NJW 2015, 1763. Eine Zurückweisung als unbegründet erfolgt, soweit kein Zulassungsgrund nach § 543 II vorliegt oder soweit das Vorderurteil im Ergebnis aus zulassungsfreiem Grund richtig ist, BGH NJW-RR 2011, 377. Lag im Zeitpunkt der Einlegung ein Zulassungsgrund vor, ist dieser aber zwischenzeitlich durch eine Entscheidung des BGH in anderer Sache entfallen, ist die Revision zuzulassen, sofern dem Rechtsmittel Erfolgsaussichten beizumessen sind, andernfalls ist die Revision nicht zuzulassen, BGH BeckRS 2021, 4148; 2013, 5646. Eine Zulassung der Revision hat die Folgen → Rn. 27.

2. Beschlussform. Der BGH entscheidet durch einen Beschluss nach §§ 329, 565, BGH WuM 2011, 704. Das gilt selbst dann, wenn das Schlussurteil keine Zulassung enthält, BGH NJW 2004, 3047. Ob ein Zulassungsgrund vorliegt, beurteilt sich grundsätzlich nach dem Zeitpunkt der Entscheidung, BGH NJW 2005, 154; aM Seiler NJW 2003, 2290. Ein Zulassungsgrund kann freilich infolge einer Veränderung der vom BGH beachtlichen tatsächlichen Verhältnisse nach der Einlegung der Beschwerde entfallen, BGH VersR 2004, 626. Dann muss das Gericht die angestrebte Revision ausnahmsweise gleichwohl zulassen, falls sie eine Aussicht auf Erfolg hat, BGH NJW 2005, 154; Baumert MDR 2004, 71; Scheuch/Lindner NJW 2005, 112. Eine Erledigung der Hauptsache mit den Folgen nach § 91a ist denkbar, BGH WuM 2008, 614. 22

3. Beschlussbegründung. Der BGH soll seinen Beschluss kurz begründen, BGH NJW-RR 2010, 858. Das reicht aber auch, BVerfG NJW 2004, 1371; BGH NJW 2014, 2795, selbst bei einer Ablehnung, BGH NJW 2009, 1609. Dann darf der BGH nach VI 2 Hs. 2 sogar von einer Begründung ganz absehen, BGH NJW 2016, 1329. Er muss zwar wegen VIII 1 nur bei einer Ablehnung formell über die Kosten entscheiden, auch bei einer teilweisen Zurückweisung, BGH NJW 2004, 1048; BAG NJW 2010, 1626. Er darf aber im Ergebnis die Kostenentscheidung des Berufungsgerichts grundsätzlich nicht ändern, BGH FamRZ 2010, 459. Davon kann er unter bestimmten Voraussetzungen absehen, BGH WM 2011, 925. 23

4. Zustellung. Der BGH muss seinen Beschluss den Parteien zustellen. 24

5. Rechtsmittel. Gegen den Beschluss gibt es kein Rechtsmittel, BGH GRUR-RR 2012, 312. Für die Anhörungsrüge gilt § 321a. Zulässig ist eine Wiederaufnahmeklage nach §§ 578 ff., BAG NJW 1995, 2125. Eine Verfassungsbeschwerde ist erst nach dem Abschluss des Nichtzulassungsverfahrens statthaft, BVerfG NJW 2004, 3029. Man muss dort den Vortrag aus dem Nichtzulassungsbeschwerdeverfahren nachprüfbar im Kern mitteilen, BVerfG MDR 2017, 661; BGH MDR 2017, 1076. Die Entscheidungsbefugnis des BGH verletzt nicht den Justizgewährleistungsanspruch, BVerfG FamRZ 2006, 1662. Eine Nichtzulassung kann aber gegen Art. 102 I 2 GG und daraus folgende Vorlagepflicht beim EuGH oder BVerfG verstoßen, BVerfG FamRZ 2016, 1140 und NVwZ 2016, 379. 25

X. Hemmung der Rechtskraft des Urteils, Einstellung, VII. Die Einlegung der Beschwerde hemmt den Eintritt der formellen Rechtskraft nach § 705, BGH FamRZ 2006, 860. § 719 II, III (einstweilige Einstellung der Zwangsvollstreckung) gilt nach **VII 2** entsprechend, BGH WuM 2014, 354. Mit der Ablehnung der Beschwerde, also mit der Zustellung ihrer Verwerfung oder Zurückweisung, wird nach **VII 3** das Urteil nach § 705 formell rechtskräftig, BGH NJW 2004, 1531. Eine Gegenvorstellung ist unstatthaft, BGH NJW 2004, 1531. Maßgeblich ist dabei nicht der Erlass, sondern die Zustellung des zurückweisenden Beschlusses, BGH FamRZ 2006, 37. 26

XI. Erfolg der Beschwerde, VIII. 1. Fortsetzung des Verfahrens. Soweit der BGH der Beschwerde stattgibt, also die Revision zulässt, läuft das Beschwerdeverfahren erst jetzt nach **VIII 2** kraft Gesetzes ohne weiteres als Revisionsverfahren weiter, BGH NJW 2015, 1253, vgl. auch BAG NJW 2010, 2971. Man braucht dann also nicht die Revision förmlich einzulegen. Vielmehr gilt die form- und fristgerecht erfolgte Einlegung der Beschwerde nach **VIII 2** als Einlegung der Revision. Das gilt sogar auch dann, wenn man die Form oder die Frist nicht gewahrt hat. Denn diese Fragen sind wegen der Bindung des Revisionsgerichts an den Zulassungsbeschluss nach § 318 iVm § 555 I nicht mehr erheblich. Wegen VIII 1 gilt eine Einstellung nach → Rn. 26 weiter. 27

2. Revisionsbegründungsfrist. Eine Revisionsbegründung nach § 551 bleibt notwendig. Die Revisionsbegründungsfrist nach § 551 II 2 beginnt mit der Zustellung des stattgebenden Beschlusses. Man muss aufgrund einer mithilfe einer Nichtzulassungsbeschwerde zugelassenen Revision nicht erst innerhalb der mit der Zustellung des Zulassungsbeschlusses in Lauf gesetzten Frist die Revision begründen. Das kann nämlich auch schon durch eine Bezugnahme auf die Begründung der Nichtzulassungsbeschwerde, BGH NJW 2008, 588, oder durch davon unabhängige, auch zusätzliche Ausführungen geschehen. Es kann eine den Anforderungen des § 551 III 1 genügende Revisionsbegründung also auch schon vor dem Beginn der Revisionsbegründungsfrist zB in demjenigen Schriftsatz erfolgen, mit dem man die Nichtzulassungsbeschwerde begründet. Dann beginnt die Frist für eine Anschlussrevision nach § 554 mit der Zustellung des Zulassungsbeschlusses, BGH NJW 2004, 2981 (krit. Büttner NJW 2004, 3524); aM BGH MDR 2008, 329. Nach einer Zulassung wegen einer Verletzung des rechtlichen Gehörs nach Art. 103 I GG erstreckt sich die Überprüfung des BGH nicht nur auf diese Frage, BGH NJW 2003, 3205. 28

XII. Entscheidung bei Gehörsrüge, IX. Auch IX dient der Vereinfachung und Beschleunigung und der Entlastung des BVerfG, Stackmann NJW 2007, 13. Es reicht, dass man nicht eine andere Entscheidung des Berufungsgerichts ausschließen kann. Freilich bleibt die Wertgrenze des § 544 II Nr. 1 beachtlich, BVerfG NJW 2007, 2242. Das Revisionsgericht kann beim Erfolg nach § 563 I, IV an das Berufungsgericht zurückverweisen, BGH ZIP 2018, 1173; VerfGH Saarbr NJW-RR 2006, 562, und zwar entsprechend § 563 I 2 auch an einen anderen Spruchkörper desselben Berufungsgerichts, BGH GRUR 2014, 852. Es braucht dann die Revision nicht förmlich zuzulassen, BGH NJW 2005, 1951. 29

545 *Revisionsgründe.* **I Die Revision kann nur darauf gestützt werden, dass die Entscheidung auf einer Verletzung des Rechts beruht.**

II Die Revision kann nicht darauf gestützt werden, dass das Gericht des ersten Rechtszuges seine Zuständigkeit zu Unrecht angenommen oder verneint hat.

I. Systematik, I, II. Die Vorschrift übernimmt den Grundgedanken des im Berufungsverfahren geltenden § 513 I Hs. 1 auch für das Revisionsverfahren zusammen mit §§ 546, 547. Sie weicht teils erheblich von § 576 I ab. 1

II. Regelungszweck, I, II. Es gelten dieselben Erwägungen wie bei § 513, BGH NJW-RR 2007, 1509. 2

III. Geltungsbereich, I, II. Die Vorschrift gilt in jedem Revisionsverfahren nach der ZPO und den auf sie verweisenden Gesetzen. Sie gilt auch im WEG-Verfahren. Im Verfahren der Arbeitsgerichte gilt § 73 ArbGG, BAG WM 1976, 194. 3

§ 545 enthält keine Prozessvoraussetzung der Revision, aM BAG ZIP 2012, 2313, sondern ein Erfordernis ihrer **sachlichen Berechtigung.** Der Text sollte daher statt „die Revision kann nur darauf gestützt werden" 4 besser „die Revision ist nur dann begründet" sagen. Unzulässig ist die Revision nach § 551 dann, wenn die Revisionsbegründung gar keine Rechtsverletzung ordnungsmäßig rügt. Dann muss der BGH die Revision nach § 552 I 2 als unzulässig verwerfen. Bei einer Verkennung der Schranken des § 545 muss er sie als unbegründet zurückweisen.

5 **IV. Rechtsverletzung, I.** Maßgeblich ist die Geltung zur Zeit der Entscheidung des Revisionsgerichts.

6 **1. Deutsches Recht.** Die Revision ist nur dann sachlich begründet, wenn das Berufungsurteil sachliches Recht oder Verfahrensrecht nach I verletzt und wenn diese Verletzung für die Entscheidung ursächlich ist („auf der Verletzung … beruht"). Dazu genügt bei einem Verfahrensfehler, dass das Berufungsgericht ohne die Verletzung möglicherweise anders entschieden hätte, BGH NJW 1990, 122. Jedoch kann man die Revision auf einen in 1. Instanz begangenen Verstoß grundsätzlich nur dann stützen, wenn auch das Berufungsurteil den Verfahrensmangel hat. Auf die Ursächlichkeit kommt es nur bei den sog. unbedingten Revisionsgründen nach § 547 nicht an. Anders gesagt: Das Gesetz vermutet dann die Ursächlichkeit grundsätzlich unwiderruflich.

7 **In Betracht kommen** alle Gesetze und sonstige Rechtsvorschriften und Rechtsnormen nach I, die auf die Entscheidung anwendbar sind. Das sind die bei der Verkündung des Revisionsurteils geltenden, BGH NJW 1995, 2171; aM BAG NJW 2007, 3664 (auch nicht mehr geltende). Das gilt, sofern sie das Berufungsgericht hätte dann berücksichtigen müssen, wenn es in diesem Zeitpunkt zu entscheiden gehabt hätte. Darauf, ob das Berufungsgericht sie bei seinem Urteil berücksichtigen konnte, kommt es nicht an, BGH WM 1982, 299. Anwendbar sind daher alle Vorschriften, die unmittelbar in das streitige Rechtsverhältnis eingriffen. Daher muss man auch beachten, dass zB ein Gesetz eine Rückwirkung haben kann. Denn das Revisionsgericht hat die Aufgabe, richtig nach dem in der Revisionsinstanz geltenden Recht zu entscheiden, BGH DtZ 1996, 376. Das deutsche internationale Privatrecht ist deutsches Recht. Dazu gehört auch der deutsche ordre public.

8 **2. Ausländisches Recht.** Es ist nicht revisibel, BGH NJW 2014, 1245; BVerwG NJW 2012, 3463; Stamm FS Klamaris, 2016, 785; Sturm JZ 2011, 74; aM BAG ZIP 2012, 2313; Prütting FS Schütze, 2014, 455; Riehm JZ 2014, 78. Dasselbe gilt für die Auslegung ausländischer Allgemeiner Geschäftsbedingungen, BGH NJW 1994, 1409. Irrevisibel ist ausländisches Recht auch dann, wenn es tatsächlich mit revisiblem deutschen Recht oder mit allgemeinen Rechtsanschauungen übereinstimmt, BGH WM 1977, 1322. Denn auch dann bildet dieses Recht mit der gesamten ausländischen Rechtsordnung eine Einheit. Es lässt sich daher nicht einfach nur vom deutschen Gesichtspunkt aus auslegen. Das gilt auch dann, wenn zB aufgrund des Abkommens zur Vereinheitlichung des Wechselrechts das ausländische Wechselgesetz den gleichen Inhalt wie das deutsche hat. Nicht revisibel ist auch das nicht mehr geltende Recht der DDR. Wohl aber muss das Gericht stets prüfen, ob das fremde Recht dem deutschen ordre public widerspricht.

9 **3. Prüfungsumfang des Tatrichters.** Wegen der Nichtrevisibilität des ausländischen Rechts darf der Tatrichter nicht unentschieden lassen, ob ausländisches oder deutsches Recht anwendbar ist, BGH WuM 1991, 838; Roth IPRax 1989, 213. Der Unterlegene ist aber dann nicht beschwert, wenn das Berufungsgericht die Sache nach allen in Betracht kommenden Rechten geprüft und dabei offengelassen hat, welches Recht anwendbar sei. Die Verletzung deutschen zwischenstaatlichen Privatrechts durch eine Anwendung oder Nichtanwendung einer Norm begründet die Revision, BGH NJW 1982, 2733. Die Verbürgung der Gegenseitigkeit betrifft nach § 328 Nr. 5 auch das deutsche Recht. Insofern muss das Gericht also auch nicht revisibles ausländisches Recht nachprüfen, da es um eine Vorfrage für die Anwendbarkeit deutschen Rechts geht, ebenso wegen der Verbürgung der Gegenseitigkeit nach § 110, BGH WM 1982, 194. Die Anwendung ausländischen Rechts ist auch nachprüfbar, soweit das nach deutschem IPR anwendbare ausländische Recht auf deutsches Recht zurückverweist, nicht aber dann, wenn das ausländische Recht weiterverweist. Man kann die Beweislastverteilung dem sachlichen ausländischen Recht entnehmen und sie deshalb für irrevisibel halten. Nachprüfbar ist aber, ob das Berufungsgericht ein solches Vorbringen unbeachtet gelassen hat, das es entsprechend der ausländischen Regelung für wesentlich gehalten hat.

10 Man kann eine Verletzung ausländischen Rechts auch dann nicht mit der Revision rügen, wenn die Ausführungen des Berufungsgerichts **nicht erschöpfend** sind, BGH RIW 1990, 581. Nachprüfbar ist aber, ob der Richter das ausländische Recht verfahrensfehlerfrei ermittelt hat, ob also kein Verstoß gegen § 293 vorliegt, BGH WM 2013, 1895; Fastrich ZZP 97, 423; Pfeiffer NJW 2002, 3306. Grundsätzlich darf der BGH nicht die im pflichtgemäßen Ermessen des Tatrichters liegende Art und Weise nachprüfen, wie dieser sich die Kenntnis des fremden Rechts verschafft hat. Der Tatrichter muss jedoch von allen ihm zugänglichen Erkenntnisquellen Gebrauch machen. Er wird meist einen Sachverständigen heranziehen, muss aber evtl. von weiteren Möglichkeiten Gebrauch machen, BGH NJW 1991, 1419. Der Tatrichter muss das alles nachvollziehbar darlegen, BGH NJW-RR 1995, 767. Nachprüfbar ist dabei, ob er bei einer von ihm für erforderlich gehaltenen Beweisaufnahme das Verfahrensrecht verletzt hat, BGH NJW 1975, 2143.

11 **V. Bundesrecht, I.** Die Abgrenzung von Bundes- und Landesrecht ist nicht mehr beachtlich. Denn es genügt jede Rechtsverletzung.

12 **Bundesrecht** ist auch dann revisibel, wenn es nicht über einen OLG-Bezirk hinaus gilt. Zum Bundesrecht gehören alle im BGBl. veröffentlichten Normen einschließlich völkerrechtlicher Abkommen.

13 Bundesrecht ist auch das **frühere Reichsrecht** nach Art. 124 GG, sofern es sich um Gegenstände der ausschließlichen Gesetzgebung des Bundes nach Art. 73 GG handelt, oder bei Gegenständen der konkurrierenden Gesetzgebung nach Art. 125 Nr. 1 GG dann, wenn es wenigstens in einer Besatzungszone nach 1945 einheitlich galt. Zum früheren Reichsrecht gehören alle durch die Reichsgesetzgebung für das ganze Reich erlassenen Rechtsnormen, auch die zu Reichsgesetzen gemachten Gesetze des Norddeutschen Bundes (§ 2 Gesetz v. 16.4.1871). Zwischenstaatliche Verträge wurden durch die Veröffentlichung ihrer Ratifikation im RGBl. Reichsrecht. Dem Reichsrecht stehen schon nach § 545 jetzt auch Ländergesetze aufgrund des Gesetzes über den Neuaufbau des Reichs seit 1934 durch die Landesregierungen gleich.

14 Bundesrecht ist ferner nach Art. 125 Nr. 2 GG das **nach dem 8.5.1945 geänderte frühere Reichsrecht,** also insbesondere dasjenige jedes Landes. Solches Reichsrecht, das zwischen dem 8.5.45 und dem Inkrafttreten des GG nicht geändert worden war und nur in einem einzigen Bundesland galt, ist nicht Bundesrecht geworden, BVerwG NVwZ 1992, 977. Abänderung ist auch die Ersetzung, aber nicht eine Neuregelung mit einer völligen

Umgestaltung. Beim Streit über das Fortgelten von Recht als Bundesrecht muss man das Verfahren nach Art. 126 GG aussetzen und das BVerfG anrufen.

15 **Europarecht** steht wegen der Revisibilität dem Bundesrecht gleich, BVerwG EuZW 1993, 263; Huber BayVBl. 2001, 577; Petzold NVwZ 1999, 151.

16 **VI. Sonstiges deutsches Recht, I.** Revisibel sind außer dem Bundesrecht auch alle nach den Grundsätzen des öffentlichen Rechts des Bundes, des Reichs und der Länder über die Rechtsetzung gültig geschaffenen Normen des objektiven Rechts. Hierhin gehören: Sachlich-rechtliche und prozessuale Rechtsnormen eines früheren oder jetzigen inländischen Normgebers (auch Rechtsverordnungen) oder einer zur Normsetzung befugten supranationalen Einrichtung.

17 Immer revisibel ist die Entscheidung über die **Vereinbarkeit einer Vorschrift** mit übergeordnetem revisiblem Recht, zB des Landesrechts mit Bundesrecht. Dasselbe gilt für die Entscheidung über einen auf ein Landesrecht gestützten Anspruch. Das gilt erst recht dann, wenn eine Verletzung von Bundesrecht die Auslegung und Anwendung des Landesrechts beeinflusst, BGH MDR 1992, 1082; BVerwG DVBl 1995, 430 (Verstoß gegen Art. 20 III GG).

VII. Beispiele zur Frage einer Revisibilität, I

18 **Allgemeine Geschäftsbedingungen:** Sie können revisibel sein, BGH NZM 2016, 595.

Anstaltssatzung: Revisibel ist die Satzung einer öffentlich-rechtlichen Anstalt mit dem Charakter objektiven Rechts.

Börsenbrauch: Nicht revisibel ist ein Börsenbrauch.

DDR: Revisibel ist nach Art. 9 I EV ihr Recht, soweit es fortgilt, BGHZ 127, 61; BVerwG DtZ 1996, 284; OLG Drsd DtZ 1994, 113.

Genossenschaftssatzung: Nicht revisibel ist eine solche Regelung.

Gewohnheitsrecht: Es ist revisibel. Revisibel ist auch die Verkennung des Begriffs Gewohnheitsrecht.

Handelsbrauch: Nicht revisibel ist ein Handelsbrauch.

Individualvereinbarung: Die Auslegung individualvertraglicher Vereinbarungen kann von dem Revisionsgericht nur daraufhin überprüft werden, ob gesetzliche oder allgemein anerkannte Auslegungsregeln, Denkgesetze oder allgemeine Erfahrungssätze verletzt sind, wesentlicher Auslegungsstoff außer Acht gelassen worden ist oder die Auslegung auf mit der Revision gerügten Verfahrensfehlern beruht, stRspr, vgl. BGH BeckRS 2020, 40582.

Körperschaftssatzung: Revisibel ist die Satzung einer öffentlich-rechtlichen Körperschaft, soweit sie auf einem Gesetz beruht, wie zB beim Sozialversicherungsträger, BGH NJW-RR 1988, 1021, oder bei einer Landschaft.

Landesrecht: Es ist revisibel, BGH NJW 2015, 2487. Das gilt auch dann, wenn es nur einem OLG-Bezirk gilt.

Landschaft: → „Körperschaftssatzung".

Ministerialzulage: Revisibel ist eine Richtlinie über die Bewilligung einer solchen Zulage.

Sozialversicherung: → „Körperschaftssatzung".

Tarifvertrag: Revisibel ist sein normativer Teil.

Verwaltungsvorschrift: Revisibel sein kann eine sog. normkonkretisierende Verwaltungsvorschrift, BVerwG NVwZ 1986, 213; Gerhardt NJW 1989, 2233; Hill NVwZ 1989, 401. Es kommt darauf an, dass nicht nur interne Anweisungen vorliegen, sondern objektives Recht, zB eine Regelung der Zuständigkeit. **Nicht** revisibel ist eine solche Verwaltungsvorschrift, die keine Außenwirkung hat, BVerfG WM 1989, 464; BVerwG NJW 1988, 2907.

VOB/A: Nicht revisibel ist eine solche Verwaltungsregel für den inneren Dienst, BGH NJW 1992, 827.

Völkerrecht: Revisibel sind seine Grundsätze. Denn sie sind nach Art. 25 GG auch deutsches Recht. Das gilt auch beim Völkervertragsrecht, zB nach Art. 267 AEUV, Anh. § 1 GVG; Mutke DVBl 1987, 403.

Vorgreiflichkeit: Sie kann sogar bei einem an sich nicht revisiblen Recht reichen, BGH MDR 1992, 1082.

19 **VIII. Folgen der Nichtrevisibilität, I.** Die allein auf eine irrevisible Norm gestützte Revision ist unbegründet, nicht unzulässig, BGH MDR 1980, 203 (zust. Waldner ZZP 93, 332, der die Revision aber dann für unzulässig hält, wenn das Berufungsgericht nach § 538 zurückverwiesen hat, weil es die örtliche Zuständigkeit im Gegensatz zum Erstgericht bejaht hat). Für die Nachprüfung unbeachtlich sind Rügen aus §§ 139, 286, 525, außer wenn das Berufungsgericht Beweise für solche Tatsachen übergangen hat, die nach seiner Auslegung des irrevisiblen Rechts erheblich sind. Zur Bindung des Revisionsgerichts an die Entscheidung des Berufungsgerichts über das Bestehen und den Inhalt irrevisiblen Rechts vgl. § 560.

20 **IX. Beschränkung der Prüfung, II. 1. Zuständigkeit.** Jede Prüfung der nationalen örtlichen und/oder sachlichen Zuständigkeit des Erstgerichts ist zwecks Prozesswirtschaftlichkeit in der Revisionsinstanz unstatthaft, BGH NJW 2017, 393 und GRUR 2017, 284; OLG Hamm NJW-RR 2011, 1406; OLG Mü NJW-RR 2006, 930. Das gilt ohne Rücksicht darauf, ob das Erstgericht seine Zuständigkeit bejaht hat, BGH BB 2007, 1588, oder ob es sie verneint hat und wie das Berufungsgericht darüber entschieden hat, BGH BB 2007, 1588. Es gilt auch dann, wenn das Berufungsgericht die Revision wegen der Frage der Verneinung der örtlichen Zuständigkeit zugelassen hat, BGH BB 2007, 1588; BAG NJW 1983, 839; OLG Mü NJW-RR 2006, 930.

21 Das gilt auch für die Überprüfung der örtlichen Zuständigkeit kraft **Sachzusammenhangs,** BGH NJW 1998, 998. Es gilt erst recht dann, wenn das LG und das OLG die sachliche Zuständigkeit übereinstimmend beurteilt haben, BGH BB 2007, 1588; krit. Vollkommer ZZP 99, 102. Da die Parteien in den Vorinstanzen Gelegenheit hatten, diese Fragen zu klären, ist die Beschränkung im Interesse der Beschleunigung und der Prozesswirtschaftlichkeit sinnvoll. Sie ist verfassungsrechtlich unbedenklich, BGH NJW 1998, 988. Es ist auch kein hilfsweiser Verweisungsantrag beachtlich, BGH NJW-RR 2007, 1509.

22 **Unanwendbar** ist II in Bezug auf die örtliche Zuständigkeit, soweit die internationale Zuständigkeit im Streit ist, BGH NJW 2016, 2336; OLG Karlsr VersR 2011, 138, und soweit beide Zuständigkeiten von denselben Voraussetzungen abhängen, BGH WM 2010, 1445.

23 Eine solche statthafte Revision, der es aber nur um eine der in II genannten irrevisiblen Fragen geht, ist **unbegründet,** nicht unzulässig. Geht es nur um die **örtliche** Zuständigkeit und ist die Revision deswegen fehlerhaft zugelassen, muss das Gericht die Kosten nach § 21 GKG niederschlagen, BGH MDR 1980, 203.

24 **2. Unanwendbarkeit.** Unberührt von II bleibt die Prüfung der staatlichen Gerichtsbarkeit nach dem GVG, BGH NJW 2000, 1555 (innerkirchliche Streitigkeit), und der funktionellen Zuständigkeit, zB des OLG in einer Landwirtschaftssache, BGH NJW-RR 1992, 1152, oder in einer vom OLG als Familiensache bezeichneten Sache, aM BGH FamRZ 2009, 219, oder des Kartellsenats in einer Kartellsache, BGH NJW-RR 1996, 765, oder der gesetzlichen Geschäftsverteilung in anderen als Familiensachen nach § 111 FamFG, zB wenn es um das Verhältnis ZivK/KfH nach §§ 93 ff. GVG geht, Gaul JZ 1984, 565, ebenso die Prüfung der internationalen Zuständigkeit. Auf Rechtsfehler bei der Beantwortung dieser Fragen kann man eine Revision also stützen. Das Berufungsgericht bindet das Revisionsgericht nicht insofern, als es dabei auf ausländisches Recht ankommt. Das ausländische Recht ist in diesem Rahmen revisibel. § 13 GVG erlaubt die Prüfung des Rechtswegs dem Rechtsmittelgericht der Hauptsache nur nach Maßgabe des § 17a V GVG, BGH NJW 1995, 2852.

546 *Begriff der Rechtsverletzung.* **Das Recht ist verletzt, wenn eine Rechtsnorm nicht oder nicht richtig angewendet worden ist.**

1 **I. Systematik.** § 513 I Hs. 1 nennt einen der beiden zulässigen Berufungsgründe, nämlich eine Rechtsverletzung des Gerichts, OLG Ffm NZM 2007, 490. Genau denselben Grund nennt § 545 I für die Revision. § 546 gibt die amtliche Begriffsbestimmung (Legaldefinition) der Rechtsverletzung. § 547 nennt dann eine Reihe von Fällen einer unwiderlegbaren Unterstellung von Rechtsverletzung.

2 **II. Regelungszweck.** Die Norm dient der Rechtssicherheit.

3 **III. Geltungsbereich.** Die Vorschrift gilt in jedem Revisionsverfahren nach der ZPO und den auf sie verweisenden Gesetzen. Sie gilt auch im WEG-Verfahren. Im Verfahren der Arbeitsgerichte ist § 546 nach § 72 V ArbGG entsprechend anwendbar.

4 **IV. Rechtsverletzung.** Dazu Rimmelspacher NJW 2002, 1899 (Grdz.). Den Rechtsbegriff enthält § 545. Vgl. daher dort. Das Recht ist dann verletzt, wenn das Berufungsgericht es entscheidungserheblich objektiv entweder gar nicht oder unrichtig angewandt hat, OLG Naumb NJW-RR 2012, 1175. Seine unrichtige Anwendung kann beruhen auf einem Übersehen oder einer Verkennung der tatsächlichen oder rechtlichen Merkmale der richtigen Norm, Gaier NJW 2004, 110, oder auf einer Einordnung der richtig erkannten Merkmale unter eine falsche Norm oder nicht unter eine etwa verkannte richtige Norm (unrichtige Subsumtion), Gaier NJW 2004, 110; Rimmelspacher NJW 2002, 1899. Dahin gehört auch ein Verstoß gegen die Denkgesetze oder ein Widerspruch zwischen den tatsächlichen Annahmen und dem im Tatbestand nach §§ 313 II, 314, 540 festgehaltenen Verhandlungsergebnis. Dagegen kennt die ZPO nicht einen Revisionsgrund der Aktenwidrigkeit, BGH MDR 1981, 654. Die Rechtsverletzung muss für das Berufungsurteil ursächlich gewesen sein, OLG Düss NJW-RR 2011, 308.

V. Beispiele zur Frage einer Rechtsverletzung

5 **Allgemeine Geschäftsbedingungen:** Bei AGB und Formularverträgen und immer wiederkehrenden gleichlautenden Klauseln zB in Schiedsvereinbarungen nach § 1029 darf das Revisionsgericht auslegen, BGH NJW 2011, 1507. Es muss eine solche Auslegungsregel finden, die dem Richter angibt, was die Partner „im Zweifel" gewollt haben, BGH NJW 2001, 1270. Dabei gilt ein objektiver Maßstab unter Beachtung des wirtschaftlichen Zwecks und nicht nur der Parteiwille. Das Revisionsgericht darf und muss das Bedürfnis nach einer einheitlichen Handhabung überörtlich geltender AGB beachten, BGH NJW-RR 2008, 251. Daher darf es AGB dann auslegen, wenn eine unterschiedliche Auslegung verschiedener Berufungsgerichte besteht, BGHZ 163, 323. Nachprüfbar ist, ob es sich um inländische oder ausländische AGB handelt, BGH NJW 1991, 37. Nicht nachprüfen darf das Revisionsgericht die Auslegung ausländischer AGB, BGH MDR 1991, 144; aM Teske EuZW 1991, 149.

Auslegung: Man muss mehrere Fallgruppen unterscheiden.

– **(Gerichtliche und behördliche Entscheidung und Willensakt):** Ihre Auslegung ist stets voll nachprüfbar, BGH VersR 2010, 1616, also auch ihre Nichtauslegung, BGH NJW 1998, 1219, ferner auch, welchen Inhalt eine schiedsrichterliche Entscheidung im Verfahren nach §§ 1025 ff. hat, BGH NJW-RR 1990, 194, oder ob zB bei § 13 GVG ein Verwaltungsakt oder ein bürgerlich-rechtlicher Vertrag vorliegt, wie man ihn nach §§ 133, 157 BGB usw. auslegen soll, BGH NJW 1983, 1793, und welche Anforderungen man an einen Verwaltungsakt stellen muss oder wie man einen Kommunalabschluss verstehen muss, BGH NJW 1998, 2138, ferner die Art einer zwischen der Bundesrepublik und einem anderen Staat getroffenen Vereinbarung.

– **(Gesetzliche Auslegungsregel):** Sie ist überprüfbar, BGH NJW-RR 2007, 1206.

– **(Prozesshandlung):** Eine solche darf das Revisionsgericht in freier Würdigung selbst auslegen, BGH NJW-RR 1996, 1211. Im Zweifel ist das gewollt, was nach den Maßstäben der Rechtsordnung vernünftig ist und der recht verstandenen Interessenlage entspricht, BGH BeckRS 2021, 9277; NJW-RR 1996, 1211. Das gilt überhaupt für das Verhalten der Parteien im Prozess, zB für ihre verfahrensrechtlichen Erklärungen, BGH NJW-RR 1996, 834, etwa für eine Parteibezeichnung, BGH WM 1981, 829, oder für ein Geständnis nach § 288 I, BGH NJW 2001, 2550, auch in einem anderen Verfahren, solange dort nicht eine nach §§ 329, 705 formell rechtskräftige Entscheidung über die Erklärung vorliegt. Frei auslegbar und überprüfbar sind die Anträge nach → § 297 Rn. 4, 5, § 525, BGH NJW-RR 1989, 254, der Verzicht auf Rechtsmittel nach § 515 auch dann, wenn man ihn gegenüber dem Gegner erklärt hat, BGH NJW 1985, 2335. Für den Prozessvergleich vgl. → „Willenserklärung".

– **(Satzung der Kapitalgesellschaft):** Ihre Auslegung ist nach §§ 133, 157 BGB nachprüfbar, soweit es sich um die satzungsmäßige Regelung körperschaftlicher Fragen handelt, also um eine solche, die von vornherein für einen unbestimmten Personenkreis gelten soll, BGH NJW 1992, 893. Maßgebend sind objektive Auslegungsgrundsätze. Eine Satzung (Gesellschaftsvertrag) ist grundsätzlich nur aus sich heraus auslegbar. Daher ist eine einheitliche Auslegung der Satzung sicher. Für die Allgemeinheit unerkennbare Erwägungen und Absichten der Gesellschafter sind also unverwertbar. Die Auslegung von individualrechtlichen Bestimmungen eines solchen Gesellschaftsvertrags ist hingegen eine Tatfrage. Daher ist die Nachprüfung beschränkt auf gesetzliche Auslegungsregeln oder auf die Verletzung von Denk- und Erfahrungssätzen. Vgl. auch → Rn. 4.

– **(Satzung einer Stiftung):** Ihre Auslegung ist stets nachprüfbar wie bei einer Kapitalgesellschaft.
– **(Satzung eines Vereins usw.):** Ihre Auslegung ist nachprüfbar, ebenso eine solche des nicht rechtsfähigen Vereins, BGH WM 1986, 291.
– **(Urkunde):** Nachprüfbar ist zB bei § 13 GVG ihre Einordnung als behördlicher Akt oder bürgerlichrechtliche Erklärung. Ihre inhaltliche Auslegung ist nur dann nachprüfbar, wenn sie gegen Auslegungsregeln verstößt. Dabei können auch Umstände außerhalb der Urkunde bedeutsam sein. Nachprüfbar ist es auch, wenn das Gericht einen eindeutigen Inhalt angenommen und damit die Auslegungsfähigkeit verneint hat.
– **(Willenserklärung):** Ihre Auslegung nach §§ 133, 157 BGB ist eingeschränkt nachprüfbar, BGH NJW 2016, 3017; Schneider MDR 1981, 885; krit. May NJW 1983, 980; Schäfer NJW 2007, 3463; aM BGH NZV 2017, 319; BAG NJW 2007, 253. Der Tatrichter muss eine von ihm selbst festgestellte Tatsache bei der Auslegung mitbeachten, BGH MDR 2007, 135. Eine nicht nachprüfbare Tatfrage ist, welche Erklärung ein Beteiligter abgegeben hat. Eine nachprüfbare Rechtsfrage ist, ob man die Erklärung auslegen kann, BGH NJW-RR 1996, 932, ob die Auslegung mit den Denkgesetzen oder dem Wortlaut vereinbar ist, BGH BauR 2015, 536, und ob das Gericht anerkannte Auslegungsgrundsätze verletzt hat, etwa §§ 133, 157 BGB, BGH NJW 2008, 2704, oder ob es einen wesentlichen Auslegungsstoff außer Acht gelassen hat, BGH WM 2009, 1180. Das alles gilt auch beim Prozessvergleich, BAG NJW 2005, 525. Nur insoweit darf das Revisionsgericht eine Überprüfung vornehmen, BGH MDR 1996, 70; BVerwG NVwZ 1982, 196; OLG Köln MDR 1982, 1030.

Das Revisionsgericht kann eine notwendige, vom Berufungsgericht unterlassene Auslegung **selbständig** vornehmen, BGH NJW 1996, 839. Dasselbe gilt zur Ergänzung dann, wenn das Berufungsgericht alle erforderlichen Feststellungen getroffen hat und wenn weitere Feststellungen nicht wahrscheinlich sind, BGH NJW 1998, 1219, oder überhaupt, BGH NJW 1999, 1022. Das gilt auch dann, wenn mehrere Auslegungsmöglichkeiten bestehen, BGH NJW 1991, 1181. Dasselbe gilt bei einer in sich widersprüchlichen oder sonst fehlerhaften Auslegung durch das Berufungsgericht, BGH NJW-RR 1993, 563; Schneider MDR 1981, 886.

Auch → „Allgemeine Geschäftsbedingungen".

Beweisaufnahme und -würdigung: Sie liegt auf tatsächlichem Gebiet. Sie ist aber dann nachprüfbar, wenn sie Recht und insbesondere § 286 verletzt, ferner bei § 287, BGH NJW-RR 2009, 1053, oder bei § 398, BGH VersR 2009, 817.
– **(Anscheinsbeweis):** Nachprüfbar ist eine Verkennung der Regeln über den Anscheinsbeweis, BGH VersR 2010, 628.
– **(Augenschein):** Nachprüfbar ist es, wenn eine Feststellung der Ergebnisse nach § 371 nicht gemäß § 160 III Nr. 5 im Protokoll steht, OLG Hamm MDR 2003, 830.
– **(Beweismaß):** Nachprüfbar ist eine Verkennung der Regeln über das Beweismaß, BGH NJW 1999, 486.
– **(Denkgesetz):** Nachprüfbar ist ein Verstoß gegen ein Denkgesetz, BGH BauR 2015, 536, Grave/Mühle MDR 1975, 274.
– **(Einsichtnahme):** Nachprüfbar ist ein Verstoß zB gegen die Notwendigkeit einer Mitteilung an die Parteien dann, wenn ein Zeuge erklärt hat, er könne nur nach einer Einsichtnahme in seine Unterlagen vollständig aussagen, wenn das Berufungsgericht aber eine Einsicht nicht für erforderlich gehalten hat.
– **(Erfahrungssatz):** Nachprüfbar ist eine Verkennung eines anerkannten Erfahrungssatzes.
– **(Gesamtwürdigung):** Nachprüfbar ist ihr Fehlen.
– **(Gutachterauswahl):** Nachprüfbar ist ein Verstoß gegen die Regeln nach §§ 404, 405, BGH NJW 2009, 1209.
– **(Parteivernehmung):** Nachprüfbar ist ein Verstoß gegen die Regeln zur Beweisnot bei § 448, BGH FamRZ 1990, 860.
– **(Sachverständiger):** → „– (Gutachterauswahl)".
– **(Überhöhte Anforderungen):** Nachprüfbar ist ein solcher Verstoß.
– **(Widersprüchlichkeit):** Nachprüfbar ist sie bei tatsächlichen Feststellungen, BVerfGE 70, 98; BGH NJW-RR 1992, 920.
– **(Würdigung):** Nachprüfbar ist ein Verfahrensverstoß bei der Beweiswürdigung nach § 286, BGH NJW-RR 2007, 1206, oder wenn die Würdigung auf rechtlich unzutreffenden Voraussetzungen beruht, OLG Köln MDR 1982, 678.

Denkgesetz: → „Beweisaufnahme- und -würdigung", → „Erfahrungssatz".

Einordnung unter die Norm (Subsumtion): In der Revisionsinstanz ist eine Nachprüfung zulässig zB daraufhin: Ob das Verhalten einer Partei gegen Treu und Glauben verstößt; ob ein Verstoß gegen die guten Sitten vorliegt; ob Arglist, Irrtum, Fahrlässigkeit, Vorsatz, mitwirkendes Verschulden vorliegen. Dagegen ist die Verteilung der Verantwortlichkeit eine Aufgabe des Tatrichters. Nachprüfbar ist auch, ob der Tatrichter den Unterschied von einfacher und grober Fahrlässigkeit wie zB bei § 296 (dort grobe „Nachlässigkeit") erkannt hat. Dagegen ist die Entscheidung eine Tatfrage, ob im Einzelfall grobe Fahrlässigkeit vorliegt. Man kann in der Frage, ob man ein Verhalten als eine grobe Pflichtverletzung ansehen muss, ebenfalls eine Rechtsfrage sehen, wenn auch besonderer Art, da man den Sachverhalt unter einen sog. unbestimmten Rechtsbegriff einreihen muss.

Stets ist nachprüfbar, ob das Gericht gegen **Rechtsvorschriften,** anerkannte Bewertungsmaßstäbe, Denkgesetze, allgemeine Erfahrungssätze verstoßen hat, ob es insbesondere die etwaige Notwendigkeit einer beiderseitigen Interessenabwägung nicht erkannt oder ob es sonstige Gesichtspunkte unzureichend berücksichtigt hat. Revisibel ist ferner: Ob eine Nachfrist aus § 326 BGB angemessen war; ob ein Vertrag zustande gekommen ist; ob ein Mangel erheblich ist; ob ein Rat schuldhaft erfolgt ist; ob nach § 831 BGB ein Verschulden in der Auswahl vorliegt; ob jemand einen Verzicht zB nach § 306 wirksam erklärt hat; ob rechnerische Erwägungen zutreffen. Ein Irrtum ist dabei eine Rechtsverletzung. Das Revisionsgericht kann seine eigene Lebenserfahrung verwerten. Die Verletzung allgemeiner Auslegungsgrundsätze bei der Auslegung des irrevisiblen Rechts ist nicht nachprüfbar.

Erfahrungssatz: Er ist nicht etwa eine beweisbedürftige Tatsache, sondern er hat die Natur einer solchen Norm, die als Maßstab zur Beurteilung von Tatsachen dient. Er ist daher nachprüfbar, BGH BauR 2015, 536. Das gilt wegen seiner Anwendung oder Nichtanwendung, BVerwG ZMR 1975, 62. Es gilt auch für Erfahrungssätze in Unterhaltstabellen, Christl NJW 1984, 267. Darum muss der angewandte Erfahrungssatz den Urteilsgründen nach §§ 313 III, 540 klar zu entnehmen sein. Eine Abweichung von Erfahrungssätzen braucht eine besondere Begründung. Unerheblich ist, wie das Gericht den Satz ermittelt hat. Etwas anderes sind wissenschaftliche Grundsätze.

Ermessensvorschrift: Vgl. OLG Hamm MDR 2003, 1249. Sie ist nur beschränkt prüfbar, BGH MDR 1982, 653. Der BGH darf und muss prüfen, ob das Berufungsgericht ein vorhandenes Ermessen überhaupt erkannt und ausgeübt hat, BGH NJW 2009, 502; OLG Köln VersR 2008, 364 (zust. Jaeger), und ob es dessen Grenzen eingehalten hat, BGH ZIP 2016, 825, großzügiger BGH NJW-RR 2016, 1488. Die unsachgemäße Handhabung des Ermessens kann auch eine Versagung des rechtlichen Gehörs nach Art. 103 I GG enthalten.

Generalklausel: → „Rechtsbegriff".

Gewohnheitsrecht: Es ist nachprüfbar.

Klageänderung: Nachprüfbar ist der Sachdienlichkeitsbegriff von § 533, BGH MDR 1987, 1019.

Kündigung: Ob Tatsachen im Einzelfall ein wichtiger Grund sind, ist eine Tatfrage. Ob der Tatrichter aber den Rechtsbegriff des wichtigen Grundes richtig erkannt hat und ob er bei der Subsumtion der Tatsachen Denkgesetze und allgemeine gültige Erfahrungssätze beachtet hat, ist ebenso revisibel wie die Frage, ob er alle wesentlichen Umstände berücksichtigt hat und ob das Ergebnis in sich widerspruchsfrei ist.

Mustermäßige (typische) Vertragsbedingungen: Zunächst → „Allgemeine Geschäftsbedingungen". Sie liegen dann vor, wenn sich beide Partner gewissen Vertragsbedingungen unterwerfen, die als allgemeine Norm gleicherweise für eine Vielheit von Vertragsverhältnissen in weiteren Gebieten gelten. So liegt es vor allem im Speditions-, Versicherungs-, Bankgewerbe, bei der Lieferung elektrischer Energie und ähnlichen vordruckartigen Abschlüssen. Unerheblich ist dann, ob die Bestimmungen äußerlich solche des Einzelfalls scheinen, wenn nur derselbe Wortlaut überregional vorliegt, BGH NJW 1984, 669. Solche AGB sind dann revisibel. Infolgedessen sind sie dann nicht revisibel, wenn es sich um ausländische AGB handelt, BGH MDR 1991, 144.

Nicht dahin gehören zB solche allgemeinen Verfügungen, durch die der Vorstand einer privaten Versicherungsgesellschaft die Ansprüche der Angestellten regelt. Sie sind Bestandteile des Dienstvertrags und enthalten reines Privatrecht. Dasselbe gilt für die Wettbewerbsklausel im Einzelarbeitsvertrag.

Rechtsbegriff: Er ist nachprüfbar, zB derjenige einer Generalklausel oder von Vorsatz, Fahrlässigkeit, Rechtsmissbrauch, Treu und Glauben, strenger BGH NJW-RR 2007, 1676.

Rechtsverordnung: Ihre Verletzung begründet die Revision.

Sollvorschrift: Ihre Verletzung begründet **nie** die Revision.

Staatsvertrag: Er ist nachprüfbar.

Tatbestand: Ein Revisionsgrund liegt dann vor, wenn das Berufungsurteil gegen § 540 verstößt, wenn es zB auf solche Schriftsätze Bezug nimmt, die wechselnde Angaben enthalten, oder auf solche Unterlagen, die das Gericht nach dem Abschluss der Instanz der Partei zurückgegeben hatte, BGH NJW 1981, 1621. Ist das Urteil trotz §§ 310 II, 550 nicht innerhalb von 3 Monaten nach seiner Verkündung bei den Akten, so dass eine Tatbestandsberichtigung wegen §§ 320 II 3, 525 nicht mehr statthaft war, ist die Fehlerhaftigkeit des Tatbestands nur dann ein Revisionsgrund, wenn sie entscheidungserheblich ist.

Unbestimmter Rechtsbegriff: → „Rechtsbegriff".

Verkehrsauffassung: Soweit man sie nicht entsprechend den Erfahrungssätzen behandeln muss, Oestmann JZ 2003, 285, gehört sie dem Gebiet der tatrichterlichen Feststellung an. Das gilt auch für einen Handelsbrauch, BGH NJW-RR 1990, 586; aM Oestmann JZ 2003, 285.

Versicherungsbedingungen: Sie können nachprüfbar sein.

Vertragsverletzung: Positive Vertragsverletzung, ernstliche und endgültige Erfüllungsverweigerung sind Rechtsbegriffe. Ihre Verkennung begründet die Revision. Das Revisionsgericht darf sie aber regelmäßig nicht abschließend beurteilen, da die tatsächlichen Unterlagen wesentlich sind. Solche Beurteilung bände auch gegenüber einem zulässigen neuen Vorbringen nicht.

Verwaltungsvorschrift: Sie ist nachprüfbar.

547 ***Absolute Revisionsgründe.*** **Eine Entscheidung ist stets als auf einer Verletzung des Rechts beruhend anzusehen,**

1. wenn das erkennende Gericht nicht vorschriftsmäßig besetzt war;
2. wenn bei der Entscheidung ein Richter mitgewirkt hat, der von der Ausübung des Richteramts kraft Gesetzes ausgeschlossen war, sofern nicht dieses Hindernis mittels eines Ablehnungsgesuchs ohne Erfolg geltend gemacht ist;
3. wenn bei der Entscheidung ein Richter mitgewirkt hat, obgleich er wegen Besorgnis der Befangenheit abgelehnt und das Ablehnungsgesuch für begründet erklärt war;
4. wenn eine Partei in dem Verfahren nicht nach Vorschrift der Gesetze vertreten war, sofern sie nicht die Prozessführung ausdrücklich oder stillschweigend genehmigt hat;
5. wenn die Entscheidung auf Grund einer mündlichen Verhandlung ergangen ist, bei der die Vorschriften über die Öffentlichkeit des Verfahrens verletzt sind;
6. wenn die Entscheidung entgegen den Bestimmungen dieses Gesetzes nicht mit Gründen versehen ist.

1 **I. Systematik, Nr. 1–6.** Die Vorschrift stimmt mit der Regelung der Nichtigkeitsklage in § 579 I Nr. 1–4 fast wörtlich überein, vgl. BGH NJW 2007, 2702 (zust. Gebauer ZZP 120, 507). § 547 Nr. 5, 6 enthalten weitere Fälle absoluter Revisionsgründe, anders als das Berufungsrecht, KG MDR 2007, 48. Methodisch knüpft die Gesamtvorschrift an die Zentralbedingung einer Rechtsverletzung nach § 545 I und an deren nähere amtliche Begriffsbestimmung in § 546 an. Diese Vorschriften bleiben daher hilfsweise anwendbar. § 547 bringt aber eine vorrangige und als Spezialnorm abschließende Aufzählung typischer und daher insoweit einem Einordnungsermessen scheinbar entzogener Situationen. In ihnen erfolgt mit dem gesetzestechnischen Mittel der Fiktion eine endgültige Bewertung. Das geschieht durch unwiderlegbare Vermutungen der Ursächlichkeit eines solchen Verstoßes für den Urteilsfehler. Deshalb tritt dann auch § 561 zurück, BGH NJW 2003, 585. Die Notwendigkeit einer Rüge nach § 551 III 1 bleibt bestehen. Zur Bedeutung bei der Nichtzulassungsbeschwerde → § 543 Rn. 26.

II. Regelungszweck, Nr. 1–6. Die Fälle Nr. 1–6 stellen so schwerwiegende Verstöße des Berufungsgerichts dar, dass die Gerechtigkeit unbedingt eine nochmalige Überprüfung erfordert, BGH NJW 2007, 2702 (zust. Gebauer ZZP 120, 507). **Ob** ein solcher wesentlicher Verstoß vorliegt, muss man natürlich umso sorgfältiger prüfen, BGH FamRZ 2009, 1482. **Wenn** er aber erfolgt ist, soll sich das Revisionsgericht nicht mehr um die Begründetheit dieses Rechtsmittels kümmern müssen. Das fordert schon die Prozesswirtschaftlichkeit. 2

III. Geltungsbereich, Nr. 1–6. Die Vorschrift gilt in jedem Revisionsverfahren nach der ZPO und den auf sie verweisenden Gesetzen. Sie gilt auch im WEG-Verfahren. Im Verfahren der Arbeitsgerichte ist § 547 iVm §§ 72 II, Nr. 3 V, 92 I 2 ArbGG anwendbar, BAG NZA 2015, 957; BVerwG NVwZ 2010, 136. Es gelten nach § 72 V ArbGG dieselben unbedingten Revisionsgründe, falls das LAG die Revision nach § 72 I ArbGG zugelassen hat, BAG NJW 2003, 1621. § 72b ArbGG ist beim Verstoß gegen § 547 Nr. 6 unanwendbar, BAG NZA 2007, 227. Zur fehlerhaften Mitwirkung ehrenamtlicher Richter nach Nr. 1 § 65 ArbGG. Die Vorschrift gilt nach §§ 160 II Nr. 3, 160a II 3 SGG auch im sozialgerichtlichen Verfahren, BSG NJW 2017, 3183. 3

IV. Bedeutung, Nr. 1–6. § 547 enthält diejenigen Revisionsgründe, deren Vorliegen eine unwiderlegliche Vermutung für die Ursächlichkeit der Rechtsverletzung begründet, sog. absolute Revisionsgründe, BAG NZA-RR 2013, 138. Man darf die absoluten Revisionsgründe nicht mit den von Amts wegen zu beachtenden Punkten verwechseln. Unheilbar nichtig machen diese Revisionsgründe das Urteil nicht, BGH ZIP 2010, 1639. Das zeigt auch § 586. Ihre Nachprüfung ist auch nur dann möglich, wenn die Revision statthaft und zulässig ist, BAG NJW 2003, 1621. Man muss auch die absoluten Revisionsgründe nach § 551 III 1 Nr. 2b rügen, soweit es sich nicht um eine von Amts wegen zu beachtende Prozessvoraussetzung handelt. Dazu gehört ein nach § 138 substantiierter Tatsachenvortrag, BAG NJW 2012, 1166. Man kann die Revision auf sie nur dann stützen, wenn sie in der letzten Tatsacheninstanz vorgelegen haben. Daher begründet ihr Vorliegen nur beim LG im Allgemeinen die Revision nicht. Es fehlt dann die Ursächlichkeit. Anders liegt es dann, wenn der Verfahrensverstoß auch für die Berufungsentscheidung dadurch ursächlich geworden ist, dass das Berufungsgericht das auf dem Fehler beruhende Ergebnis des Erstgerichts als solches übernommen hätte. Bei Nr. 4 muss die Genehmigung auch des erstinstanzlichen Verfahrens vorliegen. 4

V. Unvorschriftsmäßige Besetzung des Gerichts, Nr. 1. Die Vorschrift ergibt sich als Folge von Art. 101 I 2 GG, BVerfG NJW 2005, 2689; BAG NJW 2012, 1388. Hierher gehören § 309 ZPO, §§ 10, 21e ff. GVG, BGH NJW 2015, 1687, §§ 20, 59 ff., 70, 75, 105–110, 115–120 GVG, BGHZ 95, 226 (246), §§ 122, 192 GVG, §§ 16 ff., 35 ff., 41 ff. ArbGG. Zu beachten sind auch §§ 8, 18, 21, 28 DRiG dabei, ob die entscheidende Person die Eigenschaft als Richter hatte und ob Richter der richtigen Art die Richterbank bildeten (zur Mitwirkung der ehrenamtlichen Richter nach § 45 DRiG in der Arbeitsgerichtsbarkeit § 65 ArbGG, Berger-Delhey RdA 1988, 22). 5

1. Erkennendes Gericht. Die vorschriftsmäßige Besetzung bezieht sich allein auf das nach §§ 309, 525 erkennende Gericht, OLG Schlesw MDR 2005, 584. Daher fallen vorbereitende Maßnahmen wie zB die Tätigkeit des Berichterstatters nicht darunter, BGH NJW 1986, 2115; BSG MDR 1992, 593, ebenfalls nicht die Wiedereröffnung der mündlichen Verhandlung allein durch den Vorsitzenden des LAG, BAG NZA 2018, 1357. Das Revisionsgericht darf sie nur aufgrund einer ordnungsgemäßen Rüge nach → Rn. 4 prüfen, also nicht von Amts wegen, BGH NJW-RR 1993, 1339; BSG NZA 1986, 38. Man muss die Besetzung nach der Geschäftsverteilung im maßgeblichen Zeitpunkt beurteilen, BVerwG DVBl 1985, 574. Abstellen muss man auf den Zeitpunkt der Mitwirkung, BGH NJW 1986, 2115, also meist auf die letzte mündliche Verhandlung nach § 137, im schriftlichen Verfahren auf die dem Berufungsurteil nach § 540 zugrunde liegende letzte Beratung nach §§ 192 ff. GVG, BGH NJW 1986, 2115; BSG MDR 1992, 593; Krause MDR 1982, 184. Es gibt keine Regel des Inhalts, die einmal an der mündlichen Verhandlung und Beweisaufnahme beteiligten Richter müssten bis zur Entscheidung mit der Sache befasst bleiben, BGH NJW 1979, 2518; BVerwG NJW 1986, 3154. Jedoch begründet ein Richterwechsel während der letzten Verhandlung etwa nach ihrer Unterbrechung die Rüge der unvorschriftsmäßigen Besetzung, VGH Mannh JZ 1985, 852. 6

2. Beispiele zur Frage einer unvorschriftsmäßigen Besetzung, Nr. 1

Abgeordneter Richter: Nr. 1 ist anwendbar, soweit ein abgeordneter Richter unzulässig mitgewirkt hat, BGH NJW 1985, 2336 7

Abwesenheit: Nr. 1 ist anwendbar, soweit der Richter während der letzten mündlichen Verhandlung nach § 137 auch nur kurz körperlich abwesend war. Dasselbe gilt bei einer geistigen Abwesenheit, BVerwG NJW 2001, 2898; BFH BStBl. 1986 II 908; Günther MDR 1990, 875.

Aufklärung: Nr. 1 ist nur insoweit anwendbar, als der Rügeführer über einen solchen ihm nicht bekannten Vorgang, der geschäftsintern für die Besetzungsfrage maßgeblich gewesen sein kann, eine zweckgemäße Aufklärung herbeizuführen versucht hat, BGH NJW 1992, 512; BVerwG NJW 1982, 2394 (keine Rüge „auf Verdacht").

Beiderseitige Revision: Stützt sich bei ihr nur die eine Partei auf Nr. 1, verweist das Revisionsgericht bei einer Bejahung dieses Verstoßes in vollem Umfang nach § 563 I, IV an das Berufungsgericht zurück, BGH NJW 2011, 990.

Beratung: Nr. 1 ist anwendbar bei einem Verstoß gegen §§ 192 ff. GVG, etwa bei der Teilnahme einer gerichtsfremden Person an der Beratung und Abstimmung, VGH Kassel NJW 1981, 599.

Berichtigung: Nr. 1 ist **unanwendbar,** soweit eine Berichtigung nach §§ 319, 525 möglich ist, zB wegen der versehentlichen Unterschrift eines solchen Richters, der an der Entscheidung nicht mitgewirkt hatte. Das gilt auch noch nach der Einlegung der Revision, OLG Ffm NJW 1983, 2395.

Blindheit: Nr. 1 ist im Zivilprozess nur insoweit auf den blinden Richter anwendbar, als es auf einen optischen Eindruck ankam, BGH NJW 1987, 1210; BFH BStBl. 1984 II 532; OLG Ffm OLGZ-FG 95, 36 (Notwendigkeit eines persönlichen Eindrucks).

Ehrenamtlicher Richter: Nr. 1 ist anwendbar, soweit ein nicht zuvor vereidigter ehrenamtlicher Richter oder Handelsrichter mitgewirkt hat, oder soweit ein Mangel des Verfahrens bei der Bestellung des ehrenamtlichen Richters so schwer war, dass er zur Nichtigkeit der Bestellung führte, BVerwG NJW 1988, 2190; OVG Hmb NJW 1985, 2354. Nach §§ 65, 73 ArbGG ist diese Rüge überhaupt unzulässig. Nr. 1 ist dann **unanwendbar,**

wenn ein ehrenamtlicher Richter den Diensteid noch vor der Stellung der Sachanträge abgelegt hat, BAG NZA 2010, 595.

Einzelrichter: Nr. 1 ist anwendbar, soweit der Einzelrichter nach § 527 anstelle des Kollegiums entschieden hat, BGH NJW 2014, 301 (keine Heilung nach § 295 I) oder umgekehrt, BGH WuM 2009, 145. Zu Grenzen bei § 348 I Nr. 2e BGH NJW 2013, 2601.

Entscheidungserheblichkeit: Nr. 1 vermutet sie nach §§ 292 S. 1 Hs. 1, 555 I unwiderlegbar, BAG NZA 2011, 229.

Ermessen: Nr. 1 kann dann anwendbar sein, wenn das Gericht den Richter mit einer bloßen Ermessensausübung bestimmt hat, BAG MDR 2003, 47.

Ersetzende Entscheidung: Eine solche nach § 561 scheidet aus, BGH DtZ 1993, 248. Auch „Beiderseitige Revision".

Fehlen des Namens: Nr. 1 ist **unanwendbar,** soweit man den Richter nach dem Geschäftsverteilungsplan des Kollegiums nach § 21g GVG hinreichend bestimmen kann, OLG Zweibr MDR 2005, 349.

Gerichtsverwaltung: → „Justizverwaltung".

Geschäftsverteilung: Nr. 1 ist anwendbar, soweit ein Verstoß gegen den Geschäftsverteilungsplan nach §§ 21a ff. GVG zur Zeit der Endentscheidung des Berufungsgerichts vorliegt, BGH NJW-RR 2009, 210, und soweit er auf objektiver Willkür beruhte und deshalb auch Art. 101 I 2 GG verletzte, BGH NJW-RR 2009, 210; BAG NJW 2012, 1388; BVerwG NJW 1988, 1339. Nr. 1 ist **unanwendbar,** soweit die Mitwirkung eines „falschen" Richters auf einem bloßen Irrtum über die Geschäftsverteilung beruhte, BGH NJW 1976, 1688, oder wenn eine Zurückverweisung nach § 538 an einen bestimmten, nach der Geschäftsverteilung aber „eigentlich" unzuständigen Senat erfolgt war, BGH NJW 1986, 2886. Auch → „Nichtbesetzung", „Überbesetzung".

Handelsrichter: → „Ehrenamtlicher Richter".

Hilfsrichter: Nr. 1 ist dann anwendbar, wenn ein Hilfsrichteramt nicht richtig besetzt war usw., BGHZ 95, 226.

Justizverwaltung: Nr. 1 ist wegen Art. 101 I 2 GG zumindest entsprechend mitanwendbar, soweit die Justizverwaltung irgendeinen bestimmenden Einfluss auf die Zuteilung einer einzelnen Sache genommen hat, etwa bei der Bestimmung des zeitlichen Eingangs oder der Reihenfolge durch den Urkundsbeamten und durch dessen dementsprechende Verteilung auf die Kollegien, oder wenn das Ermessen des Richters eine Beeinträchtigung erlitt.

Name: → „Fehlen des Namens", → „Schreibfehler".

Nichtbesetzung: Nr. 1 ist anwendbar, soweit eine Stelle zB des Vorsitzenden langfristig unbesetzt geblieben ist, BGH NJW 1985, 2337; VerfGH Mü DÖV 1986, 106. Zu den Anforderungen an diese Rüge BGH NJW 1986, 2115. Hierher gehört auch die Rüge, dass die Geschäftsverteilung nach § 21e GVG gesetzwidrig zustande gekommen sei, BVerwG NJW 1988, 1339, ferner, dass ein nicht nach der Geschäftsverteilung berufener Richter mitgewirkt habe. Auch „Geschäftsverteilung".

Nichtrichter: Nr. 1 ist anwendbar, soweit ein Nichtrichter mitgewirkt hat, Jauernig DtZ 1993, 173. Auch → „Ehrenamtlicher Richter".

Prorogation: → „Verzicht".

Richterwechsel: Nr. 1 ist bei einem Verstoß gegen § 309 anwendbar, BGH WM 2015, 1242.

Schlafender Richter: Nr. 1 ist dann anwendbar, BSG NJW 2017, 3184; BVerwG NJW 1986, 2721.

Schreibfehler: Nr. 1 ist **unanwendbar,** soweit nur ein Schreibfehler im Urteilskopf nach §§ 313 I Nr. 1–3, 525, 540 vorliegt.

Tatsachenangabe: Nr. 1 ist nur insoweit anwendbar, als der Rügeführer die erforderlichen Tatsachen angibt, und zwar in der Revisionsbegründung nach § 551, BVerwG NJW 2001, 2898. Auch → „Aufklärung".

Überbesetzung: Nr. 1 ist dann anwendbar, wenn nicht generell aus dem Geschäftsverteilungsplan eine klare Regelung auch des Einzelfalls ableitbar ist, BGH NJW 2009, 1351.

Überlastung: Nr. 1 ist **unanwendbar,** soweit der Vorsitzende zwar wegen des an sich zulässigen Vorsitzes in zwei Senaten im hier fraglichen Fall tatsächlich den Vorsitz gehabt hat.

Urkundsbeamter: Nr. 1 ist auf ihn **unanwendbar.** Denn er gehört nicht zum „erkennenden" Gericht nach § 128 I. Seinetwegen mag § 546 infrage kommen.

Verhandlungsführung: Nr. 1 ist **unanwendbar,** soweit der Vorsitzende nur die Verhandlung nicht sicher und sachgerecht durchgeführt hat.

Verhinderung: Nr. 1 ist anwendbar, soweit es um eine Verkennung dieses Rechtsbegriffs nach §§ 315 I 2, 525, 21e ff. GVG geht, BGH NJW 2015, 1687. Der Pensionär ist nicht „verhindert". Daher ist Nr. 1 anwendbar, BSG NJW 2007, 2717.

Verkündung: Nr. 1 ist anwendbar auf den nur verkündenden Richter.

Vertreter: Nr. 1 ist auf ihn anwendbar, soweit sich der Vorsitzende unzulässig nicht nur vorübergehend vertreten ließ, BFH BStBl. 1989 II 424.

Verzicht: Nr. 1 bleibt trotz eines „Verzichts" anwendbar. Denn die Rüge ist nach §§ 295 II, 525 unverzichtbar, BGH NJW 1993, 601 (zust. Deubner JuS 1993, 493). Daher ändert selbst ein Einverständnis aller Beteiligten mit der Besetzung der Richterbank nichts am Erfolg der Rüge. Das kann aber nur insoweit gelten, als die Vereinbarung der Zuständigkeit eines unzuständigen Gerichts nach §§ 38, 39 ausgeschlossen ist, § 40.

Willkür: Nr. 1 ist bei ihr anwendbar, BAG NJW 2011, 3053.

Zuständigkeitsvereinbarung: → „Verzicht".

8 **VI. Ausschließung vom Richteramt, Nr. 2.** Die Ausschließungsgründe ergeben sich aus § 41. Im Wiederaufnahmeverfahren nach §§ 578 ff. ist ein Richter nicht deshalb ausgeschlossen, weil er an dem Ersturteil beteiligt war, BGH NJW 1981, 1273. Dasselbe gilt bei einem im Grundverfahren nach §§ 304, 525 ausgeschlossenen Erstrichter dann, wenn er im Betragsverfahren Berufungsrichter war. Eine Mitwirkung nur bei der Beweisaufnahme nach §§ 355 ff., 525 oder bei der Verkündung nach §§ 310, 311, 539, 540 schadet nicht.

9 **Unanwendbar** ist Nr. 2, soweit das Gericht ein auf einen Ausschließungsgrund gestütztes Ablehnungsgesuch nach § 46 II rechtskräftig zurückgewiesen hat. Für den Urkundsbeamten gilt Nr. 2 ebenfalls nicht.

10 **VII. Erfolgreiche Ablehnung eines Richters, Nr. 3.** Vgl. §§ 42 bis 48. Auch die Selbstablehnung gehört hierhin. Stets muss die Ablehnung nach → § 47 Rn. 4 rechtskräftig begründet sein.

Die erfolglose Ablehnung oder das Fehlen einer Entscheidung über die Ablehnung genügt **nicht,** BGH NJW 1981, 1273, erst recht **nicht** eine erst aus den Urteilsgründen nach §§ 313 III, 540 ersichtliche Befangenheit, BGH NJW 1993, 400, oder das Entstehen des Ablehnungsgrundes erst zwischen der Niederschrift und der Verkündung des Berufungsurteils, BGH NJW 2001, 1503. Auf den Urkundsbeamten ist Nr. 3 nicht anwendbar. 11

VIII. Mangelnde Vertretung im Prozess, Nr. 4. Vgl. §§ 51, 56, 57, 80, 88, 89 II. 12

1. Grundsatz: Umfassende Geltung. Hierher gehört der Mangel einer gesetzlichen oder auch einer rechtsgeschäftlichen Vertretung. Dabei handelt es sich um einen Extremfall der Versagung des rechtlichen Gehörs nach Art. 103 I GG, Sangmeister NJW 2009, 2091. Hierher gehören alle Fälle fehlender ordnungsmäßiger Vertretung einer Partei im Verfahren, mag sie auf dem sachlichen Recht oder auf dem Prozessrecht beruhen, BGH ZIP 2010, 1639; BVerwG NZA-RR 2016, 276; OLG Celle MDR 2006, 1010 (Löschung in der Anwaltsliste). Diesen Mangel kann nur die unzureichend vertretene Partei geltend machen lassen, BGH ZIP 2017, 789. 13

2. Beispiele zur Frage mangelnder Vertretung, Nr. 4

Von Amts wegen: Anwendbar ist Nr. 4 auch von Amts wegen, BGH ZIP 2010, 1639. 14

Behandlung als Vertreter: Anwendbar ist Nr. 4, soweit das Berufungsgericht jemanden fälschlich als gesetzlichen Vertreter behandelt hat. Er kann die Revision im Interesse der Partei einlegen.

Beschwer: Anwendbar ist Nr. 4 nur zugunsten der betroffenen Partei, nicht deren Gegner, BGHZ 63, 78; BAG NZA 2010, 1310. Freilich muss das Revisionsgericht diesen Mangel auch von Amts wegen beachten, BGH ZIP 2010, 1639. Auch „Behandlung als Vertreter".

Genehmigung: Wegen derjenigen der Prozessführung → § 56 Rn. 17, → § 89 Rn. 19, BGH ZIP 2010, 1639. Sie kann auch stillschweigend erfolgen, BGH NJW 2013, 3098.

Heilung: Sie ist in jeder Verfahrenslage sogar rückwirkend nach §§ 295 I, 525 möglich, BGH NJW 2013, 3098. Auch „Genehmigung".

Keinerlei Hinzuziehung: Anwendbar ist Nr. 4 in einem solchen Fall gegenüber einer Partei wie gegenüber einem hinzugehörigen Dritten, BGH FamRZ 2003, 155; BayObLG FER 1997, 19; OLG Brdb OLGR 2007, 699.

Insolvenzverwalter: Unanwendbar ist Nr. 4 bei ihm, BGH ZIP 1988, 446.

Ladungsfehlen: Anwendbar ist Nr. 4 beim Fehlen einer ordnungsgemäßen Ladung jedenfalls dann, wenn der Beteiligte deshalb weder selbst noch durch einen Bevollmächtigten an der mündlichen Verhandlung teilnehmen konnte, BGH NJW 2003, 28 (keine Beiladung); BAG NJW 2018, 2078; BVerwG 66, 311.

Parteifähigkeit: Anwendbar ist Nr. 4 bei ihrem Fehlen oder bei ihrem Mangel nach § 50.

Prozessfähigkeit: Anwendbar ist Nr. 4 bei ihrem Fehlen oder ihrem Mangel nach § 51.

Prozessführungsbefugnis: Anwendbar ist Nr. 4 bei ihrem Fehlen oder bei ihrem Mangel.

Unterbrechung: Anwendbar ist Nr. 4 während einer Unterbrechung des Verfahrens zB infolge der Eröffnung eines Insolvenzverfahrens nach § 240, BGH NJW 1997, 1145; BAG NZA 2002, 352; OLG Hamm MDR 2011, 888, oder aus anderen Gründen.

Ursächlichkeit: Liegt Nr. 4 vor, muss das Revisionsgericht das Berufungsurteil nach § 540 ohne Rücksicht darauf aufheben, ob es im Ergebnis richtig ist.

Ohne Verhandlung: Unanwendbar ist Nr. 4 bei einem Urteil nach § 540 ohne mündliche Verhandlung trotz des Fehlens eines Einverständnisses nach § 128 II, BSG MDR 1982, 700.

Vertretungsmacht: Anwendbar ist Nr. 4 bei ihrem Fehlen oder bei ihrem Mangel, BGH NJW 2013, 3098.

IX. Verletzung der Vorschriften über die Öffentlichkeit, Nr. 5. Vgl. §§ 169 ff. GVG, außer § 169 S. 2 GVG, BGH NJW 1989, 1743, ferner außer § 171 I Hs. 2 GVG, weil dieser ins Ermessen stellt, und außer § 171b GVG, dessen Verletzung nicht revisibel ist. Bei einem Verstoß gilt der Verfahrensfehler als ursächlich, BGH NJW 2000, 2509. Nr. 5 greift ein bei einer Entscheidung aufgrund der nichtöffentlichen Verhandlung nach § 128 I bei einer solchen Sache, die das Gericht nach § 169 GVG hätte öffentlich verhandeln müssen, BayObLG MDR 1989, 456, und ebenso bei einer Entscheidung aufgrund der öffentlichen Verhandlung einer solchen Sache, für die eine nichtöffentliche Verhandlung zwingend ist, OLG Köln JMBlNRW 1986, 21, oder nach § 171 I Hs. 1, II GVG. Maßgeblich ist nach §§ 160 I Nr. 5, 165 das Protokoll. Es muss bei der Ausschließung nach §§ 174, 172 GVG einen entsprechenden Beschluss enthalten, BVerwG NJW 1983, 2155. Ist die Ausschließung zu Unrecht unterblieben, steht das immer dann gleich, wenn die Unterlassung das Ergebnis beeinflussen konnte, nicht aber bei § 171b GVG. Ein Protokollvermerk, es sei kein Unbeteiligter zugegen gewesen, ersetzt den Ausschluss nicht. Maßgebend ist die Schlussverhandlung nach §§ 137, 525. Eine frühere kommt nur dann infrage, wenn der damalige Verstoß für die Entscheidung ursächlich gewesen sein kann. 15

Ein Verstoß lediglich bei der **Urteilsverkündung** nach §§ 310, 311, 540 ist jedenfalls im isolierten Verkündungstermin nach § 310 II unschädlich, BVerwG BayVBl. 1990, 351. Wegen der Unverzichtbarkeit → GVG Vor § 169 Rn. 5. 16

X. Fehlen einer Begründung der Entscheidung, Nr. 6. Auch das kann reichen, BGH NJW-RR 2014, 315. Die hier geltenden Auslegungsgrundsätze sind auch bei § 73 IV Nr. 6 GWB und bei § 100 III Nr. 5 PatG sowie bei § 83 III Nr. 6 MarkenG vorhanden, BGH GRUR-RR 2009, 191. Nr. 6 gilt auch bei einem mit einer Rechtsbeschwerde nach §§ 574 ff. anfechtbaren Beschluss, BGH NJW-RR 2014, 124. Nr. 6 gilt auch dann, wenn das Urteil 5 Monate nach Verkündung immer noch nicht der Geschäftsstelle vorliegt, BGH NJOZ 2016, 1537; GRUR 2011, 57. 17

Kein Verstoß gegen Nr. 6 liegt dann vor, wenn nur die Erörterung einer von mehreren möglichen Anspruchsgrundlagen fehlt, BayObLG NJW-RR 2002, 1249. Unanwendbar ist Nr. 6 bei § 72b I 2 ArbGG, BAG NZA 2015, 512. 18

1. Fehlende Begründung. Die Vorschrift greift nur ein, soweit die ZPO nach § 540 iVm §§ 313a, 313b eine volle Begründung vorschreibt. Es fehlt dann eine Begründung, wenn kein ordnungsmäßiges Urteil vorliegt oder wenn ein grober Verstoß gegen die Begründungspflicht nach § 313 I Nr. 6, III besteht, BGH NZA-RR 2012, 267. Das Berufungsgericht muss sein Urteil entweder zu Unrecht gar nicht begründet haben, oder die Gründe müssen für alle oder einzelne wesentliche und selbständig geltend gemachten Ansprüche nach § 260 oder Angriffs- oder Verteidigungsmittel fehlen, BGH NJW 2017, 815; BAG NZA 2014, 743, zB bei einer Aufrechnung oder bei einer Verjährungsrüge nach § 214 I BGB, BGH VersR 1979, 348. Das setzt voraus, dass diese 19

Mittel geeignet waren, den mit der Revision erstrebten Erfolg herbeizuführen, BGH NZM 2015, 798. Fehlt ein nach §§ 525, 540 iVm §§ 313a, 313b vorgeschriebener Tatbestand und lässt das Berufungsurteil auch sonst nicht erkennen, welchen Streitstoff das Berufungsgericht seiner Entscheidung zugrunde gelegt hat, muss das Revisionsgericht diesen Mangel von Amts wegen berücksichtigen. Er führt nur dann zur Aufhebung und Zurückverweisung nach § 563 IV, BGH NZM 2015, 798; BAG NZA 2014, 743.

2. Beispiele zur Frage des Fehlens einer Begründung, Nr. 6

20 **von Amts wegen:** Die Erwägungen „Gesamtwürdigung" gelten auch bei einem von Amts wegen zu beachtenden Punkt.

Anträge: Anwendbar ist Nr. 6 beim Fehlen ihrer Wiedergabe, BGH MDR 2010, 1210. **Unanwendbar** ist Nr. 6, soweit sich das Berufungsgericht mit einem Antrag überhaupt nicht befasst hat, BGH NJW 2012, 2660 (dann evtl. § 320 oder § 321).

Aufrechnung: Anwendbar ist Nr. 6 bei ihrer Nichtbehandlung.

Auslandsrecht: Anwendbar ist Nr. 6 beim Fehlen einer eindeutigen Erklärung, welches Recht das Berufungsgericht angewandt hat, BGH NJW 1988, 3097; Roth IPRax 1989, 213.

Auslegung: „Gesamtwürdigung".

Beweisantrag: Unanwendbar ist Nr. 6 evtl. bei seinem Übergehen, BAG NZA 2014, 743.

Beweiswürdigung: Anwendbar ist Nr. 6 beim Fehlen jeder Beweiswürdigung nach §§ 286, 540, BAG NZA 2006, 1431.

Bezugnahme: Anwendbar ist Nr. 6 beim Fehlen von Gründen zu einer im Tatbestand erfolgten Bezugnahme, BAG NZA 2014, 743. **Unanwendbar** ist Nr. 6 grds. wegen § 540 I Nr. 1 bei einer evtl. statthaften Bezugnahme, BGH NJW-RR 2011, 1130, zB auf das Urteil in einer anderen Sache dann, wenn es entweder zwischen denselben Parteien ergangen ist oder wenn sie es im Prozess vorgetragen haben oder wenn sie es vor dem Beginn der Rechtsmittelfrist nach § 517 kannten, BGH NJW-RR 1991, 830; BFH BStBl. 1990 II 1071; OLG Köln OLGZ 1980, 1. Unanwendbar ist Nr. 6 auch bei einer Bezugnahme auf eine gleichzeitig verkündete Entscheidung zwischen denselben Parteien, BFH BStBl. 1984, II 666, oder bei einer ausreichenden Bezugnahme des Berufungsgerichts nach § 540 I 1 Nr. 1, BGH NZM 2010, 694. Auch „Rechtsansicht".

Einwendung: Anwendbar ist Nr. 6 beim Fehlen der Erörterung, BAG NZA 2014, 743.

Ermessen: Anwendbar ist Nr. 6 dann, wenn eine Begründung keine Überprüfung ermöglicht, ob das Vordergericht sein Ermessen rechtmäßig ausgeübt hat, BGH NJW-RR 2014, 124.

Floskel: Anwendbar ist Nr. 6 bei bloßen Floskeln, BGH GRUR-RR 2008, 458.

Gedicht: → „Versform".

Gesamtwürdigung: Unanwendbar sein kann Nr. 6 dann, wenn sich die Gründe zB für eine Ablehnung nach §§ 42 ff. aus einer Gesamtwürdigung ergeben.

Mitverschulden: Anwendbar sein kann Nr. 6 bei seiner Nichtbehandlung, BAG NZA 2014, 743.

Oberflächlichkeit: Unanwendbar ist Nr. 6 schon bei auch nur den oberflächlichsten Gründen, BGH NJW 1991, 2761. Aber auch → „Unverständlichkeit".

Parteiansicht: Anwendbar ist Nr. 6 bei der bloßen Wiedergabe einer Parteiansicht.

Protokollurteil: Anwendbar ist Nr. 6 evtl. auch bei § 540 I 2, BGH MDR 2007, 351.

Prozessabweisung: → „Unverständlichkeit".

Rechtsansicht: Unanwendbar ist Nr. 6 bei einer nachprüfbaren Verweisung auf Rspr. und Schrifttum, BGH NJW 1991, 2762.

Rechtsbehelfsbelehrung: Unanwendbar ist Nr. 6 bei ihrem Fehlen oder ihrer sonstigen Fehlerhaftigkeit. Denn eine gesetzlich zB nach §§ 232 S. 2, 233 notwendige Belehrung gehört zwar ins Urteil, ist aber nicht Teil seiner Begründung.

Schmerzensgeld: Anwendbar ist Nr. 6 bei einer nicht nachvollziehbaren Darlegung zur Höhe des Schmerzensgelds, BGH NJW 1989, 773.

Streitgegenstand: Anwendbar ist Nr. 6 beim Fehlen seiner Wiedergabe, BGH MDR 2010, 1210.

Streitwert: Seine Berechnung muss nachvollziehbar sein, BGH NJW-RR 2014, 124.

Übergehung: „Ursächlichkeit".

Unrichtigkeit: Unanwendbar ist Nr. 6 bei nur unrichtigen Gründen, BGH NZM 2010, 694; BVerwG NVwZ-RR 1989, 334.

Unterschrift: Anwendbar ist Nr. 6 beim Fehlen einer unersetzbaren Richterunterschrift nach §§ 315, 540, BGH BB 2006, 2717. **Unanwendbar** ist Nr. 6 bei der Unterschrift durch einen an der Entscheidung nicht beteiligten Richter, aM BFH FamRZ 1989, 735.

Unverständlichkeit: Anwendbar ist Nr. 6 bei objektiv unverständlichen Urteilsgründen nach §§ 313 III, 540. Auf ein subjektives Verstehen kommt es nicht an. Nicht ausreichend sind auch allzu verworrene Gründe, BVerfG NJW 1998, 3290; BGH NZA-RR 2012, 267. Das gilt zB dann, wenn unklar bleibt, ob das Gericht sachlich oder prozessual abgewiesen hat, BGH GRUR-RR 2008, 458.

Unvollständigkeit: → Rn. 19.

Unzulänglichkeit: Unanwendbar ist Nr. 6 schon bei den unzulänglichsten Gründen, BGH NJW 1991, 2761. Aber auch „Unverständlichkeit".

Ursächlichkeit: Abweichend von der Regel → Rn. 2 ist hier die Ursächlichkeit eines Mangels nötig. Denn sonst käme es doch wieder zu demselben Ergebnis, zB bei der Übergehung eines Beweismittels, BGH ZIP 2012, 2204.

Verhinderung: Anwendbar ist Nr. 6 bei einer Verkennung des Rechtsbegriffs Verhinderung in § 315 I 2, BGH FamRZ 2009, 223.

Verjährung: Anwendbar ist Nr. 6 bei ihrer Nichtbehandlung, BAG NZA 2014, 743.

Versform: Unanwendbar ist Nr. 6 bei Gründen in Versform, OLG Karlsr NJW 1990, 2010; Deaumont NJW 1990, 1969; Sendler NJW 1995, 849.

Verweisung: → „Bezugnahme", → „Rechtsansicht".

21 **3. Verspätete Begründung.** Nr. 6 ist auch dann anwendbar, wenn das mit Gründen versehene vollständige und von allen beteiligten Richtern unterzeichnete Berufungsurteil nach § 540 erst nach § 548 nach dem Ablauf von fünf Monaten seit der Verkündung nach §§ 310, 311 zur Geschäftsstelle gelangt ist, BVerfG NZA 2005, 781;

BGH GRUR 2011, 57; BAG NZA 2000, 54. Das gilt ohne Rücksicht darauf, ob die Revision vor oder nach der Zustellung des Berufungsurteils nach §§ 166 ff., 317, 540 eingegangen ist, BGH NJW 1987, 2446. Es gilt auch unabhängig davon, ob das Berufungsgericht die Entscheidungsformel nach §§ 313 I Nr. 4, 540 vorher verkündet oder bekannt gemacht hat, BGH NJW-RR 2005, 1151. Das gilt auch bei einem solchen Beschluss nach §§ 329, 525, gegen den eine Rechtsbeschwerde nach § 574 statthaft ist, BGH NJW-RR 2005, 78, und auch in einer WEG-Sache, (zum alten Recht) KG NJW-RR 1994, 599. Eine Überschreitung der Fünfmonatsfrist liegt wegen § 222 II **nicht** dann vor, wenn der letzte Tag dieser Frist auf einen Samstag, Sonntag oder Feiertag fällt und das Urteil am darauffolgenden Werktag zur Geschäftsstelle kommt, BAG NZA 2000, 611.

Eine **Überschreitung der Fünfmonatsfrist** ab Verkündung oder Übergabe an die Geschäftsstelle zur Zustellung an Verkündungs Statt muss auch in allen anderen Gerichtsbarkeiten als das Fehlen einer Begründung gelten, BGH NJW-RR 2004, 1439; BAG NJW 1996, 1431; BVerwG NVwZ 2001, 1150; aM BGH FamRZ 2009, 1482. Unzulässig ist dann die Wiedereröffnung der Verhandlung etwa nach § 156, BFH NJW 1997, 416. Ein bloßer Verstoß gegen §§ 315 II, 525 reicht nicht, BGH NJW 1984, 2828. 22

Man muss eine verspätete Niederschrift des Berufungsurteils nach § 551 III 1 Nr. 2b **rügen.** Erforderlich ist die Angabe des konkreten Datums der Niederlegung des Urteils auf der Geschäftsstelle. Evtl. muss man diejenigen Tatsachen angeben, aus denen sich dieses Datum ergibt, BSG NJW 1995, 1983. Auf die begründete Rüge nur einer Partei muss das Revisionsgericht meist das gesamte Urteil aufheben, BAG NJW 1996, 870. Eine Zurückverweisung nach § 563 I, IV kommt dann nicht in Betracht, wenn die Klage unter keinem denkbaren Gesichtspunkt begründet ist, BFH NJW 1995, 1048; BSG NVwZ-RR 1996, 61 (überhaupt keine Zurückverweisung nach § 68 ArbGG, BAG NZA 1997, 176). In der verspäteten Absetzung des Berufungsurteils liegt kein Verstoß gegen Art. 103 I GG, BVerfG NJW 1996, 3203. 23

XI. Abschließende Regelung, Nr. 1–6. § 547 ist als Spezialnorm grundsätzlich keiner Ergänzung oder sinngemäßen Anwendung zugänglich. Daher ist abgesehen von Nr. 4 die Verletzung des Anspruchs auf rechtliches Gehör nach Art. 103 I GG kein absoluter Revisionsgrund (anders §§ 138 Nr. 3 VwGO, 119 Nr. 3 FGO), BAG NZA-RR 2012, 13; Wolff ZZP 116, 403. Jedoch ist ausnahmsweise eine Erweiterung notwendig, als das Fehlen der Parteifähigkeit nach § 50 stets ursächlich und darum ein unbedingter Revisionsgrund ist. 24

548

Revisionsfrist. **Die Frist für die Einlegung der Revision (Revisionsfrist) beträgt einen Monat; sie ist eine Notfrist und beginnt mit der Zustellung des in vollständiger Form abgefassten Berufungsurteils, spätestens aber mit dem Ablauf von fünf Monaten nach der Verkündung.**

I. Systematik, Regelungszweck. § 548 entspricht § 517. Vgl. die dortigen Erläuterungen. § 518 (Frist beim Ergänzungsurteil) ist sinngemäß anwendbar. Beim Protokollurteil nach § 540 I 2 gehört auch das Protokoll nach §§ 159 ff. zur notwendigen Urteilszustellung nach §§ 166 ff., 317, 540, BGH WuM 2010, 97. Die Frist läuft für jede Partei gesondert. Kann der Revisionskläger bei einem Berufungsurteil mit einem Widerspruch zwischen dem Tenor und dem Rest nicht erkennen, ob das Berufungsgericht die Revision nach § 543 I Nr. 1 zugelassen hat, läuft die Revisionsfrist erst ab der zugehörigen Klärung, BGH FamRZ 2004, 363. Bei einer Bezugnahme im Berufungsurteil auf eine andere Entscheidung läuft die Revisionsfrist jetzt nur gegenüber der danach beteiligten Partei, BGH NJW-RR 1991, 831. 1

II. Geltungsbereich. Die Vorschrift gilt in jedem Revisionsverfahren nach der ZPO und den auf sie verweisenden Gesetzen. Sie gilt auch im WEG-Verfahren. Im Verfahren der Arbeitsgerichte beträgt die Frist nach § 74 I ArbGG ebenfalls einen Monat. Hs. 2 ist nach § 72 V ArbGG entsprechend anwendbar, nach Maßgabe des § 9 V ArbGG, BAG NZA 1996, 1175. 2

549

Revisionseinlegung. **I [1]Die Revision wird durch Einreichung der Revisionsschrift bei dem Revisionsgericht eingelegt. [2]Die Revisionsschrift muss enthalten:**

1. die Bezeichnung des Urteils, gegen das die Revision gerichtet wird;
2. die Erklärung, dass gegen dieses Urteil Revision eingelegt werde.

[3]§ 544 Absatz 8 Satz 2 bleibt unberührt.

II Die allgemeinen Vorschriften über die vorbereitenden Schriftsätze sind auch auf die Revisionsschrift anzuwenden.

I. Systematik, Regelungszweck, I, II. § 549 entspricht § 519 I, II, IV. Vgl. daher dort. Revisionsgericht ist nach § 133 Nr. 1 GVG der BGH. Die Revisionseinlegung usw. braucht nach §§ 78 I 3 einen beim BGH zugelassenen Anwalt. Unberührt bleibt die Regelung in § 544 VIII 2 für den Fall einer erfolgreichen Nichtzulassungsbeschwerde. Hier braucht man nach I 3 nicht Revision einzulegen. II verweist auch auf §§ 129 ff. 1

II. Geltungsbereich, I, II. Die Vorschrift gilt in jedem Revisionsverfahren nach der ZPO und in den auf sie verweisenden Gesetzen. Sie gilt auch im WEG-Verfahren. Im Verfahren der Arbeitsgerichte ist § 549 nach § 72 V ArbGG entsprechend anwendbar. 2

550

Zustellung der Revisionsschrift. **I Mit der Revisionsschrift soll eine Ausfertigung oder beglaubigte Abschrift des angefochtenen Urteils vorgelegt werden, soweit dies nicht bereits nach § 544 Absatz 3 Satz 2 geschehen ist.**

II Die Revisionsschrift ist der Gegenpartei zuzustellen.

I. Systematik, Regelungszweck, I, II. Die Vorschrift entspricht §§ 519 III, 521 I für das Berufungsverfahren. Die Beifügung des angefochtenen Urteils erübrigt sich nach § 544 I 3 dann, wenn sie schon bei der Einlegung der Nichtzulassungsbeschwerde erfolgte. 1

2 **II. Geltungsbereich, I, II.** Die Vorschrift gilt für jedes Revisionsverfahren nach der ZPO und den auf sie verweisenden Gesetzen. Sie gilt auch im WEG-Verfahren. Im Verfahren der Arbeitsgerichte ist § 550 nach § 72 V ArbGG entsprechend anwendbar.

551 *Revisionsbegründung.* **I Der Revisionskläger muss die Revision begründen.**

II 1Die Revisionsbegründung ist, sofern sie nicht bereits in der Revisionsschrift enthalten ist, in einem Schriftsatz bei dem Revisionsgericht einzureichen. 2Die Frist für die Revisionsbegründung beträgt zwei Monate. 3Sie beginnt mit der Zustellung des in vollständiger Form abgefassten Urteils, spätestens aber mit Ablauf von fünf Monaten nach der Verkündung. 4§ 544 Absatz 8 Satz 3 bleibt unberührt. 5Die Frist kann auf Antrag von dem Vorsitzenden verlängert werden, wenn der Gegner einwilligt. 6Ohne Einwilligung kann die Frist um bis zu zwei Monate verlängert werden, wenn nach freier Überzeugung des Vorsitzenden der Rechtsstreit durch die Verlängerung nicht verzögert wird oder wenn der Revisionskläger erhebliche Gründe darlegt; kann dem Revisionskläger innerhalb dieser Frist Einsicht in die Prozessakten nicht für einen angemessenen Zeitraum gewährt werden, kann der Vorsitzende auf Antrag die Frist um bis zu zwei Monate nach Übersendung der Prozessakten verlängern.

III 1Die Revisionsbegründung muss enthalten:

1. die Erklärung, inwieweit das Urteil angefochten und dessen Aufhebung beantragt werde (Revisionsanträge);

2. die Angabe der Revisionsgründe, und zwar:
- **a) die bestimmte Bezeichnung der Umstände, aus denen sich die Rechtsverletzung ergibt;**
- **b) soweit die Revision darauf gestützt wird, dass das Gesetz in Bezug auf das Verfahren verletzt sei, die Bezeichnung der Tatsachen, die den Mangel ergeben.**

2Ist die Revision auf Grund einer Nichtzulassungsbeschwerde zugelassen worden, kann zur Begründung der Revision auf die Begründung der Nichtzulassungsbeschwerde Bezug genommen werden.

IV § 549 Abs. 2 und § 550 Abs. 2 sind auf die Revisionsbegründung entsprechend anzuwenden.

1 **I. Systematik, I–IV.** § 551 entspricht größtenteils den Bestimmungen für die Berufungsbegründung nach § 520. Ergänzend gelten §§ 549 II (Verweisung auf die allgemeinen Vorschriften über vorbereitende Schriftsätze) und 550 II (Zustellung der Begründungsschrift), IV.

2 **II. Regelungszweck, I–IV.** Die Vorschrift bezweckt eine Zusammenfassung und Beschleunigung des Verfahrens, BAG NJW 2005, 3595. Das Revisionsgericht und der Gegner sollen möglichst schnell und sicher erkennen können, wie der Revisionsführer den Streitfall beurteilt haben möchte, BGH VersR 2015, 1121; BAG NZA 2006, 157. Sie sollen sich auf seinen Angriff erschöpfend vorbereiten können, BAG NJW 2005, 3595. Die Vorschrift ist auch eine Folge der Parteiherrschaft. Das muss man bei der Auslegung beachten.

3 **III. Geltungsbereich, I–IV.** Die Vorschrift gilt in jedem Revisionsverfahren nach der ZPO und den auf sie verweisenden Gesetzen. Sie gilt auch im WEG-Verfahren. Im Verfahren der Arbeitsgerichte ist § 551 nach §§ 72 V, 74 I ArbGG entsprechend anwendbar, BAG NZA 2017, 336 und 462, sowie § 72a VI 3 ArbGG, BAG NZA 2018, 249, und § 94 II 2 ArbGG, BAG NZA 2015, 63. Die zweimonatige Begründungsfrist nach § 74 I 1, 2 ArbGG lässt sich nach § 74 I 3 ArbGG nur einmal bis zu einem weiteren Monat verlängern.

4 **IV. Begründungszwang, I.** Der Revisionskläger muss seine Revision zwecks deren Zulässigkeit zu jedem einzelnen Beschwerdepunkt mit einem selbständigen Streitstoff begründen, BGH NJW-RR 2010, 1546; BAG NZA 2012, 1120. Daher ist die Revision mangels Begründung dann unzulässig, wenn der Revisionskläger nur seinen Angriff gegen einen nicht revisiblen Teil begründet. Dagegen ist sie dann unbegründet, wenn er sie nur auf nach § 545 irrevisible Normen stützt, BGH MDR 1980, 203. Die Bezugnahme auf lange Schriftsätze ist keine Begründung, ebenso nicht eine solche auf die Revisionsbegründung in einer anderen Sache. Das gilt unabhängig davon, ob sie dem Revisionsgericht vorliegen. Zulässig ist die Verweisung auf eine andere Revisionsbegründung in derselben Sache, etwa für einen Streitgenossen nach §§ 59 ff.

5 **V. Begründungsschrift, II.** Man muss die Form und die Frist beachten.

6 **1. Form, II 1.** Die Begründung kann schon in der Revisionsschrift nach § 549 enthalten sein. Sie kann auch schon zB in der Begründung der Nichtzulassungsbeschwerde nach § 544 II enthalten sein, BGH FamRZ 2006, 857; BAG NZA 2010, 246. Dann muss die letztere aber nach III 1 alle Anforderungen an eine Revisionsbegründung erfüllen, BGH FamRZ 2006, 857. Andernfalls ist ein besonderer Schriftsatz nötig. Man muss ihn innerhalb der Begründungsfrist nach § 551 II beim Revisionsgericht einreichen. Die Begründung muss nach IV in Verbindung mit § 549 II den Vorschriften für bestimmende Schriftsätze genügen. Nötig ist deshalb die Unterschrift eines beim BGH zugelassenen Anwalts oder eines diesem Gleichstehenden, BAG NZA 2007, 1427. Bei elektronischer Einreichung gelten §§ 130a–130d. Eine falsche Bezeichnung als Nichtzulassungsbeschwerde ist dann unschädlich, wenn die Schrift alle Anforderungen nach III erfüllt, BGH MDR 2005, 887.

7 **2. Begründungsfrist, II 2–6.** Sie beträgt nach **II 2** 2 Monate. Sie beginnt mit der Zustellung des in vollständiger Form abgefassten Berufungsurteils nach §§ 166 ff., 317, 540, spätestens aber nach **II 3** mit dem Ablauf von 5 Monaten nach der Verkündung. Man kann eine nach § 551 ausreichende Revisionsbegründung schon vor dem Beginn der Frist zur Einlegung der Revision nach § 548 einreichen, BAG NJW 2004, 2981; BVerwG NJW 2008, 1015, zB in demjenigen Schriftsatz, mit dem man eine Nichtzulassungsbeschwerde begründet, BGH NJW 2004, 2981; Kornblum ZZP 122, 338. Dann beginnt die Frist für eine Anschlussrevision nach § 554 mit der Zustellung des Zulassungsbeschlusses nach § 544 VI, BGH NJW 2004, 2481. Bei einer erfolgreichen Nichtzulassungsbeschwerde beginnt die Frist zur jetzt noch trotz § 544 etwa notwendigen Revisionsbegründung nach **II 4** iVm § 544 VI 3 ebenfalls mit der Zustellung des Zulassungsbeschlusses, BGH NJW 2008, 588.

8 Der Vorsitzende kann nach **II 5, 6** die Begründungsfrist durch eine Verfügung **verlängern.** Diese Regelung entspricht den Bestimmungen für die Berufungsbegründung nach § 520 II 2, 3 mit dem Unterschied, dass der

Vorsitzende ohne eine Einwilligung des Gegners die Frist um 2 Monate verlängern darf, insbesondere beim anfänglichen Fehlen zumindest wesentlicher Aktenteile, BGH WRP 2007, 1076. Nach II 6 Hs. 2 kommt auch eine Verlängerung nach Akteneinsicht infrage, BGH NJW 2018, 1023. Der Antrag auf eine Verlängerung der Frist zur Begründung der vorsorglich gleichzeitigen Nichtzulassungsbeschwerde ist eine Parteiprozesshandlung. Er ist daher auch in einen Antrag nach II 5 auslegbar, BGH GRUR 2009, 516.

Zur **Wiedereinsetzung** nach § 233 in eine versäumte Frist zur Nachholung von Verfahrensrügen BGH NJW 9
2000, 364.

VI. Revisionsanträge, III 1 Nr. 1. Es gilt dasselbe wie für die Berufungsanträge nach § 520 III 2 Nr. 1, 10
BGH NJW-RR 1995, 1154. Daher sind förmliche Anträge nicht unbedingt nötig, BGH MDR 2005, 888; BAG NZA 2010, 885. Es muss aber klar ersichtlich sein, ob das Revisionsgericht das ganze Berufungsurteil oder welchen zulässigerweise nach § 301 abtrennbaren Teil es aufheben soll und welche inhaltliche Abänderung der Revisionskläger erstrebt, BGH ZIP 2010, 1024; BAG NZA 2016, 162. Ein allein auf eine Aufhebung und Zurückverweisung nach § 563 I, IV gerichteter Antrag genügt immer dann, wenn ein anderes Ergebnis nicht infrage kommt. Das gilt stets für die Revision des Bekl., BGH FamRZ 1988, 37, und wohl auch für diejenige des Klägers, BGH NJW-RR 1995, 1154; OLG Hmb NJW 1987, 783. Neue Revisionsgründe nach Art von § 531 II (Berufungsverfahren) sind bis zum Ablauf der Begründungsfrist zulässig.

Eine **Erweiterung** noch nach dem Ablauf der Begründungsfrist bis zum Ende der mündlichen Verhandlung 11
nach §§ 136 IV, 296a, 555 I ist zulässig, sofern sich die Partei im Rahmen der geltend gemachten Revisionsgründe hält, nicht darüber hinaus, BGH NJW 2008, 3570, etwa auf die Widerklage, BGH MDR 1985, 667. Das gilt auch dann, wenn man beim Beginn der mündlichen Verhandlung einen engeren Antrag gestellt hatte, BGH NJW-RR 1988, 66.

Umgekehrt ist eine **Beschränkung** des Klagebegehrens ähnlich wie bei § 543 zulässig, soweit man damit nicht 12
eine Änderung der tatsächlichen Grundlage des Klagebegehrens verbindet, BGH NJW-RR 1991, 1136. Unzulässig ist eine Revision dann, wenn der Erblasser sie einlegt, aber nicht begründet hat und wenn der Erbe nur den Antrag auf einen Vorbehalt der beschränkten Erbenhaftung nach § 781 stellt. Wegen der Hemmungswirkung wird der nicht angefochtene Teil des Berufungsurteils vor der Revisionsentscheidung nicht ohne weiteres nach § 705 formell rechtskräftig. Schließt der zuerkannte Teil des Anspruchs zwangsläufig den in der Revisionsinstanz geltend gemachten Antrag aus, ist Gegenstand des Revisionsantrags auch der zuerkannte Teil.

VII. Rechtsverletzung, III 1 Nr. 2 Buchst. a. 1. Grundsatz: Bestimmte Bezeichnung. Die Begrün- 13
dung muss wie bei § 520 III 2 Nr. 2 stets die bestimmte Bezeichnung derjenigen konkreten Umstände enthalten, aus denen sich die Rechtsverletzung ergeben soll, BGH NZM 2018, 620; BAG NZA 2018, 709. Auf welche Rechtsverletzungen man die Revision stützen kann, richtet sich nach §§ 545–547. Es braucht der Revisionsführer die verletzte Rechtsnorm nicht mehr anzugeben, BGH WM 1990, 275; BAG NJW 2005, 1679. Daher ist ihre unrichtige Bezeichnung ebenfalls unschädlich. Man darf auf einen Schriftsatz in einer beim Revisionsgericht anhängigen anderen Sache zwischen denselben Parteien Bezug nehmen, auch auf eine Entscheidung, BGH NJW 2011, 2050. Trotzdem ist diese Angabe meist unerlässlich, um die Angriffe auf das Berufungsurteil verständlich zu machen. Die Begründung darf vor der Zustellung des Berufungsurteils nach §§ 166 ff., 317, 540 erfolgen.

Der Revisionskläger muss sich grundsätzlich mit **allen tragenden** Gründen des Berufungsurteils auseinander- 14
setzen, BGH VersR 2015, 1121; BAG NZA 2018, 709. Das gilt auch beim Schmerzensgeld, Husmann VersR 1985, 716. Eine Ausnahme gilt nur bei lediglich nach der letzten Verhandlung der Berufungsinstanz nach §§ 296a, 525 erst entstandenen neuen Gründen, BGH MDR 2002, 409; BAG NZA 2015, 1023. Der Revisionskläger muss den Rechtsfehler des Berufungsgerichts so aufzeigen, dass man den Gegenstand und die Richtung des Revisionsangriffs erkennen kann, BAG NZA 2017, 56. Man muss also zu jedem einzelnen Streitpunkt mit einem selbständigen Streitstoff eine sorgfältige, über den Umfang und Zweck keinen Zweifel lassende Begründung geben, BGH GRUR 2009, 773; BAG NZA 2017, 56, und zwar für jeden Streitgegenstand, BGH NZM 2018, 620; BAG AnwBl 2014, 963, und für jeden Streitgenossen nach § 59, BAG NZA 2010, 1447.

Ein **Mangel der Begründung** kann zur Verwerfung der Revision nach § 552 I 2 führen, BGH WuM 2011, 15
543; BAG ZIP 1983, 606.

2. Beispiele zur Frage einer bestimmten Bezeichnung, III 1 Nr. 2 Buchst. a

Anspruchsmehrheit: Sind mehrere Ansprüche Gegenstand des Berufungsurteils, muss man die Revisionsgründe 16
grds. für jeden von ihnen darlegen, BAG NZA 2015, 439, es sei denn, ein Anspruch hängt direkt vom anderen ab, BGH GRUR 2011, 324; BAG NZA 2015, 439.

Begründetheit: Auf sie kommt es im Rahmen der vorrangigen Zulässigkeitsprüfung noch nicht an, BGH NJW 1981, 1453.

Begründungsmehrheit: → „Erwägungsmehrheit".

Bezugnahme: Sie kann reichen, BGH NJW 2011, 2050 und WM 2011, 1284. Nicht ausreichend ist aber eine bloße Bezugnahme auf den gesamten erstinstanzlichen Vortrag, BAG NZA 2009, 86.

Erwägungsmehrheit: Hat das Berufungsgericht sein Urteil auf mehrere voneinander unabhängige selbständig tragende Erwägungen gestützt, muss der Revisionskläger für jede dieser Erwägungen darlegen, warum die Entscheidung sie nicht trägt, BAG NJW 2008, 2206. Das gilt auch bei mehreren Hilfsbegründungen. Andernfalls ist die Revision insgesamt unzulässig, BAG NJW 2008, 706; BVerwG NJW 1980, 2268.

Hilfsbegründung: → „Erwägungsmehrheit".

Klageänderung: Nicht stets statthaft ist eine solche nach §§ 263, 264, 555 I, BGH NJW 2008, 3570.

Nichtzulassungsbeschwerde: Ausreichen kann ihre Begründung bei einer dann nach § 543 zugelassenen Revision, BGH MDR 2005, 887.

Pauschalbehauptung: Nicht ausreichend ist eine pauschale Behauptung, das Berufungsgericht habe gegen sachliches Recht verstoßen, BGH VersR 1976, 1063, oder seine Beurteilung sei „unhaltbar" unter der bloßen Angabe einer abweichenden Literaturstelle, BAG NZA 2009, 1111; BSG MDR 1985, 700. Auch → „Bezugnahme".

Sachlich-rechtlicher Mangel: Ihn muss das Revisionsgericht auch von Amts wegen beachten, sofern es überhaupt sachlich nachprüft, BGH NJW 2010, 365. Daher kann der Revisionskläger eine solche Rüge auch bis zum Schluss der letzten mündlichen Verhandlung nach §§ 136 IV, 296a, I, 525 oder dem ihm nach § 128, II, III gleichstehenden Zeitpunkt nachschieben. Vgl. ferner BAG NJW 2000, 686; BFH BStBl. 1977, II 217.

Neue Tatsache: Zur Revisionsbegründung dann, wenn sie sich ausschließlich auf eine neue Tatsache stützt, BGH NJW 2002, 1131; BAG NZA 2015, 1023.

Unrichtige Bezeichnung: Unschädlich ist diejenige der verletzten Rechtsnorm. Denn der Revisionskläger braucht gar nicht mehr anzugeben, auf welche Rechtsverletzung er sich stützt, BGH WM 1990, 275; BAG NJW 2005, 1679.

Zeitpunkt: Die Begründung darf vor der Zustellung des Berufungsurteils nach §§ 166 ff., 317, 540 erfolgen, aber nicht vor dessen Verkündung.

17 **VIII. Verfahrensverstoß, III 1 Nr. 2 Buchst. b.** Soweit sich die Revision darauf stützt, dass das Berufungsgericht das Recht in Bezug auf das Verfahren verletzt habe, ist schon wegen § 557 III 2 grundsätzlich eine Rüge nötig, BGH NJW 2014, 1442; BAG NJW 2015, 3469. Es ist also die genaue Bezeichnung derjenigen einzelnen Tatsachen nötig, die den Mangel ergeben sollen, BGH NJW 2006, 3068; BAG NJW 2016, 2831. Man muss bei einem gerichtsinternen Vorgang darlegen, dass und wie man eine Aufklärung erstrebt hat, BGH NJW 1992, 512. Man muss den Rechtsfehler aufzeigen, BAG NJW 2004, 1684. Alles das ist nur bei einem von Amts wegen zu beachtenden sog. absoluten Verfahrensmangel entbehrlich, BAG NZA-RR 2012, 13.

18 **1. Verfahrensmangel.** Er kann auf falschen Maßnahmen des Berufungsgerichts beruhen oder auf unrichtiger Beurteilung von Tatsachen. Beispiele zunächst im umfangreichen ABC → § 538 Rn. 9. Für das Revisionsverfahren sind außerdem die folgenden Beispiele zu beachten.

2. Beispiele zur Frage eines Verfahrensmangels, III 1 Nr. 2 Buchst. b

19 **Antrag:** Verfahrensfehler ist ein Hinausgehen über die Antragsgrenzen nach §§ 308 I, 525, 540.

Begründung: Verfahrensfehler sein kann das Fehlen einer nach §§ 313 I Nr. 6, 329, 525, 540 I 1 überhaupt notwendigen Begründung.

Berichtigung: Sie ist nur nach § 320 statthaft, BGH ZIP 2012, 1556.

Beweiswürdigung: Verfahrensfehler sein kann eine mangelhafte oder unrichtige Beweiswürdigung nach §§ 286, 525, BAG NZA-RR 2014, 266.

Bezugnahme: Kein Verfahrensfehler ist diejenige nach § 540 I Nr. 1. Insofern kommen nur §§ 320, 525 infrage, BGH NJW 2011, 2350. Anders liegt es natürlich nach erfolglosem Verfahren nach § 320, BGH NJW 2011, 1514.

Ermessen: Verfahrensfehler sein kann eine Überschreitung der Ermessensgrenze bei einer Verfahrensentscheidung.

Grundurteil: Verfahrensfehler sein kann ein nach §§ 304, 525, 540 unzulässiges Grundurteil.

Neues Vorbringen: Verfahrensfehler sein kann die Nichtbeachtung eines nach § 531 II neuen Vorbringens, BGH NJW 2010, 365.

Prozessurteil: Verfahrensfehler sein kann ein Prozessurteil statt eines Sachurteils.

Schiedsspruch: Verfahrensfehler sein kann eine Selbstbindung des Berufungsgerichts an eine tatsächliche Feststellung des Schiedsgerichts nach § 1054.

Streithilfe: Kein Verfahrensfehler, sondern ein sachlich-rechtlicher ist eine Unrichtigkeit bei der Beurteilung einer Streithilfewirkung nach §§ 68, 69.

Tatbestand: Verfahrensfehler sein kann ein Mangel beim Tatbestand nach §§ 313 I Nr. 5, 540 I 1; BAG NZA 2012, 1236. Einen von Amts wegen zu beachtenden Mangel stellt das gänzliche Fehlen eines Tatbestands dar, soweit er nach §§ 313 I Nr. 5, 540 I 1 überhaupt notwendig war, BGH NJW 1979, 927.

Teilurteil: Verfahrensfehler sein kann ein nach §§ 301, 540 unzulässiges Teilurteil.

Verkündung: Verfahrensfehler sein kann ein Mangel bei der Verkündung nach §§ 310, 311, 329, 540.

Zurückverweisung: Verfahrensfehler ist eine unrichtige Zurückverweisung nach § 538 II, BGH MDR 2008, 462.

20 **3. Grundsatz: Notwendigkeit einer Rüge.** Grundsätzlich muss man die Verfahrensverstöße in der Begründungsfrist durch die Angabe von Tatsachen rügen, BGH NJW 2016, 956; BAG NZA 2012, 1236, auch die unbedingten Revisionsgründe nach § 547, BAG NZA 2011, 230. Sonst kann die Revision sogar insgesamt unzulässig sein, BGH NJW 1984, 495; BAG NJW 2004, 1683. Alle Anforderungen gelten auch bei einer Anschlussrevision nach § 554 unabhängig vom Vortrag des Revisionsführers, solange kein untrennbarer Zusammenhang besteht, BGH NJW 1994, 803.

4. Beispiele zur Frage einer Rügenotwendigkeit, III 1 Nr. 2 Buchst. b

21 **Aktenstelle:** Angeben muss man die genaue Stelle in einer in Bezug genommenen anderen Akte, deren Nichtberücksichtigung das Berufungsurteil mangelhaft machen soll.

Beweisantrag: Hatte das Berufungsgericht einen Beweisantrag übergangen, muss man ihn genau wiederholen und angeben, was die Beweisaufnahme nach §§ 355 ff. im Kern ergeben hätte, BAG NZA-RR 2010, 290. Der übergangene Beweisantritt muss zulässig gewesen sein, BAG NZA 2008, 431. Hatte das Gericht ein Beweismittel trotz seines Beweisbeschlusses nicht beschafft, muss außerdem die Partei auf der Beweiserhebung bestanden haben.

Beweisvereitelung: Wer eine Nichterhebung von Beweisen wegen einer Beweisvereitelung rügt, muss darlegen, dass die Partei an der Beweisaufnahme mitgewirkt haben würde, BGH NJW 1986, 2372; Schröder JZ 1987, 605; Stürner JZ 1987, 607, oder dass zB der nach § 372a Betroffene an der Untersuchung mitgewirkt hätte, BGH FamRZ 1986, 663, und welcher nach der Seitenzahl genau anzugebende Beweisantrag zu welchem genauen Ergebnis geführt hätte, BAG NJW 2008, 540.

Bezugnahme: Nicht ausreichend ist eine allgemeine Verweisung, BGH WM 2011, 310 (vielmehr evtl. § 320). S. auch bei den einzelnen Objekten einer Bezugnahme.

Gerichtshinweis: Angeben muss man, welchen bestimmten Hinweis zB nach §§ 139, 525 das Berufungsgericht aufgrund welcher Tatsache hätte geben müssen, BGH NZM 2010, 694; BAG NJW 2016, 2831, und was man geantwortet hätte, BGH NZM 2010, 694; BAG NJW 2016, 2831. Angeben muss man ferner, dass der Hinweis usw. zu einem anderen Prozessergebnis hätte führen können, BAG NZA 2008, 115, zB dass die sich weigernde Partei an der Beweisaufnahme mitgewirkt hätte, BGH FamRZ 1986, 665.

Gesetzlicher Richter: Angeben muss man bei Art. 101 I 2 GG genau, worin der angebliche Verstoß gegen den Geschäftsverteilungsplan nach §§ 21a ff. GVG lag. Ungenügend ist die Angabe, dass das Berufungsgericht einen

Hilfsrichter nicht zur Beseitigung eines nur vorübergehenden und auf andere Weise nicht nach § 295 I behebbaren Mangels herangezogen habe. Notwendig sind vielmehr dazu Einzelheiten (Anlass der Abordnung der einzelnen Hilfsrichter und deren Zeitpunkte).

Gutachten: Nicht ausreichend ist die Ansicht, dass ein Gutachten nicht dem neuesten Stand der medizinischen Wissenschaft entspreche. Vielmehr muss man angeben, welche in der Fachliteratur oder sonst erörterten Erkenntnisse der Sachverständige hätte verwerten müssen und inwiefern dann ein anderes Ergebnis wahrscheinlich gewesen wäre.

Hinweis: → „Gerichtshinweis".

Tatsache: Angeben muss man diejenige bestimmte Tatsache, die einen Verfahrensmangel ergeben soll, und ihren zweitinstanzlichen Vortrag, BGH NJW 2016, 956; BAG NZA 2015, 428. Ein bloßer Verdacht reicht meist nicht, solange keine zumutbare Bemühung besteht, BVerwG NZA-RR 2011, 108. Auch „Zeuge".

Ursächlichkeit: Angeben muss man auch sie, BAG NZA 2017, 56.

Zeuge: Angeben muss man die in sein Wissen gestellte Tatsache und deren Entscheidungserheblichkeit.

5. Ausnahme: Klärung von Amts wegen. Keine Rüge brauchen die von Amts wegen zu beachtenden Punkte, BGH FamRZ 2007, 125, zB die Prozessvoraussetzungen und Prozessfortsetzungsvoraussetzungen wie die Zulässigkeit des Rechtswegs nach § 13 GVG, eine ordnungsmäßige Klagerhebung nach §§ 253, 261, die Prozessfähigkeit nach § 50, das Rechtsschutzbedürfnis, die Zulässigkeit des Rechtsmittels usw. (die vorschriftsmäßige Besetzung des Gerichts nach § 547 Nr. 1 gehört nicht hierher), das Fehlen des Tatbestands im Berufungsurteil, BGH NJW 1979, 927, seine Widersprüchlichkeit, BAG NJW 2017, 972, bei einer Revision gegen ein Grundurteil nach § 304 dessen Voraussetzungen, BGH NJW 1975, 1968. Eine Rüge ist ferner dann nicht nötig, wenn das Berufungsgericht über einen Antrag nicht entschieden hat, da § 308 I das Prozessrecht betrifft. 22

Unzulässig ist es, nach dem Ablauf der Begründungsfrist nach § 551 II eine Verfahrensrüge oder ihre Begründung nachzuholen, BAG NJW 2004, 1684. 23

IX. Bezugnahme, III 2. Wenn das Berufungsgericht die Revision aufgrund einer Nichtzulassungsbeschwerde nach § 544 zugelassen hat, darf und muss der Revisionskläger zur Begründung der Revision zumindest auf die Begründung der Nichtzulassungsbeschwerde Bezug nehmen, BGH NJW 2008, 588; BAG NJW 2012, 3805. Dann muss aber die Begründung der Nichtzulassungsbeschwerde schon die Revisionsgründe enthalten, BGH NJW 2008, 588; BAG NJW 2012, 3805. 24

X. Zustellung der Revisionsbegründung, IV. Das Revisionsgericht muss die Begründung dem Gegner nach §§ 166 ff. zustellen, IV in Verbindung mit § 550 II. 25

552 *Zulässigkeitsprüfung.* **I [1]Das Revisionsgericht hat von Amts wegen zu prüfen, ob die Revision an sich statthaft und ob sie in der gesetzlichen Form und Frist eingelegt und begründet ist. [2]Mangelt es an einem dieser Erfordernisse, so ist die Revision als unzulässig zu verwerfen.**

II Die Entscheidung kann durch Beschluss ergehen.

I. Systematik, Regelungszweck, I, II. § 552 entspricht § 522 I 1–3. 1

II. Geltungsbereich, I, II. Die Vorschrift gilt in jedem Revisionsverfahren nach der ZPO und den auf sie verweisenden Gesetzen. Sie gilt auch im WEG-Verfahren. Im Verfahren der Arbeitsgerichte ist sie nach §§ 72 V, 74 II ArbGG entsprechend anwendbar, BAG NZA 2016, 783; Oetker NZA 1989, 201. 2

III. Zulässigkeitsprüfung, I, II. Voraussetzung der Begründetheitsprüfung ist, dass die Revision allgemein nach §§ 542, 543 statthaft und auch in diesem speziellen Fall nach §§ 548, 549 zulässig ist. Das kann auch evtl. nur teilweise so sein. Daher muss das Revisionsgericht auch deren Zulässigkeit von Amts wegen ohne eine Bindung an das Berufungsgericht prüfen, BGH MDR 2017, 899; BAG NZA 2012, 231 (wegen der Prozessvoraussetzungen). Hat das OLG die Notwendigkeit der Wiedereinsetzung nach § 233 übersehen, muss das Revisionsgericht nach § 563 I dann zurückverweisen, BGH NJW 1982, 887, wenn es nicht ohne weiteres eine Wiedereinsetzung nach § 238 geben muss, BGH NJW 1982, 1873. Über die Wiedereinsetzung wegen einer Versäumung der Frist zur Einlegung der Revision nach § 548 kann das Revisionsgericht durch einen Beschluss entscheiden. Er bindet das Revisionsgericht. Er ist also unabänderlich. Denn er steht einem Urteil gleich. Die Bindung gilt aber nicht für andere Zulässigkeitsvoraussetzungen. Das Revisionsgericht kann die Zulässigkeit nach I 1, II feststellen. Mangels Zulassung erfolgte eine Verwerfung, BGH NJW 2015, 351. Der verwerfende Beschluss ist dann nach BGH NJW 1981, 1962; BFH BStBl. 1979 II 574 unabänderlich, wenn er nicht auf einer Verletzung von Grundrechten beruht, § 321a iVm § 555 I. Jedoch ist eine Wiederaufnahme nach §§ 578 ff. zulässig, BGH NJW 1983, 883. Ein die Zulässigkeit der Revision bejahender Beschluss bindet das Revisionsgericht nach §§ 318, 555. Mangels einer Verwerfung nach § 552 I 2 oder einer Zurückweisung nach § 552a verfährt das Revisionsgericht nach § 553 I. 3

552a *Zurückweisungsbeschluss.* **[1]Das Revisionsgericht weist die von dem Berufungsgericht zugelassene Revision durch einstimmigen Beschluss zurück, wenn es davon überzeugt ist, dass die Voraussetzungen für die Zulassung der Revision nicht vorliegen und die Revision keine Aussicht auf Erfolg hat. [2]§ 522 Abs. 2 Satz 2 und 3 gilt entsprechend.**

I. Systematik, S. 1, 2. Die Vorschrift entspricht § 522 II. Vgl. daher die dortigen Erläuterungen. Die Vorschrift ist verfassungsgemäß, BVerfG ZIP 2012, 167. 1

II. Regelungszweck, S. 1, 2. Die Vorschrift dient der Entlastung des BGH, Fölsch MDR 2004, 1034; Knauer/Wolf NJW 2004, 2864. Sie ermöglicht es dem Revisionsgericht, eine vom Berufungsgericht fälschlich nach §§ 543, 544 zu großzügig zugelassene Revision nach § 128 IV auch ohne eine mündliche Verhandlung durch einen Beschluss zurückzuweisen, BGH NJW 2014, 1881. 2

III. Geltungsbereich, S. 1, 2. Die Vorschrift gilt in jedem Revisionsverfahren nach der ZPO und den auf sie verweisenden Gesetzen. Sie gilt auch im WEG-Verfahren. 3

4 **IV. Voraussetzungen S. 1.** Die Gründe der an sich zunächst bindenden Zulassung der Revision nach § 543 II 2 dürfen im Zeitpunkt der Beschlussfassung des Revisionsgerichts in Wahrheit nach **seiner** Überzeugung entweder von vornherein nicht vorgelegen haben, BGH WuM 2011, 113, oder sie dürfen infolge späterer Ereignisse jedenfalls jetzt nicht (mehr) vorliegen, BGH NJW-RR 2013, 228. Es genügt, dass der Zulassungsgrund nachträglich zB wegen der höchstrichterlichen Klärung der Rechtsfrage in einem Parallelverfahren weggefallen ist. Außerdem darf die Revision nach der Überzeugung des Revisionsgerichts keine Aussicht auf Erfolg haben, BGH NJW-RR 2015, 603. Zu beiden Voraussetzungen vgl. die entsprechenden Erläuterungen bei § 543.

5 **V. Verfahren S. 1, 2.** Der Senat oder der Vorsitzende muss nach **S. 2** in Verbindung mit § 522 II 2 die Parteien zunächst auf die beabsichtigte Zurückweisung der Revision und die Gründe hierfür hinweisen und dem Revisionsführer binnen einer zu bestimmenden angemessenen Frist von mindestens 3–4 Wochen eine Gelegenheit zur Stellungnahme geben. Sodann muss das Revisionsgericht nach S. 1 das Vorliegen beider Voraussetzungen einstimmig feststellen, BGH WuM 2007, 134. Für die Beurteilung, ob die Voraussetzungen für die Zulassung der Revision vorliegen, ist der Zeitpunkt der Entscheidung des Revisionsgerichts maßgeblich, BGH NJW-RR 2005, 650. Das Revisionsgericht muss nach S. 2 in Verbindung mit § 522 II 3 seinen Zurückweisungsbeschluss begründen, soweit die Gründe nicht bereits in dem Hinweis enthalten sind. Bei Revisionen beider Parteien kommen getrennte Beschlüsse infrage bzw. es kann eine Revision durch Beschluss zurückgewiesen werden, während wegen der anderen eine mündliche Verhandlung durchgeführt wird, BGH NJW-RR 2007, 1022.

6 **VI. Unanfechtbarkeit, S. 1, 2.** Der Beschluss ist unanfechtbar.

553 *Terminsbestimmung; Einlassungsfrist.* I **Wird die Revision nicht durch Beschluss als unzulässig verworfen oder gemäß § 552a zurückgewiesen, so ist Termin zur mündlichen Verhandlung zu bestimmen und den Parteien bekannt zu machen.**

II **Auf die Frist, die zwischen dem Zeitpunkt der Bekanntmachung des Termins und der mündlichen Verhandlung liegen muss, ist § 274 Abs. 3 entsprechend anzuwenden.**

1 **I. Systematik, Regelungszweck, I, II.** Die Vorschrift entspricht teilweise wörtlich § 523. Vgl. daher die dortigen Erläuterungen. Freilich gibt es bei dem Revisionsgericht nach § 555 II keinen Einzelrichter.

2 **II. Geltungsbereich, I, II.** Die Vorschrift gilt in jedem Revisionsverfahren nach der ZPO und den auf sie verweisenden Gesetzen. Sie gilt auch im WEG-Verfahren. Im Verfahren der Arbeitsgerichte gilt nach § 74 II ArbGG § 533 entsprechend.

3 **III. Terminsbestimmung, I.** Zwar fehlt das Wort „unverzüglich" aus § 523 I 2; es gilt aber § 216 II.

4 **IV. Einlassungsfrist, II.** Die Vorschrift entspricht wörtlich § 523 II. Vgl. daher die dortigen Erläuterungen. Zur mündlichen Verhandlung kommt es dann, wenn das Revisionsgericht die Revision nicht nach § 552 II verwirft. Ihre Verwerfung ist auch dann noch zulässig.

554 *Anschlussrevision.* I [1]**Der Revisionsbeklagte kann sich der Revision anschließen.** [2]**Die Anschließung erfolgt durch Einreichung der Revisionsanschlussschrift bei dem Revisionsgericht.**

II [1]**Die Anschließung ist auch statthaft, wenn der Revisionsbeklagte auf die Revision verzichtet hat, die Revisionsfrist verstrichen oder die Revision nicht zugelassen worden ist.** [2]**Die Anschließung ist bis zum Ablauf eines Monats nach der Zustellung der Revisionsbegründung zu erklären.**

III [1]**Die Anschlussrevision muss in der Anschlussschrift begründet werden.** [2]**§ 549 Abs. 1 Satz 2 und Abs. 2 und die §§ 550 und 551 Abs. 3 gelten entsprechend.**

IV **Die Anschließung verliert ihre Wirkung, wenn die Revision zurückgenommen, verworfen oder durch Beschluss zurückgewiesen wird.**

1 **I. Systematik, I–IV.** Die Vorschrift entspricht weitgehend der Regelung der Anschlussberufung in § 524.

2 **II. Regelungszweck, I–IV.** Die Vorschrift dient der Gerechtigkeit, BGH MDR 2005, 823, und der Waffengleichheit.

3 **III. Geltungsbereich, I–IV.** Die Vorschrift gilt in jedem Revisionsverfahren nach der ZPO und den auf sie verweisenden Gesetzen. Sie gilt auch im WEG-Verfahren. Im Verfahren der Arbeitsgerichte ist § 554 nach § 72 V ArbGG entsprechend anwendbar, BAG NZA 2017, 462.

4 **IV. Grundsatz, I.** Der Revisionsbekl. kann sich der Revision anschließen, ebenso wie es im Berufungsverfahren nach § 524 statthaft ist. Auch im Revisionsverfahren erfolgt die Anschließung durch die Einreichung einer entsprechenden Schrift bei dem Revisionsgericht. Die Anschließung braucht keine Zulassung nach § 543. Die Anschlussschrift muss ein beim BGH zugelassener Anwalt oder ihm Gleichgestellter unterzeichnen. Die Anschlussrevision ist ebenso wie die Anschlussberufung von dem Hauptrechtsmittel abhängig und daher unselbständig. Natürlich bleibt stattdessen eine eigene Hauptrevision denkbar, auch mit ihren Risiken und Kosten.

5 **V. Statthaftigkeit, II 1.** Die Anschließung ist kein Rechtsmittel, BGH NJW 1981, 1790.

6 **1. Grundsatz: Weite Möglichkeiten.** Die Anschließung ist grundsätzlich auch dann statthaft, wenn der Revisionsbekl. auf die Revision nach §§ 515, 555 I 1 verzichtet hat oder wenn die Revisionsfrist nach § 548 für ihn verstrichen ist oder soweit weder das Berufungsgericht noch das Revisionsgericht die Revision für den *Revisionsbekl. nach § 544 VI 1* zugelassen hat, BGH NJW 2015, 872; BAG NZA-RR 2013, 87. Der Revisionsbekl. soll damit die Möglichkeit erhalten, eine Abänderung des Berufungsurteils zu seinen Gunsten dann zu erreichen, wenn das Revisionsverfahren aufgrund der Revision der Gegenpartei ohnehin stattfinden muss, BGH MDR 2005, 823.

2. Beispiele zur Frage einer Statthaftigkeit, II 1

Anhängigkeit der Hauptrevision: Voraussetzung einer Anschlussrevision ist stets die Anhängigkeit der Revision des Gegners. 7

Beschiedener Anspruch: Unstatthaft ist eine Anschlussrevision nur zwecks erneuter Erörterung eines vom Erstgericht schon beschiedenen und nicht in die Berufungsinstanz gelangten Anspruchs, BGH NJW 1983, 1858.

Beschränkte Hauptrevision: Statthaft sein kann nach einer nur beschränkt zugelassenen gegnerischen Hauptrevision eine unbeschränkte Anschließung, BGH NJW 2013, 47.

Beschwer: Notwendig ist eine Beschwer durch das Berufungsurteil, BGH NJW 1995, 2564; BVerwG MDR 1977, 867.

Gegenanschließung: Unstatthaft ist eine solche des in zweiter Instanz teilweise unterlegenen Revisionsklägers an die Anschließung seines Gegners, BGH NJW 2008, 920; Gehrlein NJW 2008, 896.

Hilfsanschluss: Statthaft ist eine Hilfsanschlussrevision für den Fall eines Erfolgs der gegnerischen Hauptrevision, BGH NJW 1992, 1898.

Neuer Anspruch: Unstatthaft ist eine Anschlussrevision nur zum Zweck der Einführung eines neuen Anspruchs, Gehrlein NJW 2008, 896.

Anderer Streitgegenstand: Unstatthaft ist eine solche Anschlussrevision, die einen anderen Sachverhalt betrifft und die mit dem Streitgegenstand der Revision nicht in einem direkten rechtlichen oder wirtschaftlichen Zusammenhang steht, BGH WM 2017, 2327; BAG NZA-RR 2013, 87.

Übergangsrecht: Unanwendbar ist § 26 Nr. 8 EGZPO, jetzt: § 544 II Nr. 1, BGH WM 2011, 508.

Umdeutung: Statthaft sein kann eine erfolgende Umdeutung einer unzulässigen Hauptrevision in eine Anschlussrevision, BGH NJW 2012, 2447.

Versäumung der Hauptrevisionsfrist: Statthaft sein kann die Anschlussrevision bei Anhängigkeit der Hauptrevision auch trotz gegnerischer Fristversäumung.

Verzicht auf Hauptrevision: Statthaft sein kann eine Anschlussrevision trotzdem.

Weiterer Teil: Statthaft ist bei einer beschränkt zugelassenen Revision die Anschließung, soweit sie einen von der Zulassung nicht erfassten weiteren Teil betrifft, BGH NJW-RR 2006, 1543.

Widerklage: Unstatthaft ist eine Anschlussrevision nur zwecks Erhebung einer Widerklage, Gehrlein NJW 2008, 896.

Zulässigkeit, Begründetheit der Hauptrevision: Sie ist zur Statthaftigkeit einer Anschlussrevision nicht nötig, BGH NJW-RR 2016, 1012; BAG NZA 2016, 882.

VI. Anschließungsfrist, II 2. Sie beträgt einen Monat ab Zustellung der Revisionsbegründungsschrift an den Revisionsbekl., BAG NZA-RR 2013, 87, oder der Bezugnahme nach § 551 III 2. Wenn eine Nichtzulassungsbeschwerde nach § 544 schon eine Revisionsbegründung nach § 551 II enthielt, beginnt die Anschließungsfrist mit der Zustellung des Zulassungsbeschlusses nach § 544 VI 3, BGH NJW 2004, 2981. Sie kann mit der Zustellung der Zulassung der Revision beginnen. Eine Ergänzung der Revisionsbegründung lässt ab ihrer Zustellung eine ergänzende Anschließungsfrist anlaufen. Eine Verlängerung der Frist ist unzulässig, BGH VersR 1977, 152 (auch keine Verlängerung der Revisionsbegründungsfrist auf Antrag des Bekl.). 8

Gegen eine Versäumung der Frist ist eine Wiedereinsetzung nach §§ 233 ff. nicht möglich, BGH BeckRS 2022, 4375. 9

VII. Begründung, III 1. Man muss seine Anschließung in der Anschlussschrift oder in der Anschließungsfrist nach II 2 begründen, BAG NZA-RR 2013, 87. Eine Wiedereinsetzung nach §§ 233 ff. ist zulässig. Für den Inhalt der Begründungsschrift gilt § 551 III 2, BAG NZA 2012, 674. Der Anschlussrevisionsführer muss also auch seine Rügen selbständig erheben und begründen, BGH MDR 1994, 303. Eine Verlängerung der Begründungsfrist ist unstatthaft. Eine Nachholung in der Frist kann als neue Einlegung gelten, BAG NZA-RR 2012, 275. 10

VIII. Weiteres Verfahren, III 2. Entsprechend gelten: **§ 549 I 2** (die Anwendung von § 544 VIII 2 auf die Anschließung lässt sich nur schwer verstehen, weil die Anschließung erst ab Zustellung der Revisionsbegründung befristet ist); **§ 549 II** (Anwendung der allgemeinen Vorschriften für vorbereitende Schriftsätze); **§ 550 I** (Beifügung des angefochtenen Urteils. Das leuchtet wenig ein. Denn schon der Revisionskläger musste das Urteil einreichen), **§ 550 II** (Zustellung der Anschlussrevision an den Gegner), **§ 551 III** (Inhalt der Anschließungsbegründung). 11

IX. Wirkungslosigkeit der Anschließung, IV. Die Regelung entspricht im Wesentlichen der für die Anschlussberufung geltenden Vorschrift des § 524 IV, BGH NJW 2012, 2447. Der Revisionskläger muss nach einer Rücknahme seiner zulässigen Hauptrevision die Kosten der Anschlussrevision tragen, BGH NJW-RR 2005, 727; dies gilt auch, wenn eine unzulässige Revision des Gegners in eine Anschlussrevision umgedeutet worden ist, BGH NJW-RR 2020, 1136. 12

555 *Allgemeine Verfahrensgrundsätze.* [I] [1]**Auf das weitere Verfahren sind, soweit sich nicht Abweichungen aus den Vorschriften dieses Abschnitts ergeben, die im ersten Rechtszuge für das Verfahren vor den Landgerichten geltenden Vorschriften entsprechend anzuwenden.** [2]**Einer Güteverhandlung bedarf es nicht.**

[II] **Die Vorschriften der §§ 348 bis 350 sind nicht anzuwenden.**

[III] **Ein Anerkenntnisurteil ergeht nur auf gesonderten Antrag des Klägers.**

I. Systematik, I–III. Die Vorschrift entspricht teilweise § 525. Sie verweist auf §§ 253–278 I, §§ 278 VI–347, §§ 351–494a, jedoch nur vorbehaltlich der vorrangigen §§ 564, 565. Einzelheiten → Rn. 4, 6. Sie hat sowohl eine grundlegende (Verweisungs-)Bedeutung in ihrem Geltungsbereich als auch einen bloßen Hilfscharakter neben den im Gesetz folgenden vorrangigen „Abweichungen“. 1

II. Regelungszweck, I–III. Einerseits soll möglichst wenig Zusatzregelung zur Übersichtlichkeit des Revisionsverfahrens beitragen. Andererseits soll sowohl im normalen Zivilprozess als auch in einer Handelssache das 2

Kollegialprinzip wegen der Bedeutung der Revisionsinstanz ausnahmslos gelten. Es soll auch die Güteverhandlung keine nochmalige Fortsetzung haben.

3 **III. Geltungsbereich, I–III.** Die Vorschrift gilt in jedem Revisionsverfahren der ZPO, auch im WEG-Verfahren. Sie ist im arbeitsgerichtlichen Verfahren nach § 72 V ArbGG entsprechend anwendbar, BAG NJW 2014, 3262. Vor dem BVerwG gilt § 141 VwGO.

4 **IV. Anwendung der Vorschriften für das Landgericht, I.** Soweit sich keine Abweichungen aus den Vorschriften des Abschnitts 2 und aus III ergeben, sind nach I 1 die im ersten Rechtszug für das LG geltenden Vorschriften nach → Rn. 1 anwendbar. Das gilt auch für einen Prozessvergleich, ferner bei §§ 321a, 330 ff., BGH GRUR 2012, 914, und bei § 539, BGH FamRZ 2010, 548, nicht aber bei § 331 I 1 (Zuständigkeitsfiktion), BAG NJW 2014, 3262. Eine Klageänderung oder -erweiterung nach §§ 263, 264 oder eine Widerklage entfallen aber wegen § 559 grundsätzlich, BAG NZA 2012, 527.

5 Aus dem **Berufungsverfahren** sind nur die in § 565 genannten Vorschriften anwendbar. Die Vorschriften des Buchs 1 gelten unmittelbar auch im Revisionsverfahren, BGH MDR 1983, 574 (wegen § 148); BAG NJW 1990, 2642. Eine Erfolgsaussicht nach § 114 setzt voraus, dass der BGH die Revision weder nach § 552 I 2 verworfen noch nach § 552a zurückgewiesen hat, BGH MDR 2007, 968. Zum Problem der Revisionsrücknahme krit. Rinkler NJW 2002, 2449.

6 **V. Einzelrichter, II.** Ihn gibt es im Revisionsverfahren nicht. §§ 348–350 sind nicht anwendbar.

7 **VI. Anerkenntnisurteil, III.** Die Vorschrift weicht von § 307 vorrangig ab. Es gibt also hier kein Anerkenntnisurteil von Amts wegen, BVerwG NVwZ 2015, 1529. Ein Antrag ist auch erforderlich, wenn das Anerkenntnisurteil vor Beginn der mündlichen Verhandlung abgegeben worden ist, BGH NJW 2019, 3582. Vor einer Revisionsbegründung kann der Revisionsbekl. durch den ProzBev der Berufungsinstanz anerkennen, BGH NJW-RR 2014, 832. Der Antrag kann auch dann noch – vor dem Ende der mündlichen Verhandlung – gestellt werden, wenn zunächst in der Revisionsbegründung erklärt worden ist, ein solcher Antrag solle nicht gestellt werden, BGH NJW-RR 2021, 1505.

556 *Verlust des Rügerechts.* **Die Verletzung einer das Verfahren der Berufungsinstanz betreffenden Vorschrift kann in der Revisionsinstanz nicht mehr gerügt werden, wenn die Partei das Rügerecht bereits in der Berufungsinstanz nach der Vorschrift des § 295 verloren hat.**

1 **I. Systematik, Regelungszweck.** § 556 entspricht § 534 und schreibt ihn fort. Vgl. daher die dortigen Erläuterungen und zB BGH FamRZ 2006, 262.

2 **II. Geltungsbereich.** Die Vorschrift gilt in jedem Verfahren nach der ZPO, auch im WEG-Verfahren. Vor dem BAG gilt § 72 V ArbGG, BAG NZA 2015, 556. Vor dem BVerfG gilt § 173 VwGO, BVerwG NJW 1998, 3396. Die Vorschrift gilt entsprechend vor den Sozialgerichten, BSG BeckRS 2022, 16662; NJW 2011, 107.

3 **III. Ende des Rügerechts.** Ein Verfahrensverstoß in der Revisionsinstanz fällt unter § 295. Hatte die Partei die Verletzung einer Verfahrensvorschrift in der Vorinstanz erfolglos gerügt, kann sie die Rüge wiederholen, soweit das Berufungsurteil auf dem Verstoß beruht. Gerügt werden kann ein solcher Fehler des Berufungsgerichts, den die Partei bis zum Verhandlungsschluss nach §§ 136 IV, 296a, 525 noch nicht erkennen konnte, BGH NJW 1992, 1967.

557 *Umfang der Revisionsprüfung.* I **Der Prüfung des Revisionsgerichts unterliegen nur die von den Parteien gestellten Anträge.**

II **Der Beurteilung des Revisionsgerichts unterliegen auch diejenigen Entscheidungen, die dem Endurteil vorausgegangen sind, sofern sie nicht nach den Vorschriften dieses Gesetzes unanfechtbar sind.**

III 1**Das Revisionsgericht ist an die geltend gemachten Revisionsgründe nicht gebunden.** 2**Auf Verfahrensmängel, die nicht von Amts wegen zu berücksichtigen sind, darf das angefochtene Urteil nur geprüft werden, wenn die Mängel nach den §§ 551 und 554 Abs. 3 gerügt worden sind.**

1 **I. Systematik, I–III.** Die Vorschrift setzt eine nach § 552 als zulässig erkannte Revision voraus. Es geht jetzt also nur noch um deren Begründetheit, soweit nicht das Berufungsgericht die Revisionszulassung beschränkt hat, BGH NJW 1994, 527. In I wiederholt sich die Regelung des Berufungsrechts nach § 528 I 1. In II geschieht dasselbe wie bei § 512. In III 1 erfolgt in Anlehnung an § 529 II 2 eine Erweiterung der Prüfungsaufgaben des Revisionsgerichts, weil die Rechtsbeurteilung des einen Gerichts ohnehin grundsätzlich nicht ein anderes bindet, „iura novit curia". In III 2 erfolgt wegen § 308 I in einer Anlehnung an § 528 S. 2 und in einer fast wörtlichen Übereinstimmung mit § 529 II 1 eine Begrenzung der Überprüfungsbefugnis prozessualer Mängel.

2 **II. Regelungszweck, I–III.** Die Vorschrift dient teilweise der Prozesswirtschaftlichkeit, teilweise der Rechtssicherheit und teilweise der Gerechtigkeit.

3 **III. Geltungsbereich, I–III.** Die Vorschrift gilt in jedem Revisionsverfahren nach der ZPO und den auf sie verweisenden Gesetzen. Sie gilt auch im WEG-Verfahren. Im Verfahren der Arbeitsgerichte gilt § 557 nach § 72 V ArbGG, BAG NZA-RR 2017, 109.

4 **IV. Parteianträge, I. 1. Grenze der Anfallwirkung.** Nicht anders als in der Berufungsinstanz ziehen in der Revisionsinstanz die Parteianträge wegen § 308 I die Grenzen der Anfallwirkung, BGH NJW-RR 1990, 519; BAG NZA 2012, 527. Es gibt also ein Verbesserungsverbot, also keine reformatio in melius, und ein Verschlechterungsverbot, nämlich keine reformatio in peius, BGH MDR 2004, 1202, soweit keine wirksame Anschlussrevision nach § 554 erfolgt. Das Revisionsgericht darf nicht ein nur teilweise angegriffenes Berufungsurteil über diesen Teil hinaus ändern, auch wenn ein Mangel den nicht mitangegriffenen Teil miterfasst. Ein Ansich-ziehen des Rests des Rechtsstreits bei einem unzulässigen Teilurteil wie bei § 538 kennt das Revisionsrecht nicht, BAG BeckRS 2022, 10202. Vgl. die Erläuterungen zu § 528, auch wegen der Mitabweisung noch in den Vorinstanzen anhängiger Ansprüche und des maßgebenden Streitwerts. Maßgebend sind nicht die Anträge der

Revisionsschrift oder Revisionsbegründung, sondern die nach §§ 297, 555 I 1 in der mündlichen Verhandlung gestellten.

2. Verbleibende Möglichkeiten. Das Revisionsgericht muss die Zulässigkeit der Klage von Amts wegen überprüfen. Keine nachteilige Abänderung ist die Verwerfung der Berufung mangels Beschwer statt der ausgesprochenen Zurückweisung, oder wenn das Berufungsgericht die Klage als unzulässig abgewiesen hat und wenn das Revisionsgericht dieses Urteil auf eine Revision des an einer Sachabweisung interessierten Bekl. aufhebt und die Klage nun als unbegründet beurteilt, BGH NJW 1988, 2114, oder durch eine Zurückverweisung dem Berufungsgericht diese Möglichkeit eröffnet. Denn infolge der Aufhebung des Berufungsurteils und infolge der Zurückverweisung nach § 563 I, IV sind die Anträge der Berufungsinstanz wieder maßgebend. Freilich muss der Bekl. auch riskieren, dass die Klage nunmehr Erfolg hat. 5

Hatte das Berufungsgericht fälschlich sowohl den Haupt- als auch den **Hilfsantrag** dem Grunde nach zuerkannt und wird das Berufungsurteil zum Hauptanspruch nach § 705 formell rechtskräftig, fällt eine Bindung des Revisionsgerichts an das Grundurteil nach § 304 zum Hilfsanspruch weg, BGH NJW 2002, 3479. Hatte das Berufungsgericht den Hauptanspruch abgewiesen und den Hilfsanspruch zuerkannt und spricht das Revisionsgericht auf Revision des Klägers den Hauptanspruch zu, muss es zur Klarstellung den Ausspruch des Berufungsgerichts über den Hilfsanspruch aufheben. Erfolgt eine Zurückverweisung, da weitere Feststellungen erforderlich sind, muss das Revisionsgericht auch über eine Revision wegen des Hilfsanspruchs entscheiden, BGH NJW 1993, 1005. Hat die Partei die Entscheidung über den Hilfsanspruch nicht angefochten, bleibt diese Entscheidung zunächst bestehen, BGH NJW 1989, 1486 (zust. Orfanides JR 1989, 329). Dabei bleibt es auch dann, wenn das Berufungsgericht den Hauptanspruch wiederum abweist. Spricht es ihn aber dem Kläger zu, muss es zugleich seine frühere Entscheidung über den Hilfsanspruch aufheben, da § 318 nicht entgegensteht, BGH NJW 1993, 1005. Hatte das Berufungsgericht nur einen von mehreren Klagegründen beschieden, darf das Revisionsgericht auch über den nicht mitbehandelten befinden. 6

3. Gegenrüge. Dazu BGH NJW 1993, 933; Rudisile DVBl 1988, 1135. Der Revisionsbekl. kann sich auch ohne ein Rechtsmittel darauf berufen, dass das Berufungsgericht bei einer Klageabweisung nur wegen seiner Hilfsaufrechnung seine übrigen Einwendungen rechtsirrtümlich nicht beachtet habe. Er kann bis zum Schluss der mündlichen Verhandlung nach §§ 136 IV, 296a, 555 I 1 bestimmte seinem Vortrag in der Vorinstanz zuwiderlaufende Feststellungen des Berufungsgerichts ebenso wie das Unterbleiben von Feststellungen für den Fall bemängeln, dass das Revisionsgericht die Entscheidung des Berufungsgerichts mit der zugehörigen Begründung für unrichtig hält, BGH GRUR 2006, 169; BVerwG NJW 1984, 2235; Rudisile DVBl 1988, 1135. Diese Gegenrügen darf es nicht ohne weiteres der Entscheidung zum Nachteil des Revisionsklägers zugrunde legen. Bemängelt der Revisionsbekl. die Feststellungen des Berufungsgerichts nicht, muss das Revisionsgericht sie hinnehmen. 7

V. Überprüfbarkeit einer Vorentscheidung, II. 1. Grundsatz. Vgl. zunächst § 512. Das Revisionsgericht prüft von Amts wegen die Statthaftigkeit und Zulässigkeit der Berufung mit, BGH Rpfleger 2012, 646; BAG NZA 2013, 1271. Es prüft auch, ob das Berufungsgericht § 540 beachtet hat, BGH NJW 2014, 2421. Enthält eine für das Berufungsurteil ursächliche Vorentscheidung einen Revisionsgrund, ist das Urteil selbst revisibel. Der Revisionsführer muss die Vorentscheidung nach § 551 III 1 Nr. 2 rügen. 8

Das Revisionsgericht darf aber **nicht alle** Vorentscheidungen zusammen mit dem Endurteil überprüfen, BVerwG NVwZ-RR 2016, 429. Das gilt, mag die Entscheidung auch mit im Endurteil stehen, BGH NJW 1982, 2070, oder mag sie fälschlich in den Gründen des Berufungsurteils stecken. Denn das beschwert die Partei nicht. 9

2. Beispiele zur Frage einer Überprüfbarkeit, II

Antragsbindung: Anwendbar ist II auf die Bindung des Gerichts nach § 308 I an die Parteianträge, BAG NJW 2015, 1549. 10

Befangenheit: Unanwendbar ist II auf eine Ablehnungs-Zurückweisung nach § 46 I, BVerfG NJW-RR 2007, 408; BGH BeckRS 2020, 16799; FamRZ 2007, 463 (daher evtl. Verfassungsbeschwerde statthaft; BVerfG NJW 2009, 833 wendet § 321a an); BAG NZA 2016, 1101 (Ausnahme evtl. bei § 547 Nr. 1).

Berichtigung: Unanwendbar ist II auf einen solchen Beschluss nach § 319, es sei denn, er enthält in Wahrheit gar keine Berichtigung, BGH NJW 1985, 742. **Unanwendbar** ist II auch auf den eine Protokollberichtigung abweisenden Beschluss, BVerwG DÖV 1981, 180.

Fristverlängerung: Unanwendbar ist II auf eine Verlängerung der Berufungsbegründungsfrist nach § 520 II 2, 3, BGH WM 1988, 72, oder der Frist des § 521 II 1, BGH NJW 1988, 268 (krit. Teubner JR 1988, 281).

Grundurteil: Anwendbar ist II auf ein solches nach § 304.

Kosten: Anwendbar ist II auf eine Kostengrundentscheidung. Das folgt auch aus → § 308 Rn. 29, BGH NJW 2010, 2725.

Protokoll: → „Berichtigung".

Streithilfe: Unanwendbar ist II auf einen Beschluss über eine Zulassung nach § 71, BAG NZA 1988, 801.

Streitverkündung: Anwendbar ist II auf eine Entscheidung nach § 72, BGH NJW 1982, 2080; BAG NZA 1988, 801.

Trennung: → „Widerklage".

Versäumnisurteil: Unanwendbar ist die Unterstellung nach § 331 I 1, BAG NZA 2015, 575.

Vorbehaltsurteil: Anwendbar ist II auf ein solches nach §§ 302, 599.

Widerklage: Unanwendbar ist II auf die Abtrennung einer Widerklage.

Wiedereinsetzung: Anwendbar ist II auf ihre Gewährung. **Unanwendbar** ist II auf die Versagung einer Wiedereinsetzung nach § 238 im Rahmen von § 519.

Zwischenurteil: Anwendbar ist II auf ein solches nach § 280 oder § 303, BGH VersR 1979, 960. **Unanwendbar** ist II auf ein solches zB nach § 387, BGH NJW 1993, 1392.

3. Bindungsgrenzen. Die vom Berufungsgericht aus der Entscheidung gezogenen Folgerungen binden das Revisionsgericht nicht, VerfGH Mü NJW-RR 2005, 1729; Günther NJW 1986, 290. So ist die Ablehnung eines Vertagungsantrags nach § 227 stets unanfechtbar und ebenso die Zurückweisung eines darauf gestützten Ablehnungsgesuchs nach § 46 I. Liegt darin aber die Versagung rechtlichen Gehörs nach Art. 103 I GG, kann das die Revision begründen, BSG MDR 1998, 1367; Günther NJW 1986, 290. Auch in der Zurückweisung des 11

Vertreters eines ProzBev kann eine Versagung des rechtlichen Gehörs liegen. Wegen der einer Wiedereinsetzung stattgebenden Entscheidung → § 238 Rn. 18.

12 **VI. Rechtsverletzung, III 1.** Eine solche nach §§ 545 ff. muss das Revisionsgericht berücksichtigen. Das gilt unabhängig davon, ob die Partei gerügt hat oder nicht, BGH NJW 1991, 1822. Rügt also die Revision auch nur einen Verfahrensverstoß, muss das Revisionsgericht das ganze Berufungsurteil auf die Gesetzmäßigkeit seiner Begründetheit nachprüfen, BGH NJW 2016, 938; BAG NZA 2016, 492. Fehlt irgendeine ausreichende Rüge, darf das Revisionsgericht keinerlei sachlich-rechtlichen Verstoß beachten. Denn die Unzulässigkeit der Revision schneidet jegliche Sachprüfung ab. III 1 gilt aber nur für die Revision und Anschlussrevision, nicht für diejenige Partei, die das Rechtsmittel nicht eingelegt hat. Eine ungünstigere Beurteilung aufgrund von deren Vorbringen wäre eine unstatthafte Verschlechterung für den Gegner. Maßgebend ist das Recht am Schluss der Revisionsverhandlung nach §§ 136, 296a, 555 I 1.

13 **VII. Verfahrensmangel, III 2.** Dazu Lueder NJW 1982, 2763: Auch hier gibt es einen Grundsatz mit Abweichungen.

14 **1. Grundsatz.** Soweit sich die Revision auf Verfahrensmängel stützt, darf und muss das Revisionsgericht nach → Rn. 15 nur die nach §§ 551, 554 ordnungsgemäß vorgebrachten Revisionsgründe prüfen, soweit es sie nicht nach → Rn. 16 von Amts wegen berücksichtigen muss, LAG Köln NZA-RR 2014, 125. Ob ein Verfahrensmangel vorliegt, muss man nach rechtlichen Gesichtspunkten beurteilen, nicht nach Äußerlichkeiten wie der Aufnahme der verletzten Vorschrift in die ZPO oder ins BGB. Verstöße gegen die Verteilung der Beweislast gehören nicht zu den rügebedürftigen Verfahrensmängeln. Das Revisionsgericht beachtet § 528, BGH NJW-RR 1995, 240. Es prüft aber grundsätzlich nicht, ob das Berufungsgericht § 529 beachtet hat, BGH NJW 2005, 1583 (zust. Manteuffel NJW 2005, 2965).

15 **2. Rügepflicht.** Der Revisionskläger muss einen nicht von Amts wegen zu beachtenden Verfahrensmangel in der Revisionsbegründung nach § 551 oder in rechtzeitigen Nachträgen gerügt haben, BGH NJW 2010, 365; BAG NZA-RR 2013, 155; LAG Köln NZA-RR 2014, 125. Er braucht aber nicht schlüssig vorzutragen, BGH NJW 2010, 365; zu streng BAG NZA-RR 2014, 267. Dahin gehört auch, dass das Berufungsgericht eine tatsächliche Feststellung ohne eine zureichende Unterlage getroffen habe. Die mündliche Nachholung einer in der Begründung nicht enthaltenen notwendigen Verfahrensrüge ist unstatthaft. Die Unzuständigkeit eines nicht zum Gericht für Patentsachen bestellten LG kann man nur dann rügen, wenn man sie schon in den Tatsacheninstanzen eingewendet hatte und in der schriftlichen Revisionsbegründung wiederholt. Jede Rüge eines Verfahrensmangels kann zurückgenommen werden. Ein rügepflichtiger nicht gerügter Verfahrensfehler des Berufungsgerichts bindet das Revisionsgericht, BGH NJW 1981, 1729.

16 **3. Ausnahmen.** Das Revisionsgericht muss bestimmte sog. absolute Verfahrensmängel von Amts wegen beachten, BGH NJW FamRZ 2010, 1597; BAG NZA 2006, 113. Man kann sie daher auch nach dem Ablauf der Revisionsbegründungsfrist vortragen. Das Revisionsgericht beachtet dabei § 286, BGH VersR 1978, 155; Werp DRiZ 1975, 278.

17 **Dahin gehören** die Verfahrensverstöße des Revisionsgerichts selbst, ferner diejenigen des Vordergerichts, soweit sie das Revisionsverfahren berühren, wie Verstöße bei unverzichtbaren Prozessvoraussetzungen einschließlich der Prozessfortsetzungsvoraussetzungen, BGH NJW 1976, 1040; BAG NZA 2010, 239, und sonstigen unverrückbaren Grundlagen des Verfahrens etwa nach Art. 103 I GG oder nach § 563 II oder nach §§ 169 ff. GVG.

18 **Beispiele:** Vgl. das umfangreiche ABC in → § 559 Rn. 11.

19 **4. Gemeinsames.** Der Verfahrensmangel kann auch mit beachtlichen sachlich-rechtlichen Verstößen unlöslich zusammenhängen. Daher muss das Revisionsgericht auch diejenigen sachlich-rechtlichen Ausführungen nachprüfen, die die Grundlage für eine Zurückverweisung sind.

558 *Vorläufige Vollstreckbarkeit.* **[1]Ein nicht oder nicht unbedingt für vorläufig vollstreckbar erklärtes Urteil des Berufungsgerichts ist, soweit es durch die Revisionsanträge nicht angefochten wird, auf Antrag von dem Revisionsgericht durch Beschluss für vorläufig vollstreckbar zu erklären. [2]Die Entscheidung ist erst nach Ablauf der Revisionsbegründungsfrist zulässig.**

1 **I. Systematik, Regelungszweck, S. 1, 2.** Die Vorschrift entspricht § 537 I, Schneider DRiZ 1979, 444. Sie hat wegen § 708 Nr. 10 keine große Bedeutung. Es ergeht ein unanfechtbarer Beschluss.

2 **II. Geltungsbereich, S. 1, 2.** Die Vorschrift gilt in jedem Revisionsverfahren der ZPO, auch im WEG-Verfahren. Sie gilt auch bei einer bloßen Teilanfechtung, OLG Saarbr NJW 1976, 1325. Vor dem BAG gilt § 72 V ArbGG. Vor dem BVerwG gilt § 173 VwGO.

559 *Beschränkte Nachprüfung tatsächlicher Feststellungen.* **I [1]Der Beurteilung des Revisionsgerichts unterliegt nur dasjenige Parteivorbringen, das aus dem Berufungsurteil oder dem Sitzungsprotokoll ersichtlich ist. [2]Außerdem können nur die in § 551 Abs. 3 Nr. 2 Buchstabe b erwähnten Tatsachen berücksichtigt werden.**

II Hat das Berufungsgericht festgestellt, dass eine tatsächliche Behauptung wahr oder nicht wahr sei, so ist diese Feststellung für das Revisionsgericht bindend, es sei denn, dass in Bezug auf die Feststellung ein zulässiger und begründeter Revisionsangriff erhoben ist.

1 **I. Systematik, I, II.** Die Vorschrift knüpft an §§ 529, 545, 546, 557 an. Sie zieht die Konsequenzen aus dem Grundgedanken, dass die Revision keine nochmalige Tatsacheninstanz ist, noch weniger als die Berufungsinstanz. Sie stellt andererseits klar, dass das Revisionsgericht natürlich befugt bleiben muss, denjenigen Teil des Tatsachenstoffs zu überprüfen, dessen vorinstanzliche Feststellung verfahrensfehlerhaft erfolgt sein soll.

2 **II. Regelungszweck, I, II.** Einerseits soll zwecks Prozesswirtschaftlichkeit eine heilsame Entlastung und Konzentration auf das Hauptziel einer Revision erfolgen, auf die rechtliche Zweitkontrolle, BGH FamRZ 2010,

1051. Andererseits soll das Hauptziel jedes Zivilprozesses, eine gerechte Entscheidung, nicht in die Gefahr einer bloßen Arbeitserleichterung geraten.

III. Geltungsbereich, I, II. Die Vorschrift gilt in jedem Revisionsverfahren nach der ZPO und den auf sie verweisenden Gesetzen. Sie gilt auch im WEG-Verfahren. Im Verfahren der Arbeitsgerichte ist nach § 72 V ArbGG § 559 entsprechend anwendbar, BAG NZA 2018, 241. Vgl. ferner § 137 II VwGO, BVerwG NJW 2013, 102. 3

IV. Berücksichtigung von Parteivorbringen, I 1. Die Revision muss nach §§ 543, 544 zugelassen sein, BGH NJW 2004, 293. Es gibt viele Aspekte. 4

1. Grundsatz: Nur Rechtsprüfung. Grundsätzlich prüft das Revisionsgericht das Parteivorbringen in den Grenzen von § 557 I nur auf eine Rechtsverletzung nach §§ 545, 546, BGH MDR 2016, 1402. Irgendwelche tatsächlichen Feststellungen sind im Allgemeinen nicht seine Aufgabe, BGH NZM 2017, 302; BAG NZA 2017, 462; OLG Köln MDR 1984, 857. Es darf und muss grundsätzlich das Parteivorbringen so zugrunde legen, wie es das Berufungsurteil nach § 314, BGH BeckRS 2022, 16368 (auch zum Verhältnis zu § 283); GRUR 2016, 205, nach § 540 und die Sitzungsprotokolle nach §§ 159 ff. ergeben, BGH MDR 2014, 1168; BAG NZA 2018, 593. Dazu gehören die Anträge, BAG NZA 2015, 1404, und diejenigen in ihnen in Bezug genommenen Schriftstücke nebst Anlagen, BGH WRP 2007, 1076; BAG NZA 2016, 1548, die das Berufungsgericht beurteilt hat, BGH NJW 2011, 2294. Diese Unterlagen kann das Revisionsgericht auch selbständig auslegen. Das Protokoll geht nach §§ 314 S. 2, 555 I 1 dem Tatbestand vor, BGH NJW 2007, 2915. Das Urteil darf nicht lückenhaft oder widersprüchlich sein, BGH NZM 2018, 630. Das Revisionsgericht darf eine Prozessbereinigung jetzt anders beurteilen, BGH NJW-RR 2018, 719. 5

Zu dem aus dem Sitzungsprotokoll ersichtlichen Parteivorbringen gehören **nicht** die von den Parteien im Berufungsverfahren gestellten **Anträge.** Sie müssen sich aus dem Berufungsurteil nach § 540 ergeben, BGH NJW 2012, 2660. Das Revisionsgericht darf ihre Auslegung überprüfen, BGH NJW 2008, 1385; BAG NJW 2009, 2974, mehr aber auch nicht, BAG NZA 2011, 532. Wenn das Berufungsurteil oder Protokoll nichts anderes ergeben, kann das Revisionsgericht davon ausgehen, dass durch die Stellung der Anträge und durch ein anschließendes Verhandeln der gesamte bis zum Termin angefallene Akteninhalt zum Gegenstand der mündlichen Verhandlung wurde und demgemäß seiner Beurteilung unterliegt, BGH NJW 1992, 2148; Oehlers NJW 1994, 712; krit. Fischer DRiZ 1994, 461; Schumann NJW 1993, 2786. Ein rechtmäßig vom Berufungsgericht ausgeschlossenes Vorbringen bleibt unbeachtlich, BGH NJW 1985, 1558. 6

Ferner darf und muss das Revisionsgericht eine solche **neue Tatsache** beachten, die erst zur Zulässigkeit der Revision nach § 543 führte. Daneben muss das Revisionsgericht Erfahrungstatsachen berücksichtigen, soweit es sie kennt, nicht solche, die sich erst aus einem neu eingereichten Gutachten ergeben. Ist der Tatbestand des Berufungsurteils nach § 540 unrichtig, gilt nur § 320, nicht § 551 III 1 Nr. 2, BGH ZIP 2014, 569. Ist der Tatbestand widersprüchlich oder lückenhaft oder fehlt er, muss das Revisionsgericht das Verfahren schon deshalb nach § 563 I zurückverweisen, BGH NJW-RR 2003, 1743; BAG NZA 2014, 992. Schweigt das Urteil, kann man ein Parteivorbringen nicht auf andere Weise darlegen, BGH NJW 1983, 885. Ein ungenügend bestimmter Leistungsantrag lässt sich in einen Feststellungsantrag nach §§ 256, 525 umdeuten, BGH MDR 2005, 437. Zur Trennung von Rechts- und Tatfragen Mitsopoulos ZZP 120, 107. 7

2. Endzeitpunkt. Letzter denkbarer Zeitpunkt für tatsächliches Vorbringen ist grundsätzlich der Schluss der letzten mündlichen Verhandlung der letzten Tatsacheninstanz nach §§ 136 IV, 296a, 525, BGH FamRZ 2009, 1993; BAG NJW 2015, 1775. Weder nach § 291 offenkundige noch nach § 288 I zugestandene neue Tatsachen sind danach noch grundsätzlich beachtlich. Die nach dem Berufungsurteil eingetretene Fälligkeit des Klageanspruchs ist dann keine neue Tatsache, wenn das Berufungsurteil sie in ihrer Bedeutung für den Anspruch bereits gewürdigt hat. Das Revisionsgericht darf sie also berücksichtigen. Nicht beachten darf es die Veräußerung des Streitgegenstands und überhaupt grundsätzlich alles, was nach dem oben genannten Zeitpunkt liegt. Der Kläger darf auch noch in der Revisionsinstanz eine Feststellung zur Insolvenztabelle statt einer Zahlung begehren. Eine abgesonderte Befriedigung kann er nicht fordern. Hatte er auf eine Rechnungslegung geklagt und hatte das Gericht ihn nur zur Auskunftserteilung verurteilt, kann der Kläger mit einer Anschlussrevision nach § 554 eine Vorlage der Abrechnungen nach § 259 I BGB fordern und damit den ursprünglichen Antrag teilweise wieder aufgreifen. Unzulässig sind auch die Berichtigung von Tatsachen, ein Zurückgreifen auf solche abgewiesenen erstinstanzlichen Anträge, über die die Parteien vor dem Berufungsgericht nicht mehr verhandelt hatten, BGH MDR 1987, 479, und neue Hilfsanträge, mögen auch alle zu ihrer Beurteilung dienlichen Tatsachen vorgetragen, ihre rechtliche Würdigung durch das Berufungsgericht aber nicht erforderlich gewesen sein. 8

V. Beachtung neuer Tatsachen, I 2. Ausnahmsweise beachtlich sind neue Tatsachen in den folgenden Fällen. Bestreitet sie der Revisionsbekl. nicht, darf das Revisionsgericht sie dann als unstreitig berücksichtigen, wenn keine schützenswerten Interessen des Gegners entgegenstehen, BGH NZG 2018, 584; BAG NZA 2017, 995, oder wenn sie nach §§ 291, 555 I 1 offenkundig richtig sind, BAG NJW 2010, 2682, oder wenn sie unstreitig sind, BGH NZG 2018, 584. Handelt es sich um Prozessvoraussetzungen oder um Rechtsmittelvoraussetzungen, zB um die richtige Besetzung des Berufungsgerichts, kann auch eine Beweisaufnahme stattfinden, BGH WM 1986, 1201; BAG NZA-RR 2015, 550. Für sie gilt der Grundsatz freier Beweiswürdigung nach §§ 286, 555 I 1, BGH WM 1986, 1201. Möglich ist aber auch eine Zurückverweisung nach § 563 I. Es gibt keinen sog. Freibeweis, Werp DRiZ 1975, 278; aM BGH NJW 1992, 628. Eine Antragsänderung kann dann zulässig sein, wenn sie sich auf den vom Vorgericht festgestellten Sachverhalt stützt, die Parteien zustimmen und wenn ein Verfahrensfehler zB nach § 139 stattgefunden hatte, BAG NZA 2015, 63. 9

1. Verfahrensrüge, § 551 III 1 Nr. 2 Buchst. b. Das Revisionsgericht darf und muss eine solche Tatsache beachten, die der Revisionskläger mit einer Verfahrensrüge rechtzeitig in der Revisionsbegründung nach § 551 vorgebracht hat, BGH GRUR 2010, 1095; BAG NZA 2018, 593. Eine Nachholung ist unstatthaft. Das Revisionsgericht darf und muss ferner eine solche Tatsache beachten, die es eben von Amts wegen prüfen muss, BGH NJW 2013, 2665; BAG NZA 2017, 995; BFH NJW 2002, 1131. Also ist ein neuer Vortrag auch ohne eine ausdrückliche Verfahrensrüge etwa dann beachtlich, wenn er zB die Frage betrifft, ob die Prozessvoraussetzungen und die Prozessfortsetzungsbedingungen vorliegen, BGH MDR 2008, 159; BAG NJW 1982, 788. Beachtlich ist 10 ferner ein neuer unstreitiger Vortrag einer solchen Tatsache, die erst nach dem Verhandlungsschluss nach §§ 136 IV, 296a, 525 eintrat und den Gegner nicht belastet, → Rn. 14, BGH NJW 2002, 220.

2. Beispiele zur Frage einer Beachtlichkeit von Amts wegen, I 2

11 **Abtretung: Nicht** von Amts wegen beachtlich ist eine Abtretung (Ausnahme: bloße Richtigstellung).

Anerkenntnis: Von Amts wegen beachtlich ist ein Anerkenntnis zB nach § 307.

Anfechtungsprozess: Von Amts wegen beachtlich ist im Anfechtungsprozess außerhalb eines Insolvenzverfahrens die Klageabweisung gegen den Schuldner, BGH MDR 1983, 574.

Anscheinsbeweis: Von Amts wegen beachtlich sind seine Regeln, BGH VersR 2010, 628.

Anspruchsbestimmtheit: Von Amts wegen beachtlich ist das Fehlen der bestimmten Angabe des Gegenstands und des Grundes des Klageanspruchs nach § 253 II Nr. 2, BGH NJW 2011, 2658.

Anspruchshäufung: Von Amts wegen beachtlich ist ein Mangel bei ihrer Aufgliederung nach § 260.

Anspruchsverzicht: Von Amts wegen beachtlich ist ein Verzicht auf den Klageanspruch nach § 306.

Antragsgrenzen: Von Amts wegen beachtlich ist ein Verstoß des Berufungsgerichts gegen § 308 I, BGH WM 1991, 600.

Aufrechnung: → „Verbot".

Auslandsrecht: Von Amts wegen beachtlich ist ein solches Recht, BGH NJW 2002, 3335.

Außergerichtlicher Vergleich: Nicht von Amts wegen beachtlich ist grds. ein Vergleich nach § 779 BGB, BAG NJW 1982, 788 (Ausnahme: Die Parteien haben ihn dem Gericht übereinstimmend angezeigt).

Berufungszulässigkeit: Von Amts wegen beachtlich ist ein solcher Verstoß gegen § 511, BGH NJW-RR 2004, 851; BVerwG NJW 1986, 862.

Beweisantritt: Von Amts wegen beachtlich ist seine entscheidungserhebliche Übergehung, BGH NJW-RR 1995, 723.

Beweisregel: Von Amts wegen beachtlich ist ein Verstoß des Berufungsgerichts durch die Anwendung einer im Gesetz gar nicht vorhandenen Beweisregel, BGH NJW 1999, 488.

Bindungswirkung: Von Amts wegen beachtlich ist ihre Missachtung bei § 538, BGH NJW 1992, 2831.

Dritter: Von Amts wegen beachtlich ist die Behandlung eines Nichtbeteiligten als Partei, BGH NJW 1993, 3067.

Einspruch: Von Amts wegen beachtlich ist seine Zulässigkeit nach §§ 338, 700, BGH NJW 1976, 1040.

Erbenhaftung: Von Amts wegen beachtlich ist die Einrede einer beschränkten Erbenhaftung nach § 781 dann, wenn ihre frühere Erhebung nicht möglich oder nicht notwendig war.

Erledigung: Von Amts wegen beachtlich ist eine Erledigung der Hauptsache infolge übereinstimmender wirksamer Erledigterklärungen der Parteien, BVerwG NVwZ-RR 1992, 276, oder eine einseitige Erledigterklärung dann, wenn das erledigende Ereignis unstreitig ist, BGH NJW-RR 2007, 639, oder eine Verkennung der Voraussetzungen des § 91a, BGH GRUR 2011, 1142.

Exterritorialität: Von Amts wegen beachtlich ist diejenige nach §§ 18–20 GVG.

Feststellungsinteresse: Von Amts wegen beachtlich ist seine fehlerhafte Annahme bei § 256 oder sein Eintritt, BGH MDR 1983, 836, oder sein Wegfall, BGH VersR 1983, 726. Auch „Rechtsschutzbedürfnis".

Gerichtsbarkeit: Von Amts wegen beachtlich ist ihr Fehlen, s. „Exterritorialität".

Geständnis: → Rn. 14, 16.

Grundurteil: Von Amts wegen beachtlich ist die Unzulässigkeit eines Grundurteils nach § 304, BGH NJW 2000, 664.

Hilfsantrag: Von Amts wegen beachtlich ist die nur klarstellende Umwandlung eines Hauptantrags zu einem Hilfsantrag, BGH WM 1989, 1875, oder die Rücknahme eines Hilfsantrags, BGH NJW 1992, 2081. **Nicht** derart beachtlich ist die Umwandlung eines Hilfsantrags zum Hauptantrag.

Immunität: Von Amts wegen beachtlich ist das Fehlen der Gerichtsbarkeit wegen einer Immunität usw. nach §§ 20 ff. GVG.

Insolvenz: Von Amts wegen beachtlich ist ein Mangel etwa der Prozessführungsbefugnis bei der Insolvenzeröffnung, BGH ZIP 1980, 23, oder die Eröffnung selbst, BGH DB 1981, 1770 oder der Wegfall eines Aufrechnungsverbots, BGH ZIP 1983, 1473, oder eine Feststellung zur Tabelle nach § 180 InsO statt einer Zahlung, oder ein Mangel bei der Einstellung oder Aufhebung des Insolvenzverfahrens, BGH MDR 1981, 1012. **Nicht** von Amts wegen beachtlich ist der Wechsel von einem Feststellungs- zu einem Leistungsanspruch wegen einer Masseschuld, BGH NJW 1989, 170.

Internationale Zuständigkeit: Von Amts wegen beachtlich ist ein Mangel der internationalen Zuständigkeit, BGH NJW 1993, 3135; Geimer WM 1986, 117.

Klageänderung: Von Amts wegen beachtlich ist eine Änderung des Klageantrags nach §§ 263, 264, 555, ohne eine Änderung der tatsächlichen Anspruchsgrundlage, BGH NZM 2017, 742; Altmeppen ZIP 1992, 458; aM BAG NJW 2006, 2061. **Nicht** derart beachtlich ist grds. eine sonstige Klageänderung oder -erweiterung nach §§ 263, 555 I 1, BGH ZIP 2013, 1321; BAG NZA-RR 2012, 532, oder eine Prüfung der Sachdienlichkeit, BGH MDR 1979, 829; BAG NZA-RR 2016, 551.

Klageantrag: Von Amts wegen beachtlich ist eine Ungenauigkeit des Klageantrags nach § 253 II Nr. 2, BGHZ 135, 6. Auch „Klageänderung".

Klagbarkeit: Von Amts wegen beachtlich ist das Fehlen der Klagbarkeit zB aufgrund eines völkerrechtlichen Vertrags.

Klagefrist: Von Amts wegen beachtlich ist ihre Einhaltung.

Klageerhebung: Von Amts wegen beachtlich ist ein Mangel der Klageerhebung nach §§ 253, 261, BGH WuM 2014, 434.

Klagerücknahme: Von Amts wegen beachtlich ist eine Klagerücknahme nach §§ 269, 555 I 1.

Klageerweiterung: Nicht von Amts wegen beachtlich ist eine Klageerweiterung nach §§ 263, 555 I 1; BGH NJW-RR 2006, 278; BAG NZA 2009, 503. Sie ist aber auch nicht stets unstatthaft, strenger BGH ZIP 2009, 1477; BAG NZA 2012, 283.

Klarstellung: Von Amts wegen beachtlich ist eine bloße Klarstellung des Sachantrags, BGH WM 1989, 1875.

Neuer Anspruch: BGH NJW-RR 1993, 776; BAG NZA-RR 2012, 532.

Offenkundigkeit: → Rn. 14, 16.

Parteifähigkeit: Von Amts wegen beachtlich ist ihre falsche Beurteilung nach § 50, BGH WM 2010, 2381; Schmidt JuS 1986, 568, oder eine Genehmigung.
Parteiwechsel: **Nicht** von Amts wegen beachtlich ist ein gewillkürter Parteiwechsel, BGH WM 1990, 742. Er ist aber auch nicht stets unstatthaft, strenger BGHZ 135, 107; BAG NZA 2011, 1275.
Personenstand: Von Amts wegen beachtlich ist seine Änderung.
Prozessfähigkeit: Von Amts wegen beachtlich ist ihre falsche Beurteilung nach § 51, BGH NJW-RR 1986, 157; Schmidt JuS 1986, 568.
Prozessfortsetzungsbedingung: Von Amts wegen beachtlich ist ihre Einhaltung, BGH WM 1992, 71.
Prozessführungsbefugnis: Von Amts wegen beachtlich ist seine falsche Beurteilung, BGH NJW 2008, 1587. **Abweichend muss** man bei einer gesetzlichen oder gewillkürten Prozessstandschaft vorgehen, BGH NJW 1988, 1587. Auch „Insolvenz".
Prozessvergleich: Von Amts wegen beachtlich ist ein Prozessvergleich, BAG NJW 1982, 788.
Prozessvollmacht: Von Amts wegen beachtlich ist ein Mangel einer Prozessvollmacht nach § 80, BGH NJW 2002, 1957.
Prozessvoraussetzung: Von Amts wegen beachtlich ist ihr Vorliegen oder Fehlen, BGH NJW 2017, 488 Rn. 8; WuM 2014, 434; BAG NZA 2011, 768.
Rechtsbehelfsbelehrung: Nicht von Amts wegen beachtlich ist ihr Fehlen oder ihre sonstige Fehlerhaftigkeit nach § 232. Denn die Belehrung gehört zwar ins Urteil, ist aber nicht Teil seiner Begründung.
Rechtsfähigkeit: Es gilt dasselbe wie bei „Parteifähigkeit" und „Prozessvoraussetzung", BGH WM 2010, 2381.
Rechtshängigkeit: Von Amts wegen beachtlich ist eine anderweitige Rechtshängigkeit nach §§ 261 III Nr. 1, 555 I 1, BGH NJW-RR 1990, 47, oder der Fortfall zB einer wirksamen Klagerücknahme, BGH WuM 2015, 35.
Rechtskraft: Von Amts wegen beachtlich sind das Vorliegen einer formellen Rechtskraft nach § 705 und der Umfang der inneren Rechtskraft eines Vorprozessurteils nach §§ 322, 555 I 1, BGH VersR 1984, 78.
Rechtsnachfolge: Von Amts wegen beachtlich ist ein Mangel bei der Beurteilung einer Rechtsnachfolge zB nach §§ 265, 555 I 1, BGH MDR 1987, 130.
Rechtsschutzbedürfnis: Von Amts wegen beachtlich ist das Fehlen eines Rechtsschutzbedürfnisses, BGH ZIP 1998, 1324, oder sein Wegfall, BGH WM 1978, 439.
Revisionsrücknahme: Von Amts wegen beachtlich ist eine Rücknahme der Revision nach §§ 516, 565.
Revisionsverzicht: Von Amts wegen beachtlich ist ein Verzicht auf die Revisionsmöglichkeit nach § 515, 565.
Sachdienlichkeit: „Klageänderung".
Säumnis: Von Amts wegen beachtlich ist der Verstoß gegen eine Säumnisvorschrift nach §§ 330 ff., 555 I 1, zB gegen die Zulässigkeit des Einspruchs gegen ein Versäumnisurteil nach § 338, BGH WM 1987, 1013.
Schadenshöhe: Von Amts wegen beachtlich sind unrichtige Bemessungsfaktoren.
Schiedsrichterliches Verfahren: Von Amts wegen beachtlich ist eine Zustellung oder Niederlegung des Schiedsspruchs nach § 1054 im Aufhebungsverfahren nach § 1059, BGHZ 85, 290.
Selbständiges Beweisverfahren: Nicht von Amts wegen beachtlich ist sein Ergebnis nach §§ 485 ff., 555 I 1, soweit es erst nach dem Erlass des Berufungsurteils eingetreten ist.
Staatsangehörigkeit: Von Amts wegen beachtlich ist zB der Erwerb der deutschen Staatsangehörigkeit, etwa bei einer Einbürgerung, BGH NJW 1977, 498.
Tatbestand: Von Amts wegen beachtlich ist ein Mangel des Tatbestands nach §§ 314, 525, BGH NJW 2004, 1389, oder gar sein Fehlen.
Tarifvertrag: Von Amts wegen beachtlich ist seine Änderung, BAG NZA-RR 2011, 448.
Teilurteil: „Verbot".
Unbestimmtheit: Von Amts wegen beachtlich ist diejenige des Tenors nach §§ 313 I Nr. 4, 540, OLG Hamm NJW-RR 1992, 1279.
Unmittelbarkeit der Beweisaufnahme: Von Amts wegen beachtlich ist ein Verstoß gegen §§ 355, 555 I 1, BGH NJW 1991, 1302.
Unterbrechung: Von Amts wegen beachtlich ist ein Verstoß gegen §§ 239 ff., 555 I 1, BGH WM 1997, 2353.
Verbindung: Von Amts wegen beachtlich ist eine Verbindung von mehreren Revisionen nach §§ 147, 555 I 1, BGH NJW 1992, 2081.
Verbot: Von Amts wegen beachtlich ist ein prozessuales Verbot etwa nach §§ 301, 555 I 1, BGH NJW 2011, 2737.
Vergleich: „Außergerichtlicher Vergleich", „Prozessvergleich".
Verjährung: Nicht von Amts wegen beachtlich ist sie wegen § 214 I BGB vor ihrer Einrede. Diese reichte aber erstinstanzlich, BGH NJW 1990, 2754.
Versäumnisurteil: → „Säumnis".
Verschlechterungsverbot: Von Amts wegen beachtlich ist seine Missachtung.
Verspätung: Nicht von Amts wegen beachtlich ist ein nach §§ 531, 555 I 1 zu Recht ausgeschlossener Vortrag, BGH NJW 1985, 1558.
Verzicht: „Anspruchsverzicht".
Vollstreckbarkeit: → „Zug-um-Zug-Urteil".
Widerklage: Nicht von Amts wegen beachtlich ist eine Widerklage, BGH NJW 2008, 3570; BAG NJW 1982, 790, und ihre Rücknahme nach § 269.
Widersprüchlichkeit: Von Amts wegen beachtlich ist ein Widerspruch zwischen dem Tenor oder dem Tatbestand und den Entscheidungsgründen nach §§ 313, 540, BGH GRUR 2017, 430; BAG NJW 2017, 972.
Wiederaufnahme: Von Amts wegen beachtlich ist die Frage der Zulässigkeit einer Restitutionsklage nach § 580, BGH MDR 2007, 601.
Wiedereinsetzung: Von Amts wegen beachtlich ist ein Verstoß gegen §§ 233 ff.
Zug-um-Zug-Urteil: Von Amts wegen beachtlich ist eine nicht hinreichende Bestimmung der Gegenleistung, so dass keine Vollstreckung nach § 756 möglich ist.
Zulässigkeit: Von Amts wegen beachtlich ist ihr Vorliegen bei der Berufung nach § 511 oder bei einer Anschlussberufung nach § 524, BGH NJW-RR 1992, 1338, oder beim Einspruch nach §§ 338, 700; BGH WM 1987, 1013.

Zurückbehaltung: Nicht von Amts wegen beachtlich ist eine neu getätigte Zurückbehaltung.
Zurückverweisung: „Bindungswirkung".
Zwischenfeststellungsklage: Nicht von Amts wegen ist eine erstmalige solche Klage nach §§ 256 II, 555 I 1. Das gilt jedenfalls dann, wenn sie schon in der Berufungsinstanz möglich gewesen wäre und dort der Sachverhalt ungeklärt geblieben ist, BAG NJW 1982, 790.

12 **3. Nach Berufungsurteil.** Das Revisionsgericht darf und muss ferner eine solche Tatsache beachten, die unter → Rn. 9, 11 fällt und das Verfahren nach dem Erlass des Berufungsurteils nach § 540 betrifft, BAG NZA-RR 2017, 203, wie zB die Aufnahme eines unterbrochenen Verfahrens nach § 249 oder einen erklärten und nicht nur versprochenen Revisionsverzicht nach § 565.

13 **4. Wiederaufnahme.** Das Revisionsgericht darf und muss ferner eine solche Tatsache beachten, die man im Wiederaufnahmeverfahren nach §§ 578 ff. berücksichtigen müsste (bei § 580 Nr. 1–5 aber nur nach einem Strafurteil), also auch das Auffinden einer neuen Urkunde nach § 580 Nr. 7b, BGH NJW 1988, 3094. Maßgebend ist die Verfahrenslage, so wenn ohne deren Berücksichtigung die Entscheidung des Revisionsgerichts zu einem früher ergangenen nach §§ 322, 705 rechtskräftigen Urteil im Widerspruch stehen würde oder wenn im anhängigen Verfahren noch ein weiteres unrichtiges Urteil ergehen würde. Nicht beachtlich ist sie, also auf eine Restitutionsklage dann zu verweisen, wenn das Verfahren dann endet.

14 **5. Unstreitige Tatsache usw.** Das Revisionsgericht darf und muss schließlich dann eine sonstige Tatsache beachten, die nach der letzten mündlichen Verhandlung vor dem Berufungsgericht nach §§ 136 IV, 296a, 525 entstanden ist, wenn es sich um eine auch das Revisionsgericht bindende Entscheidung handelt. Das Revisionsgericht kann sie zumindest dann berücksichtigen, wenn sie unstreitig ist, BGH GRUR 2017, 542, oder wenn sie aus anderen Gründen nicht beweisbedürftig ist und wenn keine schützenswerten Interessen der anderen Partei entgegenstehen, BGH NJW 2008, 419; BAG NZA 2010, 1421; BVerwG NVwZ 1993, 275 (offenkundiger Wegfall entscheidungserheblicher Umstände). Sofern es sich um die Entscheidung eines Gerichts oder einer Behörde handelt, kann das Revisionsgericht sein Verfahren bis zum Eintritt der Unanfechtbarkeit nach §§ 148, 555 I 1 **aussetzen,** BGH NJW-RR 1992, 1149. Wegen des vom Berufungsgericht festgestellten Fälligkeitstermins → Rn. 8.

6. Beispiele zur Frage einer unstreitigen Tatsache usw., I 2

15 **Arbeitsunfall:** Beachtlich ist eine bindende Anerkennung eines Arbeitsunfalls, BGH MDR 1980, 925 (zust. Gitter SGb 1981, 452).
Bebauungsplan: Beachtlich ist die Nichtigerklärung eines Bebauungsplans nach § 47 VwGO, BGH WM 1982, 299.
Enteignung: Beachtlich ist ein Enteignungs- oder Besitzeinweisungsbeschluss, BGH NJW-RR 1992, 1149.
Fälligkeit: Sie ist beachtlich, BGH NJW 1999, 1261.
Genehmigung: Beachtlich ist eine behördliche Genehmigung, BGH NJW-RR 1998, 1284.
Gerichtsentscheidung: Beachtlich ist natürlich die bindende Entscheidung eines anderen Gerichts, zB des EuGH, BGH WM 1985, 241, oder die Klärung durch ein nach §§ 322, 705 rechtskräftiges Urteil in einer Vorfrage, BGH NJW-RR 1989, 175.
Insolvenz: Beachtlich ist eine sachlich-rechtliche Folge der Insolvenzeröffnung und -aufhebung, BGH NJW 1975, 442 (Kläger); BGH MDR 1981, 1013 (Bekl.).
Patentrecht: Beachtlich ist eine Patenterteilung oder -beseitigung, BGH NJW 1988, 210; eine Patentvernichtung, BGH NJW 1982, 830; eine Teilvernichtung oder Klarstellung; das Erlöschen des Patents. **Nicht** derart beachtlich ist eine in der Revisionsinstanz erstmalig entgegengehaltene Vorveröffentlichung; meist ein Anspruch aus einer erst nach dem Schluss der letzten Tatsachenverhandlung nach §§ 136 IV, 296a, 525 bekanntgemachten Patentanmeldung.
Personenstand: Beachtlich ist eine Änderung des Personenstands, BGH NJW 1983, 451.
Rechtsnachfolge: Beachtlich ist eine sachlich-rechtliche Folge einer Rechtsnachfolge, BGH MDR 1987, 130.
Schifffahrtsrechtliches Verteilungsverfahren: Beachtlich ist seine Eröffnung, BGHZ 104, 215.
Verjährung: Sie ist beachtlich, BGH NJW 1990, 2754.
Vermögenszuordnungsbescheid: Beachtlich ist ein solcher Bescheid, BGH NJW 1998, 989.
Volljährigkeit: Beachtlich ist der Eintritt der Volljährigkeit.
Vorfrage: → „Gerichtsentscheidung".

16 **VI. Tatsächliche Feststellungen, II. 1. Bindungswirkung.** Nicht mit einer Verfahrensrüge angreifbare und angegriffene Feststellungen des Berufungsgerichts über eine tatsächliche Behauptung einer Partei binden das Revisionsgericht mangels einer Verfahrensrüge grundsätzlich, BGH NJW 2015, 872; BAG NZA 2017, 858 und 906. Das gilt, mögen sie im Tatbestand oder in den Urteilsgründen stehen, BAG NZA-RR 2008, 590. Es genügt, dass sich die Feststellung aus einer Bezugnahme ergibt, BGH BeckRS 2021, 21700. Das Berufungsgericht muss sie aber auch wirklich getroffen haben, BAG NZA 2014, 992; Schneider MDR 1987, 990, soweit es sie noch treffen konnte. Das Revisionsgericht prüft nicht, ob das Berufungsgericht § 529 I Nr. 1 beachtet hat, BGH NJW 2005, 1585; Roth JZ 2006, 12. Die Grundlage der Feststellung ist unerheblich. Sie mag eine Beweiswürdigung nach § 286 sein, BGH ZIP 2012, 1555; BAG NJW 2011, 2905, ein einfacher Rechtsbegriff, BAG NZA 2016, 961, ein gerichtliches Geständnis nach § 288 I, eine Offenkundigkeit oder Gerichtsbekanntheit nach § 291, BGH NJW 1993, 2675, eine gesetzliche Vermutung nach § 292 oder Auslegung auch einer Schiedsvereinbarung nach § 1029 darstellen. Handelt es sich um die Auslegung einer Rechtsnorm (Tarifvertrag), sind dazu vom Berufungsgericht getroffene Feststellungen unbeachtlich. Eine unrichtige Wiedergabe des Parteivortrags im Berufungsurteil lässt sich nur nach § 320 heilen, BGH NJW 2013, 3579; BAG NZA 2017, 943.

17 Eine tatrichterliche Würdigung ist, inwieweit sich das Berufungsgericht einem Gutachten anschließt, Schneider MDR 1985, 199. dass der Sachverständige einen Verhandlungsstoff übersehen hat, ist nur dann erheblich, wenn das Gutachten infolgedessen nicht mehr schlüssig ist. Auf ein entbehrliches Hilfsvorbringen brauchte das Berufungsgericht *zwar nicht einzugehen.* Seine diesbezüglichen tatsächlichen Feststellungen sind aber prozessual nicht fehlerhaft.

18 **2. Nichtbindung.** Beachtlich ist immer, dass das Berufungsgericht eine tatsächliche Feststellung unter einer Verletzung einer Verfahrensvorschrift getroffen hat, BGH NJW 2014, 72; BAG NZA 2011, 310. Eine Bindung

scheidet insbesondere dann aus, wenn tatsächliche Feststellungen im Berufungsurteil fehlen oder so lückenhaft sind, dass sich die tatsächlichen Gründe der Entscheidung nicht zweifelsfrei entnehmen lassen; so ein Fall führt zur Aufhebung des Berufungsurteils, BGH NJW-RR 2022, 877; BeckRS 2021, 16510; BeckRS 2021, 6254.

3. Beispiele zur Frage einer Nichtbindung, II

Allgemeine Geschäftsbedingungen: → § 546 Rn. 5, BAG NZA-RR 2009, 19. 19

Anscheinsbeweis: Nicht bindend ist die Beurteilung des Berufungsgerichts zum Vorliegen eines solchen Beweises, BGH NJW 1997, 2759.

Aufklärungsverstoß: Nicht bindend ist nach → Rn. 18 eine solche tatsächliche Feststellung, die das Berufungsgericht unter einem Verstoß gegen seine Aufklärungspflicht nach § 139 getroffen hat.

Beweiswürdigung: Nicht bindend ist das Berufungsurteil im Umfang einer Verkennung der Anforderungen an eine Beweiswürdigung nach § 286, BGH NZM 2018, 296; BAG NJW 2016, 1532. Das gilt zB bei der Frage, ob der Tatrichter sich mit dem Prozessstoff und mit den Beweisergebnissen umfassend und widerspruchsfrei auseinandergesetzt hat, ob seine Würdigung also vollständig und rechtlich möglich ist, BGH NZM 2017, 1311; BAG NJW 2015, 1144; krit. Foerste („Erfahrungssatz") 274. Freilich muss man angeben, welchen Punkt das Berufungsgericht übergangen hat und wie es ein anderes Ergebnis hätte erzielen können und müssen, BAG NZA 2011, 310.

Bezugnahme: Nicht bindend ist die Bezugnahme des Berufungsgerichts auf eine nicht bei der Akte liegende Urkunde, BGH NJW 1995, 1841, oder auf ein sonst wie nicht klar erkennbares Dokument, BGH NJW 2011, 3450.

Denkgesetz: Nicht bindend ist ein Verstoß des Berufungsgerichts gegen die richtige Anwendung der Denkgesetze und allgemeiner Erfahrungssätze, BGH NJW 2017, 1311; BAG NJW 2016, 1532; BayObLG WuM 1994, 229. Auch → „Beweiswürdigung" und → § 546 Rn. 5.

Entscheidungsunerheblichkeit: Nicht bindend ist das Berufungsurteil insoweit, als der Revisionsbekl. die ihm zustehende Möglichkeit nutzt, bis zum Schluss der Revisionsverhandlung nach §§ 136 IV, 296a, 555 I 1 Rügen gegen solche tatsächlichen Feststellungen zu erheben, die ihm ungünstig sind, die aber in der Berufungsinstanz nicht entscheidungserheblich waren, BGH MDR 1976, 138; BVerwG NJW 1984, 2235.

Erfahrungssatz. Dazu Foerste, Zum Umgang des Revisionsgerichts mit Erfahrungssätzen, FS Schilken, 2015, 261. „Denkgesetz".

Ermessen: Nicht bindend ist seine Überschreitung, BGH ZIP 2017, 1721; BAG NZA 2014, 168.

Indiztatsache: Nicht bindend ist die Beurteilung des Berufungsgerichts zu der Beweiskraft einer bloßen Indiztatsache, BGH NJW 1993, 938.

Lückenhaftigkeit: Nicht bindend ist eine lückenhafte tatsächliche Feststellung des Berufungsgerichts, BGH NZM 2014, 766; BAG NZA 2017, 1544. Das gilt auch bei einer Nichtzulassungsbeschwerde nach § 544, BGH NJW 2004, 293.

Offenkundigkeit: Nicht bindend ist das Berufungsurteil im Umfang einer Verkennung des Begriffs der Offenkundigkeit nach § 291.

Parteivortrag: Nicht bindend ist ein in sich widersprüchlicher Parteivortrag der Berufungsinstanz, BGH NJW 2009, 3007. Auch „Widersprüchlichkeit".

Rechtsbegriff: Ob er binden kann, ist eine Fallfrage, BAG NZA 2015, 102.

Umfassende Prüfung: Beachtlich ist ein diesbezüglicher Mangel, BGH WM 2013, 1312.

Unklarheit: Es gilt dasselbe wie bei einer → „Widersprüchlichkeit", BAG NZA 2017, 1544.

Vertragsnatur: Ob ein Vertrag öffentlich-rechtlich oder privatrechtlich ist, ist keine tatrichterliche Feststellung, sondern eine rechtliche Würdigung. Daher besteht insoweit **keine** Bindung an die Beurteilung des Berufungsgerichts.

Widersprüchlichkeit: Nicht bindend ist eine widersprüchliche tatsächliche Feststellung des Berufungsgerichts, BGH NZM 2017, 302; BAG NZA 2017, 1544. Das gilt auch bei einer Nichtzulassungsbeschwerde nach § 544, BGH NJW 2004, 293. **Nicht** bindend ist eine solche Feststellung des Berufungsgerichts, die man mit dem in seinem Urteilstatbestand nach §§ 313 II, 540 wiedergegebenen unstreitigen Parteivortrag nicht vereinbaren kann, BGH NJW 1996, 2236. **Nicht** bindend ist eine solche Würdigung des Berufungsgerichts, die im Widerspruch zu einem von ihm in Bezug genommenen entscheidungserheblichen erstinstanzlichen Tatsachenvortrag steht, BGH FamRZ 2005, 1169. Auch → „Parteivortrag".

Willenserklärung: Nicht bindend ist eine solche Auslegung des Berufungsgerichts, bei der es Auslegungsgrundsätze nach §§ 133, 157 BGB verletzt hat, BGH NJW-RR 1991, 562.

560 *Nicht revisible Gesetze.* Die Entscheidung des Berufungsgerichts über das Bestehen und den Inhalt von Gesetzen, auf deren Verletzung die Revision nach § 545 nicht gestützt werden kann, ist für die auf die Revision ergehende Entscheidung maßgebend.

I. Systematik, Regelungszweck. Die Vorschrift ergänzt §§ 549, 559 für das nach §§ 545 I, 546 nicht revisible Recht. Damit dient sie der Klärung und der Rechtssicherheit. 1

II. Geltungsbereich. Die Vorschrift gilt in jedem Revisionsverfahren nach der ZPO und den auf sie verweisenden Gesetzen. Sie gilt auch im WEG-Verfahren. Im Verfahren der Arbeitsgerichte ist § 560 gegenstandslos, weil man die Revision nach § 73 I ArbGG auf die Verletzung jeder Rechtsnorm stützen kann. Im Verfahren vor den Verwaltungsgerichten gilt § 173 VwGO, BVerwG NVwZ-RR 2016, 967. 2

III. Bindungswirkung. Zunächst → § 545 Rn. 1. Die Entscheidung des Berufungsgerichts über das Bestehen und den Inhalt nichtrevisiblen Rechts bindet das Revisionsgericht nach § 559 II, BGH BeckRS 2021, 17942; BAG NZA 2015, 1470, wie eine tatsächliche Feststellung, BVerwG NVwZ 2015, 904 (zust. von der Groeben). Das gilt auch zu einer Vorfrage. Deshalb darf das Berufungsgericht nicht offenlassen, ob es aufgrund revisiblen oder nichtrevisiblen Rechtes geurteilt hat, auch bei einer Gleichheit beider Rechte. Wohl aber darf das Revisionsgericht das offen lassen, wenn es keine Partei beschwert, BGH NJW 1991, 2214. Das Revisionsgericht darf nichtrevisibles Recht nicht anders als das Berufungsgerichts auslegen, BGHZ 118, 151. Voraussetzung ist freilich, dass nicht laut revisiblem Recht die nichtrevisible Norm unanwendbar ist. Diese Frage darf das Revisionsgericht 3 nachprüfen. Ebenso darf es prüfen, ob das Berufungsgericht bei seiner Anwendung des nichtrevisiblen Rechts revisibles verletzt hat, zB ob es ein älteres nichtrevisibles Recht durch ein jüngeres revisibles ersetzt hat, oder ob das Berufungsgericht bei seiner Anwendung eines irrevisiblen Rechts irrig eine Bindung durch ein revisibles Recht angenommen hat, oder ob das Berufungsgericht offengelassen hat, ob deutsches oder ausländisches Recht anwendbar sei. Die Anwendung allgemeiner Rechtsgrundsätze wie zB die Verwirkung teilt den Charakter des Rechts, das diese Grundsätze ergänzt, BVerwG BeckRS 2022, 8039.

4 Das Revisionsgericht kann auch **irrevisibles Landesrecht** auf einen solchen Sachverhalt anwenden, den das Berufungsgericht übersehen und nicht gewürdigt hat, falls dessen Entscheidung nicht etwa die Unanwendbarkeit ergibt. Dasselbe gilt auch für solches vom Berufungsgericht nicht angewendetes irrevisibles Recht, das erst nach dem Berufungsurteil ergangen oder geändert ist und deshalb nicht mehr anwendbar war, BVerwG JZ 1991, 472 (krit., soweit es sich um die Feststellung des für das neue Recht erforderlichen Sachverhalts und die authentische Auslegung des neuen Rechts handelt, Paeffgen JZ 1991, 437), oder das das Berufungsgericht nicht berücksichtigt hat. Denn es handelt sich nicht um die Nachprüfung der Auslegung eines irrevisiblen Gesetzes durch das Berufungsgericht, sondern um dessen Anwendung überhaupt, BGH NJW 1997, 2115. Prozessuale Mängel sind ein Revisionsgrund nur dann, wenn das Revisionsgericht das Verfahren vom Standpunkt der Auslegung des nichtrevisiblen Rechts durch das Berufungsgericht aus beanstanden muss, BGH WM 2001, 502.

5 Eine **beiläufige Bemerkung,** nach ausländischem Recht gelte dasselbe wie nach dem BGB, ist keine maßgebliche Feststellung nichtrevisiblen Rechts. Es erfolgt dann keine Nachprüfung, wenn der Revisionskläger eine nicht erschöpfende Anwendung ausländischen Rechts rügt, BGH NJW 1988, 647 und 648; Gottwald IPRax 1988, 210. Dabei ist dann unerheblich, ob das Berufungsgericht die Vorschrift zu Unrecht angewendet oder nicht angewendet hatte. Wegen einer Nichtermittlung oder nicht ausreichenden Ermittlung des ausländischen Rechts → § 545 Rn. 8.

561 *Revisionszurückweisung.* **Ergibt die Begründung des Berufungsurteils zwar eine Rechtsverletzung, stellt die Entscheidung selbst aber aus anderen Gründen sich als richtig dar, so ist die Revision zurückzuweisen.**

1 **I. Systematik.** Die Vorschrift nennt eigentlich eine Selbstverständlichkeit. Denn Prozessrecht ist niemals Selbstzweck. Die Ursächlichkeit selbst eines schweren Rechtsfehlers für das Ergebnis sollte stets erforderlich sein, ähnlich wie zB bei § 21 GKG, § 20 FamGKG, § 21 GNotKG (Nichterhebung von Gerichts- oder Notarkosten). § 547 hat den Vorrang, BGH NJW 2003, 585; BAG NZA-RR 2013, 138; Sangmeister NJW 2009, 2091; aM Bettermann ZZP 88, 378 (systemwidrig).

2 **II. Regelungszweck.** Jedenfalls dient die Vorschrift der Klarstellung und damit der Rechtssicherheit. Ein im Ergebnis richtiges Berufungsurteil soll bestehen bleiben.

3 **III. Geltungsbereich.** Die Vorschrift gilt in jedem Revisionsverfahren nach der ZPO und den auf sie verweisenden Gesetzen. Sie gilt auch im WEG-Verfahren. Im Verfahren der Arbeitsgerichte ist nach § 72 V ArbGG § 561 entsprechend anwendbar.

4 **IV. Revisionszurückweisung. 1. Gänzliche Unbegründetheit.** Das Revisionsgericht muss die Revision dann zurückweisen, wenn sie unbegründet ist, weil zB keine Rechtsverletzung nach §§ 545, 546 vorliegt. Äußerliche Änderungen am Berufungsurteil sind zulässig, zB eine klarere Fassung der Urteilsformel nach §§ 313 I Nr. 4, 540 oder eine bloße Berichtigung des Urteilskopfes nach §§ 313 I Nr. 1–3, 540, BGH FamRZ 1984, 878. Eine Zurückverweisung nach § 563 IV ist dann immer unnötig.

5 **2. Im Ergebnis Unbegründetheit.** Das Revisionsgericht muss die Revision ferner dann zurückweisen, wenn die Begründung des Berufungsurteils nach § 540 zwar eine Rechtsverletzung ergibt, wenn jedoch das Revisionsgericht bei der Beachtung aller Aspekte auch des § 557 aus anderen Gründen zu demselben Ergebnis kommt, BGH NZG 2018, 583; BAG NZA 2017, 856 und NZA-RR 2017, 342; Bettermann ZZP 88, 372. Das gilt auch bei § 547, denn § 561 nennt keine Ausnahme. Hier zeigt sich die Natur der Revision als eines wahren Rechtsmittels. Denn das Revisionsgericht darf nicht nur aufheben, sondern muss auch in der Sache entscheiden. Eine Zurückverweisung nach § 563 I ist dann überflüssig, wenn das Revisionsgericht durchentscheiden kann, BGH WM 1980, 1392. Dazu ermächtigt § 563 III das Revisionsgericht ausdrücklich, Bettermann ZZP 88, 377. Darum muss das Revisionsgericht prüfen, ob das Urteil nicht aus anderen als den angegebenen sachlich-rechtlichen oder prozessualen Gründen im Ergebnis zutrifft. Dabei muss es auch nach § 545 nichtrevisible Vorschriften beachten und evtl. von seiner Befugnis zur Selbstauslegung Gebrauch machen, Schneider MDR 1981, 885. Deshalb kommt es dann nicht zur Aufhebung, wenn eine Feststellung zwar unter einer Versagung des rechtlichen Gehörs nach Art. 103 I GG zustande kam, wenn es auf diesen Verstoß aber nach der Beurteilung des Revisionsgerichts nicht ankommt, BVerwG DVBl 1994, 1191. Die Revision ist auch dann erfolglos, wenn sich das Berufungsurteil aufgrund des nach seinem Erlass ergangenen neuen Rechts aufrechterhalten lässt. Die eigene Entscheidung des Revisionsgerichts setzt freilich auch eine volle Entscheidungsreife voraus.

6 **3. Keine Beschwer.** Das Revisionsgericht muss die Revision schließlich dann zurückweisen, wenn sie zwar begründet ist, wenn der Verfahrensmangel aber in der Revisionsinstanz nach §§ 295 I, 555 I 1 heilbar ist oder wenn das Urteil den Revisionskläger als noch zu günstig nicht beschwert. Beispiel: Es stellt sich die „Abweisung als unzulässig" durch das Berufungsgericht als unrichtig heraus. Dann kann das Revisionsgericht dann, wenn der Klagevortrag völlig unschlüssig ist und wenn man nicht damit rechnen kann, dass er schlüssig werden könnte, aufgrund seiner eigenen Sachprüfung die Klage als unbegründet abweisen, ohne dass hierin eine Abänderung zum Nachteil liegt. Denn die Revision erstrebt eine Aufhebung und Zurückverweisung und muss damit die Möglichkeit einer sachlichen Abweisung in Kauf nehmen, BVerwG ZBR 1981, 339; Bettermann ZZP 88, 405.

7 Hat das Berufungsgericht die Zulässigkeit der Klage aus einem **Rechtsirrtum** verneint, muss das Revisionsgericht allerdings grundsätzlich nach § 563 I zurückverweisen, auch wenn das Berufungsgericht Feststellungen getroffen und Ausführungen dahin gemacht hat, dass das Rechtsmittel auch sachlich unbegründet sei. Diese gelten für das Revisionsgericht im Ergebnis doch als ungeschrieben. Denn die Rechtskraftwirkungen der Prozess- und Sachabweisung sind ganz verschieden, BGH MDR 1976, 138. Das gilt auch im Verfahren nach dem BEG, BGH RzW 1977, 79. Es liegt aber dann anders, wenn die sachlichen Feststellungen für einen Teil des Verfahrens

zulässig waren und wenn sich zwangsläufig die sachliche Entscheidung auch für denjenigen Prozessteil ergeben hätte, den das Berufungsgericht für unzulässig gehalten hatte. Das Berufungsgericht hält zB den Hauptantrag entgegen der Beurteilung des Revisionsgerichts für unzulässig, entscheidet aber sachlich über den Hilfsantrag. Die dortigen sachlich-rechtlich erschöpfendenden Feststellungen ergeben zwangsläufig die Entscheidung für den bisher nur prozessrechtlich entschiedenen Hauptantrag → § 563 Rn. 16. Möglich ist auch die sachliche Abweisung derjenigen Feststellungsklage nach § 256, die das Berufungsgericht wegen des Fehlens eines rechtlichen Interesses als unzulässig abgewiesen hat, BGH WM 1978, 471.

562 *Aufhebung des angefochtenen Urteils.* **I Insoweit die Revision für begründet erachtet wird, ist das angefochtene Urteil aufzuheben.**

II Wird das Urteil wegen eines Mangels des Verfahrens aufgehoben, so ist zugleich das Verfahren insoweit aufzuheben, als es durch den Mangel betroffen wird.

I. Systematik, I, II. Die Vorschrift regelt als erste einer Gruppe den Fall, dass der BGH die Revision für zulässig und begründet hält. § 563 enthält zugehörige weitere Entscheidungseinzelheiten. II entspricht dem § 538 II 1 Nr. 1. Den Vorrang hat die Vorlagepflicht nach § 132 GVG oder Art. 100, 126 GG oder Art. 267 AEUV oder nach dem RsprEinhG. 1

II. Regelungszweck, I, II. Die Aufhebung dient der Rechtssicherheit. Deshalb muss man die Vorschrift strikt handhaben, BGH NJW-RR 2011, 849. 2

III. Geltungsbereich, I, II. Die Vorschrift gilt in jedem Revisionsverfahren der ZPO, auch im WEG-Verfahren. Vor dem BAG gilt § 72 V ArbGG. Darauf weist BAG NJW 2011, 3386 nicht hin. Vor dem BVerwG gelten wegen I § 144 III VwGO, wegen II § 173 VwGO. 3

IV. Aufhebende Entscheidung (iudicium rescindens), I, II. Wohl meist hebt das Revisionsgericht nur auf, soweit die Revision erfolgt war und auch zulässig und begründet ist, BGH NJW 2017, 2017; BAG NJW 2011, 3386. Die Aufhebung lässt sich auf jeden nach § 301 selbständigen Urteilsteil beschränken, BGH WM 2017, 2277, zB auf die Klage oder Widerklage, auf die Aufrechnung, auf den Grund oder Betrag oder auf ein Zurückbehaltungsrecht. Die Hauptpartei und ihre Streithelfer nach §§ 66 ff. lassen sich aber nicht derart trennen, BGH NJW 1982, 2069. Gibt das Revisionsgericht dem Hauptantrag statt, muss es die in erster Instanz ergangene Verurteilung nach dem Hilfsantrag von Amts wegen aufheben, BGH NJW 2001, 1130. Das Revisionsgericht mag aber auch nur insoweit aufheben wollen, als das Berufungsurteil einen Mangel des Verfahrens enthält, BGH WuM 2015, 419, zB bei der Beweisaufnahme nach §§ 355 ff., 525, oder als es etwa nicht genügend klare ziffernmäßige Angaben der Gegenleistung bei einem Zug-um-Zug-Urteil enthält. Möglich ist dann aber auch die volle Aufhebung. Mit der Hauptentscheidung muss das Revisionsgericht die zugehörigen Vor- und Nebenentscheidungen aufheben und hat das auch im Zweifel getan. § 301 II ist nach § 555 I 1 entsprechend anwendbar. 4

V. Ersetzende Entscheidung (iudicium rescissorium), I, II. Sie steht dem Revisionsgericht offen nur entweder nach § 563 III oder nach → § 561 Rn. 4, 5. Dort bleibt die Ersetzung freilich äußerlich unsichtbar. Hat das Berufungsgericht eine Feststellungsklage mangels rechtlichen Interesses ohne eine sachliche Hilfsbegründung abgewiesen, lässt das Urteil aber eine solche zu, kann das Revisionsgericht sachlich abweisen. Hebt der BGH das Berufungsurteil auf eine Klagabweisung als unbegründet nur wegen eines Hilfsantrags auf und verweist die Sache nach § 563 I, IV zurück, hat es die Revision wegen des Hauptanspruchs zurückverwiesen. Zur Entscheidung bei einer Revision des Bekl. gegen eine Verurteilung und eine Abweisung der (Hilfs-)Widerklage nach § 533 BGH NJW 1996, 2167. § 538 gilt nicht im Verhältnis des Revisionsgerichts zum Berufungsgericht. Das Revisionsgericht kann dann abschließend sachlich entscheiden, wenn das Berufungsgericht wegen Unzuständigkeit abgewiesen, das LG aber sachlich erkannt hat. Aufheben muss das Revisionsgericht regelmäßig nur das Berufungsurteil, bei einer ersetzenden Entscheidung allerdings auch das Ersturteil. 5

563 *Zurückverweisung; eigene Sachentscheidung.* **I [1]Im Falle der Aufhebung des Urteils ist die Sache zur neuen Verhandlung und Entscheidung an das Berufungsgericht zurückzuverweisen. [2]Die Zurückverweisung kann an einen anderen Spruchkörper des Berufungsgerichts erfolgen.**

II Das Berufungsgericht hat die rechtliche Beurteilung, die der Aufhebung zugrunde gelegt ist, auch seiner Entscheidung zugrunde zu legen.

III Das Revisionsgericht hat jedoch in der Sache selbst zu entscheiden, wenn die Aufhebung des Urteils nur wegen Rechtsverletzung bei Anwendung des Gesetzes auf das festgestellte Sachverhältnis erfolgt und nach letzterem die Sache zur Endentscheidung reif ist.

IV Kommt im Fall des Absatzes 3 für die in der Sache selbst zu erlassende Entscheidung die Anwendbarkeit von Gesetzen, auf deren Verletzung die Revision nach § 545 nicht gestützt werden kann, in Frage, so kann die Sache zur Verhandlung und Entscheidung an das Berufungsgericht zurückverwiesen werden.

I. Systematik, I–IV. Die Vorschrift schließt an § 562 an. Sie ist mit § 538 bedingt vergleichbar. Grundgedanke ist die Aufrechterhaltung des Instanzenzugs bei einem Verfahrensfehler des Berufungsgerichts. § 563 klärt die Voraussetzungen und den ersten Abschnitt der Durchführung einer solchen Zurückverweisung. 1

II. Regelungszweck, I–IV. Es geht einerseits um die Vermeidung jedes auch nur prozessualen Rechtsverlusts ohne ein Parteiverschulden und damit um die Gerechtigkeit, andererseits in III um eine möglichst prozesswirtschaftliche Abwicklung des notgedrungen nochmals erforderlichen Berufungsverfahrens. 2

III. Geltungsbereich, I–IV. Die Vorschrift gilt in jedem Revisionsverfahren nach der ZPO und den auf sie verweisenden Gesetzen. Sie gilt auch im WEG-Verfahren. Im Verfahren der Arbeitsgerichte sind I–III nach § 72 V ArbGG entsprechend anwendbar, BAG NZA 2017, 527. 3

4 **IV. Zurückverweisung, I. 1. Notwendigkeit, I 1.** Hebt das Revisionsgericht das Berufungsurteil auf, muss es grundsätzlich zurückverweisen, BGH NJW 2017, 2407; BAG NZA 2017, 856; OLG Köln VersR 2016, 805. Das gilt zumindest bei einem absoluten Revisionsgrund nach § 547, BAG NZA 2014, 474, oder beim Fehlen einer Entscheidungsreife in der Hauptsache, BGH NJW 2018, 1955; BAG NJW 2018, 2147. Denn das Revisionsgericht kann eigene Tatsachenfeststellungen nach § 559 regelmäßig nicht treffen und keinen Sachantrag ersetzen, BAG NZA 2009, 277. Das gilt aber auch nur dann, wenn solche Feststellungen nötig sind, BGH NJW 2015, 552; BAG NJW 2008, 3658. Es gilt auch zB dann, wenn der BGH anders als das Berufungsgericht die Klage als zulässig oder als schlüssig beurteilt, BGH NJW 1986, 2765 und 3085; BAG NJW 1989, 733, oder wenn das Revisionsgericht die Klage als unschlüssig beurteilt, aM BAG BeckRS 2015, 67440; 2015, 67441 (abl. Gravenhorst jurisPR-ArbR 2015, 15), oder wenn das Berufungsgericht § 539 I verkannt hat, BGH NJW 1995, 2563, oder den § 540, BGH MDR 2017, 785. Sonst muss das Revisionsgericht in der Sache entscheiden, BGH NJW 1996, 2167. Es muss dabei evtl. auch über solche Ansprüche urteilen, die wegen § 545 nicht revisibel sind. Eine Zurückverweisung erfolgt regelmäßig an das Berufungsgericht. Dessen Geschäftsverteilung nach §§ 21a ff. GVG entscheidet grundsätzlich darüber, welchem Senat (Kammer) die weitere Bearbeitung zusteht, Zeihe DVBl 1999, 1322. Eine Zurückverweisung an das Erstgericht kommt entgegen dem Wortlaut von I dann infrage, wenn das Berufungsgericht schon nach § 538 hätte zurückverweisen müssen, BGH NJW 1992, 2099, ferner bei der Sprungrevision nach § 566.

5 Hat das Berufungsgericht nur über Rügen der **Unzulässigkeit der Klage** entschieden, muss das Revisionsgericht dann zurückverweisen, wenn es sie verwirft. Dabei ist eine Zurückverweisung an das LG möglich. Das gilt auch dann, wenn das LG ein unzulässiges Teil- oder Grundurteil nach §§ 301, 304 erlassen hatte und nach der Sachlage das Berufungsgericht hätte nach § 538 zurückverweisen müssen, BGH NJW 1996, 850. Andererseits kann auch das Revisionsgericht von einer Zurückverweisung an das LG dann absehen, wenn es die Entscheidung durch das Berufungsgericht für sachdienlich hält.

6 Wegen einer **Sprungrevision** § 566 VIII. Zur Nichterhebung der Gerichtskosten nach § 21 GKG Toussaint/Toussaint GKG § 21 Rn. 6. Die Unterlassung einer notwendigen Zurückverweisung zwecks einer weiteren Aufklärung kann Art. 101 I 2 GG verletzen, BVerfG NJW 1991, 2893.

7 **2. An anderen Spruchkörper, I 2.** Das Revisionsgericht darf an einen anderen Senat (Kammer) zurückverweisen, BGH NJW 2018, 1954; BAG NJW 2007, 1773; krit. dazu im Hinblick auf das Prinzip des gesetzlichen Richters Gravenhorst NJW 2018, 2161. Ein Richter des früheren Spruchkörpers darf auch dann tätig bleiben, BVerfG NJW 1975, 1241. Ob man ihn wegen ihrer Mitwirkung nach § 42 ablehnen kann, hängt von den Umständen ab. Der neue Senat (Kammer) muss dann auch den Rest erledigen, weil eine Trennung nach § 145 untunlich ist. Der neue Senat (Kammer) muss die Sache bearbeiten, außer wenn er nicht mehr besteht, mag er auch nach der Geschäftsverteilung nach §§ 21a ff. GVG unzuständig sein, BGH NJW 1986, 2886. Die unerlaubte Bearbeitung durch einen anderen Senat (Kammer) ist ein nach § 547 Nr. 1 absoluter Revisionsgrund.

8 **V. Anderweite Verhandlung und Entscheidung, II. 1. Bindung.** Dazu Bartels ZZP 122, 449 (zu den Grenzen); Madaus ZZP 126, 269: In der neuen Verhandlung muss das Berufungsgericht in den Grenzen des § 562 II das Revisionsurteil zum Gegenstand der Verhandlung machen. Maßgebend ist die Urteilsformel nach § 313 I Nr. 4 unter einer Heranziehung der Gründe unabhängig davon, ob das Berufungsgericht sie für richtig oder falsch hält, BGH NJW 2007, 1127. Nur die tragenden Punkte des Revisionsurteils binden, dabei freilich auch nicht nur die dem Revisionsurteil „unmittelbar" zugrunde liegende rechtliche Würdigung, BGH WM 2017, 1327; aM BGH NJW 1988, 498; OLG Brem NJW 2006, 1210; OLG Naumb NJW-RR 2004, 144. Keine Bindung besteht bei den sog. „Segelanweisungen", die sich gelegentlich am Schluss von Entscheidungen des Revisionsgerichts finden („Das Berufungsgericht wird bei seiner neuen Entscheidung zu beachten/zu erwägen haben, dass …"), wobei es sich freilich regelmäßig empfiehlt, die darin liegenden Vorschläge des BGH zu berücksichtigen. Die Bindung bezieht sich deshalb auf alle Rechtsgründe, die eine Bestätigung des Berufungsurteils ausschlossen, BVerwGE 42, 243 (für Prozessvoraussetzungen). Das gilt auch für verfassungsrechtliche Fragen, BVerfGE 2, 406; BGH NJW 2007, 1127; OLG Stgt Just 2002, 167. Handelte es sich dabei um einen solchen Rechtsbegriff, der Teil eines allgemeinen Rechtsgrundsatzes ist, ergreift die Bindung auch den letzteren. Ebenso bindet die rechtliche Beurteilung der Revisionsvoraussetzungen das Berufungsgericht nur dann, wenn sich an ihren tatsächlichen Grundlagen nichts geändert hat, BGH WM 2017, 1327; OLG Mü FGPrax 2009, 13, ferner ausnahmsweise auch tatsächliche Feststellungen des Revisionsgerichts, BGH NJW 1995, 3116. Das Berufungsgericht darf bei der Auslegung eines entscheidungserheblichen Tatbestandsmerkmals auch nicht von dessen Auslegung durch das Revisionsgericht abweichen, BVerfG NJW 1996, 1336; OLG Mü GRUR-RR 2008, 332. Die Bindung besteht auch bei verfassungsrechtlichen Bedenken des Berufungsgerichts, BGH NJW 2007, 1128; OLG Ffm OLGR 2008, 39. Im Übrigen entscheidet die Lage beim Schluss der neuen letzten Tatsachenverhandlung nach §§ 136 IV, 296a, 525.

2. Beispiele zur Frage einer Bindung, II

9 **Änderung der Rechtsbeurteilung: Keine** Bindung besteht dann, wenn das Revisionsgericht seine rechtliche Würdigung inzwischen anlässlich einer anderen Sache geändert oder aufgegeben hat, BGHZ 60, 392; BAG BB 1981, 647.

Anderer Prozess: Keine Bindung besteht in einem anderen Rechtsstreit. Das gilt selbst dann, wenn er dieselbe Rechtsfrage betrifft und zwischen denselben Parteien besteht, BVerwG NVwZ 1982, 120.

Anderer Sachverhalt: Keine Bindung besteht dann, wenn das Berufungsgericht nach der neuen Verhandlung einen anderen Sachverhalt zugrunde legen muss, BGH WM 2017, 1327; OLG Mü OLGR 2009, 84. Freilich kann die innere Rechtskraft nach § 322 auch neue Tatsachen I ausschließen.

Auslegung: Bindung besteht an die Auslegung einer Prozesshandlung, zB einer Erklärung in einem vorbereitenden Schriftsatz nach § 129 oder des Klageantrags nach § 253 II Nr. 2.

Eigene frühere Beurteilung: Bindung besteht nach §§ 318, 525 in derselben Sache nur, soweit das Revisionsgericht die frühere Beurteilung des Berufungsgerichts nicht eindeutig aufgehoben hat, BGH NJW 1992, 2831; *OLG Brdb GRUR-RR 2012, 302.* **Keine** Bindung besteht an die eigene frühere Beurteilung durch das Berufungsgericht in anderer Sache. Den BGH bindet eine eigene frühere Beurteilung nach Bekanntgabe einer Änderung nicht mehr, Tiedtke JZ 1978, 626. Das gilt dann auch zugunsten des Berufungsgerichts, BAG BB 1981, 647; OLG Schlesw OLGR 2008, 118; OLG Ffm OLGR 2006, 699. Auch → „Nichtrevisibles Recht".

Einwendung: Bindung besteht auch an die rechtliche Beurteilung eines Einwands, auch eines solchen das Verfahren betreffenden durch das Revisionsgericht. Die Übergehung eines Einwands durch das Revisionsgericht hindert die Bindung nicht. Denn es lag dem Revisionsgericht der gesamte Prozessstoff vor.
Erfahrungssatz: **Keine** Bindung besteht dann, wenn es um einen vom Revisionsgericht erwähnten bloßen Erfahrungssatz geht, BGH NJW 1982, 1049.
Europarecht: **Keine** Bindung besteht im Umfang bei der Frage, ob das Berufungsgericht die Sache nach Art. 267 AEUV dem EuGH vorlegen müsste.
Gesetzesänderung: → „Rechtsänderung".
Geständnis: Bindung besteht an ein solches früheres nach §§ 288 ff., 535.
Geständnisfiktion: Diejenige nach § 138 III bleibt **nicht** bestehen, BGH NJW 1995, 3116.
Gewohnheitsrecht: Bindung besteht auch an eine etwa irrige Beurteilung von Gewohnheitsrecht durch das Revisionsgericht, BGH NJW 1994, 2956.
Hinweis: **Keine** Bindung besteht bei einem bloßen rechtlichen Hinweis auf die Weiterführung des Verfahrens, OLG Zweibr FGPrax 2011, 177 (zu § 69 I 4 FamFG).
Neues Beweismittel: **Keine** Bindung besteht auch gegenüber einem neuen Beweismittel nach §§ 371 ff. Freilich gelten auch §§ 530, 531.
Neuer Sachantrag: **Keine** Bindung besteht bei einem neuen Antrag, BAG NZA 2004, 344.
Neuer Sachverhalt: „Anderer Sachverhalt".
Nichtrevisibles Recht: **Keine** Bindung besteht an eine frühere Beurteilung durch das Berufungsgericht oder durch das Revisionsgericht.
Parteifähigkeit: Bindung besteht nur, soweit das Revisionsgericht sie nach § 50 ausdrücklich abschließend erörtert hatte.
Prozessabweisung: **Keine** Bindung besteht an eine sachlich-rechtliche Beurteilung durch das Revisionsgericht dann, wenn das Berufungsgericht jetzt eine Prozessabweisung vornehmen will.
Rechtsänderung: **Keine** Bindung besteht dann, wenn eine nachträgliche Rechtsänderung die Beurteilung des Revisionsgerichts überholt, BGH FamRZ 1985, 692.
Rechtsbeurteilung: Bindung besteht, soweit das Revisionsgericht eine vom Berufungsurteil abweichende rechtliche Beurteilung abschließend dargelegt hatte, BAG NZA-RR 2017, 95; aM OLG Brem NJW 2006, 1210.
Sachliches Recht: **Keine** Bindung besteht bei der sachlich-rechtlichen Prüfung dann, wenn das Revisionsgericht nur wegen eines Verfahrensmangels aufgehoben hatte, BGH NJW 1988, 498. Denn es muss erneut allseitig prüfen, Bosch FamRZ 1989, 1276. Auch „Prozessabweisung".
Schiedsgutachten: Bindung besteht dann, wenn das Revisionsgericht ein Schiedsgutachten als offenbar unbillig beurteilt und daher dem Berufungsgericht eine Leistungsbestimmung aufgegeben hat und wenn kein neuer Sachverhalt hinzugetreten ist, BGH WM 1982, 102.
Tatsachen: Bindung besteht nur wegen der vom Revisionsgericht festgestellten Tatsachen, BGH NJW 1995, 3116; BAG NZA-RR 2017, 95 (Erheblichkeit).
Technische Regel: **Keine** Bindung besteht dann, wenn es um eine vom Revisionsgericht miterwähnte bloße technische Regel geht, BGH NJW 1982, 1049.
Unvereinbarkeit: **Keine** Bindung besteht dann, wenn der Revisionsentscheidung eine Entscheidung des EuGH, des BVerfG oder eine andere Entscheidung des BGH entgegensteht.
Ursächlichkeit: **Keine** Bindung besteht dann, wenn die rechtliche Beurteilung für die Aufhebung des Berufungsurteils nicht ursächlich war, BGH ZIP 1995, 570; OLG Brem NJW 2006, 1210; OLG Karlsr NJW-RR 1995, 237.
Verfahrenshinweis: Bindung besteht auch an einen verfahrensrechtlichen Hinweis des Revisionsgerichts, soweit es seine Beachtung eindeutig verlangt.
Vorlagepflicht: Sie bleibt bestehen.

3. Verfahren. Abgesehen von der Bindung nach → Rn. 8 befindet sich die zurückverwiesene Sache in derselben prozessualen Lage wie vor dem Schluss der früheren mündlichen Berufungsverhandlung nach §§ 136 IV, 296a, 525, BGH NJW 2001, 146. Es gelten also §§ 511 ff. Zur Frage der vorläufigen Vollstreckbarkeit des Ersturteils → § 704 Rn. 6. Es findet eine ganz neue Verhandlung nach § 137 statt, OLG Mü FamRZ 1984, 492. In ihr sind neue Anträge, Ansprüche, Einreden, Beweise, eine Anschließung nach § 524 zulässig, auch eine Berufungserweiterung nach § 533, BGH NJW 1985, 2029, soweit sie überhaupt das Verfahren zB nach §§ 529 ff. erlaubt, BGH NJW-RR 2005, 1727. Hatte also der Berufungsführer das frühere ungünstige Berufungsurteil nur teilweise angefochten, ohne dass im Übrigen ein Rechtsmittelverzicht nach § 515 vorlag, kann er nach der Zurückverweisung auch den restlichen Teil in die Berufung hereinziehen, OLG Mü FamRZ 1984, 492. 10

Eine **Berufungserweiterung** ist aber nur im Rahmen der fristgerecht eingereichten Berufungsbegründung zulässig. Eine Klageerweiterung nach §§ 263, 264 ist in der Revisionsinstanz unstatthaft, BAG NZA 2009, 277. Ebenso darf derjenige Berufungsbekl., auf dessen Revision das Revisionsgericht die Sache zurückverwiesen hat, sich mit seinem in erster Instanz abgewiesenen Hauptantrag der Berufung des Gegners gegen einen Hilfsantrag anschließen, BGH NJW 1994, 588. Zulässig ist auch eine erstmalige Widerklage nach § 533 zB im Rahmen des § 323, BGH FamRZ 1985, 491; OLG Mü FamRZ 1984, 492. 11

Früher für das Gericht maßgebende Vorgänge wie ein **Geständnis** nach §§ 288 ff., 535 behalten ihre Wirksamkeit, ebenso frühere Beweisaufnahmen nach §§ 355 ff. und tatsächliche Feststellungen, soweit nicht das Revisionsgericht das Berufungsurteil gerade deshalb aufgehoben hatte oder der Parteivortrag etwas anderes ergibt. Das Berufungsgericht darf aber sein neues Urteil auf ganz neuen tatsächlichen und rechtlichen Grundlagen aufbauen, BGH FamRZ 1985, 691. **Beispiel:** Das Revisionsgericht hat die Kündigung eines Dienstvertrags von der Zustimmung einer anderen Stelle abhängig gemacht. Das Berufungsgericht darf aussprechen, es sei gar keine Kündigung nötig, weil der Vertrag nur auf begrenzte Zeit geschlossen sei. Vom Revisionsgericht für erheblich erklärte Tatsachen muss das Berufungsgericht feststellen und nach der Rechtsauffassung des Revisionsgerichts würdigen. Zu der Frage, aus welchen Gründen die Bindung entfällt, → Rn. 9. 12

4. Entscheidung. Das neue Berufungsurteil darf dem Revisionskläger über das Maß der aufgehobenen Entscheidung hinaus nicht ungünstiger sein als das alte. Denn das Berufungsgericht hat keine größere Entscheidungsfreiheit als das Revisionsgericht, BGH NJW-RR 1989, 1404. Nur seine nicht aufgehobenen früheren 13

Urteile binden das Berufungsgericht nach § 318. Das neue Berufungsurteil unterliegt der Revision nach allgemeinen Grundsätzen. Nur tritt als eine revisible Rechtsverletzung diejenige des § 563 I, II hinzu, BVerfG NJW 1996, 1336; BGH NJW 1992, 2831.

14 Bei einer **erneuten Revision** ist das Revisionsgericht nach § 318 an sein früheres Revisionsurteil gebunden, soweit es sich um die unmittelbaren Grundlagen der Aufhebung handelt, BGH NJW 2007, 1127; BAG NJW 2009, 3739; aM Tiedtke JZ 1995, 275. Keine Bindung besteht bei einer Änderung der tatsächlichen Verhältnisse oder bei einer den Prozess ergreifenden Rechtsänderung, BVerwG NVwZ 1984, 432, oder bei einer entgegenstehenden Entscheidung des BVerfG oder des EuGH, BGHZ 169, 167; BVerwG MDR 1991, 685, oder dann, wenn das Revisionsgericht seine dem ersten Revisionsurteil zugrundeliegende Beurteilung öffentlich aufgegeben hat, BGH NJW 2007, 1127; BAG NZA 2004, 344; OLG Hamm NJW-RR 1997, 999, oder wenn sie erheblich falsch war. Auch die Beurteilung des Berufungsgerichts zur Zulässigkeit des Rechtswegs nach §§ 13 ff. GVG bindet das Revisionsgericht dann, wenn das Berufungsgericht darüber unangefochten zurückverwiesen hatte, wenn dann aber gegen das zweite Berufungsurteil Revision erfolgt ist. Soweit das Berufungsgericht neu würdigen darf, entfällt auch die Bindung des Revisionsgerichts. Es bleibt ein erheblicher Entscheidungsspielraum, Madaus ZZP 126, 294 (ausf.).

15 Ein **Verstoß** gegen II ist von Amts wegen beachtlich.

16 **VI. Ersetzende Entscheidung, III, IV.** Es gilt der Grundsatz der Prozesswirtschaftlichkeit. Es gibt eine Regel und eine wichtige Ausnahme.

17 **1. Eigene Entscheidung, III.** Das Revisionsgericht entscheidet nur bei einem geklärten Sachverhalt abschließend, BGH NJW 2017, 2346; BVerwG NZA-RR 2009, 52. Es ersetzt also die Entscheidung des Berufungsgerichts dann durch eine andere, wenn es ausschließlich wegen einer falschen Einordnung (Subsumtion) aufhebt und wenn die Sache entscheidungsreif ist, BGH WM 2014, 721; BAG NJW 2011, 1531. Es dürfen keinerlei sachlich-rechtliche oder prozessuale Voraussetzungen mehr unklar sein, BGH WM 2011, 1184. Ein Verfahrensverstoß darf den maßgeblichen Streitstoff nicht infrage stellen, BGH NJW 1990, 2814. Das Revisionsgericht muss bei einer Klagabweisung demnach überzeugt sein, dass weitere klagebegründende Tatsachen nicht vorliegen, BGH NJW 1978, 2031. Bejaht das Revisionsgericht die Zulässigkeit einer vom Berufungsgericht nach § 522 I 2 als unzulässig verworfenen Berufung, muss es grundsätzlich zurückverweisen.

18 **2. Endentscheidungsreife, III.** Das Revisionsgericht darf jedoch hier ebenso wie bei einer erstmaligen Bejahung der Zulässigkeit der Klage ausnahmsweise dann selbst entscheiden, wenn schon eine Entscheidungsreife besteht, BGH WM 2017, 781; BAG NZA 2017, 527. Das ist dann so, wenn das Berufungsurteil einen solchen Sachverhalt ergibt, der für die rechtliche Beurteilung eine verwertbare tatsächliche Grundlage bietet, und wenn weitere tatsächliche Feststellungen weder erforderlich noch wahrscheinlich sind, BGH NJW-RR 2018, 719 Rn. 43; ZIP 2011, 1664; BAG NZA-RR 2010, 303.

3. Beispiele zur Frage einer Endentscheidungsreife, III

19 **Auslegung:** Zur Herbeiführung einer Endentscheidungsreife darf das Revisionsgericht nach eine private Erklärung dann auslegen, wenn dazu weitere tatsächliche Feststellungen nicht wahrscheinlich sind, BGH NJW 1991, 1181.

Beweis: Endentscheidungsreife kann vorliegen, soweit der Sachverhalt nach § 286 bewiesen ist.

Feststellungsinteresse: Endentscheidung ist die Klärung seines Fortfalls dann, wenn er erst in der Revisionsinstanz eingetreten ist.

Prozessunfähigkeit: Endentscheidung ist ihre Feststellung gemäß § 50, BGH NJW-RR 1987, 57.

Grundurteil: „Vorabentscheidung".

Offenkundigkeit: Endentscheidungsreife kann vorliegen, soweit der Sachverhalt nach § 291 offenkundig ist.

Prozessurteil: Endentscheidung ist ein solches.

Prüfungsumfang: Keine Endentscheidungsreife liegt dann vor, wenn das Berufungsgericht keine ausreichende Prüfung nach § 529 I Nr. 1 vorgenommen hatte, BGH NJW 2008, 578.

Stufenklage: Zur Endentscheidungsreife bei ihr nach § 254 BGH NJW 1999, 1709.

Unschlüssigkeit: Endentscheidungsreife kann vorliegen, soweit die Klage in jeder Hinsicht unschlüssig ist und auch nicht mehr schlüssig werden kann, BGH NJW 1992, 438; BSG MDR 1995, 1046.

Unechtes Versäumnisurteil: Keine Endentscheidungsreife liegt dann vor, wenn das Berufungsgericht ein solches Urteil erlassen hat, BAG NZA 2006, 808.

Unstreitigkeit: Endentscheidungsreife kann vorliegen, soweit der Sachverhalt unstreitig ist, BGH MDR 1976, 469.

Verjährung: Sie kann unbeachtlich sein, BGH NJW 2015, 2509.

Versäumnisurteil: Keine Endentscheidungsreife liegt dann vor, wenn das Berufungsgericht zu Unrecht die Berufung als unzulässig verworfen hat, statt das Rechtsmittel nach § 539 durch ein Versäumnisurteil zurückzuverweisen, BGH NJW 1995, 2564.

Verwerfung: Endentscheidung ist eine Verwerfung als unzulässig. Aber auch „Versäumnisurteil".

Vorabentscheidung: Endentscheidung ist eine solche nach § 304.

Wiedereinsetzung: Endentscheidung ist ihre Vornahme nach § 238 gegen die Versäumung der Berufungsfrist nach § 517 dann, wenn die Wiedereinsetzung notwendig war. Dann kann eine Zurückverweisung erfolgen, BGH NJW 1985, 2650.

Zurückverweisung: Endentscheidung ist eine Zurückverweisung an das Berufungsgericht, BGH WM 2004, 741. Das gilt zB dann, wenn dieses ein unzulässiges Teilurteil nach § 301 erlassen hatte, BGH NJW-RR 1994, 381. Endentscheidung ist auch eine Zurückverweisung an das Erstgericht dann, wenn dessen Verfahren einen Mangel enthielt, BGH WM 2017, 852. Auch → „Wiedereinsetzung".

20 **4. Zurückverweisung, IV.** Dazu Gravenhorst NJW 2018, 2161 (rechtspolit krit.). Eine Zurückverweisung steht dann im Ermessen des Revisionsgerichts, wenn bei seiner Entscheidung nach III ein nach §§ 545, 546 nichtrevisibles Recht infrage kommt, BGH NJW 1997, 2233; BAG NZA 2015, 37. Entscheidet es auch dann selbst, beurteilt es das nichtrevisible Recht nach §§ 286, 555 I frei, soweit es nicht nach § 560 gebunden ist. Wird das Berufungsurteil wegen einer Nichtanwendung irrevisiblen Rechts aufgehoben, entscheidet die Prozesswirtschaftlichkeit darüber, ob nun das Revisions- oder des Berufungsgericht entscheidet. Eine Zurückverweisung an

das Erstgericht kommt nur dann in Betracht, wenn auch das Berufungsgericht schon hätte zurückverweisen müssen, BGH NJW 2007, 596.

564 ***Keine Begründung der Entscheidung bei Rügen von Verfahrensmängeln.*** **[1]Die Entscheidung braucht nicht begründet zu werden, soweit das Revisionsgericht Rügen von Verfahrensmängeln nicht für durchgreifend erachtet. [2]Dies gilt nicht für Rügen nach § 547.**

I. Systematik, Regelungszweck, S. 1, 2. Es handelt sich um eine Vereinfachung für die Entscheidung über Verfahrensrügen, auch wenn sie neben Sachrügen auftreten. Sie dient der Prozesswirtschaftlichkeit und der Entlastung des Revisionsgerichts. Im Übrigen gelten weitere Erleichterungen nach §§ 313a, 525, 540, 555 I 1. 1

II. Geltungsbereich, S. 1, 2. Die Vorschrift gilt in jedem Revisionsverfahren der ZPO, auch im WEG-Verfahren. Vor dem BAG gilt sie entsprechend. Vor dem BVerfG gilt § 144 VII VwGO, auch bei einer Nichtzulassungsbeschwerde nach § 544, BGH NJW 1986, 2706 (für das dienstgerichtliche Verfahren); BVerwG NVwZ-RR 1989, 109. 2

III. Grundsatz: Kein Begründungszwang, S. 1. Sieht das Revisionsgericht eine Verfahrensrüge als nicht gerechtfertigt an, ist dafür im Revisionsurteil nach S. 1 grundsätzlich keine Begründung nötig, BGH VersR 2017, 1117; BAG NJW 2010, 2682. Das gilt auch zB bei einer Gehörsrüge nach § 321a, BGH NJW 2005, 1432. 3

IV. Ausnahme: Begründungszwang, S. 2. Bei einem absoluten Revisionsgrund nach § 547 ist nach S. 2 ausnahmsweise eine Begründung notwendig. 4

565 ***Anzuwendende Vorschriften des Berufungsverfahrens.*** **[1]Die für die Berufung geltenden Vorschriften über die Anfechtbarkeit der Versäumnisurteile, über die Verzichtsleistung auf das Rechtsmittel und seine Zurücknahme, über die Rügen der Unzulässigkeit der Klage und über die Einforderung, Übersendung und Zurücksendung der Prozessakten sind auf die Revision entsprechend anzuwenden. [2]Die Revision kann ohne Einwilligung des Revisionsbeklagten nur bis zum Beginn der mündlichen Verhandlung des Revisionsbeklagten zur Hauptsache zurückgenommen werden.**

I. Systematik, Regelungszweck, S. 1, 2. Bereits §§ 525, 555 I 1 verweisen auf §§ 253 ff. §§ 1 ff. gelten ohnehin auch im Revisionsverfahren. § 565 bringt ähnlich § 525 eine Reihe von Verweisungen. Sinn ist eine nicht nur gesetzestechnische Vereinfachung und Vereinheitlichung zwecks Prozesswirtschaftlichkeit und natürlich auch zwecks Rechtssicherheit. 1

II. Geltungsbereich, S. 1, 2. Die Vorschrift gilt in jedem Revisionsverfahren nach der ZPO und den auf sie verweisenden Gesetzen. Sie gilt auch im WEG-Verfahren. Im Verfahren der Arbeitsgerichte ist § 565 nach § 72 V ArbGG entsprechend anwendbar. **Unanwendbar** ist § 565 bei einer Notarmaßnahme, OLG Schlesw FGPrax 2008, 132. 2

III. Verweisungen, S. 1, 2. Im Revisionsverfahren gelten unmittelbar die Vorschriften des Buchs 1, BAG NJW 1990, 2642, und im Rahmen des § 555 I 1 diejenigen des Buchs 2. 3

1. Versäumnisurteil, S. 1. Entsprechend anwendbar von den Vorschriften für das Berufungsverfahren sind auf das Revisionsverfahren die Vorschriften über die Anfechtbarkeit eines Versäumnisurteils nach § 514, BGH BeckRS 2021, 20203; NJW 2016, 643; BAG NJW 2014, 3262. Das gilt sowohl für die Anfechtung eines eigenen Versäumnisurteils des Revisionsgerichts nach §§ 339 ff., 525, 555 I 1 als auch für die Anfechtung eines Versäumnisurteils des Berufungsgerichts nach §§ 513 II, 514, BGH NJW 2016, 643, § 521 II. Dabei ist die Revision ohne eine Beschwer und ohne eine Zulassung statthaft, BGH MDR 2008, 706; aM BAG NZA 2004, 871. Bei einer Säumnis des Revisionsbekl. kann ein echtes Versäumnisurteil nach §§ 330 ff. ergehen, BGH NJW-RR 1996, 113. Dabei hebt das Revisionsgericht das Berufungsurteil auf und entscheidet zur Sache, BGH NJW 1986, 3085. Bei einer nach dem Tatsachenvortrag des Revisionsklägers unbegründeten Revision weist das Revisionsgericht sie durch ein streitiges Urteil zurück, BGH NJW 1993, 1788. Die Revision kann aber nur dann Erfolg haben, wenn das Berufungsgericht durch eine irrige Annahme einer Versäumung das Recht nach §§ 513, 514 verletzt hat. Unstatthaft ist die Revision gegen ein Zweites Versäumnisurteil nach § 345 wegen eines Verstoßes gegen § 547 Nr. 1, BGH NJW 2016, 1961 (zust. Würdinger). Weder Einspruch noch Revision ist statthaft, soweit das Versäumnisurteil die Berufung unter einer Versagung der Wiedereinsetzung wegen einer Fristversäumung nach § 238 II 2 als unzulässig verwirft. 4

2. Verzicht auf die Revision, S. 1. Entsprechend anwendbar ist auch § 515. Diese Regelung ist ebenso zeitgemäß wie bei der Berufung. Ein außergerichtlicher Vergleich nach § 779 BGB dahin, dass eine Revision ausgeschlossen sein soll, ist zwar eine rein sachlich-rechtliche Verpflichtung zum Verzicht. Er ist aber gleichwohl in der Revisionsinstanz beachtlich, ebenso wie eine Verpflichtung zur Rücknahme. 5

3. Rücknahme der Revision, S. 2. Entsprechend anwendbar sind teilweise § 516, BGH NJW 2003, 756; BAG NZA-RR 2013, 616; Rinkler NJW 2002, 2449, und § 524 IV. Die Rücknahmeerklärung ist (jetzt) ohne eine Zustimmung des Revisionsbekl. wie bei § 269 I nur bis zum Beginn der mündlichen Verhandlung des Revisionsbekl. zur Hauptsache statthaft, BGH MDR 2015, 850; vgl. auch Klingbeil GVRZ 2019, 14. Sie unterliegt dem Anwaltszwang. Der Ausspruch der Folgen im Rahmen des § 516 III 2 erfolgt von Amts wegen. Ein eingeschränkter Antrag in der Revisionsbegründung nach einer uneingeschränkten Einlegung ist keine teilweise Rücknahme, BVerwG NJW 1992, 703. Die Berufung auf eine wirksame Verpflichtung zur Rücknahme führt zur Verwerfung der Revision, BGH NJW 1984, 805. § 516 III gilt auch für die Rücknahme der Nichtzulassungsbeschwerde nach § 544, BGH NJW 2003, 756. Die Nichtzulassungsbeschwerde kann zurückgenommen werden, bis der Zurückweisungsbeschluss die Geschäftsstelle verlassen hat, BGH NJW 2017, 3239 6

4. Rüge der Unzulässigkeit der Klage, S. 1, 2. Entsprechend anwendbar ist ferner § 532. Die Revisionsinstanz lässt nur unverzichtbare oder rechtzeitig vorgebrachte Rügen zu. Denn eine in den Vorinstanzen eingetretene Ausschließung dauert fort. Die Rüge mangelnder Kostensicherheit nach §§ 110 ff. ist nur dann zulässig, 7 wenn ihre Voraussetzungen in der Revisionsinstanz entstanden sind, BGH NJW 1981, 2646, oder wenn man sie ohne ein eigenes Verschulden in der Berufungsinstanz nicht vorgebracht hatte, BGH NJW-RR 1990, 378.

8 **5. Einforderung, Übersendung und Rücksendung der Akten, S. 1.** Entsprechend anwendbar ist schließlich § 541 I.

566 ***Sprungrevision.*** **I [1]Gegen die im ersten Rechtszug erlassenen Endurteile, die ohne Zulassung der Berufung unterliegen, findet auf Antrag unter Übergehung der Berufungsinstanz unmittelbar die Revision (Sprungrevision) statt, wenn**
1. der Gegner in die Übergehung der Berufungsinstanz einwilligt und
2. das Revisionsgericht die Sprungrevision zulässt.
[2]Der Antrag auf Zulassung der Sprungrevision sowie die Erklärung der Einwilligung gelten als Verzicht auf das Rechtsmittel der Berufung.

II [1]Die Zulassung ist durch Einreichung eines Schriftsatzes (Zulassungsschrift) bei dem Revisionsgericht zu beantragen. [2]Die §§ 548 bis 550 gelten entsprechend. [3]In dem Antrag müssen die Voraussetzungen für die Zulassung der Sprungrevision (Absatz 4) dargelegt werden. [4]Die schriftliche Erklärung der Einwilligung des Antragsgegners ist dem Zulassungsantrag beizufügen; sie kann auch von dem Prozessbevollmächtigten des ersten Rechtszuges oder, wenn der Rechtsstreit im ersten Rechtszug nicht als Anwaltsprozess zu führen gewesen ist, zu Protokoll der Geschäftsstelle abgegeben werden.

III [1]Der Antrag auf Zulassung der Sprungrevision hemmt die Rechtskraft des Urteils. [2]§ 719 Abs. 2 und 3 ist entsprechend anzuwenden. [3]Die Geschäftsstelle des Revisionsgerichts hat, nachdem der Antrag eingereicht ist, unverzüglich von der Geschäftsstelle des Gerichts des ersten Rechtszuges die Prozessakten einzufordern.

IV [1]Die Sprungrevision ist nur zuzulassen, wenn
1. die Rechtssache grundsätzliche Bedeutung hat oder
2. die Fortbildung des Rechts oder die Sicherung einer einheitlichen Rechtsprechung eine Entscheidung des Revisionsgerichts erfordert.
[2]Die Sprungrevision kann nicht auf einen Mangel des Verfahrens gestützt werden.

V [1]Das Revisionsgericht entscheidet über den Antrag auf Zulassung der Sprungrevision durch Beschluss. [2]Der Beschluss ist den Parteien zuzustellen.

VI Wird der Antrag auf Zulassung der Revision abgelehnt, so wird das Urteil rechtskräftig.

VII [1]Wird die Revision zugelassen, so wird das Verfahren als Revisionsverfahren fortgesetzt. [2]In diesem Fall gilt der form- und fristgerechte Antrag auf Zulassung als Einlegung der Revision. [3]Mit der Zustellung der Entscheidung beginnt die Revisionsbegründungsfrist.

VIII [1]Das weitere Verfahren bestimmt sich nach den für die Revision geltenden Bestimmungen. [2]§ 563 ist mit der Maßgabe anzuwenden, dass die Zurückverweisung an das erstinstanzliche Gericht erfolgt. [3]Wird gegen die nachfolgende Entscheidung des erstinstanzlichen Gerichts Berufung eingelegt, so hat das Berufungsgericht die rechtliche Beurteilung, die der Aufhebung durch das Revisionsgericht zugrunde gelegt ist, auch seiner Entscheidung zugrunde zu legen.

1 **I. Systematik, I–VIII.** Die Rechtsfigur der Sprungrevision ist eine Abwandlung des Grundgedankens einer rechtlichen Überprüfung der erstinstanzlichen Endentscheidung. Die Sprungrevision ist kein eigentliches Rechtsmittel, BAG NZA 2010, 1128. Sie ist auch kein Angriffsmittel, sondern der Angriff selbst, aM BAG NZA 2010, 1128, eine Folge der Parteiherrschaft als eines Prinzips des gesamten Zivilprozesses. Wer den Parteien die Wahl lässt, statt zweier nur eine einzige Überprüfung durchführen zu lassen, die sich ohnehin nur auf die rechtliche und nicht wenigstens begrenzt auch auf die tatsächliche Seite erstreckt, der muss das zugehörige Verfahren sorgfältig ausgestalten, zumal bei einer völligen Unanfechtbarkeit der Zulassung und damit dann der Endgültigkeit solcher Wahl. Aus solchem Wahlrecht folgt auch die Statthaftigkeit einer außergerichtlichen und auch vorprozessualen Parteivereinbarung über die Sprungrevision zumindest bis zur Verkündung des Ersturteils ohne einen Anwaltszwang, BGH NJW 1986, 168.

2 **II. Regelungszweck, I–VIII.** Die Sprungrevision soll es ermöglichen, dass die Parteien Rechtsfragen grundsätzlicher Art unter einer Ausschaltung des Berufungsverfahrens der §§ 511 ff. unmittelbar dem Revisionsgericht unterbreiten. Diese Möglichkeit gilt auch nach einer Entscheidung des AG. Das alles dient sowohl wie jede Revision der Verhinderung rechtlich fehlerhafter Ergebnisse und damit der Gerechtigkeit als auch der Kostenersparnis und der sonstigen Prozesswirtschaftlichkeit und schließlich auch einer Verkürzung des Gesamtprozesses und damit auch der Rechtssicherheit.

3 **III. Geltungsbereich, I–VIII.** Die Vorschrift gilt in jedem solchen Revisionsverfahren, in dem eine Berufung schon wegen des Erreichens der Berufungssumme des § 511 II Nr. 1 infrage käme. Sie gilt auch im WEG-Verfahren. Im Verfahren der Arbeitsgerichte gilt § 76 ArbGG.

4 **IV. Statthaftigkeit, I–III.** Es müssen zwei Voraussetzungen zusammentreffen. Die Sprungrevision findet gegen jedes im ersten Rechtszug erlassene nach § 511 II Nr. 1 ohne eine Zulassung berufungsfähige Endurteil statt, BGHZ 69, 354, also gegen ein Urteil des AG oder des LG. Das gilt aber nur dann, wenn der Wert des Beschwerdegegenstands den Betrag von 600 Euro übersteigt, BGH MDR 2003, 169. § 544 II Nr. 1 ZPO gilt nicht, BGH MDR 2003, 169; BAG NZA 2010, 1128; Jauernig NJW 2007, 3617. Die Sprungrevision ist nach § 542 II dann unstatthaft, wenn eine Revision unstatthaft ist, also zB in einer Arrest- und Verfügungssache.

5 *Gegen eine noch nicht existierende Entscheidung* ist kein Sprungrechtsmittel statthaft, BGH BeckRS 2021, 33470.

6 Die Sprungrevision ist freilich außerdem nach **I 1 Nr. 1** nur dann statthaft, wenn gerade der Gegner dieses Rechtsmittels **einwilligt,** BGH NJW 2003, 143, und wenn überdies das Revisionsgericht sie auch nach **I 1**

Nr. 2 zulässt. Der Antrag auf eine Zulassung sowie die Erklärung der Einwilligung gelten zwecks Verhinderung eines Zusammentreffens von Berufung und Revision derselben Partei nach **I 2** und § 515 sowie als ein endgültiger **Verzicht auf das Rechtsmittel der Berufung,** sobald die Sprungrevisionsschrift vorliegt, BGH NJW 1997, 2387. Eine Einwilligung anderer Streitgenossen nach §§ 59 ff. ist nicht nötig oder ausreichend. Nach einer Zurücknahme oder Ablehnung besteht also keine Möglichkeit mehr, das Rechtsmittel als Berufung weiter zu verfolgen.

Unerheblich ist eine etwaige Zulassung durch das **Erstgericht,** soweit seine Entscheidung kraft Gesetzes unanfechtbar ist, BGH WuM 2010, 44. 7

V. Antrag, I, II 1, 3. Man muss die Zulassung der Sprungrevision nach **I, II 1** durch eine Einreichung der Zulassungsschrift bei dem Revisionsgericht beantragen BGH GRUR-RR 2013, 312. Wegen der Einreichung vgl. § 519. Es kommt nach §§ 130a–130d auch eine elektronische Einreichung infrage, BGHZ 92, 76 (nur Schriftform) ist überholt. Die Vorschriften über die Revisionsfrist nach § 548 (nur **ein** Monat!) sowie über die Revisionsschrift nach § 549 und über deren Zustellung nach § 550 sind nach **II 2** entsprechend anwendbar. Schon in dem Antrag muss man nach **II 3** die Voraussetzungen für die Zulassung nach IV 1 nachvollziehbar darlegen, BGH GRUR-RR 2013, 312. Vgl. dazu im Einzelnen bei § 544. Gegen die Versäumung der Einlegungsfrist ist eine Wiedereinsetzung nach § 233 statthaft, selbst wenn der Gegner nicht rechtzeitig eingewilligt hat, BGH NJW-RR 2007, 1075. 8

VI. Einwilligung, II 4. Dem Zulassungsantrag muss man die schriftliche Einwilligung des konkreten Antragsgegners gerade dieses Verfahrens beifügen, Bepler NJW 1989, 686. Sie ist eine Parteiprozesshandlung. Eine Nachreichung während der Revisionsfrist nach § 548 genügt, BGH NJW 1992, 77. Eine Fristverlängerung ist unstatthaft. Für die Einwilligung besteht grundsätzlich ein Anwaltszwang wie sonst nach § 78. Es kann auch der für den ersten Rechtszug nach § 81 bevollmächtigte Anwalt die Einwilligung erteilen, BGH VersR 1980, 772, in einer Baulandsache jeder Anwalt, BGH NJW 1975, 830. Wenn der Rechtsstreit im ersten Rechtszug kein Anwaltsprozess war, kann der Antragsgegner nach § 78 III Hs. 2 zum Protokoll der Geschäftsstelle einwilligen, BSG MDR 1990, 576. 9

Die bloße Abgabe der Einwilligungserklärung durch eine Partei enthält eine **Bindung** nur für den Fall des Antrags auf eine Zulassung der Sprungrevision, BGH MDR 1997, 776. Das lässt sich auch vor dem Erlass des Ersturteils außergerichtlich auch ohne Anwalt wirksam vereinbaren, BGH NJW 1986, 198. Bei elektronischer Einreichung gelten §§ 130a–130d. Nach der Einreichung der Zulassungsschrift ist die Einwilligung unwiderruflich. 10

VII. Antragswirkung, III. Der form- und fristgerechte Antrag hemmt nach **III 1** den Eintritt der formellen Rechtskraft des Ersturteils nach § 705. § 719 II, III ist nach **III 2** entsprechend anwendbar. Die Geschäftsstelle des Revisionsgerichts muss nach **III 3** unverzüglich von der Geschäftsstelle des Erstgerichts die Prozessakten einfordern. Auf diese Weise erhält die letztere Geschäftsstelle zwecks Rechtskraftzeugnis nach § 706 II 2 schnell von dem Antrag Kenntnis. 11

VIII. Entscheidung über die Zulassung, IV, V. Man sollte die Zulassungsgründe und das Zulassungsverfahren unterscheiden. 12

1. Zulassungsgründe, IV. Es sind nach **IV 1** dieselben wie nach § 543 II 1 Nr. 1, 2 für die Zulassung der Revision, BGH FamRZ 2012, 1213 (Klärungsbedarf). Man muss sie wie dort darlegen, BGH WM 2008, 2225. Eine fehlerhafte Unterordnung unter einen richtig erkannten Obersatz reicht nicht, BGH MDR 2013, 1304. Auf einen Mangel des Verfahrens kann man die Sprungrevision aber nach **IV 2** grundsätzlich nicht stützen, vgl. § 557 III 2. Will die Partei Verfahrensmängel geltend machen, muss sie das Rechtsmittel der Berufung nach § 511 wählen. Auf einen von Amts wegen beachtlichen Verfahrensmangel bezieht sich IV 2 nicht, BGHZ 96, 1150. 13

2. Verfahren, V. Über den Zulassungsantrag entscheidet das Revisionsgericht durch einen Beschluss nach **V 1** und nach § 128 IV ohne die Notwendigkeit einer mündlichen Verhandlung. Das Revisionsgericht kann dabei inhaltlich wie bei einer Nichtzulassungsbeschwerde verfahren. Es muss seinen Beschluss nach **V 2** wegen seiner Auswirkungen nach VI–VIII den Parteien von Amts wegen nach §§ 166 ff. zustellen. Er ist nach §§ 318, 555 unabänderlich und unanfechtbar. 14

Unwirksam ist eine Zulassung des Erstgerichts oder des Berufungsgerichts. 15

IX. Weiteres Verfahren, VI–VIII. Es gibt zwei Hauptaspekte. 16

1. Ablehnung, VI. Lehnt das Revisionsgericht den Zulassungsantrag ab, wird das Ersturteil nach § 705 formell rechtskräftig. 17

2. Zulassung der Sprungrevision, VII, VIII. Nach einer Zulassung läuft das Verfahren nach **VII 1** als Revisionsverfahren weiter. Dann gilt der Zulassungsantrag nach **VII 2** als eine Einlegung der Revision. Wegen der Bindung an den Zulassungsbeschluss erfolgt keine Prüfung, ob der Antrag form- und fristgerecht vorliegt. Mit der Zustellung der Entscheidung beginnt nach **VII 3** die Revisionsbegründungsfrist nach § 551 II. 18

Das **weitere Verfahren** bestimmt sich gemäß **VIII 1** nach den für die Revision geltenden Bestimmungen. Das Revisionsgericht entscheidet durch ein Urteil nach § 561. § 563 ist nach **VIII 2** mit der Abwandlung anwendbar, dass eine Zurückverweisung stets an das Erstgericht erfolgt, auch an eine andere Abteilung oder Kammer wie bei § 563 I 2. Die Bindung an die zurückverweisende Entscheidung nach § 563 II erstreckt sich nach **VIII 3** zunächst auf das Erstgericht, ferner dann auf das Berufungsgericht, wenn gegen die erneute Entscheidung des Erstgerichts eine Berufung erfolgt. 19

Abschnitt 3. Beschwerde

Vorbemerkung zu § 567

1 **I. Systematik.** Unter den Möglichkeiten, sich gegen eine gerichtliche Entscheidung zu wehren, hat vor allem nach einem Beschluss nach § 329 die Beschwerde als selbständiges Rechtsmittel unabhängig von Berufung und Revision die Hauptbedeutung. Sie ist nach der ZPO als unbefristete – einfache – Beschwerde, als eine befristete „sofortige" Erstbeschwerde nach §§ 567–572, als sog. Erinnerung nach § 573, ferner als Anschlussbeschwerde nach § 567 III. Sie kann auch in der Form einer Nichtzulassungsbeschwerde nach § 544 auftreten, ferner als eine sog. Untätigkeitsbeschwerde nach → § 567 Rn. 12. Hiervon abzugrenzen ist die sog. Gegenvorstellung nach → Rn. 10 und die Dienstaufsichtsbeschwerde nach → Rn. 9 sowie die Gehörsrüge nach § 321a, BVerfG NJW 2003, 1924. Als Rechtsmittel kommen – soweit spezialgesetzlich geregelt die **weitere Beschwerde** (§§ 66 IV, 68 I 5 GKG, § 33 VI RVG, § 81 II GNotKG) bzw. die befristete **Rechtsbeschwerde** nach §§ 574–577, 545 f. in Betracht, BGH GRUR-RR 2011, 120.

2 **II. Regelungszweck.** Jeder Rechtsbehelf und jedes Rechtsmittel soll die Möglichkeit einer nochmaligen Überprüfung geben, auch wenn sie verfassungsrechtlich nach Art. 19 IV 1 GG keineswegs zwingend (Rechtsschutz durch den Richter, aber nicht vor dem Richter; Ausnahme nur, wenn der Richter nicht in seiner typischen streitentscheidenden Funktion, sondern aufgrund eines Richtervorbehalts tätig würde, zB § 758a).

3 **III. Geltungsbereich.** §§ 567 ff. gelten nach → § 567 Rn. 5 in jedem Beschwerdeverfahren nach der ZPO und den auf sie verweisenden Gesetzen, zB §§ 4, 6, 7 InsO, §§ 15 I, 27 IV AVAG. Zur EuKoPfVO dort Art. 34, → Vor § 946 Rn. 3. Zum EuKoPfVODG §§ 953 ff. §§ 567 ff. gelten auch im WEG-Verfahren. In den nachfolgenden Einzelbestimmungen stehen die im Arbeitsgerichtsverfahren zu beachtenden Regeln.

4 In einer **FamFG-Sache** gelten die Bestimmungen des FamFG, vor allem also §§ 58 ff. FamFG für die befristete Beschwerde und §§ 70 ff. FamFG für die Rechtsbeschwerde sowie die Sondervorschriften der §§ 42 III, 87 IV, 117, FamFG usw. § 76 II FamFG verweist aber auf §§ 127 II–IV, 567–572. Vgl. ferner § 35 III KSpG.

5 Die **Nichtzulassungsbeschwerde** nach § 544 ist auch in einer Entschädigungssache nach § 220 BEG statthaft. Wegen der Nichtzulassungsbeschwerde im Arbeitsgerichtsverfahren § 72a ArbGG, → § 544 Rn. 3.

6 **IV. Beschwerde.** Sie ist ein eigenständiges Rechtsmittel in der Regel zur Anfechtung weniger wichtiger Entscheidungen, die das Verfahren bis zur Hauptsacheentscheidung betreffen oder dieser nachfolgen vorrangig in der Form eines Beschlusses oder einer Verfügung nach § 329. Nur in gesetzlich geregelten Ausnahmefällen sind auch Urteile mit der sofortigen Beschwerde anfechtbar, vgl. zB §§ 71, 99 II, 135 III, 387 III. Nicht der Beschwerde unterliegende Entscheidungen sind nur zusammen mit dem Endurteil oder gar nicht anfechtbar, wie zB Entscheidung bzgl. der Prozessleitung des Vorsitzenden (§ 140) oder über Zulassung von Fragen bei der Vernehmung eines Zeugen (§ 397 III). Hält das Gericht, dessen Entscheidung angefochten wird, die Beschwerde für begründet, so hat es ihr abzuhelfen; andernfalls legt es die Beschwerde unverzüglich dem Beschwerdegericht vor (§ 572). Bei dem Beschwerdegericht handelt es sich um das zuständige (nächst-)höhere Gericht. Erst bei Vorlage an das Beschwerdegericht tritt der Devolutiveffekt ein.

7 Die einfache Beschwerde ist von der **sofortigen Beschwerde** abzugrenzen. Eine sofortige Beschwerde kann idR eingelegt werden, wenn das Gesetz die sofortige Beschwerde ausdrücklich zulässt (→ § 567 Rn. 5), zB Kostenfestsetzungsbeschlüsse, § 104 III 1, Ablehnung der Prozesskostenhilfe, § 127 III, Zwischenurteile, § 135 III, § 387 III) oder wenn ein das Verfahren betreffender Antrag zurückgewiesen worden ist, über den ohne mündliche Verhandlung entschieden werden konnte (vgl. insbes. Ablehnung eines Antrages auf selbständiges Beweisverfahren, § 490, Erlass einer einstweiligen Anordnung/Arrest/einstweilige Verfügung).

8 **V. Erinnerung.** Von der Beschwerde ist die Erinnerung als weiterer Rechtsbehelf (§ 573) abzugrenzen. Der Erinnerung fehlt regelmäßig der Devolutiveffekt (= Hebung in eine höhere Instanz), so dass es sich um kein Rechtsmittel im „technischen Sinne" handelt. Die Erinnerung führt regelmäßig innerhalb **derselben Instanz** zu einer richterlichen Überprüfung einer Entscheidung oder Maßnahme, die der erkennende Richter ursprünglich nicht selbst erlassen hat. Vgl. ergänzend auch §§ 766, 732, 11 II RPflG; § 66 GKG, § 57 FamGFG, § 81 GNotKG, § 56 RVG, § 7 Beratungshilfegesetz.

9 **VI. Dienstaufsichtsbeschwerde.** Sie gehört dem Justizverwaltungsrecht an. Sie ist **kein ordentlicher Rechtsbehelf.** Sie ist statthaft, BVerfG NJW 2009, 829, BGH NJW 2006, 861, BSG NJW 2006, 860. Sie gibt der Gerichtsverwaltung nur eine nicht formbedürftige Anregung zum Einschreiten im Rahmen ihrer Möglichkeiten und Grenzen nach § 26 DRiG. Sie unterliegt der ZPO also nicht. Die Ankündigung einer Dienstaufsichtsbeschwerde kann daher nur mittelbar die richterliche Sachentscheidung beeinflussen.

10 **VII. Gegenvorstellung. 1. Besonderer Rechtsbehelf.** Bei der Gegenvorstellung handelt es sich um einen in der ZPO nicht ausdrücklich vorgesehenen Rechtsbehelf. Er ist als eine Ausprägung des Art. 17 GG in analoger Anwendung von § 321a, Art. 19 IV GG grundsätzlich statthaft, BGH NJW 2006, 861, BSG NJW 2006, 860. Er ist nachrangig gegenüber einem sonstigen Rechtsbehelf, BGH NJW 2017, 1555 und ist zumindest nicht mehr statthaft, soweit eine Entscheidung in materieller Rechtskraft erwachsen ist BVerfG NJW 2009, 829. Er kann sogar vor einer Verfassungsbeschwerde notwendig sein, BVerfG NJW 2002, 3387. Er soll das bisher tätig gewesene Gericht veranlassen, seine Entscheidung aus tatsächlichen oder rechtlichen neuen oder übergangenen oder übersehenen Erwägungen zu ändern, BGH WuM 2011, 323, KG BauR 2006, 149. Man muss sie von der prozessualen Beschwerde unterscheiden. Denn die Gegenvorstellung richtet sich auf die Änderung einer Entscheidung ohne eine Anrufung des übergeordneten Gerichts nach → Vor § 511 Rn. 4. Man muss sie nach → Rn. 11 auch von einer wiederholten Beschwerde unterscheiden. Als nicht gesondert geregelter Rechtsbehelf sind die Zulässigkeitsvoraussetzung restriktiv zu handhaben um zu vermeiden, dass jemand die Vorschriften über die prozessuale Beschwerde unterläuft, BGH NJW-RR 1986, 737; BSG MDR 1992, 386; Köln AnwBl 2017, 334. Die Gegenvorstellung ist aber nur zulässig, wenn eine **gesetzliche Abänderungsbefugnis** gegeben ist. Dies ist zB dann nicht der Fall, wenn das Gericht an seine eigene Entscheidung nach § 318 – vor allem zugunsten anderer Verfahrensbeteiligter – gebunden ist (OVG Lüneburg 14.1.2022 – 13 ME 435/21, BeckRS 2022, 3084).

2. Beispiele zur Frage einer Statthaftigkeit

Änderungsbefugnis: Statthaft ist eine Gegenvorstellung nur dann, wenn das Gericht oder der Vorsitzende eine Entscheidung auch ohne den Antrag eines Beteiligten ändern darf, BVerfG NJW 2009, 829. Das gilt zB bei §§ 227, 319, 321, BAG MDR 1993, 547, nach § 360, KG NJW-RR 2000, 469, nach der FGO, BFH NVwZ-RR 2010, 944, oder nach § 63 GKG, BGH NJW-RR 1986, 737, OVG Lüneburg, 14.1.2022 – 13 ME 435/21; VGH Mü GewArch 1993, 496, OVG Münst NVwZ-RR 1999, 479; sonst liegt eine **Bindung nach § 318** vor, BGH MDR 2019, 370; statthaft, soweit eine Änderung von Amts wegen in Betracht kommt BayVGH BeckRS 2019, 1014. 11

Anfechtbarkeit: Unstatthaft ist eine Gegenvorstellung nach einer mit einem Rechtsbehelf oder Rechtsmittel anfechtbaren Entscheidung.

Anhörungsrüge: Unstatthaft ist nach → § 321a Rn. 92 eine Gegenvorstellung nach einer mit der Anhörungsrüge anfechtbaren Entscheidung. Vgl. aber auch BVerfG NJW 2014, 681 (Prozesskostenhilfe).

Entscheidungserheblichkeit: Unstatthaft, soweit die Rüge sich auf einen nicht entscheidungserheblichen Aspekt bezieht, BGH GRUR 2005, 614.

Frist: Mit Hilfe einer Gegenvorstellung kann keine sonst vorgegebene Rechtsbehelfsfrist umgangen werden (vgl. LG Würzburg 9.12.2019 – 52 T 1823/19, BeckRS 2019, 28837).

Gesetzlicher Richter: Statthaft ist eine Gegenvorstellung nach einem auch nur etwaigen Verstoß gegen das Verfahrensgrundrecht auf den gesetzlichen Richter nach Art. 101 I 2 GG, BVerfG NJW 1983, 1900 (StPO), Düss DRiZ 1980, 110.

Greifbare Gesetzwidrigkeit: Statthaft ist eine Gegenvorstellung nach einer greifbar gesetzwidrigen Entscheidung, BGH, ZInsO 2019, 385; NJW 2002, 1577, BFH NJW 2003, 919, BVerwG NJW 2002, 2657. Auch bei „Willkür".

Grundbuchbeschwerde: Unstatthaft ist dann eine Gegenvorstellung, Köln MDR 2011, 477.

Meistbegünstigung: Dieser Grundsatz nach → Vor § 511 Rn. 29 gilt auch hier, BGH MDR 2009, 1000, Schlesw FamRZ 2000, 1513.

Nebenverfahren: Statthaft ist eine Gegenvorstellung nach einer Entscheidung in einem unselbständigen Nebenverfahren. **Unstatthaft** ist eine Gegenvorstellung nach einer ein selbständiges Nebenverfahren beendenden Entscheidung. S. dann aber auch → „Verfassungswidrigkeit".

Nichtzulassungsbeschwerde: Unstatthaft ist eine Gegenvorstellung gegen die Entscheidung über eine Nichtzulassungsbeschwerde nach § 544, BAG NZA 2013, 168.

Prozesskostenhilfe: Statthaft ist eine Gegenvorstellung nach einer Ablehnung von Prozesskostenhilfe für das Berufungsverfahren nach § 127 I, Brem MDR 2010, 711 (außerhalb einer Verletzung des rechtlichen Gehörs; § 321a II aber entsprechend anwendbar), Hmb FamRZ 2007, 2089 (auch zu den Grenzen), aM BFH NJW 2008, 544 (Vorlage nach dem RsprEinhG, Anh. § 140 GVG. Zum Problem Rüsken NJW 2008, 481).

Prozessleitung: Statthaft ist eine Gegenvorstellung nach einer prozessleitenden Anordnung des Vorsitzenden nach § 273 usw., zB nach einer → „Terminsverfügung".

Rechtskraft: Statthaft bleiben kann eine Gegenvorstellung auch nach dem Eintritt der **formellen Rechtskraft** nach § 705; unstatthaft aber zumindest nach Rechtmittelverfahren, BGH BeckRS 2019, 855; LSG Berlin-Brandenburg BeckRS 2019, 2617; OVG NRW BeckRS 2019, 387. **Unstatthaft** ist wohl eine Gegenvorstellung nach der Herbeiführung der materiellen Rechtskraft einer Entscheidung nach → Vor § 322 Rn. 7, BAG NZA 2013, 168, Köln AnwBl 2017, 334, Mü OLGR 1995, 129; Thomas/Putzo/Reichold Rn. 14, aM BFH NJW 2006, 861. Aber auch „Greifbare Gesetzwidrigkeit".

Terminsverfügung: Entscheidung ergeht durch unanfechtbaren Beschluss, § 227 IV 2; Statthaft ist aber eine Gegenvorstellung nach einer solchen prozessleitenden Anordnung zB nach § 216, BAG NZA 1993, 382.

Umdeutung: Ein sonst unzulässiges Rechtsmittel kann in eine Gegenvorstellung entsprechend § 140 BGB umgedeutet werden (vgl. zB OLG München 2.1.2020 – 7 W 1118/19, BeckRS 2020, 42; OLG Dresden 10.10.2019, 4 W 785/19, BeckRS 2019, 27066, OLG Karlsruhe 4.6.2019 – 10 W 9/18, BeckRS 2019, 37503). Eine Gegenvorstellung kann auch hilfsweise erhoben werden (OLG Köln GesR 2019, 718).

Unangreifbarkeit: Unstatthaft ist eine Gegenvorstellung grds. nach einer kraft Gesetzes unabänderlichen Entscheidung, VGH Kassel NJW 1987, 1854. Aber auch → „Verfassungswidrigkeit".

Urteil: Grds. unstatthaft ist eine Gegenvorstellung gegen ein Urteil. Aber auch → „Anhörungsrüge".

Urteilsergänzung: → „Änderungsbefugnis".

Verfassungswidrigkeit: Statthaft ist eine Gegenvorstellung nach einer nur mit einer Verfassungsbeschwerde angreifbaren Entscheidung, BSG NJW 1998, 3518, Schumann NJW 1985, 1139. Auch → „Willkür".

Vertagung: Entscheidung ergeht durch unanfechtbaren Beschluss, § 227 IV 2, aber vgl. „Terminsverfügung".

Verwerfungsbeschluss: Unstatthaft ist eine Gegenvorstellung grds. nach einem Beschluss zur Verwerfung einer Berufung nach § 522 I 2 oder einer Revision nach § 552 I 2, BFH BStBl. II 1979, 574.

Vollstreckungsklausel: Statthaft ist eine Gegenvorstellung nach der Erteilung einer Vollstreckungsklausel nach §§ 724 ff., BGH NJW 1984, 806.

Wertfestsetzung: Statthaft ist eine Gegenvorstellung nach einer Festsetzung zB des Beschwerdewerts nach § 2, BGH GRUR-RR 2011, 439. Auch → „Änderungsbefugnis".

Wiederaufnahmeantrag: Statthaft ist eine Gegenvorstellung beim Vorliegen eines Wiederaufnahmeantrags nach §§ 578 ff., aM Köln FamRZ 1996, 809 (auch beim Wiedereinsetzungsgrund).

Willkür: Statthaft ist eine Gegenvorstellung nach einem Verstoß gegen das Willkürverbot, BGH NJW 2001, 2262, BAG NZA 2000, 503. Auch → „Greifbare Gesetzwidrigkeit".

Zwischenentscheidung: Statthaft ist eine Gegenvorstellung nach einer Zwischenentscheidung über eine Verfahrensfrage zB nach §§ 280, 303. S. auch bei den einzelnen Arten solcher Entscheidungen.

3. Rechtsschutzbedürfnis. Erforderlich ist auch für die Gegenvorstellung als Zulässigkeitsvoraussetzung ein Rechtsschutzbedürfnis, BGH FamRZ 2009, 1131 (krit. Steeper ZZP 122, 490), Brem JurBüro 1978, 602. Daran fehlt es, wenn ein gesetzlicher Rechtsbehelf möglich ist, wenn die Entscheidung eine Partei nicht beschwert, wenn die Partei den Antrag oder die Beschwerde erneuern kann oder wenn das Gericht das mit der Gegenvorstellung angebrachte Argument bereits in der angefochtenen Entscheidung berücksichtigt hat, OLG Düsseldorf, WuW 2018, 419). Nicht schutzwürdig wäre auch das Bestreben, eine vollständig abgeschlossene Angele- 12 genheit wie die Kostenabrechnung durch eine nachträglich gegen den Streitwertbeschluss nach § 63 GKG gerichtete Gegenvorstellung wieder aufzurollen. Nicht nötig ist die Berufung auf neue Tatsachen, aM Düss FamRZ 1978, 125 (zu formell). Soweit statthaft können Rügen mit einer Gegenvorstellung umfassend erhoben werden.

13 **4. Verfahren.** Die Gegenvorstellung ist entsprechend § 321a II 1 **befristet,** BGH NJW 2002, 1577, Hanseatisches Oberlandesgericht Hamburg 15.4.2020 – 12 UF 27/19, BeckRS 2020, 7381, Drsd NJW 2006, 851, Rostock MDR 2009, 49, LG Würzburg 9.12.2019 – 52 T 1823/19, BeckRS 2019, 28837; eine sonst vorgesehene Frist darf mit Hilfe der Gegenvorstellung nicht umgangen werden Bei elektronischer Einreichung gelten §§ 130ad. Die Einlegung unterliegt nicht dem Anwaltszwang nach → § 78 Rn. 1. Sie muss aber schriftlich oder nach § 78 III Hs. 2 zum Protokoll erfolgen. **Zuständig** ist dasjenige Gericht, das den angegriffenen Beschluss nach § 329 erlassen hat, BGH MDR 1986, 654. Eine Gegenvorstellung wirkt zB **nicht** nach § 234 I, II fristverlängernd, BGH WuM 2008, 690.

14 Bei einer zulässigen Gegenvorstellung richtet sich das **weitere Verfahren** nach den für das zugrunde liegende Verfahren geltenden Grundsätzen zB wegen des Vertretungszwangs, VGH Mannh NVwZ-RR 2003, 692. Dabei sind die nur für das förmliche Verfahren geltenden Vorschriften unanwendbar, zB diejenigen über die Richterablehnung nach §§ 42 ff., Düss NStZ 1989, 86, Hamm MDR 1993, 789. Der Gegner muss nach Art. 103 I GG das rechtliche Gehör vor einer etwa ihm nachteiligen Änderung erhalten, BVerfGE 55, 5. Entsprechend § 571 II darf man eine Gegenvorstellung auf **neue Tatsachen** stützen. Das Gericht muss nachvollziehbar den Grund einer Erfolglosigkeit der Gegenvorstellung angeben, BGH MDR 2015, 612. Ein förmlicher Beschluss nach § 329 ist nur bei einem Erfolg nötig, vgl. Rostock NJW-RR 2010, 216. Sonst genügt die formlose Mitteilung entsprechend § 329 II 1, dass es bei der Entscheidung bleibt. Soweit überhaupt eine Kostenentscheidung ergehen darf, gelten §§ 91 ff. entsprechend. Es entstehen wegen § 1 I 1 GKG, § 1 I 1 FamGKG keine Gerichtsgebühren, meist auch keine Anwaltsgebühren.

15 **5. Kein Rechtsmittel. Keine** Rechtsbehelfsbelehrung nach § 232. Denn ein Rechtsmittel ist gerade gegen die Entscheidung über die gesetzlich nicht näher geregelte Gegenvorstellung nicht statthaft, BGH VersR 1982, 598, Rostock NJW-RR 2010, 215, Saarbr OLGR 2008, 316. Auch der Gegner hat kein Rechtsmittel, es sei denn, dass er es gegen eine ihm ungünstige Erstentscheidung gehabt hätte, OVG Hmb NVwZ-RR 2001, 612. Wegen der Bedeutung für die Einlegung der Verfassungsbeschwerde BVerfG NJW 1995, 3248. Man darf und muss evtl. eine Gegenvorstellung als eine Prozesshandlung auslegen und dabei in eine sofortige Beschwerde umdeuten, BGH NJW-RR 2001, 279.

16 **VIII. Beschwerdegericht.** Das bisherige Gericht entscheidet zunächst, ob der sofortigen Beschwerde abgeholfen werden kann (§ 572). Handelt es sich beim bisherigen Gericht um ein AG und hilft dieses nicht ab, so entscheidet nunmehr das Beschwerdegericht und zwar grundsätzlich nach § 72 GVG das LG (**anders** in den in § 119 I Nr. 1, III GVG genannten Fällen sowie bei §§ 159, 181 GVG: **OLG**). Über die Beschwerde gegen eine Entscheidung des LG entscheidet nach § 119 I Nr. 2 GVG das OLG, über diejenige des ArbG nach → § 567 Rn. 5 das LAG. Eine Entscheidung des OLG ist grundsätzlich nicht mit einer Beschwerde anfechtbar, mit Ausnahme anderweitiger Regelungen, zB nach §§ 522 I, 544. Bei ihr geht die Rechtsbeschwerde nach §§ 574 ff. an den BGH. Im Verfahren der **Arbeitsgerichte** heißt das Rechtsmittel nach § 77 ArbGG Revisionsbeschwerde oder nach § 72a ArbGG ebenfalls Nichtzulassungsbeschwerde. Sie geht nach § 77 ArbGG an das BAG. Wegen der Beschwerde nach dem RPflG vgl. § 11 RPflG. Vgl. ferner § 35 III KSpG (Kartellsenat des OLG).

17 Ist die Entscheidung eines Rechtspflegers angefochten worden und entscheidet statt des zuständigen Beschwerdegerichts irrtümlich der Richter beim Amtsgericht führt diese rechtsfehlerhafte Entscheidung aber nicht zur Nichtigkeit (vgl. LG Stade 22.11.2019 – 9 T 135/19, BeckRS 2019, 32962).

18 **IX. Zulässigkeit und Begründetheit.** Auch bei der sofortigen Beschwerde und bei der Rechtsbeschwerde muss man unterscheiden zwischen Zulässigkeit und Begründetheit, BGH NJW-RR 2006, 1347. Das Gericht darf in eine Sachprüfung nach § 572 II nur eintreten, wenn die Zulässigkeit bejaht wird. Eine schwierige Prüfung der Zulässigkeit etwa durch eine Beweisaufnahme nach §§ 355 ff. darf aber – wegen der unterschiedlichen Rechtskraftwirkungen – nur dann unterbleiben, wenn man die Beschwerde ohnehin als unbegründet zurückweisen muss **und** wenn dem Beschwerdeführer keine weiteren Nachteile, zB wegen der Rechtskraft nach §§ 322, 329, 705 entstehen, BVerfGE 6, 7; BGH NJW-RR 2006, 1346; Hamm MDR 1979, 943. Im Beschwerdeverfahren ist eine Beschwerde nach § 571 II 2 mangels Zuständigkeit unstatthaft.

19 **X. Beschwerdeentscheidung.** Sie ergeht regelmäßig ohne eine mündliche Verhandlung. Eine solche steht aber nach §§ 572 IV, 128 IV stets frei und kann im Ausnahmefall zur weiteren Aufklärung des Sachverhalts zweckmäßig sein bzw. die Überzeugungskraft der Beschwerdeentscheidung zumindest für die Parteien erhöhen

Titel 1. Sofortige Beschwerde

567 *Sofortige Beschwerde; Anschlussbeschwerde.* **I Die sofortige Beschwerde findet statt gegen die im ersten Rechtszug ergangenen Entscheidungen der Amtsgerichte und Landgerichte, wenn**

1. dies im Gesetz ausdrücklich bestimmt ist oder
2. es sich um solche eine mündliche Verhandlung nicht erfordernde Entscheidungen handelt, durch die ein das Verfahren betreffendes Gesuch zurückgewiesen worden ist.

II Gegen Entscheidungen über Kosten ist die Beschwerde nur zulässig, wenn der Wert des Beschwerdegegenstands 200 Euro übersteigt.

III [1]Der Beschwerdegegner kann sich der Beschwerde anschließen, selbst wenn er auf die Beschwerde verzichtet hat oder die Beschwerdefrist verstrichen ist. [2]Die Anschließung verliert ihre Wirkung, wenn die Beschwerde zurückgenommen oder als unzulässig verworfen wird.

1 **I. Systematik/Regelungszweck, I–III.** Im Verhältnis zum allgemeinen Beschwerdeverfahren ist die sofortige Beschwerde der **speziellere Rechtsbehelf** und nur anwendbar, wenn die Voraussetzungen des I vorliegen. I entspricht der Funktion nach § 511 (Berufung) und § 543 (Revision), natürlich mit ganz erheblichen Abwei-

chungen. Eine Rechtsmittelsumme wie nach II findet sich auch in § 511 II Nr. 1, und bei der Nichtzulassungsbeschwerde, § 544 II 1, III lässt sich mit § 524 (Anschlussberufung) und § 554 (Anschlussrevision) ein wenig vergleichen.

Der Rechtsbehelf dient der Überprüfung der angefochtenen Entscheidung in tatsächlicher und rechtlicher Hinsicht (§ 571). 2

II. Geltungsbereich, I–III. Die Vorschrift gilt in jedem sofortigen Beschwerdeverfahren nach der ZPO und den auf sie verweisenden Gesetzen. Sie gilt auch im WEG-Verfahren, LG Bln NJW 2009, 85. Im Rechtsbeschwerdeverfahren gilt vorrangig § 574. Im Verfahren der Arbeitsgerichte gelten die Vorschriften der ZPO für die Beschwerde gegen Entscheidungen der AG nach § 78 S. 1 ArbGG entsprechend, BAG NZA 2017, 806, auch nach § 85 II ArbGG, OVG Saarlouis NZA-RR 2016, 53. Für die Nichtzulassungsbeschwerde gilt § 72a ArbGG. § 76 II FamFG verweist auf §§ 127 II–IV, 567–572. Im VwGO-Verfahren gilt die Vorschrift über § 173 S. 1 VwGO, OVG Hmb BauR 2017, 1994. § 113 verweist weder in I 2 noch sonst auf §§ 567 ff., Ffm FamRZ 2013, 1673. 3

III. Zulässigkeit. Ihre Voraussetzungen sind dieselben wie bei anderen Rechtsmitteln nach → Vor § 511 Rn. 7 ff. Die sofortige Beschwerde muss **statthaft** (§ 567 I, II) sein, das Gericht muss zuständig sein (siehe aber bezüglich der ersten Instanz: § 571 II 2), sie muss **form-** und **fristgerecht** (§§ 569 II, I) eingelegt worden sein, und es muss eine ausreichende **Beschwer** (§ 567 II) zugrunde liegen, und die sofortige Beschwerde muss auch im Übrigen zulässig sein. 4

1. Statthaftigkeit. Die sofortige Beschwerde liegt nicht nur in irgendeiner vorbereitenden Stellungnahme vor, sondern nur insoweit, als der Absender bei einer großzügigen Auslegung eine Überprüfung durch das Beschwerdegericht verlangt, BGH NJW 2004, 1113. Die sofortige Beschwerde findet grundsätzlich nur gegen eine gerade im **ersten Rechtszug** ergangenen Entscheidung des AG oder LG, nicht des OLG oder gegen Entscheidungen des Berufungsgerichts statt, BGH NJW 2012, 2449; Düss MDR 2003, 230; Köln ZMR 2012, 801. Die Beschränkungen auf den ersten Rechtszug dient zur Abgrenzung zur Rechtsbeschwerde. Sie findet dann statt, wenn eine der in I genannten Voraussetzungen vorliegt, BayObLG NJW 2002, 3262. Entscheidungen nach § 567 sind Beschlüsse des Gerichts nach § 329, beim LG sowohl des Kollegiums als auch des Einzelrichters, und Verfügungen des Vorsitzenden oder Einzelrichters nach § 329 und des Rechtspflegers, § 11 RPflG, BGH ZinsO 2020, 85. Demgegenüber unterliegen Entscheidungen des nach §§ 361, 362 beauftragten oder ersuchten Richters sowie des Urkundsbeamten der Erinnerung nach § 573. Beim Zweifel über das Vorliegen einer Entscheidung oder eines bloßen Hinweises gilt der **Meistbegünstigungsgrundsatz** nach → Vor § 511 Rn. 29, Kblz MDR 2011, 1202. 5

Unanwendbar ist die Vorschrift auf einen Prozessvergleich nach Anh. § 307, Stgt MDR 2004, 411. Gegen eine Entscheidung des LG als Berufungs- oder Beschwerdegericht oder des OLG kommt allenfalls eine von ihm zugelassene **Rechtsbeschwerde** nach § 574 infrage, Köln ZMR 2012, 801; Naumb JurBüro 2011, 151; Saarbr OLGR 2007, 556, aM Brem OLGR 2007, 493. Dasselbe gilt nach einer Entscheidung des LAG, BAG NJW 2006, 2718. 6

Unanfechtbar ist eine Entscheidung auch nach zahlreichen weiteren Vorschriften, zB nach §§ 46 II Hs. 1, 127 II 1, III, 235 III, 238 III, 268, 269 III, 281 II 2, 348 IV, 348a III, 355 II, 707, 719, 769, 796b II 3. Eine **Ermessensentscheidung** ist allenfalls auf eine Ermessensüberschreitung überprüfbar. 7

a) Ausdrückliche Zulassung, I Nr. 1. Die sofortige Beschwerde ist gegen Entscheidungen des ersten Rechtszuges statthaft, soweit sie das Gesetz ausdrücklich zulässt (insoweit **Enumerationsprinzip**), LG Bln NJW 2009, 85. Das trifft für die ZPO nach zahlreichen Bestimmungen zu, zB nach §§ 46 II Hs. 2, 71 II, 78b, 78c III, 91a II 1, 99 II 1, 104 III, 107 III, 109 IV, 127 II 2, III, 135 III, 141 III iVm § 380 III, 252, 269 V 1, 319 III, 336 I 1, 372a, 380 III, 387 II, 390 III, 406 V, 409 II, 490 II 2 (selbständiges Beweisverfahren, OLG HH, FamRZ 2020, 525), 494a II 2, 522 I 4 (Rechtsbeschwerde), §§ 721 VI, 793, 794a II, 934 IV. Vgl. ferner zB §§ 15 I, 27 IV AVAG, SchlAnh V E, § 17a IV 3, § 181 GVG, §§ 4, 6, 7 InsO, §§ 95, 96 ZVG; §§ 66 ff. GKG; § 4 JVEG, § 33 RVG; §§ 6, 21, 33, 35, 42, 76, 87 FamFG. 8

b) Zurückweisung eines Verfahrensgesuchs, I Nr. 2. Die sofortige Beschwerde ist weiter statthaft, soweit das Gericht ein das Verfahren betreffendes **Gesuch** eines Verfahrensbeteiligten durch eine keiner mündlichen Verhandlung nach § 128 I erfordernde Entscheidung **zurückgewiesen hat (erweiternde Generalklausel).** Das gilt auch, soweit eine mündliche Verhandlung nach → § 128 Rn. 12 freisteht, Ffm ZIP 2012, 726. Entscheidend ist nur, ob die Entscheidung ohne mündliche Verhandlung ergehen **durfte,** unabhängig davon, ob tatsächlich mündlich verhandelt worden ist. Unterblieb eine obligatorische mündliche Verhandlung wird der Rechtsbehelf der sofortigen Beschwerde hierdurch nicht statthaft (MüKoZPO/Lipp Rn. 8). 9

c) „Gesuch", „Verfahren", I Nr. 2. „Verfahren" ist nach § 567 der Prozess (= Rechtsstreit) schlechthin und nicht nur der äußere Verfahrensgang, BGH MDR 2020, 878. „Gesuch" setzt einen „förmlichen Antrag" voraus, BGH FamRZ 2009, 224; BGH VersR 2017, 908, zumindest, wenn die abgelehnte Entscheidung einen Antrag der Partei voraussetzt oder eine andere Bezeichnung, soweit der Zweck zumindest auch einer Verfahrenshandlung des Gerichts klar erkennbar ist, Mü MDR 1984, 592, enger Brem FamRZ 2015, 2037. Sofern die ablehnende Entscheidung **keinen Antrag** der Partei voraussetzt, fehlt in der Regel das Rechtsschutzbedürfnis (MüKoZPO/Lipp Rn. 11), da es andernfalls dazu kommen könnte, dass die gesamte verfahrensleitende Tätigkeit des Gerichts dem Beschwerdeverfahren zugänglich gemacht werden könnte (MüKoZPO/Lipp Rn. 11). 10

d) Zurückweisung, I Nr. 2. Zurückgewiesen hat das Gericht ein „Gesuch" nur dann, wenn es einen in den einschlägigen Vorschriften vorgesehenen Verfahrensantrag ausdrücklich oder stillschweigend eindeutig als unzulässig oder unbegründet verworfen oder zurückgewiesen oder abgelehnt hat, Drsd JurBüro 2007, 212; Hmb FamRZ 1990, 423 (Teilablehnung genügt, Hmb FamRZ 1990, 1379); LG Köln NJW-RR 1987, 955, auch → § 216 Rn. 30. Kein das Verfahren betreffendes Gesuch liegt vor, wenn nur zu einem Antrag eines Gegners Stellung genommen wird, sei es dadurch, dass dem Antrag widersprochen wird oder sei es dadurch, dass die Zurückweisung beantragt wird (BGHMDR 2020, 878). Man kann den Antrag vor oder nach der Rechtshängigkeit nach § 261 I gestellt haben. Deshalb ist eine sofortige Beschwerde unstatthaft, auch für den Gegner, soweit das Gericht dem Gesuch stattgegeben hat, Karlsr MDR 2007, 236; LG Bln 2009, 85. Jedenfalls ist die Beschwerde **unstatthaft,** soweit das Gesetz die Entscheidung für unanfechtbar erklärt, MüKoZPO/Lipp Rn. 14. 11

e) Beispiele zur Frage einer Statthaftigkeit, I Nr. 2

12 **Abgabe: Unstatthaft** ist eine sofortige Beschwerde dann, wenn ein Gericht durch die Abgabe der Sache die Entscheidung in einem bestimmten Rechtsweg oder in einem bestimmten Verfahren abgibt, BGH NJW 2005, 144 ([jetzt] FamFG); Hamm FamRZ 1989, 526; aM Celle Nds. Rpfl. 1978, 33; Köln OLGZ 1979, 19 (je: zu großzügig).

Ablehnung einer Entscheidung: Statthaft ist eine sofortige Beschwerde auch gegen die ausdrückliche Ablehnung einer Entscheidung, Hmb FamRZ 1979, 528; LG Köln NJW-RR 1987, 955, wie zB die Ablehnung der **öffentlichen Zustellung.**

von Amts wegen: Statthaft sein kann eine sofortige Beschwerde, soweit das Gericht zumindest auch auf einen Antrag entschieden hat, Düss NJW-RR 1987, 594; Seidel ZZP 99, 85; eine unzulässige Beschwerde kann zumindest als Gegenvorstellung behandelt werden (MüKoZPO/Lipp Rn. 18). **Unstatthaft** ist eine sofortige Beschwerde, soweit das Gericht nur von Amts wegen entschieden hat, Karlsr MDR 2008, 818; Mü FamRZ 2006, 1555 (Gutachten zur Prozessfähigkeit).

Anregung: Unstatthaft ist eine sofortige Beschwerde nach einer bloßen Anregung zu einer Tätigkeit von Amts wegen, BGH VersR 2017, 908; Drsd JurBüro 2007, 212; Köln MDR 2008, 819.

Arrest, einstweilige Verfügung: Unstatthaft ist eine sofortige Beschwerde gegen die Anordnung einer mündlichen Verhandlung nach §§ 922 I 1, 936.

Auslandsrecht: Unstatthaft ist eine sofortige Beschwerde gegen eine Anordnung nach § 293 S. 2 Hs. 2, → § 293 Rn. 24.

Außerordentliches Rechtsmittel/greifbare Gesetzwidrigkeit: Unstatthaft nach Neuregelung des Beschwerderechts 2002: BVerfG NJW 2003, 1924; BGH BeckRS 2018, 7666; BGH NJW 2009, 2053, LG Gött ZIP 2016, 283.

Beschränkung der Verhandlung: → § 146 Rn. 6.

Beweisbeschluss: Unstatthaft ist eine sofortige Beschwerde gegen einen Beweisbeschluss nach §§ 358, 358a, Hamm FamRZ 1979, 1065; KG MDR 1981, 325; Mü ZSW 1981, 217.

Einstweilige Einstellung: → § 707 Rn. 18, → § 719 Rn. 14.

Einstweilige Entscheidung: Statthaft kann eine sofortige Beschwerde auch gegen eine einstweilige Entscheidung sein, LG Kassel FamRZ 2006, 210. Aber auch „Arrest, einstweilige Verfügung".

Ermessen. Dazu Frank ZZP 130, 489 (Grdz.). Statthaft ist eine sofortige Beschwerde auch, soweit das Gericht im Rahmen eines pflichtgemäßen Ermessens entschieden hat.

Friständerung: Statthaft ist die sofortige Beschwerde nach → § 225 Rn. 10 gegen die Ablehnung der **Abkürzung** einer gesetzlichen oder richterlichen Frist durch den Richter. **Unstatthaft** ist eine sofortige Beschwerde nach § 225 II gegen die Ablehnung der **Verlängerung** einer solchen Frist.

Früher erster Termin: → „Prozessleitung".

Gegenvorstellung: Unstatthaft ist eine sofortige Beschwerde bei einer Gegenvorstellung nach → Vor § 567 Rn. 10, Stgt OLGR 2006, 942.

Grund und Höhe: Statthaft ist die sofortige Beschwerde gegen die Ablehnung, nach einem Grundurteil nach § 304 zur Höhe verhandeln zu lassen.

Kostenentscheidung: Unstatthaft ist grds. nach § 99 I ihre isolierte Anfechtung. **Statthaft** sein kann ihre Anfechtung ausnahmsweise nach II sowie bei §§ 91a II, 99 II, 569 V.

Künftige Entscheidung: Unstatthaft ist eine sofortige Beschwerde gegen eine erst künftige Entscheidung, Hamm Rpfleger 1979, 461; Kblz AnwBl 1986, 401.

Ladung: → „Prozessleitung".

Meistbegünstigung: Der Grundsatz → Vor § 511 Rn. 29 gilt auch hier, BayObLG 1993, 113; Karlsr OGZ 1980, 62; LG Hagen 5.9.2016 – 6 T 212/16, BeckRS 2016, 111643.

Mündliche Verhandlung: Unstatthaft bei Terminierung zur mündlichen Verhandlung, selbst wenn nach § 128 I nicht notwendig siehe BGH VersR 2017, 908. **Unstatthaft** ist eine nicht unter I Nr. 1 fallende sofortige Beschwerde nach der Ablehnung einer nach § 128 IV freistehenden Verhandlung oder nach der Anordnung einer nach § 128 I notwendigen mündlichen Verhandlung. Das gilt selbst dann, wenn die Verhandlung dann auch zu Unrecht unterblieben ist.

Nebenentscheidung: Unstatthaft ist die sofortige Beschwerde grds., soweit in der Hauptsache **kein** Rechtsmittel statthaft ist, Kblz FamRZ 2018, 50 (auch zu einer Ausnahme).

Protokoll: Statthaft ist eine sofortige Beschwerde gegen die Ablehnung der Aushändigung oder Übersendung eines Protokolls nach §§ 159 ff. durch den Richter. Zur Protokollberichtigung → § 164 Rn. 14, 15.

Prozessfähigkeit: → „Prozessvoraussetzungen".

Prozesspfleger: → § 57 Rn. 16.

Prozessleitung: Unstatthaft ist grds. eine sofortige Beschwerde gegen eine nur prozessleitende Maßnahme, zB nach § 273 II, BGH FamRZ 2009, 224; BFH ZIP 2013, 1790; Mü MDR 2008, 1298, auch, zB gegen die Anordnung eines frühen ersten Termins nach § 275, Ffm MDR 1983, 411, oder auch gegen Entscheidungen nach §§ 140, 397 III.

Prozessvoraussetzungen: Unstatthaft ist eine sofortige Beschwerde, soweit das Gericht eine Prozessvoraussetzung von Amts wegen beurteilt hat, Mü FamRZ 2006, 1555.

Rechtskraftzeugnis: → § 706 Rn. 13.

Rechtsverweigerung: Statthaft ist eine sofortige Beschwerde, soweit eine Untätigkeit sogar zu einer ohnehin verbotenen Rechtsverweigerung führt.

Rechtswegbeschlüsse: Statthaft, vgl. § 17a IV GVG.

Schiedsgericht: Unstatthaft bei Entscheidung über die Unterstützung eines Schiedsgerichts bei der Beweisaufnahme nach § 1050, BGH MDR 2020, 878, weil keine Vorschrift zur Anfechtbarkeit von Beschlüssen des Amtsgerichts über die Unterstützung des Schiedsgerichts bei der Beweisaufnahme nach § 1050 vorhanden sind und mit einer solchen Entscheidung kein Antrag zurückgewiesen wird, soweit nur dem Antrag des Gegners widersprochen oder dessen Zurückweisung beantragt wird.

Selbständiges Beweisverfahren: Statthaft ist eine sofortige Beschwerde gegen eine Feststellung, dass der Antragsteller sein selbständiges Beweisverfahren nach §§ 485 ff. nicht weiterverfolge, Düss NJW-RR 2013, 347, oder gegen eine Abweisung, aM BGH VersR 2017, 908. **Unstatthaft** ist eine sofortige Beschwerde gegen

einen nur prozessleitenden Beschluss im selbständigen Beweisverfahren nach → § 412 Rn. 14, vgl. auch BGH 15.1.2020 – VII ZB 96/17, BeckRS 2020, 1275; OLG Köln 15.5.2019 – 5 W 3/19, BeckRS 2019, 10251.
Sicherheitsleistung: → § 108 Rn. 27.
Terminierung: → § 216 Rn. 28 ff.
Trennung: Unstatthaft ist eine sofortige Beschwerde gegen eine Prozesstrennung nach → § 145 Rn. 12.
Umdeutung: Unstatthaft bleibt eine sofortige Beschwerde mangels ihrer Umdeutbarkeit nach → Vor § 128 Rn. 60 in eine statthafte Rechtsbeschwerde nach § 574, Köln MDR 2009, 1411.
Unklarheit: Statthaft sein kann eine sofortige Beschwerde schon bei einer Unklarheit darüber, ob eine Entscheidung vorliegt. Denn dann gilt der sog. Meistbegünstigungsgrundsatz nach → Vor § 511 Rn. 29, BayObLG 1993, 113; Karlsr OLGZ 1986, 62.
Untätigkeit: Unstatthaft ist eine sofortige Beschwerde gegen eine bloße Unterlassung des Gerichts, da insoweit keine Entscheidung vorliegt; die Untätigkeit kann jedoch einer Aussetzung des Verfahrens entsprechen (§ 252), insoweit ist die Beschwerde **statthaft,** OLG Brandenburg MDR 2009, 948; vgl. auch Art. 13 EMRK, §§ 198 ff. GVG; Das Beschwerdegericht kann nur den Fortgang des Verfahrens anordnen. Eine Sachentscheidung kommt zu diesem Zeitpunkt nicht in Betracht, BVerfG NJW 2005, 2685; MüKoZPO/Lipp Rn. 31. Es steht auch der Weg nach § 26 II DRiG offen, SchlAnh I.
Verbindung: Unstatthaft ist eine sofortige Beschwerde gegen eine Prozessverbindung nach § 147.
Vergleich: Statthaft ist die Ablehnung einer Entscheidung zur Wirksamkeit eines Prozessvergleichs nach → Anh. § 307 Rn. 69.
Vollstreckbare Ausfertigung: → § 724 Rn. 41, → § 732 Rn. 19–26.
Vollziehung: Unstatthaft bei Anordnungen über die Aussetzung der Vollziehung einer Entscheidung nach §§ 570 II, 707 II, 719, OLG Frankfurt 14.10.2020 – 26 W 24/20, BeckRS 2020, 29139).
Vorentscheidung: Unstatthaft ist eine sofortige Beschwerde gegen eine bloße Vorentscheidung, Karlsr NJW-RR 2006, 1655; Stgt NJW-RR 2016, 187; LG Dortm NJW-RR 2006, 1222 (Wertfestsetzung).
Vorschuss: → § 379 Rn. 12, → § 402.
Vorverfahren: Unstatthaft ist eine sofortige Beschwerde gegen die Anordnung eines schriftlichen Vorverfahrens nach § 276, → § 272 Rn. 29.
Wertfestsetzung: „Vorentscheidung".
Widerspruch: Unstatthaft ist eine sofortige Beschwerde nach der Entscheidung über einen bloßen Widerspruch gegen einen Antrag des Gegners. Denn dieser Widerspruch ist kein das Verfahren betreffendes Gesuch nach § 567, Jena OLGR 1996, 102; Karlsr MDR 2007, 907; Stgt OLGR 2006, 942; aM Hamm NJW-RR 1990, 1278 für das Klauselerteilungsverfahren nach §§ 724 ff. (mit Recht abl. Münzberg Rpfleger 1991, 210). **Unstatthaft** bleibt sie auch dann, wenn sie die Form eines Antrags auf die Aufhebung einer Entscheidung usw. hat, Bbg FamRZ 1983, 519.
Zustellung: Statthaft ist eine sofortige Beschwerde gegen die Abweisung eines Antrags auf öffentliche Zustellung eines Scheidungsantrags nach § 113 I 2 FamFG iVm §§ 185 ff. ZPO, BGH NJW 2015, 1308; oder fehlende Zustellung der Klageschrift, Stein/Jonas/Thole § 271 Rn. 41.
Zwangsvollstreckungsverfahren: vgl. § 793.
Zwischenentscheidung: → „Vorentscheidung".

2. Zuständigkeit. Die Zuständigkeit richtet sich nach § 572. Siehe bezüglich des Beschwerdegerichts auch § 568. 13

3. Beschwer. a) Unabhängig von einem Kosteninteresse. Eine Beschwer, also die jeweilige nachteilige Abweichung der begehrten Entscheidung (Differenzbetrachtung) muss für jeden Beschwerdeführer gesondert vorliegen, BAG NZA 2018, 120. Auf den **Wert des Beschwerdegegenstands** kommt es jedoch nur an, soweit das Gesetz dies vorsieht, siehe auch **II.** 14

Maßgeblich ist der Zeitpunkt, wann über die Beschwerde entschieden wird, BGH WM 2009, 2390. Es muss also die Erstentscheidung dem Beschwerdeführer einen nicht völlig unerheblichen Nachteil gegenüber dem von ihm Erstrebten gebracht haben, Köln NJW-RR 1986, 1509; Schneider DGVZ 1978, 166. Eine Beschwer **fehlt** zB dann, wenn die Aufhebung der angefochtenen Entscheidung für den Beschwerdeführer bedeutungslos ist, wenn zB nur die Begründung Nachteile zeigt, Köln Rpfleger 1986, 184, oder wenn es nur um neue Ansprüche geht, BAG NZA 2018, 120. Für eine rein theoretische Entscheidung ist eine sofortige Beschwerde unzulässig, auch nicht zur bloßen obergerichtlichen Entscheidung für gleichliegende Fälle. Trotz einer Erledigung der Hauptsache nach § 91a ist eine Beschwer aber nach § 28 I 4 EGGVG dann noch vorhanden, wenn die aufgehobene Entscheidung noch Auswirkungen hat, BVerfG NJW 1997, 2163; Hamm NJW 1998, 463; Köln NJW 1998, 462. Eine Teilabhilfe nach § 571 berührt die restliche Beschwer nicht. 15

b) Kostenbeschwerde, II. aa) Regelfall. Die Zulässigkeit einer sofortigen Beschwerde über eine Kostenentscheidung hängt in den im Gesetz genannten Fällen vom Erreichen einer Beschwerdesumme ab, **II,** BGH NJW-RR 2013, 1020. 16

Wertabhängig ist die Beschwerde gegen eine Entscheidung über Kosten nach §§ 91 ff. usw., also über Gebühren und Auslagen nach § 1 I 1 GKG und damit auch über die zugehörige Anwaltsvergütung (Gebühren und Auslagen) nach § 1 I 1 RVG, soweit beide im Verfahren nach der ZPO entstehen. Der **Beschwerdewert** muss für die jeweilige Beschwerde **200 Euro** übersteigen, Hmb MDR 2007, 1286; LG Ulm JurBüro 2007, 367. Dabei muss man eine vom Beschwerdeführer zu tragende Kostenquote abziehen, Düss NJW-RR 2012, 446. Das alles gilt sowohl bei einer Entscheidung über die Verpflichtung, die Prozesskosten zu tragen, zB nach §§ 91a, 99 II, 269 III, 516 III, 788, BGH NJW 2012, 3309, als auch bei einer anderen Entscheidung über Kosten, nämlich über Gebühren und Auslagen des Staats, der Parteien und der Anwälte im gerichtlichen Verfahren zB nach §§ 103 ff., BGH MDR 2007, 742, oder nach §§ 107 III, 788 I. II. Entsprechende Regelungen finden sich in §§ 66 II 1, 68 I GKG; § 81 GNotKG, § 33 RVG; § 4 JVEG, § 5 GVKostG. Auch die ausdrückliche Ablehnung einer Entscheidung über Kosten in Beschlussform ist eine Entscheidung nach II, aM Zöller/Heßler Rn. 39. 17

Nicht unter II fällt ein Beschluss über ein Ordnungsgeld nach §§ 177, 178, 180, § 181 GVG oder nach §§ 380, 409. Denn Ordnungsgelder sind nach → § 380 Rn. 19 keine Kosten. Nicht hierher gehört ferner zB eine Forderungspfändung nach § 829 usw. wegen einer Kostenforderung, Hamm Rpfleger 1977, 109; LG Hann 18

DGVZ 1991, 190; aM Düss JurBüro 1987, 1260, oder ein Streit über eine Zahlung, BGH NJW 2012, 3309. Nicht hierher gehört die Beschwerde nach § 127 II 2.

19 Bei der Bestimmung der Beschwer ist als **Beschwerdegegenstand** jede äußerlich selbständige Entscheidung gesondert zu rechnen, Stgt JurBüro 1979, 609; aM Nürnb JurBüro 1975, 191. Beschwerdegegenstand ist der **Unterschiedsbetrag** zwischen dem sich schon aus der angefochtenen Entscheidung ergebenden und dem mit der sofortigen Beschwerde begehrten Betrag, also diejenige **Differenz,** um die der Beschwerdeführer seine Lage verbessern will, BGH ZIP 2012, 1149. Das ist bei einer Kostenteilung nach § 92 also höchstens die auf den Beschwerdeführer entfallende Quote, Kblz VersR 1976, 347. Es ist eine wirtschaftliche Betrachtung nötig, LG Nürnb-Fürth WuM 2013, 435. Maßgeblich ist nach § 4 I Hs. 1 Fall 2 der Wert im Zeitpunkt der Einlegung der Beschwerde, Ffm Rpfleger 1988, 30. Daher bleiben spätere Erhöhungen oder Verminderungen außer Betracht, Köln JurBüro 1975, 241, soweit sie nicht auf einer willkürlichen Beschränkung des Beschwerdeantrags beruhen, KG Rpfleger 1991, 409 (zust. Meyer-Stolte), oder auf einer Rechtsänderung, Hmb MDR 2007, 1285.

20 Bei einer **Teilabhilfe** nach § 572 kommt es auf die verbliebene Beschwerdesumme an, da der Zeitpunkt der Vorlage beim Beschwerdegericht maßgeblich ist und das Beschwerdegericht von Bagatellverfahren entlastet werden soll (KG MDR 2007, 235; BayObLGZ 1994, 374). Beim Rpfl. gilt § 11 II 1 RPflG. Man muss die Umsatzsteuer mitberücksichtigen, Kblz MDR 1992, 196. Man muss den Wert nach § 294 glaubhaft machen.

21 **bb) Besonderheiten.** Der Wert des Beschwerdegegenstandes in entsprechender Anwendung nach **§ 511 II** muss auch bei der **Zurückweisung eines Antrags auf Erlass einer einstweiligen Verfügung** erreicht werden, da der Rechtsweg nach dem allgemeinen Grundsatz nicht weiter gehen kann, als er in der Hauptsache zur Verfügung stünde (vgl. LG Konst NJW-RR 1995, 1102). Mögliche Verkürzungen im Hinblick auf das rechtliche Gehör können zudem nach § 321a behoben werden.

22 Weitere Besonderheiten, wonach der Wert nach § 511 II erreicht werden muss, ergeben sich bei der **übereinstimmenden Erledigungserklärung** aus § 91a II 1, der **Prozesskostenhilfe** nach § 127 II 2, es sei denn, das Gericht hat ausschließlich die persönlichen oder wirtschaftlichen Voraussetzungen für die Prozesskostenhilfe verneint und der **Klagerücknahme** nach § 269 V 1.

23 **4. Beschwerdeberechtigung.** Beschwerdeberechtigt sind die in → § 511 Rn. 11 ff. Genannten sowie Zeugen nach §§ 380, 387, 390, Sachverständige nach §§ 402, 409 und solche Dritte, über deren Rechte oder Pflichten das Erstgericht nach § 142, 144 zu Recht oder Unrecht entschieden hat, BGH MDR 1978, 307; Düss NJW-RR 1993, 828; Hamm WM 1984, 1343. Beschwerdeberechtigt ist nach § 135 ZPO, § 33 II RVG auch ein Anwalt.

24 **Kein** Beschwerderecht hat ein am bisherigen Verfahren formell **gar nicht Beteiligter,** selbst wenn er ein wirtschaftliches Interesse zeigt, Hamm NJW 1986, 1147, Köln GRUR-RR 2009, 321. Nicht beschwerdeberechtigt ist ein Gerichtsvollzieher gegenüber einer Entscheidung des Vollstreckungsgerichts nach §§ 764, 802. Denn er kann evtl. nach → § 766 Rn. 27 vorgehen, Düss NJW 1980, 1011; Stgt Rpfleger 1980, 236. Nicht beschweren kann sich ein Richter etwa wegen eines Geschäftsverteilungsplans nach §§ 21a ff. GVG, Zöller/Heßler Rn. 7.

25 **5. Rechtsschutzbedürfnis.** Wie sonst auch immer ist ferner ein Rechtsschutzbedürfnis, also ein schutzwürdiges Interesse an der gerichtlichen Geltendmachung, erforderlich, was insbesondere dann fehlt, wenn das verfolgte Begehren auf einem einfacheren Weg zu erlangen ist. Eine zulässige Beschwerde wird wegen Wegfalls des Rechtsschutzbedürfnisses dann unzulässig, wenn die Entscheidung für die Partei keine rechtliche Bedeutung mehr haben kann, BVerfGE 50, 49; BGH WM 2009, 2390; BayObLG FamRZ 1990, 551. Auch eine nur ganz geringe wirtschaftliche Bedeutung reicht nicht (restriktive Auslegung), BGH NJW 1981, 1274; Bbg FamRZ 1998, 305; Drsd FamRZ 1996, 742. Das kann zB nach → § 46 Rn. 15 dann gelten, wenn die Entscheidung fast sinnlos ist oder wenn die Instanz endgültig geendet hat, Ffm AnwBl 1985, 642; KG ZIP 2007, 1697; VG Mü NJW 1989, 733. Auch ein Rechtsmissbrauch verdient nie einen Schutz, BGH MDR 2009, 998. Es kann eine prozessuale Verwirkung vorliegen, BGH MDR 2011, 62 (auch zu den Grenzen), Hamm JurBüro 1992, 395; LG Aachen JurBüro 1984, 458. Dazu kann ganz ausnahmsweise schon ein langer Zeitablauf reichen, BVerfGE 32, 305; Ffm FamRZ 1982, 1227; Hamm JurBüro 1992, 395.

26 **IV. Verzicht, Rücknahme.** Ein Verzicht auf die Beschwerde ist statthaft, sogar vor dem Erlass des Beschlusses, BGH FamRZ 2018, 196. Er macht sie entsprechend § 515 unzulässig, BGH NJW 2006, 3498; Hamm NJW-RR 2000, 212; Köln MDR 2000, 472 (je: auch beim Verzicht auf eine Begründung der Erstentscheidung, insofern aM BGH NJW 2006, 3498). Diese Regelung ist aus denselben Gründen wie bei der Berufung nach → § 515 Rn. 2 und bei der Revision nach → § 565 Rn. 3 zeitgemäß. § 516 ist für die Rücknahme einer sofortigen Beschwerde mit zu beachten, Hmb MDR 2015, 791.

27 **V. Untätigkeitsbeschwerde.** Dazu Jacob ZZP 119, 303; Kroppenberg ZZP 119, 177; Vogel FPR 2009, 165 (je: Grdz.). Art. 6 I 1, 13 EMRK enthält das Recht auf ein Verfahren in angemessener Zeit, dazu EGMR NJW 2006, 2389; BVerfG NJW 2008, 503; BGH NJW 2013, 386. Wenn eine Maßnahme des Gerichts die Entscheidung in einer solchen Weise verzögert, die der Ablehnung des Gesuchs gleichkommt (Rechtsschutzverweigerung), ist die sog. Untätigkeitsbeschwerde schon vor und auch seit der Überlängenregelung nach §§ 198 ff. evtl. GVG statthaft. §§ 198 ff. GVG haben nur scheinbar den Vorrang. Denn die Untätigkeitsbeschwerde hat ganz andere Ziele und Folgen als die Überlängenvorschriften, nämlich Verhinderung weiterer Verzögerung gegenüber der bloßen Folgenregelung endgültig eingetretener Verzögerung, aM BGH NJW 2013, 386 (ohne Erörterung dieser Zielverschiedenheiten); Brem NJW 2013, 322; Düss NJW 2012, 1455. Im Übrigen: Der Grundgedanke gilt seit jeher, BVerfG NJW 2005, 1106; Stgt FamRZ 2010, 1364; LG Mü FamRZ 2010, 2014; aM BVerfG NJW 2008, 503 (was gilt nun?), Düss NJW 2012, 1455, Jena FamRZ 2012, 728. Das gilt aber nur bei einer Statthaftigkeit eines Rechtsmittels, Kblz NJW-RR 2008, 974; Naumb FamRZ 2006, 1286. Das Beschwerdegericht darf auch nicht aufgrund einer Untätigkeitsbeschwerde sachfremd andere Vorschriften unterlaufen, BVerfG NJW 2005, 1106. Eine Untätigkeit lässt sich vielmehr erst dann rügen, wenn sie zur Willkür geführt hat, Düss NJW 2009, 2388; Rostock MDR 2005, 108 (auch fünfmaliger Richterwechsel ist nicht schon deshalb Willkür). Man braucht ausnahmsweise nicht den Rechtsweg vor einer Verfassungsbeschwerde zu erschöpfen, BVerfG NJW 2008, 503; Schlesw MDR 2009, 1065. Bei § 118 ist alle Zurückhaltung ratsam, Brdb FamRZ 2008, 288 (noch strenger).

Noch **keine** Untätigkeit liegt in der Mitteilung, das Gericht wolle wegen einer Aussetzung noch nicht über einen Prozesskostenhilfeantrag entscheiden, Düss NJW-RR 2012, 1156. 28

VI. Anschlussbeschwerde, III. Die Vorschrift gilt bei allen Beschwerdearten bis auf die vorrangig in § 574 IV geregelte Anschlussrechtsbeschwerde. Sie gilt auch im WEG-Beschlussanfechtungsverfahren, BGH NZM 2010, 168. Man sollte fünf Aspekte beachten. Die Regelung schließt sich an §§ 524, 554 an. 29

1. Möglichkeit, III 1. Der Beschwerdegegner kann unabhängig von der Möglichkeit selbst sofortige Beschwerde einzulegen, soweit diese zulässig ist, sich der Beschwerde wie nach § 524 I 1 anschließen, Hamm FamRZ 2016, 1927. Das gilt selbst dann, wenn er auf die Beschwerde verzichtet hat oder wenn die Beschwerdefrist nach § 569 verstrichen ist. Die Anschließung ist nicht auf bestimmte Arten dieses Rechtsmittels beschränkt. Sie ist abweichend von § 99 I wie bei II auch gegen eine bloße Kostenentscheidung nach §§ 91 ff. usw. statthaft, Karlsr OLGZ 1986, 134. Man braucht keine Frist zu beachten und keine Mindestbeschwerdesumme einzuhalten, KG NJW-RR 1987, 134. Hierdurch soll die „prozessuale Waffengleichheit" gewährleistet werden. Der Beschwerdegegner darf sich der Beschwerde oder nach § 574 IV einer Rechtsbeschwerde dann anschließen, wenn die Voraussetzungen vorliegen. Zur Anschlussbeschwerde im Gemeinschaftsmarkenverfahren Bender GRUR 2006, 990 (ausf.). Die Anschlussbeschwerde ist abhängig vom Hauptrechtsmittel und damit unselbständig (§ 567 III 2) (vgl. BT-Drs. 14/4722, 110.) 30

Auch die Anschließung an eine Anschlussbeschwerde **(Gegenanschließung)** ist zulässig, Karlsr FamRZ 1988, 412; Bergerfurth FamRZ 1986, 940; Diederichsen NJW 1986, 1468, sofern sich Hauptrechtsmittel und gegnerisches Anschlussrechtsmittel nicht auf dasselbe beziehen BGH FamRZ 1986, 455, vgl. auch OLG Köln FamRZ 1988, 411. Jedenfalls ist die Gegenanschließung dann zulässig, wenn sich die Anschließung gegen einen anderen Teil der Entscheidung als die Hauptbeschwerde richtet und wenn der Hauptrechtsmittelführer nun eine Änderung des durch die Anschließung angegriffenen Teils zu seinen Gunsten erreichen will. Die Gegenanschließung ist also ihrerseits keine Anschließung, sondern eine Erweiterung der Hauptbeschwerde (vgl. Thomas/Putzo/Seiler Rn. 19), zumal der Hauptbeschwerdeführer auch nach Ablauf der Beschwerdefrist sein Rechtsmittel erweitern kann BGH NJW 1984, 1624. 31

Zur Anschlussbeschwerde in einer **Patentsache** BGHZ 88, 194. Zur Zulässigkeit der Hilfsanschließung → § 524 Rn. 3. 32

2. Voraussetzungen, III 1. Sie sind grundsätzlich dieselben wie diejenigen der Anschlussberufung nach § 524. Zur Anschließung befugt ist nur der Beschwerdegegner, also der von der Hauptbeschwerde auch nur möglicherweise betroffene Beteiligte und setzt eine zulässige Hauptbeschwerde voraus. Handelt es sich bei der Hauptbeschwerde um eine Rechtsbeschwerde nach § 574, lässt sich auch die Anschließung nur auf eine Rechtsverletzung stützen. 33

3. Einlegung, III 1. Eine ordnungsmäßige Einlegung ist eine Zulässigkeitsbedingung. Bei elektronischer Einreichung gelten §§ 130ad. Wirksam einlegen kann man die Anschlussbeschwerde nach § 569 I 1 beim Erstgericht oder beim Beschwerdegericht, BGH WM 2013, 1609. Nach Vorlage an das Beschwerdegericht ist das erstinstanzliche Gericht jedoch an einer weiteren Abhilfeentscheidung gehindert. Möglich ist die Einlegung aber abweichend von § 569 I 1 bis zum Schluss der mündlichen Verhandlung über die Hauptbeschwerde nach §§ 136 IV, 296a, Phillippi FG Vollkommer, 2006, 339, oder ohne eine solche bis zur Hinausgabe der Entscheidung über die Hauptbeschwerde nach → § 329 Rn. 21, also nicht mehr danach, Brem FamRZ 1989, 649. Nach einer Rücknahme oder Zurückweisung der Hauptbeschwerde ist eine Anschließung nach → Rn. 35 unzulässig, Brem FamRZ 1989, 649; Köln FamRZ 2000, 1027. Das gilt auch dann, wenn der sich Anschließende davon keine Kenntnis hatte, VGH Kassel MDR 1983, 872. Man braucht keine feste Frist zu beachten. 34

4. Verfahren, III 1. Die Vorschriften über das Beschwerdeverfahren gelten auch für die Anschließung. Das Gericht darf nicht vor der Hauptbeschwerdeentscheidung zur Anschließung befinden, weil es noch möglich sein kann, dass die Hauptbeschwerde zurückgewiesen oder als unzulässig verworfen wird. 35

5. Wirkungslosigkeit der Anschließung, III 2. Die Anschließung ist wie eine Anschlussberufung nach → § 524 Rn. 8 **unselbständig.** Sie verliert dann ihre Wirkung, wenn der Beschwerdeführer seine Hauptbeschwerde zurückgenommen, auf sie nach der Einlegung verzichtet hat oder wenn das Beschwerdegericht die Hauptbeschwerde als unzulässig verworfen oder als unbegründet zurückgewiesen hat. Hier gilt dasselbe wie nach § 524 I (vgl. MüKoZPO/Lipp Rn. 45). Über die Kosten ist einheitlich zu entscheiden → § 516 Rn. 20, 21. 36

VII. Nebenentscheidungen. Die sofortige Beschwerde enthält regelmäßig eine Entscheidung über die **Kosten,** die sich nach §§ 91 ff, 97 richten und auch über den **Streitwert,** der in Anwendung von § 3 sich nach dem wirtschaftlichen Interesse des Beschwerdeführers bemisst. 37

568 *Originärer Einzelrichter.* **[1]Das Beschwerdegericht entscheidet durch eines seiner Mitglieder als Einzelrichter, wenn die angefochtene Entscheidung von einem Einzelrichter oder einem Rechtspfleger erlassen wurde. [2]Der Einzelrichter überträgt das Verfahren dem Beschwerdegericht zur Entscheidung in der im Gerichtsverfassungsgesetz vorgeschriebenen Besetzung, wenn**

1. die Sache besondere Schwierigkeiten tatsächlicher oder rechtlicher Art aufweist oder
2. die Rechtssache grundsätzliche Bedeutung hat.

[3]Auf eine erfolgte oder unterlassene Übertragung kann ein Rechtsmittel nicht gestützt werden.

I. Systematik, Regelungszweck, S. 1–3. Die Vorschrift übernimmt Teile der Grundgedanken der §§ 348, 526 aus denselben Erwägungen vor allem der Prozesswirtschaftlichkeit. Vorrangige **Sonderregeln** gelten nach § 3 III AVAG, SchlAnh V E, Nürnb OLGR 2004, 182, sowie nach § 66 VI GKG, § 81 GNotKG, § 4 VII JVEG, § 33 VIII RVG. 1

II. Geltungsbereich, S. 1–3. Die Vorschrift gilt in jedem sofortigen Beschwerdeverfahren nach der ZPO und den auf sie verweisenden Gesetzen. Sie gilt auch im WEG-Verfahren. Sie gilt beim **LG** wie beim **OLG.** Sie gilt nur beschränkt in einer FamFG-Sache, Bbg FamRZ 2003, 1199; Hamm FGPrax 2010, 276; Mü FGPrax 2012, 92, nämlich, zB wegen § 76 II FamFG bei § 127 I–IV entsprechend. Im Verfahren der Arbeitsgerichte ist 2

§ 568 unanwendbar. Unanwendbar ist S. 1 bei § 464b S. 3 StPO, Celle JurBüro 2016, 373, da vorrangig die strafrechtlichen Beschwerdevorschriften maßgeblich sind (§§ 304 ff. StPO).

3 **III. Zuständigkeit, S. 1. Beschwerdegericht** ist bei erstinstanzlichen Entscheidungen des Amtsgerichts das **Landgericht** (§ 73 GVG) und bei erstinstanzlichen Entscheidungen des Landgerichts das **Oberlandgericht** (§ 121 I Nr. 2, 3 GVG). Gegen Beschlüsse eines Oberlandesgerichts ist nach § 567 keine sofortige Beschwerde statthaft.

4 Zur Beschleunigung der Entscheidung über die sofortige Beschwerde schreibt § 568 vor, dass in bestimmten Fällen der **originäre Einzelrichter** – auch Richter auf Probe BGH ZIP 2017, 2018 – des Beschwerdegerichts (→ Vor § 567 Rn. 16) entscheidet, ohne dass eine Übertragung auf ihn nötig ist, BGH ZIP 2010, 1367. Einzelrichter ist dasjenige Mitglied des Beschwerdegerichts, das der Geschäftsplan nach § 21g III GVG dazu bestimmt.

5 Dies setzt voraus, dass die angefochtene Entscheidung vom Richter beim AG oder vom originären oder vom obligatorischen Einzelrichter des erstinstanzlichen LG nach §§ 348 I 1 oder 348a I stammt, Brem NJW-RR 2013, 1362; Ffm MDR 2005, 164 (Wertfestsetzung). Dasselbe gilt nach § 11 RPflG für die sofortige Beschwerde gegen eine Entscheidung des **Rechtspflegers,** BGH ZIP 2010, 1367.

6 Stammt die erstinstanzliche Entscheidung von der Kammer für Handelssachen entscheidet über die Beschwerde stets der vollbesetzte Senat, da das Gesetz den Vorsitzenden der KfH nach § 349 II, III vom „sonstigen" Einzelrichter unterscheidet; der Vorsitzende der KfH kann vor allem in rechtlich oder tatsächlich schwierigen Fällen die Sache nicht auf das Kollegium übertragen BGH NJW 2004, 856. Entsprechendes trifft auf den Vorsitzenden des Landwirtschaftsgerichts nach §§ 48, 20 LwVG zu und auch nach § 3 III AVAG OLG Köln OLGR 2002, 344. Das Kollegium des Beschwerdegerichts muss über eine vorinstanzliche Kollegialentscheidung befinden. Es entscheidet auch über eine Ablehnung wie bei → § 45 Rn. 4. Ein Verfahrensfehler ist eine Kollegialentscheidung des Beschwerdegerichts statt seines Einzelrichters ohne eine vorherige Übertragung durch den Einzelrichter und führt trotz § 568 S. 3 dazu, dass das Gericht nicht vorschriftsgemäß besetzt ist (absoluter Rechtsbeschwerdegrund) BGH ZIP 2017, 2018. Beim Zweifel entscheidet das Kollegium wie nach § 348 II unanfechtbar, BGH NJW 2003, 3636.

7 Die (irrtümliche) Bezeichnung als „Vorsitzender" statt als „Einzelrichter" ist unschädlich (BVerfG 18.7.2019 – 2 BvR 1082/18, BeckRS 2019, 16042).

8 Der originäre Einzelrichter des Beschwerdegerichts ist auch dann zuständig, wenn zwar die angefochtene Entscheidung von einem **Einzelrichter,** die Nichtabhilfeentscheidung aber von der vollbesetzten Kammer stammt, OLG Oldenburg 5.6.2019 – 14 W 20/19, BeckRS 2019, 11173; Düss MDR 2003, 230; Mü NJW-RR 2013, 441; Naumb FamRZ 2009, 701; aM Saarbr OLGR 2007, 372.

9 **IV. Voraussetzungen. Besondere Schwierigkeiten** (S. 2 Nr. 1) liegen vor, wenn eine das durchschnittliche Maß deutlich übersteigende Schwierigkeit gegeben ist (vgl. auch § 348a). **Grundsätzliche Bedeutung** liegt vor, wenn die Sache über den Einzelfall hinaus Bedeutung hat. Dies umfasst auch Fälle, in denen eine Entscheidung zur Fortbildung des Rechts oder zur Sicherung einer einheitlichen Rechtsprechung veranlasst ist (vgl. §§ 511 IV, 522 II, 543 II, 574) (vgl. BGH NJW 2004, 448; Reinelt jurisPR-BGHZivilR 10/2019 Anm. 4).

10 **V. Verfahren, S. 1, 2.** Der originäre **Einzelrichter** des Beschwerdegerichts nach § 568 verhandelt und entscheidet über die sofortige Beschwerde wie das Kollegium nach § 348. Das gilt auch bei einer Nichtabhilfe durch das Kollegium des Erstgerichts, Hamm NJW-RR 2011, 238; KG JurBüro 2011, 148; aM Brem NJW-RR 2013, 1362. Richtet sich die Beschwerde gegen eine Kollegialentscheidung, verhandelt und entscheidet über sie stets das Kollegium des Beschwerdegerichts (LG oder OLG), Nürnb MDR 2009, 1243. Der Einzelrichter bleibt auch für jede Nebenentscheidung zuständig, etwa zum Streitwert, zur Kostenregelung, zur einstweiligen Einstellung der Zwangsvollstreckung oder zur Berichtigung.

11 **VI. Übertragung auf das Kollegium, S. 2, 3.** Der Einzelrichter darf und muss das Beschwerdeverfahren unabhängig von etwaigen Anregungen oder von einer Übereinstimmung der Parteien von Amts wegen ohne ein Ermessen dem vollbesetzten Beschwerdegericht, also der Kammer oder dem Senat dann übertragen, wenn eine der Voraussetzungen **S. 2 Nr. 1 oder Nr. 2** vorliegt, BGH WM 2017, 1868, nach → § 348 Rn. 45–47, BGH NJW 2004, 448; Mü FamRZ 2005, 636. Dieser Übertragungsbeschluss erfolgt durch den Einzelrichter. Der vollbesetzte Spruchkörper kann nicht von sich aus alleine über die Übernahme entscheiden (BGH NJW 2020, 3376). Über die sofortige Beschwerde gegen eine **Prozesskostenhilfeentscheidung** nach § 127 hat vom Ausgangspunkt auch der Einzelrichter zu entscheiden (vgl. OLG Celle NJW 2002, 2329; MüKoZPO/Lipp Rn. 14); allerdings dürfte es regelmäßig zweckmäßig sein, die Sache zur Entscheidung auf das Kollegium zu übertragen, wenn es um die Erfolgsaussichten in der Hauptsache geht, um widersprechende Entscheidungen zu vermeiden Köln NJW 2002, 1436, aM (systemwidrig). Die Übertragung erfolgt nach §§ 348 III, 526 II durch einen **Beschluss** (BGH ZIP 2019, 2021; WM 2017, 2035). Die Entscheidungskompetenz der Kammer ist unabhängig davon, ob der Übertragungsbeschluss des Einzelrichters den Parteien vor der Entscheidung durch die Kammer zugegangen ist (BGH ZIP 2019, 2021).

12 Wie sich aus dem Wortlaut, „der Einzelrichter überträgt" rückschließen lässt, ist eine **Übernahme** durch einen **übernehmenden Beschluss** des Kollegialspruchkörpers – anders als bei der Übertragung auf das Kollegium im erstinstanzlichen Verfahren oder im Berufungsverfahren (§§ 348 III 2, 526 II 2) **nicht** erforderlich. Liegen die Voraussetzungen von S 2 vor, entspricht es dem Sinn und Zweck, dass der vollbesetzte Spruchkörper über die Sache entscheidet.

13 Eine Rückübertragung ist ausgeschlossen. Auf eine erfolgte oder unterlassene Übertragung kann man nach **S. 3** und nach § 348 IV, § 526 III keine Rechtsbeschwerde nach § 574 stützen. Hat das Kollegium ohne eine Übertragung nach S. 2 entschieden und lag eine Übertragungspflicht nach S. 2 vor, kann eine Rechtsbeschwerde statthaft sein, BGH ZIP 2010, 1367.

14 **VII. Verstoß des Einzelrichters, S. 2.** Entscheidet der Einzelrichter in einer solchen Sache, der er eine rechtsgrundsätzliche Bedeutung beimisst usw., über die sofortige Beschwerde unter einer Zulassung der Rechtsbeschwerde nach § 574, ist die Zulassung zwar zunächst wirksam, BGH WM 2017, 1868; Celle MDR 2014, 1150; KG MDR 2013, 114. Die Entscheidung unterliegt jedoch wegen der fehlerhaften Besetzung des Beschwerdegerichts nach Art. 101 I 2 GG von Amts wegen der Aufhebung und Zurückverweisung, BGH WM 2017, 1868; Kblz MDR 2017, 361; Saarbr NJW-RR 2016, 1205 und ist mithin **objektiv willkürlich,** BGH

BGH FamRZ 2013, 1120. Die Umstände können ergeben, dass keine sofortige Beschwerde vorliegt, BGH NJW-RR 2013, 1020. Eine erst nach dem Fristablauf mögliche Klärung reicht nicht, BGH NJW 2004, 1113.

Weiterer Inhalt muss die klare Bezeichnung desjenigen sein, für den ein Vertreter nach § 51 die sofortige Beschwerde einlegt. Die Beschwerdeschrift ist nach § 129 ein bestimmender Schriftsatz. Er muss darum (Ausnahmen: → § 129 Rn. 8 ff.) im Regelfall die eigenhändige **handschriftliche Unterschrift** des Bevollmächtigten tragen. Beim E-Mail gilt § 130a, BGH MDR 2009, 401. Eingaben der Partei bei fehlendem Anwaltszwang sind auch ohne Unterschrift zu beachten, wenn sich aus den Gesamtumständen ergibt, dass es sich um einen Schriftsatz handelt, welcher der Partei tatsächlich zuzurechnen ist, LAG Hamm BeckRS 2017, 125836. Bei einer Einreichung durch den Beschwerdeführer selbst darf man die Anforderungen nicht überspannen, BGH MDR 2004, 348; Kblz BauR 2013, 827 (Auslegbarkeit zur Person). Die sofortige Beschwerde muss ferner unbedingt sein. Zur Nichtzulassungsbeschwerde nach dem BEG BVerfGE 40, 272; BFH NVwZ 1983, 439. Die sofortige Beschwerde ist darum grundsätzlich erst nach dem Erlass der Erstentscheidung zulässig. Eine Hilfsbeschwerde (Eventualbeschwerde) gegen eine erst bevorstehende Entscheidung ist unstatthaft. Unschädlich ist die Bedingung, dass das Gericht nicht abhilft. Denn das Gesetz gibt selbst das Abhilferecht. 18

3. Beschwerdeantrag und Begründung, II 2. Ein förmlicher Antrag ist nicht erforderlich; es muss jedoch erkennbar sein, was der Beschwerdeführer begehrt (MüKoZPO/Lipp Rn. 12). Das gilt besonders bei einer bloßen zulässigen Teilanfechtung, BayObLG FamRZ 1982, 1129. Ergibt die Beschwerdeschrift iVm dem Akteninhalt nach nicht eindeutig, welche Abänderung der Beschwerdeführer erstrebt, ist ein Antrag notwendig, Düss MDR 2013, 1368. Dies hat das Gericht ggf. durch eine Rückfrage nach § 139 zu klären. Der Beschwerdeführer darf seinen Antrag nach § 571 II 1 bis zur Entscheidung nach § 572 ändern, erweitern und beschränken, sofern er nicht darauf verzichtet hat, BGH 91, 160. Das darf aber nicht zu einer Änderung des Verfahrensgegenstands führen. 19

Bezüglich der **Begründung** gilt die bloße Sollvorschrift in §§ 571 I, 572 II, BGH NJW 2004, 850. Sie stellt mithin kein Zulässigkeitserfordernis dar. Mangels Begründung kann die Beschwerde aber unbegründet sein (Brandenburgisches OLG 7.11.2018 –13 WF 194/18, BeckRS 2018, 43952). 20

4. Verstoß, II 1, 2. Bei einem Verstoß gegen die zwingenden Formvorschriften ist die sofortige Beschwerde unzulässig. Das Gericht muss sie dann evtl. nach einem Hinweis gemäß § 139 durch einen sog. Prozessbeschluss nach § 572 II als unzulässig verwerfen. 21

V. Erklärung zu Protokoll, III. 1. Kein jetziger erstinstanzlicher Anwaltszwang, III Nr. 1 Fall 1. Der Beschwerdeführer darf seine sofortige Beschwerde in der Ergänzung zum Regelfall der **Schriftform** (siehe oben) auch zum Protokoll des Urkundsbeamten oder nach § 26 RPflG auch des Rpfleger oder gar des Richters dann erklären, wenn der noch im Übrigen anhängige Prozess im ersten Rechtszug kein Anwaltsprozess nach § 78 ist, BGH NJW 2006, 2261, Celle FamRZ 1978, 139, Hamm MDR 1976, 763. Das gilt unabhängig davon, wer sofortige Beschwerde einlegt und wie die Zuständigkeit des AG begründet ist. Wegen der sofortigen Beschwerde gegen die Zurückweisung eines Arrest- oder Verfügungsgesuchs → § 922 Rn. 38. Insoweit besteht dann auch hier kein Anwaltszwang, § 78 III. 22

2. Kein früherer erstinstanzlicher Anwaltszwang, III Nr. 1 Fall 2. Eine Einlegung der sofortigen Beschwerde zum Protokoll des Urkundsbeamten oder nach § 26 RPflG auch des Rpfleger oder gar des Richters ist auch dann zulässig, wenn der jetzt nicht erstinstanzlich im Übrigen weiterlaufende Prozess dort kein Anwaltsprozess war, VerfGH Mü NJW-RR 2002, 1501, zB vor dem Rpfleger des AG bei einem Nebenverfahren, Nürnb MDR 2000, 232, etwa bei § 766, wenn er also geendet hat oder jetzt nur in höherer Instanz schwebt. Auch die sofortige Beschwerde gegen eine Entscheidung des höheren Gerichts fällt dann also unter III, BGH FamRZ 1988, 1159. Das gilt auch zB bei der Ablehnung eines Richters des LG als Berufungsgericht, KG MDR 1983, 60, soweit sich aus § 78 nichts anderes ergibt, nicht aber bei einer Anfechtung der Zurückweisung eines Ablehnungsgesuchs im Prozess vor dem LG als Erstgericht, Ffm NJW-RR 2009, 415, oder bei der Anfechtung eines vom LG in erster Instanz erlassenen Beschlusses nach § 890, Nürnb MDR 1984, 58; Stgt WRP 1982, 604. Bei einer Verweisung oder Abgabe ans LG besteht von da ab Anwaltszwang, BGH VersR 1983, 785 (§§ 281, 506); BGH NJW 1979, 1658 (§§ 696, 700). 23

3. Prozesskostenhilfesache, III Nr. 2. Die Einlegung der sofortigen Beschwerde ist zum Protokoll des Urkundsbeamten usw. nach § 127 II 2, auch iVm § 76 II FamFG ferner dann zulässig, wenn die Beschwerde nur die Prozesskostenhilfe betrifft, zB bei der Ablehnung eines Richters in jenem Verfahren, Schlesw SchlHA 1996, 222. 24

4. Zeuge usw., III Nr. 3. Die Einlegung der sofortigen Beschwerde ist zum Protokoll des Urkundsbeamten usw. ferner dann zulässig, wenn sich ein Zeuge, Sachverständiger oder Dritter nach §§ 142 I, 144 III Nr. 3, 380, 387, 390, 409, 411 beschwert. Ihnen steht ein Sequester, zB nach § 938 gleich, Saarbr DGVZ 1977, 188. Dasselbe gilt für die Beschwerde der aus §§ 141 III, 142 II, 144 II, 273 IV, 279 II, 372a II 1 beschwerten Partei, ebenso für denjenigen zur Blutentnahme bestellten Dritten, den das Gericht wegen Nichterscheinens gemaßregelt hat (Augenscheinsobjekt). 25

5. Rechtspflegerverfahren, III Nr. 1–3. Die Einlegung der sofortigen Beschwerde ist im Anschluss an § 573 schließlich nach §§ 11, 13 RPflG, → § 104 Rn. 68 zum Protokoll des Urkundsbeamten usw. zulässig im Verfahren vor dem Rpfleger, auch demjenigen des LG, KG NJW-RR 2000, 213; Mü NJW-RR 2000, 213; Hansens Rpfleger 2004, 577. 26

6. Weiteres Verfahren, III Nr. 1–3. Kein Anwaltszwang besteht für die Einlegung einer sofortigen Beschwerde gegen eine Entscheidung des nach § 362 ersuchten AG oder des Vollstreckungsgerichts nach § 764. Unerheblich ist, ob die Partei das Gesuch zu demjenigen Protokoll erklären durfte, auf das die angefochtene Entscheidung ergangen ist. **„Rechtsstreit"** bedeutet in III Nr. 1 jedes Verfahren nach der ZPO, Hmb MDR 1981, 939, nicht aber ein Nebenverfahren des Prozesses zB über eine Richterablehnung nach §§ 42 ff., Hamm, Köln MDR 1996, 1182; aM Mü NJW 1994, 60; Vollkommer MDR 1996, 1299 (je: zu formell). In den genannten Fällen genügt auch eine Einlegung zum Sitzungsprotokoll. Es kann unmöglich schaden, dass der Richter nach → Vor § 159 Rn. 4 mitbeurkundet oder auch allein beurkundet, BGH Rpfleger 1982, 411 (Strafverfahren); Thomas/Putzo/Reichold Rn. 9. In anderen Fällen bleibt nur die Einlegung nach II 1, also eine schriftliche Einlegung durch die Partei selbst oder einen nach §§ 79, 81 Bevollmächtigten. Darüber hinaus gibt es 27 weitere Sondervorschriften, die Erklärungen zu Protokoll zulassen: § 66 V GKG, § 33 VII RVG, § 81 V GNotKG, § 4 VI JVEG.

28 Zuständig für die Protokollierung ist nach I nicht nur die Geschäftsstelle desjenigen Gerichts, bei dem man die Beschwerde einlegen darf oder muss, sondern nach § 129a die Geschäftsstelle **eines jeden AG.** Eine fernmündliche Einlegung ist auch dann unzulässig, wenn der Urkundsbeamte darüber einen Vermerk aufnimmt, da insoweit eine Beratung nicht hinreichend gewährleistet werden kann BGH FamRZ 2009, 970; Friedrichs NJW 1981, 1422 – vgl. vom Sinn und Zweck, § 17 BeurkG. Ein Anwaltszwang entfällt in diesem Umfang für die Einlegung der Beschwerde.

29 Für das weitere Verfahren besteht ebenfalls **keine Anwaltspflicht,** wenn die Beschwerde ohne einen Rechtsanwalt eingelegt werden konnte (§ 571 IV), es sei denn es wird eine mündliche Verhandlung angeordnet.

570 *Aufschiebende Wirkung; einstweilige Anordnungen.* **I Die Beschwerde hat nur dann aufschiebende Wirkung, wenn sie die Festsetzung eines Ordnungs- oder Zwangsmittels zum Gegenstand hat.**

II Das Gericht oder der Vorsitzende, dessen Entscheidung angefochten wird, kann die Vollziehung der Entscheidung aussetzen.

III Das Beschwerdegericht kann vor der Entscheidung eine einstweilige Anordnung erlassen; es kann insbesondere die Vollziehung der angefochtenen Entscheidung aussetzen.

1 **I. Systematik; Regelungszweck, I–III.** § 570 bestimmt zunächst, dass die Beschwerde nur in Ausnahmefällen aufschiebende Wirkung hat. Vom Ausgangspunkt sind auch Beschlüsse, die der sofortigen Beschwerde unterliegen, sofort vollziehbar (MüKoZPO/Lipp Rn. 3) (I). Dem erstinstanzlichen Gericht ist es aber möglich, die Vollziehung auszusetzen (II). Das Beschwerdegericht kann weiter einstweilige Anordnungen hinsichtlich der Vollstreckung treffen (III). Hierdurch soll die betroffene Partei vor möglichen irreparablen Schäden während des Beschwerdeverfahrens geschützt werden.

2 **II. Geltungsbereich, I–III.** Die Vorschrift gilt in jedem sofortigen Beschwerdeverfahren nach der ZPO und den auf sie verweisenden Gesetzen. Sie gilt auch im WEG-Verfahren. Für die Rechtsbeschwerde gelten zunächst vorrangig §§ 574 ff. Im Verfahren der Arbeitsgerichte gilt nach § 78 S. 1 ArbGG § 570 entsprechend. § 76 II FamFG macht bei § 127 II–IV auch § 570 entsprechend anwendbar.

3 **III. Aufschiebende Wirkung, I.** I stellt klar, dass die Beschwerde grundsätzlich **keine aufschiebende Wirkung** hat, so dass sie weder dem Fortgang des Verfahrens (vgl. auch § 252) noch der Vollstreckung der angefochtenen Entscheidung nach § 794 Nr. 2, 2a, 3, entgegensteht BGH WM 2018, 43. **Ausnahmen:** §§ 380 I 1, 390 I 1, 409 I 1, 411 II: Ordnungsmittel gegen Zeugen und Sachverständige; Ordnungsmittel gegen Beteiligte nach §§ 141 III, 273 IV: Ordnungsmittel gegen eine Partei, deren persönliches Erscheinen das Gericht angeordnet hatte; § 411 II: Versäumung der Frist zur Erstattung eines Gutachtens; § 387 III: Zwischenurteil wegen Zeugnisverweigerung, § 390 I 1; auch aufgrund des eindeutigen Wortlautes **§§ 888 I, 890 I** und der dazugehörigen Kostenbeschlüsse, BGH GRUR-RR 2012, 496; NJW 2011, 3791, LAG Hamburg 20.8.2013 – 4 Ta 10/13, BeckRS 2013, 73440; Zöller/Seibel § 888 Rn. 17; aM OLG Köln NJW-RR 2004, 716; MüKoZPO/Lipp Rn. 5 (die andere Auffassung wird insbesondere mit dem vermeintlich entgegenstehendem Willen des Gesetzgebers und dem Umstand, dass die vollstreckungsrechtliche Funktion der §§ 888, 890 deren sofortige Vollziehbarkeit gebietet, begründet). Beschluss über die Pflicht zur Abgabe der eidesstattlichen Versicherung; §§ 80 II, 112 III GenG; § 63 I GWB; §§ 75 I, 103 PatG. Sonderbestimmungen in anderen Gesetzen, zB §§ 178, 181 II GVG, bleiben unberührt.

4 Die aufschiebende Wirkung **beginnt** in den Ausnahmefällen mit der Einlegung der sofortigen Beschwerde nach § 569. Bis dahin ist die Zwangsvollstreckung nach §§ 704 ff. statthaft, Köln FamRZ 2005, 213. Deren Einstellung erfolgt nach § 732 II. Eine Ausfertigung muss der Schuldner dem Gerichtsvollzieher nach § 775 Nr. 2 vorlegen.

5 **IV. Vorläufige Maßnahme, II, III.** Es handelt sich nicht um eine einstweilige Verfügung nach §§ 935 ff., BGH NJW-RR 2006, 333.

6 **1. Gericht der angefochtenen Entscheidung, II.** Das Erstgericht, sein Vorsitzender oder der Rpfleger, OLG Frankfurt Rpfleger 2015, 259, nach seiner Entscheidung kann bei jeder Beschwerdeart bis zur Weiterleitung wegen Nichtabhilfe von Amts wegen eine einstweilige Anordnung treffen, BGH NJW 2006, 3553. Das Erstgericht kann insbesondere eine Aussetzung der Vollziehung anordnen, KG MDR 2010, 105; OVG Hmb NVwZ-RR 2006, 475. Bei der Entscheidung ist mit zu berücksichtigen, ob die angefochtene Entscheidung sachlich richtig ist, Mü NJW-RR 2002, 1271. Die Anordnung wirkt wie eine Einstellung der Zwangsvollstreckung ohne die Anordnung einer Sicherheitsleistung nach § 707 I. Das Erstgericht kann sie bis zur Vorlegung nach § 572 I 1 Hs. 2 treffen. Gegen eine Entscheidung nach II ist nach → Rn. 11 keine Beschwerde statthaft, was auch dem Rechtsgedanken der §§ 707 II, 719 entspricht (OLG Frankfurt 26 W 24/20 - 14.10.2020, BeckRS 2020, 29139).

7 **2. Beschwerdegericht, III.** Dieselbe Befugnis wie bei → Rn. 5 steht dem Beschwerdegericht (→ Vor § 567 Rn. 16) in voller Besetzung oder durch den Vorsitzenden zu, sobald die sofortige Beschwerde ihm nach § 572 I 1 Hs. 2 vorliegt, BGH NJW 2002, 1658, Ffm Rpfleger 1990, 109, OVG Lüneb ZMR 2015, 992. Das Beschwerdegericht kann durch eine einstweilige Anordnung auch solche anderen Maßnahmen treffen, die es zur Sicherung eines wirksamen Rechtsschutzes für notwendig hält, Köln ZiP 1980, 578: VGH Kassel NVwZ 2000, 1318; Guckeberger NVwZ 2001, 275. Es kann zB die Rechtswirkungen eines Aufhebungsbeschlusses hinausschieben, Schlesw SchlHA 1993, 91. Es kann die Vollziehung gegen eine Sicherheitsleistung einstellen. Es kann ein Gutachten nach §§ 402 ff. einfordern, LG Bln WuM 2016, 693. Die Maßnahme muss sich aber auch auswirken, BGH MDR 2006, 647. Das alles gilt nach → § 575 Rn. 7 auch für das Rechtsbeschwerdegericht, BGH NJW 2002, 1658.

8 **Nicht ausreichend** ist eine bloße Erfüllungsbereitschaft des Schuldners, Ffm OLGZ 1989, 104.

3. Voraussetzungen; Ermessen, I–III. Die Aussetzung der Vollziehung setzt voraus, dass der angefochtene Beschluss voraussichtlich keinen Bestand haben wird, BGH WuM 2008, 679; Ffm OLGZ 1989, 106. Das kann man meist erst nach dem Eingang einer Beschwerdebegründung beurteilen, BGH NJW 2002, 1658. Es genügt, dass dem Beschwerdeführer durch eine Vollziehung ein größerer Nachteil als dem Gegner droht und dass das Rechtsmittel als zulässig erscheint und nicht von vornherein eine Erfolgsaussicht fehlt, BGH WuM 2012, 158; OVG Lüneb ZMR 2015, 992; strenger VGH Mannh NVwZ-RR 2014, 292 (dringender Fall). Ein unterlassener Schutzantrag nach § 712 I 1 steht der Anwendung des III ins. bei der Rechtsbeschwerde nicht entgegen, BGH NJW-RR 2017, 571. **9**

Alle solchen Anordnungen, die auch von Amts wegen ergehen dürfen und evtl. müssen, trifft das Gericht oder der Vorsitzende zum „Ob" und „Wie" nach seinem **pflichtgemäßen Ermessen,** BGH NJW 2002, 1658. Das Gericht muss sie den Beteiligten nach § 329 III bekanntgeben. Es darf sie jederzeit von Amts wegen ändern oder aufheben. Von selbst treten sie dann außer Kraft, wenn eine Beschwerdeentscheidung ergeht, BGH FamRZ 1987, 155; Köln WM 1983, 304. Ein klarstellender Hinweis in der Entscheidung empfiehlt sich. Dabei ist auch zu berücksichtigen, ob die Beschwerde durch den Zeitverzug ins Leere gehen wird, OLG Frankfurt Rpfleger 2015, 259. **10**

V. Rechtsbehelfsfrage; Änderung; Aufhebung, I–III. Rechtsbehelfsbelehrung, Verstoß: §§ 232, 233 S. 2. Gegen die Anordnung oder ihre Ablehnung gibt es keinen Rechtsbehelf, Hmb FamRZ 1990, 423; KG MDR 2010, 105; Köln ZMR 1990, 419. Das gilt auch dann, wenn die sofortige Beschwerde während der Zwangsvollstreckung erfolgt ist. Denn § 793 liegt nicht vor, da es sich um keine Entscheidung in der Zwangsvollstreckung handelt. Das Gericht darf aber seine einstweilige Anordnung (das Beschwerdegericht auch eine Anordnung des Erstgerichts) ändern oder wieder aufheben. Auch dagegen ist kein Rechtsbehelf statthaft, ebenso nicht gegen die Ablehnung eines Aufhebungsantrags. Ausnahmsweise ist eine sofortige Beschwerde dann statthaft, wenn die Anordnung wegen einer funktionellen Unzuständigkeit überhaupt nicht ergehen durfte, Stgt MDR 1976, 852. **11**

571 *Begründung, Präklusion, Ausnahmen vom Anwaltszwang.* **I Die Beschwerde soll begründet werden.**

II [1]Die Beschwerde kann auf neue Angriffs- und Verteidigungsmittel gestützt werden. [2]Sie kann nicht darauf gestützt werden, dass das Gericht des ersten Rechtszuges seine Zuständigkeit zu Unrecht angenommen hat.

III [1]Der Vorsitzende oder das Beschwerdegericht kann für das Vorbringen von Angriffs- und Verteidigungsmitteln eine Frist setzen. [2]Werden Angriffs- und Verteidigungsmittel nicht innerhalb der Frist vorgebracht, so sind sie nur zuzulassen, wenn nach der freien Überzeugung des Gerichts ihre Zulassung die Erledigung des Verfahrens nicht verzögern würde oder wenn die Partei die Verspätung genügend entschuldigt. [3]Der Entschuldigungsgrund ist auf Verlangen des Gerichts glaubhaft zu machen.

IV Ordnet das Gericht eine schriftliche Erklärung an, so kann diese zu Protokoll der Geschäftsstelle abgegeben werden, wenn die Beschwerde zu Protokoll der Geschäftsstelle eingelegt werden darf (§ 569 Abs. 3).

I. Systematik, I–IV. Die ZPO stellt unterschiedliche Anforderungen an eine Begründung eines sog. bestimmenden Schriftsatzes nach → § 129 Rn. 5. Der Mahnantrag braucht nach § 690 keine Begründung. Die Klageschrift braucht eine Begründung nach § 253 II Nr. 2, ebenso die Berufung nach § 520 I und die Anschlussberufung nach § 524 III 1. Entsprechendes gilt bei der Revision nach § 551 I und bei der Anschlussrevision nach § 557 III 1 sowie eingeschränkt bei der Sprungrevision nach § 566 II 3. Auch eine Nichtzulassungsbeschwerde braucht eine Begründung nach § 544 II 1. **1**

Demgegenüber bringt **I** eine dem **Wortlaut** nach bloße Sollvorschrift. **III** bringt einen indirekten Zwang. Fehlt eine Begründung, führt dies zwar nicht zur Unzulässigkeit, kann aber zur Unbegründetheit führen. **2**

II 1 bringt gegenüber dem Berufungsrecht mit seinen klaren und scharfen Einschränkungen eines neuen Vortrags in § 531 eine erhebliche Erweiterung der Angriffs- wie Verteidigungsmittel als eine dann freilich in **III** gleich wieder zeitlich erheblich eingeschränkte Chance. **II 2** entspricht ganz § 513 II. **IV** zeigt Abweichungen von § 78. **3**

II. Regelungszweck, I–IV. Die Vorschrift dient im Kern in allen ihren Teilen der Prozesswirtschaftlichkeit. Das Beschwerdegericht soll rasch und mit möglichst geringem Arbeitsaufwand das Entscheidende erkennen können. Dabei soll die Sache für die Parteien aber auch nicht teurer werden als unvermeidbar. **4**

III. Geltungsbereich, I–IV. Die Vorschrift gilt in jedem Verfahren der sofortigen Beschwerde. Sie gilt auch im WEG-Verfahren. Für die Rechtsbeschwerde gelten zunächst vorrangig §§ 574 ff. Im Verfahren der Arbeitsgerichte gilt § 571, § 78 S. 1 ArbGG. § 76 II FamFG macht § 571 bei § 127 II–IV entsprechend anwendbar. **5**

IV. Beschwerdebegründung, I. Der Beschwerdeführer „soll" und nicht: muss seine sofortige Beschwerde begründen. Fehlt eine Begründung, ist die Beschwerde deshalb nicht unzulässig. Nähere Bestimmungen über die Frist für die Begründung und ihren Inhalt fehlen bis auf III. Wegen eines Antrags → § 569 Rn. 19. **6**

Der Vorsitzende oder das Beschwerdegericht und daher auch der Einzelrichter des § 568 kann aber nach → Rn. 14 dem Beschwerdeführer wegen III 1 nach → Rn. 14 eine **Frist zur Begründung** seines Rechtsmittels setzen. **7**

Wegen des **Anwaltszwangs** gilt § 78 in einer Abwandlung nach IV. **8**

V. Beschwerdegründe, II. 1. Neue Angriffs- und Verteidigungsmittel, II 1. Die Vorschrift regelt, welches **neue tatsächliche oder rechtliche Vorbringen** das Gericht beachten darf und muss, BGH NJW 2006, 3553. Angriffs- und Verteidigungsmittel ist jedes sachliche oder prozessuale Vorbringen, dass der Durchsetzung des Beschwerdeziels dient, zB nach § 282 I Tatsachenbehauptungen, Bestreiten, Einwendungen und Einreden sowie Beweismittel und -einreden. Wegen der Zurückweisung von Vorbringen als verspätet → Rn. 14. Sonst muss das Gericht anders als in der Berufungsinstanz (§§ 529 I, 531 II) jedes auch neue Vorbringen berücksichtigen, das vor der Hinausgabe der Beschwerdeentscheidung durch die Geschäftsstelle nach eingeht, BVerfGE 62, 353, BGH **9**

ZIP 2008, 1034; Saarbr FamRZ 2012, 319. §§ 513 II, 529 gelten nicht entsprechend, Mü OLGR 2003, 263; Naumb OLGR 2006, 459; Dötsch MDR 2008, 893. Ggf. ist eine **Beweisaufnahme** zu wiederholen oder erstmals durchzuführen, soweit auch neues streitiges Vorbringen zu berücksichtigen ist, auch → § 572 Rn. 23.

10 **Unzulässig** ist neues Vorbringen in Ausnahmefällen (vgl. zB §§ 120, 124), soweit der Beschwerdeführer erstinstanzlich schuldhaft seine Mitwirkungsaufgabe nicht erfüllt hatte, Naumb FamRZ 2006, 216. Im Übrigen würde die Forderung nach einer Begründung dafür, dass der Beschwerdeführer erst jetzt neu vorträgt, auf einen Verstoß gegen Art. 103 I GG hinauslaufen, Oldb MDR 2004, 171.

11 Neues tatsächliches Vorbringen ist ferner dann nicht zu berücksichtigen, wenn es bei richtiger Sachbehandlung auch von der ersten Instanz nicht hätte berücksichtigt werden zu brauchen, also wenn zB bei einer **übereinstimmenden Erledigungserklärung** nach § 91a, der auf den bisherigen Sach- und Streitstand zum Zeitpunkt der Erledigungserklärung abstellt, eine weitere Beweisaufnahme, die über überschaubare Aspekte hinausgeht, erforderlich gewesen wäre, vgl. OLG Frankfurt, Beschluss vom 1.4.2016 – 6 W 24/16; OLG Düsseldorf, Beschluss vom 3.5.1994 – 10 W 164/93).

12 Bei einer Veränderung der Sach- wie der Rechtslage ist der **maßgebliche Beurteilungszeitpunkt** der Zeitpunkt der Beschwerdeentscheidung, BGH NJW 2006, 1068; LAG Hamm 12.2.2019 – 14 Ta 358/18, BeckRS 2019, 9582. Es darf und muss auch klären, ob die Voraussetzungen des § 16 InsO vorliegen, BGH MDR 2008, 765. Neue Ansprüche sind dagegen unstatthaft. Denn der Gegenstand der Beschwerde ist derjenige der Vorinstanz, Stgt ZZP 97, 443 (auch wegen eines Hilfsantrags). Eine Antragsänderung ist zulässig, BGHZ 91, 160. Sie darf jedoch nicht zu einer Änderung des Verfahrensgegenstands nach → § 2 Rn. 4 führen, Düss FGPrax 2017, 118. Vorrangig bleiben Spezialvorschriften, wie zB § 118 II 2, LAG Köln BeckRS 2019, 3269.

13 **2. Zuständigkeitsrüge, II 2.** Sie ist ebenso unstatthaft wie nach §§ 513 II, 545 II im Berufungs- und Revisionsverfahren. Wegen des Begriffs der Zuständigkeit nach II 2 → § 513 Rn. 10. Hierzu gehört auch die Frage nach → § 513 Rn. 10, ob es sich um eine Familiensache nach §§ 111 ff. FamFG handelt. Ausgenommen sind Rügen nach der internationalen Zuständigkeit.

14 **VI. Frist; Verspätung, III.** Der Vorsitzende oder das Beschwerdegericht und daher auch der Einzelrichter des § 568 kann nach **III 1** für das Vorbringen von Angriffs- und Verteidigungsmitteln und daher praktisch zur Beschwerdebegründung eine nach den Umständen angemessene Frist setzen, BVerfGE 60, 318, Hmb ZSW **82,** 262, und zwar beiden Parteien für jegliches Vorbringen. Die Vorschrift schreibt keine Belehrung über die Folgen eines Fristverstoßes vor. Vgl. aber § 232. Der Empfänger muss die Frist einhalten, BVerfG MDR 1988, 553. Das Gericht muss aber keine solche Frist setzen. Es muss vielmehr nur angemessen lange zuwarten, BVerfG ZIP 1986, 1336; BGH NJW 1982, 1691 (Abwägung aller Umstände); Köln NJW-RR 1996, 1022. Meist reichen etwa 2 Wochen, Celle Nds. Rpfl. 1992, 51; Ffm WM 2011, 2287; Köln MDR 1990, 556; evtl. weniger, Köln FamRZ 1996, 301. Hält eine Partei eine gerichtliche Frist nicht ein, gilt nach **III 2** für die Zulassung von Angriffs- und Verteidigungsmitteln dasselbe wie nach **§ 296 I,** Himstedt MDR 2018, 1160. Man muss nach **III 3** einen Entschuldigungsgrund ebenso wie nach §§ 294, 296 IV glaubhaft machen, und zwar nach § 294.

15 Eine **Fristverlängerung** ist nach § 224 II denkbar. Zumindest muss das Gericht einen Verlängerungsantrag bearbeiten, BVerwG NJW 1988, 1280.

16 **VII. Anwaltszwang, IV.** Für den Anwaltszwang **nach** der Einlegung der sofortigen Beschwerde im weiteren Verlauf des Beschwerdeverfahrens gilt § 78. Das gilt im schriftlichen Verfahren wie in demjenigen mit einer freistehenden oder notwendigen mündlichen Verhandlung. Eine Ausnahme gilt nach § 569 III, → § 569 Rn. 20–22. Weitere Lockerungen des Anwaltszwanges sieht IV vor.

17 Ordnet das Gericht eine **schriftliche Erklärung** an, zB nach III 1, sei es auch nur zur etwaigen Stellungnahme, kann man diese Erklärung nach → § 569 Rn. 20–22 zum Protokoll der Geschäftsstelle allerdings dann abgeben, wenn man die Beschwerde zum Protokoll der Geschäftsstelle einlegen darf. Damit reicht eine gewöhnliche schriftliche Erklärung aus und zwar nach **§ 78 III Hs. 2** ohne einen Anwaltszwang. Das gilt auch zugunsten des Beschwerdegegners. In einer etwaigen **mündlichen Verhandlung** nach § 128 I ist dagegen die Vertretung durch einen Anwalt nötig. Eine Gegenäußerung des Beschwerdeführers kommt nur ausnahmsweise infrage.

18 **VIII. Weiteres Verfahren, I–IV.** Das Gericht muss dem von einer erwogenen Entscheidung Benachteiligten das rechtliche Gehör nach Art. 103 I GG wie stets geben, BVerfGE 81, 123. Das kann bis zur Notwendigkeit der Mitteilung von Einzelheiten gehen, Celle OLGZ 1992, 127. Ohne eine solche Benachteiligungsgefahr ist die Anhörung entbehrlich, BVerfGE 36, 97; Ffm Rpfleger 1980, 396; Schneider MDR 1986, 642.

572 *Gang des Beschwerdeverfahrens.* I [1]**Erachtet das Gericht oder der Vorsitzende, dessen Entscheidung angefochten wird, die Beschwerde für begründet, so haben sie ihr abzuhelfen; andernfalls ist die Beschwerde unverzüglich dem Beschwerdegericht vorzulegen.** [2]**§ 318 bleibt unberührt.**

II [1]**Das Beschwerdegericht hat von Amts wegen zu prüfen, ob die Beschwerde an sich statthaft und ob sie in der gesetzlichen Form und Frist eingelegt ist.** [2]**Mangelt es an einem dieser Erfordernisse, so ist die Beschwerde als unzulässig zu verwerfen.**

III **Erachtet das Beschwerdegericht die Beschwerde für begründet, so kann es dem Gericht oder Vorsitzenden, von dem die beschwerende Entscheidung erlassen war, die erforderliche Anordnung übertragen.**

IV **Die Entscheidung über die Beschwerde ergeht durch Beschluss.**

1 **I. Systematik, I–IV.** I nennt diejenige Tätigkeit, die das bisherige Erstgericht, der iudex a quo, aufgrund einer sofortigen Beschwerde vornehmen darf und muss. II–IV geben diejenigen notwendigen Schritte an, die das Beschwerdegericht als den iudex ad quem ab der Vorlage bei ihm nach I 1 Hs. 2 betreffen. Dabei entspricht II 1, 2 praktisch wörtlich den vergleichbaren Bestimmungen nach einem Einspruch gegen ein Versäumnisurteil des Erstgerichts nach § 341 I oder iVm § 539 III des Berufungsgerichts, ferner bei einer Berufung nach § 522 I 1, 2 und bei einer Revision nach § 552 I, schließlich bei einer Rechtsbeschwerde nach § 577 I. III wandelt die im Berufungsverfahren nach § 538 II vorhandene Möglichkeit einer Zurückverweisung ab und nennt sie daher auch

nur vorsichtiger eine „Übertragung der erforderlichen Anordnung" auf den Vorderrichter. IV nennt direkt die Entscheidungsform (wiederum Beschluss nach § 329) und damit wegen § 128 IV mit seiner Geltung auch im Beschwerdeverfahren das Prinzip der nur freistehenden mündlichen Verhandlung nach → Vor § 128 Rn. 4.

Der **Devolutiveffekt** tritt erst mit dem Anfall beim Beschwerdegericht ein (BVerwG, 20.12.2021, 12 K 1284/21). 2

Ähnlich Vorschriften gibt es in § 148 I VwGO, § 174 SGG, § 130 I FGO. 3

II. Regelungszweck, I–IV. Eine **Abhilfe** durch den bisherigen Richter bzw. Rechtspfleger (§ 11 I RPflG) ist eigentlich nicht für ein Rechtsmittel mit seiner sog. **Anfallwirkung** (Devolutiveffekt) typisch und ist eher mit einer Gegenvorstellung bzw. einem „Vorverfahren" vergleichbar. Die Abhilfe dient der Möglichkeit der **Selbstkorrektur** durch das Gericht, dass die angefochtene Entscheidung erlassen hat (vgl. BVerwG, 20.12.2021, 12 K 1284/21) und ermöglicht auf diese Art und Weise eine **Entlastung** des höheren Gerichts, was auch prozessökonomisch ist. Bei einem Nichtabhilfebeschluss soll dem Rechtsmittelführer verdeutlicht werden, dass sein Rechtsmittelziel auch unter Berücksichtigung des Beschwerdevorbringens keine Aussicht auf Erfolg hat (Hanseatisches OLG Bremen 17.5.2021 – 5 WF 14/21, BeckRS 2021, 11761). 4

III. Geltungsbereich, I–IV. Die Vorschrift gilt in jedem sofortigen Beschwerdeverfahren nach der ZPO und den auf sie verweisenden Gesetzen. Das gilt auch dann, wenn eine nach § 567 II notwendige Beschwerdesumme nicht (mehr) vorliegt oder wenn die Beschwerde aus anderen Gründen unzulässig ist, Lipp NJW 2002, 1702. Sie gilt auch im WEG-Verfahren. Im Rechtsbeschwerdeverfahren gilt vorrangig § 577. Im Verfahren der Arbeitsgerichte gilt nach § 78 S. 1 ArbGG § 572 entsprechend. § 76 II FamFG macht § 572 bei § 127 II–IV entsprechend anwendbar. Vgl. im Übrigen § 68 I 2 FamFG. Im Verfahren vor dem VG gilt § 173 VwGO, OVG Bln-Brdb NVwZ-RR 2014, 824; VGH Mü NVwZ-RR 2015, 518. 5

IV. Abhilfe, I 1 Hs. 1, I 2. 1. Verfahren des Erstgerichts. I 1 Hs. 1 sieht grundsätzlich vor, dass das Erstgericht bei jeder wirksam erfolgten sofortigen Beschwerde eine **Abhilfeentscheidung** treffen muss, Rostock MDR 2012, 1434. Die Abhilfe stellt damit eine zwingende Voraussetzung dar (bei fehlender Abhilfe nach pflichtgemäßem Ermessen Zurückverweisung an das erstinstanzliche Gericht vgl. OLG Köln BeckRS 2018, 27286, MüKoZPO/Lipp Rn. 5). **Ausnahmen** sind für die sofortige Beschwerde gegen Zwischen- bzw. Endurteile zB nach §§ 280, 303, 387 III und für diejenige gegen eine Nebenentscheidung eines Endurteils nach § 99 II zu beachten. Hier ist eine Abhilfe nach **I 2** nicht möglich, weil **§ 318,** der unberührt bleibt, entgegensteht, LG Mü ZMR 2014, 825. 6

Zuständig für das Abhilfeverfahren ist der Spruchkörper, der die angefochtene Entscheidung erlassen hat, also Kammer, Einzelrichter oder Rechtspfleger (vgl. §§ 348, 348a, 526, Drsd MDR 2008, 645; Stgt MDR 2003, 110; Schneider MDR 2003, 253; § 11 RPflG, Schütt MDR 2001, 1279). Das Erstgericht braucht aber **nicht in der bisherigen Besetzung** prüfen, LAG Bln NZA-RR 2006, 494; LAG Köln NZA-RR 2006, 319 (Abweichungen zB durch Änderungen des Geschäftsverteilungsplans denkbar). Es muss zunächst prüfen, ob es überhaupt eine beschwerdefähige Entscheidung getroffen hatte oder ob, zB dort noch eine Aufklärung nach § 139 erfolgt, Ffm JurBüro 1979, 1873; Köln Rpfleger 1975, 67; Zweibr FamRZ 1984, 1031. Andernfalls ist keine Nichtabhilfeentscheidung nötig, Düss NJW 1981, 352. Sie wäre jedoch statthaft, Köln Rpfleger 1975, 67, sofern kein Rechtsmissbrauch vorliegt, Köln OLGZ 1980, 350. Bei einer **Unzuständigkeit** leitet das Erstgericht die sofortige Beschwerde an das zuständige Gericht weiter, LG Regensb WM 2010, 2310. 7

Das Erstgericht muss ferner prüfen, ob die Beschwerde **(wenigstens möglicherweise) zulässig** ist BGH NJW-RR 2009, 718, und ob sie auch **begründet** ist, Oldb MDR 2015, 772; VGH Mü NVwZ-RR 2015, 518; Schneider MDR 2003, 253. Das erstinstanzliche Gericht hat sich mit der Begründetheit zu befassen und zwar unabhängig von den Zulässigkeitsvoraussetzungen im Übrigen, deren Prüfung dem Beschwerdegericht vorbehalten sind (II 1) Brandenburgisches Oberlandesgericht BeckRS 2019, 5550 –; zumindest soweit Änderungen von Amts wegen vorgenommen werden können, kommt eine Abhilfe auch bei einer unzulässigen Beschwerde in Betracht, MüKoZPO/Lipp Rn. 7. Bei unanfechtbaren Beschlüssen kommt **§ 321a** in Betracht. Das erstinstanzliche Gericht muss vorgebrachte neue Tatsachen zwar grundsätzlich beachten und in seine Prüfung einbeziehen, auch evtl. durch eine Beweisaufnahme nach §§ 355 ff., Brdb FamRZ 2004, 653; Düss FamRZ 2006, 1551; Hamm MDR 2004, 412, (→ § 571 Rn. 9). Dies bezieht sich auch auf Unterlagen, die erst nach einer gesetzten Frist eingereicht werden, da es ein Zweck des Abhilfeverfahrens darstellt, die kostenverursachende Befassung des Beschwerdegerichts mit der Sache möglichst zu vermeiden, OLG Hamm FamRZ 2021, 293, da es sich insoweit um keine Ausschlussfrist handelt. Das Erstgericht darf aber einen neuen Hilfsantrag nicht in sein Abhilfeverfahren einbeziehen, BGH BB 2007, 630. Das Erstgericht muss eine angekündigte Beschwerdebegründung im angemessenen Zeitrahmen (vgl. auch §§ 198 ff. GVG) abwarten, OLG Köln BeckRS 2018, 27286. 8

Neues Beschwerdevorbringen kann auch im Abhilfeverfahren weitere gerichtliche Ermittlungen und richterliche Hinweise (§ 139) veranlassen (OLG Brandenburg 22.7.2020 – 13 WF 104/20, BeckRS 2020, 17647). 9

2. Abhilfebeschluss. Soweit das Erstgericht die Beschwerde **für begründet hält,** darf und muss es selbst entscheiden und ihr auch abhelfen, Rostock MDR 2012, 1434; Saarbr OLGR 2006, 600; VGH Mü NVwZ-RR 2015, 518. Es muss dann also seine Erstentscheidung abändern. Das geschieht durch eine Zweitentscheidung derselben Art. Diese muss es nach § 329 wie bei § 311 **verkünden** oder in derselben Weise bekanntgeben (zustellen) wie die angefochtene Entscheidung (§ 329 III) Mü JurBüro 2016, 255. Ggf. muss das Erstgericht **teilweise** abhelfen. Ist dies bei einem Nichtabhilfebeschluss nicht geschehen, muss das Beschwerdegericht beiden Parteien eine Gelegenheit zur Äußerung geben, sofern hiervon maßgebliche Gesichtspunkte betroffen sind, Köln FamRZ 2000, 311Rechtsbehelfsbelehrung, Verstoß: §§ 232, 233 S. 2. 10

Vorheriges **rechtliches Gehör** des Gegners ist vor jeder auch evtl. nur teilweisen Abhilfe erforderlich, Hamm FamRZ 1986, 1127; OVG Bln-Brdb NVwZ-RR 2014, 824. Das Erstgericht darf dazu eine mündliche Verhandlung anordnen, Drsd NJW 2002, 2722. Zweckmäßig wird sie wegen des Zeitverlusts selten sein. Das Erstgericht muss über die Kosten der Beschwerde nur befinden, soweit eine Kostenentscheidung notwendig ist, Ffm JurBüro 1985, 1718, insbesondere auch zur Rechtslage bei einer teilweisen Abhilfe. Dann entscheidet das Erstgericht soweit nötig über die erstinstanzlichen Kosten. § 321 gilt bei Beschlüssen entsprechend. Demgegenüber entscheidet über die **Beschwerdekosten** nach der Vorlegung auch bei einer Rücknahme der restlichen Beschwerde einheitlich das Beschwerdegericht, Ffm JurBüro 1985, 1718. Das Erstgericht muss seinen Abhilfebeschluss wie auch dessen Ablehnung schon wegen der grundsätzlichen Anfechtbarkeit nach → § 329 Rn. 6 unter Berück- 11 sichtigung des Beschwerdevorbringens **begründen,** OLG Bremen 17.5.2021 – 5 WF 14/21, BeckRS 2021, 11761; KG GRUR-RR 2013, 272, und auch dem Beschwerdegegner nach → Rn. 12 gemäß § 329 III förmlich von Amts wegen nach §§ 166 ff. zustellen.

12 **3. Abhilfewirkung, Rechtsmittel.** Eine volle Abhilfe erledigt die sofortige Beschwerde. Die **Beschwerde** des nunmehr beschwerten Gegners **gegen die Abhilfeentscheidung** ist eine erste Beschwerde. Sie ist demgemäß unter den gewöhnlichen Voraussetzungen statthaft. Hebt das Erstgericht nicht voll auf, muss es wegen der insofern nicht verbrauchten Beschwerde dem Beschwerdegericht vorlegen. Der Abhilfeumfang verringert den Beschwerdewert. Der Gegner kann gegen die Abhilfe Beschwerde wie sonst einlegen.

13 **V. Vorlegungspflicht, I 1 Hs. 2.** Erst soweit das Erstgericht der sofortigen Beschwerde nicht abhilft oder nach § 318 oder §§ 322, 705 nicht abhelfen darf, darf es nicht etwa die Beschwerde verwerfen oder zurückweisen, Ffm FamRZ 2016, 853; aM Naumb OLGR 2008, 312. Es muss vielmehr die Sache unverzüglich mit seinem Beschluss dem Beschwerdegericht vorlegen. Eine Frist dazu sieht I 1 nicht vor, vgl. aber §§ 198 ff. GVG. Unterlässt das Erstgericht diese Vorlegung, darf der Beschwerdeführer seine sofortige Beschwerde nochmals unmittelbar beim Beschwerdegericht einreichen, BGH Rpfleger 2009, 222.

14 **Entbehrlich** ist das Nichtabhilfeverfahren dann, wenn es dazu führen würde, dass wegen der Eilbedürftigkeit die Entscheidung des Beschwerdegerichts zu spät kommen würde. Dann muss das Erstgericht die sofortige Beschwerde dem Beschwerdegericht auch sofort vorlegen oder dann, wenn der Beschwerdeführer sie unmittelbar beim Beschwerdegericht eingelegt hat, das Beschwerdegericht sie ohne eine Rückgabe an das Erstgericht sofort bearbeiten, Karlsr NJW-RR 1987, 1206; VGH Mannh DVBl 1990, 1358. Vgl. auch insofern §§ 198 ff. GVG.

15 **VI. Vorlegungsform: Nichtabhilfebeschluss, I 1 Hs. 2.** Über die Nichtabhilfe und Vorlage entscheidet das Erstgericht stets unter Beachtung von § 308 I durch einen Beschluss, Kblz Rpfleger 1978, 104, nicht durch eine bloße Verfügung, KG Rpfleger 2008, 127; Stgt MDR 2003, 110. Es darf den Gegner auch vor einer Nichtabhilfe **anhören,** muss das aber nicht tun. Denn der Beschwerdegegner erleidet im Umfang einer Nichtabhilfe keinen Rechtsnachteil. Eine mündliche Verhandlung steht dem Erstgericht nach § 128 IV frei, dürfte in der Regel aber nicht zweckmäßig sein. Fehlt der Beschluss, muss ihn das Beschwerdegericht nach → Rn. 12 anfordern, falls nicht ein dringender Fall vorliegt oder die sofortige Beschwerde unstatthaft ist, BFH BStBl. 1984 II 562. Ist eine statthafte Fristverlängerungsbitte auch nur evtl. vor dem Nichtabhilfebeschluss eingegangen, muss das Erstgericht zunächst aber den Verlängerungsantrag entscheiden, Düss MDR 2013, 1186.

16 Eine **Begründung** des Beschlusses ist stets nachvollziehbar und zwar auch unter Berücksichtigung des Beschwerdevorbringens nötig, OLG Bremen 17.5.2021 – 5 WF 14/21, BeckRS 2021, 1176; Jena MDR 2010, 832; Köln MDR 2009, 1409; Mü MDR 2010, 588. Das gilt schon zur Klärung, ob und wieweit das Erstgericht nicht abhilft und ob es seine Prüfungspflicht erfüllt hat, Karlsr OLGR 2004, 313; Mü MDR 2004, 291; LG Kiel SchlHA 2009, 93, ob es also das Beschwerdevorbringen geprüft hat, Kblz FamRZ 2017, 1250. Eine **nur formelhaft begründete** Nichtabhilfe, die das Beschwerdevorbringen völlig außer Betracht lässt, genügt diesen Voraussetzungen nicht (OLG Brandenburg MDR 2018, 1272; Düss FamRZ 2006, 1551; Jena MDR 2010, 832, Köln MDR 2009, 1409). Jedenfalls ist ein bloßer Aktenvermerk des Berichterstatters des Erstgerichts über seine Nichtabhilfemotive nicht ausreichend. Der Nichtabhilfebeschluss ist zwar grundsätzlich **unanfechtbar,** BGH ZIP 2009, 290; Celle OLGR 2006, 462; LG Bln JurBüro 1983, 1890. Deshalb reicht grundsätzlich seine formlose Mitteilung nach § 329 II 1. Zumindest bei einer evtl. ausnahmsweise vorhandenen Möglichkeit einer Rechtsbeschwerde nach § 574 muss das Erstgericht aber erkennbar machen, welchen Sachverhalt es zugrunde legt, BGH MDR 2004, 1291.

17 Eine Begründung ist ferner dann nötig, wenn der **angefochtene Beschluss keine Gründe** aufweist oder wenn die sofortige Beschwerde solche **neuen Tatsachen** oder Gesichtspunkte enthält, die das Erstgericht für widerlegt oder unerheblich hält, Celle FamRZ 2006, 1689; Düss FamRZ 2006, 1551; Mü Rpfleger 2004, 167, oder bei einer sonstigen Änderung des Streitstands, Köln OLGR 2007, 570. Eine zuvor fehlende Begründung kann im Nichtabhilfebeschluss nach § 329 II 1 nachgeholt werden.

18 **VII. Vorlegungsfolgen: Anfallwirkung, I 1 Hs. 2.** Die volle wirksame Vorlegung lässt die Entscheidung dem Beschwerdegericht mit ihrem dortigen Eingang anfallen, Düss FGPrax 2014, 31; aM Brdb FamRZ 2013, 1600 (Anfall unabhängig vom Nichtabhilfeverfahren). Nimmt der Beschwerdeführer die sofortige Beschwerde vorher zurück, ist die Kostenentscheidung nach → Rn. 10 eine Aufgabe des Erstgerichts. Nach der Vorlegung ist keine Abhilfe durch das Erstgericht mehr statthaft, Stgt FamRZ 2009, 2133. Einen erst nach der Vorlegung beim Erstgericht eingehenden Schriftsatz muss es unverzüglich an das Beschwerdegericht weiterleiten, BVerfG NJW 1983, 2187.

19 **VIII. Verfahren des Beschwerdegerichts, II. 1. Prüfungsgegenstand, II 1.** Gegenstand der Prüfung durch das **Beschwerdegericht** (→ Vor § 567 Rn. 16) ist nach §§ 308 I, 329 nur die angefochtene Entscheidung evtl. in derjenigen Fassung, die sie im Abhilfeverfahren erhalten hat, und nur insofern auch evtl. der Nichtabhilfebeschluss. Fehlt die Entscheidung über die Nichtabhilfe ganz oder hat sie keine nach → Rn. 15 ausreichenden Gründe ohne eine Ankündigung ihrer Nachreichung, darf (nicht: muss) das Beschwerdegericht die Sache entsprechend § 538 II 1 Nr. 1 zurückverweisen, OLG Köln BeckRS 2018, 27286, Hamm MDR 2004, 412, Mü MDR 2010, 588, AG Lichtenberg Rpfleger 2012, 265. Auf leichte Verfahrensfehler bei der Nichtabhilfe kommt es nicht an, BayObLG FamRZ 1996, 1023; Ffm NVwZ-RR 2011, 668; Stgt MDR 2003, 110; aM Schneider MDR 2003, 253 (zu streng). Auch grobe Verfahrensfehler bei der Nichtabhilfeentscheidung oder **völliges Fehlen der Abhilfe** hindern das Beschwerdegericht nicht, in der Sache zu entscheiden (OLG Celle, 9 W 58/21; 5.5.2021). Das Beschwerdegericht darf zwar nicht prüfen, ob das Erstgericht dabei vorschriftsmäßig besetzt war, LAG Bln NZA-RR 2006, 493; aM Celle MDR 2003, 524 (sehr genau); Hamm MDR 1988, 871, hat aber zu prüfen, ob das erstinstanzliche Gericht auf das Beschwerdevorbringen im Einzelnen bei seiner Prüfung eingegangen ist und sonst ggf. zurückverweisen OLG Köln BeckRS 2018, 27286; OLG Koblenz FamRZ 2008, 288. Das Beschwerdegericht muss seine Zuständigkeit von Amts wegen klären, Schlesw ZIP 2016, 231.

20 **2. Zulässigkeit, Form, Frist, II 1, 2.** Auch das Beschwerdegericht und nicht nur das erstinstanzliche Gericht bei der Abhilfe muss von Amts wegen umfassend (Statthaftigkeit und weitere Zulässigkeitsgründe) prüfen, ob die sofortige Beschwerde im Zeitpunkt der Beschwerdeentscheidung überhaupt zulässig ist, BGH NJW-RR 2013, 1020, ob also zB der Beschwerdeführer sie nach §§ 567, 569 in der gesetzlichen Form und Frist eingelegt hat,

BGH ZIP 2009, 290, sowie ob bei einer Kostenbeschwerde der Wert nach § 567 II im Zeitpunkt nach § 4 I erreicht ist. Beschwerdegericht nach II ist nach § 568 auch der Einzelrichter. Diese Bestimmung entspricht den Vorschriften für die Berufung nach § 522 I und für die Revision nach § 552 I.

3. Verwerfung, II 2. Fehlt eines der vorgenannten Erfordernisse, muss das Beschwerdegericht die sofortige Beschwerde evtl. nach einer Anhörung nach § 139 durch einen sog. Prozessbeschluss nach IV wie bei §§ 522 I 2, 552 I 2 als unzulässig verwerfen, Brdb FamRZ 2004, 388. Ihn erlässt nach → Rn. 29 das Kollegium oder der Einzelrichter. Die erforderliche Kostenentscheidung ergibt sich aus § 97 I. Rechtsbehelfsbelehrung, Verstoß: §§ 232, 233 S. 2. 21

Die **Zulässigkeitsprüfung** hat an sich **Vorrang** vor der Begründetheitsprüfung wie bei der Klage nach → Vor § 253 Rn. 14. Das Beschwerdegericht darf die Zulässigkeitsfrage aber offenlassen, wenn es die Beschwerde für unbegründet hält, da dies für die Rechtskraft der Entscheidung nichts ändert BVerfGE 60, 246; BGH NJW-RR 2006, 1346; Ffm OLGR 1995, 221. 22

IX. Begründetheit, III. 1. Eigene Prüfung des Beschwerdegerichts. Das Beschwerdegericht muss die angefochtene Entscheidung in tatsächlicher und rechtlicher Hinsicht voll überprüfen, BGH ZIP 2009, 290 und grundsätzlich selbst neue Beweise erheben. Neuer Vortrag ist möglich (§ 571 II 1), freilich evtl. mit der Kostenfolge nach § 97 II. Die Pflicht zur Begründung folgt aus Art. 20 III, 103 GG. Bei der Begründung kann auf die angefochtene Entscheidung Bezug genommen werden und um entsprechende weitere Einzelheiten ergänzt werden. Bei einer Ermessensentscheidung darf es sich nicht auf eine bloße Ermessenskontrolle nach § 114 VwGO beschränken, sondern muss als **Tatsachengericht** eine **eigene Ermessensentscheidung** ausüben, vgl. BGH NJW 2018, 2267; NJW-RR 2016, 1478; OLG Brandenburg 18.2.2019 –7 W 9/19, BeckRS 2019, 2727; LAG Mainz NZA 1992, 427; Schneider MDR 1987, 64. Insoweit sind aber Einzelheiten streitig: nur Überprüfung von Ermessensfehlern BGH MDR 2007, 915; Hamm NJW-RR 1987, 896; Karlsr MDR 1986, 1033; Rostock JurBüro 2010, 377. Das Beschwerdegericht darf und muss evtl. mangels einer Zurückverweisung nach → Rn. 25 eine erstinstanzlich fehlerhaft gewesene Information nachholen. Es muss auch eine **Beweisaufnahme** nach §§ 355 ff. evtl. wiederholen, Dötsch MDR 2008, 895, zumal es in der Praxis die einzige umfassende Tatsacheninstanz sein kann (MüKoZPO/Lipp Rn. 21). Eine Beweisaufnahme ist insbesondere immer dann angezeigt bzw. zu wiederholen, wenn das Beschwerdegericht die Beweismittel anders werten möchte als die erste Instanz, den Beweismittel ein anderes Gewicht beimessen möchte, oder sich sonst bei der Beweiswürdigung Lücken und Zweifel über die Richtigkeit und Vollständigkeit ergeben. 23

Grundsätzlich muss das Beschwerdegericht dann, wenn es der sofortigen Beschwerde ganz oder teilweise **stattgibt,** sowohl die angefochtene Entscheidung aufheben oder ändern als auch eine ersetzende Entscheidung treffen. Es darf und muss aber evtl. auf Antrag zB nach § 281 an das örtlich oder sachlich zuständige Gericht verweisen, Zweibr MDR 2014, 1046. § 571 II 2 bleibt unberührt. Die Entscheidung hat in der Regel auch eine Kostenentscheidung zu enthalten, ggf. auch differenziert zwischen erster und zweiter Instanz. 24

2. Zurückverweisung. Eine volle Zurückverweisung an das Erstgericht sieht das Gesetz an sich hier nicht vor, BGH ZIP 2007, 188; Ffm MDR 2002, 1391; Stgt MDR 2003, 110. Sie ist aber entsprechend § 538 II 1 Nr. 1 bei einem wesentlichen Verfahrensmangel statthaft, BGH NJW-RR 2013, 1020; KG GRUR-RR 2013, 272. Die Zurückverweisung steht im **pflichtgemäßen Ermessen** des Beschwerdegerichts, Ffm NVwZ-RR 2011, 668; KG GRUR-RR 2013, 272; Kblz NJW-RR 2018, 711. Sie kommt nur mangels Entscheidungsreife und nur dann in Betracht, wenn es sich um einen wirklich schweren Verfahrensmangel handelt, Mü FamRZ 2010, 588, und wenn das Beschwerdegericht ihn auch nicht beheben kann, BGH MDR 2005, 1305; Stgt Rpfleger 2011, 659 (Rpfl. statt Richter); BayObLG NJW-RR 2002, 1086 (Tätigkeit eines erfolgreich abgelehnten Richters erster Instanz); Brdb FamRZ 2004, 389 (Fehlen einer Begründung), Celle OLGR 2003, 8 (Einzelrichter statt Kammer) oder bei einer fehlenden **umfangreichen** Beweisaufnahme, da hier ansonsten eine Instanz verloren gehen könnte vgl. auch KG MDR 2008, 45. Da die Beschwerdeinstanz nach § 571 II eine vollwertige zweite Tatsacheninstanz ist, sollte eine Zurückverweisung die **Ausnahme** bilden, Ffm FamRZ 1996, 819; Karlsr FamRZ 2006, 1556, Köln ZMR 2009, 627. Notfalls holt das Rechtsbeschwerdegericht die Zurückverweisung nach § 577 IV nach, BGH NJW-RR 2005, 1299. 25

3. Bindungswirkung. Die Zurückverweisung bindet das Erstgericht nach §§ 318, 329 bzw. §§ 577 IV 4, 563 II analog an die Rechtsauffassung des Beschwerdegerichts nach → § 538 Rn. 35 unabhängig von deren Richtigkeit oder Unrichtigkeit, BGH NJW 1994, 2956; Stgt Rpfleger 2011, 659; Schneider MDR 1991, 936. Das Beschwerdegericht darf aber nicht an das Erstgericht wie nach → § 281 Rn. 35, 36 weiterverweisen, BayObLG NJW-RR 1992, 191. Sofern das Beschwerdegericht noch einmal mit der Sache befasst werden sollte, wäre es an seine Entscheidung gebunden (**§ 318** und **analog** zu **§ 563 II;** BGH NJW 1994, 2956; Zöller/Heßler Rn. 34). Die Bindung kann direkte Anweisungen umfassen, Düss JurBüro 1979, 48; Hmb JurBüro 1979, 732. Eine Begründung entfällt bei einer tatsächlichen oder rechtlichen Änderung eines nicht völlig unerheblichen Umstands. Nach einer Zurückverweisung muss das Erstgericht in seinen vorstehenden Bindungsgrenzen kein Verschlechterungsverbot nach → Rn. 29 beachten, KG NJW 1982, 2326; Schneider JurBüro 1980, 483. Das Erstgericht fällt eine neue evtl. beschwerdefähige Erstentscheidung, Naumb FamRZ 2009, 1852. Das Beschwerdegericht ist an eine **rechtskräftige** Hauptsachenentscheidung des Erstgerichts gebunden, Düss MDR 2009, 1356. 26

4. Übertragung der ersetzenden Entscheidung auf das Erstgericht. Auch wenn eine volle Zurückverweisung ausscheidet, darf das Beschwerdegericht die angefochtene Entscheidung aufheben und die zur Ausführung erforderliche Anordnung dem Erstgericht oder nach einer Erstentscheidung des Vorsitzenden diesem übertragen, Köln OLGR 2005, 582; Rostock OLGR 2006, 193; Saarbr OLGR 2006, 600. Das Beschwerdegericht befindet darüber nach seinem pflichtgemäßen Ermessen, BGH NJW-RR 1997, 770 (Beweisaufnahme durch das ortsnähere Erstgericht), Celle MDR 2003, 523; Karlsr FamRZ 2006, 1556. Es kann Weisungen für die neue Entscheidung erteilen oder anordnen, eine bestimmte Maßnahme zu treffen. Dabei stehen Zweckmäßigkeitsgründe im Vordergrund, BFH NVwZ-RR 2009, 131. 27

Beispiele: Die Übertragung der gesamten Berechnung im Kostenfestsetzungsverfahren nach §§ 103 ff. dann, wenn das Beschwerdegericht nur einzelne Faktoren anders beurteilt; eine Anordnung, den Pfändungsbeschluss nach § 829 dann zu erlassen, wenn das Beschwerdegericht die Ablehnung aufhebt; eine Festsetzung der Raten im Prozesskostenhilfeverfahren nach § 120. In allen diesen Fällen ergibt sich der Umfang der Bindung aus der vom 28

Beschwerdegericht erkennbar gewollten Bedeutung der Maßnahme. Eine neue sofortige Beschwerde gegen die dann ergehende Entscheidung des Erstgerichts ist nach allgemeinen Grundsätzen statthaft. Das Beschwerdegericht ist an seine frühere Entscheidung gebunden (§ 318).

29 **X. Sachentscheidung des Beschwerdegerichts, IV.** Das Beschwerdegericht kann fast stets auch selbst entscheiden. Das gilt auch dann, wenn das Erstgericht die notwendige Abhilfeprüfung nicht vorgenommen hat, Ffm JurBüro 2008, 422. Es gilt ferner auch bei einer Wiedereinsetzung nach § 238, BGH MDR 2008, 100. Die Sachentscheidung über die sofortige Beschwerde (Zurückweisung wegen Unbegründetheit oder Stattgabe) kann insgesamt oder wegen eines abtrennbaren Teils des Beschwerdegegenstands wie bei § 301 lauten, freilich nur in den Grenzen des Entscheidungszwangs bei einer Entscheidungsreife nach → § 300 Rn. 21, § 329, BGHZ 66, 395; Köln ZIP 1980, 578; Schneider MDR 1984, 371. Sie ergeht stets durch einen Beschluss des Einzelrichters nach § 568 oder des Kollegiums. Das Kollegium entscheidet auch nach einem Erstbeschluss eines Einzelrichters und einer Nichtabhilfe des Erstkollegiums, KG BauR 2010, 1099. Eine **mündliche Verhandlung** steht nach § 128 IV frei. Vor einer Stattgabe muss das Beschwerdegericht den Beschwerdegegner anhören. Es besteht für das Beschwerdegericht bei dem Streitgegenstand, der dem Rechtsmittelgericht angefallen ist, ein **Verschlechterungsverbot** nach §§ 528 S. 2, 557 I analog (Verbot einer sog. reformatio in peius), BGH MDR 2008, 1181; Brem FamRZ 2009, 366; Düss FamRZ 2008, 1358; OLG Schleswig Rpfleger 2018, 570; Zöller/Heßler Rn. 39, auch bei einer Teilanfechtung. Es besteht also nicht bei einem von Amts wegen prüfbaren Umstand, Celle MDR 2003, 523. Der Austausch einzelner Posten bleibt aber zulässig, KG MDR 1977, 941; Kblz OLGR 2009, 659; Nürnb JurBüro 1975, 771, ebenso eine Ersetzung der Verwerfung durch eine Zurückweisung als unbegründet, KG JurBüro 1986, 220.

30 Ist die Beschwerde erfolglos, wird sie mit der Kostenentscheidung nach § 97 I „zurückgewiesen". Ansonsten wird die angefochtene Entscheidung entsprechend „abgeändert" und der Tenor in der Sache neu gefasst und die Beschwerde ggf. ergänzend „im Übrigen" „zurückgewiesen".

31 Wegen der **formalen Anforderungen** an die Beschwerdeentscheidung vgl. §§ 313 I, 329. Eine getrennte Darstellung von Tatbestand und Entscheidungsgründen wie bei § 313 II, III ist nicht erforderlich; aber eine entsprechende Untergliederung unter „Gründe" zweckmäßig. Darüber hinaus braucht das Beschwerdegericht den Sachverhalt meist nicht darzustellen. Es braucht auch nicht jeden Aspekt zu erörtern, BVerfG NJW 1987, 2499. Es darf aber auch nicht etwa Wesentliches einfach übergehen, Kblz DS 2015, 96; Köln ZIP 1989, 131. Ist jedoch der Beschluss mit der Rechtsbeschwerde nach § 574 angreifbar, muss das Beschwerdegericht ihn nach → § 329 Rn. 6 mit einer Sachverhaltsdarstellung und einer nachvollziehbaren Begründung versehen, BGH NJW 2009, 857. Die Kostenentscheidung ergeht nach §§ 91 ff. Sie erfolgt bei einer Zurückweisung nach § 97 I, Celle MDR 2008, 1180 (evtl. Ergänzung nach § 321).

32 Lässt das Gericht die **Rechtsbeschwerde** nach § 574 I Nr. 2, III zu, muss es das nach → § 511 Rn. 39, → § 543 Rn. 13 ff. schon im Tenor der Beschwerdeentscheidung förmlich aussprechen und anschließend kurz mitbegründen. Eine erst nachträgliche Zulassung ist nach → § 574 Rn. 11 „Nachholung" unwirksam.

33 Das Beschwerdegericht muss nach § 329 III seine Entscheidung dann nach §§ 166 ff. förmlich **zustellen,** wenn sie der **Rechtsbeschwerde** nach § 574 unterliegt. Sonst muss es sie nach § 329 I, II verkünden oder mitteilen. Eine Rechtsmittelbelehrung richtet sich nach §§ 232, 233 II.

34 **XI. Anderweitige Beendigung des Verfahrens. 1. Vergleich.** Hier gilt nach Anh. § 307 dasselbe wie im Urteilsverfahren.

35 **2. Rücknahme der Beschwerde.** Dazu Abramenko MDR 2004, 860: Die Beschwerde kann in der Form, in der sie eingelegt werden konnte, „spiegelbildlich" auch wieder **zurückgenommen** werden. Sie ist entsprechend § 516 zulässig nur bis zur Hinausgabe der Beschwerdeentscheidung nach → § 329 Rn. 21 ff., Ffm FamRZ 1996, 420, und danach noch im Verfahren einer etwaigen Rechtsbeschwerde nach § 574 bis zu dessen Beendigung, BGH MDR 1982, 989. Man muss seine Rücknahme gegenüber demjenigen Gericht erklären, bei dem das Verfahren jetzt schwebt, BGH MDR 1991, 668. Eine **Einwilligung des Gegners** ist nicht nötig. Nimmt der Beschwerdeführer seine sofortige Beschwerde trotz einer bindenden Vereinbarung, über die sich die Parteien verständigen können, vgl. BGH WM 2019, 1762, im Wege des Vergleichs auch schon vor Erlass der Entscheidung, BGH WM 2018, 979, nicht zurück, muss das Beschwerdegericht sie als **unzulässig verwerfen,** BGH NJW 2019, 2479. Über die Folgen der Rücknahme muss das Beschwerdegericht **entsprechend § 516 III entscheiden,** Zweibr FamRZ 1997, 506 (zu § 336); Abramenko MDR 2004, 860.

36 **Wiederholen** lässt sich eine wirksam zurückgenommene sofortige Beschwerde in den Grenzen eines Rechtsmissbrauchs, → § 322 Rn. 8 „Beschluss" (Rechtskraft) und → § 567 Rn. 16 (Rechtschutzbedürfnis), BayObLG FamRZ 1982, 1129; Mü Rpfleger 1983, 294; LG Würzb NJW 1986, 939. Eine Wiederholung kommt zB nach einer Änderung der Verhältnisse infrage.

37 **3. Erledigung der Hauptsache.** Sie ist auch hier nach § 91a möglich, Düss FamRZ 2014, 330. Man kann allein die sofortige Beschwerde nach → § 91a Rn. 253 ff. für erledigt erklären, Ffm NJW-RR 1989, 63; KG NJW-RR 1987, 766; Schulz JZ 1983, 331. Durch eine Entscheidung zur Hauptsache erledigt sich die Beschwerde nach → § 46 Rn. 16 nicht immer, Kahlke ZZP 95, 288.

38 **4. Verzicht.** Er ist **entsprechend § 515** möglich. Ein Verzicht auf die Begründung eines Beschlusses ist kein Verzicht auf eine sofortige Beschwerde, Schlesw NJW-RR 1998, 1371; aM Brdb NJW-RR 1995, 1212 (je zu § 91a; zu formell).

573 *Erinnerung.* I [1]**Gegen die Entscheidungen des beauftragten oder ersuchten Richters oder des Urkundsbeamten der Geschäftsstelle kann binnen einer Notfrist von zwei Wochen die Entscheidung des Gerichts beantragt werden (Erinnerung).** [2]**Die Erinnerung ist schriftlich oder zu Protokoll der Geschäftsstelle einzulegen.** [3]**§ 569 Abs. 1 Satz 1 und 2, Abs. 2 und die §§ 570 und 572 gelten entsprechend.**

II **Gegen die im ersten Rechtszug ergangene Entscheidung des Gerichts über die Erinnerung findet die sofortige Beschwerde statt.**

III **Die Vorschrift des Absatzes 1 gilt auch für die Oberlandesgerichte und den Bundesgerichtshof.**

I. Systematik, Regelungszweck, I–III. Es handelt sich um eine vorrangige Sonderregelung beim Richter nach §§ 361, 362, weil er nicht die Befugnisse des nach §§ 128 I, 309 erkennenden Spruchgerichts hat und beim Urkundsbeamten nach § 153 GVG – auch gegenüber §§ 23 ff. EGGVG, OLG Köln 6.5.2019 – 7 VA 5/19, BeckRS 2019, 30060. Sie gehört als ein bloßer Rechtsbehelf ohne einen Devolutionseffektinnerhalb desselben Rechtszuges eigentlich nicht in dem Beschwerdeabschnitt 3. Vgl. auch § 766, dazu zB → § 104 Rn. 84 ff. sowie zu § 90 II 1 BVerfGG (Hilfscharakter) BVerfGE 107, 395. In der Zwangsvollstreckung regelt § 766 ein Erinnerungsverfahren. § 516 ist für die Rücknahme einer Erinnerung mit zu beachten. 1

Unanwendbar ist § 573 beim Rpfl. Bei ihm gilt § 11 RPflG, → § 104 Rn. 48 ff., BGH NJW-RR 2007, 285, Stgt Rpfleger 2011, 659. 2

II. Regelungszweck, I–III. Die Vorschrift bezweckt eine möglichst starke Angleichung an die Hauptregelung der §§ 567–572 ohne eine Verkennung des Umstands, dass die eigentliche sofortige Beschwerde immer erst nachfolgen kann. Man sollte das ganze derart nur vorgeschaltete Erinnerungsverfahren so großzügig wie möglich handhaben (Prozesswirtschaftlichkeit). Mit der Erinnerung können keine materiellen Einwendungen geltend gemacht werden, die sich auf die „Grundentscheidung" beziehen (LG Hamburg 16.3.2016 – 316 T 5/16). 3

III. Geltungsbereich, I–III. Die Vorschrift gilt bei jeder Anfechtung des Beschlusses eines nach §§ 279 I 2, 361, 362 ersuchten oder beauftragten Richters, eines Urkundsbeamten nach der ZPO oder einem der auf sie verweisenden Gesetze. Sie gilt auch im WEG-Verfahren. Eine entsprechende Regelung für den Rpfl. trifft § 11 II RPflG. Für die Verhängung von Ordnungsmitteln durch den verordneten Richter gilt § 181 GVG. Im FamFG-Verfahren gilt § 573 nach § 46 S. 4 FamFG entsprechend. Im Verfahren der Arbeitsgerichte gilt § 573 nach § 78 S. 1 ArbGG entsprechend. **Unanwendbar** ist § 573 beim Vorsitzenden und beim Einzelrichter. 4

IV. Form und Frist der Erinnerung, I 1, 2. Man muss die Erinnerung nach **I 1** bei dem zuständigen Gericht binnen einer Notfrist nach § 224 I 2 von 2 Wochen seit der Zustellung des Erstbeschlusses nach §§ 166 ff., 569 I 2 einlegen, spätestens 5 Monate seit seiner Verkündung, und zwar nach **I 3** iVm § 569 II schriftlich oder nach **I 2** zum Protokoll der Geschäftsstelle. Bei elektronischer Einreichung gelten §§ 130ad. Danach besteht für das gesamte Verfahren nach § 78 III Hs. 2 kein Anwaltszwang. 5

Zuständig für die Erinnerung ist beim beauftragten oder ersuchten Richter dasjenige vollbesetzte Gericht, das den Auftrag oder das Ersuchen erlassen hat, und beim Urkundsbeamten seines Gerichts. Danach kann nach III auch das Vollstreckungsgericht nach §§ 764, 802 oder ein OLG oder der BGH für die Entscheidung zuständig sein. 6

V. Verfahren, I 2, 3. Man kann die Erinnerung nach § 569 I 1 sowohl bei dem Richter nach §§ 361, 362 einlegen. Die Erinnerung kann schriftlich oder zu Protokoll der Geschäftsstelle eingelegt werden; ein Anwaltszwang besteht hierfür nach § 78 III nicht. Sie muss nach §§ 569 II die Bezeichnung der angefochtenen Entscheidung sowie die Erklärung enthalten, dass man die Entscheidung des Gerichts beantragt. Für die Abhilfe gilt § 572 I 1 Hs. 1. Mangels Abhilfe läuft das Verfahren nach § 572 I 1 Hs. 2 weiter. Der Erinnerung kann unter denselben Voraussetzungen wie bei der sofortigen Beschwerde nach § 570 I eine aufschiebende Wirkung zukommen. Auch § 570 II ist anwendbar. 7

VI. Entscheidung, I 3. Das Gericht prüft und entscheidet nach § 572 II, III aufgrund einer nach § 128 IV freistehenden mündlichen Verhandlung. Die Entscheidung ergeht nach § 572 IV durch einen Beschluss. Das Gericht muss ihm wegen → § 329 Rn. 6 begründen und nach Maßgabe des § 329 III zustellen. Die Erinnerung ist gebührenfrei. 8

VII. Sofortige Beschwerde, II. Rechtsbehelfsbelehrung, Verstoß: §§ 232, 233 S. 2. Erst gegen die im **ersten Rechtszug** ergangene Entscheidung des AG oder LG findet mit Ausnahme des § 11 II RPflG die **sofortige Beschwerde** nach §§ 567–572 statt. Die Zulässigkeit der Beschwerde richtet sich im Übrigen nach den allgemeinen Vorschriften und wird durch II nicht erweitert, MüKoZPO/Lipp Rn. 10. Die Möglichkeit, gegen eine im zweiten Rechtszug ergehende Entscheidung nach § 574 eine Rechtsbeschwerde einzulegen, bleibt unberührt. 9

VIII. Erstreckung auf OLG und BGH, III. Die in I getroffene Regelung gilt auch für diese Gerichte. Gegen eine Entscheidung des OLG kann man unter den Voraussetzungen des § 574 mit der **Rechtsbeschwerde** vorgehen. 10

Titel 2. Rechtsbeschwerde

Vorbemerkung zu § 574

I. Systematik. Die ZPO enthält keine weitere Beschwerde (mehr). Stattdessen regeln §§ 574–577 eine Rechtsbeschwerde wie zB auch § 78 GBO, § 24 LwVG, § 83 GWB, §§ 100 ff. PatG, § 35 III KSpG; Sie gilt auch im Patentverfahren, Seiler GRUR 2011, 287 (Grdz.), ferner auch im WEG-Verfahren, Ffm NZM 2008, 210 und bei § 17a GVG, BGH MDR 2003, 228. Wegen der Arbeitsgerichtsbarkeit vgl. §§ 72 II, 77, 78, 93 ArbGG. Im FamFG-Verfahren gelten §§ 70 ff. FamFG; §§ 74 ff. GWB. 1

Übergangsrecht: § 26 Nr. 10 EGZPO für Entscheidungen vor dem 1.1.2002. 2

II. Regelungszweck. Die Rechtsbeschwerde bewirkt, dass sich auch in einer Beschwerdesache und anderen Nebenverfahren Fragen mit grundsätzlicher Bedeutung durch den **BGH** (§ 133 GVG) klären lassen, um eine höchstrichterliche Entscheidung herbeizuführen und um eine einheitliche Rechtsprechung (auch Rechtsfortbildung) sicherstellen zu können. Die Vorschriften über die auf Überprüfung von Rechtsfragen beschränkte Rechtsbeschwerde folgen weitgehend den Bestimmungen für die Revision. 3

Zeitgemäß sind §§ 574 ff. ebenso wie beim Urteil die §§ 542 ff. 4

III. Geltungsbereich. Die Rechtsbeschwerde gilt im Rahmen des § 574 in allen Verfahren nach der ZPO und den auf sie verweisenden Gesetzen auch bei Nebenentscheidungen in zweiter Instanz, vgl. MüKoZPO/Lipp Rn. 6. Bei einem Zurückweisungsbeschluss nach § 522 II kommt ggf. eine Nichtzulassungsbeschwerde nach § 522 III in Betracht. Zum EuKoPfVODG § 957 (Ausschluss einer Rechtsbeschwerde). 5

574 *Rechtsbeschwerde; Anschlussrechtsbeschwerde.* **I 1Gegen einen Beschluss ist die Rechtsbeschwerde statthaft, wenn**

1. dies im Gesetz ausdrücklich bestimmt ist oder

2. das Beschwerdegericht, das Berufungsgericht oder das Oberlandesgericht im ersten Rechtszug sie in dem Beschluss zugelassen hat.

2§ 542 Abs. 2 gilt entsprechend.

II In den Fällen des Absatzes 1 Nr. 1 ist die Rechtsbeschwerde nur zulässig, wenn

1. die Rechtssache grundsätzliche Bedeutung hat oder

2. die Fortbildung des Rechts oder die Sicherung einer einheitlichen Rechtsprechung eine Entscheidung des Rechtsbeschwerdegerichts erfordert.

III 1In den Fällen des Absatzes 1 Nr. 2 ist die Rechtsbeschwerde zuzulassen, wenn die Voraussetzungen des Absatzes 2 vorliegen. 2Das Rechtsbeschwerdegericht ist an die Zulassung gebunden.

IV 1Der Rechtsbeschwerdegegner kann sich bis zum Ablauf einer Notfrist von einem Monat nach der Zustellung der Begründungsschrift der Rechtsbeschwerde durch Einreichen der Rechtsbeschwerdeanschlussschrift beim Rechtsbeschwerdegericht anschließen, auch wenn er auf die Rechtsbeschwerde verzichtet hat, die Rechtsbeschwerdefrist verstrichen oder die Rechtsbeschwerde nicht zugelassen worden ist. 2Die Anschlussbeschwerde ist in der Anschlussschrift zu begründen. 3Die Anschließung verliert ihre Wirkung, wenn die Rechtsbeschwerde zurückgenommen oder als unzulässig verworfen wird.

1 **I. Systematik, I–IV.** Die Rechtsbeschwerde ist ein Rechtsmittel (Devolutiv- und Suspensiveffekt). Sie bezweckt ähnlich der Revision eine Rechtskontrolle, Seiler/Wunsch NJW 2003, 1840. Es entsprechen im Wesentlichen: **I 1 Nr. 1,** dem § 511 II Nr. 1; **I 1 Nr. 2** den §§ 511 II Nr. 2, 543 I; **II Nr. 1** den §§ 511 IV 1 Nr. 1 Hs. 1, 543 II 1 Nr. 1; **II Nr. 2** den §§ 511 IV 1 Nr. 1 Hs. 2, 543 II 1 Nr. 2; **III 1** dem § 511 IV Nr. 1, 2; **III 2** den §§ 511 IV 2, 543 II 2; **IV 1** den §§ 524 I, II 1 Hs. 1, 554 I; **IV 2** den §§ 524 III 1, 554 III 1; **IV 3** den §§ 524 IV, 554 IV. Im Übrigen erfolgt eine direkte Verweisung. § 516 ist für die Rücknahme einer Rechtsbeschwerde mit zu berücksichtigen.

2 **II. Regelungszweck, I–IV.** Die Rechtsbeschwerde stellt die Beschwerde gegen Entscheidungen der Landgerichte in Berufungs- und Beschwerdeverfahren sowie gegen Entscheidungen der Oberlandesgerichte dar. Geregelt wird die Statthaftigkeit und Zulässigkeit sowie die Möglichkeit einer Anschlussbeschwerde.

3 **III. Geltungsbereich, I–IV. 1. Grundsatz: Umfassende Geltung.** Die Vorschrift gilt in jedem Rechtsbeschwerdeverfahren nach der ZPO und den auf sie verweisenden Gesetzen, auch im WEG-Verfahren, im ZVG-Verfahren (BGH, WM 2016, 2027) und bei §§ 704 ff.

2. Beispiele zur Frage des Geltungsbereichs, I–IV

4 **Arbeitsrecht:** §§ 564 ff. gelten nach § 78 S. 1 ArbG im dortigen Verfahren entsprechend, auch im Beschlussverfahren, BAG NZA 2008, 432. Für die Zulassung nach § 574 I Nr. 2, III gilt § 72 ArbGG, § 78 S. 2 ArbGG, BAG NJW 2012, 2460; Schwab NZA 2002, 1378. Zuständig ist das BAG, § 78 S. 3 ArbGG, BAG NZA 2008, 432. **Unanwendbar** sind §§ 574 ff. bei einer Beschwerde wegen Verletzung des rechtlichen Gehörs nach § 78a ArbGG, BAG NZA 2008, 432.

Arrest, einstweilige Verfügung: Unanwendbar sind §§ 574 ff. im Verfahren nach §§ 916 ff., 935 ff. Das ergibt sich aus I 2 iVm § 542 II 1.

Enteignung: Unanwendbar sind §§ 574 ff. nach dem Urteil über eine vorzeitige Besitzeinweisung im Enteignungsverfahren. Das ergibt sich aus I 2 iVm § 542 II 2.

Familiensache: Formell vorrangig gelten §§ 70 ff. FamFG mit einer freilich mit §§ 574 ff. weitgehend übereinstimmenden Regelung.

Insolvenz: Nach Aufhebung von § 7 InsO gelten §§ 574 ff. auch im Insolvenzverfahren, BGH NJW-RR 2004, 694, ferner im Verfahren nach der GesO, BGH NJW-RR 2004, 575. Vgl. aber BGH WM 2011, 1084.

KapMuG: In diesem Verfahren gelten vorrangig §§ 16, 20 KapMuG, SchlAnh VIII; die einen Antrag auf Erweiterung eines Musterverfahrens zurückweisende Entscheidung ist unanfechtbar, BGH AG 2020, 187

Kostenbeschwerde: Unanwendbar sind §§ 574 ff. wegen §§ 66 III 3, 68 GKG, BGH MDR 2009, 45; BAG DB 1997, 884.

Kostenfestsetzung: §§ 574 ff. gelten im Verfahren nach §§ 103 ff., BGH ZIP 2013, 2427.

KSpG: § 35 IV, V KSpG (Kartellsenat des BGH).

Markenrecht: § 83 MarkenG, BGH GRUR 2014, 1025.

Nichtzulassung: Unanwendbar sind §§ 574 ff. grds. nach einer Nichtzulassung, BAG NJW 2003, 1069, vgl. auch § 77 S. 4 ArbGG. Die Nichtzulassung der Rechtsbeschwerde ist nicht anfechtbar, BGH ZInsO 2019, 1795; WuM 2008, 113.

Patentstreit: Anwendbar ist zB I Nr. 2 im Nichtigkeitsverfahren gegen eine Erinnerungsentscheidung des Patentgerichts bei der Kostenfestsetzung, BGH GRUR 2013, 427.

Prozesskostenhilfe: §§ 574 ff. gelten im Verfahren nach §§ 114 ff., BGH 10.7.2018 – XI ZB 7/18, BeckRS 2018, 17333; BGH NJW 2003, 1126.

Rechtswegentscheidung nach § 17a IV 4 GVG.

Sicherheitsleistung: Unanwendbar sind §§ 574 ff. bei einer Anordnung einer Sicherheitsleistung durch das Beschwerdegericht, BGH IPRax 2017, 488; WM 2016, 2272.

Umlegung: Unanwendbar sind §§ 574 ff. im Umlegungsverfahren. Das ergibt sich aus I 2 iVm § 542 II 2.

Unzuständigkeit: Unanwendbar sind §§ 574 ff. im Verfahren nach § 545 II, BGH NJW 2003, 1531; BAG NJW 2003, 1612; Huber ZRP 2003, 269.

Verwerfung: Anwendbar sind §§ 574 ff. auch bei einem Verwerfungsbeschluss nach § 522 I 4, BGH NJW 2018, 1022; allerdings nicht bei Zurückweisungsbeschluss nach § 522 II, vgl. § 522 III. **Unanwendbar** sind §§ 574 ff. gegen die Verwerfung einer Erstbeschwerde, BGH MDR 2005, 927 (auch nicht durch eine Zulassung nach Nr. 2).

IV. Statthaftigkeit, I. Die erste Prüfung geht dahin, ob überhaupt eine Rechtsbeschwerde vorliegt, BGH ZIP 2011, 1875. Man muss evtl. umdeuten, Köln MDR 2009, 1411, dort verneint). Sodann gilt: Die Rechtsbeschwerde muss zunächst überhaupt generell statthaft sein, BGH NJW 2016, 718. Dies ist nicht bei unanfechtbaren Entscheidungen der Fall, BGH NJW-RR 2020, 132. Die Statthaftigkeit setzt insbesondere voraus, dass die sofortige Beschwerde nach § 567 I bereits statthaft und zulässig gewesen ist, BGH MDR 2020, 878; WM 2010, 2122. Nur gegen einen Beschluss ist die Rechtsbeschwerde statthaft, und zwar nur in den folgenden abschließend genannten Fällen, BGH FamRZ 2008, 1168. 5

Nach I ist die Rechtsbeschwerde ohne Rücksicht darauf statthaft, ob es sich um eine Endentscheidung oder um eine Nebenentscheidung handelt. Eine **Wertgrenze** gibt es nicht. Eine analoge Anwendung von § 567 II kommt nicht in Betracht BGH Rpfleger 2005, 114. Eine bloße Zwischenentscheidung reicht nicht, BGH FamRZ 2008, 1169. Eine außerordentliche Rechtsbeschwerde wegen greifbarer Gesetzwidrigkeit ist unstatthaft, BGH MDR 2004, 466. Das gilt auch im Prozesskostenhilfeverfahren nach § 127, BGH VersR 2004, 491. An ihre Stelle tritt bei einer Verletzung des Anspruchs auf rechtliches Gehör das Verfahren nach → § 321a Rn. 91, BGH NJW 2004, 1531. Eine Verfassungsbeschwerde ist grundsätzlich erst nach einer Erschöpfung der Rechtsbeschwerde statthaft, BVerfG NJW 2003, 1176. Eine nur gegen die Kosten gerichtete Rechtsbeschwerde braucht stets eine Zulassung, BGH MDR 2008, 330. 6

Gegenstandslos kann die Rechtsbeschwerde durch eine Wiedereinsetzung durch das Berufungsgericht nach § 238 werden, BGH NJW-RR 2006, 143 (keine förmliche Aufhebung), BGH FamRZ 2006, 34 (nicht bei einer schon ständig entschiedenen Frage), ferner zB durch die Aufhebung oder Änderung des angegriffenen Festsetzungsbeschlusses nach § 104, BGH FamRZ 2007, 552. Mangels Statthaftigkeit der Rechtsbeschwerde ist keine Wiedereinsetzung statthaft, BGH WuM 2011, 485. 7

1. Entweder: Ausdrückliche Bestimmung, I 1 Nr. 1. Die Rechtsbeschwerde ist nach **I 1 Nr. 1** dann statthaft, wenn das Gesetz es ausdrücklich bestimmt, BGH ZIP 2017, 908. Das gilt zB nach §§ 238 II, § 522 I 4, BGH NJW-RR 2006, 1435, § 1065 I 1, 1115 V, 20 I KapMuG, nach § 15 I AVAG, nach § 17a IV 4 GVG, BGH NJW-RR 2003, 277, ferner nach § 78 S. 2 GBO, BayObLG FamRZ 2005, 1268, nach §§ 6, 7, 34 InsO, BGH NJW 2002, 1658, Pape NZI 2001, 516, oder nach § 3 II 3 SvertO und **kumulativ** dann die Voraussetzungen des **II** erfüllt sind 8

2. Oder: Zulassung, I 1 Nr. 2. Die Rechtsbeschwerde ist nach **I 1 Nr. 2** ferner dann statthaft, wenn das Beschwerdegericht, das Berufungsgericht oder das OLG zB nach § 1062 im ersten Rechtszug sie in voller Besetzung und schon in dem Beschluss ausdrücklich zugelassen hat, BGH ZIP 2017, 908. Das kann im Tenor oder in den Beschlussgründen erfolgt sein, BAG DB 2007, 696. Maßgebend ist das Original und nicht eine fehlerhafte Ausfertigung oder Abschrift, BGH NJW-RR 2016, 1463. Das Rechtsbeschwerdegericht ist auch dann an die Zulassung gebunden, wenn die Rechtsbeschwerde als Verfahren für die Klärung der materiell-rechtlichen Gründen im konkreten Fall an sich nicht vorgesehen ist, wie zB eine Zulassung im Kostenverfahren nach § 91a zur Klärung einer Rechtsfrage grundsätzlicher Bedeutung (BGH 27.4.2021 – VIII ZB 44/20, BeckRS 2021, 11951). Schweigen bedeutet Nichtzulassung. Die Zulassung ist unwirksam, wenn hierdurch ein an sich nicht vorgesehener Instanzenzug eröffnet wird, da eine an sich unanfechtbare Entscheidung nicht durch Zulassung des Rechtsmittels einer Anfechtung unterworfen werden kann (vgl. BGH NJW 2020, 1074; ZInsO 2020, 401; NJW-RR 2013, 490). Eine Ausnahme kommt nur dann in Betracht, wenn das Beschwerdegericht eine an sich nicht anfechtbare Entscheidung des Ausgangsgerichts trotzdem abändert und der dadurch erstmals beschwerte Rechtsbeschwerdeführer gegen eine entsprechende erstinstanzliche Entscheidung sofortige Beschwerde hätte einlegen können (BGH MDR 2020, 878; NZI 2017, 487). 9

Die Zulassung kann gesetzlich ausgeschlossen sein, zB nach § 127 II bei einer Bewilligung, BGH JurBüro 2008, 40, oder nach §§ 542 II, 1065 I 2. 10

3. Beispiele zur Frage einer Zulassung, I 1 Nr. 2

Amtsgericht: Nicht ausreichend ist die Zulassung durch ein AG, BGH NJW-RR 2007, 285, auch nicht im Erinnerungsverfahren wegen einer Entscheidung des Rpfl., BGH BB 2006, 2552. 11

Anhörungsrüge: § 321a ist entsprechend anwendbar, BGH MDR 2007, 1276, jedoch **keine** Bindung an eine nach § 321a ergangene Entscheidung, wenn ein entsprechender Verstoß gar nicht vorlag, BGH, NJW-RR 2016, 955

Arrest, einstweilige Verfügung: Nicht ausreichend ist nach I 2 iVm § 542 II 1 eine „Zulassung" im Eilverfahren nach §§ 916 ff., 935 ff., BGH WuM 2009; BAG MDR 2003, 650; aM BGH NJW 2008, 2041

Berichtigung: § 319 ist anwendbar, BGH MDR 2009, 888.

Einzelrichter: Wegen einer verbotenen Zulassung durch ihn → § 568 Rn. 14.

Erinnerung: „Amtsgericht".

Erledigung der Hauptsache: Nicht ausreichend ist eine „Zulassung" im Verfahren wegen der Kosten nach → § 91a Rn. 125 ff., BGH WuM 2011, 242. Eine dennoch erfolgte Zulassung bindet aber.

Fehlerhafte Ausfertigung: Nicht ausreichend ist die nur dort erfolgte „Zulassung" unabhängig von deren Zustellungszeitpunkt, BGH WM 2016, 2180.

Gesetzesverbot: Nicht ausreichend ist eine Zulassung entgegen ihrem gesetzlichen Verbot, BGH NJW-RR 2017, 253. Die Vorderentscheidung muss also überhaupt anfechtbar sein, BGH ZIP 2017, 908.

Insolvenz: Zulassungsfrei ist nur eine Altsache, BGH NJW-RR 2015, 46.

Irrtum: *Ausreichend ist eine irrige Bezeichnung der Zulassung,* zB als „weitere Beschwerde" statt als Rechtsbeschwerde. Denn das gebietet der sog. Meistbegünstigungsgrundsatz nach → Vor § 511 Rn. 29 auch hier, BGH MDR 2003, 285.

Kostenansatz: Nicht ausreichend ist eine „Zulassung" im Verfahren über den Kostenansatz nach §§ 91 ff., BGH NJW 2003, 70, BAG NZA 2003, 682.

Kostenentscheidungen: Die Rechtsbeschwerde ist eröffnet, wenn sie zugelassen worden ist (I 2, II) so zB § 91a, §§ 93, 99 Abs. 2 und § 269 Abs. 4, soweit nicht § 574 Abs. 1 S. 2 iVm § 542 Abs. 2 eingreift.

Nachholung: Nicht ausreichend ist eine Ergänzung oder Nachholung der „Zulassung", BGH MDR 2009, 887.

Nichtzulassung: Grundsätzlich **nicht** ausreichend ist eine Nichtzulassung, BGH ZMR 2016, 587. Wegen einer Ausnahme BGH WuM 2011, 325; eine Nichtzulassung ist unanfechtbar BGH WM 2004, 599.

Prozesskostenhilfe: Ausreichend ist eine Zulassung im Verfahren nach §§ 114 ff., BGH GRUR-RR 2011, 439. Sie ist aber auch nötig, BGH FamRZ 2011, 1582.

Rechtliches Gehör: „Verfahrensgrundrecht".

Rechtsmittelbelehrung: Nicht ausreichend ist nur eine solche, BGH MDR 2014, 556. Eine fehlerhafte Rechtsbehelfsbelehrung eröffnet kein Rechtsmittel, das von Gesetzes wegen unstatthaft ist.

Teilbeschwerde: Ausreichend ist eine Zulassung wegen eines tatsächlich und rechtlich abtrennbaren Teils.

Sachverständiger: Keine selbständige Anfechtung bei Verweigerung einer Weisung nach § 404a IV.

Vorausgesetzt ist ein selbständiger und daher nach §§ 145, 301 abtrennbarer Teil des Streitstoffs wie bei → § 543 Rn. 10, BGH NJW 2011, 2371. Die Statthaftigkeit muss sich aber auch zu diesem abtrennbaren Teil ergeben, BGH NJW-RR 2006, 1483.

Unstatthaftigkeit: Nicht ausreichend ist eine Zulassung bei einer gesetzlichen Unstatthaftigkeit nach → Rn. 5, BGH FamRZ 2012, 1204.

Unzulässigkeit der Erstbeschwerde: Nicht ausreichend ist eine „Zulassung" bei einer Unzulässigkeit der Erstbeschwerde nach → § 567 Rn. 5 ff., 12 ff., BGH ZIP 2011, 1170.

Verfahrensgrundrecht: Ausreichend ist die Zulassung wegen des Verstoßes gegen ein Verfahrensgrundrecht, BGH ZIP 2010, 396. Das gilt zB bei Art. 3 I GG, BGH NJW 2003, 1945, bei Art. 20 I GG, BGH ZIP 2010, 149, oder bei Art. 103 I GG.

Zuständigkeitsbestimmung: Nicht ausreichend ist eine „Zulassung" im Verfahren nach §§ 36, 37, BayObLG NJW 2002, 2888.

12 **V. Zulässigkeit im Übrigen.** Dazu Seiler/Wunsch NJW 2003, 1840: Zur Statthaftigkeit nach → Rn. 5 muss eine Zulässigkeit als besondere Prozessvoraussetzung hinzutreten, BGH NJW 2016, 718 und NZM 2016, 446. Die Zulassungsgründe stimmen mit denjenigen der Revision nach § 543 II 1 Nr. 1, 2 überein, BGH WM 2011, 136. Man muss also wie folgt unterscheiden.

13 **1. Entweder: Grundsätzliche Bedeutung, II Nr. 1.** Nach dieser Vorschrift ist die Rechtsbeschwerde dann zulässig, wenn die Rechtssache eine grundsätzliche Bedeutung hat, BGH NZG 2016, 429 und Rpfleger 2016, 432, wie bei § 543 II 1 Nr. 1, BGH ZIP 2012, 999, oder bei § 321a. Das gilt zB beim Verstoß gegen Art. 103 I GG, BGH NJW 2009, 3162, oder einer höchstrichterlich noch ungeklärten Rechtsfrage, BGH WuM 2012, 158, Celle ZIP 2012, 1983. Es gelten dieselben Kriterien wie für die Zulässigkeit der **Revision.** Die Zulässigkeit nach II Nr. 1 lässt sich nicht damit begründen, dass schon die Statthaftigkeit nach I von grundsätzlicher Bedeutung sei, BGH NJW 2002, 2473. Auch hier darf der Beschwerdeweg nicht weitergehen als in der zugehörigen Hauptsache, BGH FamRZ 2005, 790. Die Voraussetzungen müssten auch bei einer Rechtsbeschwerde gegen einen Verwerfungsbeschluss nach § 522 I 2 vorliegen, BGH NJW-RR 2006, 863 und NJW-RR 2006, 1347, falls sie dann überhaupt statthaft wäre. Die Klärung des sachlichen Rechts ist hier unstatthaft, BGH NJW-RR 2004, 1220.

14 **2. Oder: Rechtsfortbildung usw., II Nr. 2.** Die Rechtsbeschwerde ist ferner dann zulässig, wenn die Fortbildung des Rechts oder die Sicherung einer einheitlichen Rechtsprechung eine Entscheidung des Rechtsbeschwerdegerichts erfordert, BGH NJW-RR 2016, 10. vgl. mit § 543 II 1 Nr. 2, BGH ZVI 2016, 14; VersR 2007, 662. Hier ist die Rechtsbeschwerde also dann zulassungsbedürftig, wenn nach III eine der genannten Voraussetzungen vorliegt. Der Beschwerdeführer muss eine kaum erträgliche grundlegende Abweichung vorhandener Entscheidungen voneinander darlegen, BGH NJW-RR 2007, 1301. Eine grundsätzliche Bedeutung liegt auch hier nur dann vor, wenn die Sache eine solche entscheidungsbedürftige, erklärungsbedürftige und -fähige symptomatisch wirkende Rechtsfrage aufwirft, die sich in einer unbestimmten Vielzahl von Fällen stellen kann, BGH NJW-RR 2007, 1301. Auch hier kann ein Verstoß gegen Art. 2 I, Art. 3 I oder Art. 103 I GG reichen, BGH NJW-RR 2013, 1395. Eine schon geklärte Frage reicht nicht, BGH NJW 2017, 1554. Auch eine abstrakte Rechtsfrage reicht nicht, BGH MDR 2004, 1250. Darüber entscheidet das Beschwerdegericht. Bejaht es die Voraussetzungen, lässt es die Rechtsbeschwerde nach zu, und zwar grundsätzlich mit einer **Bindungswirkung** für das Rechtsbeschwerdegericht. Aber auch → Rn. 16. Das alles gilt auch in einer Prozesskostenhilfesache nach § 114, BGH FamRZ 2005, 790; BAG NZA 2015, 1230. Verneint es sie, sieht es von einer Zulassung ab, und zwar unanfechtbar und unabänderlich, BGH AnwBl 2007, 870; BAG NJW 2003, 1069.

15 **Unzulässig** ist ein in der Vorinstanz versäumter Angriff selbst wegen eines Grundrechtsverstoßes, BGH NJW-RR 2015, 1150.

16 **3. Bindungsfragen, II Nr. 1, 2, III 2.** Bei einem bloßen Versehen ist eine Berichtigung nach §§ 319, 329 möglich, BGH NJW 2005, 156, auch entsprechend § 321 eine Ergänzung, einschränkend BGH NJW 2004, 2529 (diese nur bei willkürlicher Nichtzulassung eine Anhörungsrüge entsprechend § 321a). Eine **Bindung** nach III 2 tritt nur dann **nicht** ein, wenn das Gesetz eine weitere Anfechtung ausschloss, BGH MDR 2015, 1197, Künkel MDR 2006, 490. Nach einer Nichtzulassung bindet eine folgende Zulassung den BGH nur dann, wenn die ursprüngliche Entscheidung gegen allgemeine Verfahrensgrundrechte verstieß, BGH NJW-RR 2016, 955. Die rechtsirrige Zulassung einer kraft Gesetzes unstatthaften Rechtsbeschwerde durch das Berufungsgericht eröffnet entgegen dem Bindungsgrundsatz → Rn. 14 hier ausnahmsweise **nicht** ein schon gesetzlich unstatthaftes Rechtsmittel, BGH NJW 2018, 1607; BGH NZM 2018, 279; vgl. auch Baumert MDR 2004, 71; Künkel MDR 2006, 486. Auch Bindung bei Zulassung durch den Einzelrichter, wenn die Entscheidung auch im Hinblick auf die fehlerhafte Besetzung des Beschwerdegerichts aufzuheben ist, BGH NJW-RR 2012, 125; BGHZ 154, 200. Auch die einzelne Zulassung einer schon kraft Gesetzes statthaften Rechtsbeschwerde bindet das Rechtsbeschwerdegericht nicht schon wegen der Zulassung, BGH MDR 2005, 927. Hat das Beschwerdegericht eine schon kraft Gesetzes statthafte Rechtsbeschwerde irrig auch noch von sich aus zugelassen, bestehen verringerte Anforderungen an die Darstellung der Zulässigkeitsvoraussetzungen, BGH MDR 2005, 949. Eine solche Entscheidung, die das Gesetz der Anfechtung entzieht, bleibt auch bei ihrer irrigen Zulassung unanfechtbar, BGH WuM 2011, 571. Beim Zweifel über eine Statthaftigkeit kraft Gesetzes ist eine erfolgte Zulassung bindend, BGH MDR 2011, 1494. Keine Bindung nach III 2 tritt bei der Entscheidungserheblichkeit von nicht bundeseinheitlichem Landes*recht ein, BGH NJW 2009, 3588 (zu § 29 I, II EGGVG).* **Keine** Bindung bei fehlerhafter Zulassung durch das Berufungsgericht nach § 522 II, da insoweit eine Nichtzulassungsbeschwerde nach § 522 III in Betracht kommt.

17 **Neues tatsächliches Vorbringen** ist grundsätzlich **unzulässig,** BGH AnwBl. Online 2018, 95; MDR 2004, 108 (soweit es sich nicht um einen von Amts wegen prüfbaren Umstand handelt).

4. Verfahren, II Nr. 1, 2, III. Stets muss eine **Beschwer** und ein **Rechtsschutzbedürfnis** vorliegen, BGH WuM 2012, 114. Ob eine der Voraussetzungen nach **I 1,** II vorliegen, entscheidet das Rechtsbeschwerdegericht an sich ohne eine Bindung an die vorherige Zulassung, BGH NJW 2006, 2924, aber auch ohne ein eigenes Ermessen aufgrund der Verhältnisse im Entscheidungszeitpunkt, BGH MDR 2004, 107 krit. Künkel MDR 2006, 490. Es muss sie dann verneinen, wenn der Rechtbeschwerdeführer nur einen von zwei selbständigen Entscheidungsgründen angreift, BGH ZIP 2011, 341. Eine Unzulässigkeit erfasst auch die Kostenfrage, BGH MDR 2012, 795. Es ist auch wie bei → § 543 Rn. 11 eine nur beschränkte Zulassung möglich, BGH WuM 2011, 137. Denn der Rechtsfehler muss entscheidungserheblich sein, BGH NJW 2006, 776. Bei einer Rechtsbeschwerde gegen einen Musterentscheid nach dem KapMuG, SchlAnh VIII, hat die Sache nach § 20 I 2 KapMuG immer eine grundsätzliche Bedeutung. Verneint es sie, verwirft das Rechtsbeschwerdegericht die Rechtsbeschwerde nach § 577 I als unzulässig, BGH NJW-RR 2006, 142. Hätte eine Nichtzulassungsbeschwerde im Zeitpunkt ihrer Einlegung wegen grundsätzlicher Bedeutung Erfolg haben müssen und erledigt sich dieser Zulassungsgrund vor der Entscheidung über die Nichtzulassungsbeschwerde durch eine Entscheidung des Revisionsgerichts in anderer Sache, muss man die Revision gleichwohl dann zulassen, wenn sie in der Sache selbst Aussicht auf Erfolg hat, BGH WuM 2012, 403. Andernfalls muss man die Rechtsbeschwerde unter einem Hinweis auf das Fehlen einer Erfolgsaussicht zurückweisen, BGH NJW-RR 2005, 438. War eine Zulässigkeit nach der Einlegung der Rechtsbeschwerde infolge einer Änderung der höchstrichterlichen Rspr. zweifelhaft, kann die Zulässigkeit bestehen bleiben, BVerfG WM 2005, 2015. 18

Die Zulassung nach **I 2** ist beim Vorliegen ihrer Voraussetzungen zwingend. Sie bindet nach III 2 grundsätzlich das Rechtsbeschwerdegericht, BGH WuM 2011, 698. Das gilt auch nach einer vorinstanzlichen Nachholung der Zulassung, BGH WuM 2015, 320. Es gilt nur dann nicht, wenn eine Zulassung gesetzlich ausgeschlossen war, BGH MDR 2010, 944 und 946. Eine Nichtzulassung ist unanfechtbar, BVerfGE 28, 21; BGH DGVZ 2016, 25; BAG NZA 2009, 1374. Eine willkürliche Nichtzulassung kann § 321a entsprechend anwendbar machen, BGH NJW-RR 2007, 1654. Die Rechtsbeschwerde ist unzulässig, wenn auf sie entsprechend §§ 565, 515 **verzichtet** wurde. 19

VI. Anschlussrechtsbeschwerde, IV. Nur der Rechtsbeschwerdegegner kann sich der Rechtsbeschwerde anschließen, BGH WM 2014, 1585. § 99 I hindert nicht, BGH, WM 2016, 2360. Das Nähere bestimmt IV inhaltlich übereinstimmend mit den Vorschriften über die Anschlussrevision nach § 554 (**unselbständige** Wirkung). Der Anschlussbeschwerdegegner darf nicht dasselbe Ziel wie sein Gegner verfolgen, BGH WM 2014, 1585. Eine unzulässige Rechtsbeschwerde kann eine zulässige Anschlussrechtsbeschwerde bedeuten, BGH WM 2014, 1764. 20

575 *Frist, Form und Begründung der Rechtsbeschwerde.*

I [1]Die Rechtsbeschwerde ist binnen einer Notfrist von einem Monat nach Zustellung des Beschlusses durch Einreichen einer Beschwerdeschrift bei dem Rechtsbeschwerdegericht einzulegen. [2]Die Rechtsbeschwerdeschrift muss enthalten:

1. die Bezeichnung der Entscheidung, gegen die die Rechtsbeschwerde gerichtet wird und
2. die Erklärung, dass gegen diese Entscheidung Rechtsbeschwerde eingelegt werde.

[3]Mit der Rechtsbeschwerdeschrift soll eine Ausfertigung oder beglaubigte Abschrift der angefochtenen Entscheidung vorgelegt werden.

II [1]Die Rechtsbeschwerde ist, sofern die Beschwerdeschrift keine Begründung enthält, binnen einer Frist von einem Monat zu begründen. [2]Die Frist beginnt mit der Zustellung der angefochtenen Entscheidung. [3]§ 551 Abs. 2 Satz 5 und 6 gilt entsprechend.

III Die Begründung der Rechtsbeschwerde muss enthalten:

1. die Erklärung, inwieweit die Entscheidung des Beschwerdegerichts oder des Berufungsgerichts angefochten und deren Aufhebung beantragt werde (Rechtsbeschwerdeanträge),
2. in den Fällen des § 574 Abs. 1 Nr. 1 eine Darlegung zu den Zulässigkeitsvoraussetzungen des § 574 Abs. 2,
3. die Angabe der Rechtsbeschwerdegründe, und zwar
  a) die bestimmte Bezeichnung der Umstände, aus denen sich die Rechtsverletzung ergibt;
  b) soweit die Rechtsbeschwerde darauf gestützt wird, dass das Gesetz in Bezug auf das Verfahren verletzt sei, die Bezeichnung der Tatsachen, die den Mangel ergeben.

IV [1]Die allgemeinen Vorschriften über die vorbereitenden Schriftsätze sind auch auf die Beschwerde- und die Begründungsschrift anzuwenden. [2]Die Beschwerde- und die Begründungsschrift sind der Gegenpartei zuzustellen.

V Die §§ 541 und 570 Abs. 1, 3 gelten entsprechend.

I. Systematik, I–V. § 575 legt zunächst das Einlegungsgericht fest und regelt Frist und Form für die Einlegung sowie die Begründung der Rechtsbeschwerde. Ergänzend sind die allgemeinen Vorschriften über die vorbereitenden Schriftsätze (IV) anzuwenden. Dies entspricht im Kern den Regelungen bezüglich Revision und Berufung. In bestimmten Fällen kann auch die Rechtsbeschwerde aufschiebende Wirkung entfalten (einschließlich entsprechender einstweiliger Anordnungen). 1

II. Geltungsbereich, I–V. Die Vorschrift gilt in jedem Rechtsbeschwerdeverfahren nach der ZPO und den auf sie verweisenden Gesetzen. Sie gilt auch im WEG-Verfahren. Im Verfahren der Arbeitsgerichte gilt § 575 entsprechend, ebenso vor dem Familiengericht, BGH FamRZ 2012, 1866; vgl. auch § 71 II FamFG, § 78 III GBO. 2

III. Einlegung der Rechtsbeschwerde, I, IV. 1. Beschwerdefrist, I 1. Man muss die Rechtsbeschwerde binnen einer Notfrist nach § 224 I 2 von 1 Monat seit der wirksamen **Zustellung** des anzufechtenden Beschlusses von Amts wegen nach §§ 166 ff., 329 II 2 einlegen. Die Regelung entspricht § 548. Eine Bestimmung über eine Hilfsfrist von 5 Monaten wie in § 569 I 2 fehlt. Daher läuft bei einer fehlenden oder unwirksamen 3

Zustellung keine Frist, BAG NJW 2008, 1610. Ggf. kann es am Rechtschutzbedürfnis fehlen. Eine Wiedereinsetzung ist nach §§ 233 ff. statthaft, BGH Rpfleger 2010, 691.

4 **2. Form, I 1, 3.** Sie erfolgt durch die Einreichung einer Beschwerdeschrift nur bei dem Rechtsbeschwerdegericht, also nach § 133 GVG beim BGH, BGH NJW-RR 2004, 1714, und zwar nach § 78 I 3 grundsätzlich wirksam nur durch einen dort zugelassenen Anwalt, BGH NJW 2013, 1011; Gehrlein MDR 2003, 553. Das gilt auch nach einem erstinstanzlich bloßen Parteiprozess nach → § 78 Rn. 1. Bei elektronischer Einreichung gelten §§ 130ad. §§ 569 III Nr. 1, 571 IV sind unanwendbar. Der **Bezirksrevisior** ist bei § 127 III allerdings ebenfalls postulationsfähig, BGH NJW 2009, 3658; NJW-RR 2005, 1237. Diese Regelung macht sowohl eine **Abhilfe** durch das Vordergericht als auch eine **Nichtzulassungsbeschwerde unstatthaft.** Wegen der Einzelheiten vgl. § 549 I 1. Mit der Beschwerdeschrift soll der Rechtsbeschwerdeführer nach **I 3** eine Ausfertigung oder beglaubigte Abschrift oder Ablichtung der angefochtenen Entscheidung vorlegen.

5 **3. Inhalt der Rechtsbeschwerdeschrift, I 2.** Für den Inhalt gilt dasselbe, wie nach §§ 549 I 2, 551 für die Revision. Die Umdeutung einer „weiteren" Beschwerde in eine Rechtsbeschwerde kommt infrage, sofern letztere nach → § 574 Rn. 5 statthaft ist, BGH NJW 2002, 1958; Gehrlein MDR 2003, 553. Es kann aber auch gerade die Auslegung dahin nötig sein, dass gerade keine Rechtsbeschwerde vorliegt, BGH NJW 2014, 3731.

6 **4. Ergänzende Bestimmungen, IV.** Auf die Beschwerdeschrift sind nach **IV 1 ergänzend** die allgemeinen Vorschriften über die vorbereitenden Schriftsätze nach **§§ 130 ff.** anwendbar. Vgl. § 549 II. Eine Umdeutung in das Zulässige ist nach → Rn. 5 statthaft. Das Rechtsbeschwerdegericht muss die Beschwerdeschrift der Gegenpartei nach **IV 2** zustellen. Die formelle Rechtskraft nach §§ 329, 705 tritt erst mit dem ergebnislosen Ablauf der Einlegungsfrist ein, BGH FamRZ 2008, 2019 (zum alten Recht).

7 **IV. Begründung der Rechtsbeschwerde, II–III.** Eine ordnungsmäßige Begründung ist nach § 577 I 2 eine Zulässigkeitsbedingung. Man unterscheidet im Wesentlichen zwei Einzelfragen.

8 **1. Begründungsfrist, II.** Sie beträgt 1 Monat, **II 1.** Sie beginnt nach **II 2** mit der Zustellung der angefochtenen Entscheidung und im Prozesskostenhilfeverfahren mit der Bekanntgabe des Beschlusses des Vordergerichts, BGHZ 176, 379. Der Rechtsbeschwerdeführer hat also nur 1 Monat Zeit zur Einlegung und Begründung der Rechtsbeschwerde. Innerhalb dieser Frist kann er die Begründung gesondert nachreichen. Für die **Verlängerung** der Frist gilt § 551 II 5, 6 nach **II 3** entsprechend, BGH NJW 2003, 3782. Zur **Wiedereinsetzung** nach §§ 233 ff. BGH NJW 2008, 3500.

9 **2. Inhalt der Begründung, III.** Sie muss enthalten: Die Rechtsbeschwerdeanträge nach **III Nr. 1,** vgl. § 551 III Nr. 1 (Umfang der Rechtsbeschwerde); ferner in den Fällen der Rechtsbeschwerde nach § 574 I Nr. 1 auch eine substantiierte Darlegung zu den Zulässigkeitsvoraussetzungen des § 574 II nach **III 2,** BGH, FamRZ 2019, 229, MDR 2005, 718, und zwar bei mehreren selbständig tragenden Gründe zu jedem von ihnen, BGH NJW-RR 2006, 1438; schließlich die Angabe der Rechtsbeschwerdegründe, BGH NJW 2014, 3099. Vgl. auch § 544 II 3, BGH FamRZ 2010, 890, und nach § 551 III 2, → § 551 Rn. 10 ff. Wird nur gerügt, dass das materielle Recht verletzt ist **(Sachrüge),** wird die Rechtsanwendung aufgrund des festgestellten Sachverhaltes überprüft (§§ 577 II 4, 559). Insoweit genügt es, wenn näher dargelegt wird, warum die Rechtsanwendung fehlerhaft ist. Bei gerügten Verfahrensverstößen **(Verfahrensrüge),** ist es auch erforderlich, dass die entsprechenden Tatsachen angegeben werden, weil sie sich aus dem angefochtenen Beschluss nicht ergeben. Soweit die Rechtbeschwerde zulässig ist, prüft das Rechtsbeschwerdegericht dann aber umfassend (§ 577 II 3), bei Verfahrensverstößen aber nur beschränkt bei ordnungsgemäßer Rüge, es sei denn, diese sind von Amts wegen zu berücksichtigen (§ 577 II 3).

10 **V. Weiteres Verfahren, V. 1. Einforderung und Rückgabe der Verfahrensakten.** Für sie gilt § 541 I entsprechend.

11 **2. Aufschiebende Wirkung.** Für sie gilt § 570 I, III. Daher tritt eine aufschiebende Wirkung nach § 570 I nur ausnahmsweise ein. Das Rechtsbeschwerdegericht darf jedoch nach § 570 III eine einstweilige Anordnung erlassen, BGH WuM 2011, 703. Das gilt aber nur, soweit dem Rechtsbeschwerdeführer größere Nachteile drohen als anderen Beteiligten, BGH WuM 2011, 703. Es handelt sich nicht um eine einstweilige Verfügung, BGH NJW-RR 2006, 333. Das Rechtsbeschwerdegericht kann auch die Vollziehung der Erstentscheidung aussetzen, BGH WuM 2017, 163, soweit eine Erfolgsaussicht besteht, BGH WuM 2011, 703. Das kann auch von Amts wegen geschehen, BGH NJW 2006, 3556. Das Fehlen eines Schutzantrags nach § 712 I 1 soll hier unschädlich sein, BGH MDR 2017, 303.

12 **3. Prozesskostenhilfe.** Sie ist möglich, soweit eine Erfolgsaussicht nach → § 114 Rn. 27 besteht, BGH FamRZ 2005, 1066.

576 *Gründe der Rechtsbeschwerde.* I **Die Rechtsbeschwerde kann nur darauf gestützt werden, dass die Entscheidung auf der Verletzung des Bundesrechts oder einer Vorschrift beruht, deren Geltungsbereich sich über den Bezirk eines Oberlandesgerichts hinaus erstreckt.**

II **Die Rechtsbeschwerde kann nicht darauf gestützt werden, dass das Gericht des ersten Rechtszuges seine Zuständigkeit zu Unrecht angenommen oder verneint hat.**

III **Die §§ 546, 547, 556 und 560 gelten entsprechend.**

1 **I. Systematik, Regelungszweck, I–III.** Die Vorschrift entspricht in I, II §§ 513 I, II. In III wird aus solcher inhaltlichen Entsprechung auch formal eine glatte Verweisung auf einschlägige Vorschriften des Revisionsrechts. Der Zweck ist in allen Teilen des § 576 derselbe, wie bei den oben genannten entsprechenden Bestimmungen.

2 **II. Geltungsbereich, I–III.** Die Vorschrift gilt in jedem Rechtsbeschwerdeverfahren nach der ZPO und den auf sie verweisenden Gesetzen. Sie gilt auch im WEG-Verfahren. Im Verfahren der Arbeitsgerichte gilt § 576 entsprechend.

3 **III. Rechtsverletzung, I.** Man kann die Rechtsbeschwerde ebenso wie die Berufung und wie die Revision nur auf bestimmte Gründe stützen. Der maßgebliche Sachverhalt muss in dem angefochtenen Beschluss festgestellt worden sein. (BGH MDR 2008, 939). Dabei gilt nach I anders als jetzt § 545 und der Rechtsbeschwerde nach

VIII. Verfahren, VI. Allgemein richtet sich das Verfahren nach den Bestimmungen für die sofortige Beschwerde. Wegen des Anwaltszwangs gilt → § 575 Rn. 4. Der Anwaltszwang gilt auch für das weitere Verfahren. Die Anordnung einer mündlichen Verhandlung ist nach § 128 IV möglich. Eine einstweilige Aussetzung der Vollziehung ist nach § 575 dann zulässig, wenn durch eine Vollziehung größere Nachteile drohen und wenn die Rechtsbeschwerde als zulässig und nicht als aussichtslos erscheint. **12**

Die Entscheidung ergeht nach **VI 1** durch einen **Beschluss.** Das Rechtsbeschwerdegericht sollte ihn grundsätzlich begründen und muss ihn den Parteien nach § 329 bekanntgeben. Entsprechend § 564 braucht das Rechtsbeschwerdegericht nach **VI 2** ausnahmsweise die Zurückweisung von Verfahrensrügen mit Ausnahme ordnungsgemäßer Rügen nach § 576 III nicht zu begründen. Nach **VI 3** kann es darüber hinaus von einer **Begründung** nach § 544 IV 2 dann **absehen,** wenn aus ihr kein Ertrag für die Rechtssicherheit entsteht, BGH WM 2011, 505. Zu einer Gehörsrüge vgl. § 321a. **13**

samkeit eines Staatsakts der möglichen Willkür der Parteien zu überantworten, wäre mit dem Ansehen der Behörden und Gerichte unvereinbar. Daher muss das Gericht die Wiederaufnahmetatsachen von Amts wegen prüfen. Es findet aber keine Amtsermittlung statt. Daher trägt derjenige, der eine Wiederaufnahmetatsache behauptet, im weiteren Sinn dafür eine Darlegungs- und Beweislast, BGH NJW 1983, 230; MDR 2004, 644. Da die Wiederaufnahme die Ausnahme darstellt, ist im Zweifelsfall eine restriktive Auslegung geboten.

VI. Verzicht auf die Wiederaufnahme. Ein Verzicht auf das Recht, ein Wiederaufnahmeverfahren zu fordern, ist statthaft. Das Gericht muss ihn entsprechend einem Rechtsmittelverzicht nach §§ 515, 565 beurteilen. Die Partei kann den Verzicht erst nach dem Erlass des fehlerhaften Urteils und in Kenntnis des Mangels wirksam erklären. Ein vorheriger Verzicht wäre wirkungslos. Denn er würde zwingende Vorschriften verletzen. Die Folge eines wirksamen Verzichts ist evtl. nach einem vergeblichen Hinweis nach § 139 die Verwerfung der Klage durch ein sog. Prozessurteil als unzulässig. 24

578 *Arten der Wiederaufnahme.* **I Die Wiederaufnahme eines durch rechtskräftiges Endurteil geschlossenen Verfahrens kann durch Nichtigkeitsklage und durch Restitutionsklage erfolgen.**

II Werden beide Klagen von derselben Partei oder von verschiedenen Parteien erhoben, so ist die Verhandlung und Entscheidung über die Restitutionsklage bis zur rechtskräftigen Entscheidung über die Nichtigkeitsklage auszusetzen.

I. Systematik, I, II. Die Vorschrift gibt die beiden Wege an, durch die man ein Wiederaufnahmeverfahren einleiten kann, wenn die rechtskräftige Entscheidung an bestimmten gravierenden Mängeln leidet. §§ 579–582 erläutern die jeweiligen Voraussetzungen, §§ 583 ff. das weitere Verfahren. Nichtigkeits- und Restitutionsklage sind als „Anfechtungsklagen" ausgestaltet. Anders als der Begriff es vermuten würde, setzt auch die „Nichtigkeitsklage" ein zunächst mal wirksames Urteil voraus. Da ein nichtiges Urteil keine rechtlichen Auswirkungen hat, könnte ein solcher Mangel ohne die nachfolgend beschriebenen Einschränkungen gelten gemacht werden. Es findet nach § 15a II 1 Nr. 3 EGZPO kein obligatorisches Güteverfahren statt. 1

Eine **Beschwer** Voraussetzung jeder Wiederaufnahmeklage. In einer Abstammungssache ist eine Beschwer nach § 185 II FamFG auch dann möglich, wenn das Gericht den Anträgen voll entsprochen hat. Eine Beschwerdesumme nach § 511 II Nr. 1 ist hier grundsätzlich nicht erforderlich. Sie betrifft wie auch die Berufungsbegründung usw. nicht die Statthaftigkeit, sondern die Zulässigkeit im engeren Sinne. Wenn im Kostenpunkt kein Rechtsmittel statthaft ist, ist freilich auch keine Wiederaufnahme statthaft. 2

II. Regelungszweck, I, II. Die Vorschrift dient sowohl der **Gerechtigkeit** als auch der **Rechtssicherheit.** Das geschieht in der aufwendigsten von mehreren theoretisch möglichen Verfahrensarten, nämlich im Urteilsverfahren wie nach §§ 253 ff. Die Parteiherrschaft ist gerade bei der Entscheidung wichtig, ob man das formell nach § 705 rechtskräftig beendete Verfahren dennoch erneut aufrollen soll. Deshalb überlässt das Gesetz den Anstoß dazu dem Beschwerten nach § 585 und sieht **keine** Wiederaufnahme **von Amts wegen** vor. Das Kostenrisiko tragen die Parteien nach §§ 91 ff. Das kann problematisch sein, da bei § 579 wie bei § 580 auch eine gerichtliche Handlung oder Unterlassung zum Wiederaufnahmegrund werden kann. Gleichwohl muss man die Klageform nach **I** als Bedingung hinnehmen. Die Aussetzungspflicht nach **II** (kein Ermessen!) gibt eine klare Rangfolge der Arten von Wiederaufnahmemöglichkeiten vor, auch wenn diese Regelung an sich nicht mehr zeitgemäß ist, da die Vorstellung überholt ist, dass das Urteil bei einer „Nichtigkeitsklage" nichtig und bei einer Anfechtungsklage nur „anfechtbar" sei. 3

III. Sachlicher Geltungsbereich, I, II. 1. Beliebiges Endurteil. Jede Wiederaufnahmeklage setzt den Abschluss des vorangegangenen Verfahrens durch ein nach § 705 formell rechtskräftiges Endurteil beliebiger Art und beliebigen Inhalts voraus, Köln VersR 1997, 341. Es ist unerheblich, in welcher Instanz es ergangen ist. Es kann sich also auch grundsätzlich um ein Revisionsurteil handeln. 4

Die Wiederaufnahme ist weiter zulässig gegen **Beschlüsse** (→ Vor § 578 Rn. 14), die rechtskräftig oder nicht anfechtbar sind, auf einer Sachprüfung beruhen und ein Verfahren abschließen. Dies gilt insbesondere für sog. urteilsvertretende Beschlüsse (vgl. BAG NZA 2016, 127; BayVGH 21.3.2019 – 13 A 18.2365; BeckRS 2019, 29641). 5

2. Beispiele zur Frage des sachlichen Geltungsbereichs, I, II. Auch → Vor § 578 Rn. 12–17 6

Anerkenntnisurteil: Anwendbar ist § 578 bei ihm nach § 307. 7

Arrest, einstweilige Verfügung: Anwendbar ist § 578 bei einem Urteil in solchem Eilverfahren nach §§ 916 ff., 935 ff.

Beschluss: Anwendbar ist § 578 bei einem urteilsgleichen Beschluss nach → Vor § 578 Rn. 14, BAG NZA 2016, 127.

Feststellungsurteil: Anwendbar ist § 578 bei einem Feststellungsurteil nach → Vor § 253 Rn. 9.

Gestaltungsurteil: Anwendbar ist § 578 bei einem solchen Urteil nach → Vor § 253 Rn. 10.

Insolvenztabelle: Anwendbar ist § 578 bei einer Eintragung in diese Tabelle nach → Vor § 578 Rn. 13.

Nachverfahren: Anwendbar ist § 578 bei einem Urteil im Nachverfahren nach §§ 600 ff.

Prozesskostenhilfebeschluss: Unanwendbar ist § 578 bei Prozesskostenhilfeverfahren, OVG Lüneburg, DVBl. 2018, 603, da sie mangels Rechtskraft einem verfahrensbeendenden Beschluss nicht gleichstehen.

Prozessurteil: Anwendbar ist § 578 bei ihm nach → Vor § 253 Rn. 14. Denn auch dann besteht das Bedürfnis nach einer Entscheidung.

Prozessvergleich: Anwendbar sein kann § 578 dann, wenn er nach Anh. § 307 ein voraufgegangenes Urteil bestehen lässt, zB bei der Rücknahme einer Berufung nach § 516.

Scheinurteil: Unanwendbar ist § 578 bei einem sog. Scheinurteil nach → Vor § 300 Rn. 35, → Vor § 511 Rn. 26, da eine solches „Urteil" keine Rechtswirkungen hat, können entsprechende Mängel ohne Beschränkungen der §§ 578 ff. geltend gemacht werden.

Schiedsspruch: Anwendbar ist § 578 bei einem solchen nach §§ 1054, 1055. Wegen § 1059 II Nr. 2b BGH NJW 2001, 104.

Teilurteil: Anwendbar ist § 578 bei ihm nach § 301.

Versäumnisurteil: Anwendbar ist § 578 bei ihm nach §§ 330 ff.
Vollstreckungsbescheid: Anwendbar ist § 578 bei ihm nach §§ 584 II, 699, 700.
Vorabentscheidung: „Zwischenurteil".
Vorbehaltsurteil: Unanwendbar ist § 578 bei einem solchen nach §§ 302, 599.
Zuschlagsbeschluss: statthaft, zB wenn ein Zuschlagversagungsgrund vorlag (§ 100 ZVG, vgl. § 579 I Nr. 4, BGH WM 2020, 1432.
Zwangsvollstreckung: Unanwendbar ist § 578 bei einer Entscheidung nach § 769.
Zwischenurteil: Unanwendbar ist § 578 bei einem solchen nach §§ 280, 303. Das gilt auch bei einem selbständig anfechtbaren wie zB bei einer Vorabentscheidung nach § 304. Denn ein Bedürfnis besteht dann wegen § 583 nicht, Gilles ZZP 78, 483. Wenn ein Betragsverfahren nach → § 304 Rn. 44 schwebt, muss man Wiederaufnahmegründe dort geltend machen.

8 **IV. Persönlicher Geltungsbereich, I, II. Parteien** sind grundsätzlich nur diejenigen des Vorprozesses, Köln VersR 1997, 341, ggf. auch Gesamtrechtsnachfolger, nicht ein Sonderrechtsnachfolger, auch nicht Mitgesellschafter einer im Vorprozess beteiligten Gesellschaft (**formale** Betrachtung, OLG Frankfurt 6.12.2017 – 3 U 144/17, BeckRS 2017, 145904). Das gilt jedenfalls dann, wenn der Schuldner eine Wiederaufnahme gegen den Gläubiger betreibt, falls dieser die Forderung abgetreten hat und falls der Rpfl. den Titel nach § 727 auf den Rechtsnachfolger umgeschrieben hat. Dies gilt auch, wenn der frühere Gläubiger die Forderung abgetreten hat und wenn nun der neue Gläubiger eine Wiederaufnahmeklage erhebt, falls der Schuldner nicht einer Klagerhebung durch den Rechtsnachfolger nach § 265 II 2 zustimmt. Denn den Schuldner schützt § 265, und der bisherige Gläubiger soll nicht als ein Zeuge auftreten dürfen. Denn Arglist läge auch in solcher Umfunktion.

9 Ein **Streithelfer** kann dann klagen, wenn er **beitreten** konnte oder beigetreten ist. Er hat aber nur die Stellung des Streithelfers. Der nach § 89 betroffene **Vertreter** ohne Vertretungsmacht kann klagen, BGH MDR 1983, 292. Wenn der Kläger seinen Klaganspruch während der Rechtshängigkeit nach → § 261 Rn. 1 abgetreten hatte, muss man den ursprünglichen Kläger verklagen, nicht den neuen Gläubiger. Denn die Abtretung ist dem Schuldner oft nicht genau bekannt. Die Natur der Wiederaufnahmeklage verbietet eine Verbindung mit anderen Klagen nach § 147. **§ 260** ist unanwendbar. Das Gericht muss notwendige Streitgenossen des Prozesses nach § 62 in jedem Wiederaufnahmeverfahren hinzuziehen. Eine Prozessvollmacht des Vorprozesses gilt auch im Wiederaufnahmeverfahren.

10 **V. Weitere Zulässigkeitsvoraussetzungen.** Der Kläger hat den Wiederaufnahmegrund zumindest **schlüssig zu behaupten.** In den Fällen des § 579 I Nr. 1, 2 darf der Nichtigkeitsgrund **nicht** mit Hilfe eines **Rechtsmittels** geltend gemacht werden können (§ 578 II) **(Subsidiarität).** Die **Klagefrist** ist nach § 586 einzuhalten. Die **Klageschrift** hat den ordnungsgemäßen Inhalt zu haben. §§ 587, 253).

11 In Abgrenzung zu § 23 II StPO ist jeweils im Einzelfall zu prüfen, ob der Richter des Vorprozesses bei der Verhandlung über die Wiederaufnahme wegen Besorgnis der Befangenheit ausgeschlossen ist. Ein Fall von § 41 Nr. 6 liegt nicht vor.

12 **VI. Aussetzung, II.** Die Verbindung der Nichtigkeitsklage nach § 579 und der Restitutionsklage nach § 580 ist unstatthaft. Wenn beide Klagen vorliegen, muss das Gericht von Amts wegen beide Klagen nach § 145 trennen und die Verhandlung über die Restitutionsklage bis zur Entscheidung über die Nichtigkeitsklage nach § 148 aussetzen. Denn die Nichtigkeitsklage wirkt nach Vorstellung des historischen Gesetzgebers stärker als die Restitutionsklage. Eine Entscheidung über die Trennung und Aussetzung erfolgt durch einen Beschluss nach § 329. Er ist als eine prozessleitende Anordnung nach § 128 IV auch ohne eine mündliche Verhandlung statthaft. Das Gericht muss ihn begründen. Jede Partei kann nach der formell rechtskräftigen Erledigung der Nichtigkeitsklage nach § 579 die Fortsetzung des Restitutionsverfahrens nach § 580 beantragen. Beim Erfolg der Nichtigkeitsklage wird die ausgesetzte Restitutionsklage freilich in der Hauptsache gegenstandslos. Wenn die Partei gegen das rechtskräftige Urteil eine Wiederaufnahmeklage erheben könnte, darf sie schon im rechtshängigen Prozess bindende Erklärungen widerrufen, zB die Berufungsrücknahme nach § 516. Sie muss das sogar wegen § 582 tun. Eine vorherige Bestrafung nach § 581 ist dann keine Voraussetzung.

13 **VII. Klagewiederholung, I, II.** Eine Wiederholung der Wiederaufnahmeklage ist in den folgenden Fällen zulässig.

14 **1. Nach Verwerfung.** Nach einer Verwerfung der früheren Wiederaufnahmeklage als unzulässig nach § 589 I 2 kommt die Wiederholung in Betracht, sofern die Monatsfrist des § 586 I noch läuft oder soweit der Kläger einen neuen Wiederaufnahmegrund behauptet.

15 **2. Zurückweisung.** Nach einer Zurückweisung der früheren Wiederaufnahmeklage als unbegründet nach § 590 kommt die Wiederholung nur in Betracht, soweit der Kläger die wiederholte Klage auf neue Gründe stützt. Denn die Rechtskraftwirkung ergreift nach → § 322 Rn. 9 ff. nur einen vorgebrachten Grund.

16 **VIII. Entscheidungsform.** Ist die Wiederaufnahmeklage **unzulässig,** so wird die Klage als **unzulässig** verworfen (§ 589 I 2). Bei einer unzulässigen Klage kann entsprechend „neu" geklagt werden. Ist die Klage zwar zulässig, liegt aber **kein Wiederaufnahmegrund** vor, so ist die Wiederaufnahmeklage als **unbegründet** abzuweisen. Es kann nur dann erneut geklagt werden, wenn der Kläger seine Klage auf einen anderen Anfechtungsgrund stützt. Falls die Wiederaufnahmeklage **zulässig und begründet** ist, dann ist die angefochtene Entscheidung aufzuheben. Stellt die ursprünglich angefochtene Entscheidung einen **Beschluss** (zB §§ 91a, 522) dar, so ist im Wiederaufnahmeverfahren auch durch Beschluss bei fakultativer mündlicher Verhandlung (§ 128 IV) zu entscheiden. Hier sind Einzelheiten streitig (vgl. Musielak/Voit/Musielak Rn. 18).

579 *Nichtigkeitsklage.* **I Die Nichtigkeitsklage findet statt:**

1. wenn das erkennende Gericht nicht vorschriftsmäßig besetzt war;
2. wenn ein Richter bei der Entscheidung mitgewirkt hat, der von der Ausübung des Richteramts kraft Gesetzes ausgeschlossen war, sofern nicht dieses Hindernis mittels eines Ablehnungsgesuchs oder eines Rechtsmittels ohne Erfolg geltend gemacht ist;

3. wenn bei der Entscheidung ein Richter mitgewirkt hat, obgleich er wegen Besorgnis der Befangenheit abgelehnt und das Ablehnungsgesuch für begründet erklärt war;

4. wenn eine Partei in dem Verfahren nicht nach Vorschrift der Gesetze vertreten war, sofern sie nicht die Prozessführung ausdrücklich oder stillschweigend genehmigt hat.

II In den Fällen der Nummern 1, 3 findet die Klage nicht statt, wenn die Nichtigkeit mittels eines Rechtsmittels geltend gemacht werden konnte.

I. Systematik, I, II. Bei der Nichtigkeitsklage geht es um die Beseitigung „objektiver" schwerster prozessualer Mängel unabhängig vom Verschulden eines Verfahrensbeteiligten. Die Nichtigkeitsklage hat Vorrang vor der Restitutionsklage (§ 578 II). Bei einer **Revision** können Nichtigkeitsgründe nur geprüft werden, soweit die Revision zulässig ist (BGH NJW 2016, 642). Die vier Fälle der Nichtigkeitsklage sind diejenigen des § 547 Nr. 1–4 Vgl. daher auch die Erläuterungen zu § 547. Es handelt sich um unbedingte Revisionsgründe nach § 547 Nr. 1–4. Daher muss das Urteil hier **nicht** auf dem Mangel beruhen. Das Gesetz bewertet diese absoluten Revisionsgründe als besonders schwere Verfahrensfehler und hält es für unzumutbar, von der unterlegenen Partei zu verlangen, sich mit dem Urteil abzufinden (BGH WM 2017, 925). Bei Nr. 2 findet sich in § 579 der Zusatz: „oder eines Rechtsmittels", BGH NJW 1993, 1597. Es muss zur Abgrenzung zum Nichturteil eine wirksame Entscheidung vorliegen 1

Eine **analoge Anwendung** kommt nur in engen Grenzen in Betracht, da es sich bei § 579 um eine Ausnahmevorschrift handelt (vgl. BGH NJW 2007, 303.) und die Aufzählung der Nichtigkeitsgründe **abschließend** ist (BFH 22.5.2019 – IV B 11/18, BeckRS 2019, 16892). → Vor § 578 Rn. 6 auch § 79 II 2 BVerfGG für den Fall, dass das BVerfG eine entscheidungserhebliche Vorschrift in einem anderen Verfahren für nichtig erklärt hat. Das Gericht muss die Nichtigkeitsgründe wegen des öffentlichen Interesses am grundsätzlichen Fortbestand der Rechtskraft von Amts wegen prüfen. Eine nachträglich vorgetragene und nach § 294 glaubhaft gemachte Tatsache nach § 579 zwingt im Rahmen von § 156 II Nr. 2 zur Wiedereröffnung der Verhandlung. 2

Der Kläger muss als eine **Zulässigkeitsvoraussetzung** solche Tatsachen schlüssig behaupten, die einen der in § 579 genannten Verstöße bedeuten **können,** BGH NJW 1993, 1596; BAG NZA 2012, 1319. Das Gericht muss auch **II** von Amts wegen beachten. Das Gericht prüft ferner von Amts wegen, ob der behauptete Grund **wirklich** besteht **(Begründetheitsprüfung).** Der Kläger trägt aber die Beweislast → Vor § 578 Rn. 22. Das Gericht darf und muss ein Geständnis nach § 288 und ein Anerkenntnis nach § 307 frei würdigen. Der Parteiherrschaft unterliegt ganz allgemein die Genehmigung einer unzureichenden Prozessvertretung. Denn die Partei könnte die Genehmigung auch im Prozess erteilen. 3

In der Praxis ist es sehr schwer, mit einer Nichtigkeitsklage Erfolg zu haben. Es ist freilich wegen ihrer mehr formellen Voraussetzungen immer noch leichter als bei § 580. 4

II. Vorschriftswidrigkeit der Richterbank, I Nr. 1. Die Vorschrift dient Art. 101 I 2 GG, BVerfG NJW 2005, 2689; BAGE 102, 242; BFH NJW 2018, 1710; NJW 2017, 190. Wegen der Hilfsnatur → Rn. 15. Nr. 1 betrifft die unvorschriftsmäßige Besetzung eines gerichtsverfassungsmäßig bestehenden Gerichts nach § 547, zB einen offenkundigen schweren Verstoß wie Willkür, BVerfG NJW 1997, 1497; BGHZ 95, 335. Das gilt auch zB bei § 309. Gegen ein **Scheinurteil** nach → Vor § 300 Rn. 35 ist notfalls eine Feststellungsklage nach § 256 I zulässig, nicht aber eine Nichtigkeitsklage. Gegenüber einem arbeitsgerichtlichen Urteil kann man eine Nichtigkeitsklage nach § 6 I ArbGG nicht auf einen Mangel des Verfahrens bei der Berufung der ehrenamtlichen Richter stützen, oder nach § 79 ArbGG auf solche Umstände, die die Berufung eines ehrenamtlichen Richters zu seinem Amt ausschließen. Ein Mangel des Geschäftsverteilungsplans nach § 21e GVG kann bereits zu einem Verstoß gegen Art. 101 I 2 GG und damit zu einem Verstoß gegen I Nr. 1 führen, aber nur soweit es sich um eine klar zutage liegende Gesetzesverletzung handeln, die auf einer nicht mehr hinnehmbaren Rechtsansicht und damit auf objektiver Willkür beruht BAG NZA 2016, 127. I Nr. 1 gilt auch im disziplinarrechtlichen Berufungsverfahren, OVG Kblz NVwZ-RR 2017, 153. 5

Eine Anordnung nach § 21f II GVG (Nichtmitwirkung bei allen bestimmten Endziffern) ist kein Verstoß nach I Nr. 1, BGH MDR 1995, 197. Kein Verstoß liegt auch bei einer Anschließung an eine höchstrichterliche Beurteilung vor, BFH NJW 2017, 190. Ein schwerwiegender Fehler bei Mitwirkungsgrundsätzen nach § 21g II GVG stellt aber einen Verstoß nach I Nr. 1 dar, BGH NJW 1995, 333. Blindheit mag sogar beim Augenschein unschädlich sein, Ffm MDR 2010, 1015. 6

Das Gericht ist auch dann nicht vorschriftsmäßig besetzt, wenn es eine Vorlagepflicht an ein anderes Gericht zB an den Gemeinsamen Senat der obersten Gerichtshöfe des Bundes oder an den EuGH willkürlich verletzt; denn das Gericht, an das hätte vorgelegt werden müssen, ist gesetzlicher Richter iSv Art. 101 GG (BVerfG NJW 1989, 2613; BFH NJW 2018, 1710). Bezüglich einer möglichen fehlerhaften Handhabung der **Vorlagepflicht** nach Art. 267 III **AEUV** stellt nur eine offensichtlich unhaltbare Handhabung einen Verstoß gegen Art. 101 I 2 GG dar, was dann gegeben ist, wenn das Gericht seine Vorlagepflicht trotz der erkannten Entscheidungserheblichkeit der unionsrechtlichen Frage grundsätzlich verkennt, wenn bewusst von einer Rechtsprechung des EuGH abgewichen wird ohne dies dem Gericht vorzulegen; im Übrigen nur, wenn das zur Vorlage verpflichtete Gericht den ihm zukommenden Beurteilungsrahmen in unvertretbarer Weise offensichtlich überschritten hat (BFH NJW 2018, 1710); entsprechend anwendbar, wenn ein Zuschlagversagungsgrund iSv § 100 ZVG vorliegt (BGH WM 2020, 1432. 7

III. Ausschließung, I Nr. 2. Nr. 2 betrifft die Ausschließung nach § 41 eines solchen Richters, der bei der Entscheidung mitgewirkt hat. Die Vorschrift soll das faire Verfahren absichern und sicherstellen, dass der erkennende Richter unparteilich und unvoreingenommen war. Es ist unerheblich, ob der Kläger den Ausschließungsgrund geltend machen konnte. Das gilt auch nach einer erfolgreichen Ablehnung nach § 42. Wenn er aber die Ausschließung mittels eines Ablehnungsgesuchs oder eines Rechtsmittels nach §§ 511 ff. erfolglos geltend gemacht hatte, ist die Wiederaufnahme nach Hs. 2 unzulässig. Als Richter gelten auch der Rpfleger oder der ihm etwa landesrechtlich nach → Vor § 688 Rn. 7 gleichgestellte Urkundsbeamte, soweit sie rechtmäßig eine richterliche Entscheidung erlassen haben, etwa einen Vollstreckungsbescheid nach § 699, und der bundesrechtlich tätig gewordene Urkundsbeamte nach § 49. 8

IV. Ablehnung, I Nr. 3. Wegen der Hilfsnatur → Rn. 15. Nr. 3 betrifft die **erfolgreiche Ablehnung** nach § 42 eines solchen Richters, der bei der Entscheidung mitgewirkt hat, BGH NJW-RR 2016, 1407. Der Erfolg 9 kann auch hier nach der Urteilsverkündung nach §§ 310, 311, aber vor einer Entscheidung nach §§ 320, 321 eingetreten sein. Die bloße damalige Ablehnbarkeit reicht nicht aus, BGH NJW-RR 2016, 1406; BAG NZA 2016, 127. Ein Verstoß gegen die Wartepflicht nach § 47 I genügt nicht. Wenn die Partei den Richter erfolglos abgelehnt hatte, sei es nur in der ersten Instanz oder durch ein Rechtsmittel, ist die Nichtigkeitsklage nach II unstatthaft, aM Brem OLGZ 1992, 487 (aber Nr. 3 nennt diesen Fall gerade nicht mit und ist keineswegs ausdehnend auch in sein Gegenteil auslegbar). Als Richter gelten auch der Rpfleger, soweit er rechtmäßig eine richterliche Entscheidung erlassen hat, etwa einen Vollstreckungsbescheid nach § 699, und der ihm etwa landesrechtlich nach → Vor § 688 Rn. 7 gleichgestellte oder bundesrechtlich tätig gewordene Urkundsbeamte nach § 49.

10 **V. Mangel der Vertretung, I Nr. 4.** Die Vorschrift enthält eine abschließende Regelung, LG Ffm WuM 2016, 248. Vorausgesetzt wird, dass die Partei in dem vorangegangenen Verfahren nicht nach den Vorschriften des Gesetzes vertreten war, BGH WM 2017, 925. Sie soll diejenige Partei schützen, die ihre Angelegenheiten nur mithilfe eines Dritten regeln kann, BGH FamRZ 1988, 1158; BAG NJW 1991, 1253; OVG Hmb NVwZ-RR 2006, 840 und zwar unabhängig davon, ob die prozessunfähige Partei den Verfahrensmangel durch ein Rechtsmittel hätte geltend machen können BGH NJW 2014, 937. Bei einer Genehmigung der Prozessführung liegen die Voraussetzungen aber nicht mehr vor, OLG Brandenburg ErbR 2019, 372; LG Bielefeld 30.6.2017 – 17 O 126/16, BeckRS 2017, 118181.

1. Beispiele zur Frage der Zulässigkeit, I Nr. 4

11 **Abwesenheitspfleger:** Zu seinen Aufgaben gehört **nicht** die Vertretung im Unterhaltsverfahren, AG Groß Gerau FamRZ 1997, 305.

Geisteskrankheit: Wenn der Kläger behauptet, eine Partei sei geisteskrank gewesen, muss er beweisen, dass sie bei der Erteilung der Vollmacht bereits krank war und dass die Krankheit bis zum Ende des Vorprozesses fortbestand, Hmb FamRZ 1981, 962 Stgt FamRZ 1980, 379. Auch → „Geschäftsunfähigkeit", → „Prozessunfähigkeit".

Geschäftsunfähigkeit: Eine Nichtigkeitsklage kommt in Betracht, wenn das Gericht sein Urteil einem Geschäftsunfähigen zugestellt hatte. BAG DB 2000, 780. Auch → „Geisteskrankheit", → „Prozessunfähigkeit".

Gesetzlicher Vertreter: Eine Nichtigkeitsklage ist **nicht** schon deshalb statthaft, weil ein gesetzlicher Vertreter nach § 51 fehlerhaft bestellt war. Auch → „Prozessvertretung".

Hausverwalter: Eine Vertretung nach Nr. 4 kann dann vorliegen, wenn der Vermieter dem Verwalter alles überläßt, AG Flensb WuM 2000, 615.

Ladung: Eine Nichtigkeitsklage kommt dann in Betracht, wenn das Gericht ein Versäumnisurteil gegen einen fälschlich Geladenen erlassen hat, Nürnb OLGZ 1987, 485. Das gilt zumindest, solange das Gericht keine Wiedereinsetzung nach § 238 gewährt hat, Oldb MDR 1989, 168. Auch → „Prozesskenntnis".

Nichtbestehen der Partei: Eine Nichtigkeitsklage kommt dann in Betracht, wenn das Gericht ein Urteil für oder gegen eine in Wahrheit gar nicht bestehende Partei erlassen hat, BAG NJW 1991, 1253; Lindacher JZ 1989, 378.

Nichtzulassungsbeschwerde: Gerade die Nichtzulassung muss auf einem Grund nach I Nr. 1–4 beruhen, BAG NZA 2016, 127.

Öffentliche Zustellung: Eine Nichtigkeitsklage kommt in Betracht, wenn die gesetzlichen Voraussetzungen für die öffentliche Zustellung nicht vorgelegen haben oder bei einer Erschleichung nach § 185 in Betracht, → Vor § 578 Rn. 8, vgl. MüKoZPO/Braun Rn. 24; aM BGH 153, 191 (krit. Braun JZ 2003, 906); AG Detm FamRZ 2000, 241; Gaul JZ 2003, 1088 (aber Erschleichung ist als prozessuale Arglist nie hinnehmbar). Sie kommt **nicht schon grds.** wegen einer objektiv unrichtigen öffentlichen Zustellung in Betracht, auch nicht bei einer schuldlosen Unkenntnis von einer korrekten öffentlichen Zustellung, BGH NJW 2007, 303; Gaul JZ 2003, 1095; aM Hamm MDR 1979, 766; KG NJW-RR 1987, 1215, (aber erst Arglist erlaubt eine Beseitigung der Rechtskraft). Auch → „Zustellung".

Postulationsfähigkeit: Eine Nichtigkeitsklage ist **nicht** schon deshalb statthaft, weil der ProzBev. nach § 81 nicht postulationsfähig war, (zum alten Recht) BAG NJW 1991, 1253.

Prozesskenntnis: Eine Nichtigkeitsklage kommt dann in Betracht, wenn der wahre Bekl. vom Prozess nichts erfahren hat. Auch → „Ladung".

Prozesspfleger: Ein Nichtigkeitsgrund liegt nicht vor, wenn der Verfahrensbeteiligte durch einen Prozesspfleger nach § 57 vertreten wird, obwohl die Voraussetzungen für dessen Bestellung nicht vorgelegen haben, BGH FamRZ 2021, 622.

Prozessstandschaft: Eine Vertretung kann mangels einer Prozessstandschaft auch gefehlt haben, BGH ZIP 2007, 229.

Prozessunfähigkeit: Eine Nichtigkeitsklage kommt bei einer Zustellung an eine prozessunfähige Partei wegen mangelhafter Vertretung (§ 170 I 2) in Betracht, BGH WM 2014, 320, vgl. auch Hmb MDR 1998, 985 (keine Überspannung), AG Hmb-Harbg NJW-RR 1998, 791. Das gilt selbst dann, wenn das Gericht sie für prozessfähig gehalten hatte, BGH WM 2014, 320. Der prozessunfähigen Partei kann aber nicht entgegengehalten werden, sie hätte einen Verfahrensmangel durch ein Rechtsmittel geltend machen müssen (§ 579 II), BGH WM 2014, 320.

Prozessvertretung: Eine Nichtigkeitsklage ist statthaft, falls der Prozessvertreter von vornherein keine Vollmacht nach § 80 hatte, BVerfG NJW 1998, 745, und auch keine erhielt, BGH WM 2007, 229 oder diese nicht wirksam erteilt worden ist. Sie kann auch dann statthaft sein, wenn er sich nicht ordnungsgemäß, zB nach § 172 bestellt hatte, BGH NJW 2002, 1728.

Sie ist **nicht** schon deshalb statthaft, weil der Gegner im Prozess nicht ordnungsgemäß vertreten war, BGH FamRZ 1988, 1159. Auch → „Gesetzlicher Vertreter".

Rechtliches Gehör. Dazu Barnest ZZP 116, 447; Deppert FS Geiß, 2000; Gaul JZ 2003, 1088 (Grdz.). Eine Nichtigkeitsklage nach Nr. 4 kommt seit Einführung von § 321a nicht mehr in Betracht, wenn das Gericht das rechtliche Gehör nach Art. 103 I GG verletzt hat, da für eine Analogie eine Regelungslücke fehlt, BAG NZA 2016, 127, (vgl. zur früheren Auffassung: BVerfG NJW 1998, 745; BGH NJW 1982, 2449; KG NJW-RR 1987, 1216).

Rechtsanwalt: Er kann sich im Rahmen seiner Zulassung selbst vertreten, OVG Hmb NVwZ-RR 2006, 839.
Rechtshängigkeit: Eine Nichtigkeitsklage kommt dann in Betracht, wenn das Gericht trotz des Fehlens einer Rechtshängigkeit ein Versäumnisurteil nach §§ 330 ff. erlassen hat.
Rechtsvorgänger: Eine Nichtigkeitsklage kommt **nicht** schon deshalb in Betracht, weil der Rechtsvorgänger der Partei im Todeszeitpunkt anwaltlich vertreten war, falls zB der Gegner später ein Rechtsmittel einlegt.
Sittenwidrigkeit: Eine Nichtigkeitsklage ist **nicht** schon deshalb statthaft, weil der Prozessauftrag sittenwidrig war.
Unterbrechung: Eine Nichtigkeitsklage kommt dann in Betracht, wenn das Gericht trotz einer Unterbrechung nach §§ 239 ff. vor dem Schluss der mündlichen Verhandlung nach §§ 136 IV, 296a ein Urteil aufgrund dieser Verhandlung erlassen hat. Freilich kann nach § 295 I eine Mängelheilung durch eine wirksame Genehmigung vorliegen. Diese liegt allerdings nicht schon in einer bloßen Untätigkeit des gesetzlichen Vertreters.
Versteigerung: Eine Nichtigkeitsklage kommt **nicht** schon deshalb in Betracht, weil ein Miterbe die Teilungsversteigerung beantragt hat, obwohl eine Testamentsvollstreckung besteht, und weil dann ein formell nach §§ 329, 705 rechtskräftiger Zuschlagsbeschluss ergangen ist, Schneider Rpfleger 1976, 386.
Vollmachtloser Vertreter: Eine Nichtigkeitsklage ist dann zulässig, wenn das Gericht ein Versäumnisurteil nach §§ 330 ff. einem nach § 89 vollmachtlosen Vertreter nach §§ 166 ff., 317 zugestellt hat, LAG Kiel NZA-RR 2018, 382. Auch → „Geisteskrankheit", → „Rechtliches Gehör".
Wohnungseigentum: Eine Nichtigkeitsklage kommt auch dann in Betracht, wenn es sich nur um einen Beschluss der Wohnungseigentümer handelt.
Zustellung: Eine Nichtigkeitsklage kommt **grds. nicht** schon bei irgendeinem Zustellungsmangel nach §§ 166 ff. – an eine prozessfähige Partei – in Betracht, vgl. BGH WM 2014, 320.

2. Weitere Voraussetzungen, I Nr. 4. Eine Prozessführung setzt die Kenntnis der Sachlage voraus, mindestens einen Zweifel an der Vertretungsbefugnis. Der Bekl. kann die Vertretungsbefugnis noch im Wiederaufnahmeverfahren erteilen. Dann trägt der Kläger evtl. die Kosten nach § 91. Die Klage steht dem Gegner des nicht ordnungsgemäß Vertretenen **nicht** zu, BGHZ 63, 79; BFHE 96, 387; OVG Münst NJW 1995, 613. Neben der Nichtigkeitsklage kann eine Regressklage gegen den angeblich ohne eine Vollmacht aufgetretenen Anwalt in Betracht kommen, Kblz VersR 1985, 672. 12

VI. Mangel der Parteifähigkeit; Nichtexistenz der Partei, I Nr. 4. Ausnahmsweise kann man I Nr. 4 auf diesen Fall ausdehnen. Denn auch § 551 betrifft ihn, BAG NJW 1991, 1253; Kblz NJW 1977, 57. Etwas anderes gilt nur dann, wenn das Gericht oder der Nichtigkeitskläger die Parteifähigkeit nach § 50 ausdrücklich bejaht haben. I Nr. 4 ist ferner dann anwendbar, wenn die Partei gar nicht existiert. 13

Die Vorschrift ist **unanwendbar,** soweit sich die Klage nur gegen **eine** der Parteien des Hauptprozesses richtet, Hamm FamRZ 1996, 558. Anwendbar ist sie auch bei Prozess**unfähigkeit** einer Partei, BGH NJW 2014, 937. 14

VII. Hilfsnatur, II. Die Vorschrift bildet eine Zulässigkeitsvoraussetzung, BGH WM 1975, 736; Oldb NJW-RR 1999, 1443. Das Gericht muss sie von Amts wegen beachten. Bei I Nr. 1 und 3 ist die Klage unmittelbar dann unstatthaft, wenn der Partei ein Rechtsbehelf zustand und wenn sie bei der ihr zumutbaren prozessualen Sorgfalt von dem Rechtsmittel hätte Gebrauch machen können oder wenn sie das Rechtsmittel erfolglos geltend gemacht hat, BGH BB 2007, 2707. Denn der Text ist zu eng, Sangmeister DStZ 88, 41, § 582. Fälle nach **I Nr. 2, 4** fallen **nicht** unter II, BGH WM 2014, 320. Ebenso wenig fällt unter II eine Erinnerung nach § 104 III, §§ 11 I 2, 21 Nr. II 1 RPflG. Bei I Nr. 2 und 4 darf die Partei zwischen den Möglichkeiten des Rechtsmittels und nach dem Eintritt der formellen Rechtskraft nach § 705 auch einer Klage **wählen,** BGH WM 2007, 229; Gaul FS Kralik, Wien 1986, 168; dies bezieht sich auch auf eine Zustellung, die wegen sonstiger Zustellungsmängel unwirksam ist, an eine prozessfähige Partei, (ggf. Nichtigkeitsklage unter den erleichterten Voraussetzungen von § 586 III),BGH NJW 2014, 937. Die Partei darf aber nicht beide Wege nacheinander beschreiten, BGHZ 84, 27; BAG MDR 1994, 1044; BFH NJW 1999, 2391. 15

580 *Restitutionsklage.* Die Restitutionsklage findet statt:

1. wenn der Gegner durch Beeidigung einer Aussage, auf die das Urteil gegründet ist, sich einer vorsätzlichen oder fahrlässigen Verletzung der Eidespflicht schuldig gemacht hat;
2. wenn eine Urkunde, auf die das Urteil gegründet ist, fälschlich angefertigt oder verfälscht war;
3. wenn bei einem Zeugnis oder Gutachten, auf welches das Urteil gegründet ist, der Zeuge oder Sachverständige sich einer strafbaren Verletzung der Wahrheitspflicht schuldig gemacht hat;
4. wenn das Urteil von dem Vertreter der Partei oder von dem Gegner oder dessen Vertreter durch eine in Beziehung auf den Rechtsstreit verübte Straftat erwirkt ist;
5. wenn ein Richter bei dem Urteil mitgewirkt hat, der sich in Beziehung auf den Rechtsstreit einer strafbaren Verletzung seiner Amtspflichten gegen die Partei schuldig gemacht hat;
6. wenn das Urteil eines ordentlichen Gerichts, eines früheren Sondergerichts oder eines Verwaltungsgerichts, auf welches das Urteil gegründet ist, durch ein anderes rechtskräftiges Urteil aufgehoben ist;
7. wenn die Partei
   a) ein in derselben Sache erlassenes, früher rechtskräftig gewordenes Urteil oder
   b) eine andere Urkunde auffindet oder zu benutzen in den Stand gesetzt wird, die eine ihr günstigere Entscheidung herbeigeführt haben würde;
8. wenn der Europäische Gerichtshof für Menschenrechte eine Verletzung der Europäischen Konvention zum Schutz der Menschenrechte und Grundfreiheiten oder ihrer Protokolle festgestellt hat und das Urteil auf dieser Verletzung beruht.

I. Systematik, Nr. 1–8. Die Restitutionsklage ist ein außerordentlicher Rechtsbehelf. Eine **analoge Anwendung** kommt auch hier nur in engen Grenzen in Betracht, da es sich bei § 580 um eine Ausnahmevorschrift handelt (vgl. BGH NJW 2007, 303. → Vor § 578 Rn. 6 und für eine analoge Anwendung Zurückhaltung 1 geboten ist vgl. BVerfG FamRZ 2015, 1263; NJW 2013, 3714; BGH MDR 2010, 1209). Eine bloße Änderung der Rechtsansicht ist kein Restitutionsgrund, auch nicht die **Änderung einer Rechtsprechung,** BVerfG NJW 2007, 1803, auch nicht stets ein Rechtsmissbrauch. Auch ein noch nicht endgültiges Urteil des EGMR ist noch kein Restitutionsgrund, BVerfG NJW-RR 2005, 140. Die Restitutionsklage ist gegen **Urteile aller Instanzen** statthaft, auch gegen ein Prozessurteil. Bei Nr. 1–5 gilt **einschränkend § 581** (also eine rechtkräftige Verurteilung oder wenn die Einleitung oder Durchführung eines Strafverfahrens aus anderen Gründen als wegen Mangels an Beweis nicht erfolgen kann BGH NJW-RR 2006, 1573). In allen Fällen gilt einschränkend § 582. Eine nachträglich vorgetragene und nach § 294 glaubhaft gemachte Tatsache nach § 580 zwingt im Rahmen von § 156 II Nr. 2 zur Wiedereröffnung der Verhandlung.

2 Die Klage ist **nicht** statthaft: Gegen ein Vorbehaltsurteil nach §§ 302, 599, soweit man dort eine Wiederaufnahme zulässt, wenn man den Restitutionsgrund im Nachverfahren nach § 600 vorbringen konnte; gegen einen Arrest oder eine einstweilige Verfügung nach §§ 916 ff., 935 ff. wegen deren vorläufiger Natur und der anderen gegen sie statthaften Rechtsbehelfe.

3 Grundsätzlich besteht keine Ausnahme, soweit das Revisionsgericht selbst tatsächliche Feststellungen treffen muss. Insoweit ist aber das Revisionsgericht und nicht das Berufungsgericht als Wiederaufnahmegericht tätig. Zur Restitutionsklage im Wettbewerbsrecht von Falck GRUR 1977, 308. Im Abstammungsverfahren gilt vorrangig § 185 FamFG. In einem selbständigen Beweisverfahren nach §§ 485 ff. kann Nr. 7b ausnahmsweise evtl. vorsichtig entsprechend anwendbar sein.

4 Es kann auch eine Prozesshandlung, auch ein Anerkenntnis, im anhängigen Rechtsstreit widerrufen werden, wenn die Prozesshandlung von einem Restitutionsgrund im Sinne des § 580 ZPO betroffen ist, aufgrund dessen das Urteil, das auf der Prozesshandlung beruht, mit der Wiederaufnahmeklage beseitigt werden könnte, OLG Hamm NJW 2017, 1401.

5 Der Restitutionsgrund muss immer ein **wirklicher** sein, nicht nur ein vorgestellter. Wenn der Kläger einmal die Frist des § 586 gewahrt hat, darf er nach → § 588 Rn. 2 neue Restitutionsgründe nachschieben. Man kann keine Restitutionsklage nur deshalb erheben, um auch oder gar nur um einen neuen Klagegrund nachzuschieben. Denn auf neue Klagegründe erstreckt sich die Rechtskraftwirkung nach nicht. Durch den Restitutionsgrund muss die Entscheidung eine ihrer Grundlagen verlieren.

6 **II. Regelungszweck, Nr. 1–8.** Auch die wegen § 578 II im Rang gegenüber § 579 nachrangige Restitutionsklage soll verhindern, dass ein solches Urteil das Ansehen der Gerichte und das Vertrauen in die Rechtsprechung beeinträchtigt, dessen Grundlagen für jedermann erkennbar unerträglich erschüttert sind, BGH NJW 2003, 2089, dessen Urteilsgrundlagen also evident und in besonders schwerer Weise falsch sind. Die Rechtskraft, die auch einem „falschen" Urteil an sich zukommt, muss hinter der materiellen Gerechtigkeit zurücktreten.

7 Die Klage ist begründet, wenn ein Restitutionsgrund vorliegt, so dass es zu einer Neuverhandlung kommt. Soweit Straftaten in Rede stehen, ist der Richter im Wiederaufnahmeverfahren bei der Beurteilung frei und nicht an die Entscheidung im Strafverfahren gebunden BGH NJW-RR 2006, 1573 Prütting/Gehrlein/Meller-Hannich Rn. 3. Das Urteil im Vorprozess muss auf den Restitutionsgrund **beruhen (ursächlicher Zusammenhang).**

8 In dem wiederaufgenommenen Verfahren ist der Rechtsstreit unter Berücksichtigung des jetzigen Sach- und Streitstandes zum Zeitpunkt der dortigen letzten mündlichen Verhandlung „richtig" zu entscheiden.

9 Auch wenn die Voraussetzungen von § 580 Nr. 7b vorliegen im Regelfall keine Berücksichtigung entgegen § 559 im Revisionsverfahren; anders jedoch vom Grundsatz bei § 580 Nr. 1–7a, BGH NJW 2020, 3451. In diesen Fällen müsste Restitutionsklage erhoben werden, damit die neuen Tatsachen berücksichtigt werden können.

10 **III. Geltungsbereich, Nr. 1–5. 1. Falsche eidliche Parteiaussage, Nr. 1.** Voraussetzung ist ein Urteil, BGH NJW-RR 2006, 1573. Die Vorschrift meint eine vom Gegner des Restitutionsklägers nach § 426 S. 3 oder nach § 452 beschworene Aussage. Es genügt jede vorsätzliche oder fahrlässige Verletzung der Eidespflicht nach §§ 154 ff. StGB. Es reicht nach § 155 Nr. 1 StGB auch eine eidesgleiche Bekräftigung nach § 484 I 2 oder nach § 155 Nr. 2 StGB eine Berufung auf einen früheren Eid aus. Eine eidesstattliche Versicherung nach §§ 294, 807 fällt unter Nr. 4. Das Urteil beruht auch dann auf der Aussage, wenn sie nur teilweise falsch war. Denn bereits dieser Umstand nimmt ihr jede Glaubwürdigkeit. Es reicht auch aus, dass die Aussage nur in einem Nebenpunkt falsch war. Es genügt auch, dass der Eid in einem solchen Vorprozess erfolgt ist, auf dessen Urteil das jetzige rechtskräftige Urteil beruht. Es ist nicht erforderlich, dass das frühere Urteil beim Fehlen der Falschaussage für den jetzigen Kläger günstiger ausgefallen wäre.

11 **2. Urkundenfälschung, Nr. 2.** Das Gericht muss ihr Vorliegen nach §§ 267 ff. § 348 StGB beurteilen, Zweibr FER 2000, 4. Eine versehentlich falsche Beurkundung reicht nicht aus. Es geht darum, ob die Urkunde gefälscht ist und nicht um deren inhaltlichen Richtigkeit. Unerheblich ist, wer der Täter war und ob die Partei von der Tat eine Kenntnis hatte. Das Urteil beruht auch dann auf der Urkunde, wenn das Gericht die Urkunde nach als ein bloßes Beweisanzeichen beurteilt hat.

12 **3. Falsches Zeugnis oder Gutachten, Nr. 3.** Eine Erklärung nach § 377 III zählt hierher. Maßgeblich sind §§ 153–156, 163 StGB, auch bei unbeeidigt vorsätzlich Handelnden, nicht § 161 StGB. Ein Sachverständiger ist auch der Dolmetscher nach §§ 189, 191 GVG, Fleischer MDR 1999, 75. Das Urteil muss sich auf die Aussage mindestens iVm einem anderen Beweismittel stützen, Saarbr NJW-RR 97, 252. Das ist beim OLG auch dann so, wenn nur das LG die Aussage nach § 286 würdigen musste, Hamm NJW-RR 99, 1298. Es ist nicht erforderlich, dass die Aussage oder das Gutachten in demselben Prozess erfolgten. Es genügt, dass die Aussage in irgendeinem Punkt falsch war. Denn damit wird die ganze Aussage unglaubhaft. Die falsche Aussage eines anderen als eines in Nr. 3 Genannten reicht nicht.

13 **Unanwendbar** ist Nr. 3 dann, wenn das Gericht die Frage schon im Vorprozess geprüft hatte, Nürnb FamRZ 2011, 754.

14 **4. Erschleichung des Urteils, Nr. 4.** Die Partei muss ein Urteil beliebiger Art durch eine **beliebige Straftat** erschlichen haben, etwa durch einen Betrug (Prozessbetrug) nach § 263 StGB, BGH NJW 2001, 373 (zum ausländischen Schiedsspruch nach §§ 1059 ff.) oder durch eine Untreue nach § 266 StGB, vgl. OLG Hamm NJW 2017, 1401. Es kommen auch Straftaten des **eigenen Vertreters,** des **Gegners** oder **dessen Vertreters** neben den genannten Vorschriften auch nach §§ 160, 239, 240, 356 StGB in Betracht. Das gilt auch bei einem

Anerkenntnisurteil nach § 307, KG OLGZ 1978, 116. Die Straftat kann auch nach der Verkündung des Urteils nach §§ 310, 311 erfolgt sein. Wenn die Partei ihr Rechtsmittel zB nach § 516 zurückgenommen hatte, kann sie die **Rücknahme** ausnahmsweise **widerrufen,** wenn ein Restitutionsgrund vorliegt (vgl. LAG Mecklenburg-Vorpommern 31.5.2019 – 5 Sa 209/18, BeckRS 2019, 11866). Sie darf diesen Widerruf aber erst nach der Durchführung des Strafverfahrens geltend machen. Zu beachten ist auch eine mögliche Rechtkraftdurchbrechung durch Klage nach **§ 826 BGB.**

Hierher gehört auch eine Erschleichung durch eine falsche **eidesstattliche Versicherung.** Unter Nr. 4 fällt auch eine wissentlich unwahre Parteibehauptung, auch nur gegenüber dem Gegner. Denn auch sie stellt einen zumindest versuchten Prozessbetrug dar. Regelmäßig fällt auch eine Erschleichung der öffentlichen Zustellung nach §§ 185 ff. unter § 263 StGB und ist dann ein Restitutionsgrund. 15

5. Amtspflichtverletzung des Richters, Nr. 5. S. §§ 331 ff. StGB, insbesondere Rechtsbeugung, § 339 StGB. Ein bloßes Disziplinarvergehen reicht nicht aus. Der Richter muss bei dem Urteil nach § 309 mitgewirkt haben. Eine Mitwirkung bloß bei den vorangegangenen Verhandlungen oder bei einem Beweisbeschluss nach §§ 358, 358a reicht nicht aus. Dem Richter stehen beim Vollstreckungsbescheid nach § 699 der Rpfleger und der etwa landesrechtlich dazu eingesetzte Urkundsbeamte gleich. Denn es kommt auf die Funktion an, nicht auf den Dienstgrad usw. 16

IV. Aufhebung eines Urteils, Nr. 6. § 79 BVerfGG hat den Vorrang, BVerfG NJW 2007, 1803; BGH NJW 2006, 2856. Die Restitutionsklage kann sich stützen auf die Aufhebung durch ein nach § 705 formell rechtskräftiges anderes Urteil. Das gilt auch bei einer mit der Aufhebung verbundenen Zurückverweisung, BGH MDR 2007, 601, und bei einem urteilsähnlichen Beschluss nach § 522 II, BAGE 156, 213; BGH MDR 2007, 601, oder bei einem bestandskräftigen Widerruf desjenigen Patents, auf dem das Urteil beruht, BGH GRUR 2012, 754 oder die Aufhebung eines Schiedsspruchs BAGE 156, 213; BGH NJW-RR 2008, 556. Die bloße Aufhebung durch das BVerfG reicht nicht, BAG NJW 2003, 2849. Es reicht aber die rechtskräftige Aufhebung in einem neuen vollen Erkenntnisverfahren. Ein **Wandel der Rechtsprechung** stellt keinen Restitutionsgrund dar, BVerfG FamRZ 2007, 337. Nr. 6 gilt für die Aufhebung: Eines beliebigen Urteils eines ordentlichen Gerichts, früheren Sondergerichts oder Verwaltungsgerichts. Zu ihnen zählt hier auch ein Arbeits-, Finanz- oder Sozialgericht, BGHZ 89, 116, nicht aber ein früheres Sowjet-Militärtribunal, BVerwG NJW 2000, 1884; einer sonstigen abschließenden Entscheidung, die einem Urteil ungefähr gleichkommt, BGHZ 103, 125; Hamm OLGZ 1984, 456; LG Düss GRUR 1987, 629, zB eines Teilbeschlusses nach §§ 301, 329, BGH NJW-RR 2007, 767; eines feststellenden Verwaltungsakts etwa über den Vertriebenenstatus, BPatG GRUR 1979, 435, oder über die Unwirksamkeit eines Gebrauchsmusters, BPatG GRUR 1980, 852, oder über die Nichtigkeit eines Patents, BGH GRUR 2017, 430; LG Düss GRUR 1987, 629; aM Schickedanz GRUR 2000, 579, oder über die Zustimmung der Hauptfürsorgestelle zur Kündigung eines Schwerbehinderten, BAG NJW 1981, 2024, oder über eine Baugenehmigung, BGHZ 103, 125; einer Entscheidung des EuGH, aM BFH DVBl 1978, 501; Köln BB 2004, 1134; Poelzig JZ 2007, 867 (je: systemwidrig); eines Schiedsspruchs nach §§ 1040, 1054, BGH SchiedsVZ 2008, 95. 17

V. Auffinden eines Urteils oder Urkunde, Nr. 7. Im Abstammungsverfahren gilt vorrangig § 185 FamFG. Hiervon umfasst sind auch Abstammungsurkunden, OLG Frankfurt, FamRZ 2016, 1476. 18

1. Praktische Bedeutung, Nr. 7 lit. a, b. Dieser Fall ist praktisch bei weitem der wichtigste. Restitutionsgrund ist, dass die Partei eine Urkunde der in Nr. 7a und b bezeichneten Art auffindet. 19

2. Früheres Urteil, Nr. 7 lit. a. Dazu Gaul, Zum Problem der insolvenzmäßigen Zweittitulierung, FS Weber, 1975, 155; Gaul, Rechtskraft und ungerechtfertigte Bereicherung, FS Schilken, 2015, 275; Vollkommer, Rechtskraft und Vollstreckbarkeit bei im Urteil nicht berücksichtigten Zahlungen des Schuldners im Prozess, FS Stürner, 2013, 581: Hierher zählt ein solches Urteil, dessen innere Rechtskraft nach §§ 322, 325 den Streitfall nach → § 2 Rn. 4 erfasste, das also „in derselben Sache" früher als das angefochtene Urteil erging und rechtskräftig geworden ist. Es braucht nicht zwischen denselben Parteien ergangen zu sein. Es genügt eben vielmehr, dass sich die Rechtskraftwirkung auf die Parteien erstreckt (auch §§ 325–327). Man darf das Urteil erst **nach dem Schluss des Vorprozesses** nach §§ 136 IV, 296a, 525 aufgefunden haben. Auf die Beweislast kann es insoweit nicht ankommen, da die Rechtkraft des Ersturteils von Amts wegen zu beachten ist, es sei denn, es wird arglistig verschwiegen (aM OLG Köln NJW-RR 1999, 363: Beweislast trägt der Restitutionskläger). Ausreichen kann auch ein Strafbefehl oder Strafurteil, BGH NJW-RR 1991, 380; BAG NJW 2007, 3804, oder ein nach § 328 oder nach der Brüssel Ia-VO oder nach §§ 107 ff. FamFG anerkennbares ausländisches Urteil oder ein inländischer oder ausländischer Schiedsspruch nach §§ 1054, 1061. 20

3. Andere Urkunde, Nr. 7 lit. b. Hierher zählt eine solche öffentliche oder private Urkunde nach §§ 415 ff. nicht notwendig mit formeller Beweiskraft, BGH NJW-RR 1991, 381; Nürnb FamRZ 2013, 1585; AG Stgt FamRZ 2015, 1718. Sie müssten geeignet sein, das Ergebnis des früheren Verfahrens für den Kläger günstig zu beeinflussen, BVerfG NVwZ 2018, 583. In Betracht kommt nur eine schriftliche Urkunde, BGHZ 65, 301; BVerwG NVwZ 2018, 82 (bei Elektronik erst ihr Ausdruck). Ausreichend ist auch ein Zettel in einer Zahlenschrift und dergleichen, evtl. auch eine **Fotokopie** unter Berücksichtigung des geringeren Beweiswertes im Einzelfall, FG Bln NJW 1977, 2232, Zöller/Greger Rn. 16, aM hinsichtlich einer unbeglaubigten Kopie OLG Köln 18.12.2014 – 7 U 106/14, BeckRS 2015, 18512; KG NJW-RR 1997, 123. Infrage kommt auch ein Privatgutachten, Brdb FamRZ 2009, 1931. Wenn die Echtheit der Urkunde unstreitig ist, die Parteien über den Inhalt der Urkunde einig sind und das Gericht überzeugt ist, dass die Angaben beider Parteien auf Wahrheit beruhen, bedarf es nicht der Vorlage des **Originals** der Urkunde. In diesem Fall genügt die Vorlage einer (beglaubigten) Kopie der Urkunde OLG Düsseldorf 6.4.2017 – I-15 UH 1/16, BeckRS 2017, 164973. 21

Keine Urkunden sind Gegenstände der Augenscheinseinnahme, BGH MDR 1976, 304, wie Fotos, BGHZ 65, 302. Wegen neuer Gutachten generell OVG Brem NJW 1990, 2337 (sie sind kaum geeignet), wegen solcher über die Vaterschaft § 185 I FamFG. Die Urkunde braucht keine Unterschrift zu tragen. 22

Nr. 7b ist dann **unanwendbar,** wenn zB eine amtliche Auskunft erstmals vorliegt, BGH NJW 1984, 1544, 573, oder eine vollständige Auskunft im Versorgungsausgleich, Köln FamRZ 2014, 764, oder wenn sie nunmehr anders begründet neu aufgrund desselben Sachverhalts vorliegt, BGHZ 89, 120, oder wenn erst nach der nach § 705 formellen Rechtskraft des den Vorprozess abschließenden Urteils eine Urkunde in Gestalt eines Behördenbescheids oder Urteils entsteht, Köln BB 2004, 1134; aM BAG NJW 1985, 1485 (aber es geht gerade um einen 23

Vorgang **vor** dem Eintritt der Rechtskraft). Die Vorschrift ist ferner dann unanwendbar, wenn erst nach der formellen Rechtskraft eine Wertfestsetzung nach §§ 103 ff. erfolgt, BayObLG WuM 1995, 453. Die Vorschrift ist schließlich dann nicht anwendbar, wenn Niederschriften oder eine schriftliche Aussage vom Zeugen oder Sachverständigen auftauchen, BGH NJW 2003, 2089; Kblz NJW-RR 1995, 1278; OVG Saarlouis NJW 2012, 871. Denn diesen Niederschriften kommt nicht eine Urkundenbedeutung im vorstehenden Sinn zu. Man kann die Vernehmung jener Personen jederzeit beantragen, BGH NJW 1984, 1544. Dadurch würden die Niederschriften evtl. ihren Wert verlieren. Das Gericht würde einen Zeugen- oder Sachverständigenbeweis nach §§ 373 ff., 402 ff. benutzen. Das wäre ein in § 580 nicht genanntes Beweismittel. Die Vorschrift ist endlich dann unanwendbar, wenn es nur um eine neue wissenschaftliche Erkenntnis geht, Würthwein ZZP 112, 47, oder um ein neues Gesetz.

24 **4. Eigener Beweiswert, Nr. 7 lit. b.** Urkunde nach Nr. 7 ist daher nur eine solche, die durch ihren eigenen Beweiswert einen Mangel des früheren Verfahrens offenbaren kann, BGH NJW-RR 1991, 381; Ffm FamRZ 1980, 706; OVG Brem NJW 1990, 2337. Die Urkunde muss einen solchen Beweiswert auch im damaligen Verfahren gehabt haben können, BGH BB 2007, 966; BFH NJW 1978, 511. Es reicht nicht aus, dass die Urkunde offenbaren kann, dass der im Vorprozess nicht gehörte Aussteller eine solche Äußerung getan hat, dass der Kläger ihn also mithilfe der Urkunde in das Verfahren einführen möchte. Ebenso wenig reicht es aus, dass sich der Vorgang nach dem Inhalt der Urkunde so zugetragen hat, dass die Urkunde also höchstens einen Zeugenwert hat. Denn ein neuer Zeuge ist kein Wiederaufnahmegrund, Saarbr DAVorm 1975, 32. Noch weniger reicht es aus, dass die Urkunde ein solches Urteil ist, das von der angefochtenen Entscheidung rechtlich in einem anderen Fall abweicht, BFH DB 1991, 2224.

25 **5. Errichtungszeitpunkt bei einer allgemeinen Urkunde, Nr. 7 lit. b.** Die Urkunde muss grundsätzlich entstanden sein, solange ihre Benutzung im Vorprozess noch möglich war, BGH NJW 1980, 1000; Kblz NJW-RR 1995, 1278; Köln BB 2004, 1134, wenn auch erst im Weg eines zulässigen Rechtsmittels nach §§ 511 ff., BGH VersR 1975, 260. Die Urkunde muss also beim nicht nach § 511 berufungsfähigen Urteil vor den durch §§ 282, 296 gesetzten Endpunkten entstanden sein, spätestens aber vor dem Ende der letzten mündlichen Verhandlung nach §§ 136 IV, 296a, BAG NJW 1999, 82; BVerwG NJW 2000, 1884; Köln BB 2004, 1134. Beim berufungsfähigen Urteil muss die Urkunde vor dem Ablauf der Berufungsfrist nach § 517 entstanden sein, beim Versäumnisurteil vor dem Ablauf der Einspruchsfrist nach §§ 339, 700.

26 Eine **nach** diesen Zeitpunkten, aber vor der Verkündung des unanfechtbaren Urteils nach §§ 310, 311 errichtete Urkunde genügt grundsätzlich nicht. Nr. 7b findet daher grundsätzlich nur bezüglich solcher Urkunden Anwendung, die zum Zeitpunkt des früheren Verfahrens bereits existiert haben, Zöller/Greger Rn. 16a; LAG Rheinland-Pfalz 13.4.2005 – 10 Sa 581/04, BeckRS 2005, 42706; Köln BB 2004, 1134. Noch weniger genügt eine erst nach der nach § 705 formellen Rechtskraft des den Vorprozess abschließenden Urteils errichtete Urkunde, BGH NJW-RR 1989, 130 (Widerruf einer Auskunft des Versorgungsträgers); Kblz NJW-RR 1995, 1278 (Gutachten); Köln BB 2004, 1134 (Urteil). Ungeeignet ist auch ein später erlassener Strafbefehl oder zB Freispruch, BGH NJW 1980, 1000. § 156 bleibt hiervon unberührt, BGH NJW 1980, 1000.

27 **6. Errichtungszeitpunkt bei einer Geburtsurkunde, Nr. 7 lit. b.** Ausnahmsweise darf diejenige Geburtsurkunde, die die Empfängniszeit beweisen soll, dann später entstanden sein, wenn der Beginn der Empfängniszeit vor der letzten mündlichen Verhandlung im Vorverfahren nach §§ 136 IV, 296a oder vor dem Ablauf der Beschwerdefrist nach (jetzt) § 63 FamFG lag, Nürnb NJW 1975, 2024. Sie darf ferner ausnahmsweise erst nach dem im Urteil oder im Beschluss nach § 182 FamFG festgestellten Zeitpunkt des letzten ehelichen Verkehrs dann entstanden sein, wenn das Ende der Empfängniszeit aber noch vor dem Ende der Ehe lag. Die Möglichkeit des ehelichen Verkehrs nach der letzten mündlichen Verhandlung ist dann für § 580 unerheblich. Denn die Geburtsurkunde kann wegen der Empfängniszeit nur zurückliegende Tatsachen beweisen, KG NJW 1976, 245.

28 **7. Errichtungszeitpunkt bei weiteren Sonderfällen, Nr. 7 lit. b.** Ausreichend ist ferner ein Beischreibungsvermerk des Standesbeamten, KG NJW 1976, 245. Das gilt auch für einen solchen Beischreibungsvermerk über die Legitimation durch eine nachfolgende Eheschließung. Ferner gehört hierher eine Einbürgerungsurkunde, BGH MDR 1977, 212, Hamm DAVorm 1976, 139. Ausreichen kann ein neues Gutachten im Abstammungsverfahren nach § 185 I FamFG. Das mag auch auf einen nach der Rechtskraft möglich gewordenen oder stattgefundenen DNA-Vergleich infrage kommen, evtl. anders als im Strafverfahren.

29 **8. Beweiseignung: Gegenstand, Nr. 7 lit. a, b.** Die Urkunde muss diejenigen Tatsachen beweisen, die bei ihrer Errichtung vorlagen. Dafür kann nach → Rn. 21 auch eine solche Urkunde genügen, die keine formelle Beweiskraft nach §§ 415 ff. hat, sondern die das Gericht nach § 286 frei würdigen darf und muss, zB ein Strafbefehl. Indessen ist ein Erbschein untauglich. Denn er ist nur ein Ausweis über erbrechtliche Verhältnisse. Ferner ist es ausnahmsweise ausreichend, wenn ein Patentmuster oder ein Gebrauchsmuster erst nach der letzten Tatsachenverhandlung des Verletzungsprozesses im Nichtigkeitsverfahren nach §§ 136 IV, 296a, 525 rückwirkend vernichtet wurde, von Falck GRUR 1977, 312. Eine „günstigere Entscheidung" müsste „herbeigeführt" werden können, BGH NJW 1980, 1000; Mü ZMR 2008, 73. Das wäre auch dann so, wenn das Gericht den Anträgen fast voll entsprochen hatte, wenn aber eine etwa noch günstigere Entscheidung wegen der Unkenntnis der Urkunde nicht möglich gewesen war. Das setzt voraus, dass der Restitutionskläger mit dem damals erzielten Ergebnis nicht stets zufrieden war, BSG NJW 1975, 752. Das Vorbringen ist wegen der Prozesswirtschaftlichkeit noch in der Revisionsinstanz möglich.

30 **9. Sicherheit günstigerer Entscheidung, Nr. 7 lit. a, b.** Es genügt, dass die Urkunde selbst und diejenigen neuen Tatsachen nach → Vor § 284 Rn. 29, die die Urkunde beweisen soll, iVm dem Prozessstoff des Vorprozesses ein günstigeres Ergebnis bewirkt hätten, BGH NJW 1980, 1000; BVerwG NVwZ-RR 2013, 175; OVG Brem NJW 1990, 2337. Das gilt auch im Abstammungsverfahren nach § 185 I FamFG. Freilich kommt es eben auch nur auf den Prozessstoff gerade dieses Vorverfahrens an, BGH NJW-RR 2007, 1448. Es muss gewiss sein, dass das günstigere Ergebnis eingetreten **wäre** und nicht nur evtl. hätte eintreten **können** (bloße Möglichkeit), BGH FamRZ 2015, 821.

31 Als ein solches günstigeres Ergebnis kommen zB infrage: Ein vor dem Schluss der letzten mündlichen Verhandlung nach §§ 136 IV, 296a, 525 erklärtes Geständnis nach § 288. Freilich genügt es nicht, dass die Urkunde ein günstigeres Ergebnis etwa nur zusammen mit dem jetzt Vorgetragenen bewirkt hätte, oder zusammen mit den

aufgrund der Urkunde zu vernehmenden Zeugen, Oldb NJW-RR 1998, 1444, oder nach → Rn. 27 zusammen mit einem nachträglichen Geständnis, BGH NJW 1980, 1001. Also sind auch neu vorgetragene andere Beweismittel nach → Vor § 284 Rn. 56 für die Zulässigkeitsprüfung bedeutungslos, aM Zöller/Greger Rn. 25 ff. (aber die Urkunde muss nach → Rn. 30 eben aus sich heraus ausreichen). Ebenso bedeutungslos ist, ob das Gericht dahingehende Beweise im Vorprozess nach §§ 355 ff. erhoben hat. Vielleicht sind sie gerade nur iVm der Urkunde bedeutungsvoll. Die Urkunde hätte dann keine „günstigere Entscheidung herbeigeführt", wenn das Urteil des Vorprozesses sie nach § 286 ausdrücklich als unerheblich würdigte, Ffm MDR 1982, 61, oder wenn das Rechtsmittel, zB wegen einer nicht ordnungsgemäßen Begründung unzulässig war, BAG NJW 2007, 3803. Man braucht die fragliche Tatsache im Vorprozess nicht vorgetragen zu haben. Man kann sie sogar absichtlich verschwiegen haben.

Das Gericht muss also den gesamten **Prozessstoff neu würdigen,** so wie er in der letzten Tatsachenverhandlung des Vorprozesses vorlag, also vom Standpunkt des damals entscheidenden Gerichts aus. Berücksichtigen muss es also den gesamten Vortrag, die damals erhobenen Beweise, auch die bloßen Beweisantritte iVm der Urkunde aufgrund der Rechtsansicht des Restitutionsgerichts, BVerwGE 34, 113. Auf die Einlassung des Restitutionsbekl kommt es nicht an, also auch nicht auf sein Zugeben, BGH VersR 1975, 260. 32

10. Zulässigkeit und Begründetheit, Nr. 7 lit. a, b. Für die Zulässigkeit der Restitutionsklage ist es ausreichend, dass man mit der Urkunde etwas beweisen **will.** Ob man es auch beweisen **kann** und ob man es auch bewiesen **hätte,** das ist eine Frage der Begründetheit, BGH NJW 1980, 1000; Kblz OLGZ 1989, 94. Unzureichend ist es allerdings im Ergebnis, dass die Urkunde nur möglicherweise eine günstigere Entscheidung herbeigeführt hätte, Kblz OLGZ 1989, 94. Einen neuen Klagegrund kann man mithilfe von Nr. 7b nur insoweit nachschieben, als einer neuen Klage die innere Rechtskraft nach § 322 entgegenstünde. 33

11. Beweismittel, Nr. 7 lit. a, b. Die Ausstellungszeit und die Echtheit der Urkunde nach §§ 437 ff. lassen sich mit allen Beweismitteln nach → Vor § 284 Rn. 56 beweisen, aber nach → § 581 Rn. 7 außer mit dem Antrag auf eine Parteivernehmung nach § 581 II. Die Urkunde muss nach §§ 415 ff. urkundenbeweislich verwendbar sein, außer, wenn eine Einigkeit über ihren Inhalt besteht. Ein mittelbarer Beweis nach → Vor § 284 Rn. 27 genügt nicht. Es genügt also zB eine Urkunde dann nicht, wenn zu ihrer Bestätigung ein Zeuge notwendig ist oder wenn sie aus einem nach dem Schluss der letzten Verhandlung nach §§ 136 IV, § 296a, 525 errichteten Gutachten besteht. Es steht der Wiederaufnahme nicht unbedingt entgegen, dass die Urkunde nach § 419 mangelhaft ist. Die Urkunde braucht der Klage noch nicht nach § 253 IV beizuliegen. Der Restitutionskläger kann noch in der mündlichen Verhandlung ihr Vorhandensein und ihren Inhalt nach §§ 415 ff. urkundenbeweislich dartun. 34

12. Auffinden usw., Nr. 7 lit. a, b. Für beide Fälle der Nr. 7 gilt: Aufgefunden ist die Urkunde nur dann, wenn ihre Existenz oder ihr Verbleib der Partei trotz aller ihr zumutbaren Sorgfalt bisher unbekannt waren, wenn sie also schuldlos war, BGHZ 161, 4; BVerwG NVwZ-RR 2013, 174; Hamm FamRZ 2014, 1935. Das ist dann so, wenn die Urkunde jeder Art des Urkundenbeweises nach §§ 415 ff. unzugänglich war oder wenn die Erheblichkeit der Urkunde für den Prozess ganz fern lag. Es genügt nach §§ 51 II, 85 II, 582 grundsätzlich nicht, dass die Partei oder ihr gesetzlicher Vertreter nach § 51 oder ProzBev. nach § 81 schuldhaft keine Kenntnis vom Inhalt hatte, LG Hamm NJW 1979, 222; VGH Mannh NJW 1995, 210 (vorher veröffentlichter Flächennutzungsplan). 35

13. Kein Auffinden usw., Nr. 7 lit. a, b. Deshalb erfolgt keine Wiederaufnahme zB in folgenden Fällen: Man findet nachträglich eine Patentschrift oder eine Gebrauchsmusteranmeldung auf. Denn diese waren ebenso wie die Patenterteilungsakten zugänglich; es ergeht später ein abweichendes Urteil in einer anderen Sache, BFH NJW 1978, 511; eine gleichwertige andere Urkunde wird benutzbar; der Kläger wusste, dass eine Urkunde über das streitige Rechtsverhältnis bei einer bestimmten Behörde lag, Ffm MDR 1982, 61; es war überhaupt eine Urkunde bereits veröffentlicht, bekannt und unstreitig; das Gericht hat die Urkunde im Vorprozess (mit)verwertet, selbst wenn die Partei von ihr erst im Urteil erfuhr. Maßgeblich ist nur die Kenntnis von der Existenz der Urkunde und ob diese für die Partei zugänglich war. Beide Voraussetzungen sind **objektiv** zu bestimmen. Es kommt nicht darauf an, ob die Partei die Bedeutung der Urkunde für den Prozess subjektiv erfasst hat OLG Düsseldorf 6.4.2017 – I-15 UH 1/16, BeckRS 2017, 164973; BGH NJW-RR 2013, 833. 36

Vgl. aber Art. 103 I GG, → Vor § 578 Rn. 1. Im Abstammungsverfahren genügt die Vorlegung nach § 185 I FamFG. 37

14. Nutzungsmöglichkeit erst nach Verhandlungsschluss, Nr. 7 lit. a, b. Die Möglichkeit der Benutzung der Urkunde darf erst nach dem Abschluss der letzten Tatsachenverhandlung des Vorprozesses nach §§ 136 IV, 296a, 525 entstanden sein, BVerwG NVwZ-RR 2016, 934, so dass die Partei den Urkundenbeweis nach §§ 420 ff. im Vorprozess nicht mehr hätte antreten können, auch nicht auf dem Weg über einen begründeten Antrag nach § 156. Die Zulässigkeit eines Urkundenbeweisantritts führte zur Möglichkeit der Benutzung der Urkunde. Es schadet aber nicht, dass die Partei denselben Beweis mit anderen Mitteln führen konnte. Gegenüber einem früheren gerichtlichen Geständnis nach § 288 hat eine aufgefundene Urkunde nach § 290 nur dann eine Bedeutung, wenn die Partei das Geständnis gleichzeitig widerruft. Eine neue Auskunft eines Versicherungsträgers reicht dann nicht zur Wiederaufnahme aus, wenn er eine im früheren Prozess erteilte Auskunft ausdrücklich unter einen Vorbehalt gestellt hatte, Kblz FamRZ 1980, 813. Ebenso wenig reicht es zur Wiederaufnahme aus, dass die Partei es unterlassen hatte, eine solche versicherungsrechtlich erhebliche Tatsache vorzubringen, die der Versicherer in einer der Entscheidung zugrunde gelegten Auskunft noch nicht berücksichtigt hatte, Brem FamRZ 1980, 1136. 38

VI. Entscheidungen des EGMR, Nr. 8. Dazu Braun NJW 2007, 1620 (Grdz.): Die Vorschrift gilt nach § 35 EGZPO nur für ein erst nach dem 30.12.2006 nach § 705 formell rechtskräftig abgeschlossenes Verfahren, BVerfG NZA 2016, 1165, BGH NJW-RR 2014, 577; BAG NZA-RR 2014, 91. Eine Feststellung des EGMR hat nach Art. 46 I MRK eine bindende Wirkung und verpflichtet Deutschland nach Art. 46 II MRK, eine solche Verletzung abzustellen und Ersatz für die Folgen zu leisten. Das hat zur Einführung von Nr. 8 geführt. Sie ergibt sich auch aus dem Gebot eines fairen Verfahrens nach Art. 6 EMRK, → Einl. II Rn. 44. Eine normative Pflicht zur Rechtsfortbildung mag nicht bestehen, BAG NJW 2016, 1038. Auch auf eine Entscheidung des **EuGH** ist § 580 unanwendbar, LAG Ffm NZA-RR 2013, 553. Natürlich setzt eine Wiederaufnahme nach dem ausdrück- 39 lichen Text von Nr. 8 eine Ursächlichkeit des Verstoßes für das Urteil voraus. Eine Mitursächlichkeit genügt, sofern sie nicht völlig unbedeutend ist. Die Fünfjahresfrist des § 586 II 2 gilt bei § 586 IV nicht. Im Unterschied zu Nr. 7a wird kein identischer Streitgegenstand vorausgesetzt.

581 *Besondere Voraussetzungen der Restitutionsklage.* **I In den Fällen des vorhergehenden Paragraphen Nummern 1 bis 5 findet die Restitutionsklage nur statt, wenn wegen der Straftat eine rechtskräftige Verurteilung ergangen ist oder wenn die Einleitung oder Durchführung eines Strafverfahrens aus anderen Gründen als wegen Mangels an Beweis nicht erfolgen kann.**

II Der Beweis der Tatsachen, welche die Restitutionsklage begründen, kann durch den Antrag auf Parteivernehmung nicht geführt werden.

1 **I. Systematik, I, II.** I setzt für die Restitutionsklage nach § 580 Nr. 1–5 als eine zusätzliche Einschränkung voraus, dass wegen der Straftat die eine oder die andere der beiden Voraussetzungen → Rn. 4, 5 vorliegen. II schränkt den Grundsatz einer freien Wahl der Beweismittel ein. § 582 ist zu beachten.

2 **II. Regelungszweck, I, II.** Zwecks Rechtssicherheit soll der Kreis der Wiederaufnahmemöglichkeiten eng bleiben. Diesem Ziel dient § 581, ohne die Wiederaufnahme praktisch unmöglich machen zu dürfen. Der Fehler aufgrund der vorangegangenen Verurteilung ist erst dann offensichtlich, wenn er sich aus einem neuen rechtskräftigen Urteil ergibt, bei § 580 Nr. 1–5 bei einer Verurteilung im Strafprozess. Dies stellt eine **Zulässigkeitsvoraussetzung** für das Wiederaufnahmeverfahren dar. **II** ist problematisch, wenn der Restitutionskläger in Beweisnot gerät. Im Rahmen der **Begründetheit** ist der Zivilrichter an die strafrechtliche Verurteilung nicht gebunden, OLG Hamm NJW 2017, 1401. Wie auch sonst bleibt aber der Grundsatz der Freiheit der „Beweis"-Würdigung nach § 286 auch im Wiederaufnahmeverfahren bestehen. Folglich darf das Gericht dem Kläger nach → § 286 Rn. 5 evtl. auch ohne förmliche Beweismittel glauben. Natürlich ist insofern gerade im Wiederaufnahmeverfahren wegen des Ausnahmecharakters Zurückhaltung ratsam.

3 Wird eine Prozesshandlung im **anhängigen Rechtstreit** wegen eines Restitutionsgrundes widerrufen, so ist § 581 **nicht anzuwenden,** da das Gericht an die Erkenntnis im Strafverfahren materiell-rechtlich ohnehin nicht gebunden wäre und eine weitere Einschränkung durch § 581 nicht erforderlich ist, da die Rechtskraft nicht durchbrochen wird, weil das Verfahren noch anhängig ist und es damit noch keine rechtskräftige Verurteilung gibt. Kann danach das Zivilgericht eigenständig beurteilen, ob strafbares Verhalten des Täters vorliegt, so spricht nichts dafür, diese Prüfung im noch anhängigen Verfahren zu versagen (Einzelheiten sind streitig: vgl. OLG Hamm NJW 2017, 1401; OLG Dresden BeckRS 2001, 17439).

4 **III. Entweder rechtskräftige Verurteilung, I Hs. 1.** Es muss vorrangig entweder eine **formell rechtskräftige Verurteilung** vorliegen, BGH NJW-RR 2006, 1573, Karlsr FamRZ 1989, 646, vgl. aber auch→ Rn. 2. Ob sie vorliegt, das ergeben die Formel und die Begründung des Strafurteils. Sie liegt dann nicht vor, wenn das Gericht den Täter freigesprochen hatte. Denn ein Freispruch steht der Unmöglichkeit der Durchführung des Strafverfahrens nicht gleich. Ein ausländisches Strafurteil reicht aus. Es reicht nicht aus, dass ein Strafverfahren noch möglich wäre. Es genügt auch ein Strafbefehl oder ein ausländisches Urteil (Zöller/Greger Rn. 2).

5 **IV. Oder Unmöglichkeit eines Strafverfahrens, I Hs. 2.** Oder es muss nachrangig ein Strafverfahren von einem Ermittlungsbeginn bis zur Urteilsverkündung aus anderen Gründen als dem Mangel an Beweisen und für den Wiederaufnahmekläger unabwendbar unmöglich sein, BGH NJW-RR 2006, 1573. Diese Unmöglichkeit mag sich aus den verschiedensten Gründen ergeben, etwa: Wegen einer Amnestie; wegen einer Verjährung; wegen einer Einstellung aus Opportunitätsgründen, §§ 153 ff. StPO (BSGE 81, 46; OLG Hamm FamRZ 1997, 759, MüKoZPO/Braun Rn. 9; Prütting/Gehrlein/Meller-Hannich Rn. 3); wegen des Todes des Beschuldigten. Mit ihm endet das Strafverfahren von Amts wegen, es erfolgt also keine Einstellung; wegen einer Abwesenheit des Beschuldigten, zB wegen eines Auslandsaufenthalts; infolge einer Niederschlagung des Verfahrens.

6 Evtl. genügt sogar eine **einstweilige Einstellung** des Verfahrens. Das gilt zB bei einer nachträglichen Geisteskrankheit des Täters (anders liegt es bei einer Geisteskrankheit während der Tat, aM Zöller/Greger Rn. 3). Es kommt auch eine Einstellung nach § 154 StPO in Betracht, Hmb MDR 1978, 851; Hamm (6. ZS) NJW-RR 1999, 1298; aM Hamm MDR 1986, 679. Wird das (vorläufig) eingestellte Verf. wieder aufgenommen und später freigesprochen, dann wird die Wiederaufnahmeklage unzulässig (Zöller/Greger Rn. 3).

7 **V. Nicht beim Beweismangel, I.** Nicht ausreichend ist ein Mangel an Beweisen für die Merkmale der Straftat oder für die Merkmale der strafrechtlichen Schuld nach §§ 170 II oder 204 StPO. Es findet insofern keine selbständige strafrechtliche Prüfung durch den Zivilrichter statt.

8 **VI. Verfahren, I.** Die Entscheidungen im Strafverfahren usw. binden das Gericht bei der Entscheidung über die Zulässigkeit der Wiederaufnahme, BGH NJW-RR 2006, 1573. Eine Aussetzung nach § 149 kommt in Betracht, BGH MDR 2018, 1337. Im Übrigen ist das Gericht nach § 286 frei. Das gilt also schon im Aufhebungsverfahren, BGHZ 85, 32; Gaul FS Fasching, Wien 1988, 169; Schubert JR 1983, 115. Das Gericht ist auch zu der Frage nicht mehr gebunden, ob die Tat stattgefunden hat. Demgegenüber ist die Verurteilung eine Voraussetzung für die Zulässigkeit der Restitutionsklage. Für die Geltendmachung im rechtshängigen Prozess durch den Widerruf einer bindenden Erklärung gilt I nicht. Bei der Aufhebung eines Schiedsspruchs gilt § 1059.

9 **VII. Beweis durch Restitutionstatsachen, II.** Bei sämtlichen Restitutionsgründen ist wegen der Notwendigkeit der Amtsprüfung ein Beweis der klagebegründenden Tatsachen durch den auf §§ 445, 447 gestützten Antrag auf eine Parteivernehmung grundsätzlich unzulässig. Das gilt nicht nur bei § 580 Nr. 1–5. Der Grund der Vorschrift nötigt zu ihrer Ausdehnung auf die bindende Wirkung eines Geständnisses nach § 288 I und eines Anerkenntnisses nach § 307. Das Gericht darf und muss ein Anerkenntnis und ein Geständnis nach § 286 frei würdigen. Eine Vernehmung der Partei von Amts wegen ist unter den Voraussetzungen des § 448 zulässig. Diese Voraussetzungen liegen aber dann nicht vor, wenn nichts für die Behauptung der beweispflichtigen Partei spricht, sondern wenn die Richtigkeit der Behauptung des Gegners wahrscheinlich ist. Wenn der Kläger den die Restitution bildenden Grund bewiesen hat, zB das Auffinden der Urkunde, ist der Beweis für den Errichtungszeitpunkt ausnahmsweise mit allen Mitteln möglich.

582 ***Hilfsnatur der Restitutionsklage.*** **Die Restitutionsklage ist nur zulässig, wenn die Partei ohne ihr Verschulden außerstande war, den Restitutionsgrund in dem früheren Verfahren, insbesondere durch Einspruch oder Berufung oder mittels Anschließung an eine Berufung, geltend zu machen.**

I. Systematik. Die Vorschrift legt die Hilfsnatur der Restitutionsklage nach § 580 und den Ausnahmecharakter fest, Kblz OLGZ 1989, 93. Sie gilt auch im Abstammungsverfahren nach § 185 I FamFG (Notwendigkeit eines „neuen" Gutachtens). Damit erfolgt eine aufgrund des Hauptziels der Gerechtigkeit nur notgedrungene Einschränkung der Wiederaufnahmemöglichkeiten, wie bei der Nichtigkeitsklage entsprechend § 579 II. Soweit mit einer Klage nach **§ 826 BGB** die Rechtskraft der ursprünglichen Entscheidung faktisch durchbrochen werden soll, ist § 582 analog anzuwenden (vgl. Zöller/Greger Rn. 1). 1

II. Regelungszweck. Das Ziel der Vorschrift ist die Wahrung der Rechtssicherheit und dem Schutz der Rechtskraft der vorherigen Entscheidung. Jedes Angriffs- oder Verteidigungsmittel ist unstatthaft ist, das man bei gehöriger Sorgfalt im Vorprozess hätte geltend machen und zB hätte herbeiführen können, Brem FamRZ 1980, 1135; Mü FamRZ 1982, 314. Sie nennt nur den Fall, dass die Partei den Restitutionsgrund nicht im Vorprozess mit einer Aussicht auf Erfolg geltend machen konnte, auch nicht nach § 528. 2

Naturgemäß steht aber der Fall gleich, dass die Partei den Grund dort nur **ohne Verschulden erfolglos** geltend gemacht hat, Schlosser ZZP 79, 191; Zöller/Greger Rn. 1. Dasselbe gilt dann, wenn der Partei kein anderes Mittel zur Geltendmachung des Restitutionsgrundes offensteht. Das Gericht muss die Voraussetzung des § 582 von Amts wegen prüfen, aber nicht ausforschen. Der Restitutionskläger muss vielmehr ihr Vorliegen beim Zweifel **beweisen.** Die Prüfung gehört trotz des Wortlauts „ist nur zulässig" zum zweiten Verfahrensabschnitt, auch wenn es im Ergebnis sich nicht auswirkt, ob man die Voraussetzungen zur Zulässigkeits- oder der Begründetheitsprüfung zurechnet (vgl. Zöller/Greger Rn. 2; vgl. BGH NJW 1980, 1000; Thomas/Putzo/Reichold Rn. 1. 3

III. Verschulden. Ob ein prozessuales Verschulden der Partei, ihres Vertreters oder ihres ProzBev. nach §§ 51 II, 85 II vorlag, muss das Gericht nach einem strengen Maßstab prüfen. Überhaupt genügt jedes leichte Verschulden. Denn es handelt sich um den Bestand eines rechtskräftigen Urteils. Der Kläger muss, zB bei § 580 Nr. 7 beweisen, dass er die Urkunde sorgfältig aufbewahrt und nach ihrem Verlust eifrig geforscht hat; war ihm die Urkunde bekannt oder hätte sie ihm bekannt sein können und war sie ihm zugänglich, ist ein Verschulden anzunehmen. 4

Ein Verschulden liegt **zB in folgenden Fällen** vor: Der Kläger konnte ein außergerichtliches Gutachten als Beweismittel in den Prozess einführen, OVG Brem NJW 1990, 2337; er konnte im früheren Verfahren in die Urkunde Einsicht nehmen, Fleischer MDR 1999, 76, etwa in eine Patenterteilungsakte, BGH GRUR 2017, 430, oder in ein Register; er hat die Möglichkeit unterlassen, eine erfolgversprechende Auskunft einzuholen; er hat es versäumt, sich im Vorprozess zur Beschaffung der Urkunde eine Frist nach § 428 setzen zu lassen, Oldb NJW-RR 1999, 1443; die Partei hat nicht versucht, ihre durch einen Prozessbetrug veranlasste Rechtsmittelrücknahme nach §§ 516, 565 oder ihren Rechtsmittelverzicht nach §§ 515, 565 zu widerrufen. 5

Soweit eine Verurteilung iSv § 580 Nr. 1–5 fehlt, dürfte ein Verschulden – sofern es überhaupt vorausgesetzt wird (Einzelheiten streitig) – jedenfalls in den meisten praktischen Fällen fehlen. 6

Wenn die Partei von dem Restitutionsgrund keine Kenntnis hatte oder haben konnte, **fehlt** ein Verschulden. Es kann auch bei einem Rechtsirrtum fehlen. Insbesondere hat man keine Kenntnis von dem, was man vergessen hat, und ein Vergessen ist nicht immer schuldhaft, AG Bln-Tempelhof/Kreuzberg FamRZ 1997, 568. Das kann auch bei einem Irrtum über die Erheblichkeit gelten. 7

IV. Restitutionsgrund. Er ist bei § 580 Nr. 1–5 die Straftat, nicht die Bestrafung. Die letztere ist nur eine Voraussetzung der Zulässigkeit der Wiederaufnahme des Verfahrens. Bei § 580 Nr. 7b sind das Vorhandensein der Urkunde und die Möglichkeit ihrer Benutzung der Restitutionsgrund. 8

An der Unmöglichkeit, den Restitutionsgrund im früheren Verfahren geltend zu machen, fehlt es, wenn der Restitutionsgrund dem Wiederaufnahmekläger bekannt gewesen ist und sein Vorbringen Aussicht auf Erfolg gehabt hätte, BGH MDR 2017, 663. 9

V. Maßgebender Zeitpunkt für die Geltendmachung im Vorprozess. Bei einem Ersturteil der Ablauf der Berufungsfrist nach § 517; bei einem Berufungsurteil der Schluss der zweitinstanzlichen mündlichen Verhandlung nach §§ 136 IV, 296a, 525. Denn man darf Restitutionstatsachen später nach §§ 156, 559 meist nicht mehr vorbringen; bei einem Revisionsurteil der Schluss der mündlichen Verhandlung der Berufungsinstanz wie oben, im Revisionsverfahren selbst nicht, da es sich insoweit um keine Tatsacheninstanz handelt, BGH NJW 1998, 2972; BVerwG DVBl 2003, 868; bei einem Versäumnisurteil 1. und 2. Instanz der Ablauf der Einspruchsfrist nach § 339; bei der Zulässigkeit eines Nachverfahrens zB nach § 600 oder Betragsverfahrens oder nach § 302 II Hs. 2 der Schluss der dortigen mündlichen Verhandlung. Eine Restitutionsklage ist dann **unzulässig,** wenn gegen den Ablauf einer Notfrist nach § 224 I 2 eine Wiedereinsetzung in den vorigen Stand nach § 233 möglich war. Die Zeit zwischen dem Schluss der mündlichen Verhandlung und der Verkündung der Entscheidung nach §§ 310, 311 bleibt nach § 296a außer Betracht. Denn das Gericht braucht keinen Schriftsatz mehr entgegenzunehmen, und es braucht nach § 156 die Verhandlung keineswegs stets wiederzueröffnen. Die Möglichkeit der Wiedereröffnung der mündlichen Verhandlung reicht jedenfalls insoweit nicht aus, wie sie im Ermessen des Gerichts steht. 10

583 ***Vorentscheidungen.*** **Mit den Klagen können Anfechtungsgründe, durch die eine dem angefochtenen Urteil vorausgegangene Entscheidung derselben oder einer unteren Instanz betroffen wird, geltend gemacht werden, sofern das angefochtene Urteil auf dieser Entscheidung beruht.**

I. Systematik. § 583 entspricht den §§ 512, 557 II. Es gelten folgende Abweichungen. § 583 erfasst auch eine unanfechtbare Vorentscheidung oder eine solche, die mit sofortiger Beschwerde nach § 567 anfechtbar ist, und zwar auch eine Vorentscheidung des unteren Gerichts, auch einen Beschluss oder eine Verfügung nach § 329. Wenn ein höheres Gericht die Vorentscheidung zB nach §§ 538, 563 III erlassen hat, geht die Restituti- 1 onsklage immer an das höhere Gericht. Denn kein unteres Gericht darf die Entscheidung eines höheren ohne dessen Anweisung nachprüfen. Mit der Aufhebung des Urteils des höheren Gerichts entfällt die Entscheidung des unteren, wenn das rechtskräftige Endurteil auf dieser **beruht.** Die Vorentscheidung wird mit dem Endurteil aufgehoben. Zu den Vorentscheidungen gehören das Vorbehaltsurteil nach §§ 302, 599 und das selbständig anfechtbare Zwischenurteil nach §§ 280, 303 sowie ein Grundurteil nach § 304. Gegen beide ist keine selbständige Restitutionsklage möglich.

2 Das Urteil muss auf der Vorentscheidung **beruhen,** wenn auch der Mangel für das Urteil selbst keine Bedeutung haben mag, zB bei § 579 I Nr. 1. Wegen §§ 579 I 2, II, 582 kann zunächst ein Rechtsmittel gegen die Vorentscheidung oder die Geltendmachung des Anfechtungsgrundes im etwaigen Nachverfahren nötig sein. Jedes Teilurteil nach § 301 ist schon wegen der Kostenfolgen selbständig anfechtbar, BGH NJW 1980, 1000.

3 **II. Regelungszweck.** Prozesswirtschaftlichkeit ist nur einer der Zwecke der Vorschrift. Natürlich dient sie auch der Vermeidung etwaiger Widersprüche und der Verringerung sonst manchmal kaum überwindbarer weiterer Hürden für den Kläger bei dem ohnehin riskanten Versuch, den Prozess nochmals aufzurollen.

584 ***Ausschließliche Zuständigkeit für Nichtigkeits- und Restitutionsklagen.*** **I Für die Klagen ist ausschließlich zuständig: das Gericht, das im ersten Rechtszug erkannt hat; wenn das angefochtene Urteil oder auch nur eines von mehreren angefochtenen Urteilen von dem Berufungsgericht erlassen wurde oder wenn ein in der Revisionsinstanz erlassenes Urteil auf Grund des § 580 Nr. 1 bis 3, 6, 7 angefochten wird, das Berufungsgericht; wenn ein in der Revisionsinstanz erlassenes Urteil auf Grund der §§ 579, 580 Nr. 4, 5 angefochten wird, das Revisionsgericht.**

II Sind die Klagen gegen einen Vollstreckungsbescheid gerichtet, so gehören sie ausschließlich vor das Gericht, das für eine Entscheidung im Streitverfahren zuständig gewesen wäre.

1 **I. Systematik, I, II.** § 584 begründet grundsätzlich für jede Wiederaufnahmeklage eine im Interesse der Prozesswirtschaftlichkeit örtliche und sachliche ausschließliche Zuständigkeit **§ 40 II,** BayObLG WuM 1991, 133, auch eine internationale. § 281 (Verweisung) ist anwendbar, BayObLG WuM 1991, 134. Man wahrt die Frist bei einer Verweisung/Abgabe bereits durch die Anrufung des unzuständigen Gerichts, BAG NZA 2016, 127. Dem in § 584 genannten Urteil steht ein Beschluss nach § 329 gleich, zB auch ein Beschluss nach §§ 522 I, 552 I, BAG NZA 2016, 127. Wegen einer Kindschaftssache gilt vorrangig der freilich inhaltlich weitgehend gleiche § 185 III FamFG. Es findet kein obligatorisches Güteverfahren statt. Die nochmalige sogar ausschließliche Zuständigkeit des früheren Gerichts ist jedenfalls dann nicht unproblematisch, wenn das nunmehr zu entscheidende Gericht personenidentisch mit dem früheren Gericht besetzt ist, fügt sich aber in den Grundgedanken des § 538 ein, wo die Sache auch zu dem gleichen Spruchkörper – anders als im Strafprozess – zurückzuweisen ist.

2 **II. Erstgericht, I Hs. 1. Grundsätzlich** ist das Erstgericht des Vorprozesses ausschließlich zuständig, auch der Einzelrichter nach §§ 348, 348a, evtl. auch das FamG nach § 185 III 1 Hs. 1 FamFG, BGH FamRZ 2018, 1013; BGHZ 84, 25; Stgt FamRZ 1980, 379; Parche NJW 1979, 142, aM KG FamRZ 1979, 526 (es lässt das Prozessgericht an das FamG verweisen), Karlsr FamRZ 1996, 301 (keine Ehesache nach Scheidung). Wenn ein anderes Wiederaufnahmeverfahren vorangegangen ist, ist für die jetzige Wiederaufnahmeklage das Gericht jenes Verfahrens zuständig, BGH BB 1979, 1705. Wegen der Ausschließung eines Richters → § 41 Rn. 23, wegen der Ablehnung eines Richters → § 42.

3 **III. Berufungsgericht, I Hs. 2.** Das Berufungsgericht ist in den folgenden beiden Fällen zuständig:

4 **1. Frühere eigene Entscheidung, I Hs. 2 Fall 1.** Das Berufungsgericht ist dann zuständig, wenn es das Urteil oder eines von mehreren angegriffenen Urteilen erlassen und soweit es **in der Sache** entschieden hat, BGH FamRZ 2018, 1014. Das gilt selbst dann, wenn es die Berufung zurückgewiesen hat. Das Berufungsgericht ist auch dann zuständig, wenn es in einem Nachverfahren nach §§ 302, 600 oder in einem Betragsverfahren nach § 304 entschieden hatte. Soweit der Verlierer das Ersturteil nicht mit einer Berufung angefochten hatte, bleibt das Erstgericht zuständig. Hat das Berufungsgericht die Klage insgesamt abgewiesen, bleibt es zuständig, selbst wenn das Erstgericht nur einen von mehreren Klagegründen bejaht hatte. Hat das Berufungsgericht die Berufung nach § 522 I 2 als unzulässig verworfen, geht die Klage gegen das Ersturteil an das Erstgericht, Mü FamRZ 1982, 314 (wegen der Verwerfung einer Beschwerde [jetzt] im FamFG-Verfahren als unzulässig), es sei denn, der Wiederaufnahmegrund läge in der Verwerfung. Hat das Berufungsgericht nach § 538 zurückverwiesen, ist dasjenige Gericht zuständig, das das mit der Wiederaufnahmeklage angegriffene Urteil erlassen hat. Das Berufungsgericht ist auch dann zuständig, wenn man beide Urteile angegriffen hat. Die Kostenfestsetzung für das Wiederaufnahmeverfahren erfolgt nach → § 104 Rn. 1 stets beim Rpfl. des Erstgerichts.

5 **2. Restitutionsklage gegen Revisionsurteil, I Hs. 2 Fall 2.** Das Berufungsgericht ist ferner dann zuständig, wenn das Revisionsgericht erkannt hat und wenn es sich um eine Restitutionsklage nach § 580 Nr. 1–3, 6, 7 handelt. Denn hier stehen Tatsachenergänzungen infrage und bei einer erfolgreichen Anrufung im Wiederaufnahmeverfahren könnte das Revisionsgericht die angefochtene Entscheidung nur aufheben und zurückverweisen. Das gilt aber nur bei einem Sachurteil. Wenn das Revisionsgericht nicht nach → § 580 Rn. 1 aufgrund eigener tatsächlicher Feststellungen erkannt hat, ist das Revisionsgericht selbst zuständig. Auch in dem versehentlich nicht weiter geregelten Fall des **§ 580 Nr. 8 ZPO** ist das **Revisionsgericht** im Regelfall **nicht** zuständig (vgl. zum Streitstand: BGH FamRZ 2018, 1013). Eine Zuständigkeit des Revisionsgerichts bei § 580 Nr. 8 kommt nur ausnahmsweise dann in Betracht, wenn der zugrundeliegende Fall mit den § 580 Nr. 4 und 5 vergleichbar ist.

6 **IV. Revisionsgericht, I Hs. 3.** Das Revisionsgericht ist dann zuständig, wenn es sachlich erkannt hat und wenn keiner der Fälle des § 580 Nr. 1–3, 6, 7 vorliegt, das Revisionsurteil also nach § 580 Nr. 4, 5 angefochten wird, BGH WM 1980, 1350. Daher ist es bei der Nichtigkeitsklage nach § 579 zuständig, auch wenn der Kläger *zB die Besetzung des Berufungsgerichts* rügt, und bei der Restitutionsklage aus § 580 Nr. 4, 5. Es ist ferner zuständig, sofern es selbst tatsächliche Feststellungen getroffen hatte, BGHZ 62, 18. Das Berufungsgericht ist aber dann zuständig, wenn das Revisionsgericht das Verfahren nach § 563 an das Vordergericht zurückverwiesen oder die Revision nach § 552 I 2 als unzulässig verworfen hatte, BVerwG BayVBl. 1976, 213; Hamm Rpfleger 1978, 424. Denn dann hat das Revisionsgericht keine Sachentscheidung getroffen. Wenn es eine Revision als unbe-

gründet zurückgewiesen hatte, hat das Revisionsgericht aber in der Sache erkannt. Daher ist es nach → § 51 Rn. 1 auch zuständig, soweit der Nichtigkeitsgrund sein Verfahren unmittelbar betrifft, etwa wegen einer dauernden Prozessunfähigkeit nach § 51, BGHZ 61, 100. Wenn der Kläger dagegen nach § 580 Nr. 4 auch und in erster Linie das Berufungsurteil angreift, ist das Berufungsgericht zuständig, BGHZ 61, 98. Das LG ist dann zuständig, wenn das höhere Gericht das Verfahren nach §§ 538, 563 an dieses Gericht zurückverwiesen hat oder wenn es das Urteil des LG nach § 566 bestätigt hat.

V. Streitgericht nach Vollstreckungsbescheid, II. Eine Wiederaufnahmeklage gegen einen Vollstreckungsbescheid nach § 699 ist statthaft, Geißler DGVZ 1989, 129. Für diese Klage ist nach **II** dasjenige Gericht zuständig, das für das Streitverfahren nach § 697 örtlich wie sachlich objektiv zuständig gewesen wäre, also dasjenige Gericht, an das man das Verfahren etwa nach § 696 V hätte verweisen müssen. In der Regel ist das Wohnsitzgericht nach § 13 zuständig, und zwar je nach der Höhe des Streitwerts das AG oder das LG. Wegen der Ausschließlichkeit des Gerichtsstands II ist eine Gerichtsstandsvereinbarung nach § 40 II Nr. 2 unwirksam. 7

585 *Allgemeine Verfahrensgrundsätze.* **Für die Erhebung der Klagen und das weitere Verfahren gelten die allgemeinen Vorschriften entsprechend, sofern nicht aus den Vorschriften dieses Gesetzes sich eine Abweichung ergibt.**

I. Systematik. Die Vorschrift stellt einerseits den Vorrang der Sonderregeln der §§ 578–591 klar. Sie verdeutlicht andererseits für den verbleibenden Verfahrensbereich die Anwendbarkeit jedenfalls der Bücher 1 und 2 der ZPO und auch Verweisungen aus anderen Verfahrensordnungen, § 153 VwGO, § 179 SGG, § 4 InsO, § 79 ArbGG, § 134 FGO, § 48 II FamFG, § 209 BEG. Soweit bezüglich der Form der Entscheidung pp. in den jeweiligen Verfahrensordnungen Spezialregelungen anzuwenden sind, gelten diese, BVerwG NVwZ-RR 2018, 787. 1

Die **Verweisung** auf die Bücher 1 und 2 hat nur deklaratorischen Charakter. 2

II. Verfahren. Das Verfahren richtet sich grundsätzlich nach den für die Instanz geltenden allgemeinen Vorschriften. Man muss die Klage nach § 253 erheben. Das gilt auch vor einem höheren Gericht. Bei einer Verweisung in anderen Verfahrensgesetzen auf die ZPO gelten die ersteren zumindest mit. Freilich geben §§ 587, 588 für den Klaginhalt vorrangige Sonderregeln. 3

III. Beispiele zur Frage des Verfahrens

Anwaltszwang: Er besteht wie sonst nach → § 78 Rn. 1. 4

Befangenheit: Eine Ablehnung des Richters nach §§ 42 ff. ist nach → § 42 möglich.

Hauptsache: Das ist bei → § 39 Rn. 7 schon diejenige der Aufhebungsverhandlung.

Hemmungswirkung: Die Klage nach §§ 578 ff. hat **keine** Hemmungswirkung.

Klagänderung: Über ihre Möglichkeit → § 588 Rn. 2.

Klagerücknahme: Sie erfolgt nach § 269.

Prozessvollmacht: Diejenige nach § 80 gilt auch für das Wiederaufnahmeverfahren. Eine Ausnahme davon besteht nur in einer Ehesache nach § 114 V FamFG.

Rückforderung: Der Kläger kann eine Erstattung des aufgrund des Vorprozessurteils Geleisteten mit einem Zwischenantrag nach § 256 II verlangen.

Säumnis: Das Versäumnisverfahren nach §§ 330 ff. verläuft nach § 590 wie sonst.

Teilwiederaufnahmeantrag: Man darf den Wiederaufnahmeantrag nach → § 590 Rn. 7 wie sonst auf einen nach § 301 selbständig beurteilbaren Teil beschränken.

Trennung: Das Gericht darf die Verhandlungen über die drei Abschnitte des Verfahrens nach wie nach § 145 trennen. Es braucht das aber nicht zu tun.

Verbindung: Diejenige mit einer anderen Klage nach § 147 ist wegen der verschiedenen rechtlichen Natur beider Klagarten unstatthaft.

Vorschuss: Auch nach der Scheidung besteht eine Pflicht zur Zahlung eines Kostenvorschusses entsprechend §§ 1360a IV, 1361a IV BGB.

Zustellung: Das Gericht muss die Klage dem ProzBev. des Vorprozesses nach §§ 81, 172 zustellen. Das gilt auch in einer Ehesache nach §§ 48, 121 ff. FamFG. Hat die Partei bei einer Wiederaufnahmeklage in der Rechtsmittelinstanz dort noch keinen ProzBev. bestellt gehabt oder war er gelöscht worden, muss das Gericht die Klage an den erstinstanzlichen ProzBev. zustellen.

IV. Neuer Anspruch. Er ist im ersetzenden Verfahren nach § 590 zulässig, soweit ihn der Stand des Verfahrens im Vorprozess zuließ. Das gilt vor allem für eine Widerklage nach Anh. § 253. Im aufhebenden Verfahren nach §§ 579, 580, 582 ist ein neuer Anspruch unzulässig. 5

586 *Klagefrist.* **I Die Klagen sind vor Ablauf der Notfrist eines Monats zu erheben.**

II [1]Die Frist beginnt mit dem Tag, an dem die Partei von dem Anfechtungsgrund Kenntnis erhalten hat, jedoch nicht vor eingetretener Rechtskraft des Urteils. [2]Nach Ablauf von fünf Jahren, von dem Tag der Rechtskraft des Urteils an gerechnet, sind die Klagen unstatthaft.

III Die Vorschriften des vorstehenden Absatzes sind auf die Nichtigkeitsklage wegen mangelnder Vertretung nicht anzuwenden; die Frist für die Erhebung der Klage läuft von dem Tag, an dem der Partei und bei mangelnder Prozessfähigkeit ihrem gesetzlichen Vertreter das Urteil zugestellt ist.

IV Die Vorschrift des Absatzes 2 Satz 2 ist auf die Restitutionsklage nach § 580 Nummer 8 nicht anzuwenden.

I. Systematik, I–IV. Bei der Klagefrist handelt es sich um eine Zulässigkeitsvoraussetzung und um eine vorrangige „Abweichung" nach § 585. Bei § 185 IV FamFG (Abstammungssache) findet sich ein Ausschluss von § 586. Es sind zwei Fristen vorgesehen und zwar eine Notfrist (§ 224 I 2) von einem Monat ab Kenntnisnahme vom Anfechtungsgrund sowie eine hiervon unabhängige Ausschlussfrist von fünf Jahren. 1

2 **II. Regelungszweck, I–IV.** Die Vorschrift dient vor allem in ihrer Ausschlussfrist nach II 2 der Begrenzung der Klagemöglichkeiten. Sie dient damit der mit der formellen Rechtskraft nach § 705 einsetzenden **Rechtssicherheit,** BAG DB 2003, 836. Diese erhält hier scheinbar den ausnahmsweisen Vorrang vor dem Grundgedanken der §§ 578 ff., der Herstellung materiellen Gerechtigkeit. In Wahrheit ist der ganze Gedanke einer Wiederaufnahme eben von vornherein weder in der Sache noch formell und vor allem nicht zeitlich von solchen notwendigen Eingrenzungen unabhängig durchführbar. Deshalb darf und muss man § 586 durchaus streng auslegen.

3 **III. Notfrist, I, II.** Für die Klage läuft eine Notfrist nach § 224 I 2, BVerfG NJW 1993, 3257; BAG DB 2003, 836. Sie beträgt grundsätzlich 1 Monat. Ausnahmsweise ist die Frist länger, falls nämlich die Rechtsmittelfrist länger als 1 Monat war. Die Einhaltung der Frist ist eine Zulässigkeitsvoraussetzung. Das Gericht muss sie von Amts wegen prüfen. Die Frist **berechnet** sich nach §§ 222, 223 iVm §§ 187 ff. BGB. Wegen einer Abkürzung oder Verlängerung § 224 II. Ein **Prozesskostenhilfegesuch** nach §§ 114 ff. reicht nicht, ggf. kommt aber eine **Wiedereinsetzung** in den vorigen Stand in Betracht, OLG Dresden MDR 2010, 344; Zöller/Greger Rn. 3; vgl. auch LAG Hamm 8.3.2018 – 8 Sa 1350/17, BeckRS 2018, 23234. § 167 ist anwendbar.

4 **Unanwendbar** ist § 586 in einer Abstammungssache nach (jetzt) § 185 IV FamFG, aM (je zum alten Recht) BGH NJW 1994, 591; Düss FamRZ 2002, 1268 (aber § 185 IV FamFG ist schon nach seinem Wortlaut eindeutig allgemein gültig. Das verstärkt sich dadurch, dass der besondere Restitutionsgrund des § 185 I FamFG nach dessen klarem Wortlaut „auch" eingreift. Unanwendbar ist § 586 ferner einem Verfahren nach § 181 SGG.

5 **IV. Folgen nach I.** Eine Wiedereinsetzung nach §§ 233 ff. ist statthaft, BVerfG NJW 1993, 3257. Eine Klagerhebung vor dem **unzuständigen Gericht** wahrt die Frist mangels einer den §§ 519, 549 entsprechenden Bestimmung, wenn das Verfahren durch Verweisungsbeschluss oder ggf. formlose Abgabe durch das unzuständige Gericht bei dem zuständigen Gericht anhängig wird, BAG NZA 2003, 453; BGHZ 97, 161; LAG Hamm 8.3.2018 – 8 Sa 1350/17, BeckRS 2018, 23234; BayObLG WuM 1991, 134, Thomas/Putzo/Reichold Rn. 1. Eine Klage ist schon **vor dem Beginn der Frist** statthaft, BGH GRUR 2012, 755. Das gilt selbst vor der Zustellung des Urteils nach §§ 166 ff., 317. Wenn man die Klage vor dem Eintritt der formellen Rechtskraft des Urteils nach § 705 erhebt, heilt deren Eintritt. Auch → § 588 Rn. 2. Der Kläger kann neben dem einen Klagegrund einen solchen anderen nicht mehr geltend machen, für den die Frist verstrichen ist. Grundsätzlich kann man einen von vornherein vorhandenen Restitutionsgrund nach § 580 nur innerhalb der Monatsfrist **nachschieben** BAG NZA 1998, 1301. Ein erst später entstandener oder bekanntgewordener Grund kann aber auch noch nach Ablauf 1 Monats seit Kenntniserlangung nachgeschoben werden (RGZ 168, 225; Zöller/Greger Rn. 6; vgl. auch, Thomas/Putzo/Reichold Rn. 2. Beim Widerruf eines Verzichts nach § 515 muss man auch in der Frist von I die Berufung einlegen.

6 **V. Fristbeginn, II 1.** Zum Fristbeginn notwendig ist zunächst die formelle Rechtskraft des Urteils nach § 705, BGH NJW 1993, 1596; Hamm FamRZ 1997, 759; KG WuM 1996, 179 (WEG). Bei § 544 V 3 beginnt die Frist mit der Zustellung der Zurückweisung, BGH NJW 2005, 3724. Notwendig ist ferner eine Kenntnis der Partei, BGH GRUR 2012, 754; BAG DB 2003, 836; AG Stgt FamRZ 2015, 1718, oder ihres gesetzlichen Vertreters oder ProzBev. nach §§ 51 II, 85 II, BGH NJW 1993, 1596, oder des Generalbevollmächtigten oder des sachbearbeitenden Terminsvertreters der Behörde. Diese Kenntnis muss grundsätzlich alle den Wiederaufnahmegrund bildenden Tatsachen umfassen, BGH NJW 1993, 1596. Eine Ausnahme besteht nach III. Daher ist zB bei § 581 ein rechtskräftiges Strafurteil notwendig. Eine zutreffende rechtliche Einordnung ist zum Fristbeginn natürlich nicht erforderlich, BGH NJW 1995, 333.

7 **Unkenntnis** kann dann schädlich sein, wenn sie auf einer treuwidrigen Nichtwahrnehmung beruht, BAG 102, 242.

8 **VI. Folgen, II 1.** Bei **§ 580 Nr. 1–5** ist die Kenntnis einer rechtskräftigen Bestrafung oder der Unmöglichkeit eines Strafverfahrens notwendig, Hamm FamRZ 1997, 759 (Kenntnis einer vorläufigen Einstellung reicht nicht). Bei einer Amnestie ist die Zurückweisung der Beschwerde gegen eine Einstellung notwendig. Beim Tod eines Zeugen nach **§ 580 Nr. 3** ist die Kenntnis davon ausreichend. Bei **§ 580 Nr. 7b** muss der Kläger die Urkunde aufgefunden haben und imstande sein, sie zu benutzen. Nicht erforderlich ist, dass er auch ihre Benutzbarkeit erkannt hat, BPatG GRUR 1986, 310, sofern man objektiv mit der Benutzbarkeit rechnen konnte. Bei einer nachträglich errichteten Geburtsurkunde ist grundsätzlich die Kenntnis der Geburt maßgeblich. Wenn eine Geburtsurkunde erst nach der formellen Rechtskraft des früheren Urteils bekannt geworden ist, ist der Eintritt der Rechtskraft des vorherigen Urteils maßgeblich (§ 1593 BGB), da der Restitutionskläger zuvor gehindert wäre, die Nichtehelichkeit geltend zu machen, Nürnb NJW 1975, 2024.

9 Wenn die Urkunde **im Besitz eines Dritten** ist, muss er nach §§ 429 ff. zur Vorlegung verpflichtet sein. Es kommt nicht darauf an, ob der Kläger eine Kenntnis von der rechtlichen Bedeutung des Grundes auch der Urkunde erlangt hat. Eine Kenntnis des ProzBev. nach § 81 lässt sich nur dann der Partei nach § 85 II zurechnen, wenn der Auftrag des Bevollmächtigten zur Vertretung noch in demjenigen Zeitpunkt bestand, in dem er die Kenntnis erhielt, oder wenn die Partei den ProzBev. mit einer Strafanzeige beauftragt hatte und wenn diese Anzeige gerade der Vorbereitung des Restitutionsverfahrens diente, BGH MDR 1978, 1016. Eine Kenntnis erhält man nur durch ein sicheres Wissen, aber auch durch ein bewusstes Sichverschließen, BAG DB 2003, 836, jedoch nicht schon durch ein bloßes Gerücht. Eine Erklärung nach § 117 II 1 muss fristgemäß vollständig vorliegen, Drsd MDR 2010, 344.

10 **VII. Glaubhaftmachung, I, II.** Die Glaubhaftmachung erfolgt nach § 589 II. Dies ist von Amts wegen zu überprüfen.

11 **VIII. Fünfjahresfrist, II 2, IV.** Die Vorschrift gilt entsprechend im Verfahren nach §§ 30 ff. AKG, Düss NJW-RR 1993, 447. Der Ablauf von 5 Jahren seit dem Eintritt der formellen Rechtskraft macht bis auf den Fall IV (Verletzung der EMRK, § 580 Nr. 8) jede Anfechtung unstatthaft, auch eine auf **§ 826 BGB** gestützte. Die Frist ist keine Notfrist nach § 224 I 2. Die **Fristhemmungsgründe** des §§ 203 ff. BGB sind **nicht** anwendbar (BGHReport 2004, 911). Eine Abkürzung oder Verlängerung der Frist nach § 224 ist unzulässig. Eine **Wiedereinsetzung** nach § 233 ist **nicht** möglich, BFH 4.9.1996 – II S 6/96, BeckRS 1996, 11863; VGH Mü NVwZ 1993, 92.

Streng ist an sich jede Fristfrage handhabbar. Das erfordert die Rechtssicherheit. **Ob** nun aber überhaupt ein die Gerechtigkeitsnachprüfung endgültig verbietender Ablauf der Fünfjahresfrist vorliegt, ist eine Vorfrage. Da es immerhin um ein Ende der Möglichkeit einer Verwirklichung des Hauptziels der materiellen Richtigkeit geht, sollte man zwar genau, aber nicht übergenau formalistisch prüfen, ob man II 2 bejahen muss. 12

Die Frist **beginnt** grundsätzlich mit dem Eintritt der formellen Rechtskraft nach § 705, KG Rpfleger 1976, 368 (betr. Beschlüsse), MüKoZPO/Braun Rn. 7; Schmahl NJW 1977, 27. Die Frist beginnt auch ohne eine Kenntnis des Anfechtungsgrundes und unabhängig von I, abgesehen von III. Man wahrt die Frist durch die Klagerhebung nach §§ 253, 261, evtl. auch durch die Klageinreichung nach § 167, nicht aber schon durch die Einreichung eines bloßen Prozesskostenhilfegesuchs nach § 117 I. Der Fristablauf heilt alle Fehler des Urteils. Das beweist, dass der Mangel keine unheilbare Nichtigkeit bewirkt. Die Regelung ist im Zusammenhang mit → § 339 Rn. 3 unanwendbar. 13

Unanwendbar ist die Regel nach ihrem Sinn und Zweck auch, wenn das Urteil noch gar nicht vollsteckt ist und das Wiederaufnahmeverfahren der Abwehr der Vollstreckung dient und wenn Rechtsbeziehungen durch das angegriffene Urteil gestaltet werden, die noch gar nicht eingetreten sind, weil sonst die Klagefrist abgelaufen ist, bevor sich die faktischen Rechtwirkungen der angefochtenen Entscheidung überhaupt gezeigt haben vgl. MüKoZPO/Braun/Heiß Rn. 4 f. 14

IX. Mangel der Vertretung, III. Der Zweck von III ist, dem durch den Mangel der Vertretung Benachteiligten durch die Nichtigkeitsklage nach § 579 eine Möglichkeit der Wiederaufnahme zu geben, weil das Urteil nach → § 56 Rn. 18 trotz des Mangels rechtskräftig werden konnte. 15

X. Folgen, III. Bei § 579 I Nr. 4 beginnt die Frist abweichend von der Fünfjahresfrist des II 2 frühestens mit der **wirksamen Zustellung** des vollständigen Urteils nach §§ 166 ff., 317 an die Partei selbst. Beim Mangel der Prozessfähigkeit der Partei nach § 51 beginnt die Frist also mit der Zustellung an ihren gesetzlichen Vertreter nach § 170 I 1, BGH WM 2014, 321; Ffm FamRZ 1985, 613; OLG Brandenburg ErbR 2019, 372; OLG Hamm Urteil vom 16.4.2015 – I-5 U 53/14. Daher ist mangels einer wirksamen Urteilszustellung eine Nichtigkeitsklage nach § 579 ohne Rücksicht auf die Länge der Zeit ggf. unbegrenzt möglich, KG FamRZ 1989, 648. Eine Zustellung an die Partei persönlich kommt jedenfalls dann nicht in Betracht, wenn sie prozessunfähig ist, Hmb FamRZ 1981, 961; KG FamRZ 1989, 647. 16

Eine Zustellung an den **ProzBev.** nach §§ 81, 172 ist unerheblich, wenn er nicht mehr bevollmächtigt ist. Wenn man aus dem Urteil die mangelnde Vertretung nicht ersehen kann, gilt II. Dasselbe gilt dann, wenn der Gegner klagt, BGHZ 63, 80. Andererseits beginnt die Frist auch dann erst mit der Zustellung an den gesetzlichen Vertreter, wenn die Partei den Vertretungsmangel schon vorher kannte, KG FamRZ 1979, 526. Aus § 578 folgt, dass das Urteil nach § 705 formell rechtskräftig sein muss, BGH WM 2014, 321. III besagt nichts dagegen. Eine Ersatzzustellung nach §§ 178 ff. oder eine öffentliche Zustellung nach §§ 185 ff. genügt. Eine wirksame Zustellung ist für den Fristbeginn unerlässlich. 17

Eine Zustellung vor dem Eintritt der Rechtskraft des Urteils setzt die Notfrist nach I, III nicht in Lauf. Denn dann ist an sich noch gar keine Klage statthaft. Die Notfrist zur Erhebung der Nichtigkeitsklage ist aber gehemmt, und zwar bis zum Eintritt der Rechtskraft. Von diesem Zeitpunkt läuft dann die Frist des I automatisch OLG Köln OLGZ 1977, 118; Zöller/Greger Rn. 16. 18

Die Rechtskraft der „angefochtenen Entscheidung" wird ähnlich wie bei der Erhebung einer Verfassungsbeschwerde durch das Erheben einer Restitutionsklage nicht gehemmt (vgl. Hessisches Landessozialgericht 27.1.2017 – L 5 SF 19/13 EK, BeckRS 2017, 112704. 19

587 *Klageschrift.* **In der Klage muss die Bezeichnung des Urteils, gegen das die Nichtigkeits- oder Restitutionsklage gerichtet wird, und die Erklärung, welche dieser Klagen erhoben wird, enthalten sein.**

I. Systematik, Regelungszweck. Die Vorschrift enthält eine zusätzliche, nach § 585 gegenüber § 253 vorrangige Zulässigkeitsvoraussetzung nach § 589 I. Diese entspricht §§ 519 II, 549 I 1. Sinn ist im Interesse der Rechtssicherheit die Klarstellung, inwiefern der Kläger das nach § 705 formell rechtskräftige Urteil überhaupt angreift. 1

II. Urteilsbezeichnung. Notwendig ist die Bezeichnung des angegriffenen Urteils. In der Regel genügt es insoweit, das Aktenzeichen und das Verkündungsdatum zu bezeichnen. Die irrige Angabe des Ersturteils statt des ersetzenden Berufungsurteils reicht dann aus, wenn das Klageziel erkennbar ist. 2

III. Klagebezeichnung. Notwendig ist ferner die Erklärung, dass der Kläger eine Nichtigkeitsklage nach § 579 oder Restitutionsklage nach § 580 erhebt. Diese Worte sind aber nicht wesentlich. Der Klaginhalt muss nur die Natur der Klage klar ergeben. Bei einer Anfechtung des Ersturteils und einem folgenden Antrag nach §§ 578 ff. kann eine Klagänderung nach §§ 263, 264 vorliegen, BAGE 102, 242. 3

IV. Anwalts-, Partei- und Gerichtsbezeichnung. Notwendig ist ferner die Einlegung durch einen Anwalt, falls ein Anwaltszwang nach § 78 besteht. 4

Notwendig ist schließlich eine eindeutige Bezeichnung des Klägers und des Bekl. sowie des Gerichts nach § 253 II Nr. 1. Bei einer Zustellung an den früheren prozessbevollmächtigten Anwalt nach §§ 81, 172 ist bei der Ladung eine Aufforderung zur Bestellung eines Anwalts nicht erforderlich. 5

V. Weitere Erfordernisse. Ein bestimmter Antrag wie bei § 253 II Nr. 2 sowie eine Bezeichnung des Wiederaufnahmegrundes sind nach § 588 I Nr. 1 nicht zwingend. Ein Begründungszwang wäre folgerichtig und notwendig. Vgl. im Übrigen die Erläuterungen zu § 519 II Nr. 1. Der Wechsel von der Restitutions- zur Nichtigkeitsklage und umgekehrt ist eine Klagänderung nach § 263. 6

VI. Verstoß. Ein Verstoß führt nach einem vergeblichen Hinweis nach § 139 zur Verwerfung der Klage als unzulässig durch ein sog. Prozessurteil nach § 589 I. 7

588 *Inhalt der Klageschrift.* [I] **Als vorbereitender Schriftsatz soll die Klage enthalten:**
1. die Bezeichnung des Anfechtungsgrundes;
2. die Angabe der Beweismittel für die Tatsachen, die den Grund und die Einhaltung der Notfrist ergeben;
3. die Erklärung, inwieweit die Beseitigung des angefochtenen Urteils und welche andere Entscheidung in der Hauptsache beantragt werde.

[II] [1]**Dem Schriftsatz, durch den eine Restitutionsklage erhoben wird, sind die Urkunden, auf die sie gestützt wird, in Urschrift oder in Abschrift beizufügen.** [2]**Befinden sich die Urkunden nicht in den Händen des Klägers, so hat er zu erklären, welchen Antrag er wegen ihrer Herbeischaffung zu stellen beabsichtigt.**

1 **I. Systematik, Regelungszweck, I, II.** § 588 ist eine den §§ 130, 253 II, 273 teilweise ähnliche, nach § 585 vorrangige bloße Sollvorschrift zwecks einer gegenüber § 587 weiteren Klarstellung dazu, was, weshalb und wie der Kläger angreift. Das Gericht muss ihre Befolgung aber evtl. nach § 273 anmahnen. Die Angaben der Klageschrift bereiten nur vor. Das Nähere erfolgt in einem weiteren Schriftsatz oder in der mündlichen Verhandlung.

2 **II. Sollinhalt, I. 1. Grundbezeichnung, I Nr. 1.** Die Klageschrift soll eine Bezeichnung des Anfechtungsgrundes enthalten. Der Kläger hält die Klagefrist des § 586 aber auch dann ein, wenn er in ihr noch keinen Anfechtungsgrund nennt. Daher darf der Kläger neue Gründe beliebig **nachschieben,** sofern sie nicht bei der Klagerhebung nach durch Fristablauf ausgeschlossen sind. Er darf auch solche Gründe nachschieben, die nach der Klagerhebung nach §§ 253, 261, 585 ff. entstehen. Auch für solche Gründe läuft keine Frist, auch nicht die Fünfjahresfrist nach § 586 II. Das Nachschieben eines Nichtigkeitsgrundes bei der Nichtigkeitsklage nach § 579 oder eines Restitutionsgrundes bei der Restitutionsklage nach § 580 ist keine Klagänderung nach §§ 263, 264. Wohl aber ist das Nachschieben eines Nichtigkeitsgrundes bei der Restitutionsklage und umgekehrt eine Klagänderung.

3 **2. Beweismittelbezeichnung, I Nr. 2.** Die Klageschrift soll ferner die Beweismittel für den Grund und die Einhaltung der Notfrist angeben. Infrage kommen nur gesetzliche Beweismittel und ein gesetzlicher Beweisantritt. Ein Antrag auf eine Parteivernehmung nach §§ 445 ff. ist nach § 581 II unzulässig. Eine Glaubhaftmachung erfolgt nach § 294 und genügt, um die Notfrist einzuhalten.

4 **3. Antrag, I Nr. 3.** Man soll schließlich einen Antrag zur Wiederaufnahme (Urteilsaufhebung) und zur Hauptsache beifügen. Der zweite Antrag ist in der mündlichen Verhandlung nach §§ 297 308 I unentbehrlich, der erste kann sich aus dem zweiten ergeben. Eine Klagerweiterung ist in den Grenzen → Rn. 2 möglich.

5 **III. Urkundenbeifügung, II.** Der Kläger soll die erforderlichen Urkunden nach §§ 415 ff. beifügen. Auch das ist aber eben bloß eine Sollvorschrift. Denn wenn die Angabe des Anfechtungsgrundes nach I Nr. 1 nicht wesentlich ist, kann es auch nicht die Urkundenbeifügung zum Nachweis des Grundes sein.

6 **IV. Verstoß, I, II.** Ein Verstoß nur gegen § 588 bleibt grundsätzlich ohne prozessuale Folgen. Allerdings müssen spätestens bis zum Schluss der mündlichen Verhandlung die Voraussetzungen vorliegen. Ggf. sind §§ 282, 296 zu beachten.

589 *Zulässigkeitsprüfung.* [I] [1]**Das Gericht hat von Amts wegen zu prüfen, ob die Klage an sich statthaft und ob sie in der gesetzlichen Form und Frist erhoben sei.** [2]**Mangelt es an einem dieser Erfordernisse, so ist die Klage als unzulässig zu verwerfen.**

[II] **Die Tatsachen, die ergeben, dass die Klage vor Ablauf der Notfrist erhoben ist, sind glaubhaft zu machen.**

1 **I. Regelungszweck, I, II.** Sinn der Vorschrift ist eine weitere Eingrenzung, diesmal auch im Interesse der Prozesswirtschaftlichkeit, vor einer nochmaligen Erörterung des bisher noch nach §§ 322, 705 rechtskräftig ausgeurteilten Streitstoffs.

2 **II. Geltungsbereich, I 1.** Dabei sind insbesondere folgende Zulässigkeitsvoraussetzungen von Amts wegen zu prüfen: Deutsche Gerichtsbarkeit, Statthaftigkeit, Düss GRUR-RR 2011, 123, Zuständigkeit, § 584, Partei-Prozess- und Postulationsfähigkeit, gesetzliche Vertretung, Rechtskraft (soweit erforderlich), Beschwer, Form der Klageschrift (§ 587), **Behauptung** eines gesetzlich vorgesehenen Wiederaufnahmegrundes, unverschuldete Unmöglichkeit früherer Geltendmachung § 582, Voraussetzungen des § 581 (bei § 580 Nr. 1–5) und Klagefrist § 586 und Form §§ 253, 587. Die Prüfung erstreckt sich dagegen nicht auf die Voraussetzungen des § 582.

3 Es findet eine **Amtsprüfung** statt. Das geschieht noch in der Revisionsinstanz nach §§ 542 ff. Es gibt aber keine Amtsermittlung. Das Gericht prüft auch, ob eine Wiedereinsetzung nach § 238 erfolgt ist. Der Kläger muss nach § 294 diejenigen Tatsachen **glaubhaft** machen (§ 294), die eine Fristwahrung ergeben. Er muss also das für die Glaubhaftmachung nach → Rn. 2 Erforderliche bereithalten. Der Restitutionsbekl. nach § 580 muss dasselbe für seine Entgegnungen tun. Er darf sich auf eine bloße Glaubhaftmachung beschränken. Das Gericht darf und muss ein Geständnis nach § 288 I und ein Anerkenntnis nach § 307 frei nach § 286 würdigen.

4 **III. Entscheidung, I 2.** Wenn ein wesentliches Erfordernis der Zulässigkeit fehlt, etwa die Behauptung eines Nichtigkeitsgrundes nach § 579, muss das Gericht die Klage nach einem vergeblichen Hinweis nach § 139 durch ein sog. **Prozessurteil** als **unzulässig** verwerfen, LG Bielefeld 30.6.2017 – 17 O 126/16, BeckRS 2017, 118181. Das geschieht aufgrund einer mündlichen Verhandlung, auch einer nach § 590 II abgesonderten, ohne eine Aussetzung, Köln MDR 1991, 452. Das Gericht kann die Zulässigkeit durch ein Zwischenurteil nach § 303 oder im Endurteil nach § 300 bejahen. Die als unzulässig verworfene Klage lässt sich innerhalb der Frist des § 586 mit einer besseren Begründung wiederholen. Rechtsbehelfsbelehrung, Verstoß: §§ 232, 233 S. 2.

5 **IV. Glaubhaftmachung, II.** Die Glaubhaftmachung der Fristeinhaltung erfolgt nach § 294. Sie genügt für das ganze Verfahren. Eine Würdigung der in der Hauptsache angetretenen Beweise muss hier unterbleiben.

590 *Neue Verhandlung.* [I] **Die Hauptsache wird, insoweit sie von dem Anfechtungsgrunde betroffen ist, von neuem verhandelt.**

[II] [1]**Das Gericht kann anordnen, dass die Verhandlung und Entscheidung über Grund und Zulässigkeit der Wiederaufnahme des Verfahrens vor der Verhandlung über die Hauptsache erfolge.** [2]**In diesem Fall ist die Verhandlung über die Hauptsache als Fortsetzung der Verhandlung über Grund und Zulässigkeit der Wiederaufnahme des Verfahrens anzusehen.**

[III] **Das für die Klagen zuständige Revisionsgericht hat die Verhandlung über Grund und Zulässigkeit der Wiederaufnahme des Verfahrens zu erledigen, auch wenn diese Erledigung von der Feststellung und Würdigung bestrittener Tatsachen abhängig ist.**

1 **I. Systematik, Regelungszweck, I–III.** Die Vorschrift enthält einen auch in § 238 enthaltenen Gedanken. Sie dient mit seinen Möglichkeiten einer stufenweisen Abschichtung der Prozesswirtschaftlichkeit. Sie bezweckt natürlich auch wiederum eine Eingrenzung der Notwendigkeit des erneuten Eindringens in einen bisher immerhin rechtskräftig ausgeurteilten Streitstoff. Sie dient damit auch der Rechtssicherheit.

2 **1. Dreiteilung des Verfahrens.** Das Gericht kann alle drei Verfahrensabschnitte (Zulässigkeit des Wiederaufnahmeverfahrens, Begründetheitsprüfung zum Wiederaufnahmegrund und, falls beides zu bejahen ist, wird die angefochtene Entscheidung aufgehoben und in einem dritten Abschnitt das frühere Verfahren von Neuem verhandelt) in einem einheitlichen Verfahren zusammenfassen, BGH NJW 1993, 3140; OLG Stuttgart FamRZ 2019, 607. Es ist allerdings zu berücksichtigen, dass sich der Wiederaufnahmebeklagte an sich erst auf eine erneute Verhandlung einlassen muss, wenn ein Wiederaufnahmegrund feststeht. Daher erscheint es zweckmäßig, **zunächst** das angefochtene Urteil **formell aufzuheben** und dann zur **Hauptsache neu zu verhandeln** MüKoZPO/Braun/Heiß Rn. 10.

3 Vgl. auch zur Stufenklage nach → § 254 Rn. 23. Nachdem das Gericht nach § 589 über die Zulässigkeit der Klage befunden hat, muss es nach §§ 579, 580 über den Grund der Wiederaufnahme verhandeln lassen. Es muss dazu eine Prüfung von Amts wegen vornehmen. Das gilt auch für das Revisionsgericht.

4 Dieses muss die notwendigen tatsächlichen **Feststellungen** ausnahmsweise selbst treffen. Wenn das Gericht die Klage als unbegründet beurteilt, weist es sie durch ein Sachurteil eben als unbegründet ab. Wenn das Gericht den Grund bejaht, kann es das in einem **Zwischenurteil** nach § 303 oder im **Endurteil** nach § 300 tun, BGH NJW 1993, 1928. Das Gericht hebt dann die angefochtene Entscheidung auf (aufhebende Entscheidung, iudicium rescindens). Diese Aufhebung gilt rückwirkend. Darauf müssen die Parteien neu nach §§ 137, 297 zur Hauptsache verhandeln, und das Gericht muss eine neue Entscheidung an die Stelle der alten setzen (ersetzende Entscheidung, iudicium rescissorium). Sie kann sachlich die alte bestätigen. Die drei Entscheidungen lassen sich in einem Endurteil verbinden.

5 **2. Abgesonderte Verhandlung.** Das Gericht kann auch statt eines einheitlichen Verfahrens eine abgesonderte Verhandlung nach § 280 über die Zulässigkeit und/oder den Grund anordnen, BGHZ 161, 3. Es muss das dann tun, wenn verschiedene Verfahrensarten infrage kommen, also im Urkundenprozess nach §§ 592 ff., soweit das Gericht die Wiederaufnahmeklage gegen das Vorbehaltsurteil nach § 599 für zulässig hält. Dagegen muss das Gericht den Grund und die Zulässigkeit der Wiederaufnahme im Eheverfahren, Familienverfahren und Kindschaftsverfahren usw. nach dem FamFG behandeln. Das Revisionsgericht darf ersetzend nur dann entscheiden, wenn es nur um sein Verfahren geht. Davon abgesehen muss das Revisionsgericht durch ein Zwischenurteil über die Zulässigkeit und den Grund erkennen und die Sache nach §§ 538, 563 zurückverweisen, soweit Feststellungen des Berufungsgerichts betroffen sind, BGH NJW 1979, 428.

6 **II. Verhandlungsumfang, I–III. 1. Grundsatz: Begrenzung auf Anfechtungsgrund.** Die neue Verhandlung zur Hauptsache erstreckt sich nur auf den vom Anfechtungsgrund betroffenen Teil des Verfahrens. In diesen Grenzen ist sie eine neue unabhängige Verhandlung. Wegen des nicht betroffenen Rests wird das alte Verfahren fortgesetzt. Inwieweit das Verfahren betroffen ist, das muss man nach den Umständen entscheiden. Bei § 580 Nr. 5 erfolgt stets eine neue Verhandlung über die gesamte Sache, KG NJW 1976, 1356. Das angefochtene Urteil darf nicht weiter aufgehoben werden als dies beantragt worden ist (§ 588 I Nr. 3).

7 **2. Verfahren.** Eine Abtrennung nach § 145 ist für einen abtrennbaren Teil möglich, OLG Hamm FamRZ 1996, 558. Das gilt sachlich oder zeitlich, also bis zu einem bestimmten Zwischenurteil oder Teilurteil nach § 301, wegen der Einheitlichkeit der Verhandlung aber nicht bis zu einem Termin, Stein/Jonas/Jacobs Rn. 5. Die andere Partei kann etwaige früher nicht vorgebrachte Gründe vortragen. Denn der Prozess kehrt insoweit in die Lage vor dem Erlass des alten Urteils zurück, es wird sozusagen weiterverhandelt, aber nicht „neu" verhandelt. Alle damals zulässig gewesenen Tatsachen nach, Beweismittel, Ansprüche, Prozesshandlungen sind es auch jetzt, soweit die Instanz das zulässt. Frühere Bindungen etwa durch ein Anerkenntnis nach § 307 oder durch ein Geständnis nach § 288 I oder infolge einer Mängelheilung nach § 295 I wirken weiter. Insgesamt kann aber nur insoweit auf die frühere Verhandlung zurückgegriffen werden, wie sie nicht von dem Anfechtungsgrund erfasst ist. Da weiterverhandelt wird, ist davon auszugehen, dass die mündliche Verhandlung noch nicht geschlossen ist, so dass §§ 136 IV, 296a **nicht** anzuwenden sind. Neues Vorbringen kann aber nach § 296 verspätet sein.

8 **III. Ersetzende Entscheidung, I–III.** Sie erfolgt nach → Rn. 6 beim Stattgeben in zweierlei Richtungen. Die Entscheidung ergeht aufgrund einer neuen Würdigung des Streitstoffs nach § 286, soweit das Gericht nicht gebunden ist. Soweit die Bindung reicht, bleibt auch die alte Urteilsbegründung wirksam. Rechtsbehelfsbelehrung, Verstoß: §§ 232, 233 S. 2. Die Entscheidung lautet wie folgt.

9 Falls die Wiederaufnahmeklage unzulässig ist, wird sie als unzulässig verworfen (§ 589 I 2). Fehlt ein Wiederaufnahmegrund, wird die Wiederaufnahmeklage als (unbegründet) abgewiesen. Da in einem **neuen Hauptsacheverfahren,** die Verhandlung **fortgesetzt** wird, können auch die sonst möglichen Entscheidungsformen ergehen, wie zB ein Versäumnisurteil. Kommt es **in der Hauptsache** zu einer **anderen** Entscheidung, so wird das angefochtene Urteil (teilweise) aufgehoben und durch die neue Entscheidung (entsprechend) ersetzt. Kommt es in dem neuen Verfahren zu der **gleichen Entscheidung,** so ist vorzugswürdig analog § 343 auszusprechen, dass das ursprüngliche Urteil aufrechterhalten bleibt, mit der Folge, dass die Wirkungen des Urteils ab Rechtskraft der angefochtenen Entscheidungen eintreten. Dies kann vor allem dann praktische Auswirkungen haben, wenn

das Wiederaufnahmeverfahren erst erheblich später durchgeführt wird. Vgl. zum **Streitstand:** MüKoZPO/Braun Rn. 12 f.

10 Für die Prozesskosten nach §§ 91 ff. gilt das neue Verfahren als die Fortsetzung des früheren. Deshalb erfolgt eine **einheitliche Kostenentscheidung** über den gesamten Prozess, Hmb FamRZ 1981, 963; LAG Ffm BB 2001, 2653. Ggf. kommt eine Nichterhebung der Kosten nach § 21 GKG wegen falscher Sachbehandlung in Betracht.

11 **IV. Erstattungsanspruch.** Das neue Urteil gibt dem Sieger einen Anspruch auf eine Erstattung des auf das alte Urteil Geleisteten, aber ohne Zinsen. § 717 III ist analog anwendbar; aber nicht § 717 II, weil es insoweit um ein für vorläufig vollstreckbar erklärtes Urteil geht. Eine Schadensersatzklage nach §§ 823 ff. BGB kommt aber ggf. in Betracht. Ein Zinsanspruch lässt sich allenfalls als ein materiell-rechtlicher Ersatzanspruch begründen. Durch eine Aufhebung der Scheidungsentscheidung wird aber eine stattgefundene Auseinandersetzung dann nicht hinfällig, wenn das FamG die Ehe wieder scheidet.

12 **V. Versäumnisverfahren, I–III. 1. Säumnis des Klägers.** Dann muss das Gericht die Zulässigkeit und den Anfechtungsgrund von Amts wegen prüfen und dabei §§ 330 ff. mitberücksichtigen. Liegen die Voraussetzungen vor und ist der Kläger säumig, ist die Klage durch **echtes Versäumnisurteil** als unbegründet abzuweisen. Ist die Zulässigkeit zu verneinen, wird die Klage durch **unechtes Versäumnisurteil** verworfen, Zöller/Greger Rn. 6.

13 **2. Säumnis des Beklagten.** Ist die Klage unzulässig oder unbegründet verwirft das Gericht die Klage durch ein unechtes Versäumnisurteil. Wenn das Gericht die Zulässigkeit und einen Anfechtungsgrund bejaht, ergeht wie sonst ein echtes Versäumnisurteil. Wenn der Anfechtungsgrund das Verfahren nur teilweise betrifft, muss das Gericht zur Sache mit dieser Einschränkung erkennen. § 539 II ist anwendbar.

14 **3. Weitere Auswirkungen.** Eine Entscheidung nach Aktenlage erfolgt nach § 251a nach allgemeinen Grundsätzen. Ein Urteil zur Hauptsache setzt eine Verhandlung über die Hauptsache im Wiederaufnahmeverfahren voraus.

591 *Rechtsmittel.* Rechtsmittel sind insoweit zulässig, als sie gegen die Entscheidungen der mit den Klagen befassten Gerichte überhaupt stattfinden.

1 **I. Systematik.** Es handelt sich um keine bloße Klarstellung, sondern um eine rechtsbegründende Vorschrift mit einer indirekten wohl im Zusammenhang mit § 585 stehenden Verweisung auf das Buch 3 des ZPO. Da das ersetzende (neue) Urteil an die Stelle des bisherigen Urteils tritt, wird es hinsichtlich des Rechtsmittels genauso behandelt, wie das ursprüngliche Urteil zu behandeln gewesen wäre. Je nach Verfahrenstand kommt also Berufung, Revision bzw. Beschwerde in Betracht oder auch Einspruch (§ 338). § 321a bleibt anwendbar, Gaul FS Schumann, 2001, 119. Der Instanzenzug ist damit – soweit ursprünglich vorhanden – erneut eröffnet.

2 **II. Geltungsbereich.** Zunächst → Vor § 578 Rn. 7 ff. § 591 gilt auch im WEG-Verfahren. Er gilt auch im echten streitigen FamFG-Verfahren, Düss FamRZ 2001, 1538.

3 **III. Rechtsmittelmöglichkeiten.** Es entscheidet der gegenwärtige Rechtszustand. Daher ist es unerheblich, ob eine Revision auch gegen das alte Urteil zur Zeit seines Erlasses möglich gewesen wäre. Gegen ein landgerichtliches Berufungsurteil ist kein Rechtsmittel zulässig. Daher ist auch keine sofortige Beschwerde gegen einen die Prozesskostenhilfe nach § 127 I versagenden Beschluss dann zulässig, wenn das OLG als Berufungsgericht entscheidet.

4 **Revision** ist nur unter den Voraussetzungen der §§ 542 ff. statthaft. Das Gericht muss die Revision soweit erforderlich im neuen Urteil zugelassen haben. Die Entscheidung beseitigt auch die rechtlichen Wirkungen eines Scheidungsspruchs. Gegen ein die Wiederaufnahme bewilligendes Zwischenurteil ist nach § 280 II 1 das gegen ein Endurteil mögliche Rechtsmittel statthaft, BGHZ 161, 3. Gegen die Versagung einer Prozesskostenhilfe durch das LG nach § 127 I wegen der Nichtigkeitsklage gegen ein Berufungsurteil ist keine sofortige Beschwerde zulässig.

5 **IV. Rechtskraftwirkung.** Die innere Rechtskraftwirkung des neuen Urteils nach § 322 erstreckt sich immer nur auf den jeweiligen Anfechtungsgrund. Sie hindert daher eine neue Klage aus einem anderen Grund nicht. Ein in Ausnahmefällen mögliches **neues** Wiederaufnahmeverfahren kann nur mit einem **neuen** Anfechtungsgrund/**Beweismittel** angestrebt werden. Einem neuen Verfahren steht sonst die entgegenstehende Rechtskraft entgegen. Dabei muss man natürlich auch § 586 beachten. Die neue Klage muss sich evtl. gegen die beiden Urteile richten. Eine Wiederaufnahmeklage gegen das neue Urteil ist nach den allgemeinen **Grundsätzen** statthaft, BFH BB 1979, 1705; Gaul ZZP 73, 421.

Buch 5. Urkunden- und Wechselprozess

Vorbemerkung zu § 592

Schrifttum: Burbulla, Der Urkundenprozess im Mietrecht, MietRB 2015, 149; Fischer, Geschäftsführerdienstverträge und Urkundenprozess, NJW 2003, 333; Gehle, Der Urkunden- und Wechselprozess, JA 2018, 694; Koch, Statthaftigkeit des Urkundenprozesses, JR 2016, 159; Pesch, Der Urkundsprozess als prozesstaktisches Mittel bei der außerordentlichen Kündigung von Organmitgliedern, NZA 2002, 957; Pauly, Die Durchsetzbarkeit von Vergütungsansprüchen des fristlos gekündigten Organs im Urkundenprozess, FS Thomas Heidel, Baden-Baden 2021, S. 631.

I. Besonderheit des Verfahrens. 1. Sinn und Zweck. Der Urkundenprozess mit seinen Unterarten Wechselprozess gem. §§ 602 ff. und Scheckprozess gem. § 605a bietet nach Wahl des Kl. („kann", § 592) die Möglichkeit eines vorläufigen gerichtlichen Beistands aufgrund einer im Wesentlichen auf Urkunden konzentrierten Sachverhaltsfeststellung; die Prüfung von Schlüssigkeit und Erheblichkeit muss uneingeschränkt erfolgen; → Vor § 253 Rn. 55. Rechtfertigung des Urkundenverfahrens ist alleine die generell erhöhte Erfolgswahrscheinlichkeit des von Urkunden gestützten Rechtsschutzbegehrens, BGH NJW 2001, 3549. Vereinbarungen der Parteien über die Zulässigkeit des Verfahrens sind nicht möglich, wohl aber dessen Ausschluss, BGH NJW 2001, 3549 (im Einredefall Abweisung nach § 597 II). Das VorbU nach § 599 ermöglicht die Zwangsvollstreckung nach § 708 Nr. 4. Insofern ähnelt der Urkundenprozess dem Arrestverfahren, § 916. 1

2. Urkundenbeweis. Es ist zu unterscheiden zwischen Urkundenbeweislichkeit, → § 592 Rn. 13, vorbereitender Urkundenbeifügung, → § 593 Rn. 4 ff., Vorlegung zu Beweiszwecken, → § 595 Rn. 10, sowie Beweisbedürftigkeit und Beweiswürdigung, → § 597 Rn. 13. Näher jeweils dort. 2

3. Grundlegende Merkmale. Die Vorteile des Urkundenprozesses werden häufig verkannt (BGH NJW 1994, 3295: Regressrisiko!), andererseits aber auch das Risiko aus §§ 302 IV 3, 600 II. Wechsel- und Scheckprozess haben heute geringere Bedeutung. Beachtlich sind nur durch Urkunden nach §§ 415 ff. sofort beweisbare anspruchsbegründende Tatsachen und Einwendungen des Bekl., zudem für letzteren auch Parteivernehmung, §§ 595 II, Folge des Fehlens: § 597 II. Eine Widerklage ist nach § 595 I unstatthaft, Aufrechnung hingegen nach Maßgabe von §§ 592, 598 statthaft. Zu einem endgültigen Ergebnis durch Urteil mit materieller Rechtskraft, § 322, führt der Urkundenprozess nur dann, wenn die Sache selbst nicht streitig wird und daher sofort ein vorbehaltloses Endurteil ergeht. Andernfalls endet er mit einem VorbU nach § 599 I, das nur formell rechtskräftig werden kann; erst das Nachverfahren nach § 600 bringt die der materiellen Rechtskraft fähige Entscheidung, BGH NJW 1977, 1687. 3

II. Geltungsbereich. 1. Gesetzlicher Rahmen. Es gibt ein Urkunden-, Wechsel- oder Scheckmahnverfahren in besonderer Ausgestaltung nach § 703a II. Im arbeitsgerichtlichen Verfahren sind die Vorschriften des Buchs 5 nach § 46 II 2 ArbGG unanwendbar, Fischer NJW 2003, 333 (anders beim Geschäftsführer-Dienstvertrag: Hamm BeckRS 2017, 135406); für Scheckklage auf Arbeitslohn sind nach Ansicht des BAG die ArbG zuständig, BAG NJW 1997, 758, aM Hamm NJW 1980, 1399 (wegen Abstraktheit vorzugswürdig, wenn Herkunft der Forderung vor dem ordentlichen Gericht; str.). Buch 5 ist im Familienstreit nach § 113 II FamFG entsprechend anwendbar. 4

2. Inhaltliche Grenzen. Man darf den Urkundenprozess nicht allzu großzügig zugunsten der einen wie der anderen Partei handhaben. Allerdings darf man auch nicht nur soziale Aspekte betonen und etwa für **Miete** den Urkundenprozess generell ablehnen, BGH NJW 2022, 1378 Rn. 18. Ein Problem bleiben die begrenzten Verteidigungsmöglichkeiten des Mieters gegen die Urkundenklage auf Mietzahlung in jedem Falle, da Mängel idR nicht durch Urkunden bewiesen werden können, vgl. auch für die Corona-Pandemie BGH ZIP 2022, 532; Ffm IMR 2021, 2419. Dennoch geht die hM zutreffend von der grds. Zulässigkeit aus, BGH NJW 2013, 993; NJW 2007, 1061; MDR 2009, 1297; NJW 1999, 1408; einschränkend BGH WuM 2010, 761 (Beleg von Mängeln durch Schreiben der Hausverwaltung); KG MDR 2012, 901 (unstr. Mängel); Ddf NJW-RR 2009, 157 (unstr. anfängliche Mängel); näher → § 592 Rn. 12. 5

Für Ansprüche aus **Bürgschaft** ist der Urkundenprozess statthaft, BGH NJW 1994, 380, Kblz MDR 2013, 1482, für Rückforderung bei Bürgschaft auf erstes Anfordern nicht, BGH NJW 2007, 1061; NJW 2001, 3549; OLGR Rostock 2005, 804; Freudenreich IMR 2021, 321. Aus den hier gewonnenen Erkenntnissen lassen sich allgemeine Rückschlüsse für Fälle ziehen, in denen die besondere Lage des Bekl. der Statthaftigkeit des Urkundenprozesses entgegenstehen kann. Näher → § 592 Rn. 12. 6

III. Regelungszweck. Beschleunigung ist das vorrangige Ziel des Urkundenprozesses, dies aber nicht auf Kosten sachlicher Richtigkeit, sondern aufbauend auf die allgemein höhere Erfolgswahrscheinlichkeit von urkundengestützten Ansprüchen, BGH NJW 2001, 3549; NJW-RR 2012, 1059 Rn. 42 ff. Der Bekl. muss daher an der Errichtung nicht selbst mitgewirkt haben, Köln MDR 2014, 1022. Ein Anspruch auf bevorzugte Terminierung besteht nicht, KG MDR 2008, 226. Insgesamt haftet dem Urkundenprozess ein Element von Form- und Begründungsstrenge an. Erst dieses Miteinander ergibt ein vertretbares Maß von Erleichterung gegenüber dem Haupt- oder Nachverfahren und die Notwendigkeit, das letztere in einigen Besonderheiten in diesem Buch der ZPO auch besonders zu regeln, § 600. 7

Wechsel- und Scheckprozess unterliegen zusätzlicher Beschleunigung, §§ 603 f. 8

IV. Verfahrensgrundsätze. 1. Allgemeine Verfahrensvorschriften. Diese gelten, soweit nicht §§ 592 ff. anderes vorgeben. Das gilt zB für das Rechtsschutzbedürfnis, Hamm NJW 1976, 247. Das Gericht muss eine Vereinbarung über einen Erfüllungsort oder Gerichtsstand nach § 38 von Amts wegen prüfen. Die Rechtshängigkeit nach § 261 greift im Verhältnis vom ordentlichen Prozess zum Urkundenprozess und umgekehrt durch, Hamm NJW 1978, 58. Wegen des Eilcharakters ist Verbindung nach § 147 nur zwischen Urkundenprozessen möglich, BGH NJW 1978, 44 (nicht zwischen Urkundenprozess und Nachverfahren), Ffm MDR 2015, 671 9 (nicht mit normalem Streitverfahren), auch nicht zwischen Urkundenprozess und Wechsel-, Scheckprozess, BGH NJW 1982, 523; NJW 1982, 2258. Allgemein zu den Zulässigkeitsvoraussetzungen → Vor § 253 Rn. 22.

10 **Klagenhäufung,** auch **Hilfsantrag,** setzt im Urkundenprozess die Zulässigkeit des Urkundenprozesses für alle Anträge voraus; allgemein → § 260 Rn. 9. Unstatthaft sind der Hilfsantrag auf Übergang in das ordentliche Streitverfahren sowie ein wechselrechtlich begründeter Antrag im Wechselprozess, hilfsweise im Urkundenprozess, BGH NJW 1982, 523 (bei Unbegründetheit der Wechselforderung Abweisung als unbegründet, iÜ als unstatthaft), NJW 1982, 2258; NJW 1970, 324. Rechtshängigkeit im ordentlichen Verfahren macht den Urkundenprozess nach § 261 III Nr. 1 unzulässig. **Verschiedene Ansprüche** können allerdings im Urkundenprozess und im ordentlichen Verfahren im Wege der objektiven Klagehäufung nach § 260 ZPO nebeneinander geltend gemacht werden, BGH NJW 2002, 751; Rostock MDR 2020, 367. Zweckmäßig ist dieses Vorgehen allerdings nicht, weil die regelmäßig schnellere Entscheidung über die im Urkundenprozess geltend gemachten Ansprüche nur bei Zulässigkeit eines Teilurteils in Betracht kommt; da indes wegen der idR inneren Zusammenhänge der Ansprüche aufgrund der dann oft gegebenen Divergenzgefahr das Teilurteil meist ausscheidet, BGH GRUR 2020, 755, hat die Klagenhäufung nur geringen Nutzen.

11 Eine **Aussetzung** nach § 148 ist im Rahmen der insoweit vorgesehenen Ermessensentscheidung grundsätzlich unzulässig, sofern nicht besondere Umstände vorliegen, die ausnahmsweise eine Aussetzung rechtfertigen, BGH NJW-RR 2021, 638 (Regel-Ausnahme-Prinzip); Hamm NJW 1976, 246; Karlsr GRUR 1995, 263; zu Ausnahmen etwa BGH NJW-RR 2004, 1000 (Doppelaufrechnung); Mü JurBüro 2003, 154 (Divergenzgefahr); → § 148 Rn. 14 „Urkundenprozess". Das gilt wegen der Einheit zwischen Urkunden- und Nachverfahren auch in letzterem. § 246 bleibt anwendbar. Es findet kein obligatorisches Güteverfahren nach § 15a II 1 Nr. 4 EGZPO statt, Hartmann NJW 1999, 3748. Streitverkündung und Streithilfe sind eröffnet. Die Einrede der **Schiedsabrede** aus § 1032 I ist im Urkundenprozess zulässig, BGH NJW 2006, 779, im Wechselprozess hingegen grds. nicht, es sei denn, die Schiedsvereinbarung sehe dies eindeutig vor, BGH NJW 1994, 136. Verzicht, § 306, und Anerkenntnis, § 307, sind ohne Rücksicht auf die Voraussetzungen des § 592 wirksam, weil sie deren Fehlen überholen, Karls NJW-RR 1991, 1151.

12 **2. Erledigungserklärung im Urkundenprozess.** Zu prüfen ist zunächst, ob die Erledigungserklärung konkludent nach § 596 die Abstandnahme vom Urkundenprozess enthält, was durch **Auslegung** zu ermitteln ist, → § 91a Rn. 59. Dann gelten durchgehend die allgemeinen Regeln, iZw ist Hinweis geboten.

13 Bei **streitiger Erledigungserklärung** im Urkundenprozess, dh ohne Abstandnahme, kann die Feststellung durch Urkundenvorbehaltsurteil ausgesprochen werden, Zöller/Greger § 596 Rn. 11; aA Musielak/Voit/Voit § 596 Rn. 3 unter Verweisung auf den Inhalt der str. Erledigungserklärung als Feststellungsantrag, → § 91a Rn. 207; dies steht der Statthaftigkeit des Urkundenprozesses nicht entgegen, da der Antrag den ursprünglichen Zahlungsantrag zum Gegenstand hat und die idR allein interessierende Kostenfolge sich aus §§ 91, 92, 104 ergibt, BGH NZM 2022, 370 Rn. 39; insoweit kann das VorbU nicht zuletzt auch der zügigen Beendigung des Rechtsstreits förderlich sein; die Lage ist also anders als bei der Feststellung zur Insolvenztabelle → § 592 Rn. 12 „Feststellung". Für das streitige Verfahren über die Erledigungserklärung gelten die Vorschriften für den Urkundenprozess weiter, insbesondere was die Beschränkung der Beweismittel angeht.

14 Bei **übereinstimmender Erledigung** ist die Frage nach einer Abstandnahme ohne Bedeutung; es ergeht Beschluss nach § 91a, weil die Rechtshängigkeit entfällt, BGH NJW 2004, 506, 508, und eine Billigkeitsentscheidung auch ohne Rücksicht auf die Ergebnisse einer Beweisaufnahme in Betracht kommt, BGH NJW-RR 2004, 377; OLGR Kblz 2007, 215; → § 91a Rn. 145. Der mutmaßliche Ausgang eines Nachverfahrens kann daher mit berücksichtigt werden, Hamm MDR 1963, 317. Die aA von Zöller/Greger § 596 Rn. 11 (Vorbehalts-Beschluss) ist praxisfern und hat in § 91a keine Grundlage, Hamm MDR 1963, 317, Mü BeckRS 2007, 07205. Näher → § 91a Rn. 125 ff. Kommt für die Kostenentscheidung ausnahmsweise eine **Beweisaufnahme** in Betracht, → § 91a Rn. 147, gilt die Beschränkung der Beweismittel nicht, weil ein Urkundenprozess nicht mehr vorliegt. Zur Erledigungserklärung im Nachverfahren und den Auswirkungen auf das Vorbehaltsurteil → § 600 Rn. 24, zur übereinstimmenden → § 91a Rn. 132, zur str. Erledigung → § 91a Rn. 227.

15 **3. Tatsachenfeststellung.** Die allgemeinen Zulässigkeitsvoraussetzungen sind freibeweislich zu klären, BGH NJW-RR 1997, 1154 (Prozessvoraussetzungen von §§ 592, 595 II, III nicht erfasst, hier: ausl. Recht), NJW 1986, 2765 (Einrede des Schiedsvertrags). Das gilt auch für alle sonstigen von Amts wegen zu klärenden Tatsachen Karlsr OLGZ 1986, 124.

16 **V. Aufbaufragen.** Vorrang hat die Frage, in welchem Verfahren geklagt wird; das ist ggf. durch Auslegung zu klären, → § 593 Rn. 3. Es folgen die allgem und dann die besonderen Prozessvoraussetzungen, → § 592 Rn. 2. Kommt es auf die Frage an, ob im gebotenen Umfang Urkunden vorgelegt und ob beweiserhebliche Tatsachen durch Urkunden bewiesen sind, → § 592 Rn. 13, → § 597 Rn. 13, ist im Rahmen der besonderen Voraussetzungen inzidenter eine Sachprüfung vorzunehmen. Näher zu **Gutachten und Urteil** im Urkundenprozess Anders/Gehle Assessorexamen ZivilR Q Rn. 24 ff.

592

Zulässigkeit. **[1]Ein Anspruch, welcher die Zahlung einer bestimmten Geldsumme oder die Leistung einer bestimmten Menge anderer vertretbarer Sachen oder Wertpapiere zum Gegenstand hat, kann im Urkundenprozess geltend gemacht werden, wenn die sämtlichen zur Begründung des Anspruchs erforderlichen Tatsachen durch Urkunden bewiesen werden können. [2]Als ein Anspruch, welcher die Zahlung einer Geldsumme zum Gegenstand hat, gilt auch der Anspruch aus einer Hypothek, einer Grundschuld, einer Rentenschuld oder einer Schiffshypothek.**

1 **I. Systematik, S. 1, 2.** → Vor § 592 Rn. 1 f.

2 **1. Prozessvoraussetzungen.** Vorrangig müssen die allgemeinen Prozessvoraussetzungen vorliegen, näher → Vor § 592 Rn. 9.

3 § 592 enthält die besonderen Prozessvoraussetzungen des Urkundenprozesses. Das Gericht muss sie von Amts wegen prüfen. Sie unterliegen nicht der Parteiherrschaft. Freilich können die Parteien mit der Folge des § 597 II vereinbaren, dass ein Urkundenprozess nicht stattfinden soll, BGH NJW 2001, 3549. Es muss eine Leistungsklage

auf eine bestimmte Geldsumme oder auf eine Menge anderer vertretbarer Sachen vorliegen. Eine weitere Prozessvoraussetzung ist die Beweisbarkeit sämtlicher klagebegründenden Tatsachen durch Urkunden nach §§ 415 ff.

2. Verfahrenswahl. Die Wahl des Urkundenprozesses statt des ordentlichen Prozesses steht im Belieben des Klägers. Er kann nach → § 593 Rn. 3 die Wahl des Urkundenprozesses ggf. konkludent, muss sie aber eindeutig erklären. Ein vertragsmäßiger Ausschluss des Urkundenprozesses ist wirksam, aufgrund einer Rüge des Bekl. gilt § 597 II, BGH NJW 2001, 3549. Ein Urkunden-, Wechsel- oder Scheckmahnbescheid nach §§ 688, 703a leitet ohne weiteres in den entsprechenden Prozess über. § 596 ermöglicht bis zum Schluss der mündlichen Verhandlung den Übergang in das ordentliche Verfahren oder vom Wechsel-, Scheckprozess in den Urkundenprozess. Ein Übergang aus dem allgemeinen Mahnverfahren oder aus dem ord Prozess in einen Urkunden-, Wechsel- oder Scheckprozess ist nur unter den Voraussetzungen des § 263 möglich, näher → § 596 Rn. 17. 4

II. Regelungszweck, S. 1, 2. → Vor § 592 Rn. 7. Die Anforderungen an die Anspruchsart und ihre Beweisbarkeit müssen am Beschleunigungszweck und an der Prozesswirtschaftlichkeit gemessen werden. Daher darf man keine zu strengen Bedingungen stellen. „Bestimmte Geldsumme" zielt nur auf die Bezifferung einer Forderung, nicht auf ihren Entstehungsgrund. „Bewiesen werden können" meint in diesem frühen Prüfstadium des Urkundenprozesses noch nicht „bewiesen ist", → Rn. 13. 5

Ein bloßes VorbU nach § 599 ist ja zumindest bei einem Widerspruch des Bekl. gegenüber dem Urkundenprozess das Äußerste vom Kläger Erreichbare. Das könnte zwar zu allzu großzügiger Beurteilung seines Anspruchs nach §§ 592 ff. verführen. Es erlaubt aber auch dem Gericht eine nicht allzu strenge Handhabung der Voraussetzungen. Das sollte man bei der Auslegung der Norm mitbedenken. 6

III. Geltungsbereich, S. 1, 2. 1. Nur Leistungsklage. Der Urkundenprozess lässt nur die Leistungsklage zu, namentlich also nicht die Gestaltungs- und die Feststellungsklage; zur str. Erledigung → Vor § 592 Rn. 12; zur **Insolvenztabelle** unten → Rn. 12 „Feststellung". Bei **Klagenhäufung,** § 260, müssen die Voraussetzungen der §§ 592 ff. für sämtliche Ansprüche erfüllt sein, mithin auch für Hilfsanträge. 7

2. Anspruchsinhalt. Der Anspruch muss sich auf eine bestimmte Geldsumme richten, Hamm ZMR 2011, 1004 (Auslegung der Urkunde). Dies genügt unabhängig von der Klagebegründung, BGH NJW 2015, 475. Es reicht aus, dass sie sich aus einer einfachen und klaren Berechnung ergibt, BayObLG DNotZ 1976, 367. 8

Der Anspruch kann auch auf eine bestimmte Menge anderer **vertretbarer Sachen** nach § 91 BGB oder von **Wertpapieren** nach § 821 gehen, einschließlich solcher, die nicht auf den Inhaber lauten. Auch bei Wertpapieren muss Vertretbarkeit gegeben sein; die Klage auf Übereignung oder Herausgabe bestimmter Wertpapiere ist im Urkundenprozess nicht statthaft, Musielak/Voit/Voit Rn. 6. Für die Klage auf Leistung **elektronischer Wertpapiere** nach §§ 25 I, 2 I des G zur Einführung von elektronischen Wertpapieren vom 3.6.2021, I 1423, bedarf es eines Antrags auf Umtragung, mithin auf Abgabe einer Willenserklärung; an der Statthaftigkeit dieser Klage im Urkundenprozess besteht kein Zweifel, da hierin die Leistung der Wertpapiere liegt. Zur Begebung elektronischer Wertpapiere vgl. Barlitz NJW 2022, 1981. 9

Ausreichend sind nach S. 2 auch: Ein Anspruch aus einer Hypothek, Grundschuld, Rentenschuld, Schiffshypothek und ein Anspruch aus einem Registerpfandrecht an einem Luftfahrzeug, da § 592 nach § 99 I LuftfzRG sinngemäß anwendbar ist; ein Anspruch aus einer Reallast nach § 1107 BGB. Der Grund dieser Ausnahmen besteht darin, dass es sich dabei der Sache nach nur um Ansprüche auf eine Duldung der Zwangsvollstreckung handelt. Darum gelten diese Ausnahmen auch für andere derartige Duldungsansprüche, zB aus § 1204 BGB oder gegen den Testamentsvollstrecker, § 748 II, dsgl nach §§ 737, 743, 745 II. 10

Ansprüche anderer Art auf ein Tun oder Unterlassen sind im Urkundenprozess nicht statthaft. Zu Einschränkungen aufgrund der Natur des Anspruchs → Vor § 592 Rn. 5. 11

3. Beispiele

Abnahme: Werklohn kann eingeklagt werden, wenn ua die Abnahme unstr. oder durch Urkunde belegt ist, Stgt NZBau 2017, 412; Köln MDR 2014, 1022; Ddf BauR 2017, 147; 2010, 819 (Pauschalpreis). Klage auf Abnahme ist im Urkundenprozess nicht zulässig, da auf Willenserklärung gerichtet Schlesw NJW 2014, 945. Vor Abnahme ist der Urkundenprozess also nicht statthaft, OLGR Celle 2007, 279, anders für § 12 Nr. 5 Abs. 1 VOB/B Stgt NJW-RR 1986, 898. Die Regelungen über den Bauvertrag, §§ 650a ff. BGB, sind insoweit ohne Einfluss. 12

Bausache: Klage aus Einheitspreis-Bauvertrag ist statthaft, Stgt NZBau 2017, 412.

Bedingte Leistung: Wortlaut und Zweck der Norm sprechen für die Statthaftigkeit.

Befreiung: Unstatthaft ist die Klage auf Befreiung von einer Geldschuld.

Beschränkte Erbenhaftung: Sie hindert eine Klagerhebung nicht. Denn sie betrifft nach §§ 780 ff. nur die Zwangsvollstreckung.

Bürgschaft: Statthaft ist eine Klage aus einer Bürgschaftsforderung, Kblz MDR 2013, 1483, nicht aber für Rückforderung bei Bürgschaft auf erstes Anfordern, BGH NJW 2007, 1061; NJW 2001, 3549. Auch → Rn. 20.

Darlehen: Der Anspruch auf Rückzahlung aus § 812 I 1 BGB wegen Wuchers kann im Urkundenprozess geltend gemacht werden, Drsd ZIP 1997, 730.

Dienstleistungen: Erbringung ist mit Urkunde beweisbar, Schlesw MDR 2007, 292. „Gehalt"

Dienstwagen: Klage auf Zahlung einer Nutzungsentschädigung ist laut Mü ZIP 2012, 178 nicht statthaft.

Elektronisches Wertpapier: → Rn. 9.

Erledigung: → Vor § 592 Rn. 12.

Europarechtliche Beihilfe: Hängt ihre Leistung von der Pflicht des Bekl. zur Zahlung ab, kann die Statthaftigkeit des Urkundenprozesses zweifelhaft sein, weil die Rechtmäßigkeit der Beihilfe nur eingeschränkt geprüft werden kann, Köln ZMR 2012, 701.

Fälligkeit: Statthaft ist eine Klage vor dem Eintritt der Fälligkeit nach §§ 257 ff., also auch auf eine künftige Leistung, Bussmann MDR 2004, 674.

Feststellung: Unstatthaft ist eine Feststellungsklage nach § 256, BGH NJW-RR 2012, 1063; NJW-RR 2012, 1179 (Umdeutung angesichts gesellschaftsrechtlicher Durchsetzungssperre), auch eine Zwischenfeststellungsklage nach § 256 II, BGH NJW-RR 2021, 638, oder eine Klage auf eine Feststellung zur **Insolvenztabelle** nach § 179 I InsO, BGH BeckRS 2012, 24615 Rn. 39, WM 1979, 614, Mü NJW 1985, 983, Prütting/Gehrlein/

Hall § 592 Rn. 10; Musielak/Voit/Voit § 592 Rn. 3. Die aA von Zöller/Greger Rn. 3 hat den Wortlaut der Regelung gegen sich; sie ist auch aus praktischen Gründen nicht förderlich, weil sie das Insolvenzverfahren mit dem seiner Natur lang länger dauernden Urkundenprozess belastet, ohne dass dem Vorbehaltsurteil ein Vorteil abzugewinnen wäre. Titel ist erst die Eintragung nach § 178 III InsO; vgl. auch § 189 II InsO.

Unterbricht die Eröffnung des Insolvenzverfahrens einen Urkundenprozess nach § 240, geht er kraft Gesetzes in das ordentliche Verfahren über, Mü NJW 1985, 983; Hamm MDR 67, 929; Thomas/Putzo/Seiler Rn. 4; Musielak/Voit/Voit Rn. 3. Die aA von MüKoZPO/Braun/Heiß Rn. 6; Zöller/Greger Rn. 3 ist zur vorerwähnten aA folgerichtig, auf dem Boden der hM aber abzulehnen, weil der Übergang in das ordentliche Verfahren vom praktischen Standpunkt vorgegeben ist und den selbstverständlichen Antrag nach § 596 erübrigt. Die aA von Musielak/Voit/Voit Rn. 3, die einen Antrag nach § 596 fordert, weil eine Abstandnahme auch in der Berufung uneingeschränkt zulässig sei, dazu § 596 Rn. 4, verknüpft zwei Streitpunkte ohne innere Notwendigkeit; der praktische Vorteil des automatischen Übergangs ist in jedem Fall gegeben. Zur anderen Lage bei der str. Erledigung → Vor § 592 Rn. 11.

Freigabe: Eine hierauf gerichtete Klage ist nicht statthaft, da sie nicht auf Leistung des betr. Gegenstandes gerichtet ist.

Gehalt; Geschäftsführer: Statthaft ist eine Klage auf Zahlung von Gehalt, Übergangsgeld und Abfindung, Schlesw MDR 2007, 292 (Vorstand); Celle ZIP 2009, 2172; Mü AG 2012, 295; MDR 2012, 186 (Vorstand); KG NJW-RR 1997, 1059; Hamm BeckRS 2017, 135406 (Geschäftsführer); LG Mü ZIP 2010, 2451 (Vorstand); Fischer NJW 2003, 334 (Geschäftsführer-Dienstvertrag); Pesch NZA 2002, 957 (Arbeitsrecht); Pauly FS Heidel 631. Das Brutto-Gehalt ergibt sich idR aus dem Dienstvertrag. Urkundlich häufig nicht beweisbare Kündigungsgründe müssen im Nachverfahren geltend gemacht werden. Entspr. gilt für einen Bereicherungsanspruch, Bbg 2.8.2017 – 8 U 49/17, BeckRS 2017, 157041.

Geschäftsgrundlage: Der Einwand des Wegfalls kann idR nicht mit Urkunden belegt werden, Ffm NZM 2021, 395 Rn. 38; LG Ffm.

Gesellschaftsrecht: Klage auf Übertragung von Gesellschaftsanteilen ist nicht statthaft, da es sich nicht um Wertpapiere handelt, Köln GmbHR 1995, 293.

Gestaltung: Unstatthaft ist eine Gestaltungsklage, BGH WM 1979, 614.

Handlung: Unstatthaft ist eine Klage auf die Vornahme einer Handlung, auch nach § 894 (Willenserklärung), Schlesw NJW 2014, 945 (betr. Bauabnahme, da Willenserklärung).

Hausgeldklage: Im Urkundenprozess zulässig, LG Ffm MDR 2020, 157.

Hinterlegung: Statthaft ist eine Klage auf die Hinterlegung einer Geldsumme, auch als Kaution oder Sicherheit, BGH NJW 1953, 1707; der Beschleunigungsgedanke lässt sich auch hier durchsetzen; aM Zöller/Greger Rn. 1.

Insolvenztabelle: → „Feststellung"

Klauselerteilung: Die Klage nach § 731 ist nicht statthaft, weil sie sich nicht auf einen der in § 592 aufgeführten Ansprüche richtet.

Künftige Leistung: → „Fälligkeit".

Maklervertrag: Nicht beurkundete Elemente des Vertrags können durch Auslegung ermittelt werden, Hamm ZMR 2011, 1004.

Miete, Pacht: Der Anspruch kann auf eine **Mietforderung** lauten; der Statthaftigkeit des Urkundenprozesses steht nicht entgegen, dass der beklagte Mieter wegen behaupteter Mängel Minderung geltend macht oder die Einrede des nichterfüllten Vertrages nach § 320 BGB erhebt, BGH NJW 2022, 1378 Rn. 18; NJW 2015, 475 (Betriebskostenabrechnung), dazu auch Both NZM 2017, 430 und Schmid ZMR 2015, 184; MDR 2013, 994 (zu den Anforderungen an den Urkundenbeweis); NJW 2009, 3099 (str. anfängliche, aber nicht gerügte Mängel, wenn letzteres unstr. oder von Vermieter mit Urkunden zu beweisen, zB mit Übergabeprotokoll, krit. Koch JZ 2010, 96); NJW 2007, 1061 (Einwand nachträglichen Mangels kein Hindernis); NJW 2005, 2701; Hamm ZMR 2011, 1004 (Mietvertrag); KG ZMR 2011, 116 (Nebenkosten); KG WuM 2012, 333 (nicht bei unstr. Mängeln); Oldbg WuM 1999, 225; Späth ZMR 2011, 354 (Übersicht); Saarbr BeckRS 2009, 29353; Abgrenzung: BGH ZMR 2011, 204 (unstatthaft bei Mängelvorbehalt und fehlender Beweisbarkeit von Mängeln durch Urkunde); Ddf MDR 2008, 1235 (str. Mängelbeseitigung); AG Hmb-Bergedorf WuM 2012, 633 (keine Urkundenqualität der Betriebskostenabrechnung); Sturhahn NZM 2004, 441.

Man beachte die im Mietrecht geltende **Beweislastverteilung:** Beim Vermieter für die mangelfreie Übergabe, beim Mieter für nachträglich eintretende Mängel, BGH NJW 2022, 1378 Rn. 18. Ordnungsgemäße Übergabe wird im Streitfall häufig nicht urkundlich zu belegen sein, Köln ZMR 2012, 701. Was ein Augenscheinsprotokoll betr. Mängel angeht, kann die Beweiseignung fehlen, weil Genehmigung nach §§ 160 III Nr. 5, 162 I 1 nicht erteilt, BGH WM 2010, 765; → Vor § 592 Rn. 5.

§ 44 EGZPO steht der Statthaftigkeit ebenfalls nicht entgegen, LG Oldb BeckRS 2022, 4561.

Das alles gilt auch bei einer **künftigen** Miete, Derleder WuM 2007, 604, oder bei **Mietnebenkosten,** BGH NJW 2015, 476 (Betriebskosten); Schmid ZMR 2015, 184 (ausf. zu Mietnebenkosten).

Klage auf **Nutzungsentschädigung,** § 546a BGB, ist grds. statthaft, BGH NJW-RR 2013, 1232, setzt aber Urkundenbeweislichkeit des „Vorenthaltens" voraus, was idR scheitert, SchleswHA 2010, 120.

Stufenklage: § 254 unstatthaft, weil auf den unteren Stufen § 592 1 nicht erfüllt.

Teilklage: Statthaft, wenn nur ein Teil der Leistungsforderung mit Urkunde belegt ist, iÜ unstatthaft, BGH WM 1967, 367. Die Tatsache, dass Bekl. die neg. Feststellungs-Widerklage erst im Nachverfahren erheben kann, steht der Statthaftigkeit einer Teilklage nicht entgegen, Prütting/Gehrlein/Hall § 592 Rn. 6.

§ 44 EGZPO steht der Statthaftigkeit ebenfalls nicht entgegen, LG Oldb BeckRS 2022, 4561.

Unterlassung: Unstatthaft ist eine Klage auf eine Unterlassung nach § 890.

Unvertretbarkeit: Unstatthaft ist eine Klage auf eine nach § 888 nicht vertretbare Leistung.

Vorstand: → „Gehalt".

WEG: → „Hausgeldklage".

Werklohn: → „Abnahme, Bausache"

Willenserklärung: → „Handlung".

Zug um Zug: Statthaft ist eine Klage auf eine Leistung Zug um Zug. Etwas anderes gilt nur im Mahnverfahren wegen § 699 II Nr. 2.

IV. Urkundenbeweis, S. 1, 2. 1. Grundsatz: Urkundenbeweislichkeit der klagebegründenden Tatsachen. a) Notwendiger Umfang der Urkundenvorlage. Die Statthaftigkeit des Urkundenprozesses setzt nicht voraus, dass Urkunden den Anspruch verbriefen, BGH NJW-RR 2006, 760 Rn. 16; Hamm NJW-RR 2011, 694. Auch müssen Urkunden den str. Anspruch nicht vollständig belegen (zum Fall der Säumnis aber → Rn. 19). Es muss lediglich der Inhalt mindestens einer **den Streit prägenden Urkunde** abstrakt geeignet sein, in einer freien Beweiswürdigung nach → § 286 Rn. 6 den vom Kläger behaupteten Sachverhalt festzustellen (Urkundenbeweislichkeit); im gleichen Sinn stellt Zöller/Greger Rn. 11 auf die Möglichkeit der Beweisführung ab. Dann ist der Urkundenprozess statthaft, BGH NJW 2015, 475 Rn. 14; NJW 2009, 2886 Rn. 8; NJW 2008, 523; MDR 2008, 160; NJW-RR 2006, 760 Rn. 16; NJW 1974, 1199 (Lieferschein); Ddf BauR 2017, 147; 2010, 819 (Bauvertrag); Köln MDR 2014, 1022; Mü MDR 1998, 1180; Ffm MDR 1982, 153 (Vorlage von Wechsel oder Scheck als Grundvoraussetzung für die Statthaftigkeit des Wechsel- oder Scheckprozesses). Eine urkundlich belegte **Indiztatsache** reicht aus, BGH NJW 1985, 2953; WM 1983, 22; Kblz WM 2014, 962; Köln MDR 2014, 1227. Zweifelnd Jena MDR 1997, 975. Das folgt letztlich aus dem Wortlaut des § 592 S. 1, der nur die abstrakte Urkundenbeweislichkeit regelt, und des § 597 II, der auf die Beweisführung im Einzelfall abstellt → § 597 Rn. 13. Das sich hieraus ergebende Spannungsverhältnis wird vom BGH und der hM überzeugend gelöst. Allein die Vorlage einer den Streit prägenden Urkunde ist auch bei insges. unstr. Vortrag erforderlich, weil andernfalls ein Urkundenprozess begrifflich nicht vorliegt. 13

Man beachte, dass der Indizienbeweis mit unstreitigen Indiztatsachen ebenfalls zulässig ist, weil insoweit die allgemeinen Regeln gelten, 14

Dem stehen einzelne Stimmen ablehnend gegenüber und verlangen bereits für die Statthaftigkeit den vollständigen Urkundenbeleg, Schlesw NJW 2014, 945; Anm. Dötsch NZBau 2013, 767; Mü ZIP 2012, 178 (generell vollständige Vorlage aller anspruchsbegründenden Urkunden geboten); Karlsr GRUR 1995, 263; MüKoZPO/Braun/Heiß Rn. 22; ausf. auch Koch JR 2016, 159. Zum Teil wird nur für ausdrücklich zugestandene, nicht aber für unstreitige Tatsachen auf die Urkundenvorlage verzichtet, MüKoZPO/Braun/Heiß Rn. 26. 15

Einen vermittelnden Standpunkt vertritt Musielak/Voit/Voit ZPO Rn. 11, der lediglich bei nicht beweisbedürftigen Tatsachen, die nur zur Lückenschließung dienen, auf Urkunden verzichten will. Das hat den Nachteil, dass es bereits für die Statthaftigkeit auf eine Prüfung der Beweisbedürftigkeit ankommt. Der Standpunkt der Rspr. bietet demgegenüber den Vorteil der Klarheit, weil das – nur für sich gesehen problematische – Merkmal der prägenden Urkunde ohne Rücksicht hierauf ausgefüllt werden kann. 16

Wegen der abweichenden Lage bei Säumnis des Bekl., → Rn. 19, und der nicht scharf zu fassenden Umschreibung der „prägenden" Urkunde hat die Kritik eine gewisse Berechtigung, zumal unzureichende Vorlage (§ 592) und unzureichende Beweiskraft von Urkunden (§ 597 II) ineinander übergehen. Die unter → Rn. 20 aufgeführten Beispiele zeigen dies deutlich. Dennoch ist der aA nicht zu folgen. Der Umfang der notwendigen Urkundenvorlage ist über § 597 II mit der **Beweisbedürftigkeit** str. Tatsachen verknüpft, so dass der Urkundenprozess nicht per se unstatthaft sein kann, wenn für unstr. oder aus anderen Gründen nicht beweisbedürftige Tatsachen keine Urkunden beigebracht werden. Für die Praxis empfiehlt sich der Urkundenprozess allerdings in erster Linie bei vollständigem Vorhandensein aller im Bestreitensfalle und insbes. bei Säumnis des Bekl. benötigten Urkunden; denn Kl. weiß nie, was Bekl. bestreiten wird und ob er säumig bleibt. Stellt sich alleine die Frage, ob es an einer „prägenden" Urkunde fehlt ober ob lediglich der Urkundenbeweis nicht geführt ist, wird die Klage nach § 597 II in jedem Falle als unstatthaft, also mit identischen Wirkungen abgewiesen; das gleichrangige Nebeneinander wird durch das „insbesondere" in § 597 II klar unterstrichen. Da all dies den Normalfall darstellt, kann man mit dem Spannungsverhältnis von § 592 und § 597 II leben. 17

Verfahrensrechtliche Grundlage für die Abweisung der Klage als in der gewählten Verfahrensart unstatthaft ist in allen Fällen § 597 II. Vorrang haben in der Fallprüfung grds. diejenigen Streitpunkte, welche in einem Mangel an den Voraussetzungen des § 592 bestehen. Danach folgt die Prüfung der Frage, ob ein „dem Kläger obliegender Beweis" iSd § 597 II mit den zulässigen Beweismitteln geführt ist. Dazu → § 597 Rn. 13. 18

b) Säumnis des Beklagten. Bei Säumnis des Bekl. muss Kl. alle Tatsachen mit Urkunden belegen, da § 331 I nur die Echtheit der vorgelegten Urkunden erfasst, nicht aber deren Beibringung überflüssig macht, BGH NJW 1974, 1199. Gleiches folgt aus § 597 II (selbst wenn …). Eben wegen § 331 I reichen **Kopien** aus, weil die Geständnisfiktion die Echtheit umfasst, anders im Wechsel- und Scheckprozess, Ffm MDR 1982, 153, → § 597 Rn. 22, → § 603 Rn. 7. Die scheinbar höheren Anforderungen an die Urkundenvorlage bei Säumnis gegenüber dem Gebot, lediglich eine prägende Urkunde bei Verhandlung des Bekl. zur Sache vorzulegen, spricht nicht gegen die in → Rn. 13 dargestellte hM. Die tats Möglichkeit, den Kl. einer nicht vollständig mit Urkunden belegten Urkundenklage durch Säumnis zur Abstandnahme zu veranlassen, → § 596 Rn. 11, 13, schafft für den Kl. ein Risiko, das er abwägen kann, indes keinen grds. Einwand gegen die auf §§ 592, 597 II aufbauende Lösung der hM. 19

2. Beispiele. Die nachfolgenden Beispiele zeigen Fälle auf, in denen es zumindest auch um die Statthaftigkeit des Urkundenprozesses im Lichte der notwendigen Vorlage von Urkunden geht. Daneben spielen aufgrund der gegebenen Fallkonstellationen Fragen des § 597 II eine Rolle, die von der Statthaftigkeit im Ansatz streng zu trennen sind, im Falle der Abweisung als unstatthaft indes bei identischen Rechtskraftwirkungen, → Rn. 13, → § 597 Rn. 13. 20

Abnahme: Sie ist durch Urkunde zu beweisen, Schlesw NJW 2014, 945. Es reicht eine Darlegung des Ablaufs der etwaigen Frist des § 12 Nr. 5 I VOB/B, Stgt NJW-RR 1986, 898. Bei Abnahme unter Vorbehalt muss auch die Mängelbeseitigung mit Urkunde bewiesen werden, Ddf NJOZ 2009, 1821. 21

Abtretung: Sie braucht einen Urkundenbeweis, OLGR Hbg 2003, 445; OLGR Köln 1997, 358.

Aktivlegitimation: Sie kann sich durch Auslegung einer Urkunde ergeben, Ffm MDR 2018, 1339.

Ausländisches Recht: Keinen Urkundenbeweis braucht ausländisches Recht; Gericht darf nach § 293 Sachverständigenbeweis erheben, BGH NJW-RR 1997, 1154.

Auslegung: Sie ist bei jeder Urkunde grds. nach §§ 133, 157 BGB statthaft und evtl. nötig und ausreichend, auch wenn erst die Ergänzung des Urkundeninhalts den Beweis trägt, Hamm ZMR 2011, 1005 (anschaulich betr. Auswertung von Indizien). Außerhalb der Urkunde liegende, für die Auslegung erhebliche Tatsachen müssen unstr. sein oder durch zulässige Beweismittel bewiesen werden, BGH NJW 1995, 1683. Bedarf es der Verwertung anderer Beweismittel, namentlich Zeugen, kann Kl. nur nach § 596 vorgehen, Bekl. wird gem. § 598 auf das Nachverfahren verwiesen.

Bereicherung: Auch im Urkundenprozess gilt die Saldotheorie, die inhaltlich nicht verändert wird, sondern den Umfang der Darlegungslast und der Urkundenvorlage bestimmt, BGH NJW 2007, 3425 Rn. 23 ff.
Bürgschaft: Beim Bürgschaftsanspruch muss der Kläger die Begründung der Hauptschuld urkundlich darlegen; der Bekl. muss eine str. Einwendung urkundlich beweisen, Kblz MDR 2013, 1483. Bei der Bürgschaft auf erstes Anfordern kann sich der Bürge im Nachverfahren nicht auf Einwände berufen, die aus materiellrechtlichen Gründen dem Rückforderungsprozess vorbehalten sind, BGH NJW 1994, 380, oder auf die Behauptung, mit dem Hauptschuldner sei keine entspr. Vereinbarung getroffen worden, Hamm MDR 2000, 517; die Rückforderung im Urkundenprozess ist idR unstatthaft, BGH NJW 2001, 3549. Auch → Rn. 12 und → Vor § 592 Rn. 5.
Dienstlohn: Der Kläger muss die Leistung der Dienste urkundlich beweisen, Schlesw MDR 2007, 292.
Fälligkeit: Sie braucht als Bestandteil des Klagegrunds einen Urkundenbeweis, Köln MDR 2014, 1022, Schlesw NJW 2014, 945 (Bauabnahme).
Gerichtsstandsvereinbarung: Keinen Urkundenbeweis braucht eine Gerichtsstandsvereinbarung nach § 38, → „Prozessvoraussetzungen".
Geschäftsgrundlage: Die Voraussetzungen einer Anpassung nach § 313 BGB ist idR mit Urkunden nicht zu beweisen und daher dem Nachverfahren vorzubehalten, Köln 24.11.2021 – 22 U 79/21, BeckRS 2021, 40681.
Kündigung: Sie braucht an sich einen Urkundenbeweis. Dieser wird aber infolge einer Klage **entbehrlich,** weil diese als Kündigung auslegbar ist.
Nebenforderung: Das Gericht darf bei einer Nebenforderung usw. nach § 4 von der Möglichkeit einer freien Beweiswürdigung nach §§ 286, 287 einen weitgehenden Gebrauch machen, KG ZMR 2011, 116 (Nachweis von Nebenkosten durch Abgabenbescheide). **Keinen** Urkundenbeweis braucht eine Kostenforderung, ferner ein Nebenanspruch im Wechselprozess nach § 605 II.
Offenkundigkeit: Keinen Urkundenbeweis braucht eine nach § 291 offenkundige Tatsache, BGH 173, 366; Ddf BauR 2017, 147; Köln MDR 2014, 1022; LG Bonn WuM 2012, 155.
Prozessvoraussetzungen: Keinen Urkundenbeweis brauchen die Prozessvoraussetzungen, BGH NJW 1986, 2765, namentlich Prozessfähigkeit, § 51, und Prozessführungsrecht und Rechtshängigkeit in einem anderen Verfahren nach § 261. Keinen Urkundenbeweis braucht eine Zulässigkeitsrüge nach § 282 III, BGH SchiedsVZ 2007, 215.
Sachbefugnis: Die Sachbefugnis braucht einen Urkundenbeweis.
Schiedsvereinbarung: Keinen Urkundenbeweis braucht eine Schiedsvereinbarung als Zulässigkeitsrüge nach § 1032, BGH SchiedsVZ 2007, 215; auch BGH NJW 2006, 779; NJW 1994, 136 (im Urkundenprozess zulässig, anderes kann im Wechsel- und Scheckprozess gelten).
Unstreitigkeit: Keinen Urkundenbeweis braucht eine unstreitige Tatsache, BGH NJW 2015, 476; Köln MDR 2014, 1022; LG Bonn WuM 2012, 155; aM Mü ZIP 2012, 180; Schlesw NJW 2014, 945. Näher → Rn. 13; → § 597 Rn. 13.
Vertretungsmacht: Sie braucht einen Urkundenbeweis, Karlsr BB 1971, 1384.
Vorleistungspflicht: Diejenige des Bekl. braucht einen Urkundenbeweis. Hat der Kläger bei einem gegenseitigen Vertrag nach § 320 BGB vorgeleistet und macht er das durch seine Erwiderung auf die Einrede des Bekl. geltend, gehört das nicht zum Klagegrund. Etwas anderes gilt dann, wenn der Kläger nach einer ausdrücklichen Abmachung oder kraft Gesetzes vorleisten musste und vorgeleistet hat.

22 **3. Urkundenbegriff.** Der Urkundenbeweis ist durch Urkunden nach §§ 415 ff. zu führen, etwa durch eine notarielle Urkunde, Hamm NJW-RR 2011, 694. Ausreichend ist auch eine gedruckte Urkunde, eine Kopie, eine eigene Urkunde der Partei, etwa ein Handelsbuch, ein Schlussschein oder ein Telefax. Denn die Unterschrift ist weder begrifflich noch für die Beweiskraft ein wesentlicher Teil der Urkunde. Ein Prozessvergleich kann als Grundlage reichen, wenn an der Klage im Urkundenprozess ein Rechtsschutzbedürfnis besteht, Hamm NJW 1976, 246. Der Schuldner braucht an der Urkundenerrichtung nicht mitgewirkt zu haben, RGZ 142, 303; Köln BauR 2014, 2132. Die diesbzgl. Einschränkung bei Musielak/Voit/Voit ZPO Rn. 12, der Schuldner müsse zumindest an einer maßgeblichen Urkunde mitgewirkt haben, ist inhaltlich schwer greifbar und vermengt Fragen der Statthaftigkeit, → Rn. 13, mit Beweiserheblichkeit und Überzeugungskraft; deutlich in dieser Hinsicht die zitierte Entscheidung LG Bonn WuM 2012, 155.

23 Es genügt also grds. eine Urkunde jeder Art, Köln NJW 1992, 1774 (Telefax); Köln MDR 2014, 1227 (Schuldschein), Rostock NZM 2003, 317 (Vernehmungsprotokoll), Brdb IBR 2005, 76 (Schiedsgutachten), auch ein in- oder ausländischer Schiedsspruchstenor nach § 1054, Schlosser FS Schwab, 1990, 448, oder ein schriftliches Sachverständigengutachten nach § 411 und ein Privatgutachten, wenn damit nicht der Grds. der **Unmittelbarkeit** unterlaufen wird, Kblz NJW 2012, 941, Mü BeckRS 2012, 7418 (Ausdruck eines elektronischen Dokuments); MDR 1998, 1180; → Rn. 28. Die Urkunde braucht nach → Rn. 13 nicht Trägerin des Rechts selbst zu sein, BGH NJW-RR 2006, 760. Ausreichend ist eine fremdsprachige Urkunde, vgl. aber § 142 III, und ein Beweisprotokoll nach § 160 III Nr. 5. Wenig hilfreich ist eine Unterscheidung zwischen unmittelbaren und mittelbaren Urkunden, dazu Lembcke MDR 2008, 1016.

24 Der Urkundenbeweis insbes. durch Vernehmungsprotokolle und Gutachten tangiert den Grundsatz der Unmittelbarkeit der Beweisaufnahme, § 355 I 1. Man darf die Grenzen zwischen dem unmittelbar zu erhebenden und dem Urkundenbeweis nach §§ 415 ff. nicht verwischen, BGH NJW-RR 2012, 1242; NJW 2008, 523, Hbg OLGR 2003, 445 (auf geringeren Beweiswert des Prot. abstellend). Näher → Rn. 28.

25 Keine Urkunde ist ein **elektronisches Dokument,** § 371 I 2, wohl aber der Ausdruck, Mü BeckRS 2012, 7418.

26 **4. Vorlegung und Würdigung.** Zunächst reicht gem. § 593 II 1 eine Abschrift oder Kopie. Ob die Vorlegung der Urkunde zu Beweiszwecken notwendig ist, richtet sich gem. § 595 III nach dem sachlichen Recht und dem Prozessrecht. Bei Kopie verlangt Ddf MDR 1988, 504 Beglaubigung; fraglich, weil Inhalt unstr. sein kann, so zutr. Kblz WuM 2006, 216; Ffm NJW 1992, 1774. Die Vorlegung muss durch den Beweisführer erfolgen, nicht durch den Gegner, Kblz MDR 2006, 888. Ein Antrag auf eine Aktenbeiziehung gem. § 420 reicht nicht aus, BGH NJW 1994, 3295; Kblz MDR 2006, 888, wohl aber beim erkennenden Gericht, BGH JZ 1995, 468, und erst recht die Bezugnahme auf bereits bei den Akten befindliche Urkunden, BGH NJW 2008, 523.

Bei einem Orderpapier oder einem **Inhaberpapier** weist erst der Besitz den Rechtsinhaber aus, Ffm MDR 1982, 153; → § 597 Rn. 22. Der Beweis der Echtheit richtet sich nach § 595, eingehend Brecht NJW 1991, 1993. Ist das Beweismittel im Urkundenprozess zulässig, darf und muss das Gericht es gem. § 286 nach dem Akteninhalt, Erfahrungswerten und Indizien auslegen und würdigen, BGH NJW 1995, 1683; WM 2006, 691; Ddf GmbHR 2005, 991. Das Gericht muss die Echtheit einer Urkunde nach §§ 437 ff. prüfen. Nur insoweit ist gem. § 595 II auch ein Antrag auf eine Parteivernehmung nach §§ 445 ff. zulässig. Die Beweislast für die Echtheit liegt beim Beweisführer, BGH NJW 1995, 1683. Zur Urkundenbeifügung → § 593 Rn. 4. 27

5. Grenzen des Urkundenbeweises. Generell dürfen durch die Urkunde ein nach § 592 unzulässiges Beweismittel nicht ersetzt und damit die Begrenzung der Beweismittel und der Grundsatz der **Unmittelbarkeit** der Beweisaufnahme nicht verwässert werden. Das gilt auch für die Berufung im Urkundenverfahren, wenn die 1. Instanz im Nachverfahren bereits Beweis erhoben und in Protokollen dokumentiert hat. Unzulässig ist ein Protokoll oder Gutachten aus dem selbständigen Beweisverfahren nach § 492 II, BGH NJW 2008, 523. Ebenso unzulässig ist eine privatschriftliche Zeugenbekundung, auch eine eidesstattliche, falls sie die persönliche Vernehmung ersetzen soll, BGH NJW 2008, 523; NJW-RR 2012, 1242; Mü MDR 1998, 1180; Kblz NJW 2012, 941. 28

Ist unmitt Beweiserhebung nicht mehr möglich (Zeuge verstorben, Objekt der Begutachtung oder des Augenscheins nicht mehr vorhanden), entfällt das Bedenken, dies aber nur, wenn es sich um das einzige Beweismittel handelt; ist Gesamtwürdigung mehrerer Beweismittel geboten, verstieße die Auswertung nur eines von ihnen im Urkundenprozess gegen § 286. Wenn die Verwertung eines Vernehmungsprotokolls wegen **Zustimmung** der Parteien im ordentlichen Rechtsstreit zulässig wäre, mag man großzügig sein. Aber auch hier stellt es einen Systembruch dar, wenn man auf diese Weise keinen Gesamteindruck gewinnen kann. Zu zulässigen Urkunden → Rn. 22. 29

V. Folge fehlender Statthaftigkeit. Soweit auch nur eine der besonderen Voraussetzungen nach → Rn. 2 fehlt, muss das Gericht die Klage gem. § 597 II durch Prozessurteil als in der gewählten Prozessart unstatthaft abweisen. Ist allerdings die Klage zugleich auch in der Sache unbegründet und insoweit entscheidungsreif, ergeht abweisendes **Sachurteil,** BGH NJW 1982, 523; JZ 1976, 286; näher → § 597 Rn. 5. Soweit eine allgemeine Prozessvoraussetzung nach → Rn. 2 fehlt, ist die Klage als unzulässig abzuweisen. Das gilt selbst dann, wenn außerdem eine der besonderen Voraussetzungen fehlt. Soweit das Gericht einen im Urkundenprozess unzulässigen Beweis nach § 286 im Urteil verwertet, liegt ein Verfahrensfehler vor, § 538 II 1 Nr. 1. Das Berufungsgericht darf die evtl. durch die Verwertung unzulässig geschaffene Urkunde nicht berücksichtigen. 30

593 *Klageinhalt; Urkunden.* **[I] Die Klage muss die Erklärung enthalten, dass im Urkundenprozess geklagt werde.**

II [1]Die Urkunden müssen in Abschrift der Klage oder einem vorbereitenden Schriftsatz beigefügt werden. [2]Im letzteren Fall muss zwischen der Zustellung des Schriftsatzes und dem Termin zur mündlichen Verhandlung ein der Einlassungsfrist gleicher Zeitraum liegen.

I. Systematik. Die Vorschrift nennt über § 253 hinaus besondere Prozessvoraussetzungen. Allgemein → Vor § 592 Rn. 9 ff. 1

II. Regelungszweck. I dient der Klarstellung der Verfahrensart in ihrer Abweichung vom Normalprozess, also der Rechtssicherheit. I und II schützen den Bekl. Insbesondere zeigt ihm die nach I notwendige Erklärung von Anbeginn an die Grenzen seiner Verteidigung im Urkundenprozess auf, aber auch die weiteren Möglichkeiten im Nachverfahren. II 1 macht zwecks Prozesswirtschaftlichkeit in Anlehnung an den oft verkannten § 420 die Einreichung der Urkunde schon mit der Klageschrift zur Obliegenheit des Klägers. II 2 soll sicherstellen, dass der Bekl. stets mindestens die zwei Wochen der Einlassungsfrist im Inland nach § 274 III 1 oder der etwas längeren Frist bei einer Auslandszustellung nach § 274 III 2 Zeit zur Prüfung erhält, wie er sich auf die Urkunde äußern will. Das Ausreichen einer bloßen Urkundenkopie nach II 1 steht nicht im Gegensatz zu § 420. Denn § 593 gilt schon im Stadium der Klageinreichung. Demgegenüber gilt § 420 erst im Stadium des Beweisantritts. 2

III. Erklärung. Man muss eine Klage zunächst wie im Normalprozess nach §§ 253, 261 erheben. Sie muss aber außerdem die Erklärung enthalten, dass der Kläger im Urkundenprozess klagt. Es genügt, dass der Wille des Klägers durch **Auslegung** eindeutig zu ermitteln ist, eine konkludente Erklärung ist also denkbar. Da indes § 593 I den Zweck hat, dem Bekl. den verfahrensrechtlichen Rahmen seiner Möglichkeiten aufzuzeigen, → Rn. 2, muss die Eindeutigkeit im Vordergrund der Betrachtung stehen; bei geringstem Zweifel scheidet der Urkundenprozess aus. Eine nur hilfsweise Erklärung ist unstatthaft, BGH NJW 1982, 2258; BGHZ 53, 11, 17. Es reicht aus, die Erklärung nachzureichen, wenn Zustellung noch gleichzeitig mit der Klage erfolgt, weil Bekl. rechtzeitig informiert wird. Wenn die Erklärung fehlt, wird die Klage im ordentlichen Verfahren anhängig; eine Heilung nach § 295 scheidet aus. Dann ist eine Überleitung in den Urkundenprozess nur im Ausnahmefall entsprechend § 263 möglich, näher → § 596 Rn. 17. Wegen des Mahnverfahrens vgl. § 703a. 3

IV. Urkundenbeifügung. Man muss ihre Notwendigkeit und die Frist beachten. 4

1. Grundsatz: Ausreichen einfacher Abschrift. Kl. muss zum Schutz des Bekl., → Rn. 2, jedenfalls die das Streitverhältnis prägenden Urkunden, → § 592 Rn. 13, der Klage oder, unter Wahrung der Einlassungsfrist, einem vorbereitenden Schriftsatz mindestens in Abschrift (Kopie) beifügen. Bei einer Kopie kann es bleiben, wenn die Übereinstimmung mit dem Original unstr. ist, Kblz WuM 2006, 216; Köln NJW 1992, 1774, sonst gilt § 595 III. II 1 verlangt mithin **keine Beglaubigung** der Kopie, Musielak/Voit/Voit Rn. 4; Zöller/Greger Rn. 5; aM Ddf MDR 1988, 504; letzteres kann allenfalls bei Streit um Echtheit Bedeutung haben. § 169 II ist insoweit ohne Einfluss. Missachtet Kl. die Pflicht zur Beifügung, kann gegen Bekl. kein VU ergehen, § 335 Nr. 2. Weiteres Vorgehen in diesem Fall: Vertagung, wenn mit Übermittlung der Urkunden zu rechnen ist, → Rn. 8, andernfalls greift § 597 II. Für Nachreichen in der Berufung sind §§ 529, 531 zu beachten. 5

Da Kl. der Klage zu deren Statthaftigkeit nicht alle den Anspruch belegenden Urkunden, sondern nur mindestens eine das Streitverhältnis prägende Urkunde beifügen muss, → § 592 Rn. 13, und die Vorlagepflicht nach § 593 nicht strenger sein kann, darf Kl. mit der Vorlage weiterer Urkunden abwarten, bis das Bestreiten des 6

Bekl. und damit der Umfang der notwendigen Beweisführung feststeht, → § 597 Rn. 13. Praktische Erwägungen legen die sofortige Einreichung aller Urkunden nahe.

7 Erklärungen in der Klage selbst, wie etwa eine Kündigung, brauchen keinen weiteren Beleg. Ein Urkunden-Auszug genügt, wenn er dem Bekl. das Nötige mitteilt. Die Beifügung einer Übersetzung aus einer fremden Sprache ist zunächst nicht notwendig. Der Kläger muss aber auf eine Anordnung des Gerichts nach § 142 III eine Übersetzung beibringen. Eine formlose Mitteilung des Schriftsatzes genügt nach § 270. Die bloße Urkundenniederlegung auf der Geschäftsstelle nach § 133 II reicht nicht aus.

8 **2. Frist.** Liegen die Urkunden der Klage nicht bei, muss zwischen der Zustellung der Klage nach § 270 S. 1 und dem Termin zur maßgebenden mündlichen letzten Tatsachenverhandlung nach § 274 die Einlassungsfrist der fraglichen Instanz und der fraglichen Prozessart liegen. Eine Verletzung dieser Vorschrift begründet regelmäßig die Revision nicht. Denn das Urteil kann im Allgemeinen nicht auf einer solchen Verletzung beruhen. Das Gericht muss die Frist auch bei einer Vorlegung der Urkunden in der mündlichen Verhandlung nach § 128 I wahren, es sei denn, dass die Fristwahrung sinnlos wäre, etwa weil sich der Bekl. schon auf die Urkunden erklärt hat. Andernfalls muss das Gericht dem Kläger eine Frist zur Behebung des Mangels bewilligen und nach § 227 I vertagen. Bei einer Vertagung muss das Gericht die Einlassungsfrist nach § 274 III wahren. Sie errechnet sich von der Urkundenvorlegung nach § 420 an.

9 **3. Berufungsverfahren.** Für die Berufungsinstanz gilt dasselbe. Die Urkundenvorlegung ist noch dort statthaft, sofern die Einlassungsfrist bis zur Berufungsverhandlung gewahrt ist.

10 **4. Versäumnisverfahren.** Über das Versäumnisverfahren → § 597 Rn. 22.

11 **5. Verzichtbarkeit.** Abs. I ist unverzichtbar; Abs. II ist eine grundsätzlich zwingende Vorschrift; Bekl. kann aber ausnahmsweise auf ihre Einhaltung nach § 295 I verzichten, Thomas/Putzo/Seiler Rn. 4; Zöller/Greger Rn. 7. Denn es handelt sich nicht um einen elementaren Verstoß. Bei Rüge des Bekl. ist grds. zu vertagen, um Nachholung zu ermöglichen.

594 (weggefallen)

595 *Keine Widerklage; Beweismittel.* [I] **Widerklagen sind nicht statthaft.**

[II] **Als Beweismittel sind bezüglich der Echtheit oder Unechtheit einer Urkunde sowie bezüglich anderer als der im § 592 erwähnten Tatsachen nur Urkunden und Antrag auf Parteivernehmung zulässig.**

[III] **Der Urkundenbeweis kann nur durch Vorlegung der Urkunden angetreten werden.**

1 **I. Systematik, Regelungszweck, Geltungsbereich, I–III.** Die Vorschrift enthält mehrere unterschiedlich geartete Einschränkungen gegenüber dem ordentlichen Prozess. Sinn ist auch hier eine Beschleunigung und Vereinfachung. Zu allg. Verfahrensgrundsätzen → Vor § 592 Rn. 9.

2 **II. Keine Widerklage. I.** Eine Widerklage, Anh § 253, ist im Urkundenprozess unstatthaft, auch wenn sie nach § 592 im Urkundenprozess erhoben wird, MüKoZPO/Braun/Heiß Rn. 1; Musielak/Voit/Voit Rn. 2; Thomas/Putzo/Seiler Rn. 1; Zöller/Greger Rn. 1; aus Art. 6 Nr. 3 EuGVO folgt insoweit nichts anderes. Das Gericht muss eine trotzdem erhobene Widerklage evtl. nach einem vergeblichen Hinweis gem. § 139 durch ein Prozessurteil als im Urkundenprozess unstatthaft abweisen. Freilich ist eine Trennung entsprechend § 145 II auch ohne Abstandnahme vom Urkundenprozess denkbar, so dass zwei selbständig zu prüfende Urkundenklagen bleiben. Nach Abstandnahme gem. § 596, BGH NJW 2000, 143, und im Nachverfahren nach § 600 ist die Widerklage generell zulässig. Im ordentlichen Prozess ist eine Urkundenwiderklage denkbar, BGH NJW 2002, 751, zustAnm Remmerbach MDR 2002, 406; der praktische Nutzen ist gering, weil ein – beschleunigtes – Teilurteil über die Widerklage wegen Divergenzgefahr selten zulässig ist, → § 301 Rn. 15. Die aus eben dieser Zulässigkeit hergeleitete Möglichkeit einer Klagenhäufung von Ansprüchen im Urkundenprozess und zugleich Ansprüchen, die im ordentlichen Verfahren geltend gemacht werden, hat ebenfalls nur geringen praktischen Wert, → Vor § 592 Rn. 10. Eine **Aufrechnung** schließt Abs. I nicht aus, BGH NJW 1982, 1536. Zu den zugelassenen Beweismitteln näher → Rn. 4; zur Hilfsaufrechnung → § 597 Rn. 15.

3 Ein **Gegenantrag (Inzidentantrag)** aus §§ 302 IV 4, 600 II oder § 717 II 2 ist keine Widerklage. Er ist deshalb nach § 592 zulässig, sofern seine Voraussetzungen vorliegen, MüKoZPO/Braun/Heiß Rn. 1; Musielak/Voit/Voit Rn. 2.

4 **III. Beweismittel, II. 1. Grundsatz. a) Enge Auslegung.** Klagebegründende Tatsachen lassen gem. § 592 1 nur den Beweis durch Urkunden nach §§ 415 ff. zu, nicht den Beweis durch Parteivernehmung nach §§ 445 ff. Für die Echtheit oder Unechtheit einer Urkunde und für alle anderen Tatsachen sind nur der Beweis durch Urkunden und der Antrag auf Parteivernehmung zulässig, BGH NJW 2001, 3549; Kblz WM 2014, 962.

5 Umstritten ist, ob zu den **„anderen Tatsachen"** nur diejenigen gehören, auf welche Bekl. selbständige Einwendungen stützt, etwa Erfüllung, Stundung oder Arglist, sowie für den sich hierauf beziehenden Gegenvortrag des Kl., so Zöller/ ZPO Rn. 6; Musielak/Voit/Voit ZPO Rn. 6. Eine weitere Auffassung wendet Abs. II auf jedweden Gegenbeweis des Bekl. an, auch wenn er die in § 592 erwähnten, anspruchsbegründenden Tatsachen betrifft, MüKoZPO/Braun/Heiß Rn. 11. Nach dem klaren Wortlaut von Abs. II gebührt der engeren Auffassung der Vorzug, dem zuneigend auch Nürnb 15.6.2021 – 3 U 3687/20, BeckRS 2021, 16205 Rn. 67.

6 Auf anderen Tatsachen beruhen demnach alle rechtsvernichtenden Einwendungen des Bekl., Kblz WM 2014, 962, namentlich die Aufrechnung, BGH NJW-RR 2004, 1000 aE; Hbg OLGR 2003, 445; zudem Einreden; Erwiderungen auf Einreden, BGH NJW 1986, 2767 (Erlöschen einer Gegenforderung), die Echtheit oder die Unechtheit einer Urkunde nach §§ 437 ff., Köln ZIP 1982, 1424; Hbg OLGR 2003, 445 (substantielles Bestreiten erforderlich), weiter gehend Becht NJW 1991, 1995 (Schriftvergleichung und Gutachten). Das Erfordernis substantiellen Bestreitens soll ein Gegengewicht zur Begrenzung der Beweismittel bilden, Musielak/

frist nach § 217. Das Gericht muss die Einlassungsfrist des § 274 III nur dann beachten, wenn es diejenige des Urkundenprozesses nicht eingehalten hatte, Zöller/Greger Rn. 9.

In der **Berufung** kann § 538 II Nr. 5 zur Anwendung kommen, BGH NJW 2011, 2796 Rn. 31. 14

Nach VV Vorbem. 3 VII zu 3100 RVG wird nach Abstandnahme die entstandene Verfahrensgebühr angerechnet. Das gilt auch in der Berufung. 15

V. Fortgang des Verfahrens. Die Abstandnahme lässt die Rechtshängigkeit nach § 261 mit allen prozessualen und sachlichrechtlichen Wirkungen fortdauern. Alle bisherigen Prozesshandlungen bleiben wirksam. Das gilt zB für ein Geständnis nach § 288 I und für Beweisverhandlungen. Ebenso bleiben bestehen: bisherige Entscheidungen; die Zuständigkeit; die Befreiung von einer Sicherheitsleistung; ein eingetretener Ausschluss von Sachvortrag. Ist der Ausschluss aber durch den Schluss der mündlichen Verhandlung nach §§ 136 IV, 296a eingetreten, ist eine Nachholung zulässig. Denn die Verhandlung gilt als eine Einheit. Das Gericht muss die Kosten nach §§ 91 ff. einheitlich behandeln. Die Mehrkosten des ordentlichen Verfahrens treffen den Unterliegenden nach § 91. 16

VI. Übergang vom ordentlichen Verfahren in den Urkunden-, Wechsel-, Scheckprozess. Vor Zustellung der Klage kann Kl. die Erklärung nach § 593 I ohne Weiteres nachholen. Ab Klageerhebung gilt für den Übergang vom ordentlichen Verfahren in ein Urkundenverfahren § 263 analog, wobei die **Sachdienlichkeit** strenger Prüfung bedarf, BGH NJW 1977, 1883; LG Flensburg NJW 2003, 3425. Im Anwendungsbereich des § 268 ist eine (Zwischen-) Entscheidung über die Zulässigkeit unanfechtbar, BGH NJW 1977, 1883. In der Berufung ist § 533 zu beachten, grds. bejahend Hbg WM 1985, 1506. Bei unzulässigem Übergang bleibt die Sache im ordentlichen Verfahren; ein unstatthafter Urkundenprozess iSd § 597 II liegt nicht vor. 17

597

Klageabweisung. [I] **Insoweit der in der Klage geltend gemachte Anspruch an sich oder infolge einer Einrede des Beklagten als unbegründet sich darstellt, ist der Kläger mit dem Anspruch abzuweisen.**

[II] **Ist der Urkundenprozess unstatthaft, ist insbesondere ein dem Kläger obliegender Beweis nicht mit den im Urkundenprozess zulässigen Beweismitteln angetreten oder mit solchen Beweismitteln nicht vollständig geführt, so wird die Klage als in der gewählten Prozessart unstatthaft abgewiesen, selbst wenn in dem Termin zur mündlichen Verhandlung der Beklagte nicht erschienen ist oder der Klage nur auf Grund von Einwendungen widersprochen hat, die rechtlich unbegründet oder im Urkundenprozess unstatthaft sind.**

I. Systematik, I, II. §§ 597–599 regeln die im Urkundenprozess möglichen Entscheidungen nicht abschließend. Hinzu treten die Abweisung wegen Fehlens allgemeiner Zulässigkeitsvoraussetzungen und §§ 330 ff. für die Fälle der Säumnis. § 597 behandelt die Erfolglosigkeit der Klage für die Sachabweisung und die fehlende Statthaftigkeit; §§ 598, 599 behandeln den Erfolg der Klage im Urkundenprozess. Hat Bekl. sich die Rechte nach § 599 nicht vorbehalten, kann in der Sache eine normale Verurteilung ausgesprochen werden; ebenso kann nach § 307 ein uneingeschränktes Anerkenntnisurteil ergehen, entspr. § 307 auch unter Vorbehalt, → § 599 Rn. 11. 1

Zu den verschiedenen Möglichkeiten der abschließenden Entscheidung im Urkundenprozess auch Anders/Gehle Assessorexamen ZivilR Q Rn. 26. 2

II. Regelungszweck, I, II. Es ist eine Klarstellung der Tragweite der Klagabweisung in einer solchen Prozessart nötig, die der Kläger zwar nach dem Verhandlungsschluss nach §§ 136 IV, 296a wegen § 596 nicht mehr verlassen darf, die aber wegen ihrer eigentümlichen Beschränkung von Angriffsmitteln nach § 592 auch keine stets endgültige Abweisung erlaubt. Damit dient § 597 der Rechtssicherheit und ist entsprechend strikt auszulegen. 3

III. Gewöhnliche Prozessabweisung, I. Die Abweisung kann eine gewöhnliche Prozessabweisung der Klage als „unzulässig" sein, BGH NZG 2019, 861. Sie muss zB nach → § 592 Rn. 2 dann erfolgen, wenn allgemeine Prozessvoraussetzungen fehlen, und dies unabhängig von der Frage, ob zusätzlich besondere Voraussetzungen der Statthaftigkeit fehlen. Denn das Gericht muss sie auch im Urkundenprozess von Amts wegen prüfen. Die materielle Rechtskraftwirkung nach § 322 ergreift nur den betreffenden Mangel; → § 322 Rn. 44. 4

IV. Sachabweisung, I. Auch im Urkundenprozess ist vorrangig eine Schlüssigkeitsprüfung des Klageanspruchs vorzunehmen; ihr Fehlen führt gem. § 597 I zur Klageabweisung durch Sachurteil, BGH NJW 2016, 1231; NJW-RR 2011, 1588; NJW 1991, 1117; NJW 1982, 523; WM 1982, 271, MDR 1976, 561; → Vor § 253 Rn. 55. Gleiches gilt, wenn die Klage aufgrund von erheblichen Einwendungen des Bekl., die auf unstr. oder sonst nicht beweisbedürftigem Sachvortrag aufbauen, sachlich unbegründet ist, Mü MDR 2004, 531; Rostock NZM 2003, 317, zB bei erfolgreicher Verjährungseinrede aus dem unstr. Sachverhalt, sonstigen, auf unstr. Vortrag beruhende Einwendungen oder wenn der Kläger auf den Anspruch nach § 306 verzichtet. 5

Unstatthaftigkeit des Urkundenprozesses steht der Sachabweisung wegen **Unschlüssigkeit** nicht entgegen, BGH NZG 2019, 861; MDR 1976, 561 (kein Urkundenbeweis für Vertretungsmacht bei Nichtigkeit des Wechsels nach § 138 BGB); Jena OLG-NL 1999, 67. Das gilt auch in der Berufung nach Abweisung gem. § 597 II in erster Instanz, Celle MDR 2014, 1228. Führt schließlich eine zulässig auf den Urkundenbeweis konzentrierte Beweiswürdigung zur Unbegründetheit der Klage (zB Bekl. beweist mit Urkunden die zur Aufrechnung gestellte Gegenforderung, ohne dass von Kl. hiergegen weitere tatsächliche Einwände erhoben würden), ist die Klage ebenfalls als unbegründet abzuweisen. 6

Generell ist auch eine **Teilabweisung** nach § 301 I statthaft. Verurteilung **Zug um Zug** ist möglich, OLGR Hbg 2003, 445, auch wenn Kl. bzgl. der Einwendung des Bekl. lediglich keine geeigneten Beweismittel angeboten hat (Umkehrschluss aus § 598, Kl. kann ja nach § 596 Abstand nehmen). Wird trotz sachlicher Unbegründetheit fälschlich ein VorbU nach § 599 erlassen und dieses nicht nach § 599 III angefochten, ist der Einwand der Unbegründetheit im Nachverfahren ausgeschlossen, BGH NJW 1991, 1117, näher § 600. 7

V. Unstatthaftigkeit der Prozessart, II. 1. Prozessabweisung. a) Formulierung. Die Abweisung nach § 597 II erfolgt „als in der gewählten Prozessart (oder: im Urkunden-, Wechsel-, Scheckprozess) unstatthaft". 8

9 **b) Prozessualer Vorrang der allgemeinen Voraussetzungen und Ausnahme bei Unschlüssigkeit.** Ohne Rücksicht auf die mat Rechtslage ist nach § 597 II abzuweisen, wenn die Voraussetzungen des § 592 nicht vorliegen. Die im Gesetzestext enthaltene, nicht ganz glückliche Wendung „insbesondere wenn …" betrifft lediglich den Fall, in dem eine Sachprüfung stattfinden muss und sich alsdann die Frage stellt, ob streitige Tatsachen mit Urkunden bewiesen sind. Sie bedeutet nicht, dass dieser Teil der Fallprüfung in besonderer Weise hervorgehoben wäre. Im Gegenteil haben die allgemeinen Voraussetzungen des Urkundenprozesses nach §§ 592 f. Vorrang, namentlich die grundlegende Voraussetzung der Urkundenbeweislichkeit nach § 592 S. 1; dazu → § 592 Rn. 13.

10 Vorrangige Bedeutung haben daher: Die Unstatthaftigkeit, wenn der Urkundenprozess durch **Parteivereinbarung** wirksam ausgeschlossen ist, BGH NJW 2001, 3549; → Vor § 592 Rn. 1, wenn er nach der **Natur des Anspruchs** nicht in Betracht kommt, → § 592 Rn. 12 zB „Abnahme", „Bürgschaft", wenn ein Antrag unzulässig nur **hilfsweise** im Urkundenprozess verfolgt wird, BGH NJW 1982, 523, → Vor § 592 Rn. 10, oder wenn den Streit **prägende** Urkunden erst gar nicht im gebotenen Mindestumfang vorgelegt werden, → § 592 Rn. 13 ff. Entsprechendes gilt bei Umdeutung einer an sich statthaften Zahlungsklage in eine Feststellungsklage; auch dann greift § 597 II, BGH NJW-RR 2012, 1179 (1183).

11 Wenn der Übergang in den Urkundenprozess analog § 263 nicht zulässig ist, → § 596 Rn. 17, muss auch dieser Punkt hier erörtert werden.

12 **Ausnahme:** Da eine unschlüssige Klage, vgl. → Rn. 5, ohne Rücksicht auf eine fehlende Statthaftigkeit im Urkundenprozess durch Sachurteil abzuweisen ist, muss selbst bei Verneinung einer der vorstehend aufgeführten Voraussetzungen eine **Schlüssigkeitsprüfung** stattfinden, um zur richtigen Sachentscheidung zu gelangen. Wenn das Fehlen der betr. Statthaftigkeitsvoraussetzung nicht auf der Hand liegt, kann der Punkt in den Entscheidungsgründen offen gelassen und die Begründetheit der Klage unmittelbar verneint werden. Gleiches gilt, wenn ein Durchgreifen von Einwendungen des Bekl. auf der Grundlage unstreitigen Sachvortrags bejaht werden kann. In all diesen Fällen kommt es auf die Begrenzung der Beweismittel im Urkundenprozess nicht an, so dass eine sofortige Sachentscheidung den Streit umfassend zum Abschluss bringen kann.

13 **c) Fehlen oder mangelnde Überzeugungskraft zulässiger Beweismittel.** Führt die Fallprüfung zu → Rn. 9, → § 592 Rn. 13 zur grds. gegebenen Statthaftigkeit des Urkundenprozesses, schließt sich die konkret vorzunehmende Prüfung der Frage an, ob der Kl. den ihm obliegenden Beweis mit zulässigen Beweismitteln antritt bzw. führt. Dies kann nur festgestellt werden, wenn man zuvor Schlüssigkeit der Klage, Erheblichkeit von Einwendungen und Beweisbedürftigkeit relationsmäßig klärt, BGH NJW 1974, 1199 (Lieferschein), Mü NJW-RR 2009, 285 (unzulänglicher Nachweis einer Honorarvereinbarung); allgemein → Vor § 253 Rn. 50; → § 139 Rn. 23; → Vor § 284 Rn. 4. Für offenkundige, zugestandene oder unbestrittene Tatsachen muss Kl. keinen Beweis antreten. Bei Nachweis einer streitigen Tatsache durch unstreitige Indizien gilt das gleiche. Erst wenn eine streitige Tatsache beweisbedürftig ist, ergibt sich die Frage nach der Beweisführung mit einem Urkundenprozess zugelassenen Beweismittel.

14 Liegen beweisbedürftige Tatsachen vor, ist zu prüfen, ob der nach §§ 592 I 1, 595 II zulässige Beweis angetreten wird; im Bejahensfalle sind die Beweise zu würdigen. Es ist mithin nach Feststellung einer streitigen, beweiserheblichen Tatsache eine zweistufige Prüfung vorzunehmen: Werden für die konkret streitige Tatsache überhaupt Urkunden zum Beweis vorgelegt – Wie sind sie zu würdigen? Je nach Ergebnis ergeht abweisendes Urteil nach § 597 II oder VorbU nach § 599 I. Für Einwendungen des Bekl. gilt im Rahmen der Erheblichkeitsprüfung das gleiche, Mü MDR 2004, 531; auch → § 598 Rn. 4 f.

15 **d) Einwendungen des Beklagten. aa) Aufrechnung.** Eine Aufrechnung, deren Voraussetzungen nicht mit zulässigen Beweismitteln bewiesen werden können, bleibt dem Nachverfahren vorbehalten, Ddf MDR 2009, 465.

16 Kann Bekl. Einwände mit zulässigen Beweismitteln beweisen, Kl. sein erwiderndes tatsächliches Vorbringen aber nicht, greift § 597 II, nicht I, mit der Folge einer Abweisung als unstatthaft, BGH NJW 1968, 1379; Zöller/Greger Rn. 1a. Jedwede Sachentscheidung wäre hier falsch, vgl. auch Anders/Gehle Assessorexamen ZivilR Q Rn. 16. Ein Ausnahmefall wie in → Rn. 12 liegt hier nicht vor.

17 Kl. ist auf die sich aus § 596 ergebende Möglichkeit hinzuweisen. Rechnet der Beklagte im Urkundenprozess mit einer unstreitigen Forderung auf, mit der er bereits in einem anderen noch anhängigen Rechtsstreit gegenüber demselben Kläger hilfsweise aufgerechnet hat, so ist die Klage als im Urkundenprozess unstatthaft abzuweisen, wenn der Kläger nicht mit in dieser Prozessart zulässigen Beweismitteln beweisen kann, dass sein im anderen Rechtsstreit verfolgter Anspruch bestand, durch die Aufrechnung erloschen und damit auch die geltend gemachte Gegenforderung verbraucht ist, BGH NJW 1986, 2767. Anders ist der in Konstellationen dieser Art aufkommende Konflikt nicht zu lösen, da eine abweisende Sachentscheidung materiell-rechtlich und ein Verzicht auf die Vorgaben der §§ 592, 597 II verfahrensrechtlich falsch wäre.

18 **bb) Hilfsverteidigung.** Kann Bekl. nur die tats Voraussetzungen einer **Hilfsverteidigung** (zB Hilfsaufrechnung) nach § 595 II nachweisen, nicht aber die Hauptverteidigung, ist die Klage analog § 597 II als in der gewählten Prozessart unstatthaft abzuweisen, BGH NJW 1986, 2767; NJW 1982, 1536, Anm. Zeiss JR 1981, 333, Begründung: Die Hauptverteidigung kann man im Urkundenprozess nicht berücksichtigen; andererseits darf sie nicht übersprungen werden, da man auf diese Weise evtl. dem Bekl. eine Gegenforderung nähme, obwohl die Klage ohnehin unbegründet ist.

19 **2. Zusprechende Sachentscheidung.** Es genügt mithin nach → Rn. 13 zur Statthaftigkeit des Urkundenprozesses, dass der Bekl. die klagebegründenden Tatsachen nicht (hinreichend substantiell) bestreitet, dass er sie zugesteht oder dass sie offenkundig sind. In diesem Fall muss lediglich eine das Streitverhältnis prägende Urkunde vorliegen, → § 592 Rn. 13. Der Beweislast kommt mithin tragende Bedeutung zu.

20 Bei einem **Anerkenntnis** ergeht ein Anerkenntnisurteil nach § 307 ohne Prüfung der Statthaftigkeit des Urkundenprozesses und ohne einen Vorbehalt nach § 599 I. Denkbar ist auch ein Anerkenntnis unter Vorbehalt *der Rechte im Nachverfahren*, mit der Folge des Anerkenntnis-Vorbehaltsurteils, → § 599 Rn. 4; → § 599 Rn. 11.

21 **VI. Rechtskraft, II.** Eine Sachabweisung erwächst umfassend in Rechtskraft. Die Rechtskraftwirkung einer Abweisung lediglich nach § 597 II berührt nur das Urkundenverfahren. Dh: Wenn das Gericht die Klage wegen

eines Beweismangels abgewiesen hatte, hindert die materielle Rechtskraft nur einen neuen Urkundenprozess mit denselben Beweismitteln, nicht aber eine Klage im ordentlichen Verfahren, BGH NJW-RR 1989, 508, ebenso wenig eine Urkundenklage, die auf neue, zulässige Beweismittel gestützt wird. Ein Nachverfahren nach § 600 findet bei einer Abweisung nach II nicht statt. Ein Schriftsatz „im Nachverfahren" ist aber evtl. in eine Klage für ein ordentliches Verfahren umdeutbar, BGH NJW-RR 1989, 508.

VII. Versäumnisverfahren. Bei einer **Säumnis des Klägers** muss das Gericht zunächst die Statthaftigkeit des Urkundenprozesses nach § 592 prüfen. Wenn das Gericht sie bejaht, ist eine sachabweisende Versäumnisentscheidung nach § 330 statthaft. Andernfalls erfolgt nur eine Prozessabweisung nach → Rn. 4. Denn der Bekl. kann im Säumnisverfahren nach § 330 nicht mehr erreichen als im ordentlichen Verfahren, aA Musielak/Voit/Voit ZPO Rn. 10; MüKoZPO/Braun/Heiß Rn. 12; die dort zum Beleg herangezogene Entscheidung BGH NJW 1978, 820 trägt die Ansicht nicht. 22

Das Gericht muss die Voraussetzungen des Urkundenprozesses auch bei einer **Säumnis des Bekl.** von Amts wegen prüfen, BGH NJW 1974, 1199 LG Bonn WuM 2012, 156. Denn ohne eine vorherige Prüfung der Prozessvoraussetzungen darf keine Sachprüfung stattfinden, Ffm MDR 1982, 153. Erforderlich ist insoweit die vollständige Vorlage aller Urkunden, aus denen sich die anspruchsbegründenden Tatsachen ergeben, → § 592 Rn. 19. 23

Bei einer Säumnis des Bekl. gelten nur die Echtheit einer ordnungsmäßig mitgeteilten Urkunde und die Übereinstimmung der Abschrift oder Ablichtung mit der Urschrift als nach § 331 I 1 zugestanden; deshalb ist eine Vorlegung der Urkunde nicht notwendig; aA Musielak/Voit/Voit Rn. 12, der in der Echtheit offenbar eine Zulässigkeitsvoraussetzung sieht; das ist in § 592 nicht angelegt. Nur Wechsel, Scheck und sonstige Orderpapiere sowie **Inhaberpapiere** muss man zum Nachweis der Inhaberschaft im Original vorlegen, weil die materielle Berechtigung eben hieraus folgt, → § 592 Rn. 19, → § 603 Rn. 7. Für den Sachvortrag gilt die Unterstellung des Geständnisses nicht, Abs. II. Sie gilt insbesondere nicht für die Behauptung einer Gerichtsstandsvereinbarung nach §§ 38 II, 331 I 2. Das folgt aus der Beschränkung des Beweises auf Urkunden. Darum muss das Gericht die Klage, evtl. nach einem vergeblichen Hinweis, durch ein Prozessurteil nach → Rn. 8 abweisen oder aber ein vorbehaltloses Versäumnisurteil erlassen, wenn die vorgelegten Urkunden den Klagantrag vollständig rechtfertigen. 24

VIII. Vertretungsmacht. Die Vertretungsmacht desjenigen, der eine Urkunde für einen anderen unterzeichnet hat, wird sich meist ausreichend aus den Umständen ergeben. Notfalls muss man die Vertretungsmacht durch einen Auszug aus dem Handelsregister usw. nachweisen. Wenn dieser Nachweis wahrscheinlich ist, muss das Gericht nach § 335 I Nr. 3 vertagen. Andernfalls greift § 597 II ein. Ist allerdings die Klage aus anderen Erwägungen in der Sache unbegründet, ergeht abweisendes Sachurteil, BGH MDR 1976, 561. 25

598 *Zurückweisung von Einwendungen.* **Einwendungen des Beklagten sind, wenn der dem Beklagten obliegende Beweis nicht mit den im Urkundenprozess zulässigen Beweismitteln angetreten oder mit solchen Beweismitteln nicht vollständig geführt ist, als im Urkundenprozess unstatthaft zurückzuweisen.**

I. Systematik, Regelungszweck. § 598 überträgt §§ 592, 595 II, III, 597 II auf die Verteidigungsmittel. Daher zunächst → § 592 Rn. 13 ff. Die dortigen Erläuterungen gelten für den Bekl. entsprechend. 1

II. Geltungsbereich. § 598 betrifft eine erhebliche, beweisbedürftige, aber nicht mit zulässigen Beweismitteln bewiesene Einwendung des Bekl. Sie bleibt dem **Nachverfahren** nach § 600 aufgespart, weil ihre Zurückweisung auf der Beschränkung der Beweismittel im Urkundenprozess beruht, Kblz MDR 2013, 1483. Der Begriff der Einwendung ist umfassend zu verstehen; die Norm gilt für jedes den Anspruch in der Sache betr. Entgegentreten. 2

Wenn es auf den Urkundenbeweis nicht ankommt, gilt: Erhebliche Einwendungen führen zur Abweisung der Klage durch Sachurteil, → § 597 Rn. 5 f.; unerhebliche Einwendungen werden endgültig zurückgewiesen, BGH NJW 1973, 467; NJW 1960, 576; Ddf WuM 1999, 708 (ohne eigens einen Vorbehalt zu machen), → § 599 Rn. 19. In letzterem Falle kann eine Berufung des Bekl. bei abweichender Ansicht des Berufungsgerichts mit der Maßgabe zurückgewiesen werden, dass ihm die Geltendmachung des Einwands im Nachverfahren vorbehalten bleibt, KG MDR 2005, 1010. Hierin liegt ein Teilerfolg der Berufung, der eine Kostenteilung nach § 92 I rechtfertigt. 3

III. Umfang der Zurückweisung. 1. Allgemein. Nur wenn es für eine Einwendung auf den Urkundenbeweis ankommt, greift die Norm ein. Das Gericht muss den Grund der Zurückweisung in den Urteilsgründen eindeutig klarstellen, damit im Nachverfahren kein Streit um die Frage aufkommt, was Bekl. noch geltend machen kann („Die Mängeleinrede wird als in der gewählten Prozessart/als im Urkundenprozess unstatthaft zurückgewiesen"). Bei Unklarheit kommt vorrangig eine Auslegung der Entscheidungsgründe in Betracht. Auch wenn der Bekl. erklärt, er trete keinen Beweis an, gilt § 598. Denn ein Beweisangebot ist vorbehaltlich einer Zurückweisung wegen Verspätung bis zum Schluss der letzten Tatsachenverhandlung im Nachverfahren zulässig. 4

2. Aufrechnung. All dies gilt auch für die **Hauptaufrechnung,** BGH MDR 1972, 41; Ddf MDR 2009, 465. Abgetrennte Verhandlung und VorbU nach §§ 145 III, 302 sind unzulässig, da §§ 598 f. Spezialregelungen sind; daneben ein weiteres VorbU zuzulassen, ist überflüssig, MüKoZPO/Braun/Heiß Rn. 3, Joch NJW 1974, 1956; aA Celle NJW 1974, 1473 (jedenfalls wenn Bekl. ausschließlich eine nicht konnexe, bestr. Gegenforderung einführt); Zöller/Greger Rn. 5 (indes an Sachdienlichkeit zweifelnd); Musielak/Voit/Voit Rn. 4. 5

Bei einer **Hilfsaufrechnung** kommt es darauf an, ob der Bekl. seine in erster Linie erhobenen Einwendungen mit im Urkundenprozess nach § 595 zulässigen Beweismitteln bewiesen hat; dann ist die Klage durch Sachurteil abzuweisen, → § 597 Rn. 5. Gelingt dies nur bzgl. der Hilfsaufrechnung, ist auf die Klage § 597 II anzuwenden, BGH NJW 1982, 1536, näher → § 597 Rn. 15. 6

599 *Vorbehaltsurteil.* **I Dem Beklagten, welcher dem geltend gemachten Anspruch widersprochen hat, ist in allen Fällen, in denen er verurteilt wird, die Ausführung seiner Rechte vorzubehalten.**

II Enthält das Urteil keinen Vorbehalt, so kann die Ergänzung des Urteils nach der Vorschrift des § 321 beantragt werden.

III Das Urteil, das unter Vorbehalt der Rechte ergeht, ist für die Rechtsmittel und die Zwangsvollstreckung als Endurteil anzusehen.

1 **I. Systematik.** Zunächst → § 597 Rn. 1. § 599 steht selbständig neben § 302; entspr. Geltung nach §§ 602, 605a. Zur Bindungswirkung des VorbU → § 599 Rn. 18; → § 600 Rn. 11.

2 **II. Regelungszweck.** Die Vorschrift dient wegen der Eigenart des Urkundenprozesses der Rechtswahrung des nur mit beschränkten Verteidigungsmöglichkeiten behandelten Bekl. und damit der sachlichen Gerechtigkeit. Das Bedürfnis nach Prozesswirtschaftlichkeit ist mit dem stattgebenden VorbU zugunsten des Klägers befriedigt. Jetzt soll der Bekl. mit allen verfahrensrechtlich zulässigen Mitteln zur Verteidigung berechtigt sein, wie es § 600 im Einzelnen ermöglicht. Einen Vorbehalt zugunsten des abgewiesenen Klägers sieht das Gesetz folgerichtig nicht vor, MüKoZPO/Braun/Heiß Rn. 6.

3 **III. Vorbehaltlose Verurteilung.** Es steht dem Bekl. frei, ob er im Urkundenprozess der Klageforderung ohne eine Begründung widerspricht, ob er nur einzelne Einwendungen erhebt oder ob er sich umfassend verteidigt, BGH NJW 1993, 668. Das Gericht muss den Bekl. vorbehaltlos verurteilen, wenn die folgenden Voraussetzungen vorliegen.

4 **1. Allgemeine Prozessvoraussetzungen, vorbehaltloses Anerkenntnis.** Zunächst müssen die allgemeinen Prozessvoraussetzungen vorliegen. Der Bekl. kann den Klaganspruch mit der Folge des uneingeschränkten Anerkenntnisurteils nach § 307 vorbehaltlos anerkennen, Zöller/Greger Rn. 7. Insoweit unklarer Vortrag ist durch Hinweis zu klären. Es ergeht ein Anerkenntnisurteil nach § 307 ohne Besonderheiten. Zu Vorbehalten beim Anerkenntnis → Rn. 11.

5 **2. Besondere Prozessvoraussetzungen.** Es müssen außerdem stets die besonderen Prozessvoraussetzungen nach → § 592 Rn. 1, 2 vorliegen. Zum VU → Rn. 10, → § 597 Rn. 22.

6 **IV. Widerspruch. 1. Erklärung.** Widerspruch muss in der mündlichen Verhandlung erklärt werden. Folge: Dem Bekl. bleibt (bei schlüssiger Klage) die Ausführung seiner Rechte vorbehalten. Das gilt auch dann, wenn der Widerspruch keine Begründung enthält, BGH NJW 1988, 1468, oder wenn sich die Begründung als nicht ausreichend herausstellt. Ein schriftlicher Widerspruch ist nur im schriftlichen Verfahren nach § 128 II oder im Aktenlageverfahren nach § 251a ausreichend, Naumb MDR 1994, 1246.

7 Der Widerspruch **muss eindeutig und unbedingt sein;** er ist auslegbar und kann in einer schlüssigen Handlung liegen, namentlich in jeder Verteidigung gegen eine unbedingte Verurteilung, zB im Klagabweisungsantrag oder einem Rechtsmittel, Ffm BeckRS 2018, 16236 = MDR 2018, 1339; Hamm MDR 1982, 415, und zB in der Behauptung, der Bekl. hafte nur **Zug um Zug** oder iZw auch nur beschränkt als **Erbe,** weil selbst insoweit die Beschränkung der Beweismittel von Bedeutung sein kann, MüKoZPO/Braun/Heiß Rn. 3; Musielak/Voit/Voit Rn. 4; aM Thomas/Putzo/Seiler Rn. 4. Andererseits ist denkbar, dass Bekl. sich mit einem Einwand dieser Art bereits im VorbU durchsetzt. Bietet sich dann kein Anhaltspunkt mehr dafür, dass er sich für ein Nachverfahren weitere Einwände vorbehält, ist das Urteil nicht mit einem Vorbehalt zu versehen. Davon ist jedoch wegen des weitgehenden Widerspruchsrechts nur in klaren Fällen Gebrauch zu machen.

8 **Teilwiderspruch** ist zulässig, Musielak/Voit/Voit Rn. 5. In allen Fällen, in denen Bekl. nur eingeschränkt widerspricht, ist zwecks Klarstellung zu prüfen, ob der Vorbehalt ebenfalls mit einer Einschränkung versehen werden kann, → Rn. 13. Das Urteil kann hinsichtlich abgrenzbarer Teile des Streitgegenstands klarstellend mit „Teil-Vorbehaltsurteil" überschrieben werden.

9 Anerkenntnis unter Kostenverwahrung ist wegen § 308 II kein Widerspruch, → Rn. 4. Der Bekl. kann den Widerspruch zurücknehmen.

10 **2. Säumnis des Beklagten.** Bei einer anfänglichen oder späteren Säumnis des Bekl. nach §§ 330 ff. liegt kein Widerspruch vor. Nicht ausreichend ist ein Widerspruch nur in einer früheren Verhandlung; auch hier darf das Gericht in das Versäumnisurteil nach keinen Vorbehalt aufnehmen, da es nur auf den Stand dieser, ohne Antrag des Bekl. bleibenden Verhandlung ankommt, Thomas/Putzo/Seiler § 599 Rn. 2, Zöller/Greger Rn. 2; MüKoZPO/Braun/Heiß Rn. 4; aM Naumb MDR 1994, 1246 (voraufgegangener Widerspruch führt zum Versäumnis-Vorbehaltsurteil) Musielak/Voit/Voit Rn. 4. Das Gericht darf in diesem Fall auch nicht aufgrund eines Klägerantrags einen Vorbehalt aufnehmen.

11 **3. Anerkenntnis unter Vorbehalt.** Ein Anerkenntnis unter Vorbehalt der Rechte im Nachverfahren mit der Folge eines Anerkenntnis-Vorbehaltsurteils ist zulässig, OLGR Hbg 2004, 456; Brdb MDR 2002, 780; OLGR Mü 1993, 23; offen gelassen in BGH NJW-RR 92, 254; aA LG Hann NJW-RR 1987, 384. Die Entscheidung zur Vollstreckbarkeit folgt §§ 708 Nr. 4, 711 S. 1, LG Aachen NJW-RR 1986, 359, vgl. auch → § 597 Rn. 20. In einem Nachverfahren gelten alsdann keine Besonderheiten, Ddf NJW-RR 1999, 68.

12 Daneben ist ein Anerkenntnis unter **Kostenverwahrung** zulässig. Es führt zum vorbehaltlosen Anerkenntnisurteil mit ggf. str. Kostenentscheidung nach §§ 93, 99 II 1, nicht hingegen zu einem auf die Kosten bezogenen Vorbehalt, Karlsr OLGZ 1986, 124; Musielak/Voit/Voit § 599 Rn. 7; gegen Anwendung von § 93 Zöller/Greger Rn. 4 mit der missverständlichen Begründung, Bekl. zeige durch den Vorbehalt die fehlende Leistungsbereitschaft; darin liegt eine Fehlinterpretation des Kostenvorbehalts, der gerade auf die Anwendung des § 93 abzielt und keine weiteren Ziele hat. Ist über die Voraussetzungen der Kostenentscheidung ausnahmsweise Beweis zu erheben, sind die Beweismittel nicht beschränkt, weil es sich um eine Verfahrensfrage handelt, → § 595 Rn. 9. Ein Nachverfahren findet nicht statt. Bei der aA würde unter Verdrängung der §§ 93, 99 II 1 alleine wegen der Kosten, und dies nach dem erklärten Willen des Bekl. ja wohl auch in den Grenzen des § 93, ein aufwendiges Nachverfahren stattfinden, was vom praktischen Standpunkt abzulehnen ist.

13 **V. Vorbehaltsurteil. 1. Tenor.** Das Gericht muss einen notwendigen Vorbehalt von Amts wegen in die Urteilsformel nach § 313 I Nr. 4 aufnehmen, üblich: „Dem Beklagten wird die Ausführung seiner Rechte im Nachverfahren vorbehalten". Ein Vorbehalt bloß in den Gründen nach § 313 III wäre an sich unbeachtlich, er kann indes durch Auslegung von Tatbestand und Entscheidungsgründen wirksam festgestellt werden. Bei einer Klagabweisung ist er unzulässig, BGH NJW 1982, 1536 (betr. Hilfsaufrechnung, gegen Grunsky ZZP 1977, 465).

Auch das **höhere Gericht** muss von Amts wegen den Vorbehalt aussprechen, wenn es eine Klagabweisung 14
oder eine vorbehaltlose Verurteilung in eine solche nach I ändert, Mü NJW-RR 1987, 1024 (hins. Zurückverweisung nicht mehr aktuell). Daneben ist die Frage der Zurückverweisung zu prüfen, BGH NJW 2005, 2701 (in Berufung Ermessensentscheidung, § 538 II Nr. 5, letztlich aber offen gelassen); Ffm MDR 2018, 1339; in Rev idR Zurückverweisung an das BerG, eigene Sachentscheidung nach § 563 II möglich, BGH NJW 2009, 2886. In der Berufung des Bekl. gegen das VorbU kann Klarstellung dahin, dass ihm Wahrnehmung seiner Rechte in Bezug auf endgültig zurückgewiesene Verteidigungsmittel vorbehalten bleibt, angezeigt sein, KG MDR 2005, 1010. Bei einer Zurückweisung des Rechtsmittels ist eine Wiederholung des erstinstanzlichen Vorbehalts nicht erforderlich. Zur Erledigungserklärung → Vor § 592 Rn. 12.

Ist der Vorbehalt nur **teilweise** oder auf bestimmte Einwände hin erklärt, → Rn. 6, bietet es sich zur Klar- 15
stellung an, dies, obwohl es an sich möglich ist, nicht den Entscheidungsgründen vorzubehalten, sondern im Tenor auszusprechen. **Beispiele:** „Dem Beklagten wird die Ausführung seiner Rechte im Nachverfahren vorbehalten, soweit er <Einwände gegen die Zahlung eines Teilbetrags von … erhoben hat>, <sich auf ein Zurückbehaltungsrecht beruft> …

Nach §§ 91 ff. ist eine **Kostenentscheidung** zu treffen. Diese ist vom Vorbehalt mit erfasst, Kblz VersR 1985, 16
1149. Für die vorl. Vollstreckbarkeit vgl. § 708 Nr. 4, iÜ → Rn. 20.

2. Fehler in Bezug auf den Vorbehalt. Hat das Gericht den Vorbehalt unterlassen, kann der Bekl. eine 17
Ergänzung nach II in Verbindung mit § 321 beantragen. Da das Urteil falsch ist, kann er wahlweise auch **Rechtsmittel** einlegen, insbes. wenn die Frist des § 321 II abgelaufen ist, Ffm MDR 2018, 1339 = BeckRS 2018, 16236; Hamm BB 1992, 236. Das (mit höheren Kosten verbundene) Rechtsmittel ist zur Beschleunigung angezeigt, wenn das Gericht den Vorbehalt bewusst nicht ausgesprochen hat, weil Vorgehen nach § 321 dann keinen Erfolg verspricht. Wenn der Kläger den Vorbehalt für falsch hält, muss er im Urkundenprozess Rechtsmittel einlegen, BGH NJW-RR 1992, 254. Im Nachverfahren lässt sich ein falscher Vorbehalt nicht beseitigen. Wird ein vorbehaltloses (Anerkenntnis-) Urteil nach § 705 ohne Reaktion des Bekl. formell rechtskräftig, bindet es nach § 322 die rechtliche Beurteilung der Schlüssigkeit und der Einwendungen und kann in einem Nachverfahren nach § 600 nicht mehr aufgehoben werden, Karlsr NJW-RR 1991, 1151. Zum Angriff gegen Verweigerung oder Ausspruch der Ergänzung nach § 321 siehe dort.

VI. Wirkung des Vorbehaltsurteils. 1. Bindungswirkungen. Das VorbU gilt für die Rechtsmittel und 18
die Zwangsvollstreckung als Endurteil. Die formelle Rechtskraft nach § 705 tritt mit dem Ablauf der Rechtsmittelfrist ein. Das VorbU ist damit der formellen Rechtskraft nach § 322 fähig; es bindet insoweit, als es um einen Punkt des Streitverhältnisses geht, dessen Klärung erforderlich ist, damit es überhaupt ergehen kann; maßgeblich ist der Inhalt des Urteils, BGH NJW 2004, 1159 (zulässiges Bestreiten im Nachverfahren betr. Echtheit einer Urkunde, die das Gericht im Urkundenprozess keiner Prüfung unterzogen hat), → § 600 Rn. 11.

Im Übrigen ist es in allen Teilen des Tenors nach § 313 I Nr. 4 ein durch seine Aufhebung im Nachverfahren 19
auflösend bedingtes Urteil. Das gilt auch wegen der Kosten, Kblz VersR 1985, 1149. Es besteht somit ein innerer Zusammenhang zwischen §§ 592, 598 und 599 III. Soweit der Urkundenprozess statthaft und auch iÜ zulässig ist und soweit Einwendungen des Bekl. als unerheblich, also nicht lediglich mangels Beweisantritts nach § 598 zurückgewiesen werden, kann das VorbU nur mit Rechtsmitteln, nicht aber im Nachverfahren nach § 600 angegriffen werden; die entspr. Feststellungen sind dort bindend. Das ist vom Bekl. sorgfältig zu prüfen. Insbes. ist von voreiligen, schwach subst Einwendungen abzuraten! Besser verlässt man sich auf den Widerspruch nach § 599 I und trägt im Nachverfahren ausführlich vor, BGH NJW-RR 1992, 254. Zu beachten ist, dass im Nachverfahren neue Tatsachen vorgetragen werden dürfen (so sie denn neu sind!). Näher → § 600 Rn. 19.

2. Zwangsvollstreckung. Das VorbU ist nach §§ 708 Nr. 4, 711 für vollstreckbar zu erklären. Nach Eintritt 20
der formellen Rechtskraft ist es trotz Nachverfahrens uneingeschränkt vollstreckbar, BGH NJW 1978, 43. Eine Einstellung der Zwangsvollstreckung erfolgt alsdann nach § 707. Es ist eine strenge Prüfung geboten, sonst würde der Urkundenprozess seinen Sinn verlieren, MüKoZPO/Braun/Heiß § 600 Rn. 10; § 592 Rn. 32. Das Vorbringen des Schuldners muss im Nachverfahren voraussichtlich zu einer Aufhebung des Urteils führen. so auch Musielak/Voit/Voit Rn. 13. Eine einstweilige Verfügung auf eine Einstellung der Zwangsvollstreckung nach §§ 935 ff. ist neben § 707 unstatthaft. Soweit eine Aufhebung nach §§ 302 IV 2, 600 II geht, endet die Vollstreckbarkeit; ab dann greift der Anspruch auf Schadensersatz nach § 302 IV 3.

3. Weitere Wirkungen. Das VorbU unterliegt nach wohl hM § 318, → § 600 Rn. 12. Für einen Verzicht 21
auf den Vorbehalt gelten §§ 346, 515 entsprechend. Ab formeller Rechtskraft des VorbU greift § 197 I Nr. 3 BGB ein, KG 23.9.2021 – 1 U 1027/20, BeckRS 2021, 28128 Rn. 21; Grüneberg/Ellenberger BGB § 197 Rn. 7.

VII. Rechtsmittel, Rechtskraft. Das VorbU kann nach § 705 **formelle Rechtskraft** erlangen. Es sind die 22
normalen Rechtsmittel gegen ein Endurteil statthaft. (Teil-)Abweisung und Vorbehalt beschweren den Kl.; Anfechtung nur mit Rechtsmittel, nicht hingegen im Nachverfahren zulässig, BGH NJW 1962, 446; NJW-RR 1992, 254. (Teil-)Verurteilung unter endgültiger, nicht auf § 598 gestützter Zurückweisung von Einwendungen beschwert den Bekl., der insoweit nur Berufung einlegen, seine Rechte aber nicht im Nachverfahren geltend machen kann, KG MDR 2005, 1010. (Teil-)Ablehnung des Vorbehalts ist wahlweise nach II oder mit Rechtsmittel angreifbar, näher → Rn. 17. Ein Rechtsmittel des Bekl. verliert die Beschwer, sobald das Vordergericht die Klage im Nachverfahren abweist; es tritt Erledigung ein. Rechtsbehelfsbelehrung, Verstoß: §§ 232, 233 S. 2. Bei erstmaligem Erlass eines VorbU in der Berufung kommt wegen des Nachverfahrens Zurückverweisung in Betracht, Ffm MDR 2018, 1339.

Materielle Rechtskraft erlangt das VorbU ohne Vorbehaltloserklärung im Nachverfahren **nicht,** RGZ 47, 23
186 (190); 159, 173; BGH NJW 1977, 1687; NJW 1983, 1111. Das ist eine durch die Natur des Urkundenprozesses vorgegebene Folge, weil eine Entscheidung, die nicht auf der vollständigen Aufklärung des Sachverhalts beruht, ein Gericht in Bezug auf die erneute Prüfung der materiellen Rechtslage schlechthin nicht umfassend binden darf; allgemein zur materiellen Rechtskraft → Vor § 322 Rn. 7; zu Bindungswirkungen des VorbUs in Bezug auf neue Sachprüfung im Nachverfahren → § 600 Rn. 11.

600 *Nachverfahren.* I **Wird dem Beklagten die Ausführung seiner Rechte vorbehalten, so bleibt der Rechtsstreit im ordentlichen Verfahren anhängig.**

II **Soweit sich in diesem Verfahren ergibt, dass der Anspruch des Klägers unbegründet war, gelten die Vorschriften des § 302 Abs. 4 Satz 2 bis 4.**

III **Erscheint in diesem Verfahren eine Partei nicht, so sind die Vorschriften über das Versäumnisurteil entsprechend anzuwenden.**

1 **I. Systematik.** Ein wirksames VorbU lässt die Sache im ordentlichen Verfahren rechtshängig, BGH NJW 1983, 1111 (Bürgenregress erst nach dessen Abschluss), Hbg NJW 1983, 526 (Einrede der Ausländersicherheit); nach seiner Aufhebung im Rechtsmittelzug kann ein Nachverfahren nicht mehr betrieben werden, KGR Berlin 2006, 916. Lief dieses bereits, verliert es seine Wirkungen. Auch ein bereits rechtskräftiges bestätigendes Urteil im Nachverfahren wird gegenstandslos, weil es sich auf das VorbU bezieht, BGH NJW 1973, 467; einschränkend Zöller/Greger Rn. 26.

2 Ein VorbU des Berufungsgerichts macht das Nachverfahren dort anhängig; freilich kommt nach pflichtgemäßem Ermessen eine Zurückverweisung nach § 538 II 1 Nr. 5 in Betracht, als möglich erkannt, aber offen gelassen in BGH NJW 2005, 2701, befürwortend Ffm MDR 2018, 1339. Der BGH kann nach Erlass eines VorbUs an das LG zurückverweisen, NJW-RR 1988, 61.

3 Zu **Gutachten und Urteil** im Nachverfahren Anders/Gehle Assessorexamen ZivilR Q Rn. 37.

4 Das Nachverfahren bildet mit dem Vorverfahren einen einheitlichen Prozess, BGH NJW 1983, 1111 (Forderungsübergang gem. § 774 BGB erst nach Abschluss des Nachverfahrens), Ddf MDR 1983, 496; Nürnb NJW 1982, 392 (Zuständigkeit nach § 707 I bleibt beim Ausgangsgericht), Saarbr MDR 2002, 109. Ein Güteverfahren nach § 15a II 1 Nr. 4 EGZPO findet nicht noch einmal statt.

5 Es bleiben vor allem der **Streitgegenstand,** die Parteirollen, die Zuständigkeit und alle sachlichrechtlichen und prozessualen **Folgen der Rechtshängigkeit** nach § 261 bestehen. Das gilt auch für ein **Geständnis** im Vorbehaltsverfahren nach § 288 I, Saarbr MDR 2002, 109. Ein **Anerkenntnis** nach § 307 im Nachverfahren kann nie ein sofortiges nach § 93 sein, Ddf MDR 1983, 496. Da es sich nicht um eine Nachprüfung des Vorverfahrens handelt, ist der Richter des Vorverfahrens im Nachverfahren nach § 41 nicht ausgeschlossen, auch nicht im höheren Gericht.

6 Das Nachverfahren beginnt mit der Verkündung des VorbUs und nicht erst mit dessen formeller Rechtskraft. Seine Durchführung geschieht gem. § 216 I vAw, sie ist nicht von einem entsprechenden Antrag abhängig, Celle NJW-RR 1993, 559 (Termin vAw, grds. keine Verwirkung); hM, Zöller/Greger Rn. 8, aM Ffm NJW-RR 1990, 574 (evtl. Verwirkung eines Antragsrechts); Stein/Jonas/Berger Rn. 13. Verhandlung unmittelbar nach Verkündung des VorbU ist möglich, BGH NJW 1973, 467. Es liegt jedoch im Ermessen des Gerichts, bei den Parteien anzufragen, ob ein Termin zur mündlichen Verhandlung durchgeführt werden soll und die Reaktion abzuwarten. Denn letzteres liegt nicht selten im Interesse der Parteien, weil sie in Vergleichsverhandlungen eintreten oder es letzten Endes beim VorbU bewenden lassen.

7 Die in diesem Zusammenhang erörterte **Verwirkung** von Einwänden ist alleine aufgrund von Zeit- und Umstandsmoment und unabhängig von der Frage zu prüfen, ob das Nachverfahren sofort oder auf Antrag fortgesetzt wird.

8 Das Gericht bestimmt idR einen **besonderen Verhandlungstermin.** Rechtsmittel- und Nachverfahren können parallel laufen. Der Kläger beantragt, das Urteil für vorbehaltlos zu erklären. Der Bekl. beantragt, das VorbU aufzuheben und die Klage abzuweisen.

9 **II. Regelungszweck.** Das Nachverfahren ist kein Rechtsmittel; es dient dazu, die im Vorverfahren unvollständige Klärung zu vervollständigen und an die Stelle der vorläufigen Vorbehaltsentscheidung eine endgültige Entscheidung zu setzen, BGH NJW 1978, 43. Das hat wie bei den vergleichbaren Vorschriften etwa der §§ 925 ff., 936 Risikofolgen schon für den Kläger, soweit er den Urkundenprozess wählt, vgl. § 717 II.

10 **III. Zuständigkeit und Vorgehensweise.** Der Rechtsstreit wird vAw fortgesetzt; in der Praxis mag Abwarten bis zu einem Antrag sinnvoll sein, vgl. auch BGH NJW 1983, 1111 II 3. Zuständig ist das Gericht, welches das VorbU erlassen hat. Wenn das Berufungsgericht erstmals den Vorbehalt macht, ist Zurückverweisung nach § 538 II Nr. 5 Frage pflichtgemäßen Ermessens, BGH NJW 2005, 2703, befürwortend Ffm MDR 2018, 1339. Das Revisionsgericht verweist idR zurück, es kann indes die Entscheidung nach § 563 III selbst treffen, BGH NJW 2009, 2886, BGH NJW-RR 1988, 62 (Zurückverweisung an das Gericht erster Instanz möglich). Nach einer zulässigen Abstandnahme erst in der Berufungsinstanz ist eine Zurückverweisung nicht mehr zulässig, näher → § 596 Rn. 5. Eine Parteivereinbarung über die Zuständigkeit ist nach § 38 unzulässig. Denn hier geht es um die funktionelle Zuständigkeit. Eine Aussetzung des Nachverfahrens nach §§ 148 ff. bis zur Rechtskraft einer Entscheidung im Vorverfahren verstößt gegen den Sinn und Zweck der Verfahrensart. Sie ist daher unzulässig. Die Parteien können das Ruhen beantragen.

11 **IV. Bindungswirkung des Vorbehaltsurteils. 1. Grundsatz: Fortgeltung des Vorverfahrens. a) Lösungsansatz.** Da das VorbU der formellen Rechtskraft fähig ist, § 599 III, kann es trotz Ausschluss der materiellen Rechtskraft, → § 599 Rn. 23, nach Sinn und Zweck des Urkundenverfahrens Bindungswirkungen entfalten, die nur mit Rechtsmitteln, nicht aber im Nachverfahren zu beseitigen sind; das gilt zutreffender Auffassung nach für sämtliche Feststellungen, die nicht auf den dem Urkundenprozess eigentümlichen Beschränkungen der Beweismittel beruhen, namentlich für die Auswertung unstr. Sachverhalts und insbes. für Einwendungen, die im VorbU als unerheblich und nicht nur nach § 598 zurückgewiesen werden, auch → § 599 Rn. 18 f.

12 **b) Keine Grundlage in § 318 ZPO.** Das VorbU behält nach der in der Rspr. üblicherweise verwendeten Formel insoweit Bindungswirkung für das Nachverfahren, als es nicht auf den eigentümlichen Beschränkungen der Beweismittel im Urkundenprozess beruht. Daraus hat der BGH, unter Berücksichtigung des **§ 318,** gefolgert, dass diejenigen Teile des Streitverhältnisses, die im VorbU beschieden werden mussten, damit es überhaupt ergehen konnte, im Nachverfahren als endgültig beschieden dem Streit entzogen sind, soweit nicht seine eigentümliche Bindung an die im Urkundenprozess begrenzten Beweismittel, § 592 S. 1, etwas anderes bewirkt, BGH NJW 2004, 1159; NJW 1993, 668; NJW 1988, 1468; MDR 1969, 34; NJW-RR 1989, 802; ähnlich zu § 302 BGH NJW 1979, 1046; NJW 1961, 1721; auch OLGR Jena 2009, 750; OLGR Brdbg 2005, 203, vom

2. Abweisung, Schadensersatz. Das abändernde Urteil spricht die Aufhebung des VorbUs und die Abweisung der Klage aus, §§ 302 IV 2, 600 II. 27

Mit der formellen Rechtskraft des Urteils nach § 705 tritt die auflösende Bedingung ein und wird der Vorbehalt gegenstandslos. Über die **Kosten** muss das Gericht hier nach §§ 91 ff. insgesamt neu erkennen; iZw umfasst eine Entscheidung über „die Kosten" Vor- und Nachverfahren, Kblz JurBüro 1985, 1886, indes kann eine klarstellende Formulierung (Die Kosten des Rechtsstreits einschließlich des Urkundenverfahrens …) sinnvoll sein. Kostenbelastung des obsiegenden Bekl. **entspr. § 97 II** ist nur im Ausnahmefall angezeigt, da Bekl. grds. neu vortragen darf, → Rn. 19; sie kommt in Betracht, wenn Bekl. den entscheidungserheblichen Einwand bereits im Urkundenprozess ohne Rücksicht auf die Begrenzung der Beweismittel risikolos hätte vorbringen können. Offenbar generell und damit zu weitgehend gegen eine Kostenbelastung des obsiegenden Bekl. Musielak/Voit/Voit Rn. 12; wie hier Zöller/Greger ZPO Rn. 23. Für die Zwangsvollstreckung gelten § 708 Nr. 10, 11, §§ 711, 713. Gegen Kl. ist § 97 II auch dann nicht analog anzuwenden, wenn er im Nachverfahren mit Vortrag obsiegt, der im Urkundenprozess unschwer zum Erfolg geführt hätte; denn dort darf Kl. sich auf den notwendigen, mit Urkunden zu belegenden Vortrag beschränken. 28

Der Kläger muss nach §§ 302 IV 3, 4 mit 600 II dem Bekl. denjenigen Schaden ersetzen, der dem Bekl. durch eine Vollstreckung des VorbUs oder zur Abwendung seiner Vollstreckung entstanden ist; der Anspruch kann im Nachverfahren mit der Widerklage geltend gemacht werden. Ergibt sich, dass der im Urkundenprozess geltend gemachte Anspruch besteht, hatte der Bekl. von Anfang an keinen Schaden, die Ersatz(wider)klage ist also abzuweisen BGH NJW-RR 2005, 1135 (keine Erledigung der Hauptsache). 29

VII. Rechtsmittel. Ein Rechtsmittel gegen das Urteil im Nachverfahren ist nach §§ 511 ff., §§ 542 ff. statthaft. Die Bindungswirkung nach → Rn. 11 gilt auch im Rechtsmittelverfahren. Zur Kollision von Vorbehalts- und Schlussurteil → Rn. 1. 30

VIII. Säumnis im Nachverfahren. 1. Säumnis des Klägers. Bei einer Säumnis des Klägers hebt das Gericht das VorbU auf und weist die Klage durch ein echtes Versäumnisurteil nach § 330 ab, MüKoZPO/Braun/Heiß Rn. 25. 31

2. Säumnis des Beklagten. Bei einer Säumnis des Bekl. lässt das Gericht den Vorbehalt wegfallen. Ein unechtes Versäumnisurteil gegen den Kläger ist grundsätzlich nicht möglich. Denn die Prozessvoraussetzungen und die Schlüssigkeit der Klage stehen durch das VorbU in der Regel bindend fest, → Rn. 11. Eine Ausnahme kann dann gelten, wenn die Klage nachträglich unzulässig oder unschlüssig wird, allgem → Vor § 300 Rn. 41. 32

3. Aktenlageentscheidung. Eine Entscheidung nach Aktenlage ist wie sonst zulässig, §§ 331a, 251a. 33

601 (weggefallen)

602 *Wechselprozess.* **Werden im Urkundenprozess Ansprüche aus Wechseln im Sinne des Wechselgesetzes geltend gemacht (Wechselprozess), so sind die nachfolgenden besonderen Vorschriften anzuwenden.**

I. Systematik, Regelungszweck. Der Wechselprozess ist eine Unterart des Urkundenprozesses. Darum gelten dieselben Erwägungen und Vorschriften wie im Urkundenprozess mit vorrangigen Abweichungen, die sich aus §§ 603–605 ergeben. § 605a enthält eine für den Scheckprozess nochmals vorrangige Sonderregelung. Sie bringt freilich kaum Besonderheiten. Nach § 15a II 1 Nr. 4 EGZPO findet ein obligatorisches Güteverfahren nicht statt. 1

II. Sachlicher Geltungsbereich. Im Wechselprozess können nach § 592 1 zunächst alle sich iwS aus einem Wechsel, dh aus einer Wechselverbindlichkeit herleitenden Zahlungsansprüche geltend gemacht werden, vgl. Art. 8, 28, 32, 48 ff., 50, 55 IV, 78, 90 I WG, auch der Bereicherungsanspruch aus Art. 89 WG, Hamm NJW-RR 1992, 499; NJW-RR 1992, 501 (für Wechsel und Scheck), des Weiteren der Herausgabeanspruch aus Art. 16 II WG, da er ein Wertpapier iSd § 592 S. 1 betrifft, aM Thomas/Putzo/Seiler Rn. 4; MüKoZPO/Braun/Heiß Rn. 7. Nebenforderungen des BGB sind nicht erfasst. Klage auf Duldung der Zwangsvollstreckung, § 743, ist statthaft, weil sie wegen der Wechselforderung erhoben wird. Der Ersatzanspruch wegen einer unterlassenen Benachrichtigung nach Art. 45 VI WG ist kein Anspruch aus einem Wechsel. §§ 602 ff. sind im Familienstreit des § 112 Nr. 1–3 FamFG entsprechend anwendbar, § 113 II FamFG. Maßgeblich ist, dass die Klage formal auf eine Wechselverbindlichkeit gestützt wird; das (Nicht-)Bestehen des Anspruchs ist Gegenstand des Sachurteils. 2

Der Wechselprozess steht auch bei einem Anspruch aus einem **ausländischen** Wechsel oder aus einem gemischtsprachigen Wechsel offen, BGH NJW 1965, 1597 (ausl. Wechselrecht); NJW 1982, 523. Gleiches gilt für Ansprüche aus einem ungültigen Wechsel, die, da nur Wechselansprüche und nicht sonstige Ansprüche etwa aus Anerkenntnis oder aus einem Kausalverhältnis Streitgegenstand sind, als unbegründet abgewiesen werden, BGH NJW 1982, 523; Saarbr NJW-RR 1998, 190. Er ist nach → § 592 Rn. 12 „Feststellung" nicht für die Feststellung im Insolvenzverfahren zulässig. 3

III. Persönlicher Geltungsbereich. In den Wechselprozess gehört auch der Anspruch des Pfändungspfandgläubigers und des Abtretungsnehmers. Unerheblich ist, ob der Bekl. kraft seiner Unterschrift oder kraft Gesetzes haftet. Eine Wechselklage ist zB zulässig: Gegen den Erben; gegen den Gesellschafter der OHG oder einer KG, BGH MDR 1960, 379 (Akzept eines Mitgesellschafters); gegen den Erwerber des Handelsgeschäfts nach § 25 HGB. Klage in Prozessstandschaft ist statthaft, BGH WM 1983, 302. 4

Unzulässig ist eine Wechselklage gegen den Bürgen nach dem BGB. Denn dieser haftet nach Art. 30 ff. WG nicht aus dem Wechsel, anders als der Wechselbürge. 5

IV. Verfahrensfragen. Ob der Kläger den Wechselprozess wählt, steht ihm frei. Er kann im Wechselprozess aus dem Wechsel und daneben aus dem Grundgeschäft im ordentlichen Prozess klagen, Karlsr NJW 1960, 1955. Er kann auch vom Wechsel- zum Urkundenprozess übergehen, BGH NJW 1993, 3135 (auch im Berufungs- 6 verfahren), NJW 1994, 447 (bei Umdeutung einer unwirksamen Annahmeerklärung in ein abstraktes Schuldversprechen). Er kann aber nicht hilfsweise im Wechselprozess und auch nicht im ordentlichen und zusätzlich im Wechselprozess klagen, schließlich nicht im Wechselprozess, hilfsweise im Urkundenprozess; vielmehr ist dann eine unbedingte Abstandnahme vom Wechselprozess nach § 596 notwendig, BGH NJW 1982, 523. Der Kläger darf zudem nicht hilfsweise einen Anspruch aus einem anderen Rechtsgrund stellen, BGH NJW 1982, 2258, auch nicht hilfsweise im Urkundenprozess, BGH NJW 1982, 523.

7 Die Einrede der Schiedsvereinbarung nach §§ 1025 ff. greift grundsätzlich nicht durch, selbst wenn sie dem Wortlaut nach auch einen wechselrechtlichen Anspruch erfassen sollte, BGH NJW 1994, 136, → Vor § 592 Rn. 11.

8 Das Verfahren verläuft wie im Urkundenprozess nach §§ 592 ff. Daher muss der Kläger sämtliche str. anspruchsbegründenden Tatsachen durch Urkunden beweisen, zB die **Protesterhebung** bei einem Rückgriff und die Berechtigung desjenigen, der hat protestieren lassen, soweit sie sich nicht aus dem Wechsel selbst ergeben. Betr. Vorlegung des Wechsels bei Säumnis → § 592 Rn. 19, → § 597 Rn. 22. Über die Vorlegung an den Verpflichteten und über Nebenforderungen § 605. Sachlich zuständig ist aufgrund eines Antrags nach § 96 GVG die Kammer für Handelssachen, nach § 95 I Nr. 2 GVG auch bei einer Klage im ordentlichen Verfahren. Ihr Vorsitzender kann im Wechselprozess nach § 349 II Nr. 8 allein entscheiden, freilich nicht im Nachverfahren nach § 600. Für einen Wechsel- oder Scheckanspruch aufgrund eines Arbeitsverhältnisses ist nach → § 603 Rn. 2 vorzugswürdiger Meinung nach das ordentliche Gericht zuständig, nicht das ArbG, Hamm NJW 1980, 1399, näher → Vor § 592 Rn. 4, dort auch zur aA des BAG. Das Wechselverfahren und auch sein Nachverfahren ist wie beim Scheckprozess eine Sommersache nach § 227 III 2 Nr. 4.

9 **V. Urteil.** Das Urteil braucht trotz Art. 39 I WG nicht auf eine Zahlung Zug um Zug gegen eine Aushändigung des Wechsels zu lauten, indes ist die Formulierung unschädlich, für Verwendung Zöller/Greger § 602 Rn. 6 (**„gegen Aushändigung“**), → § 726 Rn. 32 und jedenfalls durch Auslegung in den Tenor hineinzulesen, LG Aachen DGVZ 1983, 75. Denn die Hingabe des Wechsels ist eine Art Quittung, § 756. Man muss den Wechsel bei einer Zwangsvollstreckung oder bei einer freiwilligen Zahlung nach § 726 übergeben. Rechtsbehelfsbelehrung, Verstoß: §§ 232, 233 S. 2.

10 **VI. Nachverfahren.** Im Nachverfahren nach § 600 sind nur solche Einreden zulässig, die dem Schuldner nach dem sachlichen Wechselrecht gemäß Art. 17 WG gegen den jeweiligen Kläger zustehen. Dazu kann bei einer Nämlichkeit des Wechselgläubigers und des Partners des Grundgeschäfts der Einwand einer unzulässigen Rechtsausübung zählen, BGH NJW 1983, 1059; NJW-RR 1994, 114 (Beweislast beim Schuldner). Der Anspruch aus dem Kausalgeschäft kann im Wege der Klageänderung zusätzlich, anstelle des Wechselanspruchs oder hilfsweise eingeführt werden, BGH NJW 2004, 1456 (1458). Zur Sommersache → Rn. 6.

603 *Gerichtsstand.* **I Wechselklagen können sowohl bei dem Gericht des Zahlungsortes als bei dem Gericht angestellt werden, bei dem der Beklagte seinen allgemeinen Gerichtsstand hat.**

II Wenn mehrere Wechselverpflichtete gemeinschaftlich verklagt werden, so ist außer dem Gericht des Zahlungsortes jedes Gericht zuständig, bei dem einer der Beklagten seinen allgemeinen Gerichtsstand hat.

1 **I. Systematik, Regelungszweck, I, II.** § 603 enthält eine gegenüber §§ 12, 35 vorrangige Sondervorschrift. Sie soll das Vorgehen des Wechselgläubigers dadurch erleichtern, dass sie den nach §§ 12 ff. bestehenden allgemeinen und besonderen Gerichtsständen einen nicht ausschließlichen neuen hinzufügt, denjenigen des Zahlungsorts. Das gilt auch für die internationale Zuständigkeit, Ddf NJW 1969, 380. Abzustellen ist auf die Wertpapierforderung, nicht auf den Kausalanspruch, BGH NJW 2004, 1456 (zu Art. 5 Nr. 1 EuGVÜ und passim zur Brüssel Ia-VO); KG WM 2006, 1218.

2 **II. Geltungsbereich, I, II.** Eine Vereinbarung des Gerichtsstands ist nur nach §§ 38 ff. zulässig. Man kann einen ausschließlichen Gerichtsstand vereinbaren, auch internationalrechtlich, BGH NJW 1968, 356. Für eine Klage im Urkundenprozess oder für das gewöhnliche Mahnverfahren gilt § 603 nicht, wohl aber für ein Wechselmahnverfahren des § 703a II.

3 § 603 betrifft **nicht die sachliche Zuständigkeit.** Auf Antrag ist am LG die Kammer für Handelssachen unter den Voraussetzungen des § 95 I Nr. 2, 3 GVG zuständig. Zuständig ist vorzugswürdiger Ansicht nach das ordentliche Gericht, nicht das Arbeitsgericht, BGH NJW 1976, 330; Hamm NJW 1980, 1399; AG Essen MDR 1988, 327; aM Mü NJW 1966, 1418, → Vor § 592 Rn. 4. Für die Klage aus dem Scheck kann dennoch erfolgreich das ArbG angerufen werden, BAG NJW 1997, 758. Die durch ein VorbU festgestellte Zuständigkeit des ordentlichen Gerichts bleibt im Nachverfahren bestehen, → § 600 Rn. 11 ff., → § 599 Rn. 18. Die Vorschrift gilt nicht, soweit der Kläger einen Anspruch aus einem Wechsel im ordentlichen Prozess geltend macht. Beim Übergang ins ordentliche Verfahren gilt aber § 261 III Nr. 2.

4 **III. Zahlungsort, I.** Den Zahlungsort ergibt nach Art. 1 Nr. 5, Art. 2 III, Art. 75 Nr. 4 WG der Wechseltext. Es kann nur ein einziger Zahlungsort gelten, iZw derjenige aus Art. 2 III WG. Zerfällt eine politische Gemeinde in mehrere Gerichtsbezirke, ist bei einer Bezeichnung nach der Straße und der Hausnummer dasjenige Gericht zuständig, zu dem das Haus gehört. Andernfalls ist jedes der Gerichte zuständig. Ein inländischer Zahlungsort begründet auch die internationale Zuständigkeit nach → Rn. 2, vgl. Art. 4 ff. Brüssel Ia-VO.

5 **IV. Mehrere Beklagte, II.** Wenn der Kläger mehrere Wechselverpflichtete als Streitgenossen nach § 59 verklagt, ist außer den in → Rn. 2 bezeichneten Gerichten auch noch jedes Gericht zuständig, bei dem ein Streitgenosse nach §§ 12 ff. seinen allgemeinen Gerichtsstand hat. Hier bestimmt also der Kläger den Gerichtsstand abweichend von § 36 I Nr. 3. Das Urteil gegen diejenigen Bekl., denen das Gericht die Klage nach § 270 S. 1 zugestellt hat, ist auch dann zulässig, wenn es die Klage den anderen Schuldnern nicht zugestellt hat. Wenn man jedoch die Zuständigkeit nur damit begründen kann, dass ein Bekl. seinen allgemeinen Gerichtsstand nach §§ 12 ff. im Gerichtsbezirk hat, muss das Gericht die Klage bis zum Schluss der mündlichen Verhandlung nach §§ 136 IV, 296a diesem Bekl. zugestellt haben. Die Reihenfolge ist unerheblich. Belanglos ist auch, ob die Klage statthaft und begründet ist. Eine Erschleichung des Gerichtsstands gibt auch hier die Rüge der prozessualen

Arglist, RGZ 51, 175. Spätere Vorgänge beeinflussen die Zuständigkeit so wenig wie sonst nach § 261 III Nr. 2. Das gilt zB für eine Rücknahme der Klage in Bezug auf den Bekl., an die die Zuständigkeit anknüpft.

6 II ist **unanwendbar,** soweit der Kläger eine Gerichtsstandsvereinbarung nach § 38 geltend macht, die er nicht mit allen Wechselschuldnern getroffen hat.

7 **V. Säumnis des Beklagten.** Bei Säumnis des Bekl. kann VU nur ergehen, wenn der Wechsel (der Scheck) im Original vorgelegt wird; denn nur hierdurch wird die Inhaberschaft als Grundlage des Anspruchs belegt, → § 592 Rn. 19, → § 597 Rn. 22.

604 *Klageinhalt; Ladungsfrist.* **I Die Klage muss die Erklärung enthalten, dass im Wechselprozess geklagt werde.**

II 1Die Ladungsfrist beträgt mindestens 24 Stunden, wenn die Ladung an dem Ort, der Sitz des Prozessgerichts ist, zugestellt wird. 2In Anwaltsprozessen beträgt sie mindestens drei Tage, wenn die Ladung an einem anderen Ort zugestellt wird, der im Bezirk des Prozessgerichts liegt oder von dem ein Teil zu dessen Bezirk gehört.

III In den höheren Instanzen beträgt die Ladungsfrist mindestens 24 Stunden, wenn die Zustellung der Berufungs- oder Revisionsschrift oder der Ladung an dem Ort erfolgt, der Sitz des höheren Gerichts ist; mindestens drei Tage, wenn die Zustellung an einem anderen Ort erfolgt, der ganz oder zum Teil in dem Landgerichtsbezirk liegt, in dem das höhere Gericht seinen Sitz hat; mindestens eine Woche, wenn die Zustellung sonst im Inland erfolgt.

1 **I. Systematik, Regelungszweck.** Die Vorschrift enthält zwei unterschiedlich geartete vorrangige Sonderregelungen. Dabei ist der Begriff der Ladungsfrist derselbe wie in § 217. § 604 II 1 regelt nur ihre Dauer abweichend. Der Sinn ist eine Beschleunigungsmöglichkeit bei dieser ihrer Natur nach oft eilbedürftigen Prozessart unter Anspannung des Grundsatzes des rechtlichen Gehörs nach Art. 103 I GG.

2 **II. Klage.** I entspricht dem nachrangigen § 593 I, → § 593 Rn. 3. Der Wille, im Wechselprozess zu klagen, muss (ggf. aufgrund Auslegung) schon in der Klageschrift oder im Antrag auf den Wechselmahnbescheid nach § 690 I eindeutig zum Ausdruck kommen, RGZ 96, 100 (Verwechslung von Scheck und Wechsel unschädlich). Die Bezeichnung als „Klage im Urkundenprozess" leitet einen gewöhnlichen Urkundenprozess nach §§ 592 ff. ein. Eine Bezeichnung als „Wechselklage" genügt. Die Erklärung ist (insbes. mit Blick auf die Fristen!) nicht nachholbar, RGZ 79, 69, → § 593 Rn. 3; zum nachträglichen Übergang in den Wechselprozess → § 596 Rn. 17.

3 **III. Ladungsfrist.** Für jede Instanz gelten eigene Regeln.

4 **1. Erste Instanz, II.** Die Ladungsfrist beträgt abweichend von § 217 in der ersten Instanz 24 Stunden, wenn das Gericht die Klage nach § 271 am Ort des Prozessgerichts zustellen muss. Der Gerichtsbezirk entscheidet nicht. Im Anwaltsprozess nach § 78 beträgt die Ladungsfrist 3 Tage, wenn man die Klage an einem anderen Ort im Bezirk des Prozessgerichts zustellen muss. Dabei ist der wirkliche Sitz des Gerichts unerheblich. Es genügt, dass ein Teil des Zustellungsorts zum Bezirk des Prozessgerichts gehört. Bei § 239 III muss man die vom Vorsitzenden bestimmte Frist einhalten. Ort ist die politische Gemeinde.

5 Die Einlassungsfrist richtet sich nach § 274 III; sie ist von § 604 nicht erfasst.

6 **2. Höhere Instanz, III.** In der höheren Instanz beträgt die Frist 24 Stunden, wenn die Zustellung am Gerichtssitz stattfinden muss, und 3 Tage, wenn die Zustellung in dem Landgerichtsbezirk des Gerichtssitzes stattfinden muss, sowie 1 Woche, wenn die Zustellung in einem anderen deutschen Landgerichtsbezirk stattfinden muss oder wenn eine öffentliche Zustellung nach §§ 185 ff. erforderlich ist, MüKoZPO/Braun/Heiß Rn. 4. Schließlich gilt die vom Vorsitzenden bestimmte Frist bei § 239 III.

7 **3. Fristkürzung.** Eine Abkürzung aller dieser Fristen kann nach § 226 erfolgen.

8 **4. Öffentliche Zustellung.** Sie ist zulässig, wenn eine Auslandszustellung nach §§ 183 ff. unverhältnismäßig viel Zeit benötigen würde, § 185 Nr. 3.

605 *Beweisvorschriften.* **I Soweit es zur Erhaltung des wechselmäßigen Anspruchs der rechtzeitigen Protesterhebung nicht bedarf, ist als Beweismittel bezüglich der Vorlegung des Wechsels der Antrag auf Parteivernehmung zulässig.**

II Zur Berücksichtigung einer Nebenforderung genügt, dass sie glaubhaft gemacht ist.

1 **I. Systematik, Regelungszweck.** Die Vorschrift enthält eine aus der Eigenart des Wechselrechts folgende Besonderheit bei der im Urkundenprozess ja ohnehin nach § 595 II, III vorhandenen Beschränkung der Beweismittel. Sie ist gegenüber § 592 vorrangig.

2 **II. Vorlegung, I.** Die Vorlegung des Wechsels ist nur dann ein Teil des Klagegrundes, wenn zur Erhaltung des Wechselanspruchs ein Protest notwendig ist, wenn also der Kläger nach Art. 43 ff. WG einen Rückgriff nimmt. Dann muss der Kläger die Vorlegung nach § 592 urkundlich beweisen. Wenn die Vorlegung des Wechsels nur die Bedeutung hat, den Klaganlass festzulegen, kann der Kläger sie in Abweichung von § 592 durch einen Antrag auf eine Parteivernehmung nach §§ 445 ff. unter Beweis stellen, zB bei einem Rückgriff nach Art. 46 WG oder bei einem Anspruch gegen den Annehmer nach Art. 53 I WG. Die praktische Tragweite der Erleichterung besteht also darin, dass sich mit ihrer Hilfe der Anspruch auf Verzugszinsen ab der Vorlegung oder ab dem Verfalltag bis zur Klagerhebung nach §§ 253, 261 begründen lässt. Bei einer Säumnis des Bekl. gilt die behauptete Vorlegung nach § 331 als zugestanden, KG OLGR 2020, 330; Musielak/Voit/Voit Rn. 2.

3 **III. Nebenforderungen, II.** Man muss sie dann berücksichtigen, wenn der Kläger sie nach § 294 glaubhaft gemacht hat. Dahin gehören die Provision, Protestkosten, Porto usw. nach Art. 48, 49, 52 WG. Bei solchen Nebenforderungen sind die Sätze üblich und feststehend. Eine Glaubhaftmachung nach § 294 genügt auch für Einwendungen gegenüber solchen Nebenforderungen, MüKoZPO/Braun/Heiß § 604 Rn. 3. Wenn der Kläger bei einem Anspruch auf Verzugszinsen die Vorlegung des Wechsels nach II glaubhaft machen müsste, kann er den

Anspruch auch durch einen Antrag auf eine Parteivernehmung nach §§ 445 ff. glaubhaft machen. Denn er kann statt der Glaubhaftmachung auch den vollen Beweis mit den im Urkundenprozess nach § 595 II, III zulässigen Beweismitteln antreten. Das empfiehlt sich mit Blick auf eine Säumnis des Bekl. nach § 331. Dann reicht Glaubhaftmachung nicht.

4 Außerhalb des Wechselrechts liegende Nebenforderungen sind im Wechselprozess unstatthaft.

605a *Scheckprozess.* **Werden im Urkundenprozess Ansprüche aus Schecks im Sinne des Scheckgesetzes geltend gemacht (Scheckprozess), so sind die §§ 602 bis 605 entsprechend anzuwenden.**

1 **I. Systematik, Regelungszweck.** Der Scheckprozess ist neben dem Wechselprozess nach §§ 602 ff. eine weitere Unterart des Urkundenprozesses. Er entspricht ohne jede Abweichung dem Wechselprozess. Die Vorschrift hat daher nur klarstellende Bedeutung. Es findet wegen der Ähnlichkeit zum Wechselprozess kein obligatorisches Güteverfahren statt. So sollte man § 15a II 1 Nr. 4 EGZPO vernünftigerweise auslegen, zumal § 605a nur auf den Wechselprozess verweist. Zum Nachverfahren § 600. Die praktische Bedeutung ist heute gering, zumal im beleglosen Einzugsverfahren keine Vorlegung mehr stattfindet und daher der Scheckprozess ausscheidet, AG Königswinter NJW-RR 1990, 628.

2 **II. Geltungsbereich.** Die Vorschrift übernimmt das Wechselprozessrecht und über dieses das Recht des Urkundenprozesses. Dessen allgemeinen Regeln sind anwendbar, soweit sie nicht von §§ 602 ff. verdrängt werden. Im Einzelnen:

3 **§ 602:** §§ 603 bis 605 sind anwendbar.

4 **§ 603:** Nach Auffassung des BAG, NJW 1997, 758, kann aus dem Scheck vor dem Arbeitsgericht geklagt werden, vgl. § 46 II 2 ArbGG. Dasjenige ordentliche Gericht, das seine sachliche Zuständigkeit im Scheckprozess bejaht hat, bleibt auch dann zuständig, wenn sich im Nachverfahren nach § 600 ergibt, dass der Bekl. den Scheck im Rahmen eines Arbeitsverhältnisses begeben hatte, AG Essen MDR 1988, 327, allgemeinen → Vor § 592 Rn. 4, → § 600 Rn. 18 „Zuständigkeit". Der Zahlungsort ergibt sich aus Art. 1 Nr. 4 ScheckG.

5 **§ 604:** Die Klageschrift muss der Sache nach eindeutig ergeben, dass der Kläger im Scheckprozess klagt. Bei der völligen Gleichheit des Verfahrens mit dem Wechselprozess genügt aber auch die Angabe, die Klage werde „im Wechselprozess" erhoben, wenn die Begründung ergibt, dass aus einem Scheck geklagt wird, → § 604 Rn. 2. Eine „Klage im Urkundenprozess" leitet lediglich einen Urkundenprozess nach §§ 592 ff. ein, weder einen Wechselprozess noch einen Scheckprozess. Die Ladungsfrist ist verkürzt. Auch der Scheckprozess ist wie ein Wechselprozess eine Sommersache nach § 227 III 2 Nr. 4, auch im Nachverfahren nach § 227 III Nr. 4.

6 **§ 605:** Der Beweis erfolgt nach Art. 29 ScheckG durch die Vorlegung. Für die Nebenforderungen genügt die Glaubhaftmachung nach § 294.

7 **III. Mahnverfahren.** Wegen des Mahnverfahrens vgl. § 703a.

Nach dem Gesetzesentwurf sollte auch die Angabe des Betrages der Forderung erforderlich sein. Das wurde zu einem Soll-Erfordernis zurückgestuft (**II 2**), weil es bei den Ansprüchen/Rechtsverhältnisse nicht zwingend um Geldzahlungsansprüche geht, BT-Drs. 19/2741, 25. 5

Das BfJ prüft die Angaben in der Anmeldung nicht inhaltlich, **II 3**, was erhebliche Missbrauchsgefahren jedenfalls in Bezug auf die Mindestanmeldezahl (§ 606 III Nr. 3) birgt, Weinland Rn. 97. Wohl erfolgt aber eine Prüfung der formalen Anforderungen (Form, Frist, Vollständigkeit der Pflichtangaben). Fehlt es hieran, ist die Anmeldung unwirksam. Eine Eintragung in das Klageregister hat dann zu unterbleiben, denn eine Eintragung unwirksamer Anmeldungen wäre irreführend. Kommt es zum Streit darüber, ob die Anmeldung wirksam erfolgt ist, dürfte die Ablehnung der Eintragung durch das BfJ als Justizverwaltungsakt iSd § 23 EGGVG anfechtbar sein, BGH NJW 2021, 2740 Rn. 3. 6

2. Folgen der Eintragung in das Klageregister. Die Eintragung der Anmeldung in das Klageregister löst verschiedene Folgen aus: 7

- Der angemeldete Verbraucher kann keine Klage zum selben Streitgegenstand mehr erheben (§ 610 III), bereits rechtshängige Verfahren werden ausgesetzt (§ 613 II).
- Die angemeldeten Verbraucher sind über einen Vergleich zu informieren (§ 611 IV).
- Ein gerichtlich genehmigter Vergleich wirkt für und gegen den angemeldeten Verbraucher (§ 611 I)
- Ein Musterfeststellungsurteil entfaltet Bindungswirkung in einem Rechtsstreit zwischen dem angemeldeten Verbraucher und dem beklagten Unternehmer (§ 613 I).
- Die durch die Rechtshängigkeit der Musterfeststellungsklage eintretende Verjährungshemmung (→ Vor § 606 Rn. 7) dauert für die angemeldeten Verbraucher fort (§ 204 I Nr. 1a BGB).

Ob durch die Anmeldung zwischen der klagenden Einrichtung und dem angemeldeten Verbraucher ein Rechtsverhältnis entsteht, ist unklar, vgl. Weinland Rn. 214 ff. 8

3. Rücknahme der Anmeldung. Die Anmeldung kann wieder zurückgenommen werden, jedoch nur bis zum Ablauf des Tages der ersten mündlichen Verhandlung (→ Rn. 3), **III.** Der zunächst vorgesehene Gleichlauf von An- und Abmeldefrist bis zum Tag vor Beginn der mündlichen Verhandlung wurde aufgehoben, damit der Verbraucher bei seiner Entscheidung auch das Ergebnis der ersten mündlichen Verhandlung noch berücksichtigen kann (BT-Drs. 19/2741, 25), was allerdings im Hinblick auf die Kürze der Zeit wenig bedeutsam ist. Für die Abmeldung gelten dieselben Formerfordernisse wie für die Anmeldung (→ Rn. 3). 9

4. Kosten. An- und Abmeldung erfolgen kostenfrei. Bei anwaltlicher Vertretung gilt § 19 I Nr. 1a RVG. 10

609

Klageregister; Verordnungsermächtigung. **I [1]Klageregister ist das Register für Musterfeststellungsklagen. [2]Es wird vom Bundesamt für Justiz geführt und kann elektronisch betrieben werden.**

II [1]Bekanntmachungen und Eintragungen nach den §§ 607 und 608 sind unverzüglich vorzunehmen. [2]Die im Klageregister zu einer Musterfeststellungsklage erfassten Angaben sind bis zum Schluss des dritten Jahres nach rechtskräftigem Abschluss des Verfahrens aufzubewahren.

III Öffentliche Bekanntmachungen können von jedermann unentgeltlich im Klageregister eingesehen werden.

IV [1]Nach § 608 angemeldete Verbraucher können vom Bundesamt für Justiz Auskunft über die zu ihrer Anmeldung im Klageregister erfassten Angaben verlangen. [2]Nach rechtskräftigem Abschluss des Musterfeststellungsverfahrens hat das Bundesamt für Justiz einem angemeldeten Verbraucher auf dessen Verlangen einen schriftlichen Auszug über die Angaben zu überlassen, die im Klageregister zu ihm und seiner Anmeldung erfasst sind.

V [1]Das Bundesamt für Justiz hat dem Gericht der Musterfeststellungsklage auf dessen Anforderung einen Auszug aller im Klageregister zu der Musterfeststellungsklage erfassten Angaben über die Personen zu übersenden, die bis zum Ablauf des in § 606 Absatz 3 Nummer 3 genannten Tages zur Eintragung in das Klageregister angemeldet sind. [2]Das Gericht übermittelt den Parteien formlos eine Abschrift des Auszugs.

VI Das Bundesamt für Justiz hat den Parteien auf deren Anforderung einen schriftlichen Auszug aller im Klageregister zu der Musterfeststellungsklage erfassten Angaben über die Personen zu überlassen, die sich bis zu dem in § 608 Absatz 1 genannten Tag zur Eintragung in das Klageregister angemeldet haben.

VII Das Bundesministerium der Justiz und für Verbraucherschutz wird ermächtigt, durch Rechtsverordnung ohne Zustimmung des Bundesrates die näheren Bestimmungen über Inhalt, Aufbau und Führung des Klageregisters, die Einreichung, Eintragung, Änderung und Vernichtung der im Klageregister erfassten Angaben, die Erteilung von Auszügen aus dem Klageregister sowie die Datensicherheit und Barrierefreiheit zu treffen.

1. Gesetzeszweck, Systematik. Die Regelung ist die gesetzliche Grundlage für die Führung des Klageregisters. Aus ihr ergeben sich die wesentlichen Grundlagen für die Führung des Klageregisters und die Einsicht bzw. Erteilung von Auskünften. **III** regelt die öffentlichen Informationen, **IV** die Informationsansprüche der angemeldeten Verbraucher, **V** die Pflichten ggü. dem Gericht und **VI** die Informationsansprüche der Parteien des Musterklageverfahrens. Einzelheiten ergeben sich aus der Rechtsverordnung aber nicht, für deren Erlass **VII** die Grundlage ist. 1

2. Führung des Klageregisters, I, II. Wie schon das Klageregister gem. § 4 KapMuG wird auch dieses Klageregister vom BfJ geführt. **I 2** enthält die Ermächtigung zur elektronischen Führung. Veröffentlichungen sind jeweils unverzüglich durchzuführen **(II)**, eine schuldhafte Verzögerung kann ggf. Ansprüche gem. § 839 BGB auslösen. 2

3 **3. Öffentliche Bekanntmachungen, III. III** regelt das unentgeltliche Einsichtsrecht der Allgemeinheit in öffentliche Bekanntmachungen, die insbes auf der Homepage des BfJ [www.Bundesjustizamt.de] erfolgen werden. Öffentlich bekanntzumachen sind
– die Erhebung der Musterfeststellungsklage (§ 607 I)
– Terminbestimmungen, Hinweise und Zwischenentscheidungen des Gerichts (→ § 607 Rn. 4)
– der Beschluss, mit dem die Wirksamkeit eines Vergleichs festgestellt wird (§ 611 V 3)
– das Musterfeststellungsurteil (§ 612 I)
– Rechtsmittel gegen das Musterfeststellungsurteil (§ 612 II)

4 **4. Auskunftsanspruch für angemeldete Verbraucher, IV.** Angemeldete Verbraucher haben Anspruch auf Auskunft über die von ihnen gespeicherten Daten **(IV 1).** Nach rechtskräftigem Abschluss des Verfahrens haben sie Anspruch auf Erteilung eines Auszuges über die im Klageregister zu ihrer Anmeldung gespeicherten Angaben **(IV 2).** Damit kann die Hemmung der Verjährung (§ 204 I Nr. 1a BGB), die Berechtigung aus einem Vergleich (§ 611 I Nr. 2) und die Bindungswirkung des Musterfeststellungsurteils für einen Folgeprozess (§ 613 I) dokumentiert werden.

5 **5. Mitteilung an das Gericht, V.** Gegenüber dem Gericht besteht auf Anforderung eine Informationsverpflichtung bzgl. der innerhalb von zwei Monaten nach der öffentlichen Bekanntmachung erfolgten wirksamen Anmeldungen **(V),** damit das Gericht die nach § 606 III Nr. 3 erforderliche Feststellung treffen kann. Warum es hierfür einer gesonderten Anforderung bedarf, erschließt sich nicht; jdf. kann diese bereits mit der Veranlassung der Veröffentlichung verbunden werden. Das Gericht hat die Mitteilung des BfJ den Parteien zu übermitteln **(V 2),** damit diesen im Hinblick auf § 606 III Nr. 3 rechtliches Gehör gewährt wird. Diese Mitteilungspflicht genügt nicht, um der Informationsverpflichtung des Gerichts bzgl. eines gerichtlich genehmigten Vergleichs (§ 611 IV 1) nachkommen zu können (→ § 611 Rn. 9).

6 **6. Informationsanspruch der Parteien, VI.** Die Parteien können Angaben über die zum Klageregister jew. angemeldeten Ansprüche/Rechtsverhältnisse verlangen. Dies ist insbes. für die Abschätzung der Folgen eines Urteils/Vergleichs von Bedeutung. Darüber hinaus benötigen die Parteien den Auszug aus dem Klageregister, damit den angemeldeten Verbrauchern ein gerichtl. genehmigter Vergleich zugestellt werden kann (→ § 611 Rn. 9).

Anhang zu § 609
Verordnung über das Register für Musterfeststellungsklagen (Musterfeststellungsklagenregister-Verordnung – MFKRegV)

Vom 24.10.2018 (BGBl. I S. 1804, ber. 1845)

FNA 310-4-20

Geändert durch VO vom 14.7.2021 (BGBl. I S. 2923)

§ 1 MFKRegV Register für Musterfeststellungsklagen

(1) Das Bundesamt für Justiz richtet ein Klageregister ein, in dem es Musterfeststellungsklagen öffentlich bekannt macht und anschließend hierzu Anmeldungen zur Eintragung von Ansprüchen oder Rechtsverhältnissen von Verbrauchern erfasst.

(2) [1]Die öffentlichen Bekanntmachungen erfolgen durch Veröffentlichung auf einer Internetseite, die der inhaltlichen Verantwortung des Bundesamtes für Justiz unterliegt und von jedermann unentgeltlich eingesehen werden kann. [2]Auf der Internetseite sind auch die vom Bundesamt für Justiz elektronisch zur Verfügung zu stellenden Formulare abrufbar.

§ 2 MFKRegV Öffentliche Bekanntmachungen

(1) [1]Öffentlich bekannt zu machen sind die in § 607 Absatz 1 und 3 sowie die in § 611 Absatz 5 und § 612 der Zivilprozessordnung genannten Angaben zu einer Musterfeststellungsklage. [2]Das Datum der öffentlichen Bekanntmachung ist jeweils anzugeben.

(2) [1]Das Gericht übermittelt die bekannt zu machenden Angaben in einem elektronischen Dokument an das Bundesamt für Justiz. [2]Das elektronische Dokument ist nach einem vom Bundesamt für Justiz vorgegebenen Muster zu erstellen. [3]Es ist auf einem sicheren Übermittlungsweg im Sinne von § 130a Absatz 4 der Zivilprozessordnung zu übermitteln.

§ 3 MFKRegV Anmeldung und Eintragung von Ansprüchen oder Rechtsverhältnissen

(1) [1]Für die Anmeldung zur Eintragung von Ansprüchen oder Rechtsverhältnissen in das Klageregister nach § 608 Absatz 1 der Zivilprozessordnung stellt das Bundesamt für Justiz Verbrauchern unentgeltlich ein Formular gemeinsam mit einer Ausfüllanleitung zur Verfügung. [2]Das Formular und die Ausfüllanleitung werden jeweils elektronisch und in Papierform zur Verfügung gestellt.

(2) [1]Die nach § 608 Absatz 2 Satz 1 der Zivilprozessordnung erforderlichen Angaben sind im Formular als verpflichtend zu kennzeichnen. [2]Beim Formularfeld zu Gegenstand und Grund des Anspruchs oder des Rechtsverhältnisses ist darauf hinzuweisen, dass die Angabe hierzu höchstens 2 500 Zeichen betragen soll.

(3) [1]Die Eintragung in das Klageregister wird vom Bundesamt für Justiz nur vorgenommen, wenn die Anmeldung
1. innerhalb der Frist des § 608 Absatz 1 der Zivilprozessordnung eingegangen ist und
2. alle Angaben nach § 608 Absatz 2 Satz 1 der Zivilprozessordnung enthält.

[2]Andernfalls lehnt es die Eintragung ab. [3]Mit der Eintragung vergibt das Bundesamt für Justiz ein Geschäftszeichen und erfasst darunter auch das Datum des Eingangs der Anmeldung. [4]Es bestätigt dem Verbraucher alsbald die Eintragung in das Klageregister und teilt ihm dabei das Geschäftszeichen mit. [5]Dieses Geschäftszeichen ist in der weiteren Kommunikation mit dem Bundesamt für Justiz stets anzugeben.

(4) [1]Teilt der angemeldete Verbraucher Namens- oder Anschriftenänderungen mit, so sind auch sie im Klageregister zu erfassen. [2]Für die Mitteilung stellt das Bundesamt für Justiz unentgeltlich ein Formular zur Verfügung. [3]Das Formular wird sowohl elektronisch als auch in Papierform zur Verfügung gestellt. [4]Der Verbraucher ist in der

Eingangsbestätigung darauf hinzuweisen, dass er für die Mitteilung einer Namens- oder Anschriftenänderung das Formular nutzen kann.

(5) [1]Teilt im Falle des Todes des angemeldeten Verbrauchers der Erbe den Erbfall mit, so ist der Erbfall in das Klageregister einzutragen und der Name sowie die Anschrift des Erben zu erfassen. [2]Für solche Mitteilungen stellt das Bundesamt für Justiz unentgeltlich ein Formular zur Verfügung. [3]Das Formular wird sowohl elektronisch als auch in Papierform zur Verfügung gestellt.

(6) [1]Für Auskunftsersuchen der angemeldeten Verbraucher nach § 609 Absatz 4 der Zivilprozessordnung stellt das Bundesamt für Justiz unentgeltlich ein Formular zur Verfügung. [2]Das Formular wird sowohl elektronisch als auch in Papierform zur Verfügung gestellt. [3]Die Auskunft wird nur erteilt, wenn die in dem Formular als verpflichtend gekennzeichneten Felder ausgefüllt sind.

§ 4 MFKRegV Rücknahme der Anmeldung

(1) [1]Für die Rücknahme der Anmeldung von Ansprüchen oder Rechtsverhältnissen in das Klageregister stellt das Bundesamt für Justiz Verbrauchern unentgeltlich ein Formular zur Verfügung. [2]Das Formular wird elektronisch und in Papierform zur Verfügung gestellt.

(2) [1]Die Rücknahme der Anmeldung und das Datum des Eingangs der Rücknahme sind im Klageregister einzutragen. [2]Die Eintragung wird nur vorgenommen, wenn die Rücknahme innerhalb der Frist des § 608 Absatz 3 der Zivilprozessordnung eingegangen ist. [3]Andernfalls lehnt das Bundesamt für Justiz die Eintragung ab.

(3) Das Bundesamt für Justiz erteilt dem Verbraucher alsbald eine Bestätigung über die Eintragung der Rücknahme im Klageregister.

§ 5 MFKRegV Maschinell erstellter Ablehnungsbescheid

[1]Lehnt das Bundesamt für Justiz eine Eintragung mit einem vollständig maschinell erstellten Bescheid ab, so können die Unterschrift und die Namenswiedergabe fehlen. [2]In diesem Fall kann das Dokument den Hinweis enthalten, dass Unterschrift und Namenswiedergabe fehlen können und es maschinell erstellt worden ist.

§ 6 MFKRegV Auszug aus dem Klageregister

(1) [1]Fordert das Gericht einen Auszug an, verwendet es hierfür ein elektronisches Dokument, das nach einem vom Bundesamt für Justiz vorgegebenen Muster zu erstellen ist. [2]Das Bundesamt für Justiz übermittelt den Auszug als elektronisches Dokument auf einem sicheren Übermittlungsweg im Sinne von § 130a Absatz 4 der Zivilprozessordnung. [3]§ 130a Absatz 2 der Zivilprozessordnung ist entsprechend anzuwenden.

(2) [1]Fordert eine Partei einen Auszug nach § 609 Absatz 6 der Zivilprozessordnung an, verwendet sie hierfür das vom Bundesamt für Justiz vorgegebene Formular. [2]Das Bundesamt für Justiz kann den Auszug als elektronisches Dokument auf einem sicheren Übermittlungsweg entsprechend § 130a Absatz 4 der Zivilprozessordnung an deren Prozessbevollmächtigten übermitteln.

§ 7 MFKRegV Technische Störungen des Klageregisters

[1]Macht der Verbraucher glaubhaft, dass seine Anmeldung oder seine Rücknahme der Anmeldung aufgrund einer vorübergehenden technischen Störung des Klageregisters nicht eingegangen ist, und holt er die Anmeldung oder die Rücknahme unverzüglich nach, so ist sie als zum Zeitpunkt der glaubhaft gemachten vorherigen Anmeldung oder Rücknahme eingegangen anzusehen. [2]Das Bundesamt für Justiz dokumentiert den Zeitpunkt des Beginns und des Endes von technischen Störungen des Klageregisters.

§ 8 MFKRegV Inkrafttreten

Diese Verordnung tritt am 1. November 2018 in Kraft.

610 ***Besonderheiten der Musterfeststellungsklage.*** **I [1]Ab dem Tag der Rechtshängigkeit der Musterfeststellungsklage kann gegen den Beklagten keine andere Musterfeststellungsklage erhoben werden, soweit deren Streitgegenstand denselben Lebenssachverhalt und dieselben Feststellungsziele betrifft. [2]Die Wirkung von Satz 1 entfällt, sobald die Musterfeststellungsklage ohne Entscheidung in der Sache beendet wird.**

II Werden am selben Tag mehrere Musterfeststellungsklagen, deren Streitgegenstand denselben Lebenssachverhalt und dieselben Feststellungsziele betrifft, bei Gericht eingereicht, findet § 147 Anwendung.

III Während der Rechtshängigkeit der Musterfeststellungsklage kann ein angemeldeter Verbraucher gegen den Beklagten keine Klage erheben, deren Streitgegenstand denselben Lebenssachverhalt und dieselben Feststellungsziele betrifft.

IV Das Gericht hat spätestens im ersten Termin zur mündlichen Verhandlung auf sachdienliche Klageanträge hinzuwirken.

V [1]Auf die Musterfeststellungsklage sind die im ersten Rechtszug für das Verfahren vor den Landgerichten geltenden Vorschriften entsprechend anzuwenden, soweit sich aus den Vorschriften dieses Buches nicht Abweichungen ergeben. [2]Nicht anzuwenden sind § 128 Absatz 2, § 278 Absatz 2 bis 5 sowie die §§ 306 und 348 bis 350.

VI Die §§ 66 bis 74 finden keine Anwendung im Verhältnis zwischen den Parteien der Musterfeststellungsklage und Verbrauchern, die

1. einen Anspruch oder ein Rechtsverhältnis angemeldet haben oder
2. behaupten, entweder einen Anspruch gegen den Beklagten zu haben oder vom Beklagten in Anspruch genommen zu werden oder in einem Rechtsverhältnis zum Beklagten zu stehen.

1. Gesetzeszweck, Systematik. Ziel des Gesetzes ist es, zu einem best. Sachverhaltskomplex möglichst nur ein Musterfeststellungsverfahren zuzulassen, was sowohl der Entlastung der Justiz als auch des beklagten Unternehmens dient und darüber hinaus sich widersprechende Entscheidungen der Instanzgerichte verhindert. Dem 1 dient bereits die örtliche Konzentration, § 32c. Ergänzt wird diese Regelung durch **I–III,** wobei **I** und **II** das Verhältnis mehrerer Musterfeststellungsklagen zueinander regelt und **III** das Verhältnis zur Individualklage.

2 **2. Verhältnis mehrerer Musterfeststellungsklagen, I, II.** Zur Verhinderung mehrerer paralleler Klagen zum selben Streitgegenstand wird § 261 III Nr. 1, der aufgrund der fehlenden Parteiidentität nicht greift, durch **I** ergänzt, der eine Klagesperre ab dem Zeitpunkt der Rechtshängigkeit begründet. **II** ergänzt dies dann für den Sonderfall der gleichzeitigen Klageeinreichung.

3 Stichtag für die Wirkung einer „Rechtswegsperre" der Musterfeststellungsklage ist der Tag der Rechtshängigkeit (§ 261). Diese dauert nach **I 2** zeitlich unbegrenzt fort, es sei denn, das erste Musterfeststellungsverfahren wird ohne Entscheidung in der Sache beendet. Darunter fällt neben der Klagerücknahme, der übereinstimmenden Erledigungserklärung, der Abweisung der Klage als unzulässig auch der Abschluss des Verfahrens durch einen Vergleich (§ 611), was die Bereitschaft des Beklagten zum Vergleichsabschluss deutlich reduzieren dürfte

4 Weitere Voraussetzung für die „Sperrwirkung" ist die Identität der Streitgegenstände. Werden in weiteren Musterfeststellungsklagen auch **andere Anträge/Feststellungsziele** verfolgt, steht die Rechtshängigkeit der ersten Musterfeststellungsklage der weiteren Klage nicht entgegen, denn die „Rechtswegsperre" greift nur „soweit" der Streitgegenstand der weiteren Klage dieselben Feststellungsziele betrifft, MüKoZPO/Menges Rn. 5; Röthemeyer Rn. 7.

5 Besteht die „Sperrwirkung", kann keine weitere Musterfeststellungsklage gegen denselben Beklagten erhoben werden. Dies betrifft auch solche Klagen, die zurzeit der Zustellung bereits anhängig waren, aA Zöller/Vollkommer Rn. 4; Schneider BB 2018, 1986 (1992), denn das Gesetz unterscheidet in **I** und **II** deutlich zwischen Rechtshängigkeit und Anhängigkeit. Soweit vollständige Deckungsgleichheit der Streitgegenstände besteht, schließt dies bereits eine Zustellung der weiteren Klage aus. Dem kann der Kläger aber durch Erweiterung der Feststellungsziele entgegenwirken, so wohl auch Schneider BB 2018, 1986 (1992). Eine Abweisung weiterer Musterfeststellungsklagen zum selben Streitgegenstand kann erst erfolgen, wenn in der ersten Sache ein Musterfeststellungsurteil ergangen ist, weil bis dahin die Wirkung der „Rechtswegsperre" wieder entfallen kann. Weitere Verfahren sind bis dahin auf entsprechenden Antrag gem. § 148 I auszusetzen, ebenso Röthemeyer Rn. 16; Weinland Rn. 138, wogegen ggf. gem. § 252 Rechtsbeschwerde eingelegt werden kann, vgl. BGH NJW-RR 2012, 575 Rn. 9.

6 Eine Ausnahme von dem vorstehenden Grundsatz ergibt sich aus **II** bei taggleicher Einreichung mehrerer Klagen. Hier soll eine Verbindung (§ 147) erfolgen. Diese setzt allerdings vorher die Gewährung rechtlichen Gehörs voraus, Zöller/Greger § 147 Rn. 6, was wiederum die Zustellung erfordert. Damit es nicht von Zufälligkeiten der gerichtsinternen Bearbeitung/Zustellung abhängt, verdrängt **II** als Sonderregelung die ansonsten evtl. eingreifende „Rechtswegsperre" gem. **I 1** in den Fällen taggleicher Anhängigkeit, aber unterschiedlicher Zustellung, BT-Drs. 19/2741, 25.

7 Eine Verbindung gem § 147 setzt voraus, dass alle Rechtsstreitigkeiten beim selben Gericht anhängig sind (→ § 147 Rn. 11). Werden Klagen bei unterschiedlichen Gerichten taggleich anhängig gemacht, greift **II** deshalb nicht. Es gilt dann wieder die Grundregel des **I,** aA wohl Weinland Rn. 142: Parallelverfahren.

8 **3. Verhältnis der Musterfeststellungsklage zur Individualklage eines angemeldeten Verbrauchers, III.** Die „Rechtswegsperre" im Umfang des **I** gilt auch für Individualprozesse angemeldeter Verbraucher. Anders als nach **I 2** beendet allerdings auch ein Musterfeststellungsurteil diese Rechtswegsperre, weil der Verbraucher sonst nicht von der Bindungswirkung des Musterfeststellungsurteils (§ 613 I) profitieren könnte. Im Fall eines Vergleichs dauert die Rechtshängigkeit bis zum Erlass des Beschlusses fort, durch den die Wirksamkeit des genehmigten Vergleichs festgestellt wird (§ 611 V 2). Das gilt auch, wenn der Verbraucher vorher seinen Austritt erklärt, weil dies die Wirksamkeit der Anmeldung nicht berührt (§ 611 IV 4). Die Regelung wird ergänzt durch § 613 II für Klagen angemeldeter Verbraucher, die vor der Anmeldung bereits rechtshängig geworden sind. Klagen nicht (mehr) angemeldeter Verbraucher bleiben unberührt; Nichtverbraucher haben gem § 148 II die Möglichkeit, Aussetzung zu beantragen (→ Vor § 606 Rn. 14).

9 **Antragstellung, IV.** Nach **IV** besteht die ausdrückliche Verpflichtung des Gerichts, auf sachdienliche Anträge hinzuwirken. Daraus ergibt sich, dass es möglich ist, das Feststellungsziel auch nach Klageerhebung noch zu ändern. Das ist bedenklich ist, weil dieses „Geschäftsgrundlage" für die Anmeldung von Verbrauchern ist (krit. deshalb auch die Stellungnahme des BR, BT-Drs. 19/2701, 6). Die Maßgabe in **IV,** dass spätestens im ersten Termin zur mündlichen Verhandlung auf sachdienliche Klageanträge hinzuwirken ist, also zu einem Zeitpunkt, zu dem eine bereits erfolgte Anmeldung noch zurückgenommen werden kann (§ 608 III), spricht dafür, dass spätere Änderungen des Feststellungsziels nicht mehr zulässig sind, im Erg. ebenso BeckOK ZPO/Lutz Rn. 17; Röthemeyer Rn. 40; Nordholtz/Mekat/de Lind van Wijngaarden § 6 Rn. 59; Rößl NJOZ 2021, 1569 (1571). **IV** ermöglicht es dem Gericht auch, darauf hinzuwirken, bis zum Beginn der mündlichen Verhandlung bekannt gewordene Einwendungen des Beklagten in die Antragstellung mit aufzunehmen.

10 **Verhältnis zu den allg. Verfahrensregeln, V.** Die §§ 253–494a gelten grdsl auch für das Musterfeststellungsverfahren **(V 1).** Ausnahmen ergeben sich aus **V 2:**

– Das schriftliche Verfahren (§ 128 II) ist ausgeschlossen.
– Es muss ein Feststellungsinteresse iSd § 256 bestehen, BGH NJW 2022, 311 Rn. 108.
– Eine Änderung oder Erweiterung der Klage gem. § 263 ist möglich, BGH NJW 2020, 341 Rn. 15.
– Es findet keine Güteverhandlung statt (§ 278 II–V).
– Der Kläger kann nicht auf Ansprüche verzichten (§ 306).
– Eine Entscheidung durch den Einzelrichter ist ausgeschlossen (§§ 348–350).

11 **Nebenintervention, Streitverkündung, VI.** Im Interesse eines effektiven Verfahrens (BT-Drs. 19/2739, 27) sollen sich Verbraucher, um deren Ansprüche/Rechtsverhältnisse es geht, nicht durch Nebenintervention am Verfahren beteiligen können. Dies verhindert auch eine Streitverkündung des Beklagten ggü. Verbrauchern und zwar wegen **IV Nr. 2** auch ggü. solchen, die ihren Anspruch/ihr Rechtsverhältnis nicht angemeldet haben, aA Schneider BB 2018, 1986 (1993).

12 Streitverkündung/Nebenintervention bleiben ansonsten möglich. Das betrifft insbes. das Verhältnis des Beklagten ggü. Dritten, bei denen er ggf. Regress nehmen kann.

611 *Vergleich.* **I Ein gerichtlicher Vergleich kann auch mit Wirkung für und gegen die angemeldeten Verbraucher geschlossen werden.**

II Der Vergleich soll Regelungen enthalten über

1. die auf die angemeldeten Verbraucher entfallenden Leistungen,
2. den von den angemeldeten Verbrauchern zu erbringenden Nachweis der Leistungsberechtigung,
3. die Fälligkeit der Leistungen und
4. die Aufteilung der Kosten zwischen den Parteien.

III [1]Der Vergleich bedarf der Genehmigung durch das Gericht. [2]Das Gericht genehmigt den Vergleich, wenn es ihn unter Berücksichtigung des bisherigen Sach- und Streitstandes als angemessene gütliche Beilegung des Streits oder der Ungewissheit über die angemeldeten Ansprüche oder Rechtsverhältnisse erachtet. [3]Die Genehmigung ergeht durch unanfechtbaren Beschluss.

IV [1]Den zum Zeitpunkt der Genehmigung angemeldeten Verbrauchern wird der genehmigte Vergleich mit einer Belehrung über dessen Wirkung, über ihr Recht zum Austritt aus dem Vergleich sowie über die einzuhaltende Form und Frist zugestellt. [2]Jeder Verbraucher kann innerhalb einer Frist von einem Monat nach Zustellung des genehmigten Vergleichs seinen Austritt aus dem Vergleich erklären. [3]Der Austritt muss bei dem Gericht schriftlich oder zu Protokoll der Geschäftsstelle erklärt werden. [4]Durch den Austritt wird die Wirksamkeit der Anmeldung nicht berührt.

V [1]Der genehmigte Vergleich wird wirksam, wenn weniger als 30 Prozent der angemeldeten Verbraucher ihren Austritt aus dem Vergleich erklärt haben. [2]Das Gericht stellt durch unanfechtbaren Beschluss den Inhalt und die Wirksamkeit des genehmigten Vergleichs fest. [3]Der Beschluss ist im Klageregister öffentlich bekannt zu machen. [4]Mit der Bekanntmachung des Beschlusses wirkt der Vergleich für und gegen diejenigen angemeldeten Verbraucher, die nicht ihren Austritt erklärt haben.

VI Der Abschluss eines gerichtlichen Vergleichs vor dem ersten Termin ist unzulässig.

1. Regelungszweck, Systematik. Die Beendigung des Musterfeststellungsverfahrens durch Vergleich ist die 1
gesetzgeberisch erwünschte Form des Verfahrensabschlusses, weil man sich davon die unstreitige Erledigung der Individualverfahren verspricht. Dem Umstand, dass die Verbraucher keinen Einfluss auf das Verfahren nehmen können, wird in zweifacher Hinsicht Rechnung getragen: Der Vergleich kann nur wirksam werden, wenn er vom Gericht genehmigt wird **(III).** Außerdem können die angemeldeten Verbraucher sich der Wirkung des Vergleichs durch Austritt aus dem Vergleich entziehen **(IV).** Erreicht die Zahl der Austritte das Quorum von 30 %, wird der Vergleich nicht wirksam, weil dann von ihm nicht die erforderliche Befriedungswirkung ausgeht. Erst nach Ablauf der Austrittsfrist stellt das Gericht ggf. die Wirksamkeit des Vergleichs fest **(V).**

2. Doppelnatur des Vergleichs, I. Die Doppelnatur des Prozessvergleichs (→ Anh. § 307 Rn. 13) wird in **I** 2
besonders deutlich. Er ist eine Parteiprozesshandlung, an der die Parteien des Musterklageverfahrens beteiligt sind und zugleich materiellrechtlicher Vertrag. Dieser materiellrechtliche Vertrag muss sich auf die Ansprüche/Rechtsverhältnisse der Verbraucher beziehen. Dies kann zunächst einmal durch Vertrag zugunsten Dritter (§ 328 BGB) erfolgen. **I** eröffnet aber darüber hinaus die Möglichkeit, dass die angemeldeten Verbraucher, vertreten durch den Kläger selbst Partei der materiellrechtlichen Vereinbarung werden. Das ist insbesondere dann unerlässlich, wenn der Vergleich auch Regelungen beinhaltet, die die Verbraucher belasten, zB Regelungen über Nutzungsersatzansprüche. Aus **I** ergibt sich eine gesetzliche Vertretungsmacht des Klägers für die angemeldeten Verbraucher, die allerdings unter der auflösenden Bedingung des Austritts **(IV 1)** steht.

Die Verbraucher können zwar aus dem Vergleich Ansprüche erwerben, die Zwangsvollstreckung hieraus 3
betreiben können sie jedoch nicht, ebenso Röthemeyer Rn. 61; Weinland Rn. 187 ff.; Beckmann/Wasmuth WM 2019, 89 (92) Zwar wäre es noch möglich, sie im Vergleich namentlich aufzuführen (§ 750 I 1), jedoch wird die Anspruchsberechtigung regelmäßig vom individuellen Nachweis der Leistungsberechtigung **(II Nr. 2)** abhängen, für deren Prüfung das Zwangsvollstreckungsverfahren ungeeignet ist.

3. Inhalt und Zeitpunkt des Vergleichs, II, VI. Der Soll-Inhalt des Vergleichs ergibt sich aus **II,** der sich 4
an § 17 II KapMuG anlehnt. Dabei betreffen Nr. 1–3 die Ansprüche/Rechtsverhältnisse der Verbraucher und nur die Kostenregelung in Nr. 4 das eigentliche Prozessrechtverhältnis. **II Nr. 1–3** orientieren sich an Sachverhalten, bei denen Verbraucher Leistungsansprüche gegen Unternehmer geltend machen und passen deshalb nicht, wenn es um die Klärung von Rechtsverhältnissen oder die Abwehr von gegen die Verbraucher gerichteten Ansprüchen geht. Die Bedeutung von **II** liegt dann auch weniger in der abschließenden Regelung des Vergleichsinhalts, sondern mehr darin, dass sich daran die vom Gericht vorzunehmende Angemessenheitsprüfung (→ Rn. 7) orientiert.

Nach **VI** kann der Vergleich frühestens im ersten Termin abgeschlossen werden. Bei einem Abschluss noch 5
vor dem ersten Termin würde die Anmeldefrist (→ § 608 Rn. 3) für die Verbraucher überraschend verkürzt und damit der Zweck des Musterfeststellungsverfahrens beeinträchtigt.

4. Genehmigung, III. Zum Schutz der am Verfahren nicht beteiligten angemeldeten Verbraucher bedarf der 6
Vergleich über deren Ansprüche und Rechtsverhältnisse der gerichtlichen Genehmigung, was zugleich einem Missbrauch des Verfahrens vorbeugen mag, Waßmuth/Asmus ZIP 2018, 657 (664). Dies findet seine Parallele in § 18 KapMuG.

Maßstab für die Genehmigung ist nach **III 2** die Frage, ob der Vergleich eine unter Berücksichtigung des 7
Sach- und Streitstandes angemessene Regelung bzgl. der angemeldeten Ansprüche/Rechtsverhältnisse beinhaltet. Wesentlich ist damit zunächst einmal, ob die Regelungen zu Lasten der angemeldeten Verbraucher hinter dem zurückbleiben, was zum Zeitpunkt der Genehmigung bei einer streitigen Entscheidung zugunsten der Verbraucher zu erwarten wäre, Schneider BB 2018, 1986 (1995); zu weiteren Kriterien Kähler ZIP 2020, 293 (297). Darüber hinaus fließt in die Beurteilung ein, ob die Anforderungen des **II** erfüllt werden, vgl. Wiecz/Winter KapMuG § 18 Rn. 9 ff.; KK-KapMuG/Reuschle KapMuG § 18 Rn. 10; Waßmuth/Asmus ZIP 2018, 657, (664). Es kommt nach **III 2** auf den bisherigen Sach- und Streitstand an, was dagegen spricht, für die Beurteilung der Angemessenheit eine weitere Aufklärung durch Beweisaufnahme durchzuführen, so aber Magnus NJW 2019, 3177 (3179).

8 Die Erteilung der Genehmigung ist nicht anfechtbar **(III 3).** Nicht ganz klar ist, ob sich das auch auf die Versagung der Genehmigung bezieht. Für die ähnlich formulierte Regelung in § 18 I 1 KapMuG wird das verneint, Wiecz/Winter KapMuG § 18 Rn. 20; KK-KapMuG/Reuschle KapMuG § 18 Rn. 12; Wigand ZBB 2012, 203. Die Materialien sprechen mehr für eine Unanfechtbarkeit auch des ablehnenden Beschlusses, denn danach ergeht „die Entscheidung" durch unanfechtbaren Beschluss, BT-Drs. 19/2439, 27, so wohl auch Musielak/Voit/Stadler Rn. 12. Hält man den ablehnen Beschluss für anfechtbar, so Zöller/Vollkommer Rn. 4; Röthemeyer Rn. 39; Weinland Rn. 176, besteht das Rechtsmittel der Rechtsbeschwerde, aA Röthemeyer Rn. 39: „sof. Beschwerde" (entgegen § 567 I), das aber der Zulassung bedarf. Insoweit könnte im Hinblick auf § 614 S. 2 immer von grundsätzlicher Bedeutung auszugehen sein.

9 **5. Austritt, IV.** Nach erfolgter gerichtlicher Genehmigung haben die angemeldeten Verbraucher, die Möglichkeit, aus dem Vergleich auszutreten – opt-out-Regel. Der Austritt muss innerhalb einer Frist von einem Monat erfolgen **(IV 2);** es handelt sich um eine Ausschlussfrist, Röß NJW 2020, 2068 (2069). Diese Frist beginnt für jeden Verbraucher individuell mit dem Tag der Zustellung (§§ 166 ff.) des gerichtlichen genehmigten Vergleichs an ihn. Bei der Zustellung ist er zugleich über sein Austrittsrecht und die hierfür zu wahrende Form und Frist zu belehren **(IV 1).** Für die Information der angemeldeten Verbraucher ist das Gericht auf die Mitwirkung der Parteien angewiesen, denn nur diese haben Anspruch auf Erteilung eines Auszuges aus dem Klageregister zu den Angaben über die Anmelder (§ 609 VI).

10 Der Austritt muss schriftlich (§ 126 BGB) oder zu Protokoll des Urkundsbeamten der Geschäftsstelle (§ 129a) erklärt werden **(IV 3);** die Zuständigkeit des Rpfl. gem. § 24 II Nr. 3 RPflG dürfte nicht gegeben sein. Anders als bei der Anmeldung zum Klageregister (→ § 608 Rn. 3) reicht die Wahrung der Textform (§ 126b BGB) für den Austritt aus dem Vergleich nicht.

11 Folge des Austritts aus dem Vergleich ist lediglich, dass der Vergleich nicht für und gegen den ausgetretenen Verbraucher wirkt **(V 4);** die Wirkung der Anmeldung wird durch den Austritt aus dem Vergleich nicht berührt **(IV 4).** Damit bleibt insbes. die Hemmung der Verjährung (§ 204 I Nr. 1a BGB) erhalten. Falls der Vergleich nicht wirksam wird und doch noch ein Musterfeststellungsurteil ergeht, gilt dessen Bindungswirkung (§ 613 I) auch für ausgetretene Verbraucher. Der Austritt aus dem Vergleich führt noch nicht dazu, dass die „Rechtswegsperre" des § 610 III entfällt; hierfür bedarf es zusätzlich noch der Feststellung der Wirksamkeit des Vergleichs (→ § 610 Rn. 8).

12 **6. Feststellung der Wirksamkeit des Vergleichs, V.** Der Vergleich wird erst wirksam, wenn das Gericht dies durch Beschluss feststellt **(V 2).** Voraussetzung dafür ist, dass weniger als 30 Prozent der angemeldeten Verbraucher ihren Austritt aus dem Vergleich erklärt haben. Die Feststellung kann deshalb erst erfolgen, wenn die Austrittsfrist für mindestens 70 Prozent der angemeldeten Verbraucher abgelaufen ist.

13 Der Beschluss, durch den der Inhalt und die Wirksamkeit des genehmigten Vergleichs festgestellt wird, ist unanfechtbar **(V 2)** und im Klageregister bekannt zu machen **(V 3).** Die Pflicht zur Bekanntmachung dürfte auch bestehen, wenn das Gericht die Feststellung der Wirksamkeit des Vergleichs ablehnt. Für die Frage der Anfechtbarkeit des ablehnenden Beschlusses gilt dasselbe wie für die Frage der Anfechtbarkeit eines Beschlusses, durch den die Genehmigung des Vergleichs abgelehnt wird (→ Rn. 8).

612 *Bekanntmachungen zum Musterfeststellungsurteil.* **I Das Musterfeststellungsurteil ist nach seiner Verkündung im Klageregister öffentlich bekannt zu machen.**

II 1 Die Einlegung eines Rechtsmittels gegen das Musterfeststellungsurteil ist im Klageregister öffentlich bekannt zu machen. 2 Dasselbe gilt für den Eintritt der Rechtskraft des Musterfeststellungsurteils.

1 Die Regelung dient der notwendigen Information für die angemeldeten Verbraucher und die Nichtverbraucher, deren Rechtsstreit gem. § 148 II ausgesetzt wurde. Der Eintritt der Rechtskraft beendet die „Rechtswegsperre" für angemeldete Verbraucher (→ § 608 Rn. 7) sowie die Aussetzung des Verfahrens gem. § 613 II bzw. § 148 II.

613 *Bindungswirkung des Musterfeststellungsurteils; Aussetzung.* **I 1 Das rechtskräftige Musterfeststellungsurteil bindet das zur Entscheidung eines Rechtsstreits zwischen einem angemeldeten Verbraucher und dem Beklagten berufene Gericht, soweit dessen Entscheidung die Feststellungsziele und den Lebenssachverhalt der Musterfeststellungsklage betrifft. 2 Dies gilt nicht, wenn der angemeldete Verbraucher seine Anmeldung wirksam zurückgenommen hat.**

II Hat ein Verbraucher vor der Bekanntmachung der Angaben zur Musterfeststellungsklage im Klageregister eine Klage gegen den Beklagten erhoben, die die Feststellungsziele und den Lebenssachverhalt der Musterfeststellungsklage betrifft, und meldet er seinen Anspruch oder sein Rechtsverhältnis zum Klageregister an, so setzt das Gericht das Verfahren bis zur rechtskräftigen Entscheidung oder sonstigen Erledigung der Musterfeststellungsklage oder wirksamen Rücknahme der Anmeldung aus.

1 **1. Systematik.** Die Norm betrifft zwei nicht zusammengehörende Fragen, nämlich zum einen die Wirkung des Musterfeststellungsurteils für das Rechtsverhältnis zwischen dem Beklagten und angemeldeten Verbrauchern **(I)** und zum anderen die Wirkung des Musterfeststellungsverfahrens für Rechtsstreitigkeiten zwischen angemeldeten Verbrauchern und dem Beklagten **(II).** Letztere gehört systematisch eher zu § 610 III.

2 **2. Wirkung des Musterfeststellungsurteils.** Die Bindungswirkung des Musterfeststellungsurteils für das Individualrechtsverhältnis zwischen Verbraucher und beklagten Unternehmer ist das Kernelement des Musterfeststellungsverfahrens, aus dem sich die Vorteile für die Verbraucher, die Unternehmer und die Gerichte ergeben sollen, weil dieselbe Frage dann nur einmal geklärt werden muss. Diese Bindungswirkung kann auch für ausl. Individualrechtsstreite bestehen, Stadler NJW 2020, 265 (268).

Voraussetzung ist zunächst einmal, dass das Musterfeststellungsurteil rechtskräftig sein muss **(I 1).** Das versteht 3
sich allerdings von selbst, denn solange das Musterfeststellungsverfahren noch anhängig ist, greift für Rechtsstreitigkeiten zwischen Verbrauchern und Unternehmen die „Rechtswegsperre" (→ § 610 Rn. 8) bzw. die Aussetzungsregelung (→ Rn. 7).

Weitere Voraussetzung ist, dass das Musterfeststellungsverfahren durch ein Sachurteil beendet wird; eine 4
Abweisung der Klage durch Prozessurteil kann keine Bindungswirkung ggü. Verbrauchern entfalten. Sehr wohl Bindungswirkung entfaltet aber eine Abweisung der Klage durch Sachurteil. Das ruft angesichts der fehlenden Mitwirkungsmöglichkeiten der angemeldeten Verbraucher im Musterfeststellungsverfahren erhebliche Bedenken im Hinblick auf Art. 103 I GG hervor, Stadler JZ 2018, 793 (789); Fölsch DRiZ 2018, 214 (216), die im Hinblick auf die kurze Befristung der Abmeldemöglichkeit (§ 608 III) auch nicht vollständig dadurch ausgeräumt werden können, dass die Bindungswirkung davon abhängig ist, dass sich der Verbraucher hat registrieren lassen, aA Zöller/Vollkommer Rn. 2; Weinland Rn. 198.

Der sachliche Umfang der Bindungswirkung besteht, soweit die Entscheidung des nachfolgenden Gerichts den 5
Streitgegenstand der Musterfeststellungsklage „betrifft". In § 608 I wird für die Anmeldung dagegen verlangt, dass die Ansprüche/Rechtsverhältnisse der Verbraucher von den Feststellungszielen „abhängen". Ein sachlicher Unterschied liegt in der Verwendung der unterschiedlichen Begriffe aber nicht, denn wenn Anspruch/Rechtsverhältnis des Verbrauchers nicht von dem Streitgegenstand des Musterfeststellungsurteils abhängen, kommt es für die Entscheidung des nachfolgenden Gerichts ohnehin nicht auf das Musterfeststellungsurteil an, anders aber Schneider BB 2018, 1986 (1993).

In subjektiver Hinsicht betrifft die Bindungswirkung des Musterfeststellungsurteils den Beklagten des Muster- 6
feststellungsverfahrens und solche Verbraucher, die sich wirksam angemeldet haben (→ § 608 Rn. 2) und die diese Anmeldung später auch nicht mehr wirksam zurückgenommen haben (→ § 608 Rn. 9).

3. Aussetzung bereits anhängiger Individualklagen, II. Die Regelung ergänzt § 610 III, um ein Neben- 7
einander von Musterfeststellungsklage und Individualklage angemeldeter Verbraucher zu verhindern. Sie geht über § 148 I, der hier wegen der Bindungswirkung nach **I** ohnehin eingriffe hinaus, weil die Aussetzung zwingend ist. Nach BGH NJW-RR 2022, 927 Rn. 8 gilt dies nicht, wenn die Individualklage bereits beim BGH anhängig ist.

Die Aussetzung hat von Amts wegen zu erfolgen, sobald ein Verbraucher die Anmeldung gem. § 608 8
vorgenommen hat; dies kann auch noch nach Schluss der mündlichen Verhandlung ohne Wiedereröffnung geschehen, BGH NJW 2020, 1973 Rn. 17. Dies ist für das Gericht des Individualprozesses mangels Einblicks in das Klageregister allerdings nicht erkennbar, es ist insoweit auf die Information durch die Parteien angewiesen, Schneider BB 2018, 1986 (1993). Ggf. kann das Gericht nachfragen.

Die Aussetzung endet entweder durch die wirksame Rücknahme der Anmeldung oder die Beendigung 9
KapMuG des Musterfeststellungsverfahrens durch Klagerücknahme, Vergleich, übereinstimmende Erledigungserklärung oder Urteil.

614 *Rechtsmittel.* **[1]Gegen Musterfeststellungsurteile findet die Revision statt. [2]Die Sache hat stets grundsätzliche Bedeutung im Sinne des § 543 Absatz 2 Nummer 1.**

Die Regelung wurde erst in den Beratungen des Rechtsausschusses eingefügt, nachdem die erstinstanzliche 1
Zuständigkeit für Musterfeststellungsklagen auf die OLGs übertragen worden war (§ 119 III GVG). Daraus folgte zwingend, dass Rechtsmittelinstanz nur der BGH sein konnte. Dieser entscheidet als Revisionsgericht und nicht als Berufungsgericht, wie das in anderen Verfahren der Fall ist, in denen der BGH als 2. Instanz entscheidet (zB § 111d BNotO; § 110 PatG). Eine entsprechende Regelung findet sich in § 20 I 1 KapMuG.

Aus **2** folgt, dass das OLG in seinem Urteil immer die Revision gem. § 543 II Nr. 1 zulassen muss, Musielak/ 2
Voit/Stadler Rn. 1; Röthemeyer Rn. 1; aA MüKoZPO/Menges Rn. 2; BeckOK ZPO/Lutz Rn. 4; Zöller/Vollkommer Rn. 1: „überflüssig", sodass es auf die Überschreitung der Wertgrenze des § 544 II Nr. 1 nicht ankommt. Damit scheidet auch eine Zurückweisung durch Beschluss gem. § 552a S. 1 aus. Jedenfalls dann, wenn es im Musterfeststellungsverfahren ausschließlich um die Klärung tatsächlicher Fragen ging, ist das wenig sinnvoll, weil hier eine eingeschränkte Prüfungskompetenz des RevisionsG gilt, BGH NZG 2014, 1384 Rn. 37 zu KapMuG.

615–687 *(aufgehoben)*

Buch 7. Mahnverfahren

Vorbemerkung zu § 688

Schrifttum: Coester-Waltjen, Mahnbescheid und Zahlungsbefehl – ein Blick über die Grenzen, FS Henckel, 1995, 53; David, Mahnverfahren und Forderungseinzug, 2. Aufl. 2006; Diamantopoulos, Moderne Tendenzen im Recht des Mahnverfahrens usw. (europarechtlich), FS Beys, Athen 2004, 267; Gundlach, Europäische Prozessrechtsangleichung, dargestellt am Beispiel des Mahnverfahrens, 2005; Grothe, Verjährungshemmung durch Mahnbescheid bei mehreren Mängeln, NJW 2015, 17; Haufe, Prozessuell mahnen und vollstrecken, 2003; Hein, Der Mahn- und Vollstreckungsbescheidsantrag, JuS 2018, 1269; Heß, Strukturfragen der europäischen Prozessrechtsangleichung, dargestellt am Beispiel des Europäischen Mahn- und Inkassoverfahrens, FS Geimer, 2002, 339; Maniak, Die Verjährungsunterbrechung durch Zustellung eines Mahnbescheids im Mahnverfahren, 2000; Mewing/Nickel, Mahnen – Klagen – Vollstrecken, 7. Aufl. 2007; Petzold, Die Erfüllung im Mahnverfahren, NJW 2019, 822; Popiel/Schneider, Der Mahnbescheid und seine Vollstreckung, 7. Aufl. 2016; Salten/Gräve, Gerichtliches Mahnverfahren und Zwangsvollstreckung, 6. Aufl. 2016; Schmidt ZZP 126, 153 (europäischer Verbraucherschutz); Schneider, Der Mahnbescheid und seine Vollstreckung, 7. Aufl. 2016; Selbmann, Das Mahnverfahren, 3. Aufl. 2005; Sujecki, Das elektronische Mahnverfahren, 2008. Vgl. auch die Nachweise zum Europäischen Mahnverfahren in Vorbemerkung zu § 1087, ferner zu § 34 AVAG SchlAnh V E.

I. Systematik. Das Mahnverfahren hat mit einer Mahnung nur bedingt zu tun. Es handelt sich vielmehr um eine besondere Prozessart, die es dem Gläubiger einer Geldforderung ermöglichen soll, schnell und einfach ohne eine mündliche Verhandlung einen vollstreckbaren Titel in Form eines Vollstreckungsbescheids zu erlangen, BVerfG NJW 2007, 2032; BGH NJW 2019, 3079; NJW 1988, 1980. Es ist deshalb systematisch im Anschluss an andere besondere Prozessarten (siehe Buch 4–6) in Buch 7 der ZPO vor der Zwangsvollstreckung geregelt. Das Mahnverfahren erfordert nach § 15a II 1 Nr. 5 EGZPO keinen Einigungsversuch vor einer Gütestelle (obligatorisches Güteverfahren nach § 15a EGZPO). Es eignet sich deshalb zu dessen Vermeidung, AG Rosenheim NJW 2001, 2030. Dies gilt jedoch nicht für den Fall der Klageerweiterung in Form einer Parteierweiterung bei Vorliegen einer einfachen Streitgenossenschaft; hier ist die Durchführung eines Güteverfahrens erforderlich, BGH NJW-RR 2010, 1725. Unabhängig davon kann das Mahnverfahren auch als Vorstufe zum Klageverfahren dienen (§ 696 f), was im Vergleich zum Klageverfahren mit Erleichterungen verbunden ist, BGH NJW 2019, 3079. 1

II. Regelungszweck. Das Mahnverfahren bezweckt, dem Antragsteller als Gläubiger einer wahrscheinlich unstreitigen Geldforderung auf einem einfachen, kostengünstigen und verhältnismäßig raschen Weg ohne eine gerichtliche Schlüssigkeitsprüfung, → § 139 Rn. 26; → Vor § 253 Rn. 55, entweder die Begleichung der Forderung oder einen rechtskräftigen Vollstreckungstitel zu verschaffen, nämlich den Vollstreckungsbescheid nach §§ 699, 700, 794 I Nr. 4, BVerfG NJW 2007, 2032 Rn. 11; BGH NJW-RR 2017, 1469; NJW 2005, 1664; Liebheit NJW 2000, 2241. Die Durchführung des Mahnverfahrens ist jedoch nicht auf das Ziel beschränkt, einen Vollstreckungsbescheid zu erlangen; vielmehr bietet es dem Gläubiger unabhängig hiervon weitere Vorteile. die in der Praxis nicht unerhebliche Bedeutung haben. So kann es als Vorstufe zum Klageverfahren dienen, → § 696 Rn. 3; nach Maßgabe des § 689 kann es ohne anwaltliche Hilfe eingeleitet werden, was insbesondere im Fall drohender Verjährung hilfreich sein kann, BGH NJW 2019, 3079; siehe auch ergänzend MüKoZPO/Schüler Rn. 6. Die Praxis zeigt, dass Mahnverfahren von nicht bedürftigen Parteien auch dann genutzt werden, wenn ein Widerspruch absehbar ist, Dörr MDR 2017, 1408 Die Tatsache allein, dass ein Widerspruch zu erwarten ist, führt nicht dazu, dass die Erfolgsaussicht für das Mahnverfahren zu verneinen ist, BGH NJW 2019, 3079. Das Mahnverfahren dient damit sowohl der Prozesswirtschaftlichkeit als auch dem Ziel, einen raschen Rechtsfrieden herzustellen. 2

Klageerhebung nach §§ 253, 261 statt Mahnverfahren kann allerdings gerade beim höheren Streitwert dann empfehlenswert sein, wenn man damit rechnen muss, dass der Antragsgegner nur versuchen würde Zeit zu gewinnen. Außerdem kann dann die Erstattungsfähigkeit der Kosten eines besonderen Mahnanwalts in Gefahr kommen. Auch kann der Kläger durch eine sorgfältige Klagebegründung den Bekl. verhältnismäßig rasch nach § 138 II zur ebenso sorgfältigen Klageerwiderung und das Gericht zur alsbaldigen ersten Begutachtung zwingen. Das kann im Ergebnis für alle zeitsparender sein. 3

III. Geltungsbereich. Das Mahnverfahren gilt grundsätzlich in allen nationalen Verfahrensarten der in §§ 688 ff. zugelassenen Anspruchsarten nach der ZPO bei einem solchen Anspruch auf eine bestimmte Geldsumme nach § 688 I, der wenigstens in der Widerspruchsfrist nach § 692 I Nr. 3 fällig wird, und zwar grundsätzlich nur in EUR, nur ausnahmsweise in einer ausländischen Währung nach § 688 IV. Es gilt auch im WEG-Verfahren. Buch 7 ist im Familienstreit des § 112 Nr. 1–3 FamFG nach § 113 II FamFG entsprechend anwendbar. Unstatthaft sind die in § 688 II Nr. 1 sowie in § 28 I EGZPO genannten Ansprüche eines Unternehmers aus einem Vertrag nach §§ 491–509 BGB dann, wenn der Zins die dort genannte Höhe übersteigt. Unstatthaft sind ferner solche Ansprüche, die von einer noch nicht erfolgten Gegenleistung abhängen, sowie bei einer öffentlichen Zustellung des Mahnbescheids nach §§ 185, 688 II (nicht des Vollstreckungsbescheids nach § 699 IV 4). Ein Urkunden-, Wechsel- und Scheckmahnverfahren ist nach § 703a möglich. Ob der Gläubiger das Mahnverfahren oder den ordentlichen Prozess wählt, steht ihm frei. Zum deutschen internationalen Mahnverfahren: Einhaus AnwBl 2000, 557; Hintzen Rpfleger 1997, 293 (je: Grdz.). 4

Das Europäische Mahnverfahren regelt die VO (EG) Nr. 1896/2006 v. 12.12.2006, ABl. (EG) L 399, 1 v. 30.12.2006, abgedruckt in → Vor § 1087 Rn. 4, dazu §§ 1087 ff. sowie → § 688 Rn. 18. 5

Im nationalen arbeitsgerichtlichen Mahnverfahren gilt zunächst § 46a ArbGG. Diese Vorschrift verweist im Übrigen auf §§ 688 ff.; dazu VO v. 15.12.1977, BGBl. 2625, zuletzt geändert am 30.9.2014, BGBl. 1566, betr. Formulare. Lediglich hinsichtlich der Einspruchsfrist gilt in Abweichung von § 700 I iVm § 339 I die Einwochenfrist der §§ 46a, 59 S. 1 ArbGG, BAG NZA 2020, 1733. Hinzu tritt für den EU-Raum § 46b ArbGG idF 6

Art. 4 Nr. 2 G v. 31.10.2008, BGBl. 2122. Im SGG-Verfahren gilt § 182a SGG, dazu VO v. 6.6.1978, BGBl. 2625, zuletzt geändert am 30.3.1998, BGBl. 638.

7 **IV. Verfahren.** Das Verfahren gliedert sich in zwei Hauptabschnitte:

8 **1. Mahnbescheid.** Sachlich zuständig ist nach § 689 grundsätzlich das AG für den Mahnbescheid. Er ist durch einen Widerspruch des Antragsgegners nach § 694 auflösend bedingt. Die örtliche Zuständigkeit folgt aus §§ 689 II, III, 703d.

9 Der Rechtspfleger ist grundsätzlich funktionell nach § 20 I Nr. 1, 7 RPflG zuständig. Allerdings können die Bundesländer nach § 36b I 1 Nr. 2 RPflG die Geschäfte des Rpfl. ganz oder teilweise dem Urkundsbeamten der Geschäftsstelle übertragen, hierzu: Wiedemann NJW 2002, 3448 (krit.). Der Urkundsbeamte trifft dann nach § 36b II 1 RPflG alle diejenigen Maßnahmen, die zur Erledigung der ihm übertragenen Geschäfte notwendig sind. Er muss allerdings in bestimmten Fällen vorlegen, und zwar nicht dem Rpfl., sondern direkt dem Richter nach §§ 5, 28, 36b II 2 RPflG.

10 Der Urkundsbeamte ist nach den folgenden Ländervorschriften zuständig: **Baden-Württemberg:** VO v. 13.9.2013, GBl 291; **Bremen:** VO v. 1.8.2011, BremGBl S. 392, geändert durch VO v. 27.6.2012, BremGBl S. 329; **Hamburg:** VO v. 25.8.2014, HambGVBl S. 427; **Niedersachsen:** VO v. 4.7.2005, Nds GVBl 223; **Sachsen-Anhalt:** VO v. 22.9.2004, GVBl. LSA S. 724; **Thüringen:** VO v. 27.5.2003, GVBl. S. 319, geändert durch 2. VO v. 20.2.2013, GVBl. S 61.

11 Soweit nicht §§ 688 ff. Sonderregeln enthalten, gelten §§ 1 ff. Einzelheiten des Verfahrens vgl. bei den einzelnen Vorschriften.

12 **2. Vollstreckungsbescheid.** Erhebt der Antragsgegner keinen Widerspruch nach § 694 oder nimmt er ihn zurück, erlässt der Rpfl. oder der Urkundsbeamte der Geschäftsstelle des Gerichts, bei dem die Akten inzwischen liegen, nach § 699 einen Vollstreckungsbescheid. Gegen ihn ist binnen zwei Wochen nach §§ 700 II, 338 ff. ein Einspruch zulässig. Der Vollstreckungsbescheid steht nach § 700 I einem Versäumnisurteil nach § 331 gleich. Er hat auch dessen formelle wie materielle Rechtskraftwirkung, Stgt JZ 1986, 1117. Geht binnen sechs Monaten seit der Zustellung des Mahnbescheids nach § 693 kein Widerspruch ein und beantragt der Gläubiger keinen Vollstreckungsbescheid, fällt die Wirkung des Mahnbescheids nach § 701 weg. Die Rechtshängigkeit tritt nach §§ 696 III, 700 II ein. Im Übrigen sind die Vorschriften des Buchs 1 auf das Mahnverfahren anwendbar, abgesehen von denen über die hier grundsätzlich nicht stattfindende mündliche Verhandlung nach § 128 I.

13 **V. Formfragen.** Über die Akten- und Geschäftsbehandlung § 1 Nr. 3, § 12 Nr. 1–4 AktO. Ein Verfahrensablaufplan ist nach § 703b II statthaft. Formulare und der Zwang zu deren Benutzung sind nach § 703c zum Teil eingeführt, zum Teil vorgesehen. Soweit Formulare eingeführt sind, müssen die Parteien sie nach § 703c II nutzen. Ebenso ist eine maschinelle Bearbeitung nach § 689 I statthaft. Ein Protokoll ist nach §§ 159 ff. zulässig. Es ist aber grundsätzlich nach § 702 I nicht notwendig (eine Ausnahme gilt bei einem auswärtigen Gericht nach § 129a). Nach allgemeiner Meinung kann für das Mahnverfahren – beschränkt auf dieses Verfahren – Prozesskostenhilfe bewilligt werden, BGH NJW 2019, 3079; → § 690 Rn. 24.

14 **Gebühren:** des Gerichts KV 1100, 1210 amtliche Anmerkung GKG (evtl. Anrechnung); des Anwalts VV 3305–3308 RVG.

688 *Zulässigkeit.* **I Wegen eines Anspruchs, der die Zahlung einer bestimmten Geldsumme in Euro zum Gegenstand hat, ist auf Antrag des Antragstellers ein Mahnbescheid zu erlassen.**

II Das Mahnverfahren findet nicht statt:

1. für Ansprüche eines Unternehmers aus einem Vertrag gemäß den §§ 491 bis 508 des Bürgerlichen Gesetzbuchs, wenn der gemäß § 492 Abs. 2 des Bürgerlichen Gesetzbuchs anzugebende effektive Jahreszins den bei Vertragsschluss geltenden Basiszinssatz nach § 247 des Bürgerlichen Gesetzbuchs um mehr als zwölf Prozentpunkte übersteigt;

2. wenn die Geltendmachung des Anspruchs von einer noch nicht erbrachten Gegenleistung abhängig ist;

3. wenn die Zustellung des Mahnbescheids durch öffentliche Bekanntmachung erfolgen müsste.

III Müsste der Mahnbescheid im Ausland zugestellt werden, so findet das Mahnverfahren nur insoweit statt, als das Anerkennungs- und Vollstreckungsausführungsgesetz in der Fassung der Bekanntmachung vom 30. November 2015 (BGBl. I S. 2146) und das Auslandsunterhaltsgesetz vom 23. Mai 2011 (BGBl. I S. 898), das zuletzt durch Artikel 5 des Gesetzes vom 20. November 2015 (BGBl. I S. 2018) geändert worden ist, dies vorsehen oder die Zustellung in einem Mitgliedstaat der Europäischen Union erfolgen soll.

IV [1]Die Vorschriften der Verordnung (EG) Nr. 1896/2006 des Europäischen Parlaments und des Rates vom 12. Dezember 2006 zur Einführung eines Europäischen Mahnverfahrens (ABl. L 399 vom 30.12.2006, S. 1; L 46 vom 21.2.2008, S. 52; L 333 vom 11.12.2008, S. 17), die zuletzt durch die Verordnung (EU) 2015/2421 (ABl. L 341 vom 24.12.2015, S. 1) geändert worden ist, bleiben unberührt. [2]Für die Durchführung gelten die §§ 1087 bis 1096.

1 **I. Systematik.** Die Vorschrift definiert die Zulässigkeitsvoraussetzungen für das Mahnverfahren, die durch § 689 hinsichtlich der Zuständigkeitsbedingungen und durch § 690 hinsichtlich der Form des Mahnantrags ergänzt werden. II bezeichnet die Fälle, in denen ein Mahnverfahren nicht stattfindet. Hierbei handelt es sich um Ansprüche, bei denen die Prüfung, ob deren Voraussetzungen vorliegen einer umfassenden Prüfung bedürfen und die deshalb für das Mahnverfahren als ein Massenverfahren ungeeignet sind. Es findet kein obligatorisches Güteverfahren nach § 15a EGZPO statt, → Vor § 688 Rn. 1. IV hat nur einen die dortigen Vorschriften bestätigenden Charakter.

2 **II. Regelungszweck.** Der Antragsteller kann in diesem Verfahren vorgehen, obwohl er mit einem Widerspruch nach § 694 oder mit einem Einspruch nach § 700 rechnen muss. Das Gesetz bekämpft dieses Problem nicht einmal im Ansatz. Man sollte daher auch die gesetzlich geregelten Zulässigkeitsvoraussetzungen nicht

überspannen. Andererseits darf man etwa bei II Nr. 2 nun auch nicht zu großzügig eine Unabhängigkeit von einer Gegenleistung annehmen oder bei II Nr. 3 die öffentliche Zustellung nach § 185 für entbehrlich erachten.

III. Zulässigkeit, I. Es müssen drei Gruppen von Voraussetzungen zusammentreffen. 3

1. Allgemeine Voraussetzungen. Es müssen zum Erlass eines Mahnbescheids die allgemeinen Prozessvoraussetzungen vorliegen, Crevecœur NJW 1977, 1321, also zB: Die Parteifähigkeit nach § 50; die Prozessfähigkeit nach § 51; die Zulässigkeit des ordentlichen Rechtswegs nach § 13 GVG; die Zuständigkeit nach § 689; die gesetzliche Vertretung nach § 51; das Rechtsschutzbedürfnis, BGH NJW 1981, 876; AG Hann NJW-RR 1988, 1343. Es darf kein besonderer Titel notwendig sein, anders bei § 11 RVG, BGH NJW 1981, 875. Ein arbeitsrechtlicher Anspruch gehört nach § 46a ArbGG in das arbeitsgerichtliche Mahnverfahren. Wegen des Mahnverfahrens in einer SGG-Sache gilt § 182a SGG. Soweit besondere Festsetzungsverfahren bestehen, gehen sie zB nach § 11 RVG vor. 4

2. Besondere Voraussetzungen: EUR-Zahlungsanspruch. Es müssen außerdem die besonderen Voraussetzungen des Mahnverfahrens vorliegen. Der Anspruch des Antragstellers muss also auf die Zahlung einer ausreichend bestimmten Geldsumme in einer beliebigen Höhe gehen, BGH NJW 2016, 1663; BAG NJW 2003, 2403 (auch bei Zinsen); AG Rosenheim NJW 2001, 2030. Diese Summe muss der Antragsteller nach I grundsätzlich in EUR fordern, Rellermeyer Rpfleger 1999, 45; Ritten NJW 1999, 1214. Nur ausnahmsweise darf sie in ausländischer Währung lauten. Diese Regelung ist mit dem EU-Recht vereinbar, EuGH AWD 1981, 486. Der Antragsteller darf die Summe in EUR umrechnen, etwa von DM, Wax NJW 2000, 488, oder von einer Auslandswährung, BGH NJW 1988, 164; Hanisch IPRax 1989, 276; Schmidt NJW 1989, 65. Er darf sie dann wegen des Wegfalls der Schlüssigkeitsprüfung im Mahnverfahren geltend machen und durchsetzen, Schmidt NJW 1989, 69; Siebelt/Häde NJW 1992, 16. Im streitigen Verfahren nach § 697 muss er evtl. die Klage nach §§ 263, 264 ändern und zur ausländischen Währung zurückkehren, Schmidt NJW 1989, 69. Wegen des Urkunden-, Wechsel-, Scheckmahnverfahrens § 703a. Der Anspruch muss spätestens innerhalb der Widerspruchsfrist nach § 694 I fällig sein. Er darf nicht erst später fällig und auch nicht nach § 158 I BGB aufschiebend bedingt sein. 5

Unstatthaft ist eine unbestimmte Forderungshöhe. Auch ein Anspruch auf die Leistung einer vertretbaren Sache oder von Wertpapieren oder aus einer Hypothek ist nicht im Mahnverfahren statthaft, BGH NJW 1999, 360, ebenso wenig ein Anspruch auf eine Duldung wegen solcher ebengenannten Ansprüche, Bublitz WM 1977, 575; Crevecœur NJW 1977, 1321, oder ein Freistellungsanspruch, Düss NJW-RR 1998, 503. Unzulässig ist ein Anspruch auf eine Feststellung zur Insolvenztabelle. Wegen der Gegenleistung → Rn. 13 f. 6

3. Antrag, Form. Es muss ein ordnungsgemäßer Antrag nach § 690 vorliegen. Eine Klägerhäufung ist nach § 59 zulässig. Jeder Antragsteller muss einen eigenen Formularsatz ausfüllen. Eine Anspruchshäufung ist nach § 260 zulässig, LG Brem NJW-RR 1991, 58. Das gilt allerdings nur, soweit dasselbe Gericht zuständig ist und soweit das Mahnverfahren durchweg zulässig ist. Eine Prozessverbindung nach § 147 ist wegen des Fehlens einer mündlichen Verhandlung nach § 128 I nicht möglich. Für das Mahnverfahren kann – beschränkt auf dieses Verfahren – Prozesskostenhilfe bewilligt werden, BGH NJW-RR 2017, 1470 Rn. 5. 7

4. Verstoß. Erlässt das Gericht einen Mahnbescheid entgegen den gesetzlichen Beschränkungen, kann man den Mahnbescheid nur auf einen Widerspruch nach § 694 beseitigen, nicht auf eine sofortige Erinnerung nach § 11 RPflG und erst recht nicht auf eine sofortige Beschwerde nach § 567. Im anschließenden streitigen Verfahren nach § 697 sind die besonderen Voraussetzungen des Mahnverfahrens unerheblich. Dagegen muss das Gericht diese besonderen Voraussetzungen in jeder Lage des Mahnverfahrens von Amts wegen beachten. Es muss den Erlass des Mahnbescheids also bei einem Verstoß gegen I ablehnen. Wer einen Widerspruch unterlässt, verzichtet nicht auf die Rügemöglichkeit. 8

IV. Unzulässigkeit, II. Bei Eintritt auch nur einer der folgenden Voraussetzungen ist das Mahnverfahren unzulässig. 9

1. Hoher Jahreszins, II Nr. 1. Eine Unzulässigkeit liegt zunächst dann vor, wenn beim Anspruch eines Darlehensgebers eines Verbraucherdarlehensvertrages nach §§ 491–508 BGB der nach § 492 II BGB anzugebende effektive Jahreszins den auch in § 104 I 2 genannten und beim Vertragsschluss geltenden Basiszinssatz des § 247 BGB zuzüglich 12% übersteigt. Das bestimmt auch übergangsrechtlich § 28 I EGZPO für Verbraucherkreditverträge, die vor dem 1.1.2002 geschlossen wurden (Fortgeltung der früheren Fassung des § 688 II Nr. 1), → EGZPO § 28. Damit bürdet II Nr. 1 dem Gericht die Pflicht auf, von Amts wegen den im Einzelfall maßgeblich gewesenen Basiszinssatz zu beachten, soweit der Antrag diese nach § 690 I Nr. 3 Hs. 2 mit erforderliche Angabe noch nicht enthält und noch als nachbesserbar erscheint. 10

Dabei kommt es nur auf den „anzugebenden" Zinssatz an, nicht auf den etwa geringeren, den der Antragsteller fordern möchte. Nach dem klaren Gesetzeswortlaut muss das Gericht auch den Basiszinssatz beachten, der beim Vertragsschluss galt, nicht etwa den jetzigen und auch nicht denjenigen beim Eingang des Mahnantrags nach § 690. Damit ergibt sich eine theoretische Amtspflicht, den Zeitpunkt des Vertragsschlusses zu beachten. Das ist eine Form nicht einer Amtsermittlung, wohl aber der Amtsprüfung, aM Rudolph MDR 1996, 3 (aber der Wortlaut ist zwingend). 11

Die allgemeine Entwicklung der letzten Monate oder Jahre, die der Rpfl. beim Zinssatz allerdings jetzt kennen muss, mag ihm einen ausreichenden Anhalt dafür geben, ob er überhaupt beim Zinssatz Bedenken haben sollte. Notfalls setzt er unter einem Hinweis auf sie eine Frist zur Mitteilung des Vertragsdatums nach § 690 I Nr. 3 und weist nach → Rn. 17 den Mahnbescheidantrag beim Fortbestehen begründeter Zweifel nach § 691 I Nr. 1 zurück, Holch NJW 1991, 3180, ohne sich wegen des Anknüpfungszeitpunkts unzumutbar zu quälen. Er braucht insbesondere nicht die Rechtsfrage zu prüfen, ob jetzt § 492 II BGB überhaupt anwendbar ist, so schon (je zum alten Recht) Holch NJW 1991, 3180; Markwardt NJW 1991, 1220; aM Bülow NJW 1991, 133 (aber das ist in diesem Massenverfahren eine Überforderung). 12

2. Gegenleistung, II Nr. 2. Eine Unzulässigkeit liegt ferner dann vor, wenn der Anspruch des Antragstellers von einer noch nicht erfolgten Gegenleistung abhängt, BGH NJW 2015, 3160; Bbg ZIP 2014, 1953. Jedoch erfolgt hier keine materiell-rechtliche Prüfung von Amts wegen. Der Rpfl. prüft vielmehr nur, ob der Antrag in sich formell ordnungsgemäß ist. Der Antragsteller muss nach § 690 I Nr. 4 entweder erklären, dass der Antrag nicht von einer Gegenleistung abhänge, auch beim gegnerischen Annahmeverzug, BGH NJW 2015, 3160. Oder 13 er muss erklären, er habe die Gegenleistung bereits erbracht, zB bei einer Zug-um-Zug-Verpflichtung, Stgt WM 2014, 1998 (eine Kapitalbeteiligung kann reichen); Crevecœur NJW 1977, 1321.

14 Der Antragsteller darf also weder schweigen noch widersprüchliche oder unklare Ausführungen machen, Herbst Rpfleger 1978, 200, noch darf er die Gegenleistung erst jetzt anbieten. Er darf vielmehr höchstens angeben, er brauche die Gegenleistung deshalb nicht mehr anzubieten, weil er sie schon vergeblich angeboten habe, folglich hänge der Anspruch nicht mehr von einer Gegenleistung ab. Die Verpflichtung zur Erteilung einer Quittung oder zur Aushändigung der Schuldurkunde nach § 368 BGB, Art. 39 WG, Art. 34 ScheckG ist keine Gegenleistung. Dasselbe gilt bei einer bloßen Vorwegleistungspflicht des Antragsgegners, Herbst Rpfleger 1978, 200, oder beim Anspruch auf Vorschussleistungen, BGH NJW 2007, 1952; Zöller/Seibel Rn. 3; aM AG Rosenheim NJW 2001, 2030. Er braucht aber die Gegenleistung weder näher zu bezeichnen noch anzugeben, wann er sie erbracht hat. Wenn der Antragsteller entgegen § 690 I Nr. 4 bewusst falsche Angaben macht, stellt dies grds. einen Missbrauch des Mahnverfahrens dar, der es dem Antragsteller nach § 242 BGB verwehrt, sich auf die Hemmung der Verjährung durch Zustellung des Mahnbescheids zu berufen, BGH NJW 2015, 3160 Rn. 24; NJW 2014, 3435 Rn. 11.

15 **3. Öffentliche Zustellung, II Nr. 3.** Eine Unzulässigkeit liegt schließlich dann vor, wenn die Zustellung des Mahnbescheids nach §§ 185 ff., durch eine öffentliche Bekanntmachung erfolgen müsste, BGH NJW 2004, 2454; Köln MDR 2004, 1377; aM AG Haßfurt NJW-RR 2000, 1232 (Abgabe an das Streitgericht). Das muss das Gericht von Amts wegen prüfen. Denn es muss den Mahnbescheid nach §§ 166 ff., 693 I von Amts wegen zu stellen, BGH NJW 2004, 2454. Stellt sich erst im weiteren Verfahren diese Notwendigkeit heraus, darf das Gericht nicht abgeben oder verweisen. Wegen der Zustellung an ein Mitglied der Streitkräfte Art. 32 ZAbkNTrSt, SchlAnh III, Schwenk NJW 1976, 1562.

16 **V. Auslandszustellung, III.** Hierzu: Einhaus AnwBl 2000, 557; Hintzen Rpfleger 1997, 293 (je Grdz.). Ob sie notwendig ist, muss das Gericht von Amts wegen nach §§ 183 ff., 1067 ff. prüfen. Denn die Zustellung des Mahnbescheids erfolgt nach → Rn. 15 von Amts wegen. In diesen Fällen ist zunächst § 703d anwendbar. Falls dennoch eine Auslandszustellung notwendig wird, ist der Erlass des Mahnbescheids nur dann zulässig, wenn das AVAG, SchlAnh V E, oder das AUG die Auslandszustellung vorsehen oder zulassen, (zum AVAG), Naumb Rpfleger 2010, 606; Hök JurBüro 1991, 1145 und 1605 (ausf.), oder soweit die Zustellung in einem EU-Mitgliedstaat erfolgen soll. Maßgebend ist der Wohnsitz des Zustellungsbevollmächtigten nach § 184, AG Mü Rpfleger 1991, 425. § 34 AVAG ist nach seinem § 1 I Nr. 1b gültig auch für das LugÜ. Nur nach Maßgabe dieser Übereinkünfte ist auch nach § 32 I 2 AVAG ein Mahnantrag auf eine Zahlung in einer beliebigen ausländischen Währung zulässig. Wegen einer Umrechnung auf EUR → Rn. 5. Einzelheiten: Ritten NJW 1999, 1214; Schneider, Die Durchsetzung von Fremdwährungsforderungen, 2000 (je zum alten Recht). Wegen der erst nach dem Erlass des Mahnbescheids bekanntwerdenden Notwendigkeit einer Auslandszustellung oder öffentlichen Zustellung nach → § 696 Rn. 8.

17 **VI. Mängelfolgen, I–III.** Das Gericht muss den Antrag zurückweisen, soweit er den Vorschriften des § 688 nicht entspricht und soweit der Mangel nicht behebbar ist oder soweit der Antragsteller ihn trotz einer Fristsetzung nicht behoben hat. Eine Klage bleibt natürlich auch bei einer Unzulässigkeit des Mahnantrags grundsätzlich möglich. Ein zu Unrecht erlassener Mahnbescheid bleibt wirksam.

18 **VII. Europäisches Mahnverfahren, IV.** Das in allen europäischen Ländern vorhandene Massenverfahren mit der deutschen Bezeichnung Mahnverfahren ist in der VO (EG) Nr. 1896/2006 geregelt und ist in grenzüberschreitenden Rechtssachen in Zivil- und Handelssachen anzuwenden. Für die Durchführung gelten die §§ 1087 ff. Die EuMVVO ist → Vor § 1087 abgedruckt.

689 ***Zuständigkeit; maschinelle Bearbeitung.*** **I** [1]**Das Mahnverfahren wird von den Amtsgerichten durchgeführt.** [2]**Eine maschinelle Bearbeitung ist zulässig.** [3]**Bei dieser Bearbeitung sollen Eingänge spätestens an dem Arbeitstag erledigt sein, der dem Tag des Eingangs folgt.** [4]**Die Akten können elektronisch geführt werden (§ 298a). [Fassung ab 1.1.2026:** [4]**Die Akten werden elektronisch geführt (§ 298a).]**

II [1]**Ausschließlich zuständig ist das Amtsgericht, bei dem der Antragsteller seinen allgemeinen Gerichtsstand hat.** [2]**Hat der Antragsteller im Inland keinen allgemeinen Gerichtsstand, so ist das Amtsgericht Wedding in Berlin ausschließlich zuständig.** [3]**Sätze 1 und 2 gelten auch, soweit in anderen Vorschriften eine andere ausschließliche Zuständigkeit bestimmt ist.**

III [1]**Die Landesregierungen werden ermächtigt, durch Rechtsverordnung Mahnverfahren einem Amtsgericht für die Bezirke mehrerer Amtsgerichte zuzuweisen, wenn dies ihrer schnelleren und rationelleren Erledigung dient.** [2]**Die Zuweisung kann auf Mahnverfahren beschränkt werden, die maschinell bearbeitet werden.** [3]**Die Landesregierungen können die Ermächtigung durch Rechtsverordnung auf die Landesjustizverwaltungen übertragen.** [4]**Mehrere Länder können die Zuständigkeit eines Amtsgerichts über die Landesgrenzen hinaus vereinbaren.**

Schrifttum: Becker, Verjährungshemmung in letzter Minute, JuS 2008, 1080; Kruse/Geishecker, Das EDV-gestützte gerichtliche Mahnverfahren, 1996; Riesenberg/Jurksch MDR 1995, 448 (Grdz., auch zu III); Ulrich/Schmieder, Die elektronische Einreichung in der Praxis, NJW 2019, 113.

1 **I. Systematik.** Während § 688 die allgemeinen weiteren Zulässigkeitsvoraussetzungen des Mahnverfahrens und § 690 die Form des Antrags regeln, bestimmt § 689 als eine gegenüber §§ 23 ff. GVG wegen der sachlichen und gegenüber §§ 12 ff. wegen der örtlichen Zuständigkeit vorrangige Spezialvorschrift die Zuständigkeit. Sie liegt funktionell beim Rpfl. nach § 20 I Nr. 1 RPflG oder beim landesrechtlich bestellten Urkundsbeamten der Geschäftsstelle. § 703d II bleibt zu beachten, Ffm NJW-RR 2008, 634. Beim Europäischen Mahnverfahren nach §§ 1087 ff. ist nach § 20 I Nr. 7 Hs. 1 RPflG grds. der Rpfl. zuständig. Jedoch bleiben die Überprüfung des Europäischen Zahlungsbefehls und das Streitverfahren nach § 20 I Nr. 7 Hs. 2 RPflG dem Richter vorbehalten. I 4 ist mWv 1.1.2026 geändert durch Art. 12 Nr. 2 des Gesetzes zur Einführung der elektronischen Akte in der Justiz und zur weiteren Förderung des elektronischen Rechtsverkehrs vom 5.7.2017, BGBl 2017 I S. 2208.

Prozessstandschafter, BGH NJW 1999, 3707, der den Anspruch in einer für eine Vollstreckung nach §§ 704 ff. ausreichenden Weise bezeichnet, BGH NJW 1994, 324; LG Mannh WuM 1999, 460.

Zur Auswirkung des Stillstands des Verfahrens auf die Verjährung auch BGH NJW 1997, 1777; VGH Mü NZG 2015, 635; Hamm MDR 1994, 106. Zur Verjährung bei einer Anspruchsmehrheit LG Brem NJW-RR 1991, 58. Zur Verjährung beim Kapitalanleger Schultz NJW 2014, 827. 5

Soweit es Formulare nach § 1a der in → § 703c Rn. 2 genannten Formularverordnungen gibt, muss der Antragsteller diese benutzen. Dann muss das Gericht also einen ohne ein Formular eingereichten Antrag evtl. nach einem vergeblichen Hinweis nach § 139 als unzulässig zurückweisen. Eine Vollmacht nach § 80 braucht der Einreicher nach § 703 S. 1 nicht nachzuweisen. Er muss seine Vollmacht aber versichern. Es ist allerdings keine eidesstattliche Versicherung nach § 294 notwendig. Andernfalls sind §§ 88–89 anwendbar. Zur Vorwegleistungspflicht § 12 III 1 GKG, Anh. § 271. Die Einreichung einer Ablichtung oder Abschrift des Antrags ist nur im Rahmen des § 703c II eine Voraussetzung der Zulässigkeit des Antrags. Im Übrigen muss der Antragsteller von Amts wegen anzufertigende zusätzliche Ablichtungen nach KV 9000 Nr. 1 GKG bezahlen. 6

IV. Antragsinhalt, I. Die Vorschrift schreibt mit „muss" einen Mindestinhalt des Antrags vor. Die Anforderungen sind teilweise denen an eine Klageschrift nach § 253 II ähnlich. Die gemachten Angaben sind wie bei jeder Prozesshandlung einer Partei auslegbar, BGH NJW 1999, 1871. Die Nachholung des Fehlenden ist in den Grenzen von § 691 I 2 zulässig. Sie kann zurückwirken, BGH NJW 1985, 742. 7

1. Bezeichnung der Parteien, I Nr. 1. Diese Bezeichnung muss so genau erfolgen, dass der Name der Parteien feststeht, Kblz MDR 1980, 149, dass das Mahngericht ferner den Mahnbescheid ohne Schwierigkeiten von Amts wegen nach §§ 166 ff. zustellen kann und dass auch die Zwangsvollstreckung aus ihm nach §§ 704 ff. ohne Schwierigkeiten möglich ist, BGH WuM 2010, 584; Kblz MDR 1980, 149. 8

2. Beispiele zur Frage einer Bezeichnung der Parteien, I Nr. 1

Abtretung: Der Abtretungsnehmer muss sich als solcher kennzeichnen, BGH NJW 1999, 3707. 9

Anschrift: Mindestens nötig ist der Wohnort mit Postleitzahl sowie die Straße mit Hausnummer. Auch → „Postfach"; → „Stockwerk".

Anwalts-Eigensache: Dann kann die Kanzleianschrift nebst der Versicherung reichen, er oder sein Sozius wohne am Ort des Mahngerichts, AG Hmb Rpfleger 1993, 252; Gildemeister NJW 1993, 1569.

Behörde: Bei ihr ist der Name des sie Vertretenden nicht nötig, BGH NJW 1997, 1584.

Berichtigung: Eine solche eines Schreibfehlers ist nach → § 692 Rn. 11 vor oder nach der Zustellung des Mahnbescheids statthaft, Bank JurBüro 1981, 175. Auch → „Unrichtigkeit".

Beruf, Gewerbe: Seine Angabe ist zwar nicht stets erforderlich, wohl aber evtl. zur Klärung des Namens sinnvoll.

Bevollmächtigter: §§ 79, 80.

Eltern: Man muss grds. beide nach ihrem Vor- und Nachnamen bezeichnen. Auch → „Gesetzlicher Vertreter".

Firma: Man muss die Bezeichnung angeben, unter der sie im Geschäftsverkehr nach § 17 II, 19 I Nr. 2, 3, 124 I, 161 II HGB auftritt. Die Angabe ihres Inhabers kann erforderlich sein.

Geburtstag: Angeben muss man evtl. die Geburtstage der Parteien, soweit sie zur Namensklärung notwendig sind, etwa bei Verwandten mit gleichen Vornamen.

Gesetzlicher Vertreter: Stets ist seine Bezeichnung nach § 51 erforderlich. Das gilt insbesondere bei einer BGB-Gesellschaft, soweit eben gerade sie und nicht (nur) ihrer Gesellschafter Partei sein soll, BGH NJW-RR 2005, 119 („vertreten durch den Geschäftsführer" reicht), und bei einer juristischen Person, BGH NJW 1993, 2813 (Organstellung); aM AG Kenzingen MDR 1997, 232.

Handelsregister: Seine Nr. ist nicht erforderlich, Werhahn AnwBl 1978, 22. Sie kann aber evtl. zweckmäßig sein.

Junior, Senior: Dieser jeweilige Zusatz kann notwendig sein, Nürnb OLGZ 1987, 485.

Mehrheit von Antragstellern oder -gegnern: Es müssen für jeden genügende Einzelangaben bestehen, sodass keine Verwechslung möglich ist, BGH NJW-RR 1995, 764; Kblz MDR 1980, 149; LG Bln MDR 1977, 146.

Nachname: Er ist natürlich stets vollausgeschrieben nötig.

Postfach: Es reicht mangels Eignung zur förmlichen Zustellung an sich nicht. Vgl. aber § 31a BRAO, abgedruckt bei § 174, nebst dort der RAVPV.

Produktangabe: Sie reicht allein natürlich nicht.

Prozessbevollmächtigter: Seine Angabe nach § 81 ist stets erforderlich, soweit sich dieser zB für den Gegner bereits vor der Antragstellung gemeldet hat. Ob das Gericht ihn etwa bei einer Zustellung berücksichtigen muss, das ergibt sich nicht schon aufgrund der Angaben im Antrag, sondern erst aufgrund der §§ 80, 172.

Prozessstandschaft: Einen Prozessstandschafter muss man als solchen kennzeichnen, BGH NJW 1999, 3707.

Stand: Seine Angabe ist zwar nicht stets erforderlich, wohl aber evtl. zur Klärung der Identität notwendig.

Stockwerk: Seine Zusatzangabe kann notwendig sein, falls es zB mehrere Gleichnamige im Haus gibt, Kblz MDR 1980, 149.

Streithilfe: Sie ist nach § 65 statthaft, BGH NJW 2006, 773. Sie muss genau erfolgen.

Streitverkündung: Sie ist nach § 72 unstatthaft, aM Seggewiße NJW 2006, 3037.

Unrichtigkeit: Sie kann unschädlich sein, BGH NJW 1999, 1871; Köln Rpfleger 1975, 102. Auch → „Berichtigung".

Vorname: Man muss ihn ausschreiben, LG Paderb NJW 1977, 2077.

Werbeangabe: Sie reicht allein natürlich nicht.

3. Bezeichnung des AG, an das sich der Antrag richtet, I Nr. 2. Der Antragsteller muss sich an das nach §§ 689 II, III, 703d II zuständige AG wenden. Die Bezeichnung Mahngericht ist nicht amtlich, aber in der Praxis vielfach üblich. Wegen einer Änderung der Bezeichnung → § 689 Rn. 11. Bei § 129a I muss der Antragsteller das AG nennen, an das der Antrag nach §§ 166 ff. von Amts wegen oder nach § 129a II 3 durch den Antragsteller weitergehen soll (dieses AG meint Nr. 2 trotz seines missverständlichen Wortlauts). Den Rpfl. oder den landesrechtlich bestimmten Urkundsbeamten der Geschäftsstelle bindet diese Benennung. 10

4. Bezeichnung des Anspruchs, I Nr. 3. Hierzu Vollkommer, Zum „Streitgegenstand" im Mahnverfahren, FS Schneider, 1997, 231; Wedel JurBüro 2017, 396. Man muss den Anspruch unter einer bestimmten, also 11 bezifferten Angabe der verlangten Leistung bezeichnen, LG Saarbr WM 2011, 2044. Dabei muss man die Haupt- und Hilfsforderung und jede Teilforderung gesondert und einzeln bezeichnen, Ehricke ZIP 2011, 1851 (ausf.), also auch die Zinsen nach → Rn. 16 „Zinsen" gesondert.

12 Die mit dem Mahnantrag geltend gemachten Ansprüche müssen im Antrag selbst so individualisiert werden, dass sie von anderen Ansprüchen zu unterscheiden und abzugrenzen sind, BGH NJW 2020, 3653; NJOZ 2017, 1485; NJW 2016, 1083; NJW 2008, 1220; Karlsr MDR 2015, 177. Dabei kommt es auf die Erkennbarkeit vor allem für den Antragsgegner an, BGH NJOZ 2017, 1485. Entscheidend hierfür sind die Umstände, BGH NJW 2016, 1083. Dem Schuldner muss die Beurteilung möglich sein, ob er sich gegen den Anspruch zur Wehr setzen will oder nicht, BGH NJW 2020, 3653. Dazu ist allerdings insgesamt bei jedem Haupt- und bei jedem Hilfsanspruch nur noch so viel notwendig, dass sich der Anspruch wenigstens gegenüber anderen Ansprüchen abgrenzen lässt, BGH NJW 2016, 1663; Karlsr MDR 2015, 177; LG Hmb ZMR 2010, 761. Das ist schon deshalb unumgänglich, damit der Schuldner erkennen kann, ob und wie er sich verteidigen soll, BGH WM 2011, 2064; Mü WM 2011, 40; LG Saarbr WM 2011, 2044.

13 **5. Keine Schlüssigkeitsangaben, I Nr. 3.** Dagegen sind keine Angaben zur Schlüssigkeit des Anspruchs wie bei einer Klageschrift erforderlich, BGH NJW 2019, 3079; NJW 2016, 1663; BAG NJW 2008, 1220; Naumb Rpfleger 2012, 38. Denn der Rpfl. nimmt nur noch eine reine Formalkontrolle vor. Er prüft nach → § 691 Rn. 11 ff., § 692 I Nr. 2 allenfalls zusätzlich, ob es sich um ein klagbares Recht handelt oder ob ein Rechtsmissbrauch vorliegt. Diese bloße Formalkontrolle ist keine unerträgliche Begünstigung unredlicher Gläubiger, aM Eickmann DGVZ 1977, 103. Der Rpfl. oder Urkundsbeamte muss jedoch im Zweifel den Erlass des Mahn- oder Vollstreckungsbescheids bei einer Kenntnis der Nichtexistenz der Forderung nach einem vergeblichen Hinweis nach § 139 ablehnen.

14 **6. Anspruchsbegründung, I Nr. 3.** Grundsätzlich ist anders als bei einer Klageschrift nach § 253 II Nr. 2 keinerlei Begründung des Anspruchs über seine Individualisierung hinaus erforderlich, BGH NJW-RR 2022, 1286 Rn. 21; MDR 2017, 847; LG Saarbr WM 2011, 2044. Sinnvoll ist eine Anspruchsbegründung zumindest in einer überschaubaren Sache schon im Mahnantrag, Schneider MDR 1998, 70, etwa als eine Anlage zum Formular, Hirtz NJW 1981, 2234, evtl. selbst wenn es noch nicht beiliegt, BGH WuM 2011, 50. Ausreichend ist zB die Fassung „300 EUR aus Vertrag vom …", evtl. auch mangels anderer Rechtsbeziehungen die Fassung „Anspruch aus Werk-/Werklieferungsvertrag", BGH NJW 2002, 521. Nicht notwendig ist eine Fassung „… aus einem Kaufvertrag vom … wegen Nichteinhaltung der Lieferfrist". Ausreichend ist die Fassung „300 EUR aus dem Vorfall vom …". Nicht notwendig ist die Formulierung „… aus dem am … begangenen Diebstahl einer Uhr". Eine Bezugnahme auf ein vorprozessuales Schreiben an den Antragsgegner kann ausreichen, BGH MDR 2017, 847. Dasselbe gilt für die Bezugnahme auf eine genaue Anlage, BGH NJW 1995, 2230; siehe aber Düss VersR 1997, 721. Ausreichend ist „Schadensersatz aus Architektenvertrag vom …", Köln VersR 2002, 730.

15 Nicht ausreichend sind meist wohl die bloße Angabe „Schadensersatz aus Mietvertrag" LG Mannh WuM 1999, 460, „Schadensersatz aus Unfall" (ohne Datum oder Ort); Zöller/Seibel Rn. 13. Ein Datum ist allerdings nicht erforderlich, wenn andere bestimmte Angaben zur Kennzeichnung und Abgrenzung von anderen Ansprüchen gegeben werden, BGH NJW 2000, 1420 („Schadensersatz aus Unfall gem. Schreiben vom …"). Nicht ausreichend sind „Schadensersatz wegen Beratungsverschuldens", BGH MDR 2009, 14, oder „Anspruch auf Schadensersatz, Beschädigung einer Mietwohnung", LG Wuppert WuM 1997, 111, oder bloß „Miete für Geschäftsraum gemäß Vertrag vom…" (für welchen Zeitraum?), KG MDR 2005, 859, oder „Mietnebenkosten – auch Renovierungskosten", LG Bielef WuM 1997, 112, es sei denn, es läge keine andere Rechtsbeziehung vor, BGH NJW 2002, 521. Nicht ausreichend ist die Fassung „… aus (Kauf)-Vertrag" oder die bloße Angabe „Forderung", Ffm NJW 1991, 2091, Herbst Rpfleger 1978, 200, oder „Forderung von … gemäß Schreiben vom …" ohne dessen Beifügung, LG Traunst Rpfleger 2004, 366, oder „Anspruch aus unerlaubter Handlung gem. § 823 BGB", aM AG Hagen Rpfleger 2005, 684.

7. Beispiele zur Frage einer Anspruchsbezeichnung, I Nr. 3

16 **Abtretung:** Man muss angeben, ob der Anspruch aus einem eigenen Recht oder aus einem abgetretenen stammt, BGH NJW-RR 2006, 278.

Anspruchssumme: Grds. ist die Summe des geltend gemachten Anspruchs genau zu benennen. Geringfügige Abweichungen eines im Mahnbescheid angegebenen Gesamtbetrags von einem vorprozessual geltend gemachten Betrag können unschädlich sein, wenn es sich für den Antragsgegner erkennbar um einen Schreibfehler handelt, BGH NJOZ 2019, 507.

Aufgliederung: Eine vollständige Aufgliederung des Anspruchs ist grds. notwendig, BGH NJW 2001, 306; LG Bln ZMR 2001, 970. Ihr Fehlen kann aber im Einzelfall unschädlich sein, BGH NJW-RR 1996, 886; AG Leer JurBüro 2004, 144 (Inkassokosten).

Aufrechnung: Man muss das Bestehenbleiben des Anspruchs trotz einer Aufrechnung schon aus dem Antrag erkennen können.

Bezugnahme: Sie kann mangels Beifügung der in Bezug genommenen Rechnung ungenügend sein, BGH NJW 2008, 3499. Jedoch kann auf die dem Antragsgegner bereits vorliegenden Unterlagen – im konkreten Fall eine außergerichtlich vorgelegte Liste mit Einzelrechnungen – Bezug genommen werden, BGH NJOZ 2017, 1485. Unschädlich ist ein erkennbar falsches Datum, BGH WuM 2010, 584.

Inkassokosten: → „Aufgliederung".

Mehrheit von Ansprüchen: Man muss angeben, aus welchen Einzelforderungen sich die Gesamtforderung ergibt, BGH WuM 2011, 50 (Ausnahme: unselbständige Rechnungsposten), Zweibr NJW-RR 2010, 286.

Mehrheit von Parteien: Bei mehreren Antragstellern oder -gegnern muss man ihre Beteiligungsformen angeben, BGH NZM 2008, 202; Mü JurBüro 2016, 101; LG Bln MDR 1977, 146.

Nachholung: Fehlende Angaben lassen sich grds. nachholen, BGH MDR 1985, 132.

Rechtsansicht: Eine unrichtige rechtliche Beurteilung des Antragstellers ist grds. unschädlich, Zöller/Seibel Rn. 13.

Rechtskraft: Es soll der Umfang der materiellen Rechtskraft eines zugehörigen Vollstreckungsbescheids nach § 322 feststehen, BGH WM 2011, 2064; KG MDR 2005, 859; LG Saarbr WM 2011, 2044.

Regressanspruch: Vgl. Kblz VersR 2014, 585 (gegen Anwalt).

Teilforderung: Der Antragsteller muss genau angeben, welche Teilforderung er geltend macht, BGH MDR 2009, 215; LG Mannh WuM 1999, 460; AG Wuppert MDR 1990, 438. Einer Aufgliederung in Einzelpositionen bedarf es bei einem Zugewinnausgleich aber nicht, wenn feststeht, in welche Richtung der Ausgleich geht, BGH NJW 1996, 2152.

Verbraucherdarlehen: Bei einem solchen Anspruch nach § 688 II Nr. 1, §§ 491–508 BGB muss man wegen der letzteren Vorschrift auch die Nebenforderungen gesondert und einzeln bezeichnen und das Datum des Vertragsabschlusses sowie den nach § 492 II BGB anzugebenden effektiven Jahreszins mitteilen. Übergangsrechtlich gilt dazu § 28 II EGZPO.

Verjährung. Dazu Pioch MDR 2016, 863. Schon aus dem Antrag muss erkennbar sein, dass der geltend gemachte Anspruch nicht verjährt ist. Eine ungenaue Bezeichnung des Anspruchs hindert die verjährungshemmende Wirkung der Zustellung des Mahnbescheids, BGH NJW 2016, 1083; Mü NJW-RR 2010, 647; LG Aurich WM 2009, 1104. Der Mahnbescheid hemmt die Verjährung nur, wenn der Anspruch nach I Nr. 3 im Antrag hinreichend individualisiert ist, BGH GRUR-RS 2020, 17323; NJW 2009, 56 (bei fehlender Individualisierung mehrerer Einzelforderungen). Durch ergänzende Angaben vor Eintritt der Verjährung kann der Anspruch individualisiert werden, BGH NJW-RR 2022, 1286 Rn. 22, 28. Eine spätere Klageerweiterung um einen noch nicht individualisierten Anspruch führt deshalb nicht zu einer rückwirkenden Hemmung, BGH NJW-RR 2017, 506. Wann die Anforderungen an eine Individualisierung erfüllt sind, hängt von Art und Umfang der erforderlichen Angaben im Einzelfall ab, BGH NJW 2015, 2407. So ist ein Anspruch nicht hinreichend individualisiert und damit dessen Verjährung nicht durch das Mahnverfahren gehemmt, wenn sich auch für den Anspruchsgegner weder aus dem Zeitraum noch aus der Höhe der Forderung eine Kennzeichnung des Anspruchs ergibt, BGH NJW 2016, 1083. Eine erst später offenbarte Prozessstandschaft ändert nichts an der Hemmung der Verjährung, Mü WM 2012, 939, auch nicht eine Anspruchsteilrücknahme, BGH NJW 2014, 3435. Zur Verjährungshemmung bei mehreren Mängeln Grothe NJW 2015, 17.

Vorprozessuale Unterlagen: Im Einzelfall kann auf sie im Mahnantrag Bezug genommen werden; → „Anspruchssumme"; → „Bezugnahme". Dabei müsste aber sichergestellt werden, dass nachgewiesen werden kann, dass diese Unterlagen dem Antragsgegner zugegangen sind. Bestreitet der Gegner den Zugang, ist der Anspruch nicht hinreichend individualisiert, BGH NJW 2008, 3498; Braun NJW 2020, Heft 9 S. 17.

Zinsen: Wegen der Zinsen ist auch die Angabe der Laufzeit oder des Anfangszeitpunkts sowie die Angabe notwendig, ob der Antragsteller einen Betrag nur auf die volle oder teilweise Hauptforderung oder auch auf die ebenfalls genau zu bezeichnenden Zinsen fordert. Andernfalls muss der Rpfl. nach § 139 rückfragen. Man muss den Mahnbescheid oder Vollstreckungsbescheid notfalls auslegen. Das kann auf Probleme stoßen, Schneider Rpfleger 1991, 260. Da es eine Aufgabe der Partei ist, ihren Anspruch zu beziffern, umfasst der Zinsanspruch im Zweifel nur die Hauptforderung, AG Bln-Tempelhof Rpfleger 1991, 260; aM AG Waiblingen Rpfleger 1991, 260 (zust. Schneider). Wegen der Mehrwertsteuer auf die Zinsen → Rn. 25. Die Entscheidung ist grds. unanfechtbar.

Zwangsvollstreckung: Es sollen die Art und der Umfang der Möglichkeiten einer Zwangsvollstreckung nach §§ 704 ff. erkennbar sein, BGH NJW 2001, 306; Düss VersR 1997, 721; LG Wuppert WuM 1997, 111.

8. Erklärung zur etwaigen Gegenleistung, I Nr. 4. → § 688 Rn. 13 f. 17

9. Bezeichnung des für das streitige Verfahren zuständigen Gerichts, I Nr. 5. Die Vorschrift gilt für 18
jeden Antragsgegner, BayObLG Rpfleger 1980, 436; Vollkommer Rpfleger 1978, 184. Das gilt trotz der Einheitlichkeit des Verfahrens, Düss JurBüro 1998, 82; Mü NJW-RR 1998, 1080; LG Bln Rpfleger 1998, 40. Der Antragsteller muss das endgültig nach §§ 12 ff. örtlich und sachlich zuständige Gericht angeben. Damit trägt er jedenfalls zunächst die volle Verantwortung für die richtige Bezeichnung. Er hat grundsätzlich keine anschließende andere Wahlmöglichkeit mehr. Das macht das Mahnverfahren noch komplizierter, aber vielleicht weniger aufwendig und zeitraubend. Bei einem Verstoß gilt → Rn. 30. Eine falsche, irrige oder bewusst irreführende Angabe kann nicht mehr zu einer Berichtigung von Amts wegen führen. Denn der Rpfl. kann nicht übersehen, ob das vom Antragsteller bezeichnete Gericht auch wirklich zuständig ist, aM Holch NJW 1991, 3178.

Notfalls muss der Antragsteller beim nächsten Gericht erfragen, welches Gericht nach I Nr. 5 zuständig sei. Evtl. 19
muss er also ein LG angeben und zusätzlich mitteilen, ob die Zivilkammer oder die Kammer für Handelssachen zuständig ist, Schriewer NJW 1978, 1039; aber grds. kann der Kläger bei vorangegangenem Mahnverfahren noch in der Klagebegründung die Verhandlung vor der Kammer für Handelssachen beantragen, Ffm NJW 1980, 2202; Nürnb Rpfleger 1995, 369; LG Essen JZ 1979, 145. Der Antragsteller muss auch ein im streitigen Verfahren nach § 697 zuständiges FamG angeben, Jauernig FamRZ 1978, 230; aM Zöller/Seibel Rn. 19.

V. Freigestellte Angaben, I. Über den Mindestinhalt nach → Rn. 7 f. hinaus sind weitere Angaben frei- 20
gestellt.

1. Kostenberechnung des Antragstellers. Inkassokosten muss man grundsätzlich nach § 294 glaubhaft 21
machen, AG Stgt Rpfleger 2003, 377 (Ausnahme beim Handelsgeschäft). Wenn eine Kostenberechnung fehlt, kann der Rpfl. den Antrag allerdings nach § 12 AktO mit einem entsprechenden Vermerk und der Auflage zur Ergänzung binnen einer Frist zurückgeben, ebenso bei anderen Beanstandungen.

2. Antrag auf streitiges Verfahren. Ferner steht nach § 696 I 2 für den Fall des Widerspruchs ein Antrag 22
auf Durchführung des streitigen Verfahrens nach § 697 frei. BVerfG NJW 2004, 1098 hält wegen Art. 2 I GG schon im Antragsformular einen Hinweis auf die Gebührenpflichtigkeit eines Antrags auf ein streitiges Verfahren für notwendig. Dieser Antrag wird mit dem Eingang des Widerspruchs wirksam, LG Fulda NJW-RR 1999, 221. Ein Antrag auf Abgabe an das dann zuständige Gericht ist nicht erforderlich. Die Abgabe erfolgt vielmehr evtl. nach § 696 I 1 von Amts wegen. Wohl aber ist ein Antrag erforderlich, das streitige Verfahren überhaupt durchzuführen, falls der Antragsteller nicht zunächst abwarten will, ob ein streitiges Verfahren überhaupt notwendig wird. Ein Verweisungsantrag ist auch bei § 696 V nicht notwendig. Man soll auch das Gericht eines besonderen oder eines nach § 38 vereinbarten Gerichtsstands angeben. Jedoch ist die Prüfung, welches Gericht für das streitige Verfahren nach § 697 endgültig zuständig ist, eine Aufgabe des Gerichts, an das die Sache nach § 696 I gehört, (zum alten Recht) KG Rpfleger 1980, 115; aM Lappe NJW 1978, 2380.

Wegen des Zeitpunkts gilt: Man darf einen Antrag auf Erlass des Vollstreckungsbescheids nicht schon mit dem 23
Antrag auf Erlass des Mahnbescheids verbinden. Wenn der Antrag etwa trotzdem vorliegt, ist er dann unbeacht-

lich, wenn ihn der Urkundsbeamte der Geschäftsstelle als solcher entgegengenommen hat. Ein solcher Antrag lebt auch nicht etwa nach dem Ablauf der Widerspruchsfrist des § 694 I auf. Der Antragsteller muss ihn dann vielmehr erneut stellen. Das Gericht muss einen Antrag nach § 699 IV 2 auf Übergabe des Vollstreckungsbescheids an den Antragsteller zur Zustellung im Parteibetrieb nach §§ 191 ff., 699 IV 2 ebenso behandeln.

24 **3. Antrag auf Prozesskostenhilfe.** Ein Antrag auf Gewährung von Prozesskostenhilfe schon für das Mahnverfahren ist statthaft. Die Prozesskostenhilfe kann beschränkt auf dieses Verfahren bewilligt werden, BGH NJW 2019, 3079; BeckRS 2018, 619 = FamRZ 2018, 601; NJW-RR 2017, 1470.

25 **VI. Verbotene Angaben, I.** Der Antrag darf keine Forderung auf die Zahlung von Mehrwertsteuer auf die Zinsforderung enthalten, soweit ein Formularzwang besteht.

26 **VII. Antragsrücknahme, I.** Man darf die Rücknahme des Antrags auf Erlass des Mahnbescheids nicht mit der Rücknahme des Antrags auf ein streitiges Verfahren oder mit der Rücknahme des Widerspruchs verwechseln. Man kann die Rücknahme des Mahnantrags entsprechend § 269 ohne eine Einwilligung des Antragsgegners bis zur Abgabe nach § 696 I 1 oder § 700 III oder bis zur formellen Rechtskraft des Vollstreckungsbescheids nach §§ 329, 705 erklären, Köln NJW-RR 1999, 1737; Mü AnwBl 1984, 371; Fellner MDR 2010, 128, und zwar nach § 702. Ein Formular ist dafür bisher nicht vorhanden. § 703 ist bei einer Zurücknahme durch einen Bevollmächtigten nach §§ 79, 81 anwendbar. Der Rpfl. lässt die Antragsrücknahme dem Antragsgegner nach § 270 S. 1 formlos zugehen, sofern er ihn überhaupt schon von dem Mahnverfahren benachrichtigt hatte.

27 Der Antragsgegner kann entsprechend § 269 III 2, IV eine Feststellung der Kostenfolge beantragen, BGH NJW 2005, 512; Mü OLGZ 1988, 493. Er kann auch entsprechend § 269 III 3, IV eine echte Kostengrundentscheidung beantragen, BGH NJW 2005, 512. Darüber entscheidet das Gericht des streitigen Verfahrens, BGH NJW 2005, 512 und 514; Hamm NJW-RR NJW 2007, 424; Wolff NJW 2003, 557. Der Antragsgegner müsste einem etwaigen Widerruf der Antragsrücknahme zustimmen, um diesen wirksam zu machen (Folge: Fortsetzung des Mahnverfahrens). Ab der Abgabe ist § 269 direkt anwendbar. Der Antragsteller kann die Rücknahme wirksam widerrufen. Dann lebt das bisherige Verfahren wieder auf.

28 **VIII. Unterzeichnung, II.** Sie muss grundsätzlich handschriftlich und vollständig erfolgen. Es ist also unzulässig, einen Faksimilestempel zu benutzen. Auch eine gedruckte Unterschrift ist unzulässig. Ausnahmen gelten nach III Hs. 2 nur bei einer maschinell lesbaren Form. Eine Einreichung per Telefax darf aber bei einem Mahnantrag nicht weniger zulässig sein als bei einer Klage. Wegen einer elektronischen Einreichung §§ 130a–d. Ein bloßes Handzeichen (Paraphe) reicht nicht aus. Bei einem Verstoß gilt → Rn. 30, BGH GRUR 1983, 259 (dort auch zu einem Ausnahmefall). Jedoch kann der Rpfl. wie bei → Rn. 22 vorgehen. Er hat insofern ein pflichtgemäßes Ermessen. Hat er den Mahnbescheid trotz des Fehlens der Unterschrift erlassen, kann zB eine Hemmung der Verjährung eingetreten sein, BGH GRUR 1983, 259.

29 **IX. Keine Mitteilung des Antrags.** Es erfolgt nach § 702 II keine Mitteilung des Antrags an den Antragsgegner. Der Erlass des Mahnbescheids ohne eine Anhörung des Antragsgegners ist also kein Verstoß gegen Art. 2 I, 20 III GG, BVerfG NJW 2000, 1709 oder gegen Art. 103 I GG. Daher braucht das Gericht auch nicht etwa solche Schriftsätze des Antragsgegners zu berücksichtigen, die beim Gericht während des Mahnverfahrens vor der Entscheidung über den Antrag auf den Erlass des Mahnbescheids eingehen.

30 **X. Verstoß.** Das Gericht muss nach § 691 einen gegen → Rn. 11–17 verstoßenden Antrag evtl. nach einer ergebnislosen Fristsetzung von Amts wegen zurückweisen, BGH NJW 1984, 242; Holch NJW 1991, 3181. Ein gegen → Rn. 18 verstoßender Antrag kann zur Verweisung nach § 281 führen, BGH NJW 1993, 2810. Ein Verstoß gegen → Rn. 18 soll andernfalls zur Antragszurückweisung führen, Karlsr Rpfleger 2005, 270 (keine Umdeutung nach § 38). Ein gegen → Rn. 25 verstoßender Antrag ist unzulässig, Schneider DGVZ 1983, 115. Er muss nach dem Erlass des Mahnbescheids nach § 692 und nach einem Widerspruch nach § 694 oder Einspruch nach § 700 evtl. zur diesbezüglichen Klagerücknahme nach § 269 oder Klageabweisung führen, Schneider DGVZ 1983, 115. Ein ungenauer Antrag hemmt die Verjährung nicht, Klose MDR 2010, 12 (keine rückwirkende Heilung). Unwahre Angaben können gegen § 263 StGB verstoßen, Celle Rpfleger 2012, 283, auch gegen § 263a I Fall 2 StGB, BGH NJW 2014, 711.

691 *Zurückweisung des Mahnantrags.* **I [1]Der Antrag wird zurückgewiesen:**

1. wenn er den Vorschriften der §§ 688, 689, 690, 702 Absatz 2, § 703c Abs. 2 nicht entspricht;
2. wenn der Mahnbescheid nur wegen eines Teiles des Anspruchs nicht erlassen werden kann.

[2]Vor der Zurückweisung ist der Antragsteller zu hören.

II Sollte durch die Zustellung des Mahnbescheids eine Frist gewahrt werden oder die Verjährung neu beginnen oder nach § 204 des Bürgerlichen Gesetzbuchs gehemmt werden, so tritt die Wirkung mit der Einreichung oder Anbringung des Antrags auf Erlass des Mahnbescheids ein, wenn innerhalb eines Monats seit der Zustellung der Zurückweisung des Antrags Klage eingereicht und diese demnächst zugestellt wird.

III [1]Gegen die Zurückweisung findet die sofortige Beschwerde statt, wenn der Antrag in einer nur maschinell lesbaren Form übermittelt und mit der Begründung zurückgewiesen worden ist, dass diese Form dem Gericht für seine maschinelle Bearbeitung nicht geeignet erscheine. [2]Im Übrigen sind Entscheidungen nach Absatz 1 unanfechtbar.

Schrifttum: Maniak, Die Verjährungsunterbrechung durch Zustellung eines Mahnbescheids im Mahnverfahren, 2000; Martin, Die Prüfungsbefugnis des Rechtspflegers im gerichtlichen Mahnverfahren, 1998; Vollkommer, Verjährungsunterbrechung und „Bezeichnung" des Anspruchs, FS Lüke, 1997, 865; ders., Schlüssigkeitsprüfung und Rechtskraft, FS Schwab, 1990, 229.

1 **I. Systematik.** Die Vorschrift nimmt für das Verfahren aufgrund des Antrags indirekt auf allgemeine Verfahrensregeln Bezug. Der nach → § 689 Rn. 1 funktionell zuständige Rpfl. oder der landesrechtlich bestellte

Urkundsbeamte der Geschäftsstelle legt dem Richter die Akten nur im Rahmen von § 5 RPflG vor. Das Mahnverfahren läuft auch in der Zeit vom 1. Juli bis 31. August weiter. Denn § 227 III betrifft nur Termine.

II. Regelungszweck. Das Mahnverfahren kennt zur Vereinfachung und Beschleunigung des Verfahrens aus prozessökonomischen Gründen keine mündliche Verhandlung, auch keine freistehende. Es kennt nicht einmal eine Anhörung des Antragsgegners. Das ist nur scheinbar ein Verstoß gegen Art. 2 I, 20 III, Art. 103 I GG; BVerfG NJW 2000, 1709. Es ist auch nur scheinbar ein Verstoß gegen ein Prozessgrundrecht des Antragsgegners. Denn es steht ihm frei, durch seinen Widerspruch gegen den Mahnbescheid und durch einen beiden Parteien möglichen Antrag nach § 696 I den Übergang in das streitige Verfahren zu erzwingen. Anschließend muss das Gericht nach § 697 II 1 wie nach einem Klageeingang verfahren, so dass der jetzt Bekl. heißende Antragsgegner das rechtliche Gehör vollständig erhält. Die ZPO kennt auch an anderer Stelle Entscheidungen ohne eine vorherige Anhörung Gehör des Gegners etwa bei §§ 829, 921, 936. 2

III. Zulässigkeitsprüfung von Amts wegen, I. Zwei Bedingungen haben evtl. unterschiedliche Folgen. 3

1. Grundsatz: Zurückweisung (erst) bei Unbehebbarkeit eines Mangels, I 1 Nr. 1, 2, I 2. Der Rpfl. prüft von Amts wegen, ob alle Zulässigkeitsvoraussetzungen zum Erlass des Mahnbescheids vorliegen, BGH Rpfleger 1989, 516; Ffm NJW-RR 2006, 69. Er nimmt jedoch keine Amtsermittlung vor, BGH NJW 1981, 876. Wegen der Prüfung eines ausländischen Rechts nach § 693 Hök MDR 1988, 187. Eine Zurückweisung ist schon dann erforderlich, wenn nur eines der gesetzlichen Erfordernisse fehlt. Daneben muss er die allgemeinen Prozessvoraussetzungen prüfen, BGH NJW 1984, 242; LAG Düss Rpfleger 1994, 342; Zöller/Seibel Rn. § 690 Rn. 23; aM Thomas/Putzo/Hüßtege Rn. 3 (nur bei einem konkreten Anlass). 4

Vor einer Zurückweisung muss der Antragsteller nach I 2 das rechtliche Gehör erhalten. Eine glatte sofortige Zurückweisung des Antrags sollte ohnehin nur dann stattfinden, wenn vorhandene Mängel nicht oder nur schwer behebbar sind, Salten MDR 1995, 689. In den übrigen Fällen verlangt das dem Rechtsuchenden geschuldete Entgegenkommen ein faires Verfahren nach Art. 2 I, 20 III GG, BVerfG NJW 2000, 1709. 5

Es verlangt daher in einer Zwischenverfügung beliebiger Form nach § 139 nach pflichtgemäßen Ermessen eine Auflage zur Behebung des Mangels in einer zu bestimmenden angemessenen Frist, BGH NJW 1999, 3717 (unzulässiges Formular); AG Hmb NJW 1997, 874. Das gilt selbst bei einem verschuldeten Mangel. Gleichzeitig sollte das Gericht dem Antragsteller für den Fall eines ergebnislosen Fristablaufs eine Zurückweisung androhen, AG Wuppert Rpfleger 1978, 225; Vollkommer Rpfleger 1977, 143. Jedoch ist wegen des Massenbetriebs gerade der Mahnverfahren meist nur eine kurze Frist und diese keineswegs stets notwendig, Hmb NJW-RR 2003, 286. Ein Monat reicht meist voll aus Ffm MDR 2001, 892. 6

2. Rechtsschutzbedürfnis, I 1 Nr. 1, 2. Das Rechtsschutzbedürfnis kann zB bei einem Rechtsmissbrauch fehlen. Das Gericht muss diesen Umstand von Amts wegen beachten, BGH Rpfleger 1984, 27; Hmb MDR 1982, 503; AG Brdb Rpfleger 2009, 161; Thomas/Putzo/Hüßtege Rn. 3. 7

3. Volle Unzulässigkeit, I 1 Nr. 1. Wenn der Antrag nicht den Voraussetzungen der §§ 688, 689, 690, 702 II, 703c II entspricht, muss der Rpfl. den Antrag unverzüglich zurückweisen, Ffm NJW-RR 2006, 69; Salten MDR 1995, 669. Das geschieht erst nach einer Anhörung des Antragstellers. Denn I 2 bezieht sich auch auf I 1 Nr. 1. Das zeigt auch seine optische Stellung im BGBl. 1990 I S. 2845: I 2 beginnt nicht mit derselben Einrückung wie I 1 Nr. 2, sondern am Zeilenanfang. Die Anhörung kann mündlich, fernmündlich, elektronisch oder schriftlich erfolgen. Der Rpfl. oder der Urkundsbeamte muss dem Antragsteller aber nach Art. 2 I, 20 III GG ausreichend Zeit lassen, BVerfG NJW 2000, 1709; Hmb NJW-RR 2003, 286. 8

4. Teilweise Unzulässigkeit, I 1 Nr. 2. Die Vorschrift schreibt eine volle Zurückweisung des Antrags dann vor, wenn das Gericht einen Mahnbescheid auch nur für einen Teil des Anspruchs versagen muss. Das bezieht sich jedoch nur auf einen rechnungsmäßigen Teil, nicht auf mehrere selbständige Ansprüche nach § 260 und nicht auf einen abtrennbaren Haupt- oder Nebenanspruch, LG Traunstein Rpfleger 1987, 206; Crevecœur NJW 1977, 1322. Beispiel: Der Antrag geht auf eine Zahlung von 100 EUR nebst Zinsen in unklarer Höhe. Das Gericht kann den Mahnbescheid wegen 100 EUR erlassen, den Zinsanspruch aber abweisen, Rudolph MDR 1996, 4. Das Gericht darf nicht etwa einen Mahnbescheid über 50 EUR erlassen oder einen Mahnbescheid über 100 EUR nebst gesetzlichen Zinsen. Wenn der Rpfl. zu einem Teil der Forderung Bedenken hat, muss er den Antragsteller nach → Rn. 5 anhören, bevor er den Antrag zurückweist, damit der Antragsteller die Angaben berichtigen oder ergänzen und den Antrag notfalls zurücknehmen kann, BGH NJW 1999, 3717; LG Stgt Rpfleger 1988, 535; LG Traunstein Rpfleger 1987, 206. Denn I 2 bezieht sich auch auf I 1 Nr. 2, wie schon auf I 1 Nr. 1, → Rn. 8. 9

Die Anhörung kann mündlich, fernmündlich, elektronisch oder schriftlich erfolgen wie bei I 1 Nr. 1. Der Rpfl. muss dem Antragsteller aber auch hier nach Art. 2 I, 20 III GG ausreichend Zeit lassen, BVerfG NJW 2000, 1709. Das Gericht muss eine überhöhte Kostenberechnung wegen §§ 308 II, 329 von Amts wegen soweit möglich berichtigen, LG Stgt Rpfleger 1988, 537; AG Bonn Rpfleger 1982, 71; Hofmann Rpfleger 1982, 327. 10

IV. Keine Schlüssigkeitsprüfung, I. Der Rpfl. nimmt grundsätzlich keine Schlüssigkeitsprüfung des Anspruchs vor, BGH NJW 1982, 2002; LG Karlsr AnwBl 1983, 178, auch nicht zu § 688 II Nr. 1, Markwardt NJW 1991, 1220; aM Bülow Rpfleger 1996, 133. Er prüft vielmehr nur die Schlüssigkeit der geltend gemachten Kosten des Mahnverfahrens, AG Coburg NJW 2016, 3107; AG Bonn Rpfleger 1982, 71. Er beanstandet insofern nur einen offensichtlich unsinnigen, nicht einklagbaren oder rechtsmissbräuchlichen Anspruch, BGHZ 101, 388; LG Gießen JurBüro 2004, 610; AG Hagen JurBüro 2005, 472; aM Stgt Rpfleger 1988, 536; AG Aschersleben Rpfleger 2017, 168; AG Stgt JurBüro 2006, 94 (je: nicht schon bei korrekten Inkassokosten. Zum Problem Wedel JurBüro 2016, 180); weitergehend LG Stgt Rpfleger 2005, 32 (auch die Prüfung der Hauptforderung). 11

Individualisierbarkeit des Anspruchs ist der Hauptteil der Antragsprüfung, LG Brem NJW-RR 1991, 58. Auch das geschieht nur anhand der Angaben des Antragstellers. Der Antragsteller ist nach § 138 I zur Wahrhaftigkeit verpflichtet. Falsche Angaben können einen zumindest versuchten Prozessbetrug darstellen, Düss MDR 1992, 606; AG Walsrode Rpfleger 1983, 359. Durch eine Erteilung trotz einer Kenntnis der Nichtexistenz der Forderung macht sich der Rpfl. evtl. sogar zum Mittäter, Düss MDR 1992, 606. Eine Angabe, es würden „Zinsen ab Rechnungsdatum“ verlangt, kann kaum noch ausreichen. Zinseszinsen sind auch hier nach § 248 BGB unzulässig, Herbst Rpfleger 1978, 200, ebenso Wucherzinsen, LG Kref MDR 1986, 418; AG Hagen NJW-RR 1995, 320; oder ein Partnervermittlungslohn, Stgt NJW 1994, 331; Börstinghaus MDR 1995, 553. 12

13 Eine Anspruchserweiterung oder „Klageerweiterung“ ist nur durch einen weiteren Mahnantrag wirksam möglich. Der Rpfl. nimmt sie andernfalls zu den Akten, ohne sie schon im Mahnverfahren zu bearbeiten, Vollkommer Rpfleger 1988, 196. Ein dennoch auch über den erhöhten Betrag erlassener Mahnbescheid ist freilich als ein Staatsakt zunächst wirksam. Daher ist der Antragsgegner auf einen Widerspruch nach § 694 angewiesen. Er darf ihn nach § 694 I auf den Betrag der Erhöhung beschränken.

14 **V. Entscheidung, I.** Eine Zurückweisung erfolgt durch einen Beschluss nach § 329, LG Traunstein Rpfleger 1987, 206; AG Marl NJW 1978, 651. Eine Begründung des Beschlusses ist grundsätzlich eine Rechtspflicht des Gerichts. Eine Kostenentscheidung ergeht zulasten des Antragsstellers nach § 91 und evtl. nach § 92, LG Traunstein Rpfleger 1987, 206. Das Gericht muss zunächst die Gebührenzahlung nach § 12 III GKG abwarten. Es muss sodann seinen Beschluss schon wegen der Frist des II und auch aus den Gründen → Rn. 21 dem Antragsteller förmlich zustellen. Das Gericht teilt den Beschluss dem Antragsgegner nicht mit, zumal es ihn in einer solchen Lage grundsätzlich nach § 702 II nicht anhört. Gebühr: KV 1100 GKG. Bei einer örtlichen Unzuständigkeit erfolgt evtl. eine Abgabe ohne einen Neubeginn der Verjährung, KG NJW 1983, 2710.

15 **VI. Rückbeziehung der Zustellung, II. 1. Anwendungsbereich.** II ist nicht mit § 167 zu verwechseln. Zwar enthalten diese Bestimmungen gleichartige Gedanken; diese beziehen sich jedoch auf jeweils unterschiedliche Situationen. In § 167 geht es an sich um ein durch eine Klage nach § 253 eingeleitetes Verfahren. In §§ 691 II, 696 III handelt es sich demgegenüber um ein durch einen Mahnantrag nach § 690 eingeleitetes Verfahren. Während § 691 II den Fall erfasst, dass das Gericht den Mahnantrag zurückweist und dass der Antragsteller nur deshalb jetzt eine Klage einreicht, erfasst § 167 auch den Fall, dass der Mahnantrag einen Erfolg hat. Trotz der Unterschiedlichkeit dieser Anwendungsbereiche muss man natürlich die allen drei Vorschriften gemeinsamen Begriffe und Regeln möglichst einheitlich auslegen.

16 **2. Grundsatz: Schutz vor schuldloser Verzögerung.** Wie bei § 167 soll der Gläubiger auch bei § 691 II bei einer Verzögerung außerhalb seines Einflusses Schutz erhalten. Diesen letzteren Bereich muss man zu seinen Gunsten großzügig auslegen. Insofern sind Lehre und Rechtsprechung in dieser im Wesentlichen unstreitigen Frage zu § 167 hier entsprechend anwendbar. So hemmt der Antrag auf Erlass eines Mahnbescheids nach II die Verjährung auch dann, wenn der Antrag zurückgewiesen wird, wenn die Klage innerhalb eines Monats eingereicht, → Rn. 17, und diese demnächst zugestellt wird, → Rn. 18. II ist entsprechend auf die Fälle anwendbar, in denen der Mahnantrag behebbare Fehler enthält, BGH NJW 2018, 1038. Ebenso stellt es die Hemmung nicht in Frage, wenn der Antrag bei einem Gericht des unzutreffenden Rechtswegs eingereicht worden war, BGH NJW 2018, 1038; BAG NZA 2015, 1259; Eichel NJW 2019, 393. Der Schutz endet aber, soweit der Gläubiger eine mehr als geringfügige Verzögerung auch nur leicht fahrlässig eintreten lässt, BGH NJW 1999, 3718 (unzulässiges Formular, Antragsberichtigung); LG Gießen MDR 1996, 965; Fischer JurBüro 1996, 513. Wer in einer gewillkürten Prozessstandschaft vorgeht, muss sie offenbart haben, Jena MDR 1998, 1468.

17 **3. Klageeinreichung binnen Monatsfrist seit Zurückweisung.** Hierzu Vollkommer FS Schwab, 1990, 229: Eine Voraussetzung einer Rückbeziehung ist zunächst, dass der Gläubiger binnen einer Frist von 1 Monat seine Klage nach § 253 einreicht. Die Frist beginnt nur bei einer Zurückweisung des Mahnantrags mit Zugang der gerichtlichen Beanstandung beim Antragsteller, BGH NJW 2018, 1038; NJW 2011, 842. Eine teilweise Zurückweisung genügt, um nur insofern eine Rückbeziehung unter den weiteren Voraussetzungen herbeizuführen. Eine Zwischenverfügung ist keine Zurückweisung, siehe aber BGH NJW 2011, 842. Die Form der Zurückweisung kann fehlerhaft sein, soweit nur ihr Inhalt eindeutig ist. Erforderlich ist aber zum Fristbeginn eine förmliche Zustellung der Zurückweisung nach §§ 166 ff. Das ergibt sich nicht nur aus dem Wortlaut von II, sondern auch aus dem im Mahnverfahren zumindest im Kern zu beachtenden § 329 II 2 Hs. 2. Eine Belehrung über das Klagerecht erfolgt nicht. Eine etwa erfolgte fehlerhafte Belehrung ist unbeachtlich. Die Fristberechnung erfolgt im Übrigen wie sonst nach § 222 iVm §§ 187 ff. BGB. Es handelt sich um eine gesetzliche Frist und nicht um eine Notfrist nach § 224 I 2. Unter einer Beachtung dieser Umstände sind §§ 224, 225 anwendbar.

18 **4. Demnächstige Zustellung.** Zusätzlich zur Einhaltung der Monatsfrist nach → Rn. 17 ist als eine weitere Voraussetzung einer Rückbeziehung die demnächstige Zustellung der Klage erforderlich, BGH NJW 2008, 1673. Vor dem Hintergrund der in II enthaltenen Frist ist regelmäßig davon auszugehen, dass eine Frist nur dann nicht mehr als „demnächst“ iSd § 167 anzusehen ist, wenn ein nachlässiges Verhalten der Partei zu einer Verzögerung der Zustellung von mehr als einem Monat führt, BGH NJW 2018, 1038; NJW-RR 2006, 1436.

19 **5. Rückbeziehungszeitpunkte: Antragseinreichung oder -anbringung.** Unter den Voraussetzungen, → Rn. 15–18, tritt eine Rückbeziehung auf den Zeitpunkt der Einreichung oder Anbringung des Antrags auf Erlass des Mahnbescheids wie bei § 167 ein.

20 **VII. Rechtsbehelf gegen Mahnbescheid: Widerspruch, § 694, § 11 III 2 RPflG.** Gegen den richtig oder fehlerhaft erlassenen Mahnbescheid hat der Antragsgegner nur die Möglichkeit des Widerspruchs nach § 694. Eine sofortige Beschwerde nach § 567 ist unzulässig, also auch eine Erinnerung nach § 11 III 2 RPflG oder beim landesrechtlich bestellten Urkundsbeamten nach § 573 I.

21 **VIII. Rechtsbehelf gegen Zurückweisung durch Rechtspfleger oder Urkundsbeamten: Sofortige oder befristete Erinnerung, III.** Die sofortige Erinnerung ist evtl. schon gegen eine Zwischenverfügung statthaft, AG Hmb NJW 1997, 874 (§ 18 GBO entsprechend). Sie ist jedenfalls gegen die Zurückweisung des Antrags auf Erlass eines Mahnbescheids durch den Rpfl. nach § 569 I, § 11 II 1 RPflG, binnen einer Notfrist von 2 Wochen seit der Zustellung des Beschlusses zulässig, AG Stgt Rpfleger 2003, 377; AG Hmb NJW 1997, 874; Crevecœur NJW 1977, 1322. Der Rpfl. darf dieser Erinnerung nach § 11 II 2 RPflG abhelfen. Andernfalls legt er die Sache nach § 11 II 3 RPflG dem Amtsrichter vor. Der Amtsrichter darf den Vorgang nicht an das LG weiterleiten, sondern muss nach § 11 II 3 RPflG selbst entscheiden, AG Hmb NJW 1997, 874; AG Köln MDR19 91, 1198; LAG Düss Rpfleger 1994, 342. Das Rechtsschutzbedürfnis erlischt nicht schon stets dadurch, dass nur eine Teilzurückweisung des Mahnantrags erfolgt war und der Schuldner gegen den im Übrigen erlassenen Mahnbescheid nach § 694 einen Widerspruch eingelegt hat, aM AG Köln MDR 1991, 1198 (abl. Schneider. Möglicher Verstoß gegen Art. 19 IV GG). Eine sofortige Erinnerung kommt auch dann in Betracht, wenn der Rpfl einen tatsächlich gar nicht gestellten Mahnantrag auf Kosten des „Antragstellers“ zurückgewiesen hat, LG Hagen NJW 1992, 2036.

Beim landesrechtlich bestimmten Urkundsbeamten der Geschäftsstelle ist die befristete Erinnerung nach § 573 I 1 statthaft. 22

Das alles gilt auch bei einer Zurückweisung wegen einer Nichteignung zur maschinellen Bearbeitung nach § 703b. 23

IX. Rechtsbehelf gegen Entscheidung des Amtsrichters, III. Hat der Amtsrichter entweder die Erinnerung zurückgewiesen oder auf die Erinnerung unter einer Aufhebung des angefochtenen Beschlusses den Rpfl. zum Erlass des Mahnbescheids angewiesen, ist § 23 EGGVG unanwendbar, Ffm NJW-RR 2006, 69. Vielmehr gilt Folgendes: 24

1. Grundsatz: Kein Rechtsbehelf, III 2. Grundsätzlich ist nach § 567 I Nr. 1 kein Rechtsbehelf zulässig. Das bedeutet nicht, dass die Entscheidung nach §§ 322, 329 rechtskräftig wird. Daher kann der Antragsteller einen erneuten Antrag nach § 690 einreichen. Er kann auch eine Klage nach § 253 einreichen, evtl. mit einer Rückwirkung nach II. 25

2. Ausnahme: Sofortige Beschwerde, III 1. Die sofortige Beschwerde nach § 567 I Nr. 1 und 2, § 11 II 4 RPflG oder beim Urkundsbeamten nach § 573 II ist zulässig, soweit der Amtsrichter ein das Verfahren betreffendes Gesuch zurückgewiesen hat, weil er zB den Antrag nur deswegen zurückgewiesen hat, weil er sich nicht zur maschinellen Bearbeitung nach § 703b eigne, LG Stgt NJW-RR 1994, 1280. 26

692 *Mahnbescheid.* ^I^ **Der Mahnbescheid enthält:**

1. die in § 690 Abs. 1 Nr. 1 bis 5 bezeichneten Erfordernisse des Antrags;
2. den Hinweis, dass das Gericht nicht geprüft hat, ob dem Antragsteller der geltend gemachte Anspruch zusteht;
3. die Aufforderung, innerhalb von zwei Wochen seit der Zustellung des Mahnbescheids, soweit der geltend gemachte Anspruch als begründet angesehen wird, die behauptete Schuld nebst den geforderten Zinsen und der dem Betrag nach bezeichneten Kosten zu begleichen oder dem Gericht mitzuteilen, ob und in welchem Umfang dem geltend gemachten Anspruch widersprochen wird;
4. den Hinweis, dass ein dem Mahnbescheid entsprechender Vollstreckungsbescheid ergehen kann, aus dem der Antragsteller die Zwangsvollstreckung betreiben kann, falls der Antragsgegner nicht bis zum Fristablauf Widerspruch erhoben hat;
5. für den Fall, dass Formulare eingeführt sind, den Hinweis, dass der Widerspruch mit einem Formular der beigefügten Art erhoben werden soll, das auch bei jedem Amtsgericht erhältlich ist und ausgefüllt werden kann, und dass für Rechtsanwälte und registrierte Personen nach § 10 Absatz 1 Satz 1 Nummer 1 des Rechtsdienstleistungsgesetzes § 702 Absatz 2 Satz 2 gilt;
6. für den Fall des Widerspruchs die Ankündigung, an welches Gericht die Sache abgegeben wird, mit dem Hinweis, dass diesem Gericht die Prüfung seiner Zuständigkeit vorbehalten bleibt.

II An Stelle einer handschriftlichen Unterzeichnung genügt ein entsprechender Stempelabdruck oder eine elektronische Signatur.

Schrifttum: S. bei § 690.

I. Systematik. Die Vorschrift regelt im Gegensatz zu § 691 (Zurückweisung) den stattgebenden vorläufigen Abschluss des Mahnverfahrens. § 329 gilt wegen der Beschlussnatur des Mahnbescheids ergänzend. § 693 regelt die Zustellung vorrangig. Wenn sämtliche Voraussetzungen des Mahnbescheids vorliegen, muss das Gericht ihn wegen § 702 II ohne eine Anhörung des Antragsgegners unverzüglich erlassen. Bei einer maschinellen Bearbeitung nach § 703b ist deren Ausdruck erst iVm dem vom Rpfl. unterzeichneten Originalbeschluss ein Mahnbescheid nach § 692. Der Mahnbescheid ist eine durch den Widerspruch des Antragsgegners nach § 694 auflösend bedingte gerichtliche Entscheidung in der Form eines Beschlusses nach § 329. Er braucht diese Bezeichnung nicht ausdrücklich zu tragen. Den Wegfall der Bedingung spricht der Vollstreckungsbescheid nach § 699 aus. I Nr. 5 ist mWv 1.1.2020 ergänzt durch Art. 12 Nr. 3 des Gesetzes zur Einführung der elektronischen Akte in der Justiz und zur weiteren Förderung des elektronischen Rechtsverkehrs vom 5.7.2017, BGBl. I S. 2208. 1

II. Regelungszweck. Bedenkt man, dass das Mahnverfahren als ein Massenverfahren auch den Sinn hat, den Bürger von einer Klage nach § 253 abzuhalten und daher den Richter zu entlasten, müsste der Mahnbescheid möglichst einfach formuliert sein. Die Vorschrift zeigt aber, wie viel das Mahngericht denn doch in ihm unterbringen muss. Umso mehr muss man erhoffen können, dass er wenigstens bei einer Entscheidungsreife unverzüglich ergeht. Das ist auch im Interesse der Prozessförderung notwendig. Zu ihr ist auch das Gericht verpflichtet. Man muss die Formalitäten des Mahnbescheids wegen der erforderlichen Rechtssicherheit strikt einhalten und streng auslegen. 2

III. Notwendiger Inhalt des Mahnbescheids, I. Der Mahnbescheid muss mindestens die folgenden Angaben enthalten. 3

1. Bezeichnungen, I Nr. 1. Wesentlich sind die in § 690 I Nr. 1–5 genannten Bezeichnungen und Erklärungen nach → § 690 Rn. 7–19; Karlsr MDR 2015, 177; Zweibr NJW-RR 2010, 286 (Anspruchsmehrheit). Den Rpfl. bindet jetzt das vom Antragsteller benannte Gericht, Vollkommer Rpfleger 1977, 143; aM Büchel NJW 1979, 946. Evtl. werden die mehreren in Betracht kommenden Gerichte derart behandelt. Insofern findet jedoch vor der Entscheidung keine Amtsermittlung statt, sondern nur eine Amtsprüfung. 4

2. Keine Schlüssigkeitsprüfung, I Nr. 2. Wesentlich ist ferner der Hinweis, dass das Gericht die Schlüssigkeit, → § 139 Rn. 26, nicht geprüft hat. Jedoch sollte man den für den Nichtjuristen evtl. unverständlichen Ausdruck „Schlüssigkeit" den Parteien gegenüber nicht verwenden. Am besten übernimmt das Gericht den Wortlaut von I Nr. 2. 5

3. Aufforderung, I Nr. 3. Wesentlich ist ferner die Aufforderung nach I Nr. 3. Sie stellt keinen Befehl dar, keine Anordnung, keine Anweisung. Das Gesetz bringt vielmehr zum Ausdruck, dass das Gericht den Antrags- 6 gegner nur dazu auffordern kann, die Begründetheit des angeblichen Anspruchs des Antragstellers nachzuprüfen. Keinesfalls darf das Gericht den Eindruck erwecken, es habe den Anspruch geprüft und gar ähnlich wie bei Pfändung der „angeblichen" Forderung für begründet erachtet. Auch bleibt es dem Antragsgegner überlassen mitzuteilen, ob, wann und in welchem Umfang er die Forderung bezahlt hat. Die Aufforderung des Gerichts ist keine materiell-rechtliche Nachfrist, BGH NJW-RR 1986, 1346 (wegen VOB/B). Sie ist deshalb noch keine Kostengrundentscheidung, §§ 308 II, 329, auch nicht nach § 29 Nr. 1 GKG. Bei der Aufforderung, dem Gericht einen etwaigen Widerspruch mitzuteilen, muss nach § 694 I zum Ausdruck kommen, dass auch ein Widerspruch gegen einen bloßen wie bei § 301 selbständigen Teil des Anspruchs zulässig ist. Am besten übernimmt man auch bei I Nr. 3 deren Wortlaut. Die Widerspruchsfrist beträgt grundsätzlich zwei Wochen, bei einer Auslandszustellung nach §§ 32 III 1, 34 III 1 AVAG, SchlAnh V E einen Monat. Im arbeitsgerichtlichen Mahnverfahren besteht nach § 46a III ArbGG eine Frist von 1 Woche. In einer SGG-Sache gilt § 182a SGG.

7 Das Gericht bezeichnet die Kosten dem Betrag nach. Die Kostenberechnung ist von § 2 GKG unabhängig. Wenn der Antragsteller zB nach § 2 GKG eine Kostenfreiheit hat, wird der Antragsgegner zum Kostenschuldner, Toussaint/Toussaint GKG § 29 Rn. 1 f.; Schlemmer Rpfleger 1978, 201. Bei einer Zustellung in einem der vom AVAG erfassten Staaten muss das Mahngericht den Antragsgegner nach § 34 III 2 AVAG, SchlAnh V E auf die Notwendigkeit der Benennung eines Zustellungsbevollmächtigten nach § 184 und nach § 4 II, III AVAG hinweisen. § 184 II 2 gilt entsprechend nach § 34 III 3 AVAG.

8 **4. Widerspruchsbelehrung, I Nr. 4.** Wesentlich ist ferner nach I Nr. 4 der Hinweis, dass ein Vollstreckungsbescheid nach § 699 ergehen kann und dass daraus die Zwangsvollstreckung nach § 794 I Nr. 4 zulässig wird, falls der Antragsgegner nicht binnen der nach → Rn. 6 mitzuteilenden Frist Widerspruch erhebt. Das Gericht darf keine Zahlungsfrist bewilligen. Ein Hinweis darauf, dass ein verspäteter Widerspruch nach § 694 II in einen Einspruch gegen den evtl. inzwischen ergangenen Vollstreckungsbescheid nach § 700 umgedeutet werden kann, ist an dieser Stelle noch nicht notwendig.

9 **5. Formularzwang, I Nr. 5.** Soweit § 702 I 2 Formulare eingeführt hat, ist nach § 129a ein Hinweis notwendig, dass der Widerspruch mittels des Formulars ergehen soll und dass jedes AG das Formular vorrätig hat und bei der Ausfüllung hilft. Falsch wäre ein Hinweis, der Schuldner müsse den Widerspruch derart erheben. Es ist kein Hinweis darauf notwendig, dass nach § 129a II 2 erst der Eingang des Widerspruchs bei dem Gericht maßgeblich ist, bei dem das Mahnverfahren nach § 689 stattfindet. Ein solcher Hinweis ist zwar statthaft. Man sollte aber trotz der gerichtlichen Fürsorgepflicht mit solchen Hinweisen zurückhaltend verfahren, die das Gesetz nicht vorschreibt und die wegen Art. 3 GG gar nicht oder stets erfolgen müssten, die man dann aber leicht vergisst. Jedoch müssen seit dem 1.1.2020 Rechtsanwälte und registrierte Personen nach § 10 I 1 Nr. 1 RDLG den Widerspruch in elektronischer Form übermitteln.

10 **6. Abgabe, I Nr. 6.** Wesentlich ist die Ankündigung, an welches Gericht die Sache nach einem Widerspruch nach § 696 I kommen wird. Das geschieht noch nicht dadurch, dass nach I Nr. 1 iVm § 690 I Nr. 5 der Antragsteller das für ein streitiges Verfahren angeblich sachlich zuständige Gericht benannt hat. Es ist kein Hinweis darauf notwendig, dass eine Abgabe nach § 696 I 1 erst aufgrund des Antrags des Antragstellers auf eine Durchführung des streitigen Verfahrens erfolgen werde. Es kann sinnvoll sein, ist aber nicht notwendig, den Antragsgegner auf die Möglichkeit hinzuweisen, dass das Gericht, an das die Abgabe erfolgen würde, nach § 696 V an ein anderes Gericht verweisen kann oder dass ein anderes Gericht als das im Antrag benannte inzwischen zuständig geworden sein dürfte, etwa wegen eines Umzugs des Antragsgegners, Schäfer NJW 1985, 296. Zur Problematik solcher Hinweise → Rn. 9.

11 **IV. Änderung; Berichtigung, I.** Eine inhaltliche Änderung ist bis zum Erlass des Vollstreckungsbescheids nach § 699 oder bis zum Eingang des Widerspruchs beim Mahngericht nach § 694 zulässig, Vollkommer Rpfleger 1975, 165. Eine Berichtigung von Schreibfehlern oder sonstigen offenbaren Unrichtigkeiten ist entsprechend § 319 vor und nach der Zustellung des Mahnbescheids nach § 693 statthaft, BGH NJW 1984, 242; Düss NJW-RR 1998, 1077; Ffm Rpfleger 1990, 202; aM Mü MDR 1990, 60 (nur auf einen Antrag der Partei); Zöller/Seibel Rn. 1 (nur mit Zustimmung des Antragstellers). Eine Berichtigung ist nicht wegen eines Rechtsfehlers bei der Annahme der Zuständigkeit statthaft.

12 **V. Weiteres Verfahren.** Wegen der Unterschrift → Rn. 14. Der Mahnbescheid muss ein Datum erhalten. Die Zustellung erfolgt nach §§ 166 ff., 693 I. Die Benachrichtigung des Antragstellers erfolgt nach § 693 II. Wegen der Vorwegleistungspflicht des Antragstellers → § 690 Rn. 3. Der Rpfl. entscheidet auch über die allerdings nur selten erforderliche Bewilligung einer etwa nach § 117 beantragten Prozesskostenhilfe für das Mahnverfahren nach §§ 114 ff., § 4 I RPflG. Für das streitige Verfahren nach § 697 ist dann grundsätzlich eine neue Bewilligung notwendig. Über sie entscheidet der Richter.

13 Gebühren: des Gerichts KV 1100 GKG und evtl. Anrechnung auf die Verfahrensgebühr des streitigen Verfahrens, KV 1210 GKG; des Anwalts VV 3305 RVG.

14 **VI. Unterzeichnung, II.** Nach allgemeinen Verfahrensregeln müsste der Rpfl. den Mahnbescheid mit seinem vollen Nachnamen unterzeichnen (wegen eines Verstoßes → § 689 Rn. 3). Ein Faksimilestempel ist aber hier nach der ausdrücklichen Sondervorschrift II 1 zulässig. Bei einer maschinell lesbaren Bearbeitung ist nach § 703b I auch er entbehrlich. Die letzteren beiden Fälle ändern allerdings dann, wenn der Rpfl. handschriftlich unterschreiben wollte, nichts an den Folgen des Verstoßes nach → § 689 Rn. 3. Bei einer elektronischen Aktenführung genügt nach II 2 eine einfache elektronische Signatur. Eine qualifizierte ist nach dem Wortlaut und Sinn der Vorschrift natürlich statthaft, aber nicht notwendig. Denn sie tritt nach § 130b gerade an die Stelle einer handschriftlichen Unterzeichnung, und diese ist nach II 1 eben gerade nicht erforderlich.

693 *Zustellung des Mahnbescheids.* **I Der Mahnbescheid wird dem Antragsgegner zugestellt.**

II Die Geschäftsstelle setzt den Antragsteller von der Zustellung des Mahnbescheids in Kenntnis.

Schrifttum: Maniak, Die Verjährungsunterbrechung durch Zustellung eines Mahnbescheids im Mahnverfahren, 2000.

III. Mitteilung an den Antragsteller, S. 1. Hierbei sind drei Aspekte zu beachten. 3

1. Inhalt. Das Gericht teilt dem Antragsteller oder seinem gesetzlichen Vertreter oder ProzBev nach §§ 51, 81, 172 am besten unter einer Übersendung einer Widerspruchskopie mit, dass der Antragsgegner einen Widerspruch nach § 694 erhoben hat. Es teilt auch nach § 694 II mit, wann der Widerspruch bei dem Gericht eingegangen ist, das den Mahnbescheid erlassen hat, ob der Widerspruch rechtzeitig eingegangen ist oder ob man ihn in einen rechtzeitigen Einspruch umdeuten kann und muss. Denn auch an dieser Klärung ist der Antragsteller nach § 700 III 1 natürlich interessiert. 4

2. Verfahren. Zuständig ist der Urkundsbeamte der Geschäftsstelle. Er muss sich evtl. mit dem Rpfl. oder dem Richter verständigen. Die Mitteilung muss unverzüglich erfolgen. Sie kann formlos, auch telefonisch geschehen, aM Thomas/Putzo/Hüßtege Rn. 1 (sie sei schriftlich vorzunehmen). Dann ist ein Aktenvermerk notwendig. Die Mitteilung ist unabhängig vom weiteren Schicksal des Widerspruchs oder des Einspruchs erforderlich. Es reicht aus, wenn sie zugleich mit der Mitteilung von der Abgabe nach § 696 I 3 erfolgt, sofern die Abgabe unverzüglich geschieht. Wenn das Gericht die Mitteilung abgelehnt hat, ist § 573 I anwendbar. 5

3. Materiell-rechtliche Wirkung. Der Zugang der Mitteilung kann eine materiell-rechtliche Wirkung haben. Er kann zB die Hemmung einer Verjährung nach § 204 II 2 BGB beenden, BGH NJW-RR 1998, 954; Mü NJW-RR 1988, 896 (den Widerspruch selbst braucht das Gericht dazu nicht mitzuschicken). Man kann für den Neubeginn der Verjährung auf den Zeitpunkt abstellen, zu dem das Gericht verfügt hat, die Nachricht vom Widerspruch zu übersenden. Es kommt also auf den Zeitpunkt an, in dem das Gericht seine Verfügung aus dem inneren Geschäftsbetrieb etwa durch die Übergabe an die Post, durch das Einlegen ins Anwaltsfach usw. hinausgegeben hat, LG Gött NJW-RR 1993, 1360. 6

IV. Belehrung nach S. 2. Der durch das Gesetz vom 12.12.2019, → Rn. 1, eingefügte S. 2 schreibt eine Belehrung über die Folgen des ebenfalls neu eingefügten § 697 II 2 vor und schafft damit die Voraussetzungen für die dort geregelte Klagerücknahmefiktion nach gerichtlichem Mahnverfahren. Diese Fiktion setzt voraus, dass der Antragsteller vor dem Eingang der Anspruchsbegründung durch das Mahngericht über diese Folgen belehrt oder durch das Streitgericht auf diese Folgen hingewiesen worden ist, Fölsch NJW 2020, 801 (806); Schneider NJW 2020, 2454; → § 697 Rn. 24. 7

V. Abschriften, S. 3. Der Antragsgegner soll bei einer maschinellen Bearbeitung des Mahnverfahrens, → § 703b Rn. 3, die erforderliche Zahl von Abschriften oder Ablichtungen einreichen, also je ein Exemplar für jeden Antragsteller und für jeden von deren ProzBev, nicht aber für den oder die gesetzlichen Vertreter nach § 51. Das soll zugleich mit dem Widerspruch geschehen. Durch ihr Fehlen wird jedoch die Wirksamkeit des Widerspruchs nicht berührt. Die fehlenden Abschriften werden dann auf Kosten des Antragsgegners vom Gericht hergestellt, KV 9000 Nr. 1 GKG. Bei maschineller Bearbeitung werden die erforderlichen Abschriften durch EDV erstellt. 8

696 *Verfahren nach Widerspruch.* **I [1]Wird rechtzeitig Widerspruch erhoben und beantragt eine Partei die Durchführung des streitigen Verfahrens, so gibt das Gericht, das den Mahnbescheid erlassen hat, den Rechtsstreit von Amts wegen an das Gericht ab, das in dem Mahnbescheid gemäß § 692 Abs. 1 Nr. 1 bezeichnet worden ist, wenn die Parteien übereinstimmend die Abgabe an ein anderes Gericht verlangen, an dieses. [2]Der Antrag kann in den Antrag auf Erlass des Mahnbescheids aufgenommen werden. [3]Die Abgabe ist den Parteien mitzuteilen; sie ist nicht anfechtbar. [4]Mit Eingang der Akten bei dem Gericht, an das er abgegeben wird, gilt der Rechtsstreit als dort anhängig. [5]§ 281 Abs. 3 Satz 1 gilt entsprechend.**

II [1]Ist das Mahnverfahren maschinell bearbeitet worden, so tritt, sofern die Akte nicht elektronisch übermittelt wird, an die Stelle der Akten ein maschinell erstellter Aktenausdruck. [2]Für diesen gelten die Vorschriften über die Beweiskraft öffentlicher Urkunden entsprechend. [3]§ 298 findet keine Anwendung.

III Die Streitsache gilt als mit Zustellung des Mahnbescheids rechtshängig geworden, wenn sie alsbald nach der Erhebung des Widerspruchs abgegeben wird.

IV [1]Der Antrag auf Durchführung des streitigen Verfahrens kann bis zum Beginn der mündlichen Verhandlung des Antragsgegners zur Hauptsache zurückgenommen werden. [2]Die Zurücknahme kann vor der Geschäftsstelle zu Protokoll erklärt werden. [3]Mit der Zurücknahme ist die Streitsache als nicht rechtshängig geworden anzusehen.

V Das Gericht, an das der Rechtsstreit abgegeben ist, ist hierdurch in seiner Zuständigkeit nicht gebunden.

Übersicht

1 **I. Systematik.** Ein nach §§ 692 I Nr. 3, 694 rechtzeitig eingelegter Widerspruch des Antragsgegners gegen den Mahnbescheid führt dann, wenn eine der Parteien nunmehr den Antrag auf die Durchführung des streitigen Verfahrens stellt, grundsätzlich in das streitige Verfahren, BVerfG NJW 2007, 2032 Rn. 11; BGH NJW 2009, 1213; NJW 1981, 1551. Der Antrag eines Dritten hat nicht eine solche Wirkung, Mü MDR 1988, 871. Der Übergang erfolgt also nicht von Amts wegen. Den Übergang regeln §§ 696, 698. § 697 bestimmt die anschließenden Maßnahmen des Streitgerichts. Die Überleitung in das streitige Verfahren vollzieht sich durch eine Abgabe an das Gericht, das der Antragsteller in seinem Antrag auf den Mahnbescheid nach § 690 I Nr. 5 als für das streitige Verfahren sachlich und örtlich zuständig bezeichnet hat, BGH NJW 1988, 1980; Schlesw SchlHA 1981, 72, und das Gericht entsprechend nach § 692 I Nr. 1 im Mahnbescheid bezeichnet hat (bei einer Auslandsberührung iVm § 703d II, III) oder an das die Parteien nach I 1 lt. Hs., → Rn. 13 ff. übereinstimmend die Abgabe verlangt haben. Es reicht, dass erst die eine, dann die andere Partei etwa nach einer Aufforderung zur Stellungnahme nach § 139 ein solches Verlangen stellt, sei es auch nur eindeutig stillschweigend. Es kommt nur auf den Inhalt des Verlangens an, nicht auf dessen Wortlaut. Die Erklärung ist als eine Prozesshandlung auslegbar. Das gilt bis zur Abgabe, BayObLGZ 1993, 317.

2 Der Antrag bindet jedoch das so bezeichnete Gericht in seiner Zuständigkeit nicht. Es muss evtl. die Sache nach V an ein anderes Gericht verweisen. Das Verfahren kann also von dem Gericht des Mahnverfahrens über das Gericht, an das die Akten zunächst kamen, an das Gericht gelangen, an das nunmehr eine Verweisung erfolgte. Es kann unter Umständen bei einer Weiterverweisung sogar noch an ein weiteres Gericht kommen, bevor endlich im streitigen Verfahren ein Verhandlungstermin zustande kommen kann.

3 **II. Regelungszweck.** § 696 ist ebenso wie vor allem § 697 nicht einfach. Indessen dient die Vorschrift für das notgedrungen technisch komplizierte Überleitungsverfahren doch insgesamt deutlich der Rechtssicherheit. Das gilt etwa bei der Rückwirkung der Rechtshängigkeit in III, auch wenn man diese Rückwirkung in der Praxis oft nur mühsam prüfen kann. § 696 dient aber auch der Prozessförderung, wenn es nun schon einmal zum streitigen Verfahren kommen soll. Will man den Grundgedanken eines überwiegend zum Vollstreckungsbescheid nach § 699 ohne einen Einspruch führenden raschen Gesamtverfahrens ohne einen Richter halten, sollten eine lästige Überleitung nebst einer lästigen Verweisungstechnik bei der Abwehr durch den Antragsgegner in Kauf genommen werden.

4 Verweisung nach V bringt viele der bei § 281 dargestellten Probleme mit sich. Auch bei V darf nicht aus dem notwendigen Bemühen um den nach Art. 101 I 2 GG notwendigen gesetzlichen Richter ein des Gerichts unwürdiger Nebenschauplatz werden. Jedoch liegen die Verhältnisse oft klarer als im Klageverfahren. Entsprechend knapp kann die auch dann dem Grunde nach erforderliche Begründung eines Verweisungsbeschlusses ausfallen. Andererseits sollte man stets mit bedenken, dass nun immerhin nach dem Mahngericht und dem Gericht, an das die Abgabe erfolgte, ein drittes Gericht durch eine Verweisung tätig wird, das alles in einem auf Einfachheit und Tempo konzipierten Verfahren. Umso überzeugender und daher notfalls ausführlicher muss die Verweisungsbegründung ausfallen, um nicht in eine Gefahr der Aufhebung zu geraten.

5 **III. Geltungsbereich.** Die Vorschrift gilt nicht außerhalb der ZPO. Wegen des arbeitsgerichtlichen Mahnverfahrens § 46a IV, V ArbGG, BAG NZA 2020, 1733; NJW 1982, 2792; → Vor § 688 Rn. 4, wegen einer SGG-Sache § 182a SGG.

6 **IV. Abgabevoraussetzungen, I, II.** Gegen den Mahnbescheid muss gem. §§ 692 I Nr. 3, 694 ein Widerspruch eingelegt sein, ein Antrag auf Durchführung des streitigen Verfahrens (sog. Streitantrag) muss nach I 1, IV gestellt sein und die Gebühr für das Mahnverfahren muss gezahlt sein. Eines Güteverfahrens nach § 15a II 1 Nr. 5 EGZPO bedarf es nicht, → Vor § 688 Rn. 1.

7 **1. Widerspruch.** Es muss ein wirksamer Mahnbescheid vorliegen. Der Antragsgegner muss gegen ihn grundsätzlich rechtzeitig einen Widerspruch nach §§ 692 I Nr. 3, 694 eingelegt haben. Andernfalls müsste ja auf einen Antrag nach § 699 der Vollstreckungsbescheid ergehen. Wenn der Widerspruch zwar verspätet eingeht, aber doch noch vor dem Erlass eines Vollstreckungsbescheids vorliegt, darf der Rpfl. den Vollstreckungsbescheid trotz eines etwa schon entscheidungsreifen Antrags nicht mehr erlassen.

8 Wenn sich erst nach dem Erlass des Mahnbescheids vor einem Widerspruch herausstellt, dass eine öffentliche Zustellung nach § 185 oder Auslandszustellung nach § 183 erfolgen muss, darf das Gericht die Sache im ersteren Fall nicht abgeben oder verweisen, soweit eine Auslandszustellung nach § 688 III unzulässig ist, BGH NJW 2004, 2454; Köln MDR 2004, 1377; Drsd Rpfleger 2001, 437. Das Mahnverfahren ist dann vielmehr erledigt, und der Antragsteller kann nach § 253 klagen und die Klage nach §§ 185 ff. wirksam zustellen lassen, BGH NJW 2004, 2454; Köln MDR 2004, 1377; Hamm MDR 1999, 1524; aM Hamm Rpfleger 2001, 437; Ffm MDR 1987, 64; Zöller/Seibel § 688 Rn. 8. Das Mahngericht muss das Vorliegen des Widerspruchs prüfen. Etwaige Formfragen prüft aber erst das Gericht, an das die Sache durch eine Abgabe oder anschließende Verweisung gelangt.

9 **2. Antrag auf streitiges Verfahren.** Anders als nach einem Einspruch gegen einen Vollstreckungsbescheid erfolgt nach I 1, IV aufgrund eines Widerspruchs gegen einen Mahnbescheid nach § 694 eine Abgabe nur nach einem entsprechenden Antrag (sog. Streitantrag) einer der beiden Parteien auf die Durchführung des streitigen Verfahrens, Hamm BeckRS 2015, 20616; Brdb FamRZ 2014, 1731; Ffm NJW-RR 1992, 1342; LG Fulda NJW-RR 1999, 221. Es ist unerheblich, ob dieses Ersuchen vom Antragsteller oder vom Antragsgegner stammt, Düss NJW-RR 1997, 704; Mü MDR 1997, 891; Hmb MDR 1994, 520. Ein Antrag auf Prozesskostenhilfe für ein streitiges Verfahren nach § 117 reicht, Hamm NJOZ 2014, 1029. Der Antrag, hilfsweise das Verfahren zur Entscheidung über den Kostenantrag an das zuständige Streitgericht abzugeben, ist als Abgabeantrag nach I auszulegen, Hamm BeckRS 2015, 20616. Es reicht aus, dass die Partei zum Ausdruck bringt, die Sache solle streitig ausgetragen werden. Der Antrag liegt nicht automatisch im Widerspruch. Denn der Antragsgegner will evtl. noch abwarten, ob der Antragsteller überhaupt noch das streitige Verfahren wünscht. Deshalb endet das Mahnverfahren noch nicht durch den Widerspruch allein, KG NJW-RR 1992, 1023. Vielmehr ordnet das Gericht beim Eingang eines bloßen Widerspruchs zunächst nur Maßnahmen nach § 695 S. 1 an.

Das Gericht fragt grundsätzlich auch nicht etwa von Amts wegen beim Antragsgegner an, ob er auch den Antrag auf die Durchführung des streitigen Verfahrens stelle oder ob sein Widerspruch dieses Ziel habe. Eine solche Anfrage ist nur dann angebracht, wenn die Eingabe des Antragsgegners es immerhin als möglich erscheinen lässt, dass er auch die Durchführung des streitigen Verfahrens wünscht. Ein Antrag auf die Durchführung des streitigen Verfahrens kann auch in einem Antrag „auf Anberaumung einer mündlichen Verhandlung" oder in einer ähnlichen Formulierung liegen. Er ist nach I 2 schon im Antrag auf den Mahnbescheid nach § 690 zulässig. Das geschieht auch meistens in der Praxis, Liebheit NJW 2000, 2237, sogar formularmäßig. In der Zahlung des weiteren Kostenvorschusses (KV 1210) kann ein Antrag auf Durchführung des streitigen Verfahrens gesehen werden, wenn ein Hinweis erfolgt ist, dass dies als Streitantrag gewertet werde, Karlsr BeckRS 2015, 8166 = JurBüro 2015, 428; LG Mü JurBüro 2005, 540; aM Mü MDR 1997, 890; Liebheit NJW 2000, 2240 (nur nach einer Anfrage, ob ein streitiges Verfahren erfolgen soll). Ein Antrag auf eine nur teilweise Abgabe ist möglich. 10

3. Keine Hinweispflicht. Es besteht keine Hinweispflicht des Gerichts von Amts wegen, dass ein Antrag auf die Durchführung des streitigen Verfahrens noch fehle. Eine solche Pflicht besteht auch nicht bei einer Mitteilung nach § 695. Ein besonderer Antrag auf eine Abgabe ist nach I 1 lt. Hs. nicht stets erforderlich, sondern nur bei einer Abgabe an ein „anderes Gericht". Es genügt ein Antrag auf die Durchführung des streitigen Verfahrens. Er braucht nach § 702 keine Form. Man kann ihn zum Protokoll des Urkundsbeamten stellen. Eine Vollmacht ist nur in der Form einer Versicherung nach § 703 S. 2 nötig. Man kann den Antrag nach § 129a I bei jedem AG stellen. Wirksam wird er aber nach § 129a II 2 erst beim Eingang in der Posteinlaufstelle des Gerichts, das den Mahnbescheid erlassen hat. Bei elektronischer Einreichung gelten §§ 130a–d. Der Antrag kann unter den Voraussetzungen IV zurückgenommen werden. 11

4. Zahlung der Gebühren. Die Zahlung der Gebühr für das Mahnverfahren nach KV 1100 GKG muss erfolgt sein, ebenso die Zahlung der 3,0-Verfahrensgebühr KV 1210 GKG mit dessen amtlicher Anmerkung. Das gilt aber nur dann, wenn der Antragsteller die Abgabe beantragt. Es besteht also dann keine Vorwegleistungspflicht, wenn nicht der Antragsteller, sondern nur der Antragsgegner die Durchführung des streitigen Verfahrens begehrt. Jedoch ist der Antragsgegner Gebührenschuldner nach § 22 I GKG, Liebheit NJW 2000, 2236. Der Antragsteller bleibt dann vorwegleistungspflichtig, wenn beide Parteien den Abgabeantrag stellen, Hamm NJW-RR 2003, 357. Wenn das Gericht die Sache nach V verweist, besteht keine Vorwegleistungspflicht. Auch ohne Kostenvorschuss behält die Abgabe nach I Ziff. 3 ihre Wirkung, Karlsr JurBüro 2015, 428; Köln MDR 2013, 115 (bei Abgabe eines Mahnverfahrens). 12

V. Abgabeverfahren, I, II. Die Abgabe ist unter folgenden Voraussetzungen möglich: 13

1. Entscheidung. Die Abgabe erfolgt unverzüglich nach dem Vorliegen der Voraussetzungen nach § 329 durch eine Verfügung oder einen Beschluss des Rpfl. nach § 20 I Nr. 1 RPflG oder des landesrechtlich bestellten Urkundsbeamten der Geschäftsstelle. Diese Entscheidung bildet nach II, § 703b auch bei einer maschinellen Bearbeitung die Grundlage, Mayer NJW 1983, 93. II 2 stellt iVm § 182 klar, dass auch die Zustellangaben im Aktenausdruck nach § 418 beweiskräftig, aber zu entkräften sind, Drsd JurBüro 1999, 154. Die Abgabe erfolgt grundsätzlich an das Gericht, das in dem Mahnbescheid nach § 692 I Nr. 1 steht. Es kann auch eine Abgabe an das LG erforderlich sein. Ist jedoch der Wert nach der Zustellung des Mahnbescheids auf 5000 EUR oder darunter gesunken, kommt die Abgabe wegen § 23 Nr. 1 GVG an das AG in Betracht, Ffm OLGZ 1993, 91. Ein Antrag nur des Antragstellers auf eine Abgabe an ein anderes als an das im Mahnbescheid genannte Gericht ist nach dem eindeutigen Wortlaut von I 1 lt. Hs. unbeachtlich, Niepmann NJW 1985, 1453; aM Schäfer NJW 1985, 297 (bis zum Eingang bei demjenigen Gericht, an das die Abgabe erfolge, sei eine diesbezügliche Änderung statthaft.) 14

Nur vor der Abgabe sind nach I 1 lt. Hs. das abgebende Gericht bindende übereinstimmende Anträge beider Parteien auf eine Abgabe an ein anderes Gericht als das im Mahnantrag angegebene wirksam, BayObLG NJW-RR 1995, 636; Schlesw Rpfleger 2001, 38; Hansens NJW 1991, 959. Das abgebende Gericht prüft weder weitere Zuständigkeitsfragen, Ffm AnwBl 1980, 198, noch gar die Schlüssigkeit des Anspruchs BayObLG Rpfleger 1980, 436; Büchel NJW 1979, 947. Wenn mehrere Antragsgegner unterschiedliche Gerichtsstände haben, muss das Gericht die Verfahren nach § 145 trennen, Hamm Rpfleger 1983, 177; Vollkommer Rpfleger 1977, 143. Eine erneute Verbindung kann nach § 36 I Nr. 3 erfolgen. 15

2. Mitteilung. Das Gericht teilt die Abgabe formlos mit, Thomas/Putzo/Hüßtege Rn. 5; Zöller/Seibel Rn. 4; aM Mü MDR 1980, 501. Die Mitteilung geht an beide Parteien unabhängig davon, wer die Durchführung des streitigen Verfahrens beantragt hatte. Das Gericht übermittelt die Akten, bei einer maschinellen Bearbeitung nach §§ 415, 417, 418 mangels einer elektronischen Übermittlung den beweiskräftigen Aktenausdruck nach II 1, 3, BGH NJW 2006, 151, ohne Anwendung des § 298 an das nunmehr zunächst durch die Abgabe örtlich und sachlich zuständig werdende Gericht. Das kann ein AG oder ein LG sein. 16

3. Unanfechtbarkeit. Die Abgabeentscheidung des Rpfl. oder des landesrechtlich bestellten Urkundsbeamten der Geschäftsstelle ist nach I 3 für die Parteien schlechthin unanfechtbar, Musielak FamRZ 1981, 928. Es ist also beim Rpfl. weder eine sofortige Beschwerde nach § 567 noch eine sofortige Erinnerung nach § 11 I, II RPflG und beim Urkundsbeamten nicht die befristete Erinnerung nach § 573 I statthaft. Das scheint dem § 11 II 1 RPflG zu widersprechen. Indessen erfolgt ja bereits die in I 3 als „nicht anfechtbar" bezeichnete Abgabe stets richtigerweise durch den Rpfl. oder den Urkundsbeamten. Es ist nicht der Sinn von I 3, nun das komplizierte Verfahren der sofortigen Erinnerung einzuschalten, sog. teleologische Reduktion. Beim landesrechtlich bestellten Urkundsbeamten schließt § 36b III RPflG ausdrücklich eine an sich denkbare befristete Erinnerung nach § 573 I aus. 17

Deshalb ist eine Begründung entbehrlich. Es ist auch keineswegs eine Zurückgabe oder „Zurückverweisung" zulässig. Das Gericht, an das die Abgabe nun einmal erfolgt ist, muss bei seiner Unzuständigkeit nach V vorgehen. Jedoch kann jeder Beteiligte die Berichtigung offenbarer Schreibfehler anregen. § 319 gilt entsprechend. 18

4. Ende des Mahnverfahrens. Nicht schon mit dem Eingang des Antrags nach I, sondern erst mit dem Akteneingang beim Gericht des streitigen Verfahrens endet das Mahnverfahren, BGH NJW-RR 1995, 1336; Ffm MDR 2004, 832; LG Mü NZM 2010, 327; aM Mü NJW-RR1998, 504; LG Stgt NJW-RR 1998, 648 („mit der Abgabe"); Mü MDR 1980, 501 (mit der Mitteilung der Abgabe); Düss NJW-RR 1998, 1077; Mü MDR 1992, 909 (mit Antragseingang); Karlsr FamRZ 1991, 91; Köln MDR 1985, 680 (je: mit dem Tätigwerden des 19

Empfangsgerichts); Celle NJW-RR 1994, 1276; Ffm NJW-RR 1992, 448; Kblz OLGZ 1991, 376 (mit der Zustellung der Anspruchsbegründung nach § 697 I). Aber alle diese Varianten überzeugen nicht. Denn erst ab dem Akteneingang kann das Gericht des streitigen Verfahrens tätig werden. Es muss auch von diesem Augenblick an tätig werden. Ab jetzt gilt der Rechtsstreit als nicht schon allgemein nach → Rn. 21 ff., sondern gerade bei diesem Gericht anhängig.

20 Die Rechtshängigkeit tritt erst nach III ein. Das alles gilt unabhängig davon, wie viel Zeit zwischen dem Widerspruch und der Abgabe verstrichen ist. Die bisherigen Kosten werden nach I 5 iVm § 281 III 1 ein Teil der Kosten, die vor dem Gericht entstehen, an das die Abgabe erfolgte. Von jetzt an ist grundsätzlich nicht mehr der Rpfl. zuständig, sondern der Richter des streitigen Verfahrens, Mü Rpfleger 1983, 288. Eine weitere Abgabe ist als solche unzulässig, Büchel NJW 1979, 947. Die Parteien heißen nun Kläger und Bekl. Der im Mahnverfahren bestellte ProzBev kann der richtige Zustellungsadressat bleiben.

21 **VI. Rechtshängigkeit, III.** Wurde das Mahnverfahren betrieben, ist auf den Zeitpunkt der Rechtshängigkeit nach III abzustellen, Brdb FamRZ 2014, 1731 (Unterhaltssache). Die Rechtshängigkeit kann aber nicht gem. § 696 III auf den Zeitpunkt der Zustellung des Mahnbescheids zurückbezogen werden, wenn die Sache nicht iSd Vorschrift alsbald nach Erhebung des Widerspruchs an das Prozessgericht abgegeben worden ist, BGH NJW 2009, 1213 Rn. 12. „Alsbald" ist wie „demnächst" in § 167 zu definieren, BGH NJW 2008, 1672 Rn. 11.

22 **1. Grundsatz: Möglichkeit der Rückwirkung.** Eine bloße Anhängigkeit beim Mahngericht tritt stets bereits mit dem dortigen Eingang des Mahnbescheids ein. Sie tritt beim Gericht des streitigen Verfahrens nach I 4 mit dem dortigen Eingang der Akten oder des Aktenausdrucks ein, Mü GRUR-RR 2009, 166. Demgegenüber tritt die Rechtshängigkeit nur dann ebenfalls bereits mit der Zustellung des Mahnbescheids nach § 693 I ein, wenn die Abgabe nach → Rn. 24 alsbald nach dem Eingang des Widerspruchs beim AG des Mahnverfahrens erfolgt, BGH NJW 2009, 1213 Rn. 12; NJW 1988, 1980; aM Mü GRUR-RR 2009, 166. Das gilt übrigens vernünftigerweise auch bei einer Umstellung der Forderung im streitigen Verfahren von der einen Währung auf die andere, Schmidt NJW 1989, 67. Bei einem Widerspruch vor einem anderen AG ist nach § 129a II 2 erst der Eingang beim Mahngericht maßgeblich. Es ist unerheblich, ob der Antragsgegner die 2-Wochen-Frist des § 692 I Nr. 3 eingehalten hatte. Man muss § 269 III 3 evtl. mit beachten, AG Ludwigslust JurBüro 2011, 42.

23 Wenn das Mahngericht inzwischen einen Vollstreckungsbescheid erlassen hatte, ist evtl. eine Umdeutung in einen Einspruch nach § 694 II notwendig. Dann tritt die Rechtshängigkeit nach § 700 II ein. Bei einem nach §§ 340 II 2, 700 I zulässigen nur teilweisen Einspruch tritt die Rechtshängigkeit natürlich nur im angefochtenen Umfang rückwirkend ein. Folglich bedeutet der Teileinspruch keine Änderung nach dem Eintritt der Rechtshängigkeit nach § 261 III Nr. 2. Ab Rechtshängigkeit ist keine Zuständigkeitsvereinbarung mehr zulässig und sind nach § 291 S. 1 BGB Prozesszinsen entstanden, Löwisch NJW 2001, 128.

24 **2. Alsbaldige Abgabe.** Das Wort „alsbald" in III ist ebenso zu verstehen wie das Wort „demnächst" in §§ 167, 691 II, BGH NJW 2009, 1213 Rn. 12; NJW 2008, 1672 Rn. 11; NJW 1988, 1980; KG MDR 1998, 619; Köln VersR 1991, 198; → Rn. 21 ff. Eine alsbaldige Abgabe liegt also zB nicht mehr nach fast 4 Monaten vor, Köln VersR 1991, 198; LG Köln NJW 1978, 650, erst recht nicht nach sechs Monaten, Mü MDR 1980, 501, oder gar nach zehn Monaten, BayObLG MDR 1983, 322. Die Abgabe der Mahnsache ist aber selbst nach längerer Zeit als „alsbald" erfolgt anzusehen, wenn der Kläger den Antrag auf Durchführung des streitigen Verfahrens rechtzeitig gestellt und die nach Erhebung des Widerspruchs zu entrichtende Gerichtsgebühr unverzüglich gezahlt hat, BGH NJW 1988, 1980. Grds. ist die Sache alsbald abgegeben, wenn dem Kläger (Antragsteller) lediglich eine geringfügige Verzögerung der Abgabe bis zu 14 Tagen anzulasten ist, BGH NJW 2009, 1213. Der Kläger braucht nach der Erfüllung aller sonstigen Pflichten nicht von sich aus sogleich nach dem Grund der Verzögerung zu fragen. Ggfls. ist das nach einem ohne erkennbaren Grund eingetretenen längeren Zeitablauf erforderlich, BGH NJW 1978, 216; nicht aber, wenn der Kläger alles in seiner Macht stehende getan hat, BGH NJW 1988, 1980. Die Rückwirkung erfolgt nur auf den Zeitpunkt der Zustellung des Mahnbescheids nach § 693 I. Bei § 693 II erfolgt die Rückwirkung auf den Zeitpunkt der Einreichung oder der Anbringung des Antrags auf den Mahnbescheid. Über die materiell-rechtlichen Wirkungen → § 693 Rn. 6.

25 **3. Spätere Abgabe.** Wird nach Erhebung des Widerspruchs gegen einen Mahnbescheid die Sache nicht alsbald an das zur Durchführung des streitigen Verfahrens zuständige Gericht abgegeben, → Rn. 24, ist nicht gesetzlich ausdrücklich bestimmt, wann Rechtshängigkeit eintritt. Nach vorzugswürdiger Auffassung tritt die Rechtshängigkeit mit dem Eingang der Verfahrensakte beim Prozessgericht ein, da dieser Zeitpunkt zuverlässig aus den Akten festgestellt werden kann, BGH NJW 2009, 1213 Rn. 14 ff; NJW 2008, 1672 Rn. 13 (aber im Ergebnis noch offen gelassen; Drsd NJW-RR 2003, 194 (195); → § 261 Rn. 6; Thomas/Putzo/Hüßtege Rn. 13, Zöller/Seibel Rn. 9; MüKoZPO/Schüler Rn. 21. Bis zu diesem Zeitpunkt kann das Wahlrecht (§ 35) nach § 690 I Nr. 5 ausgeübt werden, Mü NJOZ 2007, 4665 (4668). Die Gegenmeinung sieht den Eintritt der Rechtshängigkeit grundsätzlich erst dann als gegeben, wenn die Anspruchsbegründung nach § 697 I dem Antragsgegner zugeht, bzw. bei deren Ausbleiben mit Terminsbestimmung, da erst die Anspruchsbegründung in einer der Klageschrift nach § 253 II Nr. 2 entsprechenden Form gleichsteht. Jetzt erst müsse unter anderem eine Begründung nach § 253 II Nr. 2 erfolgen, BGH NJW 1993, 1071; Mü MDR 2007, 1278; KG MDR 2002, 1148; Ruess NJW 2006, 1916.

26 Für die sachliche und örtliche Zuständigkeit des Gerichts ist auf den Zeitpunkt nach I 4 und nicht auf die Fiktion des III iVm § 700 II bei Vorliegen der Voraussetzungen abzustellen, KG NJW-RR 1999, 1011; Ffm NJW-RR 1996, 1403; → § 261 Rn. 27 „Mahnverfahren"; Thomas/Putzo/Hüßtege Rn. 25; Zöller/Seibel Rn. 7, 11. Daher sind Veränderungen, die die sachliche oder örtliche Zuständigkeit betreffen, (erst) ab diesem Zeitpunkt nicht mehr relevant, → § 261 Rn. 27 „Mahnverfahren".

27 Wenn der Antragsteller schon in seinem Antrag auf Erlass eines Mahnbescheids nach § 690 eine dem § 253 II Nr. 2 genügende Anspruchsbegründung geliefert hatte, wäre eine Aufforderung nach § 697 I 1 sinnlos. Dann tritt die Rechtshängigkeit auch bei einer nicht alsbaldigen Abgabe ausnahmsweise wenigstens mit der Zustellung einer etwaigen Aufforderung an den Bekl. zu einer Klageerwiderung nach § 697 III 1 ein, oder mit der Zustellung der Ladung zum Termin oder mit einer sonstigen Mitteilung des Gerichts an die Parteien darüber, dass die Akten eingegangen sind, Köln MDR 1985, 680.

VII. Zurücknahme des Antrags auf streitiges Verfahren, IV. Hierbei sind folgende Aspekte zu beachten. 28

1. Grundsatz: Möglichkeit der Rücknahme. Man darf nach → Rn. 34 eine Zurücknahme des Antrags auf ein streitiges Verfahren nicht mit anderen Rücknahmeerklärungen verwechseln, Mü MDR 1992, 187; Stgt MDR 1990, 557. Jede Partei kann nur ihren eigenen Antrag auf Durchführung des streitigen Verfahrens zurücknehmen. Bei mehreren Anträgen dieser Art, sei es mehrerer Antragsgegner, sei es sowohl des Antragstellers als auch des Antragsgegners, endet das Abgabeverfahren erst dann, wenn sämtliche Anträge wirksam entfallen sind. Die Rechtshängigkeit kann jedoch nach IV 3 bereits im Verhältnis zu dem jeweils zurücknehmenden Antragsgegner dann entfallen, wenn ein weiterer Antragsgegner keine Rücknahme erklärt. Etwas anderes gilt nur bei einer notwendigen Streitgenossenschaft nach § 62. Die Sache bleibt beim Streitgericht zwar nicht rechtshängig, wohl aber evtl. anhängig, Karlsr Rpfleger 2015, 566; Düss MDR 1981. 29

2. Teilrücknahme, Erledigung. Eine Rücknahme ist auch wegen eines nach § 301 selbständigen Teils des Anspruchs zulässig. Sie kann in einer Beschränkung der Anspruchsbegründung liegen, Mü MDR 1992, 187. Die Zurücknahme ist auch nicht mit einer einseitigen Erledigungserklärung zu verwechseln, Bbg JurBüro 1992, 762; Mü NJW-RR 1996, 957; Fischer MDR 1994, 125; aM BayObLG MDR 2003, 830; MüKoZPO/Schüler Rn. 26; Zöller/Seibel Rn. 2 (sie werten eine einseitige „Erledigungserklärung" vor dem Beginn der mündlichen Verhandlung grundsätzlich als eine Zurücknahme.). Dasselbe gilt bei einer teilweisen einseitigen Erledigungserklärung, aM Köln JurBüro 1988, 617; Stgt MDR 1984, 673. Erst recht gilt das bei beiderseitigen wirksamen Erledigungserklärungen. 30

3. Zulässigkeitszeitraum. Die Rücknahme ist nach IV 1 nur bis zum Beginn der mündlichen Verhandlung des „Antragsgegners" zulässig, also nur bis zum Antrag des Bekl. zur Hauptsache. Sie ist also noch nach einer Erörterung im Haupttermin zulässig, solange dort noch keine Sachanträge zum Protokoll vorliegen, also vor dem Beginn der eigentlichen streitigen Verhandlung nach § 137 I. Das gilt auch dann, wenn der Antragsteller den Antrag zurücknimmt. Also muss man auch dann auf das Verhalten des Antragsgegners abstellen. Im Verfahren nach § 182a SGG ist die Rücknahme nach § 182a I 3 SGG nur bis zur Abgabe an das SG zulässig. 31

4. Form einer Rücknahmeerklärung. Die Rücknahme erfolgt nach IV 2 schriftlich oder nach §§ 130ad elektronisch oder zum Protokoll der Geschäftsstelle. Man kann sie nach § 129a I gegenüber jedem AG erklären. Sie ist jedoch nach § 129a II 2 erst mit dem Eingang bei dem Gericht wirksam, bei dem die Sache jetzt anhängig ist. Die Rücknahme kann also auch nach der Abgabe der Sache an das LG nach § 78 III Hs. 2 ohne einen Anwaltszwang wirksam erfolgen, Kblz NJW-RR 2000, 1370; Mü AnwBl 1984, 371; LG Ffm Rpfleger 1979, 429. Eine „Klagerücknahme" lässt sich nach einem vorangegangenen Mahnverfahren grundsätzlich wie eine Rücknahme des Antrags des Klägers auf ein streitiges Verfahren behandeln. Auch sie ist daher ohne einen Anwaltszwang zulässig, Kblz NJW-RR 2000, 1370; LG Essen JZ 1980, 237; Fischer MDR 1994, 126; aM Kblz MDR 1984, 322; MüKoZPO/Schüler Rn. 27 (Anwaltszwang wie sonst. Aber hier liegt die Rücknahme eines noch im Mahnverfahren gestellten Antrags vor). Dasselbe gilt daher im Ergebnis auch dann, wenn auch oder nur der Bekl. den Antrag auf ein streitiges Verfahren gestellt hatte. 32

5. Auslegung. Jedoch kann eine bloße Antragsrücknahme nach IV ausnahmsweise nur den Zweck eines weiteren Abwartens haben. Sie kann deshalb keine Klagerücknahme nach § 269 bedeuten, Mü MDR 1987, 415; Stgt MDR 1990, 557. Deshalb bedeutet der rückwirkende Wegfall der Rechtshängigkeit nach IV 3 nicht auch den Wegfall der Anhängigkeit, Mü MDR 1987, 415; Stgt MDR 1990, 557. Im Übrigen kommt nach einem Vollstreckungsbescheid nach § 699 keine Antragsrücknahme nach IV mehr in Betracht, sondern nur noch eine Klagerücknahme nach § 269, Kblz MDR 1984, 322. Dafür besteht ein Anwaltszwang, Kblz MDR 1984, 322; LG Bonn NJW-RR 1986, 223. 33

Eine Rücknahme des Antrags auf Durchführung des streitigen Verfahrens stellt nicht automatisch die Rücknahme des Antrags auf den etwa noch nicht erlassenen Mahnbescheid dar, KG MDR 2005, 1246; Stgt MDR 1990, 557; Fischer MDR 1994, 125. Denn der Antragsteller kann nunmehr nach → Rn. 9 f. abwarten wollen, wie sich der Schuldner nach dem Erhalt des Mahnbescheids nach § 693 I verhält. Die Rücknahme des Antrags auf Durchführung des streitigen Verfahrens ist auch nicht stets eine Widerspruchsrücknahme nach § 697 IV, Schwab NJW 1979, 697. Der Antragsgegner kann nun hoffen, um ein streitiges Verfahren herumzukommen, zB durch jetzt erst mögliche Ratenzahlungen. §§ 702, 703 sind nach → Rn. 19 nicht mehr anwendbar, soweit das Mahnverfahren schon beendet ist. Eine Anspruchsbegründung nur zu einem Teil des im Mahnantrag genannten Anspruchs lässt sich als eine Teilrücknahme bewerten, KG JurBüro 1982, 614. § 269 III 2 ist dann unanwendbar, BGH BB 2005, 1876. 34

6. Unwiderruflichkeit einer Rücknahmeerklärung. Die Rücknahme ist eine unwiderrufliche Prozesshandlung. 35

7. Kostenfolgen einer Rücknahme. Ob bei Zurücknahme des Antrags auf Durchführung des streitigen Verfahrens § 269 III, IV entsprechend anwendbar ist, ist streitig. Hierfür können Zweckmäßigkeitsgesichtspunkte sprechen, Ffm MDR 1999, 1223; KG NJW-RR 1993, 1472; LG Brem MDR 2006, 1310; LG Dortm NJW-RR 2001, 1438. Die Zurücknahme des Antrags auf Durchführung des streitigen Verfahrens steht aber der Klagerücknahme nicht gleich, da durch die Antragsrücknahme der Rechtsstreit nicht endgültig beendet wird; es entfällt lediglich die Rechtshängigkeit. Bei dieser Sachlage ist § 269 III nicht anwendbar; es kann eine abschließende Kostenentscheidung nicht getroffen werden, BGH NJW-RR 2006, 201; Stgt MDR 2000, 791; Düss MDR 1981, 766; Ruess NJW 2006, 1921; Zöller/Seibel Rn. 2; vertiefend → § 269 Rn. 53 „Mahnverfahren". 36

Wenn die Rücknahme unter den Voraussetzungen KV 1211 erfolgt, ermäßigt sich die Verfahrensgebühr KV 1210 GKG auf 1,0, KV 1211 amtliche Anmerkung S. 1 GKG. Auf eine sofortige Beschwerde nach § 567 muss das Gericht einen Beschluss nach § 269 III, IV dann aufheben, wenn der Beschwerdeführer das streitige Verfahren nun doch noch zulässig durchführen lassen will, Mü MDR 1987, 415, aM Kblz MDR 2006, 176. 37

VIII. Verweisung, V. Die Verweisung nach V erfordert ein sorgfältiges Verfahren. 38

1. Grundsatz: Möglichkeit der Verweisung. Es entsteht nach V keine Zuständigkeitsbindung des Gerichts, an das die Sache durch eine Abgabe kommt. Dieses Gericht ist weder örtlich noch sachlich noch im Verhältnis zwischen seiner etwaigen Zivilkammer und der Kammer für Handelssachen gebunden, BayObLG JurBüro 1997, 39

153; Schäfer NJW 1985, 299. Vielmehr findet dort eine erneute Prüfung der allgemeinen Prozessvoraussetzungen statt. Zusätzlich prüft dieses Gericht natürlich von Amts wegen alle erstmalig hier anfallenden Zuständigkeitsfragen. Maßgebend ist der Zeitpunkt der Rechtshängigkeit, Schlesw MDR 2007, 1280; KG NJW-RR 1999, 101; Ffm NJW-RR 1995, 831.Dieses Gericht prüft ferner evtl. aufgrund eines notwendigen Verweisungsantrags des Klägers die Notwendigkeit einer ersten echten Verweisung an das Gericht, das sich bei dieser Prüfung als das tatsächlich zuständige Gericht ergibt, Ffm NJW-RR 1992, 1342.

40 Die Angaben nach § 690 I Nr. 1 oder nach §§ 703d III, 692 I Nr. 1 sind also für das Gericht, an das die Abgabe erfolgte, nur eine Anregung bei seiner Prüfung. Auch bei einer fehlerhaften Abgabe darf das Gericht, an das die Abgabe erfolgte, nur nach V vorgehen. Wenn sich ergibt, dass überhaupt keine Zuständigkeit vorhanden ist, muss dieses Gericht evtl. nach einem Hinweis nach § 139 die Klage als unzulässig abweisen.

41 **2. Antrag; Verfahren.** Die Verweisung erfolgt nur aufgrund eines Antrags. Das gilt, obwohl V einen solchen Antrag nicht ausdrücklich fordert und obwohl eine Abgabe nach I zwar einen Antrag auf die Durchführung des streitigen Verfahrens nach I 1 erfordert, nicht aber einen besonderen Antrag auf eine Abgabe der Sache. Denn bei der in V genannten Verweisung handelt es sich um die nach § 281, Büchel NJW 1979, 947. Das setzt V als selbstverständlich voraus. Mangels eines Verweisungsantrags muss das Gericht die Klage evtl. als unzulässig abweisen. Eine mündliche Verhandlung ist wie bei § 281 I 1 wegen der Beschlussform einer Verweisung nach § 128 IV Hs. 1 entbehrlich. Das Gericht hat eine Hinweispflicht auf seine Unzuständigkeit, beim AG aus § 504, sonst aus § 139, und zwar aufgrund einer etwaigen mündlichen Verhandlung stets aus § 139 II, III.

42 Eine Änderung oder Berichtigung ist möglich. Ein Anwaltszwang besteht für den Verweisungsantrag wegen des hier mitgeltenden § 281 II 1 iVm § 78 III Hs. 2 nicht. Für das weitere Verfahren besteht der Anwaltszwang aber wie üblich, Düss OLGZ 1989, 203; KG AnwBl 1984, 508; Schäfer NJW 1985, 300; aM Mü AnwBl 1984, 371; LG Darmst NJW 1981, 2709; Zinke NJW 1983, 1082.

43 **3. Bestimmung des zuständigen Gerichts.** Bei unterschiedlichen Gerichtsständen mehrerer Antragsgegner kann evtl. auch schon vor dem Erlass des Mahnbescheids § 36 I Nr. 3 anwendbar sein, BGH NJW 1978, 1982; BayObLG Rpfleger 1980, 436; Düss Rpfleger 1978, 184. Dies gilt aber nicht bei mehreren Antragstellern mit verschiedenen allgemeinen Gerichtsständen, BGH NJW 1978, 321. Dasselbe kann dann infrage kommen, wenn nach der Abgabe ein Insolvenzverfahren über das Vermögen des Bekl. beginnt und der Verwalter nicht aufnimmt, BayObLGZ 1985, 314.

44 **4. Unterbleiben einer Verweisung.** Keine Verweisung erfolgt dann, wenn das Gericht, an das nach V abgegeben wurde, bereits sachlich und örtlich zuständig ist. § 35 ist also unanwendbar. Denn der Antragsteller hätte grundsätzlich im Wahlgerichtsstand klagen können, BGH NJW 1993, 1273; Schlesw NJW 2006, 3360; Brdb NJW 2004, 781; aM Ffm MDR 2004, 832. Eine Ausnahme kann bei einer nachträglichen Wahlmöglichkeit vorliegen, Mü MDR 2007, 1155. Zu den Folgen einer etwa nach § 38 wirksamen und dann auch für V maßgeblichen Gerichtsstandsvereinbarung BGH NJW 1993, 2810; Düss OLGZ 1989, 203; Stgt AnwBl 1982, 385. Auch §§ 38 ff. sind ab der Rechtshängigkeit unanwendbar.

45 **5. Kostenfolgen einer Verweisung.** Nach einer Verweisung muss das Gericht die Gesamtkosten des Prozesses berechnen, an das der Prozess nun gekommen ist. Das gilt also einschließlich der im Mahnverfahren entstandenen Kosten, Düss OLGZ 1989, 202; aM Hamm AnwBl 1982, 78. Wenn eine Verweisung an ein objektiv ausschließlich zuständiges Gericht erfolgte, muss das Gericht die durch die Einschaltung des unzuständigen Gerichts entstandenen Mehrkosten jetzt ebenso nach § 281 III 2 dem in der Hauptsache Siegenden auferlegen.

46 **6. Verstoß.** Er kann nur bei einer Willkür eine Bindungswirkung entfallen lassen, BGH NJW 1993, 1273; Karlsr Rpfleger 2015, 566; Schlesw NJW-RR 2001, 646.

697 *Einleitung des Streitverfahrens.* **I [1]Die Geschäftsstelle des Gerichts, an das die Streitsache abgegeben wird, hat dem Antragsteller unverzüglich aufzugeben, seinen Anspruch binnen zwei Wochen in einer der Klageschrift entsprechenden Form zu begründen. [2]§ 270 Satz 2 gilt entsprechend.**

II [1]Bei Eingang der Anspruchsbegründung ist wie nach Eingang einer Klage weiter zu verfahren. [2]Soweit der Antrag in der Anspruchsbegründung hinter dem Mahnantrag zurückbleibt, gilt die Klage als zurückgenommen, wenn der Antragsteller zuvor durch das Mahngericht über diese Folge belehrt oder durch das Streitgericht auf diese Folge hingewiesen worden ist. [3]Zur schriftlichen Klageerwiderung im Vorverfahren nach § 276 kann auch eine mit der Zustellung der Anspruchsbegründung beginnende Frist gesetzt werden.

III [1]Geht die Anspruchsbegründung nicht rechtzeitig ein, so wird bis zu ihrem Eingang Termin zur mündlichen Verhandlung nur auf Antrag des Antragsgegners bestimmt. [2]Mit der Terminsbestimmung setzt der Vorsitzende dem Antragsteller eine Frist zur Begründung des Anspruchs; § 296 Abs. 1, 4 gilt entsprechend.

IV [1]Der Antragsgegner kann den Widerspruch bis zum Beginn seiner mündlichen Verhandlung zur Hauptsache zurücknehmen, jedoch nicht nach Erlass eines Versäumnisurteils gegen ihn. [2]Die Zurücknahme kann zu Protokoll der Geschäftsstelle erklärt werden.

V [1]Zur Herstellung eines Urteils in abgekürzter Form nach § 313b Absatz 2, § 317 Absatz 5 kann der Mahnbescheid an Stelle der Klageschrift benutzt werden. [2]Ist das Mahnverfahren maschinell bearbeitet worden, so tritt an die Stelle der Klageschrift der maschinell erstellte Aktenausdruck.

Übersicht

I. Systematik. Während § 696 das Verfahren von dem Eingang des Widerspruchs bis zur Abgabe die folgende 1
Zuständigkeitsprüfung und evtl. eine Verweisung regelt, enthält § 697 das übrige Verfahren vom Akteneingang bei dem Gericht, an das die Sache durch die Abgabe kam, für das streitige Verfahren bis zum Erlass seines Urteils. Die Vorschrift enthält jedoch nur die Regeln, in denen dieser Teil des Verfahrens von demjenigen der §§ 271 ff. abweicht, beim AG iVm §§ 495 ff. Außerdem regelt IV die Rücknahme des Widerspruchs, und zwar auch vor einem Akteneingang bei dem Gericht, an das die Sache durch die Abgabe kam. I bis III gelten dann entsprechend, wenn dieses Gericht die Sache ohne eine mündliche Verhandlung verwiesen hat oder wenn eine Weiterverweisung ohne eine mündliche Verhandlung erfolgte. II 2 ist eingefügt mWv 1.1.2020 durch Art 2 Nr. 19 des Gesetzes zur Regelung der Wertgrenze für die Nichtzulassungsbeschwerde in Zivilsachen, zum Ausbau der Spezialisierung bei den Gerichten sowie zur Änderung weiterer zivilprozessrechtlicher Vorschriften vom 12.12.2019, BGBl. I S. 2633; der bisherige II 2 ist II 3 geworden.

II. Regelungszweck. Zunächst → § 696 Rn. 3 f. Die Vorschrift soll den Übergang in das streitige Verfahren 2
nicht nur formell regeln, sondern auch praktisch erleichtern, zumal sie der Geschäftsstelle erhebliche Aufgaben überträgt. Die Einfädelung des Mahnverfahrens nach einem Widerspruch gegen den Mahnbescheid in das streitige Verfahren erweist sich allerdings als recht kompliziert und zum Teil verunglückt, Büchel NJW 1979, 949. Das gilt insbesondere wegen der Möglichkeit im streitigen Verfahren, zwischen einem frühen ersten Termin nach § 275 und einem schriftlichen Vorverfahren nach § 276 zu wählen. Bei der Auslegung von I–III muss man diesen Zusammenhang stets mit berücksichtigen. Zum Zweck von III → Rn. 31 ff.

III. Geltungsbereich. Die Vorschrift gilt in allen Verfahren nach der ZPO, auch im WEG-Verfahren. Im 3
arbeitsgerichtlichen Verfahren gilt § 46a IV–VI ArbGG, in einer SGG-Sache gilt § 182a I 3, II 1 SGG.

IV. Notwendigkeit einer Anspruchsbegründung, I. Im Mahnverfahren findet keine Schlüssigkeitsprüfung 4
statt. Daher braucht der Antrag auf den Mahnbescheid keine volle Anspruchsbegründung zu enthalten. Eine Individualisierung genügt. Jedoch darf der Antragsteller schon im Mahnverfahren von sich aus eine Anspruchsbegründung einreichen, Düss MDR 1983, 942. Das gilt auch schon vor einer Fristsetzung nach I 1 oder durch den Richter und vor einer Abgabe an das Streitgericht, BGH NJW 1982, 2002; Saenger/Sandhaus NJW 2014, 419. Die Anspruchsbegründung gegenüber dem AG als Streitgericht kann nach § 496 schriftlich, nach §§ 130ad elektronisch oder zum Protokoll der Geschäftsstelle des AG erfolgen, also nach § 129a I (wegen der Fristwahrung § 129a II) auch vor jedem anderen AG.

Soweit das LG als Gericht des streitigen Verfahrens zuständig wird, bleibt eine im Mahnverfahren eingereichte 5
Anspruchsbegründung wirksam, BGH NJW 1982, 2002. Der ProzBev muss mangels einer eigenen Begründung auf eine Anspruchsbegründung der Partei Bezug nehmen, BGH NJW 1982, 2002; Karlsr NJW 1988, 2806; Schlesw MDR 1988, 151; aM Zinke NJW 1983, 1087.

Der Kläger muss die Anspruchsbegründung notfalls beim Übergang in das streitige Verfahren nachholen, 6
Schmidt NJW 1982, 812. Das gilt mit Rücksicht auf das System der §§ 272 ff., beim AG iVm §§ 495 ff. schon vor der mündlichen Verhandlung. Im Übrigen muss das Gericht nach § 272 II erkennen können, ob ein früher erster Termin oder ein schriftliches Vorverfahren sinnvoll ist. Dazu sind in der Regel mehr Angaben als die im Antrag auf den Mahnbescheid notwendig.

Die Anspruchsbegründung muss die Anforderungen an eine Klageschrift erfüllen. Grds. müsste sie daher nach 7
§ 253 II Nr. 2 auch einen Sachantrag enthalten, Schuster MDR 1979, 724, Stein/Jonas/Berger Rn. 2; Thomas/Putzo/Hüßtege Rn. 4. Da der im Mahnbescheid bezeichnete Anspruch aber Grundlage eines Vollstreckungstitels sein kann, muss er durch seine Bezeichnung von anderen Ansprüchen so unterschieden und abgegrenzt werden können, dass dem Schuldner die Beurteilung möglich ist, ob er sich gegen den Anspruch zur Wehr setzen will oder nicht, BGH NJW 2020, 3653 Rn. 19; NJOZ 2017, 1485 Rn. 12; NJW 2008, 1220; → § 690 Rn. 12. Bei einer solchen Sachlage wäre es aber eine rein formale Betrachtungsweise, wenn neben der Begründung auch noch einmal die Wiederholung des Sachantrags gefordert wird; insofern genügt eine Bezugnahme auf den individualisierten Antrag, MüKoZPO/Schüler Rn. 6; Zöller/Seibel Rn. 2; Musielak/Voit/Voit Rn. 3; → § 253 Rn. 37.

Man kann auch evtl. jetzt den Antrag auf eine Verhandlung vor der Kammer für Handelssachen nachholen, 8
Nürnb Rpfleger 1995, 369; Düss NJW-RR 1988, 1472; Schäfer NJW 1985, 299. Man darf auch die Klage nach §§ 263, 264 erweitern oder ändern.

V. Verfahren der Aufforderung zur Begründung, I. Die Voraussetzungen und Folgen sind zT streitig. 9

1. Aufforderungsform und -inhalt. Das Gericht muss evtl. den Antragsteller nach I 1 auffordern, den 10
Anspruch zu begründen. Das gilt auch dann, wenn der Antragsgegner die Abgabe nach § 696 I 1 beantragt hatte. Das gilt ferner auch dann, wenn der Antragsteller schon eine Anspruchsbegründung beim Mahngericht eingereicht hatte, Karlsr NJW 1988, 2806; Schlesw MDR 1988, 151; Schmidt NJW 1982, 812; aM Köln NJW 1982, 2265; Thomas/Putzo/Hüßtege Rn. 2, 3.

11 Die Aufforderung lautet inhaltlich dahin, den Anspruch binnen 2 Wochen seit der Zustellung in einer dem § 253 und daher einer Klageschrift entsprechenden Form zu begründen. Die Wiedergabe des Gesetzestextes reicht aus. Mehr ist auch kaum sinnvoll und kann vielmehr Verfahrensfehler bringen, VerfGH Mü MDR 2011, 1003. Der Antragsteller kann sich darüber informieren, was nach § 253 II Nr. 2 zu einer ordnungsgemäßen Klagebegründung gehört.

12 **2. Zuständigkeit, weiteres Aufforderungsverfahren.** Für diese Aufforderung ist nach § 153 GVG der Urkundsbeamte der Geschäftsstelle des Prozessgerichts zuständig. Er wird ohne eine vorherige Vorlage der Akten beim Vorsitzenden tätig. Dieser Urkundsbeamte muss die Aufforderung unverzüglich nach dem Eingang der Akten absenden, also ohne eine vorwerfbare Verzögerung. Bei mehreren Antragstellern muss er jeden auffordern. Wenn sich für einen Antragsteller ein ProzBev nach § 172 gemeldet hat, muss der Urkundsbeamte des Prozessgerichts diesen nach § 88 I nur dann auffordern, wenn es sich entweder nach § 88 II um einen Anwalt handelt oder wenn bereits eine Prozessvollmacht vorliegt. Denn die Erleichterung beim Nachweis der Vollmacht des § 703 endet mit dem Eingang der Akten. Nur wenn der Urkundsbeamte der Geschäftsstelle des Prozessgerichts handgreifliche Bedenken gegen die Zuständigkeit seines Gerichts hat oder wenn der Vorsitzende ihn angewiesen hat, muss dieser Urkundsbeamte vor der Aufforderung die Akten dem Vorsitzenden vorlegen. Der Rpfl. des Mahngerichts ist keineswegs mehr zuständig. Denn das Mahnverfahren ist bereits seit dem Akteneingang beendet.

13 Der Urkundsbeamte des Prozessgerichts muss die Aufforderung zur Anspruchsbegründung mit seinem vollen Namen unterschreiben. Er kann sodann eine Ausfertigung oder beglaubigte Ablichtung oder Abschrift dem Antragsteller von Amts wegen formlos übersenden. Das gilt unabhängig davon, ob die Aufforderung als Verfügung oder als Beschluss ergeht. Zwar gilt an sich § 329 II 2 entsprechend. Der Fristablauf muss schon wegen II iVm §§ 282, 296 II feststehen, Hmb NJW 1986, 1347; Köln FamRZ 1986, 928; siehe aber BGH VersR 1982, 346; Nürnb NJW-RR 2000, 446; Zöller/Seibel Rn. 4 (je: ein Verstoß gegen I sei nicht durch § 296 II zu ahnden). I 2 macht aber auch bei einer formlosen Übersendung die Fristberechnung schon anhand des Ab-Vermerks der Geschäftsstelle des Prozessgerichts wegen einer Verweisung auf § 270 S. 2 möglich. Eine Fristverlängerung ist auch bei einem erheblichen Grund unstatthaft. Denn sie ist gesetzlich nicht nach § 224 II Hs. 2 „besonders bestimmt". Erst die formlose Übersendung macht die Prozesshandlung wirksam und beendet die Hemmung der Verjährung, BGH NJW-RR 1998, 954. Hat der ProzBev des Antragstellers nach § 81 ein Empfangsbekenntnis nicht nach § 174 IV 1 zurückgesandt, ist eine nunmehr förmliche Zustellung nach §§ 166 ff. die letzte Verfahrenshandlung nach § 204 II 2 BGB, BGH NJW 2010, 1662.

14 **3. Unanwendbarkeit des § 296 I.** Dagegen ist § 296 I in diesem Stadium noch unanwendbar, also bei einer Überschreitung der vom Urkundsbeamten des Prozessgerichts nach I gesetzten Frist, BGH NJW 1982, 1533; Nürnb NJW-RR 2000, 445; Schlesw NJW 1986, 856; aM Kramer NJW 1978, 1414; Mischke NJW 1981, 565. Im arbeitsgerichtlichen Verfahren gilt § 46a ArbGG, in einer SGG-Sache § 182a SGG.

15 **VI. Keine Aufforderung zur Anwaltsbestellung durch die Geschäftsstelle des Prozessgerichts, I.** Eine Aufforderung beim LG, einen Anwalt zu bestellen, erfolgt nicht schon nach I, sondern allenfalls beim LG gemäß § 271 II nach II. Denn ab Abgabe besteht ein Anwaltszwang, BGH NJW 1999, 365.

16 **VII. Verfahren nach Eingang der Begründung, II.** Das Verfahren gestaltet sich häufig als kompliziert.

17 **1. Verfahrensart: Ermessen des Vorsitzenden.** Nach dem Eingang der Anspruchsbegründung legt der Urkundsbeamte des Prozessgerichts die Akten dem Vorsitzenden vor. Dieser verfährt nunmehr nach II 1 ebenso wie nach der Vorlage einer Klageschrift. Er prüft also nach § 272 II, ob er einen frühen ersten Termin nach § 275 oder das schriftliche Vorverfahren nach § 276 wählt, Düss NJW-RR 1988, 1472. Es liegt zwar grundsätzlich in seinem Ermessen, ob er noch zuwartet, Karlsr MDR 1988, 682; Schlesw NJW 1986, 856. Dieses Ermessen ist aber durch die bei der Wahl des Verfahrens mit einem frühen ersten Termin entstehende Pflicht zur unverzüglichen Terminsanberaumung nach § 216 II begrenzt. Wegen der Verzögerungsgefahr des Vorverfahrens krit. Geffert NJW 1978, 1418.

18 Ein Antrag auf Gerichtsstandsbestimmung nach § 36 ist – bei vorangegangenem Mahnverfahren – nur zulässig, wenn er mit der Anspruchsbegründung nach II gestellt oder – bei Unkenntnis über das für das Bestimmungsverfahren zuständige Gericht – zumindest angekündigt und sofort nachgeholt wird, BGH NJW-RR 2013, 1531; BayObLG NJW-RR 2020, 1263.

19 **2. Weiterer Verfahrensablauf.** Nur bei der Wahl eines frühen ersten Termins muss der Vorsitzende nach II 1, § 216 II unverzüglich einen Verhandlungstermin bestimmen. Das weitere Verfahren verläuft dann nach §§ 272 III–275. Da grundsätzlich erst jetzt eine der Klageschrift entsprechende Schrift des Klägers vorliegt, muss das Gericht § 271 auch gegenüber dem Bekl. beachten. Die Bezugnahme eines Anwalts auf eine von dem Kläger nach der Abgabe eingereichte Anspruchsbegründung reicht aus, BGH NJW 1982, 2002; Düss MDR 1983, 943. Das Prozessgericht stellt die Anspruchsbegründung also nach §§ 166 ff. von Amts wegen dem Bekl. oder seinem ProzBev nach § 172 zu. Das ist meist der Anwalt, der den Antragsgegner des Mahnverfahrens vertreten hatte.

20 Bei einer Auslandszustellung nach § 183 gelten im Bereich des AVAG nach SchlAnh V E dessen Regeln. Denn § 688 III iVm § 34 III AVAG erwähnen auch diese Vorschriften. Diese Verweisung erhält ihren Sinn gerade erst im streitigen Verfahren nach einem Widerspruch und nach der Abgabe. Es bleibt also mangels der Benennung eines Zustellungsbevollmächtigten nach § 184 die Zustellung durch die Aufgabe zur Post zulässig. Außerdem können für das streitige Verfahren nach einem bloßen Mahnbescheid keine strengeren Regeln gelten als für das nach einem Vollstreckungsbescheid nach § 699. Dann ist ohnehin nach § 4 I 2 AVAG das Zustellungsverfahren durch eine Aufgabe zur Post zulässig.

21 **3. Einlassungsfrist.** Die Einlassungsfrist nach § 274 III läuft schon seit der Zustellung des Mahnbescheids nach § 693, nicht erst seit der Zustellung der Anspruchsbegründung, obwohl diese einer Klageschrift im Übrigen gleichsteht. Denn sonst wäre beim Ausbleiben der auch nach I, II nicht erzwingbaren Anspruchsbegründung überhaupt kein Beginn einer Einlassungsfrist nach § 274 III und daher überhaupt kein Termin und zB kein Versäumnisurteil gegen den Bekl. nach § 331 statthaft, auch nicht auf einen Antrag des Bekl. nach III 1.

22 **4. Aufforderung zur etwaigen Anwaltsbestellung: Anerkenntnis- oder Versäumnisurteil.** Das LG muss den Bekl. nach II 1 iVm § 271 II dazu auffordern, einen Anwalt zu bestellen. Zwar hat der Antragsgegner den Widerspruch eingelegt. Aber damit steht noch nicht eindeutig fest, ob er sich auch im etwaigen streitigen Verfahren endgültig gegen den Anspruch wehren will, solange er nicht von sich aus einen Antrag auf die

Durchführung dieses streitigen Verfahrens nach § 696 I gestellt hat, sondern einen solchen Wunsch des Antragstellers abgewartet hat. Das Gesetz geht nicht davon aus, dass die Anzeige der Verteidigungsabsicht nach § 276 I 1 bereits durch die Einreichung eines Widerspruchs gegen den Mahnbescheid nach § 694 ausreichend erkennbar ist, Düss OLGR 2000, 360. Daher gibt es auch eine Frist wie bei § 276 I 1. Denn II 1, 2 verweisen anders als § 700 IV 2 auf § 276 insgesamt.

Daher ist auch nach II 1 iVm § 276 II eine Belehrung über die Folgen der Versäumung der 2-Wochen-Frist zur Verteidigungsanzeige und auch dazu notwendig, dass der Widerspruch noch keine Verteidigungsanzeige war, Einsiedler MDR 2018, 777; Holch NJW 1991, 3178; Zöller/Seibel Rn. 9; aM Düss OLGR 2000, 360. Im Anwaltsprozess muss die Verteidigungsanzeige nach § 276 I 1 anwaltlich erfolgen. Es gibt auch ein schriftliches Anerkenntnisurteil nach § 307 sowie ein echtes oder unechtes Versäumnisurteil nach § 331 III und ferner beim LG eben auch eine Aufforderung nach § 271 II. Im arbeitsgerichtlichen Verfahren gilt § 46a IV 1–3 ArbGG. 23

5. Klagerücknahmefiktion, II 2. Der durch Gesetz vom 12.12.2019, → Rn. 1, mWv 1.1.2020 neu eingefügte II 2 enthält eine Fiktion einer teilweisen Klagerücknahme für Fälle, in denen der Antrag in der Anspruchsbegründung hinter dem ursprünglichen Antrag auf Erlass eines Mahnbescheids zurückbleibt. Nach dem Wortlaut des II 2 würde die Rücknahmefiktion auch greifen, wenn der Widerspruch oder der Abgabeantrag, → § 696 Rn. 9 ff., hinter dem Mahnantrag zurückbleibt (kritisch bezüglich der Formulierung Schneider NJW 2020, 2454). Auch wenn eine klarere Formulierung möglich ist, bestehen bei der Anwendung der Vorschrift keine Probleme. Im Falle des reduzierten Abgabeantrags kann der Kläger bestimmen, in welchem Umfang er ihn stellt; bei einem reduzierten Widerspruch kann er für den restlichen Teil einen Vollstreckungsbescheid, dh einen Titel erlangen. Insoweit findet die Vorschrift keine Anwendung, s unten Fölsch NJW 2020, 801 (806); Schultzky MDR 2020, 1 (6); zur Problematik → § 269 Rn. 4 ff. Dies soll den Gerichten Rückfragen und Hinweise nach § 139 ersparen, die häufig wegen teilweiser im Mahnverfahren hoch angesetzter Nebenkosten (Mahnkosten, Inkassokosten, Zinsen) erforderlich sind, Fölsch NJW 2020, 801 (806). mit Hinweis auf BT-Drs. 19/13828, 18–20, die in der Anspruchsbegründung in dieser Form nicht mehr aufgeführt sind. Voraussetzung der Klagerücknahmefiktion ist, dass der Antragsteller vor Eingang der Anspruchsbegründung durch das Mahngericht nach dem ebenfalls neu eingefügten § 695 S. 2, → § 695 Rn. 7, über diese Folge belehrt oder durch das Streitgericht auf diese Folge hingewiesen worden ist. Diese Fiktion der teilweisen Klagerücknahme kommt jedoch nur in Betracht, wenn das Streitverfahren nach § 696 eingeleitet worden ist. Dies dürfte aber nach dem Gesetzeswortlaut dann nicht der Fall sein, wenn im Mahnverfahren ein Vollstreckungsbescheid ergeht und gegen diesen Einspruch erhoben wird, Fölsch NJW 2020, 801 (806); Schultzky MDR 2020, 1 (6), da § 700 nicht auf II, und insbesondere nicht auf II 2 verweist. Ob dies vom Gesetzgeber übersehen worden ist und deshalb eine analoge Anwendung geboten ist, so Fölsch NJW 2020, 801 (806), ergibt sich indes aus der Gesetzesbegründung nicht. Wie bei jeder Klagerücknahme ist auch bei der Fiktion des II 2 auf die Auswirkungen auf die Kostenentscheidung (§§ 269 III–VI, 92 I, II) und auf die Streitwertfestsetzung (KV 1100, 1210, 1211 GKG) zu achten. 24

VIII. Vorverfahren, III. Es ähnelt dem Vorverfahren nach Klage. 25

1. Frist zur Klageerwiderung. Der Vorsitzende muss dann, wenn er nicht sogleich einen frühen ersten Termin nach § 275 bestimmt, sondern das schriftliche Vorverfahren nach § 276 wählt, dem Bekl. (das Gesetz spricht auch hier noch vom Antragsgegner) ferner nach II 1 iVm § 276 I 2 eine Frist von mindestens 2 Wochen zur Abgabe einer schriftlichen Klageerwiderung setzen. Diese Frist ist also diejenige des § 276 I 2, nicht etwa diejenige des § 276 I 1, Geffert NJW 1980, 2820. Es besteht im Übrigen insofern eine Abweichung von § 276 I 2, als dort die Frist stets erst mit dem Ablauf der auch bei § 697 notwendigen Frist zur Verteidigungsanzeige beginnt, während die Frist hier nach II 2 auch schon mit der Zustellung der Anspruchsbegründung beginnen „kann", wenn der Vorsitzende das so verfügt und dem Bekl. mitteilt, also zugleich mit der Frist nach § 276 I 1. Der Grund liegt darin, dass man evtl. im Widerspruch bereits eine ausreichende Klageerwiderung sehen kann. 26

2. Fristberechnung. Die Bemessung der Frist, die keine Notfrist nach § 224 I 2 ist, sowie ihre Anordnung erfolgen wie bei § 276. Nur gibt es eben keine „weitere" Frist wie dort. Zweibr VersR 1979, 143 hält 2 Wochen bei einem Antragsgegner, der sich mit seinem Versicherer abstimmen muss, für zu kurz. Köln NJW 1980, 2422 verlangt eine nachprüfbare Berücksichtigung der Umstände bei der Bemessung der Frist. Eine zu kurze Frist kann zur Unanwendbarkeit des § 296 I führen, Köln NJW 1980, 2422. Die Frist beginnt nur dann zu laufen, wenn eine formell ordnungsgemäße Anspruchsbegründung vorliegt, Düss MDR 1983, 942; Karlsr NJW 1988, 2806; Schlesw MDR 1988, 151. Zu ihr gehört im Anwaltsprozess die Unterschrift eines Anwalts, Karlsr MDR 1988, 682. Die Frist beginnt ferner erst dann zu laufen, wenn der Urkundsbeamte eine beglaubigte Ablichtung oder Abschrift der mit dem vollen Namen des Vorsitzenden oder des sonst zuständigen Richters und nicht nur mit einer sog. Paraphe unterzeichneten Fristverfügung förmlich dem Bekl. zugestellt hat, BGH JZ 1981, 351. 27

Eine Belehrung über die Folgen einer Versäumung der Klageerwiderungsfrist ist erforderlich. Eine etwaige unrichtige Belehrung kann zu einer Entschuldigung wegen einer Fristversäumung nach § 296 ausreichen, BGH NJW 1983, 822. 28

3. Mitteilung an Kläger. Eine Mitteilung an den Kläger von der Anordnung zur Einreichung einer Klageerwiderung und einer Frist erfolgt nach II 1 iVm § 276 I 1 Hs. 2 von Amts wegen. Sie erfolgt zugleich mit der Anordnung nach → Rn. 25 ff. Der Kläger muss sich also nach dem Tag des Fristablaufs evtl. erkundigen. Denn dieser Tag steht erst bei der Rückkehr der Zustellungsurkunde vom Bekl. fest. Wenn der Vorsitzende nach § 275 einen frühen ersten Termin wählt, verläuft das weitere Verfahren wie üblich. Der Vorsitzende trifft also evtl. Maßnahmen nach §§ 273, 275, 358a. Im Übrigen bestimmt er einen Termin nach II iVm § 272 II Hs. 1. 29

4. Stellungnahme zur Klageerwiderung. Nach dem Eingang einer Klageerwiderung fordert der Vorsitzende nach § 276 III iVm § 277 IV evtl. den Kläger dazu auf, auf die Klageerwiderung eine Stellungnahme abzugeben. Für den Inhalt der Klageerwiderung und für die Stellungnahme auf diese gilt § 277 I. Wegen Zulässigkeitsrügen vgl. § 282 III 2. Wegen verspäteter Angriffs- und Verteidigungsmittel ist § 296 I anwendbar. Denn II 1 sieht iVm § 276 III eine förmliche Frist vor. 30

IX. Kein Eingang einer Anspruchsbegründung, III. Es gelten abschließende Regeln. 31

1. Termin nur auf Antrag des Beklagten, III 1. Der Kläger kann zunächst keine Anspruchsbegründung von sich aus oder nach einer Fristsetzung zunächst durch die Geschäftsstelle des Prozessgerichts und sodann evtl. 32

freiwillig durch den Vorsitzenden einreichen. Er kann also den Prozess nicht weiter betreiben, AG Bln-Tiergarten NJW-RR 1993, 1402. Dann beraumt der Vorsitzende nach § 275 einen frühen ersten Termin oder nach § 276 gar einen Haupttermin nicht von Amts wegen an. Er wartet vielmehr ab, ob der Bekl. einen Terminsantrag stellt, BGH MDR 1995, 1059; Nürnb MDR 1999, 1151; Hogenschurz MDR 2014, 1056. Dieser Antrag ist kein Sach-, sondern ein Prozessantrag, Karlsr MDR 1993, 1246. Der Sinn der Bestimmung ist: Der Kläger wie der Bekl. könnten ein Interesse daran haben, zB in außergerichtlichen Vergleichsverhandlungen ohne einen zu raschen Termin Zeit zu gewinnen. Außerdem soll der Bekl. mit der Beauftragung eines ProzBev warten können, Hamm MDR 1994, 106; Karlsr MDR 1993, 1246. Wenn aber der Kläger trödelt, soll der in den Prozess gezogene Bekl. durch einen Termin eine Entscheidung erreichen können, Hamm MDR 1994, 106.

33 Deshalb braucht der Vorsitzende nicht anzufragen, ob er einen Termin ansetzen soll. Er braucht dazu keine der Parteien zu belehren. Er darf auch nicht einfach einen stillschweigenden Terminsantrag unterstellen, auch nicht aus einer vorsorglichen Klageerwiderung nebst einem Abweisungsantrag. Er lässt mangels einer Anspruchsbegründung nach dem Fristablauf die Akten einfach zunächst weglegen, BGH NJW 1997, 1777; Hamm MDR 1994, 106; Liermann MDR 1998, 257 (je zum alten Recht). Für den Terminsantrag des Bekl. besteht keine Ausschlussfrist. Ein ohne jeden Grund erst nach Jahr und Tag gestellter Antrag kann als ein Verstoß gegen Treu und Glauben gelten.

34 **2. Nach Antrag: Terminsbestimmung nebst Begründungsfrist, III 2.** Sobald entweder doch noch die Anspruchsbegründung verspätet oder ein Terminsantrag des Bekl. und nicht nur ein solcher des Klägers ohne eine Anspruchsbegründung vorliegt, setzt der Vorsitzende je nach der Wahl des Verfahrens nach II einen Termin nach § 216 II unverzüglich an. Zugleich muss er dem Antragsteller nach III 2 Hs. 1 dann, wenn dieser noch keine Anspruchsbegründung eingereicht hat, nochmals eine Frist zur Begründung des Anspruchs setzen. Die Frist ist eine richterliche. Die Geschäftsstelle muss die Fristsetzung nach §§ 166 ff., 329 II 2 förmlich zustellen, Karlsr MDR 1993, 1246. Wegen einer Änderung §§ 224, 225.

35 **3. Nach Fristablauf: Zurückweisung wegen Verspätung, III 2.** Nach dem Ablauf einer ordnungsgemäß bestimmten und mitgeteilten Frist muss das Gericht eine nun erst eingehende Anspruchsbegründung nach III 2 Hs. 2 iVm § 296 I, IV beurteilen, Nürnb NJW-RR 2000, 446. Es muss sie also nach den dortigen Regeln evtl. von Amts wegen als verspätet zurückweisen, es sei denn, dass sich die Erledigung des Rechtsstreits trotz einer Berücksichtigung der verspäteten Anspruchsbegründung nicht verzögern würde oder dass der Kläger die Verspätung genügend entschuldigt und den Entschuldigungsgrund auf ein Verlangen des Gerichts nach § 294 glaubhaft machen kann. Eine Zurückweisung wegen Verspätung setzt eine ordnungsgemäß erfolgte Belehrung nach III 2 Hs. 2 iVm § 277 II, IV voraus.

36 **4. Kein Eingang bis Verhandlungsschluss: Abweisung als unzulässig.** Geht bis zum Verhandlungsschluss nach §§ 136 IV, 296a keine Anspruchsbegründung ein, muss das Gericht die Klage evtl. nach einem Hinweis nach § 139 durch ein Prozessurteil als unzulässig abweisen. Denn es fehlt eine Prozessvoraussetzung, § 697 II 1 (gilt entsprechend auch schon vor dem Eingang), Mü NJW-RR 1989, 1405; LG Gießen NJW-RR 1995, 62; Stein/Jonas/Berger Rn. 2; aM MüKoZPO/Schüler Rn. 26; Zöller/Seibel Rn. 10 (Abweisung als unbegründet).

37 **X. Widerspruchsrücknahme, IV.** Das Gericht kann sie anregen.

38 **1. Zulässigkeitszeitraum.** Eine Rücknahme des Widerspruchs ist nicht mit der Rücknahme des Antrags auf die Durchführung des streitigen Verfahrens zu verwechseln. Die Rücknahme des Widerspruchs ist ab der Widerspruchseinlegung statthaft. Das gilt auch nach einer Klageerweiterung nach §§ 263, 264, LG Gießen MDR 2004, 113. Die Rücknahme ist bis zum Beginn der mündlichen Verhandlung des Bekl. zur Hauptsache zulässig. Die Rücknahme ist jedoch nach IV 1 Hs. 2 nicht mehr nach einem Versäumnisurteil gegen den Bekl. nach § 331 zulässig. Denn sonst könnte der Bekl. den Vollstreckungstitel unterlaufen. Erlassen ist das Versäumnisurteil mit seiner Verkündung nach § 310 I 1 oder mit der Zustellung nach §§ 331 III, 310 III. Im Verfahren nach § 182a SGG ist die Rücknahme nach § 182a I 3 SGG nur bis zur Abgabe in das streitige Verfahren zulässig.

39 **2. Rücknahmeerklärung.** Man kann die Widerspruchsrücknahme nach IV 2 auch zu Protokoll der Geschäftsstelle jedes AG nach § 129a I erklären. Es verfährt nach § 129a II. Wegen der Einzelheiten gilt → § 696 Rn. 31 entsprechend. Die Rücknahme ist also nach § 78 III Hs. 2 auch schriftlich oder nach §§ 130ad elektronisch oder im Verhandlungstermin gegenüber dem LG ohne einen Anwaltszwang möglich, Büchel NJW 1979, 950; Hornung Rpfleger 1978, 430. Ein Formularzwang besteht bis zur etwaigen auch diesbezüglichen Formulareinführung nicht. Ein ProzBev muss seine Vollmacht nach § 80 wie sonst grundsätzlich nachweisen, soweit er kein Anwalt ist (dann gilt § 88 II). Denn § 703 gilt nicht mehr im streitigen Verfahren. Das Gericht teilt die Rücknahme wegen → Rn. 40 dem Antragsteller mit.

40 **3. Rücknahmewirkung.** Wenn die Rücknahme des Widerspruchs unter den Voraussetzungen KV 1211 amtliche Anmerkung S. 1 GKG erfolgt, ermäßigt sich die Verfahrensgebühr KV 1210 GKG auf 1,0. Eine Folge der wirksamen Rücknahme des Widerspruchs ist unter anderem: Der Antragsteller kann, evtl. erneut, in der Frist des § 701 S. 1 den Vollstreckungsbescheid nach § 699 beantragen. Denn das streitige Verfahren ist beendet, seine Rechtshängigkeit ist entfallen und das Mahnverfahren ist wieder aufgelebt, Nürnb MDR 2013, 871; Kblz AnwBl 1989, 296; Fischer MDR 1994, 124. Soweit im streitigen Verfahren eine Forderung bestehen bleibt, etwa wegen einer Klageerweiterung nach §§ 263, 264, tritt eine Aufspaltung oder Trennung nach § 145 ein, aM LG Hann JurBüro 1984, 297; Fischer MDR 1994, 124; Zöller/Seibel Rn. 11 (keine Rücknahme möglich). Die Trennung gilt dann auch gebührenrechtlich, Hamm AnwBl 1989, 247. Den Vollstreckungsbescheid erlässt der Rpfl. des Gerichts, an das der Rechtsstreit abgegeben, verwiesen oder weiterverwiesen worden ist, Ffm Rpfleger 1990, 201; LG Gießen MDR 2004, 113.

41 **XI. Abgekürztes Urteil, V.** Ein abgekürztes Urteil ist nach § 313b II statthaft. Seine Ausfertigung erfolgt nach § 317 V. Dabei ist der Mahnbescheid nach V 1 anstelle der Klageschrift benutzbar. Bei einer maschinellen Bearbeitung nach § 703b I gibt es nach V 2 ein Urteil aufgrund des Aktenausdrucks und eine Ausfertigung unter der Benutzung einer beglaubigten Kopie des Urteils.

698 ***Abgabe des Verfahrens am selben Gericht.*** **Die Vorschriften über die Abgabe des Verfahrens gelten sinngemäß, wenn Mahnverfahren und streitiges Verfahren bei demselben Gericht durchgeführt werden.**

Wenn dasselbe AG sowohl nach § 689 II als auch nach § 690 I Nr. 5 iVm § 692 I Nr. 1 oder § 703d II, III örtlich wie sachlich zuständig ist, erfolgt zwecks einer technisch einheitlichen Behandlung sämtlicher Arten von Überleitung in das streitige Verfahren nach § 696 und damit im Interesse der Rechtssicherheit eine Abgabe von der Mahnabteilung an die Abteilung für streitige Verfahren oder Familiensachen. Bei derselben Abteilung erfolgt eine Abgabe von ihrem Rpfl. nach einer Bearbeitung nach § 697 I an den Amtsrichter. Wenn der Richter feststellt, dass ein anderes Gericht zuständig ist, erfolgt eine Verweisung oder eine Weiterverweisung wie sonst nach § 696 V. Wegen der verschiedenen Fristen ist es sinnvoll, das jeweilige Verfahrensstadium aktenkundig zu machen, auch soweit das nicht notwendig wäre. 1

699 ***Vollstreckungsbescheid.*** **I [1]Auf der Grundlage des Mahnbescheids erlässt das Gericht auf Antrag einen Vollstreckungsbescheid, wenn der Antragsgegner nicht rechtzeitig Widerspruch erhoben hat. [2]Der Antrag kann nicht vor Ablauf der Widerspruchsfrist gestellt werden; er hat die Erklärung zu enthalten, ob und welche Zahlungen auf den Mahnbescheid geleistet worden sind. [3]Ist der Rechtsstreit bereits an ein anderes Gericht abgegeben, so erlässt dieses den Vollstreckungsbescheid.**

II Soweit das Mahnverfahren nicht maschinell bearbeitet wird, kann der Vollstreckungsbescheid auf den Mahnbescheid gesetzt werden.

III [1]In den Vollstreckungsbescheid sind die bisher entstandenen Kosten des Verfahrens aufzunehmen. [2]Der Antragsteller braucht die Kosten nur zu berechnen, wenn das Mahnverfahren nicht maschinell bearbeitet wird; im Übrigen genügen die zur maschinellen Berechnung erforderlichen Angaben.

IV [1]Der Vollstreckungsbescheid wird dem Antragsgegner von Amts wegen zugestellt, wenn nicht der Antragsteller die Übermittlung an sich zur Zustellung im Parteibetrieb beantragt hat. [2]In diesen Fällen wird der Vollstreckungsbescheid dem Antragsteller zur Zustellung übermittelt; die Geschäftsstelle des Gerichts vermittelt diese Zustellung nicht. [3]Bewilligt das mit dem Mahnverfahren befasste Gericht die öffentliche Zustellung, so wird diese nach § 186 Absatz 2 Satz 1 bis 3 bei dem Gericht vorgenommen, das in dem Mahnbescheid gemäß § 692 Absatz 1 Nummer 1 bezeichnet worden ist.

V Die Belehrung gemäß § 232 ist dem Antragsgegner zusammen mit der Zustellung des Vollstreckungsbescheids schriftlich mitzuteilen.

Übersicht

I. Systematik. Die Vorschrift enthält die Regelungen über die Voraussetzungen des Vollstreckungsbescheids (Form, Inhalt und Zustellung). Erhebt der Antragsgegner keinen Widerspruch, kann der Antragsteller nach § 699 den Erlass eines Vollstreckungsbescheids beantragen, BVerfG NJW 2007, 2032. Der Vollstreckungsbescheid steht nach § 700 I einem vorläufig vollstreckbaren Versäumnisurteil gleich, BGH NJW 1984, 57. Gegen den Vollstreckungsbescheid ist nach § 700 II iVm §§ 338 ff. nur der Einspruch zulässig. Da auch der Erlass des Vollstreckungsbescheids noch zum Mahnverfahren zählt, ist der Rpfl. nach § 20 I Nr. 1 RPflG funktionell zuständig, Schäfer NJW 1985, 299, oder der landesrechtlich bestellte Urkundsbeamte der Geschäftsstelle. Bei welchem Gericht, das hängt nach → Rn. 16–20 von dem bisherigen Verlauf des Mahnverfahrens ab. IV regelt die Zustellung des Vollstreckungsbescheids. 1

II. Regelungszweck. Erst der Vollstreckungsbescheid gibt dem Antragsteller einen zur Zwangsvollstreckung geeigneten Titel nach § 794 I Nr. 4 und für alle Beteiligten vom Eintritt der formellen Rechtskraft nach §§ 329, 705 an eine klare Abgrenzung des ausgeurteilten Anspruchs. Der Vollstreckungsbescheid steht zwar nach I unverändert auf der Grundlage des Mahnbescheids. Er existiert aber doch selbständig neben diesem. Der Vollstreckungsbescheid ist also mehr als die bloße Vollstreckbarerklärung des Mahnbescheids, Karlsr Rpfleger 1987, 422; LG Stgt Rpfleger 1988, 534. Deshalb bindet der Mahnbescheid den Rpfl. nicht, Karlsr Rpfleger 1987, 422. III 1 dient der Vereinfachung und Beschleunigung, KG NJW-RR 2001, 58. 2

Eine Begründung schreibt das Gesetz dem Rpfl. beim Vollstreckungsbescheid ebenso wenig vor wie grundsätzlich dem Richter beim nach §§ 330 ff. im Inland geltend zu machenden Versäumnisurteil nach § 313b. Sie ist 3 aber auch statthaft. Sie kommt in der Praxis so gut wie nie vor. Nun stellt der Vollstreckungsbescheid immerhin einen Vollstreckungstitel dar. Der Richter kann in einem etwas komplizierten Fall der Urteilsformel des Versäumnisurteils „freiwillig" eine gewisse Begründung beifügen. Auch der Rpfl. kann die Überzeugungskraft seiner Gedankenarbeit zur Zulässigkeit des Vollstreckungsbescheids mit ein paar Sätzen der Begründung zu erhöhen. Das gilt auch und nicht zuletzt bei der Kostenentscheidung.

4 **III. Voraussetzungen, I.** Es müssen die folgenden Voraussetzungen zusammentreffen:

5 **1. Mahnbescheid.** Es muss ein wirksamer Mahnbescheid nach § 692 vorliegen, BGH Rpfleger 1989, 516. Ihn muss also das zuständige Mahngericht erlassen haben, BGH Rpfleger 1989, 516. Es muss ihn nach § 693 ordnungsgemäß unterschrieben und ordnungsgemäß zugestellt haben.

6 **2. Ablauf der Widerspruchsfrist.** Außerdem muss nach § 692 I Nr. 3 entweder die Widerspruchsfrist ergebnislos abgelaufen sein. Es darf auch bis zur Herausgabe des Vollstreckungsbescheids kein Widerspruch vorliegen, Mü Rpfleger 1983, 288. Dessen Bezeichnung als Einspruch ist unschädlich und umdeutbar, Mü Rpfleger 1983, 288. Daher muss die Hinausgabe des Vollstreckungsbescheids dann unterbleiben, wenn ein Widerspruch auf der Geschäftsstelle eingeht, bevor der Vollstreckungsbescheid sie verlassen hat. Das gilt unabhängig davon, ob das Mahngericht den Vollstreckungsbescheid nach §§ 166 ff. von Amts wegen zur Zustellung geben oder dem Antragsteller zur Zustellung im Parteibetrieb nach §§ 191 ff. übersenden sollte. Zur Streichung ist der Rpfl. zuständig.

7 **3. Widerspruchsverzicht; Rücknahme des Widerspruchs.** Oder der Antragsgegner muss nach § 697 IV auf den Widerspruch wirksam verzichtet oder seinen Widerspruch wirksam zurückgenommen haben, Hornung Rpfleger 1978, 430. Auch dann muss das Gericht die Widerspruchsfrist abwarten. Für den Erlass des Vollstreckungsbescheids ist das Gericht zuständig, an das der Rechtsstreit abgegeben, verwiesen oder weiterverwiesen worden ist, Hartmann NJW 1978, 612.

8 **4. Antrag.** Ferner muss nach I 1 stets ein Antrag auf den Erlass des Vollstreckungsbescheids vorliegen. Er ist eine Prozesshandlung. Ihn kann nach § 690 nur der Mahnantragsteller oder sein Rechtsnachfolger wirksam stellen. Bei elektronischer Einreichung gelten §§ 130ad. Man kann den Antrag auch nach § 702 I vor der Geschäftsstelle zum Protokoll erklären. Daher besteht nach § 78 III Hs. 2 kein Anwaltszwang. Das gilt auch dann, wenn ein etwaiges streitiges Verfahren nach § 697 dem Anwaltszwang unterliegen würde. Soweit nach § 1a der in → § 703c Rn. 2 genannten VO ein Formular nach § 703c besteht, muss der Antragsteller es benutzen. Die Geschäftsstelle füllt im Übrigen ein Formular aus oder ist dabei behilflich. Zuständig zur Entgegennahme ist nach § 129a I jedes AG. Wirksam wird der Antrag nach § 129a I 2 erst mit seinem Eingang bei dem für den Erlass des Vollstreckungsbescheids zuständigen Gericht, LG Brschw Rpfleger 1978, 263; LG Ffm NJW 1978, 767. Ein Bevollmächtigter muss seine Vollmacht nach § 703 versichern. Die Verweisung in I 2 erfasst nicht auch § 690 I 2. Zur maschinellen Lesbarkeit § 702 II.

9 Bei einer Einreichung mit einem Formular ist ein Protokoll nach § 702 I 3 dann nicht erforderlich, wenn man den Antrag bei dem für den Erlass des Vollstreckungsbescheids zuständigen Gericht stellt. Das Gesetz spricht nach → Rn. 20 unklarer von dem für das Mahnverfahren zuständigen Gericht. Eine eigenhändige Unterschrift ist anders als bei § 690 II nicht nach dem Gesetz ausdrücklich notwendig; jedoch fordert § 703c II bei eingeführten Formularen eine Unterschrift. Hingegen entfällt bei maschineller Bearbeitung das Unterschriftserfordernis, da der Antrag nach § 702 II 1 in einer maschinell lesbaren Form übermittelt werden kann, siehe § 702 II 4. Seit 1.1.2020 kann der Antragsteller nach § 702 II 3 den in maschinell lesbarer Form erstellten Antrag unter Nutzung des elektronischen Identitätsnachweises mit einer „einfachen" elektronischen Signatur versehen. Ein Antrag per Telefax ist nicht genügend, KG MDR 2009, 1063. Eine Antragsrücknahme ist bis zum Erlass des Vollstreckungsbescheids zulässig, Fischer MDR 1994, 126 und zwar in derselben Form wie der Antrag. Das Gericht teilt dem Antragsgegner nach § 702 III den Antrag nicht gesondert mit.

10 **5. Antragsfrist.** Der Antrag ist abweichend vom Antrag auf ein streitiges Verfahren nicht schon zusammen mit dem Mahnantrag nach § 690 statthaft. Er ist nämlich nach I 2 und § 692 I Nr. 3 erst nach dem Ablauf der Widerspruchsfrist statthaft, also frühestens 2 Wochen nach der Zustellung des Mahnbescheids nach § 693 I, über die der Antragsteller nach § 693 III eine Mitteilung erhalten hat. Wenn die Mitteilung falsch war, zählt die aus der Zustellungsurkunde nach § 182 II Nr. 7 errechenbare wahre Widerspruchsfrist. Der Sinn dieser Regelung besteht darin, dass der Antragsteller abwarten soll, ob der Antragsgegner zahlt, Hmb MDR 1983, 143. Außerdem soll die Vorschrift alle Beteiligten einschließlich des Gerichts vor einem unnötigen, durch den Vollstreckungsbescheid bedingten Einspruch nach § 700 schützen. Deshalb darf der Gläubiger den Antrag auch erst nach dem Ablauf der 2-Wochen-Frist absenden, Hmb MDR 1983, 143; LG Stade NJW 1981, 2366; MüKoZPO/Schüler Rn. 7; aM LG Bonn JurBüro 1979, 1719; LG Brschw Rpfleger 1978, 263; LG Ffm NJW 1978, 767 (ausreichend sei der Eingang nach dem Ablauf der Zweiwochenfrist).

11 Deshalb ist auch ein solcher Antrag unbeachtlich, den der Gläubiger verfrüht gestellt hatte, zB schon zusammen mit dem Antrag auf Erlass des Mahnbescheids nach § 690. Ihn muss das Gericht dann zurückweisen, wenn der Gläubiger ihn nicht nach Fristablauf wiederholt hat. Die Wiederholung kann allerdings auch durch eine Bezugnahme auf den früheren Antrag erfolgen, AG Duisb Rpfleger 1982, 230. Die Antragsfrist ist keine Notfrist nach § 224 I 2. Sie endet mit der Einlegung eines rechtzeitigen oder verspäteten Widerspruchs oder mit dem Ablauf der 6-Monats-Frist nach § 701 S. 1. Sie kann aber dann neu beginnen, wenn der Antragsgegner den Widerspruch wirksam zurücknimmt, aM LG Hmb Rpfleger 2013, 350 (dann Fortwirkung des früheren Antrags).

12 Man kann einen derart verfrühten Antrag auch keineswegs in einen „vorsorglichen" aufschiebend bedingten Antrag auf Erlass des Vollstreckungsbescheids umdeuten. Denn dadurch könnte der Antragsteller I 2 glatt umgehen. Vielmehr ist eben nach dem Ablauf der 2-Wochen-Frist ein neuer oder ein erster vollständiger Antrag auf Erlass eines Vollstreckungsbescheids notwendig. Der Antragsteller muss ihn zumindest nach dem Fristablauf wiederholen. Er muss dann eine zusätzliche Erklärung über eine etwaige Zahlung des Antragsgegners abgeben, LG Bielef NJW 1979, 19; LG Darmst NJW 1978, 2205; AG Duisb Rpfleger 1982, 230; strenger LG Frankenth Rpfleger 1979, 72; LG Stade NJW 1981, 2366 (maßgeblich sei der Zeitpunkt der Unterschrift). Das Gericht soll diesen Antrag keineswegs von Amts wegen anfordern oder anregen. Mangels eines Antrags ist vielmehr § 701 anwendbar.

6. Antragsinhalt. Den Inhalt bestimmt das nach § 702 I 2 verbindliche Formular. Der Antrag muss zu dem in → Rn. 10 ff. genannten Zeitpunkt nach I 2 Hs. 2 die Erklärung enthalten, ob und welche Zahlungen der Antragsgegner auf den Mahnbescheid vor oder nach Erledigung oder Zustellung geleistet hat, LG Stade NJW 1981, 2366; LG Ffm Rpfleger 1982, 295 (zust. Vollkommer); Crevecœur NJW 1977, 1323. Er muss natürlich den Antrag um solche Leistungen ermäßigen, auch zur Vermeidung eines Betrugsvorwurfs. Wenn diese Angabe fehlt, kann das Gericht in der Regel dem Antragsteller nach § 139 anheimgeben, sie nachzuholen. Wenn die Erklärung endgültig fehlt, muss das Mahngericht den Antrag auf den Vollstreckungsbescheid zurückweisen, LG Bielef BB 1979, 19; LG Darmst NJW 1978, 2205. Die Notwendigkeit einer Erledigungserklärung entfällt, soweit kein erledigendes Ereignis vorliegt. Es kann zulässig sein, den Antrag auch nach Erhalt der Haupt- und Nebenforderungen wegen der Kosten zu stellen, damit eine Kostenentscheidung zB nach §§ 92, 93 ergehen kann, KG Rpfleger 1983, 162; LG Hagen Rpfleger 1990, 518. 13

7. Keine Mitteilung an Gegner. Das Gericht teilt den Antrag auf den Vollstreckungsbescheid dem Antragsgegner nach § 702 II nicht mit. 14

8. Teilwiderspruch. Soweit der Antragsgegner den Widerspruch auf einen nach § 301 abtrennbaren Anspruchsteil beschränkt hat, muss der Antragsteller den Antrag auf den Rest beschränken. Er kann nur im Übrigen das streitige Verfahren nach § 696 I 1 beantragen. Er kann den Antrag auf den Vollstreckungsbescheid von sich aus beschränken. Er kann aber wegen § 308 I zur Hauptsache nicht mehr fordern, als im Mahnbescheid zugesprochen. 15

IV. Zuständigkeit, I. Sie hängt vom bisherigen Verlauf des Mahnverfahrens ab, BGH Rpfleger 1989, 516, aber auch davon, in welchem Umfang ein streitiges Verfahren jedenfalls zunächst notwendig wird, Kblz Rpfleger 1982, 292. 16

1. Amtsgericht des Mahnverfahrens. Für den Erlass des Vollstreckungsbescheids ist das AG zuständig, das schon den Mahnbescheid erlassen hat und hierfür auch zuständig war. Erweist sich nach Erlass des Mahnbescheids die Unzuständigkeit dieses AG, scheidet eine Verweisung der Mahnsache an das zuständige Gericht zum Zweck des Erlasses des Vollstreckungsbescheids aus, BGH NJW 1990, 1119; Hornung Rpfleger 1978, 430; aM Zöller/Seibel Rn. 11). 17

2. Abgabe. Hat das Mahngericht die Sache nach § 696 I an das bezeichnete Prozessgericht abgegeben, wird dieses grds. nach I 3 auch für den Erlass des Vollstreckungsbescheids zuständig. Es kommt nicht darauf an, ob die Einlegung des Widerspruchs sich bei nachträglicher Prüfung als unwirksam erweist, wenn das Mahngericht nach dem äußeren Erscheinungsbild von einer wirksamen Einlegung ausgehen durfte, BGH NJW 1998, 235, aber nicht dann, wenn eindeutig erkennbar gar kein Widerspruch des Antragsgegners vorliegt, sondern zB allenfalls ein solcher eines Dritten, Mü MDR 1988, 871; Zöller/Seibel Rn. 11; aM Thomas/Putzo/Hüßtege Rn. 13. 18

3. Verweisung. Evtl. ist sogar das Gericht zuständig, an das die Sache nach § 696 V verwiesen oder weiterverwiesen worden war. Denn es kann zunächst ein Widerspruch eingelegt und ein Antrag auf die Durchführung des streitigen Verfahrens erfolgt sein. Der Antragsteller kann einen Vollstreckungsbescheid erst deshalb verlangt haben, weil inzwischen der Gegner seinen Widerspruch nach § 697 IV oder den Antrag auf die Durchführung des streitigen Verfahrens nach § 696 IV zurückgenommen hatte. Dann bleiben die Akten dort, wo sie zuletzt waren. Der Rpfl. jenes AG oder LG wird dann zum Erlass des Vollstreckungsbescheids oder zur Abweisung des Antrags zuständig. 19

Das folgt indirekt aus IV 3. Denn diese Vorschrift spricht von dem „mit dem Mahnverfahren befassten Gericht". Es folgt auch aus § 700 III 1. Jene Bestimmung spricht nämlich von dem Gericht, „das den Vollstreckungsbescheid erlassen hat". Zwar hat der Gesetzgeber den zunächst wegen eines offenbaren Redaktionsversehens nicht eingefügten I 3 dann wiederum auf den Fall der Abgabe beschränkt. Daher müsste bei einer Erstverweisung oder Weiterverweisung das Drittgericht die Akten an das Gericht zurückleiten, das die Akten bei einer Abgabe empfangen hatte. Das Gesetz soll aber gerade ausdrücklich einen Zeitverlust und Kosten verhindern. Es liegt also offenbar ein erneutes Redaktionsversehen vor, Hartmann NJW 1978, 612. Damit kann also ein LG für den Erlass eines Vollstreckungsbescheids sachlich zuständig werden, Büchel NJW 1979, 948. 20

V. Inhalt des Vollstreckungsbescheids, II, III. Der Vollstreckungsbescheid ist eine Entscheidung in der Form eines Beschlusses nach § 329. Er braucht diese Bezeichnung nicht ausdrücklich zu tragen. Zur Problematik beim Partnerschaftsvermittlungsvertrag Börstinghaus MDR 1995, 551 (ausf.). Erforderlich sind die folgenden Angaben: 21

1. Identität, II. Erforderlich sind alle Angaben zur Feststellung der Identität der Parteien, Düss MDR 1977, 144 (kein Parteiwechsel), zur Individualisierung des Anspruchs, zur Durchführung der Zwangsvollstreckung nach §§ 704 ff. und zur Klärung des Umfangs der Rechtskraft. Der Vollstreckungsbescheid muss also in der Regel mindestens alles das enthalten, was der Antragsteller nach § 690 bereits im Antrag auf den Mahnbescheid mitteilen musste. Der Vollstreckungsbescheid soll nach § 692 I 4 dem Mahnbescheid entsprechen. Er soll fast das Spiegelbild des Mahnbescheids sein. Bei einer maschinellen Bearbeitung erfolgt durchweg ein vollständiger Ausdruck. Ob bei einer Forderungsabtretung § 265 entsprechend anwendbar ist, ist in der Literatur streitig. Es wird vertreten, dass ein neuer Mahnbescheid erwirkt werden müsse, da der bisherige Gläubiger im Mahnbescheid ausgewiesen sei, MüKoZPO/Schüler Rn. 42 vor § 688; Zöller/Seibel Vor § 688 Rn. 8. Aus Kostengesichtspunkten erscheint es aber gut vertretbar, in einem solchen Fall § 265 entsprechend anzuwenden, wenn der neue Gläubiger die Rechtsnachfolge entsprechend § 727 nachweist, Musielak/Voit/Voit § 688 Rn. 5; Stein/Jonas/Berger Rn. 7. 22

Bei einer nicht maschinellen Bearbeitung darf der Rpfl. den Vollstreckungsbescheid nach II auf den Mahnbescheid setzen. Das sieht der amtliche Formularsatz aber nicht vor. Da der Vollstreckungsbescheid jetzt aber nach → Rn. 2 mehr als die bloße Vollstreckbarerklärung des Mahnbescheids ist, muss der Rpfl. oder der Urkundsbeamte auch hier zumindest von Amts wegen prüfen, ob der Mahnbescheid auch wirklich alles Nötige enthält, bevor der Rpfl. oder der Urkundsbeamte lediglich verfügt, der Vollstreckungsbescheid werde nach dem Mahnbescheid erlassen. Mängel in diesem Punkt können zur Zurückweisung zwingen und jedenfalls die Wirksamkeit des trotzdem erlassenen Vollstreckungsbescheids beseitigen. Der Rpfl. muss die etwa nach dem Mahnbescheid zur Akte gelangten Vorgänge beachten, Karlsr Rpfleger 1987, 422; LG Stgt Rpfleger 1985, 534. Ein fälschlich ergangener Mahnbescheid darf nicht einfach zum ebenso unrichtigen Vollstreckungsbescheid werden, BGH 23

NJW 1990, 1119; Karlsr Rpfleger 1987, 422; LG Münst MDR 1988, 682. Der Mahnbescheid darf also nicht nach § 701 wirkungslos geworden sein. Eine unkorrekte Zustellung muss nach § 189 geheilt sein. Eine Berichtigung nach §§ 319, 329 ist statthaft, Mü Rpfleger 1990, 28.

24 **2. Kostenaufstellung, III.** Erforderlich ist ferner eine Kostenaufstellung, BGH FamRZ 2009, 775. Der Antragsteller muss die Kosten nach III 1 immer dann betragsmäßig berechnen, wenn das Mahnverfahren nicht nach III 2 maschinell erfolgt. Der Zinsfuß beträgt 5 Prozentpunkte über dem Basiszinssatz nach §§ 247 BGB, § 104 I 2, und zwar ab der Erteilung des Vollstreckungsbescheids. Der Antragsteller kann alle seit dem Mahnbescheid angefallenen Kosten einschließlich der etwaigen Anwaltskosten in den Antrag auf Erlass des Vollstreckungsbescheids aufnehmen, KG NJW-RR 2001, 58; Mü MDR 1997, 300; Ffm Rpfleger 1981, 239, ebenso alle infolge der Rücknahme des Widerspruchs beim Prozessgericht entstandenen Kosten. Neben der Festsetzung nach III ist grundsätzlich ein besonderes Kostenfestsetzungsverfahren nach § 104 unstatthaft. Denn es ist gerade der Zweck des III, ein weiteres Festsetzungsverfahren zu erübrigen, BGH NJW 1991, 2084 (§ 11 RVG bleibt anwendbar); Kblz Rpfleger 1985, 369; Ffm Rpfleger 1981, 239. Indessen kann eine Ergänzung in Betracht kommen, BGH FamRZ 2009, 775; Schlesw Rpfleger 2008, 513; Mü Rpfleger 1997, 172; aM BayObLG MDR 2005, 769; LG Bln Rpfleger 1996, 928; LG Fulda NJW-RR 1999, 222. Für sie ist das Mahngericht zuständig, nicht das Gericht eines unterstellten streitigen Verfahrens, BGH FamRZ 2009, 775; Schlesw Rpfleger 2008, 513. Für spätere Vollstreckungskosten gilt § 788.

25 Es bleiben aber hier solche Kosten unbeachtet, die zwar vor dem Antrag auf den Mahnbescheid angefallen waren, die das Mahngericht in ihm aber nicht berechnet hatte. Denn insofern ist kein Mahnbescheid ergangen. Dasselbe gilt beim Teilvollstreckungsbescheid für die Kosten, die zum angefochtenen Teil des Mahnbescheids zählen, LG Hagen Rpfleger 1990, 518 (sie werden Prozesskosten); Fritzsche Rpfleger 2001, 583. Das gilt auch dann, wenn der Antragsgegner zwar nur teilweise Einspruch einlegte, aber irrig die gesamte Kostenentscheidung des Mahnbescheids angreift, LG Fulda JurBüro 2002, 484; AG Euskirchen JurBüro 2002, 198; AG Hagen JurBüro 2002, 198; aM LG Coburg JurBüro 2002, 198. § 788 I kann auf solche Kosten anwendbar sein, die nach dem Erlass des Vollstreckungsbescheids anfallen, etwa Zustellungskosten.

26 Bei Bedenken gegen die Höhe der Kosten erfolgt eine teilweise Zurückweisung, Ffm Rpfleger 1981, 239, oder nur eine Kostengrundentscheidung. Die Festsetzung folgt dann gesondert. Wegen evtl. weiterer im Antrag nicht berechneter Kosten gelten §§ 103 ff. Wenn der Antragsteller nach § 2 GKG eine Kostenfreiheit hat, wird der Antragsgegner zum Kostenschuldner.

27 **3. Auslegung.** Ein unvollständig ausgefüllter, aber „auf der Grundlage des Mahnbescheids" ergangener Formular-Vollstreckungsbescheid ist auslegungsfähig, LG Hagen Rpfleger 1981, 199 (zust. Wenner).

28 **4. Unterschrift.** Der Rpfl. muss bei einer nicht maschinellen Behandlung den Vollstreckungsbescheid mit seinem vollen Nachnamen unterschreiben, also mit einem kennzeichnenden individuellen Schriftzug und nicht nur mit einem Handzeichen (Paraphe), Mü NJW 1982, 2783. Er darf seine Unterschrift nach der Abgabe an das für das streitige Verfahren zuständige Gericht nachholen, aM Mü Rpfleger 1983, 288. Bei einer maschinellen Bearbeitung entfällt eine Unterschrift und genügt das gedruckte Siegel nach § 703b I.

29 **VI. Zustellung, IV, V.** Es sind zwei sehr unterschiedliche Lösungen möglich.

30 **1. Stattgabe, IV.** Die Bekanntgabe des Vollstreckungsbescheids geschieht nach IV 1 Hs. 1 grundsätzlich dadurch, dass das Mahngericht den Vollstreckungsbescheid von Amts wegen nach §§ 166 ff. zustellt, BGH NJW 2007, 848. Der Urkundsbeamte der Geschäftsstelle des Gerichts, das den Vollstreckungsbescheid erlassen hat, muss die Zustellung unverzüglich veranlassen, BAG NJW 1987, 472. Der Antragsteller erhält eine mit der Zustellungsbescheinigung nach § 169 versehene Ausfertigung. Sie ermöglicht ihm die Zwangsvollstreckung nach §§ 750, 794 I Nr. 4. Eine Vollstreckungsklausel ist nur bei § 796 oder nach § 31 AVAG nötig, SchlAnh V E. Eine Ersatzzustellung des gegenüber einem Drittschuldner ergangenen Vollstreckungsbescheids an den Schuldner ist entsprechend § 178 unzulässig. Sie löst die Einspruchsfrist nicht aus. Sie lässt eine Heilung nur nach § 189 zu.

31 **2. Zurückweisung, IV.** Einen in der Hauptforderung zurückweisenden Beschluss lässt der Rpfl. dem Antragsgegner allenfalls formlos zusenden. Der Antragsgegner braucht eine solche formlose Nachricht nicht zu erhalten. Soweit wegen einer überhöhten Kostenforderung eine teilweise Zurückweisung erfolgt, ist ausnahmsweise eine förmliche Zustellung an den Antragsteller nach §§ 166 ff. notwendig. Denn er hat dann die befristete Erinnerung nach § 329 II 2.

32 **3. Parteibetrieb: Voraussetzungen, IV.** Ausnahmsweise erfolgt nach IV 1 Hs. 2, IV 2, 3 die Zustellung über eine Beauftragung des Gerichtsvollziehers nach §§ 191 ff. im Parteibetrieb, Seip AnwBl 1977, 235. Sie hat dieselbe Wirkung wie eine Amtszustellung nach §§ 166 ff., Kblz NJW 1981, 408; Bischof NJW 1980, 2235. Eine Verbindung der Vollstreckungsbescheide gegen Gesamtschuldner kommt nicht in Betracht, LG Marbg DGVZ 1986, 77; AG Arnsberg DGVZ 1979, 188; AG Montabaur DGVZ 1986, 91; aM AG Wilhelmsh DGVZ 1979, 189; Zöller/Seibel Rn. 13. Diese Zustellung setzt voraus, dass der Antragsteller die Übermittlung des Vollstreckungsbescheids an sich selbst zur Zustellung beantragt hat, BAG NJW 1983, 472. Er kann abwarten wollen, ob der Antragsgegner eine angekündigte Zahlung doch noch leistet. Er kann auch die Zustellung des Vollstreckungsbescheids nach § 750 I und den Beginn der Zwangsvollstreckung gleichzeitig durchführen wollen, Seip AnwBl 1977, 235. Insofern kann das Verfahren zunächst zum Stillstand kommen, Mü OLGZ 1976, 189. Für die Antragsform gilt § 702. Der Übermittlungsantrag lässt sich schon mit dem Antrag auf den Erlass des Vollstreckungsbescheids verbinden.

33 **4. Parteibetrieb: Verfahren, IV.** In den Fällen → Rn. 32 muss der Urkundsbeamte der Geschäftsstelle dem Antragsteller formlos eine vollständige Ausfertigung des Vollstreckungsbescheids aushändigen oder elektronisch übermitteln bei einer maschinellen Bearbeitung nach § 703b I. Damit kann der Antragsteller dann nach §§ 750, 794 I Nr. 4 die Zwangsvollstreckung betreiben. Eine Vollstreckungsklausel ist auch dann nur bei § 796 oder nach § 31 AVAG nötig, SchlAnh V E. Das Original bleibt bei der Akte. Über die Aushändigung oder elektronische Übermittlung sollte ein Aktenvermerk oder eine Quittung zur Akte kommen. Der Urkundsbeamte des Gerichts, das den Vollstreckungsbescheid erlassen hat, vermittelt nach IV 2 Hs. 2 entgegen § 292 III 1 die Zustellung im Parteibetrieb nicht. Unzulässig ist auch eine Vermittlung des Gerichts, in dessen Bezirk die Zustellung erfolgen soll. Denn I 3 hat den Vorrang vor § 166 II 1.

5. Öffentliche Zustellung, IV. Sie ist nach §§ 185 ff. anders als beim Mahnbescheid (§ 688 II Nr. 3) möglich. Der Antragsteller kann eine öffentliche Zustellung beantragt haben. Der Rpfl. kann sie gemäß IV 3 bewilligt haben, Hansens NJW 1991, 954. Dann erfolgt sie nach IV 3 jeweils durch eine Einstellung in das elektronische Informationssystem des Gerichts, das in dem Mahnbescheid nach § 692 I Nr. 1 steht. Evtl. muss die Benachrichtigung nach § 186 II 2, 3 erfolgen, also bei einem anderen Gericht als dem, das den Vollstreckungsbescheid erlassen hat. Dann setzt der Richter die Dauer der Einspruchsfrist nach § 339 II fest. 34

6. Auslandszustellung, IV. Sie ist nach § 183 anders als beim Mahnbescheid nach § 688 III zulässig, BGH NJW 1987, 592. Das gilt auch in einem nicht zur Brüssel Ia-VO gehörenden Staat, vgl. auch § 32 III 3 AVAG, SchlAnh V E. Auch dann setzt der Rpfl. nach § 20 I Nr. 1 RPflG oder der etwa landesrechtlich bestellte Urkundsbeamte der Geschäftsstelle die Dauer der Einspruchsfrist nach § 339 II fest. 35

7. Belehrung, Mitteilung, V. Eine Rechtsbehelfsbelehrung ist nach § 232 sowohl bei einer Stattgabe als auch bei einer Zurückweisung nötig. Denn beide Entscheidungen sind anfechtbar. V erfasst nur die Belehrung des Antragsgegners, also nur bei einer Stattgabe. Der Belehrungsinhalt ergibt sich nur aus § 232 V regelt nur Form und Zeitpunkt der „Mitteilung" der Belehrung, nicht ihre Notwendigkeit oder Entbehrlichkeit. 36

Zusammen mit dem Vollstreckungsbescheid ist die Mitteilung nötig, also gleichzeitig mit seiner Zustellung. Ein Verstoß gegen diese Gleichzeitigkeit ist ein Fehler, nämlich sogar eine Unterlassung nach § 233 S. 2 mit den dort erläuterten Folgen. Denn schon die zeitliche Unkorrektheit der Mitteilung führt zu einer Unklarheit über die Rechtsbehelfsmöglichkeit, zumal sie nach §§ 338, 700 befristet ist. 37

Dem Antragsgegner gegenüber muss die Mitteilung erfolgen. Das kann bei einer Amtszustellung eine Mitteilungspflicht von Amts wegen bedeuten. Bei einer Parteizustellung wird die Mitteilung zum Bestandteil der Pflichten des Antragstellers (Gläubigers) für den Fall, dass er überhaupt zustellen lässt. 38

Schriftform ist bei jeder Mitteilungsart nötig. Eine förmliche Zustellung scheint nicht nötig. Indessen erfolgt die Bekanntgabe des Vollstreckungsbescheids stets durch eine Zustellung entweder nach §§ 166 ff. oder nach §§ 191 ff. Insofern ist das Wort „Mitteilung" in V unscharf. Ein Verstoß macht auch insofern § 233 S. 2 anwendbar. 39

8. Verstoß, IV, V. Ein Verstoß kann eine Amtshaftung auslösen, BGH NJW 1990, 176 (hinsichtlich Zustellung des Vollstreckungsbescheids, § 50 ArbGG). Ein Verstoß gegen → Rn. 29–35 kann nach §§ 189, 295 I heilen. Wegen eines Verstoßes gegen → Rn. 36 ff. vgl. dort. 40

VII. Rechtsmittel. Es kommt auf die Entscheidungsrichtung an. 41

1. Gegen Zurückweisung zur Hauptsache. Soweit der Rpfl. den Antrag in der Sache selbst zurückgewiesen hat, ist unabhängig von einem Beschwerdewert die sofortige oder befristete Erinnerung nach § 567 I Nr. 2 (Rpfl.) oder § 573 I (Urkundsbeamter) zulässig, beim Rpfl. iVm § 11 I RPflG. Der Rpfl. oder der Urkundsbeamte muss daher evtl. der sofortigen Erinnerung oder befristeten Erinnerung nach § 572 I 1 Hs. 1 ZPO iVm § 11 I RPflG abhelfen. Andernfalls legt er die Akten ohne eine Einschaltung seines Richters unverzüglich nach § 572 I 1 Hs. 2 ZPO iVm § 11 I RPflG direkt dem Beschwerdegericht vor. 42

Das Beschwerdegericht prüft und entscheidet nach § 572 II–IV ZPO. Es kann den Rpfl. zum Erlass des Vollstreckungsbescheids anweisen oder weist das Rechtsmittel als unzulässig oder unbegründet zurück. Das alles geschieht nach → Rn. 19 f. sowohl dann, wenn zunächst der Rpfl. des AG zuständig war, als auch dann, wenn der Rpfl. des LG den Vollstreckungsbescheid erlassen müsste. 43

2. Gegen Zurückweisung bei Kosten. Soweit der Rpfl. oder Urkundsbeamte den Antrag wegen einer Kostenfrage nach III zurückgewiesen hat, ist gegen seine Entscheidung die sofortige oder befristete Erinnerung nach § 104 III 1 oder § 573 I 1 statthaft, beim Rpfl. iVm §§ 11 I, 21 Nr. 1 RPflG, soweit der nach Anh. § 511 errechenbare Beschwerdewert 200 EUR nach § 567 II übersteigt, KG Rpfleger 2005, 697. Andernfalls bleibt es bei der sofortigen Erinnerung nach → Rn. 40. 44

3. Gegen Erlass. Soweit das Gericht den Vollstreckungsbescheid zu Recht oder zu Unrecht erlassen hat, etwa trotz des Fehlens eines ordnungsgemäßen Antrags oder trotz einer Zahlung des Antragsgegners oder trotz einer mangelhaften Zustellung des Mahnbescheids, BGH NJW 1984, 57, ist wie nach einem Versäumnisurteil nach § 331 grundsätzlich nur der Einspruch statthaft. Eine Ausnahme besteht allenfalls nach § 703a I Nr. 4. Es ist also weder eine sofortige oder befristete Erinnerung noch gar eine sofortige Beschwerde nach §§ 567 I Nr. 1, 573 I 1 ZPO statthaft, beim Rpfl. iVm § 11 I RPflG. 45

700 *Einspruch gegen den Vollstreckungsbescheid.* **I Der Vollstreckungsbescheid steht einem für vorläufig vollstreckbar erklärten Versäumnisurteil gleich.**

II Die Streitsache gilt als mit der Zustellung des Mahnbescheids rechtshängig geworden.

III [1]Wird Einspruch eingelegt, so gibt das Gericht, das den Vollstreckungsbescheid erlassen hat, den Rechtsstreit von Amts wegen an das Gericht ab, das in dem Mahnbescheid gemäß § 692 Abs. 1 Nr. 1 bezeichnet worden ist, wenn die Parteien übereinstimmend die Abgabe an ein anderes Gericht verlangen, an dieses. [2]§ 696 Abs. 1 Satz 3 bis 5, Abs. 2, 5, § 697 Abs. 1, 4, § 698 gelten entsprechend. [3]§ 340 Abs. 3 ist nicht anzuwenden.

IV [1]Bei Eingang der Anspruchsbegründung ist wie nach Eingang einer Klage weiter zu verfahren, wenn der Einspruch nicht als unzulässig verworfen wird. [2]§ 276 Abs. 1 Satz 1, 3, Abs. 2 ist nicht anzuwenden.

V Geht die Anspruchsbegründung innerhalb der von der Geschäftsstelle gesetzten Frist nicht ein und wird der Einspruch auch nicht als unzulässig verworfen, bestimmt der Vorsitzende unverzüglich Termin; § 697 Abs. 3 Satz 2 gilt entsprechend.

VI Der Einspruch darf nach § 345 nur verworfen werden, soweit die Voraussetzungen des § 331 Abs. 1, 2 erster Halbsatz für ein Versäumnisurteil vorliegen; soweit die Voraussetzungen nicht vorliegen, wird der Vollstreckungsbescheid aufgehoben.

Schrifttum: Grües, Die Zwangsvollstreckung aus Vollstreckungsbescheiden über sittenwidrige Ratenkreditforderungen, 1990; Prütting/Weth, Rechtskraftdurchbrechung bei unrichtigen Titeln, 2. Aufl. 1994; Schrameck, Umfang der materiellen Rechtskraft bei Vollstreckungsbescheiden, 1990; Vollkommer, Neuere Tendenzen im Streit um die „geminderte" Rechtskraft des Vollstreckungsbescheids, FS Gaul, 1997, 759.

Übersicht

1 **I. Systematik.** Zunächst → § 699 Rn. 1, 2. § 700 regelt vor allem die Überleitung in das streitige Verfahren nach einem Einspruch. Dieser steht bedingt einem für vorläufig vollstreckbar erklärtem Versäumnisurteil nach §§ 338 ff. gleich. § 700 entspricht insoweit dem § 696 mit seiner Überleitung nach einem Widerspruch gegen den Mahnbescheid.

2 **1. Rechtsnatur, Entstehung, I.** Der Vollstreckungsbescheid steht nach I, § 311 I einem Versäumnisurteil gegen den Bekl. gleich, BGH NJW 1984, 57. Das gilt insbesondere wegen der vorläufigen Vollstreckbarkeit zB nach § 708 Nr. 2. Es gilt ferner wegen der Rechtshängigkeit nach → Rn. 7. Es gilt weiterhin wegen der formellen wie der materiellen Rechtskraft. Erst der Vollstreckungsbescheid bringt einen Vollstreckungstitel. Der Urkundenvollstreckungsbescheid nach § 599 steht einem Vorbehaltsurteil gleich. Das Gericht muss diese Rechtskraft sowohl auf eine Rüge als auch von Amts wegen beachten. Wenn der Antragsgegner trotz des Eintritts der Rechtskraft des Vollstreckungsbescheids Einspruch eingelegt hat, muss das Gericht den Einspruch nach §§ 341, 700 als unzulässig verwerfen. Wenn trotzdem ein Anerkenntnisurteil nach § 307 ergeht, liegen zwei wirksame Vollstreckungstitel über denselben Anspruch vor. Nach der formellen Rechtskraft des Vollstreckungsbescheids nach §§ 329, 705 kommt als Anfechtungsmöglichkeit nur die Vollstreckungsabwehrklage in Betracht.

3 Entstanden ist der Vollstreckungsbescheid, sobald er hinausgeht, nicht schon mit seiner Unterschrift. Der Vollstreckungsbescheid wird aber erst mit seiner gesetzmäßigen Mitteilung an den Antragsgegner wirksam.

4 **2. Rechtsfolgen, II–VI.** Der Einspruch hindert die Durchführung der Zwangsvollstreckung nicht. Die Einstellung der Zwangsvollstreckung ist nach §§ 707, 719 I zulässig. Wenn ein Urteil den Vollstreckungsbescheid aufhebt, entfällt dessen Vollstreckbarkeit. Dann entsteht ein Schadensersatzanspruch nach § 717 II. Die Rechtskraft und die vorläufige Vollstreckbarkeit leiden unter Mängeln der Zustellung des Mahnbescheids nicht, BGH NJW 1984, 57. Wohl aber ist der Eintritt der Rechtskraft davon abhängig, dass das Gericht den Vollstreckungsbescheid nach §§ 166 ff. oder bei IV 2 nach §§ 191 ff. ordnungsgemäß zugestellt hatte, BGH NJW 1984, 57. Ohne eine solche korrekte Zustellung ist auch eine Zwangsvollstreckung unzulässig. Ein Mangel der Zustellung des Mahnbescheids kann heilen. Der tatsächliche Zugang entscheidet nach § 189. Eine Vollstreckungsklausel ist nötig nur bei § 796 I, § 33 AVAG, SchlAnh V E. Eine Vollstreckungsabwehrklage ist nach §§ 767, 795 S. 1, 796 II statthaft. Für eine Wiederaufnahme des Verfahrens gilt § 584 II.

5 **II. Regelungszweck.** Auch § 700 ist ähnlich kompliziert wie §§ 696, 697. Das muss man jedoch aus den in → § 696 Rn. 3, 4 genannten Gründen hinnehmen. Man sollte die Überleitung durch eine weder zu formelle noch zu großzügige Auslegung rechtsstaatlich wie praktikabel gestalten helfen.

6 **III. Geltungsbereich.** Die Vorschrift gilt nicht außerhalb der ZPO. Sie gilt auch im WEG-Verfahren. Im arbeitsgerichtlichen Verfahren gilt § 700 nach § 46a I ArbGG entsprechend, wobei jedoch die Einspruchsfrist nach §§ 46a I, 59 S. 1 ArbGG eine Woche beträgt, vgl. auch BAG NZA 2020, 1733. Im SGG-Verfahren gilt § 182a II 2 SGG.

7 **IV. Rechtshängigkeit, II.** Die Rechtshängigkeit gilt rückwirkend als mit der Zustellung des Mahnbescheids nach § 693 I–II eingetreten, sobald der Vollstreckungsbescheid erlassen worden ist, Fischer MDR 2000, 303; Thomas/Putzo/Hüßtege Rn. 3; Zöller/Seibel Rn. 1. Wegen der Rückwirkung kommt auch nach § 261 III Nr. 2 keine Verweisung wegen einer nach der Zustellung des Mahnbescheids eingetretenen Änderung des Schuldnerwohnsitzes mehr in Betracht, BAG DB 1982, 2412. Die Rechtshängigkeitswirkung gilt aber nur für den angefochtenen Betrag. Denn nur er ist „Streitsache" nach II, Kblz Rpfleger 1982, 292; aM Menne NJW 1979, 200.

8 **V. Einspruch, III.** Man muss sechs Hauptaspekte beachten. Vor weiterer Prüfung muss das Gericht die Statthaftigkeit des Rechtswegs nach § 13 GVG klären, Mü MDR 2017, 900.

1. Zulässigkeit. Der Einspruch ist der einzige statthafte Rechtsbehelf gegen den Vollstreckungsbescheid, BGH WM 2014, 321. Das gilt unabhängig davon, ob der Vollstreckungsbescheid rechtmäßig oder rechtswidrig ergangen ist. Eine Erinnerung gegen den vom Rpfl. unterzeichneten Vollstreckungsbescheid ist nach §§ 11 III 2, 36b III RPflG unstatthaft. Der Einspruch ist unter denselben Voraussetzungen wie ein Einspruch gegen ein Erstes Versäumnisurteil nach §§ 338 ff. statthaft. Denn der Vollstreckungsbescheid steht einem Versäumnisurteil nach I gleich. Der Einspruch ist zB auch gegen einen nach einer mangelhaften Zustellung des Mahnbescheids nach § 693 I erlassenen Vollstreckungsbescheid statthaft, BGH NJW 1984, 57. Er ist auch nach einer Widerspruchsrücknahme zulässig. Der Einspruch ist eine Prozesshandlung. Er ist daher auslegbar. Das Gericht muss notfalls nach § 139 nachfragen. 9

2. Frist. Der Einspruch ist innerhalb einer Notfrist von 2 Wochen nach §§ 224 I 2, 339 I zu erheben; die Frist beginnt mit der Zustellung des Vollstreckungsbescheids, BVerfG NJW 2019, 3137; BGH NJW 1988, 2049. Eine Rechtsbehelfsbelehrung ist jetzt notwendig. Eine unrichtige Belehrung kann die Wiedereinsetzung begründen. Bei § 699 IV 2 reicht auch eine Zustellung im Parteibetrieb nach §§ 191 ff. aus, Kblz NJW 1981, 408; AG Marl DGVZ 1979, 46; Bischof NJW 1980, 2235. Bei einer Auslandszustellung nach § 183 oder einer öffentlichen Zustellung nach §§ 185, 699 IV 4, 339 II bestimmt der Rpfl. nach §§ 20 I Nr. 1, 36b I Nr. 2 Hs. 1 RPflG die Fristdauer. Sie beginnt auch dann mit der Zustellung. Im arbeitsgerichtlichen Verfahren beträgt die Frist nach §§ 59 S. 1, 46a I ArbGG 1 Woche, LAG Mainz DB 1990, 2076; LAG Hamm DB 1978, 896; aM Eich DB 1977, 912 (2 Wochen). Wegen einer SGG-Sache gilt § 182a SGG. Gegen die Versäumung der Einspruchsfrist kommt eine Wiedereinsetzung in Betracht. 10

Der Einspruch ist grundsätzlich bedingt und deshalb dann unstatthaft, wenn er vor der Entstehung des Vollstreckungsbescheids eingeht. Indessen gilt nach § 694 II 1 ein verspäteter Widerspruch als ein ordnungsgemäßer Einspruch, ebenso ein rechtzeitiger, aber übersehener. Ein solcher Einspruch ist statthaft der nach der Entstehung des Vollstreckungsbescheids eingeht. Insofern ist trotz § 700 I die zu § 310 III dargelegte Lösung nicht entsprechend anwendbar. Denn der Vollstreckungsbescheid wird vor einer Zustellung existent. Daher gilt beim Rpfl. eher die zur sofortigen Beschwerde in §§ 567 ff. genannte Lösung. Beim etwa landesrechtlich bestellten Urkundsbeamten ist wegen § 36b III 1 RPflG keine befristete Erinnerung nach § 573 I zulässig. Die Wirksamkeit der Zustellung hängt unter anderem davon ab, ob der Rpfl. oder der Urkundsbeamte den Vollstreckungsbescheid ordnungsgemäß unterschrieben hat. Davon hängt auch der Beginn der Einspruchsfrist ab, LG Darmst DGVZ 1996, 62; Zöller/Seibel Rn. § 699 Rn. 15; aM Karlsr NJW-RR 1987, 895. 11

3. Inhalt der Einspruchserklärung. Zum Einspruchsinhalt muss man § 340 II beachten. Der Einspruchsführer muss den Vollstreckungsbescheid bezeichnen. Ferner ist die Erklärung notwendig, dass man Einspruch einlege. Sofern das AG den Vollstreckungsbescheid erlassen hat, kann man den Einspruch nach §§ 496 II, 129a I auch mündlich zum Protokoll des Urkundsbeamten der Geschäftsstelle eines jeden AG erklären. Er wird jedoch nach § 129a II 2 erst mit dem Eingang bei dem AG wirksam, das den Vollstreckungsbescheid erlassen hatte. Es besteht grundsätzlich die Notwendigkeit einer handschriftlichen Unterzeichnung, BGH NJW 1987, 2588 (abl. Teske JR 1988, 421); LG Mü MDR 1987, 504; LAG Brem BB 1993, 1952; aM LG Heidelb NJW-RR 1987, 1213; Zöller/Seibel Rn. 5). 12

Auch der Einspruch gegen einen Vollstreckungsbescheid muss grds. unterzeichnet sein, BGH NJW 1987, 2588. Eine telefonische Einlegung beim einem zur Entgegennahme bereiten Urkundsbeamten reicht aber ausnahmsweise formell aus, Zöller/Seibel Rn. 5. Auch ein Telefax kann reichen, BGH NJW 2000, 2340; NJW 1986, 1759; LG Köln NJW 2005, 79. Bei elektronischer Einreichung gelten §§ 130ad. Bei einem wie bei § 301 zulässigen nur teilweisen Einspruch muss man natürlich den Teil des Vollstreckungsbescheids genau bezeichnen, den man anficht, zB die Kostenentscheidung, Zöller/Seibel Rn. 7; aM Thomas/Putzo/Hüßtege § 699 Rn. 17. Eine Erklärung gegenüber dem Gerichtsvollzieher reicht nicht. Er ist auch nicht zur Weiterleitung verpflichtet, LG BadBad DGVZ 1998, 156. Der Einspruchsinhalt ist auslegbar. 13

Nicht notwendig ist eine zusätzliche Verteidigungsanzeige nach § 276 I 1, Kblz JurBüro 2011, 42. 14

4. Keine Einspruchsbegründung. Eine Einspruchsbegründung ist nicht notwendig. Denn § 340 III ist nach § 700 III 3 ausdrücklich unanwendbar, Büchel NJW 1979, 950 (zum alten Recht). Daher besteht auch weder bei der Zustellung des Vollstreckungsbescheids von Amts wegen nach §§ 166 ff. noch bei derjenigen im Parteibetrieb nach §§ 191 ff. eine Hinweispflicht nach § 340 III 4. Das Gericht muss einen solchen Widerspruch, der nach dem Ablauf der Widerspruchsfrist eingeht, nach § 694 II als einen Einspruch behandeln, soweit der Antragsgegner nicht schon bei der Widerspruchseinlegung oder später etwas Abweichendes bestimmt hat. 15

5. Form. Der Einspruch bedarf keiner anderen Form als der Widerspruch, da er zum Mahnverfahren gehört. Dies ergibt sich auch aus § 694 II, wonach ein verspäteter Widerspruch als Einspruch behandelt wird. Dementsprechend unterliegt der Einspruch auch nicht dem Anwaltszwang, auch wenn ein LG den Vollstreckungsbescheid erlassen hat, MüKoZPO/Schüler Rn. 18; Zöller/Seibel Rn. 6; Thomas/Putzo/Hüßtege Rn. 5; Hornung Rpfleger 1978, 429; aM Crevecœur NJW 1977, 1320. Der Einspruch kann schriftlich nach § 40 I, durch mündliche Erklärung vor dem Urkundsbeamten der Geschäftsstelle nach § 702 I oder elektronisch nach § 340a S. 4 eingelegt werden. Bei schriftlicher Einreichung ist der Schriftsatz handschriftlich zu unterzeichnen, BGH NJW 1987, 2588; Ffm OLGR 1998, 168; LG Hmb NJW 1986, 1997. Ein Formularzwang besteht bisher nicht. Denn es gibt bisher bundesrechtlich keine Formulare nach § 703c für den Einspruch. Ein landesrechtliches Formular darf man nutzen; es muss aber nicht benutzt werden, Crevecœur NJW 1977, 1320. Der Einspruch hat als bestimmender Schriftsatz mit seinem Eingang beim Gericht das streitige Verfahren eingeleitet, Mü MDR 1992, 617. Auch bestimmende Schriftsätze können trotz fehlender Verweisung auf § 130a wirksam mit einfacher elektronischer Signatur aus dem beA nach § 130a III Alt. 2, IV Nr. 2 bei Gericht eingereicht werden; Leuering NJW 2019, 2739; vertiefend zur Anwendbarkeit der §§ 130a–d → § 130a Rn. 21 ff. 16

6. Rücknahme; Verzicht. Der Einspruch ist nach III 2 Hs. 1 iVm § 697 IV 1 ohne eine Zustimmung des Klägers bis zum Beginn der mündlichen Verhandlung des Bekl. zur Hauptsache nach §§ 137 I, 297 zurücknehmbar, BGH WM 2014, 321. Außerdem ist aber die Rücknahme auch im weiteren Verfahren statthaft, jedoch nur nach §§ 346, 516 I. Auch ein Verzicht ist entsprechend §§ 346, 515 zulässig, BGH NJW 2021, 2436 Rn. 19. Der Antragsgegner kann in einem Mahnverfahren schon vor Erlass des Vollstreckungsbescheides durch einseitige Erklärung gegenüber dem Mahngericht auf den Rechtsbehelf des Einspruchs wirksam verzichten; diese Verzichts- 17 erklärung ist bindend, da auf diese einseitige Prozesshandlung auch die entsprechende Anwendung der bürgerlich-rechtlichen Vorschriften über den Widerruf nicht in Betracht kommt, BGH NJW 2021, 2436 Rn. 14 f. Die Rücknahme erfolgt nach III 2 iVm § 697 IV 2 schriftlich oder zum Protokoll, auch der Geschäftsstelle. Wegen eines etwaigen Anwaltszwangs → Rn. 16; aM LG Bonn NJW-RR 1986, 223; Fischer MDR 1994, 126. Bei einer wirksamen Rücknahme oder bei einem wirksamen Verzicht treten die Rechtsfolgen der §§ 322, 705 ein, BGH WM 2014, 321, ferner die nach §§ 346, 516 III. Über die letzteren muss der Richter entscheiden, Ffm Rpfleger 1990, 201. Im Übrigen wird wieder der Rpfl. funktionell zuständig, Ffm Rpfleger 1990, 201, aber des Gerichts, das infolge der Abgabe zuständig geworden und geblieben ist, Ffm Rpfleger 1990, 201. Wenn die Einspruchsrücknahme unter den Voraussetzungen KV 1211 GKG erfolgt, ermäßigt sich KV 1210 GKG auf 1,0 nach KV 1211 amtliche Anmerkung S. 1 GKG.

18 **VI. Abgabe von Amts wegen, III.** Der Einspruch hat mit seinem Eingang beim Gericht ohne Weiteres kraft Gesetzes das streitige Verfahren eingeleitet, Adolphsen/Dickler ZZP 125, 465. Nach einem Einspruch muss das Mahngericht daher nach III 1 Hs. 1 anders als nach einem Widerspruch gegen den zugrunde liegenden Mahnbescheid den Rechtsstreit von Amts wegen an das Gericht abgeben, das im Mahnbescheid nach § 692 I Nr. 1 steht. Nur dann, wenn die Parteien die Abgabe übereinstimmend an ein anderes Gericht verlangen, erfolgt sie nach III 1 Hs. 2 dorthin. Aber die Abgabe als solche erfolgt auch dann von Amts wegen.

19 **1. Abgebendes Gericht.** Die Abgabe des Verfahrens erfolgt nach § 20 I Nr. 1 RPflG durch den Rpfl. des Gerichts, das den Vollstreckungsbescheid erlassen hat, oder nach § 36b I 1 Nr. 2 Hs. 2 RPflG durch den etwa landesrechtlich bestellten Urkundsbeamten der Geschäftsstelle. Zuständig ist also evtl. der Rpfl. oder Urkundsbeamte des LG. Der abgebende Rpfl. oder Urkundsbeamte braucht die Akten bei seinem Richter nicht vorzulegen. Er übersendet sie nach III 1 lt. Hs. an das AG oder LG, das nach § 692 I Nr. 1 oder nach § 703d II bezeichnet worden ist oder an das die Parteien übereinstimmend die Abgabe verlangt haben. Zu diesem Erfordernis gilt dasselbe wie zu § 696 I 1 lt. Hs. Der Rpfl. oder Urkundsbeamte des abgebenden Gerichts prüft die Zulässigkeit des Einspruchs nicht, Düss NJW-RR 1997, 1296. Er wartet auch nicht einen Abgabeantrag ab. Vielmehr verfügt er die Abgabe unverzüglich von Amts wegen. Die Abgabe erfolgt durch eine Verfügung oder durch einen Beschluss nach § 329. Die Entscheidung des Urkundsbeamten ist nach § 36b III 1 RPflG unanfechtbar. Deshalb braucht er die Abgabe nicht zu begründen. Er benachrichtigt beide Parteien nach § 329 II 1 formlos von der Abgabe.

20 **2. Empfangsgericht.** Mit dem Zeitpunkt, in dem die Akten bei dem Gericht eingehen, an das die Sache mit der Abgabe kommt, gilt der Rechtsstreit nach III 2 iVm § 696 I 4 dort als anhängig, Ffm Rpfleger 1990, 201. Es ist schon mit dem Einspruchseingang zum streitigen Verfahren gekommen, AG Gummersbach Rpfleger 1990, 263. Das Gericht behandelt die Kosten nach III 2 iVm § 696 I 3–5 wie bei § 281 III 1. Bei einer maschinellen Bearbeitung nach § 703b übersendet der Urkundsbeamte anstelle der Akten einen Aktenausdruck mit der Beweiskraft öffentlicher Urkunden nach § 418, III 2 iVm § 696 II. Jedoch besteht keine Pflicht zur Begründung des Einspruchs. Denn III 2 Hs. 2 erklärt den § 340 III für unanwendbar.

21 **3. Weiteres Verfahren.** Das weitere Verfahren verläuft nach III 2 wie bei § 697 I, IV, (zum alten Recht) Büchel NJW 1979, 950. Die Geschäftsstelle des angegangenen Prozessgerichts muss also dem Kläger ohne Aktenvorlage beim Richter (etwaige Ausnahme → Rn. 22) zunächst unverzüglich von Amts wegen die Einspruchsschrift nebst ihrer etwaigen Begründung nach § 340a S. 1 in einer Ablichtung oder Abschrift übersenden, soweit das nicht schon das abgebende Gericht getan hat. Sie muss dem Kläger grundsätzlich aufgeben, seinen Anspruch binnen 2 Wochen in einer der Klageschrift nach § 253 II Nr. 2 entsprechenden Form zu begründen. Deshalb muss sie die Verfügung voll unterzeichnen und nach §§ 166 ff., 329 II 2 förmlich zustellen. Wenn sich die Akten nach der Abgabe nunmehr bei einem LG befinden, bleibt es bei dessen Zuständigkeit, auch wenn das Mahnverfahren wieder auflebt, Ffm Rpfleger 1990, 201. Es besteht für das weitere Verfahren vor diesem Gericht ein Anwaltszwang, BGH VersR 1983, 785. § 341a ist anwendbar, BGH NJW 1982, 888. Eine Verweisung ist wie beim Widerspruch zulässig. Das stellt jetzt III 2 durch die ausdrückliche Verweisung auch auf § 696 V klar. Im arbeitsgerichtlichen Verfahren gilt § 46a VI ArbGG. In einer sozialgerichtlichen Sache gilt § 182a SGG.

22 **VII. Verfahren des Richters ab Anspruchsbegründung, IV.** Die Geschäftsstelle des Prozessgerichts legt dem Richter die Akten nach einem Einspruch an sich erstmals dann vor, wenn die von ihr nach III 2 iVm § 697 I gesetzte Frist verstrichen ist (dann gilt V) oder wenn eine Anspruchsbegründung rechtzeitig oder verspätet eingegangen ist. Dann gilt IV. Sie kann jedoch einen ihrer Ansicht nach unzulässigen Einspruch dem Richter ausnahmsweise auch sogleich vorlegen.

23 **1. Prüfung der Zulässigkeit des Einspruchs, IV 1 Hs. 2.** Der Richter prüft zunächst wie aufgrund eines Einspruchs gegen ein Versäumnisurteil wegen I die Statthaftigkeit und Zulässigkeit des Einspruchs nach § 341 I 1. Das ergibt sich aus IV 1 Hs. 2.

24 Fehlt eines dieser Erfordernisse, muss das Prozessgericht den Einspruch nach I iVm § 341 I 2 evtl. nach einem vergeblichen Hinweis nach § 139 als unzulässig verwerfen, BAG NZA 2020, 1733 (zu § 46a VI 2 ArbGG). Diese Entscheidung muss nach I iVm § 341 II durch ein Urteil ergehen. Diese letztere Vorschrift stellt ausdrücklich eine mündliche Verhandlung frei. Eine vorherige Anhörung des Klägers ist unnötig, da er gewinnt. Das Gericht muss sein Urteil wie sonst nach einer mündlichen Verhandlung verkünden, mangels einer Verhandlung nach §§ 166 ff. förmlich zustellen. Es muss sein Urteil stets begründen und zwecks Rechtsmittelfristbeginns nach §§ 313 ff. zustellen. Es enthält eine Kostenentscheidung nach §§ 91 ff. und einen Ausspruch zur vorläufigen Vollstreckbarkeit nach § 708 Nr. 3. Das Gericht kann auch nach § 341a einen Verhandlungstermin zum Einspruch und zur Sache anberaumen. Das empfiehlt sich zB dann, wenn das Gericht die Statthaftigkeit oder Zulässigkeit mit den Parteien besprechen möchte. Dann muss das Gericht auch bei einer Zweifelhaftigkeit der Zulässigkeit des Einspruchs so wie nach dem Eingang einer Klage verfahren. Der form- und fristgerechte Einspruch gegen den Vollstreckungsbescheid ist als Prozessfortsetzungsbedingung eine Sachverhandlungs- und Sachurteilsvoraussetzung, die auch in der Revisionsinstanz von Amts wegen zu prüfen ist, BAG NZA 2020, 1733, dabei ist das Revisionsgericht nicht an ausdrückliche oder stillschweigende Feststellungen oder Würdigungen der Vorinstanz gebunden, BGH NJW 1987, 2588.

25 **2. Mangels Verwerfung: Vorverfahren oder Termin, IV 1 Hs. 1.** Soweit das Gericht den Einspruch nicht verworfen hat, muss es „wie nach Eingang einer Klage weiter verfahren". Es trifft also nach seinem

pflichtgemäßen Ermessen die Wahl zwischen einem schriftlichen Vorverfahren oder einem frühen ersten Termin nach §§ 272 ff. jeweils mit oder ohne eine Güteverhandlung nach § 278. Das schriftliche Vorverfahren nach § 276 dürfte in aller Regel noch weniger sinnvoll sein als nach einem Widerspruch gegen den Mahnbescheid nach § 694. Zwar kann der Antragsgegner versucht haben, Zeit zu gewinnen. Gerade dann wird er es jetzt erst recht begrüßen, wenn das Gericht ihm durch das zeitraubende Vorverfahren zusätzlich Zeit gibt, zumal er ein sog. Zweites Versäumnisurteil nach § 345 in diesem Stadium nicht befürchten muss.

Es kommt daher das schriftliche Vorverfahren allenfalls zur Einreichung einer Klagebegründung in Betracht. 26
Viel sinnvoller ist daher die Anberaumung eines frühen ersten Termins mit oder ohne Fristen nach § 275. Es ist bis zum Vollstreckungsbescheid und anschließend bis zum Eingang der Anspruchsbegründung schon genug Zeit verstrichen. Außerdem verweist III 2 nicht auch auf § 697 III 1. Daran ändert auch die Verweisung in III 2 auf § 697 I nichts. Daher ist eine Terminierung ohne eine vorherige Frist zur Anspruchsbegründung wirksam. Auch § 295 ist anwendbar.

Ein Haupttermin ist allerdings auch nach dem Eingang einer Anspruchsbegründung nicht mehr ohne ein 27
Vorverfahren statthaft. Um seine Wirkungen herbeizuführen, kann das Gericht den formell frühen ersten Termin als einen vollgültigen Verhandlungstermin anberaumen, vorbereiten und ausgestalten. Das liegt umso näher, als der Einspruch etwa bereits eine Begründung erhalten hat. „Wie nach Eingang einer Klage" bedeutet unter anderem: Das Gericht muss nicht nur die dreitägige Ladungsfrist des § 217 einhalten, sondern auch die zweiwöchige Einlassungsfrist des § 274 III 1 (Ausnahmen § 274 III 2).

3. Im Vorverfahren: Keine Frist zur Anzeige einer Verteidigungsabsicht, IV 2. Die ausdrücklich 28
bestimmte Unanwendbarkeit von § 276 I 1 bedeutet: Der Richter darf dem Bekl. überhaupt keine Frist zu einer etwaigen Verteidigungsanzeige setzen, genauer: zu einer nochmaligen Anzeige (die erste lag bereits im Einspruch). Eine dennoch gesetzte Frist wäre als solche gesetzwidrig und daher unwirksam. Sie wäre auch keine wirksame Notfrist nach § 276 I 1.

4. Im Vorverfahren: Kein schriftliches Versäumnisurteil, IV 2. Obwohl der Richter nach dem Eingang 29
der Anspruchsbegründung das schriftliche Vorverfahren „wie nach Eingang einer Klage" wählen kann, darf er doch keineswegs auch im Vorverfahren nach einem Einspruch ein schriftliches Versäumnisurteil nach § 331 III so erlassen, wie er es im Vorverfahren nach einem bloßen Widerspruch tun könnte. Denn IV 2 erklärt den § 276 I 1 ausdrücklich für unanwendbar, anders als der entsprechende § 697 II, der kein solches Verbot ausspricht. Grund dieser unterschiedlichen Regelung ist die Erwägung, dass ein derartiges schriftliches Versäumnisurteil ein sog. Zweites Versäumnisurteil nach § 345 wäre. Denn der Vollstreckungsbescheid steht ja nach I einem Ersten Versäumnisurteil bereits gleich. Infolgedessen stünde dem Bekl. gegen ein derartiges schriftliches Versäumnisurteil nach einem Einspruch ein weiterer Einspruch nach § 345 nicht zu. Er könnte allenfalls unter den engen Voraussetzungen des § 514 II Berufung einlegen. Diese Konsequenz scheute der Gesetzgeber, Nürnb NJW-RR 1996, 58; Holch NJW 1991, 3179.

5. Im Vorverfahren: Zwang zur Frist zwecks Klageerwiderung, IV 2. Da IV 1 die Anweisung enthält, 30
„wie nach Eingang einer Klage" zu verfahren, und da IV 2 den § 276 I 2 nicht ebenfalls für unanwendbar erklärt, muss das Gericht nach dieser letzteren Vorschrift dem Bekl. eine mindestens zweiwöchige einfache Frist (keine Notfrist nach § 224 I 2) „zur schriftlichen Klageerwiderung" setzen. Es muss daher natürlich diese Frist abwarten, bevor es den Haupttermin zum Einspruch und zur Sache ansetzt, wenn es überhaupt das schriftliche Vorverfahren gewählt hat.

6. Im Vorverfahren: Keine Sonderfrist bei Auslandsfall, IV 2. Die in IV 2 ausdrücklich bestimmte 31
Unanwendbarkeit von § 276 I 3 bedeutet: Bei einem Auslandsbezug entfällt hier die Möglichkeit einer von § 276 I 2 abweichenden Frist.

7. Im Vorverfahren: Keine Belehrung über Fristversäumung, IV 2. Die in IV 2 ausdrücklich bestimmte 32
Unanwendbarkeit von § 276 II bedeutet: Eine Belehrung über die Folgen einer Versäumung einer Frist zur Anzeige einer Verteidigungsbereitschaft nach § 276 I 1. entfällt natürlich. Denn es gibt ja gar keine wirksame derartige Frist. Eine dennoch erteilte Belehrung ist unwirksam.

8. Bei frühem ersten Termin: Verfahren wie nach Klage, IV 1. Wenn sich der Richter nach dem 33
Eingang der Anspruchsbegründung für das Verfahren mit einem frühen ersten Termin nach § 275 entscheidet, hat er alle diesbezüglichen Möglichkeiten „wie nach Eingang einer Klage". Er darf also – muss aber nicht – dem Bekl. nach § 275 I eine Frist zur Klageerwiderung oder zB nach § 275 IV anschließend dem Kläger eine Frist zur Stellungnahme auf die Klageerwiderung setzen. Er kann den frühen ersten Termin sogleich unter Wahrung der Einlassungsfrist ansetzen. Er kann ihn als einen vollgültigen Termin vorbereiten und durchführen. Er kann ihn als einen bloßen „Durchlauftermin" planen. Er muss dann anschließend den Haupttermin nach § 275 II sorgfältig vorbereiten.

VIII. Verfahren des Richters mangels Anspruchsbegründung, V. Die Geschäftsstelle des Prozessgerichts 34
legt dem Richter die Akten jedenfalls dann vor, sobald die von ihr nach § 697 I gesetzte Frist zur Anspruchsbegründung erfolglos verstrichen ist. Das ergibt sich aus V Hs. 1.

1. Prüfung der Zulässigkeit des Einspruchs, V Hs. 1. Der Richter prüft zunächst wie nach dem Eingang 35
einer Anspruchsbegründung wegen I die Statthaftigkeit und Zulässigkeit des Einspruchs nach § 341 I 1. Das ergibt sich aus V Hs. 1. Vgl. für sein weiteres diesbezügliches Verfahren → Rn. 18 f.

2. Mangels Verwerfung: Terminsbestimmung, V Hs. 1. Soweit das Gericht den Einspruch nicht gerade 36
nach § 341 I, II durch ein Urteil ohne eine mündliche Verhandlung verworfen hat, darf es in einer Abweichung von der Lage nach dem rechtzeitigen Eingang einer Anspruchsbegründung nicht eine Verfahrenswahl treffen. Es muss vielmehr „unverzüglich Termin bestimmen". Das ergibt sich aus V Hs. 1, Düss OLGZ 1994, 220. Das ist ein Haupttermin zum Einspruch und zur Sache, nicht etwa ein früher erster Termin. Trotzdem kommen keine Fristen nach § 276 in Betracht. Es ist auch keine Einlassungsfrist nach § 274 III 1 notwendig. Denn das Gericht braucht hier gerade nicht „wie nach Eingang einer Klage" zu verfahren. Das Gericht muss nach V Hs. 1 den Termin von Amts wegen „unverzüglich" bestimmen, Düss OLGZ 1994, 220. Das ergibt sich ohnehin aus § 216 II. Das bedeutet: Der Richter darf keineswegs zuwarten, ob doch noch eine Anspruchsbegründung

eingeht. Er darf also anders als bei § 697 III 1 keinen Terminsantrag abwarten. Stets muss der Richter prüfen, ob er dem Termin zur mündlichen Verhandlung eine Güteverhandlung nach § 278 vorschalten muss.

37 **3. Zugleich: Weitere Anspruchsbegründungsfrist, V Hs. 2.** Die Verweisung in V Hs. 2 auf § 697 III 2 bedeutet: Zugleich mit der Terminsbestimmung muss der Richter dem Kläger eine Frist zur Begründung des Anspruchs setzen. Das ist eine weitere, nunmehr richterliche Frist, keine Notfrist nach § 224 I 2. Ihre Mindestdauer liegt nicht gesetzlich fest. Sie muss aber unter einer Berücksichtigung aller Umstände angemessen sein. Der Richter darf zwar mit bedenken, dass der Kläger ja schon die von der Geschäftsstelle gesetzte erste Frist zur Anspruchsbegründung hat verstreichen lassen. Gleichwohl zeigt der gesetzliche Zwang zur weiteren nunmehr richterlichen Frist, dass das Gesetz dem Kläger sein Schweigen auf die erste Frist mit einer weiteren Frist „belohnt".

38 Das ist allerdings ein kaum noch sinnvoller Vorgang. Er findet seine halbwegs ausreichende Erklärung darin, dass diese weitere richterliche Frist einen Ausschluss wegen Verspätung des Vortrags nach sich zieht, falls der Kläger auch diese Frist verstreichen lässt. Das ergibt sich aus der Verweisung in V Hs. 2 auch auf § 697 III 2 Hs. 2 und damit auf § 296 I, IV. Das ist eine schwer zu durchdringende Schachtelverweisung. Sie ist um so bedauerlicher, als die Verspätungsfolgen des § 296 I, IV streng sein können. Eine Zurückweisung wegen Verspätung setzt eine ordnungsgemäß erfolgte Belehrung nach Hs. 2 iVm §§ 277 II, IV voraus. Die richterliche Begründungsfrist lässt sich obendrein nach § 224 II abkürzen oder verlängern. Zum Verfahren § 225.

39 **IX. Verfahren des Richters bei verspäteter Anspruchsbegründung, IV, V.** Das Gesetz enthält keine klare Regelung. Es hilft daher nur eine Auslegung. Hat der Vorsitzende beim Eingang der verspäteten Anspruchsbegründung noch keinen Termin nach V anberaumt, wird er am besten nach IV verfahren. Das gilt auch dann, wenn seine Terminsverfügung nach V noch nicht in den Geschäftsgang hinausgegangen ist. Andernfalls wartet das Gericht am besten innerhalb des Verfahrens nach V die richterliche Frist ab. Denn sonst droht das Argument, das Gericht dürfe § 296 I, IV nicht vor dem Ablauf seiner eigenen Frist anwenden und der Kläger habe seine verspätete Anspruchsbegründung innerhalb der nun einmal vom Richter zusätzlich gesetzten Frist noch ergänzen wollen. Zu den Verspätungsfolgen § 296 I, IV.

40 **X. Säumnis des Beklagten, VI.** Beim Ausbleiben des Bekl. nach einem zulässigen Einspruch im folgenden Verhandlungstermin zum Einspruch und zur Hauptsache nach § 341a muss das Gericht nach VI, Hs. 1, § 331 I, II Hs. 1 anders als bei einer Klage und entgegen einer vielfachen praktischen Übung die Schlüssigkeit des Klageanspruchs prüfen und bejahen, bevor es nach § 345 den Einspruch evtl. nach einem vergeblichen Hinweis nach § 139 verwerfen kann, BGH NJW 1999, 2599; Hamm BB 1991, 164. Denn sonst würde die Gefahr des Erlasses eines nur nach § 514 II anfechtbaren Vollstreckungstitels ohne jede Schlüssigkeitsprüfung bestehen, Düss MDR 1987, 769; Adolphsen/Dickler ZZP 125, 466; Orlich NJW 1980, 1782. Andernfalls muss das Gericht nach VI Hs. 2 den Vollstreckungsbescheid aufheben und die Klage als unzulässig oder unbegründet abweisen, BGH NJW 1999, 2599. Vgl. auch § 343.

701 ***Wegfall der Wirkung des Mahnbescheids.*** **[1]Ist Widerspruch nicht erhoben und beantragt der Antragsteller den Erlass des Vollstreckungsbescheids nicht binnen einer sechsmonatigen Frist, die mit der Zustellung des Mahnbescheids beginnt, so fällt die Wirkung des Mahnbescheids weg. [2]Dasselbe gilt, wenn der Vollstreckungsbescheid rechtzeitig beantragt ist, der Antrag aber zurückgewiesen wird.**

1 **I. Systematik.** Die Vorschrift ergänzt § 699 durch die Klärung der Rechtsfolgen der Unterlassung eines Antrags auf den Erlass des Vollstreckungsbescheids oder der Antragszurückweisung.

2 **II. Regelungszweck.** Da die Entscheidung über den Erlass des Vollstreckungsbescheids nach § 699 I 1 von einem zum Mahnantrag zusätzlich erforderlichen Antrag abhängt, könnte der Gläubiger mithilfe des ihm zumindest nach § 693 II bekannt gegebenen Mahnbescheids unbegrenzte Zeit hindurch Druck auf den Schuldner ausüben, wenn auch keine Vollstreckung betreiben. Zwecks Rechtssicherheit soll dergleichen eine zeitliche Grenze haben, Nürnb MDR 2013, 871. Das geschieht in S. 1. S. 2 enthält eine entsprechende Befristung. Der Gläubiger soll alsbald entscheiden, ob er gegen die Zurückweisung des Antrags auf einen Vollstreckungsbescheid vorgehen will.

3 **III. Voraussetzungen.** Die Zustellung des Mahnbescheids nach § 693 I kann auch noch nach mehr als sechs Monaten seit seinem Erlass erfolgen. Ein zunächst erfolgloser Zustellungsversuch lässt sich wiederholen, BGH NJW 1995, 3381. Der endgültig unzustellbare Mahnbescheid ist unwirksam. Die Wirkung des Mahnbescheids entfällt trotz des Fehlens eines Widerspruchs des Antragsgegners dann, wenn der Antragsteller den Mahnantrag wirksam zurücknimmt oder wenn eine der beiden folgenden Voraussetzungen vorliegt.

4 **1. Kein Antrag.** Der Antragsteller darf binnen 6 Monaten seit der Zustellung des Mahnbescheids trotz des Ausbleibens eines Widerspruchs des Antragsgegners oder trotz einer wirksamen Widerspruchsrücknahme keinen Vollstreckungsbescheid nach § 699 I beantragt haben, Nürnb MDR 2013, 871. Es handelt sich um eine uneigentliche Frist, also um eine Ausschlussfrist, LG Köln AnwBl 1986, 538; LAG Bln MDR 1990, 187, und nicht um eine Notfrist nach § 224 I 2. Man muss sie nach § 222 iVm §§ 187 ff. BGB berechnen. Das Gericht kann sie nach § 224 weder verkürzen noch verlängern, noch gegen ihre Versäumung eine Wiedereinsetzung nach § 233 bewilligen, LG Köln AnwBl 1986, 538; LAG Bln MDR 1990, 187. Die Frist beginnt nach § 693 I bereits mit dem Zeitpunkt zu laufen, in dem der Mahnbescheid dem Antragsgegner zuging, also nicht erst mit der Benachrichtigung des Antragstellers nach § 693 III, LG Köln AnwBl 1986, 538; LAG Bln MDR 1990, 187. Wenn der Antragsteller einen solchen Vollstreckungsbescheid erwirkt hat, der aber weder nach §§ 166 ff. von Amts wegen noch nach §§ 191 ff. im Parteibetrieb nach § 700 IV zugegangen ist, läuft die Frist nicht, obwohl der Antragsgegner auch so Einspruch einlegen darf.

5 Die Einlegung eines Widerspruchs hemmt die Frist bis zu seiner wirksamen Rücknahme. Der Eingang des Antrags auf Erlass eines Vollstreckungsbescheids nach § 699 I 1 unterbricht die Frist, LG Brschw Rpfleger 1978, 263. Eine rechtzeitige Antragstellung erlaubt den Erlass des Vollstreckungsbescheids auch nach mehr als 6 Monaten seit der Zustellung des Mahnbescheids. Innerhalb der Frist kann der Antragsteller einen zurückgenommenen Antrag erneuern. Nach der Rücknahme des Antrags läuft die Frist weiter.

2. Zurückweisung. Der Antragsteller kann zwar den Vollstreckungsbescheid nach S. 1 rechtzeitig beantragt haben, das Gericht kann diesen Antrag aber trotz des Ausbleibens eines Widerspruchs rechtskräftig zurückgewiesen haben, KG NJW 2009, 3247. Das Erfordernis der Rechtskraft folgt aus → § 691 Rn. 21 ff. Auch nach dem Eintritt der formellen Rechtskraft nach §§ 329, 705 kann der Antragsteller innerhalb der 6-Monats-Frist den Antrag erneuern, LG Ffm Rpfleger 1982, 295 (zust. Vollkommer). Etwas anderes gilt dann, wenn das Gericht einen rechtzeitig gestellten Antrag nicht binnen 6 Monaten beschieden hat. 6

IV. Weitere Folgen. Es kommt auf die Entscheidungsrichtung an. 7

1. Sachliche Zurückweisung. Wenn das Gericht den Antrag auf den Vollstreckungsbescheid sachlich zurückgewiesen hat, verliert der Mahnbescheid seine Wirkung. 8

2. Verwerfung. Wenn das Gericht den Antrag nur aus förmlichen Gründen oder als verfrüht verworfen hat, darf der Antragsteller ihn in der 6-Monats-Frist mit einer besseren Begründung erneuern. Er muss aber das Fehlende fristgerecht nachholen, LG Ffm Rpfleger 1982, 295 (zust. Vollkommer). 9

3. Fristablauf. Bei → Rn. 8 verliert der Mahnbescheid jede prozessuale Wirkung. Es tritt nicht etwa eine Erledigungswirkung ein, KG MDR 1983, 323. Die materiell-rechtliche Wirkung seines Erlöschens ergibt sich aus dem materiellen Recht. 10

702 ***Form von Anträgen und Erklärungen.*** **I [1]Im Mahnverfahren können die Anträge und Erklärungen vor dem Urkundsbeamten der Geschäftsstelle abgegeben werden. [2]Soweit Formulare eingeführt sind, werden diese ausgefüllt; der Urkundsbeamte vermerkt unter Angabe des Gerichts und des Datums, dass er den Antrag oder die Erklärung aufgenommen hat. [3]Auch soweit Formulare nicht eingeführt sind, ist für den Antrag auf Erlass eines Mahnbescheids oder eines Vollstreckungsbescheids bei dem für das Mahnverfahren zuständigen Gericht die Aufnahme eines Protokolls nicht erforderlich.**

II [1]Anträge und Erklärungen können in einer nur maschinell lesbaren Form übermittelt werden, wenn diese dem Gericht für seine maschinelle Bearbeitung geeignet erscheint. [2]Werden Anträge und Erklärungen, für die maschinell bearbeitbare Formulare nach § 703c Absatz 1 Satz 2 Nummer 1 eingeführt sind, von einem Rechtsanwalt, einer registrierten Person nach § 10 Absatz 1 Satz 1 Nummer 1 des Rechtsdienstleistungsgesetzes, einer Behörde oder einer juristischen Person des öffentlichen Rechts einschließlich der von ihr zur Erfüllung ihrer öffentlichen Aufgaben gebildeten Zusammenschlüsse übermittelt, ist nur diese Form der Übermittlung zulässig. [3]Anträge und Erklärungen können unter Nutzung des elektronischen Identitätsnachweises nach § 18 des Personalausweisgesetzes, § 12 des eID-Karte-Gesetzes oder § 78 Absatz 5 des Aufenthaltsgesetzes gestellt werden. [4]Der handschriftlichen Unterzeichnung bedarf es nicht, wenn in anderer Weise gewährleistet ist, dass die Anträge oder Erklärungen nicht ohne den Willen des Antragstellers oder Erklärenden übermittelt werden.

III Der Antrag auf Erlass eines Mahnbescheids oder eines Vollstreckungsbescheids wird dem Antragsgegner nicht mitgeteilt.

I. Systematik. Die Vorschrift ergänzt § 690 I. II 2 letzter Hs ist durch Art. 12 Nr. 4 des Gesetzes zur Einführung der elektronischen Akte in der Justiz und zur weiteren Förderung des elektronischen Rechtsverkehrs vom 5.7.2017, BGBl. I 2208, zum 1.1.2020 aufgehoben. II 3 ist durch Art. 5 Abs. 26 Nr. 2 des Gesetzes zur Einführung einer Karte für Unionsbürger und Angehörige des Europäischen Wirtschaftsraums mit Funktion zum elektrischen Identitätsnachweis sowie zur Änderung des Personalausweisgesetzes und weiterer Vorschriften vom 21.6.2019, BGBl. I 846, zum 1.11.2019 geändert. 1

II. Regelungszweck. § 702 dient der Verfahrensvereinfachung und Kostendämpfung und damit der Prozessökonomie. Die Antragstellung wird erleichtert und gleichzeitig Hilfestellung bei der Formulierung des Antrags oder beim Ausfüllen des Formulars angeboten. Andererseits entfällt nach III die Mitteilung an den Antragsgegner. 2

III. Zuständigkeit, I. Zuständig ist nach I 1 der Urkundsbeamten der Geschäftsstelle des Gerichts, bei dem das Mahnverfahren anhängig oder durchzuführen ist, für sämtliche Anträge und Erklärungen im Mahnverfahren. Das Mahnverfahren beginnt mit dem Antrag auf Erlass des Mahnbescheids und endet mit der Abgabe der Sache zur Durchführung im streitigen Verfahren; → § 703 Rn. 1, 2. Zur Entgegennahme ist nach § 129a I der Urkundsbeamte der Geschäftsstelle eines jeden AG zuständig, Crevecœur NJW 1977, 1321. Die Wirkung des Antrags tritt aber nach § 129a II 2 erst dann ein, wenn der Antrag bei dem für das Mahnverfahren zuständigen AG eingeht. 3

IV. Form, I. Eine mündliche Erklärung vor dem Rpfl. oder vor dem dafür zuständigen Urkundsbeamten der Geschäftsstelle auch jedes anderen AG nach § 129a reicht mangels eines Formularzwangs (dazu unten) grundsätzlich aus. Daher besteht grundsätzlich nach § 78 III Hs. 2 kein Anwaltszwang. Das gilt auch dann, wenn ein etwaiges streitiges Verfahren nach § 697 dem Anwaltszwang unterliegen würde, Saenger/Sandhaus NJW 2014, 418. Bei elektronischer Einreichung gelten §§ 130ad. Ein Bevollmächtigter des Antragstellers oder des Rechtsbehelfsführers braucht seine Vollmacht nur einfach und nicht eidesstattlich zu versichern und nicht nachzuweisen. Auch ein Telefax ist zulässig, ebenso eine solche telefonische Erklärung, zu deren Entgegennahme der Urkundsbeamte oder ein anderer Urkundsbeamter bereit ist. Ein förmliches Protokoll braucht der Urkundsbeamte nach S. 3 weder für den Antrag auf einen Mahnbescheid noch für denjenigen auf den Vollstreckungsbescheid aufzunehmen, es sei denn bei der Aufnahme einer Erklärung vor einem anderen als dem für das Mahnverfahren zuständigen Gericht. Für einen Widerspruch gegen den Mahnbescheid ist aber ein Protokoll dann notwendig, wenn der Antragsgegner seinen Widerspruch nicht schriftlich einlegt. 4

Soweit Formulare bestehen, ist wegen des Benutzungszwangs nach § 703c II grundsätzlich deren Ausfüllung nach I 2 zur Vermeidung einer Zurückweisung als unzulässig notwendig (aber → § 692 Rn. 9, → § 694 Rn. 4 f.). Dabei vermerkt der Urkundsbeamte der Geschäftsstelle oder der sonstige Urkundsbeamte die Aufnahme mit dem Ort und dem Datum. Als Unterschrift reicht ein Stempel und daher bei einer elektronischen Aktenführung eine 5 einfache, nicht notwendig qualifizierte elektronische Signatur aus. Bei einer maschinellen Bearbeitung muss man § 703b beachten.

6 **V. Maschinell lesbare Form, II.** Hierzu (teils zum alten Recht) Hähnchen AnwBl 2008, 526 und 779; Messias JurBüro 2008, 571; von Preuschen NJW 2007, 323; Salten JurBüro 2017, 619. II 1 erfasst jede lesbare Form, zB: Diskette, Magnetband, Mikrofilm, Lochkarte, auch im Weg des Datenträgeraustausches, oder der Datenfernübertragung, Holch NJW 1991, 3179. Ein Antrag in dieser Form ist nur dann zulässig, wenn die Aufzeichnung genau mit der IT-Technik des Geräts übereinstimmt und wenn durch eine entsprechende Programmierung die Gefahr eines Missbrauchs entfällt. Maßgeblich für diese Voraussetzungen ist die Wertung durch das Gericht. Es entscheidet zunächst auch hier durch den Rpfl. oder den landesrechtlich bestellten Urkundsbeamten der Geschäftsstelle, nicht etwa durch die Gerichtsleitung. Das Gericht entscheidet nach seinem pflichtgemäßen Ermessen. Zur Anfechtbarkeit einer Entscheidung § 691 III.

7 Ein Anwalt oder eine registrierte Person nach § 10 I 1 Nr. 1 RDG muss nach II 2 einen maschinell zugelassenen Antrag in solcher Form stellen. Das muss also geschehen entweder auf einem Datenträger (Diskette, Band, Kassette) oder über das elektronische Gerichtspostfach (EGVP) mithilfe einer Signaturkarte oder auf Papier mithilfe des sog. Barcodeverfahrens ohne eine Signaturkarte. Die Ausnahme hiervon für den Widerspruch nach § 694 in II 2 letzter Hs ist mit Wirkung vom 1.1.2020 gestrichen. II 3 nennt die Nutzungsmöglichkeit eines elektronischen Identitätsnachweises, die mit Wirkung vom 1.11.2019 erweitert wurde. Eine handschriftliche Unterzeichnung ist nach II 4 nicht notwendig, soweit bei der maschinell lesbaren Form in anderer Weise sicher ist, dass der Antrag nicht ohne den Willen des Antragstellers erfolgt, Hansens Rpfleger 1991, 134, etwa durch ein Anschreiben zu einer Sammlung von Mahnanträgen. Ob die Absicherung ausreicht, entscheidet das Gericht ebenfalls nach seinem pflichtgemäßen Ermessen, Holch NJW 1991, 3179. Eine Beifügung von Anlagen ist hier unzulässig, AG Hagen NJW-RR 2010, 71. Es ist keine Vorauszahlung von Gerichtskosten nach § 12 III 2 GKG erforderlich. Nach dem Gesetz zur Einführung einer Karte für Unionsbürger und Angehörige des Europäischen Wirtschaftsraumes mit Funktion zum elektronischen Identitätsnachweis sowie zur Änderung des Personalausweisgesetzes und weiterer Vorschriften vom 21.6.2019 (BGBl. I S. 846), das am 1.11.2019 in Kraft getreten ist, kann seit diesem Zeitpunkt auch die eID-Karte genutzt werden.

8 **VI. Keine Benachrichtigung, III.** Es erfolgt keine Mitteilung von Amts wegen über den Eingang eines Antrags auf einen Mahnbescheid oder Vollstreckungsbescheid an den Gegner. Wenn sich der Gegner erkundigt, muss der Urkundsbeamte der Geschäftsstelle die erbetene Auskunft geben. Der Antragsgegner erhält auch von der Zurückweisung des Antrags grundsätzlich keine Benachrichtigung. Von einem Widerspruch benachrichtigt der Urkundsbeamte den Antragsteller nach § 695. Nach einem Einspruch gegen den Vollstreckungsbescheid benachrichtigt das Gericht nach §§ 700 III 2 iVm 696 I 3 beide Parteien von der Abgabe des Verfahrens.

703 *Kein Nachweis der Vollmacht.* **[1]Im Mahnverfahren bedarf es des Nachweises einer Vollmacht nicht. [2]Wer als Bevollmächtigter einen Antrag einreicht oder einen Rechtsbehelf einlegt, hat seine ordnungsgemäße Bevollmächtigung zu versichern.**

1 **I. Systematik.** Die Vorschrift regelt in Ergänzung zu §§ 690, 699, 702 eine wichtige Einzelfrage. Im Mahnverfahren ist zwar eine Vollmacht im Innenverhältnis wie nach §§ 80 ff. notwendig. Sie lässt sich auch rückwirkend nachholen. Weder ein Anwalt noch abweichend von § 88 II ein sonstiger Bevollmächtigter brauchen eine Vollmacht im Außenverhältnis für den eigenen Auftraggeber nachzuweisen, auch nicht auf eine Rüge des Gegners. Es ist stets erforderlich und grundsätzlich ausreichend, das Vorhandensein einer Vollmacht zu behaupten und auch zu „versichern". Natürlich reicht das nicht auch für die Tätigkeit des möglichen Bevollmächtigten des Antragsgegners aus. Dann gelten auch im Mahnverfahren §§ 80 ff.

2 Das Mahnverfahren endet: Mit dem Wegfall der Wirkung des Mahnbescheids nach § 700 S. 1; mit einer nach §§ 329, 705 formell rechtskräftigen Zurückweisung des Antrags auf den Vollstreckungsbescheid nach § 701 S. 2; nach einem Widerspruch gegen den Mahnbescheid nach § 694 mit dem Eingang der Akten beim Gericht des streitigen Verfahrens; nach einem Einspruch gegen den Vollstreckungsbescheid mit der nächsten gerichtlichen Maßnahme nach § 700 III 2 iVm § 696 I 4, Köln MDR 1982, 945; MüKoZPO/Schüler Rn. 2; aM Mü MDR 1992, 617 (Verfahrensbeendigung schon mit Erlass des Vollstreckungsbescheids).

3 **II. Regelungszweck.** Die Vorschrift dient der Vereinfachung und Beschleunigung. Das Gesetz nimmt in S. 2 mit seinem Verzicht auf die Eidesstattlichkeit der dortigen Versicherung die gewisse Erhöhung der Gefahr einer falschen Versicherung (keine Strafbarkeit nach § 156 StBG) um der Praktikabilität im Massenverfahren willen in Kauf.

4 **III. Versicherung, S. 2.** Nur bei der Einreichung eines Antrags nach §§ 690, 696 I, 699 I oder bei der Einlegung eines Rechtsbehelfs nach §§ 694, 700 III, ferner nach §§ 104 III, 567 I, § 11 RPflG muss der Bevollmächtigte nur des Antragstellers oder Rechtsbehelfsführers darüber hinaus eine ordnungsgemäße Bevollmächtigung versichern. S. 2 gilt also nicht für deren Gegner. Jeder Bevollmächtigte muss diese Versicherung abgeben, auch ein Anwalt. Im etwaigen Formular muss man das entsprechend ankreuzen. Eine Prozessvollmacht nach § 80 reicht als das stärkere Mittel aus. Eine eidesstattliche Versicherung nach § 294 ist nicht erforderlich. §§ 88 ff. sind nur anwendbar, soweit nicht die Spezialvorschrift des § 703 sie verdrängt. Die Unterzeichnung durch einen Laien mit „i. A." lässt sich als eine Versicherung der Bevollmächtigung bewerten, Köln VersR 1992, 1279.

5 **IV. Streitiges Verfahren.** Im anschließenden streitigen Verfahren ist eine Vollmacht nach §§ 80 ff., 88 notwendig. Das gilt auch dann, wenn der Antrag auf die Durchführung des streitigen Verfahrens oder die Erklärung der Rücknahme eines Widerspruchs oder eines Einspruchs erst in diesem Verfahrensabschnitt eingehen. Denn erst mit einer wirksamen Zurücknahme gilt die Streitsache nach § 696 IV 3 als (wenn auch rückwirkend) nicht rechtshängig oder ein streitiges Verfahren als nicht mehr vorhanden. Daher muss das Prozessgericht die Wirksamkeit der Rücknahme noch im streitigen Verfahren prüfen, Hornung Rpfleger 1978, 430. Denn im streitigen Verfahren gelten auch die restlichen Formvorschriften des Mahnverfahrens zwecks dessen Abwicklung evtl. noch mit. Erst nach einer eindeutigen Rückkehr ins Mahnverfahren gilt wieder § 703. Soweit eine erforderliche Vollmacht fehlte, muss man die entsprechend fehlerhafte Prozesshandlung nach § 89 beurteilen, aM Thomas/Putzo/Hüßtege Rn. 3 (sie sei unwirksam).

V. Zwangsvollstreckung. In diesem Stadium muss man seine Vollmacht nachweisen, auch wenn es nur einen Vollstreckungsbescheid und kein anschließendes streitiges Verfahren gegeben hat, Bank JurBüro 1980, 1620. 6

703a *Urkunden-, Wechsel- und Scheckmahnverfahren.* **I Ist der Antrag des Antragstellers auf den Erlass eines Urkunden-, Wechsel- oder Scheckmahnbescheids gerichtet, so wird der Mahnbescheid als Urkunden-, Wechsel- oder Scheckmahnbescheid bezeichnet.**

II Für das Urkunden-, Wechsel- und Scheckmahnverfahren gelten folgende besondere Vorschriften:

1. **die Bezeichnung als Urkunden-, Wechsel- oder Scheckmahnbescheid hat die Wirkung, dass die Streitsache, wenn rechtzeitig Widerspruch erhoben wird, im Urkunden-, Wechsel- oder Scheckprozess anhängig wird;**
2. **die Urkunden sollen in dem Antrag auf Erlass des Mahnbescheids und in dem Mahnbescheid bezeichnet werden; ist die Sache an das Streitgericht abzugeben, so müssen die Urkunden in Urschrift oder in Abschrift der Anspruchsbegründung beigefügt werden;**
3. **im Mahnverfahren ist nicht zu prüfen, ob die gewählte Prozessart statthaft ist;**
4. **beschränkt sich der Widerspruch auf den Antrag, dem Beklagten die Ausführung seiner Rechte vorzubehalten, so ist der Vollstreckungsbescheid unter diesem Vorbehalt zu erlassen. Auf das weitere Verfahren ist die Vorschrift des § 600 entsprechend anzuwenden.**

I. Systematik. Die Vorschrift passt das Mahnverfahren in einer Sache wegen einer Urkunden-, Wechsel- oder Scheckforderung den Besonderheiten des entsprechenden Klageverfahrens nach §§ 592–605a an. Es gelten also §§ 688 ff., soweit § 703a keine Sondervorschrift enthält. 1

II. Regelungszweck. Die Vorschrift dient einer Vereinheitlichung und der gerade bei einer solchen Forderung auch besonderen Eilbedürftigkeit. Damit dient sie auch der Prozesswirtschaftlichkeit. 2

III. Zulässigkeit. Sie folgt einem klaren Grundsatz. 3

1. Grundsatz, I, II Nr. 1. Das Urkunden-, Wechsel- und Scheckmahnverfahren ist eine wenig lebensfähige Einrichtung. Es soll die Vorteile des Mahnverfahrens mit denen des Urkunden-, Wechsel- oder Scheckprozesses vereinen. Es ist nur dann statthaft, wenn der Antragsteller den Anspruch im Urkunden-, Wechsel- oder Scheck-Prozess nach §§ 592 ff. geltend machen könnte. Doch muss das Gericht nach II Nr. 3 auf einen inhaltlich entsprechend deutlichen Antrag einen zB Urkunden-Mahnbescheid erlassen, ohne dass es die Statthaftigkeit gerade dieser Unterart des Mahnverfahrens prüfen darf. Wenn das besondere Verfahren zulässig ist, gilt § 703a vorrangig oder doch ergänzend. Es treten die daraus auch etwa folgenden Nachteile erst im streitigen Verfahren nach § 697 ein. Dann darf zB kein Versäumnisurteil nach §§ 330 ff. ergehen. Die Widerspruchsfrist ist nach §§ 692 I Nr. 3, 694 jetzt bei allen Arten des Mahnbescheids einheitlich. Die Anhängigkeit tritt im Urkundenprozess nach II Nr. 2 ein, die Rechtshängigkeit nach § 696 III. Wenn der Kläger vom Urkundenmahnverfahren nach § 596 Abstand nimmt, geht der Streit im normalen Mahn- oder streitigen Verfahren weiter. 4

2. Urkunde, II Nr. 2. Die Urkunden sollen nach II Nr. 2 Hs. 1 im Antrag auf Erlass und im Mahnbescheid bezeichnet werden. Dieses Erfordernis ist trotz der Ausgestaltung als Sollvorschrift Voraussetzung für den Erlass eines Urkunden-, Wechsel- oder Scheck-Mahnbescheids, denn der Antrag müsste zurückgewiesen werden, wenn die Grundlage der Forderung nicht identifizierbar ist, BGH NJW 2001, 305; Zöller/Seibel Rn. 4; Thomas/Putzo/Hüßtege Rn. 4. Die Unterlassung dieser Bezeichnung hat ausnahmsweise dann keine Folgen, wenn sich nach I der Antrag ausdrücklich oder doch eindeutig erkennbar gerade auf den Erlass eines Urkunden-, Wechsel- oder Scheck-Mahnbescheid richtet, sofern dieser auch als solcher bezeichnet wird und soweit der Antragsteller schließlich seinen Anspruch identifiziert hat, BGH NJW 2001, 305. Eine Beifügung der Urkunde ist im Mahnverfahren jedoch nicht erforderlich. Sie ist sogar dann nicht sinnvoll, wenn nach § 690 III eine maschinelle Bearbeitung stattfindet. Die Urkunde wird ja nicht benötigt. 5

3. Keine Schlüssigkeitsprüfung. Denn es findet ohnehin keine Schlüssigkeitsprüfung statt, also auch keine besondere Schlüssigkeitsprüfung des Urkundenverfahrens. II Nr. 2 Hs. 2 meint auch nur, dass man die Urkunden im anschließenden streitigen Verfahren beifügen muss, ebenso natürlich in der Zwangsvollstreckung, LG Saarbr DGVZ 1990, 44. Denn erst dann ist eine „Anspruchsbegründung" notwendig. Daher darf das Gericht den Antrag keineswegs schon wegen des Fehlens der Urkunden zurückweisen. Es ist unschädlich, die Urkunden vorher einzureichen. Der Urkundsbeamte der Geschäftsstelle muss die Urkunden auch bei einer maschinellen Bearbeitung nach § 690 III entweder in gehöriger Form verwahren oder sie sorgfältig zurückschicken und anheimgeben, sie später erneut einzureichen. 6

IV. Weiteres Verfahren, II Nr. 1–4. Das Gericht muss zwar die allgemeinen Prozessvoraussetzungen des Mahnverfahrens wie üblich prüfen. Es darf aber die Statthaftigkeit gerade des Urkunden-, Wechsel- oder Scheckmahnverfahrens nach II Nr. 3 erst nach dem Eingang eines Widerspruchs oder Einspruchs im streitigen Verfahren prüfen. Es ist nicht erforderlich, zur Zahlung nur gegen eine Aushändigung der gültigen Urkunde aufzufordern. Mangels eines Widerspruchs nach § 694 ergeht ein Vollstreckungsbescheid nach § 699. Gegen ihn ist ein Einspruch nach § 700 statthaft. Wenn das Gericht die Sache auf den Widerspruch eines Gesamtschuldners an das für ihn zuständige Gericht abgegeben oder verwiesen hat und wenn nunmehr ein anderer Gesamtschuldner gegen den Vollstreckungsbescheid einen Einspruch einlegt, gibt es die Sache auch insoweit an dasselbe Gericht ab oder verweist insoweit, BGH Rpfleger 1975, 172 (zum alten Recht). Wenn der Widerspruch nur mit einem Antrag auf den Vorbehalt der Rechte erfolgte, ergeht der Vollstreckungsbescheid nach II Nr. 4 unter diesem Vorbehalt. 7

Gegen den Vorbehalt ist ein Einspruch unstatthaft, Schriewer MDR 1979, 24. Denn es fehlt eine Versäumung. Das Mahngericht gibt die Akten dann vielmehr entsprechend § 700 III von Amts wegen an das im Mahnantrag und -bescheid bezeichnete Gericht des streitigen Verfahrens ab. Dort entsteht ein Nachverfahren nach § 600. Dagegen ist wegen des Fehlens des Vorbehalts ein Einspruch nach § 700 zulässig. Die Ladungsfrist nach § 217 für das Nachverfahren ist in § 703a nicht besonders geregelt. 8

703b *Sonderregelungen für maschinelle Bearbeitung.* **I Bei maschineller Bearbeitung werden Beschlüsse, Verfügungen, Ausfertigungen und Vollstreckungsklauseln mit dem Gerichtssiegel versehen; einer Unterschrift bedarf es nicht.**

II Das Bundesministerium der Justiz und für Verbraucherschutz wird ermächtigt, durch Rechtsverordnung mit Zustimmung des Bundesrates den Verfahrensablauf zu regeln, soweit dies für eine einheitliche maschinelle Bearbeitung der Mahnverfahren erforderlich ist (Verfahrensablaufplan).

Schrifttum: S. bei § 689.

1 **I. Systematik.** Vgl. auch § 689 I 2, 3, III, § 703c III. Anwendbar ist § 703b auch auf eine Rechtsnachfolgeklausel für einen Vollstreckungsbescheid.

2 **II. Regelungszweck.** Das maschinelle Verfahren dient einer rascheren und kostensparenden Bewältigung des Massenverfahrens. Das ist bei einer Auslegung zu berücksichtigen.

3 **III. Maschinelle Bearbeitung, I.** Ausreichend ist statt einer Unterschrift oder eines entsprechenden Stempelabdrucks nach § 692 II das Gerichtssiegel, und zwar als Druck. Das gilt auch für die Zustellungsbescheinigung nach § 169 I, Köln Rpfleger 1997, 31, evtl. auch für eine Rechtsnachfolgeklausel nach § 727, AG St Ingbert DGVZ 2012, 165. Es ist also nicht etwa ein Siegel im Original erforderlich, BGH VersR 1985, 551; Schuster DGVZ 1983, 117. Der Aktenausdruck ist nach § 418 beweiskräftig, → § 696 Rn. 14.

4 **IV. Verfahrensablaufplan, II.** Eine Verordnung zur Regelung des Verfahrensablaufs ist bisher noch nicht erlassen worden. Sie dürfte sich auch inzwischen erübrigt haben, da deren Ziel der Rationalisierung auf andere Weise erreicht worden ist.

703c *Formulare; Einführung der maschinellen Bearbeitung.* **I [1]Das Bundesministerium der Justiz und für Verbraucherschutz wird ermächtigt, durch Rechtsverordnung mit Zustimmung des Bundesrates zur Vereinfachung des Mahnverfahrens und zum Schutze der in Anspruch genommenen Partei Formulare einzuführen. [2]Für**

1. Mahnverfahren bei Gerichten, die die Verfahren maschinell bearbeiten,
2. Mahnverfahren bei Gerichten, die die Verfahren nicht maschinell bearbeiten,
3. Mahnverfahren, in denen der Mahnbescheid im Ausland zuzustellen ist,
4. Mahnverfahren, in denen der Mahnbescheid nach Artikel 32 des Zusatzabkommens zum NATO-Truppenstatut vom 3. August 1959 (BGBl. 1961 II S. 1183, 1218) zuzustellen ist,

können unterschiedliche Formulare eingeführt werden.

II Soweit nach Absatz 1 Formulare für Anträge und Erklärungen der Parteien eingeführt sind, müssen sich die Parteien ihrer bedienen.

III Die Landesregierungen bestimmen durch Rechtsverordnung den Zeitpunkt, in dem bei einem Amtsgericht die maschinelle Bearbeitung der Mahnverfahren eingeführt wird; sie können die Ermächtigung durch Rechtsverordnung auf die Landesjustizverwaltungen übertragen.

Schrifttum: Kruse/Geishecker, Das EDV-gestützte gerichtliche Mahnverfahren, 1996; Salten/Riesenberg/Jurksch, Das automatisierte gerichtliche Mahnverfahren, 1996; Schmid, Elektronische Datenverarbeitung im Mahnverfahren, 1990; Seidel/Brändle, Automatisierte Mahnverfahren, 1991.

1 **I. Systematik, Regelungszweck.** → § 703b Rn. 1.

2 **II. Formularverordnungen, I.** Es sind im Bereich des § 703c bisher folgende Verordnungen ergangen: Zu Nr. 1 VO vom 6.6.1978, BGBl. I 705, zuletzt geändert durch EG-Vollstreckungstitel-DG, ergänzt durch die Bekanntmachung vom 7.10.2005, BAnz vom 3.11.2005. Zu Nr. 2 VO vom 6.5.1977, BGBl. I 693, geändert zuletzt durch Art. 4 G v. 11.3.2016, BGBl. I 396, in Kraft seit 21.3.2016, Art. 16 I G. Wegen Art. 32 ZAbkNTrSt SchlAnh III.

3 Im arbeitsgerichtlichen Verfahren gilt § 46a VII ArbGG, dazu betr. Vordrucke VO vom 15.12.1977, BGBl. I 2625, zuletzt geändert durch Art. 5 G v. 11.3.2016, BGBl. I 396, in Kraft seit 21.3.2016, Art. 16 I G.

4 Das Formular muss bei einer schriftlichen Fassung als Durchschreibesatz vorliegen, AG Halle NJW 1996, 3423; AG Hmb NJW 1997, 874; AG Hünfeld NJW-RR 1997, 831; aM LG Düss Rpfleger 1979, 348. Zum Bedrucken Gureck MDR 1998, 1457. Der Anspruch auf ein faires Verfahren gebietet es, dass der Antragsteller im Mahnverfahren auf die Kostenfolge eines vorsorglich gestellten Antrags auf Durchführung des streitigen Verfahrens hingewiesen wird, BVerfG NJW 2004, 1097. Diesen Anforderungen werden die für das maschinelle Mahnverfahren enthaltenen Ausfüllhinweise zum Mahnbescheidantrag, die von der Koordinierungsstelle herausgegeben werden, gerecht, BVerfG NJW 2004, 1098.

5 **III. Benutzungszwang, II. 1. Nur im Umfang von Verordnungen.** Ein Benutzungszwang besteht nur noch im Umfang der Verordnungen, Salten MDR 1995, 668. Vor den AGen Hagen und Euskirchen als bundesweiten Pilotgerichten war der Mahnantrag auf Blankopapier ohne einen Formularzwang zulässig, NJW 2006, Heft 36 S. XIV. Ein Benutzungszwang besteht also nur für: den Antrag auf den Erlass des Mahnbescheids nach § 690, LG Darmst NJW 1986, 1696; LG Hagen NJW 1992, 2036; den Mahnbescheid nach § 692; den Vollstreckungsbescheid nach § 699, LG Düss Rpfleger 1979, 348. Telefax ist hier unzulässig, LG Hagen NJW 1992, 2036; Daumke ZIP 1995, 722. Obwohl zugleich ein Formular für den Widerspruch eingeführt wurde, besteht nach II für den Widerspruch tatsächlich doch kein Formularzwang. Jedoch ist die Benutzung des Formulars sinnvoll. Der Einspruch nach § 700 unterliegt keinem Formularzwang, ebenso wenig eine Erinnerung oder sofortige Beschwerde nach §§ 567, 573.

6 Kein Benutzungszwang besteht ferner, soweit man den Mahnbescheid im Ausland nach § 688 III oder nach Art. 32 ZAbkNTrSt, SchlAnh III, zustellen muss, VO vom 6.6.1978, BGBl. 705 (betr. I 2 Nr. 1) § 1 II, VO vom 6.5.1977, BGBl. 693 (betr. I 2 Nr. 2) § 1 I 2. Innerhalb der vorgeschriebenen Formularart ist eine Auswechslung möglich, LG Düss Rpfleger 1979, 348.

2. Verstoß. Soweit ein Benutzungszwang besteht, muss der Benutzer nach → Rn. 5 zB die Durchschreibetechnik anwenden, um Fehler zu vermeiden. Eine Abweichung eines Formulars von gesetzlichen Bestimmungen kann für den Antragsteller nachteilig sein, LG/AG Hmb Rpfleger 2000, 171. Die Heilung eines Mangels, zB durch die Nachreichung eines korrekten Formulars ist möglich, BGH NJW 1999, 3717; LG Düss Rpfleger 1979, 348; Salten MDR 1995, 669. Ein Verstoß ist ein Zurückweisungsgrund, AG Halle NJW 1996, 3423; AG Hmb NJW 1997, 874; AG Hünfeld NJW-RR 1997, 829. Er macht eine Zwangsvollstreckung mangels einer wirksamer Zustellung nach §§ 166 ff. unzulässig, LG Darmst DGVZ 1996, 62. Die Einspruchsfrist der §§ 700 I, 339 I beginnt nicht zu laufen, LG Darmst DGVZ 1996, 62; aM Karlsr NJW-RR 1987, 895. Es kann eine Verjährung eintreten, LG Darmst NJW 1986, 1695. Wegen der Form des Einspruchs → § 700 Rn. 12 ff. Soweit eine Fernkopie des Formulars vorliegt, hat man es rechtlich benutzt, aM LG Hagen Rpfleger 1992, 167 (zum Telefax). 7

Ob die vom Bundesgerichtshof mehrfach aufgezeigten Grenzen des Formularzwangs bei Forderungspfändung hinsichtlich der Beantragung eines Pfändungs- und Überweisungsbeschlusses, so BGH NJW 2016, 2810; NJW 2016, 2668; NJW 2016, 81 (jeweils: Verweis auf Anlagen bei nicht zutreffendem Formular); JurBüro 2014, 322; NJW 2014, 3160 (beide: Abweichungen vom Layout); BeckRS 2014, 06235, auch für die Formulare im Mahnverfahren gelten, so wohl Zöller/Seibel Rn. 8, erscheint fraglich. Zum einen ist eine strengere Handhabung im Mahnverfahren notwendig, weil mit dem Vollstreckungsbescheid ein Vollstreckungstitel erlangt wird, zum anderen dient die Vorgabe von Formularen zur maschinellen Bearbeitung nicht nur der Erleichterung der Antragstellung, sondern der Vereinfachung der Rechtspflege in Massenverfahren, Musielak/Voit/Voit Rn. 2. 8

IV. Maschinelle Bearbeitung, III. Vgl. zunächst § 689 III. Zu Plänen einer Umstellung auf ein nur noch elektronisches Mahnverfahren krit. Redeker AnwBl 2006, 448. Die Landesregierungen haben die Landesjustizverwaltungen wie folgt nach III ermächtigt: 9

Baden-Württemberg: VO zuletzt vom 15.1.1993, GBl 50 (zuständig ist für Anträge aus dem gesamten Bundesgebiet das AG Stuttgart); 10

Bayern: VO zuletzt vom 20.12.1994, GVBl 1080 (zuständig sind das AG Coburg für die Bezirke der AGe Coburg und Lichtenfels, das AG Nürnberg für die Bezirke der AGe Fürth und Nürnberg; beschränkt auch AG München);

Berlin: VO zuletzt vom 12.5.1995, GVBl 314 (zuständig ist das AG Wedding und für den Bereich des § 689 II 2 das dort bestimmte AG Schöneberg);

Brandenburg: wie Berlin;

Bremen: VO vom 20.9.2001, GBl 329;

Hamburg: VO zuletzt vom 20.1.1998, GVBl 22 (zuständig ist das AG Hamburg – gemeint: Mitte –);

Hessen: VO vom 29.10.1994, GVBl 634 (zuständig ist für den Bezirk Eltville das AG Hünfeld. Es bearbeitet auch die in → § 689 Rn. 13 „Hessen“ genannten Fälle, soweit sie maschinell bearbeitet werden);

Mecklenburg: siehe Hamburg;

Niedersachsen: VO vom 29.8.1997, GVBl 400. Seit 1.10.2006 ist das AG Uelzen das zentrale Mahngericht, NJW 2006 Heft 42 S. XX;

Nordrhein-Westfalen: VO zuletzt vom 28.1.1999, GVBl 43: zuständig sind das AG Euskirchen für den OLG-Bezirk Köln, das AG Hagen für die OLG-Bezirke Düsseldorf und Hamm (je Ausnahme: kein inländischer allgemeiner Gerichtsstand, § 1 VO), in Kraft seit 1.5.1999, ÜbergangsR § 2 VO;

Rheinland-Pfalz: VO vom 6.3.1992, GVBl 67 (zuständig ist das AG Mayen für Anträge aus dem gesamten Bundesgebiet);

Saarland: siehe RhPf;

Sachsen: siehe Sachsen-Anhalt;

Sachsen-Anhalt: VO vom 12.9.2005, GVBl 630 (Zuständigkeit des AG Aschersleben);

Schleswig-Holstein: VO vom 25.9.2006, GVBl 222 (Zuständigkeit des AG Schleswig), zuletzt geändert durch VO v. 30.8.2016, GVBl 819;

Thüringen: siehe Sachsen-Anhalt.

703d *Antragsgegner ohne allgemeinen inländischen Gerichtsstand.*

I Hat der Antragsgegner keinen allgemeinen Gerichtsstand im Inland, so gelten die nachfolgenden besonderen Vorschriften.

II [1]Zuständig für das Mahnverfahren ist das Amtsgericht, das für das streitige Verfahren zuständig sein würde, wenn die Amtsgerichte im ersten Rechtszug sachlich unbeschränkt zuständig wären. [2]§ 689 Abs. 3 gilt entsprechend.

I. Systematik. Grundsätzlich müsste das Gericht sowohl nach dem Eingang eines Widerspruchs gegen den Mahnbescheid nach § 694 als auch nach einem Einspruch gegen den Vollstreckungsbescheid nach § 700 die Akten von Amts wegen an das Gericht abgeben, das für ein streitiges Verfahren nach § 697 zuständig ist. Das ergibt sich aus §§ 696 I, 700 III je iVm §§ 692 I Nr. 1, 690 I Nr. 5. Soweit ein Antragsgegner bei der Zustellung des Mahnbescheids im Inland keinen allgemeinen Gerichtsstand nach §§ 12 ff. hat, sondern allenfalls einen besonderen Gerichtsstand zB nach §§ 20–23a, 26 ff., 38, müsste eine derartige Abgabe erfolgen. Deshalb schafft § 703d nur diesem Antragsgegner gegenüber und nicht auch anderen etwa gesamtschuldnerischen Antragsgegnern mit einem inländischen Gerichtsstand gegenüber eine vorrangige Sonderregelung, BGH NJW 1995, 3317 (§ 36 I Nr. 3 kann entsprechend anwendbar sein). 1

Sie gilt unabhängig davon, ob der Antragsteller im Inland einen allgemeinen Gerichtsstand hat. § 703d hat also Vorrang gegenüber § 689 II 1 und 2, BGH NJW 1981, 2647; → § 689 Rn. 6. Die Vorschrift erfasst sowohl den Fall, dass eine Zustellung des Mahnbescheids nach den allgemeinen Vorschriften im Inland erfolgen kann und dass nur eben ein allgemeiner Gerichtsstand des Antragsgegners im Inland fehlt, als auch den Fall, dass nach § 688 III eine Zustellung des Mahnbescheids im Ausland notwendig wird. Die Brüssel Ia-VO, SchlAnh V C 2, ist gegenüber § 703d vorrangig, BGH NJW 1981, 2647; Wagner RIW 1995, 91. Eine öffentliche Zustellung nach §§ 185 ff. darf wegen § 688 II Nr. 3 nicht erforderlich sein. 2

3 **II. Regelungszweck.** Die Vorschrift dient der Rechtssicherheit. Die Zuständigkeitsfrage soll dem Ziel eines raschen und einfachen Verfahrens zur Erlangung eines Vollstreckungstitels auch bei einem Anstandsbezug nach § 688 III möglichst wenig Probleme bieten. Insofern dient § 703d auch der Zweckmäßigkeit.

4 **III. Zuständigkeit, II.** Es ist das AG zuständig, das für eine streitiges Verfahren nach § 697 dann zuständig wäre, wenn die Amtsgerichte im ersten Rechtszug sachlich unbeschränkt zuständig wären, zB nach § 23, AG Mü Rpfleger 1991, 425 (zust. Druwe), oder nach §§ 20, 32, 38, Druwe Rpfleger 1991, 425. Die Zuständigkeit kann nach II 2 iVm § 689 III auch kraft einer Zuweisung bestehen, BGH NJW 1993, 2752. Bisher ist keine derartige Ermächtigung ergangen. Wenn auch danach eine inländische Zuständigkeit fehlt, ist das Mahnverfahren unstatthaft, Druwe Rpfleger 1991, 426. Das nach II 1 zuständige AG behandelt die Sache als Streitgericht weiter oder gibt sie an das übergeordnete LG ab. Bei II 2 gibt es die Sache an das zuständige AG oder LG ab. Das weitere Verfahren verläuft nach §§ 696, 698, 700 III.

Buch 8. Zwangsvollstreckung

Abschnitt 1. Allgemeine Vorschriften

Vorbemerkung zu § 704

Übersicht

I. Systematik. Zwangsvollstreckung ist die mit den Machtmitteln des Staats erzwungene Befriedigung eines Anspruchs, BVerfG NJW 1983, 559. Es geht hier also um das zweite Hauptziel des Prozesses, nämlich um den Zwang dann, wenn keine „freiwillige" Leistung aufgrund des Richterspruches erfolgt, denn das Monopol auf den Zwang steht dem Staat zu, BVerfG ZIP 1982, 1479; BGH NJW 2001, 434. Der Justizgewährungsanspruch des Bürgers verpflichtet den Staat zur Möglichkeit einer Zwangsvollstreckung, BVerfG NJW 1988, 3141. Die Zwangsvollstreckung findet nicht immer im Prozess statt. Sie setzt nicht einmal immer einen solchen oder eine Entscheidung voraus. Das gilt sowohl für die zivilprozessrechtliche gerichtliche Zwangsvollstreckung als auch im Verwaltungs- oder im Verfahren nach § 95 FamFG. Auch im Zivilprozess steht das Vollstreckungsverfahren der §§ 704 ff. dem Erkenntnisverfahren nach §§ 253 ff. als ein selbständiger Abschnitt mit eigenen Voraussetzungen und Rechtsmitteln gegenüber, BGH NJW 2002, 754, und ist nicht etwa dessen Fortsetzung. Es hat andere Voraussetzungen und einen anderen Ablauf. Beide können dann nebeneinander herlaufen, wenn ein Urteil nach §§ 708 ff. vorläufig vollstreckbar ist und das Erkenntnisverfahren auf ein Rechtsmittel weiter läuft. Man kann dabei unterscheiden zwischen der Vollstreckung im engeren Sinn zB nach §§ 103 I, 707, 719, 769 und einer Vollstreckbarkeit im weiteren Sinn, nämlich der Wirkung infolge eines Titels zB nach §§ 775 Nr. 1, 776 S. 1, 868 I, Wieser ZZP 102, 261 (271). 1

II. Regelungszweck. Die Zwangsvollstreckung dient der Gerechtigkeit, BGH NJW 2001, 3627. Denn erst sie schafft mit der Befriedigung des Gläubigers die leidliche Wiederherstellung des Rechtsfriedens dann, wenn sich der Schuldner auch dem Urteil nicht gebeugt und nicht von sich aus geleistet hat. Erst die Zwangsvollstreckung gibt die volle Berechtigung für das Gewaltmonopol des Staats im ganzen Prozess. Erst sie ergibt auch eine leidliche Rechtssicherheit. Denn nur wegen der Hilfe der Vollstreckungsorgane kann der Bürger dem Staat die Durchsetzung des Anspruchs überlassen. Daher schützt das Verfassungsrecht das Befriedigungsrecht des Gläubigers, BGH NJW 2004, 3770. Die Zwangsvollstreckung dient auch der dritten Komponente der Rechtsidee, nämlich der Zweckmäßigkeit. Denn es liegt im wohlverstandenen Interesse des Siegers wie des Verlierers, die Durchsetzung des Richterspruchs den Vollstreckungsorganen überlassen zu müssen und zu dürfen, auch wenn das weiteres Geld kosten kann und Geduld erfordert. Jede Selbstjustiz an dieser Stelle würde zu grauenhaften Zumutungen und Begleiterscheinungen führen können. 2

Behutsamkeit wie Entschlossenheit sind bei der Anwendung und Auslegung der Vorschriften zur Zwangsvollstreckung, in einem oft noch höheren Maß erforderlich als im Erkenntnisverfahren. Denn jetzt geht es eben um einen notfalls wirklichen Zwang mit Gefahren bis hin zu Selbsttötung. Auch die Wegnahme eines Kindes nach §§ 88 ff. FamFG oder eine Räumung nach § 885 stellen stets schwere bis schwerste Eingriffe dar. Ihre Voraussetzungen und Grenzen brauchen zugleich eine klare und eine zur Elastizität bereite Handhabung. Das Gericht muss bei der Überwachung wie dann, wenn es selbst schon die Ausgangsentscheidung als Vollstreckungsorgan etwa bei §§ 887 ff. trifft, bei der Abwägung der Interessenlage alles Feingefühl entwickeln. Es darf freilich auch nicht vor jeder Härte zurückschrecken. Das gilt auch gegenüber beteiligten Dritten, etwa Angehörigen bei einer Räumung. 3

4 **III. Zulässigkeit. 1. Rechtsweg.** Die Zwangsvollstreckung verlangt wie das Erkenntnisverfahren der §§ 253 ff. die Zulässigkeit des ordentlichen Rechtswegs nach § 13 GVG.

5 **2. Deutscher Vollstreckungstitel.** Eine gerichtliche Zwangsvollstreckung erfolgt grundsätzlich aus sämtlichen Schuldtiteln der ZPO nach §§ 704, 794 oder einem Vollstreckungstitel nach § 86 FamFG, mögen sie einen privat- oder öffentlichrechtlichen Inhalt haben, BGH NJW-RR 2006, 645. Sie müssen aber für die fragliche Vollstreckung eindeutig genug geeignet und bestimmt sein, OLG Schlesw NJW 2017, 1970; LG Kiel DGVZ 2011, 132; LG Tüb DGVZ 2004, 142. Die Zwangsvollstreckung erfolgt ferner aus solchen anderen Titeln, die das Bundes- oder Landesrecht der gerichtlichen Zwangsvollstreckung unterwirft. Beim Pfandbrief gelten Einschränkungen nach § 29 PfandBG v. 22.5.2005, BGBl. 1373. Auch im WEG-Verfahren gelten §§ 704 ff., OLG Ffm NZM 2008, 210. Die **Zwangsvollstreckung gegen den Fiskus** aus einem gerichtlichen Titel unterliegt den Besonderheiten des § 882a. Eine solche gegen einen **ausländischen Staat** ist ohne dessen Zustimmung im Inland wegen seines nichthoheitlichen Verhaltens grundsätzlich statthaft, BVerfG NJW 1983, 2766; Weller Rpfleger 2006, 364 (je auch zur völkerrechtlichen Problematik). Sie ist freilich unstatthaft, soweit der Gegenstand der Zwangsvollstreckung hoheitlichen Zwecken dient, zB ein Guthaben auf einer Bank zugunsten eines ausländischen Staats, BGH DGVZ 2013, 238, oder zugunsten einer ausländischen Botschaft wegen ihrer Kosten, BVerfG NJW 1978, 485.

6 **3. Europarecht-Vollstreckungstitel; sonstiger ausländischer Vollstreckungstitel.** Die Zwangsvollstreckung erfolgt schließlich aus vollstreckbaren Entscheidungen des EuGH sowie der Kommission nach Art. 92 I EGKSV, 164 EAGV, 192 I EWGV auf Zahlung oder Herausgabe. Ferner sind einige Vollstreckungstitel aus anderen Mitgliedstaaten der EU nach Brüssel Ia-VO und anderen Bestimmungen des europäischen Zivilprozessrechts auch ohne vorhergehende Anerkennung im Inland (Exequatur) vollstreckbar (→ § 722 Rn. 1). Andere ausländische Vollstreckungstitel eignen sich zur inländischen Vollstreckung unter den Voraussetzungen von §§ 722, 723 ZPO, § 110 FamFG. Eine Entscheidung eines außerdeutschen Rheinschifffahrtsgerichts oder eines außerdeutschen Moselschifffahrtsgerichts sind nach § 21 Gesetz über das gerichtliche Verfahren in Binnenschifffahrtssachen v. 27.9.1952, BGBl. 640, nach § 41 V GVGA vollstreckbar.

7 **IV. Zwangsvollstreckung und Parteiherrschaft.** Man muss den privatrechtlichen vollstreckbaren Anspruch des Gläubigers, vom Schuldner ein Tun, Unterlassen oder Dulden zu fordern, vom Vollstreckungsanspruch unterscheiden. Das ist der Anspruch darauf, dass der Staat die Vollstreckung vornimmt.

8 **1. Parteiherrschaft, Grenzen.** Daraus ergibt sich nach → Rn. 22, dass im Vollstreckungsverfahren die Parteien zwar die Herrschaft über den sachlichrechtlichen Anspruch haben, OLG Kblz MDR 1997, 883 (Beibringungsgrundsatz); AG Kassel DGVZ 1989, 156. Der Gläubiger kann auf ihn verzichten, seine Forderung stunden usw., BGH NJW-RR 2016, 319. Er darf im Rahmen des Gesetzes auch die Vollstreckung nach Art, Ort, Umfang und Zeit bestimmen, LG Arnsberg DGVZ 2014, 18; AG Mönchengladb JurBüro 2013, 441; AG Riesa JurBüro 2008, 442. Solche Grenzen dürfen nicht erst in einem Erinnerungsverfahren zum Kostenansatz zur Klärung kommen, OLG Karlsr DGVZ 2016, 228. Dasjenige Verfahren, durch das man den Vollstreckungsanspruch durch einen staatlichen Eingriff in die Rechtssphäre des Schuldners verwirklichen kann, ist aber grundsätzlich öffentlichrechtlich, OVG Münst NJW 1984, 2484. Freilich kann der Gläubiger einen Vollstreckungsantrag zurücknehmen, LG Meiningen RPfleger 2008, 383. Das Verfahren ist der grundsätzlichen Parteiherrschaft ausnahmsweise entrückt, soweit es um mehr als um die wohlverstandenen Interessen der Beteiligten geht, nämlich um einen geordneten Rechtsgang und um die Verhinderung sozialer Missstände oder auch nur Gefahren. Das gilt selbst dann, wenn es zu erheblichen Verzögerungen kommt, LG Lpz DGVZ 1996, 40. Deshalb dürfte zB ein formell eindeutiger nicht nur ganz kurzfristiger Verzicht auf die Unpfändbarkeit der lebensnotwendigen Rente in der Regel unwirksam sein, BGH Rpfleger 2015, 723.

9 **2. Gläubigerschutz.** Der Gläubiger verdient gerade wegen des Sozialstaatsprinzips des Art. 20 I GG ebenso einen Schutz wie der Schuldner. Er ist ja oft dringend auf die Vollstreckung angewiesen. Der Gläubiger ist der eigentliche Herr der Zwangsvollstreckung. Er kann zwar grundsätzlich den Umfang der Zwangsvollstreckung bestimmen, LG Köln MDR 1998, 495; LG Augsb DGVZ 1993, 188; AG Bln-Wedding NZM 2004, 720. Die Art oder Durchführung kann der Gläubiger aber nur soweit bestimmen, wie ihm das Gesetz diese Befugnis einräumt, LG Münst Rpfleger 1988, 321 (zB nur im Rahmen von § 775 Nr. 4); AG Bln-Wedding NZM 2004, 720.

10 **3. Kaum Selbsthilfe.** Eine Selbsthilfe ist nach §§ 229 f. BGB nur im Rahmen des sachlichen Rechts statthaft. Das kann etwa geschehen in der Form der Vorpfändung nach § 845 und einiger sonstiger dem Gläubiger eingeräumter Befriedigungshandlungen. Zu Vollstreckungsverträgen → Rn. 24.

11 **V. Entsprechende Anwendbarkeit. 1. Grundsatz: Gesetzliche Regelungen.** §§ 704 ff. sind entsprechend anwendbar zB nach §§ 95, 120 FamFG, 46a I, 62 II, 85 ArbGG, 151 I FGO, LAG Hamm BB 1975, 1069, §§ 71 V, 90 IV MarkenG, eingeschränkt nach § 198 I SGG, LSG Hmb NZS 2004, 224.

12 **2. Verwaltungsverfahren.** Für das Verwaltungszwangsverfahren nach § 6 JBeitrG ist in weitem Umfang die ZPO anwendbar, Büttner Rpfleger 2016, 81. Zum Teil ist es ihm nach § 5 VwVG iVm §§ 249 ff. AO sehr stark angenähert. Die Vollstreckung aufgrund eines Verwaltungsakts oder eines öffentlichrechtlichen Vertrags im Sozialbereich kann sich nach §§ 60 II, 66 IV SGB X ebenfalls nach der ZPO richten, BGH DGVZ 2009, 111. Auch bei einer Anwendung der prozessualen Formen des Buchs 8 bleibt aber die Vollstreckung ein öffentlichrechtlicher Zwang. Auf die Vollstreckung sozialgerichtlicher Titel ist das Buch 8 nach § 198 I SGG ebenfalls in weitem Maße anwendbar, ebenso im finanzgerichtlichen Verfahren nach § 151 I FGO.

13 **VI. Quellen. 1. Andere Gesetze.** Die ZPO ordnet die Zwangsvollstreckung nicht erschöpfend. Wie stets, muss man auch auf diesem Gebiet das vorrangige GG beachten. Insbesondere gilt der auch aus dem GG ableitbare Grundsatz der Verhältnismäßigkeit nach → Rn. 31. Die ZPO regelt die Zwangsvollstreckung in Liegenschaften nur in einigen Grundzügen und überlässt das Nähere nach § 869 dem ZVG. Außer der Liegenschaftsvollstreckung befanden sich außerhalb des Buchs 8 im Wesentlichen nur noch Ergänzungsbestimmungen nach § 362 LAG. Vorschriften anderer Gesetze sind jedenfalls insoweit unanwendbar, als sie ganz andere Verfahrensgrundsätze spiegeln, OLG Ffm ZIP 1983, 499. Das Buch 8 enthält vieles, was nicht zur Zwangsvollstreckung gehört, zB den

Ausspruch der Vollstreckbarkeit im Urteil, das Rechtskraft- und Notfristzeugnis nach § 706, das Arrest- und Einstweilige-Verfügungs-Verfahren nach §§ 916 ff., 935 ff., soweit es nicht die zugehörige Vollstreckung betrifft.

2. Räumlicher und zeitlicher Maßstab. Auf die Zwangsvollstreckung muss man grundsätzlich das bei ihrer Vornahme geltende Recht anwenden. In Deutschland ist die Zwangsvollstreckung nur nach dem deutschen Recht statthaft. Sie ist räumlich an die Grenzen der deutschen Gerichtsbarkeit gebunden, BGH NJW 1983, 2147. Sie ist daher gegen einen Exterritorialen nach § 18 GVG nur in demselben Umfang statthaft wie ein Urteil. Über eine Zwangsvollstreckung im Ausland § 791 und BGH NJW 1983, 2147. Zeitlich ist die Zwangsvollstreckung unbegrenzt, soweit ihr nicht sachlichrechtlich die Verjährung nach § 197 I Nr. 3 BGB entgegensteht. Auch eine Verwirkung kann nach → Rn. 43 beachtlich sein, und zwar von Amts wegen. Ihr Eintritt hängt von den zurückhaltend beurteilbaren Umständen ab, LG Hmb WuM 1989, 32. 14

VII. Voraussetzungen der Zwangsvollstreckung. 1. Grundsatz: Unterscheidung sachlicher und persönlicher Voraussetzungen. Sachliche Voraussetzungen sind solche, die von einer gerichtlichen Handlung abhängen, nämlich ein **Vollstreckungstitel** nach §§ 704, 722, 723, 794, § 86 FamFG und eine **Vollstreckungsklausel** nach §§ 724 ff. Persönliche Voraussetzungen sind solche, die in der Person des Gläubigers oder Schuldners liegen und nicht die Zulässigkeit der Zwangsvollstreckung betreffen, sondern ihren Beginn. So die **Zustellung** des Vollstreckungstitels, der Nachweis der Sicherheitsleistung nach §§ 709 ff., die Parteifähigkeit nach § 50, BGH NJW 2022, 393 Rn. 22; OLG Hamm MDR 1990, 347, evtl. die Prozessfähigkeit, zum Problem BGH NJW 2022, 393 Rn. 25; BayObLG MDR 1991, 443; AG Strausberg DGVZ 2006, 79. 15

2. Notwendigkeit eines Vollstreckungstitels. Jede Zwangsvollstreckung verlangt in der Regel einen wirksamen und darüber hinaus auch vollstreckbaren Schuldtitel, den Vollstreckungstitel nach §§ 704, 722, 723, 794, BGH NJW 1993, 735. Das ist eine öffentliche Urkunde nach § 418, die die Vollstreckbarkeit des erzwingbaren Anspruchs hinreichend bestimmt, BAG JurBüro 2017, 497; LG Wiesb DGVZ 2011, 33; LG Mönchengladb MDR 2006, 1315. Ein Titel mag nur teilweise vollstreckbar sein, LAG Brem NZA-RR 2006, 654. Gelegentlich ergibt sich die Vollstreckbarkeit erst aus dem Zusammenhang mehrerer Titel. Das gilt zB dann, wenn das höhere Gericht ein Ersturteil bestätigt hat. Ein Verlust des Titels oder seiner vollstreckbaren Ausfertigung nach §§ 724 ff. macht die Zwangsvollstreckung unstatthaft, AG Hann DGVZ 2009, 79 (80). Es ist dann eine neue Klage notwendig. Ihr steht die innere Rechtskraft nicht entgegen. Gegen mehrfache Zwangsvollstreckungen aus Titeln desselben Inhalts schützt § 766. Zur Vollstreckung gegen einen Gesamtschuldner ist der gegen diesen Schuldner ergangene Titel notwendig und ausreichend, LG Augsb DGVZ 1993, 188. 16

3. Unzulässigkeit des Vollstreckungstitels. Ein unzulässiger Titel lässt keine Zwangsvollstreckung zu, OLG Mü DNotZ 2011, 42. Auch ein solcher Titel ist unzulässig, der zu zwei sich gegenseitig ausschließenden Handlungen verpflichtet, KG MDR 2003, 955. Es gibt auch Ansprüche, die von Gesetzes wegen nicht vollstreckbar sind (§ 888 III). Ob der durch den Titel festgestellte Anspruch wirklich besteht, ist für die Zulässigkeit der Zwangsvollstreckung grundsätzlich belanglos. Einwendungen wegen einer materiell-rechtlichen Unrichtigkeit des Titels sind nach einem Urteil unbeachtlich. Das folgt für das Verhältnis der Parteien zueinander aus dem Wesen der inneren Rechtskraft. Beim nach §§ 708 ff. vorläufig vollstreckbaren Urteil folgt es aus dessen Anfechtbarkeit mit einem Einspruch nach § 338 oder § 700 oder mit einem Rechtsmittel. Ein Dritter würde ein fremdes Recht geltend machen, zB ein nach §§ 826, 827 nachpfändender Gläubiger, der sich auf das Nichtbestehen des Urteilsanspruchs beriefe. Dergleichen lässt die Rechtssicherheit nicht zu. Er kann nur die Rechte des Schuldners nach §§ 795, 796, 767 geltend machen. Rechtsmissbrauch ist auch in der Zwangsvollstreckung unstatthaft, BGH GRUR-RR 2012, 232. 17

4. Anspruchswegfall. Der Anspruch kann nachträglich durch eine Zahlung usw. weggefallen sein, auch durch eine Verwirkung nach § 242 BGB, AG Neubrandenburg WuM 2019, 463; AG Bad Neuenahr DGVZ 2005, 79. Dann gibt die ZPO dem Schuldner geeignete Rechtsbehelfe. Eine Zwangsvollstreckung aus einem rechtmäßig erlangten, wenn auch vielleicht zumindest inzwischen als fragwürdig erachteten Titel kann aber einen materiell-rechtlichen Bereicherungs- oder Schadensersatzanspruch nach §§ 823, 826, 839 BGB auslösen, OLG Hamm NJW-RR 1986, 459. Um einen enteignungsähnlichen Eingriff handelt es sich bei einer fehlerhaften Vollstreckung nicht. Denn es liegt kein im Interesse der Allgemeinheit auferlegtes Sonderopfer vor. 18

5. Arten von Vollstreckungstiteln. Vollstreckungstitel sind nach § 704 I inländische Urteile, sofern sie formell nach § 705 rechtskräftig oder nach §§ 708 ff. für vorläufig vollstreckbar erklärt sind. Vollstreckungstitel sind ferner Endentscheidungen nach § 86 FamFG, ferner ausländische Urteile nach §§ 722, 723 und die in § 794 aufgezählten sehr zahlreichen weiteren Entscheidungen und Verfügungen, desgleichen landesrechtliche Titel nach § 801 und bestimmte Titel aus anderen Mitgliedstaaten der EU, die keiner Anerkennung (Exequatur) bedürfen (→ § 722 Rn. 1). Der Titel bestimmt den Inhalt der Zwangsvollstreckung. 19

6. Beispiele zur Frage eines Vollstreckungstitels

Beitragsbescheid: Zu seinen Anforderungen AG Potsd DGVZ 2015, 118. 20

Bezugnahme: Die bloße Bezugnahme auf eine andere Urkunde genügt nicht. Vielmehr muss sich das erstrebte Ergebnis aus dem Titel selbst auch für jeden Dritten eindeutig ergeben, OLG Zweibr MDR 2002, 541; LG Köln MDR 2004, 355; LAG Köln MDR 2003, 778.

Insolvenz: Der Eröffnungsbeschluss ist nach § 51 I GVGA ein Vollstreckungstitel nach § 794 I Nr. 3, AG Rosenheim NZI 2017, 87. Er braucht nach § 51 II 1 GVGA den Masseumfang nicht zu nennen.

Nullplan: Ein sog. flexibler Nullplan reicht nicht, OLG Ffm NJW-RR 1994, 9; LG Bln DGVZ 1994, 8, aA OLG Köln NJW 2000, 223 (aber das wäre eher eine Gedankenspielerei).

Steuerrecht: Wegen eines Titels nach der AO LG Wiesb NJW-RR 1998, 1289.

Zug um Zug: Ein Urteil auf eine solche Leistung ermöglicht eine Zwangsvollstreckung nur wegen der Leistung und nicht auch wegen der Gegenleistung.

7. Auslegung. Das Vollstreckungsorgan muss den Vollstreckungstitel auslegen, soweit er überhaupt inhaltlich bestimmbar ist, BAG NZA 2012, 1244; OLG Mü FamRZ 1999, 944; KG NJW-RR 1988, 1406. Das gilt zunächst nach seinem persönlichen Umfang, KG NJW-RR 1988, 1406; OLG Mü NJW-RR 1986, 638; OLG Saarbr Rpfleger 1978, 228. Die Zulässigkeit und Notwendigkeit einer Auslegung gilt ferner für den sachlichen Umfang des Vollstreckungstitels, BGH NJW 1986, 1440. Eine Notwendigkeit der Auslegung besteht natürlich 21 nicht bei einem eindeutigen Titel, OLG Köln NJW-RR 1986, 159. Umstände außerhalb des Titels sind grundsätzlich unbeachtlich, OLG Köln OLGR 1992, 339.

22 **8. Persönlicher Umfang.** Der Vollstreckungstitel bestimmt den persönlichen Umfang der Zwangsvollstreckung nach § 750 I 1 für den Gläubiger und den Schuldner. Das gilt auch zB bei der Zwangsverwaltung nach § 869 iVm dem ZVG, BGH NJW 1986, 2438. Parteien sind die im Titel Genannten, BayObLG ZMR 1980, 256. Wechseln Personen, ist eine Umschreibung des Titels nötig. Sie kann nach §§ 727 ff. nur für und gegen den oder die Rechtsnachfolger stattfinden. Sie folgt freilich der sachlichen Rechtsnachfolge erst nach. Lässt sich die richtige Partei auch nicht durch eine Auslegung ermitteln, bleibt nur übrig, nach §§ 253 ff. eine neue Klage zu erheben. Wen der Titel nicht nennt, der ist ein Dritter. Dieser kann als ein Vollstreckungsgläubiger erst aufgrund einer Umschreibung auf ihn nach § 727 handeln.

23 **9. Sachlicher Umfang.** Der Vollstreckungstitel bestimmt den sachlichen Umfang nach dem Gegenstand der Zwangsvollstreckung. Grundsätzlich haftet der Schuldner mit seinem ganzen Vermögen. Die Haftung kann sich aber auf bestimmte Vermögensmassen beschränken, AG Crailsheim DGVZ 2017, 77; AG Stralsund DGVZ 2005, 185. Das gilt ohne weiteres bei der Partei kraft Amts. Es gilt ferner in den Vorbehaltsfällen nach §§ 780 ff., bei einem entsprechenden Verhalten des in Anspruch Genommenen oder nach dem BinSchG. Im Zweifel können mehrere Schuldner als Gesamtschuldner haften, KG NJW-RR 1988, 1407.

24 **10. Vollstreckungsvertrag.** Ein Vollstreckungsvertrag ist statthaft, soweit er nur die Interessen der Beteiligten berührt, BAG NJW 1975, 1575; LAG Düss MDR 1999, 441, und soweit er nicht über die Parteiherrschaft hinausgeht.

11. Beispiele zur Frage eines Vollstreckungsvertrags

25 **Art:** Zulässig ist eine vertragliche Beschränkung der Vollstreckung nach ihrer Art, Ehlenz/Joeres JurBüro 2010, 62 (63).

Erinnerung: Eine Vollstreckung entgegen einem Vollstreckungsvertrag ermöglicht zumindest stets die Erinnerung nach § 766, OLG Hamm MDR 1977, 675; Christmann DGVZ 1985, 81 (84). Ein Rechtsmittel nach §§ 511 ff. berührt die Vollstreckbarkeit nicht automatisch.

Erweiterung der Vollstreckung: → „Verzicht des Schuldners".

Gegenstand: Zulässig ist eine vertragliche Beschränkung der Vollstreckung wegen gewisser oder in gewisse Gegenstände oder Werte.

Ort: Zulässig ist eine vertragliche Beschränkung der Vollstreckung nach ihrem Ort.

Pfändung: → „Rang".

Rang: → „Verzicht des Gläubigers".

Ratenzahlung: → „Teilzahlung".

Rechtskraft: Zulässig ist ein Ausschluss der Vollstreckung bis zur formellen Rechtskraft nach § 705. Zulässig ist die Unterwerfung wegen der jetzigen Hauptsache nebst Kosten unter ein rechtskräftiges Urteil eines Vorprozesses, LAG Düss MDR 1999, 441.

Rechtsmittel: → „Erinnerung", → „Vollstreckungsabwehrklage".

Schuldbefreiung: Bei einer arglistigen Herbeiführung der Schuldbefreiung durch den bisherigen Schuldner kann die Vollstreckung gegen ihn zulässig bleiben, → Rn. 43, OLG Düss WM 1986, 1138.

Sicherungsabrede: Man muss sie von einer vollstreckungsbeschränkenden Vereinbarung unterscheiden, OLG Hamm OLGR 1999, 235.

Stundung: → „Zeit".

Teilzahlung: Zulässig ist zB nach § 802b eine Vereinbarung über Teilzahlungen, OLG Ffm OLGZ 1981, 113. Denn der Schuldner kann einen anerkennenswerten Grund zum Verzicht auf die Beachtung einer nur ihn schützenden Vorschrift haben. Die bloße Bereitschaft des Schuldners zur Ratenzahlung bedeutet freilich jetzt kaum mehr ein Nachgeben nach § 779 BGB, OLG Ffm OLGZ 1982, 239; LG Kblz DGVZ 1984, 42.

Unpfändbarkeit: → „Verzicht des Schuldners".

Unterhaltsvertrag: → „Verzicht des Gläubigers".

Urteil: Das Gericht muss einen vor dem Schluss der Verhandlung nach §§ 136 IV, 296a zustande gekommenen Vollstreckungsvertrag im Urteil ausdrücken.

Verzicht des Gläubigers: Zulässig ist ein Verzicht auf die Vollstreckung aus diesem Titel, OLG Köln FamRZ 2002, 50. Das gilt auch wegen eines Teils der Forderung, BGH NJW 1991, 2295; OLG Köln GRUR 1992, 476; AG Siegb DGVZ 1999, 30. Zulässig ist ein Verzicht auf den bisherigen Rang bei einer Pfändung nach § 829, BAG NJW 1990, 2641, oder auf die Rechte aus einem Unterhaltsvertrag, BGH NJW-RR 1990, 390; OLG Köln FamRZ 2002, 50; OLG Düss NJW-RR 1987, 640. Ein Verzicht schon auf den Vollstreckungstitel ist zulässig, auch ein bedingter, OLG Karlsr MDR 1998, 1433.

Verzicht des Schuldners: Unzulässig ist eine vertragliche Erweiterung der Vollstreckung etwa aufgrund eines von vornherein erklärten völligen Verzichts des Schuldners auf jede Anwendung der Unpfändbarkeitsregeln. Unzulässig und daher unbeachtlich ist ein Vorabverzicht des Schuldners auf die auch im Interesse der Allgemeinheit bestehende Wartefrist nach §§ 750 III, 798, Schilken DGVZ 1997, 81; aA Bartels Rpfleger 2008, 404.

Vollstreckungsabwehrklage: Soweit der Vollstreckungsvertrag offensichtlich auch materiell-rechtliche Vereinbarungen enthält, etwa einen Teilverzicht und nicht nur eine Pfändungsbeschränkung, ist neben § 766 auch § 767 anwendbar, OLG Köln FamRZ 2002, 50. Ein Rechtsmittel berührt die Vollstreckbarkeit nicht automatisch.

Vollstreckungsvereitelung: Ein solcher Vertrag kann wegen Rechtsmissbrauchs unwirksam sein.

Vorprozess: → „Rechtskraft".

Zeit: Zulässig ist ein Ausschluss der Vollstreckung für eine gewisse Zeit, OLG Mü MDR 1980, 147; OLG Hamm MDR 1977, 675; OLG Karlsr WuM 1977, 78. Das gilt auch für eine Stundung, BAG NJW 1975, 1575. Im Vollstreckungsantrag liegt meist die Aufkündigung einer Stundung, OLG Köln JurBüro 1997, 100.

26 **12. Endgültige Vollstreckbarkeit.** Vollstreckbar im eigentlichen engeren Sinne ist nur eine Leistungsentscheidung, Christopoulos MDR 2014, 438. Nur hier ist eine Vollstreckung durch den Eingriff von Vollstreckungsorganen nach §§ 803–898 denkbar.

Vollstreckbarkeit im weiteren Sinne liegt aber auch beim Feststellungsurteil oder beim Gestaltungsurteil oder bei einem abweisenden Urteil vor, Christopoulos MDR 2014, 438. Es wirkt durch seinen Inhalt, sofern das Gericht es nach §§ 708 ff. für vorläufig vollstreckbar erklärt hat, obwohl es keinen vollstreckbaren Inhalt hat und daher nicht vollstreckungsfähig ist, zB nach § 708 Nr. 6. Ein solches Urteil braucht also keine Vollstreckungsklausel nach § 724 und keine Zustellung nach § 750. Es ist auch nicht der Aufhebung oder Einstellung der Zwangsvollstreckung etwa nach §§ 765a, 775 fähig. Es hat aber trotzdem seine Wirkung. Denn es kann die Voraussetzung von staatlichen Handlungen zB nach § 16 HGB sein. Die vorläufige Vollstreckbarkeit einer prozessualer Gestaltungsklage zB aus §§ 767, 768, 771 hat eine Bedeutung wegen §§ 775 Nr. 1, 776. Es wäre deshalb unrichtig, die Vollstreckbarerklärung von einem vollstreckungsfähigen Inhalt abhängig zu machen, aA LG Kiel DGVZ 2011, 132. 27

13. Vorläufige Vollstreckbarkeit. Die vorläufige Vollstreckbarkeit steht der endgültigen nicht ganz gleich, vgl. §§ 717 II, 894. 28

14. Vollstreckungsklausel. Das ist die amtliche Bescheinigung der Vollstreckbarkeit des Titels nach §§ 724 ff. Sie muss unter einer Ausfertigung des Titels stehen. Sie macht diese zur „vollstreckbaren Ausfertigung“. Sie kann Bestimmungen über den sachlichen oder persönlichen Umfang der Zwangsvollstreckung enthalten. 29

VIII. Hindernisse der Zwangsvollstreckung. Stets von Amts wegen zu beachten ist eine **Verwirkung** nach § 242 BGB, LG Hmb ZMR 2013, 499. Darüber sind folgende sechs Gesichtspunkte zu berücksichtigen: 30

- In Betracht kommt eine **Einstellung** der Zwangsvollstreckung zB nach §§ 765a, 775 oder eine Räumungsfrist zB nach § 721, LG Bln ZMR 1992, 542.
- In Betracht kommt ferner bei einem Arrest und einer einstweiligen Verfügung der **Ablauf der Vollziehungsfrist** nach §§ 929 II, 936.

  Die **Eröffnung des Insolvenzverfahrens** über das Vermögen des Schuldners steht der Fortsetzung der Zwangsvollstreckung entgegen, § 89 InsO. Bei einer Insolvenz des Vollstreckungsgläubigers muss das Gericht die Vollstreckungsklausel gem. § 727 auf den Verwalter umschreiben, wenn der Anspruch nach § 35 InsO zur Masse gehört. Bei einer Insolvenz des Schuldners ist grundsätzlich keine Zwangsvollstreckung für Insolvenzgläubiger mehr zulässig, vgl. auch §§ 38, 294 I, 299 InsO, BGH NJW 2012, 2800. Eine vor der Eröffnung dem Gläubiger zugeflossene Sicherheit wird nach §§ 88, 139 InsO unwirksam. Weitere Fälle der Unzulässigkeit der Einzelzwangsvollstreckung: §§ 90 I, 123 III 2, 209 I Nr. 3 InsO. Man muss dann eine begonnene Zwangsvollstreckung nach § 89 InsO einstellen. Hat der Gläubiger bereits ein Pfändungspfandrecht erlangt, ist er absonderungsberechtigt und darf die Zwangsvollstreckung fortsetzen, BGH NJW 2006, 3356. Ist er Massegläubiger, aussonderungs- oder absonderungsberechtigt, kann er die Zwangsvollstreckung nach einer Umschreibung auf den Verwalter beginnen oder fortsetzen. **Statthaft** bleibt eine Zwangsvollstreckung in folgenden Lagen: Wegen eines Anspruchs, der erst nach der Eröffnung entstanden ist, in das nach §§ 35–37 InsO nicht zur Insolvenzmasse gehörige Vermögen, § 51 IV 1 Nr. 1 GVGA; wegen eines dem Schuldner nicht gehörenden Gegenstands, § 51 IV 1 Nr. 2 GVGA; bei Absonderungsrechten nach §§ 50, 51 InsO, soweit der Gerichtsvollzieher keinen Gewahrsam hat, oder im vereinfachten Verfahren nach § 313 III InsO, § 51 IV 1 Nr. 3 GVGA und wegen einer Masseschuld in die Masse nach § 51 IV 1 Nr. 4 GVGA.
- Eine **Beschlagnahme** des Vermögens nach § 290 StPO macht einen Titel gegen den Vermögenspfleger nötig.
- In Betracht kommen ferner gesetzliche Zwangsvollstreckungsverbote während der Abwicklung von Sondervermögen der Kreditinstitute usw. nach §§ 13, 27 Gesetz v. 21.3.1972, BGBl. 465. Hierher zählt auch das Vollstreckungsverbot in den Fonds nach § 3 S. 3 StFG vom 17.10.2008, BGBl. I 1982 (FNA 660-3). Wegen einer sog. P-Kontopfändung § 850k. § 46d KWG schränkt eine Einzelzwangsvollstreckung ein, LG Ffm WM 2010, 608.
- In Betracht kommt schließlich eine Exterritorialität nach §§ 18–20 GVG, zB Art. 18 V g EU-Truppenstatut v. 17.11.2005, BGBl. II 19, nebst ZustimmungsG v. 18.1.2005, BGBl. II 18. Das gilt auch nach → Rn. 5, 6 zugunsten des technischen Personals einer diplomatischen Vertretung, sofern der vertretene Staat dem Wiener Übk. v. 18.4.1961, BGBl. 64 II 958, beigetreten ist, OLG Köln FGPrax 2004, 100 (nicht bei einer Sicherungshypothek). Das gilt auch zugunsten von Sachen einer diplomatischen Vertretung, BVerfG NJW 1983, 2766; BGH NJW 2006, 701; KG Rpfleger 2010, 658.

IX. Einschränkungen der Zwangsvollstreckung. In Betracht kommen die Vorschriften über eine **Unpfändbarkeit** nach §§ 811, 850 ff. usw. Sie gelten auch für eine Vollstreckungsbehörde, VG Magdeb NVwZ-RR 2013, 453. Sie gelten allerdings nur in den Grenzen des verfassungsrechtlich geschützten Befriedigungsrechts des Gläubigers, BGH NJW 2004, 3770. In Betracht kommen ferner die Vorschriften über einen **Vollstreckungsschutz.** Auch in der Zwangsvollstreckung gilt in gewissem Umfang der Grundsatz der **Verhältnismäßigkeit,** BVerfG NJW 2018, 531; BGH NJW-RR 2006, 1576; LG Tüb DGVZ 2007, 71. 31

X. Organe der Zwangsvollstreckung. Die Zuständigkeit der Vollstreckungsorgane richtet sich nach der jeweiligen Zwangsvollstreckung. Es kommen in Betracht: 32

- Das **Prozessgericht** erster Instanz wird nur wegen Handlungen oder Unterlassungen tätig, §§ 887, 888, 890. Die funktionelle Zuständigkeit liegt beim Richter.
- Das **Vollstreckungsgericht** ist für alle diejenigen Maßnahmen zuständig, die sich wegen ihrer Natur oder wegen ihrer Schwierigkeit nicht für den Gerichtsvollzieher eignen. Als Vollstreckungsgericht amtiert grundsätzlich das AG nach §§ 764 I, 802. Für die Geschäfte im Zwangsvollstreckungsverfahren des Buchs 8 ist grundsätzlich nach §§ 3 Nr. 3a, 20 I Nr. 17 RPflG der Rpfl zuständig, soweit sie dem Vollstreckungsgericht und nicht auch dem Arrestgericht nach § 930 I obliegen oder soweit bei §§ 848, 854, 855 ein anderes AG oder das Verteilungsgericht nach § 873 entscheiden muss.
- Das **Grundbuchamt** ist zuständig für die Eintragung der Zwangshypothek, § 867, bei Schiffen liegt die Zuständigkeit beim **Schiffsregister.**
- Der **Gerichtsvollzieher** wird tätig bei der Pfändung beweglicher Sachen, § 808, und der Herausgabevollstreckung, §§ 883, 885.

33 Maßnahmen von Organen außerhalb des ihnen vom Gesetz zugewiesenen Wirkungskreises sind unwirksam, OVG Lüneb NVwZ-RR 2017, 221. Die örtliche Unzuständigkeit macht eine Zwangsvollstreckung nicht nichtig. Sie macht aber die Erinnerung nach § 766 zulässig.

34 **XI. Vollstreckungsverfahren. 1. Überblick.** Das Vollstreckungsverfahren nach §§ 704 ff. folgt nur eingeschränkt den für das Erkenntnisverfahren nach §§ 253 ff. geltenden Vorschriften. §§ 1–252 sind anwendbar. Es kennt Prozesshandlungen. Es kennt insbesondere keine notwendige mündliche Verhandlung außer natürlich in demjenigen Prozess, der anlässlich der Zwangsvollstreckung entsteht, zB § 731. Wenn eine Partei Einwendungen erhebt, ist eine mündliche Verhandlung nach § 128 I, III, IV statthaft.

2. Beispiele zur Frage eines Verfahrens im Überblick

35 **Amtsverfahren:** Das Verfahren nach §§ 704 ff. ist weitgehend ein Amtsverfahren. Eine möglichste Klärung des Sachverhalts ist eine Amtspflicht. Es findet aber grds. keine Ermittlung von Amts wegen statt.

Anhörung: Im Allgemeinen muss das Gericht den Schuldner vor dem Vollstreckungsakt nicht anhören. Manchmal steht seine Anhörung dem Gericht frei, zB nach §§ 730, 733. Bei § 834 ist seine Anhörung unstatthaft. Dieser Grundsatz widerspricht nicht Art. 2 I, 20 III GG, BVerfG NJW 2000, 1709, denn das Gläubigerinteresse muss vorgehen, und dem Schuldner stehen auch Rechtsbehelfe wie zB nach § 766 zur Verfügung, BVerfG NJW 1958, 1436.

Antrag: Er ist als verfahrenseinleitende Parteiprozesshandlung, BGH NJW-RR 2016, 890, vielfach erforderlich, zB bei § 765a, BVerfG ZIP 1982, 1479.

Aussetzung: → „Unterbrechung".

Befragung: Das Gericht darf und muss notfalls zumindest im Amtsbetrieb wie jedes andere Vollstreckungsorgan den Gläubiger und evtl. auch den Schuldner mündlich oder schriftlich etwa nach § 139 befragen. Es gibt aber mangels einer Antwort keine amtliche Ermittlung, OLG Düss NJW 1977, 1642, Giers DGVZ 2008, 145 (147).

Beweis: Er ist als ein Vollbeweis oder Hauptbeweis nötig, AG Wuppert DGVZ 1999, 187. → „Glaubhaftmachung".

Glaubhaftmachung: Eine solche nach § 294 genügt nur, soweit das Gesetz sie ausdrücklich zulässt. → „Beweis".

Kosten: Diejenigen der Zwangsvollstreckung trägt grds. der Schuldner nach §§ 91 ff. und dem vorrangigen § 788. Er trägt sie also insoweit, als sie erforderlich waren. Vgl. aber auch § 891 S. 3. Der Gläubiger muss sie erstatten, falls das Gericht den Vollstreckungstitel aufgehoben hat.

Nämlichkeit der Parteien: Soweit nicht schon im Erkenntnisverfahren nach §§ 253 ff. ihre Klärung stattfand, bemüht sich das Gericht jetzt um die etwa notwendige Klärung, Giers DGVZ 2008, 145 (147).

Parteiherrschaft: Die Parteiherrschaft bleibt dahin bestehen, dass der Gläubiger das Verfahren durch seinen Auftrag zB nach §§ 754, 829 in Gang setzt und den Fortgang des Verfahrens und die Verfügung über seinen Anspruch in der Hand behält, Byok NJW 2003, 2642 (2644). Der Gerichtsvollzieher muss das alles nach § 58 II GVGA mitbeachten. → „Ruhen des Verfahrens"

Prozessfähigkeit: Soweit nicht schon im Erkenntnisverfahren nach §§ 253 ff. ihre Klärung nach § 51 stattfand, bemüht sich das Gericht jetzt um die etwa notwendige Klärung, AG Bayreuth DGVZ 2004, 46; Giers DGVZ 2008, 145 (148).

Prozesskostenhilfe: §§ 114 ff. sind nach § 119 II anwendbar.

Rechtshängigkeit: Sie tritt prozessual nach § 261 nicht (mehr) ein. Anders ist es für sachlichrechtliche Folgen zB nach §§ 212 II, III, 941 S. 2 BGB.

Rechtshilfe: Eine solche braucht die Zwangsvollstreckung innerhalb Deutschlands nach § 160 GVG grds. nicht. Ausnahmen gelten bei § 789.

Rechtsschutzbedürfnis: Das Gericht prüft diese Prozessvoraussetzung auch hier, BVerfG ZIP 1982, 1479; OLG Köln JurBüro 2001, 213; LG Rostock JurBüro 2003, 47.

Ruhen des Verfahrens: Auf ein Ersuchen des Gläubigers ordnet das Gericht wegen der begrenzt vorhandenen → „Parteiherrschaft" jederzeit das Ruhen der Zwangsvollstreckung wie bei § 251a an, auch das Ruhen des Auskunftsverfahren nach §§ 802b ff.

Termin: Das Gericht muss einen etwaigen Termin entsprechend § 216 II unverzüglich bestimmen, also ohne ein vorwerfbares Zögern. Das gilt nach § 227 III 2 Hs. 1 Nr. 7 auch für die Sommerzeit vom 1. 7. bis 31. 8. ohne eine spätere Verlegungsmöglichkeit.

Tod: Der Tod des Schuldners bei § 779 unterbricht das Verfahren nicht nach §§ 239 ff. Dasselbe gilt beim Tod des Gläubigers nach der Antragstellung. → „Unterbrechung".

Unterbrechung: Sie oder eine Aussetzung nach §§ 148 ff. vertragen sich nicht mit dem schleunigen Charakter des Verfahrens, BGH NJW 2007, 3132 Rn. 8; AG Gött NZI 2000, 95. §§ 727, 779 haben Vorrang. Ausnahmen können bei §§ 709, 717 gelten, ferner bei § 767, BGH NJW-RR 2009, 60.

Verjährung: Sie beginnt evtl. neu, AG Münst NJW-RR 1992, 1531. Das gilt etwa nach § 212 I Nr. 2 BGB dann, wenn eine gerichtliche Vollstreckungshandlung beantragt wird oder erfolgt und wenn nicht eine der Ausnahmelagen des § 212 II, III BGB vorliegt.

Verwirkung: Man muss sie wie stets beurteilen. Sie kann auch sogar nach 13 Jahren noch fehlen, OLG Bbg JurBüro 2011, 384.

Zuständigkeit: → Rn. 32, 33.

Zustellung: Sie erfolgt im Parteibetrieb nach §§ 191 ff. nur, soweit das Gesetz sie eindeutig zulässt. Trotz Parteiherrschaft des Gläubigers nach → Rn. 8 darf und muss der Gerichtsvollzieher zB eine zur korrekten Ausführung notwendige Zustellung vom Amts wegen ausführen.

36 **3. Parteifähigkeit.** Erforderlich ist die Parteifähigkeit des Gläubigers wie des Schuldners nach § 50 im Erkenntnisverfahren, OLG Hamm MDR 1990, 347. Daher sind die OHG, KG, evtl. sogar die gelöschte GmbH parteifähig, ebenso der nicht rechtsfähige Verein, § 50 II.

37 **4. Prozessfähigkeit.** Die Prozessfähigkeit des § 51 ist beim Gläubiger stets nötig. Beim regelmäßig rein leidend beteiligten Schuldner gilt das freilich nur, soweit er mitwirken kann und muss, BGH DGVZ 2011, 209; OLG Kblz FamRZ 2003, 1486. Der Schuldner muss allerdings nicht ganz selten nun doch mitwirken, zB bei einer Räumung, BGH DGVZ 2011, 209, als Anzuhörender, AG Saarbr DGVZ 1994, 142, oder als ein zur

eidesstattlichen Versicherung nach §§ 802b III, 802i Verpflichteter, AG Wuppert DGVZ 1999, 187. Den Prozessunfähigen vertritt sein gesetzlicher Vertreter, AG Strausberg DGVZ 2002, 43. Wenn der Schuldner mitwirken muss, muss sich sein gesetzlicher Vertreter ausweisen. Die Prozessvollmacht nach § 81 gilt auch für die Zwangsvollstreckung. Sie lässt sich aber auch auf diese beschränken. Inhalt der Vollmacht: §§ 78 ff. Es genügt die Nennung des Bevollmächtigten im Vollstreckungstitel.

5. Zuständigkeit. Erforderlich ist ferner die Zuständigkeit nach → Rn. 32. Die deutsche internationale Zuständigkeit setzt voraus, dass sich Schuldnervermögen im Inland befindet, BGH NJW-RR 2006, 198 (199). Eine Vollstreckbarkeit nur im Inland reicht, BGH NJW-RR 2010, 279. 38

6. Rechtsweg. Notwendig ist schließlich die Zulässigkeit des Rechtswegs. 39

7. Einwendungen des Gläubigers. Gegen die Art und Weise der Zwangsvollstreckung ist die Erinnerung nach § 766 zulässig, BGH NZM 2005, 193. Nach der Ablehnung eines Antrags außerhalb der eigentlichen Zwangsvollstreckung zB auf eine Erteilung der Vollstreckungsklausel nach §§ 724 ff. ist die sofortige Beschwerde nach § 567 I Nr. 2 zulässig. Eine Rechtsbeschwerde kommt allenfalls unter den Voraussetzungen des § 574 in Betracht. Wegen einer Anschlussbeschwerde § 567 III. Gegen eine echte sonstige Entscheidung im Rahmen der begonnenen Zwangsvollstreckung ist die sofortige Beschwerde nach § 567 I Nr. 1 im Rahmen und in den Grenzen des § 793 zulässig. 40

8. Einwendungen des Schuldners. Gegen die Art und Weise der Zwangsvollstreckung ist zunächst die Erinnerung nach § 766 zulässig, BGH NZM 2005, 193 (auch zu den Grenzen). In Betracht kommen ferner ein Antrag auf Vollstreckungsschutz nach § 765a oder auf Räumungsschutz nach § 721. Möglich sind auch Einwendungen gegen den Vollstreckungsanspruch selbst. Meist kann der Schuldner sie nur durch eine Vollstreckungsabwehrklage nach §§ 767, 796, 797 wirksam erheben, LG Traunst DGVZ 1993, 157, gelegentlich auch durch eine einfache Einwendung bei einer Vollstreckung aus § 775 Nr. 4 und 5, schließlich durch eine Einwendung gegenüber der Klage aus § 731. In Betracht kommen ferner Einwendungen gegen die Zulässigkeit der Vollstreckungsklausel durch eine Erinnerung nach § 732 oder als Einwendungen gegen eine Klage aus § 731, ferner Einwendungen gegen die Rechtswirksamkeit des Titels nur durch Rechtsmittel nach §§ 511 ff., Einspruch nach §§ 338, 700, Wiederaufnahmeklage nach §§ 578 ff., verneinende Feststellungsklage nach § 256. In Betracht kommt schließlich regelwidrig eine Widerspruchsklage nach §§ 771 ff. bei § 93 ZVG. 41

9. Einwendungen eines Dritten. Gegen die Art und Weise der Zwangsvollstreckung ist die Erinnerung nach § 766 zulässig. Wegen der Verletzung eines die Veräußerung hindernden Rechts ist die Widerspruchsklage nach §§ 771 ff. zulässig. Schließlich kommt eine Klage auf eine vorzugsweise Befriedigung aus dem Erlös bei einem Pfand- oder Vorzugsrecht ohne einen Besitz nach § 805 in Betracht. 42

10. Einwendungen jedes Betroffenen: Arglist. Allgemein ist der Einwand der Arglist denkbar. Auch in der Zwangsvollstreckung muss man Treu und Glauben wahren, BGH MDR 1978, 839; OLG Ffm NJW-RR 1992, 32; LG Paderb DGVZ 2006, 75, aA LG Oldb DGVZ 1993, 56 (§ 767. Aber ein Rechtsmissbrauch führt immer zur Beachtung von Amts wegen). 43

11. Beispiele zur Frage einer Arglist

Bagatellforderung: → „Geringfügigkeit". 44

Dritter: Kein Missbrauch liegt in einer Pfändung nach § 829 aufgrund einer rechtswidrigen Mitteilung eines Dritten über eine Vollstreckungsmöglichkeit.

Erforderlichkeit: Zweifelhaft ist, ob man allgemein die Erforderlichkeit einer Vollstreckungshandlung prüfen darf und muss. Zum Problem Wieser ZZP 100, 146.

Geringfügigkeit: Bei einer nur sehr kleinen Anfangs- oder Restforderung muss man den Verhältnismäßigkeitsgrundsatz → Rn. 31 mitbeachten, BVerfG NJW 1978, 2023; OLG Düss NJW 1980, 1171; großzügiger LG Dortm JurBüro 2007, 219; AG Saarlouis JurBüro 2004, 504 (wegen 6,93 EUR).

Ratenkreditzinsen: → „Vollstreckungsbescheid".

Ratenverzug: → „Rücknahme".

Rechtsirrtum: → „Rücknahme".

Rücknahme: Kein Missbrauch liegt schon dann vor, wenn der Gläubiger den Vollstreckungsantrag nach § 754 usw. wiederholt zurückgenommen hat, LG Rottweil DGVZ 2005, 183, etwa weil der Schuldner die vereinbarten Raten jeweils zunächst zahlt, OLG Hamm DGVZ 1985, 58, oder dann, wenn das Gericht nur die Rechtslage falsch beurteilt hatte, BGH NJW 1991, 30; OLG Kblz NJW-RR 1999, 508.

Unverhältnismäßigkeit: Zum Schuldnerschutz → Rn. 31.→ „Geringfügigkeit".

Verwirkung: → Rn. 43.

Vollstreckungsbescheid: Arglist kann nach einer noch vorhandenen Ansicht insbesondere dann vorliegen, wenn der Gläubiger im Zeitpunkt der Erwirkung eines Vollstreckungsbescheids nach § 699 wusste, dass dieser nur wegen des dortigen Fehlens einer Schlüssigkeitsprüfung ergehen konnte, weil der Gläubiger zB eine Umgehung versuchte, LG Kassel JurBüro 2003, 610; LG Würzb NJW-RR 1992, 52, oder weil der Gläubiger sittenwidrige Ratenkreditzinsen verlangte, BGH NJW 1988, 971; OLG Nürnb MDR 2002, 968; OLG Hmb VersR 1991, 832 (833); aA OLG Oldb NJW-RR 1992, 445; LG Hanau NJW-RR 1999, 505; LG Freibg NJW-RR 1992, 1149. Mit Recht betonen aber BVerfG NJW-RR 1993, 232; BGH NJW 1991, 1884; OLG Köln NJW-RR 1993, 570 die Gefahr der Aushöhlung der Rechtskraft auch hier.

12. Einstweilige Einstellung. Bei sämtlichen Einwendungen nach → Rn. 41 kann das Gericht die Zwangsvollstreckung einstweilen einstellen. Der Gerichtsvollzieher darf das zB bei § 775 Nr. 4 und 5, § 815 III tun. Der Einstellungsbeschluss des Gerichts ist keine einstweilige Verfügung wie nach §§ 935 ff., sondern eine vorläufige Maßnahme eigener Art. Wenn eine Einstellung möglich ist, wird im Allgemeinen für eine einstweilige Verfügung das Rechtsschutzbedürfnis fehlen. Denn diese ist umständlicher und teurer. Da das Hauptverfahren und das Verfahren auf eine einstweilige Verfügung aber meist getrennt ablaufen, ist es möglich, auch während des Hauptverfahrens und trotz einer dortigen Einstellung der Zwangsvollstreckung in der Revisionsinstanz nach § 719 II denselben Anspruch zum Gegenstand einer solchen einstweiligen Verfügung zu machen, die der Einstellung in der Hauptsache zuwiderläuft. 45

Eine einstweilige Anordnung nach §§ 49 ff. FamFG lässt sich aber nicht durch eine einstweilige Verfügung nach §§ 935 ff. aufheben. Abgesehen davon lassen sich Fälle denken, in denen die einstweilige Verfügung ein 46

Zwangsvollstreckungsverbot aussprechen kann. Eine falsche Bezeichnung im Antrag als einstweilige Verfügung schadet nicht. Über die Wirkung der Einstellung → § 707 Rn. 17. Nach vielen Vorschriften bewirkt ein bestimmtes Geschehnis eine Einstellung kraft Gesetzes. Das gilt zB bei der Eröffnung des Insolvenzverfahrens nach § 21 II Nr. 3 InsO.

47 **XII. Beginn der Zwangsvollstreckung.** Die Zwangsvollstreckung beginnt, sobald eine der folgenden Situationen eintritt.

– Der Beginn liegt in der ersten Vollstreckungshandlung des **Gerichtsvollziehers,** LG Bln DGVZ 1991, 9. Dazu kann die Zustellung nach § 750 gehören. Eine Zahlungsaufforderung ist kein Beginn der Vollstreckung, sondern ein Versuch, gerade ohne sie auszukommen.
– Der Beginn liegt in der Verfügung der ersten Vollstreckungsmaßnahme durch das **Gericht,** etwa in einer Vorpfändung nach § 845 oder in dem Pfändungsbeschluss nach § 829. Er liegt genauer in der Hinausgabe dieser Verfügung, nicht erst in deren Zustellung.

48 Alles, was vor diesen Zeitpunkten liegt, gehört nicht zur Zwangsvollstreckung, auch wenn es im Buch 8 steht. Das gilt etwa für die Erteilung des Notfristzeugnisses nach § 706 oder der Vollstreckungsklausel nach §§ 724 ff., OLG Zweibr FamRZ 2000, 964, für die bloße Androhung einer Vollstreckungsmaßnahme in einem Anwaltsschreiben, OLG Schlesw FamRZ 1981, 457, oder durch den Gerichtsvollzieher, AG Arolsen DGVZ 1985, 63, oder für die Sicherheitsleistung nach §§ 709 ff., 109. Für die Kostenberechnung und Kostenerstattung nach § 788 muss man aber alle vorbereitenden Handlungen einbeziehen.

49 **XIII. Ende der Zwangsvollstreckung.** Die Zwangsvollstreckung und damit das Rechtsschutzbedürfnis für eine erste oder weitere Vollstreckungshandlung enden, OLG Köln OLGR 2001, 39, sobald eine der folgenden Situationen eintritt.

– Das Ende tritt im Ganzen ein mit der völligen **Befriedigung** des Gläubigers einschließlich der Kosten nach § 788, LG Meiningen Rpfleger 2007, 217; LG Hmb WuM 1993, 417 (vollständige Räumung); aA OLG Mü MDR 1985, 1034 (aber ein materiell-rechtlicher Rückforderungsanspruch lässt die Zwangsvollstreckung nicht wieder aufleben).
– Das Ende tritt bei jeder einzelnen Maßnahme mit der vollen **Durchführung der Vollstreckungsmaßnahme** ein, BGH NZM 2005, 194; BVerwG NJW 2006, 2280. Das gilt selbst bei ihrer Ergebnislosigkeit. Daher leitet jede spätere Zwangsvollstreckungshandlung ein neues Verfahren ein, BGH NJW 1995, 1159.

50 Ist die Maßnahme beendet, kann der Schuldner deswegen weder eine Erinnerung nach § 766 einlegen, BGH NJW-RR 2017, 1158, noch eine Vollstreckungsabwehrklage nach § 767 oder eine Widerspruchsklage nach § 771 erheben. Ein bloßer Zeitablauf eines zeitlich begrenzten Vollstreckungstitels kann aber ein Rechtsschutzbedürfnis für ein Rechtsmittel bestehen lassen. Der Drittschuldner nach § 840 kann ein Rechtsschutzbedürfnis an der Aufhebung eines Pfändungsbeschlusses nach § 829 auch dann behalten, wenn keine Forderung mehr besteht, OLG Saarbr IPRax 2001, 456.

51 **XIV. Mängel der Zwangsvollstreckung.** Die vom sachlich zuständigen Vollstreckungsorgan in den Grenzen seiner Amtsbefugnisse vorgenommene Vollstreckungshandlung ist als ein Staatshoheitsakt grundsätzlich wirksam. Solange die dafür zuständige Stelle nicht die Fehlerhaftigkeit autoritativ festgestellt hat, müssen alle Beteiligten die in Vollmacht und im Namen des Staats getroffenen Entscheidungen beachten und befolgen, BGH MDR 1980, 1016; OLG Celle DGVZ 1999, 75; OLG Hamm NJW 1979, 1663. Mag eine solche Maßnahme auch aller sachlichen und förmlichen Voraussetzungen entbehren, ist sie doch solange wirksam, bis auf einen Rechtsbehelf eine abändernde Entscheidung ergeht und die bisherige Maßnahme damit rückwirkend beseitigt. So kann man den Gläubiger gegen ein Versehen der Vollstreckungsorgane schützen. Beim nirgends geschützten Rechtsmissbrauch kann eine Vollstreckungsmaßnahme unwirksam sein, OLG Celle DGVZ 1999, 75 (76).

52 Dem Dritten, der inzwischen Rechte erworben hat, geschieht kein Unrecht. Denn er hatte keinen Anspruch darauf, dass die vorgenommene Zwangsvollstreckung unwirksam war.

53 Die Zwangsvollstreckung ist als eine bloße Scheinvollstreckung dann **gänzlich wirkungslos,** wenn ihr jede gesetzliche Grundlage schlechthin fehlt. Davon kann nur selten die Rede sein. Dahin gehört eine Zwangsvollstreckung von Organen außerhalb ihres gesetzlichen Wirkungskreises. Auch die Verletzung einer wesentlichen Voraussetzung bedeutet das Fehlen einer ordnungsmäßigen Zwangsvollstreckung. Hierher gehört zB das Fehlen eines wirksamen Vollstreckungstitels nach → Rn. 16 ff., BVerfG NJW 2013, 1797 Rn. 71; BGH NJW 2005, 1576, oder das Fehlen einer wesentlichen Formvorschrift. Das gilt etwa dann, wenn der Gerichtsvollzieher Pfandsachen nicht in seinen Besitz genommen hat. Hierher gehört auch die Zwangsvollstreckung bei einem Exterritorialen.

54 Lediglich mangelhaft und folglich bis zur Aufhebung voll wirksam sind alle anderen fehlerhaften Zwangsvollstreckungshandlungen, BGH NJW 1976, 851; OLG Hamm MDR 1979, 149; LG Bln MDR 1977, 1027. Die Verletzung einer Dienstvorschrift wie etwa der Geschäftsanweisung für Gerichtsvollzieher GVGA macht die Zwangsvollstreckung weder unwirksam noch anfechtbar.

55 Voll wirksam ist nach → Rn. 32 trotz einer Zuständigkeitsverletzung auch diejenige Anordnung oder Entscheidung, die in das Tätigkeitsgebiet des Rpfl. nach § 20 I Nr. 17 RPflG fällt, die aber der Richter nach § 8 I RPflG ohne eine Berücksichtigung dieser Vorschrift vorgenommen hat. Überschreitet der Rpfl. seine Zuständigkeit überhaupt, ist das Geschäft nach § 8 IV RPflG unwirksam. Anders ist die Lage dann, wenn der Richter ihm das Geschäft übertragen konnte, es ihm aber nach § 8 II RPflG nicht übertragen hat.

704 *Vollstreckbare Endurteile.* Die Zwangsvollstreckung findet statt aus Endurteilen, die rechtskräftig oder für vorläufig vollstreckbar erklärt sind.

1 **I. Systematik.** Die Vorschrift erfasst den wohl wichtigsten Teil derjenigen Titel, aus denen eine Zwangsvollstreckung in Betracht kommt. Weitere Vollstreckungstitel nennen §§ 794 ff., 922, 928, 936 ff., § 36 I Nr. 1–3 GVGA. Hinzu treten die in → § 794 Rn. 31 ff. genannten zahlreichen weiteren bundes- oder landesrechtlichen Vollstreckungstitel. Vorläufige Vollstreckbarkeit setzt einen vollstreckungsfähigen Titel voraus, scheidet also abge-

sehen von der Kostenentscheidung bei Feststellungs- und Gestaltungsurteilen aus. Ausgeschlossen wird die vorläufige Vollstreckbarkeit in § 894 für ein Leistungsurteil auf Abgabe einer Willenserklärung.

II. Regelungszweck. Die Zwangsvollstreckung ist die notwendige Ergänzung zum Erkenntnisverfahren. Das auf eine gerichtliche Entscheidung ausgerichtete Erkenntnisverfahren macht für die Beteiligten nur Sinn, wenn sich für sie daraus Konsequenzen ergeben. Während diese Konsequenzen bei Gestaltungs- und Feststellungsurteilen ohne Weiteres eintreten, bedarf es bei Leistungsurteilen ggf. der zwangsweisen Durchsetzung in Form der Zwangsvollstreckung. Diese ist nur ganz ausnahmsweise ausgeschlossen, § 888 III. 2

III. Begriff des Endurteils. Es muss sich um ein Endurteil nach § 300 handeln. Hierher gehören auch ein Teilurteil nach § 301 und ein Vorbehaltsurteil nach §§ 302, 599, BGH NJW 1978, 43. § 704 bezieht sich nur auf das Urteil eines ordentlichen deutschen Gerichts. Ein Urteil des ArbG oder ein Urteil des LAG ist nach §§ 62 I, 64 VII ArbGG ohne weiteres vorläufig vollstreckbar, soweit das Urteil nichts anderes bestimmt, LAG Bln MDR 1986, 877; DB 1986, 2192. Das gilt auch bei §§ 9, 10 KSchG, BAG NZA 1988, 329. 3

IV. Vollstreckbarkeit. Das Urteil muss wenigstens wegen der Kosten überhaupt vollstreckbar sein, OLG Drsd NJW-RR 2011, 1305. Es darf auch nicht auf eine unmögliche Leistung lauten, BGH NJW-RR 1992, 450, und die Vollstreckung darf nicht ausgeschlossen sein, vgl. § 888 III. 4

1. Rechtskraft. Ein Leistungsurteil, das nach § 705 formell rechtskräftig ist, ist ohne Weiteres vollstreckbar. Der Nachweis der Rechtskraft erfolgt ggü. den Vollstreckungsorganen durch Vorlage des nach § 706 zu erteilenden Rechtskraftzeugnisses. 5

2. Vorläufige Vollstreckbarkeit. Aus nicht rechtskräftigen Urteilen kann die Zwangsvollstreckung betrieben werden, wenn das Gericht im Urteil nach §§ 708, 709 oder durch Beschluss gem. §§ 537, 708 Nr. 10 die vorläufige Vollstreckbarkeit angeordnet hat. Beschlüsse mit einem vollstreckungsfähigen Inhalt sind auch ohne eine solche ausdrückliche Anordnung bereits mit ihrem Erlass vorläufig vollstreckbar, weil § 795 für diese nicht auf § 704 verweist. Dasselbe gilt für Arrest und einstweilige Verfügung. 6

3. Wegfall der Vollstreckbarkeit. Mit einer Aufhebung des vorläufig vollstreckbaren Urteils entfällt dessen Vollstreckbarkeit, § 717 I. Bei seiner Änderung bleibt seine Vollstreckbarkeit nur im Rahmen der Abänderung bestehen. Für diese Wirkung bedarf es zwar keiner Anordnung der vorläufigen Vollstreckbarkeit des abändernden Urteils. Diese ist gleichwohl im Hinblick auf § 775 Nr. 1 geboten, OLG Mü MDR 1982, 238. Wenn das Revisionsgericht ein Ersturteil wiederherstellt, das das Berufungsgericht aufgehoben hatte, lebt auch die Vollstreckbarkeit des Ersturteils wieder auf, weil sie zu ihm gehört, BGH NJW 1982, 1397; OLG Ffm NJW 1990, 721, nicht jedoch, wenn das Berufungsurteil aufgehoben und der Rechtsstreit an das Berufungsgericht zurückverwiesen wird, KG NJW 1989, 3025. Aufgehobene Vollstreckungsmaßnahmen leben aber nicht wieder auf. 7

705 *Formelle Rechtskraft.* **[1]Die Rechtskraft der Urteile tritt vor Ablauf der für die Einlegung des zulässigen Rechtsmittels oder des zulässigen Einspruchs bestimmten Frist nicht ein. [2]Der Eintritt der Rechtskraft wird durch rechtzeitige Einlegung des Rechtsmittels oder des Einspruchs gehemmt.**

I. Systematik. § 705 regelt den Eintritt der äußeren, formellen Rechtskraft (→ Vor § 322 Rn. 5) für alle Urteile, die eine solche Rechtskraft erlangen können, selbst wenn sie keine Zwangsvollstreckung ermöglichen. Die Vorschrift gilt entsprechend für einen Beschluss, den man nur in einer bestimmten Frist anfechten kann, BAG NJW 2008, 1610. 1

II. Regelungszweck. Der Zeitpunkt des Eintritts der formellen Rechtskraft ist prozessual wie sachlichrechtlich sehr bedeutungsvoll. Deshalb liegt seine Klarstellung im Interesse der Rechtssicherheit. Das führt zur Notwendigkeit einer strikten Auslegung der Vorschrift. 2

III. Rechtskraftfähigkeit. Der formellen Rechtskraft fähig sind alle Urteile nach §§ 300 ff. und alle Beschlüsse zB nach §§ 329, 700, BGH NJW 2014, 937, die das Gesetz für selbständig anfechtbar oder für unanfechtbar erklärt, auch Zwischenurteile aus §§ 280 II, 304 (nicht aus § 303) und Vorbehaltsurteile zB nach §§ 302, 599, BGH NJW 1978, 43. Die formelle Rechtskraft tritt erst dann ein, wenn jede Änderung durch ein Rechtsmittel unstatthaft ist, BGH NJW 1992, 2296; BVerwG NVwZ 2015, 830 Rn. 18. Sie tritt also nicht ein, solange gegen diese Art von Urteil generell noch ein Einspruch nach §§ 338, 700 oder ein Rechtsmittel grundsätzlich statthaft ist oder sein könnte, selbst wenn zB die Berufungssumme nach § 511 II Nr. 1 nicht erreicht wird. Denn das Rechtsmittelgericht könnte ja zB den Beschwerdewert anders als das Erstgericht beurteilen. Daher ist auch ein Urteil nach § 495a vorläufig vollstreckbar. 3

Ist ein Rechtsmittel grundsätzlich statthaft, kommt es für den Eintritt der formellen Rechtskraft auf den Ablauf der Rechtsmittelfrist an. Dies ist für jede Partei besonders je nach dem Zeitpunkt der zugehörigen korrekten Zustellung oder Bekanntgabe zu beurteilen. Ob ein Nachverfahren nach §§ 302, 600 oder eine Wiedereinsetzung nach §§ 233 ff. oder eine Wiederaufnahme nach §§ 578 ff. statthaft ist, bleibt außer Betracht, BGH NJW 2014, 937. Ein Prozesskostenhilfeantrag für ein erst geplantes Rechtsmittel nach §§ 117, 119 hemmt den Eintritt der Rechtskraft nicht, OLG Stgt Just 1988, 159, ebensowenig eine Verfassungsbeschwerde, BVerfG NJW 1996, 1736. Auch eine Zustellung an einen nach § 51 Prozessunfähigen setzt die Frist in Lauf, BGH NJW 2014, 937 Rn. 15. Mit dem Ablauf der Frist tritt die formelle Rechtskraft ein und wird das Urteil endgültig vollstreckbar. 4

IV. Rechtskraft und Verkündung. Bereits mit der Verkündung nach §§ 310, 311 werden Entscheidungen formell rechtskräftig, gegen die weder ein Einspruch nach §§ 338, 700 noch ein Rechtsmittel zulässig ist. 5

1. Oberlandesgericht. Sofort rechtskräftig wird ein Urteil des OLG in den in § 542 II genannten Fällen. Andere Urteile des OLG werden selbst dann nicht schon mit ihrer Verkündung rechtskräftig, wenn nach § 544 II Nr. 1 ZPO eine Nichtzulassungsbeschwerde nicht zulässig ist. Das folgt auch aus § 713. Denn diese Vorschrift wäre sonst gegenstandslos. Ihre Rechtskraft tritt vielmehr erst mit dem Ablauf der Revisionsfrist des § 548 oder der Frist für eine Nichtzulassungsbeschwerde nach § 544 I oder V 3 ein, und zwar mit der Zustellung der Zurückweisung, BGH NJW 2005, 3724. Auch ein Zweites Versäumnisurteil nach §§ 345, 511 ff. wird erst mit dem Ablauf der Revisionsfrist nach § 548 rechtskräftig. 6

7 **2. Endurteil des BGH.** Mit Ausnahme eines Versäumnisurteils werden Endurteile des BGH mit ihrer Verkündung rechtskräftig.

8 **V. Rechtsbehelfsverzicht oder -rücknahme.** Ein Rechtsbehelf ist unzulässig, soweit die Partei gerade auf ihn und nicht nur auf einen materiell-rechtlichen Anspruch vor seiner Einlegung wirksam nach §§ 516, 565 verzichtet hat, BGH NJW-RR 1994, 386; BAG NJW 2008, 1610. Sie braucht ihren Verzicht nicht gegenüber dem Gericht ausgesprochen zu haben. Er liegt aber keineswegs schon im Zweifel vor, auch nicht bei einem Teilrechtsmittel wegen des Rests, BGH GRUR 2005, 320 (324). Ein wirksamer Verzicht ist unwiderruflich. Ein trotzdem eingelegtes Rechtsmittel hemmt die Rechtskraft nicht, BGH NJW-RR 1994, 386. Ein Teilverzicht ist statthaft. Er ist das einzige Mittel, um die Rechtskraft eines Teils des Urteils herbeizuführen, BGH GRUR 2005, 320 (324). Bei einer wirksamen **Rechtsmittelrücknahme** tritt die Rechtskraft mit dem Zeitpunkt der Rücknahme ein, BGH NJW 2008, 373; OLG Mü Rpfleger 2010, 579, es sei denn, dass zu diesem Zeitpunkt die Rechtsmittelfrist noch nicht abgelaufen ist, weil dann erneut Rechtsmittel eingelegt werden könnte, BGH NJW 1966, 1753 (1754).

9 **VI. Hemmung der Rechtskraft.** Ein Rechtsmittel muss überhaupt statthaft sein, BGH NJW-RR 1990, 323.

10 **1. Rechtsmittelfolge.** Die Einlegung eines Rechtsmittels hemmt grundsätzlich den Eintritt der formellen Rechtskraft. Es gibt auch eine „vorläufige" Rechtskraft, OLG Karlsr MDR 1983, 676. Ein Prozesskostenhilfegesuch nach § 117 hemmt den Eintritt der Rechtskraft ebensowenig wie ein Wiedereinsetzungsantrag nach § 234, BGH NJW 1987, 1766, wohl aber eine Entscheidung, die nach § 238 eine Wiedereinsetzung gewährt. Die Hemmung tritt dann rückwirkend ein. Letzteres gilt auch bei der erfolgreichen Verfassungsbeschwerde, BVerfG NJW 1996, 1736. Das Rechtsmittel eines einfachen Streitgenossen nach § 59 hemmt nur für ihn, BGH NJW-RR 2006, 286 Rn. 5.

2. Beispiele zur Frage einer Hemmung

11 **Anhörungsrüge gem. § 321a:** Erst eine erfolgreiche Anhörungsrüge führt zur Rechtskraftdurchbrechung, BGH NJW 2012, 3087 Rn. 13.

Einspruch: Hemmung erfolgt auch bei ihm nach §§ 345, 700, → § 345 Rn. 9, BGH MDR 1979, 127.

Nichtzulassungsbeschwerde: Hemmung erfolgt bis zu ihrer Zurückweisung zB nach § 544, BGH NJW 2005, 3724.

Prozesskostenhilfe: Keine Hemmung erfolgt bei einem Gesuch nach § 117.

Rechtzeitigkeit: Hemmung erfolgt auch nach zwar rechtzeitiger Einlegung des Rechtsmittels, aber nicht rechtzeitiger Begründung, BGH NJW 1992, 842; LG Kiel WuM 1991, 113.

Streitgenosse: Hemmung erfolgt beim einfachen nach § 59 wegen § 61 nur für ihn, BGH NJW-RR 2006, 286 Rn. 5.

Teilrechtsmittel: Hemmung erfolgt beim Gesamt-Ersturteil grds. auch bei einem nur teilweisen Rechtsmittel, BGH NJW-RR 2022, 205 Rn. 18. Denn es könnten noch eine Rechtsmittelerweiterung zB nach § 533 oder eine Anschließung zB nach § 524 erfolgen, BGH NJW 1994, 657. Deshalb tritt die Teilrechtskraft erst dann ein, wenn solche Möglichkeiten entfallen sind, BGH NJW 1994, 657; OLG Oldb NJW-RR, 2005, 368; OLG Hmb FamRZ 1990, 185.

Unanfechtbarkeit: Hemmung erfolgt auch dann, wenn eine Partei zB mangels einer ausreichenden Beschwer nicht anfechten kann, BGH NJW 1994, 657.

Verfassungsbeschwerde: Hemmung erfolgt rückwirkend bei ihrem Erfolg, BVerfG NJW 1996, 1736.

Verzicht: Hemmung erfolgt auch dann, wenn eine Partei nicht eindeutig auf ein Rechtsmittel verzichtet hat, BGH NJW 1992, 2296; OLG Hmb FamRZ 1984, 706 (707). Ein nur beschränkter Rechtsmittelantrag bedeutet nicht stets einen restlichen Verzicht, BGH NJW 1992, 2296. Ein sachlichrechtlicher teilweiser Anspruchsverzicht bedeutet nicht auch einen teilweisen prozessualen Rechtsmittelverzicht, BGH GRUR 2005, 320 (324).

Wiedereinsetzung: Hemmung erfolgt bei einer gewährenden Entscheidung nach § 238 rückwirkend, nicht schon beim Antrag nach § 234, BGH NJW 1987, 1766.

12 **3. Hemmungsdauer.** Die Hemmung dauert bis zum Ablauf der Rechtsmittelfrist nach §§ 517, 518 usw. an, solange kein Rechtsmittel vorliegt. Deshalb darf das Gericht bis zum Ablauf der Rechtsmittelfrist auch kein Rechtskraftzeugnis nach § 706 erteilen. Es darf trotz eines Verzichts auf eine Anschlussrevision nach § 554 bis zum Ablauf der Frist für sie auch kein Teilrechtskraftzeugnis erteilen, OLG Karlsr MDR 1983, 676; aA OLG Hamm FamRZ 1983, 823 (aber auch dann steht die Rechtskraft noch nicht einmal teilweise fest). Eine Verwerfung des Rechtsmittels oder des Einspruchs als unzulässig zB nach §§ 341 I, 522 I 2, 552 I 2, 577 I 2 hat zur Folge, dass die Hemmungswirkung des eingelegten Rechtsmittels erst mit der Rechtskraft der Verwerfungsentscheidung entfällt, OGB NJW 1984, 1027.

13 **4. Einspruch.** Ein Einspruch nach §§ 338, 700 hemmt den Eintritt der Rechtskraft ebenfalls. Entsprechend einem Teilrechtsmittel (→ Rn. 11) hemmt auch ein nur teilweise eingelegter Einspruch die Rechtskraft insgesamt, BGH NJW 1994, 2896 (2897).

14 **5. Rüge nach § 321a.** Die Erhebung der Rüge gem. § 321a hemmt die Rechtskraft nicht. Eine erfolgreiche Rüge führt vielmehr zu einer Rechtskraftdurchbrechung, BGH NJW 2012, 3087 Rn. 13.

706 *Rechtskraft- und Notfristzeugnis.* **I Zeugnisse über die Rechtskraft der Urteile sind aufgrund der Prozessakten von der Geschäftsstelle des Gerichts des ersten Rechtszuges und, solange der Rechtsstreit in einem höheren Rechtszug anhängig ist, von der Geschäftsstelle des Gerichts dieses Rechtszuges zu erteilen.**

II [1]Soweit die Erteilung des Zeugnisses davon abhängt, dass gegen das Urteil ein Rechtsmittel nicht eingelegt ist, holt die Geschäftsstelle des Gerichts des ersten Rechtszuges bei der Geschäftsstelle des für das Rechtsmittel zuständigen Gerichts eine Mitteilung in Textform ein, dass bis zum Ablauf der Notfrist eine Rechtsmittelschrift nicht eingereicht sei. [2]Einer Mitteilung durch die Geschäftsstelle des

Revisionsgerichts, dass ein Antrag auf Zulassung der Revision nach § 566 nicht eingereicht sei, bedarf es nicht.

I. Systematik. Die Vorschrift ergänzt §§ 704, 705. Das Rechtskraftzeugnis hat die Beweiskraft einer öffentlichen Urkunde nach § 418, App NJW 2003, 453. Eine unrichtige Zeugniserteilung muss derjenige beweisen, der sie behauptet. Das Rechtskraftzeugnis ist bei allen Urteilen und Beschlüssen möglich und notwendig, die einer formellen Rechtskraft fähig sind, zB bei einem Vollstreckungsbescheid nach § 700 oder beim Kostenfestsetzungsbeschluss, OLG Naumb Rpfleger 2002, 38, nicht aber bei einem Vergleich nach § 779 BGB. Das Gericht erteilt das Zeugnis ganz ohne Rücksicht darauf, ob der Gläubiger eine Zwangsvollstreckung betreiben kann. Bei Vorliegen der Voraussetzungen (→ § 705 Rn. 11) kann auch ein Teilrechtskraftzeugnis erteilt werden, BGH NJW 1989, 170; OLG Oldb NJW-RR 2005, 368. Grundlage des Rechtskraftzeugnisses nach **I** ist meist das Notfristzeugnis nach **II.** Die Rechtskraft lässt sich aber auch anders beweisen. Zur Zwangsvollstreckung ist ein Rechtskraftzeugnis nicht notwendig. 1

II. Regelungszweck. Das Rechtskraftzeugnis nach **I** dient im Interesse der Rechtssicherheit nur dem Nachweis der formellen Rechtskraft nach § 705. Er ist zB bei der Rückforderung einer Sicherheit nach § 715 oder bei § 586 oder nach dem sachlichen Recht notwendig, zB nach § 1470 I BGB. Die Bedeutung des Rechtskraftzeugnisses liegt im Formellen, eben in der äußeren Rechtssicherheit. Darüber hinaus besagt es nichts über die Entscheidung, also auch nicht über ihren Bestand. Das Notfristzeugnis nach **II** dient nur dem Nachweis, dass der Rechtsmittel- oder Einspruchsführer bis zum Ablauf der Notfrist oder doch jedenfalls bisher kein Rechtsmittel nach §§ 511 ff. und keinen Einspruch nach §§ 338 oder 700 eingelegt hat, BGH NJW-RR 2003, 1005; Preuß DNotZ 2010, 274. 2

III. Zuständigkeit. 1. Erste Instanz. Zuständig zur Erteilung ist der Urkundsbeamte der Geschäftsstelle des Erstgerichts. Das gilt auch dann, wenn es unzuständig entschieden hat, OLG Stgt Rpfleger 1979, 145. 3

2. Rechtsmittelinstanz. Die Vorschrift entspricht zur Zuständigkeit dem § 724 II. Ausnahmsweise ist die Geschäftsstelle eines höheren Gerichts solange zuständig, wie der Prozess bei jenem Gericht **„anhängig"** ist, das heißt hier vom Standpunkt der Geschäftsstelle aus, solange sich die Akten infolge des Eingangs einer Rechtsmittelschrift zB nach § 519 schon oder noch bei diesem Gericht befinden, BGH NJW-RR 2021, 1653 Rn. 12. Deshalb ist diese Geschäftsstelle evtl. auch noch nach der Rücknahme des Rechtsmittels zB nach § 516 zuständig. Wenn sich die Akten aber bei der Geschäftsstelle lediglich wegen der Einreichung eines Gesuchs auf die Bewilligung einer Prozesskostenhilfe nach §§ 117, 118 befinden, ist diese Geschäftsstelle nicht schon deshalb zuständig. Das alles gilt auch für einen Streitgenossen nach § 59 dann, wenn sich die Akten wegen des Rechtsmittels nur eines anderen Streitgenossen dort befinden. 4

Ein **Notfristzeugnis** braucht der Urkundsbeamte der Geschäftsstelle eines höheren Gerichts nur dann, wenn er für die Erteilung des Rechtskraftzeugnisses zuständig ist. Es gilt dann **II** entsprechend. Der Urkundsbeamte der Geschäftsstelle eines LG oder OLG darf das Rechtskraftzeugnis zu einem Versäumnisurteil des Revisionsgerichts in der Regel nur nach der Vorlage eines Notfristzeugnisses der Geschäftsstelle des Revisionsgerichts erteilen. 5

3. Sofortige Beschwerde. Wenn als Rechtsmittel eine sofortige Beschwerde nach § 567 in Betracht kommt, erteilt die Geschäftsstelle des Erstgerichts das Zeugnis aufgrund ihrer Kenntnis davon, dass eine sofortige Beschwerde nicht vorliegt, und aufgrund eines Zeugnisses des Beschwerdegerichts, dass ein Rechtsmittel nicht oder jedenfalls nicht bis zu einem bestimmten Tag vorliegt. 6

IV. Verfahren. Es ist grundsätzlich ein **Antrag** erforderlich, BGH NJW-RR 2021, 1653 Rn. 12. Der Antrag kann sich nach dem Ablauf der Anschlussrechtsmittelfrist zB nach § 524 auch auf ein Teilrechtskraftzeugnis (→ § 705 Rn. 11) beschränken. Antragsberechtigt ist derjenige, der das Urteil vorlegt. Das kann auch ein Streithelfer nach § 66 sein, BGH NJW 1960, 671. Die Antragsberechtigung Dritter wird überwiegend abgelehnt, MüKoZPO/Götz Rn. 2; Schuschke/Walker/Kessen/Thole/Braun Rn. 4; aA BeckOK/Ulrici Rn. 4. Es besteht **kein Anwaltszwang.** Das gilt nach § 78 III Hs. 2 auch dann, wenn das Gesuch an ein Gericht geht, vor dem im Streitverfahren ein Anwaltszwang besteht. Nach § 7 AktO muss der für das Rechtskraftzeugnis zuständige Urkundsbeamte die nachgewiesene Rechtskraft am Urteilskopf usw. vermerken. Er muss sein Zeugnis mit dem Namen und mit dem Zusatz „als Urkundsbeamter der Geschäftsstelle" unterschreiben. Entsprechend dem Vermerk am Urteilskopf bringt der Urkundsbeamte einen Vermerk auf der Urteilsausfertigung an. Soweit erforderlich setzt er einen weiteren entsprechenden Vermerk auf die Ausfertigung des Kostenfestsetzungsbeschlusses nach § 104. 7

V. Prüfungsumfang. 1. Nur formelle Prüfung. Der Urkundsbeamte der Geschäftsstelle prüft nur die formelle Rechtskraft nach § 705. Diese prüft er gegenüber sämtlichen Verfahrensbeteiligten, BGH NJW 1960, 671 (672). Er nimmt diese Prüfung zunächst aufgrund der Akten vor. Wenn diese Prüfung nicht ausreicht, fordert er die erforderlichen Nachweise an, etwa das Notfristzeugnis nach **II.** Der Urkundsbeamte darf weder den Zweck noch die Notwendigkeit des Rechtskraftzeugnisses prüfen, OLG Mü FamRZ 1985, 502. Der Urkundsbeamte darf die Statthaftigkeit eines etwa eingelegten Rechtsbehelfs grundsätzlich im Übrigen nicht prüfen. 8

2. Beispiele zur Frage eines Prüfungsumfangs

Berufungssumme: Der Urkundsbeamte darf nicht prüfen, ob die Berufungssumme nach § 511 II Nr. 1 erreicht ist. 9

Rechtskrafteintritt: Der Urkundsbeamte braucht in der Regel nicht den Tag des Eintritts der formellen Rechtskraft mitanzugeben, KG FamRZ 1993, 1221.

Rechtsschutzbedürfnis: Es ist kein besonderes nötig, OLG Mü FamRZ 1985, 502.

Statthaftigkeit eines Rechtsmittels: Der Urkundsbeamte muss sie nach §§ 511, 512, 543, 567 prüfen. Er muss das Zeugnis also zB dann erteilen, wenn gegen ein Ersturteil keine Berufung statthaft ist.

Unterbrechung: Der Urkundsbeamte muss eine Unterbrechung des Verfahrens nach §§ 239 ff. von Amts wegen beachten, OLG Kblz MDR 2008, 293.

Vorbehaltsurteil: Der Urkundsbeamte muss die Rechtskraft eines solchen Urteils nach §§ 302, 599 auch dann bescheinigen, wenn das Nachverfahren zB nach § 600 noch läuft. Er darf aber diesen Umstand im Zeugnis klarstellen.

Zeitpunkt: Regelmäßig darf der Urkundsbeamte das Zeugnis erteilen, sobald einige Tage seit dem Ablauf der Notfrist verstrichen sind.

Zulässigkeit eines Rechtsmittels: Diese zu beurteilen, ist Sache des Rechtsmittelgerichts und gehört nicht zum Prüfungsumfang des Urkundsbeamten der Geschäftsstelle.

Zulassung der Sprungrevision: Die Nichteinlegung eines Antrags auf eine Zulassung der Sprungrevision nach § 566 braucht der Urkundsbeamte vor der Erteilung des Rechtskraftzeugnisses nicht dadurch festzustellen, dass er von der Geschäftsstelle des Revisionsgerichts ein Notfristzeugnis anfordert. Grund ist die durch § 566 III 2 der Geschäftsstelle des Revisionsgerichts auferlegte Aktenanforderungspflicht. Wenn der Urkundsbeamte diese Nachricht erhalten hat, muss er die Erteilung eines Rechtskraftzeugnisses ablehnen.

Zustellung: Der Urkundsbeamte muss die Urteilszustellung nach §§ 166 ff. dann prüfen, wenn es auf den Ablauf der Notfrist ankommt, BGH FamRZ 1989, 729 (730).

10 **VI. Notfristzeugnis, II. 1. Nachweisfunktion.** Das Notfristzeugnis hat nur den in → Rn. 2 genannten Zweck. Es ist mit der Beweiskraft einer öffentlichen Urkunde nach § 418 nur ein Beweismittel zur Erlangung eines Rechtskraftzeugnisses und nicht das einzige. Das Notfristzeugnis ist nur dann erforderlich, wenn zu seiner Erteilung ein anderer Urkundsbeamter als derjenige zuständig ist, der das Rechtskraftzeugnis erteilt.

11 **2. Verfahren.** Erforderlich ist eine Anfrage des für die Erteilung des Rechtskraftzeugnisses zuständigen Gerichts. **Zuständig** zur Erteilung ist der Urkundsbeamte der Geschäftsstelle desjenigen Gerichts, bei dem man das Rechtsmittel nach §§ 519 I, 549 I oder den Einspruch nach §§ 340 I, 700 III 1 eingelegt hat oder einlegen müsste. Die Zuständigkeit beginnt mit der Einreichung der Rechtsmittelschrift, BGH NJW-RR 2021, 1653 Rn. 11. Er muss also ggf. bei anderen Geschäftsstellen feststellen, ob dort ein Rechtsmittel oder ein Einspruch vorliegt. Er darf nur prüfen, ob und wann eine Urteilszustellung nach §§ 166 ff., 317 erfolgte und ob und wann bisher eine Rechtsbehelfsschrift eingegangen ist, nicht auch, ob und wann das Rechtsmittelgericht die Rechtsbehelfsschrift nach §§ 521, 555 zugestellt hat. Wenn ein Rechtsmittel auch nur gegen einen Teil der Entscheidung vorliegt, muss er das Zeugnis versagen. Davon muss man den Fall unterscheiden, dass nur ein einfacher Streitgenosse nach § 59 ein Rechtsmittel eingelegt hat. Der andere Streitgenosse kann dann ein Teil-Notfristzeugnis fordern, OLG Karlsr OLGZ 1989, 77 (78). Ein Antrag auf eine Wiedereinsetzung nach § 234 hindert die Erteilung des Zeugnisses nicht. Wohl aber muss der Urkundsbeamte das Zeugnis dann versagen, wenn das Gericht eine Wiedereinsetzung nach § 238 bewilligt hat (→ § 705 Rn. 11 „Wiedereinsetzung"). Eine vorherige Anhörung des Gegners ist nicht geboten, MüKoZPO/Götz Rn. 4; offengelassen in BGH NJW-RR 2021, 1653 Rn. 35.

12 **3. Entscheidung.** Wenn der Beginn einer Notfrist nach § 224 I 2 zweifelhaft ist, muss der Urkundsbeamte der Geschäftsstelle des höheren Gerichts das Zeugnis dahin erteilen, dass „bis heute keine Rechtsmittelschrift eingegangen" sei, BGH NJW-RR 2003, 1005. Der Urkundsbeamte der für die Erteilung eines Rechtskraftzeugnisses zuständigen Geschäftsstelle muss diese Bescheinigung des höheren Gerichts nach § 286 frei würdigen. Der Urkundsbeamte darf grundsätzlich weder die Notwendigkeit der Erteilung des Notfristzeugnisses noch gar die Wirksamkeit der Zustellung des Titels nach §§ 166 ff., 317 oder die Statthaftigkeit oder die Aussichten eines Rechtsbehelfs prüfen. Wenn freilich ein Rechtsmittel oder ein Einspruch nach §§ 341 I 2, 522 I 2, 552 S. 1 eindeutig unstatthaft ist, muss er die Erteilung des Notfristzeugnisses ablehnen. Das Rechtskraftzeugnis muss nicht auf einer Ausfertigung der Entscheidung vermerkt werden, BGH NJW-RR 2021, 1653 Rn. 25.

13 **VII. Rechtsbehelfe.** Sowohl gegen die Erteilung als auch gegen die Ablehnung der Erteilung des Rechtskraftzeugnisses besteht die Möglichkeit der **Erinnerung** gem. § 573 I 1. Anwaltszwang besteht nicht, §§ 78 III, 573 I 2, BGH FGPrax 2010, 53; OLG Karlsr OLGZ 1989, 77. Gegen die Entscheidung des Gerichts ist dann die **sofortige Beschwerde** nach §§ 567 ff., 573 II statthaft. Denn die angefochtene Entscheidung ist keine Maßnahme der Zwangsvollstreckung, OLG Kblz FamRZ 2008, 1204; KG FamRZ 1993, 1221. Eine Rechtsbeschwerde kommt unter den Voraussetzungen des § 574 in Betracht. Eine spätere Erteilung erledigt den Abweisungsrechtsbehelf, OLG Hmb FamRZ 1979, 532. Die Ablehnung einer Abänderung oder Berichtigung ist eine Ablehnung der beantragten Erteilung, KG FamRZ 1993, 1221. Die Ablehnung der Erteilung eines Notfristzeugnisses ist als bloß justizinterner Vorgang dagegen nicht selbständig anfechtbar, BGH FGPrax 2010, 53.

707 *Einstweilige Einstellung der Zwangsvollstreckung.*

I [1]Wird die Wiedereinsetzung in den vorigen Stand oder eine Wiederaufnahme des Verfahrens beantragt oder die Rüge nach § 321a erhoben oder wird der Rechtsstreit nach der Verkündung eines Vorbehaltsurteils fortgesetzt, so kann das Gericht auf Antrag anordnen, dass die Zwangsvollstreckung gegen oder ohne Sicherheitsleistung einstweilen eingestellt werde oder nur gegen Sicherheitsleistung stattfinde und dass die Vollstreckungsmaßregeln gegen Sicherheitsleistung aufzuheben seien. [2]Die Einstellung der Zwangsvollstreckung ohne Sicherheitsleistung ist nur zulässig, wenn glaubhaft gemacht wird, dass der Schuldner zur Sicherheitsleistung nicht in der Lage ist und die Vollstreckung einen nicht zu ersetzenden Nachteil bringen würde.

II [1]Die Entscheidung ergeht durch Beschluss. [2]Eine Anfechtung des Beschlusses findet nicht statt.

1 **I. Systematik.** Für eine Reihe von Sonderfällen

- Wiedereinsetzung in den vorigen Stand gem. § 234
- Wiederaufnahme des Verfahrens gem. §§ 578
- die Rüge der Verletzung des Anspruchs auf rechtliches Gehör gem. § 321a
- die Fortsetzung des Rechtsstreits nach Verkündung eines Vorbehaltsurteils gem. § 600

2 eröffnet die Norm die Möglichkeit der einstweiligen Einstellung der Zwangsvollstreckung aus dem zu diesem Zeitpunkt bereits formell rechtskräftigen Urteil. Entsprechende Regelungen finden sich für vorläufig vollstreckbare Urteile in § 719. §§ 769, 770 enthalten ähnliche Regelungen im Bereich der Vollstreckungsabwehrklage nach §§ 767, 768. § 765a ist anwendbar. § 707 ist ohne **I 2** im Arrestverfahren nach § 924 auf einen Widerspruch und im Verfahren auf eine einstweilige Verfügung nach §§ 924, 936 entsprechend anwendbar. Das gilt freilich nur unter besonders strengen Voraussetzungen, OLG Brdb NJW-RR 2002, 190 (Gegendarstellung).

II. Regelungszweck. Die Vorschrift soll verhindern, dass eine Zwangsvollstreckung aufgrund eines Vollstreckungstitels stattfindet, dessen Bestand mittlerweile zweifelhaft sein kann, KG MDR 2000, 1455; OLG Hamm NJW 1983, 460. 3

III. Geltungsbereich. Das Anwendungsgebiet der Vorschrift ist sehr groß. Sie gilt auch im WEG-Verfahren. Neben §§ 707, 719 kann auch § 765a in Betracht kommen. Wegen des schiedsrichterlichen Verfahrens vor dem BGH (Rechtsbeschwerde) s. § 1065 II 2, BGH RdTW 2019, 336 Rn. 4. 4

IV. Voraussetzungen, I. Es muss der betreffende **Rechtsbehelf** vorliegen, also zB eine Restitutionsklage nach § 580 oder eine Anhörungsrüge nach § 321a. Die Zwangsvollstreckung muss noch drohen. Sie braucht noch nicht notwendig begonnen zu haben, sie darf aber jedenfalls noch nicht beendet sein. Eine Unterbrechung nach §§ 239 ff. ist unschädlich, OLG Bbg NJW-RR 1989, 576. Das angefochtene Urteil oder seine Vollstreckbarkeit dürfen nach §§ 717 I, 718 nicht ohnehin aufgehoben worden sein, OLG Düss NJW-RR 2002, 138. 5

Voraussetzung ist ein **Antrag** des Schuldners. Eine Anordnung von Amts wegen ist unstatthaft, OLG Hamm FamRZ 1990, 1267. Der Antrag erfolgt schriftlich, elektronisch oder in der Verhandlung nach § 128 I. Ein Anwaltszwang besteht wie sonst nach § 78. Der Antrag begrenzt die Möglichkeiten des Gerichts wie bei § 308 I. 6

Der Rechtsbehelf oder die Rüge nach § 321a muss generell **statthaft** sein. Ein Rechtsbehelf oder eine Rüge müssen aber auch im vorliegenden Einzelfall nach §§ 321a IV 2, 511 II, 545 ff., 567 I, 569 zulässig sein. Das Gericht muss die Aussichten des Rechtsbehelfs oder der Rüge sorgfältig prüfen, KG NJW 1978, 2302. Dasselbe gilt für die Folgen einer Einstellung der Zwangsvollstreckung. Dafür ist aber die Prüfung der Zulässigkeit des Rechtsbehelfs oder der Rüge die erste Voraussetzung. 7

Es muss ein Rechtsschutzinteresse vorliegen, OLG Bbg NJW-RR 1989, 576; OLG Mü MDR 1985, 1034. Der Rechtsbehelf muss auch sachlich einige **Erfolgsaussichten** haben, BGH GRUR 2019, 1215 Rn. 6; OLG Saarbr MDR 1997, 1157; OLG Bbg NJW-RR 1989, 576. Dabei erfolgt eine nur überschlägige Prüfung, OLG Karlsr GRUR-RR 2015, 50 Rn. 10; OLG Zweibr FPR 2002, 165. Die Prüfung erfolgt anhand der Rechtsbehelfsbegründung, die deshalb grundsätzlich abzuwarten ist, OLG Köln NJW-RR 1987, 189, es sei denn, die Vollstreckung droht vor Ablauf der Berufungsbegründungsfrist, KG NJW-RR 2008, 1021 (1022). Im Eilverfahren muss die Erfolgsaussicht wie bei § 291 offenkundig sein, OLG Brdb NJW-RR 2002, 190. Zu den Abwägungsgesichtspunkten gehören auch die Erfolgsaussichten soweit sich diese bereits zuverlässig beurteilen lassen, BGH GRUR 2019, 1215 Rn. 6. 8

V. Verfahren, I. Zuständig ist bei einer Anhörungsrüge nach § 321a V 1 das bisherige Prozessgericht und in den übrigen Fällen das für die Entscheidung in der Hauptsache oder ab der Einlegung über den Rechtsbehelf zuständige Gericht, OLG Karlsr MDR 1988, 975; LAG Bln-Brdb NZA-RR 2008, 42; LAG Brem BB 1999, 374. Der Einzelrichter nach §§ 348, 348a ist dann zuständig, wenn er das zugrunde liegende Urteil erlassen hatte. Trotz einer Revision gegen das Vorbehaltsurteil nach §§ 302, 599 bleibt das LG des Nachverfahrens zB nach § 600 zuständig, OLG Karlsr MDR 1988, 975; OLG Nürnb NJW 1982, 392. Bei einer Verfassungsbeschwerde ist nach § 32 BVerfGG nur das BVerfG zuständig. Die Entscheidung erfolgt nach dem pflichtgemäßen **Ermessen** des Gerichts unter einer sorgfältiger Abwägung der beiderseitigen Belange, BGH GRUR 2019, 1215 Rn. 6; OLG Jena MDR 2002, 289. Das Gericht kann nach § 128 IV eine mündliche Verhandlung anordnen, muss das aber nach **II 1** nicht tun. Bevor das Gericht einem Einstellungsantrag stattgibt, muss es grundsätzlich den Antragsgegner wegen Art. 2 I, 20 III GG (Rpfl.), Art. 103 I GG (Richter) anhören. Erst ab dieser Anhörung gelten die allgemeinen Regeln zur Darlegungslast nach und zur Beweislast, OLG Ffm FamRZ 1989, 87 (88), soweit es in der Zwangsvollstreckung überhaupt auf sie ankommt. 9

Die **Entscheidung** ergeht nach **II 1** durch einen Beschluss nach § 329. Sie kann hinter dem Antrag zurückbleiben, aber wegen § 308 I nicht über ihn hinausgehen. Das Gericht muss seinen Beschluss nach § 329 begründen, OLG Köln NJW-RR 2001, 647; OLG Düss FamRZ 1989, 89 (zum vergleichbaren § 769). Es muss seinen Beschluss nach § 329 I 1 verkünden, oder beim Stattgeben beiden Parteien formlos mitteilen, bei einer Ablehnung nur dem Schuldner nach § 329 II 1. Die Anordnung der Einstellung der Zwangsvollstreckung aus einem Urteil erstreckt sich ohne weiteres auf den zugehörigen Kostenfestsetzungsbeschluss nach § 104, OLG Stgt Rpfleger 1988, 39. Es ergeht ohne eine mündliche Verhandlung erstinstanzlich keine Kostenerstattung, OLG Ffm AnwBl 1978, 425. 10

VI. Einstellung gegen Sicherheitsleistung des Schuldners, I. Zulässig ist eine Einstellung gegen eine Sicherheitsleistung des Schuldners nach § 108. Der Schuldner kann aber nicht mit demjenigen Pfandstück Sicherheit leisten, das der Gläubiger bereits durch eine Vollstreckungsmaßnahme erlangt hat. Eine Befriedigung erfolgt aus der Sicherheitsleistung nach § 1228 BGB. Es genügt, dass der Gläubiger der Hinterlegungsstelle seine Empfangsberechtigung durch die Vorlegung einer nach § 724 vollstreckbaren Ausfertigung des Urteils nachweist. Bei einer Einstellung der Zwangsvollstreckung in bestimmte Gegenstände haftet die Sicherheit nur für denjenigen Schaden, der dadurch entsteht, dass der Gläubiger diese Pfändung nicht durchführt. 11

VII. Einstellung ohne Sicherheitsleistung, I. Zulässig ist auch eine Einstellung der Zwangsvollstreckung ohne jede Sicherheitsleistung. Diese Möglichkeit besteht nur dann, wenn der Schuldner nach § 294 glaubhaft macht, dass er zur Leistung der Sicherheit **nicht imstande** ist, BGH SchiedsVZ 2018, 193; OLG Karlsr GRUR-RR 2015, 326 Rn. 12. Dafür reicht die Bürgschaftsablehnung einer Bank oft nicht aus, OLG Hamm OLGR 1995, 167. Bei einer Gesellschaft kommt es auf ihr Vermögen an, KG NJW-RR 2008, 1022. 12

Der Schuldner muss außerdem glaubhaft machen, dass ihm gerade die Zwangsvollstreckung einen **unersetzbaren Nachteil** bringen würde, BGH SchiedsVZ 2018, 193; OLG Karlsr GRUR-RR 2015, 326; OLG Hamm FamRZ 1997, 1489. Unersetzbar ist nur ein solcher Nachteil, den man nicht nachträglich beseitigen oder ausgleichen kann, OLG Ffm BB 1985, 833, und der über eine bloße Einschränkung der Handlungsfreiheit hinausgeht, BAG NJW 1985, 2968, zB Verlust der wirtschaftlichen Existenzgrundlage, BGH GRUR 2019, 1215 Rn. 8. Das Gericht muss strenge Maßstäbe anlegen, ob diese Voraussetzungen vorliegen, KG NJW 1987, 1338. Es muss das Sicherungsbedürfnis des Gläubigers und die Belange des Schuldners sowie die Gefahr eines nicht ersetzbaren Nachteils abwägen. Das Gläubigerinteresse kann dabei überwiegen, BGH ZIP 1996, 1798. 13

Beispiele für einen unersetzbaren Nachteil sind: 14

Arbeitslosigkeit: Kein unersetzbarer Nachteil entsteht schon durch die Arbeitslosigkeit eines Ausländers, LAG Brem MDR 1983, 170 (171). 15

Auskunft: Die Pflicht zu ihrer Erteilung reicht nicht stets, BGH MDR 1979, 996; BVerwG NVwZ 1998, 1177.
Betriebsstätte: Ein unersetzbarer Nachteil kann bei ihrer Gefährdung drohen, OLG Ffm MDR 1982, 239.
Briefgrundschuld: Kein unersetzbarer Nachteil entsteht schon bei der Abtretung einer Briefgrundschuld, BGH WM 1984, 321
Ersatzleistung: Kein unersetzbarer Nachteil entsteht, soweit der Gläubiger einen gefährdeten Gegenstand durch eine Geldleistung ersetzen kann, BGH GRUR 2019, 1215 Rn. 8; OLG Ffm MDR 1982, 239.
Existenzgefahr: Ein unersetzbarer Nachteil kann bei der Gefahr einer Vernichtung der wirtschaftlichen Existenz des Schuldners bestehen, OLG Rostock FamRZ 2004, 127.
Gewerbebetrieb: Ein unersetzbarer Verlust kann bei einer Zerstörung eintreten, KG NJW-RR 2008, 1021 (Hotel).
Good will: Ein unersetzbarer Nachteil kann bei einer Gefährdung des good will drohen, OLG Ffm MDR 1982, 239.
Handlungvornahme: Bei §§ 887, 888 entsteht ein unersetzbarer Nachteil nur dann, wenn gerade die Vornahme der Handlung ihn dem Schuldner bringen würde.
Insolvenz: Kein unersetzbarer Nachteil entsteht schon durch die Gefahr einer Insolvenz des Schuldners, OLG Köln ZIP 1994, 1053; OLG Ffm MDR 1982, 239, zB einer schon in Liquidation stehenden Gesellschaft, OLG Ffm MDR 1985, 507.
Kundenkartei: Ein unersetzbarer Nachteil kann bei ihrer Gefährdung drohen, OLG Ffm MDR 1982, 239.
Räumung: Die Pflicht zur Räumung von Berufsraum reicht nicht stets, BGH NJW-RR 1998, 1603.
Rückzahlung: Ein unersetzbarer Nachteil droht wegen der Wahrscheinlichkeit der Nichtbeitreibbarkeit einer Rückzahlungsforderung. Kein solcher Nachteil entsteht bei einer bloßen derartigen Möglichkeit, OLG Hamm MDR 1999, 1404.
Schadenshöhe: Ein unersetzbarer Nachteil droht bei einem nicht ermittelbaren Schaden, soweit auch § 287 nur unsichere Aussichten gibt.
Unterhalt: Ein unersetzbarer Nachteil droht (erst) bei einer Endgültigkeit des Verbrauchs von Unterhalt, OLG Hamm FamRZ 1996, 113; aA OLG Kblz FamRZ 2005, 468; OLG Hamm MDR 1999, 1404. Kein unersetzbarer Nachteil entsteht schon bei fraglicher Durchsetzbarkeit eines etwaigen Rückzahlungsanspruchs, OLG Brdb MDR 2016, 715.
Urteilsexistenz: Kein unersetzbarer Nachteil ist schon die bloße Existenz eines Urteils mit der Gefahr seiner Vollstreckung, BGH NJW 2000, 3008; OLG Saarbr MDR 1997, 1157.
Verschleuderung: Kein unersetzbarer Nachteil entsteht schon durch die Gefahr einer gewissen Verschleuderung von Werten infolge der Vollstreckung, OLG Köln OLGZ 1979, 113.
Vollstreckungsfolge: Kein unersetzbarer Nachteil ist eine bloße typische Folge einer jeden Zwangsvollstreckung, BGH NJW 2000, 3008; OLG Kblz FamRZ 2005, 468; OLG Ffm NJW 1985, 275 (je: Kreditgefährdung); aA OLG Hmb NJW-RR 1990, 1024 (aber man darf nicht einfach das Normalrisiko des Schuldners zum Nachteil des Gläubigers zum Sonderfall machen).
Vorpfändung: Kein unersetzbarer Nachteil entsteht schon durch eine Vorpfändung nach § 845, OLG Rostock DGVZ 2006, 91.
Vorwegnahme des Ergebnisses: Kein unersetzbarer Nachteil entsteht schon durch die Gefahr einer Vorwegnahme des Prozessergebnisses durch die Vollstreckung, BGH NJW 1996, 198.
Wohnungsverlust: Ein unersetzbarer Nachteil droht bei einem Wohnungsverlust insbesondere vor und nach einer Geburt, LG Ffm NZM 1999, 1136 (zu § 712).

16 **VIII. Einstellung gegen Sicherheitsleistung des Gläubigers, I.** Zulässig ist auch eine Einstellung der Zwangsvollstreckung gegen eine Sicherheitsleistung des Gläubigers nach § 108. Dann ordnet das Gericht an, dass die Zwangsvollstreckung nur gegen die Sicherheitsleistung stattfinden oder weitergehen darf, OLG Hamm MDR 2013, 936; OLG Köln ZIP 1994, 1053, oder dass der Gläubiger eine bereits im Urteil nach § 709 angeordnete Sicherheitsleistung erhöhen muss. Das Gericht kann auch bloß die Pfandverwertung von einer solchen Sicherheitsleistung abhängig machen. Das ist nach § 308 I ein zulässiges Weniger gegenüber dem Urteilsspruch. Es kann auch die Hinterlegung des Erlöses entsprechend § 720 anordnen. Ohne diese ist § 720 unanwendbar, sofern § 711 S. 1 infrage kommt.

17 **IX. Einstellungswirkung, I.** Die Einstellung beseitigt die Vollstreckbarkeit ganz einschließlich der Kostenfestsetzung nach §§ 103–107. Die Einstellung richtet sich also nicht nur an die Vollstreckungsorgane, sondern auch an den Drittschuldner nach § 840. Er darf nicht mehr leisten. Der Vollzug erfolgt nach §§ 775 Nr. 1, 2, 776. Eine Fortsetzung der Zwangsvollstreckung ist erst dann statthaft, wenn die Entscheidung über die Einstellung wirkungslos geworden ist. Ein Wohnsitz des Drittschuldners im Ausland hindert eine Einstellung der Zwangsvollstreckung nicht. Der Beschluss entfaltet aber keine Rückwirkung, BGH DGVZ 2022, 132 Rn. 13.

18 **X. Aufhebung einer Vollstreckungsmaßnahme, I.** Das Gericht kann schließlich die bisherigen Vollstreckungsmaßnahmen nach § 775 aufheben. Das darf aber nur gegen eine Sicherheitsleistung nach § 108 geschehen, OLG Karlsr FamRZ 1996, 1486. Diese soll dem Gläubiger einen vollen Ersatz für den Wegfall derjenigen Rechte gewährleisten, die er durch die bisherige Zwangsvollstreckung erworben hatte. Eine volle Deckung ist aber nur dann erforderlich, wenn auch die Zwangsvollstreckung eine volle Deckung versprach. Eine Aufhebung der bisherigen Vollstreckungsmaßregeln ohne jede Sicherheitsleistung ist gesetzwidrig. Die Sicherheit haftet dem Gläubiger wie ein Pfand je nach der Sachlage für die Hauptforderung oder den Verzögerungsschaden. Für den letzteren haftet sie dann, wenn das Gericht nur die bereits getroffenen Vollstreckungsmaßregeln aufhebt, dafür aber andere zulässt. Für die Hauptforderung und für den Verzögerungsschaden haftet die Sicherheit dann, wenn das Gericht die Zwangsvollstreckung schlechthin einstellt.

19 **XI. Einstweilige Einstellung, I.** Das Gericht darf die Zwangsvollstreckung auch einstweilen bis zur besseren Prüfung einstellen, BGH NJW 2004, 2224. In einem Eilfall darf das ausnahmsweise auch ohne eine vorherige Anhörung des Gegners bei deren nachträglicher Vornahme geschehen, OLG Köln NJW-RR 1988, 1467 (1468); OLG Celle MDR 1986, 63. Jede Anordnung tritt als eine bloß einstweilige Maßnahme dann außer Kraft, wenn ein neues Urteil das alte Urteil bestätigt oder wenn der Vollstreckungstitel oder seine Vollstreckbarkeit entfallen. Eine Wiederherstellung des Urteils lässt den Beschluss nicht wiederaufleben.

XII. Unanfechtbarkeit, II 2. Der stattgebende wie der ablehnende Beschluss sind nach **II 2** grundsätzlich unanfechtbar. Für die früher angenommene Zulassung der außerordentlichen Beschwerde, OLG Köln NJW-RR 2002, 428, besteht im Hinblick auf § 321a keine Rechtfertigung mehr, MüKoZPO/Götz Rn 22; Schuschke/Walker/Kessen/Thole/Schuschke/Braun Rn. 18; aA Zöller/Herget Rn. 22. 20

XIII. Abänderung, II. Das Gericht darf seine Entscheidung auf einen Antrag jederzeit abändern, OLG Kblz NJW-RR 1998, 1450; KG FamRZ 1990, 86 (87); OLG Hamm FamRZ 1985, 306 (307). Eine unzulässige sofortige Beschwerde lässt sich meist in einen solchen Antrag umdeuten, KG FamRZ 1990, 86 (87); OLG Köln NJW-RR 1988, 1467. Von Amts wegen darf keine Abänderung erfolgen. Das höhere Gericht kann für seine Instanz auf einen Antrag eine andere Anordnung treffen, OLG Hamm FamRZ 1985, 306 (307). Ein abgewiesenes Gesuch lässt sich mit einer besseren Begründung erneuern. Eine veränderte Sachlage ist zur Abänderung in keinem Fall notwendig. 21

XIV. Beispiele zur Frage einer entsprechenden Anwendbarkeit, I, II

Abänderungsklage: § 707 ist dann nicht entsprechend anwendbar, wenn es um eine Abänderungsklage nach § 323 geht. Dann gilt vielmehr § 769, BGH NJW 1986, 2057. 22

Arrest: § 707 ist dann entsprechend anwendbar, wenn es um einen Widerspruch gegen einen Arrest nach § 924 geht, sowie im Verfahren nach § 926, OLG Ffm FamRZ 1985, 722 (723), oder nach § 927, OLG Zweibr FamRZ 1981, 698 (699).

Berufung: § 707 ist nach § 719 I 1 entsprechend anwendbar.

Einspruch: § 707 ist nach § 719 I 1 dann entsprechend anwendbar, wenn es um die Einlegung eines Einspruchs nach §§ 340, 700 geht. Vgl. freilich § 719 I 2.

Einstweilige Verfügung: § 707 ist dann entsprechend anwendbar, wenn es um einen Widerspruch gegen eine einstweilige Verfügung geht, OLG Ffm MDR 1997, 393 (zurückhaltend); KG MDR 1994, 727.Wenn eine Einstellung möglich ist, ist eine einstweilige Verfügung mit lediglich demselben Ziel unzulässig. Im Hinblick auf § 945 kommt eine Einstellung nur ganz ausnahmsweise in Betracht, BGH NJW-RR 1997, 1155; LG Hmb GRUR-Prax 2019, 171.

Gehörsrüge: I 1, II sind nach § 321a VI entsprechend anwendbar.

Insolvenz: § 707 ist dann entsprechend anwendbar, wenn es um eine Wiedereinsetzung nach § 186 InsO geht.

Kostenfestsetzung: § 707 ist dann nicht entsprechend anwendbar, wenn es um die Zwangsvollstreckung aus einem Kostenfestsetzungsbeschluss des Verfahrens auf den Erlass eines Arrests oder einer einstweiligen Verfügung nach §§ 104, 916 ff., 935 ff. geht, falls nur der Hauptprozess nach §§ 253 ff. anhängig ist.

Prozesskostenhilfe: §§ 707, 719 sind im Verfahren nach §§ 114 ff. entsprechend anwendbar, OLG Brdb MDR 2005, 1192.

Prozessvergleich: § 707 ist dann entsprechend anwendbar, wenn es einen Prozessvergleich geht. Das gilt auch bei einem Streit um seine Wirksamkeit, oder bei einem Zwischenvergleich, OLG Hamm FamRZ 1985, 306 (307).

Rechtsmittel: § 707 ist dann entsprechend anwendbar, wenn es um die Einlegung eines Rechtsmittels geht.,

Schiedsspruch: § 707 ist dann entsprechend anwendbar, wenn es um die Einlegung eines Widerspruchs gegen die Vollstreckbarerklärung eines Schiedsspruchs oder eines solchen mit vereinbartem Wortlaut nach §§ 1053, 1060, 1065 II 2 geht.

Sittenwidrigkeit: Nicht entsprechend anwendbar ist § 707 nach einem Urteil aus § 826 BGB, OLG Ffm NJW-RR 1992, 511; aA OLG Zweibr NJW 1991, 3041.

Urteilsergänzung: § 707 ist dann entsprechend anwendbar, wenn es um eine Urteilsergänzung nach § 321 geht, LG Hann MDR 1980, 408.

Urteilserschleichung: § 707 ist dann nicht entsprechend anwendbar, wenn es um eine Zwangsvollstreckung aus einem erschlichenen Urteil geht, soweit man dessen Anfechtung zulässt, OLG Mü NJW 1976, 1748. Dann ist nur eine einstweilige Verfügung nach zulässig.

Verfassungsbeschwerde: § 707 ist dann nicht entsprechend anwendbar, wenn es um eine Verfassungsbeschwerde geht.

Vergleich: § 707 ist entsprechend anwendbar beim Prozessvergleich und bei einem Zwischenvergleich, OLG Hamm FamRZ 1985, 306 (307).

Verwaltungszwangsverfahren: § 707 ist dann nicht entsprechend anwendbar, wenn es um eine Zwangsvollstreckung in einem Verwaltungszwangsverfahren geht, etwa wegen der Gerichtskosten, auch nicht bei § 116 SGB X.

Vollstreckungsklausel: § 707 ist bei § 732 II entsprechend anwendbar, OLG Köln OLGR 1996, 182.

Vorbemerkung zu § 708
Vorläufige Vollstreckbarkeit

I. Systematik, Regelungszweck. Die vorläufige Vollstreckbarkeit hat ihre Grundlage in § 704 Hs. 2. Sie ist eine Folge des Umstands, dass an sich erst die Rechtskraft nach §§ 322, 705 eine endgültige Klarheit schafft, aber ein Zuwarten bis zur Rechtskraft den Gläubiger um den im Erkenntnisverfahren erkämpften Erfolg bringen kann. Die Zulassung der Zwangsvollstreckung auch aus noch nicht rechtskräftigen, aber für vorläufig vollstreckbar erklärten Urteilen in § 704 wird in den §§ 708 ff. durch eine Reihe von Bestimmungen begleitet, die der Sicherung der berechtigten Interessen des Schuldners dienen, hierdurch nicht mehr geschädigt zu werden, als dies durch eine zwangsweise Durchsetzung eines Urteils unerlässlich ist. 1

Instrumente des Schuldnerschutzes sind 2

- die Sicherheitsleistungen des Gläubigers oder des Schuldners zur Ermöglichung oder Verhinderung der Zwangsvollstreckung (§§ 709, 711, 712),
- die einstweilige Einstellung der Zwangsvollstreckung (§ 719),
- die Einräumung einer Räumungsfrist (§ 721),
- die Schadensersatz- oder Erstattungspflicht des Gläubigers. bei Aufhebung oder Abänderung des Urteils (§ 717 II, III).

3 **II. Geltungsbereich.** Die vorläufige Vollstreckbarkeit steht der endgültigen nicht ganz gleich. Sie erledigt sich mit dem Eintritt der endgültigen Vollstreckbarkeit infolge der Rechtskraft nach §§ 322, 705, OLG Hmb NJW-RR 1986, 1501. Sie steht immer unter der auflösenden Bedingung der Aufhebung der Entscheidung. Darum bringt eine Zahlung des Schuldners oder eines Bürgen zur Abwendung der Zwangsvollstreckung aus einem vorläufig vollstreckbaren Titel den Anspruch nicht zum Erlöschen, BGH MDR 1976, 1005, Krüger NJW 1990, 1209. Die Zahlung hemmt nur die Geltendmachung des Anspruchs. Sie lässt aber noch eine Aufrechnung mit einer Gegenforderung zu. Das muss auch für eine Zurückbehaltung dann gelten, wenn sie wie eine Aufrechnung wirkt. Ein materiell-rechtliches Gestaltungsurteil oder ein Feststellungsurteil nach § 256 oder ein solches auf die Abgabe einer Willenserklärung nach § 894 wirkt in der Hauptsache erst mit dem Eintritt seiner Rechtskraft. Nur wegen der Kosten kann es vorläufig vollstreckbar sein. Die Vorschriften gelten auch im WEG-Verfahren. Sie gelten über § 167 VwGO auch im verwaltungsgerichtlichen Verfahren. In einer Familiensache usw. gilt vorrangig § 86 II FamFG.

4 **III. Ausspruch der Vollstreckbarkeit. 1. Grundsatz: Von Amts wegen.** Der Ausspruch findet von Amts wegen statt und zwar teilweise nach § 708 ohne eine Sicherheitsleistung, teils nach § 709 nur gegen eine Sicherheitsleistung. Ein Parteiantrag kann den Ausspruch beeinflussen, wenn auch nicht etwa durch ein Anerkenntnis nach § 307, OLG Nürnb NJW 1989, 842. Es können durch einen **Antrag** erreichen,

- der Gläubiger eine Vollstreckbarerklärung ohne Sicherheitsleistung nach §§ 710, 711 S. 2 dann, wenn eine Sicherheitsleistung an sich eine Voraussetzung der Vollstreckbarkeit wäre,
- der Schuldner die Möglichkeit einer Abwendung der Zwangsvollstreckung durch eine Sicherheitsleistung nach §§ 712 S. 1, 720a III oder durch das Unterbleiben einer Vollstreckbarerklärung nach § 712 S. 2.

5 **2. Unzulässigkeit.** Die Anordnung der vorläufigen Vollstreckbarkeit ist lediglich dann unzulässig, wenn ein Rechtsmittel nicht statthaft ist. Das ist bei den in § 542 II genannten Berufungsurteilen und den Revisionsurteilen der Fall. Bei allen anderen Entscheidungen kommt eine vorläufige Vollstreckbarkeit zumindest hinsichtlich der Kostenentscheidung in Betracht, weshalb auch **Feststellungs- und Gestaltungsurteile** sowie Urteile auf Abgabe einer Willenserklärung, die in der Hauptsache nicht vorläufig vollstreckbar sind, die Anordnung der vorläufigen Vollstreckbarkeit enthalten müssen. Es ist nicht zwingend, in diesen Fällen die Beschränkung der vorläufigen Vollstreckbarkeit auf die Kosten ausdrücklich anzuordnen.

6 **3. Vollstreckbarkeit gegen Fiskus.** Das Gericht muss ein Urteil gegen den Fiskus, eine Gemeinde usw. genauso für vorläufig vollstreckbar erklären wie ein Urteil gegen eine andere Person. Über die Durchführung der Zwangsvollstreckung in solchen Fällen § 882a, → EGZPO § 15 Rn. 3.

7 **IV. Form. 1. Urteilsbestandteil.** Das Gericht muss die Vollstreckbarkeit grundsätzlich in der Urteilsformel nach § 313 I Nr. 4 klären. Wenn es sie übergangen hat, bleibt nur eine Urteilsergänzung nach §§ 321, 716 übrig, BGH FamRZ 1993, 50; BFH BB 1981, 898. Darum müssen die Parteien diesbezügliche etwa notwendige Anträge immer nach § 714 I vor dem Schluss der mündlichen Verhandlung nach §§ 136 IV, 296a stellen. Die Entscheidung über einen solchen Antrag ist ein Urteilsbestandteil. Der Unterlegene kann sie daher nur mit dem gegen das Urteil statthaften Rechtsbehelf angreifen.

8 Über die vorläufige Vollstreckbarkeit muss das Berufungsgericht nach § 718 vorweg entscheiden, soweit der Berufungsführer überhaupt auch die Hauptsache angreift. Eine Entscheidung des Urteils über die vorläufige Vollstreckbarkeit lässt sich nur durch ein Urteil beseitigen, auch bei § 718. Daher kann man die Berufung auch auf die Frage der vorläufigen Vollstreckbarkeit beschränken, OLG Rostock NJW-RR 2009, 498; OLG Mü NJW-RR 1990, 1022; OLG Nürnb NJW 1989, 842; aA OLG Köln NJW-RR 2006, 66; LAG Mainz NZA-RR 2006, 48. Wenn ein Rechtsbehelf vorliegt, kann das Gericht die Zwangsvollstreckung evtl. nach §§ 719, 707 einstellen. Diese Einstellung kann die Vollstreckbarkeit grundsätzlich weder geben noch nehmen. Es kann sie aber an Bedingungen knüpfen oder einzelne Vollstreckungsmaßnahmen aufheben. Das gilt auch bei § 765a.

9 **2. Erfolglosigkeit eines Rechtsmittels.** Wenn das Gericht ein Rechtsmittel nach §§ 511 ff. oder einen Einspruch nach §§ 338, 706 verwirft oder zurückweist und sein Urteil für vorläufig vollstreckbar bezeichnet, erklärt es damit ohne weiteres das vorangegangene frühere Urteil für vorläufig vollstreckbar. Das gilt selbst dann, wenn dieses frühere Urteil einen solchen Ausspruch nicht enthielt, Engels AnwBl 1978, 164. Der Verzicht auf die vorläufige Vollstreckbarkeit ist vor oder nach dem Erlass des Urteils zulässig.

10 **3. Vollstreckbarerklärung und Vollstreckbarkeit.** Die Vollstreckbarerklärung setzt eine Vollstreckbarkeit nicht voraus. Der Urteilsinhalt braucht sich also nach → Vor § 704 Rn. 23 nicht zur Vollstreckung zu eignen.

708 *Vorläufige Vollstreckbarkeit ohne Sicherheitsleistung.* **Für vorläufig vollstreckbar ohne Sicherheitsleistung sind zu erklären:**

1. **Urteile, die auf Grund eines Anerkenntnisses oder eines Verzichts ergehen;**
2. **Versäumnisurteile und Urteile nach Lage der Akten gegen die säumige Partei gemäß § 331a;**
3. **Urteile, durch die gemäß § 341 der Einspruch als unzulässig verworfen wird;**
4. **Urteile, die im Urkunden-, Wechsel- oder Scheckprozess erlassen werden;**
5. **Urteile, die ein Vorbehaltsurteil, das im Urkunden-, Wechsel- oder Scheckprozess erlassen wurde, für vorbehaltlos erklären;**
6. **Urteile, durch die Arreste oder einstweilige Verfügungen abgelehnt oder aufgehoben werden;**
7. **Urteile in Streitigkeiten zwischen dem Vermieter und dem Mieter oder Untermieter von Wohnräumen oder anderen Räumen oder zwischen dem Mieter und dem Untermieter solcher Räume wegen Überlassung, Benutzung oder Räumung, wegen Fortsetzung des Mietverhältnisses über Wohnraum aufgrund der §§ 574 bis 574b des Bürgerlichen Gesetzbuchs sowie wegen Zurückhaltung der von dem Mieter oder dem Untermieter in die Mieträume eingebrachten Sachen;**
8. **Urteile, die die Verpflichtung aussprechen, Unterhalt, Renten wegen Entziehung einer Unterhaltsforderung oder Renten wegen einer Verletzung des Körpers oder der Gesundheit zu entrichten, soweit sich die Verpflichtung auf die Zeit nach der Klageerhebung und auf das ihr vorausgehende letzte Vierteljahr bezieht;**

9. Urteile nach §§ 861, 862 des Bürgerlichen Gesetzbuchs auf Wiedereinräumung des Besitzes oder auf Beseitigung oder Unterlassung einer Besitzstörung;

10. Berufungsurteile in vermögensrechtlichen Streitigkeiten. Wird die Berufung durch Urteil oder Beschluss gemäß § 522 Absatz 2 zurückgewiesen, ist auszusprechen, dass das angefochtene Urteil ohne Sicherheitsleistung vorläufig vollstreckbar ist;

11. andere Urteile in vermögensrechtlichen Streitigkeiten, wenn der Gegenstand der Verurteilung in der Hauptsache 1250 Euro nicht übersteigt oder wenn nur die Entscheidung über die Kosten vollstreckbar ist und eine Vollstreckung im Wert von nicht mehr als 1500 Euro ermöglicht.

Schrifttum: Aumann, Die erleichterte Vollstreckbarkeit von Zivilurteilen in Bagatellverfahren, NJW 2020, 6; Trinks, Die Berechnung nach § 708 Nr. 11 Var. 2 ZPO, JR 2016, 673; Wagner, Die Tenorierung der vorläufigen Vollstreckbarkeit im Falle übereinstimmender Teilerledigungserklärung sowie einseitiger Teilklagerücknahme nach ZPO und VwGO in der Assessorexamensklausur, JA 2019, 217; Wiese, Terminänderung und vorläufige Vollstreckbarkeit in Mietstreitigkeiten, NZM 2018, 961; Windau, Die vorläufige Vollstreckbarkeit von Räumungsurteilen, NZM 2020, 303.

I. Systematik. § 708 enthält eine fast abschließende Aufzählung derjenigen **Urteile,** die das Gericht von Amts wegen als vorläufig vollstreckbar bezeichnen muss, weil sie nicht schon mit der Verkündung nach § 705 formell rechtskräftig werden. Der gesetzliche Zusatz „ohne Sicherheitsleistung" ist nur dann notwendig, wenn lediglich ein Urteilsteil unter § 708 fällt. Sie findet auf Beschlüsse auch keine entsprechende Anwendung, OLG Ffm MDR 2021, 57. 1

II. Regelungszweck. Die Regelung dient der Erleichterung der Zwangsvollstreckung für den Gläubiger. Dahinter stehen unterschiedliche Erwägungen, teilweise die mangelnde Schutzbedürftigkeit des Schuldners (Nr. 1–3), aber auch das sich aus dem Verfahren oder der Sache ergebende besondere Bedürfnis des Gläubigers (Nr. 4, 5, 7–9) oder das überschaubare Schadensrisiko, das keine Absicherung eines etwaigen Anspruchs gem. § 717 II durch Sicherheitsleistung erfordert (Nr. 6, 10, 11). Der Schutz des Schuldners wird über §§ 711, 712, 719 und im Fall der Nr. 7 auch noch durch § 721 gewährleistet. 2

III. Geltungsbereich. Soweit mehrere Regelungen nach **Nr. 1–11** zusammentreffen, zB Anerkenntnisurteil in der Berufung, gilt wegen § 711 die dem Gläubiger günstigere, OLG Kblz NJW-RR 1991, 512. 3

1. Anerkenntnis- oder Verzichtsurteil, Nr. 1. Die Vorschrift erfasst ein Anerkenntnisurteil nach § 307, auch wenn es ohne eine mündliche Verhandlung ergangen ist. Sie gilt auch für ein Anerkenntnisurteil im Urkundenprozess, OLG Kblz NJW-RR 1991, 512. Sie erfasst ferner ein Verzichtsurteil nach § 306. Das ist praktisch wegen derjenigen Kosten bedeutsam, die nicht unter **Nr. 11** fallen würden. Das alles gilt auch beim entsprechenden bloßen Teilurteil nach § 301. 4

2. Versäumnisurteil, Aktenlageurteil, Nr. 2. Die Vorschrift erfasst Versäumnisurteile, auch Zweite Versäumnisurteile nach § 345, und Urteile nach Lage der Akten gem. § 331a in allen Instanzen. Sie gilt aber nur, soweit es gegen die säumige Partei ergeht, denn sonst stünde diejenige säumige Partei, zu deren Gunsten es ergeht, besser da als ohne ihre Säumnis. 5

3. Einspruchsverwerfung, Nr. 3. Die Vorschrift erfasst die Verwerfung des Einspruchs nach § 341 I. Denn diese Verwerfung muss auch beim Unterlassen einer mündlichen Verhandlung nach § 341 II durch ein Urteil erfolgen. Daher ist auch § 794 I Nr. 3 nicht anwendbar. Die Regelung ist nur wegen derjenigen Kosten praktisch bedeutsam, die nicht unter **Nr. 11** fallen würden. Für ein Zweites Versäumnisurteil gilt **Nr. 1,** für Entscheidungen nach § 343 greifen **Nr. 11** oder § 709. 6

4. Urkunden-, Wechsel-, Scheckprozess, Nr. 4. Die Vorschrift erfasst ein Urteil im Urkundenprozess nach § 592, im Wechselprozess nach § 602 und im Scheckprozess nach § 605a, auch soweit die Klage abgewiesen wird. Beim Anerkenntnis nach § 307 gilt **Nr. 1,** OLG Kblz NJW-RR 1991, 512; MüKoZPO/Götz Rn. 11; aA LG Aachen NJW-RR 1986, 359. Wegen des Nachverfahrens nach § 600 gilt **Nr. 5.** 7

5. Vorbehaltloserklärung, Nr. 5. Die Vorschrift erfasst ein Urteil nach § 600, soweit es das Vorbehaltsurteil nach § 599 bestätigt. Soweit es das Vorbehaltsurteil aufhebt, gilt evtl. **Nr. 11.** Die Regelung gilt im Urkunden-, Wechsel- und Scheckprozess nach §§ 602, 605a. 8

6. Arrest, einstweilige Verfügung, Nr. 6. Arreste und einstweilige Verfügungen sind ohne bes. Anordnung vorläufig vollstreckbar. Die Vorschrift erfasst deshalb nur ein solches Urteil, das einen Arrest oder eine einstweilige Verfügung nach §§ 922, 927, 936 ablehnt oder nach § 925 II ganz oder teilweise aufhebt oder abändert. Ein OLG-Urteil oder ein Beschluss ist ohne weiteres nach §§ 542 II 1, 794 I Nr. 3 vollstreckbar. Die Regelung ist praktisch nur wegen derjenigen Kosten bedeutsam, die nicht unter **Nr. 11** fallen. 9

7. Mietstreit, Nr. 7. Die Vorschrift erfasst ein Urteil im Mietstreit nach § 23 Nr. 2a GVG (Wohnraum), § 29a I (anderer Raum), soweit es darin um die Möglichkeit der Nutzung der Mietsache oder die Herausgabe eingebrachter Sachen (§ 562 BGB) geht, auch soweit darin die Klage abgewiesen wird, Schmidt ZMR 2000, 507. Zahlungsansprüche fallen nicht hierunter, sondern unter **Nr. 11** oder § 709, krit. Wiese NZM 2018, 961 (968), dies gilt auch für die Leistung oder Rückgewähr einer Kaution (§§ 551, 566a BGB). Dasselbe gilt für Urteile auf Duldung von Erhaltungs- oder Modernisierungsmaßnahmen (§§ 555a ff. BGB), denn hier fehlt das für die Regelung entscheidende bes. Beschleunigungsbedürfnis, LG Bln NZM 2016, 163. Gegen die entsprechende Anwendung auf Pachtverhältnisse spricht der Ausnahmecharakter der Regelung, OLG Düss MDR 2008, 1029. Zur Sicherheitsleistung bei Räumungsurteilen Windau NZM 2020, 303. 10

8. Unterhalt, Rente, Nr. 8. Die Vorschrift erfasst ein Urteil über einen Unterhalt jeglicher Art, OLG Karlsr FamRZ 2000, 1166 (Sonderbedarf). Sie erfasst ferner ein Urteil auf eine Rente wegen einer Unterhaltsentziehung oder wegen einer Körperverletzung zB nach §§ 843, 844 BGB auch iVm § 618 BGB, ferner nach §§ 7 II RHaftpflG, 38 II LuftVG, 30 II AtomG, 13 II StVG. Sie gilt auch für ein Urteil auf die Abänderung eines Urteils auf künftige wiederkehrende Leistungen nach § 323, §§ 9, 10 KSchG (Abfindung), LAG Brem NJW 1984, 447; aA LAG Hmb NJW 1983, 1344, oder ein Urteil auf die Erteilung einer vorbereitenden Auskunft, AG Hmb FamRZ 1977, 815; MüKoZPO/Götz Rn. 10; Schuschke/Walker/Kessen/Thole/Schuschke/Braun Rn. 9; aA OLG Mü NJW-RR 1990, 1022. Die Befreiung von der Sicherheitsleistung gilt nur für künftige Leistungen sowie 11

Ansprüche, die im letzten Vierteljahr vor Rechtshängigkeit fällig geworden sind. Im Fall einer Stufenklage kommt es auf die Zustellung des Auskunftsanspruchs an, OLG Nürnb MDR 2010, 835.

12 **9. Besitzstörung usw., Nr. 9.** Die Vorschrift erfasst ein Urteil über einen Besitz usw. nach §§ 861, 862 BGB auch iVm §§ 865, 869 BGB.

13 **10. Berufungsentscheidung, Nr. 10.** Die Vorschrift erfasst in **S. 1** ein Berufungsurteil des LG oder OLG in einer vermögensrechtlichen Streitigkeit, soweit die Revision nicht gem. § 542 II unstatthaft ist. Die entsprechende Anwendung auf Beschlüsse gem. § 522 I, II, OLG Kbl WM 2016, 952, ist nicht geboten, da Beschlüsse gem. § 794 I Nr. 3 ohne bes. Anordnung vorläufig vollstreckbar sind, BeckOK ZPO/Ulrici Rn. 24.3; MüKoZPO/Götz Rn. 18. Eine Entscheidung über die vorläufige Vollstreckbarkeit ist auch in Fällen des § 538 im Hinblick auf §§ 775 Nr. 1, 776 geboten, OLG Brschw NJOZ 2020, 360; OLG Mü NJW 2011, 396 (398).

14 **11. Vermögensrechtlicher Streit: Verurteilungsgegenstand bis 1250 EUR, Nr. 11 Hs. 1.** Die Vorschrift gilt für zumindest teilweise zusprechende Urteile in vermögensrechtlichen Streitigkeiten, soweit nicht wegen mehr als 1.250 Euro vollstreckt werden kann; Zinsen, Kosten usw. bleiben nach § 4 I unberücksichtigt. Mehrere Ansprüche sind zu addieren, § 5. Dagegen darf man Ansprüche aus **Nr. 11** mit Ansprüchen aus **Nr. 1–5, 7–9** nicht zusammenrechnen; Aumann NJW 2020 6 (9).

15 **12. Vermögensrechtlicher Streit: Nur Kostenentscheidung vollstreckbar; Wert bis 1500 EUR, Nr. 11 Hs. 2.** Voraussetzung ist, dass eine Vollstreckung des Urteils in der Hauptsache nicht möglich ist, sodass nur eine vorläufige **Vollstreckung wegen der Kosten** erfolgen kann. Dies ist für jede Partei gesondert zu beurteilen, Dölling NJW 2014, 2468 (2469); einschränkend Aumann NJW 2020, 6 (9), für den Fall der Vollstreckungsmöglichkeit gegen mehrere Parteien. Neben allen (teilw.) klageabweisenden zählen dazu Feststellungs- und Gestaltungsurteile sowie Urteile nach § 894, AG Mü WuM 2010, 508. Die Kosten, wegen der die jew. Partei vollstrecken kann, dürfen 1.500 Euro nicht übersteigen; zur Berechnung Trinks JR 2016, 673; Dölling NJW 2014, 2448. Beim Zusammentreffen einer Kostenentscheidung über höchstens 1500 EUR und einer streitigen Hauptsacheentscheidung über mehr als 1250 EUR infolge eines Teilsiegs ist für jeden Teilsieger die jeweilige EUR-Grenze maßgeblich.

709 ***Vorläufige Vollstreckbarkeit gegen Sicherheitsleistung.*** **[1]Andere Urteile sind gegen eine der Höhe nach zu bestimmende Sicherheit für vorläufig vollstreckbar zu erklären. [2]Soweit wegen einer Geldforderung zu vollstrecken ist, genügt es, wenn die Höhe der Sicherheitsleistung in einem bestimmten Verhältnis zur Höhe des jeweils zu vollstreckenden Betrages angegeben wird. [3]Handelt es sich um ein Urteil, das ein Versäumnisurteil aufrechterhält, so ist auszusprechen, dass die Vollstreckung aus dem Versäumnisurteil nur gegen Leistung der Sicherheit fortgesetzt werden darf.**

1 **I. Systematik.** Die Norm betrifft die Urteile, die nicht unter § 708 fallen und ist damit für erstinstanzliche Urteile der Regelfall. **S. 1** regelt den Grundsatz, dass die vorläufige Vollstreckung von einer bestimmten Sicherheitsleistung abhängig zu machen ist. **S. 2** schafft eine Erleichterung für Zahlungstitel. **S. 3** regelt den Sonderfall der Aufrechterhaltung eines nach § 708 Nr. 2 ohne Sicherheitsleistung vorläufig vollstreckbaren Versäumnisurteils durch Urteil, wenn dieses nicht nach § 708 wiederum ohne Sicherheitsleistung vollstreckbar ist.

2 Das Gericht muss § 709 beachten, VerfGH Bln NJW-RR 2007, 66 (68). Es muss auch die Folge **S. 3** ausdrücklich aussprechen, LG Memmingen DGVZ 2003, 26; AG Neu-Ulm DGVZ 2003, 26. Da das Gesetz eine Sicherheitsleistung ohne Rücksicht auf den Fall und die Partei verlangt, ist auch der Fiskus nicht befreit.

3 **II. Regelungszweck.** Die Sicherheitsleistung soll den Schuldner vor Schaden nach § 717 schützen, OLG Düss GRUR-RR 2007, 256. Sie soll ihm einen möglichst vollen Ersatz für diejenigen Nachteile gewähren, die er bei einer etwaigen Zwangsvollstreckung erleidet, OLG Mü MDR 1980, 409; KG NJW 1977, 2270; OLG Karlsr OLGZ 1975, 486.

4 **III. Verfahren.** Das Gericht muss die Höhe der Sicherheitsleistung im Urteilstenor bestimmen und ist nach § 318 daran gebunden, OLG Düss MDR 1997, 1163. Evtl. ist eine Ergänzung nach §§ 321, 716 nötig. Für die Art der Sicherheitsleistung gilt § 108, wenn das Gericht keine Bestimmung trifft. Das Gericht kann die Art der Sicherheitsleistung jederzeit durch einen Beschluss nach § 329 regeln. Soweit der Gläubiger nur wegen eines Teils der Forderung vollstreckt, muss er auch nur einen entsprechenden Teil der Sicherheitsleistung erbringen, § 752 S. 1.

5 **IV. Höhe der Sicherheitsleistung.** Das Prozessgericht muss die Sicherheitsleistung grundsätzlich ziffernmäßig bestimmen, OLG Düss MDR 1997, 1163; OLG Ffm NJW-RR 1997, 620. Maßstab ist der dem Schuldner ggf. zustehende Schadensersatzanspruch gem. § 717 II, OLG Hamm NJW 2019, 1755 (für Urteil auf Stellung einer Bauhandwerkersicherungshypothek), OLG Mü NZG 2019, 987 Rn. 33 (Gesellschafterliste). Deshalb darf man auch Aufwendungen des Schuldners zur Schadensabwendung mitbedenken, OLG Düss GRUR-RR 2007, 256 oder dass diesem lediglich ein Zurückbehaltungsrecht genommen wird, OLG Zweibr OLGR 2001, 478 (479). Bei einem Urteil in einer nichtvermögensrechtlichen Streitigkeit kann die Höhe der Kosten nach dem jeweiligen Streitwert maßgeblich sein, OLG Mü MDR 1980, 409.

6 Bei Zahlungsurteilen erfolgt die Bezifferung zweckmäßigerweise etwas höher als die Urteilssumme zuzüglich Zinsen und Kosten, BGH NJW 2015, 77 Rn. 8; OLG Karlsr BauR 2017, 776. In diesem Fall darf sich das Gericht nach S. 2 damit begnügen, ein bestimmtes Verhältnis zum jeweils vollstreckbaren Betrag anzugeben, etwa so: „Das Urteil ist gegen Sicherheitsleistung des Klägers in Höhe von x% des jeweils zu vollstreckenden Betrags vorläufig vollstreckbar". Es mögen 110 % sein, OLG Celle NJW 2003, 73; Gehrlein MDR 2003, 429; oder auch 120 %, König NJW 2003, 1374.

7 **V. Rückgabe der Sicherheitsleistung.** Sie ist dann notwendig, wenn ihr Grund weggefallen ist. Das trifft dann zu, wenn das Urteil nach § 705 formell rechtskräftig oder bedingungslos vollstreckbar geworden ist. Die Rückgabe erfolgt beim Eintritt der Rechtskraft nach § 715, sonst nach § 109. Wenn das Berufungsgericht das Ersturteil auf ein Rechtsmittel ohne eine Sicherheitsleistung bestätigt, erfolgt keine Rückgabe, KG NJW 1976, 1752.

710 *Ausnahmen von der Sicherheitsleistung des Gläubigers.* **Kann der Gläubiger die Sicherheit nach § 709 nicht oder nur unter erheblichen Schwierigkeiten leisten, so ist das Urteil auf Antrag auch ohne Sicherheitsleistung für vorläufig vollstreckbar zu erklären, wenn die Aussetzung der Vollstreckung dem Gläubiger einen schwer zu ersetzenden oder schwer abzusehenden Nachteil bringen würde oder aus einem sonstigen Grund für den Gläubiger unbillig wäre, insbesondere weil er die Leistung für seine Lebenshaltung oder seine Erwerbstätigkeit dringend benötigt.**

I. Systematik, Regelungszweck. Wenn die Stellung der nach § 709 ggf. zu erbringenden Sicherheit den Gläubiger vor erhebliche oder gar unüberwindbare Schwierigkeiten stellen würde, kann das Gericht hiervon ausnahmsweise absehen; entsprechendes gilt, wenn der Gläubiger Sicherheit gem. § 711 S. 1 stellen müsste. Dies dient der Stärkung der Stellung des Gläubigers, der bereits ein vorläufig vollstreckbares Urteil erstritten hat. Das Verfahren richtet sich nach § 714. 1

II. Geltungsbereich. Die Vorschrift gilt grundsätzlich in allen Verfahren nach der ZPO, auch im WEG-Verfahren. Sie ist aber im Eilverfahren der §§ 916 ff., 935 ff. unanwendbar, OLG Köln MDR 1989, 920. 2

III. Schwierigkeit der Sicherheitsleistung. Nur wenn der Gläubiger eine Sicherheit nicht oder lediglich unter erheblichen Schwierigkeiten erbringen könnte, darf das Gericht sein Urteil auch ohne eine Sicherheitsleistung für vorläufig vollstreckbar erklären. Hierfür reicht es aus, dass eine Sicherheitsleistung den Gläubiger zB in seiner Lebenshaltung oder in seiner Berufsausübung unzumutbar beeinträchtigen würde, OLG Ffm FamRZ 1987, 174. Das ist evtl. dann so, wenn sich der Gläubiger entschließen müsste, einen bevorstehenden Urlaub abzusagen, eine wichtige Hilfskraft zu entlassen, auf die Benutzung seines Kraftwagens zu verzichten. Ob er einen Bankkredit bekäme, ist dann unerheblich, wenn die Zinsen und/oder die Spesen oder die Auswirkungen des Kredits wie etwa eine Beeinträchtigung der Bonität usw. nahezu unerträglich oder doch für den Gläubiger äußerst lästig wären. Dabei muss man in der Regel von einer längeren Zeitspanne zwischen der Entscheidung über die Vollstreckbarkeit und der formellen Rechtskraft des Urteils nach § 705 ausgehen. Denn kaum jemals kann man einigermaßen sicher vorhersagen, wann die Rechtskraft eintritt. Deshalb braucht der Gläubiger auch keineswegs etwa nach § 294 glaubhaft zu machen, dass seine Beeinträchtigung eine längere Zeit als vorübergehend andauern würde. 3

IV. Nachteiligkeit oder Unbilligkeit der Aussetzung. Der Verzicht auf eine Sicherheitsleistung hängt zudem davon ab, dass dem Gläubiger durch eine Aussetzung entweder ein Nachteil droht (→ Rn. 5) oder diese aus anderen Gründen unbillig wäre (→ Rn. 6). 4

Wenn die Aussetzung der Vollstreckung außerdem für den Gläubiger nachteilig wäre, darf das Gericht sein Urteil ohne eine Sicherheitsleistung für vorläufig vollstreckbar erklären. Der drohende **Nachteil** kann wirtschaftlicher oder ideeller Natur sein. Der Gläubiger braucht nicht nach § 294 glaubhaft zu machen, dass der Nachteil völlig unersetzbar wäre. Es reicht vielmehr aus, dass entweder ein Nachteil sicher und dessen Ersetzbarkeit recht fraglich ist oder dass es recht fraglich ist, ob sich ein nicht gänzlich unerheblicher Nachteil vermeiden lassen kann. Das Gericht muss den Begriff „schwer absehbar" also für den Gläubiger weit fassen. 5

Falls die Aussetzung der Vollstreckung für den Gläubiger **unbillig** wäre, darf das Gericht sein Urteil ebenfalls ohne eine Sicherheitsleistung für vorläufig vollstreckbar erklären. Das gilt selbst dann, wenn kein Nachteil droht. Unbilligkeit liegt dann vor, wenn zwar der Nachteil entweder nicht droht oder doch ersetzbar wäre, wenn man dem Gläubiger aber trotzdem nicht zumuten kann, bis zur formellen Rechtskraft des Urteils nach § 705 abzuwarten, zB wenn der Gläubiger die Leistung für seine Lebenshaltung laufend benötigt, OLG Bbg FamRZ 1990, 184; wenn er sie für seine Erwerbstätigkeit dringend benötigt, etwa wenn ein Handwerker die Forderung dringend eintreiben muss, um seinen Betrieb nicht zu gefährden. Das kann etwa bei einem Großauftrag an einen mittleren Betrieb dann so sein, wenn der Gläubiger das Material und die Fertigungskosten vorleisten musste; wenn der Sozius oder der Gesellschafter durch die Vorenthaltung der Leistung in eine Zwangslage gebracht und zu ungünstigen Zugeständnissen verleitet werden soll. Im Rahmen der Prüfung einer Unbilligkeit muss das Gericht mitberücksichtigen, ob der Gläubiger diese Entwicklung (mit)verschuldet hat. Ein dringender Bedarf für die Lebenshaltung oder für die Erwerbstätigkeit des Gläubigers ist nur ein gesetzliches Beispiel der Unbilligkeit. Das ergibt sich aus dem Wort „insbesondere". Man kann einen solchen dringenden Bedarf evtl. zugunsten des Unterhaltsgläubigers unbefristet annehmen, OLG Ffm FamRZ 1987, 1172. 6

V. Lage des Schuldners. Das Gericht darf die Auswirkungen einer Aussetzung der Vollstreckung auf die Lage des Schuldners nicht prüfen. Der Schuldner kann und muss sich evtl. nach §§ 711, 712 schützen. 7

711 *Abwendungsbefugnis.* [1]**In den Fällen des § 708 Nr. 4 bis 11 hat das Gericht auszusprechen, dass der Schuldner die Vollstreckung durch Sicherheitsleistung oder Hinterlegung abwenden darf, wenn nicht der Gläubiger vor der Vollstreckung Sicherheit leistet.** [2]**§ 709 Satz 2 gilt entsprechend, für den Schuldner jedoch mit der Maßgabe, dass Sicherheit in einem bestimmten Verhältnis zur Höhe des auf Grund des Urteils vollstreckbaren Betrages zu leisten ist.** [3]**Für den Gläubiger gilt § 710 entsprechend.**

I. Systematik. Während §§ 711 S. 1, 712 dem Schuldner die Möglichkeit eröffnen, die Zwangsvollstreckung gegen oder ohne eine Sicherheitsleistung abzuwenden, enthält § 720a III die Möglichkeit, eine auf bloße Sicherungsmaßnahmen beschränkte Zwangsvollstreckung in einer ähnlichen Weise wie § 711 S. 1 abzuwenden. § 720a III geht als spezielles Gesetz dem § 711 vor. Die Entscheidung nach **S. 1, 2** erfolgt von Amts wegen, BGH NJW 1984, 1240. Die Entscheidung nach S. 3 erfolgt dagegen nach § 714 I nur auf einen Antrag und nur dann, wenn der Gläubiger ihre Voraussetzungen nach §§ 294, 714 II glaubhaft macht. 1

II. Regelungszweck. Die Vollstreckung aufgrund eines noch nicht rechtskräftigen Urteils birgt für den Schuldner Risiken, vor denen er in den Fällen des § 709 durch die vom Gläubiger zu erbringende Sicherheitsleistung geschützt werden soll. In den Fällen des § 708 besteht dieser Schutz nicht, aber dem Schuldner wird zur Minimierung seines Risikos gestattet, die Zwangsvollstreckung abzuwenden. Das Interesse des Gläubigers wird durch die vom Schuldner zu erbringende Sicherheitsleistung gewahrt, BGH NZI 2018, 353 Rn. 22. Nur in den Fällen der § 708 Nr. 1–3 besteht diese Möglichkeit nicht, weil hier der Schuldner nicht schutzwürdig ist. 2

3 **III. Vollstreckungsabwendung, S. 1.** Das Gericht muss die Befugnis des Schuldners zur Abwendung der Zwangsvollstreckung in sämtlichen Fällen des § 708 Nr. 4–11 und nur in diesen aussprechen, OLG Kblz NJW-RR 1991, 512. Das geschieht zugleich mit der Entscheidung über die an sich ja ohne eine Sicherheitsleistung des Gläubigers mögliche vorläufige Vollstreckbarkeit in derselben Form. Fehlt eine solche Entscheidung, kann sie gem. §§ 716, 321 nachgeholt werden, BGH NJW 1984, 1240.

4 **IV. Sicherheitsleistung oder Hinterlegung, S. 1.** Beides ist zulässig. Das Urteil kann dem Schuldner dann die Wahl erlauben oder beides dann zur Wahl stellen, wenn der Schuldner nicht sogleich wählt. Das Gericht muss eine Anregung des Schuldners stets mitberücksichtigen. Der Gläubiger darf durch eine Bürgschaft nicht schlechter stehen als durch eine Hinterlegung, BGH NJW 1978, 43. Die notwendige Höhe der Sicherheitsleistung ergibt sich aus dem aufgrund einer Zwangsvollstreckung drohenden Nachteil. Die Hinterlegung setzt voraus, dass nach § 372 BGB und dem Landesrecht der Leistungsgegenstand hinterlegungsfähig ist. Die Rechte des Gläubigers am Hinterlegten richten sich nach § 815 und § 233 BGB. Wenn der Schuldner eine Sicherheitsleistung oder eine Hinterlegung nachweist, muss das Vollstreckungsorgan nach §§ 775 Nr. 3, 776 die Zwangsvollstreckung einstellen und bereits angeordnete Vollstreckungsmaßnahmen aufheben. Bei einem Grundstück unterbleibt auch die Ausführung des Teilungsplans nach § 115 IV ZVG.

5 **V. Fortfall, S. 1.** Die Veranlassung zu einer Sicherheitsleistung fällt dann fort, wenn das Rechtsmittelgericht ein Ersturteil oder seine Vollstreckbarkeit aufhebt. Das Rückgabeverfahren verläuft für den Schuldner nach § 109, für den Gläubiger nach § 715.

6 **VI. Vollstreckungserzwingung gegen Sicherheitsleistung, S. 1, 2.** Der Gläubiger kann trotz einer Sicherheitsleistung des Schuldners die Zwangsvollstreckung durch eine eigene Sicherheitsleistung erzwingen. Das kann vor oder nach der Sicherheitsleistung des Schuldners geschehen, OLG Zweibr ZMR 1990, 30. Auch insoweit erfolgt die Entscheidung von Amts wegen. Beide Aussprüche gehören in den Urteilstenor. Bei Geldforderungen orientiert sich die vom Schuldner zu erbringende Sicherheit nach **S. 2** an der Höhe des nach dem Titel vollstreckbaren Betrages, für den Gläubiger jedoch nach § 709 S. 2 an der Höhe des jeweils zu vollstreckenden Betrages, OLG Celle NJW 2003, 73. Der Entscheidungsausspruch könnte zB lauten: „Das Urteil ist vorläufig vollstreckbar. Der Beklagte darf die Vollstreckung durch Sicherheitsleistung oder Hinterlegung von x% des zu vollstreckbaren Betrags abwenden, falls nicht der Kläger vor der Vollstreckung eine Sicherheit in Höhe von x% des jeweils zu vollstreckenden Betrages leistet".

7 **VII. Vollstreckungserzwingung ohne Sicherheitsleistung, S. 3.** Trotz Sicherheitsleistung/Hinterlegung des Schuldners kann der Gläubiger unter den Voraussetzungen des § 710 ohne eigene Sicherheitsleistung die Zwangsvollstreckung erzwingen. Voraussetzung ist ein vor dem Schluss der mündlichen Verhandlung gestellter Antrag sowie die Glaubhaftmachung der Voraussetzungen, § 714.

712

Schutzantrag des Schuldners. I [1]**Würde die Vollstreckung dem Schuldner einen nicht zu ersetzenden Nachteil bringen, so hat ihm das Gericht auf Antrag zu gestatten, die Vollstreckung durch Sicherheitsleistung oder Hinterlegung ohne Rücksicht auf eine Sicherheitsleistung des Gläubigers abzuwenden; § 709 Satz 2 gilt in den Fällen des § 709 Satz 1 entsprechend.** [2]**Ist der Schuldner dazu nicht in der Lage, so ist das Urteil nicht für vorläufig vollstreckbar zu erklären oder die Vollstreckung auf die in § 720a Abs. 1, 2 bezeichneten Maßregeln zu beschränken.**

II [1]**Dem Antrag des Schuldners ist nicht zu entsprechen, wenn ein überwiegendes Interesse des Gläubigers entgegensteht.** [2]**In den Fällen des § 708 kann das Gericht anordnen, dass das Urteil nur gegen Sicherheitsleistung vorläufig vollstreckbar ist.**

1 **I. Systematik, Regelungszweck.** Die Norm schränkt die sich aus §§ 708–710 ergebende Möglichkeit zur Zwangsvollstreckung ohne oder gegen Sicherheitsleistung ein, wenn der Schuldner ein überwiegendes Interesse daran hat, dass die Zwangsvollstreckung einstweilen unterbleibt.

2 **II. Vollstreckungsabwendung, I.** Grundsätzlich erfolgt eine Aussetzung nur gegen Sicherheitsleistung/Hinterlegung; ausnahmsweise kann aber auch die Vollstreckung ausgeschlossen oder auf eine Sicherungsvollstreckung beschränkt werden.

3 **1. Unersetzbarer Nachteil.** Der Schuldner kann die Zwangsvollstreckung dann abwenden, wenn sie ihm einen unersetzbaren Nachteil (→ § 707 Rn. 11) bringen würde, LG Ffm NZM 1999, 1136. Zum Begriff des unersetzbaren Nachteils → § 707 Rn. 11. § 710 stellt nicht so harte Anforderungen wie § 712. Ein unersetzbarer Nachteil liegt nicht schon dann vor, wenn

- die Vermögenslage des Gläubigers schlecht ist, OLG Hamm MDR 2009, 1404, so dass ein Ersatzanspruch des Schuldners aus § 717 gefährdet wäre, falls man den Schuldner durch eine Sicherheitsleistung schützen kann, BGH NJW-RR 1987, 62,
- sich der Gläubiger im Ausland befindet,
- ein unersetzbarer Nachteil bloß möglich oder wahrscheinlich ist,
- der Nachteil nur schwer ersetzbar wäre; wenn mit der Vollstreckung ein Nachteil verbunden wäre, OLG Köln GRUR-RR 2013, 219; Schindler NZM 2021, 745 (747); Fielenbach NZM 2021, 754 (755).

4 Es ist vielmehr notwendig, dass ein unersetzbarer Nachteil so gut wie sicher bevorsteht. Das mag zB bei einer Offenbarung des Kundenkreises so sein, Bierbach GRUR 1981, 463, oder bei einer Räumung, LG Ffm WuM 1989, 304, oder beim Verlust einer besonders wertvollen Sache oder bei einer Betriebseinstellung, Osterrieth GRUR 2009, 543, oder bei einer Existenzgefährdung, Eisenhardt NZM 1999, 785. Besonders das Berufungsgericht muss strenge Anforderungen stellen, OLG Köln GRUR-RR 2013, 219; OLG Düss GRUR 1979, 188.

5 **2. Sicherheitsleistung oder Hinterlegung.** Liegen die Voraussetzungen vor, muss der Schuldner grundsätzlich eine Sicherheit leisten oder eine Hinterlegung vornehmen. Die Höhe der Sicherheitsleistung kann das Gericht statt in einer bestimmten EUR-Summe auch wie bei §§ 709 S. 2, 711 S. 2 dadurch festsetzen, dass es „X % des vollstreckbaren Betrags" bestimmt.

3. Vollstreckungsbeschränkung, I 2. Nur bei einer Unfähigkeit des Schuldners zur Sicherheitsleistung oder Hinterlegung darf das Gericht nach **I 2** sein Urteil nicht für vorläufig vollstreckbar erklären oder darf es nur gegen Sicherungsmaßnahmen nach § 720a I, II für vollstreckbar erklären. Der Schuldner muss glaubhaft machen, dass er zur Sicherheitsleistung oder zur Hinterlegung wirklich außerstande ist. Eine bloße Erschwerung seiner Finanzlage usw. reicht nicht aus. Entsprechend der starken Stellung des Gläubigers muss das Gericht an die Glaubhaftmachung der völligen Unfähigkeit des Schuldners scharfe Anforderungen stellen. Selbst wenn das Gericht eine derartige Unfähigkeit des Schuldners annehmen darf, muss es doch zunächst prüfen, ob es nicht ausreicht, die Zwangsvollstreckung nach § 720a I, II zu beschränken, um den Schuldner zu schützen. Nur wenn eine solche Beschränkung zum Schutz des Schuldners nicht ausreicht, darf das Gericht die vorläufige Vollstreckbarkeit des Urteils ganz ausschließen. 6

III. Schuldnerantrag. Es ist ein Antrag des Schuldners erforderlich, Formulierungsvorschlag bei Fielenbach NZM 2021, 754 (755). Ein Anwaltszwang besteht wie sonst nach § 78. Der Schuldner muss seinen Antrag gem. § 714 I bis zum Schluss der mündlichen Verhandlung stellen, BGH NJW-RR 2006, 1088. Das gilt wegen § 525 auch in der Berufungsinstanz, soweit das Berufungsgericht gem. § 522 II entscheidet, genügt ein vorheriger schriftlicher Antrag, BGH NJW 2012, 1292 Rn. 7. Der Schuldner muss die tatsächlichen Voraussetzungen offenlegen, BGH WM 1985, 1435. Er muss sie auch nach §§ 294, 714 II glaubhaft machen, BGH WuM 2005, 735. Das gilt auch bei **I 2.** Das Gericht muss dagegen ein etwa überwiegendes Gläubigerinteresse auch von Amts wegen berücksichtigen. Das Gericht weist den Antrag in den Urteilsgründen nach § 313 III zurück, soweit das überhaupt nach §§ 313a, b erforderlich ist. Wenn das Gericht den Antrag übergangen hat, besteht die Möglichkeit der Urteilsergänzung (§ 716). 7

IV. Überwiegen des Gläubigerinteresses, II 1. Soweit das Interesse des Gläubigers überwiegt, darf das Gericht die Zwangsvollstreckung nach **II 1** selbst dann nicht einschränken, wenn dem Schuldner durch die Zwangsvollstreckung ein unersetzbarer Nachteil entstünde und wenn er zur Sicherheitsleistung oder Hinterlegung außerstande ist. Das Gericht muss eine Gesamtabwägung vornehmen. Diese darf aber nicht zu einer Verzögerung der Entscheidung in der Hauptsache führen, OLG Düss GRUR 1979, 188. 8

V. Sicherheitsleistung des Gläubigers, II 2. Wenn das Interesse des Schuldners überwiegt, kann das Gericht nach seinem pflichtgemäßen Ermessen die Vollstreckbarkeit wenigstens auch bei § 708 Nr. 1–11 von einer Sicherheitsleistung des Gläubigers abhängig machen. 9

713 ***Unterbleiben von Schuldnerschutzanordnungen.*** **Die in den §§ 711, 712 zugunsten des Schuldners zugelassenen Anordnungen sollen nicht ergehen, wenn die Voraussetzungen, unter denen ein Rechtsmittel gegen das Urteil stattfindet, unzweifelhaft nicht vorliegen.**

I. Systematik. § 713 untersagt in Ergänzung und Einschränkung von §§ 711, 712 Anordnungen aus jenen Vorschriften zugunsten des Schuldners. Es handelt sich allerdings um eine bloße Sollvorschrift. 1

II. Regelungszweck. Eine Abhängigkeit der vorläufigen Vollstreckbarkeit von einer Sicherheitsleistung oder eine Abwendung ist eine Einschränkung der gerade erst mit dem Urteil erkämpften Möglichkeiten einer alsbaldigen endlichen Durchsetzung des Anspruchs. Diese Einschränkung rechtfertigt sich nicht mehr dann, wenn sich das Urteil nicht mehr vor dem Eintritt der formellen Rechtskraft nach § 705 ändern kann. Dann würde also auch eine Maßnahme nach §§ 711, 712 nicht mehr sinnvoll sein. 2

III. Unanfechtbarkeit des Urteils. Ein Schuldnerschutz nach §§ 711, 712 darf nur dann unterbleiben, wenn ein Rechtsmittel gegen das Urteil nach einer pflichtgemäßen Prüfung des Gerichts nach § 313a I 1 unzweifelhaft nicht statthaft ist., wenn also die Zulässigkeitsvoraussetzungen für die Berufung nach § 516 II bzw. die Nichtzulassungsbeschwerde nach § 544 II Nr. 1 ZPO nicht vorliegen. Dies ist zwar grundsätzlich für jede Partei gesondert festzustellen, soweit eine Partei überwiegend obsiegt hat, ist zu bedenken, dass ein Anschlussrechtsmittel nach der Rechtsprechung nicht vom Vorliegen einer Mindestbeschwer abhängig ist, BGH NJW 2011, 3298 Rn. 9. 3

714 ***Anträge zur vorläufigen Vollstreckbarkeit.*** **I Anträge nach den §§ 710, 711 Satz 3, § 712 sind vor Schluss der mündlichen Verhandlung zu stellen, auf die das Urteil ergeht.**

II Die tatsächlichen Voraussetzungen sind glaubhaft zu machen.

I. Systematik. Anträge nach §§ 710, 711 S. 3, 712 sind Sachanträge, BGH FamRZ 2003, 598. Denn sie bestimmen den Inhalt des Urteils mit. Daher muss man sie im Anwaltsprozess schriftlich ankündigen und nach § 297 verlesen. 1

II. Regelungszweck. Das Antragserfordernis ist Ausdruck der Parteiherrschaft im Zivilprozess. Die Befristung verhindert unnötige Verzögerungen der Zwangsvollstreckung. 2

III. Zeit des Antrags, I. Der Antrag ist bis zum Schluss der mündlichen Verhandlung zulässig, BGH JurBüro 2009, 379. In der Berufungsinstanz nach §§ 511 ff. ist der Antrag für diese Instanz zulässig, BGH NJW-RR 2006, 1088; aA Fielenbach NZM 2021, 754 (756). Er ist selbst dann zumutbar, wenn das Berufungsgericht einen Antrag nach §§ 707, 719 zurückgewiesen hat, BGH NJW-RR 2000, 746. 3

IV. Glaubhaftmachung, II. Sie ist stets nach § 294 notwendig und ausreichend. Das gilt für beide Parteien. 4

V. Entscheidung. Sie erfolgt durch das Urteil. Zum Berufungsurteil Höhne MDR 1987, 626. Als Rechtsmittel kommt nur die Berufung nach §§ 511 ff. in Betracht. Eine Revision nach §§ 542 ff. ist wegen der Vollstreckbarkeit nach § 718 II unzulässig. Wenn das Gericht die Entscheidung übergangen hat, gilt § 716. Über die Art der Sicherheitsleistung kann das Gericht jederzeit nach § 108 durch einen Beschluss entscheiden. 5

715 ***Rückgabe der Sicherheit.*** **I [1]Das Gericht, das eine Sicherheitsleistung des Gläubigers angeordnet oder zugelassen hat, ordnet auf Antrag die Rückgabe der Sicherheit an, wenn ein Zeugnis über die Rechtskraft des für vorläufig vollstreckbar erklärten Urteils vorgelegt wird. [2]Ist die Sicherheit durch eine Bürgschaft bewirkt worden, so ordnet das Gericht das Erlöschen der Bürgschaft an.**

II § 109 Abs. 3 gilt entsprechend.

1 **I. Systematik.** § 715 betrifft nur diejenigen Fälle, in denen der Gläubiger nach §§ 709, 711, 712 II 2 eine Sicherheit geleistet hat, Groeger NJW 1994, 432. Andernfalls ist evtl. § 718 anwendbar (→ § 718 Rn. 1). Daneben ist § 109 anwendbar. Die Mehrkosten sind aber nicht nach § 91 erstattungsfähig.

2 **II. Regelungszweck.** Wenn das vorläufig vollstreckbare Urteil nach § 705 formell rechtskräftig wird, kommt ein Ersatzanspruch oder ein Bereicherungsanspruch nicht mehr infrage. Deshalb lässt § 715 eine vereinfachte Art der Rückgabe einer geleisteten Sicherheit zu. Die Vorschrift verhindert also eine nicht mehr gerechtfertigte weitere „Bereicherung" des Schuldners. Dabei hat das Rechtskraftzeugnis nach § 706 I als eine öffentliche Urkunde die Beweiskraft des § 418. Soweit diese entfällt, kommt § 715 natürlich nicht mehr in Betracht.

3 **III. Geltungsbereich.** Die Vorschrift gilt auch beim Vorbehaltsurteil nach §§ 302, 599 und beim auflösend bedingten Urteil nach §§ 280, 304, nicht aber bei §§ 707, 719 I (Einstellung durch das Berufungsgericht), Zöller/Herget Rn. 1, aA Haakshorst/Comes NJW 1977, 2344 (aber jene Fälle sind mangels einer Rechtskraft nicht vergleichbar), ferner nicht bei einer Klagerücknahme nach § 269 oder beim Vergleich. Sie gilt auch im WEG-Verfahren.

4 **IV. Rückgabe der Sicherheit, I.** Die Vorschrift hat keine große Bedeutung. Eine auflösende Bedingung der Sicherheitsleistung ist unabhängig von §§ 109, 715 zulässig, soweit sie die Sicherheit des Gläubigers nicht beeinträchtigt, LG Mainz MDR 2000, 229.

5 **1. Verfahren.** Es ist nach **I 1** ein Antrag notwendig. Zuständig ist das Gericht, das die Sicherheitsleistung angeordnet oder zugelassen hat. Nach einer Zurückweisung der Berufung ist das Erstgericht für die Rückgabe der geleisteten Sicherheit zuständig. Das Gericht wird nach § 20 I Nr. 3 RPflG durch den Rpfl. tätig, OLG Karlsr Rpfleger 1996, 74. Er muss einen Beteiligten vor einer diesem nachteiligen Entscheidung anhören. Der Gläubiger kann den Antrag auf die Rückgabe der Sicherheit nach §§ 109 III, 129a auch zu Protokoll der Geschäftsstelle stellen. Der Antrag unterliegt nach § 78 III Hs. 2 keinem Anwaltszwang. Der Urkundsbeamte der Geschäftsstelle prüft die Voraussetzungen einer Erteilung des Rechtskraftzeugnisses nach § 706 I. Er ist für dessen Erteilung zuständig. Wenn die formelle Rechtskraft des Urteils nach § 705 aktenkundig ist, wird ein Rechtskraftzeugnis entbehrlich. Bei einer Gesamtschuld muss das Urteil gegenüber allen Gesamtschuldnern rechtskräftig sein, bevor das Gericht die Sicherheit zurückgeben darf. Wenn das Rechtsmittelgericht das Urteil bestätigt hat, genügt der Nachweis der Rechtskraft dieses Urteils.

6 **2. Entscheidung.** Die Entscheidung erfolgt wegen der Verweisung in **II** auf § 109 III 2 auf eine freistehende mündliche Verhandlung nach § 128 IV durch einen Beschluss nach § 329. Sobald der Antrag begründet ist, muss der Rpfl. ihm stattgeben, hat also kein Ermessen mehr. Der Beschluss lautet auf eine Rückgabe der Sicherheit oder nach **I 2** auf das Erlöschen der Bürgschaft nach § 109 II. Der Rpfl. muss seinen Beschluss begründen. Er teilt seine Entscheidung nach § 329 II 1 formlos mit, und zwar eine Ablehnung nur dem Gläubiger, eine stattgebende Entscheidung beiden Parteien. **Gebühren:** Des Gerichts keine; des Anwalts keine, da seine Tätigkeit nach § 19 I 2 Nr. 7 RVG zum Rechtszug gehört.

7 **V. Rechtsbehelfe, I.** Gegen die ablehnende Entscheidung ist grundsätzlich eine sofortige Beschwerde nach § 567 I Nr. 2 iVm § 11 I RPflG statthaft. § 793 ist unanwendbar. Denn es liegt noch keine Zwangsvollstreckung vor. Eine Rechtsbeschwerde kommt unter den Voraussetzungen des § 574 in Betracht. Wegen einer Anschlussbeschwerde § 567 III. Gegen eine stattgebende Entscheidung besteht die Möglichkeit der Erinnerung, § 11 II RPflG, MüKoZPO/Götz Rn. 5.

716 ***Ergänzung des Urteils.*** **Ist über die vorläufige Vollstreckbarkeit nicht entschieden, so sind wegen Ergänzung des Urteils die Vorschriften des § 321 anzuwenden.**

1 **I. Systematik.** § 716 stellt klar, dass auch die Entscheidung über die vorläufige Vollstreckbarkeit zwar nur unter den Bedingungen des § 321 ergänzbar oder nachholbar ist, BGH WuM 2004, 554, dass das Gericht sie dann aber sehr wohl derart vervollständigen kann und muss. Das gilt unabhängig davon, ob das Gericht zuvor von Amts wegen oder nur auf einen Antrag hätte entscheiden sollen. Wenn die Partei die Frist des § 321 II versäumt hat, kommt eine Berufung nach §§ 511 ff. und dort § 718 in Betracht, OLG Ffm FamRZ 1990, 539 (540). In der Revisionsinstanz nach §§ 542 ff. kann man den Antrag nachholen, nicht aber bei einer Nichtzulassungsbeschwerde nach § 544, BGH WuM 2004, 554.

2 **II. Regelungszweck.** Da das komplizierte System der Möglichkeiten zur Herbeiführung und Abwehr einer vorläufigen Vollstreckbarkeit nach → § 709 Rn. 1 von Anträgen nach § 714 abhängt, muss es eine Regelung für den Fall geben, dass das Gericht einen solchen Antrag zu bearbeiten vergisst. Das Gericht muss daher einen übergangenen Antrag zur Vollstreckbarkeit und damit einen Sachantrag auf einen Antrag nach § 321 mit einer Ergänzung bescheiden, BGH NJW-RR 2000, 746. Fehlt es am Übergehen eines Antrags kann die Zurückweisung des Antrags als unzulässig durch Beschluss erfolgen, KG MDR 2019, 124.

3 **III. Geltungsbereich.** Es reicht, dass das Gericht die Höhe der Sicherheitsleistung überhaupt nicht beziffert hatte, OLG Celle OLGR 1994, 326. Eine offenbar irrige Bezifferung unterliegt demgegenüber dem § 319. Wenn der Gläubiger die Nachholung der Entscheidung nach §§ 708, 709 beantragt, kann der Schuldner einen Antrag nach §§ 711 ff. und der Gläubiger seinerseits wieder einen Antrag aus § 711 S. 1 Hs. 3 stellen, OLG Ffm FamRZ 1990, 539 (540). Ein Rechtsmittel statt einer noch möglichen Ergänzung ist unstatthaft, denn es fehlt eine anfechtbare Entscheidung. Bei einer Notwendigkeit zur Tatbestandsberichtigung nach § 320 beginnt die Frist des § 321 II erst mit Zustellung des Berichtigungsbeschlusses, BGH NJW 1984, 1240.

717 ***Wirkungen eines aufhebenden oder abändernden Urteils.*** **I Die vorläufige Vollstreckbarkeit tritt mit der Verkündung eines Urteils, das die Entscheidung in der Hauptsache oder die Vollstreckbarkeitserklärung aufhebt oder abändert, insoweit außer Kraft, als die Aufhebung oder Abänderung ergeht.**

II 1 **Wird ein für vorläufig vollstreckbar erklärtes Urteil aufgehoben oder abgeändert, so ist der Kläger zum Ersatz des Schadens verpflichtet, der dem Beklagten durch die Vollstreckung des Urteils**

oder durch eine zur Abwendung der Vollstreckung gemachte Leistung entstanden ist. [2]Der Beklagte kann den Anspruch auf Schadensersatz in dem anhängigen Rechtsstreit geltend machen; wird der Anspruch geltend gemacht, so ist er als zur Zeit der Zahlung oder Leistung rechtshängig geworden anzusehen.

III **[1]Die Vorschriften des Absatzes 2 sind auf die im § 708 Nr. 10 bezeichneten Berufungsurteile, mit Ausnahme der Versäumnisurteile, nicht anzuwenden. [2]Soweit ein solches Urteil aufgehoben oder abgeändert wird, ist der Kläger auf Antrag des Beklagten zur Erstattung des von diesem auf Grund des Urteils Gezahlten oder Geleisteten zu verurteilen. [3]Die Erstattungspflicht des Klägers bestimmt sich nach den Vorschriften über die Herausgabe einer ungerechtfertigten Bereicherung. [4]Wird der Antrag gestellt, so ist der Anspruch auf Erstattung als zur Zeit der Zahlung oder Leistung rechtshängig geworden anzusehen; die mit der Rechtshängigkeit nach den Vorschriften des bürgerlichen Rechts verbundenen Wirkungen treten mit der Zahlung oder Leistung auch dann ein, wenn der Antrag nicht gestellt wird.**

I. Systematik. Die vorläufige Vollstreckbarkeit bringt die Gefahr mit sich, dass sich die zugrunde liegende Sachentscheidung als falsch erweist und dann die Vollstreckung schon erfolgt ist. Das Gesetz nimmt dieses Risiko in Kauf und verweist im Geltungsbereich des § 717 den Schuldner auf einen Ersatzanspruch, BGH NJW 2001, 1067. 1

II. Regelungszweck. Die Regelung in **II, III** kann ein vollwertiger, aber auch je nach dem Gegenstand der Vollstreckung und nach der jetzigen Finanzlage des Gläubigers ein unzureichender „Ausgleich" sein, BAG NZA 2011, 683. **III** stellt den Kläger besser als **II,** Hau NJW 2005, 712. 2

III. Wegfall der vorläufigen Vollstreckbarkeit, I. Die vorläufige Vollstreckbarkeit tritt kraft Gesetzes außer Kraft, sobald und soweit das Rechtsmittelgericht ein aufhebendes oder abänderndes Urteil fällt, BGH NJW 1997, 2601; BAG NZA 2014, 545 Rn. 23; OLG Mü MDR 1982, 238. Bei §§ 307, 331 III ist nach § 310 III die letzte notwendige Urteilszustellung maßgeblich. Mit der Aufhebung entfällt der zugehörige Kostenfestsetzungsbeschluss, BGH GRUR 2010, 1038 Rn. 16. Von der Verkündung/Zustellung an ist die Zwangsvollstreckung eine unerlaubte Handlung nach §§ 823, 826 BGB. Doch entfallen die bisherigen Zwangsvollstreckungsmaßnahmen nicht ohne weiteres. Das Gericht muss sie vielmehr nach § 776 aufheben. Die Einstellung der Zwangsvollstreckung erfolgt nach § 775 Nr. 1, OLG Mü MDR 1982, 238. Eine Entscheidung, die einen Teil des Urteils bestehen lässt, ändert das Urteil ab. Sie belässt die Vollstreckbarkeit für den aufrechterhaltenen Teil des Urteils. Eine Änderung nur der Entscheidung zur Vollstreckbarkeit reicht nicht, OLG Karlsr Just 1975, 101. Der Grund der Aufhebung ist unerheblich, BGH NJW-RR 2007, 1029. Es genügt, dass er rein formal ist. Es ist für **I** nicht erforderlich, dass das Rechtsmittelgericht seine aufhebende Entscheidung ihrerseits für vorläufig vollstreckbar erklärt. Die Aufhebung einer entsprechenden Berufungsentscheidung durch das RevGer führt dazu, dass die vorläufige Vollstreckbarkeit des erstinstanzlichen Urteils wieder auflebt, ohne dass es hierfür einer gesonderten Anordnung bedürfte, BGH MDR 2020, 685 Rn. 48. 3

IV. Ersatzpflicht aus der Zwangsvollstreckung, II. 1. Grundsatz: Vollstreckung auf eigene Gefahr. Vollstreckt der Gläubiger aus einem auflösend bedingten Urteil, tut er das auf eigene Gefahr, BGH NJW 1982, 2813 (2815). Das Gesetz erlaubt dem Gläubiger häufig eine Zwangsvollstreckung bereits vor dem Eintritt der formellen Rechtskraft des Urteils nach § 705, um ihn gegen die Nachteile einer langen Prozessdauer zu schützen. Es räumt dem Gläubiger damit aber keinerlei sachliches Recht gegenüber dem Schuldner ein. Aus dieser Erwägung macht **II** den Gläubiger beim Eintritt der Bedingung ersatzpflichtig, BGH NJW 1985, 128, weil es an der sachlichen Berechtigung der Zwangsvollstreckung fehlt, Bork/Bothe ZZP 132, 71 (76). Das gilt freilich nur, soweit das Berufungsurteil das Ersturteil zum Nachteil des Gläubigers abgeändert hat, BGH MDR 2015, 999. Im Übrigen bleibt es bei den allgemeinen sachlichrechtlichen Haftungsregeln, Gaul ZZP 110, 3 (30). Darum ist **II** die Auswirkung eines allgemeinen Rechtsgedankens, BGH NJW 1985, 1959, OLG Köln NJW 1996, 1290 (1292) (auch zu den Grenzen); LG Ffm MDR 1980, 409, ein Fall der Gefährdungshaftung, BGH NJW 1983, 232. **II** ist nach § 85 I 3 ArbG im arbeitsgerichtlichen Beschlussverfahren grundsätzlich anwendbar, BAG NJW 2015, 894. **II** ist auch dann anwendbar, wenn diejenige Gesetzesvorschrift als verfassungswidrig entfällt, die der Entscheidung zugrunde lag, nicht aber dann, wenn während einer Drittwiderspruchsklage nach § 771 ein Pfandstück abhanden kommt, OLG Mü NJW-RR 1989, 1471, ferner nicht dann, wenn der Drittwiderspruchskläger nach § 771 III 1 iVm § 769 I 1 eine Sicherheit leistet, BGH NJW-RR 2004, 1128 (nur deliktische Haftung), und schließlich nicht bei einem noch nicht nach § 705 formell rechtskräftigen Feststellungsurteil nach § 256. Das gilt selbst dann, wenn eine Leistungsklage möglich gewesen wäre, BAG NJW 1989, 3173. 4

2. Sachbetroffenheit. Die Aufhebung oder Abänderung muss bei **II** die Sache betreffen, nicht bloß die Vollstreckbarkeit. Insofern weicht **II** von **I** ab. Eine Aufhebung im Kostenpunkt nach §§ 91 ff. genügt. Der Grund der Aufhebung ist unerheblich. Auch bei einer Aufhebung aus einem rein formalen Grund etwa wegen Unzuständigkeit steht fest, dass das Urteil und damit seine Vollstreckbarkeit unberechtigt waren. Das gilt auch bei einer Aufhebung und einer Verweisung an das zuständige Gericht zB nach § 281. Eine Zurückverweisung nach § 538 besagt zwar über die Richtigkeit des Urteils nichts endgültig. Die Aufhebung ist sachlich durch eine neue Prüfung bedingt und nur prozessual unbedingt. Dennoch ist auch hier zunächst **II** anwendbar. Eine **teilweise Abänderung** des Urteils ermöglicht einen entsprechenden Teilanspruch, OLG Karlsr JurBüro 1993, 85; OLG Hamm Rpfleger 1977, 216. Ein zunächst geschlossener und später geänderter Prozessvergleich ermöglicht keinen Ersatzanspruch. Zur sog. **Rückfestsetzung** → § 104 Rn. 15. Maßgebender Zeitpunkt ist der Schluss der letzten mündlichen Verhandlung über die Aufhebung nach §§ 136 IV, 296a. Entfällt das aufhebende Urteil seinerseits zB infolge eines Prozessvergleichs, steht fest, dass das Ersturteil rechtmäßig war. Deshalb erlischt der Ersatzanspruch, LG Köln JurBüro 1991, 600. Auch ein weiteres zusprechendes Urteil in der Revision bringt mit seiner formellen Rechtskraft nach § 705 den Anspruch zu Fall, BGH NJW 1997, 2601. Wenn der Schuldner auf die erste Aufhebung hin vollstreckt hat, ist er dem Gläubiger ersatzpflichtig. Beiderseitige wirksame **Erledigungserklärungen** in der Berufungsinstanz genügen nicht. Denn sonst müsste evtl. der Gläubiger trotz einer notwendigen Erledigungserklärung wegen des bisherigen Anspruchs einen Schadensersatz leisten, BGH NJW 1988, 1268. 5

3. Rechtsnatur des Ersatzanspruchs. Der Anspruch ist ein Ersatzanspruch aus einem übernommenen Risiko, BAG NZA 2011, 683 Rn. 16; LAG Hamm DB 1989, 1578. Er soll dem Schuldner einen Ausgleich für 6 diejenigen Nachteile geben, die infolge der vorläufigen Durchsetzung eines letztlich nicht als berechtigt erscheinenden Anspruchs entstehen, BGH NJW 2006, 443; BAG NZA 2015, 189; OLG Köln NJW 1996, 1290 (1292). Mit der Begründung einer Ersatzpflicht gibt **II 1** eine materiell-rechtliche Vorschrift. Darum sind §§ 249 ff. BGB anwendbar. Der Ersatzanspruch entsteht mit der Aufhebung oder mit der Änderung des Urteils. Es ist unerheblich, ob das aufhebende oder abändernde Urteil bei einer rückschauenden Betrachtung unrichtig ist, LG Bochum VersR 1980, 659, oder ob den Gläubiger ein Verschulden trifft, BGH NJW 2011, 2518 Rn. 15; OLG Karlsr NJW 2018, 1409; Saenger JZ 1997, 222 (224). Es ist ferner unerheblich, ob der Gläubiger aus der Zwangsvollstreckung etwas erlangt hat.

7 **4. Ersatzpflichtiger.** Der Anspruch richtet sich nicht nur gegen den Kläger. Der Gesetzestext ist insofern ungenau. Auch der Bekl. kann ersatzpflichtig werden, soweit er eine Zwangsvollstreckung etwa wegen der Kosten oder als Widerkläger betreibt. Es ist unerheblich, ob die Partei selbst die Vollstreckung betreibt oder von einem Bevollmächtigten nach § 79 oder nach § 81 durchführen lässt. Wenn ein **Rechtsnachfolger** nach § 727 die Vollstreckung betrieben hat, haftet er. Der Gegner kann den Anspruch trotzdem nach § 265 II 1 durch einen Zwischenantrag geltend machen. Das Gericht muss das Urteil aber auf den Rechtsnachfolger nach § 727 abstellen. Der Rechtsnachfolger des Bekl. muss einen besonderen Prozess einleiten. Ein Dritter, der für den Bekl. zur Abwendung der Zwangsvollstreckung geleistet hat, darf nur als Rechtsnachfolger klagen. Es darf also zB nicht diejenige Versicherungsgesellschaft klagen, die eine Leistung erbracht hat, und ebensowenig darf der Versicherungsnehmer gegenüber dem Gläubiger dann klagen, wenn der Versicherer für den Versicherungsnehmer gezahlt hatte, BGH NJW 1985, 128.

8 **5. Umfang der Ersatzpflicht.** Ersetzen muss man jeden tatsächlich gerade aus dem Vollstreckungszugriff entstandenen Schaden, BGH NJW 2011, 914; OLG Köln NJW 1996, 1290 (1292); Saenger JZ 1997, 222 (224). Anwendbar sind §§ 249 ff. BGB, OLG Düss MDR 2015, 999. Hierher gehört derjenige Schaden, der dem Gegner durch irgendeine auch ergebnislose Zwangsvollstreckungsmaßnahme aus dem Ersturteil bis zum Erlass des Berufungsurteils ursächlich entstanden ist, mag der Schaden auch erst später bezifferbar entstanden sein, BGH NJW 1978, 163 (bei einem späteren Schaden gilt **III**). Der Anspruch bezweckt eine Wiederherstellung des früheren Zustands, hilfsweise eine Entschädigung in Geld nach §§ 249 ff. BGB. Der Anspruch ist bedingt tariflich abdingbar, BAG NZA-RR 2009, 314.

6. Beispiele zur Frage des Umfangs einer Ersatzpflicht, II

9 **„Begleitschaden“:** → „Schlechterfüllung“.

Bürgschaft: Ersetzbar sein können auch die Kosten einer Avalbürgschaft zur Abwendung der Zwangsvollstreckung, OLG Hmb MDR 1999, 188; OLG Hamm JurBüro 1987, 1083; OLG Köln JurBüro 1999, 272. „Sicherheitsleistung“.

Drittschadensliquidation: Gehört nicht hierher, OLG Hamm ZIP 1983, 119.

Entgangener Gewinn: Er ist ersetzbar, OLG Köln JurBüro 1991, 1264; Saenger JZ 1997, 222 (225).

Entreicherung: Sie ist unbeachtlich, OLG Karls NJW 2018, 1409.

„Freiwillige“ Leistung: Ersetzbar sein kann auch der Schaden infolge einer nur unter der Androhung einer Vollstreckung erfolgten „freiwilligen“ Leistung des Schuldners, BGH NZM 2011, 119 Rn. 13; BAG NZA 2015, 189; LG Berlin WuM 2021, 322. „Androhung“ liegt nach dem Sinn von **II** schon dann vor, wenn der Gläubiger erkennbar aufgrund des Ersturteils alsbald Befriedigung erhalten will, evtl. ohne Zwangsvollstreckung, sondern zB durch Veröffentlichung des Urteils usw. KG ZMR 2018, 308 fordert keine Androhung, aber die bloße „Urteilserwirkung“ reicht auch nicht.

Haft: Ersetzbar sein kann auch ein Haftfolgeschaden.

Immaterieller Schaden: Er ist nicht ersetzbar.

Insolvenz: Ersetzbar ist ein Schaden, BGH ZIP 2018, 131. Das gilt zB infolge unberechtigt gewordener Entnahme einer Vergütung des Insolvenzverwalters aus der Masse, BGH NJW-RR 2014, 1268.

Kosten: Sie sind ersetzbar, § 788 III.

Kreditschaden: Nicht ersetzbar ist ein Kreditschaden infolge des Bekanntwerdens der bloßen Tatsache einer Zwangsvollstreckung, BGH NJW 1983, 232; Schuschke/Walker/Kessen/Thole/Schuschke/Braun Rn. 11; aA Wieczorek/Schütze/Hess Rn. 20.

Leistungsverweigerungsrecht: Ersetzbar sein kann auch ein Schaden infolge eines vom Erstgericht fehlerhaft versagten Leistungsverweigerungsrechts, BGH NJW-RR 2007, 1029. Die Geldübergabe an den Gerichtsvollzieher reicht dann aus, OLG Köln NJW-RR 1987, 1211.

Mittelbarer Schaden: Auch er kann ersetzbar sein.

Ordnungsgeld: Es ist ersetzbar, Schuschke/Walker/Kessen/Thole/Schuschke/Braun Rn. 12; aA Wieczorek/Schütze/Hess Rn. 20 wegen des vorrangigen Erstattungsanspruchs

Räumungsurteil: LG Berlin WuM 2021, 322.

Schlechterfüllung: Schäden, die das Vollstreckungsorgan lediglich anlässlich der Vollstreckung verursacht („Begleitschäden“), fallen nicht unter den Schutzzweck der Norm, BGH NJW-RR 2009, 658 Rn. 7.

Sicherheitsleistung: Ersetzbar sein kann auch eine Aufwendung für eine Sicherheitsleistung nach §§ 709 ff., OLG Köln JurBüro 1999, 272; OLG Hamm JurBüro 1987, 1083. Ersetzbar sind auch die Aufwendungen für eine erneute Sicherheitsleistung dann, wenn man früher auf eine solche hatte verzichten müssen. „Bürgschaft“.

Teiländerung des Urteils: Sie bewirkt einen entsprechend begrenzten Ersatzanspruch, OLG Hamm Rpfleger 1977, 216; Landsberg ZMR 1982, 70 (Kostenschaden).

Unterlassungsgebot: OLG Nbg WRP 2022, 249 Rn. 24.

Urteilserwirkung: Sie reicht noch nicht für einen Ersatzanspruch des Schuldners aus. Denn mit ihr bekundet der Gläubiger noch nicht stets den Willen zur Durchführung einer Zwangsvollstreckung, BGH NJW 2000, 740 (741); OLG Zweibr FamRZ 1998, 834. Das gilt erst recht nach einem bloßen Feststellungsurteil nach § 256, BAG NJW 1989, 3173. Wenn der Schuldner daraufhin zahlt, kann er nur das Geleistete zurückfordern.

Versteigerung: Ersetzbar sein kann auch der Schaden infolge eines gegenüber einem höheren Verkaufspreis geringeren Versteigerungserlöses.

Verzögerung: Nicht hierher gehört ein Schaden infolge einer bloßen Verzögerung durch den Gläubiger, OLG Mü NJW-RR 1989, 1471.

Vollstreckungsklausel: Nicht ersetzbar ist der Schaden infolge der Erwirkung der Vollstreckungsklausel nach §§ 724 ff. Denn sie gehört trotz ihrer dortigen formellen Stellung noch zum Erkenntnisverfahren nach §§ 253 ff. und ist noch keine eindeutige Drohung mit einer Vollstreckung nach §§ 704 ff. Etwas anderes gilt aber dann, wenn der Gläubiger sie dem Schuldner nach § 750 zugestellt hat und nicht zugleich erklärt hat, er wolle noch nicht vollstrecken. Das müsste er bindend oder nach der Sachlage eindeutig erkennbar erklärt haben.
Zahlungseinstellung: Nicht ersetzbar ist der Schaden infolge einer Zahlungseinstellung des Schuldners zwecks Vermeidung einer Zwangsvollstreckung.
Zinsschaden: Er ist ersetzbar, BGH NJW 1997, 2601.
Zwangsgeld: Es ist ersetzbar.

7. Grenzen der Ersatzpflicht. Es wäre eine Überspannung der Ersatzpflicht desjenigen, der auf ein Urteil vertraut hat, auch einen Vermögensschaden infolge einer seelischen Beeinträchtigung zu vergüten. Der Gläubiger haftet dann nicht, wenn er dem Schuldner klar erklärt hat, keine Rechte geltend zu machen, BGH NJW-RR 2011, 338; krit. Mes GRUR 2011, 368. 10

8. Einwendungen. Der Gegner hat alle materiell-rechtlichen Einwendungen, BGH NJW 2006, 443; OLG Hamm MDR 1978, 234. Er kann zB nach §§ 387 ff. BGB eine Aufrechnung erklären, BGH NJW 1980, 2527; OLG Hamm NJW-FER 1998, 99; aA OLG Karlsr NJW-RR 2002, 1158 (aber das ist ein allgemeines Verteidigungsmittel). Dieses Recht steht ihm sowohl dann zu, wenn der Schuldner seinen Ersatzanspruch in einem Zwischenantrag nach **II** geltend macht, als auch dann, wenn der Schuldner den Anspruch mit einer Widerklage geltend macht, BGH NJW 1980, 2527, oder wenn er ihn in einem selbständigen Prozess erhebt. Mit der Klageforderung darf der Kläger freilich nur im letzteren Fall aufrechnen, BGH NJW 1997, 2601 (2603). Man kann die Klageforderung nicht bei einem Zwischenantrag geltend machen. Denn das Gericht kann eine sachliche Prüfung nicht gleichzeitig vornehmen und ablehnen. Der Prozessbürge kann sich auf die Aufrechnung des Hauptschuldners nicht berufen, BGH NJW 1997, 2601. Der Gegner kann ferner nach § 254 ein **Mitverschulden** geltend machen, OLG Hamm MDR 1978, 234. Dieses mag vorliegen: Wenn ein Verteidigungsmittel nicht erfolgt; wenn eine schuldhafte Versäumnis nach §§ 330 ff. vorliegt; wenn eine Erinnerung nach § 766 oder ein Hinweis auf die besondere Höhe des drohenden Schadens unterbleiben. Die Partei kann ein **Zurückbehaltungsrecht wegen einer Verwendung** nicht einwenden, OLG Karlsr Rpfleger 1996, 73; LG Bln MDR 2003, 1201. Das gilt insbesondere dann, wenn sie den Besitz durch die Zwangsvollstreckung erlangt hat. Die Verjährung richtet sich nach §§ 194 ff., 852 BGB, OLG Ffm OLGR 2004, 368. Sie beginnt mit der Entstehung des Anspruchs, also bereits mit dem Erlass der aufhebenden oder abändernden Entscheidung, nicht erst mit dem nach § 705 formell rechtskräftigen Abschluss des Rechtsstreits, OLG Karlsr OLGZ 1979, 374. 11

9. Pfändbarkeit des Ersatzanspruchs. Der Ersatzanspruch ist nach §§ 829 ff. pfändbar. Das gilt schon vor der Aufhebung des Urteils. Denn es handelt sich um einen bedingten Anspruch. Die Pfändung hindert aber die Parteien nicht daran, sich über die Hauptsache dahin zu vergleichen, dass der Ersatzanspruch hinfällig wird. Dann kann dem Pfandgläubiger höchstens ein Anspruch aus § 826 BGB verbleiben. 12

V. Durchführung des Ersatzanspruchs, II. 1. Wahlrecht des Schuldners. Der Schuldner hat die Wahl, ob er seinen Ersatzanspruch durch eine selbständige Klage oder durch eine Widerklage geltend machen will, OLG Karlsr NJW-RR 2002, 1158 (nicht durch eine Vollstreckungsabwehrklage nach § 767), oder ob er ihn durch einen Zwischenantrag im schwebenden Prozess erheben will, BGH NJW-RR 2012, 478 Rn. 65. Er kann den Anspruch auch nach **II 2** im Einspruchsverfahren nach §§ 340 ff. erheben, BVerfG FPR 2004, 393. Er kann ferner nach § 91 IV vorgehen und so eine sog. Rückfestsetzung nach § 104 erübrigen. Wenn er den Weg der Klage wählt, stehen ihm alle für eine Klage aus einer unerlaubten Handlung gegen den Gegner nach § 32 möglichen Gerichtsstände frei, BGH NJW 2011, 2518. Das gilt selbst dann, wenn der Kläger kein Verschulden des Bekl. behauptet. Bei einer selbständigen Klage folgt die sachliche Zuständigkeit den allgemeinen Regeln nach §§ 23 ff., 71 ff. GVG. Der Kläger braucht nicht die formelle Rechtskraft des aufhebenden Urteils nach § 705 abzuwarten. Das Gericht darf den Ersatzprozess nicht bis zum Eintritt der Rechtskraft des Vorprozesses nach § 148 aussetzen, weil der Anspruch die Rechtskraft der aufhebenden Entscheidung nicht voraussetzt, OLG Düss NJW 1974, 1714; LAG Köln MDR 1993, 684; aA Zöller/Herget Rn. 13. Der Bekl. kann seinen Anspruch auch einredeweise geltend machen. Er kann also aufrechnen (→ Rn. 11). Der Aufrechnung steht die Rechtshängigkeit im Vorprozess nicht entgegen. Die Rechtshängigkeit wirkt anders als bei **III** nur bei einem Zwischenantrag zurück. Eine nach § 705 formell rechtskräftige Entscheidung im Vorprozess schneidet die durch sie ausgeschlossenen Einreden auch für diesen Prozess ab. Wegen der Zinsen und der Kosten → Rn. 14. Der Schuldner kann den sachlichrechtlichen Anspruch nicht im Verfahren nach §§ 103 ff. geltend machen, OLG Hamm JurBüro 1987, 1083. 13

2. Zwischenantrag. Der Zwischenantrag ist keine Widerklage. Er ist dann unzulässig, wenn er mit einem in diesem Prozess rechtskräftig erledigten Teilanspruch im rechtlichen Zusammenhang steht. Das Prozessgericht ist beim Zwischenantrag ohne Rücksicht auf die Höhe des Ersatzanspruchs sachlich zuständig. Daher ist auch § 506 unanwendbar. Der Schuldner erhebt den Zwischenantrag nach § 261 II. Er ist ein Sachantrag. Deshalb muss man ihn nach § 129 schriftsätzlich ankündigen. Sonst darf nach § 335 I Nr. 3 kein Versäumnisurteil ergehen. Der Zwischenantrag ist in jeder Instanz ohne Einwendungen des Gegners zulässig. Man kann ihn auch in der Revisionsinstanz stellen, BGH NJW 1994, 2095. Das gilt selbst dann, wenn der Zwischenantrag schon in der Berufungsinstanz zulässig gewesen war. Allerdings muss das Revisionsgericht in der Regel nach §§ 563, 565 I zurückverweisen, soweit Tatsachenfeststellungen notwendig sind. Der Antrag ist bis zum Schluss der mündlichen Verhandlung nach §§ 136 IV, 296a statthaft. Für den Streitwert nach §§ 3 ff. ZPO, § 63 GKG stehen eine Widerklage und ein Zwischenantrag nach § 45 GKG gleich. Denn sie bedeuten hier sachlichrechtlich dasselbe, LAG Bln MDR 1988, 346. Man darf die verauslagten **Zinsen und Kosten** beim Zwischenantrag und daher auch bei der Widerklage dem Streitwert grundsätzlich nicht hinzurechnen. Die Hinzurechnung erfolgt aber bei einem weitergehenden Schaden für den Mehrbetrag. Wegen des Zwischenantrags erfolgt keine Verweisung nach § 506. 14

3. Rechtshängigkeit. Der Zwischenantrag macht den Anspruch mit allen prozessualen Wirkungen nach § 261 rechtshängig. **II** bezieht die materiell-rechtlichen Wirkungen auf die Zeit der Zahlung oder Leistung zurück. Daher beginnt dann auch eine Verzinsungspflicht nach § 291 BGB, BGH NJW-RR 2012, 478 Rn. 65. 15

II bezieht sich nicht auf die prozessualen Wirkungen. Denn man kann sie nur zum Nachteil des Bekl. rückbeziehen, und das Gesetz beabsichtigt ersichtlich eine solche Rückbeziehung nicht. Die Verjährung richtet sich nach § 199 I, III BGB.

16 **4. Entscheidung.** Sie erfolgt durch ein Endurteil nach § 300. Es ist ebenso anfechtbar wie die Entscheidung in der Hauptsache. Wenn das Gericht im Urteil eine Entscheidung über den Zwischenantrag unterlässt, liegt ein Teilurteil nach § 301 vor. Falls das Urteil nicht als Teilurteil gedacht war, muss das Gericht es nach § 321 ergänzen. § 718 II betrifft diesen Fall nicht. Die vom Kläger nach § 709 zu leistende Sicherheit genügt auch zur Abwendung der Vollstreckung nach § 711 für diesen Zwischenantrag. Andernfalls würde der Kläger für denselben Anspruch doppelt Sicherheit leisten müssen. Das Gericht kann den Schaden nach § 287 ermitteln. § 322 ist anwendbar.

17 **VI. Bereicherungsanspruch, III.** Um nutzlose Revisionen nach §§ 542 ff. einzudämmen, macht **III** den **II** auf vermögensrechtliche **Berufungsurteile** des § 708 Nr. 10 unanwendbar, BGH NJW 1978, 163, Reimann GRUR 2009, 326. Das übersieht OLG Düss ZIP 2015, 794. Das gilt auch für solche des LAG, BAG NZA 2011, 683 Rn. 16; LAG Düss DB 1991, 976. Nur für ein Versäumnisurteil des Berufungsgerichts nach § 539 gilt **II.** Diese Vorschrift versagt also zB auch bei einem Vorbehaltsurteil des OLG in einem Urkunden- oder Wechselprozess nach § 599. Bei einer Aufhebung des Urteils im Nachverfahren gelten unabhängig von **III** die §§ 600 II, 302 IV 2 und 3. Zum Patentverletzungsverfahren krit. Nieder GRUR 2013, 32; Reimann GRUR 2009, 326 (328). **III 2** gilt über § 120 I FamFG dort entsprechend, BGH NJW 2013, 161.

18 **1. Bloße Rückgewähr. III 3** ermöglicht einen Rückgewähranspruch nach den Grundsätzen der ungerechtfertigten Bereicherung nach §§ 812 ff. BGB. Der Gläubiger muss bei **III 2** die Vollstreckung angedroht oder betrieben haben, BGH NZM 2011, 119. Er muss dem Schuldner nur das Gezahlte oder Geleistete erstatten, nicht dasjenige, das infolge des Urteils kraft Gesetzes verloren ging, zB eine Zwangshypothek nach § 868. Jeder weitergehende Anspruch ist unstatthaft, zB derjenige aus §§ 823, 826 BGB. Der Anspruch aus **III** ist ebenso wie der Anspruch aus **II** materiell-rechtlich. Daher lässt er die Aufrechnung und fast alle anderen materiell-rechtlichen Einwendungen zu. Überhaupt sind die materiell-rechtlichen Vorschriften über die ungerechtfertigte Bereicherung hier anwendbar. Rechtspolitisch krit. Hau NJW 2005, 712. Eine Zahlung muss nicht unter einem Vollstreckungsdruck erfolgt sein, BGH NJW-RR 2012, 1717 Rn. 12; NJW 2011, 2518 Rn. 17.

19 **2. Unerheblichkeit eines Verschuldens.** Da es sich um einen Anspruch aus einer Bereicherung handelt, ist ein etwaiges Verschulden grundsätzlich unerheblich BGH NJW-RR 2009, 407. Eine Ausnahme gilt bei mehr als gesetzlichen Zinsen, LAG Hamm NJW 1976, 1119. Ebenso unerheblich ist ein etwaiger guter Glaube daran, dass das zur vorläufigen Vollstreckung berechtigende Urteil richtig sei. Denn wenn dieser gute Glaube beachtlich wäre, hätte **III** ebenso wie **II** keine Bedeutung. Auch ein Wegfall der Bereicherung lässt sich in der Regel nicht einwenden. Denn die Wirkungen der Rechtshängigkeit nach treten nach **III 4** mit der Zahlung oder der Leistung ein. Der Gläubiger haftet also nach den allgemeinen Vorschriften nach § 818 IV BGB.

20 **3. Verfahren.** Der Schuldner kann seinen Anspruch wie bei **II** durch eine selbständige Klage, durch eine Widerklage oder durch einen Zwischenantrag geltend machen, BGH NJW-RR 2012, 478 Rn. 65, auch durch eine nicht rückwirkende Aufrechnung, BGH MDR 2009, 290. Wenn der Kläger seinen Klaganspruch nach der Rechtshängigkeit abgetreten hatte und wenn das Gericht den Bekl. zur Zahlung an den neuen Gläubiger verurteilt hat, muss der neue Gläubiger nach der Aufhebung des Urteils dem Bekl. dasjenige erstatten, das er durch die Vollstreckung erlangt hat. Eine Zurückbeziehung der Rechtshängigkeit erfolgt wie bei → Rn. 13 selbst dann, wenn die Partei den Antrag gar nicht stellt. § 32 ist anwendbar, BGH NJW 2011, 2518. Bei einem Antrag erst in der Revisionsinstanz nach §§ 542 ff. und oder bei einer Rechtsbeschwerde nach §§ 574 ff. und bei einem neuen oder unklaren Tatsachenvortrag nach § 531 kommt eine Zurückverweisung nach §§ 538, 563 in Betracht, BGH NJW 2013, 161.

21 **VII. Entsprechende Anwendung des II. 1. Grundsatz: Allgemeiner Rechtsgedanke.** § 717 enthält einen allgemeinen Rechtsgedanken. Die Vorschrift ist daher grundsätzlich weitgehend entsprechend anwendbar, allerdings nur, wenn die Vollstreckbarkeit der Leistung in gleicher Weise vorläufig ist wie in den Fällen des § 717 II, III, BGH NJW 2017, 834 Rn. 53.

2. Beispiele zur Frage einer entsprechenden Anwendbarkeit, II

22 **Arrest, einstweilige Verfügung:** Insoweit trifft § 945 eine entsprechende Regelung.

Aufrechnung: II ist entsprechend anwendbar, soweit es darum geht, dass das Gericht ein Vorbehaltsurteil nach § 302 IV wegen einer Aufrechnung aufhebt.

Bardepotpflicht: II ist nicht entsprechend anwendbar, soweit es um die Vollziehung eines Heranziehungsbescheids geht, BGH NJW 1982, 2813 (2815).

Berichtigung: II ist entsprechend anwendbar, soweit es darum geht, dass die Vollstreckbarkeit des Urteils wegen seiner Berichtigung nach § 319 entfällt, falls die Partei die Unrichtigkeit erkennen musste.

Beschluss: II ist entsprechend anwendbar, soweit es um einen der inneren Rechtskraft nach § 322 fähigen Beschluss nach § 329 geht, BGH NJW 2006, 443 Rn. 29, zB um einen Vollstreckungsbescheid nach § 700 oder um einen Kostenfestsetzungsbeschluss nach § 104, OLG Köln JurBüro 1991, 1263 (1264); OLG Karlsr Rpfleger 1980, 438; OLG Ffm NJW 1978, 2203.

Drittwiderspruchsklage: II ist nicht entsprechend anwendbar, soweit es um eine Drittwiderspruchsklage nach § 771 III geht, NJW 1985, 1959 zust. Gerhardt NJW 1985, 1959, abl. Häsemeyer NJW 1986, 1028; OLG Mü NJW-RR 1989, 1471.

Erledigung der Hauptsache: II ist bei § 91a nicht entsprechend anwendbar, BGH NJW-RR 1988, 650; BVerwG NJW 1981, 699.

Grundurteil: II ist entsprechend anwendbar, soweit es darum geht, dass das Urteil zur Hauptsache wegen einer Aufhebung der Vorabentscheidung über den Grund nach § 304 entfällt.

Heranziehungsbescheid: → „Bardepotpflicht".

Klagerücknahme: II ist nicht entsprechend anwendbar. Denn § 269 III enthält eine vorrangige Sonderregelung, OLG Düss OLGR 1995, 177.

Kostenfestsetzungsbeschluss: II ist nach → „Beschluss" auf einen solchen nach § 104 entsprechend anwendbar.

Pfändung und Überweisung: II ist nicht entsprechend anwendbar, soweit es um die Aufhebung eines Pfändungs- und Überweisungsbeschlusses nach §§ 829, 835 geht, OLG Köln MDR 1984, 60.
Rechtskraft: II 1 ist nicht entsprechend anwendbar, soweit das nach § 705 formell rechtskräftige Urteil wegen seiner inhaltlichen Unbestimmtheit inhaltlich nicht rechtskraftfähig ist, BGH NJW-RR 1999, 1223.
Scheckprozess: → „Urkundenprozess".
Schiedsspruch usw.: II ist entsprechend anwendbar, soweit es darum geht, dass die Vollstreckbarerklärung eines Schiedsspruchs usw. nach §§ 1059 ff., 1065 II 2 entfällt, BGH WM 2017, 1472 Rn. 3.
Steuerbescheid: II ist wegen des öffentlichen Interesses an einer alsbaldigen Vollstreckbarkeit nicht entsprechend anwendbar, soweit es um den Vollzug eines unrichtigen Steuerbescheides geht. Das gilt auch bei der sog. Vollverzinsung für die in § 233a AO genannten Steuerarten, BGH NJW 2001, 1068.
Urkundenprozess: II ist entsprechend anwendbar, soweit es darum geht, dass das Gericht im Urkunden-, Scheck- oder Wechselprozess ein Vorbehaltsurteil nach § 599 im Nachverfahren nach §§ 600 II, 602, 605a aufhebt.
Verfassungswidrigkeit: II ist nicht entsprechend anwendbar, soweit das BVerfG die Urteilsgrundlage dadurch entfallen lässt, dass es eine Vorschrift für verfassungswidrig erklärt, weil dann keine lediglich vorläufige Vollstreckung erfolgt ist, BGH NJW 2017, 829 Rn. 53.
Vergleich: II ist entsprechend anwendbar, soweit die Parteien ein nach §§ 708 ff. vorläufig vollstreckbares Urteil durch einen Prozessvergleich ändern, KG MDR 1991, 258; OLG Hamm MDR 1988, 588; aA Wieczorek/Schütze/Hess Rn. 15; MüKoZPO/Götz Rn. 12; differenzierend Bork/Bothe ZZP 132, 71 (90). **II** ist nicht entsprechend anwendbar, soweit es im Übrigen um einen Prozessvergleich oder eine vollstreckbare Urkunde nach § 794 I Nr. 1, 5 geht, die die Parteien später abändern. Denn der Ausgangstitel ist endgültig vollstreckbar, BGH NJW 1994, 2755; OLG Düss NJW-RR 1992, 1530; OLG Karlsr OLGZ 1979, 370. **II** ist auch dann nicht entsprechend anwendbar, wenn das Gericht einen Prozessvergleich usw. aufgrund einer wirksamen Anfechtung später durch ein Urteil ändert, OLG Hamm MDR 1988, 588. Eine Haftung tritt nur nach §§ 812 ff., 823 ff. BGB ein.
Vergütungsfeststellungsbeschlusss: II ist zB bei § 11 RVG entsprechend anwendbar, BGH NJW 2006, 443 Rn. 29.
Vollstreckbarkeitsbeschlusss: II ist entsprechend anwendbar, soweit es darum geht, dass ein Vollstreckbarkeitsbeschlusss nach einem internationalen Abkommen entfällt.
Vollstreckungsabwehrklage: II ist nicht entsprechend anwendbar, soweit es um die Aufhebung aufgrund einer Vollstreckungsabwehrklage nach § 767 geht, falls eine Vollstreckung nach dem Eintritt der formellen Rechtskraft nach § 705 stattgefunden hat. Denn damit braucht niemand zu rechnen. Eine Haftung tritt nur nach §§ 812 ff., 823 ff. BGB ein.
Vollstreckungsklausel: II ist entsprechend anwendbar, soweit es darum geht, dass das Gericht eine nach §§ 724 ff. erlassene Vollstreckungsklausel nach §§ 732, 768 aufhebt.
Vorabentscheidung: → „Grundurteil".
Vorbehaltsurteil: → „Aufrechnung", → „Urkundenprozess".
Wechselprozess: → „Urkundenprozess".
Widerspruchsklage: II ist nicht entsprechend anwendbar, soweit es um die Aufhebung aufgrund einer Widerspruchsklage zB nach § 771 geht, falls der Gläubiger erst nach dem Eintritt der formellen Rechtskraft nach § 705 vollstreckt hat. Denn damit braucht niemand zu rechnen. Eine Haftung tritt nur nach §§ 812 ff., 823 ff. BGB ein.
Wiederaufnahme: II ist nicht entsprechend anwendbar, soweit es um die Aufhebung im Wiederaufnahmeverfahren nach §§ 578 ff. geht, OLG Hamm NStZ-RR 1998, 156. Denn damit braucht niemand zu rechnen. Eine Haftung tritt nur nach §§ 812 ff., 823 ff. BGB ein.
Wiedereinsetzung: II ist nicht entsprechend anwendbar, soweit es um eine Wiedereinsetzung nach § 233 geht, falls der Gläubiger erst nach dem Eintritt der formellen Rechtskraft nach § 705 vollstreckt hat. Denn damit braucht niemand zu rechnen. Eine Haftung tritt nur nach §§ 812 ff., 823 ff. BGB ein.
Wohnungseigentum: In einem Verfahren nach dem WEG ist § 717 anwendbar.
Zug-um-Zug-Urteil: II ist nicht entsprechend anwendbar, soweit statt einer unbedingten Verurteilung jetzt eine Verurteilung nur Zug um Zug erfolgt, OLG Karlsr Rpfleger 1996, 73 (74).
Zulässigkeitsrüge: II ist entsprechend anwendbar, soweit es um ein solches Urteil des höheren Gerichts geht, das ein eine Zulässigkeitsrüge verwerfendes Urteil aufhebt und die Klage abweist.
Zurückbehaltungsrecht: II, III können entsprechend anwendbar sein, LAG Köln NZA-RR 2006, 660.

718 *Vorabentscheidung über vorläufige Vollstreckbarkeit.*

I [1]In der Berufungsinstanz ist über die vorläufige Vollstreckbarkeit auf Antrag vorab zu entscheiden. [2]Die Entscheidung kann ohne mündliche Verhandlung ergehen; § 128 Absatz 2 Satz 2 gilt entsprechend.

II Eine Anfechtung der in der Berufungsinstanz über die vorläufige Vollstreckbarkeit erlassenen Entscheidung findet nicht statt.

I. Systematik. Das Gesetz sieht die selbständige Anfechtbarkeit von Entscheidungen zur vorläufigen Vollstreckbarkeit nicht vor, diese können nur mit der Entscheidung zur Hauptsache angefochten werden, denn für eine **isolierte Anfechtung** der Entscheidung zur vorläufigen Vollstreckbarkeit mit der Berufung fehlt das Rechtsschutzbedürfnis, OLG Köln NJW-RR 2006, 66; MüKoZPO/Götz Rn. 2; aA OLG Rostock NJW-RR 2009, 498. Die Vorschrift eröffnet die Möglichkeit zu einer beschleunigten Korrektur einer fehlerhaften Vollstreckbarkeitsentscheidung allerdings **beschränkt auf das Berufungsverfahren** bis zur erneuten Entscheidung zur Hauptsache; im Revisionsverfahren findet § 718 keine Anwendung, BGH NJW-RR 2006, 1076 Rn. 3. **I** bezieht sich sowohl darauf, dass eine Partei – nicht notwendig der Berufungsführer (→ Rn. 4) – eine Entscheidung des Erstgerichts in der Hauptsache und wegen deren vorläufiger Vollstreckbarkeit nach §§ 708 ff. anficht, als auch darauf, dass das Berufungsgericht erstmalig über die vorläufige Vollstreckbarkeit entscheidet. Soweit das erstinstanzliche Urteil nicht angefochten wurde, kann das Berufungsgericht gem. § 537 eine Entscheidung zur vorläufigen Vollstreckbarkeit dieses Teils treffen. 1

2 **II. Regelungszweck.** Die Vorschrift trägt der Eilbedürftigkeit von Entscheidungen über die vorläufige Vollstreckbarkeit Rechnung, die ein Zuwarten bis zur Entscheidung in der Hauptsache vielfach nicht zulässt.

3 **III. Vorabentscheidung, I.** Das Berufungsgericht muss über die vorläufige Vollstreckbarkeit auf einen Antrag vorab verhandeln und entscheiden, OLG Köln NJW-RR 1995, 1280; OLG Ffm OLGZ 1994, 470. Die Entscheidung ergeht nach **mündlicher Verhandlung,** OLG Kblz OLGZ 1990, 230; OLG Hamm NJW-RR 1987, 252, auf deren Durchführung die Parteien aber nach **I 2** gem. § 128 II verzichten können, so schon für die Zeit vor der Einführung dieser Bestimmung zum 1.1.2020 OLG Mü NZG 2019, 987 Rn. 29, durch **Teilurteil,** das nicht anfechtbar ist, **II.**

4 **1. Antrag.** Antragsbefugt ist neben dem Berufungskläger auch der Berufungsbeklagte, OLG Düss FamRZ 1985, 307. Voraussetzung ist die Zulässigkeit des Rechtsmittels, während dessen Begründetheit unerheblich ist, KG MDR 2009, 165; OLG Zweibr OLGR 2001, 478. Der Antrag unterliegt keiner Frist, OLG Zweibr NJW-RR 2003, 75 Man kann ihn auf einen wie bei § 301 selbständigen Teil des angefochtenen Urteils beschränken, OLG Zweibr NJW-RR 2003, 75 (76); OLG Kblz MDR 2004, 835. Im Hinblick auf § 714 ist die Nachholung in erster Instanz unterbliebener Vollstreckungsschutzanträge nicht zulässig, OLG Ffm MDR 2009, 229; MüKoZPO/Götz § 714 Rn. 2; aA OLG Zweibr NJW-RR 2003, 75 (76) für den Fall der Verteidigung der in 1. Instanz insoweit erfolgreichen Partei gegen den Antrag der anderen Partei gem. § 718.

2. Beispiele zur Frage einer Vorabentscheidung, I

5 **Abwendungsbefugnis:** Das Teilurteil kann auch eine Abwendungsbefugnis nach § 711 betreffen, OLG Zweibr NJW-RR 2003, 75; OLG Ffm FamRZ 1990, 540. Eine Entscheidung kommt aber dann nicht infrage, wenn die Zwangsvollstreckung aus dem angefochtenen Urteil schon geendet hat, OLG Mü OLGR 1995, 71; OLG Hmb VersR 1984, 895; OLG Köln MDR 1980, 764.

Art der Sicherheitsleistung: Über sie bestimmt das Erstgericht auch abändernd nach § 108.

Entscheidung zur Hauptsache: Das Gericht muss vor der Entscheidung zur Hauptsache entscheiden. Das Teilurteil nach §§ 301, 525, 540 ist durch die spätere Entscheidung zur Hauptsache auflösend bedingt.

Höhe der Sicherheitsleistung: Das Gericht kann auch auf den Wegfall eine Herabsetzung oder eine Erhöhung der Sicherheitsleistung lauten, OLG Köln GRUR 2000, 253; OLG Ffm OLGZ 1994, 470 (471), aA OLG Düss GRUR-RR 2012, 304, soweit der für die Höhe der Sicherheitsleistung maßgebliche Sachverhalt in erster Instanz nicht vorgetragen wurde.

Sicherheitsleistung des Klägers: Wenn das Erstgericht das Urteil nach § 709 S. 1 nur gegen eine Sicherheitsleistung des Klägers für vorläufig vollstreckbar erklärt hatte und wenn der Bekl. eine Berufung nach § 519 eingelegt hat, kann das Gericht das Urteil noch in der Berufungsinstanz auf einen Antrag des Klägers ohne die Notwendigkeit seiner Anschlussberufung nach § 524 durch ein Teilurteil dahin ändern, dass die Zwangsvollstreckung ohne eine Sicherheitsleistung des Klägers erfolgen darf, OLG Ffm MDR 1987, 1033; VGH Kassel NJW 1987, 1965.

Teilantrag: Man kann den Antrag auf einen nach § 301 selbständigen Teil des angefochtenen Urteils beschränken, → Rn. 4.

6 **IV. Anfechtung, II.** Die Entscheidung eines OLG über die vorläufige Vollstreckbarkeit ist schlechthin unanfechtbar, BGH NJW-RR 2006, 1076.

719

Einstweilige Einstellung bei Rechtsmittel und Einspruch. **I [1]Wird gegen ein für vorläufig vollstreckbar erklärtes Urteil der Einspruch oder die Berufung eingelegt, so gelten die Vorschriften des § 707 entsprechend. [2]Die Zwangsvollstreckung aus einem Versäumnisurteil darf nur gegen Sicherheitsleistung eingestellt werden, es sei denn, dass das Versäumnisurteil nicht in gesetzlicher Weise ergangen ist oder die säumige Partei glaubhaft macht, dass ihre Säumnis unverschuldet war.**

II [1]Wird Revision gegen ein für vorläufig vollstreckbar erklärtes Urteil eingelegt, so ordnet das Revisionsgericht auf Antrag an, dass die Zwangsvollstreckung einstweilen eingestellt wird, wenn die Vollstreckung dem Schuldner einen nicht zu ersetzenden Nachteil bringen würde und nicht ein überwiegendes Interesse des Gläubigers entgegensteht. [2]Die Parteien haben die tatsächlichen Voraussetzungen glaubhaft zu machen.

III Die Entscheidung ergeht durch Beschluss.

1 **I. Systematik.** Die Vorschrift ist als Teil des Vollstreckungsschutzes im Zusammenhang mit §§ 707, 712, 765a, 769 zu sehen. Von besonderer Bedeutung ist dabei das Verhältnis zu § 712 (→ Rn. 5). Sie kann den Vorrang vor § 765a haben, wenn es um eine Zwangsvollstreckung aus dem Titel geht, um dessen Beseitigung es mit dem in § 719 bezeichneten Rechtsbehelf geht, BGH NJW-RR 2012, 398 Rn. 15. **I** betrifft die Einstellung der Zwangsvollstreckung aus Urteilen, gegen die **Einspruch** oder **Berufung** statthaft sind, der enger gefasste **II** solche Urteile, gegen die **Revision,** auch Sprungrevision (§ 566 III 2), eingelegt ist, auf die **Nichtzulassungsbeschwerde** findet die Regelung entsprechende Anwendung, § 544 V 2.

2 **II. Regelungszweck.** Die vorläufige Vollstreckbarkeit einer noch nicht rechtskräftigen Entscheidung birgt für den Schuldner Risiken, die durch § 717 II nicht vollständig abgedeckt werden. § 719 schafft für Ausnahmefälle Abhilfe, um den Schuldner vor Nachteilen zu bewahren, die auch im Falle der Aufhebung des Urteils nicht mehr beseitigt werden können, BGH GRUR 2018, 655. Im Hinblick darauf, dass der vorläufig vollstreckbare Titel nach einer gerichtlichen Prüfung ergangen ist, kommt eine einstweilige Einstellung nur ausnahmsweise in Betracht und erfordert jedenfalls eine überwiegende Erfolgsaussicht des Rechtsbehelfs, BGH WuM 2017, 542; 2014, 681; BAG NZA 2000, 1072.

3 **III. Vorläufig vollstreckbares Urteil.** Beide Absätze des § 719 gelten grundsätzlich nur für nicht rechtskräftige Urteile, also in 1. oder 2. Instanz ergangene Endurteile oder unabhängig vom Rechtszug Versäumnisurteile; ihnen stehen Vollstreckungsbescheide gleich, § 700 I, OLG Düss MDR 1980, 675. Darüber hinaus findet § 719 auch auf durch Urteil erlassene/bestätigte Arreste/einstweilige Verfügungen Anwendung, nicht aber auf solche Urteile, durch die ein Arrest/eine einstweilige Verfügung aufgehoben wird, OLG Düss NJW-RR 2002,

138; OLG Brem MDR 1998, 677; OLG Ffm MDR 1997, 1060. Für vollstreckbare Beschlüsse gibt es dagegen Vollstreckungsschutz nur nach § 570. Die Einstellungsbefugnis besteht auch dann, wenn das Urteil nach § 709 S. 1 nur gegen eine Sicherheitsleistung vorläufig vollstreckbar ist oder wenn der Schuldner die Vollstreckbarkeit nach § 711 durch eine Sicherheitsleistung abwenden darf.

Für Endurteile verweist **I 1** ohne Einschränkung auf § 707, dh, die Einstellung steht im pflichtgemäßen Ermessen des Gerichts, OLG Karlsr GRUR-RR 2015, 326 Rn. 14; OLG Hamm MDR 2011, 510. Voraussetzung ist eine Abwägung der Interessen (→ Rn. 9) von Gläubiger und Schuldner. Die Interessen des Schuldners überwiegen nur dann, wenn das Rechtsmittel Aussicht auf Erfolg hat, BGH WuM 2014, 681; OLG Brem MDR 2008, 1065, was eine entsprechende Begründung des Rechtsmittels erfordert, OLG Saarbr MDR 1997, 1157. Das gilt auch, wenn die ZwV vor Ablauf der Rechtsmittelbegründungsfrist droht, denn der Schuldner muss diese nicht ausschöpfen, aA KG NJW-RR 2008. 1021 (1022); ggf. kann ein Antrag gem. § 769 II gestellt werden. Für die Beurteilung der Erfolgsaussichten reicht idR eine summarische Prüfung, OLG Nbg MDR 2021, 56; OLG Karlsr GRUR 2015, 50 Rn. 11, es sei denn, das Vordergericht hat wesentliche Gesichtspunkte übersehen, OLG Düss GRUR-RR 2010, 122 (123). 4

Der Antrag nach **II** setzt voraus, dass der Schuldner zuvor einen Antrag nach § 712 gestellt hat, weil kein unersetzlicher Nachteil droht, wenn der Schuldner diesen Antrag versäumt hat, BGH NJW-RR 2020, 885 Rn. 8; WuM 2020, 232 Rn. 5; NZM 2019, 141 Rn. 5. Dasselbe gilt, wenn der Antrag zwar gestellt, aber nicht begründet wurde, BGH GRUR 1997, 545 (546) oder das BerGer den Antrag versehentlich nicht beschieden hat, weil dann § 321 Vorrang hat, BGH WuM 2005, 736; NJW 1984, 1240, oder das BerGer gem. § 713 von der Anordnung von Schuldnerschutzanordnungen abgesehen hat, BGH MDR 2019, 444 Rn. 7. Str. ist, ob dies auch für Anträge im Berufungsverfahren nach **I** gilt, bejahend OLG Kblz FamRZ 2000, 1165, OLG Köln JurBüro 1997, 554; zu Recht verneinend aber OLG Ffm NZFam 2015, 426 Rn. 2; OLG Hmb GRUR-RR 2013, 408; OLG Karlsr GRUR-RR 2010, 120 – Patentverwertungsgesellschaft, denn § 712 ist ebenso wie **II** allein auf die Abwendung nicht zu ersetzender Nachteile beschränkt, ebenso Flatow WuM 2021, 720 (721). Die Antragstellung muss sich aus Urteil oder Sitzungsniederschrift ergeben, BGH GRUR 2018, 1295 Rn. 4, in Verfahren gem. § 522 II findet § 297 keine Anwendung, sodass hier die Antragstellung in einem Schriftsatz genügt, BGH NJW 2012, 1292 Rn. 7. Auch für die Entscheidung nach **II** kommt es auf die vorherige Stellung des Antrags nach § 712 nicht an, wenn einem Antrag nach § 712 erhebliche Hindernisse entgegenstanden, BGH WuM 2018, 221, z. B. weil der drohende unersetzliche Nachteil erst nach Schluss der mündlichen Verhandlung in der Berufungsinstanz hervorgetreten ist oder dieser erst danach glaubhaft gemacht werden konnte, BGH NJW 2001, 375; VGH Kassel NJW-RR 2019, 511 Rn. 6, die Antragstellung gem. § 712 dem Vollstreckungsschuldner einen schweren Nachteil zufügen würde, BGH NJOZ 2005, 248, oder wenn der Vollstreckungsschuldner darauf vertrauen durfte, der Gläubiger werde nicht vollstrecken, BGH WuM 2007, 209; NJW-RR 2007, 11 Rn. 5. 5

IV. Versäumnisurteil und Vollstreckungsbescheid, I 2. Nach **I 2** ist die Einstellung der ZwV aus einem Versäumnisurteil – dem steht ein Vollstreckungsbescheid gleich, § 700 I – nur gegen Sicherheitsleistung zulässig. Von diesem Grundsatz gelten nach dann Ausnahmen nach **I 2 Hs. 2,** wenn 6

- das Ersturteil eindeutig gesetzwidrig ist, OLG Stgt NJW-RR 2003, 714; OLG Drsd JurBüro 2003, 107; OLG Brdb NJW-RR 2002, 285 (286),
- der Säumige glaubhaft macht, dass er an der Säumnis schuldlos war, OLG Stgt NJW-RR 2003, 713; OLG Brdb NJW-RR 2002, 285, OLG Ffm NJW-RR 1998, 1450. Hier gelten etwa dieselben Anforderungen wie bei § 233.

Die teilweise vorgenommene Einschränkung, dass zusätzlich die Voraussetzungen des § 707 I 2 vorliegen müssen, OLG Köln NJW-RR 2005, 428; OLG Hamm NJW 1981, 132; OLG Hmb NJW 1979, 1464, ist nicht gerechtfertigt, weil die Sanktionswirkung des **I 2** bei fehlender oder unverschuldeter Säumnis nicht gerechtfertigt ist, OLG Stgt NJW-RR 2003, 713 (714). 7

V. Revision und Nichtzulassungsbeschwerde: Nicht zu ersetzender Nachteil, II. Die Vorschrift, die auf die Nichtzulassungsbeschwerde entsprechend anzuwenden ist, § 544 VII 2, bringt eine selbständige und gegenüber **I** teilweise vorrangige Regelung, BGH NJW 2010, 1081 Rn. 7. Sie ist dem § 712 nachgebildet: Voraussetzung ist neben einem drohenden nicht zu ersetzenden Nachteil außerdem, dass das Vollstreckungsinteresse des Gläubigers nicht überwiegt. Die Gerichte sind hier streng, BGH NJW 2010, 1081 Rn. 7. 8

Soweit eine Partei gegen ein nach §§ 708 ff. vorläufig vollstreckbares Urteil nach § 549 die Revision eingelegt hat, muss das Revisionsgericht grundsätzlich aufgrund eines Antrags des Schuldners die Zwangsvollstreckung dann einstweilen einstellen, wenn der Schuldner glaubhaft macht, dass ein nicht zu ersetzender Nachteil droht, BGH NJW-RR 2017, 700 Rn. 5. Dieser Nachteil muss gerade ihm drohen und nicht etwa nur einem Dritten, BGH WM 1983, 1020, und auch ihm gerade und erst durch die Zwangsvollstreckung und daher nicht schon aus dem Urteil selbst, BGH NJW-RR 2002, 1090; OLG Hmb NJW-RR 1990, 1024. Der Hinweis auf § 717 III genügt nur, wenn der geltend gemachte Nachteil das übliche Maß erheblich übersteigt, BGH GRUR 2018, 655 Rn. 15. Allein der Umstand, dass die Vollstreckung aus dem Berufungsurteil ein Ergebnis des Prozesses vorwegnehmen würde, ist noch kein unersetzlicher Nachteil, BGH GRUR 1979, 807. Der BGH kann auch nach **I** entscheiden, wenn die in **II** vorausgesetzte Richtigkeitsgewähr des angefochtenen Urteils fehlt, BGH GRUR 2014, 1237 Rn. 9 (Feststellung der Nichtigkeit eines Patents während des laufenden Patentverletzungsverfahrens). 9

Soweit ein überwiegendes Interesse des Gläubigers entgegensteht, darf das Gericht die Zwangsvollstreckung nach **II 1** aE trotz des Vorliegens der übrigen Voraussetzungen des **II** nicht einstellen, BGH NJW-RR 2017, 1235 Rn. 4. Im Hinblick auf § 140b PatG überwiegt das Gläubigerinteresse beim patentrechtlicher Auskunftsanspruch grundsätzlich, BGH GRUR 2018, 1295 Rn. 6. Die zeitliche Befristung des Patentschutzes spricht gegen eine einstweilige Einstellung von Unterlassungsverpflichtungen, BGH NJW 2000, 3008 (3009). 10

VI. Einstellungsmöglichkeit. Liegen die Einstellungsvoraussetzungen vor, hat das Gericht folgende Möglichkeiten: 11

- Einstellung der ZwV ohne Sicherheitsleistung, bei Vollstreckung aus Versäumnisurteil/Vollstreckungsbescheid nur ausnahmsweise (→ Rn. 6); Voraussetzung ist nach **I 1** iVm § 707 **I 2** die Glaubhaftmachung, dass der Schuldner keine Sicherheit bieten kann, OLG Ffm FamRZ 2010, 1370; OLG Karlsr GRUR-RR 2010, 120 (121),

– Einstellung der ZwV gegen Sicherheitsleistung – das gilt wegen der Parallele zu § 712 auch für **II,** obwohl darin nicht auf § 707 verwiesen wird, BGH NJW 2010, 1081 Rn. 9,
– Einräumung einer Abwendungsbefugnis,
– Aufhebung von bereits erfolgten Vollstreckungsmaßregeln gegen Sicherheitsleistung.

12 Zulässig ist auch eine teilweise Einstellung der Zwangsvollstreckung, nämlich nach → Rn. 8 nur insoweit, als durch die Vollstreckung ein unersetzlicher Nachteil nach → § 707 Rn. 11, 12 eintreten kann.

13 **VII. Glaubhaftmachung.** Glaubhaft zu machen sind die unverschuldete Säumnis, **I 2** aE, und das Drohen eines nicht zu ersetzenden Nachteils bzw. das Überwiegen des Vollstreckungsinteresses, **II 2.** Für die Glaubhaftmachung gilt § 294.

14 **VIII. Verfahren, III.** Der erforderliche Antrag des Vollstreckungsschuldners kann wirksam frühestens zusammen mit dem Rechtsbehelfsantrag gestellt werden. Str. ist, ob ein PKH-Antrag genügt, verneinend OLG Düss JMBl. NRW 1970, 236; MüKoZPO/Götz Rn. 3; offen gelassen BGH NZM 2019, 90 Rn. 5; NJW-RR 2004, 936; MDR 2012, 1432 (1433). Dafür spricht aber das Schutzbedürfnis der auf PKH angewiesenen Partei, OLG Brdb MDR 2005, 1192; LG Bln MDR 2020, 1466 Rn. 3, allerdings muss zumindest der Entwurf der Rechtsbehelfsbegründung vorliegen. Zuständig ist das Gericht, das über den Rechtsbehelf zu entscheiden hat. Ein Anwaltszwang besteht wie sonst nach § 788, BGH NJW-RR 2004, 936. Der Antrag kann auch dann unbefristet gestellt werden, wenn andere Rechtsbehelfe gegen einzelne Vollstreckungsmaßnahmen nur befristet erhoben werden können (zB § 765a III 1), Flatow WuM 2021, 720 (722). Die Eröffnung des Insolvenzverfahrens über das Vermögen des Vollstreckungsgläubigers steht dem Verfahren nicht entgegen, BGH NJW 2001, 375; OLG Bbg NJW-RR 1989, 576. Das Rechtsschutzbedürfnis besteht auch dann, wenn der Schuldner eine Abwendungsbefugnis hat oder er zur Abwendung der Zwangsvollstreckung schon geleistet hat, OLG Mü MDR 1985, 1034. Die Entscheidung des Gerichts ergeht durch Beschluss. Er ist zu begründen, enthält aber keine Kostenentscheidung, OLG Ffm AnwBl 1978, 425. Die einstweilige Einstellung beseitigt die vorläufige Vollstreckbarkeit nur während der Einstellungsdauer, OLG Karlsr JurBüro 2007, 272. Die Wendung „bis zum rechtskräftigen Abschluss des Berufungsverfahrens" bedeutet nicht: bis zum rechtskräftigen Abschluss des gesamten Verfahrens, BGH NJW-RR 2011, 705 Rn. 9. Der Beschluss entfaltet keine Bindungswirkung gem. § 318 und ist deshalb frei abänderbar, BGH FamRZ 1989, 849. Die grundsätzlich gebotene vorherige Anhörung des Gläubigers, BVerfG NJW 1982, 2234; OLG Celle MDR 1986, 63, kann deshalb ggf. auch nachgeholt werden.

15 **IX. Rechtsbehelfe.** Die Entscheidungen nach **I** sind gem **I 1** iVm § 707 II 2 unanfechtbar. Für Entscheidungen des Revisionsgerichts nach **III** kommt ohnehin kein Rechtsmittel in Betracht. In Betracht kommt aber eine außerordentliche Beschwerde bei greifbarer Gesetzwidrigkeit, OLG Stgt NJW-RR 2003, 713 (714); OLG Brdb NJW-RR 2002, 285 (286).

720

Hinterlegung bei Abwendung der Vollstreckung. **Darf der Schuldner nach § 711 Satz 1, § 712 Abs. 1 Satz 1 die Vollstreckung durch Sicherheitsleistung oder Hinterlegung abwenden, so ist gepfändetes Geld oder der Erlös gepfändeter Gegenstände zu hinterlegen.**

1 **I. Systematik.** Die Vorschrift ergänzt §§ 711, 712 für den in der Praxis verhältnismäßig seltenen Fall, dass der Schuldner eine Sicherheitsleistung durch gepfändetes Geld oder den Erlös gepfändeter Sachen nach §§ 775 Nr. 3, 776 abwenden möchte.

2 **II. Regelungszweck.** Die gerichtliche Erlaubnis zur Abwendung der Vollstreckung nach §§ 711 S. 1, 712 I 1 verhindert bereits jede Befriedigung des Gläubigers. Gepfändetes Geld und einen Pfanderlös darf man nicht dem Gläubiger aushändigen, sondern muss es hinterlegen. Denn sonst würde die mit einer ja nur vorläufigen Vollstreckung eintretende Wirkung über das erlaubte Ziel der nur vorläufigen Befriedigung hinausschießen und das Risiko einer im Ergebnis ungerechten Werteverteilung unvertretbar erhöhen.

3 **III. Geltungsbereich.** Wenn der Gläubiger die zum Schuldnerschutz getroffene gerichtliche Anordnung seinerseits nach § 711 S. 1 aE durch eine Sicherheitsleistung beseitigen darf und er die Sicherheit auch geleistet hat, ist § 720 unanwendbar. Die Vorschrift gilt grundsätzlich auch dann nicht, wenn die Einstellung der Zwangsvollstreckung nach §§ 707, 719 nur gegen eine Sicherheitsleistung zulässig ist und der Schuldner diese nicht erbracht hat. Eine Ausnahme gilt nach → § 707 Rn. 12. Eine Hinterlegung erfolgt aber auch dann, wenn das Gericht dem Schuldner und dem Gläubiger die Möglichkeit der Sicherheitsleistung eingeräumt hat, wenn jedoch keiner eine solche Sicherheit leistet. Wegen der Pfändung einer Forderung § 839.

4 **IV. Hinterlegung.** Zu hinterlegen sind gepfändetes Geld oder der Erlös gepfändeter Sachen; der Gerichtsvollzieher darf nach § 155 S. 2 Nr. 1 GVGA keine Auszahlung an den Gläubiger vornehmen, soweit und solange der Schuldner hinterlegen darf. Für die Überweisung gepfändeter Forderungen gilt § 839. Das Pfandrecht dauert am hinterlegten Geld fort.

720a

Sicherungsvollstreckung. **I [1]Aus einem nur gegen Sicherheit vorläufig vollstreckbaren Urteil, durch das der Schuldner zur Leistung von Geld verurteilt worden ist, darf der Gläubiger ohne Sicherheitsleistung die Zwangsvollstreckung insoweit betreiben, als**
a) bewegliches Vermögen gepfändet wird,
b) im Wege der Zwangsvollstreckung in das unbewegliche Vermögen eine Sicherungshypothek oder Schiffshypothek eingetragen wird.

[2]Der Gläubiger kann sich aus dem belasteten Gegenstand nur nach Leistung der Sicherheit befriedigen.

II Für die Zwangsvollstreckung in das bewegliche Vermögen gilt § 930 Abs. 2, 3 entsprechend.

III Der Schuldner ist befugt, die Zwangsvollstreckung nach Absatz 1 durch Leistung einer Sicherheit in Höhe des Hauptanspruchs abzuwenden, wegen dessen der Gläubiger vollstrecken kann, wenn nicht der Gläubiger vorher die ihm obliegende Sicherheit geleistet hat.

I. Systematik. Die Vorschrift stellt eine Ausnahme von der Regel des § 751 II dar. Alle übrigen Voraussetzungen der Zwangsvollstreckung bleiben wie sonst bestehen, zB §§ 707, 719, OLG Ffm MDR 1989, 462, §§ 724 I, 750, 751 I, 756, 765. Zulässig ist die Sicherungsvollstreckung frühestens zwei Wochen nach Zustellung von Titel und Klausel, § 750 III, damit der Schuldner Gelegenheit hat, die Zwangsvollstreckung durch Sicherheitsleistung nach **III** abzuwenden. 1

II. Regelungszweck. I, II soll dem Gläubiger einer Geldforderung in einer beliebigen Währung nach dem Ablauf der Wartefrist nach → Rn. 1 die Möglichkeit geben, schon vor der Leistung einer ihm auferlegten Sicherheit Sicherungsmaßnahmen zu treffen, damit er durch bis zur Rechtskraft der Entscheidung eintretende Veränderungen im Schuldnervermögen, zB auch durch Zwangsvollstreckung anderer Gläubiger, keinen Nachteil erleidet, ohne selbst Kosten für eine Sicherheitsleistung aufbringen zu müssen. Insoweit besteht also eine Ähnlichkeit mit dem Arrest nach §§ 916 ff., OLG Mü NJW-RR 1988, 1466; OLG Stgt NJW 1980, 1698. **III** gibt dem Schuldner eine Abwehrmöglichkeit gegen die Sicherungsvollstreckung durch Stellung einer ausreichenden Sicherheit. In ihren Wirkungen geht die Regelung nicht entscheidend über das hinaus, was dem Gläubiger nach § 709 S. 2 ohnehin durch Vollstreckung von Teilbeträgen möglich ist. 2

III. Geltungsbereich. Die Vorschrift ist grundsätzlich in allen Verfahren nach der ZPO anwendbar. Wenn das Gericht die Vollziehung des dinglichen Arrests nach § 923 von einer Sicherheitsleistung abhängig gemacht hat, ist § 720a aber nicht entsprechend anwendbar, OLG Mü NJW-RR 1988, 1466; Christmann DGVZ 1993, 109 (110). Ein Schadensersatzanspruch nach § 717 bleibt auch bei § 720a möglich. Die Vorschrift ist auf sämtliche nur gegen eine Sicherheitsleistung vorläufig vollstreckbare Urteile anzuwenden. Das sind sowohl Urteile nach § 709 als auch solche, die zunächst ohne eine Sicherheitsleistung vorläufig vollstreckbar sind, bei denen aber nach §§ 711 S. 1 Hs. 2, 712 II 2 die Vollstreckbarkeit doch wieder von einer Sicherheitsleistung des Gläubigers abhängt, aA LG Heidelb MDR 1993, 272. § 720a findet gem. § 795 S. 2 auf die ZwV aus Kostenfestsetzungsbeschlüssen entsprechende Anwendung, OLG Karlsr Rpfleger 2000, 555; OLG Köln Rpfleger 1996, 358. Der Titel muss auf die Leistung von Geld gerichtet sein, weshalb eine Sicherungsvollstreckung auf Stellung einer Sicherheit ausreicht, LG Münst DGVZ 2019, 104 (§ 648a BGB). Die Sicherungsmaßnahmen dürfen nicht zu einer Befriedigung des Gläubigers führen, bevor er eine Sicherheit geleistet hat. Bei einer Insolvenz des Schuldners hat die Sicherungsvollstreckung wegen § 88 InsO nur einen begrenzten Wert, BGH NJW 2001, 673. 3

IV. Zulässige Maßnahmen, I, II. 1. Grundsatz: Keine Endgültigkeit der Verwertung. Zulässig ist jede nur vorläufige, sichernde und nicht endgültig verwertende Maßnahme, dazu gehört auch die Vermögensauskunft gem. § 802c (→ Rn. 5 „Vermögensauskunft"). Bei der Zwangsvollstreckung in das bewegliche Vermögen nach §§ 803 ff. ist § 930 II, III entsprechend anwendbar, **II.** Man muss also gepfändetes Geld hinterlegen. Die Versteigerung darf nur dann erfolgen, wenn die Gefahr einer beträchtlichen Wertverringerung besteht oder wenn die Aufbewahrungskosten unverhältnismäßig hoch werden. Dann wird der Erlös hinterlegt. Auch die zugehörigen Kosten sind in den Grenzen des § 720a auch vor einer Sicherheitsleistung des Gläubigers mitvollstreckbar, KG JurBüro 1984, 1572. Eine Verwertung ist nach dem Eintritt der formellen Rechtskraft oder dann möglich, wenn der Gläubiger nach **I 2** eine Sicherheit geleistet hat oder wenn das Urteil ohne eine Sicherheitsleistung vollstreckbar geworden ist. Der zugehörige Nachweis erfolgt nach § 751 II. 4

2. Beispiele zur Frage der Zulässigkeit einer Maßnahme, I, II

Hinterlegung: § 930 II, III ist entsprechend anwendbar. Man muss also gepfändetes Geld hinterlegen. Der Gerichtsvollzieher darf nach § 155 S. 2 Nr. 2 GVGA ohnehin keine Auszahlung an den Gläubiger vornehmen, soweit und solange der Schuldner hinterlegen darf. 5

Höchstbetragshypothek: Zulässig ist die Eintragung einer solchen Hypothek, die nach § 1190 III BGB als Sicherungshypothek gilt, aA Zöller/Seibel Rn. 8.

Kosten: Die zu einer Maßnahme dieses ABC gehörigen Kosten nach § 788 sind in den Grenzen des § 720a auch vor einer Sicherheitsleistung des Gläubigers mitvollstreckbar, KG JurBüro 1984, 1572.

Pfändung: Zulässig ist eine Pfändung des beweglichen Vermögens nach **I 1a,** §§ 803 ff., 808, 809, 829.

Schiffshypothek: Zulässig ist die Eintragung einer Schiffshypothek.

Sequestration: Zulässig ist eine solche Wegnahme ohne eine endgültige Übergabe nach → § 938 Rn. 12 ff.

Sicherungshypothek: Zulässig ist die Eintragung einer bloßen Sicherungshypothek nach **I 1b,** §§ 866 ff., 870a, und zwar auch einer rangbesseren, OLG Hmb MDR 1999, 255.

Vermögensauskunft: Zulässig ist die Forderung des Gläubigers auch ohne eigene Sicherheitsleistung nach einer Auskunft des Schuldners nach §§ 802c ff., BGH NJW-RR 2007, 416.

Versteigerung: Eine solche nach §§ 814 ff. ist nur dann zulässig, wenn die Gefahr einer sonst beträchtlichen Wertverringerung besteht, § 930 III, oder wenn die Aufbewahrungskosten unverhältnismäßig hoch wären. Darauf muss der Gerichtsvollzieher die Beteiligten nach § 49 GVGA vorher hinweisen. Dann muss der Erlös hinterlegt werden.

Verwertung: Zulässig wird eine endgültige Verwertung trotz der grundsätzlichen Grenzen → Rn. 4 nach dem Eintritt der formellen Rechtskraft nach § 705 und dann, wenn der Gläubiger nach **I 2** eine Sicherheit geleistet hat oder wenn das Urteil ohne eine Sicherheitsleistung vollstreckbar geworden ist. Der zugehörige Nachweis erfolgt nach § 751 II.

Vorpfändung: Zulässig ist eine Vorpfändung nach § 845, BGH NJW 1985, 863; OLG Rostock NJOZ 2006, 2053 (2054); KG MDR 1981, 322.

Zwangshypothek: Der Grund ihrer Eintragung muss deutlich erkennbar werden.

Zwangsversteigerung, -verwaltung: Unzulässig ist diese Vollstreckungsart auf einen Antrag dieses Gläubigers nach § 869.

V. Vollstreckungsabwendung, III. 1. Grundsatz: Sicherheitsleistung des Schuldners. Der Schuldner kann nach **III Hs. 1** die Sicherungsmaßnahmen des Gläubigers und nicht etwa die vorläufige Vollstreckbarkeit des Titels jederzeit durch eine eigene Sicherheitsleistung in Höhe desjenigen Hauptanspruchs abwenden, dessentwegen der Gläubiger vollstrecken kann, OLG Karlsr Rpfleger 2000, 555. Das Gericht braucht diese Befugnis nicht im Urteil auszusprechen, zumal die Situation meist erst später entsteht, OLG Karlsr Rpfleger 2000, 555. Die Höhe der Sicherheitsleistung richtet sich allein nach der vollstreckbaren Hauptforderung ohne Zinsen und Kosten, AG Kleve DGVZ 2019, 104. Die erbrachte Sicherheitsleistung haftet aber auch für diese, denn sie soll 6 nicht nur einen Verzögerungsschaden absichern, sondern den Anspruch selbst, OLG Celle NJW-RR 2010, 1040 (1042). Und das gilt auch für Zinsen und Kosten, OLG Jena NJW-RR 2002, 1505. Eine Bürgschaft ist nach → § 108 Rn. 12 grundsätzlich zulässig, BGH NJW 2015, 351. Eine einstweilige Einstellung ohne eine Sicherheitsleistung kann nach §§ 707 I 2, 719 I infrage kommen, OLG Brdb MDR 2006, 233. Auch die öffentliche Hand muss als Schuldnerin eine Sicherheit leisten, OLG Ffm NJW-RR 1986, 359.

7 **2. Ausnahme: Sicherheitsleistung des Gläubigers.** Nach **III Hs. 2** entfällt die Befugnis zur Abwendung der Sicherungsvollstreckung, soweit und sobald der Gläubiger seinerseits Sicherheit geleistet hat. Der zugehörige Nachweis erfolgt auch hier nach § 751 II. Auch hier besteht also wie bei § 711 kein lückenloser Schuldnerschutz. Bei Sicherheitsleistung gem. **Hs. 2** erhält der Schuldner seine vorher erbrachte Sicherheitsleistung nach § 109 zurück, MüKoZPO/Götz Rn. 5.

8 **VI. Wirkung kraft Gesetzes.** Die Rechte des § 720a treten unmittelbar kraft Gesetzes ein, OLG Mü OLGZ 1991, 75. Deshalb ist ihre Erörterung im Urteil weder in der Formel nach § 313 I Nr. 4 noch in den Entscheidungsgründen nach § 313 III erforderlich. Anders als bei § 711 gibt es also auch wegen einer Abwendungsbefugnis des Schuldners keinen Urteilsspruch.

721 *Räumungsfrist.* I [1]**Wird auf Räumung von Wohnraum erkannt, so kann das Gericht auf Antrag oder von Amts wegen dem Schuldner eine den Umständen nach angemessene Räumungsfrist gewähren. [2]Der Antrag ist vor dem Schluss der mündlichen Verhandlung zu stellen, auf die das Urteil ergeht. [3]Ist der Antrag bei der Entscheidung übergangen, so gilt § 321; bis zur Entscheidung kann das Gericht auf Antrag die Zwangsvollstreckung wegen des Räumungsanspruchs einstweilen einstellen.**

II [1]**Ist auf künftige Räumung erkannt und über eine Räumungsfrist noch nicht entschieden, so kann dem Schuldner eine den Umständen nach angemessene Räumungsfrist gewährt werden, wenn er spätestens zwei Wochen vor dem Tag, an dem nach dem Urteil zu räumen ist, einen Antrag stellt. [2]§§ 233 bis 238 gelten sinngemäß.**

III [1]**Die Räumungsfrist kann auf Antrag verlängert oder verkürzt werden. [2]Der Antrag auf Verlängerung ist spätestens zwei Wochen vor Ablauf der Räumungsfrist zu stellen. [3]§§ 233 bis 238 gelten sinngemäß.**

IV [1]**Über Anträge nach den Absätzen 2 oder 3 entscheidet das Gericht erster Instanz, solange die Sache in der Berufungsinstanz anhängig ist, das Berufungsgericht. [2]Die Entscheidung ergeht durch Beschluss. [3]Vor der Entscheidung ist der Gegner zu hören. [4]Das Gericht ist befugt, die im § 732 Abs. 2 bezeichneten Anordnungen zu erlassen.**

V [1]**Die Räumungsfrist darf insgesamt nicht mehr als ein Jahr betragen. [2]Die Jahresfrist rechnet vom Tage der Rechtskraft des Urteils oder, wenn nach einem Urteil auf künftige Räumung an einem späteren Tage zu räumen ist, von diesem Tage an.**

VI **Die sofortige Beschwerde findet statt**

1. **gegen Urteile, durch die auf Räumung von Wohnraum erkannt ist, wenn sich das Rechtsmittel lediglich gegen die Versagung, Gewährung oder Bemessung einer Räumungsfrist richtet;**
2. **gegen Beschlüsse über Anträge nach den Absätzen 2 oder 3.**

VII [1]**Die Absätze 1 bis 6 gelten nicht für Mietverhältnisse über Wohnraum im Sinne des § 549 Abs. 2 Nr. 3 sowie in den Fällen des § 575 des Bürgerlichen Gesetzbuchs. [2]Endet ein Mietverhältnis im Sinne des § 575 des Bürgerlichen Gesetzbuchs durch außerordentliche Kündigung, kann eine Räumungsfrist höchstens bis zum vertraglich bestimmten Zeitpunkt der Beendigung gewährt werden.**

Schrifttum: Fielenbach, Räumungsschutz: Zu Anträgen, Nachteilen, Darlegungslasten & Co., NZM 2021, 754; Schneider JurBüro 2017, 449 (Anwaltsvergütung); Schindler, Im Überblick: Die Abwehr der Räumungsvollstreckung, NZM 2021, 745; Schuschke, Die Einstellung der Räumungsvollstreckung, NZM 2015, 233.

1 **I. Systematik.** Die Vorschrift ergänzt die Vollstreckungsschutzregelungen der §§ 708 ff., 732 II, 765a um Regelungen für den elementaren Bereich der Wohnung. Auch Räumungstitel sind vorläufig vollstreckbar, KG MDR 2008, 1090, aber der Schutz durch Sicherheitsleistung/Abwendungsbefugnis genügt nicht, weil eine Rückkehr in eine einmal geräumte Wohnung auch nach Aufhebung des Räumungstitels meist nicht möglich sein wird. Ihr entspricht beim vollstreckbaren Vergleich der formell vorrangige § 794a. **II** regelt ein im Gegensatz zu **I** selbständiges Nebenverfahren, AG Bln-Schöneb NJWE-MietR 1996, 105. Die Regelung steht neben § 574 BGB und verdrängt diesen nicht, LG Stgt WuM 1991, 347; LG Regensb WuM 1983, 141. § 765a gilt unverändert zumindest hilfsweise.

2 **II. Regelungszweck, I–VII.** Die Vorschrift dient dem Schuldnerschutz. Er kann aber nur in denjenigen Grenzen gelten, die sich aus dem verfassungsrechtlich geschützten Befriedigungsrecht des Bürgers ergeben. Sie bezweckt ein Gegengewicht zu den Gefahren einer nach § 708 Nr. 7 von Amts wegen auszusprechenden vorläufigen Vollstreckbarkeit. Sie soll erst nach dem Ablauf der ebenfalls zugleich mit der Sachentscheidung möglichen und evtl. ebenfalls von Amts wegen zu verkündenden Räumungsfrist zulässig sein. § 721 dient nicht der Verlängerung eines schon beendeten Mietverhältnisses. Die Vorschrift dient auch nicht der Verlängerung des Streits zum Ob des Räumungsanspruchs. Sie hindert lediglich den Gläubiger daran, den Räumungstitel sogleich „vorläufig" und in Wahrheit endgültig zwangsweise durchzusetzen, LG Bln MDR 1992, 479. Im Rahmen der vom Gericht vorzunehmenden Abwägung ist allerdings auch das berechtigte und vom Gesetzgeber in § 708 Nr. 7 anerkannte Vollstreckungsinteresse des Gläubigers zu berücksichtigen. Weder der Gläubiger noch der Schuldner dürfen infolge § 721 in eine unzumutbare Zwangs- oder Notlage geraten. Die Argumente wiegen weder auf der Seite des Gläubigers noch auf derjenigen des Räumungsschuldners von vornherein nur wegen einer solchen Parteistellung schwerer.

III. Geltungsbereich. 1. Alle Verfahren der ZPO. Die Vorschrift gilt grundsätzlich in allen Verfahren nach der ZPO. 3

2. Beispiele zur Frage des Geltungsbereichs

Ehewohnung: Wegen der früheren kommt nur ein Haushaltsverfahren nach §§ 95 I Nr. 2, IV, 209 I FamFG in Frage, OLG Drsd NJW-RR 2005, 952. 4

Einstweilige Maßnahme: Eine solche nach §§ 719, 832 II kommt bei **I** nicht in Betracht, LG Düss WuM 1993, 471.

Einstweilige Verfügung: Auf eine solche nach § 940a ist § 721 grds. unanwendbar, LG Hmb NJW-RR 1993, 1233.

Geistlicher: AG Bonn NJW-RR 1990, 156 hält wegen Art. 140 GG bei ihm den § 721 für unanwendbar.

Insolvenz: Unanwendbar ist § 721 auf einen Beschluss nach § 148 II InsO.

Nutzungsentschädigung: § 721 kann entsprechend anwendbar sein, VG Schlesw SchlHA 1984, 77.

Untermiete: Auch dem Untermieter kann eine Räumungsfrist gewährt werden, BGH NZM 2021, 135 Rn. 12.

Versäumnisurteil: § 721 gilt auch bei ihm nach §§ 331 ff. LG Köln NJW-RR 1987, 143, auch bei § 345.

Wohnungseigentum: § 721 gilt im WEG-Verfahren.

Zeitmietvertrag: Es ist nicht § 721 anwendbar, sondern allenfalls § 765a, Vogel DRiZ 1983, 206.

Zwangsversteigerung: Gegenüber einem Zuschlagsbeschluss nach dem ZVG ist ein Vollstreckungsschutz nur nach § 765a möglich, LG Kiel NJW 1992, 1174. Unanwendbar ist § 721 ferner auf einen Beschluss nach § 93 ZVG.

Zwischenvermietung: die Norm findet keine Anwendung auf gewerbliche Zwischenmieter, KG MDR 2016, 1170.

IV. Voraussetzungen. § 721 erfasst nur eine Räumung von tatsächlichem jetzigen Wohnraum nebst Nebenräumen, nicht auch eine Räumung eines anderen Grundstücks, zB eines gewerblich genutzten Raums, OLG Mü NZM 2001, 710. Bei einer Mischmiete erfasst § 721 jedenfalls auch denjenigen Raum, der auch dem ständigen Wohnen dient, OLG Oldb NJW 2015, 709 Rn. 12; Bühler ZMR 2010, 897 (919); aA BGH NJW 2014, 2864 Rn. 26 (Schwerpunkt). 5

1. Klärung von Amts wegen. Das Gericht muss von Amts wegen klären, ob es einen Räumungsschutz gewähren will, BVerfG NJW 1999, 1387 (1389), auch bei einer Säumnis des Schuldners, LG Köln NJW-RR 1987, 143, LG Rostock NJW-RR 2001, 442. Es hat insofern ein pflichtgemäßes Ermessen, AG Hmb-Blankenese ZMR 2010, 695. Der ProzBev darf sich nicht stets darauf verlassen, dass das Gericht die Frist von Amts wegen bewilligt, OLG Hamm NJW-RR 1995, 526. Der Räumungsschuldner kann auch einen Antrag stellen, LG Rostock NJW-RR 2001, 442. Dieser ist in einem Erkenntnisverfahren nach §§ 253 ff. ohne eine mündliche Verhandlung bis zu dem in § 128 II 2 genannten Zeitpunkt nötig. Sonst ist er bis zum Schluss der letzten mündlichen Verhandlung nach §§ 136 IV, 296a statthaft, aA LG Bln JurBüro 1995, 530 (bis zum Urteil). Das gilt auch noch in der zweiten Instanz. Dort untersteht er dem Anwaltszwang, § 78. Der Schuldner kann dort keine Einstellung der Zwangsvollstreckung bis zur Entscheidung mehr fordern, OLG Köln MDR 1980, 764. 6

2. Beispiele zur Frage einer Anwendbarkeit

Besitz: Unerheblich ist, wer Besitzer nach dem BGB ist, AG BadBad WuM 1987, 62. 7

Frauenhaus: „Untermiete".

Gaststättenwohnung: Ausreichend ist, dass man die zusammen mit einer Gaststätte gepachtete Wohnung technisch von der Gaststätte trennen kann.

Geschäfts- als Wohnraum: Ausreichend ist eine Nutzung von Geschäftsraum als Wohnraum, LG Lübeck WuM 1996, 717.

Kündigender: Unerheblich ist, wer gekündigt hat, AG BadBad WuM 1987, 62.

Nebenraum: Anwendbar ist § 721 auch auf denjenigen einer Wohnung, nicht aber auf eine Garage.

Pachtobjekt: Ausreichend ist, dass der an sich nicht unter § 721 fallende Pächter eine Wohnung auf demjenigen Pachtland hat, das er herausgeben soll. → „Gaststättenwohnung".

Räumgrundstück: Ausreichend ist, dass sich die Wohnung auf einem zu räumenden Grundstück befindet, OLG Hmb WuM 1997, 233.

Rechtsgrund: Der Rechtsgrund des Innehabens ist unerheblich, LG Hmb NJW-RR 1993, 662; LG Stade WuM 1987, 62.

Säumnis: Unschädlich sein kann eine Säumnis des Schuldners, LG Köln NJW-RR 1987, 143; LG Rostock NJW-RR 2001, 442.

Schiff: Ausreichen kann ein Schiff nach → § 885 Rn. 4, LG Lübeck WuM 1996, 717 (718).

Tatsächliche Nutzung: Erforderlich ist die tatsächliche Nutzung zum Wohnen, AG Ellwangen WuM 1992, 237 (238).

Untermiete: Ausreichend ist, dass es sich um eine untervermietete Wohnung handelt, auch wenn der Hauptmieter gewerblich handelte, BGH NZM 2021, 135 Rn. 12.

Wohn- als Geschäftsraum: Nicht ausreichend ist solche Nutzung, auch nicht als Pflegeheim, KG MDR 2016, 1170.

Wohnwagen: Ausreichen kann ein Wohnwagen, LG Lübeck WuM 1996, 717 (718).

V. Entscheidung im Räumungsurteil, I. Das Prozessgericht muss außer in den Fällen des **VII** (→ Rn. 19) über die Gewährung einer Räumungsfrist von Amts wegen entscheiden oder auf einen Antrag (→ Rn. 7) zusammen mit der Entscheidung über die Räumung selbst gerade im Räumungsurteil nach § 300 befinden, LG Rostock NJW-RR 2001, 442; LG Bln WuM 1994, 385. Das geht auch noch im Berufungsurteil, LG Berlin MDR 2016, 548, oder Revisionsurteil, BGH WuM 2014, 354 (355); NJW 1963, 1307. Das Gericht muss im Rahmen seines pflichtgemäßen Ermessens die beiderseitigen Interessen nach → Rn. 2, 14 ff. mit Begründung abwägen, LG Münst WuM 2007, 19 (22). Es muss auch die etwaige Ablehnung des Räumungsschutzes erörtern. Wenn ein Versäumnisurteil nach § 331 ergeht, muss das Gericht über die Räumungsfrist ebenfalls im Urteil mit Gründen nach § 313 III entscheiden, LG Rostock NJW-RR 2001, 442. Dabei darf und muss das Gericht die Behauptungen des Klägers über das Verhalten des Bekl. nach § 331 I 1 als wahr unterstellen. Das gilt auch bei einem Zweiten Versäumnisurteil nach § 345, LG Mü WuM 1982, 81. Das Gericht kann die Frist auf einen 8

Wohnungsteil beschränken oder für verschiedene Teile unterschiedliche Fristdauern anordnen. Für die Kostenentscheidung ist § 93b zu beachten.

9 Nur dann, wenn das Gericht einen Antrag sowohl im Tenor nach § 313 I Nr. 4 als auch in den Entscheidungsgründen nach § 313 III eindeutig übergangen hat, ist ein Ergänzungsantrag nach § 321 binnen 2 Wochen seit der Zustellung des Urteils nach §§ 166 ff., 317 statthaft, OLG Mü NJW-RR 2010, 945; OLG Köln MDR 1980, 764. Mangels eines solchen Antrags kann keine Ergänzung des Urteils stattfinden, OLG Mü NJW-RR 2010, 945; LG Rostock NJW-RR 2001, 442. Wenn das Urteil zur Räumungsfrist völlig schweigt oder wenn seine Auslegung zu Zweifeln Anlass gibt, muss man meist nicht vom Übergehen des Antrags ausgehen, sondern von der Ablehnung einer Räumungsfrist, LG Bln WuM 1994, 385; LG Düss WuM 1993, 471; LG Köln NJW-RR 1987, 143. Es gibt also keine isolierte Entscheidungsmöglichkeit, BGH WuM 20014, 354 (355). Da das Gericht das Räumungsurteil nach § 708 Nr. 7 für vorläufig vollstreckbar erklärt hat, kann es die Zwangsvollstreckung im Ergänzungsverfahren auf einen Antrag wegen des Räumungsanspruchs einstweilen einstellen, OLG Köln MDR 1980, 764. Der Mieter braucht einen Ersatzraum im Zweifel erst ab dem Eintritt der formellen Rechtskraft nach § 705 zu suchen, LG Wuppert WuM 1996, 429 (430).

10 **VI. Urteil auf künftige Räumung, II, V.** Hat das Gericht § 259 auf eine erst künftige Räumung erkannt, ohne zugleich eine Räumungsfrist anzuordnen, kommt nach **II** eine nachträgliche Entscheidung hierüber in Betracht. Dies geschieht nicht von Amts wegen, sondern nur auf Antrag des Schuldners, der bis spätestens 2 Wochen vor dem Ende des im Urteil genannten Räumungstags zu stellen ist. Auf die Fristberechnung findet § 222 II Anwendung, LG Bln NJW-RR 2020, 1008 gegen LG Bln NJW-RR 1993, 144. Ein Urteil auf künftige Räumung liegt nur dann vor, wenn sich aus dem Tenor ergibt, dass vor einem bestimmten in der Zunft liegenden Tag nicht geräumt werden muss. Bei schuldloser Fristversäumnis lässt **II 2** eine Wiedereinsetzung nach §§ 233 ff. zu.

11 **VII. Verlängerung, Verkürzung, III, IV. 1. Grundsatz: Nur nach gerichtlicher Räumungsfrist, III.** Nach **III** besteht sowohl die Möglichkeit der Verlängerung als auch der Verkürzung der Räumungsfrist, jeweils nur auf Antrag von Schuldner oder Gläubiger, Schindler NZM 2021, 745 (750). Voraussetzung ist, dass aus dem Räumungsurteil bereits eindeutig eine Räumungsfrist ergibt oder das Gericht eine solche nach **II** festgesetzt hat, LG Düss WuM 1993, 471. Der Antrag ist bis spätestens 2 Wochen vor dem Ende des im Urteil bestimmten Räumungstags zu stellen, LG Wiesb WuM 2007, 201 (202). Der Antrag kann auch wiederholt gestellt werden, wenn neue Tatsachen vorliegen. Wenn das Berufungsgericht die Frist festgesetzt hat, darf das Erstgericht die Räumungsfrist nur aufgrund von solchen Tatsachen ändern, die das Berufungsgericht noch nicht kannte, LG Kiel WuM 1991, 113. Bei den Antragsfristen handelt es sich nicht um Notfristen nach § 224 I 2. Dennoch ist eine Wiedereinsetzung gegen ihre Versäumung nach **II 2, III 3** je iVm §§ 233–238 statthaft. Wenn der Räumungsschuldner die Frist versäumt hat, ist der Antrag unzulässig, LG Darmst NJW-RR 2000, 1178; großzügiger LG Bln WuM 2016, 318. § 765a ist nur unter seinen engen besonderen Voraussetzungen anwendbar; noch strenger OLG Drsd NJW-RR 2005, 952. Den § 765a darf nur das Vollstreckungsgericht nach §§ 764, 802 anwenden.

12 **2. Verfahren, IV 1, 3.** Ein Anwaltszwang besteht wie sonst nach § 78. Zuständig für einen Antrag nach **II** und **III** ist zunächst stets das AG, evtl. als FamG, § 95 I FamFG, OLG Drsd NJW-RR 2005, 952. Das LG ist erst von der Einlegung der Berufung nach § 519 an und nur bis zu deren Rücknahme nach § 516 oder bis zu einer Entscheidung über die Berufung nach §§ 538 ff. zuständig, BGH NJW 1990, 2823. Während der Revisionsinstanz nach §§ 542 ff. ist wiederum das AG zuständig, BGH NJW 1990, 2823; LG Darmst NJW-RR 2000, 1178. Die Entscheidung kann ohne eine mündliche Verhandlung ergehen, § 128 IV. Das Gericht muss nach **IV 3** den Gegner vor einer ihm nachteiligen Entscheidung nach Art. 103 I GG anhören. Das Gericht kann die Zwangsvollstreckung bis zu seiner Entscheidung einstweilen einstellen, und zwar gegen eine Sicherheitsleistung oder ohne eine solche. Es kann nach § 732 II auch anordnen, dass der Gläubiger die Zwangsvollstreckung nur gegen eine Sicherheitsleistung fortsetzen darf, Hess StGH NJW 1999, 1539. Eine solche Anordnung setzt voraus, dass die Berufung voraussichtlich einen Erfolg haben wird. Die Entscheidung ergeht nach **IV 2** durch einen Beschluss nach § 329. Das Gericht muss ihn grundsätzlich begründen. Er ist zu verkünden oder wegen der befristeten Anfechtbarkeit förmlich zustellen, § 329 III.

13 **3. Entscheidung, IV 2,4.** Die Entscheidung lautet auf die Gewährung, bei **III** auf die Verlängerung oder auf die Verkürzung einer angemessenen Räumungsfrist oder auf die Ablehnung der begehrten Entscheidung. Das Gericht kann auch eine Räumungsfrist für nur einen Teil der Wohnung zubilligen. Über die Kosten entscheidet das Gericht im Urteil nach §§ 91, 93b III, LG Karlsr NJW-RR 1997, 844; aA LG Mü WuM 1982, 81. In einem besonderen Beschlussverfahren entscheidet das Gericht ebenfalls nach §§ 91 ff., nicht nach § 788. Denn es handelt sich nicht um einen Vollstreckungsschutz, aA LG Mü WuM 1982, 81. Deshalb entscheidet ja auch bei **II, III** das Prozessgericht und nicht das Vollstreckungsgericht nach §§ 764, 802, aA Schmid ZMR 1982, 129.

14 **VIII. Interessenabwägung, I–V. 1. Grundsatz: Ermessen.** Das Gericht übt ein pflichtgemäßes Ermessen aus. Es muss die näheren Umstände bei beiden Parteien prüfen. Aufgrund der von Amts wegen vorzunehmenden Prüfung gelten die allg. Grundsätze der Darlegungs- und Beweislast nicht, LG Bonn WuM 1992, 16, jedoch muss derjenige, dessen Argumente das Gericht in die Abwägung einbeziehen soll, diese zumindest schlüssig darlegen und die ihm möglichen Beweise anbieten. Das Gericht muss die Interessen beider Parteien gegeneinander abwägen, OLG Hamm NJW-RR 1995, 526; Hess StGH NJW 1999, 1539, weniger etwaige Allgemeininteressen, aA LG Regensb WuM 1991, 360 (aber dazu ist die Obdachlosenbehörde da). Dabei kommen vor allem die folgenden Gesichtspunkte in Betracht.

2. Beispiele für relevante Umstände bei der Abwägung, I–V

15 **Alter:** das Alter des Vermieters, LG Düss WuM 1989, 387, wie dasjenige des Räumungsschuldners, OLG Köln NJW-RR 2010, 1600; LG Ffm NJW 2011, 3526 (auch zu Grenzen), evtl. auch seiner mitwohnenden Angehörigen, AG Münst WuM 1989, 380; AG Reutlingen WuM 1989, 429 (430).

Ausländer: aus der Ausländereigenschaft folgende Schwierigkeiten auf dem Wohnungsmarkt, LG Mannh WuM 1990, 307; → „Ersatzraum".

Behinderter: Behinderungen des Räumungsschuldners, LG Oldb ZMR 2012, 955 (956); LG Mü WuM 1989 412; → „Gesundheit".

Belästigung, Beleidigung: Vom Mieter ausgehende Belästigungen/Beleidigungen des Vermieters oder anderer Bewohner, AG Hmb-Blankenese ZMR 2016, 783; AG Ffm NJW-RR 2000, 1538; AG Neustadt a. Rbge NZM 1999, 308; → „Hausfrieden".

Berufliche Auswirkung: Auswirkungen eine Räumung auf berufliche Tätigkeiten des Räumungsschuldners oder seiner mitwohnenden engsten Angehörigen hat, LG Bonn WuM 1992, 610 (Sport); → „Politische Auswirkung".

Berufung: Erfolgsaussichten einer Berufung nach §§ 511 ff. LG Hmb WuM 1987, 63. Es kommt auch darauf an, wieviel Zeit der Bekl. seit dem Ersturteil hatte, LG Münst WuM 2007, 19 (22).

Besitz: Ein unberechtigter Besitz führt meist zum Überwiegen der gegnerischen Interessen.

Betreutes Wohnen: Beachten muss man zugehörige Mangelprobleme, AG Pankow/Weißensee WuM 2010, 755 (756).

Corona-Pandemie: LG Bln NZM 2020, 428; 837; AG Düss WuM 2020, 363.

Dauer des Mietvertrags: → „Wohndauer".

Eigenbedarf: Beachten muss das Gericht, ob es das Räumungsurteil auf einen Eigenbedarf gestützt hat, sei es für den Vermieter persönlich, sei es für seine Angehörigen oder Mitarbeiter, LG Verden WuM 1992, 637, und wie dringlich dieser Eigenbedarf ist, LG Hmb NJW-RR 1991, 1355, ob das Gericht ihn zB durch eine einstweilige Verfügung nach §§ 935 ff. geklärt hat, LG Hmb NJW-RR 1993, 1233. Wer nach der Umwandlung in eine Eigentumswohnung mit dem Eigentümer abschließt, hat nach deren Verkauf nur ca. 3 Monate Zeit, LG Ffm WuM 1997, 561. Die Vermieterpflicht zur Mitteilung des Endes des Eigenbedarfs endet erst mit dem Ablauf der Räumungsfrist, BGH NJW 2006, 220; LG Hmb WuM 2005, 134 (136).

Einzugstermin: Beachten muss das Gericht, ob der Räumungsschuldner für eine Ersatzwohnung einen bestimmten Einzugstermin nennen kann, LG Münst WuM 1993, 62; LG Düss WuM 1989, 387; → „Ersatzraum", → „Hausbau".

Ersatzraum: Bemühungen des Räumungsschuldners um einen angemessenen Wohnraum, OLG Kblz MDR 2013, 836; LG Bln WuM 2018, 383; LG Tüb WuM 2015, 566; aA LG Mannh WuM 1993, 62. Hierfür kommt es aber nur auf die Zeit seit dem Eintritt der formellen Rechtskraft, LG Wuppert WuM 1996, 429 (430); LG Aachen WuM 1990, 216. Eine Verlängerung der Räumungsfrist setzt eine verstärkte Bemühung voraus, BGH NJW 1990, 2823. Auch müssen weniger wichtige Gläubigerinteressen zurücktreten können, LG Waldshut-Tiengen WuM 1996, 53. Die Verlängerung kommt dann in Betracht, wenn ein Ersatzraum voraussichtlich nach 1,5 Monaten freisteht, OLG Kblz MDR 2013, 836, oder doch nach 3 Monaten, LG Münst WuM 1993, 62. Eine Verlängerung entfällt, soweit Bemühungen des Mieters in absehbarer Zeit erfolglos sein werden, LG Waldshut-Tiengen WuM 1996, 53, oder soweit er den Ersatzmann nur behauptet, nicht aber belegt, aA LG BadBad WuM 2007, 75; → „Hausbau", → „Obdachlosigkeit", → „Urlaub", → „Wohnungsmarkt".

Examen: Auswirkungen auf ein anstehendes Examen, AG Bonn NJW-RR 1991, 1037.

Familie: → „Gesundheit", → „Kinderzahl", → „Schwangerschaft".

Finanzlage: sowohl des Vermieters, OLG Köln NJW-RR 2010, 1600, als auch des Mieters, LG Bln WuM 2018, 383.

Fristverlängerung: Eine Verlängerung der Kündigungsfrist nach § 573 BGB wirkt nicht zulasten des Räumungsschuldners, LG Hmb WuM 1990, 28.

Gefährdung der Mietsache: durch den Mieter sprechen gegen ihn, LG Konst WuM 2018, 201.

Gesundheit: Der Gesundheitszustand des Räumungsschuldners, OLG Köln NJW-RR 2010, 1600, und seiner mitwohnenden Angehörigen, LG Lübeck WuM 1996, 705 (706).

Hausbau: Verzögerungen bei der Fertigstellung des Neubaus, in den der der Räumungsschuldner, LG Heidelb WuM 1995, 661, AG Miesbach WuM 1980, 204; AG Starnb WuM 1980, 204.

Hausfrieden: Störungen des Hausfriedens durch den Räumungsschuldner sprechen gegen einen Vollstreckungsaufschub, LG Münst WuM 1991, 563; AG Ffm NJW-RR 2000, 1538 (Fensterln in Frankfurt). Auch → „Belästigung".

Kinder: Beachten muss das Gericht die Zahl der beim Räumungsschuldner wohnenden oder von ihm noch wohnungsmäßig auch nur zeitweilig etwa in den Semesterferien zu versorgenden auch erwachsenen Kinder und das Wohl der Kinder auch des Vermieters, LG Ffm NJW 2011, 3526.

Langjährigkeit des Mietvertrags: → „Wohndauer".

Mieterkündigung: Beachten muss das Gericht, ob der Räumungsschuldner selbst gekündigt hat.

Neubau: → „Hausbau".

Nutzungsentschädigung: unregelmäßige/unpünktliche Zahlungen der Nutzungsentschädigung erhöhen das Räumungsinteresse des Vermieters, OG Stgt NJW-RR 2007, 15; AG Mü ZMR 1986, 295, aA LG Hmb WuM 1992, 491 (492) (bei einer Säumigkeit des Sozialamts). Die Räumungsfrist kann ggf. von Leistung einer Nutzungsentschädigung abhängig gemacht werden, LG Bln BeckRS 2020, 8395.

Obdachlosigkeit: Beachten muss das Gericht, ob der Räumungsschuldner obdachlos würde, LG Hmb WuM 1988, 316; → „Ersatzraum", → „Zahlungsweise".

Politische Auswirkung: Nicht entscheidend beachten muss das Gericht die Gefahr des Verlusts eines politischen Mandats infolge eines Wohnungswechsels, LG Hmb WuM 1990, 118 (119).

Schwangerschaft: eine Schwangerschaft des Mieters oder in der Wohnung lebender Angehöriger/Partner ist auch dann zu beachten, wenn die Schwangerschaft erst nach dem Urteil begonnen hat, AG Bergheim WuM 1999, 530.

Strafanzeige: Eine schuldhaft unberechtigte Strafanzeige des Mieters gegen den Vermieter muss das Gericht bei der Abwägung natürlich für den letzteren beachten, LG Osnabr WuM 1993, 617.

Tierhaltung: Zulasten des Mieters muss das Gericht beachten, wenn er trotz der Verurteilung wegen unerlaubter Haltung von 3 Tieren jetzt ein „Tierparadies" mit rd. 27 Tieren eröffnet hat, AG Neust/Rbbge NZM 1999, 308.

Umzug: → „Hausbau", → Rn. 16.

Urlaub: Beachten muss das Gericht, ob der Räumungsschuldner in einen Urlaub gefahren ist, ohne sich nachhaltig um einen Ersatzraum zu bemühen, AG Hmb WuM 1991, 113 (114).

Vermieterkündigung: Beachten muss das Gericht, ob der Mieter dem Vermieter einen Grund zur Kündigung gegeben hat, LG Bln NJW-RR 1989, 1358 (Schuldlosigkeit), insbesondere etwa wegen einer Belästigung oder wegen eines Zahlungsverzugs, LG Bln NJW-RR 1998, 1310. Hat der Mieter durch eine Tätlichkeit einen Anlass zur Vermieterkündigung gegeben, kommt selbst eine angespannte Lage am Wohnungsmarkt kaum noch zu seinen Gunsten in Betracht, aA LG Hmb WuM 1994, 219.

Verschlechterung: Nicht entscheidend beachten muss das Gericht eine gewisse, aber noch zumutbare Verschlechterung der Wohnverhältnisse ohne eine Beeinträchtigung des sozialen Status, LG Hmb WuM 1990, 118 (119).

Verzug: → „Zahlungsweise".

Wohndauer: Je länger das Mietverhältnis angedauert hat, desto länger dürfte eine Räumungsfrist ausfallen, LG Bln NJW-RR 1989, 1358.

Wohnungsmarkt: Beachten muss das Gericht vornehmlich zugunsten des Räumungsschuldners die Lage am Wohnungsmarkt, LG Mü WuM 1995, 103 (104); LG Essen WuM 1992, 202; LG Verden WuM 1992, 637.

Wohnungszustand: Beachten muss das Gericht, in welchem Zustand sich die Mietwohnung einerseits beim Einzug befand, andererseits jetzt befindet.

Zahlungsweise: Eine Bemühung um die Zahlung der Rückstände und eine jetzt pünktliche Zahlung muss das Gericht beachten, OLG Stgt NJW-RR 2007, 15; LG Mainz WuM 1997, 233. Auch ein Rückstand hindert nicht an einer Räumungsfrist von 6 Wochen zur Vermeidung einer Obdachlosigkeit, LG Bln ZMR 2001, 189, sogar von 3 Monaten, LG Hmb WuM 2001, 80, Zahlungsverzug führt aber meist zum Überwiegen der Gläubigerinteressen, LG Tüb WuM 2015, 566.

Zeitablauf: Je länger der Zeitraum zwischen Kündigungserklärung und Räumungstermin, desto kürzer dürfte die Räumungsfrist ausfallen, LG Hann WuM 1989, 416; AG Bad Homburg WuM 1989, 303; AG Ludwigsb WuM 1989, 417 (418).

Zwangsversteigerung: Das Gericht darf den infolge Zuschlags zur Räumung verpflichteten Schuldner nicht schlechter stellen als einen aus anderem Grund zur Räumung Verpflichteten, LG Aschaffenb DGVZ 2002, 169.

16 **IX. Höchstfrist, V.** Die Höchstfrist beträgt insgesamt 1 Jahr, AG Dortm WuM 2004, 720; Schindler NZM 2021, 745 (750). Sie ist aber die Ausnahme. Die jeweils festgesetzte Frist beginnt idR mit der Verkündung des Urteils oder der Zustellung des Beschlusses, § 221. Die Höchstfrist von 1 Jahr beginnt grundsätzlich nach **V 2 Hs. 1** mit dem Eintritt der formellen Rechtskraft des Urteils nach § 705, OLG Hamm NJW 1982, 341. Bei einem Urteil auf eine künftige Räumung beginnt die Höchstfrist ausnahmsweise nach **V 2 Hs. 2** mit dem dort festgesetzten Tag.

17 **X. Fristfolgen, I–V.** Wenn das Gericht eine Räumungsfrist gewährt oder verlängert, wird dadurch das Mietverhältnis nicht fortgesetzt. Die Frist ist verfahrensrechtlicher Natur und hat keine materielle Bedeutung, weshalb sie auch den Verzug des Mieters nicht beseitigt, BGH NZM 2021, 135 Rn. 8. Jedoch bleibt die Pflicht des Vermieters bestehen, die Wohnung zumindest insoweit instandzuhalten, wie das zu Wohnzwecken notwendig ist, LG Bln ZMR 1992, 541 (542). Ferner bleibt das Recht des Mieters bestehen, die Mietsache im unbedingt notwendigen Umfang zu nutzen, AG St Blasien WuM 1996, 286. Der Mieter schuldet für die Zeit der Fristverlängerung Nutzungsersatz, § 546a BGB. Zusätzlich dazu darf der Vermieter nach § 546a II BGB einen solchen weiteren Schaden geltend machen, der ihm dadurch entsteht, dass der Mieter die Mietsache bis zum tatsächlichen Auszug nicht zurückgegeben hat. Eine weitergehende Schadensersatzpflicht besteht nach § 571 II BGB nicht. Dies gilt wohl auch für Untermieter, der aber uU Ersatz für die gesamte Mietsache schuldet, BGH NZM 2021, 135 Rn. 10. Wohl aber kann ein Anspruch auf eine Nutzungsherausgabe nach § 987 BGB hinzutreten.

18 **XI. Rechtsmittel, VI.** Der Mieter kann das Räumungsurteil mit der Berufung/Revision angreifen, womit dem Rechtsmittelgericht zugleich die Frage der Räumungsfrist anfällt. Der Gegner hat dann die Möglichkeit, seinerseits bis zum Schluss der letzten mündlichen Verhandlung nach §§ 136 IV, 296a, 525 Anträge zu stellen. Es ist aber nach **VI Nr. 1** auch eine selbständige Anfechtung der im Urteil oder Versäumnisurteil ausgesprochenen Räumungsfrist oder ihrer Bemessung sowie der Versagung einer solchen Frist möglich. Das gilt auch dann, wenn es sich um ein Erstes Versäumnisurteil nach § 331 handelt, LG Köln NJW-RR 1987, 143, oder wenn das Gericht nach **VI Nr. 2** einen Beschluss auf Antrag nach **II** oder **III** erlassen hat. Im Hinblick auf §§ 522 II, 524 IV besteht auch ein Bedürfnis für die sofortige Beschwerde neben einer Berufung Eine sofortige Beschwerde gegen eine Entscheidung nach **I** durch Beschluss statt durch Urteil führt zur Aufhebung, OLG Mü NJW-RR 2010, 945. Das Berufungsgericht kann auch isoliert entscheiden, LG Bln MDR 2016, 548.

19 **XII. Keine oder eingeschränkte Räumungsfrist, VII.** Soweit der Mieter nach § 549 II Nr. 3 BGB oder nach § 575 BGB keine Fortsetzung des Mietverhältnisses fordern kann, besteht auch kein Anlass zur Gewährung einer Räumungsfrist. Daher ist dann nach **VII 1** die gesamte Regelung **I–VI** unanwendbar. Vgl. auch den entsprechenden § 794a V. Der Mieter ist auf § 765a verwiesen, aM Sternel MDR 1983, 273 (aber die sachlichrechtlichen Möglichkeiten sind die natürlichen Hauptverteidigungsmittel). Beim Ende des Mietverhältnisses durch eine außerordentliche Kündigung nach § 575 BGB kommt eine Räumungsfrist nach **VII 2** nur bis zum vertraglich bestimmten Beendigungszeitpunkt infrage.

722 *Vollstreckbarkeit ausländischer Urteile.* **I Aus dem Urteil eines ausländischen Gerichts findet die Zwangsvollstreckung nur statt, wenn ihre Zulässigkeit durch ein Vollstreckungsurteil ausgesprochen ist.**

II Für die Klage auf Erlass des Urteils ist das Amtsgericht oder Landgericht, bei dem der Schuldner seinen allgemeinen Gerichtsstand hat, und sonst das Amtsgericht oder Landgericht zuständig, bei dem nach § 23 gegen den Schuldner Klage erhoben werden kann.

1 **I. Systematik.** Die Vollstreckbarkeit von Urteilen ist nach dem völkerrechtlichen **Territorialitätsprinzip** grds. auf den Urteilsstaat beschränkt. Für eine Vollstreckung in einem anderen Staat wäre deshalb ein neuer Leistungstitel aus dem Vollstreckungsstaat erforderlich. Dieser Weg ist auch möglich (→ Rn. 5), aber die Norm

eröffnet die Möglichkeit, dass durch eine inl. Entscheidung die Vollstreckung aus dem ausl. Urteil zugelassen wird (Exequatur); diese und nicht das ausl. Urteil ist dann Grundlage der inl. Vollstreckung, BGH NJW 1993, 1801 (1802). Die praktische Bedeutung dieser Bestimmung geht zurück, weil Urteile aus dem Bereich der EU nach Art. 36 Brüssel Ia-VO keiner Anerkennung mehr bedürfen; dasselbe gilt für Europäische Vollstreckungstitel nach der EuVTVO (→ § 1082 Rn. 1), dem Europäischen Zahlungsbefehl nach der EuMahnVO (→ § 1093 Rn. 3) und Urteile wegen geringfügiger Forderungen nach der EuBagVO (§ 1107). Für die Vollstreckung von Urteilen aus zahlreichen Drittstaaten hat das AVAG Vorrang. Für familienrechtliche Leistungstitel gelten zudem Art. 21 EheEuVO iVm §§ 16 IntFamRVG und § 110 FamFG, BGH NJW-RR 2007, 722; NJW 2007, 3433. Es handelt sich um ein Erkenntnisverfahren nach §§ 253 ff. und nicht um ein Vollstreckungsverfahren nach §§ 704 ff., BGH NJW-RR 2009, 279 Rn. 9. **II** regelt die örtliche Zuständigkeit. Die Voraussetzungen der Vollstreckbarerklärung ergeben sich aus § 723. Derzeit befindet sich eine Neufassung des **II** im Gesetzgebungsverfahren (BT-Drs. 20/2164).

2 **II. Regelungszweck.** Die Regelungen über die Zulassung der Vollstreckung sollen gewährleisten, dass im Inland kein Urteil vollstreckt wird, das mit wesentlichen Grundsätzen des inl. materiellen Rechts und Verfahrensrechts unvereinbar ist **(ordre public).** Der Prüfungsmaßstab ergibt sich aus der Verweisung in § 723 II 2 auf § 328.

3 **III. Geltungsbereich.** Bezugspunkt für ein Vollstreckungsurteil ist ein ausl. **Urteil.** Dieses muss nach dem Recht des Urteilsstaates rechtskräftig sein; unwirksame/nichtige Urteile können nicht zur Vollstreckung zugelassen werden, BGH NJW 1992, 3096 (3098). Ebenfalls scheiden Vorbehaltsurteile aus sowie Urteile im vorläufigen Rechtsschutz, MüKoZPO/Gottwald Rn. 24. Sie müssen darüber hinaus einen vollstreckungsfähigen Inhalt haben, Feststellungs- und Gestaltungsurteile scheiden deshalb aus, AG Würzb FamRZ 1994, 1596, mit Ausnahme der darin enthaltenen Kostenentscheidung, denn das Verfahren gilt auch für Kostenfestsetzungsbeschlüsse, OLG Frankfurt WM 2011, 693 (694). Als Urteile gelten auch ausl. Titel, die einem **Vollstreckungsbescheid** entsprechen, OLG Köln OLGR 2005, 83, oder ausl. insolvenzrechtliche Vollstreckungstitel, BGH NJW 1993, 2312 (2315). **Schiedssprüche** sind keine Urteile iSd Norm, weshalb auch ausl. Urteile, durch die ein Schiedsspruch entsprechend § 1060 I für vollstreckbar erklärt wird, nicht zur Vollstreckung zugelassen werden können, BGH NJW 2009, 2826 Rn. 9 **(keine Doppelexequatur),** vgl. hierzu Oppolzer EuZW 2022, 516 (517); hier gilt vielmehr § 1061 I. Gerichtliche **Vergleiche** und vollstreckbare Urkunden sind ebenfalls keine Urteile, § 795 verweist auch nicht auf § 722, MüKoZPO/Gottwald Rn. 3; aA Zöller/Geimer Rn. 10. Eine Differenzierung danach, ob das Gericht den Vergleich lediglich protokolliert oder bei dessen Abschluss eine Kontrollfunktion ausgeübt hat, BeckOK ZPO/Bach Rn. 6 ist weder im Gesetz angelegt noch praktikabel, da dies dem Vergleich nicht anzusehen ist.

4 **IV. Vollstreckungsurteil, I.** Durch das Vollstreckungsurteil wird die Vollstreckung aus dem ausl. Urteil für zulässig erklärt. Grundlage der inl. Vollstreckung ist das Vollstreckungsurteil und nicht der ausl. Titel, BGH NJW 1993, 1801 (1802). Deshalb muss sich aus dem Vollstreckungsurteil der Inhalt des Leistungsbefehls mit der für die Vollstreckung erforderlichen **Bestimmtheit** ergeben, fehlt es hieran bereits im ausl. Urteil ist ein Vollstreckungsurteil nicht möglich. Darum verbindet das Gericht die ausländische Entscheidung zweckmäßig dadurch mit dem deutschen Vollstreckungsurteil, dass es sie in die Urteilsformel nach § 313 I Nr. 4 aufnimmt, BGH FamRZ 1988, 491, etwa so: „Die Zwangsvollstreckung aus dem Urteil … des Gerichts … ist zulässig. Dessen Formel lautet wie folgt …“. Bei Titeln, die nicht auf Leistung eines fixen Geldbetrages lauten, zB Verzugszinsen oder dynamisierter Unterhalt, müssen im Vollstreckungsurteil die maßgeblichen Berechnungsparameter mitgeteilt werden, BGH NJW 1993, 1801 (1803). Bei einer nur teilweisen Zulässigkeitserklärung weist das Gericht den Rest ab, BGH NJW 1992, 3105. Kosten und vorläufige Vollstreckbarkeit wie sonst, §§ 91 ff., 708 ff.

5 **V. Leistungsklage, I.** Eine selbständige Klage auf den durch das ausländische Urteil festgestellten Anspruch im Bereich des § 722 ist regelmäßig statthaft, denn das Vollstreckungsurteil lässt sich weder einfacher noch billiger erlangen, BGH FamRZ 1987NJW 1987, 1146; OLG Karlsr NJW-RR 1999, 82; OLG Hamm FamRZ 1991, 718; aA Wieczorek/Schütze/Schütze Rn. 2, der aber eine Verbindung von Vollstreckungs- und Leistungsklage zulassen will. **Streitgegenstand** des Verfahrens nach § 722 ist nicht derjenige Anspruch, über den das ausländische Gericht entschieden hat, sondern nur das Begehren, der ausländischen Entscheidung die inländische Vollstreckbarkeit zu geben, BGH NJW 1993, 1801; OLG Bbg FamRZ 1980, 66 (67). Daher ist auch eine zunächst erfolgte Ablehnung der Vollstreckbarerklärung des ausländischen Urteils für eine folgende inländische Leistungsklage oder Anerkennung nicht schädlich, BGH NJW 1987, 1146; KG NJW-RR 1994, 138. Soweit das ausl. Urteil gem. § 328 im Inland anzuerkennen ist, ist dieses auch für die neue Leistungsklage zu beachten. Das Urteil muss also eine mit dem ausländischen Urteil inhaltlich übereinstimmende Sachentscheidung treffen, BGH NJW 1987, 1146 (1147); KG NJW-RR 1994, 138 (139); OLG Karlsr FamRZ 1991, 600 (601).

6 **VI. Feststellungsklage, I.** Der Verurteilte kann auf die Feststellung des Nichtbestehens der ausgesprochenen Verpflichtung klagen, solange der Gläubiger noch keine Vollstreckungsklage erhoben hat. Das deutsche Gericht prüft das ursprüngliche Schuldverhältnis nur dann, wenn es dem ausländischen Urteil eine Anerkennung nach § 328 versagen muss.

7 **VII. Vollstreckungsklage, II. 1. Kläger.** Kläger ist grds. der Gläubiger des titulierten Anspruchs. Ein Dritter wie etwa ein **Rechtsnachfolger** nach § 325 darf nur dann klagen, wenn das Urteil nach dem ausländischen Recht für oder gegen ihn wirkt, BGH NJW-RR 2007, 723; OLG Hmb FamRZ 1983, 1157 (1158). Über eine Rechtsnachfolge muss das Gericht im Prozess entscheiden. § 265 II ist unanwendbar, wenn eine Abtretung erst nach dem Eintritt der Rechtshängigkeit erfolgt, BGH NJW 1992, 3096 (3097).

8 **2. Örtliche Zuständigkeit.** In erster Linie ist das Gericht des **allgemeinen Gerichtsstands** des Schuldners nach §§ 13–19 zuständig. Hilfsweise ist das Gericht des Vermögens nach § 23 zuständig, ohne dass es hierfür eines bes. Inlandsbezuges des Ausgangsrechtsstreits bedürfte, BGH NJW 1997, 325 (326); KG NJW 2020, 22 (23), für eine Auffangzuständigkeit am Sitz der Bundesregierung analog § 15 I 2 Geimer IZPR Rn. 1245. Die Zuständigkeit ist gem. § 802 ausschließlich. Die örtliche Zuständigkeit impliziert auch die int. Zuständigkeit, BGH NJW 1997, 325 (326).

9 **3. Sachliche Zuständigkeit.** Ausschließlich zuständig sind das AG oder LG nach § 23 Nr. 1 GVG je nach dem etwa umrechenbaren Streitwert des Vollstreckungsurteils nach §§ 3 ff. usw. Funktionell ist das FamG wie sonst zuständig, BGH NJW 1983, 2775.

10 **4. Verfahren.** Es handelt sich um ein **Erkenntnisverfahren** und nicht um ein Vollstreckungsverfahren, BGH NJW-RR 2009, 279 Rn. 9, sodass die allg. Regeln Anwendung finden. Streitgegenstand ist lediglich das Begehren, die Vollstreckung aus dem ausl. Urteil zuzulassen (→ Rn. 5). Deshalb steht die Rechtshängigkeit der Vollstreckungsklage einer neuen Leistungsklage (→ Rn. 5) nicht entgegen. Eine Widerklage mit dem Antrag, die fehlende Anerkennungsfähigkeit des ausl. Titels festzustellen, geht über die Negation des Vollstreckungsantrags hinaus und ist deshalb zulässig, Zöller/Geimer Rn. 76; nicht aber eine Abänderungslage, BGH NJW 1990, 1419 (1420). Ein Urkundenprozess nach §§ 592 ff. ist unstatthaft, denn es liegt kein Zahlungsanspruch nach § 592 vor, MüKoZPO/Gottwald Rn. 41. Da ein Vergleich über den Streitgegenstand unwirksam wäre, ist auch kein Anerkenntnis nach § 307 möglich; zulässig ist aber ein Vergleich über den titulierten Anspruch. Eine Klagerücknahme nach § 269 oder ein Verzicht nach § 306 sind statthaft.

11 Das Gericht entscheidet durch Urteil, gegen das die allg. Rechtsmittel bestehen.

12 **Gebühren:** des Gerichts: KV 1510 GKG; des Anwalts: VV 3100, amtliche Vorbemerkung 3.2.1 I Nr. 3 RVG (Rechtsmittel).

723 *Vollstreckungsurteil.* [I] **Das Vollstreckungsurteil ist ohne Prüfung der Gesetzmäßigkeit der Entscheidung zu erlassen.**

[II] [1]Das Vollstreckungsurteil ist erst zu erlassen, wenn das Urteil des ausländischen Gerichts nach dem für dieses Gericht geltenden Recht die Rechtskraft erlangt hat. [2]Es ist nicht zu erlassen, wenn die Anerkennung des Urteils nach § 328 ausgeschlossen ist.

1 **I. Systematik.** § 723 regelt bis auf die in § 722 II behandelte Zuständigkeit das weitere Verfahren einschließlich des Vollstreckungsurteils, auf das es ja abzielt.

2 **II. Regelungszweck.** Die Norm regelt im Wesentlichen den **Prüfungsmaßstab** des Gerichts im Verfahren auf Erlass eines Vollstreckungsurteils. Daneben wird in **II 1** lediglich noch geregelt, dass das Vollstreckbarkeitsurteil die Rechtskraft des ausl. Urteils voraussetzt (→ Rn. 4).

3 **III. Prüfung, I.** Das Gericht darf nicht nachprüfen, ob das ausländische Verfahren ordnungsmäßig war oder ob jenes Gericht usw. das ausländische oder das inländische Recht unrichtig angewandt hat. Es besteht also ein **Verbot der sog. révision au fond,** BGH NJW 1992, 3096 (3098). Das Gericht darf also auch nicht prüfen, ob die ausländischen Prozessvoraussetzungen vorlagen, etwa die Zuständigkeit. Zu prüfen ist lediglich die Anerkennungsfähigkeit des ausl. Urteils gem. § 328, BGH NJW 1992, 3096 (3098). Ferner muss das Gericht alle Einwendungen gegen den durch das ausländische Urteil festgestellten Anspruch im Rahmen der §§ 767 II, 768 prüfen, BGH NJW 1993, 1270 (1271).

4 **IV. Voraussetzungen, II.** Das ausländische Urteil muss grundsätzlich nach dem ausländischen Recht eine **formelle Rechtskraft** wie nach § 705 erlangt haben; eine vorläufige Vollstreckbarkeit des ausländischen Urteils genügt nicht. Das gilt selbst dann, wenn die Rechtskraft für die Vollstreckbarkeit nach dem ausländischen Recht unerheblich ist. Eine Vernichtbarkeit nach dem Recht des Urteilsstaats ist unschädlich, soweit das dortige Gericht sein Urteil nicht aufgehoben hat, BGH NJW 1999, 3198.

724 *Vollstreckbare Ausfertigung.* [I] **Die Zwangsvollstreckung wird auf Grund einer mit der Vollstreckungsklausel versehenen Ausfertigung des Urteils (vollstreckbare Ausfertigung) durchgeführt.**

[II] Die vollstreckbare Ausfertigung wird von dem Urkundsbeamten der Geschäftsstelle des Gerichts des ersten Rechtszuges erteilt. Ist der Rechtsstreit bei einem höheren Gericht anhängig, so kann die vollstreckbare Ausfertigung auch von dem Urkundsbeamten der Geschäftsstelle dieses Gerichts erteilt werden.

Abs. II neugef. mWv 1.1.2022, G vom 5.10.2021, BGBl I 4607.

Schrifttum: Brox, Zwangsvollstreckungsrecht § 5; Lackmann, Zwangsvollstreckungsrecht, 11. Aufl. 2018 § 7; Reymann, Nachweisverzicht und Schuldnerschutz bei der Sicherungsgrundschuld, FS Martinek 2020 S. 653; Stamm, Die Digitalisierung der Zwangsvollstreckung, NJW 2021, 2563; Waldschmidt, Die Zwangsvollstreckung beginnt bereits im Erkenntnisverfahren, JurBüro 2020, 458 (insbes. zu § 1357 BGB); Winkler, Die vollstreckbare Ausfertigung in der notariellen Praxis, RNotZ 2019, 117.

Übersicht

I. Systematik, I, II. Die Regelung stellt das notwendige **Bindeglied** zwischen dem Originalurteil und der Zwangsvollstreckung her, BGH MDR 1976, 837. Die Erteilung der Klausel ist nur eine vorbereitende Maßnahme, noch nicht die Zwangsvollstreckung selbst, BGH NJW 2008, 918 Rn. 13. Die Norm gilt für alle Titel nach §§ 704, 795; auch für § 722 und § 1063. §§ 725 ff. haben ergänzende Funktion und in ihrem Anwendungsbereich Vorrang als Spezialnormen. **Verzicht** auf den Nachweis nach § 726 führt zur Anwendung des § 724, BGH NJW 2020, 3600; → Rn. 24; so auch Zöller/Seibel ZPO § 726 Rn. 20. Zu **§ 201 InsO** vgl. Lissner JurBüro 2020, 59, 116. Die allgemeinen Vorschriften der ZPO, etwa §§ 78 ff., gelten sinngemäß, BGH WM 2022, 1341; NJW 2011, 929 Rn. 21. 1

Im Patentverfahren sind §§ 724–802 entsprechend beim Kostenfestsetzungsbeschluss nach § 80 V PatG anwendbar. Dasselbe gilt im markenrechtlichen Verfahren nach §§ 63 IV 2, 71 V, 90 IV MarkenG. In **FamFG-Sachen** gilt vorrangig § 86 III FamFG, dessen Auslegung im Lichte von SuZ der Klausel zu erfolgen hat, zur Notwendigkeit einer Klausel für einen Vgl. im Einzelfall Brdb FamRZ 2019, 1268; NJW-RR 2015, 520. In einer Arbeitsrechtssache gilt § 62 ArbGG, AG Weißenfels DGVZ 2011, 191 (einfache statt qualifizierter Klausel). Für **Verwaltungsakte** gelten §§ 724 ff. analog, BGH DGVZ 2009, 111. 2

Das **Vollstreckungsorgan** darf folgerichtig die sachlichrechtliche Zulässigkeit einer erteilten Vollstreckungsklausel grds. **nicht prüfen,** sondern nur, ob eine Klausel vorhanden ist und ob sie ordnungsgemäß erteilt wurde, BGH NJW-RR 2022, 220 Rn. 13; NJW-RR 2017, 510; NJW-RR 2013, 437; NJW-RR 2012, 1146 (auch: Erteilung durch den Urkundsbeamten der GeschSt anstelle des RPfl nicht zu prüfen); NJW-RR 2012, 1148; Mü RNotZ 2018, 539 Rn. 32; LG Hbg Rpfleger 2016, 305. 3

Nur die mangelnde Vollstreckbarkeit, namentlich aus Gründen fehlender **Bestimmtheit,** kann vom Vollstreckungsorgan ungeachtet der Klausel erneut überprüft werden, → Rn. 32. IÜ ist die Überprüfung allenfalls in extremen Fällen zulässig, MüKoZPO/Wolfsteiner Rn. 4, etwa bei **Nichtigkeit** wegen Überschreitung des Titels oder mangelnder Beifügung der Klausel zum Titel selbst, BGH NJW-RR 2013, 437; best. in BGH 28.4.2022 – V ZB 12/20, BeckRS 2022, 14738 Rn. 6; AG Augsburg DGVZ 2004, 77. Auch → Rn. 26; → Rn. 40; → § 732 Rn. 4. 4

Man unterscheidet die einfache Klausel, § 724, die qualifizierte Klausel, § 726, die titelergänzende Klausel, näher → § 726 Rn. 8, der titelübertragenden Klausel, §§ 727, 728 und der titelerweiternden Klausel, analog § 727 bei Beitritt einer weiteren Partei, BGH NJW 2014, 1740; MüKoZPO/Wolfsteiner Rn. 16. 5

II. Regelungszweck, Geltungsbereich, I, II. Die Vorschrift dient der Rechtssicherheit und dem Schuldnerschutz, AG Essen NJW-RR 2008, 1461. Es soll sicher sein, dass und mit welchen Beteiligten in welchem Umfang, für welche Zeitdauer aus der bei der Akte verbleibenden Original-Sachentscheidung mithilfe einer bloßen Ausfertigung nach § 317 II zu Händen des Gläubigers die Zwangsvollstreckung erfolgen darf, **ohne** dass das **Vollstreckungsorgan** eine **Prüfkompetenz** hätte, BGH NJW-RR 2017, 510 Rn. 13; NJW-RR 2013, 437; NJW-RR 2012, 1148 Rn. 12; Karlsr RPfleger 2014, 420; Köln NJW-RR 2000, 1580; BayObLG Rpfleger 1983, 481; Hamm FamRZ 1981, 200; LG Mannheim JurBüro 2009, 330 (Vollmacht, Zwangsversteigerung); eingehend Jaspersen Rpfleger 1995, 4. Das gilt nach LG Münster 19.10.2021 – 05 T 1565/21, BeckRS 2021, 32525, mit guten Gründen auch für das Verfahren der Zwangsversteigerung, ohne dass die sechsmonatige Frist des § 1193 I 3 BGB zu beachten wäre; einschränkend AG Steinfurt 20.9.2021 – 009 K 016/21, BeckRS 2021, 32614. 6

Die Norm ist mit § 733 zu lesen und der daraus ersichtlichen Zielsetzung, die Zahl vollstreckbarer Ausfertigungen zur Vermeidung von Mehrfachvollstreckungen möglichst zu begrenzen. Daher ist eine elektronische Ausfertigung für die Klausel ungeeignet, BGH JurBüro 2008, 382. 7

Die Klausel bedeutet für die Vollstreckungsorgane eine erhebliche Vereinfachung und Entlastung. Sie dürfen sich bei der Zwangsvollstreckung auf die formelle Legitimation des Gläubigers verlassen, ohne auf den näheren Inhalt des Titels oder gar der Akten zurückgreifen zu müssen, BGH 16.9.2021 – VII ZB 9/21 Rn. 12; Brdb FamRZ 2019, 1946; KG NJW-RR 1987, 1229; MüKoZPO/Wolfsteiner § 724 Rn. 2. Die Schaffung der vollstreckbaren Ausfertigung zusätzlich zum Original des Titels hat darüber hinaus Sicherheitsgründe, da letzteres bei dem Ursprungsorgan verbleibt. Mit dem Zweck der Klausel korrespondiert die Pflicht zur Aushändigung der vollstreckbaren Ausfertigung an den Schuldner nach § 757. 8

Im Einzelfall kann die Klausel der inhaltlichen Konkretisierung dienen, namentlich bei ausländischen Titeln, die den Bestimmtheitsanforderungen deutscher Urteile nicht genügen, vgl. BGH NJW 1993, 1801; NJW 1990, 3084. Die Problematik wird hier dem Regelungsbereich des § 726 zugeordnet, nicht zuletzt auch der Zuständigkeit des RPfl, → § 726 Rn. 27 „Index-Titel". 9

Bei **Nachweisverzicht** betr. die Bedingung nach § 726 gilt § 724, BGH NJW 2020, 3600. 10

III. Notwendigkeit einer vollstreckbaren Ausfertigung, I, II. Grundlage jeder Zwangsvollstreckung ist ein Titel, BGH NJW 1993, 735. Die vollstreckbare Ausfertigung des in seiner Urschrift bei den Gerichtsakten bleibenden Vollstreckungstitels ist zusammen mit der Vollstreckungsklausel nach §§ 725 ff., 750 für die Vollstreckungsorgane die praktische Grundlage jeder Zwangsvollstreckung. Der Gläubiger muss sie dem Vollstreckungsorgan vorlegen, BGH NJW-RR 2010, 1100; Köln NJW-RR 2000, 1580; LAG Rhl.-Pf JurBüro 2009, 329. Das Erteilungsverfahren liegt vor dem Beginn der Zwangsvollstreckung als dessen Voraussetzung, BGH MDR 1976, 837. 11

Die Vollstreckungsklausel ist grundsätzlich nach §§ 35 I Nr. 2, 42, 43 GVGA bei **allen Vollstreckungstiteln** notwendig, AG Essen NJW-RR 2008, 1461. Das gilt nach § 35 III GVGA auch zB bei einem Landestitel nach § 801, falls das Landesrecht das vorschreibt, ferner bei § 869, BGH NJW 2011, 1818, bei § 890, Hbg WRP 1981, 221, oder bei einem Anwaltsvergleich nach § 796a oder Notarvergleich nach § 796c oder bei einem Schiedsspruch nach § 1054, Kblz NJW 1997, 1450, oder bei einem Zuschlagsbeschluss nach dem ZVG, AG Westerburg DGVZ 2005, 46, ferner zB bei § 23 III 2 BetrVG, LAG Brem BB 1993, 795, oder bei § 2 SeeGVG (zuständig ist das OLG am Sitz des Internationalen Seegerichtshofs Hamburg). Zur Immobilienvollstreckung Alff Rpfleger 2001, 385. Bei der Zwangsvollstreckung eines Sozialen Leistungsträgers nach **§ 66 IV SGB X** muss der Gläubiger dem Vollstreckungsorgan für die Erteilung der Klausel analog § 724 eine vollständige Ausfertigung des Beitragsbescheids vorlegen, BGH MDR 2008, 712; AG Heilbr DGVZ 2020, 152; AG Dippoldiswalde DGVZ 2020, 207 (Mehrausfertigungen); DGVZ 2020, 206 (Ausdrucke gläubigerinternen Programms nicht ausreichend), 12 versehen mit der handschriftlich unterzeichneten Vollstreckungsklausel und dem Originalabdruck eines Siegels; die inhaltliche Nachvollziehbarkeit oder gar Richtigkeit ist nicht zu überprüfen, BGH DGVZ 2016, 179.

13 Auch der mit Klausel versehende Titel nach § 66 SGB X ist dem Vollstreckungsorgan in jedem Falle vorzulegen; eine nur inhaltliche Wiedergabe reicht nicht aus, LG Augsb DGVZ 2004, 77, LG Stade Rpfleger 1987, 253, AG Arnstadt DGVZ 2000, 140. Zu Einzelfragen beim Vorgehen sozialer Leistungsträger bereits Jakobs DGVZ 1984, 163.

14 Rechtsakte der EU fallen nach Art. 299 II AEUV unter das deutsche VollstrRecht; sie erhalten die Klausel vom BMJ; §§ 726 ff. sind anwendbar, EuGH EuZW 2018, 304 (Ls.) = BeckRS 2017, 130344.

15 **IV. Entbehrlichkeit einer vollstreckbaren Ausfertigung, I, II.** Eine vollstreckbare Ausfertigung darf nur in den folgenden Fällen fehlen:

16 **Arrest pp.:** Sie darf bei einem Arrest und bei einer einstweiligen Anordnung oder Verfügung grundsätzlich nach §§ 929 I, 936 I fehlen, nicht aber bei §§ 796, 929, 935 sowie bei § 53 I FamFG (Zwangsvollstreckung für oder gegen einen anderen als den im Titel Genannten), § 35 IV 2 GVGA, oder bei einem in solchem Verfahren geschlossenen Prozessvergleich, LAG Ddf MDR 1997, 659.

Europatitel: Derjenige nach §§ 1082, 1093, 1107 braucht keine Klausel.

Familiensache: Nach § 86 III FamFG ist eine Vollstreckungsklausel nach § 35 II GVGA grundsätzlich nur bei einer Vollstreckung durch ein anderes als dasjenige Gericht nötig, das den Titel erlassen hat. Wegen § 87 I 1 FamFG ist die Lage jedoch unklar, vgl. Brdb RPfleger 2019, 733; NJW-RR 2015, 520 (Vergleich); auch MüKoZPO/Wolfsteiner Rn. 12. Erfolgt die ZV durch einen anderen Spruchkörper, bedarf es der Klausel, Oldb FamRZ 2017, 1333. Bei einer einstweiligen Anordnung gilt § 53 FamFG.

Haftbefehl: Sie ist bei einem Haftbefehl nach § 802g entbehrlich, LG Kiel DGVZ 1983, 155; auch im Fall des § 35 IV 3 GVGA, § 901.

Hypothekenbrief: § 830 Pfändung.

Kostenfestsetzungsbeschluss: Sie kann nach § 35 V GVGA bei dem auf das Urteil gesetzten Kostenfestsetzungsbeschluss nach §§ 105 I, 795a fehlen; der Gläubiger braucht die vollstreckbare Ausfertigung erst nach dem Erhalt auch der Kosten an den Schuldner herauszugeben, Hamm JurBüro 2003, 379.

Pfändung, Überweisung: Sie kann nach § 35 IV 3 GVGA bei einem Pfändungsbeschluss nach § 830 I (Hypothekenbrief)und beim Überweisungsbeschluss nach § 836 III 5 (Herausgabe von Urkunden) fehlen, nach § 802a II 1 Nr. 5 Hs. 2 auch bei einer Vorpfändung nach § 845 I 3.

Vollstreckungsauftrag: Derjenige einer Vollstreckungsbehörde kann reichen, LG Detm DGVZ 2014, 240.

Vollstreckungsbescheid: Sie darf beim Vollstreckungsbescheid nach § 699 grundsätzlich nach § 796 I fehlen, Ausnahme: Zwangsvollstreckung gegen anderen Gl. oder S. Auch die Umschreibung eines alten Vollstreckungsbefehls kommt in Betracht, BGH NJW 1993, 3142.

Vorpfändung: Nach § 802a II 1 Nr. 5 ist keine Klausel erforderlich.

Willenserklärung: Der Klausel bedarf das Urteil nur in den Fällen des § 894 S. 2, dazu Mü RPfleger 2014, 133; näher → § 726 Rn. 34; → § 894 Rn. 17.

Zwangsgeldbeschluss: Ein Beschluss nach § 888 braucht keine Klausel, LG Kiel DGVZ 1983, 155.

17 **V. Vollstreckbare Ausfertigung, I.** Die vollstreckbare Ausfertigung ist eine mit der Vollstreckungsklausel nach § 725 versehene Ausfertigung des Titels nach §§ 317, 329, welche die Inhaberschaft desselben voraussetzt, Ddf FGPrax 2001, 166; Hbg DNotZ 1987, 356. Der Titel kann bei einem Urteil nach § 317 II, IV vollständig oder abgekürzt sein; anders für Beitragsbescheide nach SGB LG Aurich NdsRpfl 1986, 276; LG Stade Rpfleger 1987, 253.

18 Nach der Beendigung der Zwangsvollstreckung muss das Vollstreckungsorgan oder der Gläubiger die vollstreckbare Ausfertigung des Titels dem Schuldner nach § 757 aushändigen. Eine Fortsetzung der Zwangsvollstreckung nach einstweiliger Einstellung erfordert keine neue vollstreckbare Ausfertigung.

19 **VI. Erteilung, II. 1. Zuständigkeit.** Die Zuständigkeit nach § 724 II ist dieselbe wie bei § 706 I. Das gilt ausweislich § 43 Nr. 3 GVGA auch bei §§ 9, 13 IV, 17 III AVAG. Zuständig ist also grundsätzlich der **Urkundsbeamte der Geschäftsstelle** dieser Instanz, § 43 Nr. 1 GVGA, der zunächst seine Zuständigkeit oder diejenige des Rpflegers zu prüfen hat, ohne dass eine Fehlentscheidung die Wirksamkeit der Klausel berührt, BGH NJW-RR 2013, 437; NJW-RR 2012, 1146 Rn. 12; → Rn. 6; → § 726 Rn. 4.

20 Seit der Änderung des Abs. II 2 mWv 1.1.2022 ist auch die Zuständigkeit im Verfahren des höheren Rechtszuges eindeutig geregelt. Die Regelung ist ihren praktischen Funktionen entsprechend großzügig zu handhaben. Sie greift auch dann ein, wenn das Gericht des höheren Rechtszuges bereits durch Teilurteil entschieden hat und insoweit die Klausel erteilt werden soll, Zöller/Seibel ZPO Rn. 9.

21 Die Zuständigkeit kann zB für einen **Scheidungsvergleich** gelten, KG FER 2000, 297 (nicht bei echter Bedingung im Vergleich). Beim Vollstreckungsbescheid nach § 699 ist das nach § 689 III bestimmte zentrale Mahngericht zuständig, BGH NJW 1993, 3141. Nach der Abgabe an das Prozessgericht nach § 696 ist dieses zuständig, BGH NJW-RR 2006, 1575. Beim Vergleich vor einer Gütestelle nach § 794 I Nr. 1 ist grundsätzlich der Urkundsbeamte des AG am Sitz der Gütestelle zuständig (Ausnahme: § 797a), § 43 Nr. 4, 5 GVGA. Bei § 794 I Nr. 5 ist der Urkundsbeamte des Verwahrgerichts zuständig. Bei § 797 II ist der Notar oder die Verwahrstelle zuständig.

22 Bei dem Titel eines **ArbG** ist nach § 42 I Hs. 2 GVGA der Urkundsbeamte seiner Geschäftsstelle zuständig. Wegen eines Vergleichs vor dem Schiedsmann Drischler Rpfleger 1984, 308. Wegen eines Gemeinschaftsgeschmacksmusters ist nach § 64 DesignG das BPatG zuständig. Wegen des SeeGVG → § 724 Rn. 12. Beim notariellen Titel ist grundsätzlich der Notar zuständig.

23 Bei §§ 726 ff., 733, 738, 742, 744–745 II, 749 ist nicht der Urkundsbeamte zuständig, sondern grundsätzlich nach § 20 I Nr. 12, 13, § 26 RPflG, § 42 Nr. 2, 5 GVGA der **Rechtspfleger,** BGH NJW-RR 2013, 437; KG FER 2000, 297, Zweibr MDR 1997, 593.

24 Im Falle des **Nachweisverzichts** hat nach BGH NJW 2020, 3600 das Klauselerteilungsorgan die Klausel gem. § 724, nicht gem. § 726 zu erteilen; das führt, obwohl die Entscheidung im Fall eines Notars ergangen ist, auf § 724 aber umfassend Bezug genommen wird, an sich zur Zuständigkeit des Urkundsbeamten der Geschäftsstelle. Unter Rn. 17 spricht der BGH in dem Zusammenhang allgemein vom „Klauselerteilungsorgan". Es ergibt sich indes ein inhaltliches Problem, weil die Beurteilung des Nachweisverzichts nach § 20 I Nr. 12 und § 26 RPflG

Aufgabe des RPfl ist, → § 726 Rn. 4; immerhin liegt die Zwangsvollstreckung unter einer Bedingung vor, nur auf den Nachweis wird verzichtet. Andererseits soll eben dieser Verzicht das Verfahren beschleunigen, was für die Zuständigkeit des UrkB spricht. IÜ ist die vom UrkB erteilte Klausel alleine wegen eines Zuständigkeitsmangels nicht unwirksam. In Zweifelsfällen muss der UrkB die Sache dem RPfl vorlegen, BGH NJW-RR 2013, 437. Handelt der RPfl, bleibt es gem § 8 V RPflG dabei. Im Streitfall entscheidet analog § 5 I Nr. 2 RPflG das Gericht. Zu Rechtsbehelfen → Rn. 42.

2. Verfahrensübersicht. Es ist ein Antrag notwendig; eine **Prozessstandschaft** in Bezug auf den Antrag ist nicht zulässig, BGH NJW 1993, 1396; NJW-RR 1992, 61; Zweibr NJW 2007, 2780; zum Anspruch des in der Sache obsiegenden Prozessstandschafters auf Klauselerteilung → Rn. 37. Antragsberechtigt ist jeder **Gläubiger,** der das Urteil erstritten hat; der **Rechtsnachfolger** ist auf den Weg des § 727 verwiesen, auch wenn der Schuldner von vornherein zur Zahlung an ihn verurteilt worden ist, BGH NJW 1984, 806; Kblz MDR 2014, 596 (Unterhaltstitel); des Weiteren gelten §§ 728 f. Man kann den Antrag formlos, schriftlich, nach §§ 130ad elektronisch oder mündlich zu Protokoll der Geschäftsstelle stellen. Er erfordert deshalb nach § 78 III Hs. 2 **keinen Anwaltszwang.** Die Entscheidung ergeht ohne Anhörung des Gegners, § 730 de maiore ad minus. Der Gläubiger muss die notwendigen Nachweise vorlegen. Die Erteilung der vollstreckbaren Ausfertigung setzt keine Zustellung des Titels nach § 750 an den Schuldner voraus, auch nicht bei § 798. Eine maschinelle Erstellung kann reichen, AG St Ingbert DGVZ 2012, 165. Natürlich muss nach → Rn. 26 die zugrunde liegende Entscheidung nach außen wirksam geworden sein. Das Gericht muss sie also nach § 311 verkündet oder wegen § 573 I 1 nach § 310 III zugestellt haben. 25

VII. Prüfungspflicht, II. 1. Äußere Wirksamkeit des Titels. Der Urkundsbeamte muss prüfen, ob ein schon und noch äußerlich wirksamer Titel vorliegt, BGH VersR 1982, 597. Maßgeblich für seinen Inhalt ist die Formulierung des Tenors, Ddf NJW-RR 1987, 640. Daneben sind zu prüfen: Haben die im Kopf nach § 313 I Nr. 1–3 aufgeführten Richter das Urteil nach § 315 unterschrieben oder liegt ein ausreichend unterschriebener Beschluss nach § 329 vor, BGH NJW 2003, 3136. War die Verkündung nach §§ 310, 311 ordnungsgemäß, BGH NJW 1999, 794. Ist die Zustellung des Urteils nach §§ 166 ff., 317 ordnungsgemäß erfolgt, AG Bln-Neukölln DGVZ 1995, 11. Ist das Urteil etwa wegen einer Klagerücknahme nach § 269 oder wegen seiner Aufhebung etwa nach § 717 I wirkungslos geworden, darf die Klausel nicht mehr erteilt werden. 26

Ein **Vergleich** muss wirksam zustande gekommen sein, im Sitzungsprotokoll mit dem Zusatz „v. u. g.", §§ 160 III Nr. 1, 162 I 1, 3; nach § 278 VI durch äußerlich wirksamen Beschluss, was wie beim Urteil geprüft wird; das Fehlen das Zusatzes auf der vollstreckbaren Ausfertigung darf nicht aus anderen Unterlagen ergänzt werden, LG Essen MDR 1975, 938. Zu beachten ist der ggf. bestehende Anwaltszwang, BGH NJW 1991, 1743, dies aber nicht für einen beitretenden Dritten, BGH NJW 1983, 1433. Die str. Fortsetzung des Rechtsstreits wegen vermeintlicher Unwirksamkeit des Vgl. steht der Erteilung der Klausel nicht entgegen, Ffm NJW 2003, 3136. 27

2. Vollstreckbarkeit, Verwirkung. Das Gericht muss prüfen, ob der Titel zur Zeit der Erteilung der vollstreckbaren Ausfertigung äußerlich vollstreckbar, ob er also entweder nach §§ 708 ff. vorläufig vollstreckbar ist oder ob er die formelle Rechtskraft nach § 705 erlangt hat, BayObLG FGPrax 1995, 212. Es darf weder eine Aufhebung nach § 717 I noch eine Unzulässigkeit nach § 767 vorliegen, BayObLG DNotZ 1997, 77. Wenn ein **Teil** des Urteils nicht für vorläufig vollstreckbar erklärt worden ist, darf der Urkundsbeamte der Geschäftsstelle insoweit keine vollstreckbare Ausfertigung erteilen. 28

Verwirkung durch Zeitablauf tritt nur in besonders gelagerten Fällen ein, BGH NJW-RR 2014, 195 Rn. 8; 29

3. Vollstreckungseignung, teilweise Erteilung. Das Gericht muss prüfen, ob sich der Titel nach seinem Inhalt zu einer Zwangsvollstreckung eignet, BGH NJW-RR 2006, 217 (Regelunterhalt); DB 1990, 1327 (zu „gesetzlichen" Zinsen in einem französischen Urteil: bejahend), Ffm JurBüro 1995, 158, Saarbr NJW 1988, 3100; VGH Mü 21.1.2021 – 15 C 20.2668, BeckRS 2021, 1663. Das ist nicht der Fall, wenn ihm die Eignung nach Form und Inhalt fehlt, BGH NJW 1957, 23. Gleiches gilt bei einem Rechtsmittelurteil zB nach §§ 540, 559, wenn aufgrund einer wesentlichen Änderung des Tenors die Vollstreckung nicht mehr alleine auf das Urteil der ersten Instanz gestützt werden kann, BGH NJW 1998, 613. Es muss ferner klären, ob sich nicht schon aus dem Titel selbst eindeutig ergibt, dass die Zwangsvollstreckung aus ihm nicht durchgeführt werden soll, Ddf NJW-RR 1987, 640, Saarbr NJW 1988, 3101, oder nicht hinreichend klar ist, ob S. sich der Zwangsvollstreckung unterworfen hat, BGH WM 1958, 1195. Letzteren Ansatz hat der BGH auf die Frage ausgedehnt, ob eine Unterwerfungserklärung wegen fehlerhafter Beurkundung des notariellen Vertrages unwirksam ist NJW-RR 1987, 1149 (betr. die Zulässigkeit einer Klage aus § 767 nicht aufrecht erhalten, vgl. NJW 1992, 2160). 30

Ein nichtiger Verwaltungsakt kann ebenfalls nicht mit einer Klausel versehen werden, BGH NJW 1971, 705. 31

Der Titel muss hinreichend **bestimmt** sein, BGH NJW-RR 2022, 433; FamRZ 2021, 770 Rn. 15 (genaue Bezeichnung für Vorlage von Belegen); FamRZ 2019, 1442 (Auskunft); NJW-RR 2012, 532 Rn. 15; Zweibr NJW-RR 2020, 581 (Vgl.); Hamm MDR 2010, 1086; Köln NJW-RR 1991, 383; LG Ffm NJW-RR 2021, 128 („früherer Zustand" zu unbestimmt). Bei der Pflicht zur Vorlage von Belegen ist nicht nur erforderlich, dass in dem Titel die Art der vorzulegenden Belege bezeichnet ist, sondern auch der Zeitraum, auf den sich die Vorlageverpflichtung erstreckt, BGH NJW-RR 2022, 433 Rn. 15. Maßgeblich ist der Titel selbst einschließlich Anlagen, die Verweisung auf andere Urkunden reicht nicht aus, Karlsr NJW-RR 2001, 67; zur Herausgabe Dresd ZMR 2019, 484; → § 726 Rn. 17. Denn sonst fehlt das Rechtsschutzinteresse. Zur Feststellung der Vollstreckungsfähigkeit darf und muss man den Titel auslegen, Saarbr NJW 1988, 3101. Eine Bezugnahme kann unschädlich sein. Ein Rechtskraftzeugnis nach § 706 I ist nicht nötig. 32

Bei teilbarer Leistung kann die Klausel auf einen **Teil** beschränkt werden, dsgl. bei mehreren Verurteilungen auf einzelne von ihnen, BGH NJW 1995, 1162. 33

4. Antragsberechtigung, Nämlichkeit, mehrere Parteien. Das Gericht muss schließlich nach § 750 prüfen, ob diejenigen Personen, für und gegen die eine Zwangsvollstreckung stattfinden soll, dieselben wie die im Titel genannten Personen sind, Köln NJW-RR 1991, 383. Auch ein dem Prozessvergleich beigetretener Dritter kann Schuldner sein, BGH NJW 1983, 1433 (kein vorheriger Anwaltszwang). Gegen **Gesamtschuldner** wird nur eine Klausel erteilt, gegen **Kopfteilschuldner** für jeden eine, jeweils auf diesen einen beschränkt, BGH NJW-RR 2014, 195 Rn. 19. Die Differenzierung ist notwendig, damit nicht bei Gesamtschuldnerschaft die 34

Gefahr einer überhöhten Vollstreckung entsteht, aA Musielak/Voit/Lackmann ZPO Rn. 8; wie hier Zöller/Seibel ZPO Rn. 12.

35 Bei dem allein klagenden **Mitgläubiger,** der auf eine Leistung an alle vorgeht, kann ihm alleine die Klausel erteilt werden, Köln MDR 1989, 1111 (Unterlassungstitel); Gesamtgläubiger erhalten nur eine Klausel, KG NJW-RR 2000, 1409. Auch der **Miterbe,** der alleine oder gemeinsam mit den übrigen einen Titel erwirkt hat, kann auch alleine die Erteilung der nur auf ihn lautenden Klausel verlangen, wenn gesichert ist, dass die Zwangsvollstreckung allen Miterben zugutekommt; dabei reicht der sich aus § 432 I 1 BGB ergebende Schutz der Miterben aus, BGH NJW 2021, 634 Rn. 12, 16 (für einen Fall des § 132 I ZVG); KG NJW-RR 2000, 1409; Köln MDR 1989, 1111. **Gesamthandgläubiger** erhalten inhaltlich nur eine gemeinsame Ausfertigung, es sei denn bei § 2039 BGB. **Teilgläubiger** erhalten für den jeweiligen Titel je eine Klausel. Bei einer nach § 432 BGB unteilbaren Leistung kommt ebenfalls nur eine vollstreckbare Ausfertigung in Betracht, BGH NJW 1995, 1162; eine Teilausfertigung ist unstatthaft, Hamm Rpfleger 1992, 258.

36 Die Wirksamkeit einer **Vollmacht** für den Berechtigten ist vAw zu prüfen, BGH NJW 2012, 3518; NJW 2008, 2266 (zu § 54 BeurkG); NJW-RR 2007, 358; NJW-RR 2004, 1718; AG Schwäbisch Hall Rpfleger 2021, 527.

37 Der **Prozessstandschafter** bleibt vollstreckungsbefugt, solange nicht die Klausel auf den materiellen Anspruchsinhaber umgeschrieben worden ist, BGH NJW 1991, 839. Die Klausel darf nur verweigert werden, wenn sich aus dem Titel oder sonstigen amtsbekannten Umständen zweifelsfrei ergibt, dass die Vertretungsmacht entfallen ist, so etwa bei zwischenzeitlicher Volljährigkeit eines Kindes, für das zuvor ein Unterhaltstitel erstritten worden war, Ffm FamRZ 1994, 453; für Zulässigkeit der Klage nach § 767, wenn in diesem Fall der Titel auf Zahlung an den Elternteil lautet, Hamm NZFam 2016, 370. Das minderjährige Kind kann nach Beendigung der Prozessstandschaft die Umschreibung auf seinen Namen verlangen, Hamm FamRZ 2000, 1590.

38 Wenn der Titel zu einer Leistung an einen **Dritten** verurteilt, darf das Gericht diesem Dritten eine vollstreckbare Ausfertigung nur dann erteilen, wenn er Rechtsnachfolger nach § 727 ist, BGH NJW 1984, 806; Kblz MDR 2014, 596, mag er nun der Streithelfer nach § 66 gewesen sein oder nicht.

39 Bei einem Vgl. des **Betriebsrats** kann eine Klausel gegen einzelne Mitglieder nicht erteilt werden, BAG NZA 2020, 604.

40 **VIII. Grenzen der Prüfung, II.** Die Erteilung der vollstreckbaren Ausfertigung ist noch keine Vollstreckungsmaßnahme, BGH NJW 2008, 918 Rn. 13. Das Gericht darf daher nicht prüfen, ob die Zwangsvollstreckung infolge einer **Einstellung** zB nach §§ 707, 719 derzeit unzulässig ist, ob eine Abwendungserlaubnis nach §§ 711, 712 I 1 oder eine Anordnung nach § 709 besteht. Eine Versagung der Ausfertigung hindert eine baldige Zwangsvollstreckung nach dem Wegfall der Einstellung. Das Gericht darf ferner nicht prüfen, ob der sachlichrechtliche Anspruch auf einen Dritten übergegangen ist, ob die Forderung erloschen ist, BayObLG NJW-RR 2000, 1663, oder ob über das Vermögen des Schuldners ein **Insolvenzverfahren** läuft. Denn dieser Umstand hindert nach § 89 InsO nur die Durchführung der Zwangsvollstreckung selbst, BGH NJW 2008, 918 Rn. 13; Saarbr NJW-RR 1994, 636. Das Gericht darf ferner nicht prüfen, ob die Zwangsvollstreckung infolge von Einwendungen derzeit **unzulässig** ist.

41 Das Klauselerteilungsverfahren hat **prozessuale Eigenständigkeit,** dh der Titel darf nur auf seine **formelle Vollstreckungsfähigkeit** überprüft werden, nicht anhand materiell-rechtlicher Kriterien; das Klauselerteilungsverfahren dient nicht dazu, das Ergebnis des Erkenntnisverfahrens zu revidieren oder materiell-rechtlichen Veränderungen vor Vollstreckungsbeginn Rechnung zu tragen, BGH NJW 2011, 2803 Rn. 20; gleiches gilt für den **Vergleich,** BGH NJW-RR 1991, 1021; Ffm NJW-RR 1995, 703, und die **notarielle Urkunde,** BGH NJW 2009, 1887. Die Qualifizierung der Forderung als **Deliktsanspruch** steht dem Urkundsbeamten ebenfalls nicht zu, AG Gött Rpfleger 2008, 441.

42 **IX. Rechtsbehelfe, I, II. 1. Möglichkeiten. a) Schuldner.** Der Schuldner kann nur nach §§ 732, 768 vorgehen, namentlich ist das Fehlen der für die Erteilung der Klausel gegebenen Voraussetzungen mit der Klauselerinnerung nach § 732 angreifbar, Ffm FamRZ 2019, 627. Erteilt das Beschwerdegericht auf Betreiben des Gl. die Anweisung, eine Klausel zu erteilen, soll nach Hamm NJW-RR 1990, 1277, die weitere Beschwerde des S. zulässig sein; dazu auch Münzberg Rpfleger 1991, 211. Dem ist nicht zu folgen, weil sich für das Gericht des ersten Rechtszuges neue zu prüfende Umstände ergeben haben können und dem S. mit §§ 732, 768 hinreichende Möglichkeiten ergeben, so auch Zöller/Seibel Rn. 13. Die Anwendungsbereiche von §§ 732, 768 können sich überlappen, wenn etwa der S. einwendet, der durch Urkunde zu führende Beweis sei nicht gelungen hier besteht ein Wahlrecht. Für die Rechtsbeschwerde gilt § 574 I Nr. 2. Die Nichtzulassung ist unanfechtbar, BGH 23.9.2020 – I ZB 60/20, BeckRS 2020, 26381; anderes ist auch nicht von Verfassungs wegen geboten BGH 27.11.2019 – I ZB 86/19, BeckRS 2019, 34272; NJW 2002, 1577.

43 **b) Gläubiger.** Der Gläubiger kann gegen die Entscheidung des **Urkundsbeamten** der Geschäftsstelle nach § 573 I binnen einer Notfrist von 2 Wochen das Gericht (nicht: das Vollstreckungsgericht) anrufen, für welches jener tätig ist, mit sofortiger Beschw nach §§ 573 II, 567 I, LG Stuttg RPfleger 2000, 537. Der Urkundsbeamte kann und muss evtl. nach §§ 572 I, 573 I 3 abhelfen. Wenn der **Rpfleger** entschieden hat, gilt für den Gläubiger § 11 I RPflG iVm § 567, BGH NJW-RR 2020, 934; Ffm FamRZ 1994, 453, KG Rpfleger 1998, 65; LG Stgt Rpfleger 2000, 537; für den Rpfleger des Berufungsgerichts gilt § 11 II RPflG. Erteilt mithin der Rpfleger die Klausel nicht, ist das Beschwerdegericht zuständig, LAG Ddf Rpfleger 2000, 382. Bei Begründetheit weist es das Klauselorgan zur Erteilung an, LG Stgt Rpfleger 2000, 537 (540). Bei Abhilfe durch den Rpfleger steht dem S. der Weg des § 732 offen. Wegen einer Anschlussbeschwerde §§ 567 III, 573 II. Für die Rechtsbeschwerde gilt § 574 I Nr. 2. Die Nichtzulassung ist unanfechtbar, BGH 23.9.2020 – I ZB 60/20, BeckRS 2020, 26381 anderes ist auch nicht von Verfassungs wegen geboten, BGH 27.11.2019 – I ZB 86/19, BeckRS 2019, 34272 NJW 2002, 1577.

44 Hat ein Gericht die vollstreckbare Ausfertigung erteilt und macht der Gläubiger geltend, diese nicht erhalten zu haben, so kommt nur die Erteilung einer weiteren vollstreckbaren Ausfertigung in Betracht, Mü FamRZ 2013 485; → § 733 Rn. 9 „Verlust".

45 **c) Sonstiges.** Ist nach § 724 II, 2 auch das Gericht des **höheren Rechtszuges** zuständig, kann dieses die Sache auf Gegenvorstellung prüfen, offen gelassen in BGH NJW 1984, 806; zustimmend Zöller/Seibel Rn. 13

Für den **Notar** gelten § 54 BeurkG, § 64 FamFG, LG Zwickau NotBZ 2000, 200. Für die Beschwerde beachte §§ 58 ff., 70 FamFG und wegen der Kosten §§ 81, 84 FamFG, § 27 GNotKG.

2. Formalien. Für den Anwaltszwang gelten die allgemeinen Vorschriften, § 78. Nach § 569 II 1, ggf. iVm § 573 I 3 gilt Schriftform, Ausnahme vom Anwaltszwang: § 569 III. Die Erinnerung kann nach § 573 I 2 immer zu Protokoll der Geschäftsstelle erklärt werden, so dass § 78 III eingreift. 46

3. Tenor. Verwerfung und Zurückweisung folgen allgemeinen Regeln. Bei Erfolg der Erinnerung wird die angefochtene Entscheidung aufgehoben und die Anweisung gegeben, die beantragte Klausel zu erteilen. 47

4. Kosten. Gebühren: des Gerichts KV 1241 GKG, des Anwalts § 25 RVG, VV 3309, 3310 RVG. 48

725 *Vollstreckungsklausel.* Die Vollstreckungsklausel:

„Vorstehende Ausfertigung wird dem usw. (Bezeichnung der Partei) zum Zwecke der Zwangsvollstreckung erteilt"
ist der Ausfertigung des Urteils am Schluss beizufügen, von dem Urkundsbeamten der Geschäftsstelle zu unterschreiben und mit dem Gerichtssiegel zu versehen.

I. Systematik, Regelungszweck. Zunächst → § 724 Rn. 1. Die Vollstreckungsklausel ist ein zum Beginn der Zwangsvollstreckung nötiges, besonderes Zeugnis des Gerichts über die Vollstreckbarkeit. Nicht erforderlich ist es in den Fällen der §§ 795a, 796, 929; zu weiteren Fällen → § 724 Rn. 15. Den Zeitpunkt und den Umfang der Zwangsvollstreckung bestimmt im gesetzlichen Rahmen der Gläubiger nach § 754. § 725 regelt den „Normalfall", §§ 726, 727 ff. regeln vorrangige Sonderfälle. Die Aushändigung einer vollstreckbaren Ausfertigung ist auf der bei den Akten verbleibenden Urschrift zu vermerken, § 734. 1

An sich müsste eine Ausfertigung des Vollstreckungstitels nach § 317 auch ohne die zusätzliche Zweckbestimmung eines nichtrichterlichen Beamten ausreichen, um dem rechtmäßigen Besitzer die Durchsetzung zu ermöglichen. Indessen erleichtert eine Klausel allen Vollstreckungsorganen die Arbeit. Bei einer korrekten Handhabung grenzt sie dieses Exemplar der Ausfertigung von etwaigen weiteren ab und schützt so den Schuldner vor mehrfachem Zugriff; näher → § 724 Rn. 6. 2

II. Form und Inhalt der Klausel. Der Wortlaut der Vollstreckungsklausel ist nicht unbedingt derjenige des § 725. Es empfiehlt sich aber, den gesetzlichen Wortlaut einzuhalten. Die Klausel muss lediglich den vorgeschriebenen Mindestinhalt haben. Sie muss also vor allem den Gläubiger ausreichend bezeichnen und die Zwangsvollstreckung als Zweck nennen, vgl. auch § 750, § 42 II 2 GVGA. Insbesondere bei Erteilung für einen von mehreren Gl. wird der Name zweckmäßig in der Klausel wiederholt. Sie braucht die allerdings übliche Überschrift „Vollstreckbare Ausfertigung" nicht zu tragen, ebenso wenig ihr Datum. Sie darf über das nach § 308 I, II Zugesprochene nicht hinausgehen, auch nicht bei Zinsen und Kosten. Sie darf aber hinter ihm zurückbleiben, etwa bei einer antragsgemäßen Teilklausel, → § 724 Rn. 30. Eine Verbindung mehrerer Seiten nur mit einer Heftklammer schafft keinen zur Zwangsvollstreckung ausreichenden Titel, LG Bln Rpfleger 2008, 586. Falls die **Klarheit** es erfordert, ist der vollstreckbare Tenor in der Klausel zu wiederholen. 3

Wesentlich sind von der vorgeschriebenen Form nur die eigenhändige **Unterschrift** des Urkundsbeamten der Geschäftsstelle, BGH NJW 2013, 3451 Rn. 7; NJW-RR 1998, 141 (allgemein), AG Brem DGVZ 1981, 61 (Nachfolgeklausel), und die **Beifügung** zum Vollstreckungstitel, LG Frankenth Rpfleger 1985, 244. 4

Nicht wesentlich sind eine Unterschrift und das Beidrücken des Gerichtssiegels gerade am Schluss der Ausfertigung. Entscheidend ist bei allem, dass über die Herkunft der vollstreckbaren Ausfertigung und den Inhalt der Klausel volle Gewissheit besteht. Eine nicht unterzeichnete Vollstreckungsklausel stellt lediglich einen Entwurf dar, BGH NJW-RR 1998, 141. Nicht näher geregelt ist, wie das Siegel beschaffen sein muss. Entscheidend ist die Gewähr für die Herkunft. Ausreichend ist statt des förmlichen runden Siegels ein einfacher Schwarzstempel, LG Bln Rpfleger 2008, 586, bei einem Mahngericht die **maschinelle** Erstellung nach § 703b I, BGH NJW-RR 2021, 1504 Rn. 20 (unschädlich, dass die Rechtsnachfolge nicht maschinell geprüft und ggf. noch eine Unterschrift und ein Siegel angebracht werden wird); AG Unna JurBüro 2011, 494 (auch bei Rechtsnachfolge keine Unterschrift). Ein lediglich drucktechnisch erzeugtes Behördensiegel genügt nicht, BGH NJW 2017, 1951 (zu § 29 III GBO, übertragbar); VersR 1985, 551; LG Hildesheim BeckRS 2004, 17953; LG Aurich Rpfleger 1988, 199; zu allem vgl. Waldschmidt, Das Problem mit dem Siegel, JurBüro 2021, 621; Ilg Rpfleger 2019, 61. **§ 319** ist auf die Klausel anwendbar. 5

III. Beifügung. Das Gericht muss nach § 750 I die Vollstreckungsklausel im Original derjenigen Urteilsausfertigung nach § 317 beifügen, aus der eine Vollstreckung erfolgen soll, LG Stgt Rpfleger 2000, 537; LG Frankenth Rpfleger 1985, 244. Die Anforderungen an die Ausfertigung, dazu BGH NJW 1998, 1959; NJW 1969, 1298, sind zu wahren. Durch die Beifügung des Originals einer ordnungsgemäßen Vollstreckungsklausel wird die bloße Urteilskopie zu einer vollstreckbaren Urteilsausfertigung. Die bloße Ausfertigung der Vollstreckungsklausel reicht dazu nicht, LG Frankenth Rpfleger 1985, 244. Daran ändert auch die Bestimmung des § 135 GBO nichts, da sie nur für die grundbuchrechtlichen Voraussetzungen gilt, Schlesw BeckRS 2022, 13275 (Grundbuchamt als Vollstreckungsorgan). Der genaue Ort der Klausel auf dem Titel ist unerheblich, solange der Inhalt eindeutig hervortritt; die Anordnung „am Schluss" ist bloße Ordnungsvorschrift. 6

IV. Beispiele zur Frage einer Beifügung

Berufungsurteil: Wenn das Berufungsgericht das Ersturteil zB nach §§ 313 II Nr. 4, 540 abändert, ist seine Entscheidung der Vollstreckungstitel. Das gilt auch bei einer Berichtigung nach § 319, BGH WuM 2015, 41. Wenn das zweite Urteil nur die Vollstreckungsbeschränkung entfallen lässt, genügt die einfache Ausfertigung. Wenn es aber zur Hauptsache die Formel ändert oder, wenn auch bei teilweiser inhaltlicher Übereinstimmung, vollständig neu fasst, ist es erforderlich, eine vollstreckbare Ausfertigung des Berufungsurteils zu erstellen, BGH NJW 1998, 613. Jedwede **Erweiterung,** und sei es nur bei Nebenforderungen oder der Sicherheitsleistung, schafft die Notwendigkeit einer Klausel auf dem Berufungsurteil. Der Urkundsbeamte kann beide Urteile gemeinsam mit der Vollstreckungsklausel versehen, wenn erst der gemeinsame Inhalt das Ziel der Zwangsvollstreckung erkennen lässt. Ausfertigungen, die erst gemeinsam den Umfang der Zwangsvollstreckung erkennen lassen, sind fest miteinander zu verbinden, Mü NJW 1956, 996. Wenn das höhere Gericht eine Entscheidung 7 ohne jede Abweichung oder nur unter einer unwesentlichen Abweichung etwa nur bei der Sicherheitsleistung oder unter Einschränkung des Zinsanspruchs bestätigt hat, genügen eine vollstreckbare Ausfertigung des ersten Urteils und eine einfache Ausfertigung des zweiten, BGH WM 2021, 2340 = BeckRS 2021, 36087 Rn. 29; NJW 1998, 613, Celle JurBüro 1985, 1731.

Patentsache: Zum EPG Leistner GRUR 2016, 217.

Rechtskraft: Nicht erforderlich ist die formelle Rechtskraft des Urteils nach § 705, LG Stgt Rpfleger 2000, 537.

Rechtskraftzeugnis: Ein solches nach § 706 ersetzt die Vollstreckungsklausel nicht, vgl. § 42 III GVGA.

Rückgabe: Eine Rückgabe der vollstreckbaren Ausfertigung des ersten Urteils ist keine Bedingung der Erteilung einer Klausel auf ein Berufungsurteil. Wohl aber muss das Vollstreckungsorgan oder der Gläubiger auch diese Ausfertigung dem Schuldner nach §§ 754, 757 aushändigen.

Schiedsspruch: Bei seiner Vollstreckbarerklärung nach §§ 1059 ff. ist nur diese der Vollstreckungstitel. Eine Beifügung des Schiedsspruchs nach § 1054 ist nur dann notwendig, wenn das Gericht seine Formel nicht in die Erklärung voll aufgenommen hat.

Sicherheitsleistung: Wenn das erste Urteil nach § 709 S. 1 nur gegen eine Sicherheitsleistung vollstreckbar ist, das zweite Urteil jedoch nach § 708 ohne eine Sicherheitsleistung vollstreckbar ist, genügt zum Nachweis des Wegfalls die Beifügung einer einfachen Ausfertigung des zweiten Urteils. Der Urkundsbeamte der Geschäftsstelle kann auch den Wegfall in der Klausel auf der Ausfertigung des Ersturteils vermerken. → Rn. 7 „Berufungsurteil".

Versäumnisurteil: Bei § 343 S. 1 muss das Gericht die Vollstreckungsklausel nur der Versäumnisentscheidung beifügen, Celle JurBüro 1985, 1731. Bei (teilweiser) Aufrechterhaltung nach Einspruch ist das str. Urteil mit der Klausel zu versehen, Karlsr DGVZ 1965, 87.

Vollstreckungsurteil: Bei einem solchen nach § 723 ist nur diese Entscheidung der Vollstreckungstitel. Eine Beifügung des ausländischen Urteils ist nur dann notwendig, wenn das deutsche Gericht die Formel nicht in sein Vollstreckungsurteil voll aufgenommen hat.

726

Vollstreckbare Ausfertigung bei bedingten Leistungen. **I Von Urteilen, deren Vollstreckung nach ihrem Inhalt von dem durch den Gläubiger zu beweisenden Eintritt einer anderen Tatsache als einer dem Gläubiger obliegenden Sicherheitsleistung abhängt, darf eine vollstreckbare Ausfertigung nur erteilt werden, wenn der Beweis durch öffentliche oder öffentlich beglaubigte Urkunden geführt wird.**

II Hängt die Vollstreckung von einer Zug um Zug zu bewirkenden Leistung des Gläubigers an den Schuldner ab, so ist der Beweis, dass der Schuldner befriedigt oder im Verzug der Annahme ist, nur dann erforderlich, wenn die dem Schuldner obliegende Leistung in der Abgabe einer Willenserklärung besteht.

Schrifttum: Dörndorfer DGVZ 2000, 82; Reymann, Nachweisverzicht und Schuldnerschutz bei der Sicherungsgrundschuld, FS Martinek, 2020, S. 653.

1 **I. Systematik, Geltungsbereich, I, II.** Die Vorschrift enthält eine gegenüber §§ 724, 725 in Bezug auf ihre näheren Voraussetzungen vorrangige, für Abs. I durch §§ 730, 731, 756 ergänzte Sonderregelung; die Voraussetzungen der §§ 724 f. müssen vorliegen. Die Norm gilt auch für die von § 795 erfassten Titel. Der Nachweis gem. § 751 I fällt nicht unter § 726 I; die dort ausgenommene **Sicherheitsleistung** ist gem. § 751 II erst für den Beginn oder die Fortsetzung der Zwangsvollstreckung nachzuweisen. Ist die Zwangsvollstreckung nach dem Tenor erst ab einem bestimmten **Kalendertag** zulässig, gilt insoweit nicht § 726 I, da der Ablauf ohnehin nach § 751 I geprüft werden muss; ausgenommen hiervon ist wiederum die Vorratspfändung nach § 850d III, Brox/Walker § 9 Rn. 159. Bei **Nachweisverzicht** betr. die Bedingung nach § 726 gilt § 724, BGH NJW 2020, 3600; → Rn. 10. Zu **Abs. II** → Rn. 29.

2 Die Regelung ist nicht unproblematisch, weil sie zum **Bestimmtheitsgrundsatz,** § 253 II Nr. 2, in einem Spannungsverhältnis steht, eingehend MüKoZPO/Wolfsteiner Rn. 1. Dazu auch → Rn. 3. Anwendungsfälle für Urteile bleiben dennoch, → Rn. 27, wobei (hinreichend bestimmte) Regelungen in ausländischen Urteilen, Vergleichen, not. Urkunden und Schiedsurteilen mit vereinbartem Wortlaut daneben eigenständige Bedeutung haben.

3 **II. Regelungszweck, I, II.** Die Vorschrift dient der Rechtssicherheit durch die Vermeidung einer vorschnell durchgeführten Vollstreckung. Denn sie würde evtl. die zugunsten des Schuldners im Urteil festgesetzten oder gesetzlichen Bedingungen nicht einhalten. Bei § 726 zeigt sich auch eher als bei § 725 der Sinn einer besonderen Vollstreckungsklausel, nämlich der Schuldnerschutz. Er besteht hier in einer Prüfungspflicht des Rpfl. zu den im Titel verfügten besonderen Vollstreckungsvoraussetzungen. Hinsichtlich der Zwangsvollstreckung findet mithin eine **Ergänzung** des Titels um eine nach dem Inhalt des Urteils vorausgesetzte, im Erkenntnisverfahren aber noch nicht geklärte Tatsache statt, BGH NJW 2011, 2803 Rn. 22. Daher muss man § 726 streng handhaben und insbesondere auch die **Bestimmtheit** des Titels zur genauen Klärung der betr. Tatsache kritisch prüfen, BGH NJW 2006, 695 Rn. 25; Saarbr NZBau 2013, 776; insoweit für titelergänzende Klausel MüKoZPO/Wolfsteiner Rn. 14; zur Bestimmtheitsproblematik bei ausländischen Titeln BGH NJW 1993, 1801; → Rn. 17.

4 **III. Zuständigkeit, I, II.** Zuständig ist nach Abs. I der **Rpfl.** nach § 20 I Nr. 12 und § 26 RPflG, BGH NJW-RR 2013, 437, bei notariellen Urkunden gem. § 797 II 1 der Notar. Wenn ein Nachweis nach Abs. I nicht geführt werden muss, etwa bei einer **Verfallklausel,** → Rn. 27 „Vergleich", ist der **UrkB** zuständig, BGH NJW 2010, 859 Rn. 17; LG Hbg Rpfleger 2004, 159. Für den Fall des **Nachweisverzichts** wird hier die Zuständigkeit des **UrkB** vertreten, → § 724 Rn. 19. Ein Verstoß gegen die Zuständigkeitsordnung ist vom Vollstreckungsorgan nicht zu prüfen; einschlägig sind §§ 732, 768, BGH NJW-RR 2012, 1146; NJW-RR 2012, 1148; Zweibr JurBüro 2003, 492; Kblz NJW 1992, 378; LG Hbg 2.12.2020 – 328 T 49/20, BeckRS 2020, 35354; geprüft wird im Verfahren nach §§ 732, 768 allerdings nicht der Kompetenzverstoß, sondern alleine die Richtigkeit der Klauselerteilung, so dass das Vollstreckungsorgan nicht zu prüfen hat, ob anstelle der einfachen Klausel eine qualifizierte hätte erteilt werden müssen, BGH NJW-RR 2013, 437; MüKoZPO/Wolfsteiner § 724 Rn. 21

Auch in BGH NJW-RR 2012, 1146 wird nicht die Aufhebung alleine wegen des Zuständigkeitsmangels befürwortet, vgl. dort Rn. 17; aA wohl MüKoZPO/Wolfsteiner § 724 Rn. 23.

Die Ansicht von Hamm FGPrax 2011, 223 = RPfleger 2011, 621; Drsd MDR 2010, 1491 (für Grundbucheintragung), und von Musielak/Voit/Lackmann Rn. 4, der nur bei bewusstem Verstoß von Nichtigkeit ausgeht, ist abzulehnen, weil sie dem Vollstreckungsorgan eine unter dem Gebot der Vereinfachung und Beschleunigung nicht vorgesehene Prüfpflicht auferlegt; zu den allgem hohen Anforderungen an die Feststellung der Nichtigkeit BGH NJW-RR 2020, 1131 Rn. 14. Ein Kompetenzverstoß in umgekehrter Richtung hat bereits nach § 8 V RPflG keinen Einfluss. 5

Für die Erteilung der Vollstreckungsklausel bei **Vergleichen auf Widerruf** ist der Rpfleger zuständig, BGH NJW 2006, 776; BAG NJW 2004, 701; Saarbr NJW 2004, 2908; LG Kblz JurBüro 2003, 444; aA Stgt NJW 2005, 909. Denn der fehlende Widerruf eines Vergleichs innerhalb der vereinbarten Widerrufsfrist ist eine vom Gläubiger gem. § 726 zu beweisende Tatsache, eine Voraussetzung für das Wirksamwerden. Das Problem wird durch § 795b deutlich entschärft, wenn, wie es üblich ist, der Widerruf dem Gericht gegenüber schriftsätzlich erklärt werden muss; dann nämlich liegt eine aus der Akte ersichtliche Tatsache vor, LG Kblz Rpfleger 2011, 389. 6

IV. Voraussetzung der Klauselerteilung, I. 1. Eintritt einer Tatsache. a) Regelungsumfang. aa) Grundsatz, Titelergänzung. Der Anwendungsbereich von Abs. I umfasst ist **jede** nach dem Inhalt des Titels der Zwangsvollstreckung vorausgesetzte **Tatsache,** die nicht in der bloßen Erbringung der Sicherheit besteht. Eine Entscheidung nach § 726 muss daher im Titel selbst eine Grundlage haben, BGH NJW 2011, 2803, die ggf. durch Auslegung näher zu klären ist, → Rn. 14. Die Norm erfasst auch Rechtstatsachen, MüKoZPO/Wolfsteiner Rn. 9; zB im Sinne von BGH NJW-RR 2007, 1563. Entscheidend ist nur, das es sich um eine nach dem Titel selbst noch nicht feststehende Tatsache handelt, KG FER 2000, 297, von der die Zwangsvollstreckung ganz oder teilweise abhängt, KG OLGZ 1983, 213. Normalerweise handelt es sich dabei um eine aufschiebende Bedingung. Verfehlt ist es jedoch, das Augenmerk alleine auf **Bedingungen** im engeren Sinne zu richten; dies muss nicht notwendig der Fall sein. Die Tatsache kann auch in einem Vorgang der Vergangenheit bestehen, Köln OLGR 2000, 160. Auflösende Bedingungen sind ohnehin nicht erfasst, → Rn. 27. 7

In den Sachzusammenhang mit dem Regelungsbereich der Norm gehören auch **Titelergänzungen,** namentlich die Konkretisierung von **Indextiteln** und damit die Zuständigkeit des RPfl., → Rn. 27, dies wohl voraussetzend BGH NJW-RR 2004, 649; MüKoZPO/Wolfsteiner Rn. 12f. Auch Art. 54 I Brüssel Ia-VO (Schlussanhang V C.2) führt im Sinne größtmöglicher Verfahrensvereinfachung und -beschleunigung zu diesem Ergebnis. Generell ist bei Auslandstiteln eine großzügige Handhabung geboten, vgl. auch BGH NJW 2014, 702; SchiedsVZ 2012, 41; NJW 1986, 1440; dies muss für Inlandstitel ebenfalls gelten. Solange der Bestimmtheitsgrundsatz gewahrt ist, → Rn. 17, kann die Klauselerteilung nach § 726 daher zur Lückschließung herangezogen werden, BGH NJW 1993, 1801; Mü FamRZ 2017, 920; Köln NJW-RR 2005, 932; Karlsr FamRZ 2002, 1420. Die Grundlagen der Lückenschließung müssen indes im Titel angelegt sein, BGH NJW 2011, 2803; die im Urteil nicht erwähnte Herleitung des Anspruchs aus unerlaubter Handlung kann daher im Klauselerteilungsverfahren nicht nachgeholt werden, BGH NJW 2003, 515; eingehend MüKoZPO/Wolfsteiner Rn. 29. 8

Unerheblich ist, ob der Anspruch selbst, seine Fälligkeit oder nur die Vollstreckung vom Vorliegen der Tatsache abhängt, BGH NJW-RR 2011, 424 Rn. 19; BAG NJW 2004, 701; Beispiele → Rn. 27. Die Entstehung des Anspruchs ist beim **Widerrufsvergleich** idR von der Bedingung abhängig, dass nicht widerrufen wird, unabhängig von der Frage, welcher Seite das Recht zusteht,; die vorgreifliche Prüfung dieser Frage dient dem Schuldnerschutz, der bei Annahme einer auflösenden Bedingung für den Schuldner nur über § 767 zu erreichen wäre, → § 732 Rn. 10; aA für Unterhalts vgl. Braunschw Rpfleger 1972, 421. Näher zu Verfallklausel und Vergleich → Rn. 27. 9

bb) Grenzen der Regelung, abweichende Vereinbarungen. Der bloße **Fristablauf** nach dem Kalender ist als solcher keine nachzuweisende Tatsache, AG Friedberg DGVZ 1991, 47; er wird nach §§ 750 I, 751 I berücksichtigt. Entsprechendes gilt in den Fällen der §§ 721, 798 und bei § 510b; ausgenommen ist die Vorratspfändung nach § 850d III, Brox/Walker § 9 Rn. 159. Nachzuweisende Tatsache ist jeder Vorgang, der eine noch nicht bestimmte Frist in Gang setzt, namentlich die Kündigung, → Rn. 27. Den Nachweis der Sicherheitsleistung nimmt Abs. I direkt aus; er wird nach § 751 II geprüft. § 724 greift ein, wenn der Schuldner auf den Hilfsantrag **„im Unvermögensfall“** zu einer Leistung verurteilt wird und das Vollstreckungsorgan diesen Fall in der Zwangsvollstreckung feststellen kann, Hamb MDR 1972, 1040; AG Friedberg DGVZ 1991, 47. 10

Da die Regelung dem Schutz des Schuldners dient, BGH NJW 1981, 2756, können die Parteien eine von I **abweichende Vereinbarung** treffen, indem sie zB eine erleichterte Beweisführung regeln, BGH NJW-RR 2006, 567; Stgt NJW-RR 1986, 549; LG Hbg WuM 2015, 632. Der Schuldner kann etwa **auf Nachweise verzichten,** BGH NJW 2020, 3600 Rn. 17; NJW 2001, 2096 (2098dd); NJW 1981, 2756; NJW-RR 2006, 567, ua auch auf den Nachweis der Fälligkeit bei Unterwerfung unter die Zwangsvollstreckung, Celle JurBüro 2001, 876; Ffm JurBüro 1997, 544; Everts DNotZ 2017, 343; eingehend zu § 1193 Reymann, FS Martinek, München 2020, S. 653. Die materielle Bedingung verliert durch den Nachweisverzicht ihren Charakter als Vollstreckungsbedingung, auch im Fall des § 1193 II 2 BGB; das zuständige Vollstreckungsorgan kann daher die Klausel als **einfache Klausel** nach **§ 724** erteilen; materielle Wirkungen hat der Verzicht nicht, so dass Einwendungen gegen den Anspruch selbst dem Schuldner erhalten bleiben; die Wirksamkeit des Verzichts ist allerdings im Klauselerteilungsverfahren nicht zu prüfen, weshalb S. Einwände insoweit nicht nach § 732, sondern nach §§ 767, 769, 795 geltend machen kann, BGH NJW 2020, 3600 Rn. 17. Die strenge Handhabung des § 1193 II 2 in der seit dem 20.8.2008 geltenden Fassung, BGH NJW 2017, 2469, ist insoweit ohne Einfluss. 11

Die Fassung „Der Gläubiger ist vom Nachweis des Verzugs durch öffentliche oder öffentlich beglaubigte Urkunden befreit“ kann bedeuten, dass der Rpfleger die Vollstreckungsklausel ohne jeden Verzugsnachweis erteilen darf und muss, LG Mannh Rpfleger 1982, 72. Vielfach bedürfen Regelungen dieser Art der **Auslegung.** Zu prüfen ist etwa, ob die Vereinbarung, dem Gl. solle auf bloßen Antrag eine vollstreckbare Ausfertigung erteilt werden, den Verzicht auf den Nachweis der Bedingung zum Inhalt hat, LG Ddf DGVZ 1984, 8; auch → Rn. 14. Die Grenze zulässiger Vereinbarung ist erreicht, wenn von der Norm abweichend über Urkunden hinaus **andere Beweismittel** der ZPO berücksichtigt werden sollen. Denn hierauf ist das Verfahren nicht zugeschnitten. Private Urkunden können demgegenüber für ausreichend erklärt werden. 12

13 Eine vertragliche Regelung in **AGB** kann gegen § 307 BGB verstoßen, BGH NJW 2002, 138 (§ 9 AGBG aF); Mü NJW-RR 2001, 130; Ddf NJW-RR 1996, 148; eingehend zum Bauträgervertrag Drasdo NZM 1998, 256; umfassend Everts DNotZ 2013, 730; für § 1193 BGB eingehend Reymann, FS Martinek, 2020, 653; indes noch ohne Berücksichtigung von BGH NJW 2020, 3600.

14 **b) Genauer Inhalt des Titels, Auslegung.** Das Tatbestandsmerkmal „nach ihrem Inhalt" verweist auf den Tenor, dessen **Auslegung** für die Klärung der nachzuweisenden Tatsache vorrangige Bedeutung hat, BGH NJW-RR 2011, 424 Rn. 19; NJW 2006, 695 Rn. 25; KG FER 2000, 297. Entsprechendes gilt für andere Titel, BGH NJW 2011, 2803 Rn. 23; NJW 2008, 3363; NJW-RR 2011, 424 Rn. 20. Das Klauselerteilungsorgan ist daher zunächst verpflichtet, durch Auslegung des Titels zu ermitteln, ob dessen Vollstreckbarkeit vom Eintritt durch den Gläubiger zu beweisender Tatsachen abhängt, BGH NJW-RR 2012, 442 Rn. 12; KG DtZ 1991, 348.

15 Auszugehen ist vom **Wortlaut** des Titels; bei Urteilen kann des Weiteren auf die Entscheidungsgründe zurückgegriffen werden, → § 322 Rn. 21. Bei anderen Titeln gilt dies entsprechend, dh man kann grundsätzlich nur auf den Titel selbst oder auf dessen Bestandteile abstellen, nicht jedoch auf außerhalb liegende Umstände, BGH NJW 2011, 2803 Rn. 23; NJW 1986, 1440; Stgt NJW-RR 1999, 791; Ffm NJW-RR 1994, 9; Köln OLGR 1992, 339. **Zwecke und Interessen** der Parteien sind mit zu berücksichtigen, wenn sie aus dem Titel ersichtlich sind, BGH NJW-RR 2011, 424 Rn. 20; Kblz JurBüro 2004, 621 (teilweise Rechtskraft ausreichend).

16 Anderes gilt ausnahmsweise, wenn das Vollstreckungsorgan den Titel selbst erlassen hat, BGH NJW 2010, 2137; NJW 2004, 506). **Korrekturen** des Titels aus der Erwägung heraus, es liege ein materiell-rechtlicher Fehler vor, dürfen unter keinen Umständen vorgenommen werden, BGH NJW 2008, 3144; MüKoZPO/Wolfsteiner Rn. 23.

17 **c) Bestimmtheit des Titels.** Grundlegende Voraussetzung der Klauselerteilung ist die, ggf. durch Auslegung nach → Rn. 14 zu klärende Bestimmtheit des Titels, BGH NJW 2021, 1235 Rn. 11; NJW 2006, 695 Rn. 25. Ein Titel ist nur dann bestimmt genug und zur Zwangsvollstreckung geeignet, wenn er den zu vollstreckenden Anspruch sowie Inhalt und Umfang der Leistungspflicht eindeutig bezeichnet, BayObLG NZG 2021, 1591 Rn. 37. Bei einem Zahlungstitel muss der zu vollstreckende Zahlungsanspruch betragsmäßig festgelegt sein, BGH NJW 1957, 23 oder sich zumindest aus dem Titel ohne weiteres errechnen lassen, BGH NJW 1983, 2262. Es genügt nicht, wenn auf Urkunden Bezug genommen wird, die nicht Bestandteil des Titels sind, oder wenn sonst die Leistung nur aus dem Inhalt anderer Schriftstücke ermittelt werden kann BGH NJW 1986, 1440. Grds. muss daher der Titel aus einer einheitlichen Urkunde bestehen, BGH GRUR 2021, 1199 Rn. 13.

18 Die Anrechnungsklausel „unter Anrechnung bereits gezahlter Beträge" genügt mangels Konkretisierung und Bezifferung nicht, BGH NJW 2006, 695 Rn. 26.

19 **2. Nachweis. a) Ausgangspunkt: Beweislast des Gläubigers.** Der Wortlaut von Abs. I knüpft ausschließlich an Tatsachen an, für deren Vorliegen der Gläubiger die Beweislast trägt, BGH NJW 1981, 2756; Köln NJW-RR 1994, 893 (auch bei § 768); BayObLG DNotZ 1976, 366. Wenn der Schuldner die Beweislast der rechtzeitigen Leistung trägt (zB Verfallklausel), liegt ein Fall des § 726 I nicht vor, BGH NJW 2010, 859 Rn. 17. Es gelten die allgemeinen Grundsätze zur Beweislast nach Anh. § 286. Denn § 726 hat einen rein vollstreckungsrechtlichen Inhalt und berührt das sachliche Verfahren nicht, AG Göpp DGVZ 1993, 115. Zu Einzelfällen → Rn. 27.

20 **b) Beweisführung.** Der Rpfleger darf keine Prüfung von Amts wegen vornehmen. Vielmehr muss grundsätzlich der Gläubiger den Eintritt der betr. Tatsachen durch öffentliche oder öffentlich beglaubigte Urkunden nach §§ 415 ff. beweisen, BGH NJW 1981, 2757. Wenn das Urteil in seinem **Tenor** nach den Annahmeverzug feststellt, ist von vornherein kein weiterer Nachweis mehr erforderlich, → § 256 Rn. 64. Gleiches gilt, wenn sich der Annahmeverzug dem **Tatbestand** oder den **Entscheidungsgründen** entnehmen lässt.

21 Es genügt iÜ eine Urkunde des Gerichtsvollziehers über die Zustellung einer schriftlichen Kündigung zu deren Nachweis; ein Postrückschein ersetzt diese Urkunde nicht. Zu unterscheiden ist zwischen der Pflicht zur Vorlage einer Urkunde Zug um Zug bzw. deren Aushändigung bei Vollstreckung des Titels, → § 602 Rn. 9, und dem Urkundennachweis einer Tatsache; bei der Pflicht des Gl. zur Vorlage einer Bürgschaft zB ist eine öff. Urkunde nicht vonnöten, Mü RPfleger 2019, 23. Andere Beweismittel oder Beweiserleichterungen sind von Gesetzes wegen von § 726 nicht zugelassen, können aber vereinbart werden, → Rn. 10. Im Übrigen sind im Klageverfahren nach § 731 alle Beweise zu erheben, Köln OLGR 2000, 161.

22 Streitige Tatsachen können nach § 288 zugestanden bzw. durch ausdrückliche oder konkludente Erklärung des S. **unstreitig gestellt** werden, BGH NJW-RR 2011, 424 Rn. 21; BGH JurBüro 2009, 163; DNotZ 2005, 917 Nürnb JurBüro 2006, 272; ein Nichtbestreiten nach **§ 138 III** reicht demgegenüber nicht, weil den S. keine entsprechende Erklärungspflicht trifft, BGH NJW-RR 2005, 1716; weitere Nachweise bei § 727 Rn. 32; Münzberg NJW 1992, 201.

23 Der Gläubiger tritt den Beweis durch die Vorlegung der Urkunde nach § 420 oder durch eine Bezugnahme auf die Akten an, nach → § 420 Rn. 6 nicht schon durch einen bloßen Vorlegungsantrag. Auch ein bloßes Vorlegungsersuchen aus § 432 passt nicht in dieses Verfahren. Es gilt § 435, dh grds. genügt eine Abschrift, indes kann die Vorlage des Originals verlangt werden. Die formalisierte **Beweiskraft** öffentlicher Urkunden ist strikt zu beachten, → Vor § 415 Rn. 13; zum begrenzten Beweiswert der Beglaubigung → Vor § 415 Rn. 8; für ausländische Urkunden beachte § 438. Urkunden von Behörden der EU sind als inländische Urkunden zu behandeln, MüKoZPO/Wolfsteiner Rn. 58. Der Beweis ist geführt, „wenn aufgrund der Beweiskraft der öffentlichen oder öffentlich beglaubigten Urkunde mit dem Eintritt der nachzuweisenden Tatsache dem gewöhnlichen Geschehensablauf nach gerechnet werden kann", BGH NZI 2017, 910 Rn. 15.

24 Der Urkundennachweis ist im Zusammenhang mit dem Zustellungserfordernis des **§ 750 II** zu sehen, BGH DNotZ 2020, 20 (Aufgabe von NZG 2013, 33); NJW 2017, 411. Das Vollstreckungsorgan erhält durch die Klausel eine verlässliche Grundlage für die Klärung dieser Frage.

25 Kann Gl. den erforderlichen Nachweis nicht erbringen, bleibt nur die Klage nach § 731.

26 **c) Offenkundigkeit.** Der Gläubiger braucht eine offenkundige Tatsache nach § 291 nicht zu beweisen. Der Rpfl. muss die Offenkundigkeit nach den allgemeinen Grundsätzen bei § 291 prüfen; näher → § 727 Rn. 16. Das Geständnis des Schuldners nach § 288 I bei seiner Anhörung oder das Ausbleiben einer gewährten Stellungnahme ersetzen den Nachweis, → Rn. 22; → § 727 Rn. 15.

3. Beispiele

Anfechtung: Im Fall des § 14 AnfG reicht auch teilweise Rechtskraft aus für die (teilweise) Erteilung der Klausel, Kobl RPfleger 2005, 37. 27

Auflösende Bedingung: Der Vollstreckungstitel mag eine auflösende Bedingung nach § 158 II BGB enthalten, zB bei einem Rentenanspruch den Tod des Gläubigers. Hierfür enthält § 726 keine Regelung; der Schuldner ist auf § 767 verwiesen, BGH NJW 1999, 954. Den Eintritt einer solchen Bedingung muss nämlich der Schuldner beweisen, Köln NJW 1997, 1450; MDR 1959, 394 (Stellung eines Ersatzmieters).

Aufschiebende Bedingung des Titels: Nach dem Vollstreckungstitel mag der Gläubiger den Eintritt einer aufschiebenden Bedingung nach § 158 I BGB abwarten müssen, oder denjenigen einer nicht kalendermäßigen Befristung, zB von Sanierungsarbeiten, Kblz NJW 1992, 378.

Aufschiebende Bedingung der Vollstreckung: Aufschiebend bedingt sein mag nicht das Urteil, sondern die Zwangsvollstreckung, etwa deren Aufschub bis nach der Beendigung des Insolvenzverfahrens gegen den Schuldner, so auch Musielak/Voit/Lackmann Rn. 2.

Auslandstitel: Es ist eine wohlwollende Ergänzung von Lücken angezeigt, → Rn. 7.

Beweislast: Sie mag nach Anh. § 286 beim Gläubiger liegen. Zum Problem BGH WM 2012, 1438.

Ersatzleistung: Wegen der insoweit beim S. liegenden Beweislast gilt § 724, AG Friedberg DGVZ 1991, 47.

Ersatzraumklausel: Räumungsvergleich.

Fälligkeit: Die Voraussetzungen ihres Eintritts sind eine iSd § 726 nachweisbare Tatsache, Mü Rpfleger1984, 106. Die Vollstreckungsklausel lässt sich ohne den Fälligkeitsnachweis erteilen, wenn der Schuldner auf ihn verzichtet, LG Essen JurBüro 2011, 288. Die Aussetzung der Fälligkeit unter bestimmten Voraussetzungen fällt nicht unter die Norm, Brdb BeckRS 2010, 15654; zum Nachweisverzicht auch → § 724 Rn. 24.

Fertigstellungsbescheinigung: Sie kann beim Bauträgervertrag genügen, Bbg NJW 2008, 2928.

Genehmigung: Sie kommt als beweispflichtige Tatsache in Betracht, BGH NZM 2019, 898 (Ausnahmegenehmigung nach einer Baumschutzsatzung); NJW 1978, 1262; NJW 1958, 1969 a. E. (jew. Abbruchgenehmigung); Ffm JurBüro 1997, 496 (Baugenehmigung). Für Genehmigung eines Vgl. durch den Pfleger Nürnb MDR 1960, 318.

Gewerkschaft: Bei abstrakter Nennung von Mitgliedern im Titel müssen die Namen im Verfahren nach § 726 nachgenannt und die Identität bewiesen werden, BAG NZA 2022, 416.

Grundschuld: „Kündigung".

Handlung: Für § 510b gilt § 726 nicht.

Hilfsweise Verurteilung: Das Urteil mag auf eine Leistung lauten, hilfsweise auf eine andere Leistung, zB auf die Vornahme einer Handlung, hilfsweise auf eine Zahlung nach § 510b, auch aufgrund eines Vergleichs, Birmanns, Die Vollstreckung von Verbundurteilen nach §§ 510b ZPO, 61 ArbGG, DGVZ 1981, 147. Weitere Fälle: Das Urteil lautet auf eine Herausgabe, hilfsweise auf einen Wertersatz oder auf eine Zahlung, AG Friedberg DGVZ 1991, 47.

Hinterlegung: Verpflichtet der Titel zur Hinterlegung eines Betrags, der erst nach Eintritt einer Tatsache ausgezahlt werden soll, bedarf es keiner Klausel nach § 726, weil die Hinterlegung selbst nicht von einer Bedingung abhängt, LG Arnsberg DGVZ 2002, 123.

Höhe: Die Ermittlung der Anspruchshöhe kann der Berechnung aus noch festzustellenden Tatsachen überlassen werden, KG DNotZ 1983, 681.

Index-Titel: Zu Schwankungs- und Wertsicherungsklauseln BGH NJW 1993, 1801; NJW 1990, 3084.

Insolvenzeröffnung: Der Eingangszeitpunkt des Antrags kann durch den Eröffnungsbeschluss nachgewiesen werden, Stgt FGPrax 2019, 69; aA Hamm RPfleger 2014, 158; Mü NZI 2014, 927.

Internet: Ihm entnommene Tatsachen können als offenkundig zugrunde gelegt werden. Das Gericht sollte indes grds. § 730 anwenden; das folgt aus BGH 27.1.2022 – III ZR 195/20 BeckRS (Fortführung von BGH NJW-RR 2020, 868 Rn. 15).

Kündigung: Die Bedingung kann in der Ausübung einer Kündigung liegen, auch derjenigen nach § 1193 I 1 BGB, wenn sich S. der Zwangsvollstreckung unterworfen hat, BGH NJW 2020, 3600 Rn. 14; zur Auslegung der Urkunde in Fällen dieser Art und der Abhängigkeit vom genauen Inhalt BGH NJW-RR 2011, 424 Rn. 20 f. Bei Nachweisverzicht braucht die Kündigungsfrist des § 1193 I 3 BGB nicht beachtet zu werden, LG Münster 19.10.2021 – 05 T 1565/21, BeckRS 2021, 32525; einschränkend AG Steinfurt 20.9.2021 – 009 K 016/21, BeckRS 2021, 32614.

Der Rpfleger darf allerdings nicht prüfen, ob der Kündigende dazu berechtigt war, soweit nicht das Urteil anders lautet; für den Nachweis können mit Wirkung innerhalb des Klauselverfahrens Erleichterungen vereinbart werden, bis hin zum Verzicht, BGH NJW 2020, 3600 Rn. 17, auch etwa in Gestalt der Vorlage des Kündigungsschreibens zusammen mit einer Postübergabe- und Zustellungsurkunde, Stgt NJW-RR 1986, 549. Da es sich um eine zugangsbedürftige Erklärung handelt, muss der Zugang nachgewiesen werden, während für die Erklärung selbst die Mitteilung durch Gl. ausreicht, BayObLG DNotZ 1930, 28. Die Klausel kann vor Ablauf der Kündigungsfrist erteilt werden, weil das Vollstreckungsorgan den Fristablauf selbst zu prüfen imstande ist, vgl. § 751 I, aA Ffm Rpfleger 1973, 323; Zöller/Seibel Rn. 8.

Mangelbeseitigung: Sie kann eine zulässige Tatsache sein, wobei auf die möglichst genaue Umschreibung zu achten ist, Kblz NJW 1992, 378 (näher umschriebene „Sanierung" ausreichend).

Notarbestätigung: Sie soll nach Ffm NJW-RR 1996, 529 für den Nachweis eines Bautenstands nicht ausreichen.

Räumungsvergleich: Die Voraussetzungen der Ersatzraumklausel muss Gl. Nachweisen, Ffm DGVZ 1982, 29; Hamm RPfleger 1965, 238. Zu Auslegung und Beweislast Köln NJW-RR 1994, 893.

Rechtskraft: Die Rechtskraft einer Entscheidung kann Bedingung für die Zwangsvollstreckung aus einem anderen Titel sein, Mü Rpfleger 1984, 106; im Einzelfall kann teilweise Rechtskraft ausreichen, Kblz JurBüro 2004, 621 (AnfG).

Rücktritt: Er fällt unter § 726 I.

Scheidungsfolgenvergleich: Die seiner Wirkung vorausgesetzte Rechtskraft fällt unter § 726, Ffm OLGR 2004, 119 = BeckRS 2003, 153619; Mü FamRZ 2002, 405.

Sicherungsgrundschuld: Zur Problematik bei Abtretung BGH NJW 2011, 2803: Nachweis des Eintritts in den Vertrag muss Zessionar nicht nachweisen, wenn diese Bedingung sich nicht aus der not. Urkunde ergibt (anders noch obiter dictum in NJW 2010, 2041 Rn. 24 ff., 40); LG Meiningen MDR 2013, 691; Schmid/Voss DNotZ 2008, 740 (755).

Unerlaubte Handlung: Unterbleibt die Erwähnung im Urteil, kann sie mit der Klausel nicht nachgeholt werden, BGH NJW 2003, 515.

Unterhalt: Die Leistung eines Unterhaltsvorschusses zählt zu den nach Abs. I nachzuweisenden Tatsachen, Schlesw MDR 2010, 752.

Unterwerfungsklausel: Sie ist eine auslegbare Bedingung nach Abs. I, BGH NJW 2011, 2805; zust. Everts DNotZ 2011, 724.

Vergleich: Die **Verfallklausel** besagt normalerweise, dass die gesamte Restschuld fällig wird, wenn der Schuldner mit einer Rate in Verzug kommt, und legt dem Schuldner die Beweislast dafür auf, dass er gezahlt hat, BGH NJW 2010, 859 Rn. 17; Mü RPfleger 2016, 96; MüKoZPO/Wolfsteiner Rn. 17; Münzberg Rpfleger 1997, 413; Frankenberger/Holz RPfleger 1997, 93. Der Schuldner kann gegenüber der Erteilung einer Vollstreckungsklausel also nur nach § 767 vorgehen. Anders liegt der Fall bei der sog. **Wiederauflebensklausel,** bei der Gl. die Nichterfüllung beweisen muss, KG DGVZ 67, 147.

Vertragsstrafe: Die Voraussetzung für ihren Verfall kann nachweisbare Tatsache sein; bei Beweislast des Schuldners bedarf es keiner qualifizierten Klausel, vgl. auch Ffm Rpfleger 1975, 326.

Vollmacht: Die Vertretung des Schuldners für die Abgabe einer Unterwerfungserklärung und die Genehmigung vollmachtlosen Handelns müssen vAw geprüft und nach Abs. I nachgewiesen werden, BGH NJW 2012, 3518; NJW 2008, 2266 (zu § 54 BeurkG); NJW-RR 2007, 358; NJW-RR 2004, 1718. Eine zur Entstehung des Titels erforderliche, vom Schuldner erteilte Vollmacht ist demgegenüber keine vom Gläubiger zu beweisende Tatsache, LG Freib Rpfleger 2005, 100.

Vorleistungspflicht: Die Tatsache kann in einer Vorleistung bestehen, Ffm MDR 1991, 162; Oldb Rpfleger 1985, 448 (Nachweis des Annahmeverzugs).

Vorvertrag: Wird der Beklagte zur Zahlung nach Empfang des Angebots zum Abschluss des Hauptvertrags verurteilt, handelt es sich um eine nach Abs. I nachweisbare Tatsache, BGH NJW 1975, 444.

Wahlschuld: Die Wahl durch den Gl. nach § 264 I BGB ist keine nachzuweisende Tatsache, wohl aber die Entscheidung eines Dritten.

Widerrufsvergleich: → Rn. 6.

Wiederauflebensklausel: Verfallklausel.

Zinsen: Sie können einschließlich des Beginns der Verzinsung Gegenstand eigenständigen Nachweises sein, BGH NJW-RR 2000, 1358; BayObLG Rpfleger 1985, 448.

28 **4. Inhalt der Klausel.** Der Eintritt der Bedingung ist in der Klausel festzuhalten. Eine Erwähnung der Urkunden ist zwar nicht notwendig, aber zweckmäßig, da der Gerichtsvollzieher dann leichter feststellen kann, welche Urkunden nach § 750 II zugestellt sein müssen. Stellt die Klausel eine falsche Bedingung fest, ist sie unwirksam, Mü RPfleger 2014, 133.

29 **V. Urteil Zug um Zug, II. 1. Systematik, Geltungsbereich, Regelungszweck, II.** Abs. II schränkt die Nachweisvoraussetzungen des Abs. I ein und ist insoweit mit §§ 756, 765 zu lesen; hierdurch wird vermieden, dass Gl. praktisch vorleisten muss, um vollstrecken zu können. Die Klausel wird als einfache Klausel nach § 724 grds. ohne Nachweis des Annahmeverzugs erteilt, weil die Zwangsvollstreckung erst mit diesem Nachweis begonnen werden darf und dem Gerichtsvollzieher hierbei eine ausführende Aufgabe zukommt, vgl. § 756 II, § 765 Nr. 2. § 726 ist parallel zu §§ 322 III, 274 II BGB zu sehen.

30 Ob die Gegenleistung nach dem Titel Zug um Zug zu erbringen ist, muss ggf. durch **Auslegung** ermittelt werden, → Rn. 14. Eine Verpflichtung Zug um Zug fehlt etwa, wenn die Räumung vom Nachweis bestimmter Ersatzwohnmöglichkeiten abhängt, Ffm DGVZ 1982, 29. Bei **Vorleistungspflicht** des Gl. iSd § 322 II BGB („nach dem Empfang der Gegenleistung") soll Abs. II ebenfalls gelten, Oldb Rpfleger 1985, 448; Hamm Rpfleger 1983, 393; Karlsr MDR 1975, 938; Musielak/Voit/Lackmann Rn. 7. Abs. I greift entgegen der Ausnahme von Abs. II nicht ein, wenn die vom Gl. zu erbringende Gegenleistung in einer **Auflassung** besteht, da es hier nicht um eine Willenserklärung des Schuldners geht; es gilt also § 724, LG Hbg Rpfleger 2004, 159.

31 Die Beschreibung der Gegenleistung muss dem **Bestimmtheitsgrundsatz** genügen, da andernfalls der Titel nicht vollstreckbar ist, BGH NJW 2016, 3455; NJW 2015, 2812; Kblz NJW 2009, 3519; zu den hiermit in Zusammenhang stehenden Anforderungen des § 756 I BGH NJW-RR 2021, 251; eingehend MüKoZPO/Wolfsteiner § 724 Rn. 42; § 726 Rn. 19.

32 **2. Aushändigung einer Urkunde.** Keine Leistung Zug um Zug liegt dann vor, wenn die Leistung nur gegen die Aushändigung einer Urkunde mit Quittungsfunktion zu erbringen ist, BGH NJW 2008, 3144 Rn. 12, etwa eines Schecks, AG Villingen DGVZ 1988, 122, eines Wechsels, eines Hypothekenbriefs oder einer normalen Quittung iSd § 757. Denn dann steht keine Gegenleistung infrage, Ffm DGVZ 1981, 84 (Wechsel; abl. Treysse DGVZ 1983, 36). Dann gehört kein Vorbehalt in das Urteil. Denn es geht nicht um die Befriedigung eines selbständigen Gegenanspruchs, sondern nach § 756 um die besondere Ausgestaltung des Rechts auf die Erteilung einer Quittung nach § 368 BGB. Die **Tenorierung** lautet daher besser auf **„gegen Aushändigung"** anstelle von „Zug um Zug", Zöller/Seibel Rn. 17; → § 602 Rn. 9. Bei Verurteilung Zug um Zug gilt § 726, BGH NJW 2008, 3144 Rn. 13; selbst bei bloß falscher Formulierung gelangt Ffm Rpfleger 1979, 144 zur Geltung des § 726 (echter Gegenanspruch des Schuldners auf die Aushändigung der Urkunde); dem ist nicht zu folgen, Ffm DGVZ 1981, 84; AG Bergheim DGVZ 1984, 15; LG Aachen DGVZ 1983, 75. Unklarheiten in der Formulierung des Tenors sind vorrangig durch Auslegung zu klären, → Rn. 14.

33 Wird aus einem Titel vollstreckt, in dem die Zahlung Zug-um-Zug von der Vorlage einer schriftlichen **Bürgschaft** abhängig gemacht ist, und die Eintragung einer Zwangssicherungshypothek beantragt, so bedarf die Bürgschaft keiner öffentlichen Beurkundung oder Beglaubigung, Mü RPfleger 2019, 23.

34 **3. Willenserklärung.** Die in Abs. II ausgenommene Geltung der Voraussetzungen von Abs. I für die Abgabe einer Willenserklärung ist im Zusammenhang mit **§ 894 S. 2** zu sehen; hier muss der Nachweis vor Erteilung der Klausel geführt sein, weil die Willenserklärung ansonsten nach § 894 S. 1 alleine mit Eintritt der Rechtskraft als abgegeben gälte. § 895 beeinflusst die Rechtsfolge als solche nicht. Die Norm enthält lediglich eine erweiternde Sonderregelung für die Eintragung von Vormerkung oder Widerspruch; nur insoweit bedarf es keiner Klausel § 895. Eine fälschlich erteilte Klausel nach § 724 führt nach Hamm Rpfleger 2014, 366, die Wirkung des § 894

S. 2 nicht herbei, ebenso wenig eine nichtige Klausel, Mü Rpfleger 2014, 133; zum grds. Ausschluss der Erinnerung und dessen Folgen → § 732 Rn. 12; auch → § 894 Rn. 17.

Erfasst sind insoweit ausschließlich **Urteile,** wie auch § 894 nur für Urteile gilt. Andere Titel auf Abgabe einer 35 Willenserklärung, namentlich Vergleiche, unterliegen nicht den Voraussetzungen des Nachweises nach Abs. I; hier wird die Zwangsvollstreckung nach § 888 iVm § 765 durchgeführt, Kblz FamRZ 2017, 739; Rpfleger 1997, 445; Ffm Rpfleger 1980, 291, dh der Nachweis muss erst zu deren Beginn erbracht werden.

Auch hier ist der Rpfleger zuständig, Hamm OLGZ 1987, 270. 36

VI. Rechtsbehelfe, I, II. Es gilt grds. dasselbe wie bei → § 724 Rn. 42. Hat der Urkundsbeamte der 37 Geschäftsstelle fehlerhaft eine Klausel nach § 726 erteilt, kann S. hiergegen nur nach § 732 vorgehen, BGH NJW-RR 2017, 510 Rn. 13.

Vorbemerkung zu § 727
Zwangsvollstreckung bei Rechtsnachfolge

I. Systematik. Nach § 325 I Alt. 2 kann die materielle Rechtskraft eines Urteils über die Parteien hinaus 1 wirken. Daraus folgt noch nicht, dass der Rpfl. die Vollstreckungsklausel auch für und gegen Dritte erteilen dürfte oder müsste. Die Vollstreckbarkeit und die Rechtskraftwirkung decken sich nicht immer. Die ZPO regelt die Vollstreckbarkeit selbständig. Die formelle Rechtskraft des Urteils nach § 705 ist keine unbedingte Voraussetzung. Auch ein nach § 708 vorläufig vollstreckbares Urteil lässt grundsätzlich eine Zwangsvollstreckung gegen Dritte zu. Denn das Gesetz behandelt die **vorläufige Vollstreckbarkeit** nach §§ 708 ff. grundsätzlich ebenso wie die endgültige, BGH NJW-RR 2001, 1362. §§ 727 ff. schaffen eine den §§ 724, 725 gegenüber zusätzliche und insoweit vorrangige Sonderregelung. § 727 nennt innerhalb der Gruppe von Rechtsnachfolgearten die Grundregel. §§ 728, 729, 742, 744–745 II, 749 erfassen speziellere Sonderfälle. §§ 737–739 regeln keine Rechtsnachfolge, sondern Fälle des Schuldbeitritts, MüKoZPO/Wolfsteiner § 727 Rn. 3. Ergänzend muss man § 731 beachten. § 795 erstreckt den Anwendungsbereich der §§ 727 ff. auf die in § 794 aufgeführten Titel.

Über § 325 ist § 727 auch an die allgemeinen Regeln der Rechtskraftwirkung in § 322 und an § 265 2 angebunden, → § 325 Rn. 1; → Vor § 322 Rn. 25. Grundsätzlich ist daher ohne Rechtskraftwirkungen eine Rechtsnachfolgeklausel nicht denkbar, KG NJW-RR 1997, 253; VGH Mü NVwZ 2000, 1312. In Fortsetzung dieses Ansatzes ist der für Urteile maßgebliche **Stichtag** der Eintritt der **Rechtshängigkeit,** BGH NJW 1993, 1396; die Rechtsnachfolge muss danach eingetreten sein, auch → § 325 Rn. 29; Bei Rechtsnachfolge vor Rechtshängigkeit wäre das Urteil (unbewusst) falsch; eine Korrektur im Klauselverfahren kommt insoweit nicht in Betracht, Köln DAVorm 1989, 100. Bei sonstigen Titeln, denen keine Rechtshängigkeit des vollstreckbaren Anspruchs vorausgegangen ist, darf sie frühestens nach deren Errichtung stattgefunden haben, BGH NJW 1993, 1396. Zu einer Ausnahme beim in Prozessstandschaft handelnden, aber untätigen Zedenten Köln JurBüro 1994, 741. Bei einer **Eilanordnung** kommt es darauf an, ob dem Erlass eine Zustellung des Antrags und damit ein der Rechtshängigkeit vergleichbarer Zeitpunkt vorausgegangen ist; war dies der Fall, ist auf diesen Zeitpunkt, andernfalls ist auf den Erlass abzustellen, KG Rpfleger 2009, 251.

Die **Voraussetzungen** der Klauselumschreibung muss der Ast. selbst darlegen; eine Amtsermittlung findet 3 nicht statt, Köln FGPrax 2007, 97.

II. Regelungszweck. §§ 727 ff. schaffen eine vereinfachte Möglichkeit, eine nach dem Eintritt der Rechts- 4 hängigkeit eingetretene Änderung der sachlichen Rechtszuordnung zu berücksichtigen, KG Rpfleger 2009, 251. Sie dienen damit auch der Prozesswirtschaftlichkeit, Ffm NJW-RR 2006, 155, und der Rechtssicherheit. Sie dienen nicht dazu, die Folgen anfänglicher Mängel des Verfahrens zu beheben, Celle AnwBl 1984, 215.

III. Für oder gegen Dritte. 1. Grundsatz: Notwendigkeit der Nennung in der Vollstreckungsklausel. 5 Eine Zwangsvollstreckung für und gegen andere als die im Titel Genannten verlangt zur Erfüllung der Voraussetzungen des § 750 I ihre Nennung in der Vollstreckungsklausel, BGH WM 2016, 2077; NJW 2007, 3357 (auch nach Zwangsversteigerung). Es gibt anders als bei der Prozessstandschaft grundsätzlich **keine** isolierte **„Vollstreckungsstandschaft“,** BGH NJW 1993, 1396; NJW-RR 1992, 61; Münzberg NJW 1992, 1867; Scherer Rpfleger 1995, 89; aM Drsd NJW-RR 1996, 444; Roth FS Prütting, 2018, 773; Schack FS Prütting, 2018, 773. Freilich muss man von der vorgenannten Erscheinungsform diejenige unterscheiden, bei welcher der im Vollstreckungstitel Genannte im eigenen Namen vollstreckt, in Wahrheit aber zB aufgrund einer „stillen Zession“ nicht mehr Inhaber desjenigen sachlichen Rechts ist, auf das der Titel lautet. Soweit eine Einziehungsermächtigung vorliegt, kann dieses Vorgehen zulässig sein, BGH NJW 1985, 809; Henckel FS Schumann, 2001, 240 (Dritt- oder Rückermächtigung); Münzberg NJW 1992, 1867.

2. Übergang auf einen Dritten. §§ 727 ff. setzten **Rechtsnachfolge** voraus, dh den Übergang der Aktiv- 6 oder der Passivlegitimation auf einen Dritten. Der Begriff der Rechtsnachfolge folgt dem materiell-rechtlichen Übertragungstatbestand; Rechtsnachfolger ist hiernach derjenige, der an Stelle des im Titel genannten Gläubigers den zu vollstreckenden Anspruch selbst oder jedenfalls die Berechtigung erworben hat, den Anspruch geltend zu machen; auf die Art der Rechtsnachfolge kommt es nicht an, BGH NJW 2015, 107 Rn. 11; NJW 2011, 2803 Rn. 16. Bloße Namens- oder Firmenänderung reicht hierfür nicht aus, → Rn. 7. Um keinen Übergang handelt es sich, wenn nur die gesetzliche **Vertretung** sich ändert. Dann muss der Rpfl. die Klausel auf den Namen des neuen Vertreters umstellen. Anders ist die Lage, wenn der Vertreter im eigenen Namen handelt, die Vertretung aber entfällt, Naumb FamRZ 2007, 1032, LG Kleve FamRZ 2007, 1663, AG Hbg DGVZ 1992, 44.

Abwicklungs- statt Erwerbsgesellschaft: Kein Dritter liegt vor bei der Angabe der einen statt der anderen 7 Form.

Bucheigentümer: Nur entsprechend anwendbar ist § 727 dann, wenn auf den wahren Eigentümer umgeschrieben werden soll, Hamm NJW 1999, 1039; Rpfleger 1990, 215.

Deckname, Künstlername: Kein Dritter liegt vor bei der Umschreibung auf den bürgerlichen Namen, wenn diese Tatsache den Akten entnehmbar oder nach § 291 offenkundig ist.

Einzelfirma – Inhaber: Kein Dritter liegt vor bei der Umschreibung auf den Inhaber beim Titel gegen seine Einzelfirma, Köln DB 1977, 1184.

Filiale: Kein Dritter liegt vor bei einer Vermögensverlagerung von einer rechtlich unselbständigen Filiale auf eine andere, Hamm Rpfleger 2001, 190; LG Aurich NJW-RR 1998, 1255.

Gesellschafter: Kein Dritter ist ein neu eingetretener Gesellschafter, eingehend Deckenbrock/Dötsch Rpfleger 2003, 644.

Namensänderung: Kein Dritter liegt vor bei einer bloßen Namensänderung, solange die Identität offenkundig oder urkundlich belegbar ist, BGH GRUR-RR 2011, 440, LG Kblz FamRZ 2003, 1483, LG Verden DGVZ 2018, 14 (Handelsregisterauszug); LG Hann JurBüro 2005, 275. Der neue Name gehört klargestellt als Zusatz auf die bisherige Klausel, zT als **„Beischreibung"** bezeichnet, BGH NJW-RR 2021, 226 mAnm Schörnig MDR 2021, 600; NJW-RR 2011, 1335; Hamm JurBüro 2001, 383; Brem Rpfleger 1989, 172. Auch bei **Namensidentität** kann eine Rechtsnachfolge vorliegen, die eine Umschreibung der Klausel nach § 727 erforderlich macht, Jena NZG 2012, 1350. Auch → § 726 Rn. 17 (Gesellschaftsrecht). Es gelten die gleichen Anforderungen an die Überzeugungskraft der Urkunden wie beim Übergang auf einen Dritten, BGH NZI 2017, 910 Rn. 17.

Parteiberichtigung: Kein Rechtsübergang liegt in einer bloßen Berichtigung der Parteibezeichnung.

Umwandlung: Kein Rechtsübergang liegt vor, wenn man das haftende Grundstück in Wohnungseigentum umwandelt, LG Bln Rpfleger 1985, 159.

Vorbehaltsurteil: Da es keiner materiellen Rechtskraft fähig ist, → § 599 Rn. 23, kann eine Rechtsnachfolgeklausel nicht erteilt werden, → Rn. 1.

Vorgesellschaft: Die Entstehung der Gesellschaft stellt keinen Wechsel der Rechte auf einen Dritten dar, BGH NJW 1981, 1373; Stgt NJW-RR 1989, 637; BayObLGZ 1987, 446.

8 **IV. Erteilungspflicht.** Die Voraussetzungen der Erteilung der Klausel für und gegen Dritte geben §§ 727–729. Liegen sie vor, muss der RPfl die Vollstreckungsklausel erteilen, beim Vollstreckungsbescheid nach § 699 derjenige des Mahngerichts, BayObLG Rpfleger 2006, 418. „Kann" stellt in den Machtbereich, also in die Zuständigkeit, nicht ins Ermessen.

9 **V. Zuständigkeit.** Die Zuständigkeit richtet sich nach § 20 I Nr. 12 RPflG. Das erfordert die nach §§ 726 ff. zu erteilende qualifizierte Klausel.

727 *Vollstreckbare Ausfertigung für und gegen Rechtsnachfolger.*

I Eine vollstreckbare Ausfertigung kann für den Rechtsnachfolger des in dem Urteil bezeichneten Gläubigers sowie gegen denjenigen Rechtsnachfolger des in dem Urteil bezeichneten Schuldners und denjenigen Besitzer der in Streit befangenen Sache, gegen die das Urteil nach § 325 wirksam ist, erteilt werden, sofern die Rechtsnachfolge oder das Besitzverhältnis bei dem Gericht offenkundig ist oder durch öffentliche oder öffentlich beglaubigte Urkunden nachgewiesen wird.

II Ist die Rechtsnachfolge oder das Besitzverhältnis bei dem Gericht offenkundig, so ist dies in der Vollstreckungsklausel zu erwähnen.

1 **I. Systematik, Regelungszweck, I, II.** Zunächst → Vor § 727 Rn. 1. Die Vorschrift gilt auch beim nach §§ 708 ff. nur **vorläufig** vollstreckbaren Urteil, BGH NJW-RR 2001, 1362. Nach §§ 728 f. ist die Norm entsprechend anwendbar; nach § 795 S. 1 gilt sie für die in § 794 aufgeführten Titel. Sie gilt auch für den KfB BGH JurBüro 2010, 480, und grds. für die Eilanordnung, KG Rpfleger 2009, 251. Ein Leistungsbescheid der früheren Deutschen Bundespost reicht nicht, LG Köln Rpfleger 2000, 29. Zum Parteiwechsel im Verfahren der Titelumschreibung analog § 263 Drsd Rpfleger 2003, 673. Auf den **Pfändungs- und Überweisungsbeschluss** ist die Norm weder direkt noch analog anwendbar, BGH WM 2016, 2077; → Rn. 7.

2 Zunächst → Vor § 727 Rn. 4. Die Regelung bietet einen **einfachen Weg,** einen Titel an veränderte Umstände anzupassen, BGH DGVZ 2020, 252 Rn. 32. Man muss die Vorschrift wegen ihrer Ausweitung der Vollstreckbarkeit auf andere als die im Vollstreckungstitel genannten Personen im Interesse der Rechtssicherheit streng handhaben, insbesondere darf man die Beweisanforderungen nicht aushöhlen, muss andererseits dabei aber auch berücksichtigen, dass die Regelung unter dem Gesichtspunkt der Prozessökonomie einen weiteren Rechtsstreit verhindern soll, BGH DGVZ 2020, 252 Rn. 32; NJW 2004, 2896; Köln MDR 1990, 452. Nach § 742 gilt die Norm analog.

3 Abzugrenzen ist die Rechtsnachfolge von der sog. **„Beischreibung"** eines neuen Namens, BGH NJW-RR 2021, 226; zur insoweit fehlenden Prüfkompetenz des Vollstreckungsorgans AG Berlin-Schöneberg DGVZ 2021, 91; im Einzelnen → Rn. 7, dort bei den jeweils einschlägigen Stichworten; → Vor § 727 Rn. 7. Für den Nachweis gelten die gleichen Anforderungen an die Überzeugungskraft der Urkunden wie beim Übergang auf einen Dritten, BGH NZI 2017, 910 Rn. 17. Zur Frage, wie zu verfahren ist, wenn dem Rechtsvorgänger bereits eine Klausel erteilt wurde, → § 733 Rn. 3.

4 **II. Begriff des Rechtsnachfolgers. 1. Allgemeines.** Vgl. zunächst → Vor § 727 Rn. 6. Der tatbestandliche Begriff des Rechtsnachfolgers wird in § 325 I und in § 727 I mit gleichem Inhalt verwendet, auch was die Erstreckung auf **weitere Rechtsnachfolger** angeht, BGH DGVZ 2017, 74; Brdb FamRZ 2007, 62; → Rn. 7 „Mehrfache Rechtsnachfolge". Entscheidungen und Literaturbeiträge zu seiner Interpretation können daher für beide Normen herangezogen werden. Geregelt wird die Rechtsnachfolge beim Gl. wie auch beim S. MüKoZPO/Wolfsteiner Rn. 7. Erforderlich ist eine Rechtsnachfolge des S. in die titulierte Pflicht selbst; nicht ausreichend ist insbesondere die Nachfolge in ein aufgrund des Titels gepfändetes Objekt, BGH NJW-RR 2021, 1145. Das ist außerhalb der Erbfolge selten; beachte auch § 779 I. Die Nachfolge in den Besitz ist auch für Gl. ausreichend. Guter Glaube iSd § 325 II steht der Klauselerteilung nicht entgegen; es gelten zugunsten des S. §§ 732, 768.

5 Auch der **Zeitpunkt,** ab dem die Rechtsnachfolge eingetreten sein muss, beim Urteil ab Rechtshängigkeit, ist jeweils derselbe, → Vor § 727 Rn. 1; → § 325 Rn. 29. Differenzierungen können sich allenfalls aus der Einbindung der beiden Regelungen in jeweils grundverschiedene Lösungswege ergeben. Bei § 325 geht es um die Auswirkungen einer voraufgegangenen Entscheidung in einem weiteren Rechtsstreit, bei § 727 geht es um die Zwangsvollstreckung für oder gegen einen Rechtsnachfolger. Die sich hieraus ergebenden Unterschiede betreffen nicht den Begriff der Rechtsnachfolge selbst, sondern die Fallbearbeitung im Übrigen.

6 Das führt, nicht zuletzt um unnötigen Doppelungen zu entgehen, zu einer Aufteilung der Kommentierung auf § 325, wo ab Rn. 13 im Schwerpunkt die Rechtsnachfolge als solche behandelt wird, und auf § 727, wo a

→ Rn. 7 Einzelfragen der Titelumschreibung zur Darstellung kommen. Überschneidungen wie auch Verweisungen sind dabei naturgemäß nicht zu vermeiden.

2. Beispiele: Titelumschreibung aufgrund Rechtsnachfolge oder Ablehnung wegen Fehlens von Voraussetzungen, I

Abtretung: Zum **Nachweis der Abtretung** durch öff. Urkunden und zur (restriktiv gehandhabten) Offenkundigkeit, Celle MDR 1995, 1262. Die Vorlage einer Urkunde, welche die Abtretung selbst enthält, ist nicht erforderlich, es reicht eine öff. beglaubigte **Abtretungsbestätigung,** in der hinreichend konkret auf die zuvor erfolgte Abtretung Bezug genommen und diese bestätigt wird; denn dem gewöhnlichen Geschehensablauf nach kann bei einer derartigen Bestätigung davon ausgegangen werden, dass die darin konkret in Bezug genommene und bestätigte Abtretung erfolgt ist, BGH NZG 2019, 873. Bei einer **Inkassozession** mag der Nachweis des Angebots zur Abtretung genügen, Böttcher/Behr JurBüro 2000, 64. 7

Der neue Gläubiger kann die Klausel nach § 727 jedenfalls dann verlangen, wenn der alte Gläubiger nicht auch seinerseits eine vollstreckbare Ausfertigung beansprucht und wenn der Schuldner der Gefahr der Doppelvollstreckung daher nicht ausgesetzt ist; unmittelbar klauselberechtigt nach §§ 724 f. ist er nicht, BGH NJW 1984, 806; tritt der alte Gl. nicht zurück, wir die Klausel nach dem Prioritätsprinzp erteilt, BGH DGVZ 2017, 74. Die Klauselerteilung ist auch dann erforderlich, wenn die Forderung an den ursprünglichen Gl. **rückabgetreten** wird, Schlesw FamRZ 2010, 1592 (Unterhalt); LG Mühlhausen DGVZ 2012, 13; aA LG Nürnb-Fürth DGVZ 2012, 53.

Der Zessionar einer **Sicherungsgrundschuld** kann nur dann aus der Unterwerfungserklärung vorgehen, wenn er in den Sicherungsvertrag eintritt, so noch ohne Einschränkung BGH NJW 2010, 2041; Anm Knops WM 2010, 2063; abl. Kesseler WM 2011, 486; kritisch Everts NJW 2011, 567; Heinze ZIP 2010, 2030, Herrler NZM 2012, 7; Freckmann BKR 2010, 275; bei geeignetem Nachweis alleine der Rechtsnachfolge wird indes diese Frage als Voraussetzung der Klauselumschreibung nicht geprüft; der Schuldner kann Einwendungen nach §§ 732, 768 geltend machen, BGH NJW 2010, 2041 Rn. 39; NJW 2011, 2803; auch DNotZ 2012, 53; 287. Zur Abgrenzung → § 732 Rn. 10; zum Verhältnis §§ 732 (betr. Klausel) und 767 analog (Vollstreckbarkeit des Titels) BGH NJW-RR 2004, 1718.

Der vom BGH verlangte „Eintritt in den Sicherungsvertrag" kann auch durch Abschluss eines Vertrags zu Gunsten des Sicherungsgebers erfolgen, BGH NJW 2012, 2354. Der mit Ermächtigung des Zessionars vorgehende Titelgläubiger kann in Fortführung der Rspr. nach Abtretung der Grundschuld aus der Unterwerfungserklärung des Schuldners auch dann gegen diesen vollstrecken, wenn der Zessionar nicht in den Sicherungsvertrag eingetreten ist; dem Schuldner bleiben die Einreden aus dem Sicherungsvertrag erhalten, BGH NJW 2019, 438. Auch die eingetragene Unterwerfungserklärung macht die Klauselumschreibung nicht entbehrlich, BGH DGVZ 2018, 179.

Bei einer Briefgrundschuld müssen eine Eintragung oder Briefübergabe hinzutreten, Ddf NJW-RR 2002, 711. Der Eintritt ist auch durch Abschluss eines Vertrages zugunsten des Sicherungsgebers möglich, BGH NJW 2012, 2354. Zur Rechtsnachfolge in die schuldrechtliche Verpflichtung bei der Abtretung einer dinglichen Forderung, BGH NJW 1991, 228.

Zum → „Gesetzlichen Forderungsübergang" s. u. Allgem zur Rechtsnachfolge bei Abtretung und zu § 407 BGB → § 325 Rn. 28.

Anstalt: Ein Titel kann auf eine nichtrechtsfähige Anstalt umgeschrieben werden, LG Bonn Rpfleger 1992, 441.

Arrest, Einstweilige Verfügung: → Vor § 727 Rn. 1; → Rn. 1.

Auflösung: → „Gesellschaftsrecht".

Ausbildungsförderung: → „Gesetzlicher Forderungsübergang".

Auskunft: → „Insolvenz".

Besitz: → Rn. 8.

BGB-Gesellschaft: → „Gesellschaft bürgerlichen Rechts".

Ehegatte: → „Prozessstandschaft".

Ehename: Seine Annahme ist wegen der Nämlichkeit des Trägers nach → Vor § 727 Rn. 7 „Namensänderung" keine Rechtsnachfolge, LG Kblz FamRZ 2003, 1483.

Eigentumswechsel: Eine Rechtsnachfolge liegt grds. beim Eigentumswechsel vor, BayObLG JurBüro 1975, 643, KG Rpfleger 1998, 65. Das kann auch beim Erwerb von Miteigentum vorliegen, LG Kassel BauR 2014, 888. Zu den Grenzen beim gutgläubigen Erwerb KG JurBüro 2009, 611.

Eintragung: → „Grundbuch".

Erbschaft: Eine Rechtsnachfolge kann vorliegen, soweit ein Erbfall nach § 1922 BGB eintritt und Annahme erklärt oder die Ausschlagungsfrist abgelaufen ist, BGH NJW 2004, 2896; Ffm DNotZ 2005, 384, LG Duisb Rpfleger 1999, 549 (Unterwerfungserklärung). Vorher ist zumindest der Nachweis der Erbfolge nicht möglich. Die Klauselumschreibung ist auch auf den **Erbeserben** zulässig, BGH FamRZ 1985, 164; Kblz FamRZ 2004, 557.

- **(Anspruchsuntergang):** → § 325 Rn. 28 „Erbrecht".
- **(Ausschlagung):** Sie bewirkt keine Rechtsnachfolge, BGH NJW 1989, 2885; MüKoZPO/Wolfsteiner Rn. 34.
- **(Beginn gegen Erblasser):** Der Gläubiger darf eine gegen den Erblasser begonnene Zwangsvollstreckung nach § 779 in den Nachlass fortsetzen.
- **(Besitz):** Der Erbschaftsbesitz nach § 857 BGB erfordert die Titelumschreibung nicht, BGH NJW 2020, 3376 Rn. 34.
- **(Eidesstattliche Versicherung):** Die materiellrechtliche Verpflichtung aus zB § 259 II BGB geht grds. auf den Erben über, BGH NJW 1988, 2729. Für die Umschreibung ist indes vorab zu klären, ob die Versicherung sich auf die Auskunft des Erblassers oder auf eine Auskunft des Erben beziehen soll. Werden die Grenzen der Unmöglichkeit erreicht, hat die Umschreibung zu unterbleiben.
- **(Erbschaftsannahme):** Voraussetzung einer Rechtsnachfolge ist nach § 52 II Nr. 2 S. 1 GVGA die Annahme der Erbschaft nach § 1943 BGB, LG Lpz JurBüro 2003, 657 (Ablauf der Ausschlagungsfrist nach § 1944 BGB). Während des Schwebezustands darf eine Klausel nicht erteilt werden, Brox/Walker § 6 Rn. 118. Auch → „(Sonderrechtsnachfolge)".

– **(Haftung bis zur Teilung):** Der Schuldner muss ein Recht aus **§ 2059 BGB** mit einer Vollstreckungsabwehrklage nach § 767 verfolgen.
– **(Haftungsbeschränkung):** § 781, § 785.
– **(Mehrfache Beitreibung):** Gegen eine mehrfache Beitreibung schützt eine Vollstreckungsabwehrklage nach § 767.
– **(Miterben):** Bis zur Auseinandersetzung darf der Rpfl. die Vollstreckungsklausel nur allen Miterben gemeinschaftlich nach § 747 oder einzelnen Miterben nur im Rahmen der §§ 2032, 2039 BGB erteilen. Wenn ein Miterbe einen Nachlassgläubiger befriedigt, schreibt das Gericht die Vollstreckungsklausel nicht auf den Miterben um, solange der Umfang seiner Ausgleichsansprüche offen ist.
– **(Nachehelicher Unterhalt):** Ausreichen kann ein Titel auf einen nachehelichen Unterhalt, BGH NJW 2004, 2896; Stgt FamRZ 2004, 1220.
– **(Nachlassinsolvenz):** s. dort.
– **(Nachlasspflegschaft):** s. dort.
– **(Nachlassverwaltung):** s. dort.
– **(Schuldübergang):** Eine Rechtsnachfolge liegt auch dann vor, wenn eine Schuld auf den Erben übergegangen ist, Stgt FamRZ 2004, 1221, dies aber nur bei Erbfall nach Rechtshängigkeit, KG Rpfleger 1982, 353. Gl. kann nach § 792 I für den Urkundennachweis u. a. einen Erbschein verlangen.
– **(Sonderrechtsnachfolge):** Der Anspruch auf eine Witwenpension stellt keine, nach Erbausschlagung gem § 727 zu berücksichtigende Sonderrechtsnachfolge dar, Mü NJW-RR 1988, 576.
– **(Übertragung):** § 727 gilt auch gegen den Erwerber einen Erbteils.
– **(Unterhalt):** Ein Unterhaltstitel kann auf den Erben umgeschrieben werden, BGH NJW 2004, 2896; Kbl: NJW-RR 2010, 303.
– **(Vorerbschaft):** § 326, § 728.

Filiale: → Vor § 727 Rn. 7.

Firmenübertragung: Vgl. Baumgärtel DB 1990, 1905.

Firmenname: → Vor § 727 Rn. 7. Bei einer Änderung des Firmennamens einer KG infolge des Wechsels de: persönlich haftenden Gesellschafters genügt die **Beischreibung** der neuen Bezeichnung in einem Zusatz BGH NJW-RR 2021, 226 mAnm Schörnig MDR 2021, 600; Zweibr MDR 1988, 418; LG Frankent DGVZ 1997, 75; AG Otterndorf DGVZ 2017, 247.

Forderungsprätendent: Der Streit fällt nicht unter § 727, so dass nur die Klage bleibt, Stgt Rpfleger 2000, 282 Für Anwendung auch der §§ 732, 767, 768, KG FamRZ 2005, 1759; für Analogie zu §§ 732, 768 Prütting/ Gehrlein/Hanewinkel Rn. 20. Entscheidend ist die Vermeidung der Doppelvollstreckung. Ist die vollstr Ausfertigung einem der Gl. bereits erteilt, kann der andere gegen ihn mit der Feststellungsklage vorgehen; zu anderen Möglichkeiten MüKoZPO/Wolfsteiner Rn. 71. Ist sie noch nicht erteilt, befürwortet BGH DGVZ 2017, 74 das Prioritätsprinzip. Im Sinne eines richtigen und praktisch zu verwirklichenden Ergebnisses zu befürworten ist ein Interventionsrecht des anderen Gl. entspr §§ 731, 64; ablehnend MüKoZPO/Wolfsteine Rn. 74. Der Sch. kann im Rechtsstreit mit einem Gl. dem anderen den Streit verkünden. Er ist unter den insoweit geltenden Regeln auch zur Hinterlegung berechtigt, BGH NJW 2001, 231.

Forderungsübergang: → „Gesetzlicher Forderungsübergang".

Genehmigung: Eine Rechtsnachfolge kann bei einer Genehmigung fremder Prozessführung nach § 89 vorliegen.

Gesamthandsgemeinschaft: Dem Fall der Rechtsnachfolge steht es gleich, wenn die Anteile auf einen verbleibenden übergehen, BGH NJW 2018, 3310.

Gesamtrechtsnachfolge: Tritt sie auf Gl.-Seite im Zwangsvollstreckungsverfahren ein, ist dem S. der Titel mi qualifizierter Klausel zuzustellen, Köln WRP 2021, 536.

Gesamtschuldner: Eine Rechtsnachfolge fehlt meist, soweit ein verurteilter Gesamtschuldner den Ausgleichsanspruch nach § 426 BGB geltend macht. Denn das Innenverhältnis ist nicht der Streitgegenstand gewesen Ddf NJW-RR 2000, 1596. Für den nach § 426 II 1 BGB übergegangenen (Teil-) Anspruch ist zwar Rechtsnachfolge gegeben, indes ist die Ausgleichspflicht idR nicht offenkundig und nicht mit Urkunden beweisbar BayObLG NJW 1970, 1800; Ddf DNotZ 1996, 539.

Gesellschaftsrecht: Der Wechsel sämtlicher Gesellschafter einer Personengesellschaft führt nicht zur Rechtsnachfolge, wenn die Identität der Gesellschaft erhalten bleibt, Zweibr GRUR 1988, 485. Bei der **Auflösung** einer Gesellschaft sind die Gesellschafter nicht automatisch die Rechtsnachfolger, Ffm BB 1982, 399; Hamm NJW 1979, 51; für Umschreibung nach Spaltung entspr. § 727 Ffm NJWE-WettbR 2000, 269. Wächst be liquidationsloser Vollbeendigung das Vermögen einer GmbH & Co. KG einem Gesellschafter zu, kommt di Klauselumschreibung in Betracht, BAG NJW 2019, 1242, mAnm Paulus EWiR 2019, 619; Rieder/Thomaseth ZWH 2019, 221.

Der Rechtsübergang kraft **Verschmelzung oder Aufnahme** erfordert die Titelumschreibung, BGH NJW 2017, 411; NJW-RR 2011, 1335 Rn. 10; Jena NZG 2012, 1350. Entsprechendes gilt für die Vermögensübertragung nach §§ 20 I Nr. 1, 174 ff. UmwG und die Neugründung nach §§ 2 Nr. 2, 36, 20 I Nr. 1 UmwG schließlich auch für die Spaltung, §§ 123, 131, 135 UmwG.

Anders liegen die Dinge bei **Identität.** Bei formwechselnder **Umwandlung** ist die Umschreibung nich erforderlich, weil keine Rechtsnachfolge, sondern eine Änderung der Rechtsform vorliegt, BGH NZG 2016 517 (Handelsgesellschaft in GbR); NJW 2011, 1449 (bei identischer Grundbucheintragung); NZG 2004, 728 (Anstalt öR in Genossenschaft); LG Verden DGVZ 2017, 130 (GbR in OHG); LG Nürnb-Fürth DGVZ 2012, 53 (AG & Co. in GmbH). Zur sog. **„Beischreibung"** des neuen Namens BGH NJW-RR 2021, 226 Andernfalls und bei fehlender Grundbucheintragung gilt § 727 analog, NJW 2011, 615. Zwischen **Vor GmbH** und GmbH besteht ebenfalls Identität; eine Umschreibung ist nicht erforderlich, Stgt NJW-RR 1989 638; BayObLGZ 1987, 446. Für den Nachweis gelten die gleichen Anforderungen an die Überzeugungskraf der Urkunden wie beim Übergang auf einen Dritten, BGH NZI 2017, 910 Rn. 17.

Gesellschaft bürgerlichen Rechts: Einer Rechtsnachfolgeklausel bedarf es nicht, wenn die im Titel genannten Gesellschafter mit den im GrB eingetragenen übereinstimmen, BGH NZG 2016, 107 (auch bei Tod eine Gesellschafters oder nach Umwandlung); § 1148 S. 1 BGB gilt entspr., BGH NJW 2011, 615; NJW 2011 1449; iÜ gilt bei Gesellschafterwechsel § 727 analog, BGH NJW 2011, 615; zur Unzulässigkeit der Umschrei

bung, wenn die pers. Haftung ausgeschlossen ist, BGH NJW 2007, 1813 Rn. 26. Ein Gesellschafterwechsel führt nicht zur Notwendigkeit einer Umschreibung, Saarbr NJOZ 2008, 3089. Werden sämtliche Anteile auf einen Nachfolger übertragen, kann der Titel bei Urkundennachweis auf diesen umgeschrieben werden, BGH ZWE 2018, 417. Eine Titelumschreibung ist bei Umwandlung grds. nicht erforderlich, BGH DGVZ 2004, 73; betr. Umwandlung einer Kapital- oder Personenhandelsgesellschaft in eine GbR BGH NZG 2016, 517.

Gesetzlicher Forderungsübergang: Grundvoraussetzung ist auch hier der Übergang nach Rechtshängigkeit, → Vor § 727 Rn. 1. Für den maßgeblichen **Stichtag** kommt es entscheidend auf die Voraussetzungen der Regelung an, unter denen der Übergang erfolgt. Wird etwa an tatsächlich erbrachte Zahlungen angeknüpft, muss die Erfüllungswirkung nach Rechtshängigkeit eingetreten sein. Das gilt zB für § 268 III 1 BGB (Ablösung) oder § 774 S. 1 BGB (Bürgschaft).

Die **Überleitung** nach § 33 SGB II, BGH NJW-RR 2012, 898, § 93 SGB XII und § 95 SGB VIII, § 332 SGB III, §§ 115, 116 SGB X steht dem gleich; sie setzt tatsächliche Zahlung voraus, MüKoZPO/Wolfsteiner Rn. 22.

– **(BAföG):** Für die Umschreibung auf das Land ist der Nachweis der Zahlung erforderlich, Köln FamRZ 1994, 52, sowie die Darlegung anrechnungsfähiger Beträge, Stgt FamRZ 1995, 489.
– **(Rechtsschutzversicherung):** Der Kostenerstattungsanspruch des Versicherten geht gem. § 86 I VVG auf den Versicherer über, BGH NJW 2017, 2819 Rn. 44. Zu den Nachweisanforderungen → Rn. 15.
– **(SGB):** Der Schwerpunkt liegt hier auf den Nachweisanforderungen, → Rn. 19.
– **(Unterhaltsvorschuss):** → s. dort.

Gesetzlicher Vertreter: → Vor § 727 Rn. 6.

Grundbuch: § 727 ist entsprechend anwendbar auf die Kostengrundentscheidung in einer Grundbuchsache, Köln FGPrax 2012, 282. Nach einer Grundbuchberichtigung auf den wahren Eigentümer kann die Klausel entsprechend § 727 umgeschrieben werden, Hamm NJW 1999, 1038, LG Rostock NJW-RR 2001, 1024. Eine Rechtsnachfolgeklausel kann unterbleiben, wenn die im Titel aufgeführten Gesellschafter einer GbR mit den im GrB eingetragenen übereinstimmen, BGH NZG 2016, 107.

Grundschuld: → „Abtretung".

Insolvenz: Der Insolvenzverwalter ist im Rahmen seiner Befugnisse als Partei kraft Amtes Rechtsnachfolger des Schuldners, → § 325 Rn. 15. Es gilt § 727 analog, BGH DGVZ 2017, 74; im Ergebnis auch BAG NJW 2015, 107 Rn. 11. Die Frage nach einer Titelumschreibung stellt sich im Zusammenhang mit der Eröffnung und der Beendigung des Verfahrens unter vielen Gesichtspunkten, vgl. zur Umschreibung der Vollstreckungsklausel gegen den Insolvenzverwalter (auch im englischen Insolvenzverfahren) BGH NJW 2011, 1818; zu allgemein gehaltenen Nachweisanforderungen bzgl. öffentlicher Urkunden BGH NJW-RR 2005, 1716 (Bundesanzeiger oder www.insolvenzbekanntmachungen.de reichen grds. nicht aus, weil sie den Fortbestand nicht belegen); strenger sind LG Schwerin NZI 2022, 194 und LG Stgt NZI 2008, 192, die generell eine Ausfertigung der **Bestallungsurkunde** verlangen; zur Umschreibung eines Unterlassungstitels auf den Insolvenzverwalter Ffm ZIP 2009, 784; Titelumschreibung entspr. § 727 betr. einen vom Schuldner erworbenen Abfindungsanspruch BAG NJW 2015, 107. Hat ein Gl. die Übertragung eines Gegenstandes (Grundstück) durch den Schuldner nach dem AnfG erfolgreich angefochten und einen **Duldungstitel** erwirkt, kann der Insolvenzverwalter die Klausel dergestalt auf sich umschreiben lassen, dass sie auf Rückauflassung und Eintragung des Insolvenzschuldners im Grundbuch lautet, Mü ZIP 2017, 239.

Fehlt es (noch) an der Klausel, muss das Vollstreckungsorgan die **Eröffnung** des Insolvenzverfahrens als offenkundige Tatsache berücksichtigen, AG Böblingen 13.12.2021 – 40 M 3243/21, BeckRS 2021, 40589.

Nach einer **Freigabe** durch den Insolvenzverwalter ist die Umschreibung auf einen gegen den Schuldner wirkenden, auf den Insolvenzverwalter umgeschriebenen Titels nicht nötig, BGH NZI 2017, 910 (Löschungsvermerk im GB genügt als Nachweis); Rpfleger 2006, 423; WM 2005, 1324; daher sind an den Inhalt der Freigabeerklärung hohe Anforderungen zu stellen, AG Waiblingen DGVZ 2011, 94. Auch die Zustellung an den S. ist nachzuweisen, LG Köln RNotZ 2013, 175.

Inhaltliche Änderungen dürfen mit der Umschreibung nicht einhergehen, etwa soweit eine Umschreibung aus einer einfachen Insolvenzforderung eine vorrangige Masseforderung machen würde, Mü NZI 1999, 498 (Kostentitel). Auch kann ein Titel auf einen mitgliedschaftsrechtlichen **Auskunftsanspruch** nicht auf den Insolvenzverwalter umgeschrieben werden, weil der Inhalt der Auskunftspflicht nicht identisch ist, Hamm Rpfleger 2008, 374; Ddf OLGZ 1980, 484.

Nach **Rücknahme** der Forderungsanmeldung kommt eine Titelumschreibung nicht mehr in Betracht, AG Köln ZIP 2016, 688. **Verwalterwechsel** ist nach LG Essen NJW-RR 1992, 576 kein Anlass für eine Umschreibung; der Klarheit dient indes die Umschreibung auf den Nachfolger, so auch LG Stuttgart NZI 2008, 192. Nach dem **Verfahrensende** kann Umschreibung gegen den früheren Schuldner erfolgen, Celle NJW-RR 1988, 448; LAG Ddf Rpfleger 2006, 90 (abl. Hesse KTS 2006, 479); auch BGH NJW 1992, 2159. Ein Vergleich, aus dem der **Insolvenzverwalter** in dieser Eigenschaft Ansprüche erworben hat, muss umgeschrieben werden, wenn letzterer nunmehr **persönlich** daraus vollstreckt, BGH NJW 1992, 2159. Eine **fehlerhafte** frühere **Umschreibung** wirkt für eine weitere nicht präjudiziell, KG NJW-RR 1997, 253.

Auch → „Insolvenzausfallgeld", → „Nachlassinsolvenz", → „Sicherungsrecht".

Insolvenzausfallgeld: Bei einem Anspruch auf ein Ausfallgeld muss der Gläubiger die Voraussetzungen einschließlich der Antragstellung durch öffentliche oder öffentlich beglaubigte Urkunden nachweisen, wofür der Bescheid ausreicht, LAG Ddf NZA-RR 2005, 387.

Kanzleiabwicklung: Eine Rechtsnachfolge kann vorliegen, wobei der Titel zugunsten des Abwicklers nach § 727, gegen ihn analog § 748 II umzuschreiben ist, Karlsr NJW-RR 2005, 293. Das gilt bei der Umschreibung der Vollstreckungsklausel für oder gegen den Kanzleiabwickler, Karlsr MDR 2005, 117; ein vom Abwickler eingerichtetes Anderkonto unterliegt indes der Zweckbindung, Nürnb NJW-RR 2006, 1434.

Kommanditgesellschaft: → „Gesellschaftsrecht", → „Firmenname", → „Offene Handelsgesellschaft".

Kostenfestsetzung: Zur Erwirkung eines KfB benötigt der neue Gl. eine Umschreibung des Urteils, BGH FamRZ 2010, 1160. Dem Mandanten erteilter KfB kann unter den Voraussetzungen des § 727 auf einen Sozius des ProzBev umgeschrieben werden, Kblz Rpfleger 2017, 467.

Landesbank: Zu einem Titel der Landesbank Oldenburg vgl. BGH NJW-RR 2019, 1274 Rn. 16.

Mahnverfahren: Zuständig für die Umschreibung des VB ist das Mahngericht, BGH NJW 1993, 3141. Unrichtige Parteibezeichnung bereits im Mahnbescheid steht entgegen, weil der Fehler bereits vor Rechtshängigkeit vorlag, LG Gießen JurBüro 1982, 1093; dsgl. wenn der Schuldner schon vor dem Mahnbescheid verstorben war, LG Oldb JurBüro 1979, 1718.

Mehrfache Rechtsnachfolge: § 727 gilt auch für weitere Rechtsnachfolger, Brdb FamRZ 2007, 62. Grundsätzlich gilt die Priorität, BGH DGVZ 2017, 74 (Ausnahme: Der alte Gläubiger stellt keinen Anspruch).

Miete/Pacht: Zur Rechtskrafterstreckung → § 325 Rn. 28. Eine Rechtsnachfolge wird durch §§ 566 I, 581 II BGB nicht herbeigeführt; § 727 ist analog anzuwenden, BGH WM 2022, 382 = BeckRS 2021, 45909 Rn. 18, unter Verweisung auf BGH NZM 2019, 941 Rn. 24.

Nachbarrecht: Bei einem Urteil auf Unterlassung einer nachbarrechtlichen Störung ist der neue Eigentümer nicht notwendig Rechtsnachfolger, Ddf NJW 1990, 1000.

Nacherbschaft: → „Erbschaft".

Nachlassinsolvenz: Eine Rechtsnachfolge des Insolvenzverwalters kann hinsichtlich eines zu Lasten der durch einen Nachlasspfleger vertretenen Erben vorliegen, Stgt Rpfleger 1990, 312.

Nachlasspflegschaft: Einer Umschreibung des vom Erblasser erwirkten Titels bedarf es nicht, AG Hbg DGVZ 1992, 43.

Nachlassverwaltung: Eine Rechtsnachfolge kann vorliegen, soweit das Gericht eine Nachlassverwaltung angeordnet hat. Das gilt bei der Umschreibung der Vollstreckungsklausel für oder gegen den Nachlassverwalter, Jaspersen Rpfleger 1995, 243. Die Analogie zu § 749 ist insoweit nicht erforderlich. Es gilt § 727 entspr.

Namensänderung: → Vor § 727 Rn. 7.

Nießbrauch: Der Eigentümer wird mit dem Erlöschen nicht Rechtsnachfolger, BGH NJW 2016, 1953 Rn. 14; aA Pohlmann NJW 2016, 1911. § 727 iVm §§ 325 I, 795 S. 1 können in Gestalt der titelerweiternden Klausel gegen den Nießbraucher anwendbar sein, BGH NJW 2014, 1740; Drsd Rpfleger 2006, 93; → § 325 Rn. 22.

Offene Handelsgesellschaft: → „Gesellschaftsrecht".

Partei kraft Amtes: → § 325 Rn. 11. Für die Zwangsvollstreckung steht sie aber dem Rechtsnachfolger nach § 728 II gleich. Wechselt die Partei kraft Amtes, genügt eine Berichtigung der Vollstreckungsklausel.

Pfändung und Überweisung: § 727 ist auf den Beschluss selbst weder direkt noch analog anzuwenden; denn es handelt sich um eine Maßnahme der Zwangsvollstreckung und nicht um einen Vollstreckungstitel, BGH WM 2016, 2077 = DGVZ 2017, 35. Die Überweisung als solche führt zur Rechtsnachfolge und damit zur Umschreibung nach § 727, wenn die Gefahr einer Doppelvollstreckung ausgeschlossen werden kann, Jena OLG-NL 1999, 258; Ffm NJW 1983, 2266; MüKoZPO/Wolfsteiner Rn. 22. Zur hinreichenden Bestimmtheit des PfÜB BGH NJW 1983, 886. Die Forderung des Gl. gegen den S. begrenzt die Umschreibung nicht, LAG Sachsen JurBüro 1996, 105, weil Gl. hierdurch in nicht hinnehmbare Beweisnot gerät, die Frage nicht zuletzt mit Blick auf die offene Werthaltigkeit der gepfändeten Forderung grds. erst im Zuge der Verwertung zu klären ist und damit auch das Prioritätsprinzp berührt wäre, aA Zöller/Seibel Rn. 9.

Pfandobjekt: → „Zahlungspflicht".

Prätendentenstreit: → „Forderungsprätendent".

Prozessstandschaft: Die in § 265 II angeordnete Prozessstandschaft bleibt im Klauselverfahren unbeachtet, BGH NJW 1984, 806; hat Kl. den Antrag auf Leistung an den Rechtsnachfolger umgestellt, → § 265 Rn. 17, kann diesem die Klausel nach § 727 gegen Nachweis der Identität erteilt werden. Endet der Rechtsstreit durch Vgl., kann dem Gegner des Veräußerers gegen den Rechtsnachfolger nach § 727 eine Klausel erteilt werden, BGH NJW 2019, 310.

Zur Rechtskrafterstreckung auf den Ermächtigenden einer gewillkürten Prozessstandschaft → § 325 Rn. 13. Analog § 727 kommt eine Umschreibung der Vollstreckungsklausel in Betracht, wenn der Prozessstandschafter die Vollstreckung ablehnt oder verzögert oder wenn sie aus einem sonstigen Grund von ihm nicht durchgeführt wird, BGH NJW 1983, 1678; Köln JurBüro 1994, 741. Auf einen Nachfolger des Prozessstandschafters (Verwalter der WEG) kann der Titel analog § 727 umgeschrieben werden, Ddf NJW-RR 1997, 1035.

In Fällen, in denen eine gesetzlich angeordnete Prozessstandschaft endet, vgl. etwa § 1629 II, III BGB, kann § 727 entspr angewendet werden.

Rechtsschutzversicherung: → „Gesetzlicher Forderungsübergang".

Räumung: Zum Nachweis einer im Vgl. vereinbarten Umzugsentschädigung LG Berlin GE 2022, 46.

Rückabtretung, -übertragung, Ringabtretung: Sie ist erforderlich und reicht nach → Rn. 4; Brdb FamRZ 2007, 62, Stgt NZFam 2014, 753; LG Braunschw DGVZ 2020, 261; LG Mühlhausen DGVZ 2012, 13. Auch → Rn. 7 „Abtretung";)/24 „Unterhaltsvorschuss".

Schiedsspruch: Es gilt vorrangig § 1060, BGH NJW-RR 2007, 1366.

Schuldbeitritt: Die Norm findet keine Anwendung, BGH NJW 1957, 420.

Schuldübernahme: Der BGH hat die Anwendung des § 265 auf die **befreiende** Schuldübernahme abgelehnt, NJW 2001, 1217; NJW 1989, 2885, weshalb auch die Umschreibung nicht in Betracht kommt; Mü BeckRS 2015, 9570 zu § 1060; BGH NJW-RR 2021, 1145 Rn. 16 ist anderes nicht zu entnehmen. Die abweichende Ansicht des BAG, AP ZPO § 325 Nr. 1 = NJW 1977, 1119, beruht auf den Besonderheiten des Arbeitsrechts. Die Gegenmeinung zum BGH, vgl. MüKoZPO/Wolfsteiner Rn. 45, hat im Gesetz keine Grundlage. Auch die Auslegung des Übernahmevertrags kann so weit nicht führen, dass ohne prozessuale Rechtskrafterstreckung die Zwangsvollstreckung stattfinden darf. Die Parteien haben die Möglichkeit der notariellen Vereinbarung mit Unterwerfungsklausel, § 794 I Nr. 5.

Eine Rechtsnachfolge fehlt bei einer **kumulativen** Schuldübernahme, Baumgärtel DB 1990, 1905.

Sicherungsgrundschuld: → „Abtretung".

Testamentsvollstrecker: Es gelten §§ 748, 749.

Treuhandanstalt: Bei der Bundesanstalt für vereinigungsbedingte Sonderaufgaben liegt eine Nämlichkeit und keine Rechtsnachfolge der Treuhandanstalt vor, AG Neuruppin DGVZ 1996, 78.

Überleitung: → „Gesetzlicher Forderungsübergang".

Überweisung: → „Pfändung und Überweisung".

Umwandlung: → „Gesellschaftsrecht".

Unterhaltsvorschuss: Hochgräber FamRZ 1996, 272. Ausreichen kann **§ 7 I 1 UVG** für die Umschreibung analog § 727, BGH NJW 2015, 3659. Für den nach **§ 1629 III BGB** erwirkten Unterhaltstitel gilt § 727

ebenfalls analog, Kblz NZFam 2017, 467; FamRZ 2006, 1689; Karlsr FamRZ 2004, 1796; Hamm FamRZ 2000, 1590; LG Kleve FamRZ 2007, 1663; für den Fall treuhänderischer Rückübertragung Stgt NZFam 2014, 753; für den umgekehrten Fall AG Bln-Tempelhof DGVZ 2002, 44; überholt Kblz FamRZ 2014, 872; Ddf FamRZ 2012, 1909; aM wegen Personenidentität auch AG Menden FamRZ 2001, 1625.

Steht der Titel auf künftige Leistung unter der **auflösenden Bedingung** der tatsächlichen Zahlung, erlischt er mit deren Einstellung, so dass eine Umschreibung nicht in Betracht kommt, Köln FamRZ 2003, 108.

Auf den **Urkundennachweis** kann auch bei einem öffentlichen Träger grds. nicht verzichtet werden, Stgt NJW-RR 2001, 868. Nicht ausreichend ist ein Fallauszug, Stgt NJW-RR 1986, 1504, eine bloße Zahlungsanweisung, Karlsr FamRZ 1987, 852, eine Quittung des gesetzlichen Vertreters über den Empfang einer Unterhaltsleistung nach dem UVG, Stgt NJW-RR 1986, 1505, ein bloßer Bewilligungsbescheid, Ddf FamRZ 1997, 826. Eine Bescheinigung über eine Vorschussbewilligung oder über eine von der Zahlstelle erbrachte Leistung kann ausreichen, wenn der Sozialhilfeträger die Zahlungen aufgeschlüsselt hat, zB nach Monaten, Karlsr FamRZ 2004, 556. Zur Rechtswahrungsanzeige nach § 7 II UVG Stgt NJW-RR 1993, 580; Zweibr FamRZ 1987, 736. Für die Leistungsfähigkeit trägt S. die Beweislast, BGH NJW-RR 2019, 963.

Die **Höhe von Sozialhilfeleistungen,** die den Unterhalt übersteigen, muss nachvollziehbar dargelegt werden, Ddf Rpfleger 1986, 392.

Zu den Anforderungen an den Urkundennachweis → Rn. 19.

Unterlassung: → „Nachbarrecht"; → § 325 Rn. 28 „Unterlassungsanspruch".

Untermieter: → § 325 Rn. 28 „Miete".

Unterwerfungserklärung: Rechtsnachfolger ist, wer Gläubiger des Schuldversprechens ist; Gläubigerstellung alleine in eine Grundschuld reicht nicht aus, BGH NJW 2008, 918. Die Unterwerfungserklärung nach § 800 I macht eine Rechtsnachfolgeklausel nicht entbehrlich, wenn aus dem Grundpfandrecht die Zwangsvollstreckung betrieben werden soll, BGH DGVZ 2018, 179.

Urkunde: Die Rechtsnachfolge muss nach der Errichtung der Urkunde eingetreten sein, BGH NJW 1993, 1396; allgemein zum Stichtag → Rn. 1.

Veräußerung der Streitsache: → „Prozessstandschaft".

Verein: § 735.

Vergleich: Wird nach Eintritt der Rechtshängigkeit die in Streit befangene Sache veräußert, so muss der Rechtsnachfolger des Veräußerers einen zwischen dem Veräußerer und dem Prozessgegner geschlossenen gerichtlichen Vergleich gegen sich gelten lassen, wenn und soweit der Inhalt des Vergleichs auch das Ergebnis eines Urteils in dem anhängigen Prozess sein könnte und sich die Rechtskraft eines solchen Urteils auf den Rechtsnachfolger erstreckt hätte; unter diesen Voraussetzungen kann dem Prozessgegner gem. §§ 795, 727 eine vollstreckbare Ausfertigung gegen den Rechtsnachfolger des Veräußerers erteilt werden, BGH NJW 2019, 310; NJW 1993, 1396; NJW-RR 1987, 307; → § 325 Rn. 40.

Verschmelzung: → „Gesellschaftsrecht".

Versicherung: → „Gesetzlicher Forderungsübergang", → „Rechtsschutzversicherung".

Vertreter: → „Genehmigung".

Vollmachtloser Vertreter: → „Genehmigung".

Vollstreckbarer Inhalt: Fehlt er, fehlt für die Umschreibung das Rechtsschutzbedürfnis, LAG Ddf Rpfleger 2006, 90.

Vorerbschaft: → „Erbschaft".

Vorruhestandsgeld: Bei einem Anspruch auf ein Vorruhestandsgeld muss der Gläubiger dessen sämtliche Voraussetzungen einschließlich der Antragstellung durch öffentliche Urkunden oder öffentlich beglaubigte Urkunden nachweisen, LAG Kiel Rpfleger 1989, 162; LAG Mü Rpfleger 1987, 362.

Wechsel: Zur Umschreibung eines Titels nach auf den Aussteller eines Wechsels nach Zahlung an den klagenden Wechselinhaber vgl. LG Münst MDR 1980, 1030; MüKoZPO/Wolfsteiner § 726 Rn. 31.

WEG: Hat der Verwalter nach altem Recht (vor 1.12.2020) einen Titel als Prozessstandschafter erwirkt, kann er analog auf die Gemeinschaft umgeschrieben werden, vergleichbar Düss NJW-RR 1997, 1035.

Weiterer (späterer) Rechtsnachfolger: → Rn. 4; → „Mehrfache Rechtsnachfolge".

Weitere Umschreibung: Bei ihr bindet eine frühere unrichtige Umschreibung nicht, KG NJW-RR 1997, 253.

Wohnungseigentum: §§ 727 ff. sind anwendbar, Ffm NJW-RR 2006, 155; Ddf NJW-RR 1997, 1035 (analog bei Verwalterwechsel); ablehnend LG Darmst NJW-RR 1996, 398. Gibt die vollstreckbare Urkunde nach § 794 I Nr. 5 als den Haftungsgegenstand ein Grundstück an, lässt sie eine Vollstreckung in ein daraus entstandenes Wohnungseigentum erst nach einer Umschreibung gegen den Wohnungseigentümer zu, LG Weiden Rpfleger 1984, 280. Eine Rechtsnachfolge der WEG fehlt, soweit nur einzelne Mitglieder eine nach § 887 vertretbare Handlung vornehmen mussten, LG Wuppert NZM 2006, 872.

Der Erwerber ist nicht Rechtsnachfolger in die **Hausgeldforderung** gegen den Voreigentümer, weil das Eigentum in der Zahlungsklage nicht streitbefangen war, BGH NJW 1994, 2950; Ffm NZM 2006, 118; LG Stgt ZMR 2012, 731.

Zahlungspflicht: Hinsichtlich eines Zahlungstitels erfordert die Rechtsnachfolge eine Übernahme der titulierten Zahlungsverpflichtung; der Erwerb eines aufgrund des Titels gepfändeten Objekts reicht nicht aus, BGH NJW-RR 2021, 1145.

Zwangshypothek: Durch § 867 III ist ein dinglicher Titel gegen den Erwerber des Grundstücks, für das Gl. die Eintragung einer Zwangshypothek erwirkt hat, nicht entbehrlich geworden; der Norm lässt sich nicht entnehmen, dass mit dem Vermerk über die eingetragene Zwangshypothek zugleich ein dinglicher Titel entsteht, der analog § 727 I auf den Grundstückserwerber umgeschrieben werden könnte, BGH NJW-RR 2021, 1145 Rn. 17; auch → § 867 Rn. 27.

Zwangsversteigerung: Rechtsnachfolge kann auch durch Zwangsversteigerung herbeigeführt werden. Auch hierbei kommt es auf die Nachfolge in die übertragene Rechtsposition an dem veräußerten Gegenstand an. Der Ersteher eines Grundstücks ist daher nicht Rechtsnachfolger des früheren Zwangsverwalters, → „Zwangsverwaltung". Ein von diesem erstrittener Titel auf Räumung kann jedenfalls nach der Beendigung der Zwangsverwaltung nicht auf den Ersteher umgeschrieben werden, BGH NJW-RR 2012, 1297. Auch → Rn. 7.

Zwangsverwaltung: Für die Beschlagnahme rechtshängiger Forderungen gelten dieselben Grundsätze wie für die Pfändung; der klagende Insolvenzverwalter führt den Rechtsstreit in doppelter Prozessstandschaft kraft seines Amtes und nach § 265 II 1 fort; ein Titel zugunsten des Schuldners ist auf den Zwangsverwalter umzuschreiben, BGH NJW 1986, 3206. Der Eigentümer ist nach der Aufhebung der Zwangsverwaltung wegen Antragsrücknahme Rechtsnachfolger des Zwangsverwalters, Ddf OLGZ 1977, 252. Der Ersteher ist nicht Rechtsnachfolger des Zwangsverwalters wegen eines von diesem erwirkten Titels, BGH NJW-RR 2012, 1297; WuM 2012, 457; Celle NZI 2010, 878; LG Bln Rpfleger 2010, 617. Ob nach Aufhebung der Zwangsverwaltung der gegen den Zwangsverwalter lautende Kostentitel Titel auf den Schuldner umgeschrieben werden kann, lässt BGH NJW 2019, 3651 Rn. 6 offen.

Zwangsvollstreckung: → „Pfändung", → „Zwangsversteigerung".

Zweigniederlassung: → Vor § 727 Rn. 7 „Filiale".

8 **III. Besitzer einer streitbefangenen Sache, I.** Für Gl. ist die Rechtsnachfolge in den Besitz selbstverständliche Grundlage einer Umschreibung, → Rn. 4. In § 727 eigens geregelt wird die Rechtsnachfolge des Schuldners in den Besitz. Die Verweisung auf § 325 beschränkt die direkte Anwendung der Norm auf den Besitzer, dem gegenüber der Titel wirksam ist, BGH NJW-RR 1986, 858, näher → § 325 Rn. 28 „Besitz"; → § 325 Rn. 28 „Miete" zur Untermiete. Für den Erwerb des Eigentums ist die Regelung – de minore ad maiorem – erst recht anwendbar, was sich auch aus §§ 265, 325 ergibt, MüKoZPO/Wolfsteiner Rn. 46; → Vor § 727 Rn. 1.

9 Das Grundstück selbst muss indes die in Streit befangene Sache gewesen sein; die Betroffenheit als **Pfandobjekt** reicht nicht aus; auch § 867 III führt nicht zur Anwendung des § 727, BGH NJW-RR 2021, 1145 Rn. 16 f.; → § 867 Rn. 27. Zu Miete/Pacht → Rn. 7.

10 Die Norm gilt, wenn nicht gar ein direkter Fall der Rechtsnachfolge auf Schuldnerseite vorliegt, entsprechend für denjenigen, der an die Stelle des verurteilten unmittelbaren Besitzers gerückt ist, LG Münster MDR 1973, 934, dies aber nur hinsichtlich des Besitzrechts, nicht der aus Eigentum oder Besitz folgenden Pflichten, Ddf NJW 1990, 1000. Der Besitz des Rechtsnachfolgers muss tatsächlich vorliegen, wovon der Gerichtsvollzieher sich ggf. vor Ort zu überzeugen hat; liegt er nicht vor, bedarf es der Umschreibung nicht, BGH NJW 2020, 3376 Rn. 28; NJW 2008, 1959 Rn. 19.

11 Der **Besitzdiener** ist nicht erfasst, weil er nach § 855 BGB nicht Besitzer ist, → § 325 Rn. 28 „Besitz"; hier gilt § 808. Der **Erbenbesitz** nach § 857 BGB führt für sich alleine ebenfalls nicht zur Annahme von Besitz und damit zur Notwendigkeit einer Klauselumschreibung, weil der Erbe nicht notwendig Gewahrsamsinhaber iSd §§ 885, 886 ZPO und damit alleine in seiner Erbenstellung nicht Vollstreckungsschuldner ist, BGH NJW 2020, 3376 Rn. 34 (so ausdr. für die Zwangsvollstreckung nach § 885; für Mobiliarvollstreckung nach § 808 und für den Fall der Gewahrsamslosigkeit offen lassend; für Annahme von Erbengewahrsam im letzteren Fall Anm. von Würdinger/Herberger NJW 2020, 3376).

12 Die Einschränkungen des **§ 325 II–IV** gelten auch hier. Die Umschreibung ist darum regelmäßig nur statthaft, soweit nicht die sachlichrechtlichen Vorschriften über einen Erwerb vom Nichtberechtigten entgegenstehen. Zu prüfen ist dies aber nur, wenn der neue Schuldner den Weg der §§ 732, 768 geht; der Klauselerteilung steht der gutgläubige Erwerb nicht entgegen.

IV. Voraussetzungen der Klausel, I

Schrifttum: Pflugmacher, Beweiserhebung und Anerkenntnis im Klauselerteilungsverfahren, 2001.

13 **1. Antrag, Zulässigkeit.** Die Erteilung setzt einen **Antrag** des neuen Gl. voraus. Die bloße Kenntnis des Gerichts von der Rechtsnachfolge ist kein Grund, dem alten Gl. die Klausel zu verweigern, LG Hannover DGVZ 2019, 261; anders für Unterhaltstitel ab Volljährigkeit des Kindes Brdb NJW-RR 2019, 1480. Ein Antrag auf **Beischreibung** des neuen Namens kann grds. nicht als Antrag auf Erteilung der Nachfolgeklausel ausgelegt werden, BGH NJW-RR 2021, 226; → Rn. 2.

14 Zuständig ist der Rpfleger nach § 20 I Nr. 12 RPflG. Er prüft lediglich, ob ein vollstreckbarer Titel vorliegt und ob die vorgelegten Urkunden die Rechtsnachfolge oder den Besitz dartun. Materielle Einwände werden nicht geprüft, AG Göttingen ZIP 2020, 931 (Bestätigung eines Insolvenzplans im Folgeverfahren). Beim Vollstreckungsbescheid ist § 703b anwendbar. Das Rechtsschutzbedürfnis erfordert vollstreckbaren Inhalt des Titels, LAG Ddf Rpfleger 2006, 90. Bei weiterer Umschreibung bindet eine frühere unrichtige Umschreibung nicht, KG NJW-RR 1997, 253.

15 **2. Feststellung der Rechtsnachfolge. a) Tatsächliche Ausgangslage.** Zunächst bedarf es einer Klärung der Frage, welche tatsächlichen Feststellungen zu treffen sind, um die Umschreibung vornehmen zu können. Das hängt von den jeweiligen Besonderheiten der Rechtsbeziehung ab, in welcher die Rechtsnachfolge eingetreten ist, BGH NJW-RR 2019, 963; KG JurBüro 1999, 439. Dazu wird vorrangig auf → Rn. 4 und die nachfolgenden Beispiele verwiesen. **Zugestandene** Tatsachen iSd **§ 288 I** bedürfen keiner weitergehenden tatsächlichen Feststellung, so dass bei Rechtsnachfolge auf Seiten des Gl. nur die Zustimmung des bisherigen Gl. hinzutreten muss; da S. sich im Klauselerteilungsverfahren keiner Erklärungslast ausgesetzt sieht, ist **§ 138 III** nach Auffassung des BGH **nicht** anwendbar, so dass Schweigen des S. die Feststellung der Offenkundigkeit bzw. den Urkundenbeweis nicht entbehrlich macht, BGH JurBüro 2009, 163; NJW-RR 2005, 1716; DNotZ 2005, 917; Saarbr Rpfleger 2004, 430; NVersZ 2002, 232; Rpfleger 1991, 161; Drsd Rpfleger 2003, 675. Letzterem ist zumindest im Einzelfall zu widersprechen, wenn in Massenverfahren von erhöhter Zuverlässigkeit des Gl. auszugehen ist, vgl. → Rn. 7 „Gesetzlicher Forderungsübergang", „Rechtsschutzversicherung"; → Rn. 28 „Unterhaltsvorschuss"; vertretbar Stgt Rpfleger 2005, 208; sehr weitgehend allerdings Oldb Rpfleger 1992, 306. Auf das ausdrückliche Geständnis des bisherigen Gl. abstellend Saarbr Rpfleger 2004, 430. Eine Verpflichtung des Rechtspflegers, auf den Schuldner im Sinne einer Klarstellung oder eines Geständnisses hinzuwirken, besteht nicht, Hamm MDR 1997, 1156. Sehr eingehende Darstellung der Problematik, wenn auch nicht mehr auf dem Stand der Rspr. Münzberg NJW 1992, 201.

16 **b) Offenkundigkeit.** Die Prüfung der Offenkundigkeit hat Vorrang, insbesondere weil sie ergänzende Vorlage von Urkunden überflüssig macht. Für ihre Feststellung gelten die zu **§ 291** erarbeiteten Grundsätze, grundlegend BGH DGVZ 2020, 252 Rn. 21 mAnm Els Rpfleger 2021, 55; NZG 2013, 33 Rn. 6; GRUR 2011, 1043 Rn. 49; Celle MDR 1995, 1262. Es muss sich also um eine allgemeinkundige oder gerichtskundige Tatsache handeln; aA MüKoZPO/Wolfsteiner § 726 Rn. 61, der auf den Horizont des S. abstellt. Die **Internet-Recherche** kommt für die Feststellung offenkundiger Tatsachen in Betracht, indes sollte man grds. § 730 anwenden; das folgt aus BGH NJW-RR 2022, 499 (Fortführung von BGH NJW-RR 2020, 868 Rn. 15). Ein **Internetzugang,**

der eine Registrierung erfordert, liefert keine offenkundigen Tatsachen, BGH NJW-RR 2005, 1716 (Insolvenzbekanntmachungen); LG Karlsr 13.7.2020 – 20 T 26/20, BeckRS 2020, 16586; eine Pflicht des Gerichts zur Internetrecherche verneinend Naumbg NJW-RR 2012, 638.

Die bloße Ablage von Urkunden in den **Generalakten** des Gerichts vermittelt keine Offenkundigkeit im Sinne einer gerichtsbekannten Tatsache; es fehlt insoweit am Wissen des entscheidenden Gerichts aus amtlichem Anlass, BGH DGVZ 2020, 252 Rn. 36. Denn der bloße Blick in die Generalakten hat für die Wahrheitsfindung keinen höheren Rang als die Auswertung der Urkunden selbst; vgl. auch → Rn. 24. Auch der Rückgriff auf private Urkunden ist zur Feststellung der Offenkundigkeit nicht zulässig, weil hierdurch die erhöhten Anforderungen des Urkundennachweises unterlaufen würden, Karlsr FamRZ 1987, 852. Andererseits erscheint es im Rahmen des vorliegenden Verfahrens als eher zu streng, Erkenntnismöglichkeiten von Mitgliedern des Kollegiums aus den Akten nicht ausreichen zu lassen, so aber Celle MDR 1995, 1262. Offenkundigkeit aus § 76 III SGB II herleitend Hamm NZFam 2014, 1062. Tragende Erkenntnisse können sich auch aus dem Bundesgesetzblatt oder aus dem Grundbuch ergeben, für Bundesanzeiger ablehnend LG Konst Rpfleger 2012, 267. 17

Weitere Fälle von allgemeiner Bedeutung finden sich bei → § 726 Rn. 27. 18

c) Urkundennachweis. Was durch die betr. Urkunden nachzuweisen ist, bestimmt sich für Gl. alleine danach, was dieser in einem streitigen Verfahren zur Rechtsnachfolge zu behaupten und zu beweisen hätte; für Einwendungen trägt S. die **Beweislast,** namentlich für die mangelnde Leistungsfähigkeit, BGH NJW-RR 2019, 963 Rn. 15. Es ist alleine auf die Beweiskraft öffentlicher oder öffentlich beglaubigter Urkunden iSd **§§ 415, 416a–418** abzustellen; eine privatschriftliche Urkunde nach § 416 reicht also nicht, BGH DGVZ 2020, 252 Rn. 33; der Beweis ist geführt, „wenn aufgrund der Beweiskraft der öffentlichen oder öffentlich beglaubigten Urkunde mit dem Eintritt der nachzuweisenden Tatsache dem gewöhnlichen Geschehensablauf nach gerechnet werden kann", BGH NZI 2017, 910. 19

Die beglaubigte Kopie einer Privaturkunde reicht nicht aus, LAG Mü NJW-RR 1987, 956, erst recht nicht die einfache Kopie, LAG Kiel Rpfleger 1989, 162. Andererseits muss die Urkunde die Abtretung nicht selbst enthalten; es reicht aus, dass eine öffentlich beglaubigte Abtretungsbestätigung seitens des Zedenten und des Zessionars vorgelegt wird, in der hinreichend konkret auf die zuvor erfolgte Abtretung Bezug genommen und diese bestätigt wird, BGH NZG 2019, 873 Rn. 29. Eine Bestätigung kennt auch § 403 BGB. Es reicht mithin auch die notariell beglaubigte Kopie einer öffentlichen Urkunde, Schlesw 21.5.2010 – 16 W 38/10, BeckRS 2010, 17297. 20

Dem Gl. stehen die Möglichkeiten des § 792 zu Gebote. Ist der Beweis nicht zu führen, greift § 731. 21

d) Beispiele

Abtretung: Es genügt grds. die öffentlich beglaubigte Erklärung. Wenn ein Bevollmächtigter des Gläubigers die Forderung abgetreten hat, muss man durch öffentliche oder öffentlich beglaubigte Urkunden nach → Rn. 15 nachweisen, dass er im Zeitpunkt der Abtretung wirklich eine Vollmacht hatte. Zur cessio legis → Rn. 7 „Gesetzlicher Forderungsübergang". 22

Aktualität: Keine hohen Anforderungen stellt Karlsr NZG 2021, 565.

Anerkenntnis: Es ist entspr § 307 möglich und erspart die Tatsachenfeststellung.

Bafög: Die Leistungen des Landes müssen durch öff. Urkunden belegt werden, Düs FamRZ 1997, 826. Den Nachweis des Bedarfs verlangt Stgt FamRZ 1995, 489.

Beglaubigung: Es reicht nicht die Verurteilung zur Vornahme einer Beglaubigung, BayObLG NJW-RR 1997, 1015.

Bundesanzeiger: Die dortige Veröffentlichung macht offenkundig, aM LG Konst Rpfleger 2012, 267 (näher → Rn. 16).

Beweislast: Der Gläubiger muss die tatsächlichen Voraussetzungen der Umschreibung beweisen, der Schuldner den ihm obliegenden Vortrag, → Rn. 15, 19.

Eigentum: Zur Umschreibung eines gegen den Eigentümer gerichteten Titels auf den Eigenbesitzer BGH NJW-RR 1986, 858.

Entwurf: Derjenige einer Überleitungsanzeige reicht nicht aus, Stgt FamRZ 1981, 696.

Erbfolge: Der Nachweis kann durch eine öffentliche Urkunde in Gestalt eines Erbvertrags auch dann geführt werden, wenn darin eine dem § 2077 I entsprechende oder auch eine davon abweichende Scheidungsklausel enthalten ist, BGH NJW-RR 2022, 657 (für § 35 GBO); anders für den Fall einer bedingten Erbfolge Saarbr NJW-RR 2022, 443.

Erbschein: Er reicht aus, Ffm DNotZ 2005, 384. Das gilt sogar für eine notariell beglaubigte Erbscheinsablichtung oder -abschrift. Für § 352c I FamFG sind dessen Grenzen zu beachten.

Erlöschen des Anspruchs: Unbeachtbar ist diese Einwendung außerhalb der Urkunde, Karlsr OLGZ 1977, 122. Mag der Schuldner nach §§ 732, 768 vorgehen.

Generalakte: Die Ablage hier reicht für die Annahme von Offenkundigkeit nicht aus, BGH DGVZ 2020, 252 Rn. 22; Jena NZG 2012, 1350; Goebel zfm 2019, 72 (73).

Gesamtschuldner: Am Erfordernis der Offenkundigkeit scheitert meist der Nachweis eines Forderungsübergangs bei einer Befriedigung des Gläubigers durch einen Gesamtschuldner. Denn die Forderung geht nur bis zur Höhe des Ausgleichsanspruchs nach § 426 BGB über, und diesen muss das Gericht gesondert feststellen, → Rn. 16.

Geständnis: → Rn. 15.

Gläubigerzustimmung: Sie bedarf grds. des Nachweises, der Offenkundigkeit oder des ausdrücklichen Zugestehens, → Rn. 15.

Grundbucheintragung: Die Eintragung im Grundbuch reicht zur Feststellung aus und erübrigt die Zustellung weiterer Urkunden nach § 750 I, weil das Grundbuchamt dem Schuldner nach § 55 GBO die Eintragung des Rechtsnachfolgers bekannt macht, BGH DGVZ 2019, 34. Auch → „Unterwerfungserklärung".

Guter Glaube: Die Frage, ob Sch. infolge guten Glaubens, § 325 II, frei geworden ist, wird im Verfahren der Klauselumschreibung nicht geprüft; es gelten §§ 732, 768. Der Erwerber kann seine Rechte durch neue Klage geltend machen, BGHZ 4, 283.

Handelsregisterauszug: Keine gesteigerten Anforderungen an die Aktualität verlangt Karlsr NZG 2021, 565.

„Handelsregister.de": Es reicht nicht zum Nachweis, Naumb NJW-RR 2012, 638.

Identität: Bei Identität von Titel- und Vollstreckungsgläubiger verneint AG Hoyerswerda, DGVZ 2021, 71, die Notwendigkeit, die Inhaberschaft des Anspruchs zu prüfen.

Insolvenzvermerk: Die Löschung kann zum Nachweis der Freigabe aus dem Insolvenzbeschlag ausreichen, BGH NZI 2017, 910 Rn. 17 mAnm Kesseler.

Insolvenzverwalter: Er braucht eine Ausfertigung der Bestallungsurkunde, damit das Gericht die Fortdauer seines Amts klären kann, BGH NJW-RR 2005, 1716. Daher ist eine beglaubigte Kopie nicht ausreichend, LG Stgt NZI 2008, 192.

Internetrecherche: Sie ist dem Rechtspfleger zur Herstellung von Offenkundigkeit nicht geboten, Naumb NJW-RR 2012, 638.

Mehrheit von Antragstellern: Das Gericht muss sie auf eine Klage nach § 731 verweisen.

Pfändungsgläubiger: Er muss den Antrag nicht auf den Umfang seiner Forderung begrenzen, → Rn. 7 „Pfändung und Überweisung".

Pfändungs- und Überweisungsbeschluss: § 727 ist nicht anwendbar, BGH WM 2016, 2077; → Rn. 7 „Pfändung und Überweisung".

Privaturkunde: Eine solche nach § 416 reicht nicht aus, → Rn. 19.

Rechtsschutzversicherung: Der Kostenerstattungsanspruch des Versicherten geht gem. § 86 I VVG auf den Versicherer über, BGH NJW 2017, 2819 Rn. 44. Die Frage, unter welchen beweismäßigen Voraussetzungen die Klausel umgeschrieben werden kann, ist seit jeher str. Der BGH stellt auf ein Zugestehen iSd § 288 ab, verneint aber die Anwendbarkeit von § 138 III, DNotZ 2005, 917. Ein ausdrückliches Zugestehen des Schuldners verlangt auch Bambg JurBüro 1992, 195. Teilweise wird von den OLG die entspr. Anwendung von § 138 III befürwortet, und bei Vorliegen seiner Voraussetzungen auf die Vorlage von Urkunden verzichtet, Kblz JurBüro 2003, 319 mwN; Köln NJW-RR 1997, 1491; Celle JurBüro 1997, 741; Schlesw JurBüro 1993, 176; gegen diese Lösung u. a. Saarbr NVersZ 2002, 232; Karlsr JurBüro 1995, 93 verlangt eine entspr. Erklärung des Versicherers; KG JurBüro 1999, 439 eine solche des Festsetzungsgläubigers; LG Mü I Rpfleger 1997, 394 will einen ausdrücklich zugestandenen Rechtsübergang ausreichen lassen.

Die entspr. Anwendung von **§ 138 III** ist in diesen Fällen vertretbar, weil der Versicherer idR verlässlich ist und sich auf diese Weise ein Massenverfahren vereinfachen lässt. Der Schuldner kann durch Bestreiten den Urkundennachweis veranlassen und hierdurch sein Recht auf Gehör wahrnehmen. Allgemein → Rn. 15.

Säumnisverfahren: Ein Verfahren nach §§ 330 ff. findet grds. nicht statt, Karlsr JurBüro 1991, 275; zur Ausnahme beim Klageverfahren → § 731 Rn. 12.

Sozialhilfeträger: Das Problem des Urkundennachweises stellt sich hier vielfältig, insbesondere unter dem Aspekt selbst erstellter Leistungsaufstellungen, Karlsr NJW-RR 2004, 154. Zu einzelnen Regelungen des SGB:

Schuldnerschutz: Die Voraussetzungen von § 33 II 3 SGB II müssen vom Träger nur vorgetragen, nicht durch öffentliche Urkunden nachgewiesen werden, BGH NJW 2019, 3787.

- **(SGB II):** Ausreichen kann § 33 I 1 SGB II, für Nachweis durch öff. Urkunden Drsd FamRZ 2017, 740 Rn. 12; den Leistungsbescheid lässt ausreichen Zweibr NJW 2007, 2779 (Parteifähigkeit der Arbeitsgemeinschaft); für strenge Anwendung der Norm Hamm FamRZ 2011, 1318. Für Annahme von Offenkundigkeit in den Fällen des § 76 III SGB II Hamm NZFam 2014, 1062. Die Leistungsfähigkeit des Schuldners braucht nicht nachgewiesen zu werden, Stgt FamRZ 2013, 655; NJW-RR 2008, 309; Karlsr NJW-RR 2004, 154.
- **(SGB III):** Die Nachweispflicht besteht grds., Stgt NJW-RR 2001, 868. Eine Aufstellung der Sozialleistungen lässt ausreichen Karlsr FamRZ 2004, 556. Vorlage des Bewilligungsbescheids in beglaubigter Kopie ist hinreichender Nachweis, LAG Ddf NZA-RR 2005, 387.
- **(SGB X):** Ausreichen können §§ 115, 116 SGB X, Karlsr FamRZ 2004, 556: Leistungsbescheid ausreichend; Stgt NJW-RR 2001, 868.
- **(SGB XII):** Ausreichen kann ein Übergang nach dem SGB XII, Stgt NJW-RR 2008, 309 (zum Nichtvorliegen des Ausschlussgrunds nach § 33 II 3 SGB II); Celle NJW 2006, 1356 (gegen Wirksamkeit einer Abtretung an den Leistungsträger).

Unterhaltsvorschuss: → Rn. 7.

Unterwerfungserklärung: Eintragung der U. im Grundbuch macht eine Rechtsnachfolgeklausel nicht entbehrlich, BGH DGVZ 2018, 179.

Vollmacht: „Abtretung"

Vollstreckungsabwehrklage: Beachtbar ist ein die Zwangsvollstreckung ausschließendes Urteil nach § 767, Ffm FamRZ 1998, 967.

23 **V. Rechtsstellung des bisherigen Gläubigers.** Er behält sein Recht auf die Erteilung einer Vollstreckungsklausel, bis das Gericht dem Rechtsnachfolger eine Klausel erteilt hat, VGH Mü NVwZ-RR 2016, 679. Das gilt auch zB bei Prozessstandschaft, BGH NJW 1991, 839. Es gilt sogar dann, wenn die Rechtsnachfolge nach → Rn. 16 offenkundig ist, BGH NJW 1984, 80; Hamm FamRZ 1984, 927. Einen Streit zwischen dem alten und dem neuen Gläubiger muss man im Wege der Klage nach § 768 austragen, § 727 ist nicht anwendbar, Stgt Rpfleger 2000, 282; für Anwendbarkeit der §§ 732, 767, 768 KG FamRZ 2005, 1759. Wird aus einem Titel vollstreckt, ohne dass die notwendige Umschreibung stattgefunden hätte, ist die Erinnerung nach § 766 eröffnet, BGH NJW 1992, 2159.

24 **VI. Verfahren, näherer Inhalt der Klausel, II.** Liegt der Original-Titel vor, kann die Umschreibung dort erfolgen; andernfalls ist nach § 733 vorzugehen. Nach Abs. II muss der Rpfleger die Offenkundigkeit der Rechtsnachfolge oder des Besitzverhältnisses in der Vollstreckungsklausel erwähnen, BGH NZG 2013, 33 Rn. 7. Die bei fehlender Offenkundigkeit verwerteten Urkunden sind in der Klausel zu bezeichnen. Das gilt auch für die Vorlage einer beglaubigten Abschrift, LG Saarbr DGVZ 2004, 93. § 727 II ist mit § 750 zu lesen. Die Erwähnung der **Offenkundigkeit** hat mit Blick auf § 750 II materiellen Gehalt, weil bei ihrem Vorliegen die Nachweisurkunden nicht zugestellt werden müssen; die hierfür aufzuwendenden Kosten begründen bei Nichterwähnung der Offenkundigkeit für Gl. eine Beschwer, BGH DGVZ 2020, 252 Rn. 18. Beruht die Umschreibung nur auf einem Teil einer notariellen Urkunde, ist dieser Teil anzugeben, KG DNotZ 1998, 200. Ein Verstoß hindert den Beginn der Zwangsvollstreckung wegen § 750 II. Er macht aber die Klausel nicht unwirksam. Unentbehrlich ist die Bezugnahme auf einen Titel, sofern nicht ohnehin klarsteht, welchen Titel sie meint.

VII. Rechtsbehelfe, I, II. 1. Ablehnung. Gegen die Ablehnung der Umschreibung durch den RPfl am Gericht der ersten Instanz ist nach § 11 RPflG, § 567 I die sofortige Beschwerde eröffnet, BGH DGVZ 2020, 252; Zweibr FamRZ 2000, 964; LG Detm Rpfleger 2001, 310, auch wenn Gl. geltend macht, die ihm erteilte Klausel sei fehlerhaft, etwa weil vermeintlich abweichend von § 727 II die Offenkundigkeit nicht erwähnt wird, BGH DGVZ 2020, 252 Rn. 18; → Rn. 24. Am Berufungsgericht gilt § 11 II RPflG. Bei endgültiger Ablehnung ist die Leistungsklage zulässig, LG Osnabr JurBüro 1991, 1401. Handelt es sich bei dem Titel nicht um ein Urteil, etwa um einen Vgl., ist die Leistungsklage generell zulässig, bei einem Urteil steht die Möglichkeit der Klauselumschreibung der Zulässigkeit entgegen, BGH NJW 1957, 1111. Müsste indes Gl. nach § 731 vorgehen, kann er auch auf Leistung klagen, BGH NJW 1987, 2863. 25

2. Erteilung. Gegen die Erteilung der Klausel kann der Schuldner nach § 732, § 768 vorgehen. Für den Einwand, die Zwangsvollstreckung bedürfe der Klauselumschreibung, ist die Erinnerung nach § 766 eröffnet, BGH NJW 1992, 2159. Materielle Einwände werden nicht geprüft, AG Göttingen ZIP 2020, 931 (Bestätigung eines Insolvenzplans im Folgeverfahren). Für den **Prätendentenstreit** → Rn. 7 „Forderungsprätendent". 26

728 *Vollstreckbare Ausfertigung bei Nacherbe oder Testamentsvollstrecker.*

I Ist gegenüber dem Vorerben ein nach § 326 dem Nacherben gegenüber wirksames Urteil ergangen, so sind auf die Erteilung einer vollstreckbaren Ausfertigung für und gegen den Nacherben die Vorschriften des § 727 entsprechend anzuwenden.

II 1Das Gleiche gilt, wenn gegenüber einem Testamentsvollstrecker ein nach § 327 dem Erben gegenüber wirksames Urteil ergangen ist, für die Erteilung einer vollstreckbaren Ausfertigung für und gegen den Erben. 2Eine vollstreckbare Ausfertigung kann gegen den Erben erteilt werden, auch wenn die Verwaltung des Testamentsvollstreckers noch besteht.

I. Systematik, Regelungszweck, I, II. Zunächst → Vor § 727 Rn. 1, 4, → § 727 Rn. 1. § 728 nennt innerhalb der Gruppe von Rechtsnachfolgen zwei gegenüber § 727 vorrangige Sonderfälle; die Norm schreibt damit § 326, § 327 in das Verfahren der Zwangsvollstreckung hinein fort. Vorrangig wird auf die Kommentierung dieser Vorschriften verwiesen. Die Stellung des Testamentsvollstreckers als Partei kraft Amtes, → § 327 Rn. 1, → § 325 Rn. 11, muss, da die Norm den Anwendungsfall abschließend regelt, nicht eigens problematisiert werden. Ergänzend muss man §§ 730, 731 beachten. § 728 ist als Sondervorschrift eng auszulegen. 1

II. Nacherbe, I. Die Vorschrift betrifft das Urteil gegen einen Vorerben, das nach § 326 für oder gegen den Nacherben wirkt. Der Nacherbfall gem. § 2106 BGB muss eingetreten sein. Das muss unstreitig sein oder sich nach § 727 I aus einer öffentlichen oder öffentlich beglaubigten Urkunde ergeben. Erforderlich ist ein Erbschein für den Nacherben und nicht nur für den Vorerben; eine Sterbeurkunde reicht als Nachweis nicht aus, BGH NJW 1982, 2499. Die formelle Rechtskraft nach § 705 muss vor dem Nacherbfall eingetreten sein. Das alles muss bei nacheinander eingesetzten Nacherben beim letzteren zutreffen. 2

1. Nachlassverbindlichkeit. Das Urteil kann nach § 326 I einen Anspruch betreffen, der sich gegen den Vorerben als Erben richtet, also eine Nachlassverbindlichkeit. Dieses Urteil wirkt nur für den Nacherben und nur nach dem Eintritt seiner formellen Rechtskraft nach § 705 sowie im Rahmen seiner materiellen Rechtskraft nach § 322. Der Rpfl. darf daher keine Klausel für einen Nachlassgläubiger gegen den Nacherben erteilen. 3

2. Gegenstand der Nacherbfolge. Das Urteil kann auch nach § 326 I, II einen solchen Gegenstand betreffen, der der Nacherbfolge unterliegt. Dieses Urteil wirkt mit seiner inneren Rechtskraft nach § 322 auch für den Nacherben. Gegen den Nacherben wirkt das Urteil zwar nur dann, wenn der Vorerbe ein Verfügungsrecht hat, dann aber auch vor seiner Rechtskraft. Der Rpfl. muss dann ein solches Verfügungsrecht prüfen, wenn er aufgrund des Urteils eine Vollstreckungsklausel erteilen soll. Er darf aber keinen urkundlichen Nachweis verlangen, aA MüKoZPO/Wolfsteiner Rn. 5. Die Zuständigkeit des Rpfl. ergibt sich aus § 20 I Nr. 12 RPflG. 4

III. Testamentsvollstrecker, II. Eine vollstreckbare Ausfertigung für den Erben ist nach II 1 erst nach der Beendigung der Verwaltung des Testamentsvollstreckers nach § 2212 BGB statthaft; der Beschluss des Nachlassgerichts über die Beendigung ist als Nachweis ausreichend, KG NJW-RR 1987, 3. Gegen den Erben darf der Rpfl. aber nach II 2 immer eine vollstreckbare Ausfertigung erteilen. Denn der Erbe kann seine Haftungsbeschränkung nach §§ 767, 780 II auch dann geltend machen, wenn ein Vorbehalt fehlt. Nachweisen muss der Antragsteller die Stellung als Erbe. Bei einer Erteilung der Klausel für den Erben muss er auch die Beendigung der Testamentsvollstreckung nachweisen; zur (fehlenden) Offenkundigkeit der Beendigung Mü NJW-RR 2020, 1210. Zuständig ist der Rpfl. nach § 20 I Nr. 12 RPflG. 5

IV. Rechtsbehelfe, I, II. Es gilt dasselbe wie bei → § 727 Rn. 25, KG NJW-RR 1987, 3. 6

729 *Vollstreckbare Ausfertigung gegen Vermögens- und Firmenübernehmer.*

I Hat jemand das Vermögen eines anderen durch Vertrag mit diesem nach der rechtskräftigen Feststellung einer Schuld des anderen übernommen, so sind auf die Erteilung einer vollstreckbaren Ausfertigung des Urteils gegen den Übernehmer die Vorschriften des § 727 entsprechend anzuwenden.

II Das Gleiche gilt für die Erteilung einer vollstreckbaren Ausfertigung gegen denjenigen, der ein unter Lebenden erworbenes Handelsgeschäft unter der bisherigen Firma fortführt, in Ansehung der Verbindlichkeiten, für die er nach § 25 Abs. 1 Satz 1, Abs. 2 des Handelsgesetzbuchs haftet, sofern sie vor dem Erwerb des Geschäfts gegen den früheren Inhaber rechtskräftig festgestellt worden sind.

I. Systematik, Regelungszweck, I, II. Zunächst → Vor § 727 Rn. 1, 4, → § 727 Rn. 1. § 729 nennt innerhalb der Gruppe von Rechtsnachfolgen zwei gegenüber § 727 vorrangige Sonderfälle, ähnlich Dötsch MDR 2011, 701. Ergänzend muss man §§ 730, 731 beachten. § 729 ist als Sondervorschrift eng auszulegen. Zuständig ist der RPflG nach § 20 I Nr. 12 RPflG. Für Offenkundigkeit und Urkundennachweis gilt → § 727 Rn. 16. 1

2 **II. Vermögensübernahme, I. 1. § 419 BGB a. F.** Eine vertragliche Übernahme des gesamten Vermögens bewirkte eine Gesamthaftung des Übernehmers neben dem alten Schuldner für dessen Schulden nach § 419 BGB aF, sofern die Übernahme vor der Aufhebung der Norm zum 1.1.1999 erfolgte, Art. 223a EGBGB. Darum lässt Abs. I eine Vollstreckungsklausel gegen den Übernehmer zu, sofern das Gericht nach § 705 die Schuld vor dem insoweit maßgeblichen **Stichtag** der dinglichen Übernahme formell rechtskräftig festgestellt hatte, Hamm MDR 1992, 1002. Bei einem Titel, der keiner materiellen Rechtskraft nach § 322 fähig ist, entscheidet der Zeitpunkt seiner Entstehung, → Vor § 727 Rn. 1. Zur einschränkenden Interpretation des § 419 BGB BGH NJW 1990, 509.

3 Bei einem **einzigen Gegenstand** muss der Gläubiger beweisen, dass der Erwerber wusste, dass der Gegenstand zumindest fast das gesamte Vermögen darstellte; denn die Anwendung des § 419 BGB auf diesen Fall stellte eine Ausnahme dar, weil nach dem Wortlaut nur Fälle erfasst waren, in denen die Übernahme des gesamten Vermögens sich aus dem Vertrag ergab, Ddf NJW-RR 1993, 959, in Übereinstimmung mit BGH NJW 1971, 505; aA ohne nähere Begründung Zöller/Seibel Rn. 4.

4 Die Ausnahme des § 419 II BGB muss der Schuldner darlegen und beweisen. Die Vollstreckungsabwehrklage ist ohne die Einschränkung des § 767 II und vor der formellen Rechtskraft des Urteils im Vorprozess nach § 705 zulässig, BGH NJW 1987, 2863; MüKoZPO/Wolfsteiner Rn. 2. Denn die Rechtskraft wirkt nach → § 325 Rn. 28 „Vermögensübernahme" nicht gegenüber dem Übernehmer. Da § 419 BGB ab dem 1.1.1999 aufgehoben ist, gilt die Norm nur noch für Altfälle.

5 **2. Weitere Anwendungsfälle.** Nach allgA gilt die Norm analog für den **Erbschaftskauf,** §§ 2371 ff., 2382 BGB (auch nach Aufhebung des § 419 BGB unverändert!), MüKoZPO/Wolfsteiner Rn. 6, nicht aber für den Verzicht auf den Anteil an einer fortgesetzten Gütergemeinschaft, LG Mü I MDR 1952, 44. Ob die Aufhebung der einzigen direkt in Bezug genommenen Regelung des § 419 BGB Anlass gibt, die Analogie für den Erbschaftskauf kritisch zu überdenken, mag man bei sich bietender Gelegenheit prüfen.

6 Einwände des Schuldners hinsichtlich der auf das übernommene Vermögen **begrenzten Haftung,** § 419 II BGB, § 2187 BGB, können nach §§ 767, 768 sowie nach §§ 786 I ZPO geltend gemacht werden.

7 Statt der Umschreibung ist eine **Leistungsklage** statthaft, BGH NJW 1987, 2863; Hüffer ZZP 1985, 238. Der Rpfl. darf die Klausel auch gegen den alten Schuldner erteilen. Eine gegen den neuen Schuldner erteilte Klausel muss die Gesamthaftung erwähnen. I ist bei einem Verzicht auf den Anteil an einer fortgesetzten Gütergemeinschaft unanwendbar.

8 **3. Klausel.** Wegen § 419 I BGB a. F. ist in die Klausel die gesamtschuldnerische Haftung des ursprünglichen und des neuen Schuldners aufzunehmen. I. Ü. kann die Klausel auf die vorhandene wie auf eine neue Ausfertigung gesetzt werden. Ist eine alte Ausfertigung vorhanden, gilt § 733.

9 **III. Geschäftsfortführung, II. 1. Direkte Anwendbarkeit.** Wer ein unter Lebenden erworbenes Handelsgeschäft unter der bisherigen Firma fortführt, haftet im Rahmen des § 25 I, II HGB neben dem alten Inhaber für die Geschäftsschulden. Es handelt sich um einen Fall des gesetzlichen Schuldbeitritts, auf den § 727 nicht anwendbar ist, Brdb 14.3.2007 – 4 U 134/06, BeckRS 2009, 7228; für den Fall eines sukzessiven Erwerbs BGH NJW-RR 2009, 820. Der Rpfleger darf und muss die Vollstreckungsklausel gegen den alten wie auch gegen den neuen Inhaber erteilen, sofern das Gericht den Anspruch vor dem Erwerb des Handelsgeschäfts nach § 705 formell rechtskräftig festgestellt hat, Köln NJW-RR 1994, 1118. Dabei ist unerheblich, ob das Urteil gegen die Firma oder gegen den Inhaber persönlich lautet. Der Erwerb vom Sequester steht nicht entgegen, solange sich kein Insolvenzverfahren anschließt, BGH NJW 1988, 1912; auch nicht die tats. Fortführung außerhalb des Insolvenzverfahrens, BGH NZI 2014, 81.

10 Der **Nachweis** des Erwerbs und der Fortführung kann je nach Sachlage mit oder ohne Auszug aus dem Handelsregister erfolgen; er reicht im Einzelfall nicht notwendig aus; es bedarf in jedem Fall einer kritischen Beweiswürdigung unter Einbeziehung aller Umstände, Schlesw SchlHA 2000, 87; aA MüKoZPO/Wolfsteiner Rn. 7.

11 Der Rpfl. darf einen Ausschluss der Haftung aus §§ 25 II, 28 II HGB nicht berücksichtigen. Der Erwerber muss ihn nach §§ 768, 732 geltend machen. Bei einer Übernahme des Handelsgeschäfts vor der formellen Rechtskraft des Urteils nach § 705 oder bei § 25 III HGB ist eine neue Klage gegen den Übernehmer nötig, Baumgärtel DB 1990, 1905. In der Vollstreckungsklausel muss der Rpfl. die Gesamthaftung vermerken.

12 **2. Entsprechende Anwendbarkeit.** II ist in einzelnen Fällen entsprechend anwendbar, grds. ablehnend Köln NJW-RR 1994, 1118, wo allerdings die Ausdehnung auf die Rechtsscheinhaftung mit Recht verneint wird; in der Lit. zT str., vgl. MüKoZPO/Wolfsteiner Rn. 10. Eine Analogie ist geboten, wenn ein Dritter als persönlich haftender Gesellschafter oder als Kommanditist in das Geschäft eines Einzelkaufmanns eintritt, falls dies nach dem Eintritt der formellen Rechtskraft nach § 705 erfolgt. Denn die Fälle liegen nach § 28 HGB gleich; nur möglicherweise aA BGH WM 1974, 395, wo lediglich § 727 behandelt wird; verneinend für Anwaltssozietät BGH NJW 2004, 836, und die Einbringung eines nichtkaufmännischen Unternehmens in eine Vor-GmbH, BGH NJW 2000, 1193; zweifelnd für Partnerschaftsgesellschaft. Über § 28 HGB hinaus ist eine Analogie nicht zulässig, BGH MDR 1989, 973. Der Rpfl. muss beim Kommanditisten die Beschränkung seiner Haftung summenmäßig angeben. II gilt ferner entsprechend, wenn zu mehreren Gesellschaftern ein weiterer Gesellschafter hinzutritt und wenn das Urteil auch gegen die Gesellschaft ergangen ist, dies auch für die GbR, BGH NJW 2003, 1803.

13 Auf den Schuldbeitritt findet die Norm keine entspr. Anwendung, wie auch sonst dieser Fall nicht unter §§ 727 ff. einzuordnen ist, BGH NJW 1957, 420.

14 **IV. Rechtsbehelfe, I, II.** Es gilt dasselbe wie bei → § 727 Rn. 25. Bei Unmöglichkeit des Nachweises gilt § 731. Ist die Übernahme vor rechtskräftiger Verurteilung des S. erfolgt, kann Gl. nur neu klagen. Im Fall des Abs. II kommt der Fall des § 25 III HGB hinzu, dh der besondere Verpflichtungsgrund kann nur im Rahmen einer neuen Leistungsklage geltend gemacht werden.

730 ***Anhörung des Schuldners.*** **In den Fällen des § 726 Abs. 1 und der §§ 727 bis 729 kann der Schuldner vor der Erteilung der vollstreckbaren Ausfertigung gehört werden.**

1 **I. Systematik.** In den Fällen der §§ 726 I, 727–729 und damit auch für §§ 738, 742, 744, 745 II gibt die Vorschrift eine verfahrensmäßige Sonderregel. Dabei entscheidet der Rpfl. selbständig nach § 20 I Nr. 12 RPflG,

wobei eine Tätigkeit des Urkundsbeamten die Wirksamkeit der Klausel nicht hindert, Zweibr NJW-RR 1997, 882; Kblz NJW 1992, 378. Eine mündliche oder schriftliche Anhörung des Schuldners ist zulässig. Sie ist aber nicht zwingend geboten. Das pflichtgemäße Ermessen („kann") erfordert die Anhörung vor einer Verweigerung der Ausfertigung oder aus besonderem Anlass. Dabei ist das grundrechtsgleiche Recht aus Art. 103 I GG generell in die Abwägung einzubeziehen.

Ein besonderer Anlass zur Anhörung ist gegeben, wenn vom Schuldner ein Zugestehen oder gar eine Zustimmung zur Umschreibung zu erwarten ist oder wenn Anlass besteht, von berechtigten Einwänden auszugehen, BGH DNotZ 2005, 917; Stgt Rpfleger 2005, 207; Hamm Rpfleger 1991, 161 (zust. Münzberg); Lackmann FS Musielak, 2004, 315. Diese Erwägungen haben Vorrang; eine rein routinemäßige Anhörung führt bei Offenkundigkeit oder eindeutiger Urkundenlage nur zu einer unnötigen Verzögerung, da von einer Stellungnahme des Schuldners keine weiteren Erkenntnisse zu erwarten sind; ihn schützen § 750 II, §§ 732, 768. Im Interesse des Schuldners ist die Anhörung bei Gefahr einer **Doppelvollstreckung** geboten, Hamm FamRZ 2000, 1590. Auch in den Fällen der §§ 726 II, 894 S. 2 kann sie sich im Einzelfall anbieten, auch → § 732 Rn. 12. 2

Die Anhörung des Schuldners hat für sich nicht zur Folge, dass § 138 III anwendbar ist, soweit es um den Nachweis nach § 727 geht. Zu dieser Frage näher → § 727 Rn. 15. 3

II. Regelungszweck. Die Vorschrift dient der Vereinfachung und Beschleunigung. Sie dient aber auch der Wahrung des Prozessgrundrechts des rechtlichen Gehörs und eines fairen Verfahrens nach Art. 2 I, 20 III GG (Rpfl.), BVerfGE 101, 404, Art. 103 I GG (Richter), und nicht zuletzt der Vermeidung einer Klage nach § 731. 4

§ 730 erwähnt den **Gläubiger** nicht. Die Vorschrift ist auch wegen ihres Sondercharakters an sich eng auslegbar. Indessen kann das Gebot eines fairen Verfahrens auch zur Anhörung des Gläubigers zwingen. Das gilt etwa dann, wenn Bedenken gegen die Offenkundigkeit der Rechtsnachfolge nach → § 727 Rn. 13 oder der Echtheit der Urkunden auftreten, BGH DNotZ 2005, 917. 5

Eilbedürftigkeit ist jedenfalls nur selten so ausgeprägt, dass schon deshalb eine Anhörung unterbleiben sollte. Auch die in → Rn. 1 genannte Problematik zu § 138 III sollte nicht ausschlaggebend sein, weder für noch gegen eine Anhörung. Sowohl die Rechtssicherheit als auch das Gebot, eine weitere Verzögerung durch ein Rechtsmittel zu verhindern, also die Prozesswirtschaftlichkeit, machen eine wenigstens kurzfristige Gelegenheit zu Schuldneräußerung eher ratsam als entbehrlich. 6

III. Entscheidung. Die Entscheidung erfolgt durch einen Beschluss nach § 329, MüKoZPO/Wolfsteiner Rn. 8. Der Rpfl. muss ihn grds. begründen. Er muss ihn nach § 329 I 1 verkünden oder nach § 329 II 1 formlos mitteilen (kein befristetes Rechtsmittel und nach § 329 III für sich allein auch kein Vollstreckungstitel). Nur die Erteilung einer Klausel, die auf Seiten des Schuldners keinen Widerspruch hervorgerufen hat, bedarf des begründeten Beschlusses nicht. Gegen die Anordnung, den Schuldner zu hören, gibt es mangels Beschwer kein Rechtsmittel, MüKoZPO/Wolfsteiner Rn. 8 (unter zutreffendem Hinweis auf missverständliche Formulierung in der 79. Aufl. 2021). 7

731 *Klage auf Erteilung der Vollstreckungsklausel.* **Kann der nach dem § 726 Abs. 1 und den §§ 727 bis 729 erforderliche Nachweis durch öffentliche oder öffentlich beglaubigte Urkunden nicht geführt werden, so hat der Gläubiger bei dem Prozessgericht des ersten Rechtszuges aus dem Urteil auf Erteilung der Vollstreckungsklausel Klage zu erheben.**

I. Systematik. Bisweilen kann der Gläubiger einen nach §§ 726 I, 727–729 für die **qualifizierte Klausel** notwendigen Nachweis nicht durch die nötigen öffentlichen Urkunden nach §§ 415, 417, 418 oder durch öffentlich beglaubigte Urkunden nach § 129 BGB, § 40 BeurkG erbringen. Dann hilft § 731 als **subsidiäre** Möglichkeit des Rechtsschutzes, vgl. auch Kblz FamRZ 2000, 900; Ffm JurBüro 1997, 496. Die Regelung gilt damit auch für §§ 738, 742, 744, 745 II, nicht aber im Fall der einfachen Klausel nach § 724. Dem § 731 gegenüber gilt beim Vollstreckungsbescheid nach §§ 699, 700 die vorrangige Sonderregelung des § 796. Für die Fälle des § 724 gilt die Regelung nicht. Das Gegenstück der Klage nach § 731 ist § 768. 1

§ 731 ermöglicht dem Gläubiger eine Klage. Sie lautet entgegen dem missverständlichen Wortlaut von § 204 I Nr. 1 BGB nicht „auf die Erteilung der Vollstreckungsklausel". Denn der Schuldner kann die Vollstreckungsklausel gar nicht erteilen. Sie lautet vielmehr auf **Feststellung,** dass das Gericht die Vollstreckungsklausel erteilen muss, vgl. auch BGHZ 72, 23 (28). Die Klage ist also keine Leistungsklage und auch keine Gestaltungsklage, insoweit, zT unter Hinweis auf die Spiegelbildlichkeit zu § 767, aA Stein/Jonas/Münzberg Rn. 8; Schuschke/Walker/Kessen/Thole/Schuschke Rn. 2; mit Recht auf die geringe praktische Relevanz des Streites hinweisend MüKoZPO/Wolfsteiner Rn. 5. Das Gericht stellt fest, dass die Voraussetzungen einer Erteilung der Vollstreckungsklausel vorliegen. 2

Der **Zulässigkeit einer Leistungsklage** gegen den Schuldner steht die Regelung nicht entgegen, BGH NJW 1987, 2863; auch NJW-RR 2004, 143; beide Möglichkeiten stehen alternativ zur Verfügung, Köln BeckRS 2013, 16599; die Leistungsklage ist damit auch nach Ablehnung des Antrags aus § 727 noch zulässig, LG Osnabrück JurBüro 1991, 1401; für Vorrang der Klauselklage vor der Leistungsklage, Schuschke NZM 2004, 206 (208); für Einschränkung der Wahlmöglichkeit, wenn eine der beiden eindeutig leichter zum Ziel führt, LG Bln JurBüro 1995, 219. Letzterer Ansicht gebührt der Vorzug, wobei allerdings die Lage ex ante zu beurteilen ist. Leistungsklage und Klauselerteilungsklage haben unterschiedliche Streitgegenstände, so dass nach Abweisung der Leistungsklage die Berufung nicht alleine auf einen Antrag nach § 731 gestützt werden kann, BGH NJW-RR 2004, 143. Auch → Rn. 6 zum Rechtsschutzinteresse. 3

II. Regelungszweck. Die Vorschrift dient der Gerechtigkeit. Der Gläubiger braucht eine ausreichende oder ausreichend umgeschriebene Vollstreckungsklausel. Auch der Rechtssicherheit dient § 731. Denn das Gericht soll, wenn streitige Tatsachen mit öffentlichen oder öffentlich beglaubigten Urkunden nicht bewiesen werden können, mit der höchstmöglichen Sorgfalt prüfen, ob der Gläubiger noch aus dem bisherigen Titel vollstrecken kann. Besonderer Anlass sind Fälle, in denen der Nachweis durch Urkunden generell nicht oder nur kaum zu führen ist, BAG NZA 2022, 416 (Mitgliedschaft in der Gewerkschaft). 4

5 **III. Voraussetzungen.** Liegt der Klage das Urteil eines Ausgangsverfahrens zugrunde, muss dieses **rechtskräftig** sein, auch im Falle des § 726 I. Andernfalls wäre der Anspruch noch rechtshängig iSd § 261 III Nr. 1; der Kl. muss in diesem Fall sein Ziel in dem dortigen Rechtsstreit verfolgen, MüKoZPO/Wolfsteiner Rn. 10. Des Weiteren muss nach dem eindeutigen Wortlaut der Norm der **Urkundenbeweis** zu führen sein; bei von vornherein unstreitigem oder offenkundigem Sachverhalt iSd § 727 I ist die Klage nicht statthaft. Die Frage, ob im Verlauf des Rechtsstreits Urkunden tatsächlich verwertet werden müssen, beeinflusst die Zulässigkeit der Klage naturgemäß nicht.

6 Da es sich nach → Rn. 1 um eine Feststellungsklage handelt, müssen die Voraussetzungen des **§ 256 I** vorliegen. Nötig ist das rechtliche Interesse an einer alsbaldigen Feststellung und das Rechtsschutzbedürfnis, Brschw MDR 1995, 94; LG Ravensb JurBüro 2017, 605. Die Frage wird in der Lit str. erörtert, vgl. Prütting/Gehrlein/Hanewinkel Rn. 4, 5; Thomas/Putzo/Seiler Rn. 6; Musielak/Voit/Lackmann Rn. 2; MüKoZPO/Wolfsteiner Rn. 12. Ob ein Vorgehen nach §§ 726–729 zum selben Ziel führen würde, darf indes nicht schematisch beantwortet werden. Es muss die praktische Frage im Vordergrund stehen, ob Gl. sein Ziel außerhalb der Klage eindeutig leichter hätte erreichen können. Wenn er diese Möglichkeit schlicht vergessen hat oder er sich die Urkunden auf einfachem Wege beschaffen kann, besteht kein **Rechtsschutzinteresse,** Brschw MDR 1995, 94. Wenn andererseits die Urkunden nicht mit dem gebührenden Aufwand beschafft werden können, besteht es, LG Ravensb JurBüro 2017, 605. Plausible Gründe, die ein voraufgehendes Umschreibungsverfahren als unökonomisch erscheinen lassen, reichen aus. Insgesamt ist eine praxisorientierte, großzügige Betrachtung geboten.

7 Die Erteilung eines **Erbscheins** muss nicht beantragt werden; ebenso wenig ist es grds. erforderlich, ein erfolgloses Umschreibungsverfahren durchzuführen oder gar die Entscheidung des Rechtsmittelgerichts einzuholen, VGH Mannh NJW 2003, 1203; aA, jedenfalls für die Notwendigkeit einer ablehnenden Entscheidung des Rpfl, LG Stgt Rpfleger 2000, 357; Zöller/Seibel Rn. 2; Thomas/Putzo/Seiler Rn. 6; Musielak/Voit/Lackmann Rn. 5; vgl. auch Brox/Walker § 7 Rn. 133; von Wietersheim MDR 1999, 976 (978). Für Notwendigkeit eines erfolglosen Antrags beim Rpfl. Lackmann § 55 Rn. 756. Soweit teilweise von einer „hM" die Rede ist, lässt sich eine klare Mehrheit nicht erkennen.

8 Jeder Gesamtgläubiger nach §§ 432, 2039 BGB kann auf eine Feststellung zugunsten aller klagen. Die Klage ist als **Widerklage** gegenüber einer Klage aus § 768 statthaft. Die **Zustellung** erfolgt als Angelegenheit der Zwangsvollstreckung gem. §§ 81, 172 I 2 an den ggf. tätig gewordenen Prozessbevollmächtigten des Gegners im Hauptsachestreit. § 307 kann Anwendung finden.

9 **IV. Zuständigkeit.** Nach §§ 731, 802 ist ausschließlich zuständig dasjenige Prozessgericht, das in der Sache **erstinstanzlich** erkannt hat, evtl. also ein ArbG. Wenn es sich um einen Vollstreckungsbescheid nach § 699 handelt, ist nach §§ 796 III, 797 III dasjenige AG zuständig, das nach § 796 für ein angeschlossenes streitiges Verfahren nach §§ 696 I 1, 692 I Nr. 1, 700 oder nach § 696 V 2 zuständig war oder gewesen wäre, aM LG Stgt Rpfleger 2000, 537 (dasjenige AG, das den Vollstreckungsbescheid erlassen hat, inkonsequent). Des Weiteren gilt § 795 für die dort geregelten Titel.

10 Bei einer **vollstreckbaren Urkunde** zB nach § 794 I Nr. 5 ist gem. § 797 V das Gericht des allgemeinen Gerichtsstands des Schuldners nach §§ 12 ff. zuständig, notfalls dasjenige des Gerichtsstands des Vermögens nach § 23; vgl. ergänzend § 800 III. Für den Gütestellenvergleich siehe § 797a III. Bei einem Schiedsspruch ist nach § 1062 I Nr. 4 das Oberlandesgericht zuständig. Auch die Kammer für Handelssachen nach §§ 93 ff. GVG kann zuständig sein, ebenso das FamG. Im Übrigen muss nicht dieselbe Kammer oder Abteilung tätig werden, die nach dem damaligen Geschäftsverteilungsplan zur Sachentscheidung zuständig war; gemeint ist nur das Gericht, so dass eine zwischenzeitliche Änderung des Geschäftsverteilungsplans zur Zuständigkeit eines neuen Spruchkörpers führen kann; man beachte indes die in solchen Fällen häufigen Regelungen zur Zuständigkeit wegen Sachzusammenhangs. Eine gesetzlich geregelte Zuständigkeit gilt generell fort, BGH NJW 1975, 829 (Kammer für Baulandsachen). § 796 III gilt nicht allgemein, MüKoZPO/Wolfsteiner Rn. 8; aA Thomas/Putzo/Seiler Rn. 4. Für besondere Fälle vgl. §§ 796 III, 797 V, 800 III, 800a II, 797 VI, 1062 I Nr. 4; §§ 109 III, 114 III GenG; § 202 InsO; § 371 II 2 FamFG.

11 Die **funktionelle Zuständigkeit** liegt beim Rpfl; sie richtet sich nach § 20 I Nr. 12 RPflG, der dem Wortlaut der Norm nach eingreift, LG Stgt Rpfleger 2000, 537 (für VB); Musielak/Voit/Lackmann ZPO Rn. 8; aA Zöller/Seibel Rn. 6, der den UrkB gem. § 724 für zuständig hält, weil die Klausel ohne Nachweis zu erteilen sei; so auch MüKoZPO/Wolfsteiner Rn. 16. Anzuknüpfen ist indes an die in § 20 I Nr. 12 RPflG geregelten Fälle, nicht hingegen an die Nachweisvoraussetzungen.

12 **V. Verfahrensablauf.** Parteien des Streites sind auf Klägerseite derjenige, welcher die Klausel verlangt, und auf Beklagtenseite der avisierte Vollstreckungsschuldner.

13 Der Klageantrag lautet: „Es wird festgestellt, dass dem Kläger für (den näher bezeichneten Titel) gegen den Beklagten die Vollstreckungsklausel zu erteilen ist."

14 Soweit in der Lit vorgeschlagen wird, die Erteilung der Klausel lediglich für „zulässig" zu erklären, vgl. Brox/Walker § 7 Rn. 135, ist dem nicht zu folgen, weil der Eindruck eines Prüfspielraums hervorgerufen wird, der nicht besteht. Die Klage leitet einen neuen Prozess mit vollem Prüfumfang ein, BGH NJW 1987, 2863. Sie hemmt die Verjährung nach § 204 I Nr. 1 BGB. Die Prozessvollmacht des Hauptprozesses nach § 80 dauert fort. Deshalb muss das Gericht die Klage dem damaligen ProzBev nach §§ 81, 172 I 2 zustellen. Das Verfahren verläuft wie bei einer sonstigen Klage nach §§ 272 ff. Der Urkundenprozess ist unstatthaft, → § 592 Rn. 12 „Klauselerteilung". Eine Widerklage im Verfahren nach § 768 ist möglich. Alle Beweismittel nach §§ 371 ff. sind zulässig. Eine Säumnis hat dieselben Folgen wie sonst nach §§ 330 ff., Karlsr JurBüro 1991, 275. Ein Anerkenntnis nach § 307 ist wirksam wie auch ein Geständnis nach § 288 I. § 93 ist anwendbar; bei Gelegenheit zur Stellungnahme konnte Bekl. idR die Erteilung der Vollstreckungsklausel durch den Rpfl. ermöglichen, Hamm Rpfleger 1991, 161.

15 **VI. Einwendungen. 1. Voraussetzungen.** Statthaft sind Einwendungen, die die Zulässigkeit der Vollstreckungsklausel nach §§ 724 ff., 732 betreffen, und solche, die eine Haftungsbeschränkung nach §§ 780, 785, 786 verursachen. Einwendungen, die den Urteilsausspruch nach § 313 I Nr. 4 selbst betreffen, sind im Rahmen der §§ 732, 767 II statthaft, BGH NJW 1987, 2863; Kblz FamRZ 2010, 1366; VGH Mannh NJW 2003, 1203; bei einer vollstreckbaren Urkunde nach § 797 IV unbeschränkt.

2. Vorbringen. Der Schuldner muss seine Einwendungen nach → Rn. 15 im Prozess dann vorbringen, wenn sie nicht verloren gehen sollen. Er muss auch eine Beschränkung der Erbenhaftung nach § 780 hier geltend machen. Denn auch dann verurteilt das Gericht den Bekl. „als Erben des Schuldners". 16

VII. Urteil. 1. Tenor. Das Urteil entspricht im Obsiegensfall dem Antrag → Rn. 13; andernfalls wird die Klage abgewiesen. Wenn der Urkundennachweis nur vorübergehend nicht erbracht werden kann, ist als derzeit unbegründet abzuweisen. Wenn der Rpfleger auf das Urteil hin die Vollstreckungsklausel erteilt (zur Zuständigkeit → § 724 Rn. 19), sollte er das Urteil in ihr erwähnen. Notwendig ist diese Erwähnung aber nicht. 17

Das Urteil ist unter denselben Voraussetzungen wie ein Leistungsurteil, nicht wie ein sonstiges Feststellungsurteil, nach §§ 708 ff. für **vorläufig vollstreckbar** zu erklären. Die bloße Tatsache, dass der Tenor in Gestalt Feststellung formuliert wird, nicht als Leistungspflicht, hat seinen Grund alleine darin, dass der Beklagte die Klausel nun einmal nicht erteilen kann, dies vielmehr dem Rpfleger obliegt; denn auch nach dem Schluss der mündlichen Verhandlung neu eintretende Tatsachen können die Kompetenz des Rpfl. erfordern, so auch LG Stgt RPfleger 2000, 537; str., vgl. MüKoZPO/Wolfsteiner Rn. 16. Die vorläufige Vollstreckbarkeit ist auszusprechen, weil sich an die Feststellung eine Zwangsvollstreckung nach den allgemeinen Regeln anschließen muss. 18

2. Wirkung. Die Rechtskraft wirkt wie folgt: Eine Verurteilung schließt den Bekl. aufgrund der weiten Zulässigkeit von Einwendungen nach → Rn. 15 mit den nach § 732, § 768 gegebenen Möglichkeiten und mit denjenigen sachlichrechtlichen Einwendungen aus, die er bis zum Schluss der mündlichen Verhandlung geltend machen konnte; str. vgl. nur Musielak/Voit/Lackmann Rn. 9. Auch gilt § 767 II, III, MüKoZPO/Wolfsteiner Rn. 5, 19, 20, bei anderem Lösungsansatz. Eine Abweisung schließt den Kläger mit den vorgebrachten Gründen aus. 19

Zuständig für die Erteilung der Klausel ist in jedem Falle der Urkundsbeamte der Geschäftsstelle, weil über das Urteil hinaus Voraussetzungen nicht zu prüfen sind, Zöller/Seibel ZPO Rn. 6. Der Hinweis von Brox/Walker, Rn. 135, S. könne neue Einwände erheben, geht insoweit fehl; solange sie nicht erhoben werden, könne sie die Zuständigkeit nicht beeinflussen; werden sie erhoben, geltend die hierfür maßgeblichen Vorschriften. 20

Die **Kostenentscheidung** folgt aus §§ 91 ff. **Vorläufige Vollstreckbarkeit** des Urteils reicht aus, auch nur gegen Sicherheitsleistung nach §§ 709 ff., deren Erbringung nicht nachgewiesen werden muss, LG Stgt Rpfleger 2000, 537. Zum **Streitwert** → Anh. § 3 Rn. 53; → Anh. § 3 Rn. 134. Für Rechtsmittel gegen das Urteil gelten die allgemeinen Regeln. 21

732 *Erinnerung gegen Erteilung der Vollstreckungsklausel.* I [1]**Über Einwendungen des Schuldners, welche die Zulässigkeit der Vollstreckungsklausel betreffen, entscheidet das Gericht, von dessen Geschäftsstelle die Vollstreckungsklausel erteilt ist.** [2]**Die Entscheidung ergeht durch Beschluss.**

II **Das Gericht kann vor der Entscheidung eine einstweilige Anordnung erlassen; es kann insbesondere anordnen, dass die Zwangsvollstreckung gegen oder ohne Sicherheitsleistung einstweilen einzustellen oder nur gegen Sicherheitsleistung fortzusetzen sei.**

I. Systematik, I, II. Die Vorschrift gilt für formelle Einwände gegen die Zulässigkeit aller bereits erteilten Vollstreckungsklauseln nach §§ 724–731, 733, Köln DNotZ 2007, 218; §§ 738, 742, 744 f., 745 II, 749, auch für eine notarielle Urkunde, BGH NJW-RR 2011, 424 Rn. 19; Köln DNotZ 2007, 218. § 732 stellt eine vom sonstigen System der Rechtsbehelfe nach § 573, § 766 und nach § 11 RPflG abweichende, vorrangige **Sonderregelung** dar, Naumb FamRZ 2003, 695 (§ 733); Stuttg RPfleger 1997, 521; LG Bln ZMR 2013, 554 (§ 727); LG Detmold JurBüro 2011, 274 (§ 766); → Rn. 4; zum FamFG Ffm FamRZ 2019, 627. Der **Zeitrahmen** beginnt mit der Erteilung der Klausel und endet mit dem Ende der Zwangsvollstreckung, BGH BeckRS 2008, 17595 Rn. 10. 1

Abs. II ist Korrektiv der fehlenden aufschiebenden Wirkung und verschiedentlich entsprechend anwendbar, zB nach § 765a I 2. 2

II. Regelungszweck, I, II. Die Vorschrift dient zunächst der Rechtssicherheit wie alle Vorschriften über Zuständigkeiten. Sie ist von erheblicher Bedeutung, wenn der Schuldner durch die Zustellung nach § 750 I 1 erstmals vom Beginn der Zwangsvollstreckung erfährt oder diese gar sofort hinnehmen muss, dies nicht zuletzt deshalb, weil rechtliches Gehör zwecks effektiver Durchsetzung des Titels auch im Fall des § 727 nicht notwendig vorher gewährt wird, → § 730 Rn. 1. Es soll indes auch eine prozesswirtschaftliche Lösung erleichtert werden, vor allem in Abs. II. Ihr formeller Charakter als eine zwingende Sondervorschrift legt eine enge Auslegung nahe, Münzberg Anm zu Hamm, Rpfleger 1991, 210. 3

III. Geltungsbereich, I. 1. Überblick. § 732 gilt bei Einwendungen des Schuldners gegen die Zulässigkeit der Klausel, dh gegen die in der Klausel bezeugten sachlichen Erfordernisse der Vollstreckung des Titels, BGH NJW-RR 2017, 510 Rn. 13 (Abgrenzung zu § 766); NJW-RR 2012, 1146 Rn. 15; erfasst sind mithin iwS die Voraussetzungen der §§ 724, 726 bis 729, 738, 742, 744, 744a, 745 oder 749, also Fehler **formeller, nicht materieller** Art, BGH DGVZ 2020, 257; der Anwendungsbereich der Norm ist damit ein Spiegelbild des Klauselerteilungsverfahrens, BGH NJW 2020, 3600 Rn. 21; Rpfleger 2005, 612; Kblz FamRZ 2017, 739; LAG Berlin-Brdb NJ 2019, 543, insbesondere in Abgrenzung zu materiellen Einwendungen gegen den titulierten Anspruch, BGH NJW-RR 2006, 567; MüKoZPO/Wolfsteiner Rn. 5: wie pos. und neg. Feststellungsklage. Der **Prüfumfang** kann nicht über das hinausgehen, was im Erteilungsverfahren zu prüfen ist, BGH NJW 2009, 1887; BayObLG FGPrax 1995, 212. Im Blick ist die Klausel, nicht der Titel, BGH NJW 2010, 2041 Rn. 18, 39. Die Norm schließt Einwände gegen die **Existenz** des Titels, BGH BeckRS 2016, 01912 Rn. 10, oder einen von vornherein **unwirksamen Titel** nur deshalb mit ein, weil dessen wirksame Schaffung als Vorfrage der Klauselerteilung formelle Voraussetzung der Klauselerteilung ist, BGH NJW-RR 2004, 1718; NJW-RR 1987, 1149. Sie erfasst auch das **Fehlen** der erforderlichen der Klausel, Köln NJW 1997, 1450. 4

Liegen die Voraussetzungen der Norm vor, kann das Rechtsschutzinteresse nicht unter Hinweis auf andere, ebenfalls einschlägige Normen verneint werden, BGH NJW-RR 2004, 1718 (Wahlrecht zu § 767 analog). **Nichtigkeit** der Klausel kann nur unter besonderen Voraussetzungen angenommen werden, BGH NJW-RR 2012, 114; Zweibr NJW-RR 1997, 882; Hamm NJW-RR 1987, 957. 5

6 Betr. Verhältnis zu den übrigen gesetzlichen Regelungen → Rn. 10.

7 **2. Beispiele zur Anwendung der Norm. a) Zulässige Einwände.** In den nachfolgenden Beispielen werden die nach § 732 zulässigen Einwände in Stichworten aufgeführt.

8 **Aktivlegitimation:** Die Erkennbarkeit des Gl. aus dem Titel fällt unter § 732, BGH NJW 2010, 2041 Rn. 18.

Ausfertigung: Ihr Nichtvorliegen iSd §§ 317 II – V, 724 I kann gerügt werden, BGH WuM 2015, 41.

Auslegung: Die Auslegung des Titels kann nach § 732 überprüft werden, BGH NJW-RR 2012, 442 Rn. 12.

Bedingung: Die Voraussetzungen des § 726 fallen unter die Regelung, auch bei einer not. Urkunde; der Titel ist ggf. auszulegen, BGH NJW-RR 2011, 424 Rn. 19.

Berichtigungsbeschluss: Seine Erwähnung in der Klausel und die feste Verbindung mit dem Titel können gerügt werden, BGH WuM 2015, 41.

Bestimmtheit: Die mangelnde Bestimmtheit des Titels kann geltend gemacht werden, BGH BeckRS 2015, 20627; WuM 2015, 41 Rn. 8; NJW 2010, 2041 Rn. 18 (Unterwerfungserklärung); NJW-RR 2004, 1135; Hamm MDR 2010, 1086; dazu gehört neben dem Tenor auch die eindeutige Bezeichnung der Parteien, Kblz FamRZ 2017, 739 (Vgl.); Karlsr OLGZ 1991, 227 (Wertsicherungsklausel); für Vergleich Kblz FamRZ 2003, 108, sowie eine bestimmte Berechnungsgrundlage für **Zinsansprüche,** Ddf NJW-RR 1988, 698. Maßgeblich ist der Zeitpunkt der Entscheidung im Erinnerungsverfahren, Drsd NJW-RR 2011, 1305 (Berichtigungsbeschluss während dieses Verfahrens, Anrechnung von Kindergeld); KG NJW-RR 1987, 3.

Identität: Des Gl. mit dem im PfÜB genannten kann nicht nach § 766, sondern nach § 732 gerügt werden, BGH NJW-RR 2017, 510. Der S. kann den Einwand fehlender Identität nach Ddf OLGZ 1984, 93 wahlweise gem. §§ 732, 766 und § 767 geltend machen.

Notarielle Urkunde: Der Angriff gegen ihre Wirksamkeit gehört in das Erinnerungsverfahren, BGH NJW 2002, 1728; NJW-RR 1990, 246. Bedeutung hat die Frage, welchen Prüfumfang des tätig werdende Vollstreckungsorgan hat. Bei einer not. Urkunde beschränkt er sich auf die formelle Wirksamkeit der Urkunde, BGH NJW 2011, 2803, während die materielle Unwirksamkeit allenfalls bei offen zutage tretenden Mängeln Beachtung finden muss, BGH NJW-RR 2006, 567; Rpfleger 2005, 612; Kblz BeckRS 2010, 19980 (Rechtsmissbrauch); Ffm JurBüro 1997, 544 (546); LG Essen NJW-RR 2002, 1077 (Verstoß gegen §§ 3, 12 MaBV).

Parteibezeichnung: Unklarheiten sind rügefähig, BGH NJW 2010, 2041 Rn. 19 (Gläubiger); WuM 2015, 41 Rn. 7 (Schuldner).

Rechtskraft: Ist ihr Vorliegen Vollstreckungsvoraussetzung, kann ihr Fehlen gerügt werden, LAG Hbg NJW 1983, 1344.

Rechtsnachfolge: Ihr Bestreiten fällt unter die Norm, BGH NJW 2010, 2041 Rn. 18, 39; BAG NJW 2015, 107 Rn. 10.

Unterwerfungserklärung: Unklarheiten bzgl. der Rechtsnachfolge begründen einen formellen Einwand, BGH NJW 2010, 2041; NJW-RR 2004, 1135. Die materielle Wirksamkeit der Erklärung kann nach § 732 nicht gerügt werden, BGH NJW 2009, 1887; es gilt § 767 analog.

Urkundenbeweis: Der in §§ 726 ff. mögliche Urkundenbeweis wie auch sämtliche sonstigen dort aufgeführten Voraussetzungen können und müssen im Erinnerungsverfahren nachvollzogen werden, BGH NJW 2017, 411 Rn. 15; NJW-RR 2012, 114; NJW-RR 2011, 424.

Vergleich: Unwirksame Protokollierung ist mit der Erinnerung geltend zu machen, BGH NJW 1955, 182. Mit dem Einwand, die Formalien seien dennoch gewahrt worden, oder das Berufen auf die Unwirksamkeit der Protokollierung wird man nach § 732 nicht gehört, Ddf MDR 2020, 882.

Vollmacht: Der Schuldner kann alleine nach § 732 und nicht etwa im Verfahren der Zwangsvollstreckung rügen, der bei Vereinbarung einer Unterwerfungserklärung für ihn aufgetretene Vertreter sei nicht wirksam bevollmächtigt gewesen, BGH NJW 2012, 3518; NJW 2010, 2041; NJW 2008, 2266; NJW-RR 2004, 1718.

Vollstreckbarkeit: Sie ist rügefähig, BGH 3.11.2015 – II ZR 443/13, BeckRS 2016, 01912 Rn. 10; → Rn. 8 „Bestimmtheit".

Willenserklärung: Bei Erteilung nach § 894 S. 2 kann fehlende Rechtskraft gerügt werden, Zöller/Seibel Rn. 13. Bei schweren Mängeln ist die Klausel nichtig, Mü RPfleger 2014, 133 (fehlender Nachweis der Gegenleistung); → § 726 Rn. 34; näher zu Rechtsbehelfen → § 732 Rn. 25; → § 894 Rn. 17.

Titel: Gelangt er mangels wirksamer Zustellung erst gar nicht zur Existenz, ist § 732 einschlägig, BGH 3.11.2015 – II ZR 443/13, BeckRS 2016, 01912 Rn. 10; NJW 2002, 1728 aE. Auch seine Unwirksamkeit ist nach § 732 zu rügen, BGH NJW-RR 2004, 1718; NJW-RR 1987, 1149.

Zinsen: „Bestimmtheit".

Zuständigkeit: Die Unzuständigkeit des Urkundsbeamten, der eine Klausel nach §§ 726 ff. erteilt hat, kann nur nach § 732 gerügt werden, Kblz NJW 1992, 378; dies aber für unbegründet haltend Zweibr FamRZ 2003, 1942.

Zweite Ausfertigung: Bei ihrer Erteilung nach § 733 ist die Erinnerung auch dann der richtige Weg, wenn die Ausfertigung auf Anordnung des Richters erteilt wird, OLG Karlsruhe RPfleger 2019, 535.

b) Nicht zulässige Einwände

9 **AGB-Kontrolle:** Der Verstoß gegen § 307 I BGB kann nicht gerügt werden, BGH NJW 2009, 1887; NJW-RR 2004, 1718.

Änderung der Rechtslage: Sie kann grds. nur gegen den Titel, nicht aber gegen die Klausel vorgebracht werden, BGH DGVZ 2017, 74 (Gläubigerwechsel). Entscheidend ist iÜ grds. die tatsächlich bestehende Sach- und Rechtslage bei Entscheidung, so dass zB Nachweismängel im Erinnerungsverfahren noch behoben werden können, → Rn. 12; KG NJW-RR 1987, 3; str. vgl. MüKoZPO/Wolfsteiner Rn. 4.

Vergleich: Einwand, Verlesung und Genehmigung eines Vergleichs seien trotz fehlenden Protokollvermerks tatsächlich erfolgt; Einwand, die Berufung des S. auf die Formunwirksamkeit des Vergleichs verstoße gegen von Treu und Glauben, Düss MDR 2020, 882.

Nachweisverzicht: Die Unwirksamkeit der diesbezüglichen Vereinbarung kann nicht geltend gemacht werden, es greifen §§ 767, 768, 795, BGH NJW 2020, 3600 Rn. 20.

Passivlegitimation: Der Einwand, nicht der im Titel genannte Schuldner zu sein, fällt nicht unter § 732, Ddf OLGZ 1984, 93 (§ 767).

3. Abgrenzung zu anderen Rechtsschutzmöglichkeiten des Schuldners. Der Anwendungsbereich der im Einzelfall neben § 732 möglicherweise einschlägigen weiteren Regelungen ist jeweils dort eingehend besprochen. Hier werden lediglich die wesentlichen Grundsätze aufgezeigt. 10

§ 573: § 732 geht auch dann vor, wenn eine Klausel nach §§ 726 ff. fälschlich durch den Urkundsbeamten erteilt worden ist, Kblz NJW 1992, 378. 11

§ 766: Über Einwendungen des Schuldners gegen die in der Klausel bezeugten sachlichen Erfordernisse der Vollstreckung entscheidet gem. § 732 ZPO dasjenige Gericht, dessen Geschäftsstelle die Vollstreckungsklausel erteilt hat. Sie sind der Nachprüfung durch das Vollstreckungsorgan entzogen; denn es ist nicht Sache des mit der Vollstreckung des Titels befassten Vollstreckungsorgans, die Wirksamkeit der Klausel am Inhalt des Titels zu messen; die betr. Einwendungen können deshalb nicht im Erinnerungsverfahren nach § 766 geltend gemacht werden, BGH NJW-RR 2017, 510 Rn. 13; NJW-RR 2012, 1146 Rn. 15; LG Detmold JurBüro 2011, 274, insbes. auch → Rn. 8 „Vollmacht".

§ 767: Die Möglichkeit einer Klauselerinnerung steht der Zulässigkeit der Vollstreckungsabwehrklage nicht grundsätzlich entgegen, BGH NJW-RR 2004, 1718, auch nicht bei analoger Anwendung des § 767, BGH NJW 2010, 2041 Rn. 39 (Änderung von BGH NJW-RR 1987, 1149); NJW 2006, 695; NJW-RR 2004, 472 (473 f.); NJW-RR 2004, 1718 (Wahlrecht, wenn Voraussetzungen beider vorliegen). Fragen der Bestimmtheit des Titels fallen nicht direkt unter § 767, BayObLG Rpfleger 2004, 692; Karlsr OLGZ 1991, 227.

§ 768: Die Regelung hat wie § 732 die Klausel, nicht den Titel im Blick. Man beachte, dass der Rechtsbehelf keine weitergehenden Prüfkompetenzen eröffnen dar, als sie dem Organ zustehen, welches die Entscheidung erlassen hat. Formelle Einwendungen gegen die Klausel können nicht nach § 768 geprüft werden, sie sind nach § 732 geltend zu machen, BGH NJW-RR 2006, 567; insoweit besteht für die Klage kein Rechtsschutzbedürfnis, BGH NJW-RR 2012, 1146; Kblz NJW 1992, 378. Wird gerügt, dass der vom Rpfleger angenommene Nachweis sich aus den vorgelegten Urkunden nicht ergibt, ist mithin nur der Weg des § 732 eröffnet. Für materielle Einwände greift nur § 768. Werden formelle und materielle Einwände zugleich erhoben, müssen sie im Rahmen einer Klage nach § 768 umfassend geprüft werden; die Ansicht, insoweit seien beide Wege neben(?)- oder hintereinander zu beschreiten, Musielak/Voit/Lackmann ZPO Rn. 6, ist wegen des damit verbundenen Aufwands praxisfern, im Ergebnis auch Kobl NJW 1992, 378.

Präjudizielle Wirkung hat die Entscheidung über die Erinnerung für die Klage nicht, BGH MDR 1976, 837. § 768 ist anzuwenden, wenn über den Urkundenbeweis nach §§ 726 ff. hinaus andere Beweismittel angeboten werden. Die Anwendungsbereiche können sich in Fragen der Beweiswürdigung überschneiden, so auch Prütting/Gehrlein/Hanewinkel Rn. 6.

§ 793: Die Entscheidung im Klauselerteilungsverfahren unterfällt nicht § 793, da sie nicht im Zwangsvollstreckungsverfahren ergeht, sondern diesem vorgelagert ist, BayObLG MDR 2000, 1451; Köln FamRZ 1985, 626.

§ 11 RPflG: § 732 ist nach § 11 I RPflG auch bei Klauselerteilung durch den Rpfleger anzuwenden und geht vor, Naumb FamRZ 2003, 695; dennoch kann der Rpfleger abhelfen, Kblz FamRZ 2003, 108.

IV. Verfahren, I. 1. Voraussetzungen. a) Allgemeines. § 732 bezieht sich nur auf Einwendungen des Schuldners. Wegen Einwendungen des Gläubigers → § 724 Rn. 43. Die Vollstreckungsklausel muss bereits vorliegen, wenn auch vielleicht erst auf eine Anordnung des Gerichts oder des Beschwerdegerichts; sie darf noch nicht geendet haben, BGH BeckRS 2008, 17595 Rn. 10. Die Eintragung einer Zwangshypothek nach § 867 beendet die Zwangsvollstreckung nicht. Die Wirksamkeit der Vollstreckungsklausel ist keine Voraussetzung eines Antrags nach § 732. Denn auch aus einer unwirksamen, etwa nicht unterschriebenen Klausel können nachteilige Folgen entstehen. Noch weniger ist es notwendig, dass die Voraussetzungen der Erteilung der Klausel vorlagen. Denn sie sind nicht Voraussetzungen der Zwangsvollstreckung. Es genügt, dass die Zulässigkeit der Klausel im Lauf des Verfahrens entfällt, etwa wegen einer Klagerücknahme nach § 269. 12

Eine formell rechtskräftige Entscheidung nach § 768 räumt die auf § 732 zu stützenden Einwendungen mit aus, nicht aber umgekehrt. Ein Urteil nach § 731 steht aufgrund seiner Rechtskraftwirkungen der Erinnerung entgegen, → Vor § 322 Rn. 16. Die rechtskräftige Aufhebung des Titels, nicht aber die bloße Rechtshängigkeit der Klage nach § 767, steht dem **Rechtsschutzinteresse** entgegen, ebenso der Verzicht des Gl., Köln BeckRS 2002, 30293840 = OLGR 2003, 92. Auch wenn es in concreto der Klausel nicht bedurfte, etwa im Fall des § 929 I, sie aber dennoch erteilt wurde, hat der Schuldner an der Erinnerung kein rechtliches Interesse, LAG Berlin-Brdb NJ 2019, 543, Anm. Elzer ArbRAktuell 2019, 546. Mit **Abschluss der Zwangsvollstreckung** endet das Recht der Erinnerung, allgemein BGH NJW-RR 2018, 384. 13

b) Willenserklärung. Da im Fall des **§ 894 S. 2** die **Willenserklärung** als mit Klauselerteilung abgegeben gilt, → § 894 Rn. 17, kann hieran anschließend die Erinnerung ausgeschlossen sein. Streng zu prüfen ist daher zunächst eine Nichtigkeit der Klausel, Mü Rpfleger 2014, 133. Auch reicht die irrige Erteilung einer einfachen anstelle der qualifizierten Klausel nicht, Hamm Rpfleger 2014, 366. Gleiches gilt, wenn das Urteil nicht rechtskräftig, die Erteilung der Klausel also aus diesem Grunde fehlerhaft ist; denn die nach § 894 eintretende Abgabe der WE liegt noch nicht vor. Der Fall mag durchaus vorkommen, wenn wegen irriger Annahme einer wirksamen Zustellung der Ablauf der Rechtsmittelfrist angenommen wird. In solchen Fällen ist die Erinnerung zulässig, weil bei sachorientierter und praxisnaher Betrachtung die Zwangsvollstreckung noch nicht beendet sein kann; hilfsweise müsste man § 732 analog anwenden. Sieht man dies anders, gilt → Rn. 16 a. E. 14

Mit Blick auf das grundrechtsgleiche Recht aus Art. 103 I GG kann die Unzulässigkeit der Erinnerung auch bei Erteilung der Klausel auf ein rechtskräftiges Urteil im Einzelfall fragwürdig sein. MüKoZPO/Wolfsteiner Rn. 9 schlägt daher den generellen Erlass eines **Vorbescheids** vor, damit S. seine Rechte wahrnehmen kann. Das ist aus praktischen Erwägungen abzulehnen. Da die Klausel in einem vereinfachten Verfahren, und nach § 731 nicht notwendig unter Wahrung rechtlichen Gehörs, Rechtssicherheit bieten soll, → § 724 Rn. 6, muss den beteiligten Organen eine klare gesetzliche Regelung als Grundlage dienen; daran fehlt es, wenn man sich einer Verfahrensweise bedient, die das Gesetz schon an sich nicht vorsieht. Zöller/Seibel Rn. 13 verweist bei allgemeiner Kritik am Ergebnis der gesetzlichen Regelung darauf, dass die irrige Erteilung einer Klausel bei noch nicht rechtskräftigem Urteil Einwendungen nach § 732 nicht ausschließen kann. Das entspricht der hier vertretenen Ansicht; das Problem wird jedoch nicht in vollem Umfang erfasst, weil die Zulässigkeit der Erinnerung vor Rechtskraft nun einmal außer Zweifel steht. Problematisch sind die Fälle, in denen ab Rechtskraft des Urteils 15 für den Anwendungsbereich von § 894 S. 2 formelle Einwände gegen die Erteilung der Klausel geltend gemacht werden sollen.

16 Die Anhörung des S. mag zumindest bei konkreten Zweifeln, möglicherweise auch generell ein Mittel der Wahl sein, → § 730 Rn. 1. Gegen Fehlentscheidungen hilft sie nicht. Die Anwendung des § 732, die bei irriger Annahme der Rechtskraft keine Probleme bereitet, ist auch bei Fehlern ab Rechtskraft dem Ergebnis nach sicher zu befürworten. Dennoch erscheint sie fragwürdig. Geht nämlich der Schuldner im Lichte der von § 894 S. 2 herbeigeführten Wirkungen gegen die Klausel vor, wendet er sich in Wahrheit gegen die vom Gesetz fingierte Abgabe der WE, → § 894 Rn. 2. Wegen der damit gegebenen Sachnähe zur Erfüllung ist, wenn das Recht aus Art. 103 I GG berührt wäre, **§ 767 analog** anzuwenden. Das dort vorgesehene Erkenntnisverfahren bietet für die sicher seltenen und von Besonderheiten des Einzelfalls geprägten Fälle die besseren Entscheidungsgrundlagen.

17 **2. Antrag.** Der Schuldner muss einen Antrag stellen. Diesen kann er nach §§ 130ad elektronisch oder schriftlich oder zum Protokoll der Geschäftsstelle einreichen. Es besteht daher nach § 78 III Hs. 2 **kein Anwaltszwang,** BGH NJW-RR 2001, 1362 (lies „gestellt" statt „zugestellt"). Eine **Frist** ist nicht vorgesehen, str., MüKoZPO/Wolfsteiner Rn. 8 mwN. Nach § 802 ausschließlich **zuständig** ist nach Abs. I das Gericht, dessen Urkundsbeamter oder Rpfleger die Vollstreckungsklausel erteilt hat, selbst wenn mangelnde Zuständigkeit der Grund der Erinnerung ist; beachte auch für sonstige Titel §§ 795, 797 III, 797a IV 3. Das betr. Gericht ist auch dann zuständig, wenn der Schuldner gegen seine damalige Zuständigkeit Einwendungen erhebt. In den Fällen des § 86 III FamFG ist das FamG zuständig, Ddf FamRZ 1978, 427. Das Gericht muss dem Betroffenen vor einer ihm nachteiligen Entscheidung das rechtliche Gehör geben, Art. 2 I, 20 III GG (Rpfl.), BVerfG 101, 403, Art. 103 I GG (Richter). Eine mündliche Verhandlung ist zulässig, aber nach § 128 IV nicht notwendig. Der Rpfl. oder der Urkundsbeamte dürfen und müssen evtl. abhelfen, Kblz FamRZ 2003, 108; LAG Ddf Rpfleger 1997, 119.

18 Zum Streit um die Anwendbarkeit von **§ 138 III** → § 727 Rn. 15.

19 **3. Entscheidung.** Sie ergeht nach I 2 durch Beschluss nach § 329. Maßgeblich für die Beurteilung der Sach- und Rechtslage ist der **Entscheidungszeitpunkt,** Drsd NJW-RR 2011, 1305; Köln OLGR 2003, 111; KG NJW-RR 1987, 3. Mängel, die bei Erteilung der Klausel vorlagen, können also behoben werden. Eine Ausnahme ist zu machen, wenn Gl. auf diese Weise einen Rangvorteil erlangt, der ihm im Verhältnis zu anderen Gl. aufgrund des anfänglichen Mangels nicht zusteht, str. vgl. MüKoZPO/Wolfsteiner Rn. 4.

20 Der Beschluss lautet auf Zurückweisung des Antrags oder auf Aufhebung der Vollstreckungsklausel. Die von Teilen der Lit, vgl. etwa MüKoZPO/Wolfsteiner Rn. 3, befürwortete Formulierung: „Die vom … (Gericht) am … (Datum) gegen den (Erinnerungsführer/Schuldner) erteilte vollstreckbare Ausfertigung des (genau bezeichneten Titels) und die Zwangsvollstreckung hieraus sind unzulässig." ist mit Blick auf § 775 Nr. 1 nicht falsch, aber auch nicht zwingend erforderlich, da die Aufhebung der Klausel nach § 724 I aus sich heraus die Zwangsvollstreckung beendet. Wenn die Klausel nur teilweise unzulässig ist, darf das Gericht sie einschränken. Darin liegt keine neue Klauselerteilung. Das Gericht muss seine Entscheidung grundsätzlich nach § 329 begründen. Es muss sie dem Antragsteller formlos mitteilen.

21 Die Aufhebung entfaltet **Wirkungen** nur für die konkret erteilte Klausel; sie hindert die Erteilung einer weiteren nicht, BGH NJW-RR 2004, 1718. Eine Entscheidung nach § 732 präjudiziert die Klage nach § 767 nicht, Celle JurBüro 2010, 159.

22 **Kosten:** Bei Stattgabe gelten §§ 91 I, 104, nicht § 788, Hbg JurBüro 1995, 547; es bedarf also eines Kostenausspruchs. Bei Abweisung gilt § 97 I. **Gebühr:** des Gerichts: keine; des Anwalts: § 25 RVG, VV 3309, 3310.

23 **V. Einstweilige Anordnung, II. Schrifttum:** Kaiser NJW 2014, 364. Sie ist ebenso wenig wie eine zeitweilige Einstellung der Zwangsvollstreckung eine einstweilige Verfügung. Eine einstweilige Anordnung kann erforderlich sein, weil die Einwendung nicht aufschiebend wirkt. Die sachlichen Voraussetzungen für den Erlass entsprechen denen des § 707; grds. gebührt dem Gläubigerinteresse der Vorrang; das Einstellungsinteresse des S. ist von den Erfolgsaussichten des Rechtsmittels und den von einer ZV zu erwartenden Nachteilen geprägt, BGH 28.7.2022 – I ZR 98/21, BeckRS 2022, 22053. Das Interesse des S. muss überwiegen, BGH BeckRS 2017, 100148; BeckRS 2016, 8730. – Der Inhalt ist vor allem eine einstweilige Einstellung der Zwangsvollstreckung ohne oder gegen eine Sicherheitsleistung nach § 108 oder die Anordnung, dass der Gläubiger die Zwangsvollstreckung nur gegen Sicherheitsleistung fortsetzen darf. Im Weg einer einstweiligen Anordnung darf das Gericht die Zwangsvollstreckung aber keineswegs ganz aufheben. Die einstweilige Anordnung ergeht auf Antrag oder von Amts wegen.

24 Sie ergeht als mit Gründen zu versehender Beschluss nach § 329. Abs. II nennt Entscheidungen, die Vorrang haben; es können indes auch Modalitäten der Zwangsvollstreckung angeordnet werden, etwa die Herausgabe an einen Sequester. Der Beschluss des Gerichts ist nicht notwendig nach § 329 III zuzustellen, weil Rechtsbehelfe gegen die eAO nicht eröffnet sind. Die einstweilige Anordnung wird mit der nach → Rn. 12 ergehenden Entscheidung wirkungslos.

25 **VI. Rechtsbehelfe, I, II. 1. Zurückweisung der Erinnerung.** Wenn der Richter den Antrag des Schuldners zurückgewiesen hat, hat dieser die sofortige Beschwerde nach § 567 I Nr. 2, nicht § 793. Denn auch diese Entscheidung des Gerichts stellt noch keine Maßnahme der Zwangsvollstreckung dar, BayObLG MDR 2000, 1451; Köln FamRZ 1985, 626. Die Rechtsbeschwerde ist unter den Voraussetzungen des § 574 denkbar. Wegen einer Anschlussbeschwerde § 567 III.

26 **2. Erfolg der Erinnerung.** Wenn das Gericht dem Antrag stattgibt, hat der Gläubiger die sofortige Beschwerde nach § 567 I Nr. 2 und die Rechtsbeschwerde unter den Voraussetzungen des § 574. Denn das Gericht hat ihm auch in diesem Fall die Vollstreckungsklausel verweigert; dasselbe gilt, wenn das Beschwerdegericht das Ausgangsgericht anweist, die Klausel aufzuheben, Hamm NJW-RR 1990, 1277; MüKoZPO/Wolfsteiner Rn. 16.

27 **3. Entscheidung betr. einstweilige Anordnung nach II.** Abs. II ist erforderlich, weil die Erinnerung keine aufschiebende Wirkung hat. Gegen die eA des Richters ist entspr. §§ 707 II 2, 719 I 1 kein Rechtsbehelf gegeben, Köln Rpfleger 1996, 324; Stgt Rpfleger 1994, 220; beim Urkundsbeamten ist die befristete Erinnerung nach § 573 I eröffnet, beim Rpfl. die sofortige Erinnerung nach § 11 II 1 RPflG mit abschließender Entscheidung durch den Abteilungsrichter, Köln NJW-RR 2001, 69. Bei fehlerhafter Behandlung durch den Rpfl. als Durchgriffserinnerung ist die Sache an den Richter der ersten Instanz zurückzuverweisen, Köln Rpfleger 1996, 324. Mit der Entscheidung nach § 732 I verliert die eA ihre Wirkungen; dies muss nicht eigens ausgesprochen

werden, indes empfiehlt sich jedenfalls in schwierigen Fällen eine Klarstellung im Tenor der abschließenden Entscheidung.

733 *Weitere vollstreckbare Ausfertigung.* **I Vor der Erteilung einer weiteren vollstreckbaren Ausfertigung kann der Schuldner gehört werden, sofern nicht die zuerst erteilte Ausfertigung zurückgegeben wird.**

II Die Geschäftsstelle hat von der Erteilung der weiteren Ausfertigung den Gegner in Kenntnis zu setzen.

III Die weitere Ausfertigung ist als solche ausdrücklich zu bezeichnen.

I. Systematik, I–III. Dem Wortlaut nach betrifft die Norm nur eine Frage des rechtlichen Gehörs. Der Zweck der Norm erfordert indes vor Erteilung einer weiteren Ausfertigung sorgfältige Sachprüfung und Abwägung, → Rn. 3. Die Vorschrift ergänzt §§ 727–731; wenn dem Rechtsvorgänger bereits eine Klausel erteilt worden ist, kann es zur Überlappung der Anwendungsbereiche kommen, insbesondere um eine missbräuchliche Doppelvollstreckung zu vermeiden, → Rn. 3. § 734 ist auch auf den Fall des § 733 anzuwenden. Dies unterstreicht § 757 I, weshalb es generell nicht ausreicht, auf die aus den Akten ersichtliche voraufgegangene Erteilung einer vollstreckbaren Ausfertigung zu verweisen, wenn diese nicht (mehr) vorgelegt werden kann, Köln NJW-RR 2000, 1580. Die Möglichkeiten des § 733 stehen der Zulässigkeit einer neuen Klage idR entgegen, es sei denn, der Gl. müsse von vornherein mit einer Vollstreckungsabwehrklage rechnen, BGH NJW 1957, 1111. 1

Bei **Vollstreckungsbescheiden** geht aufgrund §§ 754a, 829a der Schutz des § 733 in erheblichem Umfang verloren, vgl. Ulrici NJW 2017, 1142 (1146). 2

II. Regelungszweck, I–III. § 733 schafft einen Ausgleich zwischen den Belangen von Gl. und S. Er erfordert über den Wortlaut hinaus eine eingehende **Interessenabwägung.** Die Norm soll zunächst dem Gl. in den seltenen Fällen der Notwendigkeit mehrerer gleichzeitiger Vollstreckungsversuche an verschiedenen Orten dienen, KG Rpfleger 2011, 622; Stgt NJW-RR 1990, 126; → Rn. 9 „Gesamtschuldner"; sie dient auch den Interessen des Rechtsnachfolgers, Ffm NJW-RR 1988, 512. Zugleich soll der Sch. gegen eine unberechtigte **Doppel/Mehrfachvollstreckung** aus demselben Titel geschützt werden, Celle MDR 2009, 827; Saarbr Rpfleger 2007, 673; Mü FamRZ 2005, 1102; Hamm JurBüro 1988, 1048. § 733 hat damit **Ausnahmecharakter,** Kblz NJW-RR 2013, 1019. 3

Darum lässt die Vorschrift trotz der insoweit nur auf das rechtliche Gehör des S. abstellenden Formulierung aus Gründen der sachgerechten Interessenabwägung die Erteilung einer weiteren vollstreckbaren Ausfertigung an dieselbe Partei oder an deren Rechtsnachfolger nach § 727 grds. nur dann zu, wenn der Gl. die erste Ausfertigung **zurückgibt,** Ddf MDR 2013, 427; Saarbr Rpfleger 2007, 673, wenn er sie nicht mehr zur Vollstreckung verwenden kann, Ddf MDR 2013, 427; Ffm NJW-RR 1988, 512; LG Hagen Rpfleger 2013, 284 (je: kein Besitz an ihr mehr) oder wenn aus sonstigen Gründen eine missbräuchliche Verwendung zum Zweck der Doppelvollstreckung ausgeschlossen ist; für die grds. gebotene **Einzelfallabwägung** Mü FamRZ 2005, 1102; vgl. mit zT aA auch Thomas/Putzo/Seiler Rn. 4 ff., Zöller/Seibel Rn. 12. Anforderungen an die Glaubhaftmachung nach § 294 sind hoch, wenn Gl. angibt, die vollstreckbare Ausfertigung nicht erhalten zu haben, Mü DGVZ 2012, 209. Stgt NJW-RR 1990, 126 will den Ausschluss einer doppelten Vollstreckung grds. nicht prüfen und verweist auf die Anhörungsrechte des S. Dem ist nicht zu folgen. § 757 zeigt deutlich, dass die Zahl der Titel so weit wie möglich begrenzt sein soll und nur ein schützenswertes Interesse des Gl. die Erteilung mehrerer rechtfertigt. Man darf es daher nicht von vornherein dem S. überlassen, gegen eine Doppelvollstreckung mit Rechtsbehelfen anzugehen. 4

III. Voraussetzungen, I–III. Vorausgesetzt ist das Vorliegen eines Titels, von dem weitere vollstreckbare Ausfertigungen erteilt werden sollen; der Fall mehrerer Titel oder Teiltitel ist nicht erfasst. Die allgemeinen Voraussetzungen der Klauselerteilung müssen weiterhin vorliegen; eine Fehlentscheidung bei der ersten Ausfertigung gilt nicht fort. Eine erste Ausfertigung muss erteilt worden sein, so dass Unterlassungen in dieser Hinsicht über § 724 zu bereinigen sind, Rostock OLG-NL 2001, 216. Auch eine Berichtigung fällt nicht unter § 733, sondern unter § 319 oder erneut unter § 724. Im Anschluss an die in Abs. I ausdrücklich geregelte **Rückgabe** kann ebenfalls nur nach § 724 ff. vorgegangen werden; ob an das Gericht oder den S. zurückgegeben wird, ist ohne Bedeutung, BGH WM 1955, 1199; sobald die Gefahr der Doppelvollstreckung entfällt, ist § 733 nicht mehr anwendbar. Eine gänzlich andere Angelegenheit ist die von der hM für eine Zweiterteilung vorausgesetzte Rückgabe der ersten Ausfertigung; dazu → Rn. 3. 5

Stets ist für jeden Einzelfall vAw zu prüfen, ob der Gl. für eine weitere vollstreckbare Ausfertigung ein **Rechtsschutzbedürfnis** hat, Mü FamRZ 2005, 1102; LG Hagen Rpfleger 2013, 284; LG Lpz JurBüro 2004, 559; MüKoZPO/Wolfsteiner § 732 Rn. 12; das ist die Grundlage der Interessenabwägung nach → Rn. 3. Es ist bei Einverständnis des S. gegeben. Keiner weiteren tatsächlichen Prüfung bedarf ein unstr. Sachverhalt, etwa bei unstreitiger Rechtsnachfolge, Jena Rpfleger 2000, 76. Str. Tatsachen muss der Gl. darlegen und **nachweisen,** Kblz NJW-RR 2013, 1019; LG Dortm Rpfleger 1994, 308; LG Hechingen DGVZ 1984, 116, wobei der volle Nachweis des Verlusts im Rahmen der Interessenabwägung nach → Rn. 3 nicht generell verlangt werden kann, Ddf FamRZ 1994, 1271; LAG Nds 23.5.2003 – 5 Ta 276/02, BeckRS 2003, 41443; Glaubhaftmachung reicht im Regelfall aus, Saarbr Rpfleger 2007, 674; LG Lpz JurBüro 2015, 102 (anwaltliche Versicherung). Der Grad der erforderlichen Überzeugung ergibt sich aus der Interessenabwägung, → Rn. 3. Allgemein → § 726 Rn. 19; → § 727 Rn. 15. 6

Eine besondere Nähe hat die Norm zu § 727 und den folgenden Regelungen; denn Klauselerteilung bei **Rechtsnachfolge** und weitere vollstreckbare Ausfertigung können sich überlappen, wenn zugunsten des Rechtsvorgängers oder gegen ihn eine Klausel bereits erteilt worden ist; dazu auch MüKoZPO/Wolfsteiner Rn. 4. Das gilt bei Gefahr der Doppelvollstreckung auch in den Fällen von §§ 728 f., aA MüKoZPO/Wolfsteiner Rn. 7 Grundsätzliche Erwägungen müssen hier zugunsten einer praxisorientierten Handhabung des Einzelfalls zurücktreten, → Rn. 9. 7

Zustimmung des S. erübrigt die Sachprüfung, unabhängig von der Frage, ob man sie als Anerkenntnis oder als Zugestehen der tats. Voraussetzungen ansieht; ein Interesse der Rechtspflege am Vorhandensein möglichst weniger vollstreckbarer Ausfertigungen ist in diesem Fall nicht schützenswert, aA unter Hinweis auf die ver- 8 meintliche Geltung des § 733 außerhalb der Parteidisposition MüKoZPO/Wolfsteiner Rn. 15; Zöller/Seibel Rn. 9. Kritischer Prüfung bedarf im Einzelfall die Wirksamkeit der Zustimmung.

IV. Beispiele zur Frage einer weiteren Ausfertigung, I–III

9 **Abtretung:** Eine weitere vollstreckbare Ausfertigung ist unzulässig, soweit die Wirksamkeit der jetzigen Abtretung streitig ist, Mü FamRZ 2005, 1102. → „Teilabtretung".

Aushändigung an Schuldner: Eine weitere Ausfertigung ist dann notwendig, wenn der Gläubiger oder der Gerichtsvollzieher die erste Ausfertigung dem Schuldner insbesondere versehentlich ausgehändigt haben, obwohl der Gläubiger noch keine vollständige Befriedigung erhalten hatte, Karlsr RPfleger 2019, 535; Hamm Rpfleger 1979, 431; LG Dortm Rpfleger 1994, 308 (Voller Beweis erforderlich); LG Zweibr DGVZ 1991, 13 (rechnerische Darlegung geboten); oder wenn der ProzBev. des Gläubigers nach § 81 die Herausgabe grundlos verweigert, indem er ein Zurückbehaltungsrecht geltend macht, Hamm FamRZ 1998, 640; Stgt Rpfleger 1995, 220. Die Rechtsmäßigkeit der Aushändigung ist ohne Bedeutung, Rostock NotBZ 2002, 33. Beschränkt sich der Streit auf die Erfüllung, ist der S. auf § 767 zu verweisen, LG Fulda NJW-RR 2022, 352; der Klausel steht der Einwand nicht entgegen, so auch MüKoZPO/Wolfsteiner Rn. 17. Auch „Erfüllung".

Berichtigung: Keine weitere Ausfertigung ist eine berichtigte erste Ausfertigung, etwa weil das Gericht die beitreibbare Summe falsch berechnet hatte.

Berufungsurteil: Haben sowohl das Urteil der ersten Instanz als auch das Berufungsurteil vollstreckbaren Inhalt, insbes. wenn Kl. in der Berufung mehr zugesprochen und der Tenor insgesamt neu gefasst wird, muss vor Erteilung der vollstreckbaren Ausfertigung sichergestellt sein, dass aus dem Urteil der ersten Instanz nicht weiter vollstreckt werden kann, → Rn. 3, → Rn. 5.

Doppelvollstreckung: Sie darf nicht drohen, → Rn. 3.

Erfüllung: Wenn der Schuldner behauptet, den Anspruch erfüllt zu haben, muss man ihn grds. auf § 767 verweisen, LG Fulda NJW-RR 2022, 352 Rn. 9; Kblz FamRZ 2010, 1366; Saarbr Rpfleger 2007, 674. Eine Ausnahme von dieser Regel gilt nur dann, wenn der Gläubiger die erste Ausfertigung freiwillig herausgegeben hatte, bevor der Schuldner voll erfüllt hatte, „Aushändigung".

Gesamtgläubiger: „Mehrheit von Gläubigern".

Gesamtschuldner: Eine oder mehrere weitere Ausfertigungen sind dann zulässig, wenn die Zwangsvollstreckung gegen mehrere Gesamtschuldner erforderlich ist, Karlsr OLGR 2000, 169 = BeckRS 2014, 4321 (mehrere Vollstreckungsorgane); Kblz JurBüro 1987, 1229 (mehrere Orte); LG Augsburg Rpfleger 1999, 137 (Vorlage der Titel gegen die übrigen Schuldner nicht erforderlich). Der Anspruch kann nun einmal gegen jeden Schuldner in voller Höhe durchgesetzt werden; zur Klarstellung ist nach der Zusatz „als Gesamtschuldner mit …" zweckmäßig; einer Gefahr der Über-Vollstreckung ist im Übrigen nach § 767 zu begegnen. Die gegenteilige Auffassung von Musielak/Voit/Lackmann Rn. 4 ist wegen Entwertung der Gesamtschuld abzulehnen.

Grundschuld: Ist dem ursprünglichen Gläubiger eine Klausel erteilt worden, die sich im Besitz des Eigentümers befindet, steht dies der Erteilung einer weiteren nicht grundsätzlich entgegen, LG Kobl DNotZ 1970, 409. Auch bei einer **Neuvalutierung** kann ein Interesse an der Erteilung einer weiteren vollstr. Ausfertigung bestehen, BGH NJW-RR 2015, 915, mAnm Zimmer NotBZ 2015, 454.

Herausgabe: → Rn. 9 „Aushändigung".

Hinterlegung des Titels: Sie kann die Zulässigkeit einer weiteren Ausfertigung beseitigen, BGH NJW 1994, 1161.

Mehrheit von Gläubigern: Eine oder mehrere weitere Ausfertigungen sind aus sachlicher Notwendigkeit jedenfalls dann zulässig, wenn mehrere Gläubiger den Vollstreckungstitel als einfache Streitgenossen erwirkt haben, Köln OLGZ 1991, 72; LG Lpz JurBüro 2004, 559; für Anwendung auf den Fall des § 432 BGB KG NJW-RR 2000, 1409. Aber auch → „Teilausfertigung".

Mehrheit von Schuldnern: → „Gesamtschuldner".

Mehrheit von Vollstreckungsarten: Eine weitere Ausfertigung ist dann zulässig, wenn der Gläubiger zB eine Forderungspfändung nach §§ 829 ff. und eine Sachpfändung nach §§ 803 ff. plant, KG Rpfleger 2011, 622 = BeckRS 2011, 25466. Die Notwendigkeit bedarf genauer Darlegung, Karlsr Rpfleger 1977, 453.

Mehrheit von Vollstreckungsorganen: Eine weitere Ausfertigung ist dann zulässig, wenn der Gläubiger mehrere Vollstreckungsorgane beauftragen muss, Karlsr OLGR 2001, 169 = BeckRS 2014, 4321.

Mehrheit von Vollstreckungsorten: Eine weitere Ausfertigung ist dann zulässig, wenn der Gläubiger mehrere Vollstreckungsmaßnahmen gleichzeitig an verschiedenen Orten vornehmen muss, KG Rpfleger 2011, 622; Kblz JurBüro 1987, 1228.

Rechtsnachfolge: Mangels Rückgabe der ersten Ausfertigung kommt eine weitere in den Grenzen → Rn. 3, → Rn. 5 in Betracht. Erteilung für **weiteren Rechtsnachfolger** setzt Gewissheit voraus, dass der erste nicht mehr vollstrecken kann, Stgt NJW-RR 1990, 126 Ls. 2.

Rechtsschutzbedürfnis: → Rn. 5.

Rückgabe: Nach Rückgabe der ersten Ausfertigung kann nach einer Auffassung § 724 erneut anwendbar sein, da § 733 begrifflich ausscheide, Hamm MDR 1988, 592. Da indes § 733 nach dem Wortlaut eingreift, ist eine in dessen Voraussetzungen integrierte Lösung vorzuziehen. Es ist die normale Interessenabwägung vorzunehmen, → Rn. 5; Celle MDR 2009, 827; OLGR Saarbr 2007, 837; Hamm FamRZ 1998, 640; Ffm NJW-RR 1988, 512. Problematisch ist der Fall, in dem der von Gl. veranlassten Rückgabe die Funktion der Quittung zukommen kann, vgl. auch § 757 I. Es reicht dennoch die Glaubhaftmachung nach § 294; der Strengbeweis ist auch hier nicht zu verlangen, weil S. den Erfüllungseinwand nach § 767 zu erheben hat, Düss MDR 2013, 427; Saarbr MDR 2008, 48. Auch insoweit bleibt jedoch die Möglichkeit, bei Zweifeln am Fortbestehen des Titels den Antrag zurückzuweisen. Die persönliche Anhörung des S. bietet sich an.

Sozialhilfe: Eine weitere Ausfertigung ist zulässig, soweit ein Träger der Sozialhilfe anstelle des eigentlich Pflichtigen geleistet hat, wenn die Gefahr der Doppelvollstreckung ausscheidet, insoweit Stgt NJW-RR 1990, 126.

Streitgenossen: → „Mehrheit von Gläubigern", → „Gesamtschuldner".

Teilabtretung: Eine weitere Ausfertigung kommt bei einer Teilabtretung grds. in Betracht, wenn dies auf der ursprünglichen Ausfertigung vermerkt wird, Köln Rpfleger 1994, 172, ablehnend MüKoZPO/Wolfsteiner Rn. 4; bei Gefahr der Unklarheit verneinend KG FamRZ 1976, 545.

Teilausfertigung: Keine „weitere" Ausfertigung ist eine solche Ausfertigung, die für einen Teil der Gesamtforderung ergeht, den eine erste Teilausfertigung nicht erfasst hatte, oder wenn der Gläubiger die bisher vorhandene Ausfertigung an die erteilende Stelle endgültig zurückgibt, Hamm MDR 1988, 592. Unstatthaft ist eine Teilausfertigung bei Mitgläubigern nach § 432 BGB, Hamm Rpfleger 1992, 258. Ist nur noch ein Teil der Forderung offen, empfiehlt sich auch im Fall des § 733 der **Teilantrag,** → § 724 Rn. 30, um eine Gegenreaktion des Sch., etwa die Klage nach § 767, zu vermeiden.

Unterhalt: Zulässig kann eine weitere Ausfertigung trotz der Fortexistenz der ersten ausnahmsweise wegen des notwendigen Mindestunterhalts sein, Hamm FamRZ 1998, 640.

Verlust: Eine weitere Ausfertigung ist zulässig, soweit der Gläubiger oder der Gerichtsvollzieher die erste Ausfertigung endgültig verloren haben, Kblz NJW-RR 2013, 1019; Mü FamRZ 2013, 485; Saarbr Rpfleger 2007, 673; LG Lpz Rpfleger 2013, 351. Sie wird aber dann nach § 724 erteilt. Die Anforderungen an die Glaubhaftmachung nach § 294 sind hoch! eine anwaltliche Versicherung kann ausreichen, LG Lpz JurBüro 2015, 102.

Verzicht: Unzulässig ist eine weitere Ausfertigung nach einem Verzicht des Gläubigers auf einen Rückerhalt der ersten Ausfertigung, BGH NJW 1994, 1161; „Hinterlegung".

Vollstreckungsbescheid: § 733 gilt auch beim Bescheid nach § 699.

Zeitablauf: Lange Dauer steht nicht entgegen, LAG Hamm BeckRS 2016, 125916.

Zugangsmangel: Eine weitere Ausfertigung ist dann zulässig, wenn der Gläubiger die erste nicht erhalten hat, Schlesw SchlHA 1981, 81. Auch „Verlust".

Zurückbehaltungsrecht: Eine weitere Ausfertigung ist dann unzulässig, wenn der frühere ProzBev des Gläubigers nach § 81 an der in seinen Händen befindlichen ersten Ausfertigung wegen seiner Vergütungsforderung nach dem RVG ein Zurückbehaltungsrecht geltend macht, Ffm NJW-RR 1988, 512; Saarbr AnwBl 1981, 161; anders ist bei sachlicher Notwendigkeit zu entscheiden, Hamm FamRZ 1998, 640 (Unterhalt). Stgt Rpfleger 1995, 220 will in diesen Fällen die Zweitausfertigung großzügig erteilen, missachtet dabei aber die Gefahr der Doppelvollstreckung.

V. Verfahren, I–III. Das Verfahren verläuft nach § 730. Zuständig ist nach § 20 I Nr. 12 RPflG grundsätzlich der Rpfleger; § 42 Nr. 2 Hs. 1 GVGA; ggf. auch der landesrechtlich bestellte Urkundsbeamte der Geschäftsstelle nach § 36b I 1 Nr. 3 RPflG. Bei einer notariellen Urkunde gilt für die Zuständigkeit § 797 II; die für eine erste Klausel gegebene Zuständigkeit bleibt auch für § 733 erhalten, Ddf DNotZ 1977, 571. Beachte auch § 797 II, VI und § 60 S. 3 SGB VIII. Im Übrigen gilt § 724 II. Anwaltszwang besteht nicht. Eine Anhörung des S. ist unter dem Gebot des Art. 103 I GG abgesehen von Eilbedarf der Regelfall, Celle MDR 2009, 827; → § 730 Rn. 4. 10

Das Gericht muss nach III die weitere Ausfertigung als zweite, dritte usw. genau bezeichnen, Saarbr Rpfleger 2007, 673. Ein Verstoß ist unschädlich. Aufgrund eines Rechtsbehelfs nach → Rn. 13, 14 muss das Gericht jedoch die Ausfertigung entsprechend ergänzen. Die durch II vorgeschriebene Benachrichtigung des Gegners kann formlos erfolgen. Sie ist nicht wesentlich und keine Wirksamkeitsvoraussetzung, MüKoZPO/Heßler Rn. 19. 11

Gebühren: Des Gerichts § 63 V GKG; des Anwalts § 25 RVG, VV 3309, 3310 RVG. Grds. fallen die Kosten unter § 788, es sei denn, Gl. hafte nach dem Veranlassungsprinzip, OLGReport KG 2009, 884 (Verlust auf dem Postweg); Karlsr FamRZ 2005, 49. 12

VI. Rechtsbehelfe, I–III. 1. Rechtsbehelfe des Schuldners. Der Schuldner kann Einwendungen nach § 732 erheben, und zwar wegen der ersten und wegen jeder weiteren Erteilung, Köln DNotZ 2007, 218 (not. Urkunde); Naumbg FamRZ 2003, 695; Karlsr Rpfleger 1977, 453, auch dann, wenn die Klausel erst auf Anordnung des Richters erteilt wurde, Karlsr Rpfleger 2019, 535. Er kann auch nach § 768 klagen. Gegen die Entscheidung des etwa nach → Vor § 688 Rn. 7 landesrechtlich bestellten Urkundsbeamten ist nach § 573 I eine befristete Erinnerung statthaft. 13

2. Rechtsbehelfe des Gläubigers. Es gilt gegen den Rpfl. § 11 I RPflG mit § 567, gegen den Urkundsbeamten § 573 I. Bei einer endgültigen Versagung der weiteren Ausfertigung bleibt nur eine neue Klage aus dem ursprünglichen Schuldverhältnis möglich. Eine Klage auf eine Erteilung der Klausel nach § 731 ist hier unzulässig. Dasselbe gilt mangels eines Rechtsschutzbedürfnisses für eine neue Leistungsklage nach → Vor § 253 Rn. 8, soweit noch eine weitere Ausfertigung technisch möglich ist. Eine Herausgabeklage nach § 883 gegen den nicht herausgabebereiten Schuldner bleibt möglich, Stgt Rpfleger 1976, 144. Gegen die Entscheidung des etwa landesrechtlich bestellten Urkundsbeamten ist nach § 573 I eine befristete Erinnerung statthaft. 14

734 *Vermerk über Ausfertigungserteilung auf der Urteilsurschrift.* **[1]Vor der Aushändigung einer vollstreckbaren Ausfertigung ist auf der Urschrift des Urteils zu vermerken, für welche Partei und zu welcher Zeit die Ausfertigung erteilt ist. [2]Werden die Prozessakten elektronisch geführt, so ist der Vermerk in einem gesonderten elektronischen Dokument festzuhalten. [3]Das Dokument ist mit dem Urteil untrennbar zu verbinden.**

Die Vorschrift dient für alle Fälle der §§ 724 ff. dem Schutz des Schuldners insbesondere vor der Doppelvollstreckung, dazu auch → § 733 Rn. 3, und darüber hinaus der Rechtssicherheit. Das Gericht muss zur Erfüllung dieses Zwecks den Vermerk vor der Aushändigung der vollstreckbaren Ausfertigung auf der Urschrift des Urteils anbringen. 1

Der bloße Verweis auf den Vermerk kann indes das Fehlen einer vollstr. Ausfertigung nicht überspielen, Köln NJW-RR 2000, 1580. Bei anderen Vollstreckungstiteln gilt § 734 iVm § 795 S. 1. Zum Vermerk gehört zB auch die Erwähnung einer Rechtsfolge nach § 727 oder einer bloßen Teilklausel. Wenn ein höheres Gericht die Ausfertigung erteilt, muss nach §§ 541 II, 565 eine beglaubigte Ablichtung oder Abschrift des Vermerks auf die zu den Akten genommene Ablichtung oder Abschrift des in der höheren Instanz erlassenen Urteils kommen, damit die Geschäftsstelle des Erstgerichts Kenntnis erhält, AG Bergisch-Gladb Rpfleger 1989, 336; es muss sichergestellt werden, dass aus sich überlappenden Titeln nicht zweimal vollstreckt werden kann, → § 733 Rn. 9; ein Vermerk über die Aushändigung ist daher auch mit der vorhergehenden Entscheidung der unteren Instanz fest zu verbinden. Bei einer elektronischen Aktenführung erfolgt der Verweis nach S. 2 in Form eines Vermerks 2 in einem gesonderten elektronischen Dokument, das der Urkundsbeamte nach S. 3 mit dem Urteil ähnlich wie bei §§ 105 I 2, 3 elektronisch untrennbar verbinden muss, zu Einzelheiten Schmieder/Ulrich NJW 2015, 3482.

735 ***Zwangsvollstreckung gegen nicht rechtsfähigen Verein.*** **Zur Zwangsvollstreckung in das Vermögen eines nicht rechtsfähigen Vereins genügt ein gegen den Verein ergangenes Urteil.**

Gem. Art. 34, 137 MoPeG 10.8.2021, BGBl. I 3436 zum **1.1.2024** aufgehoben.

1 **I. Systematik, Regelungszweck.** Parteifähig nach § 50 II ist auch der nach §§ 21, 54 BGB nicht rechtsfähige Verein. Daraus zieht § 735 in Ergänzung von § 313 I Nr. 1 die Folgerungen für die Rolle des Bekl. in der Zwangsvollstreckung, für die Untergliederung BGH NJW 2008, 69, 73 f. Soweit das Gericht den Verein verurteilt hat oder soweit nach § 795 iVm § 735 ein anderer solcher Vollstreckungstitel vorliegt, genügt der Vollstreckungstitel für eine Zwangsvollstreckung in das Vermögen des Vereins. Ihn vertritt gesetzlich nach § 51 BGB der Vorstand. Haben die Mitglieder geklagt oder sind sie Bekl., ist nach § 54 II GVGA ein Titel für und gegen sie entsprechend § 736 erforderlich; ein Titel gegen alle Mitglieder in dieser Eigenschaft ermöglicht die Zwangsvollstreckung auch in das Vereinsvermögen und nur in dieses, wenn das aus dem Urteil hervorgeht. Das Vermögen des Vereins muss allerdings individualisierbar sein, AG Stendal DGVZ 2006, 95.

2 Anders ist es dann, wenn das Gericht den Verein und seine Mitglieder als Gesamtschuldner verurteilt hat, vgl. auch BGH NJW 1957, 1186. Eine Zwangsvollstreckung in das Vereinsvermögen erfolgt nach § 54 I 2 GVGA nur, soweit sich das Vermögen in den Händen der von der Satzung bestimmten Vereinsorgane befindet, namentlich des Vorstands, aber auch der Liquidatoren. Andere Vereinsmitglieder sind Dritte mit einem eigenen Gewahrsam. Zum Vereinsvermögen gehören auch Forderungen gegen die Mitglieder und Grundstücksrechte.

3 Die Vorschrift dient einer Klarstellung im Interesse der Prozesswirtschaftlichkeit. Diese Zielrichtung darf aber nicht über die Notwendigkeit hinwegtäuschen, scharf zwischen dem Vollstreckungstitel gegen den nicht rechtsfähigen Verein und einem solchen gegen einzelne Mitglieder zu unterscheiden. Aus dem letzteren darf man nicht einfach auch oder gar nur in das Vereinsvermögen vollstrecken.

4 **II. Geltungsbereich.** Trotz des engen Textes gilt § 735 zwecks Prozesswirtschaftlichkeit auch bei einer Zwangsvollstreckung wegen einer Herausgabe nach § 883 oder wegen einer Handlung oder Unterlassung nach §§ 887 ff. Er gilt auch im Gründungsstadium, Hamm WM 1985, 658, bei der Umwandlung und nach der Auflösung des Vereins, solange noch Vereinsvermögen da ist, BGH NJW 1979, 1592; anwendbar sind die Regelungen über die Liquidation des rechtsfähigen Vereins, nicht der GbR, BGH NJW 1968, 1830. Er gilt ferner bei einer Zwangsvollstreckung wegen Handlungen oder Unterlassungen solange, wie noch Vereinsorgane bestehen. Später ist ein neuer Titel erforderlich, wenn man den Titel nicht nach § 727 auf die Mitglieder umschreiben lassen kann. Beim Erwerb der Rechtsfähigkeit nach §§ 21, 22 BGB bleibt die Nämlichkeit des Vereins bestehen. Daher ist keine Umschreibung nach § 727 erforderlich. Dasselbe gilt im umgekehrten Fall. Die Vorstandsmitglieder müssen nach → § 802c eine eidesstattliche Versicherung zwecks Vermögensauskunft abgeben. Für **Vorgesellschaften,** namentlich die Vor-GmbH gilt die Regelung analog; § 736 gilt insoweit nicht, Musielak/Voit/Lackmann Rn. 1.

5 Unanwendbar ist ein gegen den Verein ergangener Vollstreckungstitel zur Zwangsvollstreckung in das Privatvermögen eines einzelnen Vereinsmitglieds. Dazu ist ein Titel gerade auch oder nur gegen dieses persönlich erforderlich.

6 **III. Reform zum 1.1.2024.** Die bevorstehende **Aufhebung** der Norm ist eine Folge der Neufassung von § 50 ZPO und § 54 I BGB, die einen Titel gegen den Verein generell erforderlich machen.

736 ***Zwangsvollstreckung gegen BGB-Gesellschaft.*** **Zur Zwangsvollstreckung in das Gesellschaftsvermögen einer nach § 705 des Bürgerlichen Gesetzbuchs eingegangenen Gesellschaft ist ein gegen alle Gesellschafter ergangenes Urteil erforderlich.**

Schrifttum: Reymann NJW 2011, 1412 (Grdz.); Wertenbruch ZIP 2019, 2082; ders. Schloss Maurach zur Reform des Personengesellschaftsrechts, GmbHR 2020, R196.

1 **I. Systematik, Regelungszweck.** Der Wortlaut der Norm ist, soweit er die Notwendigkeit eines Titels gegen alle Gesellschafter zwingend voraussetzt, überholt. Die **Außengesellschaft** des BGB ist nach der Grundsatzentscheidung BGH NJW 2001, 1056 rechts-, partei- und prozessfähig, soweit sie durch ihre Teilnahme am Rechtsverkehr eigene Rechte und Pflichten begründet. Die Gesellschaft kann mithin verklagt werden und aufgrund eines gegen sie ergehenden Urteils Schuldnerin einer Zwangsvollstreckung sein, ohne dass es eines Rückgriffs auf § 736 bedürfte. Ebensowenig steht die Norm dieser Vollstreckung entgegen, weil man ein Urteil gegen sie auch als gegen alle Gesellschafter ergangen auffassen kann, BGH NJW 2001, 1056 (1059). Die Gesellschaft ist folglich auch im Verfahren der Zwangsvollstreckung Partei, BGH NJW 2007, 995 Rn. 13; → Rn. 10. Für die Innengesellschaft gilt die Norm nicht, MüKoZPO/Heßler Rn. 5.

2 Man muss zwischen dem Prozess gegen die Gesellschaft und demjenigen gegen einzelne oder sämtliche Gesellschafter weiterhin streng unterscheiden, BGH NJW 2008, 1378; Schmidt NJW 2001, 993 (999). Aus § 736 folgt nicht, dass die Gesellschafter zu einer Leistung verurteilt werden können, die nicht von ihnen, sondern nur von der Gesellschaft geschuldet ist, oder dass die Wirkungen des § 894 ohne ein Urteil gegen die Gesellschaft eintreten könnten, BGH NJW 2008, 1378 Rn. 11.

3 § 736 ordnet keine Rechtskrafterstreckung wie § 325 an; eine solche findet bei der Verurteilung der Gesellschafter im Hinblick auf die Gesellschaft nicht statt, BGH NJW 2011, 2048 Rn. 11. Aufgrund der Rspr. des BGH- liest man § 736 am besten so: Ausreichend ist ein gegen die Gesellschaft oder/und gegen alle übrigen Gesellschafter gerichteter Titel, BGH NJW 2011, 2048 Rn. 11; NJW 2007, 1814; NJW 2004, 3632 (Unterwerfungsurkunde); Schmidt NJW 2008, 1844; Wertenbruch NJW 2002, 324; vgl. auch § 55 S. 1 GVGA. Zweifelsfälle können evtl. durch Auslegung geklärt werden, BGH NJW 1967, 821; allgemein → § 322 Rn. 21. Bei einem Titel gegen die Gesellschaft bedarf es des § 736 nicht mehr; sind Gesellschaft und Gesellschafter als Gesamtschuldner verurteilt, gilt dies für die Zwangsvollstreckung gegen die Gesellschaft ebenfalls. Nur wenn ausschließ-

lich ein Titel gegen alle Gesellschafter in dieser Eigenschaft vorliegt, kommt § 736 zur Anwendung, BGH NJW 2007, 1813. Zur Zwangsvollstreckung gegen eine WEG Drasdow JurBüro 2008, 119 (Grdz.).

II. Inhalt des Titels. 1. Titel gegen die Gesellschaft. Erforderlich und ausreichend ist nach § 55 S. 4 GVGA ein Vollstreckungstitel gegen die eindeutig als solche nach § 750 I bezeichnete Gesellschaft, ohne dass es insoweit auf § 736 ankäme, BGH NJW 2001, 1056; Schmidt NJW 2001, 1000, Wertenbruch DGVZ 2001, 99. Er erlaubt eine Vollstreckung nur in das Gesellschaftervermögen, nicht in das Privatvermögen der Gesellschafter, LG Bonn DGVZ 2004, 75, § 55 S. 5 GVGA. Maßgebend ist der Urteilstenor nach § 313 I Nr. 4, BayObLG NJW-RR 2002, 991. Er braucht die Gesellschafter nach § 55 S. 3 GVGA nicht mit ihrem Namen zu nennen. 4

Für Eintragungen in das **Grundbuch** sind § 47 II GBO, § 15 I c GBV, § 899a BGB zu beachten. Ohne Eintragung der Gesellschafter ist die Eintragung der GbR unzulässig iSd § 53 I GBO, Palandt/Herrler BGB § 899a Rn. 2. Es ist daher ein Titel erforderlich, der alle im Grundbuch eingetragenen Gesellschafter ausweist; bei Gesellschafterwechsel gilt für den Nachweis der aktuell vorhandenen Gesellschafter in dem gegen die Gesellschaft erlassenen Titel § 727 analog, BGH NJW 2011, 615 Rn. 12; auch NJW 2011, 1449; Grüneberg/Sprau BGB § 718 Rn. 7. 5

Gegen einzelne Gesellschafter kann aus dem Titel nicht vollstreckt werden. 6

2. Titel gegen alle Gesellschafter. Es ist wegen der persönlichen Haftung der Gesellschafter für Gesellschaftsschulden wie bei der OHG ratsam, neben der Gesellschaft auch alle Gesellschafter persönlich zu verklagen, BGH NJW 2001, 1056, Schlesw Rpfleger 2006, 261, LG Mü NJW-RR 2007, 170. Das reicht zur Vollstreckung in das Gesellschaftsvermögen in jedem Falle aus, BGH NJW 2007, 996; Hbg Rpfleger 2011, 426, Schmidt NJW 2008, 1844. § 736 kommt zur Geltung, wenn lediglich ein Titel gegen die Gesellschafter vorliegt. Es reicht auch eine Unterwerfungserklärung aller Gesellschafter, BGH NJW 2004, 3633. Es können mehrere Schuldtitel nach § 55 S. 2 GVGA eine Haftung insgesamt aller Gesellschafter ergeben, BGH NJW 2011, 2048 Rn. 14, wenn ihnen eine einheitliche Gesellschaftsverbindlichkeit zugrunde liegt, Grüneberg/Sprau BGB § 718 Rn. 7. 7

3. Titel gegen einen Gesellschafter. Ein Titel nur gegen einen Gesellschafter oder gegen einige ermöglicht dem Gläubiger nach § 859 I zunächst nur, dessen Anteil an der Gesellschaft zu pfänden. Er kann dann nach → § 859 Rn. 6 kündigen und die Auseinandersetzung betreiben. Zugriffe auf das Gesellschaftsvermögen sind nicht möglich. 8

III. Geltungsbereich. § 736 betrifft bei der BGB-Außengesellschaft nur eine **Gesellschaftsschuld,** für die alle Gesellschafter wie bei der OHG akzessorisch haften, BGH NJW 2008, 1378. Es genügt zB eine Schuld aus einer unerlaubten Handlung oder eine solche aus einer Rechtsscheinhaftung dann, wenn eine Gesellschaft nicht entstanden ist. Es ist aber nicht statthaft, die Gesellschafter zur Abgabe einer eigenen Willenserklärung zu verurteilen, die die Gesellschaft schuldet, BGH NJW 2008, 1378 Rn. 11. 9

Trotz des engen Textes gilt § 736 wie bei → § 735 Rn. 4 auch für eine Zwangsvollstreckung auf die Vornahme einer **Handlung oder Unterlassung,** §§ 883 ff.; die engere Umschreibung bei MüKoZPO/Heßler Rn. 7, die Verpflichtung müsse sich unmittelbar auf das Gesellschaftsvermögen beziehen und allen Gesellschaftern gemeinsam obliegen, ist nach der Natur der in Rede stehenden Pflichten und nach dem Wortlaut der Norm nicht geboten, weil sie sich von selbst versteht. Für die Abgabe einer **Willenserklärung** nach § 894 bedarf es demgegenüber eines Titels gegen die Gesellschaft, BGH NJW 2008, 1378. 10

Es ist unerheblich, bei wem der Gläubiger vollstreckt, ob bei den Geschäftsführern oder bei anderen Gesellschaftern. Es braucht kein einheitliches Urteil gegen alle Gesellschafter vorzuliegen. Vielmehr genügen mehrere getrennte Entscheidungen beliebiger Art, → Rn. 4; MüKoZPO/Heßler Rn. 9. Es entscheidet der Zeitpunkt der Zwangsvollstreckung. Wenn vorher ein neuer Gesellschafter eingetreten ist, ist er für Gesellschaftsschulden evtl. der Rechtsnachfolger der übrigen Gesellschafter, BGH NJW 2003, 1803, Hamm NJW-RR 2002, 495. 11

IV. Verstoß. Gegen eine Vollstreckung ohne einen ausreichenden Titel kann die Gesellschaft nach → Rn. 1 wegen ihrer Parteifähigkeit selbst mit der Erinnerung vorgehen. Eine Drittwiderspruchsklage nach § 771 ist unzulässig, LG Mü Rpfleger 2006, 650, aM Prütting/Gehrlein/Hanewinkel Rn. 4. 12

V. Reform zum 1.1.2024. Die Norm lautet **ab dem 1.1.2024:** 13

§ 736 Zwangsvollstreckung für oder gegen eine Gesellschaft bürgerlichen Rechts bei nachträglicher Eintragung im Gesellschaftsregister

Die Zwangsvollstreckung für oder gegen eine im Gesellschaftsregister eingetragene Gesellschaft bürgerlichen Rechts findet auch aus einem Vollstreckungstitel für oder gegen eine nicht im Gesellschaftsregister eingetragene Gesellschaft bürgerlichen Rechts statt, wenn

1. *der in dem Vollstreckungstitel genannte Name und Sitz oder die Anschrift der Gesellschaft identisch sind mit dem Namen und Sitz oder der Anschrift der im Gesellschaftsregister eingetragenen Gesellschaft und*
2. *die gegebenenfalls in dem Vollstreckungstitel aufgeführten Gesellschafter der Gesellschaft identisch sind mit den Gesellschaftern der im Gesellschaftsregister eingetragenen Gesellschaft.*

Es handelt sich um eine Folgeregelung zur geplanten Änderung von § 50 I ZPO und §§ 54, 722 BGB, BT-Drs. 19/27635 S. 202. 14

Anhang zu § 736

Zwangsvollstreckungstitel gegen die Offene Handelsgesellschaft, Partnerschaftsgesellschaft, Europäische wirtschaftliche Interessenvereinigung, Kommanditgesellschaft, Reederei

I. Systematik, Regelungszweck. Für die in der Überschrift zu diesem Anhang genannten Gesellschaftsformen enthält die ZPO keine ausdrückliche Regelung. Die nachfolgend erläuterten Regeln übernehmen die Grundgedanken der §§ 735, 736. 1

II. Offene Handelsgesellschaft; Partnerschaftsgesellschaft, Europäische wirtschaftliche Interessenvereinigung. Sie sind nicht nur die Gesamtheit der Gesellschafter, sondern Prozesspartei nach § 50. Das zeigt sich auch bei der Zwangsvollstreckung. Wegen der Zwangsvollstreckung in Gesellschafteranteile → § 859 Rn. 3. Eine Zwangsvollstreckung in das Vermögen der OHG setzt nach § 124 II HGB, § 56 S. 1 GVGA einen Vollstreckungstitel gegen die Gesellschaft voraus. Darauf verweist auch § 7 II PartGG. Ein Titel gegen alle Gesellschafter 2 genügt nach § 56 S. 2 GVGA nicht. Ein Wechsel der Gesellschafter oder ein Eintritt der Abwicklung der Gesellschaft sind nach → § 50 Rn. 34 unerheblich, solange noch Vermögen vorhanden ist. Ein Vollstreckungstitel nur gegen die Gesellschaft erlaubt nach § 56 S. 3 GVGA keine Vollstreckung auch in das Privatvermögen eines Gesellschafters. Aus einem Vollstreckungstitel gegen einen Gesellschafter darf der Gläubiger nur dasjenige Guthaben pfänden und sich überweisen lassen, das diesem Gesellschafter bei einer Auseinandersetzung zusteht.

3 Die Europäische wirtschaftliche Interessenvereinigung (EWIV) entspricht der OHG, Musielak/Voit/Lackmann Rn. 3; Zöller/Seibel Rn. 9.

4 **III. Kommanditgesellschaft.** Für die Zwangsvollstreckung gilt nach § 161 II HGB, § 56 S. 1, 2 GVGA dasselbe wie nach → Rn. 2 über die Zwangsvollstreckung gegen die OHG. Das gilt auch für die GmbH und Co KG, so dass ein Titel gegen die GmbH nicht ausreicht, BayObLG NJW 1986, 2578. Für die Zwangsvollstreckung gegen die persönlich Haftenden gilt dasselbe wie nach → Rn. 2 über die Zwangsvollstreckung gegen die Gesellschafter. Der Kommanditist haftet nur mit der Einlage. Gegen ihn ist immer ein besonderer Titel notwendig. Nach dem Erlöschen der Gesellschaft und dem Eintritt ihrer Vermögenslosigkeit kann man einen gegen sie ergangenen Vollstreckungstitel nicht auf oder gegen die einzelnen Gesellschafter umschreiben, aM LG Oldb Rpfleger 1980, 27 (aber dann besteht kein umschreibbares Rechtssubjekt mehr). Eine Umwandlung einer OHG in eine KG ist unerheblich.

5 **IV. Reederei.** Sie ist nach § 489 HGB parteifähig. Daher gilt für sie dasselbe wie nach → Rn. 2 bei der OHG. Wegen des Verteilungsverfahrens → Vor § 872 Rn. 1. Wegen des Arrestes in ein Seeschiff → Vor § 916 Rn. 7.

737 ***Zwangsvollstreckung bei Vermögens- oder Erbschaftsnießbrauch.*** **I Bei dem Nießbrauch an einem Vermögen ist wegen der vor der Bestellung des Nießbrauchs entstandenen Verbindlichkeiten des Bestellers die Zwangsvollstreckung in die dem Nießbrauch unterliegenden Gegenstände ohne Rücksicht auf den Nießbrauch zulässig, wenn der Besteller zu der Leistung und der Nießbraucher zur Duldung der Zwangsvollstreckung verurteilt ist.**

II Das Gleiche gilt bei dem Nießbrauch an einer Erbschaft für die Nachlassverbindlichkeiten.

1 **I. Systematik, Regelungszweck.** Die Vorschriften ergänzen §§ 1086, 1089 BGB für die Zwangsvollstreckung, BGH NJW 2003, 2164. Sie sind nur dann anwendbar, wenn der Nießbrauch an einem **Vermögen,** nicht an Einzelgegenständen, oder an einer **Erbschaft** besteht. Für die Beurteilung der Frage, ob der Nießbrauch an dem gesamten Vermögen bestellt worden ist, insbesondere bei Herausnahme einzelner Gegenstände aus der Bestellung, kommt es darauf an, ob diese Gegenstände als Objekte der Zwangsvollstreckung ins Gewicht fallen, BGH NJW 1985, 1331 (zu § 419 BGB a. F.). § 737 betrifft eine Bestellung vor der formellen Rechtskraft nach § 705, § 57 I 1 GVGA. Dasselbe gilt bei II nach § 57 I 2 GVGA. § 738 betrifft eine erst spätere Bestellung. Die Vorschrift gilt auch für Titel nach §§ 794 I, 795. § 737 bedeutet nicht, dass in anderen als den dort geregelten Fällen ein Vollstreckungstitel gegen den Nießbraucher entbehrlich wäre.

2 **II. Anwendungsbereich.** § 737 setzt das Entstehen der Schuld vor der Bestellung voraus. Dann müssen zur Zwangsvollstreckung ein Leistungstitel gegen den Besteller und ein Duldungstitel gegen den Nießbraucher vorliegen. Wenn der Nießbrauch nach dem Eintritt der formellen Rechtskraft nach § 705 entstand und wenn ein dem Nießbrauch unterliegender Gegenstand nach § 265 streitbefangen ist, ist nach § 57 II GVGA eine Umschreibung nach § 727 statthaft und nötig. Denn die Bestellung ist eine Veräußerung nach § 265. Etwas anderes gilt dann, wenn § 265 unanwendbar ist. Wenn der Nießbrauch nach der Rechtskraft entstand, gilt § 738. Wegen des aufwendigen Verfahrens sollte vorrangig geprüft werden, ob im Einzelfall eine Titelumschreibung nach § 727 in Betracht kommt, namentlich bei Bestellung des Nießbrauchs nach Rechtshängigkeit. Dann besteht an der Anwendung des § 737 kein rechtliches Interesse.

3 Ist die Schuld erst **nach der Bestellung des Nießbrauchs** entstanden, ist eine Zwangsvollstreckung in das bewegliche Vermögen nach §§ 803 ff. unstatthaft, während eine Zwangsversteigerung nach § 869 und dem ZVG statthaft ist, soweit die Rechte des Nießbrauchers erhalten bleiben, näher vgl. §§ 44, 52, 91 ZVG. Maßnahmen der Zwangsverwaltung sind alleine aufgrund eines Titels gegen den Besteller gegenüber dem Nießbraucher nicht zulässig, BGH NJW 2003, 2164. Bei einer verbrauchbaren Sache kann der Gläubiger den Anspruch des Bestellers auf einen Wertersatz gemäß § 1086 S. 2 BGB nach § 829 ohne einen Vollstreckungstitel gegen den Nießbraucher pfänden und sich nach § 835 überweisen lassen. Wenn der Nießbrauch ein Grundstück ergreift, kann der Gläubiger nicht die Miete ohne Rücksicht auf den Nießbrauch pfänden, so dass der Nießbraucher auf § 771 verwiesen wäre. Vielmehr gilt dann § 737. Näher § 748.

4 Abs. 2 gilt entspr., wenn alle Erben ihre Anteile zugunsten des selben Nießbrauchers belasten, nicht aber für den Nießbrauch am Anteil einzelner Erben, Musielak/Voit/Lackmann Rn. 1; MüKoZPO/Heßler Rn. 5.

5 **Bestellung** des Nießbrauchs ist der erste Rechtsakt, der unmittelbar zur Entstehung des Nießbrauchs führen soll. Die Verbindlichkeit ist **entstanden,** wenn der Rechtsgrund zu ihr gelegt ist; Abhängigkeit der Forderung von einer Bedingung oder Befristung ist insoweit ohne Bedeutung.

6 Gegen eine unzulässige Vollstreckung kann der Nießbraucher sich mit der Erinnerung nach § 766 wenden; der Besteller hat insoweit keine eigene Beschwer. Hinsichtlich eines die Veräußerung hindernden Rechtes ist in den Grenzen des § 1086 BGB die Klage nach § 771 eröffnet.

738 ***Vollstreckbare Ausfertigung gegen Nießbraucher.*** **I Ist die Bestellung des Nießbrauchs an einem Vermögen nach der rechtskräftigen Feststellung einer Schuld des Bestellers erfolgt, so sind auf die Erteilung einer in Ansehung der dem Nießbrauch unterliegenden Gegenstände vollstreckbaren Ausfertigung des Urteils gegen den Nießbraucher die Vorschriften der §§ 727, 730 bis 732 entsprechend anzuwenden.**

II Das Gleiche gilt bei dem Nießbrauch an einer Erbschaft für die Erteilung einer vollstreckbaren Ausfertigung des gegen den Erblasser ergangenen Urteils.

Zunächst → § 737 Rn. 1. Gem. § 738 ist kein besonderer Vollstreckungstitel gegen den Nießbraucher notwendig, wenn die Schuld des Bestellers bei Bestellung des Nießbrauchs bereits rechtskräftig festgestellt war; hier führt die Möglichkeit einer Klauselerteilung gegen den Nießbraucher zu einer deutlichen Vereinfachung. 1

Daneben kann § 325 mit § 727 unmittelbar anwendbar sein, etwa wenn der Nießbrauch sich auf eine Sache erstreckt, deren Herausgabe bei Bestellung bereits rechtshängig geltend gemacht war, vgl. BGH NJW 2014, 1740. 2

Die erfolgte Bestellung des Nießbrauchs muss nachgewiesen werden; Vorstufen wie etwa Vereinbarung eines Kausalgeschäftes oder Annahme eines Vermächtnisses nach § 2174 BGB reichen nicht aus, Zweibr JurBüro 2005, 499. Wer nach § 738 eine Vollstreckungsklausel beantragt, braucht die Zugehörigkeit der einzelnen Gegenstände zur Nießbrauchsmasse nicht darzulegen. Er muss nur nach § 727 und in dessen Form nach §§ 311, 1085, 1089 BGB die ordnungsgemäße Bestellung nachweisen, Zweibr JurBüro 2005, 499. Er muss ferner nachweisen, dass der Titel vor der Bestellung des Nießbrauchs nach § 705 formell rechtskräftig geworden ist. Zu den Nachweisanforderungen iE → § 727 Rn. 15. Gelingt der Nachweis nicht, bleibt die Klage nach § 737. 3

Zur Erteilung der Vollstreckungsklausel ist der Rpfl. nach § 20 I Nr. 12 RPflG zuständig. Die einzelnen Gegenstände müssen nicht aufgeführt werden; die Prüfung der Zugehörigkeit zum Vermögen obliegt dem Vollstreckungsorgan. § 325 II greift zugunsten des Gutgläubiger wegen § 1086 BGB nicht ein. Die vollstreckbare Ausfertigung wird dem Gl. „gegen (den näher zu bezeichnenden Nießbraucher) zur Duldung der Zwangsvollstreckung in die seinem Nießbrauch unterliegenden Gegenstände aus dem Vermögen des … erteilt." 4

Wegen der Erinnerung wird auf § 732 verwiesen. 5

Vorbemerkung zu § 739
Zwangsvollstreckung gegen Ehegatten und Lebenspartner

I. Systematik, §§ 739–745. §§ 739–745 regeln die Voraussetzungen der Zwangsvollstreckung gegen Ehegatten oder Lebenspartner nach §§ 1 ff. LPartG. Sie gelten zum Teil entsprechend nach § 263 AO. In einer FamFG-Sache gilt vorrangig § 95 FamFG. 1

II. Regelungszweck, §§ 739–745. Die Vorschriften dienen dem Ziel einer Abwägung der oft sehr entgegengesetzten Interessen der jeweils Beteiligten zwecks Erzielung eines mit allen prozessualen Grundgedanken zu vereinbarenden gerechten Ergebnisses. 2

III. Geltungsbereich, §§ 739–745. 1. Gesamtgut. Bei der Zwangsvollstreckung in ein gütergemeinschaftliches Gesamtgut gelten §§ 739 ff. für jede Art Zwangsvollstreckung, zB auch wegen eines dinglichen Anspruchs. Der Anteil jedes Ehegatten am Gesamtgut oder an einzelnen Gesamtgutssachen ist bis zur Auflösung der Gemeinschaft nach § 860 unpfändbar. 3

2. Weitere Fälle. Bei einer Zwangsvollstreckung im Übrigen, also bei einer Zugewinngemeinschaft, Gütertrennung, sowie in ein Vorbehaltsgut bei der Gütergemeinschaft, ferner bei der Ausgleichsgemeinschaft oder beim Lebenspartnervertrag nach § 6 LPartG gilt → § 739 Rn. 1 wegen beweglicher Sachen. Wegen der Eigentums- und Vermögensgemeinschaft der früheren DDR gilt § 744a. 4

739 *Gewahrsamsvermutung bei Zwangsvollstreckung gegen Ehegatten und Lebenspartner.* **I Wird zugunsten der Gläubiger eines der Ehegatten gemäß § 1362 des Bürgerlichen Gesetzbuchs vermutet, dass der Schuldner Eigentümer beweglicher Sachen ist, so gilt, unbeschadet der Rechte Dritter, für die Durchführung der Zwangsvollstreckung nur der Schuldner als Gewahrsamsinhaber und Besitzer.**

II Absatz 1 gilt entsprechend für die Vermutung des § 8 Abs. 1 des Lebenspartnerschaftsgesetzes zugunsten der Gläubiger eines der Lebenspartner.

I. Systematik, I, II. § 739 lässt für die Zwangsvollstreckung in bewegliche Sachen den Titel gegen einen Ehegatten genügen, indem er im Rahmen der Vermutung des § 1362 BGB abweichend von § 1006 BGB den Schuldner als Gewahrsamsinhaber und Besitzer gelten lässt; zum Umfang BGH NJW 1993, 935. Daher ist ein Duldungstitel gegen den anderen Ehegatten überflüssig; anders liegt der Fall des § 743. Bei einer **Lebenspartnerschaft** fortgeltenden alten und ausländischen Rechts, vgl. § 1 LPartG, gilt gem. Abs. II das Vorstehende entsprechend. Gegenüber dem anderen Ehegatten oder Partner verschiebt sich über die Anwendung des § 771 die Beweislast. Nähere Regeln zu der Frage, gegen wen der Titel sich richten muss, braucht die Norm, anders als die übrigen Normen in §§ 735 – 749, nicht zu enthalten. Maßgeblich ist hier der Vollstreckungsschuldner, der sich aus dem Titel ergibt. Dennoch gehört die Regelung systematisch in den Zusammenhang dieser Normen, weil sie wie die übrigen Fälle regelt, in denen auf der Schuldnerseite mehrere betroffen sind, aA MüKoZPO/Heßler Rn. 1; Zöller/Seibel ZPO Rn. 1. 1

Befindet sich Eigentum des S. im Alleinbesitz des anderen Ehegatten, gelten §§ 809, 886. 2

II. Regelungszweck, I, II. Leben Ehegatten in ehelicher Gemeinschaft, bringt diese regelmäßig einen Mitbesitz und Mitgewahrsam an den im Besitz der Ehegatten befindlichen Sachen mit sich, BGH NJW 1979, 976. Liegt ein Vollstreckungstitel nur gegen einen Ehegatten vor, könnte der andere Ehegatte einer Vollstreckung nach §§ 808, 809, 886 widersprechen. Dann wäre der Gläubiger nach § 809 auf die Pfändung des Herausgabeanspruchs mit allen seinen Weiterungen angewiesen, LG Ffm NJW 1986, 729. § 739 macht ein solch umständliches, zeitraubendes und im späteren Erfolg ungewisses Vorgehen entbehrlich. Die Vorschrift dient damit sowohl der Durchsetzbarkeit des Vollstreckungstitels und damit der Gerechtigkeit als auch der Vereinfachung und Beschleunigung des Verfahrens und damit der Prozesswirtschaftlichkeit. 3

III. Geltungsbereich, I, II. Abs. I gilt für den gesetzlichen Güterstand der **Zugewinngemeinschaft,** LG Limburg DGVZ 1981, 11, und der **Gütertrennung,** Ddf DGVZ 1981, 114; LG Mü JurBüro 1989, 1311. 4

Er gilt für den Güterstand der **Gütergemeinschaft** nur dann, wenn feststeht, dass die bewegliche Sache nicht nach § 1416 BGB zum Gesamtgut gehört, wobei für die Zugehörigkeit eine Vermutung spricht. Dabei ist nach §§ 1422, 1450 BGB unerheblich, ob nur einer oder beide Ehegatten das Gesamtgut verwalten. 5

6 § 739 hat nach §§ 808, 883 eine Bedeutung sowohl bei der **Pfändung** als auch bei der **Herausgabe** bestimmter beweglicher Sachen. Die Vorschrift gilt also zB bei einem Pkw, AG Elmsh DGVZ 1994, 12. Inhaber- und mit Blankoindossament versehene Orderpapiere nach § 821 stehen den beweglichen Sachen gleich. Unanwendbar ist § 739 bei Forderungen und anderen Vermögensrechten sowie bei der Zwangsvollstreckung in unbewegliche Sachen nach §§ 864 ff., Oldb NJW-RR 1994, 715.

7 Die Vorschrift gilt auch zugunsten des Insolvenzverwalters über das Vermögen eines Ehegatten, LG Frankenth MDR 1985, 64. Sie gilt aber grundsätzlich dann nicht, wenn ein Ehegatte zusammen mit einem Dritten Besitz hat, auch mit einem Angehörigen, etwa einem Kind, oder wenn der Dritte allein den Besitz oder Gewahrsam an Sachen des Ehegattenschuldners hat. Dann kommt nur eine Abhilfe nach §§ 809, 886 oder eine Pfändung des Herausgabeanspruchs nach § 857 in Betracht, sofern nicht eine Einwilligung des Dritten nach § 809 vorliegt, auch VG Köln NJW 1977, 825.

8 Für die **nichteheliche Lebensgemeinschaft** gilt die Norm nicht analog, BGH NJW 2007, 992 Rn. 11; Köln NJW 1989, 1737; aA MüKoZPO/Heßler Rn. 19, auch nicht für jede andere Form des Zusammenlebens wie etwa die Wohngemeinschaft.

9 **IV. Grundsatz: Eigentumsvermutung, I, II.** Gegenüber der Zwangsvollstreckung aus einem Titel gegen den einen Ehegatten oder Lebenspartner kann sich der andere Ehegatte oder Lebenspartner nicht auf seinen Gewahrsam oder Besitz derjenigen Sache berufen, in die eine Vollstreckung erfolgt. Er hat insbesondere nicht die Erinnerung nach § 766, LG Frankenth MDR 1985, 64; AG Bln-Wedding DGVZ 1988, 44; MüKoZPO/Heßler Rn. 10, → Rn. 22. Es ist also unerheblich, ob der andere Ehegatte oder Lebenspartner nur einen Mitbesitz an der Sache hat, LG Oldb DGVZ 2010, 14. Derjenige Beteiligte, der ein Bankfach allein gemietet hat und auch allein die Bankfachschlüssel besitzt, muss also den Inhalt des Bankfachs zugunsten der Gläubiger des anderen Beteiligten herausgeben, soweit das Fach nicht nach § 1362 II BGB, § 8 I LPartG nur solche Sachen enthält, die auf erste Sicht ihm allein gehören. Unerheblich ist daher, wo sich die Sachen befinden, wenn nur der Besitz oder der Gewahrsam eines der Beteiligten vorliegt.

10 Im Allgemeinen prüft der Gerichtsvollzieher nur, ob die Beteiligten nicht nach → Rn. 17, 18 getrennt leben und ob die zu pfändenden oder herauszugebenden Sachen sich im Gewahrsam oder Besitz eines der Beteiligten befinden. Denn das Gesetz unterstellt dann bindend, dass der Schuldner Alleinbesitzer ist oder Alleingewahrsam hat, Ddf NJW-RR 1995, 963 (Strafhaft kein Getrenntleben!); AG Siegen DGVZ 1977, 11. Wegen der in § 1362 II BGB genannten Sachen → Rn. 20. Der Gerichtsvollzieher darf zB die Vollstreckung nicht schon wegen der Vorlage eines Gütertrennungsvertrags abbrechen, LG Verden DGVZ 1981, 79. Die Zwangsvollstreckung muss aber auch bei dem anderen Beteiligten ihre Grenze in den Pfändungsverboten des § 811 finden.

11 **V. Grenzen und Entkräftung der Vermutung, I, II. 1. Allgemeines.** Die Annahme des Gewahrsams und Besitzes ist für sich unwiderleglich, Celle InVo 2000, 57; Bbg DGVZ 1978, 9; LG Mü JurBüro1989, 1311. Dies verstößt nicht gegen Art. 14 GG, MüKoZPO/Heßler Rn. 12.

12 Dem Beteiligten, gegen den der Titel nicht ergangen ist, bleibt die **Widerspruchsklage** aus **§ 771** unter der Berufung auf sein Eigentum oder Miteigentum, Schlesw FamRZ 1989, 88; LG Münst MDR 1989, 270. Mit dieser Klage kann er versuchen, die Vermutung des § 1362 I 1 BGB oder des § 8 I LPartG zu entkräften, BGH NJW 1992, 1162 (Grenze des § 1362 BGB bei Erwerb vor der Ehe). Das gilt auch für den Insolvenzverwalter dieses Beteiligten, LG Frankenth MDR 1985, 64.

13 Zur Entkräftung genügt der Beweis des **Eigentumserwerbs,** nicht auch des Fortbestands, der grds. vermutet wird, BGH NJW 1976, 238. Wegen der Gefahr von Scheinübertragungen und Schiebungsgeschäften muss das Gericht strenge Beweisanforderungen stellen, Mü MDR 1981, 403. Daher muss der Widerspruchskläger nicht nur die Art und Weise des Erwerbs schlüssig dartun. Er muss vielmehr auch zB angeben, aus welchen Mitteln er den Kaufpreis bezahlt hat und wie die Übereignung erfolgte, LG Limburg DGVZ 1981, 11.

14 Die Ehefrau des Schuldners kann sich nicht darauf berufen, nur sie habe die Ehewohnung gemietet, LG Kaisersl DGVZ 1986, 62. Dasselbe gilt bei einer Lebenspartnerschaft. Zur Wirksamkeit von Vereinbarungen über Haushaltsgegenstände Valentin DGVZ 1995, 97. Der ratio der Norm nach beschränkt sich die Prüfkompetenz des Gerichtsvollziehers auf den **Besitz;** bei offenkundig fremdem **Eigentum** mag er berechtigt sein, die Zwangsvollstreckung abzulehnen, LG Kobl DGVZ 1968, 124; MüKoZPO/Heßler Rn. 11. Kenntnis von der Gütertrennung und Zuweisung des Eigentums an den anderen soll nach Ddf DGVZ 81, 114 nicht ausreichen.

15 **2. § 1362 I BGB.** Da § 739 I auf § 1362 BGB Bezug nimmt, sind die Voraussetzungen und die Grenzen dieser Regelung auch in der Zwangsvollstreckung verbindlich, vgl. Grüneberg/Brudermüller BGB § 1362 Rn. 2 ff.; vgl. auch → Rn. 20. Die Klärung der Frage hat Vorrang; man beachte insbesondere die Ausnahmen von der Vermutung in § 1362 I 2 BGB, etwa Nürnbg NJW-RR 2001, 3; LG Münster DGVZ 1978, 12. Die Formulierung des § 1362 I 1 BGB berücksichtigt auch den Fall, in dem jeder der beiden Partner Gläubiger hat. Hier gilt § 804 III.

16 Greift die Vermutung ein, werden für die Zwecke der Zwangsvollstreckung nach § 739 I Gewahrsam und Besitz des Vollstreckungsschuldners unwiderleglich vermutet, Bbg DGVZ 1978, 9. Das gilt für jeden Fall, in dem S. Allein- oder Mitbesitz mit dem anderen Ehepartner hat. Erhalten bleibt für den anderen alsdann die Möglichkeit, aus dem materiellen Recht, namentlich aus dem Eigentum, die Vermutung des § 1362 I 1 BGB zu widerlegen. Der verfahrensrechtliche Weg ist die Widerspruchsklage nach **§ 771,** → Rn. 11; MüKoZPO/Heßler Rn. 13.

17 **3. Getrenntleben, § 1362 I 2 BGB.** Leben die Eheleute oder Lebenspartner getrennt, ist § 739 nach § 1362 I 2 BGB unanwendbar, Ddf NJW-RR 1995, 963; AG Homburg DGVZ 1996, 15. Auf ein Recht zum Getrenntleben iSd § 1353 II BGB kommt es nicht an. Wenn sich Sachen eines nicht im Vollstreckungstitel genannten Beteiligten nicht in seinem Besitz oder Gewahrsam befinden, sondern in demjenigen des Beteiligtenschuldners, unterliegen sie nach dem Grundsatz des § 1362 I 1 BGB oder des § 8 I 1 LPartG dem Zugriff von dessen Gläubigern. Denn es liegt dann kein Fall des § 1362 I 2 BGB oder des § 8 I 2 LPartG vor.

18 Es kommt auf die tatsächlichen Gegebenheiten an, nicht auf die Meldeverhältnisse, AG Karlsr-Durlach DGVZ 1997, 78. Der andere Beteiligte muss aber auf Dauer, d. h. für grds. nicht begrenzte, längere Zeit tatsächlich keinen Zugang zu den Sachen haben; selbst eine längere Strafhaft gilt nicht als Trennung, Ddf NJW-RR 1995, 963; LG Bln DGVZ 1991, 57. Auch Getrenntleben innerhalb einer Wohnung ist nicht von Vornherein ausgeschlossen, wenn auch nur ausnahmsweise festzustellen, Brem NJW-RR 2001, 3. Die Norm gilt auch bei

Insolvenz des anderen Ehepartners, LG Frankenthal MDR 1985, 64; anderes gilt erst bei Inbesitznahme nach § 148 I InsO, Zöller/Seibel ZPO Rn. 7. Maßgeblich ist die verständige Sicht des Gerichtsvollziehers, subjektive Gegebenheiten sind ohne Belang, Köln FamRZ 1965, 510; zur Prüfung der Hintergründe des Getrenntlebens ist er nicht gehalten, AG Bln-Wedding DGVZ 1979, 189; für Beachtung subj. Gesichtspunkte wohl Brem NJW-RR 2001, 3, wo auf diese indes aus der obj. Lage geschlossen wird.

Die **Beweislast** für das Getrenntleben liegt beim Schuldner, AG Gießen DGVZ 1986, 140. 19

4. Sachen zum persönlichen Gebrauch, § 1362 II BGB. Man kann die iSd § 1362 II BGB, § 8 I 2 LPartG ausschließlich dem persönlichen Gebrauch eines Beteiligten dienenden Sachen nicht zugunsten der Gläubiger des anderen Beteiligten pfänden oder herausverlangen, so auch MüKoZPO/Heßler Rn. 6. Denn das Gesetz vermutet, dass sie im Allgemeineigentum des nach ihrer Zweckbestimmung allein Benutzungsberechtigten stehen. Das Gesetz meint vor allem Arbeitsgeräte, Kleidungsstücke und Schmucksachen, wenn sie nicht der Kapitalanlage dienen, BGH NJW 1959, 142. Keinen Beweis für alleinigen Gebrauch liefert der Kfz-Brief, LG Essen NJW 1962, 2307. 20

5. Erwerbsgeschäft. Die Aufbewahrung in einem Erwerbsgeschäft, das erkennbar von dem anderen Ehegatten alleine betrieben wird, spricht für persönlichen Gebrauch, AG Wesel JurBüro 2018, 434; MüKoZPO/Heßler Rn. 7. 21

VI. Rechtsschutz, I, II. § 739 umschreibt nur diejenige Vermögensmasse, in die der Gläubiger die Zwangsvollstreckung betreiben kann, und nimmt dem Beteiligten die Rechte des Mitgewahrsamsinhabers und Mitbesitzers aus § 809, gegen den kein Titel vorliegt. Dadurch wird dieser Beteiligte aber nicht zum Vollstreckungsschuldner. Er kann die Widerspruchsklage nach § 771 erheben, → Rn. 11. Er kann aber nicht Erinnerung nach § 766 einlegen; mit der Erinnerung kann man nur die Ordnungsmäßigkeit der Zwangsvollstreckung prüfen lassen, aber die Vermutung des § 739 nicht entkräften, da andernfalls das Vollstreckungsorgan die materielle Rechtslage prüfen müsste, Bmbg DGVZ 78, 9; → Rn. 11. Auf diese Weise wirkt die Vermutung in eine Erinnerung hinein fort. 22

Rügen kann man mit der Erinnerung, dass ein Besitz iSd § 1362 I 1 BGB nicht vorgelegen hat. Dann nämlich ist eine tatbestandliche Voraussetzung der Norm nicht erfüllt. Anders ist die Lage des Weiteren dann, wenn die Vermutung nach § 1362 I 2 BGB nicht eingreift. Dies kann mit der Erinnerung geltend gemacht werden. Die Gesichtspunkte können sich aufgrund der tatsächlichen Ausgangslage überlappen und erfordern daher eine genaue Subsumtion. 23

Mit der Widerspruchsklage kann ein Beteiligter auch die Zwangsvollstreckung in das Vermögen im ganzen bekämpfen, wenn er der Verfügung des anderen Beteiligten nicht zugestimmt hat. Dasselbe gilt nach §§ 1369, 1368 BGB dann, wenn der andere Beteiligte über solche Haushaltsgegenstände verfügt hat, auf deren Herausgabe die Zwangsvollstreckung gerichtet ist. Vgl. Christmann DGVZ 1986, 107. 24

Demgemäß braucht der Beteiligte, der kein Vollstreckungsschuldner ist, auch nicht die eidesstattliche Versicherung zwecks Vermögensauskunft nach §§ 802c ff. zu leisten. Dazu wäre ein Vollstreckungstitel gegen ihn notwendig. Der Beteiligtenschuldner muss bei seiner Vermögensauskunft angeben, ob der andere noch solche Sachen besitzt, an denen er selbst das Eigentum oder Miteigentum hat. Wenn Gläubiger beider Beteiligter in dieselbe Sachen vollstrecken, kann der Gläubiger des einen nachweisen, dass der gepfändete Gegenstand nicht Eigentum des anderen ist. Andernfalls entscheidet der zeitliche Vorrang. 25

Der **Gläubiger** kann eine Verletzung des § 739 mit der Erinnerung nach § 766 rügen. 26

740 ***Zwangsvollstreckung in das Gesamtgut.*** **I Leben die Ehegatten oder Lebenspartner in Gütergemeinschaft und verwaltet einer von ihnen das Gesamtgut allein, so ist zur Zwangsvollstreckung in das Gesamtgut ein Urteil gegen diesen Ehegatten oder Lebenspartner erforderlich und genügend.**

II Verwalten die Ehegatten oder Lebenspartner das Gesamtgut gemeinschaftlich, so ist die Zwangsvollstreckung in das Gesamtgut nur zulässig, wenn beide Ehegatten oder Lebenspartner zur Leistung verurteilt sind.

Schrifttum: App JurBüro 2000, 570.

I. Systematik, I, II. §§ 740 bis 745 regeln die Zulässigkeit der Zwangsvollstreckung und die Erteilung von vollstreckbaren Ausfertigungen für Fälle der ehelichen Gütergemeinschaft. 1

Die Gütergemeinschaft sieht nach §§ 1421 BGB iVm §§ 1422 ff., §§ 1450 ff. BGB sowohl eine Verwaltung des Gesamtgutes durch einen Ehegatten oder Lebenspartner als auch eine Verwaltung durch beide Ehegatten oder Lebenspartner gemeinsam vor. Diesen Möglichkeiten entspricht § 740. Gläubiger muss ein **Dritter** sein; Vollstreckung eines Ehegatten gegen den anderen in das Gesamtgut ist in § 740 nicht geregelt, BGH NJW 1990, 2252; Stgt NJW-RR 1987, 258 (betr. Unterhaltsforderung des Ehegatten); aA Zöller/Seibel ZPO Rn. 9. Ausgangspunkt ist immer die Frage, gegen wen der Titel sich richtet; die Zwangsvollstreckung aus dem Titel gegen einen ist gegen den anderen nach § 740 unter keinen Umständen eröffnet, namentlich auch nicht in den Fällen des § 1454 BGB und des § 1460 II BGB, Stgt NJW-RR 1987, 258; abzugrenzen ist der Fall des § 741. Ziel der Zwangsvollstreckung ist in beiden Fällen des § 740 das Gesamtgut nach § 1416 BGB; Sonder- und Vorbehaltsgut nach §§ 1417 f. BGB fallen nicht unter die Regelung; hier gelten die allgemeinen Vorschriften. 2

II. Regelungszweck, I, II. Ähnlich wie bei § 739 würden ohne die Erleichterungen in Abs. I erhebliche Zusatzprobleme für den Gläubiger entstehen. Man sollte I daher wie § 739 zugunsten des Gläubigers großzügig handhaben. Sind beide Ehegatten oder Partner verurteilt, kommt es auf die Frage der Verwaltung durch einen oder beide nicht an, Mü NJW-RR 2011, 668. Die Schutzvorschrift des § 1412 BGB wirkte in der jedenfalls bis 31.12.2022 geltenden Fassung zutreffender Auffassung nach nicht in der Zwangsvollstreckung, Prütting/Gehrlein/*Hanewinkel* Rn. 2; MüKoZPO/*Heßler* Rn. 7; MüKoBGB/*Münch* BGB § 1412 Rn. 4, jew. mwN. Daran hat sich durch die bei Drucklegung dieser Auflage zum Ablauf des 31.12.2022 geplante Aufhebung der §§ 1558 ff. BGB und die Neufassung des § 1412 BGB zum 1.1.2023 nichts geändert. Es handelt sich weiterhin um eine 3 materiell-rechtliche Vorschrift, deren Prüfung im Erkenntnisverfahren stattfinden muss; liegt das Urteil vor, ist es nach § 740 zu vollstrecken.

4 Abs. II zieht demgegenüber die notwendigen Folgerungen aus der Entscheidung der Partner, ihr Vermögen gemeinsam zu verwalten. Gegen die Ehegatten oder Partner kann bei einheitlichem Schuldgrund auch in getrennten Prozessen vorgegangen werden, BGH FamRZ 1975, 405; Zweibr FamRZ 2009, 1910 (für not. Urkunde); Identität der titulierten Forderungen reicht indes alleine für die Feststellung des identischen Schuldgrundes nicht aus, Mü FamRZ 2013, 1403. Könnte indes ein Gläubiger nur des einen Partners sich über die Verwaltungsgrenzen seines Schuldners durch eine Zwangsvollstreckung hinwegsetzen, könnte der andere sein Vermögen an einen für ihn Dritten verlieren, ohne ihm irgendetwas zu schulden. Das darf man nicht durch weite Auslegung von II zugunsten des Gläubigers wieder einführen.

5 **III. Geltungsbereich, I, II.** Die Vorschrift gilt nur für eine Vollstreckung in das Gesamtgut; entscheidend ist alleine der Titel, auch der KfB nach Abweisung einer Klage, Stgt NJW-RR 1987, 258. Erfasst sind auch § 883 und die Vollziehung einer Eilanordnung, Prütting/Gehrlein/Hanewinkel Rn. 2; Musielak/Voit/Lackmann Rn. 2; Zöller/Seibel Rn. 2. Bei einer Vollstreckung in das Vorbehaltsgut ist § 739 anwendbar. Wenn der Gläubiger einen Ehegatten oder Lebenspartner nicht auf eine Leistung aus dem Gesamtgut verklagt, sondern ihn persönlich in Anspruch nimmt, etwa auf die Rückzahlung eines Darlehns, ist diese Klage zulässig, BGH FamRZ 1975, 406. Gegenüber § 740 enthält § 741 eine vorrangige Ausnahmeregelung, BayObLG Rpfleger 1983, 407. Die **italienische** Errungenschaftsgemeinschaft erfordert ebenfalls ein gegen beide Ehegatten ergangenes Urteil, Ddf NJW-RR 2010, 1662; Zweibr Rpfleger 2007, 462; AG Menden FamRZ 2006, 1471; Süß MittBayNotK 2007, 385; zum **niederländischen** Recht BGH NJW-RR 1998, 1377; Ddf NJWE-FER 1996, 25.

6 Maßgeblich ist der **Zeitpunkt** des Beginns der Zwangsvollstreckung, Kobl Rpfleger 1956, 164.

7 **IV. Vollstreckungstitel, I, II. 1. Verwaltung des Gesamtguts durch einen Ehegatten oder Lebenspartner, I.** Ein **Leistungstitel** gegen den verwaltenden Ehegatten oder Lebenspartner reicht auch dann nach §§ 1423 ff. BGB aus, wenn dieser Ehegatte oder Lebenspartner ohne eine Zustimmung des anderen nicht verfügen darf. Ein solcher Titel reicht ferner auch dann aus, wenn das Gericht den Bekl. wegen persönlicher Schulden verurteilt hat. Denn dann liegt eine Gesamtgutschuld nach § 1437 BGB vor. Ein bloßer **Duldungstitel** genügt nicht, Zöller/Seibel ZPO Rn. 7; aA Thomas/Putzo/Seiler Rn. 2.

8 Wenn ein Grundstück für beide Ehegatten oder Lebenspartner eingetragen ist, genügt zur Erzwingung der Auflassung ein Urteil gegen den verwaltenden Ehegatten oder Lebenspartner. Eine solche vollstreckbare Urkunde nach § 794 I Nr. 5, die der verwaltende Ehegatte oder Lebenspartner ausgestellt hat, steht einem Leistungsurteil gleich. Der andere Partner braucht weder im Urteil noch in der Vollstreckungsklausel nach §§ 724 ff. zu erscheinen. Auch ein Duldungstitel gegen ihn ist nicht erforderlich; anders liegt der Fall des § 743. Er kann aber wegen § 743 nach § 744 Bedeutung gewinnen. Ein Leistungsurteil gegen den anderen gibt kein Vollstreckungsrecht in das Gesamtgut, solange nicht ergänzend ein Leistungsurteil (nicht ein bloßes Duldungsurteil) gegen den Verwaltenden vorliegt. Das Alleinverwaltungsrecht muss im Streitfall der Gl. beweisen, ohne dass das Vollstreckungsorgan insoweit vAw ermitteln müsste, LG Frankenth Rpfleger 1975, 371; andernfalls ist nach § 1421 S. 2 BGB von gemeinschaftlicher Verwaltung auszugehen, BayObLG NJW-RR 1996, 80.

9 Entbehrlich ist ein Vollstreckungstitel gegen den Verwaltenden zur Vollstreckung in das Gesamtgut nur bei gewerbetreibenden Ehegatten oder Lebenspartner nach § 741 und dann, wenn der andere selbst ohne die Zustimmung des Verwaltenden nach §§ 1428, 1429 BGB die Rechte wahrnehmen darf. Denn dann wirkt die Rechtskraft nach § 322 gegen den Verwaltenden. Wegen der Fortsetzung des Rechtsstreits des nicht Verwaltenden nach dem Eintritt der Gütergemeinschaft nach § 1433 BGB vgl. § 742.

10 **2. Gemeinsame Verwaltung des Gesamtguts, II.** Ein Vollstreckungstitel auf eine Leistung gegen beide Ehegatten oder Lebenspartner ist grundsätzlich nur bei dieser Verwaltungsart erforderlich, BGH NJW-RR 1998, 1377 (auch zum internationalen Recht; zust. Stoll JZ 1999, 207); Mü NJW-RR 2013, 527; Zweibr FamRZ 2009, 1910; LG Heilbr Rpfleger 1991, 108; BayObLG NJW-RR 1996, 80 (Eintragung einer Zwangshypothek); um einen einheitlichen Titel muss es sich nicht handeln, Mü FamRZ 2013, 1403; für Erstreckung eines Kostentitels auf den anderen Ehegatten analog § 742 Nürnbg JurBüro 1978, 762; mit Recht ablehnend Stgt NJW-RR 1987, 258, da zwischen einzelnen Forderungen kein prinzipieller Unterschied bestehen kann.

11 Ein **Duldungstitel** genügt nicht, LG Mü DGVZ 1982, 188; → Rn. 7; MüKoZPO/Heßler Rn. 21; auch dann nicht, wenn gegen einen Ehegatten ein Leistungstitel vorliegt, LG Deggendorf FamRZ 64, 49, oder wenn die Gütergemeinschaft nicht im Güterrechtsregister steht, LG Mü DGVZ 1982, 188; dabei bleibt es auch nach der geplanten Änderung des § 1412 BGB zum 1.1.2023. Er ist andererseits nicht erforderlich wie etwa im anders liegenden Fall des § 743. Es können aus demselben Schuldgrund getrennte Vollstreckungstitel vorliegen, BGH FamRZ 1975, 405; Mü NJW-RR 2013, 527; Zweibr FGPrax 2009, 107.

12 Ausnahmsweise genügt nach **§ 741** ein Titel nur gegen einen Ehegatten oder Lebenspartner bei dem Gewerbetreibenden, BayObLG NJW-RR 1996, 80; Stgt NJW-RR 1987, 258, und ferner nach §§ 1454, 1455 Nr. 7–9 BGB dann, wenn ein Ehegatte oder Lebenspartner allein im Interesse des Gesamtguts einen Prozess führen darf.

13 **V. Zwangsvollstreckung in Vorbehaltsgut, I, II.** Zur Vollstreckung in das Vorbehaltsgut ist ein Titel gegen denjenigen erforderlich, dem dieses gehört. Inwieweit der Gläubiger deshalb in das Gesamtgut vollstrecken kann, richtet sich nach der Haftung des Gesamtguts für derartige Schulden, vgl. dazu §§ 1437–1440 BGB bei der Verwaltung eines Ehegatten oder Lebenspartners nach §§ 1459–1462 BGB bei einer gemeinsamen Verwaltung. Für die Vollstreckung in das Vorbehaltsgut ist § 739 maßgebend.

14 **VI. Zwangsvollstreckung in Gesamtgut, I, II. 1. Verwaltung eines Ehegatten oder Lebenspartners, I.** Für den Fall, dass nur einer der Ehegatten verwaltet und demgemäß nur ein Titel gegen ihn vorliegt, ist er allein der Vollstreckungsschuldner, MüKoZPO/Heßler Rn. 29; aA Zöller/Seibel ZPO Rn. 8; für den Anwendungsbereich des ZVG LG Zweibr Rpfleger 1995, 222. Er gibt allein die Vermögensauskunft nach §§ 802c ff. Ein Widerspruchsrecht des anderen Ehepartners aufgrund Mitbesitzes kann es hier nicht geben, da schon § 739 dieses Recht für nicht zum Gesamtgut gehörige Sachen verneint, MüKoZPO/Heßler Rn. 29, 40; das übersieht Mü NJW-RR 2011, 668.

2. Verwaltung beider Ehegatten oder Lebenspartner, II. Wenn beide das Gesamtgut verwalten und demgemäß gegen beide ein Leistungsurteil vorliegt, sind beide Vollstreckungsschuldner. Beide müssen die Vermögensauskunft nach §§ 802c ff. geben. 15

VII. Rechtsbehelfe, I, II. Wenn der Gläubiger ohne einen ausreichenden Titel ins Gesamtgut vollstreckt, haben bei I der verwaltende Ehegatte oder Lebenspartner, bei II beide die Erinnerung nach § 766, aA MüKoZPO/Heßler Rn. 43: generell beide. Das erfasst auch die Fälle der §§ 1437 I, 1438 ff. BGB, 1460 ff. BGB. Entsprechendes gilt für die Widerspruchsklage nach § 771 dann, wenn die Pfändung wegen einer solchen Leistung erfolgt ist, die keine Gesamtgutsverbindlichkeit ist. Das zeigen §§ 1439, 1440, 1461, 1462 BGB, s. auch §§ 1438, 1460 BGB. Die Erinnerung ist vorzuziehen, wenn der im Fall einer Pfändung gegen den anderen nicht titulierte Anspruch gegenüber dem Gesamtgut begründet wäre; dann nämlich stellt sich die Frage, ob die Widerspruchsklage nach § 771 aus dem materiellen Recht Erfolg haben kann. Liegt bei Eintragungen in das Grundbuch betr. Gesamtgut überhaupt kein Vollstreckungstitel gegen den anderen vor, ist eine Amtslöschung nötig, andernfalls evtl. ein Amtswiderspruch, LG Heilbr Rpfleger 1991, 108. 16

741 ***Zwangsvollstreckung in das Gesamtgut bei Erwerbsgeschäft.*** **Betreibt ein Ehegatte oder Lebenspartner, der in Gütergemeinschaft lebt und das Gesamtgut nicht oder nicht allein verwaltet, selbständig ein Erwerbsgeschäft, so ist zur Zwangsvollstreckung in das Gesamtgut ein gegen ihn ergangenes Urteil genügend, es sei denn, dass zur Zeit des Eintritts der Rechtshängigkeit der Einspruch des anderen Ehegatten oder Lebenspartners gegen den Betrieb des Erwerbsgeschäfts oder der Widerruf seiner Einwilligung zu dem Betrieb im Güterrechtsregister eingetragen war.**

§ 741 erhält in der Fassung des Gesetzentwurfes zur Abschaffung des Güterrechtsregisters, BT-Drs. 20/2730 vom 12.7.2022 ab dem **1.1.2023** folgende Fassung:

Betreibt ein Ehegatte, der in Gütergemeinschaft lebt und das Gesamtgut nicht oder nicht allein verwaltet, selbständig ein Erwerbsgeschäft, so genügt zur Zwangsvollstreckung in das Gesamtgut ein gegen ihn ergangenes Urteil.

Man beachte auch die ab diesem Stichtag geplante Änderung des § 1412 BGB.

I. Systematik. Die Vorschrift ist eine den Anwendungsfall des § 740 erweiternde Spezialregelung, BayObLG Rpfleger 1983, 407. Sie knüpft die Möglichkeit einer Zwangsvollstreckung gegen einen gewerbetreibenden, in Gütergemeinschaft lebenden und das Gesamtgut nicht oder nicht allein verwaltenden Ehegatten oder Lebenspartner an den tatsächlichen Bestand des Gewerbebetriebs und nach §§ 1431, 1456 BGB nicht an den Nachweis einer Einwilligung des allein oder mitverwaltenden Ehegatten oder Lebenspartners. Es bleibt diesem anderen vielmehr überlassen, das Fehlen seiner Einwilligung geltend zu machen. Die Regelung der §§ 1431, 1456 und der §§ 1440 S. 2, 1462 S. 2 BGB wird auf diese Weise sinnvoll ergänzt, Stgt NJW-RR 1987, 258. Liegen die Voraussetzungen des § 740 vor, braucht indes der Gl. nicht auf § 741 abzustellen, hM, vgl. MüKoZPO/Heßler Rn. 5, 13. Nach § 744a ist die Norm entsprechend anwendbar. Bei beendeter Gütergemeinschaft gilt § 743. 1

Die **Drittwiderspruchsklage** für den Fall des § 741 regelt § 774 ZPO iVm § 1455 Nr. 9 BGB; Zeitgrenze ist das Ende der Zwangsvollstreckung, BGH NJW 1982, 1810. 2

II. Regelungszweck. § 741 soll den Geschäftsverkehr sichern, BayObLG Rpfleger 1983, 407. Die Vorschrift dient also der Rechtssicherheit. 3

III. Begriffe. Selbständigkeit liegt vor, wenn man den Ehegatten oder Lebenspartner als Unternehmer ansehen muss, BayObLG Rpfleger 1983, 407, etwa als Einzelkaufmann oder als persönlich haftenden Gesellschafter einer OHG oder KG. Betreiben durch beide Ehepartner steht der Selbständigkeit nicht entgegen, BayObLG Rpfleger 1983, 407. 4

Keine Selbständigkeit liegt vor, wenn der eine nur **stiller Gesellschafter, GmbH-Gesellschafter** oder **Kommanditist** ist oder wenn man den anderen als wahren Unternehmer ansehen muss. 5

Als **Erwerbsgeschäft** gilt jede auf Wiederholung angelegte, der Erzielung von Einkünften dienende wirtschaftliche Tätigkeit, BGH NJW 1982, 1810, zB auch ein landwirtschaftlicher Betrieb, BayObLG Rpfleger 1983, 407. Auf Erkenntnisse zu § 122 und § 1822 Nr. 3 BGB kann zurückgegriffen werden. Auch eine künstlerische, wissenschaftliche oder freiberufliche Tätigkeit kann hierher zählen, etwa eine Anwalts- oder Arztpraxis, BGH NJW 1982, 1810; Karlsr OLGZ 1976, 333. Inanspruchnahme der Arbeitskraft Dritter steht nicht entgegen. Ein Dienst- oder Arbeitsverhältnis nach § 113 BGB gehört indes nicht hierher. Nämlichkeit zwischen dem Erwerbsgeschäft und dem Gesamtgut ist unschädlich, Sonder- oder Vorbehaltsgut muss nicht gegeben sein, BayObLG Rpfleger 1983, 407; MüKoZPO/Heßler Rn. 11. Befindet sich das Erwerbsgeschäft in Abwicklung, ist die Norm nicht mehr anwendbar, LG Heilbronn Rpfleger1996, 521. 6

IV. Zwangsvollstreckung. 1. Urteil gegen den Gewerbetreibenden. Es genügt ein **Leistungstitel** gegen den das Erwerbsgeschäft betreibenden Ehegatten oder Lebenspartner; ein Duldungstitel reicht nicht aus, → § 740 Rn. 7; er ist andererseits aber auch nicht erforderlich wie etwa im anders liegenden Fall des § 743 Nr. 2. Die Grundlage muss nicht in Geschäftsschulden liegen, BayObLG NJW-RR 1996, 80; Rpfleger 1983, 407. Das Vollstreckungsorgan könnte im Normalfall auch gar nicht prüfen, ob der Rechtsstreit zu denjenigen gehört, die ein Gewerbebetrieb mit sich bringt. Wenn der andere Ehegatte oder Lebenspartner einwenden will, es handle sich nicht um ein selbständiges Erwerbsgeschäft, hat er die Möglichkeit einer Erinnerung nach § 766, aber auch einer Widerspruchsklage nach § 774, BayObLG Rpfleger 1983, 407. Dringt der Ehegatte durch, greifen also §§ 1431, 1456 BGB nicht ein und liegt nach §§ 1437–1440, 1459–1462 BGB auch sonst keine Gesamtgutschuld vor, bleibt es bei der Regel des § 740. Unerheblich ist, ob das Erwerbsgeschäft zum Vorbehaltsgut gehört. Das berührt nach §§ 1441 Nr. 2, 1463 Nr. 2 BGB lediglich das Innenverhältnis der Ehegatten oder Lebenspartner. 7

2. Eintragung des Einspruchs, Widerruf der Einwilligung. Ist beim Eintritt der Rechtshängigkeit nach → § 261 Rn. 1 entweder der Einspruch des allein oder mitverwaltenden Ehegatten oder Lebenspartners gegen den Betrieb – jedenfalls nach dem Stand des Gesetzes bis zum Ablauf des 31.12.2022 – des Erwerbsgeschäfts oder der Widerruf seiner Einwilligung zu dem Betrieb im Güterrechtsregister eingetragen, kann der andere den 8

Mangel seiner Einwilligung oder deren Widerruf nach § 766 geltend machen oder Widerspruchsklage aus §§ 771, 774 erheben; eine Prüfung vAw findet insoweit nicht statt.

9 Sonst kann man den Mangel der Einwilligung nach §§ 1431 III, 1456 III BGB iVm § 1412 BGB nur dann geltend machen, wenn der Gläubiger Einspruch oder Widerruf kannte oder er ihm – nach dem Stand der Gesetzgebung bei Drucklegung dieser Auflage mit Wirkung ab dem 1.1.2023 – infolge grober Fahrlässigkeit unbekannt war. Dem anderen steht § 774 zur Verfügung. Dasselbe gilt dann, wenn er von dem Erwerbsgeschäft nichts wusste. Wusste er hiervon und hat er keinen Einspruch eingelegt, steht das nach §§ 1431 II, 1456 II BGB seiner Einwilligung gleich. Er kann sich dann also auf eine mangelnde Einwilligung nicht berufen.

10 **3. Verfahren.** Der **Gerichtsvollzieher** prüft lediglich, ob ein im Zeitpunkt der Vollstreckung selbständiger Gewerbebetrieb schon und noch tatsächlich vorliegt, was bei Abwicklung nicht mehr der Fall ist, LG Heilbr Rpfleger 1996, 521. Nur unter dieser Einschränkung genügt ein Firmenschild nach § 15a GewO, notfalls eine Einsicht in das Handelsregister. Die ihm zur Kenntnis gebrachte Eintragung des Einspruchs oder Widerrufs muss er außer Acht lassen. Er darf trotzdem nicht einstellen, da ein Grund nach § 775 nicht vorliegt; wohl aA MüKoZPO/Heßler Rn. 13; wie hier Zöller/Seibel Rn. 7. Die in § 741 getroffene Regelung knüpft aus praktischen Gründen, → Rn. 1 f., an die Tatsache des Erwerbsgeschäfts an, nicht aber an den Nachweis der Einwilligung oder ihres Weiterbestehens, vgl. BayObLG Rpfleger 1983, 407. Es bleiben die Rechtsbehelfe → Rn. 7, 8; die darin liegende Lösung ist den Gegebenheiten der Vollstreckungspraxis angemessener, Musielak/Voit/Lackmann Rn. 6; aA Prütting/Gehrlein/Hanewinkel Rn. 4. Bei eindeutiger Lage kann indes das Vollstreckungsorgan von der Maßnahme absehen.

11 Die Voraussetzungen der Norm sind vom Gl. nachzuweisen. Dem **Grundbuchamt** müssen sie in der Form des § 29 GBO nachgewiesen werden, Ddf NJW-RR 2020, 1217; BayObLG NJW-RR 1996, 80.

12 **4. Gewahrsam des anderen Ehegatten oder Lebenspartners.** Die Zwangsvollstreckung kann sich auch auf solche Sachen erstrecken, die sich im Gewahrsam des allein oder mitverwaltenden Ehegatten oder Lebenspartners befinden. Zwar fordern viele für das bisherige Recht die Herausgabebereitschaft des anderen nach § 809, andernfalls einen Duldungstitel. Das war aber mit Rücksicht auf den vereinfachenden Zweck des § 741 schon früher nicht unbestritten und wohl auch nicht zutreffend. Die jetzige Regelung lässt wegen → § 740 Rn. 14 die Zwangsvollstreckung ohne weiteres auch in die nach → § 808 Rn. 15 im Gewahrsam des anderen befindlichen Sachen zu. Eine Ausnahme ist zu machen, wenn dem Gewahrsam ein nicht aus der ehelichen Lebensgemeinschaft hergeleitetes Besitzrecht zugrunde liegt, MüKoZPO/Heßler Rn. 14.

13 **V. Rechtsbehelfe.** Jeder Betroffene kann nach § 766 die Erinnerung mit der Begründung einlegen, ein selbständiges Erwerbsgeschäft liege nicht vor. Die Eintragung eines Einspruchs oder Widerrufs kann von dem anderen Partner ebenfalls auf diesem Wege geltend gemacht werden. Anschließend ist die sofortige Beschwerde nach § 793 möglich. Der andere Partner kann zudem Widerspruchsklage nach §§ 771, 774 erheben.

742 ***Vollstreckbare Ausfertigung bei Gütergemeinschaft während des Rechtsstreits.*** **Ist die Gütergemeinschaft erst eingetreten, nachdem ein von einem Ehegatten oder Lebenspartner oder gegen einen Ehegatten oder Lebenspartner geführter Rechtsstreit rechtshängig geworden ist, und verwaltet dieser Ehegatte oder Lebenspartner das Gesamtgut nicht oder nicht allein, so sind auf die Erteilung einer in Ansehung des Gesamtgutes vollstreckbaren Ausfertigung des Urteils für oder gegen den anderen Ehegatten oder Lebenspartner die Vorschriften der §§ 727, 730 bis 732 entsprechend anzuwenden.**

1 **I. Systematik, Regelungszweck.** § 742 gibt die prozessuale Ergänzung zu §§ 1433, 1455 Nr. 7 BGB für die Zwangsvollstreckung. Soweit der nicht oder nur mitverwaltende Ehegatte oder Lebenspartner einen Rechtsstreit nach dem Eintritt der Gütergemeinschaft mit einer Rechtskraftwirkung nach § 322 gegen den anderen fortsetzen kann, behandelt die Vorschrift ihn wie einen Rechtsnachfolger des Erstgenannten. Auf diese Weise hilft die Norm über das Fehlen der Voraussetzungen von § 740 hinweg. Bei einem Urteil gegen den allein verwaltenden Partner greift § 740 direkt ein; § 742 geht ihm nicht vor.

2 **Analog** gilt die Norm, wenn eine Gütergemeinschaft besteht, innerhalb dieser jedoch für §§ 740 ff. Änderungen eintreten, namentlich ein Wechsel in der Gesamtverwaltung, eine Änderung der Notverwaltung oder ein für § 741 relevanter Widerruf, und der andere Partner den Rechtsstreit aufnimmt, MüKoZPO/Heßler Rn. 6. Für die Umsetzung der Norm gelten auch dann §§ 727, 730–732 entspr.

3 Wenn § 742 eingreift, muss das Gericht die Klage gegen den anderen mangels Rechtsschutzbedürfnisses ggf. nach Hinweis gem. § 139 durch Prozessurteil abweisen, MüKoZPO/Heßler Rn. 3.

4 **II. Voraussetzungen.** Die Eheleute oder Lebenspartner müssen ihren Vertrag nach dem Eintritt der Rechtshängigkeit nach § 261 wirksam abgeschlossen haben, was den weiteren Zusammenhang mit §§ 265, 727 erkennen lässt, → Vor § 727 Rn. 1. Geht es um andere Titel, § 794, kommt es auf den Zeitpunkt von deren Wirksamkeit an. Die Vereinbarung der Gütergemeinschaft kann nach Rechtskraft bzw. Wirksamwerden des Titels getroffen oder, etwa im Falle aufschiebender Bedingung, wirksam geworden sein. Es gelten alsdann die gleichen Voraussetzungen wie bei → § 740 Rn. 7.

5 **III. Verfahren.** Zuständig ist aufgrund der Analogie zu § 727 der Rpfl. nach § 20 Abs. 1 Nr. 12 RPflG. Zu den vom Rpfl. festzustellenden Voraussetzungen → § 727 Rn. 15. Die Eheleute oder Lebenspartner müssen ihren Vertrag nach dem Eintritt der Rechtshängigkeit gem. § 261 abgeschlossen haben. Das Gericht erteilt die vollstreckbare Ausfertigung für oder gegen den allein Verwaltenden wie für oder gegen einen Rechtsnachfolger nach §§ 727, 730, 731. Es erteilt die vollstreckbare Ausfertigung für den Verwaltenden als zweite nach § 733, wobei insbes. mit Blick auf den Schuldnerschutz die Gefahr der Doppelvollstreckung → § 733 Rn. 3 zu beachten ist.

6 Die Klausel ist wegen §§ 1422, 1450 BGB unbeschränkt. Das Gericht erteilt sie nach → § 733 zweckmäßig gegen den neuen Vollstreckungsschuldner „als Gesamtschuldner mit …" und immer „in Ansehung des Gesamtgutes", §§ 1437, 1459 BGB. Das gilt auch dann, wenn beide verwalten, Nürnb JurBüro 1978, 762. Zum Nachweis des Eintritts der Gütergemeinschaft muss der Gläubiger ein Registerzeugnis vorlegen. Dies ist nur in den Gründen des Beschlusses, nicht im Tenor zu erwähnen.

IV. Rechtsbehelfe. Der erfolglose Gl. kann zunächst mit der Erinnerung nach § 11 I RPflG, § 567 und ggf. mit der Klage nach § 731 vorgehen. Der Gegner kann die Klausel gegen ihn nach §§ 732, 768 angreifen. Der Weg der §§ 771, 774 ist ausnahmsweise eröffnet, wenn über die Klausel auf Sonder- oder Vorbehaltsgut zugegriffen wird; materiell-rechtlich hat diese Klage indes wenig Aussicht auf Erfolg, wenn der widersprechende Kläger auch mit diesen Gütern haftet. 7

743 ***Beendete Gütergemeinschaft.*** **Nach der Beendigung der Gütergemeinschaft ist vor der Auseinandersetzung die Zwangsvollstreckung in das Gesamtgut nur zulässig, wenn**

1. beide Ehegatten oder Lebenspartner zu der Leistung verurteilt sind oder
2. der eine Ehegatte oder Lebenspartner zu der Leistung verurteilt ist und der andere zur Duldung der Zwangsvollstreckung.

I. Systematik, Regelungszweck, Anwendung. Die Beendigung der Gütergemeinschaft kann durch den Tod und eine Wiederverheiratung nach einer Todeserklärung, Scheidung und Aufhebung der Ehe oder der Lebenspartnerschaft eintreten, ferner durch einen Ehevertrag oder Partnerschaftsvertrag und durch ein Urteil. Stets schließt sich eine Auseinandersetzung der Gemeinschaft an, § 1471 BGB, soweit nicht die Gütergemeinschaft nach dem Tod mit den gemeinschaftlichen Abkömmlingen fortbesteht. Bis zu deren Abwicklung verwalten die Ehegatten oder Lebenspartner das Gesamtgut nach § 1472 BGB gemeinschaftlich. Damit knüpft § 743 Nr. 1 an 740 II an. Nr. 2 erweitert die Möglichkeiten des Gl. und lässt ausnahmsweise einen Duldungsurteil reichen, wenn gegen den anderen ein Leistungstitel vorliegt; beide Partner sind alsdann in gleicher Art Vollstreckungsschuldner des Leistungsanspruchs. Zum niederländischen Recht BGH NJW-RR 1998, 1377. 1

Die Norm setzt den Anwendungsbereich von § 742 fort, näher s. dort. Bei einem Titel gegen nur einen Partner gilt § 860 II. 2

Die Gütergemeinschaft muss beendet sein, etwa durch richterliche Entscheidung, vgl. §§ 1447 ff., 1470 BGB, durch Tod eines Ehegatten, vgl. aber § 1483 BGB, oder durch Regelung in einem Ehevertrag nach § 1408 BGB. Die Zwangsvollstreckung in das Gesamtgut kann naturgemäß nur bis zur Auseinandersetzung erfolgen. Eine bereits angeordnete Pfändungsmaßnahme bleibt allerdings bestehen, Kobl Rpfleger 1956, 164. Nach dem Abschluss der Auseinandersetzung ist die Zwangsvollstreckung in das Vermögen der einzelnen Schuldner möglich. 3

II. Verfahren. § 743 regelt eine Beendigung der Gütergemeinschaft vor dem nach § 705 formell rechtskräftigen Abschluss eines Rechtsstreits. Ist die Auseinandersetzung noch nicht erfolgt und verwaltet ein Ehegatte oder Lebenspartner das Gesamtgut allein, genügt der gegen ihn ergehende Titel nicht. Es bedarf **zweier Titel,** die nicht notwendig in einem Rechtsstreit ergehen müssen, RGZ 89, 360. Mit Rücksicht auf die nunmehr gesamthänderische Verwaltung ist zur Vollstreckung in das Gesamtgut entweder nach Nr. **1** ein Urteil gegen beide nötig. Das ist wegen des nicht Verwaltenden dann möglich, wenn die Gesamtgutsverbindlichkeit seine Schuld ist. Oder es ist nach Nr. 2 ein Leistungstitel gegen den Verwaltenden und ein Duldungsurteil gegen den anderen nötig. Dadurch wird auch dieser im Rahmen dieses Urteils zum Vollstreckungsschuldner. Folglich muss er insoweit auch die Vermögensauskunft nach §§ 802c ff. geben. 4

Führen beide die Verwaltung gemeinsam, werden sie ohnehin gemeinsam Klage erheben und Bekl. sein. Daher wird auch ein Titel gegen beide vorliegen. Zum Duldungstitel → § 748 Rn. 6. Ist die Auseinandersetzung erfolgt, muss man den persönlich Haftenden auf Leistung verklagen. Soweit der Gläubiger gegen den anderen aus § 1480 BGB vollstrecken will, genügt der frühere Vollstreckungstitel nicht. Es ist dann vielmehr ein neuer Leistungstitel notwendig. 5

III. Rechtsbehelfe. Derjenige Partner, gegen den ein Titel fehlt, kann eine Erinnerung nach § 766 einlegen oder eine Widerspruchsklage nach § 771 erheben, wenn keine Gesamtgutsverbindlichkeit vorliegt. Mit der Widerspruchsklage kann der betroffene Ehegatte oder Lebenspartner auch geltend machen, dass der gepfändete Gegenstand zu seinem Vorbehaltsgut gehört. Aussicht hat die Klage allerdings nur, wenn die persönliche Haftung ausgeschlossen ist. 6

744 ***Vollstreckbare Ausfertigung bei beendeter Gütergemeinschaft.*** **Ist die Beendigung der Gütergemeinschaft nach der Beendigung eines Rechtsstreits des Ehegatten oder Lebenspartners eingetreten, der das Gesamtgut allein verwaltet, so sind auf die Erteilung einer in Ansehung des Gesamtgutes vollstreckbaren Ausfertigung des Urteils gegen den anderen Ehegatten oder Lebenspartner die Vorschriften der §§ 727, 730 bis 732 entsprechend anzuwenden.**

I. Systematik, Regelungszweck. Die Beendigung der Gütergemeinschaft berührt bei Eintritt **nach** dem Zeitpunkt der formellen **Rechtskraft** eines gegen den Verwaltenden erlassenen Urteils dessen Vollstreckbarkeit nicht. Mit Rücksicht auf die bis zur Auseinandersetzung gegebene gemeinsame Verwaltung der Partner ist aber nach → § 742 Rn. 5 die Erteilung einer vollstreckbaren Ausfertigung gegen den nicht Verwaltenden in das Gesamtgut notwendig. Die hierdurch entstehende Lücke schließt § 744 unter Anordnung der entsprechenden Geltung von §§ 727, 730–732. Die Vorschrift gilt für alle Titel nach § 794. Materiell-rechtliche Anknüpfung ist § 1422 BGB. 1

Verwalteten beide gemeinsam, erübrigt sich dies wegen § 740 II. Bei Beendigung vor Rechtskraft gilt § 743. Ist die Auseinandersetzung beendet, besteht das Gesamtgut nicht mehr. Die Umschreibung erfolgt dann nach § 786 ohne einen Zusatz. Bei Partnern der früheren DDR besteht eine widerlegbare Vermutung von je 0,5 Bruchteilseigentum, LG Lpz JurBüro 1994, 675. 2

II. Geltungsbereich. Bei einer Beendigung der Gütergemeinschaft vor dem Eintritt der formellen Rechtskraft nach § 705 gilt § 743. Ist die Gesamtgutssache ein streitbefangener Gegenstand nach § 265, ist die Beendigung eine „Veräußerung" und § 727 anwendbar, MüKoZPO/Heßler Rn. 4. Andernfalls ist bei der Beendigung vor der Rechtskraft ein Titel gegen den anderen notwendig. Ist vor der Beendigung der Gütergemeinschaft ein Urteil für den Verwaltenden ergangen, sind beide bis zur Auseinandersetzung Gesamthandgläubiger. Sie erhalten also eine gemeinsame Klausel nach § 727. Nach der Auseinandersetzung erhält derjenige die Klausel, dem der Anspruch zugewiesen ist. Der Verwaltende braucht keine neue Klausel. 3

4 **III. Verfahren.** Die Erteilung erfolgt durch den Rpfl. nach § 20 I Nr. 12 RPflG. An Nachweisen für die Umschreibung nach § 727 sind zur Zwangsvollstreckung in das Gesamtgut nur ein Registerzeugnis über die Gütergemeinschaft erforderlich, sofern sich diese nicht aus den Akten ergibt. Ferner sind öffentliche oder öffentlich beglaubigte Urkunden über die Beendigung erforderlich, zB ein rechtskräftiges Urteil, die Sterbeurkunde. Gegen die Entscheidung ist die Widerspruchsklage nach § 771 zulässig, wenn der Gläubiger in das sonstige Vermögen des nicht Verwaltenden vollstreckt.

5 **IV. Rechtsbehelfe.** Für Gl. greifen § 11 I RPflG, § 731; für Sch. §§ 732, 768.

744a *Zwangsvollstreckung bei Eigentums- und Vermögensgemeinschaft.* **Leben die Ehegatten gemäß Artikel 234 § 4 Abs. 2 des Einführungsgesetzes zum Bürgerlichen Gesetzbuch im Güterstand der Eigentums- und Vermögensgemeinschaft, sind für die Zwangsvollstreckung in Gegenstände des gemeinschaftlichen Eigentums und Vermögens die §§ 740 bis 744, 774 und 860 entsprechend anzuwenden.**

1 Infolge des Beitritts der DDR zur BRep musste man durch Art. 234 § 4 II EGBGB der in der früheren DDR nach § 13 seines Familiengesetzbuchs grundsätzliche Güterstand einer Eigentums- und Vermögensgemeinschaft, vergleichbar der Gütergemeinschaft der §§ 1415 ff. BGB, überleiten. § 744a zieht aus dem Charakter dieser Art von Güterrecht möglichst praktikable Folgerungen für die Zwangsvollstreckung durch eine Verweisung auf §§ 740–744, 774, 860. Nach Art. 234 § 4 II, 1, 3 EGBGB musste die Erklärung über die Fortgeltung des bisherigen Güterstands binnen zwei Jahren, d. h. bis zum 2.10.1992, gegenüber dem Kreisgericht abgegeben werden. Einzelheiten Wassermann FamRZ 1991, 509; Arnold DtZ 1991, 80.

2 Die Norm gilt für alle Titel, soweit in gemeinschaftliches Eigentum vollstreckt werden soll. Bei Alleineigentum des anderen Partners ist allerdings § 739 zu beachten; die Regelung ist stärker als die Vermutung des Art. 234 § 4a III EGBGB. Grds. kann auf die Kommentierung der §§ 740 ff. verwiesen werden. Für das Alleinverfügungsrecht eines Ehegatten, §§ 11, 15 I 2 FGB DDR ist die Geltung von § 740 I str.; unter Hinweis auf Art. 234 § 4a II EGBGB mit Recht verneinend Musielak/Voit/Lackmann Rn. 5; Prütting/Gehrlein/Hanewinkel Rn. 2.

745 *Zwangsvollstreckung bei fortgesetzter Gütergemeinschaft.* **I Im Falle der fortgesetzten Gütergemeinschaft ist zur Zwangsvollstreckung in das Gesamtgut ein gegen den überlebenden Ehegatten oder Lebenspartner ergangenes Urteil erforderlich und genügend.**

II Nach der Beendigung der fortgesetzten Gütergemeinschaft gelten die §§ 743 und 744 mit der Maßgabe, dass

1. an die Stelle desjenigen Ehegatten oder Lebenspartners, der das Gesamtgut allein verwaltet, der überlebende Ehegatte oder Lebenspartner tritt und

2. an die Stelle des anderen Ehegatten oder Lebenspartners die anteilsberechtigten Abkömmlinge treten.

1 § 745 zieht für die fortgesetzte Gütergemeinschaft nach §§ 1483 ff. BGB die Folgerungen für die Zwangsvollstreckung aus der Stellung des überlebenden Ehegatten oder Lebenspartners und der Abkömmlinge nach §§ 1487 ff. Eine Regelung war nur insofern nötig, als nur ein Ehegatte oder Lebenspartner das Gesamtgut verwaltete, da sonst nach § 740 II ein solcher Titel für oder gegen den mitverwaltenden vorhanden sein wird, den man nach § 727 auf die Abkömmlinge umschreiben kann. Der Überlebende hat die Stellung des allein Verwaltenden, § 1487 I BGB; das führt nach § 745 I zur Herstellung einer rechtlichen Lage, die der Anwendung des § 740 I gleichkommt. Die Abkömmlinge haben die Stellung des anderen, § 1487 I Hs. 2 Alt. 2.

2 Abs. II stellt die Beendigung der fortgesetzten Gütergemeinschaft der Beendigung einer Gütergemeinschaft unter Lebenden gleich. Man beachte auch §§ 750 II, 794 II.

3 Die Norm gilt auch für die in § 794 aufgeführten Titel. Im Übrigen wird auf die Kommentierung zu §§ 740, 743, 744 verwiesen.

746 **(weggefallen)**

747 *Zwangsvollstreckung in ungeteilten Nachlass.* **Zur Zwangsvollstreckung in einen Nachlass ist, wenn mehrere Erben vorhanden sind, bis zur Teilung ein gegen alle Erben ergangenes Urteil erforderlich.**

1 **I. Systematik, Regelungszweck.** §§ 747–749 mit Ergänzungen durch §§ 778–785 behandeln die Zwangsvollstreckung in den noch ungeteilten Nachlass. § 747 gilt über §§ 794, 795 für alle Titel und für alle Arten der Zwangsvollstreckung einschließlich Arresten und einstweiligen Verfügungen. Die Norm fußt auf der Ordnung des Miterbenrechts als einer Gemeinschaft zur gesamten Hand nach §§ 2032 ff. BGB. Die Vorschrift setzt daher dieses Erbrecht oder ein gleichgeordnetes voraus. Die **Annahme** der Erbschaft bzw. der Ablauf der Ausschlagungsfrist muss eingetreten sein, §§ 1943 f., 1958 BGB, § 778 II ZPO, Ausnahme: Nachlasspflegschaft, § 1960 BGB. Außerdem müssen die allgemeinen Vollstreckungsvoraussetzungen gegen alle Miterben beim Beginn der Vollstreckung vorliegen, also auch nach § 52 II Nr. 2 S. 3 GVGA eine gegen sämtliche Erben nach § 727 umgeschriebene Vollstreckungsklausel. Die für eine **BGB-Gesellschaft** geltenden Grundsätze sind hier nicht anwendbar, BGH NJW 2006, 3715; → § 736 Rn. 1.

2 Die Zwangsvollstreckung steht aber auch anderen Nachlassgläubigern offen, denen die Erben aus demselben Rechtsgrund haften, Winter KTS 1983, 354. Einer gemeinsamen Verurteilung der Erben bedarf es nicht; Titel aus verschiedenen Verfahren reichen aus, BGH NJW 1970, 473; Mü FGPrax 2017, 208. Unter einem Nachlass

versteht § 747 alles, was zum Nachlass gehört, also auch die einzelnen Nachlassgegenstände. Die Vorschrift gilt entsprechend nach § 265 AO; eines Titels bedarf es für das Finanzamt nicht, Mü NJW-Spezial 2009, 599.

Unberührt bleibt das Recht des Gl., nach § 859 II den Nachlassanteil eines S. zu pfänden. Besteht eine **Nachlassverwaltung,** ist nach § 1984 BGB der Titel gegen den Verwalter notwendig und ausreichend; näher §§ 748 f. Bei Veräußerung eines Nachlassanteils gilt § 727, Zöller/Seibel Rn. 5; aA Musielak/Voit/Lackmann Rn. 3: § 729 analog; das kommt mangels Regelungslücke nicht in Betracht. 3

II. Vor der Erbauseinandersetzung. Die Erbschaft ist bis zur Verteilung aller Gegenstände **ungeteilt;** in einer Übergangszeit kann mithin ungeteilter wie geteilter Nachlass vorliegen. Zur Zwangsvollstreckung nach § 747 sind Titel gegen sämtliche Miterben erforderlich, Mü FGPrax 2017, 208. Es braucht kein einheitliches Urteil vorzuliegen. Die Erben mögen aus verschiedenen inhaltlich gleichen vollstreckbaren Titeln haften. Ein **Leistungstitel** nur gegen einzelne Miterben nebst einem Duldungstitel gegen die restlichen reicht nicht. Von der Regelung erfasst sind alle Leistungsansprüche, zB auch auf Herausgabe. Die Miterben sind keine notwendigen Streitgenossen nach § 62, auch nicht als Gesamtschuldner. Der Titel braucht die Miterben nicht als solche zu bezeichnen. Wenn ein Miterbe gleichzeitig Nachlassgläubiger ist, genügt ein Urteil gegen die anderen Miterben; § 780 I ist anwendbar, BGH NJW-RR 1988, 710. 4

Bei der Zwangsvollstreckung zwecks Abgabe einer **Willenserklärung** nach § 894 greift die Norm ebenfalls ein, es genügt jedoch ein Urteil gegen denjenigen Erben, der die Erklärung (noch) nicht abgegeben hat, BGH WM 1978, 1327; MüKoZPO/Heßler Rn. 2. § 747 gilt auch dann, wenn die Miterben aus einem anderen Rechtsgrund gesamtschuldnerisch haften, etwa aus einer unerlaubten Handlung oder wegen einer solchen Verbindlichkeit, die die Erben während der Erbengemeinschaft eingingen. Nur so erfolgt ein ausreichender Schutz auch anderer als der Nachlassgläubiger. 5

Die Zwangsvollstreckung braucht nicht gegen alle Erben gleichzeitig zu erfolgen. Es können zB gegen die einzelnen Miterben nacheinander mehrere Pfändungsbeschlüsse ergehen. Die Wirkung tritt dann mit der Erfassung des letzten Miterben ein. Ein Vollstreckungstitel gegen nur einen Miterben berechtigt nur zur Pfändung seines Anteils am ungeteilten Nachlass. Wenn das Urteil gegen denjenigen Erblasser vorliegt, darf und muss der Rpfl. die Klausel nach § 727 gegen alle Erben umschreiben. 6

III. Nach der Erbauseinandersetzung. In diesem Stadium verläuft die Zwangsvollstreckung nach allgemeinen Regeln gegen die einzelnen Miterben. Wendet ein Miterbe ein, dass der Nachlass noch nicht geteilt worden sei, macht er also ein Verweigerungsrecht aus § 2059 I 1 BGB geltend, trägt er für seine Behauptung die Beweislast. Der Gläubiger muss dagegen nach § 2059 I 2 BGB beweisen, dass der Miterbe für die Nachlassverbindlichkeit bereits unbeschränkt haftet. Wenn das Urteil eine Haftungsbeschränkung nach § 780 vorbehält, kann man die Voraussetzungen des Verweigerungsrechts auch bei der Zwangsvollstreckung geltend machen. Die Teilung kann schon dann erfolgt sein, wenn noch kein Miterbe einzelne Stücke erhalten hat. Ob die Auseinandersetzung stattgefunden hat, lässt sich nur nach der Lage des Falls beantworten. Wegen der Zwangsvollstreckung bei einem Testamentsvollstrecker § 748. 7

IV. Rechtsbehelfe. Jeder Erbe, auch der verurteilte, kann bei einer gegen § 747 verstoßenden Zwangsvollstreckung die Erinnerung nach § 766 und anschließend die sofortige Beschwerde nach § 793 einlegen. Ein Miterbe, gegen den eine Vollstreckung ohne einen Titel erfolgt, hat auch die Drittwiderspruchsklage nach § 771, die allerdings bei persönlicher Haftung unbegründet ist. 8

748 *Zwangsvollstreckung bei Testamentsvollstrecker.* **I Unterliegt ein Nachlass der Verwaltung eines Testamentsvollstreckers, so ist zur Zwangsvollstreckung in den Nachlass ein gegen den Testamentsvollstrecker ergangenes Urteil erforderlich und genügend.**

II Steht dem Testamentsvollstrecker nur die Verwaltung einzelner Nachlassgegenstände zu, so ist die Zwangsvollstreckung in diese Gegenstände nur zulässig, wenn der Erbe zu der Leistung, der Testamentsvollstrecker zur Duldung der Zwangsvollstreckung verurteilt ist.

III Zur Zwangsvollstreckung wegen eines Pflichtteilanspruchs ist im Falle des Absatzes 1 wie im Falle des Absatzes 2 ein sowohl gegen den Erben als gegen den Testamentsvollstrecker ergangenes Urteil erforderlich.

I. Systematik, Regelungszweck, I–III. Zunächst → § 747 Rn. 1. Die Vorschrift enthält die erforderlichen Klarstellungen bei den verschiedenen Formen einer Testamentsvollstreckung zwecks Wahrung der sehr unterschiedlichen Interessen der in solchen Situationen Beteiligten. Sie gilt schon ab dem Tod des Erblassers und nicht erst ab der Annahme des Amts nach § 2202 I BGB. 1

II. Volle Verwaltung des Nachlasses, I. 1. Zwangsvollstreckung in das Vermögen des Erben. Über das Prozessführungsrecht des Testamentsvollstreckers als Bekl. siehe § 327. Die hieran anschließende Regelung des § 748 ergänzt § 2213 BGB für die Zwangsvollstreckung, BFH NJW 1989, 936; Köln NZI 2005, 268; man beachte die Ausnahmen in § 2213 I 2 BGB. Ein **Auskunftstitel** gegen den Erben ist nicht erfasst, weil er nicht in die Substanz des Nachlasses eingreift, Drsd ZEV 2003, 289. Wenn der Testamentsvollstrecker die Verwaltung des ganzen Nachlasses durchführt, wirkt ein gegen den Erben ergangenes Urteil nicht gegen den Testamentsvollstrecker, sondern ermöglicht nur die Zwangsvollstreckung in das nicht der Verwaltung des Testamentsvollstreckers unterliegende Vermögen des Erben. Zur Zwangsvollstreckung in den Nachlass ist ein Vollstreckungstitel gegen den Testamentsvollstrecker notwendig. Das Urteil muss auf **Leistung** lauten, nicht auf Duldung der Zwangsvollstreckung, außer wenn im Fall des Abs. II ein Leistungsurteil gegen den Erben vorliegt, MüKoZPO/Heßler Rn. 2. Der auf § 2213 III BGB verweisenden aA, Prütting/Gehrlein/Hanewinkel Rn. 3, ist nicht zu folgen, da ein Leistungstitel unabdingbar vorliegen muss. Ist allerdings der Erbe bereits zur Leistung verurteilt, reicht nach dem Rechtsgedanken des Abs. II ein Duldungsurteil gegen den Testamentsvollstrecker aus. Erfasst sind auch Ansprüche des Erben gegen den Nachlass, BGH NJW 1967, 2399. Über § 794, § 795 gilt die Norm auch für die dort aufgeführten Titel. 2

Zweckmäßig ist eine Klage gegen den Testamentsvollstrecker und den Erben zugleich. Dann kann nämlich der Gläubiger aus diesem Urteil gegen den Testamentsvollstrecker in den Nachlass vollstrecken, gegen den Erben in 3 dessen persönliches Vermögen. Derjenige Miterbe oder Nacherbe, dessen Erbrecht streitig ist und der eine Herausgabe verlangt, muss wegen seines Erbrechts gegen die Miterben klagen, im Übrigen aber gegen denjenigen Testamentsvollstrecker, der den Nachlass in Besitz hat. **Mehrere Testamentsvollstrecker** sind gewöhnliche Streitgenossen nach § 59; bei gemeinsamer Verwaltung muss ein Titel gegen alle vorliegen, bei Aufgabenteilung reicht ein Titel gegen den Testamentsvollstrecker für den Anteil des Nachlasses, in den die Zwangsvollstreckung stattfindet. Eine Annahme der Erbschaft ist nach §§ 1958, 2213 I 1 BGB nicht notwendig. Die Vorschrift gilt entsprechend nach § 265 AO, BFH NJW 1989, 936.

4 Der Testamentsvollstrecker selbst kann aus einem Titel unmittelbar vollstrecken. Bei **Beendigung** der Testamentsvollstreckung gilt § 728 II 1.

5 **2. Nicht in das Vermögen des Testamentsvollstreckers.** Die Zwangsvollstreckung ist nur in den Nachlass zulässig, nicht in das eigene Vermögen des Testamentsvollstreckers. Denn er ist Partei kraft Amtes. Eine entsprechende Einschränkung im Urteil ist entbehrlich, Garlichs Rpfleger 1999, 60. Die Zwangsvollstreckung in den Nachlass erfolgt nach § 740 I wie bei derjenigen Gütergemeinschaft, in der nur ein Ehegatte verwaltungsberechtigt ist. Ein Gewahrsam des Erben hindert die Zwangsvollstreckung in den Nachlass nicht. Denn der Testamentsvollstrecker verkörpert den Nachlass, aM Garlichs Rpfleger 1999, 62. Ein Titel gegen den Testamentsvollstrecker persönlich kann nicht in den Nachlass vollstreckt werden. Klagt der Testamentsvollstrecker aus einem eigenen Recht etwa als Vermächtnisnehmer, muss er den Erben verklagen; § 748 findet hier keine Anwendung.

6 **III. Teilverwaltung, II. 1. Leistung und Duldung.** Verwaltet der Testamentsvollstrecker nur einzelne Nachlassgegenstände, ist ein Vollstreckungstitel gegen den Erben auf Leistung und gegen den Testamentsvollstrecker auf Duldung der Zwangsvollstreckung in die betr. Nachlassgegenstände erforderlich. Ein Urteil auf Leistung gegen den Testamentsvollstrecker genügt als **maius,** Garlichs MDR 1998, 515. Die Klage auf Leistung gegen den Testamentsvollstrecker erlaubt ein Urteil auf Duldung als **minus.** Eine Einschränkung für **einzelne Gegenstände** braucht das Gericht nur dann vorzunehmen, wenn nur diese Sachen der Zwangsvollstreckung unterliegen; im Übrigen reicht der Duldungstitel aus; Fragen der Zugehörigkeit zu den der Testamentsvollstreckung unterliegenden Gegenständen müssen ggf. Rechtsmittelverfahren, → Rn. 14, geklärt werden; zT str., vgl. MüKoZPO/Heßler Rn. 22; Prütting/Gehrlein/Hanewinkel Rn. 4; Zöller/Seibel Rn. 4; Musielak/Voit/Lackmann Rn. 5. Genaue Bezeichnung ist indes unschädlich und aus praktischen Gründen zu bevorzugen. Im Grunde geht das Duldungsurteil auf Abgabe einer Willenserklärung, nämlich auf die Erklärung der Einwilligung in die Zwangsvollstreckung. Es handelt sich also um ein Leistungsurteil. Das Urteil unterliegt freilich nicht der Regelung des § 894, sondern lässt eine vorläufige Vollstreckbarkeit nach §§ 708 ff. zu.

7 Man kann den Leistungs- und den Duldungsanspruch in getrennten Prozessen geltend machen. Wenn der Testamentsvollstrecker und der Erbe zusammen Bekl. werden, sind sie nicht notwendige Streitgenossen nach § 62. Hat das Gericht ein **Duldungsurteil** vor dem Leistungsurteil erlassen, ist die Zwangsvollstreckung zunächst nicht durchführbar, weil es an dem nun einmal erforderlichen Titel fehlt; das Duldungsurteil wird mit der Abweisung der Leistungsklage unwirksam. Eine unzulässige Zwangsvollstreckung wird dadurch wirksam, dass der Gläubiger den Duldungstitel nachreicht oder dass der Schuldner die Zwangsvollstreckung genehmigt.

8 Den Kosten der Klage nach → § 93 Rn. 13 „Dingliche Klage" kann der Testamentsvollstrecker nur durch eine vollstreckbare Urkunde nach § 794 I Nr. 5 entgehen, nicht durch eine formlose Einwilligung.

9 Die Vorschrift gilt entsprechend beim **Kanzleiabwickler,** Karlsr NJW-RR 2005, 293. Man muss drei Stadien beachten.

10 **2. Antrag und Urteil.** Die Fassung lautet am besten: „Der Beklagte muss die Zwangsvollstreckung in den (näher bezeichneten) Teil des Nachlasses" oder „in bestimmte Nachlassgegenstände dulden". Das Gericht kann sein Urteil nach §§ 708 ff. für vorläufig vollstreckbar erklären. Aus der akzessorischen Natur der mit der Leistungsklage verbundenen Duldungsklage folgt, dass die letztere den Gerichtsstand der ersteren teilt, auch bei einem ausschließlichen Gerichtsstand zB nach § 40 II Nr. 2. Das gilt aber dann nicht, wenn man die Leistungs- und die Duldungsklage getrennt erhoben hat. Die Verurteilten haften wegen der Kosten nach Kopfteilen. Denn das Urteil verurteilt nach § 100 I nicht gesamtschuldnerisch.

11 **3. Zwangsvollstreckung.** Das Gericht muss dem Testamentsvollstrecker und dem Erben ein gegen diese ergangenes Urteil zustellen. Eine Zustellung des Urteils gegen den anderen braucht nicht nach § 750 zu erfolgen. Der Testamentsvollstrecker und der Erbe sind Vollstreckungsschuldner. Beide müssen also auch die Vermögensauskunft nach §§ 802c ff. geben, der Testamentsvollstrecker aber natürlich nur wegen der von ihm verwalteten Nachlassgegenstände.

12 **IV. Rechtsbehelfe, I–III. 1. Testamentsvollstrecker.** Der Testamentsvollstrecker kann eine Erinnerung nach § 766 und anschließend eine sofortige Beschwerde nach § 793 einlegen. Er kann auch eine Widerspruchsklage nach § 771 erheben, MüKoZPO/Heßler Rn. 28. Ihr kann der Gläubiger den Einwand einer sachlichrechtlichen Duldungspflicht nicht entgegensetzen; aA für den (allerdings kaum denkbaren) Fall der Arglist Prütting/Gehrlein/Hanewinkel Rn. 6.

13 **2. Erbe.** Der Erbe hat keinen Rechtsbehelf, auch wenn er einen Gegenstand in Gewahrsam hat; § 809 ist nicht anwendbar; der aA von MüKoZPO/Heßler Rn. 29 ist wegen der gleichliegenden Ausgangslage nicht zu folgen. Denn II schützt nicht den Erben, sondern soll die ungestörte Verwaltung des Testamentsvollstreckers ermöglichen. Mit einer Widerspruchsklage nach § 771 würde der Erbe ein fremdes Recht geltend machen, Garlichs Rpfleger 1999, 64; str, vgl. Musielak/Voit/Lackmann Rn. 8.

14 **3. Dritter.** Der Dritte, insbesondere der Drittschuldner, hat die Erinnerung nach § 766.

15 **V. Keine Verwaltung, I–III.** Hat der Testamentsvollstrecker überhaupt keine Verwaltung, kommt er für die Zwangsvollstreckung nur als ein Dritter in Frage. Aus dem Titel gegen den Erben kann mithin in den Nachlass vollstreckt werden.

16 **VI. Pflichtteilsanspruch, III.** Bei ihm ist es unerheblich, ob der Testamentsvollstrecker die Verwaltung voll oder teilweise durchführt. In beiden Fällen ist zwar der Erbe nach § 2213 I 3 BGB der richtige Bekl. Zur Zwangsvollstreckung in den verwalteten Nachlass ist aber nach § 2213 I 3 BGB ein Urteil gegen den Erben auf Leistung notwendig, gegen den Testamentsvollstrecker auf Duldung; die Notwendigkeit des letzteren ergibt sich unmittelbar aus § 748 III; gegen beide kann gleichzeitig geklagt werden, BGH NJW 2021, 2115 Rn. 9, ggf. auch

gegen den Insolvenzverwalter des Erben, BGH NJW 2006, 2698 Rn. 25. Andererseits reicht ein Titel gegen den Erben für eine Zwangsvollstreckung gegen diesen aus, Drsd ZEV 2003, 289 (§ 888). An ein Anerkenntnis des Erben ist der Testamentsvollstrecker nicht gebunden, Celle MDR 1967, 46. Bei **Insolvenz** des Erben richtet sich die Klage gegen den Insolvenzverwalter, indes bedarf es auch hier des Duldungstitels gegen den Testamentsvollstrecker, BGH NJW 2006, 2698 Rn. 25; Köln NZI 2005, 268; aA Prütting/Gehrlein/Hanewinkel Rn. 5. Im Übrigen gelten → Rn. 6–11.

749 *Vollstreckbare Ausfertigung für und gegen Testamentsvollstrecker.* **[1]Auf die Erteilung einer vollstreckbaren Ausfertigung eines für oder gegen den Erblasser ergangenen Urteils für oder gegen den Testamentsvollstrecker sind die Vorschriften der §§ 727, 730 bis 732 entsprechend anzuwenden. [2]Auf Grund einer solchen Ausfertigung ist die Zwangsvollstreckung nur in die der Verwaltung des Testamentsvollstreckers unterliegenden Nachlassgegenstände zulässig.**

I. Systematik, Regelungszweck, S. 1, 2. Zunächst → § 747 Rn. 1. Die Norm gilt für alle Titel und alle Vollstreckungsarten. Rechtsnachfolger des Erblassers ist der Erbe und nicht der Testamentsvollstrecker. Eine Umschreibung der Vollstreckungsklausel auf den Erben lässt nach § 748 keine Zwangsvollstreckung in den von einem Testamentsvollstrecker verwalteten Nachlass zu. Darum regelt § 749 die Umschreibung für und gegen den Testamentsvollstrecker nach § 52 II Nr. 1 S. 3 GVGA nur in die gerade seiner Verwaltung unterliegenden Gegenstände entsprechend §§ 727, 730–732. Es muss ein vollstreckbarer, nicht notwendig rechtskräftiger Titel vorliegen. Voraussetzung ist die Annahme des Amtes nach § 2202 I BGB. Dagegen ist eine Annahme der Erbschaft nach § 2213 II BGB keine Voraussetzung. Zuständig ist der Rpfl. nach § 20 I Nr. 12 RPflG. Für den Fall eines nach § 327 gegenüber dem Erben wirksamen Urteils gegenüber dem Testamentsvollstrecker siehe § 728. 1

Zu den Beweisanforderungen → § 727 Rn. 15. Der Testamentsvollstrecker muss ggf. das ihm ausgestellte Zeugnis nach § 2368 BGB vorlegen; der Gl. hat das Recht aus § 792. 2

II. Geltungsbereich, S. 1, 2. 1. Urteil gegen den Erblasser. Bei einer vollen Verwaltung des Testamentsvollstreckers muss der Rpfl. nach § 748 I den Vollstreckungstitel gegen den Testamentsvollstrecker umschreiben. Bei einer **Teilverwaltung** des Testamentsvollstreckers muss er den Vollstreckungstitel gegen den Erben und gegen den Testamentsvollstrecker entsprechend § 748 II umschreiben. Denn § 749 erleichtert die Beschaffung eines Vollstreckungstitels, macht ihn aber nicht entbehrlich. Unerheblich ist, ob die Ausschlagungsfrist schon abgelaufen ist. Der Testamentsvollstrecker hat die Einrede aus § 2014 BGB, § 782. 3

2. Urteil für den Erblasser. Dann muss der Rpfl. den Vollstreckungstitel für den Testamentsvollstrecker umschreiben, falls der Testamentsvollstrecker nachweist, dass er den ganzen Nachlass oder wenigstens den betreffenden Anspruch verwaltet. Wenn der Erbe vor dem Amtsantritt des Testamentsvollstreckers eine Umschreibung auf sich erwirkt hat, muss der Testamentsvollstrecker ihn nach § 2205 BGB verklagen, falls der Erbe den Titel nicht herausgibt, so wohl auch MüKoZPO/Heßler Rn. 15. 4

III. Rechtsbehelfe, S. 1, 2. Für den Gläubiger und den Testamentsvollstrecker gilt dasselbe wie bei → § 724 Rn. 42. Der Schuldner kann nach §§ 732, 768 vorgehen. 5

Vorbemerkung zu § 750
Beginn der Zwangsvollstreckung

I. Systematik. §§ 750–752 regeln zusammen mit §§ 756, 765, 798–800a die Voraussetzungen für den Beginn der Zwangsvollstreckung. Die Vorschriften gelten nicht nur für Urteile, sondern auch für weitere Schuldtitel der ZPO, §§ 794, 794a. Die Eignung eines Urteils zur vorläufigen oder endgültigen Vollstreckung ergibt sich formell nach seinem Erlass aus der grundsätzlich erforderlichen Vollstreckungsklausel im Verfahren nach §§ 724 ff. auf einer der Ausfertigungen nach § 317. Sie wird erst dadurch zur vollstreckbaren Ausfertigung und damit zum Vollstreckungstitel. §§ 750–752 sollen dem am Klauselerteilungsverfahren nicht notwendig beteiligten Schuldner durch eine Information über alle die Leistungspflicht begründenden Umstände auch nach Art. 103 I GG letztmals eine Gelegenheit zur Leistung oder zu Einwänden geben. Jedes Vollstreckungsorgan muss ihr Vorliegen von Amts wegen bei jeder Zwangsvollstreckungshandlung prüfen, BGH NJW 2007, 3358; Ffm Rpfleger 1977, 416; Eickmann DGVZ 1984, 66. Das muss auch das Prozessgericht bei §§ 887 ff. tun, Düss OLGZ 1976, 377. §§ 750 ff. sind auch dann anwendbar, wenn der Gläubiger im laufenden Verfahren wechselt, sofern er tätig ins Verfahren eingreift, etwa ein eingestelltes Verfahren weiterbetreibt. Entsprechendes gilt beim Wechsel des Schuldners. Ausnahme § 779. Wegen der Brüssel Ia–VO SchlAnh V C 2. 1

II. Regelungszweck. §§ 750, 751 schützen ausschließlich den Schuldner, Brdb FamRZ 2017, 391; AG Birkenfeld DGVZ 1982, 189. Er soll nun aber mangels öffentlicher Interessen auch keinen solchen Schutz erhalten, den er gar nicht fordert oder braucht. Deshalb ist insoweit auch § 295 hier anwendbar. Eine verfrühte Zwangsvollstreckung gibt dem Schuldner dann, wenn das Gericht sie schuldhaft zugelassen hatte, einen Ersatzanspruch gegen den Staat. Denn wenn der fehlerhafte Staatsakt auch mangels seiner Aufhebung nach → Vor § 300 Rn. 53 wirksam bleibt, BGHZ 66, 81, war er doch unerlaubt. Dagegen ist der Gläubiger aus der fehlerhaften Zwangsvollstreckung dann nicht bereichert wenn sein Anspruch bestand. § 752 schützt und belastet evtl. sowohl den Gläubiger als auch den Schuldner. Diesen Schutzzwecken entsprechend muss man die Vorschriften nach → Einl. II Rn. 70 ff. auslegen. 2

III. Geltungsbereich. Die Vorschriften gelten für jede Art von Zwangsvollstreckung aufgrund beliebiger Gesetze, soweit diese eine Vollstreckung nach der ZPO vorsehen. Sie gelten etwa nach § 95 FamFG, §§ 62 II, 85 I ArbGG, § 167 I VwGO. 3

IV. Verstoß. Die Vorschriften über die Voraussetzungen des Beginns der Zwangsvollstreckung sind zwingend. Ein Verstoß macht die Vollstreckungshandlung gesetzwidrig; eine Vollstreckung darf nicht erfolgen. Eine dennoch erfolgte Vollstreckungsmaßnahme ist jedoch nicht unwirksam, nur anfechtbar (BGH NJW-RR 2017, 57 Rn. 10; BGHZ 76, 79). Nach einer früheren Meinung war die trotzdem vorgenommene Zwangsvollstreckung unwirksam. Sie ließ insbesondere kein Pfandrecht entstehen. Der Schuldner musste eine Unwirksamkeit 4 nach § 766 geltend machen. Eine Heilung mit einer rückwirkenden Kraft gegen Dritte war unmöglich. Dagegen wurde die noch fortdauernde Zwangsmaßnahme bei einer Nachholung des Nötigen für die Zukunft wirksam.

5 Diese **Lehre,** die nur eine Ausnahme zugunsten einer ex tunc-Wirkung bei einer Genehmigung des Drittberechtigten nach §§ 185 II, 184 BGB machte, war aus den Gründen → Vor § 704 Rn. 47, 48 unrichtig. Von einer schädlichen Rückwirkung kann man nicht sprechen. Denn ein mangelhafter Staatsakt ist mangels schwerer grundlegender Mängel nach → Vor § 300 Rn. 53 grundsätzlich nur anfechtbar und insofern auflösend bedingt.

6 **V. Rechtsbehelfe.** Rechtsbehelfsbelehrung, Verstoß: §§ 232, 233 S. 2. Der Gläubiger und der Schuldner können die Erinnerung nach § 766 einlegen. Anschließend ist die sofortige Beschwerde nach § 793 möglich. Auch der Drittschuldner muss grds. nach § 766 vorgehen; im Prozess gegen den Gläubiger kann er nur die Nichtigkeit eines Pfändungs- u. Überweisungsbeschlusses einwenden (BGWZ 66, 79); Anders 79. Aufl.

750 *Voraussetzungen der Zwangsvollstreckung.* **I [1]Die Zwangsvollstreckung darf nur beginnen, wenn die Personen, für und gegen die sie stattfinden soll, in dem Urteil oder in der ihm beigefügten Vollstreckungsklausel namentlich bezeichnet sind und das Urteil bereits zugestellt ist oder gleichzeitig zugestellt wird. [2]Eine Zustellung durch den Gläubiger genügt; in diesem Fall braucht die Ausfertigung des Urteils Tatbestand und Entscheidungsgründe nicht zu enthalten.**

II Handelt es sich um die Vollstreckung eines Urteils, dessen vollstreckbare Ausfertigung nach § 726 Abs. 1 erteilt worden ist, oder soll ein Urteil, das nach den §§ 727 bis 729, 738, 742, 744, dem § 745 Abs. 2 und dem § 749 für oder gegen eine der dort bezeichneten Personen wirksam ist, für oder gegen eine dieser Personen vollstreckt werden, so muss außer dem zu vollstreckenden Urteil auch die ihm beigefügte Vollstreckungsklausel und, sofern die Vollstreckungsklausel auf Grund öffentlicher oder öffentlich beglaubigter Urkunden erteilt ist, auch eine Abschrift dieser Urkunden vor Beginn der Zwangsvollstreckung zugestellt sein oder gleichzeitig mit ihrem Beginn zugestellt werden.

III Eine Zwangsvollstreckung nach § 720a darf nur beginnen, wenn das Urteil und die Vollstreckungsklausel mindestens zwei Wochen vorher zugestellt sind.

1 **I. Systematik, I–III.** → Vor § 750 Rn. 1. § 801 (Landesrecht) hat den Vorrang.

2 **II. Regelungszweck, I–III.** Zunächst → Vor § 750 Rn. 2. Die Vorschrift dient der Rechtssicherheit nach → Einl. II Rn. 87. Sie soll sicherstellen, dass der Bürger nicht denjenigen zu Unrecht mit Zwangsmaßnahmen oder auch nur mit deren Ankündigung überziehen kann, den solche Maßnahmen gar nicht betreffen oder demgegenüber sie zumindest noch nicht statthaft sind. Außerdem soll der wahre Vollstreckungsschuldner genau erkennen können, welcher seiner Gläubiger aus welchem Titel gegen ihn vorgeht oder nach III vorgehen will, Brdb FamRZ 2017, 391. III soll dem Schuldner eine Gelegenheit geben, schon eine Sicherungsmaßnahme des Gläubigers nach § 720a abzuwenden.

3 **III. Geltungsbereich, I–III.** Die Vorschrift regelt eine Voraussetzung des Beginns der Zwangsvollstreckung. Sie gilt auch bei § 869, BGH ZIP 2011, 927. Sie gilt entgegen dem zu engen Wortlaut aber auch bei der Fortsetzung einer Vollstreckung.

4 **IV. Bezeichnung der Personen, I.** Einem Grundsatz folgen zahlreiche Auswirkungen.

5 **1. Grundsatz: Erkennbarkeit, Auslegbarkeit.** Das Vollstreckungsorgan muss ohne weiteres erkennen können, wer Vollstreckungspartei nach → § 253 Rn. 24 ff. ist Das Vollstreckungsorgan muss die Nämlichkeit der Personen aufgrund des Vollstreckungstitels nach § 42 GVGA prüfen können, BGH WuM 2015, 42; Mü DGVZ 2017, 210; Bielau DGVZ 2004, 193; aM BGHZ 156, 339 (krit. Ruess NJW 2004, 488). Es muss nach → Vor § 704 Rn. 30 zu dieser Klärung imstande sein können, ohne dass es besondere Ermittlungen anstellen muss, LG Frankenth JurBüro 1996, 443; AG Göpp DGVZ 2000, 126; Petermann DGVZ 1976, 84, strenger LG Stgt Rpfleger 2016, 596, viel zu streng bei Hausbesetzern BGH WM 2018, 84. Daher braucht es auch nicht zu prüfen, ob zB ein Insolvenzverwalter den Titelgläubiger ermächtigt hat, aM AG Mosbach DGVZ 2010, 236. Das alles gilt auch nach einer Freigabe durch den Insolvenzverwalter, AG Sinsheim DGVZ 2011, 74.

6 Eine **Auslegung** ist freilich erlaubt und evtl. nötig, BGH WuM 2015, 42; Ffm NJW-RR 2007, 1248; VGH Mannh NJW 1999, 3291 (zieht die Klausel heran); krit. Nierwetberg Rpfleger 2009, 205 (nicht auch mithilfe der Klageschrift). Notfalls muss das Gericht den Urteilskopf des § 313 I Nr. 1–3 nach § 319 berichtigen, Mü MDR 2011, 1381. Sofern eine Berichtigung ausscheidet, ist die Zwangsvollstreckung zunächst unstatthaft, BayObLG NZM 2005, 439 (zum alten WEG); LG Bonn Rpfleger 1984, 28; LG Düss DGVZ 1981, 156. Der Gläubiger muss dann die Nämlichkeit der Beteiligten durch eine Klage aus § 731 klären lassen, LG Bln MDR 1977, 236. Keinesfalls darf der ProzBev. nach § 81 einfach eine „Berichtigung" vornehmen.

7 **2. Name, Beruf, Wohnort.** Nach dem Namen, dem Beruf und dem Wohnort und daher auch der genauen Adresse muss das Gericht diejenigen Personen im Urteil oder in der Vollstreckungsklausel bezeichnen, für und gegen die die Zwangsvollstreckung stattfinden soll, BayObLG 2004, 385; Karlsr MDR 1999, 1403; AG Bln-Wedding DGVZ 1992, 123. Deshalb muss der Gläubiger den Vornamen jedenfalls dann angeben, wenn man nur mit seiner Hilfe die Nämlichkeit des Betroffenen feststellen kann, LG Kblz FamRZ 2000, 1166; AG Bonn DGVZ 1994, 95 (zum Gegenfall); AG Neust/Rbbge DGVZ 1995, 156. Ein bloßer Buchstabendreher kann unschädlich sein, BGH WuM 2015, 42; Düss BauR 2011, 152 (natürlich Fallfrage). Es kann auch der Zusatz „senior" oder „junior" oder stattdessen das Geburtsdatum oder der Beruf notwendig sein. Es ist aber auch nicht noch mehr nötig. Daher braucht der Titel nicht die Gesellschafternamen zu nennen, soweit nur die Gesellschaft als Partei ist, KG Rpfleger 2008, 476, aM BGH ZIP 2011, 119; Mü ZIP 2015, 1879; Naumb Rpfleger 2014, 587 (aber damit würde man die Grundsatzentscheidung BGHZ 146, 341 unterlaufen können). Soweit in der Klageschrift noch für das Erkenntnisverfahren nach → § 253 Rn. 24 ff. eine Angabe fehlen dürfte, mag doch infolgedessen keine Vollstreckung möglich sein. Eine Nichtexistenz einer im Titel Genannten führt ins Leere, Mü NZM 2015, 899.

8 **3. Großzügigkeit.** Trotz der grds. Formenstrenge ist eine kleinliche Handhabung nicht angebracht, solange ohne weiteres ggf. durch Auslegung festgestellt werden kann, wer Partei ist. BGHZ 156, 335; KG Rpfleger 1982, 191. Eine unrichtige Schreibweise ist unschädlich, soweit die Nämlichkeit feststeht, Mü DGVZ 2006, 115; AG Brschw Rpfleger 1995, 306; LG Stgt Rpfleger 1996, 166. Dasselbe gilt bei einer falschen Geschlechtsangabe, LG

Bielef JurBüro 1983, 1411, oder bei einer nur theoretischen Unklarheit dazu, was Vor- und was Nachname ist, LG Hann JurBüro 1992, 57, oder wenn nur ein Kurzvorname dasteht, BayObLG JurBüro 1983, 116; LG Bielef JurBüro 1987, 930, oder beim Pseudonym, oder beim Stand oder Beruf, oder bei einer Namensänderung, BGH WM 2017, 1214; LG Brschw NJW 1995, 1971; AG Drsd DGVZ 2005, 130, oder bei einer Unvollständigkeit, AG Riedlingen DGVZ 2018, 169. Wenn ein Betroffener zB nachträglich infolge einer Heirat usw. einen anderen Familiennamen erhalten hat, darf das Gericht den Vollstreckungstitel ohne weiteres ergänzen, AG Kref MDR 1977, 762 (§ 727 entsprechend). Eine neue Anschrift mag auf einem bloßen Umzug beruhen. Daher kann man ihre Richtigkeit beim Zustellungsversuch abwarten, LG Drsd JurBüro 2001, 604.

Der Gläubiger kann sich jedenfalls darauf beschränken, eine **Auskunft** aus dem Melderegister beizufügen, LG 9
Brschw Rpfleger 1995, 306. Er braucht also nicht nach § 792 vorzugehen, → § 792 Rn. 1. Zweifel gehen freilich zulasten des Gläubigers, Ffm Rpfleger 1979, 434; AG Darmst DGVZ 1978, 46 (Sitz einer GmbH); AG Erlangen DGVZ 2010, 111. Mängel im Vollstreckungstitel lassen sich durch die Vollstreckungsklausel nach §§ 724 ff. zumindest nicht stets heilen, Karlsr MDR 1999, 1403, wenn auch eventuell, → Rn. 2.

4. Vertreter. Man muss beim gesetzlichen Vertreter § 51 beachten. Zur Vertretungsbefugnis im Parteiprozess 10
vgl. § 79. Bei einer BGB-Gesellschaft reicht „vertreten durch den Geschäftsführer", BGH NJW-RR 2005, 119. Die Privatanschrift ist (nur) neben der Firmenanschrift unschädlich, Köln Rpfleger 1975, 102. Wenn der Vollstreckungstitel entgegen § 313 I Nr. 1 den gesetzlichen Vertreter nicht erwähnt, ist er zwar nicht unwirksam, Ffm Rpfleger 1976, 27; LG Ffm DGVZ 2002, 92; AG Hann Nds. Rpfl. 1997, 15. Es können aber bei der Zustellung nach → Vor § 704 Rn. 33 Schwierigkeiten auftreten, LG Ffm DGVZ 2002, 92; AG Ansbach DGVZ 1994, 94. Dasselbe gilt bei einer Zahlung usw. Die Angabe des gesetzlichen Vertreters bei einer in ihrer Nämlichkeit eindeutigen juristischen Person nach → § 50 Rn. 12 wie überhaupt die ausdehnende Auslegung von § 313 I Nr. 1 auf das Vollstreckungsverfahren mag allerdings nicht ausreichen, Köln Rpfleger 1975, 102. Man kann bei einem Vollstreckungstitel gegen „X als gesetzlichen Vertreter des Minderjährigen Y" den ersteren als den Schuldner ansehen, LG Essen Rpfleger 1975, 372. Die Nämlichkeit des Vertreters ändert nichts an der Notwendigkeit der Nämlichkeit des Vertretenen, Ffm WettbR 1997, 187; LG Bln Rpfleger 1978, 106. Der Gerichtsvollzieher beachtet den Mangel, AG Wolfratshausen DGVZ 1975, 47. Er braucht aber zB nicht etwa nach → Vor § 128 Rn. 44 selbst den gesetzlichen Vertreter zu ermitteln. Er gibt vielmehr dem Gläubiger nur nach → Vor § 128 Rn. 46 eine Gelegenheit zur Klärung oder weist den Auftrag erst anschließend notfalls zurück, LG Ffm DGVZ 2002, 92.

Beim **Bevollmächtigten** ist die Zustellung auch der Vollmacht nach § 80 usw. in einer öffentlichen oder 11
öffentlich beglaubigten Urkunde spätestens beim Beginn der Zwangsvollstreckung nötig, BGH NZM 2006, 911.

5. Firma. Bei einer eingetragenen Firma genügt diese im Allgemeinen, BayObLG Rpfleger 1982, 466; KG 12
JurBüro 1982, 784; Köln NJW-RR 1996, 292. Der Gerichtsvollzieher prüft an Ort und Stelle, ob das Gericht ein Unternehmen im Titel in seiner Rechtsform richtig und vollstreckbar bezeichnet hat, AG Gelsenk DGVZ 1988, 45. Freilich braucht er keine komplizierten Ermittlungen usw. vorzunehmen, → Rn. 3.

6. Beispiele zur Frage einer Firmenbezeichnung, I

13
BGB-Außengesellschaft: → Rn. 7.

Deckname: Bei ihm ist eine Umschreibung zwar nicht nötig, aber zulässig.

Einzelkaufmann: Nötig und ausreichend ist die Angabe des Inhabers zur Vollstreckung in sein Privatvermögen, aM § 42 V GVGA.

Firmenänderung: Unschädlich ist eine Namens- oder Firmenänderung, soweit die Nämlichkeit unverändert feststeht, BGH WM 2017, 1214; LG Frankenth DGVZ 1997, 75; LG Hann JurBüro 2005, 275; aM AG Kiel DGVZ 1981, 173 (zu streng).

GmbH: Nicht ausreichend ist ein Titel nur gegen ihren Geschäftsführer zur Zwangsvollstreckung gegen sie, AG Bln-Tempelhof DGVZ 2000, 126. Auch „Löschung".

GmbH & Co. KG: Nicht ausreichend ist ein Titel gegen die GmbH zur Zwangsvollstreckung gegen die KG, BayObLG NJW 1986, 2578.

Handelsgesellschaft: Ausreichend ist grds. die Firma und ihr Sitz, LG Saarbr DGVZ 1997, 183; AG Darmst DGVZ 1978, 48. S. auch bei den einzelnen Gesellschaftsarten.

Juristische Person: Bei einer juristischen Person des öffentlichen Rechts nach → § 50 Rn. 12 kann die Bezeichnung zB einer nichtrechtsfähigen Anstalt ausreichen, LG Bonn Rpfleger 1992, 441.

Keine Eintragung: Bei einer nicht im Handelsregister eingetragenen Firma muss man den Inhaber angeben, KG JurBüro 1982, 784, Köln NJW-RR 1996, 292; LG Frankenth JurBüro 2006, 607. Zweifel gehen jedenfalls dann zulasten des Gläubigers, wenn die Firma beim Eintritt der Rechtshängigkeit nach → § 261 Rn. 1 nicht mehr eingetragen war, KG Rpfleger 1982, 191; Köln NJW-RR 1996, 292; aM AG Mü DGVZ 1982, 172 (der im Vollstreckungstitel mit seinem Privatnamen bezeichnete frühere Inhaber sei dann Schuldner, wenn der Titel auch die Firma angebe. Aber gerade die Firma existierte ja in Wahrheit von Anfang an nicht). Auch „Mehrheit von Inhabern".

KG: Bei ihr genügt ein Titel gegen die Firma.

Löschung: Nach ihr ist eine Umschreibung auf einen Liquidator notwendig, AG Limbg DGVZ 1989, 191.

Mehrheit von Inhabern: Bei ihnen ist mangels einer Eintragung meist § 736 anwendbar.

OHG: Bei ihr genügt ein Titel gegen die Firma.

Umwandlung: LG Kassel NZG 2016, 983 (Ls.).

Vor-GmbH: Wegen der Vor-GmbH und ihres Gründers BayObLG 1987, 448; LG Bln MDR 1987, 855.

Zweifel: → „Keine Eintragung".

7. Personenmehrheit. Es muss stets die Nämlichkeit der an der Vollstreckung Beteiligten klar sein, Bay- 14
ObLG NJW-RR 1986, 564; Mü FGPrax 2015, 257; LG Bonn Rpfleger 1984, 28.

8. Beispiele zur Frage einer Personenmehrheit, I

Erbengemeinschaft: Nicht ausreichend ist ihre bloße derartige Angabe, LG Bln DGVZ 1978, 59. Es kann eine 15
Erbauseinandersetzung nötig sein, Mü FGPrax 2015, 257.

Gemeinschaft: Notwendig ist die Angabe dazu im einzelnen, Mü JurBüro 2016, 101.

Gesamtgläubiger: Man muss sie als solche bezeichnen, Mü JurBüro 2016, 101; LG Frankenth JurBüro 1996, 442.

Gesamtschuldner: → „Schuldnermehrheit".
Gesellschafter: Die Zwangsvollstreckung für und gegen einen Gesellschafter ist nur dann zulässig, wenn der Vollstreckungstitel ihn nicht nach → § 51 Rn. 20 bloß als den gesetzlichen Vertreter nennt, sondern auch als eine Partei, AG Bln-Wedding DGVZ 1978, 14. Die Umschreibung auf einen Gesellschafter ist nach → Anh. § 736 Rn. 2, 4 **unzulässig.**
Hausbesetzer: Zum Problem ihrer Bezeichnung bei unbestimmter Zahl, → § 319 Rn. 17 ff., Köln NJW 1982, 1888; Oldb NJW-RR 1995, 1164.
„Rechtsanwalt X und Partner": Nicht ausreichend ist eine solche bloße Angabe, LG Bonn Rpfleger 1984, 28; LG Gießen DGVZ 1995, 88; großzügiger BGH NJW 1996, 2859.
Schuldnermehrheit: Es ist grds. die Angabe notwendig, ob der Gläubiger sie als **Gesamtschuldner** in Anspruch nimmt oder in welchem Beteiligungsverhältnis sie sonst stehen, LG Bln MDR 1977, 146; AG Bln DGVZ 1977, 25; großzügiger BGH NJW 1995, 1162 (§ 420 BGB als Auslegungsregel). § 428 BGB gilt nicht stets als Auslegungshilfe, aM BGH Rpfleger 1985, 321; KG JurBüro 1999, 439.
Sozietät: Bei einer BGB-Gesellschaftsform muss man wegen ihrer Rechts-, Partei- und Prozessfähigkeit nach BGHZ 146, 341 wie bei → Rn. 7 vorgehen.
Urteilsabweichung: Bei einer solchen zwischen Tenor nach § 313 I Nr. 4 und Rubrum nach § 313 I Nr. 1–3 muss man im Zweifel zugunsten des Vollstreckungsschuldners vorgehen, BayObLG DB 2002, 679.
Verein: Beim nicht rechtsfähigen ist eine Individualisierung des Sondervermögens notwendig, AG Stendal DGVZ 2006, 95.
WEG: Ausreichend ist nach § 9a I 3 WEG die Bezeichnung „Wohnungseigentümergemeinschaft" gefolgt von der bestimmten Angabe des gemeinschaftlichen Grundstücks.

16 **V. Nennung im Vollstreckungstitel, I.** Sie ist wesentliche Bedingung.

17 **1. Grundsatz: Maßgeblichkeit von Titel und Klausel.** Die Zwangsvollstreckung ist ausschließlich für und gegen die im Urteil nach § 313 und in der Klausel nach § 724 Genannten zulässig, AG Bln-Tempelhof DGVZ 2000, 126, auch zB den Prozessstandschafter, LG Darmst Rpfleger 1999, 125; AG Schwetzingen DGVZ 1989, 27; aM Celle Rpfleger 1986, 484 (aber gerade bei ihm muss die Funktion ganz klar feststehen). Ob der Titel sie zu Recht nennt, darf das Vollstreckungsorgan nicht prüfen, Hamm FamRZ 1981, 200. Bei einem Urteil auf eine Leistung an einen Dritten bleibt der Gläubiger der Vollstreckungsberechtigte. Daher darf das Gericht nur ihn im Rubrum nach § 313 I Nr. 1–3 aufführen, AG Schwetzingen DGVZ 1989, 26. Eine Einwilligung in die Zwangsvollstreckung durch einen nicht Genannten kann zwar einen bisherigen Mangel der Zwangsvollstreckung heilen. Das Vollstreckungsorgan handelt aber dann fehlerhaft, wenn es daraufhin die Zwangsvollstreckung vornimmt. Wegen eines Titels nach der AO Köln Rpfleger 1993, 29.

18 **2. Verstoß.** Das Fehlen der ausreichenden Benennung in der Vollstreckungsklausel lässt sich durch nichts ersetzen, Zweibr FamRZ 1986, 1237, auch nicht bei einer sachlich-rechtlichen Duldungspflicht, Brem Rpfleger 1987, 381 (zust. Bischoff/Bobenhausen). Die Vollstreckung ist insoweit unzulässig, wenn auch nach → Vor § 750 Rn. 3 nicht nichtig.

19 **VI. Zustellung des Vollstreckungstitels, I.** Auch dieser Vorgang hat eine wesentliche Bedeutung. In einer Familiensache usw. gilt der inhaltlich entsprechende § 87 II FamFG. Auch bei der Zustellungsfrage hat § 801 (Landesrecht) den Vorrang.

20 **1. Grundsatz: Spätestens bei Vollstreckungsbeginn.** Die Zwangsvollstreckung darf grundsätzlich erst dann beginnen, wenn das Urteil in einer beliebigen schon und noch wirksamen Ausfertigung nach § 317, LG Gött JurBüro 1979, 1388, AG Hann DGVZ 2009, 80, vorher wirksam zugestellt worden ist oder gleichzeitig zugestellt wird (Ausnahmen: §§ 929 III, 936. Das gilt ferner evtl. bei (jetzt) §§ 127, 128 GNotKG, Hamm MDR 1989, 467), § 45 I 1, 2 GVGA, Karlsr FER 1998, 79; LG Detm DGVZ 2014, 240; LG Hann DGVZ 2008, 162. Die Zustellung erfolgt bei einer Gerichtsentscheidung von Amts wegen nach §§ 166 ff., 317 I und bei einem sonstigen Titel sowie freiwillig auch beim Gerichtstitel durch den Gläubiger nach §§ 191–195. Das stellt I 2 klar, Mü OLGZ 1982, 103; LAG Ffm DB 1987, 2575. Der Gläubiger kann an einer solchen Parteizustellung trotz der Amtszustellung ein Interesse haben, etwa zwecks einer Beschleunigung, Ffm MDR 1981, 591; LG Ffm Rpfleger 1981, 204.

2. Beispiele zur Frage einer Zustellung des Vollstreckungstitels, I
21 **Anlage:** → „Bezugnahme".
Anschrift. Dazu Bielau DGVZ 2009, 193 (Grdz.). Die Zustellung erfolgt an die aus dem Erkenntnisverfahren nach §§ 253 ff. bekannte Anschrift des Schuldners oder seines Vertreters nach §§ 170 ff., solange er keine andere nennt und solange die bisherige Anschrift auch nicht als unrichtig geworden bekannt ist, Köln BB 1975, 628. Der Gerichtsvollzieher muss die Nämlichkeit prüfen, LG Görlitz DGVZ 2009, 103. Im Zweifel muss der Gläubiger beweisen, dass die Anschrift stimmt, AG Essen DGVZ 2009, 207, AG Nürnb DGVZ 2009, 103.
Anwaltsvergleich: Auch bei § 796a ist die Zustellung erforderlich.
Aushändigung: → „Notar".
Beschluss: Bei einem Beschluss gelten nach § 329 dieselben Regeln wie bei einem Urteil.
Bezugnahme: Die Zustellung einer in Bezug genommenen Anlage ist auch dann notwendig, wenn der Titel auch ohne sie verständlich ist, Mü NJW-RR 2003, 1722. Erst recht ist die Zustellung der Anlage natürlich dann notwendig, wenn sie zum Verständnis des Titels unentbehrlich ist, Ffm JurBüro 1977, 1781; Mü NJW-RR 2003, 1722.
BGB-Gesellschaft. Dazu Beck NZG 2017, 1178 (Grdz.). Die Zustellung erfolgt an den Geschäftsführer, BGH NJW 2007, 995, hilfsweise an einen Gesellschafter, BGH NJW 2006, 2191.
Bürgschaft: § 751 II.
Einmaligkeit: Trotz der Notwendigkeit einer Zustellung bei jeder Vollstreckungsart genügt jedenfalls eine einmalige Zustellung für die gesamte Zwangsvollstreckung, also für alle folgenden Vollstreckungshandlungen, Hmb NJW-RR 1986, 1501.
Entbehrlichkeit: Eine Zustellung durch den Gläubiger ist entbehrlich, soweit der Schuldner den Vollstreckungstitel schon seinerseits dem Gläubiger hatte zustellen lassen, Ffm MDR 1981, 591.
Erinnerung: → „Weigerung".

Familiengericht: Es kann eine Vollstreckung ohne Zustellung seiner Entscheidung nach § 53 II FamFG dann anordnen, wenn eine Gewaltschutzsache oder ein sonstiges besonderes Bedürfnis dazu besteht, oder nach § 44 III Nr. 1–3 GVGA in einer Ehewohnungssache nach § 200 I Nr. 1 FamFG.
Auch „Gewaltschutz".

Gerichtsvollzieher: Er prüft vor Beginn der Zwangsvollstreckung, ob der Schuldner sämtliche Urkunden erhalten hat, die zur Vollstreckung gehören. Er stellt sie evtl. selbst nach § 44 I GVGA zu. Ist eine Zustellung von Amts wegen erfolgt, ist nach § 33 II GVGA eine zusätzliche auf Gläubigerantrag durch den Gerichtsvollzieher unnötig.

Gesamtschuldner: Bei der Zwangsvollstreckung gegen einen Gesamtschuldner ist keine Vorlage der mit Wirkung gegen einen anderen Gesamtschuldner erteilten Ausfertigung des Vollstreckungstitels notwendig, LG Brem DGVZ 1982, 76; aM AG Mönchengladb DGVZ 1982, 79 (aber es geht jetzt nur um **diesen** Gesamtschuldner).

Gesellschaft: „BGB-Gesellschaft".

Gewaltschutz: Eine gerichtliche Anordnung nach § 1 GewSchG braucht wie jeder Vollstreckungstitel nach § 134 I 2 GVGA eine Zustellung vor Beginn der Vollstreckung an den Schuldner, sofern nicht das Gericht ausdrücklich nach § 216 II 1 FamFG oder nach § 214 I 1 FamFG iVm § 53 II 1 FamFG eine vorherige Vollziehung angeordnet hat. Der Gläubiger kann freilich nach § 134 I 4 GVGA bindend fordern, die Zustellung nicht vor der Vollstreckung durchzuführen.

Höhere Instanz: Aus dem Zweck der Vorschrift folgt, dass auch ein voll bestätigendes Berufungsurteil nach § 540 dann zugestellt worden sein muss, wenn das Ersturteil nicht oder anders vorläufig vollstreckbar war. Denn dann macht erst das bestätigende Berufungsurteil das Ersturteil zu einem Vollstreckungstitel.

Insolvenz: Nach einer Freigabe ist insoweit **keine** neue Titelzustellung nötig, BGH Rpfleger 2006, 424.

Jede Vollstreckungsart: Eine Zustellung ist bei jeder Zwangsvollstreckung notwendig, auch wenn das Prozessgericht selbst vollstreckt. Aber auch „Einmaligkeit".

Kostenfestsetzungsbeschluss: Auch bei § 104 ist die Zustellung erforderlich.

Kurzfassung: „Ohne Tatbestand und Entscheidungsgründe".

Mangel der Zustellung: Nur eine wirksame Zustellung genügt, LG Bielef DGVZ 2003, 93, LG Hann DGVZ 2008, 162; LG Lübeck DGVZ 2005, 141, großzügiger BGHZ 76, 79 (bloße Anfechtbarkeit. Aber der Mangel ist wesentlich). Ein Mangel lässt sich evtl. durch erneute Zustellung nach § 189 heilen, BGHZ 66, 82; Köln JurBüro 2000, 49; Mü OLGZ 1982, 103.

Mehrfache Vollstreckung: Bei ihr ist die einmalige Zustellung vor der ersten Maßnahme erforderlich und ausreichend.

Nämlichkeit: Der Gerichtsvollzieher muss sie prüfen, LG Görlitz DGVZ 2009, 103.

Notar: Eine auf Bitten des Schuldners vom Notar vorgenommene Aushändigung einer vollstreckbaren Ausfertigung der vor ihm errichteten Urkunde steht einer Zustellung wegen der neutralen Stellung des Notars nach § 1 BNotO **nicht** gleich, LG Ffm JurBüro 1993, 750.

Öffentliche Zustellung: Es gelten §§ 185 ff., BGH NJW 2003, 1530; LG Mönchengladb Rpfleger 2007, 36.

Ohne Tatbestand und Entscheidungsgründe: Die Zustellung einer Ausfertigung des Urteils ohne einen Tatbestand und ohne Entscheidungsgründe nach §§ 313a, b genügt nach I 2 Hs. 2 bei einer Amtszustellung nach §§ 166 ff. wie bei einer Parteizustellung nach §§ 191 ff. stets, LAG Ffm DB 1987, 2575.

Parteizustellung: Bei der Parteizustellung nach §§ 191 ff. stellt der Gläubiger dem Vollstreckungsschuldner zu. Es kann aber auch ein anderer Weg erfolgen, BGHZ 65, 296, Ffm Rpfleger 1978, 134; LG Gött JurBüro 1979, 1388. Wichtig ist nur, dass der Schuldner eine sichere Kenntnis von dem Titel erhält, Ffm MDR 1981, 591.

Prozessbevollmächtigter: Die Zustellung muss nach § 172 an den ProzBev. nach § 81 erfolgen, LG Gießen Rpfleger 1981, 26; AG Dorsten DGVZ 1999, 142; Münzberg DGVZ 2000, 177, und zwar auch nach dem Eintritt der formellen Rechtskraft der Entscheidung nach §§ 329, 705, nach § 172 I 2 sogar noch nach Jahr und Tag, LG Detm DGVZ 1999, 61; aM LG Bochum Rpfleger 1985, 33; Biede DGVZ 1977, 75 (diese Zustellungsart sei nur bei § 195 erforderlich. Aber § 172 gilt gerade auch bei der Amtszustellung). Die Zustellung erfolgt an den ProzBev. der Instanz nach §§ 81, 172, LG Köln DGVZ 1990, 122. Es ist keine Zustellung an sich selbst statthaft, KG Rpfleger 1978, 105. Das Vollstreckungsorgan darf die Prozessvollmacht nach § 80 nicht prüfen. Denn diese Zustellung gehört noch zur Instanz. Die Prozessvollmacht erlischt erst nach § 87. Wegen einer Vertretungsbefugnis im Parteiprozess vgl. § 79.

Prozessgericht: → „Jede Vollstreckungsart".

Prozessvergleich: Man kann einen Vergleich nach Anh. § 307 von Amts wegen nach §§ 166 ff. wirksam zustellen, Drsd MDR 1996, 1184; aM Musielak/Voit/Lackmann Rn. 18 (aber warum denn eigentlich nicht?).

Rechtsnachfolger: Er muss den nach § 727 nebst Klausel auf ihn umgeschriebenen Titel zustellen lassen, BGH DGVZ 2007, 60, Hamm Rpfleger 2000, 171.

Register: Ggf. kann bei Titelumschreibung nach § 727 die Beifügung eines Registerauszugs erforderlich sein, BGH Rpfleger 2013, 226; abl. Alff Rpfleger 2013, 183, Wolfsteiner DNotZ 2013, 193).

Sicherheitsleistung: § 751 II.

Sicherungsvollstreckung: Auch bei § 720a ist nach III die Zustellung erforderlich.

Sozialversicherung: Der Leistungsbescheid muss das Datum der Zustellung aufweisen. Andernfalls stellt der Gerichtsvollzieher auf Gläubigerkosten zu, LG Potsd DGVZ 2003, 43.

Unterlassungstitel: Man muss auch die Ordnungsmittelandrohung zustellen, Hmb NJW-RR 1986, 1501.

Vereinfachtes Verfahren: Auch bei §§ 249 ff. FamFG ist die Zustellung erforderlich.

Verzicht: Er ist statthaft, auch schon vor Beginn der Zwangsvollstreckung, AG Montabaur DGVZ 1975, 92.

Vollmacht: Die Mitzustellung einer Vollmacht nach § 80 usw. kann bei einer Unterwerfung auch des Schuldners nötig sein, BGH NJW-RR 2007, 358. Sie kann aber auch ausnahmsweise **entbehrlich** sein, LG Cottbus Rpfleger 2007, 563.

Vollstreckbare Urkunde: Auch bei § 794 I Nr. 5 ist die Zustellung nebst einer Wartezeit nach § 798 erforderlich.

Vollstreckungsbehörde: Ihr Auftrag ersetzt eine Ausfertigung, LG Detm DGVZ 2014, 240.

Vorpfändung: Bei § 845 ist eine Zustellung des Schuldtitels ausnahmsweise nach § 802a II 1 Nr. 5 Hs. 2 entbehrlich.

Vorprozessualer Vergleich: Er reicht allein **nicht** aus, AG Drsd DGVZ 2011, 134.

Weigerung: Bei einer Weigerung des Gerichtsvollziehers, die Zustellung vorzunehmen, hat der Gläubiger die Erinnerung nach § 766 II direkt, AG Nürnb DGVZ 2009, 103, oder doch entsprechend, Midderhoff DGVZ 1982, 24.

Zeitpunkt: Es ist unerheblich, zu welchem Zeitpunkt die Zustellung erfolgt, soweit dieser nur vor dem Beginn der Zwangsvollstreckung liegt. Das letztere muss der Gläubiger dem Vollstreckungsgericht nach §§ 764, 802 stets nachweisen. Der Gerichtsvollzieher darf dann gleichzeitig zustellen, wenn er vollstreckt, Seip AnwBl 1977, 235.

Zug um Zug: § 756.

Zustellvermerk: Der Vermerk nach § 169 I reicht grds. aus, Köln Rpfleger 1997, 31 (aber → § 418 Rn. 9 ff.). Auch beim Vollstreckungsbescheid nach § 699 ist eine Unterzeichnung nötig, LG Cottbus DGVZ 1998, 141.

22 **VII. Zustellung der Vollstreckungsklausel, II.** Eine Zustellung der Vollstreckungsklausel nach §§ 724 ff. von Amts wegen nach § 166 II ist nur in einem jeden der folgenden Fälle → Rn. 22, 24 notwendig. Eine solche nach (jetzt) § 184 reicht, LG Bln NJW 1989, 1434. Stattdessen genügt freilich nach I 2 eine Parteizustellung nach §§ 191–195, LG Ffm AnwBl 1981, 198.

23 **1. Andere Bedingung als diejenige einer Sicherheitsleistung.** Die Zustellung ist bei § 726 I notwendig, also nach § 45 I 3 Nr. 2 GVGA dann, wenn die Zwangsvollstreckung gerade durch eine andere Tatsache als eine Sicherheitsleistung bedingt ist, BGH Rpfleger 2005, 548; Hmb NJW-RR 1986, 1501.

24 **2. Rechtsnachfolge.** Die Zustellung ist ferner bei §§ 727–729, 738, 742, 744, 744a, 745 II, 749 nach § 45 I 3 Nr. 1 GVGA notwendig, BGH NJW 2017, 411; LG Stgt DGVZ 2001, 119; Hintzen Rpfleger 2014, 455. Das gilt also dann, wenn eine Rechtsnachfolge wirklich stattfindet oder unterstellt wird.

25 **Entbehrlich** ist die Zustellung der Vollstreckungsklausel nach § 45 II 2 GVGA dann, wenn ein Grundstückseigentümer sich nach § 794 I Nr. 5 wegen einer Grundstückbelastung der sofortigen Zwangsvollstreckung unterworfen hat und wenn der Rechtsnachfolger des Gläubigers und Inhaber einer vollstreckbaren Ausfertigung der Urkunde im Grundbuch als Gläubiger eingetragen ist, oder nach §§ 799, 800, § 45 II 3 GVGA dann, wenn die Unterwerfung gegen den jeweiligen Grundeigentümer zulässig sein soll, wenn das im Grundbuch miteingetragen steht und wenn der Rechtsnachfolger des Schuldners bereits im Grundbuch als Eigentümer eingetragen ist.

26 **3. Ausführung.** Die Zustellung erfolgt einzeln oder zusammen mit dem Urteil oder Beschluss, Mü OLGZ 1982, 101, einzeln aber nur dann, wenn die Beziehung zum Vollstreckungstitel eindeutig feststeht, wenn die Vollstreckungsklausel also aus sich heraus verständlich ist. Wenn der Rpfl. die Klausel auf urkundliche Nachweise hin erteilt hat, muss man nach § 45 II 1 GVGA auch diese Urkunden mit ihrem vollständigen Wortlaut zustellen, AG Bln-Schöneberg DGVZ 1995, 190; AG Pirma DGVZ 2010, 135. Das muss in einer beglaubigten Abschrift oder Ablichtung usw. geschehen, Hamm Rpfleger 1994, 173 (krit. Hintzen/Wolfsteiner Rpfleger 1994, 511); LG Stgt DGVZ 2001, 119; AG Bochum DGVZ 2003, 63; strenger LG Saarbr DGVZ 2004, 93 (evtl. sogar das Original. Aber II spricht klar nur von „Abschrift", → Einl. II Rn. 76). Ihre Nichterwähnung in der Klausel macht die Zustellung aber nach → § 726 Rn. 7 nicht ungültig. Wenn die Urkunden vollständig in der Klausel stehen, ist ihre besondere Zustellung entbehrlich, LG Bonn Rpfleger 1998, 34; Scheld DGVZ 1982, 162. Die zusätzliche Zustellung einer vollständigen Ablichtung oder Abschrift der Urkunden wäre dann ja eine unnötige Wiederholung. Das gilt aber nur dann, wenn die Urkunden wirklich vollständig in der Klausel stehen, also mit Kopf, Unterschrift, Siegelvermerk usw. Eine nur sinngemäße Aufnahme genügt allerdings nicht. Bei einer Verschmelzung ist keine Zustellung eines Registerauszugs nötig, BGH NJW 2017, 411.

27 Die Zustellung kann **im Übrigen getrennt** erfolgen. Alle diese Zustellungen, also auch derjenigen Urkunden, die eine Rechtsnachfolge des Gläubigers nach § 727 ergeben, sind spätestens mit dem Beginn der anschließenden Zwangsvollstreckung notwendig, aber auch → Vor § 750 Rn. 4, 5, BGH Rpfleger 2013, 226. Das Vollstreckungsorgan prüft die Wirksamkeit der Klausel nicht, BGH FamRZ 2013, 128; Hamm NJW-RR 1987, 957; LG Drsd DGVZ 2012, 54 (Insolvenz, Freigabe), strenger AG Hmb-Altona DGVZ 2012, 55. Bei einer Kündigung muss man deren Wirksamkeitszeitpunkt abwarten. Bei einem Scheidungsvergleich ohne eine Angabe des Zahlungsbeginns kann man die Zustellung einer solchen Vollstreckungsklausel fordern, die durch einen Rechtskraftbescheid ergänzt wurde. Eine Zustellung nach § 172 oder nach § 195 genügt. § 189 ist anwendbar, BGH NJW 2017, 411. Eine Nachholung der Zustellung ist möglich, BGH NJW-RR 2017, 57, freilich nicht rückwirkend.

28 **Gebühr** des Anwalts: § 25, VV 3309, 3310 RVG.

29 **VIII. Wartefrist, III.** Die Vorschrift ist „Verzicht des Schuldners" nicht abdingbar, Schilken DGVZ 1997, 84 (Vorabverzicht). Eine Wartefrist besteht nach III nur bei einer Zwangsvollstreckung nach § 720a, LG Bln MDR 1987, 65; LG Darmst DGVZ 1989, 120; LG Düss JurBüro 1998, 436 (wegen eines Kostenfestsetzungsbeschlusses gilt § 798). Entgegen dem insoweit missverständlichen Wortlaut erfasst III nur die Klausel der §§ 726 I, 727 ff., 750 II, nicht auch die einfache Klausel nach I (BGH Rpfleger 2015, 548; aA Düss DGVZ 1997, 42; Hamm NJW-RR 1998, 88; LG Düss JurBüro 1998, 436. Die Wartefrist berechnet sich ab Zustellung nur des Urteils – im Fall des I oder auch der Klausel – im Fall des II (BGH Rpfleger 2005, 547; Anders 79. Aufl.).

30 Man berechnet die **Frist** nach § 222. Sie ist keine Notfrist nach § 224 I 2. Vgl. ferner → § 798 Rn. 11. Ein vorläufiges Zahlungsverbot nach § 845 ist allerdings schon **vor** dem **Ablauf der Wartefrist** des III statthaft, Köln DGVZ 1989, 40; AG Mü DGVZ 1986, 47.

31 **Weitere Wartefristen** ergeben sich aus → § 798 Rn. 3–10.

32 **IX. Rechtsbehelf: Erinnerung.** Bei einem Verstoß kann der Schuldner und in eigenen Rechten betroffene Dritte die Erinnerung nach § 766 einlegen, AG Nürnb DGVZ 2009, 103. Anschließend ist die sofortige Beschwerde nach § 793 möglich. Eine zunächst fehlerhaft eingetragene Sicherungshypothek nach § 867 kann ihren Rang dann wirksam behalten, wenn die fehlende Zustellung folgt, Schlesw NJW-RR 1988, 700.

751 ***Bedingungen für Vollstreckungsbeginn.*** **I Ist die Geltendmachung des Anspruchs von dem Eintritt eines Kalendertages abhängig, so darf die Zwangsvollstreckung nur beginnen, wenn der Kalendertag abgelaufen ist.**

II **Hängt die Vollstreckung von einer dem Gläubiger obliegenden Sicherheitsleistung ab, so darf mit der Zwangsvollstreckung nur begonnen oder sie nur fortgesetzt werden, wenn die Sicherheitsleistung durch eine öffentliche oder öffentlich beglaubigte Urkunde nachgewiesen und eine Abschrift dieser Urkunde bereits zugestellt ist oder gleichzeitig zugestellt wird.**

I. Systematik, I, II. → Vor § 750 Rn. 1. Die Vorschrift gilt auch bei § 850d III, Hamm FamRZ 1994, 454, LG Flensb FamRZ 2004, 1224. Sie gilt nicht im schiedsrichterlichen Verfahren nach §§ 1025 ff., Mü SchiedsVZ 2007, 164, weil das Vollstreckbarerklärungsverfahren ein besonderes Erkenntnisverfahren ist. 1

II. Regelungszweck, I, II. Es soll vor der Fälligkeit des Anspruchs auch keine Vollstreckung geben, Mü Rpfleger 2016, 96; LG Flensb FamRZ 2004, 1224. Die Erwägungen → § 750 Rn. 2 gelten auch hier. 2

III. Kalendertag, I. Ein Grundsatz hat mancherlei Auswirkungen. Er tritt zu den allgemeinen Vollstreckungsvoraussetzungen wie zB der §§ 721, 750 III, 765a, 798, 798a hinzu, BGH NJW 2017, 2469 (zB bei einer Sicherungsgrundschuld). 3

1. Grundsatz: Zulässigkeit seit Ablauf. Der im Urteil zugesprochene Anspruch mag von dem Eintritt eines Kalendertags abhängen, also nur von einem nach dem Kalender ermittelbaren Tag (Beispiel: „10 Tage nach Ostern 2019"), LAG Nürnb MDR 1997, 752. Dann ist der Eintritt dieses Kalendertags eigentlich eine urteilsmäßige Voraussetzung der Zwangsvollstreckung. Aus praktischen Gründen bringt das Gesetz diesen Eintritt jedoch nicht unter die Regelung des § 726, sondern behandelt ihn wie eine förmliche Voraussetzung. Das Gesetz lässt die Zwangsvollstreckung zu, sobald der Kalendertag abgelaufen ist, LG Flensb FamRZ 2004, 1224 (auch bei einer Dauerpfändung). Wenn der Gläubiger vorher vollstreckt, verlangt er einen solchen Rang, der ihm noch nicht zukommt. Daher hat der Dritte dann abweichend von den Grundsätzen → Vor § 750 Rn. 6 die Möglichkeit einer Erinnerung nach § 766. 4

Das Gericht darf die vollstreckbare Ausfertigung nach §§ 724 ff. jedoch schon **vor** dem Eintritt des **Kalendertags** erteilen, Mü Rpfleger 2016, 97. Das gilt auch bei einer bedingten Verurteilung mit einer Fristsetzung aus § 510b. Dann braucht der Gläubiger nicht nachzuweisen, dass der Schuldner die urteilsmäßige Handlung versäumt hat. § 726 ist dann unanwendbar. Das Vollstreckungsorgan darf aber beim eindeutigen Fehlen einer Zeitbestimmung dem Titel keine solche beilegen, Köln NJW-RR 1986, 159. 5

Unanwendbar ist I dann, wenn die Fälligkeit nicht von einem Kalendertag abhängt, zB bei einer Leistung drei Wochen nach der Zustellung oder dem Verzug oder der Rechtskraft (Ausnahme: § 510b). Unklar insoweit BGH NJW 2017, 2469, wonach „6 Monate nach Kündigung" genügen könnte. Zur Problematik bei einer Sicherungsgrundschuld Schmid/Voss DNotZ 2008, 755. 6

2. Auswirkungen. Der Grundsatz → Rn. 3 ist auch bei der Klage auf eine künftige Leistung nach §§ 257 ff. anwendbar, Hamm FamRZ 1980, 391; LG Kassel WuM 1977, 255, oder bei einer Räumungsfrist nach § 721 oder bei einem künftigen Anspruch nach § 795. Bei Renten usw. ist eine Zwangsvollstreckung aus Zweckmäßigkeitsgründen auch wegen der künftig fällig werdenden Beiträge möglich. Das gilt aber nicht auch bei einer beweglichen Sache, LG Bln Rpfleger 1978, 335. Der Pfändungsbeschluss nach § 829 muss die Bemerkung enthalten, dass die Pfändung wegen solcher Beträge erst mit demjenigen Tag wirksam wird, der auf den Fälligkeitstag folgt, Hamm FamRZ 1994, 454; AG Hmb-Harbg NJW-RR 2003, 149; aM Köln FamRZ 1983, 1260, LG Bln Rpfleger 1982, 434 (aber die Zeitfrage muss eine ganz eindeutige Klärung erhalten). Ist der Kalendertag ein Sonntag oder ein allgemeiner Feiertag nach → § 188 Rn. 4, muss nach § 193 BGB der nächste Werktag abgelaufen sein, MüKoZPO/Heßler Rn. 13; Musielak/Voit/Lackmann Rn. 4; aM Zöller/Seibel Rn. 2 (aber die Vorschrift gilt allgemein). Über die Wirkung eines Verstoßes → Vor § 750 Rn. 3–5. 7

IV. Sicherheitsleistung, II. Sie ist eine wesentliche Bedingung. 8

1. Grundsatz: Notwendigkeit des Urkundennachweises. Hängt die Zwangsvollstreckung davon ab, dass der Gläubiger eine Sicherheit nach §§ 709, 711, 712 II leistet, darf das Gericht zwar die Vollstreckungsklausel nach §§ 724 ff. vor der Leistung erteilen, LG Stgt Rpfleger 2000, 539. Die Zwangsvollstreckung darf aber erst dann nach → Vor § 704 Rn. 43 beginnen oder zB bei §§ 709 S. 2, 720a nur dann fortlaufen, wenn der Gläubiger die Sicherheitsleistung durch eine öffentliche oder öffentlich beglaubigte Urkunde nach → § 415 Rn. 1, 2 nachgewiesen hat, vgl. BGH NJW-RR 2017, 1274 LG Mannh WM 2009, 1976, und wenn der Gerichtsvollzieher nach § 45 III 1 GVGA dem Schuldner eine Ablichtung oder Abschrift der Urkunde vorher oder gleichzeitig nach → § 750 Rn. 26 zugestellt hat, BGH NJW 2008, 3220. Bei einem Verstoß steht die Zwangsvollstreckung nach → Vor § 750 Rn. 3–5 einer solchen gleich, die vor der Zustellung des Urteils erfolgt war. Einzelheiten § 48 I GVGA. 9

Eine **nachträgliche** Sicherheitsleistung oder ein weiterer ohne eine Sicherheitsleistung vorläufig vollstreckbarer Titel können heilen. Die Aufrechnung mit einem Kostenerstattungsanspruch ist erst nach der Hinterlegung zulässig, LG Aachen NJW-RR 1987, 1406, und nach der Zustellung der sie nachweisenden Urkunde. Die Zustellung der Vollstreckungsklausel ist dann allerdings entbehrlich. Bei einer Hinterlegung nach → § 108 Rn. 9 steht die Sicherheitsleistung nicht schon durch denjenigen Postschein fest, der die Absendung an die Hinterlegungsstelle bescheinigt. Denn dieser Schein beweist weder die Ankunft noch die Annahme. Es ist vielmehr nach dem jeweiligen Landesrecht grundsätzlich eine Bescheinigung der Hinterlegungsstelle über die Annahme des Betrages erforderlich. 10

2. Ausnahmen. Der Gerichtsvollzieher muss von dem Nachweis einer Sicherheitsleistung in folgenden Fällen absehen: Ab formeller Rechtskraft der Entscheidung nach § 705 nebst zugehörigem Zeugnis nach § 706 I, § 48 II Nr. 1 GVGA; ab Erhalt eines vorläufig vollstreckbaren Berufungsurteils nach § 708 Nr. 10, § 48 II Nr. 2 GVGA; ab Erhalt einer solchen Entscheidung, die die vorläufige Vollstreckbarkeit ohne Sicherheitsleistung nach §§ 537, 558, 718, § 48 II Nr. 3 GVGA erlaubt; bei einer bloßen Sicherungsvollstreckung nach §§ 720a, 795 S. 2, § 48 II Nr. 4 GVGA. 11

3. Bürgschaft. Über eine Sicherheitsleistung durch eine Bürgschaft → § 108 Rn. 12, Hamm MDR 1975, 763; Kblz Rpfleger 1993, 355. Wenn ein freiwilliger Bürgschaftsvertrag vorliegt, wenn also nicht nur der Gläubiger das Seine getan hat, um die Bürgschaft zu leisten, wäre die Einhaltung der Zustellungsvorschrift II bloßer Formalimus, AG Freibg DGVZ 1989, 46. Der Schuldner besitzt ja die Bürgschaftsurkunde. Sonst genügt es nach § 45 III 2 GVGA, dass der Gerichtsvollzieher sie ihm bei dem Beginn der Zwangsvollstreckung 12 aushändigt oder zustellt, BGH NJW 2008, 3220; Hmb MDR 1982, 588; Köln OLGR 2007, 481. Dann ist die Bürgschaftsform für die Zwangsvollstreckung unerheblich. Wäre selbst die vom Gericht etwa vorgeschriebene Form verletzt, läge eine vereinbarte Sicherheit vor, § 108.

13 Wenn die Parteien aber keinen freiwilligen Vertrag vereinbart haben, sondern wenn ein **Zwangsvertrag** nach → § 108 Rn. 15 vorliegt, kann der Schuldner nicht wissen, ob ein Vertrag überhaupt zustande gekommen ist, solange ihm unbekannt bleibt, ob der Bürge seinerseits sämtliche Voraussetzungen erfüllt hat. Deshalb muss ihm der Gläubiger zur Vollstreckung die Bürgschaftsurkunde in öffentlicher oder öffentlich beglaubigter Form zustellen.

14 Die Zustellung oder formlose Übersendung einer **einfachen Abschrift** oder Kopie reicht **nicht.** Denn sie erfüllt den Sinn der Sicherheitsleistung nicht, nämlich den Schutz vor einer unberechtigten Vollstreckung. Der Schuldner könnte ja nach → § 108 Rn. 22 nur als Besitzer der Urkunde im Original usw. mit einer Erfolgsaussicht vorgehen.

15 Freilich braucht der Gläubiger die Bürgschaftsurkunde **nicht zu hinterlegen.** § 750 II soll aber dem Schuldner eine volle Sicherheit für die Erfüllung der Voraussetzungen der Zwangsvollstreckung geben. Würde man die Vorschrift anders als hier handhaben, würde sie das nach → § 108 Rn. 26 nicht gewährleisten, Hmb MDR 1982, 588, LG Augsb Rpfleger 1998, 166; Thomas/Putzo/Hüßtege § 108 Rn. 11; aM Düss MDR 1978, 489; Ffm NJW 1978, 1442; Kblz MDR 1993, 470 (nötig sei nur ein Nachweis der Übergabe oder der Zustellung der Urkunde an den Schuldner durch eine öffentlich beglaubigte Urkunde oder die Übergabe oder die Zustellung der Bürgschaftserklärung beim Beginn der Zwangsvollstreckung. Aber der Sicherungszweck lässt sich nicht ohne die obigen Förmlichkeiten erreichen.).

16 Aber auch hierzu → § 108 Rn. 12 ff. Der Schuldner kann auf die Voraussetzungen dieser Vorschrift **verzichten.** Ein solcher Verzicht liegt nicht schon in seinem bloßen Schweigen.

17 **V. Verstoß, I, II.** Ein Verstoß macht die Vollstreckung nicht unwirksam, sondern nach → Vor § 704 Rn. 48, 50 anfechtbar, Düss DGVZ 1990, 156.

18 **VI. Rechtsbehelf: Erinnerung, I, II.** Rechtsbehelfsbelehrung, Verstoß: §§ 232, 233 S. 2. Der Betroffene kann die Erinnerung nach § 766 einlegen. Anschließend ist die sofortige Beschwerde nach § 793 möglich.

752 ***Sicherheitsleistung bei Teilvollstreckung.*** **[1]Vollstreckt der Gläubiger im Fall des § 751 Abs. 2 nur wegen eines Teilbetrages, so bemisst sich die Höhe der Sicherheitsleistung nach dem Verhältnis des Teilbetrages zum Gesamtbetrag. [2]Darf der Schuldner in den Fällen des § 709 die Vollstreckung gemäß § 712 Abs. 1 Satz 1 abwenden, so gilt für ihn Satz 1 entsprechend.**

1 **I. Systematik, S. 1, 2.** Die Vorschrift stellt eine Ergänzung der in ihr genannten Bestimmungen zwecks Erleichterung einer nach § 751 II erfolgenden Vollstreckung dar. Sie gilt für jede Art der Zwangsvollstreckung wegen einer Geldforderung.

2 **II. Regelungszweck, S. 1, 2.** Die Möglichkeit einer Teilvollstreckung hat Vor- und Nachteile. Sie kann zu einer Entlastung führen, aber auch zur Belastung aller Beteiligten, falls der Gläubiger den Schuldner wie den Gerichtsvollzieher und die weiteren Vollstreckungsorgane durch eine Zerlegung des Vollstreckungsauftrags immer wieder beschäftigt. Ein Rechtsmissbrauch nach → Einl. II Rn. 103 setzt die Grenze des nach § 752 Zulässigen.

3 **III. Geltungsbereich, S. 1, 2.** Die Vorschrift erfasst in S. 1 alle Fälle des § 751 II, in S. 2 nur die Situationen einer Teilvollstreckung aufgrund eines nach §§ 709, 712 I 1 zu beurteilenden Vollstreckungstitels. Sie gilt auch im WEG-Verfahren. Sie gilt **nicht** bei § 720a.

4 **IV. Voraussetzungen, S. 1.** Es müssen zunächst die in → § 751 Rn. 7–15 genannten Voraussetzungen vorliegen. Sodann muss die Vollstreckung wegen eines bloßen Teilbetrags technisch schon und noch möglich sein. Infrage kommt auch die bloße Hauptforderung, zum Problem Rehbein Rpfleger 2000, 55. Ferner muss sie auch nach den in → Rn. 2 genannten Regeln und in ihren Grenzen rechtlich zulässig sein. Schließlich muss der Gläubiger den Vollstreckungsauftrag nach → § 754 Rn. 10, 12 eindeutig und wirksam auf eine bezifferten oder klar bezifferbaren Teilbetrag beschränkt haben.

5 **V. Voraussetzungen, S. 2.** Es muss sich um einen solchen Vollstreckungstitel nach § 709 handeln, dem der Schuldner gerade nach § 712 I 1 begegnen darf. Im Übrigen gilt → Rn. 4.

6 **VI. Bemessung der Teilsicherheit, S. 1, 2.** Dazu § 48 I GVGA (ausf.): Soweit eine Teilvollstreckung nach → Rn. 4, 5 zulässig ist, braucht man nur eine bloße Teilsicherheit zu erbringen. Das Verhältnis der zu vollstreckenden Teilforderung (zB 1.000 EUR) zur Gesamtforderung (zB 10.000 EUR) entspricht dem Verhältnis der zu leistenden Teilsicherheit (zB 1.100 EUR) zur angeordneten Gesamtsicherheit (zB 11.000 EUR). Im Übrigen gelten §§ 108 ff. wie sonst. Zur Berechnung Nies MDR 2000, 132, Rehbein Rpfleger 2000, 57.

753 ***Vollstreckung durch Gerichtsvollzieher; Verordnungsermächtigung.*** **I Die Zwangsvollstreckung wird, soweit sie nicht den Gerichten zugewiesen ist, durch Gerichtsvollzieher durchgeführt, die sie im Auftrag des Gläubigers zu bewirken haben.**

II [1]Der Gläubiger kann wegen Erteilung des Auftrags zur Zwangsvollstreckung die Mitwirkung der Geschäftsstelle in Anspruch nehmen. [2]Der von der Geschäftsstelle beauftragte Gerichtsvollzieher gilt als von dem Gläubiger beauftragt.

III [1]Das Bundesministerium der Justiz und für Verbraucherschutz wird ermächtigt, durch Rechtsverordnung mit Zustimmung des Bundesrates verbindliche Formulare für den Auftrag einzuführen. [2]Für elektronisch eingereichte Aufträge können besondere Formulare vorgesehen werden.

IV [1]Schriftlich einzureichende Anträge und Erklärungen der Parteien sowie schriftlich einzureichende Auskünfte, Aussagen, Gutachten, Übersetzungen und Erklärungen Dritter können als elektronisches Dokument beim Gerichtsvollzieher eingereicht werden. [2]Für das elektronische Dokument

gelten § 130a, auf dieser Grundlage erlassene Rechtsverordnungen sowie § 298 entsprechend. [3]Die Bundesregierung kann in der Rechtsverordnung nach § 130a Absatz 2 Satz 2 besondere technische Rahmenbedingungen für die Übermittlung und Bearbeitung elektronischer Dokumente in Zwangsvollstreckungsverfahren durch Gerichtsvollzieher bestimmen. [4]Im Übrigen gilt § 174 Absatz 3 und 4 entsprechend.

[V] **§ 130d gilt entsprechend.**

Schrifttum: Becker-Eberhard DGVZ 2018, 129 (Grdz. zur DSGVO); Fischer DGVZ 2018, 53 (elektronischer Gerichtsvollzieher); Glenk NJW 2014, 2315 (Grdz.); Hasenjäger, Weisungsbefugnis des Gläubigers? usw., 1993; Hesterberg, DGVZ 2018, 136 (elektronischer Gerichtsvollzieher); Hintzen, Vollstreckung durch den Gerichtsvollzieher, 5. Aufl 2020; Hippeli, Privatisierung des Gerichtsvollzieherwesens, 2013; Nesemann ZZP 119, 87 (historisch und rechtspolitisch); Oerke, Gerichtsvollzieher und Parteiherrschaft usw., 1991; Strehlau-Weise, Rechtsstellung und Aufgabenbereich des Gerichtsvollziehers usw., 1996. Rechtspolitisch auch Fischer DGVZ 2017, 1 (ausf.), Mroß DGVZ 2015, 121 (Hochschulausbildung?). Europarechtlich Brunner DGVZ 2010, 52; Hess DGVZ 2010, 45.

I. Systematik, §§ 753–763. Die Vorschriften regeln einen wichtigen Teil, aber keineswegs alle Einzelheiten des wichtigsten Vollstreckungsorgans. Ergänzend gelten zahlreiche Bestimmungen, zB §§ 766, 807 ff., 825, 899 ff. Aus der starken Stellung des Gerichtsvollziehers nach → Rn. 3 ff. folgt seine erhebliche Haftung nach → Rn. 11. 1

II. Regelungszweck, §§ 753–763. Das Gesetz muss dem Gläubiger zur notfalls zwangsweisen Durchsetzung des Vollstreckungstitels vielfach ein Vollstreckungsorgan zur Verfügung stellen, VG Stgt DGVZ 2012, 189. Das folgt nach → Einl. II Rn. 20 schon aus dem Rechtsstaatsprinzip des Art. 20 GG als Grundlage des staatlichen Gewaltmonopols. Der Gerichtsvollzieher ist im Sinne einer Auffangzuständigkeit für alle Vollstreckungsarten zuständig, soweit keine Ausnahme geregelt ist. Er darf etwa bei der Zwangsöffnung nach § 758 II oder beim Abtransport und der Zwischenlagerung von Räumungsgut nach § 885 II, III Privatfirmen zumindest mit Teilen der Vorbereitung und Durchführung kraft Beleihung betrauen. Natürlich verdient auch der Schuldner einen Schutz durch eine seine Würde nach Art. 1, 2 GG und seine wirklichen Bedürfnisse achtende Behandlung, VG Stgt DGVZ 2012, 189. Das gilt auch bei der Anwendung von §§ 753 ff. 2

III. Stellung des Gerichtsvollziehers, I. Das G v. 29.7.2009, BGBl. I 2258, regelt seine Stellung keineswegs gesetzlich umfassend und befriedigend, Köhler DGVZ 2002, 85, Scholz DGVZ 2003, 110 (auch rechtspolitisch fragwürdig zum staatlich beliehenen freien Beruf, der verfassungsgemäß sei; dagegen mit Recht Pilz DGVZ 2010, 73). Rechtspolitisch Gietmann DGVZ 2015, 185, Mroß DGVZ 2015, 181 und 183, Seif DGVZ 2015, 188. Es gibt zB die bundeseinheitlich geregelte landesrechtlichen Geschäftsanweisungen für Gerichtsvollzieher (GVGA), zuletzt geändert zum 1.1.2019, Sie binden den Gerichtsvollzieher, VGH Mü DGVZ 2004, 25, bis zu einer abweichenden Weisung des Gläubigers als des Herrn der Zwangsvollstreckung, BGH ZIP 2018, 293, oder bis zur Rechtskraft oder vorläufigen Vollstreckbarkeit einer abweichenden Entscheidung des Gerichts. Sie binden auch die mit dem Gesetz befassten Verwaltungsstellen, Köhler DGVZ 1984, 77 (zum alten Recht). 3

Der Gerichtsvollzieher muss sein Amt nach § 3 GVO grundsätzlich **persönlich** ausüben. 4

Eine **Verteilungsstelle** für die Gerichtsvollzieheraufgaben existiert nach § 22 I GVO bei jedem AG. Sie leitet die Aufträge nach den Regeln der §§ 22–28 GVO weiter, sofern ein Auftrag nicht nach § 22 II 2 GVO statthafterweise direkt an einen Gerichtsvollzieher erging. Sie kann von den Zuteilungsregeln nach § 22 III 1 GVO aus besonderen Gründen abweichen. Das kann der Gläubiger dort auch anregen. Sie wird für den Auftraggeber nach § 22 VI GVO kostenlos tätig. Sie sorgt nach § 26 GVO im Eilfall für rasche Bearbeitung. Sie überwacht nach §§ 27, 28 GVO einen ruhenden Auftrag. 5

1. Organ der Rechtspflege. Der Gerichtsvollzieher handelt bei der Zwangsvollstreckung nicht als ein Vertreter des Gläubigers nach § 164 BGB, BGH ZIP 2018, 293; BVerwG NJW 1983, 897; LG Menningen MDR 2018, 176, oder als ein Dienst- oder Werkverpflichteter nach→ GVG Vor § 154 Rn. 4, AG Düss DGVZ 1981, 90. Er amtiert vielmehr aus den Gründen → Rn. 2 als ein öffentlicher Beamter, BGH ZIP 2018, 293, VG Freibg NVwZ-RR 2005, 598; Gilleßen/Polzius DGVZ 2001, 6 (Vertreter des Fiskus beim Verwahrvertrag). Er übt die Zwangsgewalt des Staats unter eigener Verantwortung aus, BGH ZIP 2018, 293, BVerwG NJW 1983, 897; AG Saarbr DGVZ 2001, 91; aM Brdb DGVZ 1997, 123 (Verwahrung. Aber das ist viel zu eng.). Er ist trotz seiner Dienstbezeichnung zwar kein Gerichtsorgan, wohl aber nach § 1 S. 1 GVO ein selbständiges Organ der Rechtspflege, BGH ZIP 2018, 293; BVerwG NJW 1983, 897, Götze/Schröder DGVZ 2009, 1. Seine Tätigkeit ist manchmal ein früher gerichtliches Verfahren, zB bei der Abnahme der Vermögensauskunft nach §§ 802c ff. Zur Unabhängigkeit Mroß DGVZ 2015, 213 (Tagungsbericht). 6

Das **Schuldnerinteresse** ist nach § 58 I 1 GVGA zu beachten, soweit das ohne Gefährdung des Vollstreckungserfolgs möglich ist. Der Gerichtsvollzieher vermeidet nach § 58 I 2 GVGA jede unnötige Schädigung oder Kränkung des Schuldners und jedes überflüssige Aufsehen. 7

2. Ermessen. Er handelt zwar nicht in richterlicher Unabhängigkeit, BVerwG NJW 1983, 897, sondern als ein an sich weisungsgebundener Beamter, VGH Mü DGVZ 2003, 22; VG Freibg NVwZ-RR 2005, 598. Unmittelbarer Dienstvorgesetzter ist nach § 1 S. 3 GVO der aufsichtsführende Richter des AG. Diese Gebundenheit mag sich evtl. sogar teilweise auf die Art der Gebührenerhebung erstrecken. Eine diesbezügliche Dienstanweisung lässt sich verwaltungsgerichtlich überprüfen, VGH Mü DGVZ 2003, 123. Er amtiert andererseits oft innerhalb eines solchen Spielraums von pflichtgemäßem Ermessen, KG MDR 1982, 155. Das darf die Dienstaufsicht keineswegs einschränken, AG Kassel DGVZ 1989, 158. Er kann eine Einzelanweisung anfechten und gegen Allgemeinweisungen eine Feststellungsklage beim Verwaltungsgericht erheben, VG Freibg NVwZ-RR 2005, 598. Zu seinem Ermessen, seiner Wertungsbefugnis und deren Grenzen grundsätzlich Schneider DGVZ 1989, 145 (Grdz.), Zeiss DGVZ 1987, 145. Er kann zB dann einen dritten Vollstreckungsversuch machen, wenn er sich davon Erfolg verspricht, AG Hanau DGVZ 1990, 77. Er darf aber von einem sinnlosen Versuch absehen, LG Kblz DGVZ 1996, 12. Zum möglichst reibungslosen Zusammenarbeiten mit der Anwaltschaft Scherf DGVZ 2015, 77. 8

9 **3. Rechtschutzbedürfnis.** Der Gerichtsvollzieher muss das Rechtsschutzbedürfnis beachten. Es kann zB bei einer wegen ihrer Vermögenslosigkeit gelöschten Schuldner-GmbH dann fehlen, wenn der Gläubiger keinen bestimmten Hinweis auf doch noch vorhandene Werte gibt, AG Hannoversch-Münden DGVZ 2002, 188. Er kann mangels eines Rechtschutzbedürfnisses nach wiederholten vergeblichen Bemühungen evtl. die Vollstreckung einstweilen einstellen und die Unterlagen dem Gläubiger zurückgeben, AG Köln DGVZ 1995, 156.

4. Beispiele zur Frage der Stellung des Gerichtsvollziehers, I

10 **Ablehnung:** Sie ist nach → § 49 Rn. 9 unstatthaft.

Andere Aufgaben: Man muss stets mitbedenken, dass der Gerichtsvollzieher neben einer Zwangsvollstreckung auch noch andere Aufgaben hat, BVerwG NJW 1983, 900.

Anwesenheit des Gläubigers: Der Gerichtsvollzieher muss sie ihm auf dessen Wunsch gestatten und schon deshalb den voraussichtlichen Vollstreckungszeitplan baldmöglichst mitteilen, KG DGVZ 1983, 72; LG Hof DGVZ 1991, 123; LG Münst NJW-RR 1991, 1407; aM LG Kassel DGVZ 1988, 173 (aber der Gläubiger ist Beteiligter). Auch → „Versteigerungszeitpunkt".

Außenwirtschaft: Der Gerichtsvollzieher muss ihre Vollstreckungsbeschränkungen nach → SchlAnh IV Einl. Rn. 3 ff. beachten.

Ausschließung: Eine Ausschließung richtet sich nach § 155 GVG, § 19 GVO.

Beginn der Vollstreckung: Der Gerichtsvollzieher muss trotz seiner Beamtenstellung doch zB auch beim Beginn der Zwangsvollstreckung evtl. eine Weisung des Gläubigers mitbeachten, AG Straubing Rpfleger 1979, 72. Vor dem Beginn setzt der Gerichtsvollzieher den Schuldner nach § 59 I 1 GVGA grds. nicht in Kenntnis. Er geht aber evtl. nach § 58 I 2 GVGA gemäß § 802f I 1 vor. Er kann den Schuldner nach § 59 I 3 GVGA zu einem Leistungsnachweis in kurzer Frist auffordern, falls er dessen Leistungsbereitschaft vermuten darf und falls hohe Vollstreckungskosten drohen. Er fordert auch sonst den angetroffenen Schuldner zunächst nach § 59 II 1 GVGA zur Leistung auf. Bei dessen Abwesenheit darf er einen angetroffenen Erwachsenen nach § 59 II 2 GVGA fragen, ob dieser für den Schuldner leisten darf und will.

Beratung: Zur beratenden Tätigkeit des Gerichtsvollziehers Alisch DGVZ 1983, 1.

Datenschutz: Der Gerichtsvollzieher muss die DSG-VO das BDSG beachten, ebenso die zugehörigen Ländervorschriften, Zeiss DGVZ 1984, 81. Die Datenverarbeitung unterliegt Art. 5 DSGVO, bedarf also eines Erlaubnistatbestands, vgl. ausf. Becker-Eberhard DGVZ 2018, 129.

Durchsetzung: Es ist die Aufgabe des Gerichtsvollziehers, den papiernen Schuldtitel auf einem gesetzlichen Weg auch effektiv durchzusetzen, AG Hann DGVZ 1977, 26. Das soll zügig geschehen. Dabei muss er freilich auch existentielle Bedürfnisse des Schuldners beachten, wie das Gericht nach § 765a, Christmann DGVZ 1985, 34.

Erfolgschance: Der Gerichtsvollzieher muss trotz seiner Beamtenstellung doch zB auch bei einem vermutlich nur geringen Vollstreckungserfolg evtl. eine Weisung des Gläubigers mitbeachten, AG Bln-Tempelhof DGVZ 1984, 153.

Gegenleistung: Der Gerichtsvollzieher handelt kraft Amts, soweit er zB eine Gegenleistung nach § 756 anbietet.

Geschäftsanweisung (GVGA): Die GVGA nach → Rn. 3 ist nach ihrem § 1 für den Gerichtsvollzieher trotz ihrer amtlich erklärten Unvollständigkeit und Erleichterungsfunktion doch verbindlich, soweit nicht Gesetz oder Gericht oder der Gläubiger als Herr der Zwangsvollstreckung nach → Vor § 704 Rn. 5 in gesetzlichen Grenzen eine andere Weisung erteilen. Die GVGA ist in diesem Buch überall einschlägig eingearbeitet.

Kosten: Zur Stellung des Gerichtsvollziehers bei einer Kostenberechnung Polzius DGVZ 2002, 33 (Grdz.).

Sachlich-rechtlicher Vertrag: Der Gerichtsvollzieher darf als Beamter grds. keinen solchen Vertrag mit der einen oder anderen Partei oder gar mit beiden abschließen, zumindest nicht ohne eine Genehmigung des Dienstvorgesetzten oder des Gerichts, aM Schneider DGVZ 1982, 37 (aber solche Befugnisse beschränken sich auf die in → Rn. 3 ff. genannten Fälle). Wegen eines solchen Vertrags mit einem Dritten → Rn. 1. Freilich ändert auch zB ein **Lagervertrag** mit einem Dritten nach → § 885 Rn. 20 nichts an seiner Stellung als ein Rechtspflegeorgan, BGHZ 142, 80.

Sittenwidrigkeit: Der Gerichtsvollzieher muss trotz seiner Aufgabe einer Durchsetzung des papiernen Schuldtitels doch stets auch wie das Gericht § 765a mitbeachten, Christmann DGVZ 1985, 34.

Tatsächliche Verhinderung: Es gilt nach § 19 S. 6 GVO dasselbe wie bei einer gesetzlichen Ausschließung, also § 155 GVG, dort → GVG § 155 Rn. 2 (zu § 19 S. 1–5 GVO).

Teilvollstreckung: Der Gerichtsvollzieher muss trotz seiner Beamtenstellung doch zB auch wegen einer bloßen Teilvollstreckung evtl. nach → § 754 Rn. 10 eine Weisung des Gläubigers mitbeachten.

Treuhänder: Die Grenzen der Möglichkeiten des Gerichtsvollziehers bei einem sachlich-rechtlichen Vertrag (s. dort) gelten auch bei seiner Tätigkeit als ein Treuhänder.

Unterrichtung des Gläubigers: Der Gerichtsvollzieher muss sie natürlich nach § 34 S. 1 GVGA zumindest am Ende seiner Tätigkeit vornehmen, BGH NJW-RR 2004, 788. Er muss nach § 34 S. 2 GVGA ein amtliches Formular benutzen.

Unterschlagung: Wenn der Gerichtsvollzieher gepfändetes oder zur Abwehr der Zwangsvollstreckung gezahltes Geld unterschlägt, befreit das den Schuldner nur dann, wenn eine Hinterlegung entfiel.

Verhältnismäßigkeit: Der Gerichtsvollzieher muss stets den Verhältnismäßigkeitsgrundsatz nach → Vor § 704 Rn. 27 mitbeachten, Fischer DGVZ 2004, 104.

Verjährung: Der Gerichtsvollzieher braucht sie nicht von Amts wegen zu prüfen, AG Münst NJW-RR 1992, 1531.

Vermittlung: Zur vermittelnden Tätigkeit des Gerichtsvollziehers Schilken DGVZ 1989, 161.

Versteigerungszeitpunkt: Der Gerichtsvollzieher muss trotz seiner Beamtenstellung doch zB auch bei der Bestimmung eines Versteigerungszeitpunkts evtl. eine Weisung des Gläubigers als des eigentlichen Herrn der Zwangsvollstreckung nach → Vor § 704 Rn. 5 mitbeachten, KG DGVZ 1978, 112. Auch → Rn. 10 „Anwesenheit des Gläubigers".

Vertrag: → „Sachlich-rechtlicher Vertrag".

Weisung des Gläubigers: Der Gerichtsvollzieher muss trotz seiner Beamtenstellung doch oft eine Weisung des Gläubigers als des eigentlichen Herrn der Zwangsvollstreckung nach → Vor § 704 Rn. 5 mitbeachten. Vgl. dazu bei den einzelnen Aspekten, zB → Rn. 10 „Beginn der Vollstreckung". Man kann ihn aber nie ganz weisungsbinden, LG Bln MDR 1977, 146; LG Hann MDR 1989, 745 (GVGA maßgeblich); Pawlowski ZZP 90, 347.

Weisung des Vorgesetzten: Vgl. Götze/Schöder DGVZ 2009, 1 (Grdz.).

Wohnungsanfrage: Der Gerichtsvollzieher muss sich begrenzt kundig machen, AG Tettnang DGVZ 2010, 19. Er muss sich zB in demjenigen Haus erkundigen, in dem der Schuldner sich beim Ordnungsamt gemeldet hat. Er muss prüfen, wo sich dort eine nach außen erkennbare oder auch nicht sogleich erkennbare Wohnung befindet, AG Leverkusen DGVZ 1982, 175, AG Mü DGVZ 2000, 29. Auch eine einfache Anfrage beim Meldeamt kann ihm zumutbar sein, LG Hann JurBüro 2005, 274. Dabei fassen manche seinen Handlungsspielraum recht weit, AG Worms DGVZ 1998, 46; Pawlowski ZZP 90, 347. Der Gerichtsvollzieher hat allerdings **keineswegs stets** einen solchen Ermessensraum, Schilken AcP 181, 364. Er darf und muss es zunächst dem Gläubiger überlassen, die tatsächliche Wohnung des Schuldners zu ermitteln und mitzuteilen.

Zahlung an Unrichtigen: Eine solche Zahlung des Gerichtsvollziehers bereichert den Empfänger auf Kosten des Schuldners rechtlos nach §§ 812 ff. BGB, falls eine Hinterlegung notwendig war, sonst auf Kosten des Gläubigers.

IV. Haftung des Gerichtsvollziehers, I. Seine Stellung gegenüber dem Gläubiger und dem Schuldner ist 11
auch bei der Haftung diejenige eines Organs der Rechtspflege und diejenige eines Beamten, BGH NZM 2009, 276; LG Mannh DGVZ 1997, 154; Kühn DGVZ 1993, 71. Folglich haftet für ihn das Land, BGH NZM 2009, 276; Haertlein DGVZ 2002, 85. Das gilt nur, soweit er als Gerichtsvollzieher amtiert. Das ist auch beim Verwahrungsgeschäft so, AG Kirchheim/Teck DGVZ 2005, 111. Demgegenüber kann er als Sequester zB nach § 938 vertraglich haften, BGHZ 146, 23. Der Gläubiger haftet dem Schuldner ggü. für Fehlverhalten des Gerichtsvollziehers grds. nicht. Die Amtspflichten des Gerichtsvollziehers ergeben sich aus der ZPO, ferner zB aus § 352 StGB, Köln DGVZ 1988, 137, und aus der GVGA, Köln DGVZ 1988, 139. Die letztere ist als eine Verwaltungsanordnung der Justizbehörde für das Gericht unbeachtlich, soweit sie mit dem Gesetz unvereinbar ist, Hamm DGVZ 1977, 41; AG Bln-Wedding DGVZ 1981, 88.

Wenn der Gerichtsvollzieher diese Vorschriften **missachtet,** handelt er meist schuldhaft. Rechte Dritter muss 12
der Gerichtsvollzieher achten und wahren, KG NJW-RR 1986, 201; Haertlein DGVZ 2002, 85. Schmerzensgeld kommt kaum in Betracht, LG Köln DGVZ 1998, 189. Er muss sich stets kostenschonend verhalten, Hmb MDR 2000, 602. Er kann bei einer Überlastung nach der Dringlichkeit vorgehen und planvoll die Arbeit anwachsen lassen, muss das aber anzeigen, BVerfG NVwZ-RR 2008, 505.

V. Zuständigkeit des Gerichtsvollziehers, I. Man muss zwei Arten unterscheiden. 13

1. Sachliche Zuständigkeit. Dazu Schilken DGVZ 2011, 1: Sachlich ist der Gerichtsvollzieher zwar grund- 14
sätzlich nur zuständig, soweit gerade nicht das Vollstreckungsgericht oder das Prozessgericht zuständig sind, Büttner DGVZ 2013, 125. Die sachliche Vollstreckungszuständigkeit ergibt sich zB in den folgenden Fällen:

Arrest, einstweilige Verfügung: Zuständigkeit bei der Vollziehung nach §§ 916 ff., 929, 936–945 in dem 15
jeweiligen gesetzlichen Umfang.

Aufenthaltsermittlung: Zuständigkeit auf Antrag nach § 755 oder von Amts wegen nach § 882c III.

Auskunft: Zuständigkeit nach §§ 836 III, 883 II oder nach § 94 FamFG durch Abnahme der eidesstattlichen Versicherung und Haft. Auch „Drittauskunft", „Vermögensauskunft".

Drittauskunft: Zuständigkeit zur Einholung nach § 802f. Auch „Auskunft".

Duldung: „Unterlassung".

Geldforderung: Zuständigkeit wegen einer Geldforderung nach §§ 802a, 803–827.

Herausgabe: Zuständigkeit zu ihrer Erwirkung nach §§ 883–885.

Indossamentpapier: Zuständigkeit zur Wegnahme nach § 831.

Schuldnerforderung: Zuständigkeit zur Mitwirkung bei §§ 829 ff.

Schuldnerverzeichnis: Zuständigkeit zur Anordnung einer Eintragung nach § 882c iVm der SchuFV.

Soldat: Zuständigkeit nach SchlAnh II Nr. 30 ff.

Unbewegliches Vermögen: Zuständigkeit zur Mitwirkung bei zB §§ 57b, 65, 93, 94 II, 150 II, 165, 171, 171c II, III, 171h ZVG.

Unterlassung: Zuständigkeit zur Beseitigung von Widerstand auch bei Duldungspflicht des Schuldners nach §§ 890, 892 oder § 1 GwSchG, § 96 FamFG.

Unvertretbare Handlung: Zuständigkeit zur Beseitigung von Widerstand nach §§ 888, 892.

Vermögensauskunft: Zuständigkeit nach §§ 802c, Büttner DGVZ 2013, 125, oder nach § 802j, auch im Zusammenhang mit richterlich anzuordnender Haft.

Vertretbare Handlung: Zuständigkeit zur Beseitigung von Widerstand nach §§ 887, 892.

Vorführung: Zuständigkeit zB bei §§ 380 II, 390 II.

2. Örtliche Zuständigkeit. Die örtliche Zuständigkeit richtet sich nach § 154 GVG nach den Vorschriften 16
der Justizverwaltung, in den Ländern nach dem Landesrecht. In manchen Ländern bestehen staatliche Gerichtsvollzieherämter oder Verteilungsstellen. Der Gläubiger reicht bei diesen Stellen seinen Auftrag ein, BVerwG NJW 1983, 898; Pawlowski ZZP 90, 345. Die ZPO nennt nämlich diesen Vorgang „Auftrag". Man kann das Verhältnis zwischen dem Gläubiger und dem Gerichtsvollzieher als das Auftragsverhältnis bezeichnen, dasjenige zwischen dem Gerichtsvollzieher und dem Schuldner als das Eingriffsverhältnis und dasjenige zwischen dem Gläubiger und dem Schuldner als das Vollstreckungsverhältnis, Saum JZ 1981, 695.

Die **landesrechtliche örtliche Zuständigkeit** des Gerichtsvollziehers ergibt sich mangels vorrangiger Ge- 17
setzesvorschriften aus §§ 14–21 GVO. Ergänzend gelten §§ 22–28 GVO. Zunächst gilt nach § 14 I GVO sein Bezirk. Dessen Überschreitung macht eine Amtshandlung nach § 14 II GVO nicht schon deshalb unwirksam. Bei einer Zustellung durch die Post gilt → § 193 Rn. 3 (dort zu § 16 GVO). Bei § 755 gilt → § 755 Rn. 8 (dort zu § 17 GVO). Zur Erledigung eines solchen Auftrags, der eine Tätigkeit in mehreren Gerichtsvollzieherbezirken eines gemeinsamen LG-Bezirks erfordert, ist nach § 18 I GVO der Gerichtsvollzieher eines jeden der beteiligten Bezirke zuständig. Eine Zuständigkeit nach § 18 II GVO bleibt auch dann bestehen, wenn der Gerichtsvollzieher zur Auftragserledigung seinen Bezirk überschreiten muss, auch über die Grenze seines Bundeslandes hinaus. § 261 III ist anwendbar, AG Rockenhausen JurBüro 2015, 102.

Bei **Unzuständigkeit** verweist der Gerichtsvollzieher nach § 20 I GVO den Auftraggeber an den örtlich 18
zuständigen Kollegen. Einen schriftlichen Auftrag trägt er zwar in sein Dienstregister ein, gibt ihn dann aber bei

Zuständigkeit eines Kollegen in demselben Bezirk unverzüglich wie bei § 121 I 1 BGB nach § 20 II 1 Nr. 1 GVO an diesen weiter, andernfalls entweder an das zuständige AG weiter oder sendet ihn nach § 20 II 1 Nr. 2 Hs. 1 GVO hilfsweise zurück. Dabei bleibt § 802e nach § 20 II 1 Nr. 2 Hs. 2 GVO unberührt. Das alles gilt auch nach § 21 GVO beim Eintritt der örtlichen Unzuständigkeit wegen Veränderung der tatsächlichen Verhältnisse.

19 **3. Verstoß gegen die sachliche Zuständigkeit.** Handelt der Gerichtsvollzieher außerhalb seiner sachlichen Zuständigkeit, liegt ein Willkürakt vor. Er ist ganz unwirksam. Der Fall liegt nämlich nach → Vor § 300 Rn. 52 anders als dann, wenn ein ordentliches Gericht seine Zuständigkeit überschreitet. Denn das Gericht hat grundsätzlich eine unumschränkte Gerichtsbarkeit. Demgegenüber ist der Gerichtsvollzieher nur für bestimmte Handlungen zuständig. Dasselbe gilt nach § 155 GVG dann, wenn er kraft Gesetzes ausgeschlossen ist.

20 **4. Verstoß gegen die örtliche Zuständigkeit.** Verletzt er lediglich seine örtliche Zuständigkeit oder den Geschäftsverteilungsplan entsprechend § 22d GVG, bleibt seine Handlung nach → Rn. 16 wirksam. Sie ist aber anfechtbar. Denn dann liegt nach → Vor § 704 Rn. 48, 50 ein wenn auch unrichtiger Hoheitsakt vor. Wenn der Gerichtsvollzieher ohne einen „Auftrag" handelt, ist seine Handlung wirksam, falls sie in seine sachliche Zuständigkeit fällt.

21 **VI. Mitwirkung der Geschäftsstelle, II.** II entspricht dem § 166 II. Der Gläubiger darf sich also bei seinem Zwangsvollstreckungsantrag der Hilfe der Geschäftsstelle bedienen. Es liegt dann so, als habe er den „Auftrag" dem Gerichtsvollzieher unmittelbar erteilt. Stets ist ein „Auftrag" (Antrag) notwendig, § 168 gilt nicht entsprechend. Auch der Urkundsbeamte der Geschäftsstelle handelt hier als ein Beamter, wenn auch kraft Gesetzes in der Vertretung des Gläubigers. Zuständig ist der Urkundsbeamte der Geschäftsstelle des Vollstreckungsgerichts nach §§ 764, 802, nicht des Prozessgerichts. Vgl. freilich § 129a.

22 **VII. Formularauftrag, III.** Dazu Waldschmidt JurBüro 2016, 61 (Grdz.). Zunächst → § 754 Rn. 4. Die Formularbenutzung ist ab ihrer Einführung nach § 4 S. 1 Hs. 2 GVGA Zwang und Voraussetzung der Wirksamkeit des Auftrags. Der Gläubiger ist vom Formularzwang nur entbunden, soweit das Formular unzutreffend, fehlerhaft oder missverständlich ist, BGH NJW 2019, 441. Vgl. auch §§ 42, 43 EGZPO.

23 **VIII. Elektronische Dokumente, IV.** Dazu Herrfurth DGVZ 2018, 6; Mroß DGVZ 2018, 1 (je: Grdz.). IV bestimmt, dass § 130a, die auf dieser Grundlage erlassenen RechtsVO und § 298 auch für den Gerichtsvollzieher gelten. Er hat weiterhin eine Papierakte zu führen. Ab 1.1.2022 wird V eine Nutzungspflicht für Rechtsanwälte und Behörden vorsehen.

Verordnung über das Formular für den Vollstreckungsauftrag an den Gerichtsvollzieher (Gerichtsvollzieherformular-Verordnung – GVFV)

Vom 28.9.2015, BGBl. 1586

Geändert durch Art. 8 EuKoPfVODG v. 21.11.2016, BGBl. 2591

§ 1 GVFV Formular

I [1]Für den Vollstreckungsauftrag an den Gerichtsvollzieher zur Vollstreckung von Geldforderungen wird das in der Anlage bestimmte Formular eingeführt. [2]Das Formular besteht aus den folgenden Teilen:
1. Vollstreckungsauftrag an den Gerichtsvollzieher zur Vollstreckung von Geldforderungen,
2. Forderungsaufstellung (Anlage 1),
3. Hinweise zum Ausfüllen und Einreichen des Vollstreckungsauftrags (Anlage 2).

II [1]Für einen Auftrag, der ausschließlich die Zustellung eines Schriftstücks zum Inhalt hat, gilt der Formularzwang nicht. [2]Von der verbindlichen Nutzung ebenfalls ausgenommen sind Vollstreckungsaufträge zur Beitreibung von öffentlich-rechtlichen Forderungen.

§ 2 GVFV Zulässige Abweichungen vom Formular; Einreichung des Auftrags

I [1]Inhaltliche Abweichungen von dem Formular einschließlich der Anlagen 1 und 2 sind nicht zulässig. [2]Anpassungen, die auf der Änderung von Rechtsvorschriften beruhen, sind zulässig.

II [1]Soweit für den beabsichtigten Vollstreckungsauftrag in dem Formular keine zweckmäßige Möglichkeit zur Eintragung vorgesehen ist, kann ein geeignetes Freitextfeld oder eine zusätzliche Anlage verwendet werden. [2]Die Verwendung mehrerer Freitextfelder und zusätzlicher Anlagen ist zulässig.

III [1]Es reicht aus, wenn der Antragsteller Folgendes bei dem Gericht oder dem Gerichtsvollzieher einreicht:
1. nur die Seiten des Formulars, auf denen sich Angaben des Antragstellers befinden oder
2. nur die Module des Formulars, die Angaben des Antragstellers enthalten.

[2]Die durch das Formular festgelegte Reihenfolge der Module ist einzuhalten. [3]Die nicht eingereichten Formularseiten oder Module sind auch in diesem Fall Teil des Vollstreckungsauftrags.

IV [1]Die mehrfache Verwendung von Modulen für den Vollstreckungsauftrag ist zulässig. [2]Innerhalb eines Moduls darf eine Erweiterung der für Eintragungen vorgesehenen Felder vorgenommen werden, soweit hierfür Bedarf besteht. [3]Im Fall der Einreichung eines Vollstreckungsauftrags, der Module mehrfach verwendet oder nicht aus allen Modulen des Formulars besteht, muss der Antragsteller dafür Sorge tragen, dass das eingereichte Formular aus sich heraus für die Durchführung des Vollstreckungsauftrags durch einen Gerichtsvollzieher verständlich ist.

V [1]Modul im Sinne dieser Verordnung ist jeder Teil des Formulars, der Angaben des Antragstellers enthält, die in einem inhaltlichen und formalen Zusammenhang stehen. [2]Hierzu zählen insbesondere die Teile des Formulars, die Angaben zu dem Gläubiger und dem Schuldner enthalten, sowie die von dem Gerichtsvollzieher jeweils durchzuführenden Aufträge.

VI Die Absätze 3 und 4 gelten für die Forderungsaufstellung in der Anlage 1 entsprechend.

§ 3 GVFV Elektronisch ausfüllbares und auslesbares Formular

I Die Länder dürfen das Formular in elektronisch ausfüllbarer Form zur Einreichung in Papierform zur Verfügung stellen.

II 1Zur elektronischen Weiterverarbeitung der Daten aus einem in Papierform eingereichten Formular kann dieses elektronisch ausgelesen werden. 2Die Länder sind befugt, die Voraussetzungen hierfür festzulegen.

§ 4 GVFV Formular zur Übermittlung der Daten in elektronischer Form

I 1Die Länder dürfen Anpassungen von dem in der Anlage bestimmten Formular zulassen, die es, ohne dessen Inhalt zu verändern oder dessen Verständnis zu erschweren, ermöglichen, das Formular in elektronischer Form auszufüllen und dem Gerichtsvollzieher oder dem Gericht als strukturierten Datensatz zu übermitteln. 2Für die elektronische Übermittlung sind die in dem Formular enthaltenen Angaben in das XML-Format zu übertragen. 3Die Länder können dazu eine gemeinsame Koordinierungsstelle durch Verwaltungsvereinbarung einrichten; besteht bereits eine solche Stelle, so können die Länder sich dieser bedienen.

II 1Es reicht aus, wenn der Antragsteller dem Gerichtsvollzieher oder dem Gericht nur die Module, die Angaben des Antragstellers enthalten, als strukturierten Datensatz übermittelt. 2§ 2 Absatz 4 gilt entsprechend.

§ 5 GVFV Verbindlichkeit

Vom 1. April 2016 an ist das gemäß § 1 eingeführte Formular verbindlich zu nutzen.

§ 6 GVFV Übergangsregelung aus Anlass des Gesetzes zur Durchführung der Verordnung (EU) Nr. 655/2014 sowie zur Änderung sonstiger zivilprozessualer, grundbuchrechtlicher und vermögensrechtlicher Vorschriften und zur Änderung der Justizbeitreibungsordnung

Für Aufträge, die bis zum 28. Februar 2017 eingereicht werden, kann das bis zum 30. November 2016 bestimmte Formular weiter genutzt werden.

Zu §§ 1–6 GVFV: Unbenutzte Module können freibleiben, AG Mannh DGVZ 2016, 211. Nur ein angekreuztes Modul ist beachtbar, AG Aachen DGVZ 2017, 247. Ein schriftlicher Auftrag braucht im Original die Unterschrift des Gläubigers nach → § 129 Rn. 9 ff., LG Heilbr DGVZ 2016, 212; AG Heilbr DGVZ 2016, 213; aM AG Bochum DGVZ 2017, 112. Bei elektronischer Einreichung gelten §§ 130ad. 24

753a

Vollmachtsnachweis. **1Bei der Durchführung der Zwangsvollstreckung wegen Geldforderungen in das bewegliche Vermögen haben Bevollmächtigte nach § 79 Absatz 2 Satz 1 und 2 Nummer 3 und 4 ihre ordnungsgemäße Bevollmächtigung zu versichern; des Nachweises einer Vollmacht bedarf es in diesen Fällen nicht. 2Satz 1 gilt nicht für Anträge nach § 802g.**

I. Systematik und Regelungszweck. Die durch das Gesetz zur Verbesserung des Verbraucherschutzes im Inkassorecht und zur Änderung weiterer Vorschriften (BGBl. I S. 3320) mit Wirkung zum 1.1.2021 eingefügte Vorschrift ist ihrem Inhalt nach der für das Mahnverfahren in§ 703 geregelten Befreiung vom Vollmachtsnachweis nachgebildet und lässt ebenso wie dort künftig die Versicherung einer ordnungsgemäßen Bevollmächtigung genügen, dies allerdings nur für bestimmte Bevollmächtigte → Rn. 3. 1

Die Regelung dient der Verfahrensvereinfachung. Während bei Rechtsanwälten schon bisher die Vollmachtsvorlage in Anwendung von § 88 nur auf Rüge erforderlich wurde, ist mit Blick auf die weitgehend digitalisierten Arbeitsabläufe Zweck der Neuregelung vor allem, den Inkassodienstleistern Erleichterungen zu schaffen (BT-Drs. 19/20348, 35, 72; vgl. zur früheren Rechtslage BGH WM 2022, 1341). Sie erlangt aber auch für Rechtsanwälte insoweit Bedeutung, als künftig die Vollmacht im Anwendungsbereich der Vorschrift auch auf Verlangen des Schuldners nicht nachgewiesen werden muss (vgl. BT-Drs. 19/20348, 72). 2

II. Anwendungsbereich. Die Regelung erfasst nur **bestimmte Bevollmächtigte,** nämlich Rechtsanwälte (§ 79 II 2), Verbraucherzentralen und Verbraucherverbände im Rahmen ihres Aufgabenbereichs bei der Einziehung von Forderungen von Verbrauchern (§ 79 II 2 Nr. 3) sowie registrierte Inkassodienstleister (§ 79 II 2 Nr. 3). Sie gilt nicht für Bevollmächtigte nach § 79 II 2 Nr. 1, 2 ZPO. In der Folge müssen Personen, die für ihren Arbeitgeber oder Familienangehörige auftreten, weiterhin eine Originalvollmacht vorlegen (BT-Drs. 19/20348, 72). 3

Entsprechend dem Wortlaut findet § 753a generell bei der Durchführung der Zwangsvollstreckung wegen Geldforderungen in das bewegliche Vermögen Anwendung, unabhängig davon, welches bewegliche Vermögen betroffen ist (vgl. BT-Drs. 19/20348, 72) und folglich auch unabhängig davon, welches Vollstreckungsorgan zuständig ist (BeckOK ZPO/Ulrici Rn. 1). Vom Anwendungsbereich der Vorschrift ausdrücklich und – wegen der Bedeutung für die Freiheitsrechte des Schuldners – zurecht **ausgenommen** ist nach S. 2 der **Antrag auf Erlass eines Haftbefehls** zur Erzwingung der Abgabe der Vermögensauskunft (vgl. BT-Drs. 19/20348, 72). Im Übrigen gilt die Regelung für die Durchführung des gesamten Verfahrens der Zwangsvollstreckung in das bewegliche Vermögen des Schuldners von der Einleitung bis zur Entgegennahme des Erlöses (vgl. BT-Drs. 19/20348, 72; BeckOK ZPO/Ulrici Rn. 1; aA Mroß DGVZ 2021, 73). 4

754

Vollstreckungsauftrag und vollstreckbare Ausfertigung. **I Durch den Vollstreckungsauftrag und die Übergabe der vollstreckbaren Ausfertigung wird der Gerichtsvollzieher ermächtigt, Leistungen des Schuldners entgegenzunehmen und diese zu quittieren sowie mit Wirkung für den Gläubiger Zahlungsvereinbarungen nach Maßgabe des § 802b zu treffen.**

II 1Dem Schuldner und Dritten gegenüber wird der Gerichtsvollzieher zur Vornahme der Zwangsvollstreckung und der in Absatz 1 bezeichneten Handlungen durch den Besitz der vollstreckbaren Ausfertigung ermächtigt. 2Der Mangel oder die Beschränkung des Auftrags kann diesen Personen gegenüber von dem Gläubiger nicht geltend gemacht werden.

Schrifttum: Glenk NJW 2014, 2315, Hesterberg JurBüro 2012, 621 (je: Grdz.).

1 **I. Systematik, I, II.** Zunächst → § 753 Rn. 1 I regelt den schon nach § 753 notwendigen „Auftrag". Seinen Umfang kann der Gläubiger zeitlich oder sonstwie begrenzen. I gilt aber für den jeweiligen Auftrag ohne eine Gläubigerbefugnis zur weiteren Einschränkung der Tätigkeit des Gerichtsvollziehers. Bei II handelt es sich um Ergänzungen zur Regelung der Stellung des Gerichtsvollziehers nach § 753 und nach I wie auch um eine Klarstellung zu der für den Schuldner natürlich wesentlichen Frage, wie sich der Gerichtsvollzieher eigentlich als Berechtigter ausweisen muss, damit der Schuldner ihn und seine Leute dulden muss. Ergänzend gelten §§ 752, 756, 757.

2 **II. Regelungszweck, I, II.** Zunächst → § 753 Rn. 2. Auch bei der Zwangsvollstreckung gibt es eine begrenzte Parteiherrschaft nach → Vor § 704 Rn. 3, 4. Der Gläubiger soll zumindest zum Ob nach → Vor § 704 Rn. 5 der Herr des Verfahrens bleiben, AG Brake JurBüro 2007, 550, aber auch vielfach zum Wo, Wie, Wie lange usw. Dem trägt § 754 mit dem Gedanken Rechnung, die Tätigkeit des Gerichtsvollziehers von einem „Auftrag" abhängen zu lassen, also auch von dessen Art und Umfang. Ferner gelten auch in der Zwangsvollstreckung die Prinzipien der Prozesswirtschaftlichkeit und auch der Rechtssicherheit nach → Einl. II Rn. 87. Sie liegt gerade im Bereich des Gerichtsvollziehers im allseitigen wohlverstandenen Interesse. Diese Prinzipien widersprechen sich alle drei teilweise. Das muss man auch bei der Anwendung der Vorschrift sehen. Daraus kann sich die Notwendigkeit einer nach → Einl. II Rn. 70 ff. behutsamen Abwägung bei der Bestimmung der Rechte und Pflichten des Vollstreckungsorgans ergeben. Das gilt umso mehr, als der Gerichtsvollzieher im Interesse einer die Rechtsgemeinschaft nicht allzu störenden würdevollen Ausübung seines der Natur nach notfalls auch zur wirklichen Gewalt zwingenden Amts arbeiten soll.

3 II gibt einen der mit §§ 724 ff. verfolgten Zwecke an. Die Vorschrift dient wesentlich der Praktikabilität der Vollstreckung. Der Gerichtsvollzieher muss oft schon genug Probleme vor Ort bewältigen. Er soll nicht noch zusätzlich übermäßige Belastungen mit Vollmachtsnachweisen haben. Die „Anscheinsvollmacht" des Klauselbesitzers muss erst einmal reichen.

4 **III. Vollstreckungsauftrag, I.** Dazu Nies MDR 1999, 525 (Grdz.). Der Gläubiger muss den Umfang seines „Auftrags" (Antrags) klar darlegen, BGH WM 2015, 1118 (nennt irrig § 753 I, II). Er kann nach → § 753 Rn. 11 haften, Riebau, Die Haftung des Zwangsvollstreckungsgläubigers aus dem Vollstreckungsverhältnis, 2013. Der Gerichtsvollzieher muss auch die Rückseite beachten, auf die der Gläubiger auf der Vorderseite hingewiesen hat, AG Pirmasens DGVZ 2003, 63.

5 **Unverzüglichkeit** der Auftragsbearbeitung und -erledigung wie bei § 121 I 1 BGB (keine vorwerfbare Verzögerung) ist nach § 5 GVGA (ausf.) ein selbstverständliches Gebot. Der Gläubiger will endlich seinen Anspruch erfüllt sehen. Der Gerichtsvollzieher macht eine zeitliche Verzögerung der ersten wie weiterer Vollstreckungshandlungen nach § 5 I 2 GVGA aktenkundig. Er entscheidet über die Reihenfolge mehrerer Maßnahmen nach grundsätzlich pflichtgemäßem Ermessen nach § 5 I 3 GVGA. Er entscheidet nach § 5 I 4, 5 GVGA unter Beachtung der Eilbedürftigkeit, und eines Gläubigerwunsches nach § 5 I 6 GVGA. Das alles gilt auch zB zur Rangwahrung etwa bei §§ 829 ff., § 5 III GVGA, oder bei §§ 940, 940a, § 5 II 3 GVGA, oder beim GewSchG, besonders bei § 214 II FamFG, § 5 II 3 Hs. 2 GVGA. Vgl. ferner bei einer Zustellung → Vor § 166 Rn. 19.

6 Seit 1.4.2016 ist für die Erteilung eines Auftrags an den Gerichtsvollzieher nach der GVFV in → § 753 Rn. 22 grds. das amtl. Formular zu nutzen, § 753 III, § 1 GVFV. Zu ihm Salten MDR 2016, 125 (Grdz.). Ein Zusatz soll unstatthaft sein, AG Gütersloh DGVZ 2017, 43.

7 **1. Grundsatz: Notwendigkeit eines Auftrags.** Der private Gläubiger muss zur Einleitung einer Zwangsvollstreckung einen Vollstreckungsauftrag nach § 31 I 1 GVGA erteilen, BGH WM 2015, 1118; Nies MDR 1999, 525. Ihn nennt nur § 829a „Antrag". Das bringt eine Widersprüchlichkeit in einen gesetzlichen Grundbegriff.

8 Die Vollstreckung **beginnt** also nicht von Amts wegen, anders als bei einem von Amts wegen eingeleiteten FamFG-Verfahren nach § 87 I 1 oder bei manchem Vollstreckungsverfahren eines öffentlich-rechtlichen Gläubigers wie zB eines Sozialversicherungsträgers oder einer Rundfunkanstalt, AG Drsd DGVZ 2015, 42. Auch in einer sonstigen Familiensache nach § 111 FamFG ist ein Antrag nötig. Ihn fingiert § 214 II FamFG, § 31 I 4 GVGA. Er muss nach § 753 III grundsätzlich per Formular nach der GVFG in → § 753 Rn. 22 ergehen, AG Bln-Schöneb DGVZ 2017, 176 (auch zu einer Ausnahme), aM (zum alten Recht) BGH WM 2015, 1118. Er ist dort nach § 87 I 2 FamFG stets zulässig. Der Gläubiger kann den Auftrag direkt dem Gerichtsvollzieher erteilen. Er kann aber auch nach § 753 II und § 31 I 2, 3 GVGA die Mitwirkung der Geschäftsstelle beantragen, auch diejenige einer etwaigen Gerichtsvollzieherverteilungsstelle beim größeren AG. Bei einem schriftlichen Auftrag ist an sich nach → § 129 Rn. 9 eine volle handschriftliche Unterzeichnung des Gläubigers oder seines ProzBev. nach § 81 erforderlich, Brückner DGVZ 2017, 49. Das gilt auch bei einem Formular, AG Wuppert DGVZ 2018, 169. Bei einer Behörde sind Unterschrift und Dienstsiegel nötig, AG Bln-Charlottenb DGVZ 2016, 12. Die Unterschrift eines Mitarbeiters des ProzBev. reicht evtl. nicht, AG Seligenstadt DGVZ 1995, 12.

9 Ein sog. **Faksimile-Stempel** genügt also nicht, LG Rottweil B v 11.3.2021, 1 T 27/21; LG Coburg DGVZ 1994, 62; LG Ingolstadt DGVZ 1994, 92; LG Mü DGVZ 1983, 57; aM Dempewolf MDR 1977, 801 (aber → § 129 Rn. 9). Eine eingescannte Unterschrift reicht nicht, LG Heilbr DGVZ 2017, 54, auch nicht im bloßen Begleitschreiben, AG Heilbr DGVZ 2017, 54. Der Auftrag ist seit der Einführung eines „verbindlichen Formulars" nach § 753 III nur in solcher Form statthaft und wirksam. Bei elektronischer Einreichung gelten §§ 130ad.

10 **2. Auftragsberechtigung.** Auftragsberechtigt sind der Vollstreckungsgläubiger und sein gesetzlicher Vertreter nach → § 51 Rn. 20 oder Bevollmächtigter, insbesondere der ProzBev. nach § 81, ferner § 31 III 1 GVGA, auch ein Inkassounternehmen, vgl. auch (jetzt) § 79, AG Wuppert DGVZ 1997, 77 (keine Prozessvollmacht nötig), vgl. freilich → Rn. 14. Der Gläubiger wie sein Anwalt müssen eine Vollmacht nach § 80 auch zum Empfang eingezogener Beträge in jedem einzelnen Auftragsfall vorlegen, AG Lehrte DGVZ 2008, 29, AG Leverkusen DGVZ 2000, 95. Einen Vollmachtsmangel muss der Gerichtsvollzieher nach § 31 III 2 GVGA beachten, freilich nach § 31 III 3 GVGA nur auf Antrag bei einem Anwalt oder Kammerrechtsbeistand. Als Vollmachtsnachweis reicht nach § 31 III 4 GVGA die Bezeichnung ProzBev. im Vollstreckungstitel. Der ProzBev. darf nach § 81 aE und § 31 III 5–8 GVGA Geld nur wegen der erstatteten Kosten annehmen. Der Gläubiger kann einen **Unterbevollmächtigten** bestellen, LG Amberg Rpfleger 2006, 90. Eine Rundfunkanstalt kann berechtigt sein, AG Mannh DGVZ 2017, 55.

Der **Vormund** braucht keine Zustimmung des Betreuungsgerichts oder des Gegenvormunds. Denn er verfügt nicht über ein Recht des Mündels. Einen Betreuer muss man ebenso beurteilen. Ein Ehegatte darf den Auftrag für den anderen erteilen, soweit sein Verwaltungsrecht reicht. Mehrere müssen den Auftrag gemeinsam erteilen, sofern der Anspruch des einzelnen nicht abtrennbar ist. Der Auftrag muss bestimmt sein. Er darf aber Bedingungen enthalten, etwa einen Haupt- und einen Hilfsantrag nach → § 260 Rn. 9, AG Gladbeck DGVZ 1979, 30. Soweit das Finanzamt einen Auftrag erteilt, muss man es wie einen Gläubiger behandeln, LG Lüneb DGVZ 1987, 188. Dasselbe gilt bei einer Sozialversicherungsbehörde, App DGVZ 2009, 105 (Grdz.). 11

3. Auftragsart und -umfang. Der Gläubiger darf als Herr der Zwangsvollstreckung den Gerichtsvollzieher nach § 31 II GVGA weitgehend anweisen. Es besteht aber kein umfassendes Weisungsrecht, Moß DGVZ 2011, 105. Abweichungen vom Auftragsformular sind nur begrenzt statthaft, AG Osnabr DGVZ 2017, 57. 12

4. Beispiele zur Frage von Auftragsart und -umfang, I

Anschrift des Schuldners: Der Gläubiger soll dem Gerichtsvollzieher diese Anschrift so genau angeben, dass der Gerichtsvollzieher keine besonderen Ermittlungen dazu anstellen muss. Dazu reicht nach § 31 IV 2 GVGA grds. eine Auskunft der Meldebehörde. Sie soll aber nach § 31 IV 3 GVGA nicht älter als einen Monat sein. 13

Anwesenheit des Gläubigers: Der Gläubiger kann sie für sich beanspruchen. Dann muss der Gerichtsvollzieher ihn nach § 31 VII 1 GVGA rechtzeitig benachrichtigen und darf nach § 31 VII 2, 3 GVGA erst nach vorher mitgeteilter Frist in Abwesenheit des Gläubigers beginnen. **Nicht** aber darf der Gläubiger selbständig eingreifen. Das folgt aus § 31 VII 5 GVGA.

Aufenthaltsort des Schuldners: Der Gerichtsvollzieher darf und muss zusätzlich zu § 755 und nach § 31 IV GVGA notfalls diese Ermittlung vornehmen.

Auslegung: Der Gerichtsvollzieher darf den Auftrag im Rahmen des Zulässigen nach → Vor § 128 Rn. 60, 60 auslegen, AG Bretten DGVZ 2014, 269.

Bedingung: Der Gläubiger kann als Herr der Zwangsvollstreckung Bedingungen stellen, Köln DVGZ 2016, 13.

Beschränkung: Statthaft ist nach → Rn. 14 eine solche des Auftrags, LG Arnsberg DGVZ 2014, 18.

Dauerpfändung: Statthaft ist ein solcher Auftrag, OVG Bln DGVZ 1983, 91.

Drittschuldner: „Zustellungsort".

Gesamtschuldner: Der Gläubiger braucht bei einem Auftrag gegen nur **einen** solchen Schuldner die vollstreckbare Ausfertigung nach §§ 724 ff. auch nach § 31 V 4 GVGA nur gegen diesen Gesamtschuldner vorzulegen, LG Marbg DGVZ 1986, 77; LG Stgt Rpfleger 1983, 161; AG Pirmasens DGVZ 1987, 30; aM AG Günzburg DGVZ 1983, 168; AG Mönchengladb DGVZ 1982, 76; AG Wilhelmsh DGVZ 1979, 188 (aber es geht jetzt nur gegen **diesen** Schuldner).

Kostenfestsetzungsbeschluss: Bei §§ 105, 795a darf der Gläubiger bestimmen, aus welchem der beiden Titel der Gerichtsvollzieher nach § 31 VI 1 GVGA vorgehen soll. Im Zweifel soll er nach § 31 VI 2 GVGA aus beiden vollstrecken.

Mehrere Vollstreckungstitel: Ihr Gläubiger darf für ihre Durchsetzung einen einheitlichen Auftrag erteilen, LG Hmb Rpfleger 2002, 370; LG Kblz Rpfleger 2002, 371. Auch „Kostenfestsetzungsbeschluss".

Mehrere Vollstreckungsversuche: Der Gerichtsvollzieher muss zwar evtl. mehrfach die Vollstreckung versuchen. Er muss auch zusätzlich zu § 755 evtl. zB im Mehrfamilienhaus zB beim Hausmeister nach der Wohnung des Schuldners fragen, AG Hann DGVZ 1977, 26; AG Leverkusen DGVZ 1982, 175; AG Mü DGVZ 2000, 29. Er muss aber nicht etwa in einem großen Wohnheim ohne Klingel- oder Briefkastenaufschriften so lange derart verfahren, bis er den Hausmeister antreffen würde, AG Darmst DGVZ 1981, 62; aM LG Lüb DGVZ 1997, 140; AG Westerburg DGVZ 1998, 79 (aber der Gerichtsvollzieher ist kein Detektiv des Gläubigers).

Wiederholung des Auftrags: Der Gerichtsvollzieher darf grds. eine solche Wiederholung nach kurzer Zeit bei einer hohen Forderung ernsthaft annehmen, LG Kblz DGVZ 1996, 12.

Zustellungsort: Statthaft ist dessen Festlegung, auch bei einer Pfändung nach §§ 829 ff., 840 gegenüber einem Drittschuldner unabhängig davon, ob dieser eine solche Zustellung gern anderswo erwarten würde, Müller DGVZ 1996, 70 (evtl. Haftung des Gerichtsvollziehers).

5. Forderungsberechnung; Teilvollstreckung. Der Gerichtsvollzieher muss die Zulässigkeit seiner Tätigkeit nach §§ 42, 64 III Nr. 1 S. 1 GVGA prüfen. Das gilt nach § 42 IV GVGA auch für Beschränkungen im Vollstreckungstitel. Es gilt auch unabhängig von einem etwaigen Anerkenntnis des Schuldners, AG Pirmasens DGVZ 2000, 159. Er muss zB gegenüber einem unter Betreuung stehenden Schuldner viel prüfen, Harnacke DGVZ 2000, 161 (Grdz.). Der Vollstreckungstitel muss zweifelsfrei ergeben, dass der Schuldner den vom Gläubiger geforderten Betrag schuldet, LG Lüneb DGVZ 2001, 30. Die Prozessfähigkeit des Schuldners nach § 51 muss bei §§ 802c ff. feststehen, AG Varel DGVZ 2001, 31. Zulässig ist nach § 752 auch ein Vollstreckungsauftrag wegen eines Teils oder Rests des Vollstreckungsanspruchs, (teils zum alten Recht) LG Brem JurBüro 2011, 607; LG Stendal JurBüro 2000, 491; AG Bln-Wedding NZM 2004, 720; aM LG Aachen DGVZ 1984, 61 (aber der Gläubiger ist der Herr der Zwangsvollstreckung). Die Beschränkung muss freilich für den Empfänger eindeutig sein, LG Augsb DGVZ 1995, 154; LG Brem JurBüro 2011, 607. 14

Im **Zweifel** erstreckt sich der Vollstreckungsauftrag auf die gesamte im Vollstreckungstitel genannte Forderung, LG Bln DGVZ 1986, 153; LG Kblz DGVZ 1982, 77, also bis zur völligen Befriedigung einschließlich der Kosten nach → Vor § 704 Rn. 45, AG Kassel DGVZ 1989, 157; VG Bln DGVZ 1989, 123; aM AG Sigmaringen DGVZ 2010, 87 (aber das engt zu sehr ein). Er erstreckt sich bei einer Berechnung von Anwaltskosten nach → Rn. 12 auch auf deren Beitreibung, LG Düss DGVZ 2008, 175. Wegen Zahlung in Teilbeträgen § 802b II. Der Gläubiger muss Teilbeträge selbst nach §§ 367, 497 BGB verrechnen, LG Bln Rpfleger 1992, 30. Er muss nach § 60 I 1 GVGA auch nach § 368 BGB quittieren. Wegen EUR Ritten NJW 1999, 1216. 15

Ein **Pfändungsauftrag** nach §§ 803 ff. lässt sich isoliert stellen. Der Gläubiger kann ihn auf bestimmte Gegenstände beschränken, freilich nicht gesetzwidrig, LG Bln MDR 2007, 146. Er kann mit ihm aber auch den Antrag auf eine Vermögensauskunft nach §§ 802c ff. verbinden, sei es auch nur hilfsweise, LG Kassel DGVZ 1985, 123; LG Kblz DGVZ 1998, 61; Cirullies DGVZ 1986, 83. Es ist auch ein isolierter Haftauftrag nach § 802g II 1 möglich, LG Bln DGVZ 1985, 59; LG Essen DGVZ 1981, 187; LG Osnabr DGVZ 1980, 124. 16

6. Kleine Forderung. Dazu Hergenröder DGVZ 2009, 49 („angeschwollene" Bagatellforderung). Die Vollstreckung ist auch wegen eines kleinen Forderungsteils statthaft, Düss NJW 1980, 1171; LG Mü DGVZ 1984, 28; 17

AG Karlsr NJW-RR 1986, 1256. Im Extremfall kann ein Rechtsmissbrauch nach → Einl. II Rn. 103 und nach → Vor § 704 Rn. 39 vorliegen, Düss NJW 1980, 1171 (minimale Zinsen und Kosten); LG Köln DGVZ 2000, 23 (Vollstreckungsauftrag trotz Befriedigung). Allerdings liegt ein Rechtsmissbrauch nicht schon wegen der Zinsen- und Kostenhöhe vor, LG Aachen DGVZ 1987, 139; LG Hann DGVZ 1991, 190; LG Wuppert NJW 1980, 297; aM AG Dortm DGVZ 1979, 121; AG Kamen DGVZ 1983, 190 (aber das sind nur Folgen der Nichtbefriedigung).

18 Der Gläubiger muss eine genaue **nachvollziehbare Aufstellung** seiner Gesamtforderung beifügen, LG Saarbr DGVZ 1995, 43; AG Eschwege DGVZ 2005, 186; AG Itzehoe DGVZ 1997, 95; aM Schlesw Rpfleger 1976, 224; Braun/Raab-Gaudin DGVZ 1992, 5 (zu § 11 III 1 VerbrKrG. Aber gerade dieser Fall zeigt die Richtigkeit der hier vertretenen Auffassung). Das gilt auch wegen der Zinsen, LG Darmst DGVZ 1995, 45, und wegen der Kosten sowie bei einer bloßen Teilvollstreckung, LG Hagen DGVZ 1994, 91; aM Schlesw DGVZ 1976, 135 (inkonsequent). Denn der Gerichtsvollzieher muss prüfen können, ob zB die behauptete Restforderung noch besteht, Stgt JurBüro 1987, 1813; LG Hagen DGVZ 1994, 91; LG Lüneb DGVZ 1987, 45; aM LG Essen DGVZ 1992, 173; LG Kaisersl DGVZ 1982, 157; LG Rottweil DGVZ 1995, 169 (aber nur der Gläubiger hat die notwendige Übersicht). Der Gerichtsvollzieher muss ja auch prüfen können, ob wegen erfolgter Teilzahlungen überhaupt noch eine Restvollstreckung statthaft ist, LG Hmb DGVZ 1975, 91; LG Saarbr DGVZ 1995, 43. Bei einer Restforderung ist eine überprüfbare Aufstellung auch über die bisherigen Vollstreckungskosten nach § 788 notwendig, LG Hagen DGVZ 1994, 91; LG Saarbr DGVZ 1995, 43; AG Bln-Schöneb DGVZ 1991, 77. Zur Beurteilung der Notwendigkeit der Kosten bei Teilzahlungen Schilken DGVZ 1991, 1 (ausf.), zu derjenigen des Verhältnisses zwischen § 11 III 1 VerbrKrG und § 367 BGB Braun/Raab-Gaudin DGVZ 1992, 1 (ausf.). Der Schuldner darf nicht die Verrechnungsart bestimmen, BGH NJW 1999, 1704.

19 **7. Auftragswiederholung.** Grundsätzlich sind beliebig viele Wiederholungen zulässig. Bei einer Unterhaltsvollstreckung reichen die restliche Gesamthöhe und der Berechnungszeitraum als Gläubigerangabe, LG Bochum DAVorm 1985, 809; LG Darmst DAVorm 1990, 480; LG Hann DAVorm 1976, 657. Eine Grenze gilt auch insofern erst beim Rechtsmissbrauch nach → Rn. 17, AG Überlingen DGVZ 1991, 94. Ein sog. Dauerauftrag (Wiederholung der Vollstreckungsversuche) muss nicht beachtet werden, wenn ersichtlich kein Vollstreckungserfolg zu erwarten ist, LG Karlsr DGVZ 1988, 43. Eine Vollstreckung über den Umfang des Vollstreckungstitels hinaus ist unzulässig, LG Dortm DGVZ 1996, 74 (zusätzlich vereinbarter Betrag).

20 **8. Übermittlung der vollstreckbaren Ausfertigung.** Sie ist für das Verhältnis zwischen dem Gläubiger und dem Gerichtsvollzieher unerheblich, strenger § 31 V 1, 2 GVGA. Der Schuldner braucht aber eine Vollstreckungsmaßnahme grundsätzlich nur dann zu dulden, wenn sich der Gerichtsvollzieher durch den Besitz einer vollstreckbaren Ausfertigung nach §§ 724 ff. ausweisen kann, Nürnb JurBüro 1976, 1395. Deshalb reicht ein Telefax nicht aus und muss der Gerichtsvollzieher nicht nur prüfen, ob das Gericht dem Gläubiger einmal eine vollstreckbare Ausfertigung erteilt hat, sondern vor allem nach § 35 I Nr. 2 GVGA, ob der Gerichtsvollzieher sie auch erhalten hat, Köln NJW-RR 2000, 1580, und ob sie noch bei ihm vorhanden ist, im Ergebnis ebenso § 31 V 2, 3 GVGA. Es genügt nach → Rn. 4 der Vollstreckungstitel gerade gegen diesen Gesamtschuldner. Die vollstreckbare Ausfertigung darf keine irritierenden handschriftlichen oder elektronischen Zusätze des ProzBev. des Gläubigers nach § 81 enthalten, LG Brem DGVZ 1982, 8.

21 **Ausreichen** kann ein Vollstreckungsauftrag der Gerichtskasse nach § 6 I Nr. 1 JBeitrG, BGH WM 2015, 1118.

22 **Im Einzelnen** prüft der Gerichtsvollzieher: Ist eine Vollstreckungsklausel notwendig? Stimmen ihre Form und ihr Text? Kann sie zumindest die Parteien ausreichend bezeichnen und die Zwangsvollstreckung als Zweck betonen, § 42 I 1, II 1, 2 GVGA? Sind die Voraussetzungen der §§ 727–730 erfüllt, § 42 I 2 GVGA? Ist die Vollstreckungsklausel insbesondere für den jetzigen Rechtsnachfolger umgeschrieben und sodann zugestellt worden, § 750 II, III ZPO, §§ 35 I Nr. 2, 42 VI GVGA? Gilt das auch für alle sonst zustellungsbedürftigen Urkunden, § 35 I Nr. 3, 44–46 GVGA?

23 Wenn der Schuldner einen diesbezüglichen Mangel **nicht rügt,** ist die Zwangsvollstreckungsmaßnahme wirksam, falls eine vollstreckbare Ausfertigung vorhanden ist. Notfalls kann der Schuldner die Erinnerung nach § 766 einlegen. Die Zwangsvollstreckung ist aber nicht nichtig, → Vor § 750 Rn. 5. §§ 754 ff. schaffen eine unwiderlegliche Vermutung zugunsten des Schuldners, aber nicht zugunsten des Gerichtsvollziehers. Der Gläubigervertreter muss nach § 31 V 4 GVGA eine etwa notwendige Geldempfangsvollmacht auf Verlangen im Original vorlegen, AG Ffm DGVZ 1995, 46.

24 Im **Scheck- oder Wechselverfahren** nach §§ 602 ff. muss sich der Gerichtsvollzieher nach § 31 V 5 GVGA wegen Art. 34, 47 ScheckG, Art. 39 WG das Originalpapier vom Gläubiger geben lassen, um es dem Schuldner quittiert aushändigen zu können, Ffm DGVZ 1991, 84; LG Hann DGVZ 1991, 142; AG Aschaffenb DGVZ 1993, 175. Im Verfahren nach der AO ist die Aushändigung einer vollstreckbaren Ausfertigung an den Gerichtsvollzieher nicht notwendig, LG Limbg DGVZ 1987, 188.

25 Eine **weitere** vollstreckbare Ausfertigung nach § 733 wegen eines Rests berechtigt und verpflichtet den Gerichtsvollzieher auch nach einer vorherigen Aushändigung der ersten Ausfertigung an den Schuldner zur weiteren Vollstreckung im Gläubigerauftrag, LG Hechingen DGVZ 1999, 156.

26 **IV. Ermächtigungsumfang, I, II.** Der Gerichtsvollzieher hat eine Vermögensbetreuungspflicht zugunsten des Gläubigers im Rahmen seines Auftrags, BGHSt DGVZ 2011, 210 (sehr großzügig). Ein nach → Rn. 4 ff. ordnungsgemäßer Auftrag ermächtigt den Gerichtsvollzieher kraft Gesetzes dem Gläubiger gegenüber zu drei Arten von Handlungen.

27 **1. Entgegennahme.** Der Gerichtsvollzieher darf nach § 31 V 2 GVGA Zahlungen und sonstige Leistungen auf die Vollstreckungsschuld entgegennehmen, BGH NJW 2009, 1086. Das gilt auch zB zwecks Sicherheitsleistung des Schuldners nach § 108, Köln NJW-RR 1987, 1211, oder bei einem Antrag des Finanzamts, LG Limbg DGVZ 1987, 188; AG Wetzlar DGVZ 1987, 47. Dabei ist es wegen § 267 BGB unerheblich, ob der Schuldner oder freiwillig ein Dritter leisten, Naumb DGVZ 2000, 36. Auch wenn der Schuldner widerspricht, muss der Gerichtsvollzieher die Leistung des Dritten mangels einer gegenteiligen Weisung des Gläubigers annehmen, aM Giers DGVZ 2011, 124 (aber es kommt auf die Befriedigung des Gläubigers an). Das gilt jedoch vorbehaltlich des Ablehnungsrechts des Gläubigers nach § 267 II BGB. Denn das entspricht dem Interesse des

Gläubigers am ehesten. Der Gerichtsvollzieher muss dann von einer weiteren Zwangsvollstreckung vorläufig absehen.

Soweit das Gericht den Gläubiger zu einer Leistung an einen **Dritten** verurteilt hat, darf der Gerichtsvollzieher für ihn leisten. Er darf aber keine Leistung an Erfüllungs Statt annehmen. Eine bloße Hinterlegung ist zwar keine Erfüllung. Sie kann aber durch den Verzicht auf eine Rückgabe zur Erfüllung werden, BGH Rpfleger 1984, 74. Der Gerichtsvollzieher darf erhaltenes Geld nicht für den Schuldner vor der Ablieferung an den Gläubiger pfänden, AG Hombg/S DGVZ 1993, 117. Zur Entgegennahme von Ratenzahlungen und zu deren Überwachung ist der Gerichtsvollzieher im Rahmen von § 802b II verpflichtet, BGH NJW 1981, 2244, freilich ohne Bindung an § 366 I BGB, BGH NJW 1999, 1704. Der Gerichtsvollzieher muss ungeachtet einer Verrechnungsanweisung des Schuldners nach § 317 BGB ungerechtfertigte Kosten nach → § 788 Rn. 23 absetzen. 28

2. Quittungserteilung, Ablieferung der vollstreckbaren Ausfertigung. Der Gerichtsvollzieher darf und muss nach § 757, § 60 I 1 GVGA, § 53 GVO (eingehend), über korrekt Empfangenes quittieren, BGH NJW 2009, 1086. Er unterzeichnet mit seinem Namen wie bei → § 129 Rn. 9. Der Gerichtsvollzieher muss die vollstreckbare Ausfertigung nach §§ 724 ff. auch ohne eine ausdrückliche Anweisung des I an den Schuldner abliefern, BGH NJW 2009, 1086, auch wenn ein Dritter geleistet hat. Das gilt aber nur dann, wenn der Gläubiger völlig befriedigt ist, auch wegen der Kosten nach §§ 91 ff., 788. Es gilt auch nicht im Verfahren nach der AO, LG Limb DGVZ 1987, 188. Bei → Rn. 19–26 ist ein abweichender Wille des Gläubigers unerheblich, AG Limbg DGVZ 1984, 93; Saum JZ 1981, 696, außer bei § 267 II BGB. Wegen einer weiteren Ausfertigung nach Abgabe der ersten → Rn. 17. 29

3. Verwertungsaufschub, Aussetzung der Verwertung, § 802b II, III. Der Gerichtvollzieher darf nach dieser Regelung einen Verwertungsaufschub und eine Aussetzung der Verwertung gewähren. Die Verweisung auf § 802b II, III bedeutet: Nur insoweit darf der Gerichtsvollzieher etwas „vereinbaren". Man kann daher nicht von vornherein zwischen einem vollstreckungsrechtlichen Vertrag und einem bloßen Zahlungsplan unterscheiden, aM Schwörer DGVZ 2012, 79 (aber „Vereinbarung" meint eben nur § 802b II, III). 30

V. Ermächtigungsgrenzen, I, II. Zu anderen Maßnahmen ist der Gerichtsvollzieher nur im Rahmen von § 845 ermächtigt, sonst nicht. 31

Er darf zB nicht: Die Rechtmäßigkeit des Vollstreckungstitels prüfen, LG Stade DGVZ 2006, 76, AG Würzb JurBüro 1979, 1081; nach § 60 I 2 GVGA eine bedingte Leistung ohne eine Zustimmung des Gläubigers annehmen; eine Verjährung überprüfen, LG Kblz DGVZ 1985, 62; AG Lichtenfels DGVZ 1981, 28; AG Münst NJW-RR 1992, 1531; einen Vergleich außerhalb von § 802b II abschließen; dem Schuldner eine Stundung, eine Ratenzahlung oder Ersatzleistung oder einen Nachlass außerhalb von § 802b II gewähren; Pfandstücke freigeben; eine Leistung an Zahlungs Statt annehmen, etwa in einer ausländischen Währung, Schmidt ZZP 98, 48; abgesehen von § 802f sonstige Erklärungen abgeben oder entgegennehmen, wie etwa eine Aufrechnung, eine Minderung oder einen Rücktritt; einem Medienvertreter Zutritt bei einer Vollstreckung in einer Schuldnerwohnung geben, KG DGVZ 2011, 211. 32

Die Kenntnis des Gerichtsvollziehers über **rechtserhebliche Tatsachen** wie zB über einen Antrag auf die Eröffnung eines Insolvenzverfahrens, schadet dem Gläubiger nicht. 33

VI. Auftragsrücknahme, I, II. Mit der bis zur Beendigung der Zwangsvollstreckung zulässigen Rücknahme des Antrags erlischt die Ermächtigung des Gerichtsvollziehers. Darin, dass der Gläubiger die vollstreckbare Ausfertigung nach §§ 724 ff. vom Gerichtsvollzieher zurückverlangt, liegt die Rücknahme der Ermächtigung. Der Gerichtsvollzieher muss auch nach § 64 I GVGA je nach der Weisung des Gläubigers als des Herrn der Zwangsvollstreckung eine Maßnahme aufschieben, LG Augsb DGVZ 1993, 188, beschränken oder einstellen oder aufheben. 34

VII. Ausweis, II 1. Der Besitz der vollstreckbaren Ausfertigung nach §§ 724 ff. weist den Gerichtsvollzieher nach außen als zur Zwangsvollstreckung ermächtigt aus, Hamm MDR 1989, 467. Das gilt ohne Rücksicht auf den Willen des Gläubigers und auf eine Kenntnis des Schuldners. Denn es liegt nach → § 753 Rn. 1 ff. kein Vertrag vor. Ohne diesen Ausweis braucht der Schuldner keine Zwangsvollstreckungshandlung zu dulden. Der Gerichtsvollzieher braucht seinen Besitz nicht bei sich zu tragen. Daher ist eine Zwangsvollstreckungsmaßnahme nach → § 754 Rn. 17 nicht stets schon deshalb unzulässig oder unwirksam, weil der Gerichtsvollzieher die vollstreckbare Ausfertigung nicht bei sich hat. Freilich muss der Gerichtsvollzieher die vollstreckbare Ausfertigung dem Schuldner auf dessen Verlangen vor dem Beginn der eigentlichen Vollstreckungshandlung vorzeigen. Die Ermächtigung dem Schuldner und dem Dritten gegenüber reicht in den in I genannten Punkten so weit wie dem Gläubiger gegenüber. 35

VIII. Mangel des Auftrags, II 2. Der Auftrag erlischt nach → Rn. 34 im Verhältnis zwischen dem Gläubiger und dem Gerichtsvollzieher durch seine Rücknahme oder seinen Widerruf. Dem Schuldner gegenüber bleiben das Erlöschen oder eine Beschränkung des Auftrags bedeutungslos, sogar wenn er diese kennt. Denn II stellt eine nach → § 292 Rn. 6 unwiderlegliche Vermutung auf. Der Schuldner wird also durch eine Leistung befreit, auch wenn der Gläubiger den Vollstreckungsauftrag längst zurückgenommen hatte, falls der Gerichtsvollzieher noch die vollstreckbare Ausfertigung nach §§ 724 ff. in Händen hat und sie dem Schuldner vorgezeigt hat. Der Schuldner und ein Dritter können den Mangel einer solchen Vollstreckungsmaßnahme durch eine Erinnerung nach § 766 geltend machen. Denn sie brauchen eine eigenmächtige Zwangsvollstreckung des Gerichtsvollziehers nicht zu dulden. 36

IX. Rechtsbehelf: Erinnerung, I, II. Rechtsbehelfsbelehrung, Verstoß: §§ 232, 233 S. 2. Der Betroffene kann die Erinnerung nach § 766 einlegen. Anschließend ist die sofortige Beschwerde nach § 793 möglich. Wegen der Grenzen einer Dienstaufsicht → § 753 Rn. 8. 37

754a *Vereinfachter Vollstreckungsauftrag bei Vollstreckungsbescheiden.* [I] [1]**Im Fall eines elektronisch eingereichten Auftrags zur Zwangsvollstreckung aus einem Vollstreckungsbescheid, der einer Vollstreckungsklausel nicht bedarf, ist bei der Zwangsvollstreckung wegen Geldforderungen die Übermittlung der Ausfertigung des Vollstreckungsbescheides entbehrlich, wenn**

1. die sich aus dem Vollstreckungsbescheid ergebende fällige Geldforderung einschließlich titulierter Nebenforderungen und Kosten nicht mehr als 5000 Euro beträgt; Kosten der Zwangsvollstreckung sind bei der Berechnung der Forderungshöhe nur zu berücksichtigen, wenn sie allein Gegenstand des Vollstreckungsauftrags sind;
2. die Vorlage anderer Urkunden als der Ausfertigung des Vollstreckungsbescheides nicht vorgeschrieben ist;
3. der Gläubiger dem Auftrag eine Abschrift des Vollstreckungsbescheides nebst Zustellungsbescheinigung als elektronisches Dokument beifügt und
4. der Gläubiger versichert, dass ihm eine Ausfertigung des Vollstreckungsbescheides und eine Zustellungsbescheinigung vorliegen und die Forderung in Höhe des Vollstreckungsauftrags noch besteht.

[2]Sollen Kosten der Zwangsvollstreckung vollstreckt werden, sind dem Auftrag zusätzlich zu den in Satz 1 Nummer 3 genannten Dokumenten eine nachprüfbare Aufstellung der Kosten und entsprechende Belege als elektronisches Dokument beizufügen.

II Hat der Gerichtsvollzieher Zweifel an dem Vorliegen einer Ausfertigung des Vollstreckungsbescheides oder der übrigen Vollstreckungsvoraussetzungen, teilt er dies dem Gläubiger mit und führt die Zwangsvollstreckung erst durch, nachdem der Gläubiger die Ausfertigung des Vollstreckungsbescheides übermittelt oder die übrigen Vollstreckungsvoraussetzungen nachgewiesen hat.

1 **I. Systematik, Regelungszweck, I, II.** Es handelt sich um einen Spezialfall mit mehreren eng auszulegenden Voraussetzungen. I 1 Nr. 1–4. Sie müssen zusammentreffen. Im Zweifel muss der Gerichtsvollzieher nach II vorgehen. Krit. Ulrici NJW 2017, 1142.

2 **II. Geltungsbereich, I, II.** Es muss sich gerade um einen solchen Vollstreckungsbescheid nach §§ 699, 700 handeln, dessen Vollstreckung der Gläubiger elektronisch beantragt hat und der keine Vollstreckungsklausel braucht.

3 **III. Voraussetzungen, I, II.** Die Bedingungen müssen sämtlich erfüllt sein.

4 **IV. Einreichungsform, I.** Vgl. bei § 130a I.

5 **V. Verstoß, Rechtsmittel, I, II.** Es gelten keine Besonderheiten. Es gilt § 766, anschließend § 793. Auch → § 754 Rn. 37.

755 ***Ermittlung des Aufenthaltsorts des Schuldners.*** **I [1]Ist der Wohnsitz oder gewöhnliche Aufenthaltsort des Schuldners nicht bekannt, darf der Gerichtsvollzieher auf Grund des Vollstreckungsauftrags und der Übergabe der vollstreckbaren Ausfertigung zur Ermittlung des Aufenthaltsorts des Schuldners bei der Meldebehörde die gegenwärtigen Anschriften sowie Angaben zur Haupt- und Nebenwohnung des Schuldners erheben. [2]Der Gerichtsvollzieher darf auch beauftragt werden, die gegenwärtigen Anschriften, den Ort der Hauptniederlassung oder den Sitz des Schuldners zu erheben**
1. durch Einsicht in das Handels-, Genossenschafts-, Partnerschafts-, Unternehmens- oder Vereinsregister oder
2. durch Einholung einer Auskunft bei den nach Landesrecht für die Durchführung der Aufgaben nach § 14 Absatz 1 der Gewerbeordnung zuständigen Behörden.

II [1]Soweit der Aufenthaltsort des Schuldners nach Absatz 1 nicht zu ermitteln ist, darf der Gerichtsvollzieher
1. zunächst beim Ausländerzentralregister die Angaben zur aktenführenden Ausländerbehörde sowie zum Zuzug oder Fortzug des Schuldners und anschließend bei der gemäß der Auskunft aus dem Ausländerzentralregister aktenführenden Ausländerbehörde den Aufenthaltsort des Schuldners,
2. bei den Trägern der gesetzlichen Rentenversicherung und bei einer berufsständischen Versorgungseinrichtung im Sinne des § 6 Absatz 1 Satz 1 Nummer 1 des Sechsten Buches Sozialgesetzbuch die dort bekannte derzeitige Anschrift, den derzeitigen oder zukünftigen Aufenthaltsort des Schuldners sowie
3. bei dem Kraftfahrt-Bundesamt die Halterdaten nach § 33 Abs. 1 Satz 1 Nr. 2 des Straßenverkehrsgesetzes

erheben. [2]Ist der Schuldner Unionsbürger, darf der Gerichtsvollzieher die Daten nach Satz 1 Nummer 1 nur erheben, wenn ihm tatsächliche Anhaltspunkte für die Vermutung der Feststellung des Nichtbestehens oder des Verlusts des Freizügigkeitsrechts vorliegen. [3]Eine Übermittlung der Daten nach Satz 1 Nummer 1 an den Gerichtsvollzieher ist ausgeschlossen, wenn der Schuldner Unionsbürger ist, für den eine Feststellung des Nichtbestehens oder des Verlusts des Freizügigkeitsrechts nicht vorliegt. [4]Die Erhebung nach Satz 1 Nummer 2 bei einer berufsständischen Versorgungseinrichtung darf der Gerichtsvollzieher nur durchführen, wenn der Gläubiger die berufsständische Versorgungseinrichtung bezeichnet und tatsächliche Anhaltspunkte nennt, die nahelegen, dass der Schuldner Mitglied dieser berufsständischen Versorgungseinrichtung ist.

III Nach Absatz 1 oder Absatz 2 erhobene Daten, die innerhalb der letzten drei Monate bei dem Gerichtsvollzieher eingegangen sind, darf dieser auch in einem Zwangsvollstreckungsverfahren eines weiteren Gläubigers gegen denselben Schuldner verarbeiten, wenn die Voraussetzungen für die Datenerhebung auch bei diesem Gläubiger vorliegen.

Schrifttum: Büttner DGVZ 2014, 188; Ehmann NJW 2013, 1862; Puppe DGVZ 2014, 397; Schilken AcP 81, 45 (Beziehung zum sachlichen Recht); Schmidt JurBüro 2013, 453; Seip DGVZ 2013, 74 (Kosten); Sturm JurBüro 2012, 427; Ulrici DGVZ 2017, 137 (krit.); Ulrici NJW 2017, 2661; Waldschmidt JurBüro 2017, 7 (je: Grdz.).

I. Systematik, I–III. Die Vorschrift erweitert die Aufgaben des Gerichtsvollziehers beträchtlich, Büttner DGVZ 2017, 221 (ausf.). Sie spricht zwar nur von einer Befugnis („darf"). Daraus folgt aber auch eine etwaige entsprechende Pflicht des Gerichtsvollziehers und im Rahmen des BDSG eine Auskunftspflicht der von ihm nach § 755 befugt angesprochenen Stellen. Natürlich darf und muss der Gerichtsvollzieher Dritten gegenüber seine ohnehin bestehende Schweigepflicht beachten. Das gilt freilich nur theoretisch selbst dann, wenn er in einem weiteren Verfahren für denselben oder einen anderen Gläubiger tätig wird. Denn dann sind ihm die Auskünfte aus dem früheren Verfahren amtsbekannt. Freilich macht § 755 insofern keine Ausnahme von allgemeinen Grundsätzen wie zB bei jedem Gericht. 1

II. Regelungszweck, I–III. Die Zwangsvollstreckung soll nicht daran scheitern, dass sich der Schuldner nicht auffinden lässt, ob schuldhaft oder nicht. Man darf den Gläubiger trotz seiner grundsätzlichen Herrschaft über die Vollstreckung nicht überfordern. 2

Grenzen setzt § 755 dennoch klar. Der Gerichtsvollzieher darf nur im Rahmen dieser Vorschrift den Aufenthaltsort ermitteln, BGH WM 2017, 1424. Er darf zB nicht einen Detektiv beauftragen, Büttner DGVZ 2014, 190. Er darf zwar zB bei Nachbarn fragen, Büttner DGVZ 2014, 190, aber nicht eine Belohnung für eine Mitteilung aussetzen, Büttner DGVZ 2013, 230. Eine isolierte Ermittlung ist unstatthaft, BGH WM 2017, 1424; AG Lpz DGVZ 2013, 245. 3

III. Geltungsbereich, I–III. Die Vorschrift ist in allen Arten von Verfahren nach §§ 704 ff. ZPO und der auf diese verweisenden Gesetze anwendbar, Büttner DGVZ 2013, 228. Sie gilt auch im FamFG-Verfahren und vor dem Arbeitsgericht. 4

IV. Keine Bekanntheit des Schuldnerorts, I. Diese erste Voraussetzung ist nicht so eng wie zB eine „Unbekanntheit" nach → § 185 Rn. 9. „Nicht bekannt" ist ein anderer Wortlaut, Unbekanntheit läge erst dann vor, wenn überhaupt niemand Kenntnis hätte. Hier reicht demgegenüber das Fehlen einer Kenntnis des Auftraggebers wie des Gerichtsvollziehers, Büttner DGVZ 2013, 224, bei ihm in den Grenzen → Rn. 2. Kennenmüssen ist nicht ganz unerheblich. Es liegt aber wegen → Rn. 2 keineswegs schon dann vor, wenn nur Maßnahmen außerhalb § 755 helfen könnten. Es reicht eine solche negative Auskunft eines Einwohnermeldeamts, die nicht älter als 2–4 Wochen ist, AG Offenbach DGVZ 2013, 188 (streng kurz). Eine Auskunftssperre im Melderegister begrenzt die Möglichkeiten des Schuldners, LG Bbg DGVZ 2017, 18. 5

V. Auftrag; Besitz der vollstreckbaren Ausfertigung, I. Zweite Voraussetzung ist ein wirksamer Vollstreckungsauftrag nach § 31 IV 1 GVGA, BGH WM 2017, 1424; Büttner DGVZ 2014, 190, nebst Übergabe der vollstreckbaren Ausfertigung der §§ 724 ff. vom Auftraggeber oder seinem Bevollmächtigten an diesen Gerichtsvollzieher, beides nach § 754 I, Büttner DGVZ 2014, 189. Diese Bedingung muss während jeder Ermittlung nach § 755 schon und noch vorliegen, Büttner DGVZ 2014, 190. Zuständig sein kann jeder Gerichtsvollzieher, LG Frankenth DGVZ 2013, 186. **Unnötig** ist zusätzlich ein spezieller Adressermittlungsauftrag, aM AG Wiesloch DGVZ 2014, 20. 6

VI. Aufenthaltsermittlungszweck, I. Dritte Voraussetzung ist der auftragsgemäße derartige Zweck und nur er. Der Gerichtsvollzieher muss sich einen Erfolg zur weiteren Durchführbarkeit der Vollstreckung in absehbarer Zeit versprechen dürfen, Büttner DGVZ 2014, 190. Finanzielle Vorteile dürfen für ihn keine alleinige Rolle spielen. Je kleiner die restliche oder gar anfängliche Gläubigerforderung, desto eher muss der Gerichtsvollzieher den Grundsatz der Verhältnismäßigkeit nach → Vor § 704 Rn. 31 und das Übermaßverbot nach → Einl. II Rn. 43 mitbeachten. § 755 gilt aber auch im Bagatellfall, LG Verden NJW-RR 2016, 1209. 7

VII. Reihenfolgezwang, I, II. Bei Erfüllung der Voraussetzungen → Rn. 5–7 muss der Gerichtsvollzieher zunächst nach I vorgehen. Er darf erst beim Misserfolg nach I zu II übergehen. Auch dort muss er „zunächst" nach → Rn. 13 vorgehen. Erst beim auch dortigen Misserfolg stehen die Möglichkeiten nach → Rn. 15, 16 offen, und zwar nur insoweit nebeneinander. 8

Örtlich zuständig ist nach § 17 I 1 GVO der für letzte bekannte Schuldnerschrift zuständige Gerichtsvollzieher. Ist keine solche Anschrift bekannt, wird nach § 17 I 2 GVO der für den Wohnsitz des Gläubigers zuständige Gerichtsvollzieher örtlich zuständig. Wird ein Kollege aufgrund der Ergebnisse der Ermittlung zuständig, gibt der bisherige den Vorgang nach § 17 II GVO von Amts wegen an diesen ab. 9

VIII. Erhebung bei Registern und anderen Stellen, I 1, 2. Ihre Aufzählung ist nicht abschließend. Örtlich kommt jede solche Stelle infrage, bei der der Gerichtsvollzieher eine Auskunft zur gegenwärtigen Anschrift (Wohnung, Sitz, tatsächlicher Aufenthalt) des Schuldners erhoffen kann. Dazu können Mitbewohner zählen, AG Brem JurBüro 2018, 274. Es können dabei durchaus mehrere Register infragekommen. Dann darf der Gerichtsvollzieher nach seinem pflichtgemäßen Ermessen alle oder einige gleichzeitig oder nacheinander befragen, freilich auch hier schon unter Mitbeachtung der Grenzen nach → Rn. 7. Er muss unverzüglich wie bei § 121 I 1 BGB handeln, also ohne vorwerfbares Zögern. Überlastung ist nur sehr begrenzt ein schuldloser Verzögerungsgrund. Bei drohendem Wegzug des Schuldners ins Ausland mag der Gerichtsvollzieher zB ähnlich wie bei Gericht bei → § 917 Rn. 11 ff. umgehend handeln müssen. 10

Genau müssen die Bitten im Ersuchen sein, soweit möglich. I hält Auskunft zur jetzigen Anschrift sowie zusätzlich Angaben zur Haupt- und Nebenwohnung des Schuldners für ratsam. Das muss der Gerichtsvollzieher im Ersuchen betonen. Er wird sich stets ausdrücklich auf I beziehen, um Missverständnisse bei der Auskunftsstelle zu vermeiden. Rückfragen und Zusatzbitten sind evtl. ratsam oder notwendig. Er ist nicht befugt, bei Eintragung einer Auskunftssperre im Melderegister die Anschrift des Schuldners an den Gläubiger weiterzugeben, BGH NZI 19, 288. 11

I 2 erlaubt dem Gläubiger den für den Gerichtsvollzieher abzuwartenden klaren Zusatzauftrag, Anschriften und den Ort einer Hauptniederlassung oder den Sitz des Schuldners auch durch Einsicht in die in I 2 Nr. 1 aufgezählten Register oder durch Auskunftseinholung bei den in I 2 Nr. 2 genannten Landesbehörden zu erheben. 12

IX. Hilfsweise: Zunächst Erhebung beim Ausländerzentralregister, II 1 Nr. 1, II 2, 3. Wegen des Reihenfolgezwangs → Rn. 8 ist diese Möglichkeit zunächst die hilfsweise allein erlaubte. Nach dem Text von II 1 Nr. 1 „darf" der Gerichtsvollzieher sie stets vornehmen. Ob das aber überhaupt sinnvoll ist, hängt natürlich auch davon ab, ob überhaupt gerade ein Ausländerbezug oder Auslandsbezug vorliegen kann. Die Internationalisierung 13 mag auch beim deutschen Schuldner dergleichen meist durchaus sinnvoll erscheinen lassen. Dann ist dieser Versuch auch notwendig. Zur reinen Routine sollte er aber nicht erstarren.

14 **II 2, 3** schränken II 1 Nr. 1 beim „Unionsbürger" in Umsetzung Urteils der EuGH (EuZW 2009, 183) ein, vgl. auch Riedel Rpfleger 2013, 299.

15 **X. Hilfsweise mangels Ausländerzentralregister: Wahlweise Erhebung bei Rentenversicherung, II 1 Nr. 2.** Die Vorschrift gilt auch bei einer Forderung von nur 500 EUR, AG Wuppert JurBüro 2018, 377. Beim Misserfolg nach → Rn. 13 oder bei seiner Sinnlosigkeit hat der Gerichtsvollzieher die Wahl zwischen II 1 Nr. 2 und 3. Bei Nr. 2 wendet er sich theoretisch an alle Träger gesetzlicher Rentenversicherung. Er prüft natürlich, welche hier am ehesten infragekommen. Zu Inhalt und Genauigkeit der Anfrage gilt dasselbe wie beim Ersuchen der Meldebehörde nach → Rn. 10. Darüber hinaus darf und muss er aber auch den „zukünftigen Aufenthaltsort" erfragen. Wie die Rentenversicherung auch diesen wissen soll, bleibt das Geheimnis des Gesetzgebers.

16 **XI. Hilfsweise statt Rentenversicherung: Wahlweise Erhebung beim Kraftfahrt-Bundesamt, II 1 Nr. 3.** Beim Misserfolg oder einer Sinnlosigkeit nach → Rn. 13 darf der Gerichtsvollzieher wahlweise sogleich oder nach der Anfrage nach → Rn. 15 auch das Kraftfahrt-Bundesamt in Flensburg befragen, und zwar nur nach den Halterdaten nach § 33 I 1 Nr. 2 StVG.

17 **XII. Nutzung für weiteren Gläubiger, III.** Sie kommt beim Zusammentreffen dreier Voraussetzungen infrage. Zunächst müssen Daten nach I oder II binnen 3 Monaten beim Gerichtsvollzieher tatsächlich eingegangen sein. Sodann muss ein weiteres Vollstreckungsverfahren eines weiteren Gläubigers gegen denselben Schuldner bestehen. Schließlich müssen die Voraussetzungen für eine Datenerhebung auch bei diesem weiteren Gläubiger vorliegen.

18 **XIII. Verstoß, I–III.** Jeder nicht völlig unerhebliche objektive Verstoß kann zur Wirkungslosigkeit dieser Ermittlungsart und zur Unbeachtbarkeit ihrer Ergebnisse führen. Freilich bleibt das Handeln des Gerichtsvollziehers auch dann grundsätzlich als Hoheitsakt selbst bei (künftiger) Beleihung des Gerichtsvollziehers wie bei → Vor § 300 Rn. 34 wirksam. Allerdings auch → Vor § 300 Rn. 41–51.

19 **XIV. Rechtsmittel, I–III.** Rechtsbehelfsbelehrung, Verstoß: §§ 232, 233 S. 2. Es gelten zunächst § 766 und sodann § 793, wie stets.

756 *Zwangsvollstreckung bei Leistung Zug um Zug.*

I Hängt die Vollstreckung von einer Zug um Zug zu bewirkenden Leistung des Gläubigers an den Schuldner ab, so darf der Gerichtsvollzieher die Zwangsvollstreckung nicht beginnen, bevor er dem Schuldner die diesem gebührende Leistung in einer den Verzug der Annahme begründenden Weise angeboten hat, sofern nicht der Beweis, dass der Schuldner befriedigt oder im Verzug der Annahme ist, durch öffentliche oder öffentlich beglaubigte Urkunden geführt wird und eine Abschrift dieser Urkunden bereits zugestellt ist oder gleichzeitig zugestellt wird.

II Der Gerichtsvollzieher darf mit der Zwangsvollstreckung beginnen, wenn der Schuldner auf das wörtliche Angebot des Gerichtsvollziehers erklärt, dass er die Leistung nicht annehmen werde.

Schrifttum: Günther, Die Vollstreckung von Urteilen auf Leistung Zug um Zug, 2010.

1 **I. Systematik, I–II.** Zunächst → § 753 Rn. 1. § 756 ist eine in der Praxis recht wichtige und viele Fragen aufweisende notwendige Ergänzung des § 726 II. Diese letztere Vorschrift lässt die Erteilung einer vollstreckbaren Ausfertigung nach §§ 724 ff. bei einer Leistung Zug um Zug zu, ohne den Nachweis der Befriedigung oder des Annahmeverzugs des Schuldners zu verlangen, Geißler DGVZ 2012, 1. Über die dahin gehörenden Fälle → § 726 Rn. 17. Für das Vollstreckungsgericht und zunächst für den Rpfl. enthält § 765 eine dem § 756 entsprechende Regelung. Wegen der Brüssel Ia-VO SchlAnh V C 2 (Art. 8).

2 **II. Regelungszweck, I–II.** Zunächst → § 753 Rn. 2. Die Vorschrift verlagert dasjenige, was in einer nach dem Urteil komplizierten Lage eigentlich der Gläubiger tun müsste, im Verhältnis zum Schuldner im Prinzip auf den Gerichtsvollzieher zum Zweck der Vereinfachung nach → Vor § 128 Rn. 15.

3 **III. Zug-um-Zug-Leistung, I–II.** Dazu Fichtner DGVZ 2004, 1, 17; Gilleßen/Coenen DGVZ 1998, 167; Günther DGVZ 2008, 177 (je: ausf.). Voraussetzungen und Verfahren sind gleichermaßen kompliziert.

4 **1. Notwendigkeit einer Gegenleistung.** Die Notwendigkeit einer echten Gegenleistung Zug um Zug muss sich aus dem Vollstreckungstitel eindeutig ergeben, Düss JurBüro 2001, 495; KG Rpfleger 2000, 557; AG Euskirchen DGVZ 2015, 119, nicht erst aus weiteren Umständen oder Unterlagen, KG MDR 1997, 1058; LG Oldb DGVZ 2010, 86. Dabei ist der Titel natürlich wie bei → Vor § 704 Rn. 20 auslegbar, Brdb BauR 2006, 1507; Pauly DGVZ 2007, 177. Andernfalls muss man eine isolierte Vollstreckung wegen der Leistung und der Gegenleistung vornehmen, BGH NJW 1992, 1173; LG Hmb DGVZ 1992, 41; LG Kblz DGVZ 1998, 59. Es muss auch gerade eine Zug-um-Zug Leistung tituliert sein, LG Tüb DGVZ 1986, 60; AG Bielef MDR 1977, 500. Eine Verurteilung zur Leistung nach dem Empfang der Gegenleistung reicht aus, Karlsr MDR 1975, 938; Köln DGVZ 1989, 151. Auch eine Teilverurteilung reicht; LG Wuppert DGVZ 1986, 600.

5 **2. Angebot an Schuldner.** Bei einer klaren Verurteilung Zug um Zug gilt: Der Beginn der Zwangsvollstreckung setzt hier regelmäßig voraus, dass der Gerichtsvollzieher den Schuldner durch das Angebot der dem Schuldner zustehenden Leistung in einen Annahmeverzug nach §§ 293 ff. BGB setzt. Das Angebot muss grds. ein tatsächliches sein, LG Bln DGVZ 1993, 28; LG Ravensb DGVZ 1986, 89; AG Bln-Schöneberg DGVZ 2015, 43. Das Angebot muss auch hinreichend bestimmt sein, BVerfG NJW 1997, 2168; BGH BB 2005, 2100; Kblz OLGR 2000, 520. Es muss so erfolgen, wie der Gläubiger die Leistung nach § 294 BGB bewirken muss, LG Arnsberg DGVZ 1983, 152; LG Frankenth MDR 1982, 61; AG Bln-Schöneb DGVZ 2014, 68. Der Gerichtsvollzieher muss die Gegenleistung so anbieten, wie dies im Vollstreckungstitel beschrieben (BGH NJW-RR 2021, 251). Der Schuldner muss nur noch zuzugreifen brauchen, BGHZ 90, 359, LG Arnsberg DGVZ 2002, 170; LG Bln DGVZ 1993, 28. Das alles muss der Gerichtsvollzieher von Amts wegen prüfen, BGH NJW-RR 2021, 251 Rn. 14; Hamm Rpfleger 1983, 393; Köln Rpfleger 1997, 315; Geißler DGVZ 2012, 3. Dabei darf er

außerhalb des Titels liegende Umstände nicht berücksichtigen (BGH NJW-RR 2021, 251 Rn. 20). Bei einer Teilvollstreckung muss klar sein, welchen Teil sie betrifft, BGH NJW 2008, 3147 (zust. Würdinger).

3. Beispiele zur Frage eines ausreichenden Angebots, I, II

Abholungsobliegenheit des Schuldners: Bei ihr muss der Gerichtsvollzieher den Gegenstand nicht dem Schuldner aushändigen, AG Siegburg DGVZ 2015, 66. **6**

Abwesenheit des Schuldners: Solange der Gerichtsvollzieher trotz einer rechtzeitigen Ankündigung weder den Schuldner noch eine Ersatzperson antrifft, kann er die Gegenleistung an sich nicht wirksam anbieten, LG Hmb DGVZ 1984, 115; AG Mü DGVZ 1980, 191; Gilleßen/Jakobs DGVZ 1981, 53. Die Abwesenheit des Schuldners in dem ihm bekannten Termin zum tatsächlichen Angebot der Gegenleistung oder die Nichterklärung usw. im Termin begründet aber als Ausnahme vom Grundsatz hier einen Annahmeverzug, BGH Rpfleger 1992, 207; LG Hmb DGVZ 1984, 115. Die Gegenleistung mag im LG-Bezirk und nicht im AG-Bezirk des Gerichtsvollziehers erforderlich sein, LG Bln DGVZ 1998, 27. Zu Einzelheiten Gilleßen/Jacobs DGVZ 1981, 49.

Abtretung: Das Angebot des Gerichtsvollziehers kann reichen, BGH NJW 2016, 3455.

Auflassung: Bei einer Verurteilung Zug um Zug gegen die Auflassung eines Grundstücks prüft das Vollstreckungsorgan (Grundbuchamt) den Nachweis der Befriedigung oder des Annahmeverzugs bei der Eintragung einer Zwangshypothek, LG Hmb Rpfleger 2004, 159; AG Hann DGVZ 2016, 53.

Aufrechnung: Sie ist **kein** ausreichendes Angebot.

Bezeichnung: Für das Ausreichen des Angebots ist maßgeblich die im Urteilstenor nach § 313 I Nr. 4 notwendige genaue Bezeichnung der Gegenleistung, BVerfG NJW 1997, 2168; BGH BB 2005, 2100; LG Kblz DGVZ 2003, 40. Wenn das Gericht im Urteil die Gegenleistung individuell bestimmt hat, ist jetzt demgemäß ihre Identifizierbarkeit „Zug-um-Zug-Gegenleistung" nötig, BGH NJW 1993, 325; LG Kblz DGVZ 2005, 76; LG Drsd DGVZ 2016, 132. Diese Identifizierbarkeit reicht aber auch aus, BGH NJW 1993, 325; Köln NJW-RR 1991, 383; Nürnb NJW 1989, 987; aM LG Bonn DGVZ 1983, 188 (aber man darf den Gläubiger nicht überfordern, ebenso wenig sein Vollstreckungsorgan). Das Einverständnis des Schuldners reicht, Kblz OLGR 2000, 520. Die Bezeichnung „VW Käfer 1200, 34 PS" konnte zB dann genügen, wenn der Gläubiger nur einen einzigen derartigen Pkw besaß, AG Groß Gerau MDR 1981, 1288. Eine Grenze liegt bei einer nicht ermittelbaren mittleren Art und Güte, LG Münst DGVZ 2014, 67.

Zum Kfz gehört sein **Brief.** Eine Umschreibung im Urteil „Herstellung eines lotrechten Mauerwerks" mag ungenügend sein, Düss NJW-RR 1999, 794. Grundsätzlich unzureichend ist eine Verurteilung zur Zahlung gegen Aushändigung eines Schecks, Wechsels usw. Das gilt selbst dann, wenn der Gerichtsvollzieher nur gegen den Erhalt der Urkunde vollstrecken darf, BGHZ 177, 178; Ffm JurBüro 1981, 938.

Eigentumsübertragung: Bei einer Verurteilung Zug um Zug gegen eine Eigentumsübertragung an einer beweglichen Sache ist regelmäßig ein Verhalten nach § 929 BGB und nicht nur nach § 931 BGB notwendig, Köln Rpfleger 1992, 528. Auch „Auflassung".

Ermessen: Der Gerichtsvollzieher darf und muss nach seinem eigenen pflichtmäßigen Ermessen klären, ob der Gläubiger seine Gegenleistung erbracht hat, AG Sinzig DGVZ 2003, 76.

Feststellungsklage: Eine Feststellungsklage nach § 256 dahin, dass eine andere Leistung nicht mehr notwendig sei, ist zulässig, BGH DGVZ 2011, 32; Hamm DGVZ 1995, 183; LG Kblz DGVZ 2005, 76.

Gattungsschuld: Bei ihr muss der Gerichtsvollzieher feststellen, ob die anzubietende Sache nach § 243 I BGB, § 360 HGB eine mittlere Art und Güte hat.

Gleichwertigkeit: Evtl. reicht eine gleich- oder höherwertige Leistung anstelle der eigentlichen Gegenleistung aus, BGH DGVZ 2011, 32 (gefährlich großzügig. Wo liegen die Grenzen? Wer bestimmt sie? Der Gerichtsvollzieher? Muss der Gläubiger tatsächlich auch noch nach § 256 vorgehen?).

Gutachten: Nicht ausreichend ist ein solches Urteil, das die Höhe der Gegenleistung von einem noch fehlenden Gutachten abhängen lässt, Hamm MDR 2010, 1086.

Herausgabe: → „Wertpapier".

Hinterlegung: Der Gläubiger kann **nicht** verlangen, dass der Schuldner vor der Gegenleistung des Gläubigers hinterlege, LG Stgt DGVZ 1990, 92.

Inhaberschuldverschreibung: Ihre Aushändigung ist eine Zug-um-Zug-Gegenleistung, Hamm DGVZ 1979, 122; Musielak/Voit/Lackmann Rn. 2; aM BGH NJW 2008, 3144 (aber eine solche Urkunde ist wesentlich mehr als eine Quittung nach → Rn. 7).

Mangelfreiheit: Eine Mängelfreiheit ist dann, wenn es bei der Zug-um-Zug-Leistung nicht gerade wie bei AG Gelsenkirchen DGVZ 2011, 71 um eine Nachbesserung geht, grundsätzlich nicht notwendig, BGH BB 2005, 2100; LG Kblz DGVZ 2003, 40; LG Köln DGVZ 2006, 136 (zust. Körner DGVZ 2006, 129); aM LG Hann DGVZ 1984, 153; LG Mühlhausen DGVZ 2012, 187; Geißler DGVZ 2012, 2 (aber damit würde man den Gerichtsvollzieher meist überfordern). Schon gar nicht braucht der Gläubiger einen vom Schuldner zusätzlich behaupteten Mangel beseitigt zu haben, LG Bonn DGVZ 1989, 12; aM Celle NJW-RR 2000, 828; LG Frankenth MDR 1982, 61 (aber auch das wäre eine Überforderung des Gerichtsvollziehers). Freilich mag nach dem Vollstreckungstitel gerade eine mangelfreie Gegenleistung notwendig sein, LG Darmst DGVZ 1979, 126. Auch mag ein Mangel nach § 291 offenkundig sein, LG Bonn DGVZ 1983, 187; LG Hann DGVZ 1984, 152. Evtl. muss der Gerichtsvollzieher einen Gutachter hinzuziehen, Celle NJW-RR 2000, 828. Es bestehen vielfache Beziehungen zum sachlichen Recht, Schilken AcP 181, 335.

Nachbesserung: „Mangelfreiheit".

Sachverständiger: Der Gerichtsvollzieher muss zur Klärung des Ausreichens des Angebots evtl. einen Sachverständigen auf Schuldnerkosten nach § 788 hinzuziehen, Celle MDR 2001, 686; Hamm DGVZ 1995, 183; LG Kblz DGVZ 2000, 117.

Stückschuld: Bei ihr muss der Gerichtsvollzieher nach I a feststellen, ob gerade der bestimmte Gegenstand vorliegt oder ob der Gläubiger ordnungsgemäß nacherfüllt hat, Celle NJW-RR 2000, 828, notfalls mithilfe eines Sachverständigen auf Schuldnerkosten nach § 788, AG Sinzig DGVZ 2003, 127. Das gilt einschließlich etwaiger Nebenarbeiten, AG Gütersloh DGVZ 1983, 78. Notfalls ist eine Feststellungsklage nötig.

Vollstreckungsabwehrklage: Sie bleibt nach § 767 statthaft, BGH MDR 2005, 1311; aM LG Neuruppin NJW-RR 2004, 854.

Wertpapier: Soweit die Gegenleistung auf seine „Herausgabe" lautet, muss eine körperliche Übergabe erfolgen, LG Wiesb DGVZ 2011, 70. Das klappt natürlich nur, falls keine bloße Globalurkunde existiert, wie zB bei einem DAX-Papier. Dort muss schon der Vollstreckungstitel anders lauten.

Willenserklärung: Sie gilt mit der wirksamen Abgabe oder nach § 894 mit der formellen Rechtskraft der entsprechenden Verurteilung nach § 705 als erbracht, LG Kblz DGVZ 1989, 43; AG Offenbach DGVZ 1995, 76.

Wörtliches Angebot: Ein solches nach § 295 S. 1, 2 BGB kann genügen, Oldb DGVZ 1991, 172; LG Coburg DGVZ 2005, 108; Fichtner DGVZ 2004, 43 (ausf.). Das gilt auch bei einem Grundstück, AG Hann DGVZ 2016, 53. Das stellt II für den Verweigerungsfall überflüssigerweise klar. Es war schon ohne II wegen der indirekten Verweisung auf §§ 293 ff. BGB sachlich klar. Das gilt zB dann, wenn der Schuldner erklärt, die Leistung nicht annehmen zu wollen, oder wenn der Schuldner eine Handlung vornehmen muss, die Sache etwa abholen muss, wenn überhaupt aus dem Vollstreckungstitel eindeutig eine Holschuld erkennbar ist, LG Gießen DGVZ 1986, 77; LG Ravensb DGVZ 1986, 89. Dasselbe gilt, soweit der Schuldner die Gläubigerleistung annehmen, die Schuldnerleistung aber endgültig verweigern will, BGH Rpfleger 1997, 221. Die Schuldnererklärung, die titulierte Forderung nicht begleichen zu können, ist keine Annahmeverweigerung, AG Bln-Schöneb DGVZ 2015, 43.

Dieses wörtliche Angebot ist eine geschäftsähnliche Handlung. Auf sie sind die Vorschriften des BGB über **Willenserklärungen** entsprechend anwendbar, AG Lampertheim DGVZ 1980, 188. Daher muss der Gläubiger den Gerichtsvollzieher bevollmächtigen und anweisen, das wörtliche Angebot abzugeben, AG Hmb-Wandsbek DGVZ 1980, 190; AG Lampertheim DGVZ 1980, 188; Fichtner DGVZ 2004, 43; aM LG Augsb DGVZ 1995, 9 (aber das wäre inkonsequent).

7 **4. Weiteres Verfahren.** Die eigentliche Leistung erfolgt nur Zug um Zug, also gegen eine Befriedigung des Schuldners, auch wegen der Kosten der Zwangsvollstreckung nach § 788, Bank JurBüro 1980, 1137. Auch bei der Vollstreckung wegen eines Teilbetrags muss der Gläubiger die volle auch teilbare Gegenleistung erbringen oder den Schuldner insoweit in Annahmeverzug setzen, LG Wuppert DGVZ 1986, 90; AG Schönau DGVZ 1990, 46. Die Kosten des Rechtsstreits aus dem Kostenfestsetzungsbeschluss nach § 104 gehören aber nicht zu dieser Leistung. Daher kann der Schuldner wegen dieser Kosten nur so vorgehen, dass er in den etwa vom Gläubiger aufgrund seines Angebots gezahlten Betrag vollstreckt. Wenn der Schuldner den Gläubiger nicht vollständig befriedigt, darf und muss der Gerichtsvollzieher ohne eine Gegenleistung vollstrecken, BGHZ 73, 320. Die Aushändigung einer quittierten Urkunde gehört aber nicht hierher. Das gilt, obwohl man die quittierte Urkunde nach → § 726 Rn. 19 dem Gerichtsvollzieher übergeben muss, damit er sie dem freiwillig Zahlenden aushändigt. Der Gerichtsvollzieher muss den ganzen Vorgang nach §§ 762, 763 protokollieren. Die Kosten des Angebots sind Kosten der Zwangsvollstreckung nach § 788. Nicht hierher gehören aber die Kosten des Wegtransports einer herauszugebenden Sache. Wenn eine Leistung Zug um Zug dem Gläubiger schuldlos unmöglich geworden ist und wenn der Gläubiger den Anspruch auf die Leistung behält, muss er neu klagen.

8 **IV. Zwangsvollstreckung ohne Angebot, I.** Sie erfordert besondere Aufmerksamkeit.

9 **1. Voraussetzungen: Befriedigung oder Annahmeverzug.** Der Gerichtsvollzieher braucht dem Schuldner dann keine Gegenleistung anzubieten, wenn die Befriedigung unstreitig ist, LG Düss DGVZ 1991, 39 (zust. Münzberg DGVZ 1991, 88); LG Hann DGVZ 1985, 171; AG Fürstenfeldbr DGVZ 1981, 90, oder wenn der Gläubiger den Beweis der Befriedigung des Schuldners oder seines Annahmeverzugs durch eine öffentliche oder öffentlich beglaubigte Urkunde nach → § 415 Rn. 3, 5 geführt hat, Köln NJW-RR 1986, 863; AG Reinbek DGVZ 2012, 187 (privatrechtliche Übersendung des Leistungsgegenstands reicht nicht); milder Köln NJW-RR 1991, 383, und wenn nach § 45 IV GVGA eine Ablichtung oder Abschrift der Urkunde zugestellt ist oder gleichzeitig zugestellt wird, und zwar an den ProzBev. der ersten Instanz nach §§ 81, 172. Es ist unerheblich, in welcher Weise der Gläubiger den Schuldner befriedigt hat.

2. Beispiele zur Frage einer Befriedigung oder eines Annahmeverzugs, I

10 **Abweisungsantrag: Nicht** ausreichend ist der Abweisungsantrag des Schuldners im Prozess, Ffm Rpfleger 1979, 432; LG Kleve DGVZ 2005, 95; Geißler DGVZ 2012, 7.

Annahmeverweigerung: Entbehrlich ist ein Angebot, soweit der Schuldner seine Annahme ablehnt, BGH Rpfleger 1997, 221.

Auflassung: Befriedigung tritt mit der nach § 705 formellen Rechtskraft des zur Auflassungsannahme ergangenen Urteils ein, LG Kblz DGVZ 1989, 43. Der Schuldner gerät in Annahmeverzug beim Ausbleiben im ordnungsgemäß anberaumten Auflassungstermin, BGH NJW 1992, 566.

Bezeichnung: Evtl. ist sogar eine ungenaue Bezeichnung der Gegenleistung im Vollstreckungstitel unschädlich, LG Bonn DGVZ 1991, 92; AG Bonn DGVZ 1991, 91; strenger AG Steinfurt DGVZ 2014, 66. Zur Vermeidung von Auslegungsschwierigkeiten empfiehlt sich schon im Erkenntnisverfahren ein Antrag auf die Feststellung, „dass sich der Bekl im Annahmeverzug befindet", Doms NJW 1984, 1340; Schibel NJW 1984, 1945.

Früheres Angebot: Der Annahmeverzug kann auf einem früheren Angebot beruhen, AG Neustadt/H DGVZ 1976, 74. Das gilt auch dann, wenn ein anderer Gerichtsvollzieher dieses frühere Angebot bei einer anderen Pfändung gemacht hat.

Geständnis: Dasjenige nach § 288 I über den Erhalt reicht, LG Stgt DGVZ 2007, 70.

Protokoll: Der Gläubiger kann den Beweis auch durch das Protokoll des Gerichtsvollziehers nach § 762 führen, Köln MDR 1991, 26; Oldb DGVZ 1991, 172.

Urteil: Der Gläubiger kann den Beweis auch durch das nach § 705 formell rechtskräftige Urteil führen, BGH NJW 2018, 3029; LG Augsb JurBüro 1994, 307; MüKoZPO/Heßler Rn. 45. Das gilt besonders bei einer Vorleistungspflicht nach → § 726 Rn. 17, BGH NJW 1982, 1049. Der Beweis lässt sich überhaupt durch irgendeinen Urteilstenor nach § 313 I Nr. 4 erbringen, BGH NJW 2000, 2664; Köln NJW-RR 1991, 383, Christmann DGVZ 1990, 2. Wenn nur dessen Tatbestand oder Entscheidungsgründe nach § 313 II, III den Annahmeverzug eindeutig ergeben, ist zwar der Nachweis an sich ebenfalls durch das Urteil möglich, Köln DGVZ 1989, 152; LG Detm DGVZ 1990, 41. Indessen bindet dann das Urteil insoweit nicht, Köln DGVZ 1989, 152; LG Düss DGVZ 1980, 187; LG Wuppert Rpfleger 1988, 153.

Kein Verzug im Urteil: Wenn das Urteil auf eine „Leistung nach dem Empfang der Gegenleistung" entgegen § 322 II BGB ohne eine Bejahung des Annahmeverzugs des Schuldners ergangen ist, bleibt der Gläubiger für den Annahmeverzug zwar nicht zwecks Erhalts der Klausel nach §§ 724 ff. beweispflichtig, wohl aber zwecks weiterer Zwangsvollstreckung. Hatte das Gericht den Annahmeverzug wegen Fehlens eines den Verzug begründenden Sachzustands verneint, kann der Gläubiger den Schuldner nicht in der Vollstreckung dadurch in einen Annahmeverzug setzen, dass er ihm denselben Zustand erneut anbietet, AG Kaisersl DGVZ 1990, 75.

Vollstreckungsversuch: Nicht ausreichend ist ein Vollstreckungsversuch aus einem anderen Titel, aM LG Oldb DGVZ 1982, 124 (aber man muss einen vollen Beweis verlangen).

Vorheriger Verzug: Ein vorher eingetretener Verzug gilt als fortdauernd, Dieckmann GS Arens (1993) 45. Zur Herausgabe von Software LG Kblz DGVZ 2000, 117; Münzberg BB 1990, 1011; aM Freiherr von Gravenreuth BB 1989, 1926.

Zeitablauf: Der Annahmeverzug kann auch auf einem Zeitablauf nach § 296 BGB beruhen. Er braucht nicht nach dem Erlaß des Urteils eingetreten zu sein, Dieckmann GS Arens, 1993, 45; Schilken AcP 181, 372.

Der Gläubiger kann den Beweis auch durch das Protokoll des Gerichtsvollziehers nach §§ 762, 763 führen, Köln MDR 1991, 260; Oldb DGVZ 1991, 172, oder durch das nach §§ 708 ff. vorläufig vollstreckbare oder nach § 705 formell rechtskräftige Urteil, Köln MDR 1991, 260; LG Augsb JurBüro 1994, 307; AG Mönchengladb DGVZ 1992, 124. Das gilt insbesondere bei einer Vorleistungspflicht nach → § 726 Rn. 17, BGH NJW 1982, 1049.

3. Weiteres Verfahren. Grundsätzlich entscheidet der Gerichtsvollzieher darüber, ob der Annahmeverzug und die Nachweise vorliegen. Wenn ihm die Urkunden nicht genügen, muss er den Gläubiger auf den Klageweg verweisen, LG Landau DGVZ 1995, 88; LG Mainz Rpfleger 1993, 253 (wegen des Vollstreckungsgerichts). Wenn das Prozessgericht den Schuldner zur Zahlung Zug um Zug gegen eine Abrechnung des Gläubigers verurteilt hat, kann der Gerichtsvollzieher die Vollständigkeit der Abrechnungen nicht prüfen. Deshalb ist also keine Erinnerung nach § 766 zulässig. Wenn der Schuldner einen ProzBev. nach § 81 hat, muss man die Urkunden nach § 172 diesem zustellen. Der Umstand, dass der Schuldner irgendwie in den Besitz der anzubietenden Gegenleistung gekommen ist, genügt ohne die geforderten Urkunden nicht zum Nachweis. Denn der Gerichtsvollzieher kann nicht beurteilen, ob dieser Vorgang in Erfüllung der Verbindlichkeit des Gläubigers erfolgte. Ein Nachweis ist natürlich nicht notwendig, soweit der Gläubiger die Gegenleistung unstreitig erbracht hat, LG Hann DGVZ 1985, 171. Will der Schuldner wegen erbrachter Gegenleistung vorgehen, muss er selbst (wider-)klagen, LG Wiesb DGVZ 2011, 33. 11

V. Rechtsbehelfe, I–II. Rechtsbehelfsbelehrung, Verstoß: §§ 232, 233 S. 2. Es kommt auf die Person des Beschwerten an. 12

1. Gläubiger. Der Gläubiger kann die Erinnerung nach § 766 einlegen. Anschließend ist die sofortige Beschwerde nach § 793 möglich. 13

2. Schuldner. Der Schuldner kann die Erinnerung nach § 766 einlegen, KG NJW-RR 1989, 638. Auch für ihn ist anschließend die sofortige Beschwerde nach § 793 möglich. Er hat die Vollstreckungsabwehrklage nach § 767 nur dann, wenn er das Erlöschen des Anspruchs des Gläubigers wegen einer nachträglichen Unmöglichkeit der Gegenleistung behauptet, LG Bln NJW-RR 1989, 639, oder wenn er ein Gewährleistungs- oder Rücktrittsrecht in Anspruch nimmt, KG NJW-RR 1989, 638. Die Mangelhaftigkeit der angebotenen Gegenleistung begründet nur die Erinnerung, KG NJW-RR 1989, 638; AG Pirmasens MDR 1975, 62; Zöller/Seiler Rn. 13; aM LG Hmb DGVZ 1984, 11; AG Siegen DGVZ 1997, 78; Körner DGVZ 2006, 130 (es sei § 767 anwendbar. Aber → § 767 Rn. 28 „Zug um Zug"). 14

757 ***Übergabe des Titels und Quittung.*** **I Der Gerichtsvollzieher hat nach Empfang der Leistungen dem Schuldner die vollstreckbare Ausfertigung nebst einer Quittung auszuliefern, bei teilweiser Leistung diese auf der vollstreckbaren Ausfertigung zu vermerken und dem Schuldner Quittung zu erteilen.**

II Das Recht des Schuldners, nachträglich eine Quittung des Gläubigers selbst zu fordern, wird durch diese Vorschriften nicht berührt.

I. Systematik, I, II. Zunächst → § 753 Rn. 1. Die Erfüllung erfordert stets eine Quittung des Gläubigers. Die Vollstreckung steht der Erfüllung gleich. Die Vorschrift ist zwingend, AG Limbg DGVZ 1984, 93. Sie übernimmt den Gedanken des § 368 BGB. 1

II. Regelungszweck, I, II. Zunächst → § 753 Rn. 2. Wegen der erheblichen Bedeutung der vollstreckbaren Ausfertigung nach § 755 muss die Leistung des Schuldners zum Besitzwechsel führen, die teilweise Leistung zu einer nach solcher Sachlage den beiderseitigen rechtlichen Interessen gerecht werdenden Lösung. Das gilt trotz der für den Schuldner verbleibenden Möglichkeiten nach §§ 767 ff., 775. Die Vorschrift bezweckt mit dem Schuldnerschutz auch eine Rechtssicherheit nach → Einl. II Rn. 87. Demgemäß ist eine strikte Handhabung nach → Einl. II Rn. 70 ff. ratsam. 2

III. Quittung, I, II. Ein klarer Grundsatz zeigt manches Anwendungsproblem. 3

1. Grundsatz: Erteilungspflicht. Über jede Leistung des Schuldners in der Zwangsvollstreckung gerade an den Gerichtsvollzieher muss der nach §§ 754, 815 III, 819 empfangsberechtigte Gerichtsvollzieher nach § 60 I 1 GVGA im eigenen Namen unaufgefordert wie bei § 121 I 1 BGB unverzüglich eine Quittung im Original erteilen. Bei einer Teilleistung erteilt er die Quittung auf einem besonderen Blatt. Bei einer Vollleistung einschließlich Zinsen und Kosten oder einer vollen Restleistung erteilt er sie auf einem besonderen Blatt oder auf der vollstreckbaren Ausfertigung des Vollstreckungstitels nach §§ 724 ff. Die Quittung ist eine öffentliche Urkunde nach § 418. Stets kann der Schuldner außerdem eine Quittung des Gläubigers nach § 368 BGB verlangen. Die Vorschrift ist auf andere Vollstreckungsorgane als den Gerichtsvollzieher unanwendbar, Saum JZ 1981, 697. Sie gilt auch dann nicht, wenn der Schuldner direkt an den Gläubiger oder dessen ProzessBev nach § 81 oder an einen vom Gläubiger bestimmten Dritten leistet. Dann gilt vielmehr § 775 Nr. 4, 5. 4

2. Beispiele zur Frage einer Erteilungspflicht, I, II

5 **Bedingung:** → „Vorbehaltsleistung".

Beitreibung: Es ist unerheblich, ob der Gläubiger oder das Vollstreckungsorgan die Leistung beigetrieben hat.

Dritter: Soweit er für den Schuldner leistet, erhält er eine Quittung nach § 60 I 7 GVGA. Auch → „Teilleistung".

Duldung und Leistung: Wenn der eine Schuldner auf eine Duldung haftet, der andere auf eine Leistung, muss der Gerichtsvollzieher den Vollstreckungstitel dem Leistungsschuldner aushändigen.

Ersatzleistung: Eine dem Schuldner im Vollstreckungstitel gestattete solche Leistung gilt nach § 60 II 1 GVGA als Leistung. Eine nur vom Schuldner angebotene Leistung an Erfüllungs Statt oder erfüllungshalber ist nach § 60 II 2 GVGA erst nach Ermächtigung des Gläubigers eine Leistung.

Freiwillige Leistung: Es ist unerheblich, ob der Schuldner unter dem Druck der bevorstehenden Zwangsvollstreckung freiwillig geleistet hat.

Gesamtschuld: Bei ihr erhält derjenige den Vollstreckungstitel ausgehändigt, der die ganze Schuld oder ihren Rest tilgt. Wenn alle zahlen oder wenn mehrere je einen Teil zahlen, muss der Gerichtsvollzieher den Titel demjenigen aushändigen, auf den sich alle einigen. Wenn keine Einigung zustande kommt, muss der Titel bei den Akten bleiben. Auch → „Teilleistung", → „Verbindung von Ausfertigungen".

Herausgabe des Titels: Wenn der Schuldner direkt an den Gerichtsvollzieher, einschließlich aller Nebenforderungen und Kosten leistete oder wenn die Vollstreckung vollen Erfolg hatte, darf und muss dieser ihm den Titel nach § 60 I 3 GVGA aushändigen, LG Limburg DGVZ 2011, 114. Wenn der Schuldner in einer Anwesenheit oder Abwesenheit des Gerichtsvollziehers unmittelbar an den Gläubiger geleistet hat, darf und muss der Gerichtsvollzieher den Vollstreckungstitel mit der Zustimmung des Gläubigers an den Schuldner herausgeben. Dasselbe gilt dann, wenn der Schuldner einen Zwangsvergleich erfüllt hat. Der Schuldner kann nach der vollen Erfüllung vom Gläubiger die Herausgabe entsprechend § 371 BGB fordern.

Kopfteilshaftung: Haften mehrere nach Kopfteilen und leistet einer von ihnen seinen Teil, ist das eine bloße Teilleistung. Man muss den Vollstreckungstitel an denjenigen aushändigen, der den letzten Rest leistet. Auch „Teilleistung".

Kraftfahrzeug: Erforderlich ist auch die Herausgabe des Kfz-Briefs, aM AG Schwandorf JurBüro 2015, 47 mangels Mittitulierung (aber der Titel ist stets nach → Vor § 128 Rn. 59, 60 auslegbar: Ohne Brief wesentlich weniger Nutzen).

Restforderung: Hat der Gläubiger die zu vollstreckende Summe in seinem Auftrag an den Gerichtsvollzieher als eine bloße Restforderung bezeichnet, muss der Gerichtsvollzieher nach deren Vollstreckung den Titel an den Schuldner herausgeben, LG Zweibr DGVZ 1991, 13, AG Pirmasens DGVZ 1991, 13.

Scheck: Der Gerichtsvollzieher darf nach § 60 I 4, III 3, 5 GVGA erst nach der Einlösung oder Gläubigerzustimmung die vollstreckbare Ausfertigung nach §§ 724 ff. aushändigen. Er darf einen Scheck auch ohne Zustimmung des Gläubigers nach § 60 V 1 GVGA erfüllungshalber annehmen. Er darf und muss dann an sich weiter vollstrecken, darf aber Pfandsachen nach § 60 V 2 GVGA erst nach Nichteinlösung des Schecks verwerten. Er quittiert den Scheck nach § 60 V 3 GVGA. Er legt ihn nach § 60 V 4 GVGA der Bank zur Gutschrift auf seinem Dienstkonto vor. Der Gläubiger kann als Herr der Zwangsvollstreckung aber nach § 60 V 5 GVGA vorrangig die Aushändigung des Schecks fordern. Dann gibt der Gerichtsvollzieher mangels weiteren Vollstreckungsauftrags ihm auch den Vollstreckungstitel und unterrichtet den Schuldner davon nach § 60 V 5, 6 GVGA. Das macht er alles nach § 60 V 7 GVGA aktenkundig.

Teilleistung: Eine Teilleistung muss der Gerichtsvollzieher wie bei → Rn. 3 quittieren. Er muss sie nach § 60 IV 1 GVGA auch auf der vollstreckbaren Ausfertigung nach §§ 724 ff. vermerken. Das gilt auch bei einer Teilleistung wegen der Vollstreckungskosten nach § 788, LG Lüneb DGVZ 1981, 116. Er behält diese Ausfertigung aber in seinem Besitz. Er nimmt keine Verrechnung vor, LG Hann DGVZ 1979, 72; LG Bad Kreuzn DGVZ 1991, 117; LG Lüneb DGVZ 1981, 116. Er darf die vollstreckbare Ausfertigung dem Schuldner nach § 60 IV 2 GVGA grundsätzlich erst nach der völligen Befriedigung des Gläubigers aushändigen, auch wenn ein Dritter den Gläubiger befriedigt hat, Münzberg KTS 1984, 200. Die Aushändigung soll die Gefahr einer weiteren Zwangsvollstreckung beseitigen. Eine weitere vollstreckbare Ausfertigung nach § 733 kommt nach Aushändigung der ersten trotz bloßer Teilleistung nach § 60 IV 2 GVGA infrage, Hamm Rpfleger 1979, 431. Auch → Rn. 5 „Gesamtschuld", → „Kopfteilshaftung".

Verbindung von Ausfertigungen: Zu dem Problem, ob man Ausfertigungen zB bei Gesamtschuldnern verbinden muss, einerseits AG Wilhelmsh DGVZ 1979, 189 (ja); andererseits LG Stgt Rpfleger 1983, 161; AG Arnsberg DGVZ 1979, 189 (je: nein).

Vorbehaltsleistung: Es ist evtl. unerheblich, ob der Schuldner nur unter dem Vorbehalt einer Abänderung des Urteils geleistet hat, Köln KTS 1984, 318, strenger § 60 I 2 GVGA (Zurückweisung), Münzberg KTS 1984, 200.

Zwangsvergleich: → Rn. 5 „Herausgabe des Titels".

6 **IV. Rechtsbehelf, I, II.** Rechtsbehelfsbelehrung, Verstoß: §§ 232, 233 S. 2. Bei einem fehlerhaften Verfahren des Gerichtsvollziehers kann jeder Betroffene die Erinnerung nach § 766 einlegen. Anschließend ist die sofortige Beschwerde nach § 793 möglich.

757a *Auskunfts- und Unterstützungsersuchen.* **I Der Gerichtsvollzieher kann die zuständige Polizeidienststelle um Auskunft ersuchen, ob nach polizeilicher Einschätzung bei einer durchzuführenden Vollstreckungshandlung eine Gefahr für Leib oder Leben des Gerichtsvollziehers oder einer weiteren an der Vollstreckungshandlung beteiligten Person besteht.**

II In dem Auskunftsersuchen nach Absatz 1 ist Folgendes anzugeben:

1. Art und Ort der Vollstreckungshandlung,
2. Vornamen und Name des Schuldners,
3. soweit bekannt Geburtsname, Geburtsdatum und Geburtsort des Schuldners sowie
4. Wohnanschrift des Schuldners.

III [1]Erteilt die Polizeidienststelle die Auskunft, dass nach polizeilicher Einschätzung eine Gefahr nach Absatz 1 besteht, so kann der Gerichtsvollzieher um Unterstützung durch die polizeilichen Vollzugsorgane bei der durchzuführenden Vollstreckungshandlung nachsuchen. [2]Ein Unterstützungsersuchen kann der Gerichtsvollzieher auch zusammen mit einem Auskunftsersuchen nach Absatz 1 stellen.

IV [1]Der Gerichtsvollzieher kann auch ohne Auskunftsersuchen ein Unterstützungsersuchen stellen, wenn

1. tatsächliche Anhaltspunkte für das Bestehen einer Gefahr nach Absatz 1 vorliegen oder
2. sich die Gefahr aus der Art der Vollstreckungshandlung ergibt.

[2]Auf Unterstützungsersuchen nach Satz 1 ist Absatz 2 entsprechend anzuwenden; bei Unterstützungsersuchen nach Satz 1 Nummer 1 hat der Gerichtsvollzieher zusätzlich die tatsächlichen Anhaltspunkte für das Vorliegen einer Gefahr nach Absatz 1 und, sofern die Gefahr von einer dritten Person ausgeht, die ihm bekannten Daten nach Absatz 2 Nummer 2 bis 4 über die dritte Person anzugeben.

V [1]Über die Durchführung eines Auskunfts- oder eines Unterstützungsersuchens setzt der Gerichtsvollzieher den Schuldner oder, sofern Daten einer dritten Person nach Absatz 4 Satz 2 Halbsatz 2 übermittelt worden sind, die dritte Person unverzüglich nach Erledigung des Vollstreckungsauftrags in Kenntnis. [2]Abweichend von § 760 Satz 1 darf in Bezug auf Inhalte der Akten des Gerichtsvollziehers, die in Zusammenhang mit einem Auskunfts- oder einem Unterstützungsersuchen stehen, neben dem Schuldner nur der dritten Person, deren Daten übermittelt worden sind, Akteneinsicht gestattet und eine Abschrift erteilt werden; § 760 Satz 2 bleibt unberührt.

I. Systematik und Regelungszweck. Die Regelung ergänzt die für Gerichtsvollzieher maßgeblichen Vorschriften mit Wirkung zum 1.1.2022 (BGBl. 2021 I 850). Sie bezweckt den besseren Schutz der Gerichtvollzieher vor körperlicher Gewalt durch die Beseitigung des bei ihnen bislang bestehenden Informationsdefizits bezogen auf die Gefahren bei der Durchführung von Vollstreckungsmaßnahmen (BT-Drs. 19/27636, 15). § 757a schafft eine rechtliche – auch datenschutzrechtliche – Grundlage für Auskunftsersuchen an die zuständige Polizeidienststelle, I, II (BT-Drs. 19/27636, 15, 21). Gleichzeitig wird der Anwendungsbereich für Ersuchen um Unterstützung durch polizeiliche Vollzugsorgane gegenüber der bisherigen Regelung in § 758 III ZPO erweitert, III, IV. Ein Unterstützungsersuchen nach § 758 III ZPO setzt voraus, dass der Gerichtsvollzieher auf Widerstand stößt, 1

II. Auskunftsersuchen, I, II. Voraussetzung für ein Auskunftsersuchen ist, dass die Durchführung einer **Vollstreckungshandlung bevorsteht.** Von einer Vollstreckungshandlung losgelöste Auskunftsersuchen sind unzulässig (BT-Drs. 19/27636, 21). Zudem „kann" der Gerichtsvollzieher nach I die zuständige Polizeidienststelle um Auskunft ersuchen. Die Vorschrift legt dem Gerichtsvollzieher damit eine grundsätzliche Prüfungsobliegenheit auf, ob ein Ersuchen im Einzelfall erforderlich ist. Hieran kann es fehlen, wenn der Gerichtsvollzieher den Schuldner kennt oder von vornherein keine Gefahr zu erwarten ist, etwa weil die Vollstreckungshandlung nur eine geringe Eingriffsintensität aufweist (vgl. BT-Drs. 19/27636, 17). 2

Es müssen Anhaltspunkte für eine **Gefahr für Leib oder Leben** des Gerichtsvollziehers oder einer weiteren an der Vollstreckungshandlung beteiligten Person – etwa dem Mitarbeiter eines Schlüsseldienstes – bestehen, eine Gefahr für materielle Güter genügt nicht. Die Gefahr für Leib oder Leben kann vom Schuldner, von einer dritten Person – zB dem Mitbewohner oder Partner des Schuldners oder einer Person aus dessen sozialem Umfeld – oder auch einem Tier – etwa einem Kampfhund des Schuldners – ausgehen (vgl. BT-Drs. 19/27636, 21). 3

In II Nr. 1, 2 und 4 wird der **Mindestinhalt des Auskunftsersuchens** festgelegt. Gleichzeitig gibt II den Gerichtsvollziehern die datenschutzrechtliche Befugnis, die aufgeführten personenbezogenen Daten des Schuldners an die zuständige Polizeidienststelle zu übermitteln (BT-Drs. 19/27636, 21). Die Angabe von Art und Ort der Vollstreckungshandlung, II Nr. 1, kann für die Polizei die Einschätzung des Bestehens einer Gefahr nach I von Bedeutung sein, weil die Gewaltbereitschaft des Schuldners oder Dritter von der Eingriffsintensität der Vollstreckungsmaßnahme abhängen kann. Der Vollstreckungsort kann Aufschluss darüber geben, ob unter der Anschrift Personen leben, die der Polizei als gewaltgeneigt bekannt sind (vgl. BT-Drs. 19/27636, 22). Die Angaben nach Nr. 2–4 dienen der möglichst zweifelsfreien Identifizierung des Schuldners. Geburtsnamen, -datum und -ort des Schuldners müssen nur angegeben werden, wenn sie dem Gerichtsvollzieher bekannt sind; eine Verpflichtung zu Nachforschungen besteht nicht (BT-Drs. 19/27636, 21, 22). 4

III. Unterstützungsersuchen, III, IV. Nach III 1 kann das **Unterstützungsersuchen nach** einer **Auskunft** angebracht werden, dass nach polizeilicher Einschätzung eine Gefahr besteht. III 2 ermöglicht zur Vereinfachung der Abläufe bei den Gerichtsvollziehern und Polizeidienststellen, dass das Unterstützungsersuchen zusammen mit dem Auskunftsersuchen nach I gestellt wird (BT-Drs. 19/27636, 22). Diese Verfahrensweise dürfte sich im Regelfall anbieten, zumal nach der Gesetzesbegründung in der Auskunft der Polizeidienststelle lediglich die Aussage erforderlich ist, ob eine Gefahr besteht, während Angaben dazu sein, von wem die Gefahr ausgeht oder aus welchen Gründen die Gefahr besteht, nicht erforderlich sein sollen (BT-Drs. 19/27636, 22). In der Folge kann der Gerichtsvollzieher nicht aufgrund der polizeilichen Auskunft, sondern allenfalls auf andere Weise Erkenntnisse darüber gewinnen, dass mit der konkreten Vollstreckungsmaßnahme doch keine Gefahr für Leib oder Leben besteht (so wohl auch BT-Drs. 19/27636, 22). Nachteile für den Gerichtsvollzieher sind mit der Verbindung der Ersuchen nicht verbunden. Fehlt es nach Einschätzung der Polizei an der erforderlichen Gefahr, geht das Unterstützungsersuchen ins Leere. 5

Nach IV kann der Gerichtsvollzieher ohne Auskunftsersuchen **unmittelbar** ein **Unterstützungsersuchen** stellen, wenn ihm tatsächliche Anhaltspunkte für das Vorliegen einer **Gefahr** nach I vorliegen, IV 1 Nr. 1. Entsprechende Anhaltspunkte müssen objektiv nachvollziehbar und auf den Einzelfall bezogen sein sowie das Vorliegen einer Gefahr nahelegen. Sie dürfen nicht auf diskriminierenden Annahmen beruhen und können sich auch aus einem Hinweis des Gläubigers ergeben (BT-Drs. 19/27636, 22). IV 1 Nr. 2 sieht die Möglichkeit eines unmittelbaren Unterstützungsersuchens auch dann vor, wenn sich die Gefahr aus der **Art der Vollstreckungs-** 6

handlung ergibt. Nach der Gesetzesbegründung sollen **besonders gefahrgeneigte** Vollstreckungshandlungen in diesem Sinne eine Räumung, eine Durchsuchung von Räumen aufgrund einer richterlichen Anordnung oder eine Verhaftung, aber auch der Sperrung von Energieversorgungseinrichtungen sein, weil die genannten Maßnahmen einen besonders schwerwiegenden Eingriff für den Schuldner oder sein soziales Umfeld darstellen (BT-Drs. 19/27636, 22). Obgleich der Gesetzgeber „deswegen von dem Vorliegen einer Gefahr ausgeht" (BT-Drs. 19/27636, 22), finden sich die entsprechenden Vollstreckungshandlungen nicht im Wortlaut des Gesetzes. Dies legt nahe, dass auch hier keine generalisierende Betrachtungsweise erfolgen darf, sondern die konkreten Umstände des Einzelfalls Berücksichtigung finden müssen.

7 **IV. Information der Betroffenen, V.** In V 1 wird die Pflicht des Gerichtsvollziehers zu Benachrichtigungen an betroffene Personen über ein Auskunfts- oder Unterstützungsersuchen sowie die Einsicht in die Akten des Gerichtsvollziehers über ein solches Verfahren geregelt. Zwar ergeben sich diese Rechte auf Information bereits aus der DSGVO; V 1 bestimmt aber zusätzlich den Informationszeitpunkt und verlangt, dass der Gerichtsvollzieher die Person, deren Daten er an die Polizei übermittelt hat, **unverzüglich nach Erledigung des Vollstreckungsauftrags** über die Durchführung des Ersuchens in Kenntnis setzt. Dass die Information zu erfolgen hat, sobald sämtliche Vollstreckungshandlungen im Rahmen eines Vollstreckungsauftrags durchgeführt worden sind, soll einerseits eine zeitnahe Kenntnis der Betroffenen von der Datenübermittlung sicherstellen, um ggf. Akteneinsicht nehmen und erforderlichenfalls eine datenschutzrechtliche Überprüfung in die Wege leiten zu können. Andererseits soll – zum Schutz des Gerichtsvollziehers oder einer weiteren an der Vollstreckungshandlung beteiligten Person – sichergestellt werden, dass vor der Information sämtliche Vollstreckungshandlungen durchgeführt worden sind (vgl. BT-Drs. 19/29398).

8 Die Löschung ist – anders als im Regierungsentwurf vorgesehen (vgl. BT-Drs. 19/27636, 6) – nicht in § 757a geregelt, sondern richtet sich nach § 43 II 1 GVO. Danach erfolgt die Vernichtung fünf Jahre nach Erledigung des letzten in den Sonderakten enthaltenen Vorgangs.

758 *Durchsuchung; Gewaltanwendung.* **I Der Gerichtsvollzieher ist befugt, die Wohnung und die Behältnisse des Schuldners zu durchsuchen, soweit der Zweck der Vollstreckung dies erfordert.**

II Er ist befugt, die verschlossenen Haustüren, Zimmertüren und Behältnisse öffnen zu lassen.

III Er ist, wenn er Widerstand findet, zur Anwendung von Gewalt befugt und kann zu diesem Zweck die Unterstützung der polizeilichen Vollzugsorgane nachsuchen.

Schrifttum: Schilken, Grundrechtlicher Wohnungsschutz und Vollstreckung, FS Beys, Athen 2004, 1447; Schuschke, Besitzrechtliche Fragen anläßlich der Zwangsvollstreckung in der Familienwohnung, FS Samwar, 2008; Walker, Notwendigkeit und Umfang einer Durchsuchungserlaubnis für den Gerichtsvollzieher, FS Kollhosser, 2004, 755.

1 **I. Systematik, I–III.** Zunächst → § 753 Rn. 1–9. § 758 regelt die Befugnisse des Gerichtsvollziehers zur Durchführung von Zwangsmaßnahmen nur im Allgemeinen. § 758 erhält Ergänzungen durch §§ 758a, 759 und indirekt durch § 113 StGB (Widerstand gegen Vollstreckungsbeamte ist strafbar). Die Vorschrift gilt auch bei § 892, AG Bühl DGVZ 2010, 62. Weitere Einzelheiten enthalten §§ 61, 62 GVGA (ausf.). Die Verletzung dieser Anweisungen kann zwar schuldhaft sein. Dieser Umstand beeinträchtigt aber die Wirksamkeit der Zwangsvollstreckung noch nicht stets. Der Gerichtsvollzieher bestimmt als selbständiges Organ der Rechtspflege nach → § 753 Rn. 1 in den Grenzen des § 758a nach seinem eigenen pflichtgemäßen Ermessen, in welcher Weise er die Wohnung und die Behältnisse des Schuldners durchsucht, VG Bln DGVZ 1990, 7. Zu seinen Sonderrechten im Straßenverkehr Grohmann DGVZ 1997, 177.

2 **II. Regelungszweck, I–III.** Zunächst → § 753 Rn. 2. Durchsuchung und Gewalt sind zusammen mit Räumung nach § 885 und Kindeswegnahme nach dem FamFG die intensivsten Vorgänge einer Zwangsvollstreckung. Bei ihnen erfolgen Eingriffe in Grundrechte, ja bis zur Grenze der Menschenrechte. Das geschieht meistens zur „nur" vermögensrechtlichen Befriedigung des privaten Gläubigers. Mitbetroffen sind häufig Familienangehörige, Nachbarn, Freunde. Es können Personen- oder Sachschäden entstehen. Andererseits hat letzthin der Schuldner durch **sein** Verhalten eine solche Zuspitzung verursacht. Das alles muss man bei der Handhabung als Gerichtsvollzieher und bei der späteren Überprüfung als Richter mitbeachten. Eine vorsichtige Abwägung hilft, die richtige Lösung zu finden.

3 **III. Geltungsbereich, I–III.** Die Vorschrift gilt im Gesamtbereich der ZPO, auch bei § 885 und bei § 1 I Nr. 2a JBeitrG, § 61 VII GVGA, auch im WEG-Verfahren. Sie ist auch auf die Vollstreckung eines Zuschlagsbeschlusses nach dem ZVG anwendbar, Brem Rpfleger 1994, 77. Vgl. ferner § 287 IV, V AO. Im FamFG-Verfahren gelten inhaltlich fast gleich §§ 87 III, 96 I 2 FamFG.

4 **IV. Durchsuchungsvoraussetzungen, I–III.** Zunächst müssen die allgemeinen Voraussetzungen einer Zwangsvollstreckung nach → Vor § 704 Rn. 15 vorliegen, zB nach § 750 I 1, BVerfGE 57, 356; Köln Rpfleger 1993, 29; LG Bln DGVZ 1988, 75, oder nach §§ 720a II, 750 III, LG Darmst DGVZ 1989, 120. Dabei genügt ein Vollstreckungstitel gegen den Schuldner und ist erforderlich, Kblz MDR 1985, 856; LG Hmb Rpfleger 1997, 174; AG Luckenwalde Rpfleger 1997, 173 (je betr. den Leistungsbescheid des Hauptzollamts). Ein solcher gegen einen Mitbewohner ist nicht erforderlich, LG Hmb NJW 1985, 73 (ausf.); aM LG Mü DGVZ 1982, 126; AG Stgt NJW 1982, 389, Pawlowski NJW 1981, 670. Nach einer Einwilligung des Schuldners entfällt die Notwendigkeit einer Durchsuchungsanordnung nach § 61 I 1 GVGA, AG Erkelenz DGVZ 2007, 74.

5 **1. Richterliche Erlaubnis.** Die Wohnung ist nach Art. 8 I EMRK, → Einl. II Rn. 44 besonders geschützt. Art. 13 II GG erlaubt gleichwohl die Durchsuchung einer Wohnung nach → § 178 Rn. 6 nach § 758. Der Wohnungsbegriff ist weit auslegbar, BVerfGE 97, 265; Hmb NJW 1984, 2898. Zu ihr gehören nach § 61 I 2 Hs. 1 GVGA alle solchen Räume, die dem häuslichen Zweck dienen, auch Nebenräume, nicht aber reine Arbeits- oder Geschäftsräume, aM § 61 I 2 Hs. 2 GVGA. Durchsuchung ist im Gegensatz zum bloßen Aufsuchen oder Betreten das ziel- und zweckgerichtete Suchen nach Personen oder Sachen oder zur Ermittlung eines nicht bereits nach § 291 offenkundigen Sachverhalts, das Aufspüren dessen, was der Wohnungsinhaber von sich aus

nicht herausgeben oder offenlegen will, BVerfG NJW 2000, 943; LG Bln DGVZ 1988, 118. § 758a erlaubt diese Durchsuchung aber grundsätzlich nur nach einer vorherigen Erlaubnis (Anordnung) des Richters (Vorsitzenden), BVerfGE 76, 89; Karlsr FamRZ 1984, 498; LG Hmb NJW 1985, 74 (ausf.); aM Bischof Rpfleger 1985, 464; Schneider DGVZ 1977, 73; Thomas/Putzo/Seiler Rn. 1 (aber die obigen Schutzvorschriften erfordern wie kaum jemals sonst im Zwangsvollstreckungsverfahren die Einschaltung des Richters dann, wenn nicht → Rn. 7 vorliegt).

Zuständig für die Entscheidung über den Antrag ist nicht das Prozessgericht, sondern nach § 758a I 1 dasjenige AG, in dessen Bezirk die Durchsuchung stattfinden soll, → § 758a Rn. 17. Rechtsbehelfsbelehrung, Verstoß: §§ 232, 233 S. 2. 6

2. Vorheriger Vollstreckungsversuch. Solange der Schuldner freilich dem Gerichtsvollzieher den Zutritt nicht verwehrt, ist nach → § 758a Rn. 12 keine richterliche Anordnung notwendig. Daher darf und muss der Gerichtsvollzieher die Zwangsvollstreckung zunächst ohne eine richterliche Anordnung nach Ankündigung versuchen, Köln Rpfleger 1995, 167, und zwar nach Zustellung des Vollstreckungstitels nach § 750, Brem DGVZ 1989, 40; KG NJW 1986, 1182; LG Düss DGVZ 1998, 157. 7

Der Gerichtsvollzieher weist den Schuldner bei der Frage nach Weigerungsgründen zu Protokoll nach § 61 II 1–4 GVGA auch auf die Amtspflicht hin, dem Schuldner nach §§ 802c ff. eine Vermögensauskunft auf Gläubigerantrag abzunehmen. Ihr kann der Schuldner freilich zu Protokoll evtl. widersprechen. 8

Ein Versuch dieser Art darf allerdings dann unterbleiben, wenn der Gerichtsvollzieher zB ein grundsätzliches Zutrittsverbot des Schuldners **bereits kennt,** Köln NJW-RR 1988, 832; LG Aachen DGVZ 1989, 172. 9

V. Weiteres Verfahren des Gerichtsvollziehers, I–III. Er hat viele Befugnisse und muss viel beachten. 10

1. Jeder Gewahrsamsort, I. Zum grundsätzlichen Ermessen des Gerichtsvollziehers auch beim Wie der Durchsuchung → Rn. 1. Der Gerichtsvollzieher kann die Zwangsvollstreckung und sogar eine Verhaftung im Freien oder überall dort vornehmen, wo der Schuldner einen Gewahrsam hat, also in dessen Wohnung nach → § 758a Rn. 12 oder in Geschäftsräumen, Gärten oder Ställen, Wagenschuppen, Scheuern, in jedem Zubehör, selbst in einem solchen Zimmer, das der Reisende im Gasthof bewohnt. Auf wen der Mietvertrag lautet, das ist nach → § 758a Rn. 23, 25 grundsätzlich unerheblich. Das gilt etwa bei einer Lebens- oder Wohngemeinschaft, Ehe, beim Zusammenleben von Freunden oder Freundinnen. 11

2. Suchbefugnis, I. Der Gerichtsvollzieher darf in dem Raum nach → Rn. 5 ziel- und zweckgerichtet suchen, solange das zur Durchführung des von der Durchsuchungsanordnung gedeckten Auftrags erforderlich ist, BVerfGE 76, 89. Dabei muss er das Verhältnismäßigkeitsgebot beachten. Er darf nicht nur die Räume des Schuldners betreten, sondern nach → § 758a Rn. 23, 25 auch die Räume Dritter, falls eben zumindest auch der Schuldner dort einen Gewahrsam hat. Als Vollstreckungsschuldner gilt nach → § 885 Rn. 9 auch derjenige, der die Zwangsvollstreckung dulden muss. 12

3. Öffnungsbefugnis, II. Der Gerichtsvollzieher darf umfassend vorgehen, BVerfG NJW 1987, 2499, bis hin zur Wegnahme sogar eines Kindes, BVerfG NJW 2000, 943. Er darf insbesondere Türen und Behältnisse öffnen, Köln NJW 1980, 1531; AG Bühl DGVZ 2010, 62; AG Neuwied DGVZ 1998, 78; aM LG Bln DGVZ 2016, 256 (glatt systemwidrig). Das gilt schon bei der bloßen Nichtöffnung ohne ein Sich-in-den-Weg-Stellen des Schuldners, AG Bühl DGVZ 2010, 62 (zu § 892) auch für die zur Wohnung des Vermieters führende und vom Schuldner mitbenutzte Haustür, LG Hildesh DGVZ 1987, 122. Soweit er zur Öffnung persönlich technisch nicht sachgemäß imstande ist, darf er diese Türen oÄ öffnen lassen. Dabei darf er sich in der Regel der Hilfe eines Schlossers bedienen, LG Bln DGVZ 1985, 183; LG Köln DGVZ 1994, 62; AG Neuwied DGVZ 1998, 78. Indessen müssen wegen des Verhältnismäßigkeitsgrundsatzes Schäden möglichst unterbleiben. Sie müssen nach → § 758a Rn. 25 jedenfalls so gering wie möglich bleiben, AG Bln-Schöneb DGVZ 1990, 14. Dann muss der Schuldner sie tragen. Andernfalls mag er einen Ersatzanspruch nach § 839 BGB haben. Ein Dritter mag auch nach §§ 904, 1004 BGB vorgehen können. Derjenige Gläubiger, der selbst einen Schlüsseldienst betreibt, muss selbst helfen, LG Nürnb-Fürth DGVZ 2000, 28. 13

4. Gewaltbefugnis, III. Der Gerichtsvollzieher darf bei einem Widerstand nach §§ 62 I, 133 GVGA Gewalt anwenden, Behr NJW 1992, 2125. Dabei muss er freilich nach § 133 S. 2, 3 GVGA unnötige Härte vermeiden. Er soll eine Gewalt dem Schuldner nach § 61 VI 3 GVGA schriftlich ankündigen und dabei nach § 61 VI 4 GVGA auch auf § 288 StGB hinweisen und seine Leistungsaufforderung wiederholen. Widerstand ist jedes solche Verhalten, das Gewalt zwecks Vollstreckung nötig zu machen scheint. Dabei kann eine Drohung des Schuldners reichen, VG Stgt DGVZ 2012, 193. Der Gerichtsvollzieher handelt nach seinem pflichtgemäßen Ermessen entweder persönlich nach § 759 oder durch eine Inanspruchnahme des Schlossers nach → Rn. 13 oder der polizeilichen Hilfe nach § 62 I GVGA. Diese letztere darf sich zB auf eine vorübergehende Fesselung erstrecken, LG Ulm DGVZ 1994, 73; AG Göpp DGVZ 1994, 73. Insoweit ist keine Durchsuchungserlaubnis nötig, AG Wiesb DGVZ 1998, 45. Die Gewalt darf sich auch gegen Dritte richten, soweit diese eine Zwangsvollstreckung gegen den Schuldner dulden müßten, sie aber zu verhindern versuchen. Die Polizei ist im Rahmen solcher Amtshilfe nach Art. 35 GG grundsätzlich weder berechtigt noch verpflichtet, die Rechtmäßigkeit der Zwangsvollstreckung zu prüfen. Daher ist ein Widerstand des Schuldners gegenüber der Polizei evtl. auch selbst dann zB nach § 113 StGB strafbar, wenn die Zwangsvollstreckungsmaßnahme objektiv rechtswidrig ist, Köln NJW 1975, 890. 14

VI. Beispiele zur Frage der Durchsuchung, §§ 758–759

Abholung: Eine Durchsuchungsanordnung ist auch dann notwendig, wenn der Gerichtsvollzieher nur gepfändete Sachen abholen will, aM Bischof ZIP 1983, 522; Schneider NJW 1980, 2377. Das gilt jedenfalls dann, wenn es unklar ist, ob die Sachen noch in der Wohnung des Schuldners lagern, aM AG Wiesb DGVZ 1980, 28 (abl. Schneider NJW 1980, 2381. Aber es muss Klarheit bestehen). 15

Abwesenheit des Schuldners: Eine einmalige bloße Abwesenheit des Schuldners rechtfertigt noch **keine** Anordnung nach § 758a, zu streng LG Weiden DGVZ 2008, 120. Sie rechtfertigt evtl. nicht einmal eine wiederholte, Celle Rpfleger 1987, 73; LG Regensb DGVZ 1995, 58 (Feierabend); aM § 61 VI 1 GVGA, Köln VersR 1995, 114; LG Köln DGVZ 1993, 190; Däumichen DGVZ 1994, 42 (sie sei dann zulässig, wenn wenigstens ein- oder zweimal ein Zutrittsversuch zu einer solchen Zeit stattgefunden habe, zu der auch Berufstätige zu Hause seien. Aber auch sie können zB verreist sein oder im Krankenhaus liegen. Eine Durchsuchung ist eine gerade bei einer Abwesenheit des Schuldners viel schwerere Maßnahme als eine solche Vollstreckung nach § 758a IV, an der wenigstens der Schuldner teilnimmt).

Wenn freilich bestimmte tatsächliche Anhaltspunkte dafür vorliegen, dass sich der Schuldner in Wahrheit **doch in** der von ihm nicht geöffneten Wohnung aufhält, muss zwar der Gläubiger solche Aufenthaltszeiten im Rahmen des ihm Zumutbaren ermitteln und dem Gerichtsvollzieher mitteilen, AG Schwelm DGVZ 1996, 63. Der Gerichtsvollzieher kann sich dann aber zumindest anschließend oder dann den Zutritt verschaffen, wenn der Gläubiger nicht derart vorgehen konnte, AG Bln-Charlottenb DGVZ 1980, 141. Auch → „Ankündigung".

Andersartiger Vollstreckungsversuch: → „Nachtpfändung".

Angehöriger: → „Mitbewohner".

Anhörung: Der Richter muss den Schuldner grds. vor der Durchsuchungserlaubnis nach Art. 103 I GG anhören, BVerfG NJW 1981, 2112; Köln NJW-RR 1988, 832; Hager KTS 1992, 327; aM LG Bln DGVZ 1993, 173; LG Verden JurBüro 1996, 272; Frank JurBüro 1983, 811 (aber das rechtliche Gehör ist ein Grundpfeiler nicht nur des Zivilprozesses).

Von diesem Grundsatz gilt bei einer im Einzelfall festzustellenden **Gefahr im Verzug** eine **Ausnahme.** Nach einer Verweigerung durch den Schuldner ist dessen erstmalige oder gar nochmalige Anhörung nicht mehr nötig, AG Gelsenk DGVZ 1989, 15. Eine notwendige Anhörung lässt sich notfalls im Beschwerdeverfahren nachholen, LG Bochum DGVZ 1983, 168; LG Hann DGVZ 1986, 62. Auch → „Belehrung".

Ankündigung: Der Gerichtsvollzieher darf eine zwangsweise Öffnung dann ankündigen, wenn keine besondere Eile notwendig ist, AG Korbach DGVZ 1977, 77; aM LG Zweibr MDR 1980, 62 (aber der Gerichtsvollzieher muss auch die Menschenwürde des Schuldners und seiner Mitbewohner nach Art. 1, 2 GG mitbeachten). Der Gerichtsvollzieher muss diese Ankündigung wohl auch grds. nach § 61 VI 3 GVGA vornehmen, LG Ffm WuM 1992, 638 (keine zu späte Mitteilung); LG Köln DGVZ 1993, 190 (dreimal, davon einmal abends); Ewers DGVZ 1999, 66; aM LG Bln DGVZ 1988, 27 (nur bei besonderen Umständen, zB Bagatellforderung, zu erwartende Zahlung); Langheid MDR 1980, 22 (aber die Würde ist nicht berechenbar).

Wenn das Verfahren ordnungsgemäß verläuft, **haftet** der Gerichtsvollzieher gegenüber dem Schuldner **nicht** für Schäden. Etwas anderes kann für seine Haftung gegenüber Dritten gelten. Das Öffnungsrecht muss so weit gehen wie das Durchsuchungs- und das Zutrittsrecht. Denn die letzteren Rechte sollen das Öffnungsrecht ja ermöglichen.

Auch eine ordnungsgemäße Ankündigung reicht aber grds. **nicht** aus, die Wohnung des evtl. ja aus verständlichen Gründen nicht folgsam zu Hause **wartenden** Schuldners in seiner bloßen Abwesenheit aufzubrechen, um sie zu durchsuchen. Eine Wiederholung einer ordnungsgemäß erfolgten Ankündigung ist allerdings nicht erforderlich, LG Hanau DGVZ 2006, 76; AG Elmsh DGVZ 1981, 17; AG Königstein DGVZ 1987, 94; aM LG Kiel DGVZ 1981, 40 (aber **eine** Ankündigung muss nach → Vor § 128 Rn. 15 grds. genügen). Auch → „Abwesenheit", → „Terminsnachricht".

Antrag: Nicht der Gerichtsvollzieher, sondern der Gläubiger muss die richterliche Erlaubnis nach → § 758a Rn. 18, §§ 33 II 4, 61 III 1 GVGA erwirken, Brem DGVZ 1989, 40; Köln NJW-RR 1988, 832; LG Aschaffenb DGVZ 1995, 185; aM AG Wiesb DGVZ 1994, 29; Thomas/Putzo/Seiler Rn. 7; Zöller/Seibel Rn. 17 (der Gerichtsvollzieher sei zum Antrag zwar nicht verpflichtet, wohl aber berechtigt. Aber er ist nach → § 753 Rn. 1 kein Vertreter des Gläubigers). Bei elektronischer Einreichung gelten §§ 130ad. Der Gerichtsvollzieher übersendet zur Antragserleichterung dem Gläubiger die Vollstreckungsunterlagen und eine Protokollabschrift nach § 61 III 3 GVGA.

Anwesenheit des Gläubigers: Das Gesetz sieht zwar die Anwesenheit des Gläubigers oder seines durch eine Vollmacht zB nach § 80 ausgewiesenen Vertreters bei der Zwangsvollstreckung nicht ausdrücklich vor, AG Bln-Neukölln DGVZ 1975, 190. Die Anwesenheit dieser Person ist nach dem Gesetz aber zulässig. Der Gläubiger kann seine Belange oft nur dann wirksam wahren, wenn er als Herr der Zwangsvollstreckung nach → Vor § 704 Rn. 9 bei ihrer Durchführung auch selbst mit anwesend ist. Das ist der Grund für sein grundsätzliches Anwesenheitsrecht, KG DGVZ 1983, 74; LG Münst MDR 1991, 1092; Zöller/Seibel Rn. 28; aM LG Bln DGVZ 1991, 142; LG Bochum JurBüro 1992, 57; LG Köln DGVZ 1997, 152 (aber es kann durchaus auch im sogar kostenrechtlichen Interesse des Schuldners liegen, dem Gläubiger die Wahrung seiner echten Rechte im Durchsuchungstermin zu ermöglichen). Dieses Recht ist nicht von einer richterlichen Anordnung abhängig, aM AG Reinbek DGVZ 2005, 44.

Der Gerichtsvollzieher muss deshalb dem Gläubiger auf dessen Wunsch rechtzeitig den **Termin mitteilen,** LG Münst MDR 1991, 1092; aM LG Kassel DGVZ 1988, 174 (aber das wäre inkonsequent). Er darf und muss aber nach einer angemessenen vergeblichen Wartezeit vollstrecken, AG Bln-Charlottenb DGVZ 1986, 142. Einen etwaigen Widerstand des Schuldners gegen die Anwesenheit des Gläubigers darf zunächst nur der Gerichtsvollzieher brechen, LG Hof DGVZ 1991, 123, nicht das Vollstreckungsgericht. Der Gläubiger darf sich an der Durchführung der Zwangsvollstreckungsmaßnahme nicht beteiligen. Er darf die Vollstreckung natürlich auch nicht stören. Die Kosten seiner Anwesenheit sind nach § 788 dann erstattungsfähig, wenn seine Anwesenheit objektiv notwendig war, zB zur Identifizierung einer wegzunehmenden Sache, LG Hof DGVZ 1991, 123; LG Stgt DGVZ 1991, 188; AG Düren NJW-RR 1986, 677.

Anwesenheit des Schuldners: Zur Wirksamkeit der Handlungen des Gerichtsvollziehers ist die Anwesenheit des Schuldners grds. nicht notwendig, LG Kleve DGVZ 1977, 174. Sie ist aber statthaft, soweit er die Durchsuchung nicht gefährlich stört. Auch → „Abwesenheit des Schuldners".

Arbeitsraum: → „Geschäftsraum".

Arrest, einstweilige Verfügung: → „Gefahr im Verzug".

Anreise: Eine Durchsuchung kann eine Anreise nach § 788 erfordern, LG Kaisersl DGVZ 1986, 62.

Automateninhalt: → „Behältnis".

Bagatellforderung: Eine Durchsuchungsanordnung ist auch dann grds. zulässig und notwendig, wenn es nur noch oder überhaupt um eine Bagatellforderung geht. Denn auch dann ist eine Vollstreckung grds. zulässig, Düss NJW 1980, 1171; LG Bln DGVZ 1979, 169; LG Konst NJW 1980, 297; aM AG Hann JurBüro 1987, 932. Aber auch → „Rechtsmissbrauch", → „Verhältnismäßigkeit".

Behältnis: Als Behältnis gilt alles, was dem Schuldner zur Aufbewahrung von Sachen dient. Dazu können nach → „Taschenpfändung" auch seine Taschen gehören.

Belehrung: Der Gerichtsvollzieher muss den Schuldner über dessen Recht der Verweigerung des Zutritts belehren, Schubert MDR 1980, 366; aM Schneider NJW 1980, 2383 (aber es geht immerhin um die in → Rn. 5 genannten Fundamentalrechte des Schuldners und seiner Mitbewohner). Auch → „Anhörung".

Besitzdiener: III ist nach § 70 S. 3 Hs. 2 GVGA anwendbar.

Betriebsraum: → „Geschäftsraum".

Dritter: Der Gerichtsvollzieher darf in den Grenzen des § 758a III, dort → § 758a Rn. 23, 25, in diejenigen Räume eines Dritten eintreten, in denen ein Alleingewahrsam des Schuldners fehlt, LG Gießen DGVZ 1993, 142, etwa wenn dort ein Untermieter des Schuldners wohnt. Das gilt zB dann, wenn nahezu feststeht, dass der Dritte die Sache nur deshalb in Gewahrsam hat, um sie der Pfändung beim Schuldner zu entziehen, AG Flensb DGVZ 1995, 60 (Vorsicht!). Auch → „Mitbewohner", → „Wohngemeinschaft".

Ehegatte: → „Mitbewohner".

Einstweilige Verfügung: → „Gefahr im Verzug".

Frau: Ihre Durchsuchung erfordert nach § 61 X 4 GVGA eine weibliche Hilfsperson.

Gefahr im Verzug: Wenn die vorherige Einholung der richterlichen Anordnung nach den nach § 762 zu protokollierenden konkreten Umständen nach dem pflichtgemäßen Ermessen des Gerichtsvollziehers den Erfolg der Durchsuchung gefährden würde, ist eine richterliche Anordnung nach § 758a I 2 entbehrlich. Diese Voraussetzung sehen AG Mönchengladb DGVZ 1980, 95 (zust. Schneider NJW 1980, 2378); Bischof ZIP 1983, 522 bei einer einstweiligen Verfügung als erfüllt an. Demgegenüber stellen Karlsr DGVZ 1983, 139; LG Detm DGVZ 1983, 189; LG Düss DGVZ 1985, 61 mit Recht auch dann darauf ab, ob eine mündliche Verhandlung stattgefunden hatte. Im Übrigen stellt jede zusätzliche richterliche Maßnahme eine gewisse Erfolgsgefährdung dar. Demgemäß sollte man „Gefahr im Verzug" handhaben, Bittmann NJW 1982, 2423. Das übersieht Behr NJW 1992, 2126.

Das **Verfahren** verläuft wie bei § 758a IV, BVerfGE 53, 113, Schneider NJW 1980, 2382. Der Gerichtsvollzieher entscheidet über eine Gefahr im Verzug nach seinem pflichtgemäßen Ermessen aufgrund der Gesamtumstände, LG Bbg DGVZ 1989, 152. Aber auch → § 758a Rn. 7.

Geheimnisschutz: → „Soldat".

Gemeinschaftsunterkunft: → „Soldat", → „Wohngemeinschaft".

Geschäftsführer: → „Juristische Person".

Geschäftsraum: Ein bloßer Arbeits-, Betriebs- oder Geschäftsraum ist keine Wohnung, BFH BStBl. 89, 55; AG Mü DGVZ 1995, 11; aM Hmb NJW 1989, 2899; LG Mü NJW 1983, 2390; AG Mü DGVZ 1985, 45.
Es gilt nach § 134 II 1–3 GVGA dasselbe wie bei → Rn. 14.

Haftbefehl, Vorführungsbefehl: Bei einem Haftbefehl nach § 802g ist nach → § 758a Rn. 11 eine zusätzliche Anordnung entbehrlich, AG Bln-Schöneberg JurBüro 2016, 490.

Trotz der Nichterwähnung in § 758a II reicht wohl auch ein **Vorführungsbefehl** aus, etwa nach § 372a II oder nach § 380 II, LG Münst DGVZ 1983, 58.

Hausgenosse: → „Mitbewohner", → „Wohngemeinschaft".

Haustür: → Rn. 13.

Herausgabe: Wegen der Herausgabe einer bestimmten Sache LG Düss DGVZ 1985, 61, Ewers DGVZ 1985, 52. Wegen einer **Personenherausgabe** vgl. § 156 GVGA.

Immobiliarvollstreckung: Sie braucht nicht vorauszugehen, KG NJW 1982, 2326.

Juristische Person: Eine juristische Person nach → § 50 Rn. 12 kann sich auch als Wohnungsinhaberin nicht auf Art. 13 II GG berufen, AG Bln-Tempelhof MDR 1980, 62; aM BVerfGE 42, 219; Schubert MDR 1980, 367 (aber sie hat kein Grundrecht). Andererseits reicht die bloße Wohnung ihres Geschäftsführers nicht aus, AG Bln-Schöneb DGVZ 1984, 154.

Lebensgefährte: → „Mitbewohner".

Mann: Seine Durchsuchung erfordert bei einer Gerichtsvollzieherin nach § 61 X 5 GVGA eine männliche Hilfsperson.

Marktstand: → „Geschäftsraum".

Mehrheit von Gläubigern: Derjenige Gerichtsvollzieher, der aufgrund einer richterlichen Durchsuchungsanordnung für den einen Gläubiger in die Wohnung des Schuldners gelangt ist, darf dort für weitere Gläubiger pfänden, auch ohne dass auch diese weiteren Gläubiger richterliche Durchsuchungsanordnungen erwirkt hätten, sofern er sich wegen der letzteren Gläubiger nicht länger in den Schuldnerräumen als für den ersteren aufhalten muss, BVerfGE 76, 91, AG Bln-Charlottenb DGVZ 1990, 174; großzügiger LG Hmb DGVZ 1982, 45; LG Mü DGVZ 1985, 46; strenger LG Mü DGVZ 1987, 123; Frank JurBüro 1983, 812 (aber man darf nach → Vor § 128 Rn. 15 begrenzt prozesswirtschaftlich vorgehen).

Mitbewohner: Der Gerichtsvollzieher darf die von einem Mitbewohner des Schuldners, zB vom Ehegatten, Lebensgefährten, Angehörigen, benutzten Räume nach § 758a III, § 61 XI 1 GVGA betreten, soweit der Schuldner dort ebenfalls einen (Mit-)Gewahrsam hat. Andernfalls ist das Betreten nur mit deren Zustimmung erlaubt, BFH DB 1980, 1428, Stgt Rpfleger 1981, 152; Schuschke DGVZ 1997, 53; aM LG Nürnb-Fürth DGVZ 1989, 14; Pawlowski DGVZ 1997, 20 (fordert eine gesetzliche Regelung). Es kann dem Schuldner zumutbar sein, seine kranke Ehefrau während der Durchsuchung aus dem Raum zu entfernen, LG Hann DGVZ 1985, 171. Der Gerichtsvollzieher nimmt nach § 61 XI 2 GVGA Rücksicht auf kranke Mitbewohner. Auch → „Dritter", → „Wohngemeinschaft".

Mitwirkung des Schuldners: Sie stellt grds. **nicht** seine Pflicht dar, Ewers DGVZ 1999, 67.

Nachtpfändung: Ein andersartiger Vollstreckungsversuch zB nach § 758a IV braucht nicht voranzugehen, LG Kblz MDR 1983, 238; LG Zweibr MDR 1980, 62; Schneider NJW 1980, 2382; aM LG Dortm DGVZ 1985, 170 (zu streng). Ein Antrag oder eine Erlaubnis nach § 758a IV berechtigen als solche **nicht** zur Durchsuchung gegen oder ohne den Willen des Schuldners, Hamm KTS 1984, 726, LG Stgt DGVZ 1981, 12; AG/LG Bonn DGVZ 1986, 87.

Nebenraum: Zur Wohnung kann auch ein Nebenraum oder ein Zugang usw. zählen, Kblz MDR 1985, 856; Schneider NJW 1980, 2380. Man darf den Wohnungsbegriff nach → „Geschäftsraum" aber auch nicht zu weit auslegen.

Polizei: → Rn. 14.
Protokoll: Dem Antrag nach § 758 muss der Gläubiger das Protokoll des zuvor notwendigen vergeblichen Vollstreckungsversuchs nach → Rn. 4 beifügen, LG Aschaffenb DGVZ 1985, 115.
Räumung: Eine Räumung ist nach → § 758a Rn. 10 grds. keine Durchsuchung. **Aus Anlass einer Räumung** darf der Gerichtsvollzieher auch ohne eine besondere richterliche Erlaubnis Durchsuchungen wegen einer Geldforderung des Gläubigers vornehmen, Düss Rpfleger 1980, 28, Köln NJW 1980, 1532.
Rechtsmissbrauch: Er ist wie stets auch bei § 758 unstatthaft. Er führt nach → Vor § 704 Rn. 43 zur **Unzulässigkeit** einer an sich erlaubten Maßnahme nach → Einl. II Rn. 103. Auch → „Verhältnismäßigkeit".
Schlosser: → Rn. 13.
Schuhe: Der Gerichtsvollzieher darf auch entgegen kulturellen Übungen des Schuldners Straßenschuhe tragen, LG Limbg DGVZ 2012, 100.
Sittenwidrigkeit: Das Verfahren nach § 758 darf nicht zu einem Schutzverfahren neben § 765a ausarten, vgl. auch § 758a III 2, dort → § 758a Rn. 25. Auch → „Verhältnismäßigkeit".
Sitzungssaal: Er ist keine Wohnung, AG Augsb NJW-RR 2012, 511.
Soldat: Der Gerichtsvollzieher darf bei der Zwangsvollstreckung gegen einen Soldaten die Gemeinschaftsunterkunft betreten, nach SchlAnh II Nr. 35 ff. **nicht** ohne weiteres aber auch andere militärische Räume und in keinem Fall solche Räume, die unter einem Geheimnisschutz stehen.
Steuersache: Wegen der Auswirkungen in einer Steuersache BVerfGE 65, 315; Köln Rpfleger 1993, 29.
Taschenpfändung: Ein solches Behältnis, das jemand an sich trägt (auch sog. Taschenpfändung), fällt **nicht** unter § 758, Hmb NJW 1984, 2899; LG Düss DGVZ 1987, 76; Behr NJW 1992, 2740, aM § 61 X 1 GVGA.
Terminsnachricht: Wegen des Anspruchs des Gläubigers auf eine vorherige Nachricht über den geplanten Durchsuchungstermin → „Anwesenheit des Gläubigers". Wegen des Schuldners → „Ankündigung".
Türöffnung: → Rn. 13.
Umzug: Ein Inlandsumzug rechtfertigt dann noch **nicht** als solcher eine Durchsuchung, wenn die neue Anschrift bekannt ist, aM Karlsr DGVZ 1992, 41.
Unterlassung: Wegen eines Widerstands des Schuldners nach der Verurteilung zu einer Unterlassung §§ 890, 892, LG Dessau DGVZ 2006, 60; LG Potsd DGVZ 2006, 59 (je: Unanwendbarkeit); AG Heidelb DGVZ 1986, 189.
Untermieter: → „Dritter".
Verhältnismäßigkeit: Jede Zwangsmaßnahme muss zur Vollstreckung notwendig sein. Auch der Richter wie der Rpfleger und der Gerichtsvollzieher müssen das stets erforderliche Rechtsschutzbedürfnis beachten, Köln NJW-RR 1988, 832. Sie müssen aber außerdem auch den Verhältnismäßigkeitsgrundsatz nach → Vor § 704 Rn. 31 beachten, BVerfG NJW 1981, 2111; Hamm OLGR 2001, 317; LG Hann Rpfleger 1995, 471. Das darf nach → „Bagatellforderung" freilich nicht dazu führen, schon wegen einer geringen Forderungshöhe die Erlaubnis zu versagen. Man darf auch nicht den Vollstreckungstitel selbst infrage stellen. Es müssen nach → § 758a Rn. 21 konkrete Anhaltspunkte dafür vorliegen, dass der Vollstreckungserfolg ohne die Anwendung des Zwangs gefährdet wäre, Düss DGVZ 1979, 40.
Vermögensauskunft: Liegt auch zu ihr ein Auftrag vor, entscheidet der Gerichtsvollzieher über die Reihenfolge nach § 61 VI 2 GVGA.
Versteigerung: Ihre Vornahme in der Wohnung erfordert eine neue Erlaubnis, Hamm NJW 1985, 75.
Vertretbare Handlung: Wegen eines Widerstands des Schuldners nach der Verurteilung zur Vornahme einer vertretbaren Handlung §§ 887, 892, AG Heidelb DGVZ 1986, 189.
Verweigerung: Sie erfordert eine Durchsuchungsanordnung nach → Rn. 5, LG Bln DGVZ 1993, 27 (Angestellte); LG Düss JurBüro 1983, 142; LG Nürnb-Fürth DGVZ 1989, 14 (Mitbewohner). Das gilt auch schon dann, wenn die Verweigerung erst ernsthaft droht, KG NJW 1982, 2326; LG Darmst JurBüro 1980, 775.
Verzögerung: Sie rechtfertigt meist **keine** Durchsuchung, aM LG Bln DGVZ 1980, 186; Schneider NJW 1980, 2377 (aber Verzögerung ist nie schutzwürdig).
Vollstreckungsvereitelung: Ihre Gefahr kann eine Durchsuchung rechtfertigen, LG Kaisersl DGVZ 1986, 62.
Vorführungsbefehl: → „Haftbefehl, Vorführungsbefehl".
Wegnahme: Sie ist bei Personen wie Sachen statthaft, BVerfG NJW 1992, 2125; VG Köln NJW 1977, 825.
Widerstand: → „Unterlassung", → „Vertretbare Handlung".
Wiederholung: Eine wiederholte Zwangsvollstreckung aus demselben Titel ist nur dann zulässig, wenn der Gerichtsvollzieher Anhaltspunkte dafür hat, dass ein erneuter Vollstreckungsversuch ein besseres Ergebnis erzielen kann, LG Bln DGVZ 1983, 11. **Unzulässig** ist sie daher zB dann, wenn der Gerichtsvollzieher bei der ersten Durchsuchung keine möglich gewesene Pfändung vorgenommen hatte, OVG Hmb NJW 1995, 610.
Wohngemeinschaft: → § 758a Rn. 23, 25. Auch → „Dritter", → „Mitbewohner".
Wohnungswechsel: Da der Gerichtsvollzieher nur die in der Durchsuchungserlaubnis genannten Räume betreten darf, benötigt er nach einem Wohnungswechsel des Schuldners grds. eine auf die neue Wohnung erstreckte **zusätzliche** Erlaubnis, LG Köln DGVZ 1985, 91; Brendel DGVZ 1982, 179.
Zeitablauf: Der notwendige vorangegangene Vollstreckungsversuch nach → Rn. 5 darf **nicht allzu lange Zeit** zurückliegen, LG Hann JurBüro 1995, 161 (10 Monate sind evtl. zu lang; aM LG Wiesb JurBüro 1997, 215 (aber wo liegt dann eine Zeitgrenze?).
Zug um Zug: Ein Vollstreckungsversuch ist bei sehr hohen Begleitkosten evtl. ausnahmsweise vor einer Maßnahme nach §§ 758, 758a **entbehrlich,** LG Mannh MDR 1979, 943, Schneider NJW 1980, 2377.
Zutrittsverbot: → Rn. 5. Eine Zutrittserlaubnis umfasst die Durchsuchung, BGH NJW 2006, 3352; Scheidacker NZM 2007, 591.
Zwangsverwalter: Eine Maßnahme kommt auch gegen ihn infrage, AG Duisb Rpfleger 2009, 520.

16 **VII. Rechtsbehelfe, I–III.** Rechtsbehelfsbelehrung, Verstoß: §§ 232, 233 S. 2. Der Gläubiger, der Schuldner und ein mitbetroffener Dritter etwa bei einer Wohngemeinschaft, KG MDR 1986, 680, können gegen Maßnahmen **ohne eine Anhörung** nach §§ 758, 758a die **Erinnerung** nach § 766 einlegen, KG NJW 1986, 1181; LG Karlsr NJW-RR 1986, 550; AG Gelsenk DGVZ 1989, 15; aM Saarbr Rpfleger 1993, 147 (es sei sogleich die sofortige Beschwerde zulässig. Aber § 766 hat als eine Spezialvorschrift den Vorrang, auch zwecks Vermeidung einer Verkürzung des Rechtszugs.).

Gegen eine Entscheidung **nach einer Anhörung** gilt beim Rpfl. § 11 RPflG und ist beim Richter **die sofortige Beschwerde** nach (jetzt) §§ 567 I Nr. 1, 793 zulässig, Kblz Rpfleger 1985, 496; Saarbr Rpfleger 1993, 147; Stgt NJW-RR 1987, 759. 17

Das **Rechtsschutzbedürfnis** für das Rechtsmittel kann auch noch dann vorliegen, wenn die Durchsuchung schon stattgefunden hat, BFH DB 1980, 2120 (ohne Vorlage nach § 132 GVG), KG NJW-RR 1987, 126; LG Bad Kreuzn DGVZ 1989, 139; aM BFH NJW 1977, 975; LG BadBad DGVZ 1988, 42; VGH Mannh NVwZ-RR 1991, 591 (aber damit braucht noch keineswegs die ganze Zwangsvollstreckung nach → Vor § 704 Rn. 49 beendet zu sein). Wegen einer Anschlussbeschwerde § 567 III. Eine Rechtsbeschwerde kommt unter den Voraussetzungen des § 574 in Betracht. 18

758a *Richterliche Durchsuchungsanordnung; Vollstreckung zur Unzeit.* I [1]**Die Wohnung des Schuldners darf ohne dessen Einwilligung nur auf Grund einer Anordnung des Richters bei dem Amtsgericht durchsucht werden, in dessen Bezirk die Durchsuchung erfolgen soll.** [2]**Dies gilt nicht, wenn die Einholung der Anordnung den Erfolg der Durchsuchung gefährden würde.**

II **Auf die Vollstreckung eines Titels auf Räumung oder Herausgabe von Räumen und auf die Vollstreckung eines Haftbefehls nach § 802g ist Absatz 1 nicht anzuwenden.**

III [1]**Willigt der Schuldner in die Durchsuchung ein oder ist eine Anordnung gegen ihn nach Absatz 1 Satz 1 ergangen oder nach Absatz 1 Satz 2 entbehrlich, so haben Personen, die Mitgewahrsam an der Wohnung des Schuldners haben, die Durchsuchung zu dulden.** [2]**Unbillige Härten gegenüber Mitgewahrsamsinhabern sind zu vermeiden.**

IV [1]**Der Gerichtsvollzieher nimmt eine Vollstreckungshandlung zur Nachtzeit und an Sonn- und Feiertagen nicht vor, wenn dies für den Schuldner und die Mitgewahrsamsinhaber eine unbillige Härte darstellt oder der zu erwartende Erfolg in einem Missverhältnis zu dem Eingriff steht, in Wohnungen nur auf Grund einer besonderen Anordnung des Richters bei dem Amtsgericht.** [2]**Die Nachtzeit umfasst die Stunden von 21 bis 6 Uhr.**

V **Die Anordnung nach Absatz 1 ist bei der Zwangsvollstreckung vorzuzeigen.**

VI [1]**Das Bundesministerium der Justiz und für Verbraucherschutz wird ermächtigt, durch Rechtsverordnung mit Zustimmung des Bundesrates Formulare für den Antrag auf Erlass einer richterlichen Durchsuchungsanordnung nach Absatz 1 einzuführen.** [2]**Soweit nach Satz 1 Formulare eingeführt sind, muss sich der Antragsteller ihrer bedienen.** [3]**Für Verfahren bei Gerichten, die die Verfahren elektronisch bearbeiten, und für Verfahren bei Gerichten, die die Verfahren nicht elektronisch bearbeiten, können unterschiedliche Formulare eingeführt werden.**

Schrifttum: Fischer/Weinert DGVZ 2005, 33 (Grdz.); Goebel DGVZ 1998, 161; Keip, Umfang und Grenzen eines sozialen Schuldnerschutzes in der Zwangsvollstreckung, 2000; Münzberg, Durchsuchung und Vollstreckung in Ruhezeiten (§ 758a ZPO), FS Schütze,1999, 569; Münzberg DGVZ 1999, 177; Schilken, Grundrechtlicher Wohnungsschutz und Vollstreckung, FS Beys, Athen 2004, 1447; Walker, Notwendigkeit und Umfang einer Durchsuchungserlaubnis für den Gerichtsvollzieher, FS Kollhosser, 2004, 755; Wesser NJW 2002, 2138 (je ausf. und teilweise krit.).

Übersicht

I. Systematik, I–VI. Zunächst → § 753 Rn. 1. Die Vorschrift ist verfassungsgemäß, BVerfGE 57, 346, Wesser NJW 2002, 2138. Sie ergänzt § 758 dann, wenn der Gerichtsvollzieher die Wohnung des Schuldners durchsuchen will und muss und wenn er eine Vollstreckungshandlung zur Nachtzeit oder an einem Sonn- und Feiertag nach § 33 II 8 GVGA vornimmt, beginnt oder fortsetzt. Sie wird ihrerseits durch § 759 ergänzt und indirekt durch § 113 StGB gestützt, wie bei § 758, dort → § 758 Rn. 1. Zur strafrechtlichen Durchsuchung VerfGH Bln NJW 2014, 682. Evtl. ist nach § 289 I, II AO auch die Erlaubnis der Vollstreckungsbehörde nach § 33 III GVGA nötig. 1

II. Regelungszweck, I–VI. Zunächst → § 753 Rn. 2. Die in → § 758 Rn. 2 dargestellten Gesichtspunkte gelten erst recht bei § 758a. Er regelt ja unter anderem nochmals gegenüber § 758 zugespitzte Lagen. Auch bei der Vollstreckung zur Nachtzeit bzw. Unzeit geht es um eine den Art. 8 I MRK, sowie den Art. 13 II GG achtende, aber auch das Befriedigungsbedürfnis des Gläubigers angemessen berücksichtigende Art und Weise eines 2

Vollstreckungsvorgangs, LG Bonn ZMR 2011, 638. Man muss wie bei § 885 evtl. auch erheblich schutzwürdige, aber eben auch nur begrenzt maßgebliche Interessen von Mitbewohnern mitbedenken. § 758a ist daher keine Ausnahme von § 758 und folglich nach → Einl. II Rn. 70 auch nicht allzu eng auslegbar. Es ist vielmehr eine behutsame Abwägung der Gesamtinteressen notwendig.

3 **III. Geltungsbereich, I–VI.** Es gelten dieselben Erwägungen wie bei → § 758 Rn. 3. Zwar verweist § 87 II FamFG nicht auch auf § 758a ZPO. Indessen ist § 758a zumindest in den Fällen des § 95 I Nr. 1–5 FamFG mitanwendbar. Zum Problem beim Besichtigungsanspruch nach § 19a MarkenG Ringer/Wiedemann GRUR 2014, 229 (ausf.).

4 **IV. Wohnungsbegriff, I–VI.** Es gelten dieselben Anforderungen wie bei § 758 und dort wie bei → § 181 Rn. 7 ff. Das sind engere als bei § 885 I, der von jeder unbeweglichen Sache spricht.

5 **V. Durchsuchungsbegriff, I, III, IV.** Auch der Begriff der Durchsuchung ist derselbe wie bei § 758. Es handelt sich auch hier um das zweckgerichtete Suchen nach Personen oder Sachen oder zur Ermittlung eines nicht bereits nach § 291 offenkundigen Sachverhalts. Es geht nach → § 758 Rn. 4 um das Aufspüren dessen, was der Wohnungsinhaber von sich aus nicht herausgeben oder offenlegen will. Auch eine Taschenpfändung kann unter § 758a fallen, Köln NJW 1980, 1531; Schneider NJW 1980, 2377. II zeigt das Gegenstück einer bloßen Durchsuchung auf, nämlich die Räumung oder Herausgabe nach → Rn. 10. **Keine** Durchforschung ist das Sperren der Energieversorgung, BGH NJW 2006, 3353.

6 **VI. Notwendigkeit richterlicher Anordnung, I 1.** Nach der äußeren Gesetzesanordnung ist die Notwendigkeit einer richterlichen Anordnung nach I 1 bei einer Wohnungsdurchsuchung nach § 33 II 1, 2 GVGA die Regel. Das gilt grundsätzlich auch nach einem Leistungsurteil nach → Vor § 253 Rn. 8 mit Ausnahme eines Räumungstitels nach → Rn. 10, BVerfGE 51, 97. Die richterliche Anordnung ist zB bei einem Duldungstitel auf Einstellung einer Energieversorgung nötig, LG Mü DGVZ 2011, 19. Sie erfolgt in richterlicher Unabhängigkeit, BVerfGE 57, 346. In Wahrheit kommt sie nur dann in Betracht, wenn die in → Rn. 7–12 genannten Situationen nicht vorliegen. In der Praxis ist eine richterliche Anordnung also keineswegs stets erforderlich. Wegen IV vgl. → Rn. 35. Es empfiehlt sich bei I eine Prüfung in der nachfolgenden Reihenfolge.

7 **VII. Entbehrlichkeit richterlicher Anordnung, I 2, II, III.** Sie tritt nur unter engen Ausnahmebedingungen ein, BVerfG DGVZ 2001, 84. Daher muss der Richter nach → Rn. 18 auch stets das Gebot der Verhältnismäßigkeit nach → Vor § 704 Rn. 31 mitbeachten, BVerfGE 57, 346; Oldb OLGR 1995, 309; LG Mönchengladb MDR 2008, 292. Fast (jetzt) 2 Jahre seit einer Vermögensauskunft nach §§ 802c ff. stören nicht, LG Mönchengladb JurBüro 2006, 493. Soweit eine richterliche Entscheidung entbehrlich ist, ist auch keine nachträgliche richterliche Bestätigung erforderlich, Schneider NJW 1980, 2377; aM Kleemann DGVZ 1980, 3 (aber BVerfGE 23, 317 passt nicht). Es reicht jede der folgenden Lagen. Eine Ermächtigung des Zwangsverwalters zur Besitznahme macht eine richterliche Anordnung nicht entbehrlich, LG Bonn ZMR 2011, 637.

8 **1. Gefährdung des Durchsuchungserfolgs, I 2.** Eine richterliche Anordnung ist dann nach § 61 IV GVGA entbehrlich, wenn auch zulässig, soweit ihre Einholung den Erfolg der Durchsuchung gefährden würde, BVerfG NJW 2001, 1123. Das ist eine gesetzliche Umgrenzung des Begriffs einer Gefahr im Verzug. Diesen muss man grundsätzlich eng auslegen, BVerfG NJW 2001, 1121. Freilich bieten der eine wie der andere Begriff doch wieder ihre unvermeidlichen Unschärfen. Denn wann liegt eine wirkliche Gefährdung vor? Es kommt auch hier wieder auf eine behutsame Abwägung der Umstände an, LG Kblz DGVZ 1982, 91. Eine Gefährdung kann wegen der Art und Weise, des Zustands, des Zeitpunkts, des Orts des möglichen Vollstreckungsguts vorliegen, aber auch wegen der bisherigen Verhaltensweise des Schuldners oder seines Beauftragten, wegen dessen Äußerungen, Absichten, Finanzlage usw. In gewissen Grenzen lassen sich die Regeln zum Vorliegen eines Arrestgrundes nach → § 917 Rn. 7 ff. mitbeachten, Karlsr DGVZ 1992, 41; LG Kaisersl DGVZ 1986, 62.

9 **Ratsam** kann die Herbeiführung einer richterlichen Anordnung zumindest dann sein, wenn zweifelhaft ist, ob die Voraussetzungen von I 2 vorliegen. Das Rechtsschutzbedürfnis führt dann zur Pflicht des Richters, die Befugnis durch eine Anordnung oder deren Ablehnung zu klären.

10 **2. Räumung, Herausgabe von Räumen, II.** Eine richterliche Anordnung ist unabhängig von → Rn. 7 ferner nach Hs. 1 entbehrlich, soweit es nach § 61 VIII GVGA um die Vollstreckung eines Titels (Urteil, Vergleich) auf eine Räumung oder auf eine Herausgabe von Räumen einer beliebigen Art nach § 885 geht, Düss NJW 1980, 458; AG Heidelb DGVZ 1999, 124; Bischof ZIP 1983, 55; Schultes DGVZ 1998, 188.

11 **3. Haftbefehl, II.** Eine zusätzliche richterliche Anordnung ist nach Hs. 2 unabhängig von → Rn. 7, 10 natürlich auch insoweit entbehrlich, als es um die Vollstreckung eines Haftbefehls nach (jetzt) § 802g geht, Fischer/Weinert DGVZ 2006, 33. Denn der Haftbefehl umfasst seiner Rechtsnatur nach ja auch das Aufsuchen des Schuldners in seiner oder einer anderen Wohnung und das Herausholen seiner Person. Das gilt auch nachts und an einem Sonn- oder Feiertag, AG Bad Doberan DGVZ 2001, 92; AG Nürtingen JurBüro 2003, 380; AG Tostedt DGVZ 2003, 62; aM LG Bln DGVZ 2001, 135; LG Ffo DGVZ 2001, 85; LG Kblz DGVZ 2000, 170 (aber es gelten die allgemeinen Regeln).

12 **4. Einwilligung des Schuldners, weiterer Vollstreckungsauftrag, I, III 1.** Eine richterliche Anordnung ist schließlich unabhängig von → Rn. 7–9 nach § 61 I 1, X 2 GVGA entbehrlich, soweit der Schuldner in die Durchsuchung eingewilligt hat oder wenn er sich ihr in einer vollstreckbaren Urkunde nach § 794 I Nr. 5 unterworfen hat, sie also duldet, BNotarkammer DNotZ 1981, 348. Denn dann fehlt das Rechtsschutzbedürfnis einer Durchsuchungserlaubnis. Daher ist auch ein vorsorglicher Richterbeschluss unzulässig, Köln Rpfleger 1995, 167; LG Düss DGVZ 1983, 13. Vielmehr muss der Schuldner grundsätzlich eine Gelegenheit zur Einwilligung erhalten, LG Düss JurBüro 1981, 1418 (Ausnahme: → Rn. 7). Das ergibt sich sowohl aus I als auch aus III 1.

13 **Einwilligung** ist wie bei § 183 S. 1 BGB die vorherige Zustimmung. Die Einwilligung ist eine einseitige empfangsbedürftige Willenserklärung, Grüneberg/Ellenberger BGB Einf. vor § 182 Rn. 3; Schubert MDR 1980, 365; aM Langenfeld MDR 1980, 21; Seip DGVZ 1980, 60 (aber zur Willenserklärung gehört das Erklärungsbewußtsein). Der Schuldner muss sie eindeutig und wirksam erklärt haben. Sie richtet sich an den Gerichtsvollzieher als das zur Durchsuchung berufene Vollstreckungsorgan.

14 Als eine gleichzeitige **Parteiprozesshandlung** folgt sie nur den dort erläuterten dazu gehörigen Regeln.

Ein **weiterer Vollstreckungsauftrag** desselben oder eines anderen Gläubigers erlaubt die Durchsuchung ohne eine entsprechende richterliche Erlaubnis nur, soweit kein weiterer Grundrechtseingriff erfolgt, BVerfGE 76, 83, (der Gerichtsvollzieher darf also zB nicht deshalb länger in der Wohnung bleiben müssen, so auch § 61 IX GVGA), Bittmann DGVZ 1989, 136. Evtl. ist § 826 anwendbar. 15

5. Beispiele zur Frage einer Einwilligung, I, III 1

Angehöriger: Ausreichend ist seine Erklärung, Schneider NJW 1980, 2377; Weimar DGVZ 1980, 103; aM Wesser NJW 2003, 2143 (aber es gelten die allgemeinen Regeln). 16

Anwaltszwang: Er ist zur Einwilligung auch nach einem solchen im Erkenntnisverfahren nicht vorhanden. Denn die Erklärung ist nach § 78 III Hs. 2 vor dem Urkundsbeamten statthaft.

Bedingung: Ausreichend ist eine Öffnung ohne Bedingung.

Einzelraum: Ausreichend sein kann die Beschränkung auf ihn.

Elektronik: Ausreichen kann eine solche Erklärungsart.

Geschäftseröffnung: Nicht ausreichend ist ein solcher allgemeiner Vorgang, LG Wuppert DGVZ 1980, 11; Schneider NJW 1980, 2377; Seip NJW 1994, 354; aM BFH NJW 1989, 455; Hupe JurBüro 1979, 1439 (aber das wäre eine zu gläubigerfreundliche Auslegung).

Gericht: Ausreichend ist natürlich eine Erklärung vor dem Richter.

Gläubiger: Ausreichend ist eine Erklärung vor ihm.

Protokoll: Der Gerichtsvollzieher muss eine Einwilligung nach § 762 II Nr. 2 protokollieren.

Schriftlichkeit: Ausreichend ist diese Erklärungsart.

Stillschweigende Erklärung: Ausreichen kann auch sie nach → Vor § 128 Rn. 59, OVG Lüneb NJW 1984, 1369; Guntau DGVZ 1982, 19; Münzberg DGVZ 1989, 177. Das gilt freilich nicht im Zweifel und nicht bei der Wohnung (nur) eines Dritten.

Unklarheit: Dann liegt ein Fall I 1 vor.

Urkundsbeamter: Ausreichend ist eine Erklärung vor ihm nach § 78 III Hs. 2.

Vorbehalt: Nicht ausreichend ist eine Einwilligung nur unter einem Vorbehalt, auch unter einem nachträglichen, Schneider NJW 1980, 2377 (dann aber → Rn. 7).

Widerruf: Er ist nach → Vor § 128 Rn. 66 grds. **unstatthaft,** LG Wiesb DGVZ 1980, 28; aM Bischof ZIP 1983, 522; Schneider NJW 1980, 2377 (aber es gelten die allgemeinen Regeln).

Zeitpunkt: Ausreichend ist nur eine Erklärung spätestens vor der ersten Gewaltanwendung des Gerichtsvollziehers oder seiner Hilfsperson(en).

VIII. Zuständigkeit, I 1. Zur Anordnung oder Ablehnung ist nicht das Prozessgericht zuständig, Ringer/Wiedemann GRUR 2014, 230. Es ist auch nicht stets das Vollstreckungsgericht nach §§ 764, 802 zuständig, sondern nach §§ 33 I 3, 61 III 2 GVGA derjenige Amtsrichter, in dessen Bezirk die jetzt geplante Durchsuchung erfolgen soll, Hamm MDR 2015, 485; KG NJW-RR 2003, 1529; LG Hmb GRUR-RR 2014, 47 (auch in einer Eilsache). Diese Zuständigkeit kann natürlich mit derjenigen nach §§ 764, 802 zusammenfallen. Sie ist aber nicht zwingend dieselbe. Aus ihrer Natur ergibt sich ihre Ausschließlichkeit. Wechselt der Wohnort des Schuldners, muss nunmehr der Richter des neuen Wohnorts erstmals oder erneut nach demjenigen des früheren Wohnorts befinden. 17

IX. Verfahren der Anordnung, I 1, VI. Es gelten die allgemeinen Regeln des Buchs 8, BVerfGE 51, 97, BGH NJW-RR 1986, 286. 18

1. Antrag. Der Richter entscheidet zwar theoretisch von Amts wegen, praktisch aber abgesehen von § 87 I 1 FamFG nur auf einen Antrag des Gläubigers oder auf eine Anregung. Den Antrag sollte man nach § 33 II 9 GVGA vorsorglich bei Beschränkung einer Fortsetzung der Vollstreckung bis zur Nachtzeit stellen. Der Gläubiger kann als Herr der Zwangsvollstreckung nach → Vor § 704 Rn. 9 den Gerichtsvollzieher anweisen, **keinen** Zwang zwecks Durchsuchung einer Schuldnerwohnung auszuüben, AG Stralsund JurBüro 2017, 547. 19

2. Beispiele zur Frage eines Antrags usw., I 1, VI

Antragsform: Ein Antrag muss nach der Einführung von Formularen nach VI 1, 2 auf dem für die elektronische oder sonstige Verfahrensbearbeitung jeweils bundeseinheitlich erstellten Formular erfolgen, VO vor → Rn. 1. Mangels solcher Formularerstellung nach → Rn. 38 ist ein Antrag schriftlich, nach §§ 130ad elektronisch oder zum Protokoll der Geschäftsstelle statthaft. 20

Anwaltszwang: Er besteht nach § 78 III Hs. 2 **nicht.**

Beibringungsgrundsatz: Er gilt nach → Vor § 704 Rn. 8 nur eingeschränkt.

Kosten: Der Antragsteller muss sie nach §§ 294, 788 glaubhaft machen, LG Bln DGVZ 1994, 28.

Mündliche Verhandlung: Sie ist statthaft, aber nach → Vor § 704 Rn. 34 **nicht** notwendig.

Parteiherrschaft: Sie gilt nach → Vor § 704 Rn. 8 nur eingeschränkt.

Rechtliches Gehör: Das Gericht muss es grds. schon wegen Art. 103 I GG grds. vor einer dem Betroffenen nachteiligen Entscheidung geben, Hamm OLGR 2000, 317; LG Darmst DGVZ 1987, 86; LG Köln JurBüro 1988, 537. Eine **Ausnahme** besteht in einem Zweifelsfall nach I 2, BVerfGE 57, 346; LG Hanau DGVZ 2006, 76; LG Verden JurBüro 1996, 272; aM Hamm JurBüro 1987, 179; Wesser NJW 2002, 2141.

Rechtsschutzbedürfnis: Es ist wie stets nötig. Es kann aber zB trotz eines Strafbefehls vorliegen, LG Bln DGVZ 1990, 137; LG Hmb DGVZ 2010, 133.

Unterlagen: Der Antragsteller muss alle erforderlichen beifügen, LG Aschaffenb DGVZ 1985, 114.

Verhältnismäßigkeit: Der Richter muss diesen Grundsatz nach → Einl. II Rn. 44 und → Vor § 704 Rn. 31 beachten, BVerfG DGVZ 1998, 25; Goebel DGVZ 1998, 161.

Vollstreckungsvoraussetzungen: Der Richter muss ihr Vorliegen nach → Vor § 704 Rn. 15 prüfen, BVerfG NJW 1981, 2111, AG Neuruppin Rpfleger 2000, 119.

Wartefrist: Es muss diejenige nach § 720a abgelaufen sein, LG Darmst DGVZ 1989, 120.

Zustellung: Diejenige des Vollstreckungstitels nebst der Vollstreckungsklausel nach §§ 724 ff. muss nach § 750 erfolgt sein, Celle Rpfleger 1987, 73; LG Bln DGVZ 1988, 74; LG Düss MDR 1983, 238; aM LG Marbg DGVZ 1982, 30 (aber es gelten die allgemeinen Regeln).

X. Entscheidung, I 1. Die Entscheidung erfolgt durch einen Beschluss nach § 329 nebst einer Begründung nach → § 329 Rn. 6, KG DGVZ 1983, 73; LG Hagen JurBüro 1985, 783; LG Köln JurBüro 1988, 536. Sie 21 erfolgt auch durch eine entsprechende Verfügung. Das Gericht verkündet sie nach einer Verhandlung. Mangels einer Verhandlung stellt es sie wegen § 793 nach §§ 166ff., 329 III förmlich zu. Kosten: §§ 788, 891. Vorsicht vor dem Gebrauch bloßer Textbausteine, BVerfG NJW 2005, 274 (StPO)!

22 Die Erlaubnis liegt **grundsätzlich nicht** schon **im Vollstreckungstitel,** auch nicht beim Arrest nach §§ 916ff., Karlsr DGVZ 1983, 139; AG Detm DGVZ 1983, 189, oder bei der einstweiligen Verfügung nach §§ 935ff., es sei denn, der Titel schließt seinem Inhalt nach zwangsläufig die richterliche Genehmigung zum Betreten von Wohnräumen ein, Köln NJW-RR 1988, 832 (auch dann mag aber der Titel ausdrücklich im Einzelfall die Genehmigung ausschließen); LG Bln DGVZ 1988, 118. Sie liegt auch nicht in der bloßen Anweisung durch das Erinnerungsgericht, eine Zwangsvollstreckung durchzuführen, KG DGVZ 1983, 72; aM Cirullies JurBüro 1984, 661 (aber es muss Klarheit bestehen). Sie liegt ferner nicht in einem Urteil auf die Sperrung eines Zählers, AG Neuruppin WuM 2006, 106. Vielmehr muss der Richter in seinem Beschluss mindestens angeben, für und gegen wen der Gerichtsvollzieher aufgrund welchen Titels welche wo gelegenen Räume weshalb und wann durchsuchen darf, BVerfG NJW 2000, 943; Köln JurBüro 1996, 213; Wesser NJW 2002, 2141. Mindestens erforderlich sind die Angabe der Parteien, des Titels nach §§ 704, 794 und des zu durchsuchenden Raumes sowie die Unterschrift des Richters, Köln ZMR 1996, 86. Mehrere Durchsuchungen brauchen nach § 33 II 6 GVGA eine klare entsprechende Erlaubnis, aM LG Zweibr MDR 1980, 2096. Die Erlaubnis gilt im Zweifel bis zu 6 Monaten, BVerfG NJW 1997, 2166. Rechtsbehelfsbelehrung, Verstoß: §§ 232, 233 S. 2.

23 **XI. Duldungspflicht von Mitbewohnern, III.** Es müssen zwei Bedingungen zusammentreffen.

24 **1. Grundsatz: Duldung, III 1.** Diejenigen Personen, die an der Wohnung des Schuldners einen Mitgewahrsam nach → § 808 Rn. 15ff. entsprechend → § 885 Rn. 9ff. haben, müssen grundsätzlich eine rechtmäßige Durchsuchung gegen den Schuldner dulden, auch soweit diese ihre Rechte mitbetrifft, BGH MDR 2008, 468; Münzberg DGVZ 1999, 178 (bei richtiger Auslegung kein Verfassungsverstoß), Wesser NJW 2002, 2144 (verfassungsrechtlich krit.). Der Gerichtsvollzieher darf daher ihren Widerstand brechen, LG Hmb NJW 1985, 72; AG Stgt NJW 1982, 389; LG Wiesb DGVZ 1981, 60. Das alles gilt auch im Mehrfamilienhaus gegenüber solchen Dritten, AG Kaisersl JurBüro 2015, 551.

25 **2. Vermeidung unbilliger Härten, III 2.** Selbst beim Vorliegen der Voraussetzungen → Rn. 23 müssen alle Beteiligten unbillige Härten gegenüber einem jeden Mitgewahrsamsinhaber vermeiden. Die Beachtung dieser Vorschrift ist eine Amtspflicht des Gerichtsvollziehers ohne einen Ermessensspielraum. Der unbestimmte Rechtsbegriff „unbillige Härte" lässt eine Auslegung zu. Auch hier gibt der Schutzzweck den Maßstab. Der Gerichtsvollzieher muss den nur mittelbar und trotzdem evtl. ganz erheblich Mitbetroffenen soweit vertretbar schonen. Das gilt beim Ob, Wann, Wie und Wo der Durchsuchung bis zu ihrer Beendigung. Eine Schonung braucht zB ein akut erheblich erkrankter Angehöriger oder ein unmittelbar bevorstehendes oder stattgefundenes aufregendes Ereignis von einer Geburt über ein Examen oder eine Hochzeit bis zum Tod. Die Durchsuchung darf kein wüstes Durcheinander hinterlassen, weder beim Schuldner, noch gar bei Mitbewohnern. Keine Unbilligkeit liegt schon dann vor, wenn es um eine Offenbarungsversicherung nach (jetzt) § 802c ff. geht, AG Halle DGVZ 2009, 115.

26 **XII. Vollstreckung zur Nachtzeit usw., IV.** Man muss mehrere Aspekte prüfen.

27 **1. Nachtzeit, Sonn- und Feiertag.** IV 2 enthält die amtliche Bestimmung der Nachtzeit, KG FamRZ 2016, 390, Naumb MDR 2016, 1475.

28 In **ganz Deutschland** gelten folgende Tage als **Feiertage:** Neujahr; Karfreitag; Ostermontag; 1. Mai; Himmelfahrt; Pfingstmontag; 3. Oktober (Nationalfeiertag); 1. und 2. Weihnachtstag (nicht aber auch der 24. Dezember als solcher, OVG Hmb NJW 1993, 1941).

29 Je nach dem **Landesrecht** gelten ferner folgende Tage als Feiertage. Dabei kommt es auf den Ort an, an dem die Prozesshandlung erfolgen soll, BAG NJW 1989, 1181, und sodann auf den Sitz der jeweils im Einzelfall zuständigen auswärtigen Abteilung usw.: Heilige Drei Könige (6. 1.); Epiphanias (5. 2.); Fronleichnam; Friedensfest (8. 8.); Mariä Himmelfahrt (15. 8.), VGH Mü NJW 1997, 2130; Reformationsfest (31. 10.), zumindest zur 500-Jahr-Feier 2017; Allerheiligen (1. 11.); Bußtag (der Mittwoch vor dem letzten Sonntag nach Trinitatis); ferner lokale Besonderheiten.

30 Der Sonnabend vor Ostern ist **kein Feiertag.** Derjenige durch eine etwaige Verwaltungsanordnung bestimmte Sonnabend ist ein solcher Feiertag, an dem nur ein Sonntagsdienst stattfindet. Durch G v. 10.8.65, vgl. § 222, ist daran nichts geändert worden. Der Sonnabend steht also den Feiertagen insofern gleich. Nicht gleichsteht der bloß arbeitsfreie Sonnabend (5-Tage-Woche).

31 Die Länder haben folgende **Feiertagsgesetze** erlassen:

32 **Baden-Württemberg:** G idF v. 28.11.1970, GBl 1971, 1, zuletzt geändert durch G v. 1.12.2015, GVBl 1034; **Bayern:** G v. 21.5.1980, GVBl 215, zuletzt geändert durch G v. 12.4.2016, GVBl 50; **Berlin:** G v. 28.10.1954, GVBl 615, zuletzt geändert durch G v. 14.10.2015, GVBl 378; **Brandenburg:** G v. 21.3.1991, GVBl 1944, zuletzt geändert durch G v. 30.4.2015, GVBl 1; **Bremen:** G v. 12.11.1954, GBl 115, zuletzt geändert durch G v. 14.11.2017, GBl 468; **Hamburg:** G v. 16.10.1953, GVBl 289, zuletzt geändert durch G v. 19.6.2013, GVBl 304; **Hessen:** G idF v. 29.12.1971, GVBl 343, zuletzt geändert durch VO v. 16.10.2013, GVBl 566; **Mecklenburg-Vorpommern:** G idF v. 8.3.2002, GVBl 145, geändert durch G v. 20.7.2004, GVBl 390; **Niedersachsen:** G idF v. 7.3.1995, GVBl 1951, zuletzt geändert durch G v. 22.6.2018, GVBl 123; **Nordrhein-Westfalen:** G idF v. 23.4.1989, GVBl 222, zuletzt geändert (nur) wegen des 31.10.2017 durch G v. 25.6.2015, GVBl 496; **Rheinland-Pfalz:** G v. 15.7.1970, GVBl 225, zuletzt geändert durch G v. 20.12.1994, GVBl 474; **Saarland:** G v. 18.2.1976, ABl. 213, zuletzt geändert durch G v. 18.11.2010, ABl. 1995, 2587; **Sachsen:** G v. 10.11.1992, GVBl 536, geändert durch G v. 30.1.2013, GVBl 2; **Sachsen-Anhalt:** G v. 22.5.1992, GVBl 356, zuletzt geändert durch G v. 16.12.1994, GVBl 1044; **Schleswig-Holstein:** G idF v. 28.6.2004, GVBl 213; zuletzt geändert durch G v. 21.3.2018, GVBl 69; **Thüringen:** G v. 21.12.1994, GVBl 1221, und v. 29.4.2016, GVBl 169.

33 **2. Keine Vollstreckung bei unbilliger Härte.** Der Gerichtsvollzieher darf nach § 33 I 1 GVGA keine Vollstreckungshandlung irgendwelcher Art vornehmen, soweit sie eine unbillige Härte nach → Rn. 25 darstellt. Eine solche Härte kann schon dann vorliegen, wenn noch keine Härte nach § 765a I 1 gegeben wäre. Ob eine

unbillige Härte vorliegt, liegt im pflichtgemäßen Ermessen des Gerichtsvollziehers. Wenn er sie bejaht, darf er schon deshalb ohne einen weiteren Ermessensspielraum nicht zur Nachtzeit oder Unzeit vollstrecken. Er muss nach § 33 I 1 GVGA eine unbillige Härte für den Schuldner wie die Mitgewahrsamsinhaber bejahen, bevor die Vollstreckung unterbleiben darf. Natürlich würde sie gegenüber dem Schuldner ausreichen. Aber auch eine solche nur den übrigen gegenüber könnte reichen. Einen Gewahrsam muss man wie bei → § 808 Rn. 15 ff. beurteilen.

3. Keine Vollstreckung bei Missverhältnis Eingriff – Erfolg. Selbst wenn keine unbillige Härte nach → Rn. 23 vorliegt, darf der Gerichtsvollzieher nach § 33 I 1 GVGA doch keine Vollstreckungshandlung irgendwelcher Art vornehmen, soweit der zu erwartende Erfolg in einem Missverhältnis zu dem Eingriff stehen würde, Hamm JurBüro 1984, 781, LG Ffm DGVZ 1980, 26, LG Mönchengladb MDR 2008, 292. Damit übernimmt IV den auch sonst in der Zwangsvollstreckung geltenden Grundsatz der Verhältnismäßigkeit nach → Vor § 704 Rn. 31. Der Gerichtsvollzieher muss nach seinem pflichtgemäßen Ermessen abwägen. Er muss dabei alle erkennbaren Umstände einbeziehen. Zulässig sein mag zB eine Kassenpfändung bei einer Abendveranstaltung oder eine Vollstreckung gegenüber dem tagsüber stets arbeitsbedingt abwesenden Schuldner. Natürlich stellt jede Vollstreckung eine gewisse Härte dar. Es muss also ein darüber hinausgehendes Problem vorhanden sein, eben ein wirkliches Missverhältnis, etwa bei einer nur sehr kleinen Restforderung und vor einem besonders hohen Feiertag usw. Soweit der Gerichtsvollzieher ein Missverhältnis bejaht, darf er ohne ein weiteres Ermessen nicht mehr tätig bleiben. 34

4. In Wohnung nur aufgrund besonderer richterlicher Anordnung. Selbst wenn keines der Hindernisse nach → Rn. 33, 34 vorliegt, darf der Gerichtsvollzieher auch außerhalb der in §§ 758, 758a I–III vorrangig geregelten Fälle eine Vollstreckungshandlung nur dann gerade während der Nachtzeit oder an einem Sonn- oder Feiertag in einer Wohnung nach → Rn. 4 vornehmen, wenn gerade dazu eine besondere Erlaubnis des Richters wirksam vorliegt, BGH JurBüro 2004, 416, LG Verden DGVZ 2015, 170 (je: auch bei [jetzt] § 802g), Fischer/Weinert DGVZ 2005, 38; aM AG Bad Doberan DGVZ 2001, 92; AG Mannh DGVZ 1999, 142; Zöller/Seibel Rn. 35 (aber V Hs. 2 ist nun wirklich nach seinem Wortlaut und Sinn eindeutig und dient dem Wohnungsschutz nach Art. 13 GG, → Einl. II Rn. 76). 35

Zuständig ist auch nicht der Rpfl., sondern nur der „Richter bei dem Amtsgericht“, also dem nach §§ 764, 802 zuständigen AG im dort geschilderten Verfahren (Beschluss nach § 128 IV ohne notwendige mündliche Verhandlung, grundsätzlich nach einer Anhörung und mit einer Begründung nach → § 329 Rn. 6, mit einer meist nötigen Befristung, BFH NJW 1980, 2096 und ohne eine Kostenentscheidung nach § 788 I, usw.). Eine Entscheidung nur des Rpfl. ist unwirksam, eine solche mit einer nachfolgenden „Genehmigung“ des Richters kann als eine Anordnung nach IV umdeutbar sein. Der Gläubiger ist nach § 33 II 4 GVGA antragsberechtigt, aM LG Kblz DGVZ 2000, 170 (der Gerichtsvollzieher solle einen Gläubigerantrag erwirken. Zu streng). Von Amts wegen erfolgt die Anordnung, sobald und soweit sich aus den dem Richter vorgelegten Akten die Voraussetzungen ergeben. 36

XIII. Vorzeigen der Anordnung, V. § 750 ist auf die richterliche Anordnung anders als auf den Vollstreckungstitel nebst der Vollstreckungsklausel unanwendbar, AG Hmb Rpfleger 1980, 395; OVG Hmb NJW 1995, 610. Der Gerichtsvollzieher muss nach §§ 33 II 5, 61 V GVGA die richterliche Anordnung vorzeigen und das protokollieren. V verweist aber nur auf I, nicht auch auf IV (kein eindeutiges, wenn auch durchaus mögliches Versehen des Gesetzgebers), aM LG Regensb DGVZ 1999, 173; Thomas/Putzo/Seiler Rn. 33. Die Anordnung geht nicht so weit wie § 802g II 2. Denn im Gegensatz zu dort braucht der Gerichtsvollzieher dem Schuldner nichts zu übergeben, sondern nur etwas vorzuzeigen. Der Schutzzweck ist aber fast derselbe. Der Schuldner soll wenigstens einen Einblick in eine solche richterliche Anordnung nehmen dürfen, die das Eindringen in seine Wohnung bedeutet. Der Gerichtsvollzieher muss dem Schuldner eine angemessene Möglichkeit geben, sich zu fassen. Er muss ihm auch gestatten, seinen Anwalt oder eine vertraute Person während der Durchsuchung anrufen. Der Schuldner kann eine Ablichtung oder Abschrift nach § 760 verlangen. 37

XIV. Formularzwang, VI. VI 1 gibt ähnlich wie §§ 117 III, 829 IV 1 eine Ermächtigung, keine Anweisung. Die Vorschrift gilt bei jedem Antragsteller, AG Lpz DGVZ 2014, 22 (Finanzamt); Büttner DGVZ 2013, 150. Die VO v. 23.8.2012, BGBl. 1822, geändert am 16.6.2014, BGBl. 754, hat die Zustimmung des Bundesrats erhalten. VI 2 schafft ähnlich wie §§ 117 IV, 829 IV 2 einen Benutzungszwang, bestätigt durch § 3 VO. In einer Abweichung von § 117 III, IV, aber in einer Übereinstimmung mit § 829 IV 3 sind nach § 758 1 VI 3 unterschiedliche Formulare für elektronische und andere Gerichtsverfahren einführbar. Der Formularzwang gilt nicht für Anträge auf Erlass einer richterlichen Durchsuchungsanordnung nach § 287 Abs. 4 AO, BGH WM 2014, 568. Dasselbe gilt beim Vollstreckungsgericht, AG Lampertheim DGVZ 2013, 218. 38

XV. Beispiele zur Frage einer Anwendbarkeit, I–VI. Vgl. das ausführliche ABC in → § 758 Rn. 15 ff. 39

XVI. Rechtsbehelfe, I–VI. Rechtsbehelfsbelehrung, Verstoß: §§ 232, 233 S. 2. Vgl. wegen des Gerichtsvollziehers → § 758 Rn. 16, wegen des Richters bei IV §§ 766, 793, Zöller/Seibel Rn. 36; aM LG Kblz FamRZ 2003, 1483 (sogleich § 793. Aber das wäre systemfremd). Wegen des Rpfl. § 11 RPflG, vgl. auch → § 104 Rn. 84 ff., aM Hintze Rpfleger 2000, 303 (§ 793). 40

759 ***Zuziehung von Zeugen.*** **Wird bei einer Vollstreckungshandlung Widerstand geleistet oder ist bei einer in der Wohnung des Schuldners vorzunehmenden Vollstreckungshandlung weder der Schuldner noch ein erwachsener Familienangehöriger, eine in der Familie beschäftigte Person oder ein erwachsener ständiger Mitbewohner anwesend, so hat der Gerichtsvollzieher zwei erwachsene Personen oder einen Gemeinde- oder Polizeibeamten als Zeugen zuzuziehen.**

I. Systematik. Zunächst → § 753 Rn. 1. Die Vorschrift ergänzt § 758 in zwei unterschiedlich gefährlichen, aber gleichermaßen besonders misslichen Situationen. Sie ist nach §§ 87 III, 96 I 2 FamFG entsprechend anwendbar. Bei einer Personenherausgabe vgl. §§ 62 IV, 156 GVGA. 1

II. Regelungszweck. Zunächst → § 753 Rn. 2. Die Vorschrift liegt im Interesse aller Prozessbeteiligten an der Eindämmung späterer Auseinandersetzungen darüber, ob und inwieweit das Vollstreckungsorgan beim 2 notwendigen Zwang oder auch beim Ausbleiben der wachsamen Augen des Betroffenen die Grenzen des Ermessens eingehalten habe. Damit dient § 759 der Rechtssicherheit nach → Einl. II Rn. 87 und dem Gebot der Verhältnismäßigkeit staatlicher Machtmittel nach → Vor § 704 Rn. 31. Man muss die Vorschrift nach → Einl. II Rn. 70 ff. entsprechend streng zugunsten des Schuldners auslegen.

3 Mangels tatsächlicher ausreichender Anhaltspunkte für Fehler darf und muss das Gericht daher von der Gesetzmäßigkeit ausgehen, auch bei der Auslegung etwa der Frage, ob ein Zeuge „erwachsen" war.

4 **III. Voraussetzungen.** Der Gerichtsvollzieher muss in jedem der folgenden Fälle Zeugen zuziehen.

5 **1. Widerstand.** Die Zuziehung ist nach § 62 II 1 Nr. 1 GVGA dann notwendig, wenn er nach § 758 III irgendeinen Widerstand gegen eine Vollstreckungshandlung vorfindet. Eine bloße derartige Befürchtung ohne bestimmte Anhaltspunkte reicht nicht, AG Dieburg JurBüro 2016, 320. Als Widerstand kann nach § 62 III GVGA auch eine solche mündliche Ankündigung gelten, die eine Anwendung von Gewalt erwarten lässt. Der Gerichtsvollzieher muss also die Zwangsvollstreckung unterbrechen, falls er nicht in einer Erwartung des Widerstands bereits Zeugen mitgebracht hat.

6 **2. Abwesenheit.** Die Zuziehung ist nach § 62 II 1 Nr. 2 GVGA auch dann notwendig, wenn die Zwangsvollstreckung in der Wohnung stattfinden soll, aM LG Konst DGVZ 1984, 120 (auch, falls im Geschäftsraum), und wenn das in Abwesenheit des Schuldners, seiner Familie und seiner in der Familie Beschäftigten → § 178 Rn. 13 oder eines ständigen erwachsenen Mitbewohners geschehen soll, AG Neuwied DGVZ 1998, 78. Die Vollstreckung ist ohne weiteres dann zulässig, wenn statt des abwesenden Schuldners ein erwachsenes Familienmitglied oder eine dort nach (jetzt) § 178 I Nr. 1 beschäftigte Person oder ein ständiger erwachsener Mitbewohner anwesend ist, LG Konst DGVZ 1984, 119; AG Wiesb DGVZ 1993, 158. Zum Begriff des Erwachsenseins → § 178 Rn. 16.

7 **Unzulässig** ist eine Zeugenzuziehung auf bloßen Verdacht einer Abwesenheit des Schuldners, LG Brem JurBüro 2016, 552.

8 **3. Ausführung.** Zeuge soll nach § 62 II 2 GVGA ein Unbeteiligter und Geeigneter möglichst nahe Wohnender sein. Auch der Gläubiger kann Zeuge sein, auch ein Schlosser oder Fotograf, aM AG Brühl DGVZ 2017, 21 (systemwidrig; abl. denn auch Hippeli). Der Zeuge unterschreibt das Protokoll nach § 62 II 3 GVGA mit. Zwar kann der zur Öffnung etwa erforderliche Schlosser zeitweise Zeuge sein. Dennoch darf der Gerichtsvollzieher zwei weitere Zeugen hinzuziehen, AG Wiesb DGVZ 1988, 14, auch neben dem Schlosser, AG Wiesb DGVZ 2017, 115. Soweit der Gerichtsvollzieher die Zeugen entschädigt, hat er Auslagen nach KV 703 GvKostG iVm §§ 19 ff. JVEG, § 62 II 4, 5 GVGA. Der Gerichtsvollzieher kann auch sonst in geeigneten Fällen Hilfspersonen zu handwerklichen Arbeiten hinzuziehen, etwa zum Aufkleben der Pfandzeichen, falls er selbst anwesend bleibt.

9 **IV. Verstoß.** § 759 ist zwingendes Recht. Ein Verstoß gegen die Vorschrift macht die Amtshandlung rechtswidrig, Niemeyer JZ 1976, 315. Die Zwangsvollstreckung wird dadurch aber noch nicht unwirksam, LG Konst DGVZ 1984, 120. Zur strafrechtlichen Bedeutung Alisch DGVZ 1984, 108.

10 **V. Rechtsbehelf: Erinnerung.** Rechtsbehelfsbelehrung, Verstoß: §§ 232, 233 S. 2. Jeder Betroffene kann eine Erinnerung nach § 766 einlegen, auch ein Zeuge zum Ob und Wie, Wo und Wann seiner Heranziehung. Zu seiner Entschädigung gilt das JVEG.

760

Akteneinsicht; Aktenabschrift. **[1]Jeder Person, die bei dem Vollstreckungsverfahren beteiligt ist, muss auf Begehren Einsicht der Akten des Gerichtsvollziehers gestattet und Abschrift einzelner Aktenstücke erteilt werden. [2]Werden die Akten des Gerichtsvollziehers elektronisch geführt, erfolgt die Gewährung von Akteneinsicht durch Erteilung von Ausdrucken, durch Übermittlung von elektronischen Dokumenten oder durch Wiedergabe auf einem Bildschirm; dies gilt auch für die nach § 885a Absatz 2 Satz 2 elektronisch gespeicherten Dateien.**

Schrifttum: Liebscher, Datenschutz bei der Datenübermittlung im Zivilverfahren, 1994.

1 **I. Systematik, S. 1, 2.** Zunächst → § 753 Rn. 1. Die Vorschrift bildet ein Gegenstück zu dem im Erkenntnisverfahren entsprechend geltenden § 299. Eine etwaige gesetzliche Mitteilungspflicht des Gerichtsvollziehers bleibt bestehen, zB über eine Durchsuchungsverweigerung nach §§ 858, 858a, LG Düss DGVZ 1991, 25, oder über eine Unpfändbarkeit, Hamm DGVZ 1977, 40; LG Köln DGVZ 1995, 170; AG Kerpen DGVZ 1978, 119. Die Vorschrift ist nach § 87 III FamFG entsprechend anwendbar.

2 **II. Regelungszweck, S. 1, 2.** Zunächst → § 753 Rn. 2. § 760 dient wesentlich der Stärkung des Vertrauens auf die Korrektheit des staatlichen Vollstreckungsorgans in einem solchen Verfahrensabschnitt, der anders als das Erkenntnisverfahren nach §§ 253 ff. nicht der Kontrolle der Öffentlichkeit in Gestalt von Zuschauen nach §§ 169 ff. GVG unterliegen kann. Das Akteneinsichtsrecht als eine Rechtmäßigkeitskontrolle ist weit auslegbar.

3 **III. Notwendigkeit eines Antrags, S. 1, 2.** Von Amts wegen muss der Gerichtsvollzieher vom Ausgang seines Verfahrens unterrichten, freilich nur durch eine kurze formlose Mitteilung, BGH DGVZ 2004, 61. Nur auf ein Verlangen, also nicht von Amts wegen, muss der Gerichtsvollzieher nach § 42 I 1 GVO jedem Beteiligten oder dessen Bevollmächtigtem eine Einsicht seiner Vollstreckungsakten in seiner Gegenwart nach § 299 I geben und nach § 42 I 2 GVO kostenpflichtig Ablichtungen oder Abschriften einzelner Schriftstücke erteilen, BGH DGVZ 2004, 62; AG Bln-Tempelhof DGVZ 1984, 44; AG Kerpen DGVZ 1978, 120; aM AG Itzehoe DGVZ 1978, 15 (aber → § 763 Rn. 5). Im Zweifel liegt ein stillschweigender Antrag vor, AG Mü DGVZ 1981, 141. Bei elektronischer Einreichung gelten §§ 130ad. Der Vollstreckungsauftrag enthält nicht stets auch einen solchen Einsichts- oder Abschriftsantrag, BVerwG NJW 1983, 896; Elias DGVZ 1975, 33; aM AG Itzehoe DGVZ 1978, 15 (aber das würde auch Geld kosten). Eine Beglaubigung ist nach § 170 II 1 stets zulässig. Diese Vorschrift ist nämlich wegen ihrer Stellung im Buch 1 nach → Vor § 704 Rn. 34 zumindest entsprechend anwendbar, aM Paschold/Paschold DGVZ 1992, 39. Eine Beglaubigung erfolgt nach → § 900 Rn. 4 jedenfalls auf einen Antrag, zumal der Gläubiger oder Schuldner sie evtl. benötigen.

IV. Beteiligte, S. 1, 2. Als Beteiligten muss man jeden ansehen, den eine Vollstreckungsmaßnahme irgendwie betrifft. Dazu gehören natürlich die Parteien, AG Wiesb DGVZ 1994, 158, auch deren Rechtsnachfolger nach § 727. Ferner gehören hierher zB: Der nicht verwaltungsberechtigte Ehegatte bei § 740 I; der nach §§ 737, 739, 748 II Duldungspflichtige; der Drittschuldner nach § 840; der Widerspruchskläger nach § 771; die zu einer vorzugsweisen Befriedigung nach §§ 805, 809, 886 Berechtigten. 4

Ein **Dritter** hat allenfalls nach § 299 II ein Einsichtsrecht. Das Finanzamt hat nach § 42 III GVO weitere Rechte. 5

V. Akten, S. 1, 2. Zu den Akten gehört der ganze Urkundenstoff nebst seinen Belegen einschließlich der Protokolle nach § 762, AG Ffm DGVZ 1985, 93, und nach § 885a II 2 und der Dienstregister, soweit er die Zwangsvollstreckung betrifft. Aus den Registern dürfen die Beteiligten nur Auszüge fordern. Die Einsicht erfolgt nach § 42 I 3 GVO in Anwesenheit des Gerichtsvollziehers oder des Vertreters oder der Dienstaufsicht. Der Gläubiger kann auch eine Kopie der Auskunft usw. fordern, AG Lpz DGVZ 2014, 69. Eine Meldesperre bleibt zu beachten, AG Marbach DGVZ 2014, 70. Der Gläubiger kann auch statt einer Akteneinsicht oder einer Protokollkopie eine Auskunft über das Ergebnis des Vollstreckungsvorgangs fordern, LG Köln 14.6.1995 – 19 T 115/95, LSK 1996, 080276; aM AG Rosenh DGVZ 2003, 124, Zöller/Seibel Rn. 3 (aber das ist weniger als eine Akteneinsicht). Das gilt natürlich nur in den Grenzen von → § 762 Rn. 3 ff. Eine weitergehende Mitteilungspflicht besteht schon wegen der Notwendigkeit des Datenschutzes nach → § 299 Rn. 9 nicht, BVerwG NJW 1983, 1428; AG Bln-Charlottenb DGVZ 1978, 159; aM LG Hann DGVZ 1981, 40. Es gibt auch grundsätzlich keinen Anspruch auf eine Aktenzusendung, AG Bln-Charlottenb DGVZ 1978, 159. Eine Ausnahme besteht zugunsten des Gerichts nach § 42 IV 1 GVO, eine weitere mit Genehmigung der Aufsichtsbehörde des Gerichtsvollziehers zugunsten einer anderen Behörde, und nur kurzfristig nach § 42 IV 2 GVO. Bei einer elektronischen Aktenführung entscheidet der Gerichtsvollzieher über die nach S. 2 in Betracht kommenden Einsichtsmöglichkeiten nach seinem pflichtgemäßen Ermessen unter einer Abwägung der Umstände und möglichst nach dem Wunsch des Antragstellers. § 299 III ist dabei zu beachten. 6

VI. Kosten, S. 1, 2. Der Gläubiger haftet dem Gerichtsvollzieher als der Auftraggeber der Zwangsvollstreckung nach § 788, AG Bln-Wedding DGVZ 1986, 78; AG Neuwied DGVZ 1992, 174; AG Wiesb DGVZ 1994, 158. Eine Vorschusspflicht besteht für andere Beteiligte nicht, § 4 GvKostG ist unanwendbar, AG Bln- Wedding DGVZ 1986, 78, AG Eschwege DGVZ 1984, 191, AG Ffm DGVZ 1985, 93; aM AG Augsb DGVZ 1987, 126 (aber § 4 GvKostG verpflichtet nur den Auftraggeber). 7

VII. Rechtsbehelf: Erinnerung, S. 1, 2. Rechtsbehelfsbelehrung, Verstoß: §§ 232, 233 S. 2. Gegen die Ablehnung der Einsicht kann der Beteiligte die Erinnerung nach § 766 einlegen. Dasselbe gilt gegen eine zu weitgehende Einsicht, etwa beim Verstoß gegen das BDSG nach → Rn. 6. 8

761 (weggefallen)

762 *Protokoll über Vollstreckungshandlungen.* **[I] Der Gerichtsvollzieher hat über jede Vollstreckungshandlung ein Protokoll aufzunehmen.**

[II] Das Protokoll muss enthalten:

1. Ort und Zeit der Aufnahme;
2. den Gegenstand der Vollstreckungshandlung unter kurzer Erwähnung der wesentlichen Vorgänge;
3. die Namen der Personen, mit denen verhandelt ist;
4. die Unterschrift dieser Personen und den Vermerk, dass die Unterzeichnung nach Vorlesung oder Vorlegung zur Durchsicht und nach Genehmigung erfolgt sei;
5. die Unterschrift des Gerichtsvollziehers.

[III] Hat einem der unter Nummer 4 bezeichneten Erfordernisse nicht genügt werden können, so ist der Grund anzugeben.

I. Systematik, I–III. Zunächst → § 753 Rn. 1. Über jede gerichtliche Verhandlung ist nach §§ 159 ff. ein Protokoll nach §§ 762, 763 erforderlich. Die in → Vor § 159 Rn. 1 genannten Erwägungen gelten natürlich erst recht für eine Handlung des Gerichtsvollziehers nach §§ 762, 763. § 63 I 1 GVGA, 802c III gelten vorrangig, lassen sich aber durch eine entsprechende Anwendung von §§ 159 ff. ergänzen. Zusätzlich gilt zB § 900 II–V. § 762 ist nach § 87 III FamFG entsprechend anwendbar. 1

II. Regelungszweck, I–III. Zunächst → § 753 Rn. 2. Die Vorschrift dient der Beweissicherung. Das Protokoll ist nach → Rn. 5 eine öffentliche Urkunde nach § 415 und § 418. Es ist im Interesse aller Beteiligten unentbehrlich schon zwecks Rechtssicherheit nach → Einl. II Rn. 87 und zwecks einer Überprüfbarkeit der Handlungsweise des Gerichtsvollziehers. Wie im Verhandlungstermin vor Gericht ergeben sich auch bei der Amtshandlung des Gerichtsvollziehers vielfache einschneidende Rechtsfolgen, sei es infolge einer Pfändung, Siegelung, Wegnahme, Fortschaffung, Erklärung, sei es auch wegen seines Absehens von weiteren Zwangsmaßnahmen. Die Wirksamkeit solcher Maßnahmen hängt wesentlich von der Einhaltung der gesetzlichen Formen ab, aber auch von einer Ermessensfehlerfreiheit des Gerichtsvollziehers. Alles das lässt sich meist nur oder doch wesentlich leichter anhand eines eher zu ausführlichen als zu knappen Protokolls festhalten und überprüfen. Daher sollten der Gerichtsvollzieher viel Sorgfalt aufwenden und das Gericht im Prinzip strenge Anforderungen stellen. Freilich erlaubt die Situation vor Ort oft alles andere als eine sofortige Notiz jeder Äußerung oder jedes Handgriffs, mögen diese noch so rechtserheblich sein können. Auch das muss man mitbeachten. 2

III. Protokoll, I–III. Es gilt maßvoll und praxisnah abzuwägen. 3

1. Grundsatz: Notwendigkeit. Die Vorschrift ist nur auf eine Handlung des Gerichtsvollziehers nach dem Beginn der Zwangsvollstreckung anwendbar, AG Mü DGVZ 1981, 142. Der Gerichtsvollzieher muss über jede zum Zweck der Zwangsvollstreckung vorgenommene wesentliche Handlung einschließlich Versuch unverzüglich 4 wie bei § 121 I 1 BGB je Vorgangstag nach § 63 I 2, III 1, 4 GVGA ein Protokoll aufnehmen. Er muss also zB protokollieren: Den Ort und Zeitpunkt der Vollstreckungshandlung nach §§ 86 III, 92 GVGA; eine Zahlungsaufforderung nach § 63 II 4 GVGA, AG Mü DGVZ 1981, 142; das Wegschaffen gepfändeter Sachen nach § 63 I 2 GVGA; die Angabe aufgefundener, aber nicht gepfändeter Sachen, LG Düss DGVZ 1982, 117; die Zuziehung von Zeugen nach § 759. Der Gerichtsvollzieher muss das Protokoll möglichst direkt nach seiner Handlung und möglichst noch an Ort und Stelle aufnehmen. Durchstreichungen sind unzulässig, Ergänzungen oder Berichtigungen müssen als solche erkennbar sein. Sie sind dann aber nach § 90 II 1 GVGA statthaft und evtl. nach § 164 I notwendig. Sie sind freilich dem Rechtsmittelgericht ebensowenig wie bei § 164 erlaubt, Brschw DGVZ 1992, 120. Über bloße Vorbereitungsmaßnahmen wie die Einholung einer Erlaubnis nach § 758a braucht er kein Protokoll zu führen, aM § 63 I 1 Hs. 2 GVGA. §§ 159 ff. sind anwendbar, soweit das dem Zweck der Vollstreckung und der Stellung des Gerichtsvollziehers entspricht (Fallfrage).

5 **2. Beweiskraft.** Das Protokoll ist samt seinen etwaigen Anlagen eine öffentliche Urkunde nach → Rn. 2, Ffm Rpfleger 1977, 144; KG NJW-RR 1994, 959. Es hat also deren Beweiskraft nach § 418 I, BayObLG NJW 1992, 1842; Zweibr DGVZ 1998, 9; LG Bln DGVZ 1999, 119. Sie erstreckt sich freilich nicht auf solche Vorgänge, die der Gerichtsvollzieher nicht nach II aufnehmen muss, zB nicht auf die Anwesenheit des Schuldners, BayObLG NJW 1992, 1842. Die Vorschriften des § 762 sind für die Beweiskraft des Protokolls als öffentliche Urkunde wesentlich. Wegen einer Protokollkopie § 760. Einzelheiten Mager DGVZ 1989, 182 (Grdz.). Man kann einen Antrag auf eine Ablichtung oder Abschrift dem Gläubiger zumindest dann nach → Vor § 128 Rn. 59 unterstellen, wenn das in seinem Interesse liegt, Nies DGVZ 1994, 54. Der volle Gegenbeweis nach § 418 II ist statthaft und nötig, Köln NJW-RR 1986, 863, ebenso eine Berichtigung nach § 164, Brschw DGVZ 1992, 120, LG Frankenth DGVZ 1985, 29, LG Köln DGVZ 1983, 44.

3. Beispiele zur Frage einer Protokollierungspflicht, I–III

6 **Ablehnung der Vollstreckung:** Der Gerichtsvollzieher muss bei einer Erfolglosigkeit, s. dort, dem Gläubiger nach § 86 VI GVGA im Protokoll wenigstens einen nachprüfbaren Anhalt dafür geben, ob er die Pfändung zu Recht abgelehnt hat, Ffm MDR 1982, 503; LG Kassel JurBüro 1996, 215 (Warenbestand); Zöller/Seibel Rn. 3; aM LG Bonn JurBüro 1994, 311; Holch DGVZ 1993, 145; Midderhoff DGVZ 1983, 4. Das gilt nach § 86 VI 2 Nr. 1 GVGA insbesondere bei einer solchen Sache, deren Pfändung der Gläubiger ausdrücklich beantragt hat. Auch → „Vollständige Ausfüllung".

Abschrift: Sie erfolgt nach § 63 VI GVGA nur auf Antrag. Das Protokoll muss sie nach § 7 I Nr. 4 S. 1 GVGA als solche bezeichnen. Eine Beglaubigung erfolgt nach § 7 I Nr. 4 S. 2 GVGA mit Unterschrift und Dienstsiegel. Sie setzt nach § 7 I Nr. 4 S. 4 GVGA eine wörtliche Übereinstimmung mit der Urschrift voraus. Eine Kostenberechnung kommt nach § 7 I Nr. 5 GVGA stets hinzu.

Aufenthaltsermittlung: Der Gerichtsvollzieher muss seinen vergeblichen Versuch einer Aufenthaltsermittlung als einen Teil der Vollstreckungshandlung protokollieren, aM AG Mü DGVZ 1983, 171; AG Reutlingen DGVZ 1990, 76 (es sieht aber die Mitteilung der neuen Anschrift als eine Vollstreckungshandlung an), VG Karlsr Just 1991, 404 (aber das ist eine typische Vollstreckungsbemühung). Auch → „Neue Anschrift".

Austauschpfändung: Soweit sie nach §§ 811a, b infrage kommt, muss der Gerichtsvollzieher nach §§ 75 I 3, 86 I 2 Nr. 3 GVGA den Vorgang und die einzelnen Pfandstücke im Protokoll angeben, LG Mainz DGVZ 2004, 74.

Berichtigung: Sie kann ähnlich wie § 164 statthaft oder sogar notwendig sein. Sie muss aber als solche klar erkennbar sein, auf besonderer Urkunde erfolgen, Unterschrift und Dienststempel tragen, natürlich nach § 7 I Nr. 7 S. 2, 3 GVGA eine Begründung aufweisen und evtl. eine gesonderte Zustellung erhalten.

Dienststempel: Er kann nach § 63 IV 2 GVGA fehlen.

Dolmetscher: Er kann nach § 8 GVGA ratsam oder notwendig sein. Dabei hat ein allgemein beeidigter nach § 8 II 2 GVGA den Vorrang. Vgl. auch im Übrigen § 185 GVG.

Dritter: Ins Protokoll gehören seine Herausgabebereitschaft, sein Widerspruch nach § 87 II 1 GVGA oder seine Zustimmung nach § 87 II GVGA. Er erhält auf Wunsch eine Protokollabschrift nach § 87 II 2 GVGA. Der Gerichtsvollzieher muss ihn über eine Anschlusspfändung nach → § 826 Rn. 11 informieren.

Durchsuchung: Aufnehmen muss der Gerichtsvollzieher das Vorzeigen der Anordnung nach § 758a V, § 63 II 3 GVGA, eine Terminsankündigung wegen § 807 I Nr. 4 und eine Verweigerung des Zutritts oder seine Vornahme nach § 63 II Nr. 2 GVGA.

Einwohnermeldeamt: „Aufenthaltsermittlung", → „Neue Anschrift".

Entfernung aus Gewahrsam: Sie muss nach § 86 II GVGA im Protokoll stehen.

Erfolglosigkeit: Wenn die Zwangsvollstreckung ganz oder teilweise erfolglos war, ist ein Protokoll erforderlich, AG Neuwied DGVG 98, 94. Es muss nach § 63 II 2, 3 GVGA ergeben, dass der Gerichtsvollzieher alle zulässigen Mittel vergeblich versucht hat, Brem NJW-RR 1989, 1407; AG Mü DGVZ 1981, 142. Der notwendige Umfang des Protokolls ergibt sich aus den Umständen. Die etwaige Notwendigkeit mehrerer Protokolle ergibt sich wie bei → „Mehrheit von Gläubigern", Ffm DGVZ 1985, 92. Der Gerichtsvollzieher braucht **nicht** jeden unpfändbaren Gegenstand aufzulisten, LG Detm DGVZ 1994, 119; LG Lübeck DGVZ 2002, 185; AG Rosenh DGVZ 2003, 125. Auch „Ablehnung der Vollstreckung", → „Vollständige Ausfüllung".

Gefährdung des Vollstreckungserfolgs: Eine Gefahr nach § 758a I 2 gehört ins Protokoll, LG Regensb DGVZ 1995, 186, AG Mü DGVZ 1980, 190.

Geschäftszeichen: Es gehört natürlich nach § 7 I Nr. 1 GVGA ins Protokoll.

Haustier: § 811c II, § 86 VI 2 Nr. 4 GVGA.

Hinweg: Der Gang zum Haus des Schuldners kann noch eine bloße Vorbereitungsmaßnahme sein. Der Gerichtsvollzieher braucht ihn dann **nicht** zu protokollieren, es sei denn aus gebührenrechtlichen Erwägungen nach KV 711 GvKostG.

Inventar: Der Gerichtsvollzieher braucht nach → „Vollständige Ausführung" **kein** lückenloses Inventar des Pfändbaren und Unpfändbaren zu erstellen, AG Reinbek DGVZ 1997, 62.

Klingeln: Das vergebliche Klingeln gehört als ein Teil der Vollstreckungshandlung in das Protokoll, AG Mü DGVZ 1983, 170; aM AG Reutlingen DGVZ 1990, 76.

Mehrheit von Gläubigern: Bei einer Mehrheit von Gläubigern muss der Gerichtsvollzieher nach den Umständen im Rahmen eines pflichtgemäßen Ermessens entscheiden, ob er für jeden Gläubiger ein gesondertes Protokoll oder für alle ein gemeinsames über dieselbe Vollstreckungshandlung erstellt, AG Ffm DGVZ 1985, 93; AG Itzehoe DGVZ 1985, 124; AG Mü DGVZ 1985, 125; aM Holch DGVZ 1988, 177 (nur ein Protokoll. Aber das sieht zu sehr den Wortlaut, nicht genug nach → Einl. II Rn. 80 den Sinn und zB auch nicht genug das BDSG zB nach → § 299 Rn. 9). Dabei muss er auch die Kosten nach § 788 beachten. Er soll sie ja nach dem Verhältnismäßigkeitsgrundsatz in → Vor § 704 Rn. 31 gemäß §§ 104 I 1, 140 Nr. 1 GVGA gering halten.
Mindestgebot: Seine Aufnahme ins Protokoll ist nach § 817a **nicht** bundesrechtlich notwendig.
Mitteilungen: § 763.
Neue Anschrift: Erfährt der Gerichtsvollzieher eine neue Anschrift des Schuldners, muss er sie in das Protokoll aufnehmen und auf einen Antrag dem Gläubiger auch insoweit eine Ablichtung oder Abschrift erteilen, AG Neuwied DGVZ 1998, 94; AG Reutlingen DGVZ 1989, 47. Auch → Rn. 6 „Aufenthaltsermittlung".
Ort: Notwendig ist seine Angabe nach § 7 I Nr. 1 GVGA.
Pfandanzeigen: Ihr Inhalt muss nach § 86 I 2 GVGA im Protokoll stehen.
Pfandstücke: Es ist nach § 86 I 1 Nr. 1 GVGA ein genaues Verzeichnis nötig.
Pfandzeichen: Es ist nach § 86 I 1 Nr. 2 GVGA ihre Beschreibung nötig.
Radierung: Sie ist nach § 7 I Nr. 7 S. 1 GVGA unstatthaft. Zu ihrer Beweiskraft § 419.
Räumung: Sie gehört natürlich ins Protokoll, Hornung DGVZ 2007, 58.
Schätzung: Ins Protokoll gehört diejenige nach § 813, § 63 GVGA.
Uhrzeit: Zwar gehört sie nur dann prozessrechtlich ins Protokoll, wenn es um § 758 IV geht. Das ändert aber nichts an der evtl. kostenrechtlichen Erheblichkeit zB nach dem KV 500 GvKostG. Daher kann jedenfalls eine diesbezügliche Unrichtigkeit zumindest dienst- und strafrechtlich erheblich sein, aM LG Bln DGVZ 1999, 119 (aber eine Uhrzeit muss stets präzise sein).
Unpfändbarkeit: Sie gehört nach § 86 VI GVGA ins Protokoll.
Unterschrift: Sie ist nach II Nr. 4, 5 nötig, § 7 I Nr. 1 GVGA. Das gilt nach § 63 III 3 GVGA auch bei einem Zeugen. → § 129 Rn. 9 ff. nennen Einzelheiten. Ein Faksimilestempel reicht daher nach § 7 I Nr. 1 GVGA nicht. Beifügung von Dienstbezeichnung und Amtssitz sind nach § 7 I Nr. 1 S. 2 GVGA nötig. Die Verweigerung einer Unterschrift nach II Nr. 4 gehört ebenfalls ins Protokoll.
Vergeblichkeit: → Rn. 6 „Erfolglosigkeit", → „Klingeln".
Verwertung: Sie zählt zu II 2, § 63 II GVGA.
Vollständige Ausfüllung: Nur aufgrund eines ausdrücklichen Verlangens des Gläubigers kommt die Aufführung der einzelnen an sich pfändbaren, aber nicht gepfändeten Sachen in Betracht, Brem NJW-RR 1998, 94, und selbst diese nach → Rn. 6 „Erfolglosigkeit", → „Inventar" **nicht** bis zu jedem Messer. Mangels eines solchen Verlangens darf sich der Gerichtsvollzieher grds. mit allgemeinen Angaben begnügen, LG Hann DGVZ 1989, 25. Er muss freilich ein Mindestmaß erfüllen, → Rn. 6 „Ablehnung der Vollstreckung".
Vollstreckungstitel: Unter II Nr. 2 fällt auch die genaue Angabe des oder der etwa mehreren Vollstreckungstitel nach §§ 63 II 1, 86 IV GVGA.
Widerspruch: Einen solchen zB nach §§ 771, 805 protokolliert der Gerichtsvollzieher nach § 87 II 1 GVGA.
Wiederholung: Sie erfordert ein eigenes Protokoll nach § 63 I 1 Hs. 2 GVGA.
Zahlungsannahme: Sie zählt zu II Nr. 2 nach § 63 II GVGA.
Zahlungsaufforderung: Notwendig ist ihre Aufnahme, AG Herne DGVZ 1983, 27.
Zeitaufwand: Seine genaue Protokollierung kann nach § 7 I Nr. 3 GVGA schon zwecks einer Überprüfbarkeit der Gebührenhöhe zB nach KVGv 500 notwendig sein.
Zeitpunkt: Notwendig ist nach § 7 I Nr. 1 GVGA seine Angabe.
Zug um Zug: Notwendig ist die Aufnahme des Angebots der Gegenleistung nach § 756 und die Erklärung des Schuldners dazu nach § 63 II 5 GVGA.
Zustellung: Eine Zustellung fällt lediglich unter **§ 190.**
Zutritt: Es zählt nach § 63 II GVGA zu II Nr. 2.

IV. Verstoß, I–III. Er beseitigt nicht schlechthin die Eigenschaft des Protokolls als öffentliche Urkunde nach 7
→ Rn. 1, 3. Er macht die Zwangsvollstreckung grundsätzlich nicht unwirksam, nicht einmal anfechtbar. Von dieser Regel gilt bei einer Anschlusspfändung nach § 826 eine Ausnahme. Natürlich beeinträchtigt ein wesentlicher Mangel die Beweiskraft.

V. Rechtsbehelf, I–III. Rechtsbehelfsbelehrung, Verstoß: §§ 232, 233 S. 2. Jeder Betroffene kann die 8
Erinnerung nach § 766 einlegen, LG Ffm DGVZ 1981, 140; AG Bln-Tempelhof DGVZ 1984, 44.

763 *Aufforderungen und Mitteilungen.* [1] **Die Aufforderungen und sonstigen Mitteilungen, die zu den Vollstreckungshandlungen gehören, sind von dem Gerichtsvollzieher mündlich zu erlassen und vollständig in das Protokoll aufzunehmen.**

II [1]**Kann dies mündlich nicht ausgeführt werden, so hat der Gerichtsvollzieher eine Abschrift des Protokolls zuzustellen oder durch die Post zu übersenden.** [2]**Es muss im Protokoll vermerkt werden, dass diese Vorschrift befolgt ist.** [3]**Eine öffentliche Zustellung findet nicht statt.**

I. Systematik, Regelungszweck, I, II. Zunächst → § 753 Rn. 1, 2, → § 762 Rn. 1, 2. § 763 ist nach 1
§ 87 III FamFG entsprechend anwendbar. Die Vorschrift dient dem Schuldnerschutz, BVerwG NJW 1983, 898; Büttner DGVZ 2013, 127. Das macht nach → Einl. II Rn. 70 ff. eine strenge Handhabung notwendig.

II. Protokollinhalt, I. In das Protokoll muss der Gerichtsvollzieher nach → § 762 Rn. 3 (zu §§ 159 ff.) 2
Folgendes aufnehmen.

1. Aufforderungen. Solche kennt die ZPO sonst überhaupt nicht. Vgl. auch §§ 63 V, 86 I Nr. 1 GVGA, 3
AG Mü DGVZ 1981, 142. Zur Geltung der letzteren Vorschrift KG OLGZ 1976, 65. Wegen der Verweisung auf § 763 gehört nach → Rn. 6 auch eine Anordnung nach § 882c II hierher. §§ 840, 845 gehören nicht hierhin.

4 **2. Sonstige Mitteilungen.** ZB nach §§ 808 III, 811b II, III, 826 III, 885 II.

5 **III. Übersendung, II.** Die Vorschrift sieht zum Schuldnerschutz nach → Rn. 1 nur eine Übersendung an den Schuldner vor, BGH NJW-RR 2004, 788; LG Hann DGVZ 1981, 39; AG Mü DGVZ 1981, 141, strenger § 86 V 1 Nr. 2 GVGA (Übersendung auf Schuldnerverlangen oder bei Abwesenheit des Schuldners), § 87 II 1 GVGA (bei §§ 771, 805). Das Gesetz fordert also nicht stets auch eine solche an den Gläubiger, BVerwG NJW 1983, 898; AG Herne DGVZ 1983, 28; Elias DGVZ 1975, 33. Vgl. freilich § 760 und § 86 V 1 Nr. 1 GVGA (Übersendung auf Gläubigerverlangen). Der Gerichtsvollzieher muss seine Mitteilungen dem bei der Zwangsvollstreckung anwesenden Schuldner oder seinem Vertreter mündlich machen. Bei einer Abwesenheit dieser Personen muss der Gerichtsvollzieher nach § 192 II 1 eine beglaubigte Ablichtung oder Abschrift des Protokolls mit einem gewöhnlichen Brief durch die Post übersenden und diesen Vorgang nach §§ 63 V, 86 VI GVGA zum Protokoll vermerken, AG Herne DGVZ 1983, 27; VG Bln DGVZ 1989, 124. Beide Zusendungen gehen an den Schuldner persönlich, nicht an einen nach §§ 81, 172 ProzBev., auch nicht an einen nach → § 80 Rn. 23 Generalbevollmächtigten und auch nicht an einen nach § 184 Zustellungsbevollmächtigten, LG Detm DGVZ 1996, 121.

6 Auch bei einem Protokoll über eine Vollstreckungshandlung zugunsten **mehrerer** Gläubiger hat jeder einen Anspruch auf eine Kopie des gesamten Protokolls, AG Itzehoe DGVZ 1985, 124; AG Mü DGVZ 1985, 125; AG Rottweil DGVZ 1988, 77. Der Gläubiger trägt als der Auftraggeber des Gerichtsvollziehers zunächst ihm gegenüber die Kosten, AG Bln-Tempelhof DGVZ 1984, 45; AG Münst DGVZ 2002, 95. Es ist unerheblich, ob der Schuldner am Ort oder außerhalb wohnt. Der Gerichtsvollzieher muss den Weg der förmlichen Zustellung nach §§ 166 ff. dann wählen, wenn er nach seinem pflichtgemäßen Ermessen nicht sicher sein kann, dass ein einfacher Brief zugeht. Kommt seine Sendung mit dem Postvermerk „Empfänger unbekannt verzogen" zurück, muss der Gerichtsvollzieher den Gläubiger nach → Vor § 128 Rn. 46 veranlassen, den jetzigen Aufenthaltsort des Schuldners zu ermitteln. Eine öffentliche Zustellung nach § 185 ist nach II 3 unstatthaft. Das gilt auch bei § 882c II wegen dessen Verweisung auf § 763, → § 166 Rn. 7, aM Büttner DGVZ 2013, 125 (aber die Verweisung ist eindeutig). Wenn die Bemühungen des Gläubigers nachweislich erfolglos bleiben, braucht der Gerichtsvollzieher den Schuldner nicht zu benachrichtigen.

7 **IV. Verstoß, I, II.** Trotz des Wortlauts ist § 763 eine bloße Ordnungsvorschrift. Ihre Verletzung beeinträchtigt die Wirksamkeit der Zwangsvollstreckung nicht, Büttner DGVZ 2013, 127. Eine Mitteilung „über" eine Vollstreckungshandlung „gehört" nicht nach I zu der letzteren. Deshalb darf der Gerichtsvollzieher nur auf einen Antrag nach → § 760 Rn. 1 verfahren.

764 *Vollstreckungsgericht.* I **Die den Gerichten zugewiesene Anordnung von Vollstreckungshandlungen und Mitwirkung bei solchen gehört zur Zuständigkeit der Amtsgerichte als Vollstreckungsgerichte.**

II **Als Vollstreckungsgericht ist, sofern nicht das Gesetz ein anderes Amtsgericht bezeichnet, das Amtsgericht anzusehen, in dessen Bezirk das Vollstreckungsverfahren stattfinden soll oder stattgefunden hat.**

III **Die Entscheidungen des Vollstreckungsgerichts ergehen durch Beschluss.**

1 **I. Systematik, I–III.** Die Vorschrift schafft für den Gesamtbereich der Zwangsvollstreckung eine grundsätzliche vorrangige Sonderregelung der sachlichen Zuständigkeit in **I** und der örtlichen Zuständigkeit in **II.** Das RPflG ergänzt die erstere wegen der funktionellen Zuständigkeit durch seine in → Rn. 6 genannten Vorschriften. Das Prozessgericht darf bei der Zwangsvollstreckung nur vereinzelt mitwirken, nämlich bei der Zwangsvollstreckung wegen Handlungen und Unterlassungen nach §§ 887, 888, 890, → § 788 Rn. 22, → § 887 Rn. 15, 16, Hamm NJW-RR 1986, 420. Wenn das Gesetz nicht seine oder des Gerichtsvollziehers Zuständigkeit vorsieht, ist das Vollstreckungsgericht nach § 802 ausschließlich zuständig. Über das Grundbuchamt als Vollstreckungsorgan → § 867 Rn. 8, 11 ff. Auch das Insolvenzgericht kann Vollstreckungsgericht sein, BGH NJW-RR 2012, 1396. Bei der Zwangsvollstreckung in land- oder forstwirtschaftliche Grundstücke ist Vollstreckungsgericht das AG in der in § 2 LwVG vorgesehenen Besetzung. Vgl. aber auch § 20 LwVG. Wegen Europäischer Zwangsvollstreckungs-Titel Brüssel Ia–VO, SchlAnh V C 2. Wegen der Zuständigkeit des OLG Hmb als Vollstreckungsorgan § 3 SeeGVG.

2 **II. Regelungszweck, I–III.** Man muss die gesetzliche Zuständigkeitsverteilung in I wie jede derartige Regelung zwecks Rechtssicherheit strikt auslegen. II verträgt insbesondere bei seiner etwa notwendigen Vorausschau eine möglichst vereinfachende verfahrensfördernde Handhabung. III enthält zwecks einer Vereinfachung und Beschleunigung eine Klarstellung.

3 **III. Örtliche und sachliche Zuständigkeit, I, II.** Ein klarer Grundsatz hat manche eigentlich ebenfalls klaren Auswirkungen.

4 **1. Grundsatz: Amtsgericht am Vollstreckungsort.** Sachlich zuständig ist das AG. Örtlich zuständig ist das AG am Ort der geplanten oder durchgeführten einzelnen Vollstreckungshandlung. Daher kann die örtliche Zuständigkeit während der Zwangsvollstreckung unterschiedlich begründet sein. Diese Grundsätze gelten auch für die Bewilligung von Prozesskostenhilfe nach § 117 I 3, BGH NJW 1979, 1048. Der prozessuale Grundsatz des § 261 III Nr. 2, dass eine einmal begründete Zuständigkeit während des weiteren Verfahrens bestehen bleibe, gilt an sich auch hier. Da aber eine einheitliche Zuständigkeit für das gesamte Vollstreckungsverfahren fehlt, erstreckt sich die Fortdauer der Zuständigkeit nur auf die einzelne Vollstreckungsmaßnahme. Deshalb muss man immer darauf achten, ob die jetzt anstehende Anordnung nur eine Fortsetzung oder eine Auswirkung einer schon begonnenen Zwangsvollstreckungshandlung ist, zB ob es „nur" um den Haftbefehl nach §§ 802g ff. oder um den Rechtsbehelf geht oder ob eine neue Vollstreckungsmaßnahme erfolgen soll, zB eine ganz neue Pfändung. Mit der Beendigung der Vollstreckung nach → Vor § 704 Rn. 49 entfällt grundsätzlich die Zuständigkeit mit der Ausnahme einer Abwicklung einzelner Maßnahmen.

2. Beispiele zur Frage der Zuständigkeit, I, II

Arbeitsgerichtsverfahren: Sachlich zuständig ist das AG auch bei einem Titel nach §§ 62 II, 64 VII, 85, 87 II, 92 II ArbGG, Geißler DGVZ 1988, 17. Das ArbG ist nur dann zuständig, wenn das Prozessgericht tätig werden muss, zB bei §§ 731, 767, 791, 887 ff., Geißler DGVZ 1988, 17. 5

Arrest: In einer Arrestsache nach §§ 916 ff. kann das Arrestgericht als Vollstreckungsgericht nach §§ 919, 930 I 3, 931 III zuständig sein.

Familiensache: Bei einer solchen Sache nach § 111 FamFG ist das FamG trotz § 95 I FamFG nur als Verfahrensgericht nach → Rn. 1, 3 zuständig, BGH NJW 1979, 1048, Karlsr FamRZ 1979, 57, Schlesw SchlHA 1982, 30.

Forderungspfändung: Bei § 829 ist dasjenige Gericht zuständig, das den Pfändungsbeschluss nach § 828 II erlassen hat, also nicht das Gericht des Bezirks der Zustellung.

Haft: Über ihre Anordnung oder Ablehnung zB nach § 802g entscheidet dasjenige Gericht, in dessen Bezirk die Verhaftung erfolgen soll, AG Burgdorf DGVZ 1980, 46.

Insolvenzverfahren: Vgl. §§ 36 IV, 89 III, 148 II InsO, BGH NJW-RR 2007, 119, Köln JurBüro 2001, 217, Althammer/Löhnig KTS 2004, 525.

Mehrere Bezirke: Bei der Zwangsvollstreckung in mehreren Bezirken entscheidet über eine Erinnerung nach § 766 das Gericht der beanstandeten Handlung.

Mehrfache Pfändung: §§ 852–855 bezeichnen ein „anderes" Gericht nach II.

Pfändbarkeit: Über sie entscheidet das Gericht des Pfändungsorts.

Pfändung eines Herausgabeanspruchs: § 848 bezeichnet ein „anderes" Gericht nach II.

Rechtsmittelgericht: Es gelten keine besonderen Regeln, BGH WM 2017, 1423.

Schiffspart: § 858 II bezeichnet ein „anderes" Gericht nach II.

Sozialgerichtsverfahren: Vgl. §§ 198 I, 200, 201 SGG.

Sozialversicherung: Bei einem Titel zugunsten eines Sozialversicherungsträgers ist das AG unabhängig von einer Zulässigkeit der Verwaltungszwangsvollstreckung zuständig, LG Duisb Rpfleger 1982, 192.

Verteilungsverfahren: § 872 bezeichnet ein „anderes" Gericht nach II.

Verwertungsart: Wenn man die Pfandsache nach § 825 zB an einem neuen Wohnsitz des Schuldners verwerten kann, entscheidet das Gericht dieses neuen Wohnsitzes. Wenn eine solche Sache, die sich am Wohnsitz des Schuldners befindet, außerhalb versteigert wird, entscheidet das Gericht des Wohnsitzes.

Vollstreckungsmaßnahme: Das AG ist jedenfalls dann das Vollstreckungsgericht, wenn es eine Vollstreckungsmaßnahme anordnet und/oder bei ihr mitwirkt, Ffm Rpfleger 1977, 221.

Zuständigkeitsbestimmung: § 36 I Nr. 3 ist entsprechend anwendbar, ebenso § 36 I Nr. 5, 6, BGH NJW 1983, 1859; BayObLG Rpfleger 1983, 288; Ffm Rpfleger 1978, 260.

IV. Verfahren, III. Es folgt einer gewissen Aufgabenteilung. 6

1. Funktionelle Zuständigkeit. Grundsätzlich nimmt der Rpfl. die Geschäfte des Vollstreckungsgerichts nach § 20 I Nr. 17 S. 1 RPflG vor. Zu seiner Stellung → § 753 Rn. 1, Wolf ZZP 99, 361. Der Richter entscheidet nur aufgrund einer Erinnerung nach § 766, § 11 I RPflG. Er entscheidet nach § 4 II Nr. 2 RPflG auch dann, wenn der Gläubiger beantragt, gegen den Schuldner zwecks Abgabe einer Vermögensauskunft nach §§ 802c ff. einen Haftbefehl zu erlassen. Dagegen ist wiederum der Rpfl. dann zuständig, wenn es um die Aufhebung eines solchen Haftbefehls wegen veränderter Umstände geht. Denn dann geht es gerade nicht mehr um die Anordnung eines Freiheitsentzugs, sondern allenfalls um die Fortdauer seiner richterlichen Anordnung. Für den Rpfl. ist ein Geschäftsverteilungsplan nicht erforderlich. Soweit die Gerichtsverwaltung einen solchen Plan eingeführt hat, bleibt ein Verstoß unschädlich. 7

2. Verfahrensablauf. Über das Verfahren vor dem Vollstreckungsgericht → Vor § 704 Rn. 34. Eine mündliche Verhandlung steht nach § 128 IV, → Vor § 704 Rn. 34 frei. Das Gericht muss einen Beteiligten vor einer ihm nachteiligen Entscheidung nach Art. 103 I GG anhören. Die Entscheidung erfolgt nach III durch einen Beschluss nach § 329. Das Gericht muss seinen Beschluss nach → § 329 Rn. 6 grundsätzlich begründen. Es muss ihn nach einer mündlichen Verhandlung verkünden und zumindest dem Benachteiligten nach § 329 III förmlich zustellen. Rechtsbehelfsbelehrung, Verstoß: §§ 232, 233 S. 2. 8

3. Verstoß. Ein Verstoß gegen die sachliche Zuständigkeit bedeutet Nichtigkeit. Ein Verstoß gegen die örtliche Zuständigkeit bedeutet Wirksamkeit, aber Anfechtbarkeit wie bei → Vor § 300 Rn. 54. Ein Verstoß des Rpfleger gegen die Zuständigkeit des Richters bedeutet nach § 8 IV RPflG Nichtigkeit. Die Vornahme des Geschäfts des Rpfleger durch den Richter lässt das Geschäft nach § 8 I RPflG wirksam. 9

V. Rechtsbehelfe, I–III. Rechtsbehelfsbelehrung, Verstoß: §§ 232, 233 S. 2. Gegen eine Zwangsvollstreckungsmaßnahme hat der Betroffene die Erinnerung nach § 766. Gegen eine Entscheidung des Rpfl. ist § 11 RPflG anwendbar. Gegen die Entscheidung des Richters sind dieselben Rechtsmittel statthaft wie bei → § 793 Rn. 12. Eine Entscheidung des Richters erfordert eine förmliche Zustellung nach → Rn. 8. Denn sie gilt bei der Weitergabe der Akten an das Rechtsmittelgericht als eine sofortige Beschwerde. 10

765 *Vollstreckungsgerichtliche Anordnungen bei Leistung Zug um Zug.*

Hängt die Vollstreckung von einer Zug um Zug zu bewirkenden Leistung des Gläubigers an den Schuldner ab, so darf das Vollstreckungsgericht eine Vollstreckungsmaßregel nur anordnen, wenn

1. der Beweis, dass der Schuldner befriedigt oder im Verzug der Annahme ist, durch öffentliche oder öffentlich beglaubigte Urkunden geführt wird und eine Abschrift dieser Urkunden bereits zugestellt ist; der Zustellung bedarf es nicht, wenn bereits der Gerichtsvollzieher die Zwangsvollstreckung nach § 756 Abs. 1 begonnen hatte und der Beweis durch das Protokoll des Gerichtsvollziehers geführt wird; oder

2. der Gerichtsvollzieher eine Vollstreckungsmaßnahme nach § 756 Abs. 2 durchgeführt hat und diese durch das Protokoll des Gerichtsvollziehers nachgewiesen ist.

I. Systematik, Nr. 1, 2. Während § 756 eine Ergänzung zu § 726 II für den Gerichtsvollzieher enthält, gibt § 765 eine entsprechende Ergänzung für das Vollstreckungsgericht, also für den Rpfl. nach § 20 I Nr. 17 S. 1 1

RPflG. Das gilt auch für das Grundbuchamt, soweit es das Vollstreckungsorgan ist, BayObLG 1975, 404; Hamm Rpfleger 1983, 393 (zust. Münzb Rpfleger 1984, 276); Köln Rpfleger 1997, 315. Nur ist bei § 765 ein Angebot der Gegenleistung nicht erforderlich, Düss NJW-RR 1993, 1088. Vgl. die Erläuterungen zu § 756. Wenn das Prozessgericht nach → § 764 Rn. 1 vollstrecken muss, gilt § 765 entsprechend, LG Frankenth Rpfleger 1976, 109.

2 **II. Regelungszweck, Nr. 1, 2.** Auch bei § 765 ist wie bei → § 756 Rn. 2 nach → Einl. II Rn. 70 ff. eine keineswegs engere Auslegung zulässig. Sie muss den Schuldner indes vor einer zu laschen Handhabung der Zug-um-Zug-Vollstreckung schützen.

3 **III. Befriedigung usw., Nr. 1.** Eine Zustellung der beweisenden Urkunde kann nach § 195 erfolgen. Sie ist dann entbehrlich, wenn der Gerichtsvollzieher schon den Schuldner befriedigt oder in einem Annahmeverzug gesetzt hat, Kblz Rpfleger 1997, 445, und wenn das Protokoll als eine öffentliche Urkunde nach §§ 418, 762 diese Umstände ausreichend darlegt, Köln NJW-RR 1986, 863. Beim Urteil gilt sein Gesamtinhalt, BGH NJW 1982, 1049. Auch die Prozessakten können bei §§ 887, 888, 890 ausreichen, Naumb JurBüro 2002, 551. Das Vollstreckungsgericht muss aber die Urkunde erneut auf ihre inhaltliche Beweiskraft prüfen, Hamm Rpfleger 1983, 393; Köln NJW-RR 1991, 383; LG Mainz Rpfleger 1993, 253. Es genügt nicht, dass der Gerichtsvollzieher die Vollstreckung erst begonnen hat, Hamm Rpfleger 1983, 393. Das Gericht muss auch einen Gegenbeweis nach § 418 II würdigen, Köln NJW-RR 1986, 863; LG Mainz Rpfleger 1993, 253; aM LG Oldb DGVZ 1982, 122 (aber § 418 II enthält einen allgemeinen Gedanken). Der Gerichtsvollzieher darf es dabei weder zu sehr unterstützen noch behindern. Denn das Vollstreckungsgericht muss seine Maßnahmen selbst verantworten, Hamm Rpfleger 1983, 393, Köln NJW-RR 1991, 383; LG Oldb DGVZ 1982, 122. Die Vorschrift gilt bei § 867 entsprechend, Celle Rpfleger 1990, 113; LG Wuppert Rpfleger 1988, 153. Eine gegen § 765 verstoßende Unterwerfungsklausel kann nach (jetzt) §§ 307, 309 Nr. 12 BGB unwirksam sein, Düss NJW-RR 1996, 148.

4 **IV. Annahmeverweigerung, Nr. 2.** → § 756 Rn. 10 „Annahmeverweigerung".

5 **V. Rechtsbehelfe, Nr. 1, 2.** Rechtsbehelfsbelehrung, Verstoß: §§ 232, 233 S. 2. Bei einem Verstoß ist die Erinnerung nach § 766 und evtl. nach § 574 die Rechtsbeschwerde möglich, BGH NJW 2008, 3146. Rechtsbehelfsbelehrung, Verstoß: §§ 232, 233 S. 2.

765a ***Vollstreckungsschutz.*** I [1]**Auf Antrag des Schuldners kann das Vollstreckungsgericht eine Maßnahme der Zwangsvollstreckung ganz oder teilweise aufheben, untersagen oder einstweilen einstellen, wenn die Maßnahme unter voller Würdigung des Schutzbedürfnisses des Gläubigers wegen ganz besonderer Umstände eine Härte bedeutet, die mit den guten Sitten nicht vereinbar ist. [2]Es ist befugt, die in § 732 Abs. 2 bezeichneten Anordnungen zu erlassen. [3]Betrifft die Maßnahme ein Tier, so hat das Vollstreckungsgericht bei der von ihm vorzunehmenden Abwägung die Verantwortung des Menschen für das Tier zu berücksichtigen.**

II **Eine Maßnahme zur Erwirkung der Herausgabe von Sachen kann der Gerichtsvollzieher bis zur Entscheidung des Vollstreckungsgerichts, jedoch nicht länger als eine Woche, aufschieben, wenn ihm die Voraussetzungen des Absatzes 1 Satz 1 glaubhaft gemacht werden und dem Schuldner die rechtzeitige Anrufung des Vollstreckungsgerichts nicht möglich war.**

III **In Räumungssachen ist der Antrag nach Absatz 1 spätestens zwei Wochen vor dem festgesetzten Räumungstermin zu stellen, es sei denn, dass die Gründe, auf denen der Antrag beruht, erst nach diesem Zeitpunkt entstanden sind oder der Schuldner ohne sein Verschulden an einer rechtzeitigen Antragstellung gehindert war.**

IV **Das Vollstreckungsgericht hebt seinen Beschluss auf Antrag auf oder ändert ihn, wenn dies mit Rücksicht auf eine Änderung der Sachlage geboten ist.**

V **Die Aufhebung von Vollstreckungsmaßregeln erfolgt in den Fällen des Absatzes 1 Satz 1 und des Absatzes 4 erst nach Rechtskraft des Beschlusses.**

Schrifttum: Gaul, Treu und Glauben sowie gute Sitten in der Zwangsvollstreckung oder Abwägung nach „Verhältnismäßigkeit" als Maßstab der Härteklausel des § 765a ZPO?, FS Baumgärtel, 1990, 75; Keip, Umfang und Grenzen eines sozialen Schuldnerschutzes in der Zwangsvollstreckung, 2000; Sturm, Räumungsvollstreckung und Räumungsschutz gemäß § 765a ZPO usw., 2001; Tewes, Überlegungen zum Verhältnis von Unterhalts- und Vollstreckungsschutzrecht, 2001.

Übersicht

I. Systematik, I–V. Allgemein auch in der Zwangsvollstreckung gilt der Grundsatz der Verhältnismäßigkeit nach → Einl. II Rn. 44, → Vor § 704 Rn. 31, BVerfG NJW 2004, 49 (Hinweis auf Art. 2 II 1 GG), Behr Rpfleger 1989, 13. Ferner gilt das allgemeine Verbot des Rechtsmissbrauchs nach → Einl. II Rn. 103, → Vor § 704 Rn. 43. Zu ihrer Durchführung regelt § 765a eine Ausnahmesituation. Schlesw MDR 2004, 908. Das zeigt sein Wortlaut „wegen ganz besonderer Umstände". Daher ist die Vorschrift nach → Einl. II Rn. 70 ff. meist nach → Rn. 2 eng auszulegen. Zum Problem einer Verfassungswidrigkeit Gaul JZ 2013, 1081 (ausf.). 1

II. Regelungszweck, I–V. Die Vorschrift schützt nur den Schuldner, BVerfG WM 2015, 1378; BGH NJW 2006, 2040; Geißler DGVZ 2016, 117. Diese Regelung ist unentbehrlich, Peters ZZP 89, 499. Es gibt ja wirklich hochdramatische Entwicklungen infolge der bloßen Ankündigung einer Vollstreckung bis hin zur echten Lebensgefahr, aber auch bei einer drohenden Werteverschleuderung oder bei einer Gefahr der Obdachlosigkeit. Mittels des § 765a ist wenigstens in einem Teil solcher Gefahrlagen eine zumindest vorübergehende Hilfe nach Art. 1, 2, 13 GG und überhaupt im Interesse einer Gerechtigkeit nach → Einl. II Rn. 12, 70 möglich. Dabei darf das Gericht freilich nie ausschließlich das Schuldnerinteresse sehen, LG Neubrdb Rpfleger 2005, 43. Man muss § 765a trotzdem als eine Ausnahmevorschrift nach → Rn. 1 eng auslegen, BVerfG NZM 2005, 658 (es stellt bei einem schwerwiegenden Eingriff auf eine Interessenabwägung und dort wegen Art. 2 II 1 GG eher auf das Interesse des Schuldners ab), BGH NJW 2009, 79, LG Kassel JurBüro 2011, 385. 2

Die Vorschrift erlaubt grundsätzlich nur eine **zeitlich begrenzte** Regelung, BGH WuM 2014, 290; LG Frankenth Rpfleger 1984, 69. Ihr Zweck besteht ja nach → Rn. 17 nicht in einer Vernichtung des Vollstreckungstitels, sondern nur darin, den Schuldner aus sozialen Gründen in einem besonderen Härtefall derzeit vor einem solchen Eingriff zu schützen, der dem allgemeinen Rechtsgefühl widerspricht, BGH NJW 2004, 3636; Ffm Rpfleger 1980, 440; LG Kempten Rpfleger 1998, 358. 3

Sittenwidrigkeit liegt erst dann vor, wenn die Anwendung des übrigen Gesetzes zu einem **ganz untragbaren Ergebnis** führen würde, BVerfG WM 2015, 1379, BGH NJW-RR 2018, 135; LG Mü Rpfleger 2018, 45. Dabei muss man das berechtigte Gläubigerinteresse nicht nur in III durch die Antragsfrist in einer Räumungssache berücksichtigen, sondern auch in allen anderen Fällen mitbeachten, LG Verden DGVZ 2007, 14. Es gibt ein verfassungsrechtlich geschütztes Befriedigungsrecht des Gläubigers nach → Rn. 17, BGH WuM 2014, 290. Zur Problematik Weyhe NZM 2000, 1147 (ausf.). 4

„Mit den guten Sitten nicht vereinbar" ist eine problematisch formulierte Voraussetzung des Schutzes. Sie setzt den gesicherten Bestand guter Sitten voraus, der schwer zu bestimmen ist. 5

Zwangsversteigerung muss man ebenso beurteilen. Dort kann man eine solche Untragbarkeit noch nicht stets dann annehmen, wenn der Zuschlag zu einem sehr niedrigen Preis ergeht, BGH FamRZ 2006, 697; Ffm Rpfleger 1976, 25; Hamm NJW 1976, 1755, oder wenn ein Flurbereinigungsverfahren ansteht, Hamm Rpfleger 1987, 258. Es kommt unter anderem auf das bisherige Verhalten des Schuldners im Zwangsversteigerungsverfahren an, Kblz KTS 1982, 692; LG Neubrdb Rpfleger 2005, 43. Freilich muss das Vollstreckungsgericht § 139 beachten, BVerfGE 42, 75. Es muss außerdem Art. 14 GG beachten, BVerfGE 46, 334. Daher muss es den Termin evtl. nach § 87 ZVG vertagen. Damit drückt der Gesetzgeber nur einen allgemeinen Grundsatz aus. Manche wenden ihn zB auf die Zubilligung einer Aufbrauchsfrist nach einem Wettbewerbsverstoß an, Düss NJW-RR 1987, 572. 6

III. Geltungsbereich, I–V. § 765a gilt für jede Art der Vollstreckung, LG Frankenth Rpfleger 1982, 479. Die Vorschrift gilt auch im WEG-Verfahren. Sie schützt aber nur vor einer bestimmten Vollstreckungshandlung, nicht vor der Zwangsvollstreckung schlechthin, Köln NJW 1994, 1743. Sie ist keine bloße Auffangbestimmung, aM Rupp/Fleischmann Rpfleger 1985, 71. 7

IV. Beispiele zur Frage einer Anwendbarkeit, I–V

Anwartschaftsrecht: § 765a gilt nach der Pfändung eines Anwartschaftsrechts, aM LG Lüb Rpfleger 1994, 175 (aber die Vorschrift ist nach → Rn. 1, 7 bei jeder Art von Zwangsvollstreckung anwendbar). 8

Eidesstattliche Versicherung: → „Vermögensauskunft".

Erkenntnisverfahren: § 765a gilt in diesem Stadium noch **nicht,** BVerfG WM 2015, 1378.

Erschleichung: Auf Mängel des Vollstreckungstitels zB wegen seiner Erschleichung nach → Einl. II Rn. 103 kann man einen Antrag nach § 765a **grds. nicht** stützen.

Geldforderung: § 765a gilt bei der Vollstreckung wegen einer Geldforderung, BGH VersR 1988, 946.

Insolvenz. Dazu Becker-Eberhard, Zur Anwendbarkeit des § 765a ZPO in der Insolvenz, GS Wolf, 2011, 353; Schur KTS 2008, 471 (Grdz.). Die Anwendbarkeit ist streitig. § 765a gilt im Ergebnis auch im Eröffnungs- und im anschließenden Verfahren. Das gilt aber nur, soweit ein solcher Schutz insbesondere vor einer Wertverschlechterung mit der Regelung der InsO vereinbar ist, BGH ZIP 2011, 90; BFH MDR 1978, 38; aM LG Nürnb-Fürth MDR 1979, 591 (aber § 765a enthält einen allgemeinen Gedanken). In der außergerichtlichen Schuldenbereinigung ist § 765a **grds. unanwendbar,** Winter Rpfleger 2002, 121.

Nichteheliche Gemeinschaft: § 765a schützt sie **grds. nicht,** LG Osnabr JurBüro 1999, 45.

Pfandverkauf: § 765a ist bei ihm anwendbar, soweit er außerhalb einer Zwangsvollstreckung erfolgt.

Prozessvergleich: → „Vergleich".

Räumung: § 765a gilt im Räumungsverfahren nach § 885, BVerfG WM 2014, 565 und 566, BGH NJW 2005, 1859; LG Kiel NJW 1992, 1174. Die Vorschrift wird durch einen Antrag nach § 721 nicht überflüssig, BGH WuM 2003, 710. § 765a gilt auch nach einer Erschöpfung der Möglichkeit des § 721, Ffm Rpfleger 1981, 24; Stgt Rpfleger 1985, 71; LG Hmb ZMR 2001, 802. Das gilt auch dann, wenn § 721 unanwendbar ist, wie zB beim sog. Zeitmietvertrag, Vogel DRiZ 1983, 206. Stets muss man nach → Rn. 12 dabei III beachten.

Teilungsversteigerung: § 765a ist bei einer Teilungsversteigerung nach § 180 ZVG im Gegensatz zur echten Zwangsversteigerung nach → Rn. 9 **grds. unanwendbar** (wegen einer Ausnahme beim Rechtsmissbrauch → „Teilungsversteigerung"). Denn es handelt sich dabei nicht um ein Zwangsvollstreckungsverfahren im eigentlichen Sinn, Karlsr Rpfleger 1994, 223; LG Bln Rpfleger 1993, 297; LG Frankenth Rpfleger 1985, 375; aM BGH NJW 2007, 3432; LG Ffo FamRZ 2008, 294 (auch zu Grenzen); Böttcher FPR 2012, 505 (aber man sollte nicht zwei im Kern unterschiedliche und nur in den Abwicklungsformen ähnliche Verfahrensarten im Ergebnis gleichbehandeln). Aber auch → Rn. 9 „Zwangsversteigerung".

Unterlassung: § 765a gilt bei der Vollstreckung wegen einer Unterlassungspflicht nach § 890, Mü MDR 2000, 354; LG Frankenth Rpfleger 1982, 479.

Unvertretbare Handlung: § 765a gilt bei der Vollstreckung wegen einer unvertretbaren Handlung nach § 888, LG Frankenth Rpfleger 1984, 29.

Vergleich: § 765a gilt bei der Zwangsvollstreckung aus einem gerichtlichen Vergleich nach § 794 I Nr. 1, einschränkend Fenger Rpfleger 1988, 57.

Vermögensauskunft: § 765a gilt bei einem Verfahren auf die Abgabe der eidesstattlichen Versicherung nach (jetzt) § 802c III, BGH NJW 2010, 1002; Ffm MDR 1981, 412, auch → Rn. 16 (Beschwerde).

Vertretbare Handlung: § 765a gilt auch bei § 887, LG Frankenth Rpfleger 1984, 29.

Zeitmietvertrag: → „Räumung".

Zwangsversteigerung, -verwaltung. Dazu Seifert Rpfleger 2015, 237 (Grdz.): § 765a gilt grds. bei einer Zwangsversteigerung in das unbewegliche Vermögen nach → Rn. 2 (Ausnahme: § 30d II ZVG), BVerfGE 51, 156; BGH WM 2017, 44; LG Mü Rpfleger 2018, 44. Das gilt auch nach dem Zuschlag bis zu dessen Rechtskraft, BGH Rpfleger 2015, 217. Zum Verhältnis zwischen § 765a und §§ 30a ff. ZVG LG Nürnb-Fürth Rpfleger 1983, 256; Schiffhauer Rpfleger 1983, 236; Schneider MDR 1983, 546. Eine **geringe Aussicht** auf eine Befriedigung durch eine Zwangsversteigerung ist noch **kein** Anlass zu Maßnahmen nach § 765a, LG Limb Rpfleger 1977, 219; LG Lüneb MDR 1976, 1027, ebensowenig eine angebliche Vorwegnahme des Versteigerungsergebnisses, Köln NJW-RR 1995, 1472, oder ein krasses Missverhältnis zwischen dem Erlös im neuen Termin und dem wahrem Wert, BGH FamRZ 2006, 697. Weicht der dingliche Anspruch von der persönlichen Forderung ab, kommt es auf den Grad der Differenz zwischen „Preis" und Wert an, LG Ffm Rpfleger 1988, 35. Ab formeller Rechtskraft eines Zuschlagsbeschlusses nach §§ 329, 705 kommt dessen Aufhebung **nicht** mehr infrage, BVerfG WM 2010, 768; BGH WuM 2009, 679. Aber im Übrigen auch → „Teilungsversteigerung".

9 **V. Voraussetzungen, I, III.** Man muss zahlreiche Bedingungen klären.

10 **1. Antrag in erster Instanz.** Es ist nach I 1 ein schriftlicher, nach §§ 130ad elektronischer oder nach § 78 III Hs. 2 ohne Anwaltszwang zum Protokoll der Geschäftsstelle gestellter Antrag des Schuldners erforderlich, LG Rostock DGVZ 2003, 75. Antragsberechtigt ist insoweit auch ein Ausländer oder eine juristische Person nach → § 50 Rn. 12. Der Antrag eines Dritten reicht nicht, LG Rostock DGVZ 2003, 75. Das Gericht geht also nicht von Amts wegen vor, Ffm Rpfleger 1979, 391; Kblz KTS 1982, 693; LG Düss DGVZ 2000, 119 (sogar bei Selbstmordgefahr). Diese Regelung ist mit dem GG vereinbar, BVerfGE 61, 137 (zust. Bittmann Rpfleger 1983, 261); LG Neubrdb Rpfleger 2005, 43. Freilich kann eine Fortführung der Zwangsvollstreckung dann auch ohne eine Maßnahme aus § 765a unzulässig sein, wenn sie unmittelbar in ein Grundrecht eingreifen würde, AG Bensheim DGVZ 2004, 76. Der Antrag ist wie jede Parteiprozesshandlung auslegbar, Ffm Rpfleger 1979, 391. Zum Vermögensauskunftsverfahren gelten §§ 802c ff. In der Bitte um die Gewährung einer Räumungsfrist nach § 721 kann ein Antrag nach § 765a liegen, Schneider MDR 1983, 547. Ein Antrag nach § 30a ZVG ist nicht stets auch ein Antrag nach § 765a, Karlsr Rpfleger 1995, 426.

11 Der Schuldner darf den Antrag vorbehaltlich → Rn. 12 **in jeder Lage** des Verfahrens vom Beginn der Vollstreckung an bis zu ihrem Ende nach → Vor § 704 Rn. 47, 49 stellen, Brdb Rpfleger 2001, 92 (Anordnung der Zwangsvollstreckung); KG NJW-RR 1986, 1510; LG Hmb WuM 1993, 417 (also zB noch, solange Sachen des Schuldners in der Wohnung lagern). Er darf den Antrag zwar grundsätzlich nicht erstmals gegen die Erteilung eines Zuschlagsbeschlusses nach dem ZVG stellen, Ffm Rpfleger 1979, 391; LG Frankenth Rpfleger 1984, 194. Wohl aber hat er noch dann ein Antragsrecht, wenn das Gericht die Erteilung des Zuschlags versagt hat, Schlesw Rpfleger 1975, 372. Der Insolvenzverwalter darf einen Antrag stellen. Er ist evtl. auch allein antragsberechtigt, BVerfGE 51, 405; aM Celle ZIP 1981, 1005 (aber sein eigenes Rechtsschutzbedürfnis muss reichen können). Freilich ist der Schuldner bei einer Lebensgefahr auch selbst antragsberechtigt, BGH NJW 2009, 1284.

12 **2. Antragsfrist in Räumungssache, III.** Soweit es um die Räumung einer beliebigen Art von Raum nach § 885 und nicht nur um die Herausgabe einer beweglichen Sache nach § 883 geht, ist der Antrag nach III Hs. 1 grundsätzlich spätestens 2 Wochen vor dem „festgesetzten" Räumungstermin erforderlich. Denn der Gläubiger soll die Räumung rechtzeitig organisieren können. Das gilt nach III Hs. 2 ausnahmsweise dann nicht, wenn die Antragsgründe erst nach dem Fristablauf objektiv entstanden sind, ILG Darmst NJW-RR 2000, 1178, LG Mönchengladb DGVZ 2000, 118. Auf die bloße Kenntnis kommt es nicht an. Ferner gilt die Zweiwochenfrist ausnahmsweise dann nicht, wenn der Gerichtsvollzieher dem Schuldner den Termin nicht so rechtzeitig angekündigt hat, dass der Schuldner noch Zeit hatte, den Antrag unter einer Einhaltung dieser Frist zu stellen. Dann ist er nach III lt. Hs. „ohne sein Verschulden" an einer rechtzeitigen Antragstellung gehindert. Die Frist ist keine Notfrist nach § 224 I 2. Man berechnet sie nach § 222, aM Weyhe NZM 2000, 1151 (da man rückwärts rechnen müsse. Aber die in § 222 I in Bezug genommene BGB-Regelung beschränkt sich keineswegs auf „Vorwärts"-Berechnungen).

13 **Wiedereinsetzung** nach § 233 kommt schon wegen des Fehlens einer Notfrist nach § 224 I 2 nicht in Betracht, Schultes DGVZ 1999, 2; Weyhe NZM 2000, 1152. Das Gericht muss die Verschuldensfrage allerdings im Ergebnis ähnlich wie bei → § 233 Rn. 15 beurteilen. Es kann dem Schuldner zumutbar sein, einen Anwalt oder einen Angehörigen um Hilfe zu bitten, Köln NJW-RR 2001, 226. Eine Antragsfrist beginnt nach III Hs. 1 natürlich auch nicht vor der objektiven Entstehung des Antragsgrunds.

14 Der Rpfl. muss also einen **nicht fristgerechten** und nicht ausnahmsweise berechtigten Antrag grundsätzlich ohne weiteres ohne eine sachliche Prüfung als unzulässig zurückweisen. Denn sonst könnte der Schuldner das von III berücksichtigte Gläubigerinteresse einfach unterlaufen, endlich zum Ziel zu kommen und nicht evtl. noch weitere Nachteile zu erleiden.

15 Der **Gerichtsvollzieher** muss wegen III zwar grundsätzlich nach der Mitteilung des Räumungstermins mehr als die 2 Wochen des III verstreichen lassen, um III nicht zu unterlaufen, AG Frankenberg DGVZ 2016, 209 (3 Wochen selbst nach Zurückweisung eines Schuldnerantrags nach § 765a). Das zwingt den Gerichtsvollzieher aber noch nicht automatisch zu einer förmlichen Zustellung, aM Heinze DGVZ 2004, 166 (aber es kommt auf den tatsächlichen Zugang an).

16 **3. Antrag in Beschwerdeinstanz.** Wegen § 571 II 1 besteht das Antragsrecht auch im Beschwerdeverfahren, BVerfG NJW 2007, 2911. Wenn das Beschwerdegericht nicht sofort entscheiden kann, muss es das Verfahren zwecks einer weiteren Ermittlung insbesondere über die Verhältnisse des Gläubigers unter einer Aufhebung der

angefochtenen Entscheidung nach → § 572 Rn. 25 an das Vollstreckungsgericht zurückverweisen. Das gilt auch bei einer Beschwerde im Verfahren auf die Abnahme einer eidesstattlichen Versicherung nach §§ 802c ff. Denn sonst wäre bei einer Zurückweisung nach einer vorherigen Haftanordnung eine Berufung auf § 765a nicht mehr möglich, Ffm Rpfleger 1981, 118; LG Wuppert DGVZ 1986, 90.

4. Schutzbedürfnis des Gläubigers. Dazu Lämmer/Mückle NZM 2008, 69 (Schutzschrift). Das Gericht darf und muss nach → Rn. 2 das Schutzbedürfnis des Gläubigers stets prüfen, BVerfG NZM 2005, 658, BGH NJW 2005, 1859; Oldb MDR 1991, 968. Es muss dieses Schutzbedürfnis aber auch stets voll würdigen, Walker/Gruß NJW 1996, 356. Es genügt also nicht eine bloße Erwägung des Interesses des Schuldners einerseits, des Gläubigers andererseits, AG Wolfsburg JurBüro 2018, 49; Scholz ZMR 1986, 227; Walker/Gruß NJW 1996, 356. Vielmehr muss das Gericht davon ausgehen, dass der Gläubiger grundsätzlich ein schutzwürdiges Interesse hat, sobald er einen nach §§ 704 ff. vollstreckbaren Titel erstritten hat, Nürnb KTS 1985, 759. Er hat meist schon lange genug auf seine Befriedigung warten müssen. Es ist nicht eine Aufgabe des Gläubigers, Aufgaben der Sozialhilfebehörden zu übernehmen, BGHZ 161, 374 (zust. Brehm JZ 2005, 525; Schuschke LMK 05, 64); Düss DGVZ 1986, 116; LG Duisb Rpfleger 1991, 514. 17

Bei der Abwägung darf man nicht solche Umstände mitbeachten, die außerhalb des Erkenntnisverfahrens nach §§ 253 ff. lagen, BVerfG WuM 1992, 106. Das Gericht muss insbesondere auch die schon früher bestehenden oder jetzt neu eingegangenen Verpflichtungen des Gläubigers berücksichtigen. Das gilt insbesondere dann, wenn er zB im Vertrauen auf eine rechtzeitige Räumung weitervermietet hat. Man kann dem Gläubiger nämlich nicht zumuten, für eine unbestimmte Zeit auf Mieteinnahmen zu verzichten, schon gar nicht dann, wenn sie seine einzige Einnahme sind, LG Kblz JurBüro 2004, 158. Eine Verschleppungsabsicht des Schuldners verdient nach → Einl. II Rn. 103 keinen Schutz, LG Trier Rpfleger 1991, 71; AG Bernkastel Rpfleger 1991, 70. Das Gläubigerinteresse kann zB dann fehlen, wenn auf dem Schuldnerkonto seit Jahren nur unpfändbare Beträge eingehen, LG Osnabr NJW-RR 1996, 1456. 18

5. Schutzbedürfnis eines Dritten. Das Schutzbedürfnis eines Dritten kann zu beachten sein, BVerfG NJW 2003, 882; LG Gießen DGVZ 2002, 122; LG Gött DGVZ 2002, 120 (Heimräumung). Das Gericht darf dieses Drittinteresse aber anschließend im Kern weder auf der Gläubigerseite noch bei der Abwägung der Schuldnerinteressen stets berücksichtigen, Karlsr WuM 1986, 147; LG Gießen DGVZ 2002, 122. Wenn der Insolvenzverwalter den Antrag stellt, muss man das Interesse der Insolvenzmasse als das Schuldnerinteresse bewerten. 19

6. Grundsatz: Unzulässigkeit der Vollstreckung bei Sittenwidrigkeit. Die Maßnahme ist unzulässig, soweit sie wegen ganz besonderer Umstände eine solche Härte bedeuten würde, die nach → Rn. 2 mit den guten Sitten unvereinbar ist. Das Gericht muss die Frage einer Sittenwidrigkeit nicht nur nach dem Empfinden des Betroffenen beurteilen, sondern nach einem objektiven Maßstab, AG Hann Rpfleger 1990, 174. Das muss in einer sorgfältigen Abwägung geschehen, BVerfG NJW 1998, 296; Brdb Rpfleger 2001, 92. Die mit jeder Zwangsvollstreckung verbundene Härte reicht **keineswegs** aus, Düss Rpfleger 1989, 470; Köln NJW-RR 1995, 1472; Zweibr NJW-RR 2002, 1664. Eine Sittenwidrigkeit kann sich aus der Art und Weise ergeben, aus dem Ort oder aus dem Zeitpunkt oder Zeitraum der Zwangsvollstreckung, Ffm Rpfleger 1981, 118. Die Maßnahme braucht nicht seitens des Gläubigers moralisch verwerflich zu sein. Wichtig ist nur, ob sie ein sittenwidriges Ergebnis haben würde. 20

Eine **andere** als gerade eine sittenwidrige Härte genügt **nicht,** und zwar auch dann nicht, wenn sie erheblich ist, AG Brühl JurBüro 2011, 270. Daher hilft § 765a selbst dann zwar meist, aber nicht stets, wenn der Schuldner seine Existenz verlieren würde, falls er keinen Vollstreckungsschutz erhält. Wenn es sich um eine Schuld aus einer unerlaubten Handlung handelt, ist eine Vollstreckung kaum jemals mit den guten Sitten unvereinbar, solange der Schuldner nicht alle ihm zur Verfügung stehenden Einnahmequellen ausgenutzt hat. 21

7. Beispiele zur Frage einer Sittenwidrigkeit, I

Abfindung: Es kann Sittenwidrigkeit bestehen, LG Essen JurBüro 2014, 436 (sehr großzügig). 22

Altenpflegeheim: Sittenwidrigkeit besteht auch sonst jedenfalls insoweit, als seine Räumung auch noch nachts stattfinden soll, AG Groß Gerau Rpfleger 1983, 407. Sittenwidrigkeit besteht auch sonst, aM Zweibr MDR 2002, 720 (aber die Bewohner sind schutzlose, hilfsbedürftige Dritte).

Alter: → „Gesundheitsgefahr", → „Lebensgefahr", → „Räumung".

Arbeitslosigkeit: Sittenwidrigkeit **fehlt** bei einer solchen Gefahr beim Schuldner oder bei einem Angehörigen, LG Wiesb DGVZ 1994, 920.

Arglist: → Vor § 704 Rn. 43. Auch → „Fehlurteil", → „Verwirkung".

Arzt: Sittenwidrigkeit besteht dann, wenn die Räumung seiner Praxis viele Patienten benachteiligen würde oder wenn er ernste Gesundheitsgefahren darlegt, BGH NJW 2008, 1743.

Austauschpfändung: Sittenwidrigkeit **fehlt** zB bei § 811a, LG Wuppert DGVZ 2009, 42.

Bagatellforderung: Sittenwidrigkeit **fehlt** dann, wenn es nur darum geht, auch eine solche Forderung beizutreiben, BVerfG NJW 1978, 2024. Aber auch „Restforderung".

Bauvorhaben: Sittenwidrigkeit **fehlt,** soweit die Zwangsvollstreckung in ein in der Bebauung befindliches Grundstück oder in ein Konto des Bauherrn erfolgt.

Befriedigung: Sittenwidrigkeit **fehlt,** soweit der Gläubiger durch die Maßnahme voraussichtlich ohnehin keine volle Befriedigung erlangen wird, LG Hann MDR 1984, 764; LG Kblz DGVZ 1987, 45; LG Oldb Rpfleger 1982, 303. Man kann dem Gläubiger ja nun auch nicht von vornherein die Befugnis beschneiden, nach und nach durch notfalls mehrere Vollstreckungsmaßnahmen seine volle Befriedigung zu erhalten, aM Oldb ZMR 1991, 268 (aber erst die volle Befriedigung ist das vom Staat gebilligte Ziel der Vollstreckung). Auch → „Zwangsversteigerung".

Berufsrecht: Sittenwidrigkeit **fehlt** evtl. beim Drohen zB des Verlusts der Zulassung zur Anwaltschaft, BGH NJW 2010, 1002.

Bieterabsprache: → „Zwangsversteigerung".

Depression: → „Gesundheitsgefahr".

Drittschuldner: → „Sozialleistung".

Eidesstattliche Versicherung: → „Vermögensauskunft".

Erfüllung: → „Sachlichrechtlicher Einwand".

Ersatzwohnung: Sittenwidrigkeit besteht, soweit eine Ersatzwohnung fehlt und der Schuldner eine Sozialhilfe braucht, LG Mü WuM 1993, 473; Sittenwidrigkeit besteht, soweit der Gläubiger den Schuldner beim neuen Vermieter angeschwärzt hat, Köln NJW-RR 1995, 1039, oder soweit eine baldige Ersatzwohnung als sicher erscheint, LG Mü WuM 2013, 625. Sittenwidrigkeit **fehlt,** soweit sie nur einfach bisher noch fehlt, Ffm Rpfleger 1981, 24; LG Würzb DGVZ 1994, 120, und soweit sich der Schuldner nicht genug um eine Ersatzwohnung bemüht hat, Celle WuM 1987, 63; LG Hann Rpfleger 1986, 439. Aber auch → „Vorübergehender Zeitraum".
Erwerbsunfähigkeitsrente: Sittenwidrigkeit besteht evtl. bei ihrer Pfändung, LG Rostock Rpfleger 2003, 37.
Existenzgrundlage: Sittenwidrigkeit besteht meist bei ihrer Gefährdung, LG Ffo Rpfleger 2002, 322.
Fehlurteil: Sittenwidrigkeit kann bestehen, soweit der Gläubiger ein zu Unrecht ergangenes Urteil nach → Einl. II Rn. 103 erschlichen hat.
Forderungsübergang: → „Sozialhilfe".
Geburt: → „Schwangerschaft".
Genossenschaft: Sittenwidrigkeit besteht, soweit der Schuldner durch die Pfändung seines Genossenschaftsanteils eine langjährige Wohnung ersatzlos verlieren würde, BGH WM 2009, 2281, Hamm WuM 1983, 267.
Geschäftsunfähigkeit: Sittenwidrigkeit besteht, soweit der geschäftsunfähige Schuldner keinen Betreuer oder Pfleger usw. hat, LG Mannh WuM 1987, 63.
Gesundheitsgefahr: Sittenwidrigkeit besteht, soweit die Maßnahme des Gläubigers die Gesundheit des Schuldners oder seiner nahen Angehörigen erheblich gefährden würde, BVerfG DGVZ 2002, 118; BGH WM 2017, 44; LG Kaisersl Rpfleger 2006, 482 (Pkw für Patient zum Arzt); strenger BGH NZM 2011, 167 (nicht bei Krebs –?–); Köln MDR 1988, 152 (bloße psychogene Störungen); LG Hmb ZMR 2011, 137 (Depression ohne Facharzt); LG Rostock JurBüro 2003, 328 (aber sie können sich besonders verheerend auswirken, LG Lübeck DGVZ 1980, 26). Es kommt auf die Umstände an, BGH WM 2017, 44; Brdb Rpfleger 2001, 92; Düss Rpfleger 1998, 208, zB auch darauf, ob ein Querulant die Störung verschuldet, AG Hann Rpfleger 1990, 174; Walker/Gruß NJW 1996, 356, oder ob ein nur kurzer Krankenhausaufenthalt bevorsteht, AG Münst WuM 2000, 315, oder wie lange das Räumungsverfahren schon läuft, Köln NJW 1993, 2249, und ob sich der Schuldner um Ersatzraum bemüht hat, AG Düss JurBüro 2013, 606. Eine Therapie kann zumutbar sein, LG Hmb ZMR 2011, 131. Auch → „Lebensgefahr".
Gewerberaum: → „– (Untervermietung)", → „Vergleich".
Grundstück: → „Bauvorhaben", → „Zwangsversteigerung".
Kassenpfändung: Sittenwidrigkeit besteht bei einer Entziehung des Lebensbedarfs, LG Bln DGVZ 1979, 43.
Konfliktbewältigung: → „Räumung".
Konto. Dazu Meyer Rpfleger 2007, 513 (Grdz.). Vgl. zunächst §§ 850k, l. Sittenwidrigkeit besteht evtl., soweit trotz einer nur kleinen Forderung beim Sozialempfänger eine Kontokündigung droht, VG Düss NVwZ-RR 2006, 158. Sittenwidrigkeit besteht bei ausschließlich unpfändbaren Sozialleistungen auf dem Konto, LG Kblz Rpfleger 2006, 420. Sittenwidrigkeit **fehlt** aber grds., soweit nur die Auflösung des Girokontos droht, LG Ffm Rpfleger 2006, 209; LG Traunst Rpfleger 2003, 309; aM LG Essen Rpfleger 2002, 163 (zust. Fischer. Aber meist kann man bei einer anderen Stelle ein Konto eröffnen). Sittenwidrigkeit **fehlt,** soweit das einzige Konto keine unpfändbaren wiederkehrenden Leistungen enthält, LG Rottweil JurBüro 2005, 327. Sittenwidrigkeit **fehlt** sogar, soweit auf dem Konto vorwiegend unpfändbare Zahlungen eingehen, LG Frankenth JurBüro 2000, 439; AG Weilburg JurBüro 2007, 220; aM BGH NJW 2008, 586 und 1678; Nürnb MDR 2001, 835 (aber die Lage kann sich verbessert haben). Auch → „Bauvorhaben", → „Rechtsmissbrauch".
Kosten: Trotz des Grundsatzes der Verhältnismäßigkeit nach → Rn. 1 besteht wohl **keine** Sittenwidrigkeit, nur weil sich zB ein bauordnungswidriger Erker nur mit einem hohen Aufwand beseitigen ließe, Köln NJW-RR 1995, 337. Sittenwidrigkeit **fehlt** schon wegen zu hoher Heimkosten. Denn dann gilt § 850f Ia, Zweibr NJW-RR 2002, 1664.
Krankheit: → „Gesundheitsgefahr", → „Lebensgefahr".
Lebensgefahr. Dazu BVerfG WM 2014, 566 und 1726 sowie 1727; BGH NJW-RR 2018, 135; Gaul JZ 2013, 1081 (ausf. zur Frage einer Verfassungswidrigkeit); Kogel Rpfleger 2017, 375 (krit.) Zschieschack DGVZ 2018, 267 (ausf.). Sittenwidrigkeit besteht, sofern der Schuldner nur noch eine kurze Zeit leben dürfte, LG Stade ZMR 1993, 340, oder soweit die Maßnahme das Leben des Schuldners oder eines mitbetroffenen nahen Angehörigen erheblich gefährden würde, BVerfG NJW 2007, 2911; BGH WuM 2011, 533; LG Münst JurBüro 2011, 552. Bei einer Suizidgefahr sollte das Gericht sehr vorsichtig werden, BGH Rpfleger 2015, 217, auch verfassungsmäßig abwägen, BGH NJW-RR 2018, 135; NZM 2017, 27; kritischer Zschieschack/Brücher ZMR 2015, 749 (engmaschige Überwachungsauflagen); Zschieschack NZM 2017, 15. Es sollte auch mit dem Gesundheits- und Ordnungsamt usw. zusammenarbeiten, BGH WuM 2010, 587; LG Ffm NJW-RR 2015, 462 (ausf.); LG Kleve NZM 2015, 270. Freilich kann die Sachkunde zB eines Amtsarztes begrenzt sein, BGH NJW-RR 2016, 337. Im Zweifel lieber Einstellung, BGH NZM 2011, 166, ganz ausnahmsweise auf Dauer, BGH WM 2016, 516.
– **(Befriedigungsbereitschaft):** Der Schuldner muss in dem ihm zumutbaren Umfang zur Befriedigung des Gläubigers bereit sein, BGH NJW 2005, 1859; LG Hmb ZMR 2002, 473.
– **(Behandlung, Betreuung):** Das Gericht kann dem Schuldner aufgeben, sich in eine Behandlung oder Betreung zu begeben, BVerfG Rpfleger 2005, 615; BGH NJW-RR 2018, 135; LG Ffm WuM 2015, 106. Eine solche Maßnahme muss freilich realistisch durchführbar sein, BGH NJW 2009, 444. Sie reicht keineswegs stets, BGH WuM 2017, 669; aM AG Köln FamRZ 2009, 1082 (aber es kommt stets sehr auf die Umstände an, KG NJW-RR 2014, 593). Beim Ausbleiben eines Erfolgs s. „Wiederholung".
– **(Behördenhilfe):** Das Gericht darf grds. auf eine eingeleitete solche Hilfe vertrauen, BGH NJW 2011, 2808; LG Ffm WuM 2015, 106.
– **(Besitzverlust):** Er kann reichen, LG Hmb ZMR 2011, 130.
– **(Dauer):** Eine langfristige oder gar zeitlich unbegrenzte Einstellung kommt nur ganz ausnahmsweise infrage, BGH WuM 2010, 251.
– **(Grundrecht):** Natürlich muss das Gericht die Grundrechte des Schuldners mitbeachten, auch zB im ZVG-Verfahren, BGH NJW 2008, 1743.

– **(Mißbrauch):** Seifert Rpfleger 2017, 608 (Grdz.).
– **(Sachverständiger):** Es sollte stets der Mediziner zur Frage der Ernsthaftigkeit das in der Praxis entscheidende Wort haben, BVerfG NJW 1998, 295; BGH WuM 2005, 735; LG Mühlhausen Rpfleger 2017, 641. Das gilt trotz aller denkbaren Taktik hartnäckiger Schuldner, Schneider MDR 1990, 959; Walker/Gruß NJW 1996, 356, und aller Notwendigkeit einer umfassenden Abwägung, BVerfG NJW 2007, 2911; BGH NJW-RR 2011, 1001; LG Verden DGVZ 2007, 14. BVerfG WM 2011, 2234 hält ein amtsärztliches Zeugnis kaum für ausreichend (?).
– **(Wiederholung):** Eine erneute Einstellung kommt zB beim Ausbleiben des Erfolgs einer „Behandlung, Betreuung" infrage, BGH WuM 2011, 121. Auch → „Gesundheitsgefahr", → „Zwangsversteigerung".

Mieteinnahme: Sittenwidrigkeit besteht, soweit sie ein Lohnersatz ist und sofern man § 850c beachtet, LG Heilbr Rpfleger 2003, 202. Sittenwidrigkeit **fehlt,** soweit der Vermieter voraussichtlich lange auf sie warten müßte.

Mietrückstand: → „Räumung".

Mitbewohner: → „Räumung".

Neue Tatsache: Evtl. besteht ihretwegen Sittenwidrigkeit, Köln NJW 1993, 2249.

Nießbrauch: Sittenwidrigkeit besteht, soweit der Schuldner durch die Maßnahme des Gläubigers wie etwa durch seine Pfändung ein Nießbrauchsrecht verlieren würde, ohne dass sich der Gläubiger aus dem verlorenen Recht befriedigen könnte, Ffm OLGZ 1980, 483.

Obdachlosigkeit: → „Vorübergehender Zeitraum".

Pflegekind: Seine Interessen können mitbeachtbar sein, BGH NJW 2007, 3430.

Prozesskostenhilfe: Sittenwidrigkeit **fehlt** nach ihrer Versagung, BGH FamRZ 2007, 211.

Querulant: → „Gesundheitsgefahr".

Räumung. Dazu Schuschke NZM 2015, 233; Seifert Rpfleger 2015, 237 (je: Grdz.). Das Gericht muss bei § 885 stets III mitbeachten, → Rn. 12. Der Grundrechtschutz ist stets wichtig, BVerfG NZM 2005, 658; KG NJW-RR 1995, 848.
– **(Altenpflegeheim):** → Rn. 22.
– **(Alter):** Sittenwidrigkeit **fehlt** evtl. bei einer altersbedingten Unfähigkeit einer notwendigen Neuorientierung, BVerfG WM 2014, 565; Köln NJW 1993, 2248; LG Kleve JurBüro 1999, 607 (Mutter des Schuldners); aM BGH NJW 2009, 3440. Aber bitte Vorsicht vor zu großer Strenge: Bindokat NJW 1992, 2874.
– **(Arbeitslosigkeit):** Sittenwidrigkeit **fehlt** dann, wenn die Räumung beim Arbeitslosen infrage kommt, LG Wiesb DGVZ 1994, 120. Auch → Rn. 22.
– **(Arzt):** → Rn. 22.
– **(Entbindung):** „– (Geburt)".
– **(Erkrankung):** Sittenwidrigkeit kann bei einer schweren Erkrankung des Schuldners vorliegen, BVerfG NJW 2004, 49, BGH NJW 2008, 1743.
– **(Ersatzraum-Bemühung):** Sittenwidrigkeit **fehlt** mangels jeder solchen Bemühung, LG Mönchengladb DGVZ 2000, 118; AG Düss JurBüro 2013, 606.
– **(Ersatzraum-Zustand):** Sittenwidrigkeit kann bei einem schlechten Zustand bestehen, strenger LG Oldb ZMR 2012, 958.
– **(Geburt):** Sittenwidrigkeit besteht kurz vor oder nach einer Entbindung, Ffm JurBüro 1980, 1898; LG Bonn DGVZ 1994, 75; AG Schwetzingen DWW 78, 269; strenger LG Wuppert DGVZ 1995, 41 (nur 5 Tage).
– **(Haustier):** Die Erwägungen „– (Psychische Folgen)" können verstärkt dann ratsam oder nötig sein, wenn der Schuldner zB als einsamer älterer Mensch offenkundig sehr an einem Haustier hängt, dessen Lebenszeit noch nicht bald enden dürfte und das er voraussichtlich nicht in eine neue Wohnung mitnehmen darf. Auch „– (Tier)".
– **(Hotel):** „– (Kurzfristigkeit)".
– **(Kinder):** Sittenwidrigkeit besteht bei einer 7köpfigen Familie, zu der mehrere schwerbehinderte oder schulpflichtige Kinder gehören, LG Magdeb Rpfleger 1995, 470, oder bei einer Räumung vier Wochen vor dem Schuljahresende bei vier kleinen Kindern, Köln NJW-RR 1995, 1163.
– **(Klinikräumung):** Sittenwidrigkeit besteht bei der Räumung einer Klinik, soweit es um den Patientenschutz geht, BVerfG NJW 2003, 882; LG Gießen DGVZ 2002, 121.
– **(Konfliktbewältigung):** Sittenwidrigkeit besteht bei einer Unfähigkeit zur Konfliktbewältigung auch ohne eine Krankheit, BVerfG NZM 2001, 951 (großzügig, krit. Linke NZM 2002, 205).
– **(Krankenhaus):** Sittenwidrigkeit **fehlt** evtl. wegen einer ohnehin geplanten stationären Behandlung nebst Reha-Maßnahmen, AG Bln-Charlottenb ZMR 2011, 644.
– **(Kurzfristigkeit):** Sittenwidrigkeit besteht bei einer Räumung trotz eines in wenigen Monaten beziehbaren Ersatzraums, LG Kblz JurBüro 1997, 553; LG Stgt Rpfleger 1985, 71 (krit. Rupp/Fleischmann). Sittenwidrigkeit **fehlt** dann, wenn es bei einem Alleinstehenden um nur 1 Monat geht, LG Hmb ZMR 2001, 802 (Hotel und Zwischenlagerung zumutbar). Auch → „Vorübergehender Zeitraum".
– **(Langjährigkeit):** Sittenwidrigkeit besteht beim Verlust eines langjährigen Mietrechts ohne Mittel für andere Räume, Hamm ZMR 1984, 154.
– **(„Lebensgefährte"):** Sittenwidrigkeit **fehlt** dann, wenn der Lebensgefährte wohnenbleiben dürfte, AG Mönchengladb DGVZ 1999, 140.
– **(Nutzungsentschädigung):** Sittenwidrigkeit **fehlt** dann, wenn nur die Nutzungsentschädigung viel zu gering ist, LG Hmb WuM 2007, 397.
– **(Psychische Folgen):** Sie sind trotz des Schutzbedürfnisses des Gläubigers nach → Rn. 2, 17 stets zu beachten, meist aufseiten des Schuldners, LG Mü WuM 2017, 478 (ohne Erörterung des § 765a). Eine Räumung ist eine der härtesten Arten von Zwangsvollstreckung, Sie kann auch außerhalb einer Lebensgefahr auf einen ohnehin etwa ganz unverschuldet empfindlichen oder gar psychisch labilen Menschen und seine Wohnungsgenossen verheerend wirken. Zwar darf es zur Vollstreckung nicht ohne erhebliche Gründe zulasten des Schuldners gekommen sein. Das mag aber nichts daran ändern, dass mit der Wohnung der Lebensmittelpunkt verlorengehen kann und ein halbwegs gleichwerter Ersatz kaum erhoffbar ist. Das darf und muss das Gericht sehr wohl mitbedenken. Auch „– (Haustier)", „– (Seelische Belastung)".

– **(Stillhaltezusage):** Sittenwidrigkeit besteht beim Bruch einer solchen Zusage des Vermieters, LG Rostock WuM 2003, 578.
– **(Stress):** Sittenwidrigkeit kann **fehlen,** soweit ärztliche Behandlung zumutbar ist, LG Kleve DGVZ 2013, 161.
– **(Umzugsverzögerung):** Sittenwidrigkeit **fehlt** bei einer solchen Haltung, LG Hann Rpfleger 1986, 439; LG Heilbr DGVZ 1993, 140.
– **(Untervermietung):** Sittenwidrigkeit **fehlt** bei Gewerberaum, LG Hann NZM 2015, 170.
– **(Zahlungsverzug):** Sittenwidrigkeit **fehlt** bei einem mehrmonatigen solchen Verzug, LG Hildesh NJW-RR 1995, 1164.
– **(Zwischenlagerung):** „– (Kurzfristigkeit)".
– **(Zwischenumzug):** Sittenwidrigkeit **fehlt,** soweit ein Zwischenumzug zumutbar ist, LG Heilbr WuM 1993, 364, evtl. sogar ein zweimaliger, Zweibr Rpfleger 2002, 38. Vgl. Noack ZMR 1978, 65, Scholz ZMR 1986, 227 sowie bei den einzelnen Räumungsgründen.

Ratenangebot: Sittenwidrigkeit fehlt schon wegen eines solchen Schuldnerangebots, Köln NJW-RR 1995, 1472, aM Düss MDR 1977, 147.

Rechtsmissbrauch: Sittenwidrigkeit besteht, soweit der Gläubiger bei der Art und Weise der Zwangsvollstreckung einen Rechtsmissbrauch nach → Einl. II Rn. 103 und → Vor § 704 Rn. 43 betreibt, Karlsr Rpfleger 1992, 266; Kblz Rpfleger 1985, 499; LG Kblz DGVZ 1987, 45 (der Gläubiger würde mit Sicherheit doch leer ausgehen). Auch → „Teilungsversteigerung".

Restforderung: Sittenwidrigkeit besteht evtl. bei einem nur noch geringen Rest einer noch nicht alten Forderung. Aber auch „Bagatellforderung".

Restschuldbefreiung: Dieser Gedanke des Insolvenzrechts lässt sich nicht einfach auf die Individual-Zwangsvollstreckung übertragen, LG Münst Rpfleger 2002, 272.

Sachlich-rechtlicher Einwand: Er ist grds. nur im Verfahren nach §§ 767 ff. möglich, Hamm Rpfleger 2002, 39; Frankenth Rpfleger 1984, 68; AG Brschw DGVZ 1975, 12 (Erfüllung). Auch → „Verwirkung".

Sanierung: Sittenwidrigkeit **fehlt,** soweit eine Sanierung möglicherweise schwieriger wird, LG Drsd DGVZ 2003, 57.

Schuldenbereinigungsplan: Sittenwidrigkeit **fehlt** nur wegen der Gefährdung seiner Durchführung, AG Waiblingen JurBüro 2002, 48. Vgl. überdies jetzt § 4a InsO.

Schwangerschaft: Sittenwidrigkeit besteht dann, wenn die Schuldnerin bereits kurz vor oder nach der Entbindung steht, Ffm Rpfleger 1981, 24; LG Bonn DGVZ 1994, 75; LG Wuppert DGVZ 1995, 41 (nur für einige Tage danach); aM LG Münst DGVZ 2000, 24 (nur bei Mietzahlung. Aber gerade die Zahlungsprobleme sind meist Räumungsursache). Sittenwidrigkeit **fehlt** dann, wenn die Schwangere sich unerfreulich verhält, LG Augsb ZMR 2013, 533. Auch → „Vorübergehender Zeitraum".

Seelische Belastung: Sie oder gar eine echte Seelennot sind durchaus gerade hier mitbeachtbar. Zwar kann so mancher Gläubiger am Ende eines vielleicht wahrhaft auch ihn belastenden Prozesses nun nicht noch unbestimmt lange auf seine Befreiung und Befriedigung warten und braucht den Raum möglicherweise selbst oder für Angehörige dringend. Aber auch der Schuldner ist Mensch und braucht vielleicht ebenfalls dringend eine Chance, seinen räumlichen Lebensmittelpunkt erst dann verlassen zu müssen, wenn er halbwegs ausreichenden Ersatzraum gefunden hat. Das kann sich zumindest scheinbar auch vor oder neben oder außerhalb einer physischen Erkrankung oder gar Lebensgefahr ereignen. Ein dahin führendes Verschulden des Schuldners hat dann eventuell keine zentrale Bedeutung zwecks Räumungspflicht. Das sollte man stets mitbedenken. Auch „Räumung: – (Psychische Folgen)".

Selbstmorddrohung: → „Lebensgefahr".

Sinnlosigkeit: Sittenwidrigkeit besteht, soweit zB eine Kontenpfändung nicht einmal zu einer nennenswerten Teilleistung führen würde, Nürnb Rpfleger 2001, 364. Besser passt aber § 803 II.

Sozialleistung: Auch hier entscheidet die Fallabwägung, LG Kassel JurBüro 2011, 385. Sittenwidrigkeit besteht, soweit der Träger der Sozialhilfe aus einem übergeleiteten Recht vollstreckt, obwohl (ihm bekannt) der Schuldner leistungsunfähig geworden ist, ohne eine Abänderungsklage nach § 323 erheben zu können, BGH NJW 1983, 2317. Sittenwidrigkeit besteht, soweit der Schuldner eine Sozialhilfe braucht, LG Mü WuM 1993, 473; aM BGHZ 161, 374; Celle Rpfleger 2013, 172; Zweibr MDR 2002, 720 (aber Sozialhilfsbedarf ist stets beachtbar). Freilich darf der Gläubiger nicht nur auf Staatskosten zum Erfolg kommen können, LG Kblz JurBüro 2004, 158. Evtl. kann § 850f I eine brauchbare Lösung nach → § 850f Rn. 2 bieten, Zweibr NJW-RR 2002, 1664; Kohte Rpfleger 1991, 514. Sittenwidrigkeit besteht, soweit auf dem Schuldenkonto nur unpfändbare Beträge eingehen, LG Mönchengladb JurBüro 2005, 499. Sittenwidrigkeit besteht, soweit beim Schuldner Unpfändbares auf ein Drittkonto kommt, LG Lüneb FamRZ 2008, 1093. Sittenwidrigkeit besteht, soweit der Gläubiger den Auszahlungsanspruch des Schuldners gegen ein auf dem Drittschuldnerkonto eingehende Sozialleistung pfändet, BGH NJW 2007, 2703. Vgl. aber auch § 850k. Sittenwidrigkeit **fehlt** dann, wenn neben einer Sozialhilfe auch ein Arbeitseinkommen besteht, LG Frankenth JurBüro 2000, 439. Sittenwidrigkeit **fehlt** bei nicht verbrauchten Rücklagen, LG Bln JurBüro 2008, 270.

Teilungsversteigerung: Zunächst → Rn. 1 ff. (grundsätzliche Unanwendbarkeit des § 765a). Sittenwidrigkeit besteht allenfalls ganz ausnahmsweise bei einem Rechtsmissbrauch, Karlsr Rpfleger 1992, 266; AG Meppen Rpfleger 1992, 266; **großzügiger** Böttcher FPR 2013, 505; Storz FPR 2013, 358. Auch → „Zwangsversteigerung".

Teilvollstreckung: → „Befriedigung".

Tier. Dazu Endriss, Tier als Vollstreckungshindernis usw., FS König, 2014, 77. Sittenwidrigkeit besteht oft bei einer Vollstreckung in ein Tier beliebiger Art und Zweckbestimmung, Dietz DGVZ 2003, 82. Vor allem bei einer geplanten Wegnahme oder Verschaffung in ein Heim muss das Gericht schon wegen Art. 20a GG nach I 2 im Rahmen der Abwägung weniger das Wohl des Tierbesitzers als vielmehr die „Verantwortung des Menschen für das Tier" als eines lebenden Geschöpfes mit einer anderen als einer bloßer Sachqualität „berücksichtigen". Es muss also zu erkennen geben, dass es diese rechtliche Sonderstellung nach §§ 90a, 251 II 2, 903 BGB gesehen und nach § 811c in die Abwägung einbezogen hat, Dietz DGVZ 2003, 82. Aber auch eine gefühlsmäßige Bindung zB an ein Tier eines einsamen/alten Menschen kann bedeutsam sein, LG Heilbr

DGVZ 1980, 111. Sittenwidrigkeit **fehlt** im landwirtschaftlichen Betrieb wegen der bloßen Existenz von Tieren, LG Saarbr DGVZ 2016, 52. Auch „– (Haustier)".

Umzug: → „Räumung".

Unbewohnbarkeit: Sittenwidrigkeit **fehlt,** soweit es um die Räumung einer nach der nachprüfbaren Ansicht der Baubehörde unbewohnbaren Wohnung geht.

Unpfändbarkeit: Sittenwidrigkeit **fehlt,** soweit die Unpfändbarkeit später vorgelegen hätte, LG Bln Rpfleger 1977, 262. Sittenwidrigkeit **fehlt** dann, wenn der Schuldner langfristig mit dem Unpfändbaren auskommen muss, LG Münst Rpfleger 2002, 272.

Unterhalt: Sittenwidrigkeit **fehlt,** soweit § 323 hilft, Schlesw MDR 2004, 908. Auch → „Ehelichkeitsanfechtung".

Unterlassung: Sittenwidrigkeit besteht bei einer vertretbaren Aufbrauchsfrist statt Lahmlegung des Schuldnerbetriebs.

Verfahrensfehler: Sittenwidrigkeit **fehlt,** soweit nicht gerade eine sittenwidrige Fehlerhaftigkeit vorliegt, LG Essen FamRZ 2000, 363.

Vergleich: Sittenwidrigkeit **fehlt,** soweit es um die Räumung von Gewerberaum geht, Fenger Rpfleger 1988, 57.

Vermögensauskunft: Sittenwidrigkeit besteht, soweit der Gläubiger das Verfahren nach §§ 802c ff. nach → Einl. II Rn. 103 und → Vor § 704 Rn. 43 missbraucht. Das gilt etwa dann, wenn er eine solche geregelte Schuldenabwicklung stört, die durch seine Maßnahme gleichzeitig unmöglich wird. Sittenwidrigkeit besteht evtl. bei der Gefahr einer physischen oder psychischen Störung nach → „Gesundheitsgefahr". Sittenwidrigkeit besteht bei einem solchen Verhalten des Vermieters, das einen neuen Vermieter zur Verweigerung einer Ersatzwohnung veranlaßt, Köln NJW-RR 1995, 1039. Sittenwidrigkeit besteht, soweit man einen Antrag nach § 721 schuldlos nicht mehr stellen kann, LG Darmst NJW-RR 2000, 1178, oder wenn man diese Möglichkeit erschöpft hat, Köln NJW-RR 1995, 1163. Auch → „Rechtsmissbrauch".

Verwirkung: Sittenwidrigkeit **fehlt,** soweit der Gläubiger den titulierten Anspruch nach § 242 BGB angeblich verwirkt hat. Denn eine Berichtigung des aufgrund einer besseren Prüfung erlassenen Titels ist in der Vollstreckungsinstanz grds. unstatthaft. Eine so begründete Anfechtbarkeit könnte zur völligen Vernichtung der Rechtskraftwirkung nach § 322 führen, LG Frankenth Rpfleger 1984, 69. Überdies läge eine Verwirkung zB beim Räumungstitel nicht schon deshalb vor, weil der Gläubiger nach dem Erhalt von Rückständen mehrfach von der Vollstreckung abgesehen hat, LG Münst DGVZ 1989, 156. Es kommt bei einer Verwirkung vielmehr nur eine Vollstreckungsabwehrklage nach § 767 in Betracht, LG Münst DGVZ 1989, 156, oder eine Wiederaufnahme nach §§ 578 ff., evtl. auch ein Anspruch aus unerlaubter Handlung auf einen Schadensersatz, auf die Unterlassung der Zwangsvollstreckung und auf die Herausgabe des Titels. Auch → Rn. 22 „Arglist", → „Sachlich-rechtlicher Einwand".

Vorläufige Vollstreckbarkeit: Sittenwidrigkeit **fehlt** schon wegen einer bloß vorläufigen Vollstreckbarkeit nach §§ 708 ff., Ffm MDR 1981, 412.

Vornahme einer Handlung: Sittenwidrigkeit **fehlt,** soweit das Prozessgericht noch nicht nach § 705 formell rechtskräftig nach §§ 887 ff. entschieden hat oder soweit der Schuldner nur seine Argumente wiederholt, LG Frankenth Rpfleger 1984, 29.

Vorsatz: Sittenwidrigkeit **fehlt** meist nach einer vorsätzlichen unerlaubten Handlung nach §§ 823 ff. BGB.

Vorübergehender Zeitraum: Sittenwidrigkeit besteht, soweit der Schuldner voraussichtlich bald eine ausreichende Ersatzwohnung haben wird, sodass sein Vollstreckungsschutz nur einen vorübergehenden Zeitraum überbrücken soll, LG Münst WuM 1977, 194; AG Schleichen WuM 1989, 444; AG Seligenstadt Rpfleger 1988, 417. Das gilt insbesondere dann, wenn dem Schuldner sonst eine Einweisung in ein Obdachlosenasyl drohen würde, LG Hmb WuM 1991, 114 und 360 (weite Auslegung wegen der Wohnungsnot. Aber Vorsicht!); strenger Zweibr Rpfleger 2002, 38; LG Münst WuM 2000, 314; AG Düss MietR 1997, 223 (aber man sollte stets eine Härte vermeiden). Auch → „Ersatzwohnung", → „Räumung".

Wohnungsgefährdung: Sittenwidrigkeit **fehlt** bei einer bloßen Möglichkeit des Wohnungsverlusts, BGH WuM 2009, 752.

Wohnungsmarkt: Sittenwidrigkeit besteht, soweit er besonders angespannt ist, LG Magdeb Rpfleger 1995, 470.

Zwangsräumung: → „Räumung".

Zwangsversteigerung. Dazu Ott, der Schutz des Schuldners … im Zwangsversteigerungsverfahren, 1998, Seifert Rpfleger 2015, 237 (Grdz.). § 765a ist anwendbar, Saarbr Rpfleger 2003, 98 (ab der Anordnung des Verfahrens); Stgt Rpfleger 2001, 508; LG Bayreuth Rpfleger 2001, 367, auch für den Ehegatten des Alleinverwaltenden, LG Zweibr Rpfleger 1995, 222. Maßgeblich ist der Zeitpunkt des Eigentumsverlusts, BGH WuM 2011, 122.

- **(Keine Befriedigungsaussicht):** Sittenwidrigkeit **fehlt** dann, wenn der einer Zwangsversteigerung beitretende Gläubiger derzeit kaum eine anderweitige Befriedigungsaussicht hätte, LG Oldb Rpfleger 1982, 303.
- **(Bieterabsprache):** Sittenwidrigkeit kann bei einer solchen Verabredung bestehen, soweit das Gericht vor dem Zuschlag von ihr erfährt, Karlsr Rpfleger 1993, 414; LG Saarbr Rpfleger 2000, 80 (aber nicht bei 50 % des Verkehrswerts oder mehr).
- **(Dingliches Wohnrecht):** Sittenwidrigkeit **fehlt** dann, wenn der Schuldner ein dingliches Wohnrecht hat, LG Gießen Rpfleger 2007, 278.
- **(Lebens- oder Leibesgefahr):** Sittenwidrigkeit besteht bei einer solchen Gefahr für den Schuldner, BVerfG NJW 2016, 3091, BGH NJW-RR 2016, 337, strenger BVerfG WM 2011, 2234 (?), oder für einen nahen Angehörigen des Schuldners, Stgt Rpfleger 2001, 508; LG Rostock JurBüro 2003, 47.
- **(Schlechterstellung):** Sittenwidrigkeit besteht dann, wenn der nach einem Zuschlag zur Räumung verpflichtete Schuldner schlechter dastehen würde als ein aus einem anderen Grund zur Räumung Verpflichteter, LG Aschaffenb DGVZ 2002, 169.
- **(Verschleuderung):** → „– (Wertverlust)".
- **(Wertveränderung):** Sittenwidrigkeit kann dann bestehen, wenn sich im Anschluß an die Wertfestsetzung noch vor der Erteilung des Zuschlags die tatsächlichen und rechtlichen Bewertungsgrundlagen ändern, Köln OLGZ 1983, 474.

– **(Wertverlust):** Sittenwidrigkeit kann bestehen, falls eine Versteigerung statt ca. 60 % nur nach ca. 39 % des wahren Werts erbringen würde, LG Kref Rpfleger 1988, 375; strenger Hamm Rpfleger 2002, 40, oder falls sie im dritten Termin nur noch ca. 7 % des Verkehrswerts erbringen würde, LG Mönchengladb Rpfleger 2004, 436 (Gelegenheit zum Schutzantrag bis zum Zuschlag geben). Zumindest kann vor einer Verschleuderung von Grundbesitz ein besonderer Verkündungstermin zum Zuschlag notwendig werden, BGH NZM 2005, 190 (zust. Storz LMK 05, 44).

– **(Direkt nach Zuschlag):** Sittenwidrigkeit besteht dann, wenn der Gläubiger direkt nach dem Zuschlag die Zwangsräumung betreibt, BGH WM 2012, 366; LG Heilbr DGVZ 1993, 174; AG Bad Hersfeld DGVZ 1993, 175.

Zwangsverwaltung: Sittenwidrigkeit besteht bei viel zu schlechtem Rang und geringer Restforderung 19 „Lebensgefahr".

Zweitwagen: Sittenwidrigkeit fehlt, erst recht bei einem hohen Wagenalter, LG Wuppert DGVZ 2009, 93.

23 **VI. Verfahren, I, III–V.** Das Gericht hat vielerlei Möglichkeiten. Vgl. auch II.

24 **1. Zuständigkeit.** Zuständig ist ausschließlich das Vollstreckungsgericht nach §§ 764, 802 und bei (jetzt) §§ 200 ff. FamFG das FamG, Mü NJW 1978, 548, Brudermüller FamRZ 1987, 122, in einer Arrestsache bei §§ 930 I 3, 931 III auch das Arrestgericht. Das Beschwerdegericht ist nach → Rn. 16 nicht zuständig, auch nicht das nach §§ 887, 888, 890 zuständige Prozessgericht, BayObLG WuM 1989, 353, aM LG Frankenth Rpfleger 1984, 28. Das Vollstreckungsgericht entscheidet durch den Rpfleger nach § 20 I Nr. 17 S. 1 RPflG, LG Ffm Rpfleger 2006, 209; Meinhold Rpfleger 2004, 88, vgl. aber auch in einer Arrestsache § 20 I Nr. 16 RPflG. Das gilt auch dann, wenn der Gerichtsvollzieher oder das Prozessgericht als Vollstreckungsorgan zuvor tätig werden mussten, etwa bei einer Vermögensauskunft nach §§ 802c ff. oder einer Zwangsvollstreckung nach §§ 887 ff., LG Frankenth Rpfleger 1984, 29. Wenn die Zwangsvollstreckung nach → Vor § 704 Rn. 49 bereits beendet ist, ist das Vollstreckungsgericht nicht mehr zuständig. Dann ist auch keine Maßnahme nach § 765a mehr möglich. Im Insolvenzverfahren ist das Insolvenzgericht zuständig, BGH NJW-RR 2008, 497. Im Zwangsversteigerungsverfahren entscheidet das Versteigerungsgericht, Karlsr Rpfleger 1995, 471. Dann endet die Anwendbarkeit der Vorschrift mit der nach §§ 329, 705 formellen Rechtskraft des Zuschlagsbeschlusses, Düss Rpfleger 1987, 514. Auch eine Beschwerde gegen den Zuschlagsbeschluss kann man nicht auf neue Tatsachen stützen, Schiffhauer Rpfleger 1975, 145; aM Bbg Rpfleger 1975, 144 (aber § 570 II 1 gilt nicht stets). Eine mündliche Verhandlung steht nach §§ 128 IV, 764 III frei.

25 **2. Weiteres Verfahren.** § 139 ist anwendbar, BGH NJW 2008, 1743. Das Gericht muss eine verfassungsgerechte Gesamtabwägung vornehmen, BVerfG Rpfleger 2005, 615, BGH NJW-RR 2018, 135. Es muss in einer Räumungssache nach → Rn. 12 stets III beachten. Abgesehen vom Antrag des Schuldners nach → Rn. 12 ist eine Anhörung des Gläubigers dann erforderlich, Art. 2 I, 20 III GG (Rpfl.), BVerfGE 101, 404, Art. 103 I GG (Richter), falls das Gericht den Antrag des Schuldners nicht etwa zurückweist, Karlsr Rpfleger 1995, 426. Denn das Gericht kann das Schutzbedürfnis des Gläubigers nur durch diese Anhörung voll würdigen. Es kann der beauftragte oder ersuchte Richter reichen, BGH WM 2016, 516 (auch zu Ausnahmen). Evtl. muss der Rpfl. eine an sich nach § 128 IV entbehrliche mündliche Verhandlung dennoch anberaumen, etwa zur Klärung in Rede und Gegenrede oder wegen der Notwendigkeit eines persönlichen Eindrucks. Der Schuldner muss ebenso wie bei § 766 Beweis erbringen. Eine bloße Glaubhaftmachung nach § 294 genügt bei einer so schwerwiegenden Entscheidung nicht, BVerfGE 52, 222; Schwörer DGVZ 2008, 98, großzügiger BGH NZM 2011, 167 (nicht erforderlich –?–); LG Paderb JurBüro 2006, 215.

26 **3. Entscheidungsform: Beschluss.** Der Rpfl. entscheidet durch einen Beschluss nach § 329. Er muss ihn grundsätzlich nach → § 329 Rn. 6 begründen. Er sollte in einer Räumungssache nach § 885 trotz eines etwaigen Fristablaufs nach → Rn. 12 im Kern erkennen lassen, dass er eine Abwägung darauf vorgenommen hat, ob etwa Entschuldigungsgründe usw. nach III vorlägen. Er stellt den dem Antrag des Schuldners stattgebenden Beschluss dem Gläubiger förmlich zu. Dem Schuldner stellt er den Beschluss stets nach § 329 III zu. Grundsätzlich ist ein Schutz nicht gegen die gesamten Vollstreckungsmöglichkeiten statthaft, sondern nur gegen bestimmte einzelne Vollstreckungsmaßnahmen, LG Frankenth Rpfleger 1984, 29. Zulässig sind die folgenden Entscheidungen mit oder ohne Auflagen wie Raten oder Sicherheitsleistung. Rechtsbehelfsbelehrung, Verstoß: §§ 232, 233 S. 2.

27 **4. Aufhebung der Zwangsmaßnahme.** In Betracht kommt im absoluten Ausnahmefall eine völlige oder teilweise Aufhebung der konkret angeordneten einzelnen Zwangsmaßnahmen und nicht der Zwangsvollstreckung schlechthin, BVerfG NZM 2005, 658, Köln NJW 1994, 1743. Diese Möglichkeit geht weit über die Befugnisse des Gerichts nach § 707 und nach anderen Vorschriften der ZPO hinaus. Denn der Gläubiger verliert dadurch seinen Rang nach → Rn. 26. Deshalb kommt eine Aufhebung nur dann in Betracht, wenn die nachfolgend genannten Möglichkeiten nicht ausreichen würden. Dabei kann das Gericht gegen oder sogar ohne eine Sicherheitsleistung aufheben, letzteres aber nur im Notfall. **Keine** Aufhebung erfolgt mehr nach dem Eintritt der formellen Rechtskraft eines Zuschlagsbeschlusses nach §§ 329, 705, BGH WuM 2009, 679.

28 **5. Untersagung der Vollstreckung.** In Betracht kommt ferner die Untersagung der Zwangsvollstreckung oder einer bestimmten Vollstreckungsmaßnahme. Sie bedeutet eine dauernde Einstellung im genannten Umfang, wenn nicht etwa später III eingreift. Daher kommt eine völlige Untersagung grundsätzlich allenfalls auf Zeit in Betracht, BVerfG NJW 1992, 1155; LG Frankenth Rpfleger 1984, 68 (Räumung). Diese Maßnahme ist also fast mit einer Verneinung des sachlichrechtlichen Anspruchs gleichbedeutend. Deshalb ist eine äußerste Vorsicht notwendig. Dieser Weg kann freilich notwendig werden, BVerfG NJW 1998, 296; BGHZ 163, 73. Das gilt zB dann, wenn der Anspruch entgegen → Vor § 704 Rn. 31 in einem groben Missverhältnis zu dem zu erwartenden Schaden steht.

29 **6. Einstweilige Anordnung.** In Betracht kommt vor allem eine einstweilige Anordnung nach I 2 iVm § 732 II, insbesondere also eine einstweilige Einstellung der Zwangsvollstreckung mit oder ohne eine Sicherheitsleistung nach §§ 108 ff. oder zB Ratenzahlungen, Jena NZM 2000, 839, AG Seligenstadt Rpfleger 1988, 417. In Betracht kommt ferner die Anordnung, dass der Gläubiger die Zwangsvollstreckung nur gegen eine Sicherheitsleistung fortsetzen darf. Es müssen aber sonstige Vollstreckungserleichterungen erschöpft sein, wie zB die Anordnung von Zahlungsfristen nach § 813a oder eine Verschiebung des Termins zur Abgabe der Vermögensauskunft nach

§§ 802c ff. Die Zwangsvollstreckung oder deren Fortsetzung muss unmittelbar bevorstehen. Eine Befristung ist zulässig, aber nicht stets notwendig.

7. Zuschlagsversagung. In Betracht kommt auch eine Versagung des Zuschlags, Kblz KTS 1982, 692; Köln OLGZ 1983, 474. Freilich kann ein solcher Antrag bei einer Abweisung mit der Zuschlagserteilung enden, LG Bayreuth Rpfleger 2001, 367. 30

8. Rechtsbehelfe. Rechtsbehelfsbelehrung, Verstoß: §§ 232, 233 S. 2. Bei einer richterlichen Entscheidung gilt § 793. Bei einer Entscheidung des Rpfl. gilt § 11 RPflG. Dabei muss man bedenken, dass gegen eine richterliche einstweilige Anordnung grundsätzlich kein Rechtsmittel statthaft wäre, Brdb Rpfleger 2000, 406; Köln NJW-RR 2001, 70; LG Mönchengladb DGVZ 2000, 118 (Ausnahmen bei einem groben Verstoß). Wegen einer Verfassungsbeschwerde und dort einer einstweiligen Anordnung BVerfG NZM 1998, 431. Im Rechtsbeschwerdeverfahren nach § 574 ist eine erstmalige Forderung nach § 765a unstatthaft, BGH FamRZ 2008, 260. Im Zwangsversteigerungs-Beschwerdeverfahren erfolgt nur eine formelle Prüfung, Brdb JurBüro 2002, 213. 31

9. Aufhebung einer Vollstreckungsmaßregel, V. Sie erfolgt bei I 1, V stets erst nach dem Eintritt der formellen Rechtskraft des Beschlusses nach §§ 329, 705. Denn der Vollstreckungsgläubiger verliert durch die Aufhebung sein Pfandrecht. Die aufgehobene Vollstreckungsmaßnahme lässt sich auch bei einer Änderung der Entscheidung in der Beschwerdeinstanz nicht rückwirkend wiederherstellen. Der Rpfl. muss die Vollstreckungsorgane darauf hinweisen. 32

10. Kosten. Gebühr: Des Gerichts KV 2111 GKG, auch wenn außerdem ein Verfahren nach § 30a ZVG mit besonderen Gebühren anhängig ist, Düss VersR 1977, 726 (im Beschwerdeverfahren gilt dann nur [jetzt] KV 1241); des Anwalts § 18 Nr. 8 RVG, VV 3309, 3310 RVG. Die Kosten gehen grundsätzlich zulasten des Schuldners, § 788 I. Der Rpfl. kann sie aber dem Gläubiger nach § 788 IV ganz oder teilweise aus besonderen im Verhalten des Gläubigers liegenden Gründen auferlegen. 33

VII. Aufschub durch den Gerichtsvollzieher, II. Der Gerichtsvollzieher darf nach § 65 GVGA eine Vollstreckungsmaßnahme aufschieben, und nicht etwa vorübergehend oder gar endgültig einstellen, AG Wuppert DGVZ 1993, 14. Eine Aufschiebung kommt infrage, soweit auch nur einer der folgenden Fälle vorliegt. 34

1. Sachherausgabe. Es muss sich um die Herausgabe von Sachen nach §§ 883–885, § 65 I GVGA handeln. Das gilt auch dann, wenn § 883 entsprechend anwendbar ist, nicht aber bei der Zwangsvollstreckung wegen Geldforderungen. 35

2. Fehlen eines Antrags. Der Schuldner muss dem Gerichtsvollzieher die Voraussetzungen des I 1 nach § 294 glaubhaft gemacht haben, jedoch nicht die Antragstellung. Die Glaubhaftmachung genügt nach → Rn. 23 hier, anders als gegenüber dem Vollstreckungsgericht. 36

3. Unvermögen rechtzeitigen Antrags. Der Schuldner muss das Vollstreckungsgericht nicht rechtzeitig haben anrufen können, etwa wegen einer Krankheit oder wegen einer bisherigen Abwesenheit. Der Schuldner muss auch diesen Umstand nach § 294 glaubhaft machen, soweit er nicht nach § 291 offenkundig ist. Der Gerichtsvollzieher darf also nicht etwa schon dann nach II vorgehen, wenn der Schuldner das Vollstreckungsgericht angerufen, aber noch nicht dessen Entscheidung erlangt hat. 37

4. Dauer. Der Gerichtsvollzieher darf einen Aufschub nur bis zur Entscheidung des Vollstreckungsgerichts geben, jedoch keineswegs länger als 1 Woche. Darauf muss der Gerichtsvollzieher den Schuldner nach § 65 II 1 GVGA hinweisen. Er macht ihn auch nach § 65 II 2 GVGA auf § 288 StGB aufmerksam. Er darf diese Frist nicht verlängern. Denn der Schuldner hat in ihr genügend Zeit, einen Antrag zu stellen und notfalls das Vollstreckungsgericht zu bitten, mit einer einstweiligen Anordnung zu helfen. 38

5. Rechtsbehelf: Erinnerung. Rechtsbehelfsbelehrung, Verstoß: §§ 232, 233 S. 2. Es gilt § 766. Zur Verfassungsbeschwerde BVerfG WuM 2016, 732. 39

VIII. Aufhebung oder Änderung der Entscheidung, IV. Sie erfolgt manchmal zu zurückhaltend. 40

1. Voraussetzungen. Das Vollstreckungsgericht darf seine Entscheidung nur auf einen Antrag ändern. Es ist auch dann zuständig, wenn der aufzuhebende oder abzuändernde Beschluss von einem höheren Gericht stammt. Den Antrag können sowohl der Gläubiger als auch der Schuldner stellen. Voraussetzung ist, dass sich die Sachlage geändert hat und dass diese veränderte Sachlage auch eine Aufhebung oder Änderung der Entscheidung erfordert, BVerfG WuM 1991, 149; Saarbr Rpfleger 2003, 38 (Schlaganfall). Denn ein nach § 793 nicht mehr angreifbarer und daher nach §§ 329, 705 formell rechtskräftiger Beschluss ist nach → § 329 Rn. 28 nicht frei widerruflich. Dann ist es unerheblich, ob der Schuldner die neue Sachlage schon vor der bisherigen Entscheidung hatte angeben können, aM Köln NJW 1993, 2248 (aber es kommt auf das jetzt Notwendige an). 41

Daher ist eine bloße **Änderung der Rechtslage** oder ihrer Beurteilung allein nicht ausreichend. Eine Änderung der Sachlage kann zB durch eine Rechtsnachfolge auf der einen oder anderen Seite eintreten. Es reicht nicht aus, neue Unterlagen beizubringen, um eine neue Sachlage herbeizuführen. Etwas anderes gilt nach → Vor § 578 Rn. 14 dann, wenn die neuen Unterlagen eine Grundlage für ein Wiederaufnahmeverfahren nach §§ 578 ff. sein können, aM Peters ZZP 90, 155 (aber dann kann ja sogar die Rechtskraft entfallen), oder wenn eine Änderung der Sachlage ein Grundrecht berührt, BVerfG WuM 1991, 149 (keine kleinliche Beurteilung vornehmen, Saarbr Rpfleger 2003, 38). 42

2. Entscheidung. Das Vollstreckungsgericht entscheidet durch den Rpfl. nach § 20 I Nr. 17 RPflG. Er entscheidet durch einen Beschluss nach § 329. Er muss ihn nach → § 329 Rn. 6 begründen. Gegen ihn gilt § 11 RPflG. Soweit das Gericht im Änderungsbeschluss eine Aufhebung der Vollstreckungsmaßnahme ausspricht, tritt diese Änderung auch hier erst mit der formellen Rechtskraft des Beschlusses nach → Rn. 27 ein. Rechtsbehelfsbelehrung, Verstoß: §§ 232, 233 S. 2. 43

766 ***Erinnerung gegen Art und Weise der Zwangsvollstreckung.*** I [1]**Über Anträge, Einwendungen und Erinnerungen, welche die Art und Weise der Zwangsvollstreckung oder das vom Gerichtsvollzieher bei ihr zu beobachtende Verfahren betreffen, entscheidet das Vollstreckungsgericht.** [2]**Es ist befugt, die im § 732 Abs. 2 bezeichneten Anordnungen zu erlassen.**

II Dem Vollstreckungsgericht steht auch die Entscheidung zu, wenn ein Gerichtsvollzieher sich weigert, einen Vollstreckungsauftrag zu übernehmen oder eine Vollstreckungshandlung dem Auftrag gemäß auszuführen, oder wenn wegen der von dem Gerichtsvollzieher in Ansatz gebrachten Kosten Erinnerungen erhoben werden.

Schrifttum: Glenk NJW 2016, 1864 (Grdz.); Kaminski, Die GVGA als Prüfungsmaßstab im Erinnerungsverfahren, 1992; Nies MDR 1999, 1418 (Grdz.).

Übersicht

1 **I. Systematik, §§ 766–774.** Diese Vorschriften geben zur Beseitigung einer nach → Einl. II Rn. 12, 70 unberechtigten Zwangsvollstreckung eine Reihe prozessualer Hilfsmittel. Diese sind öffentlich-rechtlich. Deshalb können die Beteiligten diese Hilfsmittel nach → Rn. 4 grundsätzlich nicht durch eine sachlich-rechtliche Klage desselben Ziels und Inhalts ausschalten. Eine solche Klage ist vielmehr nach → § 767 Rn. 20 (F) neben den Hilfsmitteln nach §§ 766 ff. nur ausnahmsweise statthaft, BGH Rpfleger 1989, 248. Die Erörterung solcher Fälle befindet sich bei den einzelnen Vorschriften. Eine Verwertung aufgrund eines gesetzlichen Vermieterpfandrechts oder eines vertraglichen Pfandrechts ist keine Zwangsvollstreckung, Ffm DGVZ 1998, 121; Karlsr OLGZ 1975, 411. § 71 GBO hat den Vorrang, auch für die Schiffsregisterbehörde bei § 870a. Wegen der Brüssel Ia–VO SchlAnh V C 2. Wegen der Zuständigkeit inländischer Gerichte § 4 SeeGVG. Es findet nach § 15a II 1 Nr. 6 EGZPO kein obligatorisches Güteverfahren statt, Hartmann NJW 1999, 3748.

2 **II. Regelungszweck, I, II.** Die Aufzählung des § 766 zeigt die stets mitbeachtbare Absicht eines lückenlosen Rechtsschutzes nach → Vor § 253 Rn. 1, 2, BVerfG NJW 2015, 3432; Gaul ZZP 87, 257. Die Erinnerung schützt: Gegen die Art und Weise der Zwangsvollstreckung; gegen das Verfahren des Gerichtsvollziehers; gegen eine Amtsverweigerung des Gerichtsvollziehers; gegen unrichtige Kostenforderungen des Gerichtsvollziehers. Mit der Erinnerung kann man nach → Rn. 4, 20 das sachlich-rechtliche Rechtsverhältnis nicht prüfen lassen. Man darf § 766 nach → Einl. II Rn. 70 ff. nicht zu eng auslegen. Denn die Vorschrift dient nach → Rn. 1 der Erzielung eines richtigeren Ergebnisses bei der Durchsetzung des sachlich-rechtlichen Anspruchs. Andererseits muss man nach → Einl. II Rn. 103, → Vor § 704 Rn. 43 jeden Ansatz von Rechtsmissbrauch auch in der Zwangsvollstreckung unterbinden. Auch das muss man bei der Auslegung mitbeachten.

3 **Überzogene Kritik** am Vollstreckungsorgan ist deshalb auch nicht mit einer Erinnerung nach § 766 statthaft.

4 **III. Geltungsbereich, I, II.** § 766 eröffnet einen Rechtsbehelf mit eigener Art. Es handelt sich nicht um eine sofortige Beschwerde. Denn diese richtet sich nach §§ 567 ff., 793. Es geht vielmehr um eine Vorstellung beim Vollstreckungsgericht. Man nennt sie am besten Erinnerung. Sie betrifft nur das Verfahren des Vollstreckungsorgans nach → Vor § 704 Rn. 32, Ffm FamRZ 1997, 1490, und zwar auch wegen einer einzelnen Maßnahme, selbst wenn sie keine unmittelbare Vollstreckungswirkung hat, etwa wegen einer Zustellung. Mit der Erinnerung ruft der Betroffene das Vollstreckungsgericht des § 764 an. Er beantragt die Nachprüfung einer Maßnahme entweder des Gerichtsvollziehers oder des Vollstreckungsgerichts. Die Vorschrift gilt auch im Insolvenzverfahren, LG Stendal DGVZ 2008, 78; AG Hmb ZMR 2008, 541; AG Köln NJW-RR 2003, 988, und bei einem arbeitsgerichtlichen Vollstreckungstitel.

5 Grundsätzlich kann man mit der Erinnerung nach § 766 **nicht** aus **sachlich-rechtlichen** Erwägungen gegen das vollstreckbare Urteil vorgehen, also nicht gegen den vollstreckbaren Anspruch. Denn die ZPO hält das Vollstreckungsrecht von solchen sachlich-rechtlichen Erwägungen getrennt. Sie sieht dann die Vollstreckungsabwehrklage usw. nach §§ 767, 771 vor, BGH JurBüro 2009, 443; LG Stendal DGVZ 2008, 79; AG Ellwangen DGVZ 1992, 126. § 95 ZVG geht vor, Stgt Rpfleger 2000, 227. § 766 eignet sich grundsätzlich auch nicht zur Feststellung und Anwendung ausländischen Rechts nach § 293 usw., BGH NJW 1993, 2315.

6 **IV. Zwangsmaßnahme, I, II.** Sie muss nach → Vor § 704 Rn. 47 begonnen haben, KG DGVZ 1994, 113; Köln JurBüro 1989, 870, LG Stendal DGVZ 2008, 79. Sie muss zumindest drohen, BGH WM 2013, 713. Sie darf noch nicht nach → Vor § 704 Rn. 49 geendet haben, LG Brschw DGVZ 1975, 154; LG Wiesb DGVZ 2000, 24. Es kommt auf Art und Entscheidungsperson an.

7 **1. Begriff.** Die Erinnerung nach § 766 ist gegen eine selbständige Zwangsmaßnahme zulässig, Naumb DGVZ 2000, 36; LG Augsb Rpfleger 2001, 92; LG Drsd Rpfleger 1999, 501. Zu solchen Maßnahmen zählen Beschlüsse

oder Verfügungen nach § 329, soweit sie auf einen Antrag oder von Amts wegen **ohne** eine Anhörung der übrigen Beteiligten ergangen sind, LG Ffm Rpfleger 1992, 168; OVG Münst NJW 1980, 1709. Unerheblich ist dann, ob ein Dritter gehört wurde, LG Drsd Rpfleger 1999, 501.

Den **Gegensatz** zur Zwangsmaßnahme bildet die eine Vollstreckungsmaßnahme ablehnende oder sie erlauzbende echte **Entscheidung nach** einer Anhörung aller Beteiligten gemäß Art. 103 I GG durch einen nach → § 329 Rn. 6 zu begründenden Beschluss, BGH WM 2012, 81. Das gilt unabhängig davon, ob eine mündliche Verhandlung notwendig, erlaubt oder unstatthaft war, Hamm MDR 1975, 938, KG OLGZ 1978, 491. Dann kann eine sofortige Beschwerde nach §§ 567 I Nr. 1, 793 statthaft sein. 8

Nicht hierher gehören: Eine unselbständige Zwischenentscheidung, LG Augsb Rpfleger 2001, 92 (Feststellung des geringsten Gebots. Die Grenzen fließen!); eine freiwillige Leistung eines Dritten zur Vollstreckungsabwehr, Naumb DGVZ 2000, 36. 9

2. Gegen Gerichtsvollzieher. Es kann um eine Maßnahme des Gerichtsvollziehers gehen, zB um eine Vollstreckung ohne eine schon und noch nach §§ 724 ff. wirksame vollstreckbare Ausfertigung des Vollstreckungstitels, AG Hann DGVZ 2009, 80; um eine Pfändung nach §§ 803 ff., auch zur Nachtzeit usw. nach § 758a IV; um die Abnahme der Vermögensauskunft nach §§ 802c ff., wenn auch erst nach deren Ablehnung, BGH Rpfleger 2008, 319 (Ergänzungsantrag); um eine Räumung oder Teilräumung; aM zur letzteren BGH NJW 2013, 2287 (aber auch das ist eine Vollstreckungsart); krit. auch Lamberz NJW 2013, 2288; um eine besondere Verwertungsart nach § 825 I; um einen Kostenansatz nach § 5 GvKostG, LG Düss JurBüro 2000, 666; AG Augsb DGVZ 2006, 126; AG Ffm DGVZ 2002, 190; um eine Vorschussforderung nach § 4 GvKostG; um eine Weigerung nach § 3 GvKostG, tätig zu werden, LG Aachen DGVZ 2003, 23 (StPO, Beitreibung); LG Hann JurBüro 2005, 274 (Anfrage beim Meldeamt); AG St Ingbert DGVZ 2007, 46; um eine Einstellung wegen Sperrung der Energieversorgung des Schuldners, AG Schwerin DGVZ 2017, 20; AG Syke DGVZ 2017, 20. Das gilt auch, soweit sich der Gerichtsvollzieher an die GVGA gehalten hat, LG Kblz DGVZ 1986, 29. § 7 II 1 GvKostG hat den Vorrang, LG Düss JurBüro 2000, 666; LG Saarbr DGVZ 1996, 92. Ausreichend ist auch die Weigerung des Gerichtsvollziehers, seine Rechtsansicht zu ändern, AG Neubrdb DGVZ 2014, 198. 10

Nicht ausreichend ist die bloße Befürchtung, der Gerichtsvollzieher könne eine Handlung nach § 3 GvKostG ablehnen, LG Limbg DGVZ 2005, 184. 11

3. Gegen Rechtspfleger. Es kann um eine Maßnahme des Rpfl. gehen, etwa um den Erlass eines Pfändungsbeschlusses ohne eine Anhörung des Schuldners (sonst gilt → § 793 Rn. 3, 12, Bbg NJW 1978, 1389; LG Meiningen Rpfleger 2006, 421; AG Maulbronn FamRZ 1991, 355). Eine Anhörung liegt nicht vor, soweit die Maßnahme vor dem Ablauf der Äußerungsfrist und vor dem Eingang einer Äußerung des Schuldners ergeht, LG Ffm Rpfleger 1984, 472. Auch dieser Beschluss ist eine bloße Zwangsmaßnahme und keine Entscheidung. Schon deshalb ist § 11 RPflG hier unanwendbar, Hamm NJW-RR 1988, 320; LG Frankenth Rpfleger 1982, 231; Gaul ZZP 85, 256. Hierher zählen auch die Ablehnung oder die Aufhebung eines nach § 829 ergangenen Pfändungs- und Überweisungsbeschlusses durch den Rpfleger ohne eine Anhörung des Schuldners; Kblz BB 1977, 1070; aM Kblz NJW-RR 1986, 679; Bischof NJW 1987, 1810. 12

4. Gegen Richter. Es kann um eine Maßnahme des Richters gehen, soweit er als Vollstreckungsgericht tätig wurde. Eine Erinnerung ist gegenüber dem Prozessgericht als Vollstreckungsorgan nicht zulässig. Dort bleibt vielmehr allenfalls die sofortige Beschwerde nach §§ 567 I Nr. 1, 793 statthaft. Wohl aber ist eine Erinnerung dann zulässig, wenn das Arrestgericht als Vollstreckungsgericht nach § 930 entschieden hat, Ffm OLGZ 1981, 370. Eine Erinnerung ist auch dann zulässig, wenn das LG fälschlich nicht über einen Zuschlag nach dem ZVG entschieden, sondern das Verfahren zurückverwiesen hat. 13

5. Gegen Zwangsversteigerung, Zwangsverwaltung, Teilungsversteigerung. Es kann um die Anordnung einer Zwangsversteigerung, Zwangsverwaltung oder Teilungsversteigerung eines Grundstücks nach §§ 864 ff. iVm §§ 15, 27, 146, 180 ZVG gehen, Brem Rpfleger 1984, 157; Hamm KTS 1977, 177; LG Bielef FamRZ 2006, 1048. Gegen die Anordnung des Grundbuchamts sind die Rechtsbehelfe → § 867 Rn. 27 statthaft. Wenn das Finanzamt eine Steuer beitreibt, ist nur die Beschwerde nach der AO zulässig. 14

V. Zusammentreffen mit weiteren Zwangsvollstreckungsbehelfen, I, II. Man muss vier Situationsgruppen unterscheiden. 15

1. Sofortige Beschwerde. Wenn statt einer gesetzlich vorgesehenen Maßnahme sogleich eine förmliche Entscheidung ohne eine Anhörung des Betroffenen erfolgten, kommt nach → Rn. 6, 45 und → § 793 Rn. 3 beim Rpfleger § 11 RPflG und beim Richter die sofortige Beschwerde nach §§ 567 I Nr. 1, 793, § 87 IV FamFG in Betracht. Indessen muss man meist die angefochtene Entscheidung nach → Vor § 128 Rn. 59, 60 in die richtige Form umdeuten. Der Rechtsbehelf ist dann nach dem Grundsatz nach → Vor § 511 Rn. 29 der sog. Meistbegünstigung in denjenigen umdeutbar, der gegen diese richtige Maßnahme zulässig ist. Bei § 95 ZVG halten manche statt der sofortigen Beschwerde nur die Erinnerung dann für zulässig, wenn das Gericht den Gegner nicht angehört hatte. 16

2. Dienstaufsichtsbeschwerde. Eine Dienstaufsichtsbeschwerde nach → Vor § 567 Rn. 9 gegen den Gerichtsvollzieher ist grundsätzlich statthaft, BVerwG NJW 1983, 898, aM Midderhoff DGVZ 1982, 24 (aber sie ist trotz ihrer Problematik fast überall praktisch statthaft). Die Dienstaufsicht darf freilich nicht die Eigenverantwortlichkeit des Gerichtsvollziehers beseitigen, BVerwG NJW 1983, 898. Jedoch hat eine etwaige Erinnerung nach § 766 den Vorrang, Gaul ZZP 87, 275. Der Vorgesetzte darf wegen einer einzelnen Vollstreckungshandlung nur bedingt Anweisungen erteilen, aM LG Heidelb DGVZ 1982, 120 (aber der Gerichtsvollzieher kann meist nicht ohne einen eigenen Ermessensraum arbeiten). 17

3. Vollstreckungsabwehrklage. Wenn auch ein sachlich-rechtlicher Vollstreckungsvertrag nach → Vor § 704 Rn. 24 vorliegt, ist insoweit eine Vollstreckungsabwehrklage nach § 767 statthaft und nach → Vor § 704 Rn. 41 notwendig, BGH NJW-RR 2007, 1725. 18

4. § 23 EGGVG. Das Verfahren nach § 23 EGGVG kommt wegen des nach seinem III vorrangigen § 766 nicht in Betracht, KG MDR 1982, 155; Karlsr MDR 1980, 76; LG Aachen DGVZ 2003, 23; aM Düss MDR 2008, 1365; Hamm Rpfleger 2011, 87. Das gilt auch dann, wenn eine Erinnerung nach § 766 zB wegen der 19

Beendigung der Zwangsvollstreckung nach → Vor § 704 Rn. 49 nicht mehr statthaft ist, KG MDR 1982, 155; Karlsr MDR 1980, 76.

20 **VI. Zusammentreffen mit sachlich-rechtlichen Klagen, I, II.** Insoweit gibt es fünf Möglichkeiten.

21 **1. Drittwiderspruchsklage.** Wenn die Voraussetzungen des § 771 oder des § 805 vorliegen, kann für den Dritten eine Klage nach dieser Vorschrift in Betracht kommen. Eine Entscheidung aus § 766 schließt eine Klage nach § 771 nicht aus. Denn § 766 betrifft nur das Verfahren. § 771 betrifft demgegenüber das sachliche Recht, Kblz Rpfleger 1979, 203; Schlesw Rpfleger 1979, 471. Wenn der Schuldner an der Sache einen Besitz hat, hat er wegen der Verletzung seines Besitz- und Benutzungsrechts die Erinnerung. Der Eigentümer hat eine Klage aus § 771, AG Bln-Wedding DGVZ 1988, 45.

22 Die Vorschriften können zB auch bei einer Zwangsvollstreckung in eine solche Vermögensmasse zusammentreffen, mit der der **Schuldner nicht haftet,** etwa bei einer Zwangsvollstreckung in das Vermögen des Erbens nach §§ 779 ff. oder nach dem Anh. § 736 dann, wenn sich der Titel nur gegen die Gesellschaft richtet, die Zwangsvollstreckung aber das Eigentum eines Gesellschafters berührt. In Betracht kommen ferner: Eine Zwangsvollstreckung in ein solches Vermögen, das einer fremden Verwaltung unterliegt, ohne dass ein Duldungstitel vorliegt; eine Zwangsvollstreckung in den Gewahrsam eines nicht herausgabebereiten Dritten nach § 809; der Fall, dass ein Hypothekengläubiger die Unzulässigkeit der Pfändung von Zubehör behauptet.

23 **2. Feststellungsklage.** Wenn die Zwangsvollstreckung schlechthin unwirksam ist oder war, kann nach → Vor § 704 Rn. 41 eine Feststellungsklage nach § 256 möglich sein, Köln JurBüro 2001, 213; AG Bln-Schöneb DGVZ 1991, 140; AG Köln DGVZ 1978, 30; aM BGH NJW-RR 1989, 637 (aber § 256 gilt allgemein). Das mag auch ausnahmsweise wegen einer einzelnen Maßnahme möglich sein, Bbg JurBüro 1983, 298; Ffm OLGZ 1983, 337; Köln JurBüro 2001, 213. Es ist auch eine entsprechende Einrede zulässig. Auch bei einem unklaren Titel kann eine Feststellung nach § 256 sinnvoll sein, BAG NJW 2002, 3046.

24 **3. Klage wegen Mehrdeutigkeit.** Soweit der Titel nach → Vor § 128 Rn. 59, 60 mehrdeutig ist, kommt eine erneute Leistungsklage nach → Vor § 322 Rn. 26 oder eine Feststellungsklage wegen des Urteilsinhalts nach § 256 in Betracht.

25 **4. Klage aus anderem Grund.** Soweit dem Kläger die Grundlagen der Erinnerung fehlen und wenn er etwa die Mangelhaftigkeit der Pfändung nach §§ 803 ff., 829 nicht kennt, kommt ebenfalls eine erneute Leistungsklage oder eine Feststellungsklage nach § 256 infrage. Wenn die Zwangsvollstreckung aber bereits nach → Vor § 704 Rn. 49 beendet ist, hat der Schuldner die Möglichkeit einer Bereicherungsklage nach §§ 812 ff. BGB, falls der Anspruch nicht bestand, BFHE 194, 343. Diese Klagemöglichkeit besteht aber nicht schon deshalb, weil das Verfahren mangelhaft war.

26 **5. Amtshaftungsklage.** Schließlich kommt nach → Einl. II Rn. 58 eine Klage wegen einer Amtspflichtverletzung gegen den Staat nach Art. 34 GG, § 839 BGB in Betracht. Die Entscheidung nach § 766 hindert den Drittschuldner nach § 840 nicht, gegen einen Pfändungs- und Überweisungsbeschluss nach § 829 im Prozess Einwendungen aus einem eigenen sachlichen Recht zu erheben, soweit dazu ein Rechtsschutzbedürfnis besteht, BGHZ 69, 148.

27 **VII. Antragsberechtigung, I, II.** Antragsberechtigt ist jeder, dessen Recht eine Maßnahme der Zwangsvollstreckung nachteilig berührt, BGH NZM 2009, 877; Düss NJW 1980, 458. Das können sein: Der Gläubiger, Ffm FamRZ 1983, 1268; der Schuldner; der Drittschuldner nach § 840, auch zB der Sozialversicherungsträger, Hamm Rpfleger 1977, 109; KG Rpfleger 1976, 144; der Insolvenzverwalter, AG Köln NJW-RR 1999, 1351; AG Rostock NJW-RR 2000, 716; der Schuldner im Insolvenzverfahren; die Staatskasse, vertreten durch den Bezirksrevisor, AG Neuwied DGVZ 1999, 190; der Gerichtsvollzieher, LG Konst DGVZ 2002, 139; andere Dritte. Gläubiger und Schuldner können sich gegen das Verfahren des Gerichtsvollziehers und des Vollstreckungsgerichts wenden, BGH NZM 2009, 871. Das gilt auch dann, wenn die Prozessvoraussetzungen der Zwangsvollstreckung fehlen oder wenn die Ausführung der einzelnen Vollstreckungsmaßnahme gesetzwidrig ist.

28 Wenn das Vollstreckungsgericht erst **nach** einer notwendigen oder freistehenden Anhörung aller Beteiligten eine förmliche Entscheidung nach → Rn. 4 getroffen hat, ist nicht die Erinnerung statthaft, sondern nach → Rn. 15 die sofortige Beschwerde. Wenn das Beschwerdegericht eine Anordnung in der Zwangsvollstreckung erlassen hat, etwa einen Pfändungsbeschluss nach § 829, geht die Erinnerung an das Beschwerdegericht. Denn das niedrigere Gericht darf eine Anordnung des höheren Gerichts nicht überprüfen.

VIII. Beispiele zur Frage der Zulässigkeit einer Erinnerung, I, II

29 **Ablehnung nach Anhörung:** Die Erinnerung des Gläubigers ist **unzulässig,** soweit das Vollstreckungsgericht die Durchführung eines Vollstreckungsauftrags an den Gerichtsvollzieher nach einer Anhörung des Schuldners nach → Rn. 6, 27 abgelehnt hat (stattdessen evtl. sofortige Beschwerde nach §§ 567 I Nr. 1, 793).

Ablehnung ohne Anhörung: Die Erinnerung des Gläubigers ist zulässig, soweit der Gerichtsvollzieher einen Vollstreckungsauftrag ohne eine Schuldneranhörung nach → Rn. 4 ablehnt, BGH NJW-RR 2008, 1164; AG Aachen DGVZ 1984, 40; AG Münst NJW-RR 1992, 1531.

Ablehnung wegen Befangenheit: Sie ist beim Gerichtsvollzieher nach → § 49 Rn. 9 **unzulässig,** BVerfG NJW-RR 2005, 365.

Abtretung: → „Einwendung gegen den Anspruch“, → „Landwirtschaft“.

Anderer Gerichtsvollzieher: Die Erinnerung des Schuldners ist **unzulässig,** soweit er verlangt, ein anderer Gerichtsvollzieher solle tätig werden, AG Bayreuth DGVZ 1984, 75, solange kein „Ablehnungsgrund“ vorliegt, AG Bad Vilbel DGVZ 1999, 13 (er fehlt dann, wenn der Gerichtsvollzieher den Schuldner lediglich kennt).

Anhörung: Die Erinnerung des Schuldners ist **unzulässig,** soweit man ihn vor der Entscheidung angehört hatte. Dann kommt vielmehr nach → Rn. 6, 27 und §§ 567 I Nr. 1, 793 die sofortige Beschwerde in Betracht, Bbg NJW 1978, 1389; LG Bonn DB 1979, 94.

Aufenthaltsermittlung: → „Unbekannter Aufenthalt“.

Aufrechnung: → „Einwendung gegen den Anspruch“.

Berechtigtes Interesse: Die Erinnerung des Gerichtsvollziehers ist zulässig, soweit er an einer Entscheidung ein berechtigtes Interesse hat, zB deshalb, weil er befürchtet, evtl. rechtswidrig zu handeln und deshalb mit einer

Notwehr des Schuldners rechnen zu müssen, Düss NJW 1980, 458 und 1111; aM Stgt Rpfleger 1980, 236; LG Osnabr DGVZ 1980, 124 (aber auch der Gerichtsvollzieher hat einen Anspruch auf Rechtsschutz). Die Staatskasse, vertreten durch den Bezirksrevisor, hat ein berechtigtes Interesse, soweit es zB um eine Kostenrechnung des Gerichtsvollziehers nach § 5 GvKostG geht, auch wegen deren Überhöhung, AG Neuwied DGVZ 1999, 190.

Beschwer: Der Antragsteller muss eine eigene Beschwer beklagen, BGH NZM 2009, 877.

Bestimmtheit der Forderung: Die Erinnerung des Schuldners ist zulässig, soweit das Mahn- oder Prozessgericht die Forderung nicht § 253, § 313 I Nr. 4, III, § 692 I Nr. 1 genügend bestimmt bezeichnet hat, BGH MDR 1978, 135; Ffm NJW 1981, 468; LG Traunst Rpfleger 2004, 366 (abl. Vollkommer Rpfleger 2004, 336).

Betreuer: → „Partei kraft Amtes".

Bezirksrevisor: → „Staatskasse".

Dienstaufsichtsbeschwerde: Man muss ihre Zulässigkeit nach → Rn. 17 und diejenige einer Erinnerung unabhängig voneinander prüfen. Das gilt auch wegen der Kosten.

Dritter: Seine Erinnerung ist nur insoweit zulässig, als er ein Rechtsschutzbedürfnis hat, BGH NJW-RR 1989, 636; LG Bln DGVZ 2011, 172; Flatow WuM 2011, 415. **Unzulässig** ist eine Erinnerung wegen nur wirtschaftlicher Nachteile, LG Kblz MDR 1982, 503, oder wegen seiner Behauptung, der Eigentümer der nach §§ 803 ff. gepfändeten Sache zu sein, AG Halle-Saarkreis JurBüro 2005, 383 (dann evtl. § 771), oder nur zugunsten eines Dritten, BGH MDR 2009, 1416. Auch → „Veräußerungshinderndes Recht".

Drittschuldner: Er kann bei § 840 grds. die Erinnerung einlegen, BGHZ 69, 144. Das gilt zB bei einer unzureichenden Bezeichnung der Forderung, BGH MDR 1978, 135. Die Erinnerung des Schuldners ist **unzulässig,** soweit sich der Drittschuldner gegen den Bestand und die Höhe der überwiesenen Forderung wendet, Schulze-Werner/Bischoff NJW 1986, 697. Auch → „Veräußerungshinderndes Recht", → „Zustellung".

Duldungstitel: Die Erinnerung des Schuldners ist zulässig, soweit der erforderliche Duldungstitel fehlt.

Durchsuchung: Die Erinnerung des Schuldners ist zulässig, soweit das Gericht oder der Gerichtsvollzieher ohne eine vorherige Schuldneranhörung eine Maßnahme nach §§ 758, 758a vornehmen, BGH WM 2005, 293, oder wenn der Gerichtsvollzieher ohne eine notwendige Durchsuchungsanordnung vorging.

Ehegatte: Die Erinnerung des Ehegatten des Schuldners ist **unzulässig,** soweit beim Schuldner § 739 die Vermutung des § 1362 I BGB beseitigt. Denn dann kommt nach → § 739 Rn. 10 eine Klage nach § 771 in Betracht, Bbg DGVZ 1978, 9; aM LG Münst DGVZ 1978, 14 (aber § 771 hat als eine Spezialvorschrift den Vorrang). Der Einwand des Fehlens einer Einwilligung nach § 1365 BGB lässt sich nach § 766 erheben, Ffm FamRZ 1999, 525. Beim „Oder"-Konto ist das Innenverhältnis unerheblich, Nürnb JurBüro 2002, 497. Auch → „Räumung".

Eigentum: → „Dritter".

Einschränkung: Die Erinnerung des Gläubigers ist zulässig, soweit der Gerichtsvollzieher eine Vollstreckung gegenüber dem Auftrag einschränkt, AG Wuppert DGVZ 1993, 14.

Einstellung: Die Erinnerung des **Gläubigers** ist zulässig, soweit der Gerichtsvollzieher die Vollstreckung zB nach § 775 unzulässigerweise einstellt, AG Wuppert DGVZ 1993, 14. Die Erinnerung des **Schuldners** ist zulässig, soweit der Gerichtsvollzieher trotz einer erfolgten Einstellung der Zwangsvollstreckung pfändet oder soweit er entgegen § 775 die Einstellung ablehnt.

Einwendung gegen den Anspruch: Die Erinnerung des Schuldners ist grds. **unzulässig,** soweit er eine Einwendung gegen den Anspruch geltend macht, BGH NZM 2012, 325 (Ausnahme evtl. beim ZVG), zB dahin, die Forderung stehe dem Gläubiger nicht mehr zu, Köln FamRZ 1985, 627; AG Heidelb DGVZ 1989, 46 (Aufrechnung). Dann ist die Vollstreckungsabwehrklage nach § 767 zulässig, Ffm MDR 1980, 63, LG Essen WuM 1984, 252 (Verwirkung); AG Heidelb DGVZ 1989, 46.

Erbe: Vgl. bei Testamentsvollstreckung → § 748 Rn. 13.

Erfüllung: Zulässig ist **nicht** die Erinnerung, sondern die Klage, AG Stollberg JurBüro 2007, 444.

Ersatzzustellung: Die Erinnerung des Gläubigers ist zulässig, soweit der Gerichtsvollzieher einen Auftrag wegen einer Verkennung des § 181 ohne eine Schuldneranhörung ablehnt, LG Aachen DGVZ 1984, 40.

Feiertagspfändung: Die Erinnerung des Schuldners ist zulässig, soweit eine nach § 758a IV gesetzwidrige Maßnahme ergeht.

Frist: → „Räumung".

Funktionelle Unzuständigkeit: → „Vollstreckungsklausel".

Gegenleistung: → „Zug-um-Zug".

Gerichtsvollzieher: Die Erinnerung des **Gläubigers** gegen eine Weigerung des Gerichtsvollziehers ist zulässig, LG Aachen DGVZ 2003, 23, AG Drsd DGVZ 2011, 134; AG Euskirchen DGVZ 2015, 260, ferner gegen die Nichtbeachtung des § 128 II 2 GVGA (Ankündigung einer Räumung), AG Augsb DGVZ 2012, 126. Die Erinnerung des **Gerichtsvollziehers** ist **unzulässig,** soweit seine Interessen weder kostenrechtlich noch sonstwie leiden, Düss NJW-RR 1993, 1280; Büttner DGVZ 2013, 126; aM BGH NJW 2004, 2981; Nies MDR 1999, 1420 (aber warum sollte er keine Abwehrmöglichkeit haben?). S. auch bei den einzelnen fraglichen Handlungen.

Geringfügigkeit: Die Erinnerung des Gläubigers ist zulässig, soweit der Gerichtsvollzieher einen Vollstreckungsauftrag wegen der Geringfügigkeit der Forderung, → § 754 Rn. 17 ohne eine Schuldneranhörung ablehnt, AG Flensb MDR 1975, 765.

Geschäftsanweisung: Die Erinnerung eines Betroffenen, auch eines Dritten, ist zulässig, soweit der Gerichtsvollzieher gegen die GVO oder gegen die Geschäftsanweisung (GVGA) verstößt, Köln JurBüro 1992, 703; LG Bonn JurBüro 1994, 312; FG Stgt MDR 1976, 84; aM Karlsr MDR 1976, 54 (aber ein Dienstverstoß bedeutet ungeachtet § 1 S. 4 GVGA durchweg auch einen Verfahrensverstoß).

Gesetzliche Vertretung: Die Erinnerung ist zulässig, soweit der Mangel einer gesetzlichen Vertretung zB nach § 51 vorliegt, Kblz FamRZ 2005, 993.

Gewahrsam: Die Erinnerung des **Gläubigers** ist zulässig. Er muss den Schuldnergewahrsam nach § 808 I beweisen, Düss MDR 1997, 143. Die Erinnerung des **Schuldners** ist **unzulässig, soweit** der Gerichtsvollzieher einen fremden Gewahrsam verletzt, AG Mü DGVZ 1995, 11. Dann gilt § 809. Dasselbe gilt bei einer

Verletzung fremden Eigentums. Dann gilt § 771. Die Verletzung eines fremden Vorzugsrechts lässt sich nur nach § 805 regeln. Die Erinnerung eines **Dritten** ist zulässig, soweit der Gerichtsvollzieher solche Sachen pfändet, die lediglich im Gewahrsam des Dritten stehen. Dabei ist es unerheblich, ob der Dritte auch nach § 771 klagen kann.

Gläubiger: Die Erinnerung des Gläubigers ist zulässig, sowiet er eine Maßnahme des Gerichtsvollziehers für unzureichend hält, LG Chemnitz DGVZ 2000, 37; LG Hildesh DGVZ 2000, 37.

Herabsetzung: → „Unpfändbarkeit".

Herausgabe des Erlöses usw.: Die Erinnerung des Gläubigers ist zulässig, soweit der Gerichtsvollzieher die Herausgabe des Erlöses oder einer Sache zB nach § 883 verweigert, Noack DGVZ 1975, 97.

Herausgabe einer Sache: Die Erinnerung des **Vermieters** ist **unzulässig,** soweit er bei einer Vollstreckung eines Dritten gegen den Mieter ein Vermieterpfandrecht geltendmacht, BGH NZM 2009, 877.

Herausgabe des Titels: Die Erinnerung des Gläubigers wie des Schuldners ist nach → § 836 Rn. 9 zulässig, soweit der Gerichtsvollzieher den Vollstreckungstitel nicht herausgibt oder herausgeben lässt.

Insolvenz. Dazu Münzberg, Anfechtung und Aufhebung von Zustellungen?, FS Zöllner, 1999, 1203 (auch zur InsO). Die Erinnerung des **Gläubigers** ist nach der Eröffnung des Insolvenzverfahrens unabhängig davon zulässig, ob er Vollstreckungsgläubiger, Insolvenzgläubiger oder Neugläubiger ist, AG Gött DGVZ 2008, 27, aM AG Worm DGVZ 2008, 28.

Die Erinnerung des **Schuldners** ist zulässig, soweit der Verwalter aufgrund eines vollstreckbaren Titels zu Unrecht Gegenstände zur Masse gezogen hat. Der Schuldner ist überhaupt trotz des Verfahrens zur Erinnerung gegen eine solche Maßnahme der Zwangsvollstreckung berechtigt, die gegen § 89 InsO verstößt, BGH BB 2004, 853; Köln Rpfleger 2010, 529; oder gegen § 93 InsO, LG Bad Kreuzn Rpfleger 2004, 518, ebenso wie der Verwalter, Jena NJW-RR 2002, 627; AG Hmb ZIP 2014, 1401; Lüke NJW 1990, 2665; aM Hmb KTS 1983, 601 (§§ 767, 768. Aber § 766 gilt auch im Insolvenzverfahren wie sonst, § 4 InsO). Das gilt auch bei § 114 III InsO, LG Mü Rpfleger 2000, 468 (krit. Zimmermann), oder bei § 210 InsO, BGH NJW-RR 2007, 120. Zum Problem BSG NJW 1990, 2709. Auch → „Restschuldbefreiung".

Insolvenzverwalter: „Insolvenz", → „Partei kraft Amtes".

Kostenberechnung: Die Erinnerung des **Gläubigers** wie des Schuldners ist zulässig, soweit der Gerichtsvollzieher seine Kosten nach dem GvKostG fehlerhaft ansetzt, LG Bonn DGVZ 1998, 12; LG Konst DGVZ 2001, 45; aM AG Augsb DGVZ 2006, 126 (§ 5 II GvKostG). Das gilt unabhängig davon, ob man schon bezahlt hat, LG Bln DGVZ 1979, 182. Dann kann der Gläubiger die Erinnerung auch schon vor der Entgegennahme der Kosten aus dem Erlös der Vollstreckung einlegen, LG Hann DGVZ 1977, 61. Das gilt auch bei einer Prozesskostenhilfe nach §§ 114, 119 II, AG Gladbeck DGVZ 1989, 159. Die Erinnerung des **Gerichtsvollziehers** ist nach → § 793 Rn. 15 (dort zu dieser Streitfrage) **unzulässig,** soweit ein Beteiligter seinen Kostenansatz beanstandet. Auch → „Staatskasse", → „Vorschuss".

Landwirtschaft: Die Erinnerung des Schuldners ist zulässig, soweit er sich auf einen landwirtschaftsrechtlichen Vollstreckungsschutz berufen kann, weil der Gläubiger zB als Abtretungsnehmer zur Rechtsverfolgung nicht befugt ist und daher auch nicht vollstrecken darf.

Lohnpfändung: Die Erinnerung ist zulässig, aber unbegründet, soweit der Gerichtsvollzieher auf einen Rechenfehler bei der Abrechnung hinweist, AG Ellwangen DGVZ 2009, 188. Auch → „Unpfändbarkeit".

Löschung: Die Erinnerung des Schuldners ist zulässig, soweit ein Vollstreckungsorgan einen Anspruch auf die Löschung zB einer Hypothek mißachtet.

Nachlaßpfleger, -verwalter: → „Partei kraft Amts".

Nachtpfändung: Die Erinnerung des Schuldners ist zulässig, soweit eine nach § 758a IV gesetzwidrige Maßnahme ergeht.

Notar: → „Vorschuss".

Notwehr: → „Berechtigtes Interesse".

Partei kraft Amts: Diejenige nach → Vor § 50 Rn. 10 kann die Erinnerung bei einer Vollstreckung in ihr eigenes Vermögen einlegen.

Pfändung: Die Erinnerung des Schuldners ist zulässig, soweit der Gerichtsvollzieher den Pfandgegenstand nicht in einem gesetzmäßigen Gewahrsam nach § 808 I hat und ihn nicht ordnungsgemäß nach § 808 II gekennzeichnet hat oder soweit die Pfändung zB nach §§ 811 ff., 865 II unstatthaft war oder nach § 810 zu früh erfolgt ist. **Unzulässig** ist eine Erinnerung wegen → Vor § 704 Rn. 49 nach der Auskehrung des Erlöses, Düss ZIP 1982, 367. Auch → „Überpfändung", „Unpfändbarkeit".

Pfändungsfreigrenze: Die Erinnerung des Schuldners ist zulässig, soweit das Vollstreckungsorgan oder -gericht die Pfändungsfreigrenze nach §§ 850c ff. unrichtig festgesetzt hat, LG Kiel SchlHA 1977, 120. Auch → „Unpfändbarkeit".

Pfändungswille des Gläubigers: Die Erinnerung des Gläubigers ist zulässig, soweit der Gerichtsvollzieher nach §§ 803 ff. eine solche Sache pfändet, die der Gläubiger nach § 754 nicht hat pfänden lassen wollen, AG Offenbg DGVZ 1977, 45.

Pfleger: „Partei kraft Amts".

Protokollberichtigung: Eine Erinnerung des Gerichtsvollziehers ist **unzulässig,** soweit er eine Protokollberichtigung nach §§ 164, 762 abgelehnt hat, Brschw DGVZ 1992, 120.

Rang: Die Erinnerung eines Dritten ist zulässig, soweit er sich als ein nach § 804 III nachrangiger Pfändungsgläubiger auf die Unzulässigkeit einer früheren Pfändung beruft, BGH Rpfleger 1989, 248.

Ratenzahlung: Die Erinnerung des Gläubigers ist zulässig, soweit der Gerichtsvollzieher dem Schuldner zB nach § 806b eine Ratenzahlung ohne eine Zustimmung des Gläubigers gestattet, AG Ludwigsh JurBüro 2002, 608; Gaul ZZP 87, 253.

Räumung: Die Erinnerung des **Schuldners** ist zulässig, soweit zwischen der Ankündigung und der Durchführung einer Räumung nach § 885 eine zu knappe Frist liegt, AG Darmst DGVZ 1979, 174 (es ist mit der Gewährung von „mindestens" drei Wochen aber zu großzügig). Die Erinnerung eines **Dritten** ist **unzulässig,** soweit er als Ehegatte oder Kind des zur Räumung verpflichteten Schuldners oder als nicht mitbetroffener bloßer Mitbewohner auftritt, vgl. im Einzelnen bei § 885, LG Bln DGVZ 2011, 172; LG Kref DGVZ 1977, 25; Rabl DGVZ 1987, 38; aM LG Oldb DGVZ 1991, 139 (Zulässigkeit bei einer eindeutigen Lage. Aber ob diese vorliegt, kann man erst im Verfahren klären). Sie ist ferner nach der Beendigung der Räumung nach

→ Vor § 704 Rn. 49 unzulässig, LG Wiesb DGVZ 2000, 25. Die Vollstreckung endet erst mit der Schlüsselübergabe, BGH WM 2005, 293.

Rechtsmissbrauch: Die Erinnerung des Schuldners ist wohl meist **unzulässig,** soweit ein Rechtsmissbrauch nach → Einl. II Rn. 103 und → Vor § 704 Rn. 43 vorliegt. Man kann dann nach § 765a vorgehen.

Rechtswidrigkeit: Die Erinnerung, auch eines Dritten, ist zulässig, soweit die Art und Weise der Zwangsvollstreckung rechtswidrig ist und seine Interessen verletzt. Vgl. bei den einzelnen Vorgängen.

Restschuldbefreiung: Die Erinnerung des Schuldners ist dahin zulässig, er habe im Insolvenzverfahren eine Restschuldbefreiung erhalten, Paulus DGVZ 2010, 101.

Rückgriff: Die Erinnerung eines Dritten ist **unzulässig,** soweit er an der Zwangsvollstreckung unbeteiligt ist und nur den rechtsgeschäftlichen Rückgriff eines Beteiligten befürchten muss.

Sachlichrechtliche Einwendung: → „Einwendung gegen den Anspruch".

Scheck: Die Erinnerung des Schuldners ist zulässig, soweit der Gerichtsvollzieher ihm aufgrund eines Scheckurteils nach § 605a bei der Vollstreckung den Scheck nicht aushändigt.

Scheidung: „Trennungsunterhalt".

Sicherheitsleistung: Die Erinnerung des Schuldners ist zulässig, soweit eine nach §§ 709 ff. erforderliche Sicherheitsleistung etwa fehlt. Man kann das schon Beigetriebene dann durch eine Klage herausverlangen.

Sozialhilfe: → „Wirtschaftliches Interesse".

Staatskasse: Die Erinnerung der Staatskasse ist nach II zulässig, soweit es um einen sie belastenden Ansatz von Kosten des Gerichtsvollziehers nach § 5 GvKostG geht. Dasselbe gilt auch zugunsten des Kostenschuldners. LG Ffm DGVZ 1993, 75; LG Wiesb DGVZ 1990, 13; AG Königstein DGVZ 1993, 74. Sie wird durch den Bezirksrevisor tätig.

Stundung: Die Erinnerung des Gläubigers ist zulässig, soweit der Gerichtsvollzieher dem Schuldner ohne eine Zustimmung des Gläubigers zB nach § 806b eine Stundung gewährt, Gaul ZZP 87, 253.

Teilzahlung: → „Ratenzahlung".

Testamtentsvollstrecker: → „Partei kraft Amtes".

Trennungsunterhalt: Die Erinnerung des Schuldners ist zulässig, soweit es nach der Rechtskraft des Scheidungsspruchs um die Vollstreckung wegen eines Trennungsunterhalts nach § 95 I FamFG geht, AG Groß Gerau FamRZ 1989, 776 (zust. Gottwald).

Überpfändung: Die Erinnerung des Schuldners ist zulässig, soweit entgegen § 803 eine Überpfändung vorliegt. Auch → „Wiederholung der Vollstreckung".

Umschreibung: → „Vollstreckungsklausel".

Unbekannter Aufenthalt: Die Erinnerung des Gläubigers ist **unzulässig,** soweit der Gerichtsvollzieher einen Vollstreckungsauftrag ohne eine Schuldneranhörung ablehnt, weil die Ermittlung des Aufenthaltsorts des Schuldners zu schwierig sei. Denn der Gerichtsvollzieher muss sich um diese Ermittlung nicht besonders bemühen, aM AG Hamm DGVZ 1977, 26 (vgl. aber → § 754 Rn. 4).

Unklarheit des Titels: → „Vollstreckungstitel".

Unpfändbarkeit: Die Erinnerung des **Gläubigers,** des **Schuldners** oder eines betroffenen **Dritten** ist zulässig, soweit der Gerichtsvollzieher dem Grunde oder der Höhe nach eine völlige oder teilweise Unpfändbarkeit zB nach §§ 803 ff., 850 ff. zu Unrecht annimmt, Kblz Rpfleger 1978, 227 (zu hoher pfandfreier Betrag); LG Düss DGVZ 1985, 152, oder soweit er eine Pfändbarkeit bejaht, LG Bln Rpfleger 1978, 268 (Dritter), oder soweit er die Herabsetzung fälschlich ablehnt, LG Kblz MDR 1979, 944, oder gar eine Sachpfändung nach §§ 803 ff. völlig unbegründet von vornherein ablehnt, AG Reinbek DGVZ 2009, 188. Die Erinnerung des **Schuldners** oder des **Drittschuldners** nach § 840 ist zulässig, soweit der Gerichtsvollzieher eine Erhöhung des pfandfreien Betrages gesetzwidrig ablehnt, Düss FamRZ 1984, 727 (zur Erhöhung), oder soweit er sonstwie irgendeine Unpfändbarkeit missachtet, BGHZ 69, 148; Ffm NJW 1981, 468; Wilke NJW 1978, 2381. Eine Klage ist nur dann zulässig, wenn die Unpfändbarkeit sachlichrechtlich in der Rechtsstellung des Schuldners begründet ist. Auch → „Pfändungsfreigrenze".

Untätigkeit: → „Verzögerung".

Unzuständigkeit: Die Erinnerung des Schuldners ist zulässig, soweit das Vollstreckungsorgan unzuständig ist.

Urkunde: Die Erinnerung des Schuldners ist zulässig, soweit der Gerichtsvollzieher ihm aufgrund eines Urkundenurteils nach § 599 bei der Vollstreckung die Urkunde entgegen § 757 nicht aushändigt.

Valuta: Die Erinnerung des Schuldners ist zulässig, soweit der Gerichtsvollzieher die dem Gläubiger zukommende Valuta zum Nachteil des Schuldners falsch berechnet. Dabei schließt die Entscheidung eine spätere Zwangsvollstreckung des ungedeckten Teils nicht aus.

Veräußerunghinderndes Recht: Die Erinnerung des Schuldners ist **unzulässig,** soweit er sich auf ein die Veräußerung hinderndes Recht beruft. Dann kommt nämlich allenfalls eine Drittwiderspruchsklage nach § 771 in Betracht, Schlesw Rpfleger 1979, 471. Diese steht aber auch nur einem Dritten frei. Bei einer unstreitigen Verfügungsbeschränkung nach § 1365 I BGB kann eine Ausnahme in Betracht kommen, Ffm FamRZ 1997, 1490.

Verfügungsbeschränkung: Eine solche nach § 1365 BGB gehört nach § 771.

Verhaftung: Die Erinnerung des Schuldners ist zulässig, soweit ihm eine gegen § 802g verstoßende Verhaftung bevorsteht oder soweit der Richter bereits unzulässig verhaftet hat.

Verjährung: Die Erinnerung des **Gläubigers** ist zulässig, soweit der Gerichtsvollzieher einen Vollstreckungsauftrag ohne eine Schuldneranhörung ablehnt, weil die Forderung verjährt sei, AG Münst NJW-RR 1992, 1531. Die Erinnerung des **Schuldners** ist **unzulässig,** soweit der Gerichtsvollzieher eine Verjährung nicht beachtet hat, LG Kblz DGVZ 1985, 62. Man muss dann nach § 767 vorgehen, LG Stgt JurBüro 2018, 161.

Vermögensauskunft: Die Erinnerung ist schon gegen die Ladung statthaft, AG Ellwangen DGVZ 2018, 104.

Vermögensverzeichnis: Ein möglicher Nachbesserungsantrag nach (jetzt) § 802d hat evtl. die **Unzulässigkeit** einer Erinnerung zur Folge, LG Bln Rpfleger 2007, 482.

Verteilungstermin: Die Erinnerung des Gläubigers bleibt zulässig, soweit sie vor einem Verteilungstermin beim Gericht eingegangen ist, Münzberg Rpfleger 1986, 254, aM Kblz DGVZ 1984, 59 (aber das Gericht hätte schneller prüfen und entscheiden können. Es kommt auf eine solche Entscheidungsreife nach → § 300 Rn. 21 an). Bei einer Anhängigkeit erst nach dem Verteilungstermin ist eine solche Erinnerung **unzulässig,** Kblz DGVZ 1984, 59; Münzberg Rpfleger 1986, 254.

Verwirkung: → „Einwendung gegen den Anspruch".

Verzögerung: Die Erinnerung des Gläubigers ist zulässig, soweit der Gerichtsvollzieher einen Vollstreckungsauftrag außerhalb seines pflichtgemäßen Ermessens objektiv verzögerlich erledigt, LG Dessau JurBüro 1997, 46 (neue Bundesländer); AG Halle/S JurBüro 2004, 504; Gleußner DGVZ 1994, 147; aM AG Karlsr DGVZ 1984, 29; AG Rosenheim DGVZ 1997, 141 (aber auch der Gerichtsvollzieher darf nicht trödeln. Freilich kann wirklich eine Überlastung vorliegen, LG Halle JurBüro 2003, 609).

Vollstreckungsklausel: Die Erinnerung des **Schuldners** ist zulässig, soweit eine Vollstreckungsklausel nach §§ 724 ff. fehlt, aM Köln FamRZ 1985, 627 (aber § 766 gilt allgemein). Sie ist ferner zulässig, soweit ein funktionell unzuständiger Urkundsbeamter der Geschäftsstelle die Klausel erteilt hat, Hamm Rpfleger 1989, 467; aM BGH MDR 2012, 367 (aber auch hier gilt § 766 allgemein). Sie ist weiter zulässig, soweit das Gericht sie nicht wie erforderlich zB nach § 727 umgeschrieben hat, BGH NJW 1992, 2160 (krit. Münzberg JZ 1993, 95); Naumb FamRZ 2007, 1032; aM LG Detm JurBüro 2011, 274 (stets nur §§ 732, 768. Aber § 766 passt besser). Die Erinnerung eines betroffenen **Dritten** ist zulässig, soweit das Gericht ihn nicht in der Vollstreckungsklausel genannt hat.

Vollstreckungskosten: Die Erinnerung des Gläubigers ist zulässig, soweit der Gerichtsvollzieher vom Gläubiger bezeichnete Kosten nicht als nach § 788 notwendige anerkennt. Die Erinnerung des Schuldners ist zulässig, soweit er die Erstattbarkeit leugnet.

Vollstreckungstitel: Die Erinnerung des Schuldners ist zulässig, soweit überhaupt nach §§ 704, 794 usw. ein wirksamer Vollstreckungstitel fehlt, Bbg Rpfleger 1982, 31; Düss Rpfleger 1977, 67; KG NJW-RR 1988, 1406, oder soweit der vorhandene Titel einen anderen Inhalt als den vom Gläubiger oder vom Vollstreckungsorgan angenommen hat, KG NJW-RR 1988, 1406, oder soweit keine ordnungsgemäße Zustellung des Vollstreckungstitels oder der zugehörigen Unterlagen nach §§ 750 ff. erfolgt ist. Die Erinnerung des Schuldners ist grds. **unzulässig,** soweit lediglich eine Unklarheit des Vollstreckungstitels vorliegt. Dann kann er nach § 256 auf eine Feststellung klagen.

Vollstreckungsvertrag: Die Erinnerung des Schuldners ist zulässig, soweit die Vollstreckung gegen einen Vollstreckungsvertrag nach → Vor § 704 Rn. 24 verstößt, Karlsr ZMR 1977, 96, strenger BGH NJW 2017, 2203 (§ 767, krit. Gössl).

Voraussetzung der Vollstreckung: Die Erinnerung des Schuldners ist zulässig, soweit eine Vollstreckungsvoraussetzung nach → Vor § 704 Rn. 15 fehlt. Vgl. bei den einzelnen Arten der Voraussetzungen.

Vorläufiger Insolvenzverwalter: Seine Erinnerung ist **unzulässig.** Denn er muss nach §§ 771, 772 vorgehen, LG Hann DGVZ 1990, 42.

Vormund: → „Partei kraft Amtes".

Vorrang: Die Erinnerung des Berechtigten kann zulässig sein, BGH NJW 2015, 158.

Vorschuss: Die Erinnerung des **Gläubigers** ist zulässig, soweit der Gerichtsvollzieher einen zu hohen oder überhaupt einen Vorschuss nach § 4 GvKostG fordert, LG Aschaffenb DGVZ 1995, 75 (Notar), oder soweit er sich weigert, einen Kostenvorschuß zurückzuerstatten. Die Erinnerung des **Gerichtsvollziehers** ist zulässig, soweit sein Vorschuss herabgesetzt wird, LG Rottweil DGVZ 1989, 74. Auch → „Kostenberechnung".

Wahlschuld: Die Erinnerung des Schuldners ist **unzulässig,** soweit er nach → „Einwendung gegen den Anspruch" einwendet, er habe anders gewählt. Dann ist die Vollstreckungsabwehrklage nach § 767 statthaft.

Wechsel: Die Erinnerung des Schuldners ist zulässig, soweit der Gerichtsvollzieher ihm aufgrund eines Wechselurteils nach § 602 bei der Vollstreckung den Wechsel nicht aushändigt.

Wegegeld: Die Erinnerung des Gläubigers ist **unzulässig,** soweit der Gerichtsvollzieher ihm zwar ein nach KV 711 GvKostG zuviel berechnetes Wegegeld zurückzahlen will, aber den Nachweis fordert, dass der Schuldner Kosten noch nicht bezahlt hat, AG Düss DGVZ 1997, 95.

Wiederholung der Vollstreckung: Die Erinnerung des Schuldners ist zulässig, soweit eine mehrfache (wiederholte) Zwangsvollstreckung in einer gesetzwidrigen Weise stattfindet. Auch → „Überpfändung".

Wirtschaftliches Interesse: Die Erinnerung eines Dritten ist **unzulässig,** soweit er am Ausgang der Zwangsvollstreckung nur ein wirtschaftliches Interesse hat, etwa um als ein Träger von Sozialhilfeleistungen nicht in Anspruch genommen zu werden, LG Kblz MDR 1982, 503.

Zug um Zug. Dazu Kaiser NJW 2010, 2330. Die Erinnerung des Schuldners ist zulässig, soweit die erforderliche Gegenleistung des Gläubigers unvollständig ist, falls man das schon nach dem Vollstreckungstitel ohne weiteres feststellen kann. Andernfalls kommt eine Vollstreckungsabwehrklage nach § 767 in Betracht, KG NJW-RR 1989, 638. **Unzulässig** ist die Erinnerung gegen die Ablehnung des nur nach § 756 mit dem Angebot der Gegenleistung beauftragten Gerichtsvollziehers zur Durchführung dieses Angebots, LG Kblz DGVZ 1998, 58.

Zugewinngemeinschaft: Die Erinnerung ist zulässig, soweit man durch eine eindeutig gegen § 1365 I BGB verstoßende Teilungsversteigerung nach → § 771 Rn. 27, 29 benachteiligt wird, Brem Rpfleger 1984, 157; LG Lüneb FamRZ 1996, 1489.

Zurückerstattung: → „Kostenberechnung", → „Vorschuss".

Zuständigkeit: § 753 regelt sie verbindlich. Daher ist ein Verstoß einer Änderung durch das Vollstreckungsgericht nur bedingt zugänglich, AG Bayreuth DGVZ 1984, 74.

Zustellung: Die Erinnerung des Gläubigers, des Schuldners oder des Drittschuldners nach § 840 ist zulässig, soweit eine gesetzlich notwendige Zustellung bisher nicht stattgefunden hat oder fehlerhaft verläuft, Köln JurBüro 2000, 49; AG Itzehoe DGVZ 1994, 126 (Drittschuldner), oder soweit der Gerichtsvollzieher eine überflüssige weitere Zustellung vorgenommen hat, AG Überlingen JurBüro 2003, 385.

Zwangsversteigerung: Die Erinnerung des vor der Anordnung nicht Angehörten ist statthaft, BGH NJW 2011, 526.

30 **IX. Verfahren, I, II.** Es gibt vier Hauptaspekte.

31 **1. Form und Frist.** Die Erinnerung ist schriftlich, nach §§ 130ad elektronisch oder nach § 78 III Hs. 2 zum Protokoll der Geschäftsstelle möglich. Sie ist unbefristet zulässig. Bei II kann man § 567 II anwenden, LG Kblz DGVZ 1987, 59. Die Erinnerung wird grundsätzlich erst dann statthaft, wenn die Zwangsvollstreckung begonnen hat, KG DGVZ 1994, 114, aber nicht mehr nach ihrer Beendigung, BGH WM 2017, 1109. Sie ist mangels eines fortdauernden Rechtsschutzbedürfnisses grundsätzlich unzulässig, BGH WM 2017, 1109, Köln JurBüro 2001, 213; LG Mü DGVZ 1996, 77. Doch genügt je nach der Sachlage auch das unmittelbare Bevorstehen einer

Vollstreckungsmaßnahme, KG DGVZ 1994, 114, etwa eines Haftbefehls nach (jetzt) § 802g, Hamm DGVZ 1983, 137, oder der Räumung nach § 885. Es reicht also eine solche Situation, in der eine nachträgliche Entscheidung dem Schuldner nicht mehr helfen würde, KG DGVZ 1994, 114 (das sei bei der Androhung einer Zwangsöffnung noch nicht so –? –). Eine Nichteinlegung kann vorwerfbar sein, BGH NJW 2016, 501 (zust. Zimmer).

Auslegbar ist eine mögliche Erinnerung nach → Vor § 128 Rn. 60 wie jede Parteiprozesshandlung. Sie kann 32 auch nach → Vor § 128 Rn. 59 stillschweigend erfolgen. Sie darf nach → Vor § 128 Rn. 62 keine Bedingung enthalten. Man sollte bedenken, dass nicht nur ein anwaltsloser Schuldner wie Gläubiger evtl. aus verständlichen Gründen vieler Art seine Bitte um Überprüfung im Vollstreckungsverfahren nicht juristisch sauber, aber trotzdem der Sache nach erkennbar klar ausdrückt. Das gilt besonders in einer Eilsituation. Deshalb ist eine großzügige Annahme des Vorliegens einer Erinnerung auch dann ratsam, wenn ihr Erfolg zweifelhaft scheint.

2. Evtl. trotz Befriedigung. Ab der vollen Befriedigung des Gläubigers ist nach → Vor § 704 Rn. 49 33 grundsätzlich ein Erinnerungsverfahren nicht mehr zulässig, LG Köln DGVZ 1994, 62, oder erledigt, Hamm WuM 1993, 474, Köln OLGZ 1988, 216. Das gilt, sofern nicht die umstrittene Vollstreckungsmaßnahme fortwirkt, LG Bln DGVZ 1991, 141, wie ein Kostenansatz des Gerichtsvollziehers nach § 5 GvKostG oder wie dann, wenn die Versteigerung nach §§ 816 ff. zwar stattfand, wenn der Erlös aber hinterlegt worden ist, oder wie dann, wenn die Vollstreckungsmaßnahme die Grundlage für ein Verfahren zur Abgabe einer Vermögensauskunft nach §§ 802c ff. sein kann, etwa bei einer Fruchtlosigkeitsbescheinigung, LG Bln DGVZ 1991, 141, oder evtl. dann, wenn es um Maßnahmen des Gerichtsvollziehers nach § 885 II–IV nach der Räumung geht, KG Rpfleger 1986, 440. Letzteres gilt freilich keineswegs stets, BGH DGVZ 2005, 25. § 7 GvKostG ist vorrangig, LG Hann DGVZ 1977, 62; aM LG Bln DGVZ 1991, 142 (aber die Kostenvorschrift hat als eine Spezialregel den Vorrang). Eine falsche Bezeichnung des Rechtsbehelfs schadet nach → Vor § 128 Rn. 59, 60 nicht. Bei Zweifeln muss das Gericht nach § 139 rückfragen. Der Antragsteller muss genau angeben, welche Vollstreckungsmaßnahme er aus welchem Grund beanstandet.

3. Zuständigkeit. Zuständig ist nach §§ 764, 828 dasjenige Vollstreckungsgericht, in dessen Bezirk die 34 beanstandete Vollstreckungsmaßnahme stattfand oder stattfinden soll. Bei der Pfändung eines Arrests ist nach → § 930 Rn. 7 das Arrestgericht das Vollstreckungsgericht, Ffm JurBüro 1980, 1737; Stgt Rpfleger 1975, 407. Bei einer Vollstreckung nach einem Insolvenzeröffnungsbeschluss ist das Insolvenzgericht Vollstreckungsgericht, Jena NJW-RR 2002, 627; AG Gött DGVZ 2008, 27; AG Hmb KTS 1978, 59 (aber das Insolvenzgericht handelt vorrangig). Das gilt auch bei einer Erinnerung des Insolvenzverwalters wegen einer Massearmut, BGH FamRZ 2006, 1667. Bei § 114 III InsO ist nicht das Insolvenzgericht zuständig, sondern das Vollstreckungsgericht, LG Mü Rpfleger 2000, 468 (krit. Zimmermann). In einer Strafsache ist das Strafgericht zuständig, LG Bln DGVZ 2006, 77; LG Frankenth Rpfleger 1996, 524. Das gilt auch bei einer strafrechtlichen Nebenfolge auf eine Zahlung, LG Bln DGVZ 2006, 77. Im Erinnerungsverfahren besteht wegen → Rn. 30 kein Anwaltszwang nach → § 78 Rn. 1, BGHZ 69, 148. Das Vollstreckungsgericht entscheidet durch den Richter nach → § 764 Rn. 6, nicht durch den Rpfleger nach § 20 I Nr. 17 S. 2 RPflG. Der Richter entscheidet auch nach § 91a, LG Frankenth Rpfleger 1984, 361 (zust. Meyer-Stolte); AG Maulbronn FamRZ 1991, 355 (zust. Brehm). Deshalb ist § 11 RPflG unbeachtbar. Eine mündliche Verhandlung steht nach → Rn. 36 gemäß §§ 128 IV, 764 III frei, Schilken AcP 181, 368.

4. Abhilfe. Das bisherige Vollstreckungsorgan darf und muss daher evtl. der Erinnerung abhelfen, Ffm 35 Rpfleger 1979, 111; LG Frankenth Rpfleger 1984, 424; Schmidt DGVZ 2000, 35. Der Rpfl. darf und muss evtl. zB einen Pfändungs- und Überweisungsbeschluss nach § 829 ändern oder den Beschluss nach einer Anhörung des Gläubigers auch teilweise oder ganz aufheben, Ffm Rpfleger 1979, 112; Kblz Rpfleger 1978, 226; Köln Rpfleger 1975, 140. Der Gerichtsvollzieher darf auch zB seine Kostenrechnung berichtigen. Deshalb muss sich zunächst das bisherige Vollstreckungsorgan dazu äußern, ob es abhelfen will. Es muss seine Verfügung oder seinen Beschluss nach → § 329 Rn. 6, 15 begründen. Andernfalls liegt ein Verfahrensmangel vor. Er kann nach → § 329 Rn. 6, 15 zur Zurückverweisung führen. Dabei kann der Richter auch nach § 7 RPflG den Rpfl. anweisen.

5. Weiteres Verfahren. Der Richter muss einen etwaigen Termin nach § 216 entsprechend, auch für die 36 Zeit vom 1. 7. bis 31. 8. ohne eine spätere Verlegungsmöglichkeit nach § 227 III 2 Hs. 1 Nr. 7 unverzüglich wie bei § 121 I 1 BGB bestimmen. Der Erinnerungsführer muss diejenigen Tatsachen darlegen und nach dem Grundsatz → § 286 Rn. 16 zur Überzeugung des Gerichts beweisen, auf die er seine Erinnerung stützt, AG Ffm DGVZ 2002, 190; AG Springe NJW 1978, 834. Das Gesetz lässt die bloße Glaubhaftmachung nach § 294 wegen der Bedeutung einer endgültigen Entscheidung nicht zu. Prüfungsgegenstand sind nur die gerügten Mängel des Vollstreckungsverfahrens. Vor einer Entscheidung zulasten des Antragsgegners muss ihn das Gericht anhören, Art. 2 I, 20 III GG (Rpfl.), BVerfGE 101, 404, Art. 103 I GG (Richter); LG Bln DGVZ 1983, 11. Die Erinnerung lässt sich bis zur Entscheidung über sie zurücknehmen und in den Grenzen eines Rechtsmissbrauchs nach → Vor § 704 Rn. 43 erneuern. Ein Verzicht ist in den Grenzen der Parteiherrschaft nach → Vor § 704 Rn. 5 zulässig. Das Gericht muss das Schuldnerinteresse auch von Amts wegen mitbeachten, Hamm NJW 1984, 1972, Kblz MDR 1986, 64.

X. Entscheidung, I, II. Das Vollstreckungsgericht entscheidet ohne eine Vorlage beim höheren Gericht, 37 Düss NJW-RR 1993, 831. Beim Verstoß muss das höhere Gericht das Verfahren zurückgeben oder zurückverweisen.

1. Form, Inhalt. Das Vollstreckungsgericht entscheidet nach §§ 329, 764 III durch einen Beschluss. Maß- 38 gebend ist die Sachlage im Zeitpunkt dieser Entscheidung, Köln OLGZ 1988, 216. Der Beschluss lautet auf eine Zurückweisung der Erinnerung oder dahin, dass das Gericht die angefochtene noch bestehende Zwangsvollstreckungsmaßnahme für unzulässig erklärt oder aufhebt, BGH WM 2017, 1109, und/oder dass es den Gerichtsvollzieher zu deren Aufhebung anweist. Wenn das Vollstreckungsgericht oder das Beschwerdegericht eine frühere Maßnahme des Vollstreckungsgerichts für unzulässig erklärt, hat es diese Maßnahme damit aufgehoben, Kblz Rpfleger 1986, 229. Die Aufhebung wirkt sofort, BGHZ 66, 394, Köln NJW-RR 1987, 380; Saarbr Rpfleger 1993, 80. Sie beseitigt den Pfändungsbeschluss nach § 829 nicht rückwirkend. Dazu ist vielmehr eine verneinende Feststellungsklage notwendig, soweit diese nach § 256 zulässig ist, BGHZ 69, 149. Rechtsbehelfsbelehrung, Verstoß: §§ 232, 233 S. 2.

39 **2. Begründung, Mitteilung.** Das Vollstreckungsgericht muss seine Entscheidung nach → § 329 Rn. 6 grundsätzlich begründen. Es muss sie nach → § 129 Rn. 9, → § 329 Rn. 12 mit einem vollen Namenszug unterschreiben. Eine sog. Paraphe genügt also nicht, auch nicht beim Rpfl., Köln VersR 1992, 256 (auch zur Heilung durch den Richter). Das Vollstreckungsgericht muss seine Entscheidung nach einer mündlichen Verhandlung nach § 329 I 1 verkünden. Wenn es die Erinnerung zurückweist, muss es seine Entscheidung dem Antragsgegner nach § 329 II 1 formlos mitteilen, dem Antragsteller nach § 329 III förmlich zustellen. Es muss eine der Erinnerung stattgebende Entscheidung beiden Parteien zustellen.

40 **3. Kosten.** Das Vollstreckungsgericht muss in seinem Beschluss entsprechend § 308 II auch über die Kosten entscheiden. Denn diese sind keine Kosten der Zwangsvollstreckung, sondern diejenigen eines selbständigen Verfahrens, BGH NJW-RR 1989, 125. Es sind also §§ 91 ff. anwendbar, nicht § 788, BGH NZM 2009, 661; LG Kassel DGVZ 2001, 322; AG Schmalenberg Rpfleger 2005, 372. Beim FamFG-Verfahren gelten §§ 80–82, 84, 87 V FamFG. Der Gerichtsvollzieher ist mangels seiner Beteiligung am Verfahren als Partei auch bei einer Anweisung an ihn kein Kostenschuldner, Hamm DGVZ 1994, 27; LG Wetzlar DGVZ 1995, 127; LG Wuppert DGVZ 1993, 59. Auch die Landeskasse ist nicht kostenpflichtig, Hamm DGVZ 1994, 27; aM AG Wolfsb DGVZ 1995, 62 (zu großzügig). § 269 IV ist entsprechend anwendbar.

41 Der Beschluss erwächst in formelle **Rechtskraft** nach §§ 329, 705 und auch in innere Rechtskraft nach → Vor § 322 Rn. 3, Stgt Just 1983, 301; LG Wiesb NJW 1986, 939. Die Rechtskraft derjenigen Entscheidung, die eine Erinnerung des Schuldners zurückweist, wirkt auch gegenüber einem Dritten. Die Entscheidung gegen einen Dritten wirkt im Verhältnis zu weiteren Dritten. Im Übrigen wäre es selbst dann ein Missbrauch, eine mehrmalige Entscheidung desselben Sachverhalts zu verlangen, wenn die innere Rechtskraft nach § 322 nicht eintreten würde. Der Gläubiger kann beantragen, den Vollzug der aufhebenden oder der abändernden Entscheidung bis zum Eintritt der formellen Rechtskraft nach §§ 329, 705 auszusetzen. Schnabl AnwBl 2010, 270 erwägt beim Fehler des Gerichtsvollziehers eine Amtshaftung.

42 **XI. Einstweilige Anordnung, I, II.** Eine einstweilige Anordnung des Gerichts vor seiner Entscheidung über die Erinnerung ist entsprechend § 732 II statthaft. Das Gericht darf also auch von Amts wegen entscheiden, Mü MDR 1991, 66. Es darf die Zwangsvollstreckung gegen oder ohne eine Sicherheitsleistung einstellen oder die Fortsetzung der Vollstreckung nach → § 732 Rn. 17 von einer Sicherheitsleistung abhängig machen. Bei seiner Abhilfeprüfung darf und muss schon das Gericht nach § 732 II vorgehen, LG Frankenth Rpfleger 1984, 424. Die einstweilige Anordnung ist nicht anfechtbar. Sie ist aufhebbar. Sie verliert mit der Entscheidung nach → Rn. 37–40 ihre Wirkung.

43 **XII. Rechtsbehelfe erster Instanz, I, II.** Rechtsbehelfsbelehrung, Verstoß: §§ 232, 233 S. 2. Die Regelung hat sich wie folgt entwickelt, dazu Schmidt JuS 1992, 92.

44 **1. Gegen einstweilige Einstellung.** Gegen eine einstweilige Einstellung durch den Richter nach I 2 ist grundsätzlich entsprechend § 707 II 2 kein Rechtsbehelf statthaft. Denn sonst würde man die Entscheidung in der Hauptsache zu sehr verzögern. Ausnahmsweise kann das Gericht seine einstweilige Einstellung abändern und ist die einstweilige Einstellung anfechtbar.

45 **2. Gegen Entscheidung nach Anhörung.** Gegen eine Entscheidung des Richters nach der Anhörung der Beteiligten nach → Rn. 23 ist die sofortige Beschwerde nach § 567 I Nr. 1, → § 793 Rn. 3, § 87 IV FamFG statthaft, BGH ZIP 2004, 1379; Jena NJW-RR 2002, 627; LG Aachen DGVZ 2003, 23. Das gilt auch nach der Anhörung des Drittschuldners nach § 840, aM LG Bochum Rpfleger 1984, 278 (aber auch er kann ein voll Beteiligter sein). Wenn der Rpfl. derart entschieden hat, ist die sofortige Erinnerung nach § 11 II 1 RPflG iVm §§ 567 I Nr. 1, 793 statthaft. Das gilt auch dann, wenn das Insolvenzgericht als Vollstreckungsgericht entschieden hat, BGH Rpfleger 2007, 42. Die Erinnerungsfrist beträgt nach § 569 I zwei Wochen seit der Zustellung. Der Gerichtsvollzieher ist nicht beschwerdeberechtigt, Düss NJW-RR 1993, 1280; Stgt DGVZ 1979, 58; aM LG Osnabr DGVZ 1980, 124 (aber der Gerichtsvollzieher ist als ein Vollstreckungsorgan keine Partei des Erinnerungsverfahrens). Das gilt auch wegen der Kostenentscheidung, LG Ffm DGVZ 1993, 75; LG Wiesb DGVZ 1991, 60; Polzius/Kessel DGVZ 2002, 37; aM LG Konst DGVZ 2002, 139; LG Nürnb-Fürth DGVZ 1981, 120 (aber sie verdient keine abweichende Behandlung).

46 Der Richter oder der Rpfl. müssen nach **§ 572 I 1 Hs. 1** prüfen, ob und inwieweit sie abhelfen. Andernfalls muss das Vollstreckungsgericht die Nichtabhilfe durch einen nach → § 329 Rn. 6 zu begründenden Beschluss bekanntgeben, Köln JurBüro 2006, 610; LG Stgt Rpfleger 1992, 56 (je: Richter), und die sofortige Beschwerde nach § 572 I Hs. 2 unverzüglich wie bei § 121 I 1 BGB dem Beschwerdegericht vorlegen. So muss auch der Rpfl. vorgehen, ohne seinem Richter die Akten überhaupt vorzulegen. Dieser müsste sie einfach weiterleiten. Bei einer einstweiligen Anordnung durch den Rpfl. nach → Rn. 42 gilt → § 732 Rn. 25. Bei einer einstweiligen Anordnung durch den Richter gilt → § 732 Rn. 19.

47 **3. Wegen Kosten.** Wegen der Kosten, Gebühren oder Auslagen muss der Beschwerdewert nach Anh. § 511 hier 200 EUR überschreiten, soweit es um eine Kostengrundentscheidung nach → § 91 Rn. 6 geht, um das Rechtsmittel statthaft zu machen. Das ergibt § 567 II. Soweit es um andere Kosten geht, muss der Beschwerdewert nach § 567 II ebenfalls 200 EUR überschreiten. Wenn es sich dagegen um einen Kostenvorschuss zB nach §§ 379, 402, § 12 GKG, § 12 FamGKG, § 4 GvKostG oder um die Bemessung derjenigen Höhe handelt, von dessen Zahlung der Gerichtsvollzieher die Vornahme seiner Amtshandlung abhängig macht, ist die Erinnerung gegen die Art und Weise der Zwangsvollstreckung zulässig. Daher ist dann § 567 II nicht anwendbar.

48 **4. Umdeutung.** Wenn das Gericht statt einer gesetzlich vorgesehenen bloßen Zwangsvollstreckungsmaßnahme ohne eine Anhörung aller Beteiligten eine echte Entscheidung nach einer Anhörung der Beteiligten getroffen hatte, ist sogleich die sofortige Beschwerde nach §§ 567 I Nr. 1, 793 statthaft, Kblz JurBüro 1989, 1179. Jedoch ist nach → Vor § 128 Rn. 59, meist eine Umdeutung der angefochtenen Entscheidung in die richtige Form notwendig. Man muss den Rechtsbehelf dann nach → Rn. 15 in denjenigen umdeuten, der gegen die Maßnahme zulässig ist, Schmidt JuS 1992, 94 („Sowohl-als-auch-Lösung": Statthaftigkeit der Erinnerung sowohl wegen der Art der Entscheidung, ihres objektiven Inhalts als auch wegen der Art des vorausgegangenen Verfahrens). Wenn das Vollstreckungsgericht fälschlich § 11 RPflG angewendet hatte, muss das Beschwerdegericht die Sache nach §§ 572, 793 zurückverweisen. Das Gericht muss eine verspätete sofortige Beschwerde evtl. nach → Vor § 128

Rn. 60 in eine statthafte unbefristete Erinnerung umdeuten. Eine Rechtsbeschwerde kommt unter den Voraussetzungen des § 574 in Betracht. Wegen einer Anschlussbeschwerde § 567 III.

5. Gegen Beendigung der angefochtenen Vollstreckungsmaßnahme. Sie steht der Statthaftigkeit der sofortigen Beschwerde nicht entgegen. Das gilt zB dann, wenn es noch um die Kosten des Gerichtsvollziehers nach dem GvKostG geht, AG Korbach DGVZ 1984, 154, oder wenn das Gericht die angefochtene Pfändung aufhebt, und zwar auch dann, wenn das Vollstreckungsgericht die Aufhebung der Pfändung ausspricht. Eine aufgehobene Maßnahme lebt nicht wieder auf. Sie kann aber erneut zulässig werden. Das Beschwerdegericht darf eine Neupfändung nach § 829 selbst aussprechen und bei einer Sachpfändung nach § 803 den Gerichtsvollzieher zur Vornahme einer erneuten Pfändung anweisen. Wenn allerdings die Zwangsvollstreckung insgesamt nach → Vor § 704 Rn. 49 gänzlich beendet ist, wird dadurch die sofortige Beschwerde unstatthaft. Dann kann lediglich ein sachlich-rechtlicher Anspruch verbleiben. Ihn kann der Gläubiger zB nach § 256 I geltend machen. **49**

XIII. Rechtsbehelfe in Beschwerdeinstanz. Rechtsbehelfsbelehrung, Verstoß: §§ 232, 233 S. 2. Gegen einen solchen Beschluss des Beschwerdegerichts, durch den es eine Vollstreckungsmaßnahme **ohne** eine Anhörung des Schuldners angeordnet hat, ist die Erinnerung an das Beschwerdegericht statthaft, Hamm MDR 1975, 938. Soweit das Beschwerdegericht **nach** einer Anhörung entschieden hat, ist keine weitere sofortige Beschwerde mehr statthaft. Eine Rechtsbeschwerde kommt nach § 574 in Betracht. **50**

767 *Vollstreckungsabwehrklage.*

I Einwendungen, die den durch das Urteil festgestellten Anspruch selbst betreffen, sind von dem Schuldner im Wege der Klage bei dem Prozessgericht des ersten Rechtszuges geltend zu machen.

II Sie sind nur insoweit zulässig, als die Gründe, auf denen sie beruhen, erst nach dem Schluss der mündlichen Verhandlung, in der Einwendungen nach den Vorschriften dieses Gesetzes spätestens hätten geltend gemacht werden müssen, entstanden sind und durch Einspruch nicht mehr geltend gemacht werden können.

III Der Schuldner muss in der von ihm zu erhebenden Klage alle Einwendungen geltend machen, die er zur Zeit der Erhebung der Klage geltend zu machen imstande war.

Schrifttum: Baur/Stürner/Bruns, Zwangsvollstreckungsrecht, 14. Aufl. 2021 § 45; Brox/Walker, Zwangsvollstreckungsrecht, 12. Aufl. 2021, § 43; Habscheid, Urteilswirkungen und Gesetzgeber, FS Lüke, 1997, 225; Häsemeyer, Schuldbefreiung und Vollstreckungsschutz, FS Henckel, 1995, 353; Jakoby, Das Verhältnis der Abänderungsklage gemäß § 323 ZPO zur Vollstreckungsgegenklage gemäß § 767 ZPO, 1991; Kornol/Wahlmann, Zwangsvollstreckungsrecht, 3. Aufl. 2021; Münzberg, Berücksichtigung oder Präklusion sachlicher Einwendungen ins Exequaturverfahren usw., FS Geimer, 2002, 745; Lackmann/Racz, Zwangsvollstreckungsrecht, 12. Aufl. 2021; Nelle, Anspruch, Titel und Vollstreckung im internationalen Rechtsverkehr usw., 2000; Nies MDR 1999, 1418 (Grdz.); Otto, Die inner- und außerprozessuale Präklusion im Fall der Vollstreckungsgegenklage, FS Henckel, 1995, 615; Otto, Die BGH-Rechtsprechung zur Präklusion verspäteten Vorbringens, FG 50 Jahre Bundesgerichtshof, 2000, III 161; Raab, Zur analogen Anwendung der §§ 79 Abs. 2 S. 3 BVerfGG, 767 ZPO bei verfassungswidrig ausgelegten Normen, insbesondere bei Bürgschaft vermögensloser Familienangehöriger, 1999; Schmidt, Vollstreckungsgegenklage – Prozessrecht und materielles Recht in der Bewährung, Festgabe 50 Jahre Bundesgerichtshof, 2000, III 491; Seifert, Prozessstrategien zur Umgehung der Präklusion, 1996; von Stosch, Prozessförderung durch das Mittel der Präklusion im österreichischen und deutschen Recht usw., 2000; Tewes, Überlegungen zum Verhältnis von Unterhalts- und Vollstreckungsschutzrecht, 2001; Weinzierl, Die Präklusion von Gestaltungsrechten durch § 767 Abs. 2 ZPO usw., 2001.

Übersicht

I. Systematik, I–III. Die Vollstreckbarkeit des Titels und damit die Rechtmäßigkeit der Zwangsvollstreckung sind von dem Schicksal des materiell-rechtlichen Anspruchs unabhängig, BGH NJW-RR 2008, 1512; FamRZ 1984, 879. Nur das Gericht kann die Vollstreckbarkeit des Titels beseitigen. Solange dies nicht geschehen ist, kann das jeweilige Vollstreckungsorgan aufgrund des Grundsatzes der **Formalisierung** des Voll- **1**

streckungsverfahrens aus dem Titel vollstrecken. Der Vollstreckungsschuldner kann Einwendungen gegen den titulierten Anspruch im Nachhinein grundsätzlich nur durch eine Vollstreckungsabwehrklage, BVerfG NJW 2000, 1938, geltend machen. Sie beginnt ein neues selbständiges Klageverfahren nach §§ 253 ff., BGH NJW 2009, 1282. § 767 regelt dieses Verfahren. Ihn ergänzen §§ 768–770. Beim **Vollstreckungsbescheid** nach §§ 699, 700 enthält § 796 II eine gegenüber § 767 II vorrangige Sonderregelung. Es findet nach § 15a II 1 Nr. 6 EGZPO kein obligatorisches Güteverfahren statt, Deckenbrock/Jordans MDR 2009, 1202; Hartmann NJW 1999, 3748.

2 Die Vollstreckungsabwehrklage ist **begründet,** wenn der materiell-rechtliche Einwand vorliegt und dieser nicht präkludiert ist.

3 **II. Regelungszweck, I–III.** Die Klage richtet sich **nicht** gegen eine bestimmte **Zwangsvollstreckungsmaßnahme.** Hierdurch soll nicht eine einzelne Vollstreckungsmaßnahme abgewehrt werden, sondern die **Vollstreckbarkeit des Vollstreckungstitels** insgesamt oder teilweise beseitigt werden, zB bezüglich einer rechtsvernichtenden oder rechtshemmenden Einwendung (z. B. Erlass, Aufrechnung, Stundung, ggf. auch Widerruf; beim Widerruf sind ggf. Besonderheiten zu beachten), die – von Ausnahmen abgesehen – erst nach dem Schluss der mündlichen Verhandlung entstanden sein darf. Die materielle Rechtskraft des zugrunde liegenden Titels wird hierdurch aber nicht durchbrochen.

4 Die Vollstreckungsabwehrklage stellt eine **prozessuale Gestaltungsklage** dar.

5 Soweit sich der materiell-rechtliche Einwand nicht gegen den titulierten Anspruch, sondern gegen die erteilte **Vollstreckungsklausel,** zB die Erbfolge (§ 727) richten sollte, gibt es hierfür einen eigenen Rechtsbehelf, nämlich es kommt eine Klage gegen die Vollstreckungsklausel nach § 768 ZPO in Betracht.

6 Ebenfalls bleibt die formelle Rechtskraft des Titels nach §§ 322, 705 vom Ausgangspunkt unberührt, BVerfG WM 2018, 707, BGH NZM 2001, 860, BAG NZA 2017, 451. Das kommt durch die **Beschränkungen** in II, III zum Ausdruck. Daher ist zwar I weit, sind indes II, III zum Schutz des ursprünglichen Titels eher eng auszulegen, noch strenger BGH NJW 1981, 2756; OLG Köln VersR 2004, 355; aM Steines KTS 1987, 31 (je: systemfremd).

7 Es handelt sich trotz des Prozessziels der Beseitigung des bisherigen Vollstreckungstitels nach nicht um eine Maßnahme der Vollstreckung, sondern um ein nur äußerlich im Buch 8 mitgeregeltes **normales Erkenntnisverfahren** nach §§ 253 ff., Mü MDR 1986, 946. Es verläuft wie gewöhnlich. Streitgegenstand der Vollstreckungsabwehrklage ist die vollständige oder teilweise, endgültige oder zeitweilige Vernichtung der Vollstreckbarkeit, nicht dagegen die Aufhebung des Titels oder die Feststellung, dass der Anspruch nicht oder nicht mehr besteht BGH, WM 2014, 124; WM 1995, 2120.

8 **III. Geltungsbereich, I–III.** § 767 ist auch im **WEG-Verfahren** anwendbar, BGH NJW 2009, 1283. Dasselbe gilt für § 79 II 3 BVerfGG, BVerfGE 115, 63 (zust. Raab KTS 2006, 318). Zur Anwendbarkeit bei einem **FamFG**-Verfahren Jena FamRZ 2012, 1663, Kblz FamRZ 2013, 971; Schlesw FamRZ 2017, 824. Im **Arbeitsgerichtsverfahren** gilt § 767, ArbG Hann NZA-RR 2017, 502, und ist § 85 I 3 ArbGG zu beachten, BAG NJW 2012, 3260. In demjenigen des LugÜbk gilt § 767 nicht, BGH NJW 2014, 2799. § 767 gilt in den Grenzen des § 57 IV 3, 4 BRAO auch im Zwangsgeldverfahren nach § 57 I–IV 1, 2 BRAO. Im Rahmen der **InsO,** vgl. OLG Hamm ZVI 2019, 277. Nach § 167 I VwGO ist § 767 bei § 168 I VwGO statthaft, VG Mü DGVZ 2016, 236, nicht aber bei einer Forderung aus einem Verwaltungsakt, OVG Hmb NVwZ-RR 2016, 480.

9 § 767 ist **analog** anwendbar bei einem Titel, der zwar der materiellen Rechtskraft nicht fähig, aber auch nicht wirkungslos ist, und zumindest einen scheinbar vollstreckungsfähigen Inhalt hat (BGH WM 2015, 1005; ZfIR 2010, 455; WM 1994, 436), um die scheinbare Vollstreckbarkeit beseitigen zu können.

10 **1. Leistungsurteil.** Voraussetzung ist ein nach §§ 704, 794 usw. vollstreckbarer Titel, BGH WuM 2017, 526 (sog. Titelgegenklage); Köln VersR 1993, 1505; Schlesw NJW 2017, 1970. Dazu gehören auch andere Titel (§§ 795, 794) mit möglichen Besonderheiten (§§ 796 ff.). Er muss aus sich heraus klar sein, Köln VersR 1993, 1505; Schlesw NJW 2017, 1970. Wenn dieser nicht vorliegt und trotzdem eine Vollstreckungsklausel nach §§ 724 ff. besteht, kann neben einer Klauselerinnerung nach § 732 bei einem materiellen Einwand auch eine Klage nach § 767 ZPO erhoben werden. Der Schuldner hat ein **Wahlrecht,** so dass es aus Prozesswirtschaftlichkeitsgründen keinen zwingenden Vorrang der Klauselerinnerung gibt (vgl. BGH WM 2004, 1745, siehe näher zum Streitstand: BGH WM 2004, 329; anders die ältere Rechtsprechung: vgl. BGH WM 1987, 1232) Zur Lage bei § 79 II BVerfGG → Rn. 62 „Verfassungsverstoß".

11 **2. Gestaltungsurteil.** Bei einem gestaltenden Urteil kann man die Vorschrift nicht anwenden. Wenn man sie auch als mit der formellen Rechtskraft nach § 705 vollstreckbar ansieht, käme die Entscheidung doch zu spät, weil jede Möglichkeit der Einstellung fehlt. § 769 kann bei einer solchen Entscheidung nicht helfen. Um den Eintritt der Gestaltungswirkung zu verhindern, zB die Wirkung nach § 894 zu verhüten, kann man die Klage nach § 767 und demgemäß auch vorläufige Maßnahmen nach § 769 schon vor dem Eintritt der formellen Rechtskraft des Gestaltungsurteils nach § 705 zulassen.

12 **3. Feststellungsurteil.** Ein Feststellungsurteil hat jedenfalls in der Hauptsache anders beim Kostenausspruch keine Vollstreckungswirkung. Es lässt deswegen auch keine Vollstreckungsabwehr zu, Hamm NJW 2003, 3569; Hager KTS 1989, 518. Sachlich ist der Vollstreckungsabwehrprozess die Fortsetzung des alten Rechtsstreits, BGH NJW 1980, 1393. Deshalb ist zB dann kein neuer Verwaltungsvorbescheid notwendig, wenn die Klage einen solchen erfordert hatte.

13 **IV. Zusammentreffen mit anderen Klagarten und Rechtsbehelfen, I–III. 1. Verneinende Feststellungsklage.** Statthaft und evtl. notwendig bleibt schon wegen ihrer weiter reichenden Wirkung eine Klage auf die Feststellung des Nichtbestehens des Anspruchs nach § 256, BGH NJW 2008, 3286, Mü NJW-RR 2001, 131; Rostock WuM 2003, 638. Das gilt aber nur, soweit ihr nicht die innere Rechtskraft des ursprünglichen Titels entgegensteht. Eine Klage auf Feststellung (§ 256), dass der titulierten Forderung eine materiell-rechtliche Einwendung/Einrede entgegensteht, ist unzulässig, soweit die Vollstreckungsabwehrklage wegen Präklusion abgewiesen worden ist, BGH NJW 2009, 1671.

14 **2. Gestaltungs- und Leistungsklage.** Dazu Kaiser NJW 2010, 2933. Statthaft bleibt eine erneute Leistungsklage wegen der Notwendigkeit eines neuen Titels nach § 704. Diese kann dann eintreten, wenn zB der alte

Vollstreckungstitel unklar ist, BGH NJW-RR 2004, 1275. Bei nicht Vollstreckbarkeit des ursprünglichen Titels ist eine bejahende Feststellungsklage nach § 256 über den Inhalt des vorhandenen Urteils zulässig.

3. Herausgabeklage. Statthaft bleibt eine Klage auf die Herausgabe des Vollstreckungstitels nach §§ 826, 371 BGB, BGH VersR 2003, 619; Kblz MDR 2002, 475; aM Hamm FamRZ 2008, 2225 (zu eng), oder wegen einer vollständigen Befriedigung des Gläubigers, BGH NJW 1994, 3225, Saum JZ 1981, 698. Eine teilweise Befriedigung genügt nicht. 15

4. Abänderungsklage. Die Abänderungsklage nach § 323 ZPO bzw. § 323a und die Vollstreckungsabwehrklage schließen sich wegen der unterschiedlichen Zielrichtung für den gleichen Streitgegenstand gegenseitig aus (BGH NJW 2005, 2313; LG Köln 20.2.2014 – 22 O 486/10, BeckRS 2014, 5118; Stein/Jonas/Leipold § 323 Rn. 41 ff.). Das folgt aus der unterschiedlichen Zielsetzung der beiden Klagen. Mit der Abänderungsklage wird der Titel selbst angegriffen, so zB dass der rechtsbegründende Tatbestand von dem das frühere Urteil ausgegangen ist, weggefallen ist oder sich anders als erwartet entwickelt hat, zB wenn bei einem titulierten Anspruch nach § 843 BGB sich der Gesundheitszustand der verletzten Person oder weitergehender als vorhersehbar verbessert hat. 16

Die Abänderungsklage steht beiden Parteien selbst unter Durchbrechung der materiellen Rechtskraft des Titels zur Verfügung, um ihn im Kern an die wandelbaren wirtschaftlichen Verhältnisse anpassen zu können BGH NJW 2008, 1446. Zum Zusammentreffen von Vollstreckungsabwehrklage und hilfsweiser Abänderungsklage Bbg FamRZ 2009, 1939. 17

Zum Verhältnis der §§ 323, 767 iVm § 95 I FamFG bei **Unterhaltsforderungen** während des Getrenntlebens einerseits und nach der Scheidung andererseits BGH NJW 1981, 978, Bbg FamRZ 1999, 943; Köln FER 2001, 276 (Verwirkung). Aus § 120 Abs. 1 FamFG iVm § 795 ZPO ergibt sich, dass über den Wortlaut des § 767 ZPO iVm §§ 38, 116 FamFG auch die Vollstreckungstitel des § 794 ZPO mit einem Vollstreckungsabwehrantrag angegriffen werden können. Hier sind zum Beispiel ein Verfahrensvergleich, eine einstweilige Anordnung oder eine vollstreckbare Urkunde, wie z. B. eine Jugendamtsurkunde, zu nennen. Auch gegen einen im vereinfachten Verfahren nach den §§ 249 ff. FamFG ergangenen Unterhaltsfestsetzungsbeschluss ist eine Vollstreckungsabwehrklage möglich, OLG Brandenburg FamRZ 2012, 1223. 18

Rückständigen Unterhaltsbeiträgen kann man nur nach § 767 entgegentreten, soweit es sich nicht um solche nach § 1613 BGB, §§ 231 ff. FamFG für das Kind handelt (BT-Drs. 13/7338, 31 f.). Dabei ist die Einwendung wirkungslos, der Kläger hätte ihnen früher mit einer Klage aus § 323/§ 238 FamFG entgegentreten können. 19

5. Bereicherungsklage. Eine Bereicherungsklage kommt nicht in Betracht, soweit hiermit dasjenige zurückgefordert werden soll, was zuvor durch ein rechtskräftiges Urteil zugesprochen worden ist, soweit hierdurch die Rechtskraft des ursprünglichen Titels tangiert wird. Wird die Rechtskraft jedoch nicht berührt, zum Beispiel weil die Bereicherungsklage auf Tatsachen gestützt wird, die erst nach dem für die Rechtskraft maßgeblichen Zeitpunkt eingetreten sind, so kann mit der Bereicherungsklage insbesondere geltend gemacht werden, ein rechtskräftig zuerkannter Anspruch sei ohne Rechtsgrund im Wege der Zwangsvollstreckung betrieben worden, zum Beispiel weil der Anspruch nach der mündlichen Verhandlung durch Erfüllung erloschen sei. Statt einer Vollstreckungsabwehrklage kann auch eine Bereicherungsklage erhoben werden. Die Bereicherungsklage setzt damit die Vollstreckungsabwehrklage fort, nachdem die Zwangsvollstreckung beendet ist BGH NJW 1982, 1147; OLG Karlsruhe BeckRS 2016, 16271. Dabei gelten die gewöhnlichen Gerichtsstände. 20

6. Erinnerung. Erinnerung. Dazu Münzberg JZ 1993, 95. Statthaft bleibt eine Erinnerung nach § 732, BGH FamRZ 2004, 1715; KG KTS 2002, 358; Schlesw ZIP 2009, 1803. 21

Mit der Erinnerung aus § 766 trifft die Vollstreckungsabwehrklage zwar nach § 767 grundsätzlich nicht zusammen. Der Kläger hat jedoch ein **Wahlrecht,** so dass es aus Prozesswirtschaftlichkeitsgründen keinen zwingenden Vorrang der Klauselerinnerung gibt (vgl. BGH WM 2004, 1745; → Rn. 8). 22

7. Berufung. Der Schuldner hat die Wahl, ob er eine Vollstreckungsabwehrklage erhebt oder gegen das Urteil Berufung einlegt, sofern die Berufung noch zulässig sein sollte. Sofern Berufung eingelegt ist, fehlt aber das Rechtsschutzbedürfnis für eine Vollstreckungsabwehrklage, da der Schuldner die Beseitigung der Vollstreckbarkeit auch im Berufungsverfahren erreichen kann. Ausnahmsweise ist ein Rechtsschutzbedürfnis dann zu bejahen, wenn die Berufung unzulässig ist oder der Einwand, auf den eine Vollstreckungsabwehrklage gestützt wird, nicht Streitgegenstand des Berufungsverfahrens ist. Die Berufung ist jedoch zulässig, wenn sie nach der Vollstreckungsabwehrklage erhoben wird, da die Berufung und die Vollstreckungsabwehrklage unterschiedliche Zwecke verfolgen, vgl. BGH NJW 1975, 540; BAG NJW 1980, 141; Ffm NJW-RR 1992, 32. Wegen Ausnahmen BAG NJW 1980, 141 (Berufung unzulässig), Ffm OLGR 1994, 82. 23

8. Einspruch. Weiter ist § 767 Abs. 2 aE zu beachten. Hieraus kann der Rückschluss gezogen werden, dass der Einspruch gegen ein Versäumnisurteil bzw. Vollstreckungsbescheid der Vollstreckungsgegenklage vorgeht. 24

9. Vollstreckungsschutzantrag/Wiederaufnahme. Statthaft bleiben Anträge nach §§ 578 ff.; 765a, Kblz OLGZ 1985, 455. Mit der Wiederaufnahmeklage werden Mängel des vorangegangenen Verfahrens und Urteils gerügt werden; in Abgrenzung hierzu wird die Vollstreckungsgegenklage auf eine nachträglich entstandene Einwendung gestützt. 25

10. Klage auf Herausgabe des Vollstreckungstitels. Eine Klage auf Herausgabe des Vollstreckungstitels analog § 371 BGB stellt zwar auch eine Leistungsklage dar, ist aber zur oben angesprochenen Leistungsklage abzugrenzen. Diese Leistungsklage, die im Rahmen der Klagehäufung erhoben werden kann (§ 260), kommt in Betracht, wenn die titulierte Forderung etwa durch Zahlung erloschen ist und der Gläubiger dem Schuldner dem Vollstreckungstitel nicht ausgehändigt hat. Diese Klage ist jedoch dann nicht erfolgversprechend, wenn zur Zeit der Zwangsvollstreckung eine Vollstreckungsgegenklage wegen Präklusion unbegründet wäre. 26

11. Sittenwidrige Schädigung. Im Einzelfall kann ein Schadensersatzanspruch wegen Missbrauch des Vollstreckungstitels nach § 826 BGB ergehen, was voraussetzt, dass der Titel materiellrechtlich unrichtig ist, der Titelgläubiger vor der Vollstreckung Kenntnis von der Unrichtigkeit des Titels hatte und das Verhalten des Titelgläubigers bei der Erwirkung oder bei der Ausnutzung des Titels als sittenwidrig anzusehen ist. 27

28 **V. Zulässigkeit der Vollstreckungsabwehrklage.** Die Vollstreckungsgegenklage ist **zulässig,** wenn der Rechtsbehelf statthaft ist, das zuständige Gericht angerufen worden ist und Verfahrens- und Formvorschriften eingehalten sind.

29 Die Klage muss sich insgesamt **gegen die Zwangsvollstreckung** aus dem Vollstreckungstitel nach §§ 704, 794 ff. richten und nicht nur gegen eine bloße Vollstreckungsmaßnahme, wie zB aus einem Pfändungs- und Überweisungsbeschluss nach §§ 829, 835, Brdb FamRZ 2004, 558 (**Umdeutung** statthaft), weil dem Vollstreckungsgläubiger der zu vollstreckende Anspruch aus **materiellen Gründen** nicht oder nicht in der geltend gemachten Form (mehr) zusteht.

30 **1. Ordnungsgemäßer Antrag.** Da es alleine um die Frage geht, ob die Zwangsvollstreckung aus dem Titel wegen der nunmehr vorgebrachten materiell-rechtlichen Einwendungen bzw. Einreden unzulässig geworden ist (BGH NJW 2008, 1446; BGHZ 163, 187; BGHZ 148, 397), ist grundsätzlich ein Antrag unzulässig, die Zwangsvollstreckung nur in bestimmte Gegenstände für unzulässig zu erklären, da sich der Antrag gegen die Vollstreckbarkeit des Titels als Ganzes richten muss. Man muss den Streitgegenstand wie üblich bestimmen, also nach dem Antrag und nach der Einwandsart, Köln NJW-RR 1999, 1509.

31 Dazu gehören diejenigen Tatsachen, mit denen der Kläger (Schuldner) nach dem materiellen Recht seine Einwendungen begründet. Der Antrag lautet: „Die Zwangsvollstreckung aus dem Urteil … wird für unzulässig erklärt" oder „… wird nur gegen folgende Gegenleistung für zulässig erklärt …" oder „wird für teilweise unzulässig erklärt".

32 Ein nachgeschobener Einwand ist mindestens nach § 264 Nr. 1 zulässig, Schmidt FS 50 Jahre BGH, 2000, 498; Thomas/Putzo/Seiler Rn. 17. Er kann zur Änderung des Streitgegenstands führen, Köln NJW-RR 1999, 1509. Es ist statthaft, den Anspruch auf eine Rückgewähr oder auf einen Ersatz oder auf eine Herausgabe der vollstreckbaren Ausfertigung mit der Klage aus § 371 BGB analog zu verbinden. Es ist auch ein Übergang zu der Ersatzklage nach § 264 Nr. 3 zulässig.

33 Das Gericht muss einen Termin unverzüglich nach § 216 bestimmen, auch für die Zeit vom 1. 7. bis 31. 8. ohne eine spätere Verlegungsmöglichkeit, § 227 III 2 Hs. 1 Nr. 7, BGH NJW 1980, 1695. Ein Anwaltszwang besteht wie sonst nach § 78, Schlesw FamRZ 1991, 958.

34 **2. Statthaftigkeit.** Die Vollstreckungsgegenklage statthaft, wenn der Kläger Vollstreckungsschuldner ist und eine materiell-rechtliche Einwendung gegenüber dem titulierten materiellen Anspruch erhebt.

35 Zum ursprünglichen Prozess haben sich die Parteirollen also gewechsel; der ursprüngliche Beklagte ist jetzt der Kläger der Vollstreckungsgegenklage und umgekehrt.

36 **a) Parteien.** Kläger ist jeder **Vollstreckungsschuldner,** BGH ZIP 2016, 213, also derjenige, gegen den sich die Zwangsvollstreckung richtet, der also in dem vollstreckbaren Titel oder in der gegen den Rechtsnachfolger erteilten Vollstreckungsklausel als Schuldner aufgeführt ist, BGH ZIP 2006, 2128. Richtet sich ein Vollstreckungstitel gegen eine **Gesellschaft bürgerlichen Rechts** als Vollstreckungsschuldnerin, steht die Befugnis zur Erhebung einer Vollstreckungsabwehrklage der Gesellschaft zu, nicht ihren Gesellschaftern, BGH WM 2016, 220, wobei unter Wahrung der Gesellschaftsidentität auch sämtliche Gesellschafter ausgetauscht werden können, wie dies auch sonst bei Personenhandelsgesellschaften möglich ist. Dies trifft entsprechend auch auf jeden Gesamtschuldner zu, Ffm MDR 1982, 934, oder ein Miterbe zwecks Durchsetzung eines Nachlassanspruchs, BGH NJW 2006, 1970, oder derjenige, auf dessen Namen als Schuldner die Klausel nach §§ 724 ff. lauten könnte, BGH NJW 1993, 1397, oder bereits lautet, BGHZ 92, 349, oder den das Gericht zu einer Duldung der Zwangsvollstreckung verurteilt hat (Meistbegünstigungsprinzip). Der Insolvenzverwalter ist berechtigt, soweit der Titel gegen die Masse wirkt, BGHZ 100, 226. Dasselbe gilt für einen Treuhänder im Insolvenzverfahren, BGH ZIP 2012, 1088.

37 **Beklagter** ist der **Vollstreckungsgläubiger,** BGHZ 92, 348 (krit. Brehm JZ 1985, 342; Olzen JR 1985, 288); BayObLG ZMR 2000, 44; Nürnb FamRZ 1987, 1173, auch als Prozessstandschafter, AG Viersen FamRZ 1988, 1307. Bekl. ist auch derjenige Dritte, an den der Gläubiger seine titulierte Forderung abgetreten hat und durch den eine Vollstreckung droht, BGHZ 120, 391, oder derjenige, für den das Gericht die Klausel nach § 727 umgeschrieben hatte und soweit von ihm eine Vollstreckung droht, BGH NJW 1993, 1397; BPatG GRUR 1982, 484; Köln VersR 1990, 404.

38 Wenn eine solche Situation **nicht** vorliegt, hängt es vom Verhalten des alten und des neuen Gläubigers und von den Einwendungen des Schuldners ab, gegen wen man die Klage richten muss. Evtl. ist die Klage gegen beide notwendig. Derjenige Dritte, der ein Widerspruchsrecht nach § 771 hat, kann nicht nach § 767 klagen, Guckelberger NVwZ 2004, 663. Bei einer Verurteilung Zug-um-Zug darf nur der Verurteilte klagen. Wenn der ursprüngliche Gläubiger trotz einer Abtretung noch vollstreckt, muss man ihn verklagen.

39 Die Erhebung der Klage durch den richtigen Kläger, den Vollstreckungsschuldner, betrifft die Prozessführungsbefugnis und ist somit Zulässigkeitsvoraussetzung (BGH WM 2016, 220; ZIP 2014, 118).

40 **b) Vollstreckungstitel.** § 767 setzt zunächst als Vollstreckungstitel, gegen den sich der Vollstreckungskläger wendet, ein Urteil voraus. Darunter ist jedes für vorläufig vollstreckbar erklärbares Urteil zu verstehen, also auch Versäumnisurteile, Teilurteile, Grundurteile etc.

41 Die Vollstreckungsgegenklage kann sich dabei über § 795 jedoch auch gegen alle dort genannten Vollstreckungstitel wenden.

c) Beispiele zur Frage der Anwendbarkeit auf andere Vollstreckungstitel, I–III

42 **Arrest:** § 767 gilt entsprechend bei § 924 wegen der Eilbedürftigkeit **nicht** in einer Arrestsache.

Beitreibung: § 767 gilt nach § 6 I Ziff. 1 JBeitrG **nicht** im Beitreibungsverfahren. Bei §§ 781–784, 786 ist jedoch § 767 nach § 8 II JBeitrG → Rn. 90 sinngemäß anwendbar.

Beschluss: Die Vollstreckungsabwehrklage ist auch nach einem beschwerdefähigen Beschluss zulässig.

Beschluss nach FamFG: § 767 gilt bei einem nach einem solchen nach § 95 I FamFG, KG ZMR 1995, 219. Hier kommt es also darauf an, ob auf seine Vollstreckbarkeit die Vorschriften der ZPO anwendbar sind, zB nicht bei vorläufiger Unterhaltsfestsetzung.

Einstweilige Anordnung: Am Rechtsschutzbedürfnis für einen Antrag nach § 767 ZPO fehlt es, wenn der Unterhaltsschuldner einen Antrag nach § 56 Abs. 3 S. 1 FamFG stellen kann, Langheim, FamRZ 2014, 1413.

Neben einem Antrag auf Abänderung nach § 54 Abs. 1 FamFG ist hingegen ein Vollstreckungsgegenantrag möglich.

Einstweilige Verfügung: § 767 kann bei einer sog. Befriedigungsverfügung nach → § 936 Rn. 12 gelten. Eine Vollstreckungsabwehrklage kann nicht gegen eine einstweilige Verfügung und nicht gegen einen Arrest erhoben werden, da hier die Vorschriften über die Aufhebung des Titels wegen veränderter Umstände, §§ 927, 936 BGB, vorgehen→ § 936 Rn. 12. AM Nürnb GRUR 1985, 238 (aber → § 936 Rn. 12); bei der Erledigung eines einstweiligen Verfügungsverfahrens durch **Vergleich** führt ein Streit über die Wirksamkeit des Prozessvergleichs nicht zur Fortsetzung des ursprünglichen Eilverfahrens, vgl. Bbg FamRZ 1984, 1120, Hamm ZIP 1980, 1104.

Einstweilige Zahlungsverfügung: § 767 gilt bei einer einstweiligen Verfügung auf die Zahlung eines Geldbetrags, Klauser MDR 1981, 716.

Einwendung gegen Vollstreckungsklausel: § 767 gilt **nicht** für Einwendungen gegen die Zulässigkeit der Vollstreckungsklausel bei einer Unterwerfung unter die sofortige Zwangsvollstreckung in einer notariellen Urkunde. Hier sind §§ 797 III, 732 anwendbar, BGH NJW-RR 1987, 1149; LG Köln DNotZ 1990, 570; LG Mainz DNotZ 1990, 567; aM Wolfsteiner DNotZ 1990, 551 (aber die genannten Spezialvorschriften haben den Vorrang).

Feststellung zur Insolvenztabelle: § 767 gilt bei einer Feststellung zur Tabelle nach §§ 178 III, 257 InsO, BVerfG NJW 1984, 475; BGH WM 1984, 1548; Eisenberger ZIP 1984, 655. Maßgebender Zeitpunkt ist der Prüfungstermin.

Geldersatz nach StPO: § 767 gilt bei einer Entscheidung auf einen Geldersatz im Strafverfahren nach § 406b StPO, BGH NJW 1982, 1048.

Klage nach § 10 UKlaG: Die Klage nach § 10 UKlaG ist trotz ihrer Einkleidung in das Gewand einer Vollstreckungsabwehrklage nach § 767 ein eigenständiger Rechtsbehelf, Gaul FS Beitzke, 1979, 1050.

Kostenfestsetzungsbeschluss: Eine Vollstreckungsabwehrklage ist gegen die Vollstreckbarkeit eines Kostenfestsetzungsbeschlusses entsprechend den allgemeinen Verfahrensregelungen statthaft, BGH NJW 2009, 1282; BVerwG NJW 2005, 1962. § 767 gilt beim Gebührenfestsetzungsbeschluss nach § 11 RVG, BGH NJW 1997, 743, oder um einen Kostenfestsetzungsbeschluss nach §§ 104, 794 I Nr. 2, 795, BGH NJW 2013, 2976, BVerwG NJW 2005, 1962; BayObLG NZM 2000, 304 (WEG). Nur beim letzteren ist nach → § 795 allerdings II unanwendbar, BGH NJW 1994, 3293; BAG KTS 1987, 723; BPatG GRUR 1992, 507, aM Ffm AnwBl 1987, 95 (aber das wäre inkonsequent). § 269 IV ist zu beachten, Mü MDR 1984, 501.

Kostenberechnung des Notars, Nachprüfungsantrag (§§ 19, 127 GNotKG): § 767 ist dort entsprechend anwendbar, KG 26.11.2019 – 9 W 105/18, LSK 2019, 42100.

Nachschussfestsetzung nach VAG: § 767 gilt bei einer Nachschuss- und Umlagefestsetzung bei Insolvenz der Versicherungsgesellschaft nach § 180 VAG vor.

Prozessvergleich:

– **(Andere Einigung):** § 767 gilt dann, wenn der Kläger behauptet, die Vergleichspartner hätten sich schon vor Vergleichsabschluss über den Vergleichsgegenstand abschließend anders geeinigt, BVerwG NJW 2005, 1962.
– **(Auslegungsstreit):** § 767 gilt bei einem Streit über die Auslegung eines an sich unstreitig wirksam zustande gekommenen **Prozessvergleichs,** BAG BB 2004, 895, BVerwG NJW 1992, 191, aM Renck NJW 1992, 2209 (aber → Anh. § 307 Rn. 70). Dasselbe gilt beim vollstreckbaren Anwaltsvergleich nach § 796a, BGH FamRZ 2006, 262.
– **(Künftige Vollstreckbarkeit):** § 767 gilt bei einer angeblichen Unzulässigkeit einer solchen Möglichkeit, BAG NZA 2008, 899.
– **(Rechtsmissbrauch):** § 767 gilt dann, wenn der Kläger einen Rechtsmissbrauch nach behauptet, LG Lüb NJW-RR 2002, 1090.
– **(Wegfall):** § 767 gilt dann, wenn der Kläger behauptet, die Vergleichsforderung sei nachträglich weggefallen, BGH FamRZ 1984, 879 (arglistige Täuschung), Köln AnwBl 1982, 114; aM Ffm FamRZ 1988, 62 (Verwirkung: § 323); Hmb NJW 1975, 225; Karlsr FamRZ 1991, 352 (Fortfall der Geschäftsgrundlage.).

Steuersache: Die Vollstreckungsgegenklage, mit der die Erklärung der Unzulässigkeit einer vom Finanzamt betriebenen Vollstreckung unmittelbar durch das Gericht angestrebt wird, ist im steuerlichen Vollstreckungsverfahren nicht gegeben BFH/NV 2002, 1547, BFH BStBl. 1996 II S. 511, FGO § 33 Rn. 175; anders ist dies dann, wenn die Vollstreckungsforderung keine Steuerforderung mehr betrifft, BFH DB 1989, 1504.

Teilungsplan: § 767 gilt bei einem Teilungsplan in der Zwangsversteigerung usw. nach § 115 III, ZVG, BGH NJW 1980, 2586.

Urkunde: § 767 gilt bei einer vollstreckbaren Urkunde nach § 797, BGH 27.1.2012 – V ZR 92/11, BeckRS 2012, 5392, BGH NJW-RR 1999, 1080 (keine Unterwerfung), Celle NJW-RR 2011, 128, Mü DNotZ 2011, 42. Das gilt unabhängig davon, ob die Unterwerfungserklärung aus materiell-rechtlichen Gründen unwirksam ist, BGH NJW 1992, 2161.

Vollstreckbarerklärung: Im Interesse der Verfahrenskonzentration ist es geboten, im Vollstreckbarerklärungsverfahren eines Schiedsspruchs usw. nach § 1060 auch Einwendungen zuzulassen, die an sich zum Anwendungsbereich der Vollstreckungsgegenklage nach § 767 gehören, sofern sie nach dem Verhandlungsschluss im Schiedsverfahrens und bis zum Schluss der mündlichen Verhandlung im Verfahren der Vollstreckbarkeitserklärung (vor dem staatlichen Gericht) entstanden sind BGH WM 2008, 515; OLG Köln 27.4.2017 – 18 U 49/14, BeckRS 2017, 143711. Davon zu unterscheiden sind **nachträglich** entstehende, gegen den ausgeurteilten Anspruch gerichtete Einwendungen, die – nicht anders als bei den Entscheidungen der staatlichen Gerichte – mit der Vollstreckungsgegenklage gegen den für vollstreckbar erklärten Schiedsspruch vor dem **Schiedsgericht** als Gericht des Erkenntnisverfahrens geltend gemacht werden müssen (OLG Köln 27.4.2017 – 18 U 49/14, BeckRS 2017, 143711; vgl. auch Musielak/Voit/Voit § 1030 Rn. 7 mwN).

Vorläufige Unterhaltsfestsetzung: § 767 gilt **nicht** gegenüber der vorläufigen Festsetzung der Unterhaltspflicht im Verwaltungsweg.

Vorschussberechnung nach GenG: § 767 gilt bei einer Vorschussberechnung der Genossen nach §§ 109, 114, 115c GenG. Die Einwendungen müssen nach der Vollstreckbarerklärung entstanden sein.

Zahlungsaufforderung nach BRAO: § 767 gilt bei Einwendungen gegen die vollstreckbare Zahlungsaufforderung einer Rechtsanwaltskammer nach § 84 III BRAO, jedoch wegen § 223 BRAO nicht um die Rechtswirksamkeit des zugrundeliegenden Kammerbeschlusses, zu § 204 BRAO BGH NJW-RR 2009, 1581.

Zuschlagsbeschluss: § 767 gilt bei einem Zuschlagsbeschluss nach §§ 93, 132 ZVG.

Zwangsgeldbeschluss: § 767 gilt auch bei einem Zwangsgeldbeschluss nach § 888 da er auch ein Vollstreckungstitel ist (OLG Karlsruhe 17.1.2020 – 12 U 27/19, BeckRS 2020, 208) (anders bei § 58 II 1 InsO).

43 **3. Zuständigkeit. a) allgemeine Grundsätze.** Richtet sich die Klage gegen eine gerichtliche Entscheidung, ist das Prozessgericht des ersten Rechtszuges zuständig, also das Gericht des Verfahrens, in dem der Vollstreckungstitel geschaffen wurde. Dies ist sogar dann der Fall, wenn das Gericht des Vorprozesses seine Zuständigkeit zu Unrecht bejaht hat.

44 Das Prozessgericht des ersten Rechtszuges – der ersten Instanz des Vorprozesses – ist örtlich und sachlich nach § 802 für die erste Instanz auch der Vollstreckungsabwehrklage nach § 40 II Nr. 2 ausschließlich zuständig, BGH NJW 1980, 1393; BAG DB 2018, 1802; Hamm NJW-RR 2000, 65, Steines KTS 1987, 27. § 767 ZPO ist nach § 120 Abs. 1 FamFG auf die Vollstreckung in Familienstreitsachen anwendbar OLG Jena FamRZ 2012, 1662; OLG Saarbrücken MDR 2011, 168. Das gilt ohne Rücksicht auf den Streitwert oder Verfahrenswert, Hamm NJW-RR 2000, 65, LG Ulm NJW-RR 1987, 511. Eine Ausnahme gilt bei einer **Berufung** dann, wenn das Erstgericht über denselben Streitstoff schon entschieden hat, Ffm NJW 1976, 1983. Erlässt erst das Berufungsgericht den vollstreckbaren Titel, so bleibt Gericht des ersten Rechtszuges jedoch das **zuerst** mit der Sache **befasste Gericht.**

45 Welche **Abteilung oder Kammer** zuständig ist, bestimmt sich nach der Geschäftsverteilung nach § 21e GVG. Eine Ausnahme von dieser Regel gilt dann, wenn ein besonderer Spruchkörper vorliegt, zB die Kammer für Handelssachen nach §§ 93 ff. GVG, obwohl es sich um eine rein prozessuale Klage handelt. Denn der Streitstoff ist demjenigen des Vorprozesses wesensgleich. Der Rechtsweg nach § 13 GVG richtet sich nach der Rechtsnatur desjenigen Vollstreckungstitels, aus dem der Gläubiger vollstreckt. Das gilt unabhängig davon, ob der vollstreckbare Anspruch dem öffentlichen oder dem Privatrecht angehört, VGH Mü NJW 1983, 1992. Es kommt also nicht auf die Natur des Aufrechnungsanspruchs an, Hamm FamRZ 1997, 1493.

46 Betrifft der Vollstreckungstitel, der der Vollstreckungsgegenklage zugrunde liegt, keine gerichtliche Entscheidung, sondern richtet sich zB gegen einen Prozessvergleich oder eine vollstreckbare Urkunde, so ist bei einer Klage gegen einen **Prozessvergleich** das Gericht zuständig, bei dem der durch den Vergleich beendete Prozess in erster Instanz anhängig war. Bei einer **vollstreckbaren Urkunde** bestimmt sich mangels eines Prozessgerichts die örtliche Zuständigkeit nach dem allgemeinen Gerichtsstand des Schuldners (§ 797 Abs. 5 Nr. 2 ZPO); die sachliche Zuständigkeit richtet sich nach den allgemeinen Regeln §§ 23, 71 GVG. Insoweit ist nur die örtliche Zuständigkeit ausschließlich nach § 802.

b) Beispiele zur Frage der Zuständigkeit, I

47 **Abänderungsklage:** Bei einer Abänderungsentscheidung zB nach § 323 ist dasjenige Gericht zuständig, das den abzuändernden Titel erlassen hatte, AG Groß Gerau FamRZ 1986, 1229.

Anwaltsvergleich: Bei § 796b I ist dasjenige Gericht zuständig, das für die gerichtliche Entscheidung zuständig wäre, Prütting/Gehrlein/Scheuch Rn. 30.

Arbeitssache: In einer Arbeitssache ist das ArbG zuständig, BAGDB 18, 1802; BB 1989, 428; Ffm MDR 1985, 331; ArbG Hann BB 1990, 928.

Auslandsurteil: Bei einer Klage gegen ein ausländisches Urteil oder gegen die ausländische Vollstreckbarerklärung eines Schiedsspruchs ist dasjenige Gericht zuständig, das nach §§ 722, 1061, 1062 das Vollstreckungsurteil oder den entsprechenden Beschluss erlassen hat, BGH NJW 1980, 2025, also evtl. das AG selbst bei einem hohen Streitwert. Bei Unterhaltsansprüchen im Verkehr mit ausländischen Staaten ist § 66 AUG zu beachten.

Baulandsache: Bei einer Klage gegen einen Titel in einer Baulandsache ist die Kammer für Baulandsachen zuständig, BGH NJW 1975, 829; OLG Bamberg 30.1.2004 – 9 Bau U 1/03, LSK 2004, 380550.

Enteignung: Bei einer Klage gegen den Vollstreckungstitel aus einem Enteignungsverfahren ist dasjenige AG zuständig, in dessen Bezirk die Behörde ihren Sitz hat. Vgl. freilich das BauGB.

Europarecht: Wegen (jetzt) Art. 24 Nr. 5 Brüssel Ia–VO, SchlAnh V C 2.

Familiensache: In einer Familiensache nach §§ 111, 120 FamFG ist das FamG zuständig, so schon BGH NJW 1981, 346 (Inlandsfall); BGH NJW 1980, 2025 (Auslandsfall); OLG Jena FamRZ 2012, 1662; Hamm FamRZ 1997, 1493; Köln FamRZ 2000, 364.

Gerichtsbezirk: Nach einer Änderung des Gerichtsbezirks ist das bisher maßgebliche Gericht zuständig, vgl. § 261 III, sowie mögliche landesrechtliche Vorschriften.

Klagänderung, Klagenhäufung: Solche Vorgänge nach §§ 260, 263, 264 ändern unabhängig vom daraus folgenden Streitwert die ausschließliche Zuständigkeit nicht, Hamm NJW-RR 2000, 65. Deshalb kommt nicht schon insofern eine Verweisung in Betracht, Hamm NJW-RR 2000, 65.

Kostenfestsetzungsbeschluss: Zuständig sein kann bei ihm zB nach § 104 in einer Familiensache nach § 111 FamFG das FamG, Schlesw SchlHA 1978, 199; sonst §§ 794 I Nr. 2, 795, 795a.

Mehrheit von Gerichtständen: § 35 ist anwendbar, BGH MDR 1992, 301.

Prozessvergleich: Zuständig ist das Gericht des durch ihn nach Anh. § 307 erledigten Prozesses. Bei § 118 ist das Gericht jenes Verfahrens zuständig.

Rückzahlungsklage: Das zunächst zuständige Gericht verliert die Zuständigkeit, soweit der Kläger von der Vollstreckungsabwehrklage zu einer Klage auf eine Rückzahlung übergeht, aM Steines KTS 1987, 356 (aber § 767 ist nach → Rn. 8 eng auslegbar).

Rundfunkbeitrag: Zuständig ist das Vollstreckungsgericht, VG Mü DGVZ 2016, 236.

Schiedsspruch: Zuständig ist nach §§ 1060, 1062 I 4 das OLG, KG JurBüro 2007, 49.

Umgangsrecht: Beim Verbot ist das Betreuungsgericht zuständig, (zum alten Recht) LG Dortm FamRZ 1981, 1002.

Unterhaltstitel: Die Zuständigkeit richtet sich danach, wer den Unterhalt fordert. Zuständig sein kann das FamG, so schon BGH NJW 1978, 1812; Düss FamRZ 1987, 167; Köln FamRZ 2000, 364. (Jetzt) § 232

FamFG ändert nichts an der Zuständigkeit des FamFG, (zum alten Recht) BGH NJW 2002, 444; Hamm FamRZ 2003, 696; Naumb FamRZ 2000, 1166; aM BayObLG FamRZ 1991, 1455 (zu eng).

Vollstreckbare Urkunde: Zuständig ist nach § 797 V das Gericht des allgemeinen Gerichtstands nach §§ 12 ff. GVG, nicht eine Kammer für Handelssachen nach §§ 93 ff. GVG, LG Bonn JurBüro 2009, 499, und hilfsweise das Gericht des Vermögens nach § 23. Infrage kommt auch § 800 III. Die Kammer für Handelssachen ist aber zuständig, soweit ein beiderseitiges Handelsgeschäft (§ 95 GVG) betroffen ist, LG Stendal MDR 2005, 1423.

Vollstreckungsbescheid: Bei §§ 699, 700 gilt § 796 III. Evtl. ist das AG zuständig, Celle NJW-RR 2002, 1079.

Wertausgleichssache: Zuständig ist das AG am Ort der Festsetzungsbehörde nach § 25 II WAG.

Wohnungseigentum: Zuständig ist das WEG-Gericht (§ 43 WEG), BGH WuM 2009, 259.

Zuständigkeitskonflikt: I hat den Vorrang, BGH NJW 2002, 445.

Zwangsversteigerung: Zuständig ist beim Zuschlagsbeschluss nach dem ZVG sein AG, LG Ulm NJW-RR 1987, 511; aM AG Ludwigslust (entsprechend § 202 InsO).

4. Verfahrensvoraussetzungen. Auch bei der Vollstreckungsgegenklage müssen – wie auch sonst – die allgemeinen Verfahrensvoraussetzungen wie Partei- und Prozessfähigkeit sowie die Prozessführungsbefugnis vorliegen. Die Klage beginnt ein neues selbständiges Verfahren nach §§ 253 ff., BGH NJW 2009, 1282. Ein **Anwaltszwang** nach § 78 besteht wie sonst. 48

Die **Zustellung** der Klage nach § 271 erfolgt nach §§ 81, 172, 178 an den ProzBev. des Vorprozesses. Denn die Prozessvollmacht des Vorprozesses gilt auch hier noch. Die Zustellung an die Partei selbst erfolgt nur dann, wenn der ProzBev. inzwischen weggefallen ist. Da die Vollstreckungsabwehrklage einen neuen Prozess darstellt, kann alleine auf die Bevollmächtigung aus dem Vorprozess auch nicht in entsprechender Anwendung von § 87 ZPO zurückgegriffen werden. Ein Vertreter im Privatklageverfahren nach §§ 374 ff. StPO ist nicht ein ProzBev. nach § 81. Daher muss das Gericht die Klage gegen den Kostenfestsetzungsbeschluss des Privatklageverfahrens der Partei selbst zustellen. 49

5. Rechtsschutzbedürfnis. Das Gericht muss das Rechtsschutzbedürfnis wie bei jeder Klage prüfen, BGH NJW-RR 1999, 1080; NJW 1993, 1396; Celle NJW-RR 2011, 1115; Kblz WM 2014, 2377. Das Rechtsschutzbedürfnis ist dabei in **zeitlicher** und in **sachlicher Hinsicht** zu differenzieren. 50

Bei der Prüfung des Rechtsschutzinteresses ist in zeitlicher Hinsicht bedeutsam, innerhalb welchen Zeitraums diese zulässig ist. Wenn keine Vollstreckung mehr droht, entfällt das Rechtsschutzbedürfnis für eine Vollstreckungsgegenklage. Dies ist z. B. der Fall, wenn der Titel an den Schuldner ausgehändigt worden ist oder dem Gläubiger jedenfalls keine Vollstreckungsmöglichkeit mehr bietet. 51

In sachlicher Hinsicht kommt dabei darauf an, ob es für den Schuldner einen einfacheren Weg bzw. kostengünstigeren Weg gibt, der es hindert, dass der Gläubiger aus dem Vollstreckungstitel vollstreckt. 52

Sobald ein Vollstreckungstitel vorliegt, muss dem Schuldner jedoch die Möglichkeit eröffnet werden, gegen die Vollstreckbarkeit des Titels vorzugehen. Dies ist abzugrenzen zur Vollstreckungserinnerung (§ 766) und zur Drittwiderspruchsklage (§ 771). Bei der Vollstreckungsgegenklage besteht das Rechtsschutzinteresse also unabhängig vom Beginn der Zwangsvollstreckung, da die Vollstreckbarkeit des Titels schlechthin beseitigt werden soll. 53

Hat der Schuldner bereits **Berufung** eingelegt und erhebt dann Vollstreckungsgegenklage, fehlt für diese das Rechtsschutzbedürfnis. 54

Ist die Zwangsvollstreckung bereits beendet, kommen für den Schuldner nur noch Bereicherung- oder Schadensersatzansprüche in Betracht. Der Schuldner hat aber die Möglichkeit, den Klageantrag nach § 264 Nr. 3 ZPO auf Leistung umzustellen. 55

6. Beispiele zur Frage der Zulässigkeit einer Klage, I

Abgesonderte Befriedigung: Unzulässigkeit kann dann vorliegen, wenn der Gläubiger den Titel nur dazu braucht, um einen Anspruch auf eine abgesonderte Befriedigung durchzusetzen. 56

Ausfertigung: Zulässigkeit besteht, soweit und solange eine Erteilung einer vollstreckbaren Ausfertigung nach §§ 724 ff. infrage kommt, BGHZ 120, 392, etwa auch nach § 733. S. auch „Vollstreckungsklausel".

Beginn der Vollstreckung: Zulässigkeit besteht auch vor dem Beginn der drohenden Zwangsvollstreckung, Henckel AcP 174, 108.

Drohen einer Vollstreckung: Zulässigkeit besteht ab einem ernsthaften Drohen, BGH ZIP 2015, 332; Celle NJW-RR 2011, 1114. **Unzulässigkeit** besteht mangels eines Rechtsschutzbedürfnisses daher, soweit eine Zwangsvollstreckung noch nicht oder nicht mehr droht, BGH NJW 1994, 1161; Ffm MDR 1988, 24; Karlsr FER 2000, 98 (kein Wegfall vor einem endgültigen Gläubigerverzicht).

Durchsuchung: Unzulässigkeit besteht bei einem nicht vollstreckbaren Beschluss nach § 758, Kblz FamRZ 1981, 1093.

Einigung: Zulässigkeit besteht selbst nach einer Einigung der Parteien dahin, dass eine Zwangsvollstreckung derzeit nicht in Betracht kommt, solange nur der Gläubiger noch über den Vollstreckungstitel verfügt, BGH NJW 1994, 1162; Hamm WRP 1992, 195; Köln JurBüro 1999, 609 (erst recht beim Fehlen eines Gläubigerverzichts); aM Rostock JurBüro 2007, 325 (aber die Vollstreckungsgefahr dauert mit dem Titelbesitz zumindest zunächst weiter an).

Einstellung, Beschränkung: Unzulässigkeit besteht, soweit man gegen den Titel nach § 775 Nr. 1 vorgehen kann, Köln FER 1999, 218, da insoweit eine einfachere Möglichkeit gegeben ist.

Ende der Vollstreckung: Unzulässigkeit der Abwehrklage besteht ab dem völligen Ende der Zwangsvollstreckung. Dann bleibt allenfalls ein materiell-rechtlicher Anspruch, BGH NJW 1994, 1161; BayObLG WuM 1992, 397 (auf Titelherausgabe); Hmb MDR 1998, 1051 (§ 894); aM Brehm ZIP 1983, 1420 (aber Ende ist Ende). Aber auch „Ausfertigung".

Exterritorialer: Zulässigkeit besteht grds. auch gegenüber einem nach § 18 GVG Exterritorialen. Denn die Abwehrklage ist nur eine prozessuale Folge von dessen Vorgehen. Ein Ausschluss wäre sittenwidrig.

Gläubigerverzicht: Zulässigkeit besteht grds. selbst dann, wenn der Gläubiger auf seine Rechte aus dem Vollstreckungstitel verzichtet hat, Romeyko FamRZ 2007, 1218. Auch „Drohen einer Vollstreckung".

Herausgabe: Wegen der teilweise für statthaft gehaltenen sog. verlängerten Vollstreckungsabwehrklage auf eine Herausgabe des durch eine vermeintlich unzulässige Vollstreckung Erlangten Hamm FamRZ 1993, 74. Auch „Teilerlöschen".

Irrtum: „Versehen".
Notarbesitz: Unzulässigkeit kann dann vorliegen, wenn der Notar den Vollstreckungstitel besitzt und ihn nicht in einer den Schuldner gefährdenden Weise herausgeben darf. Denn dann gibt es für eine Abwehrklage kein Rechtsschutzbedürfnis, sondern allenfalls ein solches für eine Herausgebeklage, BGH NJW 1994, 1162.
Prozessvergleich: Zulässigkeit kann dann bestehen, wenn im Wirksamkeitsstreit eine neue Einwendung infrage kommt, BGH NJW 1977, 584.
Rechtsgestaltung: Unzulässigkeit besteht bei einem nicht nach §§ 704 ff. vollstreckbaren rechtsgestaltenden Titel (kein Rechtsschutzbedürfnis).
Schlüssigkeit: Zulässigkeit besteht nach → Rn. 11 schon bei der Schlüssigkeit einer Behauptung nach → § 253 Rn. 28, Geißler NJW 1985, 1867.
Teilerlöschen: Zulässigkeit kann bestehen, soweit nach dem teilweisen Erlöschen der Forderung noch eine Zwangsvollstreckung wegen der Restforderung droht, BGH NJW 1994, 1162. Denn dann kommt noch nicht die Herausgabe des ganzen Titels infrage, aM BGH NJW 1992, 2148 (stellt zu streng ganz auf die Herausgabe ab). Ein Hilfsantrag nach → § 260 Rn. 9 auf eine teilweise Unzulässigkeit der Vollstreckung ist bei einer gegen die ganze Forderung gerichteten Abwehrklage nach einer Teilerfüllung unnötig, BGH NJW-RR 1991, 759.
Titelbesitz: „Einigung".
Titelherausgabe: „Teilerlöschen".
Umschreibung: „Vollstreckungsklausel".
Unterwerfung: Zulässigkeit kann bestehen, soweit keine Unterwerfungserklärung des Bekl. zB nach § 894 I Nr. 5 erfolgt, BGH NJW-RR 1999, 1080.
Verlängerte Abwehrklage: „Herausgabe".
Verlust der Titelausfertigung: „Vollstreckbarkeit".
Versehen: Unzulässigkeit besteht bei einem nach § 291 offenkundigen redaktionellen Versehen bei der Protokollierung eines Vergleichs, Düss FamRZ 2008, 1093.
Vollstreckbarkeit: Zulässigkeit besteht, sobald und solange der Gläubiger überhaupt nach §§ 704 ff. vollstrecken kann, BGH NJW 1994, 1162; Hamm FamRZ 2000, 1166 (selbst nach dem Verlust der Titelausfertigung).
Kein Vollstreckungsanspruch: Unzulässigkeit besteht beim Fehlen eines nach §§ 704 ff. vollstreckbaren Anspruchs, Kblz FamRZ 1981, 1093. Auch „Durchsuchung", „Rechtsgestaltung".
Vollstreckungsklausel: Zulässigkeit besteht evtl. auch schon vor einer Vorlage der Vollstreckungsklausel nach §§ 724 ff., LG Frankenthal NZM 2000, 927; Münzberg Rpfleger 1991, 210, also nach einem Verfahren nach § 732, Celle JurBüro 2010, 159. Es braucht auch noch keine Umschreibung der Klausel nach § 727 auf denjenigen neuen Gläubiger vorzuliegen, der den Vollstreckungstitel schon besitzt, BGH NJW 1992, 2160 (krit. Münzberg JZ 1993, 95); Köln VersR 1990, 403. Das Rechtsschutzbedürfnis nach → Rn. 56 kann auch bei einer nur teilweisen Vollstreckungsklausel gegen den Rest bestehen, Kblz WM 2014, 2377. Auch „Ausfertigung".
Wiederkehrende Leistungen: Unzulässigkeit kann dann vorliegen, wenn der Gläubiger den Vollstreckungstitel wegen der künftigen Leistungen behalten muss und darf.

57 **VI. Begründetheit der Vollstreckungsabwehrklage, I.** Klagen aus § 767 sind begründet, wenn dem Kläger eine materiell-rechtliche Einwendung gegen den titulierten Anspruch zusteht und diese nicht nach § 767 II, III ausgeschlossen ist.

58 Unbeachtlich ist grundsätzlich eine inzwischen eingetretene Änderung der Rechtsauffassung oder der Rechtsprechung; denn andernfalls würde die Rechtsbeständigkeit ordnungsgemäß erstrittener Vollstreckungstitel und damit die Rechtssicherheit sowie der Rechtsfrieden gestört. Ausnahmsweise kann eine Klage jedoch auf eine Änderung der Rechtsprechung gestützt werden, wenn das vom Gesetz vorgesehen ist und wenn der Schuldner sich gegen die Vollstreckung aus einem zukünftig wirkenden Unterlassungstitel Wert, zB dann, wenn der Vollstreckungstitel auf einer Norm beruht, die später vom Bundesverfassungsgericht für nichtig erklärt worden ist (vergleiche §§ 79 Abs. 2 S. 3, 95 Abs. 3 S. 3 BVerfGG) durch diese Regelung soll dem Gedanken der materiellen Gerechtigkeit der Vorrang vor Rechtssicherheitsbestrebungen eingeräumt werden (vgl. insgesamt: Brox/Walker, Zwangsvollsteckungsrecht, § 44 Rn. 49 ff.).

59 **1. Grundsatz: Anspruchsvernichtung; Hemmung der Durchsetzbarkeit.** Unter § 767 fallen nicht etwa verfahrensrechtliche Verstöße als solche, Musielak FS Schwab, 1990, 364. Vielmehr fallen hierunter nur diejenigen Einwendungen, die den im Titel rechtskräftig zuerkannten **materiell-rechtlichen Anspruch** nachträglich vernichten oder in seiner Durchsetzbarkeit verhindern, also die Vollstreckbarkeit des Titels betreffen, BGH MDR 2018, 1213; NJW-RR 2016, 317; NJW 1996, 57; Schlesw FamRZ 2017, 824. Rechtshindernder Einwendungen scheiden dementsprechend aus, so dass idR nur rechtsvernichtende oder rechtshemmende Einwendungen im Rahmen von § 767 bedeutsam sind.

60 In Betracht kommen als rechtsvernichtende Einwendungen zB Erfüllung, Aufrechnung, Erlass, Anfechtung, Eintritt einer auflösenden Bedingung oder eines Endtermins, nachträglicher Wegfall der Anspruchsvoraussetzungen, Wegfall der Geschäftsgrundlage, Unmöglichkeit der Leistung, Rücktritt, Widerruf (ggf. mit bestimmten Besonderheiten), Hinterlegung unter Verzicht auf das Recht der Rücknahme, unzulässige Rechtsausübung, Verwirkung, Wirkungslosigkeit des Titels aufgrund eines Vergleichs, Erteilung der Restschuldbefreiung (vgl. Brox/Walker, Zwangsvollstreckungsrecht, § 44 Rn. 52).

61 Als rechtshemmende Einwendungen können zB geltend gemacht werden, Verjährung, auch Verjährung der Hauptforderung nach rechtskräftiger Verurteilung des Bürgen gegen den nunmehr vollstreckt wird, Stundung, Zurückbehaltungsrecht, Notbedarf (§ 519 BGB), beschränkte Erbenhaftung (Brox/Walker, Zwangsvollsteckungsrecht, § 44 Rn. 54 ff.

2. Beispiele zur Frage der Zulässigkeit einer Einwendung, I

62 **Abänderungsklage:** s. o. Zusammentreffen mit anderen Klagearten.
Abtretung: Zulässig ist die Einwendung einer Abtretung desjenigen Anspruchs, über den das Gericht im Urteil entschieden hat, BGH NJW 2001, 232. Zulässig ist die Einwendung bei der Abtretung einer Grundschuld, Düss NJW-RR 1997, 444. **Unzulässig** ist aber zB die Einwendung der Unwirksamkeit eines solchen Darlehensvertrags, auf dem die Abtretung an den neuen Gläubiger beruht, soweit auch der bisherige Gläubiger sie nicht mehr geltend machen kann, Nürnb OLGZ 1983, 481; zweifelhaft BGH WM 2000, 2457, der die

Möglichkeit der Hinterlegung bei einer Zession für ausreichend hält. Zulässig ist auch die Einwendung eines **gesetzlichen Forderungsübergangs,** Hmb FamRZ 1996, 810; Köln FamRZ 2002, 555; LAG Bln-Brdb JurBüro 2010, 384. → „Rücktritt".

Abwendung der Vollstreckung: → „Erfüllung".

Änderung der Gesetzgebung: Sie ist grds. **keine** zulässige Einwendung, Guckelberger NVwZ 2004, 663, Schmidt Festgabe 50 Jahre BGH, 2000, 495; aM OVG Münst BauR 2016, 811. Ausnahmsweise zulässig ist der Einwand, soweit ihn das Gesetz ausdrücklich erlaubt, zB in §§ 79 II 2 BVerfGG, 698; Rüßmann FS Lüke, 1997, 698, oder bei einem andauernden, fortlaufend anspruchserzeugenden Rechtsverhältnis (wiederkehrende Leistung), BGH NJW 2009, 3303; BGHZ 133, 316; BGH FamRZ 1977, 462 bzw. wenn der dem Titel zugrunde liegende Unterlassungsanspruch nachträglich durch eine Gesetzesänderung weggefallen ist (BGH NJW 2008, 1446; BGHZ 133, 316).

Änderung der Rechtsprechung: Sie reicht **grds. nicht** aus, BGH NJW 2009, 3303, da es sich insoweit nicht um eine neu entstandene Einwendung gegen den titulierten Anspruch handelt. Andernfalls würde die Rechtskraft durchbrochen und damit bestünde die Gefahr, dass die Rechtssicherheit und der Rechtsfrieden gestört wird. Das gilt auch für eine erst nach dem Urteil eingetretene Richtlinie des BVerfG, und zwar selbst dann nicht, wenn das Urteil nach ihr evtl. anders ergangen wäre, Köln NJW-RR 2001, 140. Etwas anderes gilt aber wenn der Vollstreckungstitel auf einer Norm beruht, die später vom Bundesverfassungsgericht für nichtig erklärt worden ist (vgl. §§ 79 Abs. 2 S. 3, 95 Abs. 3 S. 3 BVerfGG), BVerfG NJW 2002, 2941. Eine Ausnahme liegt ferner vor, wenn die Rechtsprechungsänderung in ihren Auswirkungen einer Gesetzesänderung oder Änderung der Rechtslage durch die Rechtsprechung des Bundesverfassungsgerichts gleichkommt (BGHZ 161, 73) und sich auf wiederkehrende bzw. zukünftige Ansprüche/Verpflichtungen auswirkt, vgl. auch § 10 UKlaG, BGH NJW 2009, 3303, also wenn die Ausnahme vom Gesetz vorgesehen ist und der Schuldner sich zB dagegen wehrt, dass aus einem zukünftig wirkenden Unterhaltstitel vollstreckt wird. Durch diese Ausnahmen soll dem Gedanken der materiellen Gerechtigkeit der Vorrang vor Rechtssicherheit eingeräumt werden.

Aktivlegitimation: Ihr Wegfall auch nach einer Prozessstandschaft ist eine zulässige Einwendung, BGH MDR 2004, 471.

Allgemeine Geschäftsbedingungen: Der Vortrag, eine Klausel sei unzulässig, ist eine zulässige Einwendung, Celle NJW-RR 1991, 667; aM Kblz MDR 2002, 475 (aber der Anspruch mag fehlen. Vgl. freilich → Rn. 63 ff.).

Anerkenntnis: Seine Nichtigkeit lässt sich (auch) nach § 767 rügen, BGH NZM 2007, 819, sogar seine Anfechtbarkeit, Kblz VersR 2014, 461.

Anfechtbarkeit: → Rn. 62 „Anerkenntnis" BGH NJW 1964, 1797.

Anfechtungsgesetz: Der Wegfall des Anspruchs infolge einer Anfechtung nach dem AnfG ist für sich genommen **keine** nach § 767 zulässige Einwendung. Der Anfechtungsbeklagte kann jedoch materiell-rechtlichen Einwendungen insoweit geltend machen, auf die er sich als Schuldner unter Berücksichtigung von § 767 II ZPO berufen könnte (LG Bonn WM 2018, 2332; Hoffmann GPR 2019, 168 Fn. 40.

Anrechnung: Der Einwand, das Gericht habe eine Anrechnung im Verfahren nach § 11 RVG zu Unrecht abgelehnt, ist wegen II eine zulässige Einwendung, (zum alten Recht) BGH NJW 1997, 743.

Arbeitsrecht: Der Arbeitgeber kann gegen ein Urteil auf eine Beschäftigung dann nach § 767 vorgehen, wenn der Arbeitnehmer gar nicht oder nur unregelmäßig am Arbeitsplatz erscheint, Pallasch, Der Beschäftigungsanspruch des Arbeitnehmers (1993) 138.

Arglist: → „Treuwidrigkeit".

Arrest, einstweilige Verfügung: Das Außerkrafttreten einer solchen nach §§ 916 ff., 935 getroffenen Maßnahme ist **keine** hier zulässige Einwendung. Denn damit bestreitet der Schuldner das Bestehen des Vollstreckungstitels. Auch → „Vollstreckungstitel".

Art und Weise der Vollstreckung: Einwendungen gegen die Art und Weise der Zwangsvollstreckung sind **nicht** im Verfahren nach § 767 möglich, sondern in dem Erinnerungsverfahren nach § 766. Auch → „Insolvenz", → „Prozessstandschaft", → „Zug um Zug".

Aufhebung einer Vollstreckungsmaßnahme: → „Vollstreckungsvertrag".

Aufrechnung: Die Behauptung, die Forderung des Gläubigers sei infolge einer Aufrechnung erloschen, ist eine zulässige typische Einwendung, BVerfG NJW 2000, 1938, BGH NJW 2014, 2046, 2013, 2975; Hamm FamRZ 2005, 995 (Aufrechnungsverbot).

Auskunft: Der Wegfall eines Auskunftsanspruchs ist eine zulässige Einwendung, Celle FamRZ 1984, 56.

Bedingung: Die Behauptung einer Bedingung ist eine zulässige Einwendung. Das gilt sowohl für eine aufschiebende als auch für eine auflösende Bedingung, zur letzteren BGH NJW 1999, 955; Brdb NJW 2014, 644; Celle NJW-RR 2011, 1115.

Befristung: Es gilt dasselbe wie bei „Bedingung", Celle NJW-RR 2011, 1115.

Bereicherung: Eine Situation nach §§ 812 ff. BGB kann ausreichen.

Bruttolohn: Die Behauptung einer unkorrekten Bezahlung der abzuführenden Steuern und Sozialabgaben ist eine zulässige Einwendung, LG Stgt DGVZ 2009, 187.

Bürgschaft: Nach einer vorbehaltlosen Verurteilung des Bürgen im Urkundsprozess nach §§ 592 ff. ist eine Erfüllung auch bei einer Insolvenz des Bürgschaftsgläubigers evtl. einwendbar, Brdb MDR 2002, 960. Eine Zahlung durch einen Bürgen aufgrund eines nach §§ 708 ff. vorläufig vollstreckbaren Urteils ist **keine** zulässige Einwendung. Denn sie ist nach → Rn. 63 nur eine bedingte Erfüllung.

Culpa in contrahendo: → „Verschulden bei Vertragsverhandlungen".

Eigenbedarf: Sein Wegfall kann ausreichen, LG Siegen WuM 1992, 147.

Einziehungsermächtigung: Es Soweit aufgrund einer Einziehungsermächtigung eine materiell-rechtliche Befugnis besteht, Leistung an sich zu verlangen, können Einwendungen nach § 767 geltend gemacht werden vgl. sinngemäß BGH NJW 1993, 1396; OLG Köln FamRZ 2002, 555.

Erbschaft: Der Einwand der beschränkten Erbenhaftung wie nach § 780 ist zulässig, Hamm FamRZ 1992, 583. Eine Erbausschlagung ist eine zulässige Einwendung. Ein Miterbe kann sich bis zur Teilung auf § 2059 S. 1 BGB berufen. **Unzulässig** ist der Einwand, bei einer beschränkten Erbenhaftung fehle der Vorbehalt, aM LG Meiningen JurBüro 2012, 268 (zu eng). Freilich muss man II beachten, Köln MDR 2010, 998. Auch → „Nacherbfolge".

Erfüllung: Sie ist eine zulässige typische Einwendung, BGH FamRZ 2013, 27; Karlsr WM 2011, 855; OLG Karlsruhe 17.1.2020 – 12 U 27/19, BeckRS 2020, 208.
– **(Einrede der Nichterfüllung):** Als Erfüllung kann auch diese Einrede gelten, BGH NJW-RR 2004, 1136.
– **(An Erfüllungs Statt):** Erfüllung liegt auch bei einer solchen Annahme vor.
— **(Gesamtschuldner):** Erfüllung kann das Verhalten jedes Gesamtschuldners sein, § 422 BGB, Ffm ZIP 1982, 880.
– **(Teilerfüllung):** Sie kann ausreichen BGH NJW 1993, 1394. Das gilt selbst bei einer solchen außerhalb der Vollstreckung, LG Wuppertal DGVZ 2011, 113. Das alles gilt freilich nur zur entsprechenden lediglich auf diesen Teil beschränkten Bekämpfung, BGH NJW-RR 1991, 760, BayObLG ZMR 1999, 184 (WEG); Mü MDR 2010, 1086. **Keine** Gesamterfüllung liegt evtl. auch bei ihrer weitgehenden Vornahme vor, KG NJW-RR 2002, 1078 (Notwendigkeit einer Verrechnung usw.).
– **(Vollstreckungsabwendung): Keine** Erfüllung kann eine nur zu solchem Zweck erfolgte Leistung sein, BGH NJW 1990, 2756. Freilich kommt es auf die Auslegbarkeit nach → Vor § 128 Rn. 59, 60 an.
– **(Vorbehalt):** Der von dem Schuldner bei den Zahlungen geäußerte Vorbehalt hinderte den Eintritt der Erfüllungswirkung durch die Zahlungen nicht OLG Frankfurt 14.6.2019 – 2 U 3/14, BeckRS 2019, 16089; Ffm FamRZ 1993, 346 (Fallfrage); Karlsr WM 2011, 855.
– **(Wegfall des Erfüllungsinteresse):** Als Erfüllung gelten kann auch diese Entwicklung, LG Siegen WuM 1992, 147.

Erlass: Der Schulderlass nach § 397 BGB ist eine zulässige Einwendung, Köln VersR 1992, 885. Das gilt auch bei einem bedingten teilweisen Schulderlass, Hamm VersR 1993, 1548, und bei einer einverständlichen Abänderung, auch einer stillschweigenden. Es gilt etwa dann, wenn der Unterhaltsgläubiger jahrelang einen geringeren als den titulierten Unterhalt entgegennimmt, Hamm FamRZ 1999, 1665.

Erlöschen: Das Erlöschen der Forderung ist eine zulässige Einwendung, Düss FamRZ 1992, 943; Ffm FamRZ 2008, 83. Das gilt nicht nur bei einer Erfüllung, sondern auch bei einem anderen Grund, zB beim Eintritt einer Bedingung, Köln FamRZ 2001, 177, oder beim Eintritt in ein bestimmtes Lebensalter oder beim Eintritt der Erwerbsunfähigkeit, aM Zweibr FamRZ 1993, 441 (nur § 323; vgl. aber → Rn. 16).

Erstattungsanspruch: Ein sachlichrechtlicher Kostenersatzanspruch nach der Rücknahme des Rechtsschutzgesuchs ist eine zulässige Einwendung, Schlesw NJW-RR 1987, 952. Dasselbe gilt für eine solche sachlichrechtliche Regelung, nach der ein Anwalt die Mehrwertsteuer fordern kann, oder für den Wegfall der Möglichkeit, Mehrwertsteuer auf Zinsen zu fordern, Ffm NJW 1983, 394; Schneider DGVZ 1983, 115.

Fälligkeit: Das Fehlen der Fälligkeit kann eine zulässige Einwendung sein, Hamm MDR 1993, 348; AG Langen FER 2000, 66 (bisher pünktliche Unterhaltszahlungen).

Geschäftsgrundlage: Ihr Fehlen oder Fortfall ist bei einem wiederkehrenden Anspruch keine zulässige Einwendung, BGHZ 151, 326; VGH Mü NVwZ-RR 2007, 354. Denn dann lässt sich nicht die Zulässigkeit der Zwangsvollstreckung bestreiten. Vielmehr muss man dann den Vollstreckungstitel nach §§ 704, 794 ff. im Verfahren nach § 323 vernichten lassen, BGHZ 100, 212.

Geschäftsunfähigkeit: Die Behauptung, sie habe gefehlt, ist **keine** hier zulässige Einwendung, aM Köln MDR 2011, 649. Dann mag ein Rechtsmittel zB nach § 511 oder eine Klage nach § 579 I Nr. 4 zulässig sein.

Gesellschaft: Der Gesellschafter kann eine von der Gesellschaft abgeleitete Einwendung unter den Voraussetzungen von I, II anbringen, BGH NJW-RR 2006, 1270.

Gesetzlicher Forderungsübergang: → „Gläubigerwechsel".

Gesetzliche Vertretung: Ihr jetziges Fehlen ist **keine** zulässige Einwendung, Ffm MDR 1997, 195, ebenso wenig ihr bloßer Wechsel, Kblz FamRZ 2005, 993.

Gestaltungsrecht. Dazu Thorle ZZP 124, 45 (Grdz.). → „Anfechtungsgesetz", „Aufrechnung".

Gewerbeordnung: Ein Verbot nach §§ 115, 119 GewO ist eine zulässige Einwendung, BGH BB 1975, 901.

Gläubigerwechsel: Er ist eine zulässige Einwendung, Ffm DGVZ 1993, 92; Hmb FamRZ 1996, 810; Köln FamRZ 2002, 555. Denn jede materiell-rechtliche Änderung ist hier zu beachten. § 265 gilt außerdem in der Zwangsvollstreckung nicht, BGHZ 92, 349 (krit. Brehm JZ 1985, 342; Olzen JR 1985, 288). Es genügt zB, dass die Abtretung dem Verurteilten erst nach dem Urteil bekannt geworden ist.
– **(Pfändung):** Zulässig ist die Einwendung nach einer Pfändung, AG Mü DGVZ 1984, 76; Münzberg DGVZ 1985, 145.
– **(Prozessstandschaft):** Zulässig ist nach → Vor § 50 Rn. 43 „Unterhalt" die Einwendung ihres Wegfalls, Brdb FamRZ 1997, 509; Hamm FamRZ 2000, 365; Nürnb MDR 2001, 1299; aM Ffm FamRZ 1983, 1268; Hamm VersR 1998, 477; Nürnb MDR 2010, 576 (aber das ist sogar ein typischer Fall).
– **(Sachbefugnis):** Zulässig ist die Einwendung des Verlusts der Sachbefugnis nach → Vor § 50 Rn. 29, Schlesw SchlHA 1982, 111.

Handelsgewerbe: Seine Veräußerung nach § 25 HGB ist eine zulässige Einwendung.

Haftungsbeschränkung: Sie ist eine zulässige Einwendung, Celle NJW-RR 1988, 133; Düss Rpfleger 1977, 416. Das gilt zB für die Einrede des Notbedarfs, durch die man nach § 785 eine Unterhaltspflicht des Erben vermindern kann.

Hinterlegung: Sie ist eine zulässige Einwendung, soweit sie schuldbefreiend oder zB fälligkeitshemmend wirkt, BGHZ 70, 156, LG Karlsr DGVZ 1984, 155.

Insolvenz: Eine Eröffnung des Insolvenzverfahrens ist dann eine zulässige Einwendung, wenn der Verwalter die Erfüllung ablehnt, BGH MDR 1987, 579, oder wenn ein Gläubiger noch eine Einzelvollstreckung versucht, LG Stgt Rpfleger 1999, 286; AG Lpz ZIP 2011, 2211. Auch eine Masseunzulänglichkeit reicht aus, BGH MDR 2008, 108; BAG KTS 1987, 723; Kblz JurBüro 2008, 427 (auch eine erneute). Auch der Einwand einer Restschuldbefreiung kann reichen, BGH WM 2015, 934; Düss ZIP 2017, 1867, auch derjenige ihres Fehlens, BGH NJW-RR 2014, 1392. Zulässig ist eine Einwendung nach § 93 InsO, AG Duisb Rpfleger 2012, 281. **Unanwendbar** ist § 767 beim Streit um die Wirksamkeit oder Unwirksamkeit einer Pfändung infolge eines solchen Verfahrens und dann, wenn der Gerichtsvollzieher sich weigert, die Pfändung aufzuheben.

Klagerücknahme: Diejenige nach § 269 ist **keine** zulässige Einwendung. Denn § 269 III, IV zeigen, dass die Rücknahme den materiell-rechtlichen Anspruch grundsätzlich unberührt lässt.

Kostenvorschuss: Gegen eine Anordnung nach § 887 II ist eine Einwendung **nicht** im Verfahren nach § 767 statthaft, BGH NJW 1993, 1395.

Leistungsfähigkeit: Ihr Fehlen ist **nicht** nach § 767 nachprüfbar, Brdb NJW-RR 2002, 363.
Leistungsverweigerungsrecht: Es bildet eine zulässige Einwendung, Karlsr VersR 2005, 776.
Mängelanspruch: Er kann eine zulässige Einwendung sein, BGHZ 85, 372.
Nacherbfolge: Ihr Eintritt ist eine zulässige Einwendung.
Nichtigkeit: Sie kann eine zulässige Einwendung sein, BVerfGE 115, 61; BGH NZM 2007, 818; Kblz NJW-RR 2014, 983.
Notar: Für Einwendungen gegen Kostenrechnungen der Notare ist die Vollstreckungsgegenklage zwar nicht statthaft OLG Düsseldorf BeckRS 2002, 4895; NJW-RR 2002, 1512. Der Schuldner kann meist **nur** nach § 127 GNotKG vorgehen und insoweit ist § 767 entsprechend anwendbar, KG 26.11.2019 – 9 W 105/18, LSK 2019, 42100.
Notbedarf: Derjenige nach §§ 519, 529 II BGB ist eine zulässige Einwendung, BGH NJW 2005, 3638.
Option: Ihre Ausübung führt zur Zulässigkeit der entsprechenden Einwendung, BGHZ 94, 33.
Parteibezeichnung: Die Rüge ihrer Unrichtigkeit ist **keine** zulässige Einwendung, BayObLG Rpfleger 2004, 692 (man muss sie nach § 732 klären).
Pfändung: → „Gläubigerwechsel", → „Insolvenz".
Prozessstandschaft: Ihr Ende kann eine zulässige Einwendung sein, Hamm FamRZ 2016, 1101, Jena FamRZ 2014, 867.
Räumung: Der Wegfall des Vermieterinteresses kann eine zulässige Einwendung sein, AG Bonn WuM 1991, 495. Dasselbe gilt von einem Mitbesitz am Geschäftslokal, AG Lpz DGVZ 2010, 157; aM AG Wuppert DGVZ 2010, 158 (§ 766). Ein Fortfall des Eigenbedarfs erst nach dem Eintritt der formellen Rechtskraft des Vollstreckungstitels nach §§ 329, 705 ist **keine** zulässige Einwendung, LG Köln WuM 1994, 212 (krit. Scholl).
Rechnungslegung: Die Behauptung, eine Rechnung sei zB bei § 254 bereits gelegt worden, ist zulässig. Das gilt auch für die Behauptung, der Schuldner habe bereits einen Buchauszug erteilt. Dessen etwaige Vervollständigung muss der Gläubiger nach §§ 887, 888 erzwingen.
Rechtsbeständigkeit: Die Bekämpfung der Rechtsbeständigkeit des Vollstreckungstitels ist keine zulässige Einwendung. Auch → Rn. 62 „Änderung der Gesetzgebung".
Rechtskraft: Das Vorliegen etwa eines Scheidungsausspruchs ist zB beim bloßen Trennungsunterhalt zu beachten, BGH NJW 2010, 1751. Ihr Fehlen ist eine zur entsprechenden Anwendung von I (nicht von II, III) ausreichende Einwendung, BGHZ 124, 166; Brdb MDR 2000, 228 (je: beim fehlerhaften Teilurteil).
Rechtsnachfolge: Sie kann gegenüber dem **früheren** Rechtsinhaber eine zulässige Einwendung sein, gegenüber dem **neuen grds. nicht,** BayObLG ZMR 2000, 43. Der Rechtsnachfolger des Schuldners hat evtl. nur **dessen** Einwendungsmöglichkeiten, BGH NJW 2013, 3244.
Rechtsverlust: Er kann eine zulässige Einwendung sein, BGH WM 2018, 96.
Rente: Bei geänderten wirtschaftlichen Verhältnissen des Unterhaltsberechtigten zB durch Rentenbezug kommt eine Abänderungsklage nach § 323 ZPO in Betracht. Die Vollstreckungsgegenklage nach § 767 ZPO würde zu unbilligen Ergebnissen führen, wenn die Änderung zugleich auch Auswirkungen auf den Bedarf des Unterhaltsberechtigten hat. § 767 ZPO bewirkt nur, die Vollstreckung des Titels für unzulässig zu erklären, führt aber zu keiner – erforderlichen – Neuberechnung des Unterhaltsanspruchs, die eine Durchbrechung der Rechtskraft des früheren Titels voraussetzt BGH NJW 2005, 2313.
Restschuldbefreiung: → „Insolvenz".
Rücktritt: Er ist grds. eine zulässige Einwendung zumindest dann, wenn er nach dem Erlass des Urteils noch wirksam erfolgt ist, aM BGH DB 1978, 1494 (aber auch dann ändert sich die materiell-rechtliche Situation). **Unzulässig** ist aber die Einwendung, der Abtretende sei später zurückgetreten, BGH DB 1978, 1494.
Schiedsvereinbarung: Sie ist nach § 1032 I eine zulässige Einwendung, BGH NJW-RR 1996, 508.
Schmerzensgeld: Eine Änderung ist nur bedingt zu beachten, BGH NJW 2004, 1244.
Schuldnerschaft: Ihr Fehlen ist eine zulässige Einwendung, Düss OLGZ 1984, 93.
Schuldübernahme: Diejenige durch einen Dritten ist nur bei ihrer allseitigen Wirksamkeit für den bisherigen Schuldner eine zulässige Einwendung, BGH ZIP 1990, 720 (zust. Brehm ZIP 1991, 1045).
Sicherungsabrede: Sie ist eine zulässige Einwendung, Hamm Rpfleger 1999, 231.
Sittenwidrigkeit: Sie ist zumindest auch eine nach § 767 zulässige Einwendung, BSG FamRZ 1996, 1405; Düss FamRZ 1997, 827; Wesser ZZP 113, 183. Sie hat aber Grenzen, BGH ZIP 2014, 119. Ein Mitverschulden des Schuldners kann schädlich sein, BGH WM 2012, 145.
Stundung: Sie ist eine zulässige Einwendung.
Treuwidrigkeit: Jede Art von Verstoß gegen Treu und Glauben ist grds. eine zulässige Einwendung, BSG FamRZ 1996, 1405; Karlsr FamRZ 1993, 1457; LG Freib/Br ZMR 2014, 449. Das gilt auch für jede Art von Arglist.
Überweisung zur Einziehung: Sie ist eine zulässige Einwendung, BGH MDR 1985, 309; BAG NJW 1997, 1869.
Umgangsrecht: Sein Eintritt ist eine zulässige Einwendung gegenüber einem Annäherungsverbot, LG Essen FamRZ 2009, 1695.
Umsatzsteuer: Der Einwand des Rechts von Vorsteuerabzug ist zulässig, LG Mü NJW-RR 1992, 1342; v. Eicken/Madert NJW 1996, 1651; Hansens JurBüro 1995, 176.
Unbestimmtheit des Titels: Sie ist eine zulässige Einwendung, BAG NZA 2008, 1260, Kblz MDR 2002, 968.
Ungerechtfertigte Bereicherung: → „Bereicherung".
Unklagbarkeit: Sie ist eine zulässige Einwendung, LG Traunst DGVZ 1993, 157.
Unmöglichkeit: Die Unmöglichkeit einer Erfüllung ist dann eine zulässige Einwendung, wenn sie den Schuldner nach § 275 BGB befreit, BGH NJW 1999, 955; Düss MDR 1991, 260; Hamm NJW-RR 1988, 1087, also **nicht** bei § 326 II BGB, Köln NJW-RR 1991, 1023. Auch → „Erfüllung", → „Zug um Zug".
Unterhaltspflicht: Ihr Wegfall oder ihre Minderung sind grds. zulässige Einwendungen, soweit sie eine Erfüllung darstellen oder ihr gleichstehen, BGH NJW-RR 1991, 1155, Hamm FamRZ 2007, 159, AG Nordenham FamRZ 2011, 1680. In anderen Fällen kommt nur § 323 in Betracht, BGH NJW-RR 1991, 1155. → „Rente".
– **(Ausbildungsunterhalt): Unzulässig** ist das Verfahren nach § 767 bei diesem Unterhalt, Brem FER 2000, 161 (§ 323).

– **(Eheähnliches Verhältnis):** Zulässig ist die Einwendung der Erfüllung auch bei einem solchen Verhältnis, BGH FamRZ 1987, 261.
– **(Freistellung): Unzulässig** ist ihre Einwendung, soweit keine Nämlichkeit des Einwendenden besteht, AG Nordenham FamRZ 2012, 149.
– **(„Geschiedenen-Witwenrente"):** Zulässig ist die Einwendung der Erfüllung auch beim Verfahren infolge einer solchen Rente, AG Bln-Tempelhof FamRZ 1975, 582 (dort Minderung).
– **(Scheidung):** Zulässig ist die Einwendung der Erfüllung auch beim Scheidungsverfahren nach §§ 133 ff. FamFG, Köln FamRZ 1996, 1077.
– **(Tod):** Zulässig ist die Einwendung der Erfüllung auch beim Verfahren infolge eines Todesfalls, BGH NJW 2004, 2896; Karlsr OLGZ 1977, 122.
– **(Trennungsunterhalt):** Zulässig ist die Einwendung der Erfüllung auch beim Trennungsunterhalt, Düss FamRZ 1992, 943.
– **(Keine Vaterschaft):** Zulässig ist die Einwendung der Erfüllung auch bei einem solchen Entscheid, nach dem der Unterhaltsschuldner nicht der Vater ist. Dann kann auch nach § 239 I FamFG die Aufhebung einer Jugendamtsurkunde infrage kommen, Karlsr FamRZ 2014, 313.
– **(Versorgungsausgleich):** Zulässig ist die Einwendung der Erfüllung auch beim Verfahren infolge eines Rentenanspruchs aufgrund eines Versorgungsausgleichs, BGH FamRZ 1993, 812; aM Karlsr FamRZ 1988, 195 (nur § 323. Zu eng).
– **(Volljährigkeit):** Zulässig ist die Einwendung der Erfüllung auch beim Verfahren infolge des Eintritts der Volljährigkeit des Unterhaltsberechtigten, Celle FamRZ 1992, 943; Hamm FamRZ 2016, 1101; Jena FamRZ 2014, 867; aM Kblz JurBüro 2007, 102 (§ 323); Nürnb MDR 2010, 576 (§ 766. Jeweils systemwidrig). **Vorrangig** gilt freilich § 798a.
– **(Vollstreckungspause):** Wegen einer langjährigen Celle NJW 2014, 3165.
– **(Vorbehalt):** Zulässig ist die Einwendung der Erfüllung auch bei einer Zahlung unter einem Vorbehalt, Ffm FamRZ 1993, 346 (Fallfrage).
– **(Wiederverheiratung):** Zulässig ist die Einwendung der Erfüllung auch beim Verfahren infolge einer Wiederverheiratung nach § 1586 BGB, Naumb FamRZ 2006, 1402.

Unterlassungsklagengesetz: Es gilt § 10.

Unterwerfungsklausel: Ihre Unwirksamkeit ist eine zulässige Einwendung, Hamm BauR 2017, 329 Nr. 3; OLG Düsseldorf 3.7.2017 – I-4 U 146/14, I-4 U 146/14; Zweibr NZM 2000, 201; aM BGH MDR 2004, 471, wonach dies als Problem der prozessualen Ordnungsgemäßheit im Verfahren nach § 732 ZPO zu klären ist. Es ist jedoch vorzugswürdig, beide Verfahren alternativ zu ermöglichen vgl. → Rn. 20.

Unwirksamkeit: Die materiell-rechtliche ist eine zulässige Einwendung, BGH ZIP 2012, 1499; Brem FamRZ 2013, 147; Kblz NJW-RR 2014, 983. Dasselbe kann bei einer verfahrensrechtl Unwirksamkeit gelten, Zweibr NJW-RR 2010, 286.

Unzulässigkeit des Vollstreckungstitels: Zulässig ist eine solche Einwendung, Mü DNotZ 2011, 42; aM Celle NJW-RR 2011, 128. (Zu eng).

Verbandsklage: Die Änderung des § 13 II Nr. 2 UWG reicht **nicht** aus, Saarbr WettbR 1996, 185.

Verbraucherkreditgesetz: → „Widerruf".

Verfassungsverstoß. Dazu Hasler MDR 1995, 1086. Ein solcher kann als eine Einwendung reichen, BVerfGE 115, 61; BGH FamRZ 2006, 1025; Melzer NJW 1996, 3192, aM Stgt NJW 1996, 1683 (aber ein solcher Verstoß ändert oft auch die sachlichrechtliche Situation). Eine solche Entscheidung des BVerfG, durch die es eine für das Urteil maßgebende Norm nach § 79 II 3 BVerfGG für nichtig erklärt, ist als eine Einwendung zulässig, BGH FamRZ 2006, 1025; Hmb FamRZ 1988, 1178. Die verfassungswidrige Handhabung einer Norm fällt nicht unter § 79 II BVerfG, BGH VersR 2003, 616. Das Übergangsrecht kann die Anwendbarkeit trotz Verfassungsverstoßes rechtfertigen, Düss OLGR 2009, 708.

Vergleich: Die Behauptung, die Forderung des Gläubigers sei insbesondere infolge eines außergerichtlichen Vergleichs nach § 779 BGB oder infolge eines Prozessvergleiches nach Anh. § 307 erloschen, ermäßigt oder sonst wie verändert worden, ist eine zulässige typische Einwendung, BGH NJW-RR 2007, 1724; Hamm VersR 1993, 1548; LAG Bln-Brdb JurBüro 2010, 384. Auch die Nichtigkeit oder sonstige Unwirksamkeit des Vergleichs zählt hierher, Brem FamRZ 2013, 147; LG Heidelb WuM 1992, 30. Dasselbe gilt auch für die Einwendung, die Parteien hätten sich schon vor dem Prozessvergleich über dieselbe Frage anders abschließend geeinigt gehabt, BVerwG NJW 2005, 1963. Es gilt auch für eine mangelnde Bestimmtheit, Kblz NJW-RR 2002, 1510. Das alles gilt auch für einen Zwangsvergleich oder für eine Vereinbarung über die Verteilung der Kosten dann, wenn es etwa um einen Erstattungsanspruch geht, Münzberg NJW 1996, 2129. Es gilt auch dann, wenn die Parteien einen Kostenvergleich vor der Scheidung, aber erst für den Fall der Scheidung geschlossen haben, oder für einen Unterhaltsvergleich, Schlesw SchlHA 1980, 161.

Verjährung: Die Verjährung ist eine zulässige Einwendung, BGH ZIP 2010, 74 (verbürgte Hauptforschung); Bbg MDR 1998, 796 (Bürge); LG Stgt JurBüro 2018, 161; aM Ffm WM 2013, 1375; LG Regensb WM 2013, 1064; AG Ansbach DGVZ 1992, 140 (nur beim Hauptanspruch. Jeweils zu eng). Das gilt sogar beim rechtskräftigen Anspruch nach (jetzt) § 197 I Nr. 3 BGB, BGH NJW 1990, 2755; BayObLG ZMR 2000, 189; Düss BauR 2002, 517, und bei der Verjährung eines Zwangsgelds nach § 888, BayObLG ZMR 2000, 189. Zur Frage des Rechtsschutzbedürfnisses vgl. BGH WM 2016, 2382. Auch →, „Verwirkung".

Verrechnung: Der Schuldner kann nur mit der Klage nach § 767 eine Überprüfung der Verrechnung der von ihm für überhöht gehaltenen Vollstreckungskosten mit seinen Teilzahlungen verlangen, AG Stgt-Bad Cannstatt JurBüro 1992, 264.

Verschulden bei Vertragsverhandlungen: Ein Schadensersatzanspruch aus diesem Gesichtspunkt ist eine zulässige Einwendung, Düss MDR 1993, 1198.

Versicherung: Die Einwendung, die Versicherungssumme sei erschöpft, ist **unzulässig,** BGHZ 84, 154.

Versorgungsausgleich: → „Unterhaltspflicht".

Verwirkung: Die Behauptung, die Forderung sei nach § 242 BGB usw. verwirkt, ist eine zulässige Einwendung, BGH FamRZ 2012, 1225; AG Brdb NJW-RR 2017, 1146; AG Mü WuM 2017, 607; aM Ffm FamRZ 1988, 62 (beim Vergleich. Aber der Einwand bringt nur das in Wahrheit bereits eingetretene sachlichrechtliche Erlöschen zum Ausdruck. Es ist stets bei § 767 zu beachten). Ein Räumungstitel ist aber nicht schon nach

2 Jahren verbraucht, aM AG Hmb WuM 2006, 292 (krit. Börstinghaus). Nach 3 Jahren kann ein stillschweigender neuer Vertrag vorliegen, AG Hmb-Altona WuM 2006, 697 (aber Vorsicht!). Nach 7 Jahren kann Verwirkung eingetreten sein, AG Düren JurBüro 2018, 46. Nach 12 Jahren kann eine Verwirkung immer noch fehlen, LG Bonn ZMR 2017, 734, ebenso nach 13 Jahren, Bbg JurBüro 2011, 384. Mangelndes Vermögen ist kaum ein Umstandsmoment, Brdb NJW 2013, 3188. Auch → „Verjährung".

Verzicht: Ein Verzicht des Gläubigers auf die Forderung ist eine zulässige Einwendung, BGH MDR 1991, 668; Karlsr MDR 1998, 1433. Das gilt auch bei einem vorübergehenden Verzicht für seine Dauer, Brdb ZIP 2014, 164. Es gilt zB auch dann, wenn der Vermieter den Mieter trotz eines Räumungsurteils im ungestörten Besitz der Wohnung belässt und weiterhin Miete fordert und annimmt, wenn evtl. sogar eine Erhöhung der Nebenkosten fordert, LG Essen WuM 1984, 252; LG Köln WuM 1991, 673; AG Ffm DGVZ 1987, 127, oder **wenn** der Vermieter nach Vertragsende über die zu vollstreckende Kaution bereits abrechnen muss, LG Nürnb-Fürth WuM 1994, 708 (freilich ist meist gerade streitig, **ob** er schon abzahlen muss!), oder wenn ein neuer Nutzungsvertrag folgt, LG Freibg DGVZ 1989, 156. Ein Verzicht auf die bisherige Forderung kann im Betreiben zB des nach § 323 abgeänderten Titels liegen, Düss FamRZ 2006, 1289. Ein Verzicht auf eine Abänderung nach § 323 kann unbeachtlich sein, BSG FamRZ 1996, 1405. Ein Verzicht ist unbeachtlich, solange er bei einer Auslegung nach → Vor § 128 Rn. 59, 60 nicht endgültig ist und der Gläubiger den Titel behält. Dann bleibt § 767 anwendbar, Karlsr FER 2000, 98, Zweibr NJW-RR 2009, 4; Holznagel NZFam 2014, 58 (ausf.).

Verzug: Sein Fehlen ist eine zulässige Einwendung, Düss Rpfleger 1977, 67. Auch → „Stundung".

Volljährigkeit: → „Unterhaltspflicht".

Vollstreckungsende: Dasjenige beseitigt das Rechtsschutzbedürfnis, AG Brdb JurBüro 2017, 434.

Vollstreckungsklausel: Der Einwand, das Gericht habe die Vollstreckungsklausel nach §§ 732, 768 unzulässig erteilt, ist nach → Rn. 20 (F) **unzulässig,** BGH NJW-RR 1990, 247, KG AnwBl 2002, 666; Karlsr OLGZ 1991, 229; aM BGH NJW 2010, 2041 (§ 767 entsprechend bei Klagenverbindung; krit. Bolkart DNotZ 2010, 483; Hinrichs/Jaeger NJW 2010, 2017; Sikora DNotZ 2010, 585; Skauradszun MDR 2010, 845); Hmb KTS 1983, 601 (aber das ist keine Änderung der materiell-rechtlichen Situation). Dasselbe gilt bei ihrem Fehlen, Köln NJW 1997, 1451 (wendet § 732 oder § 768 an und läßt notfalls eine Klagänderung zu).

Vollstreckungsstandschaft: → Vor § 727 Rn. 5.

Vollstreckungstitel: Bedenken gegen die formelle Wirksamkeit des Vollstreckungstitels selbst gehören nicht ins Verfahren nach § 767, BGH NJW-RR 1990, 24; aM BGH NZM 2007, 174 (systemwidrig). Allerdings lässt sich nach § 767 prüfen, ob zB ein Prozessvergleich nach Anh. § 307 genügend bestimmt ist, BGH FamRZ 2006, 262; Kblz NJW-RR 2002, 1510. Dasselbe gilt natürlich bei einem sonstigen Vollstreckungstitel wie zB bei einem Urteil oder einer Urkunde nach § 794 I Nr. 5. § 750 verlangt wie schon § 253 II Nr. 2 stets eine genügende Bestimmtheit. Eine angebliche Erschleichung gilt allenfalls einen Anspruch auf eine Unterlassung der Zwangsvollstreckung und auf die Herausgabe des Titels, Hamm NJW 1985, 2275; LG Hmb NJW-RR 1986, 407; Kohte NJW 1985, 2230 (ausf.). Denn auch das ist keine Änderung des sachlichen Rechts. Auch ein Streit über den Inhalt des Urteils lässt sich trotz der Notwendigkeit einer weiten Auslegung des Titels zB nach → § 890 Rn. 3 nicht durch eine Klage nach § 767 klären. Vielmehr ist eine Feststellungsklage nach § 256 oder nach → Rn. 13 eine neue Leistungsklage erforderlich. Ungeeignet ist auch die Behauptung, für einen Teil des Anspruchs bestehe kein vollstreckbarer Titel.

Vollstreckungsvertrag. Dazu BGH WM 2017, 1161 (streng). Die Vereinbarung, die Zwangsvollstreckung solle nur unter einer Bedingung erfolgen, zB nicht vor dem Eintritt der formellen Rechtskraft nach § 705, ist nur insoweit eine zulässige Einwendung, als sie auch materiell-rechtliche Wirkungen hat, Celle NZM 2013, 680, etwa eine Aufrechnungsvereinbarung, Karlsr FamRZ 2003, 696, oder eine Stundung, → „Stundung". Zur materiell-rechtlichen Seite → Vor § 704 Rn. 23 und Karlsr MDR 1998, 1433.

Zu den übrigen Fällen richtet sich die Einwendung **nicht** gegen den im Urteil festgestellten Anspruch selbst. Der Schuldner kann eine nach der letzten Tatsachenverhandlung des Vorprozesses nach §§ 136 IV, 296a, 525 geschlossene vollstreckungsbeschränkende Vereinbarung entsprechend § 767 geltend machen, BGH NJW-RR 2002, 283 (lässt sogar auch eine rein materiell-rechtliche Absprache zu); Karlsr FamRZ 2003, 696; Schmidt FS 50 Jahre BGH, 2000, 498 (evtl. auch § 766, soweit es um Vollstreckungsvoraussetzungen geht).

Unzulässig ist aber die Einwendung, die Parteien hätten eine Vollstreckungsmaßnahme wie etwa ein Pfändungspfandrecht durch ein vereinbartes Pfandrecht ersetzt und damit aufgehoben.

Vorbehalt: → „Erfüllung".

Vorsteuerabzug: → „Umsatzsteuer".

Wahlrecht: Die Ausübung eines Wahlrechts bei einer Wahlschuld ist eine zulässige Einwendung. Dasselbe gilt für seinen Verlust, BGH WM 2018, 96.

Wegfall: S. bei den einzelnen Arten des weggefallenen Anspruchs.

Widerruf: Seine Wirksamkeit nach § 355 BGB ist eine zulässige Einwendung, BGH NJW 1996, 58 (krit. Gottwald/Howold JZ 1996, 597); Stgt NJW 1994, 1226; Rixecker NJW 1999, 1695 (je zum alten Recht). Bei den verbraucherschützenden Widerrufsrechten ist dabei auf den Zeitpunkt ihrer Ausübung abzustellen, Zöller/Herget Rn. 14; LG Bielefeld 30.4.2014 – 18 O 264/13, BeckRS 2014, 14353.

Wiederverheiratung: → „Unterhaltspflicht".

Wirkungsdauer: Ein Wegfall des Titels infolge des Ablaufs der Wirkungsdauer des Urteils ist eine zulässige Einwendung. Das gilt zB bei einer Lizenzzahlung. Es kann auf die Umstände ankommen, etwa bei einem mehrere Jahre alten Räumungstitel, LG Mönchengladb WuM 1990, 161.

Zahlungsverbot: Ein Zahlungsverbot zB nach der InsO ist eine zulässige Einwendung, BAG NJW 1980, 143. Das gilt auch etwa für ein solches des Aufsichtsamts für die Privatversicherung.

Zinsniveau: Seine Änderung nach dem Schluss der mündlichen Verhandlung nach §§ 136 IV, 296a reicht zwar evtl. nach § 323, **nicht** aber nach § 767, BGHZ 100, 211; Deichfuß MDR 1992, 334; Herr MDR 1989, 778.

Zug um Zug. Dazu Kaiser NJW 2010, 2330. Der Schuldner kann mit dem Einwand der Mangelhaftigkeit einer im Titel individualisierten, vom Vollstreckungsgläubiger Zug um Zug zu erbringenden Gegenleistung nur dann im Wege der Vollstreckungserinnerung nach § 766 – in Abgrenzung zu § 767 – durchzudringen, wenn der Gegenstand sich derart erheblich verschlechtert hat, dass er ihn nicht mehr annehmen muss. Andernfalls ist der Schuldner mit seinen Einwänden auf die Vollstreckungsabwehrklage angewiesen BGH MDR 2005, 1311. Vgl. auch KG NJW-RR 1989, 638; LG Bln NJW-RR 1989, 639.

Zurückbehaltungsrecht: Seine Ausübung ist eine zulässige Einwendung, AG Siegen DGVZ 1996, 45. Das gilt freilich nur mit der Wirkung des § 322 I BGB, BGH NJW-RR 1997, 1272; Hamm VersR 1984, 1050, und beim Anwalt nur in Grenzen, Köln VersR 1998, 500.

Zwangsgeld: Zulässig ist eine Einwendung nach seiner Vornahme, BGH ZIP 2015, 332.

Zwangsversteigerung: Eine falsche Berechnung der 0,5-Grenze des § 85a III ZVG ist **keine** zulässige Einwendung, LG Trier Rpfleger 1985, 451.

Zweckbindung: Die Nichthaftung eines zweckgebundenen Vermögens ist eine zulässige Einwendung, zB nach WoFG oder zB WFNG NRW.

63 **VII. Keine Präklusion nach II. 1. Systematik der Präklusionswirkung. Beschränkung der Klagegründe (Präklusionswirkung), II.** Der Schuldner (= Vollstreckungsabwehrkläger) ist zum Schutz der Rechtskraft des ursprünglichen Titels dahingehend beschränkt, dass er nicht alle materiell-rechtlichen Einwendung mit Erfolg vorbringen kann. Zur Begründetheit der Klage führt nur eine solche Einwendung, die in einem früheren Verfahren noch nicht geltend gemacht werden konnte (vgl. § 767 II) (Brox/Walker, Zwangsvollsteckungsrecht, § 44 Rn. 61 ff.).

64 Diese **Präklusionswirkung** soll die **materielle Rechtskraft** des ursprünglichen Erkenntnisverfahrens schützen sowie Verzögerungen im Vollstreckungsverfahren vorbeugen, BGH NJW-RR 2012, 304. Es können daher in der Regel nur anspruchsvernichtende Einwendungen und anspruchshemmende Einreden geltend gemacht werden.

65 Die Präklusion wirkt sich materiell dahingehend aus, dass die **Einwendung bestehen bleibt** und anderweitig gesondert geltend gemacht werden kann, soweit keine anderen Gründe entgegen stehen BGH NJW 2019, 3385; NJW 2009, 1671.

66 **a) Gerichtliche Titel außerhalb von Urteilen. II gilt** für andere gerichtliche Entscheidungen, die zwar keine Urteile sind, aus denen aber eine Zwangsvollstreckung möglich ist und sofern sie der Rechtskraft fähig sind, entsprechend, sofern die Einwendung des Schuldners vor dem Erlass der Entscheidung vorgebracht werden konnten. Für den **Vollstreckungsbescheid** enthält § 796 II eine **Sonderregelung,** wobei zu beachten ist, dass der Vollstreckungsbescheid nach § 700 I sonst einem für vorläufig vollstreckbar erklärten Versäumnisurteil gleichsteht.

67 Entsprechend anwendbar bei Klagen zur **Durchbrechung der Rechtskraft** des Titels nach **§ 826 BGB,** OLG Frankfurt 15.7.2019 – 13 U 20/18, BeckRS 2019, 22405, auch anwendbar in Bezug auf einen Kommanditisten, soweit die Gesellschaft mit Einwendungen ausgeschlossen wäre BGH NJW 2014, 2045; OLG Dresden ZIP 2019, 2173.Bei dem **Schiedsspruch** nach §§ 1042 ff., 1059 ff. ist dabei entscheidend, ob das Schiesgericht für die Beurteilung der Einwendung überhaupt zuständig ist; diese kann dann im gerichtlichen Verfahren auf Vollstreckbarkeitserklärung (§§ 1060, 1062 ff. ZPO), sowie nach Vollstreckbarkeitserklärung nur noch eingewandt werden, soweit sie in dem Verfahren nach §§ 1060, 1062 ff. nicht geltend gemacht werden konnte (vgl. insgesamt: BGH NJW-RR 2008, 662; Köln SchiedsVZ 2005, 165 (auch zu Grenzen)).

68 **b) keine Anwendbarkeit.** Der Anwendungsbereich erfasst aber **nicht Titeln ohne Rechtskraftwirkung,** wie zB **Prozessvergleiche** (auch keine entsprechende Anwendbarkeit: BGH NJW-RR 1987, 1023; BAG BB 2004, 895; LAG Köln NZA-RR 2006, 100), **vollstreckbare Urkunden** nach § 794 I Nr. 2 (BVerfG WM 2018, 706; LG Mü WM 2013, 71) und **Anwaltsvergleichen;** oder nach §§ 794 I Nr. 5, **797 IV** (Ausnahme: nochmalige Abwehrklage, BGH NJW-RR 1987, 59; Zweibr OLGZ 1997, 110), Bei § 11 RVG ist II aber anwendbar, BGH NJW 1997, 743. Zum AVAG SchlAnh V E und zur Brüssel Ia–VO SchlAnh V 2 C, vgl. Münzberg, Berücksichtigung oder Präklusion sachlicher Einwendungen ins Exequaturverfahren usw., FS Geimer, 2002, 745. Soweit der Anwendungsbereich nicht gegeben ist, sind Einwendungen umfassend möglich, so zB auch anspruchshindernde. Dies bezieht sich auch auf Einwendungen gegen titulierte Zinsansprüche oder gegen die konkrete Berechnung ihrer Höhe (vgl. § 788) bei nicht summenmäßig titulierten Zinsansprüchen (vgl. BVerfG WM 2018, 706).

69 **II** gilt auch **nicht,** soweit im Verfahren zur Begründung eines Titels keine Gelegenheit bestand, materielle Einwendungen geltend zu machen, zum Beispiel beim **Kostenfestsetzungsbeschluss** nach § 104, BGH DtZ 1995, 170; Rpfleger 1995, 375; BVerwG NJW 2005, 1963; OLG Frankfurt, MDR 2015, 1025; Ffm NJW-RR 1987, 372; AG Köln WuM 1993, 476, da der Rechtspfleger nicht befugt ist, die gegen den Kostenanspruch vorgebrachte Einwendung zu prüfen. Bei einer Vollstreckungsgegenklage gegen einen Kostenfestsetzungsbeschluss ist nach Treu und Glauben zu prüfen, ob der Einwand bereits im Kostenfestsetzungsverfahren hätte geltend gemacht werden können. Ist dies der Fall, besteht kein Rechtsschutzbedürfnis dafür, mit der Vollstreckungsabwehrklage eine weitere Rechtsschutzmöglichkeit zu eröffnen OLG Saarbrücken BeckRS 2016, 900. Bei der Einziehung rückständiger Beiträge durch die Anwaltskammer vgl. BGH NJW 2005, 367, AG Hannover 22.8.2019 – 410 C 527/19, BeckRS 2019, 23973;

70 **2. Objektive Möglicheit der Geltenmachung. a) Regelfall.** Die Präklusionswirkung greift ein, wenn die objektive Möglichkeit bestand, die Einwendung im Vorprozess geltend zu machen.

71 Einwendungen sind also **ausgeschlossen,** soweit sie nach dem maßgeblichen **objektiven Zeitpunkt** entstanden sind (BGH NJW 2005, 2927 (Aufrechnungslage); Karlsr VersR 2005, 776; Köln VersR 2004, 355). Das gilt auch beim Schiedsspruch nach § 1054. Dagegen ist es unerheblich, wann das Gericht sein Urteil nach §§ 310, 311 verkündet hatte. Wenn der Vorprozess trotz eines Urteils noch in der ersten oder zweiten Instanz rechtshängig war, müssen dort zulässige Einwendungen später entstanden sein. Man muss sie daher nach einem Vorbehaltsurteil nach §§ 302, 599 in einem Urkundenurteil, einem Wechselurteil oder einem Scheckurteil im Nachverfahren der §§ 600 ff. vorbringen, soweit das statthaft ist. Eine rechtskräftige Vorabentscheidung über den Grund nach § 304 schneidet die vorher entstandenen Einwendungen ab. Der Vorprozess kann aufgrund einer Abänderungsklage nach § 323 entstanden sein, Hamm FamRZ 1993, 582.

72 Für diese Ansicht, die auf den objektiven Zeitpunkt, und gegen die Ansicht, die bei Gestaltungsrechten (wie z. B. Anfechtung, Aufrechnung, Rücktritt, Kündigung und Widerruf (beim Wideruf ggf. Besonderheiten)) auf den Zeitpunkt der Ausübung des Rechts abstellt (vgl. insoweit (Musielak/Voit/Lackmann, ZPO § 767 Rn. 37 mwN), spricht bereits der Wortlaut, da dieser auf die „Gründe“ Bezug nimmt, auf denen die Einwendungen

beruhen (RGZ 64, 228 [230]). Der Grund, auf dem die Gestaltungswirkung beruht, entsteht bereits in dem Zeitpunkt, sobald es möglich ist, das jeweilige Gestaltungsrecht auszuüben. Ebenfalls gebietet der Schutz der Rechtskraft und die mögliche Gefahr einer Prozessverschleppung (vgl. §§ 277 Abs. 1, 282 Abs. 1, 340 Abs. 3, 697 Abs. 3, 296 Abs. 2, 531 Abs. 2) eine entsprechende Auslegung (BGH NJW-RR 2006, 229 [231]). Es ist sogar auf die objektive Möglichkeit abzustellen, wenn der Schuldner **keine Kenntnis** von seinem Gestaltungsrecht gehabt hat (BGHZ 34, 274).

Als maßgeblicher Zeitpunkt ist dabei bei einem Urteil, das aufgrund mündlicher Verhandlung ergangen ist, der **Schluss der letzten mündlichen Verhandlung** in der letzten Tatsacheninstanz maßgeblich. 73

b) Ausnahme. Etwas anderes gilt ausnahmsweise dann, wenn der Schuldner zB ein Optionsrecht oder eine andere Gestaltungsmöglichkeit vernünftiger- oder doch befugterweise und nicht missbräuchlich jetzt erst ausüben möchte und ausübt, BGHZ 94, 33 und NJW-RR 1987, 1169; Zöller/Herget Rn. 14; aM Ernst NJW 1986, 401, ebenso bei **Widerrufsrechten** im Rahmen des Verbraucherschutzes, § 355 BGB, LG Bielefeld BeckRS 2014, 14353; LG Darmstadt NJOZ 2011, 644 [645]; Zöller/Herget Rn. 14. Sofern das Gesetz in den Fällen einer unrichtigen Belehrung ein unbefristetes Widerrufsrecht einräumt, darf dies nicht unterlaufen werden, so dass insoweit auf den Ausübungszeitpunkt des Widerrufs abzustellen ist (Schwab JZ 2006, 170 [175]). Andernfalls würde durch die fehlerhafte Belehrung die materiell-rechtlicheWirkung des Widerrufsrechts unterlaufen. Dies gilt insbesondere beim im Lichte des Europarechts auszulegenden Verbraucherschutzes, vgl. Saenger/Pietsch, JA 2022, 25. 74

c) Nach der letzten Tatsachenverhandlung. Die klagebegründende Einwendung muss nach dem Schluss der letzten Tatsachenverhandlung des Vorprozesses nach §§ 136 IV, 296a, 525 nach → Rn. 78 objektiv entstanden sein, BGH WM 2012, 187; Celle NJW-RR 2011, 1115; VGH Kassel NJW 2007, 3738, Brox/Walker, Zwangsvollstreckungsrecht, § 44 Rn. 64, 69. Der maßgebliche Zeitpunkt für eine Präklusion der Einwendungen des Klägers nach § 767 II ist der **Schluss der mündlichen Verhandlung** in der **Tatsacheninstanz.** War die **Berufung** unzulässig oder wurde zurückgenommen, kommt es auf den Schluss der mündlichen Verhandlung in erster Instanz an (BGH NJW 2005, 2926; MüKoZPO/Schmidt/Brinkmann Rn. 76 mwN). In der **Revisionsinstanz** sind Einwendungen unzulässig. Im schriftlichen Verfahren gilt § 128 II 2. Bei einer Entscheidung nach Lage der Akten ist auf den Säumnistermin abzustellen (vgl. § 251a). Bei §§ 9, 11 WiStG ist der Zeitpunkt der Zustellung des Bußgeldbescheids maßgeblich, BGH MDR 1982, 488.Erfolgt eine Entscheidung ohne mündliche Verhandlung, bestimmt das Gericht den Zeitpunkt bis zu dem Schriftsätze eingereicht werden können (vgl. § 128 II 2). Beim Versäumnisurteil kommt es auf den Ablauf der Einspruchsfrist an (vgl. § 767 II a.E.). **§ 128a** stellt keine Besonderheit dar, da es sich insoweit auch um eine mündliche Verhandlung handelt. 75

Der Schuldner hat die nach dem Urteil bestehende Schuld noch dann nicht erfüllt, wenn er aufgrund eines bloß vorläufig vollstreckbaren Urteils gezahlt hat. Er hat aber auch eine zurückgewiesene Einwendung geltend gemacht. Die Präklusion nach § 767 II greift auch dann ein, wenn die Einwendung zwar vor der Schlussverhandlung des Vorprozesses geltend gemacht worden war, damals aber nicht zum Erfolg geführt hat, vgl. BGH WM 2007, 1755; WM 1995, 634. Es ist auch mit der Rechtskraft unvereinbar, eine nach § 767 nicht mehr zulässige Einwendung zur Grundlage eines Schadensersatzanspruches wegen einer unzulässigen Zwangsvollstreckung zu machen. 76

Wenn in einer **Steuersache** eine Klage zulässig ist, tritt der Ausschluss mit einer Einwendung erst in demjenigen Zeitpunkt ein, bis zu dem spätestens eine Nachprüfung der Einwendung im geregelten Verwaltungsverfahren herbeiführbar war. Wegen der Besonderheiten der Rechtslage beim Kostenfestsetzungsbeschluss nach § 104 und beim Prozessvergleich beim Vollstreckungsbescheid → § 796 Rn. 4. 77

d) Unerheblichkeit der Parteikenntnis/Ausübung des Rechts. Maßgebender Zeitpunkt ist nach grundsätzlich das **objektive Entstehen** der Einwendung. **Nicht** ausreichend ist daher die **subjektive Kenntnis** der Partei, BGH WuM 2005, 787; Celle JurBüro 2012, 163; Klimke ZZP 126, 61; aM Kblz JurBüro 1989, 704 (wegen einer Abtretung. Aber „entstanden sind" ist nach seinem Wortlaut und Sinn eindeutig). Auf die Kenntnis oder schuldhafter Unkenntnis des Schuldners von der Einwendung oder auf der Beweisbarkeit kommt es nicht an. Die Kenntnis des Schuldners von der Abtretung ist nur insoweit maßgeblich, wie die Kenntnis selbst zur Vollendung des Tatbestandes, wie zum Beispiel bei §§ 407, 408 BGB gehört. Dann kommt es auf den Zeitpunkt der Kenntnis an, vgl. BGH WM 2011, 213; abweichend hierzu BGH WM 2000, 2457, der die Möglichkeit einer Hinterlegung für ausreichend hält, wenn unklar ist, wer der berechtigte Gläubiger ist. Soweit der Einwand der fehlenden Aktivlegitimation wegen einer Abtretung jedoch schon zuvor mit seiner objektiven Entstehung hätte geltend gemacht werden können, kommt es auf die fehlende Kenntnis jedoch nicht an. 78

Das muss der Kläger **darlegen,** Düss VersR 2016, 1246, und **beweisen.** Deshalb ist es grundsätzlich unerheblich, ob gerade der Kläger die Einwendung im Vorprozess vorbringen konnte, BAG KTS 1986, 134; Kblz MDR 2002, 475; LG Köln NJW-RR 2002, 1511 (evtl. großzügiger bei Arzthaftung). 79

3. Aufrechnung. Wegen → Rn. 78 entscheidet bei einer Aufrechnung des Schuldners unabhängig davon, dass die Aufrechnung nach § 388 BGB auch erklärt werden muss, nur derjenige Zeitpunkt, in dem sich die Forderungen nach § 389 BGB erstmals **objektiv aufrechenbar** gegenüber standen, um Manipulationen zu vermeiden, BGHZ 163, 342, OLG Koblenz 12.10.2012 – 10 U 198/12, BeckRS 2013, 14851; KG ZMR 1995, 219; AG Wetzlar WuM 2013, 117. Die Gegenforderung muss also nachträglich erworben oder fällig geworden sein, Düss MDR 1987, 682. Es kommt also nicht darauf an, wann der Gläubiger von ihr eine Kenntnis hatte, BGH NJW 2005, 2927. Es reicht aber nicht aus, dass die Voraussetzungen für die Aufrechnung objektiv hätten geschaffen werden können BGH NJW 2005, 2926. Eine wegen einer Verspätung oder mangels einer Sachdienlichkeit nicht zugelassene Aufrechnung nach §§ 296, 530 II lässt sich auch nicht nachholen, um auf diese Weise die Vollstreckbarkeit desjenigen Urteils zu bekämpfen, das gerade diese Forderung durch die Nichtzulassung ausgeschaltet hat. Die Aufrechnung mit einer derartigen Forderung ist unzulässig und materiell-rechtlich wirkungslos. II hat damit und insofern auch eine Auswirkung auf das sachliche Recht, BGHZ 125, 352; Düss MDR 1983, 586. Der Hauptschuldner mag nach II nicht aufrechnen dürfen, der Bürge aber wohl, BGHZ 153, 301. 80

Da im Kündigungsschutzprozess der Anspruch auf eine Abfindung erst durch das Urteil entsteht, unterliegt eine Einwendung gegen diese Abfindung nicht dem II. Das Gericht muss die Entstehung der Einwendung stets nach dem materiellem Recht beurteilen, BAG NJW 1980, 143 (bei § 60 I KO aF, vgl. §§ 38 ff. 49 ff. 209 InsO) entsteht die Einwendung erst dann, wenn sich der Stand der Masse so weit geklärt hat, dass sich die Quote 81 errechnen lässt), Düss MDR 1987, 682. Ein Insolvenzverfahren ändert nichts an der Aufrechenbarkeit. **Unanwendbar** ist § 767 beim LugÜbk, BGH WM 2014, 1004.

82 **4. Weitere Fälle.** Die Regeln → Rn. 78–81 gelten auch bei einer materiell-rechtlichen **Verwirkung** nach § 242, Kblz FamRZ 1988, 747. Sie gelten ferner bei einem **Rücktritt,** einer **Anfechtung,** auch bei derjenigen wegen einer arglistigen Täuschung.

83 **5. Unzulässigkeit des Einspruchs.** Ein Einspruch nach §§ 338, 700 muss unzulässig sein. Der Grund zur Geltendmachung der Einwendung darf also erst nach dem Ablauf einer Einspruchsfrist nach §§ 339, 700 entstanden sein, BGH NJW 1982, 1812; Geißler NJW 1985, 1868; Schumann NJW 1982, 1862, aM Hamm NJW-RR 2000, 659 (es genügte eine Zahlung vor dem Fristablauf nebst einer trotzdem folgenden Vollstreckung. Aber dann ist gerade kein Einspruch mehr zulässig). Die Möglichkeit einer Berufung nach §§ 511 ff. steht der Klage nicht entgegen.

84 **VIII. Innerprozessuale Präklusion, III.** Entsprechend der Auslegung zu II muss der Schuldner bei einer Vollstreckungsabwehrklage, die er erhebt, alle Einwendungen geltend machen, die er zur Zeit der Erhebung der Klage geltend machen kann (vgl. **III;** vgl. MüKoZPO/Schmidt/Brinkmann Rn. 85). Die Vorschrift will wiederholter Vollstreckungsgegenklagen vermeiden. Diese Präklusionsvorschrift ist auf alle Arten von Vollstreckungstitel anwendbar, also auch auf solche, die – wie vollstreckbare Urkunden und Prozessvergleiche – nicht der Rechtskraft fähig sind. Es kommt allein darauf an, ob die Einwendung schon mit der früheren Vollstreckungsgegenklage erhoben werden konnte (Brox/Walker, Zwangsvollsteckungsrecht, § 44 Rn. 89 ff).

85 Der Kläger verliert in einem weiteren Abwehrprozess (nach → Rn. 89 nur) alle solchen Einwendungen, die etwa im ersten Vollstreckungsabwehrprozess oder in einem Abänderungsprozess nach § 323 objektiv möglich waren, BVerfG WM 2018, 708; BGHZ 167, 153; Hamm FamRZ 1993, 581.

86 **1. Maßgeblichkeit des Verhandlungsschlusses.** Maßgeblicher Zeitpunkt ist der **Schluss der letzten mündlichen Verhandlung** in der letzten Tatsacheninstanz des ersten Rechtszuges nach § 767.

87 Der Kläger verliert alle diejenigen Einwendungen, die er in diesem ersten Vollstreckungsabwehrprozess bis zum Schluss der letzten zulässigen Tatsachenverhandlung nach §§ 136 IV, 296a, 525 nicht geltend gemacht hat, obwohl er sie geltend machen konnte, BGH NJW 1991, 2281. Vom Ausgangspunkt ist – vergleichbar zu Abs. 2 von § 767 auch hier auf die objektive Möglichkeit der Erhebung der Einwendung abzustellen.

88 Das Gericht muss auch §§ 282, 296, 528 beachten. Der Einwand einer Klagänderung nach §§ 263, 264, 533 ist unzulässig, Geißler NJW 1985, 1868; Schmidt JR 1992, 92. Ein erst nach dem Schluss der letzten mündlichen Verhandlung des zweiten Abwehrprozesses objektiv entstandener Einwand lässt sich in einem dritten Abwehrprozess erheben.

89 **2. Neue Einwendungen.** Eine neue Vollstreckungsabwehrklage lässt sich indessen nur auf eine inzwischen neu objektiv entstandene Einwendung stützen, nicht auf eine vom Kläger wenn auch evtl. schuldlos nur versäumte, BGHZ 61, 26, Burgard ZZP 106, 50 (ausf.); Geißler NJW 1985, 1868; aM Schmidt FS 50 Jahre BGH, 2000, 512 (aber III erfordert nach → Rn. 3 eine eher strenge Auslegung). Sie lässt sich ferner auf eine solche Einwendung stützen, über die das Gericht im Vorprozess nicht entschieden hatte, BGH NJW 1991, 2281, oder die es im Vorprozess nicht zugelassen hatte, sofern die Zurückweisung nicht wegen einer Säumigkeit erfolgt war, sondern nur wegen mangelnder Sachdienlichkeit. Ob letzteres geschehen war, hat der Richter im neuen Prozess selbst zu prüfen. Das Gericht darf von Amts wegen keine nicht vorgebrachte Einwendung berücksichtigen.

90 **3. Unanwendbarkeit.** Unanwendbar ist III nach einer Klagerücknahme nach § 269 oder nach wirksamen übereinstimmenden vollen Erledigterklärungen nach → § 91a Rn. 223, BGH MDR 1991, 1204.

91 Der Kläger muss grundsätzlich die Prozessvoraussetzungen seiner Klage zumindest wegen der anspruchsvernichtenden Tatsachen **beweisen,** BGH NJW 1981, 2756. Der Schuldner darf auch anspruchsbegründende Tatsachen bestreiten und den Gläubiger zum Beweis zwingen, denn die **Beweislast** richtet sich nach dem materiellen Recht und nicht nach der Parteirolle (vgl. BVerfG WM 2018, 706; BGH NJW 2001, 2096).

92 **IX. Beweislast /Keine Vollstreckungshemmung.** Vor allem bei einer vollstreckbaren Urkunde ist zu berücksichtigen, dass die Verteilung der **Beweislast** von der Parteirolle im Prozess unabhängig ist, sondern allein durch die materielle Rechtlage bestimmt wird, BGH WM 2017, 1871; ausf. BGH NJW 2001, 2096. Ein Verzicht auf die Zwangsvollstreckung oder eine Einigung dahin, dass eine Zwangsvollstreckung nicht mehr in Betracht komme, führt nicht schon bei einer Klage auf eine einmalige Leistung zur Unzulässigkeit. Der Gläubiger muss vielmehr auch noch den Vollstreckungstitel herausgeben, BGH FamRZ 2008, 2021; Saarbr JurBüro 1978, 1093.

93 Die Klageerhebung hemmt die Vollstreckung nicht. Eine vorläufige Maßnahme kann nach § 769 ZPO bis zum Erlass eines Urteils über die Vollstreckungsgegenklage getroffen werden.

94 **X. Urteilstenor.** Fehlt ein Erfordernis des § 767, muss das Gericht die Klage beim Fehlen einer Zulässigkeitsbedingung evtl. nach einem Hinweis nach § 139 durch ein Prozessurteil als unzulässig und im Übrigen als unbegründet abweisen. Das stattgebende Urteil **erklärt** nur die Zwangsvollstreckung **für unzulässig,** BGH ZIP 2015, 333, oder nur unter dort genau festgesetzten Bedingungen für zulässig, etwa Zug um Zug beim Zurückbehaltungsrecht, BGH NJW-RR 1997, 1272. Das Gericht hebt nicht etwa den Titel auf. Es hebt aber dessen Vollstreckbarkeit auf, Nürnb FGPrax 2014, 59, auch bei einer Erklärung der „weiteren" Zwangsvollstreckung als unzulässig, BGH MDR 2006, 171. Das alles geschieht insgesamt oder teilweise, BGH WM 1991, 668; Köln Rpfleger 1976, 138. Rechtsbehelfsbelehrung, Verstoß: §§ 232, 233 S. 2.

95 Das Urteil hat **keine Rückwirkung.** Die Unzulässigkeit der Zwangsvollstreckung gilt nach § 775 Nr. 1 erst vom Eintritt der formellen Rechtskraft nach § 705 oder von der vorläufigen Vollstreckbarkeit des Urteils nach §§ 708 ff. an. Vorläufige Maßnahmen sind nach §§ 769, 770 statthaft. Wenn die Klage rechtshängig wurde, bevor eine Zwangsvollstreckung unmittelbar bevorstand, kann § 93 dahin anwendbar sein, dass der Kläger die Kosten tragen muss. Jedenfalls sind die Kosten nicht solche des Vorprozesses. Über die Kosten muss das Gericht besonders entscheiden, und zwar nach §§ 91 ff., nicht nach § 788 I, KG FamRZ 2004, 1392; Mü MDR 1986, 946. Der alte Vollstreckungstitel bleibt aber wegen seiner Kostenentscheidung bestehen. Er bleibt die Grundlage der dazu gehörenden Festsetzung nach §§ 103 ff. Das Gericht und der Anwalt erhalten die vollen Gebühren.

96 Hat die Vollstreckungsgegenklage Erfolg, so wird beispielhaft ignoriert:
Die Zwangsvollstreckung aus dem Urteil des Landgerichts (…) wird für unzulässig erklärt.
Der Beklagte trägt die Kosten des Rechtsstreits.

Das Urteil ist gegen Sicherheitsleistung i. H. v. (...) vorläufig vollstreckbar. Das Urteil entfaltet eine Gestaltungswirkung, und kann damit auch ein Vollstreckungshindernis darstellen (vgl. § 775 ZPO). 97

768 ***Klage gegen Vollstreckungsklausel.*** **Die Vorschriften des § 767 Abs. 1, 3 gelten entsprechend, wenn in den Fällen des § 726 Abs. 1, der §§ 727 bis 729, 738, 742, 744, des § 745 Abs. 2 und des § 749 der Schuldner den bei der Erteilung der Vollstreckungsklausel als bewiesen angenommenen Eintritt der Voraussetzung für die Erteilung der Vollstreckungsklausel bestreitet, unbeschadet der Befugnis des Schuldners, in diesen Fällen Einwendungen gegen die Zulässigkeit der Vollstreckungsklausel nach § 732 zu erheben.**

I. Systematik. Die beschränkte Vollstreckungsabwehrklage des § 768 stellt eine zwingende Sonderregelung dar, Kblz NJW 1992, 379; Münzberg Rpfleger 1991, 210. Neben ihr bleibt § 767 nur nach den Regeln → Rn. 7 zu beachten. Die Vorschrift steht **selbständig** neben § 732 und ist das Gegenstück zu § 731. Bezüglich einstweiliger Anordnungen siehe §§ 769, 770. 1

II. Regelungszweck. Er ist derselbe wie bei → § 767 Rn. 3, BVerfG NJW 1997, 2168. Die Vorschrift erfasst also eine **materiell-rechtliche Einwendung** gegen die Erteilung einer Vollstreckungsklausel, Hamm JurBüro 2012, 162, aM KG MDR 2008, 591. Demgegenüber behandelt während § 732 eine formelle Einwendung wie zB das Fehlen eines Vollstreckungstitels nach §§ 704, 794 ff., Kblz NJW 1992, 378. Beide Einwendungsarten können natürlich zusammentreffen, daher auch beide Verfahrensarten. Wegen des Ausnahmecharakters muss man die Vorschrift eng auslegen, KG MDR 2008, 591. 2

III. Geltungsbereich. Die Klage nach § 768 richtet sich **nicht** wie diejenige nach § 767 darauf, die Zwangsvollstreckung aus einem bestimmten Titel generell für unzulässig zu erklären. Sie zielt vielmehr nur darauf, sie gerade und nur aufgrund einer für einen Titel nach §§ 724 ff. erteilten bestimmten Vollstreckungsklausel für unzulässig zu erklären, BGH WM 1992, 1383; KG KTS 2002, 359. Sie ist also zB dann statthaft, wenn die Erteilung der Vollstreckungsklausel nach § 727 von dem Nachweis des Eintritts einer besonderen Voraussetzung abhängt oder wenn eine Treuwidrigkeit infrage kommt (auch im Zusammenhang mit einer Unterwerfungsklausel), BGH NJW 2011, 2803, ebenfalls in Bezug auf den Umfang der Unterwerfungserklärung, BGH DNotZ 2020, 20. Evtl. ist der Weg des § 768 neben demjenigen nach → § 732 Rn. 7 offen, KG KTS 2002, 359. Beim Arbeitsprozess, vgl. § 62 ArbGG; im Verwaltungsprozess, § 167 VwGO. 3

Beispiele: Der Schuldner leugnet eine Rechtsnachfolge des Gläubigers oder beweist den Nichtverfall trotz einer Verfallsklausel; sie fehlt, Köln NJW 1997, 1451. 4

Auch der **Dritte** kann die Klage dann erheben, wenn er als ein Rechtsnachfolger ein Recht auf die Beseitigung derjenigen Vollstreckungsklausel behauptet, die das Gericht nach § 727 einem anderen als dem angeblichen Rechtsnachfolger erteilt hat, Lackmann FS Musielak, 2004, 304, oder wenn der Kläger ein Begünstigter nach § 328 BGB zu sein behauptet. Eine rechtskräftige Feststellung nach § 768 schließt zwar Einwendungen nach § 732 aus, aber nicht solche nach § 768. Denn eine Entscheidung nach § 732 hat immer nur eine vorläufige Bedeutung. Ein nach § 705 formell rechtskräftiges Urteil aus § 731 steht der Klage nach § 768 entgegen. Es genügt eine unrechtmäßige Klausel, solange noch eine Vollstreckungsmaßnahme möglich ist. 5

IV. Verfahren. Der Antrag geht dahin, die Zwangsvollstreckung aufgrund der fraglichen Klausel für unzulässig zu erklären, BGH NJW 2015, 621, KG AnwBl 2002, 666. Der Kläger muss seine Einwendungen schlüssig darlegen, Kblz NJW 1992, 378. Einzelheiten zur Darlegungs- und Beweislast sind streitig, vgl. hierzu MüKoZPO/Schmidt/Brinkmann Rn. 10. Die **Beweislast** folgt aber auch hier den allgemeinen bewährten Regeln und muss unabhängig von der Parteirolle im Prozess sein. Die Beweislast hat also derjenige, der auch die Voraussetzungen für die Erteilung der Klausel beweisen muss, also in der Regel der beklagte Gläubiger, OLGR Frankfurt, 2007, 390; OLG Köln NJW-RR 1994, 893; Musielak/Voit/Lackmann Rn. 8 mwN; aA, wonach der Kläger die Beweislast trägt (RGZ 81, 299). Für die Beurteilung, ob das Gericht die Vollstreckungsklausel nach §§ 724 ff. rechtmäßig erteilt hatte, ist der **Schluss der mündlichen Verhandlung** nach §§ 136 IV, 296a, 525 der entscheidende Zeitpunkt, RGZ 134, 156. Wenn das Gericht die Klausel wie bei einer Verfallsklausel ohne Nachweise erteilen muss, muss der Schuldner die sachliche Unzulässigkeit der Zwangsvollstreckung beweisen. Eine nachträglich eintretende Fälligkeit heilt die Mängel der zu Unrecht erteilten Klausel. Das Urteil wirkt nach § 775 Nr. 1. 6

V. Anwendbarkeit des § 767. Im Übrigen gelten voll die Grundsätze des § 767, auch die Notwendigkeit der Häufung der Einwendungen nach § 767 III. Das **Prozessgericht erster Instanz** ist nach § 767 I **zuständig.** Die Verbindung mit einer Klage nach § 767 ZPO ist zulässig (KG MDR 2008, 591). Wegen eines Vollstreckungsbescheids gilt § 796 III, bei notariellen Urkunden, § 797 V. Das FamG kann beim FamFG zuständig sein, Flieger MDR 1978, 884. § 767 II ist allerdings anders als § 767 III **unanwendbar.** Einreden sind also in ihrer Entstehung nicht zeitlich begrenzt. Man kann die Rückgabe der Klausel nicht erzwingen. 7

769 ***Einstweilige Anordnungen.*** **I [1]Das Prozessgericht kann auf Antrag anordnen, dass bis zum Erlass des Urteils über die in den §§ 767, 768 bezeichneten Einwendungen die Zwangsvollstreckung gegen oder ohne Sicherheitsleistung eingestellt oder nur gegen Sicherheitsleistung fortgesetzt werde und dass Vollstreckungsmaßregeln gegen Sicherheitsleistung aufzuheben seien. [2]Es setzt eine Sicherheitsleistung für die Einstellung der Zwangsvollstreckung nicht fest, wenn der Schuldner zur Sicherheitsleistung nicht in der Lage ist und die Rechtsverfolgung durch ihn hinreichende Aussicht auf Erfolg bietet. [3]Die tatsächlichen Behauptungen, die den Antrag begründen, sind glaubhaft zu machen.**

II [1]In dringenden Fällen kann das Vollstreckungsgericht eine solche Anordnung erlassen, unter Bestimmung einer Frist, innerhalb der die Entscheidung des Prozessgerichts beizubringen sei. [2]Nach fruchtlosem Ablauf der Frist wird die Zwangsvollstreckung fortgesetzt.

III Die Entscheidung über diese Anträge ergeht durch Beschluss.

IV **Im Fall der Anhängigkeit einer auf Herabsetzung gerichteten Abänderungsklage gelten die Absätze 1 bis 3 entsprechend.**

Schrifttum: Dunkl/Moeller/Baur/Feldmeier/Wetekamp, Handbuch des vorläufigen Rechtsschutzes, 3. Aufl. 1999; Kaiser NJW 2014, 364 (Grdz. zu I); Pawlowski, Zu dem „Außerordentlichen Beschwerden" wegen „Greifbarer Gesetzeswidrigkeit", FS Schneider, 1997, 39.

1 **I. Systematik, I–IV.** Die Vorschrift, ergänzt durch § 770, ist ihrerseits eine Ergänzung der §§ 767, 768. Es findet nach § 15a II 1 Nr. 6 EGZPO kein obligatorisches Güteverfahren statt, Hartmann NJW 1999, 3748. § 924 hat den Vorrang, AG Hann JurBüro 2007, 99. Keine analoge Anwendung nach § 62 I 3, 2, 4 ArbGG, LAG München ArbR 2018, 407

2 **II. Regelungszweck, I–IV.** Der Zweck der Vollstreckungsabwehrklage kann es erforderlich machen, die Zwangsvollstreckung bis zur Entscheidung einstweilen einzustellen oder auf andere Weise das Risiko der „vollendeten Tatsachen" infolge einer Durchführung der Vollstreckung zu begrenzen, Brdb FamRZ 1999, 1436. Diesen Situationen dient § 769 in einer den §§ 707, 719 ähnlichen Weise, Köln FamRZ 2003, 321. Wie dort ist also die Verhinderung einer möglicherweise ungerechten Vollstreckung ein Ziel und soll Schutz bieten vor unwiederbringlichen Rechtsverlusten, da eine Klage nach den §§ 767, 768, 771–774, 785, 786, 805 nicht den Fortgang der Zwangsvollstreckung hindert und nicht zur Einstellung der Zwangsvollstreckung führt. Der Grundsatz der Verhältnismäßigkeit ist gerade bei § 769 mit zu beachten. Als eine **Ausnahmevorschrift** ist § 769 an sich **eng auslegbar,** Ffm MDR 1999, 828; Peglau MDR 1999, 401. Vgl. aber → Rn. 5. Nach IV entsprechend anwendbar bei §§ 323, 323a. Eine einstweilige Anordnung ist nach → Rn. 19 auch bei § 180 ZVG, Storz FPR 2013, 357, auch in einem schiedsrichterlichen Verfahren nach §§ 1025 ff. anwendbar, LG Köln MDR 1995, 959. Dann ist aber dazu nicht das Schiedsgericht zuständig, Mü SchiedsVZ 2012, 344. § 769 hat den Vorrang vor §§ 935 ff. Eine Anwendbarkeit ergibt sich nach § 1084 II bei einer Zwangsvollstreckung aus Europäischen Vollstreckungstiteln, ebenfalls nach § 112 IV GenG, § 242 FamFG.

3 § 769 ist wie bei §§ 323, 323a ZPO sinngemäß auch anwendbar, wenn die Vollstreckungswirkungen aus anderen Gründen, wie bei einer Klage nach § 256 ZPO bzw. § 826 BGB beseitigt werden soll, OLGR Frankfurt 2008, 612; Karlsr FamRZ 1986, 1141; Zweibr NJW 1991, 3042; LG Bln MDR 2005, 1284 (Einzelheiten sind streitig, vgl. OLG Stuttgart NJW-RR 1998, 70; OLG Frankfurt NJW-RR 1992, 511).

4 **III. Einstweilige Anordnung, I, III. 1. Zulässigkeit, I.** Das **Prozessgericht** kann bei einer Vollstreckungsabwehrklage eine einstweilige Anordnung nach §§ 767, 768, 771, 785, 786, 805 treffen. Das gilt auch in einer entsprechenden Anwendung bei einer verneinenden Feststellungsklage nach § 256, BGH NJW-RR 2005, 1010; Düss FamRZ 1993, 816; Naumb FamRZ 2001, 840; aM Ffm FamRZ 1989, 88 (es wendet dann §§ 707, 719 an. Aber dazu besteht keine Notwendigkeit. § 769 hat als eine Spezialvorschrift den Vorrang.). Natürlich muss schon und noch ein Verfahren nach § 767 laufen, LAG Köln JurBüro 2012, 48. Das Prozessgericht kann auch dann eingreifen, wenn eine verneinende Feststellungsklage des Schuldners nicht zulässig wäre, Hmb FamRZ 1996, 745.

5 **2. Zuständigkeit, I. Prozessgericht** ist das Gericht derjenigen Instanz, in der der Vollstreckungsabwehrprozess oder der Prozess nach § 323 zur Zeit des Antrags anhängig ist, Karlsr FamRZ 1984, 186; LAG Düss JurBüro 2018, 47;LAG Köln JurBüro 2012, 48, also auch der Einzelrichter der §§ 348, 348a usw. oder ein entsprechendes Gesuch auf Bewilligung von Prozesskostenhilfe hinsichtlich der Vollstreckungsabwehrklage; dieses Gericht bleibt zuständig, auch wenn die Sache wegen eines Rechtsmittels im PKH-Verfahren in die Rechtsmittelinstanz gelangt ist (vgl. OLG Hamm FamRZ 2011, 1170. Prozessgericht ist im Übrigen dasjenige Gericht, das den Vollstreckungstitel geschaffen hat, BGH NJW 1980, 189; Köln AnwBl 1989, 51 (auch beim Kostenfestsetzungsbeschluss). Das kann auch das Berufungsgericht sein. Das Hauptsachegericht bleibt auch zB bei § 242 FamFG zuständig, Hamm FamRZ 2011, 1170.

6 Die Unzuständigkeit des Gerichts **in der Sache selbst** schadet grundsätzlich nicht, Kblz FamRZ 1983, 939; Zweibr MDR 1979, 324. Denn es besteht die Möglichkeit einer Verweisung. Bei einer eindeutigen Unzuständigkeit wie etwa beim Fehlen des Rechtswegs nach §§ 13, 17 ff. GVG darf dieses Gericht aber überhaupt nicht auch nur zunächst tätig werden, VGH Mü NJW 1983, 1992.

7 **3. Antrag, I.** Notwendig ist ein **Antrag des Schuldners.** Bei elektronischer Einreichung gelten §§ 130ad. Ein Anwaltszwang besteht wie sonst nach § 78. Der Schuldner muss die Einzahlung des etwa nach § 12 GKG oder § 12 FamGKG erforderlichen Vorschusses nachweisen, Ffm OLGR 2008, 613; Hamm NJW-RR 1996, 1024; Naumb OLGR 2000, 388. Für Maßnahmen nach § 769 ist ein Beginn der Zwangsvollstreckung keine Voraussetzung. Die Zwangsvollstreckung muss aber möglich sein. Eine völlige Beendigung der Zwangsvollstreckung macht aber eine Anordnung nach § 769 unzulässig, vgl. ferner § 62 I 3 ArbGG, LAG Bln MDR 1986, 787, § 262 II AO. Wegen der Unanwendbarkeit der §§ 767 ff. vgl. → § 767 Rn. 42. Zum Verhältnis zwischen § 769 und §§ 936 ff. Düss OLGZ 1985, 494.

8 **4. Weiteres Verfahren, I, III.** Eine **mündliche Verhandlung** ist zulässig, aber nach § 128 IV nicht erforderlich. Der Antragsteller muss die tatsächlichen Unterlagen nach § 294 **glaubhaft** machen. Er kann die Glaubhaftmachung nicht durch eine Sicherheitsleistung nach §§ 108, 709 ersetzen. Ein Wegzug ins Ausland reicht nicht stets aus, LG Regensb NJW 1978, 1118. Das Gericht muss den Antragsgegner nach Art. 103 I GG vor dessen Unterliegen **anhören,** Naumb FamRZ 2003, 109. Ab seiner Anhörung gelten die allgemeinen Regeln zur Darlegungslast und zur Beweislast, soweit es auf sie nach § 707 überhaupt ankommt.

9 Das Gericht trifft seine Anordnungen nach seinem pflichtgemäßen **Ermessen,** vgl. OVG Münst NJW 1987, 3029 (freies Ermessen). Es muss die Aussichten der Klage berücksichtigen, Hmb NJW 1978, 1272; Zweibr FamRZ 2002, 556. Es darf den bisherigen Vollstreckungstitel nicht ohne ein besonderes Schutzbedürfnis des Schuldners entwerten, BGH NJW 2005, 3283; Hamm MDR 1993, 348; Zweibr JurBüro 1999, 381. Andererseits ist keine überwiegende Erfolgsaussicht der Abwehrklage nötig. Vielmehr entfällt eine einstweilige Einstellung erst bei einer völligen Aussichtslosigkeit, BGH NJW 2005, 3283; Zweibr FamRZ 2002, 556.

10 Die Entscheidung ergeht nach III durch einen **Beschluss** nach § 329. Das Gericht muss ihn grundsätzlich begründen, Ffm MDR 1999, 504; Köln MDR 2000, 414; Stgt MDR 1998, 621. Er enthält wegen VV 3500 RVG, § 19 I 2 Nr. 11 RVG, keine Kostenentscheidung KV 1812, Celle JurBüro 1997, 101, aM LG Ffm Rpfleger

1985, 208; MüKoZPO/Schmidt/Brinkmann Rn. 36. Das Gericht muss seinen Beschluss nach § 329 I 1 verkünden oder nach § 329 III beiden Parteien förmlich **zustellen.** Es kann seine Entscheidung **ändern** in Bezug auf die Einstellung oder Aufhebung der Zwangsvollstreckung, Hamm MDR 1988, 241; Köln MDR 1989, 919; Schneider MDR 1985, 549; Zöller/Herget Rn. 10. Rechtsbehelfsbelehrung, Verstoß: §§ 232, 233 S. 2.

5. Zulässige Maßnahmen, I, III. Zulässig sind dieselben Maßnahmen wie bei § 707. Liegen die Voraus- 11
setzungen vor, bildet die einstweilige Einstellung der Vollstreckung gegen Sicherheitsleistung nach I 2 den Regelfall (OLG Brandenburg, NJW-RR 2020, 316). Abweichend von jener Vorschrift darf das Gericht die Zwangsvollstreckung auch dann ohne eine Sicherheitsleistung einstellen, wenn der Antragsteller einen Nachteil nicht nach § 294 glaubhaft gemacht hat, Hamm MDR 1993, 348; Karlsr FamRZ 1987, 1289. Es muss unter den Voraussetzungen I 2 sogar ohne eine Sicherheitsleistung einstellen. Dabei gelten zur Frage der Erfolgsaussicht die nach der Prozesskostenhilfe entwickelten Grundsätze entsprechend. Zulässig ist auch die Anordnung der Hinterlegung eines Versteigerungserlöses. Eine Sicherheitsleistung des Schuldners nach §§ 108, 709, 769 soll grundsätzlich den Gläubiger vor den Nachteilen der Anordnung schützen. Das gilt auch bei einer Sicherheitsleistung des Drittwiderspruchsklägers nach § 771 III 1 iVm § 769 I 1, etwa bei einer Bürgschaft, BGH MDR 2004, 763. Er muss daher für den Fall der Abweisung seiner Klage eine Garantie abgeben, BGH MDR 2004, 763.

Deshalb ist auch eine Aufhebung der Zwangsvollstreckung nur gegen eine solche Sicherheitsleistung statthaft, 12
die dem Gläubiger einen **vollen Ersatz** gewährleistet. Das Gericht soll weder formalistisch noch unwirtschaftlich vorgehen. Es soll vielmehr alle Gesichtspunkte abwägen, LAG Ffm BB 1985, 871. Es muss dabei aber wesentlich auch auf das Interesse des Gläubigers achten. Die Höhe der Sicherheitsleistung muss daher dem Gläubiger wirklich einen vollen Schutz bieten. Es kommt auch eine Befristung schon nach I ähnlich derjenigen nach II in Betracht, KG FamRZ 1990, 86; Schlesw FamRZ 1990, 303. Freilich kommt auch eine Sicherheitsleistung des Gläubigers zum Schutz des Schuldners in Betracht, Hamm MDR 1993, 348, ebenso eine Sequestration ähnlich wie bei § 938 II.

Die Anordnung ist keine einstweilige Verfügung nach §§ 935 ff. Eine solche wäre auch unzulässig. Die 13
Anordnung tritt ohne weiteres außer Kraft, sobald ein Urteil zulasten des Schuldners im Hauptsacheverfahren ergeht und zwar unabhängig von der Rechtskraft des Urteils. Eine aufgehobene Vollstreckungsmaßnahme lebt aber durch ein solches Urteil nicht wieder auf. Für den Schutz des Schuldners auch nach Erlass des Urteils können Anordnungen nach § 770 erlassen werden (vgl. MüKoZPO/K. Schmidt/Brinkmann Rn. 26). Eine Einstellung in der Hauptsache berührt nach → § 930 Rn. 5 die Vollstreckung eines Arrests oder einer einstweiligen Verfügung nicht. Wegen der Wirkung der Einstellung usw. → § 707 Rn. 9–17.

IV. Dringender Fall, II. 1. Voraussetzungen. Ein dringender Fall liegt dann vor, wenn die Zeit in 14
Ausnahmefällen nicht ausreicht, um eine Entscheidung des Prozessgerichts einzuholen, etwa eine Entscheidung des Kollegialgerichts, LG Frankenthal Rpfleger 1981, 314. Ein dringender Fall liegt nicht schon deshalb vor, weil die Zwangsvollstreckung unmittelbar bevorsteht, sofern der Schuldner den Antrag erst im letzten Augenblick arglistig stellt, um eine ausreichende Prüfung oder eine Kostenpflicht zu verhindern. Ein dringender Fall fehlt ferner zB dann, wenn bereits in einem anderen zugehörigen Verfahren eine Einstellung der Zwangsvollstreckung erfolgt ist, Köln FamRZ 1981, 379. Um einen dringenden Fall handelt es sich in der Regel nicht, wenn der Schuldner beim Prozessgericht noch Klage erheben kann, Zöller/Herget Rn. 12.

Das Gericht kann die Anordnung in einem dringenden Fall evtl. schon nach der **Einreichung** der Klageschrift 15
nach § 253 vor deren Zustellung nach § 271 treffen, s. unten, Brdb FamRZ 1999, 1435; Hmb NJW-RR 1999, 394; Schlesw FamRZ 1990, 303, aber grundsätzlich nicht vorher, Brdb FamRZ 1999, 1435; AG Ludwigslust FamRZ 2005, 1858. Freilich muss das Gericht durch eine Bedingung oder Befristung sicherstellen, dass demnächst die Klagezustellung nach § 271 folgt oder das Vollstreckungsrecht des Gläubigers wieder auflebt, KG FamRZ 1990, 86; Schlesw FamRZ 1990, 303; aM Hmb FamRZ 1990, 431; Köln FamRZ 1987, 964 (aber außerhalb eines Prozessrechtsverhältnisses nach → Vor § 128 Rn. 4, → § 261 Rn. 1 ist eine große Zurückhaltung notwendig).

In einem dringenden Fall ist die einstweilige Anordnung ausnahmsweise auch schon nach der Einreichung des 16
isolierten Antrags auf die Bewilligung einer **Prozesskostenhilfe** nach § 117 statthaft, Ffm FamRZ 1982, 724; Hamm NJW-RR 1996, 1024; Köln FamRZ 1987, 963; aM Ffm MDR 1999, 828; Naumb FamRZ 2001, 840; Schlesw WM 1992, 263 (aber der Gesetzestext und -sinn ist nicht so eng, und es mag ein praktisches Bedürfnis bestehen). Es kann sogar das Rechtsmittelgericht dann zuständig sein, wenn ein besonderes Eilbedürfnis vorliegt, Hmb FamRZ 1984, 804.

2. Verfahren. Der Antragsteller muss außer den tatsächlichen Unterlagen nach I 2 die besondere Dringlich- 17
keit nach § 294 **glaubhaft** machen, Karlsr FamRZ 2004, 1211. Das Prozessgericht braucht die Klage noch nicht nach § 271 zugestellt zu haben. Zur Entscheidung zuständig ist das Vollstreckungsgericht nach § 764. Es entscheidet durch den Rpfl. nach § 20 I Nr. 17 S. 1 RPflG, AG Hann JurBüro 2007, 99. Denn eine richterliche Entscheidung muss ohnehin nachfolgen. Eine **mündliche Verhandlung** ist zulässig, aber nach III und § 128 IV nicht notwendig. Der Rpfleger entscheidet nach einer Anhörung nach Art. 2 I, 20 III GG, BVerfGE 101, 404; AG Hann JurBüro 2007, 99. Er entscheidet nach IV durch einen Beschluss nach § 329, der kurz zu begründen ist (Notwendigkeit der Überprüfbarkeit); Ffm MDR 1999, 504; Karlsr JurBüro 1998, 493; Köln JurBüro 1993, 627. Der Beschluss enthält keine Kostenentscheidung, LG Ffm Rpfleger 1985, 208; aM Petershagen JurBüro 2016, 623. Rechtsbehelfsbelehrung, Verstoß: §§ 232, 233 S. 2. Der Rpfleger lässt den Beschluss beiden Parteien nach §§ 166 ff., 329 II 2, III förmlich zustellen. Wegen der Brüssel Ia-VO SchlAnh V C 2.

3. Fristsetzung. Der Rpfl. muss eine Frist zur Beibringung der Entscheidung des Prozessgerichts aus I setzen. 18
Er kann sie nach § 224 II verlängern. Wenn der Schuldner die Entscheidung nicht innerhalb der Frist beibringt, tritt die Anordnung des Vollstreckungsgerichts kraft Gesetzes außer Kraft, Celle OLGR 1996, 214. Darum ist hier eine Aufhebung einer Vollstreckungsmaßnahme geradezu unstatthaft. Das Prozessgericht kann aber die Zwangsvollstreckung mit Wirkung für die Zukunft erneut einstellen. Eine Anordnung des Prozessgerichts erledigt diejenige des Vollstreckungsgerichts. Ein neuer Antrag nach einer Ablehnung setzt neue Gründe voraus. Denn niemand kann über denselben Sachverhalt zwei Entscheidungen verlangen.

V. Abänderung, IV. I–III gelten entsprechend bei §§ 323–323b, BGH NJW 1986, 2057, also auch beim 19
Prozessvergleich nach Anh. § 307, → § 767 Rn. 42, BGH NJW 2005, 3283; LAG Ffm BB 1995, 1648.

20 **VI. Rechtsbehelfe, I–IV.** Rechtsbehelfsbelehrung, Verstoß: §§ 232, 233 S. 2.

21 **1. Erinnerung.** Wenn der Rpfl. entschieden hat, gilt § 11 II 1 RPflG.

22 **2. Grundsatz: Keine sofortige Beschwerde.** Gegen den anfänglichen Beschluss des Richters des Prozessgerichts oder des Vollstreckungsgerichts ist grundsätzlich kein Rechtsmittel statthaft, Mü MDR 2011, 1321 (§ 707 II 2 entsprechend); LAG Mainz MDR 2006, 713; OVG Bln-Brdb NVwZ-RR 2013, 945. Ein Rechtsmittel gegen die Entscheidung über die beantragte Einstellung ist deswegen nicht zulässig, so dass weder die sofortige Beschwerde noch eine außerordentliche Beschwerde statthaft ist. Ein Rückgriff auf § 793 scheidet wegen der dem I vergleichbaren Vorschrift des § 707 aus, BGH NJW-RR 2005, 1009; FamRZ 2004, 1191; Zöller/Herget Rn. 13. Ggf. kann eine (unzulässige) Beschwerde jedoch als Abänderungsantrag/Gegenvorstellung ausgelegt werden, vgl. OLG München MDR 2011, 1321.

23 **3. Auch nicht bei greifbarer Gesetzwidrigkeit.** Die sofortige Beschwerde ist selbst dann nicht mehr statthaft, wenn eine greifbare Gesetzwidrigkeit vorliegt, BGH FamRZ 2006, 696; Brdb JurBüro 2005, 664. Daher kann selbst bei einer greifbaren Gesetzwidrigkeit grundsätzlich auch dann keine sofortige Beschwerde stattfinden, wenn die zugehörige Hauptsacheentscheidung unanfechtbar ist, Kblz FamRZ 1989, 298, oder wenn es nur um eine Prozesskostenhilfe nach § 114 geht, Karlsr FamRZ 2003, 1675 und 1676. Vgl. im Übrigen die schweren Bedenken des BVerfG (Plenum) NJW 2003, 1929 (Verstoß gegen Rechtsmittelklarheit nebst bisher vergeblicher Aufforderung an den Gesetzgeber, bis Ende 2004 zu handeln).

24 **4. Rechtsbehelfsverfahren.** Beim groben erstinstanzlichen Verfahrensverstoß kommt eine Aufhebung durch das Rechtsmittelgericht nebst einer Zurückverweisung nach → § 572 Rn. 25 in Betracht, Naumb FamRZ 2003, 109. Die Beschwerdeentscheidung enthält keine Kostenentscheidung. Denn es liegt ein unselbständiges Zwischenverfahren vor, dessen Kosten §§ 91 ff., 788 regeln, Brdb FamRZ 1996, 356; Drsd JurBüro 1999, 270; Düss FER 1999, 160 (je: bei Zurückweisung); aM Karlsr FamRZ 1999, 1000, LG Aachen MDR 1996, 1196. Der sog. Meistbegünstigungsgrundsatz gilt auch hier, Karlsr MDR 1992, 808. Freilich muss das Beschwerdegericht prüfen, ob überhaupt mehr als ein nach §§ 319, 329 zu berichtigender Schreibfehler vorliegt. Zur Anschlussbeschwerde § 567 III. Die Anordnung des Vollstreckungsgerichts wird nach einem erfolglosen Ablauf der Frist nach II oder nach einem abweisenden Urteil nach II 2 gegenstandslos. Neue Tatsachen sind im Rahmen nach § 571 II zu beachten, so schon Karlsr OLGZ 1976, 479, Gottwald FamRZ 1994, 1539. Das gilt selbst dann, wenn der Beschluss inzwischen nach §§ 329, 705 formell rechtskräftig geworden ist. Wenn die Klage nach § 767 Erfolg hat, kann der Bekl. in einem Verfahren nach § 769 noch vor dem Beschwerdegericht eine Erledigterklärung nach § 91a abgeben. Das Beschwerdegericht kann eine Forderungsbeschlagnahme nicht rückwirkend und evtl. auch nicht für die Zukunft wiederherstellen, Karlsr FamRZ 2004, 820.

770 ***Einstweilige Anordnungen im Urteil.*** **[1]Das Prozessgericht kann in dem Urteil, durch das über die Einwendungen entschieden wird, die in dem vorstehenden Paragraphen bezeichneten Anordnungen erlassen oder die bereits erlassenen Anordnungen aufheben, abändern oder bestätigen. [2]Für die Anfechtung einer solchen Entscheidung gelten die Vorschriften des § 718 entsprechend.**

1 **I. Anordnungen, S. 1, 2.** Es muss Erfolgsaussicht bestehen, LG Mü WM 2013, 73. § 770 erlaubt dem Prozessgericht bei einer Vollstreckungsabwehrklage nach §§ 767, 768, 785, 786, 805 auch in einem nach §§ 708 ff. bloß vorläufig vollstreckbaren Urteil und bei einem nach § 794 I Nr. 3 sofort vorstreckbaren Beschluss Anordnungen nach § 769 I, III. Diese Befugnis besteht abweichend von § 769 auch von Amts wegen. § 770 ergänzt § 769, dessen Anordnungen mit Erlass des Urteils in dem Verfahren außer Kraft treten (→ § 769 Rn. 11). Eine in einem vorläufig vollstreckbaren Urteil getroffene Anordnung tritt mit der formellen Rechtskraft des Urteils nach § 705 ohne weiteres außer Kraft. Die Durchführung richtet sich nach §§ 775 Nr. 2, 776 und ist sofort vollstreckbar. § 717 II gilt nicht entsprechend. Vgl. ferner § 262 II AO.

2 **II. Rechtsbehelfe, S. 1, 2.** Rechtsbehelfsbelehrung, Verstoß: §§ 232, 233 S. 2. Die Anordnung ist ein Teil des Urteils. Man kann sie daher nur zusammen mit diesem Urteil und nur mit dessen Rechtsmittel angreifen. Die Anordnung ist sofort vollstreckbar. In der zweiten Instanz entscheidet das Gericht auf einen Antrag auch vorab, § 718 und kann auch selbständig nach § 769 verfahren. Das Berufungsgericht kann aber auch eine Anordnung aus § 769 erlassen. Eine Revision entfällt nach § 718 II.

Vorbemerkung zu § 771
Drittwiderspruchsklagen

1 **I. Systematik.** Die Drittwiderspruchsklage ist ebenso wie die Vollstreckungsabwehrklage im Wesentlichen eine **prozessuale Gestaltungsklage,** BGH WM 2017, 1668; MDR 1985, 1010, Geißler NJW 1985, 1869, Münzberg/Brehm FS Baur, 1981, 535. Sie macht die Zwangsvollstreckung nach § 775 Nr. 1 unzulässig, sobald das Urteil nach § 705 formell rechtskräftig oder nach §§ 708 ff. vorläufig vollstreckbar ist, also für die Zukunft. Bis dahin ist die in der gesetzlichen Form aufgrund gesetzlicher Voraussetzungen vorgenommene Zwangsvollstreckung einwandfrei und – vorbehaltlich einstweiliger Maßnahmen – wirksam. Der Rechtsbehelf hat seinen Grund also nicht in einer fehlerhaften Zwangsvollstreckung, sondern in der unvermeidlichen Unzulänglichkeit der Prüfung fremder Rechte im Zwangsvollstreckungsverfahren, BGH MDR 2007, 1275. Diese Prüfung erfordert die allseitige Erörterung im Prozess.

2 Die wichtigste Folge dieser prozessualen Natur ist, dass das **materielle Recht des Dritten kein Streitgegenstand ist,** BGH MDR 1985, 1010; Stgt FamRZ 1982, 401. Denn der Gegenstand der Zwangsvollstreckung ist nach § 265 nicht streitbefangen. Darum lässt die innere Rechtskraft nach § 322 das materielle Recht dieses Dritten unberührt. Der Dritte kann es aber im Erkenntnisverfahren des bisherigen Prozesses nach §§ 253 ff. weder durch eine Einrede noch widerklagend geltend machen. Deshalb muss er es wenigstens im dortigen Vollstreckungsverfahren durchsetzen können.

3 Es findet nach § 15a II 1 Nr. 6 EGZPO **kein obligatorisches Güteverfahren** statt, Hartmann NJW 1999, 3748.

Eine bewusst **falsche** Widerspruchsklage ist mindestens ein versuchter Prozessbetrug. Die Drittwiderspruchsklage des Sicherungsnehmers ist zunächst dann missbräuchlich, wenn sie nur den Schutz des Sicherungsgebers bezweckt, Brem OLGZ 1990, 73. 4

II. Regelungszweck. Die ZPO gibt eine Reihe von Drittwiderspruchsklagen (Interventionsklagen) für solche Fälle, in denen das Recht eines Dritten der Zwangsvollstreckung entgegensteht. Diese Klagen dienen ähnlichen Zwecken wie das Aussonderungsrecht im Insolvenzverfahren. Der Gläubiger soll keine größeren Rechte erlangen als sie der Schuldner hat. Darum kann § 47 S. 2 InsO (Aussonderung) bei der Auslegung der §§ 771 ff. dienlich sein. Vergleichbar ist die Drittwiderspruchsklage nach § 262 AO, BGH NJW 1989, 2542. §§ 771 ff. geben dem mitbetroffenen Dritten den erforderlichen Rechtsschutz, sich gegen die Zwangsvollstreckung des Gläubigers zu Wehr zu setzen. Sie sind entsprechend weit zu seinen Gunsten auslegbar. Dementsprechend kann sie auch bei jeder Art der Zwangsvollstreckung eingreifen (Musielak/Voit/Lackmann Rn. 1). 5

Der Zugriff des Gläubigers endet dort, wo auch das Gesamtvermögen seines Schuldners endet. Eine Vermögensverschiebung würde natürlich als Rechtsmissbrauch auch bei §§ 771 ff. nicht hinnehmbar sein. 6

III. Geltungsbereich. Die Vorschriften gelten auch im WEG-Verfahren und evtl. im FamFG-Verfahren nach § 95 I FamFG. Man muss im Übrigen drei Fallgruppen unterscheiden. 7

1. Verhältnis der §§ 771–774 zueinander. Die Fälle §§ 771–774 liegen im Wesentlichen gleichartig. Ein Unterschied besteht insofern, als der Dritte bei §§ 771, 774 die ganze Zwangsvollstreckung abschnüren kann, während er bei §§ 772 f. die Pfändung belassen muss und nur der Veräußerung oder Überweisung widersprechen darf. 8

2. Verhältnis zum materiellen Recht. Hat der Dritte die Widerspruchsklage versäumt, bleibt ihm ein materiell-rechtlicher Anspruch aus einer Bereicherung nach §§ 812 ff. BGB, BGH Rpfleger 1975, 292; Brehm JZ 1986, 501. Dieser Anspruch besteht grundsätzlich gegenüber dem Gläubiger. Wegen einer Ausnahme → § 819 Rn. 6. Eine Bereicherung liegt vor, soweit der Erlös die Zwangsvollstreckungskosten nach § 788 übersteigt, BGHZ 66, 156. Bedenklich ist dabei, dass der Pfändungspfandgläubiger schlechter steht als der Faustpfandgläubiger, weil ihn der gute Glaube nicht schützt; § 1207 BGB ist unanwendbar. 9

Ein Ersatzanspruch des Dritten verlangt eine **unerlaubte Handlung** des Gläubigers. § 717 II und **§§ 985 ff. BGB** sind unanwendbar, weil sonst die Vollstreckung unterlaufen würde, BGH NJW 1987, 1880. Eine Ersatzpflicht besteht vor allem dann, wenn der Gläubiger bösgläubig Sachen Dritter pfändet oder trotz einer ausreichenden Glaubhaftmachung vom Bestehen des fremden Rechts auf der Pfändung beharrt. Die zur Auferlegung der Kosten nach § 294 ausreichende Glaubhaftmachung genügt hier nicht unbedingt. Die prozessuale Rechtmäßigkeit der Zwangsvollstreckung steht dem Ersatzanspruch wegen eines materiell-rechtlichen Verschuldens des Gläubigers nicht entgegen. Dieser haftet für Hilfspersonen nach §§ 278, 831 BGB. Häufig fällt dem Dritten ein mitwirkendes Verschulden nach § 254 BGB zur Last. 10

3. Verhältnis zu anderen Rechtsbehelfen. Regelmäßig ist die Widerspruchsklage der einzige Rechtsbehelf des Dritten, Schlesw SchlHA 1989, 44. Sie schließt vor allem eine **materiell-rechtliche Klage** desselben Ziels gegen den Pfändungsgläubiger aus. 11

4. Beispiele zur Frage der Statthaftigkeit anderer Rechtsbehelfe

Abwehrklage: Unstatthaft neben § 771 ist eine Klage nach § 1004 BGB, Henckel AcP 174, 109 bzw. § 985 BGB, BGH NJW 1987, 1880; Geißler NJW 1985, 1871. 12

Arrest: Statthaft neben § 771 ist eine solche Maßnahme nach §§ 916 ff. Auch „Einstweilige Verfügung".

Bereicherungsklage: → Rn. 9.

Einmischungsklage: Statthaft bleibt eine solche nach § 64 neben § 771 nur dann, wenn der Dritte gegenüber einem §§ 708 ff. vorläufig vollstreckbaren Urteil eine solche Sache für sich beansprucht, die man herausgeben muss. Das Verfahren und das Ergebnis sind verschieden. Der Dritte kann gegen seinen Schuldner unabhängig von § 771 klagen.

Einstweilige Verfügung: Statthaft neben § 771 ist eine solche Maßnahme nach §§ 935 ff., aM Schlesw SchlHA 1989, 44 (aber zur Klagemöglichkeit gehört ein einstweiliger Rechtsschutz, → Einl. II Rn. 12).

Erinnerung: → § 766 Rn. 17.

Ersatzklage: → Rn. 9.

Feststellungsklage: Statthaft neben § 771 ist eine verneinende Klage nach § 256 des Pfändungsgläubigers gegen einen Dritten vor der Erhebung der Widerspruchsklage nach § 771. **Unstatthaft** neben § 771 ist eine sonstige Klage nach § 256. Eine bloße Feststellung der Unzulässigkeit einer Pfändung hätte wegen § 775 auch nur einen geringen praktischen Wert.

Freigabeklage: Unstatthaft neben § 771 ist eine solche Klage (das ist freilich meist nur eine falsche Bezeichnung). Das ändert aber nichts an einem etwaigen materiell-rechtlichen Freigabeanspruch.

Herausgabeklage: Unstatthaft neben § 771 ist eine solche Klage, insbesondere nach § 985 BGB, BGH NJW 1989, 2542.

Unterlassung der Zwangsvollstreckung: Statthaft neben § 771 ist eine solche Klage nach → Vor § 704 Rn. 24 wegen einer vertraglichen Verpflichtung.

771 ***Drittwiderspruchsklage.*** **I Behauptet ein Dritter, dass ihm an dem Gegenstand der Zwangsvollstreckung ein die Veräußerung hinderndes Recht zustehe, so ist der Widerspruch gegen die Zwangsvollstreckung im Wege der Klage bei dem Gericht geltend zu machen, in dessen Bezirk die Zwangsvollstreckung erfolgt.**

II Wird die Klage gegen den Gläubiger und den Schuldner gerichtet, so sind diese als Streitgenossen anzusehen.

III [1]Auf die Einstellung der Zwangsvollstreckung und die Aufhebung der bereits getroffenen Vollstreckungsmaßregeln sind die Vorschriften der §§ 769, 770 entsprechend anzuwenden. [2]Die Aufhebung einer Vollstreckungsmaßregel ist auch ohne Sicherheitsleistung zulässig.

Schrifttum: Ackermann, Die Drittwiderklage, 2005; Brox/Walker, Zwangsvollstreckungsrecht, 12. Auflage, 2021; Büchler, Die Abweisung der Drittwiderspruchsklage usw., 1994; Dormann, Drittklage im Recht der Zusammenschlußkontrolle, 2000; Elzer/Brückmann/Zivier, Die ZPO in Fällen, 2. Aufl. 2014; Gaul, Dogmatische Grundlagen und praktische Bedeutung der Drittwiderspruchsklage, Festgabe 50 Jahre Bundesgerichtshof, 2000, III 521; Gaul, Bewährtes und Irrwege zur Zwangsvollstreckung in schuldnerfremde Sachen, FS Prütting, 2018, 651; Heiderhoff/Skamel, Zwangsvollstreckungsrecht, 3. Aufl. 2017; Kuhn, Ersatzaussonderungsrecht und Drittwiderspruchsklage, 2008; Lackmann/Racz, Zwangsvollstreckungsrecht, 12. Aufl. 2021; Lackmann/Wittschier, Die Klausur im Zwangsvollstreckungsrecht, 6. Aufl. 2021, Lüke, Die Beteiligung Dritter im Zivilprozeß, 1993; Picker ZZP 128, 273 (Grdz.); Rottmann, Der Schutz des Dritten in der europäischen Mobiliarzwangsvollstreckung (rechtsvergleichend), 2007; Schäfer, Drittinteressen im Zivilprozeß, Diss. Mü 1993; Schmalhöfer, Die Beteiligung Dritter am Zivilprozeß, 1994; Schmidt, Drittwiderspruchsklage und Freigabeanspruch, FS Picker, 2010, 727.

Übersicht

1 **I. Systematik, I–III.** Ein am Zwangsvollstreckungsverfahren an sich unbeteiligter Dritter hat mit der Drittwiderspruchsklage nach § 771 die Möglichkeit, eine Zwangsvollstreckung in sein Vermögen abzuwehren. Dieser Rechtsbehelf wird dem Dritten deshalb eingeräumt, weil das Vollstreckungsorgan materiell-rechtlich nicht überprüft, ob das Vollstreckungsobjekt überhaupt zum Vermögen des Vollstreckungsschuldners gehört.

2 Zunächst → Vor § 771 Rn. 1.

3 Im **Strafverfahren** ist eine gesonderte Drittwiderspruchsklage nach § 771 nicht statthaft (vgl. OLG Düsseldorf, NStZ-RR 2014, 85; Hmb NJW-RR 2003, 715), sondern entsprechende Einwendungen sind im strafprozessualen Rechtsweg zu erheben (vgl. Differenzierung vor und nach Rechtskraft: §§ 111k, 459o StPO; Meyer-Goßner/Schmitt/Köhler StPO § 111k Rn. 15 f.). Die **Vollstreckungserinnerung** nach § 766 bleibt anwendbar, da hierdurch ein anderes Rechtschutzziel verfolgt wird. Vor einer Klage nach I mag der Gerichtsvollzieher nach §§ 71 I 2 Hs. 1, 87 I GVGA pfänden müssen. Die Drittwiderspruchsklage richtet sich gegen sämtliche mögliche Vollstreckungstitel, aus denen die Zwangsvollstreckung betrieben wird.

4 Die Drittwiderspruchsklage ist als eine prozessuale Gestaltungsklage zu qualifizieren.

5 **II. Regelungszweck, I–III.** Mit Hilfe von § 771 kann ein Dritter die Zwangsvollstreckung ganz oder teilweise verhindern, sofern er ein vorrangig materielles Recht geltend machen kann. Das **Schutzbedürfnis des Dritten** ist gerade bei § 771 besonders ausgeprägt, BGHZ 156, 314 (zust. Berger LMK 2004, 28). Denn das Vollstreckungsorgan, zB der Gerichtsvollzieher/Rechtspfleger usw., darf nur sehr begrenzt von der äußeren Besitz- oder Eintragungslage/Inhaberschaft abweichen. Man muss auch den Staat vor einer eigenen und des Gerichtsvollziehers/Rechtspflegers usw. Haftung bewahren. Zwar muss man es aus vielen Gründen dem Dritten wie einer Partei überlassen, ob er sein Recht auch rechtzeitig geltend macht und genügend vortragen sowie notfalls beweisen kann. Damit sollte es aber auch bei der Belastung des Dritten sein Bewenden haben. Deshalb sollte man § 771 zwar nicht uferlos handhaben, aber doch großzügig zugunsten des Dritten anwenden.

6 **III. Zulässigkeit der Drittwiderspruchsklage. 1. Ordnungsgemäßer Antrag.** Der Antrag sollte dahin gehen, die Zwangsvollstreckung in einen bestimmten, genau zu bezeichnenden Gegenstand für unzulässig zu erklären. Ein Antrag, die gepfändete Sache freizugeben oder die Pfandstücke herauszugeben oder in die Herausgabe des Hinterlegten einzuwilligen, ist zwar unrichtig, aber unschädlich. Denn es genügt der klar erkennbare Wille des Klägers die Unzulässigkeit der Zwangsvollstreckung festgestellt zu sehen. Das Gericht darf den Bekl. nicht zu einer Herausgabe usw. verurteilen. Denn diese muss nach §§ 775 Nr. 1, 776 ohne weiteres geschehen. Ein auf die Herausgabe gerichteter Antrag ist auch neben dem Antrag überflüssig, die Zwangsvollstreckung für unzulässig zu erklären. Er hat auf die Kostenentscheidung keinen Einfluss.

7 **2. Statthaftigkeit.** Die Drittwiderspruchsklage ist **statthaft,** wenn der Kläger ein die Veräußerung hinderndes Recht an dem Gegenstand der Zwangsvollstreckung behauptet. Dies setzt voraus, dass in die materielle Berechtigung eines Dritten – nur in besonderen Ausnahmefällen der Vollstreckungsschuldern selbst (siehe III) – am Vollstreckungsgegenstand eingegriffen wird. Ob ein solcher Eingriff aber tatsächlich vorliegt, ist eine Frage der Begründetheit.

8 **3. Zuständigkeit.** Bei den Regelungen zur Zuständigkeit ist zu beachten, dass nur die Regeln zur **örtlichen** Zuständigkeit **ausschließlich** sind. Örtlich ist das Gericht zuständig, in dessen Bezirk die Zwangsvollstreckung stattfindet (§§ 771, 802), LG Bonn ZMR 2015, 650. Da sich die Klage nicht gegen die einzelne Vollstreckungsmaßnahme richtet, sondern gegen die Zwangsvollstreckung insgesamt, ist dasjenige Gericht zuständig, in dessen Bezirk die Zwangsvollstreckung begonnen hat. Bei einem Mieter als Kläger ist das AG ausschließlich zuständig (§ 23 Nr. 2a GVG), Stgt MDR 2009, 1310. Bei der Sachpfändung nach §§ 803 ff. ist das Gericht des Pfändungsorts zuständig. Bei einer Zwangsvollstreckung in eine Forderung nach §§ 829 ff. ist entweder dasjenige Gericht zuständig, das den Pfändungsbeschluss nach § 845 erlassen soll oder nach § 829 erlassen hat, oder dessen LG.

Die **sachliche** Zuständigkeit richtet sich nach den allgemeinen Regeln des Streitwertes (§§ 23, 71 GVG, § 6) und ist nicht ausschließlich, Stgt ZMR 2010, 447. Bei der **Wertfestsetzung** ist nach § 6 der jeweils niedrigere Wert zu berücksichtigen, also der Wert der Vollstreckungsforderung des Beklagten, solange nicht der Wert des gepfändeten Gegenstandes niedriger ist. 9

Bei einer **Arrestpfändung** nach § 930 ist das für den **Ort** des **Arrestgerichts** nach § 919 maßgebliche AG oder LG zuständig. Bei einer Anschlusspfändung nach § 826 ist das Gericht der ersten Pfändung zuständig. Bei der Rechtspfändung ist das Gericht des Pfändungsbeschlusses zuständig. 10

Die ordentlichen Gerichte sind im Hinblick auf die Drittwiderspruchsklage auch dann zuständig, wenn die titulierte Forderung vor einem **Arbeitsgericht** erstritten worden ist (vgl. Brox/Walker, Zwangsvollsteckungsrecht, § 45 Rn. 10 ff.). 11

Die **Strafgerichte** sind zuständig, soweit sich der Dritte gegen eine Maßnahme zur Vollziehung eines im Strafverfahrens nach § 111d StPO angeordneten dinglichen Arrestes wendet (vgl. §§ 111f Abs. 5, 111k StPO). Mit „Gericht" ist nämlich das Gericht gemeint, das den Arrest erlassen hat. §§ 111f, 111k StPO (Anordnung des Arrestes durch das Strafgericht etc.) bezweckt eine umfassende Zuständigkeit der Strafgerichtsbarkeit, die auch dann bestehen bleibt, wenn es sich der Sache nach um zwangsvollstreckungsrechtliche Rechtsbehelfe handelt, Löwe/Rosenberg/Johann StPO § 111k Rn. 19; BT-Drs. 16/700, 13. 12

Weitere Besonderheiten ergeben sich im Familienrecht. Wenn das vom Dritten geltend gemachte Recht eine Familiensache nach §§ 111, 112 FamFG betrifft, ist nach §§ 23a Abs. 1 Satz 1, 23b GVG das **Familiengericht** zuständig, wenn das geltend gemachte Drittrecht dem Familienrecht entstammt, BGH NJW 1985, 3066, Hmb FamRZ 2000, 1290, Mü FamRZ 2000, 365; OLG Bamberg NJWE-FER 2000, 161; Musielak/Voit/Lackmann Rn. 7). 13

Bei einem Verteilungsverfahren ist das Verteilungsgericht des § 873 zuständig. 14

Bei der Klage kommt ggf. eine zielführende **Umdeutung** in Betracht. 15

In einer Familiensache ist in der Regel das FamG zuständig, 16

Eine Bestimmung des örtlich zuständigen Gerichts nach § 36 I Nr. 3 kann wegen der Ausschließlichkeit des Gerichtsstands nicht stattfinden. Wegen der Brüssel Ia-VO im SchlAnh V C 2 Hamm NJW-RR 2001, 1575.**4. Allgemeine Verfahrensvoraussetzungen** 17

Auch bei der Drittwiderspruchsklage müssen – wie auch sonst – die allgemeinen Verfahrensvoraussetzungen wie Partei- und Prozessfähigkeit sowie die Prozessführungsbefugnis im Übrigen vorliegen. Die Regelung ist dem Erkenntnisverfahren der §§ 253 ff. ähnlich. Ein **Anwaltszwang** nach § 78 besteht wie sonst. 18

Die Zustellung der Klage nach § 271 erfolgt an den Kläger der ersten Instanz oder an dessen ProzBev. Eine für den Hauptprozess erteilte **Prozessvollmacht** nach § 80 reicht nach § 81 auch hier aus. Der Klagegrund liegt zum einen in der Zwangsvollstreckung, auch wenn diese fehlerhaft ist, zum anderen in dem behaupteten und zu beweisenden Recht. Die Klage hemmt den Fortgang der Zwangsvollstreckung nicht. letzterer. 19

4. Rechtsbedürfnis. Das **Rechtsschutzbedürfnis** besteht in **zeitlicher Hinsicht,** wenn die Zwangsvollstreckung begonnen hat, aber noch nicht beendet ist (BGH NJW-RR 2004, 1221). Die Zwangsvollstreckung beginnt mit der ersten Vollstreckungsmaßnahme, da der Dritte zuvor nicht konkret gefährdet ist. Anders als ggf. bei der Vollstreckungsgegenklage reicht es nicht aus, dass ein Vollstreckungstitel vorliegt, da zu diesem Zeitpunkt noch gar nicht hinreichend sicher ist, auf welchen Vermögensgegenstand das Vollstreckungsorgan zugreifen wird. **Besonderheiten** können sich bei der Herausgabevollstreckung nach §§ 883 ff. ZPO ergeben (Herausgabe von Sachen oder auf Räumung: hier kann es genügen, wenn die Vollstreckung droht (Zöller/Herget Rn. 5). In einem solchen Fall kann ein Rechtsschutzinteresse schon vor Beginn der Vollstreckung zu bejahen sein. Die Drittwiderspruchsklage ist unzulässig, wenn sie erhoben wird, nachde die konkrete Vollstreckungsmaßnahme beendet worden ist. Dies liegt zB vor, wenn der Gerichtsvollzieher den Versteigerungserlös an den Gläubiger ausgekehrt hat. 20

Im Erfolgsfall liegt ein Vollstreckungshindernis nach § 775 Nr. 1 ZPO vor, wobei bei der Begründetheitsprüfung ergänzend auch gerade mögliche Einwände des Vollstreckungsgläubigers, die einer Zwangsvollstreckung gerade doch nicht entgegenstehen, zu prüfen sind (§ 242 BGB). 21

Vor Beginn der Zwangsvollstreckung sind die sonst gegebenen Rechtsbehelfe möglich, wie zB eine Klage aus §§ 1004, 985 BGB oder eine negative Feststellungsklage. 22

Ist die Zwangsvollstreckung **beendet,** kann der Dritte nur noch Schadensersatz- und Bereicherungsansprüche geltend machen (vgl. BGHZ 72, 337). In diesem Fall kommt nach § 264 Nr. 3 ZPO auch eine Umstellung der Drittwiderspruchsklage auf eine Leistungsklage in Betracht. Kraft Surrogation (vgl. auch § 1287 BGB) steht dem Dritten ein Recht an dem Erlös, der an die Stelle des versteigerten Gegenstandes getreten ist, zu, sofern der Gegenstand schon versteigert worden ist. 23

In **sachlicher Hinsicht** ist das Rechtsschutzbedürfnis zu verneinen, wenn ein gleich effektiver, aber einfacherer bzw. kostengünstigere Weg möglich ist. Dies kann möglich sein, wenn einer Vollstreckungserinnerung zulässig ist. Zwar sind an sich beide Rechtsbehelfe unabhängig nebeneinander anwendbar. Wenn aber ausnahmsweise die Erinnerung zu dem gleichen effektiven Ergebnis führt wie die Drittwiderspruchklage, ist das Rechtsschutzbedürfnis zu verneinen, da die Erinnerung einfacher und kostengünstiger (keine Gerichtsgebühren, kein Anwaltszwang) ist. 24

Das Rechtsschutbedürfnis wird jedoch nicht dadurch ausgeschlossen, dass die Zwangsvollstreckungsmaßnahme als solches aus materiell-rechtlichen Gründen unwirksam ist. Wird zB eine Forderung gepfändet, die der Vollstreckungsschuldner zuvor abgetreten hat, so geht die Pfändung zwar ins Leere. Diese „Scheinpfändung" führt dann aber im Zweifel zur Begründetheit der Zwangsvollstreckung und gerade nicht zu deren Unzulässigkeit. Es ist nämlich gerade im Interesse des Dritten zu verhindern, dass der Drittschuldner an den Vollstreckungsgläubiger leistet. 25

5. Besonderheiten zum Rechtsschutzbedürfnis und zum Anwendungsbereich, I

Arrestvollstreckung: § 771 gilt auch bei §§ 929 ff., BGH NJW 2016, 1452. 26

Befriedigung: § 771 gilt **nicht** mehr ab voller Befriedigung des Gläubigers. Denn das bedeutet das Ende der Zwangsvollstreckung.

Beginn der Vollstreckung: Eine Forderungspfändung nach § 829 muss wirksam erfolgt sein, Karlsr Rpfleger 2018, 397. § 771 gilt vor ihrem Beginn ausnahmsweise dann, wenn ihr Gegenstand von vornherein feststeht,

BGHZ 72, 337; Henckel AcP 174, 108. Das gilt zB bei §§ 883, 885. Denn dann muss man unbedingt mit einer Zwangsvollstreckung in die Sache rechnen.

Beschlagnahme: § 771 gilt **nicht** bei einer Strafprozesssache. Insoweit ist BGHZ 164, 176 nach Änderung von § 111k III StPO überholt (vgl. Meyer-Goßner/Schmitt/Köhler StPO § 111k Rn. 15).

Ende der Zwangsvollstreckung: → „Befriedigung", → „Hinterlegung".

Erledigung der Hauptsache: § 771 gilt dann **nicht** mehr. Auch → „Freigabe", → „Hinterlegung", → „Veräußerung".

Forderungspfändung: § 771 gilt auch bei § 829 II, BGH WM 1981, 649.

Freigabe: § 771 gilt trotz dieser Maßnahme, selbst bei ihr während der mündlichen Verhandlung, vgl. BGHZ 96, 326 (Hinterlegung).

Fruchtpfändung: Wegen derjenigen von Früchten auf dem Halm § 810.

Hinterlegung: § 771 gilt wenn der Schuldner den Gegenstand hinterlegt. Denn sie bedeutet noch kein wirkliches Ende der Zwangsvollstreckung, BGHZ 96, 326.

Klageänderung: § 771 gilt bei ihr weiter, in der ersten Instanz nach §§ 263, 264, in der Berufungsinstanz nach § 533.

Pfändung des Herausgabeanspruchs: § 771 gilt ab dieser Maßnahme nach § 846 zugunsten eines Rechtsinhabers an der Sache, BGHZ 72, 337.

Rechtsanmeldung: § 771 gilt zwar an sich auch bei ihr, ist dann aber evtl. nicht nötig, BGH WM 2013, 2036.

Rechtsverlust: § 771 gilt auch dann, wenn die Zwangsvollstreckung zu einem materiell-rechtlichen Verlust führt, BGH JR 1979, 283.

Teilungsversteigerung: § 771 gilt auch bei ihr nach § 180 ZVG, BGH FamRZ 1985, 904; Hmb NZFam 2018, 33 (zust. Erbarth); Köln Rpfleger 1998, 169.

Unwirksamkeit der Vollstreckung: § 771 gilt grds. auch dann, BGH WM 1981, 648. § 771 gilt ausnahmsweise dann **nicht,** wenn die Nichtigkeit einer Vollstreckungsmaßnahme außer Zweifel steht und wenn auch alle Beteiligten sie anerkennen, Ffm NJW-RR 1988, 1408.

Veräußerung: § 771 gilt auch dann, wenn die Zwangsvollstreckung zu einer Veräußerung führt, BGH JR 1979, 283; aM NJW-RR 2007, 782.

Weiterer Vollstreckungsversuch: § 771 gilt auch dann, wenn er nach einem erfolglosen Pfändungsversuch droht, BGH FamRZ 2004, 701.

Zwangshypothek: § 771 gilt auch bei § 867, Düss WM 1993, 1692.

Zwangsversteigerung: § 771 gilt auch bei ihr nach dem ZVG, Saarbr OLGZ 1984, 127. Auch „Teilungsversteigerung".

Zwangsverwaltung: § 771 gilt auch bei ihr nach § 809.

27 **IV. Begründetheit der Drittwiderspruchsklage, I.** Die Klage aus § 771 ZPO ist begründet, wenn der Kläger ein die „Veräußerung hinderndes Recht" hat und diesem kein Recht des Beklagten entgegensteht (vgl. insgesamt: Brox/Walker, Zwangsvollsteckungsrecht, § 45 Rn. 16 ff.).

28 **1. Dritter.** Grundsätzlich muss der Kläger ein Dritter sein und kann nur in bestimmten Ausnahmefällen Vollstreckungsschuldner selbst sein. Dazu Gerhardt, Von Strohfrauen und Strohmännern – Vorgeschobene Rechtsinhaberschaft in der Zwangsvollstreckung, FS Lüke, 1997, 121. Als **Dritter** klageberechtigt kann derjenige Inhaber eines die Veräußerung hindernden Rechts sein, der kein Vollstreckungsschuldner ist, gegen den also eine Vollstreckung nicht stattfindet und aus dem Titel auch nicht stattfinden darf, Hamm NJW-RR 1987, 586. Ein Dritter ist also dann klageberechtigt, wenn der Schuldner selbst bei einer Veräußerung des Vollstreckungsgegenstands widerrechtlich in den Rechtskreis des Dritten eingreifen würde und wenn deshalb der Dritte den Schuldner an der Veräußerung hindern könnte, auch der Testamentsvollstrecker bei Vollstreckung in sein Vermögen, der Erbe vor Erbschaftsannahme, Zöller/Herget Rn. 9. Klageberechtigt ist auch derjenige, der nach einer Pfändung nach §§ 803 ff. und nach dem Eintritt der Rechtshängigkeit von einem berechtigten Dritten erworben hat. **Miteigentum** genügt (BGH NJW 2007, 992), sofern der Miteigentümer im Titel nicht genannt ist. Wird statt in einen Gesellschaftsanteil in das Gesellschaftsvermögen vollstreckt, so können die **Mitgesellschafter** und die Gesellschaft Drittwiderspruchsklage erheben, BGH WM 2013, 1748. Ebenfalls Gesellschafter einer Personengesellschaft, wenn der Titel nur gegen die Gesellschaft lautet. Ferner Nacherben unter der Voraussetzung, dass die Zwangsvollstreckung gegen den Vorerben einen zur Vorerbschaft gehörenden Gegenstand betrieben wird.

29 **2. Schuldner als Kläger.** Der Vollstreckungsschuldner selbst kann ein Dritter nur dann sein, wenn er verschiedene Vermögensmassen verwaltet, so dass er zB nur mit einer bestimmten Vermögensmasse haftet und sich gegen die Vollstreckung in eine andere Vermögensmasse wendet.

30 Das gilt: Für den Insolvenzverwalter, der neben seinem eigenen auch noch fremdes Vermögen verwaltet, dann, wenn ein Insolvenzgläubiger in sein Vermögen vollstreckt oder wenn der Verwalter mit einem Insolvenzgläubiger über die Zugehörigkeit eines Gegenstands zur Insolvenzmasse streitet; für denjenigen Erben, der vor Annahme der Erbschaft den Nachlassgläubigern nur mit dem Nachlass, den Eigengläubigern nur mit seinem Eigenvermögen haftet (vgl. § 778 I), im Gegensatz zu dem beschränkt haftenden Erben nach §§ 781, 785; für den nicht verurteilen Miterben nach §§ 778, 785, und den bei einer Teilungsversteigerung nach § 180 ZVG wegen eines Teilungsverbots Widersprechenden; für den Nacherben; für den Treuhänder dann, wenn ein Vollstreckungstitel gegen den Treugeber fehlt; für den Gesellschafter dann, wenn der Vollstreckungstitel nur gegen die Gesellschaft erlassen wurde, etwa die OHG; für den nicht mitverurteilten Miteigentümer, Geißler NJW 1985, 1870; für denjenigen Ehegatten, dessen Ehepartner ohne seine Zustimmung nach § 1369 BGB über Haushaltsgegenstände oder wegen Verstoßes gegen § 1365 Abs. 1 BGB verfügt hat, oder der nach § 1477 II BGB berechtigt ist, Ffm FamRZ 1985, 504, oder der etwa nach § 1480 BGB mithaftet, aber kein Titelschuldner ist, oder der die Teilungsversteigerung des gemeinsamen Grundbesitzes nach § 180 ZVG betreibt, Brem Rpfleger 1984, 157, Stgt FamRZ 1982, 401.

31 Ein gemeinsames Mitglied, dass zB die Teilungsversteigerung nach §§ 180 ff. ZVG aus materiellen Gründen verhindern will, ist Dritter im Sinne von § 771. Im Einziehungsprozess kann sich der Drittschuldner jedoch nicht darauf berufen, einem Dritten stünde ein Recht zu, BGH MDR 2007, 420. Das Recht des Dritten betrifft nur

seinen Rechtkreis, BGH MDR 2007, 420. Bei einem offen zutage liegenden Versteigerungshindernis ist jedenfalls auch § 766 anwendbar.

3. Beklagter. Richtiger Bekl. ist der jetzt betreibende Gläubiger, auch wenn er für fremde Rechnung handelt. 32
Bei Gesamtgläubiger nach § 428 BGB gegen den Vollstreckenden, Zöller/Herget Rn. 13. Mehrere Gläubiger sind gewöhnliche Streitgenossen nach § 59. Denn das Urteil wirkt nur für und gegen den Bekl. Der Rechtsnachfolger eines Gläubigers haftet erst nach einer Umschreibung des Vollstreckungstitels nach § 727 auf ihn. Bei einer Ein-Mann-GmbH, vgl. BGH NJW 2004, 217.

4. „Ein die Veräußerung hinderndes Recht“ als Einwendungen. Die Vorschrift nennt als eine Voraus- 33
setzung der Klage „ein die Veräußerung hinderndes Recht“ am Gegenstand der Zwangsvollstreckung. So etwas gibt es eigentlich gar nicht (vgl. Brox/Walker, Zwangsvollstreckungsrecht, § 45 Rn. 21). Denn kein Recht kann eine Veräußerung verhindern (vgl. auch §§ 135–137 BGB). Vor allem kann man sich kein Recht zum Widerspruch vertraglich ausbedingen. Hiermit ist gemeint, dass der Schuldner widerrechtlich in den Rechtskreis des Dritten eingreift, würde er selbst den Vollstreckungsgegenstand veräußern, so dass deshalb der Dritte den Schuldner an der Veräußerung hindern könnte. **I** erfasst mithin ein Recht eines Dritten, das einer Zwangsvollstreckung des Gläubigers in den Gegenstand entgegensteht, OLG Karlsruhe MDR 2017, 1442; Hamm NJW-RR 2001, 1575, weil der Dritte hieran ein vorrangigeres dingliches Recht hat als der Vollstreckungsgläubiger, vornehmlich das **Dritteigentum**– oder entsprechend die **Inhaberschaft** einer Forderung – selbst. Dies stellt das umfassendste dingliche Recht dar und berechtigt zur Drittwiderspruchsklage und ist deren Hauptanwendungsfall. Auf eine Veräußerungsbefugnis des Schuldners kommt es überhaupt nicht an (Brox/Walker, Zwangsvollsteckungsrecht, § 45 Rn. 27 ff.).

Das Recht muss zunächst einmal bei der Zwangsvollstreckung gerade gegen diesen Schuldner begründet sein, 34
LG Konst Rpfleger 2007, 91. Dabei genügt eine Rückwirkung nach § 184 I BGB, soweit nicht § 184 II BGB entgegensteht. Das Recht muss aber auch noch beim Schluss der letzten Tatsachenverhandlung nach §§ 136 IV, 296a bestehen. Welche Rechte hierhergehören, muss man weniger nach förmlichen Gesichtspunkten als nach der **wirtschaftlichen Zugehörigkeit** zum Vermögen des Schuldners oder des Dritten beurteilen, Hamm NJW 1977, 1159; Henssler AcP 196, 52. Es kommen solche Einwendungen infrage, die das Recht des Klägers verneinen, hemmen oder vernichten. In Betracht kommt etwa eine Anfechtung nach dem AnfG, BGHZ 98, 10; Schmidt JZ 1987, 891, und die Behauptung eines besseren Rechts. Ein solches steht zB an der Miete einem Hypothekengläubiger besseren Rangs gegenüber einem Nießbraucher zu. Deshalb braucht der Hypothekengläubiger gegen den Nießbraucher keinen Duldungstitel zu erwirken. Ein besseres Recht kann auch dem pfändenden Verpächter gegen den Sicherungseigentümer zustehen. Zulässig sind ferner der Einwand der Arglist oder der Einwand, der Kläger hafte als ein Bürge oder müsse die Zwangsvollstreckung in die Sache dulden, weil er als ein Sicherungseigentümer die von einem Dritten angebotene Restzahlung für den übereigneten Gegenstand nicht angenommen habe, weil dem Gläubiger gegenüber dem Eigentum des Widerspruchsklägers in Gestalt eines Pfandrechts ein besseres Recht zustehe, aM Hamm BB 1976, 1048, oder weil er ein Gesamtschuldner sei, oder die Sicherungsübereignung sei nach § 138 BGB nichtig.

In diesen Fällen ist **kein vollstreckbarer Titel** für das bessere Recht **notwendig.** Denn da man einen solchen 35
Titel ohne weiteres im Weg einer Widerklage erreichen kann, wäre es Förmelei, den Einwand nur in dieser Form zuzulassen. Ferner ist der Einwand zulässig, die Klage stütze sich auf eine dem Bekl. gegenüber unerlaubte Handlung. Ein Zurückbehaltungsrecht nach § 273 BGB greift der Klage gegenüber wegen ihrer prozessualen Natur nicht durch.

Unzulässig ist der Einwand, ein Dritter habe ein die Veräußerung hinderndes Recht, BGH NJW-RR 2007, 36
420.

Der Kläger muss entsprechend § 286 die Tatsachen darlegen und **beweisen,** die das die Veräußerung 37
hindernde Recht begründen, BGHZ 170, 189; LG Köln DB 1981, 883. Tatsachen, die dazu führen würden, dass das Interventionsrecht wegfällt, müsste hingegen der Beklagte beweisen, BGH NJW 1986, 2428. Besondere zivilrechtliche Beweislastregeln (zB §§ 891, 1006, 1362 BGB, nicht bei einer bloßer nichtehelicher Lebensgemeinschaft, BGH FamRZ 2007, 457) sind zu beachten. Auch der Sicherungseigentümer muss nur die das Sicherungseigentum begründenden Übereignung beweisen (Einzelheiten sind hier streitig, BGH NJW 1991, 353; Musielak/Voit/Lackmann Rn. 14).

V. Beispiele zur Frage der Einwendungen bei einer Drittwiderspruchsklage, I–III

Abtretung: Statthaftigkeit, soweit nicht ein bloßes Abtretungsversprechen vorliegt und soweit sich die Forderung 38
zumindest bereits eindeutig bestimmen lässt.

Aneignung: Es kommt bei § 956 BGB auf den unmittelbaren Besitz an.

Anfechtung nach §§ 129 ff., 143 InsO oder nach dem AnfG: Statthaftigkeit. Zwar gibt die Anfechtung nach § 143 I 1 InsO, § 11 I 1 AnfG nur einen Anspruch auf eine Verschaffung. Dieser Anspruch steht aber wirtschaftlich einem Herausgabeanspruch grds. gleich, Schmidt JZ 1990, 620, Stein/Jonas/Münzberg Rn. M 34; Zöller/Herget Rn. 14 „Anfechtungsrecht“; aM BGH NJW 1990, 992 (abl. Werner KTS 1990, 429); Wacke ZZP 83, 429 (aber man sollte schon zwecks Prozesswirtschaftlichkeit Rn. 14 großzügig zuordnen).

Anwartschaftsrecht: Der Anwartschaftsberechtigte kann als dinglich Berechtigter (§ 161 BGB) erst der Verwertung durch eine Pfändung widersprechen, weil erst hierdurch seine Eigentumsübertragung unmöglich wird (vgl. BGH NJW 1971, 799; Einzelheiten sind streitig) → „Eigentumsvorbehalt“.

Arglist: → „Rechtsmissbrauch“.

Auflassungsvormerkung: Unstatthaftigkeit, Zweibr NJW-RR 2007, 88.

Bereicherung: Unstatthaftigkeit für den Anspruch auf Eigentumsverschaffung.

Beschlagnahme: → Rn. 26.

Besitz. Dazu Merrem, Ist der Besitz ein die Veräußerung hinderndes Recht im Sinne des § 771 ZPO?, 1995; Stamm ZZP 126, 427 (Grdz.). Statthaftigkeit bei **beweglichen Sachen,** LG Aachen VersR 1992, 253; Brox FamRZ 1981, 1125; Lüke NJW 1996, 3265; aM Rostock NZM 2005, 967, Kilian JurBüro 1996, 70 (beim Ehegatten); Stamm ZZP 124, 340 (aber das ist gerade ein typisches Beispiel). Das gilt aus praktischen Gründen auch für einen mittelbaren Besitz, Zöller/Herget Rn. 14 „Besitz“; aM Lüke NJW 1996, 3265; Stamm ZZP 124, 340 (aber auch hier → Vor § 128 Rn. 15). Es gilt auch zugunsten eines Angehörigen oder „Lebensgefährten“ eines zur Räumung verpflichteten Schuldners, Ffm Rpfleger 1989, 209, Karlsr WuM 1992, 494;

LG BadBad WuM 1992, 493. Wegen eines Wohnbesitzes → Rn. 27. Aus dem elterlichen Vermögenssorgerecht kann man ein Besitzmittlungsverhältnis ableiten, BGH NJW 1989, 2542. Die **praktische Auswirkung** der Streitfrage im Hinblick auf den unmittelbaren Besitz eines Dritten ist jedoch aufgrund von § 809 und der Möglichkeit der Erinnerung jedoch begrenzt.

Unstatthaftigkeit: Bei einem **Grundstück.** Denn dann hat der Besitz keine Bedeutung für die dingliche Rechtsgestaltung (§ 891 BGB). **Unstatthaftigkeit** zugunsten einer nichtehelichen Lebensgemeinschaft, BGH NJW 2007, 992.

Bestimmter einzelner Gegenstand: Statthaftigkeit dann, wenn es um eine gesetzliche unzulässige Verfügung geht, etwa nach § 1365 BGB, Düss FamRZ 1995, 309. Statthaftigkeit dann, wenn es um eine Beschränkung der Haftung auf diesen Gegenstand geht. Denn dann geht es um eine reine Sachhaftung, zB um ein Pfandrecht oder um einen Fall der §§ 486, 679 HGB. Wenn eine Vereinbarung die Haftung beschränkt, muß das Gericht im Urteil einen entsprechenden Vorbehalt aussprechen.

Dinglicher Arrest: Statthaftigkeit wegen eines im Strafverfahren ergangenen, BGH NJW 2006, 66.

Dingliches Recht, beschränktes: Statthaftigkeit dann, wenn die Zwangsvollstreckung das Recht beeinträchtigt. In Betracht kommen zB: Das Erbbaurecht; ein Nießbrauch; ein Pfandrecht; dingliches Wohnrecht; eine Hypothek. Der Inhaber eines sonstigen dinglichen Rechts kann dann mit Erfolg die Drittwiderspruchsklage erheben, wenn sein Recht durch die Vollstreckung beeinträchtigt wird. Das Recht wird zB dann beeinträchtigt, wenn jemand ein Pfandstück einem anderen herausgibt. **Unstatthaftigkeit** dann, wenn eine weitere Pfändung erfolgt. Deshalb hat der besitzlose Inhaber eines Pfand- oder Vorzugsrechts praktisch nur den Anspruch auf eine vorzugsweise Befriedigung aus dem Erlös nach § 805. Wenn ein Hypothekengläubiger eine Beschlagnahme vornehmen lässt, gilt nur § 37 Nr. 4 ZVG. Wenn man einen Nießbrauch zur Ausübung überlassen hat, kommt die Widerspruchsklage nur dann in Betracht, wenn man die Befugnisse ausnahmsweise dem Wesen nach übertragen hat. Wegen § 1128 BGB BGH VersR 1984, 1138.

Drittschuldner: Unstatthaftigkeit beim veräußerungshindernden Recht nur eines Dritten, BGH WM 2006, 2230.

Eigentum: Statthaftigkeit, BGH Rpfleger 2007, 135; AG Halle-Saarkreis JurBüro 2005, 383 (nicht § 766; Ausnahme bei evidentem Dritteigentum), zB wenn der Dritte eine ihm gehörende Sache an den Vollstreckungsschuldner verliehen oder vermietet hat und der Vollstreckungsgläubiger die im Besitz des Vollstreckungsschuldners befindliche Sache pfändet oder wenn der Gläubiger in die Sache pfändet, die der Ehefrau des Vollstreckungschuldners gehört.

Das gilt auch zugunsten von **Gesamteigentum** und von **Miteigentum,** BGH NJW 2007, 992 (Grenze bei einer nichtehelichen Lebensgemeinschaft); Hamm OLGR 1994, 94, zB von Ehegatten nach → § 739 Rn. 9, oder bei einer Teilungsversteigerung nach § 180 ZVG, Stgt FamRZ 1982, 401; aM KG Rpfleger 1992, 212 (aber das wäre inkonsequent, wenn man überhaupt §§ 704 ff. auch nur entsprechend anwenden will). Es gilt auch zugunsten eines auflösend bedingten Eigentums. Die Widerspruchsklage ist schon bei einer Pfändung des angeblichen Herausgabeanspruchs des Schuldners gegen den Besitzer nach § 846 statthaft, BGH NJW 1993, 935. Ein rein förmliches Eigentum ist gegenüber dem Pfändungspfandrecht schwächer. Das gilt zB dann, wenn der Schuldner nur nach außen der Eigentümer ist, in Wahrheit aber nur der Strohmann seiner Ehefrau. Miteigentum reicht, BGH NJW 2007, 992, auch **Bruchteilseigentum,** BGHZ 170, 189, auch **Vorbehaltseigentum.**

Der **wirtschaftliche** Gesichtspunkt muss entscheiden. Die Ehefrau kann aber zB auch aufgrund eines nach § 3 II AnfG evtl. zweifelhaften Eigentumserwerbs Klägerin sein, Hamm NJW-RR 1987, 586. Im Übrigen muss man bei ihr § 1362 I, II BGB beachten. Auch der Auftraggeber des Auktionators kann die Widerspruchsklage dann erheben, wenn es um den Versteigerungserlös geht. Die Widerspruchsklage steht auch dem Insolvenzverwalter bei einem Titel gegen den Ehegatten des Schuldners zu, LG Frankenth MDR 1985, 64. Zum Gattungskauf nach französischem Recht Celle IPRax 1991, 115 (krit. Witz/Zierau IPRax 1991, 95).

Eigentumsvorbehalt. Dazu Lux MDR 2008, 895 (Grdz.). Beim Vorbehaltseigentum ist danach zu differenzieren, ob ein Gläubiger des Vorbehaltskäufers oder ein Gläubiger des Vorbehaltsverkäufers in die unter Eigentumsvorbehalt veräußerte Sache vollstreckt.

Vollstreckt der **Gläubiger des Vorbehaltskäufers** kann der Vorbehaltsverkäufer als Eigentümer der Vorbehaltssache die Drittwiderspruchsklage erheben. Sofern man die gegenteilige Auffassung vertreten würde (vgl. Schwerdtner, Jura 1980, 668) und man ihm nur die Möglichkeit einer Klage auf vorzugsweise Befriedigung nach § 805 ZPO gewähren würde, wäre sein Eigentum nicht hinreichend geschützt. Denn Vorbehaltseigentum ist auch vollwertiges Eigentum und das Gesetz unterscheidet formal nicht zwischen verschwiedenen Qualifikationen des Eigentums, selbst wenn das Vorbehaltseigentum wirtschaftlich eher dem besitzlosen Pfandrecht nahesteht. Der Vollstreckungsgläubiger kann jedoch den Gläubiger des Verkäufers befriedigen und dadurch die Widerspruchsklage abwenden, LG Köln DB 1981, 884; vgl. auch BGH NJW 2007, 992; NJW 1970, 1733.

Vollstreckt der **Gläubiger des Vorbehaltsverkäufers** in die Vorbehaltssache ist der Vorbehaltskäufer schützwürdig. Ihm ist es gestattet, wegen seines durch Teilzahlungen oder anderweitig bereits erworbenen Anwartschaftsrechts die Drittwiderspruchsklage zu erheben, da andernfalls bei einer Versteigerung der Ersteher aufgrund staatlichen Hoheitsaktes lastenfrei Eigentum erwerben würde (vgl. auch § 817 II), ohne dass es dem Vorbehaltskäufer noch möglich wäre, durch vollständige Kaufpreiszahlung die Bedingung nach § 161 Abs. 1 S. 2 BGB für den Eigentumsübergang herbeiführen zu können. Der Vorbehaltskäufer kann jedoch nicht schon die Pfändung, sondern nur die Verwertung verhindern, denn nur durch die Vollstreckung wird vereitelt, dass die Bedingung nach § 161 BGB eintritt und die Aufhebung der Pfändung nach § 776 würde den Vollstreckungsgläubiger unnötig benachteiligen. Ansonsten müsste er nämlich nach einem Ausfall der Bedingung die Sache unter Verlust seines Ranges erneut pfänden (vgl. insgesamt: Brox/Walker, Zwangsvollsteckungsrecht, § 45 Rn. 24 ff.).

Statthaftigkeit der Drittwiderspruchsklage auch wegen § 1365 I BGB, Hamm Rpfleger 1979, 21, LG Kref MDR 1976, 843. Zum Anwartschaftserwerb nach einer Sachpfändung Raacke NJW 1975, 248.

Einmann-GmbH: → „Gesellschaft".

Erbbaurecht: Statthaftigkeit bei einer Mitberechtigung.

Erbengemeinschaft: Statthaftigkeit bei einem testamentarischen Ausschluss vor einer Einigung über einen Ausschluss der Erbauseinandersetzung, Schlesw Rpfleger 1979, 471. Grds. Statthaftigkeit bei einer Teilungsanordnung gegen eine Teilungsversteigerung nach § 180 ZVG (Ausnahme: schwerer Nachteil für den Nachlass), Oldb NJW-RR 2014, 782. **Unstatthaft** ist eine Teilungsversteigerung eines Nachlassgrundstücks ohne gleichzeitige Absicht der Auseinandersetzung, KG FamRZ 2013, 1163.

Erfüllung: Statthaftigkeit, BayObLG JurBüro 2005, 372.

Forderung: → Rn. 26. Es gilt dasselbe wie bei → „Eigentum", BGH WM 1981, 649.

Freigabe: Unstatthaftigkeit erst bei einer unbedingten Erklärung, LG Bonn ZMR 2015, 650.

Gesamtgut: Es gilt § 774.

Gefährdung: Statthaftigkeit schon bei der bloßen Gefährdung eines eigenen Rechts, BGHZ 156, 314 (zust. Berger LMK 2004, 28).

Geschäftsgrundlage: Statthaftigkeit ausnahmsweise bei ihrem Wegfall, Celle FamRZ 2000, 668.

Gesellschaft: Statthaftigkeit für eine Einmann-GmbH gegen einen Gläubiger ihres Alleingesellschafters wegen der Gefährdung seines eigenen Rechts, BGHZ 156, 314 (zust. Berger LMK 2004, 28); KG MDR 2003, 716; aM Düss GmbHR 2000, 283 (beim Fehlen einer Schutzwürdigkeit); Hamm NJW 1977, 1159 (abl. Wilhelm NJW 1977, 1887). Evtl. Statthaftigkeit aus dem Gesellschaftsvertrag gegenüber den anderen Gesellschaftern, BGH NZM 2013, 739. **Unstatthaftigkeit** für den Einmann-Gesellschafter gegen das Finanzamt als Gesellschaftsgläubiger nach §§ 69 ff. AO, LG Düss DB 2000, 812; aM KG NJW-RR 2003, 618 (in sich widersprüchlich. Denn): **Unstatthaftigkeit** für den Gläubiger des Einmann-Gesellschafters als Geschäftsführer gegen die Gesellschaft, KG NJW-RR 2003, 618.

Hilfspfändung: Unstatthaftigkeit bei → § 808 Rn. 5 für eine **gesonderte** Drittwiderspruchsklage, KG OLGZ 1994, 114.

Hinterlegung: → „Schuldrechtlicher Anspruch".

Insolvenzanfechtung: statthaft bei Aussonderungsrecht nach § 47 InsO, BGH NJW 2004, 214

Kommission: Statthaftigkeit für den Anspruch des Kommittenten auf die Abtretung der Forderungen aus Geschäften des Kommissionärs. Denn sie gelten schon vor der Abtretung nach § 392 II HGB als Forderungen des Kommittenten. Statthaftigkeit für den Kommittenten gegen einen Gläubiger des Kommissionärs.

Leasing: Statthaftigkeit für den Leasinggeber, LG Dortm NJW-RR 1986, 1498. **Unstatthaftigkeit** für den Leasingnehmer. Zum Problem Gerhardt ZZP 96, 283.

Lizenz: Vgl. Kirchhof, Lizenznehmer als Widerspruchsberechtigte nach § 771 ZPO, FS Merz, 1992.

Miteigentum: Der Miteigentümer kann Drittwiderspruchsklage erheben, soweit sein Miteigentumsanteil betroffen ist (BGH NJW 1993, 937).

Nacherbschaft: Es gilt § 773.

Nießbrauch: Statthaftigkeit, Schwarz DNotZ 1995, 119. Aber auch „Nutzungs- und Anteilsrecht".

Nutzungs- und Anteilsrecht: Unstatthaftigkeit bei einem in Gütergemeinschaft lebenden nicht verwaltungsberechtigten Ehegatten oder bei dem Ehegatten eines Gewerbetreibenden (s. aber § 774), §§ 740, 741. **Unstatthaftigkeit** bei einem Leibgedinge. Aber auch „Nießbrauch".

Pfändung: auch der **besitzende** Pfandrechtsinhaber kann sich über § 771 ZPO wehren, der **besitzlose** nur über § 805 ZPO

Rechtsmissbrauch: Statthaftigkeit für seine Einrede, Ffm FamRZ 1998, 642; Köln Rpfleger 1998, 169; Geißler NJW 1985, 1871.

Schuldrechtlicher Anspruch: Statthaftigkeit, soweit er dem Eigentum in der Zwangsvollstreckung praktisch gleichsteht, BGH NJW 1977, 384; Ffm NJW-RR 1988, 1408, und daher nach § 47 InsO zu einer Aussonderung berechtigt und damit derder herauszugebende Vollstreckungsgegenstand an sich wirtschaftlich betrachtet nicht zum Vermögen des Vollstreckungsschuldners gehört, wie zB beim Vermieter, Verpächter, Verleiher, Hinterleger und Auftraggeber, soweit sie Herausgabeansprüche geltend machen und der Gläubiger des Mieters, Pächters, Leihers, etc. pfändet. Sie können damit die Drittwiderspruchsklage mit Erfolg erheben, auch wenn sie nicht Eigentümer der Sache sind (zB bei einer Untervermietung); aber **unstatthaft,** soweit hiermit nur der schuldrechtliche Verschaffungsanspruch auf Herausgabe und Übereignung geltend gemacht werden soll, Lauer MDR 1984, 977, denn dann gehört die Sache oder die Forderung noch zum Vermögen des Vollstreckungsschuldners; Brox/Walker, Zwangsvollstreckung, § 45 Rn. 45 f.

Sicherungsübereignung. Das Sicherungseigentum ist ein Interventionsrecht, BGH NJW 1981, 1835.

Sondervermögen: Statthaftigkeit für den Verwalter eines fremden Vermögens dann, wenn der Gläubiger in dasjenige Vermögen vollstreckt, das der Zwangsvollstreckung nicht unterliegt. Das gilt zB: Für einen Zwangsverwalter, LG Lübeck DGVZ 1976, 89; für einen Nachlassverwalter; für einen Testamentsvollstrecker; für einen Insolvenzverwalter, Karls NJW 1977, 1069, und zwar auch dann, wenn er behauptet, das als massefremd gepfändete Stück gehöre zur Masse. Es reicht, dass eine scheinbar wirksame Pfändung das Recht des Forderungsinhabers gefährdet, LG Bln MDR 1989, 171.

Spedition: Statthaftigkeit für eine Forderung des Spediteurs gegen den Frachtführer zugunsten des Versenders nach § 454 HGB.

Staat: Unstatthaftigkeit für einen inländischen Nutzer eines fremdstaatlichen inländischen Grundstücks zu nichthoheitlichem Zweck, BGH JurBüro 2009, 106.

Teilungsversteigerung: Statthaftigkeit, Mü FamRZ 2017, 742. Auch → „Zwangsversteigerung".

Treuhand: Ein Treuhandverhältnis liegt vor, wenn der Treugeber dem Treuhänder mehr Rechtsmacht verschafft, als der Treuzweck es erfordert. Bei der Frage, ob die Zwangsvollstreckung mit der Drittwiderspruchsklage angegriffen werden kann, ist zwischen der uneigennützigen und der eigennützigen Treuhand zu differenzieren. Stets muss der Treuhänder schon und noch gerade als solcher handeln, BGH ZIP 2011, 779.

– **(Eigennützige Treuhand):**

Schrifttum: Funk, Die Sicherungsübereignung in Einzelzwangsvollstreckung usw., 1996; Gaul, Dogmatische Grundlagen und praktische Bedeutung der Drittwiderspruchsklage, Festgabe 50 Jahre Bundesgerichtshof, 2000, III S. 523.

Praktisch wird das Problem vor allem bei der **Sicherungsübereignung,** Celle DB 1977, 1839. Die eigennützige Treuhand dient dem Interesse des Treuhänders. Dies liegt zB bei einer Sicherungsabtretung oder einer Sicherungsübereignung vor, also wenn der Schuldern zur Sicherung dem Gläubiger einen Gegenstand abtritt oder übereignet. Hier ist zu differenzieren, ob der Gläubiger des Treuhänders oder der Gläubiger des Treugebers die Zwangsvollstreckung betreibt.

Betreibt ein **Gläubiger des Treuhänders** die Zwangsvollstreckung in das Sicherungsgut, steht dem Treugeber die Drittwiderspruchsklage zu, BGH NJW 1993, 2622; Karlsr NJW 1977, 1069 (auch im Sicherungsfall erfolge allenfalls eine Pfändung und Überweisung der Forderung des Sicherungsnehmers gegen den Sicherungsgeber nach § 829), LG Bonn ZMR 2016, 78. Entscheidend soll der eigentliche Treuhandgedanke sein. Statthaftigkeit für den Insolvenzverwalter des Treugebers gegen dessen Gläubiger, LG Bln MDR 1989, 171. Statthaftigkeit für einen Treuhandkontobegünstigten WEG-Gesellschafter, LG Ffo NJW-RR 2015, 529, LG Saarbr ZMR 2014, 151 (vgl. auch Brox/Walker, Zwangsvollsteckungsrecht, § 45 Rn. 29 ff.).

Vollstreckt ein **Gläubiger des Treugebers** in der Sicherungsgut, muss der Treuhänder auch geschützt werden. Streitig ist, ob er als Eigentümer mit Erfolg die Drittwiderspruchsklage erheben kann oder ob ihm – insbesondere, wenn er keinen Besitz hat – nur die Klage auf vorzugsweise Befriedigung nach § 805 ZPO zusteht, weil er wirtschaftlich wie der Gläubiger eines besitzlosen Pfandrechts zu behandeln ist, vgl. u. a. Lange NJW 2007, 2516. Für die letztgenannte Meinung spricht, dass nach § 51 Nr. 1 InsO das Sicherungseigentum auch im Insolvenzverfahren wie ein Pfandrecht zu behandeln ist, das nur zur Absonderung und nicht zur Aussonderung berechtigt.

Vorzugswürdigerweise ist jedoch anzunehmen, dass dem Sicherungsnehmer trotzdem die Drittwiderspruchsklage zusteht, solange der zu sichernde Anspruch besteht, da der Sicherungsnehmer trotzdem (vollwertiges) Eigentum erworben hat und auch hier formal nicht zwischen verschiedenen Eigentumsarten zu qualifizieren ist.

Unstatthaftigkeit für den Treunehmer gegen einen Gläubiger des Treugebers,, aber auch bei Sicherungsübereignung als vollwertigem Eigentum.

– **(Uneigennützige Treuhand):** Eine uneigennützige Treuhand liegt zB vor, wenn der Dritte auf das bei einer Bank geführte Anderkonto des Treuhänders, der „fremdes Vermögen" verwaltet, wie z. B. ein Notar, Rechtsanwalt, Testamentsvollstrecker, Nachlassverwalter, ein Geldbetrag einzahlt, und das Konto erkennbar nur der Verwaltung fremder Gelder dient. Statthaftigkeit für den Treugeber dann, wenn das Treugut zwar rechtlich zum Vermögen des Treuhänders gehört, sachlich und wirtschaftlich aber zu dem Vermögen des Treugebers zählt, Hamm NJW 1977, 1160 (es handelt sich dann um ein echtes Treuhandverhältnis); LG Bonn ZMR 2015, 650; Stürner KTS 2004, 260. Zur Unterscheidung dieser Begriffe Gerhardt ZZP 96, 283; Henckel ZZP 84, 456. Wesentlich ist die Voraussetzung, dass der Treuhänder das Treugut aus dem Vermögen des Treugebers übertragen hat. Ein Erwerb von einem Dritten durch einen stillen Stellvertreter für die Rechnung des Klägers genügt **nicht,** und zwar auch dann nicht, wenn der Kläger einen schuldrechtlichen Anspruch auf die Übereignung hat. Denn dann fehlt es an einem Anvertrauen zu treuen Händen **(Grundsatz der Unmittelbarkeit),** BGH NJW 1993, 2622, aM Walter, Das Unmittelbarkeitsprinzip usw., Diss. Tüb 1974, 147, 152 (ausreichend sei, daß das Treugut in der Masse des Treuhänders unterscheidbar sei), Canaris NJW 1973, 832 (stets müsse man auf die Offenkundigkeit, s. unten, abstellen. Aber beide letzten Varianten stellen nicht genug auf den eigentlichen Treuhandgedanken ab).

Es kommt also auf denjenigen **Auftrag** an, der dem Treuhandverhältnis zugrunde liegt. Vollstreckt ein **persönlicher Gläubiger des Treuhänders,** also zB des Notars, Rechtsanwalts (siehe auch BGH NJW 1996, 1543), Testamentsvollstreckers, Nachlassverwalters, in das Treugut, kann der Treugeber sich mit der Drittwiderspruchsklage wehren. Dies ist damit zu begründen, dass das Treugut wirtschaftlich und haftungsrechtlich zum Vermögen des Treugebers und nicht des Treuhänders gehört (vgl. auch: Brox/Walker, Zwangsvollsteckungsrecht, § 45 Rn. 30 ff.).

Statthaftigkeit für den Einziehungsabtretenden; für einen Handwerker als denjenigen, der eine Bauhandwerkersicherungshypothek abtritt; für den Unternehmer wegen desjenigen Teils der Vergütung eines Beschäftigten, deren Verwendungszweck zugunsten des Unternehmers gebunden ist.

Zum offenen Treuhandkonto des Verwalters LG Saarbr NZM 2018, 519.

Unstatthaftigkeit: Für den Treuhänder, Hamm NJW-RR 1998, 1507, Vollstreckt ein **persönlicher Gläubiger des Treugebers** in das Treugut, scheidet für den Treuhänder die Drittwiderspruchsklage aus, da nicht diesem, sondern dem Treugeber das Treugut „wirtschaftlich" gehört. Hier wird mithin nicht „formal" argumentiert, sondern auf die wirtschaftlichen Gegebenheiten abgestellt. Ggf. kann allerdings die Vollstreckungserinnerung nach § 766 ZPO in Betracht kommen.

Ggf. anders für Forderungen; für einen Einziehungsabtretungsnehmer; für einen Treuhänder, auch wenn er nur zur Zeit noch als uneigennützig gilt, zB weil er das Treugut noch nicht verwerten darf (stille Abtretung oder Pfändung), KG JR 1985, 162; Tiedtke DB 1976, 424; wenn ein Anwalt ein Sonderkonto nicht nur für Fremdgelder einrichtet, sondern auch als Geschäfts- und Privatkonto benutzt.

Unerlaubte Handlung: Unstatthaftigkeit für den Anspruch auf Eigentumsverschaffung, BGH KTS 1994, 214.

Veräußerungsverbot: Es gilt § 772. **Relative Veräußerungsverbote** dienen dem Schutz bestimmter (einzelner) Personen. Sie können auf Gesetz (§ 135 BGB), aber auch auf behördlicher oder gerichtlicher Anordnung (§ 136 BGB) beruhen (zB § 21 Abs. 2 Nr. 2 InsO, § 23 ZVG). Eine Verfügung, die gegen ein solches Verbot verstößt, ist nur gegenüber den geschützten Personen (= relativ) unwirksam, gegenüber anderen aber wirksam.

Verfügungen im Wege der Zwangsvollstreckung nach §§ 135 Abs. 1 S. 2,136 BGB stehen den Verfügungsgeschäften gleich. Dies bewirkt, dass die Zwangsvollstreckungsmaßnahme, die einem Verfügungsverbot widerspricht, also relativ (der geschützten Person gegenüber) unwirksam ist, Insoweit ist § 772 anzuwenden, mit der Folge, dass der durch das Verbot geschützte Dritte Drittwiderspruchsklage erheben kann. Die Drittwiderspruchsklage kann jedoch nur erreichen, dass die Veräußerung oder die Überweisung verhindert wird, also nicht die Pfändung, sondern nur die Versteigerung verhindert wird, da diese nicht darauf gerichtet sein kann, die Zwangsvollstreckung insgesamt für unzulässig zu erklären. § 135 II BGB ist im Zwangsvollstreckungsverfahren nicht anwendbar.

Verfügungsbeschränkung Sie ist ein typischer Fall eines die Veränderung hindernden Rechts, Köln MDR 2012, 1169; aM Stgt FamRZ 2007, 1830 (§ 766).

Vermächtnis: Unstatthaftigkeit für den Anspruch auf Eigentumsverschaffung, Hmb NJW-RR 1994, 123.

Vertragspfandrecht: Unstatthaftigkeit, vielmehr besteht nur ein Recht auf vorzugsweite Befriedigung nach § 805, Hamm NJW-RR 1990, 233.

Vorzugsrecht, §§ 50, 51 InsO: Statthaftigkeit: nur dann, wenn das Vorzugsrecht zu einem Besitz berechtigt, wie das kaufmännische Zurückbehaltungsrecht. Andernfalls besteht nur ein Anspruch auf eine vorzugsweise Befriedigung aus dem Erlös nach § 805.
Wohnungseigentum: Statthaftigkeit, BGH Rpfleger 2007, 134.
Zurückbehaltungsrecht: Unstatthaftigkeit für ein solches nach § 1000 BGB, Saarbr OLGZ 1984, 127.
Zwangsversteigerung: Statthaftigkeit, BGH NZM 2014, 318 (Zuschlagsbeschluss). Das gilt zB, soweit der Bekl. gegenüber dem jetzt klagenden Ehegatten gegen § 1365 BGB zu verfügen droht, Köln FER 2000, 188; Uecker FPR 2013, 368, oder bei einem Gesellschafter gegenüber anderen Gesellschaftern, BGH NZM 2013, 739 (je: Teilungsversteigerung). **Unstatthaftigkeit,** soweit der Schuldner einen Dritten hat bieten lassen, soweit jener den Zuschlag erhielt und soweit nun der Schuldner sich dessen Rechte aus dem Zuschlag abtreten lässt, BGH DNotZ 1991, 379 (sog. uneigentliche Treuhand), oder soweit das Zustimmungserfordernis nach § 1365 BGB weggefallen ist, Hamm FamRZ 2006, 1557.

VI. Einwendungen des Beklagten. Nachfolgende Möglichkeiten, wie sich der beklagte Vollstreckungsgläubiger gegen die Drittwiderspruchsklage verteidigen kann, sind hervorzuheben (vgl. insgesamt: Brox/Walker, Zwangsvollsteckungsrecht, § 45 Rn. 64 ff.). 39

1. Bestreiten des der Veräußerung hindernden Rechts. Ein die Veräußerung hinderndes Recht liegt nicht vor, wenn das Übertragungsgeschäft nichtig ist, zB weil es sich um ein Scheingeschäft (§ 117 BGB handelt). Dies kommt jedoch dann nicht in Betracht, wenn die Übertragung von beiden Vertragsparteien tatsächlich ernstlich gewollt ist. Der Beklagte trägt für die Vorassetzungen des Scheingeschäfts die Beweislast. 40

Das Übertragungsgeschäft kann des Weiteren wegen Verstoßes gegen die guten Sitten nach § 138 Abs. 1 BGB nichtig sein u. a. dann, wenn eine Sicherungsübereignung (nur) unter dem Druck einer drohenden Zwangsvollstreckung erfolgt. 41

2. Einwand von Treu und Glauben. Unter entsprechender Anwendung von **§ 242 BGB** kann der Vollstreckungsgläubiger vom Dritten die Duldung der Zwangsvollstreckung verlangen, wenn die Veräußerung zB nach dem **Anfechtungsgesetz** anfechtbar ist. Der Gläubiger kann sich dann einredeweise auf das Anfechtungsrecht nach § 9 AnfG berufen. 42

Ferner handelt der Kläger der Drittwiderspruchsklage treuwidrig, wenn der beklagte Vollstreckungsgläubiger an dem Vollstreckungsgegenstand ein **besseres Recht** als der klagende Dritte hat, so zB der Beklagte ein vom Rang besseres Pfandrecht hat als der Kläger. 43

Der Dritte handelt ferner treuwidrig, wenn er die Drittwiderspruchsklage erhebt, obwohl er nach materiellem Recht selbst für die titulierte Forderung haftet, zB als persönlich haftender Gesellschafter nach §§ 128, 129 IV, 161 HGB oder als Bürge bzw. bei einer Schuldübernahme oder sonst als Gesamtschuldner die Vollstreckungsforderung zu **übernehmen hat bzw. mithaftet.** Der Gläubiger trägt insoweit die Beweislast. 44

VII. Klage gegen den Gläubiger und den Schuldner, II. Die prozessuale Widerspruchsklage ist gegen den Schuldner unzulässig. Der Dritte kann aber neben der Klage aus § 771 gegen den Gläubiger eine materiellrechtliche Klage gegen den Schuldner erheben, etwa auf die Herausgabe der Pfandsache. Diese Anspruchshäufung nach § 260 wäre nach §§ 59, 60 problematisch. II lässt sie aber zu. Bei ihr sind der Gläubiger und der Schuldner gewöhnliche Streitgenossen. 45

VIII. Verfahren. 1. Allgemeine Regelungen. Über die Drittwiderspruchsklage wird in einem **ordentlichen Zivilprozess** im Erkenntnisverfahren entschieden. Die Entscheidung ergeht durch **Urteil** des Prozessgerichts in der Hauptsache, über die Kosten und über die vorläufige Vollstreckbarkeit (vgl. insgesamt: Brox/ Walker, Zwangsvollsteckungsrecht, § 45 Rn. 77 ff.). 46

Die Klagezustellung kann an den erstinstanzlichen Prozessbevollmächtigten des Vollstreckungsgläubigers erfolgen, da sich die im Vorprozess erteilte **Prozessvollmacht** auf eine Drittwiderspruchsklage erstreckt (§ 81 ZPO). 47

Die Verteilung der **Behauptung- und Beweislast** richtet sich nach den allgemeinen Regeln. Der Kläger muss behaupten und notfalls beweisen, dass ihm ein die Veräußerung hinderndes Recht zusteht. Der Beklagter hat die Behauptung- und Beweislast dafür, dass das Recht erloschen ist oder diesem eine Einrede entgegen steht. 48

Soweit das Gericht der Widerspruchsklage **stattgibt,** erklärt es die Zwangsvollstreckung in diese Sache für unzulässig. In der Hauptsache lautet der Tenor eines der Klage stattgebenden Urteils, dass die Zwangsvollstreckung in den (genau zu bezeichnenden) Gegenstand für unzulässig erklärt wird. Manchmal wird auch zur Klarstellung noch der Vollstreckungstitel genannt. Kosten und vorläufige Vollstreckbarkeit richten sich nach §§ 91 ff., 708 ff. Sollte der Kläger sein Recht nicht zuvor glaubhaft gemacht haben, kommt als Besonderheit nunmehr ein sofortiges Anerkenntnis des Beklagten mit entsprechender Kostenfolge nach § 93 in Betracht. Beispielhaft kann wie folgt tenoriert werden: „Die von dem Beklagten am (…) durch den Gerichtsvollzieher (…) aus dem Urteil des Landgerichts (…) vom (…) betriebene Zwangsvollstreckung in den (genau bezeichnet Vollstreckungsgegenstand) wird für unzulässig erklärt. Der Beklagte trägt die Kosten des Rechtsstreits. Das Urteil ist gegen Sicherheitsleistung in Höhe von (…) Euro vorläufig vollstreckbar. Der Dritte kann bei Erfolg der Drittwiderspruchsklage aus praktischer Sicht eine Einstellung oder Aufhebung von Vollstreckungsmaßnahmen nur erreichen, wenn er dem Vollstreckungsorgan eine vollstreckbare Ausfertigung des Urteils vorliegt (vgl. §§ 775 Nr. 1, 776). Die Sicherheitsleistung ist der Höhe nach zu beziffern. Die Angaben eines Prozentsatzes (z. B. 110/ 120 %) des vollstreckbaren Betrages scheiden aus. § 709 S. 2 ist nicht anwendbar, weil die Hauptsache nicht die Vollstreckung wegen einer Geldforderung betrifft. Zu berücksichtigen ist dabei auch § 6. Eine einstweilige Anordnung ist zulässig. Das Urteil begründet keine Verpflichtung zur Wiederherstellung des früheren Zustands. Denn es geht bei der Drittwiderspruchsklage nicht um einen Ersatz. Deshalb entsteht auch keine Verpflichtung zu einer kostenfreien Rücklieferung der Pfandsachen. Das Urteil kann aber zu einer nach § 322 innerlich rechtskräftig festgestellten Grundlage für einen Schadensersatz- oder Bereicherungsanspruch werden. 49

Soweit das Gericht die Drittwiderspruchsklage **abweist,** wird die Klage – wie auch sonst – abgewiesen. Die Kostenentscheidung richtet sich nach §§ 91 ff. Besondere Bedeutung kann § 93 ZPO erlangen. Die Entscheidung über die vorläufige Vollstreckbarkeit richtet sich nach §§ 708 ff. ZPO (siehe oben). 50

Wenn die Drittwiderspruchsklage abgewiesen wird, darf der Gläubiger die Zwangsvollstreckung fortsetzen, soweit dieser Fortsetzung keine Anordnung nach III entgegensteht. Der Kläger haftet für einen Verzögerungs- 51 schaden nach dem materiellen Recht. Zu seiner Haftung kann man § 717 II entsprechend anwenden, LG Ffm MDR 1980, 409.

52 **2. Gestaltungswirkungen.** Eine stattgebende Drittwiderspruchsklage bewirkt, dass mit dessen formeller Rechtskraft die materielle Rechtslage **ex nunc** verändert wird; die bisher zulässige Zwangsvollstreckung in den bestimmten Gegenstand ist nun unzulässig. Das haben die Vollstreckungsorgane zu berücksichtigen; die getroffenen Vollstreckungsmaßregeln sind gegebenenfalls nach § 776 ZPO aufzuheben. Für zukünftige weitere Klage bewirkt ein rechtskräftig stattgebendes Urteil, dass die damalige Zwangsvollstreckung unzulässig war. Weitere Voraussetzungen, um einen möglichen Schadensersatzanspruch geltend machen zu können, müssen in einem weiteren Prozess unabhängig hiervon geltend gemacht werden.

53 Gegen das Urteil sind – wie bei jedem streitigen Urteil – Berufung und Revision unter den sonst gegebenen Voraussetzungen zulässig. Rechtsbehelfsbelehrung, Verstoß: §§ 232, 233 S. 2.

54 **IX. Einstweilige Maßnahme, III.** Die Klageerhebung hemmte die Vollstreckung nicht. Das **Prozessgericht** (Zuständigkeit) und im dringenden Fall (keine Zeit zur Anrufung der Prozessgerichts) das Vollstreckungsgericht nach §§ 764, 802 darf auf Antrag des Klägers oder von Amts wegen alle nach §§ 769, 770, 771 III 1 für die Zeit bis zum Erlass des Urteils statthaften vorläufigen Maßnahmen (einstweiligen Anordnung) treffen. Die einstweilige Anordnung führt regelmäßig zur Einstellung, ausnahmsweise aber auch auf Aufhebung der Zwangsvollstreckung. Sie schließt eine Vollstreckung in andere Vermögensgegenstände nicht aus.

55 Es darf auch die Aufhebung einer Vollstreckungsmaßnahme ohne eine Sicherheitsleistung anordnen (§ 771 Abs. 3 S. 2 ZPO). Eine solche Anordnung ist zwar eher als bei § 707 ratsam, KG Rpfleger 1987, 510. Sie ist aber im Ergebnis meist doch nur dann empfehlenswert, wenn die Unzulässigkeit der Zwangsvollstreckung einwandfrei feststeht. Denn durch die Aufhebung entsteht oft ein unwiederbringlicher Schaden. Außerdem sollte eine Einstellung der Zwangsvollstreckung erst nach der Zahlung des Gerichtskostenvorschusses nach § 12 GKG oder § 12 FamGKG erfolgen. Allerdings entsteht ein Schadensersatzanspruch insoweit, als eine Schuld vorliegt, BGHZ 95, 13; Mü MDR 1989, 552. Vgl. im Übrigen die Erläuterungen zu §§ 769 ff., auch zur Sicherheitsleistung durch eine Bürgschaft, BGH MDR 2004, 763 (volle Haftung für einen „Aufhebungsschaden", krit. Pohlmann LMK 04, 175). Auch soweit ein ArbG den Titel erlassen hat, bleibt es bei der sachlichen Zuständigkeit nach §§ 23, 71 GVG, § 6 ZPO. Eine sachliche Zuständikgkeit des Arbeitsgerichts kann es nicht geben, vgl. LAG Bln MDR 1989, 572; Wessel in Tschöpe, Arbeitsrecht Handbuch, I. Zwangsvollstreckung, Rn. 56. Beim Vollstreckungsgericht ist nach → § 769 Rn. 17 der Rpfl. zuständig. Wegen der Rechtsbehelfe → § 769 Rn. 19. § 717 II und die mit ihm vergleichbaren Vorschriften (§ 945) sind nicht entsprechend anwendbar, BGHZ 95, 13 (abl. Häsemeyer NJW 1986, 1028).

772 *Drittwiderspruchsklage bei Veräußerungsverbot.* **[1]Solange ein Veräußerungsverbot der in den §§ 135, 136 des Bürgerlichen Gesetzbuchs bezeichneten Art besteht, soll der Gegenstand, auf den es sich bezieht, wegen eines persönlichen Anspruchs oder auf Grund eines infolge des Verbots unwirksamen Rechts nicht im Wege der Zwangsvollstreckung veräußert oder überwiesen werden. [2]Aufgrund des Veräußerungsverbots kann nach Maßgabe des § 771 Widerspruch erhoben werden.**

1 **I. Systematik, S. 1, 2.** → Vor § 771 Rn. 1. § 772 erfasst einen Sonderfall bezüglich der relativen Veräußerungsverbote und ist daher gegenüber dem nur im Übrigen anwendbaren § 771 vorrangig. Es findet nach kein obligatorisches Güteverfahren statt, § 15a II 1 Nr. 6 EGZPO.

2 Es soll eine indirekte Beeinträchtigung desjenigen unterbleiben, zu dessen Gunsten das relative Veräußerungsverbot besteht, weil bei einer Veräußerung ansonsten der Erwerber an dem Gegenstand kein sicheres Recht erlangen und daher auch der Schuldner nur ein nicht sachgerechtes Gebot erreichen könnte. Auch dieser indirekte Schutz dient der Wahrung eines materiellen Rechts und damit der Gerechtigkeit und ist entsprechend zugunsten des Trägers dieses Rechts auslegbar. Mit § 772 wendet sich der Dritte oder der Schuldner gegen die Verwertung in der Zwangsvollstreckung.

3 **II. Geltungsbereich, S. 1, 2. 1. Anwendbarkeit.** § 772 ist in der Mobiliar- und in der Immobiliarzwangsvollstreckung anwendbar. Die Widerspruchsklage des § 772 betrifft ein bedingtes relatives Veräußerungsverbot. Das ist ein solches Verbot, das nach § 135 BGB nur bestimmte Personen schützt, vgl. zB §§ 473, 1124, 1126, 1128 BGB, § 108 VVG (vgl. Zöller/Herget Rn. 1). Die Vorschrift betrifft ferner die dem relativen Verbot gleichgestellten gerichtlichen oder sonstigen behördlichen Veräußerungsverbote nach § 136 BGB, auch bei einstweiligen Verfügungen oder bei § 111c StPO. Das Veräußerungsverbot steht der Anordnung der Zwangsversteigerung aus einem vorrangigen Grundpfandrecht nicht entgegen, wenn auf Ersuchen der Staatsanwaltschaft in Vollziehung des Vermögensarrestes (§§ 73 ff. StGB) im Grundbuch eine Sicherungshypothek und ein Veräußerungsverbot nach § 111f II, IV, § 111h I StPO eingetragen werden. § 111h StPO schützt nur vor dem gutgläubigen Erwerb nachrangiger Sicherungsrechte, die nach der Arresthypothek eingetragen werden. Hierdurch soll aber nicht die Vollstreckung vorrangiger dinglicher Gläubiger verhindert werden, Hintzen ZfIR 2021, 1. Wenn der Schuldner kein Verfügungsrecht hat wie bei § 290 StPO, ist eine Zwangsvollstreckung nur gegen den Güterpfleger statthaft. Die Eröffnung eines Insolvenzverfahrens macht die Einzelvollstreckung nach § 89 I InsO unzulässig. Das Gericht muss diese Unzulässigkeit von Amts wegen beachten.

4 **2. Unanwendbarkeit.** Besondere Regelungen haben folgende Veräußerungsverbote: Bei einer Sicherungsmaßnahme nach §§ 21, 22 InsO, Helwich MDR 1998, 520; bei einer Zwangsverwaltung und bei einer Zwangsversteigerung nach §§ 23, 27 ZVG; bei einer Fahrnispfändung nach §§ 803, 826; bei der Pfändung von Rechten nach §§ 829, 857, 853, nicht erfasst sind absolute Verfügungsverbote. Rechtsgeschäftliche Veräußerungsverbote und Abtretungsverbote (zB §§ 399, 413 BGB; § 354a HGB) sowie §§ 1365, 1369, 1984 I, 2211 BGB sind ebenfalls nicht erfasst (Zöller/Herget Rn. 1).

5 Eine Vormerkung und ein Widerspruch fallen **nicht** unter §§ 135, 136 BGB. § 772 gilt ferner nicht für ein solches Veräußerungsverbot, das auf der Durchführung einer Zwangsmaßregel beruht, sowie für weitere Vollstreckungsmaßregeln wie den Zugriff weiterer Gläubiger trotz einer Pfändung, den Beitritt eines persönlichen Gläubigers zu einer Zwangsversteigerung des dinglich Gesicherten. Ein unbedingt wirksames Veräußerungsverbot

nach § 134 BGB fällt nicht unter § 772. Das gilt zB bei § 21 II Nr. 2 InsO, Helwich MDR 1998, 518. Vgl. ferner § 262 I AO.

III. Widerspruchsklage, S. 1, 2. Die Veräußerung ist materiell-rechtlich nur gegenüber dem Geschützten unwirksam und im Übrigen voll wirksam. Ebenso liegt es auch in der Zwangsvollstreckung. Die Veräußerung ist dann zwar rechtmäßig, aber mit dem Verbot belastet. Das Verbot greift regelmäßig auch gegen einen gutgläubigen Erwerber durch. Denn ein guter Glaube bevorzugt den Erwerb in der Zwangsvollstreckung nicht. Das Verbot versagt aber dann, wenn ein trotz des Verbots wirksames Recht die Veräußerung rechtfertigt, wenn etwa der Gläubiger aus einer Hypothek vollstreckt. Eine Genehmigung des Geschützten heilt immer. Unstatthaft sind nur die Veräußerung in der Zwangsvollstreckung und die Überweisung, nicht die Pfändung. Das Vollstreckungsorgan darf die Pfändung nicht ablehnen. Es darf nicht einmal die Eintragung einer Zwangshypothek nach § 867 ablehnen. Denn verboten sind nur die Veräußerung und die Überweisung. Unwirksam ist ein solches Recht, das nach dem Erlass des Verbots entstanden und nicht trotz des Verbots durch einen guten Glauben geschützt ist. 6

IV. Rechtsbehelfe, S. 1, 2. Rechtsbehelfsbelehrung, Verstoß: §§ 232, 233 S. 2. Der geschützte Dritte und der Schuldner können nach § 766 die Erinnerung einlegen, aM Stein/Jonas/Münzberg Rn. 10 ff. (nur der Dritte habe diese Möglichkeit. Aber benachteiligt ist evtl. auch der Schuldner) oder dem sonst nach § 793 einschlägigen Rechtsbehelf. Der Dritte kann außerdem die Widerspruchsklage nach § 771 erheben. Diese Klage kann nur auf die Unzulässigkeit der Veräußerung oder Überweisung abzielen, nicht auf die Unzulässigkeit der Pfändung oder gar auf eine Aufhebung der Pfändung. Deshalb ist die Widerspruchsklage gegenüber der Eintragung einer Sicherungshypothek nach § 867 unstatthaft. S. im Übrigen bei § 771 und → Vor § 771 Rn. 12. Der Gläubiger kann die Erinnerung nach § 766 einlegen. Wenn das Vollstreckungsgericht entschieden hat, hat er die sofortige Beschwerde nach §§ 567 I Nr. 1, 793. Der Gläubiger kann ein Wegfall eines Veräußerungsverbotes auch nach § 767 geltend machen (Musielak/Voit/Lackmann Rn. 3). Beim Rpfl. gilt § 11 RPflG. 7

773 *Drittwiderspruchsklage des Nacherben.*

[1]Ein Gegenstand, der zu einer Vorerbschaft gehört, soll nicht im Wege der Zwangsvollstreckung veräußert oder überwiesen werden, wenn die Veräußerung oder die Überweisung im Falle des Eintritts der Nacherbfolge nach § 2115 des Bürgerlichen Gesetzbuchs dem Nacherben gegenüber unwirksam ist. [2]Der Nacherbe kann nach Maßgabe des § 771 Widerspruch erheben.

I. Systematik, S. 1, 2. → Vor § 771 Rn. 1. Es findet nach → Vor § 771 Rn. 1 kein obligatorisches Güteverfahren statt. 1

II. Regelungszweck, S. 1, 2. Der gegenüber § 772 nochmals vorrangige § 773 soll eine solche Zwangsvollstreckung verhindern, die wegen § 2115 BGB nur zu einem auflösend bedingten Erwerb führen könnte, weil sie dem Nacherben gegenüber unwirksam wäre, soweit sie ihn beeinträchtigt, BGHZ 110, 178. Der Nachlass soll erhalten bleiben. In Ergänzung zu § 2115 BGB soll der Vorerbe nicht die Rechte des Nacherben vereiteln oder beeinträchtigen und enthält damit ein bereits vor dem Nacherbfall vorgezogenes Verwertungsverbot (OLG Schleswig-Holstein BeckRS 2018, 31733). Diese Regelungen vermitteln dem Nacherben aber nur einen Schutz gegen die Zwangsvollstreckung nachlassfremder Dritter, nicht aber gegen Rechte und Pflichten, die dem Nachlass als solchem eigentümlich sind (zB eine Teilungsversteigerung eines Miterben als Vorerben) und aus der Rechtsstellung der Vor- und Nacherben bzw. Miterben untereinander erwachsen (vgl. BayObLG NJW 1965, 1966; LG Bonn ErbR 2020, 134). S. 1 enthält zwar nur eine Sollvorschrift. Sie ist aber wegen des hier ebenso wie bei → § 772 Rn. 1 maßgebenden Schutzzwecks großzügig anwendbar und auslegbar. 2

III. Geltungsbereich, S. 1, 2. § 773 bezieht sich bei der Zwangsvollstreckung wegen Geldforderung auf die Mobiliar- und Immobiliarvollstreckung und gibt Schutz vor der Verwertung, dh es ist im Regelfall möglich, eine Zwangsversteigerung anzuordnen; aber eine Veräußerung/Versteigerung mit Zuschlag ist verboten (OLG Schleswig BeckRS 2018, 31733). Die Zwangsvollstreckung ist dann zulässig, wenn sie nach § 2115 S. 2 BGB wegen einer Nachlassverbindlichkeit erfolgt, BGHZ 110, 179. Hierhin gehören auch Maßnahmen zu einer ordnungsmäßigen Verwaltung des Nachlasses. Die Zwangsvollstreckung ist ferner dann zulässig, wenn sie aufgrund eines solchen dinglichen Rechts an einem Erbschaftsgegenstand stattfindet, das bei dem Eintritt der Nacherbfolge gegen den Nacherben wirkt. Die Zwangsvollstreckung ist schließlich zulässig, soweit der Nacherbe wirksam zugestimmt hat, BGH NJW 1990, 1237; LG Bln Rpfleger 1987, 457 oder zur Duldung der Vollstreckung verurteilt worden ist, OLG Karlsruhe Rpfleger 2000, 405. 3

Da es sich um ein bedingtes **relatives Veräußerungsverbot** handelt, vgl. die Erläuterungen zu § 772. Da die Klage eine Widerspruchsklage ist, vgl. Vorbemerkung zu § 771 sowie die Erläuterungen zu § 771. 4

Der Nacherbe darf weder der Pfändung noch der Eintragung einer Zwangshypothek nach § 867 widersprechen, sondern unter Beachtung des Verhältnismäßigkeitsgrundsatzes nur der **Veräußerung,** BGHZ 110, 182; LG Bln Rpfleger 1987, 457. Er muss die Zwangsvollstreckung aus einer von dem befreiten Vorerben entgeltlich bestellten Sicherungshypothek dulden. Solche Nutzungen, die der Vorerbe gezogen hat, sind unbeschränkt pfändbar. Mehrere nach § 773 klagende Nacherben sind keine notwendigen Streitgenossen nach § 62. Sie können also nach § 59 gesondert vorgehen, BGH NJW 1993, 1583. 5

IV. Rechtsbehelfe, S. 1, 2. Rechtsbehelfsbelehrung, Verstoß: §§ 232, 233 S. 2. Der Gläubiger und der Schuldner haben die Erinnerung nach § 766. Jeder Nacherbe kann nach → Rn. 4 die Widerspruchsklage erheben. 6

774 *Drittwiderspruchsklage des Ehegatten oder Lebenspartners.*

Findet nach § 741 die Zwangsvollstreckung in das Gesamtgut statt, so kann ein Ehegatte oder Lebenspartner nach Maßgabe des § 771 Widerspruch erheben, wenn das gegen den anderen Ehegatten oder Lebenspartner ergangene Urteil in Ansehung des Gesamtgutes ihm gegenüber unwirksam ist.

I. Systematik. → Vor § 771 Rn. 1. § 774 ergänzt den § 741. Nach → § 741 Rn. 1 ist bei § 741 eine Zwangsvollstreckung in das Gesamtgut unbeschränkt zulässig. Es findet nach → Vor § 771 Rn. 1 kein obligatorisches Güteverfahren statt. 1

2 **II. Regelungszweck/Geltungsbereich.** § 774 soll im Interesse des nicht alleinverwaltenden Ehegatten oder Lebenspartners verhindern, dass das Urteil gegen ihn uneingeschränkt wirkt. Das gilt auch dann, wenn dieser Partner den Gewerbebetrieb nicht kannte, wenn der Gläubiger den Mangel der Genehmigung dieses Partners kannte, wenn es sich um keine Geschäftsschuld handelt. Der das Gesamtgut verwaltende (mitverwaltende) Ehegatte/Lebenspartner kann gegen eine Vollstreckung Widerspruch erheben, wenn der Titel ihm gegenüber unwirksam ist (Zöller/Herget Rn. 1). § 774 ist also das Mittel, um die Wirksamkeit des Urteils zu denjenigen Grenzen zurückzuführen, die das materielle Recht vorsieht.

3 Die Vorschrift betrifft nur den allein- oder mitverwaltenden Ehegatten oder Lebenspartner im Verhältnis zu demjenigen anderen, der ein Gewerbe betreibt. § 774 setzt voraus, dass eine Gütergemeinschaft nach §§ 1415 ff. BGB vorliegt. Wenn der Gläubiger dem aus § 774 Vorgehenden entgegenhält, dass er dem einzelnen Geschäft zugestimmt habe, muss das Gericht die Klage abweisen. Der Gläubiger braucht dann nicht noch von sich aus im Weg einer Widerklage ein Leistungsurteil zu erwirken. Denn das wäre bloße Förmelei. Vielmehr genügt die Einwendung als solche. Wenn der Vollstreckungstitel keine Familiensache nach §§ 95, 111 ff. FamFG betrifft, ist auch eine Klage nach § 774 keine Familiensache, BGH NJW 1979, 927 (krit. Staudigl FamRZ 1979, 495), Stgt FamRZ 1982, 401, so dass das Zivilgericht zuständig ist. Vgl. § 262 I AO.

4 **III. Rechtsbehelfe.** Rechtsbehelfsbelehrung, Verstoß: §§ 232, 233 S. 2. → § 741 Rn. 4.

775 *Einstellung oder Beschränkung der Zwangsvollstreckung.* **Die Zwangsvollstreckung ist einzustellen oder zu beschränken:**

1. wenn die Ausfertigung einer vollstreckbaren Entscheidung vorgelegt wird, aus der sich ergibt, dass das zu vollstreckende Urteil oder seine vorläufige Vollstreckbarkeit aufgehoben oder dass die Zwangsvollstreckung für unzulässig erklärt oder ihre Einstellung angeordnet ist;

2. wenn die Ausfertigung einer gerichtlichen Entscheidung vorgelegt wird, aus der sich ergibt, dass die einstweilige Einstellung der Vollstreckung oder einer Vollstreckungsmaßregel angeordnet ist oder dass die Vollstreckung nur gegen Sicherheitsleistung fortgesetzt werden darf;

3. wenn eine öffentliche Urkunde vorgelegt wird, aus der sich ergibt, dass die zur Abwendung der Vollstreckung erforderliche Sicherheitsleistung oder Hinterlegung erfolgt ist;

4. wenn eine öffentliche Urkunde oder eine von dem Gläubiger ausgestellte Privaturkunde vorgelegt wird, aus der sich ergibt, dass der Gläubiger nach Erlass des zu vollstreckenden Urteils befriedigt ist oder Stundung bewilligt hat;

5. wenn der Einzahlungs- oder Überweisungsnachweis einer Bank oder Sparkasse vorgelegt wird, aus dem sich ergibt, dass der zur Befriedigung des Gläubigers erforderliche Betrag zur Auszahlung an den Gläubiger oder auf dessen Konto eingezahlt oder überwiesen worden ist.

1 **I. Systematik, Nr. 1–5.** Aus mannigfachen Gründen darf der Gläubiger eine Zwangsvollstreckung einstweilen oder endgültig dann nicht weiterbetreiben, wenn sonst unhaltbar ungerechte Ergebnisse entstünden. Von solchen Gründen fasst § 775 diejenige Gruppe zusammen, die insoweit übereinstimmende Einzelsituationen aufweist, als eine vorhandene Urkunde den Vollstreckungsschluss erfordert oder zur Folge haben muss. Ergänzend gelten §§ 776, 868 I.

2 **II. Regelungszweck, Nr. 1–5.** Das **Fehlen von Vollstreckungshindernissen,** wie sie sich aus § 775 ergeben, gehört dogmatisch zu den allgemeinen Voraussetzungen der Zwangsvollstreckung, da auch das Vollstreckungsorgan sie zu beachten hat (BGH DGVZ 2022, 11). Die Regelung dient dem Schuldnerschutz. Die Vorschrift ist notwendig, um die Fortsetzung der Zwangsvollstreckung aufhalten zu können, da durch die in § 775 genannten Fälle die Zwangsvollstreckung selbst nicht unmittelbar hinfällig wird, durch die genannten Nr. 1–5 aber eine erhöhte Richtigkeitsgewähr verbunden ist. Die Aufzählung in § 775 ist abschließend. Maßgeblich ist insoweit, ob die Voraussetzungen von § 775 bei der Durchführung der Vollstreckung vorgelegen haben. Ein möglicher anderweitiger hypothetischer Geschehensablauf ist nicht maßgeblich. Z. B. kommen auch mögliche Entscheidungen über die Einstellung der Zwangsvollstreckung **keine Rückwirkung** zu (BGH WM 2022, 625).

3 Der Zwang zur Vorlage von Einstellungsentscheidungen usw. und nicht nur zu deren sehr wohl ebenfalls vorkommender bloßer Behauptung soll auch ein zügiges Vollstreckungsverfahren fördern, LG Görlitz DGVZ 1999, 62; LG Rottweil DGVZ 2005, 182. Es gilt entsprechend auch für die Zwangsversteigerung und Zwangsverwaltung nach Zwangsversteigerungsgesetz, BGH WM 2020, 940.

4 **III. Geltungsbereich, Nr. 1–5.** Die Vorschrift gilt im Gesamtbereich der ZPO für alle Arten der Zwangsvollstreckung. Sie gilt auch bei § 795, § 64 GVGA, oder in einer Familienstreitsache nach § 112 FamFG, BGH NJW 2013, 3585, auch im WEG-Verfahren. Sie gilt auch im Verfahren nach §§ 180 ff. ZVG, LG Hann Rpfleger 1993, 504, und im Insolvenzverfahren nach §§ 301 ff. InsO, AG Strausberg DGVZ 2004, 159 (nicht bei Schuldnervorsatz). Wegen der Brüssel Ia-VO SchlAnh V C 2.

5 **IV. Einwendungen, Nr. 1–5.** Einwendungen des Schuldners oder Dritter gegen die Zwangsvollstreckung sind für die Vollstreckungsorgane nach § 64 II 1 GVGA nach dem Grundsatz der Formalisierung der Zwangsvollstreckung grundsätzlich **nicht** zu beachten. Vielmehr gelten **§§ 766 ff.,** LG Ffm DGVZ 1989, 142 (§ 767). Zu zahlreichen Einzelfragen Scheld DGVZ 1984, 49. Von dieser Regel können nach der abschließenden Aufzählung Nr. 1–5 die folgenden Ausnahmen gelten. In anderen Fällen mögen zB §§ 766, 767 anwendbar sein, Ffm DGVZ 1993, 91; LG Karlsr DGVZ 1984, 155, oder § 771 in Betracht kommen, auch § 815 II, Schmidt-v. Rhein DGVZ 1988, 65.

6 **1. § 775.** § 775 mag eingreifen, Düss Rpfleger 1977, 417. § 815 II ist anwendbar. Der Zwangsvollstreckung kann ein sonstiges förmliches Hindernis entgegenstehen.

7 **2. Einstellung auf Gläubigerantrag.** Der Gläubiger mag nach § 64 I GVGA selbst die Einstellung fordern. Er ist Herr der Zwangsvollstreckung.

8 **3. Freiwillige Erfüllung.** Der Schuldner kann freiwillig erfüllen.

4. Unwirksamkeit der Vollstreckung. Die Zwangsvollstreckung kann offensichtlich unwirksam sein (vgl. auch Schleswig-Holsteinisches Oberlandesgericht 10.3.2016 – 2 U 7/15, BeckRS 2016, 10214). Dann darf das Vollstreckungsorgan ab seiner Kenntnis der Gründe nichts mehr unternehmen. Es besteht dann auch keine Vorlegungspflicht nach Nr. 1–5 mehr. Andererseits besteht keine Amtsermittlungspflicht, Kirberger Rpfleger 1976, 9. Eine bloße Erfüllungsbehauptung des Schuldners reicht nicht, LG Görlitz DGVZ 1999, 62. 9

Außer Betracht bleiben zB: Solche Zahlungen, für die der Schuldner keine Urkunden nach Nr. 4 oder 5 vorlegt, LG Oldb MDR 1981, 236; Schmidt-von Rhein DGVZ 1988, 67; die Einlegung eines Rechtsbehelfs, selbst wenn sie nach → § 572 Rn. 5 aufschiebend wirkt; Einwendungen gegen den Titel, etwa dessen Beseitigung durch einen Vergleich. Dafür gelten §§ 732, 767; eine Klagerücknahme nach § 269. Für sie gilt § 732; eine vertragliche Beschränkung der Zwangsvollstreckung; ein Antrag auf die Eröffnung des Insolvenzverfahrens nach § 13 InsO, LG Tüb DGVZ 2000, 39; eine Zahlungseinstellung; eine sonstige Mangelhaftigkeit der Zwangsvollstreckung. Alle diese Fälle geben dem Schuldner nur den jeweils zulässigen Rechtsbehelf. 10

V. Einstellung von Amts wegen, Nr. 1–5. Liegt ein Vollstreckungshindernis nach § 775 ZPO vor, stellt das Vollstreckungsorgan die Vollstreckung von Amts wegen einstweilen ein, § 776 S. 2, BGH WM 2018, 1701; WM 2017, 1422, NJW-RR 2016, 317 (§ 64 VI 1, 2 GVGA). Einzustellen ist dabei nicht nur, wenn die hierfür erforderliche Entscheidung (Urkunde) vom Schuldner vorgelegt wird, sondern auch, wenn das Vollstreckungsorgan auf andere Weise hiervon Kenntnis erlangt (Zöller/Geimer Rn. 9). Die Zwangsvollstreckung darf dann nicht beginnen. Man darf eine begonnene Zwangsvollstreckung überhaupt nicht oder nur eingeschränkt fortsetzen. Es entscheidet das zuständige Vollstreckungsorgan, also zB der Gerichtsvollzieher nach § 64 II 2 GVGA, AG Düss DGVZ 1983, 46. Ein besonderer Beschluss ist entbehrlich. Es genügt eine entsprechende Verfügung nach § 329. Die Verfügung muss dann einen bestimmten Inhalt haben, wenn sie die Wirkung laufender Maßnahmen beseitigen soll, wenn sie zB einen Zuschlagsbeschluss nach dem ZVG oder nach § 817 aufhebt, Bbg Rpfleger 1975, 145. Das Vollstreckungsorgan muss die Verfügung begründen. Das Vollstreckungsorgan teilt die Entscheidung nach § 329 II oder III mit. Ob der Gerichtsvollzieher nach § 64 V 1 Hs. 1 GVGA ein Protokoll aufnehmen muss, ist nach § 762 davon abhängig, ob eine Handlung in der Zwangsvollstreckung vorliegt. Der Gerichtsvollzieher muss aber nach § 64 V 1 Hs. 2 GVGA jedenfalls einen Aktenvermerk aufnehmen. Er benachrichtigt den Gläubiger unverzüglich nach § 64 V 2 GVGA. Er weist auch nach § 64 V 3 GVGA aktenkundig auf die Gefahr einer Wertminderung oder Kostensteigerung hin. 11

VI. Einstellungswirkung, Nr. 1–5. Eine Einstellung wirkt für die Zukunft. Sie bedeutet das Ruhen der Zwangsvollstreckung bis zu einer anderen Weisung des Gläubigers, LG Weiden DGVZ 2010, 236. Eine Zustellung auch nur des Pfändungsbeschlusses nach § 829 ist nicht mehr zulässig, Stgt JurBüro 1975, 1378. Die Einstellung aus dem Haupttitel wirkt nach § 64 IV 2 GVGA auch für die Zwangsvollstreckung aus dem Kostenfestsetzungsbeschluss nach § 104. Wegen der Forderung eines Landwirts aus dem Verkauf von landwirtschaftlichen Erzeugnissen § 851a. Über eine Einstellung aufgrund der Härteklausel vgl. § 765a. Vgl. ferner § 9 JBeitrG. 12

VII. Aufhebung des Titels usw., Nr. 1. 1. Grundsatz: Notwendigkeit der Titelvorlage. Voraussetzung ist die Vorlegung der Ausfertigung einer vorläufig oder einer endgültig vollstreckbaren Entscheidung (Urteil oder Beschluss). Vorrangig werden Entscheidungen nach §§ 767, 768, 771 ff., 793 oder sonstige Einstellungen der Zwangsvollstreckung, zB §§ 766, 765a, oder Abänderungsurteile, sowie entsprechende Einstellungen der Zwangsvollstreckung durch einstweilige Verfügungen. Eine bloße Verkündung eines Urteils genügt nach dem Sinn und Zweck nach § 717 I BGH NJW 2004, 506. Vollstreckungsmaßnahmen aus dem dann wirkungslos gewordenen Titel dürfen nicht mehr getroffen werden. Statt einer Ausfertigung genügen: Die Urschrift der Entscheidung; ein Hinweis auf eine dem Vollstreckungsorgan amtlich bekannte Entscheidung; die Bezugnahme auf die Akten des Vollstreckungsgerichts, falls das Vollstreckungsgericht entscheiden muss. Eine beglaubigte Ablichtung oder Abschrift kann eine Ausfertigung nach Nr. 4, 5 **nicht** ersetzen. Die Ausfertigung braucht ihrerseits weder vollstreckbar zu sein noch zugestellt worden zu sein. Eine Vollstreckungsklausel nach § 724 ist nicht erforderlich. Sie wirkt zwischen den Parteien desjenigen Verfahrens, in dem sie ergangen ist, LG Frankenth Rpfleger 1983, 162. Sie muss eine der drei folgenden Möglichkeiten ergeben. 13

2. Entweder: Aufhebung des früheren Titels, Nr. 1 Fall 1. Möglicherweise hebt die vorgelegte Urkunde das Urteil oder dessen vorläufige Vollstreckbarkeit ganz oder teilweise auf. Es muss sich um eine Aufhebung der Sache nach handeln, etwa im Wiederaufnahmeverfahren nach §§ 578 ff. oder nach einem Einspruch nach §§ 338, 700 oder in einem Nachverfahren nach §§ 302 IV, 600 II. Nicht ausreichend ist eine bloß förmliche Aufhebung nebst einer gleichen neuen Entscheidung in der Sache (Beispiel: Das Gericht hebt zwar ein Urteil auf eine Zahlung von 500 EUR auf, ersetzt es aber durch ein Urteil auf eine Zahlung von 1.000 EUR). 14

3. Beispiele zur Frage einer Aufhebung, Nr. 1 Fall 1

Abänderung: Ziff. 1 gilt auch bei einer Herabsetzung nach § 323, Zweibr FamRZ 1986, 37, 6 **nicht** aber bei einer Heraufsetzung trotz einer auch dann formalen Aufhebung, Karlsr FamRZ 1988, 859. 15

Arrest, einstweilige Verfügung: Nr. 1 gilt auch bei §§ 916 ff., 935 ff., BGH NJW 1976, 1453.

Beschluss: Eine Aufhebung durch einen Beschluss nach § 794 I Nr. 3 wirkt stets sofort. Auch bei einem Urteil kann sich die Aufhebung der Vollstreckung aus einem Beschluss nach §§ 732, 766 ergeben.

Erinnerung: „Beschluss".

Erledigterklärung: Zwar stellte eine übereinstimmende Erledigungserklärung keine aufhebende „Entscheidung", dar; da der Titel jedoch durch die Erledigung wirkungslos wird, sind Zwangsvollstreckungsmaßnahmen nicht mehr zulässig (OLG Jena InVo 2002, 386; KG NJW-RR 1999, 790; Nürnb GRUR 1996, 79. Der Schuldner kann auch entsprechend §§ 707, 719, 767, 769 vorgehen.

Festsetzungsurteil: Nr. 1 gilt **nicht** bei einem bloßen Festsetzungsurteil aufgrund einer Klage nach § 756 ohne die bestimmte Klärung einer Forderungshöhe, BGH NJW 1994, 461.

Insolvenzverfahren: Nr. 1 gilt **nicht** schon wegen eines Schuldenbereinigungsplans, BGH WM 2011, 1709.

Klagerücknahme: auch insoweit liegt in entsprechender Anwendung eine „aufhebende Entscheidung" vor, vgl. KG NJW-RR 2000, 1523.

Mindestunterhalt: Nr. 1 gilt auch bei einer Neufestsetzung des Mindestunterhalts, soweit es um den vom neuen Titel erfassten Zeitraum geht, (zum alten Recht) Stgt Rpfleger 1985, 199.

Pfändung, Überweisung: **Keine** Aufhebung liegt in einer Pfändung und Überweisung zugunsten eines Gläubigers des betreibenden Gläubigers nach §§ 829, 835, AG Bad Segeberg DGVZ 1989, 122.

Sicherheitsleistung: Soweit diejenige Entscheidung, die die Zwangsvollstreckung aus dem Vollstreckungstitel für unzulässig erklärt, nach § 709 usw. nur gegen eine Sicherheitsleistung vorläufig vollstreckbar ist, darf das Gericht die Zwangsvollstreckung erst beim Nachweis der Sicherheitsleistung nach § 108 einstellen, LG Bonn MDR 1983, 850. Wenn das Gericht die Vollstreckbarkeit einer schlechthin vollstreckbaren Entscheidung nur gegen eine Sicherheitsleistung aufrechterhält, gilt **nicht** Nr. 1, sondern Nr. 2; wenn der Gläubiger nachweist, dass die zu vollstreckende Entscheidung rechtskräftig geworden ist, wird die Zwangsvollstreckung fortgesetzt, ohne das die vorherige Einstellungsentscheidung aufgehoben werden muss, BGH WM 2017, 2026.

Sofortige Wirksamkeit: Nr. 1 kann auch bei einer sie aufrechterhaltenden oder auftretenden solchen Anordnung anwendbar sein, BGH NJW 2013, 3585.

Titelverzicht: Man kann einen Titelverzicht nach Nr. 1 behandeln, „Verzicht des Gläubigers", OLG Düsseldorf InstGE 9, 56; KG NJW-RR 2000, 1523; Köln OLGZ 1992, 449; AG Siegb DGVZ 1999, 30.

Vergleich: **Keine** aufhebende „Entscheidung" ist ein solcher Vergleich, der ein vorläufig vollstreckbares Urteil aufhebt, Das gilt trotz § 795, BayObLG Rpfleger 1998, 437; Ffm JurBüro 1991, 1554; AG Hann FamRZ 2001, 1233. Man kann dann nach § 732 vorgehen, Münzberg FS Gaul 1997, 450, 462, oder nach §§ 767 ff., LG Tüb JurBüro 1986, 624.

Vorläufige Vollstreckbarkeit: Ein nach §§ 708 ff. vorläufig vollstreckbares Urteil tritt mit der Verkündung der die vorläufige Vollstreckbarkeit aufhebenden Entscheidung nach § 718 I außer Kraft, also nach § 717 I nicht erst in demjenigen Zeitpunkt, in dem die aufhebende Entscheidung nach § 705 formell rechtskräftig wird, BGH NJW 1976, 1453; Zweibr FamRZ 1986, 376.

16 **4. Oder: Unzulässigkeit der Vollstreckung, Nr. 1 Fall 2.** Möglicherweise ist die Vollstreckung schlechthin unzulässig, zB §§ 732 II, 765a, 766 I, 767, 768, 771, 774, 785, 786, BGH FamRZ 2003, 92. Ein Antrag auf ein Insolvenzverfahren reicht nicht, AG Gardelegen DGVZ 2000, 142. Wegen der Lage ab Eröffnung.

17 **5. Oder: Endgültige Einstellung, Nr. 1 Fall 3.** Möglicherweise hat das Gericht die Vollstreckung endgültig eingestellt (anders Nr. 2), zB nach §§ 765a, 793. Auch hier hat eine Einstellung nur gegen eine Sicherheitsleistung die Notwendigkeit ihres Nachweises zur Folge, LG Bonn MDR 1983, 850; auch → Rn. 15, „Sicherheitsleistung"

18 **VIII. Einstweilige Einstellung, Nr. 2.** Fortsetzung der Zwangsvollstreckung nur gegen Sicherheitsleistung: Voraussetzung ist die Vorlegung einer Ausfertigung von einer beliebigen, wenn auch nicht zwangsläufig vollstreckbaren solchen gerichtlichen Entscheidung auch des Prozessgerichts, Fink/Ellefret MDR 1998, 1271, die eine einstweilige Einstellung der Zwangsvollstreckung oder der betreffenden Vollstreckungsmaßnahme anordnet, LG Ffm Rpfleger 1995, 307, zB nach §§ 570 III, 707 I, 719 I, 732 II, 765a I, 766 I 1, 769 I, 770, 771 III, oder die eine Fortsetzung der Zwangsvollstreckung nur gegen eine Sicherheitsleistung zulässt, zB nach §§ 707 I, 709 S. 2, 719 I, 732 II, 769 II. Dann muss keine zusätzliche Aufhebung der bisherigen Vollstreckungshandlungen erfolgt sein, aM LAG Düss Rpfleger 2006, 420 (zu streng); auch bei Anordnungen des Insolvenzgerichts, § 21 II InsO. Die Entscheidung zur einstweiligen Einstellung muss nach § 64 III Nr. 2 S. 1 GVGA weder rechtskräftig noch vorläufig vollstreckbar sein. Die einstweilige Einstellung wirkt sofort, BGH NJW 1999, 953; LG Bln Rpfleger 1976, 26; Kirberger Rpfleger 1976, 8. Der Nachweis der Sicherheitsleistung erfolgt nach § 751 II. Sie bewirkt einen Verfahrensstillstand, die Pfändung bleibt aber bestehen. Der Drittschuldner nach § 840 darf nur noch an den Gläubiger und an den Schuldner gemeinsam leisten oder hinterlegen, BGH NJW 1999, 953. Der Gerichtsvollzieher wartet nach § 64 III Nr. 2 S. 2 GVGA grundsätzlich einen Fortsetzungsauftrag des Gläubigers nach § 754 ab.

19 **IX. Vollstreckungsabwendung, Nr. 3.** Voraussetzung ist die Vorlegung einer solchen öffentlichen, nicht öffentlich beglaubigte Urkunde, die beweist, dass eine Partei eine solche Sicherheitsleistung oder eine solche Hinterlegung erbracht hat, die das Gericht in einer nach Nr. 1, 2 zu beachtenden Entscheidung angeordnet hatte, zB nach §§ 707, 711, 712 I, 720a III. Eine Bescheinigung der Hinterlegung genügt, LG Hagen DGVZ 1999, 28. Es genügt keine bloße Behauptung der Existenz einer Einstellungsentscheidung, LG Görlitz DGVZ 1999, 62. Ein Postschein beweist nur die Absendung. Er beweist nicht, dass man die Sicherheitsleistung oder die Hinterlegung auch wirklich erbracht hat. Dasselbe gilt erst recht für Nr. 3 bei einer Einzahlungs- oder Überweisungsquittung etwa einer Bank ohne eine zugehörige Ausführungsbescheinigung. Dann gilt vielmehr Nr. 5. Wer sich darauf beruft, eine Sicherheitsleistung durch eine nicht unter § 108 I 2 fallende Bürgschaft erbracht zu haben, muss nachweisen, dass das Gericht diese Art der Sicherheit gestattet hatte. Er muss nachweisen, dass diese Bürgschaftserklärung dem Schuldner in einer ausreichenden Form zuging, zumindest dem Gerichtsvollzieher, LG Hagen DGVZ 1976, 29. Wenn eine Sicherheitsleistung nicht etwa den Anlass zu einer Aufhebung der Vollstreckung gibt, sondern wenn sie die Voraussetzung dafür ist, dass es überhaupt zu einer Einstellung kommt, gilt Nr. 2, nicht aber Nr. 3. Eine BGB-Hinterlegung reicht nicht, AG Worms DGVZ 1997, 60. Rechtsmissbrauch ist stets unstatthaft, BGH WM 2017, 1262. Wenn der Gläubiger nachweist, dass die zu vollstreckende Entscheidung rechtskräftig bzw. ohne weiteres vollstreckbar geworden ist, wird die Zwangsvollstreckung fortgesetzt, BGH WM 2017, 2026.

20 **X. Befriedigung, Stundung, Nr. 4.** Voraussetzung ist die Vorlegung einer öffentlichen Urkunde, vgl. § 415, zB ein Prozessvergleich, Ffm JurBüro 1991, 1555, oder ein notariell für vollstreckbar erklärter Anwaltsvergleich nach §§ 796ac, oder eine von dem Gläubiger ausgestellte Privaturkunde nach → § 416 Rn. 1. Mit Hilfe einer solchen Urkunde wird es im Interesse von beiden Parteien also ermöglicht, dass insbesondere ein materiell-rechtlicher unbestrittener Erfüllungseinwand bereits gegenüber dem Vollstreckungsorgan geltend gemacht werden kann, BGH WM 2018, 1701.

21 **1. Beweis durch Urkunde.** Die Urkunde muss beweisen, dass der Gläubiger **nach dem Erlass des Vollstreckungstitels** seine volle Befriedigung erhalten hat, vgl. BGH MDR 2019, 1340; LG Kiel DGVZ 1982, 46; LG Kblz DGVZ 1982, 46 (Zahlung vor dem Erlass); AG Ffm DGVZ 1997, 188, oder dass er die Leistung gestundet hat. Dies muss sich aus der Urkunde unzweifelhaft ohne Prüfung der materiellen Rechtlage ergeben LG Itzehoe 30.4.2018 – 4 T 76/18, BeckRS 2018, 17336. Bei §§ 307, 331 III tritt nach § 310 III an die Stelle der Urteilsverkündung die Urteilszustellung. Die Zustellung des Vollstreckungsbescheids nach § 700 I genügt,

diejenige des Mahnbescheids nach § 693 nicht, Zöller/Geimer Rn. 7; aM LG Kiel DGVZ 1983, 24; Schneider JurBüro 1978, 172 (aber es muss Klarheit bestehen).

2. Beispiele zur Frage einer Befriedigung oder Stundung, Nr. 4

Art der Erfüllung: Jede Art kann reichen. 22

Aufrechnung: → „Pfändung und Überweisung".

Beglaubigung: Nr. 4 ist anwendbar auch bei einer öffentlich beglaubigten Privaturkunde nach § 416.

Echtheit: Der Gerichtsvollzieher muss die Echtheit einer Privaturkunde nach §§ 439, 440 anhand derjenigen Unterlagen prüfen, die der Schuldner ihm vorlegen muss.

Einziehung: Eine Überweisung zur Einziehung nach § 835 reicht **nicht.**

Fotokopie: Unanwendbar ist Nr. 4 bei einer unbeglaubigten Fotokopie, AG Blin-Wedding DGVZ 1976, 93.

Haustürgeschäft: → „Rücktritt".

Hinterlegung: Sie reicht **nicht.** Denn sie ist noch keine Befriedigung, aM AG Worms DGVZ 1997, 60.

Kontenpfändung: Anwendbar sein kann Nr. 4 auch auf sie, Waldschmidt JurBüro 2016, 8.

Kosten: Nr. 4 erfordert es, dass die Urkunde für sich allein schon die volle Befriedigung auch wegen der Kosten ergibt, Düss Rpfleger 1977, 417; aM AG Worms DGVZ 1997, 60 (eine Hinterlegung ist aber keine Befriedigung).

Kreditgeschäft: → „Rücktritt".

Lohnsteuer: Ihretwegen kann die Privaturkunde des Arbeitgebers nach § 416 reichen.

Pfändung: Die bloße Pfändung nach § 829 reicht **nicht.**

Pfändung und Überweisung: Es kann eine solche nach §§ 829, 835 an den Schuldner reichen, die eine Aufrechnung darstellt.

Rechtsmissbrauch: Der Gerichtsvollzieher muss stets eine unzulässige Rechtsausübung vermeiden oder prüfen. Denn Rechtsmissbrauch ist stets unstatthaft, LG Kblz DGVZ 1982, 47, Schneider DGVZ 1977, 133.

Restschuld: Mangels voller Befriedigung auch wegen der Kosten muss der Gerichtsvollzieher die Zwangsvollstreckung wegen der Restschuld fortsetzen, LG Karlsr DGVZ 1983, 188.

Rücktritt: Ein bloßer Rücktritt nach § 503 II BGB aF, § 508 BGB genügt **nicht.**

Teilzahlungsvereinbarung: Sie kann reichen, AG Bonn JurBüro 2015, 662.

Überleitungsanzeige: Ihretwegen kann die Privaturkunde eines Dritten nach § 416 reichen, zB nach § 117 IV 2 AFG, LG Brschw DGVZ 1982, 43.

Verzicht des Gläubigers: Es reicht ein klarer solcher Verzicht auf eine (weitere) Zwangsvollstreckung. Auch → „Vollstreckungsvertrag".

Vollstreckungsvertrag: Ein solcher kann reichen, Ffm JurBüro 1991, 1555; LG Münst Rpfleger 1988, 321.

Wahlschuld: Auch bei ihr muss der Schuldner den Beweis nach Nr. 4 erbringen.

Zwangsvergleich: Wegen des Verhältnisses zwischen einem früheren Titel und einem Zwangsvergleich Schneider DGVZ 1985, 104.

Zweifel: Zu irgendwelchen Zweifeln darf kein Anlass bestehen., vgl. BGH WM 2016, 84; LG Itzehoe 30.4.2018 – 4 T 76/18, BeckRS 2018, 17336. Wenn der Gerichtsvollzieher Zweifel hat und wenn er sie nicht durch eine mögliche Rückfrage beim Gläubiger beseitigen kann, muss er die Zwangsvollstreckung entweder fortsetzen oder darf sie nur für eine kurze Zeit zur Aufklärung aussetzen. Der Gläubiger kann dann die Erinnerung nach **§ 766** einlegen.

XI. Einzahlungs- oder Überweisungsnachweis, Nr. 5. Voraussetzung ist die Vorlegung eines solchen 23 Einzahlungs- oder Überweisungsnachweises der Post, einer Bank oder Sparkasse, aus dem sich ergibt, dass der Schuldner nach dem Urteilserlass, s. unten, und bei §§ 307, 331 III nach der Urteilszustellung nach § 310 III den zur vollständigen Befriedigung des Gläubigers erforderlichen Betrag zur Auszahlung an den Gläubiger oder auf dessen Konto eingezahlt oder überwiesen hat, BAG NJW 2017, 1261, also auch wegen der Kosten. Mehr ist aber auch nicht nötig, BGH NJW 2007, 3646; zust. Wolfsteiner DNotZ 2007, 678. Es genügt jede solche zulässige Urkunde, die eine ausreichend hohe „Einzahlung" auf dem Gläubigerkonto bescheinigt, LG Weiden DGVZ 2010, 236, zB eine Zahlkarte. Eine maschinelle Erstellung genügt. Es reicht ferner die Bescheinigung über eine **erfolgte** Überweisung. Eine bloße Kopie des Überweisungs**auftrags** nebst Eingangsstempel der Schuldnerbank reicht nicht, wohl aber eine solche Bankbescheinigung, die nicht nur den Erhalt des Auftrags bestätigt, sondern auch dessen Ausführung. Man erhält sie als Kunde auf Verlangen. Auch die Belastung des Schuldnerkontos wegen einer Schecksumme soll ausreichen. Das gilt zwar selbst dann, wenn der Gläubiger den Scheck zwar erhalten hat und hätte einlösen können, das aber zB wegen seines Verlusts nicht getan hat, LG Oldb DGVZ 1989, 187. Es handelt sich um eine Ausnahme von dem Grundsatz, dass das Vollstreckungsorgan materiell-rechtliche Einwände an sich nicht zu berücksichtigen hat.

„Nach dem Urteilserlass" meint auch: nach dem Schluss der mündlichen Verhandlung nach §§ 136 IV, 24 296a, 767 II, Hintzen Rpfleger 1999, 244, oder nach der Zustellung des Vollstreckungsbescheids. § 767 II gilt entsprechend. Maßgeblich ist, ob die Einwendung im Erkenntnisverfahren hätte berücksichtigt werden können.

XII. Rechtsbehelfe, Nr. 1–5. Rechtsbehelfsbelehrung, Verstoß: §§ 232, 233 S. 2. Es kommt auf die Person 25 des Beschwerten an.

1. Gläubiger. Der Gläubiger kann dann, wenn der Gerichtsvollzieher die Zwangsvollstreckung eingestellt 26 oder beschränkt hat, die Erinnerung nach § 766 II einlegen. Darauf weist ihn der Gerichtsvollzieher nach § 64 VI 3 GVGA hin. Wenn das Vollstreckungsgericht entschieden hat, hat der Gläubiger die sofortige Beschwerde nach §§ 567 I Nr. 1, 793 oder § 11 I RPflG. Wegen einer Anschlussbeschwerde § 567 III.

2. Schuldner. Der Schuldner hat denjenigen Rechtsbehelf, der ihm nach der jeweiligen Sachlage zusteht, 27 §§ 766, 793. Darauf weist ihn der Gerichtsvollzieher nach § 64 VI 3 GVGA hin.

XIII. Fortsetzung der Vollstreckung, Nr. 1–5. Eine Fortsetzung der Vollstreckung ist in jedem der 28 folgenden Fälle nötig, und zwar von Amts wegen, wenn die Zwangsvollstreckung nur befristet eingestellt war (vgl. §§ 769 II, 815 II), sonst auf näher darzulegenden Antrag des Gläubigers (Zöller/Geimer Rn. 12).

1. Wegfall des Einstellungsgrunds; Fortsetzungsanordnung. Die Fortsetzung erfolgt durch den Gerichts- 29 vollzieher dann, wenn der Grund der Einstellung weggefallen ist oder wenn das Gericht nach § 766 eine Fortsetzung angeordnet hat.

30 **2. Einstellung; erfolgreiche Erinnerung.** Die Fortsetzung erfolgt durch das Vollstreckungsgericht nach §§ 764, 802 dann, wenn es selbst die Zwangsvollstreckung eingestellt hatte und wenn eine Erinnerung des Gläubigers einen Erfolg hat.

31 **3. Befriedigung; Stundung; Quittung, Nr. 4, 5.** Die Fortsetzung erfolgt wegen einer Befriedigung oder Stundung nach Nr. 4 oder eines Nachweises nach Nr. 5 dann, wenn der Gläubiger die Befriedigung, die Stundung oder den Nachweis bestreitet, Mü FGPrax 2015, 162; LG Ffm DGVZ 1989, 42; LG Hanau DGVZ 1993, 113. Ein Überweisungsbeleg reicht nicht, BGH NJW-RR 1991, 177. Beim Scheck muss man den Empfang nachweisen, Oldb DGVZ 1989, 187. Es kommt evtl. gar nicht erst zu einer Einstellung oder zu einer Beschränkung der Zwangsvollstreckung, Ffm MDR 1980, 63; Hamm Rpfleger 1979, 432; LG Hanau DGVZ 1993, 113. Eine Erinnerung nach § 766 oder eine sofortige Beschwerde des Gläubigers nach § 793 wären erfolglos. Denn das Vollstreckungsgericht prüft grundsätzlich keine materiell-rechtlichen Fragen, Mü FGPrax 2015, 162; LG Oldb MDR 1981, 236. Daher könnte der Schuldner die Zwangsvollstreckung blockieren.

32 **4. Rechtsbehelfsverfahren.** Bei formellen Bedenken wie zB bei der Rüge, es liege überhaupt kein Nachweis nach Nr. 5 vor, muss der Gläubiger allerdings nach §§ 766 oder 793 oder § 11 I RPflG vorgehen. Wenn der Schuldner gezahlt hat, kann und muss er auf eine Vollstreckungsabwehrklage nach §§ 767, 769 erheben, LG Ffm DGVZ 1989, 42. Der Gläubiger darf die Zwangsvollstreckung nur dann ohne weiteres fortsetzen, wenn die Einstellung der Vollstreckung ohne einen gesetzlichen Grund erfolgte, wenn die Einstellung etwa auf dem Wunsch des Gläubigers beruhte. Wenn die Einstellung der Vollstreckung auf eine bestimmte Zeit erfolgte, erlischt die Einstellung mit dem Zeitablauf. Wenn der Gläubiger dem Schuldner auf eine bestimmte Zeit eine Stundung bewilligt hat, darf er die Zwangsvollstreckung nach dem Zeitablauf ebenfalls ohne weiteres fortsetzen. Wenn er die Stundung aber für eine unbestimmte Zeit ausgesprochen hatte, darf er jederzeit die Fortsetzung der Zwangsvollstreckung verlangen.

776 ***Aufhebung von Vollstreckungsmaßregeln.*** **[1]In den Fällen des § 775 Nr. 1, 3 sind zugleich die bereits getroffenen Vollstreckungsmaßregeln aufzuheben. [2]In den Fällen der Nummern 4, 5 bleiben diese Maßregeln einstweilen bestehen; dasselbe gilt in den Fällen der Nummer 2, sofern nicht durch die Entscheidung auch die Aufhebung der bisherigen Vollstreckungshandlungen angeordnet ist.**

1 **I. Systematik/Zweck, S. 1, 2.** Zunächst → § 775 Rn. 1. § 776 wirkt für das Verfahren nach § 775 ergänzend und präzisiert je nach der Art des Falls die Rechtsfolgen in einer Abstufung der zulässigen Maßnahmen. § 776 ist erforderlich, da durch die Einstellung oder Beschränkung der Zwangsvollstreckung nach § 775 bereits durchgeführte Zwangsvollstreckungsmaßnahmen nicht aufgehoben oder eingeschränkt werden. § 776 ist Ausdruck des Gebots der Verhältnismäßigkeit.

2 **II. Geltungsbereich, S. 1, 2.** Die Vorschrift gilt wie § 775 im Gesamtbereich der ZPO, zB auch bei § 890, LAG Mainz BB 1999, 1767, auch im WEG-Verfahren. Sie gilt auch im Verfahren nach §§ 180 ff. ZVG, LG Hann Rpfleger 1993, 505. Zu Besonderheiten beim FamFG, vgl. BGH NJW 2017, 3592.

3 **III. Aufhebung, S. 1, 2.** Wenn die endgültige Unzulässigkeit der Zwangsvollstreckung feststeht, muss das Gericht die Zwangsvollstreckung aufheben. Das trifft nur und immer bei § 775 Nr. 1 und 3 zu, LG Frankenth Rpfleger 1995, 307. Das Pfändungspfandrecht erlischt mit der Aufhebung nach § 776, BGH NJW-RR 2004, 1128, und lebt auch im möglichen Rechtsmittelverfahren nicht wieder auf, BGH WM 2013, 614. Deshalb kann ein Rangwegfall nach § 804 III eintreten. Eine ggf. neu erforderliche Pfändung entsteht nicht im bisherigen Rang, BGH NJW 1976, 1453. Deshalb ist eine sofortige Beschwerde gegen eine wirksame Aufhebung der Zwangsvollstreckung mangels eines Rechtsschutzbedürfnisses unzulässig. Wegen der erheblichen Auswirkungen der Aufhebung nach § 776 kann das Gericht entsprechend § 570 II anordnen, dass die Entscheidung erst mit Rechtskraft wirksam wird (BGH NJW 1976, 1453). Das Vollstreckungsorgan muss die Aufhebung unverzüglich durch einen Beschluss nach § 329 durchführen, LAG Düss Rpfleger 2005, 614. Es muss den Beschluss begründen. Es muss ihn wie bei § 775 mitteilen oder zustellen. Der Gerichtsvollzieher muss zB die Pfandsiegel abnehmen und das Pfandstück dem Berechtigten herausgeben. Er kann auch den Schuldner zur Abnahme des Pfandsiegels ermächtigen. Der Rpfleger darf und muss evtl. einen Haftbefehl nach → § 802g Rn. 22 aufheben, LG Frankenth Rpfleger 1986, 268. Der Gerichtsvollzieher kann aber den Schuldner auch zu deren Beseitigung ermächtigen. OLG Köln OLGZ 1992, 449 wendet bei einem Titelverzicht des Arrestgläubigers § 776 entsprechend an.

4 **IV. Verfahren, S. 1, 2.** Das Vollstreckungsgericht muss einen nach §§ 829, 835 erlassenen Pfändungs- und Überweisungsbeschluss aufheben, BGH FamRZ 2005, 1832. Es muss evtl. auch einen noch nicht vollstreckten Ordnungsmittelbeschluss zB nach § 890 I 1 aufheben, KG MDR 2000, 49. Der Einstellungsbeschluss stellt aber auch ohne eine solche Aufhebung die Unzulässigkeit einer weiteren Zwangsvollstreckung wirksam fest. Wenn zB bei einer Einstellung nach § 769 der Drittschuldner an den Gläubiger nach der Zustellung des Einstellungsbeschlusses noch zahlt, tut er das auf eigene Gefahr. Eine Einstellung nach § 769 kann eine Entscheidung nach § 776 erübrigen, LG Mühlhausen Rpfleger 2017, 412. Wenn das Vollstreckungsgericht und das Beschwerdegericht eine Pfändung aufgrund einer Erinnerung nach § 766 für unzulässig erklären, heben sie die Pfändung damit auf. Wegen der Forderung eines Landwirts aus dem Verkauf von landwirtschaftlichen Erzeugnissen § 851a. Wegen der Aufhebung von Vollstreckungsmaßnahmen nach der Härteklausel § 765a.

5 **V. Fortdauer, S. 2.** Bei § 775 Nr. 4 und 5 bleiben die Vollstreckungsmaßnahmen solange in Kraft, bis der Gläubiger den Vollstreckungsauftrag nach § 754 zurücknimmt (auch Freigabe) oder bis eine solche Entscheidung zB aufgrund einer Vollstreckungsabwehrklage nach § 776 ergeht, die die Zwangsvollstreckung aufhebt, nicht etwa bis zu deren formellen Rechtskraft nach §§ 329, 705, BGH NJW 1976, 1453. Bei § 775 Nr. 2 gilt dasselbe, falls nicht das Prozessgericht die Aufhebung der Zwangsvollstreckung besonders angeordnet hat, LG Frankenth Rpfleger 1995, 307; LAG Düss Rpfleger 2005, 614. Vom Ausgangspunkt folgt aus dem Zusammenhang zwischen § 776 S 2 und § 775, dass dies nicht zur Aufhebung der angeordneten Vollstreckungsmaßnahmen führt, sondern nur zur **einstweiligen Einstellung** des Verfahrens (BGH WM 2018, 1701; NJW-RR 2016, 317). Unabhängig davon können die nach der Erledigung des Einstellungsbeschlusses vorgenommenen Vollstreckungshandlungen

aufgehoben werden, LG Bln MDR 1975, 672; Kirberger Rpfleger 1976, 9. Der Schuldner erlangt also zB bis zur Aufhebung der Zwangsvollstreckung noch keine Verfügungsbefugnis über den gepfändeten Gegenstand zurück, BGH GRUR-RR 2012, 311. Das Pfändungspfandrecht nach § 804 erlischt mit der Befriedigung des Gläubigers noch nicht ohne weiteres. Es erlischt also im Gegensatz zu § 775 auch nicht schon durch einen solchen Prozessvergleich, durch den der Gläubiger auf seine Rechte aus dem Vollstreckungstitel verzichtet, Ffm JurBüro 1991, 1555. Es erlischt aber dann, wenn der Gerichtsvollzieher die Sache wegen § 72 II 3 GVGA freigibt. Das gilt selbst dann, wenn die Freigabe auf einem Irrtum beruht.

VI. Rechtsbehelfe, S. 1, 2. Rechtsbehelfsbelehrung, Verstoß: §§ 232, 233 S. 2. Es gilt grundsätzlich dasselbe wie bei → § 775 Rn. 25, 27. Aber auch → Rn. 3. 6

777 *Erinnerung bei genügender Sicherung des Gläubigers.*

[1]Hat der Gläubiger eine bewegliche Sache des Schuldners im Besitz, in Ansehung deren ihm ein Pfandrecht oder ein Zurückbehaltungsrecht für seine Forderung zusteht, so kann der Schuldner der Zwangsvollstreckung in sein übriges Vermögen nach § 766 widersprechen, soweit die Forderung durch den Wert der Sache gedeckt ist. [2]Steht dem Gläubiger ein solches Recht in Ansehung der Sache auch für eine andere Forderung zu, so ist der Widerspruch nur zulässig, wenn auch diese Forderung durch den Wert der Sache gedeckt ist.

I. Systematik, S. 1, 2. Das BGB kennt keine Verweisung des Gläubigers auf das Pfand. § 777 enthält eine abweichende Regelung. Diese Vorschrift ist dem § 803 I 2 inhaltlich verwandt, der die Überpfändung verbietet. Der Gläubiger soll zunächst eine schon in seiner Hand liegende Sache versuchen zu verwerten. §§ 901 ff. haben nach → Rn. 4 keinen Nachrang. § 777 ergänzt § 766. § 777 schafft einen weiteren Erinnerungsgrund. Die Zulässigkeitsvoraussetzungen des § 766 müssen erfüllt sein. 1

II. Regelungszweck, S. 1, 2. Die Verhinderung einer solchen Überpfändung ist neben der Beachtung der Verhältnismäßigkeitsgrenze der wesentliche Zweck auch des § 777, Köln OLGZ 1988, 217. Damit dient § 777 der Gerechtigkeit und ist entsprechend zugunsten des Schuldners auslegbar. Freilich darf man nicht die berechtigten Gläubigerinteressen vernachlässigen. 2

III. Geltungsbereich, S. 1, 2. Die Vorschrift ist in allen Vollstreckungsverfahren anwendbar, auch im WEG-Verfahren. § 777 ist dann entsprechend anwendbar, wenn der Schuldner zur Abwendung der Zwangsvollstreckung oder zwecks einer Einstellung der Zwangsvollstreckung hinterlegt hat, Köln OLGZ 1988, 217, LG Mü DGVZ 1984, 78. Zwar wird der hinterlegte Betrag das Eigentum des Landes. Der Anspruch auf die Rückerstattung der hinterlegten Summe steht aber wirtschaftlich einem Besitz gleich. Freilich muß der Auszahlungsanspruch unzweifelhaft und unabhängig vom Verhalten des Schuldners bestehen, Köln OLGZ 1988, 217. Ferner kommt eine entsprechende Anwendung bei einer Mieterkaution in Betracht, LG Mü DGVZ 1984, 78. 3

IV. Voraussetzungen, S. 1, 2. Die Vorschrift setzt voraus, dass der Gläubiger eine solche **bewegliche Sache** des Schuldners nach § 90 BGB im Alleinbesitz, im Mitbesitz oder in einem mittelbaren Besitz hat, an der ihm ein **Pfandrecht** oder ein Zurückbehaltungsrecht für die beizutreibende Forderung zusteht, aus dem er die Verwertung ohne ein Gerichtsverfahren vornehmen kann. Miteigentum des Schuldners genügt (vgl. MüKoZPO/Karsten Schmidt/Brinkmann Rn. 8). § 777 bezieht sich nicht auf Liegenschaften und auf Rechte. Der Rechtsgrund des Pfandrechts oder des Zurückbehaltungsrechts ist unerheblich. Es kann sich um ein Vertragspfandrecht (§§ 1204 ff. BGB), um ein gesetzliches Pfandrecht (§ 1257 BGB) oder um ein Pfändungspfandrecht nach § 804 handeln. Insbesondere kommen § 647 BGB, §§ 397, 464, 475b, 440, 495 HGB in Betracht. Das besitzlose Pfandrecht des Vermieters, des Verpächters, des Gastwirts wirkt erst von der Besitzergreifung an. Sachen, die dem Schuldner vom Gläubiger nur zur Sicherheit übereignet wurden, sind **keine Sachen** des Schuldners im Sinne von § 777, da im Innenverhältnis nur ein pfandrechtsähnliches Befriedigungsrecht gewährt wird (OLG Bremen 25.1.1989 – 2 W 4/89). Entsprechend trifft auf eine Mieterkaution usw. zu, außer bei einem unmittelbaren Besitz des Gläubigers, Köln OLGZ 1988, 217; LG Detm Rpfleger 1990, 433; LG Mü DGVZ 1984, 78. Denn es handelt sich um ein Besitzlosenpfandrecht. Eine Bürgschaft nach §§ 765 ff. BGB reicht **nicht.** Als **Zurückbehaltungsrecht** kommen §§ 100f BGB und §§ 369 ff. HGB in Betracht, weil hiermit ein pfandrechtsähnliches Verwertungsrecht gegeben ist, nicht allerdings §§ 273, 320 BGB da hiermit nur ein Verurteilung „Zug-um-Zug" verbunden ist (vgl. zu den streitigen Einzelheiten: MüKoZPO/Karsten Schmidt/Brinkmann Rn. 11). Die Erinnerung bei § 777 S 2 nur begründet, wenn der **Wert des Pfandgegenstandes** nicht nur die zu vollstreckende, sondern auch noch weitere Forderungen (zB Zinsen und Kosten) voll absichert, sofern weitere Forderungen bestehen. 4

V. Erinnerung, S. 1, 2. Rechtsbehelfsbelehrung, Verstoß: §§ 232, 233 S. 2. Der Schuldner kann nach § 766 die Erinnerung einlegen. § 777 nennt sie hier Widerspruch, LG Detm Rpfleger 1990, 433; LG Hann Rpfleger 1986, 187. Das gilt aber nur, soweit der Wert der Pfand- oder Zurückhaltungssache die volle Forderung des Gläubigers einschließlich der Kosten deckt. Der Schuldner muss diese Deckung beweisen, LG Stgt Rpfleger 2000, 28. Der Gläubiger kann demgegenüber nachweisen, dass die Sache noch wegen einer anderen Forderung sichern soll, AG Mü DGVZ 1984, 78; aM LG Detm Rpfleger 1990, 432 (aber es gelten die allgemeinen Beweisregeln. Dann steht dem Schuldner der Nachweis offen, dass der Wert der Pfand- oder Zurückbehaltungssache auch diese andere Forderung deckt. Der Gerichtsvollzieher darf die Vollstreckung nicht allein wegen der bloßen Einlegung des Widerspruchs abbrechen, LG Hann Rpfleger 1986, 187. Im Verfahren nach (jetzt) §§ 802c ff. ist auch die Haftbeschwerde zulässig, LG Detm Rpfleger 1990, 433; LG Stgt Rpfleger 2000, 28; aM LG Hann Rpfleger 1986, 187 (aber [jetzt] §§ 803c ff. haben keinen allgemeinen Nachrang). Wenn der Gläubiger auf das Pfand- oder Zurückbehaltungsrecht verzichtet, auch vor der Rückgabe, ist die Erinnerung erledigt. Der Schuldner kann auf die Möglichkeit der Erinnerung verzichten. Diese Einwendung findet aber keine Beachtung von Amts wegen, LG Limburg Rpfleger 1982, 435. 5

778 *Zwangsvollstreckung vor Erbschaftsannahme.* **I Solange der Erbe die Erbschaft nicht angenommen hat, ist eine Zwangsvollstreckung wegen eines Anspruchs, der sich gegen den Nachlass richtet, nur in den Nachlass zulässig.**

II Wegen eigener Verbindlichkeiten des Erben ist eine Zwangsvollstreckung in den Nachlass vor der Annahme der Erbschaft nicht zulässig.

1 **I. Systematik, §§ 778–785.** Diese Vorschriften behandeln eine Zwangsvollstreckung gerade und nur in den Nachlass unter Berücksichtigung der unterschiedlichen Haftungsmassen nach § 52 II Nr. 1 S. 2 GVGA und gegen den Erben. Sie ergänzen §§ 747–749, die den Vollstreckungstitel regeln, zu deren Zwecken. Das Gesetz hat damit etwas Zusammengehöriges auseinandergerissen. Geregelt werden die verfahrensmäßigen Auswirkungen **bis zur Annahme der Erbschaft.** In den §§ 780 ff. finden sich Haftungsbeschränkungen bezüglich des Nachlasses. Dabei ist § 778 von § 779 abzugrenzen.

2 **II. Regelungszweck, §§ 778–785.** Es handelt sich bei I wie II eigentlich um Selbstverständlichkeiten. Ihre gesetzliche ausdrückliche Klarstellung dient der aus Erfahrung erforderlichen Rechtssicherheit. Deshalb muss man beide Teile der Vorschrift strikt handhaben. Die jeweils noch oder überhaupt nicht mitbetroffene Vermögensmasse braucht einen Schutz, auch wenn sich die Zugehörigkeit des einzelnen Gegenstands zu der einen oder anderen Masse oft nur schwer ermitteln lässt.

3 **III. Geltungsbereich, §§ 778–785.** Die Vorschriften gelten für jede Art der Zwangsvollstreckung, auch bei §§ 928, 929, auch im WEG-Verfahren. Über die Zwangsvollstreckung beim Tod einer Partei kraft Amts → § 727 Rn. 4. Vgl. §§ 265, 266 AO.

4 **IV. Anspruch gegen den Nachlass vor der Annahme der Erbschaft, I.** Der Erbe darf eine Erbschaft **noch nicht** auch nur stillschweigend **angenommen haben** bzw. die Ausschlagungsfrist darf noch nicht abgelaufen sein (§§ 1943, 1944 BGB). In dieser Situation hat der Erbe nach § 1958 BGB nur eine vorläufige Rechtsstellung, BGH WM 2011, 1341. Eine Nachlassverbindlichkeit kann vor Annahme der Erbschaft gegen den Erben nicht gerichtlich geltend gemacht werden kann. Es kann dann ohne Umschreibung nur in den Nachlass (OLG München FamRZ 2014, 966) und nicht in das Eigenvermögen des Erben vollstreckt werden. Einschränkungen ergeben sich ergänzend auch aus § 859 II. Ein erworbener Vollstreckungstitel kann nicht gegen den Erben umgeschrieben werden. Gegen eine trotzdem vorgenommene Umschreibung kann der Erbe nach § 732 vorgehen. Unter einem Anspruch **der sich gegen den Nachlass richtet** (Nachlassverbindlichkeit, § 1967 II BGB) versteht man die vom Erblasser herrührende Schulden, die Verbindlichkeiten, die mit dem Erbfall entstehen und die Verbindlichkeiten, die durch die Abwicklung des Nachlasses entstehen (zB Nachlasskosten). Bei mehreren Erben ist der Schutz für jeden Miterben gesondert anzuwenden.

5 Nach Erbschaftsannahme ist die Zwangsvollstreckung nach einer Umschrift nach § 727 oder § 747 nach § 52 II Nr. 2 S. 2 GVGA in das Gesamtvermögen (Nachlass und Eigenvermögen) statthaft, soweit nicht § 780 eingreift. Hat ein Nachlassgläubiger bereits vor Eintritt des Erbfalls einen Titel erworben ist zu unterscheiden:

6 **1. Zwangsvollstreckung zum Eintritt des Erbfalls bereits begonnen.** Wenn die Zwangsvollstreckung gegen den Erblasser bereits begonnen hatte, darf man sie nach § 779 fortsetzen. Die weitere Zwangsvollstreckung ist aber vor Annahme der Erbschaft nur in den Nachlass und nicht in das Eigenvermögen zulässig.

7 **2. Zwangsvollstreckung zum Eintritt des Erbfalls noch nicht begonnen.** Falls die Zwangsvollstreckung zum Todeszeitpunkt des Schuldners noch nicht begonnen hatte, greift § 778 ein. Es darf nur in den Nachlass vollstreckt werden. Der Gläubiger kann nach § 52 II Nr. 1 S. 1 GVGA nur dann nach §§ 727, 750 ein Urteil und eine Vollstreckungsklausel erwirken, wenn ein Nachlasspfleger, ein Nachlassverwalter oder ein Testamentsvollstrecker bestellt worden ist, BayObLG Rpfleger 1992, 28; LG Stgt Just 1994, 87. Der Gläubiger kann nach §§ 1958, 1960 III, 1961, 1984, 2213 II BGB einen Antrag auf die Bestellung eines Nachlasspflegers usw. stellen. Nur gegen diesen Rechtsnachfolger des Erblassers kann eine vollstreckbare Ausfertigung erwirkt werden (§ 727). Nach der Bestellung erfolgt die Zwangsvollstreckung in den Nachlass. Nach der Annahme der Erbschaft tritt eine Rückwirkung dieser Maßnahmen gegenüber dem Erben ein.

8 **3. Nach Annahme der Erbschaft.** Eine bereits begonnene oder erstmalig beginnende Zwangsvollstreckung kann gegen den Erben in den **ursprünglichen Nachlass** sowie in das **Eigenvermögen** durchgeführt werden. Ggf. ist ein Zwangsvollstreckungstitel nach § 727 ZPO umzuschreiben.

9 **V. Rechtsbehelfe, I.** Rechtsbehelfsbelehrung, Verstoß: §§ 232, 233 S. 2. Wenn der Gläubiger vor der Annahme der Erbschaft nicht in den Nachlass vollstreckt, sondern in das persönliche Vermögen des Erben, gilt die folgende Regelung.

10 **1. Erbe.** Der vermeintliche bzw. wahre Erbe kann nach seiner Wahl die Erinnerung nach § 766 einlegen oder als Dritter eine Widerspruchsklage nach § 771 erheben. Bei unzulässiger Klauselerteilung kommt §§ 732, 768 ZPO in Betracht.

11 **2. Gläubiger.** Jeder Gläubiger des Erben kann die Erinnerung nach § 766 einlegen. Er kann aber nicht eine Widerspruchsklage nach § 771 erheben. Denn der Gläubiger des Erben hat kein Recht am Vermögen des Erben.

12 **VI. Zwangsvollstreckung der persönlichen Gläubiger, II.** Nur in das persönliche Vermögen des Erben dürfen die persönlichen Gläubiger des Erben – wegen einer Eigenverbindlichkeit – vollstrecken, vor der Annahme der Erbschaft nicht in den Nachlass. Das gilt ebenso bei einer abwicklungslosen Verschmelzung von Genossenschaften nach oder von Aktiengesellschaften nach §§ 3, 4 ff., 16 ff., 83 UmwG. Die übernehmende Gesellschaft steht dem Erben gleich. Der Gläubiger der aufgelösten Gesellschaft steht den Nachlassgläubigern gleich (§ 2 UmwG). Ggf. kommt eine Beschränkung bei einer Testamentsvollstreckung in Betracht, §§ 2214, 748 BGB.

13 Die Pfändung einer möglichen Erbschaft ist erst recht vor dem Erbfall nicht zulässig. Das „Recht" auf Annahme der Erbschaft unterliegt nicht der Pfändung (OLG München 19.1.2015 – 31 Wx 370/14, NJW 2015, 2128; Adamus jurisPR-FamR 2/2019 Anm. 8).

14 **VII. Rechtsbehelfe, II.** Rechtsbehelfsbelehrung, Verstoß: §§ 232, 233 S. 2. Es kommt auf die Person des Beschwerten an.

15 **1. Erbe.** Der Erbe kann die Erinnerung nach § 766 einlegen. Er kann aber auch eine Widerspruchsklage nach § 771 erheben. Denn er hat ein Recht an dem Nachlass und haftet zunächst nicht mit dem Nachlass. Er kann

gegen eine unzulässige Erteilung der Vollstreckungsklausel nach §§ 732, 768 vorgehen. Anschließend ist die sofortige Beschwerde nach § 793 statthaft.

2. Andere Personen. Der Nachlassgläubiger, der Nachlasspfleger, der Nachlassverwalter oder der Testamentsvollstrecker und ein betroffener Dritter können nach § 766 II die Erinnerung einlegen, soweit ihre Verwaltung reicht. Auch hier ist anschließend die sofortige Beschwerde nach § 793 statthaft. Es kommt auch eine Drittwiderspruchsklage in Betracht; bei einer Entscheidung des Vollstreckungsgerichts ist die sofortige Beschwerde statthaft (§§ 793, 567 ff.). 16

779 ***Fortsetzung der Zwangsvollstreckung nach dem Tod des Schuldners.*** **I Eine Zwangsvollstreckung, die zur Zeit des Todes des Schuldners gegen ihn bereits begonnen hatte, wird in seinen Nachlass fortgesetzt.**

II [1]Ist bei einer Vollstreckungshandlung die Zuziehung des Schuldners nötig, so hat, wenn die Erbschaft noch nicht angenommen oder wenn der Erbe unbekannt oder es ungewiss ist, ob er die Erbschaft angenommen hat, das Vollstreckungsgericht auf Antrag des Gläubigers dem Erben einen einstweiligen besonderen Vertreter zu bestellen. [2]Die Bestellung hat zu unterbleiben, wenn ein Nachlasspfleger bestellt ist oder wenn die Verwaltung des Nachlasses einem Testamentsvollstrecker zusteht.

I. Systematik I, II. Zunächst → § 778 Rn. 1. § 779 regelt zwei der zahlreichen Fallgruppen der Vollstreckung in den Nachlass, Schmidt JurBüro 2010, 510 (Grdz.). **II** bezieht sich auf die Fortsetzung der Zwangsvollstreckung nach **I.** 1

II. Regelungszweck, I, II. Zunächst → § 778 Rn. 2. § 779 trifft in **I** zugunsten des Gläubigers eine nicht selbstverständliche Regelung. Denn mit dem Tod beginnt die Phase der Ungewissheit, wer überhaupt als Erbe in Betracht kommt. Freilich spielt sie für den Gläubiger eine untergeordnete Rolle. Er will endlich seine Befriedigung erreichen. Der Tod des Schuldners soll die bereits begonnene Zwangsvollstreckung jedoch nicht verzögern, so dass sie fortgesetzt werden kann (BGH FamRZ 2020, 441), ohne den Titel umschreiben zu müssen. Der Grund liegt darin, dass schon zu Beginn der Zwangsvollsteckung der Titel und der Vollstreckungsgegenstand dem Erblasser zuzurechnen sind, AG Heidelberg, DGVZ 2021, 200. Deshalb dient **I** nicht nur der Gerechtigkeit, sondern vor allem der Verfahrensförderung und damit der Prozesswirtschaftlichkeit, BGH NJW 2010, 158, LG Meiningen Rpfleger 2007, 217. Diese gilt auch in der Zwangsvollstreckung. 2

Konsequent regelt **II** Einzelheiten in einer auch sonst im Gesetz geübten Art und Weise, vgl. zB § 57. Auch dieser Teil ist seinem Zweck entsprechend eher weit zugunsten des Gläubigers auslegbar. Dies begründet aber keinen Anspruch des Gläubigers auf Errichtung einer Nachlasspflegschaft (OLG Hamburg 7.5.2019 – 2 W 36/19, ErbR 2020, 587). 3

III. Geltungsbereich, I, II. Wenn beim Tod des Schuldners die Zwangsvollstreckung in das Vermögen des Schuldners (= **Nachlass,** LG Ravensburg JurBüro 2017, 604) insgesamt **begonnen** hatte, endet sie nicht mit dem Tod, LG Wuppert JurBüro 2002, 95; AG Bremerh DGVZ 1993, 60; AG Kref ZMR 2013, 894. Begonnen hat sie erst, wenn **eine erste** Vollstreckungshandlung erfolgt ist, OLG München NJW-RR 2014, 394. Dann kann der Gläubiger sie aufgrund einer gegen den Erblasser nach § 724 erteilten Vollstreckungsklausel nach § 52 I 2 GVGA in den Nachlass fortsetzen, Mü NJW 2014, 3255, ohne die Notwendigkeit einer Umschreibung der Vollstreckungsklausel nach §§ 727, 749, Mü Rpfleger 2014, 206; LG Meiningen Rpfleger 2007, 217; AG Brem JurBüro 2015, 209. Das gilt für jede Art von Zwangsvollstreckung in das bewegliche Vermögen und die Immobiliarzwangsvollstreckung, BGH NJW 2010, 158. Es gilt vor und nach § 52 I 1 GVGA ab der Annahme der Erbschaft, und nicht nur wegen solcher Gegenstände, in die die Zwangsvollstreckung begonnen hat. Neue und weitere Vollstreckungsmaßnahmen sind ab Beginn der Zwangsvollstreckung statthaft, AG Brem JurBüro 2015, 209. Sie sind bis zur Beendigung der Zwangsvollstreckung insgesamt zulässig, ohne dass eine Umschreibung erfolgen muss, Mü Rpfleger 2014, 206, LG Stgt DGVZ 1987, 12, AG Bremerh DGVZ 1993, 60, aM Schüler JurBüro 1976, 1003. Eine **Beendigung** der Zwangsvollstreckung liegt erst durch Befriedigung des Gläubigers vor AG Achim JurBüro 2019, 105. **Ein anderer, neuer Titel,** darf nicht vollstreckt werden. Kosten nach § 788 ZPO können aber auch geltend gemacht werden. 4

Zu einer Zwangsvollstreckung in das **übrige Vermögen** des Erben muss der Gläubiger die Vollstreckungsklausel aber nach §§ 727, 749 gemäß § 52 II GVGA umschreiben lassen. Diese Umschreibung ist nach § 778 I erst nach der Annahme der Erbschaft statthaft. Wenn der Schuldner vor dem Beginn der Zwangsvollstreckung stirbt, gilt § 778. Vgl. auch § 782. Die Vorschrift ist im steuerlichen Vollstreckungsverfahren entsprechend anwendbar, App BB 1984, 273. 5

Unanwendbar ist § 779 bei § 888 bzw. bei der Zwangsvollstreckung zur Erwirkungen von Handlungen und Unterlassungen, die gegen die Erben selbst zu erfolgen hat, Köln OLGR 2002, 188, Zöller/Geimer Rn. 1. Das Verfahren hat sich dann mit Tod erledigt, so z. B. bei einer Räumungsvollstreckunge, wenn der Erbe keinen unmittelbaren Besitz hat, da der fiktive Erbenbesitz für die Durchführung der Zwangsvollstreckung nicht ausreicht (AG Heidelberg, DGVZ 2021, 200). 6

IV. Erbenvertreter, II. Das Vollstreckungsgericht bestellt dem Erben nur dann einen besonderen Vertreter, wenn nach § 52 I 3 GVGA die folgenden Voraussetzungen → Rn. 7–11 zusammentreffen, LG Meiningen Rpfleger 2007, 217. 7

1. Hinzuziehung des Schuldners. Der Schuldner muss bei einer Vollstreckungshandlung anwesend sein, also bei §§ 808 III, 826 III, 829 II 2, 835 III 1, 844 III, 885 II, 875 II, ferner oft bei einer Zwangsversteigerung nach dem ZVG, schließlich immer dann, wenn der Schuldner rein tatsächlich anwesend sein muss. 8

2. Erbschaftsannahme unklar usw. Der Erbe darf die Erbschaft noch nicht angenommen haben oder eine Annahme muss zweifelhaft oder der Erbe unbekannt sein. Dann bestellt das Gericht einen Pfleger nach § 1911 BGB. 9

3. Kein Nachlasspfleger oder Testamentsvollstrecker. Das Gericht darf bisher weder einen Nachlasspfleger (§ 1961 BGB) noch einen verwaltenden Testamentsvollstrecker bestellt haben. Ein Nachlassverwalter 10 kommt jedoch dann nicht in Betracht, sofern die Zwangsvollstreckung in das Schuldnervermögen (= Nachlass des Erblassers), insbesondere auch nach § 779 betrieben werden kann, OLG München NJW-RR 2014, 394.

11 **4. Verfahren.** Es muss ein Antrag des Gläubigers vorliegen. Das Vollstreckungsgericht (§ 764) entscheidet durch einen **Beschluss** nach § 329. Funktionell ist der Rechtspfleger **zuständig,** § 20 Nr. 17 RPflG. Der Antrag kann schriftlich oder zu Protokoll der Geschäftsstelle erklärt werden. Das Vollstreckungsgericht begründet ihn nach → § 329 Rn. 6. Es teilt ihn dem Gläubiger und dem Vertreter nach § 329 II mit und stellt ihn bei einer Ablehnung dem Gläubiger nach § 329 III förmlich zu. Der Gerichtsvollzieher wird nach § 52 I 4 GVGA erst anschließend (weiter) tätig. Er beachtet auch §§ 747, 748, 778, 794 II, § 52 III GVGA.

12 **V. Stellung des Vertreters, II.** Der Vertreter vertritt den Erben und nicht den Nachlass. Er ist ein gesetzlicher Vertreter des Erben nach → § 51 Rn. 20 mit allen Rechten, die dem Schuldner aus Anlass der fraglichen Vollstreckungshandlung zustehen, aber nicht darauf beschränkt, BGH NJW 2010, 158. Der Vertreter kann zB eine Vollstreckungsabwehrklage nach § 767 erheben. Er braucht aber nicht eine eidesstattliche Versicherung nach § 802c III abzugeben. Denn er wird nur für den Schuldner und nicht als ein solcher tätig. Die Prozessfähigkeit des Erben nach § 51 bleibt unbeschränkt. Die Befugnis des Vertreters erlischt, sobald der Erbe, ein Nachlasspfleger oder der Testamentsvollstrecker in das Verfahren eintreten können, vgl. MüKoZPO/Lindacher/Hau § 57 Rn. 20; Zöller/Althammer § 57 Rn. 9, oder sobald ein Widerruf seiner Bestellung durch gerichtliche Entscheidung erfolgt, BGH MDR 2021, 449; siehe auch BGH MDR 2010, 51, vgl. auch BGH FamRZ 2012, 295 Rn. 11.

13 Der Vertreter ist zur Annahme des Amts nicht verpflichtet. Seine Kosten sind eine Nachlassverbindlichkeit. Für diese haftet der Erbe nach § 788, freilich nur beschränkbar. Das Vollstreckungsgericht muss die Bestellung aufheben, sobald es Umstände erkennt, die die Voraussetzungen der Bestellung entfallen lassen, BGH NJW 2010, 158 (mit der Aufhebung endet das Amt).

14 **VI. Rechtsbehelfe, II.** Rechtsbehelfsbelehrung, Verstoß: §§ 232, 233 S. 2.

15 **1. Gegen Ablehnung.** Gegen die Ablehnung der Bestellung ist der Weg nach § 11 RPflG statthaft. Gegen eine anfängliche Entscheidung des Richters ist die sofortige Beschwerde nach §§ 567 I Nr. 1, 793 statthaft.

16 **2. Gegen Bestellung.** Gegen die Bestellung des Vertreters ist kein Rechtsbehelf statthaft, wobei der Vertreter zur Annahme des Amtes nicht verpflichtet ist (teilweise einschränkend MüKoZPO/K.Schmidt/Brinkmann Rn. 11, wonach der Erbe eine unzulässige Vertreterbestellung nach § 793 anfechten kann). **Kosten:** des Gerichts, nur Auslagen KV 9000 ff. GKG; des Anwalts § 19 I 2, VV 3309 bzw. 3311 RVG.

17 **3. Fehlende Titelumschreibung.** Hätte der Titel umgeschrieben werden müssen, da zB die Voraussetzungen von § 779 nicht vorgelegen haben, so kann der Erbe Erinnerung, § 766, bzw. sofortige Beschwerde, § 793, erheben. Die Zwangsvollstreckung in nicht dem Nachlass zugehörigen Gegenstände kann der Dritte nach § 771 rügen.

780 ***Vorbehalt der beschränkten Erbenhaftung.*** **I Der als Erbe des Schuldners verurteilte Beklagte kann die Beschränkung seiner Haftung nur geltend machen, wenn sie ihm im Urteil vorbehalten ist.**

II Der Vorbehalt ist nicht erforderlich, wenn der Fiskus als gesetzlicher Erbe verurteilt wird oder wenn das Urteil über eine Nachlassverbindlichkeit gegen einen Nachlassverwalter oder einen anderen Nachlasspfleger oder gegen einen Testamentsvollstrecker, dem die Verwaltung des Nachlasses zusteht, erlassen wird.

Schrifttum: Dauner-Lieb, Zwangsvollstreckung bei Nachlassverwaltung und Nachlasskonkurs, FS Gaul, 1997, 93. Joachim, Die Haftung des Erben für Nachlassverbindlichkeiten: Haftungssituation – Ausschlagung – Beschränkung der Haftung – Erbschaftsbesitzer, prozessuale Durchsetzung, 2. Aufl. 2006; Roth; Vollstreckungsabwehrklage bei Vorbehalt der beschränkten Erbenhaftung, NJW Spezial 2018, 551; Schindler, Zulassung der Einrede der Dürftigkeit des Nachlasses im Berufungsverfahren, ZEV 2010, 410.

1 **I. Systematik, I, II.** Zunächst → § 778 Rn. 1. § 780 enthält die prozessuale Behandlung der beschränkten Erbenhaftung § 784 gilt ergänzend. Durch die Aufnahme des Vorbehalts der beschränkten Erbenhaftung in den Tenor wird der Kläger prozessual allerdings beschwert, da mit einem solchen Vorbehalt verbunden ist, dass das Gericht davon ausgeht, dass nur eine reine Nachlassverbindlichkeit (§ 1967 BGB) vorliegt, BGH NJW 2021, 701. Im Falle der Rechtskraft des den Vorbehalt aussprechenden Urteils wäre das nachfolgende Gericht bei Erhebung einer – auf diesen Vorbehalt gestützten – Vollstreckungsabwehrklage des Beklagten an diese Beurteilung gebunden; aA OLG Sachsen-Anhalt ErbR 2019, 705).

2 **II. Regelungszweck, I, II.** Zunächst → § 778 Rn. 2. § 780 dient der prozessualen Umsetzung der Möglichkeiten einer **Haftungsbeschränkung** des Erben oder Miterben nach §§ 1973 ff., 1975 ff., 1989, 1990 ff., 2059 BGB, BAG NZA-RR 2014, 660 in Abweichung der an sich vorgesehenen unbeschränkten Haftung nach § 1967 BGB. Die vom Ausgangspunkt **unbeschränkte Erbenhaftung** umfasst dabei auch Verurteilungen gegen den Erblasser sowie nach Annahme der Erbschaft ein gegen den Erben – vgl. auch §§ 239, 246 – erwirkter Vollstreckungstitel. Der Erbe soll also auch verfahrensrechtlich einen Schutz erhalten. Der Erbe/Miterbe kann die Zwangsvollstreckung in das nicht zum Nachlass gehörende Vermögen nämlich nur verhindern, wenn die Beschränkung seiner Haftung im Urteil vorbehalten ist. Voraussetzung ist, dass der Erbe wegen einer **Nachlassverbindlichkeit** und nicht wegen einer Eigenverbindlichkeit in Anspruch genommen wird (§ 1967 BGB), BGH WuM 2019, 652; NJW 2013, 3446. Als Verfahrensnorm überprüft das Gericht an dieser Stelle jedoch nicht, ob die Voraussetzungen der Haftungsbeschränkung materiell-rechtlich gegeben sind, sondern behält sie nur vor, BGH NJW-RR 2015, 521. Soweit nur der Vorbehalt der beschränkten Erbenhaftung in den Tenor aufgenommen wird, wird der Kläger auch nicht beschwert, denn über die Frage, ob die Erben die Haftung auf den Nachlass tatsächlich beschränkten können, wurde damit sachlich noch nicht entschieden. Der Vorbehalt schränkte die Verurteilung der Beklagten als Erben nicht ein und hindert den Kläger auch nicht, in das Eigenvermögen der Erben zu vollstrecken. Die Haftungsbeschränkung auf den

Nachlass müssen die Erben mittels Vollstreckungsabwehrklage nach § 785 ZPO geltend machen, (Oberlandesgericht des Landes Sachsen-Anhalt, NJ 2019, 445).

Gleichzeitig soll aber zwecks Rechtssicherheit eine uferlose Unklarheit über eine etwaige Haftungsbeschränkung gerade gegenüber dem jetzigen Vollstreckungstitel unterbleiben. Deshalb ist eine Auslegung nach nicht nur zugunsten des Erben – Schuldners statthaft. Dem Erben bleiben auch die Möglichkeiten der §§ 319 ff., soweit der Haftungsvorbehalt im Urteil fehlt oder unklar oder gar unrichtig oder noch nicht möglich war. Fehlt ein Vorbehalt kann der Erbe die Haftungsbeschränkung noch bei der Vollstreckung durch eine Vollstreckungsgegenklage nach § 767 geltend machen, sofern der Vollstreckungstitel noch gegen den Erblasser erwirkt worden ist, LG Meiningen JurBüro 2012, 268; LG Coburg FamRZ 2009, 1236; Zöller/Geimer Rn. 9. Die **Erhebung der Einrede** ist im Rahmen des erbrechtlichen Mandats geboten und im Zweifelsfall zweckmäßig, da ansonsten eine Anwaltshaftung droht, BGH ZEV 2009, 529; NJW 1992, 2694; OLG Koblenz FamRZ 2019, 626. 3

III. Geltungsbereich, I, II. 1. Grundsatz: Umfassende Anwendung. Die Vorschrift gilt in **allen** Verfahrensarten, BGH NJW 2004, 176, auch im WEG-Verfahren; insbes. bei Leistungs- und Feststellungsklage, aA Prütting/Gehrlein/Scheuch Rn. 5, und §§ 731, 795, 794 und gilt für jede gegenständliche Beschränkung der Erbenhaftung BGH NJW-RR 2015, 521. Für die vorläufigen Einreden nach §§ 2014, 2015 BGB oder nach § 27 II HGB ist § 780 nicht anwendbar Prütting/Gehrlein/Scheuch Rn. 2. Auch keine Anwendbarkeit, soweit durch die Verwaltung des Nachlasses usw. eine **eigene** Verbindlichkeit entsteht, vgl. zB BGH NJW 2013, 3446. Bei ausländischen Urteilen vgl. § 722. 4

Der **Anwendungsbereich** umfasst neben dem Erben auch den Miterben, § 2059 BGB, den Nacherben, § 2144 BGB, und den Erbschaftskäufer, § 2383 BGB. Bei dem Vorerben ist § 2145 BGB und die Möglichkeit des § 767 zu berücksichtigen, Zöller/Geimer Rn. 5. 5

2. Beispiele zur Frage einer Anwendbarkeit, I, II

Aufgebot: Anwendbar ist § 780 gegenüber einer ausgeschlossenen oder verspätet angemeldeten Nachlassforderung nach §§ 1973 ff. BGB. **Unanwendbar** ist § 780, soweit es nur um diejenige Einrede nach § 2015 BGB geht, bei der §§ 305, 782 anwendbar sind, Schmidt JR 1989, 45. 6

Berufung: § 780 ist anwendbar unabhängig von § 531 II, da kein weiterer streitiger Sachvortrag vorliegt, BGH NJW-RR 2010, 664.

Dreimonatseinrede: Unanwendbar ist § 780, soweit es nur um diejenige Einrede nach § 2014 BGB geht, bei der §§ 305, 782 anwendbar sind, Schmidt JR 1989, 45.

Erbauseinandersetzung: Anwendbar ist § 780 beim noch ungeteilten Nachlass.

Erbschaftskäufer: Der Erbschaftskäufer nach § 2383 BGB fällt unter § 780, soweit nicht schon der Verkäufer unbeschränkt haftet.

Geldforderung: Sie kann natürlich unter § 780 fallen.

Gesellschaftereintritt: Unanwendbar ist § 780 dann wegen einer Altschuld der Gesellschaft, aM Hamm VersR 2002, 889 (zu hart).

Haftung für Geschäftsschulden: Unanwendbar ist § 780, soweit der Erbe nach § 27 II HGB für eine Geschäftsschuld des Erblassers haftet. Auch dann ist die Beschränkung ein Teil der Sachentscheidung.

Insolvenz: Anwendbar ist § 780 beim Entfallen wegen eines Mangels an Masse nach § 1990 BGB, BayObLG NZM 2000, 42, oder bei einer Ablehnung der Eröffnung mangels Masse, BayObLG NZM 2000, 42.

Italienischer Inventarvorbehalt: BGH MDR 2015, 342 wendet I entsprechend an.

Kostenentscheidung: § 780 anwendbar, soweit der Vorbehalt auch die Kostengrundentscheidung erfasst, BGH NJW-RR 2015, 521; BAG NJW 2014, 413; OLG Koblenz NJW-RR 1997, 1160.

Minderjährigkeit: Anwendbar ist § 780 bei einer Beschränkung nach § 1629a I 2 BGB, Klüsener Rpfleger 1999, 98.

Miterbe: § 780 gilt für **jeden** solchen Miterben, der nach § 2059 I 2 BGB unbeschränkt haftet, BGH MDR 1988, 654; BayObLG NZM 2000, 42. Das Gericht muss eine Teilhaftung des Miterben nach §§ 2060 ff. BGB in der Sachentscheidung berücksichtigen, Schmidt JR 1989, 45.

Nacherbe: Der Nacherbe nach § 2144 BGB fällt unter § 780. Nach dem Eintritt der Nacherbfolge hat der Vorerbe die Möglichkeit einer Vollstreckungsabwehrklage nach § 767, und zwar auch ohne einen Vorbehalt. Bei einer Einrede nach § 2145 II BGB ist aber nur § 780 anwendbar.

Nachlasserbenschuld: Anwendbar ist § 780, AG Köln FamRZ 2016, 579.

Nachlassdürftigkeit: Anwendbar ist I bei § 1990 I BGB, BVerwG NVwZ-RR 2011, 750.

Nachlassverbindlichkeit: „Als Erbe verurteilt" bedeutet: Es muss eine Nachlassverbindlichkeit bestehen, Oldb FamRZ 2001, 180.

Nachlassverwaltung: Anwendbar ist § 780 bei einer Beschränkung wegen einer Nachlaßverwaltung, § 1975 BGB.

Prozesskostenhilfe: Erfolgsaussicht kann voll schon wegen der Einrede nach § 780 bestehen, Düss FamRZ 2011, 660.

Prozessvergleich: Anwendbar ist § 780 auch bei einem Vergleich, BGH NJW 1991, 2840.

Steuern: Anwendbar ist § 780 grds. auch bei einer Steuerschuld, BFH BB 1981, 1627. **Unanwendbar** ist die Vorschrift aber bei § 205 AO, BFH FER 1999, 20.

Vereinbarte Haftungsbeschränkung: Unanwendbar ist § 780 bei ihr, BGH ZZP 68, 102; Schmidt JR 1989, 46.

Verkündung vor Tod: Unanwendbar ist § 780 dann, wenn das Gericht das Urteil noch vor dem Tod verkündet hatte, Celle NJW-RR 1988, 134 (auch dann, wenn der zugehörige Kostenfestsetzungsbeschluss nach § 104 schon gegen die Erben erging).

Vermächtnis: Anwendbar ist § 780 bei einer Überschuldung nach § 1992 BGB gegenüber dem Vermächtnisnehmer.

Vertragspflicht: Sie kann unter § 780 fallen.

Volljährigkeit: Anwendbar ist § 780 auch bei einer erst nach dem Urteil eingetretenen Volljährigkeit, AG Siegburg FamRZ 2010, 1928.

Vollstreckungsklausel: Anwendbar ist § 780 dann, wenn das Gericht die Klausel gegen den Erben nach § 731 erteilt hat. **Unanwendbar** ist § 780 dann, wenn der Rpfl. die Klausel nach § 727 erteilt hat. Denn dem Erben verbleiben dann die Einwendungen nach § 781.

Vorerbe: § 780 gilt bei Nacherbfolge bei § 2145 II BGB.

Willenserklärung: Sie kann unter § 780 fallen.

Wohngeld: Eine Forderung nach dem WEG auf Wohngeld kann unter § 780 fallen, BGH NJW 2013, 3447; Hmb MDR 1986, 319; Nachlassverbindlichkeiten insbes. auch dann, wenn der Erbe die Wohnung nicht selbst nutzt, BGH FamRZ 2019, 560

7 **IV. Vorbehalt im Urteil, I. 1. Verfahren.** Der **Vorbehalt im Urteil** ist die Voraussetzung für den als Erbe des Schuldners verurteilten Beklagten, eine Beschränkung in der Zwangsvollstreckung geltend machen zu können, BGH NJW 2021, 701; 1983, 2379; Stgt NJW-RR 2007, 1594; Schmidt JR 1989, 45. Fehlt es demgegenüber an einem entsprechenden Ausspruch des Vorbehalts zugunsten des Erben, kann sich der Erbe später bei einer möglichen Vollstreckung in sein Privatvermögen hierauf nicht mehr berufen.

8 Das gilt unabhängig davon, ob der Kläger den Erben persönlich verklagt hat oder ob der Erbe als Rechtsnachfolger in den Prozess eingetreten ist. Das Prozessgericht darf den Vorbehalt nur dann aussprechen, wenn der Erbe die **Einrede** einer beschränkten Haftung **geltend gemacht hat,** BGH NJW 1983, 2379. Ein **besonderer Antrag** ist dazu **nicht** erforderlich, BGH NJW 1983, 2379. Für einen Antrag besteht aber in der Regel eine Verpflichtung aus dem Anwaltsvertrag, BGH NJW 1992, 2694 und ein solcher Antrag ist in der Regel aus Klarstellungsgesichtspunkten zweckmäßig. Es genügt, dass man aus seinem Vortrag eindeutig erkennen kann, dass er allgemein den Vorbehalt begehrt, Celle FamRZ 2010, 1274; Hamm FGPrax 2017, 39; KG NJW-RR 2003, 942. Der Vorbehalt ist bei seiner erstmaligen Erhebung in der **Berufungsinstanz** auch unter den Voraussetzungen des § 531 II zulässig, BGH NJW-RR 2010, 664; Celle OLGR 1995, 204; Düss MDR 2004, 469. Der Erbe kann die Einrede in der **Revisionsinstanz** erstmals ausnahmsweise erheben, wenn der Zahlungspflichtige erst nach dem Schluss der letzten Tatsachenverhandlung nach §§ 136 IV, 296a, 525 gestorben ist oder wenn der Erbe in der Tatsacheninstanz noch keinen sonstigen Anlass oder keine Möglichkeit zur Einrede hatte, BGH DB 1976, 2302; BAG NZA-RR 2014, 660; LG Coburg FamRZ 2009, 1236, oder wenn der Tatrichter über den Vorbehalt nicht entschieden hatte, BGH NJW 1983, 2378. Das gilt aber auch dann nur, wenn der Erbe mehr als einen bloßen Zusatz des Vorbehalts begehrt. Andernfalls ist nur § 767 II anwendbar. Man kann § 780 bei § 269 III, IV entsprechend anwenden, LG Bückebg MDR 1997, 978. Rechtsbehelfsbelehrung, Verstoß: §§ 232, 233 S. 2.

9 Der Vorbehalt kann in Abgrenzung zur Kostengrundentscheidung nicht mehr im **Kostenfestsetzungsverfahren** nach §§ 103 ff. erfolgen, Celle NJW-RR 1997, 1160; KG MDR 1976, 584; LG Bln VersR 1988, 702; Prütting/Gehrlein/Scheuch Rn. 5, wohl aber im Vergütungsfestsetzungsverfahren nach § 11 RVG, Düss Rpfleger 1981, 409; Schlesw SchlHA 1984, 152. Die Einrede betrifft den Grund der Haftung des Erben, nicht den Betrag des Anspruchs. Daher ist eine Vorabentscheidung nach § 304 unzulässig. Wenn der Gläubiger schon ein Urteil gegen den Erblasser erwirkt hat, kann der Erbe die Beschränkung der Haftung nach → § 781 Rn. 3 (C) nach § 785 geltend machen.

10 Die Regelung des § 780 gilt für jede gegenständliche Beschränkung der Erbenhaftung nach den §§ 1973 ff. BGB und §§ 1989 ff. BGB, vgl. BGH NJW 2021, 701; NJW-RR 2015, 521 Rn. 30.

11 **2. Ermessen.** Das Gericht hat grundsätzlich ein pflichtgemäßes **Ermessen** (BGH NJW 2019, 2392). Es braucht sich in diesem Rahmen nicht darum zu kümmern, ob der Vorbehalt auch sachlich berechtigt ist, BGH NJW 1983, 2379; Düss FamRZ 2010, 496; KG NJW 2006, 2562. Das gilt auch dann, wenn der Erbe geltend macht, der Nachlass bestehe nur aus Schulden, Düss Rpfleger 1981, 409. Es kann sich auf den Vorbehalt allgemein beschränken (BGH NJW-RR 2010, 664). Es kann aber auch **sachlich** über die **Beschränkung der Erbenhaftung** entscheiden, BGH FamRZ 2019, 626; FER 2000, 211; Düss FamRZ 2010, 496; KG NJW-RR 2003, 942. Es muss das auch bei einer Entscheidungsreife tun, BGH NJW-RR 1989, 1230; BayObLG 1999, 329; KG NJW-RR 2003, 942. Wenn das Gericht eine solche Entscheidung trifft, die zur Vermeidung neuer Prozesse auch ratsam ist, muss es die materiell-rechtlichen Voraussetzungen der Beschränkung der Erbenhaftung prüfen und diese feststellen oder verneinen, Schmidt JR 1989, 46.

12 Diese Entscheidung ist **wie sonst auslegbar.** Sie erwächst in formelle und innere **Rechtskraft,** Schmidt JR 1989, 46. Sie ist für die Zwangsvollstreckung maßgebend. Wenn das Gericht nicht derart vorgeht, bleibt die Prüfung der Beschränkung der Vollstreckungsinstanz vorbehalten und muss notfalls in einem nach § 785 bzw. § 767 stattfindenden neuen Prozess erfolgen, BGH NJW 1983, 2379. Keineswegs darf das Prozessgericht erörtern, was zum Nachlass gehört. Wenn keine haftende Masse mehr da ist, muss das Gericht die Klage abweisen, Celle NJW-RR 1983, 134; Schneidt JR 1989, 45.

13 **3. Wirkung des Vorbehalts.** Sie ist rein förmlich. Er ermöglicht nach § 53 S. 2 GVGA nur die Vollstreckungsabwehrklage der §§ 767, 785, BGH NJW 1983, 2379; Düss Rpfleger 1981, 409; Mü JurBüro 1994, 112. Im Übrigen beeinträchtigt der Vorbehalt die Zwangsvollstreckung nicht. Nur bei einem Urteil auf die Abgabe einer Willenserklärung hindert der Vorbehalt eine Unterstellung nach § 894. Ein solches Urteil ist nach § 888 vollstreckbar, soweit es nur unter dem Vorbehalt erging und soweit das Gericht nicht besser bereits endgültig über die Haftungsbeschränkung entschieden hatte, Schmidt JR 1989, 46. **Fehlt der Vorbehalt** und macht der Beklagte ihn nicht bereits im Erkenntnisverfahren geltend – unabhängig davon, ob dies nur versehentlich nicht erfolgt –, so ist er im Rahmen einer sich nach § 785 anschließenden Vollstreckungsabwehrklage bezüglich sämtlicher Einwendungen und Eindereden zur Beschränkung der Haftung auf den Nachlass präkludiert (Stamm, LMK 2021, 437148). Wird ein Vorbehalt ausgesprochen so erwachsen die damit verbundenen materiell-rechtlichen Voraussetzungen dann nicht in Rechtskraft, wenn hiermit keine inhaltliche Prüfung verbunden war, BGH NJW 2019, 988; NJW-RR 2017, 1040.

14 Der Kläger kann, wenn der Beklagte den Vorbehalt rechtzeitig geltend macht, nur im Erkenntnisverfahren zur persänlichenb Haftung des Erben vortragen, wenn er den Vorbehalt verhindern will (Stamm, LMK 2021, 437148).

15 **4. Fassung des Vorbehalts.** Der Vorbehalt gehört in die Urteilsformel nach § 313 I Nr. 4 oder in den Tenor eines urteilsgleichen sonstigen Titels, etwa eines Vollstreckungsbescheids nach §§ 699, 700 I oder eines Vergleichs nach Anh. § 307, BGH NJW 1991, 2839, oder einer vollstreckbaren Urkunde nach § 794 I Nr. 5, auch wenn ein

unmissverständlicher Ausspruch in den Entscheidungsgründen genügt, Prütting/Gehrlein/Scheuch Rn. 13. Ausreichend ist auch eine Verurteilung auf eine Leistung nur „aus dem Nachlass" oder „nach Kräften des Nachlasses vorzubehalten", BGH NJW-RR 1988, 710, oder gar nur in bestimmte Gegenstände, zB in ein Grundstück, Schmidt JR 1989, 46. Nicht ausreichend ist aber eine Verurteilung „als Erbe". Wenn es um die inländische Vollstreckbarkeit eines ausländischen Urteils nach §§ 722, 723, 328 geht, kann das Gericht den Vorbehalt im deutschen Vollstreckungsurteil aussprechen. Das gilt auch dann, wenn das ausländische Recht einen solchen Vorbehalt nicht kennt. Es kann der Vorbehalt auch in einen Vollstreckungsbescheid nach § 700 kommen. Im Verfahren auf die Vollstreckbarerklärung eines Schiedsspruchs nach § 1059 ist der Vorbehalt unzulässig. Er gehört in den Schiedsspruch nach § 1054 oder dann, wenn der Erblasser erst nach dessen Erlass verstorben ist, in die Zwangsvollstreckung nach § 781. Die Fassung „Erbe" ist nicht stets ausreichend, BGH NJW 1991, 2840 (Prozessvergleich).

Der Vorbehalt bezieht sich auf die **Prozesskosten** nach §§ 91 ff. grds. nur dann, wenn er auch insoweit **eindeutig** ist, Kblz NJW-RR 1997, 1160. Auch das gilt nur, soweit diese in der Person des Erblassers entstanden waren, Mü JurBüro 1994, 112. Für die übrigen Kosten haftet der Erbe unbeschränkt, Celle OLGR 1995, 204; Ffm Rpfleger 1977, 372. Darum muss das Gericht die Kosten auch in der Entscheidungsformel insoweit trennen, aM KG Rpfleger 1981, 365; Mü JurBüro 1994, 112 (aber es muss eine völlige Klarheit bestehen). 16

5. Verstoß. Wenn das Gericht den Vorbehalt übergangen hatte, ist sein Urteil inhaltlich falsch. Deshalb ist ein Verfahren auf eine Ergänzung des Urteils nach § 321 statthaft Prütting/Gehrlein/Scheuch Rn. 11. Natürlich sind auch die sonst statthaften Rechtsmittel verwendbar. Das Revisionsgericht kann den Vorbehalt nachholen, auch ohne eine Rüge, BGH NJW 1983, 2379. 17

V. Entbehrlichkeit des Vorbehalts, II. Der Vorbehalt ist in jedem den folgenden Fällen entbehrlich. 18

1. Fiskus. Der Vorbehalt kann aufgrund der prozessualen Sonderregelung entfallen, soweit das Gericht den Fiskus als den gesetzlichen Erben nach § 882a verurteilt. Denn der Fiskus haftet ohnedies nach § 2011 BGB unbeschränkt. Er kann sich auf die Beschränkung seiner Haftung im Vollstreckungsverfahren auch dann berufen, wenn sie ihm im Urteil nicht vorbehalten ist, BGH NJW 2019, 988. Das Gericht darf mangels einer haftenden Masse die Klage abweisen. 19

2. Nachlasspfleger, Nachlassverwalter, Testamentsvollstrecker. Der Vorbehalt kann ferner entfallen, soweit das Urteil gegen einen Nachlasspfleger, einen Nachlassverwalter oder einen verwaltenden Testamentsvollstrecker ergeht, BGH FamRZ 1984, 473. Denn diese Personen können auf die Beschränkung ihrer Haftung nicht wirksam verzichten. Auch dann darf das Gericht mangels einer haftenden Masse die Klage abweisen. 20

3. Sinnlosigkeit einer Haftungsbeschränkung. Der Vorbehalt kann schließlich dann entfallen, wenn die Beschränkung der Haftung sinnlos wäre, etwa bei einem Urteil wegen eines dinglichen Anspruchs nach § 1147 BGB oder nur wegen eines Nachlassgegenstands. Denn aus einer solchen Entscheidung kann der Gläubiger ohnehin nur in den Nachlass vollstrecken. 21

781 *Beschränkte Erbenhaftung in der Zwangsvollstreckung.* **Bei der Zwangsvollstreckung gegen den Erben des Schuldners bleibt die Beschränkung der Haftung unberücksichtigt, bis auf Grund derselben gegen die Zwangsvollstreckung von dem Erben Einwendungen erhoben werden.**

I. Systematik. Zunächst → § 778 Rn. 1. § 781 erfasst alle diejenigen Fälle, in denen der Erbe nicht unbeschränkt haftet. 1

II. Regelungszweck. Zunächst → § 778 Rn. 2. § 781 dient der Rechtssicherheit wie der Prozessökonomie. Sie ist auch in der Zwangsvollstreckung zu beachten. Es muss dem Erben überlassen bleiben, die Beschränkung seiner Haftung geltend zu machen, um die Durchführung derjenigen Vollstreckung nicht noch weiter zu erschweren, die der Gläubiger gegen den Erblasser meist schon mühsam genug erkämpft hatte. § 781 ähnelt mancher anderen Vollstreckungsvorschrift, zB §§ 766, 767, 808 I. Man darf den Gerichtsvollzieher noch weniger als andere Vollstreckungsorgane auch noch von Amts wegen und von vornherein mit so schwierigen Prüfungen wie der etwaigen Beschränkung der Erbenhaftung belasten. Deshalb ist eine solche Handhabung ratsam, die es dem Gläubiger nicht noch schwerer macht, seinen Anspruch endlich durchzusetzen. 2

III. Geltungsbereich/Voraussetzungen. Die Vorschrift gilt auch im WEG-Verfahren. Sie gilt auch bei § 265 AO (entsprechend), BFH FER 1999, 20. Sie gilt in jeder der folgenden Situationen: 3

- Die Zwangsvollstreckung hatte nach § 779 bereits gegen den Erblasser begonnen.
- Der Rpfleger hat den Vollstreckungstitel gegen den Erben nach § 727 umgeschrieben.
- Der Vollstreckungstitel behält die beschränkte Haftung nach § 780 vor.
- Es liegt ein solcher Vollstreckbarkeitsbeschluss vor, der keinen Vorbehalt kennt.
- Es ist ein Vorbehalt im Urteil nach § 780 II nicht notwendig.
- Der Erbe ist nach dem Erlass des Urteils nach → § 780 Rn. 7 in den Prozess eingetreten.

IV. Notwendigkeit einer Einwendung. Die Vollstreckungsorgane müssen die Haftungsbeschränkung zunächst unberücksichtigt lassen, soweit sie sich nicht nach → § 780 Rn. 7 bereits im Urteil materiell-rechtlich endgültig ergibt, Schmidt JR 1989, 47 bzw. beschränkt der Titel die Vollstreckung bereits auf einzeln beschriebene Nachlassgegenstände (Prütting/Gehrlein/Scheuch Rn. 3). Die Zwangsvollstreckung findet also aufgrund des bloßen Vorbehaltsurteils in das persönliche Vermögen des Erben so statt, als ob er unbeschränkt haften würde. Der Gläubiger braucht über die Vermögensmasse keine Nachweise zu erbringen. Der Erbe muss auch dann die eidesstattliche Versicherung nach § 802c III abgeben, wenn er eine Haftungsbeschränkung nach § 785 geltend macht. Auf ein Verlangen des Gläubigers braucht er die Versicherung nur wegen des Nachlasses abzugeben, sonst unbeschränkt. Das Gesetz trennt die Vermögensmassen. Die Beschränkung der Haftung der Zwangsvollstreckung setzt voraus, dass der Erbe die **Einwendungen geltend macht** (BGH, NJW 2021, 701). 4

Dass der Erbe seine Haftung auf den Nachlass vorbehalten hat, führt alleine aber noch nicht dazu, dass nicht in sein übriges Vermögen vollstreckt werden kann. Der Erbe muss vielmehr den Vorbehalt selbst im Wege der **Vollstreckungsgegenklage** §§§ 785, 781, 767) geltend machen. Der Erbe hat die materiell-rechtlichen Voraussetzungen, aus denen sich ergibt, dass seine Haftung auf den Nachlass beschränkt und die Zwangsvollstreckung in das persönliche nicht in den Nachlass gehörende Vermögen des Erben unzulässig ist, darzulegen und zu beweisen, 5 wobei das Prozessgericht, dass den Vorbehalt mit aufnimmt, die materiell-rechtlichen Voraussetzungen der Beschränkung seiner Haftung auf den Nachlass nicht mit zu prüfen braucht, BGH FamRZ 2018, 767; FamRZ 1989, 1071; Celle NJW-RR 1988, 134; Schmidt JR 1989, 77.

6 Damit das erforderliche Rechtsschutzbedürfnis vorliegt, hat der Erbe auch grundsätzlich zu beweisen, dass die Zwangsvollstreckung bereits in sein persönliches Vermögen begonnen hat bzw. die entsprechende Zwangsvollstreckung droht.

7 Dazu ist eine **Bezeichnung** derjenigen Gegenstände notwendig, in die der Gläubiger schon vollstreckt hat. Die Geltendmachung der Unzulänglichkeit der Masse ist nicht fristgebunden, Celle NJW-RR 1988, 134. Der Erbe muss ferner seine Haftungsbeschränkung nach → § 780 Rn. 7 beweisen, soweit das Gericht diese nicht bereits im Urteil materiell-rechtlich endgültig festgestellt hat.

8 Rechtsbehelf: § 766, 766 II.

782 *Einreden des Erben gegen Nachlassgläubiger.* **[1]Der Erbe kann auf Grund der ihm nach den §§ 2014, 2015 des Bürgerlichen Gesetzbuchs zustehenden Einreden nur verlangen, dass die Zwangsvollstreckung für die Dauer der dort bestimmten Fristen auf solche Maßregeln beschränkt wird, die zur Vollziehung eines Arrestes zulässig sind. [2]Wird vor dem Ablauf der Frist die Eröffnung des Nachlassinsolvenzverfahrens beantragt, so ist auf Antrag die Beschränkung der Zwangsvollstreckung auch nach dem Ablauf der Frist aufrechtzuerhalten, bis über die Eröffnung des Insolvenzverfahrens rechtskräftig entschieden ist.**

1 **I. Systematik/Regelungszweck, S. 1, 2.** Zunächst → § 778 Rn. 1. § 782 betrifft, ergänzt durch § 783, eine **aufschiebende Einrede** des Erben nach §§ 2014, 2015, 2016 I BGB, also die Verweigerung der Berichtigung einer Nachlassverbindlichkeit bis zum Ablauf von **drei Monaten** seit der Annahme der Erbschaft, bis zur Inventarerrichtung oder bis zur Beendigung des **Aufgebotsverfahrens.** Diese Einrede ist nach § 2016 II BGB nicht wirksam gegenüber einem vom Aufgebot nach § 1971 BGB nicht betroffenen dinglichen Gläubiger. Die Aufnahme der beschränkten Erbenhaftung (§§ 2014, 2015 BGB) in das Urteil (§ 305) hindert die Zwangsvollstreckung nach §§ 780, 781 nicht, sondern der Erbe muss seine Einwendungen im Klagewege geltend machen, §§ 785, 767 (zuständiges Gericht). Die praktische Bedeutung ist eher gering.

2 **II. Geltungsbereich: Möglichkeit einer Klage auf Vollstreckungsbeschränkung, S. 1, 2.** § 782 ermöglicht es nicht, der Zwangsvollstreckung als solcher entgegen zu treten, sondern man kann nur für die Schutzfrist verlangen, dass die Zwangsvollstreckung auf Sicherungsmaßnahmen der Arrestvollziehung **beschränkt** wird (Sicherungsvollstreckung). Sein Antrag lautet zweckmäßig, die Zwangsvollstreckung bis zum Ablauf der Frist für unzulässig zu erklären, und zwar sowohl in den Nachlass als auch in das persönliche Vermögen. Der Erbe braucht nur nachzuweisen, dass er die Möglichkeit der Haftungsbeschränkung nicht verloren hat. Demgegenüber kann der Gläubiger dartun, dass eine unbeschränkte Haftung des Erben eingetreten sei, und zwar jedem gegenüber oder ihm selbst gegenüber. Der Gläubiger kann auch darlegen, dass sein Anspruch von dem Aufgebot unberührt geblieben sei. Nach Ablauf der Frist wird die Zwangsvollstreckung unbeschränkt fortgesetzt. Die Einrede wird dadurch geltend gemacht, dass Klage nach §§ 785, 767 erhoben wird. Tritt während des Prozesses eine anderweitig beschränkte Erbenhaftung ein, kann dies durch eine Klageänderung nach § 263 geltend gemacht werden.

3 Die Zwangsvollstreckung braucht **noch nicht begonnen** zu haben. Es genügt vielmehr, dass sie droht. Auch dann darf man trotz des auch in der Zwangsvollstreckung fortgeltenden obersten Grundsatzes der Gerechtigkeit den Gläubiger nicht hinhalten. Andernfalls könnte man nämlich den Erben nicht vor einem Schaden bewahren. Es genügen zB die nach § 782 zulässigen Maßnahmen dann, wenn der Gläubiger nicht erklärt, er wolle nicht veräußern. Beim dinglichen Anspruch ist § 782 unanwendbar. Klageberechtigt sind auch der Nachlasspfleger, der Testamentsvollstrecker nach §§ 2017, 2213 BGB, der Nachlassverwalter nach § 1984 BGB.

4 **III. Beschränkungsarten, S. 1, 2. 1. Arrestmaßnahmen, S. 1.** Zulässig sind nach § 867 nur Arrestmaßnahmen nach §§ 930–932 sowie die Eintragung einer Sicherungshypothek. Andere Maßnahmen muss das Gericht als unzulässig aufheben, Kblz NJW 1979, 2521. Wenn der Gläubiger eine bewegliche Habe nach §§ 803 ff. gepfändet hat, muss das Gericht deren Versteigerung für unzulässig erklären. Gepfändetes Geld muss man nach § 930 II hinterlegen. Etwas anderes gilt gegenüber einem dinglichen Gläubiger nach § 2016 II BGB. Bei §§ 883 ff. gilt Entsprechendes. Das Gericht muss also die Aushändigung der Sachen an den Gläubiger untersagen. Die Beschränkung endet ohne weiteres mit dem Ablauf der Fristen. Das Urteil muss die Frist darum genau festlegen, und zwar bei § 2014 BGB nach dem Kalender. Nach dem Ablauf der Fristen darf der Gläubiger die Zwangsvollstreckung fortsetzen, soweit nicht ein neues Hindernis entgegensteht, wie der Vorbehalt einer beschränkten Haftung, ein Nachlassinsolvenzverfahren, eine Nachlassverwaltung oder die Ablehnung solcher Maßnahmen mangels Masse.

5 **2. Antrag auf Nachlassinsolvenzverfahren, S. 2.** Wenn vor dem Fristablauf ein Antrag auf die Eröffnung des Nachlassinsolvenzverfahrens vorliegt, können der Erbe oder der Nachlassverwalter eine Verlängerung der Beschränkung bis zur formellen Rechtskraft einer Entscheidung über den Insolvenzantrag nach § 705 „beantragen", genauer: Sie können eine **Klage nach § 785** erheben. Denn diese Klage ist der einzige Weg, um Rechte nach §§ 781–784 geltend zu machen. Auch verlangt S. 1 zweifellos eine Klage. § 769 reicht dann als ein Rechtsbehelf nicht aus. Denn diese Vorschrift setzt voraus, dass der Schuldner zuvor eine Klage erhoben hatte. Eine Ausnahme gilt nur unter den in → § 769 Rn. 4–7 genannten Voraussetzungen im Prozesskostenhilfeverfahren nach §§ 114 ff.

783 *Einreden des Erben gegen persönliche Gläubiger.* **In Ansehung der Nachlassgegenstände kann der Erbe die Beschränkung der Zwangsvollstreckung nach § 782 auch gegenüber den Gläubigern verlangen, die nicht Nachlassgläubiger sind, es sei denn, dass er für die Nachlassverbindlichkeiten unbeschränkt haftet.**

I. Systematik, Regelungszweck. Zunächst → § 778 Rn. 1, 2, → § 782 Rn. 1. § 783 schützt in einer Ergänzung des § 782 den Erben auch gegen die persönlichen Gläubiger, soweit der Erbe nach § 782 eine aufschiebende Einreden hat, da andernfalls die Privatgläubiger auch auf die Gegenstände, die von § 782 umfasst sind, zugreifen könnten. Er macht sein Recht durch eine Klage nach §§ 785, 767 geltend. Der Antrag lautet sinngemäß: „Die Verwertung der … (gepfändeten Gegenstände) ist unzulässig", Zöller/Geimer Rn. 1. Der Erbe muss beweisen, dass die fraglichen Gegenstände zum Nachlass gehören und dass er seine aufschiebenden Einreden aus §§ 2014 ff. BGB nicht durch einen Zeitablauf verloren hat. Demgegenüber darf der Gläubiger beweisen, dass der Erbe allen Nachlassgläubigern gegenüber unbeschränkt hafte. Eine unbeschränkte Haftung des Erben nur gegenüber einzelnen Nachlassgläubigern ist in diesem Zusammenhang unbeachtlich. 1

784 *Zwangsvollstreckung bei Nachlassverwaltung und -insolvenzverfahren.* **I Ist eine Nachlassverwaltung angeordnet oder das Nachlassinsolvenzverfahren eröffnet, so kann der Erbe verlangen, dass Maßregeln der Zwangsvollstreckung, die zugunsten eines Nachlassgläubigers in sein nicht zum Nachlass gehörendes Vermögen erfolgt sind, aufgehoben werden, es sei denn, dass er für die Nachlassverbindlichkeiten unbeschränkt haftet.**

II Im Falle der Nachlassverwaltung steht dem Nachlassverwalter das gleiche Recht gegenüber Maßregeln der Zwangsvollstreckung zu, die zugunsten eines anderen Gläubigers als eines Nachlassgläubigers in den Nachlass erfolgt sind.

Schrifttum: Dauner-Lieb, Zwangsvollstreckung bei Nachlaßverwaltung und Nachlaßkonkurs, FS Gaul, 1997; Herzog, Die Erbenhaftung, 2017; Herzog, Nachlasshaftung und Nachlassinsolvenz, ErbR 2013, 70 und ErbR 2013, 104.

I. Systematik, Regelungszweck, I, II. Zunächst → § 778 Rn. 1, 2. § 784 beruht auf dem Umstand, dass die Eröffnung eines Nachlassinsolvenzverfahrens oder die Anordnung einer Nachlassverwaltung die Erbenhaftung beschränken, falls der Erbe nicht schon nach § 1975 BGB unbeschränkt haftet. Wird das Nachlassinsolvenzverfahren eröffnet, schließt dies die Zwangsvollstreckung der Insolvenzgläubiger aus (§ 89 InsO). Verwaltungs- und Haftungsmassen werden voneinander getrennt. § 784 setzt voraus, dass die Zwangsvollstreckung **begonnen hat** und noch und noch nicht beendet ist. Wenn sie in jenem Zeitpunkt noch nicht begonnen hat, kann der Erbe eine Haftungsbeschränkung aus **§ 781** dann geltend machen, wenn sie ihm nach § 780 I vorbehalten war oder wenn sie keinen Vorbehalt braucht. Im Übrigen muss eine Haftungsbeschränkung bereits feststehen. Insofern unterscheidet sich § 784 von § 782. 1

II. Klage des Erben, I. § 784 ermöglicht eine Klage vor dem erstinstanzlichen Prozessgericht und zwar mit dem Ziel, die Aufhebung der Vollstreckungsmaßnahme, die bei Anordnung der Nachlassverwaltung oder der Eröffnung der Nachlassinsolvenz **bereits erfolgt ist,** zu richten. Gibt der Gläubiger den Gegenstand frei, kommt eine **Erledigung des Rechtsstreits** in Betracht. Bezüglich **später** erfolgter Zwangsvollstreckungsmaßnahmen kommen Klagen nach §§ 781, 785, 780 I in Betracht. § 784 ist entsprechend auf §§ 1973, 1974 BGB (Erschöpfungseinrede) und §§ 1990, 1992 BGB (Dürftigkeitseinrede) anzuwenden, Musielak/Voit/Lackmann Rn. 2, da auch hier eine endgültige Haftungsbeschränkung in Betracht kommen kann. 2

Dabei wird sinngemäß zu beantragen sein, dass die Zwangsvollstreckung von … in die aufgrund des Urteils des … vom … gepfändeten Gegenstände unzulässig sei, Zöller/Geimer Rn. 3. Der **Erbe muss beweisen,** dass der Pfändungsgläubiger aufgrund eines gegen den Erblasser erwirkten oder mit dem Vorbehalt der beschränkten Erbenhaftung versehenen Titels vollstreckt hat (= Nachlassgläubiger) und dass der Gegenstand der Zwangsvollstreckung nicht zum Nachlass gehört. Der **Gläubiger** kann demgegenüber die unbeschränkte Haftung des Erben allen Gläubigern oder jedenfalls ihm gegenüber oder eine persönliche Haftung des Erben ihm gegenüber beweisen. Gegenüber einer vorbehaltlosen Verurteilung nach § 780 ist die Klage nach § 784 unzulässig. 3

III. Klage des Nachlassverwalters, II. Der Nachlassverwalter braucht nur die Zwangsvollstreckung eines Nachlassgläubigers in den Nachlass zu dulden. Wenn ein anderer Gläubiger in den Nachlass vollstreckt, kann der Nachlassverwalter auf die Erklärung der Zwangsvollstreckung für unzulässig klagen. Er darf die Aufhebung auch derjenigen Zwangsmaßnahmen verlangen, die der Nachlassverwaltung vorausgegangen sind, soweit sie vom persönlichen Gläubiger ausgingen. Spätere Vollstreckungs- und Arrestmaßnahmen sind nach § 1984 II BGB unstatthaft. Der Nachlassverwalter muss beweisen, dass ein Nachlassgegenstand vorliegt und dass es sich um einen persönlichen Gläubiger des Erben handelt, Prütting/Gehrlein/Scheuch Rn. 8. Wenn die Klage aus § 785 unterbleibt, darf der Gläubiger die Zwangsvollstreckung fortsetzen. Im Nachlassinsolvenzverfahren verliert eine Zwangsvollstreckung in den Nachlass kraft Gesetzes praktisch ihre Wirksamkeit nach § 321 InsO (keine Absonderung). 4

Gegen Verstöße kann der Insolvenzverwalter sich mit einer Erinnerung (§ 766) wenden. 5

785 *Vollstreckungsabwehrklage des Erben.* **Die auf Grund der §§ 781 bis 784 erhobenen Einwendungen werden nach den Vorschriften der §§ 767, 769, 770 erledigt.**

I. Systematik, Regelungszweck. Zunächst → § 778 Rn. 1, 2. Der Erbe oder der Nachlassverwalter (teilweise auch Testamentsvollstrecker, Nachlasspfleger sowie Erbschaftskäufer) können aufgrund eines Urteilsvorbehalts nach § 780 I die der Rechtsnatur nach **unterschiedlichen Einwendungen nach §§ 781–784** geltend machen, Schmidt JR 1989, 77, sofern das Gericht, nicht bereits zuvor über diesen Einwand im anhängigen Verfahren sachlich entschieden hat, BGH FF 2019, 310. Zugunsten des Vermögensübernehmers wäre auch ohne besonderen Antrag die Beschränkung der Haftung im Urteil vorzubehalten, wenn er sich im Prozess auf die Beschränkung seiner Haftung beruft, BAG NJW 2019, 1242. 1

Dies umfasst auch Schuldner, die das Vermögen ihres Rechtsvorgängers erst übernommen haben, nachdem der Titel bereits rechtskräftig geworden ist. Auch ihnen steht die Möglichkeit zu, die Einwendung der beschränkten Haftung nach den Vorschriften der §§ 767, 769, 770 ZPO geltend zu machen, BAG NJW 2019, 1242. Das geschieht grundsätzlich nur durch eine Vollstreckungsabwehrklage nach §§ 767 ff., BGH FamRZ 1989, 1074; 2

BVerwG NVwZ-RR 2011, 750; LG Lüb FamRZ 2009, 1237. Die Einwendungen werden nur berücksichtigt, wenn sie geltend gemacht werden. Die Klage erfolgt beim Prozessgericht des ersten Rechtszugs. Man kann allerdings zwischen einer echten Vollstreckungsabwehrklage und einer Unterart der Drittwiderspruchsklage nach §§ 771 ff. bei einer Nichthaftung nur eines oder mehrerer Einzelgegenstände unterscheiden, Schmidt JR 1989, 77. Die Abwehrklage ist schon vor dem Vollstreckungsbeginn statthaft, Celle NJW-RR 1988, 133; Schmidt JR 1989, 45. Sie ist auch dann zulässig, wenn der Schuldner gegen den Vollstreckungstitel nach → § 767 Rn. 20 (G) ein Rechtsmittel eingelegt hat, Ffm NJW-RR 1992, 32. Es findet nach § 15a II 1 Nr. 6 EGZPO kein obligatorisches Güteverfahren statt, Hartmann NJW 1999, 3748. Der Kläger muss darlegen und beweisen, dass eine Nachlassschuld vorliegt, dass seine Haftung beschränkt ist und dass die Vollstreckung nicht in den Nachlass erfolgt. Die Dürftigkeitseinrede nach § 1990 I BGB bleibt zulässig, BGH NJW-RR 1989, 1226 (Bindung des Prozessgerichts an das Nachlass- oder Insolvenzgericht), Ffm NJW-RR 1992, 31.

3 **II. Geltungsbereich.** Die Vorschrift gilt nicht bei § 265 AO, BFH FER 1999, 20.

4 **III. Klage.** Die Klageziele richten sich nach der jeweiligen Einwendung/Einrede. Bei der Vollstreckung sind die §§ 775 Nr. 1, 776 zu berücksichtigen; wegen vorläufiger Maßnahmen §§ 769, 770. § 767 II ist nicht anwendbar, da es sich bei vorliegend um Spezialregelungen handelt und die Rechte des Erben nach §§ 781–784 beschnitten würden (Prütting/Gehrlein/Scheuch Rn. 6). § 767 III ist anwendbar.

786 *Vollstreckungsabwehrklage bei beschränkter Haftung.*

I Die Vorschriften des § 780 Abs. 1 und der §§ 781 bis 785 sind auf die nach § 1489 des Bürgerlichen Gesetzbuchs eintretende beschränkte Haftung, die Vorschriften des § 780 Abs. 1 und der §§ 781, 785 sind auf die nach den §§ 1480, 1504, 1629a, 2187 des Bürgerlichen Gesetzbuchs eintretende beschränkte Haftung entsprechend anzuwenden.

II Bei der Zwangsvollstreckung aus Urteilen, die bis zum Inkrafttreten des Minderjährigenhaftungsbeschränkungsgesetzes vom 25. August 1998 (BGBl. I S. 2487) am 1. Juli 1999 ergangen sind, kann die Haftungsbeschränkung nach § 1629a des Bürgerlichen Gesetzbuchs auch dann geltend gemacht werden, wenn sie nicht gemäß § 780 Abs. 1 dieses Gesetzes im Urteil vorbehalten ist.

1 **I. Systematik, Regelungszweck, I, II.** Zunächst → § 778 Rn. 1, 2. Wegen der vergleichbaren Interessenlage verweist § 786 für seinen Geltungsbereich auf die im Gesetzestext genannten Vorschriften. Vgl. daher die jeweils zugehörigen Anm. Es findet nach § 15a II 1 Nr. 6 EGZPO kein obligatorisches Güteverfahren statt, Hartmann NJW 1999, 3748.

2 **II. Geltungsbereich, I, II.** Die Regel zur beschränkten Erbenhaftung (§§ 780–785) wird auf nachfolgende Fälle ausgeweitet:

3 **1. Haftungsbeschränkung nach I.** Bei der fortgesetzten Gütergemeinschaft – § 1489 BGB – haftet der Überlebende für Gesamtgutsverbindlichkeiten persönlich. Wenn er vor dem Eintritt der fortgesetzten Gütergemeinschaft nicht persönlich haftete, beschränkt sich seine Haftung auf das Gesamtgut. Anwendbar sind §§ 780 I, 781–785.

4 Nach der Auseinandersetzung tritt bei einer allgemeinen Gütergemeinschaft – § 1480 BGB – eine Haftung für eine Gesamtgutsverbindlichkeit nur mit dem Zugeteilten ein. Diese Zuteilung muss das Gericht feststellen.

5 Bei der Auseinandersetzung einer fortgesetzten Gütergemeinschaft – § 1504 BGB – gilt § 1480 BGB entsprechend für die Haftung der anteilsberechtigten Abkömmlinge.

6 Der mit einer Auflage oder mit einem Vermächtnis beschwerte Vermächtnisnehmer – § 2187 BGB – haftet nur mit dem ihm Vermachten.

7 **2. Haftungsbeschränkung nach II.** II dient dem Schutz des Minderjährigen, der aus älteren Titeln haftet. Bei der Zwangsvollstreckung aus Titeln, die **bis zum Inkrafttreten** des Minderjährigenhaftungsbeschränkungsgesetzes **rechtskräftig** geworden sind, ist ein Vorbehalt nach § 780 nicht erforderlich, um die Haftungsbeschränkung (§ 1629a BGB) im Vollstreckungsverfahren erheben zu können (vgl. Prütting/Gehrlein/Scheuch Rn. 4).

8 § 786 ist auch noch entsprechend anzuwenden auf Haftungsübernahmen nach § 419 BGB aF.

9 **3. Gemeinsames.** Es sind §§ 780 I, 781, 785 anwendbar. Zugunsten des Vermögensübernehmers ist auch ohne besonderen Antrag die Beschränkung der Haftung im Urteil vorzubehalten, wenn er sich im Prozess auf die Beschränkung seiner Haftung beruft (BAG NJW 2019, 1242).

10 Der Schuldner, der das Vermögen seines Rechtsvorgängers erst übernommen hat, nachdem der Titel bereits rechtskräftig geworden ist, hat ebenso wie der Erbe die Möglichkeit, die Einwendung der beschränkten Haftung nach den Vorschriften der §§ 767, 769, 770 ZPO geltend zu machen, BAG NJW 2019, 1242.

11 Diese Vorschriften finden auf andere Fälle keine entsprechende Anwendung, (einschränkend: Prütting/Gehrlein/Scheuch Rn. 6; aM Hamm VersR 2002, 889 (aber es handelt sich um eine erkennbar abschließende Aufzählung einer Sondervorschrift).

786a *See- und binnenschifffahrtsrechtliche Haftungsbeschränkung.*

I Die Vorschriften des § 780 Abs. 1 und des § 781 sind auf die nach § 611 Absatz 1 oder 3, §§ 612 bis 616 des Handelsgesetzbuchs oder nach den §§ 4 bis 5n des Binnenschifffahrtsgesetzes eintretende beschränkte Haftung entsprechend anzuwenden.

II Ist das Urteil nach § 305a unter Vorbehalt ergangen, so gelten für die Zwangsvollstreckung die folgenden Vorschriften:

1. Wird die Eröffnung eines Seerechtlichen oder eines Binnenschifffahrtsrechtlichen Verteilungsverfahrens nach der Schifffahrtsrechtlichen Verteilungsordnung beantragt, an dem der Gläubiger mit dem Anspruch teilnimmt, so entscheidet das Gericht nach § 5 Abs. 3 der Schifffahrtsrechtlichen Verteilungsordnung über die Einstellung der Zwangsvollstreckung; nach Eröffnung des Seerechtlichen Verteilungsverfahrens sind die Vorschriften des § 8 Abs. 4 und 5 der Schifffahrtsrechtlichen Verteilungsordnung, nach Eröffnung des Binnenschifffahrtsrechtlichen Verteilungsverfahrens die

Vorschriften des § 8 Abs. 4 und 5 in Verbindung mit § 41 der Schifffahrtsrechtlichen Verteilungsordnung anzuwenden.

2. [1]Ist nach Artikel 11 des Haftungsbeschränkungsübereinkommens (§ 611 Absatz 1 Satz 1 des Handelsgesetzbuchs) von dem Schuldner oder für ihn ein Fonds in einem anderen Vertragsstaat des Übereinkommens errichtet worden, so sind, sofern der Gläubiger den Anspruch gegen den Fonds geltend gemacht hat, die Vorschriften des § 50 der Schifffahrtsrechtlichen Verteilungsordnung anzuwenden. [2]Hat der Gläubiger den Anspruch nicht gegen den Fonds geltend gemacht oder sind die Voraussetzungen des § 50 Abs. 2 der Schifffahrtsrechtlichen Verteilungsordnung nicht gegeben, so werden Einwendungen, die auf Grund des Rechts auf Beschränkung der Haftung erhoben werden, nach den Vorschriften der §§ 767, 769, 770 erledigt; das Gleiche gilt, wenn der Fonds in dem anderen Vertragsstaat erst bei Geltendmachung des Rechts auf Beschränkung der Haftung errichtet wird.

3. [1]Ist von dem Schuldner oder für diesen ein Fonds in einem anderen Vertragsstaat des Straßburger Übereinkommens vom 27. September 2012 über die Beschränkung der Haftung in der Binnenschifffahrt (CLNI 2012 BGBl. 2016 II S 738, 739) errichtet worden, so ist, sofern der Gläubiger den Anspruch gegen den Fonds geltend machen kann, § 52 der Schifffahrtsrechtlichen Verteilungsordnung anzuwenden. [2]Sind die Voraussetzungen des § 52 Absatz 3 der Schifffahrtsrechtlichen Verteilungsordnung nicht gegeben, so werden Einwendungen, die auf Grund des Rechts auf Beschränkung der Haftung nach den §§ 4 bis 5n des Binnenschifffahrtsgesetzes erhoben werden, nach den §§ 767, 769, 770 erledigt; das Gleiche gilt, wenn der Fonds in dem anderen Vertragsstaat erst bei Geltendmachung des Rechts auf Beschränkung der Haftung errichtet wird.

III Ist das Urteil eines ausländischen Gerichts unter dem Vorbehalt ergangen, dass der Beklagte das Recht auf Beschränkung der Haftung geltend machen kann, wenn ein Fonds nach Artikel 11 des Haftungsbeschränkungsübereinkommens oder nach Artikel 12 des Straßburger Übereinkommens vom 27. September 2012 über die Beschränkung der Haftung in der Binnenschifffahrt (CLNI 2012) errichtet worden ist oder bei Geltendmachung des Rechts auf Beschränkung der Haftung errichtet wird, so gelten für die Zwangsvollstreckung wegen des durch das Urteil festgestellten Anspruchs die Vorschriften des Absatzes 2 entsprechend.

I. Systematik, Regelungszweck, I–III. § 786a Abs. 1 und 2 Nr. 2 geänd. mWv 25.4.2013 durch G v. 20.4.2013 (BGBl. I S. 831); Abs. 1 und 3 geänd., Abs. 2 Nr. 3 neu gef. mWv 1.7.2019 durch G v. 5.7.2016 (BGBl. I S. 1578) iVm Bek. v. 20.2.2019 (BGBl. I S. 196). Zunächst → § 778 Rn. 1, 2. Wie § 786, verweist auch § 786a wegen seiner ebenfalls vergleichbaren Interessenlage auf die im Gesetzestext genannten Vorschriften. Vgl. daher die jeweils zugehörigen Anm. Ergänzend zu § 305a wird die Haftungsbeschränkung der §§ 611–616 HGB, §§ 4–5n BinnSchG umgesetzt. 1

II. Geltungsbereich, I–III. Die Möglichkeit einer Haftungsbeschränkung nach §§ 780 I, 781 liegt auch dann vor, wenn es nach § 611 I, III HGB um die Haftung für eine binnenschiffahrtsrechtliche oder für eine Seeforderung einschließlich derjenigen wegen Verschmutzungsschäden gegen andere Personen als den Eigentümer des das Öl befördernden Schiffes geht. Für jene Ansprüche gelten §§ 612 ff. HGB oder §§ 4 ff. BinnenschiffahrtsG. Sie regeln im Einzelnen, in welchem Umfang eine Haftungsbeschränkung überhaupt statthaft ist. Dieses Straßburger Übereinkommen ermöglicht es Schiffseigentümern und ihrer Schiffsbesatzung ebenso wie Bergern oder Rettern, ihre Haftung für eine Vielzahl von Ansprüchen, die aus ein und demselben Schadensereignis entstanden sind, auf einen bestimmten Haftungshöchstbetrag zu beschränken. Der Haftungshöchstbetrag bemisst sich nach der Größe des Schiffes. Diese bestimmt sich nach Kriterien wie der Wasserverdrängung, der Antriebskraft, der Tragfähigkeit oder der Anzahl der auf einem Personenbeförderungsschiff zugelassenen Passagiere. Die Einzelheiten der Umsetzung überlässt die völkerrechtliche Vereinbarung den jeweiligen Nationalstaaten, die ua durch diese Vorschrift erfolgt ist. Die Haftungsbeschränkung in der Zwangsvollstreckung hängt insoweit nach §§ 305a, 780 I von dem Vorbehalt im Urteil ab, sowie nach § 781 von der **tatsächlichen Erhebung** der Einwendung im Vollstreckungsverfahren. Sie erfolgt nach § 305a II mit Hilfe eines Haftungsfonds (§ 8 SVertO). Soweit ein Fonds errichtet worden ist, so kann eine Person, die einen Anspruch gegen den Fonds geltend machen kann, für diesen Anspruch kein Recht mehr gegen das sonstige Vermögen einer Person geltend machen, durch oder für die der Fonds errichtet worden ist (vgl. Art. 14 CLNI). 2

III. Einstellung der Zwangsvollstreckung, II Nr. 1. Der Vorbehalt nach § 305a II betrifft nur Regelungen nach §§ 611 ff. HGB bzw. §§ 4–5n BinSchG. Solche Einwendungen sind zudem vom Schuldner in sein (sonstiges) Vermögen zu erheben (§§ 786a, 781). Neben dem Urteilsvorbehalt setzt die Haftungsbeschränkung einen Fond (Art. 12 CLNI bzw. § 5d BinSchG) voraus. Auf Antrag findet ein gerichtliches Verteilungsverfahren nach der Schiffahrtsrechtlichen Verteilungsordnung statt, Zöller/Geimer Rn. 4. Entsprechende Entscheidungen sind nach §§ 775, 776 zu berücksichtigen. Die endgültige Einstellung der Zwangsvollstreckung bzw. die Aufhebung einer Zwangsvollstreckungsmaßnahme darf erst nach Rechtskraft (§ 21 SVertO) vollzogen werden. 3

1. Eröffnungsverfahren. Vom Eingang des Antrags auf die Eröffnung des Verteilungsverfahrens bis zur Eröffnung oder deren Ablehnung ist eine Einstellung nach § 5 III SVertO statthaft, also längstens auf drei Monate und nur dann, wenn man erwarten kann, dass die Haftungssumme demnächst eingeht. Das für die Eröffnung nach § 2 I SVertO zuständige AG darf die Einstellung von einer Sicherheitsleistung abhängig machen. Vgl. §§ 707, 719. 4

2. Ab Eröffnung. Im Verfahren nach der Eröffnung kommt es nach § 8 IV, V SVertO für eine einstweilige Einstellung gegen oder ohne eine Sicherheitsleistung ähnlich wie bei § 769 ZPO auf die Glaubhaftmachung nach § 294 solcher Tatsachen an, die eine Unzulässigkeit der Zwangsvollstreckung ergeben. Die Zwangsvollstreckung ist wegen sämtlicher an dem Verfahren teilnehmenden Ansprüche unzulässig, bis das Verfahren aufgehoben oder eingestellt worden ist. Zuständig ist grundsätzlich das Prozessgericht des ersten Rechtszugs für die nach § 8 IV 1 SVertO erforderliche Vollstreckungsabwehrklage, in einem dringenden Fall das Vollstreckungsgericht nach §§ 764, 802, § 8 IV 4 SVertO. Nach einer Einstellung kann das Vollstreckungsgericht auf einen Schuldnerantrag Vollstreckungsmaßregeln gegen eine Sicherheitsleistung aufheben. Vor der Erhebung der Klage ist das Prozessgericht dafür nach § 8 V SVertO zuständig. 5

6 **IV. Fond, II Nr. 2.** Die Vorschrift erfasst die Situation, dass der Fonds nach dem Seerechtlichen Haftungsbeschränkungsübereinkommen vom 19.11.1976 nicht im Inland errichtet worden ist. Es werden 2 Alternativen unterschieden. Wird der Anspruch gegen den Fonds geltend gemacht bzw. liegt § 50 II SvertO vor, so sind §§ 50, 8 IV, V SVertO anzuwenden, mithin ist also die Unzulässigkeit der Zwangsvollstreckung im Klagewege geltend zu machen; anderenfalls richten sich die Einwendungen, die aufgrund des Rechts auf Beschränkung der Haftung erhoben werden, nach §§ 767, 769, 770. Daher besteht stets eine Möglichkeit zur Einstellung der Zwangsvollstreckung. Entsprechendes trifft auch dann zu, wenn der Fonds in dem anderen Vertragsstaat bei Beginn der Zwangsvollstreckung noch nicht errichtet war, Zöller/Geimer Rn. 6.

7 **V. Straßburger Übereinkommen, II Nr. 3.** Im Geltungsbereich des dort genannten Übereinkommens hat Nr. 3 den Vorrang vor Nr. 2 beachte vor allem § 52 SvertO und §§ 4–5n BinnSchG.

8 **VI. Auslandsurteil, III.** Die für ein deutsches Urteil maßgebenden Möglichkeiten gelten auch beim Auslandsurteil, soweit es überhaupt unter einem Vorbehalt einer Haftungsbeschränkung ergangen ist. Zuständig ist statt des Prozessgerichts des ersten Rechtszuges das Gericht, das den Vollstreckungstitel erlassen (§ 722) oder das die Vollstreckung im Inland zugelassen hat (BT-Drs. 10/385, 38; Prütting/Gehrlein/Scheuch Rn. 7).

787 ***Zwangsvollstreckung bei herrenlosem Grundstück oder Schiff.*** **I Soll durch die Zwangsvollstreckung ein Recht an einem Grundstück, das von dem bisherigen Eigentümer nach § 928 des Bürgerlichen Gesetzbuchs aufgegeben und von dem Aneignungsberechtigten noch nicht erworben worden ist, geltend gemacht werden, so hat das Vollstreckungsgericht auf Antrag einen Vertreter zu bestellen, dem bis zur Eintragung eines neuen Eigentümers die Wahrnehmung der sich aus dem Eigentum ergebenden Rechte und Verpflichtungen im Zwangsvollstreckungsverfahren obliegt.**

II Absatz 1 gilt entsprechend, wenn durch die Zwangsvollstreckung ein Recht an einem eingetragenen Schiff oder Schiffsbauwerk geltend gemacht werden soll, das von dem bisherigen Eigentümer nach § 7 des Gesetzes über Rechte an eingetragenen Schiffen und Schiffsbauwerken vom 15. November 1940 (RGBl. I S. 1499) aufgegeben und von dem Aneignungsberechtigten noch nicht erworben worden ist.

1 **I. Systematik, Regelungszweck, I, II.** § 787 entspricht wörtlich dem bei einer Klage anwendbaren § 58; die Regelung will gewährleisten, dass die Rechte und Verpflichtungen aus dem Immobiliareigentum einschließlich Schiff gewahrt sind, zwischen Aufgabe des Eigentums und Aneignung des aufgegebenen Grundstücks durch den Aneignungsberechtigten, ggf. dem Fiskus. § 787 gilt auch für ein Registerpfandrecht an einem Luftfahrzeug sinngemäß nach § 99 I LuftfzRG. Vorausgesetzt wird, dass ein Vollstreckungstitel gegen den bisherigen Eigentümer vorliegt. Der Eigentümer muss das Eigentum während des Prozesses (§ 265 ZPO) oder im Anschluss aufgegeben haben. Die Bestellung eines Vertreters ist dann entbehrlich, wenn ein Vertreter schon für den Prozess bestellt worden war, es sei denn, dass er weggefallen wäre.

2 **II. Verfahren, I, II.** Die vollstreckbare Ausfertigung ergeht gegen den Vertreter. Das Gericht stellt sie diesem nach §§ 727, 750 II zu. Der Vertreter vertritt nicht den Eigentümer, der fehlt. Insoweit sind herrenlose Grundstücke und grundstücksgleiche Rechte betroffen, I, bzw. Schiffe und Schiffsbauwerke und Luftfahrzeuge II (§ 99 LuftFzG), mit Ausnahme von Miteigentumsanteilen, BGH NJW 1991, 2488. Der Vertreter muss alle Rechte und Pflichten eines Eigentümers in der Zwangsvollstreckung wahrnehmen. Er ist auch zu den Vollstreckungsklagen berechtigt. Obwohl der Vertreter nicht in das Grundbuch eintragen wird, finden auch eine Zwangsverwaltung und Zwangsversteigerung gegen ihn statt. Das ist eine Ausnahme von § 17 ZVG. Zuständig ist der Rpfl. nach § 20 I Nr. 17 S. 1 RPflG.

3 **III. Rechtsmittel, I, II.** Rechtsbehelfsbelehrung, Verstoß: §§ 232, 233 S. 2. Der Beschwerte hat die sofortige Beschwerde, § 793 iVm § 11 I RPflG, da eine Entscheidung vorliegt.

788 ***Kosten der Zwangsvollstreckung.*** **I 1Die Kosten der Zwangsvollstreckung fallen, soweit sie notwendig waren (§ 91), dem Schuldner zur Last; sie sind zugleich mit dem zur Zwangsvollstreckung stehenden Anspruch beizutreiben. 2Als Kosten der Zwangsvollstreckung gelten auch die Kosten der Ausfertigung und der Zustellung des Urteils. 3Soweit mehrere Schuldner als Gesamtschuldner verurteilt worden sind, haften sie auch für die Kosten der Zwangsvollstreckung als Gesamtschuldner; § 100 Abs. 3 und 4 gilt entsprechend.**

II 1Auf Antrag setzt das Vollstreckungsgericht, bei dem zum Zeitpunkt der Antragstellung eine Vollstreckungshandlung anhängig ist, und nach Beendigung der Zwangsvollstreckung das Gericht, in dessen Bezirk die letzte Vollstreckungshandlung erfolgt ist, die Kosten gemäß § 103 Abs. 2, den §§ 104, 107 fest. 2Im Falle einer Vollstreckung nach den Vorschriften der §§ 887, 888 und 890 entscheidet das Prozessgericht des ersten Rechtszuges.

III Die Kosten der Zwangsvollstreckung sind dem Schuldner zu erstatten, wenn das Urteil, aus dem die Zwangsvollstreckung erfolgt ist, aufgehoben wird.

IV Die Kosten eines Verfahrens nach den §§ 765a, 811a, 811b, 829, 850k, 851a, 851b, 900 und 904 bis 907 kann das Gericht ganz oder teilweise dem Gläubiger auferlegen, wenn dies aus besonderen, in dem Verhalten des Gläubigers liegenden Gründen der Billigkeit entspricht.

Schrifttum: Schwieren, Die Kostenbelastung des Gläubigers bei der Räumungsvollstreckung, 2010.

1 **I. Systematik, I–IV.** Das Gesetz behandelt die Kosten der Zwangsvollstreckung selbständig nach folgendem Grundsatz: Den Vollstreckungsschuldner trifft die Schuld, wenn er es auch noch zur Zwangsvollstreckung kommen lässt, LG Hann WuM 1990, 398; LG Kassel Rpfleger 1985, 153. Das gilt unabhängig von der Kostengrundentscheidung. Denn sie gilt nur für die Prozesskosten, nicht auch für die Vollstreckungskosten. Es können Vollstreckungskosten sogar vor einer Kostengrundentscheidung entstehen, Kblz Rpfleger 1975, 324. Soweit der Schuldner die Vollstreckungskosten nicht tragen muss, muss sie der Gläubiger tragen. Eine Voraussetzung für die

Anwendbarkeit des § 788 ist unter anderem der Beginn und die Fortdauer der Zwangsvollstreckung, BGH MDR 2008, 286, AG Ehingen DGVZ 1981, 91. Wenn die Zwangsvollstreckung aber begonnen hat, gehören auch die Kosten ihrer Vorbereitung zu denjenigen der Zwangsvollstreckung, AG Wiesb DGVZ 1997, 189. Das ergibt sich aus I 2. § 891 S. 3 verweist in seinem Geltungsbereich vorrangig auf §§ 91 ff.

Nicht hierher gehört das ganz selbständige bloße Vergütungsfestsetzungsverfahren nach § 11 RVG, Toussaint/Toussaint RVG § 11 Rn. 3, 41. 2

IV ist geändert mWv 1.12.2021 durch G v. 22.11.2020 (BGBl. I 2466). Hierbei handelt es sich um eine redaktionelle Anpassung an die Neugliederung und die Neufassung der Vorschriften über das Pfändungsschutzkonto. 3

II. Regelungszweck, I–IV. § 788 liegt dem Grundsatz zugrunde, dass der Schuldner auch die Kosten der Zwangsvollstreckung zu tragen hat, soweit sie notwendig sind, OVG Münst NVwZ-RR 2016, 684. In diesem Umfang hat der Schuldner die Entstehung der Kosten veranlasst und ist somit für sie verantwortlich. § 91 ist bei der Beurteilung der Notwendigkeit zu berücksichtigen, wobei der Wertung des § 788 ein versteckter Anscheinsbeweis gegen den Schuldner zugrunde liegt, Lappe DGVZ 2008, 183. Besonderheiten gibt es bei III, wo Kosten dem Gläubiger zur Last fallen. Außerdem enthält III eine den §§ 717, 945 entsprechende Schutzvorschrift, BGH WM 2011, 1143. 4

III. Geltungsbereich, I–IV. Die Vorschrift gilt für alle Vollstreckungskosten, also Kosten, die der Gläubiger aufwendet, um die titulierte Forderung zu vollstrecken, BGH NJW-RR 2006, 881, mit Ausnahme der in § 891 vorrangig geregelten Fälle. Die Bereiche der Prozesskosten und der Vollstreckungskosten können sich nach I 2 überschneiden. Denn die Kosten der Ausfertigung und der Zustellung des Urteils nach § 317 sind ebensogut Prozesskosten. Eine Festsetzung auf den Namen des Anwalts nach § 126 ändert die Natur der Kosten nicht. Sie schließt deshalb die Anwendbarkeit des § 788 nicht aus. § 788 gilt auch im WEG-Verfahren. Im FamFG-Verfahren gelten an sich vorrangig §§ 80–82, 84, 87 V FamFG. Indessen verweist § 95 I FamFG auf die ZPO. Auf die Kosten einer Ehesache im Verfahren nach dem IntFamRVG, SchlAnh IX, ist nach dessen § 20 II Hs. 2 § 788 entsprechend anwendbar. Nach § 8 I 4 AVAG, SchlAnh V E, ist § 788 entsprechend anwendbar, Köln OLGR 2000, 188 (keine ausländischen Vorbereitungskosten). Dasselbe gilt bei §§ 40 I 4, 45 IV 2 AUG, Anh. § 168 GVG, Stgt FamRZ 2015, 871. § 788 ist auf Kosten ausländischer Vollstreckungsmaßnahmen nicht anwendbar, Hamm IPRax 2002, 301; Saarbr JurBüro 2002, 99; Hök MDR 2002, 1293 (man muss vielmehr ausländische Regeln zur Kostenerstattung anwenden, 1294); aM Düss MDR 1990, 165; Spickhoff IPRax 2002, 290. Der Anspruch auf eine Erstattung von Vollstreckungskosten aus einem Titel verjährt in 30 Jahren. § 788 gilt nicht im arbeitsgerichtlichen Beschlussverfahren, BAG JurBüro 2008, 551. 5

IV. Kostenhaftung, I, IV. 1. Grundsatz: Schuldnerhaftung für notwendige Vollstreckungskosten, I 1, 2. Dazu Johannsen DGVZ 1989, 2, Weinert Rpfleger 2005, 1 (je: Grdz.). Kosten der Zwangsvollstreckung sind Aufwendungen, deren Zweck darin besteht, die Befriedigung der titulierten Forderung zu erreichen (BGH NJW 2005, 2460 (2461). Ob Kosten notwendig sind, richtet sich nach der bei Vollstreckungsbeginn gegebenen Rechtslage. Deshalb wird auch auf § 91 Bezug genommen. Dabei handelt es sich um Kosten, die unmittelbar zur **Vorbereitung** sowie auch bei der **Durchführung der Zwangsvollstreckung** anfallen, LG Bremen, JurBüro 2022, 28. Die „Notwendigkeit" setzt voraus, dass ein Gläubiger die kostenverursachende Vollstreckungsmaßnahme zum Zeitpunkt der Vornahme bei umfassender Würdigung aus der Sicht eines objektiven Dritten für erforderlich halten durfte, um seinen titulierten Anspruch durchsetzen zu können. Diese Überlegungen unterliegen dem **Veranlassergrundsatz,** vgl. BGH WM 2020, 1210; NJW 2014, 2508; NJW-RR 2003, 1581; WM 2015, 2229; NJW 2005, 2460; Köln Rpfleger 2014, 390; AG Solingen DGVZ 2015, 154. Nicht notwendig sind insbesondere die Kosten voreiliger Vollstreckungsmaßnahmen (BGH WM 2020, 1210, 1212). Der Schuldner haftet nur mit derjenigen Vermögensmasse, in die der Vollstreckungstitel eine Zwangsvollstreckung schon und noch erlaubt. Auch Kosten einer Räumung von Grundstücken oder Schiffen (§ 885 I), die ab dem 1.5.2013 begonnen haben, sind Kosten der Zwangsvollstreckung (§ 885a VII). 6

Wirkliche Notwendigkeit sollte bei § 788 noch strenger als bei §§ 91 ff. eine Voraussetzung sein. Kosten, die **nicht notwendig** sind, hat der Gläubiger zu tragen. Der Schuldner hat insoweit ggf. einen Anspruch auf Rückerstattung. 7

Kosten des Schuldners, zB für die Aufhebung von Vollstreckungsmaßnahmen können aber **nicht** nach § 788 II iVm. § 103 II, §§ 104, 107 ZPO festgesetzt werden (BAG NJW 2021, 257; BGH 17.1.2006 – VI ZB 46/05, NJW-RR 2006, 1001; OLG Brandenburg 25.9.2019 – 6 W 74/19, BeckRS 2019, 28450. 8

2. Weiterer Grundsatz: Möglichst niedrige Kosten. Im Rahmen der Schadensminderungspflicht hat der Gläubiger die Kosten der Zwangsvollstreckung möglichst niedrig zu halten, BGH WM 2018, 2327; NJW 2010, 1007; Köln Rpfleger 2014, 390; AG Hann DGVZ 2005, 171. Darauf muss auch der Gerichtsvollzieher nach § 58 I 3 GVGA achten. Im Festsetzungsverfahren nach § 103 prüft der Rpfl., ob der Gläubiger entsprechend vorgegangen ist und damit, ob die Kosten notwendig waren. Der Rpfl. muss diese Prüfung auch dann vornehmen, wenn die Zwangsvollstreckung nur wegen eines Teilbetrags des Vollstreckungstitels stattfindet, LG Darmst Rpfleger 1985, 120; LG Gießen DGVZ 1977, 91; LG Nürnb DGVZ 1977, 94. Die Vollstreckungskosten können leicht höhere Summen erreichen, zum Bespiel bei der Vollstreckung einer zu räumenden Wohnung durch Transport und Einlagerung der vorgefundenen Sachen. 9

Vollstreckungskosten sind erst zu **verzinsen,** wenn sie nach §§ 103, 104, 107 gegen den Schuldner festgesetzt werden. 10

Der Gläubiger braucht den Schuldner **nicht aufzufordern,** ihn zu belehren, ihn nach einer etwa früher abgegebenen eidesstattlichen Versicherung nach § 802c III zu fragen, LG Nürnb-Fürth AnwBl 1982, 122. Nach den jeweiligen Umständen des Einzelfalls muss der Schuldner dabei aber Gelegenheit zur freiwilligen Befriedigung erhalten, vgl. LG Ulm AnwBl 1975, 239. Eine angemessene Zeitspanne kann sich insofern aus einer Fristsetzung, einer nach dem Kalender zu bestimmden angemessen Zeit oÄ ergeben (BGH WM 2018, 2327; NJW 2012, 3789). 11

3. Weiterer Grundsatz: Gesamtschuldner, I 3. Die Vorschrift begründet einen dem § 100 IV 1 für das Erkenntnisverfahren entsprechenden weiteren Grundsatz. Der als Gesamtschuldner in der Hauptsache Verurteilte haftet auch wegen der notwendigen Vollstreckungskosten als **Gesamtschuldner,** LG Kassel DGVZ 2002, 172; 12

LG Lübeck DGVZ 1986, 119; LG Stgt Rpfleger 1993, 38 (je auch zu Ausnahmen); aM Kblz DGVZ 2006, 71 (zu großzügig). Das braucht das Gericht im Urteil nicht zu erklären. Denn diese Haftungsart entsteht mangels einer abweichenden richterlichen Kostengrundentscheidung auch für die Vollstreckungskosten kraft Gesetzes und wird damit begründet, dass die Pflicht, die titulierte Forderung zu erfüllen, jeden Schuldner trifft. Die gesamtschuldnerische Haftung bewirkt, dass die Kosten einer erfolglosen Zwangsvollstreckung gegen den einen Gesamtschuldern auch von allen anderen Gesamtschuldern zu tragen sind. Außerhalb einer Gesamtschuldnerschaft zur Hauptsache trägt jeder Schuldner nur die gerade ihm gegenüber entstandenen Vollstreckungskosten, LG Kassel DGVZ 2002, 172. Auch wegen der Einzelheiten gilt die für das Erkenntnisverfahren getroffene Regelung des § 100 III, IV entsprechend. Das stellt I 3 Hs. 2 klar. Kosten für Rechtsbehelfe eines Schuldners führen nicht zu einer gesamtschuldnerischen Haftung § 100 III analog.

13 **4. Ausnahmen: Billigkeitshaftung des Gläubigers, IV.** Bei IV muss der Schuldner ebenfalls grundsätzlich die Vollstreckungskosten selbst tragen, Karlsr WuM 1986, 147; LG Bln Rpfleger 1991, 219. Das kann aber zu Unbilligkeiten führen, etwa dann, wenn der Gläubiger eine solche Vollstreckungsmaßnahme veranlasst hat, die für ihn erkennbar auch bei einer vollen Berücksichtigung seiner Interessen für den Schuldner eine mit den guten Sitten nach § 765a I nicht vereinbare Härte bedeutet, LG Hann WuM 1990, 398; LG Itzehoe MDR 1990, 557 (nicht bei bloßer Nachlässigkeit). Bei der Änderung von IV durch das Pfändungsschutzkontofortentwicklungsgesetz vom 22.11.2020 handelt es sich nur um eine redaktionelle Anpassung an die Neugliederung und die Neufassung der Vorschriften über das Pfändungsschutzkonto.

14 Der nach § 20 Nr. 17 S. 1 RPflG zuständige Rpfl. kann aus **Billigkeitserwägungen** die Kosten auch dem Gläubiger auferlegen. Er hat dieselbe Befugnis bei §§ 811a, 811b, 829, 833a II, 850k, 850l, 851a, 851b. Der Rpfl. kann die Kosten auch auf den Gläubiger und den Schuldner verteilen. Das gilt etwa dann, wenn er Zweifel darüber hat, ob die Vollstreckungsmaßnahmen notwendig waren. Die Aufzählung ist abschließend, LG Hann Rpfleger 1995, 372. Trotz der Formulierung „kann" handelt es sich um eine gebundene Entscheidung, Musielak/Voit/Lackmann Rn. 27 IV ist restriktiv auszulegen. Die Entscheidung ist anfechtbar (§ 793).

15 **IV gilt nicht** für das Rechtsbehelfs- oder Rechtsmittelverfahren. Dort sind vielmehr §§ 91 ff. anwendbar, BVerfG NJW-RR 2005, 936 (diese Meinung sei verfassungsrechtlich einwandfrei), BGH NJW-RR 1989, 125; aM Karlsr WuM 1986, 147 (zu § 765a bei einer Schuldnerbeschwerde). Rechtsbehelf: § 11 RPflG, Anh. § 153 GVG.

16 **V. Beitreibung, II. 1. Grundsatz: Zulässigkeit eines Festsetzungsbeschlusses, II 1, 2.** Die Kosten der Zwangsvollstreckung werden **zusammen mit dem titulierten Anspruch** vollsteckt (BGH WM 2021, 1509). Aus dem Sinn/Zweck des II 1 ergibt sich, dass der Gläubiger die Kosten auch ohne besondere Festsetzung betreiben lassen kann. Der Hauptsachetitel ist gleichzeitig Titel für die Vollstreckungskosten, so dass es insoweit keines gesonderten Titels bedarf, MüKoZPO/Schmidt/Brinkmann Rn. 2, 40 ff.; Waldschmidt JurBüro 2020, 7. Eine solche Beitreibung geschieht an sich systemwidrig, Johannsen DGVZ 1989, 1. Sie erfolgt nämlich durch ein **vereinfachtes Verfahren** ohne einen besonderen Vollstreckungstitel **nach I 1** zusammen mit dem vollstreckbaren Hauptanspruch und nur mit diesem, BGH, WM 2021, 1509; BayObLG Rpfleger 1998, 32; Mü Rpfleger 2014, 77; OLG Brandenburg JurBüro 2007, 548; LG Essen, 20.3.2020, 17 S 12/19. Daher ist es auch unschädlich, dass die Vollstreckung aufgrund eines solchen Prozessvergleichs erfolgt, der ein Urteil aufgehoben hat, Zweibr MDR 1989, 362. Der Hauptsacheanspruch braucht nicht auf eine Zahlung zu lauten, Mü Rpfleger 2014, 77 (Räumung); LG Bln Rpfleger 1992, 37 LG Stade DGVZ 1991, 119 (Räumung). Der Schuldner kann seine Hauptsacheleistung schon erfüllt haben. Der Hauptsachetitel muss aber noch bestehen, KG MDR 1979, 408, und zwar für diesen Gläubiger, Mü Rpfleger 2014, 78. Eine Teilaufhebung erlaubt eine Vollstreckung wegen der Kosten nur noch des fortbestehenden Teiltitels, Mü NJW-RR 1999, 798; Zweibr JurBüro 1999, 552; LG Hann NJW-RR 2001, 1437; aM Hamm MDR 1993, 917; KG NJW-RR 2000, 518 (aber das wäre inkonsequent). § 367 I BGB ist anwendbar, BSG JurBüro 2010, 323.

17 Ein **Kostenfestsetzungsbeschluss** nach §§ 103 ff. **ist grundsätzlich zwar entbehrlich,** Mü Rpfleger 2014, 77; Zweibr MDR 1989, 362; LG Ulm NJW-RR 1991, 191; allerdings ist es auch möglich, die Zwangsvollstreckungskosten festsetzen zu lassen, MüKoZPO/Schmidt/Brinkmann Rn. 2. Der Schuldner ist zum Antrag zu hören. Dann findet die Zwangsvollstreckung aus dem Kostenfestsetzungsbeschluss, und damit einem Vollstreckungstitel statt, Zweibr DGVZ 1998, 9. Auch der Schuldner darf einen Kostenfestsetzungsbeschluss erwirken. Trotz eines Festsetzungsbeschlusses kann der Gläubiger auch nach § 788 beitreiben, Zöller/Geimer Rn. 18. Eine Notwendigkeit der Kostenfestsetzung kann ausnahmsweise bestehen, BGHZ 90, 210 (Anfechtungsklage); KG DGVZ 1991, 171. Das Gericht prüft nach dem Grundsatz der Formalisierung der Zwangsvollstreckung nicht, ob eine Zwangsmaßnahme zulässig wäre.

18 Bei einem Kostenfestsetzungsbeschluss sind die bisherigen Vollstreckungkosten mit der sonstigen Forderung zu addieren (vgl. auch §§ 755, 802l), was bei der Wertgrenze nach § 74a SGB X zu berücksichtigen ist.

19 **2. Zuständigkeit des Vollstreckungsgerichts, II 1.** Die Festsetzung dieser Kosten richtet sich grundsätzlich nach II 1 Hs. 1 **(Vollstreckungsgericht),** BayObLG JurBüro 2003, 326; Drsd JurBüro 2005, 50; Kblz MDR 2004, 835 (Avalzinsen). Das gilt dann ohne eine Rücksicht auf den Zeitpunkt der Entstehung der Kosten, Kblz JurBüro 2003, 263; Mü MDR 1999, 1525; LG Bln Rpfleger 1999, 500. Diese Zuständigkeit ist nach §§ 764 I, 802 ausschließlich, BayObLG JurBüro 2003, 326; Kblz MDR 2004, 835. Zuständig ist dasjenige Vollstreckungsgericht, bei dem zum Zeitpunkt des Eingangs des Antrags eine Vollstreckungshandlung beliebiger Art schon und noch anhängig ist. Die bloße Möglichkeit einer dortigen Vollstreckung reicht nicht, Düss JurBüro 2009, 214; Mü NJW-RR 2008, 1665, aM KG Rpfleger 2008, 145 (zu großzügig). Ebensowenig reicht ihr endgültiges Ausbleiben, Düss Rpfleger 2010, 435 (Befriedigung vor Vollstreckung). Das gilt auch bei einer Zwangsversteigerung oder Zwangsverwaltung. Das Grundbuchamt ist dann nicht zuständig, aM Hamm JurBüro 2002, 588 (aber das Grundbuchamt ist mit Ausnahme von § 932 kein Vollstreckungsgericht). Nach der Beendigung der gesamten Zwangsvollstreckung ist nach II 1 Hs. 2 (sog. perpetuatio fori) dasjenige Gericht zuständig, in dessen Bezirk die letzte Vollstreckungshandlung erfolgt ist, Brdb MDR 2005, 177. Das Prozessgericht darf und muss nur noch bei §§ 887–890 tätig werden, KG MDR 2001, 533; Karlsr Rpfleger 2001, 309; aM Jüling MDR 2001, 493 (auch bei §§ 922, 936. Aber II 1 Hs. 1 macht keine solche Ausnahme).

20 Das Vollstreckungsgericht entscheidet grundsätzlich durch den **Rechtspfleger** nach § 21 Nr. 1 RPflG, Köln Rpfleger 2014, 390. Er entscheidet vernünftigerweise auch bei II 2, aber nach § 20 Nr. 17 RPflG. Die örtliche

Zuständigkeit ist nach §§ 764, 802 **ausschließlich.** Auf das Verfahren des Rpfl. sind nach II 1 die §§ 103 II 2, 104, 107 anwendbar. Das AG als Vollstreckungsgericht ist auch zur Kostenfestsetzung im Verfahren auf die Vollstreckbarerklärung eines ausländischen Schuldtitels zuständig, Mü Rpfleger 2001, 568. Bei § 932 kann das Grundbuchamt als Vollstreckungsgericht zuständig sein, Hamm Rpfleger 2002, 541. Im Verfahren der Vermögensauskunft nach §§ 802c ff. ist der Gerichtsvollzieher nach § 11 II 3 Hs. 2 RPflG zuständig.

Das alles gilt auch bei der inländischen Vollstreckung eines ausländischen Titels, soweit nicht die vorrangige Brüssel Ia–VO gilt, SchlAnh V C 2. Auch die Vorbereitung der Zwangsvollstreckung gehört hierher. 21

3. Zuständigkeit des Prozessgerichts nur bei §§ 887–890, II 2. Für das Kostenfestsetzungsverfahren ist das Prozessgericht nur bei §§ 887–890 zuständig, weitergehend BGH NJW 1982, 2070. Es entscheidet durch den Rpfl. nach § 20 Nr. 17 RPflG. Die örtliche Zuständigkeit richtet sich nach der des Erkenntnisverfahrens. Auf das Verfahren sind auch hier eben §§ 103 II 2, 104, 107 anwendbar. Eine Verweisung nach dem Eintritt der (Teil-) Rechtskraft ist nicht zu beachten, KG AnwBl 1984, 383. Bei § 11 RVG bleibt auch insofern der Rpfl. des Prozessgerichts des ersten Rechtszugs zuständig, Hamm Rpfleger 1983, 499; Stgt NJW 2005, 760; LG Bln MDR 2001, 533; aM Mü MDR 1985, 682 (aber Wortlaut und Sinn [jetzt] des § 11 I 1 RVG sind eindeutig, Toussaint/ Toussaint RVG § 11 Rn. 39 ff.). 22

4. Prüfungsumfang. Das Vollstreckungsorgan berechnet immer die Kosten der Zwangsvollstreckung. Die Kosten sind ggf. durch Einzelbelege durch den Gläubiger nachzuweisen. Der Gerichtsvollzieher muss auch wegen der tatsächlichen Kosten der Zwangsvollstreckung vollstrecken, LG Wuppert JurBüro 1996, 606; AG Ludwigsb DGVZ 1982, 15. Er zieht die Kosten auch dann im Weg der Zwangsvollstreckung ein, wenn das Vollstreckungsgericht die Zwangsvollstreckung durchführt. Umgekehrt berücksichtigt das Vollstreckungsgericht in seinem Pfändungsbeschluss nach § 829 auch die Kosten des Gerichtsvollziehers. Das Vollstreckungsorgan darf vom Gläubiger eine nachprüfbare Kostenaufstellung verlangen, LG Kaisersl Rpfleger 1993, 29. Es prüft eine nicht titulierte Kostenrechnung des Gläubigers. Es muss **unnötige Kosten** absetzen, LG Aurich DGVZ 2004, 15; AG Coesfeld DGVZ 2003, 30; AG Nienb DGVZ 2003, 95 (zur Frage der Verrechnung seitens des Gläubigers, ausf.). Das gilt unabhängig von einem Anerkenntnis des Schuldners etwa nach § 307, LG Ravensb JurBüro 1990, 47. Eine Glaubhaftmachung genügt. Sie kann auch durch eine Bezugnahme auf die Hauptsacheakten erfolgen. Sie geschieht entsprechend §§ 104 II, 294, LG Darmst Rpfleger 1988, 333. Beim Anwalt ist § 104 II 2, 3 anwendbar. 23

5. Anwendbarkeitsgrenzen. „Zugleich mit dem Anspruch" ist keine Zeitangabe, Ffm DGVZ 1982, 60; KG DGVZ 1991, 171; Behr Rpfleger 1981, 386, sondern bedeutet: ohne einen besonderen Titel, LG Düss DGVZ 1991, 10, also auch noch nachträglich ohne einen Titel nach § 104, LG Bln Rpfleger 1992, 37. Es muss aber wirklich zu einer Beitreibung kommen. Darum gilt § 788 auch dann, wenn der Schuldner nach dem Beginn der Zwangsvollstreckung freiwillig leistet, KG DGVZ 1991, 171. 24

Die Vorschrift **gilt aber dann nicht, wenn** der Schuldner nach einer vorbereitenden Maßnahme leistet, etwa nach der Erwirkung einer Vollstreckungsklausel nach §§ 724 ff. Eine freiwillige Leistung muss auch die Kosten der Zwangsvollstreckung decken. Andernfalls muss der Gläubiger wegen des Rests vollstrecken. Wenn die Zwangsvollstreckung bereits ganz beendet ist, ist § 788 grundsätzlich nicht mehr anwendbar. Das gilt insbesondere nach der Aushändigung des Vollstreckungstitels an den Schuldner nach § 757 I. Kosten des Gläubigers außerhalb des Vollstreckungsverfahrens etwa für eine Ersatzwohnung kann er allenfalls nach dem materiellen Recht im Prozessweg geltend machen. 25

VI. Rechtsbehelfe, I–III. Rechtsbehelfsbelehrung, Verstoß: §§ 232, 233 S. 2. Beim Rpfl. gilt vorbehaltlich §§ 766, 793 das System des § 11 RPflG, → § 104 Rn. 48 ff. Ein „Widerspruch" kann als Erinnerung gelten, AG Kamenz DGVZ 2013, 250. 26

1. Gläubiger. Der Gläubiger kann dann, wenn der **Gerichtsvollzieher** Kosten abgesetzt hat oder deren Beitreibung abgelehnt hat, die Erinnerung nach § 766 einlegen, AG Mü DGVZ 1982, 13; aM Stgt JurBüro 1989, 1740; LG Frankenth Rpfleger 1976, 367 (je: §§ 567 ff. entsprechend). Wenn das **Vollstreckungsgericht** Kosten abgesetzt hat, kann der Gläubiger die sofortige Beschwerde nach §§ 567 I Nr. 1, 793, § 11 I RPflG einlegen, LG Nürnb DGVZ 1977, 93. Allerdings ist nach § 567 II ein Beschwerdewert von über 200 EUR notwendig, denn es handelt sich um eine Kostengrundentscheidung. Das gilt selbst dann, wenn die „Entscheidung" nach § 788 nur die gesetzliche Kostenfolge feststellt. Eine Rechtsbeschwerde kommt unter den Voraussetzungen des § 574 in Betracht. Anschlussbeschwerde: § 567 III. Gegen die Ablehnung des Grundbuchamtes kommt die Grundbuchbeschwerde nach § 71 GBO in Betracht. 27

2. Schuldner. Der Schuldner kann gegen die ihm auferlegten Kosten nach deren Grund und Betrag die Erinnerung nach § 766 einlegen, AG Kamenz DGVZ 2013, 250. Er kann sodann die sofortige Beschwerde nach § 793 einlegen, AG Überlingen JurBüro 2003, 385, aber ausnahmsweise auch nach §§ 103 ff., § 21 RPflG. Das gilt auch dann, wenn der Gläubiger die Kostenfestsetzung beantragt hat, Kblz Rpfleger 1975, 324. Evtl. ist auch die Vollstreckungsabwehrklage nach § 767 zulässig, Düss Rpfleger 1975, 355, und notwendig, Ffm AnwBl 1984, 214; Stgt Rpfleger 1982, 355. Eine weitere Beschwerde ist nach § 568 III unstatthaft, Ffm Rpfleger 1976, 368. Soweit § 788 unanwendbar ist oder soweit die Zwangsvollstreckung bereits beendet ist, können der Gläubiger nach §§ 103 ff. die Kostenfestsetzung beantragen, der Schuldner eine Bereicherungsklage erheben. 28

VII. Erstattung, III. 1. Bei Abänderung. Der Gläubiger muss dem Schuldner die Kosten erstatten, soweit das Gericht den Vollstreckungstitel oder den nach § 104 ergangenen Kostenfestsetzungsbeschluss abgeändert hat. Dies entspricht der Wertung des § 717 II (BGH NJW-RR 2011, 1217). Es ist unerheblich, ob die Abänderung aufgrund eines Rechtsbehelfs erfolgte, Hmb MDR 1979, 944, ob sie in einem Nachverfahren zB nach § 600 erfolgte, ob sie aufgrund eines Vergleichs geschah, Celle Rpfleger 1983, 499; LG Köln JurBüro 1991, 600, ob sie aufgrund einer Klagerücknahme nach § 269 erfolgte, KG Rpfleger 1978, 150, oder ob sie bei einem Arrest oder einer einstweiligen Verfügung aufgrund eines Widerspruchs erfolgte. Der bloße Wegfall der Vollstreckbarkeit oder ein erfolgreiches Urteil aufgrund einer Vollstreckungsabwehrklage genügen nicht. Der Erstattungsanspruch ist im Keim bereits mit dem Vollstreckungsauftrag entstanden, obwohl er natürlich von der Entwicklung der Vollstreckung abhängig ist. 29

2. Bei Aufhebung. Der Schuldner kann weiter diejenigen notwendigen Kosten der Vollstreckungsinstanz erstattet fordern, die ihm dadurch entstanden sind, dass er die Aufhebung einer Vollstreckungsmaßnahme 30 erreichte, BGH WM 2011, 1143; aM Düss AnwBl 1990, 172 (aber kostenmäßig entscheidet nach § 91 der Enderfolg). Das gilt zB für die Kosten einer Einstellungsmaßnahme nach §§ 707, 719, 769, auch nach dem ZVG, aM Schlesw JurBüro 1991, 603 (aber die allgemeinen Vorschriften des Buchs 8 gelten mangels einer Sonderregelung des ZVG weiter, → § 868 Rn. 4). Der Schuldner kann diesen Anspruch im Kostenfestsetzungsverfahren geltend machen, Düss Rpfleger 1996, 298. Der Schuldner kann auch nach § 717 II vorgehen, Celle Rpfleger 1983, 499; Mü MDR 1999, 443. Zur Beitreibung der erstattbaren Kosten ist kein besonderer Titel notwendig. Vielmehr genügt die aufhebende Entscheidung. Übrigens erfasst II nicht nur die Kosten der Zwangsvollstreckung, sondern auch die festgesetzten und mit ihnen beigetriebenen Kosten.

VIII. Beispiele zur Frage erstattbarer Kosten der Zwangsvollstreckung, I–IV

31 **Ablichtung, Abschrift:** Erstattbarkeit für eine Ablichtung oder Abschrift nach § 760, AG Bln-Wedding DGVZ 1986, 78.

Ablösung: Keine Erstattbarkeit für den die Gläubigerforderung ablösenden Dritten. Vielmehr gilt § 268 III BGB und evtl. § 775.

Abtretung: Keine Erstattbarkeit bei Kosten der Offenlegung einer Lohnabtretung, AG Wuppert DGVZ 1994, 94, jedenfalls dann nicht, wenn die Anzeige von der Erwirkung des Vollstreckungstitels erfolgte, LG Köln (6. ZK) Rpfleger 1990, 182; aM LG Köln (9. ZK) JurBüro 1983, 1038 (aber dann hatte die Zwangsvollstreckung noch längst nicht nach → Vor § 704 Rn. 47 begonnen). Keine Erstattbarkeit bei einer Abtretung an den eigenen Komplementär, AG Wolfsb JurBüro 2006, 216.

Androhung von Ordnungs- und Zwangsmitteln: Erstattbarkeit. Denn die Zwangsvollstreckung beginnt mit ihnen, Brem NJW 1971, 58. Keineswegs ist eine am Ort bisher bestehende Anwaltsübung zu beachten, für eine solche Androhung keine Kosten zu berechnen, Hartmann/Toussaint/Toussaint RVG § 1 Rn. 7; aM Stgt Rpfleger 1984, 117 (beachtet nicht [jetzt] § 1 I RVG).

Androhung der Zwangsvollstreckung: 2 Wochen Zuwarten reichen nach 2 Instanzen, Kblz Rpfleger 1995, 313. Hat das höhere Gericht das Urteil des Vordergerichts teilweise zum Nachteil des Gläubigers abgeändert (§ 717), kann er die bereits entstandenen Vollstreckungskosten aus dem abgeänderten Urteil nur insoweit gegen den Schuldner festsetzen lassen, als sie aufgrund einer Vollstreckung auf der Basis der abgeänderten Entscheidung angefallen wären, Karlsr JurBüro 1993, 25; die Kosten einer außergerichtlichen Zahlungsaufforderung/Vollstreckungsandrohung sind nach dem Grundsatz der Schadensminderungspflicht ebenfalls erstattungsfähig, sofern der Gläubiger zu dem Zeitpunkt auch schon ein staatliches Vollstreckungsorgan hätte beauftragen können, LG Saarbrücken JurBüro 2019, 154.

Anlass zur Vollstreckung: Erstattbarkeit, soweit der Gläubiger einen Anlass zum Vollstreckungsauftrag hatte, Hmb JurBüro 1991, 1132 (Wegfall des Titels infolge Vergleichs); KG Rpfleger 1993, 292; Kblz AnwBl 1988, 299. Es kommt auch darauf an, wer eine Sicherheit nach §§ 709 ff. leisten muss, Kblz MDR 1985, 943.

Anschrift: Erstattbarkeit für eine notwendige Auskunft über die Anschrift des Schuldners usw., LG Bonn JurBüro 1990, 349; LG Köln JurBüro 1983, 1571. Das kann auch bei einem privaten Ermittlungsdienst gelten (Fallfrage), aM AG Burgwedel DGVZ 2013, 249. **Keine** Erstattbarkeit für die Kosten infolge einer verschuldet falschen Angabe des Gläubigers über die in Wahrheit unveränderte Anschrift des Schuldners, AG Augsb DGVZ 1994, 78; AG Itzehohe DGVZ 1980, 28, oder des Drittschuldners nach § 840, Bbg JurBüro 1978, 243.

Antragsrücknahme: Sie lässt § 788 unberührt, Karlsr Just 1977, 377; LG Hann Rpfleger 1995, 371; LG Itzehoe MDR 1990, 557; aM Oldb JurBüro 1991, 1256; LAG Brem AnwBl 1988, 173 (§§ 91 ff. Aber der Schuldner hat es zur Zwangsvollstreckung kommen lassen).

Anzeige der bevorstehenden Zwangsvollstreckung nach § 882a: Grds. Erstattbarkeit. Ausnahmsweise **keine** Erstattbarkeit für Straf- und Ordnungswidrigkeitenanzeigen, auch wenn sie den Vollstreckungserfolg fördern sollen, AG Ffm DGVZ 1986, 94.

Arrest, einstweilige Verfügung: Erstattbarkeit für die Kosten der Eintragung einer Vormerkung, Mü AnwBl 1998, 348. Bei einer Änderung der Lösungssumme nach § 923 ist der letzte geänderte Betrag maßgeblich, Köln DGVZ 2000, 75. Erstattbarkeit für die Kosten der Zustellung nach I 2, LG Bln JurBüro 2000, 316. **Keine** Erstattbarkeit für die Kosten der Löschung einer Arrestsicherungshypothek nach einer Arrestaufhebung, Mü MDR 1989, 460, oder eines nach einer einstweiligen Verfügung im Grundbuch eingetragenen Widerspruchs nach § 924, Schlesw SchlHA 1988, 171; aM Celle NJW-RR 2009, 575 (zu großzügig). Im Hauptsacheverfahren **keine** Erstattbarkeit für die Vollzugskosten nach § 929, KG Rpfleger 1977, 372. Auch → „Sequestration".

Arzt: Seine Hinzuziehung kann unter § 788 fallen (Falltage), strenger AG Erfurt DGVZ 1997, 47.

Aufhebung: Keine Erstattbarkeit bei materiell-rechtlicher Aufhebung des Ersturteils, BGH MDR 2011, 1381.

Aufrechnung: Keine Erstattbarkeit, soweit sie ohne weiteres möglich ist, LG Bln JurBüro 1997, 106.

Auftragsüberschreitung: Keine Erstattbarkeit.

Auskunft: Erstattbarkeit für eine Auskunft über die Anschrift und Kreditwürdigkeit des Schuldners, LG Bonn JurBüro 1990, 349; LG Köln JurBüro 1983, 1571; AG Aurich JurBüro 2011, 383. Erstattbarkeit bei geringeren Kosten als denjenigen nach (jetzt) §§ 802b ff. usw., AG Aurich DGVZ 2011, 214 (krit. Mroß).

Auslandskosten: Erstattbarkeit für notwendige im Ausland entstandene Kosten einer inländischen Vollstreckungsmaßnahme, LG Passau Rpfleger 1989, 342

Auslandsurteil: Erstattbarkeit im Verfahren auf seine Vollstreckbarerklärung zB nach § 722, Hmb MDR 1989, 553 (auch bei einer „Erledigterklärung" nicht § 91a), Stein/Jonas/Münzberg Rn. 12; aM Zöller/Geimer Rn. 3a (zu streng).

Aussichtslosigkeit: Keine Erstattbarkeit, soweit die Zwangsvollstreckung von vornherein als aussichtslos erscheint.

Behörde: Erstattbarkeit auch ihrer Kosten, nach → § 91 Rn. 281 zB eines Anwalts, AG Osnabr DGVZ 2016, 35.

Bruttolohn: Hat der zu seiner Zahlung Verurteilte dem Gläubiger nur einen Nettolohn gezahlt, kann der Gläubiger **keine** Lohnabrechnung fordern, AG Köln DGVZ 1999, 46.

Detektiv: Erstattbarkeit, soweit der Gläubiger ihn brauchte, um die Vollstreckung durchzuführen, AG Aurich JurBüro 2011, 383. Das gilt zB: Zwecks Vorbereitung der Vollstreckung, LG Freibg JurBüro 1996, 383; bei der Ermittlung der Arbeitsstelle, LG Bochum JurBüro 1988, 256, oder des Arbeitslosengelds usw., LG Brschw

JurBüro 2002, 322; bei der Ermittlung der Schuldneranschrift, Kblz JurBüro 1996, 383; Mü JurBüro 2010, 321; LG Bln Rpfleger 1986, 107; aM AG Burgwedel DGVZ 2010, 238 (zu streng). Erstattbarkeit etwa deshalb, weil die Post und das Einwohnermeldeamt nicht helfen können, Kblz Rpfleger 1996, 120 (strenge Anforderungen an die Darlegung der Notwendigkeit); LG Bonn WuM 1990, 586; AG Wuppert DGVZ 1994, 94; strenger Kblz JurBüro 2002, 318. **Keine** Erstattbarkeit, soweit der Detektiv den Schuldner nur allgemein überwachen soll, Kblz Rpfleger 1995, 120; LG Hann MDR 1989, 364. **Keine** Erstattbarkeit, soweit der Einsatz sinnlos war, LG Bln Rpfleger 1990, 37.

Devisengenehmigung zur Transferierung eines gezahlten Urteilsbetrags: **Keine** Erstattbarkeit.

Drittschuldner: Erstattbarkeit für die Kosten eines nicht von vornherein aussichtslosen Rechtsstreits mit dem Drittschuldner nach § 840, soweit sie beim Drittschuldner nicht betrieben werden können, anlässlich der Pfändung nach → § 835 Rn. 15, BGH NJW 2010, 1675; NJW 2006, 1141; LG Lpz JurBüro 2003, 662; LG Traunst Rpfleger 2005, 552; aM BAG NJW 2007, 1302; Stgt Rpfleger 1996, 117; LG Konst Rpfleger 2004, 56 (aber dieser ganze Drittschuldnerprozess dient ausschließlich der weiteren Befriedigung des Gläubigers durch eine Zwangsvollstreckung aus dem Ausgangstitel). Erstattbarkeit für die Einigungsgebühr des Anwalts des Gläubigers nach VV 1000 RVG, LG Aschaffenb JurBüro 2000, 663, LG Münst Rpfleger 2004, 172. Erstattbarkeit für die Kosten der Erklärung nach § 840, AG Hmb AnwBl 1980, 302; AG Ludwigsb MDR 2009, 521; Thomas/Putzo/Seiler Rn. 23; aM KG Rpfleger 1977, 178; LG Rottweil NJW-RR 1989, 1470; AG Mü AnwBl 1981, 40 (aber auch diese Erklärung des Drittschuldner dient nur der Vollstreckung). Erstattbarkeit für die Verwahrungskosten des Gläubigers zur Herausgabe an den Drittschuldner, Stgt Rpfleger 1976, 523. Erstattbarkeit für die Vorbereitungskosten, Köln JurBüro 1992, 267 (Klage gegen Drittschuldner).

Keine Erstattbarkeit für (Anwalts-)Kosten des Drittschuldners zwecks einer außergerichtlichen Wahrnehmung seiner Interessen an der Abwicklung desjenigen Vertrags, aus dem der Gläubiger einen Anspruch nach § 829 gepfändet hat, BGH NJW 1985, 1156. **Keine** Erstattbarkeit für einen Erstattungsanspruch gegen den Schuldner nach → § 840 Rn. 23.

Drittwiderspruchsklage: Keine Erstattbarkeit für die Kosten der Abwehr einer Drittwiderspruchsklage nach §§ 771 ff., sofern der Dritte sie in Wahrheit noch gar nicht erhoben hat, Kblz Rpfleger 1977, 67. Auch → „Zwangsvollstreckung".

Durchsuchung: Erstattbarkeit für notwendige Öffnungskosten nach §§ 758, 758a, AG Bln-Schöneb DGVZ 1990, 14.

Einstweilige Anordnung oder Einstellung: → „Vollstreckungsabwehr".

Eintragung in das **Grundbuch** oder **Register:** Erstattbarkeit nur dann, wenn die Eintragung unmittelbar der Zwangsvollstreckung dient, Brdb JurBüro 2018, 328. Das gilt zB für die Eintragung einer Zwangshypothek nach § 867, obwohl das Grundstück nach dieser Sondervorschrift haftet. Es gilt auch für die Eintragung einer Verfügungsbeschränkung in das Staatsschuldbuch usw. und für die Eintragung einer Vormerkung aufgrund einer einstweiligen Verfügung nach §§ 935 ff., Düss MDR 1985, 770; KG Rpfleger 1991, 433; aM Köln JurBüro 1987, 763; Mü JurBüro 1987, 763 (aber auch dieser Vorgang diente direkt der Zwangsvollstreckung).

Keine Erstattbarkeit, soweit die Kosten auch bei einer Erfüllung durch den Schuldner entstanden und nach § 897 BGB vom Gläubiger zu tragen gewesen wären. **Keine** Erstattbarkeit bei einer Eintragung aus einem Urteil nach § 894 auf die Bewilligung einer Eintragung oder in einer nach § 895 vorläufig vollstreckbaren Form. Denn die Eintragung ist keine Vollstreckung gerade nach § 894, Düss MDR 1985, 770; Hamm JurBüro 2000, 494; KG Rpfleger 1991, 433. Keine Erstattbarkeit bei Kosten der Zustellung nach § 882c, Brdb JurBüro 2018, 328.

Erbschein: Erstattbarkeit, soweit man ihn wirklich für diese Zwangsvollstreckung braucht.

Erfüllung: → „Gläubiger".

Erinnerung: → „Rechtsbehelfe".

Erledigung: Maßgeblich ist § 788, nicht § 91a, Brschw JurBüro 1999, 47; Düss JurBüro 1996, 235; Karlsr FamRZ 1996, 1490.

Ersatzvornahme, § 887: Erstattbarkeit nach → § 887 Rn. 11, KG Rpfleger 1994, 31; Mü MDR 1998, 795; Nürnb JurBüro 1993, 240. Das gilt auch für zugehörige notwendige Finanzierungskosten, Düss MDR 1984, 324. Denn die Ermächtigung zur Ersatzvornahme ist nach → § 887 Rn. 11 bereits ein Teil der Zwangsvollstreckung (Ausnahme s. dort), Ffm AnwBl 1984, 213; Hamm JurBüro 1977, 1457. Wegen § 888 → § 888 Rn. 15. Auch → „Zwangsvollstreckung".

Exequatur: Den Erstattungsanspruch des Gläubigers wegen der Kosten eines Exequaturverfahrens französischen Rechts beschränken nicht die Regeln französischen Rechts, Düss GRUR 1990, 152; aM Saarbr JurBüro 2002, 99 (keine Anwendbarkeit des § 788. Aber der deutsche Richter wendet grds. das deutsche Recht an, soweit es nicht ausdrücklich zurücktritt.

Fahrtkosten: Erstattbarkeit für notwendige Fahrtkosten des Gläubigers.

Freiwillige Leistung: Keine Erstattbarkeit solange sie noch möglich ist, BVerfGE 99, 338; AG Osnabr DGVZ 2014, 175 (Notwendigkeit angemessener Frist). Eine zur Abwendung der Vollstreckung wirklich noch freiwillig erfolgte Leistung erfordert meist keine Vollstreckungsmaßnahme, BGHZ 155, 79.

Frist: Keine Erstattbarkeit, soweit der Schuldner innerhalb der vom Gläubiger gesetzten Frist geleistet hat. Dazu gehört aber nicht nur die Leistungshandlung, sondern auch der Leistungserfolg. Er tritt bei einer Zahlung erst mit dem Eingang auf dem Gläubigerkonto ein, denn erst dann hat der Schuldner erfüllt, AG Aschaffenb DGVZ 1985, 155; AG Gelsenkirchen-Buer DGVZ 1983, 15; aM LG Stgt/Tüb JurBüro 1986, 392 (evtl. Überweisungsauftrag), AG Walsrode DGVZ 1989, 187 (aber jede Erfüllung muss eindeutig sein). Bei Herausgabe muss der Schuldner anliefern, LG Mannh NJW-RR 2013, 576. Zumindest muß der Schuldner den Gläubiger fristgerecht vom Überweisungsauftrag informieren, Zweibr JurBüro 1988, 929; Christmann DGVZ 1991, 107.

Keine Erstattbarkeit, soweit der Schuldner noch gar nicht leisten konnte, AG Borna Rpfleger 2006, 92, oder soweit er keine angemessene Frist erhalten hatte, LG Cottbus DGVZ 2007, 138; LG Lüb DGVZ 2012, 166, oder soweit er innerhalb einer objektiv angemessenen Frist gezahlt hat, BVerfGE 99, 338; Ffm JurBüro 1988, 786. Das gilt selbst dann, wenn der Gläubiger eine kürzere gesetzt hat, Brschw JurBüro 1999, 47; KG AnwBl 1984, 217. Maßgeblich ist die für die Übermittlung üblicherweise erforderliche Zeitspanne, AG Bochum DGVZ 1993, 175; AG Bad Schwalbach DGVZ 2000, 174 (10 Tage). 3 Wochen sind aber zu lang, Köln NJW-RR 1993, 1534; Nürnb NJW-RR 1993, 1534; LG Münst DGVZ 2003, 60. Auch → „Wartefrist".

Früherer Vollstreckungsversuch: Erstattbarkeit für die Kosten einer oder mehrerer früherer Vollstreckungsversuche aufgrund desselben Titels.

Gegenleistung bei einer Zwangsvollstreckung Zug um Zug nach § 756: Erstattbarkeit, soweit die Kosten diejenigen Kosten übersteigen, die ohne eine Zwangsvollstreckung entstehen würden, Ffm Rpfleger 1980, 29 (die Kosten der Beschaffung und des Transports der Gegenleistung zu dem Austauschort wären aber auch ohne eine Zwangsvollstreckung entstanden, daher bei ihnen keine Erstattbarkeit, aM LG Ulm NJW-RR 1991, 191). Erstattbarkeit für diejenigen Kosten, die der Gläubiger aufwendet, um bei der Zwangsvollstreckung in eine Anwartschaft auf eine Übereignung die Restschuld des Schuldners zu tilgen. Erstattbarkeit für die Kosten eines Vollstreckungsauftrags an den Anwalt, BGH NJW 2014, 2508, auch wenn die Voraussetzungen der §§ 756, 765 gegenüber dem sachlichrechtlich im Verzug befindlichen Schuldner noch nicht vorliegen. Erstattbarkeit für die Gerichtsvollzieherkosten bei der Gegenleistung, BGH NJW 2014, 2508. **Keine** Erstattbarkeit für ein Privatgutachten desjenigen Sachverständigen, den der Gläubiger und nicht der Gerichtsvollzieher beauftragt hat und das auch nicht erforderlich war, Köln MDR 1986, 1033. Aber auch → „Gutachten".

Gerichtsvollzieher: Auch er muss nach → Rn. 9 auf möglichst **geringe** Kosten achten. Erstattbarkeit für seine Gebühren und Auslagen nach dem GvKostG, Hartmann/Toussaint Teil XI, soweit seine Hinzuziehung notwendig war, LG Münst NJW-RR 1988, 128; AG Münst DGVZ 1979, 29, AG Westerburg DGVZ 1990, 14.

- **(Anschrift): Keine** Erstattbarkeit, soweit der Gläubiger vorwerfbar eine falsche Schuldneranschrift angab, AG Augsb DGVZ 1994, 78, AG Itzehoe DGVZ 1980, 28.
- **(Anweisung des Gerichts):** Erstattbarkeit, soweit der Gerichtsvollzieher bei § 766 auf eine Anweisung des Gerichts handelte, LG Wuppert DGVZ 1993, 59.
- **(Mehrheit von Aufträgen): Keine** Erstattbarkeit des Mehrbetrags, soweit ein einheitlicher Auftrag gereicht hätte, AG Wiesb DGVZ 2011, 115.
- **(Räumungszwang):** Erstattbarkeit dann, wenn schon bei der Beauftragung deutlich wird, dass der Schuldner beim Fristablauf nicht räumen wird, LG Freibg WuM 1987, 267. Das gilt selbst dann, wenn noch sein sofortiges Beschwerdeverfahren läuft, LG Mü WuM 1987, 268.
- **(Sachverständiger):** Erstattbarkeit für die Hinzuziehung eines Sachverständigen zB nach § 885.
- **(Schlosser usw.):** Erstattbarkeit beim Verfahren nach §§ 758, 758a, AG Bln-Neukölln DGVZ 1986, 79, AG Bln-Wedding DGVZ 1976, 91.
- **(Sozialbehörde): Keine** Erstattbarkeit, soweit die Sozialbehörde statt einer selbständigen Zwangsvollstreckung den Gerichtsvollzieher nach § 66 SGB X beauftragt hat, AG Germersheim Rpfleger 1982, 159.
- **(Spediteur):** Erstattbarkeit für die Hinzuziehung eines Spediteurs zB nach § 885. Das gilt auch dann, wenn sich seine Tätigkeit dann erübrigt, LG Kblz DGVZ 1993, 74; AG Geldern DGVZ 2003, 77; AG Montabaur DGVZ 1993, 73.
- **(Verhaftung):** Erstattbarkeit beim Verfahren zur Beförderung eines nach § 802g zu verhaftenden Schuldners. Das gilt selbst dann, wenn er nicht zu Hause ist, AG Bln-Neukölln DGVZ 1979, 190; aM VG Schlesw DGVZ 1979, 14 (zu streng).
- **(Verwahrung):** Erstattbarkeit nach § 90 IV GVGA bei einer Verwahrung des Vollstreckungsgegenstands zB nach § 885, Hmb MDR 2000, 661, oder nach § 938, § 154 II 3 GVGA.
- **(Zustellkosten):** Kosten für die Zustellung, z. B. eines Pfändungs- und Überweisungsbeschlusses sind notwendige Kosten, BGH WM 2021, 1509.
- **(Zeuge):** Erstattbarkeit für die Hinzuziehung eines Zeugen zB nach §§ 758, 758a, 885.
- **(Zu früh): Keine** Erstattbarkeit, soweit er zu früh tätig wurde, zB dann, wenn keine Anhaltspunkte dafür sprechen, der Schuldner werde nicht zahlen, Schlesw SchlHA 1983, 198.
- **(Zu teuer): Keine** Erstattbarkeit nach → § 885 „Kostenersparnis", soweit der Gerichtsvollzieher nicht kostenschonend vorging, Hmb MDR 2000, 602; LG Bln DGVZ 1982, 41; LG Hmb DGVZ 1999, 185 (Möglichkeit zu hoher Kosten schon schädlich). **Keine** Erstattbarkeit für sinnlose weitere Kosten, AG Bingen DGVZ 2000, 46, etwa für eine überflüssige erste Zustellung, AG Überlingen JurBüro 2003, 385.
- **(Zu viel):** Keine Erstattbarkeit für unnötig viele Vollstreckungsaufträge, LG Halle DGVZ 2001, 30; AB Blieskastel DGVZ 1998, 175.

Geringfügigkeit: Erstattbarkeit zumindest dann, wenn der Schuldner sie systematisch vorschiebt, um nicht zB auch noch nur kleine Zinsen zahlen zu müssen, LG Mosbach NJW-RR 2001, 1439.

Gesamtschuldner: Zunächst → Rn. 12 ff. Erstattbarkeit für eine Leistungsaufforderung an jeden, LG Lübeck DGVZ 1986, 119; LG Stgt JurBüro 2004, 337; aM Hmb JurBüro 1979, 1721 (aber alle haften bis zur Leistung).

Getrennte Pfändungen: → „Mehrfache Vollstreckungen".

Gläubiger: Erstattbarkeit für die Kosten seiner Anwesenheit bei der Zwangsvollstreckung, soweit diese notwendig oder nützlich ist. Erstattbarkeit für seine Handlungen kraft einer Ermächtigung zB nach §§ 887, 936, 928. Erstattbarkeit, soweit bei einer Zwangsvollstreckung wegen festgesetzter Kosten nach § 798 vor dem Ablauf der Zweiwochenfrist keine Zahlung des Schuldners eingeht. Das gilt selbst dann, wenn er sie innerhalb der Wochenfrist abgesandt hatte, LG Nürnb JurBüro 1980, 463; aM LG Bonn DGVZ 1981, 156; LG Hann JurBüro 1991, 1274 (aber es kommt bei einer Erfüllung stets auf den Zugang an, und der Gläubiger hat schon lange genug warten müssen). Erstattbarkeit für eine Vollstreckung wegen der unverschuldeten Unkenntnis einer bereits erfolgten Erfüllung, Hmb JurBüro 1976, 1252; LG Stgt JurBüro 2001, 47.

Keine Erstattbarkeit für solche Kosten, die erst dadurch entstehen, dass der Gläubiger nicht in einer zumutbaren Weise prüft, ob der Schuldner bereits erfüllt hat, LG Stgt JurBüro 2001, 47, oder dass der Gläubiger nicht sofort seine Gesamtforderung beziffert, AG Wolfratshausen DGVZ 1977, 62, oder dass er im Vollstreckungsauftrag eine unrichtige Schuldneranschrift angibt, AG Augsb DGVZ 1994, 78, oder dass ein Zahlungsversuch des Schuldners am Verhalten des Gläubigers scheitert und dass der Gläubiger anschließend entstandene Kosten geltend macht, AG Kblz DGVZ 1998, 79 (kein Gläubigerkonto angegeben), AG Siegburg DGVZ 1995, 157. **Keine** Erstattbarkeit für Kosten einer Besitzeinweisung in das vom Schuldner schon geräumte Objekt, Mü ZMR 1985, 299; auch → „Zug um Zug".

Grundbuchauszug, -einsicht: Erstattbarkeit unabhängig vom weiteren Vollstreckungsfortgang dann, wenn die Maßnahme zunächst als erforderlich erschien.

Gutachten: Erstattbarkeit für die Ermittlung von Beseitigungskosten beim Baumangel, Ffm MDR 1983, 140, oder zu einer erforderlichen Wertermittlung. Erstattbarkeit evtl. auch für ein Privatgutachten, Zweibr JurBüro 1986, 467. Aber auch → „Gegenleistung".

Haftbefehl: Keine Erstattbarkeit für die Kosten eines Pfändungsauftrags nach §§ 754, 803 ff. dann, wenn das Gericht gerade erst aufgrund einer Unpfändbarkeitsbescheinigung einen Haftbefehl nach § 802g erlassen hatte und wenn keine besonderen Tatsachen vorlagen, aus denen sich der Erwerb neuer Vermögenswerte durch den Schuldner ergeben hätte, LG Kblz JurBüro 1998, 214; AG Beckum DGVZ 2008, 106; AG Brake DGVZ 2008, 107; aM LG Kassel DGVZ 1985, 123; LG Münst DGVZ 1990, 125; AG Ludwigsb DGVZ 1982, 15 (aber sinnlose Kosten sind nicht notwendige, vgl. auch → § 803 Rn. 22). **Keine** Erstattbarkeit überhaupt bei der Zwecklosigkeit einer zweiten Vollstreckung, Ffm NJW 1978, 1442, LG Bln MDR 1983, 587; LG Ulm AnwBl 1975, 239.

Haftpflichtversicherung: Erstattbarkeit für eine Zahlungsaufforderung nach → „Zahlungsaufforderung" an ihn, LG Hmb JurBüro 1979, 729.

Hebegebühr: → „Rechtsanwalt".

Hinterlegung: → „Sicherheitsleistung".

Inkassobüro. Dazu Seitz (Hrsg.), Inkasso-HdB, 4. Aufl. 2015. Man muss die Frage nach den objektiven wirtschaftlichen Umständen beantworten, LG Münst MDR 1988, 682; AG Neubrdb DGVZ 2017, 153. Erstattbarkeit nur insoweit, als durch solche Kosten die Kosten der Hinzuziehung eines Anwalts **vermeidbar** wurden, LG Oldb JurBüro 2007, 500; AG Duisb JurBüro 1998, 608; AG Villingen-Schwenningen JurBüro 2007, 90; strenger AG Herzberg DGVZ 2017, 152; großzügiger LG Brem JurBüro 2002, 212; AG Strausberg JurBüro 2012, 443 (je: Erstattbarkeit bis zur Grenze von Anwaltsgebühren); LG Nürnb-Fürth JurBüro 1987, 1258; LG Wiesb DGVZ 1989, 13 (stellen beide darauf ab, ob der Gläubiger die Kosten für erforderlich halten konnte). Erstattbarkeit allerdings ebenso wie beim Anwalt, soweit der Inkassounternehmer im Rahmen (jetzt) des RDG tätig wird, Lappe Rpfleger 1985, 282; Wedel JurBüro 2001, 345; aM LG Bln Rpfleger 1975, 373 (zu streng). **Keine** Erstattbarkeit bei nicht titulierten Kontoführungsgebühren, AG Fürth DGVZ 2008, 47.

Insolvenz: Keine Erstattbarkeit wegen eines aussichtslosen Insolvenzantrags des Gläubigers nach § 14 InsO, LG Bln MDR 1983, 587. Auch → „Rechtsbehelfe".

Kostenfestsetzung: Keine Erstattbarkeit, soweit der Rpfleger Kosten der Zwangsvollstreckung schon im Kostenfestsetzungsbeschluss nach § 104 mitberücksichtigt hat, LG Bad Kreuznach Rpfleger 1990, 313.

Kreditwürdigkeit: → Rn. 31 „Auskunft".

Lagerkosten: Erstattbarkeit natürlich zumindest aufgrund einer gerichtlichen Einlagerungsanordnung, Hmb JurBüro 2001, 46; aM Brdb Rpfleger 2006, 101 (Sequestration). Der Gläubiger haftet wegen § 885 IV nur bis zum Ablauf der gesetzlichen Lagerfrist von zwei Monaten und ein wenig darüber hinaus, LG Bln Rpfleger 2004, 431. Zum Problem Huermann NZM 2004, 326.

Löschung, Löschungsbewilligung: Grundsätzlich Erstattbarkeit für ihre Kosten wegen einer Zwangshypothek nach § 867, Oldb Rpfleger 1983, 329; aM Ffm JurBüro 1981, 786; Mü MDR 1989, 460; LG Bln Rpfleger 1988, 547 (aber die Zwangsvollstreckung endet keineswegs mit der Eintragung der Zwangshypothek). Aber auch → „Arrest".

Mahnschreiben: Erstattbarkeit nur nach angemessener Frist zur freiwilligen Leistung, AG Osnabr DGVZ 2014, 179.

Mehrfache Vollstreckung: Keine Erstattbarkeit für die Kosten einer mehrfachen Zwangsvollstreckung dann, wenn eine einmalige Vollstreckung ausreichen würde. Es kommt also auch auf den Zeitablauf und einen etwaigen zwischenzeitlichen Vermögenserwerb an, LG Heilbr MDR 1994, 951, oder unmittelbar nach einem fruchtlosen Vollstreckungsversuch nach → Rn. 6, LG Halle DGVZ 2001, 30; LG Oldb DGVZ 1998, 28; Krauthausen DGVZ 1988, 164. **Keine** Erstattbarkeit für die Kosten getrennter **Pfändungsanträge** dann, wenn auch ein Sammelantrag genügt hätte, KG Rpfleger 1976, 327; Zweibr Rpfleger 1992, 272; LG Karlsr JurBüro 2011, 161.

Mehrheit von Schuldnern: Der Gläubiger darf gegen alle gleichzeitig vollstrecken, AG Singen JurBüro 2006, 329.

Notar: Soweit der Gläubiger einen Anwalt einschaltet, kann man dessen Kosten nur nach den Umständen als Vollstreckungskosten beurteilen, aM AG Essen DGVZ 1993, 71 (grds. Erstattbarkeit), LG Ingolstadt DGVZ 2001, 45; AG Erkelenz DGVZ 1993, 77 (je: grds. **keine** Erstattbarkeit. Aber eine Gesamtabwägung ist stets erforderlich, soweit es um immerhin etwas ungewöhnliche Kosten geht). **Keine** Erstattbarkeit beim Nur-Notar bei § 89 GNotKG, Saarbr DGVZ 1989, 92; aM KG MDR 1989, 745; LG Mannh MDR 1989, 746; AG DGVZ 1988, 31 (aber § 89 GNotKG hat als eine Spezialvorschrift den abschließenden Vorrang).

Notfristzeugnis: Erstattbarkeit bei § 706 II.

Öffnung: → „Durchsuchung".

Pfändung: Erstattbarkeit grds. auch für die Vollstreckungskosten, LG Itzehohe MDR 1990, 557 (nach Rn. 8, 9 sogar bei einer Antragsrücknahme), LG Stgt Rpfleger 2005, 38; AG Ffm DGVZ 1994, 46; aM AG Gießen DGVZ 1997, 63 (bei Verhaftung nach § 802g); AG Hmb DGVZ 2003, 94 (Verdachtspfändung), Lappe Rpfleger 1983, 248 (aber die Pfändung nach § 829 lässt sich als eine vollstreckungsrechtliche Kernmaßnahme vernünftigerweise auch kostenmäßig großzügig beurteilen). **Keine** Erstattbarkeit für eine bloße Verdachtspfändung, gar gegenüber verschiedenen Drittschuldnern nach § 840, Düss MDR 1993, 701; AG Hmb DGVZ 2003, 94; AG Mosbach Rpfleger 2010, 530. **Keine** Erstattbarkeit für vermeidbare Mehrkosten, AG Oldb/H DGVZ 1981, 30.

Privatgutachten: → „Gutachten".

Protokollabschrift: → Rn. 31 „Ablichtung, Abschrift".

Ratenzahlungsvereinbarung: → „Gerichtsvollzieher", → „Vergleich".

Räumung. Dazu Horst MDR 2006, 249 (Grdz.); Schilken DGVZ 1993, 1 (Grdz.); Schwieren, Die Kostenbelastung des Gläubigers bei der Räumungsvollstreckung, 2010; vgl. auch § 885a VII, BGH NJW 2015, 2126; Erstattbarkeit trotz § 765a, Köln NJW-RR 1995, 1163; aM Ffm JurBüro 1999, 44 (gibt dem einlagernden Gläubiger einen Klageanpruch auf eine Erstattung. Aber das ist ein wenig prozesswirtschaftlicher Umweg). Erstattbarkeit vor dem Ablauf der Rechtsmittelfrist gegen eine Zurückweisung des Räumungsschutzantrags,

LG Mü WuM 1999, 416. Erstattbarkeit beim Auszug nur eines von mehreren Schuldnern, LG Ffm WuM 2015, 567.

Keine Erstattbarkeit für Maßnahmen vor dem Ablauf einer zB nach § 721 III 1 verlängerbaren Räumungsfrist, LG Freib WuM 1984, 138, oder nach dem Tod des Schuldners, LG Bln JurBüro 1985, 1580. **Keine** Erstattbarkeit für die Kosten der Beseitigung von Anpflanzungen und Bauten, BGH NJW-RR 2005, 212. **Keine** Erstattbarkeit für Kosten nach dem Ablauf der Frist nach § 885 IV 1, BGH NZM 2008, 448. Keine Erstattbarkeit für Räumungskosten vor dem 1.5.13, BGH NJW 2015, 2127.

Rechtsansicht: Bei einer Streitfrage läßt AG Wuppert DGVZ 1999, 44 die Ansicht des Gläubigers ausreichen. Man könnte aber genauso gut die Ansicht des Schuldners zugrundelegen.

Rechtsanwalt: Erstattbarkeit für die Kosten seiner Tätigkeit in der Zwangsvollstreckung, Saarbr BauR 2011, 1869, LG Düss AnwBl 1981, 75, LG Magdeb Rpfleger 1991, 218, aM Saarbr Rpfleger 1981, 321 (aber der Anwalt ist nach § 1 BRAO in **jeder** Angelegenheit der berufene Vertreter).

– **(Arbeitsgerichtsverfahren): Keine** Erstattbarkeit bei § 12a I 1 ArbGG zB gegen einen Drittschuldner nach § 840, → § 91 Rn. 81 „Arbeitsgerichtsverfahren".

– **(Bloße Erläuterung): Keine** Erstattbarkeit für die bloße Erläuterung der Forderung gegenüber dem Schuldner, AG Heidelb DGVZ 2000, 173.

– **(Freiwilligkeit):** Erstattbarkeit, soweit der Schuldner „freiwillig" leistet, AG Ffm DGVZ 1995, 79; Toussaint/Toussaint RVG VV 1009 Rn. 22; aM Düss JurBüro 1995, 50; AG Bln-Neukölln DGVZ 1995, 13; AG Erlangen DGVZ 1995, 15 (aber auch solche „Freiwilligkeit" erfolgte in Wahrheit meist in einem direkten Zusammenhang mit einer Vollstreckung, nämlich zu ihrer Vermeidung).

– **(Hebegebühr):** Erstattbarkeit für diese Gebühr nach VV 1009 RVG, soweit die Einschaltung des Anwalts notwendig war, LG Mü DGVZ 2007, 43; AG Eisenhüttenstadt Rpfleger 2005, 384; AG Freibg JurBüro 2009, 499; aM AG Cloppenb DGVZ 2008, 15 (zu streng). Es ist eine strenge Prüfung notwendig, Nürnb JurBüro 1992, 107; Toussaint/Toussaint RVG VV 1009 Rn. 19.

– **(Hinterlegung):** Erstattbarkeit für die Gebühr bei einem Hinterlegungsantrag.

– **(Mehrere Schuldner):** Zu den notwendigen Kosten bei mehreren (Gesamt-)schuldnern gehört auch die Vollstreckung gegen jeden einzelnen Schuldner (eigene Angelegenheit, RVG VV 1008), AG Singen JurBüro 2006, 329.

– **(Vermeidung einer Vollstreckung):** Erstattbarkeit für die gerade zur Vermeidung entstandenen Kosten, aM LG Bln MDR 2003, 115 (aber dann liegt in Wahrheit eine Androhung der Vollstreckung und keine „freiwillige" Zahlung mehr vor).

– **(Vor Vollstreckungsbeginn):** Erstattbarkeit für die vor dem Beginn der Zwangsvollstreckung nach entstandenen Kosten, soweit sie gerade zur Herbeiführung der förmlichen Voraussetzungen der Vollstreckung entstanden, LG Bonn DGVZ 1982, 186.

– **(Vor Vollstreckungsklausel): Keine** Erstattbarkeit für eine Zahlungsaufforderung vor der Erwirkung der Vollstreckungsklausel nach §§ 724 ff., LAG Hamm MDR 1984, 1053.

– **(Zu früh): Keine** Erstattbarkeit generell bei einer verfrühten Tätigkeit, LG Saarbr NJW-RR 2010, 492 (während Verhandlungen über Zahlungseinzelheiten); Erstattbarkeit einer Zahlungsaufforderung bei einem vorläufig vollstreckbaren Titel dann aber, wenn die Sicherheitsleistung nachgewiesen ist, OLG Hamm JurBüro 2020, 46; erstattbar ist dann auch eine Gebühr nach VV 3309 RVG, Gottwald/Mock, Zwangsvollstreckung, § 788 Rn. 28; Waldschmidt JurBüro 2020, 7.

– **(Zustellung des Titels):** Die Erstattungsfähigkeit einer anwaltlichen Vollstreckungsgebühr hängt nicht davon ab, dass zuvor die Zustellung einer vollstreckbaren Ausfertigung des Titels bewirkt worden ist (BGH WM 2018, 2327; NJW 2012, 3789; NJW-RR 2003, 1581).

Rechtsbehelf: Keine Erstattbarkeit für die Kosten eines besonderen Rechtsbehelfs wie einer Klage, einer Erinnerung, einer Vollstreckungsbeschwerde, Schlesw SchlHA 1977, 191. Denn in jenen Entscheidungen ergeht wegen des Charakters eines selbständigen Verfahrens eine besondere Kostenregelung nach §§ 91 ff., BGH NJW-RR 1989, 125; Köln ZMR 1994, 325; Zöller/Geimer Rn. 12. Wegen des Beschwerdewerts § 567 II 1,2.

Rechtsbeistand: Keine Erstattbarkeit, soweit der Gläubiger eine Rechtsabteilung unterhält, LG Konst DGVZ 2005, 73; AG Donaueschingen DGVZ 2005, 73; AG Wildeshausen DGVZ 2005, 191.

Rücknahme des Antrags: → Rn. 31 „Antragsrücknahme".

Sammelantrag: → „Mehrfache Vollstreckungen".

Schaden: Erstattbarkeit für denjenigen Schaden, der dem Gläubiger in einem entgangenen Gewinn entsteht, wenn er eigenes Geld nach → „Sicherheitsleistung" hinterlegen musste. Erstattbarkeit für die Kosten der Auszahlung des hinterlegten Betrags durch den Schuldner an den Gläubiger. **Keine** Erstattbarkeit für einen Verzugsschaden.

Scheck: Keine Erstattbarkeit bei einem solchen am Fälligkeitstag übermittelten Scheck, den der Gläubiger erst später einlöst, AG Lampertheim DGVZ 1994, 150.

Schuldnerverzeichnis: Verfahren zur Eintragung in das Schuldnerverzeichnis stellt **keine** Vollstreckungsmaßnahme dar, LG Stuttgart 12.3.2020 – 19 T 364/19, DGVZ 2020, 98.

Sequestration: Erstattbarkeit für die Kosten einer solchen Maßnahme nach § 885, BGH DGVZ 2008, 77; Düss JurBüro 1996, 89; Schlesw JurBüro 1996, 90, oder nach §§ 848, 938, Düss AnwBl 1989, 239; KG Rpfleger 1982, 80; Karlsr DGVZ 1993, 27; aM Brdb Rpfleger 2006, 101; Hmb MDR 1993, 1023; Schlesw JurBüro 1992, 703 (aber die Sequestration ist eine typische Anfangsmaßnahme der Durchsetzung des Erlassanspruchs). Erstattbarkeit nach „Transportkosten", bei einer Vergütungsvereinbarung im Rahmen des Üblichen, Brem DGVZ 1999, 138. Erstattbarkeit für die Kosten des An- und Abtransports und für die übrigen Kosten einer Verwahrung oder Verwaltung nach einer Herausgabe aufgrund einer einstweiligen Verfügung, §§ 935 ff., Hamm JurBüro 1997, 160; Kblz MDR 1981, 855; Schlesw JurBüro 1996, 89; aM Düss AnwBl 1989, 239 (aber Transport zu Sequestration). **Keine** Erstattbarkeit, soweit nicht der Sequester, sondern ein Dritter eine Sequestration durchgeführt hat, Kblz Rpfleger 1991, 523.

Sicherheitsleistung. Dazu Wittmann JurBüro 2009, 404 (Grdz.). Erstattbarkeit, soweit die Kosten der Sicherheitsleistung nach § 709 ff. mit der Pflicht vereinbar sind, solche Kosten niedrig zu halten. Das bedeutet: Erstattbarkeit für die Kosten einer solchen Sicherheitsleistung, die der Gläubiger nach dem Urteil beschaffen muss, BGH WM 2016, 464; Düss JurBüro 2003, 47; Mü JurBüro 1991, 598 (je: Hinterlegung); aM Kblz Rpfleger 1983, 501; Köln JurBüro 1995, 496; Schlesw SchlHA 1984, 134 (wegen der Anwaltskosten bei einer Hinterlegung von Geld. Aber eine ordnungsgemäße Hinterlegung erfordert eine Fachkundigkeit.).

– **(Abwendung):** Erstattbarkeit für Schuldnerkosten bei einer Sicherheitsleistung zur Abwendung der Zwangsvollstreckung, Celle Rpfleger 1983, 498; Ffm JurBüro 1986, 109; Schlesw JurBüro 1993, 622; aM BGH FamRZ 2006, 480; Kblz Rpfleger 2001, 457; Mü NJW-RR 2000, 517 (aber auch dergleichen kann durchaus notwendig sein). Freilich muss die Zwangsvollstreckung schon und noch laufen, → Rn. 1. Auch → „– (Bürgschaft)".
– **(Avalkosten):** Erstattbarkeit für die sog. Avalkosten für eine Prozessbürgschaft für eine nur gegen Stellung einer Sicherheitsleistung für vorläufig vollstreckbar erklärte Entscheidung als Kosten der Zwangsvollstreckung und nicht nur Verfahrenskosten nach §§ 91, 103, BGH NJW 2016, 2579; OLG Koblenz MDR 2004, 835; aA OLG Koblenz BeckRS 2010, 11399; OLG Düsseldorf JurBüro 1996, 430, da diese Kosten nicht dazu dienen, einen Titel zu erlangen, sondern es ermöglichen, auf das Schuldnervermögen zuzugreifen). Die Kostenerstattung setzt nicht voraus, dass dem Schuldenr zuvor eine vollstreckbare Ausfertigung des Titels zugestellt worden ist, sondern es genügt, dass der Gläubiger im Besitz einer vollstreckbaren Ausfertigung des Titels ist und der Schuldner einen angemessenen Zeitraum zur freiwilligen Erfüllung hat verstreichen lassen, BGH NJW 2012, 3789.
– **(Bürgschaft):** Erstattbarkeit grds. (wegen einer Ausnahme s. unten) auch für die laufenden Kosten einer bereits **beschafften** Bankbürgschaft bis zu deren Rückgabemöglichkeit, BGH NJW 2012, 3789; Hmb MDR 1997, 788 (die Kosten sind unabhängig davon erstattungsfähig, ob die Partei die Zwangsvollstreckung einleiten wollte); AG Wipperfürth JurBüro 2008, 161; aM Hmb MDR 1999, 188; Köln (17. ZS) JurBüro 1999, 272; Mü MDR 1989, 364 (aber auch die laufenden Kosten gehören zu den notwendigen Gläubigerkosten. Andernfalls würde die Bürgschaft evtl. nicht mehr bestehen bleiben).
– **(Darlehen): Keine** Erstattbarkeit für seine Kosten. Denn es besteht kein direkter Zusammenhang mit der Zwangsvollstreckung, Bbg JurBüro 1977, 1788; Ffm GRUR 1988, 567; Mü JurBüro 1991, 598.
– **(Einstweilige Einstellung):** Die Regeln dieses Unter-ABC gelten auch im Verfahren nach § 769, Ffm MDR 1978, 233; KG MDR 1983, 495; Schlesw JurBüro 1993, 623; aM KG NJW 1978, 1441; Mü MDR 1999, 1525; Zöller/Geimer Rn. 5 (aber gerade dann muss der Gläubiger die Mindestbedingungen einhalten und darf folglich ihre Kosten geltend machen).
– **(Grundpfandrecht): Keine** Erstattbarkeit für die Kosten desjenigen Grundpfandrechts, das notwendig wurde, damit der Pfandgläubiger eine Bürgschaft leistete.
– **(Kostenverteilung):** Die Erstattungsfähigkeit ist von einer Kostenquotelung der Kostengrundentscheidung nach → Vor § 91 Rn. 53 unabhängig, Düss Rpfleger 1984, 199; Ffm Rpfleger 1984, 199; Kblz OLGZ 1993, 213.
– **(Rückbürgschaft): Keine** Erstattbarkeit für die Kosten einer sog. Rückbürgschaft zugunsten einer ausländischen Partei, Hmb JurBüro 1990, 1677; aM KG Rpfleger 1998, 442 (zu großzügig).
– **(Rückgabe):** Erstattbarkeit grds. für die Kosten der Rückgabe einer Sicherheitsleistung. **Keine** Erstattbarkeit ausnahmsweise dann, wenn der Gläubiger die Bürgschaftsurkunde vom rückgabepflichtigen Schuldner nicht verzugsbegründend zurückgefordert hat, Stgt JurBüro 1996, 37.
– **(Sicherheit durch Kläger): Keine** Erstattbarkeit für die Bürgschaftskosten des Bekl. falls nicht er die Sicherheit leisten muss, sondern der Kläger, Schlesw JurBüro 1978, 921.
– **(Titeländerung):** Bei einer Änderung oder Aufhebung des Vollstreckungstitels ist II anwendbar. Daher stellt sich dann die Notwendigkeitsfrage nach I nicht mehr, Mü MDR 1983, 676; aM Kblz JurBüro 1998, 494.
– **(Überprüfung): Keine** Erstattbarkeit für die Anwaltskosten eines großen Versicherers zwecks Überprüfung einer gegnerischen Bürgschaft, Hmb AnwBl 2001, 127.
– **(Nach Urteil): Keine** Erstattbarkeit dann, wenn der ProzBev. nach § 81 nach dem Urteilserlass beantragt, die Sicherheitsleistung durch eine Bürgschaft zuzulassen, Hamm Rpfleger 1975, 323.
– **(Verfrühte Kosten): Keine** Erstattbarkeit für solche Kosten zB dann, wenn der Schuldner sogleich nach der Sicherheitsleistung des Gläubigers geleistet hat, LG Wuppert DGVZ 2002, 124.
– **(Zinsverlust):** Erstattbarkeit für denjenigen Zinsverlust, der dadurch entsteht, dass man ein eigenes Kapital verwendet, aM Düss Rpfleger 1981, 122; Hamm MDR 1982, 416; Mü MDR 1999, 1466 (aber natürlich erfolgt der Zinsverlust wegen drohender Nachteile im Verfahren).
– **(Zulassung): Keine** Erstattbarkeit für die **vor** der Zulassung einer Bürgschaft entstandenen Kosten. **Keine** Erstattbarkeit für die **nach** einer versehentlich nachträglichen Zulassung entstandenen Kosten, Ffm NJW 1978, 1442.
– **(Zustellung):** Erstattbarkeit der Kosten einer anwaltlichen Zustellung der Bürgschaftsurkunde, Düss MDR 1988, 784; Mü MDR 1989, 364; Stgt JurBüro 1982, 560; aM Hmb JurBüro 1985, 784; Kblz MDR 1985, 943 (aber erst die ordnungsgemäße Zustellung macht diese Sicherheitsart wirksam, → § 108 Rn. 14, 15).

Sicherungshypothek: Erstattbarkeit, Düss Rpfleger 1975, 355. Auch → „Löschung, Löschungsbewilligung".

Spediteur: Erstattbarkeit bei einer Zwangsräumung auch für die bloße Bereitstellung, LG Bln DGVZ 1977, 118 (Ausnahme: Gläubiger kannte die vorherige Räumung, AG Flensb DGVZ 2005, 131), freilich ohne Umsatzsteuer, FG Hann DGVZ 2008, 142. **Keine** Erstattbarkeit bei überhöhten Desinfektionskosten, AG Augsb DGVZ 2008, 141.

Steuerberater: Erstattbarkeit, soweit seine Einschaltung dem Gläubiger als notwendig erscheinen durfte, etwa wegen der Geltendmachung des gepfändeten Anspruchs auf den Lohnsteuerjahresausgleich, LG Dortm JurBüro 1990, 1050; LG Essen JurBüro 1985, 412; LG Heilbr JurBüro 1983, 1570; aM LG Düss DGVZ 1991, 11; LG Gießen DGVZ 1994, 8; Hansens JurBüro 1985, 6 (8) (nur bei besonderen Schwierigkeiten. Aber ein solcher Fall ist durchweg schwierig). **Keine** Erstattbarkeit deshalb nur in einem ersichtlich einfachen Fall. → § 91 Rn. 246 „Steuerberater".

Stundung: Keine Erstattbarkeit für die Kosten eines hierauf bezogenen Briefwechsels mit dem Gerichtsvollzieher. **Keine** Erstattbarkeit für die Kosten einer solchen Vollstreckung, die trotz einer Stundung stattfindet, AG Düss DGVZ 1984, 155.

Taschenpfändung: Keine Erstattbarkeit, soweit sie nicht sinnvoll war, sei es zeitlich, sei es wegen der großen Höhe der Forderung und wegen der daher entstehenden Gebühr nach (jetzt) VV 3309, 3310 RVG, LG Paderb DGVZ 1984, 13; AG Büdingen DGVZ 1985, 78.

Teilzahlung: Zur Beurteilung der Notwendigkeit von Kosten nach Teilzahlungen BSG JurBüro 2010, 323; Schilken DGVZ 1991, 1.

Teilzahlungsvergleich: → „Vergleich".

Terminsverlegung: Nach einer Ratenzahlung evtl. Erstattbarkeit ihrer Bekanntmachungskosten nach § 91 IV 2 GVGA.

Transportkosten: Erstattbarkeit für diejenigen normal hohen Kosten, die beim Transport derjenigen Sache entstehen, die der Schuldner nach → § 883 Rn. 9 an den Gläubiger herausgeben muss oder die der Gläubiger bei einer Zug-um-Zug-Leistung nach § 756 ohne eine sachlichrechtliche Pflicht oder auf einen Wunsch des Schuldners in dessen Herrschaftsbereich zur dortigen Vornahme der geschuldeten Handlung bringt, Ffm MDR 1981, 1025; LG Köln JurBüro 1998, 552; AG Itzehoe DGVZ 1985, 124; aM LG Aurich JurBüro 1984, 943 (aber auch bei der Vollstreckung nach § 756 gelten allgemeine Regeln).

Übersetzung: Erstattbarkeit für die Vollstreckung mit einer Beteiligung des Auslands oder eines Ausländers mit Sprachproblemen, LG Bln JurBüro 1986, 1585.

Umsatzsteuer: Keine Erstattbarkeit für diejenige Umsatzsteuer, die der Anwalt des Gläubigers für die Kosten des Vollstreckungsauftrags zahlen muss, wenn seine Partei zum Vorsteuerabzug berechtigt ist, AG Obernbg DGVZ 1994, 78.

Unmittelbarkeit: Keine Erstattbarkeit bei solchen Kosten, die nicht unmittelbar der Zwangsvollstreckung dienen.

Unzulässigkeit der Vollstreckung: Keine Erstattbarkeit für Kosten einer unzulässigen Vollstreckung, Kblz JurBüro 1990, 908.

Vergleich: § 98 kann entsprechend anwendbar sein, BGH DGVZ 2007, 37. Erstattbarkeit für die Kosten der Zwangsvollstreckung aus ihm nur dann, wenn sich aus dem Vergleich ergibt, dass seine Kostenregelung diese Art von Kosten umfasst, Düss Rpfleger 1994, 264; Kblz Rpfleger 2004, 525; LG Köln JurBüro 2004, 497; Erstattbarkeit auch bezüglich einer Ratenzahlungsvereinbarung bzw. eines Vollstreckungsvergleichs, wenn der Schuldner die Kosten übernommen hat und mögliche (gesetzliche) Gebühren tatsächlich entstanden sind, BGH NJW 2006, 1598; LG Berlin 9.10.2014 – 51 T 643/14, BeckRS 2014, 123173.

- **(Abschlussgebühr):** Enthält das Ratenannahmeangebot des Gläubigers eine Formel, mit Zahlung der ersten Rate sei eine Abschlussgebühr anerkannt, erkennt der Schuldner diese Bedingung durch Zahlung an, AG Eutin DGVZ 2010, 63.
- **(Änderung):** Erstattbarkeit, soweit ein nachfolgender Vergleich den Titel kaum ändert, BGH Rpfleger 2004, 112; Kblz JurBüro 1997, 425.
- **(Allgemeine Geschäftsbedingungen): Keine** Erstattbarkeit, soweit eine Kostenübernahme in AGB gegen (jetzt) §§ 305 ff. BGB verstößt, AG Hersbruck DGVZ 2003, 126.
- **(„Durchführungskosten"): Keine** allgemeine Erstattbarkeit von Vergleichskosten, soweit der Vergleich nur „Kosten der Durchführung" regelt.
- **(Einigungsgebühr):** Erstattbarkeit jedenfalls grds. soweit der Schuldner im Vergleich ausdrücklich (jetzt) auch die Einigungsgebühr(en) übernimmt, BGH NJW 2006, 1599 (krit. Seip DGVZ 2006, 105); Brschw DGVZ 2006, 113; AG Osterrode DGVZ 2003, 79. Das ist ratsam, Enders JurBüro 1999, 59. Überhaupt kann die Festsetzung auch wegen einer Einigungsgebühr zB nach VV 1000 RVG ausreichen, aM LG Wuppert DGVZ 2008, 185 (der Gerichtsvollzieher müsse ihr Entstehen selbst prüfen. Zu streng).
- **(Fälligkeit):** Erstattbarkeit bei einer nach dem Vergleich bereits fälligen Zahlung auch ohne eine besondere Wartefrist, LG Kassel DGVZ 1984, 156, LG Köln Rpfleger 2000, 557.
- **(„Inkassovergütung"): Keine** Erstattbarkeit bei einer **undurchsichtigen** „Inkassovergütung", LG Kassel JurBüro 2007, 270.
- **(Ratenvergleich):** → „– (Teilzahlungsvergleich)".
- **(„Rechtsstreitkosten"): Keine** allgemeine Erstattbarkeit von Vergleichskosten, soweit der Vergleich nur „Kosten des Rechtsstreits" regelt, Düss NJW-RR 1999, 943; Karlsr MDR 1996, 971; Kblz OLGZ 1993, 212.
- **(Teilzahlungsvergleich):** Erstattbarkeit für die Kosten insbesondere eines Anwalts wegen eines Teilzahlungsvergleichs in der Zwangsvollstreckung, soweit ein solcher Vergleich überhaupt zulässig ist, denn auch diese Kosten sind bei einer notwendigen weiten Auslegung notwendig, zumal evtl. nur die weitere Vollziehung unterbleiben soll, LG Memmingen JurBüro 2008, 384; LG Tüb DGVZ 2006, 61; AG Lörrach DGVZ 2005, 175; aM LG Bonn DGVZ 2006, 62; AG Bottrop pp DGVZ 2005, 173; AG Hanau DGVZ 2008, 186 (aber jede Zahlung dient auch der Verringerung der Vollstreckung oder ihrer Verhinderung). Der Gerichtsvollzieher darf keine Verrechnung des Gläubigers überprüfen oder ausrechnen, AG Reinbek DGVZ 2003, 14 (§ 767). Ein Ratenzahlungsvergleich aber kann beim wahren Fehlen einer Schuld **nichtig** sein, AG Lahnstein DGVZ 2009, 189.
- **(Undurchsichtigkeit): Keine** Erstattbarkeit bei nach Art oder Höhe undurchsichtigen Kosten, LG Kassel JurBüro 2007, 270 („Inkassovergütung").
- **(Unverhältnismäßigkeit): Keine** Erstattbarkeit bei unverhältnismäßig hohen Kosten. Das gilt selbst bei deren Übernahme durch den Schuldner, LG Bln DGVZ 2007, 28.
- **(Verrechnung):** → „– (Teilzahlungsvergleich)".
- **(Versäumnisurteil):** Erstattbarkeit bei §§ 331 ff. (nur) in derjenigen Höhe, die sich bei einer Vollstreckung nur bis zur Höhe des nachfolgenden Vergleichs ergeben hätte, BGH FamRZ 2010, 806 (auch zur Lage bei Einbeziehung weiterer Fragen in den Vergleich).
- **(Wegfall): Keine** Erstattbarkeit für diejenigen Kosten, die bei einer Vollstreckung wegen desjenigen Teils der Klageforderung entstanden wären, den der Vergleich zubilligte, aM BGH MDR 2014, 1047; Zweibr JurBüro 1999, 552; LG Hann NJW-RR 2001, 1438 (man müsse so festsetzen, als ob eine Vollstreckung von vornherein nur aus dem herabgesetzten Titel erfolgt wäre. Aber gerade das letztere war nicht geschehen).
- **(Zweite Instanz):** Soweit die Vollstreckung aus einem Urteil erfolgt, sind Vollstreckungskosten aus einem zweitinstanzlichen Vergleich auch dann erstattbar, wenn er zu ihnen nichts besagt oder wenn er sie eher

erhöht bestehen lässt, Brem NJW-RR 1987, 1208; Kblz OLGZ 1993, 213; aM KG Rpfleger 1999, 553 (überhaupt keine Erstattung. Man sollte aber prozesswirtschaftlich vorgehen).

Verhältnismäßigkeit: Man muss den Verhältnismäßigkeitsgrundsatz beachten, LG Tüb DGVZ 2007, 71 (kleine Restforderung, hohe Kosten).

Vermeidbare Kosten: Keine Erstattbarkeit bei vermeidbar hohen Kosten, LG Lüb DGVZ 1986, 119 (Vollstreckung gegen 20 Gesamtschuldner gleichzeitig), AG Hochheim DGVZ 1993, 31 (Verdachtspfändung bei allen Bauten am Ort); Johannsen DGVZ 1989, 1 (Verhältnismäßigkeitsgebot).

Vermieterpfandrecht: Erstattbarkeit auch dann, aM AG Hann NZM 2011, 96.

Vermögensauskunft: Die Kosten des gemeinsam mit dem Antrag auf Einholung der Vermögensauskunft nach § 802c gestellten Antrags auf Einholung von Drittauskünften nach § 802l sind in der Regel **nicht** notwendig, da sie zumindest bei einer vorsorglich gestellten gemeinsamen Antragstellung verfrüht sein dürften, weil es sich erst im weiteren Gang des vom Gläubiger eingeleiteten mehrstufigen Zwangsvollstreckungsverfahrens erweist, ob die Voraussetzungen des § 802l I überhaupt vorliegen (BGH WM 2020, 1210).

Veröffentlichung des Urteils: Erstattbarkeit dann, wenn das Gericht dem Kläger die Befugnis zur Veröffentlichung zugesprochen hat. Denn die Veröffentlichung dient unmittelbar der Zwangsvollstreckung. Sonst **nein,** Stgt JurBüro 1983, 940.

Vertretbare Handlung: Keine Erstattbarkeit bei § 887 für das Verfahren nach § 891. Denn es gibt dort eine Kostenentscheidung nicht nach § 788, sondern nach §§ 91 ff., → § 891 Rn. 7.

Verzug: Erstattbarkeit zB 2 Wochen nach dem Eintritt der formellen Rechtskraft nach §§ 329, 705, Kblz Rpfleger 1995, 313; Köln JurBüro 1993, 604.

Vollstreckbarerklärung: Keine Erstattbarkeit für die Kosten eines ausländischen derartigen Verfahrens nach § 722 usw., Hamm JurBüro 2001, 212 (abl. Spickhoff IPRax 2002, 292). Anders mag es beim inländischen solchen Verfahren liegen.

Vollstreckbare Ausfertigung: Erstattbarkeit für die Kosten einer Ausfertigung und Zustellung der Entscheidung, Hmb NJW 2004, 3723 (Flug, einstweilige Verfügung); LG Frankenth JurBüro 1979, 1325; LG Gött DGVZ 1995, 73 (je: Urteil), falls die Zwangsvollstreckung auch anschließend beginnt. Erstattbarkeit bei einer **zweiten vollstreckbaren** (§ 733) Ausfertigung nur, wenn der Gläubiger eine solche auf von ihm nicht zu vertretenden Gründen benötigt (OLGR Düsseldorf 1999, 298; vgl. auch LG Köln JurBüro 2008, 218; LG Köln 19.1.2008 – 10 T 253/07, BeckRS 2008, 12353; Karlsr FamRZ 2005, 50; LG Bonn JurBüro 2010, 374, Schneider DGVZ 2011, 28. **Keine** Erstattbarkeit dann, wenn es um die Vollstreckung bei demselben AG geht, LG Köln JurBüro 2008, 218.

Vollstreckungsabwehr: Keine Erstattbarkeit grds. für die Kosten zur Abwehr der Vollstreckung, Düss JurBüro 2001, 210, Mü MDR 1989, 460. Es kommt aber eine Erstattungsfähigkeit wegen einer Sicherheitsleistung in Betracht. **Keine** Erstattbarkeit, soweit nur die Vollstreckbarkeit aufgrund einer Klage nach § 767 entfällt, Düss Rpfleger 1993, 173, oder wenn das Gericht sie abgewiesen hat, Mü Rpfleger 2001, 199. **Keine** Erstattbarkeit für Kosten der vorläufigen Einstellung nach §§ 769, 770, aM LG Stade NJW-RR 2013, 128 (zu großzügig).

Vollstreckungsauftrag: Erstattbarkeit, soweit der Auftrag nach § 754 vertretbar war, AG Bln-Wedding JurBüro 2000, 545.

Vollstreckungskosten: Erstattbarkeit, Brdb JurBüro 2007, 548.

Vollstreckungsschutz: Es gelten zB bei § 765a keine gegenüber dem Schuldner strengere Regeln als sonst bei § 788, aM LG Mühlhausen Rpfleger 2002, 275 (aber III gibt für einen solchen Schluss nichts her, zumindest nicht bei einem Erfolg im Rechtsmittelverfahren).

Vorbereitungsmaßnahmen: Erstattbarkeit für diejenigen Kosten, die man unmittelbar und konkret zur Vorbereitung der Vollstreckung hat, Köln JurBüro 1992, 267 (Klage gegen Drittschuldner); Mü MDR 1989, 460; LG Konst Rpfleger 1992, 365. Erstattbarkeit überhaupt grds. für alles, was die Zwangsvollstreckung vorbereiten konnte, vorbereitet hat und notwendig war, LG Bonn DGVZ 1982, 186; aM LG Konst JurBüro 1993, 496 (aber warum soll der Gläubiger auch noch in diesem allein vom Schuldner herbeigeführten Zwischenstadium technisch notwendige Kosten tragen?).

– **(Anschriftermittlung):** Erstattbarkeit für die Kosten der Ermittlung einer Anschrift des Schuldners, LG Aachen DGVZ 1985, 114 (Detektiv).
– **(Notfristzeugnis):** Erstattbarkeit für die Kosten des Notfristzeugnisses nach § 760 II.
– **(Prozesskosten): Keine** Erstattbarkeit wegen der eigentlichen Kosten des Erkenntnisverfahrens nach §§ 91 ff.
– **(Rechtskraftzeugnis):** Erstattbarkeit für die Kosten der Beschaffung des Rechtskraftzeugnisses nach § 706 I.
– **(Schuldnerverzeichnis): Keine** Erstattbarkeit für die Kosten der Einsicht in das Schuldnerverzeichnis nach §§ 802b ff., AG Dortm DGVZ 1984, 124; AG Ibbenbüren DGVZ 1984, 125; AG Wesel DGVZ 1990, 77.
– **(Urkundenbeschaffung):** Erstattbarkeit für die Kosten der Beschaffung der notwendigen öffentlichen oder öffentlich beglaubigten Urkunden nach §§ 415 ff.
– **(Vollstreckungsklausel):** Erstattbarkeit für die Kosten der Beschaffung der Vollstreckungsklausel nach §§ 724 ff.
– **(Vorschussermittlung):** Erstattbarkeit für die Kosten eines Sachverständigen zwecks Ermittlung der voraussichtlichen Höhe eines Vorschusses nach § 887 II, Ffm VersR 1983, 90.
– **(Zustellung):** Erstattbarkeit für die Kosten der Zustellung des Kostenfestsetzungsbeschlusses nach § 104, aM LG Kblz NJW-RR 2015, 128 (viel zu eng).

Vorläufige Einstellung: → „Vollstreckungsabwehr".

Vorläufiges Vollstreckbarkeitsverfahren, §§ 537, 716: **Keine** Erstattbarkeit. Denn dieses Verfahren schafft überhaupt erst die Voraussetzungen für die Zwangsvollstreckung, Mü Rpfleger 2001, 568. Die Kosten dieses Verfahrens betreffen also die Zwangsvollstreckung noch nicht unmittelbar.

Vornahme einer Handlung: Erstattbarkeit für die notwendigen Kosten des Gläubigers nach → § 887 Rn. 11, Ffm JurBüro 1981, 1583.

Vorpfändung: Erstattbarkeit dann, wenn zu einer solchen Maßnahme nach **§ 845** ein berechtigter Anlass besteht, Hmb MDR 1990, 344; LG Freibg JurBüro 2012, 442, etwa die Besorgnis, leer auszugehen, Ffm MDR 1994, 843; KG Rpfleger 1987, 216; LAG Köln MDR 1995, 423. Erstattbarkeit dann, wenn der

Schuldner eine angemessene Zeit zur Zahlung hatte, Schlesw AnwBl 1994, 474, und wenn die Vollstreckung nicht ohnehin überflüssig war, KG VersR 1987, 940, oder wenn sich herausstellt, dass kein Wert mehr vorhanden ist, ohne dass der Gläubiger das vorher wissen konnte. Dann können auch die Kosten einer wiederholten Vorpfändung erstattungsfähig sein.

Keine Erstattbarkeit, soweit der Gläubiger die Frist des § 845 II verstreichen ließ, LAG Köln JurBüro 1993, 622; AG Heilbr DGVZ 2003, 14, oder soweit er nur schneller vorgehen will, LAG Köln MDR 1995, 423, oder wenn das Schuldnervermögen erkennbar ausreicht oder der Gläubiger schon gesichert ist, Weinert Rpfleger 2005, 11.

Vorzeitige Vollstreckung: Grundsätzlich **keine** Erstattbarkeit, BVerfGE 99, 338, KG JurBüro 1987, 390, AG Schorndorf JurBüro 2008, 103 (nach nur wenigen Tagen). Das gilt evtl. sogar unabhängig davon, ob und wann die Vollstreckung beginnen darf, BVerfG NJW 1991, 2758 (6 Wochen gegen die BRep); Köln JurBüro 1999, 272; LAG Köln BB 1995, 316. Ausnahmsweise Erstattbarkeit dann, wenn die angedrohte Maßnahme nach der weiteren Entwicklung notwendig gewesen wäre, BGH DGVZ 2004, 25; KG JurBüro 2001, 211; aM LG Bln MDR 2003, 114; Schlesw NZM 1999, 1011 (aber gerade solche Aufforderung kann sinnvoll sein).

Wartefrist: Erstattbarkeit nach ihrem Ablauf, Köln JurBüro 1999, 272 (§ 798); LG Kblz Rpfleger 2005, 99 (2 Wochen); LG Nürnb-Fürth JurBüro 1980, 463; aM LG Hann JurBüro 1991, 1274 (zu großzügig). **Keine** Erstattbarkeit für solche Kosten, die vor dem Ablauf einer gesetzlichen Wartefrist zB nach § 750 III entstanden sind, Hmb JurBüro 1983, 92; Köln JurBüro 1982, 1525; LG Gött DGVZ 1995, 73, oder nach § 882a, oder nach § 15 Nr. 3 EGZPO, aM Schlesw JurBüro 1995, 33 (zu großzügig). Auch → „Frist", → „Vorzeitige Vollstreckung".

Widerruf: Erstattbarkeit grds. für Anwaltskosten, aM AG Menden DGVZ 1989, 76 (aber auch ein Widerruf kann Anwaltshilfe benötigen). **Keine** Erstattbarkeit bei einer Zahlung 2 Wochen nach dem Ablauf der Widerrufsfrist, LG Karlsr MDR 2004, 1081. Nicht für Veröffentlichungskosten, soweit der Vollstreckungstitel keine ausdrückliche Veröffentlichungsbefugnis enthält, Stgt Rpfleger 1983, 175.

Widerstand des Schuldners: Erstattbarkeit, soweit ein Anlass zur Beseitigung zB nach § 758 III bestand, AG Münst DGVZ 1979, 28.

Wohnungseigentümer: (jetzt) Erstattbarkeit. Die Gemeinschaft trägt **nicht** Kosten einer Vollstreckung aus einem nur für einzelne Mitglieder ergangenen Titel, BGH WuM 2010, 109.

Zahlungsaufforderung: Wegen einer Zahlungsaufforderung sollte man keine strengeren Voraussetzungen als wegen der Kosten der Zwangsvollstreckung selbst stellen, BGH FamRZ 2004, 101; Düss Rpfleger 1977, 459; Hamm Rpfleger 1992, 315 (Zug-um-Zug-Leistung, Verzug mit der Annahme der Gegenleistung); ArbG Dortm JurBüro 1990, 1521. Die vorherige Zustellung des Vollstreckungstitels nach §§ 704, 794 usw. ist nicht zur Erstattungsfähigkeit nötig, BGH FamRZ 2004, 101. Immerhin kann zB eine Aufforderung vor oder nur wenige Tage nach der Zustellung der vom Gläubiger erbrachten Bürgschaftsurkunde als eine Sicherheitsleistung verfrüht sein, Schlesw JurBüro 1990, 923; AG Münst DGVZ 1994, 159. Eine Aufforderung 3 Wochen nach der Zustellung ist nicht verfrüht, Nürnb JurBüro 1993, 751.

Zahlungsbereitschaft: Keine Erstattbarkeit, soweit der Gläubiger im Zeitpunkt der Erteilung des Vollstreckungsauftrags nach § 754 bereits die Zahlungswilligkeit des Schuldners wegen eines geringen Rests hätte kennen können, AG Bergheim DGVZ 1983, 29. **Keine** Erstattbarkeit, soweit der Gläubiger damals eine bereits erfolgte Zahlung des Schuldners hätte kennen können, Hmb JurBüro 1976, 1252; AG Hmb Rpfleger 1982, 392; AG Mettmann DGVZ 1989, 75; aM LG Münst NJW-RR 1988, 128 (aber eine sorgfältige Ermittlung eingegangener Zahlungen zB durch eine telefonische Abfrage bei der eigenen Bank ist dem Gläubiger stets zumutbar).

Zeitaufwand des Gläubigers: Erstattbarkeit zumindest des Notwendigen.

Zeugenentschädigung: Erstattbarkeit bei § 759, also nicht auf bloßen Verdacht, LG Brem JurBüro 2016, 552.

Zug um Zug: Erstattbarkeit für das Angebot der Gegenleistung zB durch den Gerichtsvollzieher entstehenden Gerichtsvollziehergebühren, (zB erforderliche Sachverständigenkosten nach dem JVEG bei Prüfungsarbeiten des Gerichtsvollziehers), BGH NJW 2014, 2508; AG Sinzig DGVZ 2003, 127; Pauly JurBüro 2007, 178; Waldschmidt JurBüro 2020, 7. Erstattbarkeit auch für die zugehörigen eigenen Kosten des Gerichtsvollziehers, BGH NJW 2014, 2508; AG Montabaur DGVZ 2007, 188. **Keine** Erstattbarkeit im Übrigen für Gläubigerkosten, Ffm JurBüro 1979, 1721; Hamm JurBüro 1992, 406 (noch kein Schuldnerverzug); aM LG Ulm NJW-RR 1991, 191 (zu großzügig).

Zurücknahme des Vollstreckungsauftrags: Erstattbarkeit, soweit sie erst aufgrund des Verhaltens des Schuldners erfolgen kann.

Zwang gegen den Schuldner, § 888: Erstattbarkeit, Hamm MDR 1978, 585.

Zwangsversteigerung: Erstattbarkeit im Grundsatz, BGH NJW 2007, 2993; LG Duisb Rpfleger 2008, 274; LG Wuppert JurBüro 1997, 549. **Keine** Erstattbarkeit wegen Verwertungsbemühungen des Ersteigerers der Zwangsversteigerung noch vor der Zuschlagserteilung, Ffm NJW-RR 1988, 238, oder wegen völliger Aussichtslosigkeit einer Befriedigung, BGH WM 2014, 2229.

Zwangsverwaltung: Erstattbarkeit im Grundsatz, LG Mühlhausen Rpfleger 2002, 374 (auch für ein Einstellungsverfahren auf Antrag eines Insolvenzverwalters).

Zwangsvollstreckung: S. bei den einzelnen Vollstreckungsvorgängen, aM KG Rpfleger 1999, 553 (überhaupt keine Erstattung. Aber man muss stets die Umstände mitbeachten).

Zwischenstreit: Keine Erstattbarkeit auch, soweit er zur Zwangsvollstreckung zählt.

789 ***Einschreiten von Behörden.*** **Wird zum Zwecke der Vollstreckung das Einschreiten einer Behörde erforderlich, so hat das Gericht die Behörde um ihr Einschreiten zu ersuchen.**

1 **I. Systematik.** In einer Ausführung des Art. 35 I GG klärt § 789 die Zuständigkeit und die Form des Ersuchens an eine Verwaltungsbehörde. Demgegenüber sind §§ 156 ff. GVG dann anwendbar, wenn es um ein Ersuchen an ein anderes Gericht geht. Ergänzend gilt § 15 Nr. 3 EGZPO. Wenn der Gläubiger die Behörde unmittelbar ersuchen darf, greift § 789 nicht ein, Haas/Beckmann FS Schumann, 2001, 189. Das gilt zB bei einer

Eintragung ins Grundbuch oder bei § 791. Der Gerichtsvollzieher fordert die Polizei zur Unterstützung nach §§ 758 III, 759, 892 auf. Er kann auch einen Polizeibeamten als Zeugen hinzuzuziehen.

II. Regelungszweck. Zweck des § 789 ist nicht die unmittelbare Erzwingung des Verwaltungshandelns. Denn das regelt das Verwaltungsrecht. Geregelt wird allgemein der Fall, dass die Behörde, die die Zwangsvollstreckung betreibt, die Hilfe einer anderen Behörde bedarf. Sie ist die Folge der Pflicht zur Prozessförderung auch durch das Gericht. 2

III. Geltungsbereich. Das Ersuchen an eine Behörde kann zB bei §§ 758, 765a, 791 notwendig werden, BGH NJW 2009, 80. Das gilt aber auch bei §§ 916 ff. (etwa: Hilfe der Wasserschutzpolizei beim Seeschiff). Zuständig ist das Vollstreckungsgericht nach §§ 764, 802. Das Prozessgericht ist nach §§ 887 ff., 891 nur insoweit zuständig, als es die Vollstreckung selbst leitet. In Bezug auf die Polizei siehe auch § 758 III. 3

IV. Rechtsbehelfe. Rechtsbehelfsbelehrung, Verstoß: §§ 232, 233 S. 2. Soweit das Gericht die Stellung eines Ersuchens ablehnt, hat der Betroffene die sofortige Beschwerde nach § 793. Soweit die ersuchte Behörde die Erledigung des Ersuchens ablehnt oder verzögert, kommt eine Dienstaufsichtsbeschwerde in Betracht. Soweit der Gerichtsvollzieher ein Ersuchen ablehnt, ist die Erinnerung nach § 766 statthaft. 4

790 *(aufgehoben)*

791 (weggefallen)

792 *Erteilung von Urkunden an Gläubiger.* **Bedarf der Gläubiger zum Zwecke der Zwangsvollstreckung eines Erbscheins oder einer anderen Urkunde, die dem Schuldner auf Antrag von einer Behörde, einem Beamten oder einem Notar zu erteilen ist, so kann er die Erteilung an Stelle des Schuldners verlangen.**

I. Systematik. Nicht jedes rechtliche Interesse am Erbschein gibt ein Antragsrecht nach § 792, Mü NJW 2014, 3254; Zweibr DNotZ 2006, 929, sondern nur die folgende Lage: Der Gläubiger benötigt evtl. zur Zwangsvollstreckung einen Erbschein, LG Ansbach Rpfleger 2009, 568; LG Lpz Rpfleger 2008, 655, oder eine andere Urkunde, etwa ein Zeugnis nach § 1507 BGB oder nach § 2368 BGB, einen Registerauszug, eine Sterbe- oder Geburtsurkunde oder einen Grundpfandrechtsbrief. Eine Behörde, ein Beamter oder Notar erteilt diese Urkunde dem Schuldner auf dessen Antrag. 1

II. Regelungszweck. Der Gläubiger benötigt eine solche Regelung, die ihn nicht vom Willen des Schuldners abhängig macht. Die Vorschrift begründet für den Gläubiger des Erblassers, der bereits einen vollstreckbaren Titel gegen den Erblasser hat und zur Verwirklichung des Titels einen Erbschein bedarf, ein inhaltsgleiches Antragsrecht wie das des Erben hinsichtlich seines Schuldners (OLG München NJW 2014, 3254). Denn andernfalls müsste er diesen in einem zweiten Prozess auf die Abgabe der entsprechenden Willenserklärung verklagen und wegen § 894 die formelle Rechtskraft jenes weiteren Urteils nach § 705 abwarten. § 792 will verhindern, dass der Schuldner die Zwangsvollstreckung hintergeht. Man sollte sie zugunsten des Gläubigers auslegen, VGH Mannh NJW 2003, 1203. 2

III. Geltungsbereich. Wenn der Gläubiger allerdings auch auf einem anderen Weg zum Ziel kommen kann, etwa dadurch, dass er sich einen Auszug aus einem Register beschafft, ist § 792 unanwendbar, LG Brschw Rpfleger 1995, 306 (Melderegister). 3

Dem Gläubiger soll es ermöglicht werden, solche Urkunden, deren Erteilung er zum Zweck einer Vollstreckung bedarf, **anstelle des Schuldners** zu beantragen (OLG München NJW 2014, 3254). Er hat ein gleiches Antragsrecht wie der Schuldner. Der Gläubiger kann auch die Voraussetzungen der Urkundenerteilung erfüllen. Er kann also bei einem Antrag auf die Erteilung eines Erbscheins die notwendige eidesstattliche Versicherung nach § 2356 II 1 BGB abgeben, Hamm FamRZ 1985, 1185. Das ist dann entbehrlich, wenn der Erbe feststeht, LG Ansbach Rpfleger 2009, 568. Der Gläubiger muss einen vollstreckbaren Titel nach §§ 704, 794 usw. besitzen. Das gilt jedenfalls außerhalb einer Teilungsversteigerung nach § 181 I ZVG. Für eine Teilungsversteigerung gilt § 792 sinngemäß, KG NJW-RR 2018, 1226; BayObLG NJW-RR 1995, 272; LG Essen Rpfleger 1986, 387. Der Gläubiger weist sich durch diesen Besitz aus. Dagegen darf man keine vollstreckbare Ausfertigung des Titels nach §§ 724 ff. verlangen. Denn § 792 soll gerade dem Gläubiger ermöglichen, eine solche Ausfertigung zu erhalten. Im Verfahren wegen einer öffentlich-rechtlichen Verwaltungsvollstreckung zB nach §§ 249 ff. AO ist § 792 nur begrenzt anwendbar, BayObLG FamRZ 2001, 1738; Zweibr DNotZ 2006, 929. 4

IV. Vollstreckungsbegriff. Der Begriff Zwangsvollstreckung gilt hier im weitesten Sinne. Er umfasst alle vorbereitenden Handlungen, zB die Einwirkung der Vollstreckungsklausel nach §§ 724 ff., VGH Mannh NJW 2003, 1203. § 792 gilt für alle Arten der Zwangsvollstreckung, vor allem, wenn bei einer grundbuchmäßigen Beziehung der Schuldner nicht als Eigentümer eingetragen ist, zB bei § 17 ZVG, oder bei der Zwangsvollstreckung in eine Hypothek, oder bei der Vollstreckung durch ein Finanzamt, LG Mü FamRZ 1998, 1067. Als den Gläubiger und als den Schuldner darf und muss man wegen § 727 auch die jeweiligen Rechtsnachfolger ansehen, VGH Mannh NJW 2003, 1203. 5

V. Verfahren. Das Verfahren richtet sich nach denjenigen Vorschriften, nach denen auch dem Schuldner die Urkunde erteilt würde, also insbesondere nach § 352 FamFG, OLG Düsseldorf FamRZ 2020, 1397; Hamm FamRZ 1985, 1186. Denn die ZPO weist keine diesbezüglichen Vorschriften auf, soweit nicht das FamFG auf die ZPO verweist. Das gilt auch für die Rechtsbehelfe, Hamm FamRZ 1985, 1186. Der Gläubiger muss (nur) im zumutbarem Umfang eidesstattlich versichern, dass ihm nichts bekannt ist, was der Richtigkeit seiner Angaben entgegensteht, LG Kassel FamRZ 2010, 1016; LG Lpz Rpfleger 2008, 655. Ein Vermächtnisnehmer kann zB beschwerdeberechtigt sein, BayObLG NJW-RR 1999, 446. Das Gericht usw. darf die Zulässigkeit der Zwangsvollstreckung in diesem Verfahren nicht prüfen, Mü NJW 2014, 3255. Der Gläubiger muss das Nachlassgericht 6 bei seinen Ermittlungen unterstützen, OVG Münst NJW 1976, 532. Notfalls kann der Gläubiger auch ohne eine frühere Inhaberhaft an der Urkunde das Aufgebotsverfahren betreiben, LG Ffm Rpfleger 1986, 187.

7 Außerdem muss der Gläubiger das **Vorhandensein eines Vollstreckungstitels** nachweisen; auf die Zulässigkeit der Zwangsvollstreckung kommt es hingegen nicht an (OLG Düsseldorf FamRZ 2020, 1397). Ob ein Vollstreckungsantrag bereits worden ist, ist ebenfalls nicht maßgeblich (Böttcher ZfIR 2020, 117).

8 **Kosten** entstehen nach KV 12210 GNotKG Düss Rpfleger 2004, 440. Sie gehören zu den Vollstreckungskosten nach §§ 82, 84, 87 FamFG. Geschäftsgebühr nach VV 2300 RVG; Rechtsbehelfsbelehrung, Verstoß: §§ 232, 233 S. 2.

793 *Sofortige Beschwerde.* **Gegen Entscheidungen, die im Zwangsvollstreckungsverfahren ohne mündliche Verhandlung ergehen können, findet sofortige Beschwerde statt.**

Schrifttum: Nies MDR 1999, 1418 (Grdz.); Schultheis, Rechtsbehelfe bei vollstreckbaren Urkunden, 1994, 19955.

1 **I. Systematik.** Die Vorschrift regelt die Statthaftigkeit der sofortigen Beschwerde in der Zwangsvollstreckung. Anders als die Vollstreckungserinnerung nach § 766, die nur zu einer richterlichen Überprüfung in derselben Instanz führt, hat die sofortige Beschwerde auch nach § 793 Devolutiveffekt (Musielak/Voit/Lackmann Rn. 1). Für das weitere Verfahren gelten die §§ 567–572. Dies folgt aus der Verwendung des Begriffs „sofortige Beschwerde" und dem Umstand, dass § 793 insoweit keine Regelungen trifft. § 793 ist erforderlich, weil Erkenntnisverfahren und Vollstreckungsverfahren voneinander unabhängige, selbständige Gerichtsverfahren sind, BGH NJW 2002, 754. Andere Rechtsbehelfe sind in § 766 (Erinnerung) und § 11 RPflG geregelt. Bei der Frage, ob die sofortige Beschwerde statthaft ist, ist das Gebot effektiven Rechtsschutzes zu beachten, BVerfG NJW 2015, 3432.

2 **II. Regelungszweck.** Die Abgrenzungen sind keineswegs einfach. Das Gericht hat in der erstinstanzlichen Besetzung wie bei einer Erinnerung nach § 766 nun auch bei der sofortigen Beschwerde nach § 572 I 1 Hs. 1 das Recht und die Pflicht zur Überprüfung seiner bisherigen Entscheidung und evtl. zur entsprechenden Abhilfe. Bei einer sofortigen Beschwerde im Fall der Nichtabhilfe nach § 572 I 1 Hs. 2 das Beschwerdegericht direkt zuständig.

3 **III. Geltungsbereich.** Sie gilt ausschließlich im Zwangsvollstreckungsverfahren, also nicht, wenn es um die Erteilung einer vollstreckbaren Ausfertigung geht, die das Vollstreckungsverfahren nur vorbereitet, NJW-RR 2020, 934 Rn. 9. Sie findet dann Anwendung, wenn sie nicht ausgeschlossen ist, vgl. § 707 II, 99 I, und keine spezielleren Vorschriften eingreifen, wie zB die Grundbuchbeschwerde nach den §§ 71 ff. GBO, wenn das Grundbuchamt als Vollstreckungsorgan tätig wird, oder die Entscheidung über den Zuschlag bzw. bestimmte Entscheidungen vor Beschlussfassung nach §§ 95 ff. ZVG betroffen sind, Musielak/Voit/Lackmann Rn. 1; MüKoZPO/K. Schmidt/Brinkmann Rn. 2.

4 Die Vorschrift gilt auch im WEG-Verfahren, Mü WuM 2007, 543 oder wenn das Insolvenzgericht hat als besonderes Vollstreckungsgericht, § 36 IV 1 InsO entscheidet, BGH NJW-RR 2019, 1383 Rn. 7, aber nicht im Grundbuchverfahren, Mü MDR 2017, 698. Für das FamFG-Verfahren ordnet § 87 IV FamFG für die Beschwerde im die entsprechende Anwendung der §§ 567–572 an, NJW 2011, 3163 Rn. 4.

5 Entscheidungen des Rechtspflegers können gem. § 11 Abs. 1 RPflG gleichfalls mit der sofortigen Beschwerde anfechtbar sein → Rn. 12.

6 **1. Statthaftigkeit, beschwerdefähige Entscheidung.** Eine beschwerdefähige Entscheidung nach § 793 liegt dann vor, wenn rechtliches Gehör gewährt wurde, also eine Anhörung der Beteiligten stattgefunden hat, BGH WM 2012, 80 Rn. 9. Es muss also entweder eine Äußerung vorliegen oder eine angemessene Gelegenheit zur Äußerung gegeben worden sein, insbesondere eine etwaige angemessene Äußerungsfrist abgelaufen sein, LG Ffm Rpfleger 1984, 472. Eine Entscheidung idS kann auch vorliegen, wenn ein Antrag des Gläubigers abgelehnt wird, obwohl der Schuldner nicht gehört wurde. In diesem Fall hat sich das Vollstreckungsorgan mit den Argumenten des Gläubigers auseinandergesetzt und nicht nur ohne weiter gehende Überprüfung dem Antrag stattgegeben (Musielak/Voit/Lackmann § 766 Rn. 11).

7 Nicht statthaft ist die sofortige Beschwerde gegen Entscheidungen des Oberlandesgerichts, dies weder gegen erstmalige Entscheidungen im Beschwerdeverfahren (BGH NJW 2011, 525 Rn. 13) noch im ersten Rechtszug. Der Gesetzgeber hat eine Zuständigkeit des Bundesgerichtshofs insoweit weder generell (§ 133 GVG) noch für den Sonderfall einer vollstreckungsgerichtlichen Tätigkeit des erstinstanzlich zuständigen OLG (§ 129 I, § 92 I Nr. 2 VGG, § 888 I ZPO) vorgesehen, BGH 4.3.2021 – I ZB 8/21, BeckRS 2021, 6270 Rn. 4. In diesem Fall allein die Rechtsbeschwerde statthaft, die aber – sofern nicht im Gesetz zugelassen – vom OLG zugelassen werden muss, § 574 I.

8 Den Gegensatz zu einer Entscheidung bildet ein bloßer Vollstreckungsakt bzw. eine Vollstreckungsmaßnahme, bei der dem Antrag des Gläubigers **ohne Anhörung** des Schuldners stattgegeben wird → § 766 Rn. 6. Ein bloßer Vollstreckungsakt ist zB grundsätzlich der Pfändungsbeschluss nach § 829. Gegen den bloßen Vollstreckungsakt ist grundsätzlich zunächst lediglich die Erinnerung nach § 766 zulässig, BGH WM 2012, 80; Jena NJW-RR 2002, 627.

9 Hat das Beschwerdegericht eine sof. Beschwerde aus sachl. Gründen zurückgewiesen, ist ihre Wiederholung – auch bei noch laufender Beschwerdefrist – unzulässig (BGH NJW-RR 2022, 570 Rn. 14 ff.). Ergeht ein typischerweise bloßer Vollstreckungsakt ausnahmsweise **nach Anhörung** des Schuldners, ist nach → § 766 Rn. 15, 47 ausnahmsweise auch schon gegen ihn eine sofortige Beschwerde statthaft, BGH NZI 2004, 447; KG Rpfleger 1978, 334; Nürnb NJW-RR 1987, 1483. Der Drittschuldner nach § 840 kann sie auch dann einlegen, wenn das Gericht nur den Schuldner angehört hatte, Bbg NJW 1978, 1389; LG Bonn DB 1979, 94.

10 **2. Gerichtliche Entscheidung.** Die Entscheidung nach → Rn. 3, 9 muss entweder vom Vollstreckungsgericht nach §§ 764, 802 oder vom Prozessgericht stammen, Hamm MDR 1988, 505. Auch das Insolvenzgericht kann insoweit als Vollstreckungsgericht entscheiden, BGH ZIP 2012, 1371; Paulus KTS 2007, 353, oder dass es einen Aufhebungsantrag abgelehnt hat, BGH WM 2011, 841.

11 **3. Vollstreckungsverfahren.** Es muss ein Zwangsvollstreckungsverfahren vorliegen, auch ein solches nach dem ZVG, LG Heilbr Rpfleger 2002, 326. Dieses Verfahren muss bereits begonnen haben. Für eine vor Beginn der Zwangsvollstreckung ergangene Entscheidung gilt § 567. Zu den letzteren Entscheidungen gehört zB

diejenige über die Art und die Höhe einer Sicherheitsleistung nach → § 108 Rn. 27 ff. oder diejenige über ein Rechtskraft- und Notfristzeugnis nach § 706 oder diejenige im Klauselerteilungsverfahren nach §§ 724 ff. BGH NJW-RR 2020, 934 Rn. 9; Münzberg Rpfleger 1991, 210, die Aufenthaltsermittlung gem. § 755, BGH NJW-RR 2019, 1531 Rn. 8, oder aber eine Räumungsfrist nach §§ 721a, 794a, Ffm NJW-RR 1994, 716; Köln ZMR 1995, 30; Mü NJW-RR 1993, 1235. Dagegen ist eine gerichtliche Androhung einer Strafe oder eines Ordnungsmittels bereits der Beginn der Zwangsvollstreckung. Eine Entscheidung nach § 721 II–VI kann vor oder nach dem Beginn der Zwangsvollstreckung liegen.

4. Nach Entscheidung des Rechtspflegers: Sofortige Beschwerde oder Erinnerung. § 11 I RPflG verweist auf die nach allgemeinen Vorschriften zulässigen Rechtsmittel. In der Folge ist die sofortige Beschwerde unter den genannten Voraussetzungen statthaft. Maßgeblich ist auch insoweit, ob die Entscheidung nach Anhörung ergangen ist. 12

Nach § 11 II 1 RPflG ist die sofortige Erinnerung binnen 2 Wochen seit der Zustellung der angefochtenen Entscheidung statthaft, soweit gegen eine vom Richter erlassene Entscheidung ein Rechtsmittel nicht gegeben wäre, die Entscheidung also nach den allgemeinen Verfahrensregeln nicht anfechtbar ist (BT-Drs. 13/10244, 7). Nicht der Erinnerung unterliegen nach § 11 III RPflG gerichtliche Verfügungen, Beschlüsse oder Zeugnisse, die nach den Vorschriften der Grundbuchordnung, der Schiffsregisterordnung oder des Gesetzes über das Verfahren in Familiensachen und in den Angelegenheiten der freiwilligen Gerichtsbarkeit wirksam geworden sind und nicht mehr geändert werden können. 13

IV. Verfahren. 1. Einlegungsberechtigung. Die sofortige Beschwerde können **Gläubiger, Schuldner** und ein **Dritter** einlegen, soweit die angefochtene Entscheidung die jeweiligen Interessen beeinträchtigt, den Betroffenen also beschwert. Dritter können etwa der Drittschuldner oder durch die verletzte Norm geschützte Familienangehörige sein (Musielak/Voit/Lackmann Rn. 4), 14

Ob der **Gerichtsvollzieher** berechtigt ist, soweit eine Gerichtsentscheidung seine eigenen Rechte verletzt, ist umstritten (bejahend Hmb OLGR 2000, 325, LG Wetzlar DGVZ 1995, 127, Geißler DGVZ 1985, 132; aM OLG Hamm NJOZ 2015, 1099; LG Ffm DGVZ 1993, 75; LG Wiesb DGVZ 1990, 13; AG Königstein DGVZ 1993, 74; abl. auch Lackmann DGVZ 2015, 242. Die Entscheidung verletzt die persönlichen Interessen des Gerichtsvollziehers jedenfalls dann nicht, wenn sie ihn nur als ein Vollstreckungsorgan betrifft, BGH NJW 2004, 2981, LG Düss NJW 1979, 1990. 15

2. Beschwer. Stets muss eine Beschwer und damit ein Rechtsschutzbedürfnis vorliegen, LG Heilbr Rpfleger 2002, 326. Das gilt auch für einen Dritten, LG Mü FamRZ 2002, 894. Eine Beschwer entfällt meist nach dem Ende der Zwangsvollstreckung. Ausnahmsweise kommt bei einer **beendeten** Zwangsvollstreckungsmaßnahme die Feststellung der Rechtswidrigkeit in Betracht, wenn tiefgreifende Grundrechtseingriffe in das Grundrecht auf Unverletzlichkeit der Wohnung (Art. 13 GG) und in das Grundrecht auf Freiheit der Person (Art. 2 II 2, Art. 104 GG dies verfassungsrechtlich gebieten, BGH NJW 2019, 2234 Rn. 29. 16

3. Beschwerdewert bei Kostenentscheidung. Gegen eine Entscheidung über die Verpflichtung, die Prozesskosten zu tragen, ist – sofern nicht ohnehin § 99 eingreift – eine sofortige Beschwerde nach § 567 II nur dann statthaft, wenn der Wert des Beschwerdegegenstands nach Anh. § 511 den Betrag von 200 EUR übersteigt. Das gilt auch im Vollstreckungsverfahren für eine Kostengrundentscheidung über Vollstreckungskosten etwa nach § 788. Eine Kostenbeschwer kann auch noch nach dem Ende der Zwangsvollstreckung bestehen. 17

4. Beschwerdeverfahren. Vgl. §§ 567 ff. Eine Rechtsbeschwerde kommt unter den Voraussetzungen des § 574 ZPO, § 70 FamFG in Betracht, BGH NJW-RR 2007, 119; David MDR 2012, 437; Meller-Hannich DGVZ 2009, 69. 18

794 *Weitere Vollstreckungstitel.* **I Die Zwangsvollstreckung findet ferner statt:**

1. aus Vergleichen, die zwischen den Parteien oder zwischen einer Partei und einem Dritten zur Beilegung des Rechtsstreits seinem ganzen Umfang nach oder in Betreff eines Teiles des Streitgegenstandes vor einem deutschen Gericht oder vor einer durch die Landesjustizverwaltung eingerichteten oder anerkannten Gütestelle abgeschlossen sind, sowie aus Vergleichen, die gemäß § 118 Abs. 1 Satz 3 oder § 492 Abs. 3 zu richterlichem Protokoll genommen sind;

2. aus Kostenfestsetzungsbeschlüssen;

2a. *(aufgehoben)*

2b. (weggefallen)

3. aus Entscheidungen, gegen die das Rechtsmittel der Beschwerde stattfindet;

3a. *(aufgehoben)*

4. aus Vollstreckungsbescheiden;

4a. aus Entscheidungen, die Schiedssprüche für vollstreckbar erklären, sofern die Entscheidungen rechtskräftig oder für vorläufig vollstreckbar erklärt sind;

4b. aus Beschlüssen nach § 796b oder § 796c;

5. aus Urkunden, die von einem deutschen Gericht oder von einem deutschen Notar innerhalb der Grenzen seiner Amtsbefugnisse in der vorgeschriebenen Form aufgenommen sind, sofern die Urkunde über einen Anspruch errichtet ist, der einer vergleichsweisen Regelung zugänglich, nicht auf Abgabe einer Willenserklärung gerichtet ist und nicht den Bestand eines Mietverhältnisses über Wohnraum betrifft, und der Schuldner sich in der Urkunde wegen des zu bezeichnenden Anspruchs der sofortigen Zwangsvollstreckung unterworfen hat;

6. aus für vollstreckbar erklärten Europäischen Zahlungsbefehlen nach der Verordnung (EG) Nr. 1896/2006;

7. aus Titeln, die in einem anderen Mitgliedstaat der Europäischen Union nach der Verordnung (EG) Nr. 805/2004 des Europäischen Parlaments und des Rates vom 21. April 2004 zur Einführung eines Europäischen Vollstreckungstitels für unbestrittene Forderungen als Europäische Vollstreckungstitel bestätigt worden sind;

8. aus Titeln, die in einem anderen Mitgliedstaat der Europäischen Union im Verfahren nach der Verordnung (EG) Nr. 861/2007 des Europäischen Parlaments und des Rates vom 11. Juli 2007 zur Einführung eines europäischen Verfahrens für geringfügige Forderungen (ABl. L 199 vom 31.7.2007, S. 1; L 141 vom 5.6.2015, S. 118), die zuletzt durch die Verordnung (EU) 2015/2421 (ABl. L 341 vom 24.12.2015, S. 1) geändert worden ist, ergangen sind;

9. aus Titeln eines anderen Mitgliedstaats der Europäischen Union, die nach der Verordnung (EU) Nr. 1215/2012 des Europäischen Parlaments und des Rates vom 12. Dezember 2012 über die gerichtliche Zuständigkeit und die Anerkennung und Vollstreckung von Entscheidungen in Zivil- und Handelssachen zu vollstrecken sind.

II Soweit nach den Vorschriften der §§ 737, 743, des § 745 Abs. 2 und des § 748 Abs. 2 die Verurteilung eines Beteiligten zur Duldung der Zwangsvollstreckung erforderlich ist, wird sie dadurch ersetzt, dass der Beteiligte in einer nach Absatz 1 Nr. 5 aufgenommenen Urkunde die sofortige Zwangsvollstreckung in die seinem Recht unterworfenen Gegenstände bewilligt.

1 **I. Systematik.** § 794 zählt in Ergänzung des § 704 einige weitere Vollstreckungstitel neben Endurteilen nach §§ 300 ff. auf. Die Vorschrift gilt auch im WEG-Verfahren. Weitere bundes- und landesrechtliche Vollstreckungstitel → Rn. 31 ff.

2 **II. Regelungszweck.** Die Vorschrift dient sowohl der Rechtssicherheit als auch der Prozesswirtschaftlichkeit. Hat der Gläubiger einen anderen vollstreckbaren Titel als ein Urteil in Händen, ist eine Leistungsklage über denselben Anspruch wegen des Fehlens eines Rechtsschutzbedürfnisses unstatthaft. Das gilt umso mehr, als ein doppelter Vollstreckungstitel die Gefahr der doppelten Inanspruchnahme für den Schuldner bedeutet. Eine solche will das Gesetz nach § 733 jedoch vermeiden. Die Leistungsklage wird bei Vorhandensein eines anderen vollstreckbaren Titels somit erst dann statthaft, wenn der Schuldner eine sachlichrechtliche Einwendung erhebt. Denn dann muss der Gläubiger mit einer Vollstreckungsabwehrklage nach § 767 rechnen, OLG Hamm NJW 1976, 246. Vollstreckungsfähigkeit des Titels nach §§ 704 ff. ist stets eine der Voraussetzungen. Ihr Vorliegen ermöglicht erst die Durchführung irgendeiner Vollstreckungsmaßnahme. Daher entspricht es dem Zweck der Vorschrift, die erforderliche Bestimmtheit der Personen des Gläubigers wie des Schuldners der vollstreckbaren Forderung usw. bei der Handhabung mitzubeachten und die Vorschrift insofern auch streng auszulegen. Das gilt insbesondere bei einer Urkunde nach **I Nr. 5.** Die Unterwerfung dient auch evtl. einer Haftungsbeschränkung, BGH NZG 2006, 107.

3 **III. Prozessvergleich, Vergleich vor Gütestelle, I Nr. 1. 1. Vergleichsbegriff.** Der ordnungsgemäß nach § 160 III Nr. 1 protokollierte Prozessvergleich ist ein Vollstreckungstitel, BGH NJW 2011, 3451; OLG Hmb NJW-RR 2014, 1402. Zu den in **Nr. 1** genannten Vergleichen gehört auch ein Vergleich im Arrestverfahren nach §§ 916 ff., BGH NJW-RR 1991, 1021, im Verfahren auf den Erlass einer einstweiligen Verfügung nach §§ 935 ff., Vergleiche im Prozesskostenhilfeverfahren nach § 118 I 3 oder nach § 278 VI 1, sowie im selbständigen Beweisverfahren nach § 492 III. Alle diese Vergleichsarten haben gemeinsam, dass sie einen Prozess oder ein Verfahren durch eine Vereinbarung ganz oder teilweise beenden, OLG Mü NJW-RR 2017, 1152, OLG Schlesw NJW 2012, 1523 und dass sie vor einem deutschen Gericht oder einer in **Nr. 1** näher gekennzeichneten Gütestelle entstanden sind, BGH NJW 2016, 233 Rn. 21. Ein Vergleich kann auch in der Zwangsvollstreckung zustande kommen, ferner im Zwangsversteigerungsverfahren nach § 769 iVm dem ZVG oder im Verfahren vor der Kammer für Baulandsachen nach §§ 93 ff. GVG, OLG Mü MDR 1976, 150, oder vor dem BPatG. Das gilt auch dann, wenn ein solcher Vergleich eine nicht vor das Gericht gehörige Sache mitumfasst, BPatG GRUR 1996, 402. Soweit ein Vergleich vor dem LG oder vor einem höheren Gericht zustande kommt, ist seine Wirksamkeit als Prozessvergleich davon abhängig, dass alle Beteiligten anwaltlich vertreten waren.

4 **2. Vergleichsvoraussetzungen.** Voraussetzung ist zunächst, dass der Vergleich auch wirksam geschlossen wurde. Der Vergleich kommt materiellrechtlich durch übereinstimmende Willenserklärungen der Parteien zustande. Nach **Nr. 1** muss der Vergleich entweder vor einem „deutschen Gericht" oder einer „anerkannten Gütestelle" geschlossen worden sein. Deutsches Gericht im Sinne dieser Vorschrift kann auch das Vollstreckungsgericht nach §§ 764, 802, ein Arbeitsgericht, ein Patentgericht, BPatG GRUR 1996, 402, ein Strafgericht, Meyer JurBüro 1984, 1121, oder ein FamFG-Gericht, BGH NJW 1999, 2806; OLG Stgt OLGZ 1984, 131 sein; aA BayObLG NJW-RR 1997, 1368; OLG Mü FGPrax 2020, 282 je für Erbscheinverfahren. Anerkannte Gütestellen sind die durch die Landesregierung oder durch die Landesjustizverwaltungen eingerichtete oder anerkannte Stellen, zB bei der Sozialverwaltung Hmb (Öffentliche Rechtsauskunfts- und Vergleichsstelle). Gütestellen sind auch die im **obligatorischen Güteverfahren** nach § 15a I 1 EGZPO aufgezählten, durch die Landesgesetze von den Landesjustizverwaltungen nach § 15a VI 2 EGZPO eingerichteten oder anerkannten Stellen. Keine Gütestellen sind **Verbraucherschlichtungsstellen** nach dem VSBG v. 19.2.2016, BGBl. I 254. Daran ändert ihre landesrechtliche Organisation nichts. Gemäß § 5 II VSBG sollen diese Schlichtungsstellen dem Verbraucher gerade keine verbindlichen Lösungen auferlegen.

5 **3. Wirksamkeit des Vergleichs.** Die Vollstreckbarkeit setzt voraus, dass ein Vergleich nach § 278 VI 1, 2 sowie nach § 611 wirksam zustande gekommen ist, LG Bln Rpfleger 1988, 110. Freilich beeinträchtigt ein Streit über die materiell-rechtliche Wirksamkeit eines formell wirksamen Vergleichs die Vollstreckbarkeit bis zur Entscheidung über die Wirksamkeit nicht, insbesondere nicht im Verfahren nach § 724, BAG NJW 2004, 701; OLG Ffm NJW-RR 1995, 703; aA OLG Stgt NJW 2005, 909. Wegen der Vollstreckbarkeit einer vermögensrechtlichen Vereinbarung in einem Vergleich während einer Ehesache OLG Düss FamRZ 1988, 312. § 33 II SGB II kann entgegenstehen, LG Münst FamRZ 2011, 1696. Wenn die Parteien in einem Vergleich ein Ordnungsmittel nach § 890 als angedroht vereinbarten, ist diese Regelung nach § 890 unwirksam. Die Parteien müssen vielmehr zwecks einer solchen Vereinbarung eine Vertragsstrafe vorsehen. Die Vollstreckbarkeit ist nicht stets eine Wirksamkeitsvorrausetzung, OLG Köln JurBüro 2000, 98 (wenn zB keiner dem andern mehr etwas schulden soll).

6 **4. Bestimmtheit, I Nr. 1.** Der Inhalt eines Vergleichs muss aus sich heraus für eine Auslegung genügend bestimmt sein, OLG Kblz NJW-RR 2002, 1509 (zu **I Nr. 5**); OLG Saarbr NZBau 2013, 776. Er muss evtl. aus

einem besonderen Schriftstück bestehen, zB § 15 VII 1 UWG. Es reicht nicht aus, die Verteilung der Kosten dem Schlichter zu überlassen, LG Bielef NJW-RR 2002, 432.

5. Beispiele zur Frage einer Bestimmtheit des Prozessvergleichs, I Nr. 1

Anspruchselement: „Zwischenvergleich". 7

Auslegung: Maßgeblich ist nur der Vergleich, LG Hmb WuM 2015, 633, nicht eine Äußerung des Richters usw., OLG Stgt Rpfleger 1997, 446.

Außergerichtlicher Vergleich: Er reicht grds. nicht aus, da er kein Vollstreckungstitel ist, OLG Mü Rpfleger 1990, 136. Wegen eines für vollstreckbar erklärten Anwaltsvergleichs → Rn. 10.

BAföG: Nicht ausreichend ist die Bezugnahme auf einen BAföG-Bescheid, OLG Karlsr OLGZ 1984, 342.

Gegenleistung: Auch sie muss genügend bestimmt sein, BVerfG NJW 1997, 2168.

Gewaltschutzvergleich: Er fällt nach § 95 I FamFG unter **I Nr. 1,** OLG Hbg NZFam 2019, 730; OLG Karlsr FamRZ 2015, 1406.

Gutachten: Nicht ausreichend ist evtl. die Bezugnahme auf ein Gutachten, selbst wenn alle Beteiligten es kennen und wenn es sich in den Gerichtsakten befindet. Erst recht nicht ausreichend ist die Bezugnahme auf ein erst noch von den Parteien zu beschaffendes sog. Privatgutachten. Es liegt dann nur eine derartige Feststellung vor. Daher muss nach der Vorlage des Gutachtens notfalls neu auf seiner Basis geklagt werden, OLG Stgt NJW-RR 1999, 791.

Höchstpension: Nicht ausreichend ist die Bezugnahme auf eine „jeweilige Höchstpension".

Index: Ausreichend ist die Bezugnahme auf einen Index des Statistischen Bundesamtes, LG Lüneb DGVZ 1993, 173, aA AG Winsen/L DGVZ 1993, 173.

Mehrheit von Gläubigern: Ausreichen kann ein Titel auf eine einheitliche Summe etwa von Unterhalt zugunsten mehrerer Gläubiger, OLG Oldb FamRZ 1990, 900 (sehr weitreichend).

Nettolohn: Nicht ausreichend ist die Bezugnahme auf den „jeweiligen Nettolohn", OLG Brschw FamRZ 1979, 929.

Räumung: Es reicht, dass man die Lage ohne einen Grundbuchauszug ermitteln kann, zB durch die Grundbuchbezeichnung (Gemarkung, Buch, Blatt und Flurstück-Nr.), OLG Mü DGVZ 1999, 56.

Rentenbemessung: Ausreichend ist die Bezugnahme auf eine im BGBl. verkündete Rentenbemessungsgrundlage, OLG Brschw FamRZ 1979, 929.

Tabellen: Nicht ausreichend ist die Bezugnahme auf die „jeweilige Tabelle", LG Düss DGVZ 1981, 93.

Übereinstimmungserklärung: Ausreichen kann die Formulierung „Die Parteien sind sich darüber einig, …", je nach dem Inhalt der folgenden Erklärung, aM LG Bonn WuM 1989, 586 (zu eng).

Unterhalt: Nicht ausreichend ist die Anerkennung einer der Höhe nach offenen Unterhaltspflicht, OLG Hamm FamRZ 1988, 1308.

Vorlesung, Genehmigung: Nicht ausreichend ist es, wenn das Gericht einen Prozessvergleich nicht nach §§ 160 III Nr. 1, 162 I 1 ordnungsgemäß vorgelesen hat und die Beteiligten ihn nicht genehmigt haben, OLG Köln FamRZ 1994, 2048.

Zahlungsverpflichtung: Ausreichend ist eine Bezifferung, BGH NJW-RR 2006, 148. Nicht ausreichend ist die bloße Verpflichtung, „die Forderung der Klägerin zu zahlen", OLG Oldb Rpfleger 1985, 448.

Zeugnis: Ausreichen kann die Verpflichtung zur Erteilung eines gesetzmäßigen qualifizierten Zeugnisses, BAG NZA 2012, 1244.

Zwischenvergleich: Nicht ausreichend ist ein Zwischenvergleich über einzelne Anspruchselemente.

6. Vollstreckbarkeit. Die Vollstreckbarkeit des Vergleichs ist notwendig, BPatG GRUR 1996, 402, Christopoulos MDR 2014, 438 (442). Man muss sie ebenso wie beim Urteil beurteilen, BGH Rpfleger 1991, 261. Das gilt, soweit nicht das Fehlen einer inneren Rechtskraftwirkung Einschränkungen nach sich zieht. Eine vergleichsweise zustande gekommene Verpflichtung zur Abgabe einer Willenserklärung ersetzt nicht ein Urteil nach § 894. Vielmehr muss der Schuldner die Erklärung in dem Vergleich selbst abgeben oder der Gläubiger sie nach § 887 erzwingen, aA OLG Kblz OLGZ 1976, 381 (es sei § 888 anwendbar. Aber für eine Willenserklärung bietet § 894 die vorrangige Spezialregelung). Das entsprechende gilt dann, wenn die Parteien in einem Vergleich die Zulässigkeit einer Vertragsstrafe vereinbart haben, LG Bln Rpfleger 1978, 32. Eine Auslegung ist wie stets statthaft und gegebenenfalls notwendig, BAG NJW 2012, 2539; LG Hmb WuM 2015, 633. 8

Der Prozessvergleich beseitigt ohne weiteres ein noch nicht nach § 705 formell rechtskräftiges Urteil, OLG Hamm MDR 1977, 56; OLG Schlesw JurBüro 1975, 1502. Der Prozessvergleich kann aber weder eine Vollstreckbarkeit allein noch eine Vollstreckbarkeit des rechtskräftigen Urteils als solche beseitigen, OLG Hamm NJW 1988, 1988. Die Parteien können freilich auf einen Anspruch oder auf die Vollstreckbarkeit dieses Anspruchs verzichtet haben. Das muss der Schuldner aber durch eine Vollstreckungsabwehrklage nach § 767 geltend machen. Ein Vergleich über einen Familienunterhalt kann außerhalb des § 1360 BGB unwirksam und damit nicht vollstreckbar sein, OLG Zweibr NJW-FER 2000, 19. Die Vollstreckungsabwehrklage nach § 767 ist auch dann erforderlich, wenn die Parteien über die Auslegung eines unstreitig wirksam gewordenen Prozessvergleichs streiten, OLG Oldb FamRZ 1991, 721; OLG Hamm FamRZ 1978, 524. 9

7. Auswirkung auf Dritte. Der Vergleich hat keine innere Rechtskraft. Er ist auch gegen denjenigen Dritten vollstreckbar, der sich in ihm verpflichtet haben. Die Parteien müssen den Dritten aber in einer den Anforderungen des § 750 entsprechenden Weise, also mit Namen und Adresse angeben, OLG Hmb FamRZ 1982, 322. Zugunsten eines gemäß § 328 BGB nach dem Vergleich berechtigten Dritten kann die davon mitbegünstigte Prozesspartei vollstrecken, OLG Hamm NJW-RR 1996, 1157; KG NJW 1973, 2032. Demgegenüber kann der nicht beigetretene Dritte nicht vollstrecken, BGH MDR 1980, 385; OLG Stgt Rpfleger 1979, 145; OLG Zweibr FamRZ 1979, 174. Denn man kann nicht durch einen privatrechtlichen Vollstreckungsvertrag dem Dritten ohne dessen Eintreten in der Form etwa einer anwaltlichen Vertretung die prozessrechtliche Stellung einer Partei verschaffen, soweit sie die Verfahrensart erfordert, BGH NJW 1983, 1433. Er kann also auch nicht die Stellung einer Partei im Zwangsvollstreckungsverfahren erhalten, BGH MDR 1980, 385; OLG Oldb FamRZ 1991, 720; OLG Köln Rpfleger 1985, 305. Unter den Voraussetzungen der §§ 265, 325 wirkt ein Vergleich auch für und gegen den **Rechtsnachfolger,** BGH NJW 2019, 310 Rn. 17; abl. Makowsky JR 2020, 1. 10

Zur Lage des Elternteils nach dem Erlöschen seiner Prozessstandschaft gilt dasselbe, OLG Hmb FamRZ 1984, 927, KG FamRZ 1984, 505; aA OLG Hmb FamRZ 1985, 625; OLG Schlesw FamRZ 1990, 189 (nach einem 11

Urteil). Etwas anderes gilt natürlich materiell-rechtlich sowie dann, wenn der Dritte einen auf ihn lautenden Vollstreckungstitel aus der Vereinbarung erhalten hat, sei es auch rechtsfehlerhaft, OLG Ffm FamRZ 1983, 756.

12 **IV. Kostenfestsetzungsbeschluss, I Nr. 2.** Diesen Beschluss zB nach § 104 nennt **Nr. 2,** weil er bis 1991 nur mit der Erinnerung nach § 766 angreifbar war. Ob die zugehörige Kostengrundentscheidung überhaupt existiert, muss das Vollstreckungsgericht nach §§ 764, 802 im Zweifel von Amts wegen klären. Eine Einstellung der Zwangsvollstreckung aus der Kostengrundentscheidung bewirkt wegen der Abhängigkeit der Kostenfestsetzung von der Kostengrundentscheidung ohne weiteres auch die Einstellung der Zwangsvollstreckung aus dem Kostenfestsetzungsbeschluss, OLG Stgt Rpfleger 1988, 39. Zur Klarstellung ist ein Hinweis darauf im Kostenfestsetzungsbeschluss notwendig, ähnlich wie bei einer Sicherheitsleistung nach § 108 als Voraussetzung der Vollstreckbarkeit und bei vollstreckungsbeschränkenden Vergleichsabreden usw., OLG Stgt Rpfleger 1988, 39. Erst das Vollstreckungsorgan prüft die Leistung der Sicherheit oder Teilsicherheit nach §§ 751 II, 752.

13 Die formelle Rechtskraft der Kostengrundentscheidung nach §§ 329, 705 macht den Kostenfestsetzungsbeschluss ohne eine Sicherheitsleistung vollstreckbar, OLG Naumb JurBüro 2002, 38; LG Mü WM 2013, 71. § 717 ist auch hier anwendbar, ebenso §§ 769 ff., 775 Nr. 1, 2, OLG Stgt Rpfleger 1988, 39. Eine Vollstreckungsabwehrklage nach § 767 gegen den Hauptsachetitel erfasst nicht auch den Kostenfestsetzungsbeschluss nach § 104, BGH NJW 1995, 3318. Eine Abtretung nur dem Grunde nach oder eine bloße Sicherungsabtretung an den ProzBev nach § 81 hindern den Gläubiger nicht an der Vollstreckung im eigenen Namen, BGH NJW 1988, 3204. Ein Festsetzungsbeschluss der Schiedsstelle nach § 122 VGG ist nach § 122 III VGG ein Vollstreckungstitel entsprechend gilt hier **I Nr. 2.** Der Zwangsgeldbeschluss nach § 888 gehört nicht hierher, LG Kiel DGVZ 1983, 156.

14 **V. Beschwerdefähige Entscheidung, I Nr. 3.** Unter diese Vorschrift fällt grundsätzlich jede Entscheidung, die mit einer sofortigen Beschwerde nach §§ 567 ff., 793 anfechtbar ist oder derart beschwerdefähig wäre, wenn sie in der ersten Instanz ergangen wäre, BGH NJW 2006, 443 Rn. 27. Hierunter fällt also zB auch: Eine Entscheidung nach § 99 II; eine Jugendamtsurkunde, OLG Nürnb NJW 2013, 1101; ein Beschluss nach § 109 II; ein Zwischenurteil nach § 135; ein Kostenausspruch nach § 269 III, IV oder nach § 516 III; eine Entscheidung nach § 494a II 1; eine Entscheidung des OLG, zB ein Verwerfungsbeschluss nach § 522 I 2; ein Beschluss nach § 715; ein Beschluss nach §§ 887, 890, 891; ein Zwangsgeldbeschluss nach § 888, AG Arnsbg DGVZ 1994, 79; ein Insolvenz-Eröffnungsbeschluss, AG Rosenheim NZI 2017, 87; Beschlüsse im arbeitsgerichtlichen Verfahren, Corzelius NZA 2020, 1678. Ferner zählen hierhin alle diejenigen Entscheidungen, die im Zeitpunkt ihres Wirksamwerdens nach §§ 329, 705 formell rechtskräftig sind. Die aufschiebende Wirkung der sofortigen Beschwerde oder die Aussetzung der Vollziehung nach § 570 I hindern zwar die Durchführung der Zwangsvollstreckung. Sie hindern aber grundsätzlich nicht die Erteilung der vollstreckbaren Ausfertigung nach §§ 724 ff., soweit das Beschwerdegericht nicht eine Aussetzung der Vollziehung angeordnet hat, BGH NJW 2006, 443. §§ 381, 402 sind anwendbar.

15 Unanwendbar ist **I Nr. 3** auf eine Einspruchsverwerfung nach §§ 341 I, 700 I. Denn sie muss nach § 341 II durch ein Urteil erfolgen.

16 **VI. Vollstreckungsbescheid, I Nr 4.** Er reicht aus, BGH NZG 2019, 873 Rn. 24; OLG Mü NZM 2015, 829. Vgl. bei §§ 699 ff., 796.

17 **VII. Für vollstreckbar erklärter Schiedsspruch, I Nr. 4a.** Notwendig ist, dass der Schiedsspruch nach §§ 1054, 1060, 1061 formell rechtskräftig oder vollstreckbar ist, OLG Köln NJW 1997, 1452. Das gilt auch beim Schiedsspruch mit vereinbartem Wortlaut nach § 1053 I.

18 **VIII. Für vollstreckbar erklärter Anwaltsvergleich, I Nr. 4b.** Für einen nach § 796a I geschlossenen sog. Anwaltsvergleich oder Vergleich mit einer Unterwerfungsklausel und für einen beim Notar in Verwahrung genommenen derartigen Vergleich gilt **Nr. 4b.** Ferner ist § 797 II–V entsprechend für den Vergleich nach § 796c VI anwendbar, → § 797 Rn. 13. **Nr. 4a** gilt evtl. auch beim Räumungsvergleich, Münch NJW 1993, 1181 (1183). Wartefrist: → § 798 Rn. 5.

19 **IX. Vollstreckbare Urkunde, I Nr. 5.** Auch eine Urkunde nach **I Nr. 5** ist ein Vollstreckungstitel, BGH ZMR 2018, 551. Ein deutsches Gericht oder ein deutscher Notar müssen die Urkunde errichtet haben, BGH NJW-RR 2007, 1343; BVerwG NJW 1996, 608. Ausreichend kann auch die Errichtung durch einen Rpfl. sein. Gericht, Rpfl., Notar müssen in den Grenzen ihrer Amtsbefugnisse und in der vorgeschriebenen Form nach dem BeurkG gehandelt haben, BGH NJW 1998, 2830. Die Urkunde darf zB abgesehen von Schreibfehlern auch keine allseits einverständliche nachträgliche „Berichtigung" erhalten haben, OLG Hamm OLGZ 1988, 227. Zur gerichtlichen Zuständigkeit § 62 BeurkG. Auch bestimmte deutsche Konsuln sind nach §§ 16 KonsG, 57 I Nr. 1 BeurkG befugt, Urkunden zu errichten, VGH Mü NJW 1983, 1992. Das Prozessgericht ist als solches nicht zuständig. Ein protokollierter Prozessvergleich ist aber wirksam. Denn er ersetzt jede andere Form. Dies gilt auch für gem. § 278 VI festgestellte Vergleiche, BGH NJW 2017, 200 Rn. 25. Es genügt auch eine Anlage zum Protokoll der Urkundsperson zusammen mit einer ausreichend beurkundeten Unterwerfung. Eine öffentliche Beglaubigung der Unterwerfungserklärung reicht grundsätzlich nicht aus. Über den Anwaltsvergleich → Rn. 18. Eine ausländische vollstreckbare Urkunde reicht nicht aus, BGH NJW 1998, 2830.

20 **1. Anspruchsart.** Der Vergleichsgegenstand ist nur von der Vergleichsfähigkeit abhängig, also davon, dass die Parteien über ihn verfügen können. Er ist also keineswegs auf die in § 592 genannten Ansprüche beschränkt, er kann auch öffentlich-rechtliche Ansprüche betreffen, Pautsch NVwZ 2019, 605. Ausreichend ist damit zB ein Anspruch gegen den Bauträger auf seine Vertragsleistung. Der Vergleich darf allerdings wegen § 894 nicht in der Abgabe einer Willenserklärung bestehen und nach **Hs. 2** auch nicht den Bestand eines Mietverhältnisses über Wohnraum betreffen. Insofern ähnelt **I Nr. 5** dem § 796a II, → § 796a Rn. 12. Diese Ausnahmen sind eng auszulegen, AG Ingolstadt DGVZ 2001, 90. „Bestand eines Mietverhältnisses über Wohnraum" ist dasselbe wie bei § 23 Nr. 2a Hs. 2 GVG. Dazu gehört zB auch ein Anspruch nach §§ 574 ff. BGB oder ein Anerkenntnis des Räumungsanspruchs, AG Detm DGVZ 2003, 60 (also keine Vollstreckbarkeit), nicht aber zB ein Anspruch auf die Miete. Bei einer sog. Mischmiete kommt es auf die ganz überwiegende Nutzungsart an, OLG Oldb NJW 2015, 709.

21 **2. Anspruchsbestimmtheit.** Der Anspruch muss nach §§ 253 II Nr. 2, 313 I Nr. 4 vollstreckbar bestimmt sein, BGH NJW 2015, 1181; KG JurBüro 2007, 502; LAG Ffm NZA-RR 2004, 382. Eine bloße Bestimmbarkeit

genügt nicht, BGH NJW 1980, 1050; OLG Saarbr NJW-RR 2010, 95. Eine Auslegung ist bei der Vollstreckbarkeit nur in engen Grenzen zulässig, BayObLG JurBüro 2000, 624, OLG Kblz JurBüro 2002, 551, OLG Köln OLGR 1994, 26, großzügiger OLG Zweibr FamRZ 2003, 691.

3. Beispiele zur Frage einer Anspruchsbestimmtheit, I Nr. 5

Abhängigkeit: Ausreichend ist ein solcher Anspruch, dessen Höhe man später nach § 726 errechnen kann, BAG NJW 2001, 1297; KG DNotZ 1983, 681. 22

Abrechnung: Nicht ausreichend ist die Verpflichtung, „sämtliche Baustellen und Aufträge abzurechnen, an denen der Kläger mitgewirkt hat", LAG Düss MDR 2003, 1380.

Anlage: Sie muss im Protokoll nach § 160 V als solche bezeichnet sein.

Anrechnung: Sie muss mühelos errechenbar sein, BGH NJW 2006, 695.

Austausch: Der Gläubiger kann seinen Anspruch nur mit einer Zustimmung des Schuldners gegen einen weiteren austauschen. Er kann dann zB statt einer Kaufpreisforderung einen Schadensersatzanspruch geltend machen, BGH NJW 1980, 1050.

Bankrecht: Nicht ausreichend ist die bloße Bezugnahme auf einen Kontoauszug, LG Köln JurBüro 1976, 255. „Berechenbarkeit".

Bedingung: Der Anspruch darf befristet, betagt, bedingt und zukünftig sein, solange er nur bestimmt ist, BGH NJW 1990, 981; OLG Hamm DNotZ 1993, 244; KG DNotZ 1983, 681. Das gilt auch für den Verzicht auf eine Fälligkeit in AGB, Geimer DNotZ 1996, 1055. Zur Verbindung eines bedingten und eines unbedingten Anspruchs bei einem Höchstzinssatz BGH NJW 1983, 2262.

Berechenbarkeit: Ausreichend ist ein Anspruch, der sich aus denjenigen Unterlagen mühelos errechnen lässt, die zur Urkunde gehören, die also die Urkunde nennt oder als ihre Anlage ausweist, BGH NJW-RR 2000, 1358, Böhringer DNotZ 2014, 160, Opalka NJW 1991, 1796. Nicht ausreichend sind zB: Ein zwar an sich bezifferter, dennoch von unbezifferten Umständen (Einkommen) des Gläubigers im Ergebnis abhängiger Betrag, OLG Zweibr FamRZ 1999, 33; ein Anspruch auf eine Rente „in Höhe der jeweiligen Höchstpension", BGH NJW 1996, 1065, oder auf einen Unterhalt nach einem nicht mehr bestehenden Ortszuschlag, BGH NJW-RR 2010, 1365. → „Abhängigkeit", → „Bankrecht", → „Offenkundigkeit", → „Wertsicherungsklausel".

Beweislast: Nach der Erfüllung der Hauptschuld muss der Gläubiger für eine Vollstreckungsklage den Grund und die Höhe der Zinsforderung beweisen, BayObLG DNotZ 1976, 367. Auch → „Zinsen".

Bezifferung: Sie ist beim Zahlungstitel notwendig, BGH NJW 2006, 695, und reicht aus, BGH NJW 1996, 2165.

Bezugnahme: Sie reicht dann aus, wenn die in Bezug genommene Urkunde zB beim Prozessvergleich dem Protokoll nach § 160 V beiliegt, OLG Zweibr NJW-RR 1992, 1408, oder wenn die Berechnung mithilfe nach § 291 offenkundiger Daten möglich ist, insbesondere aus dem Grundbuch ersichtlich ist, BGH NJW 1995, 1162. Nicht ausreichend ist die Bezugnahme auf ein etwaiges künftiges Gutachten, OLG Saarbr NJW-RR 2010, 95.

Darlehen: → „Schadensersatz".

Dritter: Er muss als Leistungsempfänger klar aus der Urkunde hervorgehen, KG NJW 2000, 1409 (Notar mit Anderkonto).

Erbrecht: Die Urkunde darf eine Verpflichtung zur Herausgabe eines Nachlasses im Wege der Zwangsvollstreckung nach § 1990 BGB enthalten.

„Etwaige Verpflichtung": Nicht ausreichend ist diese Fassung, BGH NJW-RR 2012, 1342.

Fälligkeit: → „Bedingung".

Gegenleistung: Auch sie muss genügend bestimmt sein, BVerfG NJW 1997, 2167.

Gehaltsabrechnung: Auch sie muss genügend bestimmt sein, LAG Mainz JurBüro 2008, 496 (Sachbezug).

Gläubiger: Er muss eindeutig feststehen, KG DNotZ 1975, 718. Bei einer Gläubigermehrheit muss ihr Beteiligungsverhältnis aus der Urkunde erkennbar sein. Eine bloße Grundbucheinsicht reicht nicht.

Grundbuch: → „Offenkundigkeit".

Gutachten: → „Bezugnahme".

Herausgabe: Nicht ausreichend ist die Herausgabe „entsprechender Fahrzeugpapiere", OLG Saarbr NJW-RR 2005, 1302.

Höchstbetragshypothek: Nicht ausreichend ist eine Höchstbetragshypothek nach § 1190 BGB. Sie lässt eine Unterwerfung wegen des Höchstbetrags nämlich nicht zu, BGH NJW 1983, 2262. Wohl aber lässt sie eine Unterwerfungsklausel wegen eines solchen Teilbetrags zu, der im Rahmen der Höchstbetragshypothek bereits feststeht, OLG Ffm Rpfleger 1977, 220. Es genügt andererseits auch nicht, wenn die Urkunde eine Höchstgrenze für die Unterwerfung bloß nennt. Vielmehr muss auch eine Unterwerfung in dieser Höhe stattfinden, und zwar mit der Möglichkeit für den Schuldner, nach §§ 767, 795 geltend zu machen, dass seine Schuld diese Summe nicht erreicht.

Index: Ausreichend ist die Anknüpfung an einen amtlichen Index, zB bei einem gleitenden Erbbauzins an den Lebenskostenindex, BGH NJW-RR 2005, 366. Das Vollstreckungsorgan braucht sie aber nicht von Amts wegen zu prüfen. Voraussetzung ist dann jedoch, dass die Maßgeblichkeit der amtlichen Indices auch hier wie stets eindeutig feststeht, BGH NJW-RR 2005, 366, und dass er allgemein mühelos zugänglich ist, OLG Karlsr OLGZ 91, 229 (nicht beim Index eines einzelnen Bundeslandes. Nicht ausreichend ist zB die Bezugnahme auf eine Statistik, die zwei verschiedene Preisindices nennt, AG Darmst DGVZ 1980, 174. → „Berechenbarkeit", → „Wertsicherungsklausel".

Kaufpreis: Die Unterwerfung erfasst auch den zugehörigen Schadensersatzanspruch, aA OLG Hamm NJW-RR 1996, 1024.

Kontoauszug: → Rn. 22 „Bankrecht".

Kostenübernahme: Ausreichend ist es, wenn der Schuldner nicht errechnete Prozesskosten bei einer immerhin ziffernmäßig bestimmten Hauptforderung übernommen hat.

Miete, Pacht: Eine Unterwerfung wegen der Miete reicht, BGH NJW 2018, 551 Rn. 17. Zur Räumungsverpflichtung Moeser NZM 2004, 769. Es muss evtl. nicht jeder Mieter benannt sein, LG Bln NZM 2017, 191. Eine Scheidungsfolgenvereinbarung kann reichen, AG Bln-Schöneb JurBüro 2016, 442. Nicht ausreichend ist nach einer Unterwerfung wegen der Miete, ihrer Erhöhung und der Kaution ein bloßer Entschädigungsanspruch nach § 546a I BGB, OLG Ffm NJW-RR 1988, 1213. Nicht ausreichend ist die Formulierung, geschuldet sei „der vereinbarte Zins", OLG Kblz NJW-RR 2002, 1509.

Nebenleistung: Nicht ausreichend ist die bloße Bezeichnung „Nebenleistungen", BGH DNotZ 1980, 307.

Nettogehalt: → „Unterhalt".

Notarielle Unterlassungserklärung: Sie kann bei genügender Bestimmtheit ausreichen, BGH NJW 2017, 171 Rn. 30; Kessen GRUR 2017, 171.

Offenkundigkeit: Ausreichend ist es, wenn die Berechnung mithilfe nach § 291 offenkundiger Daten möglich ist, insbesondere aus dem Grundbuch ersichtlicher, BGH NJW-RR 2000, 1358.

Pacht: → „Miete, Pacht".

Räumung: → „Miete, Pacht".

Rechtsdienstleistungsgesetz: Sein Schutz umfasst die Unterwerfung, BGH NJW 2004, 841.

Rente: → „Berechenbarkeit".

Sachverständiger: → „Bezugnahme".

Schadensersatz: Ausreichend ist die Schadensersatzforderung eines Darlehnsgebers wegen einer rechtmäßigen Nichtauszahlung, OLG Ffm NJW-RR 2004, 137.

Teilbetrag: → „Höchstbetragshypothek".

Unterhalt: Ausreichend ist eine Nichtdynamisierung auch nach der Volljährigkeit, AG Halberstatt FamRZ 2006, 1049. Ausreichend ist ein im Einvernehmen erstellter neuer Titel, BGH NJW 2017, 1317. Nicht ausreichend ist ein Unterhalt „nach dem Nettogehalt", selbst wenn die Urkunde dessen derzeitige Höhe nennt; nicht ausreichend ist ein Unterhalt „abzüglich des jeweiligen hälftigen staatlichen Kindergelds", OLG Ffm FamRZ 1981, 70; nicht ausreichend ist die bloße Bezugnahme auf die „Düsseldorfer Tabelle", OLG Kblz FamRZ 1987, 1291, wohl aber die Anknüpfung an den Mindestunterhalt gem. § 1612a BGB; nicht ausreichend ist eine einheitliche Unterhaltspauschale für mehrere Begünstigte ohne eine Aufschlüsselung auf sie, OLG Zweibr FamRZ 1986, 1237; nicht ausreichend ist eine Zahlungsübernahme „unter Anrechnung" (jetzt „Berücksichtigung") geleisteter Zahlungen, OLG Zweibr (5. ZS) FamRZ 2003, 693; aA OLG Zweibr (2. ZS) FamRZ 2003, 692 (aber → „Berechenbarkeit").

Währungsrecht: Ausreichend ist eine Geldforderung in einer ausländischen Währung.

Wertsicherungsklausel: Ein Bezug auf sie etwa bei einer Rente reicht dann aus, wenn die Beteiligten ihre Berechnungsfaktoren eindeutig bestimmt haben und wenn diese Faktoren auch allgemein und alsbald ohne eine besondere Mühe zugänglich sind, BGH NJW-RR 2004, 649 (Lebenskostenindex des Statistischen Bundesamts), OLG Brschw FamRZ 1979, 929. Notfalls wird die Vollstreckungsklausel nur auf einen bezifferten Betrag beschränkt. → „Berechenbarkeit".

Wohnungseigentum: Die Urkunde aufgrund einer Teilungserklärung muss genau erkennen lassen, auf welche Beitragsvorschüsse sie sich bezieht, KG ZMR 2004, 618.

Zahlung: Ausreichend ist eine mühelose Berechenbarkeit nach → Böhringer DNotZ 2014, 160.

Zeugnis: Zu unbestimmt ist die Verpflichtung zur Erteilung „auf der Basis" eines Zwischenzeugnisses, LAG Ffm NZA-RR 2004, 382, oder zur Erteilung eines „wohlwollenden" oder „seiner weiteren beruflichen Entwicklung dienlichen" Zeugnisses, LAG Drsd NZA-RR 2013, 215.

Zinsen: Auch hier ist eine Berechenbarkeit nötig, Böhringer DNotZ 2014, 160. Ausreichend sind Zinsen „bis zu x%", BGH NJW 1983, 960. Ausreichend ist ihre Anknüpfung an den Basiszinssatz (sie können dann auch in einer festgelegten Weise über oder unter ihm liegen), OLG Düss DNotZ 1977, 413. Ausreichend ist die Formulierung „Zinsen … seit der Eintragung", BGH NJW-RR 2000, 1358. Ausreichend sein kann die Ermittelbarkeit mithilfe nach § 291 offenkundiger aus dem Grundbuch ersichtlicher Daten, BGH NJW-RR 2000, 1358. Mangels Datenangabe nicht ausreichend sind „Zinsen seit der Auszahlung", BayObLG NJW-RR 1996, 38, oder seit einer „Mitteilung des Baufortschritts durch den Bauherrn", OLG Düss OLGZ 80, 340, oder Zinsen auf Bruchteile des Kaufpreises ab dem Eintritt eines bestimmten im Kaufvertrag jeweils aufgeführten Bautenstandes, OLG Hamm DNotZ 1992, 662, oder seit einer Räumung nebst einer Notarbestätigung, OLG Düss NJW-RR 1988, 698, oder wegen etwaiger Verzugszinsen, OLG Düss OLGZ 1980, 339. → „Beweislast", → „Index".

Zug um Zug. Auch die Gegenleistung muss bestimmt sein.

23 **4. Unterwerfungsklausel: Ausdrücklichkeit; Eindeutigkeit.** Der Schuldner muss sich in der Urkunde der sofortigen Zwangsvollstreckung unterworfen haben, OLG Bbg NJW-RR 1987, 643. Eine Formularklausel ist nicht grundsätzlich unzulässig, BGH NJW 1987, 904; OLG Hamm DNotZ 1993, 244; aA OLG Hmb NJW 2008, 2784. Die Urkunde braucht nicht den Wortlaut des Gesetzes zu wiederholen. Sie muss aber eine Unterwerfung des Schuldners eindeutig und ausdrücklich aussprechen. Die Angabe des **Schuldgrundes** ist Wirksamkeitsvoraussetzung, BGH NJW 2015, 1181 Rn. 13. Er braucht der Höhe nach noch nicht festzustehen, BGH NJW 2000, 951. Die Unterwerfung ist nur eine prozessuale Willenserklärung. BGH NJW-RR 2007, 749; OLG Brdb NZBau 2002, 336. Sie mag in einer öffentlichen Urkunde nach § 415 oder in einer öffentlichen Beglaubigung vorliegen müssen, OLG Brdb NZBau 2002, 336. Die Vollmacht zur Unterwerfung braucht keine notarielle Beglaubigung, BGH NJW 2004, 844, strenger BGH WM 2009, 2214 (sogar Beurkundung). Die Unterwerfungserklärung ist nicht empfangsbedürftig.

5. Beispiele zur Frage einer Wirksamkeit der Unterwerfung, I Nr. 5

24 **Auslegung:** Man muss die Unterwerfungsklage wegen der zwingenden Form streng nach dem Inhalt der Urkunde auslegen, BayObLG DNotZ 1992, 309; OLG Ffm NJW-RR 1988, 1213. In diesen Grenzen besteht aber durchaus eine Auslegungsfähigkeit, BGH NJW 2008, 3363.

Bedingung: Zulässig ist eine besondere Vereinbarung dahin, dass der Gläubiger von der Unterwerfung des Schuldners nur unter einer Bedingung Gebrauch machen darf. Beim Verstoß ist eine Erinnerung nach § 766 möglich.

Bürgschaft: Die Unterwerfung wegen einer Bürgschaft sichert nicht ohne eine besondere Vereinbarung auch eine solche Verbindlichkeit, die anstelle der Bürgschaft tritt, BGH NJW-RR 1989, 509.

Eigentümergrundschuld: → „Grundpfandrecht".

Einseitigkeit: Die Unterwerfungserklärung ist einseitig. Sie braucht zur Wirksamkeit grds. keine Annahme, Nieder NJW 1984, 332.
Eintragung: Das betroffene Grundpfandrecht braucht nicht zuvor eingetragen zu sein, Nieder NJW 1984, 332. Eine Unterwerfung lässt sich nur bei § 800 in das Grundbuch eintragen.
Einwilligung: Die Unterwerfungserklärung braucht zur Wirksamkeit dann eine Einwilligung des gesetzlichen Vertreters nach § 51, wenn das zugrundeliegende Rechtsgeschäft ebenfalls eine solche Einwilligung braucht. Denn die Unterwerfung erleichtert die Erfüllung des Rechtsgeschäfts. Man muss sie daher im Zusammenhang mit ihm sehen.
Fälligkeit: Der Schuldner kann auf ihren Nachweis verzichten, OLG Mü NJW-RR 1998, 352 (Folge: Beweislastumkehr). Der Fälligkeitsverzicht kann aber auch zur Nichtigkeit der Unterwerfung nach §§ 134, 138 BGB führen, zB beim Bauträgervertrag, BGH NJW 1999, 51; OLG Köln NJW-RR 1999, 22; LG Essen NJW-RR 2002, 1077.
Genehmigung: Die Unterwerfung kann in einem fremden Namen durch einen Vertreter ohne Vertretungsmacht erfolgen, LG Bonn Rpfleger 1990, 374. Dann wird sie mit der Genehmigung des Vertretenen nach § 89 wirksam, soweit diese in einer notariell beglaubigten Urkunde erfolgt, OLG Zweibr OLGR 2002, 438. Wirksam ist eine Genehmigung auch dann, wenn der sich Unterwerfende zB das Grundstück erst noch erwerben will, KG NJW-RR 1987, 1229. Es kann auch eine Genehmigung des Gerichts erforderlich sein. Eine Vollmacht braucht eine öffentliche oder öffentlich beglaubigte Form und deren Zustellung, BGH Rpfleger 2007, 37. Dagegen ist die nachträgliche Genehmigung der Erklärung des im eigenen Namen aufgetretenen Nichtberechtigten unwirksam, KG NJW-RR 1987, 1229; → „Unterhalt“.
Gesetzlicher Vertreter: → „Einwilligung“, → „Genehmigung“.
Grundpfandrecht. Dazu Dieckmann WM 2010, 1254. Wegen einer Unterwerfung nach der Eintragung einer Grundschuld BGH NJW 1979, 928. Derjenige Grundeigentümer, der für sich eine Eigentümergrundschuld bestellt, kann sich auch persönlich der sofortigen Zwangsvollstreckung unterwerfen, BGH NJW 1991, 228; OLG Ffm Rpfleger 1981, 59. Wegen der Unterwerfung für einen Grundschuldteil LG Lüb MDR 1986, 1037; Böhringer DNotZ 2014, 160. Eine Unterwerfung aufgrund einer Grundschuld auch wegen desselben Betrags in das gesamte übrige Vermögen meint keine Verdoppelung der Haftsumme, BGH NJW 1988, 707; OLG Hamm NJW-RR 1991, 819. Sie ist für den Schuldner zulässig, auch in Allgemeinen Geschäftsbedingungen nach §§ 307 ff. BGB, BGH NJW-RR 1990, 246, nicht aber für einen Nichtschuldner, BGH NJW 1991, 1677. Das alles gilt auch bei einer Sicherungsgrundschuld unter Mitbeachtung von § 1192 I a BGB, Böhringer DNotZ 2014, 160.
Grundstücksverfügung: → „Zwangshypothek“.
Hinterlegung: OLG Düss DNotZ 1991, 537.
Klauselerinnerung: § 732 hilft nicht, BGH NJW 2009, 1887.
Kündigung: Der Notar muss vor der Erteilung der Vollstreckungsklausel prüfen, ob die vereinbarten Voraussetzungen der Wirksamkeit der Kündigung vorliegen, LG Wuppert ZMR 2000, 836.
Nachverpfändungserklärung: Eine Bezugsurkunde muss nicht beiliegen, soweit sie nach § 13a BeurkG Gegenstand der Unterwerfung wird, OLG Hamm FGPrax 2016, 108.
Nachweis: Die Unterwerfung ist auch in derjenigen Weise zulässig und evtl. notwendig, dass der Gläubiger eine vollstreckbare Ausfertigung erhalten darf, ohne dass er die Entstehung und die Fälligkeit der Schuld nachweisen muss. Denn § 726 ist eine rein vollstreckungsrechtliche Vorschrift, BGH NJW 1981, 2756; OLG Hamm DNotZ 1993, 244; OLG Ffm JurBüro 1997, 545, aA OLG Brem NJW-RR 1999, 963, LG Waldshut-Tiengen NJW 1990, 192 (Verstoß gegen [jetzt] § 309 Nr. 12 BGB; zu streng). Allerdings muss sich der Anspruch als solcher eindeutig aus dem Titel ergeben, OLG Düss (9. ZS) OLGZ 1980, 341, aA Düss (3. ZS) DNotZ 1977, 413 (aber das Bestimmtheitserfordernis bildet eine wesentliche Grundlage der Gesamtregelung). Dann ist der Schuldner darauf angewiesen, die etwa zulässigen Einwendungen zu erheben, OLG Mü NJW-RR 1992, 126. Über die Unterwerfung zulasten des jeweiligen Eigentümers § 800.
Nichtberechtigter: → „Genehmigung“.
Nichtigkeit: § 134 BGB ist anwendbar, BGH NJW 2002, 138. Aus einer Nichtigkeit des zugrundeliegenden Rechtsgeschäfts folgt nicht stets die prozessuale Unwirksamkeit der Unterwerfungserklärung, BGH NJW 1996, 2792; OLG Hamm NJW-RR 1996, 102; OLG Köln NJW-RR 1995, 1107 (notfalls hilft § 767). § 139 BGB gilt nicht, BGH NJW-RR 2008, 1075.
Prozessfähigkeit: Zur Wirksamkeit der Unterwerfung ist die Prozessfähigkeit nach §§ 51 ff. erforderlich.
Räumungsverpflichtung: Soweit diese im Zusammenhang mit der Rückabwicklung eines Grundstückskaufvertrages steht, ist diese zulässig, AG Dillenburg DGVZ 2020, 74.
Rechtsweg: „Unzuständigkeit“.
Sachlichrechtliche Erklärung: → „Nichtigkeit“.
Sicherungsgrundschuld: → „Grundpfandrecht“.
Spitzenbetrag: Eine Unterwerfung unter den sog. Spitzenbetrag schafft nur insofern einen Vollstreckungstitel, BGH NJW 1993, 1995.
Unterhalt: Wenn ein Elternteil gegenüber dem anderen eine Unterhaltspflicht im Verhältnis zu einem Kind anerkennt, ist das Kind der Vollstreckungsgläubiger. Eine Genehmigung des Gerichts ist nicht erforderlich. Auch → „Spitzenbetrag“.
Unzulässigkeit: Sie kann dann vorliegen, wenn die Voraussetzungen der Vollstreckung nur vom Gläubigernachweis abhängen, OLG Mü DNotZ 2011, 42 (sehr schuldnerfreundlich)
Unzuständigkeit: Die Unterwerfung enthält einen Verzicht auf die Rüge der Unzuständigkeit des ordentlichen Gerichts. Denn eine Einwendung nach §§ 767, 797 ist nur vor dem ordentlichen Gericht zulässig.
Verbraucherdarlehen: Bei ihm kann die Unterwerfung wegen eines Verstoßes gegen § 496 II BGB unwirksam sein, Vollkommer NJW 2004, 818 (820).
Vermögensverfügung: Eine Zustimmung nach § 1365 BGB ist nicht erforderlich, BGH Rpfleger 2008, 566.
Vertreter: § 79 II, III 2 und die dortige Kommentierung, Böhringer DNotZ 2014, 160.
Vollmacht: Sie ist statthaft, BGH NJW 2003, 1594. Ihre Prüfung erfolgt nach § 732, BGH NJW 2012, 3518. → „Genehmigung“.
Vollstreckungsklausel: → „Zwangshypothek“.

Widerruf: Wenn die Unterwerfungserklärung vorbehaltlos erfolgt, kann der Schuldner sie nicht ohne eine Zustimmung des Gläubigers wirksam widerrufen.

Zinsen: Man darf auf denjenigen Zeitpunkt abstellen, der weder für die Fälligkeit des Anspruchs noch für den Eintritt des Schuldnerverzugs maßgeblich ist, BGH NJW 2000, 951.

Zustandekommen: Das Grundbuchamt braucht nicht die Umstände des Zustandekommens der Unterwerfungserklärung zu prüfen.

Zwangshypothek: Eine Unterwerfung ist keine Verfügung über ein Grundstück nach § 1821 Nr. 1 BGB. Das Grundbuchamt muss also bei einer Eintragung einer Zwangshypothek nur prüfen, ob die Vollstreckungsklausel vorhanden ist und ob der zuständige Beamte sie formgerecht ausgestellt hat.

25 **6. Abänderbarkeit.** Die Urkunde ist evtl. abänderungsfähig. Die Änderung muss aber eine neue Unterwerfung aussprechen, soweit eine Erweiterung vorliegt. Die Unterwerfung bezieht sich nur auf das in der Urkunde bezeichnete Grundstück. Die Mitbelastung eines anderen Grundstücks setzt voraus, dass eine neue Unterwerfung erfolgt ist. Die Bezugnahme auf eine alte Urkunde ist statthaft. Dann bilden beide Urkunden zusammen einen Vollstreckungstitel. Ein Mithaftvermerk im Grundbuch bezieht sich auf diejenige Unterwerfungsklausel, die in der Haupteintragung der Belastung enthalten ist. Eine spätere Änderung oder eine neue Unterwerfung können eine Vollstreckungsabwehrklage nach § 767 begründen. Sie können aber nicht die Erteilung einer vollstreckbaren Ausfertigung verhindern. Wenn sich lediglich der Schuldgrund ohne eine Haftungsverschärfung ändert, wenn zB aus einer Hauptschuld eine selbstschuldnerische Bürgschaft wird, erfolgt keine neue Unterwerfung.

26 **7. Vollstreckbare Ausfertigung.** Über die Erteilung der vollstreckbaren Ausfertigung § 797. Über die Zulässigkeit der Klage trotz einer vollstreckbaren Urkunde → Rn. 2.

27 **X. Europäischer Zahlungsbefehl usw., I Nr. 6–9.** Die Vorschrift erfasst das Verfahren nach den vier dort genannten VO (EG) 1896/2006, VO (EG) 805/2004, VO (EG) 861/2007, VO (EU) 1215/2012 usw. und ihren Durchführungsregeln, §§ 1079 ff.

28 **XI. Bewilligung der Zwangsvollstreckung, II.** Man muss zwei Aspekte beachten.

29 **1. Notwendigkeit eines Duldungstitels. II** gilt nur dann, wenn zur Zwangsvollstreckung ein besonderer Duldungstitel notwendig ist. Dann ersetzt eine vollstreckbare Urkunde nach **I Nr. 5** den Duldungstitel, wenn die Urkunde die Zwangsvollstreckung in diejenigen Gegenstände bewilligt, die dem Recht des Gläubigers unterliegen: § 737 (der Nießbraucher bei einem Nießbrauch an dem Vermögen oder an der Erbschaft); § 743 (der Ehegatte nach der Beendigung der Gütergemeinschaft); § 745 II (der Ehegatte nach der Beendigung der fortgesetzten Gütergemeinschaft); § 748 II (der Testamentsvollstrecker). Eine Zustimmung zu der Unterwerfung des Leistungsschuldners ist inhaltlich eine eigene Unterwerfung zur Duldung der Zwangsvollstreckung. Die Bewilligung der Zwangsvollstreckung in das eigene Vermögen ersetzt den Duldungstitel nicht.

30 **2. Umfang der Zwangsvollstreckung.** Wenn **II** den **I Nr. 5** in Bezug nimmt, nennt die Vorschrift damit nur die Form der Unterwerfung, nicht den Inhalt der Urkunde. Darum findet keine Beschränkung der Zwangsvollstreckung auf die Gegenstände des Urkundenprozesses statt.

XII. Beispiele weiterer bundes- und landesrechtlicher Vollstreckungstitel

31 **Aktienrecht:** Eine Vergütungsfestsetzung für die Gründungsprüfer durch die AG nach § 35 II, III 5 AktG ist ein Vollstreckungstitel. → „Vergütungsfestsetzung".

Anerkennungs- und Vollstreckungsausführungsgesetz: Ein Vertrag oder eine VO nach § 1 I AVAG ist nach Erteilung der Vollstreckungsklausel durch den Vorsitzenden der zuständigen Kammer des zuständigen LG ein Vollstreckungstitel nach § 40 I 1 GVGA. Vgl. aber auch §§ 18 ff. AVAG, § 40 I 2 GVGA. Gepfändetes Geld hinterlegt der Gerichtsvollzieher nach § 40 I 3 GVGA. Vgl. ferner §§ 23 ff. AVAG, § 40 I 4 GVGA.

Anwaltsvergleich: → Rn. 18.

Arbeitssache: Ein Urteil oder eine sonstige Sachentscheidung eines Gerichts in einer Arbeitssache ist ein Vollstreckungstitel nach §§ 62, 64 VII, 85 I, 87 II, 92 II ArbGG, § 38 Nr. 6 GVGA Das gilt nicht für einen noch nicht nach §§ 329, 705 formell rechtskräftigen Beschluss, BAG BB 1977, 895. → „Schiedsgericht, Schiedsspruch".

Arrest: Der Arrestbefehl nach §§ 922 ff. ist als Beschluss wie als Urteil ein Vollstreckungstitel.

Baugesetzbuch: Bei einer Enteignung ist ein vollstreckbarer Entscheid nach § 122 BauGB ein Vollstreckungstitel nach § 38 Nr. 23 GVGA. → „Wertausgleichsgesetz".

Beitreibung: → „Vermögensauskunft".

Bergrecht: Vollstreckungstitel sind: Die Niederschrift über eine Einigung; eine nicht mehr anfechtbare Entscheidung über die Grundabtretung usw.; eine Entscheidung über die vorzeitige Besitzeinweisung usw. nach dem BBergG.

Bundesberggesetz: Ein Entscheid usw. nach § 104 BBergG zählt nach § 38 Nr. 24 GVGA hierher.

Bundesentschädigungsrecht: Ein Vollstreckungstitel ist nach § 38 Nr. 8 GVGA ein Entscheid nach § 205 BEG.

Bundesleistungsgesetz: Ein Festsetzungsbescheid der Anforderungsbehörde und eine von ihr bekundete Einigung nach § 52 BLG sind Vollstreckungstitel nach § 38 Nr. 22 GVGA.

Bundeswasserstraßengesetz: Die Niederschrift über eine Einigung oder ein Festsetzungsbescheid können nach § 38 I Nr. 1, 2 WaStrG, § 38 Nr. 21 GVGA Vollstreckungstitel sein.

Bußgeldbescheid: Ein solcher einer Berufsgenossenschaft kann genügen, AG Bergisch-Gladb DGVZ 1998, 191.

Bußgeldsache: Ein Bescheid nach § 46 I OWiG iVm § 464b StPO ist ein Vollstreckungstitel nach § 38 Nr. 17 GVGA.

Dispache: Eine formell rechtskräftig bestätigte Dispache ist ein Vollstreckungstitel.

Ehrengericht: → „Patentanwalt", → „Rechtsanwalt".

Einstweilige Anordnung: Die einstweilige Anordnung zB nach §§ 49 ff. FamFG ist ein Vollstreckungstitel. Das gilt auch zB wegen der Ehewohnung oder wegen der Haushaltsgegenstände.

Einstweilige Verfügung: Die einstweilige Verfügung nach §§ 935 ff. ist als Beschluss wie als Urteil ein Vollstreckungstitel.

Enteignung: Die Niederschrift über eine Enteignung, der Enteignungsbeschluss und der Beschluss über eine vorzeitige Besitzeinweisung usw. nach § 122 BauGB sind Vollstreckungstitel.
Erbrecht: Eine formell rechtskräftig bestätigte Auseinandersetzung über den Nachlass und das Gesamtgut ist ein Vollstreckungstitel.
Erstreckungsgesetz: Ein Vergleich nach § 39 III ErstrG ist ein Vollstreckungstitel.
Familienrecht: Vollstreckungstitel sind nach § 37 GVGA folgende Vorgänge: Ein Zwangsmittelbeschluss nach § 35 FamFG; eine einstweilige Anordnung nach § 86 I Nr. 1 FamFG oder ein sonstiger Beschluss nach dieser Vorschrift; ein gerichtlich gebilligter Vergleich nach § 86 I Nr. 2 FamFG; ein Titel nach § 794 ZPO iVm § 86 I Nr. 3 FamFG; ein wirksamer Beschluss nach § 120 II FamFG iVm §§ 116, 119 FamFG; eine rechtskräftig bestätigte Vereinbarung nach §§ 366, 368, 371 II FamFG; eine rechtskräftig bestätigte Dispache nach § 409 II FamFG.
Genossenschaft: Eine für vollstreckbar erklärte Vorschuss-, Zuschuss- oder Nachschussberechnung nach §§ 105–115d GenG ist ein Vollstreckungstitel nach § 38 Nr. 3 GVGA.
Gerichtskosten: → „Vermögensauskunft".
Insolvenz: Vollstreckungstitel ist nach § 51 I GVGA der Eröffnungsbeschluss, sowie eine Eintragung in die Tabelle oder in den Insolvenzplan oder in den Schuldenbefreiungsplan nach §§ 178 III, 201 II, 215 II 2, 257, 308 I InsO, § 38 Nr. 25–28 GVGA.
Internationales Recht: Vollstreckungstitel sind: Eine für vollstreckbar erklärte Entscheidung nach dem HZPrÜbk oder nach dem HZPrAbk oder nach einem anderen internationalen Vertrag.
Landwirtschaftssache: Ein Beschluss, ein Vergleich oder eine Kostenentscheidung eines in einer Landwirtschaftssache berufenen Gerichts nach § 31 LwVerfG ist ein Vollstreckungstitel.
Markensache: Vollstreckungstitel sind ein Kostenfestsetzungsbeschluss des Patentgerichts nach § 71 V MarkenG oder ein solcher des BGH nach § 90 IV MarkenG.
Notar: Vollstreckungstitel sind: Die vollstreckbare Kostenrechnung des Notars nach (jetzt) § 89 GNotKG, LG Dortm DNotZ 1984, 452; eine vollstreckbare Rückzahlungsanordnung nach §§ 89, 90 GNoKG, § 58 II, III BNotO, § 38 Nr. 19 GVGA; eine Zahlungsaufforderung nach § 73 II BNotO wegen Zwangsgelds nach § 74 II BNotO oder wegen Notariatsverwaltung nach § 59 I 3 BNotO oder wegen Abgabenrückstands nach § 113 XVII 7 BNotO oder wegen Zwangsgelds nach § 113 XVIII BNotO jeweils nach § 38 Nr. 11 GVGA.
Patentanwalt: Ein Urteil des Ehrengerichts für Patentanwälte ist ein Vollstreckungstitel, ebenso ein Bescheid über Zwangsgeld nach § 50 IV PatAnwO, § 38 Nr. 12 GVGA, oder wegen Rückstands nach § 77 I PatAnwO nach § 38 Nr. 13 GVGA.
Rechtsanwalt: Vollstreckungstitel sind: Ein Urteil des Ehrengerichts auf die Zahlung einer Geldbuße und der Kosten nach §§ 114 I Nr. 3, 204 III, 205 I BRAO, § 38 Nr. 14 GVGA; eine vollstreckbare Zahlungsaufforderung wegen eines Beitragsrückstands nach § 84 BRAO, oder wegen Zwangsgelds nach § 57 IV BRAO, § 38 Nr. 12 GVGA, oder wegen Rückstands nach § 84 I BRAO, § 38 Nr. 13 GVGA.
Schiedsgericht, Schiedsspruch, Schiedsstelle: Ein für vorläufig vollstreckbar erklärter Schiedsspruch nach § 1054 ist nach **I Nr. 4a** ein Vollstreckungstitel. Dasselbe gilt beim Schiedsspruch mit vereinbartem Wortlaut nach § 1053 I, II 2, Saenger MDR 1999, 664, und bei einem angenommenen Vorschlag der Schiedsstelle nach §§ 14, 14a Urheberrechtswahrnehmungsgesetz, ferner nach §§ 54 II, 109 ArbGG, § 38 Nr. 7 GVGA.
SeeGVG: Vollstreckungstitel sind eine Entscheidung der Kammer für Meeresbodenstreitigkeiten des Internationalen Seegerichtshofs und eine endgültige Entscheidung eines aufgrund des Seerechtsübereinkommens der Vereinten Nationen zuständigen Gerichtshofs betreffend die Rechte und Pflichten der Behörde und des Vertragsnehmers, § 1 Seegerichtsvollstreckungsgesetz vom 6.6.1995, BGBl. 778 (= Art. 14 des G von demselben Tag).
Sozialrecht: Die formell rechtskräftige Entscheidung einer Sozialversicherungsbehörde nach §§ 198ff. SGG ist ein Vollstreckungstitel, LG Stade Rpfleger 1987, 253. Dasselbe gilt nach § 38 Nr. 6, 7 GVGA bei § 199 SGB. Eine bloße Zusammenstellung von Beiträgen reicht auch dann nicht, wenn sie eine Vollstreckungsklausel enthält, AG Luckenwalde/AG Neuruppin Rpfleger 2000, 119; aA für einen Beitragsnachweis gem. § 28f SGV IV, AG Heilbronn DGVZ 2020, 152; AG Vaihingen DGVZ 2020, 102. Zu den Anforderungen an einen Beitragsbescheid nach § 66 IV SGB X AG Lehrte DGVZ 2009, 112. Zur dabei ausreichenden Anwaltsvollmacht AG Donaueschingen DGVZ 2009, 112. Hierher gehört auch § 66 IV SGB X, BGH WM 2016, 752.
Statusverfahren: → „Vaterschaft".
Strafverfahren: Ein vorläufig vollstreckbarer oder gar formell rechtskräftiger Ausspruch einer Leistungspflicht nach §§ 406, 406b, 463 StPO ist nach § 38 Nr. 5, 16 GVGA ein Vollstreckungstitel, ebenso eine Entscheidung nach § 124 StPO, § 38 Nr. 4 GVGA.
Todeserklärung: → „Verschollenheitsrecht".
Unterhalt: Eine vor dem Jugendamt protokollierte Verpflichtung zur Zahlung von Unterhalt für ein nichteheliches Kind nach § 116 SGB V ist ein Vollstreckungstitel, (zum Teil zum alten Recht) BGH NJW 1985, 64, OLG Karlsr NJW-RR 1994, 68, LG Bad Kreuzn DGVZ 1982, 189, ebenso nach § 38 Nr. 20 GVGA eine Jugendamtsurkunde nach § 59 I 1 Nr. 3 oder 4 SGB VIII iVm § 60 SGB VIII. → „Vaterschaft".
Urheberrecht: → „Schiedsgericht, Schiedsspruch, Schiedsstelle".
Vaterschaft: Vollstreckungstitel sind: Eine Anerkennung der Vaterschaft nach §§ 59, 60 SGB VIII sowie die Beurkundung der Verpflichtungserklärung zur Erfüllung von Unterhaltspflichten nach §§ 116 SGB V (auch zur Zuständigkeit für die Erteilung einer vollstreckbaren Ausfertigung und zur Entscheidung über Einwendungen gegen die Zuständigkeit oder gegen die Erteilung einer Vollstreckungsklausel) nach 59, 60 SGB VIII. → „Unterhalt".
Verbraucherstreitbeilegung: Keinen Vollstreckungstitel bildet nach → Rn. 4 ein Ergebnis nach dem VSBG.
Vergütungsfestsetzung: Vollstreckungstitel ist eine solche zB nach §§ 35 III, 85 III, 104 VI, 142 VI, 147 II, 258 V, 265 IV AktG, § 26 IV UmwG, § 318 V HGB, § 11 RVG, so § 38 Nr. 1, 18 GVGA.
Vermögensauskunft: Der Antrag der Gerichtskasse auf die Abnahme der eidesstattlichen Versicherung nach § 802c III oder eine Vollstreckung in das unbewegliche Vermögen wegen Gerichtskosten nach § 7 JBeitrG ist ein Vollstreckungstitel.
Vermögensstrafe: Die Entscheidung des Strafgerichts über eine Vermögensstrafe und Buße nach § 463 StPO ist ein Vollstreckungstitel.

Verschollenheitsrecht: Ein Kostenfestsetzungsbeschluss oder ein Kostenerstattungsbeschluss im Verfahren auf eine Todeserklärung nach § 38 VerschG sind Vollstreckungstitel nach § 38 Nr. 15 GVGA.
Wertausgleichsgesetz: Ein vollstreckbarer Entscheid nach § 25 WertAusglG ist ein Vollstreckungstitel. → Rn. 31 „Baugesetzbuch".
Wettbewerbsrecht: Ein Vergleich vor dem Einigungsamt in einer Wettbewerbssache nach § 27a UWG ist ein Vollstreckungstitel nach § 38 Nr. 10 GVGA.
Wohnungseigentum: Eine Entscheidung in einer Wohnungseigentumssache ist ein Vollstreckungstitel, (zum alten Recht) BayObLG NJW-RR 1988, 640.
Zwangsversteigerung: Der Zuschlagsbeschluss nach §§ 93, 132 ZVG ist ein Vollstreckungstitel nach § 38 Nr. 2 GVGA.
Zwangsverwaltung: Der Anordnungsbeschluss ist Vollstreckungstitel, BGH NJW-RR 2005, 1032; LG Mü Rpfleger 2002, 220.

32 **XIII. Ausländischer Vollstreckungstitel.** Die Zwangsvollstreckung aus anderen Titeln als den Endurteilen ist in einigen Staatsverträgen vorgesehen. Andernfalls bleibt dem Gläubiger nur übrig, aus dem Vergleich oder aus der vollstreckbaren Urkunde zu klagen.

794a *Zwangsvollstreckung aus Räumungsvergleich.*

I [1]**Hat sich der Schuldner in einem Vergleich, aus dem die Zwangsvollstreckung stattfindet, zur Räumung von Wohnraum verpflichtet, so kann ihm das Amtsgericht, in dessen Bezirk der Wohnraum belegen ist, auf Antrag eine den Umständen nach angemessene Räumungsfrist bewilligen.** [2]**Der Antrag ist spätestens zwei Wochen vor dem Tag, an dem nach dem Vergleich zu räumen ist, zu stellen; §§ 233 bis 238 gelten sinngemäß.** [3]**Die Entscheidung ergeht durch Beschluss.** [4]**Vor der Entscheidung ist der Gläubiger zu hören.** [5]**Das Gericht ist befugt, die im § 732 Abs. 2 bezeichneten Anordnungen zu erlassen.**

II [1]**Die Räumungsfrist kann auf Antrag verlängert oder verkürzt werden.** [2]**Absatz 1 Satz 2 bis 5 gilt entsprechend.**

III [1]**Die Räumungsfrist darf insgesamt nicht mehr als ein Jahr, gerechnet vom Tag des Abschlusses des Vergleichs, betragen.** [2]**Ist nach dem Vergleich an einem späteren Tag zu räumen, so rechnet die Frist von diesem Tag an.**

IV **Gegen die Entscheidung des Amtsgerichts findet die sofortige Beschwerde statt.**

V [1]**Die Absätze 1 bis 4 gelten nicht für Mietverhältnisse über Wohnraum im Sinne des § 549 Abs. 2 Nr. 3 sowie in den Fällen des § 575 des Bürgerlichen Gesetzbuchs.** [2]**Endet ein Mietverhältnis im Sinne des § 575 des Bürgerlichen Gesetzbuchs durch außerordentliche Kündigung, kann eine Räumungsfrist höchstens bis zum vertraglich bestimmten Zeitpunkt der Beendigung gewährt werden.**

1 **I. Systematik.** § 794a enthält die dem § 721 entsprechende Regelung für den vollstreckbaren Vergleich. Vgl. daher → § 721 Rn. 1. Sie ist nicht abdingbar aA LG Aachen WuM 1996, 568; LG Heilbr DGVZ 1992, 569; Schindler NZM 2021, 745 (751).

2 **II. Regelungszweck.** Der Räumungsvergleich unterscheidet sich vom streitig ergangenen Räumungsurteil in einem wesentlichen Punkt: Hier hat sich der Schuldner schließlich freiwillig zur Räumung bereiterklärt, wenn auch vielleicht erst auf starken moralischen oder wirtschaftlichen Druck des Gläubigers. Dies hat auch einen Einfluss auf die Frage der Angemessenheit einer Räumungsfrist. Beim Räumungsvergleich spricht manches dafür, vor der Bewilligung einer weiteren Räumungsfrist strengere Anforderungen an deren wirtschaftliche Notwendigkeit zu stellen als beim Räumungsurteil. Auf der anderen Seite gilt es bei der Festlegung einer Räumungsfrist die durch den Vergleich eingetretene Befriedung nicht zu gefährden. Zudem zeigt der Text des § 794a gegenüber § 721 keine grundsätzlichen Unterschiede. Auch das muss man mitabwägen.

3 **III. Geltungsbereich.** Zunächst → § 721 Rn. 3, insbesondere wegen des Begriffs Wohnraum. § 794a gilt nur für einen gerichtlichen Vergleich. § 794a gilt also nicht auch für einen außergerichtlichen Vergleich nach § 779 BGB (insofern gilt Vertragsrecht), aA LG Hmb MDR 1981, 236, LG Ulm MDR 1980, 944 (der dortige Fall betrifft eine außergerichtlich bewilligte Räumungsfrist. Man darf die prozessuale Lösung aber nicht einfach auf eine außergerichtliche Lage ausdehnen. Das BGB gibt genug eigenständige Lösungsmöglichkeiten). Der Schuldner kann außer nach → Rn. 6 eine den Umständen nach angemessene Räumungsfrist beantragen, auch wenn die Parteien das im Vergleich nicht vorgesehen hatten oder wenn der Vergleich bereits eine Räumungsfrist enthielt, LG Wuppert WuM 1981, 113. Diese darf man dann bei der Berechnung der etwa weiteren Frist nach § 794a nicht mitrechnen, LG Stgt WuM 1992, 265; LG Kaisersl WuM 1984, 115; LG Wuppert WuM 1981, 113.

4 **IV. Antragsfrist, I.** Der Schuldner muss den Antrag spätestens 2 Wochen vor dem Räumungstag bei demjenigen AG stellen, in dessen Bezirk der Wohnraum liegt. Sieht der Vergleich keinen Räumungstermin vor oder liegt der vereinbarte Termin näher als zwei Wochen nach dem Vergleichsabschluss, beginnt die Zweiwochenfrist des **I 2** mit dem Vertragsabschluss. Gegen eine Fristversäumung kann nach **I 2 Hs. 2** die Wiedereinsetzung in den vorigen Stand nach § 233 infrage kommen. Auch ist nach **II** eine Verlängerung oder eine Verkürzung der nach **I** vorgesehenen richterlichen Frist möglich, aM LG Mü ZMR 2014, 991 (aber **II 1** spricht eindeutig auch von „Verkürzung"). Nicht möglich ist aber die Verlängerung, Verkürzung oder Aufhebung einer nicht nach **I** vom Gericht, sondern im Vergleich außergerichtlich von den Parteien vereinbarten Räumungsfrist, LG Stgt WuM 1992, 32; LG Brem WuM 1991, 564; aM LG Freibg WuM 1993, 417(aber § 794a schützt nicht den unsorgfältigen Vergleichspartner).

5 **V. Verfahren, I–III.** Auch hier gibt es ein pflichtgemäßes Ermessen, AG Rosenh WuM 1987, 67. In seinen Grenzen findet eine Interessenabwägung statt, LG Essen WuM 1979, 269; LG Heilbr Rpfleger 1992, 528. Die Räumungsfrist ist keine Notfrist nach § 224 I 2. Sie soll den Mieter zwar vor einer Notlösung schützen, LG Lüb WuM 1987, 65. Das Gericht muss aber die Tatsache besonders bewerten, dass sich der Schuldner selbst zur Räumung für einen bestimmten Tag bereitgefunden oder gar auf einen weiteren Räumungsschutz verzichtet hat,

LG Mü NZM 2008, 839; LG Aachen WuM 1996, 568. Deshalb darf das Gericht im Allgemeinen einem Räumungsantrag nur dann stattgeben, wenn neue unvorhersehbare Ereignisse eingetreten sind, LG Aachen WuM 2007, 398; LG Saarbr WuM 1993, 698. Das gilt zB dann, wenn der Schuldner jetzt erst eine demnächst freiwerdende Ersatzwohnung gefunden hat, LG Wuppert WuM 1981, 113, oder wenn sich die Entwicklung der Situation im Zeitpunkt des Vergleichsabschlusses noch nicht übersehen ließ, LG Aachen WuM 2007, 398; LG Saarbr WuM 1993, 698; AG Euskirchen WuM 1990, 29; aA LG Heilbr Rpfleger 1992, 528; LG Mannh ZMR 1994, 21; AG Köln WuM 1993, 472 (aber der Fortfall der Geschäftsgrundlage ist als eine Folge von Treu und Glauben auch im Prozess oft beachtlich).

Eine Verlängerung kommt ferner zB dann in Betracht, wenn der **Ersatzmietvertrag** ohne eine Schuld des Räumungsschuldners nicht zustande kommt, LG Freibg, WuM 1993, 417; LG Kiel WuM 1992, 492. Der Schuldner muss sich allerdings intensiv um eine zumutbare Ersatzwohnung bemüht haben, LG Mannh WuM 1993, 62; AG Remscheid WuM 1987, 66. Ein Sozialhilfeempfänger braucht freilich keinen Makler zu bemühen, AG Lörrach WuM 1987, 66. Jedoch darf die Räumungsfrist nach **III** höchstens ein Jahr betragen, gerechnet von dem Tage des Vergleichsabschlusses oder dem in ihm bestimmten Räumungstermin ab, LG Mü WuM 1987, 66; LG Wuppert WuM 1981, 113. Die Verlängerung der richterlichen Frist darf nicht von einer Auflage abhängig gemacht werden, LG Wuppert WuM 1987, 67; AG Böblingen NZM 2021, 208. Die Entscheidung kann ohne eine mündliche Verhandlung ergehen. Das Gericht muss den Gläubiger aber vorher dem Gläubiger rechtliches Gehör gewähren, BVerfG NJW 2000, 1709. Das AG ist auch für einen Antrag auf die Bewilligung einer Räumungsfrist nach einem solchen Vergleich zuständig, der vor einem anderen Gericht zustande gekommen ist, etwa vor einem ArbG. 6

VI. Entscheidung, I–III. Das Gericht entscheidet durch den Prozessrichter, OLG Mü ZMR 1993, 472. Es entscheidet nach I 3 durch einen Beschluss nach § 329, der begründet werden muss. Das Gericht muss ihn nach § 329 I 1 verkünden oder wegen seiner befristeten Anfechtbarkeit den Parteien nach § 329 III förmlich zustellen. Eine einstweilige Regelung ist nach § 732 II statthaft. 7

VII. Sofortige Beschwerde, IV. Gegen den Beschluss des AG ist nach **IV** die sofortige Beschwerde nach §§ 567 I Nr. 1, 793 statthaft. Eine Rechtsbeschwerde kommt unter den Voraussetzungen des § 574 in Betracht. Wegen einer Anschlussbeschwerde § 567 III. 8

VIII. Keine oder eingeschränkte Räumungsfrist, V. Soweit der Mieter keine Fortsetzung des Mietverhältnisses nach § 549 II Nr. 3 BGB oder nach § 575 BGB fordern kann, besteht auch kein Anlass zu einer Räumungsfrist. Daher ist dann nach **V 1** die gesamte Regelung **I–IV** unanwendbar. Vgl. auch den entsprechenden § 721 VII. Endet ein Mietverhältnis durch eine außerordentliche Kündigung nach § 575 BGB, kommt nur eine nach **V 2** eingeschränkte Kündigung infrage. 9

795 *Anwendung der allgemeinen Vorschriften auf die weiteren Vollstreckungstitel.*

[1]Auf die Zwangsvollstreckung aus den in § 794 erwähnten Schuldtiteln sind die Vorschriften der §§ 724 bis 793 entsprechend anzuwenden, soweit nicht in den §§ 795a bis 800, 1079 bis 1086, 1093 bis 1096 und 1107 bis 1117 abweichende Vorschriften enthalten sind. [2]Auf die Zwangsvollstreckung aus den in § 794 Abs. 1 Nr. 2 erwähnten Schuldtiteln ist § 720a entsprechend anzuwenden, wenn die Schuldtitel auf Urteilen beruhen, die nur gegen Sicherheitsleistung vorläufig vollstreckbar sind. [3]Die Vorschriften der in § 794 Absatz 1 Nummer 6 bis 9 genannten Verordnungen bleiben unberührt.

I. Systematik, Regelungszweck. Auf die Zwangsvollstreckung aus einem Titel nach § 794 sind grundsätzlich §§ 724–793 entsprechend anwendbar. Man muss also prüfen, ob der Sinn und Zweck der Vorschriften auf den jeweiligen Vollstreckungstitel zutreffen, BAG NJW 2004, 701. 1

II. Geltungsbereich. Es werden praktisch zahlreiche Vorschriften anwendbar. 2

§ 720a: Die Vorschrift ist bei einem Kostenfestsetzungsbeschluss nach § 794 I Nr. 2 entsprechend anwendbar, OLG Köln Rpfleger 1996, 358, soweit der Titel auf einem solchen Urteil beruht, das nach § 709 nur gegen eine Sicherheitsleistung vorläufig vollstreckbar ist. Das kann zB ein Urteil auf eine Klagabweisung wegen der Kosten sein, OLG Köln JurBüro 1997, 49. 3

§ 721: Die Vorschrift ist auf eine einstweilige Anordnung zwecks Räumung von Wohnraum unanwendbar, OLG Hmb FamRZ 1983, 1152.

§ 724: Die Zwangsvollstreckung findet grundsätzlich nur aufgrund einer vollstreckbaren Ausfertigung des Vollstreckungstitels statt, KG NJW-RR 2000, 1409. Wegen einer Ausnahme → § 724 Rn. 15. Beim notariellen Vergleich erteilt der Notar die Ausfertigung, OLG Hamm NJW-RR 1987, 1404. Er erteilt sie dem Gläubiger erst nach einer Ermächtigung des Schuldners, OLG Hamm NJW-RR 1987, 1404. Eine solche Ermächtigung kann in der Aushändigung einer einfachen Ausfertigung an den Gläubiger gelegen haben. Die Geschäftsstelle des Gerichts der ersten Instanz erteilt die Ausfertigung dann, wenn ein Prozessvergleich zugrunde liegt (Widerrufsvergleich). Solange sich allerdings die Akten bei einem höheren Gericht befinden, ist dessen Geschäftsstelle zuständig. Wenn ein Titel eines ArbG vorliegt, ist dessen Geschäftsstelle zur Erteilung der vollstreckbaren Ausfertigung zuständig. Der Prozessvergleich stellt keine „gerichtliche Urkunde" nach § 797 dar. Es wäre ganz zweckwidrig, die Vollstreckungsklagen aus §§ 731, 767 vor das Gericht des ersuchten Richters zu verweisen. Eine materiell-rechtliche Einwendung zB der Erfüllung ist evtl. zu beachten, KG NJW-RR 2000, 1409; aA LG Kleve DNotZ 1978, 680 (aber dann ist für solche Einwendungen kein Raum).

§ 725: Man muss den Gläubiger aus der Vollstreckungsklausel erkennen können.

§ 726: Wenn ein Vertragsangebot eine Unterwerfungsklausel enthält, erhält der Gläubiger eine vollstreckbare Ausfertigung erst nach der Erklärung der Annahme des Angebots vor einem Notar oder aufgrund des Nachweises der Annahme nach § 726 I. Ein gesetzlicher Zahlungsaufschub ist bei der Erteilung unbeachtlich. Bei einer Verfallklausel erfolgt eine uneingeschränkte Erteilung auch dann, wenn der Gläubiger nicht behauptet, die Fälligkeit sei eingetreten. Dasselbe gilt bei einer Ermächtigung. Dann muss der Notar die vollstreckbare Ausfertigung grundsätzlich auch ohne einen Nachweis der Fälligkeit der Schuld erteilen. Eine generelle Änderung der Beweislastregel des § 726 I kann aber einen Verstoß gegen § 309 Nr. 12 BGB bedeuten.

§ 727: Die Erteilung einer vollstreckbaren Ausfertigung gegen den Rechtsnachfolger kommt auch bei Vollstreckungstiteln, die nicht im Klageverfahren erstritten wurden, in Betracht, wenn die Rechtsnachfolge nach Eintritt der Rechtshängigkeit stattgefunden hat, BGH NJW 2019, 310 Rn. 31. Der Notar prüft die Voraussetzungen in einer eigenen Zuständigkeit, LG Regensb WM 2010, 2310. Für die Umschreibung der Vollstreckungsklausel auf den Rechtsnachfolger ist bei einem solchen Vergleich vor einer Rechtshängigkeit (vor einer landesrechtlichen Gütestelle und nach § 118 I 3 Hs. 2: Sühnevergleich) die Zeit der Beurkundung maßgebend. Es erfolgt also keine Umschreibung bei einem vorherigen Eintritt. Bei einer vollstreckbaren Urkunde gilt dasselbe, AG Mosbach Rpfleger 2010, 229. Ein mit einer Hypothek nach § 800 belastetes Grundstück ist mit der Errichtung der Hypothek im Streit befangen. Deshalb ergeht eine vollstreckbare Ausfertigung an den Hypothekengläubiger gegen den späteren Nießbraucher. Haben der Veräußerer und der Erwerber in einer gemeinsamen notariellen Urkunde Unterwerfungserklärungen abgegeben und hat der Notar dem Gläubiger eine Ausfertigung der notariellen Verhandlung erteilt, ohne den Schuldner und den Schuldgrund näher zu bezeichnen, ist nach dem Eigentumsübergang einer Klauselumschreibung auf den Erwerber nicht mehr notwendig, KG NJW-RR 1987, 1230. Die Umschrift darf gegen den Rechtsnachfolger des Schuldners sowohl wegen einer dinglichen als auch wegen einer persönlichen Unterwerfung des Schuldners unter die sofortige Zwangsvollstreckung erfolgen, LG Duisb Rpfleger 1999, 549. Der erforderliche Eintritt in den Sicherungsvertrag liegt auch in einem Vertrag zugunsten des Sicherungsgebers, BGH NJW 2012, 2354.

§ 732: Die Vorschrift gilt auch hier, BGH NJW 2009, 1887. Der Schuldner darf hier nicht geltend machen, seine Unterwerfungserklärung sei unwirksam, BGH NJW 2009, 1887.

§ 750: Der Vollstreckungsbescheid ist gemäß § 699 IV von Amts wegen nach §§ 166 ff. oder im Parteibetrieb nach §§ 191 ff. zustellbar. Einen Prozessvergleich muss die Partei zustellen, VGH Mü NVwZ-RR 2016, 679; VGH Mannh JurBüro 1991, 115. Eine vollstreckbare Urkunde steht außerhalb des Prozesses. Man muss sie daher im Parteibetrieb zustellen. Eine öffentliche Zustellung erfolgt aufgrund einer Einwilligung des Prozessgerichts nach §§ 185 ff. Bei einer vollstreckbaren Urkunde ist dazu das in § 797 III genannte AG zuständig. Die Aushändigung der Urkunde durch den Notar auf eine Bitte des Schuldners ist keine Zustellung nach § 750 I, LG Ffm JurBüro 1993, 750.

§ 766: Der Einwand, dass kein wirksamer Vollstreckungstitel vorliege, richtet sich grundsätzlich gegen die Zwangsvollstreckung und nicht gegen den vollstreckbaren Anspruch selbst. Man muss ihn deshalb in der Regel nach § 766 oder nach § 732 geltend machen, OLG Düss OLGZ 1980, 342. Wenn diese Einwendung aber zugleich zum Inhalt hat, dass zB die titulierte Forderung erloschen sei, ist eine Vollstreckungsabwehrklage nach § 767 zulässig, OLG Düss OLGZ 1980, 342.

§ 767: Die Vorschrift ist voll anwendbar, BGH NJW-RR 2004, 1422 (1425); OLG Brdb WM 2010, 606; OLG Kblz WuM 2003, 286.

- Wenn es um eine **beschwerdefähige Entscheidung** nach § 794 I Nr. 3 geht, hindert die Möglichkeit einer sofortigen Beschwerde eine Vollstreckungsabwehrklage nicht. § 767 II erwähnt nämlich nur den Einspruch. Die Beschwerde entspricht dem Einspruch nicht. Hier kommen vielmehr nur solche Einwendungen in Betracht, die der Schuldner bisher nicht vorbringen konnte.
- Entsprechend anwendbar sein kann § 767 bei der **Formungültigkeit** einer vollstreckbaren Urkunde, BGH NJW 2002, 138; OLG Zweibr NJW-RR 2000, 548; OLG Köln DNotZ 1999, 132.
- Auf einen **Kostenfestsetzungsbeschluss** nach § 104 ist § 767 II nicht anwendbar. Zwar entsteht der Kostenerstattungsanspruch schon vor dem Zeitpunkt des Urteilserlasses. Indessen darf man den Gegner nicht dazu nötigen, schon vor dem Eintritt der Bedingung Einwendungen zu erheben, zumal das Urteil über die Kosten nur dem Grunde nach befindet. Vor allem würde eine Nötigung zur Aufrechnung einen ungesetzlichen Zwang zu einer vorzeitigen Erfüllung enthalten, LG Hmb AnwBl 1977, 70. Wenn der Rpfl. den Beschluss nach § 126 auf den Namen eines nach § 121 beigeordneten Anwalts umgeschrieben hat, muss der Schuldner die Vollstreckungsabwehrklage gleichwohl gegen diejenige Partei richten, die eine Prozesskostenhilfe erhalten hat. § 767 II ist anwendbar, BGH NJW-RR 2004, 1422 (1425). Das gilt auch zB bei einem Festsetzungsbeschluss nach § 11 RVG. Denn der Schuldner hat die Möglichkeit, durch eine außergerichtliche Einwendung wie zB eine Aufrechnung eine Kostenfestsetzung zu verhindern und den Anwalt auf den Klageweg zu zwingen. Beim Kostenfestsetzungsbeschluss der Gebrauchsmusterabteilung des Patentamts ist das BPatG zuständig, BPatG GRUR 1982, 483.
- Anwendbar ist § 767 iVm §§ 85 ff. FamFG auch auf einen Beschluss über die Zahlung eines solchen **Kostenvorschusses,** der vor der Scheidung erging, falls die Zwangsvollstreckung erst nach dem Eintritt der formellen Rechtskraft des Scheidungsbeschlusses nach §§ 329, 705 iVm §§ 113, 133 ff. FamFG stattfindet, aA OLG Hamm FamRZ 1977, 466.
- Zu einer Unterwerfungsurkunde aufgrund eines **Schwarzkaufs** OLG Düss DNotZ 1983, 686.
- Für die Vollstreckungsabwehrklage ist nach einem **Prozessvergleich** dasjenige Gericht des ersten Rechtszugs zuständig, bei dem der Prozess geschwebt hat, BGH NJW 1980, 189; LG Heidelb WuM 1992, 30. Wenn der Prozessvergleich bereits im Verfahren zur Bewilligung einer Prozesskostenhilfe nach § 118 I 3 zustande kam, ist das Prozessgericht der ersten Instanz oder des Prozesskostenhilfeantrags zuständig. § 767 hindert nicht immer eine Fortsetzung desjenigen Verfahrens, das ein Vergleich beenden sollte. Da § 767 II auf der Rechtskraftwirkung nach § 322 beruht, gilt diese Bestimmung bei einem Vergleich für eine erste Vollstreckungsabwehrklage nicht, BGH FamRZ 1987, 805; BAG DB 1980, 359; OLG Düss FamRZ 1987, 168. Allerdings kann man im Allgemeinen einer solchen Einwendung entgegenhalten, der Streit sei durch den Vergleich erledigt. Wegen einer weiteren Abwehrklage → § 797 Rn. 13. Wegen eines Vergleichs vor der Gütestelle § 797a.
- Bei einer **vollstreckbaren Urkunde** nach § 794 I Nr. 5 gibt § 797 einen besonderen Gerichtsstand.

§ 769: Die Vorschrift ist anwendbar, OLG Köln AnwBl 1989, 51, auch bei einer Anfechtung der Vaterschaft. Man kann die dort genannten Probleme bei der Ausübung des gerichtlichen Ermessens berücksichtigen.

§ 775: Die Vorschrift ist nach § 64 IV GVGA anwendbar.

§§ 1079–1086, 1093–1096, 1107–1117: Diese Vorschriften gelten nur ergänzend. Vgl. dort.

795a *Zwangsvollstreckung aus Kostenfestsetzungsbeschluss.* **Die Zwangsvollstreckung aus einem Kostenfestsetzungsbeschluss, der nach § 105 auf das Urteil gesetzt ist, erfolgt auf Grund einer vollstreckbaren Ausfertigung des Urteils; einer besonderen Vollstreckungsklausel für den Festsetzungsbeschluss bedarf es nicht.**

I. Systematik. § 795a betrifft einen Kostenfestsetzungsbeschluss auf einem beliebigen Urteil nach § 105 und sinngemäß auch aus einem Prozessvergleich. Der Gläubiger muss die vollstreckbare Ausfertigung im Parteibetrieb nach §§ 191 ff., 750 zustellen. 1

II. Regelungszweck. Die Vorschrift beruht darauf, dass bei § 105 das Urteil und der Kostenfestsetzungsbeschluss einen einheitlichen Vollstreckungstitel bilden, der den für das Urteil geltenden Vorschriften unterliegt. Darum gilt auch die Wartefrist des § 798 nicht. Die Verbindung ist auch bei einem klagabweisenden Urteil zulässig. Denn auch wenn sich das Urteil selbst nicht für eine Zwangsvollstreckung eignet, geschieht doch die Vollstreckung bei einer Verbindung „aufgrund einer vollstreckbaren Ausfertigung des Urteils". Denn das Urteil ergänzt dann den Kostenfestsetzungsbeschluss. **Hs.** 2 dient deshalb der Verfahrensvereinfachung. Man sollte die Vorschrift entsprechend großzügig zugunsten des Gläubigers auslegen. 2

795b *Vollstreckbarerklärung des gerichtlichen Vergleichs.* **Bei Vergleichen, die vor einem deutschen Gericht geschlossen sind (§ 794 Abs. 1 Nr. 1) und deren Wirksamkeit ausschließlich vom Eintritt einer sich aus der Verfahrensakte ergebenden Tatsache abhängig ist, wird die Vollstreckungsklausel von dem Urkundsbeamten der Geschäftsstelle des Gerichts des ersten Rechtszugs und, wenn der Rechtsstreit bei einem höheren Gericht anhängig ist, von dem Urkundsbeamten der Geschäftsstelle dieses Gerichts erteilt.**

I. Systematik, Regelungszweck. Nach § 795 S. 1 Hs. 1 sind auch bei dem nach § 794 I Nr. 1 vollstreckbaren gerichtlichen Vergleich grundsätzlich §§ 724 ff. entsprechend anwendbar. Daher ist schon nach § 724 II grundsätzlich der Urkundsbeamte für die Erteilung der Vollstreckungsklausel zuständig. Nach dem bisher ebenfalls anwendbaren § 726 I iVm § 20 I Nr. 12 RPflG wäre jedoch in den dortigen Fällen der Rpfl. zuständig. Diesen früheren Zustand beendet § 795b zwecks Vereinfachung und Vereinheitlichung, indem er durch seine vorrangige eng auslegbare Spezialregelung auch bei § 726 I den Urkundsbeamten zuständig macht, Sandhaus Rpfleger 2008, 238. Daher ergibt sich dessen Zuständigkeit jetzt auch nach § 795 S. 1 Hs. 2 mit dessen Verweisung auf §§ 795a–800. 1

II. Geltungsbereich. Die Vorschrift gilt im Gesamtbereich der unter § 794 I Nr. 1 fallenden Vergleiche. Sie gilt auch im WEG-Verfahren. 2

III. Ausschließliche Abhängigkeit von Tatsache aus Verfahrensakte. Die Wirksamkeit des gerichtlichen Vergleichs muss ausschließlich vom Eintritt einer sich aus der Verfahrensakte ergebenden Tatsache abhängen. Das ist eine noch strengere Eingrenzung als in § 726 I. Denn dort hängt die Vollstreckbarkeit nur davon ab, dass der Gläubiger den Eintritt einer anderen Tatsache als einer ihm auferlegten Sicherheitsleistung beweisen kann. Hier muss die Vollstreckbarkeit aber direkt aus einer sich gerade direkt aus dieser Verfahrensakte ergebenden Tatsache ableitbar sein. Das gilt zB bei einem nicht widerrufenen Widerrufsvergleich oder bei einem von der Rechtskraft des Scheidungsbeschlusses nach § 45 FamFG abhängigen Unterhaltsvergleich, Jungbauer JurBüro 2006, 453 (455). Nur dann darf statt des in → Rn. 1 genannten Rpfl. der Urkundsbeamte tätig werden. Wegen der Notwendigkeit engeren Auslegung nach → Rn. 1 bleibt also im Zweifel der Rpfl. zuständig, Sandhaus Rpfleger 2008, 236. 3

IV. Instanzzuständigkeit. Maßgeblich ist die Anhängigkeit. Sobald und solange sie vor dem höheren Gericht vorliegt, ist dessen Urkundsbeamter zuständig. Nach einer Aktenrücksendung kann gleichwohl noch eine Anhängigkeit der höheren Instanz bestehen. 4

796 *Zwangsvollstreckung aus Vollstreckungsbescheiden.* I **Vollstreckungsbescheide bedürfen der Vollstreckungsklausel nur, wenn die Zwangsvollstreckung für einen anderen als den in dem Bescheid bezeichneten Gläubiger oder gegen einen anderen als den in dem Bescheid bezeichneten Schuldner erfolgen soll.**

II **Einwendungen, die den Anspruch selbst betreffen, sind nur insoweit zulässig, als die Gründe, auf denen sie beruhen, nach Zustellung des Vollstreckungsbescheids entstanden sind und durch Einspruch nicht mehr geltend gemacht werden können.**

III **Für Klagen auf Erteilung der Vollstreckungsklausel sowie für Klagen, durch welche die den Anspruch selbst betreffenden Einwendungen geltend gemacht werden oder der bei der Erteilung der Vollstreckungsklausel als bewiesen angenommene Eintritt der Voraussetzung für die Erteilung der Vollstreckungsklausel bestritten wird, ist das Gericht zuständig, das für eine Entscheidung im Streitverfahren zuständig gewesen wäre.**

I. Systematik. Die Vorschrift enthält mehrere unterschiedlich geartete Sonderregelungen, und zwar in **I** gegenüber § 724, in **II** gegenüber § 767 II, in **III** gegenüber § 731. 1

II. Regelungszweck. Der Sinn der Sonderregelungen ist eine Erleichterung der Vollstreckung und damit eine Fortführung eines der Grundgedanken des ganzen Mahnverfahrens. Demgemäß sollte man § 796 großzügig zugunsten des Gläubigers auslegen. 2

III. Vollstreckungsklausel. Die Verbindung mehrerer Vollstreckungsbescheide gegen Gesamtschuldner lässt trotzdem eine Vollstreckung auch nach einer anschließenden Trennung der Titel zu, solange die Ausfertigung erhalten bleibt, LG Marbg DGVZ 1986, 77. Der Vollstreckungsbescheid benötigt nur dann eine Vollstreckungsklausel, wenn eine Umschreibung nach §§ 727 ff. erforderlich ist, OLG Mü NZM 2015, 898, also nicht schon wegen § 343, LG Kblz JurBüro 1998, 324. Die Vollstreckungsklausel erfolgt durch das AG des Mahnbescheids, evtl. also durch dasjenige des § 689 II, BGH NJW 1993, 3141; OLG Hamm Rpfleger 1994, 30; LG Stgt Rpfleger 3

2000, 537; aA OLG Kblz Rpfleger 1994, 307. Sie erfolgt nach § 730. Für eine Klage aus den §§ 731, 767, 768 ist das Gericht der §§ 690 I Nr. 5, 692 I Nr. 1, 696 I 1, V zuständig. Diese Zuständigkeit ist nach § 802 ausschließlich. § 35 ist anwendbar. **Gebühren:** VV 3309, 3310 RVG.

4 **IV. Vollstreckungsabwehrklage, II.** Bei dieser Klage nach § 767 ersetzt die Zustellung des Vollstreckungsbescheids für die Zulässigkeit von Einwendungen den Schluss der mündlichen Verhandlung nach § 767 II, BGH NJW-RR 1990, 304. Eine Vollstreckungsabwehrklage ist auch dann statthaft, wenn der Abzahlungskäufer denjenigen Widerruf, der den schwebend unwirksamen Anspruch des Verkäufers entfallen lässt, schon vor der Zustellung des Vollstreckungsbescheids objektiv hätte erklären können, aber erst nach der Zustellung erklärt hat, OLG Karlsr NJW 1990, 2475 (zum früheren AbzG); OLG Köln VersR 2004, 355. Bei einem gesetzlichen Gestaltungsrecht kommt es freilich auf den Zeitpunkt des Entstehens und der Befugnis zur Ausübung an, BGH NJW 1985, 2481; OLG Karlsr NJW 1990, 2474. Das Gericht des Streitverfahrens nach §§ 340, 700 ist nach § 802 für die Klage ausschließlich zuständig, OLG Hamm NJW-RR 2000, 65. Das gilt unabhängig vom Streitwert und daher auch von einer Klagänderung nach §§ 263, 264 oder Klagehäufung nach § 260. Daher unterbleibt eine Verweisung nach § 281, OLG Hamm NJW-RR 2000, 65; aA OLG Celle NJW-RR 2002, 1079 bei einer bloßen Teilvollstreckung evtl. das AG. Aber § 802 hat den Vorrang. § 35 ist anwendbar.

796a *Voraussetzungen für die Vollstreckbarerklärung des Anwaltsvergleichs.*

I Ein von Rechtsanwälten im Namen und mit Vollmacht der von ihnen vertretenen Parteien abgeschlossener Vergleich wird auf Antrag einer Partei für vollstreckbar erklärt, wenn sich der Schuldner darin der sofortigen Zwangsvollstreckung unterworfen hat und der Vergleich unter Angabe des Tages seines Zustandekommens bei einem Amtsgericht niedergelegt ist, bei dem eine der Parteien zur Zeit des Vergleichsabschlusses ihren allgemeinen Gerichtsstand hat.

II Absatz 1 gilt nicht, wenn der Vergleich auf die Abgabe einer Willenserklärung gerichtet ist oder den Bestand eines Mietverhältnisses über Wohnraum betrifft.

III Die Vollstreckbarerklärung ist abzulehnen, wenn der Vergleich unwirksam ist oder seine Anerkennung gegen die öffentliche Ordnung verstoßen würde.

1 **I. Systematik, §§ 796a–c.** Die Vorschriften regeln die Vollstreckbarkeit des sog. Anwaltsvergleichs. Er stellt eine Form des außergerichtlichen Vergleichs nach § 779 BGB dar.

2 **II. Regelungszweck, §§ 796a–c.** Die Vorschriften bezwecken, ein Erkenntnisverfahren oder ein schiedsrichterliches Verfahren nach §§ 1025 ff. über einen im Vergleich geregelten Anspruch zu erübrigen oder zumindest abzukürzen. Der Gläubiger soll auch bei einer entsprechenden Entscheidung des Spruchrichters sogleich aus dem Vergleich die Zwangsvollstreckung betreiben können. Man hält eine solche Abkürzung für vertretbar, soweit auf Seiten aller Vergleichspartner Anwälte als deren Bevollmächtigte nach §§ 164 ff. BGB gehandelt haben und soweit sich der Schuldner im Vergleich der Zwangsvollstreckung unterworfen hat. Diese Form des Gerichtsersatzes hat sich in der Praxis grundsätzlich bewährt. Der Anwaltsvergleich dient also der Prozesswirtschaftlichkeit, indem er den ganzen Prozess unnötig macht, LG Halle NJW 1999, 3567. Dabei müssen aber gerade vor dem Beginn der Zwangsvollstreckung im Interesse der Rechtssicherheit einige formelle Mindestkontrollen eingebaut werden, um einen endgültigen Schaden aus einem nichtrichterlichen Titel zu vermeiden.

3 **III. Geltungsbereich, §§ 796a–c.** Die Vorschriften gelten nur für den Anwaltsvergleich nach § 796a I, mag man ihn nun beim Gericht niedergelegt oder nach § 796c I 1 beim Notar verwahrt haben. Für einen mit oder ohne eine Mitwirkung eines oder mehrerer Anwälte geschlossenen Prozessvergleich gilt § 794 I Nr. 1. Für einen nicht nach § 796a I geschlossenen außergerichtlichen Vergleich muss man einen gesonderten Vollstreckungstitel erstreiten. Für den Schiedsspruch mit vereinbartem Wortlaut nach § 1053 I gelten §§ 1060, 1061. § 796a gilt nicht im arbeitsgerichtlichen Verfahren, LAG Düss MDR 1997, 660 (zum alten Recht); Leutner/Hacker NJW 2012, 1318.

4 **IV. Anwaltsvergleich, I.** Die Vollstreckbarerklärung setzt das Zusammentreffen jeder der folgenden Bedingungen voraus.

5 **1. Vergleich.** Es muss sich um einen außergerichtlichen Vergleich nach § 779 BGB handeln, Leutner/Hacker NJW 2012, 1318. Darin unterscheidet er sich vom Prozessvergleich nach § 278 VI und von einer Einigung nach VV 1000 RVG. Da der Anwaltsvergleich ein Privatrechtsgeschäft ist, hat der Streit um die Rechtsnatur des Prozessvergleichs hier keine Bedeutung. Zur Wirksamkeit → Rn. 14, 15.

6 **2. Unterwerfungserklärung.** Zumindest einer der beteiligten Schuldner muss sich schon im Vergleich („darin") der sofortigen Zwangsvollstreckung unterworfen haben, OLG Brdb NJW 2014, 643. Dies darf also nicht erst später geschehen sein, es sei denn in einer rückwirkend vereinbarten Ergänzung, Leutner/Hacker NJW 2012, 1318. Anders als nach § 794 I Nr. 5 kann Gegenstand der Unterwerfung jeder einer Vollstreckung zugängliche Anspruch sein. Für die Erklärung gilt § 794 Rn. 36 ff. entsprechend. Die Unterwerfung muss sich gerade auf den zu vollstreckenden Gegenstand beziehen, OLG Saarbr NJW-RR 2005, 1302.

7 **3. Anwaltstätigkeit.** Für einen jeden am Vergleich Beteiligten muss ein Anwalt als dessen Bevollmächtigter („im Namen und mit Vollmacht") nach § 164 BGB und nicht §§ 80 ff. ZPO beim Abschluss gehandelt haben. Eine bloße sonstige Mitwirkung, etwa eine Beratung, Anwesenheit, zeitweise Hinzuziehung, reicht ebensowenig wie die bloße Unterschrift neben oder anstelle der Partei. Freilich kann letztere zur Annahme einer Anscheins- oder Duldungsvollmacht führen. Eine Prozessvollmacht nach § 80 reicht weder aus noch ist sie nötig. Andererseits braucht der Anwalt nicht schon am Zustandekommen der Vergleichsreife mitgewirkt zu haben. Es reicht und ist notwendig, dass er ihn als Bevollmächtigter „abgeschlossen" hat, dass er somit für diesen Beteiligten die zum Vergleich führende Willenserklärung abgegeben hat. Besteht ein Beteiligter aus mehreren Personen, muss für jede derselbe oder ein jeweils eigener Anwalt den Vergleich mitabgeschlossen haben. Eine Vollmacht lässt sich nachreichen. Der Anwalt muss nach §§ 206, 207 BRAO, zugelassen oder zur Berufsausübung vor Ort berechtigt sein. Eine etwa im Rahmen eines Prozessvergleichs zustande gekommene Vereinbarung muss zum Bestandteil einer außergerichtlichen Anwaltsvereinbarung nach **I** geworden sein, um auch als ein Anwaltsvergleich nach **I** wirken zu können.

4. Form. Aus **I** ergibt sich, dass für den Anwaltsvergleich die Schriftform erforderlich ist. Es genügt die Unterschrift eines jeden beteiligten Anwalts. Bei einer Sozietät reicht die Unterschrift eines Sozius. Besteht ein Beteiligter aus mehreren Personen, muss jeder der beteiligten Anwälte auch mitunterschrieben haben. Der Anwaltsvergleich ersetzt anders als der Prozessvergleich nicht eine etwa nach dem sachlichen Recht erforderliche besondere Form. Daher ist § 127a BGB auf ihn nicht anwendbar. Hat er einen Grundstücksverkauf zum Gegenstand, ist schon aus diesem Grund und im Übrigen auch wegen **II** (→ Rn. 13) seine notarielle Beurkundung und deren Vollstreckbarerklärung nach § 794 I Nr. 5 usw. nötig. Eine notarielle Beurkundung, bei der ja auch die Beteiligten unterschreiben, reicht aus, soweit eben für jeden Vergleichspartner eine anwaltliche Beteiligung und Unterschrift vorliegt. Eine Stellvertretung ist wie sonst zulässig. 8

V. Niederlegung, I. 1. Urschrift, Ausfertigung. Man muss die Urschrift oder bei einer notariellen Beurkundung die Ausfertigung niedergelegt haben. Sie muss dem Gericht zur dauernden Verwahrung übergeben worden sein. Die Übergabe muss ebenfalls im Namen und mit einer Vollmacht aller Vergleichspartner erfolgt sein. Denn **I** lässt die Zulässigkeit der Vollstreckbarerklärung eben auch von einer wirksamen Niederlegung abhängen. Es wäre aber ein Formalismus, auch unter dem Übergabe- (Begleit-)schreiben die Unterschriften sämtlicher am Vergleichsabschluss beteiligter Anwälte zu fordern. Freilich ist eine entsprechende im Vergleich vereinbarte Vollmacht für den Übergeber oder Niederleger ratsam, um Zweifel zu beseitigen, dass die übrigen Partner auch mit der Niederlegung einverstanden sind. 9

2. Angabe des Vergleichsdatums. Bei der Niederlegung muss der Tag des Zustandekommens des Anwaltsvergleichs angegeben werden. Das gilt natürlich nur für den seltenen Fall, dass der Vergleichstext das Datum nicht enthält. Es ist die letzte Unterschrift maßgeblich. 10

3. Zuständigkeit des Niederlegungsgerichts. Man muss den Anwaltsvergleich gerade bei einem AG niedergelegt haben, bei dem einer der Beteiligten zur Zeit des Vergleichsabschlusses (→ Rn. 10) seinen allgemeinen Gerichtsstand hatte. Unter mehreren danach zuständigen Gerichten haben die Vergleichspartner und für sie der zur Niederlegung Befugte nach § 35 die Wahl. §§ 36, 37 sind anwendbar. Das sollte auch für § 38 gelten. Es genügt, dass sich nach alledem die Zuständigkeit des angerufenen AG aus dem allgemeinen Gerichtsstand auch nur eines Vergleichspartners ergibt, OLG Brdb NJW 2014, 643. Es ist ratsam, schon im Vergleich das Niederlegungsgericht genau zu bezeichnen. Funktionell zuständig sein kann zB die nach der Geschäftsverteilung für C-Sachen zuständige Geschäftsstelle. Eine vorherige Zustellung ist nicht nötig. Es besteht nach § 78 III Hs. 2 kein Anwaltszwang. 11

VI. Antrag auf Vollstreckbarerklärung, I. Das Gericht erklärt eine Vollstreckbarkeit nur „auf Antrag einer Partei", also nicht von Amts wegen. Jede Partei kann den Antrag stellen. Der Antrag ist als solcher nicht formbedürftig. Er kann daher auch ohne die Hinzuziehung eines Anwalts oder gar eines der am Vergleichsabschluss beteiligten Anwälte erfolgen, aA Leutner/Hacker NJW 2012, 1318 (1320). Er kann sogar stillschweigend erfolgen. Die bloße Niederlegung ist sicher meist, keineswegs aber stets auch als ein Antrag auslegbar. Denn die Vergleichspartner können sehr wohl ein schutzwürdiges Interesse daran haben, das Druckmittel einer Vollstreckbarerklärung nicht sogleich einzusetzen, auch aus Kostengründen. Der Antrag ist nicht fristgebunden. Er ist eine Partei"prozess"handlung im weiteren Sinn. Denn es liegt insofern ja etwas anderes als ein materiell-rechtliches Geschäft vor. Der Antrag braucht sich nicht an das Niederlegungsgericht zu richten. Ist er an dieses gerichtet, gibt dieses ihn unverzüglich nach § 129a II an das für die Vollstreckbarerklärung nach § 796b I zuständige Gericht ab und unterrichtet den Niederleger oder Antragsteller davon. Der Antrag kann sich auf einen selbständig bestimmbaren Teil des Anwaltsvergleichs beschränken. Das weitere Verfahren richtet sich nach **III** und nach § 796b. 12

VII. Unanwendbarkeit bei Willenserklärung oder Wohnmiete, II. Die Vorschrift entspricht dem § 794 I Nr. 5. Soweit sich ein Vergleich auf die Abgabe einer Willenserklärung richtet, gilt **I** nicht. Das gilt unabhängig davon, ob die Beteiligten ihn in den Formen eines Anwaltsvergleichs geschlossen haben. Daher darf keine Vollstreckbarerklärung nach §§ 796a, b erfolgen. Denn insoweit kommt es für die Vollstreckbarkeit nur auf § 894 an. Als eine Ausnahme von **I** ist **II** eng auslegbar. Alles das gilt ferner, soweit der Anwaltsvergleich den Bestand eines Mietverhältnisses über Wohnraum betrifft. Über einen solchen Anspruch soll nur aufgrund eines staatlichen Vollstreckungstitels nach einem Erkenntnisverfahren eine Zwangsvollstreckung erfolgen dürfen. „Bestand eines Mietverhältnisses über Wohnraum" ist dasselbe wie bei § 794 I Nr. 5, § 23 Nr. 2a Hs. 2 GVG. Allerdings passt die Regelung nach § 794a nicht ganz zu derjenigen nach **II Hs. 2.** Indessen ist der Wortlaut der letzteren Vorschrift eindeutig. 13

VIII. Ablehnung bei Unwirksamkeit oder Verstoß gegen die öffentliche Ordnung, III. Sprachlich in den Rechtsfolgen von **II** abweichend, der Sache nach ebenfalls auf die Unanwendbarkeit von **I** hinauslaufend, erfordert **III** die Ablehnung der Vollstreckungserklärung als unbegründet selbst bei einer Erfüllung aller sonstigen Voraussetzungen von **I,** soweit der Anwaltsvergleich nach **III Hs. 1** unwirksam ist. Denn sein Inhalt ist nicht vergleichsfähig. Er unterliegt daher nicht der Parteiherrschaft. Erst recht ist eine Antragszurückweisung als unzulässig notwendig, soweit eine der formellen Voraussetzungen von **I** fehlt und nicht behebbar ist. 14

Eine Ablehnung muss ferner erfolgen, soweit die Anerkennung des Vergleichs gegen die **öffentliche Ordnung** verstoßen würde. Das bestimmt **III Hs. 2** wegen §§ 134, 138 BGB überflüssigerweise zusätzlich, Leutner/Hacker NJW 2012, 1318 (1320). In einer sprachlichen Abweichung von dem gleichzeitig eingeführten § 1059 II Nr. 2b nennt § 796a III nur den deutschsprachigen Begriff, nicht den internationalrechtlich üblichen ordre public, meint aber im nationalen wie internationalen Anwaltsvergleich der Sache nach dasselbe wie zB § 328 I Nr. 4. Es sollten keine zu strengen Anforderungen gestellt werden. Das ganze Verfahren der §§ 796ac dient schließlich nach → Rn. 1 der Prozesswirtschaftlichkeit im weitesten Sinn. Deshalb zählt eine Einwendung nicht hierher, die sich gegen den Fortbestand des Anspruchs richtet, etwa diejenige der Erfüllung. Der Schuldner muss sie nach § 767 erheben, LG Halle NJW 1999, 3567. Eine Ablehnung nach **III** lässt die etwaige materiellrechtliche Wirksamkeit des Vergleichs unberührt. 15

796b *Vollstreckbarerklärung durch das Prozessgericht.* **I Für die Vollstreckbarerklärung nach § 796a Abs. 1 ist das Gericht als Prozessgericht zuständig, das für die gerichtliche Geltendmachung des zu vollstreckenden Anspruchs zuständig wäre.**

II 1Vor der Entscheidung über den Antrag auf Vollstreckbarerklärung ist der Gegner zu hören. 2Die Entscheidung ergeht durch Beschluss. 3Eine Anfechtung findet nicht statt.

Schrifttum: Leutner/Hacker, Zu Unrecht verschmäht: Der vollstreckbare Anwaltsvergleich, NJW 2012, 1318; Münzberg, Einwendungen gegenüber vollstreckbaren Anwaltsvergleichen, NJW 1999, 1357.

1 **I. Systematik, Regelungszweck.** Zunächst → § 796a Rn. 1, 2. Während § 796a die Zulässigkeit des vollstreckbaren Anwaltsvergleichs und die örtliche gerichtliche Zuständigkeit regelt, bestimmt § 796b die gerichtliche sachliche und funktionelle Zuständigkeit für den Fall, dass die Vergleichspartner keine notarielle Verwahrung usw. nach § 796c vereinbart haben und dass der Vergleich daher nach § 796a I beim Gericht niedergelegt ist.

2 **II. Geltungsbereich.** → § 796a Rn. 3.

3 **III. Zuständigkeit, I.** Für die Vollstreckbarerklärung des bei Gericht niedergelegten Anwaltsvergleichs ist dasjenige Gericht sachlich zuständig, das zur Zeit des Antrags nach **I** und nicht etwa schon beim Abschluss des Anwaltsvergleichs für eine Geltendmachung des vollstreckbaren Anspruchs im Erkenntnisverfahren nach §§ 253 ff. sachlich zuständig wäre. Diese Zuständigkeit richtet sich also nach §§ 23 ff., 71, 96 GVG. Ob danach eine ausschließliche Zuständigkeit vorliegt, richtet sich anders als bei § 796a I nicht nach § 802. Denn diese Vorschrift erfasst nur den Gerichtsstand, also die **örtliche** Zuständigkeit. Die am Anwaltsvergleich Beteiligten können die **sachliche** Zuständigkeit insofern auch bei der Vollstreckbarerklärung beeinflussen, als nach **II** in einer mündlichen Verhandlung oder schriftsätzlich ein **Rügeverzicht** nach den zu § 295 I entwickelten hier entsprechend anwendbaren Regeln möglich ist, zumal die Vollstreckbarerklärung noch nicht zur Vollstreckung gehört, obwohl Buch 8 sie regelt.

4 Das sachlich zuständige Gericht entscheidet nach dem klaren Wortlaut von **I** „als Prozessgericht", also nicht als Vollstreckungsgericht nach § 764. Es entscheidet durch den oder die Richter, Leutner/Hacker NJW 2012, 1318 (1320), nicht durch den Rpfl. und schon gar nicht durch den Urkundsbeamten, aA LG Kblz Rpfleger 2011, 389. Denn § 20 I Nr. 17 RPflG erfasst § 796b nicht, da es dort auf die funktionelle Zuständigkeit des Vollstreckungsgerichts ankommt.

5 Soweit in einer **Ehesache** nach § 121 FamFG oder in einer **Familiensache** nach § 111 FamFG überhaupt ein Anwaltsvergleich nach § 796a wirksam zustande kommen kann oder unter einem Verstoß zB gegen § 796a III nun einmal geschlossen und gerichtlich niedergelegt wurde, ist das FamG nach § 95 I FamFG zuständig.

6 **IV. Verfahren, II 1.** Das Gericht prüft die besonderen Voraussetzungen der Wirksamkeit des Anwaltsvergleichs nach § 796a in vollem Umfang insbesondere die zwingenden Versagungsgründe nach § 796a III (→ § 796a Rn. 14, 15). Der Verpflichtete darf auch ohne die Grenze des § 767 II Einwendungen gegen den Anspruch selbst erheben. Eine mündliche Verhandlung ist zulässig, aber nach § 128 IV nicht erforderlich. Stets muss das Gericht aber das rechtliche Gehör nach Art. 103 I GG, § 796b II 1 Hs. 2 gewähren.

7 **V. Entscheidung, II 2.** Das Prozessgericht entscheidet nach **II 2** in seiner vollen Besetzung durch einen Beschluss nach § 329. Er lautet entweder etwa so: „Der Vergleich vom … wird für vollstreckbar erklärt", oder auf die Zurückweisung des Antrags. Das Gericht muss seinen Beschluss trotz seiner Unanfechtbarkeit nach **II 3** wenigstens stichwortartig begründen, soweit irgendeine Unklarheit bestand.

8 **VI. Unanfechtbarkeit, II 3.** Die Entscheidung ist nach dem klaren Wortlaut von **II 3** unanfechtbar. Da der Richter und nicht der Rpfl. zuständig ist (→ Rn. 4), ist auch nicht etwa § 11 II 1 RPflG anwendbar. Mangels einer Vollstreckbarerklärung bleibt nur die Verfassungsbeschwerde oder entweder der Weg über § 796c oder ein neu zu schaffender Titel. Zur verfassungsrechtlichen Folgeproblematik Münzberg NJW 1999, 1357 (1359).

796c *Vollstreckbarerklärung durch einen Notar.* **I 1Mit Zustimmung der Parteien kann ein Vergleich ferner von einem Notar, der seinen Amtssitz im Bezirk eines nach § 796a Abs. 1 zuständigen Gerichts hat, in Verwahrung genommen und für vollstreckbar erklärt werden. 2Die §§ 796a und 796b gelten entsprechend.**

II 1Lehnt der Notar die Vollstreckbarerklärung ab, ist dies zu begründen. 2Die Ablehnung durch den Notar kann mit dem Antrag auf gerichtliche Entscheidung bei dem nach § 796b Abs. 1 zuständigen Gericht angefochten werden.

1 **I. Systematik, Regelungszweck.** → § 796a Rn. 1, 2.

2 **II. Geltungsbereich.** → § 796a Rn. 3.

3 **III. Notarielle Verwahrung und Vollstreckbarerklärung, I.** Statt der in § 796a I als Regelfall vorgesehenen Niederlegung des Anwaltsvergleichs beim Gericht nebst seiner gerichtlichen Vollstreckbarerklärung können die Beteiligten auch eine notarielle Verwahrung und Vollstreckbarerklärung vereinbaren.

4 **1. Zustimmung der Parteien, I 1.** Alle am Anwaltsvergleich Beteiligten, hier „Parteien" genannt, müssen der notariellen Verwahrung usw. zugestimmt haben, OLG Brdb NJW 2014, 643. Das kann im Vergleich oder später geschehen sein, Leutner/Hacker NJW 2012, 1318 (1321). Die Zustimmungen müssen schriftlich oder durch Erklärungen gegenüber dem nach **I 1** örtlich zuständigen Notar erfolgt sein. Man darf seine einmal erklärte Zustimmung nicht einseitig widerrufen, Leutner/Hacker NJW 2012, 1318 (1321). Die Mitwirkung eines Anwalts auch bei der Zustimmung ist nicht erforderlich. Sie ist aber bei einer Zustimmung im Vergleich wegen § 796a I praktisch gleichwohl stets nötig. Eine Anfechtung wegen Irrtums usw. nach §§ 119 ff. BGB ist denkbar.

5 **2. Zuständigkeit des Notars, I 1.** Der von den „Parteien" ausgewählte Notar muss seinen Amtssitz im Bezirk eines nach § 796a I zuständigen Gerichts haben. Ein Mangel der Zuständigkeit berührt freilich die Wirksamkeit einer notariellen Vollstreckbarerklärung nicht. Denn der Notar nimmt hier einen Staatsakt vor.

3. Verwahrung, I 1. Der zuständige Notar muss den zustande gekommenen Anwaltsvergleich verwahren. Er muss also die Urschrift nach § 25 I BNotO wie diejenige einer eigenen Urkunde behandeln. Er darf eine Verwahrung nur wegen seiner Unzuständigkeit ablehnen. **II** erfasst nur die Ablehnung einer anschließenden Vollstreckbarerklärung. Die Verwahrung und die Vollstreckbarerklärung müssen keineswegs, dürfen aber sehr wohl zeitlich zusammenfallen. 6

4. Vollstreckbarerklärung, I 1, 2. Es muss ein wirklicher Anwaltsvergleich nach § 796a vorliegen, OLG Brdb NJW 2014, 643. Der nach → Rn. 5 zuständige Notar muss zugleich mit oder zeitlich nach seiner Verwahrung nach → Rn. 6 den Anwaltsvergleich für nicht nur vorläufig, sondern endgültig vollstreckbar erklären, soweit er das auch nach den gemäß **I 2** entsprechend anwendbaren §§ 796a, b überhaupt tun darf. Seine Entscheidung lautet etwa: „Vorstehender Anwaltsvergleich wird gemäß § 796c Abs. 1 Satz 1 ZPO für vollstreckbar erklärt". Sie muss eine Kostenentscheidung wegen des Vollstreckungsverfahrens entsprechend §§ 91 ff. enthalten, Leutner/Hacker NJW 2012, 1318 (1321). Der Notar muss seine Vollstreckbarerklärung nach § 20 I 2 BNotO oder §§ 175, 176, ferner § 329 III allen am Anwaltsvergleich Beteiligten als den „Parteien" nach **I** zustellen. Gegen die Vollstreckbarerklärung ist **kein Rechtsbehelf** statthaft. Das ergibt sich aus der Verweisung in **I 2** auf § 796b II 3 (→ § 796b Rn. 8). Die Vollstreckbarerklärung durch den Notar ist Ausübung richterlicher Tätigkeit, sodass für den Notar das Haftungsprivileg des § 839 II 1 BGB gilt, BGH WM 2021, 129 Rn. 26. 7

IV. Ablehnung der Vollstreckbarerklärung, II 1. Soweit die Voraussetzungen einer Vollstreckbarerklärung nach **I** nicht vorliegen, darf und muss der zuständige Notar (→ Rn. 5) die Vollstreckbarerklärung des bei ihm verwahrten Anwaltsvergleichs ablehnen. Er hält dabei infolge der Verweisung von dem auch im Verfahren auf eine Ablehnung mitgeltendem **I 2** auf § 796b II 1, 2 das dort genannte Verfahren ein. Er muss die Ablehnung nach **II 1** gemäß → § 329 Rn. 6 begründen, und zwar so, dass das bei einer Anfechtung nach **II 2** zuständige Gericht die Ablehnungserwägungen nachvollziehen kann. Der Notar muss auch eine Ablehnungsentscheidung nebst ihrer Begründung den am Anwaltsvergleich Beteiligten wie bei → Rn. 7 zustellen. 8

V. Antrag auf gerichtliche Entscheidung, II 2. Soweit der Notar die Vollstreckbarerklärung nach → Rn. 8 abgelehnt hat, kann jeder Betroffene bei dem nach § 796b I zuständigen Gericht die Entscheidung des Notars durch einen Antrag auf eine gerichtliche Entscheidung anfechten. Das ist der in dieser Situation allein statthafte Rechtsbehelf. Das danach zuständige Gericht verfährt unter einer Mitbeachtung der in § 796a III genannten Ablehnungsgründe wie bei § 796b II. Die Entscheidung des Gerichts lautet auf eine Zurückweisung des Antrags oder unter Aufhebung der Ablehnung des Notars auf eine Vollstreckbarerklärung wie bei → Rn. 7. Die Entscheidung ist unanfechtbar. Das ergibt sich zumindest entsprechend § 796b II 3, → § 796b Rn. 8. Trotzdem sollte das Gericht ihr wenigstens stichwortartige Begründung geben. 9

VI. Kosten, I, II. Gebühren des Gerichts: keine; des Notars: für die Erteilung vollstreckbarer Ausfertigungen: KV 23803 GNotKG; Wert: § 118 GNotKG; des Anwalts: VV 3309, 3310 RVG. 10

797 *Verfahren bei vollstreckbaren Urkunden.* **I Die vollstreckbare Ausfertigung wird erteilt bei**

1. gerichtlichen Urkunden von dem Urkundsbeamten der Geschäftsstelle des die Urkunde verwahrenden Gerichts,
2. notariellen Urkunden von
a) dem die Urkunde verwahrenden Notar,
b) der die Urkunde verwahrenden Notarkammer oder
c) dem die Urkunde verwahrenden Amtsgericht.

II Die Entscheidung über die Erteilung einer weiteren vollstreckbaren Ausfertigung wird getroffen bei

1. gerichtlichen Urkunden von dem die Urkunde verwahrenden Gericht,
2. notariellen Urkunden von
a) dem die Urkunde verwahrenden Notar,
b) der die Urkunde verwahrenden Notarkammer oder
c) dem die Urkunde verwahrenden Amtsgericht.

III Die Entscheidung über Einwendungen, welche die Zulässigkeit der Vollstreckungsklausel und die Zulässigkeit der Erteilung einer weiteren vollstreckbaren Ausfertigung betreffen, wird getroffen bei

1. gerichtlichen Urkunden von dem die Urkunde verwahrenden Gericht,
2. notariellen Urkunden von dem Amtsgericht,
a) in dessen Bezirk der die Urkunde verwahrende Notar seinen Amtssitz hat,
b) in dessen Bezirk die die Urkunde verwahrende Notarkammer ihren Sitz hat oder
c) das die Urkunde verwahrt.

IV Auf die Geltendmachung von Einwendungen, die den Anspruch selbst betreffen, ist § 767 Absatz 2 nicht anzuwenden.

V [1]Das Gericht, bei dem der Schuldner im Inland seinen allgemeinen Gerichtsstand hat, ist zuständig für

1. Klagen auf Erteilung der Vollstreckungsklausel,
2. Klagen, durch welche die den Anspruch selbst betreffenden Einwendungen geltend gemacht werden, und
3. Klagen, durch welche der bei der Erteilung der Vollstreckungsklausel als bewiesen angenommene Eintritt der Voraussetzung für die Erteilung der Vollstreckungsklausel bestritten wird.

[2]Hat der Schuldner im Inland keinen allgemeinen Gerichtsstand, so ist das Gericht zuständig, bei dem nach § 23 gegen den Schuldner Klage erhoben werden kann.

VI Auf Beschlüsse nach § 796c sind die Absätze 1 bis 5 entsprechend anzuwenden.

1 **I. Systematik.** Die Norm wurde durch Art. 14 des Gesetzes zur Änderung des notariellen Berufsrechts und zur Änderung weiterer Vorschriften vom 25.6.2021 (BGBl. I 2154) vollständig neugefasst. Es handelt sich um eine Folgeänderung zu der ab 2022 geltenden Neufassung der §§ 45, 51, 55 BNotO, wonach die Verwahrung notarieller Akten und Verzeichnisse in Fällen der Abwesenheit oder Verhinderung des Notars sowie nach Erlöschen des Notaramts nicht mehr wie bisher den Amtsgerichten, sondern den Notarkammern obliegt. Weitergehende Änderungen sind mit der Neufassung nicht verbunden, BT-Drs. 19/26828, 220.

2 **I–III** regeln ebenso wie die I–III aF die Zuständigkeit für die Erteilung vollstreckbarer Ausfertigungen, weiterer vollstreckbarer Ausfertigungen und die Entscheidung über die hiergegen gerichteten Einwendungen. Die Systematik wurde jedoch insoweit verändert, dass in den verschiedenen Absätzen jetzt nicht mehr in erster Linie nach der Art der vollstreckbaren Urkunde – gerichtlich oder notariell –, sondern nach dem Anlass der Tätigkeit unterschieden wird. **I** betrifft die Erteilung vollstreckbarer Ausfertigungen, **II** die Erteilung weiterer vollstreckbarer Ausfertigungen und **III** die Zuständigkeit für die Entscheidung über Rechtsbehelfe hiergegen. **IV** schließt unverändert die Präklusionsregelung des § 767 **II** für vollstreckbare Urkunden aus. V regelt etwas verändert die Zuständigkeit für Klagen gemäß §§ 731, 767, 768. Die Erstreckung der Regelungen auf Anwaltsvergleiche findet sich wie bislang in **VI.**

3 **II. Regelungszweck.** Die Vorschrift dient einer Anpassung der Vollstreckung aus den in §§ 794 ff. genannten Urkunden an die Vollstreckung aus den in § 704 genannten Urteilen. Die Zuständigkeitsbestimmungen dienen der Rechtssicherheit. Man muss sie daher streng auslegen, auch soweit sie den Notar betreffen. **IV** ist als eine Schuldnerschutzregel zu seinen Gunsten auslegbar. Denn hier liegt die Betonung auf einem Vorrang der Gerechtigkeit vor der Rechtskraft (Präklusion).

4 **III. Erteilung der Klausel, I. 1. Verfahrensüberblick.** Das Gericht erteilt die vollstreckbare Ausfertigung stets nach der ZPO. Die Erteilung ist dann vor der Entstehung des Anspruchs zulässig, wenn die Zwangsvollstreckung nach dem Inhalt der Urkunde nicht von einer durch den Gläubiger zu beweisenden Entstehung abhängt. § 726 ist zu beachten. Über die Zulässigkeit der Klage trotz einer vollstreckbaren Urkunde → § 794 Rn. 2. Die vollstreckbare Ausfertigung einer solchen Urkunde, in der sich ein Vertreter der sofortigen Zwangsvollstreckung unterworfen hat, ist nur aufgrund eines Nachweises der Vollmacht nach § 80 durch eine öffentliche oder eine öffentlich beglaubigte Urkunde zulässig, BGH NJW 2008, 2266; LG Bonn Rpfleger 1990, 374. Das Gericht oder der Notar müssen die Eignung der Urkunde nach ihrer Form und ihrem Inhalt zur Zwangsvollstreckung prüfen, BGH NJW 1992, 2160; BayObLG DNotZ 1997, 77; OLG Oldb DNotZ 1995, 145. Sie dürfen aber das Bestehen eines materiell-rechtlichen Anspruchs im Verfahren auf die Erteilung der vollstreckbaren Ausfertigung nicht prüfen, BGH DGVZ 2020, 257, Rn. 22; NJW 2009, 1887 Rn. 14. Wenn ein materiell-rechtlicher Anspruch fehlt, ist § 767 anwendbar, BGH NJW 1992, 2160 (Unwirksamkeit des Titels); OLG Ffm JurBüro 1997, 544 (Erlöschen); OLG Oldb DNotZ 1995, 145 (Nichtigkeit); aA bei einer Offenkundigkeit usw. BayObLG NJW-RR 2000, 1663; OLG Ffm DNotZ 1995, 144 (aber damit ist der Rpfl. oder Notar meist überfordert). Das Grundbuchamt prüft den sachlichen Inhalt der Urkunde auf seine Eintragungsfähigkeit, nicht aber die Erteilung der Klausel.

5 **2. Gerichtliche Urkunde, I Nr. 1.** Die Vorschrift erfasst nur die vollstreckbare Urkunde des § 794 I Nr. 5, nicht einen Prozessvergleich. Denn auf ihn passt § 797 nicht. Nicht anwendbar ist § 797 ferner auf einen Beschluss nach § 329. Zuständig zur Erteilung der Vollstreckungsklausel ist stets die Geschäftsstelle desjenigen Gerichts, das die Urkunde verwahrt. Das gilt auch dann, wenn dessen Zuständigkeit zur Beurkundung selbst nach §§ 68 I, 52 BeurkG entfallen ist. Das Gericht muss § 730 beachten. Innerhalb der Geschäftsstelle ist der Urkundsbeamte oder der Rpfl. zuständig. **I** gilt auch dann, wenn ein anderes Gericht die Urkunde in Ausübung seiner Rechtshilfe aufgenommen hat, falls jenes Gericht die Urkunde in ihrer Urschrift übersandt hat.

6 **3. Notarielle Urkunde, I Nr. 2.** Auch eine notarielle Urkunde braucht eine **Vollstreckungsklausel.** Derjenige Notar erteilt nach **I Nr. 2 lit. a** die Klausel, der die Urkunde nach § 48 BeurkG verwahrt. Ein Notar, der den Vollstreckungsauftrag vom Gläubiger als Anwalt angenommen hat, darf keine Vollstreckungsklausel erteilen. Wenn er sie doch erteilt, muss das Gericht sie auf eine Einwendung des Schuldners aufheben. Der Notar darf und muss evtl. die Erteilung der Klausel ablehnen, zB bei einem begründeten Zweifel an der Wirksamkeit des beurkundeten Geschäfts, KG DNotZ 1991, 764, ebenso dann, wenn der materiell-rechtliche Anspruch offensichtlich nicht oder nicht mehr besteht, BayObLG NJW-RR 2000, 1663, oder wenn die Rechtsnachfolge nicht nach § 727 I klarliegt, LG Regensb WM 2010, 2310. Dann ist die Beschwerde zum LG seines Amtssitzes nach § 54 BeurkG statthaft, BayObLG DNotZ 1998, 194. Bei → § 726 Rn. 7 darf der Notar aber nicht verweigern, Zimmer NJW 2008, 2268.

7 Wenn der beurkundende Notar die Urkunde nicht verwahrt, weil sein Amt erloschen ist oder weil er seinen Amtssitz in einen anderen AG-Bezirk verlegt hat, ist nach **II Nr. 2** die Behörde zuständig, die die Urkunde verwahrt. Das ist nach **lit. b** iVm §§ 45, 55 BNotO die für den Amtsbezirk des Notars zuständige Notarkammer. Die nach **lit. c** gegebene Zuständigkeit des Amtsgerichts gilt nur noch für Urkunden, die bis Ende 2021 nach §§ 45, 51, 55 BNotO aF in Verwahrung genommen wurden

8 Zur Erteilung ist nach § 20 I Nr. 13 RPflG der **Rpfl.** des verwahrenden Gerichts zuständig. Wenn sich der Rpfl. weigert, eine vollstreckbare Ausfertigung zu erteilen, ist nach § 11 I RPflG die Beschwerde nach § 54 BeurkG statthaft, OLG Ffm DNotZ 1982, 320. Wenn der Notar abwesend ist, wenn ihm kein Vertreter bestellt wurde und wenn er seine Akten auch nicht in die amtliche Verwahrung gegeben hat, gilt nach § 45 III BNotO Entsprechendes. Die Kanzlei des Notars ist in keinem Fall zur Erteilung der vollstreckbaren Ausfertigung ermächtigt.

9 **IV. Erteilung weiterer Ausfertigung, II.** Die Zuständigkeitsregelung in **I** für die Erteilung vollstreckbarer Ausfertigungen setzt sich nach **II** für Erteilung weiterer vollstreckbaren Ausfertigungen fort. Diese fällt bei einer gerichtlichen Urkunde in die Zuständigkeit des Rpfl. nach § 20 I Nr. 13 RPflG, OLG Naumb FamRZ 2003, 695, oder des etwa landesrechtlich bestellten Urkundsbeamten der Geschäftsstelle nach § 36b I 1 Nr. 4 RPflG, bei einer notariellen in die Zuständigkeit des Notars nach **II Nr. 2 lit. a,** BayObLG NJW-RR 2000, 1663; OLG Düss DNotZ 1977, 572; Preuß DNotZ 2013, 740 (754), evtl. auch bei einer amtlich verwahrten Urkunde nach **II Nr. 2 lit. b und c** der Notarkammer oder des AG. Entsprechend der Zuständigkeit für die Erteilung einer weiteren Ausfertigung muss man die Bewilligung einer öffentlichen Zustellung nach §§ 185 ff. oder ein Zu-

stellungsersuchen in das Ausland nach (jetzt) §§ 183 ff. behandeln, BayObLG NJW-RR 1990, 64. Das Verfahren verläuft nicht etwa nach dem FamFG, sondern nach §§ 795, 732, OLG Naumb FamRZ 2003, 695; OLG Ffm OLGZ 1982, 202; LG Bln MDR 1999, 703; aA BayObLG NJW-RR 2000, 1663 (aber seine Meinungsänderung gegenüber NJW-RR 1990, 64 überzeugt nicht. Das ganze Verfahren gehört seiner Natur nach in die ZPO). Gegen die Entscheidung des etwa landesrechtlich bestellten Urkundsbeamten ist nach § 573 I 1 die befristete Erinnerung statthaft.

V. Einwendung gegen die Vollstreckungsklausel und weitere Ausfertigungen, III. Über die Einwendungen gegen die Zulässigkeit der Vollstreckungsklausel vgl. § 732 und BayObLG NJW-RR 2000, 1663; OLG Ffm DNotZ 1982, 320. Das gilt zB dann, wenn ein ausgeschlossener Notar die Klausel erteilt hat oder wenn eine Vollstreckung vertragswidrig vorzeitig begonnen hat oder wenn die Unterwerfung etwa nach § 138 BGB nichtig war. Wenn eine Unterwerfung für unwirksam erklärt wurde, ist keine Vollstreckungsabwehrklage nach § 767 statthaft, BGH NJW-RR 2007, 1343 Rn. 13. Vielmehr muss der Rpfl. dann eine Entscheidung durch einen Beschluss nach § 329 treffen, BGH NJW-RR 1987, 1149. Es entscheidet nach → Rn. 5 bei einer gerichtlichen Urkunde das Gericht der Verwahrung und bei einer notariellen Urkunde das AG des Amtssitzes des Notars, BayObLG NJW-RR 2000, 1663; OLG Düss DNotZ 1977, 572, bei einer sonstigen Urkunde im Allgemeinen das AG des Beurkundenden, zB des Jugendamts nach dem SGB V. 10

VI. Einwendungen gegen den Anspruch, IV. Eine Unterwerfung lässt sich nur nach **IV** bekämpfen, BGH NJW-RR 2008, 1075. Für die erste Vollstreckungsabwehrklage entfällt naturgemäß die Möglichkeit, Einwendungen nach § 767 II abzuschneiden, BAG NZA 1990, 187. Es sind anders als bei einem Prozessvergleich bei der ersten Vollstreckungsabwehrklage gegen die Urkunde sämtliche materiell-rechtlichen Einwendungen zulässig, BGH NJW 1992, 2160; OLG Kblz NJW-RR 2003, 1559. Unzulässig sind solche Einwendungen nach der materiell-rechtlichen Mängelheilung, BGH NJW 1985, 2423, und bei einer weiteren Vollstreckungsabwehrklage, BGH NJW-RR 1987, 59. 11

VII. Zuständigkeit, V. 1. Örtliche Zuständigkeit. Für die Klagen nach §§ 731, 767, 768 ist nach § 802 örtlich ausschließlich zunächst das Gericht des allgemeinen Gerichtsstands des Schuldners nach §§ 13–19 zuständig, OLG Hamm FamRZ 2003, 697. Wenn bei mehreren Schuldnern kein gemeinsamer allgemeiner Gerichtsstand vorliegt, können diese sich auf einen Gerichtsstand verständigen, einer Gerichtsstandbestimmung analog § 36 Nr. 3 bedarf es nicht, BGH NJW 1991, 2910; BayObLG NJW-RR 1993, 511. Hilfsweise ist nach **V 2** § 23 das Gericht des Gerichtsstands des Vermögens des Schuldners zuständig. Diese Gerichtsstände gehen dem dinglichen Gerichtsstand der §§ 24 ff. vor, nicht aber dem Gerichtsstand des § 800 III, OLG Karlsr NJW-RR 2001, 1728, aA KG NJW-RR 1989, 1407 (aber diese Vorschrift ist noch spezieller). Bei § 323 IV gilt **V** nicht. 12

2. Sachliche Zuständigkeit. Die sachliche Zuständigkeit richtet sich nach §§ 23–23b, 71 GVG nach dem Streitwert. Als Streitwert gilt nach § 3 der Wert des zu vollstreckenden Anspruchs. § 23 GVG ist entsprechend anwendbar. Deshalb ist für eine Vollstreckungsabwehrklage gegen eine Verpflichtungsurkunde vor dem Jugendamt immer das AG zuständig. In einer FamFG-Sache ist das FamG zuständig, (je zum alten Recht) OLG Naumb FamRZ 2003, 695; BayObLG FamRZ 1991, 1455; aA OLG Stgt Rpfleger 1997, 521. Die Zuständigkeit der Kammer für Handelssachen nach §§ 93 ff. GVG bleibt unberührt, LG Stendal MDR 2005, 1423. Unstatthaft ist eine Klage gegen den Notar (§ 127 GNotKG hat den Vorrang) oder gegen eine Behörde. In einer Arbeitssache ist das ArbG zuständig, OLG Ffm MDR 1985, 331. 13

VIII. Entsprechende Anwendbarkeit, VI. II–V sind auf einen Beschluss nach § 796c entsprechend anwendbar. Es muss sich also um einen solchen Vergleich nach § 796a (sog. Anwaltsvergleich) handeln, den ein Notar mit einer Zustimmung der Beteiligten in Verwahrung genommen und nach § 796c I 1 für vollstreckbar erklärt hat. Soweit ein Vergleich zwar nach § 796a I zustande gekommen, aber nicht notariell nach § 796c I behandelt worden ist, ist § 794 I Nr. 4b anwendbar (→ § 794 Rn. 18). 14

Die Norm ist nicht entsprechend auf **andere vollstreckbare Urkunden** anwendbar. Insoweit ergibt sich die Zuständigkeit für die Erteilung vollstreckbarer Ausfertigungen sowie die Rechtsbehelfe aus der jew. gesetzlichen Regelung, zB §§ 59, 60 SGV VIII für Jugendamtsurkunden. 15

797a *Verfahren bei Gütestellenvergleichen.*

I Bei Vergleichen, die vor Gütestellen der im § 794 Abs. 1 Nr. 1 bezeichneten Art geschlossen sind, wird die Vollstreckungsklausel von dem Urkundsbeamten der Geschäftsstelle desjenigen Amtsgerichts erteilt, in dessen Bezirk die Gütestelle ihren Sitz hat.

II Über Einwendungen, welche die Zulässigkeit der Vollstreckungsklausel betreffen, entscheidet das im Absatz 1 bezeichnete Gericht.

III § 797 Abs. 5 gilt entsprechend.

IV [1]Die Landesjustizverwaltung kann Vorsteher von Gütestellen ermächtigen, die Vollstreckungsklausel für Vergleiche zu erteilen, die vor der Gütestelle geschlossen sind. [2]Die Ermächtigung erstreckt sich nicht auf die Fälle des § 726 Abs. 1, der §§ 727 bis 729 und des § 733. [3]Über Einwendungen, welche die Zulässigkeit der Vollstreckungsklausel betreffen, entscheidet das im Absatz 1 bezeichnete Gericht.

I. Systematik, Regelungszweck, I–IV. Die Vorschrift erfasst innerhalb der in § 794 I Nr. 1 genannten Vergleiche denjenigen vor einer sog. Gütestelle oder Einigungsstelle zB nach § 15 VII 3 Hs. 2 UWG und schafft für das Verfahren auf die Erteilung der Vollstreckungsklausel nur für diesen Fall eine sowohl gegenüber § 724 II als auch gegenüber § 795 vorrangige Sonderzuständigkeit. Die Vorschrift entspricht im Übrigen weitgehend dem § 797. Daher sind die dortigen Anmerkungen entsprechend mitverwertbar. 1

II. Erteilung der Klausel, I, IV. Der Urkundsbeamte der Geschäftsstelle des Gerichts am Sitz der Gütestelle stellt eine Ausfertigung des Vergleichs her und versieht sie mit der Vollstreckungsklausel. Die Ermächtigung gilt nicht dann, wenn der Rpfl. nach § 20 I Nr. 12, 13 RPflG sowie nach Landesrecht § 37 RPflG die Vollstreckungsklausel erteilt. **Gebühren:** des Gerichts keine; des Anwalts VV 3309, 3310, 3500 RVG. 2

3 Die Justizverwaltung kann die Vorsteher von Gütestellen zur Erteilung der Vollstreckungsklausel ermächtigen. Die Verwaltung muss den Vorstehern dabei nach § 725 ein Dienstsiegel verleihen. Wenn der ermächtigte Vorsteher die Erteilung der Klausel ablehnt, entscheidet das AG.

4 **III. Rechtsbehelfe, II, III, IV.** Über Einwendungen aus § 732 entscheidet immer das Gericht des Sitzes der Gütestelle. Dieses Gericht ist auch für die Bewilligung einer öffentlichen Zustellung nach §§ 185 ff. und für ein Zustellungsersuchen in das Ausland nach §§ 183, 184 zuständig. § 797 V ist entsprechend anwendbar. Für Klagen aus §§ 731, 767, 768 ist also das Gericht des allgemeinen Gerichtsstands des Schuldners nach §§ 12 ff. ausschließlich örtlich zuständig, hilfsweise nach §§ 23 ff. das Gericht des Gerichtsstands des Vermögens. § 797 IV ist zwar nicht anwendbar. Trotzdem entfallen auch hier die Beschränkungen des § 767 II. Denn ein Vergleich vor der Gütestelle nach § 794 I Nr. 1 ist einem Prozessvergleich ebenbürtig.

5 **IV. Entsprechende Anwendung, I–IV.** § 797a gilt entsprechend für einen Vergleich vor einer Einigungsstelle nach § 15 VII 3 Hs. 2 UWG. Der Vorsitzende erteilt die Klausel unter einer Beidrückung des Siegels oder Stempels des Amts. Ausgenommen sind die Fälle **IV 2.**

798 *Wartefrist.* **Aus einem Kostenfestsetzungsbeschluss, der nicht auf das Urteil gesetzt ist, aus Beschlüssen nach § 794 Abs. 1 Nr. 4b sowie aus den nach § 794 Abs. 1 Nr. 5 aufgenommenen Urkunden darf die Zwangsvollstreckung nur beginnen, wenn der Schuldtitel mindestens zwei Wochen vorher zugestellt ist.**

1 **I. Systematik.** Ist der Kostenfestsetzungsbeschluss im vereinfachten Verfahren nach § 105 auf das Urteil gekommen, kann der Gläubiger ihn nach § 795a ohne eine Wartefrist vollstrecken. Es genügt dann nach § 750 I 1 die Zustellung des Beschlusses beim Beginn der Zwangsvollstreckung wie regelmäßig. Bei einer Reihe anderer Arten von Vollstreckungstiteln müssen nach § 798 bis zum Beginn der Zwangsvollstreckung aus dem Beschluss in einer vorrangigen Abweichung von § 750 I 1, jedoch ähnlich dem § 750 III, nach § 46 I Nr. 1–4 GVGA mindestens zwei Wochen verstreichen, BGH NJW 2017, 171 Rn. 17 (not. Urkunde); LG Bln VersR 1988, 252; AG Ehingen DGVZ 1981, 91. Im Sonderfall des § 798a gilt die dortige noch längere Wartefrist.

2 **II. Regelungszweck.** Zweck der Regelung ist dem Schuldner eine Gelegenheit zu geben, den fälligen und titulierten Anspruch noch vor einer Vollstreckungsmaßnahme zu erfüllen, OLG Köln NJW-RR 2000, 1302. Der Gläubiger soll den nicht unterrichteten Schuldner nicht überrumpeln, AG Ehingen DGVZ 1981, 91. Die Zweiwochenfrist ist wie jede Frist strikt auslegbar.

3 **III. Geltungsbereich. 1. §§ 720a, 750 III.** Eine Wartefrist ist nach § 750 III bei einer Zwangsvollstreckung aus § 720a (2 Wochen) nach § 46 II 1, 2 GVGA erforderlich.

4 **2. § 794 I Nr. 2.** Eine Wartefrist ist nach § 46 I Nr. 1 GVGA dann erforderlich, wenn die Zwangsvollstreckung aus einem Kostenfestsetzungsbeschluss nach §§ 104, 106 stattfindet, den das Gericht nicht nach § 105 auf das Urteil gesetzt hat (sonst gilt → Rn. 1).

5 **3. § 794 I Nr. 4b.** Eine Wartefrist ist nach § 46 I Nr. 1 Hs. 1 GVGA dann erforderlich, wenn die Zwangsvollstreckung aus einem sog. Anwaltsvergleich stattfindet, den die Beteiligten nach § 796a I geschlossen haben und den nach § 796c I 1 der Notar für vollstreckbar erklärt hat. Bei einem Vergleich anderer Art ist jedenfalls nicht schon nach § 798 eine Wartefrist erforderlich, sondern allenfalls aufgrund einer in ihm vereinbarten, LG Bochum DGVZ 1992, 28.

6 **4. § 794 I Nr. 5.** Eine Wartefrist ist nach § 46 I Nr. Hs. 2 GVGA dann erforderlich, wenn die Zwangsvollstreckung aus einer vollstreckbaren Urkunde nach § 794 I Nr. 5 stattfindet. Das gilt auch bei einer Urkunde nach §§ 794 II, 800 I.

7 **5. HZPrÜbk.** Eine Wartefrist ist nach § 46 I Nr. 2 GVGA dann erforderlich, wenn die Zwangsvollstreckung aus einer für vollstreckbar erklärten Kostenentscheidung nach § 7 AusfG zum HZPrÜbk stattfindet.

8 **6. § 89 GNotKG.** Eine Wartefrist ist nach § 46 II Nr. 3 GVGA bei einer Vollstreckung aus einer für vollstreckbar erklärten Kostenrechnung des Notars erforderlich. Man muss sie evtl. vorher berichtigen oder bei der Vollstreckungsklausel mit einem einschränkenden Vermerk versehen.

9 **7. §§ 84 II BRAO, 77 II PatAnwO.** Eine Wartefrist ist nach § 46 II Nr. 4 GVGA dann erforderlich, wenn es um eine von der jeweiligen Berufskammer ausgestellte vollstreckbare Zahlungsaufforderung geht.

10 **8. BundesWasserstraßengesetz (WaStrG).** Nötig ist nach § 46 III GVGA eine Wartefrist von mindestens 1 Woche, dort § 38.

11 **IV. Unanwendbarkeit.** § 798 ist nicht entsprechend anwendbar. Die Vorschrift ist bei einer Vorpfändung unanwendbar.

12 **V. Fristberechnung.** Die jeweilige Wartefrist ist eine gesetzliche Frist. Sie ist jedoch keine Notfrist nach § 224 I 2. Das Gericht darf sie nicht verlängern, auch nicht um die Laufzeit einer Überweisung usw., aA AG Bln-Charlottenb DGVZ 1988, 127; AG Ellwangen DGVZ 1992, 45. Es darf sie auch nicht abkürzen. Man berechnet die Frist nach § 222. Zweckmäßig wartet der Gläubiger oder das Vollstreckungsorgan die Rückkehr der Zustellungsurkunde ab. Die Urkunden über eine etwa notwendige Sicherheitsleistung kann der Gläubiger dem Schuldner beim Beginn der Zwangsvollstreckung zustellen lassen.

13 **VI. Rechtsbehelf.** Bei einem Verstoß ist lediglich eine Erinnerung nach § 766 statthaft. Eine Heilung durch einen Fristablauf erfolgt auch dann, wenn man den Verstoß vorher gerügt hatte.

798a *(aufgehoben)*

799 *Vollstreckbare Urkunde bei Rechtsnachfolge.* **Hat sich der Eigentümer eines mit einer Hypothek, einer Grundschuld oder einer Rentenschuld belasteten Grundstücks in einer nach**

§ 794 Abs. 1 Nr. 5 aufgenommenen Urkunde der sofortigen Zwangsvollstreckung unterworfen und ist dem Rechtsnachfolger des Gläubigers eine vollstreckbare Ausfertigung erteilt, so ist die Zustellung der die Rechtsnachfolge nachweisenden öffentlichen oder öffentlich beglaubigten Urkunde nicht erforderlich, wenn der Rechtsnachfolger als Gläubiger im Grundbuch eingetragen ist.

I. Systematik, Regelungszweck. Ein eingetragener Rechtsnachfolger eines Hypothekengläubigers, eines Grundschuldgläubigers oder eines Rentenschuldgläubigers benötigt zur Zwangsvollstreckung zwar die Erteilung einer Vollstreckungsklausel nach § 727 usw. auf ihn. Er benötigt aber keine Zustellung derjenigen Urkunden an den Eigentümer, die die Rechtsnachfolge beweisen. Denn der Eigentümer hat die Eintragung nach § 55 GBO erfahren, BGH DNotZ 2020, 20. Wenn das Grundbuchamt diese Bekanntgabe versäumt hat, schadet das dem Gläubiger nicht. 1

II. Geltungsbereich. Die Vorschrift gilt in dem in § 1 genannten Bereich. Sie gilt nicht bei einer bloßen Umschreibung des Hypothekenbriefs oder gegenüber einem rein persönlichen Schuldner. Sie gilt auch nicht dann, wenn der Rechtsnachfolger nicht im Grundbuch eingetragen ist. 2

III. Zustellung. Die Zustellung der Vollstreckungsklausel nach § 750 II bleibt notwendig. 3

799a ***Schadensersatzpflicht bei der Vollstreckung aus Urkunden durch andere Gläubiger.*** **[1]Hat sich der Eigentümer eines Grundstücks in Ansehung einer Hypothek oder Grundschuld in einer Urkunde nach § 794 Abs. 1 Nr. 5 der sofortigen Zwangsvollstreckung in das Grundstück unterworfen und betreibt ein anderer als der in der Urkunde bezeichnete Gläubiger die Vollstreckung, so ist dieser, soweit die Vollstreckung aus der Urkunde für unzulässig erklärt wird, dem Schuldner zum Ersatz des Schadens verpflichtet, der diesem durch die Vollstreckung aus der Urkunde oder durch eine zur Abwendung der Vollstreckung erbrachte Leistung entsteht. [2]Satz 1 gilt entsprechend, wenn sich der Schuldner wegen der Forderungen, zu deren Sicherung das Grundpfandrecht bestellt worden ist, oder wegen der Forderung aus einem demselben Zweck dienenden Schuldanerkenntnis der sofortigen Vollstreckung in sein Vermögen unterworfen hat.**

I. Systematik. Die Regelung schließt an § 717 II an. Man kann auch den Grundgedanken des § 945 wiedererkennen. Hintergrund ist auch die Begrenzung der Haftung eines Schädigers beim reinen Vermögensschaden in § 826 BGB. Jedenfalls handelt es sich um eine dem sachlichen Recht zugehörige Vorschrift. Der Gesetzgeber hat sie nur wegen des äußeren Anlasses einer Zwangsvollstreckung im Buch 8 der ZPO angesiedelt. Man muss daher die Grundregeln einer sachlichrechtlichen Schadensersatzpflicht und ihre Grenzen mitbeachten. 1

II. Regelungszweck. Derjenige, der sich einer sofortigen Zwangsvollstreckung unterwirft, verdient einen höheren Schutz als derjenige, der dem Ausgangsgläubiger nicht so viel Sicherheit bietet. Das gilt erst recht zugunsten desjenigen, der zB als Ehegatte eine Mitunterwerfung erklären muss, um vor allem dem anderen Ehegatten etwa die Beleihung eines solchen Baugrundstücks zu ermöglichen, das obendrein nur dem Partner gehört. 2

III. Schadensersatzpflicht, S. 1. 1. Unterwerfung unter sofortige Zwangsvollstreckung. Die Vorschrift betrifft nur gerade einen Grundeigentümer. Er muss sich wegen einer Hypothek oder Grundschuld in einer gerade nach § 794 I Nr. 5 errichteten Urkunde der sofortigen Zwangsvollstreckung in dieses Grundstück wirksam unterworfen haben, LG Lüb Rpfleger 2009, 451. 3

2. Vollstreckung durch Neugläubiger. Gerade ein anderer als derjenige, dem sich der Eigentümer unterworfen hat, muss jetzt die Vollstreckung gerade aus dieser Unterwerfung betreiben, Dieckmann NZM 2008, 865 (867). Er muss das Recht dazu wirksam erworben haben. Die Abtretung muss also formwirksam erfolgt sein. 4

3. Einstellung der Vollstreckung. Das zuständige Gericht muss gerade diese Vollstreckung wirksam für unzulässig erklärt haben, aus welchem Grund und in welchem Verfahren und in welcher Instanz auch immer, zB auch etwa nach § 765a. Die formelle Rechtskraft der Einstellung nach §§ 329, 705 ist praktisch zumindest im Zeitpunkt der Entscheidungsreife der Schadensersatzforderung unentbehrlich. 5

4. Schaden durch Vollstreckung oder durch deren Abwendung. Dem Eigentümer muss gerade dadurch ein Schaden entstanden sein, dass die Vollstreckung nach → Rn. 4 entweder erfolgte oder sich nur durch eine Sicherheitsleistung oder andere Leistung abwenden ließ. 6

5. Ersatzpflicht. Der Neugläubiger muss materiell-rechtlich ersatzpflichtig sein. Es müssen also die dazu allgemein nach dem BGB nötigen Voraussetzungen vorliegen. OLG Schlesw ZIP 2009, 1805 hält allerdings ein Verschulden nicht für notwendig. 7

IV. Ersatz, S. 2. Auch derjenige kann einen Schaden ersetzt fordern, der eine Unterwerfungserklärung abgegeben hat, ohne gerade Grundeigentümer zu sein. Auch er mag sich ja gerade zur Sicherung des Erstgläubigers dazu bereitgefunden haben, durch ein Schuldanerkenntnis oder sonstwie wirksam eine Vollstreckung aufgrund einer solchen Forderung zu erleichtern, für die eigentlich nur der Grundeigentümer haften soll. 8

V. Verfahren, S. 1, 2. Es gelten die sonstigen Regeln eines Schadensersatzprozesses, von der Zuständigkeit nach §§ 12 ff. über die Klageschrift gemäß § 253 und den etwaigen Anwaltszwang nach § 78 bis zur Beweislast, natürlich auch zu allen Entscheidungsformen. Für jede der Bedingungen → Rn. 3–7 ist der Kläger beweispflichtig. Die Regeln zum Anscheinsbeweis mögen im Einzelfall helfen können. Vgl. im Einzelnen bei §§ 717 II, 945, BGH NJW 1997, 2601 (2603), Vollkommer ZIP 2008, 2060 (2063). Man kann den Ersatzanspruch zusammen mit der Klage auf eine Unzulässigerklärung der Zwangsvollstreckung geltend machen, Wendt/Skanradszun JR 2011, 235. 9

VI. Rechtsmittel, S. 1, 2. Es gelten auch keine Besonderheiten. 10

800 ***Vollstreckbare Urkunde gegen den jeweiligen Grundstückseigentümer.*** **I [1]Der Eigentümer kann sich in einer nach § 794 Abs. 1 Nr. 5 aufgenommenen Urkunde in Ansehung einer Hypothek, einer Grundschuld oder einer Rentenschuld der sofortigen Zwangsvollstreckung in der**

Weise unterwerfen, dass die Zwangsvollstreckung aus der Urkunde gegen den jeweiligen Eigentümer des Grundstücks zulässig sein soll. ²Die Unterwerfung bedarf in diesem Fall der Eintragung in das Grundbuch.

II Bei der Zwangsvollstreckung gegen einen späteren Eigentümer, der im Grundbuch eingetragen ist, bedarf es nicht der Zustellung der den Erwerb des Eigentums nachweisenden öffentlichen oder öffentlich beglaubigten Urkunde.

III Ist die sofortige Zwangsvollstreckung gegen den jeweiligen Eigentümer zulässig, so ist für die im § 797 Abs. 5 bezeichneten Klagen das Gericht zuständig, in dessen Bezirk das Grundstück belegen ist.

Schrifttum: Opalka, Ausgewählte Probleme der Grundschuldbestellung, Unterwerfungserklärung und Schuldübernahme, NJW 1991, 1796.

1 **I. Systematik.** § 800 erweitert § 794 I Nr. 5. Der sofortigen Zwangsvollstreckung kann sich der Grundstückseigentümer unterwerfen, evtl. auch der zukünftige nach → Rn. 5, auch der Erbbauberechtigte. Das gilt jeweils sogar mit einer dinglichen Wirkung gegenüber späteren Eigentümern.

2 **II. Regelungszweck.** Diese Möglichkeit hat eine außerordentliche praktische Bedeutung. Sie dient der Vollstreckung ohne die Notwendigkeit eines sonst nach § 750 II erforderlichen Nachweises. Ohne eine Unterwerfung nach § 800 wohl kaum noch ein dinglich abzusichernder Kredit. Das ist sehr gefährlich, wenn der Gläubiger seine formell durch § 800 so erstarkte Stellung zur raschen Befriedigung auch solcher (Teil-)Forderungen nutzt, deren Berechtigung der Schuldner ernstlich bezweifeln kann. Diese Gefahr muss man bei der Auslegung trotz aller Vertragsfreiheit und aller daraus resultierenden Notwendigkeit von Vertragstreue des Schuldners nach sehr wohl mitbeachten. Manchem Schuldner und gar manchem zur Mithaftung notgedrungen bereiten Ehepartner wird trotz aller formellen Belehrung bei der Unterzeichnung gar nicht recht klar sein, auf was er sich da einlässt. Zwar schützt Unkenntnis nicht vor dem Gesetz. Vertrauen darf aber nicht zu einer solchen Haftung führen, die man in solcher Art und Weise dann doch erkennbar nicht auf sich nehmen wollte.

3 **III. Geltungsbereich.** Die Vorschrift ist anwendbar auf eine Hypothek, Grundschuld, BGH NJW 2011, 615, Eigentümergrundschuld, BGH WM 1975, 756, oder Rentenschuld, nicht aber auf eine Reallast oder einen Erbbauzins, BayObLG DNotZ 1980, 96. Es muss dabei nur um eine Zahlung „aus dem Grundstück" nach §§ 1113, 1191, 1199 je iVm § 1147 BGB gehen. Die Unterwerfung muss eindeutig und ausdrücklich erfolgen. Sie muss sich grundsätzlich auf die gesamte dingliche Pflicht beziehen, BGH NJW 1991, 228. Wegen einer Ausnahme → Rn. 6. Eine gleichzeitige Unterwerfung wegen der Schuld gegenüber dem Eigentümer persönlich ist dann unschädlich, OLG Düss Rpfleger 1977, 68. Wegen einer persönlichen Schuld zugunsten des „künftigen Inhabers" OLG Saarbr NJW 1977, 1202; KG DNotZ 1975, 718. Man muss die Worte des Gesetzes nicht unbedingt benutzen, sollte das aber doch möglichst tun. Eine einseitige Erklärung genügt hier wie bei § 794 I Nr. 5(→ § 794 Rn. 24). Ausreichend ist zB die Formulierung „Wegen der Hypothek ist die sofortige Zwangsvollstreckung gegen den jeweiligen Eigentümer des Grundstücks zulässig"; oder: „Die jeweiligen Eigentümer unterliegen der sofortigen Zwangsvollstreckung"; oder: „Die Grundschuld samt Unterwerfungsklausel erstreckt sich auf das von mir inzwischen hinzuerworbene Objekt.", BayObLG DNotZ 1992, 309. Ausreichend kann auch eine Vollmacht des Verkäufers an den Käufer sein, im Zusammenhang mit einer Kaufpreisfinanzierung „den Eigentümer" dinglich zu unterwerfen, OLG Düss Rpfleger 1989, 499. Nicht ausreichend ist zB die Formulierung: „Wegen aller Zahlungsverpflichtungen aus der Urkunde ist die sofortige Zwangsvollstreckung zulässig". Evtl. muss man wegen des Zinsbeginns den Eintragungszeitpunkt vermerken. Eine Unterwerfung kann auch dahingehend erfolgen, dass der Gläubiger eine vollstreckbare Ausfertigung nach § 724 erhalten kann, ohne dass er das Entstehen und die Fälligkeit der Schuld nach § 726 I iVm § 873 I BGB nachweisen müsste, OLG Düss Rpfleger 1977, 67. Zur Beweislastumkehr in einem solchen Fall BGH NJW 1981, 2756.

4 **IV. Rechtsnatur der Unterwerfung, I 1.** Die Unterwerfung ist eine einseitige Parteiprozesshandlung, BGH NJW 1990, 258; BayObLG DNotZ 1992, 309 (auch zur Auslegbarkeit). Sie hat einen ausschließlich auf das Zustandekommen des Vollstreckungstitels gerichteten rein prozessualen Inhalt, BayObLG Rpfleger 1992, 99. Sie nimmt nicht am öffentlichen Glauben des Grundbuchs teil, BGH NJW 1990, 258; OLG Düss MDR 1988, 785. Sie stellt keine Verfügung über das Grundstück dar, OLG Köln DNotZ 1980, 628; aA BayObLG Rpfleger 1992, 100 (entsprechende Anwendung zB von § 185 BGB. Aber das passt nicht zum rein prozessualen Inhalt). Die Unterwerfung setzt eine Prozessfähigkeit nach § 51 voraus. Sie ist bei jedem Güterstand zulässig. Bei einer Gütergemeinschaft ist die Zustimmung des nichtverwaltenden Ehegatten unnötig. Denn es liegt keine Verfügung über das Grundstück vor. Der Bürovorsteher des Notars hat beim Verkauf und der Beleihung im Zweifel keine entsprechende Vollmacht, OLG Düss MDR 1988, 785. Der Auflassungsempfänger kann die für den Veräußerer abgegebene Erklärung auch stillschweigend für sich selbst abgeben, OLG Köln Rpfleger 1991, 14. Der Bruchteils-Miteigentümer kann sich nur insofern unterwerfen, LG Münst Rpfleger 2007, 564. Ist eine GbR als Eigentümerin eingetragen, kann sie sich auch der sofortigen Zwangsvollstreckung unterwerfen, BGH NZG 2016, 107 Rn. 8.

5 **V. Eintragungsbedürftigkeit, I 2.** Die Unterwerfung braucht eine Eintragung in das Grundbuch, BayObLG DNotZ 1987, 216. Die Eintragung hat Bedeutung nur für die Frage, ob und unter welchen Voraussetzungen man gegen den Grundstückserwerber bei einer Einzelrechtsnachfolge eine vollstreckbare Ausfertigung erteilen kann. Sie besagt also nichts über die Wirksamkeit der Unterwerfungsklausel, für deren Wirksamkeit reicht die gleichzeitige Eintragung als Eigentümer, BayObLG DNotZ 1987, 216; großzügiger KG NJW-RR 1987, 1229. Eine bloße Bezugnahme auf die Eintragungsbewilligung genügt nicht. Es ist nicht erforderlich, dass der Anspruch auf den sich die Unterwerfung bezieht, in derselben Urkunde errichtet wurde, BGH NJW 1979, 928. Eine Formulierung „vollstreckbar nach § 800 ZPO" reicht aus, Damrau WM 2021, 1921 (1923). „Die sofortige Zwangsvollstreckung ist zulässig" reicht nicht. Bei einer Vormerkung genügt die Bezugnahme auf die Eintragungsbewilligung.

6 **VI. Teilbetrag, I 2.** Der Grundeigentümer kann sich auch wegen eines bestimmt bezeichneten Teilbetrags einer Gesamtschuld unterwerfen, soweit sie teilbar ist und soweit der Gläubiger den Teil auch im Urkundenprozess nach §§ 592 ff. geltend machen kann, BGH NJW 1990, 258; OLG Hamm DNotZ 1988, 231. Soweit sich der Grundeigentümer nur wegen eines letztrangigen Teils einer Grundschuld der sofortigen Zwangsvollstreckung unterwirft, tritt ebenfalls eine Teilung der Grundschuld ein, BGH NJW 1990, 258; LG Waldshut-Tiengen

Rpfleger 1995, 15. Der Gläubiger muss zunächst in der Form des § 29 GBO die Teilung bewilligen, bevor die Eintragung der Unterwerfung erfolgen kann, OLG Hamm DNotZ 1984, 490. Eine Unterwerfung ist auch bis zu einem Höchstzinssatz zulässig, BGH NJW 1983, 2262. Soweit die Unterwerfung zwar **ohne** eine Bestimmung über den Rang des Teilbetrags erfolgt, wohl aber der Teilbetrag bestimmt ist, ist eine Teilung der Grundschuld und eine Bewilligung ihres Gläubigers nicht erforderlich, OLG Hamm NJW 1987, 1090, aA OLG Hamm DNotZ 1984, 489; OLG Köln JurBüro 1984, 1422. Dasselbe gilt bei der Höchstbetragshypothek, BGH NJW 1983, 2262; BayObLG NJW-RR 1989, 1467; OLG Ffm Rpfleger 1977, 220.

VII. Erweiterung usw., I 2. Eine Erweiterung der Verpflichtung braucht eine neue Unterwerfung, LG Aachen Rpfleger 1991, 15. Denn man darf die Urkunde nach §§ 133, 157 BGB nur aus sich heraus auslegen. Andernfalls darf man keine vollstreckbare Ausfertigung gegen den späteren Eigentümer erteilen, Opalka NJW 1991, 1796 (1797). Die Unterwerfung bei der Bestellung einer Hypothek erstreckt sich im Zweifel nicht auf eine nach der Tilgung der gesicherten Forderung entstehende Eigentümergrundschuld oder bei deren Abtretung auf eine Fremdgrundschuld, BGH NJW 1990, 258; OLG Hamm Rpfleger 1987, 297; LG Bonn Rpfleger 1998, 34. Eine Umstellung berührt die Vollstreckungsklausel nicht. Die Klausel erhält den öffentlichen Glauben des Grundbuchs nicht. Deshalb darf das Grundbuchamt eine solche Unterwerfung, die vor der Eröffnung des Insolvenzverfahrens erfolgte, nach der Eröffnung nicht mehr eintragen. Bis zur Eintragung wirkt die Unterwerfung nur, aber eben auch bereits gegenüber dem Erklärenden nach → § 794 Rn. 25, BGH NJW 1981, 2757. 7

VIII. Zwangsvollstreckung, II. Die Zwangsvollstreckung gegen einen späteren eingetragenen Eigentümer ist nur in das Grundstück zulässig, aber nicht in das sonstige Vermögen des Eigentümers oder des persönlichen Schuldners. Im Übrigen richtet sich die Zwangsvollstreckung nach den gewöhnlichen Grundsätzen. Insbesondere muss man den Vollstreckungsschuldner in der Klausel mit seinem Namen bezeichnen. Man muss die Vollstreckungsklausel dem Vollstreckungsschuldner nach §§ 727, 750 I, II, 798 zustellen, BGH WM 2018, 1222. Entbehrlich ist nur eine Zustellung derjenigen Urkunden, die den Eigentumserwerb nachweisen. Denn dieser Erwerb ist aus dem Grundbuch erkennbar. Bei einer Eigentümergrundschuld entfällt eine Vollstreckung nach § 1197 II BGB. 8

Spätere Vereinbarungen, die die Urkunde nicht ausweist, darf man bei der Erteilung der Vollstreckungsklausel nicht beachten. Der Schuldner muss insofern eine Vollstreckungsabwehrklage nach §§ 767, 797 V, 800 III erheben. Das Recht geht nach § 1164 BGB nicht mit der Hypothek auf den persönlichen Schuldner dann über, wenn er den Gläubiger befriedigt. Wenn eine Hypothek wegen einer Nichtvalutierung zu einer Eigentümergrundschuld geworden ist, darf man dem Pfändungs- und Überweisungsgläubiger nach §§ 829, 835 keine vollstreckbare Ausfertigung erteilen. Denn er ist kein Rechtsnachfolger nach § 727. 9

IX. Zuständigkeit, III. Für eine Klage aus §§ 731, 767, 768, 797 V ist nach § 802 das Gericht des dinglichen Gerichtsstands nach § 24 ausschließlich zuständig. Das gilt auch für den persönlichen Anspruch. Denn mehrere ausschließliche Gerichtsstände sind für den persönlichen und dinglichen Anspruch nicht möglich, und § 800 geht als eine Sondervorschrift vor, OLG Hmb MDR 2003, 1073; BayObLG NJW-RR 2002, 1295; OLG Karlsr NJW-RR 2001, 1728; aM BayObLG (1. ZS) JurBüro 2006, 39; OLG Hamm WM 2004, 1970; KG NJW-RR 1989, 1408 (§ 797 V gelte jedenfalls, soweit die Vollstreckung nur wegen der persönlichen Ansprüche erfolge) 10

800a *Vollstreckbare Urkunde bei Schiffshypothek.* **I Die Vorschriften der §§ 799, 800 gelten für eingetragene Schiffe und Schiffsbauwerke, die mit einer Schiffshypothek belastet sind, entsprechend.**

II Ist die sofortige Zwangsvollstreckung gegen den jeweiligen Eigentümer zulässig, so ist für die im § 797 Abs. 5 bezeichneten Klagen das Gericht zuständig, in dessen Bezirk das Register für das Schiff oder das Schiffsbauwerk geführt wird.

I. Geltungsbereich, I, II. § 800a macht §§ 799 ff. auf solche Schiffe und Schiffsbauwerke anwendbar, die mit einer Schiffshypothek belastet sind. Die Vorschrift bestimmt ferner den Gerichtsstand für Klagen nach §§ 731, 767, 768 bei § 800. § 800a gilt nach § 99 I LuftRG sinngemäß für Luftfahrzeuge und für Registerpfandrechte an Luftfahrzeugen. 1

801 *Landesrechtliche Vollstreckungstitel.* **I Die Landesgesetzgebung ist nicht gehindert, auf Grund anderer als der in den §§ 704, 794 bezeichneten Schuldtitel die gerichtliche Zwangsvollstreckung zuzulassen und insoweit von diesem Gesetz abweichende Vorschriften über die Zwangsvollstreckung zu treffen.**

II Aus landesrechtlichen Schuldtiteln im Sinne des Absatzes 1 kann im gesamten Bundesgebiet vollstreckt werden.

I eröffnet im Rahmen des Art. 72 I, 74 I Nr. 2 GG für diesen Sonderfall die Gesetzgebungskompetenz zur Schaffung zivilrechtlicher Vollstreckungstitel für die Länder. **II** begründet die Vollstreckbarkeit der landesrechtlichen Titel über die Landesgrenzen hinweg im gesamten Bundesgebiet. 1

Die Zahl der landesrechtlichen Vollstreckungstitel ist gering. Hierher gehören Leistungsbescheide bay. Gemeinden gem. Art. 26 BayVwZG, BGH NVwZ 2019, 253 Rn. 10, Vergleiche oder Vorbescheide nach § 35 BJagdG sowie der Antrag der Bremer Landesbank auf Einleitung der Zwangsvollstreckung, BGH NJW-RR 2019, 1274 Rn. 16. Der vielfach als Beispiel angeführte Vergleich vor dem Schiedsmann ist ohne praktische Bedeutung, weil die Schiedsämter von der Landesjustizverwaltung anerkannte Gütestellen sind, sodass es sich schon um Vollstreckungstitel iSd § 794 I Nr. 1 handelt. Die früher in einigen Landesrechten vorgesehene Vollstreckbarkeit von Festsetzungen gem. § 1779 III 2 BGB, vgl. Soergel/Zimmermann BGB § 1779 Rn. 12 aE, gelten nicht mehr. 2

Nicht unter die Norm fallen landesrechtliche Titel, die der Verwaltungsvollstreckung unterliegen, Schuschke/Walker/Kessen/Thole/Walker/Gomille Rn. 2. 3

802 ***Ausschließlichkeit der Gerichtsstände.*** **Die in diesem Buch angeordneten Gerichtsstände sind ausschließliche.**

1 **I. Systematik.** § 802 ordnet die Ausschließlichkeit der im 8. Buch der ZPO vorgesehenen Gerichtsstände an. Abweichende örtliche Gerichtsstände gemäß §§ 12 ff. sowie die sachliche Zuständigkeitsverteilung nach §§ 23 ff., 71 GVG finden keine Anwendung. Prorogation und Derogation nach § 38 scheiden aus; rügeloses Einlassen nach § 39 begründet keine abweichende Zuständigkeit, BGH NJW-RR 2011, 647 Rn. 15.

2 **II. Regelungszweck.** Jede ausschließliche Zuständigkeit bezweckt eine Vereinheitlichung und Beschleunigung des Verfahrens und vor allem eine möglichst hohe Rechtssicherheit. Das gilt auch bei § 802.

3 **III. Geltungsbereich. Sachlich** und **örtlich** sind die Gerichtsstände des Buchs 8 ausschließlich. Dies gilt nicht nur für die eigentlichen Vollstreckungs(-klage-)verfahren, sondern auch für die im Buch 8 geregelten Eilverfahren nach §§ 916 ff., 935 ff. Zwar nicht eigentlich als Folge von § 802, aber auch ausschließlich bestimmt sind die **funktionellen Zuständigkeiten** der einzelnen Vollstreckungsorgane, etwa des Gerichtsvollziehers und des Vollstreckungsgerichts. Zur internationalen Zuständigkeit vgl. BGH NJW 1997, 2245 (2246).

4 Enthält das Buch 8, wie bei §§ 771 I, 797 V, keine Aussage zur (sachlichen) Zuständigkeit, richtet sich die Zuständigkeit nach den allgemeinen Vorschriften, also insbesondere nach dem Streitwert. Prorogation etc sind dann möglich.

5 Manche Vorschriften des Buchs 8 äußern sich dadurch zur Frage der sachlichen Zuständigkeit, dass Amtsgericht (Vollstreckungsgericht, Verteilungsgericht) und Landgericht alternativ angesprochen werden (vgl. §§ 722 II, 805 II, 879 I). Hier ist die Reichweite des § 802 zweifelhaft. Manche sehen in der gesetzlichen Regelung dann einen bloßen Verweis auf die allgemeinen Zuständigkeitsregelungen und halten daher auch eine Prorogation etc für möglich, vgl. Musielak/Voit/Voit Rn. 2; HK-ZV/Müller Rn. 4; Zöller/Geimer Rn. 1; so auch noch BLHAG/Nober, 78. Aufl. 2020, Rn. 3. Sinn und Zweck der Vorschrift sprechen indes für eine enge Auslegung, so dass es in diesen Fällen bei der Ausschließlichkeit der anhand des Streitwerts gem. §§ 23 Nr. 1, 71 I GVG bestimmten sachlichen Zuständigkeit bleibt. Prorogation etc scheiden aus, so auch BeckOK ZPO/Bach § 722 Rn. 19; BeckOK ZPO/Fleck § 805 Rn. 11; MüKoZPO/Gottwald § 722 Rn. 39; MüKoZPO/Gruber § 805 Rn. 29; Zöller/Geimer § 722 Rn. 47; Zöller/Herget § 805 Rn. 8; Zöller/Seibel § 879 Rn. 1; HK-ZV/Kindl § 805 Rn. 7; Musielak/Voit/Lackmann § 722 Rn. 6; Musielak/Voit/Flockenhaus § 805 Rn. 2.

6 Erklärt das Gesetz, wie in § 767 I, das **Prozessgericht des ersten Rechtszugs** oder, wie in §§ 919, 937, 943, das **Gericht der Hauptsache** oder, wie in § 796 III, das Gericht für zuständig, das für eine Entscheidung im Streitverfahren zuständig gewesen wäre, liegt auch darin eine ausschließliche Gerichtsstandsbestimmung. Das Gericht der Hauptsache und das für die Entscheidung im Streitverfahren zuständige Gericht bestimmen sich ihrerseits nach den allgemeinen Vorschriften, so dass insoweit eine Gerichtsstandsvereinbarung möglich ist und mittelbar auf die ausschließliche Zuständigkeit nach § 802 durchschlägt, vgl. MüKoZPO/Wolfsteiner Rn. 1.

7 Für bestimmte Familiensachen ordnet das FamFG den Vorrang des familienrechtlich ausschließlichen Gerichtsstands an (vgl. insbesondere § 232 Abs. 2 FamFG vor allem im Verhältnis zu §§ 802, 797 V). Beim Zusammentreffen eines Gerichtsstands nach dem 8. Buch mit einem sonstigen ausschließlichen Gerichtsstand nach dem FamFG bleibt es bei dem Vorrang des § 802, vgl. BGH NJW 2002, 444; 1980, 1393; aA OLG Hmb BeckRS 2010, 1406; Musielak/Voit/Lackmann Rn. 2.

8 **IV. Verstoß.** Wird ein wegen § 802 unzuständiges Gericht angerufen, richten sich die Rechtsfolgen nach den allgemeinen Regeln (vgl. insbesondere § 281). Nimmt ein Gericht seine Zuständigkeit unter Verstoß gegen § 802 fälschlich an, bleibt dies grundsätzlich ohne Folge (vgl. §§ 513 II, 545 II, 571 II 2, 576 II).

Abschnitt 2. Zwangsvollstreckung wegen Geldforderungen

Titel 1. Allgemeine Vorschriften

Vorbemerkung zu § 802a

Schrifttum: Giers DGVZ 2014, 252; Harnacke DGVZ 2012, 197; Mroß DGVZ 2012, 169; Vollkommer NJW 2012, 3681.

I. Systematik. Die §§ 802a–802l enthalten allgemeine Grundregeln für die Zwangsvollstreckung durch den Gerichtsvollzieher und beschreiben die Regelbefugnisse des Gerichtsvollziehers im Rahmen der Zwangsvollstreckung wegen Geldforderungen. 1

II. Regelungszweck der §§ 802a ff. Die durch Gesetz zur Reform der Sachaufklärung in der Zwangsvollstreckung mit Wirkung vom 1.1.2013 in die ZPO eingefügten §§ 802a ff. beinhalten eine neue Konzeption der Zwangsvollstreckung wegen Geldforderungen und stellen für den Regelfall die Vermögensauskunft des Schuldners an den Beginn der eigentlichen Zwangsvollstreckung. Diese an die Stelle der früheren eidesstattlichen Versicherung nach §§ 899 ff. aF getretene Vermögensauskunft des Schuldners ist als eigenständige Vollstreckungsmaßnahme durch den Gerichtsvollzieher durchzuführen (§§ 802a Abs. 2 Satz 1 Nr. 2, 802c ff.), ohne dass zuvor erfolglose Pfändungsversuche unternommen werden müssen. Die Reform stellt damit allgemeine Regeln für die in der Praxis bedeutsamste Art der Vollstreckung, nämlich die Vollstreckung wegen Geldforderungen, auf, die Rücksicht darauf nehmen, dass der vielversprechendste Ansatz der Vollstreckung von Geldforderungen in der Pfändung von Forderungen (Bankguthaben, Arbeitslohn etc.) und weniger in der Pfändung der körperlichen Habe des Schuldners liegt. Das dem Gläubiger häufig unbekannte körperlose Vermögen des Schuldners soll ihm durch die Vermögensauskunft offenbart werden. 2

III. Geltungsbereich. Die §§ 802a ff. stellen den Allgemeinen Teil des Zwangsvollstreckungsrechts für die Vollstreckung von Geldforderungen dar und sind auf diese Vollstreckungsart gemünzt. Die in § 802c III geregelte eidesstattliche Versicherung (nach Prozessrecht) ist von der eidesstattlichen Versicherung gemäß § 294 und von der eidesstattlichen Versicherung nach bürgerlichem Recht (vgl. etwa § 259 II BGB) zu unterscheiden. Letztere wird nach § 889 vollstreckt. Bei der eidesstattlichen Versicherung nach § 836 III sind die §§ 802f IV, 802g–802i, 802j I und II entsprechend anwendbar. 3

Im Steuerverfahren gilt die Pflicht zur Vermögensauskunft nach § 284 AO, die ähnlich ausgestaltet ist wie die nach § 802c. Eine Verzahnung der beiden Vorschriften findet sich vor allem bei der erneuten Vermögensauskunft (§ 802d I 1, § 284 IV 1 AO). 4

802a *Grundsätze der Vollstreckung; Regelbefugnisse des Gerichtsvollziehers.* I **Der Gerichtsvollzieher wirkt auf eine zügige, vollständige und Kosten sparende Beitreibung von Geldforderungen hin.**

II [1]**Auf Grund eines entsprechenden Vollstreckungsauftrags und der Übergabe der vollstreckbaren Ausfertigung ist der Gerichtsvollzieher unbeschadet weiterer Zuständigkeiten befugt,**

1. **eine gütliche Erledigung der Sache (§ 802b) zu versuchen,**
2. **eine Vermögensauskunft des Schuldners (§ 802c) einzuholen,**
3. **Auskünfte Dritter über das Vermögen des Schuldners (§ 802l) einzuholen,**
4. **die Pfändung und Verwertung körperlicher Sachen zu betreiben,**
5. **eine Vorpfändung (§ 845) durchzuführen; hierfür bedarf es nicht der vorherigen Erteilung einer vollstreckbaren Ausfertigung und der Zustellung des Schuldtitels.**

[2]**Die Maßnahmen sind in dem Vollstreckungsauftrag zu bezeichnen, die Maßnahme nach Satz 1 Nr. 1 jedoch nur dann, wenn sich der Auftrag hierauf beschränkt.**

I. Systematik, I, II. § 802a I ordnet eine ökonomische (zügige, vollständige und Kosten sparende) Bearbeitung des Vollstreckungsauftrags durch den Gerichtsvollzieher an. § 802a II enthält eine nicht abschließende Aufzählung seiner Aufgaben bei der Vollstreckung von Geldforderungen und gibt die jeweils maßgeblichen Einzelvorschriften an. Dabei verweist § 802a II 2 auf die Maßgeblichkeit des Vollstreckungsauftrags nach §§ 754, 754a. 1

II. Regelungszweck, I, II. Er besteht in einer Erleichterung des Überblicks über die im Abschnitt 2 des Buchs 8 (§§ 802a–882h) geregelten Befugnisse und Aufgaben des Gerichtsvollziehers. 2

III. Geltungsbereich, I, II. § 802a gilt bei jeder Vollstreckung einer Geldforderung nach der ZPO und den auf sie verweisenden Gesetzen, zB auch im Arbeitsrecht oder begrenzt durch die vorrangige Spezialregelung des Steuer- oder Insolvenzrechts, ferner im FamFG-Verfahren. 3

Die Übergangsvorschrift für vor dem 1.1.2013 beim Gerichtsvollzieher eingegangene Vollstreckungsaufträge findet sich in § 39 Nr. 1 EGZPO, siehe im Einzelnen BeckOK ZPO/Fleck Rn. 2. 4

IV. Zügigkeit, Vollständigkeit, Kostensparsamkeit, I. Die drei Grundsätze des § 802a I stellen im Grunde Selbstverständlichkeiten dar und haben den Charakter einer Richtlinie bzw einer programmatischen Leitlinie, aus der allerdings konkrete Rechtsfolgen nicht abzuleiten sein sollen, BT-Drs. 16/10069, 24. Ihre Betonung am Beginn des Abschnitts 2 des Buchs 8 hilft bei der Auslegung und kritischen Überprüfung der Vollstreckungsvorschriften und der getroffenen Maßnahmen. **Zügig** bedeutet Ähnliches wie unverzüglich, also ohne vorwerfbares Zögern. **Vollständig** bedeutet, dass die Beitreibung – im Rahmen der Auftragsgrenzen des Gläubigers – von vornherein auf umfassende Befriedigung auch hinsichtlich der Nebenforderungen ausgerichtet sein muss. **Kosten sparend** heißt Beachtung des Verhältnismäßigkeitsgebots, aber Mitbeachtung der eben genannten weiteren Grundregeln des § 802a I. Diese sind grundsätzlich gleichrangig; so hat der Gerichtsvoll- 5 zieher etwa bei der Wahl der Zustellungsart ein Ermessen und muss nicht stets die günstigste wählen, OLG Köln JurBüro 2018, 43; BeckRS 2015, 8375; AG Schöneberg DGVZ 2018, 218.

6 **V. Einzelbefugnisse, II 1.** § 802a II 1 zählt die Befugnisse des Gerichtsvollziehers auf. Die Aufzählung ist nicht abschließend, was sich ua aus den Worten „unbeschadet weiterer Zuständigkeiten" ergibt. Die weiteren Zuständigkeiten müssen sich aber aus anderen Vorschriften deutlich ergeben. Der Gläubiger kann grundsätzlich bestimmen, was und in welcher Reihenfolge der Gerichtsvollzieher machen soll, AG Augsb DGVZ 2013, 188, auch wenn etwa die isolierte Einholung von Drittauskünften unter engen Voraussetzungen steht, BGH NJW-RR 2019, 1079; AG Gladbeck BeckRS 2015, 12412. Der Gläubiger, der eine Drittauskunft begehrt, muss allerdings nicht selbst die Einholung einer Vermögensauskunft beantragt haben, BGH MDR 2021, 706.

7 Bei den in § 802a II 1 genannten Befugnissen handelt es sich um das Recht, eine **gütliche Erledigung** der Sache zu versuchen (siehe im Einzelnen § 802b), eine **Vermögensauskunft** des Schuldners (siehe im Einzelnen §§ 802c–802k, 807 mit den Regelungen zur Erzwingungshaft) oder Auskünfte Dritter über das Vermögen des Schuldners einzuholen (§ 802l), die **Pfändung und Verwertung** körperlicher (dh beweglicher) Sachen (§§ 808–827) zu betreiben und die **Vorpfändung** (§ 845) durchzuführen.

8 **VI. Auftragsgrenzen, II 2.** § 802a II 2 nimmt mit dem Verweis auf den Vollstreckungsauftrag eine wesentliche Voraussetzung der Zulässigkeit einer Handlung des Gerichtsvollziehers in den Blick. Der Gläubiger darf und muss schon im Vollstreckungsauftrag nach §§ 753, 754 klarstellen, mit welchen einzelnen Vollstreckungsmaßnahmen er den Gerichtsvollzieher beauftragt. Das bindet den Gerichtsvollzieher, BGH NJW-RR 2016, 319 Rn. 7. Der Auftrag darf zwar nicht widersprüchlich sein, vgl. AG Gütersloh DGVZ 2017, 151. Der Gläubiger kann aber den Auftrag auf einzelne Maßnahmen, insbesondere auf den Versuch einer gütlichen Erledigung, beschränken, die Reihenfolge der Vollstreckungsmaßnahmen bestimmen und diese von dem Eintritt bestimmter – innerprozessualer – Bedingungen abhängig machen, vgl. OLG Schlesw DGVZ 2015, 228; LG Arnsberg JurBüro 2018, 489; AG Strausberg DGVZ 2015, 240; AG Heilbronn DGVZ 2019, 214; AG Mannheim DGVZ 2017, 59; vgl. auch BeckOK ZPO/Fleck Rn. 5; Seip DGVZ 2015, 75. Nicht verzichten kann der Gläubiger auf die Übersendung des Vermögensverzeichnisses, wenn der Schuldner bereits eine Vermögensauskunft erteilt hat (§ 802d I 2 Hs. 2). Nach OLG Celle NJW-RR 2016, 1212 muss der Gerichtsvollzieher den Vollstreckungsauftrag dann ablehnen oder dem Gläubiger einen Hinweis erteilen.

9 Der Gläubiger muss mithin schon in seinem Auftrag nach § 754 diejenigen Maßnahmen im Sinn von § 802a II 1 Nr. 2–5 bezeichnen, zu denen er den Gerichtsvollzieher überhaupt befugt. Die Maßnahme nach § 802a II 1 Nr. 1 muss er allerdings nur dann bezeichnen, wenn er den Auftrag darauf beschränken will (§ 802a II 2). Er muss dabei das Formular für die Gerichtsvollziehervollstreckung gemäß § 753 III iVm §§ 1 ff. GVFV (abgedruckt bei § 753) benutzen. In diesem Rahmen ist der Vollstreckungsauftrag als Prozesshandlung der Auslegung zugänglich.

10 Der Gerichtsvollzieher ist darüber hinaus grundsätzlich verpflichtet, Weisungen des Gläubigers zum Ob, Wann, Wie und Wo der Beitreibung einer Geldforderung zu befolgen, soweit der Gläubiger sich mit diesen Weisungen nicht in Widerspruch zu den Gesetzen setzt, BGH NJW 2018, 706 Rn. 20; NJW-RR 2016, 319 Rn. 7. Bei der Durchführung des jeweils dem Gerichtsvollzieher erlaubten Hauptwegs hat dieser infolge der gesetzlichen Einzelregelungen ein pflichtgemäßes Ermessen. Bei dessen Ausübung hat er auf Weisungen des Gläubigers Rücksicht zu nehmen, er ist aber nicht zwingend an etwaige Weisungen gebunden, wobei das Gewicht einer Gläubigerweisung in der Einschätzung durch die Rechtsprechung variiert, vgl. OLG Köln JurBüro 2018, 43; Rpfleger 2015, 661; OLG Stgt JurBüro 2016, 364; KG DGVZ 2016, 110; OLG Kblz MDR 2016, 50; BeckOK ZPO/Ulrici § 754 Rn. 5.

11 Auch darf und muss der Gerichtsvollzieher Weisungen des Gläubigers unbeachtet lassen, die allein der Schikane des Schuldners dienen oder unzulässigen Druck auf diesen aufbauen sollen, wenn etwa der Gläubiger den Gerichtsvollzieher anweist, einen bestimmten Gegenstand zu pfänden, an dem der Schuldner ein besonderes affektives Interesse hat, auch wenn es andere pfändbare Gegenstände gibt, die eine Befriedigung des Gläubigers versprechen, vgl. LG Berlin MDR 1977, 146.

12 Der Gläubiger muss die Befugnisse bereits in seinem Vollstreckungsauftrag bezeichnen. Allerdings sollten **Ergänzungen** dann möglich sein, wenn die beauftragte Maßnahme zu keinem ausreichenden Ergebnis geführt hat oder wenn erkennbar ist, dass sie nicht zu einem solchen Ergebnis führen wird. Sonst müsste der Gläubiger einen neuen weiteren Vollstreckungsauftrag erteilen, um weiterzukommen. Solche Ergänzungen haben allerdings keine Rückwirkung.

13 Die Erlaubnis zum Versuch gütlicher Erledigung der Sache nach § 802b muss nur dann im Vollstreckungsauftrag stehen, wenn sich der Auftrag darauf beschränkt. Wenn aber der Gläubiger eine oder mehrere Maßnahmen nach Nr. 2–5 zumindest auch erlaubt, braucht er die Maßnahme nach Nr. 1 nicht zusätzlich zu erlauben. Der Gerichtsvollzieher darf also zB bei einem Pfändungsauftrag von sich aus stets vorher oder zugleich mit der Einleitung der Pfändung eine gütliche Erledigung versuchen und ggf. wirksam herbeiführen. Zu beachten ist aber, dass der Gläubiger einer Zahlungsvereinbarung widersprechen kann (§ 802b III 2).

14 **VII. Verstoß und Rechtsmittel, I, II.** Eine Befugnisüberschreitung durch den Gerichtsvollzieher oder die Missachtung einer zulässigen Weisung des Gläubigers führt ggf. zur Amtshaftung.

15 Verstöße können im Übrigen von den Verfahrensbeteiligten (Gläubiger, Schuldner, Dritte) mit der Erinnerung nach § 766 und der sofortigen Beschwerde nach § 793 geltend gemacht werden.

802b

Gütliche Erledigung; Vollstreckungsaufschub bei Zahlungsvereinbarung. **I Der Gerichtsvollzieher soll in jeder Lage des Verfahrens auf eine gütliche Erledigung bedacht sein.**

II [1]Hat der Gläubiger eine Zahlungsvereinbarung nicht ausgeschlossen, so kann der Gerichtsvollzieher dem Schuldner eine Zahlungsfrist einräumen oder eine Tilgung durch Teilleistungen (Ratenzahlung) gestatten, sofern der Schuldner glaubhaft darlegt, die nach Höhe und Zeitpunkt festzusetzenden Zahlungen erbringen zu können. [2]Soweit ein Zahlungsplan nach Satz 1 festgesetzt wird, ist die Vollstreckung aufgeschoben. [3]Die Tilgung soll binnen zwölf Monaten abgeschlossen sein.

III [1]Der Gerichtsvollzieher unterrichtet den Gläubiger unverzüglich über den gemäß Absatz 2 festgesetzten Zahlungsplan und den Vollstreckungsaufschub. [2]Widerspricht der Gläubiger unverzüglich, so wird der Zahlungsplan mit der Unterrichtung des Schuldners hinfällig; zugleich endet der Vollstreckungsaufschub. [3]Dieselben Wirkungen treten ein, wenn der Schuldner mit einer festgesetzten Zahlung ganz oder teilweise länger als zwei Wochen in Rückstand gerät.

I. Systematik, I–III. § 802b I enthält für den Gerichtsvollzieher den im Erkenntnisverfahren für den Richter nach § 278 I 1 geltenden Gedanken, dass eine gütliche Erledigung jederzeit vorzugswürdig erscheint und angestrebt werden soll. 1

§ 802b II und III sehen als ein mögliches Ergebnis des gütlichen Erledigungsversuchs den Abschluss einer Zahlungsvereinbarung vor, die der Gläubiger bereits im Vollstreckungsauftrag durch Ankreuzen des entsprechenden Formularfeldes ausschließen kann. Die Zahlungsvereinbarung kann eine Zahlungsfrist und/oder eine Ratenzahlungsvereinbarung beinhalten und bewirkt einen Vollstreckungsaufschub. Hat der Gläubiger nicht bereits vorweg widersprochen, wird er über die Zahlungsvereinbarung informiert und kann nunmehr widersprechen. Die Vorschrift setzt einen Vollstreckungsauftrag und die Übergabe der vollstreckbaren Ausfertigung voraus, § 754 I. 2

Eine Teilzahlung nach § 802b kann nach § 133 I InsO anfechtbar sein, vgl. BGH DGVZ 2017, 243; NJW 2010, 1672, jeweils zu § 806b aF; vgl. auch BeckOK ZPO/Fleck Rn. 19. 3

II. Regelungszweck, I–III. Zweck der Vorschrift ist die ressourcenschonende Erledigung des Vollstreckungsauftrags. Darüber hinaus dient die Vorschrift der Vermeidung einer Wertverschleuderung durch die sich an eine Pfändung in aller Regel anschließende Versteigerung der Pfandsache nach §§ 814 ff.; auch mag der Gläubiger von einer gütlichen Erledigung insoweit profitieren, als eine spät und in Teilen erfolgte Zahlung besser sein mag als gar keine Zahlung bzw. ein kostenträchtiges und mühevolles Vollstrecken mit ungewissem Ausgang, krit. zur gesetzlichen Regelung Becker-Eberhard DGVZ 2016, 163. 4

III. Geltungsbereich, I–III. Nach ihrer Stellung gilt die Vorschrift für die gesamte im Abschnitt 2 des 8. Buchs geregelte Vollstreckung wegen Geldforderungen. Sie gilt für den gesamten Zeitraum der Vollstreckung; eine Zahlungsvereinbarung ist daher auch dann noch möglich, wenn bereits eine Pfändung stattgefunden hat. Die Vorschrift befugt und verpflichtet nach ihrem Wortlaut zwar nur den Gerichtsvollzieher zum Versuch einer gütlichen Erledigung, nicht etwa auch das Vollstreckungsgericht bei der Forderungsvollstreckung („so kann der Gerichtsvollzieher"). 5

Der durch § 802b II 2 für den Fall eines Zahlungsplans angeordnete Vollstreckungsaufschub gilt aber allgemein, auch für die Forderungs- und Immobiliarvollstreckung sowie die Vollstreckung in das sonstige Vermögen durch das Vollstreckungsgericht, aA Zöller/Seibel Rn. 12; BeckOK ZPO/Fleck Rn. 11. Der Gegenmeinung ist zwar zuzustimmen, dass die §§ 802a ff. die Vollstreckung durch den Gerichtsvollzieher regeln. Das ändert aber nichts daran, dass die Vorschriften dem gesamten Bereich der Vollstreckung wegen Geldforderungen vorgeschaltet sind und dass ein vereinbarter Zahlungsplan den Gläubiger sinnvollerweise auch davon abhalten soll, die Vollstreckung durch Forderungspfändung oder Immobiliarvollstreckung fortzusetzen. Dafür spricht auch die Formulierung des § 802b II 2 im Passiv („ist die Vollstreckung aufgeschoben"). Andernfalls könnte ein Vollstreckungsaufschub schnell seinen Zweck, die gütliche Erledigung der Angelegenheit, verfehlen, vgl. auch BGH NJW 2016, 876 Rn. 13 für die umfassende Geltung bei § 882c I 1 Nr. 1–3 trotz ausdrücklicher Erwähnung nur in Nr. 3. 6

IV. Gütliche Erledigung, I. Die „gütliche Erledigung" kann durch alle schon und noch in Betracht kommende Maßnahmen erreicht werden. Dabei sind diese Maßnahmen nicht von vorneherein auf die Vereinbarung einer Zahlungsfrist oder einer Ratenzahlung beschränkt, vgl. Schwörer DGVZ 2011, 77. In aller Regel kommt hierfür allerdings nur eine solche Zahlungsvereinbarung in Betracht, vgl. OLG Düss JurBüro 2017, 606; vgl. aber auch OLG Schlesw DGVZ 2017, 211 für die Einräumung der Möglichkeit, die Forderung binnen zwei Wochen zu bezahlen, die keine zustimmungsbedürftige Zahlungsvereinbarung darstellen soll. Dabei ist der Gerichtsvollzieher grundsätzlich verpflichtet, Maßnahmen, insbesondere Vereinbarungen mit dem Schuldner, zu erwägen, die unter Berücksichtigung des Gläubigerinteresses eine zwangsweise Vollstreckung entbehrlich machen. Die Soll-Vorschrift lässt Raum für ein ausnahmsweises Absehen von dem Versuch der gütlichen Erledigung, insbesondere wenn der Gläubiger eine Zahlungsvereinbarung oder sogar jeden Güteversuch ausgeschlossen hat, OLG Stgt DGVZ 2019, 66. § 68 GVGA gestaltet die Vorschrift im Einzelnen aus. Der Gläubiger darf die Durchführung einer gütlichen Erledigung nicht von Bedingungen abhängig machen, etwa dass der Schuldner noch keine Vermögensauskunft geleistet hat, LG Ffo DGVZ 2021, 197. 7

V. Zulässigkeit einer Zahlungsvereinbarung, II. 1. Allgemeine Voraussetzungen der Zwangsvollstreckung. Der Abschluss einer Zahlungsvereinbarung nach § 802b II setzt voraus, dass der Gerichtsvollzieher mit der Vollstreckung beauftragt und ihm die vollstreckbare Ausfertigung des Titels übergeben wird (§ 754 I). Es müssen die allgemeinen und besonderen Voraussetzungen der Zwangsvollstreckung im Zeitpunkt des Abschlusses der Vereinbarung erfüllt sein. Einer Vereinbarung steht es daher entgegen, wenn der Gerichtsvollzieher die Vollstreckungsunterlagen vor Abschluss zurücksendet, vgl. OLG Hamm DGVZ 2018, 170; LG Mönchengladbach JurBüro 2017, 261; AG Schwelm JurBüro 2018, 102. Dass eine Sicherungsvollstreckung nach § 720a möglich wäre, genügt nicht. Auch darf der Gläubiger keine Stundung im Sinne von § 775 Nr. 4 gewährt oder mit dem Schuldner einen wirksamen beschränkenden Vollstreckungsvertrag geschlossen haben. Stundung oder Vollstreckungsvertrag schließen die (weitere) Vollstreckung, mithin ein Tätigwerden des Gerichtsvollziehers nach §§ 802a ff., gänzlich aus. 8

2. Kein Vereinbarungsausschluss, II 1. Eine Zahlungsvereinbarung ist nur zulässig, sofern der Gläubiger diese nicht durch Ankreuzen des entsprechenden Feldes F in dem Formular gemäß § 1 I 1 GVFV ausgeschlossen hat, vgl. OLG Oldb DGVZ 2019, 86. Eine vorherige Zustimmung des Gläubigers ist mithin nicht erforderlich, vielmehr wird diese von § 802b II 1 vermutet. Wegen des Formularzwangs gemäß § 753 III 1 iVm § 5 GVFV ist die Annahme eines stillschweigenden oder schlüssigen Vereinbarungsausschlusses nicht möglich, OLG Oldb DGVZ 2019, 86; AG Mannheim DGVZ 2017, 180. 9

Der Gläubiger kann im Vollstreckungsauftrag auch Mindestraten oder Höchstfristen vorsehen, so dass eine Zahlungsvereinbarung, die diesen Rahmen verlässt, unzulässig wird, vgl. BT-Drs. 16/10069, 24. 10

11 **3. Glaubhafte Darlegung der Zahlungsfähigkeit, II 1.** Die Zahlungsvereinbarung setzt nach § 802b II 1 aE weiter voraus, dass der Schuldner glaubhaft darlegt, die nach Höhe und Zeitpunkt festzusetzenden Zahlungen erbringen zu können. Hierzu muss er seine Zahlungsfähigkeit und -willigkeit, ggf. eine glaubhafte Unterstützung durch Dritte, substantiiert darlegen und ggf. Unterlagen vorlegen. Glaubhaft machen kann er seine Zahlungsfähigkeit mit den Mitteln des § 294; er ist aber nicht darauf beschränkt. Vielmehr hat der Gerichtsvollzieher die Angaben des Schuldners frei zu würdigen, BT-Drs. 16/10069, 24.

12 Die Erklärung des Schuldners ist formlos, auch mündlich oder telefonisch, möglich. Er kann die Erklärung auch dem Gläubiger übermitteln, der sie an den Gerichtsvollzieher weiterreicht. Der Schuldner kann sich im Übrigen vertreten lassen, wobei die §§ 80, 88 Anwendung finden.

13 Da die Tilgungsfrist nach § 802b II 3 höchstens zwölf Monate betragen soll, muss sich die Darlegung der Zahlungsfähigkeit auf diesen Zeitraum sowie auf eine vollständige Begleichung der Schuld beziehen. Ausnahmsweise kann der Gerichtsvollzieher eine längere Frist vorsehen.

14 **VI. Verfahren und Rechtsfolgen. 1. Abschluss der Vereinbarung, II 1.** Der Gerichtsvollzieher prüft die Voraussetzungen einer Zahlungsvereinbarung ohne vorherigen Antrag des Gläubigers oder des Schuldners von Amts wegen. Liegen die Voraussetzungen vor, steht ihm grundsätzlich kein Ermessen zu, ob er eine Vereinbarung abschließt oder nicht, Thewes DGVZ 2016, 3. Bestimmt der Gerichtsvollzieher eine Zahlungsfrist oder setzt er einen Ratenzahlungsplan fest, hat er ein Protokoll gemäß § 68 II GVGA anzufertigen. Bei mehreren Gläubigern sind sowohl gesonderte Ratenzahlungspläne möglich als auch die Erstellung eines Gesamtratenzahlungsplans, § 68 V GVGA, vgl. AG Hmb DGVZ 2016, 108.

15 **2. Unterrichtung der Beteiligten, III 1.** Der **Schuldner** wird unverzüglich sowohl über die Bestimmung einer Zahlungsfrist bzw. die Festsetzung eines Ratenzahlungsplans als auch über die Ablehnung einer Zahlungsvereinbarung informiert. Er ist darüber hinaus über die Möglichkeit des Widerspruchs des Gläubigers zu belehren und darüber, dass ein festgesetzter Zahlungsplan in diesem Fall hinfällig wird, vgl. § 68 I 3 GVGA. Der **Gläubiger** ist ebenfalls über die Bestimmung einer Zahlungsfrist bzw. die Festsetzung eines Ratenzahlungsplans zu informieren sowie über sein Recht zum Widerspruch, § 802b III 1; vgl. auch § 68 II 3 GVGA.

16 **3. Vollstreckungsaufschub, II 2.** Hat der Gerichtsvollzieher eine Zahlungsfrist bestimmt oder einen Ratenzahlungsplan festgesetzt, ist die Vollstreckung aufgeschoben. Dies gilt nicht nur für die Vollstreckung durch den Gerichtsvollzieher, sondern auch für die Forderungsvollstreckung und die Immobiliarvollstreckung (→ Rn. 6). Ausgeschlossen sind auch die Abnahme einer Vermögensauskunft und die Einholung einer Drittauskunft, BeckOK ZPO/Fleck Rn. 11; Gleiches gilt für die Eintragung in das Schuldnerverzeichnis in allen drei Fällen des § 882c I 1 ZPO, BGH NJW 2016, 876 Rn. 13. Bereits getroffene Vollstreckungsmaßnahmen bleiben bestehen. So kann der Gläubiger erst pfänden lassen und dann seine Zustimmung zu einer Zahlungsvereinbarung erteilen, um seinen Pfändungsrang zu sichern, vgl. BeckOK ZPO/Fleck Rn. 11.

17 **VII. Widerspruch des Gläubigers, III 2.** Der Gläubiger kann einer Zahlungsvereinbarung unverzüglich – ausdrücklich oder schlüssig – formlos **widersprechen.** Der Widerspruch muss an den Gerichtsvollzieher gerichtet sein. Wendet sich der Gläubiger nur gegen die Ausgestaltung der Zahlungsvereinbarung, liegt nach § 68 III 2, 3 GVGA kein Widerspruch vor; der Gerichtsvollzieher passt vielmehr die Zahlungsvereinbarung entsprechend an. Ein Gesamtzahlungsplan scheitert an dem Widerspruch nur eines Gläubigers.

18 Der Gerichtsvollzieher muss den Schuldner über den Widerspruch **unterrichten,** § 802b III 2, wobei eine formlose Mitteilung genügt. Mit der Unterrichtung wird der Zahlungsplan hinfällig und endet der Vollstreckungsaufschub. Für das Ende des Vollstreckungsaufschubs ist eine ausdrückliche Erklärung des Gerichtsvollziehers nicht erforderlich; sie hat aber klarstellende Wirkung.

19 **VIII. Zahlungsrückstand, III 3.** Die gleichen Folgen wie ein Widerspruch des Gläubigers, also ein Ende des Vollstreckungsaufschubs, hat ein Zahlungsrückstand des Schuldners, dh wenn der Schuldner mit einer festgesetzten Zahlung ganz oder teilweise länger als zwei Wochen in Rückstand gerät, III 3.

20 **IX. Rechtsbehelf.** Neben der Möglichkeit des Widerspruchs für den Gläubiger steht sowohl ihm als auch dem Schuldner die Vollstreckungserinnerung nach § 766 und sodann die sofortige Beschwerde nach § 793 zu.

802c

Vermögensauskunft des Schuldners. I [1]**Der Schuldner ist verpflichtet, zum Zwecke der Vollstreckung einer Geldforderung auf Verlangen des Gerichtsvollziehers Auskunft über sein Vermögen nach Maßgabe der folgenden Vorschriften zu erteilen sowie seinen Geburtsnamen, sein Geburtsdatum und seinen Geburtsort anzugeben. [2]Handelt es sich bei dem Vollstreckungsschuldner um eine juristische Person oder um eine Personenvereinigung, so hat er seine Firma, die Nummer des Registerblatts im Handelsregister und seinen Sitz anzugeben.**

II [1]**Zur Auskunftserteilung hat der Schuldner alle ihm gehörenden Vermögensgegenstände anzugeben. [2]Bei Forderungen sind Grund und Beweismittel zu bezeichnen. [3]Ferner sind anzugeben:**

1. **die entgeltlichen Veräußerungen des Schuldners an eine nahestehende Person (§ 138 der Insolvenzordnung), die dieser in den letzten zwei Jahren vor dem Termin nach § 802f Abs. 1 und bis zur Abgabe der Vermögensauskunft vorgenommen hat;**
2. **die unentgeltlichen Leistungen des Schuldners, die dieser in den letzten vier Jahren vor dem Termin nach § 802f Abs. 1 und bis zur Abgabe der Vermögensauskunft vorgenommen hat, sofern sie sich nicht auf gebräuchliche Gelegenheitsgeschenke geringen Wertes richteten.**

[4]**Sachen, die nach § 811 Absatz 1 Nummer 1 Buchstabe a und Nummer 2 der Pfändung offensichtlich nicht unterworfen sind, brauchen nicht angegeben zu werden, es sei denn, dass eine Austauschpfändung in Betracht kommt.**

III [1]**Der Schuldner hat zu Protokoll an Eides statt zu versichern, dass er die Angaben nach den Absätzen 1 und 2 nach bestem Wissen und Gewissen richtig und vollständig gemacht habe. [2]Die Vorschriften der §§ 478 bis 480, 483 gelten entsprechend.**

Übersicht

1 **I. Systematik, I–III.** Die Vorschrift hat einen weiterreichenden Inhalt in I, aber engeren Inhalt in II. Sie stärkt die Stellung des Gerichtsvollziehers und verringert die Bedingungen einer Auskunftspflicht des Schuldners beträchtlich.

2 **II. Regelungszweck, I–III.** Der Gläubiger soll mithilfe des Gerichtsvollziehers rascher und leichter klären lassen können, auf welche Weise die eigentliche Vollstreckung bis zur Befriedigung am ehesten Erfolg verspricht.

3 Der Gläubiger weiß oft nicht, **wo** sich welches vollstreckbare **Schuldnervermögen** befindet. § 802c soll ihm die Durchführung der Vollstreckung zwecks seiner Befriedigung ermöglichen. Der Sinn ist eine möglichst weitgehende Ermittlung von Zugriffsmöglichkeiten, LG Gött JurBüro 2006, 661. Das Druckmittel im Hintergrund ist § 156 StGB. Da diese Strafbewehrung nur beim Verfahren vor dem Gerichtsvollzieher wirkt, kommt eine eidesstattliche Versicherung vor einem Notar kaum in Betracht, LG Flensb DGVZ 2000, 89.

4 **III. Geltungsbereich, I–III.** Die Regelung gilt bei jeder Vollstreckung nach der ZPO und den auf sie verweisenden Gesetzen, auch zB im FamFG oder im arbeitsgerichtlichen oder steuerrechtlichen Fall. Sie gilt auch im WEG-Verfahren und im Verfahren nach § 66 IV SGB X, nur begrenzt im Verwaltungszwangsverfahren, soweit dort trotz einer formell entsprechenden Anwendbarkeit der ZPO das jeweilige Landesverwaltungsvollstreckungsgesetz gilt, LG Detm DGVZ 2014, 65; LG Darmst DGVZ 2000, 75; AG Burgdorf DGVZ 2006, 79. Vgl. aber auch zB für Baden-Württemberg (Südwestrundfunk) BGH MDR 2018, 489.

5 **IV. Auskunftspflicht, I.** Sie ist der durch die Pflicht zur strafbewehrten eidesstattlichen Versicherung nach III bekräftigte Kern. Sie erstreckt sich auf das gesamte Schuldnervermögen und ist grundsätzlich nur von den folgenden Voraussetzungen abhängig. Das Gericht muss sie von Amts wegen prüfen, BGH NJW 2015, 2268.

6 **1. Vollstreckung einer Geldforderung.** Es muss um die Vollstreckung eines auf eine Geldforderung lautenden Titels gehen. Es ist ein nach § 754 ausreichender Vollstreckungsauftrag notwendig, BGH NJW 2015, 2268. Ob auch eine Vollstreckung zu einem anderen Zweck aus demselben Titel statthaft ist und etwa schon und noch erfolgt, ist unerheblich. Der Gläubiger darf seinen Auftrag aber weder auf Maßnahmen wegen anderer als Geldforderungen beschränkt noch ihn inzwischen derart eingeschränkt haben. Freilich ist eine Beschränkung auf einen Teil einer Geldforderung möglich und daher bei § 802c unschädlich, solange keine entsprechende Teilbefriedigung vorliegt. Natürlich muss eine Vollstreckung schon und noch an sich statthaft und nicht zB ausgesetzt sein.

2. Beispiele zur Frage einer Zulässigkeit, I

7 **Arrest:** Ein Arresttitel nach § 922 reicht aus, vgl. OLG Düss NJW 1980, 2717; Treysse Rpfleger 1981, 340.

Auftrag: Ein Auftrag nach § 754 gerade auch zur Abnahme der Vermögensauskunft ist eine Voraussetzung. Das Verfahren findet also nicht von Amts wegen statt. Ein Auftrag kann in der Forderung nach einer Abschrift liegen, AG Solingen DGVZ 2014, 132. Ein Auftrag bloß zur Sachpfändung nach §§ 803 ff. reicht **nicht** aus.

Beschränkte Haftung: Wer nach dem sachlichen Recht beschränkt haftet, braucht nur die haftende Masse anzugeben. Auch → „Erbe", → „Hypothek".

Dinglicher Titel: „Unterwerfung".

Duldung: Bei einer verwalteten Vermögensmasse ist ein Duldungstitel notwendig.

Ehegatte: Wegen des mitbesitzenden Ehegatten → § 739 Rn. 9. Der allein verwaltende Ehegatte in Gütergemeinschaft muss sein gesamtes Vermögen einschließlich des Gesamtguts offenlegen.

Einstweilige Verfügung: Diejenige auf eine Zahlung nach §§ 935, 940 reicht nach § 928 aus.

Erbe: Der Erbe und derjenige, der sonst nach § 786 beschränkt haftet, muss das eigene Vermögen und den Nachlass nach §§ 781, 785 darlegen, solange die Beschränkung nicht rechtskräftig feststeht.

Forderungsberechnung: Der Gläubiger muss seine Forderung nachvollziehbar berechnen, vgl. LG Deggendorf DGVZ 2006, 116.

Haftbefehl: Keine Auskunftspflicht besteht nach einem Haftbefehl alten Rechts, AG Augsb DGVZ 2013, 103.

Hinterlegung: Ein Hinterlegungstitel reicht aus.

Hypothek: Wird in sie vollstreckt, braucht der Schuldner nur die haftende Masse anzugeben.

Insolvenz: Im Insolvenzverfahren ist wegen der Unzulässigkeit der Einzelvollstreckung nach § 89 InsO auch das Auskunftsverfahren unzulässig, BGH NJW-RR 2012, 1433. Das gilt schon vom Erlass eines allgemeinen Veräußerungsverbots nach § 21 II 1 InsO an, LG Heilbr Rpfleger 2008, 88; LG Köln Rpfleger 1988, 522; aM LG Hann Rpfleger 1997, 490; AG Hainichen JurBüro 2002, 605; AG Rostock NJW-RR 2000, 716 (aber eine Einzelvollstreckung tritt nach dem Sinn der InsO schon in diesem Stadium zurück).

Kosten: Ein bloßer Kostentitel reicht aus. Die Kostenforderungen müssen auch ohne Schlüsselzahlen usw. nachvollziehbar sein, LG Kaisersl Rpfleger 1993, 29. Auch „Kostenfestsetzung".
Kostenfestsetzung: Sie kann nach § 104 notwendig werden, LG Hann DGVZ 1989, 42.
Mehrheit von Gläubigern: Jeder darf grds. sein eigenes Verfahren betreiben, Brinkmann Rpfleger 1990, 331 (ausf.).
Namensänderung: Nach ihr ist zB eine beglaubigte Ablichtung oder Abschrift der Heiratsurkunde nötig und eine bloße Meldebestätigung unzureichend, LG Frankenth JurBüro 1995, 271.
Partei kraft Amtes: Sie braucht nur das verwaltete Vermögen offenzulegen, **nicht** das eigene Vermögen.
Prozessfähigkeit des Schuldners: Der Gerichtsvollzieher muss die Prozessfähigkeit nach § 51 von Amts wegen prüfen, AG Strausberg DGVZ 2006, 79.
Rechtsschutzbedürfnis: Es muss wie stets vorliegen.
Sicherungsvollstreckung: Ein Vollstreckungstitel i. S. v. § 720a reicht aus.
Unterwerfung: Ein rein dinglicher Titel ohne eine Unterwerfungsklausel nach § 794 I Nr. 5, wie ein Grundschuldbrief, reicht **nicht.** Auch „Duldung".
Vergütungsfestsetzung: Ein Beschluss nach § 11 RVG reicht aus, selbst wenn ihn der Urkundsbeamte eines VG erlassen hat, VG Bln NJW 1981, 884; vgl. auch OVG Münst NJW 1980, 2373.
Vertretung: Eine rechtsgeschäftliche Vertretung bei der Vermögensauskunft ist nicht zulässig, LG Berlin MDR 2018, 1147; vgl. auch Hoffmann/Danylak DGVZ 2018, 199.
Zahlungserleichterung: Unzulässig ist eine Vermögensauskunft als Vollstreckungsmaßnahme während einer Erleichterung nach § 802b II 2, Schwörer DGVZ 2011, 77 (84).

8 **3. Verlangen des Gerichtsvollziehers.** Der Gerichtsvollzieher muss eine Vermögensauskunft „verlangt" haben. Er muss zur Wirksamkeit des Verlangens zunächst einen gerade diese Maßnahme erlaubenden Auftrag gehabt haben. Die Erklärung ist als Prozesshandlung auslegbar. Sie kann daher bei Eindeutigkeit auch stillschweigend erfolgen. Im Zweifel aber kein Verlangen.

9 **4. Keine weitere Bedingung.** Anders als nach § 807 aF ist die Auskunftspflicht nicht mehr von weiteren Voraussetzungen als → Rn. 6–8 abhängig. Das bedeutet zB: Es braucht noch kein Pfändungsversuch erfolglos gewesen zu sein oder überhaupt stattgefunden zu haben, Würdinger JZ 2011, 177; der Gläubiger braucht nicht nach § 294 glaubhaft gemacht zu haben, dass er durch eine Pfändung keine vollständige Befriedigung erreichen könne; der Schuldner braucht nicht schon eine Durchsuchung nach § 758 verweigert zu haben; der Gerichtsvollzieher braucht den Schuldner noch nicht wiederholt in seiner Wohnung nicht angetroffen zu haben usw.

10 **V. Geburtsdaten usw., I.** Zusätzlich zu den Vermögensangaben muss der Schuldner nach **I 1** auf Verlangen seinen Geburtsnamen, sein Geburtsdatum und seinen Geburtsort angeben, aber nicht seine Staatsangehörigkeit und nicht seine Religion und nicht seinen Stand, Beruf oder Gewerbe oder seinen Wohnsitz. Nötig werden können ferner die Angaben nach **I 2.** Es soll nur zB wegen § 802 I die Nämlichkeit von vornherein feststehen und damit auch eine Verwechslungsgefahr entfallen, auch im Interesse des Schuldners.

11 **VI. Vermögensauskunft nur nach II usw., I.** „Nach Maßgabe der folgenden Vorschriften" in I meint: Nur in deren Umfang. Zu ihm gehört II, aber auch §§ 802d–802f. Immerhin verdeutlicht I die Grenzen der Auskunftspflicht. Im Zweifel keine solche Pflicht. Erfolgt die Auskunft dennoch, muss sie wahrhaftig sein, also einer subjektiven Überzeugung des Schuldners gemäß erfolgen.

12 **VII. Auskunftserteilung, II. 1. Umfassende Vermögensangabe, II 1.** Die Vorschrift bekräftigt den Grundsatz, nach dem der Schuldner mit seinem ganzen Vermögen haftet. Er muss „alle ihm gehörenden Vermögensgegenstände" angeben. Dazu gehört sein Mit-, Teil- und Alleineigentum und darüber hinaus alles, was er ohne Eingriff in fremde Rechte zu Geld machen könnte, in welcher Höhe auch immer und selbst unter Bedingungen oder Vorbehalten. Auch eine Anwartschaft zählt hierher, auch ein geringer Wert oder ein wirtschaftlich ungewisser.

13 **Grenzen** liegen dort, wo man vernünftigerweise keinen Geldwert erwarten kann. Er braucht nicht jede Schraube zu nennen. Andererseits führt eine voraussichtliche Unverwertbarkeit nach § 803 II keineswegs stets zur Befreiung von einer Auskunftspflicht nach § 803c II. Es soll dem Gerichtsvollzieher und damit dem Gläubiger grundsätzlich überlassen bleiben, ob er sich eine Verwertbarkeit verspricht.

14 **2. Genauigkeit, Vollständigkeit, I, II 1.** Die Angaben müssen so genau und vollständig sein, dass der Gläubiger anhand des Vermögensverzeichnisses sofort die seinen Zugriff erschwerenden Umstände erkennen und Maßnahmen zu seiner Befriedigung treffen kann, BGH NJW 2004, 2452; LG Münst ZMR 2011, 923; AG Rüdesheim JurBüro 2008, 665.

15 Der Schuldner muss daher auch die **Rechtsform** eines ihm zustehenden Vermögensrechts angeben, zB bei der Erbauseinandersetzung. Er muss die Ansprüche genau bezeichnen, LG Osnabr Rpfleger 1992, 259; LG Hmb MDR 1981, 61. Unzulässig ist eine Angabe mit Nichtwissen nach § 138 IV auch durch den gesetzlichen Vertreter, LG Mü Rpfleger 1983, 448; Behr Rpfleger 1988, 1. Unzulässig ist auch der bloße Vermerk „nicht bekannt", Behr Rpfleger 1988, 1; aM LG Mü Rpfleger 1983, 448 (aber der Schuldner muss seine Verhältnisse in dem ohnehin nur zumutbaren Umfang angeben können). Wenn der Schuldner seine Angaben unvollständig macht, liegt eine Pflichtverletzung vor, LG Hmb JurBüro 2014, 387; AG Naumb JurBüro 2009, 157. Der Schuldner muss dann auf Verlangen des Gläubigers seine Auskunft nachbessern. Dafür gelten die zu § 807 ZPO aF anerkannten Maßstäbe fort, BGH NJW-RR 2017, 633 Rn. 8; → Rn. 31.

3. Beispiele zur Frage der Notwendigkeit einer Angabe, I, II 1, 2

16 **Abtretung:** Der Schuldner muss auch zu ihr umfassend Auskunft geben, LG Stade JurBüro 1997, 325.
Altersrente: Der Schuldner muss ihre Höhe und den Informationsstand angeben, AG Brem-Blumenthal JurBüro 2017, 262.
Amtliches Formular: → „Formular".
Anfechtung: Der Schuldner braucht eine solche Sache **nicht** anzugeben, die er durch ein ernstgemeintes, aber anfechtbares Rechtsgeschäft veräußert hat, vgl. allerdings auch → Rn. 17, 20.
Angehöriger: Bei einer angeblichen Unterstützung des Schuldners durch einen Angehörigen kann der Schuldner über den Namen, den Verwandtschaftsgrad und die Höhe der Zuwendungen Angaben machen müssen, LG Bln JurBüro 2000, 45; LG Kblz DGVZ 2006, 59; AG Ellwangen DGVZ 2003, 46. Auch → „Ehegatte".

Anwalt: → „Rechtsanwalt".
Anwartschaftsrecht: → „Rente".
Arbeitgeber: Der Schuldner muss ihn angeben, LG Hmb JurBüro 2004, 334; LG Lüb Rpfleger 1986, 99.
Arbeitslosigkeit: Der Schuldner muss sie angeben, und zwar in ihrer genauen zeitlichen Ausdehnung, aM AG Montabaur DGVZ 2016, 239. Auch → „Gelegenheitsarbeit", → „Lohnsteuer-Jahresausgleich".
Arbeitsrecht: S. bei den einzelnen Auswirkungen.
Arbeitszeit: Der Schuldner muss die tägliche und wöchentliche Arbeitszeit beim Verschleierungsverdacht angeben, LG Stgt DGVZ 2003, 154.
Arzt: Es gelten dieselben Anforderungen wie beim Anwalt, BGH NJW 2005, 1505; OLG Köln MDR 1993, 1007; LG Mainz DGVZ 2001, 78 (Privatpatient); aM LG Memmingen NJW 1996, 793. Auch → „Steuerberater".
Aufbewahrungsort: Der Schuldner muss ihn angeben.
Auftraggeber: → „Kunde".
Ausforschung: → „Formular".
Auskunft. Dazu Steder MDR 2000, 438. **Entbehrlich** ist eine Auskunft nach § 836 III auch im Rahmen von § 802c. Der Gerichtsvollzieher kann jedenfalls keine weitergehende Konkretisierung fordern, Stöber MDR 2001, 301. Der Schuldner kann auf Grund der Insolvenz eines Dritten zur Auskunft außerstande sein, aM LG Rostock Rpfleger 2003, 93.
Bankrecht: Angeben muss der Schuldner seine Kontenverhältnisse, AG Mü DGVZ 2022, 140; AG Dippoldiswalde JurBüro 2009, 665. Das gilt einschließlich eines Debets, LG Kaisersl JurBüro 1999, 325, oder einer beanspruchbaren Kreditlinie; OLG Bbg NJW 2009, 385; aM LG Heilbr Rpfleger 1990, 431 (angeben müsse man nur ein Guthaben; abl. Behr), auch eines sog. Kontoverleihers, LG Münst ZMR 2011, 923; LG Stgt Rpfleger 1997, 175; AG Kiel DGVZ 2016, 238; oder eines verdeckten Kontos, AG Stgt JurBüro 2005, 49. Daran ändert auch der Umstand nichts, dass sich ein Konto rasch ändern kann, aM AG Augsb DGVZ 2008, 127. Es muss auch evtl. angeben, ob zB sein Wohngeld auf das Konto eines Dritten gezahlt wird, und er muss diesen benennen, LG Kassel JurBüro 2007, 48. Keine Auskunftspflicht besteht zu vorrangig pfändenden Gläubigern, AG Donaueschingen DGVZ 2013, 98.
Bedingung: Angeben muss der Schuldner auch einen aufschiebend oder gar nur auflösend bedingten Anspruch, etwa auf eine Eigentumsübertragung nach der Zahlung.
Beitragsrückerstattung: Der Schuldner muss dazu Angaben machen, BGH MDR 2012, 606.
Bekannter: → „Freund(in)".
Besitz: Der Schuldner muss die im Eigenbesitz befindlichen Sachen auch dann angeben, wenn sie ihm nicht gehören. Dabei muss er auch den Aufbewahrungsort im Zweifel genau bezeichnen. Der Schuldner muss ferner die im Besitz eines Dritten befindlichen Sachen des Schuldners angeben. Angaben zum Leasingbesitz sind aber **entbehrlich,** LG Bln Rpfleger 1976, 145; AG Reinbek DGVZ 2003, 173; aM LG Kleve JurBüro 2010, 383; Thomas/Putzo/Seiler Rn. 13.
Betreuung: Eine vom Betreuer dem FamG vorgelegte Vermögensaufstellung ersetzt die Angaben nach I nicht, LG Brschw FamRZ 2000, 613.
Bruttobetrag: Seine Angabe ist zusätzlich zu derjenigen des Nettobetrags nötig, LG Köln NJW-RR 1988, 695.
Darlehen: Angeben muss der Schuldner bei einer angeblich erfolgten Rückzahlung an einen nahen Angehörigen Einzelheiten, LG Duisb JurBüro 1999, 271.
Dienstwagen: Der Schuldner muss ihn angeben, OLG Zweibr NStZ-RR 2008, 173.
Dingliches Recht: Angeben muss der Schuldner auch ein beschränktes dingliches Recht. Dasselbe gilt von sonstigen auf einem Grundvermögen des Schuldners ruhenden Belastungen usw., LG Aachen Rpfleger 1991, 326 (abl. Kather); LG Kleve JurBüro 2010, 383, und wegen des Verbleibs der zugehörigen Briefe usw. Zur Valutierung sind evtl. ergänzende Angaben nötig, LG Detm DGVZ 2000, 169; AG Dippoldiswalde JurBüro 2003, 276; aA FG Berlin-Brandenb DGVZ 2022, 63.
Dritter: Seine unterstützende Leistung muss der Schuldner angeben, LG Freibg JurBüro 1998, 272; LG Stgt DGVZ 2009, 132 (zust. Schönemann); AG Bremerhaven DGVZ 2012, 147; ebenso eine Überweisung an ihn, BGH NJOZ 2010, 6. Dabei muss er auch dessen Namen und dessen Anschrift mitteilen, AG Ettlingen DGVZ 2000, 78; allerdings nicht dessen Konto, BGH NJOZ 2010, 6; LG Bln DGVZ 2006, 201; vgl. auch LG Kassel JurBüro 2007, 48; LG Wiesb DGVZ 2006, 201. Er muss auch die Unterstützungshöhe nennen, LG Lpz JurBüro 2009, 665.
Drittrecht: Der Schuldner muss es nur insoweit angeben, als es einwandfrei feststeht, LG Detm DGVZ 1996, 120.
Drittschuldner: Angeben muss der Schuldner eine vollständige Bezeichnung des Drittschuldners nach §§ 829, 840 nebst dessen voller Anschrift, LG Gött JurBüro 2006, 661; LG Münst MDR 1990, 61 (zuletzt belieferter Kunde); AG Hmb JurBüro 2000, 598 (Restaurant-Angabe reicht nicht). Das gilt auch im Ergänzungsverfahren, LG Hmb JurBüro 2004, 334. Aber auch → „Verwandschaft". **Entbehrlich** sind Angaben zur Zahlungsfähigkeit oder -willigkeit des im Übrigen ordnungsgemäß bezeichneten Drittschuldners, LG Hmb MDR 1981, 61.
Ehegatte: Es gelten die folgenden Regeln.
– **(Beruf): Nicht** erforderlich ist grds. eine Angabe zum Beruf des Ehegatten, weder zur Art noch zum Umfang, aM LG Stgt DGVZ 2007, 94; vgl. auch AG Eilenberg DGVZ 2011, 91. Auch „– (Mitarbeit)".
– **(Darlehen):** Erforderlich ist die Angabe eines Darlehens zwischen den Eheleuten, LG Flensb DGVZ 1995, 119.
– **(Einkünfte):** Kommt die Pfändung eines Taschengeldanspruchs gegen den Ehegatten in Betracht, ist die Angabe von dessen Netto-Einkünften erforderlich, BGH NJW 2004, 2452.
– **(Getrenntleben):** Es gelten grds. keine Besonderheiten.
– **(Gütergemeinschaft):** Bei einer Gütergemeinschaft muss der allein verwaltungsberechtigte Schuldner sein eigenes Vermögen und das Gesamtgut angeben, der nicht verwaltungsberechtigte sein Vorbehaltsgut. Wenn aber der in der Gütergemeinschaft lebende Ehegatte selbständig ein Erwerbsgeschäft betreibt, muss er dieses angeben, auch wenn er das Gesamtgut nicht verwaltet, falls nicht eine der Ausnahmen des § 741 vorliegt.
– **(Gütertrennung):** Bei ihr muss jeder Schuldner sein eigenes Vermögen angeben.

– **(Mitarbeit):** Beim mitarbeitenden Ehegatten muss der Schuldner zwecks Überprüfbarkeit nach § 850b II auch den Umfang der Mitarbeit usw. angeben, LG Bln Rpfleger 1996, 360; LG Mü Rpfleger 1988, 491. Grds. **keine** Angaben sind durch den mitarbeitenden Schuldner nötig, AG Bad Saulgau JurBüro 2014, 666 (auch zu Ausnahmen).
– **(Name, Anschrift):** Der Schuldner muss grds. diese Angaben zum Ehegatten machen, OLG Mü JurBüro 1999, 605; LG Kblz DGVZ 2005, 169; LG Dessau JurBüro 2002, 161.
– **(Taschengeldanspruch):** „– (Einkünfte)"
– **(Vermögenslosigkeit):** „– (Name, Anschrift)".

Eigentumsvorbehalt: Angeben muss der Schuldner auch einen solchen Gegenstand, den der Schuldner unter dem Eigentumsvorbehalt des Verkäufers erworben hat. Auch → „Bedingung", „Besitz":

Energieversorger: Nicht angeben muss der Schuldner auch ihn, aM LG Bln DGVZ 2011, 145 (mit Recht abl. Mroß); LG Münst ZMR 2011, 923.

Erbschaft: Angeben muss der Schuldner auch den ihm möglichen Erbschaftserwerb nach den Eltern, AG Hmb-St Georg JurBüro 2011, 606 (sehr weitgehend).

Erbengemeinschaft: Angeben muss der Schuldner auch einen Erbanteil.

Erwerbsmöglichkeit: Entbehrlich sind Angaben zu einer bloßen Erwerbsmöglichkeit, soweit sie keinerlei gegenwärtigen Vermögenswert hat und noch nicht pfändbar ist, BGH NJW 1991, 2844; LG Aurich JurBüro 2017, 262. Man darf auch als Gläubiger keine solche Ausforschung betreiben, LG Bonn JurBüro 2000, 101. Aber auch → „Künftiges Recht".

Fälligkeit: → „Künftiges Recht".

Familienunterhalt: Wegen des Anspruchs auf ihn LG Mannh Rpfleger 1980, 237.

Firma: Ihre Angabe ist nach I 2 nötig.

Firmenwagen: → „Kraftfahrzeug".

Forderung: Der Schuldner muss sie nach II 2 nachvollziehbar angeben, BGH NJW 2004, 2452; LG Lpz DGVZ 2006, 28; vgl. auch LG Ffo JurBüro 2004, 216.

Formular: Das amtliche Formular gem. § 753 III und § 5 GVFV ist auch im Hinblick auf die Abnahme der Vermögensauskunft verbindlich (Abschnitt G). Für Ergänzungsfragen ist ein geeignetes Feld allerdings nicht vorgesehen; im Übrigen handelt es sich bei dem Antrag auf Nachbesserung ohnehin nicht um einen (neuen) Auftrag, AG Leer JurBüro 2017, 208, vgl. aber AG Gütersloh JurBüro 2017, 322. Der Umfang der Auskunftspflicht hängt von den Umständen ab, BGH MDR 2012, 606; LG Kblz DGVZ 2006, 137; LG Oldb DGVZ 2006, 138, gegenüber dem Gläubiger strenger AG Oberndorf DGVZ 2008, 14. Der Gläubiger darf sinnvolle Zusatzfragen stellen, LG Mönchengladb JurBüro 2008, 552. Ein umfassendes Ausforschungsverlangen des Gerichts oder des Gläubigers ist **unzulässig,** LG Kblz DGVZ 2006, 137; AG Langenfeld JurBüro 2011, 218; AG Naumb JurBüro 2009, 157.

Fortbestand: Der Schuldner muss seinen Zweifel am Fortbestand eines Dauerverhältnisses darstellen und begründen. Das gilt zB beim Arbeitsverhältnis.

Fragenkatalog: → „Formular".

Freund(in): Es gelten dieselben Regeln wie bei → „Ehegatte", und zwar eher eingeschränkt, da keine Pfändung eines Taschengeldanspruchs in Betracht kommt, vgl. LG Ffm JurBüro 2000, 102; LG Köln JurBüro 1996, 50. Angeben muss der Schuldner also zB solche Leistungen, die über die Haushaltsführung hinausgehen, LG Bonn NJW-RR 2001, 1295.

Früherer Arbeitsvertrag: Nur soweit kein Gehaltsanspruch mehr aus ihm besteht, braucht der Schuldner ihn **nicht** mehr anzugeben, BGH NJW 1991, 2844; LG Köln DGVZ 2007, 41; LG Frankenth Rpfleger 1981, 363.

Geburtsangaben: Sie sind grds. **nicht** nötig, AG Holzminden DGVZ 2016, 30.

Gelegenheitsarbeit: Der Schuldner muss nähere Angaben machen, AG Nordenham JurBüro 2010, 553. Er muss sämtliche Arbeitgeber des letzten Jahres angeben, LG Verden DGVZ 2006, 138; LG Bielef JurBüro 2004, 103; LG Wiesb JurBüro 2004, 103; großzügiger AG Münst DGVZ 2004, 63 (nur der letzten 6 Monate). Außerdem muss er mindestens den Durchschnittslohn bezeichnen, LG Bielef JurBüro 2004, 103; LG Frankenth Rpfleger 1985, 73, sowie den „Regel"-Arbeitgeber und den dort gezahlten Lohn, LG Stgt DGVZ 1993, 114; LG Landau JurBüro 1990, 1053; LG Ffm NJW-RR 1988, 383.

Gesellschaft: Angeben muss der Schuldner eine Beteiligung an einer Gesellschaft, solange sie nicht offensichtlich völlig wertlos ist, und überhaupt eine Tätigkeit für die Gesellschaft, LG Duisb JurBüro 1999, 271; nicht aber die Gesamtheit der Gesellschaftsbeziehungen, LG Gött JurBüro 1998, 271. Auch → „Erbengemeinschaft", → „Mitgliedschaft".

Gläubigereigentum: Der Schuldner muss auch die in seinem Besitz befindlichen Sachen des Gläubigers mitangeben, aM AG Wuppert DGVZ 2002, 173.

Gläubigerfragen: Zu ihrer Zulässigkeit LG Detm DGVZ 2011, 147; AG Lahr DGVZ 2011, 149.

Goodwill: Entbehrlich sind Angaben zum Wirkungsbereich des Unternehmens (goodwill), zB die Kundenliste.

Grundbesitz: Der Schuldner muss auch einen ausländischen angeben, LG Ffm DGVZ 2009, 133.

Grundschuld: → „Dingliches Recht".

Güterrecht: → „Ehegatte".

Handelsvertreter: Es genügt, dass er die Fixprovision als Arbeitseinkommen angibt, ohne im Formular Zusatzangaben in der Spalte „Selbständige Erwerbstätigkeit" zu machen, BayObLG NJW 2003, 2181.

Handy: Auch zu seiner Art, dem Preis und dem Kaufzeitpunkt sind Angaben nötig, AG Brem JurBüro 2007, 438.

Hausfrau, -mann: Bei ihnen muss der Schuldner den Namen derjenigen Person angeben, für die die Hausarbeit erfolgt, LG Münst Rpfleger 1994, 33; LG Mü MDR 1984, 764; AG Obernburg JurBüro 2017, 207; sowie den Umfang der Hausarbeit, LG Frankenth JurBüro 2007, 499; LG Hann DGVZ 1997, 152. Eine Pflicht zur Nachbesserung der Angaben **entfällt,** soweit das Gericht schätzen kann und daher muss, LG Lüneb DGVZ 2000, 154. Auch → „Ehegatte".

Insolvenz: Vor dem Beginn des Insolvenzverfahrens ist der Schuldner auskunftspflichtig, AG Heilbr DGVZ 1999, 187. Er ist auch wegen einer nach der Insolvenzeröffnung entstandenen Forderung auskunftspflichtig, AG Cloppenb DGVZ 2006, 183.

Inventar: Der Schuldner muss das gesamte Geschäftsinventar angeben, und zwar genau, LG Oldb Rpfleger 1983, 163 („diverse Möbel" reicht also nicht).
Juristische Person: Bei ihr sind die Angaben nach I 2 nötig.
Konto: → „Bankrecht".
Kraftfahrzeug: Der Schuldner muss als Halter eines Kraftfahrzeugs seine rechtlichen Beziehungen zum Inhaber des Fahrzeugbriefs angeben, AG Groß-Gerau Rpfleger 1982, 75. Er muss angeben, ob er einen Firmenwagen auch privat nutzt, LG Augsb JurBüro 2004, 104. Auch → „Pkw".
Krankenversicherungsbeitrag: Der Schuldner braucht ihn **nicht** anzugeben, LG Saarbr DGVZ 1998, 77.
Kreditwürdigkeit: Ihre Gefährdung beseitigt nicht die Pflicht zur Versicherung, OLG Mü VersR 1992, 875.
Kunde: Ein selbständiger Schuldner muss sämtliche derzeitigen Geschäftsbeziehungen und diejenigen der letzten 12 Monate angeben, OLG Mü DGVZ 2002, 73; LG Kleve JurBüro 2010, 383; LG Gera JurBüro 2003, 658. Auch → „Drittschuldner", → „Goodwill".
Künftiges Recht: Der Schuldner muss es bereits jetzt angeben, soweit es bereits jetzt pfändbar ist, BGH NJW-RR 2011, 851; LG Wuppert JurBüro 1998, 100; LG Münst MDR 1990, 61; etwa eine künftige Rente, AG Rudolfstadt JurBüro 2016, 214; oder einen künftigen Anspruch gegen einen Kunden, BGH NJW-RR 2011, 851; oder einen künftig fälligen Gehaltsanspruch, auch wenn der Arbeitsvertrag erst demnächst zu laufen beginnt (sofern er bereits geschlossen worden ist), oder eine künftige Maklerprovision, BGH NJW 1991, 2844. Auch → „Erwerbsmöglichkeit", → „Goodwill", → „Provision", → „Rente".
Leasing: → „Besitz".
Lebensgefährte: Der Schuldner braucht grds. **nicht** etwas zum Lebensgefährten anzugeben, vgl. aber LG Frankenth JurBüro 2007, 499; LG Dortm JurBüro 2002, 159; AG Hmb-Wandsbeck JurBüro 2009, 271; AG Plön JurBüro 2006, 551. Aber auch → „Angehöriger".
Lebenspartner: Bei der eingetragenen Lebenspartnerschaft gelten dieselben Regeln wie bei → „Ehegatte", Viertelhausen DGVZ 2001, 129.
Lebensunterhalt: Der Schuldner muss angeben, wovon er ihn bestreitet, AG Chemnitz DGVZ 2009, 83.
Lebensversicherung: → „Versicherungsrecht".
Lohnsteuer-Jahresausgleich: Angeben muss der Schuldner die Dauer einer Arbeitslosigkeit oder Krankheit, soweit davon der Lohnsteuer-Jahresausgleich abhängt, LG Passau JurBüro 1996, 329; LG Köln MDR 1976, 150; aM LG Hmb Rpfleger 1982, 387; LG Essen MDR 1975, 673.
Lohnzeitraum: Denjenigen Zeitraum, für den der Arbeitgeber den Lohn gezahlt hat, muss der Schuldner ebenfalls angeben, LG Lüb Rpfleger 1986, 99. Auch → „Bruttobetrag".
Makler: Er muss die Aufträge im Einzelnen offenbaren, BGH NJW 1991, 2844. Man darf ihn aber nicht einem Gelegenheitsarbeiter gleichstellen, LG Bln Rpfleger 1997, 73. Auch → „Künftiges Recht", → „Provision".
Marke: Der Schuldner muss wegen ihrer Pfändbarkeit nach § 857 auch zu ihr Angaben machen.
Miete: Der Schuldner muss evtl. nähere Angaben machen, AG Lpz JurBüro 2016, 102; zB evtl. zum Namen des Vermieters, LG Lpz JurBüro 2014, 604; AG Eilenburg JurBüro 2016, 497; Schmidt JurBüro 2016, 565; zur Wohnungsgröße, zur Miethöhe usw., LG Bielef JurBüro 2005, 164; AG Hann JurBüro 2002, 324 (streng); oder zu Betriebs- und Nebenkostenansprüchen, LG Ansbach DGVZ 2017, 91. Das gilt aber **keineswegs stets,** zB nicht mangels Ansprüchen aus dem Mietverhältnis, LG Münst ZMR 2011, 923; AG Ellwangen DGVZ 2016, 79; AG Mettmann DGVZ 2004, 188.
Mietkaution: Der Schuldner muss zu ihr Angaben machen, soweit der Gläubiger nach § 294 glaubhaft macht, dass der Schuldner sie hinterlegt hat, LG Duisb JurBüro 1999, 271; LG Aurich JurBüro 1997, 213; AG Lpz DGVZ 2012, 146; vgl. auch LG Neuruppin JurBüro 1998, 434. Die Auskunft muss vollständig sein.
Mitgliedschaft: Angeben muss der Schuldner jede Art eines geldwerten Mitgliedschaftsrechts. Das gilt bei jeder Art von Verein, Gemeinschaft, Gesellschaft usw.
Nettobetrag: Seine Angabe ist zusätzlich zum Bruttobetrag erforderlich, LG Regensb JurBüro 1993, 31. Sie muss also als solche klar sein, LG Köln NJW-RR 1988, 695.
Niedrigeinkommen: Angeben muss der Schuldner wegen § 850h II nähere Einzelheiten zu der Art und dem Umfang der Tätigkeit, LG Verden JurBüro 2010, 552; LG Ravensb JurBüro 2004, 104; AG Brem JurBüro 2015, 211.
Notar: Es gelten dieselben Anforderungen wie beim Anwalt. Eine notarielle Offenlegung entbindet nicht von derjenigen nach § 802c, AG Neuss JurBüro 2000, 438. Auch → „Arzt", → „Steuerberater".
Personalien: Angeben muss der Schuldner die genauen Personalien **seines** angeblichen Schuldners, LG Memmingen AnwBl 1988, 589. Auch → „Arzt", → „Notar", → „Rechtsanwalt".
Personenvereinigung: Bei ihr sind die Angaben nach I 2 nötig.
Pfändung: Angeben muss der Schuldner dasjenige, was der Gläubiger zur Prüfung der Erfolgsaussicht einer Pfändung braucht, LG Duisb JurBüro 1999, 271; vgl. auch LG Lpz DGVZ 2010, 232 (zu großzügig). Dazu gehört auch ein solcher Gegenstand, den ein Dritter gepfändet hat, ferner der Name des Dritten und die genaue Höhe der Restschuld, LG Mannh MDR 1992, 75 (Erkundigungspflicht des Schuldners). Auch → „Auskunft".
Pflichtteil: Der Schuldner muss gewisse Auskunft geben, nicht aber umfassende, vgl. aber LG Brschw JurBüro 2011, 156, und nicht vor dem Erbfall, AG Schwabach DGVZ 2011, 148.
Pkw: Angeben muss der Schuldner die Eigentumsverhältnisse am von ihm genutzten Pkw, LG Passau JurBüro 1996, 329, und die Finanzierung des einem Dritten gehörenden Pkw, AG Verden JurBüro 2005, 553, auch den Restwert des Pkw, LG Kleve JurBüro 2010, 383. Auch → „Kraftfahrzeug".
Provision: Namen und Anschriften der Auftraggeber zumindest des letzten Jahres muss der Schuldner angeben, LG Kiel JurBüro 1991, 1409. Die Provisionsforderung muss er auch dann angeben, wenn sie sich auf einen erst künftigen Warenverkauf bezieht, aber ihrerseits schon pfändbar ist, OLG Hamm MDR 1980, 149. Eine bereits verdiente Maklerprovision muss er angeben, BGH NJW 1991, 2844. Auch → „Künftiges Recht".
Rechtsanwalt: Er muss die Personalien seiner Honorarschuldner (Mandanten) genau angeben, BGH NJW 2010, 1380; OLG Köln MDR 1993, 1007; KG JR 1985, 161. Er muss ferner die Höhe der Forderungen bezeichnen, LG Lpz NJOZ 2004, 2399; LG Ffm AnwBl 1985, 258. Auch → „Arzt", → „Steuerberater".
Rente: Der Schuldner muss sie angeben, und zwar nach ihrer Art, Höhe, Fälligkeit (auch künftiger, schon pfändbarer), BGH NJW-RR 2011, 283; LG Stade JurBüro 2016, 48; AG Brem-Blumenthal JurBüro 2017, 47.

Er muss auch Dauer und Schuldner angeben, OLG Ffm Rpfleger 1989, 115; LG Oldb JurBüro 2016, 551; LG Kiel JurBüro 1998, 606 (je: nicht die Versicherungs-Nr.). Auch hier muss man freilich den **Verhältnismäßigkeitsgrundsatz** beachten. Es braucht zB ein 24jähriger, ein 33jähriger oder auch ein etwa 40jähriger **keine** Angaben zur künftigen Altersrente dann zu machen, wenn der Gläubiger nur wegen 1.600 DM vollstreckt, LG Siegen Rpfleger 1995, 425; LG Hann MDR 1993, 175; aM LG Ravensb JurBüro 1997, 441; AG Nienb JurBüro 1997, 326 (je: zu streng). Anders verhält es sich bei einem 57jährigen und einer Forderung von über 5.000 DM, LG Hann NJW-RR 1993, 190; vgl. auch AG Potsdam JurBüro 2022, 108; AG Brem JurBüro 2018, 275. Auch → „Künftiges Recht", → „Sozialleistung".

Rückerstattung: Der Schuldner muss eine solche Forderung angeben, AG Nürnb DGVZ 2012, 101.

Scheinvertrag: Beim Verdacht seines Vorliegens können ergänzende Angaben zB zu der Art und dem Umfang der Tätigkeit nötig sein, AG Bln-Wedding JurBüro 2000, 544.

Schwarzarbeit: Der Schuldner muss auch dann Fragen beantworten, wenn er damit eine Straftat offenbaren müsste, allerdings besteht dann ein Verwertungsverbot im Strafprozess, BVerfG WM 2008, 989; LG Saarbr DGVZ 1998, 77; LG Hmb JurBüro 1996, 331; LG Kblz MDR 1976, 587; Weiß NJW 2014, 503; vgl. aber LG Marb DGVZ 2000, 152.

Selbständiger: Er muss umfassende Angaben machen, LG Ffo DGVZ 2010, 134; AG Brem JurBüro 2007, 498. Er muss zB seine häufigeren und daher auch wohl künftigen Auftraggeber angeben, BGH DGVZ 2011, 144; AG Brem JurBüro 2016, 498 (auch zu Umsätzen), und zwar genau, LG Verden JurBüro 2009, 441; AG Bochum DGVZ 2018, 167; AG Gladbeck JurBüro 2014, 499; AG Reinbek DGVZ 2010, 198 (je: letzte 12 Monate); aM OLG Brem JurBüro 2000, 154. Das gilt auch beim Anwalt, LG Lpz JurBüro 2004, 501. Evtl. muss er auch die Leistungsarten und die Nennsätze des letzten Jahres angeben, LG Gera JurBüro 2012, 385; AG Brake JurBüro 2018, 435; AG Liebenwerda JurBüro 2006, 157; AG Brake JurBüro 2004, 502. Hat er angeblich weder Aufträge noch Forderungen, muss er angeben, wovon er lebt, LG Chemnitz DGVZ 2002, 154; AG Bruchsal DGVZ 2004, 190. Er muss zB Messebesuche und Marktstände nennen, AG Saarlouis JurBüro 2011, 160.

Sicherungsübereignung: Der Schuldner muss einen Anspruch auf eine Rückübertragung eines zur Sicherung übereigneten Gegenstands nach dem Erlöschen des fremden Rechts angeben, außer wenn die Rückübertragung nicht mehr in Betracht kommt, weil ein überschießender Wert nach der Übereignung nicht mehr vorhanden ist. Der Schuldner muss den Grund der Sicherungsübereignung ebenfalls angeben, LG Kref Rpfleger 1979, 146. Angeben muss er auch, wie hoch ein Darlehen noch valutiert, LG Darmst JurBüro 1999, 104.

Sitz: Seine Angabe ist bei I 2 nötig.

Sozialleistung: Ansprüche gegen die Träger von Sozialleistungen und erhaltene, noch nicht verbrauchte Beträge jeglicher Art muss der Schuldner ähnlich wie bei → „Rente" angeben, AG Eilenburg DGVZ 2016, 157. Das gilt schon wegen § 54 IV SGB I, OLG Kblz MDR 1977, 323; LG Darmst JurBüro 2000, 101; LG Wuppert JurBüro 1998, 100. Die Angabe, eine Sozialhilfe zu beziehen, gibt selbst dann **nicht** zu einer Ergänzung Anlass, wenn der Schuldner einen solchen Betrag nennt, der unter dem Regelsatz der Sozialhilfe liegt, aM LG Stgt DGVZ 2000, 153. Auch kann eine Unpfändbarkeit einer Auskunftspflicht entgegenstehen, BGH NJW-RR 2017, 633. Auch → „Künftiges Recht".

Sozialversicherung: Der Schuldner muss seine Sozialversicherungs-Nr. angeben und evtl. nachliefern, wenn der Rentenversicherungsträger sie braucht, LG Kassel DGVZ 2004, 185.

Steuerberater: Es gilt dasselbe wie beim Anwalt, BGH NJW 2005, 1505; OLG Köln MDR 1993, 1007; LG Kassel JurBüro 1997, 47. Auch → „Arzt".

Straftat: → „Schwarzarbeit".

Tätigkeitsart, -umfang: Der Schuldner muss beides beim Verschleierungsverdacht angeben, LG Stgt DGVZ 2003, 154.

Taschengeldanspruch. Dazu Scherer DGVZ 1995, 81 (ausf.). Notwendig sind wegen seiner bedingten Pfändbarkeit nach § 850b alle zur Berechnung erforderlichen Angaben, KG NJW 2000, 149; OLG Köln NJW 1993, 3335; LG Aschaffenb JurBüro 1999, 105, also zB der Name, Beruf, die Angabe weiterer Kinder mit einem eigenen Einkommen, die Höhe derjenigen Verbindlichkeiten des Schuldners, die der Ehegatte tilgt, LG Ellwangen JurBüro 1993, 173, auch der Beruf und die Beschäftigungsstelle des Ehegatten, falls der Schuldner dessen Einkunftshöhe nicht kennt, OLG Köln NJW 1993, 3335. Erforderlich ist auch die Angabe des Einkommens des Ehegatten, BGH NJW 2004, 2452. Auch → „Unterhalt".

Treuhandvermögen: Der Schuldner muss es angeben, KG JR 1985, 161.

Umschulung: Der Schuldner muss den Betrieb angeben, LG Neuruppin JurBüro 1998, 434.

Uneinbringlichkeit: Angeben muss der Schuldner auch einen tatsächlich oder rechtlich unsicheren und vielleicht uneinbringlichen Anspruch.

Unentgeltliche Dienstleistung: Angeben muss der Schuldner auch Einnahmen nach § 850h II, OLG Hamm MDR 1975, 161.

Unpfändbarkeit: Entbehrlich sind Angaben zu einer nach → Rn. 23 offensichtlich unpfändbaren Sache, selbst wenn der Schuldner keinen Antrag nach § 811 I Nr. I, 2 gestellt hat, sofern keine Austauschpfändung nach §§ 811a, b in Betracht kommt, Arnold MDR 1979, 358; strenger LG Rostock Rpfleger 2009, 578. Dabei muss man die Offensichtlichkeitsfrage objektiv beurteilen, Müller NJW 1979, 905. Das Vollstreckungsgericht muss sie nachprüfen. Da es die Offensichtlichkeit anders als der Schuldner beurteilen mag, ist für ihn Vorsicht ratsam. Im Zweifel sollte er lieber Angaben machen.

Unterhalt: Der Schuldner muss seine Forderung so genau wie möglich angeben, BGH NJW 2004, 2979; LG Meiningen DGVZ 2002, 156; LG Lüb JurBüro 1997, 440, schon wegen der bedingten Pfändbarkeit des Taschengeldanspruchs nach § 850b; LG Ellwangen JurBüro 1993, 173; LG Kleve JurBüro 1992, 269; LG Osnabr Rpfleger 1992, 259. Wegen § 850c IV muss der Schuldner auch das ihm bekannte Einkommen des Empfängers seiner Leistungen angeben, LG Karlsr DGVZ 1999, 173; AG Lpz JurBüro 2011, 44; Hintzen NJW 1995, 1861. Er muss auch Einkünfte eines volljährigen Kindes in zumutbarer Weise angeben, LG Lpz DGVZ 2010, 232 (zust. Goebel); AG Bad Neuenahr JurBüro 2010, 322, ebenso Angaben zur erweiterten Unterhaltspflicht. **Nicht** angeben muss er, ob er tatsächlich einen Unterhalt zahlt, LG Osnabr JurBüro 1998, 491. Ergibt sich aus seinen Angaben, dass er unterhaltsberechtigten Kindern tatsächlich keinen Unterhalt zahlt, kann der

Gläubiger einen klarstellenden Beschluss dahingehend erwirken, dass diese Kinder bei der Berechnung des pfändbaren Betrags nach § 850c I nicht berücksichtigt werden, AG Brake JurBüro 2021, 387. Auch → „Taschengeldanspruch".

Unterlagen: Der Schuldner muss die notwendigen zum Termin zur Abgabe der Vermögensauskunft mitbringen, AG Essen-Borbeck DGVZ 2016, 31.

Unternehmen: → „Marke".

Unterstützung: Bei einem sehr geringen Einkommen muss der Schuldner angeben, wer ihn zusätzlich unterstützt, AG Lampertheim DGVZ 2000, 123. Dazu sind Namen und Anschriften sowie der Rechtsgrund der Unterstützung nötig, AG Chemnitz DGVZ 2009, 83.

Verein: → „Mitgliedschaft".

Verhältnismäßigkeitsgrundsatz, Er steht grds. einer Auskunftspflicht nicht entgegen, OLG Mü VersR 1992, 875. Freilich muss man ihn stets mitbeachten.

Verschleiertes Einkommen: Der Schuldner kann das Verzeichnis nach → Rn. 31 so ergänzen müssen, dass man erkennen kann, welche Tatsachen seinen bisherigen Angaben zugrunde liegen, LG Brschw JurBüro 2011, 156; LG Essen JurBüro 2008, 666; AG Schlesw JurBüro 2018, 102. Das erfordert aber bestimmte Anhaltspunkte einer Verschleierung, AG Warendorf JurBüro 2015, 330.

Versicherungsrecht: Der Schuldner muss auch Angaben zur Kranken- oder Rechtsschutzversicherung machen, LG Stgt DGVZ 1996, 121; aM LG Saarbr DGVZ 1998, 77 (aber auch daraus kann sich ein pfändbarer Vermögenswert ergeben). Das gilt auch zu einer Sachversicherung, BGH NJOZ 2012, 1540. Bei einer Lebensversicherung muss er die Prämien- und Restvalutahöhe, LG Landshut JurBüro 1995, 217, und zum Anspruch mit dem Bezugsrecht eines Dritten angeben, ob man für den Dritten eine Unwiderruflichkeit vereinbart hat, LG Münst JurBüro 1997, 662.

Verwandtschaft: Der Schuldner muss nur das Bestehen einer Unterhaltspflicht eines Verwandten angeben, jedoch nicht den Beruf und das Einkommen, LG Brem Rpfleger 1993, 119; AG Osterholz-Scharmbeck JurBüro 2003, 443. Aber auch → „Drittschuldner".

Vollstreckungstitel: Der Schuldner muss einen in einer anderen Sache erstrittenen genau bezeichnen, LG Lpz DGVZ 2006, 29 (krit. Schmidt DGVZ 2006, 55).

Vordrucküberschreitung: Über den Vordruck hinausgehende Fragen sind nur zulässig, wenn es sich um einzelfallbezogene, auf die konkrete Lebenssituation des Schuldners zugeschnittene Fragen handelt, LG Münst DGVZ 2011, 87.

Vorpfändung: Der Schuldner muss eine Vorpfändung nach § 845 angeben, LG Brem JurBüro 2005, 605.

4. Entgeltliche Veräußerung, II 3 Nr. 1. Angeben muss der Schuldner ferner die in II 3 Nr. 1 genannten Veräußerungen des Schuldners an nahestehende Personen nach § 138 InsO. 17

Es kommt dabei **nicht** auf eine etwaige **Absicht der Benachteiligung** des Gläubigers an. Das Verzeichnis soll den Gläubiger in die Lage versetzen, von seinem etwaigen Anfechtungsrecht nach dem AnfG usw. Gebrauch zu machen, ebenso den Insolvenzverwalter nach §§ 129 ff. InsO. Der Schuldner muss schon nach I 1 alle diejenigen Vermögensstücke angeben, die noch nicht aus dem Vermögen ausgeschieden sind. Er muss also auch eine solche Ware angeben, die er schon verkauft, aber noch nicht geliefert hat oder die er schon geliefert hat, auf der aber noch ein Eigentumsvorbehalt zu seinen Gunsten lastet. Daher handelt es sich bei den entgeltlichen Veräußerungen nur um solche Gegenstände, die bereits aus seinem Vermögen ausgeschieden sind. Die Art des Rechtsgeschäfts ist unerheblich. Das setzt voraus, dass das Rechtsgeschäft überhaupt entgeltlich ist. Dabei ist unbeachtlich, wer das Entgelt erhalten hat. Eine objektive Gleichwertigkeit braucht nicht vorzuliegen. Wohl aber muss der Erwerb von einer ausgleichenden Zuwendung abhängen. Auch die Veräußerung eines Gegenstands an eine den nahen Verwandten gehörende GmbH kann unter II 3 Nr. 1 fallen. 18

Betroffen sind die in den letzten zwei Jahren vor dem Auskunftstermin nach § 802f I und bis zur Abgabe der Vermögensauskunft abgeschlossenen entgeltlichen Veräußerungsgeschäfte. Entscheidend ist diejenige Handlung, die den Rechtserwerb vollendet. Wenn mehrere solche Handlungen erforderlich waren, kommt es auf die letzte noch erforderliche Handlung an. II 3 Nr. 1 umschreibt den Personenkreis abschließend. Die Ehe braucht zur Zeit der Veräußerung dann noch nicht bestanden zu haben, wenn es zu einer Veräußerung gekommen ist und wenn der Schuldner sein Verzeichnis anschließend vorlegt. Für ein Verwandtschaftsverhältnis oder für eine Ehe ist im Übrigen der Zeitpunkt des Veräußerungsakts maßgebend. Es ist unerheblich, ob die Ehe in dem einen oder anderen Fall noch besteht. 19

5. Unentgeltliche Leistung, II 3 Nr. 2. Der Schuldner muss eine unentgeltliche Leistung ohne eine Begrenzung des Personenkreises angeben, soweit die Leistung nicht mehr als vier Jahre zurückliegt. Zur Entgeltlichkeit → Rn. 17. Als unentgeltlich muss man insbesondere eine vollzogene Schenkung ansehen. Eine nachträgliche Belohnung von Diensten kann, muss aber nicht eine unentgeltliche Zuwendung sein. Die Überlassung zur Nutzung, auch in der Form einer Leihe, kann eine unentgeltliche Zuwendung sein. Die Erfüllung einer klaglosen Schuld ist nicht unentgeltlich. Unentgeltlich ist aber eine Zahlung auf eine bei einem Dritten uneinbringliche Schuld ohne einen eigenen Verpflichtungsgrund. 20

Anders als bei einer Schenkung verlangt eine unentgeltliche Leistung **keine Bereicherung** des Empfängers. Bei einer gemischten Schenkung muss man nach der erkennbaren Parteiabsicht trennen. Der Regelung des II 3 Nr. 2 unterfällt nur der unentgeltliche Teil der Schenkung. Es kommt auf den Zeitraum bis zu vier Jahren vor dem zur Auskunft nach § 802f I anberaumten Termin und bis zur Abgabe der Vermögensauskunft an. Zur Berechnung → Rn. 17. Ausgenommen sind gebräuchliche Gelegenheitsgeschenke geringen Werts. Es entscheidet die Vermögenslage im Zeitpunkt der Schenkung, nicht die spätere Vermögenslage, es sei denn, sie ist vorhersehbar. 21

Eine Verfügung auf Grund einer begründeten Verbindlichkeit ist **in keinem Fall** unentgeltlich. Das gilt zB für die Zahlung einer Rente durch den Erzeuger an die Kindesmutter für das Kind. Dann liegt das Entgelt in der Befreiung von der Verbindlichkeit. Ebenso wenig entgeltlich ist die Ausstattung im Rahmen des Angemessenen. 22

6. Offensichtliche Unpfändbarkeit, II 4. Nicht notwendig ist die Angabe derjenigen Sachen, die nach § 811 I Nr. 1 Buchst. a und 2 offensichtlich unpfändbar sind und für die auch keine Austauschpfändung nach §§ 811a, 811b in Betracht kommt, BGH NJW-RR 2017, 633 Rn. 12. 23

24 Offensichtlich unpfändbar sind nur solche Sachen des **persönlichen Gebrauchs** usw., also auch die zur Beschaffung erforderliche Summe (bar oder Bankguthaben), BayObLG MDR 1991, 1079, die nach der Ansicht nicht bloß des Schuldners oder seines gesetzlichen Vertreters, sondern jedes vernünftigen, sachkundigen Dritten unter § 811 I Nr. 1, 2 fallen. Auch der Gerichtsvollzieher muss also dieser Meinung sein. Hierher zählen auch Leistungen des Sozialhilfeträgers, BGH NZM 2016, 768.

25 Der Gerichtsvollzieher muss **im Termin** zur Abnahme der Vermögensauskunft nach § 802f das Verzeichnis mit dem Schuldner **durchgehen.** Der Gläubiger kann am Termin teilnehmen. Der Gerichtsvollzieher muss darauf achten, dass man ein für die Vollstreckung geeignetes Vermögensstück nicht übersieht. Im Zweifel muss der Schuldner eine Sache mit angeben, Müller NJW 1979, 905. Ein Hinweis etwa dahin, der Schuldner habe „offensichtlich unpfändbare Sachen nicht aufgeführt", ist aber nicht notwendig. Weder der Schuldner noch der Gerichtsvollzieher haben einen Ermessensspielraum zu der Frage, ob die fragliche Sache unpfändbar sei. Der Gerichtsvollzieher muss vielmehr notfalls von Amts wegen klären, ob eine „offensichtliche" Unpfändbarkeit vorliegt. Es handelt sich hier um einen unbestimmten Rechtsbegriff. Wegen der Ergänzung des mangelhaften Verzeichnisses → Rn. 31. Wegen der Formel der eidesstattlichen Versicherung → Rn. 37.

26 Eine **Austauschpfändung** nach §§ 811a, 811b zwingt zu der Angabe auch einer offensichtlich unpfändbaren Sache nicht erst dann, wenn der Gläubiger die Austauschpfändung beantragt hat, sondern schon, sobald die Austauschpfändung überhaupt in Betracht kommt. Auch diese Voraussetzung darf man weder vom Standpunkt nur des Schuldners noch von demjenigen nur des Gläubigers prüfen, sondern man muss das vom Standpunkt eines vernünftigen, sachkundigen Dritten aus tun, also vor allem vom Standpunkt des Gerichtsvollziehers aus. Eine Austauschpfändung „kommt in Betracht", wenn sie nicht bloß „denkbar" ist. Sie braucht aber nicht „wahrscheinlich" zu sein. Eine nicht ganz geringe Möglichkeit genügt. Diese Möglichkeit darf man allerdings nach §§ 811a ff. keineswegs durchweg bejahen. Wenn man eine offensichtliche Unpfändbarkeit nach → Rn. 23 nicht annehmen kann, muss der Gerichtsvollzieher die Sache herausgeben, selbst wenn keine Austauschpfändung in Betracht kommt.

27 In einer **Steuersache** gilt der mit II 2 gleichlautende § 284 II AO.

28 **7. Auskunftspflicht im Einzelnen, II 3 Nr. 1–3.** Der Schuldner muss nach § 828 im Verzeichnis den Grund und die Beweismittel für seine Forderungen und anderen Rechte bezeichnen. Er muss über den Verbleib seiner Vermögensstücke Auskunft geben. Bei einer körperlichen Sache muss er mitteilen, wo sie sich befindet, OLG Ffm MDR 1976, 320. Der Gläubiger darf nicht verlangen, dass der Schuldner die Beweismittel vorlegt, vgl. LG Hmb MDR 1981, 61. Der Schuldner muss aber neben dem Namen und der Anschrift des Drittschuldners nach §§ 829, 840 zB angeben, ob über seine Forderung bereits ein Vollstreckungstitel besteht. Die Angabe des Aktenzeichens des Verfahrens genügt nicht, LG Hmb MDR 1981, 61. Der Schuldner muss als Arzt oder Anwalt den Namen und die Schuld seines Patienten oder Mandanten nach → Rn. 16 „Rechtsanwalt" mitteilen. Denn seine Geheimhaltungspflicht umfasst nicht die Namen, LG Wiesb Rpfleger 1977, 179. Wenn der Schuldner verschweigt, dass er Werte vorübergehend verschoben hat, gibt er eine falsche eidesstattliche Versicherung ab. Denn die verschobenen Stücke gehören ja in Wahrheit zu seinem Vermögen. Der Schuldner darf solche Vereinbarungen nicht unrichtig angeben, die er mit dem Arbeitgeber getroffen hat, um dem Gläubiger den Zugriff zu erschweren.

29 Der Schuldner braucht aber **nicht** über jede sonstige **Vermögensverschiebung** eine Auskunft zu geben, soweit sie nicht unter II 3 Nr. 1–3 fällt. Der Schuldner braucht auch nicht schon nach § 802c bei der Pfändung des Lohnsteuer-Jahresausgleichsanspruchs eine Auskunft über seine Arbeitslosigkeit zu geben. Zu einer solchen Auskunft ist er vielmehr nur nach § 836 III verpflichtet, LG Essen MDR 1975, 673; aM LG Kblz MDR 1985, 63; LG Kref MDR 1985, 63 (je zum alten Recht). Der Schuldner braucht über die Zahlungsfähigkeit und Zahlungswilligkeit eines Drittschuldners nach § 840 keine Angaben zu machen, LG Hmb MDR 1981, 61.

30 **8. Gläubigerfragen, II 3 Nr. 1–3.** Der Gläubiger kann schriftliche oder mündliche Fragen stellen, LG Heilbronn MDR 1995, 1066 (nach deren vollständiger Beantwortung ist ein Nachschieben von Fragen unzulässig). Es hat aber kein Ausforschungsrecht, LG Traunstein Rpfleger 1996, 34; AG Zeven JurBüro 2018, 553.

31 **9. Ergänzungspflicht, II 3 Nr. 1–3.** Der Schuldner muss schon bei der Abgabe eine unvollständige, ungenaue, unrichtige oder sonst wie mangelhafte Auskunft unabhängig von den Voraussetzungen des § 802d, AG Stade JurBüro 2018, 324, unverzüglich von sich aus und erst recht auf Verlangen des Gerichtsvollziehers oder des Gläubigers ergänzen, BGH NJOZ 2010, 6; LG Münst ZMR 2011, 923; AG Brschw JurBüro 2016, 438. Das gilt jedoch nur, soweit er die Auskunft gerade diesem Gläubiger gegenüber erteilt, LG Bln MDR 1990, 731. Auch darf die Ergänzungsforderung weder mutwillig noch schikanös sein, BGH NJOZ 2010, 6; AG Kref JurBüro 2012, 489. Dem Ergänzungsanspruch des Gläubigers lassen sich nur die im Vermögensverzeichnis dokumentierten Angaben entgegenhalten, BGH NJW-RR 2017, 633. Die Ergänzung erfolgt bezogen auf den Zeitpunkt der ersten eidesstattlichen Versicherung, soweit der Gläubiger nach § 294 glaubhaft macht, das er an der Ergänzung ein rechtliches Interesse hat, LG Frankenth Rpfleger 1981, 363; aM LG Kleve JurBüro 2008, 102 (ursprünglicher Zeitpunkt); LG Mainz JurBüro 1996, 326. Derjenige Gerichtsvollzieher, der auf Grund einer mangelhaften Auskunft die eidesstattliche Versicherung abnimmt, handelt pflichtwidrig, OLG Köln MDR 1975, 498; Behr Rpfleger 1988, 1 (6). Evtl. sind mehrere Ergänzungsaufträge desselben Gläubigers zulässig, LG Hann MDR 1979, 237. Zur Arbeitsweise des Gerichtsvollziehers bei einer Ergänzung usw. → § 802f Rn. 66. Er darf einen bloßen Ergänzungsauftrag nicht in einen Neuauftrag umdeuten, vgl. LG Leipzig JurBüro 2018, 103; AG Hameln JurBüro 2017, 608. Der Anspruch auf Ergänzung unterliegt der Verwirkung gem. § 242 BGB, wobei alle Umstände des Einzelfalls zu berücksichtigen sind; ein Erlöschen allein durch Zeitablauf findet nicht statt, LG Essen, JurBüro 2020, 553.

10. Beispiele zur Frage einer Ergänzungspflicht, II 3 Nr. 1–3

32 **Anderer Gläubiger:** Eine Ergänzungspflicht gerade gegenüber dem Gläubiger A besteht unabhängig von einem entsprechenden Auftrag eines Gläubigers B, LG Osnabr JurBüro 1996, 328; AG Kref JurBüro 2008, 554; AG Verden JurBüro 2008, 441.

Auslassung: Sie kann einen formellen Mangel bedeuten.

Berufliche Tätigkeit: Bei einem auf die berufliche Tätigkeit des Schuldners bezogenen widersprüchlichen oder unvollständigen Vermögensverzeichnis hat der Gläubiger Anspruch auf Nachbesserung, AG Delmenhorst

JurBüro 2018, 379. Es genügt nicht, dass der Gläubiger meint, der Schuldner sei in umfangreicherem Maße tätig als angegeben, AG Mü DGVZ 2022, 140.

Drittschuldner: Eine Ergänzungspflicht kann wegen einer versehentlich unrichtigen Angabe zu ihm nach § 840 bestehen, BGH NJW-RR 2011, 667.

Einkommenshöhe: Ein auffällig niedriges Einkommen kann zum Verdacht der Mangelhaftigkeit des bisherigen Verzeichnisses führen, LG Waldshut-Tiengen DGVZ 2013, 96; LG Aurich JurBüro 2010, 108; AG Osnabr JurBüro 2014, 215; aM AG Hmb-Harb DGVZ 2003, 126.

Erstattungsanspruch: Keine Ergänzungspflicht sieht LG Tüb DGVZ 2014, 240 bei einem solchen aus einem Energieversorgungs- oder Mietvertrag.

Erwerbsmöglichkeit: Keine Ergänzungspflicht entsteht nur zwecks Erkundung solcher Chancen, AG Brake DGVZ 2013, 97.

Fahrlässigkeit: Eine Ergänzungspflicht besteht auch dann, wenn der Schuldner nur versehentlich unvollständige oder unzutreffende Angaben macht, AG Kehl JurBüro 2018, 325.

Fehlen einer Angabe: Dann besteht ein formeller Mangel, OLG Ffm Rpfleger 1975, 441 (Sparbuch) und OLG Ffm MDR 1976, 320 (andere Sachen).

Früherer Ehegatte: Keine Ergänzungspflicht besteht hinsichtlich der persönlichen Daten zu einem früheren Ehegatten, AG Euskirchen DGVZ 2016, 28.

Frühere Versicherung: Beim Verdacht nach → Rn. 31 darf der Gläubiger eine Ergänzung unabhängig von einer früheren eidesstattlichen Versicherung des Schuldners fordern.

Girokonto: Der Verdacht eines Kontos kann ausreichen, AG Mü JurBüro 2014, 45; AG Emmerich JurBüro 2008, 441, erst recht der Verdacht eines zusätzlichen verdeckten Kontos, AG Bln-Schöneb DGVZ 2008, 13; AG Stgt JurBüro 2005, 49. **Kein** formeller Fehler liegt beim Erlöschen eines Kontos vor.

Grundbesitz: Auch ein ausländischer kann ergänzungspflichtig machen, LG Ffm DGVZ 2009, 133.

Kind: Keine Ergänzungspflicht entsteht schon durch das Älterwerden eines Kindes, LG Wuppert DGVZ 2006, 74.

Lebenserfahrung: Sie kann zum erforderlichen Mangelverdacht ausreichen, „Einkommenshöhe".

Lebensgefährte: Seine Leistungen können ergänzungspflichtig machen, LG Stgt DGVZ 2009, 132 (zust. Schönemann); AG Nürtingen DGVZ 2009, 135, vgl. auch AG Kirchheim DGVZ 2013, 118.

Lückenausfüllung: Wenn der Schuldner glaubhaft eine Lücke nicht ausfüllen kann, muss der Gerichtsvollzieher ihm die Ergänzung abnehmen.

Mangel: S. bei den einzelnen Objekten.

Neue Versicherung: Sie erfolgt nur nach § 802d. Sie macht ein zulässiges Nachbesserungsverlangen nicht unzulässig, AG Eisenhüttenstadt JurBüro 2021, 388.

Pkw: Notwendig sein kann die Standortangabe, AG Brem JurBüro 2008, 667.

Sparbuch: Ein formeller Mangel besteht beim Fehlen von Angaben über den Verbleib eines Sparbuchs, OLG Ffm Rpfleger 1975, 441.

Umschreibung: Eine zu allgemeine Umschreibung kann einen formellen Mangel bedeuten, LG Oldb Rpfleger 1983, 163; AG Lpz JurBüro 2001, 326.

Ungenauigkeit: Eine Ergänzungspflicht kann bei äußerlich erkennbarer, auch versehentlicher Ungenauigkeit bestehen, BGH NJW-RR 2017, 896; AG Kehl JurBüro 2018, 325; AG Delmenhorst JurBüro 2018, 379.

Unterhalt: Notwendig sein kann eine Ergänzung zur tatsächlichen Erfüllung, AG Herne-Wanne JurBüro 2012, 491.

Verdacht eines Mangels: Es muss ein begründeter Verdacht eines formellen Mangels des bisherigen Vermögensverzeichnisses bestehen, LG Münst Rpfleger 2002, 631; AG Brschw JurBüro 2016, 438; AG Kassel DGVZ 2006, 182.

Versicherungs-Nr.: Ihr Fehlen kann einen formellen Mangel bedeuten, LG Kassel DGVZ 2004, 185.

Versteck: Wenn der Schuldner angibt, er habe Geld versteckt, muss der Gerichtsvollzieher ihn nach dem Ort fragen.

Widerspruch: Er kann einen formellen Mangel bedeuten, BGH NJW-RR 2017, 896; AG Delmenhorst JurBüro 2018, 379; AG Hmb-Wandsbek JurBüro 2014, 215.

11. Einsichtsrecht. Es richtet sich nach § 802e. 33

VIII. Eidesstattliche Versicherung, III. 1. Grundsatz: Abnahme durch den Gerichtsvollzieher. Das Verfahren verläuft nach § 802f. Die eidesstattliche Versicherung erfolgt vor dem Gerichtsvollzieher nach § 802a II 1 Nr. 2. Eine solche vor dem Notar kommt kaum in Betracht. Ein Gegenbeweisantritt ist unbeschränkt zulässig. Die Ergänzung eines eidesstattlich auf seine Richtigkeit versicherten Verzeichnisses erfolgt nur in der Form einer neuen eidesstattlichen Versicherung. Wegen einer Rechtshilfe → § 802f Rn. 35. § 128a I dürfte entsprechend anwendbar sein, LG Oldb BeckRS 2021, 8177. 34

2. Auftrag an Gerichtsvollzieher. Notwendig ist ein Auftrag des Gläubigers nach § 802a II 1 an den Gerichtsvollzieher. Erst ab dem Auftragseingang entsteht die Schuldnerpflicht. Der Gläubiger darf den Auftrag auf einen Teil der nach I, II eigentlich erforderlichen Angaben beschränken, aM AG Heidelb DGVZ 2013, 16. Er darf auch auf die Ableistung der eidesstattlichen Versicherung des Schuldners vorübergehend oder dauernd verzichten. Mangels einer klaren Auftragsbeschränkung bleibt es aber beim pflichtgemäßen Ermessen des Gerichtsvollziehers, wie er innerhalb von II vorgeht, AG Lobenstein DGVZ 2001, 14. Denn der Gläubiger kann die Zwangsvollstreckung jederzeit anhalten oder beenden. Der Gerichtsvollzieher darf den Auftrag nicht deshalb ablehnen, weil der Schuldner nach bestem Gewissen Auskunft erteilt habe und weil man falsche Angaben nur strafrechtlich verfolgen dürfe, AG Wuppert JurBüro 2016, 274. 35

Wenn der Gläubiger zuverlässig sämtliche Vermögensverhältnisse oder -stücke des Schuldners kennt, braucht der Schuldner die eidesstattliche Versicherung nicht mehr abzuleisten. Denn es fehlt dann ein Rechtsschutzbedürfnis des Gläubigers. Der Gläubiger muss bei einer Teilvollstreckung dieselben Angaben wie in → § 754 Rn. 10 machen, LG Darmst Rpfleger 1985, 119. Er braucht keine Angaben über § 802c hinaus etwa zu der Frage zu machen, ob der Schuldner minderjährige Kinder hat, AG Oldb DGVZ 1980, 93. Der Gläubiger muss den Auftrag handschriftlich unterschreiben, LG Aurich Rpfleger 1984, 323. Bei elektronischer Einreichung gelten §§ 130a–130d. Einen Ergänzungsauftrag kann auch ein Dritter erteilen, LG Hildesh JurBüro 1991, 729. 36

37 **3. Inhalt.** Die Formel des Gesetzestextes ist zwingend. Vgl. auch § 481. Die eidesstattliche Versicherung bezieht sich auf das Vermögensverzeichnis nach § 802f V in seinen sämtlichen Bestandteilen, freilich nur im gesetzlich „verlangten" Umfang, BayObLG MDR 1991, 1079. Sie umfasst die Vollständigkeit und die Richtigkeit der Angaben im Rahmen des I. Die Versicherung umfasst also auch eine solche Tatsache, die für die gegenwärtige Rechtsform eines solchen Vermögensrechts wesentlich ist, das dem Schuldner zusteht, und die für die Zwangsvollstreckung in dieses Recht maßgeblich ist. Insoweit umfasst die eidesstattliche Versicherung auch die Angaben zur Person des Schuldners. Sie umfasst aber nicht schon einen klar beantworteten Punkt, BGH NJW-RR 2017, 896, und nicht eine Angabe von Erwerbsmöglichkeiten, und zwar selbst dann nicht, wenn der Schuldner diese Angabe auf ein Befragen des Gerichtsvollziehers gemacht hat. Der Geschäftsführer einer GmbH darf nicht bloß erklären, er wisse nichts über die Verhältnisse der GmbH, LG Mü Rpfleger 1983, 448 (abl. Limberger DGVZ 1984, 129).

38 **4. Grundsatz: Persönliche Erklärung des Pflichtigen.** Die eidesstattliche Versicherung muss entsprechend §§ 478, 479 grundsätzlich persönlich erfolgen. Nur der Vollstreckungsschuldner muss die eidesstattliche Versicherung abgeben. Der Gerichtsvollzieher muss die Frage, wer für den Schuldner erklären muss, von Amts wegen klären, OLG Hamm OLGZ 86, 345. Der Versichernde muss nach § 51 prozessfähig sein, BayObLGZ 90, 322; Limberger DGVZ 1984, 129. Das muss der Gerichtsvollzieher ohne eine Bindung an eine solche Prüfung während des Erkenntnisverfahrens nach §§ 253 ff. jetzt erneut prüfen, Behr Rpfleger 1988, 1 (3).

39 **5. Gesetzlicher Vertreter.** Ein Minderjähriger kann im Rahmen des § 112 BGB oder des § 113 BGB verpflichtet sein. Im Übrigen muss der gesetzliche Vertreter die eidesstattliche Versicherung im Namen des Vertretenen abgeben, BayObLGZ 90, 322; OLG Köln Rpfleger 2000, 399; Sahm NJW 2017, 1207; eine rechtsgeschäftliche Vertretung gemäß § 51 Abs. 3 ist ausgeschlossen, LG Bln MDR 2018, 1147. Erklärungspflichtig ist derjenige gesetzliche Vertreter, der im Zeitpunkt des Termins diese Eigenschaft hat, es sei denn die Berufung auf eine nach Terminsladung erfolgte Niederlegung wäre rechtsmissbräuchlich, BGH NJW-RR 2007, 185; OLG Köln Rpfleger 2000, 399; vgl. auch OLG Stgt MDR 1984, 239; OLG Hamm MDR 1984, 854 (Zeitpunkt der Auftragserteilung). Bei einer Abgabepflicht mehrerer gesetzlicher Vertreter bestimmt der Gerichtsvollzieher in den Grenzen von → Rn. 40 „Mehrheit von Vertretern" nach seinem pflichtgemäßen Ermessen, wer von ihnen die Versicherung abgeben soll, AG Wilhelmsh DGVZ 2005, 13.

6. Beispiele zur Frage der Person des Versichernden, III

40 **Abberufung:** → „Niederlegung der Vertretung".

Abwicklung: Für eine in Abwicklung befindliche Gesellschaft oder Europäische Interessenvereinigung versichern die Abwickler und die Gesellschafter, OLG Ffm NJW-RR 1988, 807; LG Freibg Rpfleger 1980, 117; Limberger DGVZ 1984, 129 (131).

Betreuer: Ein Betreuer muss die eidesstattliche Versicherung nur dann abgeben, wenn er das Schuldnervermögen verwaltet, LG Osnabr DGVZ 2005, 128; AG Haßfurt DGVZ 2003, 46. Das muss man von Amts wegen beachten, BayObLGZ 90, 322; LG Ffm Rpfleger 1988, 528. Evtl. bestimmt das Vollstreckungsgericht nach §§ 764, 802, ob der Betreuer oder der Schuldner selbst versichern, BGH NJW-RR 2009, 1.

Erbe: Wegen seiner Haftungsbeschränkung → § 781 Rn. 1.

Gesamtschuldner: Von Gesamtschuldnern müssen alle diejenigen versichern, bei denen die Voraussetzungen vorliegen.

Gesamtvertretung: Es müssen so viele handeln, wie zur Vertretung erforderlich sind, LG Ffm Rpfleger 1993, 502; aM LG Mainz Rpfleger 2000, 283.

Geschäftsfähigkeit: Ohne sie kann der Schuldner nicht nach §§ 802c, 802f tätig sein, AG Göpp DGVZ 2011, 72. Zum Problem Mroß DGVZ 2011, 66.

Gesetzlicher Vertreter: → „Löschung".

GmbH. Dazu Riecke DGVZ 2003, 33 (Grdz.). Für eine aktive GmbH versichert der jetzige Geschäftsführer, nicht der frühere, LG Wiesb DGVZ 2012, 32; LG Saarbr DGVZ 2004, 75; LG Aschaffenb DGVZ 1998, 75; LG Nürnb-Fürth DGVZ 1996, 139; aM AG Waren JurBüro 2009, 384. Maßgebend ist die Abberufung usw., nicht die Eintragung, LG Saarbr DGVZ 2004, 75. Der frühere kommt aber mangels eines Nachfolgers infrage, LG Bochum Rpfleger 2001, 442; AG Dachau JurBüro 2006, 551. Das gilt allerdings nur dann, wenn der Gläubiger behauptet, die gelöschte GmbH habe noch Vermögen, → „Löschung", AG Werl DGVZ 2002, 172.

Haftbefehl: → „Niederlegung der Vertretung".

Insolvenz: Im Insolvenzverfahren versichert der Verwalter, OLG Ffm NJW-RR 1988, 807. Jedoch muss der Schuldner die Angaben über das insolvenzfreie Vermögen machen. Eine Versicherung nach § 98 InsO befreit von der Pflicht nach § 802c nicht.

Juristische Person: Verpflichtet ist bei einer juristischen Person der gesetzliche Vertreter.

Keine Eintragung: Für eine nicht eingetragene Gesellschaft versichert der als Geschäftsführer Auftretende, LG Dortm DGVZ 1989, 121.

Kommanditgesellschaft: Verpflichtet und zu laden ist der gesetzliche Vertreter, AG Bochum DGVZ 2001, 13.

Leistung und Duldung: Wenn die Zwangsvollstreckung aus einem Leistungs- und Duldungstitel erfolgt, müssen beide Verurteilte die eidesstattliche Versicherung abgeben.

Liquidator: → „Abwicklung".

Löschung: Für eine gelöschte Gesellschaft versichert der frühere Geschäftsführer dann, wenn evtl. noch ein Vermögen vorhanden ist, KG Rpfleger 2001, 239; LG Brschw NJW-RR 1999, 1265; AG Werl DGVZ 2002, 172. Das Gericht braucht also dafür keinen Liquidator zu bestellen, LG Brschw NJW-RR 1999, 1265. Ein vorhandener Liquidator kann allerdings versichern müssen, KG NJW-RR 1991, 933; OLG Köln OLGZ 91, 214; aM OLG Stgt NJW-RR 1994, 1064 (nur der letztere); Behr Rpfleger 1988, 1 (3) (ein nach § 57 zu bestellender Vertreter), Schneider MDR 1983, 724 (nur der letztere). Freilich braucht der frühere Geschäftsführer nach der Löschung der Gesellschaft dann nicht mehr zu versichern, wenn bei ihr noch ein weiterer vorhanden war, LG Hann DGVZ 1988, 120.

Mehrheit von Vertretern: Von mehreren gesetzlichen Vertretern versichert derjenige, der die Verwaltung durchführen muss. Wenn mehrere das Vermögen verwalten, müssen sie alle die eidesstattliche Versicherung abgeben, OLG Ffm NJW-RR 1988, 807; aM LG Mainz Rpfleger 2000, 283; LG Ffm Rpfleger 1993, 502 (das

Gericht entscheide, wer erklären müsse); Behr Rpfleger 1988, 1 (4) (§§ 455, 449 seien entsprechend anwendbar).

Minderjähriger: → Rn. 39.

Nachlasspfleger: Er muss für den unbekannten Erben handeln.

Niederlegung der Vertretung: Eine Niederlegung der Vertretung zB in der bloßen Absicht, sich der Pflicht zur Ableistung der eidesstattlichen Versicherung zu entziehen, ist unbeachtlich, solange ein neuer Vertreter fehlt, BGH NJW-RR 2007, 185; OLG Zweibr DGVZ 1990, 40; LG Mü JurBüro 2007, 46; aM OLG Schlesw Rpfleger 1979, 73. Das gilt auch dann, wenn die Abberufung des bisherigen Geschäftsführers nach dem Erlass eines gegen ihn gerichteten Haftbefehls nach § 802g erfolgt, BGH NJW-RR 2007, 185; OLG Stgt ZIP 1984, 113; LG Hann DGVZ 1981, 60; aM OLG Köln MDR 1983, 676.

Offene Handelsgesellschaft: Für sie versichert der gesetzliche Vertreter. Auch → „Abwicklung", → „Mehrheit von Vertretern".

Partei kraft Amts: Eine Partei kraft Amts versichert im eigenen Namen für die verwaltete Masse.

Privatvermögen: Ein Einzelkaufmann muss auch wegen seines Privatvermögens eidesstattlich versichern.

Prozesspfleger: Ein Prozesspfleger braucht eine Versicherung **nicht** abzulegen, § 57, Behr Rpfleger 1988, 1 (4).

Rechtskraft: Die bloße Rechtskraftwirkung begründet keine Pflicht zur eidesstattlichen Versicherung.

Verein: Für den Verein gibt der Vorstand die eidesstattliche Versicherung ab, später der Liquidator nach § 48 BGB.

Vorsorgebevollmächtigter: Er ist nicht verpflichtet, für einen nicht prozessfähigen Schuldner die Vermögensauskunft abzugeben, BGH NJW 2022, 393 Rn. 50; er ist allenfalls ab Feststellung der Prozessunfähigkeit dazu berechtigt, AG Bln-Schöneb DGVZ 2014, 242.

Wohnungseigentümergemeinschaft: Dazu LG Bln ZMR 2012, 151; Drasdo DGVZ 2012, 85 (ausf.).

Zeitpunkt: → Rn. 39.

Zwangsverwaltung: Bei einer Zwangsverwaltung muss der Schuldner die Angaben über das bewegliche und das nicht mitbeschlagnahmte unbewegliche Vermögen machen.

7. Form. Die eidesstattliche Versicherung erfolgt zum Protokoll des nach § 802e zuständigen Gerichtsvollziehers nach §§ 159 ff., 762, also nicht vor dem Rpfleger und nicht vor dem Notar. Sie geht dahin, dass die Angaben zur Person, soweit sie den Gläubiger interessieren können, und im vom Gerichtsvollzieher nach § 802f V errichteten Vermögensverzeichnis vollständig und richtig sind. Wenn der Schuldner verhindert ist oder zu weit entfernt wohnt, kann er die eidesstattliche Versicherung nach III 2 zum Protokoll eines Gerichtsvollziehers bei dem AG entsprechend §§ 478, 479 abgeben. Der Schuldner kann einen derartigen Antrag stellen. Wenn der Antrag berechtigt ist, muss der nach § 802e zuständige Gerichtsvollzieher ihm stattgeben. Wenn er einen solchen Antrag ablehnt, kann der Schuldner die Erinnerung nach § 766 einlegen. Der Gerichtsvollzieher muss den Schuldner entsprechend § 480 über die Bedeutung der eidesstattlichen Versicherung vor ihrer Abgabe belehren. 41

8. Weigerung, Umgehung. Wegen der Weigerung zur Abgabe der eidesstattlichen Versicherung aus religiösen Motiven gelten → § 391 Rn. 8, § 384 entsprechend. Der Schuldner kann die Abgabe der eidesstattlichen Versicherung vor dem Gerichtsvollzieher grundsätzlich nicht dadurch umgehen, dass er seine Vermögensverhältnisse vor einem Notar offenbart und die Vollständigkeit und Richtigkeit seiner dortigen Angaben an Eides Statt versichert, LG Detm Rpfleger 1987, 165; LG Frankenth Rpfleger 1985, 33. Er darf auch nicht einfach behaupten, der Gläubiger kenne seine Vermögensverhältnisse schon, LG Bln Rpfleger 1992, 168; LG Verden Rpfleger 1986, 186. Auch eine Gefahr der Strafverfolgung ist kein genereller Verweigerungsgrund, LG Hmb JurBüro 2008, 495. 42

IX. Verstoß, I–III. Ein solcher des Gerichtsvollziehers hat evtl. eine Amtshaftung und folglich eine Rückgriffsmöglichkeit gegen ihn zur Folge. Ein solcher des Schuldners kann neben einer Schadensersatzforderung zumindest nach §§ 823 II, 826 BGB eine Bestrafung nach § 156 StGB, aber auch nach § 263 StGB nach sich ziehen. 43

Ein **unwesentlicher Verstoß** mag heilbar sein. Ein wesentlicher hat meist die Unwirksamkeit zur Folge. Rückwirkende Heilung dürfte kaum möglich sein. 44

X. Rechtsmittel, I–III. Zunächst kommt die Erinnerung nach § 766 in Frage, LG Stuttgart BeckRS 2018, 36374, anschließend evtl. eine sofortige Beschwerde nach § 793. 45

802d

Weitere Vermögensauskunft. **I [1]Der Schuldner ist innerhalb von zwei Jahren nach Abgabe der Vermögensauskunft nach § 802c oder nach § 284 der Abgabenordnung nicht verpflichtet, eine weitere Vermögensauskunft abzugeben, es sei denn, ein Gläubiger macht Tatsachen glaubhaft, die auf eine wesentliche Veränderung der Vermögensverhältnisse des Schuldners schließen lassen. [2]Besteht keine Pflicht zur Abgabe einer Vermögensauskunft nach Satz 1, leitet der Gerichtsvollzieher dem Gläubiger einen Ausdruck des letzten abgegebenen Vermögensverzeichnisses zu; ein Verzicht des Gläubigers auf die Zuleitung ist unbeachtlich. [3]Der Gläubiger darf die erlangten Daten nur zu Vollstreckungszwecken verarbeiten und hat die Daten nach Zweckerreichung zu löschen; hierauf ist er vom Gerichtsvollzieher hinzuweisen. [4]Von der Zuleitung eines Ausdrucks nach Satz 2 setzt der Gerichtsvollzieher den Schuldner in Kenntnis und belehrt ihn über die Möglichkeit der Eintragung in das Schuldnerverzeichnis (§ 882c).**

II Anstelle der Zuleitung eines Ausdrucks kann dem Gläubiger auf Antrag das Vermögensverzeichnis als elektronisches Dokument übermittelt werden, wenn dieses mit einer qualifizierten elektronischen Signatur versehen und gegen unbefugte Kenntnisnahme geschützt ist.

Übersicht

1 **I. Systematik, I, II.** Die Vorschrift regelt die Verpflichtung des Schuldners eine weitere Vermögensauskunft abzugeben, wenn er bereits eine abgegeben hat. Die zum 1.1.2022 in Kraft getretene Novelle beinhaltet keine inhaltliche Änderung zur früheren Rechtslage, vgl. auch BeckOK ZPO/Fleck Rn. 14.

2 **II. Regelungszweck, I, II. I 1** hat den Zweck, dem Gläubiger eine weitere Vollstreckung zu erleichtern oder zu ermöglichen, LG Potsd DGVZ 2001, 86; LG Augsb JurBüro 1998, 325. Der Gläubiger darf allerdings nicht aus Anlass irgendwelcher vager neuer Annahmen immer neue Verfahren nach § 802d einleiten, AG Lahr DGVZ 2015, 40. Das gilt auch beim Selbständigen, AG Bad Wildungen DGVZ 2001, 135.

3 **I 2–4, II** sollen dem Gläubiger die Überlegung erleichtern, ob und wie er seinerseits weitere Aufklärung versuchen und die Vollstreckungsbemühung weiterlaufen lassen will. **I 3** dient dem Schuldnerschutz.

4 **III. Geltungsbereich, I, II.** Die Regelung gilt nur bei §§ 802b ff., BGH NJW 2004, 2905.

5 **1. Anwendbarkeit bei nochmaliger Auskunft und Versicherung, I 1.** Die Vorschrift geht davon aus, dass eine abgegebene eidesstattliche Versicherung gegen alle Gläubiger wirkt, LG Bonn Rpfleger 1993, 354. Das gilt auch bei einer Abgabe vor einem unzuständigen Gericht, LG Frankenth Rpfleger 1985, 33. Darum bestimmt die Vorschrift, dass ein Gläubiger die nochmalige Abgabe der Vermögensauskunft nebst eidesstattlicher Versicherung nach § 802c oder nach § 284 AO nur dann verlangen kann, wenn er solche Tatsachen gemäß § 294 glaubhaft macht, nach denen sich die Vermögensverhältnisse des Schuldners wesentlich verändert haben können, etwa dann, wenn der Schuldner nach der Abgabe der ersten eidesstattlichen Versicherung Vermögen erworben hat, LG Wuppert DGVZ 2010, 2015, oder wenn das Arbeitsverhältnis des Schuldners nach der Abgabe der ersten eidesstattlichen Versicherung endete, LG Oldb Rpfleger 1981, 70. Es kommt also darauf an, ob der Schuldner inzwischen pfändbare Vermögensstücke besitzt, LG Schweinf Rpfleger 1995, 425; LG Kref BB 1980, 602.

6 Der Gläubiger darf den Auftrag auf eine Erstmaßnahme beschränken, BGH NJW-RR 2018, 572; LG Arnsberg DGVZ 2014, 18; AG Gera JurBüro 2016, 213; aM LG Schwerin DGVZ 2016, 191; LG Würzb DGVZ 2015, 130.

7 Wenn er eine nochmalige eidesstattliche Versicherung fordern kann und sie auch unbeschränkt **fordert** und nicht zulässig auf einzelne Angaben beschränkt, wenn er also einen neuen Auftrag nach § 802f erteilt oder wenn ein anderer Gläubiger den Auftrag erteilt, beginnt ein neues Verfahren zu ihrer Abnahme nach § 802f, LG Stgt Rpfleger 1989, 379; LG Tüb Rpfleger 1984, 70. Man muss seine Voraussetzungen von Amts wegen vor einer Terminsbestimmung prüfen, und zwar gegenüber allen Gläubigern. Der Gläubiger muss den Vollstreckungstitel und die zur erneuten eidesstattlichen Versicherung nötigen Urkunden vorlegen, LG Stgt Rpfleger 1989, 379. I 1 schützt nur vor einer nochmaligen Vermögensauskunft nebst einer eidesstattlichen Versicherung, nicht vor anderen Vollstreckungsmaßnahmen, AG Königstein DGVZ 1987, 94.

8 **2. Unanwendbarkeit bei nur ergänzender Auskunft und Versicherung, I 1.** Eine bloße Ergänzung der Auskunft nebst einer eidesstattlichen Versicherung fällt nicht unter I 1, LG Kblz MDR 1985, 63; AG Cloppenburg JurBüro 2011, 217. Das Verfahren zur Ergänzung einer vorhandenen eidesstattlichen Versicherung setzt vielmehr nur das alte Abnahmeverfahren nach fort, LG Brake JurBüro 2013, 493; LG Verden JurBüro 2002, 159; LG Bielef Rpfleger 1991, 327. Diese Fortsetzung erfolgt auf Grund eines Antrags des bisherigen Gläubigers oder eines weiteren Gläubigers, LG Verden JurBüro 2005, 163; LG Karlsr DGVZ 1999, 156; AG Syke JurBüro 2018, 216. Der Gerichtsvollzieher darf einen bloßen Nachbesserungsauftrag nicht als Neuauftrag behandeln, LG Brem JurBüro 2017, 325. Voraussetzung ist, dass sich das bisherige Vermögensverzeichnis als formell unvollständig oder ungenau, widersprüchlich oder falsch oder sonst wie auffällig erweist, LG Ffo JurBüro 2004, 216; AG Oldb JurBüro 2015, 665; AG Brem JurBüro 2013, 659; aM LG Waldshut-Tiengen JurBüro 2003, 547 (neues Verfahren). Dazu hat der Gläubiger, auch ein weiterer, ein Partei-Akteneinsichtsrecht nach § 299, LG Saabrücken JurBüro 1991, 1002; LG Kref JurBüro 1990, 1346. Für die Nachbesserung gibt es keinen zeitlichen Mindestabstand, AG Brake JurBüro 2004, 502 (zust. Buschmann). Der Gerichtsvollzieher darf nicht einen bloßen Nachbesserungsantrag in einen Antrag auf nochmalige Auskunft umdeuten, AG Schwetzingen JurBüro 2013, 663.

9 **Verzichten** kann der Gläubiger auf die Möglichkeit nach § 802d, OLG Schlesw DGVZ 2015, 88.

3. Beispiele zur Frage des Geltungsbereichs, I 1

10 **Ausforschung:** Sie ist **unstatthaft,** LG Kleve JurBüro 2013, 46; LG Ffm DGVZ 2004, 44.

Einwendung: Der Schuldner darf **keine** Einwendung nach I 1 erheben. Eine Verweisung auf eine frühere Versicherung reicht gerade nicht. Sie kann allenfalls nach → Rn. 11 vereinfachend wirken.

Falsche Angaben: Unanwendbar ist I 1, soweit festgestellt wird, dass der Schuldner falsche Angaben gemacht hatte, LG Münst Rpfleger 2002, 631; aM KG MDR 1990, 1124; LG Kblz MDR 1990, 1124. Vgl. → Rn. 8.

Glaubhaftmachung: Der Antragsteller muss die Voraussetzungen nach I 1 darlegen und evtl. nach § 294 glaubhaft machen, OLG Ffm JurBüro 2002, 442; LG Wuppert DGVZ 2010, 15; LG Saarbr JurBüro 2009, 102.

Mehrheit von Verfahren: Es können mehrere Verfahren nach I 1 nacheinander notwendig werden, LG Freib MDR 1981, 151; LG Hann MDR 1979, 237. Das gilt allerdings nur bei einer jetzt anderen Art von Unvollständigkeit, LG Kassel Rpfleger 1991, 118.

Prüfungspflicht: Der Gerichtsvollzieher muss jede Ergänzungsfrage auf ihre Zulässigkeit prüfen, LG Cottbus JurBüro 2000, 326.

Rechtsschutzbedürfnis: Es bleibt erforderlich, AG Hagen DGVZ 1996, 15. Es hängt nicht davon ab, ob und in welchem Umfang der Schuldner den Gläubiger über zwischenzeitliche Veränderungen seiner Lage informiert hat, AG Schwäb-Hall JurBüro 2001, 326. Das Rechtsschutzbedürfnis kann bei einer Kenntnis des Gläubigers von dem „Fehlenden" **fehlen,** LG Bln Rpfleger 1979, 112. Eine Nichtrüge über 2 Jahre kann die Statthaftigkeit nach I 1 Hs. 1 nehmen, (zum alten Recht) LG Bonn DGVZ 2006, 92.

Terminsanberaumung: Der Gerichtsvollzieher beraumt einen Termin zur Ergänzung der Angaben an. Er darf den Gläubiger nicht darauf verweisen, er könne den Schuldner auf Grund des bisherigen Haftbefehls vorführen lassen, zumal der Haftbefehl ja meist verbraucht ist, LG Kblz MDR 1987, 944.

Unwahrscheinlichkeit: Unanwendbar ist I 1 dann, wenn die bisherigen Angaben formell vollständig sind und wenn lediglich ihre Richtigkeit unwahrscheinlich ist, OLG Ffm MDR 1976, 320; LG Oldb Rpfleger 1983, 163; aM LG Aschaffenb JurBüro 1998, 552; LG Aurich JurBüro 1998, 553; LG Düss JurBüro 1998, 553.

Verwirkung: Vgl. LG Hamb JurBüro 2022, 54.

Verzicht: Zum Problem LG Würzb DGVZ 2015, 130; AG Neubrdb DGVZ 2014, 131.

Weiterer Gläubiger: Antragsberechtigt ist auch ein bisher unbeteiligter anderer Gläubiger, LG Saarbr DGVZ 1998, 77.

Zuständigkeit: Der Gerichtsvollzieher des bisherigen Verfahrens bleibt zuständig, LG Ffm Rpfleger 2002, 273; LG Stgt JurBüro 2002, 495; AG Kirchheim DGVZ 2002, 78. Das gilt auch dann, wenn der Schuldner die beanstandete eidesstattliche Versicherung vor dem Gerichtsvollzieher des Haftorts nach § 802i I 1 oder vor einem nach §§ 156 ff. GVG ersuchten Gerichtsvollzieher abgegeben hatte oder wenn ein anderer Gläubiger zulässigerweise die Ergänzung beantragt, OLG Ffm MDR 1976, 320; Behr Rpfleger 1988, 1 (2); aM Köln Rpfleger 1975, 180. Es gilt auch bei § 284 AO, AG Neuruppin DGVZ 2002, 175.

IV. Frühere Auskunft und Versicherung, I 1. 1. Erklärung nach § 802c. Es muss sich um eine solche Erklärung handeln. I 1 bezieht sich also nicht auf eine eidesstattliche Versicherung nach § 98 I InsO. Der Schuldner kann sich nicht auf diese Erklärung berufen. Der Gerichtsvollzieher muss eine frühere Auskunft mit eidesstattlicher Versicherung des Schuldners von Amts wegen beachten, LG Ellwangen DGVZ 2006, 73; LG Stgt DGVZ 1992, 158. 11

Die Abgabepflicht des Schuldners kann dann **entfallen,** wenn er in dem früheren Verfahren ein ausreichendes Vermögensverzeichnis vorgelegt hatte, selbst wenn der Gläubiger damals keinen Mangel gerügt hatte. Um das feststellen zu können, darf auch ein anderer Gläubiger die früheren Akten einsehen. Denn er ist kein Dritter gemäß § 299, weil das Verfahren auch gegen ihn eine Wirkung hat. Der Schuldner muss seine Auskunft und eidesstattliche Versicherung vor einem deutschen Gerichtsvollzieher geleistet haben. Die Abgabe in einem anderen Verfahren reicht, AG Osnabr DGVZ 2005, 46. 12

2. Keine Löschung. Das Gericht darf die frühere eidesstattliche Versicherung im Schuldnerverzeichnis noch nicht nach § 882e gelöscht haben. Der Gerichtsvollzieher muss von Amts wegen in dem Verzeichnis nachprüfen, ob die frühere Erklärung dort noch steht, Behr JurBüro 1998, 231; Steder Rpfleger 1998, 413. 13

V. Wesentliche Veränderung der Schuldnerverhältnisse, I 1. Es ist eine erneute Vermögensauskunft nebst eidesstattlicher Versicherung nach I 1 bereits insoweit nötig, als man auf eine wesentliche Änderung der Vermögensverhältnisse gerade des Schuldners nach der Abgabe der ersten Auskunft „schließen kann". Das kann auch ohne Vermögenserwerb und ohne Wechsel des Arbeitsplatzes eintreten. 14

1. Wesentlichkeit. Man kann bei diesem Begriff im Kern an § 323 I 2 anknüpfen. Etwa 10 % können auch hier als Faustregel einer Mindeständerung dienen. 15

2. Änderung gerade der Vermögensverhältnisse. Zumindest theoretisch anders als bei § 323 I 2 ist nur eine solche wesentliche Änderung beachtlich, die gerade bei den Vermögensverhältnissen des Schuldners eintritt, nicht bei den nichtvermögensrechtlichen Umständen. „Verhältnisse" sind mehr als „Ansprüche". 16

3. Möglichkeit eines Rückschlusses. Eine erneute Vermögensauskunft wird schon dann statthaft und notwendig, wenn man aus den von einem Gläubiger vorgetragenen Tatsachen schließen kann, dass eine wesentliche Änderung vorliegt. Das ist weniger als die Notwendigkeit einer Überzeugung oder als eine überwiegende Wahrscheinlichkeit. Denn die dazu nach § 294 iVm I 1 erforderliche Höhe ist nicht zur Änderung nötig, sondern nur zum „Schließenlassen" auf eine Änderung. 17

Objektiv möglich muss das „Schließen auf" eine Änderung sein. Die Bewertung durch den Gerichtsvollzieher reicht theoretisch nicht aus. Praktisch führt aber gerade er und kein anderer das Verfahren nach I 1 mit einer nochmaligen Ladung nach § 802f usw. 18

4. Glaubhaftmachung. Sie ist notwendig und ausreichend. Sie erfolgt nach § 294. Ein Vollbeweisantritt ist zwar statthaft, aber nicht nötig und evtl. unbeachtlich. Er ersetzt eine Glaubhaftmachung nicht, auch nicht zeitlich nach § 294 II. 19

5. Beispiele zur Frage einer Änderung der Verhältnisse, I 1. Man kann in den Grenzen von → Rn. 16 das umfangreiche ABC in → § 323 Rn. 35 mitbeachten. 20

VI. Insbesondere: Nochmalige Auskunft und Versicherung bei Vermögenserwerb, I 1. Der Gläubiger kann eine nochmalige Auskunft und eidesstattliche Versicherung des Schuldners insbesondere dann fordern, wenn der Schuldner nach der Abgabe der früheren Versicherung Vermögen erworben hat, LG Bonn NJW-RR 2003, 72; AG Hmb DGVZ 1999, 158 (zust. Schmidt). 21

1. Pfändbarkeit. Als Vermögen kommt nur ein pfändbares Vermögen infrage, LG Kref BB 1980, 602. Wenn es um einen Unterhaltsanspruch geht, muss man aber die erweiterte Pfändbarkeit nach §§ 850 ff. beachten. Dieses 22

Vermögen muss auch gerade dem Schuldner gehören. Der Gerichtsvollzieher muss eine Glaubhaftmachung nach § 294 von Amts wegen prüfen. Er darf die Anforderungen an die Glaubhaftmachung nicht überspannen, LG Kref BB 1980, 602.

23 **2. Gläubigerangaben.** Dazu Goebel DGVZ 2001, 49 (ausf.): Es genügt, dass der Gläubiger einen solchen Umstand nach § 294 glaubhaft macht, der nach der Lebenserfahrung auf einen Erwerb pfändbaren Vermögens des Schuldners schließen lässt, OLG Stgt DGVZ 2001, 116; LG Saarbr JurBüro 2009, 102; AG Lübeck JurBüro 2004, 43. Der Gläubiger kann seine Pflicht zur Glaubhaftmachung einer Verbesserung der Verhältnisse des Schuldners allerdings nicht dadurch erfüllen, dass er auf eine Vernehmung des Schuldners Bezug nimmt.

24 **3. Schuldnerangaben.** Der Schuldner darf sich nicht auf einen Schutz vor etwaiger Strafbarkeit berufen, LG Kblz JurBüro 1998, 212; AG Hmb JurBüro 1998, 212. Er muss beweisen, dass er das Erworbene bereits wieder verbraucht hat. Ob der Schuldner mit demjenigen auskommt, was er ehrlich und vollständig angegeben hat, ist unerheblich, LG Potsd DGVZ 2001, 86; AG Heilbr DGVZ 2001, 93; strenger LG Bln DGVZ 2001, 87. „Mein Vater ist (jetzt) in der Arbeit!" kann aus dem Mund eines Sechsjährigen reichen, AG Forchheim MDR 2007, 430.

4. Beispiele zur Frage eines Vermögenserwerbs, I 1

25 **Arbeitslosengeld II:** Anwendbar sein kann I 1 sogar dann, wenn der Schuldner jetzt immerhin etwas in Form von ALG II-Leistungen erhält, (zum alten Recht) OLG Kblz MDR 1977, 323; LG Heilbr JurBüro 2000, 492.

Arbeitslosigkeit, Ende einer: Unanwendbar ist I 1 dann, wenn der Gläubiger oder der Ehegatte des Schuldners nur erklärt, der Schuldner sei möglicherweise nicht mehr arbeitslos, AG Burgwedel DGVZ 2010, 18.

Außenstände: Anwendbar ist I 1 bei inzwischen vorhandenen erheblichen Außenständen des Schuldners, LG Köln DGVZ 2005, 182 (Zahnarzt). **Unanwendbar** ist I 1, soweit der Schuldner einen Außenstand schon wieder verbraucht hat.

Bankkonto: Unanwendbar ist I 1, solange nur eine Auflösung des Girokontos des Schuldners nach Vermögensauskunft feststeht, LG Limburg Rpfleger 2009, 691; AG Heidelberg JurBüro 2007, 327; AG Wiesloch DGVZ 2001, 13; oder wenn der Schuldner angeblich überhaupt kein Konto hat, AG Bln-Schöneb DGVZ 2008, 13. Unanwendbar ist I 1 auch zwecks Preisgabe des Namens des Überweisungsempfängers, AG Riedlingen DGVZ 2009, 66.

Bargeld: Anwendbar ist I 1 dann, wenn der Schuldner zu erkennen gibt, dass er noch über weiteres Bargeld verfüge, AG Ludwigsb DGVZ 2001, 31.

Erbschaft: Anwendbar ist I 1 meist nach einer Erbschaft des Schuldners, AG Lindau DGVZ 2003, 173.

Gelegenheitsarbeit: Anwendbar ist I 1 dann, wenn der Schuldner jetzt nach eigenen Angaben Gelegenheitsarbeiten ausführt, LG Osnabr JurBüro 1996, 213.

Geringes Einkommen: Ein weit unterdurchschnittliches Einkommen rechtfertigt noch **nicht stets** eine Nachbesserung, LG Nürnb-Fürth DGVZ 2007, 71; aM LG Ingolst DGVZ 2010, 195 (aber es kommt stets auf die Umstände an).

Gewerbefortsetzung: Unanwendbar ist I 1, solange der Schuldner nur nach der Vermögensauskunft sein Gewerbe fortsetzt, LG Saarbr JurBüro 2009, 102; AG Friedberg DGVZ 2011, 92; AG Pirma DGVZ 2000, 142.

Hartz IV: „Arbeitslosengeld II"

Hausverkauf: Anwendbar sein kann I 1 dann, wenn der Schuldner sein Haus verkauft und dabei Bargeld bekommen hat, LG Oldb JurBüro 2015, 329.

Heirat: Unanwendbar ist I 1 dann, wenn der Schuldner „nur" nach der Vermögensauskunft geheiratet hat, AG Emmendingen DGVZ 2005, 45.

Insolvenz: Anwendbar sein kann I 1 dann, wenn der Schuldner im Schuldenbereinigungsverfahren einen Vergleich vorschlägt, LG Wiesb DGVZ 2009, 64, oder wenn sein Arbeitgeber nur mangels Masse nicht Insolvenz erlebt, LG Wuppert JurBüro 2013, 492.

Pfändbarkeit: Ihr Fehlen kann I 1 **unanwendbar** machen.

Rente: Unanwendbar ist I 1 dann, wenn es nur um eine noch gar nicht fällige Rente geht, LG Hildesh JurBüro 1990, 1054.

Saisonwechsel: Anwendbar ist I 1 nach einem Saisonwechsel nach einer schlechten Saison.

Schwarzarbeit: Unanwendbar ist I 1, solange es nur häufig dazu kommt, dass die Berufsgruppe des Schuldners Schwarzarbeit leistet, OLG Köln Rpfleger 1995, 469; LG Landshut JurBüro 2000, 376 (abl. Behr).

Schweigen des Schuldners: „Vernehmung des Schuldners".

Selbständigkeit: Anwendbar sein kann I 1 dann, wenn der Schuldner jetzt vermutlich als ein selbständiger Unternehmer tätig ist, LG Drsd JurBüro 2010, 663; LG Wuppert JurBüro 2010, 607; AG Bitterfeld-Wolfen DGVZ 2010, 198; oder soweit er jetzt sonst wie freiberuflich tätig ist, LG Frankenth Rpfleger 1985, 450; AG Nienburg JurBüro 2011, 607; AG Hmb DGVZ 1999, 158 (zust. Schmidt). Das gilt aber nicht schon nach nur kurzer Zeit, LG BadBad DGVZ 2010, 197, selbst nicht nach nur einem Jahr, AG Bergisch-Gladb DGVZ 2002, 79, wohl aber nach 2 Jahren.

Sicherungsgut: Anwendbar sein kann I 1 sogar dann, wenn der Sicherungsnehmer erklärt, das Sicherungsgut befinde sich nicht mehr in seinem Eigentum oder Besitz, LG Bielef MDR 1987, 416.

Teilzahlung: Unanwendbar ist I 1 bei einer solchen in einer geringen Höhe, AG Haßfurt DGVZ 2009, 83.

Vergleich: „Insolvenz".

Vermietung: Anwendbar ist dann I 1, LG Wiesb JurBüro 2011, 440.

Vernehmung des Schuldners: Unanwendbar ist I 1, solange der Gläubiger zur angeblichen Verbesserung der Vermögenslage des Schuldners nur dessen Vernehmung beantragt. Denn I 1 macht eine Pflicht des Schuldners zur Abgabe einer vollständigen weiteren eidesstattlichen Versicherung gerade davon abhängig, dass der Gläubiger auf andere Weise eine wirtschaftliche Veränderung beim Schuldner nach § 294 glaubhaft machen kann. Das bloße Schweigen des Arbeitgebers des Schuldners genügt nicht.

Wechsel des Arbeitgebers: Anwendbar sein kann I 1 schon bei einem solchen Wechsel, LG Potsd JurBüro 1997, 490.

Wirtschaftslage: Unanwendbar ist I 1, solange der Gläubiger nur erklärt, die allgemeine Entwicklung der Wirtschaftslage lasse auf einen neuen Vermögenserwerb schließen, LG Ffm DGVZ 2004, 44; AG Günzburg DGVZ 2004, 189; aM LG Weiden DGVZ 2005, 140; LG Köln JurBüro 2001, 659; AG Lpz JurBüro 2004, 557.

Wohnsitzwechsel: Anwendbar sein kann I 1 bei der Wahrscheinlichkeit einer neuen Kaution, AG Villingen DGVZ 2017, 132.

VII. Ferner insbesondere: Nochmalige Auskunft und Versicherung bei Wechsel des Arbeitsplatzes, I 1. Der Gläubiger kann unabhängig von der Lage → Rn. 14–20 auch dann wohl meist eine nochmalige eidesstattliche Versicherung des Schuldners fordern, wenn eine Auflösung desjenigen Arbeitsverhältnisses des Schuldners vorliegt, das im Zeitpunkt der Ableistung der eidesstattlichen Versicherung bestand, LG Freibg DGVZ 2005, 166; LG Bonn NJW-RR 2003, 72; LG Ellwangen JurBüro 2001, 269, und wenn infolgedessen auch ein neues Arbeitsverhältnis wahrscheinlich ist, LG Bln JurBüro 2008, 215. Das gilt sogar dann, wenn der Schuldner den Gläubiger darüber bereits informiert hat, LG Bonn NJW-RR 2003, 72; LG Mosbach JurBüro 2002, 549. 26

1. Grundsatz: Keine enge Auslegung. Arbeitsverhältnis ist jede nachhaltige Erwerbstätigkeit durch den Einsatz der Arbeitskraft, LG Schweinf DGVZ 2002, 155; LG Darmst JurBüro 1996, 274; LG Bln Rpfleger 1991, 118. Man darf die Vorschrift nicht eng auslegen, OLG Hamm Rpfleger 1983, 323; LG Schweinf DGVZ 2002, 155; LG Mü JurBüro 1990, 1521. Das Gesetz sieht den Wechsel des Arbeitsplatzes als einen neuen Vermögenswert an. Außerdem liegt in der Möglichkeit eines Antrags auf eine weitere eidesstattliche Versicherung, ein geeignetes Mittel, um den neuen Arbeitsplatz des Schuldners zu erfahren, den er oft verschweigt, LG Schweinf DGVZ 2002, 155; AG Pforzheim JurBüro 2002, 323. Eine bloße Ausforschungsbehauptung des Gläubigers reicht nicht, LG Gießen DGVZ 1995, 42. 27

2. Beispiele zur Frage eines Arbeitsplatzwechsels, I 1

Abhängigkeit: → „Selbständigkeit". 28

Alter: Es reicht **nicht** allein zur nochmaligen Auskunftspflicht, LG Stgt DGVZ 2002, 93; AG Flensb DGVZ 1999, 45.

Angehöriger: Von einem Wechsel des Arbeitsplatzes darf man dann ausgehen, wenn ein naher Angehöriger des Schuldners erklärt, der Schuldner sei wieder in Arbeit, LG Kassel MDR 1985, 63.

Arbeitslosenunterstützung: Ist nach § 294 glaubhaft, dass der bei der Abgabe der eidesstattlichen Versicherung arbeitslos gewesene Schuldner keine Arbeitslosenunterstützung mehr erhält, LG Paderb JurBüro 1991, 1707, oder dass er sie gar nicht beantragt hat, kann man annehmen, dass er wieder einen Arbeitsplatz gefunden hat, LG Bochum DGVZ 2002, 76; LG Stgt JurBüro 2000, 438; AG Königs Wusterhausen JurBüro 2009, 48; aM LG Bln Rpfleger 1991, 118, oder dass er ihn hätte finden können, LG Aurich JurBüro 2008, 499. **Nicht ausreichend** sind: Das Fehlen der Angabe der Stamm-Nr. bei der Arbeitsagentur, AG Flensb DGVZ 1999, 44; ein bloßer Zeitablauf; die bloße Angabe des Schuldners, er werde Arbeitslosenunterstützung beantragen, LG Stgt DGVZ 2002, 93.

Arbeitsmarkt: Man muss die Lage am Arbeitsmarkt mitbeachten, insbesondere seine Chancen, aber auch seine Risiken, LG Kblz JurBüro 1998, 44; LG Detm DGVZ 1990, 90; AG Warendorf DGVZ 2001, 126.

Ausforschung: Sie ist wegen Rechtsmissbrauchs unstatthaft, LG Rostock Rpfleger 2001, 310.

Aushilfskraft: Bei einem ständigen Wechsel der Arbeitgeber, zB bei einem Aushilfskellner, kann eine bloße Ergänzung des Vermögensverzeichnisses notwendig und ausreichend sein, LG Heilbr MDR 1992, 711; LG Mü Rpfleger 1982, 231. Dasselbe gilt dann, wenn eine Aushilfe im neuen Geschäft des Ehegatten erfolgt, LG Kblz JurBüro 1998, 212.

Bankkonto: Seine Auflösung reicht **nicht** zur nochmaligen Auskunftspflicht aus, BGH NJW-RR 2007, 1007; LG Marbg DGVZ 2006, 180; AGe Lahnstein, Reinbek DGVZ 2007, 141; aM LG Gött DGVZ 2003, 41; AG Ludwigslust Rpfleger 2009, 578; AG Brschw DGVZ 2005, 190. Dasselbe gilt von der bloßen Nichtangabe eines Kontos, AG Neust/Aisch DGVZ 2005, 110; aM AG Hann JurBüro 2006, 609.

Beamter: Wenn der Schuldner aus einem Beamtenverhältnis vor der Pensionierung und ohne eine Arbeitsunfähigkeit ausscheidet, ist I 1 entsprechend anwendbar, OLG Hamm Rpfleger 1983, 322.

Dauer der Arbeitslosigkeit: Sie reicht **nicht** allein zur erneuten Auskunftspflicht, AG Brem-Blumenthal DGVZ 2001, 93; AG Pirna DGVZ 2001, 93; AG Flensb DGVZ 1999, 45; aM LG Brem JurBüro 2002, 210; LG Hechingen JurBüro 2002, 383.

Ehegatte: Eine Änderung der Verhältnisse nur bei ihm reicht grds. **nicht** aus, AG Saarbr DGVZ 2000, 42. Denn I 1 verlangt nach → Rn. 14 eine Änderung gerade beim Schuldner. Es kommt allerdings auf die Umstände beim Schuldner an. Ein Arbeitsverhältnis zwischen dem Schuldner und dessen Ehegatten verpflichtet zur Ergänzung der Angaben, AG Aachen JurBüro 2002, 270.

Fortdauer der Tätigkeit: Sie lässt **nicht stets** auf einen neuen Vermögenserwerb schließen, OLG Ffm JurBüro 2002, 442; LG Köln DGVZ 2004, 172; AG Ludwigsb DGVZ 2001, 47. Letzterer kann aber natürlich naheliegen, zumindest bei einer beharrlichen Fortdauer zB eines Gewerbebetriebs.

Geringfügigkeit der Einkünfte: Sie kann zur nochmaligen Auskunftspflicht ausreichen, LG Dessau-Roßlau DGVZ 2009, 65; LG Bielef JurBüro 2004, 503; LG Chemnitz JurBüro 2002, 384.

Gewerbeanmeldung: Auf sie kommt es **nicht** an, LG Lüneb DGVZ 2006, 92; LG Stgt DGVZ 2005, 75.

Handelsvertreter: Um ein Arbeitsverhältnis mit einem Arbeitseinkommen nach § 850 II handelt es sich dann, wenn es um einen Handelsvertreter geht. Das gilt unabhängig davon, ob er in einer selbständigen Weise tätig war, OLG Brem JurBüro 1978, 608, oder in einer abhängigen Stellung. Auch „Selbständigkeit".

Kontoauflösung: → „Bankkonto".

Krankengeld: Eine solche Leistung statt einer (damaligen) Arbeitslosenhilfe rechtfertigt **nicht stets** eine ergänzende Versicherung, OLG Mü DGVZ 2001, 84.

Leasing: Der Abschluss eines solchen Vertrags kann reichen, LG Wiesb DGVZ 2007, 189.

Löschung: Nach der Löschung einer solchen GmbH, deren Alleingesellschafter und Geschäftsführer der Schuldner war, muss der Schuldner eine neue Vermögensauskunft geben, LG Hmb Rpfleger 1990, 31.

Nebentätigkeit: Ein Wechsel des Arbeitgebers **fehlt** dann, wenn ein Arbeitnehmer nur eine Nebentätigkeit von beschränktem Umfang aufgibt, strenger LG Schweinf DGVZ 2002, 155.

Selbständigkeit. Dazu Schmidt DGVZ 2007, 18 (ausf.). Ein Wechsel des Arbeitsplatzes liegt dann vor, wenn ein bisher selbständiger Unternehmer diese Selbständigkeit aufgegeben hat und daher vermutlich jetzt in einer anderen selbständigen oder mehr oder minder abhängigen Stellung arbeitet, LG Freibg DGVZ 2005, 166, zB als Handelsvertreter, OLG Ffm Rpfleger 1990, 174; LG Ffm Rpfleger 1998, 167. Man kann den Wechsel mit einem neuen Erwerb nach frühestens 6 Monaten schon vor dem Ablauf von drei Jahren vermuten, LG Heilbr JurBüro 2000, 154; AG Halle-Saarkreis JurBüro 2005, 378, jedenfalls nach 18 Monaten, AG Bergisch-Gladb JurBüro 2005, 378. Es gibt aber **keine** allgemeine Vermutung, dass die Aufgabe des bisherigen Erwerbs auf einen neuen schließen lässt, OLG Stgt NJOZ 2001, 1226, aM AG Melsungen JurBüro 2002, 442. **Nicht ausreichend** ist eine bloße Fortsetzung der selbständigen Tätigkeit, AG Ludwigsb DGVZ 2003, 28.

Überhaupt Arbeit: Der Gläubiger muss bei einer hohen Arbeitslosigkeit nach § 294 glaubhaft machen, dass der Schuldner überhaupt eine neue Arbeit habe. Das kann aber auch ausreichen, LG Heilbr JurBüro 2001, 153; LG Drsd JurBüro 1998, 214; AG Hamm JurBüro 2013, 45.

Überspannung: Man darf an die Glaubhaftmachung nach § 294 keine überspannten Anforderungen stellen, OLG Karlsr DGVZ 1992, 27; LG Kref MDR 1988, 418; Jelinsky Rpfleger 1991, 410.

Umschulung: Wenn nur eine Umschulung beendet wurde, liegt **nicht** die Auflösung eines Arbeitsverhältnisses vor, AG Hmb Rpfleger 1985, 499.

Umzug: → „Wohnungswechsel".

Unterstützung durch Dritte: Macht der Schuldner zwar solche Angaben, gibt aber keinerlei Einzelheiten bekannt, mag eine Nachbesserung der eidesstattlichen Versicherung notwendig sein, LG Ingolst JurBüro 2004, 336; LG Ffm Rpfleger 2002, 273; LG Landshut JurBüro 2002, 271. Nennt er aber Einzelheiten, besteht **keineswegs stets** solche Notwendigkeit, aM LG Weiden DGVZ 2005, 140.

Verschleierung: Bei einer Verschleierung des Arbeitseinkommens oder eines Vermögens kann eine bloße Ergänzung der Erstauskunft notwendig und ausreichend sein, LG Mü DGVZ 2009, 65; LG Bielef JurBüro 1996, 441; AG Königswinter JurBüro 2008, 158; aM AG Heinsberg DGVZ 2007, 190.

Wahrscheinlichkeit: Eine nach den Umständen ganz erhebliche Wahrscheinlichkeit für einen zwischenzeitlichen neuen Arbeitsplatz kann ausreichen, LG Aurich JurBüro 2008, 499; LG Chemnitz Rpfleger 1995, 512.

Wechsel der Tätigkeit: Ein Wechsel des Arbeitgebers **fehlt** dann, wenn ein Arbeitnehmer lediglich eine andere Tätigkeit bei demselben Arbeitgeber ausführt, LG Bln Rpfleger 1979, 149. Auch → „Nebentätigkeit".

Witwenpension: Bei ihrem Verlust ist I 1 anwendbar, OLG Hamm Rpfleger 1983, 322.

Wohngeld: Gibt der Schuldner an, Wohngeld beantragt zu haben, ohne einen Bewilligungsbescheid vorzulegen, mag nach 3 Monaten I 1 anwendbar sein, AG Lpz JurBüro 2002, 98.

Wohnungswechsel. Dazu Schönemann DGVZ 2009, 202. Er lässt **keineswegs** stets auf einen Arbeitsplatzwechsel schließen, LG Ffm DGVZ 2004, 44; AG Heidelb DGVZ 2006, 70; aM LG Wiesb DGVZ 2007, 189; LG Kassel Rpfleger 2005, 39; AG Lpz DGVZ 2015, 211.

Zahlungsbereitschaft: Sie kann reichen, LG Wiesb DGVZ 2007, 189.

29 **VIII. Keine erneute Auskunft nach über 2 Jahren, I 1.** Der Schuldner braucht eine nochmalige Vermögensauskunft und eidesstattliche Versicherung dann nicht mehr zu leisten, wenn seit dem Zeitpunkt der ersten tatsächlichen Abgabe der früheren eidesstattlichen Versicherung zwei Jahre vergangen sind, LG Gießen JurBüro 2013, 604; AG Augsb DGVZ 2013, 102; AG Meißen DGVZ 2013, 101.

30 Auf eine **schon erfolgte** Ergänzungsversicherung kommt es für den Fristablauf nicht an, LG Ellwangen DGVZ 2006, 72 (zust. Schmidt DGVZ 2006, 67); LG Lübeck Rpfleger 1991, 119; aM AG Mettmann DGVZ 2004, 127; AG Dortm DGVZ 2002, 175. Es handelt sich nicht um eine Notfrist nach § 224 I 2. Man berechnet sie nach § 222. Der Antrag leitet ein neues Verfahren ein. Ein Nachbesserungsantrag kann keineswegs stets in einen neuen Antrag umgedeutet werden, AG Flensb JurBüro 2008, 160. Der Gerichtsvollzieher muss vor der Bestimmung eines Termins von Amts wegen feststellen, ob 2 Jahre verstrichen sind. Wenn gegen den Schuldner bereits zur Erzwingung einer eidesstattlichen Versicherung eine sechsmonatige Haft nach § 802j I stattgefunden hatte, darf der Richter eine neue Haft nach § 802j III erst 2 Jahre nach der Beendigung der früheren Vollstreckung anordnen.

31 **IX. Keine wesentliche Veränderung, I 2–4, II.** Diese Teile des § 802d gelten nur, wenn keine Pflicht zur Abgabe einer erneuten Vermögensauskunft nach I 1 besteht.

32 **1. Infolgedessen: Grundsätzlich Ausdruckszuleitung, I 2.** Liegt keine glaubhafte Veränderung vor, darf und muss der Gerichtsvollzieher dem Gläubiger grundsätzlich einen Ausdruck des letzten zuvor von dem Gerichtsvollzieher nach den Schuldnerangaben nach § 802f V 1 errichteten Vermögensverzeichnisses zuleiten, BGH NJW-RR 2018, 572, und zwar von Amts wegen und unverzüglich. Es muss mit dem Original vollständig übereinstimmen. Eine Nachreichung des etwa zunächst Fehlenden ist statthaft. Das alles gilt auch bei einem Folgegläubiger, LG Münst DGVZ 2014, 201. Der Gläubiger kann nach I 2 Hs. 2 nicht (mehr) wirksam auf die Zuleitung verzichten, (die frühere Streitfrage zB in BGH NJW 2017, 571 ist damit überholt). Das gilt aber erst beim Auftrag seit 26.11.17, BGH NJOZ 2018, 1499.

33 Eine **gütliche Einigung** nach § 802b braucht der Gerichtsvollzieher **nicht** auch jetzt zu versuchen, aM AG Heidelb DGVZ 2017, 181.

34 **2. Ausnahme: Übermittlung als elektronisches Dokument, II Hs. 1.** Dazu Seip DGVZ 2016, 23 (Grdz.): Anstelle der Zuleitung kommt eine elektronische Übermittlung des Vermögensverzeichnisses an den Gläubiger dann infrage, wenn dieser gerade diesen Weg ausdrücklich beantragt.

35 **3. Form des elektronischen Dokuments, II Hs. 2.** Sie erfordert eine qualifizierte elektronische Signatur und einen Schutz gegen unbefugte Kenntnisnahme wie bei §§ 130a–130d.

36 **4. Nutzungsgrenzen, I 3.** Der Gläubiger darf hier wie bei einer Erstübermittlung nach § 802f VI 2 Hs. 2 die erlangten Daten nur zu Vollstreckungszwecken verarbeiten und muss sie nach der Erreichung dieses Zwecks unverzüglich nach I 3 **Hs. 1** löschen, vgl. auch Mroß DGVZ 2014, 256.

37 Der Gerichtsvollzieher muss den Gläubiger nach **Hs. 2** eindeutig und daher wohl durchweg ausdrücklich und unmissverständlich auf die Nutzungsgrenzen nach Hs. 1 unverzüglich mit oder nach der Zuleitung des Ausdrucks oder der elektronischen Übermittlung hinweisen. Er sollte den Hinweis in seiner Akte vermerken oder in ein etwaiges Protokoll aufnehmen.

5. Kenntnisgabe an Schuldner, I 4 Hs. 1. Der Gerichtsvollzieher darf und muss den Schuldner von der Zuleitung und daher auch von einer elektronischen Übermittlung unverzüglich in Kenntnis setzen. Das kann formlos geschehen, auch zB telefonisch. Es muss aber für den Schuldner eindeutig und unmissverständlich erfolgen. 38

6. Belehrung, I 4 Hs. 2. Schließlich muss der Gerichtsvollzieher den Schuldner über die Möglichkeit einer Eintragung in das Schuldnerverzeichnis des § 882c belehren. Das muss ebenfalls unmissverständlich und nachprüfbar aktenkundig erfolgen. 39

X. Verstoß, I, II. Ein solcher des **Gläubigers** etwa durch falsche Tatsachenbehauptungen kann als zumindest versuchter Betrug nach § 263 StGB strafbar sein und auch zivilrechtliche Folgen etwa nach §§ 823, 826 BGB haben. 40

XI. Rechtsmittel, I, II. Ein Verstoß des **Gerichtsvollziehers** lässt sich zunächst mit der Erinnerung nach § 766 und evtl. mit der anschließenden sofortigen Beschwerde nach § 793 rügen. Es kann auch eine Amtshaftung eintreten. 41

802e *Zuständigkeit.* [I] **Für die Abnahme der Vermögensauskunft und der eidesstattlichen Versicherung ist der Gerichtsvollzieher bei dem Amtsgericht zuständig, in dessen Bezirk der Schuldner im Zeitpunkt der Auftragserteilung seinen Wohnsitz oder in Ermangelung eines solchen seinen Aufenthaltsort hat.**

[II] **Ist der angegangene Gerichtsvollzieher nicht zuständig, so leitet er die Sache auf Antrag des Gläubigers an den zuständigen Gerichtsvollzieher weiter.**

Schrifttum: Hergenröder DGVZ 2019, 1.

I. Systematik, I, II. Die Vorschrift regelt die sachliche und örtliche Zuständigkeit zur Abnahme einer Vermögensauskunft und eidesstattlichen Versicherung nach §§ 802a ff. grundsätzlich, teilweise auch nach § 98 I InsO. Die Zuständigkeit ist nach § 802 ausschließlich, OLG Mü MDR 1991, 796. Man muss § 802e wie jede Zuständigkeitsvorschrift von Amts wegen klären und auslegen. Für § 889 enthält jene Vorschrift ihre eigene Zuständigkeitsregelung. Für die Zuständigkeit nach I ist der Zeitpunkt der Erteilung (Eingang) des Auftrags an den Gerichtsvollzieher maßgeblich. Funktionell zuständig ist der Gerichtsvollzieher, Steder Rpfleger 1998, 409 (Grdz.), und zwar beim AG des inländischen Wohnsitzes des Schuldners, bei mehreren nach der Wahl des Gläubigers nach § 35, hilfsweise des inländischen Aufenthaltsorts. Der nach → Rn. 3, 4 zuständige Gerichtsvollzieher kann die Abnahme der Auskunft und eidesstattlichen Versicherung nicht durch einen Amtshilfeantrag übertragen, AG Augsb DGVZ 2011, 75. 1

II. Regelungszweck, I, II. Die Vorschrift dient mit der primären Anknüpfung an den Wohnsitz des Schuldners dem Schutz desselben. 2

III. Geltungsbereich: Örtliche Zuständigkeit, I. Sie richtet sich nach dem Wohnsitz, hilfsweise dem Aufenthaltsort des Schuldners nach §§ 13 ff. Den Wohnsitz oder Aufenthaltsort muss der Gläubiger angeben, AG Herzberg DGVZ 2019, 106. Der letzte Wohnsitz kommt hilfsweise vor dem Aufenthaltsort infrage, OLG Stgt OLGZ 77, 378; AG Magdeb JurBüro 2001, 112. Zur örtlichen Zuständigkeit bei der Vollziehung des Haftbefehls vgl. AG Achim DGVZ 2021, 175. 3

IV. Beispiele zur Frage der örtlichen Zuständigkeit, I

Abmeldung: Sie ist nur ein Beweisanzeichen für die Aufgabe des Wohnsitzes, LG Mönchenbladb Rpfleger 2002, 529. 4

Anmeldung: Ist der Schuldner an einer inländischen Wohnung gemeldet, für die er auch Miete zahlt, kann seine Behauptung, im Ausland zu wohnen, unglaubhaft sein, LG Ravensb DGVZ 2021, 196.

Abwickler: Die Regeln „Juristische Person" gelten auch bei ihm.

Amtshilfe: Vgl. Pinnel/Rodemann DGVZ 2005, 97.

Aufenthalt unbekannt: Dann ist I **unanwendbar,** AG Neust/Rbge DGVZ 2009, 17. §§ 185 ff. sind anwendbar.

Durchreise: Sie kann einen Aufenthaltsort bedeuten, BGH NJW 2008, 3288.

Erbe unbekannt: Im Verfahren gegen ihn ist derjenige Gerichtsvollzieher zuständig, dessen Gericht eine Nachlasspflegschaft angeordnet hat, nicht das Wohnsitzgericht des Nachlasspflegers.

Erneute Auskunft: § 802d ändert nichts an der bisherigen Zuständigkeit, OLG Ffm MDR 1976, 321.

Frühere Anschrift: Sie kann dann reichen, wenn ein Angehöriger erklärt, der Schuldner lasse sich seine Post von dort nachkommen, LG Kempten JurBüro 2006, 101.

Gesellschaft: „Juristische Person".

Handelsregister: Wird das Handelsregister aufgrund einer Konzentrationsregelung für mehrere Amtsgerichtsbezirke bei einem Amtsgericht geführt, kann allein aus der Registrierung bei einem bestimmten Handelsregister kein zwingender Rückschluss auf die örtliche Zuständigkeit gezogen werden, vgl. OLG Ffm BeckRS 2019, 37475.

Internationale Zuständigkeit: Vgl. OLG Köln OLGR 2004, 158. AG Ellwangen DGVZ 2018, 104 lässt künftigen Aufenthalt reichen.

Juristische Person: Bei einer solchen oder bei einer Gesellschaft tritt an die Stelle des Wohnsitzes der Sitz, OLG Stgt Rpfleger 1977, 220; AG Heidelb DGVZ 2018, 216; AG Hmb DGVZ 2016, 32 (zust. Mroß), also nicht der Wohnsitz des Organs, aM LG Bochum Rpfleger 2001, 442 (aber § 17 I ist nach seinem Wortlaut und Sinn eindeutig). Das kann auch zur inländischen Zuständigkeit bei einer hiesigen Niederlassung führen, LG Zwickau Rpfleger 1995, 371. Siehe auch → „Handelsregister".

Kurze Anwesenheit: „Wohnsitz" zwar nur bei einer nicht nur ganz kurzfristigen Anwesenheit. Andererseits kann sie einen Aufenthaltsort bedeuten, BGH NJW 2008, 3288.

Mehrere Wohnsitze: Sie geben ein Wahlrecht nach § 35.

Nachbesserung: Der nach I zuständige Gerichtsvollzieher bleibt auch für die Nachbesserung des Vermögensverzeichnisses zuständig, AG Lüb JurBüro 2022, 216.

Niederlassung: → „Juristische Person".
Pfändungsauftrag: Bei einer Verbindung mit ihm ist der Eintritt der Voraussetzungen des Verfahrens auf Vermögensauskunft und eidesstattliche Versicherung maßgebend, AG Ffm JurBüro 2011, 271, auch der Pfändungsversuchszeitpunkt, BGH NJW 2008, 3288.
Postnachsendung: „Frühere Anschrift".
Prozessunfähiger: I gilt auch bei ihm nach §§ 51, 52.
Strafhaft: Der frühere Wohnsitz bleibt bei einer nicht zu langen Strafhaft bestehen, BGH NJW-RR 1996, 1217; AG Essen DGVZ 2009, 17.
Umzug: → „Zeitpunkt".
Vertretung: Maßgeblich ist nicht der Wohnsitz des gesetzlichen Vertreters, sondern derjenige des Vertretenen.
Zeitpunkt: Maßgebend ist der Zeitpunkt der Auftragserteilung an den Gerichtsvollzieher nach § 754, LG Ellwangen DGVZ 2018, 146; LG Mönchengladb Rpfleger 2002, 529; AG Heilbr JurBüro 2018, 98; AG Ffm JurBüro 2011, 271. Spätere Änderungen sind entsprechend § 261 III Nr. 2 unbeachtlich, BayObLG Rpfleger 1994, 471; OLG Hamm OLGZ 86, 341; LG Ellwangen DGVZ 2018, 146; AG Heilbr JurBüro 2018, 98. Etwas anderes gilt, wenn der Antrag auf Abnahme der Vermögensauskunft für den Fall gestellt wird, dass ein durchzuführender Pfändungsversuch nicht zur vollständigen Befriedigung führt; dann kommt es auf den Zeitpunkt des Pfändungsversuchs an, BGH NJW 2008, 3288.

5 **V. Funktionelle Zuständigkeit, I.** Der Gerichtsvollzieher handelt als ein Organ des Vollstreckungsgerichts nach § 764, BVerfG NJW 2002, 285; AG Augsb DGVZ 2011, 75; aM Caliebe NJW 2000, 1623. Teilweise kann nach § 20 I Nr. 17 S. 1 RPflG auch der Rpfleger zuständig sein. Nur der Erlass des Haftbefehls nach § 802g ist nach § 4 II Nr. 2 RPflG dem Richter vorbehalten. Eine Vermögensauskunft und eidesstattliche Versicherung vor dem verordneten Gerichtsvollzieher ist nach § 802e statthaft, AG Reinbek DGVZ 2001, 46. Ein Notar ist nach § 22 BNotO keine zur Aufnahme zuständige Stelle nach § 156 StGB, Eckardt DNotZ 1986, 511. In einer Steuersache ist nach § 284 AO zunächst das Finanzamt zuständig. Jedoch ist der Richter des AG nach § 284 VIII AO für den Haftbefehl zuständig, OLG Köln NJW-RR 1988, 697. Bei § 11 RVG ist wegen dort II 3 Hs. 2 der Gerichtsvollzieher zuständig, vgl. OVG Magdeb NJW 2022, 559.

6 **VI. Bei Unzuständigkeit Weiterleitung, II.** Soweit der angegangene Gerichtsvollzieher nicht zuständig ist, muss er die Sache (nur) auf Gläubigerantrag unverzüglich ohne die Notwendigkeit einer Anhörung der Betroffenen formlos nach II 1 an den zuständigen Gerichtsvollzieher weiterleiten, und den Beteiligten davon formlos Mitteilung machen. Die Abgabe erfolgt durch eine Verfügung oder einen Beschluss des Gerichtsvollziehers mit kurzer Begründung. Sie bindet grundsätzlich (Ausnahmen wie bei § 281). Eine weitere Abgabe ist zulässig. §§ 36, 37 sind entsprechend anwendbar, vgl. OLG Hamm BeckRS 2016, 3255.

7 **VII. Verstoß, I, II. 1. Vor Abgabe der Vermögensauskunft und Versicherung.** Wenn der Gläubiger den nach → Rn. 1 unzuständigen Gerichtsvollzieher beauftragt, muss dieser evtl. nach einem Hinweis den Auftrag ablehnen oder auf Grund eines etwaigen Hilfsauftrags das Verfahren an den Rpfleger leiten. Der Rpfleger muss dann das Verfahren an den zuständigen Gerichtsvollzieher weiterleiten. § 281 gilt entsprechend, auch wegen der Bindungswirkung und ihrer Grenzen, BayObLG MDR 1980, 583; OLG Düss Rpfleger 1975, 102; Behr Rpfleger 1988, 1.

8 **2. Nach Abgabe der Vermögensauskunft und Versicherung.** Wenn der Schuldner die Auskunft und eidesstattliche Versicherung vor einem nach → Rn. 1 unzuständigen Gerichtsvollzieher abgegeben hat, ist sie trotzdem wirksam, Behr Rpfleger 1988, 1. Wenn sich die Unzuständigkeit erst nach der Abgabe der eidesstattlichen Versicherung herausstellt, muss der unzuständige Gerichtsvollzieher den zuständigen benachrichtigen. Dieser muss dann die Eintragung in das Schuldnerverzeichnis veranlassen.

9 **VIII. Rechtsbehelfe, I, II.** Es ist die Erinnerung nach § 766 statthaft; sodann die sofortige Beschwerde nach § 793 ZPO.

802f *Verfahren zur Abnahme der Vermögensauskunft.* **I [1]Zur Abnahme der Vermögensauskunft setzt der Gerichtsvollzieher dem Schuldner für die Begleichung der Forderung eine Frist von zwei Wochen. [2]Zugleich bestimmt er für den Fall, dass die Forderung nach Fristablauf nicht vollständig beglichen ist, einen Termin zur Abgabe der Vermögensauskunft alsbald nach Fristablauf und lädt den Schuldner zu diesem Termin in seine Geschäftsräume. [3]Der Schuldner hat die zur Abgabe der Vermögensauskunft erforderlichen Unterlagen im Termin beizubringen. [4]Der Fristsetzung nach Satz 1 bedarf es nicht, wenn der Gerichtsvollzieher den Schuldner bereits zuvor zur Zahlung aufgefordert hat und seit dieser Aufforderung zwei Wochen verstrichen sind, ohne dass die Aufforderung Erfolg hatte.**

II [1]Abweichend von Absatz 1 kann der Gerichtsvollzieher bestimmen, dass die Abgabe der Vermögensauskunft in der Wohnung des Schuldners stattfindet. [2]Der Schuldner kann dieser Bestimmung binnen einer Woche gegenüber dem Gerichtsvollzieher widersprechen. [3]Andernfalls gilt der Termin als pflichtwidrig versäumt, wenn der Schuldner in diesem Termin aus Gründen, die er zu vertreten hat, die Vermögensauskunft nicht abgibt.

III [1]Mit der Terminsladung ist der Schuldner über die nach § 802c Abs. 2 erforderlichen Angaben zu belehren. [2]Der Schuldner ist über seine Rechte und Pflichten nach den Absätzen 1 und 2, über die Folgen einer unentschuldigten Terminssäumnis oder einer Verletzung seiner Auskunftspflichten sowie über die Möglichkeit der Einholung von Auskünften Dritter nach § 802l und der Eintragung in das Schuldnerverzeichnis bei Abgabe der Vermögensauskunft nach § 882c zu belehren.

IV [1]Zahlungsaufforderungen, Ladungen, Bestimmungen und Belehrungen nach den Absätzen 1 bis 3 sind dem Schuldner zuzustellen, auch wenn dieser einen Prozessbevollmächtigten bestellt hat; einer Mitteilung an den Prozessbevollmächtigten bedarf es nicht. [2]Dem Gläubiger ist die Terminsbestimmung nach Maßgabe des § 357 Abs. 2 mitzuteilen.

V [1]Der Gerichtsvollzieher errichtet in einem elektronischen Dokument eine Aufstellung mit den nach § 802c Absatz 1 und 2 erforderlichen Angaben (Vermögensverzeichnis). [2]Diese Angaben sind dem Schuldner vor Abgabe der Versicherung nach § 802c Abs. 3 vorzulesen oder zur Durchsicht auf einem Bildschirm wiederzugeben. [3]Dem Schuldner ist auf Verlangen ein Ausdruck zu erteilen.

VI [1]Der Gerichtsvollzieher hinterlegt das Vermögensverzeichnis bei dem zentralen Vollstreckungsgericht nach § 802k Abs. 1 und leitet dem Gläubiger unverzüglich einen Ausdruck zu. [2]Der Ausdruck muss den Vermerk enthalten, dass er mit dem Inhalt des Vermögensverzeichnisses übereinstimmt; § 802d Abs. 1 Satz 3 und Abs. 2 gilt entsprechend.

Übersicht

I. Systematik, I–VI. Die Vorschrift regelt entgegen ihrer Überschrift nur einen Teil des Abnahmeverfahrens. Ergänzungen enthalten zB §§ 802i, 807. 1

Das Verfahren zur Abnahme der Vermögensauskunft mit der eidesstattlichen Versicherung verlangt weder für beide Parteien eine mündliche Verhandlung nach § 764 III noch ist es auf eine freistehende mündliche Verhandlung zugeschnitten. Die Verhandlung ist vielmehr für den Schuldner notwendig mündlich, für den Gläubiger aber nach § 128 IV freistehend. Im Übrigen enthält § 802f eine auf Abwägung bedachte Fülle von Einzelanweisungen bald an den Gläubiger, bald an den Schuldner, bald an den Gerichtsvollzieher oder an das Gericht. Dieses amtiert wiederum infolge der funktionellen Zuständigkeit bald des Gerichtsvollziehers, bald des Rpfleger nach § 20 I Nr. 17 S. 1 RPflG, bald des Richters. § 765a bleibt anwendbar, LG Düss DGVZ 2000, 119. 2

II. Regelungszweck, I–VI. Bei der Auslegung der Vorschrift sind sowohl der Schuldner- als auch der Gläubigerschutz zu beachten. Eine allzu schuldnerfreundliche Auslegung verbietet sich. Ihm ist es im Rahmen der Zwangsvollstreckung zuzumuten, seine Vermögensverhältnisse darzulegen. 3

III. Geltungsbereich: Abnahmeverfahren, I–VI. Der Auftrag hat eine zentrale Bedeutung. 4

1. Beginn: Auftrag, I. Dazu Nies MDR 1999, 525 (Grdz.). Das Verfahren beginnt mit dem Auftrag des Gläubigers an den Gerichtsvollzieher nach §§ 754, 802a II 1 Nr. 2, II 2 iVm § 802c zur Einholung einer Vermögensauskunft, LG Arnsberg Rpfleger 1997, 206. Er ist eine Parteiprozesshandlung. Er kann sich aus den Umständen mitergeben. Er liegt aber nicht automatisch mit vor, strenger AG Wiesb DGVZ 2000, 31 (der Gläubiger müsse ihn ausdrücklich stellen). Er unterliegt keinem Anwaltszwang. Zwar ist der Gerichtsvollzieher kein Urkundsbeamter der Geschäftsstelle, und der Auftrag an ihn ist kein „Antrag". Indessen nennt § 78 I–VI den Auftrag nicht als eine anwaltspflichtige Handlung. Zumindest ist § 78 III Hs. 2 entsprechend anwendbar. Der Gläubiger kann den Auftrag entweder mithilfe des vorrangigen § 130a elektronisch oder schriftlich oder zum Protokoll des Gerichtsvollziehers oder sonst mündlich nach § 754 erteilen. Das Vollstreckungsgericht muss einen ihm zugeleiteten Auftrag unverzüglich an den Gerichtsvollzieher weiterleiten. 5

2. Beispiele zur Frage eines Auftrags, I

6 **Ablichtung, Abschrift:** § 133 (Beifügung von Ablichtungen oder Abschriften) ist anwendbar, LG Schweinfurt DGVZ 2011, 89; LG Deggendorf DGVZ 2006, 116; AG Lpz DGVZ 2010, 177. Das gilt zB vom Protokoll des Gerichtsvollziehers nach §§ 760, 762.

Ausbleiben: „Haftantrag".

Drittgläubiger: Er hat dieselben Aufgaben wie der Gläubiger, LG Kiel JurBüro 1997, 271.

Faksimile: Eine Faksimile-Unterschrift reicht **nicht** aus, BFH DB 1975, 1988, LG Aurich Rpfleger 1984, 323; Stein/Jonas/Würdinger Rn. 15; aM LG Bln MDR 1976, 407; Dempewolf MDR 1977, 801 (freie Würdigung. Aber → § 129 Rn. 15 „Namensstempel").

Forderung: Der Gläubiger muss die Forderung grds. angeben, OLG Schlesw Rpfleger 1976, 224; LG Landau DGVZ 1988, 28; AG Wetzlar DGVZ 1987, 46. Das gilt auch für das Finanzamt. Eine besondere Forderungsaufstellung braucht grds. nicht beizuliegen, LG Oldb Rpfleger 1980, 353; Stein/Jonas/Würdinger Rn. 18; aM LG Aurich DGVZ 2004, 15; LG Essen MDR 1976, 1026; Zöller/Seibel Rn. 2 (aber es gilt etwa der Genauigkeitsgrad des § 829 als ausreichend → § 829 Rn. 21). Auch → „Maschineller Ausdruck", → „Teilbetrag".

Haftantrag: Der Gläubiger darf schon jetzt einen Haftantrag nach § 802g für den Fall stellen, dass der Schuldner im Termin ausbleibe oder dass er sich grundlos weigere, die Vermögensauskunft und die eidesstattliche Versicherung abzuleisten.

Inkasso: Ein Inkassounternehmen kann je nach dem Inhalt seiner Genehmigung nach § 802f auftragsberechtigt sein (Fallfrage), LG Wuppert DGVZ 2007, 188; AG Rheinberg DGVZ 2000, 92; AG Zerbst MDR 2000, 1338; aM LG Brem MDR 2001, 351; Riecke DGVZ 2002, 90. Es ist aber nicht auch nach § 802g antragsberechtigt, soweit es hier zum außergerichtlichen Forderungseinzug berechtigt ist.

Insolvenzverfahren: Bei einer Vermögensauskunft mit einer eidesstattlichen Versicherung nach der InsO ist auch ein Neugläubiger antragsberechtigt, AG Gött DGVZ 2008, 27; aM AG Worms DGVZ 2008, 28 (zu § 766). Es ist dann aber kein Forderungsnachweis mehr erforderlich.

Maschineller Ausdruck: Die Forderung darf maschinell ausgedruckt sein, soweit sie einen Klartext und nicht bloß Schlüsselzahlen usw. enthält, AG Kassel Rpfleger 1979, 272.

Maschinelle Unterschrift: Sie kann bei einer Behörde ausreichen, BGH NJW 1980, 172; LG Köln JurBüro 1991, 1410.

Mehrere Aufträge: Sie leiten gesonderte Verfahren ein, Viertelhausen DGVZ 2002, 53; Hornung DGVZ 1999, 33. Der Gerichtsvollzieher bestimmt nach § 139 S. 1, 2 GVGA unter Beachtung der jeweiligen Ladungsfrist möglichst für alle Auftraggeber denselben Termin und Ort mit nur einem Protokoll. Vgl. freilich § 802d.

Prozessunfähigkeit: Bei derjenigen des Schuldners muss der Gläubiger den gesetzlichen Vertreter nach § 51 benennen.

Rücknahme: → Rn. 7.

Sachpfändungsauftrag: Ein bloßer solcher Auftrag nach §§ 803 ff. reicht hier **nicht** aus, LG Tüb DGVZ 2000, 120.

Schuldnerbezeichnung: Der Auftraggeber muss den Schuldner nach seiner Person und nach seiner Anschrift ausreichend bezeichnen. Er muss auch den gesetzlichen Vertreter angeben. Der Gerichtsvollzieher muss allerdings auch diesen Punkt von Amts wegen überprüfen, OLG Ffm Rpfleger 1976, 27.

Sicherungsvollstreckung: Ein Auftrag ist auch bei § 720a möglich.

Teilbetrag: Der Auftrag kann auch dahin gehen, die Auskunft und eidesstattliche Versicherung solle sich nur auf einen Teilbetrag der vollstreckbaren Forderung erstrecken, OLG Schlesw Rpfleger 1976, 224; LG Hanau DGVZ 1993, 112; LG Stade DGVZ 1988, 28; aM LG Deggendorf DGVZ 2006, 116

Telefax: Es reicht aus.

Terminsantrag: In ihm liegt meist auch der Antrag zur Abnahme der Auskunft und Versicherung.

Überweisung: → § 835 Rn. 14 „Vermögensauskunft".

Urkunden: Der Auftraggeber muss nach §§ 750 ff. diejenigen Urkunden außer der vollstreckbaren Ausfertigung des Vollstreckungstitels nach §§ 704, 794 beilegen, die zum Beginn der Zwangsvollstreckung notwendig sind, also zB den Nachweis der Sicherheitsleistung nach § 751 II und den Nachweis der Befriedigung usw. bei einer Leistung Zug um Zug nach §§ 756, 765.

Vollmacht: Ein Bevollmächtigter muss nach §§ 80 I, 88 II seine Vollmacht beifügen, soweit sie sich nicht schon aus dem Vollstreckungstitel ergibt.

Vollstreckbare Ausfertigung: „Vollstreckungstitel".

Vollstreckungstitel: Dem Auftrag muss nach § 754 der Vollstreckungstitel in einer vollstreckbaren Ausfertigung nach § 724 beiliegen, LG Ffm Rpfleger 1987, 424 und 513. Näheres zu den bisherigen Kosten nach § 788 ist im Auftragsverfahren nicht nötig, LG Düss JurBüro 1987, 1101.

Weigerung: „Haftantrag".

Zug um Zug: „Urkunden".

Zusatzfragen: Der Gläubiger muss etwaige Zusatzfragen über die Formularangaben des Schuldners hinaus genau angeben, LG Kempten DGVZ 2007, 141.

7 **3. Ende.** Das Abnahmeverfahren endet in folgenden Fällen: Der Schuldner erteilt die Auskunft und gibt die eidesstattliche Versicherung ab, LG Bln Rpfleger 1999, 188; aM AG Oberhausen DGVZ 1999, 31 (aber das Ende des Auskunftsverfahrens bedeutet keineswegs ein Ende der Zwangsvollstreckung); die Vollstreckung ist nach § 775 eingestellt; der Schuldner hat die Haft nach § 802j I verbüßt oder es sind 6 Monate seit seiner Einlieferung vergangen; der Gläubiger nimmt den Auftrag nach § 754 zurück, was ihm jederzeit bis zur Rechtskraft eines Haftbefehls oder bis zur Abgabe der eidesstattlichen Versicherung freisteht, KG MDR 1991, 163. Die Zwangsvollstreckung endet insgesamt vor allem dann, wenn der Gerichtsvollzieher die Schuldsumme an den Gläubiger abführt und dem Schuldner den Vollstreckungstitel und den Haftbefehl aushändigt.

8 **Keine Beendigung** liegt im Erlass des Haftbefehls nach § 802g. Ein zurückgenommener Auftrag lässt sich mangels anderer Absprache wiederholen, LG Kaisersl JurBüro 2000, 46.

9 **IV. Zweiwochenfrist, I 1, 4.** Beim Eingang des Auftrags nach → Rn. 4, 6 darf und muss der Gerichtsvollzieher zunächst als eine von zwei gleichzeitig notwendigen Erstanordnungen dem Schuldner für die vollständige Begleichung der Forderung in ihrem im Gläubigerauftrag bezeichneten Teil grundsätzlich eine Zweiwochenfrist

setzen, BGH NJW 2015, 2268. Das gilt nach I 4 mit Ausnahme einer vom Gerichtsvollzieher zuvor erteilten Zahlungsaufforderung von mindestens zwei Wochen Zahlungsfrist und deren Erfolglosigkeit in diesem Zeitraum und ferner mit Ausnahme der etwa nach § 807 möglichen sofortigen Abnahme. Man errechnet die Frist ab Zugang der Fristsetzung nach § 222 iVm §§ 187, 188 BGB, AG Augsb DGVZ 2013, 140. Es handelt sich nicht um eine Notfrist nach § 224 I 2. Daher kommt nach § 233 keine Wiedereinsetzung infrage. Die Fristsetzung ist mangels der Ausnahmen des I 4 oder des § 807 zwingend. Eine Abkürzung oder Verlängerung ist unstatthaft.

V. Zugleich: Terminsbestimmung und Ladung, I 2. Gleichzeitig mit der Fristsetzung nach → Rn. 9 darf und muss der Gerichtsvollzieher stets unverzüglich einen Termin bestimmen. Das darf zwar nur unter der aufschiebenden Bedingung geschehen, dass der Schuldner die Forderung im Umfang der → Rn. 9 nicht bis zum Fristablauf vollständig beglichen hat. Die Terminsbestimmung ist aber als Warnung eben schon zugleich mit der Fristsetzung nötig. Sie muss „zur Abgabe der Vermögensauskunft“ erfolgen, daher der Sache nach auch ohne ausdrücklichen Zusatz auch zur zugehörigen eidesstattlichen Erklärung. Das alles gehört auch in die zugleich notwendige Belehrung nach → Rn. 26. Auch die Ladung nach → Rn. 27 muss zugleich mit der Fristsetzung und Terminsbestimmung erfolgen. 10

1. Allgemeine Voraussetzungen. Nicht der Schuldner, sondern der Gerichtsvollzieher bestimmt in den Grenzen seines Auftrags den Verfahrensgang, LG Stade DGVZ 1999, 8. Nach dem Eingang des Auftrags prüft der Gerichtsvollzieher dessen Zulässigkeit und Vollständigkeit. Es müssen die förmlichen Voraussetzungen und die Prozessvoraussetzungen der Zwangsvollstreckung vorliegen, LG Stendal DGVZ 2003, 188. Ferner müssen die Voraussetzungen der Pflicht zur Abgabe der Vermögensauskunft mit der eidesstattlichen Versicherung vorliegen, LG Stendal DGVZ 2003, 188. Das alles gilt bei einem Ersuchen nach § 284 AO nur eingeschränkt. § 147 ist anwendbar, LG Stgt Rpfleger 1996, 167. Mangels einer Vollständigkeit des Auftrags nach → Rn. 4, 6 fordert der Gerichtsvollzieher das Fehlende nach und veranlasst bis dahin nichts weiter. Das ist keine Aussetzung, AG Bln-Tiergarten DGVZ 2002, 77 (bei einem Verstoß keine Erhebung von Verhaftungskosten); AG Lahr DGVZ 2000, 124. 11

2. Rechtsschutzbedürfnis. Ferner muss das Rechtsschutzbedürfnis vorliegen. 12

3. Beispiele zur Frage eines Rechtsschutzbedürfnisses, I 2

Befriedigung: Ein Rechtsschutzbedürfnis **fehlt** dann, wenn und soweit der Schuldner den Gläubiger befriedigt hat, LG Hmb Rpfleger 1985, 34. 13

Geringe Forderung: Ein Rechtsschutzbedürfnis besteht grundsätzlich auch in solchem Fall, LG Düss JurBüro 1997, 324.

Haftbefehl: Ein Rechtsschutzbedürfnis kann selbst dann bestehen, wenn der Gerichtsvollzieher dem Schuldner bei einer Teilforderung einen Haftbefehl nach § 802g nach dessen Zahlung ausgehändigt hatte, LG Darmst DGVZ 1987, 74. **Unstatthaft** ist ein neuer Haftauftrag, solange ein schon wirksamer Haftbefehl vollstreckbar ist, LG Ellwangen DGVZ 2015, 23. Auch „Teilleistungsdruck“.

Insolvenzantrag: Ein Rechtsschutzbedürfnis kann dann bis zur Eröffnung des Insolvenzverfahrens bestehen, LG Tüb DGVZ 2000, 39.

Kenntnis des Gläubigers: Ein Rechtsschutzbedürfnis **fehlt** dann, wenn seine Kenntnis das gesamte Schuldnervermögen erfasst, LG Siegen BeckRS 2020, 21565; LG Frankenth Rpfleger 1981, 363; LG Köln NJW-RR 1987, 1407. Das gilt zB dann, wenn der Gläubiger bestimmt weiß, dass die bisherigen Angaben des Schuldners über sein Vermögen vollständig und richtig sind oder dass der Schuldner kein Vermögen hat, BVerfG NJW 1978, 2023; LG Köln NJW-RR 1987, 1407, oder auch dann, wenn der Gläubiger seine Befriedigung auf einem einfacheren Weg erreichen könnte, LG Hmb DGVZ 2006, 73. Eine bloße „Kenntnismöglichkeit“ schadet aber selbst dann nicht stets, wenn der Gläubiger sie vorwerfbar nicht nutzt, LG Verden Rpfleger 1986, 186; Behr Rpfleger 1988, 1.

Löschung: Nach einer Löschung des Schuldners im Handelsregister besteht wohl meist eine widerlegbare Tatsachenvermutung dafür, dass er kein Vermögen mehr hat, OLG Ffm Rpfleger 1976, 329. Folge: Wegfall eines Rechtsschutzbedürfnisses, „Vermögenslosigkeit“.

Notarielles Verzeichnis: Notwendig ist ein Rechtsschutzbedürfnis auch bei einer solchen Form nebst eidesstattlicher Versicherung des Schuldners, LG Detm DGVZ 2007, 72; LG Darmst DGVZ 2005, 27.

Rechtsmissbrauch: Ein Rechtsschutzbedürfnis kann bei ihm wie stets **fehlen.** Denn der Gerichtsvollzieher ist keine bloße Beitreibungsstelle, LG Köln JurBüro 1977, 413; aM LG Nürnb-Fürth Rpfleger 1985, 309 (abl. Limberger).

Teilleistungsdruck: Ein Rechtsschutzbedürfnis kann auch dann bestehen. Auch „Haftbefehl“.

Vermögenslosigkeit: Ein Rechtsschutzbedürfnis **fehlt** dann, vgl. auch § 803 II. Auch „Löschung“.

Zuständigkeitsstreit: Es ist § 766 anwendbar.

4. Bisherige Versicherung. Zu denjenigen Tatsachen, die der Gerichtsvollzieher von Amts wegen beachten und aus Listen ermitteln muss, gehört nach § 802d I der Umstand, dass der Schuldner innerhalb der letzten zwei Jahre eine Auskunft gegeben und eine eidesstattliche Versicherung geleistet hatte. Das Verfahren findet dann nur statt, wenn der Gläubiger eine erneute Auskunft beantragt. Er kann sie dann aber nur unter den besonderen Voraussetzungen des § 802d I verlangen. 14

Ungenügend ist eine „nur“ notariell beglaubigte eidesstattliche Versicherung, LG Flensb DGVZ 2000, 89; LG Detm Rpfleger 1987, 165; LG Frankenth Rpfleger 1985, 33. 15

5. Unfähigkeit zur Versicherungsabgabe. Das Verfahren darf dann nicht stattfinden, soweit und solange der Schuldner nach § 765a körperlich oder seelisch unfähig ist, derzeit die eidesstattliche Versicherung abzugeben, BVerfG DGVZ 2008, 123; LG Düss DGVZ 2000, 119 (Antrag im Termin nötig). Evtl. muss der Gerichtsvollzieher einen Dolmetscher nach § 185 GVG hinzuziehen, LG Amberg DGVZ 2006, 181 (auch zum Vorschuss). Ein Rechtsmissbrauch führt ebenfalls zur Unzulässigkeit des Verfahrens. Wenn der Gläubiger den Auftrag aber erteilt, obwohl seine Forderung nur klein ist, bedeutet dieses Vorgehen nach → Rn. 10 keineswegs stets einen Rechtsmissbrauch, BVerfG NJW 1978, 2023. Der Gerichtsvollzieher muss den Schuldner schon vor einer etwaigen Abgabe des Verfahrens an ein anderes Gericht anhören, OLG Düss Rpfleger 1975, 102. 16

6. Unzulässigkeit des Auftrags. Soweit der Auftrag unzulässig ist, muss ihn der Gerichtsvollzieher evtl. nach einer vergeblichen Aufforderung zur Mangelbeseitigung nebst einer angemessenen Frist durch einen Beschluss 17 oder eine Verfügung zurückweisen oder bei seiner Unzuständigkeit an den Rpfleger verweisen. Er muss einen zurückweisenden Beschluss begründen. Er muss ihn dem Gläubiger oder dessen Vertreter oder Bevollmächtigten nach § 329 II 1 formlos mitteilen.

18 **VI. Terminszeit, I 2.** Der Gerichtsvollzieher muss den Termin zwar nicht für die nächsten Tage nach dem Fristablauf ansetzen, wohl aber nach § 216 unverzüglich. Er lädt den Schuldner nach → Rn. 32 „Parteizustellung". Ein Mangel kann wie nach § 295 I heilen, BGH DGVZ 2010, 130. Das alles gilt unabhängig von einem schon vorhandenen Haftbefehl. Er zieht evtl. einen Dolmetscher nach § 185 GVG hinzu, LG Bln JurBüro 2000, 376.

19 **VII. Terminsort, I 2, II.** Es gibt mehrere Möglichkeiten.

20 **1. Grundsatz: Geschäftsräume, I 2.** Abnahmeort sind grundsätzlich die „Geschäftsräume" des Gerichtsvollziehers. Das mag auch im Rahmen des Dienstrechts ein auswärtiger Geschäftsraum gerade dieses Gerichtsvollziehers sein. Der Schuldner muss dann dahin anreisen. Der Gerichtsvollzieher darf aber keine vermeidbaren Kosten verursachen.

21 **2. Ausnahme: Schuldnerwohnung, II 1.** Der Gerichtsvollzieher „kann" nach seinem pflichtgemäßen Ermessen auch als Abgabeort die Schuldnerwohnung bestimmen. Das mag zB bei einer Bettlägerigkeit des Schuldners zur Vermeidung einer Unfähigkeit nach → Rn. 16 notwendig sein. Der Schuldner darf vorsorglich um einen solchen Terminsort bitten. Er muss zum Wohnungstermin den Beteiligten den Zutritt erlauben. Der Gerichtsvollzieher muss für Ordnung und Würde auch in der Schuldnerwohnung sorgen. Notfalls muss er dort abbrechen und zu einem angemessenen Zeitpunkt in seinen Geschäftsräumen fortfahren.

22 **3. Nicht Schuldnerwohnung beim Schuldnerwiderspruch, II 2.** Der Termin muss in den Geschäftsräumen des Gerichtsvollziehers dann stattfinden, wenn der Schuldner von vornherein oder unverzüglich nach Erhalt einer für seine Wohnung erfolgten Terminsbestimmung diesem Abnahmeort „widerspricht", also unmissverständlich diesen Ort ablehnt, und zwar gerade „gegenüber dem Gerichtsvollzieher", also nicht nur gegenüber etwa dem ProzBev des Gläubigers nach § 81. Der Schuldner braucht seinen Widerspruch an sich nicht zu begründen. Aber → Rn. 23. Ein Widerspruch mag auch erst unmittelbar vor einem Wohnungstermin erfolgen, zB wegen einer jetzt erst eingetretenen Familiensituation. Dann muss der Gerichtsvollzieher den Termin verlegen. Unnötig entstandene Kosten mag der Schuldner nach § 788 tragen müssen.

23 **4. Schuldnerwiderspruch nur binnen 1 Woche, II 2.** Diese Frist scheint stets zu gelten. Das kann aber dann unzumutbar sein, wenn die Probleme für den Schuldner wegen eines Wohnungstermins erst nach dem Ablauf einer Woche seit Erhalt dieser Terminsbestimmung entstehen. Daher muss der Schuldner dann auch später widersprechen dürfen. Das muss er dann aber nachvollziehbar begründen. Die Wochenfrist errechnet sich gemäß § 222 nach §§ 187, 188 BGB.

24 **5. Folgen einer Nichtabgabe in Schuldnerwohnung, II 3.** Hier regelt die Vorschrift nur die Nichtabgabefolgen gerade in einem Wohnungstermin und auch dann nur, falls der Schuldner ihm nicht wirksam widersprochen hat („andernfalls"), also nur dann, wenn die Bedingungen → Rn. 22 nicht vorliegen.

25 „Als versäumt gilt" dann der Wohnungstermin. Was sich aus dieser Unterstellung als weitere Rechtsfolgen ergibt, besagt II 3 nicht. Es kann dann eine Erzwingungshaft nach § 802g I 1 Fall 2 in Frage kommen. Zwar muss nach dieser Vorschrift eine grundlose Verweigerung gemäß § 802c vorliegen. II 3 gehört aber zu § 802f. Dem Sinn von§ 802g I 1 Fall 2 entspricht es aber, auch die Unterstellung einer „Pflichtwidrigkeit" nach II 3 einer „grundlosen Verweigerung" nach § 802g I 1 Fall 2 gleichzustellen.

26 **VIII. Belehrung bei Ladung, III.** Vgl. zur Belehrung § 136 I 1 GVGA. Der Gerichtsvollzieher muss zumindest den Text der von III in Bezug genommenen anderen Vorschriften mitangeben. Es muss aber für gerade diesen Schuldner klar sein, was er beachten muss und welche „Folgen" rechtlich aus einem Verstoß entstehen können. Die Belehrung erfolgt nach § 138 II 1 GVGA notfalls zum Terminsbeginn.

27 **IX. Zustellung, Mitteilung, IV.** Man muss drei Hauptbeteiligte unterscheiden.

28 **1. Förmliche Zustellung an Schuldner, IV 1 Hs. 1.** Als dem Hauptbetroffenen des Auskunftstermins muss der Gerichtsvollzieher sowohl die Zahlungsaufforderung nach I 1 als auch jede Ladung, jede Bestimmung oder sonstige Anordnung und jede Belehrung dem Schuldner stets förmlich zustellen, BGH NJW 2015, 2268. Es handelt sich nach → Rn. 32 „Parteizustellung" unverändert um eine Zustellung auf Betreiben der Parteien, also **nicht** um eine solche von Amts wegen, OLG Stgt MDR 2016, 730. Daher sind §§ 166–190 nur im Rahmen von § 191 anwendbar, OLG Karlsr NJW 2017, 181. Eine persönliche Zustellung kann auch entgegen einer Weisung des Gläubigers erfolgen, OLG Celle DGVZ 2017, 110; OLG Hamm JurBüro 2017, 662. Der Gerichtsvollzieher darf auch eine öffentliche Bekanntmachung als Ladung wählen, BGH NJW-RR 2018, 503; LG Wuppert JurBüro 2018, 497; LG Detm JurBüro 2017, 45; AG Hmb DGVZ 2018, 46. Bei einer Anweisung des Gläubigers zur Postzustellung bleibt ein pflichtgemäßes Ermessen des Gerichtsvollziehers, LG Verden JurBüro 2017, 100, AG Schöneberg DGVZ 2018, 218. Dem Schuldner steht sein gesetzlicher Vertreter gleich, → Rn. 32 „Zustellung". § 217 ist nach § 136 III 2 GVGA beachtlich. Hat der Schuldner bereits eine Zahlungsaufforderung zugestellt erhalten, soll eine erneute Zustellung in der Ladung zur Abgabe der Vermögensauskunft entbehrlich sein, LG München DGVZ 2018, 254.

29 **Unwirksam** ist daher eine nicht förmliche Benachrichtigung etwa durch Telefon oder Telefax (es ersetzt nur die Schriftform, nicht die förmliche Zustellung der Schriftform) oder gar nur mündlich. Nicht ausreichend ist auch eine förmliche oder gar nur formlose Benachrichtigung **nur** des ProzBev des Schuldners nach § 81. Das stellt IV 1 Hs. 1 ebenfalls ausdrücklich klar.

30 **2. Unnötigkeit einer Terminsmitteilung usw. an Prozessbevollmächtigten des Schuldners, IV 1 Hs. 2.** Es „bedarf nicht" dieser Nachricht. Sie ist also statthaft, aber nicht nötig und nicht als Ersatz der Zustellung nach → Rn. 27 ausreichend. Das gilt bei allen Nachrichten nach IV 1 Hs. 1. Ob eine Nachricht **auch** an den ProzBev des Schuldners zweckmäßig oder ratsam ist, zB nach einer entsprechenden Bitte eines Beteiligten, steht im pflichtgemäßen Ermessen des Gerichtsvollziehers.

31 **3. Mitteilung der Terminsbestimmung an Gläubiger, IV 2.** Sie darf nach § 136 II 2 GVGA formlos erfolgen. Sie darf keine unnötigen Zustellungskosten verursachen (sonst evtl. Amtshaftung und keine Erstattung

nach § 788). Allerdings darf der Gerichtsvollzieher nach dem in IV 2 in Bezug genommenen § 357 II 1 Hs. 2 eine (Partei-)Zustellung anordnen. Auch → Rn. 32 „Gläubigernachricht".

4. Einzelheiten zur Frage einer Ladung, I–IV

Anschrift: Bei einem **Schuldnerumzug vor Auftragseingang** an einen Ort außerhalb des Bezirks des Gerichtsvollziehers hebt er nach § 137 I 1, 2 GVGA zunächst den Termin auf. Beim Verzug innerhalb des AG-Bezirks, aber in den Bezirk eines Kollegen gibt er den Auftrag nach § 137 I 3 GVGA unverzüglich an diesen weiter. Beim Verzug nach einem Ort außerhalb des AG-Bezirks leitet der Gerichtsvollzieher den Auftrag auf Wunsch des Gläubigers nach § 137 I 4 GVGA an das jetzt zuständige Gericht weiter. Beim unbekannten Schuldneraufenthalt vgl. zunächst § 755. Andernfalls: Anschrift ist grds. die bei der Meldebehörde genannte, AG Köln DGVZ 1999, 159. Hilfsweise gibt der Gerichtsvollzieher den Auftrag nach §§ 20 II 1 Nr. 2 GVO, 137 I 5 GVGA an den Gläubiger zurück. 32

Auftragskopie: Der Gerichtsvollzieher teilt dem Schuldner eine Kopie des Auftrags mit. Denn der Schuldner muss über denjenigen Vollstreckungstitel Klarheit erhalten, aus dem der Gläubiger eine Vermögensauskunft und die eidesstattliche Versicherung verlangt, BGH NJOZ 2012, 758; OLG Ffm Rpfleger 1977, 417; strenger AG Mainz JurBüro 2000, 665. Diese Mitteilung ist ratsam, aber nicht zwingend, LG Hmb DGVZ 2005, 77, anders aber § 136 I 1 GVGA.

Behinderung: → Rn. 21.

Ersatzzustellung: → Rn. 27.

Formular: Es fügt der Gerichtsvollzieher zum Text der Vermögensauskunft nach § 136 I 2 GVGA bei.

Forderungsaufstellung: Es gilt dasselbe wie bei „Auftragskopie", LG Hmb DGVZ 2005, 77, vgl. aber § 136 I 1 GVGA.

Geschäftsstelle: Die Ladung nebst Zustellung ist **keine** Aufgabe der Geschäftsstelle, Schilken DGVZ 1998, 129. Denn das erledigt jetzt der Gerichtsvollzieher nach der amtlichen Vorbemerkung II vor KVGv 100 iVm der zugehörigen amtlichen Überschrift auf Betreiben der Parteien, → „Parteizustellung".

Gesetzlicher Vertreter: → „Zustellung".

Gläubigerfragen: Sie fügt der Gerichtsvollzieher nach § 136 I 3 GVGA möglichst bei. Das kann bei nachträglichen Fragen nach § 136 I 4 GVGA natürlich auch erst dann geschehen.

Gläubigernachricht: Dem Gläubiger teilt der Gerichtsvollzieher den Termin nach → Rn. 31 formlos mit. Er kann nach I 4 iVm § 357 II auch die Zustellung anordnen, dort auch zu den Einzelheiten der Unterstellung des Zugangszeitpunkts. Der Gläubiger hat ein Anwesenheits- und Fragerecht.

Krankheit: → Rn. 21.

Ladungsfrist: Sie beträgt 3 Tage (§ 217).

Mündliche Ladung: Sie reicht nach → Rn. 27 **nicht,** LG Karlsr DGVZ 2000, 89.

Öffentliche Zustellung: Sie ist nach §§ 185 ff., 191 zulässig.

Parteizustellung: Es handelt sich jedenfalls um eine Zustellung **„auf Betreiben der Parteien"** nach § 191, OLG Ffm DGVZ 2016, 82; LG Offenbg DGVZ 2014, 259; Schwörer DGVZ 2003, 152. Zunächst hängt das ganze Verfahren nach I 1 von einem „Auftrag" des Gläubigers ab. Außerdem zählt die amtliche Vorbemerkung II vor KVGv 100 unverändert die Zustellung der Ladung (jetzt) zur Vermögensauskunft ebenso wie diejenige des Pfändungs- und Überweisungsbeschlusses ausdrücklich zu den in der zugehörigen amtlichen Überschrift genannten Zustellungen „auf Betreiben der Parteien". Daher entsteht die Zustellgebühr KVGv 100, Schwörer DGVZ 2003, 152 (153).

Persönliches Erscheinen: Der Gerichtsvollzieher darf **nicht** das persönliche Erscheinen des Schuldners nach § 141 II anordnen, LG Landshut Rpfleger 1975, 329.

Persönliche Zustellung: Auch eine persönliche Zustellung durch den Gerichtsvollzieher kann sinnvoll sein und reicht stets aus, LG Offenbg DGVZ 2014, 259; AG Homburg DGVZ 2015, 25; AG Lpz DGVZ 2015, 136. Sie muss aber einen sachlichen Grund haben, OLG Kblz DGVZ 2015, 252 (krit. Mroß); AG Wuppert JurBüro 2017, 326. Weigert sich der Schuldner, die Ladung entgegenzunehmen, kann der Gerichtsvollzieher sie vor der Wohnung ablegen, LG Stade DGVZ 2006, 76. Eine bloß mündliche Ladung ist aber unzulässig, LG Karlsr DGVZ 2000, 89.

Prozessbevollmächtigter: → „Zustellung".

Schuldnerverzeichnis: Der Gerichtsvollzieher kann es nach § 135 S. 2 GVGA einsehen.

Telefonische Ladung: → „Mündliche Ladung".

Terminsnachricht: → „Zustellung".

Terminsort: → Rn. 19–24.

Vermögensverzeichnis: Der Gerichtsvollzieher holt vor dem Termin nach § 135 S. 1 GVGA eine Auskunft nach § 802k II 1 ein.

Zustellung: Die Zustellung erfolgt nach → Rn. 27 immer an den Schuldner persönlich. Das gilt selbst dann, wenn eine Ersatzzustellung nach §§ 178 ff. notwendig wird, OLG Ffm Rpfleger 1975, 67 (wegen einer längeren Abwesenheit des Schuldners → § 181 Rn. 9–11); LG Bln Rpfleger 1978, 30; AG Bochum DGVZ 2001, 13. Die Zustellung erfolgt also wegen → Rn. 30 entgegen § 172 nicht an einen ProzBev nach §§ 81, 172. Der Gerichtsvollzieher braucht daher den etwaigen ProzBev nach § 136 II 1 GVGA überhaupt nicht von dem Termin zu benachrichtigen. Es ist vielmehr die Aufgabe des Schuldners, seinen ProzBev zum Termin hinzuzuziehen. Wenn ein gesetzlicher Vertreter die Auskunft und die eidesstattliche Versicherung abgeben soll, muss der Gerichtsvollzieher ihn laden, LG Bln Rpfleger 1978, 30; LG Köln DGVZ 1978, 28; AG Bochum DGVZ 2001, 13. Bei mehreren Vertretern reicht die Zustellung an einen von ihnen, LG Mainz Rpfleger 2000, 283. Bei einer Abwicklung usw. geht die Ladung an den letzten Vertreter, KG NJW-RR 1991, 933; OLG Köln OLGZ 91, 214 Auch dann ist eine Ersatzzustellung zulässig, LG Bln Rpfleger 1978, 30. § 179 ist nach § 191 anwendbar, LG Stade DGVZ 2006, 76. Der Gläubiger hat kein Weisungsrecht zur Art der Zustellung, OLG Stgt DGVZ 2016, 133. Auch → „Öffentliche Zustellung", → „Parteizustellung".

Zustellungsurkunde: Der Gerichtsvollzieher lädt den Schuldner nach → Rn. 27 grds. mit einer Zustellungsurkunde nach § 193, Hornung DGVZ 1999, 33.

X. Terminsänderung, I–IV. Eine Terminsänderung ist grundsätzlich in einer Abweichung von der Regelung des § 227 nur zulässig, soweit der Gläubiger zustimmt oder sie gar beantragt, LG Lüb DGVZ 1999, 174. 33

Denn der Gläubiger bleibt der Herr der Zwangsvollstreckung, LG Ffm DGVZ 2000, 171. Eine Ausnahme gilt nur nach § 802b II. Auch ein wiederholter Antrag des Gläubigers auf eine Terminsaufhebung rechtfertigt keine Aufhebung des ganzen Verfahrens, LG Kaisersl JurBüro 2000, 46, soweit man den Antrag nicht im letzteren Sinn auslegen muss. Eine Terminsänderung nach § 227 ist nur aus erheblichen Gründen möglich. Dabei sind die zu § 227 I 2 Nr. 1, 2 entwickelten Regeln mitbeachtlich. Insgesamt muss der Gerichtsvollzieher nach seinem pflichtgemäßen Ermessen abwägen, ob er das Verfahren durch eine Terminsänderung eher fördert oder nur weiter verzögert, AG Neuruppin DGVZ 2005, 43. Er muss dabei auch prüfen, ob der Gläubiger das Verfahren als ein bloßes Druckmittel missbraucht, LG Nürnb-Fürth Rpfleger 1985, 309.

34 Ein **Urlaub des Schuldners** kann eine Vertagung notwendig machen. Dasselbe gilt bei einer mit einem Attest nachgewiesenen Erkrankung, LG Saarbr DGVZ 2004, 29; AG Neuruppin DGVZ 2005, 43, oder deren Gefahr (Schlaganfall); vgl. auch BVerfG DGVZ 2008, 123. Bei erheblichen Teilzahlungen und beim Einverständnis des Gläubigers kann eine mehrfache Terminsänderung zulässig sein, LG Detm Rpfleger 1991, 212 (zust. Schauff); LG Nürnb-Fürth Rpfleger 1985, 309. Wenn der Schuldner im Termin nicht erscheint und wenn der Gerichtsvollzieher den Termin daraufhin vertagt, muss der Gerichtsvollzieher den Schuldner neu laden, AG Neuruppin DGVZ 2005, 43. Das gilt selbst dann, wenn er den neuen Termin mündlich verkündet. Denn § 218 ist auf den Prozessbetrieb zugeschnitten und daher hier nicht anwendbar, OLG Nürnb Rpfleger 1977, 417; LG Würzb Rpfleger 1980, 160; aM LG Landshut Rpfleger 1975, 329. Wenn der Schuldner erschienen war und wenn der Gerichtsvollzieher eine Vertagung verkündet hatte, braucht der Gerichtsvollzieher den Schuldner nach → Rn. 40 zu dem verkündeten Termin wie bei § 218 nicht nochmals zu laden.

35 **XI. Rechtshilfe, I–IV.** Der Gerichtsvollzieher darf anstelle einer Terminsbestimmung bei einer Unanwendbarkeit von § 802e II (Weiterleitung wegen Unzuständigkeit) nach §§ 156, 157 I GVG, § 137 II 1 GVGA auch den Gerichtsvollzieher am auswärtigen Wohnort des Schuldners um die Abnahme Vermögensauskunft nebst der eidesstattlichen Versicherung ersuchen, § 802b III 2 iVm § 479 entsprechend. Das kommt aber nur dann in Betracht, wenn es zweckmäßig oder notwendig ist, etwa wegen einer Erkrankung des auswärts befindlichen Schuldners. Der Gerichtsvollzieher benachrichtigt den Gläubiger und den Schuldner nach § 137 II 2 GVGA formlos von seinem Ersuchen. Der ersuchte Gerichtsvollzieher beraumt den Termin an, lädt und hält den Termin ab, und zwar grundsätzlich nach § 158 GVG ohne eine Prüfung der Voraussetzungen der Zwangsvollstreckung. Er sendet dem ersuchenden Kollegen die Urschrift des Protokolls über den Termin und fügt das Vermögensverzeichnis nach § 137 III 1, 2 GVGA bei. Er hinterlegt das Verzeichnis beim zentralen Vollstreckungsgericht nach § 137 III 3 GVGA. Er kann aber nach § 137 III 4 GVGA auf Gläubigerantrag auch nach § 802d II vorgehen.

36 **XII. Rechtsbehelfe wegen Terminsbestimmung usw., I–IV.** Gegen eine ordnungsgemäße Terminsbestimmung ist kein Rechtsbehelf statthaft. Gegen die Ablehnung der Terminsbestimmung kann der Gläubiger die Erinnerung nach § 766 einlegen. Über sie entscheidet der Richter. Denn das Gericht handelt nach § 766, § 20 I Nr. 17 S. 2 RPflG als Vollstreckungsgericht. Gegen seine Entscheidung ist nach §§ 567 I Nr. 1, 793 eine sofortige Beschwerde statthaft. Gegen ein Ersuchen an ein auswärtiges Gericht können der Gläubiger und der Schuldner die Erinnerung nach § 766 einlegen. Der ersuchte Gerichtsvollzieher kann nur nach § 158 II GVG vorgehen.

37 **XIII. Termin, IV.** Der Grundsatz einer möglichst gütlichen Einigung nach § 802b gilt auch im Termin nach § 138 I 6 GVGA.

38 **1. Person des Pflichtigen.** Die einschlägigen Stellen dieses Kommentars geben jeweils an, wer die Vermögensauskunft mit der eidesstattlichen Versicherung abgeben muss, wer also der Schuldner ist. Es muss zB der Verwalter der WEG die Auskunft für einen Eigentümer erteilen, BGH NJW-RR 2012, 460. Kein gesetzlicher Vertreter kann sich einer Pflicht zur Abgabe der Versicherung dadurch entziehen, dass er sein Amt eigens aus diesem Anlass niederlegt. Als gesetzlicher Vertreter einer juristischen Person oder einer Handelsgesellschaft gilt derjenige, der im Zeitpunkt der Zustellung der Ladung der gesetzliche Vertreter ist, KG Rpfleger 1996, 253 (zust. Gleußner); OLG Stgt MDR 1984, 239; aM OLG Köln JurBüro 2000, 599; OLG Schlesw Rpfleger 1979, 73; AG Dachau JurBüro 2006, 551 (je: maßgeblich sei der Terminstag). Der Gerichtsvollzieher muss den Schuldner nach den allgemeinen Vorschriften ordnungsgemäß laden.

39 **2. Terminsablauf.** Das Verfahren ist nach § 138 I 1 GVGA nicht öffentlich. Denn es verläuft vor einem Gerichtsvollzieher als einem Organ des Vollstreckungsgerichts. Es findet also nicht nach § 169 GVG vor dem „erkennenden Gericht" statt, und erst recht nicht vor dem Notar, LG Detm Rpfleger 1987, 165; LG Frankenth Rpfleger 1985, 33. Es ist aber parteiöffentlich.

40 Deshalb sind die Vorschriften über die mündliche Verhandlung nach §§ 128 ff. grundsätzlich **unanwendbar,** LG Düss Rpfleger 1980, 484; AG Obernburg Rpfleger 1979, 112; aM LG Arnsberg Rpfleger 1997, 206. § 128a I (Videokonferenz) dürfte entsprechend anwendbar sein, LG Oldenb DGVZ 2021, 195. Natürlich lassen sich ihre Regeln ergänzend beachten. Eine Entscheidung ist auch durch ihre Verkündung mitteilbar. Der Gläubiger kann nach § 138 I 2 GVGA teilnehmen, AG Brem DGVZ 2014, 175. Er kann notfalls eine Wiederholung fordern. Er kann sich auch nach § 138 I 3 GVGA durch einen Bevollmächtigten vertreten lassen. Dieser kann seine Vollmacht per Telefax vorab nachweisen, LG Mönchengladb MDR 2004, 837. Der Gläubiger kann dem Termin aber auch ganz fernbleiben. Er muss dann allerdings die Rechtsfolgen tragen, LG Detm DGVZ 2001, 88; LG Düss Rpfleger 1980, 484.

41 Der **Schuldner** braucht nicht länger als eine Stunde, jedenfalls nicht länger als zwei Stunden, auf den Gläubiger und dessen Fragen zu warten, LG Oldb DGVZ 2003, 156. Er muss nach §§ 478, 836 III 2, 883 IV grundsätzlich persönlich erscheinen. Er darf sich im Übrigen im Termin nach § 478 iVm § 836 III 2, § 883 IV nicht dann vertreten lassen, wenn er die Auskunft geben und die eidesstattliche Versicherung abgeben will. Der ProzBev des Schuldners nach § 81 darf immer, muss aber nicht anwesend sein. Wenn der Schuldner wegen einer Erkrankung nicht vor dem Gerichtsvollzieher erscheinen kann, darf und muss der Gerichtsvollzieher dem Schuldner die Auskunft und eidesstattliche Versicherung notfalls in der Wohnung des Schuldners nach → Rn. 21 abnehmen. Der Schuldner muss dem Gläubiger die Anwesenheit gestatten. Mehrere Verfahren lassen sich nach § 139 GVGA verbinden, LG Stgt Rpfleger 1996, 167 (sogar Pflicht dazu).

Der Gerichtsvollzieher ist nicht berechtigt, die Durchführung eines Vollstreckungsauftrags aufgrund eines Infektionsrisikos mit Covid19 zu verweigern, AG Wiesb DGVZ 2021, 144; AG Leipzig DGVZ 2021, 249; vgl. auch AG Brem DGVZ 2021, 70. 42

3. Gläubigerfragen. Der Gläubiger kann alle diejenigen Fragen stellen, die zur Klärung des Vermögens, des Einkommens und der Lebensumstände dienen, LG Marbg DGVZ 2000, 152; LG Gött NJW 1994, 1164; AG Bochum DGVZ 2006, 120. Freilich braucht er nicht zu erscheinen. Er kann die vom Schuldner im Termin zu beantwortenden Fragen aber nach § 138 I 5 GVGA vorher schriftsätzlich stellen, LG Brschw JurBüro 1999, 46; LG Arnsberg Rpfleger 1997, 207. Ihn bindet ein etwa eingeführtes Formular dazu nicht, LG Kblz DGVZ 2006, 137; LG Hmb JurBüro 1996, 325; AG Bochum DGVZ 2006, 120. Der Gerichtsvollzieher darf einen Fragenkatalog nicht schon vor dem Termin zurückweisen, LG Brschw JurBüro 1999, 46; Sturm FPR 2013, 547 (548). Er darf evtl. sogar mehrfach Nachbesserung verlangen, LG Bonn DGVZ 2006, 92; AG Brake JurBüro 2006, 550. Er darf aber keine bloße Ausforschung betreiben, LG Bonn JurBüro 2000, 101; LG Münst DGVZ 2000, 90. Er darf auch nicht Nachforschung betreiben, LG Brem JurBüro 2000, 154 (Zukunftserwerb); aM OLG Hamm Rpfleger 1979, 468; LG Tüb JurBüro 1995, 326; Spring NJW 1994, 1108. Mangels einer ordnungsgemäßen Beteiligungsmöglichkeit des Gläubigers muss der Gerichtsvollzieher den Termin wiederholen, AG Bochum DGVZ 2006, 120. 43

4. Protokoll. Über den Ablauf des Termins muss der Gerichtsvollzieher nach §§ 159 ff. entsprechend, § 138 II 7 GVGA ein Protokoll nach § 762 führen, LG Düss Rpfleger 1980, 484. Er braucht nicht jede zurückgewiesene Einzelfrage des Gläubigers zu protokollieren, LG Bln Rpfleger 1995, 75; LG Mü JurBüro 1994, 407. Zu den dort nach § 138 II 8 GVGA aufzunehmenden rechtserheblichen Erklärungen des Schuldners zählen diejenigen von ihm vorgebrachten Gründe, aus denen er die eidesstattliche Versicherung nicht abgeben will, LG Düss Rpfleger 1980, 484. Ein im Termin ergehender Beschluss gehört ins Protokoll. Einen nicht verkündeten Beschluss teilt der Gerichtsvollzieher formlos nach §§ 329 II 1, 766 mit. Auch Vorhalte des Gerichtsvollziehers oder des Gläubigers gehören nach § 160 II ins Protokoll. Es ist ein Bestandteil des Vermögensverzeichnisses, AG Westerburg MDR 1999, 1226. Der Gerichtsvollzieher benutzt nach § 138 II 9 GVGA ggf. das amtliche Formular. 44

XIV. Einwendungsmöglichkeiten des Schuldners, I–IV. Es sind folgende Einwendungen möglich. Natürlich muss ein Termin ordnungsgemäß sein, AG Bln-Pankow DGVZ 2009, 135. 45

1. Unzulässigkeit der Zwangsvollstreckung. Der Schuldner kann die Zulässigkeit der Zwangsvollstreckung überhaupt bestreiten. Er behauptet etwa: Der Vollstreckungstitel sei nicht ordnungsgemäß nach § 750 zugestellt worden, OLG Düss Rpfleger 1993, 412; zur öffentlichen Zustellung OVG Lüneb DGVZ 2002, 168; LG Hann DGVZ 2008, 162; es fehle eine ordnungsgemäße Ladung, OVG Lüneb DGVZ 2002, 168; das Gericht habe den Termin aufgehoben, zB im Rechtsmittelverfahren; es liege ein Mangel der Prozessfähigkeit vor; das Gericht habe die Zwangsvollstreckung nach § 775 Nr. 1–3 dauernd eingestellt oder abgewendet. 46

2. Unzulässigkeit des Auskunftsverfahrens. Der Schuldner kann die Zulässigkeit des Verfahrens zur Abnahme der Vermögensauskunft nebst der eidesstattlichen Versicherung bestreiten. Er behauptet etwa: Der Gläubiger habe auf die Möglichkeit verzichtet, dem Schuldner die Auskunft und eidesstattliche Versicherung abnehmen zu lassen; das Rechtsschutzbedürfnis des Gläubigers fehle, LG Stgt Rpfleger 2000, 28; LG Limburg Rpfleger 1982, 434; es fehle überhaupt an einer Prozessvoraussetzung, der Gerichtsvollzieher habe etwa eine Minderjährigkeit übersehen; die Pfändung sei erfolgreich verlaufen; der Schuldner habe die Sache herausgegeben oder doch aufgefunden; die Voraussetzungen einer Maßnahme nach § 765a seien eingetreten, LG Kblz JurBüro 1997, 547; LG Lüb DGVZ 1980, 26; es sei nach § 777 eine Übersicherung eingetreten, LG Stgt Rpfleger 2000, 28; LG Detm Rpfleger 1990, 432. 47

Nicht ausreichend ist das Vorliegen einer bloßen Sicherungsvollstreckung nach § 720a, LG Stgt DGVZ 2003, 91. 48

3. Unzulässigkeit derzeit. Der Schuldner kann vortragen, das Verfahren sei jedenfalls im Augenblick unzulässig. Er mag das zB auf Folgendes stützen: Der Gläubiger habe ihm die Schuld gestundet; es liege ein die Zwangsvollstreckung einschränkender Vertrag vor; das Gericht habe die Zwangsvollstreckung nach §§ 707, 719, 769, 775 einstweilig eingestellt; es liege bereits ein rechtskräftiger Beschluss vor, wonach ein früherer Widerspruch Erfolg gehabt habe; der Schuldner habe bereits zu einem früheren Zeitpunkt eine Auskunft und eidesstattliche Versicherung nach § 802d abgegeben; es sei keine nach dieser Vorschrift beachtliche wesentliche Veränderung zB durch eine Erwerbsverbesserung eingetreten, LG BadBad DGVZ 2010, 197. Dann muss der Gerichtsvollzieher zunächst den etwa abwesenden Gläubiger zu dieser letzteren Frage hören. Wenn der Schuldner allerdings wegen eines Meineids verurteilt worden ist, kann er nicht derart vorgehen. Denn § 452 IV ist dann nicht anwendbar, und der Schuldner wäre sonst besser als andere gestellt. 49

4. Kein Anspruch; keine Klausel. Der Schuldner soll auch bestreiten können, dass der sachlich-rechtliche Anspruch bestehe oder dass der Rpfleger die Vollstreckungsklausel nach §§ 724 ff. korrekt erteilt habe, OLG Düss Rpfleger 1996, 359; OLG Hamm FamRZ 1981, 199; LG Limburg Rpfleger 1982, 434. Diese beiden Einwendungen sind allerdings bei einer genauen Betrachtung nicht statthaft. Der Schuldner kann sich nämlich auf solche Umstände grundsätzlich nur im Rahmen der §§ 732, 767 ff., 785 berufen, OLG Hamm FamRZ 1981, 199; LG Saarbr DGVZ 2004, 29. Etwas anderes gilt ausnahmsweise bei § 775. Bei einer genauen Prüfung ist grundsätzlich auch der Einwand unzulässig, die Forderung sei nicht fällig. Denn diese Frage hatte der Rpfleger bereits im Verfahren zum Zweck der Erteilung der Vollstreckungsklausel prüfen müssen. Eine Ausnahme gilt bei § 751. 50

5. Unfähigkeit. Der Schuldner kann erklären, er sei körperlich oder seelisch unfähig, die Auskunft und damit die eidesstattliche Versicherung abzugeben. Allerdings darf man eine Haftunfähigkeit nach § 802h nicht mit der Unfähigkeit zur Abgabe der Vermögensauskunft mit der eidesstattlichen Versicherung gleichsetzen. Die Auskunft und eidesstattliche Versicherung darf aber nicht dazu führen, dass die Gesundheit oder gar das Leben des Schuldners in Gefahr kommen, BVerfG DGVZ 2008, 123. Immerhin muss der Gerichtsvollzieher an den Nachweis der Unfähigkeit des Schuldners zur Abgabe der Auskunft mit der eidesstattlichen Versicherung nach → Rn. 64 erhebliche Anforderungen stellen, OLG Köln MDR 1978, 59; LG Gera DGVZ 2017, 131. 51

52 **6. Berufsgeheimnis.** Der Schuldner mag erklären, er dürfe die Auskunft und die eidesstattliche Versicherung nicht abgeben, da er dann ein Berufsgeheimnis preisgeben müsse, ähnlich dem § 384 Nr. 3. Das Berufsgeheimnis kann in der Tat vorrangig sein. Das gilt evtl. sogar dann, wenn ein Arzt auch nur den Namen eines Patienten preisgeben müsste.

53 **XV. Vertagung, I–IV.** Sie ist allenfalls nach § 802b möglich geblieben. Unberührt bleibt § 765a. Dort entscheidet der Richter nach §§ 764, 802, LG Düss DGVZ 2000, 119.

54 **XVI. Einwendungsverfahren, I–IV.** Man muss eine Einwendung nach § 766 I als Erinnerung behandeln und von Amts wegen prüfen. Vgl. daher jetzt dort. Hier nur einige ergänzende Andeutungen.

55 **1. Notwendigkeit einer Begründung.** Der Schuldner mag die Verpflichtung zur Auskunft nebst Abgabe der eidesstattlichen Versicherung bestreiten oder bestreiten lassen, LG Lübeck DGVZ 2006, 139. Dann muss das Vollstreckungsgericht des § 766 I auch ohne einen Widerspruch des Schuldners über seine Einwendungen entscheiden, (zum alten Recht) BGH NJW-RR 2006, 645; LG Mönchengladb Rpfleger 2002, 529. Zuständig ist der Richter (vgl. § 20 I Nr. 17 S. 2 RPflG). Ihm muss daher der Gerichtsvollzieher die Akten vorlegen. Ein Bestreiten ist allerdings nur dann beachtlich, wenn der Schuldner dafür einen Grund angibt, OLG Ffm DGVZ 2004, 92; LG Rostock JurBüro 2003, 107; LG Wuppert Rpfleger 1981, 25. Das Gericht darf bei dieser Prüfung großzügig sein, LG Wuppert Rpfleger 1981, 25; LG Düss Rpfleger 1980, 484.

56 Einen **Grund** gibt der Schuldner dann an, wenn er solche Umstände vorbringt, die nach seiner Meinung seine Verpflichtung zur Abgabe der Auskunft nebst der eidesstattlichen Versicherung aufheben oder ihr entgegenstehen, sofern das nicht bei einer vernünftigen, dem Schuldner zumutbaren Erwägung abwegig ist, LG Düss Rpfleger 1980, 484. Ausreichen kann zB eine Sittenwidrigkeit nach § 765a I 1, BGH NJW 2010, 1002 (dort verneint). In Betracht kommen die Einwendungen → Rn. 45. Das Bestreiten ist eine Parteiprozesshandlung. Bei §§ 780 ff. muss der Schuldner nach § 785 vorgehen, LG Lüb NJW-RR 2009, 1163. Mangels eines Eintrags ins Schuldnerverzeichnis des jetzt zuständigen Vollstreckungsgerichts kann der Schuldner eine Mitwirkungs-Obliegenheit haben, LG Rostock JurBüro 2002, 663.

57 **Keine** ausreichende Begründung sind ein pauschaler Einwand, die Voraussetzungen des § 802f lägen nicht vor, OLG Ffm DGVZ 2004, 92 (krit. Abramenko), oder ein Wechsel der Postanschrift dann, wenn der Schuldner trotzdem Kenntnis hatte, AG Neuss DGVZ 2011, 19, oder Einwände nur zu einem Teil der Forderung, aM LG Oldb Rpfleger 1981, 363.

58 **2. Bloße schriftliche Begründung.** Ein nur vor dem Termin eingereichtes schriftliches Bestreiten ist beachtlich, soweit es auf von Amts wegen beachtliche Verfahrensmängel hinweist oder hinausläuft, BGH NJW-RR 2006, 645; LG Lüb DGVZ 2006, 139.

59 **XVII. Verweigerung ohne Grundangabe, I–IV.** Der Schuldner mag die Auskunft und eidesstattliche Versicherung verweigern, ohne dafür einen Grund anzugeben und obwohl der Gerichtsvollzieher seine Fragepflicht nach § 139 ausgeübt hat, LG Düss Rpfleger 1980, 484. Dann muss der Amtsrichter auf Grund eines Antrags des Gläubigers nach § 802g I einen Haftbefehl erlassen. Zu diesem Zweck muss der Gerichtsvollzieher die Akten dem Amtsrichter vorlegen.

60 **XVIII. Säumnisverfahren, I–IV.** Es kommt auf die Person des Säumigen an.

61 **1. Säumnis des Gläubigers.** Wenn eine von Amts wegen beachtliche Voraussetzung fehlt, muss der Gerichtsvollzieher den Auftrag ablehnen. Andernfalls muss er dem Schuldner die Auskunft nebst eidesstattlicher Versicherung dann abnehmen, wenn der im Termin erschienene Schuldner dazu bereit ist.

62 **2. Säumnis des Schuldners.** Der Gerichtsvollzieher muss die Akten seinem Gericht übersenden und der Amtsrichter nach § 802g I muss dann einen Haftbefehl erlassen, wenn folgende Voraussetzungen vorliegen: Der Gläubiger hat nach § 802g I 1 einen Haftantrag gestellt; der Gerichtsvollzieher hatte den Schuldner ordnungsgemäß geladen; die von Amts wegen zu beachtenden Voraussetzungen liegen vor, OLG Hamm Rpfleger 1983, 362; es liegen also auch keine nach → Rn. 45 beachtlichen Einwendungen des Schuldners vor.

63 Für den Erlass des Haftbefehls ist nach § 4 II Nr. 2 RPflG der **Amtsrichter** zuständig. Ein schriftlicher Vertagungsantrag oder Widerspruch ist zu beachten, soweit er auf von Amts wegen beachtliche Verfahrensmängel hinweist oder hinausläuft, OLG Hamm Rpfleger 1983, 362. Er ist im Übrigen aber unbeachtlich, OLG Hamm Rpfleger 1983, 362; LG Lübeck SchlHA 1985, 192.

64 **3. Entschuldigung des Schuldners.** Als eine etwaige Entschuldigung des Schuldners für sein Ausbleiben kommt nur ein dem → § 337 Rn. 5–8 entsprechender Fall in Betracht, OLG Ffm JurBüro 1977, 1462; OLG Hamm Rpfleger 1977, 111 (Urlaub des Schuldners); KG OLGZ 93, 358. Eine Arbeitsunfähigkeitsbescheinigung reicht nicht stets zur Annahme der Unfähigkeit zur Abgabe der Auskunft nebst eidesstattlicher Versicherung, LG Heilbr DGVZ 2006, 116; LG Wuppert DGVZ 2006, 113; LG Stgt DGVZ 2004, 44. Eine Erkrankung reicht als Entschuldigung nur dann aus, wenn sie dem Schuldner das Erscheinen im Termin unzumutbar macht, OLG Ffm JurBüro 1977, 1462; AG Göpp JurBüro 2005, 552; aM LG Bln Rpfleger 1997, 34; AG Kiel DGVZ 1979, 78. In diesem Zusammenhang muss man berücksichtigen, dass der Gerichtsvollzieher den Termin nach II evtl. in der Wohnung des Schuldners durchführen darf und muss. Wenn der Schuldner sich vorwerfbar weigern würde, wenigstens einem zumutbaren solchen Verfahren zuzustimmen, würde er säumig sein. Eine erlittene Autopanne stellt keinen ausreichenden Entschuldigungsgrund dar, wenn nicht dargetan wird, wo die Autopanne stattgefunden hat und was am Fahrzeug defekt war, LG Ravensb DGVZ 2021, 120. Eine Entscheidung nach Aktenlage ist nicht statthaft.

65 **4. Säumnis beider Parteien.** Der Gerichtsvollzieher verständigt dann den Gläubiger vom Ausbleiben des Schuldners und wartet dann bis zum Eingang eines neuen Auftrags des Gläubigers nach § 754. §§ 251, 251a sind dann unanwendbar, LG Paderb Rpfleger 1993, 254. Der Gerichtsvollzieher verkündet eine etwa im Termin ergehende Entscheidung nach § 329 I 1.

66 **XIX. Erstellung des Vermögensverzeichnisses, I 3, V.** Der Gerichtsvollzieher und nicht der Schuldner errichtet es in eigener Mitverantwortung. Nach einer Verhaftung nach § 802g wird nach § 145 V 1 GVGA der Gerichtsvollzieher des Haftorts zuständig. § 142 S. 1 GVGA verlangt bei einer Wiederholung, Ergänzung oder Nachbesserung stets ein vollständiges Verzeichnis. Das zeigt iVm der VermVV nach → § 802k Rn. 10 die formellen Probleme eines Verfahrens, das auch bei nur einer einzigen falschen Zahl usw. zu evtl. viele Seiten

langen Neufassungen zwingen würde. Deshalb sollte man besser auf den jeweiligen Umfang der Ergänzung usw. abstellen. Nach § 3 II Nr. 3 VermVV, § 142 S. 2 GVGA muss stets die eidesstattliche Versicherung erstmals erfolgt sein.

1. Beibringung der Unterlagen, I 3. Der Schuldner muss alle zur Vermögensauskunft nach § 802c erforderlichen Unterlagen im Termin vorlegen. Er muss daher nach Erhalt der Ladung mit der Zusammenstellung dessen beginnen, was er zur nachvollziehbaren vollständigen Darstellung seiner Vermögensverhältnisse im Termin über sein Gedächtnis hinaus braucht. Eine Erklärung mit Nichtwissen oder Noch-nicht-wissen ist nur im Rahmen des ihm bis zum Termin nicht Zumutbaren erlaubt. Man sollte insofern strenge Anforderungen stellen. 67

Überforderung kann trotzdem vorliegen. Sie hängt von den Umständen ab, vom Zeitraum zwischen Ladungszugang und Termin, vom Zustand des Schuldners und seiner Angehörigen oder Mitarbeiter, von Auskünften des Finanzamts oder anderer Behörden und von vielen anderen Merkmalen. Immerhin ist der Schuldner schon wegen § 156 StGB zur Wahrhaftigkeit verpflichtet, also auch zur Vollständigkeit. 68

2. Umfang, V 1. Dazu verweist VI 1 auf § 802c I, II. Vgl. daher dort. Der Gerichtsvollzieher achtet nach § 138 II 4 GVGA auf Vollständigkeit. Er lässt sich nach § 138 II 6 GVGA eidesstattlich versichern, dass der Schuldner nach bestem Wissen und Gewissen richtig und vollständig Auskunft erteilt habe. 69

3. Errichtung eines elektronischen Dokuments, V 1. Unabhängig von der Art und Form der Angaben des Schuldners darf und muss der Gerichtsvollzieher das amtliche „Vermögensverzeichnis" (nicht zu verwechseln mit dem Schuldnerverzeichnis des § 882b) nach der klaren Anweisung des V 1 nach § 138 II 2 GVGA in einem elektronischen und daher nicht nur schriftlichen Dokument errichten oder fertigen. Das gilt selbst bei einer wörtlich übernehmbaren Schuldnerfassung welcher Form auch immer. Eine elektronische Fassung aus der Hand des Schuldners mag für den Gerichtsvollzieher unverändert übernehmbar sein, ebenso ein entsprechend erstellter Teil zB des Steuerberaters des Schuldners usw., auch seiner Bank. 70

Grund des Erfordernisses eines elektronischen Dokuments ist eine Bemühung um optimale weitere Verwend- und Versendbarkeit an wen auch immer. Das muss man bei der Art der Fassung und Benennung der Aufstellung durch den Gerichtsvollzieher mitbedenken. 71

4. Vorlesung, Bildschirmwiedergabe, V 2. Nach der Errichtung des Vermögensverzeichnisses darf und muss der Gerichtsvollzieher die Fassung vor weiteren Schritten zunächst dem Schuldner entweder vorlesen oder zur Durchsicht auf einem Bildschirm wiedergeben. Beides kann auch teilweise in der einen und teilweise in der anderen Form geschehen. Insgesamt muss der Schuldner den vollen von ihm anschließend eidesstattlich zu bekräftigenden Text optisch und/oder akustisch prüfen können. 72

Angemessene Zeit muss der Gerichtsvollzieher dem Schuldner und daher auch seinem vielleicht miterschienenen ProzBev oder sonstigen Helfer wie etwa einem leitenden Mitarbeiter oder Berater lassen. Korrekturwünsche muss der Gerichtsvollzieher befolgen. Er muss dem Schuldner nach § 138 II 3 GVGA schwierige Begriffe erläutern. Widersprüche usw. muss er aber durchaus stehenlassen. Man kann §§ 159 ff. mitheranziehen. V erfordert allerdings keine Genehmigung des Schuldners. 73

5. Auf Schuldnerverlangen Erteilung eines Ausdrucks, V 3. Sie erfolgt nicht von Amts wegen. Ein Verlangen kann auch nachträglich erfolgen und ist dann unverzüglich zu erfüllen, AG Pirna DGVZ 2017, 43; aM AG Drsd DGVZ 2015, 150. Der Ausdruck muss vollständig und einwandfrei auch ohne Hilfsmittel lesbar sein. 74

XX. Hinterlegung, VI 1 Hs. 1. Der Gerichtsvollzieher behält eine Kopie des Vermögensverzeichnisses bei seiner Handakte. Er leitet aber das Verzeichnis unverzüglich dem Zentralen Vollstreckungsgericht des § 802k I 1 zu und vermerkt den Abgangszeitpunkt in seiner Akte. Das sollte nach § 140 I 1 GVGA spätestens nach drei Werktagen erfolgen, und zwar nach § 140 I 2 GVGA elektronisch und nach den zugehörigen landesrechtlichen Vorschriften. Er speichert die Eintragungsmitteilung des Zentralen Vollstreckungsgerichts nach § 5 II 3 VermVV elektronisch nach § 140 II 1 GVGA. 75

XXI. Zuleitung eines Ausdrucks an Gläubiger, VI 1 Hs. 2 VI 2. Diese weitere Maßnahme erfolgt evtl. an den ProzBev des Gläubigers nach § 81. Sie geschieht ebenfalls unverzüglich und vollständig in lesbarer Form wie bei → Rn. 74. Nur **dieser** Ausdruck an den Gläubiger muss den Vermerk der Übereinstimmung nach VI 2 enthalten. § 802d I 3, II gelten entsprechend (Begrenzung der Nutzungsbefugnisse des Gläubigers, Möglichkeit bloß elektronischer Zuleitung). Der Vermerk lautet: „Dieser Ausdruck stimmt mit dem Inhalt des Vermögensverzeichnisses überein" und enthält nach § 140 III 4 GVGA Datum, Unterschrift, Namen und Dienstbezeichnung des Gerichtsvollziehers. Dasselbe gilt von der Bescheinigung der Übereinstimmung des nach § 140 III 5 GVGA an den Gläubiger übermittelten elektronischen Dokuments. Der Gerichtsvollzieher kann nach § 140 III 3 GVGA auf Gläubigerantrag auch nach § 802d II vorgehen. Alles das gilt auch bei § 802d I, AG Schwerin DGVZ 2015, 258. 76

XXII. Kosten, I–VI. Vgl. § 788 und die einschlägigen Teile des GvKostG, Toussaint/Uhl GvKostG. 77

XXIII. Verstoß, Rechtsbehelfe, I–VI. Es gelten § 802l und ferner (nur noch) §§ 766, 793, aM LG Kiel DGVZ 2013, 214; AG Bln-Schöneb JurBüro 2014, 105; Hascher/Schneider JurBüro 2014, 60 (aber auch eine Ankündigung gehört schon zur Vollstreckung). 78

802g *Erzwingungshaft.*

I [1]Auf Antrag des Gläubigers erlässt das Gericht gegen den Schuldner, der dem Termin zur Abgabe der Vermögensauskunft unentschuldigt fernbleibt oder die Abgabe der Vermögensauskunft gemäß § 802c ohne Grund verweigert, zur Erzwingung der Abgabe einen Haftbefehl. [2]In dem Haftbefehl sind der Gläubiger, der Schuldner und der Grund der Verhaftung zu bezeichnen. [3]Einer Zustellung des Haftbefehls vor seiner Vollziehung bedarf es nicht.

II [1]Die Verhaftung des Schuldners erfolgt durch einen Gerichtsvollzieher. [2]Der Gerichtsvollzieher händigt dem Schuldner von Amts wegen bei der Verhaftung eine beglaubigte Abschrift des Haftbefehls aus.

Schrifttum: Metz NJW 2015, 3340 (Grdz.).

Übersicht

1 **I. Systematik, I, II.** Bei I handelt es sich um die räumlich erste einer Reihe von Vorschriften nach §§ 802h–802j. Sie klären, unter welchen Voraussetzungen und mit welchen Folgen das Gericht für den Gläubiger die von diesem benötigte Auskunft des Schuldners wenigstens indirekt auf dem Weg über physischen wie psychischen Druck zwar nicht erzwingen, wohl aber eher herbeiführen kann, Wiedemann DGVZ 2004, 129 (131). Die Vorschrift ist zumindest in ihrer ersten Alternative mit dem GG vereinbar, BVerfG NJW 2018, 531; OLG Mü VersR 1992, 875; Fischer/Weinert DGVZ 2006, 33 (39). Zum Problem Bittmann Rpfleger 1983, 261. § 284 AO hat den Vorrang, BGH NJW 2008, 3504; Wältermann MDR 2009, 724 (729). § 765a bleibt anwendbar.

2 **II 1** nennt eine funktionelle Zuständigkeit. Er dient wie **II 2** der Verringerung des Risikos irgendwelcher Irrtümer bei einer Freiheitsbeschränkung. Dasselbe geschieht entsprechend zB § 114a StPO bei der Bekanntgabe eines Haftbefehls. Man muss diesen Teil der Vorschrift daher streng auslegen. Zum Altfall AG Augsb DGVZ 2013, 117.

3 **II. Regelungszweck, I, II.** Der Haftbefehl dient einer zulässigerweise abverlangten Vermögensauskunft, BGH NJW 2015, 2268; LG Stgt DGVZ 2015, 129. Als eine freiheitsbeschränkende Maßnahme erhält der Haftbefehl seine Deckung durch die EMRK, LG Kblz DGVZ 2008, 105, und durch Art. 2 II 3 GG, OLG Karlsr MDR 1999, 567. Der Richter muss jede Haftanordnung streng prüfen. Richter wie Rpfleger dürfen jede Haftaufhebung an sich großzügiger handhaben. Dabei darf man aber das durch den Vollstreckungstitel eröffnete, in diesem Haftstadium aber meist noch weit entfernte Ziel der Gläubigerbefriedigung nicht ganz aus den Augen verlieren.

4 **III. Geltungsbereich, I, II.** Die Vorschrift gilt in allen Arten von Verfahren zwecks Vermögensauskunft nach der ZPO, auch bei § 890 nach § 1 I Nr. 3, II JBeitrG, BVerfG NJW 2018, 531, auch im WEG-Verfahren. Im FamFG-Verfahren gilt nach § 35 III 3 FamFG evtl. S. 2 entsprechend. Ein Antrag auf die Eröffnung des Insolvenzverfahrens hindert nach → § 775 Rn. 10, §§ 21, 98 InsO, § 147 GVGA nicht. Im landesrechtlichen Verwaltungszwangsverfahren gilt § 802g evtl. nur begrenzt, AG Neust/Rbge DGVZ 2013, 216.

5 **IV. Voraussetzungen eines Haftbefehls, I 1.** Der Amtsrichter muss ohne ein Ermessen gegen den Schuldner einen Haftbefehl dann erlassen (die frühere Unterscheidung zwischen Haftanordnung und Haftbefehl ist entfallen), wenn eine der beiden folgenden Voraussetzungen vorliegt, Wältermann MDR 2009, 724. LG Bln DGVZ 2008, 106 hält sogar wissentlich falsche Angaben für ausreichend. Nicht ausreichend ist eine Nichtbeitreibbarkeit von Zwangsgeld nach § 888, vgl. aber BAG NJW 2010, 1164, LAG Hessen BeckRS 2020, 39930.

6 **1. Entweder: Vorwerfbares Nichterscheinen.** Ein Haftbefehl ergeht dann, wenn der Schuldner in dem ersten Termin zur Abgabe der Auskunft trotz seiner ordnungsmäßigen Ladung nach § 218 unentschuldigt fernbleibt, BGH NJW 2015, 2268; KG Rpfleger 1996, 253 (zust. Gleußner).

2. Beispiele zur Frage eines Nichterscheinens, I 1

7 **von Amts wegen:** Der Richter muss alle von Amts wegen zu beachtenden Voraussetzungen prüfen, BGH NJW 2015, 2268; OLG Zweibr NJW-RR 1988, 695; LG Stendal DGVZ 2003, 188. Auch „Rechtsschutzinteresse", „Verhältnismäßigkeit".

Beweiserhebung: Das Gericht muss notfalls nach §§ 355 ff. klären, ob eine Entschuldigung des Schuldners zutrifft.

Entschuldigung: Beachtlich sein kann eine solche des Schuldners, Wältermann MDR 2009, 724. Sie wirkt aber nur nach den in → § 802f Rn. 45 genannten Grundsätzen. Der Schuldner muss einen Entschuldigungsgrund nicht nach § 294 glaubhaft machen. Das Gericht muss notfalls nach §§ 355 ff. klären. Vgl. auch → § 802f Rn. 64.

Haftunfähigkeit: Zu beachten ist sie erst im Rahmen von § 802h II.

Leistungsunfähigkeit: Unstatthaft wird ein Haftbefehl bei ihrem Feststehen. Aber auch „Ungewissheit".

Ratenangebot: Statthaft bleibt ein Haftbefehl auch bei einem nur telefonischen solchen Angebot des Schuldners und bei seinem Ausbleiben im Termin, LG Kblz DGVZ 2009, 113.

Rechtsschutzinteresse: Der Richter muss es stets mitprüfen, vgl. LG Sieg BeckRS 2020, 21565.

Ungewissheit: Statthaft ist ein Haftbefehl auch bei einer bloßen Ungewissheit über die Vermögensverhältnisse des Schuldners, BVerfGE 61, 126 (134) (zust. Bittmann Rpfleger 1983, 261). Aber auch „Entschuldigung".

Verhältnismäßigkeit: Der Richter muss auch diesen Grundsatz mitprüfen, BVerfG NJW 2018, 531; AG Bad Segeberg SchlHA 2019, 34 (unangemessene Dauer des Erlassverfahrens); Morgenstern NJW 1979, 2277.

Widerspruch: Statthaft ist ein Haftbefehl auch nach einem Widerspruch des Schuldners in einem früheren Termin dann, wenn er im jetzigen Termin unentschuldigt ausbleibt.

Zustellung: Statthaft ist ein Haftbefehl nur nach einer ordnungsgemäßen förmlichen Zustellung der Ladung nach §§ 166 ff., LG Stendal DGVZ 2003, 188; LG Karlsr DGVZ 2000, 89.

Zeitpunkt: Maßgeblich ist der Zeitpunkt der Entscheidung über den Haftantrag.

3. Oder: Grundlose Verweigerung. Ein Haftbefehl ergeht auch dann, wenn der Schuldner im Termin die Abgabe der Vermögensauskunft nach § 802c grundlos verweigert, BGH NJW 2015, 2268; LG Bln Rpfleger 1992, 74 (abl. Jelinsky). Das ist dann so, wenn der Schuldner keinen Widerspruch eingelegt oder diesen nicht oder nur unzulänglich begründet hat, LG Bln Rpfleger 1998, 167 (Gefälligkeitsattest); LG Wuppert Rpfleger 1981, 25. 8

4. Person des zu Verhaftenden. Der Haftbefehl richtet sich gegen den Schuldner. Bei einer prozessunfähigen richtet er sich gegen den gesetzlichen Vertreter, Zöller/Seibel Rn. 10; bei einer juristischen Person gegen den organschaftlichen Vertreter, nicht gegen etwaige Vertreter einer Zweigniederlassung, LG Landshut DGVZ 2022, 88. 9

V. Haftbefehl, I 1–3. Man muss zahlreiche Fragen klären. Ein sog. Zwischen-Vorführungsbefehl ist unstatthaft, LG Paderb Rpfleger 2005, 208 (zust. Schneider). 10

1. Antrag. Notwendig ist ein **Antrag** des Gläubigers. Er ist ein Vollstreckungsauftrag nach § 753 I, II BGH NJW 2015, 2268. Es kann auch das Finanzamt beantragen, BGH NJW 2008, 3504, oder die Gerichtskasse nach § 6 I Nr. 1 JBeitrG, BGH NJW 2015, 2268; LG Stgt DGVZ 2015, 129. 11

Der Antrag ist eine **Parteiprozesshandlung.** Er braucht eine eigenhändige Unterschrift, BGH NJW 2015, 2268; LG Stgt DGVZ 2015, 129; AG Günzburg DGVZ 2010, 235. Der Gläubiger kann den Antrag als einen Hilfsantrag schon vor dem Termin schriftlich stellen. Er kann ihn schon mit dem Antrag auf eine Vermögensauskunft verbinden, LG Karlsr DGVZ 2018, 165; AG Heidelb JurBüro 2018, 215. Bei elektronischer Einreichung gelten §§ 130a–130d. Allerdings genügt der Vollstreckungsauftrag nach § 754 I nicht. § 754a I ist nicht anwendbar, BGH NJW-RR 2021, 1651. Der Gläubiger kann den Haftantrag auch im oder nach dem Termin stellen. Es besteht kein Anwaltszwang. Wird ein Rechtsanwalt für den Gläubiger tätig, ist die Vorlage einer Originalvollmacht nicht erforderlich, AG Kiel, NJW-RR 2022, 353. Das Hauptzollamt hat als Gläubiger keine stärkere Stellung als ein anderer Gläubiger, aM LG Bochum DGVZ 1998, 62. Ein Antrag auf Abnahme der Vermögensauskunft für den Fall des Haftbefehls (Stufenantrag) ist statthaft, LG Stgt DGVZ 2017, 174; AG Mannh DGVZ 2017, 59. Der Antrag darf keine weitere Bedingung enthalten, AG Ludwigsb DGVZ 2017, 175. Ein nur zum außergerichtlichen Forderungseinzug befugtes Inkassounternehmen ist nicht vor dem Richter antragsberechtigt, LG Köln DGVZ 2002, 153. Der Gerichtsvollzieher muss den Antrag unverzüglich an das Amtsgericht weiterleiten, AG Bretten DGVZ 2014, 150 (auch zum Verstoß). Der Gläubiger ist nicht gezwungen einen Antrag auf Verhaftung zu stellen, er kann auch einen erneuten Antrag auf Abnahme der Vermögensauskunft stellen, wenn der Schuldner sich auf einen früheren Antrag hin geweigert hat, AG Heidelb DGVZ 2020, 184. § 802g sieht keine Frist vor, innerhalb der ein Antrag auf Erlass des Haftbefehls zu stellen ist; Verwirkung ist möglich, das Verstreichen von 6 Monaten genügt für sich gesehen aber nicht, LG Münst JurBüro 2021, 272. 12

2. Verfahren des Gerichtsvollziehers. Er leitet den Gläubigerantrag zusammen mit seiner Akte nach § 143 I GVGA unverzüglich an das nach §§ 764, 802 zuständige Vollstreckungsgericht weiter, nicht erst nach Vollzug der Eintragungsanordnung, AG Pforzheim JurBüro 2017, 660. 13

3. Verfahren des Vollstreckungsgerichts. Sachlich zuständig ist das Vollstreckungsgericht nach §§ 764, 802. Örtlich zuständig ist dasjenige AG, in dessen Bezirk der Schuldner beim Eingang des Gläubigerauftrags zur Abnahme der Vermögensauskunft Wohnsitz, Sitz oder Aufenthalt hatte, LG Ravensb DGVZ 2021, 196; LG Köln Rpfleger 1999, 549; Wältermann MDR 2009, 724. Funktionell zuständig ist nur der Richter. Denn nur er darf nach Art. 104 II 1 GG über die Zulässigkeit eines Freiheitsentzugs entscheiden, LG Kleve JurBüro 2013, 46; LG Lübeck DGVZ 2005, 141; LG Potsd Rpfleger 2000, 558. Alles das gilt auch in einer Steuersache nach § 284 VII, VIII AO, BGH NJW 2008, 3504; OLG Köln Rpfleger 2000, 461; Wältermann MDR 2009, 724 (ausf.). Es gilt auf Grund der Durchschrift der Anordnung der Vollstreckungsbehörde, LG Kassel DGVZ 1996, 27. Für die Frage, ob der Haftbefehl ergehen muss, ist die Sachlage im Termin maßgeblich, OLG Ffm Rpfleger 1991, 449; LG Bln Rpfleger 1991, 467. Wenn der nach § 4 II Nr. 2 RPflG zuständige Richter aber eine solche Tatsache kennt, die nach dem Schluss des Termins eingetreten ist und die einem Haftbefehl entgegensteht, darf er ihn nicht erlassen. § 758a ist anwendbar, LG Brschw DGVZ 1987, 58. 14

Der Richter **prüft** grundsätzlich nicht sämtliche Voraussetzungen der Zwangsvollstreckung, BGH NJW 2015, 2268; vgl. aber LG Drsd Rpfleger 1999, 501. Er prüft vielmehr grundsätzlich nur die **formelle Zulässigkeit** des Haftantrags, BGH NJW 2008, 3288 und NJW 2008, 3504; LG Lübeck DGVZ 2005, 141; Wältermann MDR 2009, 724 (727). Er prüft ferner das Rechtsschutzbedürfnis usw., BVerfGE 61, 126 (135); LG Düss JurBüro 1997, 324, und die Einhaltung des Grundsatzes der Verhältnismäßigkeit; LG Cottbus DGVZ 2007, 138 (nur noch streitige Kosten); LG Detm NJOZ 2002, 1852; Wältermann MDR 2009, 724 (726); aM OLG Köln Rpfleger 2000, 461; LG Gött JurBüro 2003, 658; LG Brschw NJOZ 2001, 1638 (aber das stellt eine Überforderung dar). Er prüft auch die Haftfähigkeit. Sie besteht nur bei einer natürlichen Person, LG Lübeck DGVZ 2007, 140; LG Köln MDR 2002, 1215. Der Richter darf einen in anderer Zwangsvollstreckungssache verhafteten Schuldner nachverhaften, einen in Untersuchungs- oder Strafhaft befindlichen nicht derart, AG Essen DGVZ 1995, 28; aM Bln-Tiergarten DGVZ 2000, 63. Der Gerichtsvollzieher muss den Schuldner zum ersten Termin nach § 802f I 2 förmlich geladen haben. Der Schuldner darf nicht schuldlos ausgeblieben sein, OLG Jena Rpfleger 1997, 446; KG OLGZ 93, 358. Eine Prüfung der Haftfähigkeit erfolgt erst bei § 802h II, vgl. OLG Karlsr MDR 1999, 567. 15

Mit dem Erlass des Haftbefehls **endet** das Verfahren auf die Vermögensauskunft nur insofern, als der Gläubiger danach keinen neuen Termin beantragen kann, LG Bln Rpfleger 1999, 188 (abl. Jüling); LG Saarbr DGVZ 1999, 91; aM Hornung DGVZ 1999, 33 (aber der Haftbefehl bezweckt die Abgabe gerade der bisher beantragten Auskunft). Das Auskunftsverfahren läuft bis zur Beendigung des Haftverfahrens wegen dessen Vorrangs nicht weiter. Es ist in diesem weiteren Sinn „unterbrochen“ und nicht etwa erledigt. 16

4. Antragszurückweisung. Eine Antragszurückweisung kann auch und muss grundsätzlich nach wie vor durch das „Gericht“ erfolgen, also durch den Rpfleger nach § 20 I Nr. 17 S. 1 RPflG. Denn die Zurückweisung ist keine dem Richter nach § 4 II Nr. 2 RPflG vorbehaltene Freiheitsentziehung, aM Metz NJW 2015, 3340. Der Gerichtsvollzieher kann nicht über einen Haftantrag auch nur abweisend entscheiden. 17

5. Stattgabe. Der Haftbefehl erfolgt nach § 4 II Nr. 2 RPflG nur durch den Richter, und zwar durch einen Beschluss nach § 329. Der Haftbefehl muss den in I 2 bezeichneten Inhalt haben, LG Bonn DGVZ 1980, 87. Er enthält evtl. auch die Namen der gesetzlichen Vertreter. Das gilt insbesondere dann, wenn er die Verhaftung des 18 gesetzlichen Vertreters anordnet, LG Freibg Rpfleger 1980, 117; AG Bbg DGVZ 1979, 31. Der Haftbefehl muss auch die Namen der ProzBev enthalten. Er muss auch den Vollstreckungstitel nach §§ 704, 794 usw. angeben, AG Westerburg DGVZ 2004, 174, MüKoZPO/Forbriger Rn. 10. Denn dieser ist die Grundlage der ganzen Zwangsvollstreckung. Der Haftbefehl muss ferner den Haftgrund angeben. Dagegen ist die Angabe einer sog. Lösungssumme, durch die der Schuldner die Vollstreckung abwenden könnte, weder notwendig noch sinnvoll. Denn §§ 802g ff. sehen desgleichen nicht vor. Der Richter muss seinen Haftbefehl grundsätzlich begründen. Vorsicht mit Textbausteinen, noch dazu durch ein Blanko-Formular, OLG Köln MDR 1990, 346. Der Richter muss den Haftbefehl in einem etwaigen Termin auch dann nach § 329 I 1 verkünden, wenn die eine oder die andere oder beide Parteien abwesend sind.

19 Das **Protokoll** braucht den Erlass des Haftbefehls nach § 160 III Nr. 6, 7, dann nicht zu erwähnen, wenn der Haftbefehl als eine Anlage zum Protokoll gekommen ist. Eine vollstreckbare Ausfertigung des Haftbefehls oder eine Vollstreckungsklausel nach § 725 ist nicht erforderlich. Bei einer Anordnung nach § 802c genügt als Haftgrund die Verweisung auf diese Vorschrift. Der Haftbefehl muss ergeben, ob die Auskunft nach § 802c oder nach § 802d erfolgen soll, LG Bonn DGVZ 1980, 87. Bei § 802i muss der Haftbefehl den Inhalt der Auskunft angeben.

20 **6. Mitteilung.** Wenn der Richter seinen Haftbefehl nicht verkündet, teilt er ihn nach I 3 dem Gläubiger nach § 329 II 1 mit und dem Schuldner grundsätzlich nicht mit. Der Gläubiger kann aber auch beantragen, den Haftbefehl dem Schuldner zuzustellen. Diese Zustellung tritt dann an die Stelle der in II 2 genannten Übergabe des Haftbefehls. Sie setzt die Beschwerdefrist in Gang, LG Düss Rpfleger 1980, 75. Der Erlass des Haftbefehls schließt das Verfahren in dieser Instanz ab. Der Schuldner darf seine Pflicht zur Abgabe der Auskunft weder auf Grund älterer noch mithilfe jüngerer Gründe anders als durch eine sofortige Beschwerde bemängeln. Der Gläubiger kann also auch nicht etwa einen neuen Termin zur Abnahme der Auskunft beantragen. Im Haftbefehl darf der Richter trotz § 802j I keine Zeitdauer für die Haft bestimmen.

21 **7. Erledigung.** Der Haftbefehl ist nicht schon dann erledigt, wenn der Gerichtsvollzieher den Schuldner zur Auskunft lädt. Er ist nämlich nach § 143 II 2 GVGA erst dann erledigt, wenn der Schuldner die Auskunft gibt oder wenn er zahlt, AG Kirchheim DGVZ 1983, 63; aM LG Kblz Rpfleger 1987, 255. Der Gerichtsvollzieher entlässt den Schuldner nach § 145 V 2 GVGA aus der Haft nach dessen Auskunftserteilung. Dann händigt er den Haftbefehl als eine behördliche Anordnung nicht etwa dem Schuldner nach § 757 aus, sondern reicht ihn dem Vollstreckungsgericht als nicht mehr ausführbar zurück.

22 **8. Aufhebung, Verbrauch.** Das Vollstreckungsgericht muss den Haftbefehl dann **aufheben,** wenn ein Rechtsbehelf des Schuldners Erfolg hat oder wenn er (vollständig, BGH MDR 2018, 1213) leistet, AG Schöneb JurBüro 2021, 665, oder wenn der Gläubiger mit der Aufhebung des Haftbefehls einverstanden ist oder wenn er auf das weitere Verfahren verzichtet oder den Antrag zurücknimmt, LG Frankenth Rpfleger 1986, 268. Eine Aufhebung kommt ferner aus den in § 802f genannten Gründen in Betracht, OLG Hamm MDR 1975, 939; LG Nürnb-Fürth DGVZ 2006, 74; LG Kblz MDR 1985, 418. Sie erfolgt auch noch nach dem Eintritt der formellen Rechtskraft nach §§ 329, 705. Diese Aufhebung erfolgt durch den Rpfleger nach → Rn. 17, AG Neuruppin Rpfleger 2004, 617. Er hebt den Haftbefehl aber nicht schon dann auf, wenn der Schuldner in einer anderen Sache eine Auskunft gibt, aM LG Frankenth Rpfleger 1986, 268. Das gilt unabhängig davon, ob er diese Auskunft vor oder nach dem Erlass des hier fraglichen Haftbefehls abgegeben hat. Ein solcher Umstand hindert nur die weitere Vollziehung des hier erlassenen Haftbefehls, LG Bln Rpfleger 1977, 35. Keine Aufhebung erfolgt schon dann, wenn der Schuldner eine bloße Teilzahlung anbietet oder erbringt, BGH NJW-RR 2019, 317; LG Ffm DGVZ 2003, 41.

23 Ein **Verbrauch** des Haftbefehls kann infolge der Zahlung jenes Teils der Gesamtforderung eintreten, auf den der Gläubiger das Verfahren zulässigerweise beschränkt hatte, LG Freibg/Br DGVZ 1992, 15; LG Lüb DGVZ 1989, 72; LG Stade DGVZ 1988, 28; AG Kenzingen DGVZ 1992, 15. Wegen der Löschung in der Schuldnerliste § 882e. § 802g ist bei einer Erzwingungshaft nach dem OWiG unanwendbar.

24 **Gebühren:** Keine besonderen.

25 **VI. Verhaftung, II 1.** Vorbereitung und Durchführung erfordern eine große Sorgfalt.

26 **1. Antrag; Zuständigkeit.** Bei elektronischer Einreichung gelten §§ 130a–130d. Derjenige Gerichtsvollzieher muss den Schuldner verhaften, in dessen Bezirk die Verhaftung durchgeführt werden soll, vgl. OLG Celle DGVZ 1999, 73; AG Achim DGVZ 2021, 175; AG Lingen DGVZ 2021, 147; Schilken DGVZ 1989, 33; vgl. aber LG Potsd DGVZ 2018, 72 (nach § 764 der Gerichtsvollzieher des Schuldneraufenthalts); AG Heidelberg DGVZ 2018, 216. Ein solcher Antrag kann auch darin liegen, dass der Gläubiger den Gerichtsvollzieher nach § 754 I beauftragt, wenn der Gläubiger zugleich einen Haftkostenvorschuss nach § 4 GvKostG bezahlt, so schon OLG Schlesw Rpfleger 1976, 224 (es hält eine Beschränkung des Antrags auf einen Teil des Vollstreckungstitels für zulässig; zum Problem Schilken DGVZ 1989, 33 [35] ausf.). Ein Haftkostenvorschuss kommt allenfalls nach § 68 GKG, KV 9010, § 4 GvKostG in Betracht. Die Verbindung eines auch stillschweigend möglichen Pfändungsauftrags mit dem Haftauftrag ist zulässig. Ein bedingter Haftantrag ist unstatthaft, LG Bonn DGVZ 1987, 28, ebenso ein Verhaftungsantrag vor dem Erlass des Haftbefehls, AG Mülheim JurBüro 2021, 667; AG Köpenick JurBüro 2021, 388; AG Bretten DGVZ 2014, 150.

27 Der Gerichtsvollzieher ist nach § 284 AO, § 145 III 1 GVGA auch dann zuständig, wenn es um den Haftbefehl auf Grund des Antrags eines **Finanzamts** geht, LG Kassel DGVZ 1993, 189; LG Duisb DGVZ 1981, 184; AG Bad Segeberg DGVZ 1994, 11 (Vorführung beim Hauptzollamt); aM AG Bln-Schöneb DGVZ 1989, 190 (zuständig sei der Vollziehungsbeamte der Vollstreckungsbehörde des Finanzamts. Aber das Verfahren läuft beim Gericht). Zum weiteren Steuerverfahren § 145 III 2–8 GVGA. Der Gerichtsvollzieher amtiert ferner beim Vollzug einer Zwangshaft wegen einer Nichtauskunft nach dem BAföG, AG Waiblingen DGVZ 1997, 78, oder beim Vollzug nach dem JBeitrG, AG Recklinghausen DGVZ 1997, 190. Im Übrigen ist eine Rechtshilfe nicht erforderlich und auch nicht statthaft. Das gilt auch bei einem Soldaten.

28 **2. Prüfungsumfang.** Der Gerichtsvollzieher muss das Vorliegen aller Voraussetzungen der Verhaftung von Amts wegen prüfen, soweit er dazu überhaupt imstande ist. Wenn sich der Schuldner darauf beruft, er habe bereits in einem früheren Zeitpunkt eine Auskunft gegeben, muss der Gerichtsvollzieher zunächst den Gläubiger hiervon benachrichtigen, bevor er den Schuldner verhaftet. Die Bereitschaft des Schuldners zur Auskunft macht eine

Verhaftung unstatthaft, LG Ellwangen DGVZ 2015, 230. Wenn der Schuldner auch nur denjenigen Teilbetrag zahlt, bei dessen Begleichung der Gläubiger den restlichen Haftauftrag zurücknehmen will, ist der Haftbefehl verbraucht und unterbleibt die Verhaftung, LG Bielef DGVZ 1988, 14; AG Augsb DGVZ 2003, 191; AG Wiesb DGVZ 1997, 141; aM LG Stade JurBüro 1988, 927; AG Blomberg JurBüro 1993, 32 (aber dann ist insoweit eine Erfüllung eingetreten und deshalb die Vollstreckung beendet). Der Gerichtsvollzieher muss nach § 144 II 1 GVGA und nach → Rn. 29 prüfen, ob die Vollziehung wegen des Zeitablaufs unzulässig geworden ist. Er muss auch § 802h beachten. Soweit sich der Schuldner bereits in einer Untersuchungs- oder Strafhaft befindet, ist eine Zwangshaft nach II 1 unzulässig, LG Essen DGVZ 1995, 89; LG Bln DGVZ 1994, 11. Er darf nach vollständiger Schuldnerleistung nach § 144 III GVGA nicht mehr verhaften. Er fragt nach § 145 I 6 GVGA den Schuldner, wen dieser benachrichtigt haben möchte, und gibt ihm Gelegenheit zu einer Stellungnahme und zur Benachrichtigung der Angehörigen.

3. Weiteres Verfahren. Die Verhaftung erfolgt nach § 145 I GVGA, ferner nach §§ 759, 762. Weisungen des Gläubigers sind nur begrenzt beachtlich, AG Kassel DGVZ 1973 29 (abl. Seip). Der Gerichtsvollzieher darf dem Schuldner nach § 145 I 2 GVGA anheimgeben, in seinem Geschäftszimmer zu erscheinen, um Aufsehen zu vermeiden, AG Augsb DGVZ 2003, 191. Er darf dort mangels Auskunftserhalt verhaften, AG Aalen DGVZ 2015, 24. Er darf und muss die Verhaftung nämlich nach § 145 I 1 GVGA möglichst schonend vornehmen. Er muss dabei nach § 144 II 2 GVGA die öffentliche Sicherheit beachten. Er fordert nach § 145 I 3 GVGA nicht vor der Verhaftung nochmals zur Leistung auf, falls er damit rechnen muss, der Schuldner werde sich der Verhaftung entziehen oder Vermögen beiseiteschaffen. Er muss zB veranlassen, dass sich das Jugendamt um ein kleines Kind des Schuldners kümmert, OLG Mü NJW 1977, 1822; AG Mü DGVZ 1984, 30, oder um ein Haustier, AG Oldb DGVZ 1991, 174. Wegen der Verhaftung in der Wohnung eines den Zutritt nicht erlaubenden Dritten Christmann DGVZ 1988, 91. Der Gerichtsvollzieher muss zum Transport nicht den eigenen Wagen benutzen. Er kann nach § 4 GvKostG einen Vorschuss fordern, AG Ffm DGVZ 1998, 15. Die Hinzuziehung von Privatpersonen als „Verhaftungsgehilfen" zum Brechen möglichen Widerstands des Schuldners ist unzulässig, OLG Ffm BeckRS 2022, 12827. 29

Er liefert den Verhafteten unverzüglich nach § 145 I 8 GVGA in die nächste zur Aufnahme von Zivilhäftlingen bestimmte **Justizvollzugsanstalt** ein. Er übergibt den Haftbefehl dort nach § 145 I 9 GVGA dem zuständigen Bediensteten. Das geschieht auch bei einer Nachverhaftung nach § 146 I 2 GVGA. Er weist diesen nach § 145 I 10 GVGA darauf hin, dass der Schuldner jederzeit die Abnahme der eidesstattlichen Versicherung vor dem Gerichtsvollzieher des AG am Haftort verlangen kann und dass man ihm nach § 145 I 11 GVGA Hinderungsgründe nennen muss. Bei einer Nachverhaftung weist er den Justizbediensteten nach § 146 I 2 GVGA an, die weitere Haft erst nach der ersten zu vollziehen. Auch eine Untersuchungshaft hat nach § 146 III GVGA (ausf.) den Vorrang. Der Gerichtsvollzieher gibt dem Justizmitarbeiter auch die Vollstreckungsunterlagen nach § 145 I 12 GVGA. Das alles geschieht nach § 145 I 14 GVGA unabhängig von einer etwaigen sofortigen Beschwerde nach → Rn. 36. 30

Der Justizbedienstete **protokolliert** nach § 145 II 2 GVGA die Einlieferung auch nach dem Zeitpunkt. Der Gerichtsvollzieher protokolliert nach § 762 sein Gesamtverhalten nach § 145 II 1 GVGA auch bei einer Nachverhaftung nach § 146 II GVGA. 31

Mit der Verhaftung ist die Aufgabe des Gerichtsvollziehers **zunächst beendet.** Der Gerichtsvollzieher braucht nicht den Schuldner zwecks Nachforschungen in seine Wohnung zurückzuführen und den Schuldner anschließend erneut zu laden. Wenn der Schuldner Geschäftsbücher usw. einsehen muss, muss er sie herbeischaffen lassen. Wenn das nicht möglich ist oder wenn der Schuldner auskunftsbereit ist, muss der Gerichtsvollzieher den Schuldner bei sich vorführen, aM Finkelnburg DGVZ 1977, 1 (3). 32

Bei **Abwesenheit** des Schuldners vermerkt der Gerichtsvollzieher das und benachrichtigt den Gläubiger nach § 145 IV 1 GVGA. Er kann ihm nach § 145 IV 2 GVGA im Wiederholungsfall anheimgeben, einen Richterbeschluss zwecks Verhaftung an Sonnabenden, Sonntagen oder Feiertagen zu beantragen. 33

VII. Haftbefehlsaushändigung, II 2. Der Gerichtsvollzieher muss dem Schuldner im Zeitpunkt der Verhaftung den Haftbefehl von Amts wegen in einer beglaubigten Ablichtung oder Abschrift aushändigen, LG Ellwangen DGVZ 2015, 230, also auch ohne einen Antrag des Schuldners. Das gilt nach § 146 I 1 GVGA auch bei einer sog. Nachverhaftung desselben Schuldners, der schon in Haft sitzt. Ein bloßes Vorzeigen reicht keineswegs mehr. Eine Aushändigung ist für die Rechtmäßigkeit der Verhaftung wesentlich. Denn die Aushändigung ersetzt die förmliche Zustellung des Haftbefehls. Eine förmliche zusätzliche Zustellung ist also nicht notwendig, LG Tüb NJW-RR 2016, 832; Winterstein DGVZ 2004, 54; Blaskowitz DGVZ 2004, 55; vgl. auch OLG Stgt DGVZ 2016, 181. Sie ist aber nach → Rn. 20 zulässig. Der Gerichtsvollzieher lässt sie dann von Amts wegen nach §§ 166 ff. vornehmen, OLG Stgt DGVZ 2016, 181; AG Westerburg DGVZ 2003, 142; Kessel DGVZ 2004, 51; aM LG Ellwangen DGVZ 2016, 111; Winter DGVZ 2003, 137 (je: Parteizustellung nach §§ 191 ff.). Sie erfolgt gebührenfrei. Sie erfolgt evtl. an den ProzBev, § 172, LG Kaisersl Rpfleger 1989, 116. I 2 ist eine Sondervorschrift gegenüber § 329 III. Das ergibt schon sein Wortlaut. Die Vorschrift bezieht sich nicht nur auf die Zwangsvollstreckung, aM LG Lübeck Rpfleger 1981, 153; LG Düss Rpfleger 1980, 75. 34

Der Gerichtsvollzieher muss im Zeitpunkt der Verhaftung (nur) eine nach § 724 **vollstreckbare Ausfertigung** des Vollstreckungstitels **in Händen** haben, LG Ludwigsh DGVZ 1977, 191; AG Lörrach DGVZ 2010, 18; Birmanns DGVZ 1980, 118. Der Gerichtsvollzieher muss nach § 762 I, II Nr. 2, § 145 II 1 GVGA auch die Aushändigung des Haftbefehls protokollieren. Der Gerichtsvollzieher muss dem Schuldner auch erklären, was nun geschehen werde, notfalls durch die Einschaltung eines Dolmetschers nach § 185 GVG, LG Wuppert DGVZ 1983, 60. 35

VIII. Sofortige Beschwerde oder Erinnerung, I 1–3. Soweit der Rpfleger eine Entscheidung getroffen hat, gilt § 11 RPflG, zum Verfahren → § 104 Rn. 49. 36

1. Zulässigkeit. Der Gläubiger kann gegen eine Ablehnung eines Haftbefehls durch den Richter wie bei einer Ablehnung durch den Rpfleger die sofortige Beschwerde nach §§ 567 I Nr. 2, 793 einlegen. Der Schuldner kann gegen den Haftbefehl die sofortige Beschwerde nach §§ 567 I Nr. 1, 793 einlegen. Denn er hat vorher bei einem ordnungsmäßigen Verfahren das rechtliche Gehör grundsätzlich erhalten, OLG Ffm DGVZ 2004, 92; OLG Jena NJW-RR 2002, 626; aM OLG Mü DGVZ 1987, 73; Wieser Rpfleger 1990, 97 (102) (Erinnerung nach § 766). Ein Rechtsschutzbedürfnis (Beschwer) ist wie stets erforderlich, OLG Düss MDR 1995, 312, es 37 entfällt regelmäßig, wenn die Zwangsvollstreckung vollständig beendet ist, BGH NJW 2019, 2234. Eine Beschwerde schon vor Erlass des Haftbefehls findet nicht statt, AG Siegen BeckRS 2020, 47804.

38 **2. Frist.** Die Einlegungsfrist nach § 569 I 1 ist eine Notfrist nach § 224 I 2. Sie beginnt mit der Verkündung der Entscheidung nach § 329 I 1. Das gilt auch dann, wenn der ordnungsgemäß geladene und belehrte Schuldner abwesend war. Wenn das Gericht seine Entscheidung nicht verkündet hatte, beginnt die Beschwerdefrist mit der Übergabe des Haftbefehls nach II 2. Denn der Haftbefehl wird dem Schuldner nach I 3 in der Regel nicht förmlich zugestellt. Wenn aber der Gläubiger den Haftbefehl dem Schuldner zustellen lässt, beginnt die Beschwerdefrist für den Schuldner mit der Zustellung nach § 569 I 2, 3 und zwar evtl. an seinen ProzBev nach §§ 81, 172, LG Kaisersl Rpfleger 1989, 116.

39 **3. Begründung.** Es sind bis zur formellen Rechtskraft nach §§ 329, 705 folgende Begründungen denkbar. Der Schuldner kann zunächst angeben, der Haftbefehl sei nach I 1 unzulässig gewesen, OLG Hamm Rpfleger 1977, 111; LG Aschaffenb DGVZ 1993, 76, etwa weil der Gerichtsvollzieher den ausgebliebenen Schuldner nicht korrekt geladen habe oder weil sich der im Weg einer Ersatzzustellung nach §§ 178 ff. geladene Schuldner im Ausland aufgehalten habe oder weil man dem Schuldner die Ladung verheimlicht habe und weil er deshalb gar nicht säumig gewesen sei, OLG Ffm Rpfleger 1975, 67.

40 Der Schuldner kann ferner angeben, er sei zur Abgabe der Vermögensauskunft nach § 802c **nicht verpflichtet.** Dieser Einwand ist insoweit unzulässig, als ihn der Schuldner im Termin durch einen Widerspruch gegenüber dem Antrag des Gläubigers auf die Abgabe der Auskunft hätte geltend machen können, aM OLG Ffm Rpfleger 1976, 27; LG Hann Rpfleger 1986, 187. Der Schuldner kann schließlich angeben, es seien nach dem Termin solche **neuen** Tatsachen eingetreten, die eine Einwendung begründen könnten. **Unzureichend** ist ein Einwand gegen die Forderung.

41 **4. Weiteres Verfahren.** Wenn der Schuldner die Vermögensauskunft mittlerweile abgegeben hat, fehlt von nun an seine Beschwer, aM OLG Hamm Rpfleger 1977, 111; OLG Stgt OLGZ 79, 116; LG Limbg DGVZ 1985, 44. Die Unkenntnis des ordnungsgemäß verkündeten Haftbefehls ist kein Grund zu einer Wiedereinsetzung in den vorigen Stand nach § 233. Das Gericht muss von Amts wegen beachten, ob der Schuldner die Auskunft schon früher abgegeben hatte. Wenn das Gericht den Schuldner versehentlich entlassen hat, muss es auf Grund eines Antrags des Gläubigers einen neuen Haftbefehl erlassen. Eine Schuldnerinsolvenz ist für die Zulässigkeit des Rechtsmittels unschädlich, LG Frankenth MDR 1986, 64. Die Beschwerde hat gemäß §§ 570 I, 575 V aufschiebende Wirkung; eine Aussetzung der Vollziehung ist daher nicht erforderlich, BGH NJW-RR 2021, 1000.

42 **IX. Vollstreckungsabwehrklage, I 1–3.** Soweit der Gläubiger sich weigert, die Aufhebung des Haftbefehls zu bewilligen, obwohl der Schuldner an ihn geleistet hat, kommt für den Schuldner nur die Vollstreckungsabwehrklage nach § 767 in Betracht.

802h *Unzulässigkeit der Haftvollstreckung.* **I Die Vollziehung des Haftbefehls ist unstatthaft, wenn seit dem Tag, an dem der Haftbefehl erlassen wurde, zwei Jahre vergangen sind.**

II Gegen einen Schuldner, dessen Gesundheit durch die Vollstreckung der Haft einer nahen und erheblichen Gefahr ausgesetzt würde, darf, solange dieser Zustand dauert, die Haft nicht vollstreckt werden.

1 **I. Systematik, I, II.** Beide Absätze sind Ausnahmen von § 802g. Man muss die Vorschrift vom Erlass des Haftbefehls nach § 802g I durch den Richter klar unterscheiden. Die Verhaftung setzt einen Haftbefehl voraus. Der Pfändungs- und der Verhaftungsauftrag sind verbindbar, LG Kblz JurBüro 1998, 214. I ist dem § 929 II nachgebildet, BGH NJW 2006, 1290.

2 **II. Regelungszweck, I, II.** Die Einzelvollstreckung findet **Grenzen** nicht nur im Verhältnismäßigkeitsgebot, sondern auch im Grundrecht der Menschenwürde nach Art. 1 GG. Zu dessen Beachtung gehört auch der Schutz des Schuldners vor einer ernsthaften Gefährdung des im Rang über den Vermögensinteressen des vollstreckenden Gläubigers stehenden Gesundheit.

3 **III. Geltungsbereich, I, II.** Bei II steht einem Grundsatz eine wichtige Ausnahme gegenüber. Vgl. die Beispiele → Rn. 9. Der Gerichtsvollzieher muss nach § 144 II 1 GVGA den § 802h beachten.

4 **IV. Unstatthaftigkeit wegen Zeitablaufs, I.** Die Vollziehung des Haftbefehls ist dann unstatthaft, wenn seit dem Tag seines Erlasses zwei Jahre vergangen sind, LG Osnabr DGVZ 2020, 205. Jedes Vollstreckungsorgan muss diese Unstatthaftigkeit von Amts wegen beachten. Das Ende einer Strafhaft vor dem Fristablauf nach I reicht zu ihrer Verbüßung ohne eine Unterbrechung zwecks Erzwingungshaft, OLG Mü NJW-RR 2008, 1743.

5 **„Erlassen"** ist der Haftbefehl mit der Unterschrift des Richters. Der Eingang des Verhaftungsantrags reicht, BGH NJW 2006, 1290; LG Osnabrück DGVZ 2020, 205; LG Brem JurBüro 2018, 378; AG Naumb JurBüro 2018, 324. Sie gilt als an demjenigen Tag erfolgt, unter dem er unterzeichnet hat und der auf der vollstreckbaren Ausfertigung steht. Der Nachweis einer unrichtigen Datierung oder eines Abschreibfehlers usw. ist nur nach § 418 II statthaft. Die 2-Jahres-Frist errechnet sich nach § 222.

6 **V. Aufschub wegen Gesundheitsgefährdung, II.** Einem Grundsatz steht nach II eine wichtige Ausnahme gegenüber.

7 **1. Grundsatz: Keine besondere Schonung, I.** Vgl. wegen einer Gesundheitsgefährdung beim Auskunftstermin → § 802f Rn. 51. II nimmt Rücksicht auf Art. 2 GG, BVerfG DGVZ 2008, 124. Die Vorschrift regelt bei einer Gesundheitsgefährdung des Schuldners den Vollzug der Haft. Sie begrenzt aber nicht etwa die Pflicht des Schuldners zur Abgabe der eidesstattlichen Versicherung, OLG Jena Rpfleger 1997, 446; AG Göpp JurBüro 2005, 552. Sie begrenzt auch nicht den Erlass des Haftbefehls, OLG Karlsr MDR 1999, 567; Metz NJW 2015, 3340 (3343). Auch eine erhebliche seelische Schädigung kann eine Gesundheitsgefährdung bedeuten, OLG Mü NJW 1977, 1822. Der Gerichtsvollzieher wie das Gericht dürfen den Schuldner aber nicht besonders schonen, AG Bln-Schöneb DGVZ 1982, 14. Sie dürfen die Vorschrift auch nicht ausdehnend auslegen, OLG Jena Rpfleger 1997, 446; aM AG Bln-Schöneb DGVZ 1982, 14, vgl. auch OLG Hamm DGVZ 1983, 137. Das gilt etwa dann, wenn der Schuldner Familienangehörige versorgen muss. Denn der Schuldner kann sich ja anders als bei § 456

StPO jederzeit der Gefahr einer Haft dadurch entziehen, dass er die eidesstattliche Versicherung abgibt, OLG Köln Rpfleger 1995, 220. Deshalb ist § 765a auch nur in den seltensten Fällen anwendbar, OLG Mü NJW 1977, 1822.

2. Ausnahme: Gesundheitsgefährdung, II. Der Gerichtsvollzieher muss allerdings eine Gesundheitsgefährdung des Schuldners von Amts wegen beachten, BVerfG DGVZ 2008, 123. Wenn sie nachweisbar oder auf Grund eines Augenscheins nach §§ 291, 371 offensichtlich ist, darf der Gerichtsvollzieher die Verhaftung nicht ausführen, OLG Karlsr DGVZ 1993, 8; OLG Mü NJW 1977, 1822; LG Brschw DGVZ 1989, 28; aM LG Hann DGVZ 1982, 119 (aber → Rn. 2). Er muss seine Entscheidung begründen, LG Bln DGVZ 1975, 167. 8

3. Beispiele zur Frage eines Haftaufschubs, II

Allgemeinarzt: Sein Attest kann durchaus reichen, AG Bensheim DGVZ 2004, 76. 9

Altersleiden: Allgemeine Altersbeschwerden eines Hochbetagten können ausreichen, AG Kblz DGVZ 1986, 126.

Amtsarzt: Ein amtsärztliches Attest ist grds. nicht erforderlich, LG Hann DGVZ 1982, 119; AG Fürth/Odw DGVZ 1993, 191; aM Midderhoff DGVZ 1982, 81. Es ist auch nicht von vornherein besser geeignet als ein einfaches Arztattest, LG Saarbr DGVZ 2010, 16. Auch „Arzt", „Attest".

Anstaltskrankenhaus: Das Verbot einer Verhaftung besteht auch dann, wenn der Haftvollzug etwa in einem Anstaltskrankenhaus erfolgen müsste,OLG Jena Rpfleger 1997, 446; OLG Karlsr DGVZ 1993, 8; OLG Bbg DGVZ 1990, 39.

Arbeitsunfähigkeitsbescheinigung: Sie reicht grds. **nicht,** AG Göpp JurBüro 2005, 552.

Arzt: Der Gerichtsvollzieher braucht mangels ausreichender Anhaltspunkte nach → „Ermessen" oder mangels eines Attests den Schuldner weder von Amts wegen noch auf einen Antrag einem Arzt vorzuführen, LG Lüb DGVZ 2008, 126; AG Hochheim DGVZ 1981, 15; Midderhoff DGVZ 1982, 81. Auch „Amtsarzt", „Attest".

Attest: Ungeachtet der Notwendigkeit einer strengen Prüfung nach → Rn. 6 kann zumindest ein Amtsarztattest ausreichen, BVerfG DGVZ 2008, 123, und nötig sein, LG Frankenth JurBüro 1985, 792. Das gilt auch nach einem Jahr, LG Aachen DGVZ 1999, 43. Auch ein näher begründetes privatärztliches Attest kann ausreichen, LG Hann DGVZ 1990, 59; LG Brschw DGVZ 1989, 28 (notfalls weitere Atteste anfordern); strenger AG Brem JurBüro 2011, 159 (aber nach mehreren Monaten kann sich der Gesundheitszustand erheblich verschlechtert haben); AG Mönchengladb DGVZ 1986, 1276. Ein Gefälligkeitsattest reicht **nicht,** LG Lübeck DGVZ 2008, 126. Der Schuldner muss die Kosten eines Attests selbst tragen, Schneider JR 1978, 182; aM AG Bln-Schöneb DGVZ 1982, 14 (vgl. aber → § 788 Rn. 31 „Arzt"). Auch „Amtsarzt", „Arzt".

Äußere Anzeichen: Eine Gesundheitsgefährdung nach II ist grds. erst dann nach § 291 offensichtlich, wenn äußere Anzeichen auch für einen Laien zwingend einen Haftaufschub erfordern, AG Eschwege DGVZ 1992, 139; AG Hochheim DGVZ 1981, 15. Auch → „Strenge Prüfung".

Bluthochdruck: Er kann bei einer Lebensbedrohung ausreichen, selbst wenn es dem Schuldner nur darum geht, die eidesstattliche Versicherung zu vermeiden, OLG Düss DGVZ 1996, 27.

Dialyse: Ihre Notwendigkeit dreimal wöchentlich kann ausreichen, AG Pirmasens DGVZ 1983, 127.

Ermessen: Ungeachtet der Notwendigkeit bestimmter tatsächlicher Feststellungen zur Haftunfähigkeit, s. „Feststellungen", handelt der Gerichtsvollzieher doch praktisch nach seinem pflichtgemäßen Ermessen, LG Hann DGVZ 1982, 119; LG Gött DGVZ 1981, 10; AG Hochheim DGVZ 1981, 15; vgl. auch OLG Köln DGVZ 1995, 7.

Feststellungen: Der Gerichtsvollzieher muss zur Haftunfähigkeit schriftliche bestimmte Feststellungen treffen, LG Bln DGVZ 1975, 167. Auch „Ermessen".

Gleichheitsgrundsatz: Der Gerichtsvollzieher muss stets den Gleichheitsgrundsatz nach Art. 3 GG beachten, Schneider JurBüro 1977, 1673.

Haustermin: → „Wohnung".

Herzerkrankung: Eine schwere Herzkrankheit kann ausreichen, OLG Bbg DGVZ 1990, 39, noch gar bei einem 81jährigen, AG Bln-Schöneb DGVZ 1982, 14.

Lebensgefahr: Sie reicht, OLG Düss DGVZ 1996, 27.

Menschenwürde: Der Gerichtsvollzieher muss stets die Menschenwürde nach Art. 1 GG beachten, Schneider JurBüro 1977, 1673.

Strenge Prüfung: Ob eine Haftunfähigkeit vorliegt, muss der Gerichtsvollzieher nach einem strengen Maßstab prüfen, OLG Jena Rpfleger 1997, 446; LG Saarbr DGVZ 2010, 17; AG Wolfenbüttel DGVZ 1989, 28. Auch → „Äußere Anzeichen", aber auch → „Attest".

Vorführung: Der Gerichtsvollzieher darf einen nach seiner pflichtgemäßen Ermessensentscheidung haftunfähigen Schuldner nicht mehr zur Ableistung der eidesstattlichen Versicherung bei (jetzt:) sich selbst vorführen, (je zum alten Recht) OLG Bbg DGVZ 1990, 39; OLG Hamm DGVZ 1983, 137; aM AG Mü MDR 1993, 471 (aber Haftunfähigkeit ist stets beachtlich). Aber auch „Wohnung".

Wohnung: Der Gerichtsvollzieher muss demjenigen Schuldner, der zum Erscheinen beim Gerichtsvollzieher nicht fähig ist, die eidesstattliche Versicherung aber in seiner Wohnung abgeben kann und will, sie nach § 219 **dort** abnehmen, OLG Köln DGVZ 1995, 7.

VI. Rechtsbehelfe, I, II. Der Betroffene kann die Erinnerung nach § 766 einlegen, LG Düss DGVZ 1981, 171; AG Fürth/Odw DGVZ 1993, 191; AG Bln-Schöneb DGVZ 1982, 14. Über sie entscheidet der Richter des Vollstreckungsgerichts nach §§ 764, 802, § 20 I Nr. 17 S. 2 RPflG. Der Schuldner kann die Erinnerung schon dann einlegen, wenn ihm die Vollstreckung nur unmittelbar droht, OLG Hamm DGVZ 1983, 137. Das Gericht nimmt wie nach § 286 eine freie Beweiswürdigung vor. Das Fehlen der Überprüfungsmöglichkeit geht nicht zulasten des Schuldners, LG Hann DGVZ 1982, 119. Das Gericht darf den Haftbefehl nicht aufheben. Es darf vielmehr nur dessen Vollstreckung aussetzen. Wenn das Hindernis weggefallen ist, wird das Haftverfahren von Amts wegen fortgesetzt. Gegen die Entscheidung des Richters ist die sofortige Beschwerde nach §§ 567 I, 793 statthaft. 10

802i *Vermögensauskunft des verhafteten Schuldners.* **I [1]Der verhaftete Schuldner kann zu jeder Zeit bei dem Gerichtsvollzieher des Amtsgerichts des Haftortes verlangen, ihm die Vermögensauskunft abzunehmen. [2]Dem Verlangen ist unverzüglich stattzugeben; § 802f Abs. 5 gilt entsprechend. [3]Dem Gläubiger wird die Teilnahme ermöglicht, wenn er dies beantragt hat und seine Teilnahme nicht zu einer Verzögerung der Abnahme führt.**

II [1]Nach Abgabe der Vermögensauskunft wird der Schuldner aus der Haft entlassen. [2]§ 802f Abs. 5 und 6 gilt entsprechend.

III [1]Kann der Schuldner vollständige Angaben nicht machen, weil er die erforderlichen Unterlagen nicht bei sich hat, so kann der Gerichtsvollzieher einen neuen Termin bestimmen und die Vollziehung des Haftbefehls bis zu diesem Termin aussetzen. [2]§ 802f gilt entsprechend; der Setzung einer Zahlungsfrist bedarf es nicht.

1 **I. Systematik, I–III.** Die Vorschrift stellt eine Ergänzung und ein Gegenstück zu § 802g dar.

2 **II. Regelungszweck, I–III.** Die Haft dient ausschließlich der Herbeiführung der ernsthaften Bereitschaft zur Abgabe der vom Gläubiger benötigten Auskunft des Schuldners in strafbewehrter Form, Wiedemann DGVZ 2004, 129. Demgemäß muss man auch § 802i auslegen. Jede Freiheitsentziehung braucht als ein Eingriff in ein Grundrecht für jeden Tag und jede Minute eine eindeutige und ausreichende Rechtfertigung. Daher ist eine große Sorgfalt, höchstmögliche Beschleunigung bis zur Entlassung und eine gewissenhafte Protokollierung des Gesamtvorgangs ratsam, zumindest in Form eines ausführlichen Aktenvermerks unter Nennung der Daten, Uhrzeiten, vorübergehend vorrangigen etwaigen anderen Pflichten usw.

3 **III. Verhafteter Schuldner, I–III.** Man muss drei Situationen unterscheiden.

4 **1. Abnahmeverlangen, I 1, 2.** Nur der Schuldner kann nach § 802i Abs. 1 Satz 1 jederzeit die Abnahme der Vermögensauskunft verlangen. Dem Gläubiger steht kein Antrag gerade nach I 1 zu, AG Essen DGVZ 1995, 28. Dem Schuldner muss der nach der Geschäftsverteilung zuständige Gerichtsvollzieher beim AG des Haftorts nach I 1 (Ort der Verhaftung oder nach einer Einlieferung Ort der Haftanstalt) auf einen Schuldnerantrag die Auskunft vor oder nach der Verhaftung abnehmen, AG Lüb JurBüro 2022, 216; AG Hildesh DGVZ 2005, 30; AG Augsb DGVZ 2003, 191; Seip DGVZ 2004, 182. Bei einer nach der AO erforderlichen Versicherung ist der Gerichtsvollzieher beim Finanzamt zuständig. Die Abnahme muss nach I 2 Hs. 1 unverzüglich geschehen. Der Gerichtsvollzieher geht nach I 2 Hs. 2 wie bei § 802f V vor.

5 **2. Fragerecht des Gläubigers, I 3.** Der Gläubiger hat ein umfassendes Fragerecht. Deshalb muss der Gerichtsvollzieher den Gläubiger auf dessen Wunsch wenn möglich vom Termin verständigen und ihm auf dessen auch stillschweigend möglichen, aber keineswegs stets unterstellbaren Antrag die Teilnahme am Termin nach I 3 ermöglichen. Das gilt, sofern eine Benachrichtigung des Gläubigers ohne Verzögerungen erfolgen kann, sofern der Gerichtsvollzieher ihn also zB telefonisch benachrichtigen kann, KG MDR 1981, 412; Behr Rpfleger 1988, 1 (6), und soweit die Abnahme der Auskunft unverzüglich erfolgen kann. Der Gerichtsvollzieher muss nur in einem zumutbaren Umfang tätig werden, um dem Gläubiger die Teilnahme zu ermöglichen, AG Kronach DGVZ 2003, 157. Er braucht einen Dolmetscher nach § 185 GVG erst am Tag nach der Verhaftung beizuziehen, AG Kirchheim DGVZ 1983, 63.

6 Der Gerichtsvollzieher muss dem Gläubiger jedenfalls dann eine Gelegenheit zur Ausübung des Fragerechts nach den vorstehenden Regeln geben, wenn der Schuldner seine Auskunft wegen Unklarheiten oder wegen einer Unvollständigkeit in einem weiteren Termin **ergänzen** muss, KG MDR 1981, 412. Wenn der Gerichtsvollzieher eine nach dieser Regel erforderliche Teilnahmemöglichkeit des Gläubigers unterlässt, kann darin evtl. eine Amtspflichtverletzung liegen. Freilich erlaubt der Verhältnismäßigkeitsgrundsatz nur eine angemessene Wartezeit, KG MDR 1981, 412; LG Oldb DGVZ 2003, 156 (nicht länger als 2 Stunden); AG Kronach DGVZ 2003, 157, und auch nur eine nicht allzu große Entfernung, AG Worms DGVZ 2010, 234. Zur Ermöglichung einer gesetzmäßigen Ausfüllung des Vermögensverzeichnisses müssen die Beteiligten die erforderlichen Unterlagen herbeischaffen, Finkelnburg DGVZ 1977, 1.

7 **3. Entlassung, II.** Wenn der Schuldner die Auskunft erteilt hat, sei es auch auf den Antrag eines anderen Gläubigers, muss ihn der Gerichtsvollzieher nach **II 1** sofort entlassen, LG Bln Rpfleger 1977, 35. Außerdem muss dann der Gerichtsvollzieher nach **II 2** wie bei § 802f V, VI vorgehen. Wenn das Vermögensverzeichnis unzulänglich ist, darf der Gerichtsvollzieher die eidesstattliche Versicherung nicht abnehmen und muss die Haft fortdauern lassen und das Protokoll evtl. an das nach § 802e I zuständige Gericht senden. Der Gläubiger darf dann bei dem nach § 802e I zuständigen Gerichtsvollzieher die erneute Abnahme der Auskunft oder die Ergänzung der bisherigen beantragen. War der Schuldner noch nicht entlassen, muss er auch nach der Vorführung zunächst noch die Ergänzung vornehmen, Finkelnburg DGVZ 1977, 1 (5).

8 Über einen **Widerspruch** entscheidet der Gerichtsvollzieher des AG des Haftorts nicht. Er kann aber wegen begründet erscheinender Einwendungen den Vollzug entsprechend §§ 572 II, 576 aussetzen. Der Gerichtsvollzieher des AG des Haftorts muss ein ausreichendes Vermögensverzeichnis anfordern. Er übersendet das Protokoll über die Abnahme der Auskunft dem Vollstreckungsgericht. Der Haftbefehl wird auch ohne die Notwendigkeit seiner förmlichen Aufhebung wirkungslos, LG Kblz MDR 1987, 944. Er verbleibt in den Händen des Beamten der Vollzugsanstalt oder des Gerichts. Denn er ist verbraucht, LG Kblz MDR 1987, 944; AG Rotenbg/Wümme DGVZ 1979, 47. Die Urschrift bleibt bei den Akten, LG Kblz MDR 1987, 944.

9 **4. Aussetzung, III.** Soweit der Schuldner wegen seiner Verhaftung oder aus sonstigen Gründen schuldlos keine vollständigen Angaben machen „kann", weil er die notwendigen Unterlagen nicht bei sich hat, ist der Gerichtsvollzieher nach **III 1** berechtigt und im Allgemeinen auch verpflichtet, einen neuen Termin zu bestimmen und die Weitervollziehung des Haftbefehls auszusetzen. Den Zeitpunkt des neuen Termins bestimmt der Gerichtsvollzieher nach seinem pflichtgemäßen Ermessen unter einer Beachtung der vom Schuldner verständigerweise benötigten Zeit zur Beschaffung seiner Unterlagen usw. Im neuen Termin hat der Gläubiger dasselbe Teilnahmerecht wie im vorangegangenen. Notfalls muss der Gerichtsvollzieher das Verfahren mehrfach aussetzen usw. oder den neuen Termin verlegen. Im Verfahren gelten nach **III 2 Hs. 1** die Regeln des § 802f entsprechend. Eine Zahlungsfrist ist nach **III 2 Hs. 2** nicht nötig.

Der Gerichtsvollzieher darf den Haftbefehl nach § 145 I 15 GVGA **ferner** aussetzen, um dem Schuldner wegen einer sofortigen Beschwerde einen Aussetzungsantrag nach § 570 III zu ermöglichen. 10

IV. Noch nicht verhafteter Schuldner, I–III. Der jedenfalls in dieser Sache noch nicht verhaftete Schuldner kann die Vollstreckung dieses Haftbefehls dadurch abwenden, dass er die Auskunft abgibt, AG Hildesh DGVZ 2005, 30; Wiedemann DGVZ 2004, 129 (132), sei es auch auf das Verlangen eines anderen Gläubigers, LG Bln Rpfleger 1977, 35. Der Schuldner kann den Auskunftstermin jederzeit beim Gerichtsvollzieher nach § 802e I beantragen. Der Gerichtsvollzieher muss zu diesem Termin den Gläubiger laden, aM Finkelnburg DGVZ 1977, 1. Wenn der Gerichtsvollzieher den Gläubiger nicht hinzugezogen hat, kann der Gläubiger verlangen, dem Schuldner die Auskunft erneut abzunehmen. Der Gläubiger kann dann aber nicht die Verhaftung des Schuldners verlangen. 11

V. Rechtsbehelf, I–III. Der Gläubiger und der Schuldner haben grundsätzlich die Erinnerung nach § 766. Der Gläubiger hat jedoch gegen die Entlassung des Schuldners keinen Rechtsbehelf. Die Entlassung ist eine prozessleitende Verfügung. 12

802j *Dauer der Haft; erneute Haft.* I [1]**Die Haft darf die Dauer von sechs Monaten nicht übersteigen.** [2]**Nach Ablauf der sechs Monate wird der Schuldner von Amts wegen aus der Haft entlassen.**

II **Gegen den Schuldner, der ohne sein Zutun auf Antrag des Gläubigers aus der Haft entlassen ist, findet auf Antrag desselben Gläubigers eine Erneuerung der Haft nicht statt.**

III **Ein Schuldner, gegen den wegen Verweigerung der Abgabe der Vermögensauskunft eine Haft von sechs Monaten vollstreckt ist, kann innerhalb der folgenden zwei Jahre auch auf Antrag eines anderen Gläubigers nur unter den Voraussetzungen des § 802d von neuem zur Abgabe einer solchen Vermögensauskunft durch Haft angehalten werden.**

I. Systematik, Regelungszweck, I–III. Bei **I** gilt: Der Verhältnismäßigkeitsgrundsatz zwingt zur Begrenzung einer Haft nicht nur beim Ob, sondern auch beim Wie, genauer: im Hinblick auf die Dauer. Das dient dem Schuldnerschutz, BVerfG NJW 2018, 531; OLG Celle OLGR 1999, 212. Der Richter sollte die Höchstfrist von 6 Monaten nur bei hohen Werten verhängen. 1

Bei **II** gilt: Der Gläubiger darf mit dem Schuldner nicht „Katz und Maus" spielen. Diesem Ziel dient die vorrangige Sondervorschrift II. Sie zieht aus der auch in der Vollstreckung begrenzt geltenden Parteiherrschaft die Konsequenz. Demgegenüber behandelt III einen anderen Fall. 2

Bei **III** gilt: Zwar muss sich der Gläubiger wegen II überlegen, ob er den Schuldner aus der Haft entlässt. Hat eine Haft jedoch nicht zur Befriedigung des Gläubigers beitragen können, kommt bei veränderten Umständen evtl. eine weitere Haft in Betracht. 3

II. Höchstdauer, I 1, 2. Der Schuldner darf auf Grund desselben Schuldtitels höchstens sechs Monate inhaftiert bleiben, KG DGVZ 2000, 59. Unter Berücksichtigung der Höhe der zu vollstreckenden Forderung kann die Haft bereits vor Ablauf der Höchstfrist unverhältnismäßig werden; zu beachten ist aber, dass der Schuldner es in der Hand hat, die Haft durch Abgabe der Vermögensauskunft abzuwenden, vgl. BVerfG DGVZ 2021, 139. Bei einer Mehrheit von Schuldtiteln kommt wegen eines jeden die Haft von 6 Monaten in Betracht, KG DGVZ 2000, 59; aM LG Lüneb DGVZ 1999, 43. Selbst nach einer Unterbrechung durch eine Untersuchungshaft braucht das Gericht bei mehreren zivilprozessualen Haftanordnungen nicht die Gesamtdauer nach 6 Monaten zu überprüfen, KG DGVZ 2000, 59. Zur Problematik Paul Rpfleger 2013, 250. Bei einem Zeugniszwang gilt § 390 II, I ist dann unanwendbar. 4

III. Unzulässigkeit, II. Das Gericht darf gegen einen Schuldner nach seiner Haftentlassung dann keine erneute Haft zulassen, wenn die folgenden Voraussetzungen vorliegen. 5

1. Entlassung ohne Zutun des Schuldners. Das Gericht mag den Schuldner aus der bisherigen Haft ohne sein Zutun entlassen haben. Es darf die Entlassung also nicht etwa wegen einer Haftunfähigkeit nach § 802h II oder zB wegen eines Erfüllungsversprechens des Schuldners erfolgt sein. 6

2. Entlassung auf Gläubigerantrag. Die Entlassung mag auch auf einem Antrag des Gläubigers beruhen. 7

3. Neuer Haftantrag. Nunmehr muss derselbe Gläubiger eine neue Haft beantragt haben. 8

IV. Zulässigkeit, II. Die Hafterneuerung ist dann statthaft, wenn das Gericht den Schuldner auf seinen Antrag oder von Amts wegen entlassen hatte, AG Kirchheim/Teck DGVZ 1983, 63, oder wenn ein weiterer Gläubiger die erneute Verhaftung beantragt. Natürlich ist eine weitere Verhaftung auch dann statthaft, wenn ein neuer Haftgrund vorliegt. Dann reicht auch ein Antrag des bisherigen Gläubigers aus. Bei § 802d I liegt keine Hafterneuerung vor, LG Freibg MDR 1981, 151. 9

V. Kein Haftkostenvorschuss mehr, II. Die Vorschrift enthält keine Regelung eines Haftkostenvorschusses mehr. 10

VI. Neue Haft, III. Die Vorschrift gibt dem Schuldner eine Schonfrist. Sie ergänzt den § 802d I. Eine neue Haft nach § 802g I oder eine Vollstreckung auf Grund eines früheren Haftbefehls ist erst dann zulässig, wenn der Schuldner eine vorangegangene sechsmonatige Haft verbüßt hat. Sie erfordert ein neues Verfahren nach § 802f. Das gilt auch dann, wenn es sich um denselben Gläubiger handelt. Selbst wenn ein anderer Gläubiger den Haftantrag stellt, muss dieser die Voraussetzungen nach § 802d nach § 294 glaubhaft machen. Eine neue Haft ist nur bis zum Ablauf von zwei Jahren seit der Erstentlassung statthaft. 11

Unstatthaft ist eine neue Haft sei es auf Antrag desselben Gläubigers, sei es eines anderen dann, wenn keine Änderungen nach § 802d vorliegen. Dann ist der bisherige Vollstreckungstitel verbraucht und die Zwangsvollstreckung deshalb aus diesem Titel beendet. Das gilt trotz des Umstands, dass der Gläubiger noch keine Befriedigung erhalten hat. 12

VII. Rechtsbehelfe, I–III. Gegen eine Entscheidung des Richters: Sofortige Beschwerde nach § 793. Im Übrigen: Erinnerung nach § 766. 13

802k *Zentrale Verwaltung der Vermögensverzeichnisse.* **I [1]Nach § 802f Abs. 6 dieses Gesetzes oder nach § 284 Abs. 7 Satz 4 der Abgabenordnung zu hinterlegende Vermögensverzeichnisse werden landesweit von einem zentralen Vollstreckungsgericht in elektronischer Form verwaltet. [2]Die Vermögensverzeichnisse können über eine zentrale und länderübergreifende Abfrage im Internet eingesehen und abgerufen werden. [3]Gleiches gilt für Vermögensverzeichnisse, die auf Grund einer § 284 Abs. 1 bis 7 der Abgabenordnung gleichwertigen bundesgesetzlichen oder landesgesetzlichen Regelung errichtet wurden, soweit diese Regelung die Hinterlegung anordnet. [4]Ein Vermögensverzeichnis nach Satz 1 oder Satz 2 ist nach Ablauf von zwei Jahren seit Abgabe der Auskunft oder bei Eingang eines neuen Vermögensverzeichnisses zu löschen.**

II [1]Die Gerichtsvollzieher können die von den zentralen Vollstreckungsgerichten nach Absatz 1 verwalteten Vermögensverzeichnisse zu Vollstreckungszwecken abrufen. [2]Den Gerichtsvollziehern stehen Vollstreckungsbehörden gleich, die
1. Vermögensauskünfte nach § 284 der Abgabenordnung verlangen können,
2. durch Bundesgesetz oder durch Landesgesetz dazu befugt sind, vom Schuldner Auskunft über sein Vermögen zu verlangen, wenn diese Auskunftsbefugnis durch die Errichtung eines nach Absatz 1 zu hinterlegenden Vermögensverzeichnisses ausgeschlossen wird, oder
3. durch Bundesgesetz oder durch Landesgesetz dazu befugt sind, vom Schuldner die Abgabe einer Vermögensauskunft nach § 802c gegenüber dem Gerichtsvollzieher zu verlangen.

[3]Zur Einsicht befugt sind ferner Vollstreckungsgerichte, Insolvenzgerichte und Registergerichte sowie Strafverfolgungsbehörden, soweit dies zur Erfüllung der ihnen obliegenden Aufgaben erforderlich ist.

III [1]Die Landesregierungen bestimmen durch Rechtsverordnung, welches Gericht die Aufgaben des zentralen Vollstreckungsgerichts nach Absatz 1 wahrzunehmen hat. [2]Sie können diese Befugnis auf die Landesjustizverwaltungen übertragen. [3]Das zentrale Vollstreckungsgericht nach Absatz 1 kann andere Stellen mit der Datenverarbeitung beauftragen; die datenschutzrechtlichen Vorschriften über die Verarbeitung personenbezogener Daten im Auftrag sind zu beachten.

IV [1]Das Bundesministerium der Justiz und für Verbraucherschutz wird ermächtigt, durch Rechtsverordnung mit Zustimmung des Bundesrates die Einzelheiten des Inhalts, der Form, Aufnahme, Übermittlung, Verwaltung und Löschung der Vermögensverzeichnisse nach § 802f Abs. 5 dieses Gesetzes und nach § 284 Abs. 7 der Abgabenordnung oder gleichwertigen Regelungen im Sinne von Absatz 1 Satz 2 sowie der Einsichtnahme, insbesondere durch ein automatisiertes Abrufverfahren, zu regeln. [2]Die Rechtsverordnung hat geeignete Regelungen zur Sicherung des Datenschutzes und der Datensicherheit vorzusehen. [3]Insbesondere ist sicherzustellen, dass die Vermögensverzeichnisse
1. bei der Übermittlung an das zentrale Vollstreckungsgericht nach Absatz 1 sowie bei der Weitergabe an die anderen Stellen nach Absatz 3 Satz 3 gegen unbefugte Kenntnisnahme geschützt sind,
2. unversehrt und vollständig wiedergegeben werden,
3. jederzeit ihrem Ursprung nach zugeordnet werden können und
4. nur von registrierten Nutzern abgerufen werden können und jeder Abrufvorgang protokolliert wird.

V [1]Macht eine betroffene Person das Auskunftsrecht nach Artikel 15 Absatz 1 der Verordnung (EU) 2016/679 des Europäischen Parlaments und des Rates vom 27. April 2016 zum Schutz natürlicher Personen bei der Verarbeitung personenbezogener Daten, zum freien Datenverkehr und zur Aufhebung der Richtlinie 95/46/EG (Datenschutz-Grundverordnung) (ABl. L 119 vom 4.5.2016, S. 1; L 314 vom 22.11.2016, S. 72; L 127 vom 23.5.2018, S. 2) in Bezug auf personenbezogene Daten geltend, die in den von den zentralen Vollstreckungsgerichten nach Absatz 1 verwalteten Vermögensverzeichnissen enthalten sind, so sind der betroffenen Person im Hinblick auf die Empfänger, denen die personenbezogenen Daten offengelegt worden sind oder noch offengelegt werden, nur die Kategorien berechtigter Empfänger mitzuteilen. [2]Das Widerspruchsrecht gemäß Artikel 21 der Verordnung (EU) 2016/679 findet in Bezug auf die personenbezogenen Daten, die in den von den zentralen Vollstreckungsgerichten nach Absatz 1 verwalteten Vermögensverzeichnissen enthalten sind, keine Anwendung.

1 **I. Systematik, Regelungszeck, I–IV.** Es handelt sich bis auf I 3 um technische Einzelheiten zur Abwicklung des Verfahrens auf ein Vermögensverzeichnis nach § 802f V, VI. Man muss es vom Schuldnerverzeichnis nach § 882b unterschieden. Beide Verzeichnisse dienen praktisch demselben Zweck einer Erleichterung der Zwangsvollstreckung.

2 **II. Verwaltung durch Zentrales Vollstreckungsgericht, I 1–3.** Es darf nach **I 1** nur solche Vermögensverzeichnisse nach § 802f VI oder nach § 284 VII 4 AO enthalten, die nach I 2 im Internet einsehbar und abrufbar sind. Es darf nach **I 3** weiterhin nach § 284 I–VII AO gleichwertige Verzeichnisse enthalten.

3 **III. Löschung, I 4.** Sie muss zwingend von Amts wegen erfolgen, sobald entweder seit Abgabe der Vermögensauskunft zwei Jahre nach § 222 iVm §§ 187, 188 BGB verstrichen sind oder ein neues Vermögensverzeichnis beim Zentralen Vollstreckungsgericht eingeht.

4 **IV. Abruf, II.** Er ist nach **II 1** nur zu Vollstreckungszwecken statthaft. Diesen Zweck muss man wegen des Erleichterungszwecks nach → Rn. 1 weit annehmen, ohne einen Rechtsmissbrauch zuzulassen. Die Vorschrift nennt eine ganze Reihe von Abfragebefugten in **II 2, 3.** Der Gläubiger zählt nicht dazu, OVG Münst NVwZ-RR 2017, 170; AG Riedlingen DGVZ 2014, 45.

5 **1. Gerichtsvollzieher, II 1.** Er darf im Rahmen von → Rn. 4 abrufen, BGH NJW-RR 2018, 572.

6 **2. Vollstreckungsbehörde, II 2 Nr. 1–3.** Sie dürfen im Rahmen der dort abschließend und daher nicht weit auslegbar aufgezählten Befugnisse tätig werden.

7 **3. Gericht, II 3.** Es darf nur zur Erfüllung der dort genannten Aufgaben im „erforderlichen" Umfang abrufen.

V. Länderverordnungen, III 1, 2. *Derzeit nicht belegt* 8

VI. Andere Stellen, III 3. Das Zentrale Vollstreckungsgericht darf, nicht muss, „andere Stellen" mit der Datenverarbeitung beauftragen, also nicht mit der Aufnahme in das Verzeichnis und auch nicht mit einer Löschung. 9

VII. Vermögensverzeichnisverordnung, IV. Sie ist nur im Rahmen von **IV 1** und nur bei nach **IV 2** „geeigneter" Regelung statthaft. Sie muss die in **IV 3 Nr. 1–4** genannten Punkte sicherstellen. Das erfordert eine strenge Prüfung zur Klärung der Wirksamkeit der VO. **Ergangen** ist die VermVV v. 26.7.2012, BGBl. I S. 1663, in Kraft seit 1.1.2013, § 10 VermVV, Habersack Nr. 102b. 10

VIII. Rechte nach der DS-GVO, V. Der mit Wirkung vom 26.11.2019 eingefügte V setzt die Rechte nach der DS-GVO um und modifiziert diese für Zwecke der Zwangsvollstreckung. 11

IX. Verstoß, I–V. Ein wesentlicher Verstoß hat die Unwirksamkeit unter Mitbeachtung des Charakters eines Hoheitsakts zur Folge. Er kann Staatshaftung auslösen und bei einer auch nur bloßen Mitursächlichkeit für Nachteile eines Betroffenen auch weitere Rechtsfolgen haben. Heilbar sein kann ein unwesentlicher Verstoß, jedoch nicht stets auch mit Rückwirkung. 12

8021 *Auskunftsrechte des Gerichtsvollziehers.* **I [1]Der Gerichtsvollzieher darf vorbehaltlich der Sätze 2 und 3 folgende Maßnahmen durchführen, soweit sie zur Vollstreckung erforderlich sind:**

1. Erhebung des Namens und der Vornamen oder der Firma sowie der Anschrift der derzeitigen Arbeitgeber des Schuldners bei den Trägern der gesetzlichen Rentenversicherung und bei einer berufsständischen Versorgungseinrichtung im Sinne des § 6 Absatz 1 Satz 1 Nummer 1 des Sechsten Buches Sozialgesetzbuch;
2. Ersuchen an das Bundeszentralamt für Steuern, bei den Kreditinstituten die in § 93b Absatz 1 und 1a der Abgabenordnung bezeichneten Daten, ausgenommen die Identifikationsnummer nach § 139b der Abgabenordnung, abzurufen (§ 93 Absatz 8 der Abgabenordnung);
3. Erhebung der Fahrzeug- und Halterdaten nach § 33 Absatz 1 des Straßenverkehrsgesetzes beim Kraftfahrt-Bundesamt zu einem Fahrzeug, als dessen Halter der Schuldner eingetragen ist.

[2]Maßnahmen nach Satz 1 sind nur zulässig, wenn

1. die Ladung zu dem Termin zur Abgabe der Vermögensauskunft an den Schuldner nicht zustellbar ist und
   a) die Anschrift, unter der die Zustellung ausgeführt werden sollte, mit der Anschrift übereinstimmt, die von einer der in § 755 Absatz 1 und 2 genannten Stellen innerhalb von drei Monaten vor oder nach dem Zustellungsversuch mitgeteilt wurde, oder
   b) die Meldebehörde nach dem Zustellungsversuch die Auskunft erteilt, dass ihr keine derzeitige Anschrift des Schuldners bekannt ist, oder
   c) die Meldebehörde innerhalb von drei Monaten vor Erteilung des Vollstreckungsauftrags die Auskunft erteilt hat, dass ihr keine derzeitige Anschrift des Schuldners bekannt ist;
2. der Schuldner seiner Pflicht zur Abgabe der Vermögensauskunft in dem der Maßnahme nach Satz 1 zugrundeliegenden Vollstreckungsverfahren nicht nachkommt oder
3. bei einer Vollstreckung in die in der Vermögensauskunft aufgeführten Vermögensgegenstände eine vollständige Befriedigung des Gläubigers nicht zu erwarten ist.

[3]Die Erhebung nach Satz 1 Nummer 1 bei einer berufsständischen Versorgungseinrichtung ist zusätzlich zu den Voraussetzungen des Satzes 2 nur zulässig, wenn der Gläubiger die berufsständische Versorgungseinrichtung bezeichnet und tatsächliche Anhaltspunkte nennt, die nahelegen, dass der Schuldner Mitglied dieser berufsständischen Versorgungseinrichtung ist.

II [1]Daten, die für die Zwecke der Vollstreckung nicht erforderlich sind, hat der Gerichtsvollzieher unverzüglich zu löschen oder deren Verarbeitung einzuschränken. [2]Die Löschung ist zu protokollieren.

III [1]Über das Ergebnis einer Erhebung oder eines Ersuchens nach Absatz 1 setzt der Gerichtsvollzieher den Gläubiger unter Beachtung des Absatzes 2 unverzüglich und den Schuldner innerhalb von vier Wochen nach Erhalt in Kenntnis. [2]§ 802d Absatz 1 Satz 3 und Absatz 2 gilt entsprechend.

IV [1]Nach Absatz 1 Satz 1 erhobene Daten, die innerhalb der letzten drei Monate bei dem Gerichtsvollzieher eingegangen sind, darf dieser auch einem weiteren Gläubiger übermitteln, wenn die Voraussetzungen für die Datenerhebung auch bei diesem Gläubiger vorliegen. [2]Der Gerichtsvollzieher hat dem weiteren Gläubiger die Tatsache, dass die Daten in einem anderen Verfahren erhoben wurden, und den Zeitpunkt ihres Eingangs bei ihm mitzuteilen. [3]Eine erneute Auskunft ist auf Antrag des weiteren Gläubigers einzuholen, wenn Anhaltspunkte dafür vorliegen, dass seit dem Eingang der Auskunft eine Änderung der Vermögensverhältnisse, über die nach Absatz 1 Satz 1 Auskunft eingeholt wurde, eingetreten ist.

V Übermittelt der Gerichtsvollzieher Daten nach Absatz 4 Satz 1 an einen weiteren Gläubiger, so hat er den Schuldner davon innerhalb von vier Wochen nach der Übermittlung in Kenntnis zu setzen; § 802d Absatz 1 Satz 3 und Absatz 2 gilt entsprechend.

Schrifttum: Büttner JurBüro 2018, 395 und 452; Seip DGVZ 2013, 67.

I. Systematik, I–V. Die Vorschrift ergänzt den § 802f. Ausgangspunkt ist § 802a II 1 Nr. 3, also nach § 141 I 1 GVGA ein eindeutiger Auftrag des Gläubigers, nach IV, V auch eines Folgegläubigers nach § 141 I 4 GVGA, LG Oldb JurBüro 2014, 664; AG Heidelb DGVZ 2015, 226. Dann bestehen die Möglichkeiten nach I, freilich nach einem Auskunftstermin nach § 802f. Sie erweitern nach § 141 I 1 GVGA die Befugnisse des Gerichtsvollziehers beträchtlich. Die Vorschrift gilt auch im Insolvenzverfahren, AG Rosenheim NZI 2017, 87 1 (auch zugunsten des Insolvenzverwalters). Der Auftrag zur Drittauskunft ist eine gesonderte Maßnahme, LG Ffm DGVZ 2017, 60. Die Drittauskunft ist eine subsidiäre Maßnahme. Sie darf zwar zugleich mit der Einholung einer Vermögensauskunft nach § 802c beantragt werden; die Kosten der Antragstellung sind in diesem Fall aber nicht notwendig i. S. v. § 788 I, BGH NJW 2020, 2564.

2 **II. Regelungszweck, I–V.** Entsprechend der Tendenz des Gesetzes zur möglichst raschen und vollständigen Durchsetzung des Vollstreckungstitels bezweckt auch das Auskunftsrecht gegenüber den Stellen nach I 1 Nr. 1–3 eine Verbesserung der Gläubigerstellung, vgl. BGH NJW 2015, 2509.

3 **III. Voraussetzungen. 1. Entweder: Keine Zustellungsmöglichkeit oder keine Vermögensauskunft, I 2 Nr. 1 und Nr. 2.** Nach der bis zum 31.12.2021 geltenden Fassung der Vorschrift war eine erste von zwei gleichrangigen Voraussetzungen des Auskunftsrechts gegenüber Dritten der Umstand, dass der Schuldner seiner Pflicht nach § 802c nicht „nachkommt", AG Heidelb JurBüro 2016, 378; AG Kenzingen DGVZ 2014, 133. Diese Voraussetzung findet sich – nunmehr als eine von drei alternativen Voraussetzungen – unverändert in I 2 Nr. 2 wieder. Der Pflichtverstoß des Schuldners setzt voraus, dass der Gerichtsvollzieher ihn ordnungsgemäß geladen hat, AG Siegburg DGVZ 2015, 40. Solange er unverschuldet keine Auskunft gab, hat er keine derartige Pflichtverletzung begangen. Vgl. daher zunächst insoweit bei § 802c. Im Zweifel bedeutet die bisherige Nichtabgabe kein Nichtnachkommen. Eine Eintragung im Schuldnerverzeichnis in einem Verfahren eines Dritten reicht nicht, LG Ravensb DGVZ 2017, 149; LG Kblz DGVZ 2015, 111. Eine nur teilweise Abgabe ist bei Vorwerfbarkeit schädlich. Eine Verzögerung ist nur bei Schuldlosigkeit unschädlich. Auch ein Verstoß gegen die Pflicht zur erneuten Auskunft nach § 802d kann für ein zusätzliches Auskunftsrecht nach I 2 Nr. 2 reichen, BGH NJW 2015, 2509. Zum Altfall AG Bln-Charlottenburg DGVZ 2013, 116.

4 Mit Wirkung ab dem 1.1.2022 steht der Nichtabgabe der Vermögensauskunft die fehlende Zustellbarkeit der Ladung zu dem Termin zur Abgabe der Vermögensauskunft unter den weiteren ihrerseits gleichrangigen Voraussetzungen des I 2 Nr. 1 Buchst. a, b und c gleich. Danach sind die Auskünfte nach I 1 zulässig, wenn die Anschrift, unter der die Zustellung misslungen ist, mit der Anschrift übereinstimmt, die eine der in § 755 I und II genannten Stellen (Meldebehörde usw) innerhalb von drei Monaten vor oder nach dem Zustellungsversuch mitgeteilt hat (I 2 Nr. 1 Buchst. a). Gleiches gilt, wenn die Meldebehörde innerhalb von drei Monaten vor Erteilung des Vollstreckungsauftrags mitgeteilt hat (I 2 Nr. 1 Buchst. c) oder nach dem Zustellungsversuch (I 2 Nr. 1 Buchst. b) mitteilt, dass ihr keine derzeitige Anschrift des Schuldners bekannt ist.

5 **2. Oder: Voraussichtlich keine vollständige Befriedigung, I 2 Nr. 3.** Statt → Rn. 3–4 reicht auch im Rahmen der Neufassung der Vorschrift nach wie vor der Umstand und ist nötig, dass bei einer Vollstreckung in die nach der Vermögensauskunft vorhandenen Gegenstände eine vollständige Befriedigung des Gläubigers voraussichtlich nicht „zu erwarten ist", LG Kref JurBüro 2017, 545; AG Delmenhorst JurBüro 2015, 661. Das muss der Gläubiger dartun, AG Schwerin DGVZ 2017, 92, und nach § 294 glaubhaft machen, LG Ffm DGVZ 2016, 28. Eine bloße Bezugnahme auf das Schuldnerverzeichnis reicht nicht, BGH BeckRS 2019, 16062; LG Ravensb DGVZ 2017, 149; AG Schwerin DGVZ 2017, 92.

6 **a) Vorliegen einer Vermögensauskunft.** Der Schuldner muss schon eine solche Auskunft gegeben und eidesstattlich versichert haben, sei es nach § 802f, sei es im Anschluss an seine Verhaftung nach § 802i, sei es wegen einer Änderung der Verhältnisse nach § 802d. Denn I 2 Nr. 3 setzt „in der Vermögensauskunft aufgeführte" Gegenstände voraus.

7 **b) Keine Befriedigung zu erwarten.** Eine Vollstreckung gerade in die Gegenstände nach → Rn. 6 darf nicht zu erwarten sein. Diese Befürchtung muss objektiv bestehen, dh sie muss allgemein vertretbar sein. Erst dann „ist" dergleichen „zu erwarten". Vgl. auch bei § 807 I 1 Nr. 2.

8 **Voraussichtlichkeit** der Befürchtung liegt schon dann vor, wenn noch keine endgültige Überzeugung möglich ist, wenn aber auch nicht nur eine vage Eventualität besteht, sondern wenn man eben vernünftigerweise keine Befriedigung erhoffen kann, AG Heidelb DGVZ 2015, 226. Eine solche erst in ferner Zukunft reicht nicht, ebenso wenig ein bloßer Verweis auf die Eintragung im Schuldnerverzeichnis, AG Euskirchen DGVZ 2015, 94.

9 **Vollständigkeit** der Befriedigung muss voraussichtlich fehlen. Dabei dürfte die Befriedigung nicht erst dann „vollständig" sein, wenn tatsächlich 100 % der Schuld erfüllt werden wird. Eine mehr als nur unwesentliche Unterschreitung der vollen Summe (wohl ab 5–10 % zu bejahen) genügt. Es müssen Anhaltspunkte für irgendwelche weiteren Werte feststehen, LG Nürnb-Fürth DGVZ 2013, 243.

10 **IV. Isolierte Drittauskunft.** Die Beauftragung des Gerichtsvollziehers mit einer isolierten Drittauskunft ist möglich, dh der Gläubiger, der Drittauskünfte gemäß § 802l begehrt, muss nicht selbst einen Antrag auf Einholung einer Vermögensauskunft des Schuldners stellen oder gestellt, BGH DGVZ 2021, 116; NJW 2015, 2509; LG Vred JurBüro 2021, 271; AG Hamb-Harb DGVZ 2021, 125; aA LG Stralsund DGVZ 2020, 204; AG Essen, DGVZ 2020, 151. Der Drittgläubiger muss die Voraussetzungen des Auskunftsanspruchs darlegen, BGH NJW-RR 2019, 1079; LG Brem BeckRS 2020, 34771; soweit er geltend macht, dass der Schuldner sich einem anderen Gläubiger gegenüber geweigert hat, die Vermögensauskunft abzugeben, genügt die Vorlage einer Auskunft einer gewerblichen Auskunftei, LG Oldenb JurBüro 2021, 107. Zwischen der Nichtabgabe der Vermögensauskunft und dem Gläubigerantrag soll ein zeitlicher und sachlicher Zusammenhang bestehen müssen, LG Ulm DGVZ 2021, 239, aA AG Neuss DGVZ 2020, 103; vgl. auch AG Pfaffenhofen DGVZ 2020, 263; AG Schwerin DGVZ 2020, 205. Der Gerichtsvollzieher hat auch bei einem isolierten Antrag auf Drittauskunft grundsätzlich eine gütliche Erledigung zu versuchen, AG Nettetal DGVZ 2021, 247, aA AG Kiel JurBüro 2021, 494.

11 **V. Maßnahmemöglichkeiten, I 1.** Beim Vorliegen von → Rn. 3 und/oder von → Rn. 5–7 „darf" und nicht: muss der Gerichtsvollzieher nach seinem pflichtgemäßen Ermessen jede der Maßnahmen → Rn. 12–14 treffen, wenn auch nur diese, Würdinger JZ 2011, 177 (182), und auch sie nur, soweit sie zur Vollstreckung erforderlich sind. Das gilt unabhängig von einer Wertgrenze, LG Bonn DGVZ 2017, 246. Die Reihenfolge steht ihm an sich frei. Es kann aber wegen der Gebote zur Zügigkeit und Vollständigkeit in § 802a I notwendig sein, mehrere Maßnahmen zugleich einzuleiten, selbst wenn das dortige weitere Gebot einer Kostensparsamkeit deshalb zurücktreten müsste. Bei einer eidesstattlichen Versicherung nach altem Recht bestehen Grenzen, LG Kblz DGVG 2013, 241; AG Balingen DGVZ 2013, 100. Zur Klärung der Zulässigkeit sieht der Gerichtsvollzieher nach § 141 I 5 GVGA das Vermögensverzeichnis ein. Eine inhaltliche Prüfung der eingeholten Dritt-

auskünfte durch den Gerichtsvollzieher findet nicht statt, LG Münst DGVZ 2020, 130. Nach AG Bernburg DGVZ 2022, 89, muss der Gerichtsvollzieher Drittauskünfte immer mit der vollständigen Namensangabe des Schuldners durchführen.

1. Erhebung beim Rentenversicherer und bei einer berufständischen Versorgungseinrichtung, I 1 Nr. 1. Auskunft geben muss jede **gesetzliche Rentenversicherung,** freilich nur zu den Personendaten der Aufzählung in I 1 Nr. 1, vgl. LG Düsseldorf JurBüro 2018, 550. In der ab dem 1.1.2022 geltenden Fassung ist auch eine Auskunftspflicht der zuständigen **berufsständischen Versorgungseinrichtung** der Ärzte, Tierärzte, Apotheker, Notare, Rechtsanwälte, Architekten und Steuerberater (vgl. BeckOK ZPO/Fleck Rn. 5) hinzugekommen. **I 3** stellt diese Auskunftspflicht allerdings unter die zusätzliche Voraussetzung, dass der Gläubiger das jeweilige Versorgungswerk bezeichnet und tatsächliche Anhaltspunkte nennt, die nahelegen, dass der Schuldner sein Mitglied ist. Solche Anhaltspunkte können sich aus Angaben des Schuldners oder aus seinem Auftreten (etwa der Angabe auf seinem Briefpapier, dass er „Rechtsanwalt in Augsburg" sei, BeckOK ZPO/Fleck Rn. 6) oder aus sonstigen Erkenntnissen des Gläubigers ergeben. Erforderlich ist allerdings, dass die Anhaltspunkte objektivierbar sind, BeckOK ZPO/Fleck Rn. 7. 12

2. Ersuchen an Bundeszentralamt für Steuern, I 1 Nr. 2. Hier ist eine Auskunft nur wegen der Daten nach § 93b I, Ia AO nach § 93 VIII AO statthaft und nötig, wobei die Identifikationsnummer nach § 139b AO nunmehr ausdrücklich ausgenommen ist. Der Gerichtsvollzieher darf und muss die erhaltenen Daten auch an den Gläubiger leiten, wenn er Zweifel hat, ob nicht Konten weiterer Gleichnamiger aufgeführt sind, LG Würzb DGVZ 2015, 21. Infrage kommen auch Kosten eines Dritten mit Verfügungsmacht des Schuldners, BGH NJW-RR 2022, 924; AG Oldb/H JurBüro 2017, 261. 13

3. Erhebung beim Kraftfahrt-Bundesamt, I 1 Nr. 3. Es ist eine Auskunft nur wegen der Daten nach § 33 I StVG und nur dann statthaft und nötig, wenn und solange gerade zumindest auch der Schuldner als Halter eingetragen ist. Maßgeblich ist dazu der Zeitpunkt der Absendung der Auskunft. Der Gerichtsvollzieher braucht keineswegs stets die ganze Fahrzeugakte, viel zu formell LG Stgt DGVZ 2016, 79. Er muss aber dem Gläubiger alle Teile einer erhaltenen Auskunft übermitteln, LG Stgt DGVZ 2016, 79. 14

VI. Erforderlichkeit der Anfrage, I 1. Der Gerichtsvollzieher muss bei jeder Maßnahme nach → Rn. 12–14 im Zeitpunkt der Absendung des Ersuchens nach § 141 I 2 GVGA prüfen, ob sie schon und noch im Rahmen seines Auftrags nach § 802a II 1 Nr. 3 liegt und nach § 802a I zur Vollstreckung schon und noch wirklich „erforderlich" und nicht nur zweckmäßig, sinnvoll oder ratsam ist. Er sollte diese Abwägung in seiner Handakte nachvollziehbar klarstellen, braucht sie aber nicht auch im Ansuchen darzulegen. Zweifel an der Richtigkeit und Vollständigkeit oder Anhaltspunkte für weitere Vermögenswerte können reichen, AG Altötting DGVZ 2014, 268. Auch ein Folgegläubiger kann den Antrag stellen, AG Heidelb JurBüro 2016, 378. Der Gläubiger kann auch 1 Jahr nach einem anberaumten Termin zur Abgabe der Vermögensauskunft, zu dem der Schuldner nicht erschienen ist, die Einholung von Drittauskünften beantragen, AG Dresden, JurBüro 2018, 549. Der Gläubiger soll Auskunft über Drittkonten verlangen können, für die der Schuldner als wirtschaftlich Berechtigter ausgewiesen ist, AG Wiesbaden DGVZ 2018, 217 (abl. Martens). 15

VII. Löschung oder Sperrung, II. Die Vorschrift erfasst alles zur Erfüllung des jetzigen Vollstreckungsauftrags nicht Erforderliche an Daten. Erforderlich sind solche Daten über das Konto eines Dritten, über das der Schuldner verfügen darf, AG Kirchhain JurBüro 2017, 661. II gilt zB bei beendeten Konten, AG Hmb-St Georg JurBüro 2016, 43, zust. Waldschmidt (keine Mitteilung mehr). Sie gilt nach § 141 I 2 Hs. 2 GVGA in jedem Stadium des § 802l und bei jeder Maßnahme nach → Rn. 12–14, insbesondere nach Erhalt der jeweiligen Auskunft, LG Köln DGVZ 2014, 149; AG Bln-Schöneb DGVZ 2013, 246. Der Gerichtsvollzieher hat zur Art der Sperrung ein pflichtgemäßes Ermessen, AG Deggendorf DGVZ 2015, 228. II 2 schreibt eine Protokollierung zumindest jeder Löschung vor. Alles das muss nach § 141 II 1, 2 GVGA unverzüglich erfolgen und aktenkundig werden. Der Gerichtsvollzieher muss dem Gläubiger gelöschte Daten nicht mitteilen, AG Strausberg DGVZ 2017, 77. 16

VIII. Kenntnisgabe, III. Kenntnis darf und muss der Gerichtsvollzieher beiden Parteien und daher auch wie sonst evtl. den ProzBev geben. Mitteilen muss er auch solche Konten, an denen der Schuldner nur verfügungsberechtigt ist, LG Mü DGVZ 2022, 19; AG Wedding DGVZ 2017, 58. Grenzen setzt der in III 1 ausdrücklich in Bezug genommene II. Form: Ausdruck oder elektronisches Dokument. Schwärzungen darf der Gerichtsvollzieher nur begrenzt vornehmen, vgl. AG Aachen BeckRS 2021, 49389; AG Dortm JurBüro 2020, 216; AG Heilbr DGVZ 2014, 198; personenbezogene Informationen Dritter muss er allerdings schwärzen, LG Berlin DGVZ 2021, 268; LG Düsseldorf BeckRS 2017, 135377; AG Bln-Lichtenberg DGVZ 2017, 177; AG Kiel DGVZ 2016, 238. 17

Unverzüglich muss die Mitteilung an den Gläubiger erfolgen, nach § 141 III 1 GVGA **binnen vier Wochen** diejenige an den Schuldner. Die Frist beginnt mit dem Erhalt einer jeden Auskunft nach I 1 Hs. 3. Sie rechnet sich nach § 222 iVm §§ 187, 188 BGB. Es können also mehrere Fristen oder Unverzüglichkeiten notwendig werden. Den Gläubiger weist der Gerichtsvollzieher nach § 141 III 2 GVGA darauf hin, dass dieser die Daten nur zu Vollstreckungszwecken nutzen darf und sie nach Zweckerreichung löschen muss. Der Gerichtsvollzieher muss dem Gläubiger auch Kenntnis von einer negativen Drittauskunft erteilen, LG Tüb DGVZ 2020, 150. 18

IX. Nutzungsgrenzen, III 2. Es gilt infolge der Verweisung auf § 802d I 3 dort → § 802d Rn. 36 entsprechend, AG Bln-Schöneb DGVZ 2014, 241; AG Lpz DGVZ 2015, 41 (also § 760 anwendbar). 19

X. Übermittlung an weitere Gläubiger, IV. Diese Möglichkeit (nicht Pflicht) des Gerichtsvollziehers setzt zweierlei voraus: Nach **IV 1 Hs. 1** müssen Daten nach I 1 binnen 3 Monaten eingegangen sein. Sie dürfen also nicht schon früher beim Gerichtsvollzieher tatsächlich vorgelegen haben. Nach **IV 1 Hs. 2** müssen alle Bedingungen einer Datenerhebung auch bei jedem etwaigen weiteren Gläubiger vorliegen. Der Gerichtsvollzieher mag daher dieselben Daten dem weiteren Gläubiger A mitteilen dürfen, dem B aber nicht. 20

Mitteilen muss er nach **IV 2** dem weiteren Gläubiger zugleich mit der Übermittlung die Erhebung in einem anderen Verfahren für einen ersten Gläubiger und den Zeitpunkt des Dateneingangs. 21

Erneute Auskunft muss der Gerichtsvollzieher nach **IV 3** einem nach IV 1, 2 verständigten weiteren Gläubiger nur auf dessen Antrag, also nicht von Amts wegen, und auch nur dann, wenn immerhin ein Anhalt für eine Änderung der Vermögensverhältnisse des Schuldners besteht. Gewissheit dazu braucht nicht vorzuliegen. 22

Eine vage Möglichkeit solcher Änderung reicht nicht. Der Folgegläubiger muss seine Kenntnis vom Inhalt der Erstauskünfte nachweisen, AG Kaisersl JurBüro 2016, 441.

23 **XI. Kenntnisgabe an Schuldner, V.** Der Gerichtsvollzieher muss den Schuldner binnen 4 Wochen nach der Übermittlung gemäß IV nach **V Hs. 1** in Kenntnis setzen. Die Art der Kenntnisgabe steht in seinem pflichtgemäßen Ermessen. Sie muss aber unmissverständlich und wegen jedes weiteren Gläubigers fristgemäß erfolgen. Der Gerichtsvollzieher muss den letzteren nach **V Hs. 2 Fall 1** wegen dessen Verweisung auf § 802d I 3 darauf hinweisen, dass dieser die erlangten Daten nur zu Vollstreckungszwecken nutzen darf und sie nach Zweckerreichung löschen muss. Anstelle eines Ausdrucks darf der Gerichtsvollzieher nach **V Hs. 2 Fall 2 wegen** dessen Verweisung auf § 802d II dem weiteren Gläubiger (nur) auf dessen Antrag das Vermögensverzeichnis auch elektronisch unter den in § 802d II genannten Voraussetzungen übermitteln.

24 **XII. Rechtsbehelfe, I, III.** Es gelten §§ 766, 793.

Titel 2. Zwangsvollstreckung in das bewegliche Vermögen

Vorbemerkung I zu § 803

Schrifttum: Bachmann, Fremdwährungsschulden in der Zwangsvollstreckung (rechtsvergleichend), 1994; Huber, Insolvenzanfechtungsrisiko bei Zwangsvollstreckung usw., GD Wolf, 2011, 443; Keller, Taktik in der Vollstreckung (II): Zwangsvollstreckung in Geldforderungen, 2001.

1 **I. Systematik.** Die ZPO teilt die Gebiete der Zwangsvollstreckung ein in die Zwangsvollstreckung wegen Geldforderungen nach §§ 803–882a und in diejenige auf die Herausgabe von Sachen und auf die Erwirkung von Handlungen und Unterlassungen nach §§ 883–898. Was sich nicht unter diese Begriffe bringen lässt, ist nicht vollstreckbar. § 95 I Nr. 1 FamFG macht §§ 803 ff. entsprechend anwendbar.

2 **Geldforderung** ist eine Forderung auf die Leistung einer Geldsumme, aber auch die Haftung für eine Geldleistung als Duldungsschuldner nach § 67 I 1, 2 GVGA zB auf Grund eines Pfandrechts oder Grundpfandrechts oder auf die Zahlung an einen Dritten und auf die Hinterlegung einer bestimmten Geldsumme oder als Anfechtungsgegner nach dem AnfG oder der InsO. Unerheblich ist die Abhängigkeit von einer Gegenleistung. Lautet die Forderung auf eine ausländische Währung, dazu Bachmann, 1994, darf man zwar noch nicht im Verfahren nach → § 722 Rn. 3 eine Umrechnung vornehmen. Es liegt aber im Zweifel eine Umrechnungsschuld vor, also eine Geldschuld. Die Zwangsvollstreckung erfolgt bei einem jetzt umrechenbaren Vollstreckungstitel (Wertschuld) nach §§ 803 ff., Düss NJW 1988, 2185.

3 **Keine** Geldforderung liegt vor bei einer wahren Geldsortenschuld. Bei ihr muss der Schuldner nur in bestimmten Münzen oder Wertzeichen leisten und erfolgt die Zwangsvollstreckung nach §§ 883, 884, 893, § 67 II GVGA, Düss NJW 1988, 2185; LG Nürnb-Fürth DGVZ 1983, 189. Einzelheiten Maier-Reimer NJW 1985, 2053; Schmidt ZZP 98, 46.

4 Der mit § 803 beginnende Abschnitt 2 des Buchs 8 enthält **in vier Titel:** 1. Die Vollstreckung in das bewegliche Vermögen nach §§ 803–863; 2. diejenige in das unbewegliche Vermögen nach §§ 864–871; 3. das Verteilungsverfahren nach §§ 872–882; 4. diejenige gegen juristische Personen des öffentlichen Rechts nach § 882a. Der Eingriff in das durch Art. 14 I 1 GG geschützte Eigentum ist nach Art. 14 I 2 GG statthaft, BVerfGE 49, 256.

5 **II. Regelungszweck.** Die Zwangsvollstreckung wegen einer Geldforderung ist in der Praxis wohl der zumindest nach der Zahl der Fälle wichtigste Zweig des gesamten Vollstreckungsrechts. Sie kann sich als außerordentlich mühsam und mit einem hohen weiteren Kostenrisiko des Gläubigers behaftet entwickeln. Andererseits setzt der Sozialstaat des Art. 20 I GG den Zugriffsmöglichkeiten des noch so auf sein Geld angewiesenen Gläubigers Grenzen. Das geschieht auch, um zu verhindern, dass die Gemeinschaft der Bürger über ihre Steuern die aus Sozialmitteln erforderlichen Leistungen an den Bedürftigen letzthin zumindest auch zur Befriedigung des oder der einzelnen Gläubiger finanzieren muss. Das alles sollte man weder zugunsten der einen noch zugunsten der anderen Partei überbetonen. Es sollte vielmehr zu einer die individuelle Gerechtigkeit ebenso wie das Sozialstaatsprinzip als zwei Eckpfeiler des modernen Rechtsstaats achtenden Abwägung bei der Auslegung der Vorschriften führen.

6 **III. Geltungsbereich.** Abschnitt 2 ist in jedem der folgenden Fälle anwendbar.

7 **1. Geldablieferung.** Die Vorschriften gelten, soweit das Vollstreckungsorgan beigetriebenes Geld dem Gläubiger abliefern muss.

8 **2. Ablieferung sonstigen Erlöses.** Die Vorschriften gelten ferner, soweit andere Vermögensstücke des Schuldners verwertet werden und der Gläubiger den Erlös erhält.

9 **3. Hinterlegung.** Die Vorschriften gelten ferner, soweit der Gläubiger das beigetriebene Geld oder den Erlös zunächst nicht erhält, weil man aus prozessualen Gründen hinterlegen muss, Düss FamRZ 1984, 704; LG Essen Rpfleger 2001, 543, zB bei einer Abwendungserlaubnis nach §§ 711, 712 I, 720, oder weil der Titel die Leistung nur an den Gläubiger gemeinsam mit anderen zulässt, etwa mit einem Miterben.

10 **4. Leistung an Dritten.** Die Vorschriften gelten schließlich, soweit der Schuldner an einen Dritten leisten muss, LG Essen Rpfleger 2001, 543, zB an die Ehefrau des klagenden Ehemanns. Ein Urteil auf eine Sicherheitsleistung schlechthin muss man nach § 887 vollstrecken. Wegen des Anspruchs auf die Befreiung von einer Schuld → § 887 Rn. 3.

11 **IV. Vollstreckungsarten.** Die Zwangsvollstreckung in bewegliche Sachen geschieht immer durch eine Pfändung nach § 803 I 1 und eine Verwertung nach §§ 835 ff. Sie erfolgt in Liegenschaften durch eine Beschlagnahme und eine Verwertung durch eine Zwangsversteigerung oder Zwangsverwaltung nach § 866 I und/oder durch eine Pfändung in Form der Zwangshypothek ohne eine Verwertung nach §§ 866 I, 867. Früchte auf dem Halm, nach sachlichem Recht Bestandteile des Grundstücks, gelten dafür als bewegliche Sachen nach § 810.

12 **V. Vollstreckungsumfang.** Ein Grundsatz hat Ausnahmen.

1. Grundsatz: Gesamtvermögen des Schuldners. Der Zwangsvollstreckung unterliegt regelmäßig das gesamte Vermögen des Schuldners, auch zB dasjenige eines Ausländers im Inland, BVerfGE 64, 22 (auch zur völkerrechtlichen Problematik gegenüber einem ausländischen Staatsvermögen im Inland). 13

2. Ausnahmen. Die Vollstreckung hat Grenzen, soweit bereits der Titel die Zwangsvollstreckung sachlich einengt, wie der bei Haftungsbeschränkung des Erben. Der beschränkt Haftende muss die Beschränkung durch eine Klage nach § 785 geltend machen. Eine Begrenzung tritt ferner ein, soweit sich die Zwangsvollstreckung gegen eine Partei kraft Amts richtet. Dort haftet ohne weiteres nur das verwaltete fremde Vermögen. Eine Vollstreckungsbegrenzung tritt ferner ein, soweit das Gericht den Eigentümer nur als solchen verurteilt hat, also bei der Hypothek oder Grundschuld. Eine Vollstreckungsbegrenzung ergibt sich schließlich bei Liegenschaften nach § 866 III aus der Art des Titels. Gegen Kopfschuldner nach → § 100 Rn. 14 darf und muss man entsprechend der Haftung vollstrecken. Gesamtschuldner nach → § 100 Rn. 11 haften auf das Ganze auch in der Zwangsvollstreckung. 14

VI. Wahlrecht des Gläubigers. Bei einer Wahlschuld nach §§ 262 ff. BGB darf der Gläubiger bis zum Beginn der Zwangsvollstreckung wählen oder sein Wahlrecht durch das Vollstreckungsorgan ausüben. 15

VII. Wahlrecht des Schuldners. Maßgebend ist die Forderungsart. 16

1. Zwischen übertragbaren und unübertragbaren Forderungen. Es reicht bis zum Beginn der Zwangsvollstreckung. Hat der Schuldner es bis dann nicht ausgeübt, darf der Gläubiger nach seiner eigenen Wahl in eine der freistehenden Vermögensarten vollstrecken. Der Schuldner darf dann nicht mehr wörtlich wählen. Er darf sich aber durch die von ihm nunmehr gewählte tatsächliche Leistung nach § 264 I BGB befreien. Genügt diese Leistung nicht zur vollen Befriedigung des Gläubigers wegen des Hauptanspruchs und der Zinsen und Kosten, darf der Gläubiger auf den Rest weitervollstrecken. 17

2. Zwischen übertragbaren Forderungen. Die Pfändung findet im Ganzen statt, der Gläubiger wählt. 18

VIII. Wahlrecht des Drittschuldners. Es besteht keinerlei Zwang vor der Wahl. Der Drittschuldner nach § 840 muss eine Beschränkung der Zwangsvollstreckung durch die Ausübung eines etwaigen eigenen Wahlrechts nach § 767 geltend machen. 19

Vorbemerkung II zu § 803

Schrifttum: Behr, Mobiliarvollstreckung usw., 1996; Beler, 2. Zwangsvollstreckungsnovelle: Änderungen der Mobiliarvollstreckung usw., 1998; Blöcker, Mobiliarzwangsvollstreckungsrecht, 1990; Goldenberg, Das bewegliche Vermögen des Schuldners in der Einzelzwangsvollstreckung usw., 2016; Hintzen, Vollstreckung durch den Gerichtsvollzieher. Sachpfändung usw., 5. Aufl. 2020; Hintzen/Wolf, Handbuch der Mobiliarvollstreckung, 2. Aufl. 1999; Jungbauer/Blaha/Heinrichsberger, Mobiliarzwangsvollstreckung, 2. Aufl. 2013; Nies, Praxis der Mobiliarvollstreckung, 1998; Röder (Hrsg), ABC der pfändbaren und unpfändbaren beweglichen Sachen, seit 1992 (Loseblattausgabe); Stamm/Stich/Mock, Mobiliarvollstreckung, 2. Aufl. 2005; Steinert/Theede/Knop, Zwangsvollstreckung in das bewegliche Vermögen, 9. Aufl. 2013; Stratmann, Die Zwangsvollstreckung in anfechtbar veräußerte Gegenstände und insbesondere in anfechtbar abgetretene Forderungen, Diss. Bonn 1998; Winterstein, Die Sachpfändung durch den Gerichtsvollzieher, 2. Aufl. 2010.

I. Systematik. Zunächst → Vor § 803 Rn. 1. §§ 803–863 gliedern sich in: Untertitel 1: Allgemeine Vorschriften, §§ 803–807; Untertitel 2: Zwangsvollstreckung an körperliche Sachen, §§ 808–827; Untertitel 3: Zwangsvollstreckung in Forderungen und andere Vermögensrechte, §§ 828–863. Die Zwangsvollstreckung in Fahrnis geschieht durch eine Pfändung nach §§ 803 ff. und durch die anschließende Pfandverwertung nach §§ 835 ff. Sie ist auch auf dingliche Titel statthaft, BGHZ 103, 33. 1

II. Regelungszweck. Zweck ist natürlich wie bei jeder Vollstreckung die Befriedigung des Gläubigers. Die Verwertung selbst führt zu ihr aber nur mittelbar durch die Ablieferung des Erlöses und lediglich ausnahmsweise unmittelbar etwa bei der Überweisung einer Forderung an Zahlungs Statt nach § 835 I. Zur Erhaltung der Existenzgrundlage des Schuldners dienen Einschränkungen wie das Verbot der Einzelvollstreckung nach § 89 InsO, der Pfändung nach §§ 811 ff. oder einer Überpfändung nach → § 803 Rn. 16. Man muss sie von Amts wegen beachten. 2

Drittschutz ist ein aus dem Gesetzestext nicht stets deutlich ableitbares, aber nach Art. 20 GG selbstverständliches weiteres Ziel der Vorschriften. Gerade bei der Vollstreckung in das bewegliche Hab und Gut bleiben die wahren Eigentums- und Besitzverhältnisse oft selbst für einen erfahrenen vorsichtigen Gerichtsvollzieher im sehr Unklaren. Er muss meist ganz dem Anschein und den Angaben der Anwesenden vertrauen. Danach kann im weiteren Verlauf der Rechtsverlust des wahren Eigentümers drohen. Andererseits kann man nur anhand der äußerlichen Lage überhaupt zugreifen. Umso ruhiger darf und muss das Gericht später abwägen, solange man überhaupt noch etwas retten kann. 3

Gibt bei einer Lohnforderung das Urteil den abziehbaren Steuerbetrag nicht an, liegt ein sog. **Bruttolohnurteil** vor. Es ist grundsätzlich zulässig, BAG DB 1980, 1593, Ffm DB 1990, 1291, strenger LAG Hann DB 1992, 1148. Dann kann der Schuldner die Abführung von Steuern und Sozialversicherungsbeiträgen geltend machen. Im Vollstreckungsverfahren erfolgt keine Überprüfung der unstreitig abgeführten derartigen Beträge, Ffm DB 1990, 1291. Im Übrigen muss man den ganzen Betrag beitreiben, sofern nicht der Arbeitgeber durch Steuerquittungen usw. die Abführung der Lohnsteuer und der Sozialbeiträge nachweist. Dann gilt insoweit § 775 Nr. 4, LG Köln DGVZ 1983, 157. Andernfalls erfolgt eine Aushändigung an den Arbeitnehmer und eine Benachrichtigung des Finanzamts durch den Gerichtsvollzieher nach § 86 GVO, Lepke DB 1978, 840. Dergleichen ist bei einer Verurteilung des Arbeitnehmers oder Gehaltsempfängers auf eine Rückzahlung zuviel empfangener Bruttobeträge zur Zwangsvollstreckung ungeeignet. Was zum beweglichen Vermögen gehört, ergibt sich durch einen Rückschluss aus § 865. Über den Einfluss von Preisvorschriften auf die Verwertung → § 817a Rn. 1. Vgl. ferner §§ 281 ff. AO. 4

III. Pfändung. Man muss drei Gegenstände unterscheiden. 5

1. Körperliche Sache. Dazu Behr NJW 1992, 2738 (ausf.). Der Gerichtsvollzieher pfändet sie nach einer Berechnung oder Überprüfung der Berechnung der Forderung, § 80 GVGA einschließlich der Nebenforderun- 6 gen und Kosten und nach einer vergeblichen Aufforderung des Schuldners zu einer freiwilligen Leistung nach §§ 59 II, 81 I 1 GVGA.

7 Eine **Aufforderung** des Gerichtsvollziehers an den Schuldner zum Vorzeigen seiner beweglichen Habe geht der eigentlichen Pfändung voraus. Zu ihr gehört nach § 81 I 1 GVGA die Aufforderung, alles zu öffnen, soweit eine Vollstreckung infragekommt. Bei Abwesenheit des Schuldners ergeht nach § 81 I 2 GVGA die Aufforderung an die Angehörigen oder sonstigen Anwesenden. Notfalls wendet der Gerichtsvollzieher nach §§ 758, 758a, 759 ZPO, § 81 I 3 GVGA Gewalt an.

8 Die **Auswahl** der Pfandstücke schließt sich an. Dabei achtet der Gerichtsvollzieher nach § 81 II 1 GVGA auf kürzestmögliche Gläubigerbefriedigung, aber auch auf Vermeidung unnötiger Schuldnernachteile. Geld, Kostbarkeiten, Wertpapiere und entbehrliches Gut haben nach § 81 II 2 GVGA Vorrang. Kostenträchtiges und Schwerverwertbares kommt nach § 81 II 3 GVGA nur hilfsweise infrage. Im Zweifel kommt nach § 81 II 4 GVGA nur eine einstweilige Pfändung in Betracht.

9 Die eigentliche Pfändung erfolgt durch eine **Besitzergreifung,** §§ 808 I, 831. Eine sog. Taschenpfändung ist nach Art. 1, 2 GG mangels besonderer Umstände nur sehr bedingt statthaft, LG Detm DGVZ 1994, 119. Belässt der Gerichtsvollzieher die Pfandsache im Gewahrsam des Schuldners oder eines Dritten, muss er die Pfändung nach § 808 II durch Siegel oder sonstwie ersichtlich machen. Er muss die Pfandstücke öffentlich nach §§ 814 ff. meistbietend in bestimmten Formen versteigern. Ihren Erlös oder gepfändetes Geld liefert der Gerichtsvollzieher nach dem Abzug der Kosten dem Gläubiger ab. Die Pfändung schon gepfändeter Sachen geschieht in vereinfachter Form durch eine bloße Beurkundung als eine sog. Anschlusspfändung nach § 826.

10 Bei der Vollstreckung in **Software** muss man versuchen, anhand der insofern überalterten Vorschriften der ZPO unter einer Beachtung des auch immateriellen „informationellen" Bestandteils eine brauchbare Lösung zu entwickeln, Koch KTS 1988, 81 (fordert eine Gesetzesanpassung); Paulus DGVZ 1990, 156 (ausf.).

11 **2. Forderung und sonstiges Vermögensrecht.** Hier erlässt das Vollstreckungsgericht einen Pfändungsbeschluss nach §§ 829, 857. Bei einer Geldforderung verbietet es dem Drittschuldner nach § 840, an den Schuldner zu zahlen, und es verbietet dem Schuldner, über die Forderung zu verfügen. Die Zustellung des Beschlusses durch den Gläubiger an den Drittschuldner macht die Pfändung nach § 829 wirksam. Bei einer Briefhypothek ist eine Übergabe des Hypothekenbriefs an den Gläubiger notwendig, bei einer Buchhypothek eine grundbuchliche Eintragung, bei einer Schiffshypothek eine Eintragung ins Schiffsregister nach § 830a, entsprechend nach § 99 I LuftRG. Eine Forderung aus einem indossablen Papier pfändet der Gerichtsvollzieher, indem er das Papier nach § 831 in seinen Besitz nimmt. Das Gericht muss die gepfändete Forderung dem Gläubiger gemäß § 835 nach seiner Wahl zur Einziehung oder an Zahlungs Statt überweisen. Die Überweisung zur Einziehung ermächtigt den Gläubiger zu dieser Maßnahme. Der Schuldner muss ihm nach § 836 zur Hand gehen. Verweigert der Drittschuldner die Zahlung, muss ihn der Gläubiger verklagen und dem Schuldner gemäß § 841 nach § 72 den Streit verkünden.

12 **3. Anspruch auf Herausgabe oder Leistung körperlicher Sachen.** Man muss ihn regelmäßig wie eine Forderung pfänden. Jedoch muss der Schuldner eine bewegliche Sache nach §§ 847 ff. dem Gerichtsvollzieher, ein Schiff oder ein Luftfahrzeug einem Treuhänder, eine unbewegliche Sache einem Sequester herausgeben. Die bewegliche Sache muss man dann so verwerten, als wäre sie gepfändet. Eine unbewegliche unterliegt den Vorschriften der Zwangsvollstreckung in Liegenschaften nach §§ 864 ff. Eine Überweisung an Zahlungs Statt ist hier nach § 849 unstatthaft.

IV. Doppelwirkung der Pfändung

Schrifttum: Schmalhofer, Die Rechtfertigung der Theorie der Doppelpfändung bei der Pfändung des Anwartschaftsrechts, Diss. Regensburg 1994.

13 **1. Beschlagnahme, Verstrickung.** Die Pfändung bewirkt zunächst eine staatliche Beschlagnahme, Verstrickung, also Sicherstellung der Pfandsache, AG Nürnb VersR 2013, 43. Derartige Eingriffe kennt das Recht vielfach, zB in §§ 98 StPO, 20 ZVG, 1123 II BGB. Immer bewirkt die Beschlagnahme eine Unterstellung der Pfandsache unter die staatliche Macht im gesetzlichen Vollstreckungsverfahren und zugleich eine Verfügungsbeschränkung des Schuldners nach §§ 135, 136 BGB, § 136 StGB zugunsten eines anderen, hier des Gläubigers, zum Zweck seiner Sicherung und zur Vorbereitung seiner Befriedigung durch die anschließende Verwertung. Der Schuldner darf über die Pfandsache nicht verfügen, soweit er damit den Vollstreckungsanspruch des Gläubigers beeinträchtigt. Die Beschlagnahme endet erst mit einem entsprechenden gerichtlichen Beschluss, BGHZ 177, 220 (nicht allein durch Rücknahme des Antrags). Auch eine spätere Insolvenz des Schuldners ändert an der Verstrickung nichts, BGH NZI 2017, 892. Ein Arrestpfändungspfandrecht geht nach § 153 VII 2 GVGO ohne weiteres in ein Vollstreckungspfändungspfandrecht auf Grund eines vollen Vollstreckungstitels wegen der Arrestforderung über.

14 **2. Pfändungspfandrecht.** Die Pfändung bewirkt ferner nach § 804 I das Entstehen eines Pfändungspfandrechts für den Gläubiger.

15 **Hier unterscheiden manche:** Die Beschlagnahme als Staatsakt soll wirksam sein, wenn sie formell ordnungsgemäß geschehen ist. Ein Pfandrecht aber soll nur dann entstehen, wenn die allgemeinen Prozessvoraussetzungen und die förmlichen Voraussetzungen der Zwangsvollstreckung vorliegen, also zB nicht nach der Eröffnung des Insolvenzverfahrens nach § 89 InsO, Behr JurBüro 1999, 68.

16 **Diese Unterscheidung ist willkürlich.** Sie schafft für den Gläubiger eine empfindliche Unsicherheit. Natürlich könnte sich die ZPO wie das ZVG mit der Beschlagnahme begnügen. Wenn aber § 804 dem Gläubiger ausdrücklich ein Pfandrecht einräumt, kann das nur den Sinn haben, ihm einen gewissen Rang zu sichern. Denn ein sachlich-rechtliches Pfandrecht entsteht nicht.

17 Baur/Stürner ZwangsVollstrR § 25 vertreten eine **gemischt-öffentlich-rechtliche** Theorie, Bruns/Peters § 19 III 2a bezeichnen das Pfändungspfandrecht als die dritte Art des **bürgerlich-rechtlichen** Pfandrechts neben dem vertragsmäßigen nach § 1204 BGB, und gesetzlichen nach § 1257 BGB. § 804 II soll auf die Normen des bürgerlichen Rechts zur entsprechenden Anwendung verweisen.

18 **Übersicht über die Theorien** und ihre praktischen Auswirkungen bei Jauernig/Berger ZwangsVollstrR § 16 III; Marotzke NJW 1978, 133; Noack JurBüro 1978, 19.

3. Wesen des Pfändungspfandrechts. Das Pfändungspfandrecht ist **rein öffentliches Recht.** Es ist mit der Beschlagnahme unlöslich verknüpft. Es ist nichts als eine Folge eben der Beschlagnahme, nicht anders als bei Liegenschaften das Recht des Gläubigers, die Zwangsversteigerung unter der Einräumung eines gewissen Ranges zu verlangen. Wenn die Beschlagnahme fehlt, fehlt das Pfandrecht. Wenn sie wirksam ist, entsteht ein wirksames, unabhängiges Pfandrecht nach → § 804 Rn. 3, das Pfändungspfandrecht, AG Nürnb VersR 2013, 43; Thomas/Putzo/Seiler § 803 Rn. 9; aM Kblz WM 2010, 476; Zöller/Herget Rn. § 804 Rn. 2 (sie wenden auf das Pfändungspfandrecht teilweise ergänzend die Normen des BGB an und lassen demgemäß ein solches trotz einer Pfandverstrickung dann nicht entstehen, wenn die Zwangsvollstreckung unzulässig ist oder wenn die allgemeinen Voraussetzungen des Pfandrechts fehlen, Marotzke ZZP 98, 459. Pesch JR 1993, 360 meint, die hoheitliche Deutung verstoße gegen Art. 14 GG). 19

Darum ist auch die **Pfandverwertung** nach §§ 814 ff. nicht eine bloße Folge der Pfändung, so dass sie dann ordnungsgemäß sein könnte, wenn kein Pfändungspfandrecht entsteht. § 806 beweist für diese Ansicht nichts. „Auf Grund der Pfändung" geschieht die Pfandveräußerung selbstverständlich. Denn das Pfandrecht beruht seinerseits auf ihr. 20

Die Sache liegt vielmehr so: Entweder war die Pfändung ordnungsmäßig und das Gericht hat sie erst später auf Grund eines Rechtsbehelfs aufgehoben. Dann ist ein mindestens auflösend bedingtes Pfändungspfandrecht entstanden und die Verwertung rechtmäßig, solange die Bedingung nicht eingetreten ist. Oder die Pfändung war ganz unwirksam. Dann entsteht kein Pfandrecht und hat die Verwertung keinerlei Rechtsgrundlage. Sie verpflichtet zur Herausgabe der Bereicherung, auch den „Drittschuldner" nach § 816 II BGB, BGH NJW 1986, 2430. Außerdem verpflichtet sie bei einem Verschulden des Gläubigers zum Ersatz nach → Vor § 771 Rn. 9. 21

Untertitel 1. Allgemeine Vorschriften

803 *Pfändung.* I [1]**Die Zwangsvollstreckung in das bewegliche Vermögen erfolgt durch Pfändung. [2]Sie darf nicht weiter ausgedehnt werden, als es zur Befriedigung des Gläubigers und zur Deckung der Kosten der Zwangsvollstreckung erforderlich ist.**

II **Die Pfändung hat zu unterbleiben, wenn sich von der Verwertung der zu pfändenden Gegenstände ein Überschuss über die Kosten der Zwangsvollstreckung nicht erwarten lässt.**

Schrifttum: Erbe, Das Recht der unpfändbaren Sachen, 2013; Winterstein, Das Pfändungsverfahren des Gerichtsvollziehers, 1994.

I. Systematik, I, II. Der Unterabschnitt §§ 803–807 enthält die bei jeder Vollstreckung in das bewegliche Vermögen nach §§ 808–863 zu beachtenden allgemeinen Vorschriften. Ergänzend gelten für das Verfahren §§ 882a ff. 1

II. Regelungszweck, I, II. Natürlich lässt sich das Ziel der Befriedigung für den Gläubiger nicht schon durch die bloße Pfändung erreichen, sondern erst durch die anschließend erlaubte Verwertung. Sie erfolgt je nach der Art des gepfändeten beweglichen Vermögensstücks durch die in §§ 808–863 genannten einzelnen Verwertungsarten. Damit wird zwar die Zwangsvollstreckung auch in das bewegliche Vermögen oft mühsam, langwierig und teuer. Indessen muss man auch hier bei der Auslegung nach → Einl. II Rn. 70 ff. nicht nur die sog. Kahlpfändung verhindern, sondern auch im Übrigen den Verhältnismäßigkeitsgrundsatz beachten, Paulus DGVZ 1993, 131. 2

Illusion ist oft die Vorstellung, beim Schuldner sei überhaupt Pfändbares zu finden. Ist von vornherein eine Befriedigung des Gläubigers – auch mit Blick auf Pfändungsbefreiungstatbestände, ist die Pfändung unzulässig, II. Es ist eine schwierige Aufgabe der Justiz, durch ihre richtige Handhabung und Auslegung Extreme zu vermeiden und solche Lösungen zu erlauben, die sowohl dem Bedürfnis des redlichen Gläubigers als auch den beruflichen, familiären und ganz persönlichen Bedürfnissen eines redlichen Schuldners gerecht werden. 3

Eine **Bestrafung** des Schuldners ist jedenfalls **nicht** ein Zweck der Vorschrift, LG Augsb DGVZ 1999, 185. 4

III. Bewegliches Vermögen, I. Zum beweglichen Vermögen gehört alles, was nicht nach §§ 864 ff. zum unbeweglichen Vermögen gehört. Zum beweglichen Vermögen zählen also die folgenden Werte. 5

1. Bewegliche Sachen. Hierher gehören grundsätzlich sämtliche beweglichen Sachen, etwa ein Pkw, AG Lingen JurBüro 2015, 211, auch Früchte auf dem Halm unter den Voraussetzungen des § 810, ferner ein nicht eingetragenes Schiff nach § 929a I BGB, ein Wertpapier nach § 821, ein indossables Wertpapier, zB ein Wechsel nach § 831. Das Zubehör eines Grundstücks oder eines eingetragenen Schiffes unterliegt nach § 865 II nur der Liegenschaftszwangsvollstreckung, sofern es nicht durch eine Veräußerung usw. vor der Beschlagnahme nach §§ 1121, 1122 BGB von der Haftung frei geworden ist. Die Erzeugnisse und sonstigen vom Grundstück getrennten Bestandteile zählen ebenfalls ausnahmsweise nicht zum beweglichen Vermögen, soweit sie nach § 1120 BGB in der Liegenschaftszwangsvollstreckung beschlagnahmt worden sind. Pachtinventar unterliegt hier keiner Sondervorschrift, PachtkreditG (über die Versteigerung → § 817 Rn. 3). Ein eingetragenes Schiff oder Luftfahrzeug oder ein eintragungsfähiges Schiffsbauwerk steht nach § 870a, § 99 I LuftRG einer unbeweglichen Sache gleich. Ein massiver Lagerschuppen behält bei einer festen Verbindung mit dem Grundstück seine Beweglichkeit nicht schon infolge einer mietvertraglichen Abrede; aM LG Stgt DGVZ 2003, 152 (aber das Schuldrecht beseitigt nicht einfach Sachenrecht). 6

2. Forderungen und sonstige Rechte. Hierher zählen auch eine Geldforderung des Schuldners, ein Anspruch auf die Herausgabe oder auf die Leistung einer Sache und ein sonstiges Recht, auch eine Haftung als Duldungsschuldner, LG Bln ZMR 2011, 157. Hierher zählt nach → § 887 Rn. 1 **nicht** die **Freistellung** von der Verpflichtung zur Erfüllung einer Geldschuld. 7

IV. Pfändung, I. Man muss drei Zeiträume unterscheiden. 8

1. Voraussetzungen. Zum Begriff und zur Wirkung der Pfändung → Vor § 803 Rn. 8. Voraussetzungen der Pfändung ist neben der Zuständigkeit des Vollstreckungsorgans nach → Vor § 704 Rn. 32 und den besonderen Bedingungen der §§ 808 ff. natürlich die Erfüllung der allgemeinen Voraussetzungen der Zwangsvollstreckung. Dort und → Vor § 803 Rn. 8–9 auch über die Folgen eines Verstoßes. Eine inhaltlich falsche Entscheidung eines Vollstreckungsorgans im Rahmen seiner Zuständigkeit etwa über das Vorliegen eines 9

Gewahrsams bleibt wirksam. Unwirksam ist eine Pfändung in einen Teil des Insolvenzvermögens nach der Verfahrenseröffnung nach § 89 I InsO. Ein Veräußerungsverbot nach § 21 InsO wirkt als ein bedingtes Verbot nicht stärker als das Verbot der §§ 772 ff. Die Pfändung ist keine Rechtshandlung, keine Verfügung, kein Vertrag. Darum ist sie nicht nach dem AnfG oder nach § 131 InsO anfechtbar, wohl aber nach § 130 InsO. Denn sie gewährt eine unberechtigte Sicherung. Die Verbindung eines auch nach → Vor § 128 Rn. 59 stillschweigenden Pfändungsauftrags mit einem Haftauftrag nach § 802g ist zulässig, AG Büdingen DGVZ 1985, 78. Wenn der Pfändung ein gesetzliches Hindernis entgegensteht, muss das Vollstreckungsorgan die Vornahme der Pfändung ablehnen.

10 **2. Erlöschen.** Das Pfandrecht und damit die Verstrickung nach → Vor § 803 Rn. 8 endet dann, wenn die Verwertung beendet ist. Hierher zählen auch alle Arten der Erfüllung, zB die Annahme an Erfüllungs Statt nach § 364 I BGB.

11 Das Pfandrecht endet nach § 776 auch dann, wenn das Vollstreckungsorgan die Pfändung **aufhebt.** Es ist unerheblich, ob diese Entstrickung zu Recht oder zu Unrecht geschehen ist.

12 Das Pfandrecht endet auch dann, wenn der Gläubiger auf das Pfandrecht **und** die Verstrickung verzichtet, Schneider DGVZ 1984, 133. Die **Freigabe** ist eine rein prozessuale Erklärung, eine Parteiprozesshandlung. Sie ähnelt der Klagerücknahme nach § 269. Die Freigabe erfolgt bei einer beweglichen Sache durch eine Erklärung des Gläubigers gegenüber dem Schuldner oder gegenüber dem Gerichtsvollzieher. Der Gerichtsvollzieher muss anschließend nach § 72 II 3 GVGA die Pfändung aufheben. Zu den Einzelheiten dieses Verfahrens Schneider DGVZ 1984, 133.

13 Der bloße **Verzicht des Gläubigers** auf die Pfändung hebt diese noch nicht auf. Bei einem Recht ist die Zustellung der Freigabeerklärung des Gläubigers an den Schuldner nach § 843 erforderlich. Wenn der Gläubiger die Freigabe schriftlich erklärt, muss der Gerichtsvollzieher die Echtheit der Erklärung sorgfältig prüfen und notfalls den Gläubiger befragen. Die Freigabe des Gläubigers liegt regelmäßig in der Rückgabe der Pfandsache durch ihn bzw. in der Entfernung des Pfandsiegels durch den Gerichtsvollzieher. Mit dem Pfandrecht erlischt notwendig die Pfändung. Es bleibt nicht etwa die Beschlagnahme nach → Vor § 803 Rn. 8 bestehen.

14 Das Pfandrecht endet auch dann, wenn die gepfändete Sache **untergeht** oder nach §§ 946, 950 BGB verbunden oder verarbeitet wird oder sobald ein Dritter sie nach §§ 135 II, 136, 935, 936 BGB lastenfrei gutgläubig erwirbt.

15 **3. Fortbestand.** Das Pfandrecht erlischt nicht schon dadurch, dass der Besitzer der Pfandsache und insbesondere der Gerichtsvollzieher den Besitz nach → § 808 Rn. 11 unfreiwillig verliert. Das Pfandrecht erlischt auch nicht schon dadurch, dass jemand das Pfandzeichen unbefugt entfernt. Das Pfandrecht erlischt schließlich auch nicht schon dadurch, dass das Gericht den Vollstreckungstitel aufhebt oder dass es die Zwangsvollstreckung für nach § 775 Nr. 1 unzulässig erklärt, solange keine Aufhebung nach § 776 erfolgt.

16 **V. Überpfändung, I.** Es handelt sich um ein Schutzgesetz nach § 823 II BGB, BGH NJW 1985, 1157. Ein einfacher Grundgedanke bringt Probleme. Der Gerichtsvollzieher muss die Vorschrift nach § 82 VI 1 GVGA beachten.

17 **1. Grenze der Pfändbarkeit.** Die Pfändung darf im Interesse des Schuldners bei jeder Pfändungsart lediglich so weit gehen, dass sie den Gläubiger wegen seines Anspruchs und der Kosten nach dem pflichtgemäßen Ermessen des Gerichtsvollziehers voraussichtlich befriedigt. Das gilt grundsätzlich auch für eine Forderungspfändung nach § 829 und für die Pfändung eines sonstigen Rechts nach § 857. Dabei muss man den voraussichtlichen Erlös schätzen. Der Gerichtsvollzieher tut das nach § 82 VI 1 GVGA. Dabei muss er etwa vorgehende Rechte nach §§ 771, 805 mitberücksichtigen. Diese Grenze der Pfändbarkeit lässt sich dort aber nur im Weg einer Erinnerung nach § 766 erzwingen, BGH NJW 1975, 738. Denn dem Gericht fehlt meist jeder Maßstab für den Wert einer Forderung. Der Gläubiger könnte diesen Wert auch kaum nachweisen. Deshalb beschränkt das amtliche Formular die Pfändung zu Unrecht auf die Höhe der Schuld. Wenn der Gerichtsvollzieher das Formular ausfüllt, ist die Forderung nur entsprechend gepfändet. Maßgeblich ist die durch den Vollstreckungstitel ausgewiesene Forderung, nicht die ihr zugrunde liegende Forderung.

18 **2. Wirtschaftliche Prüfung.** Man muss wirtschaftlich denken, BGH DB 1982, 2684; LG Kblz DGVZ 1997, 89 (Risiko der Verkehrswertschätzung). Ist nur ein einzelner pfändbarer Gegenstand vorhanden, darf der Gerichtsvollzieher auch dann pfänden, wenn sein Wert die Vollstreckungsforderung nebst Kosten weit übersteigt, AG Neubrdb DGVZ 2005, 14. Eine Überpfändung liegt nur dann vor, wenn die bereits vorher getroffenen Vollstreckungsmaßnahmen mit einiger Sicherheit ausreichen, BGH DB 1982, 2684. Das ist zB dann nicht so, wenn man den Wert des gepfändeten Rechts nicht wenigstens realistisch schätzen kann, Drsd JurBüro 2007, 100, oder wenn der Gläubiger bisher nur eine solche zukünftige Forderung gepfändet hat, die mit dem erkennbaren Risiko der Nichtentstehung oder eines vorzeitigen Wegfalls belastet ist, BGH DB 1982, 2684, oder wenn sich zB Verwahrungskosten noch nicht abschätzen lassen, AG Rheinsberg DGVZ 1995, 94. Einer teilweisen Befriedigung braucht nicht von Amts wegen jeweils sogleich eine entsprechende Teilfreigabe zu folgen, Mümmler JurBüro 1976, 25. Wenn der Gläubiger die Pfändung mehrerer Forderungen beantragt, deren jede dem Nennwert nach zur Befriedigung ausreicht, muss er für die Notwendigkeit dieser Maßnahme ausreichende Gründe darlegen. Dasselbe gilt dann, wenn der Gläubiger eine Forderungspfändung nach § 829 beantragt, obwohl eine Sachpfändung nach §§ 808 ff. anscheinend ausreicht. Der Gläubiger kann zB darlegen, dass ihm gegenüber der Sachpfändung eine Widerspruchsklage nach § 771 drohe. Dann darf der Gerichtsvollzieher nach § 87 I 3 GVGA evtl. bis zur Klage pfänden.

19 **3. Gesamtschuld.** Ebenso darf der Gläubiger bei sämtlichen Gesamtschuldnern in voller Höhe pfänden, ohne einen Vollstreckungstitel gegen alle Gesamtschuldner vorlegen zu müssen. Dem einzelnen Gesamtschuldner steht der Weg der Vollstreckungsabwehrklage nach § 767 offen, sobald der Gläubiger bei auch nur einem der übrigen Gesamtschuldner eine volle Befriedigung erhalten hat, LG Hann DGVZ 1992, 12; LG Stgt Rpfleger 1983, 161; Zöller/Herget Rn. 7; aM AG Günzburg DGVZ 1983, 168; AG Mönchengladb DGVZ 1982, 79; AG Wolfratshausen DGVZ 1981, 159 (aber jede weitere Vollstreckung wäre dann rechtswidrig und obendrein evtl. nach → Vor § 704 Rn. 43 arglistig). Überhaupt ist das Verbot der Überpfändung trotz des Wortlauts eine bloße Sollvorschrift. Eine weitergehende Pfändung ist daher zunächst voll wirksam, BGH NJW 1985, 1157. Weder der

Gerichtsvollzieher noch das Vollstreckungsgericht können sie von Amts wegen aufheben. Einzelheiten Mümmler JurBüro 1976, 25.

4. Verstoß. Der Schuldner muss nach § 766 eine Erinnerung erheben, AG Günzbg DGVZ 1983, 61; Verstöße gegen das Verbot der Überpfändung machen die Pfändung nicht unwirksam, nur anfechtbar, vgl. BGH NJW-RR 2020, 1131 Rn. 16; WM 2011, 2136 (iÜ ist die Entscheidung wegen Wegfalls des § 900 IV aF überholt). Auf die Erinnerung hin muss man die Pfändung entsprechend beschränken. Dabei muss der Schuldner nachweisen, dass aus dem Rest mit großer Wahrscheinlichkeit eine Befriedigung des Gläubigers erfolgen wird. Wenn der Gläubiger trotz einer Aufforderung keinen entsprechenden Teil freigibt, kann in diesem Verhalten eine unerlaubte Handlung nach § 823 BGB liegen. Er darf aber vor der Freigabe andere Werte pfänden. Der Gerichtsvollzieher kann eines Amtsvergehens dann schuldig sein, wenn er eine Überpfändung vornimmt. Für ihn haftet der Staat nach Art. 34 GG, § 839 BGB. Das Verbot der Überpfändung ist ein Schutzgesetz für den Schuldner nach § 823 II BGB (s. auch die GVGA), BGH NJW 1985, 1157. Der Gerichtsvollzieher darf nicht nachträglich freigeben, vgl. § 776. 20

VI. Nachpfändung, I. Dem Verbot einer Überpfändung steht das Gebot einer Nachpfändung zur Seite. Man muss sie von der Anschlusspfändung nach § 826 unterscheiden. Wenn der Gerichtsvollzieher nachträglich erkennt, dass der Wert der gepfändeten Sachen aus irgendeinem Grund die Forderung des Gläubigers nicht deckt, etwa wegen eines Preissturzes, muss der Gerichtsvollzieher auf Grund des ursprünglichen Antrags von Amts wegen eine Nachpfändung vornehmen. Das kann auch durch die Wegschaffung weiterer Sachen geschehen, Karlsr MDR 1979, 237. Wenn er sie versäumt, begeht er eine Amtspflichtsverletzung. Für sie haftet der Staat nach Art. 34 GG, § 839 BGB. 21

VII. Zwecklose Pfändung, II. Ein einfacher Grundsatz zeigt in der Praxis Probleme. 22

1. Kein Erlös über Kosten. Wenn der Gerichtsvollzieher einen Überschuss über die gesamten Kosten der Zwangsvollstreckung nach § 788 bei einer Verwertung der Pfandsachen nicht erwarten kann, muss er schon die weitere Pfändung unterlassen und den Vollstreckungstitel nach § 3 IV 4 GvKostG, § 32 I 1–3 GVGA mangels weiterer Aufträge mit einer entsprechenden Bescheinigung unverzüglich wie bei § 121 I 1 BGB zurückgeben. In der Regel reicht zur Bejahung von II nach § 32 I 4 GVGA ein fruchtloser Pfändungsversuch oder eine Vermögensauskunft nach § 802c in den letzten drei Monaten nebst Fehlen von Anhaltspunkten für das jetzige Vorhandensein pfändbarer Sachen. Freilich stellt der Gerichtsvollzieher auf Grund eines Auftrags nach § 32 I 5 GVGA wenigstens den Schuldtitel zu. 23

Alles das gilt nach § 32 II GVGA **ausnahmsweise dann nicht,** wenn der Gläubiger ein rechtlich schutzwürdiges Interesse zB an der Ermittlung eines Drittschuldners nach § 840 usw. hat. Ebenso muss er dann nach § 818 später die Versteigerung unter denselben Voraussetzungen einstellen. Das gilt auch bei einer Berücksichtigung der voraussichtlichen Transport-, Lager- oder Versteigerungskosten, auch zB nach §§ 825, 885, LG Ravensb DGVZ 2001, 85; AG Bad Hersfeld DGVZ 1993, 158M; AG Wiesb DGVZ 2006, 117. Auch bei einer bloßen Pfändung kommt es auf die voraussichtlichen Gesamtkosten „der Vollstreckung" nach § 788 an, LG Lübeck DGVZ 2002, 185; AG Düss DGVZ 1988, 156; aM LG Düss DGVZ 1988, 156; AG Lingen JurBüro 2015, 211. Das Vollstreckungsorgan übt ein pflichtgemäßes Ermessen bei einer überschlägigen Berechnung aus, LG Augsb DGVZ 1999, 185; LG Coburg DGVZ 1990, 89; LG Köln DGVZ 1988, 60. Das gilt zB bei der Pfändung von Trinkgeld, LG Kaisersl DGVZ 2009, 165. Der Gerichtsvollzieher darf eine Pfändung aber nicht wegen „amtsbekannter Unpfändbarkeit" ablehnen, AG Reinbek DGVZ 2009, 188. 24

Unanwendbar ist II dann, wenn der Gläubiger den Gegenstand zum Preis deutlich über den Kosten übernehmen will oder übernimmt, LG Waldshut-Tiengen DGVZ 2009, 47, AG Hmb-Barmbek JurBüro 2017, 383; AG Bad Doberan JurBüro 2014, 46. Unanwendbar ist II auch bei einer Vollstreckung in das unbewegliche Vermögen nach §§ 864 ff., BGH NJW 2002, 3179. 25

2. Stellung Dritter. Dabei muss der Gerichtsvollzieher die offensichtlich berechtigten Ansprüche eines Dritten berücksichtigen, soweit der Dritte nicht anderweit gedeckt ist. Eine solche Gefahr lässt sich durch die Ankündigung des Gläubigers beseitigen, er werde selbst mitbieten oder nach § 825 bieten und dabei ein solches Gebot abgeben, das die voraussichtlichen Vollstreckungskosten übersteige, AG Sinzig NJW-RR 1987, 508, AG Walsrode DGVZ 1985, 157; Drumann JurBüro 2003, 550. Er muss aber ein deutlich höheres Gebot abgeben, LG Köln DGVZ 1988, 61. Das alles gilt auch bei einer Austauschpfändung nach § 811b, AG Düss DGVZ 1995, 28. Wegen einer Anschlusspfändung → § 826 Rn. 1. 26

3. Geringer Überschuss oder Unterschuss. Der Umstand, dass vielleicht nur ein geringer Erlös möglich sein wird, reicht nicht dazu aus, von einer Pfändung abzusehen (vgl. aber für Haushaltssachen § 812), LG Itzehoe DGVZ 1988, 120, AG Brake JurBüro 2012, 668; AG Goslar DGVZ 1999, 12; aM LG Hann DGVZ 1990, 60. Dagegen muss man die Pfändung dann unterlassen, wenn die infrage kommenden Sachen ersichtlich keinen Verkaufswert haben, AG Neubrdb DGVZ 2005, 14 (Kfz-Kennzeichen); AG Bad Sobernheim DGVZ 1998, 173. Der Gerichtsvollzieher muss zwar ein Inventar fertigen, AG Recklingh JurBüro 1995, 159. Er braucht aber nicht jede einzelne vorgefundene Sache anzugeben, LG Köln DGVZ 1983, 44. Vgl. freilich → § 762 Rn. 3. 27

4. Zwingende Regelung. II ist keine bloße Sollvorschrift. §§ 851a II, 851b II verbieten eine Pfändung als zwecklos, weil sie offensichtlich sonst aufhebbar wäre. Einzelheiten LG Bln DGVZ 1983, 41 (abl. Maaß) wegen einer Pfändung für mehrere Gläubiger, AG Ffm DGVZ 1975, 95 wegen einer Taschenpfändung, Wieser DGVZ 1985, 37. II ist bei einer endgültig zwecklosen Zwangsversteigerung entsprechend anwendbar, Düss Rpfleger 1989, 470; LG Regensb NJW-RR 1988, 447; Wieser ZZP 98, 440; aM BGH Rpfleger 2004, 302; LG Detm Rpfleger 1998, 35; LG Kblz JurBüro 1998, 328 (aber die ZPO bleibt mangels einer eindeutig abweichenden Regelung des ZVG nach → Vor § 864 Rn. 5 anwendbar). Deshalb hilft auch kein Fortbestand des Gewahrsams des Schuldners und kein Angebot des Gläubigers nach § 825; aM AG Singen JurBüro 2010, 554 (aber mag der Gläubiger weiter nach § 825 vorgehen). Der nachrangige Inhaber einer Zwangshypothek nach § 867 braucht aber nicht schon wegen II ihrer Löschung zuzustimmen, BGH WM 2015, 1068. 28

Auf eine **Zwangsverwaltung** nach § 869 iVm dem ZVG ist II mangels Regelungslücke nicht entsprechend anwendbar (Anders 79. Aufl.) BGHZ 151, 386; LG Ffm NZM 1998, 635. 29

VIII. Rechtsbehelfe, I, II. → Rn. 20. 30

804 ***Pfändungspfandrecht.*** **I Durch die Pfändung erwirbt der Gläubiger ein Pfandrecht an dem gepfändeten Gegenstande.**

II Das Pfandrecht gewährt dem Gläubiger im Verhältnis zu anderen Gläubigern dieselben Rechte wie ein durch Vertrag erworbenes Faustpfandrecht; es geht Pfand- und Vorzugsrechten vor, die für den Fall eines Insolvenzverfahrens den Faustpfandrechten nicht gleichgestellt sind.

III Das durch eine frühere Pfändung begründete Pfandrecht geht demjenigen vor, das durch eine spätere Pfändung begründet wird.

Schrifttum: Becker, First in time, first in right. Das Prioritätsprinzip im deutschen und US-amerikanischen Zwangsvollstreckungsrecht, 2000; Deren-Yildirim, Gedanken über die Verteilungsprinzipien im Zwangsvollstreckungsrecht, FS Gaul, 1997, 109; Welbers, Vollstreckungsrechtliches Prioritätsprinzip und verfassungsrechtlicher Gleichheitssatz, Diss. Bonn 1991.

1 **I. Systematik, I–III.** Die Vorschrift regelt die Rechtsfolgen einer wirksam nach § 803 erfolgten Pfändung und die Rangfolge bei mehreren zeitlich aufeinander folgenden Pfändungen. Die ZPO lässt durch die Pfändung an der Pfandsache ein Pfandrecht des Gläubigers entstehen. Sie wollte den Gläubiger dadurch verstärkt sichern, dass sie die früheren landesrechtlichen Grundsätze über das Pfandrecht heranzog. Das Pfandrecht ist unlöslich an die Sache geknüpft und von der Beschlagnahme nach → Vor § 803 Rn. 8 nicht trennbar.

2 **II. Regelungszweck, I–III.** Das Pfändungspfandrecht ist als ein Zwischenstadium zwischen dem Zugriff und der Befriedigung unentbehrlich. Die Rangregelung ist keineswegs die einzig denkbare Lösung. Aber sie ist einprägsam und lässt sich verhältnismäßig einfach handhaben. Im Übrigen findet ja evtl. ein Verteilungsverfahren nach §§ 872 ff. zwecks eines auch sozialen Ausgleichs zwischen den Gläubigern statt.

3 **III. Unabhängigkeit des Pfandrechts, I–III.** Das Pfändungspfandrecht ist nicht abhängig (akzessorisch), Thomas/Putzo/Seiler Rn. 4. Das Pfändungspfandrecht setzt also keine zu sichernde Forderung voraus, wie sie beim Vertragspfandrecht des § 1204 BGB notwendig wäre. Es ist auch nicht mit dem Schicksal der Forderung verbunden. Allerdings gibt nur eine wirksame oder auflösend bedingt nach → Vor § 70 Rn. 53, 54 wirksame Pfändung ein Pfandrecht. Der gute Glaube allein reicht zu diesem Pfandrecht nicht aus. Das Pfandrecht an der Forderung ergreift kraft Gesetzes die Hypothek.

4 Der Umstand, dass das Pfandrecht denjenigen Anspruch des Gläubigers sichern soll, beweist nichts für eine Abhängigkeit. Die Sicherung des Gläubigers ist nur der Beweggrund für den staatlichen Eingriff, nicht sein Inhalt. Sie deckt denjenigen Anspruch, dessentwegen mit Recht oder zu Unrecht die Pfändung erfolgt ist. Wenn der Hypothekengläubiger kraft dinglichen Rechts die ihm haftenden Gegenstände pfändet, erlangt er ein Pfändungspfandrecht. Das Recht, die Pfandverwertung zu betreiben, bestreiten dem Gläubiger auch diejenigen nicht, die die Entstehung eines Pfändungspfandrechts bei einem Mangel der Voraussetzungen leugnen.

5 **IV. Pfandrecht und Pfändungspfandrecht, I–III.** Besteht an einer Sache für denselben Gläubiger neben einem vertraglichen oder gesetzlichen Pfandrecht ein Pfändungspfandrecht, darf er wahlweise nach der ZPO oder nach dem BGB oder dem HGB verwerten. Er muss nur im letzteren Fall das Pfändungspfandrecht aufgeben, Ffm MDR 1975, 228.

6 **V. Erlöschen des Pfandrechts, I–III.** Das Pfandrecht erlischt zwar mit der Entstrickung nach → § 803 Rn. 10. Es erlischt aber niemals ohne sie. Das ergibt sich aus seiner unabhängigen Natur. Es kommt nach → Vor § 803 Rn. 10 nicht in Betracht, dass das Pfandrecht bei einer fortdauernden Beschlagnahme erlöschen könnte. Vor allem beseitigt ein gutgläubiger Erwerb der Pfandsache durch einen Dritten nicht nur das Pfandrecht, sondern auch die Verstrickung. Denn die Beschlagnahme wirkt nur ähnlich einem richterlichen Veräußerungsverbot nach § 23 ZVG. Die Beschlagnahme verhindert daher einen gutgläubigen Erwerb nicht. Ein Verzicht auf das Pfandrecht trotz einer Aufrechterhaltung der Verstrickung ist nicht möglich. → § 803 Rn. 10.

7 **VI. Pfändung schuldnerfremder Sachen, I.** Sie ist weitgehend möglich.

8 **1. Grundsatz: Pfändbarkeit.** Ob die Pfandsache zum Vermögen des Schuldners gehört, ist unerheblich. Denn das Pfändungspfandrecht ist nach → Vor § 803 Rn. 10 unabhängig. Wenn man dann nur eine Verstrickung entstehen lässt, müsste eine Befriedigung des Gläubigers aus der Sache unzulässig sein. Das wäre aber eine unerträgliche Folge; aM Marotzke ZZP 98, 459. Die Pfändung einer solchen Sache, die nicht im Eigentum des Schuldners steht, ermöglicht nach → Vor § 771 Rn. 9, → § 819 Rn. 6 eine Widerspruchsklage nach §§ 771, 805 und nach deren Versäumung wegen → Vor § 704 Rn. 47 evtl. eine Bereicherungsklage nach §§ 812 ff. BGB. Vgl. aber auch Oldb OLGZ 1992, 488.

9 **2. Pfändbarkeit eigener Sachen des Gläubigers.** Der Gläubiger darf seine eigene Sache pfänden. Das widerspricht freilich dem Aufbau des Fahrnispfandrechts des BGB. Es widerspricht aber nicht der Regelung der ZPO. Die Pfändung der eigenen Sache kann einen guten Sinn haben. Das gilt vor allem dann, wenn an ihr ein fremder Gewahrsam besteht. Ein Faustpfandrecht kann freilich nicht entstehen. Zulässig ist zB nach → § 811 Rn. 76 eine Pfändung der unter einem Eigentumsvorbehalt verkauften oder in einem Sicherungseigentum gewonnenen Sachen. Eine solche Pfändung lässt sich nicht als einen Verzicht des Gläubigers auf sein Eigentum auffassen. Die Sachpfändung erfasst nicht ein Anwartschaftsrecht des Gläubigers mit. Man muss es nach → § 857 Rn. 1 pfänden.

10 **VII. Rechte aus dem Pfandrecht, II.** Sie folgen dem Vollstreckungszweck.

11 **1. Besitz und Verwertung.** Das Pfändungspfandrecht gibt dem Gläubiger den Besitz der Pfandsache nach §§ 861, 862, 869 BGB. Er berechtigt ihn zu ihrer Verwertung nach der ZPO zB nach §§ 814, 815 I, 825, 835. Im Verhältnis zu anderen Gläubigern stellt es den Gläubiger nach → Rn. 14 so, als ob er ein vertragliches Faustpfandrecht nach §§ 1204 ff., 1273 ff. BGB erworben, oder im Insolvenzverfahren ein Absonderungsrecht erhalten hätte. Der Gläubiger erlangt also nicht etwa ein Faustpfandrecht. Er erhält nur die Stellung des Faustpfandgläubigers im Verhältnis zu anderen Gläubigern.

12 **2. Weitere Folgen.** Die Regeln des BGB über das Faustpfandrecht sind nur insoweit sinngemäß anwendbar, als sich das mit der Eigenart des Pfändungspfandrechts vereinbaren lässt. Das Pfand haftet in Höhe der Vollstreckungsforderung einschließlich der Zinsen und der Vollstreckungskosten bis zur Befriedigung nach § 1210 I 1

BGB. Das Pfandrecht ergreift Ersatzstücke (Surrogate), also den Versteigerungserlös und die hinterlegte Sicherheit oder das Rückforderungsrecht bei einer Hinterlegung, auch wegen der Hinterlegungszinsen. Das Pfandrecht umfasst entsprechend § 1212 BGB die vom Pfand getrennten Erzeugnisse. Es ist nach → Rn. 3 mit dem Schicksal der gesicherten Forderung nicht verbunden. Wenn die Forderung erlischt, bleibt die Pfändung bestehen, solange man sie nicht aufgehoben und die Pfandsache also freigegeben hat.

Eine **Übertragung** des Pfandrechts auf einen anderen Anspruch ist nicht möglich. Das Pfandrecht geht nach § 1922 BGB nicht mit der Forderung über, außer bei einer Erbfolge, Thomas/Putzo/Seiler Rn. 4; aM Zöller/Herget Rn. 12 (auch bei einer Einzelrechtsnachfolge). Das Pfandrecht ist ohne die Forderung übertragbar. Ein neuer Gläubiger muss sich durch einen auf ihn nach § 727 umgeschriebenen Vollstreckungstitel ausweisen. Der Pfandgläubiger ist nicht zur Verwahrung der Pfandsache verpflichtet. § 1215 BGB ist unanwendbar, schon weil der Gläubiger keinen unmittelbaren Besitz hat. Auch eine Sicherungsverwertung nach § 1219 BGB kommt nicht in Betracht. § 1227 BGB ist entsprechend anwendbar. Die Vorschrift gesteht dem Pfandgläubiger bei einer Beeinträchtigung seiner Rechte die Ansprüche eines Eigentümers zu. Der Pfandgläubiger darf die Herausgabe der Pfandsache an den Gerichtsvollzieher verlangen und nach § 823 I BGB einen Ersatz wegen einer Beschädigung oder einer Entziehung der Pfandstücke fordern. Denn es handelt sich um ein sonstiges Recht nach dieser Vorschrift. 13

VIII. Rang, II, III. Er hat erhebliche Bedeutung. 14

1. Vorrang vor anderen Pfandrechten usw. Jedes Pfändungspfandrecht geht allen denjenigen Pfand- und Vorzugsrechten vor, die nicht im Insolvenzverfahren den Faustpfandrechten gleichstehen. Man muss §§ 50, 51 InsO beachten. 15

2. Vorrang des früheren Pfändungspfandrechts. Die Parteien können einen vom Gesetz abweichenden Rang vereinbaren. Andernfalls geht das frühere Pfändungspfandrecht dem späteren vor. Es gilt der Grundsatz des Zeitvorrangs (der Priorität), BAG NZA-RR 2014, 257, und des Zuerstkommens (der Prävention): **Wer zuerst kommt, mahlt zuerst.** Der Grundsatz ist verfassungsrechtlich unbedenklich, Berger ZZP 121, 426; Brehm DGVZ 1986, 99; Schlosser ZZP 97, 121. Man darf ihn nicht aushöhlen, Knoche/Biersack NJW 2003, 481. Der Grundsatz des Zeitvorrangs gilt auch bei einer sicherungsübereigneten Sache und beim Zusammentreffen einer Sach- und einer Forderungspfändung, LG Bonn DGVZ 1983, 153. Beim Streit der Gläubiger über die Verteilung des Erlöses ist nach §§ 827 II, 853, 854 II ein Verteilungsverfahren nach §§ 872 ff. notwendig. Eine Sicherungsmaßnahme nebst einem Veräußerungsverbot im Insolvenz- (auch Eröffnungs-)Verfahren ergreift die frühere Pfändung nicht und umgekehrt, BGHZ 135, 142; abl. Häsemeyer ZZP 111, 83; zust. Marotzke JR 1998, 28; AG Wiesb DGVZ 1995, 93; aM AG Siegen DGVZ 1995, 93 (aber man muss den Grundsatz folgerichtig einhalten). §§ 36 I 2, 114 III InsO können freilich vorrangig sein, BAG ZIP 2013, 1433. 16

3. Stellung des späteren Pfandgläubigers. Der spätere Pfandgläubiger kann aber nach § 805 den Rang des früheren bekämpfen. Der spätere Pfandgläubiger kann den Vollstreckungstitel dann selbst bekämpfen, wenn es sich um solche Einwendungen handelt, die der Schuldner nicht verloren hat. Er kann auch gegen die Gültigkeit des früheren Pfandrechts vorgehen. Er kann zB nach → § 878 Rn. 10 geltend machen, dieses frühere Pfandrecht sei schon in demjenigen Zeitpunkt erloschen gewesen, in dem der frühere Gläubiger bei einer vollen Ausnutzung der Pfändbarkeit befriedigt gewesen wäre, BAG NJW 1975, 1576 (krit. Brommann SchlHA 1986, 66), oder der andere Gläubiger habe das frühere Pfändungspfandrecht nach → Einl. II Rn. 103 rechtsmissbräuchlich erworben. Wegen eines Ablösungsrechts vgl. § 268 BGB. Bei einem gesetzlichen Gleichrang zB nach § 850d II ist nach → Rn. 5 eine Anpassung nach § 850d statthaft. Verfassungsrechtlich krit. Schlosser ZZP 97, 121. Eine Rangvereinbarung ist aber nicht als solche wirksam; aM BAG NJW 1990, 2642 (aber die Parteiherrschaft geht hier nicht so weit). 17

4. Vorrang sonstiger Rechte. Das frühere Vertragspfandrecht geht dem späteren Pfändungspfandrecht auch bei einem Pfandrecht an einem Miterbenanteil vor, BGHZ 93, 74. Wegen der Vorrangigkeit einer Aufrechnungsvereinbarung zwischen dem Arbeitgeber und dem Arbeitnehmer wegen der Verrechnung eines Darlehens auf einen späteren Lohn LAG Hamm DB 1993, 1247. Der Nachrangige kann seine Stellung durch einen Antrag auf eine Zusammenrechnung begrenzt verbessern, BAG NJW 1997, 479. Sämtlichen Pfändungspfandrechten, auch den älteren, geht nach § 1208 BGB ein gutgläubig erworbenes Vertragspfandrecht vor. Wenn die Pfändung erkennbar ist, ist ein guter Glaube nicht mehr möglich. Für den Erwerb eines Pfändungspfandrechts ist ein guter Glaube unerheblich. Denn §§ 1207 ff. BGB sind unanwendbar. 18

5. Gleichrang bei Gleichaltrigkeit. Es kommt nicht auf den Antragseingang beim Vollstreckungsorgan an, sondern auf den Zeitpunkt der Pfändung. Gleichaltrige Pfändungspfandrechte und gleichstehende Rechte geben denselben Rang. Der Erlös wird in dem Verhältnis der Forderungen verteilt, notfalls im Verfahren nach §§ 872 ff., §§ 827 II, 853, 854 II, Hantke DGVZ 1978, 106. Über den Rang des Arrestpfandrechts → § 931 Rn. 3. Ein Zurückbehaltungsrecht an einer der in § 952 BGB bezeichneten Urkunden geht niemals vor. Im Insolvenzverfahren gibt das Pfändungspfandrecht ein Recht auf eine abgesonderte Befriedigung nach § 50 I InsO, soweit die Pfändung vor dem Zeitpunkt der Verfahrenseröffnung wirksam geworden ist. Eine spätere Pfändung ist den Insolvenzgläubigern gegenüber nach § 89 I InsO unwirksam. 19

6. Verlust. Der Rang geht mit dem Verlust des Pfändungspfandrechts verloren. Daher rücken dann die nachrangigen Gläubiger in ihrer bisherigen Reihenfolge auf. 20

7. Freiwillige Zahlung. Der Schuldner kann bestimmen, an wen er wieviel zahlt. 21

805

Klage auf vorzugsweise Befriedigung. **[I] Der Pfändung einer Sache kann ein Dritter, der sich nicht im Besitz der Sache befindet, auf Grund eines Pfand- oder Vorzugsrechts nicht widersprechen; er kann jedoch seinen Anspruch auf vorzugsweise Befriedigung aus dem Erlös im Wege der Klage geltend machen, ohne Rücksicht darauf, ob seine Forderung fällig ist oder nicht.**

[II] Die Klage ist bei dem Vollstreckungsgericht und, wenn der Streitgegenstand zur Zuständigkeit der Amtsgerichte nicht gehört, bei dem Landgericht zu erheben, in dessen Bezirk das Vollstreckungsgericht seinen Sitz hat.

III Wird die Klage gegen den Gläubiger und den Schuldner gerichtet, so sind diese als Streitgenossen anzusehen.

IV 1Wird der Anspruch glaubhaft gemacht, so hat das Gericht die Hinterlegung des Erlöses anzuordnen. 2Die Vorschriften der §§ 769, 770 sind hierbei entsprechend anzuwenden.

1 **I. Systematik, I–IV.** Derjenige Dritte, der ein Pfandrecht oder ein Vorzugsrecht an einer Pfandsache hat, kann als der Besitzer sein Recht durch eine Widerspruchsklage nach § 771 geltend machen. Unter Besitz darf man auch einen bloß mittelbaren Besitz oder das Verfügungsrecht nach einem Traditionspapier (Konnossement, Ladeschein usw.) verstehen. Geschützt ist aber nur der Besitz einer beweglichen Sache, nicht der Besitz eines Grundstücks, ferner nicht der „Besitz" eines Rechts, etwa eines Erbanteils, Eickmann DGVZ 1984, 70. Der besitzende Dritte kann sich auch statt der Klage aus § 771 mit einer Klage nach § 805 begnügen, Schmidt JZ 1987, 892. Diese sog. Vorzugsklage führt allerdings im Gegensatz zur Widerspruchsklage nicht zu einer Unzulässigkeit der Zwangsvollstreckung, sondern gerade zu deren weiterer Durchführung. Sie kann zwar nicht den Besitz an der Pfandsache sichern oder wiederverschaffen. Sie gewährt dem Gläubiger aber eine vorzugsweise Befriedigung aus dem Erlös. Sie ist also eine mindere Widerspruchsklage, BGH NJW 1986, 2427.

2 **II. Regelungszweck, I–IV.** Die Vorzugsklage dient ebenso wie die Drittwiderspruchsklage der sachlichrechtlichen Gerechtigkeit. Wenn sich der Dritte mit dem minderen Grad von Befriedigung gegenüber § 771 abgibt, verdient er eine nicht zu strenge Auslegung der Voraussetzungen eines solchen Wegs, der wegen der Notwendigkeit einer auch hier zwingenden gesonderten Klage ohnehin riskant genug bleibt. Daher sollte man § 805 auch möglichst zugunsten des Klägers auslegen.

3 **III. Geltungsbereich: Nicht besitzender Dritter, I–IV.** Dem nicht besitzenden Pfand- oder Vorzugsgläubiger steht nur die Klage aus § 805 offen. Das Pfandrecht darf allerdings noch nicht erloschen sein, etwa nach § 1253 I BGB. Über Pfand- und Vorzugsrechte §§ 50, 51 InsO. Hierher gehören von ihnen die folgenden Rechte.

4 **1. Gesetzliches Pfandrecht.** Hierher zählt das gesetzliche Pfandrecht nach § 1257 BGB, insbesondere dasjenige des Vermieters, Celle DB 1977, 1839, des Verpächters, des Gastwirts, des Frachtführers usw., bevor sich diese Personen nach §§ 562b, 581, 704 BGB in den Besitz gesetzt haben, auch nach der Fortschaffung von dem Grundstück durch den Gerichtsvollzieher nach § 562a BGB, ferner das kaufmännische Zurückbehaltungsrecht nach §§ 369 ff. HGB, Hmb MDR 1988, 235 (Vorrang gegenüber einem Schiffshypothekenrecht). Das Pfandrecht des Vermieters ist durch §§ 562, 562a, 562d BGB beschränkt. Es erlischt nicht durch die Fortschaffung seitens des Gerichtsvollziehers, Ffm MDR 1975, 228. Der Vermieter muss das Eigentum des Mieters an den Möbeln beweisen. Für ein solches Eigentum spricht aber ein Anscheinsbeweis.

5 **2. Vertragliches Pfandrecht.** Hierher zählt ferner ein Vertragspfandrecht nach §§ 1205 ff. BGB, Hamm NJW-RR 1990, 233, und ein Pfändungspfandrecht dann, wenn der Gläubiger oder der Gerichtsvollzieher den Gewahrsam verloren hat. Auch das Recht des Hypothekengläubigers auf eine vorzugsweise Befriedigung aus den Gutserzeugnissen gehört hierher, ebenso ein Schiffshypothekenrecht, Hmb MDR 1988, 235 (Nachrang gegenüber §§ 369 ff. HGB), ferner ein nach dem französischen Recht entstandenes Registerpfandrecht. Ein späterer Pfändungspfandgläubiger kann einen Vorrang nur im Verteilungsverfahren nach §§ 872 ff. geltend machen. Der Pfändungspfandgläubiger des Anwartschaftsrechts auf die Übertragung des Eigentums hat kein Recht auf eine vorzugsweise Befriedigung, Thomas/Putzo/Seiler Rn. 9; Zöller/Herget Rn. 2; aM MüKoZPO/Gruber Rn. 4 (aber man muss zwischen einer Rechtspfändung und der Sachpfändung streng unterscheiden).

6 **3. Pfandrecht eines Kreditinstituts.** Hierher zählt ferner das Pfandrecht des Kreditinstituts bei einer Pachtinventarverpfändung durch Niederlegung nach §§ 11, 12 PachtkreditG, wenn ein Dritter vollstreckt, oder für den Dritten, wenn das Institut oder der Verpächter vollstreckt.

7 **4. Früchtepfandrecht.** Hierher zählt schließlich das Früchtepfandrecht nach → § 810 Rn. 1.

8 **IV. Rechtsnatur der Klage, I–III.** Die Vorzugsklage ist nach → Rn. 1 eine mindere Widerspruchsklage. Sie ist also eine prozessuale Gestaltungsklage nach → Vor § 253 Rn. 10. Sie ist ein schwächeres Gegenstück zu § 771. Sie verfolgt nach → Vor § 771 Rn. 1 das Ziel, dass der Kläger an der Zwangsvollstreckung teilnehmen kann, sobald das Gericht sein Urteil nach §§ 708 ff. für vorläufig vollstreckbar erklärt hat, und dass er dann vor dem Bekl. den Vorrang hat.

9 **V. Voraussetzungen der Klage, I–III.** Es müssen fünf Bedingungen zusammenkommen.

10 **1. Sachpfändung.** Es muss sich um die Pfändung einer körperlichen Sache nach → § 808 Rn. 5 handeln. Sie mag nach § 87 I 4 GVGA sogar über § 803 I 2 hinausgegangen sein. Die Rechtspfändung gehört nicht hierher.

11 **2. Fortdauer der Vollstreckung.** Die Zwangsvollstreckung darf noch nicht nach → Vor § 704 Rn. 49 beendet sein. Nach der Auszahlung des Erlöses bleibt nur eine Klage aus einer ungerechtfertigten Bereicherung nach §§ 812 ff. BGB oder aus einer unerlaubten Handlung nach § 823 BGB im entsprechenden ordentlichen Gerichtsstand nach §§ 12 ff., 32 möglich. Den Vermieter usw. bindet die Frist des § 562b II 2 BGB nicht.

12 **3. Beweis des Vorrechts.** Der Kläger muss ein Pfandrecht oder ein Vorzugsrecht und ferner seinen Anspruch und seinen Rang nach den Regeln → § 804 Rn. 14 beweisen. Das gilt aber nur wegen der Entstehung. Demgegenüber muss der Schuldner das Erlöschen usw. beweisen, BGH NJW 1997, 128. Der Kläger muss sich ein etwaiges formell nach § 705 rechtskräftiges Urteil zwischen einem Dritten und dem Schuldner über das Pfandrecht entgegenhalten lassen.

13 **4. Geldforderung.** Es muss sich um eine Geldforderung nach → Vor § 803 Rn. 1 handeln. Die Art der Verwertung ist unerheblich. Auch eine aufschiebend bedingte oder jedenfalls noch nicht fällige Forderung ermöglicht die Klage. Man muss aber einen Zwischenzins entsprechend §§ 1133, 1217 II BGB abziehen und den Erlösanteil evtl. bis zur Fälligkeit usw. hinterlegen.

14 **5. Allgemeine Prozessvoraussetzungen.** Schließlich müssen die allgemeinen Prozessvoraussetzungen vorliegen.

VI. Verfahren, I–III. Ausschließlich zuständig ist das AG des Bezirks als Vollstreckungsgericht nach §§ 764 II, 802. Bei einem höheren Streitwert nach §§ 23, 71 GVG ist das zugehörige LG zuständig. Als Bekl. kommt neben dem Pfändungspfandgläubiger auch der einer Auszahlung an den Kläger widersprechende Schuldner in Betracht, und zwar nach III als Streitgenosse nach § 59. Bei elektronischer Einreichung gelten §§ 130ad. Einen Antrag darf und muss man wie stets auslegen, BGH NJW 1986, 2427. Der Antrag und das Urteil lauten zweckmäßig: „Der Kläger ist vor dem Beklagten aus dem Reinerlös des folgenden Gegenstands … wegen einer Forderung des Klägers in Höhe von … EUR nebst … Zinsen bis zum Tag der Auszahlung zu befriedigen". Rechtsbehelfsbelehrung, Verstoß: §§ 232, 233 S. 2. 15

Kosten: §§ 91 ff. Vorläufige Vollstreckbarkeit: §§ 708 ff. Wert: Derjenige der niedrigeren Forderung ohne Zinsen und Kosten oder des etwa geringeren Pfandstücks. 16

Die **Auszahlung** erfolgt nach → § 827 Rn. 8 durch den Gerichtsvollzieher oder nach dem Landesrecht durch die Hinterlegungsstelle. Es erfolgt keine Zwangsvollstreckung gegen die Partei. Nur der Reinerlös kommt infrage. Daher muss man alle Kosten vorher abziehen. Dabei ist es unerheblich, ob die Veräußerung zwangsweise oder freiwillig erfolgte. Derjenige Gläubiger, der auf eine Aufforderung in eine vorzugsweise Befriedigung eingewilligt hat, hat kein Rechtsschutzbedürfnis. Er hat auch keinen Klageanlass nach § 93 gegeben. Vgl. im Übrigen bei § 771. 17

VII. Hinterlegung, IV. Da die Klage voraussetzt, dass die Zwangsvollstreckung stattfindet, kommt eine Einstellung nach der Art des § 771 III hier nicht infrage. Dagegen muss der Gerichtsvollzieher und notfalls das Gericht von Amts wegen eine Hinterlegung des Verwertungserlöses zugunsten der Parteien durch den Gerichtsvollzieher dann anordnen, wenn der Kläger seinen Anspruch, also das Pfand- oder Vorzugsrecht des I und dessen Vorrang, nach § 294 glaubhaft gemacht hat. Dabei muss man nach § 87 III GVGA die §§ 769, 770, 788 entsprechend anwenden. Eine einstweilige Verfügung nach §§ 935 ff. darf also nach § 155 S. 2 Nr. 4 GVGA nicht ergehen, auch keine Auszahlung an den Gläubiger. Für die Anordnung ist in einem dringenden Fall nach § 769 II, → § 769 Rn. 14, das Vollstreckungsgericht nach §§ 764, 802 zuständig. Es entscheidet durch den Rpfl. nach § 20 I Nr. 17 S. 1 RPflG. Das Gericht muss seinen Beschluss nach → § 329 Rn. 6 schriftlich begründen. Es genügt nicht eine bloße Mitteilung, die Niederschrift stehe bevor. Wegen der Rechtsbehelfe → § 769 Rn. 19. Mangels Vorlegung einer Gerichtsanordnung binnen 2 Wochen seit der Pfändung gibt er nach § 87 III 2 GVGA die Aushändigung von Geld an den Gläubiger frei. Der Gerichtsvollzieher darf nach § 255 S. 2 Nr. 6 GVGA keine Auszahlung an den Gläubiger vornehmen, soweit und solange der Schuldner hinterlegen darf. 18

806 *Keine Gewährleistung bei Pfandveräußerung.* **Wird ein Gegenstand auf Grund der Pfändung veräußert, so steht dem Erwerber wegen eines Mangels im Recht oder wegen eines Mangels der veräußerten Sache ein Anspruch auf Gewährleistung nicht zu.**

Schrifttum: Hergenröder DGVZ 2017, 185 (Grdz.).

I. Systematik. Die Vorschrift hat einen rein sachlich-rechtlichen Inhalt. Sie entspricht § 56 S. 3 ZVG, Mü DGVZ 1980, 123. 1

II. Regelungszweck. § 806 dient der Rechtssicherheit nach → Einl. II Rn. 87. Der ordnungsgemäße Erwerber muss bei dieser ja wesentlich von den staatlichen Vollstreckungsorganen angeordneten, begleiteten, abgewickelten Erwerbsart auf die Korrektheit und Endgültigkeit des Erwerbs vertrauen dürfen. In diesem Sinn muss man die Vorschrift nach → Einl. II Rn. 70 ff. auslegen. Ein Rechtsmissbrauch nach → Einl. II Rn. 103 und → Vor § 704 Rn. 43 wäre natürlich auch hier unstatthaft. 2

III. Geltungsbereich. Die Vorschrift setzt eine nach §§ 803 ff. wirksame Pfändung voraus, jedenfalls die Fortschaffung der Sache durch den Gerichtsvollzieher, Karlsr MDR 1979, 237. Sie gilt für den Gläubiger und für den Schuldner. Sie bezieht sich auf sämtliche Sach- und Rechtsmängel der veräußerten Pfandsache nach §§ 435, 437 ff. BGB, Mü DGVZ 1980, 123. Das gilt auch bei einer zugesicherten Eigenschaft, LG Aachen DGVZ 1986, 185. Es ist unerheblich, ob eine Haftung für ein Verschulden besteht. Unter § 806 fällt jede Verwertung nach §§ 814 ff. wie zB die Versteigerung, LG Aachen DGVZ 1986, 185, auch der freihändige Verkauf nach §§ 817a III, 821, 825 usw., nicht aber der Selbsthilfeverkauf durch den Gerichtsvollzieher nach §§ 385 BGB, 373 HGB. Der Gerichtsvollzieher braucht die Pfandsache grundsätzlich nicht auf Mängel zu untersuchen und braucht auf solche nicht hinzuweisen, LG Aachen DGVZ 1986, 185. Etwas anderes würde nach → Rn. 2 bei einer Arglist gelten. 3

IV. Ersatzanspruch usw. Der Erwerber hat einen Gewährleistungsanspruch gegen den Gläubiger und/oder Schuldner auf Grund eines etwaigen Gewährleistungsvertrags oder nach §§ 823, 826 BGB, im Übrigen nur gegen den Staat nach Art. 34 GG, § 839 BGB. Ferner kommt ein Anspruch gegen den Schuldner aus einer ungerechtfertigten Bereicherung nach §§ 812 ff. BGB in Betracht. 4

806a *Mitteilungen und Befragung durch den Gerichtsvollzieher.* **[I] Erhält der Gerichtsvollzieher anlässlich der Zwangsvollstreckung durch Befragung des Schuldners oder durch Einsicht in Dokumente Kenntnis von Geldforderungen des Schuldners gegen Dritte und konnte eine Pfändung nicht bewirkt werden oder wird eine bewirkte Pfändung voraussichtlich nicht zur vollständigen Befriedigung des Gläubigers führen, so teilt er Namen und Anschriften der Drittschuldner sowie den Grund der Forderungen und für diese bestehende Sicherheiten dem Gläubiger mit.**

[II] [1]Trifft der Gerichtsvollzieher den Schuldner in der Wohnung nicht an und konnte eine Pfändung nicht bewirkt werden oder wird eine bewirkte Pfändung voraussichtlich nicht zur vollständigen Befriedigung des Gläubigers führen, so kann der Gerichtsvollzieher die zum Hausstand des Schuldners gehörenden erwachsenen Personen nach dem Arbeitgeber des Schuldners befragen. [2]Diese sind zu einer Auskunft nicht verpflichtet und vom Gerichtsvollzieher auf die Freiwilligkeit ihrer Angaben hinzuweisen. [3]Seine Erkenntnisse teilt der Gerichtsvollzieher dem Gläubiger mit.

Schrifttum: Krauthausen, DGVZ 1995, 68 (Grdz.); Schilken, Reform der Zwangsvollstreckung, in: Vorträge zur Rechtsentwicklung der achtziger Jahre, 1991, 307; Triller, Aufklärungsmöglichkeiten in der Zwangsvollstreckung zur Auffindung von Schuldnervermögen, 2001 (rechtsvergleichend).

1 **I. Systematik, I, II.** Die Vorschrift stellt eine Ergänzung zu §§ 802a dar. Man kann in ihr auch eine Ergänzung zu § 845 sehen. Sie knüpft an Befugnisse des Gerichtsvollziehers in § 758 an. Freilich hat der Gesetzgeber sie nicht eindeutig unter denjenigen Richtervorbehalt gestellt, der Rechtsprechung und Lehre nach → § 758 Rn. 4 mit Recht herausgearbeitet haben. I setzt ja voraus, dass sich der Gerichtsvollzieher bereits „anlässlich" der Zwangsvollstreckung in der Wohnung des Schuldners befindet.

2 **II. Regelungszweck, I, II.** Die Vorschrift dient der Vermeidung kostspieliger, zeitraubender und im Erfolg ungewisser weiterer Versuche des Gläubigers, doch noch zu einem Vollstreckungserfolg zu kommen. Das ist aus seiner Sicht oft dringend notwendig. Aus der Sicht des Schuldners und vor allem der vom Gerichtsvollzieher befragten Dritten ist es aber problematisch. § 806a versucht beiden gerecht zu werden. Immerhin gehen die Befugnisse des Gerichtsvollziehers teilweise sehr weit. Es bleibt abzuwarten, ob die Vorschrift in allen Teilen verfassungsgemäß ist. Die Durchsicht von Schriftstücken nebst einer Mitteilung ihres Inhalts an den Gläubiger kann zu solchen Missgriffen führen, die sich schon rein technisch kaum vermeiden lassen und keineswegs mehr den Rahmen einer zivilprozessualen Vollstreckung wahren können. Deshalb ist zumindest I schon vom Ansatz her problematisch.

3 **III. Anlässlich der Zwangsvollstreckung, I, II.** Die Vollstreckung muss gerade durch eine Beauftragung dieses Gerichtsvollziehers nach § 754 stattfinden. Es genügt also nicht, dass er anlässlich einer anderen Zwangsvollstreckung Kenntnis usw. erhält. Daher darf er weder nach I noch nach II vorgehen, der die Worte „anlässlich der Zwangsvollstreckung" aus I als selbstverständlich ebenfalls voraussetzt. Das gilt jedenfalls dann, wenn er eine Kenntnis usw. nur beim Vollstreckungsversuch im Auftrag eines weiteren Gläubigers erhält. Andernfalls wäre im Gesetz statt des Worts „der" das Wort „einer" (Zwangsvollstreckung) notwendig gewesen.

4 **IV. Befragung des Schuldners, I.** Der Gerichtsvollzieher darf den Schuldner befragen. Das gilt nicht erst dann, wenn er bei dieser Vollstreckungshandlung keinen vollen Erfolg erzielt. Denn die Worte „… und konnte eine Pfändung nicht bewirkt werden" usw. sind nach ihrer Stellung in I nur eine Voraussetzung für die Befugnis zur Mitteilung an den Gläubiger, nicht auch schon eine Voraussetzung für das Recht zur Befragung.

5 „Befragung" heißt nicht „Vernehmung". Der Gerichtsvollzieher führt auch keine Beweisaufnahme nach §§ 355 ff. durch, AG Blieskastel DGVZ 2000, 94. Er darf aber doch direkt und gezielt fragen. Zwar stellt II 2 klar, dass kein Dritter eine Auskunft geben muss und dass der Gerichtsvollzieher daher jeden Dritten von Amts wegen und natürlich von vornherein auf die Freiwilligkeit einer Angabe hinweisen muss. Demgegenüber enthält I gegenüber dem Schuldner keine solche Pflicht. Das bedeutet aber nicht, dass der Schuldner eine Auskunft schon an dieser Stelle und diesem Vollstreckungsorgan gegenüber geben müsste oder dass er gar zusätzliche Nachteile hätte, wenn er schweigt. Er braucht nicht zu antworten. Eine Auskunft muss er erst im Verfahren nach § 807 geben, AG Blieskastel DGVZ 2000, 94. Eine falsche, unrichtige, pflichtwidrig verspätete und daher zunächst unterlassene irreführende Antwort kann freilich als ein zumindest versuchter Vollstreckungsbetrug strafbar sein.

6 **V. Einsicht in Dokumente, I.** Der Gerichtsvollzieher darf auch neben oder anstelle einer Befragung eine Einsicht in schriftliche oder elektronische Dokumente des Schuldners nehmen. Auch das hängt wie bei der Befragung nach → Rn. 4 nicht vom mindestens teilweisen Misserfolg der bisherigen Vollstreckung ab.

7 „Einsicht" heißt nicht „Durchsuchung" oder „Ermittlung". Sie darf ja ohnehin nur anlässlich einer Vollstreckung stattfinden. I meint das beiläufige oder vom Gerichtsvollzieher erbetene und vom Schuldner genehmigte Einblicknehmen in solche Unterlagen, die der Gerichtsvollzieher ohnehin prüfen muss oder die doch nahezu unvermeidbar mit zur Kenntnis des Gerichtsvollziehers kommen. I meint aber nicht ein würdeloses Herumschnüffeln in den Schubladen oder im Computer des Schuldners nach Art einer amtlichen Durchsuchung, AG Altötting DGVZ 1997, 91. Der Schuldner kann die Auskunft oder Durchsicht verweigern, soweit er ihr überhaupt widersprechen kann, AG Altötting DGVZ 1997, 91. Er muss nicht aktiv mit durchsehen oder herbeischaffen. Er muss vor allem Kopien weder herstellen noch genehmigen noch herausgeben, jedenfalls nicht in diesem Stadium und soweit es sich nicht um eine Herausgabeforderung handelt.

8 **VI. Kenntnis von Geldforderungen des Schuldners gegen Dritte, I.** Der Gerichtsvollzieher muss von einer solchen Forderung auf den Wegen → Rn. 4 oder 5 eine direkte Kenntnis erhalten haben. Eine bloß vage Möglichkeit oder Vermutung des Bestehens berechtigt ihn also nicht zur Maßnahme nach I. Die Abgrenzung solcher Erkenntnisstufen ist schwierig. Man kann oft den wahren Umfang oder die Rechtsgrundlage einer Forderung ebenso wenig erkennen wie die etwaigen Einwände des Drittschuldners nach § 840 und deren Berechtigung. Daher muss eine gewisse Wahrscheinlichkeit des Bestehens der Forderung genügen. Der Gerichtsvollzieher darf sich nun aber nicht nach Art eines Detektivs auf kleinste Spuren stürzen, nur um seinem Auftraggeber etwaige weitere Vollstreckungschancen zu eröffnen.

9 **VII. Unmöglichkeit einer Pfändung, I.** Schließlich muss aus der Sicht des Gerichtsvollziehers entweder eine Pfändung unzulässig oder sinnlos sein oder eine von ihm jetzt oder früher bewirkte Pfändung voraussichtlich nicht zur vollständigen Befriedigung des Gläubigers führen. Ob auch diese Voraussetzungen vorliegen, muss er wie bei → § 807 Rn. 3 klären.

10 **VIII. Mitteilung an den Gläubiger, I.** Unter den Voraussetzungen → Rn. 3–9 darf und muss der Gerichtsvollzieher kraft Gesetzes auch ohne einen Antrag des Gläubigers diesem den Namen und die Anschrift eines jeden derart ermittelten Drittschuldners nach § 840 sowie den Grund der Forderungen und die für diese etwa bestehenden Sicherheiten wie bei § 121 I 1 BGB unverzüglich mitteilen. Der Gerichtsvollzieher trifft dazu keine weiteren Ermittlungen. Seine Mitteilung beschränkt sich auf dasjenige, was er durch die Befragung und Einsicht erfahren hat. Soweit er sich nicht sicher ist, teilt er auch das dem Gläubiger mit. Er darf sich Aktenzeichen, Daten, Adressen usw. notieren, soweit der Schuldner ihm Kopien oder die Herausgabe verweigert. Er muss sich strikt auf die Merkmale in I beschränken. Der Gerichtsvollzieher muss ohnehin den Datenschutz wahren, ebenso das Grundrecht des Schuldners auf seine informationelle Selbstbestimmung nach Art. 2 GG, etwaige Geschäfts- oder Betriebsgeheimnisse usw. Er darf natürlich auch nicht etwa das Finanzamt informieren, solange nicht gerade diese Behörde der Gläubiger ist.

Es kann **größter Schaden** durch eine zu unvorsichtige Handlungsweise des Gerichtsvollziehers entstehen. Für ihn kann der Staat nach Art. 34 GG, § 839 BGB haften und bei ihm Rückgriff nehmen wollen. Der Zweck des ganzen Verfahrens nach → Rn. 2 eröffnet und begrenzt die Befugnisse des Gerichtsvollziehers. Im Zweifel sollte er sich auf allgemeine vorsichtige Wendungen beschränken und es dem Gläubiger überlassen, mit der Erinnerung nach § 766 mehr an Mitteilung zu fordern. Selbst bloße Andeutungen sind aber dann unzulässig, wenn der Gerichtsvollzieher nicht wenigstens eine Kenntnis nach → Rn. 8 gewonnen hat. Notfalls mag der Gläubiger nach §§ 802a ff. vorgehen. 11

IX. Ablichtung oder Abschrift an den Schuldner, I. §§ 762, 763 gelten auch für das gesamte Verfahren nach I. Der Schuldner sollte stets eine Kopie der Mitteilung erhalten. 12

X. Schuldnerabwesenheit, II 1. Die Vorschrift gilt dann, wenn der Schuldner nicht zuhause ist. Sie ist schon nach ihrem klaren Wortlaut nicht anwendbar, soweit der Vollstreckungsversuch außerhalb der Wohnung stattfindet. Die Anwesenheit eines Familienmitglieds des Schuldners erlaubt dessen Befragung nach II nur dann, wenn der Schuldner persönlich abwesend ist. Die Dauer und der Grund seiner Abwesenheit sind unerheblich. Eine völlig unerhebliche Dauer etwa von voraussichtlich nur 5 oder 10 Minuten ist keine Abwesenheit. 13

XI. Kein bisheriger Vollstreckungserfolg, II 1. Eine weitere Voraussetzung nach II ist, dass der Gerichtsvollzieher nichts pfänden konnte oder dass eine bewirkte Pfändung voraussichtlich nicht zur vollständigen Befriedigung dieses Gläubigers führen wird. Man muss diese Bedingung nach → Rn. 9 beurteilen. 14

XII. Befragung, II 1. Das Wort „kann" stellt, wie so oft, sowohl in die Zuständigkeit als auch in das pflichtgemäße Ermessen des Gerichtsvollziehers. Wenn er sich von der Befragung etwa eines zum Haushalt zählenden schwerhörigen entfernten Verwandten nichts verspricht, darf er von dessen Befragung absehen. „Befragung" ist dasselbe wie in → Rn. 4. „Erwachsene Person" versteht sich ebenso wie in → § 178 Rn. 16. Dasselbe gilt für „zum Hausstand des Schuldners gehören" nach → § 178 Rn. 9 (zum etwas engeren Begriff des Familienangehörigen im Hause). 15

XIII. Keine Auskunftspflicht; Hinweispflicht, II 2. Die vom Gerichtsvollzieher nach II 1 Befragten „sind zu einer Auskunft nicht verpflichtet und vom Gerichtsvollzieher auf die Freiwilligkeit ihrer Angaben hinzuweisen". Sie können für schuldhaft falsche Angaben demjenigen haften, den sie dadurch schädigen. Der Gerichtsvollzieher darf auf sie keinerlei auch nur indirekten Druck ausüben. Er sollte den Hinweis auf ihr Auskunftsverweigerungsrecht unbedingt in das Vollstreckungsprotokoll nach § 762 aufnehmen. Er darf eine ohne ordnungsgemäßen Hinweis erlangte Auskunft nicht protokollieren und erst recht nicht weitergeben. Er braucht aber keine Belehrung etwa nach §§ 383 ff., 395 zu geben. 16

XIV. Mitteilung an den Gläubiger, II 3. Unter den Voraussetzungen → Rn. 13–16 darf und muss der Gerichtsvollzieher seine „Erkenntnisse" dem Gläubiger mitteilen. Es gelten dieselben Regeln wie bei einer Mitteilung nach → Rn. 10. 17

XV. Ablichtung oder Abschrift an den Schuldner, II 3. Es gelten dieselben Regeln wie bei → Rn. 12. 18

XVI. Rechtsbehelfe, I, II. Rechtsbehelfsbelehrung, Verstoß: §§ 232, 233 S. 2. Gegen eine Maßnahme des Gerichtsvollziehers oder deren Unterlassung hat der davon Betroffene die Erinnerung nach § 766. Ein betroffener Dritter ist, kann gegen die infolge der Maßnahme eingeleitete oder erweiterte Zwangsvollstreckung eine Widerspruchsklage unter den Voraussetzungen der §§ 771 ff. erheben. Wegen einer unberechtigten Handlungsweise des Gerichtsvollziehers kann der Staat wie bei → § 753 Rn. 11 haften. 19

806b *(aufgehoben)*

807 *Abnahme der Vermögensauskunft nach Pfändungsversuch.*

I [1]Hat der Gläubiger die Vornahme der Pfändung beim Schuldner beantragt und

1. hat der Schuldner die Durchsuchung (§ 758) verweigert oder

2. ergibt der Pfändungsversuch, dass eine Pfändung voraussichtlich nicht zu einer vollständigen Befriedigung des Gläubigers führen wird,

so kann der Gerichtsvollzieher dem Schuldner die Vermögensauskunft auf Antrag des Gläubigers abweichend von § 802 f sofort abnehmen. [2]§ 802 f Abs. 5 und 6 findet Anwendung.

II [1]Der Schuldner kann einer sofortigen Abnahme widersprechen. [2]In diesem Fall verfährt der Gerichtsvollzieher nach § 802f; der Setzung einer Zahlungsfrist bedarf es nicht.

I. Systematik, I, II. Es handelt sich um eine gegenüber § 802f I 2 mit dessen Terminbestimmung vorrangige Sondervorschrift. 1

II. Regelungszweck, I, II. Dazu Schilken DGVZ 1991, 97 (Grdz.). Der Gerichtsvollzieher soll wegen des Zügigkeitsgebots nach § 802a I die Möglichkeit haben, die Vermögensauskunft nebst eidesstattlicher Versicherung nach § 802c so bald wie vertretbar abzunehmen. Der Schuldner soll aber solch raschem Vorgehen des Gläubigers nicht schutzlos ausgesetzt sein. Beide gegenläufigen Zwecke muss man bei der Handhabung mitbeachten. Letzthin trifft der Schuldner die Entscheidung zum etwaigen vorgezogenen Ob und Wann. 2

III. Voraussetzung: Vergeblicher Pfändungsversuch, I 1. Das Sofortverfahren ist nur unter drei Voraussetzungen statthaft. Es reicht eine der beiden Bedingungen → Rn. 5, 6 nebst der Bedingung → Rn. 3. Diese muss der Gerichtsvollzieher zunächst klären, AG Augsb DGVZ 2013, 193. 3

1. Pfändungsantrag des Gläubigers, § 802a II 1 Nr. 4. Der Gläubiger muss im Vollstreckungsauftrag nach § 754 oder später zumindest auch eindeutig gerade die Pfändung und Verwertung körperlicher Sachen beantragt haben. Ein Antrag auf eine bloße Vorpfändung nach §§ 802a II 1 Nr. 5, 845 reicht nicht aus, wohl aber natürlich ein zusätzlich zum Pfändungsantrag gestellter Vorpfändungsantrag. 4

5 **2. Entweder: Durchsuchungsverweigerung, I 1 Nr. 1.** Der Schuldner mag eine Durchsuchung nach § 758 wirksam verweigert und nicht nur verzögert haben. Eine „Erlaubnis" unter unzumutbaren Bedingungen oder zB zur Unzeit steht einer Verweigerung gleich. Eine bloße Abwesenheit kann einer Verweigerung gleichstehen, muss das aber nicht tun.

6 **3. Oder: Voraussichtlich keine vollständige Befriedigung, I 1 Nr. 2.** Der Pfändungsversuch mag auch ergeben haben, dass eine Pfändung voraussichtlich nicht zu einer vollständigen Befriedigung des Gläubigers führen wird. Das ist dieselbe Lage wie bei § 802l I 1 Hs. 2. Vgl. daher zunächst dort → § 802l Rn. 7. Beispiele zu dieser Lage bei → § 882c Rn. 8.

7 **Nicht nötig** ist eine schon feststehende Erfolglosigkeit jeder Pfändung, Rauch DGVZ 2014, 11. Daher ist auch keine sog. Fruchtlosigkeitsbescheinigung mehr nötig. Auch das Alter einer solchen Bescheinigung ist nicht mehr erheblich. Dergleichen kommt allenfalls noch als gewisses Anzeichen oder Indiz ähnlich → Vor § 284 Rn. 27 in Mitbetracht. Die Anforderungen nach I 1 Nr. 2 sind zugunsten des Gläubigers auch hier erheblich geringer geworden.

8 **IV. Sofortantrag des Gläubigers, I 1.** Zu den Voraussetzungen → Rn. 3–6 muss ein Antrag des Gläubigers gerade auch auf eine sofortige Abnahme der Auskunft usw. treten, AG Augsb JurBüro 2014, 268. Dieser Antrag kann schon im Ausgangsantrag nach § 754 mitenthalten sein, aber Vorsicht bei solcher sehr großzügiger Auslegung. In einem Auftrag nach § 802a II 1 Nr. 4 steckt ein Sofortantrag schon eher. Auch dann darf man ihn aber nicht automatisch mit hineinlesen. Denn immerhin fordert I 1 ausdrücklich und erkennbar zusätzlich eben diesen Sofortantrag.

9 **Anregen** darf der Gerichtsvollzieher beim Gläubiger solchen Antrag. Er muss aber dessen Antwort abwarten. Sogar der Schuldner mag solchen Antrag anregen. Selbst dann muss der Gerichtsvollzieher einen Gläubiger-Sofortantrag abwarten. Er ist eine zusätzliche Prozessvoraussetzung. Ohne ihn keine Statthaftigkeit der Sofortabnahme.

10 **V. Sofortabnahmeverfahren, I 1, 2.** Beim Vorliegen der Voraussetzungen → Rn. 3–8 „kann" der Gerichtsvollzieher wie bei § 802f vorgehen, ohne die sofortigen Fristen usw. einhalten zu müssen.

11 **1. Bis Widerspruch des Schulnders: Pflicht zur Sofortabnahme.** Das Wort „kann … abnehmen" gibt dem Gerichtsvollzieher beim Vorliegen der Voraussetzungen → Rn. 3–8 kein Ermessen, sondern stellt nur seine Befugnis und Zuständigkeit klar. Das scheint dem sonstigen Sprachgebrauch des Gesetzes zu widersprechen. Denn eine Pflicht erscheint meist schlicht im Indikativ: Der Gerichtsvollzieher „nimmt ab". Indessen muss man seine Zügigkeitspflicht nach § 802a I beachten, ferner die Bedingung eines Sofortantrags nach → Rn. 8. Sie führen bei vernünftiger Handhabung zu einer Sofortpflicht, zumal der Schuldner sie ja nach → Rn. 14, 17 beenden kann. Das verkennt AG Augsb JurBüro 2014, 269.

12 **2. Sofortigkeit.** Sie bedeutet weit mehr als Unverzüglichkeit wie bei § 121 I 1 BGB. Sie zwingt freilich nun auch keineswegs dazu, alles stehen- und liegenzulassen. Vielmehr darf und muss der Gerichtsvollzieher ohne jagende Eile mit deutlichem Vorrang vor nicht gerade sofortigen anderen Aufgaben handeln. Das mag in derselben Stunde geschehen, aber auch gegen Dienstende oder am nächsten Arbeitstag, theoretisch auch im allseitigen Einverständnis an einem Wochenende oder Feiertag. Jede nicht ganz unerhebliche Verzögerung braucht eine nachvollziehbare Begründung in der Handakte und gegenüber den Beteiligten.

13 **3. Abnahmeverfahren.** Es verläuft im Übrigen wie bei § 802f. Auf dessen V, VI verweist I 2 ausdrücklich zur Klarstellung zusätzlich.

14 **VI. Widerspruch des Schuldners, II.** Er kann entscheidend wirken.

15 **1. Widerspruchsrecht, II 1.** Es besteht nur gegenüber einer sofortigen Auskunftsabnahme, AG Augsb JurBüro 2014, 269, nicht gegenüber einer mit „Normalfrist" nach § 802f anberaumten. Der Schuldner braucht einen Widerspruch nicht zu begründen. Er muss ihn nur unmissverständlich erklären. Das kann formlos und nach → Vor § 128 Rn. 59 sogar stillschweigend geschehen. Aber Vorsicht mit einer so großzügig schuldnerfreundlichen Auslegung.

16 **Gegenüber dem Gerichtsvollzieher** ist der Widerspruch nötig. Ein solcher nur gegenüber dem Gläubiger mag als Bitte um Änderung oder Rücknahme von dessen Sofortantrag nach → Rn. 8 undeutbar sein, bleibt aber bis zur Weiterleitung an den Gerichtsvollzieher im Übrigen wirkungslos und zeigt ihn nicht stets zur Auslegung in eine Erklärung auch ihm gegenüber (Fallfrage).

17 **2. Folge: Übergang ins Normalverfahren, II 2 Hs. 1.** Ein nach → Rn. 14 wirksamer Widerspruch zwingt den Gerichtsvollzieher zum weiteren Vorgehen nur nach § 802f, § 136 III 2 GVGA. Ihn bindet also der Widerspruch auch dann, wenn der Schuldner ersichtlich nur Zeit gewinnen will. Der Gerichtsvollzieher darf und muss ja auch im anschließenden „Normal"-Verfahren schon wegen § 802a I zügig vorgehen.

18 **3. Keine Zahlungsfrist nötig, II 2 Hs. 2.** Die Frist des § 802f I 1 entfällt. Die Frist nach § 802f I 2 (Ladungsfrist) bleibt erforderlich.

19 **VII. Verstoß, Rechtsmittel, I, II.** Rechtsbehelfsbelehrung, Verstoß: §§ 232, 233 S. 2. Es gelten §§ 766, 793.

Untertitel 2. Zwangsvollstreckung in körperliche Sachen

808 ***Pfändung beim Schuldner.*** **I Die Pfändung der im Gewahrsam des Schuldners befindlichen körperlichen Sachen wird dadurch bewirkt, dass der Gerichtsvollzieher sie in Besitz nimmt.**

II [1]Andere Sachen als Geld, Kostbarkeiten und Wertpapiere sind im Gewahrsam des Schuldners zu belassen, sofern nicht hierdurch die Befriedigung des Gläubigers gefährdet wird. [2]Werden die Sachen im Gewahrsam des Schuldners belassen, so ist die Wirksamkeit der Pfändung dadurch bedingt, dass durch Anlegung von Siegeln oder auf sonstige Weise die Pfändung ersichtlich gemacht ist.

III Der Gerichtsvollzieher hat den Schuldner von der erfolgten Pfändung in Kenntnis zu setzen.

Schrifttum: David, Die Sachpfändung usw., 2. Aufl. 1998; Marotzke, Wie pfändet man Miteigentumsanteile an beweglichen Sachen?, Erlanger FS Schwab, 1990 277; Winterstein, Das Pfändungsverfahren des Gerichtsvollziehers, 1994.

Übersicht

I. Systematik, I–III. § 809 ergänzt die Vorschrift. Sie regelt die Pfändung in einer Ergänzung von § 803 auf Grund folgender Erwägungen: Der Gläubiger darf zwar in das eigene Eigentum vollstrecken, AG Balingen DGVZ 1995, 28; Geißler KTS 1989, 805, ferner natürlich vor allem in dasjenige des Schuldners, nicht aber in dasjenige eines Dritten. Das bedeutet freilich nicht, dass die Pfändung einer dem Schuldner nicht gehörenden Sache unwirksam wäre. Die Pfändung ist vielmehr grundsätzlich zumindest zunächst nach → Vor § 803 Rn. 8 ff. wirksam. Allerdings hat der Dritte ein stärkeres oder schwächeres Widerspruchsrecht. Er muss dieses Recht mangels einer Freigabe des Gläubigers durch eine Klage nach §§ 771, 805 geltend machen, BGHZ 80, 299. 1

Ein **Gewahrsam** des Schuldners ist nach I und § 70 I 1 GVGA maßgebend. Der Gerichtsvollzieher darf sich also bei der Pfändung nach § 808 grundsätzlich nicht darum kümmern, ob eine Sache im fremden Eigentum steht, LG Aschaffenb DGVZ 1995, 57; LG Dortm NJW-RR 1986, 1498 (Leasinggut); AG Wiesb DGVZ 1997, 60. Das gilt nach § 71 I 2 GVGA sogar dann, wenn der Schuldner behauptet, nur für einen Dritten zu besitzen, zB beim Sicherungseigentum, LG Bonn MDR 1987, 770. Der Gerichtsvollzieher ist nicht zu einer Prüfung der Eigentumsverhältnisse zuständig. Er kann auch nicht eine Zugehörigkeit zur Insolvenzmasse prüfen; aM LG Stendal DGVZ 2008, 79. Er muss nur bei einer Partei kraft Amts die Zugehörigkeit zum verwalteten Sondervermögen nach → Rn. 7 prüfen. Er darf auch nicht nach etwaigen pfändbaren Sachen außerhalb desjenigen Wohn- oder Betriebsgeländes des Schuldners forschen, auf dem sich der Gerichtsvollzieher befindet. Mag der Gläubiger nach §§ 802b ff. vorgehen, LG Bielef DGVZ 1999, 61, oder mag er den Pfändungsauftrag auf einen anderen Ort erweitern. 2

Wenn freilich das Eigentum eines Dritten klar auf der Hand liegt, wäre es nach → Rn. 9 unsinnig, ja eine **Pflichtverletzung,** wenn der Gerichtsvollzieher trotzdem pfänden würde, LG Bonn MDR 1987, 770; AG Waldbröl DGVZ 1990, 30; aM AG Kassel DGVZ 2006, 183. Das gilt etwa dann, wenn der Gerichtsvollzieher einen solchen Klagewechsel pfänden würde, der sich in den Handakten des ProzBev. des Schuldners befindet, oder wenn der Gerichtsvollzieher in einer Reparaturwerkstatt des Schuldners offensichtlich den Kunden gehörende Sachen pfänden würde, zB dessen Kraftwagen. Wenn der Dritte seinen Widerspruch fallen lässt oder wenn der Gläubiger die Pfändung trotz eines Widerspruchs in einem nicht ganz klar liegenden Fall fordert, muss der Gerichtsvollzieher die Pfändung nach § 71 II 2 GVGA vornehmen. Der Umstand, dass der Dritte einen Widerspruchsprozess erfolgreich durchgeführt hat, beweist sein Eigentum nach → Vor § 771 Rn. 1 noch nicht. Die Vermutung des § 1006 BGB kommt dem Gläubiger nicht zugute. Der Gerichtsvollzieher darf aber keine unpfändbare Sache pfänden. Über die Pfändung eigener Sachen des Gläubigers → § 804 Rn. 9. Bei Sachen in einem Zollager erfolgt eine Pfändung erst nach Verständigung mit der Zollbehörde nach § 83 GVGA. 3

II. Regelungszweck, I–III. Die bloße Anbringung des „Kuckuck", des Pfandsiegels, ist eine solche Form der Pfändung, die den Schuldner einerseits derzeit noch schont, andererseits vor Gästen, Freunden, Mitarbeitern oder Kunden bloßstellt. Denn die Pfandmarke muss ja sichtbar sein, um voll wirken zu können. Im Übrigen ist eine Entfernung des Siegels usw. nach § 136 StGB nur bei einem nachweisbaren Vorsatz strafbar, nicht bei einer bloßen Möglichkeit, dass sie sich von selbst beim ja erlaubten Weitergebrauch des Pfandstücks losgelöst habe. Deshalb sind die Entscheidungen des Gerichtsvollziehers dazu, wie er im einzelnen verfahren will, von seiner Erfahrung abhängig, von seinem Verständnis für den Schuldner, aber auch von seinem Verantwortungsbewusstsein. Er hat dabei ein Ermessen. Das gilt besonders bei einem Warenlager und dergleichen. Die Auslegung nach → Einl. II Rn. 70 ff. erfordert auch bei der gerichtlichen Nachprüfung eine Rücksicht auf eine solche Ermessensfreiheit des Gerichtsvollziehers. 4

III. Geltungsbereich: Körperliche, pfändbare Sache, I–III. § 808 bezieht sich nur auf körperliche bewegliche Sachen nach → Vor § 803 Rn. 4, soweit nicht § 865 oder andere Sondervorschriften eingreifen. Zu ihnen zählen auch: Ein nicht unter §§ 870a I, 931 fallendes Schiff usw. nach § 84 I GVGA; ein nicht eingetragenes Luftfahrzeug nach § 85 GVGA; Wrackteile eines Flugzeugs; Scheinbestandteile nach § 95 BGB, AG Pirna DGVZ 1999, 63; Noack ZMR 1982, 97; Wertpapiere und indossable Papiere nach §§ 821, 831. Der Gerichtsvollzieher pfändet eine Sachgesamtheit als eine rein äußerliche Mehrheit einzelner Gegenstände. Einen Bruchteil pfändet er nach § 857. 5

Ein solches Ausweispapier (Legitimationsurkunde), das nicht selbst Träger des Rechts ist, unterliegt der sog. **Hilfspfändung,** Paschold DGVZ 2002, 131. Sie ist nach § 106 S. 1–3 GVGA eine vorläufige Inbesitznahme zwecks einer Vorbereitung und Sicherung der Forderungspfändung. Man muss sie von einer sog. Anschlusspfändung unterscheiden. Zu ihr § 826. Der Hilfspfändung unterliegen zB, Paschold DGVZ 2002, 131 (Grdz.): Ein Kfz-Papier, KG OLGZ 1994, 114; ein Flugschein, LG Ffm DGVZ 1990, 170; ein Hypothekenbrief; ein Pfandschein; ein Depotschein; eine Versicherungspolice, Düss NJW-RR 2006, 1470; Hamm NJW-RR 1995, 1434; nach § 106 S. 2 GVGA ein solcher Grundschuld- oder Rentenschuldbrief, der nicht auf den Inhaber lautet. Ihr geht die Forderungspfändung voraus oder folgt ihr gemäß § 836 III 2 nach. Bei der Pfändung eines Kraftfahr- 6 zeugs und seines Anhängers muss der Gerichtsvollzieher den Fahrzeugschein, den Anhängerschein, den Fahrzeugbrief, den Anhängerbrief entsprechend § 952 I 2 BGB wegnehmen. Wegen des Waffenrechts Winterstein DGVZ 1989, 56. Einen Miteigentumsanteil pfändet er nach §§ 828, 857 I; aM Marotzke Erlanger FS Schwab, 1990, 299 (aber → § 857 Rn. 3). Natürlich darf die Sache nicht nach §§ 811 ff. **unpfändbar** sein.

7 **IV. Pfändung, I.** Der Gewahrsam entscheidet nach → Rn. 1, 15 ff.

8 **1. Inbesitznahme.** Eine körperliche Sache kann nach → Rn. 15 im Gewahrsam des Schuldners stehen. Der Gerichtsvollzieher pfändet sie nach einer vergeblichen Aufforderung zur freiwilligen Leistung nach § 59 II GVGA durch die Inbesitznahme nach §§ 82 ff. GVGA. Der Schuldner muss der Vollstreckungsschuldner sein. Er muss also nach dem Vollstreckungstitel mit der fraglichen Vermögensmasse nach § 70 IV 2 GVGA haften. Der Gerichtsvollzieher muss vor der Pfändung nach § 70 IV 1, 2 GVGA prüfen, ob das zutrifft. Diese Prüfung muss er zB beim Ehegatten vornehmen, vgl. aber § 739, ferner bei der Partei kraft Amts, zB beim Insolvenzverwalter, beim Zwangsverwalter, beim Testamentsvollstrecker oder beim gesetzlichen Vertreter nach § 70 IV 1, 2 GVGA, Köln MDR 1976, 937, beim Gesellschafter der Offenen Handelsgesellschaft, beim Gesellschafter einer GmbH, auch wenn diese eine Einmanngesellschaft ist. Deren Zustimmung ist erforderlich.

9 Der Gerichtsvollzieher kann aber grundsätzlich nach § 71 I 1 GVGA davon ausgehen, dass **alle** im Gewahrsam des Schuldners stehenden Gegenstände zum Schuldnervermögen zählen, BGHZ 95, 16; LG Dortm NJW-RR 1986, 1498, und dass sie auch pfändbar sind. Maßgebend ist nach § 71 I 3, 4 GVGA nur der äußere Befund. Das gilt auch dann, wenn er auf einen Widerspruch stößt, BGHZ 118, 206, etwa nach § 771, § 71 II 2 Hs. 1 GVGA. Etwas anderes gilt grundsätzlich nur dann, wenn der Gerichtsvollzieher nach § 71 II 1 (freilich auch 2) GVGA vernünftigerweise an der Berechtigung eines Dritten keinen Zweifel haben kann, Saarbr OLGR 2003, 42; aM LG Kassel DGVZ 2006, 183 (unpraktisch). Der Gerichtsvollzieher darf nach § 781 eine etwaige beschränkte Erbenhaftung oder eine beschränkte Haftung nach § 786 nicht beachten. Wegen der Pfändung einer solchen Sache, die sich innerhalb einer Anlage der Streitkräfte befindet vgl. Art. 10 II, SchlAnh III.

10 **2. Tatsächliche Gewalt.** Erst die Inbesitznahme bewirkt nach → Vor § 803 Rn. 8 die Pfändung und damit die Beschlagnahme (Verstrickung) und das Pfändungspfandrecht. Die bloße Erklärung der Pfändung genügt nicht. Der Gerichtsvollzieher muss vielmehr eine möglichst tatsächliche Gewalt über die Sache erlangen. Zu diesem Zweck muss er entweder die Sache mitnehmen, LG Kiel SchlHA 1989, 44, oder er muss nach II die Pfändung kenntlich machen. Deshalb genügt es nicht, das Pfandstück in einem verschlossenen Raum des Schuldners zurückzulassen. Das gilt selbst dann, wenn der Gerichtsvollzieher sämtliche Schlüssel zu dem Raum mitnimmt. Er muss vielmehr mindestens die Schlösser versiegeln. Wenn der Gerichtsvollzieher ein ganzes Warenlager in der Weise pfändet, dass der Schuldner über die einzelnen Stücke frei verfügen darf, ist die Pfändung wegen des Fehlens einer Besitzergreifung des Gerichtsvollziehers unwirksam. Der Gerichtsvollzieher muss einen derartigen Auftrag des Gläubigers ablehnen, LG Kiel SchlHA 1989, 44.

11 **3. Besitzaufgabe, Rückgabe.** Wenn der Gerichtsvollzieher den Besitz freiwillig aufgibt, beendet er dadurch das Pfandrecht. Denn durch die Besitzaufgabe geht das Wesen des Pfandrechts verloren. Ein unfreiwilliger Besitzverlust des Gerichtsvollziehers schadet der Pfändung allerdings nicht. Das gilt zB dann, wenn gepfändetes Getreide mit ungepfändetem vermischt wird. Der Gläubiger kann dann verlangen, dass der Schuldner dem Gerichtsvollzieher den Besitz wiedereinräumt, evtl. an einer entsprechenden Menge. Der Gerichtsvollzieher muss nach § 106 S. 5 GVGA bei einer Hilfspfändung nach → Rn. 5 den Schuldner dann wieder in den Besitz setzen, wenn der Gläubiger nicht binnen 1 Monat den Pfändungsbeschluss über die Forderung vorlegt. Vgl. auch → § 803 Rn. 7, 8. Der Gerichtsvollzieher darf den Besitz nicht eigenmächtig aufgeben. Denn mit einer solchen Aufgabe würde er die Sache nach → § 776 Rn. 3 freigeben. Eine solche Freigabe würde er auch dann vornehmen, wenn er dem Schuldner die unbeschränkte Verfügung einräumt.

12 Eine **Pfandrückgabe** kann nach § 120 I 1 GVGA zB mangels Erforderlichkeit einer Verwertung oder auf Gläubigerweisung oder auf Grund einer Gerichtsentscheidung notwendig werden, und zwar gemäß § 120 I 2 GVGA nach berechtigter Pfändung auf Schuldnerkosten gemäß § 788 und sonst auf Gläubigerkonten. Ab Bekanntgabe der Freigabe darf der Schuldner Pfandzeichen nach § 120 I 3 GVGA entfernen. Empfangsberechtigt ist nach § 120 II GVGA der letzte Gewahrsamsinhaber oder der etwaige Insolvenzverwalter.

13 **Verweigert** der Empfangsberechtigte die Abholung oder unterlässt sie binnen einer gesetzten Frist, darf der Gerichtsvollzieher nach § 120 III 1 GVGA gemäß § 372 BGB hinterlegen oder nach § 383 BGB vorgehen.

14 **4. Besitzübergang.** Der Staat wird unmittelbarer Besitzer. Denn der Gerichtsvollzieher vertritt nur den Staat, wenn auch nach → § 885 Rn. 20 formell im eigenen Namen, BGH DGVZ 1984, 38 (zum Lagervertrag); Holch DGVZ 1992, 130; Zöller/Herget Rn. 17; aM Brdb DGVZ 1998, 170; Schilken DGVZ 1986, 145. Der Gläubiger wird mittelbarer Besitzer, Schlesw SchlHA 1975, 48. Wenn der Gerichtsvollzieher nach II ein Pfandstück im Gewahrsam des Schuldners belässt, räumt er dem Schuldner den unmittelbaren Besitz wieder ein. Der Schuldner vermittelt den Besitz dann in erster Stufe für den Gerichtsvollzieher oder den Staat, VG Köln NJW 1977, 825, und in zweiter Stufe nach § 868 BGB für den Gläubiger. Der Gläubiger hat keine Verwahrungspflicht. Er kann ja den Besitz gar nicht ausüben. Mit der Pfändung einer auf Abzahlung gekauften Sache zugunsten des Verkäufers löst der Gerichtsvollzieher noch nicht den Rücktritt des Verkäufers vom Kaufvertrag aus. Das gilt selbst dann, wenn der Gerichtsvollzieher die Sache dem Käufer wegnimmt.

15 **V. Gewahrsam, I.** Seine Abgrenzung ist praktisch nicht stets einfach.

16 **1. Grundsatz: Wirksamkeitsvoraussetzung.** Gewahrsam ist eine teilweise Abweichung vom Besitzbegriff des BGB, LG Ffm MDR 1988, 504. Er ist die tatsächliche Gewalt, Düss MDR 1997, 143; Saarbr OLGR 2003, 41; LG Karlsr DGVZ 1993, 141, der unmittelbare Eigen- oder Fremdbesitz. Man kann ihn äußerlich leicht erkennbar zuordnen, Düss NJW-RR 1997, 998; LG Ffm MDR 1988, 504. Eine nur vorübergehende Verhinderung ist nach § 856 II BGB unschädlich. Ein mittelbarer Besitz nach § 868 BGB oder ein bloßer unqualifizierter Mitbesitz nach § 866 BGB genügt nicht. Erst recht nicht genügt nach § 70 III GVGA eine bloße Besitzdienerschaft nach § 855 BGB. Das gilt nach § 70 I 2 GVGA unabhängig von der räumlichen Entfernung zum Besitzherrn. Ferner genügt nicht der nicht ausgeübte Erbenbesitz nach § 857 BGB, Zöller/Herget Rn. 7; aM MüKoZPO/Gruber Rn. 6. Ein Traditionspapier gibt keinen Gewahrsam an der Sache. Am Grabstein hat rechtlich merkwürdigerweise angeblich nur die Friedhofsverwaltung einen Gewahrsam. Aber → § 811 Rn. 62. Ein qualifizierter Mitbesitz etwa an einer gemeinschaftlichen Wohnung oder an einem Bankschließfach verlangt

zu seiner Pfändbarkeit nach § 809 die Zustimmung der anderen Mitbesitzer, LG Mü DGVZ 1982, 126; AG Siegen DGVZ 1993, 61; Brück DGVZ 1983, 135.

Wenn sie die **Zustimmung verweigern,** erfolgt die Pfändung des Anteils des Schuldners nach § 857. Es ist unerheblich, ob sich die Sache im Raum eines Dritten befindet, Hmb NJW 1984, 2900; LG Mannh DB 1983, 1481; LG Oldb DGVZ 1983, 58. Die rechtlichen Verhältnisse weichen oft von dem äußeren Anschein ab. Ihn muss aber der Gerichtsvollzieher zunächst beachten. Er darf und muss sich mit dieser formellen Prüfung begnügen, LG Heidelb DGVZ 2007, 30. Der Betroffene kann dann die Erinnerung nach § 766 oder eine Widerspruchsklage nach § 771 einlegen. Der Gerichtsvollzieher muss prüfen, ob eine Scheinübertragung den Gewahrsam des Schuldners verschleiert. Es entscheidet der Gewahrsam zur Zeit der Pfändung. 17

2. Beispiele zur Frage eines Gewahrsams, I

Automatenaufstellung: → „Geschäftsraum". 18

Banksafe: Der Mieter hat Alleingewahrsam, Ffm OLGR 1998, 250, solange er allein das Behältnis öffnen kann.

Beschädigung: Der Gerichtsvollzieher muss nicht schon zu ihrer Vermeidung eigenen Gewahrsam begründen, Mü DGVZ 2012, 98.

Besitzdiener: Ein solcher nach § 855 BGB ist nach § 70 III 1 GVGA kein Gewahrsamsinhaber.

Dritter: § 809.

Erbenbesitz: fiktiver nach § 857 BGB begründet keinen Gewahrsam, BGH NJW 2020, 3376 Rn. 35.

Ehegatte: Bei einer Zugewinngemeinschaft, bei der Gütertrennung und bei der Zwangsvollstreckung in das Vorbehaltsgut bei einer Gütergemeinschaft hindert der Gewahrsam des nicht getrennt lebenden anderen Ehegatten die Vollstreckung nach → Rn. 7 im Rahmen der Vermutung des § 1362 BGB nach § 739 nicht. Dasselbe gilt bei einer Gütergemeinschaft nach → § 740 Rn. 14 dann, wenn ein Ehegatte verwaltungsberechtigt ist und der andere einen Mitgewahrsam hat. Wenn beide Ehegatten gemeinsam verwalten, muss nach → § 740 Rn. 14 gegen beide ein Leistungstitel vorliegen. Auch → „Hausgenosse".

Frachtgut: Der Spediteur oder Frachtführer hat am übernommenen Frachtgut einen Gewahrsam. Ein Ladeschein, Lagerschein, Konnossement ohne unmittelbare Gewalt über das Gut begründen für sich allein **keinen** Gewahrsam.

Gaststätte: → „Geschäftsraum".

Geschäftsraum: Der Geschäftsinhaber oder sein Besitzdiener, zB der Geschäftsführer für ihn, hat einen Gewahrsam, Noack JurBüro 1978, 974. Das gilt auch im Stadium der Abwicklung, LG Kassel DGVZ 1978, 114. Es kommt darauf an, für wen der Mitarbeiter den Gewahrsam im Pfändungszeitpunkt ausübt. Wenn mehrere Gesellschaften den Geschäftsraum gemeinsam nutzen, ohne dass tatsächliche Anzeichen für einen Allein- oder Mitbesitz vorliegen, müssen alle zustimmen. Bei einer Gesellschaft hat ihr Vertretungsorgan den Gewahrsam. Bei der Kommanditgesellschaft ist allenfalls der Komplementär Besitzer; aM wegen eines Kraftfahrzeugs KG NJW 1977, 1160 (aber man muss dicht an den tatsächlichen Verhältnissen und daher meist bei der Begrenzung auf den Komplementär bleiben). Auch in einer Tankstelle kann eine Kassenpfändung statthaft sein, BGH NJW 2010, 3578; Schlappa DGVZ 2012, 143.

Der Gastwirt hat an den von den Kellnern einkassierten Geldern und erst recht an seinem etwaigen anteiligen Trinkgeld einen Gewahrsam, AG Stgt DGVZ 1982, 191, ebenso an einem fremden Automaten (der Aufsteller hat nicht einmal einen Mitgewahrsam); aM Hamm ZMR 1991, 385 (Mitbesitz von Aufsteller und Gastwirt); LG Aurich MDR 1990, 932 (der Gläubiger könne jedenfalls das Geld im Automaten pfänden. Er müsse aber das Zugangsrecht mitpfänden), Weyland, Automatenaufstellung usw., 1989, 143 (trotz Mitgewahrsams von Aufsteller und Gastwirt sei eine Pfändung dann möglich, wenn man nicht dem Gerichtsvollzieher ein Aufstellvertrag vorlege. Aber alle diese Varianten orientieren sich am gewünschten Ergebnis statt an den tatsächlichen Verhältnissen. Das gilt selbst bei getrennten Schlüsseln. Denn der Gastwirt kann den ganzen Automaten entfernen). Auch die Gewerbefrau hat nach → Rn. 18 „Ehegatte" einen Gewahrsam. Beim Trinkgeld muss der Gerichtsvollzieher natürlich auch § 803 II beachten, LG Kaiserl DGVZ 2009, 165.

Gesetzlicher Vertreter: Ein Gewahrsam des gesetzlichen Vertreters gilt nach § 70 I 5 GVGA als ein Gewahrsam des Schuldners, Köln JurBüro 1996, 217; LG Mannh DB 1983, 1481. Das gilt aber dann nicht, wenn der Vertreter eindeutig den Gewahrsam nicht für den Vertretenen hat, sondern nur noch für sich selbst, LG Bln DGVZ 1998, 28; AG Hmb DGVZ 1995, 12.

Gewerbegehilfe: → „Besitzdiener".

Haft: Während ihrer Dauer kann etwa am Pkw die Lebensgefährtin Gewahrsam haben, Düss NJW-RR 1995, 964, AG Weilburg DGVZ 2004, 30, aber natürlich auch der Inhaftierte, LG Bln DGVZ 1991, 57.

Hausangestellter: → Rn. 18 „Besitzdiener".

Hausgenosse: Hier muss man drei Situationen unterscheiden.

- **(Fremder):** Ein Fremder wie eine Hausangestellte oder ein Wohnbesuch oder ein Auszubildender hat an seinen eingebrachten Sachen einen Gewahrsam, aber **nicht** an denjenigen Sachen, die sich sonst in den ihm zugewiesenen Räumen befinden.
- **(Haushaltungsvorstand):** Grds. hat der Haushaltungsvorstand und daher meist beide Eheleute oder eingetragene Lebenspartner gemeinsam Gewahrsam an allen Sachen, die sich im Haushalt befinden, auch an den Sachen der Familienangehörigen, auch der erwachsenen, oder der Gäste (vgl. aber „Ehegatte"). **Etwas anderes** gilt nur bei Sachen zum persönlichen Gebrauch nach § 1362 II BGB iVm § 739, LG Bln MDR 1975, 939. An dem Gewahrsam des Haushaltungsvorstands ändert sich auch dadurch nichts, dass er einen Raum einem anderen zu einem ausschließlichen Gebrauch überlassen hat.
- **(Lebensgefährte):** Er ist ein Dritter nach § 809, Hamm MDR 1989, 271; LG Ffm DGVZ 1982, 115; aM AG Mönchengladb DGVZ 1986, 158.

Juristische Person: Den Gewahrsam hat bei einer juristischen Person nach → § 50 Rn. 12 der gesetzliche Vertreter, zB der Geschäftsführer, Köln JurBüro 1996, 217; LG Düss JurBüro 1987, 1425; LG Mannh DGVZ 1981, 118.

Kellner: → „Besitzdiener".

Kleidung: Der Schuldner hat einen Gewahrsam an der Kleidung und demjenigen, was er sonst an sich trägt.

Kraftfahrzeug: Der jeweilige Führer hat einen Gewahrsam. Der Mieter hat einen Gewahrsam an dem in der Tiefgarage abgestellten Pkw, LG Ffm MDR 1988, 504. § 771 ist kein Grund, die Pfändung zu unterlassen, AG

Reinbek DGVZ 2011, 55. Ein Gesellschafter hat **nicht** schon wegen Besitzes der Papiere und Schlüssel einen Gewahrsam am dort stehenden Pkw, LG Ffm MDR 1988, 504. Das bloße Vorhandensein in der Nähe der Wohnung des Schuldners, noch gar mit einem anderen Kennzeichen, begründet schon wegen der heutigen Verkehrsdichte keinen Gewahrsam des Schuldners, Düss MDR 1997, 143; aM LG Karlsr DGVZ 1993, 141 (lebensfern).

Mieter: Der Mieter eines Wohnraums hat einen Gewahrsam an denjenigen eigenen oder mitgemieteten Sachen, die sich in seinem Raum befinden. Der Vermieter hat an den Sachen des Mieters in anderen Räumen oder Grundstücksteilen nach § 70 I 3 GVGA einen Gewahrsam, LG Oldb DGVZ 1983, 58. Der Vermieter hat nach § 70 I 3 GVGA dann einen Mitgewahrsam, wenn er das fragliche Zimmer mitbenutzt. Ein Untermieter kann Sachen in einem anderen Raum haben. Im Gasthof ist **kein** solcher Gewahrsam vorhanden, evtl. auch nicht bei einer bloßen Zimmermiete; aM Zöller/Herget Rn. 6 (aber faktisch überlagert der Zentralschlüssel des Wirts den Zimmerschlüssel des Gasts).

Schiff: Es kommt nach § 84 II GVGA an die sog. Kette.

Soldat: Er hat in der Gemeinschaftsunterkunft regelmäßig einen Alleingewahrsam an den ihm gehörenden Sachen in diesem Wohnraum. Er hat **keinen** Gewahrsam an den Sachen in anderen militärischen Räumen, außer wenn er sie so aufbewahrt, dass sie nur seinem Zugriff unterliegen, Nr. 30 f. Erlass, SchlAnh II.

Sondervermögen-Insolvenz: Vgl. App DGVZ 2003, 83 (Grdz.).

19 **VI. Ausführung der Pfändung, II.** Man muss zahlreiche Punkte beachten.

20 **1. Geld, Wertpapiere und Kostbarkeiten.** Der Gerichtsvollzieher muss solche Sachen wegnehmen und wegschaffen, soweit nicht der Gläubiger das Gegenteil wünscht, AG Brake JurBüro 2007, 550. Er muss eine weggeschaffte Sache nach § 90 I 1 GVGA, § 51 GVO grundsätzlich in seine eigene sichere Verwahrung nehmen, meist nach § 90 III GVGA in der sog. Pfandkammer, oder nach § 90 IV GVGA bei einem Verwahrer, oder in einem nach § 89 II 1 GVGA notfalls zu mietenden Banksafe, LG Kblz DGVZ 1986, 29, oder in einem nur ihm zugänglichen sonstigen Raum oder Behältnis, AG Northeim DGVZ 2002, 126. Er muss bei einer Waffe die zugehörigen Gesetze nach § 90 VI GVGA beachten und ein nach § 811c überhaupt pfändbares und auch gepfändetes Tier nach § 90 V GVGA versorgen. Er wird dadurch aber weder Tierhalter nach § 833 BGB noch Tierhüter nach § 834 BGB, Hamm MDR 1995, 161. Wegen eines Verwahrungsvertrags → § 885 Rn. 20, BGHZ 142, 80. Für ihn haftet der Staat nach Art. 34 GG, BGHZ 142, 81, Hamm MDR 1995, 161. Der Gerichtsvollzieher muss Geld grundsätzlich nach § 815 I an den Gläubiger abliefern (wegen der Ausnahmen § 815 II). Näheres darüber besagt § 90 GVGA.

21 Wenn der Gerichtsvollzieher eine Sache im **Gewahrsam eines Dritten** belassen will, müssen der Gläubiger und der Schuldner zustimmen. Der Gerichtsvollzieher darf die Pfandsache dem Dritten nur begrenzt wieder wegnehmen, BGH NJW-RR 2004, 353. Der Gläubiger haftet nicht. Zum Begriff des Gelds → § 815 Rn. 3, § 757, zum Begriff des Wertpapiers §§ 821, 831, zum Begriff der Kostbarkeit → § 813 Rn. 6, Köln Rpfleger 1998, 353. Kostbarkeiten und Wertpapiere muss der Gerichtsvollzieher nach § 89 II GVGA sicher und gesondert verwahren (lassen). Oft bedeutet die Wegschaffung der Sache große Gefahr für ihre Erhaltung und damit für alle Beteiligten. Das gilt zB bei einer wertvollen Gemäldesammlung. Dann muss der Gerichtsvollzieher vor der Wegschaffung die Entscheidung des Gläubigers einholen, um sich vor einer eigenen Haftung zu schützen, Gilleßen/Kernenbach DGVZ 2000, 74. Der Gerichtsvollzieher darf die Sache nach § 107 I 2 GVGA auch beim Schuldner belassen, soweit der Gläubiger dieser Lösung zustimmt.

22 **2. Kraftfahrzeug, Luftfahrzeug.** Wegen der häufigen Risiken für den Gläubiger nimmt der Gerichtsvollzieher nach § 107 I 2 Hs. 1 GVGA es grundsätzlich in seinen Besitz, AG Hmb-St Georg JurBüro 2009, 384; Drumann JurBüro 2003, 550; strenger AG Lampertheim DGVZ 1998, 173. Das gilt nach § 107 I 2 Hs. 2 GVGA sofern nicht der Gläubiger mit einem Verbleib beim Schuldner einverstanden ist, LG Landau JurBüro 2017, 204; LG Verden JurBüro 2015, 47 (je: dann keine Vorschusspflicht des Gläubigers für Abtransport usw.); AG Neubrdb JurBüro 2018, 159 (dann kein Haftungsrisiko des Gerichtsvollziehers), oder sofern nicht eine sonstige Ausnahme vorliegt. Mangels Unterbringungsmöglichkeit nimmt er zB die Kennzeichen nach § 107 II GVGA ab.

23 Die **Zulassungsbescheinigungen** Teil I und II (früher: Fahrzeugschein und -brief) und ihre Bedeutung muss der Gerichtsvollzeiher nach §§ 108 ff. GVGA beachten. Den **Schein** nimmt er nach § 109 I 1 GVGA in Besitz, sofern er das Fahrzeug nicht beim Schuldner belässt. Dessen Fehlen vermerkt er nach § 109 I 2 GVGA im Protokoll. Er händigt den Schein nach § 109 II GVGA bei der Fahrzeugübergabe dem Erwerber gegen Quittung aus.

24 Auch den **Brief** nimmt der Gerichtsvollzieher dem Schuldner weg, AG Lindau DGVZ 2003, 157; AG Hmb-St Georg JurBüro 2009, 384, und forscht bei dessen Fehlen protokolliert nach dessen Verbleib nach § 110 I, II GVGA. Er teilt das Fehlen nach §§ 110 III, 111 GVGA (ausf.) grundsätzlich der Zulassungsstelle mit. Davon sieht er nur dann ausnahmsweise ab, wenn der gewöhnliche Verkaufswert eines Kraftwagens 400 EUR und eines Kraftrads 200 EUR nicht übersteigt oder wenn besondere Umstände es erfordern, etwa zu hohe Verwahrkosten nach § 112 I Nr. 1, 2 GVGA, oder wenn nach § 112 II 1 Nr. 1, 2 GVGA eine gütliche Einigung erwartbar ist oder der Versteigerungstermin erst mehr als 6 Wochen später möglich sein wird. Den Brief händigt der Gerichtsvollzieher dem Erwerber nach § 113 I, II GVGA gegen Quittung aus oder gibt diesem eine Fehlbescheinigung. Er zeigt den Eigentumsübergang der Zulassungsstelle nach § 114 GVGA unverzüglich wie bei § 121 I 1 BGB genau an. Bei einer **Stillegung** des Kfz muss der Gerichtsvollzieher nicht mitwirken, Holch DGVZ 1992, 130.

25 Bei einem **Luftfahrzeug** und der Pfändung seiner Ersatzteile muss der Gerichtsvollzieher nach § 115 GVGA die §§ 68, 69, 71, 100, 105 LuftFzgG mitbeachten.

26 **3. Andere Sachen.** Bei ihnen muss der Gerichtsvollzieher nach II 2, § 82 I 1, III GVGA zwar ihren Besitz ergreifen und diese Besitzergreifung kenntlich machen. Das gilt zB nach § 90 V GVGA bei Kleidung, Möbeln, sonstigen Einrichtungsgegenständen, Geräten, bei Tieren. Das gilt auch beim bloßen Fortschaffungsaufschub nach § 82 I 2 GVGA. Er muss aber nach II 1 die Sachen dann im Gewahrsam des Schuldners belassen, wenn das nicht die Befriedigung des Gläubigers gefährdet, etwa nach § 107 I 2 GVGA dann, wenn der Gläubiger einverstanden ist (dann evtl. Pfändung ohne Gläubigervorschuss), AG Pirna JurBüro 2013, 606. Ein entgegenstehender Wille des Gläubigers oder ein Widerspruch eines Dritten ist unerheblich; aM AG Brake JurBüro 2007, 550; AG Gotha

DGVZ 1995, 120; AG Riesa JurBüro 2008, 442 (aber der Dritte ist kein Beteiligter). Wenn die Interessen des Gläubigers gefährdet sind, etwa beim Kfz nach § 107 GVGA, muss der Gerichtsvollzieher die Sachen nach § 90 II 2 GVGA wie bei → Rn. 22 in seinen Besitz nehmen. Das reicht dann zur Pfändung aus, Karlsr MDR 1979, 237. Er muss sie anschließend wegschaffen, und zwar evtl. auch nachträglich. Er muss sie nach § 90 I GVGA sicher verwahren und das nach § 90 II 1 GVGA protokollieren. Ob eine solche Gefährdung vorliegt, muss der Gerichtsvollzieher ohne einen eigenen Ermessensspielraum nachprüfen, LG Coburg DGVZ 1990, 90; AG Aschaffenb DGVZ 1991, 46; AG Gotha DGVZ 1995, 119.

Bei **Waffen, Munition** usw. prüft der Gerichtsvollzieher vor einer Übergabe an den Gläubiger oder einen Dritten nach § 66 I 1 GVGA, ob der Erwerb eine Erlaubnis oder wenigstens eine Anmeldung braucht. Im Zweifel wartet er nach § 66 I 2 GVGA die Entscheidung der zuständigen Verwaltungsbehörde ab. Bei einer Erlaubnis- oder Anmeldepflicht zeigt er die Übergabe nach § 66 II 1, 2 GVGA der zuständigen Behörde unter Angabe des früheren Inhabers und des Empfängers sowie der Art und des Kalibers der Waffe usw. an. Die Übergabe erfolgt nach § 66 II 3 GVGA erst einen Monat nach der Anzeige. Örtlich zuständig nach § 66 III GVGA ist diejenige Behörde, in deren Bezirk der Empfänger aufhältlich ist. 27

Er muss dabei vor allem prüfen, ob der Schuldner die Sache **verbrauchen** oder veräußern könnte oder ob der Schuldner für die Erhaltung der Sache nicht genügend sorgen kann oder will. Die Notwendigkeit einer zwangsweisen Öffnung ergibt nicht stets eine Gefährdung der Befriedigung des Gläubigers, LG Kblz DGVZ 1987, 59. 28

Auf eine **Erinnerung** des Betroffenen nach § 766 muss daher das Vollstreckungsgericht voll nachprüfen, ob eine solche Gefährdung vorliegt, LG Kblz DGVZ 1987, 59. Wenn der Gläubiger damit einverstanden ist, dass die Sache beim Schuldner bleibt, muss der Gerichtsvollzieher so verfahren. 29

4. Spätere Abholung. Wenn die Gefährdung erst später eintritt oder wenn der Gerichtsvollzieher sie erst später bemerkt, muss er die Sache abholen. Eine Gefährdung liegt zB in folgenden Fällen vor: Wenn die Gefahr besteht, dass der Schuldner die Sache beiseite schafft; wenn der Schuldner keine geeignete Gelegenheit zur Aufbewahrung der Sache hat; wenn an den Waren eines Lagers Siegelmarken fehlen, weil der Schuldner wegen zahlreicher weiterer Pfändungen verschiedener Gläubiger bestimmte Maßnahmen getroffen hat. Die Zurückschaffung einer weggeschafften Sache erfolgt nur auf eine gerichtliche Anordnung. Eine Einstellung der Zwangsvollstreckung ist kein Hindernis für die Wegschaffung. Diese Wegschaffung erfordert dann aber einen besonderen Grund. 30

5. Kenntlichmachung: Wirksamkeitsvoraussetzung. Belässt der Gerichtsvollzieher die Pfandsache dem Schuldner auch nur vorübergehend, muss er die Pfändung nach II 2, § 82 I 1 GVGA kenntlich machen, auch für einen Dritten. Er hat diese Pflicht nicht nur gegenüber dem Gläubiger, sondern auch gegenüber dem Schuldner. Die Kennzeichnung ist wesentlich. Ein Verstoß gegen diese Pflicht macht die Pfändung nach → Rn. 11, § 82 V 2 GVGA, → Vor § 704 Rn. 53 völlig und unheilbar unwirksam. Einen solchen Verstoß kann weder eine Besitzergreifung noch eine Verwertung heilen. Wenn an die Stelle der Pfandsache eine andere Sache tritt, zB an die Stelle von Trauben der Most, muss der Gerichtsvollzieher die Pfändung erneut kenntlich machen. Die Wegschaffung einer solchen weiteren Sache kann eine Pfändung bedeuten, Karlsr MDR 1979, 237. Ein Einverständnis des Schuldners bindet diesen. Denn der Schuldner kann ja auch den Gläubiger befriedigen. Ein Einverständnis des Schuldners ist für einen Dritten aber unerheblich. 31

6. Art der Kenntlichmachung. Die Kenntlichmachung erfolgt nach § 82 I 5 GVGA möglichst unmittelbar an der Pfandsache, LG Ffm DGVZ 1990, 59. Sie geschieht entweder durch die Anlegung eines Siegels, LG Darmst DGVZ 1999, 92 (Kfz), oder nach § 82 I 4 GVGA auf eine sonstige geeignete Weise, LG Bayreuth DGVZ 1985, 42. Beide Wege stehen dem Gerichtsvollzieher zur Wahl. Der Gerichtsvollzieher wählt die genaue Stelle des Pfandsiegels nach pflichtgemäßem Ermessen aus, AG Kassel JurBüro 2016, 662. Der Insolvenzverwalter kann ihn nach § 150 InsO mit einer Siegelung nach § 51 II 3 GVGA beauftragen. Die Pfändung muss aber nach § 82 I 3 GVGA haltbar und unbedingt für jedermann bei einer verkehrsüblichen Sorgfalt deutlich und mühelos erkennbar sein. Sie braucht freilich auch nicht unbedingt jedem sofort ins Auge zu fallen. Die Gerichte verlangen allerdings teilweise Unmögliches, etwa: Jedes Stück müsse ein Pfandzeichen tragen; kein Stück dürfe ohne eine Zerstörung des Pfandzeichens einem Vorrat entnehmbar sein. Dagegen genügt bei einer Pfändung mehrerer Sachen in einer Umhüllung oder einem Behältnis nach § 82 I 8 GVGA derart, dass man daraus nichts entfernen kann. Einen Schlüssel dazu nimmt der Gerichtsvollzieher nach § 82 I 9 GVGA an sich. Ferner genügt bei der Pfändung von 60 Kisten Konserven im Stapel eine Pfandanzeige in der Mitte durch einen Zettel mit einer genauen Angabe, dem Siegel und der Unterschrift des Gerichtsvollziehers nach § 82 II GVGA. Wenn man bei der Pfändung von Tuchballen Siegelmarken genügen lässt oder wenn man Pfandanzeigen an den Gestellen mit der Angabe der Stückzahl, der Tuchart und der ungefähren Länge ausreichen lässt, muss die Angabe der Stückzahl mit der tatsächlichen Stückzahl übereinstimmen. Bei einem Möbel genügt regelmäßig eine Siegelmarke auf der Rückseite. Denn ein Erwerber eines Möbelstücks pflegt es von allen Seiten zu betrachten. Etwas anderes mag zB bei einem an der Wand stehenden Schrank gelten. Ein Schiff kommt nach → Rn. 19 an die sog. Kette. 32

7. Gründlichkeit und Umfang. Der Gerichtsvollzieher muss äußerst vorsichtig vorgehen. Das ist wegen des Schwankens der Rechtsprechung und wegen der unheilvollen Folgen eines Fehlgriffs notwendig. Der Gerichtsvollzieher sollte zur Kenntlichmachung der Pfändung lieber zuviel als zuwenig tun. Er darf aber die Pfandsache nach § 82 I 6 GVGA nicht beschädigen. 33

Es reicht zB nicht aus: An den Raum eine Anzeige zu heften und mit dem Dienstsiegel zu versehen, aM Thomas/Putzo/Seiler Rn. 14; Zöller/Herget Rn. 20; nur eine Lagerakte mit dem Pfandsiegel zu versehen, LG Ffm DGVZ 1990, 58; das Siegel im Innern des Pfandstücks anzuheften; das Siegel am Vieh oder am Pfosten des Stalls anzukleben. Denn das Ankleben am Vieh gewährleistet nicht den Bestand des Zeichens, das Befestigen am Pfosten gewährleistet nicht die Nämlichkeit des Pfandstücks. Gesichtspunkte der an sich notwendigen Schonung des Schuldners und der Pfandsache müssen evtl. hinter der Notwendigkeit einer eindeutigen Kenntlichmachung zurücktreten. 34

8. Beeinträchtigung des Pfandzeichens. Eine spätere unbefugte Beseitigung des Pfandzeichens oder sein Herunterfallen berühren die Wirksamkeit der Pfändung grundsätzlich nicht, LG Darmst DGVZ 1999, 92 (Kfz). Denn der Besitzverlust des Gerichtsvollziehers ist unfreiwillig erfolgt. Der Gerichtsvollzieher muss freilich das Siegel nach § 82 VII GVGA wie bei § 121 I 1 BGB unverzüglich erneuern usw. Wenn aber der Gläubiger 35 zustimmt, sei es auch unter dem Vorbehalt seines Pfandrechts, gibt er den Besitz und damit das Pfandrecht freiwillig auf. Dasselbe gilt dann, wenn die Sache später zum Schuldner zurückkommt. Das Pfandzeichen muss auch noch dann vorhanden und erkennbar sein, wenn der Gerichtsvollzieher diejenige Sache dem Schuldner zurückgibt, die er in seinen Gewahrsam genommen hatte.

36 **VII. Benachrichtigung, III.** Der Gerichtsvollzieher muss den Schuldner und bei dessen Abwesenheit die angetroffenen Angehörigen usw. nach §§ 81 I 2, 82 IV GVGA von der Durchführung der Pfändung benachrichtigen. III ist aber trotz des scheinbar zwingenden Wortlauts nur eine Ordnungsvorschrift. Daher berührt ein Verstoß die Wirksamkeit der Pfändung nicht. Der Gerichtsvollzieher muss den Schuldner nach § 82 IV 2 GVGA darüber belehren, dass dieser jede Handlung unterlassen muss, die den Besitz des Gerichtsvollziehers dann beeinträchtigen könnte, wenn der Schuldner das Pfandstück in seinem Gewahrsam behält.

37 **Keine** Pflicht nach III besteht gegenüber dem Dritten. Ihn mag nur der Schuldner benachrichtigen müssen, Seip DGVZ 2007, 171 zu BGH DGVZ 2007, 135.

38 Den **Gläubiger** (nur ihn) muss der Gerichtsvollzieher von einem Siegelbruch usw. nach § 136 StGB benachrichtigen, § 82 VIII GVGA.

39 **VIII. Verstoß, I–III.** Ein Verstoß gegen § 808 nimmt der Amtshandlung des Gerichtsvollziehers ihre Rechtmäßigkeit und macht die Pfändung nach → Vor § 704 Rn. 53 unheilbar unwirksam. Das gilt aber nach → Rn. 10 nur für einen Verstoß gegen die Form. Wenn der Gerichtsvollzieher gegen die Voraussetzungen der Pfändung verstoßen hat, wenn nämlich kein Gewahrsam des Schuldners vorlag, ist der Schuldner auf eine Erinnerung nach § 766 angewiesen. Die Pfändung ist nach § 136 StGB strafrechtlich geschützt. Auch im Anschluss an eine vorangegangene rechtswidrige, wirkungslose Pfändung kann eine nachfolgende Pfändung der noch im Gewahrsam des Gerichtsvollziehers befindlichen Sache wirksam sein, LG Regensb DGVZ 1995, 186.

40 **IX. Rechtsbehelfe, I–III.** Gegen die Entscheidung des Gerichtsvollziehers können der Gläubiger, der Schuldner und ein Dritter die Erinnerung nach § 766 einlegen. Mit der Entscheidung des Vollstreckungsgerichts dahin, dass die Zwangsvollstreckung unzulässig ist, erlischt das Pfändungspfandrecht nach § 570, soweit nicht das Gericht die Vollziehung bis zur Rechtskraft ausgesetzt hat.

41 **Kosten:** § 788, KV 205, 700 ff. GvKostG.

42 Ein **Dritter** kann ggf. die Klage nach § 771 erheben, BGHZ 80, 299.

809 *Pfändung beim Gläubiger oder bei Dritten.* **Die vorstehenden Vorschriften sind auf die Pfändung von Sachen, die sich im Gewahrsam des Gläubigers oder eines zur Herausgabe bereiten Dritten befinden, entsprechend anzuwenden.**

Schrifttum: Knoche ZZP 114, 399 (Grdz.); Rottmann, Der Schutz des Dritten in der europäischen Mobiliarzwangsvollstreckung (rechtsvergleichend), 2007; Schilken DGVZ 1986, 145 (Grdz.).

1 **I. Systematik.** Die Vorschrift ergänzt § 808 aus den dort → § 808 Rn. 1 genannten Gründen.

2 **II. Regelungszweck.** Der Gerichtsvollzieher darf nach → § 808 Rn. 15, §§ 70 II 1, 88 GVGA eine solche Sache pfänden, die im Gewahrsam des Gläubigers steht, AG Brühl DGVZ 2010, 174 (zust. Schlappa). Das versteht sich von selbst, Stein/Jonas/Würdinger Rn. 1; Zöller/Heßler Rn. 2, 6; aM Schilken DGVZ 1986, 145. Wenn ein Dritter den Allein- oder Mitgewahrsam im Zeitpunkt der Pfändung an einer solchen Sache hat, die gerade dem Schuldner gehört (später kann Gutglaubensschutz nach § 936 BGB eintreten), ist eine Pfändung nach den Regeln des § 808 nur unter den folgenden Voraussetzungen statthaft. Ein solcher Dritter würde nämlich sonst arglistig handeln, und eine Arglist ist auch in der Zwangsvollstreckung nach → Einl. II Rn. 103, → Vor § 704 Rn. 43 unstatthaft, LG Wiesb DGVZ 1981, 61; AG Siegen DGVZ 1993, 61. Der Dritte muss also zur Herausgabe der Sache bereit sein oder der Dritte muss die Sache sachlich-rechtlich unzweifelhaft an den Gläubiger oder an den Schuldner herauszugeben haben, LG Tüb DGVZ 1992, 138; AG Dortm DGVZ 1994, 12; Zöller/Herget Rn. 3; aM LG Oldb DGVZ 1984, 92 (aber dann wäre Arglist nach → § 808 Rn. 18 begünstigt). In diesen Grenzen tritt also ein Interesse des Dritten gegenüber dem Interesse des Gläubigers zurück. Man muss diese gesetzliche Rangfolge natürlich auch bei der Auslegung beachten.

3 **III. Geltungsbereich: Dritter als Gewahrsamsinhaber.** Ganz sicher ist nach § 70 II 2 GVGA eine Pfändung derjenigen Sache im Gewahrsam oder Mitgewahrsam eines Dritten dann wirksam nach → § 808 Rn. 18 ff., wenn der Dritte nur dem Schuldner helfen will, die Sache dem Zugriff des Gläubigers zu entziehen, AG Dortm DGVZ 1994, 12; AG Flensb DGVZ 1994, 12; Knoche ZZP 114, 425; aM Pawlowski DGVZ 1976, 35; Stein/Jonas/Würdinger Rn. 4, Thomas/Putzo/Seiler Rn. 4 (aber Rechtsmissbrauch ist auch in der Zwangsvollstreckung nach → Vor § 704 Rn. 43 unstatthaft), oder nach § 70 II 5 GVGA dann, wenn er die Herausgabe dulden muss, mit oder ohne Urteil. Vgl. aber auch → Rn. 8.

4 **Dritter** ist hier jeder, der weder der Vollstreckungsschuldner noch der Gläubiger ist. Ein Gastwirt ist für den vom Schuldner dort aufgestellten Spielautomaten auch wegen des Geldinhalts ein Dritter, AG Wiesloch DGVZ 2002, 61. Bei Eheleuten muss man § 739 beachten. Wegen des eingetragenen Lebenspartners → § 808 Rn. 18 „Hausgenosse: Haushaltsvorstand". Der „Lebensgefährte" ist nach → § 808 Rn. 18 „Hausgenosse. Lebensgefährte" ein Dritter. Derjenige Erbe, gegen den der Gläubiger die Zwangsvollstreckung nach § 799 fortsetzt, ist Vollstreckungsschuldner. Auch der Gerichtsvollzieher kann ein Dritter sein, LG Kleve DGVZ 1977, 173; AG Homb/S DGVZ 1993, 117; Stein/Jonas/Würdinger Rn. 2; aM Gerlach ZZP 89, 321 (aber das wäre nicht folgerichtig).

5 Der Gerichtsvollzieher muss aber natürlich nach → § 754 Rn. 10, → § 808 Rn. 9 dann auch prüfen, ob die Sache zu derjenigen Vermögensmasse gehört, in die er vollstrecken darf, LG Mannh DB 1983, 1481; AG Homb/S DGVZ 1993, 117; Paschold DGVZ 1994, 110 (zu § 756).

6 **IV. Weitere Prüfungen.** Der Gerichtsvollzieher darf und muss feststellen, ob und welche pfändbaren Gegenstände des Schuldners vorhanden sind, schon um dem Gläubiger ein Vorgehen nach § 847 zu ermöglichen, LG Wiesb DGVZ 1981, 61. Wenn der Gerichtsvollzieher Möbel gepfändet und nach → § 808 Rn. 10 im Gewahrsam des Schuldners belassen hat, hindert eine inzwischen erfolgte Untervermietung an einen die Pfändung Kennenden die Vollstreckung nicht. Der Gerichtsvollzieher muss die Formen des § 808 einhalten. Er

muss also die Sache entweder in seinen Besitz nehmen oder sie wegschaffen oder sie beim Dritten belassen. Der Gerichtsvollzieher darf die Sache beim Gläubiger nur mit dessen Zustimmung belassen. Der Gläubiger kann nach § 88 S. 3 GVGA die Fortschaffung fordern. Denn kein Privater muss eine staatlich beschlagnahmte Pfandsache verwahren.

V. Verstoß. Ein Verstoß gegen § 809 beeinträchtigt die Wirksamkeit einer im Übrigen korrekten Pfändung grundsätzlich nicht. 7

VI. Herausgabebereitschaft. Der Dritte kann seine Herausgabebereitschaft ausdrücklich oder nach → Vor § 128 Rn. 59 stillschweigend erklären, auch durch eine bloße Hinnahme der Wegnahme, BGH NJW-RR 2004, 353. Er kann aber nach § 70 II 3 GVGA nicht wirksam einen Vorbehalt machen oder eine einseitig bleibende Bedingung stellen, etwa diejenige, er müsse den Besitz behalten oder die Herausgabe dürfe nur an einzelne von mehreren pfändenden Gläubigern erfolgen, Thomas/Putzo/Seiler Rn. 3; aM Schilken DGVZ 1986, 147 (aber dann entstünden nach → Rn. 8 Unklarheiten wegen §§ 824, 847). Denn ein Dritter darf nicht das Maß und die Richtung einer Zwangsvollstreckung bestimmen. Die Herausgabebereitschaft muss sich auf die Herausgabe und damit auf die Verwertung erstrecken, BGH NJW-RR 2004, 353; zust. Sturhahn LMK 2004, 56; abl. Paulus DGVZ 2004, 65. Sie darf sich also nicht nur auf die Pfändung beschränken. Eine nachträgliche Einwilligung genügt dann, wenn sie den erforderlichen Inhalt hat. Der Gerichtsvollzieher muss eine Herausgabebereitschaft erfragen, BGH NJW-RR 2004, 353; Düss NJW-RR 1997, 999. Er muss sie auch nach § 88 S. 2 GVGA protokollieren. Der Schuldner und auf Antrag der Dritte erhält eine Protokollabschrift nach § 88 S. 4, 5 GVGA. Wer herausgabebereit ist, verliert sein Widerspruchsrecht nach § 771, BGH JZ 1978, 200, es sei denn, er hätte nur irrtümlich herausgegeben, BGH JZ 1978, 200, oder er wäre dazu unbefugt gewesen. Nach der Pfändung ist nach § 70 II 4 GVGA kein Widerruf mehr wirksam möglich. Der Dritte behält die Möglichkeit, eine Klage nach § 805 einzulegen, Gerlach ZZP 89, 328. 8

Eine Herausgabepflicht nach → Rn. 1 darf den Gerichtsvollzieher nur dann zu einer Pfändung veranlassen, wenn die Herausgabepflicht unstreitig oder nach § 291 offensichtlich ist. Sobald die Pfändung erfolgt ist, ist die Bereitschaft oder die Einwilligung unwiderruflich und für eine Anschlusspfändung nach § 826 notwendig. Wenn der Schuldner im Zeitpunkt der Pfändung an der Sache einen Gewahrsam hat, kommt es nicht darauf an, ob der Gewahrsam später auf einen anderen übergegangen ist. § 758 ist unanwendbar. 9

VII. Herausgabeverweigerung. Verweigert der Dritte die Herausgabe, sei es auch ohne jeden Grund, muss der Gerichtsvollzieher die Verweigerung protokollieren und von der Pfändung absehen, LG Oldb DGVZ 1983, 58; Gerhardt FS Lüke, 1997, 133. Dann ist grundsätzlich der Gläubiger bei einer Verweigerung vor der Pfändung darauf angewiesen, den Herausgabeanspruch nach §§ 846 ff. zu pfänden, Brück DGVZ 1983, 135. Etwas anderes gilt nach → Rn. 1 nur bei einer Herausgabepflicht. Dann kann der Gerichtsvollzieher die Sache trotz der fehlenden Herausgabebereitschaft beim Dritten pfänden, AG Stgt DGVZ 1982, 191. Soweit der Dritte die Herausgabe auch nach der Pfändung verweigert, muss der Gläubiger ihn verklagen und nach § 883 vollstrecken. Erst anschließend kann der Gerichtsvollzieher dann bei ihm pfänden, BGH NJW-RR 2004, 352; zust. Sturhahn LMK 2004, 56; abl. Paulus DGVZ 2004, 65. 10

VIII. Rechtsbehelf. Der Schuldner hat keinen Rechtsbehelf. Der Dritte und ein sonst Benachteiligter sind auf die Einlegung einer Erinnerung nach § 766 angewiesen. Evtl. mag auch eine Klage nach § 771 zulässig sein, BGHZ 80, 299, oder eine Klage nach § 805 oder aus unerlaubter Handlung nach §§ 823 ff. BGB. 11

810 ***Pfändung ungetrennter Früchte.*** **I [1]Früchte, die von dem Boden noch nicht getrennt sind, können gepfändet werden, solange nicht ihre Beschlagnahme im Wege der Zwangsvollstreckung in das unbewegliche Vermögen erfolgt ist. [2]Die Pfändung darf nicht früher als einen Monat vor der gewöhnlichen Zeit der Reife erfolgen.**

II Ein Gläubiger, der ein Recht auf Befriedigung aus dem Grundstück hat, kann der Pfändung nach Maßgabe des § 771 widersprechen, sofern nicht die Pfändung für einen im Falle der Zwangsvollstreckung in das Grundstück vorgehenden Anspruch erfolgt ist.

Schrifttum: Stamm DGVZ 2018, 25 (krit.).

I. Systematik, I, II. § 810 bestimmt im Zusammenhang mit der Sachpfändung etwas Atypisches. Ungetrennte Früchte, also Früchte auf dem Halm, stehende Früchte, sind nach § 864 keine selbständigen Sachen nach § 94 BGB. Trotzdem lässt § 810 ein Pfändungspfandrecht an ihnen zu. Mit der Pfändung verlieren die Früchte ihre Natur als Bestandteile des Grundstücks, soweit die Rechtsbeziehungen zum Gläubiger infrage stehen. Die Pfändungsbeschränkung des § 811 I Nr. 2, 4 gilt nach § 101 I 1 Hs. 2 GVGA auch dann. Nach der Trennung der Früchte erfolgt die Zwangsvollstreckung wie gewöhnlich. Die Verwertung erfolgt nach § 824. Der Liegenschaftsgläubiger hat ein Widerspruchsrecht nach § 771. 1

II. Regelungszweck, I, II. Die Regelung erfolgt aus praktischen Erwägungen und damit zwecks Prozesswirtschaftlichkeit. Ihre Durchführung erweist sich aber als oft ziemlich schwierig. Die Handhabung muss oft auch eine zeitgleiche Beschlagnahme nach §§ 864 ff. iVm dem ZVG etwa für einen anderen Gläubiger beachten. Behutsame, aber auch rasche Entscheidungen sind erforderlich. Man sollte sie später wenn schon vom grünen Richtertisch aus, dann zurückhaltend verständnisvoll überprüfen. 2

III. Geltungsbereich: Ungetrennte Früchte, I, II. Das sind nicht diejenigen des § 99 I BGB, sondern wiederkehrende Früchte in einem engeren Sinn, also Obst, Getreide, Kartoffeln, Gemüse, Hackfrüchte, Gras und sonstige pflanzliche Erzeugnisse, auch im Haus, nicht aber Holz, Torf, Kohle, Steine oder Mineralien, § 101 I 4 GVGA, oder Rechtsfrüchte, auch nicht Bäume in einer Baumschule; aM LG Bayreuth DGVZ 1985, 42; AG Elmshorn DGVZ 1995, 12 (aber auch der wachsende Baum tut nichts anderes als eben wachsen wie jeder Baum). 3

IV. Pfändung, I. Art, Wirkung und Zeitpunkt sind gleichermaßen beachtlich. 4

1. Grundsatz: Gewahrsam oder Herausgabebereitschaft. Die Pfändung erfolgt nach §§ 808 ff., § 102 I 1 GVGA. Der Schuldner muss also am Grundstück zwar nicht das Eigentum haben, wohl aber einen Gewahrsam nach → § 808 Rn. 15, oder es muss nach § 102 I 2 GVGA ein unmittelbar besitzender Dritter zur Herausgabe 5 bereit sein. Der Gläubiger kann aus einem Vollstreckungstitel gegen den Grundeigentümer nach § 102 I 3 GVGA nicht gegen den Widerspruch des Pächters pfänden. Der Pächter kann vielmehr notfalls nach § 771 eine Drittwiderspruchsklage erheben. Dagegen kann der Gläubiger auf Grund eines Vollstreckungstitels gegen den Pächter bei diesem nach § 102 I 3 GVGA pfänden. Denn der Pächter übt den Besitz und Gewahrsam aus. Dasselbe gilt bei einem Nießbraucher. Der Verpächter darf sein gesetzliches Pfandrecht nach § 805 geltend machen. Es würde gegen die Logik und ein praktisches Bedürfnis verstoßen, die Früchte auf dem Halm nur zugunsten des Gläubigers als eine bewegliche Sache zu behandeln. Dagegen hat der Eigentümer kein Widerspruchsrecht, Kupisch JZ 1976, 427.

6 Die **Pfändung** erfolgt dadurch, dass der Gerichtsvollzieher den Besitz ergreift und die Pfändung kenntlich macht. Zur Kenntlichmachung genügt es nach § 102 II 1, 2 GVGA eine ausreichende Zahl von Tafeln aufzustellen, evtl. nach § 102 II 3 GVGA das Gebiet einzuzäunen, einen Wächter zu bestellen usw. § 813 III, IV verlangt evtl. die Hinzuziehung eines landwirtschaftlichen Sachverständigen.

7 **2. Beschlagnahme.** Die Pfändung ist nach § 101 I 1 Hs. 1 GVGA unzulässig, sobald die Früchte in der Liegenschaftszwangsvollstreckung beschlagnahmt worden sind. Sie ergreift bei einer Zwangsverwaltung und bei einer Zwangsversteigerung nach §§ 20 II, 21 I, 148 ZVG die Früchte als Bestandteile des Grundstücks. Ausgenommen sind die dem Pächter zustehenden. Sie bleiben darum nach § 810 pfändbar, §§ 21 III ZVG, 956 BGB, § 101 I 2 GVGA. Andere Berechtigte wie Nießbraucher darf man nicht entsprechend behandeln.

8 Ein **Verstoß** gibt dem Schuldner, dem dinglichen Gläubiger und dem Zwangsverwalter die Erinnerung aus § 766 und nach der Verwertung die Bereicherungsklage nach §§ 812 ff. BGB. Eine Beschlagnahme nach der Pfändung zwingt den Gläubiger zur Anmeldung aus § 37 Nr. 4 ZVG. Für den dinglichen Gläubiger gilt II.

9 **3. Pfändungszeitpunkt.** Die Pfändung darf nach § 101 II 1 GVGA frühestens einen Monat vor der gewöhnlichen Reifezeit stattfinden. Die gewöhnliche Reifezeit bestimmt sich nach der Fruchtart und nach der Durchschnittserfahrung für die Gegend und für die Lage. Die gewöhnliche Reifezeit gehört nach § 86 VI 2 Nr. 2 GVGA ins Protokoll nach § 762. Unerheblich ist die Frage, wann die Früchte nicht nur gewöhnlich, sondern nun auch gerade im Pfändungsjahr voraussichtlich reif sein werden, BGH NJW 1993, 1793. Man muss die Frist nach § 222 berechnen. Die Versteigerung erfolgt nach § 824 erst nach der Reife. Der Gerichtsvollzieher vermeidet nach § 101 II 2, 3 GVGA, → § 824 Rn. 7 eine Überreife, auch mithilfe eines Sachverständigen nach § 813 III. Ein Verstoß gegen I 2 berührt eine im Übrigen wirksame Pfändung nicht. Der Schuldner und ein betroffener Dritter können allerdings die Erinnerung nach § 766 einlegen. Der Eintritt der Reifezeit macht eine Erinnerung gegenstandslos.

10 **V. Widerspruchsklage, II.** Derjenige dingliche Gläubiger, dem §§ 10–12 ZVG ein Recht auf die Befriedigung aus dem Grundstück gibt, darf einer statthaften Pfändung durch eine Drittwiderspruchsklage nach § 771 widersprechen. Denn ihm haften die Früchte als Grundstücksbestandteile. Etwas anderes gilt dann, wenn der Pfandgläubiger ein besonderes Recht nach § 10 ZVG nachweist. Diesen Nachweis kann er nur als ein dinglicher Gläubiger führen, nicht als ein persönlicher Gläubiger. Das gilt noch nach der Aberntung der Früchte. Nach einer Pfändung gegen den besitzenden Pächter ist eine Drittwiderspruchsklage nach § 771 unzulässig. Denn die Früchte fallen nach § 21 III ZVG, § 956 BGB dem besitzenden Pächter stets zu. Statt einer Klage nach § 771 steht auch eine mildere Klage nach → § 805 Rn. 1 offen.

11 **VI. Rechtsbehelf, I, II.** Soweit der Gerichtsvollzieher die Pfändung ablehnt, hat der Gläubiger die Erinnerung nach § 766. Soweit die Voraussetzungen der Pfändung fehlen, ist für den Schuldner die Erinnerung zulässig. Die Pfändung bleibt bis zur Aufhebung nach § 776 wirksam.

811 *Unpfändbare Sachen und Tiere.* **[1] Nicht der Pfändung unterliegen**

1. Sachen, die der Schuldner oder eine Person, mit der er in einem gemeinsamen Haushalt zusammenlebt, benötigt
   a) für eine bescheidene Lebens- und Haushaltsführung;
   b) für die Ausübung einer Erwerbstätigkeit oder eine damit in Zusammenhang stehende Aus- oder Fortbildung;
   c) aus gesundheitlichen Gründen;
   d) zur Ausübung von Religion oder Weltanschauung oder als Gegenstand religiöser oder weltanschaulicher Verehrung, wenn ihr Wert 500 Euro nicht übersteigt;

2. Gartenhäuser, Wohnlauben und ähnliche Einrichtungen, die der Schuldner oder dessen Familie als ständige Unterkunft nutzt und die der Zwangsvollstreckung in das bewegliche Vermögen unterliegen;

3. Bargeld
   a) für den Schuldner, der eine natürliche Person ist, in Höhe von einem Fünftel,
   b) für jede weitere Person, mit der der Schuldner in einem gemeinsamen Haushalt zusammenlebt, in Höhe von einem Zehntel

   des täglichen Freibetrages nach § 850c Absatz 1 Nummer 3 in Verbindung mit Absatz 4 Nummer 1 für jeden Kalendertag ab dem Zeitpunkt der Pfändung bis zu dem Ende des Monats, in dem die Pfändung bewirkt wird; der Gerichtsvollzieher kann im Einzelfall nach pflichtgemäßem Ermessen einen abweichenden Betrag festsetzen;

4. Unterlagen, zu deren Aufbewahrung eine gesetzliche Verpflichtung besteht oder die der Schuldner oder eine Person, mit der er in einem gemeinsamen Haushalt zusammenlebt, zu Buchführungs- oder Dokumentationszwecken benötigt;

5. private Aufzeichnungen, durch deren Verwertung in Persönlichkeitsrechte eingegriffen wird;

6. öffentliche Urkunden, die der Schuldner, dessen Familie oder eine Person, mit der er in einem gemeinsamen Haushalt zusammenlebt, für Beweisführungszwecke benötigt;

7. Trauringe, Orden und Ehrenzeichen;

8. Tiere, die der Schuldner oder eine Person, mit der er in einem gemeinsamen Haushalt zusammenlebt,
a) nicht zu Erwerbszwecken hält oder
b) für die Ausübung einer Erwerbstätigkeit benötigt,
sowie das für diese Tiere erforderliche Futter und die erforderliche Streu.

II [1]Eine in Absatz 1 Nummer 1 Buchstabe a und b sowie Nummer 2 bezeichnete Sache oder ein in Absatz 1 Nummer 8 Buchstabe b bezeichnetes Tier kann abweichend von Absatz 1 gepfändet werden, wenn der Verkäufer wegen einer durch Eigentumsvorbehalt gesicherten Geldforderung aus dem Verkauf der Sache oder des Tieres vollstreckt. [2]Die Vereinbarung des Eigentumsvorbehaltes ist durch eine Urkunde nachzuweisen.

III Auf Antrag des Gläubigers lässt das Vollstreckungsgericht die Pfändung eines in Absatz 1 Nummer 8 Buchstabe a bezeichneten Tieres zu, wenn dieses einen hohen Wert hat und die Unpfändbarkeit für den Gläubiger eine Härte bedeuten würde, die auch unter Würdigung der Belange des Tierschutzes und der berechtigten Interessen des Schuldners nicht zu rechtfertigen ist.

IV Sachen, die der Schuldner für eine Lebens- und Haushaltsführung benötigt, die nicht als bescheiden angesehen werden kann, sollen nicht gepfändet werden, wenn offensichtlich ist, dass durch ihre Verwertung nur ein Erlös erzielt würde, der in keinem Verhältnis zum Anschaffungswert steht.

Schrifttum: Röder, ABC der pfändbaren und unpfändbaren beweglichen Sachen (Loseblattsammlung); Wolf/Hintzen, Pfändbare Gegenstände von A–Z, 2. Aufl. 2003.

Übersicht

I. Systematik, I, II. § 811 leitet eine Gruppe von Vorschriften zum gesetzlichen Pfändungsschutz ein. Sie sind mit §§ 850 ff. vergleichbar. Sie begrenzen die an sich grundsätzlich volle Zugriffsmöglichkeit des Gläubigers auf das gesamte Vermögen des Schuldners. § 811 verbietet eine Kahlpfändung, AG Ffm DGVZ 1990, 77. Die ab 1.1.2022 in Kraft tretende umfassende Neuregelung des § 811 lässt diese grundsätzliche systematische Einordnung unberührt. Die umfassende Änderung und Straffung wurde erforderlich, weil die bisherige Vorschrift die aktuellen rechtlichen, wirtschaftlichen und gesellschaftlichen Gegebenheiten teilweise nicht mehr ausreichend widerspiegelt (vgl. BT-Drs. 19/27636, S. 1). Den Veränderungen wurde u. a. dadurch Rechnung getragen, dass in § 811 I Nr. 1, 3b, Nr. 4, 6 und 8 ZPO nicht nur Sachen oder Tiere geschützt werden, die der Schuldner benötigt, sondern auch eine Person, mit der der Schuldner in einem gemeinsamen Haushalt zusammenlebt. Die bisherige Überschrift „Unpfändbare Sachen" wurde mit Blick auf § 90a 1 BGB in „Unpfändbare Sachen und Tiere" geändert. Schließlich finden sich die Regelungsinhalte der bisherigen §§ 811c und 812 ZPO im neuen § 811 ZPO wieder (BT-Drs. 19/27636, S. 26). Zur Neufassung im Einzelnen → Rn. 65. 1

II. Regelungszweck, I, II. Die Vorschrift dient damit nicht nur dem Schutz des Schuldners nach Art. 1, 2 GG, BGH NJW 1998, 1058 (kein bloßes Leistungsverweigerungsrecht), LG Bln NJW-RR 1992, 1039, auch einer juristischen Person nach → § 50 Rn. 12, soweit Nr. 1 ff. nichts anderes bestimmen. Sie dient auch dem Schutz des Gläubigers, BAG MDR 1980, 522 (zu §§ 850 ff.). Sie dient darüber hinaus auch dem Schutz der Allgemeinheit, also einem sozialpolitischen Zweck, BGH NJW-RR 2004, 790; BSG NZM 2013, 387; LAG Hamm DB 1995, 2123. Deshalb ist § 811 zwingendes Recht. Der Gerichtsvollzieher muss die Vorschrift von Amts wegen nach § 72 I 1 GVGA sorgfältig beachten, Geißler DGVZ 1990, 83. Er muss nach § 72 I 2 GVGA im Zweifel pfänden, soweit nicht ausreichende andere Vollstreckungsmöglichkeiten bestehen. 2

3 Bei der **Auslegung** nach → Einl. II Rn. 70 ff. muss man das Sozialstaatsprinzip nach Art. 20, 28 GG berücksichtigen, BFH NJW 1990, 1871; Schneider/Becher DGVZ 1980, 184 (auch zu zahlreichen Einzelfolgerungen). Als eine Ausnahmevorschrift ist § 811 nicht zu weit auslegbar, BGH NJW-RR 2007, 1221. Eine längere Freiheitsstrafe kann zB bei einem Fernseh- oder Rundfunkgerät sogar zum Ausschluss der Unpfändbarkeitsvorschriften führen, Köln DGVZ 1982, 63. Dieser Schuldnerschutz darf andererseits keine so ausschließliche Beachtung finden, dass man das schließlich auch noch schutzwürdige Interesse des Gläubigers daran völlig übergeht, wenigstens durch die Zwangsvollstreckung befriedigt zu werden. Auch kann § 765a helfen. Wegen seines Verhältnisses zu §§ 811 ff. Bloedhorn DGVZ 1976, 104.

4 Mit der ab 1.1.2022 geltenden Neuregelung ist die Vorschrift wieder **zeitgemäß.**

5 **III. Schuldnerrechte, I, II.** Der Schuldner kann bis zum Zeitpunkt der Beendigung der Zwangsvollstreckung eine Erinnerung nach § 766 einlegen, um sich von dem Pfändungspfandrecht zu befreien. Wenn er diese Möglichkeit versäumt hat, hat er zwar grundsätzlich noch einen Anspruch aus einer ungerechtfertigten Bereicherung nach §§ 812 ff. BGB, so auch MüKoZPO/Gruber Rn. 22; aM Zöller/Herget Rn. 9 (aber die ZPO schneidet grundsätzlich ein sachliches Recht nicht ab, sondern dient ihm nach → Einl. II Rn. 12). Indessen kann § 811 nach → Rn. 14 erstmals im Beschwerdeverfahren anwendbar sein. Der Gläubiger kann aber gegen einen solchen Anspruch mit seiner Forderung aufrechnen. Wenn der Gläubiger schuldhaft handelte, hat der Schuldner allerdings auch einen Ersatzanspruch nach §§ 823 II, 826 BGB. Soweit der Gläubiger vorsätzlich gehandelt hat, kann er nicht gegen diesen Anspruch gemäß § 393 BGB, → Vor § 704 Rn. 52 aufrechnen.

6 **IV. Verstoß, I, II.** Es gibt zwei Grundsätze und eine Ausnahme.

7 **1. Grundsatz: Keine Nichtigkeit, I.** Eine Zwangsvollstreckung in einen unpfändbaren Gegenstand ist nicht nichtig. Sie ist vielmehr zunächst nach → Vor § 803 Rn. 8, 10 voll wirksam. Das gilt solange, bis das Gericht sie auf Grund eines Rechtsmittels für unzulässig erklärt oder nach § 726 aufhebt oder bis der Schuldner ihr gleichzeitig oder später nach § 811c, § 72 II 3 GVGA zustimmt. Diese Zustimmung kann man dem Schuldner umso weniger verwehren, als er ja die Sache auch veräußern könnte, sie insbesondere dem Gläubiger in Zahlung geben könnte.

8 **2. Weitere Regel: Schuldnerschutz trotz seines Verzichts, I.** Nichtig ist aber ein vor, bei oder nach der Pfändung ausgesprochener völliger Verzicht des Schuldners auf jeglichen Pfändungsschutz, LG Oldb DGVZ 1980, 39; AG Essen DGVZ 1978, 175; Zöller/Herget Rn. 10; aM Bbg MDR 1981, 50; AG Sinzig NJW-RR 1987, 758; Thomas/Putzo/Seiler Rn. 5 (der sozialpolitische Charakter der Vorschrift verbiete einen solchen Verzicht. Sie geben aber dem Gläubiger die Gegeneinrede der Arglist gegen die Geltendmachung der Nichtigkeit desjenigen Verzichts, der in einer Schädigungsabsicht erklärt worden sei).

9 Der Verzicht kann in den verbleibenden Fällen wirksam sein. Er kann dann nach → Vor § 128 Rn. 59 sogar stillschweigend erfolgen. Das gilt zB bei einer **Sicherungsübereignung** unpfändbarer Sachen, LG Stgt DGVZ 1980, 91; aM LG Hildesh DGVZ 1989, 173. Der Verzicht setzt aber die Kenntnis der Schutzvorschrift voraus, AG Essen DGVZ 1978, 175. Man kann eine Prüfung der Wirksamkeit des Verzichts bei einer Sicherungsübereignung deswegen für unnötig halten, weil der Verzicht wegen des Eigentumsübergangs begrifflich ausgeschlossen sei.

10 **3. Ausnahme: Kein Schuldnerschutz, II.** Dazu Münzberg DGVZ 1998, 81 (Grdz.): Der Schutz versagt dann, wenn der Gläubiger die Sache als der Eigentümer herausverlangen kann, AG Bad Neuenahr DGVZ 2004, 159; AG Plön JurBüro 2002, 607. Das gilt aber nur, sofern das Eigentum klar zu Tag liegt (Einwand der Arglist nach → Vor § 704 Rn. 43), aM Hamm DGVZ 1984, 141; LG Bln DGVZ 1979, 9 (aber eine Ausnahme braucht nach → Rn. 2 eine enge Auslegung). Ebenso verhält es sich bei I Nr. 1, 4, 5–7 nach § 73 S. 1 Nr. 1, 2 GVGA mit der Pfändung einer solchen Sache, die der Veräußerer dem Erwerber unter seinem Eigentumsvorbehalt überlassen hat, AG Eschwege DGVZ 2002, 127. Denn eine Arglist ist nach → Vor § 704 Rn. 43 niemals statthaft. Die frühere Streitfrage ist durch II erledigt, LG Köln DGVZ 1999, 42. Der Gläubiger muss eine Vereinbarung des Eigentumsvorbehalts nicht nur nach § 294 glaubhaft machen, sondern „nachweisen", und zwar „durch Urkunden" nach §§ 415 ff., § 73 S. 1 Nr. 3, S. 3 GVGA. Der Lieferant des Vorbehaltsverkäufers kann seine Stellung nach § 73 S. 2 GVGA durch Abtretung an ihn erhalten. Andernfalls bleibt die Unpfändbarkeit bestehen. Es findet keine Amtsermittlung nach → Vor § 128 Rn. 44 dazu statt. Bei einer Sicherungsübereignung gilt § 771, AG Saarlouis DGVZ 1997, 142.

11 Wenn der Schuldner die Sache freilich auf **Abzahlung** gekauft hatte, ist die Berufung auf die Unpfändbarkeit der Sache wegen der nach dem BGB gegebenen Pflicht zur Rückgewähr auch der bisherigen Leistungen des Schuldners nur dann arglistig, wenn der Schuldneranspruch ohne weiteres feststellbar ist, Ffm Rpfleger 1980, 303; Zöller/Herget Rn. 7; aM Hadamus Rpfleger 1980, 421 (je zum alten Recht). Wegen der Pfändung demnächst pfändbar werdender Sachen § 811c.

12 **V. Austauschpfändung, I, II.** §§ 811a ff.

13 **VI. Entsprechende Anwendbarkeit, I, II.** Die Vorschrift und ihre Ergänzungen nach → Rn. 63 sind außerhalb der einzelnen Ziffern wegen ihrer Rechtsnatur als Ausnahmevorschriften nicht entsprechend anwendbar. Das bedeutet aber nicht, dass diese Vorschriften noch heute ebenso auslegbar wären wie vor Jahren. Deshalb darf man ältere Entscheidungen nur vorsichtig verwerten.

14 **VII. Geldforderung, I, II.** § 811 ist auf die Zwangsvollstreckung wegen aller Geldforderungen durch eine Pfändung nach §§ 808 ff. unabhängig von der Art und Höhe der Gläubigerforderung anwendbar, aber auch auf eine Arrestpfändung nach §§ 930, 935 und auf jede einzelne Pfändung bei einer Anschlusspfändung nach § 826. Dagegen ist § 811 nicht anwendbar auf die Pfändung eines Herausgabeanspruchs nach § 947 I und nicht auf die Herausgabe einer Sache nach §§ 883 ff. Es ist grundsätzlich unerheblich, wem der Gegenstand gehört. Vgl. freilich bei einem Eigentumsvorbehalt → Rn. 10. Es ist nach §§ 808, 809 unerheblich, ob sich die zu pfändende Sache im Gewahrsam des Schuldners, des Gläubigers oder eines herausgabebereiten Dritten befindet. Maßgeblich ist der Zeitpunkt der Entscheidung über die Erinnerung. Aber → Rn. 19.

15 Wenn die Voraussetzungen einer Unpfändbarkeit nach § 811 **nachträglich** entstehen, ist die Vorschrift evtl. auch im Beschwerdeverfahren erstmals anwendbar. Wenn die Unpfändbarkeit nachträglich wegfällt, ist der Rechtsbehelf damit gegenstandslos geworden. Bei einem Erben entscheidet dessen Bedürfnis. Der Erbe kann

sich seiner Pflicht, den Nachlass nach § 1990 BGB herauszugeben, nicht mithilfe des § 811 entziehen. Der Schuldner kann sich gegenüber einem nach dem AnfG erworbenen Vollstreckungstitel nicht auf eine Unpfändbarkeit berufen. Der Wert der Sache begrenzt bei § 811c II die Unpfändbarkeit. Bei I Nr. 1, 5 und 6 kann der Wert der Sache auch zu einer Austauschpfändung führen, §§ 811a, b. Im Übrigen ist der Wert der Sache bedeutungslos.

VIII. Geldersatz, I, II. Ein in Geld geleisteter Ersatz (Surrogat) für die Sache tritt nicht an die Stelle der Sache. So tritt zB eine Versicherungsentschädigung nach einem Brand oder Einbruch nicht an die Stelle der zerstörten oder geraubten Sachen. Dann sind Nr. 2 und 3 anwendbar. Vgl. aber die Übertragungsbeschränkung in § 17 VVG. Der Anspruch des Schuldners auf die Herausgabe einer unpfändbaren Sache ist unpfändbar. Das gilt auch für den Anspruch auf eine Eigentumsbeschaffung beim Eigentumsvorbehalt. Eine unpfändbare Sache gehört nach § 35 InsO nicht zur Insolvenzmasse. Ausnahmen gelten bei Nr. 4, 9, für Geschäftsbücher auch bei I Nr. 11, § 36 II Nr. 1, 2, III InsO, und → Rn. 63. § 811 schützt einen Ausländer ebenso wie einen Inländer. 16

IX. Verfahren, I, II. Man muss drei Zeitabschnitte unterscheiden. 17

1. Prüfung von Amts wegen. Der Gerichtsvollzieher muss sorgfältig von Amts wegen untersuchen, ob die Sache unpfändbar ist, BGHZ 137, 197. Er muss eine zweifelsfrei unzulässige Pfändung trotz eines Auftrags des Gläubigers und trotz einer vorherigen Zustimmung des Schuldners ablehnen. Wenn der Gerichtsvollzieher gepfändet hat, darf er die Sache nicht eigenmächtig freigeben. Er muss aber den Schuldner über Rechtsbehelfe belehren und den Gläubiger zur Freigabe auffordern. 18

2. Entscheidung. Das Gericht entscheidet zunächst durch den Rpfl. nach § 20 I Nr. 17 S. 1 RPflG. Es entscheidet sodann auf Grund einer Erinnerung durch den Richter wie bei → § 766 Rn. 43. Die Unpfändbarkeit muss grundsätzlich im Zeitpunkt der Pfändung nach §§ 808 ff. vorliegen, LG Bochum DGVZ 1980, 38; LG Wiesb DGVZ 1997, 59 (vorübergehende Sonderlage unschädlich), AG Sinzig DGVZ 1990, 95. Es kommt auf den Zeitpunkt der Entscheidung über die Erinnerung an, soweit der Gerichtsvollzieher die Pfändung abgelehnt hatte oder soweit eine von Amts wegen zu beachtende Änderung der Sach- und Rechtslage vorliegt, BFH JurBüro 2013, 104. Bei einer Anschlusspfändung nach § 826 muss die Unpfändbarkeit also im Zeitpunkt der Anschlusspfändung vorliegen. Eine nachträglich eintretende Unpfändbarkeit nimmt dem Gläubiger sein Pfandrecht nach → § 811d Rn. 1 nicht, LG Bln Rpfleger 1977, 262; LG Bochum DGVZ 1980, 38. Wegen der Pfändung einer demnächst pfändbaren Sache, § 811d. 19

3. Rechtsbehelfe. Man muss wie folgt unterscheiden. 20

Der **Schuldner** kann gegen die Pfändung einer unpfändbaren Sache unabhängig von seinem Eigentum nach § 766 die Erinnerung einlegen, solange er Nutzer ist. Er muss die Unpfändbarkeit darlegen und notfalls beweisen. Wenn die Sache schon verwertet wurde, hat er die Möglichkeit einer Bereicherungs- oder Ersatzklage; aM Stein/Jonas/Würdinger Rn. 22 (er habe dann keine Ansprüche mehr. Aber → Rn. 5). 21

Der **Gläubiger** kann gegen die Ablehnung seines Antrags auf eine Pfändung überhaupt oder doch auf die Pfändung eines bestimmten Gegenstands die Erinnerung nach § 766 II einlegen. Er muss die Pfändbarkeit darlegen und notfalls beweisen, LG Augsb DGVZ 1989, 139. 22

Ein **Dritter** hat grundsätzlich keinen Rechtsbehelf. Das gilt zB für einen Unternehmer bei I Nr. 5 anstelle des Beschäftigten. Die Möglichkeit der Erinnerung nach § 766 kommt für den Dritten aber zB dann infrage, wenn sich eine Unpfändbarkeit unmittelbar bei ihm auswirkt, etwa für die Familie und für Hausangehörige des Schuldners. Wenn die Pfändung gegen I Nr. 4 verstößt, kann auch der dingliche Gläubiger die Erinnerung nach § 766 einlegen. Auch eine Drittwiderspruchsklage nach § 771 ist statthaft. 23

X. Sache des persönlichen Gebrauchs, I Nr. 1. Man muss behutsam abwägen. Duckstein/Timmerbeil DGVZ 2009, 12 wollen Hs. 2 streichen. 24

1. Grundsatz: Sicherung des Mindestbedarfs. Der Zweck ist die Sicherung des häuslichen Lebens. I Nr. 1 soll dem Schuldner alle diejenigen Gegenstände des persönlichen Gebrauchs oder des Hausstands belassen, die der Schuldner zur Führung eines seinem Beruf und seinen Verhältnissen und insbesondere seinen Schulden angemessenen bescheidenen Lebens oder Haushalts braucht. Es kommt auf die Zweckbestimmung an. Die Sachen brauchen daher nicht in einem strengen Sinn unentbehrlich zu sein, BFH NJW 1990, 1871; LG Bochum DGVZ 1983, 12. Der Hausstand muss bestehen und nicht etwa erst bevorstehen. Er kann auch nach einer Zwangsräumung bestehen, solange der Schuldner irgendwo vorübergehend lebt, LG Mü DGVZ 1983, 94. Zum Hausstand gehören alle Familienmitglieder, die mit dem Schuldner in seiner Wohnung oder in der Wohnung seiner Ehefrau oder des eingetragenen Lebenspartners zusammenleben und wirtschaftlich vom Schuldner abhängen. Es ist unerheblich, ob der Schuldner die Familienmitglieder unterhalten muss. Zum Hausstand gehören ferner Stiefkinder, Pflegekinder und Hausangestellte, Auszubildende, Handlungsgehilfen, soweit der Schuldner sie in die Wohnung aufgenommen hat. Es ist nach → Rn. 14 unerheblich, ob der Schuldner Eigentümer ist, soweit die Sache ungestört benutzbar ist. 25

2. Angemessenheit des Hausstands: Abwägung. Ob der Hausstand angemessen ist, kann man nur von Fall zu Fall entscheiden, VGH Mannh NJW 1995, 2804. Die Regelung des notwendigen Lebensunterhalts zB (jetzt) im SGB verfolgt nicht stets denselben Zweck, BVerwG NJW 1989, 925. Entscheidend sind die Berufstätigkeit und die Verschuldung, also deren Höhe und die Möglichkeit, die Schuld abzutragen. Unerheblich ist, ob der Hausstand standesgemäß ausgestattet ist. Der Hausstand darf nur bescheiden sein. Das bedeutet aber nicht, dass Nr. 1 nur eine völlige Ärmlichkeit schützen würde, LG Wiesb DGVZ 1989, 141; AG Mü DGVZ 1981, 94; FG Brdb JurBüro 1998, 664. Andererseits darf kein Überfluss vorliegen; aM Zweibr Rpfleger 1976, 329 (zu streng). Das gilt auch für die Sachen des persönlichen Gebrauchs. Man muss eine ungestört mitbenutzte fremde Sache mitberücksichtigen. Eine zeitweise Vermietung beweist nichts gegen das „Bedürfen". Eine vorübergehende Einschränkung ist erträglicher als ein dauerndes Entbehren. 26

Im Allgemeinen ist aber der **Besitz** eine Voraussetzung dafür, dass der Schuldner die Sache braucht. Etwas anderes gilt allerdings dann, wenn der Schuldner den Besitz wegen des Verlassens der Wohnung aufgegeben hat oder wenn das Gericht die Sache dem Schuldner im Haushaltsverfahren zugewiesen hat, wenn er sie aber noch nicht in seinen Besitz genommen hat. Die Möglichkeit einer späteren Neuanschaffung muss außer Betracht bleiben. Einzelheiten sind einigermaßen wertlos. Denn alle Fälle liegen verschieden. Auch bei mehreren Wohnungen des Schuldners ist eine Fallabwägung erforderlich. Er mag den einen unentbehrlichen Gegenstand gerade 27 in der einen Wohnung verwahren, den anderen in der anderen; aM AG Korbach DGVZ 1984, 154 (die weniger benutzte Wohnung habe keinen Pfändungsschutz. Aber gerade dort kann zB ein wertvolles Gerät stehen, das der Schuldner nicht ständig braucht, aber umso intensiver benutzen muss, **wenn** er sich dorthin begibt, auch beruflich).

3. Beispiele zur Frage einer Unpfändbarkeit nach I Nr. 1

28 **Behelfsheim:** → Rn. 29.

Besteck: Es ist angemessen unpfändbar, Prütting/Gehrlein/Flury Rn. 18.

Bett: Es ist sowohl als Möbel als auch als Wäschebestandteil einschließlich der Bettfedern, Matratzen grds. nach Nr. 1 unpfändbar, auch soweit man es nicht täglich benutzt.

Bettvorleger: Anders als das Bett ist er **grds. nicht** nach Nr. 1 unpfändbar.

Buch: S. Nr. 5, 10.

CD-Gerät: Neben einem unpfändbaren Fernsehgerät ist ein CD-Gerät **meist pfändbar,** VGH Mannh NJW 1995, 2804.

Computer: Er ist zumindest beim beruflichen Gebrauch unpfändbar, Biermann/von Göler DGVZ 2018, 83 (ausf.); Mroß DGVZ 2014, 248.

Eigentumsvorbehalt: → Rn. 10, 11.

Einbauküche: Sie ist mangels Raumteilereigenschaft **grds. pfändbar,** AG Nördlingen JurBüro 2002, 211.

Fahrrad: Es ist grds. nach Nr. 1 unpfändbar, AG Biberach DGVZ 2011, 191. Freilich kann ein Luxusstück nach § 811a **austauschbar** sein.

Ferienhaus: → Rn. 29.

Fernsehgerät: Es kann nach Nr. 1 unpfändbar sein, AG Heidelb DGVZ 2015, 60 (nicht aber bei weiteren elektronischen Geräten), VGH Kassel NJW 1993, 551. Das gilt sogar für ein Farbfernsehgerät, zumindest dann, wenn es das einzige tontechnische Informationsmittel für den Schuldner ist, LG Itzehoe DGVZ 1988, 120; VG Oldb NJW 1991, 2921.

Evtl. ist unpfändbar sogar ein Fernsehgerät **neben** einem vorhandenen **Rundfunkgerät,** BFH NJW 1990, 1871; Stgt NJW 1987, 197; AG Lichtenberg DGVZ 2007, 174; aM Ffm DGVZ 1994, 43; LG Wiesb DGVZ 1997, 60; Thomas/Putzo/Seiler Rn. 8 (aber das Fernsehen hat heute die weitaus zentralere Bedeutung für die jedem zustehende allgemeine Information). Die Unpfändbarkeit besteht auch neben einem internetfähigen Computer, AG Wuppert DGVZ 2008, 163.

Ein Farbfernsehgerät ist gegen ein einfacheres Schwarzweiß-Gerät **austauschbar,** LG Bochum DGVZ 1983, 13. Ein LCD-Gerät ist gegen einen einfachen Farbfernseher **austauschbar,** LG Wuppert DGVZ 2009, 42. Ein Farb- oder Schwarzweiß-Fernsehgerät ist nur ausnahmsweise auch gegen ein einfaches Rundfunkgerät **austauschbar,** Köln DGVZ 1982, 63; AG Ibbenbüren DGVZ 1981, 175; aM LG Lahn-Gießen NJW 1979, 769 (aber man muss nach → Rn. 26 ganz auf den Einzelfall abstellen).

Auch → „Rundfunkgerät".

Fotoapparat: Ein einfacher ist evtl. nach Nr. 1 unpfändbar. Ein teurer ist aber nach § 811a **austauschbar.**

Frack: → „Kleidung".

Gartenhaus: → Rn. 29.

Geschirrspülmaschine: Sie ist **nicht** nach Nr. 1 unpfändbar, AG Heidelb DGVZ 1981, 31.

Glasvitrine: Sie ist **nicht** nach Nr. 1 unpfändbar, LG Heidelb MDR 1992, 1001. Aber auch → „Möbel".

Haushaltswäsche: → „Wäsche".

Hausratsentschädigung: Sie ist **nicht** nach Nr. 1 unpfändbar.

Heißwassergerät: Es ist nach Nr. 1 unpfändbar.

Heizkissen: Es ist nach Nr. 1 unpfändbar.

Herd: Es ist grds. unpfändbar. **Nicht** unpfändbar ist eine Mikrowelle.

Kaffeemühle: Eine elektrische ist nach Nr. 1 unpfändbar.

Kassettengerät: Neben einem unpfändbaren Fernsehgerät ist ein Kassettengerät **meist pfändbar,** VGH Mannh NJW 1995, 2804.

Kinderbett: Es ist grds. nach Nr. 1 unpfändbar.

Kinderwagen: Er ist grds. nach Nr. 1 unpfändbar.

Klavier: Es ist nur dann unpfändbar, wenn es dem Erwerb dient, AG Essen DGVZ 1998, 30.

Kleidung: Sie ist meist nach Nr. 1 unpfändbar, soweit es sich nicht um wenigstens nach § 811a austauschbare Luxusstücke (zB Pelze) handelt. Bei einem Frack usw. kommt es auf die Berufstätigkeit des Trägers und auf seine Sozialstellung an.

Koffer: Er kann nach Nr. 1 unpfändbar sein. Es kommt natürlich auf die Umstände an.

Kühlschrank: Er ist nach Nr. 1 unpfändbar, soweit kein geeigneter Kellerraum vorhanden ist und die Vorräte wegen einer arbeitsbedingten Abwesenheit aller Familienmitglieder kühl bleiben müssen. Eine Unpfändbarkeit liegt ferner dann vor, wenn es sich um eine zahlreiche Familie handelt, noch großzügiger AG Mönchengladb DGVZ 1996, 141; aM Schneider/Becher DGVZ 1980, 181 (aber auch Nr. 1 enthält unverkennbar einen starken sozialen Aspekt). Aber auch → „Tiefkühlgerät".

Möbel: Sie sind oft nach Nr. 1 unpfändbar. Das gilt zB für: Einen Kleiderschrank; ein Sofa usw., LG Wiesb DGVZ 1989, 141; einen Esstisch mit vier Stühlen; ein Sideboard; eine Polstergruppe, unabhängig vom Wert, LG Heilbr MDR 1992, 1001; AG Itzehoe DGVZ 1998, 63; aM AG Mü DGVZ 1995, 11; FG Brdb JurBüro 1998, 664 (aber Sitzen ist ein Grundbedürfnis); einen Teppich. Aber auch → „Glasvitrine".

Musikinstrument: S. Nr. 5, aber auch AG Essen DGVZ 1998, 30 (streng).

Nähmaschine: Sie ist grds. nach Nr. 1 unpfändbar. Man kann auch nicht argumentieren, dass der Schuldner sich die Bekleidung kaufen könne. Denn eine Ausbesserung ist meistens billiger.

Notebook: Es ist **pfändbar,** VG Münst DGVZ 2013, 184.

Rundfunkgerät: Es kann nach Nr. 1 unpfändbar sein, Stgt NJW 1987, 197. Das gilt freilich **nicht** für eine Stereokompaktanlage, LG Bochum DGVZ 1983, 13, noch gar neben einem Farbfernsehgerät, LG Duisb MDR 1986, 682; AG Essen DGVZ 1998, 94, vgl. freilich auch → „Fernsehgerät". Ein Ersatzstück, das einen Inlandsempfang ermöglicht, muss bei einem deutschen Schuldner ausreichen, § 811a. Auch → , 19 „Fernsehgerät".

Staubsauger: Er ist grds. nach Nr. 1 unpfändbar, insbesondere bei einem Teppichboden; aM AG Wiesb DGVZ 1993, 258 (bei nur 20 qm); AG Jülich DGVZ 1983, 62 (aber Raumpflege dient wesentlich auch der Gesundheit).
Stereoanlage: Neben einem unpfändbaren Fernsehgerät ist sie **meist pfändbar,** LG Hann DGVZ 1990, 60; VGH Mannh NJW 1995, 2804. Auch → „Fernsehgerät", → „Rundfunkgerät".
Telekommunikationsendgerät: Es kann nach Nr. 1 unpfändbar sein, Schnittmann DGVZ 1994, 51. **Nicht** unpfändbar ist ein Anrufbeantworter, LG Bln NJW-RR 1992, 1039.
Tiefkühlgerät: Es ist **grds. nicht** nach Nr. 1 unpfändbar, LG Kiel DGVZ 1978, 115, AG Itzehoe DGVZ 1984, 30. Das gilt selbst dann, wenn der Schuldner gehbehindert ist, jedoch einen Kühlschrank besitzt, AG Paderb DGVZ 1979, 27. Aber auch → „Kühlschrank".
Uhr: Sie ist meist nach Nr. 1 unpfändbar. Das gilt auch für eine kostbare Armbanduhr, Mü DGVZ 1983, 140 (freilich kommt dann eine **Austausch**pfändung in Betracht).
Unterhaltungsgerät: Es ist meist **nicht** unpfändbar, LG Duisb MDR 1986, 682; VGH Mannh NJW 1995, 2804.
Videogerät. Es ist nur dann unpfändbar, wenn es dem Erwerb dient, AG Essen DGVZ 1998, 30.
Waschmaschine: Sie ist grds. nach Nr. 1 unpfändbar, weil sie heute zum Bestandteil wohl jedes Haushalts gehört. Das gilt auch aus hygienischen Gründen, LG Bln NJW-RR 1992, 1038; Schneider DGVZ 1980, 177; Zöller/Herget Rn. 15; aM LG Konst DGVZ 1991, 26; AG Bln-Schöneb DGVZ 1990, 15 (beim 2-Personen-Haushalt könne der Schuldner eine Wäscherei oder einen Waschsalon benutzen. Das wird aber meist nicht nur teuer und zeitraubender, sondern kann weniger hygienisch sein usw.).
Wäsche: Haushaltswäsche ist grds. nach Nr. 1 unpfändbar, auch soweit der Schuldner sie nicht ständig benutzt.
Wäscheschleuder: Sie ist nach Nr. 1 unpfändbar, soweit es sich um eine zahlreiche Familie handelt und soweit sonst nur beschränkte Trocknungsmöglichkeiten bestehen. Zum Problem AG Heidelb DGVZ 1981, 31; Schneider/Becher DGVZ 1980, 180.
Wasserenthärtungsanlage: Sie ist grds. nach Nr. 1 unpfändbar, AG Schlesw DGVZ 1977, 63 (großzügig).
Wochenendhaus: → Rn. 29.
Wohnboot: → Rn. 29.
Wohnlaube: → Rn. 29.
Wohnwagen: → Rn. 29.

4. Erweiterung von I Nr. 1. In einer Erweiterung von Nr. 1 sind folgende Sachen unpfändbar: Ein Gartenhaus; eine Wohnlaube und eine ähnliche Wohnzwecken dienende Einrichtung wie ein Behelfsheim, ein Wohnwagen oder ein Wohnboot. Voraussetzung der Unpfändbarkeit ist dann, dass diese Einrichtung der Zwangsvollstreckung in das bewegliche Vermögen unterliegt, dass sie also nicht ein Grundstücksbestandteil nach → § 864 Rn. 3 ist. Der Schuldner und seine Familie muss die Einrichtung nicht nur benutzen, sondern er muss sie zu seiner ständigen Unterkunft auch benötigen, Zweibr Rpfleger 1976, 329 (der Wert ist dann unerheblich, Zöller/Herget Rn. 16; aM LG Brschw DGVZ 1975, 25). Ein solcher Raum, den der Schuldner nur gelegentlich neben einer anderen Unterkunft benutzt, etwa ein bloßes Wochenend- oder Ferienhaus, ist pfändbar. Stets kann eine Austauschpfändung nach §§ 811a, b in Betracht kommen. 29

XI. Nahrungsmittel usw., I Nr. 2. Zum Begriff der Familie → Rn. 24. Hierher gehören nur solche Hausangehörige, die im Haushalt helfen, also auch zB Stief- oder Pflegekinder und Hausangestellte, unabhängig von einer Unterhaltspflicht des Schuldners, weder ein Hauslehrer noch ein Auszubildender noch ein kaufmännisches Personal. Nahrungs-, Heizungs- und Beleuchtungsmittel sind für 4 Wochen unpfändbar. Wenn sie fehlen, muss der Gerichtsvollzieher dem Schuldner einen entsprechenden Geldbetrag belassen. Die Möglichkeit einer Beschaffung auf einem anderen Weg ist dann gesichert, wenn eine bestimmte Zahlung von Lohn, Gehalt usw. unmittelbar bevorsteht und zur Beschaffung ausreicht. Die Bedürfnisse eines Gewerbebetriebs scheiden bei der Bemessung der Menge aus. Wegen der lebenden Tiere Nr. 3. Ungeerntete Früchte fallen unter § 810. Nr. 2 gilt auch dann. Zum Holz Nr. 4. Ein Anspruch auf die Lieferung einer gattungsmäßig bestimmten Sache, etwa von „Lebensmitteln", fällt **nicht** unter Nr. 2. Ebensowenig gehören Miete und Kleidung hierher. Wegen der Besonderheiten für Landwirte Nr. 4, für landwirtschaftliche Arbeitnehmer Nr. 4a, bei gesundheitsgefährdenden Lebensmitteln § 5 Lebensmittel- und Futtermittelgesetz nach § 76 I GVGA. 30

XII. Kleintier, Milchkuh usw., I Nr. 3. Kleintiere sind Kaninchen, Geflügel, Milchkuh ist eine Kuh, die regelmäßig Milch gibt, wenn auch nicht gerade jetzt. Statt der Milchkuh kann der Schuldner zwei Schweine, zwei Ziegen oder zwei Schafe wählen. Leihvieh kann das eigene Vieh pfändbar machen. Wenn er nicht wählt, wählt für ihn der Gerichtsvollzieher. Wegen des Geldbetrags usw. → Rn. 30. Die Tiere müssen für die Ernährung des Schuldners usw. erforderlich sein. Auch die Futter- und Streuvorräte müssen erforderlich sein. Die Praxis versteht unter dem Betriff der Erforderlichkeit einen geringen Grad der Unentbehrlichkeit. Eine bloße Zweckbestimmung reicht aber nicht aus. Zum Begriff der Familie → Rn. 24. Anders als bei Nr. 2 gehören zu Nr. 3 nicht nur diejenigen Hausangehörigen, die im Haushalt helfen, sondern auch diejenigen, die in der Landwirtschaft oder im Gewerbe mitarbeiten, also zB auch ein Auszubildender, ein Handwerksgeselle usw. Der Schuldner braucht aber nicht Landwirt zu sein. Wegen Hunde und anderer Haustiere § 811c. Zur Abgrenzung von Nr. 3 und 4 LG Rottweil MDR 1985, 1035. 31

Lebende Tiere können in Erweiterung von I Nr. 2 unpfändbar sein, Washingtoner Artenschutzübereinkommen v. 3.3.1973, BGBl. 75 II 777, 799, VO (EG) Nr. 338/97, ABl. L 61 v. 3.3.1997, ber. L 100 v. 17.4.1997 und L 298 v. 1.11.1997, 70, BArtSchV, § 76 II 1–3 GVGA (dort Einzelheiten). Wegen eines **Haustiers** § 811c. 32

XIII. Landwirt, I Nr. 4. Die Abgrenzung folgt dem Schutzzweck. 33

1. Zweck. Grundgedanke von Nr. 4 ist, die Wirtschaft als Ganzes zu erhalten, LG Rottweil MDR 1985, 1035, unabhängig davon, ob der Schuldner sie im Hauptberuf oder im Nebenberuf betreibt. Auf dieser Basis muss man beurteilen, welches Gerät, Vieh und welcher Dünger zum Wirtschaftsbetrieb erforderlich sind. Eine im Zeitpunkt der Pfändung bestehende Betriebsweise gibt die Richtschnur. Der Gerichtsvollzieher darf dem Schuldner nur dasjenige belassen, was der Schuldner unmittelbar im Betrieb verwendet. Der Schuldner darf an landwirtschaftlichen Erzeugnissen auch dasjenige behalten, was er braucht, um sich, seine Familie nach → Rn. 24 und seine Arbeitnehmer zu unterhalten. Der Schuldner darf ferner den Verkaufserlös aus den für die Aufrecht- 34 erhaltung einer geordneten Wirtschaftsführung unentbehrlichen landwirtschaftlichen Erzeugnissen nach § 851a behalten. Was der Schuldner allerdings ohne eine solche Zweckbindung des Erlöses ohnehin verkaufen will, kann pfändbar sein, LG Kleve DGVZ 1980, 39, AG Worms DGVZ 1984, 127. Das sachlich-rechtliche Pfandrecht des Verpächters erstreckt sich bei der Landpacht nur auf die in Nr. 4 genannten unter den sonst nach § 592 S. 3 BGB unpfändbaren Sachen. Eine Sache nach Nr. 4 gehört zur Insolvenzmasse nach § 36 II Nr. 2 InsO.

35 **2. Begriffe.** Landwirt ist derjenige, der zur Zeit der Vollstreckung tatsächlich ausschließlich oder nebenbei eine Landwirtschaft betreibt, AG Schopfheim DGVZ 1976, 62, auch als Nießbraucher oder Pächter, geschäftlich oder zum Vergnügen. Landwirtschaft ist jede erwerbsmäßige Bearbeitung eigenen oder fremden Bodens, LG Oldb DGVZ 1980, 170. Nr. 4 schützt auch den ausländischen Landwirt. Das Pfandrecht des Verpächters ist nach § 585 BGB nicht an die Grenze der Nr. 4 gebunden. Nr. 4 ist auch gegenüber einem Früchtepfandrecht nach → § 810 Rn. 1, 2 relevant. Doch muss der Gerichtsvollzieher diese Einschränkung nicht von Amts wegen beachten. Wenn der Landwirt sein Anwesen verkauft hat, schützt Nr. 4 ihn grundsätzlich nicht mehr. Der Schutz dauert aber dann fort, wenn der Landwirt den Verkauf nur zu dem Zweck vorgenommen hat, um sich alsbald eine andere Landwirtschaft zu kaufen. Zum Vieh gehört auch das Zucht-, Milch-, Federvieh, AG Kirchheim/Teck DGVZ 1983, 62, ferner das Mastvieh. Auch ein schlachtreifes Vieh kann zur Fortführung der Wirtschaft notwendig sein. Landwirtschaftserzeugnisse sind die Feldfrüchte, mögen sie abgeerntet sein oder noch auf dem Feld stehen, aber auch forstwirtschaftliche Früchte oder Heizvorräte.

36 Was zur Fortführung der Wirtschaft und zum Unterhalt **notwendig** ist, richtet sich nach objektiven Gesichtspunkten und nicht nach dem Bedürfnis des Schuldners. Eine Hochdruckheupresse kann unpfändbar sein, LG Oldb DGVZ 1980, 39. Es kommt auf die Betriebsgröße an. Hierher gehören auch diejenigen Erzeugnisse, die der Ernährung der Arbeitskräfte und des Viehs dienen. Man muss von einer vernünftigen landwirtschaftlichen Vorratswirtschaft ausgehen. Der bloße Verkaufszweck bietet auch dann keinen Schutz, wenn der Erlös der Wirtschaftsführung dient, LG Kleve DGVZ 1980, 38. Es muss aber Saatgut und Viehfutter bis zur nächsten Ernte verbleiben, AG Worms DGVZ 1984, 127. Oft muss aber auch an Nahrung genug bis zur neuen Ernte verbleiben. Die Gegenstände der Nr. 4 sind nach § 98 Nr. 2 BGB Zubehör des Grundstücks, soweit es sich nicht um Früchte handelt, die für den Wirtschaftsbetrieb nicht erforderlich sind. Deshalb sind diese Gegenstände durch § 865 II schlechthin unpfändbar, soweit sie im Eigentum des Grundstückseigentümers stehen.

3. Beispiele zur Frage einer Unpfändbarkeit nach I Nr. 4

37 **Ackerbau:** Er gehört zu Nr. 4, LG Oldb DGVZ 1980, 170.

Baumschule: Sie gehört zu Nr. 4, AG Elmshorn DGVZ 1995, 12.

Bienenzucht: Sie gehört **grds. nicht** zu Nr. 4. Denn sie beruht weniger auf der Nutzung von Grund und Boden, LG Oldb DGVZ 1980, 170, großzügiger Geißler DGVZ 2016, 119.

Brennerei: → „Technischer Betrieb".

Fischzucht: Sie gehört zu Nr. 4, Röder DGVZ 1995, 38.

Forstwirtschaft: Sie gehört zu Nr. 4, LG Oldb DGVZ 1980, 170.

Gartenbau: Er gehört zu Nr. 4, LG Oldb DGVZ 1980, 170.

Geflügelfarm: Sie gehört grds. zu Nr. 4, LG Oldb DGVZ 1980, 170.

Gemüsebau: Er gehört zu Nr. 4.

Geschäftsmäßiger Betrieb: Ein solcher Betrieb, der nicht auf der Nutzung von Grund und Boden beruht, gehört **nicht** zu Nr. 4. Vgl. bei den einzelnen Stichwörtern.

Hundezucht: Sie gehört **grds. nicht** zu Nr. 4. Denn sie beruht weniger auf der Nutzung von Grund und Boden, LG Frankenth NJW-RR 1989, 896.

Legehennenintensivhaltung: Sie gehört **grds. nicht** zu Nr. 4. Denn sie beruht weniger auf der Nutzung von Grund und Boden.

Mastviehhaltung: Sie gehört **grds. nicht** zu Nr. 4. Denn sie beruht weniger auf der Nutzung von Grund und Boden; aM LG Rottweil MDR 1985, 1035.

Molkerei: Sie gehört **grds. nicht** zu Nr. 4. Denn diese Stufe der Verarbeitung beruht weniger zur Nutzung von Grund und Boden.

Obstbau: Er gehört zu Nr. 4, LG Oldenb DGVZ 1980, 170.

Pelztierfarm: Sie gehört **grds. nicht** zu Nr. 4. Denn sie beruht weniger auf der Nutzung von Grund und Boden, LG Frankenth NJW-RR 1989, 896.

Pferdezucht: Sie gehört **grds. nicht** zu Nr. 4. Denn sie beruht weniger auf der Nutzung von Grund und Boden, LG Frankenth MDR 1989, 364; LG Kblz DGVZ 1997, 89; LG Oldb DGVZ 1980, 170. Soweit der Züchter freilich auch das **Futter** anbaut, ist Nr. 4 anwendbar, LG Kblz DGVZ 1997, 89.

Tabakbau: Er gehört zu Nr. 4.

Technischer Betrieb: Er gehört **grds. nicht** zu Nr. 4. Denn er beruht weniger auf der Nutzung von Grund und Boden, etwa eine Brennerei oder Ziegelei.

Viehzucht: Sie gehört grds. zu Nr. 4, LG Bonn DGVZ 1983, 153; LG Oldb DGVZ 1980, 170 (jedoch das zum Wirtschaftsbetrieb erforderliche Vieh); AG Kirchheim DGVZ 1983, 62 (auch das Einzeltier der Herde). → „Bienenzucht", „Legehennenintensivhaltung", → „Mastviehzucht", „Pferdezucht".

Weiden-, Wiesenbau: Er gehört zu Nr. 4.

Weinbau: Er gehört zu Nr. 4, LG Oldb DGVZ 1980, 170.

38 **XIV. Landwirtschaftlicher Arbeitnehmer, I Nr. 4a.** Zum Begriff des landwirtschaftlichen Betriebs → Rn. 35 ff. Doch ist es unerheblich, ob ein technischer Nebenbetrieb vorliegt. Es kommt nur darauf an, ob der Beschäftigte eine Naturalvergütung erhält. Sie braucht nicht aus landwirtschaftlichen Erzeugnissen zu bestehen und nicht aus dem Betrieb des Arbeitgebers zu kommen. Sie ist ohne Rücksicht auf seinen Bedarf unpfändbar, soweit sie seine Arbeitsvergütung darstellt. Unpfändbar ist auch dasjenige Vieh, das der Schuldner von seiner Naturalvergütung ernährt, soweit dieses Vieh nach → Rn. 24 ebenfalls dem Unterhalt des Schuldners und seiner Familie dient. Es ist unerheblich, wo sich die Vergütung und das Vieh befinden. Es kommt nur darauf an, ob die Vergütung und das Vieh dem Beschäftigten gehören und nicht etwa im Eigentum des Dienstherrn oder eines Dritten stehen. Der Anspruch auf Vergütung fällt unter § 850e Nr. 3.

XV. Persönliche Leistung, I Nr. 5. Dazu Ising, Pfändungsschutz für Arbeitsmittel und Vergütungsforderungen bei selbständiger Erwerbstätigkeit nach § 811 Abs. 1 Nr. 5, 7 ZPO usw., 2007. Die Praxis verfährt oft zu streng. 39

1. Zweck. Nr. 5 schützt alle diejenigen Personen, die durch ihre persönliche selbständige oder abhängige Leistung ihren Erwerb finden, BGH WM 2018, 249, mag diese Leistung körperlich oder geistig sein, mag der Schuldner sie allein oder mit einigen Helfern erbringen, Hmb DGVZ 1984, 57; AG Köln NJW-RR 2003, 988. Der Gegensatz zur persönlichen Leistung ist eine Arbeitsweise durch den Einsatz eines Kapitals, BGH WM 2018, 249; LG Ffm NJW-RR 1988, 1471; AG Dortm DGVZ 1988, 158; AG Sinzig NJW-RR 1987, 757, zB grundsätzlich beim Vollkaufmann, § 4 HGB, zB bei einer GmbH, AG Düss DGVZ 1991, 175 (selbst wenn der Geschäftsführer und Alleingesellschafter mitarbeitet), es sei denn, dass es sich um einen im Wesentlichen allein arbeitenden Handelsvertreter handelt. Kapitaleinsatz kann auch dann vorherrschen, wenn auch eine Arbeitsleistung hinzutritt, LG Düss DGVZ 1985, 74; LG Lübeck DGVZ 1982, 78; LG Oldb DGVZ 1980, 170. Nr. 5 schützt den Kopf- und Handwerker jeder Art. Nr. 5 schützt auch den Selbständigen, AG Köln NJW-RR 2003, 988. Nr. 5 schützt auch denjenigen, der mit einem Kapital arbeitet, soweit seine persönliche Arbeit und nicht die Ausnutzung des Kapitals die Hauptsache ist, LG Hmb DGVZ 1984, 26; AG Bersenbrück DGVZ 1992, 78; AG Düss DGVZ 1991, 175. 40

Unanwendbar ist Nr. 5 auf eine juristische Person nach → § 50 Rn. 12, AG Steinfurt DGVZ 1990, 63. 41

2. Unerheblichkeiten. Es ist unerheblich, ob der Schuldner den Betrieb einschränken könnte. Denn jeder Betrieb lässt sich einschränken. Unerheblich ist, ob der Schuldner die persönliche Leistung im Haupt- oder Nebenberuf erbringt, LG Rottweil DGVZ 1993, 58; AG Karlsr DGVZ 1989, 141; aM LG Regensb DGVZ 1978, 45 (zu formell). 42

Es ist ferner unerheblich, ob der Betrieb schon **Einnahmen** erbringt, soweit er schon besteht oder baldige Einnahmen verspricht, AG Ibbenbüren DGVZ 2001, 30. Es ist unerheblich, ob der Beruf oder das Geschäft vorübergehend schlecht gehen, AG Neuwied DGVZ 1998, 174, oder ob sie nur vorübergehend ruhen, LG Wiesb DGVZ 1997, 59, solange keine längere Pause eintritt, AG Bad Kreuzn DGVZ 2000, 140, etwa durch eine Krankheit oder Haft. Die Mitarbeit eines Gehilfen macht die Arbeit des Chefs nicht zu einer kapitalistischen nach → Rn. 39. Bei mehreren Mitarbeitern kann der Schutz aufhören, Hmb DGVZ 1984, 57. Ein Maler braucht ein Modell, ein Schriftsteller evtl. doch noch eine Schreibhilfe. Auch der Ehegatte als Mithelfer ist unschädlich, Hamm DGVZ 1984, 140; aM LG Augsb Rpfleger 2003, 203 (ziemlich lebensfremd). Nr. 5 schützt auch den Erwerber, zB den Vermögensübernehmer dann, wenn die Voraussetzungen der Nr. 5 auch bei ihm persönlich vorliegen. Wenn allerdings ein kaufmännischer Warenvertrieb zB beim mittleren oder größeren Einzelhändler überwiegt, ist Nr. 5 unanwendbar, LG Ffm NJW-RR 1988, 1471; AG Gött Rpfleger 2011, 457. Wegen eines kleineren Einzelhändlers → Rn. 44. Das gilt auch dann, wenn der Schuldner ihn auf einen Handwerksbetrieb umstellen will oder muss, solange das noch nicht geschehen ist. 43

3. Beispiele zur Frage des persönlichen Geltungsbereiches von I Nr. 5

Anwalt: Er fällt unter Nr. 5. 44

Architekt: Er fällt unter Nr. 5, LG Ffm DGVZ 1990, 58.

Arzt: Er fällt unter Nr. 5, AG Köln NJW-RR 2003, 988; FG Köln ZIP 2011, 729.

Auszubildender: Er fällt unter Nr. 5, AG Heidelb DGVZ 1989, 15.

Bauunternehmer: Er fällt nach → Rn. 39 unter Nr. 5, soweit seine persönliche Arbeit die Hauptsache ist.

Betriebsgründer: Er fällt unter Nr. 5, AG Ibbenbüren DGVZ 2001, 31.

Betriebsmittel: Sie können unter Nr. 5 fallen, KG MDR 2016, 78 (Kfz-Werkstatt).

Buchführungshelfer: Er kann zwar unter Nr. 5 fallen, muss aber nachvollziehbar darlegen und nach § 294 glaubhaft machen, für wen er tätig ist usw., LG Hagen DGVZ 1995, 41.

Drucker: Er fällt nach → Rn. 39 unter Nr. 5, soweit seine persönliche Arbeit die Hauptsache ist, LG Hmb DGVZ 1984, 26.

Fabrikarbeiter: Er fällt unter Nr. 5.

Förster: Er fällt unter Nr. 5, Schlesw DGVZ 1978, 11.

Fotograph: Er fällt unter Nr. 5, AG Melsungen DGVZ 1978, 92.

Frachtführer: „Minderkaufmann".

Gärtner: Er fällt unter Nr. 5, Schlesw DGVZ 1978, 11.

Gastwirt: Er fällt unter Nr. 5, soweit er wesentlich selbst bedient, AG Horbach DGVZ 1989, 78, AG Karlsr DGVZ 1989, 141. Bei einem nur geringen Umsatz ist aber nur **ein** Pkw zur Speisenauslieferung unpfändbar, AG Osterrode DGVZ 2003, 28.

Gehilfe: → Rn. 42.

Gelehrter: Er fällt unter Nr. 5.

Geschäftsausstattung: Sie fällt **nicht** unter Nr. 5, AG Plön JurBüro 2002, 607.

Geselle: Er fällt unter Nr. 5.

Gesellschaft: Sie fällt unabhängig von ihrer Rechtsform unter Nr. 5, soweit die persönliche Leistung der Gesellschafter den Umsatz bestimmt, insbesondere bei einem Gewerbebetrieb, AG Günzburg DGVZ 1976, 95. Das gilt zB: Bei der BGB-Gesellschaft; bei der Offenen Handelsgesellschaft, Kommanditgesellschaft, GmbH, BGH WM 2018, 249; App DGVZ 1985, 97.

Handwerker: Er fällt unabhängig von einer Eintragung in der Handwerksrolle unter Nr. 5, soweit er selbst körperlich mitarbeitet, Ffm OLGR 2001, 28; LG Bochum DGVZ 1982, 44; AG Sinzig NJW-RR 1987, 758.

Journalist: Er fällt unter Nr. 5.

Kaufmann: Er fällt nach → Rn. 39 meist **nicht** unter Nr. 5.

Kellner: Er fällt unter Nr. 5.

Künstler: Er fällt unter Nr. 5.

Ladeneinrichtung: Sie kann bei einem kleinen Geschäft ausnahmsweise unter Nr. 5 fallen, LG Lübeck DGVZ 2002, 185.

Minderkaufmann: Er fällt unter Nr. 5, soweit er selbst arbeitet, etwa im Laden, AG Köln 1992, 47, oder als Frachtführer oder Hausierer.

Musiker: Er kann unter Nr. 5 fallen.

Notar: Er fällt unter Nr. 5.
Rechtsanwalt: „Anwalt".
Referendar: Er fällt unter Nr. 5.
Schauspieler: Er fällt unter Nr. 5.
Schausteller: Er fällt unter Nr. 5, AG Hann DGVZ 1975, 15 (auch zu den Grenzen).
Schmuckhändler: Der Schmuck ist **pfändbar,** die Ladeneinrichtung nicht, AG Gießen DGVZ 1998, 30.
Schriftsteller: Er fällt unter Nr. 5.
Schrotthändler: Er fällt nach → Rn. 39 unter Nr. 5, soweit seine persönliche Arbeit die Hauptursache ist, AG SchweinfJurBüro 1977, 1287.
Schüler: Er fällt unter Nr. 5, AG Heidelb DGVZ 1989, 15.
Sonnenstudio: Es fällt grds. **nicht** unter Nr. 5, LG Oldb DGVZ 1993, 13.
Steuerberater: Er fällt unter Nr. 5, AG Essen DGVZ 1998, 94.
Student: Er fällt unter Nr. 5, AG Heidelb DGVZ 1989, 15.
Taxibesitzer: Er fällt unter Nr. 5, auch wenn er einen Gehilfen hat, solange er auch noch selbst fährt, vgl. Hmb DGVZ 1984, 57 (nicht mehr bei mehreren Fahrern).
Techniker: Er fällt unter Nr. 5.
Transportunternehmer: Er fällt nach → Rn. 39 unter Nr. 5, soweit seine persönliche Arbeit die Hauptsache ist.
Warenbestand: Er fällt **grds. nicht** unter Nr. 5, LG Kassel JurBüro 1996, 215, AG Plön JurBüro 2002, 607. Eine Ausnahme kann bei einem kleinen Ladengeschäft bestehen, LG Lübeck DGVZ 2002, 185.
Wechselgeld: Es fällt unter Nr. 5 zumindest bei einem kleinen Ladengeschäft, LG Lübeck DGVZ 2002, 185.
Werkmeister: Er fällt unter Nr. 5.
Zahntechniker: Er fällt unter Nr. 5.
Zimmervermieter: Er fällt unter Nr. 5, soweit er persönliche Arbeit beim Bedienen und Reinigen usw. leistet, LG Bln DGVZ 1976, 71; aM Thomas/Putzo/Seiler Rn. 22 (zu streng).

45 **4. Erforderlichkeit zur Erwerbstätigkeit.** Unpfändbar sind alle diejenigen Sachen, die zur Fortsetzung der Erwerbstätigkeit erforderlich sind, sofern diese dem Schuldner rechtlich zustehen, AG Köln NJW-RR 2003, 988. Eine Unentbehrlichkeit in einem strengen Sinn braucht nach → Rn. 24 nicht vorzuliegen, AG Brühl DGVZ 2000, 127; FG Köln DGVZ 2001, 11; zu streng AG Düss DGVZ 1988, 125. Der Gerichtsvollzieher darf dem Schuldner nichts Überflüssiges belassen. Er darf dem Schuldner aber auch nicht nur den kümmerlichsten Bedarf lassen. „Zur Fortsetzung dieser Erwerbstätigkeit" bedeutet: so, wie der Schuldner diese Erwerbstätigkeit bisher ausgeübt hat, einschließlich einiger Gehilfen und so, dass eine ausreichende Ertragsmöglichkeit bestehen bleibt, LG Regensb DGVZ 1978, 45, und zwar auch eine Konkurrenzfähigkeit, LG Ffm DGVZ 1990, 58. Der Gerichtsvollzieher muss die Branche berücksichtigen, ferner die technische Entwicklung, AG Bersenbrück DGVZ 1990, 78; zu eng AG Heidelb DGVZ 1989, 15 (ein Computer zur Examensvorbereitung sei pfändbar; abl. auch Paulus DGVZ 1990, 152), eine Behinderung des Schuldners, LG Kiel SchlHA 1984, 75, und eine Konkurrenz, LG Bochum DGVZ 1982, 44; LG Hmb DGVZ 1984, 26; AG Melsungen DGVZ 1978, 92. Ein Gelehrter von Rang und Ruf braucht im Allgemeinen eine andere Bibliothek (einschließlich der Möbel, LG Hildesh DGVZ 1976, 27) als ein Unterhaltungsschriftsteller.

46 **5. Veränderungsgefahr.** Es ist erforderlich, dass ein Wegfall der Sachen den bisherigen Betrieb nach der Art seiner bisherigen Ausübung grundlegend verändern würde, AG Heidelb DGVZ 1989, 15 (aber das wäre gerade dort die Folge). Es genügt nur ausnahmsweise, dass die Sachen nur für einen Gehilfen unentbehrlich sind. Es schadet nicht, dass der Schuldner eine Maschine nur mit fremder Hilfe betreiben kann. Bei einer Gütergemeinschaft gehört der Erwerb des anderen Ehegatten zum Gesamtgut. Deshalb muss man den Erwerb des anderen Ehegatten auch bei einer solchen Pfändung berücksichtigen, die sich gegen den verwaltenden Ehegatten richtet. Wenn der Schuldner seinen Gewerbebetrieb vorher nicht persönlich betrieben hat, muss ihm der Gerichtsvollzieher so viel belassen, dass der Schuldner den Gewerbebetrieb in Zukunft persönlich betreiben kann, falls er dazu überhaupt in der Lage und bereit ist.

47 **6. Entscheidungszeitpunkt.** Zur Fortsetzung der Erwerbstätigkeit muss nach dem Gesetzeszweck auch dasjenige gehören, was zu einer unmittelbar bevorstehenden Aufnahme eines unter Nr. 5 fallenden Berufes notwendig ist. Maßgeblich ist der Entscheidungszeitpunkt, LG Bad Kreuzn DGVZ 2000, 140. Wenn der Schuldner bereits eine Erwerbsquelle hat, ist alles das pfändbar, was nur zu einem zusätzlichen Einkommen führt, LG Regensb DGVZ 1978, 46 (der Schuldner besitzt neben einer Gastwirtschaft ein Weinhaus). Andererseits kann auch bei bloßem Nebenerwerb eine Unpfändbarkeit eintreten, AG Itzehohe DGVZ 1996, 44. Der Wert der Sachen ist unerheblich. Der Gerichtsvollzieher und nicht der Schuldner wählt aus, welche Sachen der Schuldner behalten darf.

48 **7. Beispiele zur Frage einer Unpfändbarkeit nach I Nr. 5.** Man bedenke, dass jeder Fall anders liegt. Bei der Verwertung ist Vorsicht ratsam.

49 **Anrufbeantworter:** Er kann nach Nr. 5 unpfändbar sein, soweit er für einen reibungslosen Betriebsablauf wichtig ist, LG Düss DGVZ 1986, 45. Aber auch → „Wählapparat".
Arbeitskleidung: Kleidung dürfte meist nach Nr. 5 unpfändbar sein, soweit sie zur Arbeit notwendig oder doch ratsam und zweckmäßig ist.
Arztpraxis: Die Geräte sind nach Nr. 5 unpfändbar, AG Köln NJW-RR 2003, 988.
Ausstellungsstück: Es kann nach Nr. 5 unpfändbar sein, zB bei einem Küchenstudio, soweit es auch der Beratung und Planung dient, LG Saarbr DVGZ 1988, 158.
Backofen: Er kann nach Nr. 5 unpfändbar sein, Ffm OLGR 2001, 28.
Bauwerk: Soweit überhaupt eine Mobiliarpfändung statthaft ist, kann es nach Nr. 5 unpfändbar sein, soweit sich in ihm ein Geschäftsraum befindet und daher mangels Wohnzwecks Nr. 1 nicht hilft.
Bräunungsgerät: → „Sonnenbank".
Buch: Die Bibliothek des Schriftstellers oder Akademikers ist nach Nr. 5 unpfändbar. Die Bücher einer Mietbücherei können **pfändbar** sein.
Computer. Dazu Roy/Palm NJW 1995, 690 (Grdz.). Ein Computer (Hard- wie Software) kann nach Nr. 5 unpfändbar sein, soweit man ihn persönlich benötigt, zB zum Studium, AG Essen DGVZ 1998, 94, und zum

Examen, AG Essen DGVZ 1998, 94; Paulus DGVZ 1990, 152; aM AG Heidelb DGVZ 1989, 15; AG Kiel JurBüro 2004, 334 (viel zu eng); oder zum Beruf, LG Heilbr MDR 1994, 405; LG Hildesh DGVZ 1990, 31; AG Bersenbrück DGVZ 1990, 78. **Pfändbarkeit** kommt in Betracht, soweit der persönliche Einsatz des Schuldners hinter demjenigen anderer Arbeitskräfte an diesem Gerät zurücktritt, Hmb DGVZ 1984, 57; LG Kblz JurBüro 1992, 265; AG Steinfurt DGVZ 1990, 62; aM LG Hildesh DGVZ 1990, 31; AG Holzminden DGVZ 1990, 30. Maßgeblich ist der Entscheidungszeitpunkt, LG Bad Kreuzn DGVZ 2000, 140.

Diktiergerät: Es kann nach Nr. 5 unpfändbar sein, zB bei einem Anwalt oder bei einem sonstigen Freiberufler. Das gilt natürlich auch für das zugehörige Taschen-Aufnahmegerät und für das Abspielgerät der Sekretärin.

Drehsessel: Ein Spezial-Drehsessel eines Behinderten ist grds. nach Nr. 5 unpfändbar, LG Kiel SchlHA 1984, 76.

Ehegatte: Unpfändbar ist dasjenige, was der Ehepartner des Schuldners für die ihm abgetretene Firma braucht, LG Augsb DGVZ 2003, 103.

Eigentumsvorbehalt: → Rn. 10, 11.

Fahrrad: Es kann nach Nr. 5 unpfändbar sein, soweit der Schuldner es zum Erreichen der Arbeitsstelle oder zum Aufsuchen von Kundschaft braucht.

Falzautomat: Er kann nach Nr. 5 unpfändbar sein, zB bei einem Drucker, LG Hmb DGVZ 1984, 26.

Fernsehgerät: Es kann nach Nr. 5 unpfändbar sein, zB in einer solchen Gastwirtschaft, die gerade wegen dieses Geräts einen gewissen Zulauf hat.

Fotogerät: Ein oder mehrere Vergrößerungsgeräte sowie der übliche Vorrat an Kameras und Fotopapier usw. können bei einem Fotografen nach Nr. 5 unpfändbar sein, AG Düss DGVZ 1988, 125; AG Melsungen DGVZ 1978, 92. Aber auch „Kinovorführgerät".

Halbfertigerzeugnis: Es kann nach Nr. 5 unpfändbar sein, Noack DB 1977, 195. Auch → „Rohmaterial", → „Ware".

Hochdruckreiniger: Er kann nach Nr. 5 unpfändbar sein, zB in einer Kraftfahrzeugwerkstatt, LG Bochum DGVZ 1982, 44, oder in einer Firma für Gebäudereinigungen.

Hochwertiges Gerät: Soweit es sich um besonders hochwertiges handelt, kommt eine Pfändbarkeit nach Nr. 5 eher als bei einfachem in Betracht, schon wegen der etwaigen Austauschbarkeit nach §§ 811a, b. Das gilt zB bei einem Schausteller, AG Hann DGVZ 1975, 75.

Hundezucht: Die Zuchthunde können auch dann unpfändbar sein, wenn die Zucht Nebenerwerb ist, AG Itzehohe DGVZ 1996, 44.

Internet-Domain: Sie kann nach Nr. 5 unpfändbar sein, LG Mühlhausen DGVZ 2013, 56.

Kassenpfändung: → „Wechselgeld".

Kinovorführgerät: Es kann **pfändbar** sein, soweit das investierte Kapital die persönliche Leistung (wie meist) überwiegt.

Klavier: Es kann nach Nr. 5 unpfändbar sein, zB in einem Kabarett oder in einer Gastwirtschaft, soweit der Besitzer oder Wirt den persönlichen Schutz nach → Rn. 44 hat. Es ist dann unerheblich, ob der Schuldner das Klavier selbst spielt. Auch → „Musikinstrument".

Kleidung: → Rn. 48 „Arbeitskleidung".

Kopierapparat: Er kann nach Nr. 5 unpfändbar sein, zB bei einem Architekten, LG Ffm DGVZ 1990, 58, oder bei einem sonstigen Freiberufler; aM LG Bln DGVZ 1985, 142 (Anwalt; zu streng).

Kraftfahrzeug: Es kann nach Nr. 5 unpfändbar sein, LG Hagen DGVZ 1995, 121; LG Stgt DGVZ 2005, 42; AG Waldbröhl DGVZ 1998, 158.
- **(Alleinerziehung):** Unpfändbar ist ein Pkw eines Alleinerziehenden, den er braucht, um ein Kind zum Kinderheim usw. zu bringen, LG Tüb DGVZ 1992, 137.
- **(Arbeitstraining): Pfändbar** ist ein solcher Pkw, der nur einer bloßen Trainingsmaßnahme des Arbeitsamts dient, AB Dülmen MDR 2001, 772 (freilich Grenzfall).
- **(Ehepartner): Pfändbar** sein kann der Pkw des Ehepartners als eines weiteren Schuldners, BGH WM 2010, 472; aM Hamm MDR 1984, 855; LG Siegen DGVZ 1985, 154 (aber nur I Nr. 1 schützt die ganze Familie).
- **(Entbehrlichkeit): Pfändbar** ist ein entbehrliches Kfz zB dann, wenn der Schuldner ein öffentliches Verkehrsmittel zumutbar benutzen kann, LG Stgt DGVZ 1996, 121.
- **(Fahrt zur Arbeit):** Unpfändbar sein kann das Kfz, soweit es zumindest auch zur Fahrt zur Arbeitsstelle und zurück dient, Hamm DGVZ 1984, 140; LG Kleve DGVZ 2018, 164; AG Waldbröl DGVZ 1998, 158; aM LG Detm DGVZ 1996, 120; LG Heidelb DGVZ 1994, 10; LG Stgt DGVZ 1986, 78 (je: Möglichkeit öffentlicher Verkehrsmittel), sogar dasjenige des Ehegatten, BGH WM 2010, 473.
- **(Gelegenheitsarbeit): Pfändbar** ist ein solcher Pkw, der nur einer geringfügigen Gelegenheitsarbeit dient, AG Mannh DGVZ 2003, 124.
- **(Kennzeichen):** Unpfändbar ist das zugehörige Kennzeichen, AG Bad Sobernheim DGVZ 1998, 173.
- **(Kundenbesuche):** Unpfändbar ist ein zu solchen Zwecken notwendiger Pkw, LG Hagen DGVZ 1995, 121; LG Stgt DGVZ 2005, 43; AG Neuwied DGVZ 1998, 174.
- **(Leichenwagen):** Unpfändbar ist derjenige eines Bestatters, BGH BB 1993, 324.
- **(Lohnfahrten):** Unpfändbar sein können nach → Rn. 44 sogar mehrere Kfz für Lohnfahrten des Schuldners, AG Karlsr DGVZ 1989, 141.
- **(Mehrere Fahrzeuge):** Unpfändbar sein können sogar mehrere Fahrzeuge, zB ein Pkw und ein Kleinbus, AG Brühl DGVZ 2000, 127.
- **(Unbrauchbarkeit): Pfändbar** ist ein unbrauchbar gewordener Wagen zB eines Reisenden, selbst wenn der Schuldner seinen Erlös zum Kauf eines anderen Wagens verwenden will.
- **(Vermögensverwaltung): Pfändbar** sein kann ein Pkw trotz einer solchen Tätigkeit, LG Lübeck DGVZ 2010, 173.
- **(Warenlieferung):** Unpfändbar ist zu solchen Zwecken notwendiger Wagen, Schlesw DGVZ 1978, 11, LG Hagen DGVZ 1995, 121, AG Bersenbrück DGVZ 1992, 140.
- **(Zweitwagen): Pfändbar** ist ein uralter Zweitwagen, LG Wuppert DGVZ 2009, 43.

Laden: Beim Kleingewerbetreibenden kann die Einrichtung nach Nr. 5 unpfändbar sein, LG Lüb DGVZ 2002, 185.

Lkw: → „Kraftfahrzeug".
Motorrad: Es gelten nach → dieselben Regeln wie beim Fahrrad.
Musikinstrument: Ein beruflich benötigtes kann nach Nr. 5 unpfändbar sein. Auch → „Klavier".
Notebook: Es ist **pfändbar,** VG Münst DGVZ 2013, 184.
Pferdezucht: → „Zuchtstute".
Pkw: → „Kraftfahrzeug".
Röntgenanlage: Sie kann nach Nr. 5 unpfändbar sein, zB beim Zahnarzt dann, wenn er keine Gelegenheit hat, Aufnahmen ohne besondere Umstände an demselben Ort machen zu lassen. Es wäre auch ein rufschädliches Aufsehen bei den Patienten durchweg unzumutbar.
Rohmaterial: Es kann nach Nr. 5 unpfändbar sein, LG Düss DGVZ 1985, 74. Auch → „Halbfertigerzeugnis", → „Ware".
Schnellwaage: Diejenige eines Kleingewerbetreibenden kann nach Nr. 5 unpfändbar sein.
Schreibmaschine: Sie kann nach Nr. 5 unpfändbar sein, zB bei einem Schriftsteller, LG Wiesb DGVZ 1997, 59, oder bei einem Agenten mit einem größeren Kundenkreis.
Schreibtisch: Er ist meist nach Nr. 5 unpfändbar; aM AG Iserlohn DGVZ 1975, 63 (viel zu streng).
Sonnenbank: Sie kann **pfändbar** sein, zB im Betrieb eines Bräunungsstudios, LG Oldb DGVZ 1993, 12.
Stutenzucht: → „Zuchtstute".
Telekommunikationsendgerät: Es kann nach Nr. 5 unpfändbar sein, Schmittmann DGVZ 1994, 51. Auch → Rn. 48 „Anrufbeantworter", → „Wählapparat".
Teppich: Ein oder mehrere Orientteppiche sind im Büro eines Anlageberaters **meist pfändbar,** AG Mü DGVZ 1995, 11.
Tier: Vgl. § 811c.
Tonaufzeichnungsgerät: Es kann nach Nr. 5 unpfändbar sein, zB in einem Tonstudio.
Vergrößerungsgerät: → „Fotogerät".
Videogerät: Es kann **pfändbar** sein, zB im Wohnzimmer eines Kfz-Sachverständigen, der auch nicht mit einer Videokamera arbeitet, AG Düss DGVZ 1988, 125. Videokassetten können pfändbar sein, etwa der Vorrat bei Video-Einzelhändler, LG Augsb DGVZ 1989, 138; LG Ffm NJW-RR 1988, 1471; AG Dortm DGVZ 1988, 158. Aber auch → „Ware".
Vorrat: → „Ware".
Wählapparat: Er kann **pfändbar** sein, AG Neuss DGVZ 1986, 44. Aber auch → Rn. 48 „Anrufbeantworter".
Ware: Sie, also auch ihr Vorrat, können nach Nr. 5 unpfändbar sein, Celle DGVZ 1999, 26; LG Lüb DGVZ 2002, 185; AG Köln DGVZ 1992, 47, zB beim Hausierer, der die Ware der Kundschaft zeigt; beim kleinen Gastwirt (besonderer Biervorrat). **Pfändbar** sein können aber zB: Der Materialvorrat eines Malers, soweit er einen begrenzten Mindestbedarf überschreitet; das Warenlager eines größeren Einzelhändlers, LG Cottbus JurBüro 2002, 548; LG Düss DGVZ 1985, 74; LG Gött DGVZ 1994, 90. Auch → „Halbfertigerzeugnis", → „Rohmaterial", aber auch → „Videogerät".
Wechselgeld: Es kann nach Nr. 5 unpfändbar sein, LG Bln DGVZ 1979, 43; LG Lüb DGVZ 2002, 185; AG Horbach DGVZ 1989, 79, strenger LG Cottbus JurBüro 2002, 548 (aber das Wechselgeld ist in einem vernünftigen Umfang nun wirklich unentbehrlich). Zum Problem der Kassenpfändung auch AG Horbach DGVZ 1989, 78.
Werkstatt: Die Betriebsmittel können unpfändbar sein, soweit der Wert der Arbeitsleistung ihren Nutzwert übersteigt, LG Augsb DGVZ 1997, 28; LG Bochum DGVZ 1982, 44.
Zeichengerät: Dasjenige eines Architekten kann nach Nr. 5 unpfändbar sein.
Zirkus: Die zum Betrieb notwendige Ausstattung ist unpfändbar, AG Oberhausen DGVZ 1996, 159.
Zuchthund: → „Hundezucht".
Zuchtstute: Sie kann **pfändbar** sein, LG Oldb DGVZ 1980, 170.

50 **XVI. Witwe usw. des persönlich Arbeitenden, I Nr. 6.** Hierher gehören nur Witwen und minderjährige Erben der von Nr. 5 geschützten Personen. Die Erwerbstätigkeit muss ein Stellvertreter für die Rechnung dieser Personen fortführen und nicht etwa neu begründen. Es ist allerdings nicht erforderlich, dass er die Erwerbstätigkeit ganz in der bisherigen Weise fortführt. Die Zwangsvollstreckung muss sich gegen die Witwe und gegen die Erben richten. Dann tritt an die Stelle des Schuldners der Stellvertreter. Wenn die Hinterbliebenen selbst oder durch ihren Vormund die Erwerbstätigkeit betreiben, dann kann Nr. 5 anwendbar sein.

51 **XVII. Dienstkleidungsstück usw., I Nr. 7.** Dazu Ising (bei → Rn. 39). Die Vorschrift bezweckt eine Sicherung des öffentlichen Dienstes. Sie schützt auch einen Ausländer, jedenfalls aber ein Mitglied der Streitkräfte nach Art. 10 III Truppenvertrag, SchlAnh III.

52 **1. Sachlicher Geltungsbereich.** Bei den geschützten Personen müssen die Sachen zur Ausübung des Berufs erforderlich sein. Hierhin kann auch ein Beförderungsmittel gehören, etwa der Pkw eines Arztes, soweit er Hausbesuche macht, oder das Fotokopiergerät des Anwalts, aM LG Bln DGVZ 1985, 142 (aber es ist praktisch unentbehrlich). Eine Gesellschaftskleidung ist nur dann eine angemessene Kleidung, wenn ihr Träger zur Wahrung seiner Stellung im Beruf an Gesellschaften teilnehmen muss. Übrigens fallen diese Personen jetzt regelmäßig auch unter Nr. 5. Einzelheiten Weimar DGVZ 1978, 184.

53 **2. Persönlicher Geltungsbereich.** Nr. 6 schützt solche Personen, die eine Dienstkleidung und Ausrüstungsgegenstände haben, also zB Polizeibeamte, Zollbeamte, Justiz- und Gefängniswachtmeister. Nicht geschützt wird etwa ein Privatkraftwagenführer. Freilich mag ihn Nr. 5 schützen. Nach dem Zweck der Vorschrift müssen die Dienstkleidungsstücke in dem Sinn notwendig sein, dass ihr Träger als Angehöriger eines bestimmten Berufes zum Besitz des Kleidungsstücks und des Ausrüstungsgegenstands verpflichtet ist. Andernfalls sind die Gegenstände pfändbar. Der Gerichtsvollzieher darf dem Schuldner nur das „Erforderliche" belassen. Nr. 6 schützt ferner die nicht uniformierten öffentlichen Beamten nach → § 376 Rn. 1, 4, ferner Lehrer, soweit sie an einer öffentlichen oder öffentlich anerkannten Schule unterrichten; Geistliche einer anerkannten Religionsgemeinschaft; Richter; Rechtsanwälte, denen Kammerrechtsbeistände nach §§ 1 II 1, 3 I Nr. 1 EGRDG. § 209 BRAO gleichstehen, § 25 EGZPO; Patentanwälte; Notare, unabhängig davon, ob sie als Beamte oder als Freiberufler tätig sind; in Deutschland approbierte Ärzte, Weimar DGVZ 1978, 184 (ausf.), Zahnärzte (nicht wegen ihres Pkw, AG Sinzig NJW-RR 1987, 508) und Tierärzte; Hebammen. Dentisten und Naturheilkundige fallen unter Nr. 5.

XVIII. Person mit wiederkehrenden Einkünften, I Nr. 8. Die Vorschrift schützt das in bar ausgezahlte Geld, BGH ZIP 2016, 1175, nicht freilich viel spätere Nachzahlungen, AG Neuwied DGVZ 1996, 127. § 850k schützt demgegenüber ein Kontenguthaben, Gilleßen-Jakobs DGVZ 1978, 130. Dort weitere Einzelheiten. Außerdem muss man §§ 51–55 SGB I beachten. Nr. 6 schützt sämtliche Gehalts-, Lohn- und Rentenempfänger der §§ 850 ff., auch solche im Nebenberuf. Der Zweck besteht darin, die Existenz dieser Personen zu sichern. §§ 850 ff. bestimmen, welcher Teil des Einkommens unpfändbar ist. Nach diesen Vorschriften muss man den nach Nr. 8 unpfändbaren Teil im Zusammenhang mit dem nächsten Zahlungstermin berechnen, LG Karlsr DGVZ 1988, 43. 54

Soweit sich die Pfändungsgrenze nach den **Lohnpfändungsbestimmungen** vermindert, besteht auch kein Schutz nach Nr. 8. Der Gläubiger kann also einen dem Gehalts- oder Lohnempfänger ausgezahlten Betrag sofort bei diesem pfänden. Dem Schuldner muss man aber genau soviel belassen, als ob der Anspruch gepfändet gewesen wäre. Es gibt vereinzelt Zweifel an der Verfassungsmäßigkeit von Nr. 8, Hofmann Rpfleger 2001, 113. 55

Die Vorschrift bezieht sich nur auf Geld. Der **Anspruch** selbst fällt unter die §§ 850 ff. Das Geld braucht kein Gehalt oder Lohn zu sein. Nr. 8 schützt auch: Eine Rente nach §§ 51–55 SGB I, aM LG Regensb Rpfleger 1979, 467 (aber auch sie ist wiederkehrendes Einkommen); eine Zahlung aus einer Ausbildungsförderung nach § 19 III BAföG; eine Zahlung aus einer Graduiertenförderung nach § 10 III GFG; eine Arbeitslosenunterstützung. Ein Fürsorgedarlehen nach §§ 25, 26 GVG gehört nicht hierher. → § 850i Rn. 11. Wohngeld ist als Sozialleistung weitgehend geschützt. 56

XIX. Apothekengerät usw., I Nr. 9. Bei ihm greift mit Rücksicht auf das Interesse der Bevölkerung an einer Apotheke auch die privatrechtliche Erwägung eines besonderen Schutzes des liefernden Eigentümers nicht durch; aM Kotzur DGVZ 1989, 169. Es kommt daher auch nicht auf die Rechtsform des Betriebs an. Apothekengeräte gehören trotz ihrer grundsätzlichen Unpfändbarkeit zur Insolvenzmasse nach § 36 II Nr. 2 InsO. Der Warenvorrat ist zum Teil unpfändbar, Noack DB 1977, 195. 57

XX. Buch, I Nr. 10. Hierzu zählt stets zB die Bibel, AG Hann DGVZ 1987, 31. Das Buch braucht nicht erforderlich zu sein. Die bloße Zweckbestimmung reicht aus, auch bei einer Schmuckausgabe, AG Brem DGVZ 1984, 157. Der Ort der Benutzung ist unter den übrigen Voraussetzungen nicht entscheidend. Zur Kirche zählt jede nicht verbotene Religionsgemeinschaft. Zur Schule zählen: Jede öffentliche oder private Lehranstalt; eine Fachschule, Hochschule; eine Universität; eine Fortbildungsschule; ein Konservatorium usw. Einen Gebetsteppich zählt AG Hann DGVZ 1987, 31 **nicht** hierher; aM Wacke DGVZ 1986, 164 (aber Teppich und Buch sind nun wirklich zweierlei). Vgl. ferner bei einem Bild § 22 UrhG, § 76 I GVGA. 58

XXI. Geschäftsbuch usw., I Nr. 11. Geschäftsbücher sind alles, was Aufzeichnungen über das Geschäft enthält, zB Konto- und Beibücher, Arbeitsbücher usw., aber auch abgeschlossene Bücher oder Kundenkarteien usw., Ffm BB 1979, 137. Nr. 11 schützt nicht nur die Geschäftsbücher eines Kaufmanns, wie der Schutz der Haushaltungsbücher mit Aufzeichnungen über den Haushalt zeigt. Quittungen, Briefwechsel usw. stehen den Geschäftsbüchern gleich, soweit diese Urkunden nur Beweisurkunden ohne selbständigen Vermögenswert darstellen. Solches zählt trotz Unpfändbarkeit zur Insolvenzmasse nach § 36 II Nr. 1 InsO. 59

Zu den **Familienpapieren** gehören die Urkunden über die persönlichen Verhältnisse des Schuldners und seiner Familie, grundsätzlich auch Familienbilder, es sei denn, dass sie sehr entfernte Angehörige zeigen und einerseits einen besonderen Wert, andererseits kein besonderes Familieninteresse haben, Thomas/Putzo/Seiler Rn. 35; aM Zöller/Herget Rn. 35. Ein Trauring gilt auch dann als solcher, wenn der Schuldner ihn gerade nicht trägt und wenn die Ehe bereits nicht mehr besteht. Ein Verlobungsring ist nicht geschützt, AG Bln-Schöneb DGVZ 2012, 227; Zöller/Herget Rn. 35; aM Stein/Jonas/Würdinger Rn. 68. Als Orden und Ehrenzeichen gelten inländische und ausländische staatliche Auszeichnungen, auch soweit sie nach dem Tod des Geehrten bestimmungsgemäß seiner Familie verbleiben. Nr. 11 schützt nur das Original, nicht eine Verkleinerung, eine Nachbildung oder ein Doppelstück. 60

XXII. Künstliche Gliedmaßen usw., I Nr. 12. Die Vorschrift schützt alle Hilfsmittel der Krankenpflege, soweit sie erforderlich sind, also nicht in einer übermäßigen Zahl und nicht mehr nach ihrer Ausmusterung. Nr. 12 schützt auch den Rollstuhl des Gebrechlichen; einen Drehsessel, LG Kiel SchlHA 1984, 75; einen Blindenhund usw.; evtl. sogar einen Pkw, BGH WM 2011, 1419; LG Bln DGVZ 2013, 183; LG Siegen NJW-RR 2018, 896; strenger Köln Rpfleger 1986, 57; LG Düss DGVZ 1989, 14; AG Neuwied DGVZ 1998, 31 (aber eine soziale Gerechtigkeit kann die Unpfändbarkeit fordern). 61

XXIII. Bestattungsbedarf, I Nr. 13. Die Vorschrift schützt nur denjenigen Bedarf, der im Haus des Schuldners wegen eines solchen Todesfalls eintritt, der dem Schuldner die Bestattung auferlegt, Köln JurBüro 1991, 1703 (Sarg, Totenhemd). Nr. 13 schützt auch den Grabstein vor und nach der Beerdigung. Es wäre eine schlechte Auslegung des Gesetzeswortlauts, den Schutz auf die Zeit vor der Bestattung zu beschränken. Das aufgestellte Grabmal ist auch gegen die Forderung des Steinmetzen geschützt, LG Kassel DGVZ 2005, 41; LG Mü DGVZ 2003, 122; AG Mönchengladb DGVZ 1996, 78; aM BGH FamRZ 2006, 409; zust. Looff Rpfleger 2008, 57; Röder DGVZ 2007, 17; krit. Pauly DGVZ 2006, 10;, LG Brschw Rpfleger 2000, 462; LG Kassel (3. ZK) DGVZ 2006, 91 (aber die Pietät des aufgestellten Denkmals im Rahmen der Friedhofsruhe geht vor). **Nicht** geschützt sind Gegenstände des **Beerdigungsinstituts** oder von Herstellerfirmen. 62

XXIV. Weitere Fälle der Unpfändbarkeit. 1. Andere Gesetze. Fälle der Unpfändbarkeit finden sich auch in anderen Gesetzen. Unpfändbar sind vor allem: Die dem Schuldner bei einer Anschlusspfändung nach § 826 überlassene Summe nach § 811a III; die Barmittel aus einer Miet- oder Pachtforderung gemäß § 851b I 2; die Fahrbetriebsmittel der Eisenbahn bis zum Ausscheiden aus dem Bestand, Gesetz v. 3.5.1886, RGBl. 131, und Gesetz v. 7.3.1934, RGBl. II 91, nur mit Zustimmung der Aufsichtsbehörde, die einen Urheberrechtsschutz erhalten, wenn nicht der Urheber oder seine Erben der Pfändung zustimmen, ferner solche Formen, Platten usw., die zur Vervielfältigung eines geschützten Werks der bildenden Künste oder der Photographie dienen nach §§ 113, 114, 118, 119 UrhG. 63

2. Unverwertbarkeit. Eine tatsächliche Erweiterung der Unpfändbarkeit liegt vor, soweit eine Verwertungsmöglichkeit fehlt. Das ist zB dann so, wenn eine Veräußerung gesetzwidrig oder verboten wäre, etwa bei gesundheitsschädlichen Lebensmitteln, verbotenen Lotterielosen. 64

65 **XXV. Ab 1.1.2022 geltenden Fassung.** Mit der **Neufassung** werden die bisherigen Tatbestände der Unpfändbarkeit gestrafft, teilweise abstrakt formuliert und den heutigen Gegebenheiten angepasst vgl. → Rn. 1.

66 **I** zählt **Sachen** und **Tiere** auf, die vor Pfändung geschützt sind. In Erweiterung der bisherigen Pfändungsschutzvorschriften werden **generell** auch die Sachen und Tiere von **Personen** einbezogen, **mit denen der Schuldner in einem gemeinsamen Haushalt zusammenlebt.** Hierzu sollen nach der Begründung des Regierungsentwurfs neben Familien auch Mitglieder von Bedarfs- oder Wohngemeinschaften gehören (BT-Drs. 19/27636, 26). Zwar führt dies – gerade bezogen auf Wohngemeinschaften – zum Nachteil der Gläubiger zu einem verhältnismäßig weiten Schuldnerschutz. Für den Gerichtsvollzieher werden dadurch allerdings Abgrenzungsfragen hinsichtlich der Eigentumsverhältnisse an den in der Wohnung befindlichen Sachen vermieden (vgl. BT-Drs. 19/27636, 26).

67 Mit der Regelung in **I Nr. 1a** werden Sachen vor Pfändungen geschützt, die für **eine bescheidene Lebens- und Haushaltsführung benötigt** werden. Mit diesem „übergeordneten Begriff" sollte die bisherige, umfangreiche Aufzählung in § 811 I Nr. 1, 2 aF vermieden werden (vgl. BT-Drs. 19/27636, 27). Die Verwendung des unbestimmten Rechtsbegriffs bringt den Vorteil mit sich, dass künftige Änderungen der tatsächlichen gesellschaftlichen Verhältnisse Berücksichtigung finden können.

68 **I Nr. 1b** betrifft die Pfändungsfreiheit von für die **Ausübung einer Erwerbstätigkeit** benötigten Sachen und fasst die bislang durch § 811 I Nr. 4–7, 9 aF geregelten Tatbestände zusammen. Unter den Pfändungsschutz sollen auch für die Aus- oder Fortbildung benötigte Sachen fallen, „sofern die Aus- oder Fortbildung mit einer Erwerbstätigkeit im Zusammenhang steht" (BT-Drs. 19/27636, 27). Mit dieser etwas unklaren Formulierung sind nach der Begründung des Regierungsentwurfs (vgl. BT-Drs. 19/27636, 27) alle Sachen einbezogen, die entweder auf die Erlangung einer (anderen) Erwerbstätigkeit gerichtet ist oder dem Erhalt einer Erwerbstätigkeit oder dem Fortkommen im Rahmen einer Erwerbstätigkeit dienen.

69 **I Nr. 1c** betrifft aus **gesundheitlichen Gründen** benötigte Sachen und ersetzt damit § 811 I Nr. 12 aF. Die Verwendung eines unbestimmten Rechtsbegriffs statt der bisherigen Aufzählung erweitert den Pfändungsschutz bietet den Vorteil, dass eine individuellere Berücksichtigung von Krankheitsbildern möglich ist. Bspw. sind auch Gegenstände geschützt, die die der Schuldner aufgrund einer psychischen Erkrankung benötigt (vgl. BT-Drs. 19/27636, 27).

70 Mit **I Nr. 1d** werden zum einen Sachen geschützt, die zur **Ausübung** von **Religion** oder **Weltanschauung** benötigt werden, zum anderen Sachen, die **religiöser** oder **weltanschaulicher Verehrung** dienen, letztere, wenn ihr Wert 500 € nicht übersteigt. Eine genaue Abgrenzung dieser Tatbestände dürfte vielfach mit der Folge nicht möglich sein, dass die Wertgrenze letztlich eine untergeordnete Rolle spielt.

71 **I Nr. 2** schützt Gartenhäuser, Wohnlauben und ähnliche Einrichtungen, die der Schuldner oder dessen Familie als **ständige Unterkunft** nutzt und die der Zwangsvollstreckung in das bewegliche Vermögen unterliegen und entspricht der bisherigen Regelung in § 811 I Nr. 1.

72 Der Pfändungsschutz von **Bargeld,** das der Gerichtsvollzieher im Rahmen der Pfändung bei dem Schuldner vorfindet, ist statt der bisherigen Einzelregelungen (§ 811 I 1 Nr. 2, 3, 8 aF) in **I 3** zusammengefasst. Dabei werden keine festen Bargeldbeträge genannt, vielmehr knüpft der Tatbestand an die täglichen Freibeträge nach § 850c I Nr. 3, IV. Diese Bezugnahme auf die jeweilige Pfändungsfreigrenzenbekanntmachung führt zur automatischen Anpassung an geänderte Verhältnisse. Klargestellt ist durch den Verweis auf § 850c auch, dass der Pfändungsschutz von Bargeld nur eingreift, wenn der Schuldner eine natürliche Person ist (vgl. BT-Drs. 19/27636, 29). Aus Gründen der Verfahrensvereinfachung sieht die Regelung pauschalierte Beträge vor, ermöglichst aber, den verbleibenden Zeitraum bis zum Monatsende zu berücksichtigen. Der pfändungsfreie Bargeldbetrag soll in erster Linie dazu dienen, dem Schuldner für die Zeit zwischen Pfändung und nächster Zahlung von Arbeitseinkommen oder vergleichbaren Geldleistungen die erforderlichen Ausgaben des täglichen Lebens zu ermöglichen (BT-Drs. 19/27636, 28). Eine flexible Handhabung für den Fall, dass die pauschalierte Regelung für Schuldner oder Gläubiger „untragbar" ist (vgl. BT-Drs. 19/27636, 28), wird dadurch ermöglicht, dass der Gerichtsvollzieher nach I Nr. 3 letzter Hs. „im Einzelfall nach pflichtgemäßem Ermessen" einen abweichenden Betrag festlegen kann.

73 Die Erforderlichkeit der Regelung in **I Nr. 4,** die **Unterlagen** dem Pfändungsschutz unterstellt, zu deren Aufbewahrung eine gesetzliche Verpflichtung besteht oder die für Buchführungs- und Dokumentationszwecke benötigt werden, und die § 811 I Nr. 11 aF aufgreifen will, erschließt sich nicht. Insbesondere ist nicht ersichtlich, dass entsprechenden Unterlagen ein vom Gläubiger zulässigerweise nutzbarer Wert zukommt.

74 **I Nr. 5** betrifft den Schutz privater Aufzeichnungen, wenn durch ihre Verwertung in Persönlichkeitsrechte eingegriffen würde, während **I Nr. 6** öffentliche Urkunden nach § 415 ZPO betrifft, soweit sie zu Beweisführungszwecken benötigt werden. Die Relevanz beider Tatbestände dürfte eher gering sein, weil ihnen im Regelfall ohnehin kein wirtschaftlicher Wert zukommt.

75 Der Schutz von Trauringen, Orden und Ehrenzeichen **I Nr. 7** wurde bislang von § 811 I Nr. 11 aF erfasst.

76 Der Tatbestand in **I Nr. 8** legt die Bedingungen fest, unter denen **Tiere** des Schuldners oder einer Person, mit der er in einem gemeinsamen Haushalt zusammenlebt, einschließlich des für die Tiere erforderlichen (vorhandenen) Futters und Streus **pfändungsgeschützt** sind. Die in § 811 I Nr. 3 aF vorgesehene Beschränkung des für die Dauer von vier Wochen erforderliche Futter und Streu ist ebenso entfallen wie der Schutz eines insoweit erforderlichen Geldbetrags. Anders als in § 811c aF → Rn. 5 kommt es nicht darauf an, ob die Tiere innerhalb des häuslichen Bereichs gehalten werden. Pfändungsfrei sind generell Tiere, die nicht zu Erwerbszwecken gehalten werden, **Nr. 8 a.** Tiere zu Erwerbszwecken nur insoweit, als sie zur Ausübung einer Erwerbstätigkeit benötig werden, **Nr. 8 b.** Ob ein Tier für eine Erwerbstätigkeit benötigt wird, kann nicht abstrakt festgelegt werden, sondern bestimmt sich danach, welche und wie viele Tiere zur Fortführung des Betriebs notwendig sind. Dies wiederum kann je nach Art und Umfang des Betriebs sowie der betroffenen Tiere unterschiedlich sein (vgl. BT-Drs. 19/27636, 30).

77 **II** betrifft die Ausnahme für unter Eigentumsvorbehalt stehende Sachen und Tiere bei Nachweis des Eigentumsvorbehalts durch Urkunden und entspricht weitgehend der bisherigen Regelung.

78 **III** regelt die Pfändung eines nicht zu Erwerbszwecken gehaltenen Tieres (I Nr. 8a) auf Antrag des Gläubigers und entspricht § 811c II → Rn. 6 ff.

79 Nach **IV** „sollen" Sachen nicht gepfändet werden, die nicht zu einer bescheidenen Lebensführung gehören, sofern der Verwertungserlös außer Verhältnis zum Anschaffungswert stünde. IV macht die bisherige Vorschrift

des § 812 entbehrlich. Durch die gegenüber § 812 aF geänderte Formulierung wird klargestellt, dass Sachen, die grundsätzlich zu einer bescheidenen Lebensführung gehören, schon nicht unter IV fallen, auch wenn es sich um die „Luxusausführung" eines Gegenstands handelt. IV kommt nur zum Tragen, soweit die Sache für eine Lebensführung benötigt wird, die nicht als bescheiden angesehen werden kann. In der Gesetzesbegründung wird als Beispiel eine „teure Golfausrüstung" genannt (BT-Drs. 19/29398, 7).

811a ***Austauschpfändung.*** **I Die Pfändung einer nach § 811 Absatz 1 Nummer 1 Buchstabe a und b und Nummer 2 unpfändbaren Sache kann zugelassen werden, wenn der Gläubiger dem Schuldner vor der Wegnahme der Sache ein Ersatzstück, das dem geschützten Verwendungszweck genügt, oder den zur Beschaffung eines solchen Ersatzstückes erforderlichen Geldbetrag überlässt; ist dem Gläubiger die rechtzeitige Ersatzbeschaffung nicht möglich oder nicht zuzumuten, so kann die Pfändung mit der Maßgabe zugelassen werden, dass dem Schuldner der zur Ersatzbeschaffung erforderliche Geldbetrag aus dem Vollstreckungserlös überlassen wird (Austauschpfändung).**

II [1]**Über die Zulässigkeit der Austauschpfändung entscheidet das Vollstreckungsgericht auf Antrag des Gläubigers durch Beschluss.** [2]**Das Gericht soll die Austauschpfändung nur zulassen, wenn sie nach Lage der Verhältnisse angemessen ist, insbesondere wenn zu erwarten ist, dass der Vollstreckungserlös den Wert des Ersatzstückes erheblich übersteigen werde.** [3]**Das Gericht setzt den Wert eines vom Gläubiger angebotenen Ersatzstückes oder den zur Ersatzbeschaffung erforderlichen Betrag fest.** [4]**Bei der Austauschpfändung nach Absatz 1 Halbsatz 1 ist der festgesetzte Betrag dem Gläubiger aus dem Vollstreckungserlös zu erstatten; er gehört zu den Kosten der Zwangsvollstreckung.**

III **Der dem Schuldner überlassene Geldbetrag ist unpfändbar.**

IV **Bei der Austauschpfändung nach Absatz 1 Halbsatz 2 ist die Wegnahme der gepfändeten Sache erst nach Rechtskraft des Zulassungsbeschlusses zulässig.**

I. Systematik, I–IV. Die Vorschrift wird ergänzt von § 811b. Sie ist ein Teil der Gruppe §§ 811–812. Sie schränkt die Unpfändbarkeit nach § 811 I wieder ein und stellt daher eine bedingte Rückkehr zum Prinzip der Zugriffsmöglichkeit des Gläubigers auf das gesamte Schuldnervermögen nach → Vor § 704 Rn. 23 dar. Grundsätzlich ist der Wert einer unpfändbaren Sache bedeutungslos. Denn diese Sache erhält nur wegen ihres Verwendungszwecks einen Schutz. § 811b regelt eine besondere Art der Austauschpfändung, § 811c regelt die sog. Vorwegpfändung. Eine Austauschpfändung ist nur bei einer Sache der in § 811 I Nr. 1, 5 oder 6 aF; § 811 I Nr. 1a, b, Nr. 2 nF genannten Art zulässig, also zB nicht bei einer nach § 811 I Nr. 10 aF geschützten Sache, AG Brem DGVZ 1984, 157. Soweit eine Sache zwar unter § 811 I Nr. 1, 5 oder 6 aF; § 811 I Nr. 1a, b, Nr. 2 nF fällt, zugleich aber auch unter eine weitere Ziffer des § 811 I fällt, bleibt sie unpfändbar. § 765a tritt meist zurück, LG Wuppert DGVZ 2009, 42. 1

Die ab 1.1.2022 in Kraft tretende **Änderung** von § 811a I ist im Wesentlichen Folge der Neuregelung von → § 811 Rn. 65. Gegenüber der bisherigen Fassung zusätzlich kommt eine Austauschpfändung bei den – ebenfalls in § 811 I Nr. 1b genannten – Sachen in Betracht, die der Schuldner oder eine Person, mit der er in einem gemeinsamen Haushalt zusammenlebt, für die Aus- oder Fortbildung benötigt, sofern die Aus- oder Fortbildung mit einer Erwerbstätigkeit im Zusammenhang steht. 2

II. Regelungszweck, I–IV. Er besteht in einer bedingten Stärkung des Gläubigers trotz einer eigentlich vorhandenen Unpfändbarkeit. Um Unbilligkeiten zu vermeiden, kann der Gläubiger durch eine Austauschpfändung eine wertvollere an sich unpfändbare Sache ausnahmsweise pfändbar machen, LG Mainz NJW-RR 1988, 1150; Pardey DGVZ 1989, 54. Die Vorschrift lässt aber den Funktionsschutz des Schuldnerguts bestehen, AG Brem DGVZ 1984, 157. Sie beseitigt nur einen überhöhten Wertschutz. Daher kann die Austauschpfändung unzulässig sein, wenn die Brauchbarkeit der geringerwertigen Ersatzsache zu eingeschränkt ist. Auch § 811a verlangt und erlaubt keine Verelendung. 3

III. Geltungsbereich, I–IV. Es müssen die folgenden Voraussetzungen im Zeitpunkt der Pfändung vorliegen. 4

1. Ersatzstück, I, IV. Der Gläubiger muss dem Schuldner ein solches neues oder gebrauchtes Ersatzstück überlassen, das den geschützten Verwendungszweck erfüllt. Wenn das Stück nicht von derselben Art ist, reicht es aus, dass es den Zweck des bisher unpfändbaren Stücks erfüllt. Dabei muss man aber darauf Rücksicht nehmen, dass der Schuldner von den in § 811 I Nr. 1 genannten Stücken nur solche fordern kann, die zu einer bescheidenen, der Verschuldung angemessenen Lebens- und Haushaltsführung erforderlich sind, dass also auch der erwerbstätige Schuldner eine Einbuße an Bequemlichkeit in der zukünftigen Fortführung seiner Tätigkeit hinnehmen muss. 5

In Betracht kommt eine Austauschpfändung zB dahin, dass der Gläubiger dem Schuldner statt des gepfändeten LCD-Farbfernsehers ein anderes Farbgerät gibt, BFH NJW 1990, 1872; Stgt NJW 1987, 197; LG Bonn DGVZ 1988, 12. Dieses darf sogar einen kleineren Bildschirm haben, wenn das dem Schuldner nach seinen Wohnverhältnissen und seiner Sehkraft usw. zumutbar ist. Man kann auch einen großen oder teuren Rundfunkapparat gegen einen kleinen, einfachen austauschen. Eine Austauschpfändung kommt auch zB bei einer kostbaren Armbanduhr in Betracht, Mü DGVZ 1983, 140, ferner zB bei einem Bett gegen eine Couch. Austauschbar kann ein großer oder teurer Pkw gegen einen kleinen, einfachen sein, evtl. sogar gegen ein Motorrad, aber nicht gegen ein Fahrrad. Der Austausch-Pkw darf aber nicht wesentlich älter und abgenutzter sein, BGH WM 2011, 1477. 6

2. Angemessenheit, II. Eine Austauschpfändung darf nur dann erfolgen, wenn sie nach der Gesamtlage angemessen ist. Man muss insbesondere prüfen, ob der voraussichtliche Erlös der Zwangsvollstreckung bei einer strengen Prüfung den Wert des Ersatzstückes erheblich übersteigt, LG Mainz NJW-RR 1988, 1150, krit. Pardey DGVZ 1989, 55. Denn eine Austauschpfändung ist nur dann gerechtfertigt, wenn ein solches Gläubigerinteresse vorliegt, das in einem vernünftigen Verhältnis zu demjenigen Nachteil steht, der dem Schuldner droht, auch 7

→ § 812 Rn. 2. Eine Austauschpfändung ist also dann unzulässig, wenn andere Besitzstände des Schuldners eine ausreichende Befriedigung versprechen oder wenn unsicher ist, ob sich überhaupt ein Bieter finden wird. Berücksichtigen muss man auch einen ideellen Wert etwa eines Familienstücks oder eines der wenigen Stücke, die jemand aus einer Katastrophe gerettet hat. Freilich braucht der voraussichtliche Versteigerungserlös zur Befriedigung des Gläubigers nicht auszureichen.

8 **3. Überlassung, I Hs. 1 Fall 1, III.** Der Gläubiger muss das Ersatzstück dem Schuldner nach I Hs. 1 Fall 1 grundsätzlich spätestens bei der Wegnahme des bisher unpfändbaren Stücks überlassen. Denn der Schuldner soll in dem Gebrauch seiner an sich unpfändbaren Sachen nicht gestört werden. Die Überlassung des Ersatzstücks muss zu Eigentum geschehen. Wegen etwaiger Mängel → Rn. 4. Wenn der Schuldner ein ihm angebotenes und objektiv ausreichendes Ersatzstück ablehnt, handelt er nach → Einl. II Rn. 103 arglistig und muss die Folgen selbst tragen.

9 **4. Geldbetrag, I Hs. 1 Fall 2, III.** Der Gläubiger kann aber dem Schuldner nach I Hs. 1 Fall 2 auch die Ersatzbeschaffung überlassen und dem Schuldner den dazu erforderlichen Geldbetrag geben. Ausnahmsweise kann der Gläubiger schließlich die bisher unpfändbare Sache dem Schuldner wegnehmen lassen, bevor der Schuldner das Ersatzstück erhält. Das gilt dann, wenn der Gläubiger kein Ersatzstück beschaffen kann oder wenn ihm die Beschaffung zwar technisch möglich, jedoch wirtschaftlich nach I Hs. 2 nicht zumutbar ist. Das kann etwa dann vorliegen, wenn sich der Gläubiger in einer größeren Notlage als der Schuldner befindet oder wenn der Anspruch des Gläubigers aus einer vorsätzlichen unerlaubten Handlung des Schuldners herrührt. Dann erhält der Schuldner das Geld erst aus dem Vollstreckungserlös. Dieser Geldbetrag ist nach III in demselben Umfang wie dasjenige Geld unpfändbar, das der Gläubiger gegeben hat.

10 **IV. Verfahren, I–IV.** Es verläuft einfach.

11 **1. Antrag, Zuständigkeit, I, II 1.** Es ist ein Antrag des Gläubigers erforderlich. Dieser ist eine Parteiprozesshandlung. Bei elektronischer Einreichung gelten §§ 130ad. Es besteht nach § 78 III Hs. 2 kein Anwaltszwang. Der Gläubiger muss die Ersatzleistung bestimmt bezeichnen. Er braucht den etwa erforderlichen Ersatzbetrag aber nicht zu beziffern. Das Gericht darf über den Antrag entsprechend § 308 I nicht hinausgehen. Über die Zulässigkeit einer Austauschpfändung entscheidet nicht der Gerichtsvollzieher (eine Ausnahme gilt bei § 811b), sondern allein das Vollstreckungsgericht nach §§ 764, 802, und zwar grundsätzlich nach → Rn. 7 vor der Pfändung, vgl. aber auch § 811b. Es entscheidet durch den Rpfleger nach § 20 I Nr. 17 S. 1 RPflG. Die Voraussetzungen der Zwangsvollstreckung müssen vorliegen. Der Gläubiger hat eine Darlegungs- oder gar Beweislast nur in den Grenzen des Amtsverfahrens nach → Vor § 704 Rn. 34. Insoweit ist auch § 294 nur bedingt beachtlich. §§ 286, 287 sind anwendbar. Das Vollstreckungsgericht darf nach → Vor § 704 Rn. 31, § 21 GKG keine unverhältnismäßigen Schätzungskosten verursachen.

12 Eine **mündliche Verhandlung** ist nach § 764 III **nicht** erforderlich. Allerdings muss der Schuldner vor einer auch nur evtl. ihm nachteiligen Entscheidung ein rechtliches Gehör erhalten, Art. 2 I, 20 III GG (Rpfleger), BVerfGE 101, 404, Art. 103 I GG (Richter). Eine Entscheidung ohne eine Anhörung lässt sich nicht rechtfertigen, zumal § 758a nicht so weit auslegbar ist; aM Zöller/Herget Rn. 8.

13 **2. Entscheidung, II 1–4.** Die Entscheidung ergeht durch einen Beschluss nach § 329. Dieser muss dann, wenn das Gericht eine Austauschpfändung für zulässig hält, das an sich pfändbare Stück, zumindest bei einem fabrikneuen dessen Gattung, und ferner das Ersatzstück und seinen Wert bezeichnen. Soweit das Gericht zwar die Austauschpfändung für zulässig hält, das angebotene Ersatzstück aber für ungeeignet, muss der Beschluss den zur Ersatzbeschaffung erforderlichen Betrag einschließlich der Nebenkosten der Beschaffung und des Transports angeben. Der Rpfleger kann auch die Wahl zwischen dem eben bezeichneten Ersatzstück oder dem Ersatzbetrag dem Gläubiger überlassen. Ist eine Austauschpfändung unzulässig, weist der Rpfleger den Antrag zurück. Er muss den Beschluss nach → § 329 Rn. 6 begründen. **Kosten:** § 788 I, IV, § 74 II 1 GVGA. Der Rpfleger muss seinen Beschluss dem Benachteiligten nach § 329 III förmlich zustellen, und dem Gegner nach § 329 II 1 formlos mitteilen. Rechtsbehelfsbelehrung, Verstoß: §§ 232, 233 S. 2.

14 **3. Folgen.** Wenn der Gläubiger dem Schuldner das Ersatzstück überlassen hat, darf der Gerichtsvollzieher das bisher unpfändbare Stück dem Schuldner nach § 74 II 1 GVGA sofort wegnehmen, und zwar nach § 74 I 2 GVGA gegen Quittung für das Ersatzstück oder den vom Vollstreckungsgericht festgesetzten Betrag. Der Gläubiger haftet bei der Lieferung eines Ersatzstücks nach § 434 BGB entsprechend, allerdings nur auf eine Minderung. Der Gläubiger erhält den verauslagten und vom Gericht festgesetzten Betrag aus dem Vollstreckungserlös nach § 74 II 1 GVGA vorweg zurück. Der Betrag gehört nach § 74 I 1 GVGA zu den Vollstreckungskosten nach § 788 I, IV. Wenn der Schuldner das Ersatzstück noch nicht erhalten hat und wenn er nun den Betrag zur Beschaffung des Ersatzstücks erst aus dem Vollstreckungserlös bekommt, muss der Gerichtsvollzieher nach IV, § 74 I 3 GVGA die formelle Rechtskraft des Beschlusses des Rpfleger nach §§ 329, 705 abwarten, bevor er das Stück dem Schuldner wegnehmen kann. Die Ersatzleistung ist natürlich unpfändbar.

15 **V. Rechtsmittel, I–IV.** Es kommt darauf an, wer entschieden hat.

16 **1. Verfahren des Gerichtsvollziehers.** Zulässig ist die Erinnerung nach → § 766 Rn. 26 „Gerichtsvollzieher". Daran kann sich die sofortige Beschwerde nach §§ 567 I Nr. 1, 793 anschließen.

17 **2. Verfahren des Rechtspflegers.** → § 793 Rn. 12.

811b

Vorläufige Austauschpfändung. **I [1]Ohne vorgängige Entscheidung des Gerichts ist eine vorläufige Austauschpfändung zulässig, wenn eine Zulassung durch das Gericht zu erwarten ist. [2]Der Gerichtsvollzieher soll die Austauschpfändung nur vornehmen, wenn zu erwarten ist, dass der Vollstreckungserlös den Wert des Ersatzstückes erheblich übersteigen wird.**

II Die Pfändung ist aufzuheben, wenn der Gläubiger nicht binnen einer Frist von zwei Wochen nach Benachrichtigung von der Pfändung einen Antrag nach § 811a Abs. 2 bei dem Vollstreckungsgericht gestellt hat oder wenn ein solcher Antrag rechtskräftig zurückgewiesen ist.

III Bei der Benachrichtigung ist dem Gläubiger unter Hinweis auf die Antragsfrist und die Folgen ihrer Versäumung mitzuteilen, dass die Pfändung als Austauschpfändung erfolgt ist.

IV [1]**Die Übergabe des Ersatzstückes oder des zu seiner Beschaffung erforderlichen Geldbetrages an den Schuldner und die Fortsetzung der Zwangsvollstreckung erfolgen erst nach Erlass des Beschlusses gemäß § 811a Abs. 2 auf Anweisung des Gläubigers. [2]§ 811a Abs. 4 gilt entsprechend.**

I. Systematik, Regelungszweck, I–IV. Zunächst → § 811 Rn. 1, 2, → § 811a Rn. 1, 3. § 811b ändert nichts an dem Grundsatz, dass nach § 811a II zur Entscheidung über eine Austauschpfändung das Vollstreckungsgericht nach §§ 764, 802 zuständig ist. Die Vorschrift enthält aber in I 1 im Interesse des Gläubigers die Möglichkeit einer vorläufigen Regelung durch den Gerichtsvollzieher ohne eine vorherige Entscheidung des Vollstreckungsgerichts. § 811d regelt die sog. Vorwegpfändung, tritt aber wohl meist gegenüber § 811b zurück. 1

II. Geltungsbereich, I. Es müssen die folgenden Voraussetzungen zusammentreffen. 2

1. Wahrscheinlichkeit der Zulassung, I 1. Der Gerichtsvollzieher muss damit rechnen, dass das Vollstreckungsgericht nach § 811b eine Austauschpfändung zulassen wird, zB bei einer kostbaren Armbanduhr, Mü DGVZ 1983, 140, oder bei einem Fernsehgerät im Wert von (jetzt ca.) 500 EUR, LG Bln DGVZ 1991, 91, nicht aber schon bei einem Farbfernseher im Wert von nur (jetzt ca.) 250 EUR; aM LG Düss DGVZ 1995, 43. 3

2. Höherer Erlös, I 2. Der Gerichtsvollzieher findet bei einer Pfändung eine solche Sache vor, für die die Voraussetzungen einer Austauschpfändung nach § 811a I vorliegen. Er muss davon überzeugt sein, wie I 2 überflüssigerweise wiederholt, dass der Vollstreckungserlös den Wert des erforderlich werdenden Ersatzstückes erheblich übersteigen wird, LG Düss DGVZ 1995, 43; AG Bad Segeberg DGVZ 1992, 127. Der Gerichtsvollzieher kann diese Schätzung auf Grund seiner Kenntnisse des Interesses etwaiger Bieter und damit der derzeitigen Möglichkeiten eines Versteigerungserlöses vornehmen. Ein Überschuss von nur höchstens (jetzt) 150 EUR reicht nicht, LG Düss DGVZ 1995, 43. 4

III. Verfahren, I–IV. Man muss vier Hauptaufgaben beachten. 5

1. Amtspflicht zur vorläufigen Maßnahme, I. Der Gerichtsvollzieher nimmt nach § 75 S. 1 GVGA nur eine vorläufige Austauschpfändung vor. Dazu braucht er nach → Rn. 1 keine Erlaubnis des Vollstreckungsgerichts. Es braucht auch kein Antrag des Gläubigers vorzuliegen. Der Gerichtsvollzieher geht vielmehr von sich aus derart vor. Er muss unter den Voraussetzungen einer vorläufigen Austauschpfändung so handeln. Die vorläufige Austauschpfändung steht also nicht in seinem Belieben. Denn der Gerichtsvollzieher muss im Interesse des Gläubigers jede nach dem Gesetz zulässige Vollstreckungshandlung vornehmen („ist … zulässig"). Er protokolliert sein Vorgehen im Einzelnen nach § 762, § 75 S. 3 GVGA. 6

2. Benachrichtigungspflicht, II, III. Der Gerichtsvollzieher muss den Gläubiger nach § 75 I 4 Nr. 1 S. 1 Hs. 1 GVGA sofort davon benachrichtigen, dass er die Pfändung als eine vorläufige Austauschpfändung vorgenommen hat. Er muss den Gläubiger nach § 75 I 4 Nr. 1 S. 1 Hs. 2 GVGA darauf hinweisen, dass die Pfändung als Austauschpfändung erfolgt ist und dass der Gläubiger binnen 2 Wochen einen Antrag auf die Zulassung der endgültigen Austauschpfändung beim Vollstreckungsgericht stellen muss, um eine Aufhebung der Pfändung zu vermeiden. Er bezeichnet dabei nach § 75 I 4 Nr. 1 S. 2 GVGA das Pfandstück, dessen gewöhnlichen Verkaufswert und den voraussichtlichen Erlös. Er bezeichnet ferner nach § 75 I 4 Nr. 1 S. 3 Hs. 1 GVGA die notwendigen Eigenschaften des Ersatzstücks und die Antragsnotwendigkeit nach → Rn. 8. Die Benachrichtigung ist formlos möglich. Denn § 329 II 2 setzt eine hier fehlende Entscheidung (Beschluss, Verfügung) voraus, und § 270 S. 2 ist nicht direkt, wohl aber entsprechend anwendbar. Denn es besteht die gleiche Interessenlage. Eine Wiedereinsetzung nach § 233 kommt nicht in Betracht. Denn es handelt sich nicht um eine Notfrist nach § 224 I 2. Wenn der Gerichtsvollzieher diesen Hinweis unterlässt, bleibt die Benachrichtigung im Übrigen wirksam. Er muss daher nach II evtl. 2 Wochen später trotz des Fehlens des Hinweises mangels eines Gläubigerantrags nach → Rn. 7 die Pfändung nach § 75 I 4 Nr. 2 S. 1 GVGA aufheben. Der weitere Bestand der Pfändung hängt also von den folgenden Umständen ab. 7

3. Antrag usw., II, III. Der Gläubiger muss eine endgültige Austauschpfändung beantragen. Er muss also insbesondere nach § 811a I Hs. 1 in der Regel dazu bereit sein, ein Ersatzstück zu beschaffen und den dazu erforderlichen Geldbetrag aufzuwenden. Dieser Entschluss steht in seinem Belieben. Denn die vorläufige Austauschpfändung soll nur die Möglichkeit einer endgültigen Austauschpfändung sichern. Der Gläubiger muss aber nach → Rn. 7 binnen 2 Wochen seit einer Benachrichtigung durch den Gerichtsvollzieher den Antrag auf die Zulassung der endgültigen Austauschpfändung beim Vollstreckungsgericht nach §§ 764, 802 stellen. Bei elektronischer Einreichung gelten §§ 130ad. Der Gläubiger muss dem Gerichtsvollzieher wegen II in den Grenzen des Amtsverfahrens nach → Vor § 704 Rn. 34 im Ergebnis doch wohl nachweisen, dass er diesen Antrag rechtzeitig gestellt hat. Der Gläubiger braucht das Ersatzstück dem Schuldner aber vorläufig noch nicht zu überlassen. Notfalls muss der Gläubiger nach § 811a I Hs. 2 darlegen, dass ihm eine sofortige Beschaffung dieses Ersatzstücks oder des dafür erforderlichen Geldbetrags nicht möglich ist. 8

4. Zurückweisung, Zulassung, I–III. Das Vollstreckungsgericht entscheidet durch den Rpfleger nach § 20 I Nr. 17 S. 1 RPflG. Es kann einen Antrag nach → Rn. 8 entweder durch einen Beschluss nach § 329 ablehnen (Folge: Bei Rechtskraft Aufhebung der Pfändung durch den Gerichtsvollzieher nach § 75 I 4 Nr. 3 GVGA) oder zulassen. Es muss seinen Beschluss nach → § 329 Rn. 6 begründen. Kosten: § 788 I, IV. Es muss den Beschluss dem Gläubiger und dem Schuldner nach § 329 III zustellen. Wenn der Gläubiger den Antrag nicht oder nicht fristgemäß stellt, muss der Gerichtsvollzieher die Pfändung nach § 75 I 4 Nr. 2 S. 1 GVGA aufheben. Er muss sie nach II auch dann aufheben, wenn das Gericht den Antrag rechtskräftig zurückgewiesen hat. 9

5. Übergabe, IV. Wenn das Vollstreckungsgericht die Austauschpfändung nach → § 811a Rn. 10 zulässt, müssen der Gläubiger oder in seinem Auftrag der Gerichtsvollzieher jetzt dem Schuldner das Ersatzstück oder den erforderlichen Geldbetrag nach § 75 I 4 Nr. 4 S. 1 GVGA übergeben, sofern das Gericht ihm nicht erlaubt hat, den für die Beschaffung des Ersatzstückes erforderlichen Geldbetrag dem Schuldner nach § 811a I Hs. 2 erst aus dem Vollstreckungserlös zu überweisen. Erst anschließend darf der Gerichtsvollzieher nach § 75 I 4 Nr. 2 S. 2, Nr. 4 S. 1 Hs. 2 GVGA das Pfandstück dem Schuldner nach § 808 I wegnehmen. Er darf es nach IV 1 auch erst auf Grund einer besonderen Anweisung des Gläubigers verwerten, zB versteigern. Wenn der Schuldner den zur Beschaffung des Ersatzstückes erforderlichen Geldbetrag erst aus dem Vollstreckungserlös erhält, darf der Gerichts- 10 vollzieher das Pfandstück nach § 811a IV dem Schuldner erst nach der formellen Rechtskraft des Zulassungsbeschlusses des Vollstreckungsgerichts wegnehmen; aM § 75 I 4 Nr. 4 S. 2 GVGA. Auch zu dieser Fortsetzung der Vollstreckung ist nach IV 1 eine besondere Anweisung des Gläubigers erforderlich. Die Kosten sind Kosten der Zwangsvollstreckung nach § 788 I. Das Gericht kann sie evtl. aber auch dem Gläubiger nach § 788 III auferlegen.

11 **IV. Übergabezeitpunkt, IV.** Der Gerichtsvollzieher muss die gepfändete Sache zunächst im Gewahrsam des Schuldners belassen. Denn die Wegnahme der Sache nach § 808 I wird erst dann zulässig, wenn das Vollstreckungsgericht die Austauschpfändung zugelassen hat.

12 **V. Rechtsmittel, I–IV.** Rechtsbehelfsbelehrung, Verstoß: §§ 232, 233 S. 2. Zulässig ist die Erinnerung nach → § 766 Rn. 26 „Gerichtsvollzieher", AG Bad Segeb DGVZ 1992, 127.

811c *Vorwegpfändung.* **(1) [I]Ist zu erwarten, dass eine Sache demnächst pfändbar wird, so kann sie gepfändet werden, ist aber im Gewahrsam des Schuldners zu belassen. [2]Die Vollstreckung darf erst fortgesetzt werden, wenn die Sache pfändbar geworden ist.**

II Die Pfändung ist aufzuheben, wenn die Sache nicht binnen eines Jahres pfändbar geworden ist.

Schrifttum: Dietz DGVZ 2001, 81 (Grdz.); Endriss, Tiere als Vollstreckungshindernis usw., FS König, 2014, 77; Grunsky, Sachen, Tiere – Bemerkungen zu einem Gesetzentwurf, FS Jauch, 1990, 93; Herfs, Im häuslichen Bereich und nicht zu Erwerbszwecken gehaltene Tiere usw., Diss. Köln 1998; Schaal, Tiere in der Zwangsvollstreckung, 2000.

1 **I. Systematik, I, II.** Ab 1.1.2022 findet sich der Regelungsinhalt der bisherigen Vorschrift in § 811 I Nr. 8a, III → § 811 Rn. 65. In der Folge wird ab diesem Zeitpunkt § 811d zu § 811c. Zum neuen § 811c → § 811d Rn. 1 ff. Die Vorschrift ergänzt § 811 I Nr. 3. Sie enthält eine vorrangige Sonderregelung. Aber → Rn. 3. Sie erfasst nicht den Anspruch des Schuldners auf einen bloßen Übererlös. Noch weitergehenden Schutz kann § 765a geben. Ergänzend gilt § 811d.

2 **II. Regelungszweck, I, II.** Die Vorschrift nimmt Rücksicht auf Art. 1, 2, 20a GG mit ihren Auswirkungen auf die Schutzwürdigkeit der Tierliebe sowie Rücksicht auf die nach § 90a BGB eigenständige Rechtsstellung des Tieres, Dietz DGVZ 2003, 82. Man muss § 811c als eine Ausnahme von der Pfändbarkeit nach → Einl. II Rn. 70 ff. eng auslegen. Demgegenüber erfordert II wegen seiner gewissen Rückkehr zum Pfändbarkeitsgrundsatz des § 803 I 1 eine weitere Auslegung. Der Verhältnismäßigkeitsgrundsatz ist nach → Vor § 704 Rn. 31 zu beachten.

3 **III. Geltungsbereich: Haustier, I, II.** Der Schutz erfasst ein Tier ohne einen Erwerbszweck. Auf seinen Wert kommt es nur nach → Rn. 3 im Rahmen von II an. „Im häuslichen Bereich" erfordert eine räumliche Nähe zum Eigentümer, Lorz MDR 1990, 1060 (mit hübschen Beispielen). Der Begriff erfasst freilich auch die Gartenbude, den Wohnwagen, die Zweitwohnung, das Zelt des Campers, den privaten Teil des gemischtgenutzten Mietobjekts. Ein naturbedingtes gewisses freies Herumstreunen ist unschädlich, Lorz MDR 1990, 1060. „Gehalten" wird das Tier auch dort, wo es sich vorübergehend befindet, soweit sein Stammplatz eben in einem häuslichen Bereich gerade dieses Schuldners liegt. Ein bloß vom Schuldner in eine vorübergehende Pflege genommenes fremdes Tier ist bei ihm nicht geschützt, Stein/Jonas/Würdinger Rn. 3; aM Zöller/Herget Rn. 2 (er überliest, dass hier nur „zum Halterbegriff" eine Verweisung auf § 833 BGB erfolgt). Vgl. im Übrigen zum Halterbegriff § 833 BGB und zur Abgrenzung vom Aufseherbegriff § 834 BGB. Der Gerichtsvollzieher muss nach § 80 VI 2 Nr. 4 GVGA Art und Wert des Haustieres protokollieren.

4 **I schützt nicht** ein auch oder nur zum Erwerbszweck gehaltenes Nutztier, Lorz MDR 1990, 1060. Dort können freilich § 811 I Nr. 4–7, 12 anwendbar sein.

5 **IV. „Ausnahme": Zulassung der Pfändung aus Billigkeitserwägungen, II.** Nur auf einen Gläubigerantrag muss das Vollstreckungsgericht nach §§ 764, 802 bei einer Bejahung der Voraussetzungen von II nach → Rn. 1 die Pfändung doch zulassen und damit zum allgemeinen Pfändbarkeitsgrundsatz zurückkehren. Erste Voraussetzung ist ein „hoher Wert" des Tiers. Er sollte im Zeitpunkt der Entscheidung mindestens (jetzt ca.) 250 EUR übersteigen. Es kommt also nur auf den materiellen Wert an. Die ideellen, wichtigen, aber nicht allein maßgeblichen Interessen des Schuldners muss man bei der nach II erforderlichen Abwägung als „berechtigte Interessen" des Schuldners mitberücksichtigen. Weitere Abwägungsmaßstäbe sind die Interessen des Gläubigers und diejenigen eines nicht übertriebenen, aber doch ernstgenommenen „Tierschutzes".

6 Die Abwägung muss zu der eindeutigen **Bejahung** der „nicht zu rechtfertigenden Härte" zulasten des Gläubigers führen, bevor das Vollstreckungsgericht die Pfändung zulassen darf. Damit gelten bei II ähnliche Gesichtspunkte wie mit dem umgekehrten Ziel bei § 765a. Im Zweifel kann es trotz der in → Rn. 1 genannten Auslegbarkeit aber doch nicht selten bei der Unpfändbarkeit nach I bleiben. So verneint AG Paderb DGVZ 1996, 44 die Pfändbarkeit eines solchen 20jährigen Pferdes, das vom Schuldner ein „Gnadenbrot" erhält.

7 **V. Verfahren, II.** Die ausschließliche Zuständigkeit nach § 802 liegt bei demjenigen Vollstreckungsgericht nach § 764 I, in dessen Bezirk die Pfändung nach § 764 II stattfinden soll oder stattgefunden hat. Es entscheidet zunächst durch den Rpfleger nach § 20 I Nr. 17 S. 1 RPflG. Es ist ein Antrag des Gläubigers notwendig. Bei elektronischer Einreichung gelten §§ 130ad. Es besteht nach § 78 III Hs. 2 kein Anwaltszwang. Eine mündliche Verhandlung steht nach § 764 III frei. Der Rpfleger muss den Schuldner nach Art. 2 I, 20 III GG vor einer diesem nachteiligen Entscheidung anhören, BVerfGE 101, 404. Zum Verfahren im Übrigen → Vor § 704 Rn. 34 ff.

8 **VI. Entscheidung, II.** Der nach § 20 I Nr. 17 S. 1 RPflG zuständige Rpfleger entscheidet durch einen Beschluss nach § 329. Er enthält keine Kostenentscheidung nach § 788 I. Denn § 788 IV nennt den § 811c nicht mit. Der Rpfleger muss seinen Beschluss nach → § 329 Rn. 6 begründen. Er muss ihn dem Gläubiger nach § 329 III Hs. 2, → Rn. 11 förmlich zustellen, soweit er den Zulassungsantrag zurückweist. Er kann ihn dem Gläubiger nach § 329 I 1 formlos mitteilen, soweit er dem Antrag stattgibt. Denn der Beschluss „bildet" nicht einen Vollstreckungstitel nach § 329 III Hs. 1, sondern setzt ihn ja gerade voraus. Dem Schuldner teilt der

Rpfleger den zurückweisenden Beschluss nach § 329 II 1 formlos mit. Den stattgebenden stellt er ihm nach § 329 III förmlich zu. Rechtsbehelfsbelehrung, Verstoß: §§ 232, 233 S. 2.

Wirksam, also vollstreckbar, wird die Entscheidung mit ihrem ordnungsgemäßen Erlass durch die Zustellung oder Mitteilung. Das gilt aber nur zugunsten desjenigen Gläubigers oder Rechtsnachfolgers nach § 727, der diese Entscheidung erwirkt hat. Ein weiterer Gläubiger muss nach → Vor § 704 Rn. 22 gesondert vorgehen. 9

VII. Einstweilige Anordnung, Vorwegpfändung, I, II. Eine dem § 765a II entsprechende Regelung ergibt sich aus § 766 I 2. Eine Vorwegpfändung nach § 811d bleibt nach → Rn. 1 möglich. 10

VIII. Rechtsbehelfe, I, II. Gegen eine trotz I erfolgte Pfändung hat der Schuldner die Erinnerung nach § 766 I 1. Der Gläubiger kann nach § 766 II Hs. 1 vorgehen, soweit der Gerichtsvollzieher zu Unrecht ein Tier nach I für unpfändbar erklärt. Daran kann sich jeweils die sofortige Beschwerde nach §§ 567 I Nr. 1, 793 anschließen. Gegen den Beschluss des Rpfleger nach II ist für den Benachteiligten die sofortige Beschwerde nach § 11 I RPflG iVm §§ 567 I Nr. 1, 793 statthaft. Soweit der Richter entschieden hat, ist die sofortige Beschwerde nach §§ 567 I Nr. 1, 793 statthaft. 11

811d *[nicht mehr belegt]*

I. Systematik, I, II. Es handelt sich in einer Ergänzung von §§ 811–811c um eine Ausweitung der zeitlichen Möglichkeit des Gläubigers. Das Gesetz sieht nicht vor, dass eine schon wirksam gepfändete Sache erst anschließend unpfändbar wird. Der Gläubiger behält sein Pfandrecht vielmehr nach → § 811 Rn. 19 auch dann. Die Vorschrift erfasst auch nicht eine solche Sache, die nur in einem aufschiebend bedingten Eigentum des Schuldners steht. Bei einer Austauschpfändung tritt § 811d wohl meist gegenüber § 811b zurück. 1

II. Regelungszweck, I, II. Die Vorwegpfändung soll den Gläubiger im Voraus sichern, auch zur Reihenfolge bei etwaigen weiteren Gläubigern. Das ist eine konsequente Fortsetzung des generellen Zeitvorrangs nach § 804 III. Daher dürfen die Anforderungen an die Prognose nach I 1 nicht zu streng sein. Der Schuldner darf die Sache zwar nicht verkaufen, aber doch fast uneingeschränkt weiternutzen. 2

III. Geltungsbereich, I, II. Es müssen die folgenden Voraussetzungen zusammentreffen. 3

1. Derzeit Unpfändbarkeit. Eine Sache muss noch unpfändbar sein. 4

2. Demnächst Pfändbarkeit. Man muss objektiv erwarten können, dass die zur Zeit noch unpfändbare Sache demnächst pfändbar wird, dass also § 811 demnächst unanwendbar sein wird, etwa infolge eines Berufswechsels des Schuldners oder einer Einstellung seines Betriebs, oder dass man bei § 811c I demnächst mit einer Zulassung nach § 811c II rechnen kann, wenn also der dazu notwendige Antrag vorliegt und wie bei → § 253 Rn. 28 schlüssig begründet wurde. Das muss der Gläubiger dem Gerichtsvollzieher jeweils nachvollziehbar darlegen, aber nicht nach § 294 glaubhaft machen. Der Gerichtsvollzieher ermittelt dazu nicht von Amts wegen, sondern teilt etwaige Bedenken vor einer Ablehnung mit. 5

IV. Verfahren, I, II. Es gelten die folgenden Regeln. 6

1. Pfändung, I. Der Gerichtsvollzieher pfändet die an sich noch unpfändbare Sache, ohne dass das Vollstreckungsgericht nach §§ 764, 802 durch den Rpfleger tätig wird. Der Gerichtsvollzieher muss sie aber abweichend vom Grundsatz des § 808 I stets im Gewahrsam des Schuldners belassen. Die Fortsetzung der Vollstreckung und insbesondere die Wegschaffung der Sache und ihre Versteigerung darf erst dann erfolgen, wenn die Sache endgültig pfändbar geworden ist. 7

2. Aufhebung der Pfändung, II. Wenn die Pfändbarkeit nicht innerhalb eines Jahres seit der Pfändung eingetreten ist, muss der Gerichtsvollzieher sie aufheben. Denn es darf nicht auf eine ungewisse Zeit hinaus unbestimmt bleiben, ob eine wirksame Pfändung erfolgt ist. 8

V. Rechtsmittel, I, II. Zulässig ist die Erinnerung nach → § 766 Rn. 26 „Gerichtsvollzieher". Daran kann sich die sofortige Beschwerde nach §§ 567 I Nr. 1, 793 anschließen. 9

812 *(aufgehoben)*

I. Systematik. Die ab 1.1.2022 aufgehobene Regelung ist in § 811 IV neu gefasst. → § 811 Rn. 65. Die Vorschrift ergänzt §§ 811–811b. § 812 ist dem Wortlaut nach eine bloße Sollvorschrift. Da der Gerichtsvollzieher die Bestimmung aber genauso von Amts wegen beachten muss wie das Gebot des § 811 und da das Vollstreckungsgericht dann entscheidet, wenn ein Beteiligter einen Fehler des Gerichtsvollziehers rügt, besteht sachlich keine Abweichung von einer Mussvorschrift. Es kommt hinzu, dass auch die Gegenstände des § 812 nach § 36 III InsO nicht in die Insolvenzmasse fallen. Die Regelung ist praktisch nur insoweit bedeutsam, als § 811 I Nr. 1 nicht anwendbar ist. Das Vermieterpfandrecht nach § 559 S. 3 BGB erstreckt sich darauf nicht mit. 1

II. Regelungszweck. Die Vorschrift liegt im Grunde im Interesse beider Parteien. Es sollen solche unnützen Aufwendungen und Wertverluste unterbleiben, die noch nicht zur leidlichen Befriedigung führen. Damit dient § 812 dem Grundsatz der Verhältnismäßigkeit nach → Vor § 704 Rn. 31. Der Wertverlust infolge einer Zwangsvollstreckung ist ohnehin meist fast erschreckend hoch. Das kommt weder diesem Gläubiger noch etwaigen weiteren Gläubigern zugute, sondern meist einem Dritten, dem Erwerber. In der Folge empfiehlt sich bei der Frage der Unverhältnismäßigkeit ein eher großzügiger Maßstab. 2

III. Geltungsbereich. Unpfändbar sind nach § 812 diejenigen Sachen, bei denen die folgenden Voraussetzungen zusammentreffen. 3

1. Hausrat. Es muss sich um Gegenstände des gewöhnlichen Hausrats, heute also der gewöhnlichen Haushaltssachen nach §§ 200 ff. FamFG handeln, also des täglichen Bedarfs im Haushalt, nicht im Gewerbe. Hierzu zählen: Möbel, zB Betten, Tische, Schränke; Küchengerät; Geschirr; Wäsche; Kleidung; ein Fernsehgerät, soweit 4 es nicht unter § 811 I 2 fällt; aM LG Itzehoe DGVZ 1988, 120 (zu streng); ein Videogerät, LG Hann DGVZ 1990, 60. Ein Luxusgegenstand oder eine Sache mit Alterswert gehören nicht hierher.

5 **2. Benutzung.** Der Schuldner muss die Gegenstände auch in seinem Haushalt tatsächlich benötigen, also benutzen, also nicht zB im Gewerbebetrieb. Ihre Zahl oder deren Notwendigkeit ist unerheblich.

6 **3. Schlechte Verwertbarkeit.** Es muss sich um einen ersichtlich schlecht verwertbaren Gegenstand handeln. Der Gerichtsvollzieher muss den Wert der Sache für den Schuldner mit demjenigen für andere vergleichen, OVG Saarlouis NVwZ-RR 2006, 757. Keine von beiden Größen darf allein den Ausschlag geben.

7 **IV. Rechtsbehelf.** Der Schuldner, der Gläubiger dann, wenn die Pfändung unterbleibt, oder ein betroffener Dritter, zB die Ehefrau, können die Erinnerung nach § 766 einlegen. Daran kann sich nach §§ 567 I Nr. 1, 793 die sofortige Beschwerde anschließen.

813 *Schätzung.* I 1**Die gepfändeten Sachen sollen bei der Pfändung auf ihren gewöhnlichen Verkaufswert geschätzt werden. 2Die Schätzung des Wertes von Kostbarkeiten soll einem Sachverständigen übertragen werden. 3In anderen Fällen kann das Vollstreckungsgericht auf Antrag des Gläubigers oder des Schuldners die Schätzung durch einen Sachverständigen anordnen.**

II 1**Ist die Schätzung des Wertes bei der Pfändung nicht möglich, so soll sie unverzüglich nachgeholt und ihr Ergebnis nachträglich in dem Pfändungsprotokoll vermerkt werden. 2Werden die Akten des Gerichtsvollziehers elektronisch geführt, so ist das Ergebnis der Schätzung in einem gesonderten elektronischen Dokument zu vermerken. 3Das Dokument ist mit dem Pfändungsprotokoll untrennbar zu verbinden.**

III **Sollen bei Personen, die Landwirtschaft betreiben,**
1. Früchte, die vom Boden noch nicht getrennt sind,
2. Sachen nach § 811 Absatz 1 Nummer 1 Buchstabe b,
3. Tiere nach § 811 Absatz 1 Nummer 8 Buchstabe b oder
4. landwirtschaftliche Erzeugnisse

gepfändet werden, so soll ein landwirtschaftlicher Sachverständiger herangezogen werden, sofern anzunehmen ist, dass der Wert dieser Sachen und Tiere insgesamt den Betrag von 2 000 Euro übersteigt.

IV **Die Landesjustizverwaltung kann bestimmen, dass auch in anderen Fällen ein Sachverständiger zugezogen werden soll.**

Schrifttum: Schilken DGVZ 1998, 145 (Grdz.).

1 **I. Systematik, I–IV.** Die ab 1.1.2022 in Kraft tretende Änderung von III ist teilweise Folge der Neufassung von § 811 → § 811 Rn. 65. Außerdem wurden die Wertgrenzen für die Hinzuziehung eines landwirtschaftlichen Sachverständigen von bisher 500 € auf 2.000 € erhöht. Damit soll dem gestiegenen Preisniveau Rechnung getragen und die Verhältnismäßigkeit der Hinzuziehung eines Sachverständigen sichergestellt werden (BT-Drs. 19/27636, S. 31). § 813 enthält eine Sollvorschrift. Der Gerichtsvollzieher muss die Bestimmung trotz der Sollfassung nach § 82 VI 1 GVGA von Amts wegen beachten (Amtspflicht, § 839 BGB iVm Art. 34 GG), BGH NJW 1992, 50.

2 **II. Regelungszweck, I–IV.** Die Schätzung soll zwar nicht direkt eine nach § 803 II zwecklose Pfändung verhindern. Denn die Schätzung erfolgt nicht „vor", sondern „bei" der Pfändung. Die Schätzung soll aber einer Überpfändung nach § 803 I 2 entgegenwirken. Sie soll im Übrigen allen Beteiligten frühzeitig einen Anhaltspunkt dafür geben, ob man den wahren Wert notfalls im Rechtsmittelweg alsbald klären muss. Darüber hinaus soll die Schätzung dem Gläubiger wie dem Gerichtsvollzieher helfen zu erkennen, ob weitere Vollstreckungsmaßnahmen in andere Vermögenswerte sinnvoll, notwendig, vertretbar sind. Ein weiterer Zweck der Regelung besteht darin, die Einhaltung der gesetzlichen Beschränkungen bei der Pfändung und beim Zuschlag nach §§ 803 I 2, 817, 817a zu sichern, Schultes DGVZ 1994, 161 (ausf.), sowie eine anderweitige Verwertung nach § 825 zu erleichtern.

3 **Psychisch** hat jede solche Schätzung eine ganz erhebliche Bedeutung. Sie ist immerhin ein maßgeblicher Ausgangspunkt für so manches Gebot und für so manche Bereitschaft zum Erwerb wie für deren Begrenzung. Alle Beteiligten tragen deshalb schon in diesem Stadium eine hohe Verantwortung. Man sollte sich nicht scheuen, zB bei der Auswahl und Überprüfung eines Sachverständigen entsprechend strenge Maßstäbe anzulegen, auch ein Zweitgutachten anzufordern und sich die Sachkenntnis des Schätzers durchaus näher nachprüfbar darlegen zu lassen. Das gilt insbesondere dann, wenn es um einen hohen Wert geht.

4 **III. Schätzung, I–IV.** Man muss zahlreiche Aspekte beachten.

5 **1. Gewöhnlicher Verkaufswert, I 1.** Der Gerichtsvollzieher muss eine gepfändete Sache auf ihren gewöhnlichen Verkaufswert schätzen, Paschold DGVZ 1995, 52 (ausf.). Das geschieht bei der Pfändung oder nach II 1 gleich danach zum Protokoll nach § 762 II 2, § 82 VI 1 GVGA. Bei einer elektronischen Aktenführung fertigt der Gerichtsvollzieher nach II 2, 3 einen Vermerk in einem gesonderten elektronischen Dokument, das der Gerichtsvollzieher mit dem Pfändungsprotokoll nach § 762 elektronisch untrennbar verbinden muss, ähnlich wie das Gericht bei § 105 I 2, 3 usw. Der Gerichtsvollzieher muss sein Ergebnis den Beteiligten mitteilen. Gewöhnlicher Verkaufswert ist der Verkehrswert, derjenige Preis, den man im freien Verkehr am Ort für eine Sache gleicher Art und Güte erfahrungsgemäß derzeit am Markt durchschnittlich erzielen kann, Stgt NJW-RR 1996, 563. Wenn es sich um ein an der Börse gehandeltes Papier handelt, mag es amtlich notiert sein oder im Freiverkehr kursieren, gilt als gewöhnlicher Verkaufspreis der jetzige Börsenpreis, also die Notierung für Geld (Nachfrage), nicht für Brief (Angebot). Marktpreis ist der am maßgebenden Handelsplatz festgestellte laufende Preis. Der Gerichtsvollzieher muss nach → § 817a Rn. 1 einen Höchstpreis und einen etwaigen Festpreis ermitteln. Wegen § 817a III muss er auch den Gold- oder Silberwert eines derartigen Stücks schätzen. Regelmäßig schätzt der Gerichtsvollzieher selbst nach § 753 I. Er muss dabei den Zustand der Pfandsache berück-

sichtigen, AG Itzehoe DGVZ 1985, 124. Er darf auf Grund eines Gutachtens neu schätzen, AG Bln-Charl DGVZ 1994, 156.

2. Kostbarkeit, I 2. Der Gerichtsvollzieher verwahrt sie unter sicherem Verschluss getrennt von sonstigen Sachen nach § 51 GVO. Die Hinzuziehung eines Sachverständigen ist erst zulässig und dann nach → Rn. 7 evtl. notwendig bei Kostbarkeiten nach § 808 II 1, Köln Rpfleger 1998, 353; AG Augsb DGVZ 2013, 22. Das sind solche Gegenstände, die im Verhältnis zu ihrem Umfang, ihrer Größe und zu ihrem Gewicht einen besonders hohen Wert haben, Drumann JurBüro 2003, 550. Hierzu zählen zB: Briefmarken; Münzen nach → § 815 Rn. 1; Edelsteine; Schmuckstücke, Manuskripte; Noten; Edelpelze; Antiquitäten; Kunstwerke; Edelmetalle; echte Orientteppiche, KG NJW-RR 1986, 201; AG Schwäbisch Hall DGVZ 1990, 79; Stein/Jonas/Würdinger Rn. 6; aM Zöller/Herget Rn. 4 (aber ein echter Orientteppich hat meist einen erheblichen Wert, soweit er nicht schäbig geworden ist). Der Gerichtsvollzieher muss die allgemeine Anschauung berücksichtigen. Bei Gold- und Silbersachen muss man wegen § 817a III auch den Metallwert schätzen. Der Gerichtsvollzieher bestimmt die Person des Sachverständigen und teilt das Schätzungsergebnis den Beteiligten nach § 82 VI GVGA mit. 6

3. Ermessen des Gerichtsvollziehers, I 2. Die Zuziehung erfolgt nach dem pflichtgemäßen Ermessen des Gerichtsvollziehers nach § 103 I 5 GVGA immer dann, wenn er die Mitwirkung eines Sachverständigen pflichtgemäß für notwendig oder doch für sachdienlich hält, Köln Rpfleger 1998, 353, AG Schwäbisch Hall DGVZ 1990, 79, Pawlowski ZZP 90, 367; aM LG Aachen JurBüro 1986, 1256; LG Bayreuth DGVZ 1985, 42, LG Konst DGVZ 1994, 140 (aber das sind die naheliegenden Merkmale eines ordnungsgemäßen Ermessens). Eine Schätzung kann etwa dann notwendig sein, wenn der Gerichtsvollzieher für ein Wertpapier keinen Börsenpreis ermitteln kann. Man kann einem benachteiligten Dritten evtl. einen zivilrechtlichen Anspruch gegen den Gerichtsvollzieher zubilligen, KG NJW-RR 1986, 202. Natürlich kommt es auf den Zeitpunkt der Beauftragung des Sachverständigen und nicht auf eine rückblickende Beurteilung nach dem Gutachten an, AG Schwäbisch Hall DGVZ 1990, 79. Der Gerichtsvollzieher bestimmt nach § 753 I die Person des Sachverständigen. Er kann einen Auktionator bestimmen, AG Bln Schöneb DGVZ 2009, 45. 7

Protokollieren muss der Gerichtsvollzieher nach § 762, und zwar nach § 202 IV Nr. 1–5 GVGA zB: die Bezeichnung und Lage sowie ungefähre Größe des Grundstücks und der Früchteart(en); den erwartbaren Erlös; die Art der Kenntlichmachung; die Angaben zum Ob, Wie und Warum der Hinzuziehung eines Sachverständigen. 8

4. Anordnung des Vollstreckungsgerichts, I 3. Die Hinzuziehung des Sachverständigen kann auch auf eine Anordnung des Vollstreckungsgerichts nach §§ 764, 802 erfolgen, also des Rpfleger nach § 20 I Nr. 17 S. 1 RPflG. Er erlässt diese Entscheidung nur auf einen Antrag des Gläubigers oder des Schuldners, also nicht auf einen Antrag des Gerichtsvollziehers oder eines Dritten, LG Bln DGVZ 1978, 112. Der Rpfleger entscheidet nach seinem pflichtgemäßen Ermessen auf Grund derselben Merkmale wie bei → Rn. 7. Die Anordnung ist auch dann noch zulässig, wenn der Gerichtsvollzieher die Sache bereits geschätzt hat. Sie ersetzt dann jene frühere Schätzung. Das Vollstreckungsgericht, nicht der Gerichtsvollzieher, bestimmt dann die Person des Sachverständigen. Rechtsbehelfsbelehrung, Verstoß: §§ 232, 233 S. 2. 9

5. Sachverständiger, III. Man muss einen landwirtschaftlichen Sachverständigen nach III dann zur Schätzung hinzuziehen, wenn es um eine Pfändung von Früchten auf dem Halm nach § 810 geht oder wenn es um die Pfändung von Betriebsgegenständen und Früchten eines landwirtschaftlichen Betriebs nach § 811 I Nr. 4 geht. In beiden Fällen kommt der Sachverständige grundsätzlich aber nur dann hinzu, wenn der Versteigerungswert und nicht der Überschuss nach der Schätzung des Gerichtsvollziehers nach §§ 100 I 1, 102 III 1 GVGA 500 EUR übersteigen werden. Auf Verlangen des Schuldners muss der Gerichtsvollzieher den landwirtschaftlichen Sachverständigen allerdings ausnahmsweise auch bei einem voraussichtlich geringeren Versteigerungswert nach § 100 I 2 GVGA hinzuziehen, noch strenger § 102 III 4 GVGA (Sollvorschrift, evtl. aber von Amts wegen). Der Sachverständige muss die Gegenstände der §§ 810, 811 I Nr. 4 einschließlich der unpfändbaren Sachen zusammenrechnen. Der Gerichtsvollzieher wählt nach § 753 I einen oder mehrere Sachverständige aus dem Kreis der mit den örtlichen Verhältnissen und mit dem Landwirtschaftsbetrieb vertrauten Personen aus. 10

6. Freiwilligkeit, III. Der aufgeforderte Sachverständige muss nicht begutachten. Der Gerichtsvollzieher hat nicht das Recht, den Sachverständigen zu beeidigen oder eine eidesstattliche Versicherung von ihm entgegenzunehmen. Die Vergütung des Sachverständigen nach dem JVEG gehört nach KV 703 GvKostG, § 100 IV 1, 3 GVGA zu den Auslagen des Gerichtsvollziehers. Der Sachverständige muss sich nach § 100 II 1 GVGA darüber äußern, ob die Voraussetzungen des § 811 I Nr. 4 oder des § 1120 BGB (hypothekarische Haftung) vorliegen und ob bei Früchten auf dem Halm die Reife vorliegt und ob sie zur Fortführung der Wirtschaft unentbehrlich sind. Er muss auch den gewöhnlichen Verkaufswert vor der Versteigerung schätzen. Das Gutachten bindet den Gerichtsvollzieher nur insoweit nach § 100 II 2 GVGA, Mü DGVZ 1980, 123, Schilken AcP 181, 366, nicht im übrigen. Der Sachverständige nimmt das Gutachten zu Protokoll und legt dort seine etwa abweichende Bewertung nach § 100 III GVGA dar. 11

7. Schätzungszeitpunkt, I–IV. Man sollte die Schätzung möglichst auch bei III immer im Zeitpunkt der Pfändung oder gleich danach vornehmen. Ein landwirtschaftlicher Sachverständiger nach III muss das nach → Rn. 10 schon mit Rücksicht auf den doppelten Zweck tun. Das Ergebnis auch dieser Schätzung gehört ins Protokoll nach § 762 II Nr. 2, § 82 VI 1 GVGA. Wenn eine Schätzung im Zeitpunkt der Pfändung nicht möglich ist, etwa weil der Gerichtsvollzieher einen Sachverständigen heranziehen will, muss der Gerichtsvollzieher nach II die Schätzung wie bei § 121 I 1 BGB unverzüglich nachholen und ihr Ergebnis den Beteiligten mitteilen und ebenfalls im Pfändungsprotokoll vermerken. Bei einer zwischenzeitlichen erheblichen Veränderung der Verhältnisse kann nach § 82 VI 2 GVGA eine erneute Schätzung notwendig werden. Das gilt zB dann, wenn die Verwertung nicht alsbald möglich war. 12

Eine **Veränderung** der Verhältnisse ergibt sich aber noch nicht stets deshalb, weil ein Verwertungsversuch erfolglos war. Bei I 3 ist eine Nachschätzung ebenfalls nur auf gerichtliche Anordnung möglich. Die Schätzung muss wegen § 817a I 2 jedenfalls der Versteigerung vorangehen. Die Schätzung des Sachverständigen bindet den Gerichtsvollzieher, solange sie nicht offensichtlich unrichtig ist, Mü DGVZ 1980, 123, AG Mü DGVZ 1989, 31. Der Gerichtsvollzieher kann aber auch einen anderen Sachverständigen mit einer weiteren Schätzung beauftragen. 13

Wenn das Vollstreckungsgericht eine Schätzung nach I 3 anordnet, geht diese Schätzung allen anderen vor. § 319 ist entsprechend anwendbar.

14 **8. Bestimmung der Justizverwaltung, IV.** Die Hinzuziehung erfolgt dann, wenn die Landesjustizverwaltung die Mitwirkung eines Sachverständigen bestimmt hat. Der Gerichtsvollzieher bestimmt die Person des Sachverständigen nach § 753 I.

15 **IV. Verstoß, I–IV.** Wenn der Gerichtsvollzieher gegen § 813 verstößt, bleibt die Zwangsvollstreckung trotz der Amtspflicht nach → Rn. 1 voll wirksam, OVG Saarlouis NVwZ-RR 2006, 757. Das gilt unabhängig davon, ob die GVGA eine entsprechende Mussvorschrift enthält.

16 **V. Rechtsmittel, I–IV.** Rechtsbehelfsbelehrung, Verstoß: §§ 232, 233 S. 2. Es kommt auf die Person des Entscheidenden an.

17 **1. Gegen Gerichtsvollzieher.** Sowohl der Schuldner als auch der Gläubiger und bei III nach § 100 IV 6 GVGA auch der Sachverständige, können die Erinnerung nach § 766 dann einlegen, wenn man entweder sie selbst nicht hinzugezogen hatte oder wenn man ihren Gegner unbegründet hinzugezogen hatte oder wenn der Gerichtsvollzieher bei der Hinzuziehung oder Nichthinzuziehung oder Schätzung einen Fehler begangen hat, KG NJW-RR 1986, 202, Stein/Jonas/Würdinger Rn. 13, AG Bln-Schöneb DGVZ 2009, 45; aM LG Aachen JurBüro 1986, 1256, LG Limbg DGVZ 1988, 159, Zöller/Herget Rn. 10 (es sei statt § 766 nur I 3 zulässig. Aber diese Vorschrift ist kein Rechtsbehelf, sondern eine weitere Möglichkeit für den Schuldner). Daran kann sich nach §§ 567 I Nr. 1, 793 die sofortige Beschwerde anschließen.

18 **2. Gegen Rechtspfleger.** Gegen einen ablehnenden Beschluss des Rpfleger ist die sofortige Beschwerde nach § 11 I RPflG, §§ 567 I Nr. 1, 793 zulässig, → § 793 Rn. 12. Denn eine Erinnerung nach § 766 lag schon im Antrag auf eine Anordnung durch das Vollstreckungsgericht.

813a, 813b *(aufgehoben)*

Vorbemerkung zu § 814
Verwertung gepfändeter Sachen

1 **I. Systematik.** Die Pfandverwertung setzt eine wirksame Pfändung und die Zulässigkeit einer weiteren Zwangsvollstreckung voraus, auch nach einer Vorwegpfändung nach § 811d I 2, II. Die Pfandverwertung erfolgt nach § 91 II 1 GVGA von Amts wegen, auch nach dem Tod des Schuldners nach § 91 II 2 GVGA. Sie erlaubt nach § 91 III GVGA einen Aufschub nur nach § 802b. Sie ist kein Pfandverkauf nach §§ 1233 ff. BGB. Zwar dient auch sie nach → Vor § 803 Rn. 10, 11 der Durchführung des Pfändungspfandrechts und nicht der Durchführung der Pfändung. Die Pfandverwertung beruht aber auf der öffentlich-rechtlichen Pfändung. Auch das Pfändungspfandrecht ist ja nach → § 804 Rn. 12 nicht ein Pfandrecht des BGB. Deshalb lassen sich die Vorschriften des BGB über die Pfandverwertung nur mit größter Vorsicht zur Ergänzung von Lücken heranziehen. Der Erwerber ist nicht ein Käufer nach dem BGB. Als Veräußerer tritt nicht der Gläubiger auf, sondern der Staat. Diesen vertritt der Gerichtsvollzieher nach → § 814 Rn. 3, Alisch DGVZ 1979, 83. Wenn der Schuldner nicht der Eigentümer war, erwirbt der Ersteher trotzdem das Eigentum ohne Rücksicht darauf, ob er gutgläubig war. § 1244 BGB ist unanwendbar. Denn der Gerichtsvollzieher überträgt das Eigentum kraft seiner öffentlichen Gewalt auf den Ersteher, KG NJW-RR 1986, 202, Stein/Jonas/Würdinger § 817 Rn. 24; aM Marotzke NJW 1978, 134 (aber das wäre eine Verkennung des Hauptgedankens der Verwertung des staatlich gepfändeten Vollstreckungsguts nach → Rn. 2). Der Gerichtsvollzieher muss nach § 91 V GVGA eine gesetzliche oder behördliche Veräußerungs- oder Erwerbsbeschränkung zB nach § 772 beachten.

2 **II. Regelungszweck.** Endgültiger Rechtsübergang auf Dritte ist die Methode, dem Gläubiger durch die Aushändigung des Erlöses endlich seine Befriedigung zu verschaffen. Eine solche „Versilberung" ist ein oft kostspieliger verlustreicher Weg. Natürlich muss ihn derjenige riskieren, der es gegen sich zur Vollstreckung kommen lässt, falls er die Verschuldung übersehen und vermeiden konnte. Für den Gläubiger kann die Chance, genug Erlös herauszubekommen, nach § 93 III 2 GVGA das Hauptziel sein. Sie kann sich aber auch als ein TrugschluSS erweisen, nachdem er für den Prozess und den Beginn der Zwangsvollstreckung schon reichlich Zeit, Mühe und Geld zusätzlich vorgeschossen und dann im Ergebnis auch noch endgültig geopfert hat. Die beiderseitigen Interessen sind oft so extrem unterschiedlich, dass nur eine ebenso entschlossene wie behutsame Handhabung erträgliche Lösungen schaffen kann.

3 **Zeitgemäß** ist der Grundgedanke der §§ 814 ff. wohl unverändert nicht nur wegen der modernen elektronischen Möglichkeit nach § 814 II Nr. 2 (Internetversteigerung) geblieben. Das gilt ungeachtet der manchmal rascheren und eleganteren Verwertungsart nach § 825. Ihr Risiko geringeren Ertrags erhält seine Vertretbarkeit durch die Abhängigkeit vom Gläubigerantrag.

4 **III. Grundsatz: Versteigerung.** Der Regelfall der Verwertung eines Pfandstücks ist seine öffentliche oder im Internet allgemeinen zugängliche Versteigerung zwecks Erzielung eines im Interesse aller Beteiligten der Zwangsvollstreckung möglichst hohen Erlöses nach §§ 814, 816–819, § 91 I 1 GVGA. Das Gesetz verwendet den Ausdruck Zwangsversteigerung nur bei der Liegenschaftszwangsvollstreckung nach § 866 I.

5 **IV. Ausnahmen.** Von dem Regelfall gelten die folgenden Ausnahmen.

6 **1. Geldablieferung.** Der Gerichtsvollzieher muss gepfändetes Geld nach § 815 I dem Gläubiger abliefern.

7 **2. Arrestpfändung, Sicherungsvollstreckung usw.** Eine Arrestpfändung soll den Gläubiger lediglich sichern. Sie lässt darum nach § 930 keine Verwertung der Pfandsache zu. Dasselbe gilt bei der Sicherungsvollstreckung vor der Sicherheitsleistung nach § 720a I 2. Wegen der Beschränkung auf bloße Sicherungsmaßregeln der Brüssel Ia-VO SchlAnh V C 2.

8 **3. Veräußerungsverbot.** Die Pfandsache ist dann nicht verwertbar, wenn ein Veräußerungsverbot vorliegt.

9 **4. Vorerbschaft.** Die Pfandsache ist auch nach §§ 772 ff. dann nicht verwertbar, wenn sie zu einer Vorerbschaft gehört.

5. Einstellung. Eine Verwertung ist nicht zulässig, sobald das Gericht die Zwangsvollstreckung nach §§ 707, 719, 765a, 769 oder nach § 775 Nr. 2, 4, 5, § 776 endgültig eingestellt hat. 10

6. Freihändiger Verkauf. Ein freihändiger Verkauf findet bei §§ 817a III, 821, 825 statt. Wegen Eröffnung eines Insolvenzverfahrens → Vor § 704 Rn. 30. 11

7. Zeitweilige Aussetzung der Verwertung. Soweit eine derartige Maßnahme erfolgt ist und wirkt, findet keine Versteigerung statt. 12

V. Geschäftsanweisung für Gerichtsvollzieher. §§ 91 ff. GVGA geben wegen der Versteigerung Ergänzungen zur ZPO. 13

VI. Verstoß. Bei einem Verstoß gegen die Vorschriften der Pfandverwertung bleibt die Zwangsvollstreckung dann wirksam, wenn sich der Gerichtsvollzieher mindestens in den Grenzen seiner sachlichen Zuständigkeit gehalten hat; aM Thomas/Putzo/Seiler § 814 Rn. 5. Dazu gehört, dass er das Eigentum nach § 817 II nur gegen eine Barzahlung übertragen hat, und nur zum Mindestgebot nach § 817a I, → § 817a Rn. 8. Die Vorschriften des BGB über einen Verstoß oder über einen Erwerb im guten Glauben nach §§ 1243 ff. BGB sind nach → § 817 Rn. 14 unanwendbar. 14

VII. Rechtsmittel. Rechtsbehelfsbelehrung, Verstoß: §§ 232, 233 S. 2. Gegen eine fehlerhafte Maßnahme des Gerichtsvollziehers hat der Betroffene die Möglichkeit der Erinnerung nach § 766. An sie kann sich die sofortige Beschwerde nach § 793 anschließen. 15

814 *Öffentliche Versteigerung.* **I Die gepfändeten Sachen sind von dem Gerichtsvollzieher öffentlich zu versteigern; Kostbarkeiten sind vor der Versteigerung durch einen Sachverständigen abzuschätzen.**[1]

II Eine öffentliche Versteigerung kann nach Wahl des Gerichtsvollziehers

1. als Versteigerung vor Ort oder
2. als allgemein zugängliche Versteigerung im Internet über eine Versteigerungsplattform

erfolgen.

III [1]Die Landesregierungen bestimmen für die Versteigerung im Internet nach Absatz 2 Nummer 2 durch Rechtsverordnung

1. den Zeitpunkt, von dem an die Versteigerung zugelassen ist,
2. die Versteigerungsplattform,
3. die Zulassung zur und den Ausschluss von der Teilnahme an der Versteigerung; soweit die Zulassung zur Teilnahme oder der Ausschluss von einer Versteigerung einen Identitätsnachweis natürlicher Personen vorsieht, ist spätestens ab dem 1. Januar 2013 auch die Nutzung des elektronischen Identitätsnachweises (§ 18 des Personalausweisgesetzes, § 12 des eID-Karte-Gesetzes oder § 78 Absatz 5 des Aufenthaltsgesetzes) zu diesem Zweck zu ermöglichen,
4. Beginn, Ende und Abbruch der Versteigerung,
5. die Versteigerungsbedingungen und die sonstigen rechtlichen Folgen der Versteigerung einschließlich der Belehrung der Teilnehmer über den Gewährleistungsausschluss nach § 806,
6. die Anonymisierung der Angaben zur Person des Schuldners vor ihrer Veröffentlichung und die Möglichkeit der Anonymisierung der Daten der Bieter,
7. das sonstige zu beachtende besondere Verfahren.

[2]Sie können die Ermächtigung durch Rechtsverordnung auf die Landesjustizverwaltungen übertragen.

Schrifttum: Remmert NJW 2009, 2572; Weber DGVZ 2018, 149 (je Grdz. zum Internet).

I. Systematik, I–III. → Vor § 814 Rn. 1. Ferner gelten §§ 296–301 AO. 1

II. Regelungszweck, I–III. Zunächst → Vor § 814 Rn. 2. Versteigerung ist ein keineswegs immer erfolgversprechender, dem Sachzustand keineswegs sonderlich dienender und den Schuldner evtl. demütigender öffentlicher Weg der Verwertung. Das gilt im Grunde zumindest abgeschwächt, wenn nicht sogar verstärkt auch bei II, III. Man sollte andere Wege nach § 825 mitbedenken. Das kommt im Text des § 814 nicht ausreichend zum Ausdruck. Andererseits hat der Gläubiger das Recht, eine Versteigerung zu fordern. Er kann es dem Schuldner überlassen, ob dieser einen Antrag auf eine andere Verwertung stellt. Bis zu einer entsprechenden Entscheidung des Gerichtsvollziehers oder des Gerichts darf man am Recht und an der Amtspflicht zur Versteigerung nicht herumdeuteln. 2

III. Versteigerung vor Ort, I, II Nr. 1. Zuständig ist bei der sog. Präsenzversteigerung nach §§ 91 I 1 Hs. 1, 92 ff. GVGA grundsätzlich der Gerichtsvollzieher. Ein öffentlich bestellter Auktionator kommt nach § 825 in Betracht. Zum Auktionator Birmanns DGVZ 1993, 107. Soweit der Gerichtsvollzieher versteigert, ist nach → § 816 Rn. 6 derjenige zuständig, der die Pfändung vorgenommen hat, bei einer bei § 826 vorrangigen Pfändung das nach § 308 AO zuständige Vollstreckungsorgan. Besonderheiten zur Zuständigkeit gelten bei § 827. Wegen der Ausnahmen → § 816 Rn. 9. Der Gerichtsvollzieher muss das Pfandstück grundsätzlich nach §§ 816–819 auch ohne einen besonderen Auftrag nach § 755 öffentlich versteigern. Ausnahme: § 811b IV. Er ist bei der Versteigerung ebenso wie bei einer freihändigen Verwertung weder ein Vertreter des Gläubigers noch ein Vertreter des Schuldners. Der Gerichtsvollzieher handelt vielmehr kraft seiner Amtsgewalt nach → Vor § 814 Rn. 4. Ihn binden aber bei der Versteigerung wie überhaupt beim weiteren Fortgang der Zwangsvollstreckung im Rahmen des Gesetzes die etwaigen Weisungen des Gläubigers nach → § 753 Rn. 10. Das kann auch zur Aussetzung der Versteigerung führen, ebenso zur Terminsverlegung, Wieser DGVZ 1987, 49, oder zur Aufhebung des Versteigerungsverfahrens. 3

[1] **Amtl. Anm.:** § 814 (1) Halbsatz 2 gemäß Artikel 5 Nr. 1 des Gesetzes vom 20. August 1953 (BGBl. I S. 952) außer Kraft, soweit er sich nicht auf das Verwaltungszwangsverfahren bezieht.

4 **IV. Versteigerung im Internet, II Nr. 2, III.** Dazu (nach altem Recht, damals rechtspolitisch) Schnabl NJW 2005, 941: Auch sie muss allgemein zugänglich und damit öffentlich sein. Die Länder müssen nach § 91 I 1 Hs. 2 GVGA durch Rechtsverordnungen nach III die Einzelheiten regeln. Vgl. dazu in **Baden-Württemberg:** VO zuletzt v. 11.11.2016, GBl 17, 145; **Bayern:** VO v. 25.11.2009, GVBl 619; **Brandenburg:** VO v. 8.2.2011, GVBl II 2011 Nr 10; **Bremen:** VO zuletzt v. 16.11.2015, GBl 513; **Hamburg:** VO v. 6.4.2010, GVBl 2010, 2540; **Hessen:** VO v. 10.6.2010, GVBl 172; **Nordrhein-Westfalen:** VO v. 22.9.2009, GVBl 2009, 508; **Rheinland-Pfalz:** VO v. 26.6.2010, GVBl 198; **Saarland:** VO v. 17.1.2011, ABl I 2011, 16; **Sachsen:** VO v. 14.3.2010, GVBl 2010, 94; **Sachsen-Anhalt:** VO v. 3.2.2010, GVBl 36; **Schleswig-Holstein:** VO v. 17.10.2012, GVBl 706; **Thüringen:** VO v. 22.9.2010, GVBl 2010, 323.

5 **V. Öffentlichkeit, I–III.** Öffentliche Versteigerung bedeutet bei **I, II Nr. 1:** Der Gerichtsvollzieher muss nach § 91 II 4 GVGA allen Beteiligten den Versteigerungsbeginn mitteilen. Er muss während der Versteigerung einen unbeschränkten Kreis von Personen als Bieter zulassen, soweit es die Umstände erlauben, Polzius DGVZ 1987, 22, 33. Dabei muss er Sicherheitserwägungen und -bestimmungen beachten. Eine geringe Raumgröße gibt kein Recht, die Öffentlichkeit praktisch auszuschließen. Ein gesetzliches Verbot einer öffentlichen Versteigerung zur Reinhaltung des Handels berührt eine solche Versteigerung nicht. Ein Recht eines Dritten kann aber einer öffentlichen Versteigerung der Sache entgegenstehen.

6 Beim **Internet** nach **II Nr. 2** treten die Landesvorschriften über die Zulassung und den Ausschluss von der Teilnahme nach III Nr. 3 an die Stelle der Öffentlichkeitsregelung nach I Hs. 1. Dabei muss jeweils die Allgemeinzugänglichkeit nach II Nr. 2 bestehen, um diese Versteigerungsform gesetzmäßig zu machen. Die Zulassung darf daher auch nicht faktisch zu einer Beschränkung der Teilnahme aus anderen Gründen als zB §§ 169–174 GVG führen.

7 **Gebühren:** KV 300 GvKostG.

8 **VI. Rechtsbehelf, I–III.** Gegen eine fehlerhafte Maßnahme des Gerichtsvollziehers hat jeder Betroffene die Möglichkeit der Erinnerung nach §§ 567 I Nr. 1, 793. An sie kann sich die sofortige Beschwerde nach §§ 567 I Nr. 1, 793 anschließen.

815 *Gepfändetes Geld.* **I Gepfändetes Geld ist dem Gläubiger abzuliefern.**

II [1]Wird dem Gerichtsvollzieher glaubhaft gemacht, dass an gepfändetem Geld ein die Veräußerung hinderndes Recht eines Dritten bestehe, so ist das Geld zu hinterlegen. [2]Die Zwangsvollstreckung ist fortzusetzen, wenn nicht binnen einer Frist von zwei Wochen seit dem Tag der Pfändung eine Entscheidung des nach § 771 Abs. 1 zuständigen Gerichts über die Einstellung der Zwangsvollstreckung beigebracht wird.

III Die Wegnahme des Geldes durch den Gerichtsvollzieher gilt als Zahlung von Seiten des Schuldners, sofern nicht nach Absatz 2 oder nach § 720 die Hinterlegung zu erfolgen hat.

1 **I. Systematik, I–III.** Die Vorschrift regelt den einfachsten Fall der Pfandverwertung. III ähnelt dem § 819.

2 **II. Regelungszweck, I–III.** Die Vorschrift bezweckt in **I**, dass man das Pfandstück gar nicht erst zu Geld machen muss, um den Gläubiger zu befriedigen. I dient damit der Prozesswirtschaftlichkeit. Immerhin zeigt II, dass auch dann Probleme entstehen. Der Zweck von **II** liegt darin, demjenigen Dritten sein Recht zu erhalten, der eine Widerspruchsklage erheben könnte. Durch die Ablieferung des Geldes wäre ja eine Zwangsvollstreckung beendet und daher die Möglichkeit einer Klage nach § 771 ausgeschlossen. II dient also der sachlich-rechtlichen Gerechtigkeit nach → Einl. II Rn. 12, 70. In der Unterstellung durch **III** kommt das Ziel zum Ausdruck, den frühestmöglichen Zeitpunkt zugunsten des Schuldners zugrundezulegen, von dem ab auch die Gefahr des Untergangs jedenfalls nicht mehr auf dem Schuldner lasten kann.

3 **III. Geltungsbereich: Geld, I.** Man muss zwei Aspekte klären.

4 **1. Begriff.** Geld nimmt der Gerichtsvollzieher dem Schuldner bei der Pfändung weg und übergibt es nach der Vorwegentnahme seiner Kosten nach §§ 6, 15 III 2–4 GvKostG unverzüglich wie bei § 121 I 1 BGB nach § 89 I 1, 2 GVGA demjenigen, der als Gläubiger nach dem BGB gilt; aM Scheld DGVZ 1983, 164 (aber wem denn sonst?). Dasselbe gilt bei dem Gerichtsvollzieher gezahlten Geld. Geld ist hier jedes geltende Zahlungsmittel, das den Gläubiger ohne eine Versteigerung befriedigen kann. Hierher zählen also Geld der zumindest auch in Deutschland amtlichen Währung in Banknoten wie Münzen, Stempel-, Kosten-, Versicherungs-, Briefmarken usw. Alle diese Gegenstände kann der Gerichtsvollzieher in Geld umwechseln. Er muss dann das Bargeld an den Gläubiger abliefern. Ein nur ausländisches Zahlungsmittel beliebiger Art fällt nicht unter § 815. Der Gerichtsvollzieher wechselt es aber ebenfalls nach § 821 um. Eine Sammlung von (wenn auch teilweise evtl. gültigen) Münzen kann nach § 813 I 2 als eine Kostbarkeit gelten, Köln NJW 1992, 50.

5 **2. Ablieferung.** Das ist nach § 73 GVO der hoheitliche Akt der Übergabe, auch im bargeldlosen Zahlungsverkehr, BGH NJW 2009, 1086. Er bewirkt nach → Rn. 11 den Eigentumsübergang. Das gilt unabhängig davon, ob das Geld dem Schuldner gehörte. Er duldet keine Bedingung. §§ 929–936 BGB sind nach → Rn. 11 unanwendbar, BGH NJW 2009, 1086. Ein Vertreter des Gläubigers muss nach § 80 I ZPO, § 172 I BGB außerhalb des Anwendungsbereichs von § 753a eine Original-Empfangsvollmacht vorlegen, LG Aachen DGVZ 1991, 173 (keine Telefaxkopie), LG Bielef DGVZ 1993, 28 (keine beglaubigte Kopie), LG Ingolst DGVZ 1994, 92 (keine allgemeine Inkassovollmacht), AG Lehrte DGVZ 2008, 29; aM LG Brem DGVZ 2002, 168 (auch beglaubigte Abschrift. Aber → § 80 Rn. 21). Die Prozessvollmacht genügt nach § 81 letzter Hs. nur für die Prozesskosten und im Übrigen nicht, AG Brake DGVZ 1994, 77.

6 **3. Benachrichtigungen.** Der Gerichtsvollzieher darf und muss von der Ablieferung nach § 62 I GVO bei einer erkennbaren Arbeitslohnsumme zum einen das für die Vollstreckung zuständige Finanzamt nach dem Muster der GVO-Anlage 3 bei über 40 EUR benachrichtigen, zum anderen nach § 62 II GVO evtl. den zuständigen Sozialversicherungsträger. Beides entfällt allerdings nach § 62 III GVO bei einer Kenntnis dieser Stellen.

IV. Hinterlegung, II. Man muss die Voraussetzung, das Verfahren und die Folgen unterscheiden. 7

1. Notwendigkeit der Regelung. Der Gerichtsvollzieher muss nach §§ 89 I 1, 155 GVGA gepfändetes Geld dann hinterlegen, wenn ihm bis zur Ablieferung nach → Rn. 1 irgendjemand nach § 294 glaubhaft macht, dass ein Dritter an dem Geld ein die Veräußerung hinderndes Recht habe. Solche Glaubhaftmachung ist auch schon und gerade vor der Erhebung einer Drittwiderspruchsklage usw. zulässig und ratsam. Der Gerichtsvollzieher muss Geld auch dann hinterlegen, wenn ein Erbe nach § 781 behauptet, die Zwangsvollstreckung treffe sein Vermögen statt den Nachlass, oder wenn ein Dritter nach § 786 behauptet, er hafte nicht mit der betreffenden Vermögensmasse. Hierher gehören nach § 87 II 1 GVGA weiter die Rechte auf eine vorzugsweise Befriedigung aus § 805. Denn eine Klage nach dieser Vorschrift ist einer Klage aus § 771 gleichwertig. Schmidt-von Rhein DGVZ 1988, 67 wendet II dann entsprechend an, wenn bereits ein Gläubiger des jetzt Vollstreckenden die Forderung gepfändet hatte. Auf §§ 883 ff., 897 ist II unanwendbar, Müller DGVZ 1975, 104. Ein Vermieterpfandrecht erlischt nur nach § 560 BGB. 8

2. Verfahren. Der Gerichtsvollzieher muss die ihm vorgetragenen Behauptungen wie das Gericht bei § 286 frei würdigen. Die Glaubhaftmachung erfolgt nach § 294 I. Eine eidesstattliche Versicherung ist auch zum Protokoll des Gerichtvollziehers nach § 762 zulässig. Dazu aber → Rn. 7. § 294 II ist unanwendbar. Der Gerichtsvollzieher darf beliebige Auskünfte einziehen. Er kann aber keine Aussage erzwingen. Er darf seine Entscheidung durch solche Erkundigungen nicht wesentlich hinauszögern. Hat man ihm das fremde Recht glaubhaft gemacht, hinterlegt er nach dem Landesrecht. Dann besteht das Pfändungspfandrecht nebst der Verstrickung nach § 233 BGB fort. Der Gerichtsvollzieher darf nach § 155 S. 2 Nr. 4 GVGA keine Auszahlung an den Gläubiger vornehmen, soweit und solange der Schuldner hinterlegen darf. Wenn ihm das behauptete fremde Recht unglaubhaft scheint, muss er das Geld an den Gläubiger abliefern. Der Dritte hat dann nach → Vor § 771 Rn. 9 lediglich einen Bereicherungs- oder Ersatzanspruch. Wenn dem Gerichtsvollzieher aber das fremde Recht glaubhaft scheint, muss er das Geld hinterlegen. Er braucht freilich einen Überweisungsauftrag nicht stets zu widerrufen. 9

3. Fortsetzung der Vollstreckung. Der Gerichtsvollzieher muss die Zwangsvollstreckung dann von Amts wegen fortsetzen, wenn ihm nicht der Dritte binnen 2 Wochen seit der Pfändung die Ausfertigung einer Entscheidung nach § 775 Nr. 2 des für die Widerspruchsklage zuständigen Prozessgerichts nach → § 771 Rn. 32 vorlegt, wonach die Zwangsvollstreckung eingestellt worden ist. Die Frist ist keine Notfrist nach § 224 I 2. Sie lässt sich nach § 222 berechnen. Das Vollstreckungsgericht nach §§ 764, 802 darf die Bescheinigung nicht erteilen. § 769 II ist nämlich bewusst nicht anwendbar. Der Gerichtsvollzieher ermittelt nicht etwa nach → Vor § 128 Rn. 44 von Amts wegen, ob die Einstellung erfolgt ist. Nach einem ergebnislosen Ablauf der Frist muss der Gerichtsvollzieher die Hinterlegungsstelle zur Rückgabe des Geldes an ihn veranlassen und die Zwangsvollstreckung fortsetzen. Darum muss sich der Gerichtsvollzieher bei der Hinterlegung das Recht zu einer unbedingten Rücknahme nach dem Ablauf von 2 Wochen vorbehalten; aM Zöller/Herget Rn. 5 (eine dienstliche Versicherung genüge. Aber sie wäre für die Hinterlegungsstelle nicht verbindlich. Denn sie ist an das Landesrecht gebunden). Die Hinterlegungsstelle muss dem Gerichtsvollzieher von einer etwa bei ihr eingegangenen Einstellung unverzüglich wie bei § 121 I 1 BGB Kenntnis geben. 10

V. Wirkung einer Ablieferung, III. Die Vorschrift regelt abweichend von § 270 BGB den Übergang der Leistungsgefahr, Scherer DGVZ 1994, 131. 11

1. Vollstreckung. Befriedigung. Dazu Schünemann JZ 1985, 49 (ausf.). Soweit man das Geld nicht hinterlegen muss, gilt der Gläubiger mit einer freiwilligen Zahlung des Schuldners an ihn als befriedigt, BGH Rpfleger 2011, 335, ebenso mit der Wegnahme nach § 362 I BGB, BGH NJW 1981, 2244, auch wenn das Geld noch auf das Konto des Gerichtsvollziehers kommt, BGH JZ 1984, 151. Die Zinszahlungspflicht endet, LG Mönchengladb DGVZ 1995, 151 (bei der Leistung durch einen Scheck ist der Tag der Gutschrift für das Zinsende maßgeblich). Insoweit geht die Gefahr auf den Gläubiger über, BGH NJW 2009, 1086; LG Brschw DGVZ 1977, 23; Braun AcP 184, 163; aM Zöller/Herget Rn. 2. Der Vollstreckungstitel ist verbraucht. Der Gerichtsvollzieher muss ihn daher nach § 757 dem Schuldner aushändigen, soweit er nicht nach → Rn. 16 hinterlegen muss. Wenn der Gerichtsvollzieher das Geld unterschlägt, kann der Gläubiger zwar nicht mehr den Schuldner, wohl aber natürlich das Land nach → GVG Vor § 154 Rn. 5 haftbar machen. 12

Der Gläubiger erwirbt das Eigentum an dem Geld aber nach → Rn. 1, 7 erst durch die **Ablieferung,** die Übergabe an ihn, BGH NJW 2009, 1086, LG Brschw DGVZ 1977, 23. Denn erst diese Übergabe stellt die Verwertung und Erfüllung dar, LG Memmingen MDR 2018, 176. Bis zur Übergabe hat der Gläubiger also nur ein Pfändungspfandrecht und besteht die Verstrickung nach → Vor § 803 Rn. 8 fort. Für die schuldbefreiende Wirkung ist das Eigentum des Schuldners am Geld unerheblich, BGH NJW 2009, 1086. Dieses Eigentum hat ja überhaupt für die Durchführung der Zwangsvollstreckung keine Bedeutung. Eine Prozessvollmacht nach §§ 80, 81 ermächtigt nach → Rn. 5 nur zum Empfang der Prozesskosten. Deshalb muss ja der ProzBev. nach → Rn. 5 dem Gerichtsvollzieher seine Vollmacht zum Geldempfang besonders nachweisen. 13

2. Beendigung der Vollstreckung. Die Ablieferung des Geldes führt zur Beendigung der Zwangsvollstreckung nach → Vor § 704 Rn. 49, LG Brschw DGVZ 1977, 23. Bis zur Ablieferung sind also eine Anschlusspfändung nach § 826, eine Gläubigeranfechtung nach § 130 InsO oder nach dem AnfG, eine Einstellung usw. statthaft, Stein/Jonas/Würdinger Rn. 15; Zöller/Herget Rn. 3; eine Gläubigeranfechtung ggf. auch noch danach, vgl. BGHZ 136, 311 – zust. Münzberg JZ 1998, 308. § 815 bezieht sich nur auf „gepfändetes" Geld, also auf solches, das der Gerichtsvollzieher weggenommen hat. 14

3. Freiwillige Leistung. Leistet der Schuldner freiwillig unter dem Druck einer bevorstehenden Zwangsvollstreckung, ist die Leistung zwar iSv § 362 BGB erst mit der Übergabe an den Gläubiger erbracht, BAG NJW 2018, 331 Rn. 15 f., III ist entsprechend anwendbar, BAG NJW 2018, 331 Rn. 16; BGH NJW 2009, 1085; aA Scherer DGVZ 1994, 130. Allerdings ist der Gerichtsvollzieher ist nach → § 753 Rn. 3 (A) nicht ein Vertreter des Gläubigers (Anders 79. Aufl.). III schützt deshalb auch in seiner analogen Anwendung ausschließlich den Schuldner davor, ein weiteres Mal zahlen zu müssen, wenn das Geld vor Ablieferung an den Gläubiger abhanden kommt. Dem Gläubiger stehen in diesem Fall ggf. Amthaftungsansprüche zu, BAG NJW 2018, 331 Rn. 16; BGH NJW 2009, 1085 Rn. 9 ff. 15

16 **VI. Wirkung einer Hinterlegung, III.** Wenn man das Geld hinterlegen muss, gilt die Wegnahme des Geldes nicht als eine Zahlung. Das bedeutet: Die gesetzliche Unterstellung entfällt dann, wenn ein Dritter später ein Recht nach §§ 294, 771 glaubhaft macht oder wenn eine solche andere Tatsache eintritt, die eine Hinterlegung notwendig macht. Das gilt bei einer Hinterlegung nach § 815 II, ferner bei einer Erlaubnis zur Abwendung der Zwangsvollstreckung nach § 720, schließlich bei §§ 720a, 769, 771 III, 805 IV, 827 II, III, 854 II, 930 III, 936. Die Unterstellung greift wieder ein, sobald die Hinterlegungsstelle nach dem Wegfall des Hinterlegungsgrundes das Geld dem Gerichtsvollzieher zurückgibt. Wenn der Anspruch des Gläubigers überhaupt nur auf eine Hinterlegung geht, ist der Gläubiger mit ihr befriedigt.

17 **VII. Rechte am Hinterlegten, I–III.** Es kommt auf den Hinterlegungszweck an.

18 **1. Sachliches Recht.** Die ZPO legt die Rechte am Hinterlegten nicht fest. Man muss diese Rechte unter einer entsprechenden Anwendung des sachlichen Rechts bestimmen.

19 **2. Hinterlegung zur Vollstreckungsabwendung.** Bei einer Hinterlegung zur Abwendung der Zwangsvollstreckung nach §§ 711, 712 I erlangt der Gläubiger bei Geld und Wertpapieren ein Pfandrecht am Hinterlegten. Ein gesetzliches oder ein gesetzlich zugelassenes Zahlungsmittel werden nach dem Landesrecht Eigentum des Landes. Der Gläubiger erlangt ein Pfandrecht an dem Rückforderungsanspruch des Schuldners gegen die Staatskasse. Eine Erfüllung ist hier wegen des Fehlens eines entsprechenden Willens nicht eingetreten. Der Schuldner kann aber nach § 777 der weiteren Durchführung der Zwangsvollstreckung die Verweisung auf das Hinterlegte entgegensetzen. Wenn der Schuldner den herauszugebenden Streitgegenstand nach → § 2 Rn. 4 hinterlegt hat, will er erfüllen, kann es aber infolge der Hinterlegung nicht. Deshalb erlangt der Gläubiger ein auflösend bedingtes Eigentum und ist der Schuldner nach § 873 BGB befreit. Manche nehmen allerdings an, dann sei das Eigentum aufschiebend bedingt. Mit dem Eintritt der formellen Rechtskraft nach § 705 bei derjenigen Entscheidung, die das Urteil aufhebt, ist die Bedingung eingetreten. Bei einer Vollstreckung auf die Vornahme einer Handlung oder auf eine Unterlassung haftet das Hinterlegte nur als eine Sicherheit für die Erfüllung.

20 **3. Andere Hinterlegungsarten.** Bei einer Hinterlegung gepfändeten Gelds oder bei einer Hinterlegung des Erlöses von Pfandstücken nach §§ 720, 805 IV, 815, 827 II, III, 854 II, 930 III oder bei einer Hinterlegung des geschuldeten Betrags durch den Drittschuldner nach §§ 839, 840, 853 dauert das Pfandrecht des Gläubigers am Hinterlegten fort oder geht auf den Rückforderungsanspruch über.

21 **4. Hinterlegung zur Sicherheit.** Ist nur zur Sicherheit hinterlegt worden, sei es vom Gläubiger, vom Schuldner nach § 720a oder von einem Dritten, erlangt der Gegner ein Pfandrecht am Hinterlegten oder am Rückforderungsanspruch, §§ 233, 234 BGB. Das Pfandrecht am Hinterlegten steht anstelle eines Pfändungspfandrechts. Man muss es daher nach § 804 wie ein Pfändungspfandrecht behandeln. Das Pfandrecht erlischt vor allem erst dann, wenn eine besondere Aufhebung erfolgt.

22 **VIII. Rechtsbehelfe, I–III.** Es kommt auf die Entscheidungsart an.

23 **1. Gegen Ablieferung.** Der Schuldner und ein betroffener Dritter können bis zur Beendigung der Zwangsvollstreckung durch die Ablieferung die Erinnerung nach § 766 einlegen. Daran kann sich nach §§ 567 I Nr. 1, 793 die sofortige Beschwerde anschließen.

24 **2. Gegen Hinterlegung.** Der Gläubiger kann gegen die Hinterlegung lediglich die Erinnerung nach § 766 mit der Begründung einlegen, der Gerichtsvollzieher sei fehlerhaft verfahren. Daran kann sich nach §§ 567 I Nr. 1, 793 die sofortige Beschwerde anschließen.

25 **3. Gegen Verweigerung einer Ablieferung oder Hinterlegung.** Der Gläubiger kann gegen die Verweigerung einer Ablieferung oder Hinterlegung gegen den Gerichtsvollzieher die Erinnerung nach § 766 einlegen, LG Bielef DGVZ 1993, 28. Daran kann sich nach §§ 567 I Nr. 1, 793 die sofortige Beschwerde anschließen.

816

Zeit und Ort der Versteigerung. **I Die Versteigerung der gepfändeten Sachen darf nicht vor Ablauf einer Woche seit dem Tag der Pfändung geschehen, sofern nicht der Gläubiger und der Schuldner über eine frühere Versteigerung sich einigen oder diese erforderlich ist, um die Gefahr einer beträchtlichen Wertverringerung der zu versteigernden Sache abzuwenden oder um unverhältnismäßige Kosten einer längeren Aufbewahrung zu vermeiden.**

II Die Versteigerung erfolgt in der Gemeinde, in der die Pfändung geschehen ist, oder an einem anderen Ort im Bezirk des Vollstreckungsgerichts, sofern nicht der Gläubiger und der Schuldner über einen dritten Ort sich einigen.

III Zeit und Ort der Versteigerung sind unter allgemeiner Bezeichnung der zu versteigernden Sachen öffentlich bekannt zu machen.

IV Bei der Versteigerung gilt die Vorschrift des § 1239 Absatz 1 Satz 1 des Bürgerlichen Gesetzbuchs entsprechend; bei der Versteigerung vor Ort ist auch § 1239 Absatz 2 des Bürgerlichen Gesetzbuchs entsprechend anzuwenden.

V Die Absätze 2 und 3 gelten nicht bei einer Versteigerung im Internet.

1 **I. Systematik, I–V.** Die Vorschrift regelt den in der Praxis wohl wichtigsten Fall der Pfandverwertung. Sie ergänzt den § 814 und wird ihrerseits durch §§ 817–819 ergänzt.

2 **II. Regelungszweck, I–V.** Die Vorschrift dient dem in → Vor § 814 Rn. 2 genannten Zweck. Sie berücksichtigt aber auch die Schuldnerinteressen durch die grundsätzlich notwendige Wartefrist, wie man sie auch sonst verschiedentlich in der Zwangsvollstreckung beachten muss. Fristen muss man aus Gründen der Rechtssicherheit nach → Einl. II Rn. 87 stets strikt handhaben. Das gilt natürlich auch für I. Daher muss man auch die dort genannte Gefahr und die dort vorausgesetzte Unverhältnismäßigkeit streng prüfen, bevor man die Wartefrist kürzen darf. III erfordert Rechtzeitigkeit, also genug Zeit zur Information und Prüfung, ob man mitbieten will.

3 **III. Wartefrist, I.** Der Gerichtsvollzieher muss den Versteigerungstermin nach §§ 91 III 1, 92 I 1 GVGA grundsätzlich unverzüglich wie bei § 121 I 1 BGB nach der Pfändung bestimmen. Dabei muss er aber folgendes

beachten. Soweit wenigstens der Gläubiger es beantragt, darf der Gerichtsvollzieher nach § 802b den Terminstag hinausschieben, strenger § 92 I 2 Nr. 2 GVGA (Zustimmung beider Parteien nötig). Denn der Gläubiger ist der Herr der Zwangsvollstreckung, und hier überschreitet er die Grenzen der Parteiherrschaft nicht. Zum anderen mag eine alsbaldige Versteigerung nach § 92 I 2 Nr. 2 GVGA unratsam sein, etwa wegen eines Sonnabends, Sonntags oder Feiertags nach § 758a IV oder wegen eines etwas später wahrscheinlich besseren Ergebnisses, oder mangels Fruchtreife oder wegen erwartbarer Anordnung nach § 825. Bei einer Internetversteigerung ist § 814 III Nr. 1 anzuwenden.

1. Grundsatz: 1 Woche. Zwischen dem Tag der Pfändung nach §§ 808 ff. und dem Tag der Versteigerung oder beim Internet dem Zeitpunkt der Zulassung nach § 814 III Nr. 1 muss nach § 92 III 1 GVGA grundsätzlich mindestens 1 Woche liegen. Zwischen dem Zahlungs- und dem Verwertungstermin sollen nach § 91 IV 1 GVGA 2 Wochen liegen. Der Zweck der Regelung besteht darin, dem Gläubiger eine Gelegenheit zur Information von Bietlustigen zu geben, dem Schuldner eine Gelegenheit zur Befriedigung des Gläubigers usw. oder wenigstens ebenfalls zur Information eines besseren Bieters und einem Dritten eine Gelegenheit zur Widerspruchsklage nach § 771 usw., BGH DGVZ 2007, 136. Wenn die Versteigerung auf Grund einer Anschlusspfändung nach § 826 erfolgen soll, beginnt die Frist mit der Anschlusspfändung. Die Frist ist keine Notfrist nach § 224 I 2. Ihre Berechnung erfolgt nach § 222. Wenn der Gerichtsvollzieher dem Gläubiger zu einem Antrag auf eine Übereignung nach § 825 rät, darf er nicht sofort einen Versteigerungstermin anberaumen, LG Bln DGVZ 1982, 41. 4

2. Ausnahmen. Der Gerichtsvollzieher soll nach § 91 IV 3 GVGA abwägen. Die Versteigerung darf zu einem früheren Zeitpunkt nur dann stattfinden, wenn einer der folgenden Fälle vorliegt: Der Gläubiger und der Schuldner müssen sich nach § 92 III 2 Nr. 1 GVGA insofern einig geworden sein. Diese Einigung ist ein Prozessvertrag. Sie bindet den Gerichtsvollzieher. Oder: Es muss nach § 92 III 2 Nr. 2 GVGA eine erhebliche Wertverringerung drohen, Fleischmann/Rupp Rpfleger 1987, 8 (ausf.), oder es müssen unverhältnismäßig hohe Verwahrungskosten bevorstehen. Die Gründe müssen nach § 92 III 3 GVGA aktenkundig werden. Ein Monat soll nach § 92 III 4 GVGA die Höchstfrist sein. 5

3. Verstoß, I. Ein Verstoß gegen die Wartefrist lässt die weitere Zwangsvollstreckung wirksam. Er ist aber eine Amtspflichtverletzung des Gerichtsvollziehers. Gegen einen Verstoß können sich der Gläubiger und der Schuldner mit der Erinnerung nach § 766 wenden, Fleischmann/Rupp Rpfleger 1987, 11. 6

IV. Versteigerung vor Ort, II. Die Vorschrift gilt nur bei dieser Form nach § 814 II Nr. 1, nicht bei einer Versteigerung im Internet. Denn dann schließt V den II aus. Auch bei der Versteigerung vor Ort nach § 814 II Nr. 1 stehen einem Grundsatz Ausnahmen gegenüber. 7

1. Grundsatz: Pfändungsort. Der Gerichtsvollzieher darf die Versteigerung grundsätzlich nicht am Aufbewahrungsort vornehmen. Er muss sie vielmehr nach § 92 II 1 GVGA an demjenigen Ort durchführen, an dem die Pfändung erfolgte. Das ist der Ort desjenigen Vollstreckungsgerichts nach §§ 764, 802, das den Pfändungsbeschluss erlassen hat, Eickmann DGVZ 1984, 67. Daher kommt es auf ein Einverständnis des Schuldners mit diesem Ort selbst dann nicht an, wenn er sich auf seinem Grundstück oder in seinen Räumen befindet, Hamm NJW 1985, 75; LG Bayreuth DGVZ 1985, 42; AG Bayreuth DGVZ 1984, 75. Freilich muss der Gerichtsvollzieher Art. 13 I, III GG beachten. Bei § 824 (vor der Trennung) ist die Zustimmung ebenfalls entbehrlich, LG Bayreuth DGVZ 1985, 42. Der Gerichtsvollzieher kann auch im Übrigen nach § 92 II 1 GVGA im Rahmen eines pflichtgemäßen Ermessens unter einer Abwägung der berechtigten Interessen der Parteien, der Bieter, der Vorführmöglichkeiten, auch des Kostenpunkts die Versteigerung an einem anderen Ort im Bezirk des Vollstreckungsgerichts durchführen. 8

2. Ausnahmen. Außerhalb des Bereichs → Rn. 7 darf der Gerichtsvollzieher die Versteigerung nach § 92 II 1 GVGA nur dann durchführen, wenn der Gläubiger und der Schuldner insofern eine Einigung getroffen haben. Diese ist ein Prozessvertrag. Er bindet den Gerichtsvollzieher, soweit sein Amtsbezirk reicht. Das Gericht muss eine Anordnung nach § 825 getroffen haben. Sie bindet den Gerichtsvollzieher, Eickmann DGVZ 1984, 66. Er soll nach § 92 II 2 GVGA auf die Möglichkeit eines Antrags nach § 825 hinweisen. Er muss die Sache evtl. nach §§ 29, 30 GVO an den örtlich zuständig werdenden Kollegen abgeben. Ein Umzug des Schuldners beeinträchtigt den Pfändungsort nicht, solange die Pfandsache am Ort bleibt. Andernfalls muss der Gerichtsvollzieher das weitere Verfahren nach § 32 GVO an den Gerichtsvollzieher des neuen Wohnorts abgeben. Dazu ist kein Verfahren nach § 825 I erforderlich. 9

3. Verstoß, II. Bei einem Verstoß bleibt die Zwangsvollstreckung wirksam. Es liegt aber eine Amtspflichtverletzung vor. Gegen einen Verstoß können der Gläubiger und der Schuldner die Erinnerung nach § 766 einlegen. 10

V. Bekanntmachung bei Versteigerung vor Ort, III. Sie erfordert Sorgfalt. 11

1. Notwendigkeit. Jeder Versteigerung vor Ort nach § 814 II Nr. 1 muss nach § 93 I 1 GVGA eine öffentliche Bekanntmachung vorausgehen. Die Bekanntmachung muss nach § 93 II 1 Nr. 1, 2, S. 2 GVGA den genauen Zeitpunkt und den Ort der Versteigerung, den Besichtigungszeitpunkt sowie eine solche allgemeine Bezeichnung des Pfandstücks enthalten, die einen Aufschluss über seine Art und Beschaffenheit gibt, um einen möglichst guten Versteigerungserlös zu erzielen. Daher muss die Bekanntgabe angemessen rechtzeitig erfolgen, grundsätzlich nach § 93 I 2 GVGA spätestens 1 Tag vor dem Termin, ausnahmsweise nach § 93 I 3 GVGA am Versteigerungstag, zB bei Gefahr des Verderbs. Letzteres muss nach § 93 I 4 GVGA aktenkundig werden. 4 Tage können ausreichen, LG Mainz NJW-RR 1998, 1294. 12

2. Ausführung. Über die Art der Bekanntgabe entscheidet der Gerichtsvollzieher nach seinem pflichtgemäßen Ermessen nach § 93 III, IV GVGA unter einer Beachtung aller Umstände. Bei einer Versteigerung eines Erbanteils muss er klarstellen, dass nicht einzelne Gegenstände, sondern eben der ideelle Anteil am Gesamtnachlass Versteigerungsgegenstand ist, Eickmann DGVZ 1984, 67. Eine solche Bekanntmachung muss auch vor einem etwaigen späteren Termin erfolgen. Das Gesetz schreibt nicht ausdrücklich vor, dass der Gerichtsvollzieher den Gläubiger, den Schuldner und den Drittberechtigten von dem Versteigerungstermin benachrichtigen müsse; aM LG Essen MDR 1979, 414. Eine solche Pflicht ergibt sich für den Gerichtsvollzieher aber aus § 92 IV 1 GVGA, soweit der Beteiligte nicht ohnehin bereits eindeutig eine Terminsnachricht erhalten hat, etwa durch den Zugang 13 des Pfändungsprotokolls nach § 762 nebst einer Terminsanberaumung, LG Detm DGVZ 1996, 120. Die Grenzen dieser Pflicht ergeben sich aus → § 763 Rn. 6. Trotzdem ist eine rechtzeitige Benachrichtigung auch eine im Grunde selbstverständliche Pflicht des Gerichtsvollziehers, nach § 92 IV 2 GVGA auch gegenüber dem Gläubiger.

14 Bei jeder **Terminsänderung** gelten nach § 143 Nr. 6 GVGA die vorstehenden Regeln entsprechend, auch zB für die Bekanntgabe der Aufhebung des bisherigen Termins. Zur Besichtigung der Pfandsache § 144 GVGA. Die Bekanntmachungskosten dürfen nach § 93 III 3 GVGA nicht unverhältnismäßig hoch werden.

15 Ein **Anschlag** kann nach § 93 III 4 Nr. 1 GVGA als Bekanntmachung genügen, etwa bei Sachen von geringem Wert und einer Versteigerung in einer allgemein bekannten Örtlichkeit. Auch eine Zeitungsanzeige kommt nach § 93 III 4 Nr. 2 GVGA als Bekanntgabe infrage. Bei hochwertigen Sachen, zB Kunst- oder Luxusgegenständen, ist eine Bekanntgabe in Spezialzeitungen oder im Fachschrifttum nach § 93 III 4 GVGA ratsam. Dasselbe gilt bei Rohstoffen, Maschinen usw. nach § 93 III 4 Nr. 4 GVGA. Bei einer umfangreichen Versteigerung mögen nach 93 III 4 Nr. 5 GVGA Bekanntmachungen in mehreren Blättern vertretbar sein.

16 **Mehrere Bekanntmachungen** sind nach § 93 IV GVGA bei mehreren Terminen an demselben Tag und Ort oder an verschiedenen durch Vereinigung in derselben Anzeige statthaft. Eine Sammelbekanntmachung kann nach § 93 V GVGA sogar für mehrere Gerichtsvollzieher infrage kommen. Der oder die Gerichtsvollzieher müssen nach § 93 IV 3–5, V 2, 3 GVGA die anteiligen Bekanntmachungskosten errechnen und aktenkundig machen.

17 **Terminsverlegung oder -aufhebung** braucht natürlich neben der sofortigen Entfernung von Aushängen oder Anschlägen nach § 93 VI GVGA möglichst auch eine entsprechende Bekanntmachung in denselben Arten wie die vorangegangene Bekanntmachung.

18 **3. Verstoß, III.** Wenn der Gerichtsvollzieher eine in der GVGA vorgeschriebene Benachrichtigung unterlässt, handelt er pflichtwidrig und kann sich nach § 839 BGB neben der Haftung des Staats nach Art. 34 GG schadensersatzpflichtig machen. Die GVGA kann nicht das Gericht in der Auswahl der Bekanntmachungsblätter binden, wohl aber den Gerichtsvollzieher. Ein Verstoß beeinträchtigt die Wirksamkeit der weiteren Zwangsvollstreckung nicht.

19 **VI. Bereitstellung vor Ort, III.** Die Vorschrift bestimmt dazu nichts ausdrücklich. § 94 GVGA nennt Regeln. Danach muss der Gerichtsvollzieher das Versteigerungsgut zur Besichtigung bereitstellen, die Nämlichkeit der Sachen protokollieren, auch eine Rückgabe an einen etwaigen Verwahrer. Er muss nach jeweils § 94 I GVGA ein Fehlen protokollieren und den Beteiligten angeben. Er muss das Gut zwecks guten Erlöses brauchbar darstellen, darf es aber nicht ohne Zustimmung von Gläubiger und Schuldner instandsetzen (lassen). Kosten der Bereitstellung sind nach jeweils § 94 II GVGA solche nach § 788.

20 **VII. Terminsablauf, IV.** Der Gerichtsvollzieher muss nach § 95 II 1 GVGA für einen ordnungsgemäßen Verlauf sorgen. Er darf und muss bei Gefahr unzulässiger Einwirkungen zB durch einen Händlerring für die Entfernung der Störer nach § 95 II 2, 3 GVGA Anordnungen treffen, notfalls mit Polizeihilfe, oder durch eine Unterbrechung der Versteigerung nach § 95 II 4 GVGA. Er muss nach § 95 I 3 GVGA streng unparteilich bleiben.

21 **1. Versteigerungsbedingungen.** Der Gerichtsvollzieher teilt zunächst diese Bedingungen nach § 95 I 1 GVGA mit, einschließlich etwa vom Gesetz abweichender gerichtlich angeordneter oder zwischen den Parteien vereinbarter Abweichungen. Er veranlasst nach Terminsende nach § 95 I 2, 3 GVGA die korrekte Behandlung von Behältern des ohne sie versteigerten Guts usw.

22 **2. Bietaufforderung.** Der Gerichtsvollzieher bietet grundsätzlich Pfandstücke einzeln aus. Er darf aber auch nach § 95 II 1, 2 GVGA zusammen ausbieten, meist in der Reihenfolge des Pfändungsprotokolls nach § 762, § 95 II 2 GVGA. Dabei nennt er den gewöhnlichen Verkaufswert und das Mindestgebot, bei Gold oder Silber wegen § 817a III deren derzeitigen Wert und im Übrigen das Mindestgebot nach § 817a I, II, § 95 II 4 GVGA.

23 **3. Grundsatz: Auch Gläubiger und Eigentümer als Bieter.** § 1239 I 1 BGB ist entsprechend anwendbar. Nach dieser Vorschrift sind als Bieter auch der Gläubiger und der Eigentümer befugt, so auch § 95 III Hs. 1 GVGA. Der Gerichtsvollzieher darf und muss den Eigentümer bei einer Versteigerung vor Ort nach § 814 II Nr. 1 dann entsprechend § 1239 II 1 BGB zurückweisen, wenn dieser den Ersteigerungserlös nicht sogleich in bar erlegt, so auch § 95 III Hs. 2 GVGA. Dasselbe gilt dann nach § 1239 II 2 BGB für ein Gebot des Schuldners nach § 95 III GVGA, insbesondere, soweit das gepfändete Stück für eine fremde Schuld haftet. Der Gerichtsvollzieher darf nach § 91 VI 1 GVGA nicht selbst mitbieten. Das gilt wegen des selbstverständlichen Gebots seiner Unparteilichkeit als Amtsträger bei einem Hoheitsakt unabhängig vom hier wegen der Grenzen der Parteiherrschaft unbeachtlichen Einverständnis eines Beteiligten. Ebensowenig darf ein Gehilfe des Gerichtsvollziehers nach §§ 450, 451 BGB, § 91 VI 1 GVGA mitbieten, nach § 91 VI 2 GVGA auch nicht ein Angehöriger, und zwar weder persönlich, noch durch einen anderen, noch für einen anderen. Ein Zweiterwerb vom berechtigten Bieter und Ersteher kann eine Umgehung des § 450 BGB darstellen.

24 **4. Protokoll.** Das nach § 762 notwendige Protokoll muss auch enthalten: Die betreibenden Gläubiger in ihrer Rangfolge; die Beträge der Forderungen nebst Vollstreckungskosten; die Versteigerungsbedingungen; die Angabe der ausgebotenen Sachen; die Meistgebote; die Namen und ab 100 EUR die Anschriften, auf Verlangen des Gerichtsvollziehers auch die Ausweisnummern der Ersteigerer; Angaben dazu, ob und wie Zahlungen und Übergaben erfolgt sind; Angaben über sonstige wesentliche Vorgänge nach § 96 I, II GVGA. Verlesung ist nach § 96 III 1 GVGA nicht vollständig nötig. Unterschreiben muss neben dem Gerichtsvollzieher nur ein anwesender Ersteigerer nach § 96 III 2, 3 GVGA.

25 **5. Verstoß, IV.** Ein Verstoß gegen diese Vorschriften hindert einen wirksamen Eigentumserwerb. Er heilt aber durch eine Genehmigung aller Beteiligten.

26 **VIII. Internetversteigerung, V.** Bei einer solchen Versteigerung nach § 814 II Nr. 2, III gelten § 816 II, III nach → Rn. 7 nicht.

27 **IX. Rechtsbehelfe, I–V.** Rechtsbehelfsbelehrung, Verstoß: §§ 232, 233 S. 2. Gegen einen Verstoß können der Schuldner und der Gläubiger die Erinnerung nach § 766 einlegen. Daran kann sich nach §§ 567 I Nr. 1, 793 die sofortige Beschwerde anschließen.

817 ***Zuschlag und Ablieferung.*** **I [1]Bei der Versteigerung vor Ort soll dem Zuschlag an den Meistbietenden ein dreimaliger Aufruf vorausgehen. [2]Bei einer Versteigerung im Internet ist der Zuschlag der Person erteilt, die am Ende der Versteigerung das höchste, wenigstens das nach § 817a Absatz 1 Satz 1 zu erreichende Mindestgebot abgegeben hat; sie ist von dem Zuschlag zu benachrichtigen. [3]§ 156 des Bürgerlichen Gesetzbuchs gilt entsprechend.**

II Die zugeschlagene Sache darf nur abgeliefert werden, wenn das Kaufgeld gezahlt worden ist oder bei Ablieferung gezahlt wird.

III [1]Hat der Meistbietende nicht zu der in den Versteigerungsbedingungen bestimmten Zeit oder in Ermangelung einer solchen Bestimmung nicht vor dem Schluss des Versteigerungstermins die Ablieferung gegen Zahlung des Kaufgeldes verlangt, so wird die Sache anderweit versteigert. [2]Der Meistbietende wird zu einem weiteren Gebot nicht zugelassen; er haftet für den Ausfall, auf den Mehrerlös hat er keinen Anspruch.

IV [1]Wird der Zuschlag dem Gläubiger erteilt, so ist dieser von der Verpflichtung zur baren Zahlung so weit befreit, als der Erlös nach Abzug der Kosten der Zwangsvollstreckung zu seiner Befriedigung zu verwenden ist, sofern nicht dem Schuldner nachgelassen ist, durch Sicherheitsleistung oder durch Hinterlegung die Vollstreckung abzuwenden. [2]Soweit der Gläubiger von der Verpflichtung zur baren Zahlung befreit ist, gilt der Betrag als von dem Schuldner an den Gläubiger gezahlt.

Schrifttum: Nikolaou, Der Schutz des Eigentums an beweglichen Sachen Dritter bei Vollstreckungsversteigerungen, 1993. Remmert NJW 2009, 2572 (Grdz. zum Internet).

I. Systematik, I–IV. Die Vorschrift ergänzt §§ 814, 816. Sie wird ihrerseits durch §§ 817a, 818 ergänzt. Das privatrechtliche Pfandrecht gibt dem Gläubiger ein Recht zum Verkauf des Pfandes nach dem BGB. Die Vorschriften des BGB sind aber auf die Verwertung eines Pfands aus einem Pfändungspfandrecht nach §§ 803 ff. unanwendbar. Denn die Pfandverwertung in der Zwangsvollstreckung gehört ganz zum öffentlichen Recht. Hier handelt das Vollstreckungsorgan als staatliche Behörde nach → Vor § 704 Rn. 32, → § 753 Rn. 1, wenn auch zum Nutzen des Gläubigers, Geißler DGVZ 1994, 34. Unrichtig ist die Ansicht, eine Verwertung sei die Folge der Pfändung und nicht des Pfandrechts nach → Vor § 803 Rn. 10, 11. 1

II. Regelungszweck, I–IV. Das Versteigerungsverfahren dient den Interessen aller Beteiligten einschließlich des Gerichtsvollziehers. III macht mit dem Meistbietenden kurzen Prozess, wenn er nicht zu seinem Vorteil in der dort genannten Art tätig wird. Man braucht ihn nach dem Wortlaut nicht auf seine Obliegenheit hinzuweisen. Es dürfte aber nach dem Grundgedanken des § 139 I 2, II 1 ratsam sein, ihn vorsorglich rechtzeitig aufmerksam zu machen. Auf solche Unterlassung dürfte er sich indes allenfalls schadensersatzrechtlich berufen können, nicht eigentumsrechtlich. IV dient der Vereinfachung. 2

III. Geltungsbereich, I–IV. Die ZPO regelt nur denjenigen schuldrechtlichen Vertrag, den der Ersteher mit dem Staat schließt. Er gibt ihm einen Übereignungsanspruch, nämlich denjenigen auf die Ablieferung an ihn nach → Rn. 9. § 95 GVGA regelt das näher. Wenn bei einer Versteigerung solches Pachtinventar versteigert wird, das durch eine Niederlegung des Verpfändungsvertrags verpfändet und auf Grund eines vollstreckbaren Titels gepfändet worden ist, sind §§ 1241–1249 BGB nach §§ 10, 11 PachtkreditG anwendbar. 3

IV. Zuschlag, I. Er hat eine zentrale Bedeutung. § 156 BGB ist infolge Verweisung in I 3 anwendbar. 4

1. Meistbietender, I 1, 2. Der Zuschlag ist eine hoheitliche Maßnahme nach → Rn. 1. Der Gerichtsvollzieher muss ihn nach § 95 X 1 GVGA dem Meistbietenden bei einer Versteigerung vor Ort nach I 1 erteilen. Bei einer Internetversteigerung nach I 2 ist der Zuschlag dem Höchstbietenden nebst Mindestgebot nach § 817a I 1 erteilt. Er wird bei einer Versteigerung vor Ort mit seiner Verkündung und bei einer Internetversteigerung mit dem Ende der Versteigerung nach § 814 III Nr. 4 automatisch nach § 156 S. 1 BGB wirksam. Es ist bei einer Versteigerung vor Ort unerheblich, ob der Bieter noch anwesend ist. Der Gläubiger und der Schuldner dürfen nach IV gemäß § 95 III 1 GVGA mitbieten. Das gilt selbst dann, wenn er die Sache auf Abzahlung verkauft hat. Dann findet anders als bei → § 825 Rn. 11 keine auch nur summarische Prüfung des BGB und insofern auch keine Erinnerung statt. Denn eine derartige Abwägung ist nicht die Aufgabe des Gerichtsvollziehers. Anwendbar sind aber §§ 767, 769. Der dreimalige Aufruf nach I 1 ist nach § 95 X 2 GVGA eine Sollvorschrift. Jede Übereile muss nach § 95 X 4 GVGA unterbleiben. Ein Verstoß ist für den Zuschlag unerheblich. Der Zuschlag soll nach § 4 GVGA zügig, aber nicht überstürzt erfolgen. 5

Versagen muss der Gerichtsvollzieher den Zuschlag bei einem Hindernis der weiteren Zwangsvollstreckung. Dazu können zB zählen: Die Einstellung, etwa nach § 775; eine vollständige Befriedigung des Gläubigers einschließlich einer Zahlung aller Kosten; das Verhalten des Gläubigers. Er kann die Fortsetzung der Versteigerung und sogar noch die Erteilung des Zuschlags bis zu dessen Wirksamkeit versagen. Denn er kann das Verfahren ja als der Herr der Zwangsvollstreckung nach → Vor § 704 Rn. 8 jederzeit beenden. Mit einer solchen Untersagung stundet der Gläubiger allerdings. Er verzichtet sogar je nach der Sachlage auf eine Verwertung des Pfands und damit auf sein Pfandrecht. 6

2. Erstehervertrag. Durch den Zuschlag kommt ein öffentlich-rechtlicher Vertrag zwischen dem Ersteher und dem Staat, vertreten durch den Gerichtsvollzieher, zustande, Mü DGVZ 1980, 123, MüKoZPO/Gruber Rn. 3, Thomas/Putzo/Seiler Rn. 2; aM Geißler DGVZ 1994, 34, Stein/Jonas/Würdinger Rn. 4, Zöller/Herget Rn. 7 (es handle sich um einen sonstigen rein öffentlich-rechtlichen Vorgang). Wie die Verweisung auf § 156 BGB klarstellt, ist das Gebot ein Antrag zum Abschluss des Vertrags und eine Prozesshandlung, BGH NJW-RR 2005, 1361, Eickmann DGVZ 1984, 71. Dieses Gebot duldet nach → Vor § 128 Rn. 62 keine Bedingung. Es ist nur bei einer Einhaltung des Mindestbetrags nach § 817a zuzulassen. Der Bieter muss es bei einer Versteigerung vor Ort grundsätzlich im Termin abgeben, LG Itzehoe DGVZ 1978, 122. Das Gebot gibt aber dem Bieter dann anders als bei § 81 I ZVG kein Recht auf den Zuschlag. Allerdings ist die Versagung des Zuschlags bei I 1 ohne einen gesetzlichen Grund und ohne eine Ermächtigung des Gläubigers eine Amtspflichtverletzung. 7

Unerheblich ist aber ein erst nach der Wirksamkeit des Zuschlags eingetretenes Hindernis etwa nach § 775. Denn die Zwangsvollstreckung endet nach → Rn. 11 zwar erst mit der Übergabe. Der Erstehervertrag bindet aber grundsätzlich alle Beteiligten (Ausnahme: III 1); aM Zöller/Herget Rn. 10. 8

9 **3. Erlöschen des Gebots.** Ein Gebot bindet aber nach § 145 BGB. Eine Irrtums- oder Täuschungsanfechtung nach §§ 119 ff. BGB ist bis zur Wirksamkeit des Zuschlags möglich, Zöller/Herget Rn. 50; aM MüKoZPO/Gruber Rn. 5; Stein/Jonas/Würdinger Rn. 8 (aber auch im Recht des öffentlich-rechtlichen Vertrags haben bürgerlich-rechtliche Grundgedanken nach → GVG § 13 Rn. 15 ff. einen Anspruch auf eine Mitbeachtung). Das Gebot erlischt dann, wenn einer der folgenden Fälle eintritt: Ein anderer Bieter muss ein Übergebot abgegeben haben, also nach § 95 X 5 Hs. 1 GVGA ein Gebot zu einem höheren Nennbetrag nach § 156 S. 2 Hs. 1 BGB; der Gerichtsvollzieher muss die Versteigerung vor Ort nach § 156 S. 2 Hs. 2 BGB, § 95 X 5 Hs. 2 GVGA geschlossen haben, ohne einen Zuschlag erteilt zu haben; er muss ein Gebot nach § 146 BGB zurückgewiesen haben. Eine Internetversteigerung muss nach § 814 III Nr. 4 wirksam abgebrochen worden sein. Die Entfernung des Bieters ist nach → Rn. 4 bei einer Versteigerung vor Ort unerheblich. Der Gerichtsvollzieher muss ein nicht ordnungsgemäßes Gebot zurückweisen. Das geschieht zB etwa mangels Ernstlichkeit nach § 118 BGB oder mangels Geschäftsfähigkeit nach §§ 104, 105 BGB oder wegen des Fehlens der Einwilligung des gesetzlichen Vertreters nach §§ 106 ff., 1902 BGB oder mangels Überbietens des bisherigen Gebots oder bei einem weiteren Gebot des Meistbietenden nach III 2 Hs. 1. Zu weiteren Einzelheiten § 95 GVGA. Bis zur Erteilung des Zuschlags oder bis zu seinem Eintritt nach I 2 darf der Gerichtsvollzieher die Zwangsvollstreckung einstellen, später nur auf Veranlassung des Gläubigers.

10 Ein **Verstoß** gegen sie hat prozessual keine Folgen. Er stellt aber eine Amtspflichtverletzung dar.

11 **V. Ablieferung, II.** Dazu Müller, Die Ablieferung nach § 817 Abs. 2 ZPO, 2014. Grundsatz und Ausnahmen stehen sich gegenüber.

12 **1. Übergabe.** Der Gerichtsvollzieher muss die versteigerte Sache durch einen weiteren selbständigen Vollstreckungsvorgang an den Meistbietenden abliefern. Die Ablieferung darf freilich nach § 95 XI 1 GVGA nur Zug um Zug nach → § 756 Rn. 3 gegen eine Barzahlung oder bei einer Internetversteigerung gegen eine Zahlung bei der Ablieferung geschehen, es sei denn, dass der Gläubiger und der Schuldner einer abweichenden Lösung nach § 95 XI 2 GVGA zustimmen, Eickmann DGVZ 1984, 68. Erst mit der Ablieferung geht das Eigentum auf den Ersteher abweichend von § 90 I ZVG über, BGHZ 100, 98. Denn man muss die Zahlung abwarten. Die Ablieferung ist grundsätzlich eine körperliche Übergabe oder Übersendung, LG Nürnb-Fürth DGVZ 1992, 136, die Übertragung des unmittelbaren Besitzes mit Übereignungswillen, nur insofern ähnlich wie bei § 929 BGB, Köln DGVZ 1996, 60; LG Köln NJW-RR 2009, 1426. Sie ist keine bloße Erklärung. Sie erfolgt also nicht nach §§ 930, 931 BGB, es sei denn, dass die versteigerte Sache anderswo lagert oder dass zB der Gläubiger zugleich dasjenige Grundstück ersteigert, zu dem das nach II gehörende Sache gehört, Köln DGVZ 1996, 59; aM LG Köln NJW-RR 2009, 1426 (aber man muss auch prozesswirtschaftlich vorgehen). Der Gerichtsvollzieher muss bei einer Internetversteigerung das Versandgut ordnungsgemäß verpacken, LG Magdeb DGVZ 2012, 98. Er muss den Erlös an den Gläubiger abführen. Damit endet diese Zwangsvollstreckung. Der Staat haftet ab der Übergabe an den Ersteigerer grundsätzlich nicht mehr für die Verwahrung des ersteigerten Gegenstands, LG Heidelb DGVZ 1991, 138.

13 Den **Schuldner** weist der Gerichtsvollzieher nach § 63 S. 1, 3 GVO auf eine etwaige Umsatzsteuerpflicht zB nach § 2 I 2 UStG hin.

14 **2. Grundsatz: Erwerb unabhängig vom bisherigen Eigentümer.** Die Zwangsvollstreckung lässt für die Möglichkeit eines Erwerbes durch einen guten Glauben grundsätzlich keinen Raum, BGHZ 119, 83, Stein/Jonas/Würdinger Rn. 24; Zöller/Herget Rn. 8; aM BGHZ 104, 303; Pesch JR 1993, 365 (aber dieser Teil des bürgerlichen Rechts passt nicht zum Kerngedanken der öffentlich-rechtlichen Versteigerung). §§ 1243 ff. BGB sind unanwendbar. Das Eigentum des Schuldners an der gepfändeten Sache ist ja grundsätzlich überhaupt für die Rechtmäßigkeit der Zwangsvollstreckung unerheblich. Aber auch → Rn. 16 sowie → § 772 Rn. 6. Wenn die Pfändung sowie die Versteigerung und Ablieferung wirksam erfolgt war, erwirbt der Empfänger der ersteigerten Sache das Eigentum kraft hoheitlicher Gewalt. Das gilt grundsätzlich unabhängig davon, ob dem Schuldner die Sache wirklich gehört hat. Daher sind §§ 929–936 BGB auch nicht entsprechend anwendbar, BGHZ 119, 75; Geißler DGVZ 1994, 36.

15 **3. Stellung des Betroffenen.** Der durch einen solchen Rechtsübergang geschädigte wahre Eigentümer muss daher nach §§ 812 ff. BGB, § 771 ZPO vorgehen, Gaul NJW 1989, 2515. Da der Ersteher das Eigentum nicht vom Schuldner erwirbt, erwirbt er es lastenfrei. Das Recht eines Dritten erlischt. Das gilt auch für eine Anwartschaft, BGHZ 119, 75. Die Pfandverstrickung nach → Vor § 803 Rn. 8 endet. An die Stelle der Sache tritt nach § 819 der Erlös. Ein Dritter ist nach § 805 auf diesen Erlös verwiesen. Trotzdem ist der Dritte ein Rechtsnachfolger des Schuldners nach §§ 265, 325.

16 **4. Ausnahmen.** Die Übereignung kann allerdings ausnahmsweise ganz unwirksam sein. Das gilt etwa in folgenden Fällen: Die Versteigerung ist durch jemanden erfolgt, der kein Gerichtsvollzieher war; die Sache war in Wahrheit überhaupt nicht nach §§ 803 ff. wirksam gepfändet worden, Eickmann DGVZ 1984, 66; die Pfändung blieb nicht bis zur Übergabe wirksam. Dann wäre nicht bloß eine Ordnungsvorschrift missachtet, zB III, → Vor § 704 Rn. 53. Dann kann ein schlechtgläubiger Ersteher das Eigentum ohnehin nicht erwerben, ein gutgläubiger schon deshalb nicht, weil der Gerichtsvollzieher als eine Amtsperson und nicht als ein Eigentümer veräußert hat. Eine Ablieferung der Sache ohne den Empfang der Barzahlung wäre eine Überschreitung der sachlichen Zuständigkeit des Gerichtsvollziehers. Dann geht das Eigentum nach → Vor § 814 Rn. 7 nicht wirksam über.

17 **VI. Anderweitige Versteigerung, III.** Sie erfolgt selten.

18 **1. Voraussetzungen, III 1.** Eine Barzahlung muss zu dem in den Versteigerungsbedingungen vorgesehenen Zeitpunkt und mangels einer solchen Bestimmung vor dem Schluss des Versteigerungstermins oder bei einer Internetversteigerung bei der Ablieferung erfolgen. Wenn der Ersteher den Preis in bar bezahlt, kann er die Übergabe der Sache Zug um Zug gegen die Zahlung verlangen. Wenn der Ersteher seine Verpflichtung nicht erfüllt, wird der Zuschlag hinfällig. Der Gerichtsvollzieher muss die Sache dann nach § 95 XI 3 GVGA ohne die Notwendigkeit eines neuen Gläubigerauftrags sofort noch im bisherigen Termin oder später zu einem dann wiederum nach § 816 III bekanntzugebenden neuen Termin anderweit versteigern.

19 **2. Stellung des früheren Erstehers, III 2.** Der Gerichtsvollzieher darf diesen früheren Ersteher nach III 2 Hs. 1, § 95 XI 4 GVGA nicht wieder zu einem Gebot zulassen. Wenn eine neue Versteigerung einen höheren Erlös bringt, nützt das dem ersten Ersteher nach § 95 XI 5 Hs. 1 GVGA nichts, sondern nur dem Gläubiger und

beim Übererlös dem Schuldner. Er haftet aber dann nach III 2 Hs. 2, wenn eine neue Versteigerung nur einen geringeren Erlös bringt, nach § 95 XI 5 Hs. 2 GVGA für den Ausfall, den auch Kosten verursachen können. Diese Haftung muss der Gläubiger oder der Schuldner gegenüber dem ersten Ersteher durch eine Klage geltend machen.

VII. Gläubiger als Ersteher, IV. Meist verrechnet er einfach. 20

1. Grundsatz: Verrechnung. Der Gläubiger braucht nach IV 1 Hs. 1, § 95 XII 1, 2 GVGA nur die Kosten 21 der Zwangsvollstreckung nach § 788 einschließlich der Kosten der Versteigerung und den etwaigen Mehrbetrag seines Gebots gegenüber seinem Anspruch und bei einer Austauschpfändung den aus dem Erlös dem Schuldner nach § 811a I zu überlassenden Betrag in bar zu entrichten. Im Übrigen verrechnet das Gesetz nach IV 2 seine Schuld als Ersteher auf seine Forderung als Gläubiger, LG Itzehoe DGVZ 1978, 122.

2. Ausnahmen. Der Gerichtsvollzieher mag den Erlös hinterlegen müssen, sei es deshalb, weil das Gesetz nach 22 §§ 711, 712 I 1, 720 oder das Gericht erlaubt hatten, die Zwangsvollstreckung durch eine Hinterlegung abzuwenden, oder wegen einer Mehrpfändung oder einer Anschlusspfändung nach §§ 804 III, 826, 827 II, III, oder bei §§ 805, 811a I Hs. 2, § 95 XII 4 GVGA. Dann muss der Gläubiger nach IV 1 Hs. 2, § 95 XII 3 GVGA voll in bar bezahlen. Das gilt aber nur, wenn der Hinterlegungsbeschluss schriftlich vorliegt und nicht nur in Aussicht steht. Ein infolge der Verrechnung entreicherter Dritteigentümer muss gegen den Gläubiger nach §§ 812 ff. BGB klagen, BGH NJW 1987, 1880.

VIII. Rechtsbehelfe, I–IV. Rechtsbehelfsbelehrung, Verstoß: §§ 232, 233 S. 2. Bis zur Ablieferung ist die 23 Erinnerung nach § 766 statthaft, soweit es um das bisherige Verfahren geht. Daran kann sich die sofortige Beschwerde nach §§ 567 I Nr. 1, 793 anschließen. Nach der Ablieferung ist wegen der mit ihr verbundenen Eigentumsübergangswirkung nach → § 815 Rn. 5 die Erinnerung nur noch wegen der Erlösverteilung zulässig.

817a

Mindestgebot. I [1]**Der Zuschlag darf nur auf ein Gebot erteilt werden, das mindestens die Hälfte des gewöhnlichen Verkaufswertes der Sache erreicht (Mindestgebot).** [2]**Der gewöhnliche Verkaufswert und das Mindestgebot sollen bei dem Ausbieten bekannt gegeben werden.**

II [1]**Wird der Zuschlag nicht erteilt, weil ein das Mindestgebot erreichendes Gebot nicht abgegeben ist, so bleibt das Pfandrecht des Gläubigers bestehen.** [2]**Er kann jederzeit die Anberaumung eines neuen Versteigerungstermins oder die Anordnung anderweitiger Verwertung der gepfändeten Sache nach § 825 beantragen.** [3]**Wird die anderweitige Verwertung angeordnet, so gilt Absatz 1 entsprechend.**

III [1]**Gold- und Silbersachen dürfen auch nicht unter ihrem Gold- oder Silberwert zugeschlagen werden.** [2]**Wird ein den Zuschlag gestattendes Gebot nicht abgegeben, so kann der Gerichtsvollzieher den Verkauf aus freier Hand zu dem Preise bewirken, der den Gold- oder Silberwert erreicht, jedoch nicht unter der Hälfte des gewöhnlichen Verkaufswertes.**

I. Systematik, I–III. § 817 regelt den Hergang bei der Versteigerung im Allgemeinen. Demgegenüber stellt 1 § 817a Grenzen der Zulässigkeit dieser Pfandverwertungsart dar. Ähnliche Regelungen enthalten § 74a ZVG und § 300 AO, Düss NJW-RR 1992, 1246.

II. Regelungszweck, I–III. Der Gerichtsvollzieher darf den Zuschlag grundsätzlich nur dann erteilen, wenn 2 er das Mindestgebot nach → Rn. 4 erreicht. Das dient dem Schutz des Gläubigers wie des Schuldners vor seiner Vermögensverschleuderung nach Art. 14 I GG, BVerfGE 46, 332; Thomas/Putzo/Seiler Rn. 1; Zöller/Herget Rn. 1; aM Düss NJW-RR 1992, 1246 (auch zum Schutz der Allgemeinheit. Aber die Interessen der Parteien stehen ganz im Mittelpunkt). Dieser Schutz erstreckt sich auch auf jeden etwaigen weiteren Versteigerungstermin. Er geht daher erheblich weiter als bei § 74a ZVG. Das muss man bei der Auslegung mitbeachten.

Sozialstaatlichkeit ist nach Art. 20 I GG ein wesentlicher Bestandteil der auch im Zivilprozess während aller 3 Phasen bis zur Beendigung der zugehörigen Vollstreckung anzustrebenden Rechtsstaatlichkeit nach → Einl. II Rn. 44. Wie bei → § 812 Rn. 2 darf auch hier keine volkswirtschaftliche Betrachtungsweise stattfinden.

III. Geltungsbereich, I–III. Die Vorschrift hat eine wesentliche Bedeutung. 4

1. Mindestgebot. Mindestgebot ist nach I 1, § 95 IV 1 GVGA grundsätzlich dasjenige Gebot, das mindestens 5 die Hälfte des gewöhnlichen Verkaufswerts beträgt, Ffm VersR 1980, 50. Der Gerichtsvollzieher muss den gewöhnlichen Verkaufswert durch eine Schätzung nach → § 813 Rn. 4 ff. ermitteln, LG Bayreuth DGVZ 1985, 42, und zwar nach § 95 VII 1 GVGA in dem nach § 813 III maßgebenden Zeitpunkt, dort → § 813 Rn. 11, also evtl. nachträglich oder wiederholt. Vor einer Herabsetzung des Mindestgebots muss der Gerichtsvollzieher die Beteiligten nach Art. 2 I, 20 III GG, BVerfGE 101, 404 entsprechend, § 95 VII 2 GVGA anhören, LG Essen DGVZ 1993, 138 (Art. 103 I GG). Daher ist nach § 95 VII 2 GVGA evtl. eine Vertagung nach § 227 notwendig. Er kann auch nach § 95 IV 2 Hs. 2 GVGA einen Gläubigerantrag nach § 825 anregen. Soweit ein Preis feststeht, etwa bei einem Buch, darf das Mindestgebot nach → § 813 Rn. 4 nicht unter diesem (halben) Preis liegen. Der Gerichtsvollzieher muss ein danach unzulässiges Gebot von Amts wegen zurückweisen. Allerdings können die Beteiligten nach → Rn. 1 auf die Einhaltung des Mindestgebots gemäß § 95 IV 5 Hs. 1 GVGA verzichten. Nach der Zulassung einer Austauschpfändung nach §§ 811a, b muss das Meistgebot nach § 95 VI GVGA den zur Ersatzbeschaffung nötigen Betrag nebst Kosten decken. Wenn mehrere gleichhohe Gebote vorliegen, muss das Los entscheiden. Für solche Wertpapiere, die einen Börsen- oder Marktpreis haben, gilt § 821. Insofern findet also keine Versteigerung statt.

2. Bekanntgabe. Der Gerichtsvollzieher muss nach I 2 den gewöhnlichen Verkaufswert und das Mindest- 6 gebot beim Ausbieten bekanntgeben. Das Wort „sollen“ bedeutet nämlich nach → Rn. 8 wegen des Schutzzwecks nach → Rn. 1 einen Teil der Amtspflichten des Gerichtsvollziehers. Wegen der Besonderheiten für die Festsetzung des Mindestgebots für solche Ersatzteile, auf die sich ein Registerpfandrecht an einem Luftfahrzeug nach § 71 LuftRG erstreckt, § 100 LuftRG. Auf eine Rechtsversteigerung, etwa die Versteigerung eines Erbanteils ist nach → § 844 Rn. 10 § 817a nicht entsprechend anwendbar.

7 **3. Unanwendbarkeit.** I wird dann unanwendbar, wenn ein Verfahren nach II nicht stattfinden kann. Das gilt nach → Rn. 9, 11, → Vor § 704 Rn. 31 „B. Vollstreckungsschutz", § 816 I, § 95 IV 5 Hs. 2 GVGA dann, wenn die Gefahr einer beträchtlichen Wertminderung oder die Gefahr einer Ansammlung von unverhältnismäßig hohen Verwaltungskosten besteht, so dass eine sofortige Versteigerung notwendig wird.

8 **4. Verstoß.** Wenn der Gerichtsvollzieher gegen diese Vorschriften verstößt, ist die Versteigerung zumindest nach → Vor § 814 Rn. 7 bei einem Zuschlag unter dem Mindestgebot meist ungültig, Stein/Jonas/Würdinger Rn. 7; aM Geißler DGVZ 1994, 37; Thomas/Putzo/Seiler Rn. 3; Zöller/Herget Rn. 6 (aber dann liegt ein Elementarfehler vor. Ihn darf man nicht einfach hinnehmen). Bei einem andersartigen Verstoß bleibt die Versteigerung wirksam. Der Gerichtsvollzieher hat im Übrigen bei jedem Verstoß eine Amtspflichtverletzung begangen, Ffm VersR 1980, 50; KG NJW-RR 1986, 202. Sie kann die Staatshaftung nach Art. 34 GG, § 839 BGB auslösen, Ammermann MDR 1975, 458. Gegen den Ersteher und den Gläubiger besteht aber evtl. kein Anspruch. Ein Dritter hat evtl. einen zivilrechtlichen Anspruch gegen den Gerichtsvollzieher, KG NJW-RR 1986, 202.

9 **IV. Nichterreichung, II.** Dazu Raue, Die Zwangsvollstreckung als Nagelprobe für den modernen Enteignungsbegriff usw., 2006: Das Verfahren verläuft einfach.

10 **1. Zuschlagserteilung, II 1.** Läßt sich das Mindestgebot nicht erreichen, darf der Gerichtsvollzieher dem Bieter den Zuschlag nach § 95 IV 5 GVGA nur dann erteilen, wenn der Gläubiger und der Schuldner mit dem Zuschlag einverstanden sind. Die Rechtslage ist insofern anders als bei einer Unpfändbarkeit nach § 811. § 817a kann dann auch nach → Rn. 2 überhaupt unanwendbar sein. Das Pfändungspfandrecht des Gläubigers bleibt dann mangels Zuschlags bestehen.

11 **2. Neuer Versteigerungstermin usw., II 2, 3.** Auf einen Antrag des Gläubigers muss der Gerichtsvollzieher nach II 2, § 95 IV 2 GVGA einen neuen Verwertungsversuch unternehme. Für diesen weiteren Versuch ist im sehr wesentlichen Gegensatz zu § 74a IV ZVG (kein Mindestwert mehr relevant) wiederum I anwendbar. I gilt nach II 3 dann entsprechend, wenn der Gläubiger eine anderweitige Verwertung nach § 825 beantragt.

12 **3. Aufhebung der Pfändung.** Wenn man annehmen muss, dass auch ein dritter Versuch der Versteigerung oder ein neuer Versuch einer anderweitigen Verwertung ergebnislos bleiben werden, muss das Vollstreckungsgericht nach §§ 764, 802 die Pfändung in einer sinngemäßen Anwendung von § 803 II auf Grund einer Erinnerung des Schuldners nach § 766 aufheben. Der Gerichtsvollzieher hebt die Pfändung aber nicht von Amts wegen auf, aM § 95 IV 3 GVGA, Thomas/Putzo/Seiler Rn. 2; Zöller/Herget Rn. 4 (aber im Erinnerungsverfahren wird das Vollstreckungsgericht zuständig). Der Gläubiger muss nach → Rn. 2 vor der Aufhebung in einer angemessenen Frist nach § 95 IV 4 GVGA (nur zu Äußerungsfrist richtig) eine Gelegenheit zur Stellungnahme erhalten.

13 **V. Gold- und Silbersachen, III.** Sie erfordern Sonderregeln.

14 **1. Besonderheiten.** Für sie gelten Besonderheiten. Soweit es sich um Kostbarkeiten handelt, muss ein Sachverständiger nach → § 813 Rn. 6 eine Schätzung vornehmen. Für die Verwertung ist nach III 1 entscheidend, ob der Metallwert oder der halbe Verkaufswert höher sind. Unter dem höheren Wert darf der Gerichtsvollzieher den Zuschlag nicht erteilen, ähnlich § 95 V 1 GVGA. Unter diesem höheren Wert darf er die Sache nach III 2 auch nicht freihändig verkaufen, falls kein entsprechend höheres Gebot vorliegt und deswegen der Zuschlag nicht möglich war, großzügiger §§ 95 V 2, 97 Nr. 1 GVGA. Andere Edelmetalle muss der Gerichtsvollzieher entsprechend III behandeln.

15 **2. Verstoß.** Ein Verstoß gegen diese Regeln bedeutet eine Überschreitung der sachlichen Zuständigkeit des Gerichtsvollziehers. Das macht den Verkauf unwirksam; aM LG Essen DGVZ 1993, 138 (Amtshaftung); Zöller/Herget Rn. 6 (Wirksamkeit. Aber → Vor § 814 Rn. 7).

16 **VI. Rechtsbehelf, I–III.** → § 817 Rn. 23.

818 ***Einstellung der Versteigerung.*** **Die Versteigerung wird eingestellt, sobald der Erlös zur Befriedigung des Gläubigers und zur Deckung der Kosten der Zwangsvollstreckung hinreicht.**

1 **I. Systematik.** Die Vorschrift ist eine Übernahme des in § 803 II für den vorangegangenen Vollstreckungsabschnitt aufgestellten Grundsatzes.

2 **II. Regelungszweck.** Schuldnerschutz ist das eindeutige Ziel der Vorschrift. Das bedeutet: Man darf und muss den Begriff des „Hinreichens" des Erlöses eher zugunsten des Schuldners auslegen. Der Gerichtsvollzieher darf und muss die Versteigerung also nach § 95 XIV GVGA bereits dann einstellen, wenn der Erlös mit großer Wahrscheinlichkeit ziemlich vollständig ausreichen wird, aber eben auch erst dann. Das gilt vor allem bei der Schätzung der Kosten. Sie ist ja ohnehin oft nur sehr bedingt vorweg möglich. Diese Schwierigkeit darf gerade nicht dazu dienen, die Vollstreckung erst einmal ungerührt weiterzuführen.

3 **III. Einstellung.** Der Gerichtsvollzieher muss die Versteigerung mehrerer Sachen nach § 788, § 95 XIII 1 GVGA einstellen, sobald der Erlös eines Teils dieser Sachen den gesamten Anspruch des Gläubigers einschließlich aller Kosten der Zwangsvollstreckung deckt, also auch aller Kosten der Versteigerung. Wenn der Gerichtsvollzieher mehrere Pfandstücke versteigert, muss er also nach § 95 XIII 2 GVGA ständig prüfen, ob die Deckung vorhanden ist. Der Gerichtsvollzieher darf das Recht eines Dritten nach §§ 771, 805 nur dann beachten, wenn ein solches Recht formell rechtskräftig feststeht oder wenn alle Beteiligten in seine Beachtung aktenkundig einwilligen. Der Gerichtsvollzieher muss eine Anschlusspfändung nach §§ 826, 827 berücksichtigen. Sie findet aber nur dann statt, wenn die Frist des § 816 I verstrichen ist oder wenn Gläubiger und Schuldner einverstanden sind. Die nicht mehr versteigerbaren restlichen Pfandsachen und den etwaigen Überschuss des Erlöses darf der Gerichtsvollzieher dem Schuldner nach § 95 XIII 3 GVGA erst nach der Übergabe an den Ersteigerer nach → § 817 Rn. 11 ff. aushändigen.

4 **IV. Verstoß.** Wenn der Gerichtsvollzieher gegen § 818 verstößt, begeht er eine Amtspflichtverletzung. Über das Erlöschen des Pfandrechts → § 804 Rn. 20.

5 **V. Rechtsbehelf.** → § 817 Rn. 23.

819 *Wirkung des Erlösempfanges.* **Die Empfangnahme des Erlöses durch den Gerichtsvollzieher gilt als Zahlung von Seiten des Schuldners, sofern nicht dem Schuldner nachgelassen ist, durch Sicherheitsleistung oder durch Hinterlegung die Vollstreckung abzuwenden.**

I. Systematik. Die Vorschrift regelt den Zeitpunkt, in dem die Befriedigung und damit das Ziel der Vollstreckung eintritt. Die Vorschrift ähnelt dem § 815 III. 1

II. Regelungszweck. § 819 dient der Rechtssicherheit nach → Einl. II Rn. 87. Man muss die Vorschrift entsprechend streng auslegen. Es soll allseits zum frühestmöglichen Zeitpunkt im Verhältnis zwischen dem Gläubiger und dem Schuldner wenigstens dieser Teil einer vielleicht umfangreicheren Zwangsvollstreckung beendet sein. Denn der Gläubiger muss ja mit der alsbaldigen Weiterleitung des Erlöses vom Gerichtsvollzieher an ihn rechnen dürfen. 2

III. Rechte des Erstehers. Sobald der Gerichtsvollzieher den Versteigerungserlös empfangen hat, gilt die Zahlung des Schuldners als erfolgt. Der Empfang wirkt also nach → § 815 Rn. 11 wie die Wegnahme von Geld. Daher geht die Gefahr mit diesem Zeitpunkt grundsätzlich auf den Gläubiger über (Ausnahme: Vollstreckungsnachlass). Der Gläubiger erlangt aber dadurch, dass der Gerichtsvollzieher den Erlös vom Ersteher empfängt, an diesem Erlös noch kein Eigentum, und die Zwangsvollstreckung ist noch nicht beendet. Das Pfändungspfandrecht und die Verstrickung nach → Vor § 803 Rn. 8 ergreifen den Erlös, sog. Surrogation. 3

Sie **erlöschen** erst dann, wenn der Gerichtsvollzieher den Erlös an den Gläubiger abführt, ihn also dem Gläubiger übergibt, LG Bln DGVZ 1983, 93. Erst dieser Vorgang bewirkt nach → § 815 Rn. 5 den Eigentumsübergang. Der Gerichtsvollzieher hat die öffentlich-rechtliche Amtspflicht, den Erlös nach dem Abzug der Kosten der Zwangsvollstreckung wie bei § 121 I 1 BGB unverzüglich nach → § 815 Rn. 1 an den Gläubiger abzuführen, Alisch DGVZ 1979, 85. Das gilt, soweit er den Erlös nicht nach §§ 711 S. 1, 712 I 1, 720 gemäß § 155 S. 2 Nr. 1, 7 GVGA hinterlegen muss oder soweit er nicht das Recht eines Dritten aus §§ 771, § 805 IV auf Grund eines Urteils oder Rechte aus einer Mehrpfändung oder Anschlusspfändung nach §§ 826, 827 II, III berücksichtigen muss, LG Bln DGVZ 1983, 93, und soweit nicht §§ 854 II, 930 III anwendbar sind. 4

IV. Erlösverrechnung. Die Verrechnung des Erlöses auf den Hauptanspruch, auf die Zinsen und auf die Kosten erfolgt nach § 367 BGB, soweit nicht das Gesetz eine andere Folge anordnet. Eine anderweitige Bestimmung durch den Schuldner ist wirkungslos. Wegen der Anschlusspfändung auch bei einem Übererlös → § 826 Rn. 3, 5. Den Überschuss erhalten der Schuldner oder der Eigentümer. Wegen des sog. Folgerechts nach § 26 UrhG Münzberg DGVZ 1998, 17. 5

V. Rechte des wahren bisherigen Eigentümers. Wenn in Wahrheit ein anderer der Eigentümer der Sache war, hat dieser andere einen Anspruch aus ungerechtfertigter Bereicherung nach §§ 812 ff. BGB, Schmidt JZ 1987, 891. Dieser Anspruch besteht aber abweichend vom Grundsatz → Vor § 771 Rn. 9 hier nicht gegenüber dem Ersteher nach → § 817 Rn. 14 und auch nicht gegenüber dem empfangenden Gläubiger, sondern gegenüber dem Schuldner, Gloede JR 1973, 99; Günther AcP 178, 456; aM Thomas/Putzo/Seiler Rn. 7 (der Bereicherungsanspruch bestehe sowohl gegenüber dem Gläubiger als auch gegenüber dem Schuldner). Über eine Sicherheitsleistung oder Hinterlegung → § 815 Rn. 16. 6

VI. Rechtsbehelfe. Rechtsbehelfsbelehrung, Verstoß: §§ 232, 233 S. 2. Da die Ablieferungspflicht öffentlich-rechtlich ist, haben der Gläubiger, der Schuldner und ein berechtigter Dritter bei einem Verstoß des Gerichtsvollziehers die Möglichkeit der Erinnerung nach § 766. Daran kann sich nach §§ 567 I Nr. 1, 793 die sofortige Beschwerde anschließen. Der Schuldner kann evtl. auch oder nur aus § 767 klagen. Ein berechtigter Dritter hat vor dem Zeitpunkt der Abführung des Erlöses auch die Möglichkeit einer Klage nach §§ 771, 805 und hinterher die Möglichkeit einer Bereicherungs- oder Ersatzklage nach §§ 812 ff. BGB, LG Dortm BB 1986, 1538 (zust. Ziebe). 7

820 **(weggefallen)**

821 *Verwertung von Wertpapieren.* **Gepfändete Wertpapiere sind, wenn sie einen Börsen- oder Marktpreis haben, von dem Gerichtsvollzieher aus freier Hand zum Tageskurs zu verkaufen und, wenn sie einen solchen Preis nicht haben, nach den allgemeinen Bestimmungen zu versteigern.**

Schrifttum: Hezel Rpfleger 2006, 105 (Grdz.); Kunst, Zwangsvollstreckung in Wertpapiere, 2004.

I. Systematik. Die Vorschrift regelt, ergänzt durch §§ 822, 823, die Verwertung einer besonderen Art gepfändeter Sachen. Sie stellt den grundsätzlichen Vorrang des freihändigen Verkaufs fest. Sie eröffnet damit eine Verwertungsart, wie sie auch bei § 825 möglich ist, dort aber von einem Antrag abhängt, während man sie bei § 821 von Amts wegen beachten muss, Hezel Rpfleger 2006, 108. 1

II. Regelungszweck. Die hilfsweise Rückverweisung auf §§ 814–819 zeigt auch den Zweck des § 821. Im Interesse sowohl des Gläubigers als auch des Schuldners soll eine Verwertung unter dem wahren Wert unterbleiben, wie sie ja in den Grenzen von § 817a I 1, II möglich wäre. Damit dient § 821 der Gerechtigkeit nach → Einl. II Rn. 12, 70. Man muss die Vorschrift entsprechend auslegen. 2

III. Geltungsbereich. Wertpapiere nach der ZPO sind nur solche im engeren Sinn. Das sind solche, bei denen die Ausübung des verbrieften Rechts von der Inhaberschaft der Urkunde abhängt, bei denen also das Recht aus dem Papier dem Recht an dem Papier folgt. Es ist unerheblich, ob es sich um ein Namenspapier oder um ein Inhaberpapier handelt. 3

IV. Beispiele zur Frage einer Anwendbarkeit

Aktie: → „Inhaberaktie". 4

Ausländische Banknote: Auf sie ist § 821 anwendbar.

Ausweispapier: Auf dieses ist § 821 **unanwendbar.** Gemeint ist ein solches Papier, das nicht das Recht verkörpert, sondern nach § 104 II 2 GVGA nur den Inhaber als den Betroffenen nach § 808 BGB ausweist.

Bahncard: Auf sie ist § 821 unanwendbar, s. „Fahrkarte"; Ffm VersR 1995, 1356; Zöller/Herget Rn. 6 Anders 79. Aufl.
Banknote: Eine inländische ist Bargeld nach § 815, § 104 IV GVGA.
Beweisurkunde: Auf eine reine Beweisurkunde ist § 821 **unanwendbar.** Das gilt zB für einen Schuldschein. Denn bei ihm ist das Recht vom Papier unabhängig. Insoweit erfolgt die Verwertung nach § 835. Vgl. § 156 GVGA.
Biermarke: Auf sie ist § 821 anwendbar.
Börsen- und Marktpreis: → § 813 Rn. 4.
Briefmarke: Auf sie ist § 821 anwendbar, BGHZ 164, 289.
Depotschein: Auf ihn ist § 821 **unanwendbar.**
Eintrittskarte: Auf sie ist § 821 anwendbar.
Fahrkarte: Auf sie ist § 821 anwendbar.
Flugschein: Auf ihn ist § 821 anwendbar, s. „Fahrkarte"; aM LG Ffm BGHZ 1990, 169; Stein/Jonas/Würdinger Rn. 5; Zöller/Herget Rn. 6 (aber das ist sogar ein typischer Anwendungsfall).
Genußschein: Auf ihn ist § 821 anwendbar.
Grundschuldbrief: → „Inhaberschuldverschreibung".
Hypothekenbrief: Er ist nach → § 830 Rn. 1 nicht selbständig pfändbar.
Indossables Papier: Auf dieses ist § 821 anwendbar, soweit es kein Forderungsrecht verbrieft. Es gilt dann wie eine Namensaktie. Für andere indossable Papiere gilt § 831.
Inhaberaktie: Auf sie ist § 821 anwendbar, Bauer JurBüro 1976, 869. Das gilt nach § 104 II 1 Hs. 1 GVGA auch nach einer Umschrift auf einen bestimmten Berechtigten.
Inhaberscheck: Auf ihn ist § 821 anwendbar, LG Gött NJW 1983, 635; aM Thomas/Putzo/Seiler Rn. 2.
Inhaberschuldverschreibung: Auf sie ist § 821 anwendbar, Viertelhausen DGVZ 2000, 130. Das gilt zB: Für einen Pfandbrief; für eine Kommunalschuldverschreibung; für einen Grundschuld- oder Rentenschuldbrief.
Inländische Banknote: Soweit sie Geld ist, gilt § 815 I. Nicht gültige Banknoten muss man nach § 821 behandeln.
Investmentanteilschein: Auf ihn ist § 821 anwendbar.
Kux: Auf ihn ist § 821 anwendbar.
Legitimationspapier: → Rn. 4 „Ausweispapier".
Lotterielos: Auf dieses ist § 821 anwendbar.
Namensaktie: Auf sie ist § 821 nach § 104 II 1 Hs. 2 GVGA anwendbar, Hezel Rpfleger 2006, 107.
Pfandbrief: → „Inhaberschuldverschreibung".
Pfandschein: Auf ihn ist § 821 nach § 104 II 2 GVGA **unanwendbar.**
Rentenschuldbrief: → „Inhaberschuldverschreibung".
Scheck: Auf ihn ist § 821 anwendbar. Das gilt auch für einen Verrechnungsscheck, LG Gött NJW 1983, 635.
Steuergutschein: Auf ihn ist § 821 anwendbar.
Theaterkarte: → „Eintrittskarte".
Versicherungsschein: Auf ihn ist § 821 nach § 104 II 2 GVGA **unanwendbar,** Hamm NJW-RR 1995, 1434.
Vinkulierte Aktie: Auf sie ist § 821 anwendbar. Zur Verwertung Bork FS Henckel, 1995, 23.
Wechsel: Auf ihn ist § 821 anwendbar, aM Zöller/Herget Rn. 6 (aber das ist sogar ein typischer Anwendungsfall); aM § 123 GVGA (ausf.).
Zwischenschein: Auf ihn ist § 821 anwendbar.

5 **V. Pfändung.** In der Zwangsvollstreckung gilt ein solches Wertpapier als eine körperliche Sache. Die Pfändung erfolgt also nach §§ 808 ff., § 104 I 1 GVGA. Das gilt auch bei einem indossablen Papier. Der Gerichtsvollzieher muss es nach § 831 zwar wie Geld pfänden, aber wie eine Forderung verwerten. Die Pfändung des Wertpapiers erstreckt sich auf das verbriefte Recht. Bei einem Traditionspapier, wie einem Konnossement, einem Lagerschein, einem Ladeschein ergreift die Pfändung des Papiers nicht das Gut. Denn eine dingliche Wirkung setzt die Übergabe des Papiers voraus. Bei einem Ausweispapier ist nach → § 808 Rn. 5 eine Hilfspfändung möglich.

6 **VI. Verwertung.** Sie schließt sich nach § 51 GVO an eine von sonstigen Sachen getrennte Verwahrung unter gesichertem Verschluss an. Es kommt auf die Wertpapierart an. Es genügt jeweils grundsätzlich die Übergabe an den Erwerber nach § 105 II 1 GVGA.

7 **1. Börsen- oder Marktpreis.** Der Gerichtsvollzieher verwertet ein solches Wertpapier, das am Ort der Zwangsvollstreckung oder am Ort des Börsen- oder Handelsbezirks börsen- oder marktgängig ist, wie bei § 121 I 1 BGB unverzüglich (keine abwartende, wenn auch gutgemeinte, Spekulation!) durch einen freihändigen Verkauf zum Tageskurs gegen Barzahlung nach § 817 II, §§ 97 Nr. 2, 105 I Hs. 1 GVGA. Wenn das Papier einen Börsen- oder Marktpreis nur an einem anderen Ort hat, muss der Gerichtsvollzieher nach § 825 verfahren. Der Gerichtsvollzieher muss sich unverzüglich und zuverlässig informieren. Er kann die Presse benutzen. Er darf eine Mittelsperson hinzuziehen, etwa eine Bank nach § 6 I DepotG, BGH NJW-RR 2008, 495, oder einen Börsenmakler, Viertelhausen DGVZ 2000, 133.

8 **2. Anderes Wertpapier.** Der Gerichtsvollzieher verwertet ein anderes Wertpapier durch eine gewöhnliche öffentliche Versteigerung nach §§ 813, 814, 817, 817a, § 105 I Hs. 2 GVGA. Einen Scheck, auch einen Verrechnungsscheck, legt der Gerichtsvollzieher der bezogenen Bank vor. Er händigt den Erlös dem Gläubiger aus, LG Gött NJW 1983, 635.

822 *Umschreibung von Namenspapieren.* **Lautet ein Wertpapier auf Namen, so kann der Gerichtsvollzieher durch das Vollstreckungsgericht ermächtigt werden, die Umschreibung auf den Namen des Käufers zu erwirken und die hierzu erforderlichen Erklärungen an Stelle des Schuldners abzugeben.**

I. Systematik, Regelungszweck. Es handelt sich um eine Ergänzung zu § 821 mit einem Vorrang in ihrem Geltungsbereich zwecks Vereinfachung und Verbilligung der Verwertung im wohlverstandenen Interesse beider Parteien. § 823 hat als eine nochmals speziellere Vorschrift den Vorrang. 1

II. Geltungsbereich: Namenspapier. Der Gerichtsvollzieher muss ein Wertpapier auf den Namen, zB eine Namensaktie, ein Immobilien-Zertifikat nach § 105 III 1 GVGA auf den Namen des Käufers umschreiben, nachdem das Vollstreckungsgericht nach §§ 764, 802 eine Ermächtigung dazu erteilt hat, Bauer JurBüro 1976, 873. Zuständig zu dieser Ermächtigung ist der Rpfleger nach § 20 I Nr. 17 RPflG. Antragsberechtigt sind: Der Gerichtsvollzieher; der Gläubiger; der Erwerber; der Schuldner, Zöller/Herget Rn. 1; aM Thomas/Putzo/Seiler Rn. 1 (nur auf Antrag des Gerichtsvollziehers oder des Gläubigers. Aber auch die eben genannten weiteren Beteiligten haben ein schutzwürdiges Interesse). Das Gericht muss eine solche Ermächtigung erteilen. Denn „kann" bezeichnet nur den Machtbereich. Zum Antrag gehört die Beifügung des Vollstreckungstitels und des Pfändungsprotokolls. Das Gericht muss prüfen, ob die geplante Maßnahme gesetzmäßig sein dürfte. Freilich ist die Rechtmäßigkeit der bisherigen Zwangsvollstreckung kaum noch überprüfbar. Denn sie ist ja bereits erfolgt, wenn auch noch nicht beendet. 2

§ 822 ist dann anwendbar, wenn eine **Umschreibung** in einem Verzeichnis oder auf dem Papier selbst durch ein Indossament erforderlich ist und soweit nicht § 831 anwendbar ist. Im ersteren Fall muss der Gerichtsvollzieher die Umschreibung auf dem Papier vermerken und das Papier dem Käufer übergeben. Vgl. ferner § 823. 3

Kosten des Gerichts: § 788 I; des Anwalts: VV 3309, 3310 RVG; des Gerichtsvollziehers: Gebührenfrei, Auslagen KV 700 ff. GvKostG 4

823 *Außer Kurs gesetzte Inhaberpapiere.* **Ist ein Inhaberpapier durch Einschreibung auf den Namen oder in anderer Weise außer Kurs gesetzt, so kann der Gerichtsvollzieher durch das Vollstreckungsgericht ermächtigt werden, die Wiederinkurssetzung zu erwirken und die hierzu erforderlichen Erklärungen an Stelle des Schuldners abzugeben.**

I. Systematik, Regelungszweck. Neben § 822 enthält § 823 Sonderregeln gegenüber § 821 und geht auch dem § 822 nochmals vor, und zwar aus denselben Gründen wie § 822, dort → § 822 Rn. 1. 1

II. Geltungsbereich: Außer Kurs gesetztes Papier. Ein Außerkurssetzen von Wertpapieren kennt das jetzige Recht nach Art. 176 EGBGB nicht. § 823 gilt aber entsprechend für die Beseitigung der Umwandlung eines Inhaberpapiers in ein Namenspapier durch eine Wiederumschreibung nach §§ 806 BGB, 24 II AktG, vgl. § 105 III 3 GVGA. Zuständig ist der Rpfleger nach § 20 I Nr. 17 RPflG. Wegen des Antragsrechts → § 822 Rn. 2. 2

824 *Verwertung ungetrennter Früchte.* [1]**Die Versteigerung gepfändeter, von dem Boden noch nicht getrennter Früchte ist erst nach der Reife zulässig.** [2]**Sie kann vor oder nach der Trennung der Früchte erfolgen; im letzteren Fall hat der Gerichtsvollzieher die Aberntung bewirken zu lassen.**

Schrifttum: Stamm DGVZ 2018, 25 (krit.).

I. Systematik, S. 1, 2. § 824 ergänzt den § 810. Eine Trennung ist nach § 103 I 1 GVGA erst ab Reife statthaft. 1

II. Regelungszweck, S. 1, 2. Die Vorschrift dient der Prozesswirtschaftlichkeit, ebenso wie § 810. Das gilt freilich nur in den Grenzen der Vernünftigkeit ab der Reife und damit unter einer Beachtung des Grundsatzes der Verhältnismäßigkeit. Man muss ihn wegen der sachenrechtlichen Abweichung von BGB strikt mitbeachten. 2

III. Vor der Trennung, S. 1, 2 Hs. 1. Die Versteigerung kann nach § 103 I 3 GVGA zunächst schon vor der Trennung vom Halm erfolgen, also vor der Ernte. Es kommt nach § 103 I 4 GVGA darauf an, wann man den besten Erlös erwarten kann. Dazu hört der Gerichtsvollzieher nach § 105 I 4 GVGA evtl. einen ja nach § 813 III ohnehin meist nötigen Sachverständigen. Mit der Pfändung nach § 810 verlieren die Früchte nämlich ihre Natur als Bestandteile des Grundstücks. Darum setzt auch der Erwerb des Eigentums an den Früchten keine Trennung vom Halm voraus. Ein Einverständnis des Schuldners mit der Versteigerung am Aufwuchsort ist nicht erforderlich, LG Bayreuth DGVZ 1985, 42. Der Ersteher muss nach § 153 Nr. 3 GVGA innerhalb einer in den Versteigerungsbedingungen zu bestimmenden Frist abernten. Der Gerichtsvollzieher darf den Erlös nach § 103 III 1 GVGA erst nach dem Fristablauf oder nach der Wegschaffung der Früchte auszahlen. Denn eine Beschlagnahme bleibt § 21 I ZVG bis zur Trennung. Eine Ausnahme besteht bei einer Pacht nach § 21 III ZVG. Das Eigentum geht abweichend von § 93 BGB nicht erst mit der Trennung über, sondern schon durch das Einverständnis des Erwerbers mit der Aberntung, LG Bayreuth DGVZ 1985, 42, oder durch die Übergabe der Früchte wie bei einer Fahrnis, LG Bayreuth DGVZ 1985, 42. Diese Versteigerung erfolgt nach § 103 II 1 GVGA am besten an Ort und Stelle. 3

Einstweilige Einstellung der Zwangsvollstreckung durch den Gerichtsvollzieher ist auf Grund eines entsprechenden Gerichtsbeschlusses zB nach § 775 evtl. nach § 103 IV 1 GVGA statthaft. Dasselbe gilt auf Grund der Anordnung einer Zwangsversteigerung nach § 103 IV 2 GVGA, falls eine Beschlagnahme nach §§ 20 ff. ZVG und noch keine Früchtetrennung erfolgte. Der Gerichtsvollzieher benachrichtigt den Gläubiger unverzüglich wie bei § 121 I 1 BGB von einer einstweiligen Einstellung. 4

IV. Nach der Trennung, S. 1, 2 Hs. 2. Die Versteigerung kann auch nach der Trennung vom Halm erfolgen. Der Gerichtsvollzieher lässt die Früchte nach § 103 II 2 GVGA durch eine zuverlässige Person abernten, evtl. nach § 103 II 3 GVGA auch durch den Schuldner. Der Gerichtsvollzieher muss die Ernte überwachen und die Früchte nach § 103 II 5, 6 GVGA verwahren lassen. Dafür muss der Gläubiger nach § 103 II 4 GVGA einen Vorschuss zahlen. Das Pfandrecht entsteht nach → § 810 Rn. 1 mit der Pfändung und nicht mit der Trennung vom Halm. Der Ersteher wird mit der Ablieferung an ihn zum Eigentümer. 5

Bei **Zwangsversteigerung des Grundstücks** setzt der Gerichtsvollzieher nach § 103 IV 3 GVGA trotz Beschlagnahme nach §§ 20 ff. ZVG die Früchteversteigerung und -verwertung schon getrennter Früchte fort. 6

7 **V. Versteigerung, S. 1, 2.** Sie ist nach § 103 I 2 GVGA immer erst nach dem Zeitpunkt der wirklich eingetretenen Reife statthaft. Insofern liegt eine Abweichung von § 810 vor, wo die allgemeine Zeit der Reife maßgeblich ist. Der Gerichtsvollzieher muss sich nach → § 810 Rn. 9 fortlaufend über den Reifegrad usw. informieren. Er bestimmt sodann rechtzeitig vor einer Überreife nach seinem pflichtgemäßen Ermessen evtl. unter einer Anhörung eines Sachverständigen nach § 103 I 4 GVGA den für den Erlös bestmöglichen Versteigerungszeitpunkt. Eine Abweichung vom wirklichen Reifezeitpunkt ist nur dann zulässig, wenn der Gläubiger und der Schuldner einverstanden sind oder wenn der Gerichtsvollzieher eine Anordnung nach § 825 I erlassen hat. Den Erlös zahlt der Gerichtsvollzieher nach § 103 III 2 GVGA erst danach aus.

8 **VI. Verstoß, S. 1, 2.** Ein Verstoß gegen die Vorschrift ist prozessual belanglos. Er stellt aber eine Amtspflichtverletzung dar.

9 **VII. Rechtsbehelf, S. 1, 2.** Rechtsbehelfsbelehrung, Verstoß: §§ 232, 233 S. 2. Jeder Betroffene kann die Erinnerung nach § 766 einlegen. Daran kann sich nach §§ 567 I Nr. 1, 793 eine sofortige Beschwerde anschließen.

825 *Andere Verwertungsart.* [I] [1]**Auf Antrag des Gläubigers oder des Schuldners kann der Gerichtsvollzieher eine gepfändete Sache in anderer Weise oder an einem anderen Ort verwerten, als in den vorstehenden Paragraphen bestimmt ist. [2]Über die beabsichtigte Verwertung hat der Gerichtsvollzieher den Antragsgegner zu unterrichten. [3]Ohne Zustimmung des Antragsgegners darf er die Sache nicht vor Ablauf von zwei Wochen nach Zustellung der Unterrichtung verwerten.**

[II] **Die Versteigerung einer gepfändeten Sache durch eine andere Person als den Gerichtsvollzieher kann das Vollstreckungsgericht auf Antrag des Gläubigers oder des Schuldners anordnen.**

Schrifttum: Freels, Andere Verwertungsarten in der Mobiliar-Zwangsvollstreckung, 1998; Gilleßen/Coenen DGVZ 1998, 169 (ausf.).

Übersicht

1 **I. Systematik, I, II.** Die bedingt mit §§ 817a, 821, 844 vergleichbare Vorschrift schafft bemerkenswert vielgestaltige Möglichkeiten der Pfandverwertung mit einem Vorrang vor allen anderen. Die Vorschriften über die Pfandverwertung sind ja grundsätzlich ein Bestandteil des zwingenden öffentlichen Rechts, wenn man von einer möglichen Einigung über den Ort und die Zeit der Versteigerung nach § 816 I und sonst absieht. Stets müssen eine nach §§ 803 ff. wirksame Pfändung und das Fortbestehen der Zulässigkeit der Zwangsvollstreckung vorliegen. Wenn der Gerichtsvollzieher gegen diese Vorschriften verstößt, begeht er zwar eine Amtspflichtverletzung nach Art. 34 GG, § 839 BGB. Seine Veräußerung bleibt aber in der Regel wirksam (vgl. bei den einzelnen Vorschriften). Soweit § 825 anwendbar ist, muss das Vollstreckungsorgan zwar ebenfalls das dortige Verfahren strikt einhalten. Es ist aber wegen der Art der Pfandverwertung von seiner Verantwortung frei.

2 **II. Regelungszweck, I, II.** Der Zweck der Vorschrift liegt darin, ausnahmsweise dann eine Verwertung der Pfandsache zu ermöglichen, wenn eine grundsätzlich erforderliche Versteigerung keinen dem wahren Sachwert entsprechenden Erlös erwarten lässt, BGHZ 119, 77; LG Freibg DGVZ 1982, 186; Steines KTS 1989, 309. Damit dient § 825 der Parteiherrschaft nach → Vor § 704 Rn. 7 ff. und damit der Gerechtigkeit nach → Einl. II Rn. 12, 70.

3 **Schuldnerschutz** ist ein weiterer Zweck. Denn auch der Schuldner kann ja ein erhebliches Interesse am freihändigen Verkauf usw. statt einer öffentlichen Versteigerung haben, Weber DGVZ 2018, 150. Deshalb hat auch der Schuldner ein Antragsrecht, und deshalb ist die Vorschrift unabhängig davon, wer einen Antrag stellt, weder einseitig zugunsten der einen noch zugunsten der anderen Partei zu handhaben. Stets sollte man prüfen, ob die Anwendung der § 825 auch dem gegnerischen Interesse entspricht.

4 **Großzügige Anwendbarkeit** einer jeden nach § 825 statthaften Verwertungsart dürfte bei alledem oft ratsam werden. Die Verwertung kann gegenüber einer öffentlichen Versteigerung ungleich diskreter, lautloser, rascher und unauffälliger ablaufen, für Dritte unbemerkbarer, bei schwierigeren Objekten mit durchaus größerem Ertrag, weil direkt dem Spezialisten ungestört zugänglich. Geringerer Aufwand nach § 788 mag einen etwas geringeren Ertrag rechtfertigen. Ein Antrag begrenzt ja ohnehin die natürlich fortbestehende Mitverantwortung aller staatlich Beteiligten. Unerfreuliche Missgriffe lassen sich nach § 766 zumindest bei rechtzeitiger Erinnerung einigermaßen eindämmen.

III. Geltungsbereich, I, II. Die Vorschrift gilt nach §§ 808–827 im Gesamtbereich der Zwangsvollstreckung in körperliche Sachen. Sie gilt auch im WEG-Verfahren. 5

IV. Verwertung durch den Gerichtsvollzieher, I. Der Gerichtsvollzieher darf das Pfandstück ohne eine Anordnung des Vollstreckungsgerichts nach §§ 764, 802 und ohne die Notwendigkeit eines vorangehenden Versteigerungsversuchs nach §§ 814ff. ausnahmsweise dann anderweitig verwerten, wenn einer der folgenden Fälle vorliegt. 6

1. Einigung. Eine besondere Verwertung ist zulässig, soweit der Gläubiger und der Schuldner sich entsprechend geeinigt haben, Meller-Hannich DGVZ 2009, 24. Denn der Gläubiger kann als der Herr der Zwangsvollstreckung jederzeit anordnen, die weitere Zwangsvollstreckung abzubrechen. Der Schuldner kann den Gläubiger aber auch nach der Pfändung jederzeit dadurch befriedigen, dass er das Pfandstück an Erfüllungs Statt hingibt. Die Einigung der Parteien über einen freihändigen Verkauf ist ein Prozessvertrag und ein Vollstreckungsvertrag. Man muss sie als einen übereinstimmenden Antrag auf eine dann dennoch notwendige Entscheidung nach → Rn. 14 bewerten. Ein Internet-Auktionshaus kann nach §§ 814, 816, 817 infrage kommen, Meller-Hannich DGVZ 2009, 31; Mroß DGVZ 2009, 84. 7

2. Antrag. Eine besondere Verwertung ist nach § 97 Nr. 3 GVGA ferner zulässig, soweit ein Antrag des Gläubigers oder des Schuldners vorliegt, LG Essen DGVZ 1996, 120. Bei einer Personenmehrheit genügt der Antrag des einzelnen. Der Antrag eines Dritten ist unbeachtlich, LG Bln DGVZ 1978, 114. Der Gerichtsvollzieher darf nicht von Amts wegen von den gesetzlichen Verwertungsbestimmungen abweichen. Er darf und muss aber nach § 91 I 3 GVGA einen solchen Antrag anregen. Der Antrag ist eine Parteiprozesshandlung. Er ist schriftlich statthaft. Er ist auch zum Protokoll des Gerichtsvollziehers nach § 762 oder sonst mündlich möglich. Bei elektronischer Einreichung gelten §§ 130a–d. Es besteht nach § 78 III Hs. 2 kein Anwaltszwang. Der Antragsteller muss die begehrte Verwertung hinreichend genau bezeichnen. Das bindet den Gerichtsvollzieher. Der Antragsteller kann aber eine andere Verwertungsart vorschlagen. Der Antrag ist bis zum Zuschlag nach § 817 usw. möglich und bis zur Beendigung der beantragten Verwertung rücknehmbar. 8

V. Verfahren, I. Der Gerichtsvollzieher muss zahlreiche Punkte beachten. 9

1. Zuständigkeit, I 1. Es ist derjenige Gerichtsvollzieher zuständig, in dessen Bezirk sich das Pfandstück befindet, Schlesw OLGR 2001, 367, auch wenn die besondere Verwertung an einem anderen Ort stattfinden soll. 10

2. Anhörung, I 2. Der Gerichtsvollzieher muss den Antragsgegner nach § 91 I 4 GVGA über die beabsichtigte Verwertung „unterrichten". Eine bestimmte Frist gilt nach § 98 I GVGA zuvor nicht. Sie muss aber angemessen sein, wie stets. Das klingt nach einer bloßen Mitteilung, nicht nach einer Notwendigkeit des rechtlichen Gehörs. Die letztere ergibt sich aber nicht nur aus Art. 2 I, 14, 20 III GG (Rpfleger), BVerfGE 101, 404, oder aus einer entsprechenden Anwendung dieser Entscheidung auf den Gerichtsvollzieher sowie aus Art. 103 I GG (Richter), sondern nach → Rn. 11 auch aus I 3. Der Gerichtsvollzieher muss die „beabsichtigte" Verwertung nennen. Er darf also nicht nur mitteilen, er wolle „eine Verwertung nach § 825" vornehmen, sondern muss dem Schuldner die Gelegenheit geben, zu dem bestimmten Verwertungsplan Stellung zu nehmen. Wegen I 3 muss er die Mitteilung nach § 329 II 2, § 91 I 5 GVGA förmlich zustellen. 11

Soweit der Schuldner einen **Gegenantrag** auf eine andere Verwertungsart stellt, muss der Gerichtsvollzieher den Gläubiger entsprechend I 2 anhören. 12

3. Frist, I 3. Die Verwertung erfolgt nach § 98 I 2 GVGA unverzüglich wie bei § 121 I 1 BGB. Der Schuldner kann einer früheren Verwertung zustimmen. Das kann formlos und auch nach → Vor § 128 Rn. 59 stillschweigend geschehen. Es muss aber eindeutig erfolgen. Mangels einer Zustimmung darf der Gerichtsvollzieher die besondere Verwertung nach § 91 I 7 GVGA zwar schon vor dem Ablauf von zwei Wochen nach der Zustellung der Mitteilung nach → Rn. 9 vorbereiten. Er darf sie aber nach § 9 I 4 GVGA erst nach dem Fristablauf vornehmen. Darüber muss er den Antragsgegner mitbelehren. Es handelt sich nicht um eine Notfrist nach § 224 I 2. Man berechnet die Frist nach § 222. 13

4. Maßnahme, I 1–3. Der Gerichtsvollzieher muss zwar nach seinem pflichtgemäßen Ermessen prüfen, ob die Voraussetzungen einer besonderen Verwertung vorliegen. Falls ja, ist er zu der besonderen Verwertung nach § 91 I 6 GVGA auch verpflichtet. Das Wort „kann" im Gesetzeswortlaut bedeutet nur, dass die Bestimmung der Maßnahme in dem Machtbereich des Gerichtsvollziehers liegt, Mümmler JurBüro 1977, 1657; aM LG Nürnb-Fürth Rpfleger 1978, 34; aM Zöller/Herget Rn. 8, 13 (Ermessen. Aber der Gläubiger ist der Herr der Zwangsvollstreckung, bei I sogar im weitesten Sinn nach → § 754 Rn. 4). Eine besondere Verwertung ist dann erforderlich, wenn sie eine deutlich bessere Verwertung des Pfandstücks wahrscheinlich macht, LG Kblz MDR 1981, 256. Wenn eine deutlich bessere Verwertbarkeit ungewiss ist, sollte sich der Gerichtsvollzieher nach § 98 I 3 GVGA zurückhalten. Er kann und muss auch nach § 91 I 8 GVGA evtl. zur Regelverwertung zurückkehren, LG Nürnb-Fürth DGVZ 1978, 333. 14

Denn I stellt eine **Ausnahme** dar, LG Freibg DGVZ 1982, 187. Man darf die regelmäßige Verwertung des Pfandstücks nicht durch diese Vorschrift ausschalten, insbesondere dann nicht, wenn mehrere Bieter vorhanden sind, LG Bochum DGVZ 1977, 89. Der Gerichtsvollzieher muss also das Ob der besonderen Gründe für eine Verwertung nach I und auch das Interesse des Schuldners daran abwägen, das Pfandstück nicht zu verschleudern. Der Gerichtsvollzieher muss eine solche Abwägung in seiner Maßnahmebegründung nach → § 329 Rn. 6 darlegen. **Kosten:** § 788 I. 15

5. Kreditgeschäft, I 1–3. Eine besondere Verwertung darf nicht zu einer Umgehung der Verbraucherschutzvorschriften des BGB führen. Eine solche Umgehung liegt allerdings im Allgemeinen nicht schon darin, dass der Gerichtsvollzieher das Pfandstück an den Kreditgeber übereignet, so schon Mümmler JurBüro 1977, 1659. 16

Er muss den **Preis** nach → Rn. 22, § 98 II 1, 2 GVGA unter einer Beachtung von § 817a festsetzen, LG Ffm DGVZ 1993, 112; aM AG Norden Rpfleger 1987, 28 (aber diese Vorschrift nennt einen Kerngedanken der ordnungsgemäßen Bewertung). Er muss eine Bewertung durch einen Sachverständigen erwägen. Die Kosten des Sachverständigen nach dem JVEG sind Kosten der Zwangsvollstreckung nach § 788. Der Gerichtsvollzieher muss bei einem Kreditgeschäft wenigstens eine summarische Abwägung des Anspruchs nach dem BGB vornehmen. Er muss also prüfen, ob die bisherige Abnutzung des Pfandstücks eine Rückzahlung der Anzahlung ausschließt; aM 17 (zum alten Recht) Mümmler JurBüro 1977, 1667. Eine umfassende Prüfung kann allerdings nur im Verfahren nach § 767 oder § 769 stattfinden. Evtl. ist § 765a anwendbar. Der Verkäufer muss einen Anspruch nach den Verbraucherschutzvorschriften des BGB durch eine neue Klage geltend machen, (zum alten Recht) AG Norden Rpfleger 1987, 28. Er ist auf Grund einer Aufforderung des Schuldners zur Herausgabe des Zahlungstitels verpflichtet.

18 Eine Verwertung **ohne eine Anhörung** des Schuldners ist grundsätzlich trotzdem wirksam. Wegen des Eigentumsübergangs → Rn. 16. Der Gerichtsvollzieher darf seine Entscheidung nur auf Grund einer neuen Sachlage ändern, LG Nürnb-Fürth Rpfleger 1978, 333. Eine Aufhebung oder Änderung berührt aber die Wirksamkeit der Übereignung usw. nicht mehr.

19 **VI. Verwertung in anderer Weise, I 1.** Das Gericht darf nicht gegen zwingende öffentlich-rechtliche Vollstreckungsgrundsätze verstoßen, etwa über das Mindest- und das Meistgebot oder über den zugelassenen Bieterkreis oder über den Zuschlag an den Meistbietenden bei einer Versteigerung. Es sind zB die folgenden Anordnungen statthaft.

20 **1. Stundung.** Der Gerichtsvollzieher kann eine Stundung der Zahlung zulassen, abweichend von § 817 II. Das kann sich auch vereinbarungsgemäß auf den Zeitpunkt des Eigentumsübergangs auswirken.

21 **2. Verkauf.** Der Gerichtsvollzieher kann das Pfandstück in einer Abweichung von § 814 nach §§ 91 I 2 Nr. 1, 2, 97 ff. GVGA freihändig verkaufen. Dieser Verkauf ist nicht ein Verkauf nach dem sachlichen Recht. Denn auch hier verkauft der Gerichtsvollzieher nicht als ein Eigentümer oder für den Eigentümer, sondern kraft seiner staatlichen Zwangsgewalt. Der Verkauf bleibt eine Pfandverwertung. Er unterliegt den Vorschriften über die Zwangsvollstreckung, BGHZ 119, 78. Es tritt aber anstelle des Erstehervertrags der Versteigerung ein andersartiger Vertrag. Er kann nach § 98 IV GVGA auch an den Gläubiger erfolgen. Der Gerichtsvollzieher kann beim Verkauf eines Wertpapiers nach § 98 V GVGA eine Bank auf Schuldnerkosten nach § 788 einschalten. Die Übergabe des unmittelbaren Besitzes (also nicht die Übergabe nach §§ 930, 931 BGB) erfolgt nach § 98 III GVGA nur gegen Barzahlung, Weber DGVZ 2018, 151, soweit nicht das Vollstreckungsgericht anders entscheidet oder die Parteien zustimmen. Die Übergabe hat dieselben Wirkungen wie die Ablieferung nach § 817. Die Zahlung des Preises wirkt wie eine Zahlung der Zuschlagssumme. Diese Folge ist zwingend. Denn es handelt sich um eine Zwangsvollstreckung. Der Gerichtsvollzieher muss den Erlös nach § 819 behandeln. Es gibt keinen Gewährleistungsanspruch nach § 806. Zum urheberrechtlich geschützten Original-Kunstwerk Münzberg DGVZ 1998, 17 (ausf.).

22 **3. Bedingungen.** Der Gerichtsvollzieher kann beliebige Bedingungen aufstellen. Er darf nach → Rn. 16 aber nicht einen solchen Preis festlegen, der das Mindestgebot nach § 817a unterschreitet. Dabei muss er notfalls eine Schätzung nach → § 813 Rn. 11 nachholen. Beim Fehlen einer Preisbestimmung muss er ebenfalls § 817a I beachten. Das gilt nach §§ 857, 844 auch bei einer nichtkörperlichen Sache, etwa bei einem Erbteil. Der Gerichtsvollzieher muss eine etwaige gesetzliche Veräußerungsbeschränkung beachten. Bei einem Kreditgeschäft muss er nach → Rn. 14 darauf achten, dass durch seine Anordnungen keine Umgehung des Schuldnerschutzes eintritt. Er muss nach § 762, § 99 GVGA ein genaues Protokoll führen. Eine Bankabrechnung kann nach § 99 S. 3 GVGA mitverwendbar sein.

23 **4. Übereignung an den Gläubiger.** Das Vollstreckungsgericht oder der Gerichtsvollzieher kann die Pfandsache nach § 91 I 2 Nr. 3 GVGA dem Gläubiger zu einem bestimmten Preis zwangsweise übereignen, LG Kblz MDR 1981, 236, Hadamus Rpfleger 1980, 420 (dort weitere Einzelheiten zum Verfahren). Manche sprechen dabei von einer Zuweisung, LG Essen DGVZ 1996, 120. Wegen einer Übereignung an den Kreditverkäufer → Rn. 14. Das Eigentum geht auch dann erst mit der Übertragung des unmittelbaren Besitzes auf den Erwerber nach → § 817 Rn. 9 über. Das gilt, zumal die Aushändigung der Sache eine Wiederansichnahme nach → Rn. 5 ist und deshalb eine Rücktrittswirkung auslöst. Den **Schuldner** weist der Gerichtsvollzieher nach § 63 S. 1, 3 GVO auf eine etwaige Umsatzsteuerpflicht zB nach § 2 I 2 UStG hin.

24 **5. Befriedigungswirkung.** Die Überleitung ist ein staatlicher Hoheitsakt. Daher ist es unerheblich, ob der Erwerber gutgläubig ist. Insofern gilt nach → § 817 Rn. 9–15 dasselbe wie bei einer gewöhnlichen Verwertung, Gaul NJW 1989, 2515; aM BGHZ 104, 302 (aber das wäre eine Verkennung eines Kernmerkmals der Verwertung in der Zwangsvollstreckung). Diese Regelung ist anders als bei § 1244 BGB. Der Gerichtsvollzieher muss nicht zur Durchführung der Übereignung jemanden am Wegnahmeort beauftragen, den Gegenstand für den Gläubiger in Empfang zu nehmen und dem Gläubiger zu übersenden, LG Nürnb-Fürth DGVZ 1992, 136. Der Gläubiger ist mit dem Erhalt der ihm zwangsweise zugewiesenen Sache in Höhe des angerechneten Werts der Sache nach § 817 IV befriedigt. Die Zwangsvollstreckung endet insoweit nach → Vor § 704 Rn. 49. Der Gläubiger muss einen etwa überschießenden Wert an den Schuldner zahlen.

25 **6. Keine Zwangsübereignung.** Eine Übereignung darf nach § 308 I nicht gegen den Willen des Gläubigers und auch nicht abweichend von seinen Bedingungen stattfinden, LG Essen DGVZ 1996, 120. Denn der Gerichtsvollzieher darf dem Gläubiger keine Sache als Erfüllung aufzwingen, LG Köln DGVZ 1988, 61; Mümmler JurBüro 1977, 1657; Pawlowski ZZP 90, 367. Bietet also der Gläubiger zu wenig, muss der Gerichtsvollzieher seinen Antrag evtl. ablehnen, LG Essen DGVZ 1996, 120. Denn eine Zuweisung kommt nach → Rn. 1 nur dann in Betracht, wenn eine Versteigerung oder ein freihändiger Verkauf keinen höheren Erlös verspricht, LG Bochum DGVZ 1977, 89.

26 **7. Übereignung an den Schuldner.** Der Gerichtsvollzieher kann die Sache zumindest auf einen Schuldnerantrag dem Schuldner übereignen. Einzelheiten und Einschränkungen Steines KTS 1989, 320.

27 **8. Übereignung an einen Dritten.** Auch sie kommt in Betracht. Der Gerichtsvollzieher muss zunächst die Versendung nach auswärts an den Erwerber vornehmen. Freilich ist mangels einer abweichenden Anordnung des Gerichts eine Barzahlung Zug um Zug gegen die Ablieferung erforderlich.

28 **VII. Verwertung zu anderer Zeit, I 1.** Hier genügt nach § 816 I an sich eine Einigung zwischen den Parteien. Etwas anderes gilt nach § 758a IV für eine Verwertung an einem Sonnabend, Sonn- oder Feiertag oder zur Nachtzeit.

29 **VIII. Verwertung an anderem Ort, I 1, § 91 I 2 Nr. 4 GVGA.** Wenn sich die Parteien über diese von § 816 II abweichende Lösung verständigen, braucht der Gerichtsvollzieher sie nicht besonders anzuordnen. Eine

Versteigerung in der Wohnung des Schuldners ist wegen Art. 13 I GG von seiner Zustimmung abhängig, Hamm NJW 1985, 75. Hierher zählt auch eine Versteigerung im Internet nach → § 816 Rn. 7.

IX. Versteigerung durch andere Person als den Gerichtsvollzieher, II. Es sind drei Aspekte beachtlich. 30

1. Voraussetzungen. Das Vollstreckungsgericht und nicht der Gerichtsvollzieher kann die Versteigerung 31 einer gepfändeten Sache und nicht eine der anderen in I genannten Verwertungsarten bei einer besseren Erfolgsaussicht unter einer Beachtung aller Interessen durch eine andere Person als den sonst zuständigen Gerichtsvollzieher nach § 91 VII GVGA unter folgenden Voraussetzungen anordnen, BGH NJW 2007, 1276; zust. Vollkommer (es kann auf einen Antrag anordnen, die Versteigerung zu beenden, sobald der Erlös zur Befriedigung einschließlich der Kosten reicht), Weber DGVZ 2018, 151. Als Verkäufer kommt etwa ein Kunsthändler in Betracht, als Versteigerer kommen etwa ein Notar oder ein gewerbsmäßiger Versteigerer infrage, Birmanns DGVZ 1993, 107. Diese Personen treten jeweils dann grundsätzlich an die Stelle des Gerichtsvollziehers. Sie sind an die für den Gerichtsvollzieher geltenden Vorschriften gebunden, nicht jedoch an die GVGA. Das gilt, soweit nicht eine abweichende Anordnung vorliegt. Freilich können der private Verkäufer oder Versteigerer nicht mit hoheitlicher Gewalt handeln. Daher muss man zB einen solchen Verkauf nach §§ 156, 433 ff., 929 ff., 1227 BGB beurteilen, AG Cham DGVZ 1995, 189, auch nach §§ 812 ff. BGB, BGH WM 2013, 1373, anders als den Verkauf durch den Gerichtsvollzieher nach → Rn. 21, BGHZ 119, 78.

2. Gutglaubensschutz. Gutgläubiger Erwerb ist bei II zwar nach § 932 BGB möglich. Aber das Vertrauen 32 auf die Wirksamkeit der Verstrickung und der Anordnung nach II reichen nicht, BGH NJW 1992, 2570. Den Erlös muss auf Grund entsprechender gerichtlicher Anordnung der Verwertende verteilen, sonst der Gerichtsvollzieher.

3. Kein Zwang. Das Gericht kann keine Privatperson zur Betätigung zwingen. Daher kann sie ihre Bedin- 33 gungen stellen. Diese muss das Gericht abwägen und evtl. seine Entscheidung aufheben oder ändern. Der Gerichtsvollzieher muss auch dann, wenn ein anderer die Sache verkauft oder versteigert, den Erlös abliefern oder hinterlegen, soweit das Gericht nichts anderes angeordnet hat. § 819 gilt dann wiederum.

4. Verfahren. Auch bei II ist nach → Rn. 6 ein Antrag des Gläubigers oder des Schuldners erforderlich. Es 34 besteht nach § 78 III Hs. 2 kein Anwaltszwang. Der Antrag kann zum Protokoll oder nach §§ 130ad elektronisch oder per Telefax oder schriftlich erfolgen. Der Antragsteller darf eine bestimmte Person vorschlagen, nicht bindend bestimmen. Er braucht keinen Vorschlag zu machen. Er kann freilich den ganzen Antrag nach II unter die Bedingung der gerichtlichen Bestimmung einer bestimmten Person stellen, bei mehreren zur Auswahl in anzugebender Reihenfolge. Für den Antragszeitraum und die Antragsrücknahme gilt → Rn. 6 entsprechend. Das Verfahren richtet sich im Wesentlichen nach denselben Regeln wie jedes andere Verfahren des Vollstreckungsgerichts. Ausschließlich zuständig ist nach §§ 764 II, 802 dasjenige Vollstreckungsgericht, in dessen Bezirk sich das Pfandstück befindet. Das gilt auch dann, wenn die Versteigerung an einem anderen Ort stattfinden soll. Das Gericht entscheidet durch den Rpfleger nach § 20 I Nr. 17 S. 1 RPflG. Es muss ein Rechtsschutzbedürfnis vorliegen. Dieses liegt grundsätzlich im Fehlen einer Einigung nach → Rn. 5.

Der Rpfleger muss die Beteiligten in aller Regel **anhören,** auch wenn das Gesetz es hier nicht ausdrücklich 35 vorschreibt, Art. 2 I, 20 III GG, BVerfGE 101, 404, ferner § 139, Ffm Rpfleger 1980, 303. Eine mündliche Verhandlung ist aber nach § 764 III nicht notwendig. Der Rpfleger kann nach §§ 732 II, 766 I 2 eine einstweilige Anordnung treffen.

5. Entscheidung. Auch in II stellt das Wort „kann" nur zum Ob ins Ermessen, zum **Wenn** aber nur in die 36 Zuständigkeit wie bei → Rn. 13. Der Rpfl. muss daher unter den Voraussetzungen von II eine derartige Anordnung treffen. Auch er muss freilich die Grenzen → Rn. 14 beachten. Er entscheidet durch einen Beschluss. Er muss ihn nach → § 329 Rn. 6 begründen. Er bezeichnet die mit der Verwertung betraute Person. Kosten: § 788 I, bei einer Abweisung §§ 91 ff. Der Rpfl. muss seinen Beschluss nach § 329 III Hs. 1 förmlich nach § 166 ff. von Amts wegen zustellen, soweit er einem Antrag stattgibt, und nach Hs. 2 zustellen, soweit er den Antrag abweist. Eine bloße Parteizustellung nach §§ 191 ff. führt nicht zum Beginn der Rechtsmittelfrist, LG Bln Rpfleger 1975, 103. Der Beschluss bindet die Parteien und den Gerichtsvollzieher, LG Nürnb-Fürth DGVZ 1978, 333. Daher darf dieser nach einer stattgebenden Anordnung nicht mehr versteigern, LG Nürnb-Fürth Rpfleger 1978, 332. Nach einer Änderung der Sachlage bleibt dem Vollstreckungsgericht aber eine Anpassung möglich, LG Nürnb-Fürth Rpfleger 1978, 332.

X. Rechtsbehelfe, I, II. Es kommt auf die Entscheidungsrichtung an. 37

1. Gegen Maßnahme, I. Gegen eine Vornahme der besonderen Verwertung wie gegen deren Ablehnung 38 durch den Gerichtsvollzieher ist die einfache unbefristete Erinnerung nach § 766 I statthaft. Das gilt auch nach einer „Unterrichtung" nach I 2. Denn es verbleibt stets bei einer Situation nach § 766 I. Wegen des weiteren Verfahrens vgl. bei § 766.

2. Gegen Stattgeben ohne Anhörung, II. Wenn der Rpfleger dem Antrag des Gläubigers ohne eine 39 Anhörung des Schuldners durch eine bloße Maßnahme stattgegeben hat, kann der Schuldner die Erinnerung nach § 766 einlegen. Die Erinnerung ist unbefristet. Der Rpfleger darf dieser Erinnerung abhelfen. Er muss daher nach → § 766 Rn. 35 prüfen, ob er das tun will. Er muss eine Nichtabhilfe nach → § 329 Rn. 6 begründen. Er muss die Sache dann dem Richter vorlegen. Der Richter entscheidet über die Erinnerung ab einer derartigen, ordnungsgemäßen Vorlage nunmehr in seiner eigenen Zuständigkeit. Das gilt nach § 20 I Nr. 17 S. 1 RPflG unabhängig davon, ob er die Erinnerung für zulässig oder unzulässig, für begründet oder unbegründet hält. Gegen seine Entscheidung ist die sofortige Beschwerde nach §§ 567 I Nr. 1, 793 statthaft.

3. Gegen Ablehnung; Stattgeben nach Anhörung, II. Wenn der Rpfleger den Antrag des Gläubigers nach 40 einer Anhörung des Schuldners durch eine echte Entscheidung abgelehnt hat oder wenn der Rpfleger nach einer Anhörung des Schuldners entschieden hat, kann der Betroffene binnen einer Notfrist nach § 224 I 2 von 2 Wochen die sofortige Beschwerde nach § 11 I RPflG iVm §§ 567 I 1, 793 einlegen, LG Nürnb-Fürth Rpfleger 1978, 332. Vgl. zum weiteren Verfahren wie bei → § 104 Rn. 84 ff.

Gebühren: des Gerichts: KV 1811 GKG, des Anwalts: VV 3309, 3310, 3500 RVG; des Gerichtsvollziehers 41 KV 310 GvKostG.

826 ***Anschlusspfändung.*** **I Zur Pfändung bereits gepfändeter Sachen genügt die in das Protokoll aufzunehmende Erklärung des Gerichtsvollziehers, dass er die Sachen für seinen Auftraggeber pfände.**

II Ist die erste Pfändung durch einen anderen Gerichtsvollzieher bewirkt, so ist diesem eine Abschrift des Protokolls zuzustellen.

III Der Schuldner ist von den weiteren Pfändungen in Kenntnis zu setzen.

1 **I. Systematik, I–III.** Die Anschlusspfändung ist die Pfändung einer schon äußerlich nach §§ 803 ff. wirksam gegen denselben Schuldner gepfändeten Sache einschließlich Geld. Man nennt sie bisweilen auch eine Nachpfändung. Dieser Ausdruck ist aber mehrdeutig. Denn er kann nach → § 803 Rn. 21 auch eine erneute Pfändung nach einer unwirksamen früheren Pfändung bedeuten. Die Anschlusspfändung verschafft dem Gläubiger nach → § 804 Rn. 16, 17 ein selbständiges Pfändungspfandrecht mit dem Rang hinter dem bestehenden Recht. Sie ist zugleich eine bedingte Erstpfändung. Denn sie tritt mit dem Wegfall des vorgehenden Pfändungspfandrechts oder bei dessen Unwirksamkeit ohne dieses zu heilen an dessen Stelle. Deshalb ist die Anschlusspfändung ohne Rücksicht auf einen zu erwartenden Überschuss zulässig, LG Marbg Rpfleger 1984, 406; AG Bersenbrück DGVZ 1989, 76; Stein/Jonas/Würdinger § 803 Rn. 29; aM Wieser DGVZ 1985, 40; Wunner DGVZ 1985, 37; Zöller/Herget Rn. 2 (aber es geht nach → Rn. 2 nur noch um eine andere Bedingung). Vgl. freilich auch → § 803 Rn. 21 sowie § 7 GvKostG, LG Ffm DGVZ 1989, 92. Man muss eine Anschlusspfändung von einer sog. Hilfspfändung unterscheiden. Zu ihr → § 808 Rn. 4. Zu den Grenzen der Zweckmäßigkeit einer bloßen Anschlusspfändung → Rn. 7.

2 **II. Regelungszweck, I–III.** Die Anschlusspfändung bezweckt eine Vereinfachung und Straffung der Zwangsvollstreckung. Denn bei ihr entfällt wegen des Fortbestehens der Verstrickung die Notwendigkeit einer neuen Beschlagnahme. Damit dient sie der Prozesswirtschaftlichkeit.

3 **III. Voraussetzungen, I.** Maßgebend ist die Erstpfändung.

4 **1. Wirksamkeit der Erstpfändung.** Eine Anschlusspfändung ist nur gegen denselben Schuldner statthaft, LG Bln DGVZ 1983, 93; Stein/Jonas/Würdinger Rn. 1; Zöller/Herget Rn. 2 (er fordert sogar die Nämlichkeit der haftenden Vermögen); aM Gerlach ZZP 89, 314 (aber das wäre nach → Rn. 1, 2 inkonsequent). Nach einer ersten Pfändung derselben Sache gegen einen anderen Schuldner ist die jetzige weitere Pfändung keine Anschluss-, sondern eine sog. Doppelpfändung nach § 116 S. 1, 2 GVGA; aM Gerlach ZP 1989, 294. Sie erfolgt wie eine erste Pfändung und kommt als Vermerk in die Akten beider Pfändungen. Eine Anschlusspfändung darf für denselben Gläubiger wegen einer weiteren Forderung stattfinden, aber auch für einen neuen Gläubiger, LG Bln DGVZ 1983, 93. Sie setzt eine Erstpfändung nach den Regeln der ZPO voraus, nicht eine Pfändung im Zwangsversteigerungsverfahren oder im Verwaltungsverfahren zB der Finanzbehörde, § 307 II AO; aM Stein/Jonas/Würdinger Rn. 3; Thomas/Putzo/Seiler Rn. 5; Zöller/Herget Rn. 6 (aber das wäre nach → Rn. 1, 2 inkonsequent). Vgl. § 116 GVGA.

5 Die **Erstpfändung** muss nach § 116 III 1 GVGA äußerlich nach §§ 803 ff. wirksam gewesen und geblieben sein. Die Verstrickung nach → Vor § 803 Rn. 8 muss also nach § 116 II 2 GVGA noch fortbestehen, wenn auch evtl. nur noch am Erlös, LG Bln DGVZ 1983, 93. Das muss der Gerichtsvollzieher prüfen, zB nach § 116 III 2, 3 GVGA durch Einsicht ins Protokoll der Erstpfändung. Eine sachliche Wirksamkeit der Erstpfändung ist aber nicht die Voraussetzung für eine Anschlusspfändung. Wenn der Gerichtsvollzieher daher die äußeren Merkmale einer wirksamen Erstpfändung vorfindet, wenn zB die Pfandsache ein Pfandsiegel trägt, darf der Gerichtsvollzieher nach § 116 III 4 GVGA die Anschlusspfändung vornehmen. Wegen einer Zutrittsverweigerung oder Abwesenheit des Schuldners → Rn. 8, 11. Wenn die Erstpfändung fortbesteht, aber nicht mehr erkennbar ist, wird die Anschlusspfändung nicht schon dadurch unwirksam. Eine Anschlusspfändung ist nach → § 815 Rn. 11 auch an gepfändetem Geld bis zu demjenigen Zeitpunkt zulässig, in dem der Gerichtsvollzieher es abliefert. Sie ist nach → § 819 Rn. 1 ebenso an dem noch nicht ausgezahlten Erlös oder am Übererlös statthaft, LG Bln DGVZ 1983, 93.

6 Die **Voraussetzungen** der Zwangsvollstreckung müssen auch im Zeitpunkt der Anschlusspfändung vorliegen. Insbesondere darf keine Zwecklosigkeit nach § 803 II drohen, im Ergebnis ebenso § 116 IV 2 GVGA (Anschlusspfändung nur auf Gläubigerantrag oder wegen besonderer Zweckmäßigkeit, zB wegen Fehlens noch nicht gepfändeter anderer Sachen). Ein Dritter braucht aber nicht zur Herausgabe bereit zu sein. Denn die Anschlusspfändung beeinträchtigt seinen Besitz nicht, Schilken DGVZ 1986, 150. Die bloße Anfechtbarkeit der Erstpfändung beeinträchtigt die Wirksamkeit der Anschlusspfändung nicht. War die erstgepfändete Sache im Besitz eines Dritten, muss er der Anschlusspfändung nach § 809, § 116 III 7 GVGA zustimmen, Schilken DGVZ 1986, 149.

7 **2. Folgen der Unwirksamkeit der Erstpfändung.** Wenn die Erstpfändung unwirksam war, muss der Gerichtsvollzieher nunmehr eine Erstpfändung vornehmen. Eine Erstpfändung ist nach § 116 II 1 GVGA immer zulässig. Sie ist nach § 116 II 2 GVGA dann ratsam, wenn der Gerichtsvollzieher über die Wirksamkeit einer vorangehenden Pfändung Zweifel hat. Eine Erstpfändung verursacht ja auch keine höheren Kosten als eine Anschlusspfändung. Wenn die Erstpfändung wirksam ist, wirkt eine zweite „Erstpfändung" nur als eine Anschlusspfändung. Wenn sich die Erstpfändung hinterher als unwirksam herausstellt, muss der Gerichtsvollzieher sofort eine wirksame Erstpfändung ausführen.

8 **IV. Vornahme, I–III.** Sie erfolgt unkompliziert. Der Gerichtsvollzieher überprüft den Sachwert und gibt eine Veränderung im Zeitpunkt der Anschlusspfändung nach § 116 III 8, 9 GVGA zu Protokoll.

9 **1. Protokollangabe, I.** Es genügt eine Angabe des Gerichtsvollziehers im Pfändungsprotokoll nach § 762 mit Zeitangabe nach § 116 III 3 GVGA, dass er die schon gepfändete Sache für den jetzigen Antragsteller pfände, BVerfGE 76, 84. Er braucht insofern nicht eine Erklärung gegenüber einer anderen Person als dem Gerichtsvollzieher der Erstpfändung auszusprechen. Wenn die Angabe der Anschlusspfändung im Protokoll fehlt, ist die Anschlusspfändung nicht wirksam. Die Anschlusspfändung braucht nicht wegen der Pfandsache zu geschehen. Das gilt, obwohl der Gerichtsvollzieher eben die Pfandsache besichtigen muss, BVerfGE 76, 84, AG Fürth DGVZ 1977, 14, Zöller/Herget Rn. 3. Der Gerichtsvollzieher muss im Pfändungsprotokoll angeben, für wen und für welchen Anspruch er nun im Anschluss pfändet. Natürlich muss er die Pfandsache im Protokoll ausreichend

genau bezeichnen. Dazu mag freilich eine Bezugnahme auf ein entsprechendes Erstprotokoll reichen. Der Gerichtsvollzieher muss nach § 116 II 5 GVGA sicherstellen, dass er keine der Pfändungen übersieht.

Bei einer **Zutrittsverweigerung** oder Abwesenheit des Schuldners muss der Gerichtsvollzieher das in seinem Protokoll festhalten. Vgl. ferner dazu → Rn. 11. 10

2. Benachrichtigung, II, III. Den Gerichtsvollziehern früherer Pfändungen muss der Gerichtsvollzieher der Anschlusspfändung nach § 116 II 4 GVGA eine Protokollablichtung oder -abschrift zugehen lassen. Das ist schon wegen der Verteilung des Erlöses wichtig. Eine bloße Sollvorschrift ist der dem § 808 II entsprechende § 826 III. Dem Schuldner muss der Gerichtsvollzieher nach III die Mitteilung machen. Wenn der Gerichtsvollzieher gegen II oder III verstößt, begeht er nach → Rn. 11 eine Amtspflichtverletzung. Die Anschlusspfändung bleibt aber wirksam. Einen nach § 771 vorgegangenen Dritten muss der Gerichtsvollzieher wegen → § 816 Rn. 4 nach § 87 II 3 GVGA ebenfalls benachrichtigen, BGH DGVZ 2007, 135. Bei einer Zutrittsverweigerung oder Abwesenheit des Schuldners muss der Gerichtsvollzieher nach § 116 III 5 GVGA neben dem zugehörigen Vermerk im Protokoll nach → Rn. 8 den Gläubiger durch Übersendung des Protokolls unterrichten und auf die Möglichkeit hinweisen, das Pfandrecht nach § 758a zu überprüfen. Er darf dann aber nach § 116 III 6 GVGA eine Anschlusspfändung nicht unterlassen. 11

V. Wirkung, I–III. Jeder Anschlussgläubiger ist von den anderen Pfändungspfandgläubigern unabhängig. Ihre Handlungen berühren seine Rechtsstellung nicht. Eine Einstellung der Zwangsvollstreckung wirkt nur gegenüber dem jeweiligen Gläubiger. Der Gerichtsvollzieher muss für den Anschlussgläubiger nach § 808 erneut prüfen, ob er es verantworten kann, das Pfandstück beim Schuldner zu belassen. Der Anschlussgläubiger kann die Pfandverwertung nach § 804 I selbständig betreiben, und zwar mit dem Rang nach § 804 III. Soweit der Gerichtsvollzieher eine unwirksam gewesene Erstpfändung zugleich mit der „Anschluss"-Pfändung nachholt, entsteht ein Gleichrang. §§ 816 ff., 827 sind anwendbar. Wenn der Gerichtsvollzieher bei der Pfandverwertung das Erstpfandrecht übersehen hat, erlischt es durch die Verwertung. Es bleibt dann nur ein Bereicherungs- oder Ersatzanspruch gegen den Anschlussgläubiger nach §§ 812 ff. BGB und ein Anspruch auf eine Staatshaftung wegen der Amtspflichtverletzung des Gerichtsvollziehers nach Art. 34 GG, § 839 BGB übrig. 12

VI. Rechtsbehelf, I–III. Gegen die Tätigkeit des Gerichtsvollziehers können der Gläubiger und der Schuldner sowie jeder benachteiligte Dritte die Erinnerung nach § 766 einlegen. Daran kann sich eine sofortige Beschwerde nach §§ 567 I Nr. 1, 793 ausschließen. 13

827 *Verfahren bei mehrfacher Pfändung.*

I [1]Auf den Gerichtsvollzieher, von dem die erste Pfändung bewirkt ist, geht der Auftrag des zweiten Gläubigers kraft Gesetzes über, sofern nicht das Vollstreckungsgericht auf Antrag eines beteiligten Gläubigers oder des Schuldners anordnet, dass die Verrichtungen jenes Gerichtsvollziehers von einem anderen zu übernehmen seien. [2]Die Versteigerung erfolgt für alle beteiligten Gläubiger.

II [1]Ist der Erlös zur Deckung der Forderungen nicht ausreichend und verlangt der Gläubiger, für den die zweite oder eine spätere Pfändung erfolgt ist, ohne Zustimmung der übrigen beteiligten Gläubiger eine andere Verteilung als nach der Reihenfolge der Pfändungen, so hat der Gerichtsvollzieher die Sachlage unter Hinterlegung des Erlöses dem Vollstreckungsgericht anzuzeigen. [2]Dieser Anzeige sind die auf das Verfahren sich beziehenden Dokumente beizufügen.

III In gleicher Weise ist zu verfahren, wenn die Pfändung für mehrere Gläubiger gleichzeitig bewirkt ist.

I. Systematik, I–III. Die Vorschrift regelt die Zuständigkeit und einige Besonderheiten bei der Abwicklung mehrerer Pfändungen für mehrere Gläubiger in dieselbe Sache. Soweit auch noch eine andere Sache betroffen ist, greift § 827 nur dann ein, wenn auch sie für mehrere gepfändet ist. 1

II. Regelungszweck, I–III. Die Vorschrift dient der Klarstellung und damit der Rechtssicherheit nach → Einl. II Rn. 87. Eine Anordnung nach I 1 Hs. 2 steht im pflichtgemäßen Ermessen des Gerichts. Es muss die Umstände abwägen und kann etwa zwecks Vereinfachung oder auch zwecks Vermeidung sich abzeichnender Reibungspunkte einen anderen Gerichtsvollzieher zu bestimmen. 2

III. Geltungsbereich, I–III. Wenn mehrere Gerichtsvollzieher Erstpfändungen oder Erst- und Anschlusspfändungen nach §§ 808, 826 vorgenommen haben, geht der Auftrag des späteren Gläubigers nach → § 754 Rn. 1 kraft Gesetzes nach I 1 Hs. 1 grundsätzlich auf den ersten Gerichtsvollzieher über. Dieser erste Gerichtsvollzieher steht dann nach § 116 V 4 GVGA so, als müsse er die Vollstreckungsaufträge sämtlicher Gläubiger erledigen. Der spätere Gerichtsvollzieher darf auch pfandfreie Sachen erstpfänden und deren weitere Behandlung mit Einverständnis des Gläubigers dem ersten Gerichtsvollzieher nach § 116 VIII GVGA mitüberlassen. Deshalb kann eine Amtspflichtverletzung des späteren Gerichtsvollziehers nach Art. 34 GG, § 839 BGB nur in einem Verstoß bei der späteren Pfändung liegen. Denn mit ihr endet seine Tätigkeit. 3

Wenn der Gerichtsvollzieher die Verwertung für den **ersten** Gläubiger vornimmt, betrifft das auch den späteren Gläubiger. Der spätere Gläubiger muss nur dann einen eigenen Verwertungsantrag stellen, wenn der Gerichtsvollzieher die Pfandsache nicht für den früheren Gläubiger verwertet. Eine Pfändung nach der ZPO und eine Pfändung nach der AO haben hier nach § 359 AO eine gleiche Bedeutung. Das Verteilungsverfahren steht immer unter der Leitung des Vollstreckungsgerichts nach → Rn. 11. Einzelheiten Hantke DGVZ 1978, 105. Die späteren Gerichtsvollzieher müssen die in ihrem Besitz befindlichen Urkunden dem ersten Gerichtsvollzieher herausgeben und das dem Auftraggeber und dem Schuldner nach § 116 V 2, 3 GVGA mitteilen. 4

Die Vorschrift **gilt nicht,** soweit die bisherige Zuständigkeit des Gerichtsvollziehers nur wegen eines Ortswechsels des Schuldners wechselt. 5

IV. Anderer Gerichtsvollzieher, I–III. Das Vollstreckungsgericht des § 764 durch den Rpfleger nach § 20 I Nr. 17 RPflG kann nach I 1 Hs. 2 auf einen Antrag des Schuldners oder eines Gläubigers anordnen, dass ein anderer Gerichtsvollzieher als der zuerst tätig gewordene alle Pfändungen erledigen solle. Das kann auch ein bisher in dieser Sache überhaupt noch nicht beteiligter Gerichtsvollzieher sein. Das Vollstreckungsgericht kann auch anordnen, dass eine andere Person als ein Gerichtsvollzieher die Pfandsache nach § 825 veräußern soll. Auch 6 dann muss das Gericht aber einen Gerichtsvollzieher zur Verteilung des Erlöses bestimmen. Für die Anordnungen ist nach § 764 II das Vollstreckungsgericht desjenigen Orts zuständig, an dem die Erstpfändung erfolgt ist. Alle Gläubiger und der Schuldner können sich auch auf einen anderen Gerichtsvollzieher einigen. Das Verfahren verläuft wie bei § 825 II.

7 **Gebühren:** des Gerichts keine; des Anwalts: VV 3309, 3310 RVG.

8 **V. Verwertung, I, II.** Es gelten die Grundsätze der Erstverwertung.

9 **1. Überblick.** Die Versteigerung geschieht nach I 2, § 117 V 1 GVGA für sämtliche beteiligten Gläubiger. Soweit für einen Gläubiger ein Hindernis besteht, etwa wegen einer Einstellung, bleiben die übrigen beteiligt. Soweit ein Einverständnis des Gläubigers notwendig ist, müssen alle beteiligten Gläubiger zustimmen. Der Gerichtsvollzieher verteilt den Erlös nach § 116 VI 2 GVGA nach dem Zeitvorrang unter die Gläubiger. Er geht also nach → § 804 Rn. 16, § 116 VI 2 GVGA nach der Reihenfolge der Pfändungen vor. Bei abweichender Forderung nur eines Teils der Gläubiger ohne Zustimmung aller verfährt der Gerichtsvollzieher nach II, § 116 VI 3 GVGA. Stundung oder Einstellung wirken nach § 116 VII 1 GVGA nur bei dem davon Betroffenen. Evtl. erfolgt eine Hinterlegung nach § 116 VII 2–4 GVGA. Wenn mehrere Pfändungen zu demselben Zeitpunkt stattgefunden haben, verteilt er insoweit den Erlös nach dem Verhältnis der Forderungen nach § 117 V 2 GVGA. Der Gerichtsvollzieher muss nach § 118 II 1 GVGA die Kosten der Verwertung vorweg abziehen, also sämtliche Versteigerungskosten bis zur Erlösverteilung und nicht nur die Gebühren des § 15 GvKostG und des KV 300 GvKostG, Thomas/Putzo/Seiler Rn. 5; aM Zöller/Herget Rn. 5. Die sonstigen Zwangsvollstreckungskosten der einzelnen Gläubiger teilen den Rang ihrer Forderung. Eine Anrechnung erfolgt nach § 367 BGB oder nach einer etwa vorrangigen anderen Reihenfolge. Die noch beteiligten Gläubiger können sich auf eine andere Verteilung einigen. Diese bindet den Gerichtsvollzieher nach II. Mehrere Forderungen desselben Gläubigers haben denselben Rang; aM Zöller/Herget Rn. 5 (aber § 804 II, III hat hier keine Bedeutung, weil es sich um denselben Gläubiger handelt).

10 **Unverzüglich** wie bei § 121 I 1 BGB führt der Gerichtsvollzieher nach § 119 II 1 GVGA die erforderlichen Auszahlungen durch. Macht ein Dritter glaubhaft, dass er sich auf §§ 771, 781, 786, 805 berufen kann, muss der Gerichtsvollzieher mit einer Auszahlung nach § 119 II 2 GVGA angemessen bis zu einem bevorstehenden Einstellungsbeschluss nach § 119 II 2, 3 GVGA etwa 2 Wochen warten. Er wickelt die Auszahlungen über sein Dienstkonto nach § 119 III GVGA ab. Er lässt sie sich quittieren und macht sie nach § 119 III GVGA aktenkundig. Bei § 805 muss er eine vorzugsweise Auszahlung nach § 119 IV GVGA von der Einwilligung aller Beteiligten oder einer rechtskräftigen Entscheidung abhängig machen. Auch kann nach § 119 V GVGA eine Hinterlegung infragekommen.

11 **2. Unzulänglichkeit des Erlöses.** In diesem Fall verrechnet der Gerichtsvollzieher nach § 118 II 3 GVGA grundsätzlich den Erlös zunächst auf die Kosten der Zwangsvollstreckung nach § 788, sodann auf die übrigen Kosten des Gläubigers, weiter auf die Zinsen der beizutreibenden Forderung und schließlich auf die Hauptforderung nach § 367 BGB, hilfsweise § 497 III BGB. Der Gerichtsvollzieher muss das alles in einer Abrechnung nach § 118 I GVGA aktenkundig machen. Der Schuldner erhält von ihr nach § 118 IV GVGA eine Abschrift. Die Abrechnung muss nach § 118 II 4 GVGA auch zeigen, welche Forderungsarten und -teile ungetilgt geblieben sind. Bei einer Prozess- oder Verfahrenskostenhilfe beachtet der Gerichtsvollzieher den § 15 III 3, 4 GvKostG nach § 118 II 5 GVGA.

12 Wenn ein nachstehender oder gleichrangiger Gläubiger bei einem unzulänglichen Erlös gegen den Willen der anderen Gläubiger eine **andere Art der Verteilung** verlangt, muss derjenige Gerichtsvollzieher den Erlös landesrechtlich hinterlegen. Er muss sodann dem Vollstreckungsgericht der Erstpfändung nach § 764 II eine Anzeige von der Hinterlegung machen und bei diesem Gericht alle in seinem Besitz befindlichen Dokumente einreichen. Es tritt dann ein Verteilungsverfahren nach §§ 872 ff. ein. Das alles gilt auch, soweit das Gericht das Verfahren eines solchen anderen Gläubigers vorläufig eingestellt hat. Die Auszahlung kann selbst beim abweichenden Willen aller Beteiligten dann nur über den Gerichtsvollzieher erfolgen. Er muss dazu die Auszahlung zunächst an sich selbst bei der Hinterlegungsstelle beantragen. Die Pfandrechte dauern am Hinterlegten nach → § 804 Rn. 12, → § 805 Rn. 11 fort.

13 Eine **Teilzahlung** des Schuldners darf der Gerichtsvollzieher nur dann annehmen, wenn er den Teilbetrag nach § 117 II 1 GVGA unter allen Gläubigern nach dem Verhältnis ihrer Forderungen verteilen darf. Andernfalls muss er nach § 117 II 2 GVGA sie für sämtliche Gläubiger pfänden. Der Gerichtsvollzieher darf nach § 155 S. 2 Nr. 3 GVGA keine Auszahlung an den Gläubiger vornehmen, soweit und solange der Schuldner hinterlegen darf.

14 **3. Verstoß.** Ein Verstoß gegen II führt dann zur Unwirksamkeit seiner Verwertung, wenn der Gerichtsvollzieher sachlich nach → Vor § 704 Rn. 53 unzuständig war. Eine bloß falsche Verteilung ist prozessual belanglos. Sie gibt dem Betroffenen nur einen Bereicherungs- oder Ersatzanspruch nach §§ 812 ff., 823 BGB.

15 **VI. Mehrpfändung, III.** Wenn mehrere Gläubiger dem Gerichtsvollzieher vor der Pfändung einen Pfändungsauftrag erteilt haben, muss er für alle Gläubiger nach § 117 I 1 GVGA unabhängig von den Eingangszeiten der Vollstreckungsanträge gleichzeitig pfänden, LG Hmb DGVZ 1982, 45. Wenn nur einer der Gläubiger eine erforderliche Durchsuchungsanordnung erwirkt hatte, ist aber kein längeres Verweilen erlaubt als für diesen nötig. Dann muss er die Gläubiger als gleichberechtigt nach dem Verhältnis ihrer Forderungen befriedigen, LG Hmb DGVZ 1982, 45. Das gilt, falls nicht einer der Gläubiger ein Vorzugsrecht nach § 804 II hat, Hantke DGVZ 1978, 106. Das Pfändungsprotokoll nach § 762 muss nach § 117 III GVGA die Mehrpfändung ergeben. Das Verfahren verläuft im Übrigen ebenso wie bei → Rn. 8 vor allem wegen der Hinterlegung und der Wirkung eines Verstoßes. Eine Mehrpfändung liegt auch dann vor, wenn der Gerichtsvollzieher auf Grund mehrerer Aufträge desselben Gläubigers gleichzeitig pfändet. Er muss dann den Erlös entsprechend verteilen. Zum Problem Stolte DGVZ 1988, 145 (ausf.).

16 **VII. Rechtsbehelfe, I–III.** Zulässig ist die Erinnerung nach § 766. Sie bezweckt eine Hinterlegung nach II mit der Folge eines Verteilungsverfahrens nach §§ 872 ff. oder einen Herausgabeantrag des Gerichtsvollziehers bei der Hinterlegungsstelle. Der Erinnerung kann die sofortige Beschwerde nach §§ 567 I Nr. 1, 793 nachfolgen.

Untertitel 3. Zwangsvollstreckung in Forderungen und andere Vermögensrechte

828 ***Zuständigkeit des Vollstreckungsgerichts.*** **I Die gerichtlichen Handlungen, welche die Zwangsvollstreckung in Forderungen und andere Vermögensrechte zum Gegenstand haben, erfolgen durch das Vollstreckungsgericht.**

II Als Vollstreckungsgericht ist das Amtsgericht, bei dem der Schuldner im Inland seinen allgemeinen Gerichtsstand hat, und sonst das Amtsgericht zuständig, bei dem nach § 23 gegen den Schuldner Klage erhoben werden kann.

III [1]Ist das angegangene Gericht nicht zuständig, gibt es die Sache auf Antrag des Gläubigers an das zuständige Gericht ab. [2]Die Abgabe ist nicht bindend.

1 **I. Systematik, I–III.** § 828 ist eine gegenüber § 764 I, II vorrangige Zuständigkeitsvorschrift. Die Zuständigkeit ist gemäß § 802 ausschließlich. Sie regelt in ihrem Geltungsbereich die Zuständigkeit des Vollstreckungsgerichts auch im Rahmen von § 930 I 3, BVerfGE 64, 1 (18). Die Vorschrift ist nur dann anwendbar, wenn der Schuldner und der Drittschuldner nach § 840 der deutschen Gerichtsbarkeit unterliegen. § 828 ist deshalb bei einem Exterritorialen nach § 18 GVG unanwendbar. Gegen einen im Ausland wohnenden Drittschuldner kann das Vollstreckungsgericht zwar einen Beschluss erlassen. Dieser Beschluss lässt sich aber oft nicht zustellen. Eine Ausnahme mögen nach § 23 nur diejenigen Fälle bilden, in denen der Schuldner im Inland ein Vermögen besitzt. Denn die ausländische Justizverwaltung verweigert oft die nach § 183 erforderliche Weitergabe des Zustellungsersuchens. Ein ausländisches Gericht kann in die deutsche Gerichtsbarkeit nicht durch eine Pfändung wirksam eingreifen, BAG NZA 1997, 334. Einzelheiten Schack Rpfleger 1980, 175.

2 Im Insolvenzverfahren ist nicht das Vollstreckungsgericht, sondern das Insolvenzgericht nach § 89 III InsO zuständig; nach Aufhebung des Insolvenzverfahrens lebt die Zuständigkeit nach §§ 764, 828 ZPO wieder auf, BGH ZIP 2022, 602.

3 **II. Regelungszweck, I–III.** Die ganze Regelung dient wie jede Zuständigkeitsregel der Rechtssicherheit. Man muss sie von Amts wegen beachten, LG Düss JurBüro 1997, 103. Man muss sie ebenso wie §§ 764 I, II, 802 auslegen. Der von II in Bezug genommene § 23 ist auch hier ebenso auslegbar wie bei → § 23 Rn. 2.

4 **III. Sachliche Zuständigkeit, I.** Sachlich nach § 802 ausschließlich zuständig ist das Vollstreckungsgericht, also das AG nach § 764, OLG Hamm MDR 2017, 1446, und bei der Pfändung auf Grund eines Arrestbefehls das Arrestgericht nach § 930 I 3, § 153 VIII 1 GVGA, evtl. auch das Insolvenzgericht, BGH NJW-RR 2008, 1578. Bei der Pfändung auf Grund einer einstweiligen Verfügung ist jedoch wiederum das Vollstreckungsgericht zuständig, ebenso dann, wenn schon die allgemeinen Vollstreckungsvoraussetzungen vorliegen, OLG Hamm MDR 2017, 1446. Dieses ist auch dann zuständig, wenn es um den Vollstreckungstitel eines FamG geht, BGH NJW 1979, 1048, oder um denjenigen eines ArbG, aM BGH NJW 1976, 1453. Das gilt auch für ein Erinnerungsverfahren nach § 766. Im Rechtsmittelverfahren nach §§ 567 I Nr. 1, 793 bleibt das Rechtsmittelgericht zuständig, soweit es nicht nach § 572 III zurückverweist. Bei einer Pfändung zwecks Beitreibung eines Zwangsgelds ist dasjenige Gericht zuständig, das das Zwangsgeld verhängt hat, BayObLGZ 90, 255; aM BGH NJW 1983, 1859. Der Rpfl. ist nach § 20 I Nr. 17 S. 1 RPflG für sämtliche vom Vollstreckungsgericht nach §§ 828–863 oder von einem anderen Gericht nach §§ 848, 854 ff. zu treffenden Entscheidungen und Anordnungen zuständig. Wegen der geplanten Übertragung auf den Gerichtsvollzieher App DGVZ 2006, 53. Wegen des Arrestvollzugs § 20 I Nr. 16 RPflG.

5 **IV. Örtliche Zuständigkeit, II.** Örtlich nach § 802 ausschließlich zuständig sind die folgenden Gerichte. Maßgebend ist der Beginn der Zwangsvollstreckung, also der Erlass des Pfändungsbeschlusses, OLG Hamm BeckRS 2019, 25138; OLG Mü JurBüro 2010, 497. Die internationale Zuständigkeit richtet sich auch hier nach der örtlichen Zuständigkeit.

6 **1. Allgemeiner Gerichtsstand.** Grundsätzlich ist nach §§ 13–19 das AG des allgemeinen deutschen Gerichtsstands des Schuldners zuständig, OLG Mü JurBüro 2010, 497; OLG Zweibr NJW-RR 2000, 929; VGH Kassel NVwZ-RR 2015, 87. Das gilt auch bei einer Partei kraft Amts und beim Nachlasspfleger nach § 780 II. Beim Soldaten muss man § 9 BGB beachten. Bei einem Streit zB wegen einer Forderung mehrerer Schuldner muss das gemeinsame obere Gericht das örtlich zuständige AG nach § 36 I Nr. 3 bestimmen, BGH NJW 1983, 1859; OLG Karlsr MDR 2004, 1262. Der Grundgedanke des § 261 III Nr. 2 gilt auch hier, BGH Rpfleger 1990, 308. Hat der Gläubiger keine konkrete Anschrift des Schuldners angegeben, kann allein aus der Registrierung des Schuldners bei einem aufgrund einer Konzentrationsregelung für ein sprengelübergreifendes Gebiet zuständigen Handelsregister kein Rückschluss auf die örtliche Zuständigkeit gezogen werden, OLG Ffm BeckRS 2019, 37475.

7 Die besonderen Gerichtsstände, etwa § 20, finden keine Anwendung, OLG Brdb BeckRS 2020, 34688.

8 **2. Hilfsweise Vermögensgerichtsstand.** Hilfsweise ist das AG des Gerichtsstands des Vermögens des Schuldners nach § 23 zuständig, BVerfGE 64, 1 (18) (auch zur völkerrechtlichen Problematik); vgl. auch BayObLG FamRZ 2020, 41. Bei einer Forderung kann also insofern das AG des Wohnsitzes des Drittschuldners nach § 840 oder das AG des Verbleibs der Pfandsache örtlich zuständig sein.

9 **3. Weitere Fälle.** Für alle Einzelmaßnahmen im Rahmen desselben Verfahrens bleibt es bei der einmal begründeten Zuständigkeit, BGH Rpfleger 1990, 308; OLG Mü JurBüro 2010, 497; AG Bln-Schönebg DGVZ 1988, 188. Unter mehreren zuständigen Gerichten darf der Gläubiger nach § 35 wählen. Diese Wahl ist unwiderruflich, OLG Zweibr NJW-RR 2000, 929. § 858 II bringt für eine Schiffspart eine Ausnahme von II.

10 **V. Verstoß, I–III.** Es kommt auf die Art des Verstoßes an.

11 **1. Sachliche Unzuständigkeit.** Bei einem Verstoß gegen die sachliche Zuständigkeit ist die Erinnerung nach § 766 zulässig. Jeder Beteiligte kann die sachliche Unzuständigkeit geltend machen, auch ein Drittschuldner nach § 840 oder ein nachstehender Pfändungspfandgläubiger. Wegen einer Abänderungsbefugnis des Rpfl. → § 766 Rn. 35. Ein Pfändungsbeschluss eines funktionell nicht zuständigen Beamten, zB des Gerichtsvollziehers, ist nichtig.

12 **2. Örtliche Unzuständigkeit.** Der Betroffene kann eine örtliche Unzuständigkeit mit der Erinnerung nach § 766 rügen. Die Zwangsvollstreckung bleibt aber bis zur Aufhebung der angefochtenen Maßnahme wirksam. Eine Überschreitung der örtlichen Zuständigkeit lässt zwar nicht die Verstrickung entstehen, wohl aber ein Pfändungspfandrecht zustande kommen.

13 **3. Abgabe.** Soweit eine Unzuständigkeit vorliegt, darf und muss das fälschlich angegangene Gericht die Sache auf einen evtl. nach § 139 anzuregenden Antrag und nicht ohne ihn unverzüglich formlos ohne eine Schuldneranhörung an das nach seiner Meinung zuständige Gericht abgeben. Das abgebende Gericht unterrichtet die Beteiligten formlos. Es findet also kein Verweisungsverfahren nach § 281 statt, OLG Ffm NJW-RR 2021, 1125; OLG Zweibr NJW-RR 2000, 929. Das neue Gericht kann bei einer in Wahrheit auch dort vorliegenden Unzuständigkeit formlos weiter abgeben. §§ 36, 37 sind entsprechend anwendbar.

14 **Keine** Abgabe erfolgt, soweit der Gläubiger eine nach II wirksame Gerichtsstandswahl getroffen hat, OLG Zweibr JurBüro 2000, 929.

829 *Pfändung einer Geldforderung.*

I [1]Soll eine Geldforderung gepfändet werden, so hat das Gericht dem Drittschuldner zu verbieten, an den Schuldner zu zahlen. [2]Zugleich hat das Gericht an den Schuldner das Gebot zu erlassen, sich jeder Verfügung über die Forderung, insbesondere ihrer Einziehung, zu enthalten. [3]Die Pfändung mehrerer Geldforderungen gegen verschiedene Drittschuldner soll auf Antrag des Gläubigers durch einheitlichen Beschluss ausgesprochen werden, soweit dies für Zwecke der Vollstreckung geboten erscheint und kein Grund zu der Annahme besteht, dass schutzwürdige Interessen der Drittschuldner entgegenstehen.

II [1]Der Gläubiger hat den Beschluss dem Drittschuldner zustellen zu lassen. [2]Der Gerichtsvollzieher hat dem Schuldner den Beschluss mit dem Zustellungsnachweis sofort zuzustellen, sofern nicht eine öffentliche Zustellung erforderlich ist. [3]An Stelle einer an den Schuldner im Ausland zu bewirkenden Zustellung erfolgt die Zustellung durch Aufgabe zur Post, sofern die Zustellung nicht nach unmittelbar anwendbaren Regelungen der Europäischen Union zu bewirken ist.

III Mit der Zustellung des Beschlusses an den Drittschuldner ist die Pfändung als bewirkt anzusehen.

IV [1]Das Bundesministerium der Justiz und für Verbraucherschutz wird ermächtigt, durch Rechtsverordnung mit Zustimmung des Bundesrates Formulare für den Antrag auf Erlass eines Pfändungs- und Überweisungsbeschlusses einzuführen. [2]Soweit nach Satz 1 Formulare eingeführt sind, muss sich der Antragsteller ihrer bedienen. [3]Für Verfahren bei Gerichten, die die Verfahren elektronisch bearbeiten, und für Verfahren bei Gerichten, die die Verfahren nicht elektronisch bearbeiten, können unterschiedliche Formulare eingeführt werden.

§ 2 ZVFV Formulare für den Antrag auf Erlass eines Pfändungs- und Überweisungsbeschlusses

[1]Für den Antrag auf Erlass eines Pfändungs- und Überweisungsbeschlusses nach § 829 der Zivilprozessordnung werden folgende Formulare eingeführt:

1. das in der Anlage 3 bestimmte Formular, wenn die Pfändung wegen eines gesetzlichen Unterhaltsanspruchs nach § 850d der Zivilprozessordnung erfolgen soll,
2. in allen anderen Fällen das in der Anlage 2 bestimmte Formular.

[2]Soweit die Forderung durch einen Beschluss bereits gepfändet worden ist, ist für den Antrag auf Überweisung dieser Forderung die Nutzung der Formulare nicht verbindlich.

§ 3 ZVFV Zulässige Abweichungen; Einreichung des Antrags

I [1]Inhaltliche Abweichungen von den Formularen sind nicht zulässig. [2]Anpassungen, die auf der Änderung von Rechtsvorschriften beruhen, sind zulässig.

II [1]Eine Abweichung von der formalen Gestaltung der Formulare ist nicht zulässig. [2]Wenn das Papierformat DIN A4 erhalten bleibt und die Reihenfolge und Anordnung der Formularfelder der einzelnen Seiten und die Seitenumbrüche nicht verändert werden, sind folgende Abweichungen zulässig:

1. unwesentliche Änderung der Größe der Schrift,
2. unwesentliche Änderung sonstiger Formularelemente und
3. Verwendung nur der Farben Schwarz und Weiß sowie von Grautönen, soweit die Lesbarkeit nicht beeinträchtigt wird.

III [1]Soweit für den beabsichtigten Antrag keine zweckmäßige Eintragungsmöglichkeit in dem Formular besteht, kann ein geeignetes Freifeld oder eine Anlage genutzt werden. [2]Die Nutzung mehrerer Freifelder und Anlagen ist zulässig.

IV [1]Es reicht aus, wenn der Antragsteller nur die Seiten des Formulars, auf denen sich Angaben des Antragstellers befinden, bei dem Gericht einreicht. [2]Die nicht eingereichten Formularseiten sind auch in diesem Fall Teil des Antrags.

§ 4 ZVFV Formulare in elektronischer Form

[1]Die Länder dürfen Anpassungen von den in den Anlagen bestimmten Formularen zulassen, die es, ohne den Inhalt zu verändern oder dessen Verständnis zu erschweren, ermöglichen, die Formulare in elektronischer Form auszufüllen und dem Gericht als strukturierten Datensatz zu übermitteln. [2]Für die elektronische Übermittlung sind die in den Formularen enthaltenen Angaben in das XML-Format zu übertragen. [3]Die Länder können dazu durch Verwaltungsvereinbarung eine gemeinsame zentrale Koordinierungsstelle einrichten.

§ 5 ZVFV Verbindlichkeit

Vom 1. März 2013 an sind die gemäß den §§ 1 und 2 eingeführten Formulare verbindlich zu nutzen.

Übersicht

I. Systematik, I–IV. § 829 betrifft die Pfändung einer Geldforderung. Die Pfändung ist eine einseitige Zwangsvollstreckungsmaßnahme des Gläubigers, BGH NJW 2005, 1121. Ergänzend gilt § 829a. Die komplizierte Gesamtregelung erstreckt sich auf den Abschnitt bis § 863. Zur grenzüberschreitenden Pfändung Hök MDR 2005, 306 (ausf.). 1

Dogmatisch nicht unproblematisch ist eine Pfändbarkeit auch **künftiger** Forderungen. Zwar unterliegt der Zwangsvollstreckung das gesamte Schuldnervermögen. Dazu gehört grundsätzlich auch ein bloßes Anwartschaftsrecht. Das ist eine rechtlich erstarkte Aussicht auf einen Rechtserwerb. Ob man auch eine erst in Zukunft realisierbare Forderung schon als so erstarkte Aussicht bewerten darf, kann sehr von allen möglichen Umständen abhängen. Im Zweifel liegt deshalb wohl noch kein Vermögensbestandteil und folglich noch keine Pfändbarkeit vor. Aber auch → Rn. 5, 6. 2

Auf Grundlage von Abs. 4 ist die oben auszugsweise wiedergegebene Zwangsvollstreckungs-Formularverordnung ergangen. 3

II. Regelungszweck, I–IV. Der in § 829 genannte Pfändungsbeschluss hat dasselbe Ziel wie die Gesamtregelung, nämlich eine nach Art. 1, 2, 20 I GG ausgerichtete möglichst abgewogene Durchführung der Vollstreckung in einen besonders empfindlichen Teil des Schuldnervermögens, oft in den allein halbwegs pfändbaren. Diese Durchführung muss einigermaßen praktikabel bleiben. Auch das muss man bei der Auslegung mitbeachten. 4

Künftige Forderungen bilden in der Praxis einen wichtigen Zugriffswunsch und zahlreiche Probleme. Auch und gerade bei ihnen treten die Interessengegensätze besonders zutage. 5

III. Geltungsbereich, I–IV. 1. Geldforderung des Schuldners. Dazu Eichel, Künftige Forderungen, 2014; Eiden, Die Pfändung einer gläubigereigenen Forderung, 2016: Gegenstand der Pfändung kann grundsätzlich jede Geldforderung des Schuldners sein, auch gegen den Gläubiger, BGH NJW 2011, 2649 und NJW-RR 2011, 959; OLG Köln NJW-RR 1989, 190. Das ist eine Forderung auf eine Zahlung in Geld gleich welcher Währung. Hierher gehören auch eine betagte Forderung, ebenso eine bedingte, BGH NJW-RR 2008, 1441, eine nach § 163 BGB zeitbestimmte, auch eine von einer Gegenleistung abhängige trotz der dogmatischen Probleme nach → Rn. 1 evtl. auch wegen → Rn. 5, eine künftige Forderung, BGH NJW-RR 2011, 283 (zust. Schmidt JurBüro 2011, 284); BFH NZI 2005, 569 (Grenzen bei nachfolgender Insolvenz); David MDR 2003, 793 (Grdz.); Hasse VersR 2005, 15 (Lebensversicherung); Mylich WM 2010, 1923 (Miete). Die letztere muss allerdings bestimmt genug bezeichnet oder hinreichend bestimmbar und überhaupt pfändbar sein, OLG Jena VersR 2000, 1005; LG Augsb FamRZ 2004, 1223 (jugendliches Alter hindert nicht das Rechtsschutzbedürfnis); LG Dortm JurBüro 1998, 101; LG Heilbr JurBüro 2001, 268 (bei jugendlichem Schuldner kann das Rechtsschutzbedürfnis fehlen); LG Ravensb JurBüro 1998, 102 (Pfändbarkeit nach 5jähriger versicherungspflichtiger Tätigkeit/Wartezeit); LG Wuppert JurBüro 1998, 100; AG Münst JurBüro 1999, 105 (Pfändbarkeit gegeben, wenn Wartezeit von 5 Jahren bis zum Rentenalter voraussichtlich erfüllt werden wird); strenger LG Tüb JurBüro 2000, 42 (erst ab dem 60. Lebensjahr, abl. Behr). Einschränkungen gelten beim Konto nach → Rn. 9 „Girokonto". Der Gläubiger muss dafür sorgen, dass keine Verjährung eintritt, Meyer JurBüro 2006, 522 (524). 6

2. Rechtsbeziehung. Es muss also bereits eine solche Rechtsbeziehung zwischen dem Schuldner und dem Drittschuldner nach § 840 bestehen, aus der man die künftige Forderung nach ihrer Art und nach der Person des Drittschuldners bestimmen kann, BGH NJW-RR 2011, 851; NJW 2003, 3774 (zust. Spring JurBüro 2004, 101); LG Aschaffenb JurBüro 2001, 108; LG Kblz Rpfleger 2000, 339. Denn die Pfändung muss bestimmt sein, nur ihr Inhalt ist bedingt, BGH NJW 1979, 2038; OLG Köln OLGZ 94, 477, LG Wuppert Rpfleger 1992, 120; strenger LG Münst Rpfleger 1991, 379 (der Schuldner müsse schon Forderungsinhaber sein); großzügiger LG Aschaffenb JurBüro 1997, 609. Eine bloße Hoffnung oder Chance reicht nicht aus, LG Kblz Rpfleger 2000, 339; Schuschke LMK 2003, 114. 7

8 **3. Maßgeblichkeit des Pfändungszeitpunkts.** Die Forderung muss im Zeitpunkt der Pfändung im Vermögen gerade des Vollstreckungsschuldners stehen, BGH NJW 2002, 755; OLG Kblz NZI 2012, 459. Maßgebend ist der Zeitpunkt der Zustellung des Pfändungsbeschlusses an den Drittschuldner. Die Vermögenszugehörigkeit muss in diesem Zeitpunkt schon und noch bestehen, LG Köln NJW-RR 1986, 1058. Die Sachlage ist hier anders als bei einer Pfändung körperlicher Sachen, OLG Ffm NJW 1978, 2397. Ob die Forderung im Vermögen des Schuldners steht, richtet sich nach dem sachlichen Recht, BGH NJW 1988, 495. Eine Sicherungsabtretung ist unschädlich, BGH NJW 2002, 755. Für die zusätzliche Pfändung einer Rentenanwartschaft besteht kein Rechtsschutzbedürfnis, LG Osnabr Rpfleger 1999, 31 (Umdeutung in Pfändung künftiger Rente).

4. Beispiele zur Frage des Geltungsbereichs, I

9 **Abfindung:** Pfändbar ist ein solcher Anspruch, BGH NJW 1989, 458.

Abtretung: Die Pfändung einer solchen Forderung ist auch nach ihrer Abtretung an diesen Gläubiger denkbar, OLG Köln WM 1978, 383. Sie ist aber dann **nichtig,** wenn sie der Schuldner bereits an einen Dritten abgetreten hat, sei es auch nur zur Sicherung, BAG MDR 1980, 522. Das gilt auch dann, wenn der neue Gläubiger die Forderung nachträglich auf den Schuldner zurückübertragen hat, aM OLG Köln OLGZ 94, 477. **Nicht** ausreichend als Abtretung ist eine bloße Anzeige des Forderungsübergangs, LG Brschw Rpfleger 2000, 284.

Anwaltsvergütung: Pfändbar ist der derzeitige Anspruch eines Anwalts gegen die Staatskasse auf die Erstattung einer Vergütung im Prozesskostenhilfeverfahren nach §§ 114 ff., LG Nürnb-Fürth Rpfleger 1998, 118. **Unpfändbar** ist der Anspruch eines Anwalts aus einer erst künftigen Beiordnung. Denn es fehlt ja noch eine solche Rechtsbeziehung, aM LG Nürnb-Fürth Rpfleger 1998, 118 (zust. Zimmermann). Überhaupt ist die Mitvollstreckung wegen der Vergütung des nicht zB nach § 121 beigeordneten Anwalts problematisch, Lappe Rpfleger 1983, 248.

Arbeitnehmersparzulage: Sie ist grds. pfändbar.

Aufrechnung: Es kann sich um eine Forderung des Schuldners an den Gläubiger handeln, BGH JurBüro 2017, 263, solange dieser nicht wirksam aufgerechnet hat, OLG Stgt Rpfleger 1983, 409; LG Bln Rpfleger 1975, 374. Es kann sich auch um einen Ersatz für eine sonst unzulässige Aufrechnung handeln, OLG Hmb BB 1978, 63 (krit. Kremers). Pfändbar ist im Übrigen eine Forderung des Schuldners gegen den Gläubiger jedenfalls insoweit, als einer Aufrechnung nur solche Hindernisse entgegenstehen, die das Vollstreckungsgericht beseitigen kann, BGH FamRZ 2000, 744; OLG Stgt Rpfleger 1983, 409; Tiedtke/Schmitt FamRZ 2009, 1105.

Ausländischer Staat: Seine öffentlich-rechtliche Forderung ist **nicht** nach § 829 pfändbar, BGH NJW-RR 2006, 198.

Bankkonto: → „Girokonto", → „Treuhand".

Bruttolohn: Pfändbar ist grds. der Gesamtbetrag, LG Stgt DGVZ 2009, 187.

Dingliche Sicherung: § 829 gilt für eine persönliche wie für eine dinglich gesicherte Forderung, für die letztere auch zugunsten des Absonderungsberechtigten bei einer Insolvenz, LG Chemnitz Rpfleger 2004, 234. Auch → „Hypothek", → „Schiffspfandrecht".

Dritter: Pfändbar ist eine Forderung aus der Leistung an einen Dritten; LG Lüneb JurBüro 2017, 491.

Erbteil: Eine Pfändung von Erbteilen oder Pflichtteilsansprüchen, vgl. § 852 I, vor Eintritt des Erbteils ist nicht zulässig, LG Trier, JurBüro 2018, 607.

Fälligkeit: → Rn. 5–7.

Gegenseitiger Vertrag: Bei einer Forderung aus einem gegenseitigen Vertrag wird der Gläubiger nicht zur gegnerischen Partei.

Gehalt: Pfändbar ist ein künftiges Gehalt, auch ein solches, das die derzeitige Abtretung nicht mehr erfasst. Auch → „Öffentlich-rechtliche Forderung", → „Rente".

Gesamthand: Bei einer Forderung zur gesamten Hand muss ein Vollstreckungstitel gegen sämtliche Berechtigten vorliegen.

Girokonto: Wegen eines Kontenguthabens §§ 850k, 850l. Ein Konto muss grds. schon bestehen. Wer Gläubiger eines Bankguthabens ist, richtet sich nicht allein danach, wen die Kontobezeichnung nennt, sondern danach, wer bei der Kontoerrichtung als Forderungsberechtigter auftritt oder sich so bezeichnet, BGH NJW-RR 1990, 178. Zulässig ist die Pfändung eines Rückzahlungsanspruchs, AG Ahrensburg JurBüro 2017, 660. **Zulässig** ist die Pfändung wegen „künftig fällig werdender Unterhaltsrückstände", BGH NJW 2004, 369 – zust. Walker LMK 2004, 33 – (sogar eine Dauerpfändung ist erlaubt); aM LG Münst Rpfleger 2000, 506. Auch → „Treuhand".

Herausgabe: § 829 gilt entsprechend bei der Pfändung eines Herausgabeanspruchs nach §§ 846, 847, BGH NJW 2000, 3218.

Hypothek: Die Pfändung von Miete und Pacht durch einen Hypothekengläubiger auf Grund eines dinglichen Vollstreckungstitels wirkt wie eine Beschlagnahme in der Zwangsverwaltung. Einzelheiten Lauer MDR 1984, 977. Für eine Hypothekenforderung vgl. §§ 830, 837. Auch → „Dingliche Sicherung", → „Nießbrauch".

Insolvenzausfallgeld: Es ist grundsätzlich pfändbar. Die Pfändbarkeit besteht vom Eintritt der Zahlungsunfähigkeit an, LG Würzb Rpfleger 1978, 388.

Konto: → „Girokonto".

Krankengeld: § 829 gilt beim Antragsrecht dazu, LG Stendal JurBüro 2011, 323.

Lebensversicherung: Die Rechte aus ihr sind grds. pfändbar, OLG Celle NZI 2009, 389; LG Köln JurBüro 2013, 103; Hasse VersR 2005, 15 (ausf.).

Liegenschaftsvollstreckung: Eine solche Forderung, die der Liegenschaftszwangsvollstreckung nach § 865 II 2 unterliegt, gehört **nicht** hierher.

Lohnsteuerjahresausgleich: → „Steuererstattung".

Lotsengeld: Es kann hierher zählen, BGH NJW-RR 2015, 1406.

Maklerlohn: Nicht ausreichend ist die Pfändung eines künftigen Maklerlohns, den man nur evtl. auf einem Notar-Anderkonto hinterlegen müsste, OLG Köln MDR 1987, 61.

Mehrheit von Forderungen: Mehrere Forderungen, zB gegen dieselbe Bank, LG Oldb Rpfleger 1982, 112, sind zugleich wahlweise bis zur Höhe der Forderungen des Gläubigers oder jeweils voll pfändbar. Der Gläubiger braucht den Erlös in keinem dieser Fälle zu verteilen. Das Gericht kann einen oder mehrere

Pfändungsbeschlüsse erlassen, KG Rpfleger 1976, 327. Es muss aber natürlich den Umfang der jeweiligen Pfändung genau bezeichnen. Die Klärung darf und muss für jede tatsächlich und rechtlich selbständige Forderung gesondert erfolgen, BGH NJW-RR 2006, 198.

Miete, Pacht: § 829 gilt auch bei einer Mietforderung, Mylich WM 2010, 1923 (künftige Miete); Schneider ZMR 2008, 595. Auch → „Dingliche Sicherung", → „Hypothek", → „Nießbrauch".

Möglichkeit einer Forderung: Es reicht für die Pfändbarkeit aus, dass die zu pfändende Forderung dem Schuldner zustehen kann. Das gilt zB dann, wenn er als Rechtsschutzversicherer diejenigen Kosten selbst zahlt, von denen er zunächst nur eine Freistellung fordern kann, OLG Hamm DB 1984, 1345.

Nebenanspruch: Ein Auskunfts- und Rechnungslegungsanspruch zB wegen eines Versicherungsverhältnisses kann mitpfändbar sein, BGH NJW-RR 2003, 1555; LG Düss JurBüro 2008, 268; AG Calw JurBüro 2001, 109.

Nießbrauch: Ausreichend ist die Forderung des Nießbrauchers, etwa wegen einer Mietforderung, um dem Hypothekengläubiger zuvorzukommen.

Notar: Gepfändet werden kann ein Anspruch gegen den Notar auf Auszahlung eines bei ihm hinterlegten Geldbetrags, sofern auch die Forderung gegen den Hinterleger gepfändet wird, BGH NJW 1989, 230; vgl. aber auch OLG Hamm DNotZ 1983, 61 und OLG Celle DNotZ 1984, 256 (abl. Göbel). Wegen eines Anderkontos BayObLG NJW-RR 2000, 945 (Notar ist Gläubiger). Auch → „Maklerlohn".

Öffentlich-rechtliche Forderung: § 829 gilt auch für eine inländische öffentlich-rechtliche Forderung, Volhard DNotZ 1987, 523 (545), zB für eine Forderung auf die Zahlung eines Beamtengehalts, OLG Celle DNotZ 1984, 256 (vgl. aber auch „Notar"), oder auf die Erstattung eines Beitrags zur gesetzlichen Versicherung, KG Rpfleger 1986, 230; LG Bln Rpfleger 1975, 444. Die Möglichkeit einer Verwaltungsvollstreckung hindert nicht, AG Bonn Rpfleger 1981, 315. Die Ausübung des Erstattungsrechts erfolgt aber höchstpersönlich. Für Steuersachen → „Steuererstattung". Aber auch → „Ausländischer Staat".

Ortskrankenkasse: Pfändbar ist die künftige Forderung eines Apothekers an eine Ortskrankenkasse aus einer Leistung für ihre Mitglieder oder an die gesetzliche Rentenversicherung, OLG Oldb NJW-RR 1992, 512; aM LG Heidelb NJW 1992, 2774. Auch → „Rente".

Pfändbarkeitsgrenze: → „Unpfändbare Forderung".

Pflichtteilsanspruch: → „Erbteil".

Postsparbuch und -guthaben: § 829 ist anwendbar, → § 831 Rn. 3, Röder DGVZ 1998, 86 (ausf.).

Prozesskostenhilfe: → „Anwaltsvergütung".

Rechtsanwalt: → „Anwaltsvergütung".

Rechtsnatur: Für die Pfändbarkeit ist die Rechtsnatur der zu pfändenden Forderung grds. unerheblich. Vgl. freilich bei den einzelnen Forderungsarten.

Rechtsschutzversicherer: → „Möglichkeit einer Forderung".

Rente: Pfändbar sein kann der künftige Teil einer Rente nach → Rn. 5–7. Auch → „Gehalt".

Rückübertragung: Der schuldrechtliche Anspruch auf sie kann pfändbar sein, OLG Düss FGPrax 2013, 16.

Schiffspfandrecht: Die Pfändung einer in das Deckungsregister eingetragenen und durch ein Schiffspfandrecht gesicherten Darlehensforderung ist nur für einen Anspruch aus dem Schiffspfandbrief zulässig; so auch bei Hypothekenpfandbriefen, öffentlichen Pfandbriefen und Flugzeugpfandbriefen, § 29 Satz 1 PfandbriefG.

Schuldnerforderung: Auch ihre Pfändung kann zulässig sein, LG Kassel JurBüro 2005, 439.

Sparbuch: → „Girokonto".

Staatshaftung: Unpfändbar ist ausnahmsweise ein Geldentschädigungsanspruch eines Gefangenen gegen den Staat, BGH NJW-RR 2011, 959.

Steuererstattung. Dazu Fest WM 2012, 1565; Riedel Rpfleger 1996, 275; Röder DGVZ 2009, 178 (je: Grdz.). Die Pfändung des Anspruchs auf die Erstattung von Steuer ist gem. § 46 VI 1 AO erst zulässig, wenn der Anspruch entstanden ist, vgl. OLG Ffm NJW 1978, 2397; OLG Hamm MDR 1979, 149; OLG Schlesw Rpfleger 1978, 387. Das gilt zB bei der Lohnsteuer einschließlich Kirchensteuer und Umsatzsteuer, BFH Rpfleger 2001, 604; Behr JurBüro 1997, 349; David MDR 1993, 412. Der Erstattungsanspruch lässt sich auch vor den Zivilgerichten geltend machen, LAG Ffm BB 1989, 295. Das Finanzamt ist Drittschuldner nach § 46 VII AO, BGH NJW-RR 2006, 425. Aus den Gründen → § 836 Rn. 10 „Lohnsteuerkarte" lässt sich aber **praktisch** eine Vollstreckung **allenfalls nach § 888** durchführen, BFH NJW 1999, 1056; Meller-Hannich DGVZ 2009, 85; Urban DGVZ 1999, 104 (ausf.).

Teilbetrag: Wegen eines Teilbetrags → § 754 Rn. 14. Auch → „Unpfändbare Forderung".

Treuhand: Die Pfändung eines Treuhand-Giro-(Ander-)Kontos ist denkbar, KG WM 2013, 1407. Es genügt ein Vollstreckungstitel gegen den Treugeber **nicht.** Der Gläubiger kann nur den Anspruch auf eine Rückübertragung pfänden.

Umschulung: Unpfändbar ist Lohn, solange nur eine Umschulung erfolgt.

Unpfändbare Forderung: Zur Pfändung einer solchen → Vor § 850 Rn. 1.

Vermögensrecht: § 829 gilt entsprechend bei der Pfändung eines Vermögensrechts nach § 857 I.

Vorwegleistungspflicht: Bei einer Vorwegleistungspflicht ist evtl. § 321 BGB anwendbar.

Wertpapier: Bei einer Forderung aus einem indossablen Papier gilt § 831. Sonst gilt § 821.

Zugewinnausgleich: Der Anspruch auf Zugewinnausgleich, vgl. § 852 II, ist erst nach Beendigung des Güterstands möglich, LG Trier, JurBüro 2018, 607.

IV. Pfändungsantrag, I, III, IV. Der Gläubiger muss schriftlich oder nach §§ 130a–130d, 829a elektronisch oder per Telefax oder zum Protokoll der Geschäftsstelle einen Pfändungsantrag stellen, LG Stgt Rpfleger 2012, 700. **10**

1. Form. Es besteht im Umfang von IV ein Formularzwang nach → Rn. 80. Außerhalb eines Formularzwangs darf man einen privaten Vordruck oder ein privates Formular benutzen. Es besteht nach § 78 III Hs. 2 kein Anwaltszwang. **11**

2. Beispiele zur Frage des Antragsinhalts, I

Angeblichkeit der Forderung: Sie reicht zum Auftrag. Das Gericht darf den Gläubiger nicht überfordern, vgl. „Bezeichnung der Forderung". Er darf aber auch keine Ausforschung versuchen. **12**

Anschrift: Der Gläubiger muss grds. die ladungsfähige Anschrift des Schuldners wie des Drittschuldners nach § 840 angeben. Auch → „Bezeichnung der Beteiligten".
Ausforschung: → „Rechtsmissbrauch".
Bedingung: Sie ist statthaft. Bei derjenigen einer Leistung nur „gegen Aushändigung einer Inhaberschuldverschreibung" ist eine Pfändung nur gegen Vorlage des Originals zulässig, auch bei einem sammelverwahrten Papier, LG Ffm Rpfleger 2015, 716.
Bezeichnung der Beteiligten: Der Gläubiger muss sich selbst mindestens so bezeichnen, dass seine Nämlichkeit klar ist, wie bei einer Klage, KG MDR 1994, 513. Auch den Schuldner muss er entsprechend bezeichnen, ebenso den Drittschuldner nach § 840, LAG Köln BB 1994, 944. Dabei kann eine Auslegbarkeit reichen, LG Lpz DGVZ 1998, 91.
Bezeichnung der Forderung: Der Gläubiger muss die zu pfändende angebliche Forderung so genau bezeichnen, dass ihre Nämlichkeit nach der Person des Schuldners und des Drittschuldners nach § 840 und nach der Schuld bei einer verständigen Auslegung nach § 133 BGB eindeutig feststeht, BGH NJW 1983, 886; OLG Bbg MDR 2013, 57; Mylich WM 2010, 1923 (künftige Forderung). Das gilt auch bei einem Antrag auf die Vollstreckung einer bloßen Teilforderung, LG Brem JurBüro 2021, 161; JurBüro 2013, 47; AG Hoyerswerda JurBüro 2008, 102. Die Erkennbarkeit muss für einen Dritten bestehen, zB für einen weiteren Gläubiger.
Einigung: Eine Einigung über den Inhalt des Pfändungsbeschlusses wäre unwirksam.
Faksimile: → „Unterschrift".
Farbdruck des Formulars: Das Formular muss nicht im vorgegebenen Farbdruck verwendet werden, LG Dortm DGVZ 2013, 113, vgl. jetzt auch § 3 Abs. 2 Satz 2 Nr. 3 ZVFV.
Freitext: Zu ihm § 3 ZVFV und LG Köln JurBüro 2020, 500; LG Wuppert JurBüro 2017, 377.
Nebenforderung: Der Gläubiger muss bei ihrem Hinzutritt seine Gesamtforderung vollständig und fehlerfrei vorrechnen, LG Bln Rpfleger 1992, 30.
Neue Pfändung: → „Rechtsschutzbedürfnis".
Pfändungsfreigrenze: → „Rechtsschutzbedürfnis".
Pfändungsumfang: → „Rechtsschutzbedürfnis".
Rechtsmissbrauch: Er ist wie stets unstatthaft. Es ist zB jede Ausforschung verboten. Sie führt zur Zurückweisung des Pfändungsantrags.
Rechtsschutzbedürfnis: Es muss wie stets bestehen. Das Gericht muss es von Amts wegen prüfen, LG Ellwangen DGVZ 2003, 90; LG Hann Rpfleger 1978, 388. Es kann trotz § 115 Abs. 1 Satz 1 Nr. 1 VVG dann bestehen, wenn der Gläubiger den Befreiungsanspruch gegen den Pflichtversicherer pfändet. Es kann für eine neue Pfändung dann vorliegen, wenn der Umfang der bisherigen zweifelhaft ist. Es kann auch bei einer nur noch geringen Restforderung vorliegen, LG Bochum Rpfleger 1994, 117. Es kann auch dann vorhanden sein, wenn das Schuldnereinkommen derzeit die Pfändungsfreigrenze nach §§ 850 ff. nicht überschreitet, LG Ellwangen DGVZ 2003, 90; Schmidt DGVZ 2003, 84. Es kann zB dann **fehlen,** wenn die zu pfändende Forderung eindeutig erkennbar nicht besteht, OLG Ffm NJW 1978, 2397; LG Aurich JurBüro 2002, 661, oder wenn man nicht in absehbarer Zeit mit einer Erhöhung des bisher unpfändbaren Bezugs rechnen kann.
Restforderung: „Rechtsschutzbedürfnis".
Schreibfehler: Er ist nur dann unschädlich, wenn man ihn eindeutig erkennen kann. Das ist zB dann nicht so, wenn der Gläubiger die Forderungshöhe in Buchstaben und in Zahlen mitteilt und dabei Unklarheiten verbleiben, OLG Ffm MDR 1977, 676.
Teilzahlung: Der Gläubiger braucht nicht anzugeben, in welchen Teilen sich die aus dem Vollstreckungstitel ersichtliche Forderung etwa durch eine Teilzahlung ermäßigt hat. Denn das Gericht prüft solche Fragen ohnehin nur dann, wenn der Schuldner sie einwendet. Aber auch → „Bezeichnung der Forderung".
Überforderung: Das Gericht darf seine Anforderungen nicht überspannen. Denn der Gläubiger kennt die Verhältnisse beim Schuldner meist nur oberflächlich, BGH NJW 2004, 2096 (zust. Hess NJW 2004, 2350); BAG Rpfleger 1975, 220; OLG Ffm NJW 1981, 468. Das Verfahren ist ohnehin nur summarisch, BAG NJW 1977, 75.
Unterhalt: Bei einem dynamisierten Titel erfolgt keine Umrechnung oder Beschränkung auf feste Beträge, LG Kassel FamRZ 2009, 1940.
Unterschrift: Zur Notwendigkeit einer Unterschrift an sich → § 129 Rn. 9, LG Heilbr BeckRS 2020, 36897; LG Bln MDR 1976, 148. Freilich verfährt die Praxis bei diesem Massenvorgang oft aus Prozesswirtschaftlichkeit hinnehmbar großzügiger. Dempewolf MDR 1977, 801 lässt eine Faksimile-Unterschrift ausreichen, Zöller/Herget Rn. 3 würdigt das Fehlen der Unterschrift frei. Bei einem elektronischen Auftrag ist eine qualifizierte elektronische Signatur nach § 130a III notwendig. Bei Zweifeln reicht ein Scanner nicht, LG Dortm Rpfleger 2010, 679. Der Anwalt muss nach § 130d S. 1 das beA nutzen, LG Hmb BeckRS 2022, 15830.
Vollstreckungstitel: Der Gläubiger muss dem Gericht eine Ausfertigung des Vollstreckungstitels und einen Zustellungsnachweis vorlegen, OLG Köln NJW-RR 2000, 1580, den letzteren freilich nicht bei einer Parteizustellung nach § 929 III.
Vorauszahlung: Eine Vorauszahlungspflicht besteht nach § 12 V GKG, § 12 FamGKG.
Zustellungsnachweis: „Vollstreckungstitel".

13 **V. Verfahren und Entscheidung, I. 1. Allgemeines, I 1–3.** Wegen der Zuständigkeit § 828.

14 Das Vollstreckungsgericht prüft formal, ob die Voraussetzungen der Zwangsvollstreckung vorliegen. Darauf ob die Voraussetzungen bei einer sachgerechten Entscheidung eines anderen Gerichts nicht vorgelegen hätten, die Zwangsvollstreckung etwa noch vor der Pfändung hätte einstweilen eingestellt werden müssen, kommt es nicht an, BGH NJW-RR 2022, 572.

15 Das Rechtsschutzbedürfnis muss stets vorliegen. Es fehlt nicht schon wegen einer eidesstattlichen Versicherung des Schuldners nach (jetzt) § 802c III, BGH NJW-RR 2003, 1650. Das Gericht könnte zwar sogar nach §§ 764 III, 128 IV eine mündliche Verhandlung durchführen. Es entscheidet aber durchweg ohne eine vorherige Anhörung des Schuldners nach § 834, BAG NJW 1977, 75, es sei denn, der Gläubiger hätte die Anhörung des Schuldners beantragt oder anheimgestellt. Diese Regelung ist vereinbar mit Art. 2 I, 20 III GG (Rpfl.), BVerfG NJW 2000, 1709, Art. 103 I GG (Richter). Funktionell ist nach § 20 I Nr. 17 S. 1 RPflG der Rpfl. zuständig.

Er muss seine Entscheidung also auf die bloßen Behauptungen des Gläubigers hin treffen. Er nimmt also in Wahrheit nur eine Maßnahme vor. Er verbindet den Pfändungsbeschluss meist mit einem Überweisungsbeschluss nach § 835, vgl. aber auch → § 835 Rn. 2. Kosten: § 788, dort evtl. IV (Billigkeitshaftung, Kostenverteilung).

Der Rpfl. muss seinen Beschluss grundsätzlich wenigstens ganz knapp **begründen,** LG Düss Rpfleger 1983, 255; LG Wiesb Rpfleger 1981, 491; aM LG Brschw Rpfleger 1981, 489 (nur nach einer Anhörung oder bei einer Ablehnung. Aber die Entscheidung muss nachvollziehbar sein). Freilich reicht der ohnehin notwendige Inhalt des Beschlusses meist als Begründung aus. Der Beschluss ist nicht einer inneren Rechtskraft nach §§ 322, 329 fähig. Denn er befindet ja nach → Rn. 9 „Möglichkeit einer Forderung" nur über eine vom Gläubiger behauptete Forderung. 16

2. Mehrheit von Drittschuldnern, I 3. Die Pfändung mehrerer Geldforderungen des Schuldners gegen verschiedene Drittschuldner nach § 840 durch denselben Beschluss ist zulässig, soweit ein entsprechender Gläubigerantrag nach → Rn. 10 vorliegt und soweit kein Grund zu der Annahme besteht, dass schutzwürdige Interessen der Drittschuldner entgegenstehen. Zwar erfordert das Grundrecht auf eine informationelle Selbstbestimmung nach Art. 1 I, 2 I GG die Beachtung des Datenschutzes. Es ist aber nicht schrankenlos. Das Allgemeininteresse kann überwiegen, BGH NJW 2005, 1505. Das gilt auch nach dem Verhältnismäßigkeitsgrundsatz. Es besteht oft ein überwiegendes Interesse daran, dass sich zB mehrere Drittschuldner wegen § 850e Nr. 2, 2a untereinander verständigen. Dann „soll" der Rpfleger einen einheitlichen Beschluss fassen. Da er das nicht tun „muss", hat er insofern ein pflichtgemäßes Ermessen, LG Bln Rpfleger 1993, 167. Er kann im Massenbetrieb des § 829 dergleichen in der Praxis kaum abwägen. Im Zweifel sollte er vor dem Erlass eines einheitlichen Beschlusses zurückhaltend verfahren. Die Mehrkosten getrennter Pfändungen sind nur bei einer Notwendigkeit getrennter Anträge nach § 788 erstattungsfähig usw., KG Rpfleger 1976, 327; LG Detm Rpfleger 1991, 427. 17

3. Forderung, I 1–3. Der Rpfl. darf Behauptungen des Gläubigers grundsätzlich als wahr unterstellen. Er muss sie nur dahin prüfen, ob sie die behauptete Forderung begründen können, BGH NJW-RR 2008, 733; OLG Hamm MDR 1979, 149; KG NJW 1980, 1341 (Schlüssigkeitsprüfung). Deshalb pfändet das Gericht nur eine „angebliche" Forderung. So bleibt zunächst offen, ob die Pfändung wirksam werden kann. Der Gläubiger muss eine bloße Teilforderung aber nachvollziehbar vorrechnen, LG Aurich DGVZ 2004, 15; aM LG Hanau DGVZ 1993, 112 (aber Nachvollziehbarkeit ist stets nötig). Der Gerichtsvollzieher muss die Berechnung des Gläubigers überprüfen. 18

4. Fehlen einer Forderung. Besteht die gepfändete Forderung in Wirklichkeit nicht, bedeutet das die Nichtigkeit der Pfändung, BGH NJW 2002, 757; OLG Mü NZI 2021, 1035; OLG Brdb Rpfleger 2017, 42. Wenn das Gericht bereits weiß, dass die behauptete Forderung in Wahrheit nicht bestehen oder nicht pfändbar sein kann, muss es den Erlass des Pfändungsbeschlusses ablehnen, BGH NJW-RR 2008, 733; LG Bln Rpfleger 1997, 267; LG Hann DGVZ 1985, 43. Das kann auch bei einer Ausforschungspfändung so sein, OLG Mü ZIP 1990, 1128; LG Hann DGVZ 1985, 43; Hess NJW 2004, 2350; aM Schulz DGVZ 1985, 105 (aber → Rn. 18). Die Ablehnung erfolgt aber bei einem behebbaren Mangel erst nach dem Ablauf einer Äußerungsfrist. Es findet keine Amtsermittlung statt. Der Beschluss muss die Beteiligten bezeichnen, OLG Stgt NJW-RR 1994, 1023. Der Rpfl. muss unterschreiben, BGH NJW 1998, 609. Das Gericht übersendet eine Ablichtung oder Abschrift des Pfändungsbeschlusses formlos an den Gläubiger nach § 329 II 1. Es stellt ihm eine Ablehnung förmlich zu. Kosten: § 788. 19

Gebühren: des Gerichts KV 2111 GKG; des Anwalts: VV 3309, 3310, 3500 RVG. Wert: → Anh. § 3 Rn. 89 „Pfändung". 20

VI. Ausspruch der Pfändung, I. Der Pfändungsbeschluss enthält drei Teile. Von diesen bildet der Ausspruch der Pfändung den ersten. 21

1. Genauigkeit. Gegenstand ist die zu pfändende angebliche Forderung, OLG Bbg FamRZ 1988, 948; OLG Schlesw NJW-RR 1990, 448. Das Gericht muss sie nach ihrem Gläubiger, dem Schuldner, dem Rechtsgrund, dem Drittschuldner nach § 840 und dem Betrag so genau bezeichnen, dass der Gegenstand der Zwangsvollstreckung eindeutig festliegt, BGH BeckRS 2020, 39601; JurBüro 2010, 440; NZI 2017, 623; OVG Lüneb JurBüro 2009, 159; Boecker MDR 2007, 1234. Dabei ist eine Auslegung statthaft, BGH NJW 2018, 2732; BAG NJW 2009, 2324; OLG Brdb MDR 2013, 1249. Es kann eine Bezugnahme auf angeheftete Anlagen reichen, BGH NJW-RR 2008, 1164. Bei einer zumindest auch künftigen Forderung muss das Gericht jedoch auch insofern eindeutig formulieren, Diepenbrock NZS 2004, 585. 22

Der Vollstreckungsgegenstand muss nach → Rn. 10 auch für einen Dritten erkennbar sein, BGH NJW-RR 1991, 1197; BFH NJW 1990, 2645; OLG Ffm NStZ-RR 2005, 144. 23

2. Keine Überspannung. In diesem Rahmen genügt grundsätzlich eine Bezeichnung der Forderung in allgemeinen Umrissen, BGH NJW 2007, 3132; OLG Jena NJW-RR 2000, 1027; OLG Kblz Rpfleger 1988, 72. Freilich reichen bloße Vermutungen nicht, OLG Mü DB 1990, 1916 (gleichzeitige Pfändung bei 264 Frankfurter Banken). 24

Man kann bei einer Erkennbarkeit für den Drittschuldner nach § 840 sogar einen **Alternativantrag** des Gläubigers zulassen, AG Heidelb MDR 1985, 680. Rückständige Zinsen hat das Gericht nur bei einer ausdrücklichen Bezeichnung auch im Pfändungs- und Überweisungsbeschluss nach §§ 829, 835 wirksam mitgepfändet, OLG Düss Rpfleger 1984, 473. Das Gericht muss etwaige gesetzliche Pfändungsbeschränkungen angeben, zB nach § 850c. 25

3. Beispiele zur Frage des Inhalts des Beschlusses, I

Abrechnung: Sie kann ausreichen, BGH NJW 1986, 977. 26

Alle denkbaren Forderungen und Unterlagen: Nicht ausreichend ist eine formularmäßige Darstellung einer Vielzahl von Bezeichnungen zur Pfändung „aller denkbaren Forderungen", LG Düss JurBüro 1981, 1260 (zust. Mümmler); LG Trier Rpfleger 1989, 418; oder „alle denkbaren Steuerunterlagen", LG Augsb Rpfleger 1995, 372. Auch → „Sämtliche Forderungen", → „Sozialversicherung".

Anfechtung: Man muss die mit einem Anfechtungsurteil entstandene Forderung pfänden, BGH NJW 1987, 1703.

Anlage: Die Bezugnahme auf eine Anlage reicht aus, soweit das Gericht die Anlage mit dem Beschluss fest verbindet und zusammen mit ihm ausfertigt und zustellt, BGH NJW-RR 2008, 1164.

Anspruchsmehrheit: → „Mehrheit von Ansprüchen".

Anwaltsvertrag: → „Drittschuldner".

Arbeitsamt: Nicht ausreichend ist die Bezeichnung der Forderung als einer solchen auf „alle Leistungen des Arbeitsamts", OLG Düss Rpfleger 1978, 265.

Arbeitsförderungsgesetz: Nicht ausreichend sind: Die Bezeichnung der Forderung als einer solchen „gemäß §§ 35–55 AFG", LG Bln Rpfleger 1984, 426; die Bezeichnung „sämtliche laufenden Leistungen nach AFG gemäß § 54 SGB", BSG ZIP 1982, 1124; KG OLGZ 82, 443.

Auskunft: Der Anspruch auf sie ist **nicht** isoliert pfändbar, AG Halle-Saarkreis JurBüro 2005, 383. Vielmehr gehört er zu den Nebenansprüchen, → Rn. 46 „Nebenrecht", BGH NJW 2006, 217.

Bankverbindung: Nicht ausreichend sind: Die Bezeichnung der Forderung lediglich als einer solchen „aus Bankverbindung mit der X-Bank", OLG Ffm NJW 1981, 468; die Angabe „aus Sparkonten, Wertpapierdepots, Kreditzusagen oder Bankstahlfächern", LG Aurich Rpfleger 1993, 357, oder „aus offenen Kreditlinien", LG Essen NJW-RR 2002, 553; zur Auslegung der Bezeichnung „alle Guthaben" BGH NJW 1988, 2544; vgl. auch BGH, NZI 2017, 623 (es muss klar sein, welches Guthaben in welcher Höhe verstrickt ist). Beim Oder-Konto muss der Gläubiger zwecks Vermeidung der Verfügung eines weiteren Oder-Kunden auch dessen Rechte wenn möglich mitpfänden lassen, OLG Drsd MDR 2001, 580.

Berufsunfähigkeitsrente: → „Rente".

Bezugnahme: → „Anlage".

Blankettpfändung: Ausreichend sein kann die Bezugnahme auf die Tabellen des § 850c, BGH NJW-RR 2005, 869; aM OVG Lüneb JurBüro 2009, 159; vgl. Zöller/Herget Rn. § 850b Rn. 16.

Bruttolohn: Ein solcher Titel kann reichen, LG Mainz Rpfleger 1998, 530.

Derzeitiges und künftiges Arbeitseinkommen: Nicht ausreichend soll diese Angabe dann sein, wenn es um die Zeit vor und in dem Pfändungsmonat geht, LAG Brem DB 2002, 104.

Drittschuldner: Der Gläubiger muss auch den Drittschuldner nach § 840 ebenso klar bezeichnen wie die Forderung, OLG Brdb JurBüro 2003, 48 (besonders bei einer Gesellschaft bürgerlichen Rechts). Bei einem Anspruch auf eine Auszahlung gegen den Anwalt eines Drittschuldners ist die Bezeichnung als „Verwahrung, Verwaltung, Geschäftsbesorgung" ausreichend, LG Bln Rpfleger 1993, 168. Eine Geschäfts- oder Betriebsbezeichnung ohne eine Angabe der Rechtsform oder des Inhabers kann reichen, LG Mü Rpfleger 2006, 664. Die Erwähnung mehrerer Drittschuldner auf demselben Pfändungs- und Überweisungsbeschluss begegnet datenschutzrechtlichen Bedenken. Wegen des Fehlens einer Passivlegitimation des Drittschuldners darf der Rpfl. einen Pfändungsbeschluss nur dann ablehnen, wenn die Forderung in diesem Rechtsverhältnis unter keinen Umständen bestehen kann. Der Drittschuldner kann ein Ausländer sein oder im Ausland wohnen, LG Lpz JurBüro 2012, 327.

Eidesstattliche Versicherung: Der Anspruch auf ihre Abgabe nach § 259 II gehört zu den Nebenrechten nach → Rn. 46 „Nebenrecht", vgl. BGH NJW 1988, 2729.

Falsche Bezeichnung: Unschädlich ist eine falsche Bezeichnung, soweit das Gemeinte richtig erkennbar ist, wenn auch nur für die Beteiligten, LG Heilbr JurBüro 1995, 665.

Das gilt zB: Bei der Angabe „Stadtbauamt" statt „Stadtgemeinde"; bei der Angabe „Miterbenanteil", LG Heilbr JurBüro 1995, 665; bei der Angabe eines bestimmten Finanzamts, vgl. OLG Hamm MDR 1975, 852; bei einer ungenauen oder falschen Angabe des Gläubigers; bei einer ungenauen oder falschen Angabe des Drittschuldners nach § 840 (bei einer Angabe der allein zur Vertretung der drittschuldenden Arbeitsgemeinschaft befugten Firma), AG Moers MDR 1976, 410 (vgl. aber wegen einer ungenauen Bezeichnung auch OLG Hamm MDR 1975, 852); bei der Angabe des Sohnes anstatt des Vaters als Schuldner.

Formular: Man muss es individuell ausfüllen, LG Aurich Rpfleger 1997, 394.

GmbH: Nicht ausreichend ist die Pfändung der Forderung einer nicht im Handelsregister eingetragenen GmbH, OLG Ffm Rpfleger 1983, 322.

Grundschuld: Ausreichend ist die Bezeichnung der Forderung als „aller aus der Teilung der Grundschuld zustehender oder anwachsender Ansprüche", BGH NJW-RR 1991, 1197.

Nicht ausreichend ist es, wenn bei mehreren infrage kommenden Grundschulden die nähere Bezeichnung der zu pfändenden fehlt, vgl. LG Meiningen Rpfleger 2013, 40.

Handelsregister: → „GmbH".

Hauptanspruch: Die Pfändung des Lohns ergreift evtl. auch einen Schadensersatzanspruch des Schuldners, BAG NJW 2009, 2324. Die Pfändung eines Anspruchs auf einen Schadensersatz wegen einer Nichterfüllung ergreift **nicht** den Hauptanspruch, BGH NJW 2000, 1268 (Kauf).

Haushaltsführung: Ausreichend ist die Bezeichnung als Anspruch aus einer nichtehelichen Haushaltsführung, LG Ellwangen JurBüro 1997, 274 (großzügig).

Haushaltsmittel: Nicht ausreichend ist die Bezeichnung des Anspruchs als eines solchen „aus Haushaltsmitteln".

Herausgabeanspruch: Nötig ist seine Abgrenzbarkeit, BGH NJW 2007, 3132. Ein Anspruch nach § 836 III sollte wegen § 850k II, V 2 in den Pfändungsbeschluss aufgenommen werden, BGH NJW-RR 2013, 766.

Hinterlegung: Nicht ausreichend ist die Bezeichnung des Anspruchs als eines solchen auf die Herausgabe „aus sämtlichen den Schuldner betreffenden Hinterlegungsgeschäften", KG Rpfleger 1981, 240; oder die bloße Angabe „sämtliche in Sonderverwahrung hinterlegten Wertpapiere", LG Münst Rpfleger 2000, 506.

Hypothek: Unschädlich ist eine falsche Bezeichnung des Hypothekenschuldners, solange der Gläubiger die Hypothek grundbuchmäßig richtig bezeichnet hat.

Jeder Rechtsgrund: Nicht ausreichend ist die Bezeichnung der Forderung als einer solchen „aus jedem Rechtsgrund". Das gilt selbst dann, wenn der Schuldner nur eine einzige Forderung gegen den Drittschuldner nach § 840 hat.

Kaufvertrag: → „Hauptanspruch".

Konto: → „Kontoführende Stelle", → „Laufende Geschäftsverbindung", → „Sämtliche Forderungen", → „Sämtliche Konten".

Kontoführende Stelle: Es reicht die Angabe der kontoführenden Stelle, Lieseke WM 1975, 318.

Künftige Forderung: Zunächst → Rn. 6. Ausreichend und nötig ist grds. ihre klare Einbeziehung, OLG Karlsr NJW-RR 1993, 242. Eine laufende Forderung braucht man nicht für die Einzelabschnitte ebenso genau darzustellen, BGH NJW-RR 1989, 286 (290).

Laufende Geschäftsverbindung: Ausreichend ist die Bezeichnung der Forderung als einer solchen „aus laufender Geschäftsverbindung auf Auszahlung der gegenwärtigen und künftigen Guthaben nach erfolgter Abrechnung", BGH NJW 1982, 2193; OLG Köln NJW-RR 1999, 1224. Festgeld gehört hierher, OLG Köln NJW-RR 1999, 1224; aM OLG Karlsr NJW-RR 1998, 990.

Lebensversicherung: Ausreichen kann die Pfändung „aller gegenwärtigen und zukünftigen Ansprüche", OLG Celle NZI 2009, 389. **Nicht ausreichend** ist die Bezeichnung „Forderung aus Lebensversicherung des Schuldners bei der Bundesknappschaft" (statt: Rente), AG Groß-Gerau MDR 1985, 680.

Leistungsanspruch: → „Hauptanspruch".

Lieferung und sonstige Leistung: Nicht ausreichend ist solche Formulierung, OLG Karlsr NJW 1998, 549.

Mehrheit von Ansprüchen: Ausreichend ist die Angabe näher bezeichneter Ansprüche des Schuldners gegen nicht mehr als drei bestimmte Geldinstitute am Wohnort des Schuldners, BGH NJW 2004, 2096 (Grenze: Ausforschung). **Nicht ausreichend** ist die Bezeichnung „aus Anspruch" bei objektiv mehreren Ansprüchen, LG Ffm NJW-RR 1989, 1466 (es ist keine Nachbesserung zulässig). Auch → „Alle denkbaren Forderungen".

Mehrheit von Rechtsverhältnissen: → „Sämtliche Forderungen".

Nichterfüllung: → „Hauptanspruch".

Notaranderkonto: Nicht ausreichend ist die bloße Kontoangabe ohne Kennzeichnung der Kontoart, BayObLG NJW-RR 2000, 945.

Pfändungsfreigrenze: Ihre Änderung wirkt automatisch beim einzelnen Beschluss, LG Heilbr Rpfleger 2005, 679, aM LGe Rottweil, Trier Rpfleger 2005, 680.

Primäranspruch: → „Hauptanspruch".

Rechtshängigkeit: Nicht ausreichend ist die Bezeichnung der Forderung als einer solchen, etwa auf Schmerzensgeld, „soweit sie rechtshängig ist", aM LG Kassel Rpfleger 1990, 83.

Rente. Ausreichen kann die Angabe „gegenwärtige und künftige Altersrente", OLG Celle Rpfleger 1999, 283; LG Brschw Rpfleger 2000, 508; aM LG Düss JurBüro 2003, 655; LG Karlsr JurBüro 2003, 656 (aber → Rn. 1). Bei der Pfändung einer Rente nach § 54 III SGB I ist eine Angabe der Versicherungsnummer oder des Geburtsdatums grds. nicht nötig, LG Heilbr JurBüro 2001, 268; LSG Saarbr Breithaupt 1987, 614 (zust. von Einem DGVZ 1988, 1). **Nicht ausreichend** ist bei der Pfändung einer Rentenabfindung die Angabe „gesamte Rentenbezüge", BSGE BB 1960, 34, oder eine Bündelung gegen mehrere künftige etwaige Rententräger in demselben Antrag, LG Bln Rpfleger 1997, 267. Auch → „Lebensversicherung", → „Sozialgesetzbuch".

Restforderung: Der Gläubiger braucht nur sie anzugeben, LG Stendal JurBüro 2000, 491.

„Rückübertragung von Forderungen für Sicherheiten": Nicht ausreichend ist die vorstehende Bezeichnung, LG Landshut JurBüro 1994, 307. Auch → „Sicherheit".

Sämtliche Forderungen: Ausreichend ist die Bezeichnung als „alle Forderungen", LG Arnsb JurBüro 2013, 603; „insbesondere das Guthaben auf dem Konto Nr. …", AG Groß-Gerau MDR 1981, 1025. **Nicht ausreichend** ist die Angabe „aus sämtlichen Ansprüchen" bei Dutzenden von Rechtsverhältnissen verschiedener Art, LG Münst MDR 1989, 464. Auch → „Alle denkbaren Forderungen", → „Sämtliche Konten", → „Rente", → „Sozialversicherung".

Sämtliche Konten: Ausreichend ist die Bezeichnung der Forderung als „alle Guthaben sämtlicher Konten", BGH NJW 1988, 2543; OLG Köln NJW-RR 1999, 1224; LG Siegen JurBüro 1998, 605. Auch „Sämtliche Forderungen".

Sammelbezeichnung: Sie ist grds. **nicht ausreichend,** BGH NJW-RR 2005, 1361.

Schadensersatz: → „Hauptanspruch".

Schmerzensgeld: → „Rechtshängigkeit".

Schuldverschreibung: Notwendig ist ihre Vorlage, BGH NZG 2016, 588.

Sekundäranspruch: → „Hauptanspruch".

Sicherheit: Ausreichend ist die Bezeichnung der Forderung als einer solchen auf die „Rückübertragung aller gegebenen Sicherheiten", LG Bielef Rpfleger 1987, 116; strenger OLG Kblz Rpfleger 1988, 72; LG Aachen Rpfleger 1991, 326; LG Trier Rpfleger 1989, 418. **Nicht ausreichend** ist die Bezeichnung der Forderung als einer solchen auf die „Rückübertragung und Rückgabe von Sicherheiten", LG Aachen Rpfleger 1990, 215; LG Limbg NJW 1986, 3148; aM LG Bln Rpfleger 1991, 28; LG Bielef Rpfleger 1987, 116; oder „der Überschüsse aus der Verwertung von Sicherheiten und von Teilen hiervon", AG Pforzheim JurBüro 1992, 501 (aber welcher Teile?); oder „alle Sicherheiten", Fink MDR 1998, 749 (751).

Sonstiger Rechtsgrund: Nicht ausreichend ist die Bezeichnung der Forderung als einer solchen „aus Verträgen oder sonstigen Rechtsgründen".

Sozialgesetzbuch: Nicht ausreichend ist die Bezeichnung der Forderung als einer solchen „gemäß § 19 SGB" oder „gemäß §§ 19 und 25 SGB, soweit sie gemäß § 54 SGB pfändbar sind", KG MDR 1982, 417; aM OLG Hamm Rpfleger 1979, 113. Den zur Zeit der Pfändung zuständigen Versicherungsträger muss man – nicht alternativ – angeben, LG Kblz Rpfleger 1998, 119. Auch → „Arbeitsförderungsgesetz", → „Rente".

Sozialversicherung: Nicht ausreichend ist die Bezeichnung als „alle Forderungen aus Sozialversicherung", OLG Köln OLGZ 79, 484; Kohte KTS 1990, 541 (559).

Steuererstattung: „Für das abgelaufene Kalenderjahr und alle früheren Kalenderjahre" reicht, BFH NVwZ 2000, 1087. Eine letzte Bestimmtheit ist wegen Auslegbarkeit nicht erforderlich. Eine allzu großzügige Auslegung ist aber **unzulässig,** BFH Rpfleger 2001, 603 (ausf.).

Taschengeld: Nicht ausreichend ist die Bezeichnung Taschengeld ohne nähere Angabe seiner jeweiligen Höhe, OLG Hamm FamRZ 1990, 547; LG Aachen NJWE-FER 1997, 234; AG Geilenkirchen DGVZ 1997, 43.

Teilleistung: Nicht ausreichend ist eine erkennbar unvollständige und widersprüchliche Aufstellung des Forderungsrests, BGH NJW 2008, 3147 (zust. Würdinger); LG Kassel DGVZ 2008, 46.

Teilvollstreckung: Auch bei einer Teilvollstreckung muss der Vollstreckungsantrag hinreichend bestimmt sein, LG Brem JurBüro 2021, 161.

Transferleistung: Nicht ausreichend ist „Vollstreckung von Transferleistungen", BGH JurBüro 2010, 440.

Unterhalt: Ausreichend sein kann der Prozentsatz des Kindesunterhalts abzüglich Kindergeldanteil, (zum alten Recht) OLG Jena NJW-RR 2000, 1027.

Urkunde: Der Rpfl. muss eine herauszugebende Urkunde wie zB eine Verdienstabrechnung im Beschluss genau bezeichnen, AG Köln DGVZ 1994, 157. Notfalls muss der Rpfl. nach § 836 III einen Ergänzungsbeschluss erlassen, LG Hann Rpfleger 1994, 221.

Versicherungsnummer: → „Rente".

Vollstreckungsklausel: Nötig und ausreichend ist ihr Vorliegen unabhängig von der Statthaftigkeit ihrer Erteilung; das Vollstreckungsgericht prüft die materielle Richtigkeit der Vollstreckungsklausel nicht, BGH NJW-RR 2012, 1148.

Vollstreckungskosten: Ausreichend ist ihre Glaubhaftmachung nach § 294, LG Mannh JurBüro 2015, 328. Der Pfändungsbeschluss umfasst sie bei klarer Formulierung, AG Ffm JurBüro 2015, 329.

Werkvertrag: Ausreichend ist seine Bezeichnung, BGH NJW 1980, 584.

Wertpapier: Ausreichend ist die Bezeichnung der Forderung als einer solchen auf die „Herausgabe von Wertpapieren aus Sonder- oder Drittverwahrung samt dem Miteigentumsanteil von Stücken im Sammelbestand", AG Pforzheim JurBüro 1992, 703.

Nicht ausreichend ist die bloße Angabe „sämtliche in Sonderverwaltung hinterlegten Wertpapiere", LG Münst Rpfleger 2000, 506.

Zustellungskosten: Ergeht ein Pfändungs- und Überweisungsbeschluss auch wegen der Zustellungskosten für diesen Beschluss, erstreckt sich die Pfändung auf die Kosten der Zustellung an den Schuldner und an die im Beschluss genannten Drittschuldner, BGH DGVZ 2021, 221.

27 **4. Verstoß, I.** Kleine Ungenauigkeiten schaden also nicht, BGH NJW-RR 2009, 211; OLG Köln NJW-RR 1989, 190; LG Aachen Rpfleger 1983, 119. Wesentliche Ungenauigkeiten machen die Pfändung unwirksam, BGH NJW 2007, 3132; LG Freib JurBüro 2008, 271 (275) (je: keine Forderung); BAG NJW 1989, 2148; aM BGH NJW-RR 2009, 211 (ohne Vorlage nach dem RsprEinhG); LG Lüneb JurBüro 2008, 497 (zu großzügig). § 185 II BGB ist unanwendbar, BGH NJW 2002, 755. Es entscheidet das bei einer sachgemäßen Auslegung Gemeinte, BGH NJW 1985, 1031. Man muss den Pfändungsbeschluss in jeder Instanz in einer freien Würdigung aller Umstände nach dem objektiven Sinn auslegen, BGH NJW 1988, 2543 (zust. Schmidt JuS 1989, 65). Bei unterschiedlichen Bezeichnungen einer Forderung in Zahlen einerseits, Buchstaben andererseits gilt der geringere Betrag, Zöller/Herget Rn. 9; aM OLG Ffm MDR 1977, 676 (die Pfändung sei dann nichtig). Dabei muss man freilich berücksichtigen, dass der Pfändungsbeschluss auch für einen weiteren Gläubiger des Schuldners deutlich sein muss, BGH NJW 1983, 886. Eine Tatsache außerhalb des Pfändungsbeschlusses kann seiner Auslegung oder gar nachbessernden Ergänzung nicht dienen. Sie würde nämlich den Pfändungsbeschluss ergänzen, OLG Ffm Rpfleger 1983, 322; LG Ffm NJW-RR 1989, 1466. Das beachten OLG Köln NJW-RR 1989, 190; AG Bremerhaven JurBüro 2009, 329 zu wenig.

28 **5. Teilpfändung.** Die Pfändung erfasst in der Regel die volle Forderung, nicht nur einen dem Anspruch des Gläubigers entsprechenden Teil der Forderung. Denn der Bestand und die Höhe der Forderung wären sonst zweifelhaft. Auch → Rn. 46 „Teilpfändung" und → § 803 Rn. 16–19. Immerhin ist eine Teilpfändung möglich, sofern sie ausdrücklich erfolgt, BGH NJW 1975, 738, einschließlich der Rangfolge der Teile. Bei einer gesamtschuldnerischen Haftung muss man diese angeben, auch bei § 128 HGB. Zinsen, andere Nebenleistungen, Prozess- und Vollstreckungskosten nach §§ 91ff., 788 einschließlich derjenigen des Pfändungsbeschlusses muss man mit angeben, LG Gött JurBüro 1984, 141; Zöller/Herget Rn. 7; aM Lappe Rpfleger 1983, 248.

29 **VII. Verbot an den Drittschuldner, I.** Den zweiten Teil des Pfändungsbeschlusses bildet das Verbot an den Drittschuldner nach § 840.

30 **1. Inhalt.** Das Gericht muss dem genau zu bezeichnenden Drittschuldner verbieten, an den Schuldner zu leisten (sog. Arrestatorium). Dieses Verbot ist Wirksamkeitsvoraussetzung des Pfändungsbeschlusses, BGH NJW 2021, 637. Dies gilt grundsätzlich auch in den Fällen des § 857, BGH NJW 2021, 637 mAnm Herberger NJW 2021, 639. Drittschuldner ist der Schuldner des Vollstreckungsschuldners. Wer wiederum dies ist, das ergibt sich aus dem sachlichen Recht. Seine Bezeichnung muss nach § 750 hinreichend genau sein, BGH NJW-RR 2016, 254.

2. Beispiele zur Frage der Stellung des Drittschuldners, I

31 **Abtretung:** Der Drittschuldner wird **nicht** durch eine Leistung an den Pfändungspfandrechtsgläubiger frei, wenn die gepfändete Forderung bereits zuvor (sicherungshalber) abgetreten worden ist. Denn dann war die Pfändung nach → Rn. 9 „Abtretung" nichtig, OLG Mü JurBüro 2010, 160.

Anderkonto: Eine Zahlung des Drittschuldners auf das mit dem Schuldner vereinbarte Anderkonto des Notars befreit den Drittschuldner dann, wenn man sie dem Anderkonto vor der Pfändung gutschreibt, BGH NJW 1989, 230, sonst nicht, aM OLG Brdb NJW-RR 1999, 1371. Bei der Pfändung des Anspruchs auf eine Auskehrung des Hinterlegungsbetrags ist der Notar und nicht die Bank der Drittschuldner, BayObLG NJW-RR 2000, 945.

Arbeitnehmersparzulage: Bei der Pfändung der Arbeitnehmersparzulage ist an sich der Staat der Drittschuldner. Trotzdem muss man praktisch den Arbeitgeber als den Drittschuldner behandeln, BAG NJW 1977, 75.

Aufrechnung: Ein gesetzliches Aufrechnungsverbot steht der Wirksamkeit der Pfändung nicht entgegen.

Auslandszustellung: → „Zustellung".

Eigene Forderung: → „Schuldner".

Fehlen eines Drittschuldners: Für die Pfändung drittschuldnerloser anderer Vermögensrechte gilt § 857 II.

Finanzamt: Es gilt nach § 46 VII AO als Drittschuldner, BGH NJW-RR 2006, 425.

Gerichtsvollzieher: Zunächst → „Partei kraft Amts". Der Gerichtsvollzieher kann dann nicht der Drittschuldner sein, wenn er für den Schuldner bei dessen Schuldner pfändet.

Gläubiger: Auch der Gläubiger kann der Drittschuldner sein. Dieser Umstand kann vor allem dann nach → „Aufrechnung" eine Bedeutung haben, wenn der Gläubiger keine Aufrechnung vornehmen darf. Ein Urteil im Prozess zwischen Vollstreckungsschuldner und Drittschuldner wirkt grds. auch gegenüber dem Gläubiger, OLG Mü NJOZ 2009, 622. Auch → „Schuldner".

Hinterlegung: Bei derjenigen Pfändung, die auch eine hinterlegte Sache betrifft, ist die Hinterlegungsstelle die Drittschuldnerin, BGH NJW 1984, 2526. Auch → „Anderkonto", → „Verwahrung".
Insolvenz: Zur einer Lohnpfändung nachfolgenden Insolvenz Najar JurBüro 2013, 173.
Internet-Einzugsstelle: Sie kann Drittschuldnerin sein, BVerfG NJW 2014, 3213 (auch zu den Grenzen).
Partei kraft Amts: Auch eine Partei kraft Amts kann die Drittschuldnerin sein. Aber auch → „Gerichtsvollzieher".
Pfändungspfandrecht: Bei der Pfändung einer solchen Forderung, zu deren Gunsten ein Pfändungspfandrecht besteht, darf der Rpfl. den Schuldner des Drittschuldners in den Pfändungsbeschluss aufnehmen, LG Ffm Rpfleger 1976, 26.
Pfändungsschutzkonto: Es können Anweisungen nach § 850k nötig sein.
Schuldner: Auch der Schuldner kann dann der Drittschuldner sein, wenn der Gläubiger eine eigene Forderung pfändet. Das kann nämlich seine Stellung gelegentlich verbessern. Auch → „Gläubiger".
Sozialleistung: Bei ihrer Pfändung ist zunächst der zuständige Sozialversicherungsträger der Drittschuldner. Bei der Kontenpfändung wird dann die Bank die Drittschuldnerin.
Versorgungsausgleich: Die Teilung bleibt nach einer Pfändung durchführbar, vgl. BGH NJW-RR 2021, 577; OLG Kobl NJOZ 2021, 839.
Verwahrung: Bei derjenigen Pfändung, die auch eine verwahrte Sache mitbetrifft, ist die verwahrende Stelle die Drittschuldnerin. Auch → „Hinterlegung".
Verzug: Ein Verzug des Drittschuldners wird durch die Pfändung nicht gehindert, LAG Erfurt, Urteil v. 22.3.2022 – 1 Sa 241/20.
Zustellung. Dazu Münzberg, Anfechtung und Aufhebung von Zustellungen?, FS Zöllner, 1998, 1203 (auch zur InsO). Ein voraussichtliches Zustellungsproblem etwa wegen einer Auslandszustellung nach § 183 darf das Gericht nicht daran hindern, den Pfändungsbeschluss zu erlassen, OLG Ffm MDR 1976, 321. Ein Zahlungsverbot eines ausländischen Vollstreckungsorgans an einen ausländischen Arbeitgeber wegen eines inländischen hier ansässigen Schuldners ist unbeachtlich, BAG NZA 1997, 334. Das Verbot ist für die Wirksamkeit der Pfändung wesentlich. Der Gerichtsvollzieher muss die Nämlichkeit des Schuldners bei der Zustellung wenigstens nach dessen Anschrift klären, aM AG Rastatt JurBüro 2002, 440. Ein Verstoß macht die Pfändung unwirksam.

VIII. Gebot an den Schuldner, I. Den dritten Teil des Pfändungsbeschlusses bildet das Gebot an den Schuldner. Das Gericht muss dem Schuldner gebieten, sich jeder Verfügung über die Forderung zu enthalten, insbesondere ihrer Einziehung (sog. Inhibitorium), OLG Stgt NJW 2013, 2125. Es handelt sich um eine Beschlagnahme, um ein relatives Verfügungsverbot, OLG Mü NJW 1978, 1438; aM Fahland, Das Verfügungsverbot nach §§ 135, 136 BGB in der Zwangsvollstreckung usw., Diss. Bln. 1976 (es handle sich um eine bloße Sollvorschrift). Derjenige Pfändungsbeschluss, den der Gerichtsvollzieher dem Gesellschafter einer OHG zugestellt hat, wirkt nicht gegen die OHG und umgekehrt. Das Gebot ist für die Wirksamkeit der Pfändung nicht wesentlich. Auch § 21 II Nr. 2 InsO bildet ein Verfügungsverbot, BGH NJW 1997, 1857 (abl. Häsemeyer ZZP 111, 83, zust. Marotzke JR 1998, 31). 32

IX. Pfändung einer gepfändeten Forderung, I. Über diesen Fall fehlen Vorschriften. Eine solche Pfändung geschieht wie eine Erstpfändung. Bei einer Wechselforderung usw. ist nach § 831 eine Anschlusspfändung nach § 826 möglich, sonst nicht. Der Rang der Pfandrechte richtet sich nach § 804 III auch hier nach dem Zeitvorrang, BGH NJW 1982, 173. Das gilt aber nur im Verhältnis der Gläubiger zueinander. Eine Überweisung zur Einziehung nach § 835 I lässt den Rang unberührt. Daher ist ihr Zeitpunkt unerheblich. Eine Überweisung an Zahlungs statt nach § 835 I bringt die Forderung des Gläubigers zum Erlöschen. Das gilt aber nur vorbehaltlich entstandener Rechte. Eine Hinterlegung durch den Drittschuldner richtet sich nach § 853. 33

X. Berichtigung; Änderung, I. Eine Berichtigung ist im Rahmen von §§ 319, 329 jederzeit von Amts wegen statthaft und notwendig. Eine darüberhinausgehende Änderung ist nach §§ 318, 329 unzulässig. 34

XI. Grundsatz: Parteizustellung, II 1, 2. Der Gläubiger muss den Pfändungsbeschluss durch den Gerichtsvollzieher nach §§ 191 ff. zustellen lassen, AG Brake DGVZ 2009, 102 (keine Prüfung der Parteifähigkeit des Gläubigers nach § 50). Deshalb kann und soll das Gericht den Beschluss dem Gläubiger nach § 329 II 1 formlos übermitteln. Der Pfändungsbeschluss entsteht mit seiner Hinausgabe, OLG Schlesw Rpfleger 1978, 387. Durch diese Hinausgabe wird aus dem Pfändungsbeschluss aber noch nicht automatisch eine wirksame Pfändung, Boecker MDR 2007, 1234. Die Pfändung kann zugleich wegen der Zustellkosten erfolgen, BGH WM 2021, 1509. 35

XII. Zustellung an den Drittschuldner, II 1. Mit ihr tritt – konstitutiv – die Rechtswirkung der Pfändung ein, BGH NJW 2021, 637; NJW 2005, 1121; BAG NJW 2009, 2324. Sie hat klare Anforderungen. Der Gerichtsvollzieher prüft sie und wiederholt sie notfalls § 121 V GVGA. 36

1. Gläubigerobliegenheit. Der Gläubiger muss den Pfändungsbeschluss nach III zwingend jedem Drittschuldner nach § 840 zustellen lassen, BAG NJW 2009, 2324; LG Kassel MDR 1997, 1032; AG Nordhorn DGVZ 1999, 127, also dem Schuldner des zu pfändenden Rechts. Diese Zustellung erfolgt also nach → Rn. 35 im Parteibetrieb nach II 1, §§ 191 ff., § 153 VIII GVGA, auch § 193, BGH NJW 1981, 2256; AG Haßfurt DGVZ 2008, 80; AG Regensb DGVZ 2008, 82. Freilich kann der Gläubiger nach § 192 III die Vermittlung der Geschäftsstelle beanspruchen, AG Nordhorn DGVZ 1999, 127 (aber nicht nach § 195). Diese Zustellung ist für die Wirksamkeit der Pfändung wesentlich, BFH NJW 1991, 1975 (Herausgabe zwecks Zustellung); OLG Celle JurBüro 1997, 495; SG Speyer MDR 1987, 171. Sie hat nach § 121 I 2 GVGA zeitlichen Vorrang vor der Zustellung an den Schuldner. Bei einer künftigen Forderung entsteht das Pfändungspfandrecht frühestens mit dem Entstehen der Forderung; bei nachfolgender Insolvenz kann das Pfändungspfandrecht unwirksam werden (vgl. § 88 InsO), BFH NZI 2005, 569. Eine Ersatzzustellung nach §§ 180 ff. ist statthaft, AG Itzehoe DGVZ 1994, 126; AG Köln DGVZ 1988, 123; auch an den Drittschuldner für den Schuldner, LG Siegen JurBüro 1995, 161, aber nicht an den Schuldner für den Drittschuldner. Eine öffentliche Zustellung ist statthaft. Denn § 185 verlangt nur eine „Person", nicht eine Partei. Solche Rechtshandlungen, die man in Unkenntnis der Ersatzzustellung vornimmt, wirken entsprechend §§ 1275, 407 BGB gegen den Gläubiger. 37

2. Beispiele zur Frage einer Zustellung an den Drittschuldner, II 1

38 **Anwaltssozietät:** Bei ihr ist eine Zustellung an jeden Sozius notwendig. Denn § 84 ist hier unanwendbar (der Drittschuldner ist kein „Bevollmächtigter" einer Partei), AG Köln DGVZ 1988, 123.

Eingangszeitpunkt: Maßgeblich ist natürlich der Eingang auf der Posteinlaufstelle der Behörde, nicht erst derjenige beim Sachbearbeiter, aM LAG Hamm MDR 1983, 964 (aber das widerspricht einem allgemein anerkannten Zugangsgrundsatz).

Erbe: Wenn der Schuldner ein Erbe ist, braucht der Gläubiger den Pfändungsbeschluss dem Testamentsvollstrecker nach § 2213 BGB nicht zuzustellen. Bei einer Erbengemeinschaft muss der Gläubiger die Pfändung eines Anteils allen zustellen, nicht nur dem Nachlasspfleger, OLG Ffm NJW-RR 2021, 595; LG Kassel MDR 1997, 1032.

Fehlen eines Drittschuldners: Die Pfändung eines Urheber- oder Patentrechts ist mit der Zustellung an den Schuldner nach § 121 III 5 GVGA erfolgt.

Fiskus: Bei ihm als Schuldner muss der Gläubiger den Pfändungsbeschluss der zur Vertretung berufenen Stelle zustellen.

Genauigkeit: Der Drittschuldner muss hinreichend bestimmt sein, BGH NJW-RR 2016, 254.

Gesellschaft: Bei einer Gesellschaft bürgerlichen Rechts kann die Zustellung an den Gesellschafter privat erfolgen, AG Miesbach JurBüro 2006, 441.

Gläubiger = Drittschuldner: Es wäre meist eine sinnlose Förmelei, wenn sich derjenige Gläubiger, der zugleich der Drittschuldner ist, den Pfändungsbeschluss selbst zustellen müsste, aM Ahrens ZZP 103, 34 (47) (wegen einer seltenen Ausnahme. Sie darf aber nicht der Maßstab sein). Dann reicht vielmehr die Kenntnis des Gläubigers aus.

Gütergemeinschaft: Bei ihr muss der Gläubiger den Pfändungsbeschluss wegen einer Gesamtgutsverbindlichkeit dem verwaltenden Ehegatten zustellen, evtl. also beiden Ehegatten.

Internet-Domain: Bei der Top-Level-Domain de ist die Firma DENIC die Drittschuldnerin, BGH MDR 2019, 125; NJW 2005, 3353; LG Zwickau Rpfleger 2010, 34.

Öffentliche Zustellung: → Rn. 36, 41.

Sozialleistung: Bei ihr muss der Gläubiger den Pfändungsbeschluss der Bundesagentur für Arbeit und nicht der lokalen Agentur zustellen, LG Mosbach Rpfleger 1982, 297.

Versicherer: Eine Übersendung an ihn als Drittschuldner ist noch kein Widerruf eines Bezugsrechts.

39 **3. Verstoß, II 1.** Eine etwa vorgenommene Amtszustellung nach §§ 166 ff. wäre wirkungslos. Eine Zustellung an den Schuldner ersetzt diejenige an den Drittschuldner nicht. Ein Verstoß gegen die Vorschrift ist nach § 189 heilbar, BGH NJW 1980, 1754. Diejenige Zustellung einer beglaubigten Ablichtung oder Abschrift, die anstelle der Unterschrift des Rpfl. nur ein Fragezeichen aufweist, bewirkt aber keine Pfändung beim Drittschuldner, BGH NJW 1981, 2256.

40 **XIII. Zustellung an den Schuldner, II 2, 3. 1. Gerichtsvollzieherpflicht.** Der Gerichtsvollzieher muss den Pfändungsbeschluss im Parteibetrieb nach §§ 191 ff. jedem Schuldner zustellen, BGH NJW 1998, 2904; LG Zwickau Rpfleger 2010, 34; AG Haßfurt DGVZ 2008, 80; aM AG Regensb DGVZ 2008, 82 (Amtszustellung. Aber §§ 191 ff. passen gerade beim Gerichtsvollzieher). Das geschieht grundsätzlich sofort nach der Zustellung an den Drittschuldner nach → Rn. 36 und ohne einen weiteren Antrag nach § 121 III 1 GVGA zusammen mit einer Ablichtung oder Abschrift der Urkunde über die Zustellung an den Drittschuldner, LG Zwickau Rpfleger 2010, 34. Auf ein ausdrückliches Verlangen des Schuldners muss die Zustellung an ihn nach § 121 III 4 GVGA schon vor derjenigen an den Drittschuldner erfolgen, damit er sich alsbald wehren kann. Der Gerichtsvollzieher schickt dann nach § 121 III 4 GVGA die Abschrift der Zustellungsurkunde an den Drittschuldner dem Schuldner nach. Diese Maßnahme gehört zu den Amtspflichten des Gerichtsvollziehers zum Schutz des Schuldners nach Art. 34 GG, § 839 BGB, LG Stgt DGVZ 1990, 15. Der Gläubiger kann also diese Aufgabe des Gerichtsvollziehers grundsätzlich nicht durch irgendwelche Weisungen ändern, LG Stgt DGVZ 1990, 15 (auch bei § 845). Er kann auch die Zustellung an den Schuldner nicht selbst wirksam vornehmen. Wenn der Gläubiger eine Forderung des Schuldners an den Gläubiger pfändet, muss der Gerichtsvollzieher den Pfändungsbeschluss dem Gläubiger zustellen; das ist kein Fall des § 857 II. Wenn die Geschäftsstelle die Zustellung an den Drittschuldner nach § 192 III vermittelt hatte, muss sie auch die Zustellung an den Schuldner vermitteln.

41 **2. Auslandszustellung usw.** Zur Zustellung an den Schuldner im Ausland genügt grundsätzlich nach §§ 184, 193, 829 II 3, § 121 III 2 GVGA die Aufgabe zur Post, Hornung DGVZ 2004, 85 (ausf.). Wegen der Zustellung an den Drittschuldner → § 828 Rn. 1. Auch eine Zustellung im Ausland kommt in Betracht (vgl. §§ 33 ff. ZRHO, § 183). Freilich muss der Gerichtsvollzieher eine etwa vorrangig notwendige Auslandszustellung nach II 3 Hs. 2 gemäß der in → Vor § 1067 Rn. 4 abgedruckten Verordnung (EU) 2020/1784 (Zustellungsverordnung oder EuZVO), welche mit Wirkung vom 1.7.2022 an die Stelle der Verordnung (EG) Nr. 1393/2007 getreten ist, vornehmen. In dem anlässlich der Neufassung der EuZVO redaktionell geänderten II ist das Abkommen zwischen der Europäischen Gemeinschaft und dem Königreich Dänemark über die Zustellung gerichtlicher und außergerichtlicher Schriftstücke in Zivil- und Handelssachen vom 19.10.2005 (ABl. L 300, 55 vom 17.11.2005, L 120/23 vom 5.5.2006) nicht mehr ausdrücklich erwähnt. Das ändert aber nichts daran, dass dieses Abkommen, das die EuZVO auch im Verhältnis zu Dänemark für anwendbar erklärt, weiter maßgeblich ist, vgl. auch BT-Drs. 20/1110, 27. Bei einer BGB-Gesellschaft kann die Zustellung an einen geschäftsführenden Gesellschafter genügen, BGH NJW 2007, 995. Wenn eine öffentliche Zustellung nach §§ 185 ff. erforderlich werden würde, darf die Zustellung nach II 2, § 121 III 3 GVGA ganz unterbleiben. Wenn der Schuldner einen ProzBev hatte, muss der Gerichtsvollzieher den Pfändungsbeschluss dem ProzBev nach §§ 81, 172 zustellen. Etwas anderes kann dann gelten, wenn der Rechtsstreit schon lange Zeit zurückliegt und wenn zwischen dem Anwalt und dem Schuldner keine Verbindung mehr besteht. Eine Ersatzzustellung nach §§ 178 ff. ist statthaft, BAG NJW 2009, 2324. Ein Abwesenheitspfleger ist wie sonst möglich, aM OLG Zweibr NJW-RR 1987, 584.

42 **3. Verstoß, II 2, 3.** Die Zustellung an den Schuldner ist für die Wirksamkeit der Pfändung nicht wesentlich, BGH NJW 2000, 730. Weitere Einzelheiten Noack DGVZ 1981, 33.

43 **XIV. Vollendung der Pfändung, III. 1. Zustellung.** Bewirkt ist die Pfändung einer bereits bestehenden Forderung nach § 121 I 1 GVGA mit der Zustellung des Pfändungsbeschlusses an den Drittschuldner nach

→ Rn. 36, BGH NJW 2004, 1444; OLG Mü Rpfleger 2010, 365, bei mehreren Gesamthandschuldnern erst mit der Zustellung an den letzten, BGH NJW 1998, 2904; vgl. freilich § 170 III, Ahrens ZZP 103, 34 (51). Der Gläubiger kann trotz § 121 II 7–10 GVGA bestimmen, dass das Gericht jedem für einen Drittschuldner zuständigen Gerichtsvollzieher eine Ausfertigung zur Zustellung erteilt und dass nur einer von ihnen nach dem Erhalt aller dieser Zustellungsurkunden dann dem Schuldner zustellt, Zimmermann DGVZ 1997, 85. Die Pfändung muss man von der Überweisung nach § 835 unterscheiden. Die Zustellung an den Schuldner ist für die Wirksamkeit der Pfändung nach → Rn. 42 unerheblich.

Bei einer **künftigen** Forderung entsteht das Pfändungspfandrecht erst mit der Forderung, BGH NJW 2004, 1444. Das ist bei einer sog. Kreditlinie der Abruf des Bankkunden, BGH NJW 2004, 1444. 44

2. Wirkung. Die Pfändung bewirkt genau wie bei einer körperlichen Sache folgendes: Die Forderung wird beschlagnahmt (Verstrickung), BGH NZI 2017, 892. Das gilt auch bei einer Vollstreckung während einer Insolvenz, BGH NZI 2017, 892. Der Gläubiger erhält ein Pfändungspfandrecht, Boecker MDR 2007, 1234 (1237). Beides ist auch hier untrennbar miteinander verbunden. Das Pfändungspfandrecht ist nicht abhängig. Die Verstrickung und das Pfändungspfandrecht können nach → Rn. 18, 19 nur dann wirksam entstehen, wenn die „angebliche" Forderung wirklich besteht und auch zum Vermögen des Schuldners gehört. 45

3. Beispiele zur Frage der Wirkung, III

Abtretung: Eine vorherige Abtretung macht die folgende Pfändung wirkungslos, BGH NJW 1987, 1703; OLG Schlesw Rpfleger 1997, 267; LAG Hamm NZA 1992, 855 (zust. Tiedtke JZ 1993, 76); aM OLG Kblz WM 2010, 475 (Pfändung der abgetretenen Forderung bewirkt Verstrickung). Das gilt auch bei einer bloßen Sicherungsabtretung, LG Bln KTS 1989, 205. Daran ändert sich auch durch eine erfolgreiche Anfechtung der Abtretung nichts, BGH NJW 1987, 1703; aM LAG Hamm NZA 1992, 855; Schmidt JZ 1987, 889 (895) (aber die Pfändung ging zumindest zunächst ins Leere). Aus demselben Grund hilft auch eine Rückabtretung nicht, aM OLG Kblz WM 2010, 475. 46

Arbeitsvergütung: Ihre Pfändung erfasst auch einen zugehörigen Schadensersatzanspruch, BAG NJW 2009, 2324.

Beweisurkunde: Die Verstrickung und das Pfändungspfandrecht erfassen auch jede Beweisurkunde wie einen Schuldschein nach § 952 BGB oder ein solches Pfandrecht, das für diese Forderung besteht, oder eine solche Hypothek, die für die Forderung später entsteht. Dann muss das Grundbuchamt auf einen Antrag ein Pfändungspfandrecht an der Hypothek eintragen, sobald es den Nachweis der Pfändung hat.

Entgeltumwandlung: Eine auf § 1a BetrAVG gestützte Entgeltumwandlungsvereinbarung stellt auch nach der Pfändung keine den Gläubiger benachteiligende Verfügung dar, BAG NZA 2022, 140.

Hypothek: → „Beweisurkunde" → „Teilpfändung".

Künftige Forderung: Bei → Rn. 6 entsteht die Wirkung mit der Entstehung der Forderung, BGH NJW-RR 2008, 1441.

Mehrere Forderungen: Bei ihrer Pfändung berührt die Unwirksamkeit der Pfändung der einen Forderung die Wirksamkeit der Pfändungen der anderen Forderung(en) nicht stets. Auch → „Zweifel".

Nebenrecht: Man kann seine Mitpfändung bekräftigend in den Pfändungsbeschluss aufnehmen, LG Düss JurBüro 2008, 268. Nötig ist das aber nicht stets, BGH NJW-RR 2003, 1555. Die Nebenrechte, die bei einer Abtretung kraft Gesetz nach § 401 übergehen, sind bei einer Pfändung automatisch mitgepfändet, BGH NJW 2013, 539 (Erteilung einer Lohnabrechnung); OLG Düss BeckRS 2020, 52988 (Auskunft und Rechnungslegung); AG Wermelsk JurBüro 2020, 445 (Herausgabe der Rentenbescheide). Aber auch → „Zinsen".

Restforderung: Der Pfändungsbeschluss begrenzt den Pfändungsumfang. Es kann daher ein pfändungspfandfreier Restbetrag der Forderung verbleiben.

Schuldschein: → „Beweisurkunde".

Sicherungsabtretung: → „Abtretung".

Teilpfändung: Eine Pfändung „in Höhe des Anspruchs" hat bei einer den Betrag des gepfändeten Rechts nicht erreichenden Forderung regelmäßig die Bedeutung einer Teilpfändung, BGH NJW 1975, 738. Die Hypothek zerfällt also in einen gepfändeten und in einen pfändungsfreien Teil. Daher bestimmt sich die Verfügungsbefugnis des Schuldners über den pfändungspfandfreien Teil in ihrer Höhe nach dem Stand derjenigen Forderung, um deren Beitreibung es geht, im Zeitpunkt der Verfügung. Bei einer gleichzeitigen Zinspfändung ist der gepfändete Betrag unbestimmt. Dann ist die Pfändung eines Teilbetrags nicht eintragungsfähig. Es empfiehlt sich deshalb dringend, bei einer Hypothek die Pfändung „in voller Höhe" zu beantragen. Die Pfändung erfolgt im Zweifel ohnehin voll, BGH NJW 2001, 2178. Auch im Übrigen muss klar sein, welchen Teil der Pfändungsbeschluss erfasst, BGH NJW 2008, 3147 (zust. Würdinger).

Unmöglichkeit: Eine nach der Pfändung eintretende Unmöglichkeit der Leistung wirkt auch gegenüber dem Gläubiger.

Verfügung des Schuldners: Eine solche nach der Zustellung des Pfändungsbeschlusses an den Drittschuldner nach → Rn. 36 ist dem Gläubiger gegenüber unwirksam

Zeitpunkt: Die Pfändung ergreift die Forderung nur in demjenigen Umfang, in dem eine Forderung gerade dieses Schuldners im Zeitpunkt der Zustellung des Pfändungsbeschlusses an den Drittschuldner nach → Rn. 36 besteht, BGH NJW 1988, 495; OLG Köln BB 1998, 2131; OLG Celle JurBüro 1997, 495.

Zinsen: Die Beschlagnahme und das Pfändungspfandrecht ergreifen außer der Hauptforderung auch die zugehörigen Forderungen auf Zinsen, insbesondere Verzugszinsen, und unselbständige Nebenrechte, BGH NJW 2006, 217; Boecker MDR 2007, 1234; mit Ausnahme rückständiger, OLG Düss WM 1984, 1431, und nach §§ 832, 833 I später entstehender. Das ergibt sich aus § 401 BGB (einschließlich einer Vormerkung, OLG Ffm Rpfleger 1975, 177), § 1289 BGB. Etwas anderes gilt nach § 830 III bei einer Hypothek. Bei der Pfändung einer Forderung „zuzüglich Zinsen und Kosten" erfolgt die Wirkung zugunsten des jeweils fälligen Betrags.

Zweifel: Im Zweifel ist die gesamte Forderung gepfändet, BGH NJW 1975, 738. Das gilt auch bei mehreren zu pfändenden Forderungen bis zur Gesamthöhe der Vollstreckungssumme, BGH NJW 1975, 738; Stein/Jonas/Würdinger Rn. 74; Zöller/Herget Rn. 11.

XV. Stellung des Gläubigers nach der Pfändung, I–III. 1. Inhalt. Der Gläubiger steht im Wesentlichen wie ein Faustpfandgläubiger vor dem Verfall nach dem BGB da. Der Gläubiger darf alles tun, um sein Pfändungspfandrecht zu erhalten. Der Gläubiger kann vor der Überweisung nicht über die Forderung verfügen. Soweit 47 danach ein Zusammenwirken des Gläubigers und des Schuldners zu einer ordnungsgemäßen Wahrung der Rechte aus der Pfändung oder zur Erhaltung der Forderung nötig ist, sind beide einander zur Mitwirkung verpflichtet. Der Gläubiger kann gegenüber dem Schuldner formlos auf die Rechte aus der Pfändung verzichten.

2. Beispiele zur Frage der Stellung des Gläubigers, I

48 **Abtretung:** Vor der Überweisung kann der Gläubiger die Forderung nicht abtreten. Bei einer zur Sicherung abgetretenen Forderung kann der Gläubiger nur die Rückabtretung an den Vollstreckungsschuldner fordern, **nicht** aber die Abtretung nunmehr an sich selbst, OLG Ffm MDR 1984, 228; strenger OLG Düss NJW-RR 1999, 1406 (nicht einmal das erstere). Die Pfändung des Anspruchs auf den Rückkaufswert einer sicherheitshalber abgetretenen Lebensversicherung geht ins Leere. Denn sie umfasst nicht auch den Anspruch auf die Rückabtretung, OLG Düss NJW-RR 1999, 1406. Eine Abtretung der Forderung auf künftige Bezüge kann wegen einer vorangegangenen Pfändung **unwirksam** sein, BGH NJW 2007, 81 (zu § 114 InsO).

Anfechtung: Vor der Überweisung kann der Gläubiger bei einem gepfändeten Anspruch auf ein Altersruhegeld nicht den Verrechnungsbescheid eines Versicherungsträgers anfechten, BSG ZIP 1991, 384. Auch → „Insolvenz".

Arrest: Der Gläubiger darf einen Arrest gegen den Drittschuldner nach § 840 erwirken, LG Bln MDR 1989, 76.

Aufrechnung: Vor der Überweisung kann der Gläubiger **nicht** mit der Forderung aufrechnen.

Einziehung: Vor der Überweisung kann der Gläubiger die Forderung **nicht** einziehen.

Erfüllungsklage: Der Gläubiger darf gegen den Drittschuldner nach § 840 auf die Erfüllung klagen, VGH Kassel NJW 1992, 1253 (und zwar auf demjenigen Rechtsweg, den der Schuldner einschlagen müsste). Auch → „Künftige Leistung".

Familiensache: Für einen Antrag des Gläubigers bleibt bei § 111 FamFG das FamG zuständig, OLG Hamm FamRZ 1978, 602.

Feststellungsklage: Der Gläubiger darf gegen den Drittschuldner nach § 840 auf die Feststellung des Bestehens seiner Forderung und gegen einen sonstigen Dritten auf die Feststellung des Fehlens einer Forderung dieses Dritten klagen, LG Bln MDR 1989, 76.

Grundbuch: Eine dortige Verfügung kann gegenüber dem Gläubiger unwirksam sein, OLG Mü NJOZ 2013, 1463.

Hinterlegung: Der Gläubiger darf eine Hinterlegung fordern.

Insolvenz: Der Gläubiger darf die Forderung zur Tabelle anmelden, LG Bln MDR 1989, 76. Eine Pfändung vor der Insolvenzeröffnung oder eine Zwangshypothek ergeben ein Absonderungsrecht mit einer Kostenbeteiligungspflicht. Eine Pfändung im letzten Monat vor dem Insolvenzantrag mit einer Eröffnung ist unwirksam, Helwich DGVZ 1998, 50 (53). Sie lebt bei Freigabe der Forderung oder Aufhebung des Insolvenzverfahrens ohne weiteres wieder auf, BGH NJW-RR 2021, 238. Die Pfändung von Arbeitseinkommen verliert grds. mit der Insolvenzeröffnung ihre Wirkung (Ausnahme: Unterhalts- und Deliktsgläubiger), Helwich DGVZ 1998, 50 (52). Zur Anfechtbarkeit nach § 131 I InsO LG Bln ZIP 2013, 947.

Kontokorrent: Die Bank kann den „Zustellungssaldo" **nicht** nach ihren Allgemeinen Geschäftsbedingungen mit einer Wirkung gegenüber dem Pfändungsgläubiger wegen einer nach der Pfändung erworbenen Forderung gegen ihn verringern, BGH NJW 1997, 2322.

Kraftloserklärung: Die Folgen der Kraftloserklärung eines Grundschuldbriefs gehen auf den Pfändungsgläubiger über, BGH NJW-RR 2012, 782.

Kündigung: Vor einer Überweisung kann der Gläubiger **nicht** ohne den Schuldner kündigen.

Künftige Leistung: Der Gläubiger darf gegen den Drittschuldner nach § 840 auf die Abführung des pfändbaren Teils des künftigen Arbeitsentgelts des Schuldners klagen, soweit die Voraussetzungen des § 259 vorliegen, meist also schon bei einem Verstoß des Drittschuldners gegen § 840, LAG Hamm BB 1992, 784.

Leistung nur an Dritten: Der Gläubiger darf auf eine Leistung auch dann klagen, wenn der Schuldner sie nach dem Vollstreckungstitel nur an einen solchen Dritten erbringen muss der noch keine Einziehung verfügt hat, OLG Köln Rpfleger 1990, 411; LG Aachen Rpfleger 1990, 411. Die Klage erfordert nach § 841 eine Streitverkündung.

Leistung an Gläubiger und Schuldner: Der Gläubiger darf auf eine solche Leistungsart klagen.

Rechtsgestaltung: Vor der Überweisung kann der Gläubiger **keine** rechtsgestaltende Erklärung anstelle des Schuldners abgeben.

Rückabtretung: → „Abtretung".

Sicherungsmaßnahme: Der Gläubiger darf eine Sicherungsmaßnahme gegen den Drittschuldner nach § 840 erwirken, LG Bln MDR 1989, 76 (Arrest).

Streithilfe: Der Gläubiger kann Streithelfer nach § 66 dann werden, wenn die Forderung rechtshängig ist. Denn dann wird er nach § 265 der Rechtsnachfolger des Schuldners.

Überweisung: Der Gläubiger darf nach ihr auf eine Leistung an ihn allein klagen, BGH NJW 1978, 1914.

Umschreibung: Vor der Überweisung kann der Gläubiger die Vollstreckungsklausel nicht nach § 727 auf sich allein umschreiben lassen. Es ist auch nicht möglich, einen bereits erlassenen Pfändungs- und Überweisungsbeschluss auf den Rechtsnachfolger des Gläubigers umschreiben zu lassen, BGH MDR 2016, 1411.

Verfügung: Vor der Überweisung kann der Gläubiger **nicht** irgendwie über die Forderung verfügen. Vgl. bei den einzelnen Verfügungsarten.

Verjährung: Der Gläubiger darf die Verjährung hemmen, BGH NJW 1978, 1914; LG Bln MDR 1989, 76.

Vertragsübernahme: Die Pfändung kann wegen § 184 I BGB rückwirken, OLG Karlsr NJOZ 2007, 4473.

Wechselprotest: Der Gläubiger darf einen Wechsel protestieren, LG Bln MDR 1989, 76.

49 **XVI. Stellung des Schuldners nach der Pfändung, I–III. 1. Inhalt.** Die gepfändete Forderung bleibt trotz Pfändung und Überweisung (zur Einziehung) im Vermögen des Schuldners, BGH NJW 1986, 423. Die Pfändung beschränkt den Schuldner nach I 2, §§ 135, 136 BGB jedoch zugunsten des Gläubigers in der Verfügung, BGH NJW 2001, 2178; OLG Oldb MDR 1998, 61; Hasse VersR 2005, 15 (19). Der Schuldner muss sich daher nicht „jeder Verfügung über die Forderung enthalten", wie I zu weit sagt. Er darf vielmehr verfügen, soweit er das Pfandrecht nicht beeinträchtigt, BGH NJW 1987, 1703; OLG Oldb MDR 1998, 61; BFH Rpfleger 2007, 672. Er darf auch Sicherungsmaßnahmen wie der Gläubiger vornehmen, OLG Oldb MDR 1998, 61. Ein für und gegen den Schuldner ergehendes Urteil wirkt, wenn die Pfändung der Rechtshängigkeit nachfolgt und

wenn das Urteil auf eine Zahlung an den Gläubiger lautet oder wenn das Gericht die Klage abweist, weil die Forderung nicht besteht, für und gegen den Gläubiger.

Wenn der Gläubiger und der Schuldner **gemeinsam** klagen, sind sie gewöhnliche Streitgenossen nach § 59. In dem zugrunde liegenden Rechtsverhältnis beschränkt eine Pfändung den Schuldner nicht. Der Schuldner darf sein Dienstverhältnis kündigen. Er darf auch einen Mietvertrag kündigen, soweit das nicht nur zum Schein geschieht und soweit keine wirkliche sachliche Änderung eintritt, sofern also der Schuldner etwa sofort neue Räume statt der alten gewährt. Eine Verfügung in der Zwangsvollstreckung steht einer Verfügung des Schuldners gleich. 50

Bei einem **Verstoß** gelten §§ 135, 136 BGB. 51

2. Beispiele zur Frage der Stellung des Schuldners, I

Abtretung: Diejenige vor der Pfändung bleibt wirksam, BGH NJW 1987, 1703. 52

Antragsumstellung: → „Leistungsklage".

Arrest: Der Schuldner darf einen Arrest erwirken, vgl. OLG Oldb MDR 1998, 61.

Aufrechnung: Der Schuldner darf nach der Pfändung und erst recht nach der Überweisung keine Aufrechnung mehr erklären.

Ausschlagung: → „Grundverhältnis".

Einstweilige Verfügung: Der Schuldner kann auch nach der Pfändung eine einstweilige Verfügung erwirken.

Einziehung: Vor der Überweisung darf der Schuldner die Einziehung **weder** gewähren **noch** irgendwie mitbewirken helfen; später erst recht nicht. Auch eine satzungsgemäße Einziehung des Gesellschafteranteils dürfte unzulässig sein, falls das Entgelt zur Befriedigung des Gläubigers nicht ausreicht oder unter dem Verkehrswert liegt.

Erlass: Vor der Überweisung darf der Schuldner **keinen** Schulderlass herbeiführen, später erst recht nicht.

Feststellungsklage: Der Schuldner darf nach der Pfändung noch auf eine Feststellung klagen.

Gesellschafteranteil: → „Einziehung".

Grundverhältnis: Vor der Überweisung darf der Schuldner über das der Forderung zugrunde liegende Rechtsverhältnis verfügen, zB den Mietvertrag kündigen oder eine Erbschaft ausschlagen, soweit ein solcher Schritt nicht die gepfändete Forderung beeinträchtigt.

Hinterlegung: Vor der Überweisung darf der Schuldner eine vorläufig vollstreckbare Forderung zur Hinterlegung beitreiben, Münzberg DGVZ 1985, 145.

Hypothek: → „Kündigung".

Insolvenz: Vor der Überweisung darf der Schuldner die Forderung zur Tabelle anmelden.

Kündigung: Vor der Überweisung darf der Schuldner kündigen. Dabei benötigt er eine Zustimmung des Gläubigers nur im Rahmen des § 1283 BGB, also insbesondere bei einer Hypothek. Auch → „Grundverhältnis".

Leistungsklage: Vor der Überweisung darf der Schuldner auf eine Leistung oder Zahlung an den Gläubiger und sich selbst gemeinsam klagen, BGH NJW 2001, 2178, oder die Anträge entsprechend umstellen.

Der Schuldner darf aber **nicht** auf eine Leistung an sich selbst „vorbehaltlich der Rechte des Pfandgläubigers" klagen. Denn gerade diese Rechte zwingen zur Hinterlegung oder Leistung an beide.

Mietvertrag: → „Grundverhältnis".

Minderung: Vor der Überweisung darf der Schuldner **keine** Minderung vornehmen, später erst recht nicht.

Steuerklasse: Wählt der Schuldner nach Pfändung ohne sachlichen Grund eine ungünstigere Lohnsteuerklasse, ist er so zu behandeln, als sei sein Arbeitseinkommen nach der günstigeren Steuerklasse zu versteuern, BGH NJW-RR 2006, 569.

Stundung: Vor der Überweisung darf der Schuldner **keine** Stundung gewähren, später erst recht nicht.

Überschuss: Der Schuldner kann auf seine Auszahlung (nach Befriedigung des Gläubigers) klagen, BGH NJW 2001, 2178.

Vertretbare Leistung: Vor der Überweisung darf der Schuldner einen Anspruch auf die Zahlung eines Vorschusses nach § 887 vollstrecken, OLG Zweibr OLGZ 89, 334.

Wahlrecht: Die Pfändung erfasst es mit, BFH Rpfleger 2007, 672.

Zahlungsklage: → „Leistungsklage".

Zurückbehaltungsrecht: Der Schuldner darf auch nach der Pfändung ein Zurückbehaltungsrecht gegenüber einem Gegenanspruch des Drittschuldners geltend machen, BGH NJW 1984, 2526.

XVII. Stellung des Drittschuldners nach der Pfändung, I–III. 1. Zahlungsverbot. Der Drittschuldner nach § 840 muss auch § 850k beachten. Er darf nicht mehr an den Schuldner allein zahlen, und zwar nirgendwo im In- oder Ausland und auch dann nicht, wenn der Schuldner für die Schuld einen Wechsel gegeben hat. Er darf allenfalls an den Schuldner und den Gläubiger zahlen. 53

Eine Zahlung befreit den Drittschuldner nur insofern, als er nachweislich die Pfändung nicht gekannt hat, als ihm also der Pfändungsbeschluss nur im Weg einer Ersatzzustellung nach §§ 178 ff. zukam, BGH NJW 1989, 905; LG Ffm WM 2009, 409. 54

Der Drittschuldner muss auf Verlangen und darf immer nach §§ 372, 1281 BGB mit befreiender Wirkung hinterlegen. 55

Der Drittschuldner mag Einwendungen behalten, BGH NJW 1983, 886. Er mag zB behaupten, die Forderung sei bereits vor dem Zeitpunkt der Pfändung abgetreten worden, BGH NJW 1987, 1703; LAG Hamm NZA 1992, 855. Dann muss er die Abtretung beweisen. Eine Leistung des Drittschuldners nach § 409 BGB an den Schuldner bleibt trotz der Pfändung zulässig. Man darf allerdings §§ 408, 409 BGB nicht über den Wortlaut hinaus auslegen, BGH NJW 1987, 1703. Ein solcher Drittschuldner, der sowohl die Pfändung als auch die Abtretung kennt, hat daher mit seinem Vertrauen auf den zeitlichen Vorrang der Abtretung keinen Schutz, BGH NJW 1987, 1703. 56

Auf einen eventuellen Schuldnerverzug des Drittschuldners hat die Pfändung keine Auswirkungen, Zöller/Herget Rn. 19. 57

2. Bereicherungsfragen. Die Leistung des Drittschuldners auf Grund einer unwirksamen Pfändung gibt dem Drittschuldner die Möglichkeit einer Bereicherungsklage nach §§ 812 ff. BGB, BGH NJW 1982, 173; Schmidt JuS 1989, 65. Er kann diese Klage gegen den Gläubiger statt gegen den Schuldner einlegen. Ein Bereicherungsanspruch besteht aber nicht, soweit das Gericht den Pfändungs- und Überweisungsbeschluss erst nach der Zahlung 58 des Drittschuldners aufhebt, OLG Köln MDR 1984, 60. Nach einer einstweiligen Einstellung der Zwangsvollstreckung darf der Drittschuldner nur noch an den Gläubiger und den Schuldner gemeinsam leisten oder zugunsten beider hinterlegen, BGH NJW 1999, 953.

59 **3. Keine Sachbefugnis.** Der Drittschuldner kann einwenden, der Gläubiger habe keine Sachbefugnis, weil eine wirksame Pfändung fehle, BGH NJW 1978, 943; BAG NJW 1989, 2148; BFH NJW 1988, 1998; AG Nürnb VersR 2013, 43. Diese Einwendung muss man zulassen, soweit die Pfändung völlig unwirksam ist, BAG NJW 1989, 2148, nicht dagegen, soweit die Pfändung auflösend bedingt wirksam ist, aM Stein/Jonas/Würdinger Rn. 107 ff. (immer dann, wenn trotz einer Beschlagnahme kein Pfändungspfandrecht entstanden sei). Bei einer Unpfändbarkeit nach §§ 850 ff. ist grundsätzlich nur eine Erinnerung des Schuldners nach § 766 zulässig, OLG Jena FamRZ 2012, 1662. Denn ein Pfändungspfandrecht ist zwar entstanden, aber fehlerhaft, BGH NJW 1979, 2045.

60 Wenn das Gericht den Schuldner vor seiner Entscheidung **angehört** hatte, ist eine sofortige Beschwerde zulässig. Sie ist auch dann statthaft, wenn das Gericht den Drittschuldner nicht angehört hatte, OLG Bbg NJW 1978, 1389.

61 **4. Keine Forderung.** Der Drittschuldner kann einwenden, die Forderung habe im Zeitpunkt der Zustellung des Pfändungsbeschlusses an ihn nicht bestanden, BFH NJW 1988, 1998; LG Münst MDR 1990, 932; Oerke DGVZ 1993, 147. Dann hat der Drittschuldner alle diejenigen Einwendungen, die ihm gegenüber dem Schuldner zustehen, BGH NJW 1978, 632; Oerke DGVZ 1993, 147; Volhard DNotZ 1987, 523 (541).

5. Beispiele zur Frage des Fehlens einer Forderung, I–III

62 **Abtretung:** Der Drittschuldner kann dem Gläubiger bei einem an diesen abgetretenen Anspruch auch entgegenhalten, der frühere Inhaber des titulierten Anspruchs müsse ihn von der gepfändeten und nach § 835 zur Einziehung überwiesenen Forderung freistellen, BGH NJW 1985, 1768. Der Drittschuldner kann auch eine Unabtretbarkeit geltend machen, BGH BauR 1978, 499.

Anfechtung: Eine Anfechtbarkeit der Pfändung hilft dem Drittschuldner **nicht,** BGH NJW 1976, 1453 (mangelhafte Zustellung des Vollstreckungstitels); aM OLG Hamm NJW-RR 1992, 665 (der Drittschuldner könne eine im sachlichen Recht begründete Unpfändbarkeit einwenden).

Arrestpfändung: Wenn der Drittschuldner auf Grund eines wirksamen Pfändungs- und Überweisungsbeschlusses an den Gläubiger gezahlt hat, obwohl zugunsten eines anderen Gläubigers eine vorrangige Arrestpfändung bestand, existiert **kein** Anspruch aus §§ 812 ff. BGB, OLG Mü NJW 1978, 1438. Wegen → Rn. 61 steht dem Drittschuldner der Weg einer negativen Feststellungsklage gegen den Gläubiger nach § 256 offen, soweit für eine solche Klage ein Rechtsschutzbedürfnis besteht, Boecker MDR 2007, 1234. Diese **fehlt** aber, soweit eine Erinnerung nach § 766 ausreichen würde oder soweit der Drittschuldner nach §§ 840, 843 vorgehen kann, BGH NJW 1977, 1881. Zur Problematik Denck ZZP 92, 71.

Aufrechnung: Wegen → Rn. 61 behält der Drittschuldner grds. die Möglichkeit, bei einer Aufrechenbarkeit zur Zeit der Zustellung des Pfändungsbeschlusses aufzurechnen, BGH BB 1976, 852; Oerke DGVZ 1993, 147. Dabei ist eine Aufrechnungsvereinbarung zwischen dem Schuldner und dem Drittschuldner aus der Zeit vor der Pfändung nur insoweit beachtlich, als sie nicht wegen § 392 BGB unstatthaft ist. Wenn der Drittschuldner nach der Pfändung an den Schuldner gezahlt hat, kann der Drittschuldner trotzdem gegenüber dem Gläubiger aufrechnen, soweit die Aufrechnung nach § 392 BGB statthaft ist, BGH NJW 1980, 584; aM LAG Saarland NJW 1978, 2055 (das sei nur bei einer Zwangslage zulässig); Denck NJW 1979, 2375 (stellt darauf ab, ob „ein Gegenleistungsinteresse aus demselben Vertrag auf dem Spiel steht". Andernfalls müsse der Drittschuldner das Erlöschen seiner Gegenforderung auch im Verhältnis zum Schuldner in Kauf nehmen. Aber beide Varianten entwerten § 392 BGB. Diese Vorschrift schützt den Drittschuldner mehr als den Gläubiger). Wegen der Aufrechnungsprobleme bei einer Gesamtgläubigerschaft Tiedtke NJW 1980, 2496.

Die Möglichkeit einer Aufrechnung nach der Zustellung des Pfändungsbeschlusses **entfällt** dann, wenn zB der Schuldner auf Grund eines früheren Einverständnisses des Drittschuldners seine Provision von einer einkassierten Anzahlung kürzt. Etwas anderes gilt auch dann, wenn die Einwendungen der Beziehungen zwischen dem Gläubiger und dem Drittschuldner, versagen.

Auskunft: Wegen derjenigen nach § 840 hat der Drittschuldner keinen Schadensersatzanspruch, BGH NJW 1999, 2276; vgl. auch BAG NJW 2007, 1302 (Erstattung).

Fälligkeit: Der Drittschuldner darf ihr Fehlen geltend machen, SG Speyer MDR 1987, 171.

Gegenleistung: Der Drittschuldner darf die Abhängigkeit von einer Gegenleistung geltend machen.

Tilgung: Der Drittschuldner darf sie geltend machen.

Treuhand: Der Drittschuldner darf eine Treuhandbindung geltend machen, BGH DNotZ 1985, 633.

Verjährung: Der Drittschuldner darf sie geltend machen.

Vollstreckungsabwehrklage: Der Drittschuldner kann keine solche Einwendung erheben, die dem Schuldner nach § 767 möglich wäre, BAG NJW 1997, 1868; Oerke DGVZ 1993, 147.

63 **6. Leistung nach § 409 BGB.** Der Drittschuldner kann einwenden, die Leistung sei nach § 409 BGB erfolgt. Diese Einwendung ist grundsätzlich unabhängig davon zulässig, ob die Abtretung in Wahrheit wirksam ist. Eine Ausnahme besteht bei einer Arglist, Oerke DGVZ 1993, 147. Eine Rückabtretung ist grundsätzlich unerheblich.

64 **7. Keine Kenntnis des Drittschuldners.** Der Drittschuldner kann einwenden, er habe ohne seine Schuld von der Pfändung keine Kenntnis gehabt, BAG NJW 1981, 1399; OLG Celle DGVZ 2003, 8. Maßgeblich ist der Zeitpunkt der zur Erfüllung notwendigen Leistungshandlung, BGH NJW 1989, 905 (zust. Brehm JZ 1989, 300). Der Drittschuldner muss aber diesen Umstand beweisen. Der Drittschuldner braucht nicht nach einer vor der Kenntnis der Pfändung vorgenommenen Handlung den Eintritt ihres Erfolgs aktiv zu verhindern. Er braucht also zB nicht eine Abbuchung zu widerrufen, BGH NJW 1989, 905 (zust. Brehm JZ 1989, 300). Unklarheiten und die Notwendigkeit von Ermittlungen helfen keineswegs stets, SG Speyer MDR 1987, 171.

65 **8. Aufhebung des Titels usw.** Der Drittschuldner kann schließlich einwenden, das Gericht habe den Vollstreckungstitel oder den Pfändungs- und Überweisungsbeschluss nach dem Zeitpunkt der Verurteilung des Drittschuldners zur Leistung an den Gläubiger aufgehoben, BSG MDR 1984, 701.

66 **XVIII. Stellung eines Dritten nach der Pfändung, I–III.** Man muss zwei Fallgruppen unterscheiden.

1. Früherer Erwerb. Soweit sein Recht älter ist als das Pfändungspfandrecht, bleibt dieses Recht unberührt, BGH NJW 1988, 495; OLG Düss NJW-RR 1997, 1051. Das gilt auch bei einer älteren Abtretung einer künftigen Forderung, BAG MDR 1980, 522 (Sicherungsabtretung), oder bei einer Rückabtretung an denjenigen Schuldner, der vor der Pfändung abgetreten hatte. Wenn eine Anzeige an den Drittschuldner nach § 840 unterblieb, ändert sich nichts. Bei einer solchen Forderung, auf die sich eine Hypothek erstreckt, gelten §§ 1124, 1126, 1128, 1129 BGB. Die Pfändung ist eine Verfügung über die Forderung. Bis zur Eintragung der Pfändung in das Grundbuch bei einer durch eine Buchhypothek gesicherten Forderung ist die Pfändung unwirksam. Der Pfändungsbeschluss und der Überweisungsbeschluss dürfen deshalb nicht zusammen ergehen, BGH NJW 1994, 3225. 67

2. Späterer Erwerb. Er geht im Rang nach, soweit nicht die Pfändung als eine Verfügung des Schuldners nach → Rn. 49 dem späteren Erwerber gegenüber unwirksam ist. Öffentliche Lasten eines Grundstücks ergreifen die Miet- und Pachtzinsforderungen. Gegenüber dem Erwerber oder dem Ersteher eines Miet- oder Pachtgrundstücks wirkt die Pfändung des Miet- oder Pachtzinses für den laufenden Kalendermonat und evtl. auch für den folgenden, falls er in den Vertrag eintritt. Denn die Pfändung ist eine Verfügung nach §§ 566b BGB, 57, 57b ZVG (vgl. auch Gesetz über die Pfändung von Miet- und Pachtzinsforderungen wegen Ansprüche aus öffentlichen Grundstückslasten). 68

XIX. Rechtsbehelfe, I–III. Es kommt auf die Entscheidungsrichtung an. Maßgebend ist der Zeitpunkt der Entscheidung über das Rechtsmittel, BGH NJW-RR 2009, 211. 69

1. Gegen Ablehnung oder Aufhebung der Pfändung. Soweit der Rpfl. durch eine bloße Maßnahme nach § 834 den Erlass eines Pfändungsbeschlusses ablehnt oder die Pfändung aufhebt, ohne den Schuldner anzuhören, ist die Erinnerung nach § 766 statthaft. Nach einer Anhörung des Schuldners ohne eine mündliche Verhandlung etwa schriftlich oder elektronisch oder telefonisch oder per Telefax kann der Gläubiger gegen eine dann ergehende wirkliche Entscheidung des Rpfl. unter den Voraussetzungen der §§ 567 ff., 793 die sofortige Erinnerung nach § 11 I RPflG einlegen, OLG Kblz NJW-RR 1986, 679; LG Stgt JurBüro 2000, 158 (eine Erinnerung kann umgedeutet werden). Wenn sich der Gerichtsvollzieher weigert, die Zustellungen nach II auszuführen, gilt → § 766 Rn. 29 „Gläubiger“, Midderhoff DGVZ 1982, 23. 70

Das erforderliche Rechtsschutzinteresse des Gläubigers kann dann fehlen, wenn der Drittschuldner nach § 840 ihn inzwischen befriedigt hat, OLG Köln MDR 1984, 60. Es ist eine Beschwer erforderlich, OLG Kblz Rpfleger 1978, 226. 71

Ein aufgehobener Pfändungsbeschluss kann im Rechtsmittelverfahren nicht mit gleichem Rang wiederhergestellt werden, so dass ein nur zu diesem Ziel eingelegtes Rechtsmittel unzulässig ist, BGH DGVZ 2017, 143 Rn. 19; NJW-RR 2013, 765. Etwas anderes gilt nur, wenn, was stets erfolgen sollte, das den Pfändungsbeschluss aufhebende Gericht zugleich anordnet, dass der Aufhebungsbeschluss erst mit seiner Rechtskraft wirksam wird (§ 570 II analog), BGH, BeckRS 2016, 7802. Ein Rechtsmittel kann aber zulässig das Ziel verfolgen, eine Vollstreckung mit neuem Rang zu ermöglichen, BGH DGVZ 2017, 143 Rn. 20. 72

Wäre gegen eine richterliche Entscheidung kein Rechtsmittel zulässig, vgl. unten, ist gegen die wirkliche Entscheidung des Rpfl. nach § 11 II 1 RPflG die **sofortige Erinnerung** statthaft. 73

Hat dagegen sogleich der **Richter** des Vollstreckungsgerichts nach §§ 764, 802 entschieden, kann der Gläubiger grundsätzlich die sofortige Beschwerde nach §§ 567 I Nr. 1, 793 einlegen. Sie ist nach → Rn. 69 statthaft, obwohl eine neue Pfändung notwendig wird. Denn das Beschwerdegericht kann diese aussprechen. Sie ist ausnahmsweise dann unzulässig, wenn zB in einer Kostenbeschwerde der Beschwerdewert nach (jetzt) § 567 II (200 EUR) nicht überschritten ist, OLG Köln JurBüro 1993, 243 (auch zum weiteren Verfahren). Ein solches Rechtsmittel setzt ein Rechtsschutzbedürfnis voraus. Es fehlt wie bei § 99 I, soweit bei einer Beschwerde zur Hauptsache in Wahrheit nur der Kostenpunkt beschwert, OLG Köln NJW-RR 1986, 1509. 74

2. Gegen Pfändung. Der äußerlich wirksame Pfändungs- und Überweisungsbeschluss nach §§ 829, 835 ist als ein Staatsakt bis zur Aufhebung durch das zuständige Gericht wirksam, auch wenn er fehlerhaft ist, OLG Jena FamRZ 2012, 1662; OLG Kblz NJW-RR 1999, 508; LG Hmb JurBüro 2008, 667. Soweit wegen § 834 keine Anhörung stattfand, kann der Schuldner die Erinnerung einlegen, BGH NJW 1975, 738 (Überpfändung); OLG Köln NJW-RR 2001, 69; LG Zweibr Rpfleger 1994, 245; aM Wieser ZZP 115, 157 (stets sofortige Beschwerde. Aber es liegt noch keine echte Entscheidung vor). 75

Zur Erinnerung ist auch der Drittschuldner nach → Rn. 29 berechtigt, OLG Ffm NJW 1981, 468), VGH Mü NVwZ-RR 2017, 680 (in Grenzen). Der Schuldner kann nach einer Kontopfändung auch einen Antrag nach §§ 850k, 850l I stellen. Evtl. ist das Arrestgericht zuständig. Gegen die Zustellung des Pfändungs- und Überweisungsbeschluss durch den Gerichtsvollzieher ist ein Antrag nach § 23 EGGVG unzulässig; es gelten die Rechtsbehelfe des Vollstreckungsverfahrens, OLG Kblz DGVZ 2021, 66. 76

Wenn der Rpfl. aber erst **nach** einer **Anhörung** des Schuldners entschieden hatte, muss man eine sofortige Beschwerde einlegen, vgl. LG Zweibr Rpfleger 1994, 245; Wieser ZZP 115, 157; Zöller/Herget Rn. 31. Dasselbe kann dann gelten, wenn der Rpfl. vor der Pfändung einer Sozialleistung die Interessen nicht abgewogen hatte, vgl. Schmeken ZIP 1982, 1295. Die Notfrist nach § 224 I 2 von zwei Wochen läuft dann ab der Zustellung des Pfändungs- und Überweisungsbeschlusses im Parteibetrieb nach II, OLG Köln Rpfleger 1991, 361. Zur Möglichkeit des Drittschuldners, Erinnerung einzulegen, → Rn. 59. Es kommt auch eine verneinende Feststellungsklage unter den Voraussetzungen des § 256 in Betracht. Auch nach einer Klarheit über das Nichtbestehen einer Forderung kann der Drittschuldner ein Rechtsschutzbedürfnis an der Aufhebung des Pfändungsbeschlusses haben, OLG Saarbr IPRax 2001, 456. 77

3. Gegen Änderung der Pfändung. Wenn der Rpfl. den Pfändungsbeschluss abändert, gilt derselbe Rechtsbehelf wie → Rn. 75, 77. Im Zweifel gilt die Abänderung nicht rückwirkend. 78

XX. Rechte des Dritten, I–III. Die Pfändung kann das Recht eines Dritten nach → Rn. 66 nicht beeinträchtigen. Ein Dritter hat evtl. die Möglichkeit einer Klage nach § 771 oder nach § 805. Wenn das Vollstreckungsgericht nach §§ 764, 802 den Pfändungsbeschluss aufhebt, das Beschwerdegericht aber wiederum den Beschluss des Vollstreckungsgerichts aufhebt, muss das Vollstreckungsgericht auf Grund des fortdauernden Pfändungsantrags den Pfändungsbeschluss unverzüglich neu erlassen, OLG Hamm MDR 1979, 149. Eine solche Pfändung wirkt allerdings nur für die Zukunft, OLG Köln Rpfleger 1986, 488, → Rn. 72. 79

80 **XXI. Formularzwang, IV.** IV 1 gibt ähnlich wie §§ 117 III, 753 III, 758a VI 1 eine Ermächtigung. Es besteht die ZVFV v. 23.8.2012, BGBl. 1822 (FNA 310–416), abgedruckt Vor § 829. IV 2 schafft einen Benutzungszwang, bestätigt in § 3 ZVFV, vgl. BGH NJW 2016, 2668. Nach § 829 IV 3 sind unterschiedliche Formulare für elektronische und andere Gerichtsverfahren einführbar. Ein Verstoß gegen IV führt zu einer Behandlung wie bei → § 117 Rn. 40, ähnlich LG Kiel DGVZ 2013, 132, nicht von vornherein zur Nichtbearbeitung, aM LG Mannh DGVZ 2013, 131.

81 Nur eine **Unvollständigkeit** und sonstige Fehlerhaftigkeit des Formulars kann vom Benutzungszwang insoweit befreien, BGH NJW 2019, 441; NJW 2016, 81; NJW 2016, 2668; NJW 2016, 2810. Eine nur formell geringe Abweichung ist unerheblich, BGH NJW 2014, 3160 (zust. Becker-Eberhard JZ 2014, 961; Stamm LMK 2014, 357260) sowie BGH JurBüro 2014, 322 (323 und 325); LG Mannh JurBüro 2014, 161; LG Wuppert JurBüro 2014, 161. Eine gesonderte Aufstellung ist zulässig, wenn das Formular keine vollständige und zutreffende Eintragungsmöglichkeit bietet, BGH NJW 2016, 2810. Nicht titulierte Forderungen oder Hinweise auf solche dürfen in keinem Fall in das Formular aufgenommen werden, BGH NJW 2019, 441.

829a *Vereinfachter Vollstreckungsantrag bei Vollstreckungsbescheiden.*

I [1]Im Fall eines elektronischen Antrags zur Zwangsvollstreckung aus einem Vollstreckungsbescheid, der einer Vollstreckungsklausel nicht bedarf, ist bei Pfändung und Überweisung einer Geldforderung (§§ 829, 835) die Übermittlung der Ausfertigung des Vollstreckungsbescheides entbehrlich, wenn

1. **die sich aus dem Vollstreckungsbescheid ergebende fällige Geldforderung einschließlich titulierter Nebenforderungen und Kosten nicht mehr als 5000 Euro beträgt; Kosten der Zwangsvollstreckung sind bei der Berechnung der Forderungshöhe nur zu berücksichtigen, wenn sie allein Gegenstand des Vollstreckungsantrags sind;**
2. **die Vorlage anderer Urkunden als der Ausfertigung des Vollstreckungsbescheides nicht vorgeschrieben ist;**
3. **der Gläubiger eine Abschrift des Vollstreckungsbescheides nebst Zustellungsbescheinigung als elektronisches Dokument dem Antrag beifügt und**
4. **der Gläubiger versichert, dass ihm eine Ausfertigung des Vollstreckungsbescheides und eine Zustellungsbescheinigung vorliegen und die Forderung in Höhe des Vollstreckungsantrags noch besteht.**

[2]Sollen Kosten der Zwangsvollstreckung vollstreckt werden, sind zusätzlich zu den in Satz 1 Nr. 3 genannten Dokumenten eine nachprüfbare Aufstellung der Kosten und entsprechende Belege als elektronisches Dokument dem Antrag beizufügen.

II Hat das Gericht an dem Vorliegen einer Ausfertigung des Vollstreckungsbescheides oder der übrigen Vollstreckungsvoraussetzungen Zweifel, teilt es dies dem Gläubiger mit und führt die Zwangsvollstreckung erst durch, nachdem der Gläubiger die Ausfertigung des Vollstreckungsbescheides übermittelt oder die übrigen Vollstreckungsvoraussetzungen nachgewiesen hat.

1 **I. Systematik, I, II.** Es handelt sich bei der Vorschrift um eine Ergänzung zu §§ 829, 835 für den Fall eines in elektronischer Form gestellten Antrags auf Grund eines Vollstreckungsbescheids. Die Vorschrift entspricht für den Bereich der Forderungsvollstreckung dem Vereinfachten Vollstreckungsauftrag an den Gerichtsvollzieher nach § 754a, vgl. BGH NJW-RR 2021, 1651. § 130d bleibt von der Vorschrift unberührt, LG Hmb BeckRS 2022, 15830.

2 **II. Regelungszweck, I, II.** Die Vorschrift dient nicht nur einer Vereinfachung, so ihre amtliche Überschrift, sondern auch einer Beschleunigung und damit der Unterstützung des Vollstreckungsgerichts nach § 828.

3 **III. Elektronischer Vollstreckungsantrag, I, II.** Auf diese Antragsform beschränkt sich die Anwendbarkeit der Vorschrift. Vgl. dazu § 130a. Ein Telefax reicht nicht.

4 **IV. Entbehrlichkeit einer Vollstreckungsklausel, I 1.** Sie ergibt sich schon aus § 796 I mit der dortigen Begrenzung. Diese muss man daher auch bei § 829a einhalten. Das ist der Sinn der Erwähnung des Stichworts „der einer Vollstreckungsklausel nicht bedarf".

5 **V. Entbehrlichkeit einer Ausfertigung, I 1.** Unter den Voraussetzungen → Rn. 3, 4 darf und muss der Gläubiger eine Pfändung und Überweisung (nur) nach §§ 829, 835 auch dann beim Vollstreckungsgericht beantragen, wenn alle vier weiteren Bedingungen → Rn. 6–9 zusammen vorliegen.

6 **1. Höchstbetrag 5.000 EUR, I 1 Nr. 1.** Die Höhe derjenigen Geldforderung einschließlich titulierter und nicht allein vollstreckbarer Nebenforderungen nach § 4 und Kosten nach § 788, die sich gerade aus diesem Vollstreckungsbescheid mit oder ohne Ausfertigung ergibt, darf 5.000 EUR nicht übersteigen. Maßgeblich ist der Zeitpunkt des Beginns der Durchführung dieses Teils eines Vollstreckungsantrags. Eine folgende Ermäßigung genügt nicht. Die Vorschrift soll auch anwendbar sein, wenn es um den Zutritt zu einem Bankschließfach und die Mitwirkung des Drittschuldners geht, LG Nrnb-Frth BeckRS 2022, 11042.

7 **2. Unnötigkeit anderer Urkunden, I 1 Nr. 2.** Das Gesetz darf nicht bestimmt haben, dass zur Vollstreckung über den Vollstreckungsbescheid hinaus eine oder mehrere andere Urkunden vorliegen müssen, etwa nach §§ 726 ff. Damit stellt die Vorschrift sicher, dass die vereinfachte Durchführung nur bei klarer und abschließend überblickbarer Vollstreckungstitel-Grundlage zulässig ist. Ist die Vorlage einer Vollmacht gem. § 80 I 1 erforderlich (nicht bei Anwälten, § 88 II), ist ein Antrag nach § 829a unzulässig, BGH MDR 2022, 121.

8 **3. Beifügung elektronischer Dokumente, I 1 Nr. 3.** Der Gläubiger muss dem Antrag nach → Rn. 3 zumindest eine Kopie des Vollstreckungsbescheids nebst Zustellungsbescheinigung nach § 750 I entweder sogleich beigefügt haben oder doch vor Beginn der Durchführung nach § 829a nachgereicht haben, und zwar ebenfalls als elektronische Dokumente.

9 **4. Gläubigerversicherung, I 1 Nr. 4.** Der Gläubiger muss schließlich zwei Punkte „versichern". Eine eidesstattliche Versicherung ist hier nicht nötig, aber statthaft. Zum einen muss er bekräftigen, dass er eine Ausfertigung des Vollstreckungsbescheids besitzt, und zwar nebst zugehöriger Zustellungsbescheinigung. Zum

anderen muss er klar angeben, dass die Forderung gerade aus diesem Vollstreckungsbescheid noch zumindest in Höhe seines jetzigen Vollstreckungsantrags im Zeitpunkt der Abgabe seiner Versicherung noch besteht, also weder getilgt wurde noch etwa durch Teilerlass usw. entfallen ist. Dies braucht er aber nicht im Einzelnen mitanzugeben.

VI. Kostenvollstreckung, I 2. In ihrem Umfang muss der Gläubiger dem Vollstreckungsgericht des § 828 zusätzlich zu → Rn. 8 eine nachprüfbare elektronische Kostenaufstellung nebst Belegen zukommen lassen. Denn die Kosten ergeben sich ja noch nicht der Höhe nach aus dem Vollstreckungsbescheid. 10

VII. Zweifel des Vollstreckungsgerichts, II. Der funktionell im Vollstreckungsgericht zuständige Rpfl. darf und muss einen Zweifel an dem Vorliegen des Vollstreckungsbescheids oder einer der übrigen Vollstreckungsvoraussetzungen unverzüglich von Amts wegen zu einer Mitteilung an den Gläubiger oder dessen ProzBev nach § 81 und nicht an den Gerichtsvollzieher zum Anlass nehmen. „Vorliegen" in II bedeutet: existieren, nicht etwa nur: dem Gerichtsvollzieher vorgelegen haben. 11

Übermittlung oder Nachweis des Fehlenden oder Bezweifelten müssen dem Rpfl. gegenüber erfolgen, bevor er die weitere Zwangsvollstreckung durchführen darf. Übermittelt der Gläubiger diese Dinge dem Gerichtsvollzieher, darf und muss dieser sie an den Rpfl. unverzüglich weiterleiten. 12

VIII. Verstoß, Rechtsmittel, I, II. Es gelten beim Gerichtsvollzieher § 766, beim Rpfl. zunächst § 11 RPflG, ferner evtl. § 793. 13

830

Pfändung einer Hypothekenforderung. I [1]**Zur Pfändung einer Forderung, für die eine Hypothek besteht, ist außer dem Pfändungsbeschluss die Übergabe des Hypothekenbriefes an den Gläubiger erforderlich.** [2]**Wird die Übergabe im Wege der Zwangsvollstreckung erwirkt, so gilt sie als erfolgt, wenn der Gerichtsvollzieher den Brief zum Zwecke der Ablieferung an den Gläubiger wegnimmt.** [3]**Ist die Erteilung des Hypothekenbriefes ausgeschlossen, so ist die Eintragung der Pfändung in das Grundbuch erforderlich; die Eintragung erfolgt auf Grund des Pfändungsbeschlusses.**

II **Wird der Pfändungsbeschluss vor der Übergabe des Hypothekenbriefes oder der Eintragung der Pfändung dem Drittschuldner zugestellt, so gilt die Pfändung diesem gegenüber mit der Zustellung als bewirkt.**

III [1]**Diese Vorschriften sind nicht anzuwenden, soweit es sich um die Pfändung der Ansprüche auf die im § 1159 des Bürgerlichen Gesetzbuchs bezeichneten Leistungen handelt.** [2]**Das Gleiche gilt bei einer Sicherungshypothek im Falle des § 1187 des Bürgerlichen Gesetzbuchs von der Pfändung der Hauptforderung.**

I. Systematik, I–III. Nach dem sachlichen Recht haftet die Hypothek der Forderung an. Für die Abtretung sind beide nach § 1153 II BGB untrennbar. Darum lässt die ZPO auch keine getrennte Pfändung zu. Die Pfändung der Hypothek ohne die Forderung ist unstatthaft. Die Pfändung der Forderung vor der nach dem BGB zu klärenden Entstehung der Hypothek erfolgt nach § 829, OLG Hamm DNotZ 1982, 257. Die Pfändung der Forderung ohne die schon bestehende Hypothek wäre wirkungslos, außer bei einer der Höchstbetragshypothek nach § 1190 BGB. Eine nach dem Zeitpunkt der Pfändung für die Forderung bestellte Hypothek unterfällt ohne weiteres der Pfändung. Den Hypothekenbrief allein kann man nur im Weg der Hilfspfändung pfänden. 1

Die Vorschrift gilt **entsprechend** bei einer Reallast, Grund- oder Rentenschuld, § 857 IV. Dagegen erfolgt die Pfändung bei einer Hypothekenvormerkung nach § 883 BGB gemäß § 829. Dasselbe gilt beim Anspruch aus einer durch den Versteigerungszuschlag erloschenen Hypothek wegen des Erlöses sowie dann, wenn die Hypothek in Wahrheit eine Eigentümergrundschuld ist, zB weil der Gläubiger den Brief noch nicht erhalten hatte, OLG Hamm DNotZ 1982, 257. Man kann wegen § 1117 II BGB dann auch eine Pfändung nach § 830 vornehmen. Die Verwertung erfolgt durch eine Überweisung nach § 837 oder auf andere Weise. 2

II. Regelungszweck, I–III. Das Gesetz bringt die Erfordernisse der Eindeutigkeit und der Durchführbarkeit einigermaßen in Einklang. Wegen der hier meist erheblichen Werte darf die Rechtssicherheit aber keineswegs zurückstehen. Deshalb muss man bei beiden Hypothekenarten eine um Genauigkeit des Pfändungsvorgangs bemühte Auslegung vorziehen, falls es um formelle Unkorrektheiten geht. 3

III. Hypothekenpfändung, I. Man muss drei Aspekte beachten. 4

1. Grundsatz: Maßgeblichkeit des § 829. Der Pfändungsbeschluss ergeht nach § 829, nicht nach §§ 846, 847. Das Vollstreckungsgericht bezeichnet zweckmäßig außer der Forderung nebst Zinsen die Hypothek nebst deren Zinsen im Pfändungsbeschluss am besten nach dem Grundbuchblatt, mindestens nach der Postanschrift, BGH NJW 1975, 980. Eine Teilpfändung ist zulässig, soweit sich ein Teilhypothekenbrief dann bilden ließe, wenn eine Briefhypothek vorläge. Auf die Bildung des Teilbriefs hat der Gläubiger dann einen Anspruch. Der Gläubiger kann eine vom Gesetz abweichende Rangregelung im Pfändungsbeschluss beantragen. Andernfalls besteht zwischen dem gepfändeten Teil und dem Rest derselbe Rang. Über die Pfändung „in Höhe des Anspruchs" → § 829 Rn. 28 und 46 „Teilpfändung". Bei §§ 1164, 1173 II, 1174, 1182 BGB entsteht eine Hypothek für die Ersatzforderung. Der Gläubiger kann diese aber nur nach § 830 pfänden. 5

Wenn eine **Gesamthypothek** nach § 1132 BGB besteht, kann der Gläubiger diese pfänden. Zulässig ist aber auch eine Reihe von Einzelpfändungen. Eine Hypothek in einer fremden Währung ist wegen einer Forderung in EUR pfändbar. Bei einer Teilpfändung muss der Gläubiger seine Forderung aber in die fremde Währung umrechnen. Wenn die Hypothek bewilligt, aber noch nicht eingetragen worden ist, muss der Gläubiger die Forderung allein pfänden. Wenn der Pfändungsbeschluss nur die Forderung oder nur die Hypothek aufführt, gilt er für beide. 6

Drittschuldner sind sowohl der persönliche Schuldner als auch der Eigentümer. Eine ungenaue Bezeichnung des Drittschuldners schadet nicht. Denn die Zustellung an ihn ist zwar wegen § 407 BGB und wegen II ratsam. Aber sie ist keine wesentliche Voraussetzung der Entstehung des Pfandrechts. Wenn der Pfändungsbeschluss überhaupt keinen Drittschuldner nennt, fehlt ein wesentliches Erfordernis einer wirksamen Forderungspfändung. 7

8 **2. Kein Gutglaubensschutz.** Der öffentliche Glaube des Grundbuchs schützt den Pfändungspfandgläubiger nicht. Denn es liegt keine rechtsgeschäftliche Übertragung vor. Eine Geschäftsunfähigkeit des Schuldners steht der wirksamen Entstehung des Pfandrechts nicht entgegen.

9 **3. Vorpfändung.** Sie ist statthaft. Sie wird mit der Zustellung an den Drittschuldner wirksam.

10 **IV. Briefhypothek, I.** Man muss mehrere Gesichtspunkte beachten.

11 **1. Grundsatz: Pfändungsbeschluss und Briefübergabe.** Notwendig sind nach I 1 ein wirksamer Pfändungsbeschluss und die Übergabe des Hypothekenbriefs an den Gläubiger, so dass der Gläubiger am Brief den unmittelbaren Besitz erhält (vgl. § 122 GVGA). Die Eintragung im Grundbuch ist zwar nach §§ 135 II, 892 BGB zulässig. Sie kann aber die Übergabe nicht ersetzen. Denn die Eintragung dient nur der Berichtigung des Grundbuchs, OLG Mü Rpfleger 2015, 199. Aber auch die Pfändung und die Überweisung des Anspruchs auf die Herausgabe des Briefs ersetzen die Pfändung der Hypothek nicht. Auch dann muss der Gläubiger erst die Herausgabe erzwingen. Schließlich hat auch die Übergabe eines Ausschlussurteils keine ersetzende Wirkung. Auch dann muss man einen neuen Brief bilden und übergeben, vgl. BGH NJW-RR 2012, 782.

12 **2. Vor Übergabe.** Vor der Übergabe entsteht kein Pfändungspfandrecht, OLG Düss NJW-RR 1988, 266. Es genügt aber eine Hinterlegung des Briefs und deren Annahme. Die Hinterlegungsstelle vermittelt dann den Besitz. Wenn der Gläubiger den Brief mit dem Willen des Schuldners besitzt, reicht das aus, soweit nicht auch der Schuldner einfacher Mitbesitzer nach § 866 BGB ist. Ein sog. qualifizierter Mitbesitz des Gläubigers durch die Einräumung eines Mitverschlusses reicht aus. Die Pfändung erfolgt durch die Aushändigung des Beschlusses an den Gläubiger, ohne dass eine Zustellung des Beschlusses nötig ist.

13 **3. Übergabe.** Besitzt der Schuldner oder ein Dritter den Brief, kann die Übergabe freiwillig geschehen. Es ist ein Besitz für die ganze Pfändungsdauer erforderlich. Wenn der Brief verlorengegangen ist, muss man ihn nach §§ 466 ff. FamFG für kraftlos erklären und einen neuen bilden. Der Gläubiger kann diese Wirkung auf Grund seines Vollstreckungstitels erreichen. Ein Pfändungspfandrecht und eine Verstrickung bestehen für die Dauer des Besitzes des Gläubigers oder des Gerichtsvollziehers am Brief. Wenn der Brief mit dem Willen des Gläubigers an den Schuldner zurückgelangt, erlischt das Pfändungspfandrecht. Ein unfreiwilliger Verlust beeinträchtigt das Recht nicht. Die Pfändung des bloßen Herausgabeanspruches nach §§ 846, 847 schafft nach § 804 III eine Verstrickung mit einem Rang vor späteren Pfändungsgläubigern und Zessionaren, BGH NJW 1979, 2045.

14 Pfändet ein **zweiter** Gläubiger vor dem Zeitpunkt der Übergabe des Briefes, liegt eine Mehrpfändung vor. Sie gibt allen Gläubigern denselben Rang. Der Gerichtsvollzieher muss den Brief für alle wegnehmen. Wenn die Pfändung nach der Übergabe des Briefs erfolgt, muss der erste Hypothekengläubiger dem späteren den Mitbesitz einräumen, oder der spätere Gläubiger muss die Anschlusshilfspfändung des Briefs aus § 826 erwirken. Die Pfändung des Anspruchs auf die Herausgabe nach der Befriedigung des ersten Gläubigers auf den Überschuss einer Zahlung oder Hinterlegung ist ein unbefriedigender Weg. Bei einer Teilhypothek gelten die vorstehenden Regeln bis zur Bildung eines Teilhypothekenbriefs nach → Rn. 4 entsprechend.

15 **4. Hilfspfändung.** Übergibt der Schuldner den Brief nicht freiwillig heraus, muss der Gerichtsvollzieher den Brief dem Schuldner nach §§ 883 ff. wegnehmen, um den Brief dem Gläubiger zu übergeben (Hilfspfändung). Der Pfändungsbeschluss nach § 829 bildet für diese Maßnahme des Gerichtsvollziehers den Vollstreckungstitel, BGH NJW 1979, 2045. Der Pfändungsbeschluss braucht keine Vollstreckungsklausel nach § 724 zu enthalten. Man muss ihn aber nach § 750 I dem Schuldner zustellen. Das gilt auch bei einer Arrestpfändung nach § 829. Auch eine Beschlagnahme nach § 94 StPO verschafft den Besitz. Natürlich muss dem Gerichtsvollzieher vor der Wegnahme auch der eigentliche Schuldtitel vorliegen.

16 **5. Pfändungsvollzug.** Mit der Wegnahme des Briefs ist die Pfändung vollzogen und entsteht das Pfändungspfandrecht an der Forderung und an der Hypothek, OLG Hamm DNotZ 1982, 257. Für die Entstehung dieses Rechts ist es unerheblich, ob und wann der Gerichtsvollzieher den Brief auch an den Gläubiger abliefert. Wenn der Gerichtsvollzieher den Hypothekenbrief nicht vorfindet, muss der Schuldner vor Gericht die eidesstattliche Versicherung zur Vermögensauskunft nach § 802c abgeben, aM Zöller/Herget Rn. 5 (§ 883 II. Aber diese Vorschrift gilt nur bei der Vollstreckung auf die Herausgabe einer Hauptsache).

17 Wenn das Grundbuchamt noch den Brief **verwahrt,** hat der Schuldner die Hypothek noch nicht erworben, vgl. OLG Mü NJOZ 2012, 171. Der Gläubiger muss dann den Anspruch auf die Abtretung der Eigentümergrundschuld pfänden. Wenn der Brief nach der Entstehung des Pfändungspfandrechts dem Grundbuchamt vorliegt, ist dieses Dritter. Dann ist auch wie sonst beim Gewahrsam eines Dritten § 886 anwendbar. Wenn ein Dritter den Briefbesitz nicht freiwillig aufgibt, können §§ 1274 I, 1205 II, 1206 BGB entsprechend anwendbar sein, Zöller/Herget Rn. 6. Grundsätzlich ist dann die Pfändung des Herausgabeanspruchs erforderlich.

18 Wenn das Grundbuchamt entgegen einer abweichenden Bestimmung nach § 60 II GBO den Brief freiwillig an den vom Gläubiger beauftragten Gerichtsvollzieher **herausgegeben** hat und wenn der Pfändungsbeschluss demjenigen Eigentümer zugegangen ist, zu dessen Gunsten die Grundschuld besteht, liegt eine wirksame Pfändung der Grundschuld vor. Eine Rückforderung des Briefs ist dann nicht zulässig. Denn das Pfändungspfandrecht ist bereits durch die Aushändigung des Briefs entstanden. Bei der Pfändung einer Teilhypothek nimmt der Gerichtsvollzieher den Teilbrief weg. Wenn der Teilbrief noch fehlt, nimmt er den Stammbrief weg. Der Mitbesitz des Gläubigers am ungeteilten Brief reicht meist nicht, BGH NJW 1983, 568 (für den Fall einer Abtretung).

19 Wenn nicht der Schuldner, sondern ein **Dritter** der Hypothekengläubiger ist, entsteht weder ein Pfändungspfandrecht noch eine Verstrickung.

20 **V. Buchhypothek, I.** Auch hier muss man mehrere Aspekte beachten.

21 **1. Voraussetzungen.** Zur Pfändung einer Buchhypothek sind ein Pfändungsbeschluss und die Eintragung der Pfändung in das Grundbuch erforderlich, BGH NJW 2021, 637; NJW 1994, 3225; OLG Ffm FGPrax 2009, 255; KG FGPrax 2009, 201; OLG Mü Rpfleger 1989, 18. Das gilt auch bei einer Sicherungshypothek nach §§ 1184, 1185 I BGB (wegen derjenigen nach § 1187 BGB → Rn. 28) oder bei einer Zwangs- und Arrest-Sicherungshypothek nach §§ 866 I, 932. Bei einer Gesamthypothek nach § 1132 BGB entsteht das Pfändungspfandrecht erst mit der letzten Eintragung. Die Eintragung steht der Wegnahme nach → Rn. 13 gleich. Dadurch wird das Grundbuchamt nicht nach § 828 II zum Vollstreckungsgericht. Die Eintragung erfolgt auf einen

formlosen Antrag des Gläubigers nach § 13 GBO. Ein Ersuchen des Vollstreckungsgerichts erfolgt nicht. Der Gläubiger muss eine einfache Ausfertigung des Pfändungsbeschlusses vorlegen. Der Pfändungsbeschluss ersetzt die Eintragungsbewilligung nach § 19 GBO. Seine Zustellung ist nicht nötig, um die Eintragung herbeizuführen. Eine Vorlage auch des Schuldtitels ist beim Grundbuchamt nicht notwendig. Eine Eintragung erfolgt nicht schon auf ein Ersuchen des Vollstreckungsgerichts. Denn es besteht der Parteibetrieb. Bei einer Teilpfändung muss man den Teil nach § 47 GBO bezeichnen.

Wenn der Schuldner im Grundbuch **nicht eingetragen** ist, muss das Grundbuchamt zunächst nach §§ 14, 22 GBO berichtigen. Zumindest ist in einer grundbuchmäßigen Form des § 29 GBO ein Nachweis darüber nötig, dass für den eingetragenen Eigentümer eine Eigentümergrundschuld entstanden ist, OLG Hmb Rpfleger 1976, 371. Eine Vormerkung ist unzulässig. Mangels eines privatrechtlichen Anspruchs ist § 883 BGB unanwendbar. Die Pfändung eines Berichtigungsanspruchs etwa bei einer Eigentümergrundschuld kann eine Eintragung nicht ersetzen. Bei einer Abtretung muss man das Grundbuch berichtigen, notfalls auf Grund einer solchen Erinnerung, über die der Grundbuch-Rpfl. entscheidet, OLG Mü NJW-RR 1988, 981. Über die Höchstbetragshypothek s. § 837 III. 22

2. Mängel, Bedingungen des Pfändungsbeschlusses. Der Pfändungsbeschluss kann etwa dann unwirksam sein, wenn die sachliche Zuständigkeit fehlte oder wenn ein Formmangel besteht. Dann entsteht trotz einer Eintragung im Grundbuch kein wirksames Pfändungspfandrecht. Ist der Pfändungsbeschluss nur anfechtbar, führt das nicht zur Nichtigkeit der auf ihm beruhenden Grundbucheintragung, OLG Mü BeckRS 2018, 21703. Wenn der Beschluss auflösend bedingt wirksam ist, entsteht ein auflösend bedingtes Pfändungspfandrecht. Deshalb gibt eine Eintragung im ersteren Fall keinen Rang, im letzteren einen nur auflösend bedingten Rang. 23

VI. Zustellung, II. Die Vorschrift ergänzt I, OLG Köln Rpfleger 1991, 241. Abweichend von § 829 ist die Wirksamkeit der Pfändung von einer Zustellung an den Drittschuldner unabhängig. Trotzdem hat die Zustellung ihre Bedeutung. Sie begründet nämlich zugunsten des Gläubigers eine Verfügungsbeschränkung des Drittschuldners. Der Drittschuldner kann nicht die Forderung erfüllen oder mit Wirkung gegenüber dem Pfändungsgläubiger eine Verfügung des Vollstreckungsschuldners über die Forderung mit diesem vereinbaren, etwa einen Erlass der Forderung oder deren Stundung. Bei einer Buchhypothek ist für ihren Rang allein die Eintragung maßgeblich, nicht die Zustellung, OLG Köln Rpfleger 1991, 241 (zust. Hintzen). 24

Wenn der Gläubiger **vor der Übergabe** des Briefs oder vor der Eintragung zustellt, darf der Drittschuldner nur noch an den Gläubiger und an den Schuldner gemeinsam zahlen. Ferner gilt die Pfändung mit der Zustellung als bewirkt. In Wahrheit ist diese Regelung keine Abänderung von I, sondern eine Zurückbeziehung der Pfändung: Wenn die Pfändung wirksam wird, wirkt sie wegen des Drittschuldners nach § 840 auf den Tag der Zustellung zurück. Die Zustellung allein macht die Pfändung nicht wirksam. Dem Schuldner und Dritten gegenüber hat die Zustellung ohnehin keine Wirkung. 25

VII. Unterbleiben einer Pfändung, III. Wegen der sachlich-rechtlichen Sonderbehandlung ist in den folgenden Fällen keine Pfändung nach § 830 möglich. 26

1. § 1159 BGB. Es handelt sich um einen Anspruch auf eine Leistung nach § 1159 BGB, also auf die Zahlung des im Zeitpunkt der Wirksamkeit der Pfändung nach § 829 III fälligen, also rückständigen gesetzlichen oder vertraglichen Zinses, auf andere Nebenleistungen nach § 1115 BGB; es geht um eine Kostenerstattung nach § 1118 BGB, also auf Grund einer Kündigung oder auf Grund einer solchen Rechtsverfolgung, die nach § 10 II ZVG eine Befriedigung aus dem Grundstück bezweckt. Daher sind in diesen Fällen eine Eintragung oder eine Übergabe weder erforderlich noch ausreichend. Selbst bei einer gleichzeitigen Pfändung der Hypothek wird die Pfändung erst nach § 829 mit der Zustellung an den Drittschuldner nach § 840 wirksam. Dagegen sind die noch nicht fälligen Zinsen nur wie die Hypothek pfändbar. 27

2. § 1187 BGB. Es geht um eine Sicherungshypothek nach § 1187 BGB, die sog. Wertpapierhypothek, also für eine Forderung aus einer Schuldverschreibung auf den Inhaber oder aus einem indossablen Papier, vor allem aus einem Wechsel. Dann muss der Gläubiger je nach der Sachlage nach § 821 oder nach § 831 pfänden. Eine Eintragung ins Grundbuch ist unzulässig. 28

VIII. Verstoß, I–III. Ein Verstoß gegen § 830 führt als ein Formverstoß dazu, dass die Pfändung insgesamt unwirksam ist. Das gilt unabhängig davon, ob das Bestehen der Hypothek bekannt war. § 836 II kann zu Gunsten des Drittschuldners gleichwohl eingreifen, KG JurBüro 1993, 32. 29

IX. Rechtsbehelfe, I–III. Es gilt grundsätzlich dasselbe wie bei § 829. Gegen die Entscheidung des Grundbuchamts ist die einfache Beschwerde nach § 71 GBO zulässig, wahlweise auch der jeweilige Weg nach § 11 RPflG. Hat ein nachpfändender Gläubiger eine Briefgrundschuld und zusätzlich den Anspruch des Schuldners gegen den vorrangigen Gläubiger auf Herausgabe des Grundschuldbriefs gepfändet und sich überweisen lassen, kann er die vorrangige Pfändung mit der Vollstreckungserinnerung überprüfen lassen, BGH NJW-RR 1989, 636. 30

830a

Pfändung einer Schiffshypothekenforderung. I **Zur Pfändung einer Forderung, für die eine Schiffshypothek besteht, ist die Eintragung der Pfändung in das Schiffsregister oder in das Schiffsbauregister erforderlich; die Eintragung erfolgt auf Grund des Pfändungsbeschlusses.**

II **Wird der Pfändungsbeschluss vor der Eintragung der Pfändung dem Drittschuldner zugestellt, so gilt die Pfändung diesem gegenüber mit der Zustellung als bewirkt.**

III [1]**Diese Vorschriften sind nicht anzuwenden, soweit es sich um die Pfändung der Ansprüche auf die im § 53 des Gesetzes über Rechte an eingetragenen Schiffen und Schiffsbauwerken vom 15. November 1940 (RGBl. I S. 1499) bezeichneten Leistungen handelt.** [2]**Das Gleiche gilt, wenn bei einer Schiffshypothek für eine Forderung aus einer Schuldverschreibung auf den Inhaber, aus einem Wechsel oder aus einem anderen durch Indossament übertragbaren Papier die Hauptforderung gepfändet wird.**

1 **I. Systematik, Regelungszweck, I–III.** § 830a regelt die Pfändung einer Schiffshypothek in gleicher Weise wie die Pfändung einer Buchhypothek nach § 830. Denn die Schiffshypothek steht nach § 8 SchiffRG einer Sicherungshypothek in ihrer praktischen Bedeutung gleich.

2 **II. Anwendbarkeit, I, II.** Einer Schiffshypothek stellt § 99 I LuftRG wiederum das Registerpfandrecht an einem Luftfahrzeug gleich. Es sind also ein Pfändungsbeschluss sowie die Eintragung der Pfändung im Register notwendig. Wenn das Schiff nicht eingetragen ist, ist eine Schiffshypothek nicht zulässig. Die Eintragung erfolgt auf einen formlosen Antrag des Gläubigers. Der Gläubiger muss eine einfache Ausfertigung des Pfändungsbeschlusses beifügen. Eine Zustellung des Pfändungsbeschlusses an den Drittschuldner nach § 840 ist für die Wirksamkeit der Pfändung nicht erheblich. Die Zustellung begründet aber dann, wenn sie vor dem Zeitpunkt der Eintragung erfolgte, eine Verfügungsbeschränkung des Drittschuldners. Auch insofern ist § 830a dem § 830 nachgebildet.

3 **III. Unanwendbarkeit, III.** § 53 SchiffRG betrifft Forderungen auf die Zahlung von rückständigen Zinsen und anderen Nebenleistungen, die Kosten der Kündigung und die Kosten einer Rechtsverfolgung, Erstattungsansprüche des Gläubigers aus einer Entrichtung von Versicherungsprämien und anderen Zahlungen an den Versicherer. Nach III erfolgt die Pfändung dieser Ansprüche wie bei § 830 III nach § 829. Es ist zur Wirksamkeit der Pfändung keine Eintragung im Schiffsregister erforderlich. Eine Eintragung kann auch dann unterbleiben, wenn der Gläubiger die Hauptforderung bei einer Schiffshypothek auf Grund einer Schuldverschreibung auf den Inhaber, auf Grund eines Wechsels oder auf Grund eines sonstigen Orderpapiers gepfändet hat. Dann genügt zur Pfändung der Schiffshypothek die Pfändung der Hauptforderung nach § 831 oder § 821.

831

Pfändung indossabler Papiere. **Die Pfändung von Forderungen aus Wechseln und anderen Papieren, die durch Indossament übertragen werden können, wird dadurch bewirkt, dass der Gerichtsvollzieher diese Papiere in Besitz nimmt.**

1 **I. Systematik, Regelungszweck.** Indossable Papiere sind Wertpapiere, Träger des Rechts. Daher pfändet man indossable Papiere dann nach § 821 wie Wertpapiere, wenn der Schuldner der ausgewiesene Inhaber ist. Infolgedessen wäre § 831 dann überflüssig, wenn nicht seine Stellung im Untertitel 3 ergeben würde, dass die Verwertung bei solchen Papieren nicht nach § 821 geschieht, sondern nach §§ 835 ff. Dabei muss der Gläubiger und nicht der Gerichtsvollzieher den Überweisungsbeschluss beantragen. Das gilt auch für blanko indossierte Wechsel. Jede andere Verwertung ist ungültig. Daher darf der Gerichtsvollzieher die Papiere vor einer Anordnung nach §§ 835 oder 844 nicht an den Gläubiger aushändigen.

2 Wegen des oft **ungewissen Werts** sollte der Gerichtsvollzieher nach § 123 II 2 GVGA nur pfänden, wenn eine andere Befriedigung des Gläubigers nicht möglich ist oder der Gläubiger den Gerichtsvollzieher ausdrücklich dazu anweist.

3 **II. Geltungsbereich.** Die Vorschrift gilt nach § 123 I 1 GVGA für jedes indossable Papier, zB für einen Scheck, ein Konnossement, einen Ladeschein, einen Lagerschein jeweils an Order. Es ist unerheblich, ob das Papier auf ein ausländisches Zahlungsmittel lautet. Über die Verwertung → § 815 Rn. 1. Weitere Einzelheiten Schmidt DGVZ 2014, 77; Hezel Rpfleger 2006, 105; Becker JuS 2005, 232. Bei der Pfändung der Einlage eines Postsparers gilt § 829, Röder DGVZ 1998, 86 (ausf.).

4 Nicht indossable Wertpapiere wie kaufmännische Papiere, die nach § 363 HGB nicht an Order lauten, gebundene Namensaktien nach § 67 AktG, Verrechnungsschecks fallen **nicht** unter § 831, sondern unter §§ 808 ff., LG Gött NJW 1983, 635; Geißler DGVZ 1986, 110 (113); aM Thomas/Putzo/Seiler Rn. 3 (aber der Wortlaut und Sinn sind eindeutig auf die Möglichkeit eines Indossaments begrenzt).

5 **III. Pfändung.** Die Pfändung erfolgt nicht nach § 829, sondern nach § 123 I 3 GVGA ohne einen Beschluss des Vollstreckungsgerichts. Sie erfolgt nach §§ 764, 802 dadurch, dass der Gerichtsvollzieher das Papier nach § 808 I, § 123 I 2 GVGA in seinen Besitz nimmt, BGH MDR 1980, 1016; Hilger KTS 1988, 595 (630). Sofern der Schuldner nach dem Inhalt des Wertpapiers nicht sein Berechtigter ist, unterbleibt die Wegnahme. §§ 809, 826 sind anwendbar. Evtl. muss der Gläubiger den Herausgabeanspruch nach §§ 846, 847 pfänden, Hilger KTS 1988, 595 (630). Der Gerichtsvollzieher darf das Papier nicht im Gewahrsam des Schuldners belassen. Mit der Wegnahme erfolgt ohne weiteres auch die Forderungspfändung. Beim Blankopapier kann der Gläubiger die Summe ergänzen, LG Darmst DGVZ 1990, 157; Geißler DGVZ 1986, 110 (112). Daraus ergeben sich die Wirkungen des § 829. Bei einem Traditionspapier, einem Lagerschein usw. ergreift die Pfändung das herauszugebende Gut erst in demjenigen Zeitpunkt, in dem der Schuldner es nach § 847 an den Gerichtsvollzieher herausgibt. Ein Pfändungsbeschluss ist dann unnötig und nach § 123 I 3 GVGA wirkungslos, Zöller/Herget Rn. 2; aM BGH DB 1980, 1937; Thomas/Putzo/Seiler Rn. 2 (aber § 831 hat als eine Spezialvorschrift den Vorrang). Für die Entscheidungen ist das in § 828 II bestimmte Gericht zuständig. Es entscheidet nach § 20 I Nr. 17 RPflG, § 123 I 4 GVGA durch den Rpfl.

6 Zur **Verwertung** ist nach § 105 II 2 GVGA ein Indossament nötig. Dafür ist nach § 105 III 1 GVGA der Gerichtsvollzieher nach § 822 zuständig.

7 **IV. Protokoll.** Der Gerichtsvollzieher bezeichnet die weggenommene Urkunde nach § 123 III 1 GVGA nach Art, Gegenstand und Betrag, dem Gläubiger und Schuldner, dem Ausstellungstag und evtl. mit einer Nr. genau. Er gibt auch nach § 123 III 2 GVGA das Fälligkeitsdatum möglichst mit an. Er benachrichtigt den Gläubiger nach § 123 III 3 GVGA von allem unverzüglich.

8 **V. Urkundenverwahrung und -rückgabe.** Der Gerichtsvollzieher verwahrt eine weggenommene Urkunde bis zur Einforderung durch das Gericht oder bis zum Erhalt eines Überweisungsbeschlusses zugunsten des Gläubigers oder bis zu einer gerichtlichen Anordnung einer anderen Verwertung zB nach § 825, § 123 IV GVGA. Bei einer Fälligkeit vor einer solchen Entscheidung sorgt der Gerichtsvollzieher nach § 123 V 1 GVGA für rechtzeitige Vorlegung und Protest. Einen bezahlten Betrag hinterlegt er und benachrichtigt davon den Gläubiger und den Schuldner nach § 123 V 2 GVGA. Er gibt die Urkunde nach § 123 VI GVGA nur gegen Empfangsbescheinigung des Gläubigers oder nach dessen Freigabe nur gegen Schuldnerquittung heraus. Er gibt den Vollstreckungstitel nach § 123 III 4 GVGA dem Gläubiger zurück, weil dieser ihn zur Erwirkung eines Überweisungsbeschlusses braucht.

VI. Rechtsbehelf. Vgl. zunächst beim Verstoß des Gerichtsvollziehers und bei einem solchen des Rpfleger oder des Richters → § 829 Rn. 69–78. Zuständig ist bei einem Verstoß des Gerichtsvollziehers das Vollstreckungsgericht des § 764 und bei einem Verstoß im Überweisungsbeschluss das Gericht des § 828. 9

832 ***Pfändungsumfang bei fortlaufenden Bezügen.*** **Das Pfandrecht, das durch die Pfändung einer Gehaltsforderung oder einer ähnlichen in fortlaufenden Bezügen bestehenden Forderung erworben wird, erstreckt sich auch auf die nach der Pfändung fällig werdenden Beträge.**

I. Systematik. Die Pfändung einer solchen Forderung, die der Drittschuldner durch die Zahlung fortlaufender Raten erfüllen muss, ergreift die künftigen Raten grundsätzlich nur dann, wenn der Pfändungsbeschluss ausdrücklich auch diese zukünftigen Raten erfasst. § 832 macht von dieser Regel eine Ausnahme, BGH NJW-RR 2008, 1441. Die Vorschrift setzt nicht voraus, dass im Zeitpunkt der Pfändung bereits eine Rate fällig geworden war. In Betracht kommt auch ein solches zukünftiges Rechtsverhältnis, dessen Bezüge der Gläubiger bereits für wenigstens eine Rate gepfändet hat. § 91 I InsO setzt Grenzen der Anwendbarkeit, BGH NJW-RR 2011, 1495. 1

II. Regelungszweck. Die Vorschrift dient einer Vereinfachung und damit der Prozesswirtschaftlichkeit. Es geht darum, eine Vielzahl von Einzelpfändungen zu vermeiden. 2

III. Geltungsbereich. § 832 verlangt einen einheitlichen Schuldgrund, eine gewisse Stetigkeit der Bezüge und einen Gehaltsanspruch oder einen ähnlichen Anspruch auf die Zahlung oder sonstige Leistung fortlaufender Bezüge für eine persönliche Dienstleistung. Gehalt ist eine Unterhaltsgewährung in regelmäßigen Raten. Daraus folgt aber keineswegs, dass die „ähnliche" Forderung auch auf die Zahlung eines Unterhalts gehen müsse. Die Ähnlichkeit liegt vielmehr in der Stetigkeit und der annähernden Gleichmäßigkeit der Zahlung. Freilich ist § 832 als eine Ausnahmevorschrift trotz des Begriffs der „ähnlichen" Forderung nicht allzu weit ausdehnbar. 3

Eine kurze **Unterbrechung** schadet nicht, insbesondere dann nicht, wenn sie saisonbedingt ist, oder gar beim Versuch, Gläubiger abzuschütteln, OLG Düss DB 1985, 1336. Möglich ist eine solche Lage auch dann, wenn es um den Bezug aus mehreren aufeinanderfolgenden Arbeitsverträgen geht. Die Verkehrsauffassung entscheidet über die erforderliche Einheitlichkeit, BAG NJW 1993, 2701; OLG Düss DB 1985, 1336. Der Pfändungsbeschluss muss zwar nicht, darf aber und sollte einen Hinweis auf die erst künftigen Ansprüche enthalten, Behr Rpfleger 1990, 243. 4

IV. Beispiele zur Frage einer Anwendbarkeit

Anwalt: → „Rechtsanwalt". 5

Arbeitnehmersparzulage: § 832 ist auf sie mitanwendbar, BAG NJW 1977, 75.

Arbeitseinkommen: § 832 ist anwendbar auf eine Forderung auf Lohn oder Provision bei einer Daueranstellung, also auf das Arbeitseinkommen nach § 850. Das gilt auch bei einem nach § 850b nur bedingt pfändbaren Arbeitseinkommen und evtl. bei mehreren Verträgen, BAG NJW 1993, 2701, sowie bei einer künftigen Forderung, BAG NJW 1993, 2699. Dabei kann eine Daueranstellung trotz einer nur tageweisen Entlohnung vorliegen.

Arbeitslosenhilfe: § 832 ist (war) auf sie mitanwendbar, BSG MDR 1989, 187; MDR 1983, 86; BB 1982, 1614.

Arbeitsplatzwechsel: § 832 ist **unanwendbar** auf die Bezüge nach einem echten Wechsel des Arbeitsverhältnisses. Es ist nach → Rn. 3, 4 eine wirtschaftliche Betrachtung notwendig. Hierher gehört auch eine solche Wiedereinstellung, die im Zeitpunkt der vorherigen Entlassung nicht geplant oder vorhersehbar war. Hierher zählt auch eine Entlassung aus einem wichtigen Grund.

Arzt: § 832 ist **grds. unanwendbar** auf sein Honorar. Eine Ausnahme kann bei einem Kassenarzt bestehen, OLG Nürnb JurBüro 2002, 603, oder bei einem Kassendentisten gelten, die in einem ständigen Vertragsverhältnis stehen.

Dentist: → „Arzt".

Entlassung: → „Arbeitsplatzwechsel".

Handlungsagent: § 832 ist anwendbar auf die Forderung desjenigen Handlungsagenten, der dauernd für denselben Geschäftsherrn arbeitet, oder für mehrere tätigen Handlungsagenten wie zB meist beim ständigen Reisevertreter.

Lohnsteuerjahresausgleich: § 832 ist auch auf ihn mitanwendbar, LAG Hamm NZA 1989, 528.

Mietzins: § 832 ist anwendbar auf eine Forderung auf Mietzins oder Pacht, Thomas/Putzo/Seiler Rn. 1; Stein/Jonas/Würdinger Rn. 4; aM Zöller/Herget Rn. 2.

Notar: § 832 ist **unanwendbar** auf sein Honorar.

Rechtsanwalt: § 832 ist **unanwendbar** auf sein Honorar.

Rente: § 832 ist anwendbar auf eine Forderung auf Zahlung von Ruhegehalt oder Rente, BGH NJW 2003, 1457.

Ruhegehalt: → „Rente".

Selbständiger: § 832 ist **unanwendbar** auf sein Einkommen.

Sozialleistung: § 832 ist anwendbar auf eine Sozialleistung, BGH NJW 2003, 1457. Das gilt auch dann, wenn sie auf Grund einer neuen Arbeitslosigkeit erfolgt, falls der bisherige Anspruch erloschen ist, BSGE 53, 182; vgl. aber AG Bottrop Rpfleger 1986, 488 (keine Erstreckung bei einer neuen Anwartschaft).

Unterbrechung: Eine vorübergehende ist unschädlich, OLG Düss DB 1985, 1336.

Wohngeldvorschuss: Die künftig zu erbringenden Vorschusszahlungen nach § 28 II WEG werden von § 832 erfasst, LG Bonn BeckRS 2017, 148506.

Zinsforderung: § 832 ist anwendbar auf jede regelmäßige Zinsforderung. Auch → „Mietzins".

Zwischenmeister: § 832 ist anwendbar auf die künftige Forderung eines Zwischenmeisters aus einem festen Geschäftsverhältnis.

833 *Pfändungsumfang bei Arbeits- und Diensteinkommen.* **I [1]Durch die Pfändung eines Diensteinkommens wird auch das Einkommen betroffen, das der Schuldner infolge der Versetzung in ein anderes Amt, der Übertragung eines neuen Amtes oder einer Gehaltserhöhung zu beziehen hat. [2]Diese Vorschrift ist auf den Fall der Änderung des Dienstherrn nicht anzuwenden.**

II Endet das Arbeits- oder Dienstverhältnis und begründen Schuldner und Drittschuldner innerhalb von neun Monaten ein solches neu, so erstreckt sich die Pfändung auf die Forderung aus dem neuen Arbeits- oder Dienstverhältnis.

1 **I. Systematik, I, II.** § 833 enthält einen allgemeinen Rechtsgedanken. Die Vorschrift enthält aber zugleich eine in ihrem Geltungsbereich vorrangige Sonderregelung.

2 **II. Regelungszweck, I, II.** Ziel ist wie bei § 832 eine möglichst umfassende Vollstreckung ohne ständig neue Zusatzmaßnahmen der Pfändung, solange die Nämlichkeit des Drittschuldners des Dienstherrn nach § 840 bestehen bleibt. Damit dient auch § 833 der Prozesswirtschaftlichkeit wie der Rechtssicherheit nach. II geht sehr weit und verlangt vom Drittschuldner reichlich viel Aufmerksamkeit. Es bleibt in erster Linie eine Aufgabe des Gläubigers, den Drittschuldner an § 833 zu erinnern.

3 **III. Anwendbarkeit, I 1.** Die Pfändung eines Diensteinkommens ergreift jedes spätere Diensteinkommen nach → § 850 Rn. 3, 6, das derselbe Dienstherr dem Schuldner zahlt. Das gilt auch bei einem Privatangestellten oder bei einem Arbeiter dann, wenn sich diese Personen in einer dauernden Stellung befinden. Die Regelung gilt ferner dann, wenn der Schuldner von dem einen Dienstzweig in den anderen übertritt, LAG Köln BeckRS 1998, 30822063. Sie gilt ferner dann, wenn er in den Ruhestand tritt oder wieder in den Dienst eintritt. Amt ist jede Arbeitsstelle. Wegen einer Unterbrechung → Rn. 5.

4 **IV. Unanwendbarkeit, I 2.** Die Regelung gilt dann nicht, wenn der Dienstherr wechselt. Dann ist also ein neuer Pfändungs- und Überweisungsbeschluss nach §§ 829, 835 notwendig. Es besteht zB keine Nämlichkeit zwischen einer Gemeinde und einem Land oder einer GmbH im Eigentum der Gemeinde. Dienstherr ist nach § 611 BGB derjenige, der den Lohn oder das Gehalt auszahlt. Der Dienstherr kann derselbe bleiben, auch wenn seine Rechtsform wechselt, etwa bei der Umwandlung einer Gesellschaft oder bei einem Betriebsübergang durch ein Rechtsgeschäft nach § 613a BGB, LAG Ffm MDR 2000, 232; LAG Hamm DB 1976, 440. Wegen Art. 131 GG vgl. § 59 II Gesetz v. 13.10.1965, BGBl. I S. 1686. Wegen des Rechtswegs VGH Kassel NJW 1992, 1253.

5 **V. Unterbrechung, II.** Soweit das Arbeits- oder Dienstverhältnis zwischen denselben Vertragspartnern nur vorübergehend etwa saisonbedingt endet und binnen neun Monaten wiederauflebt, wenn es auch formell neu zustande kommt, erstreckt sich die Pfändung auf eine Forderung aus dem neuen Arbeits- oder Dienstverhältnis. Für den Fristablauf, der sich nach § 222 berechnet, sind die rechtlichen Zeitpunkte des Endes oder des Neubeginns maßgebend, nicht die tatsächlichen Zeitpunkte. Beim Wechsel des Arbeitgebers oder Arbeitnehmers gilt nach → Rn. 4 stets nur I 2.

833a *Pfändungsumfang bei Kontoguthaben.* **Die Pfändung des Guthabens eines Kontos bei einem Kreditinstitut umfasst das am Tag der Zustellung des Pfändungsbeschlusses bei dem Kreditinstitut bestehende Guthaben sowie die Tagesguthaben der auf die Pfändung folgenden Tage.**

§ 309 AO Pfändung einer Geldforderung

III Bei Pfändung des Guthabens eines Kontos des Vollstreckungsschuldners bei einem Kreditinstitut gelten die §§ 833a und 907 der Zivilprozessordnung entsprechend.

1 **I. Systematik.** Anschließend an §§ 832, 833 regelt § 833a den Umfang der Pfändung in ein Konto in zeitlicher Hinsicht, vgl. BGH NZI 2020, 1046; NZI 2017, 892; BFHE 258, 105.

2 **II. Regelungszweck.** Die Vorschrift dient dem Gläubiger wie dem Vollstreckungsgericht nach §§ 764, 802. Dieses soll den Pfändungsbeschluss nach § 829 einfacher als früher fassen können: Er braucht nur noch „das Guthaben" ohne dessen nähere Bezeichnung außer seiner Nummer und dem Kreditinstitut zu nennen. Insbesondere sind Angaben zum künftigen Saldo entbehrlich. Der Gläubiger kann bis zur Befriedigung zugreifen.

3 **III. Geltungsbereich.** Die Vorschrift gilt nur bei einem Kontoguthaben und nicht bei anderen Vermögenswerten des Schuldners.

834 *Keine Anhörung des Schuldners.* **Vor der Pfändung ist der Schuldner über das Pfändungsgesuch nicht zu hören.**

1 **I. Systematik.** Die Vorschrift tritt stets zu §§ 829 ff. ergänzend hinzu. Sie ist grundsätzlich zwingend. Vgl. allerdings → Rn. 5.

2 **II. Regelungszweck.** An sich erfordern Art. 2 I, 20 III GG (Rpfl.), BVerfG NJW 2000, 1709, Art. 103 I GG (Richter) in gewissen Grenzen die Anhörung einer Partei vor einer ihr nachteiligen Entscheidung. Der Schuldner soll jedoch eine Pfändung nicht vereiteln dürfen, LG Frankenth Rpfleger 1982, 231; Hoeren NJW 1991, 410. Der Schuldner kann und muss sich daher mit der Vollstreckungserinnerung rechtliches Gehör verschaffen, BGH WM 2022, 1341; NJW 2012, 1081. Die Regelung des § 834 ist mit Art. 103 I GG vereinbar.

3 **III. Grundsatz: Keine Anhörung.** Das Gericht darf den Schuldner aus den Gründen → Rn. 1 grundsätzlich vor der Pfändung nicht hören, BGH NJW 1983, 1859; BayObLG NJW-RR 1986, 421; LG Stgt Rpfleger 2005, 38. Die Vorschrift macht die im Grundsatz freistehende mündliche Verhandlung praktisch unzulässig. Das Verbot des § 834 erfasst eine mündliche wie schriftliche Anhörung. In mit dem Pfändungsverfahren verbundenen Verfahren gilt das Anhörungsverbot ebenfalls, OLG Köln MDR 2022, 523; OLG Hamm, JurBüro 2017, 327; BayObLG Rpfleger 2004, 365; OLG Karlsr MDR 2004, 1262 (Zuständigkeitsbestimmungsverfahren); OLG Stuttgart BeckRS 1998, 08878; BayObLG NJW-RR 1986, 421 (Verweisungsverfahren); nach BGH NJW-RR

2017, 1215 und NJW 1996, 3013 tritt auch ohne Anhörung des Schuldners die Bindungswirkung eines Verweisungsbeschlusses ein.

Eine Anhörung des Schuldners findet auch vor der Anordnung der Zwangsversteigerung grundsätzlich nicht statt, BGH NJW 2011, 525. 4

IV. Ausnahme: Anhörung. 1. Antrag des Gläubigers. Aus den Gründen → Rn. 2 muss das Gericht den Schuldner ausnahmsweise dann vor seiner Entscheidung anhören, wenn der Gläubiger die Anhörung beantragt oder wenn der Gläubiger dem Gericht anheimstellt, den Schuldner anzuhören, OLG Celle MDR 1972, 958; LG Mannh JurBüro 1984, 299; LG Brschw Rpfleger 1981, 489 (zust. Hornung). Schon ein eindeutig erkennbares stillschweigendes Einverständnis des Gläubigers genügt, um das Gericht zur Anhörung des Schuldners zu zwingen. Eine etwa erforderliche Beweisaufnahme kann ohne Anhörung des Schuldners nicht stattfinden, LG Ffm Rpfleger 2015, 716. 5

2. Billigkeitspfändung usw. Eine Anhörung des Schuldners ist darüber hinaus auch dann erforderlich, wenn eine Pfändung von einer Billigkeits- oder Ermessensentscheidung abhängt, vgl. §§ 850b III, 850f III, § 54 II SGB I, → § 850b Rn. 27, → § 850f Rn. 25; vgl. ferner LG Frankenth Rpfleger 1989, 273; Riedel NJW 1994, 2812. 6

3. Gesonderte Überweisung. Vor einer besonderen Überweisung darf das Gericht den Schuldner hören, Münzberg Rpfleger 1982, 329. Wenn es aber den Pfändungsbeschluss und den Überweisungsbeschluss nach §§ 829, 835 miteinander verbindet, ist die Anhörung des Schuldners grundsätzlich nach den obigen Regeln unzulässig, Kahlke NJW 1991, 2688; Münzberg Rpfleger 1982, 329; aM Hoeren NJW 1991, 410 (wegen Art. 103 I GG. Aber → Rn. 3). 7

4. Rechtsmittelzug. Eine Anhörung des Schuldners ist auch insoweit zulässig, als nur der Gläubiger gegen eine ablehnende Entscheidung die Erinnerung oder sofortige Beschwerde eingelegt hat und eine der Ausnahmen → Rn. 5–7 vorliegt, nicht aber, wenn das nicht der Fall ist; grundsätzlich verbleibt es auch im Beschwerdeverfahren beim Verbot der Anhörung, BGH NJW 2011, 525; KG MDR 1994, 513; OLG Köln NJW-RR 1988, 1467; LG Frankenth NJW-RR 1989, 1352. Gegen einen erst auf Beschwerde des Gläubigers – ohne Anhörung des Schuldners – erlassenen Pfändungsbeschluss steht dem Schuldner die Vollstreckungserinnerung zur, BGH NJW 2011, 525. 8

5. Begründungspflicht nach Anhörung. Zumindest nach einer Anhörung des Schuldners muss der Rpfleger den Pfändungsbeschluss begründen, LG Düss Rpfleger 1983, 255. 9

V. Verstoß. Wenn der Rpfleger den Schuldner entgegen § 834 angehört hat, hat das prozessual keine Folgen. Es kommt allerdings eine Staatshaftung nach Art. 34 GG, § 839 BGB in Betracht, wenn die Vollstreckung deswegen leerläuft. 10

VI. Rechtsbehelf. Wenn das Gericht ein nach den vorstehenden Regeln notwendiges Gehör des Schuldners unterlassen hatte, ist die Erinnerung statthaft, OLG Köln NJW-RR 2001, 69 (auch zum Verfahren nach fälschlicher sofortiger Beschwerde usw.), andernfalls gilt → § 829 Rn. 69–78. Wird eine Geldforderung ohne Anhörung des Schuldners an Zahlungs statt zum Nennwert überwiesen, kann der Schuldner bis zur faktischen Beendigung der Zwangsvollstreckung durch Auszahlung an den Gläubiger Maßnahmen nach §§ 719 I, 707 beantragen, OLG Düss BeckRS 1994, 13732. 11

835 *Überweisung einer Geldforderung.* **I Die gepfändete Geldforderung ist dem Gläubiger nach seiner Wahl zur Einziehung oder an Zahlungs statt zum Nennwert zu überweisen.**

II Im letzteren Fall geht die Forderung auf den Gläubiger mit der Wirkung über, dass er, soweit die Forderung besteht, wegen seiner Forderung an den Schuldner als befriedigt anzusehen ist.

III [1]Die Vorschriften des § 829 Abs. 2, 3 sind auf die Überweisung entsprechend anzuwenden. [2]Wird ein bei einem Kreditinstitut gepfändetes Guthaben eines Schuldners, der eine natürliche Person ist, dem Gläubiger überwiesen, so darf erst einen Monat nach der Zustellung des Überweisungsbeschlusses an den Drittschuldner aus dem Guthaben an den Gläubiger geleistet oder der Betrag hinterlegt werden; ist künftiges Guthaben gepfändet worden, ordnet das Vollstreckungsgericht auf Antrag zusätzlich an, dass erst einen Monat nach der Gutschrift von eingehenden Zahlungen an den Gläubiger geleistet oder der Betrag hinterlegt werden darf.

IV Wenn nicht wiederkehrend zahlbare Vergütungen eines Schuldners, der eine natürliche Person ist, für persönlich geleistete Arbeiten oder Dienste oder sonstige Einkünfte, die kein Arbeitseinkommen sind, dem Gläubiger überwiesen werden, so darf der Drittschuldner erst einen Monat nach der Zustellung des Überweisungsbeschlusses an den Gläubiger leisten oder den Betrag hinterlegen.

§ 314 AO Einziehungsverfügung

IV Wird die Einziehung einer gepfändeten nicht wiederkehrend zahlbaren Vergütung eines Vollstreckungsschuldners, der eine natürliche Person ist, für persönlich geleistete Arbeiten oder Dienste oder sonstige Einkünfte, die kein Arbeitslohn sind, angeordnet, so gilt § 835 Absatz 4 der Zivilprozessordnung entsprechend.

I. Systematik, I–V. Die Pfandverwertung ist das Ziel der Vollstreckung. Sie erfolgt bei einer Forderung normalerweise dadurch, dass das Gericht die Forderung dem Gläubiger nach §§ 835 ff. überweist und dass dieser anschließend zur Vermeidung einer Schadensersatzpflicht die Forderung nach § 842 unverzüglich beitreibt, soweit er nicht aus irgendwelchen Gründen auf diese Verwertungsart nach § 843 verzichtet. Wegen anderer Verwertungsarten § 844. Im Allgemeinen lässt sich die Überweisung mit der Pfändung in demselben Beschluss verbinden. 1

Bisweilen, etwa bei einer Wechselforderung oder bei einer Hypothekenforderung, ist wegen § 831 ein besonderer Überweisungsbeschluss erforderlich. Die Wirksamkeit einer Überweisung hängt immer von der Wirksamkeit der Pfändung nach § 829 ab. Denn die Überweisung verschafft kein Recht, sondern bringt nur die 2

Möglichkeit dazu, ein Recht durchzuführen, BGH NJW 1994, 3225. Wenn die Überweisung selbständig erfolgt, muss das Vollstreckungsgericht nach §§ 764, 802 seine Zuständigkeit für diesen Vorgang selbständig prüfen.

3 Bei einer **Teilüberweisung** bleibt der Rest der gepfändeten Forderung gepfändet. Eine Sicherungsvollstreckung nach § 720a I und ein Arrest nach §§ 916 ff. lassen keine Überweisung zu, BGH NJW 1993, 735, wohl aber ein zugehöriger Kostenfestsetzungsbeschluss, OLG Ffm Rpfleger 1982, 479. Über Hypotheken und Schiffshypotheken §§ 837, 837a. Die Pfändung ist nicht schon deshalb unwirksam, weil etwa die Überweisung unwirksam ist. Wenn aber die Pfändung unwirksam ist, ist auch die Überweisung unwirksam. Die Heilung eines Mangels bei der Pfändung hat zur Folge, dass auch die Überweisung heilt. Das gilt insbesondere dann, wenn das Gericht einen über den gepfändeten Betrag hinausgehenden Betrag überwiesen hat. Wegen III 2 auch → Rn. 20.

4 **II. Regelungszweck, I–V.** Der Gläubiger soll zwischen mehreren Methoden wählen können, um seine Befriedigung zu erhalten. Dabei hat die Einziehung wohl die weitaus größere Bedeutung.

5 **III 2 bezweckt,** dass der Schuldner die Möglichkeiten der §§ 850k, 899 ff. soll nutzen können (beachte die von vier Wochen auf einen Monat geänderte Frist ab dem 1.12.2021). III 2 erfasst Guthaben jeder beliebigen Art und Herkunft, zB ein Guthaben aus einem einmaligen Zahlungseingang.

6 **III. Überweisung im Allgemeinen, I. 1. Zur Einziehung oder an Zahlungs statt.** Der Gläubiger kann wählen, ob das Vollstreckungsgericht nach §§ 724, 802 ihm die Forderung zur Einziehung oder an Zahlungs statt überweisen soll, OLG Stgt NJW 2013, 2125; FG Leipzig BeckRS 2018, 31157. Zulässig ist auch eine Überweisung zunächst zur Einziehung und dann an Zahlungs statt. Die umgekehrte Reihenfolge ist nicht zulässig. Wenn der Gläubiger schlechthin die Überweisung beantragt, meint er meist eine Überweisung zur Einziehung. Denn diese Lösung ist die Regel. Eine Überweisung findet nur auf einen Antrag des Gläubigers statt.

7 **2. Verfahren.** Zuständig ist im Vollstreckungsgericht des § 828 der Rpfleger nach § 20 I Nr. 17 S. 1 RPflG. Er wird nur auf einen Antrag des Gläubigers tätig. Bei elektronischer Einreichung gelten §§ 130a–130d, 829a. Es besteht nach § 13 RPflG kein Anwaltszwang. Man kann die Pfändung und eine Überweisung zusammen oder getrennt beantragen. Aber → Rn. 1. Das Verfahren verläuft auch im Übrigen wie bei einer Pfändung nach § 829. Der Überweisungsbeschluss setzt einen wirksamen Pfändungsbeschluss voraus, BGH NJW-RR 2020, 1131. Es wird nach § 121 IV GVGA auch eine Überweisung mit der Zustellung des Überweisungsbeschlusses an den Drittschuldner nach § 840 im Parteibetrieb nach §§ 191 ff. wirksam. Es folgt dann nach § 121 IV GVGA die Zustellung an den Schuldner. Ein Bezug auf Anlagen ist statthaft, BGH NJW-RR 2008, 1164. Der Rpfleger muss seinen Überweisungsbeschluss begründen. Er muss eindeutig die Verwertungsart angeben. Der Beschluss muss bei § 839 die Hinterlegungsanordnung enthalten. Kosten: § 788. Der Gläubiger erhält den Beschluss nach § 329 II 1 formlos ausgehändigt. Über eine Anhörung des Schuldners → § 834 Rn. 5. Bei einem indossablen Papier darf der Beschluss auf dem Papier stehen. Erforderlich ist das aber nicht.

8 Das **Recht aus der Überweisung** ist pfändbar, aM OLG Stgt Rpfleger 1983, 409 (aber auch dieses Recht ist ein verwertbarer Vermögensbestandteil). Wer sich dieses Recht nach § 857 pfänden und überweisen lässt, erlangt den Überweisungsanspruch seines Schuldners. Ein Verzicht des Gläubigers auf die Rechte aus der Pfändung und Überweisung lässt seinen Anspruch nach → § 843 Rn. 4 unberührt.

9 **Gebühren:** des Gerichts § 12 VI GKG (Vorauszahlungspflicht), KV 2111 GKG; des Anwalts VV 3309, 3310 RVG.

10 **3. Rechtsmittel.** Zunächst → § 829 Rn. 69–78. Der Gläubiger und der Schuldner sowie der Drittschuldner nach § 840 können gegen eine sie beeinträchtigende bloße Maßnahme ohne eine Entscheidung die Erinnerung nach § 766 einlegen, OLG Düss ZIP 1982, 366; aM bei einer Überweisung an Zahlungs statt LG Düss Rpfleger 1982, 112.

11 **4. Mehrheit von Gläubigern.** Bei einer Überweisung für mehrere Gläubiger gilt folgendes: Die erste Überweisung an Zahlungs statt befriedigt den Gläubiger, soweit die Forderung wirklich besteht. Sie nimmt daher die Forderung aus dem Vermögen des Schuldners heraus. Gegenüber einer späteren Pfändung und Überweisung hat der erste Gläubiger die Möglichkeit einer Klage nach § 771. Bei einer Überweisung zur Einziehung bestimmt sich der Rang der Gläubiger nach § 804 III ausschließlich nach der Pfändung. Der Drittschuldner nach § 840 darf einen späteren Gläubiger nicht vor dem früheren befriedigen. Andernfalls muss er nunmehr auch an den vorrangigen zahlen, kann aber gegen den nachrangigen aus §§ 812 ff. BGB vorgehen, BGH NJW 1982, 173.

12 **IV. Überweisung zur Einziehung, I–IV.** Diese Überweisungsart ist innerhalb der Verwertungsarten des § 835 die normale und bei § 839 die allein zulässige. Sie bewirkt keinen Vermögensübergang, BGH MDR 2019, 698; NJW 1982, 173; LG Augsb Rpfleger 1997, 120. Sie ermächtigt den Gläubiger vielmehr nur dazu, das Recht des Schuldners nach § 836 im eigenen Namen geltend zu machen, BGH NJW 1982, 173; BFH NJW 1990, 2645; OLG Hamm BeckRS 2018, 28402; Hau WM 2002, 325 (329); aM OLG Köln Rpfleger 2003, 670. Das gilt auch in einer Familiensache nach § 111 FamFG vor dem FamG, OLG Hamm FamRZ 1978, 602. Eine einstweilige Einstellung der Zwangsvollstreckung nach §§ 707, 719, 769 macht eine spätere Überweisung zur Einziehung rechtswidrig. Eine dauernde Einstellung der Zwangsvollstreckung zieht nach § 776 eine Aufhebung der Pfändung und Überweisung nach sich. Die Zwangsvollstreckung endet erst dann, wenn der Gläubiger durch die Zahlung des Drittschuldners nach § 840 oder auf andere Weise befriedigt ist. Der Gläubiger kann sich mit dem Drittschuldner wegen der Forderung vergleichen oder die Forderung dann abtreten, wenn der Schuldner in Höhe dieser Forderung befreit wird.

13 **V. Stellung des Gläubigers, I–IV. 1. Grundsatz: Recht zur Befriedigung.** Die wirksame Überweisung gibt dem Pfändungsgläubiger die Stellung eines Pfandgläubigers nach § 1275 BGB, BGH NJW 2001, 287. Sie ermächtigt den Gläubiger zu allen denjenigen Maßnahmen im eigenen Namen, die sich aus dem Recht des Schuldners ergeben und die der Befriedigung des Gläubigers dienen, BGH NJW-RR 1989, 286; OLG Stgt NJW 2013, 2125; Ehlenz JurBüro 2010, 62 (64). Erst der Zahlungseingang ist die Befriedigung, BGH NJW 2011, 2649.

2. Beispiele zur Frage der Stellung des Gläubigers, I–IV

14 **Abtretung:** → „Nebenrecht".

Annahme der Leistung: Der Gläubiger darf die Leistung mit einer Erfüllungswirkung annehmen.

Anwalt: → „Zahlung".

Arrest: Der Gläubiger darf einen Arrest nach §§ 916 ff. erwirken.

Aufrechnung: Der Gläubiger darf eine Aufrechnung erklären, BGH NJW 1982, 173. Das gilt auch gegenüber einer Verbindlichkeit des Gläubigers gegenüber dem Drittschuldner nach § 840, BGH NJW 1978, 1914.
Auskunft: OLG Karlsr NJW-RR 1998, 990; LG Köln WM 2013, 1410; Steder MDR 2000, 438 (Grdz.).
Auszahlung: → „Zustimmung".
Befriedigung: Zunächst → Rn. 13. Ferner → „Annahme der Leistung", → „Erlass", → „Leistung", → „Rente", → „Vergleich".
Einstweilige Anordnung, Verfügung: Der Gläubiger darf eine einstweilige Anordnung nach §§ 49 ff. FamFG oder eine einstweilige Verfügung nach §§ 935 ff. erwirken.
Einwilligung: → „Streithilfe", → „Zustimmung".
Einziehung. Dazu Schur KTS 2001, 73 (Grdz.). Der Gläubiger darf die Forderung einziehen, BGH NJW 2001, 673, und zwar nur der Vollstreckungsgläubiger, nicht der sachlich-rechtliche, OVG Münst NVwZ-RR 2014, 630. Er darf **nicht** einen Mehrbetrag einziehen, auch nicht vorbehaltlich der sofortigen Erstattung an den Schuldner.
Erfüllung: → „Annahme der Leistung".
Erlass: Der Gläubiger darf **nicht** einen Schulderlass aussprechen, es sei denn, dass er sich für befriedigt erklärt.
Forderungsübergang: Er findet **nicht** statt, BGH NJW 2007, 2560.
Gegenleistung: Der Gläubiger darf eine erforderliche Gegenleistung bewirken. Diese Gegenleistung ist ein Teil der Vollstreckungskosten nach § 788. Ein Widerspruch des Schuldners ist unbeachtlich.
Genehmigung: → „Streithilfe", → „Zustimmung".
Gesellschaft: Der Gläubiger darf kündigen und dann die Auseinandersetzung betreiben.
Guthaben: Der Gläubiger darf auch ohne eine Kündigung, ein zins- oder prämienbegünstigtes Guthaben abheben, freilich nicht vor dem Ablauf der Festlegungsfrist, Muth DB 1979, 1118 (1121). Die Zwangsvollstreckung geht einem Zins- oder Prämienverlust vor.
Herausgabe: → „Nebenrecht".
Insolvenz: Der Gläubiger darf den Antrag auf die Eröffnung eines Insolvenzverfahrens stellen. Er darf die Forderung im Insolvenzverfahren des Drittschuldners nach § 840 anmelden. Er darf das Stimmrecht zusammen mit dem Schuldner ausüben und die Verteilungssumme einziehen.
Klagebefugnis: Der Gläubiger darf **nicht** eine Klage erheben, soweit der Schuldner nicht klagen könnte. Auch → „Verein".
Kündigung: Der Gläubiger darf eine Kündigung wirksam erklären, BGH NJW 1982, 173; LG Aurich JurBüro 2018, 436; LG Hmb Rpfleger 2002, 532. Zur Problematik bei einer gemischten Lebensversicherung LG Darmst NJW-RR 2000, 329; krit. Prahl NVersZ 2001, 151.
Lebensversicherung: Die Pfändung und Überweisung eines Widerrufsrechts bedeutet noch nicht dessen Ausübung, BGH VersR 2012, 425.
Leistung: → „Annahme der Leistung", → „Gegenleistung", → „Zahlung".
Leistungsklage: Der Gläubiger darf auf eine Leistung an sich selbst klagen, BGH NJW 1982, 173; OLG Ffm MDR 1993, 799; OLG Stgt FamRZ 1988, 166. Dabei ist bei einem Arbeitseinkommen das ArbG zuständig, beim Steuererstattungsanspruch das FG, BFH NJW 1988, 1407; aM LAG Hamm DB 1989, 488; beim Diensteinkommen das VG, VGH Kassel NJW 1992, 1253. Die Klage muss wie auch sonst hinreichend bestimmt sein, OLG Hamm BeckRS 2018, 28402. Auch → „Gegenleistung".
Lohnsteuer: Der Gläubiger darf **keine** Erstattung beantragen, BFH NJW 1999, 1056; Viertelhausen DGVZ 2003, 134 (ausf.); aM Wolf/Müller NJW 2004, 1775 (1779). Der Gläubiger darf dergleichen auch nicht bei einer Zusammenveranlagung tun, BFH NJW 2001, 462. Auch → § 836 Rn. 10 „Lohnsteuerkarte".
Löschungsfähige Quittung: → „Quittung".
Mehrbetrag: → „Einziehung".
Nachlass: Der Gläubiger darf **nicht** einen Schuldnachlass bewilligen, es sei denn, dass er die finanziellen Folgen selbst trägt, BGH NJW 1978, 1914.
Nebenrecht: Im Rahmen des Überweisungsbeschlusses darf der Gläubiger auch etwaige Nebenrechte ausüben, BGH NJW 2001, 287, zB nach § 401 BGB. Der Gläubiger darf deshalb zB die Herausgabe eines Pfändungspfandstücks und die Übertragung eines Sicherungseigentums fordern, soweit nicht eine Vereinbarung entgegensteht. Der Gläubiger darf aber **nicht** ohne weiteres die gepfändete Forderung abtreten, OLG Mü FGPrax 2009, 259, es sei denn, dass er sich für befriedigt erklärt.
Prämienbegünstigung, -verlust: → „Guthaben".
Quittung: Der Gläubiger darf eine Quittung erteilen, auch eine löschungsfähige.
Ratenzahlungen: Der Gläubiger darf **nicht** Ratenzahlungen bewilligen, es sei denn, dass er die finanziellen Folgen selbst trägt, BGH NJW 1978, 1914.
Rente: Der Gläubiger darf die Rente beantragen, LG Wiesb NJW-RR 1996, 59.
Rechtsbehelfe: Der Gläubiger hat gegen den nicht leistenden Drittschuldner nach § 840 dieselben Rechtsbehelfe wie bisher der Schuldner. Infrage kommt also je nach der Sachlage eine Klage im Urkundenprozess nach §§ 592 ff. usw. Der Drittschuldner darf nach III 2 evtl. erst nach 1 Monat leisten.
Rechtsweg: Er ändert sich nicht, BFH NJW 1988, 1407.
Sachbefugnis: Der Gläubiger weist seine Sachbefugnis durch den Überweisungsbeschluss nach.
Sicherungseigentum: → „Nebenrecht".
Steuererstattung: Der Gläubiger darf **nicht** nach §§ 887, 888 so wie der Schuldner vorgehen, BGH NJW 2008, 1675 (zust. Timme), → „Lohnsteuer".
Streithilfe: Der Gläubiger darf einen rechtshängigen Prozess des Schuldners nicht ohne dessen Einwilligung übernehmen. Er darf aber dem Prozess als ein Streithelfer nach § 66 beitreten. Der Gläubiger kann auf diese bloße Streithilfe angewiesen sein.
Stundung: Der Gläubiger darf **nicht** eine Stundung bewilligen, es sei denn, dass er die finanziellen Folgen selbst trägt, BGH NJW 1978, 1914.
Überweisungsbeschluss: Der Gläubiger darf alle in diesem ABC genannten Rechte nur im Rahmen des Überweisungsbeschlusses ausüben. Er muss ihn nach § 122 III GVGA notfalls inhaltlich klären lassen.
Umschreibung: Der Gläubiger darf einen Vollstreckungstitel nach § 727 auf sich umschreiben lassen, nicht aber den Pfändungs- oder Überweisungsbeschluss, BGH MDR 2016, 1411.

Urkundenprozess: → „Rechtsbehelfe".
Verein: Wenn der Schuldner ein nicht rechtsfähiger Verein ist, hat der Gläubiger ein Klagerecht. Denn auch die Gesamtheit der Mitglieder könnte eine Klage erheben. Der Gläubiger weist seine Sachbefugnis durch den Überweisungsbeschluss nach. Auch → „Klagebefugnis".
Vergleich: Der Gläubiger darf mit dem Drittschuldner nach § 840 wegen der gepfändeten Forderung einen Vergleich schließen, soweit er den Schuldner dadurch befriedigen würde.
Verjährung: Der Gläubiger kann sie hemmen oder neu beginnen lassen, BGH NJW 1978, 1914.
Vermögensauskunft: Der bisherige Gläubiger behält das Antragsrecht nach §§ 802c ff. nur bei der Überweisung zur Einziehung, **nicht** bei derjenigen an Zahlungs statt, LG Augsb Rpfleger 1997, 120.
Verzug: Der Gläubiger darf den Schuldner in Verzug setzen.
Vollstreckungstitel: → „Umschreibung".
Widerruf: → „Lebensversicherung".
Zahlung: Der Gläubiger darf eine Zahlstelle angeben. Er darf insbesondere anordnen, dass eine Zahlung an seinen Anwalt nötig sei.
Zinsbegünstigung, -verlust: → „Guthaben".
Zuständigkeit: Sie ändert sich grds. nicht.
Zustimmung: Der Gläubiger darf eine etwa erforderliche Zustimmung zu einer Auszahlung verlangen, OLG Düss NJW-RR 1989, 599. Auch → „Streithilfe".
Zwangsgeld: Der Gläubiger darf **nicht** ein Zwangsgeld für sich statt für die Staatskasse nach § 888 beitreiben.

15 **3. Verzögerung.** Der Gläubiger muss die Forderung unverzüglich einziehen. Eine vorwerfbare Verzögerung macht den Gläubiger nach § 842 schadensersatzpflichtig. Wenn der Gläubiger eine Klage nach §§ 253, 261 erhebt, muss er dem Schuldner nach §§ 72, 841 den Streit verkünden. Die Kosten der Einziehung sind Kosten der Zwangsvollstreckung. Der Gläubiger kann die Kosten bei einer Zahlung des Drittschuldners nach § 840 mit verrechnen. Wenn der Gläubiger eine Klage erhebt, sind die Kosten im Verhältnis zum Drittschuldner Prozesskosten nach §§ 91, 103 ff. Dann muss man im Verhältnis zwischen dem Gläubiger und dem Schuldner prüfen, ob die Klage und die Aufwendung der einzelnen Posten nötig waren. Solche Kosten, die das Urteil dem Gläubiger auferlegt, trägt der Schuldner nicht. Denn ein erfolgloses Vorgehen war nicht notwendig. Es geht vielmehr zulasten des Gläubigers. Der Gläubiger nimmt die Einziehung auf seine eigene Gefahr vor. Soweit die Einziehung den Gläubiger nicht befriedigt, darf er die Zwangsvollstreckung fortsetzen.

16 **VI. Stellung des Schuldners, I–IV. 1. Inhalt.** Die Überweisung ändert nicht die Natur des Schuldverhältnisses, BFH NJW 1988, 1407. Sie nimmt die Forderung nicht aus dem Vermögen des Schuldners, BGH NJW 2001, 2178; BFH NJW 1988, 1407 und 1998; LG Bln MDR 1989, 76. Die Verstrickung bleibt bestehen. Der Schuldner bleibt mit den Einschränkungen der §§ 135, 136 BGB verfügungsberechtigt, BGH NJW 1982, 173; LG Bln MDR 1989, 76. Er ist lediglich nicht mehr ein berechtigter Zahlungsempfänger, BGH NJW 1982, 173; LG Bln MDR 1986, 327. Er darf nicht mehr zum Nachteil des Gläubigers verfügen, BGH NJW 2001, 2178; BFH NJW 1988, 1998. Die Forderung bleibt einem fremden Angriff ausgesetzt, vor allem einer Anschlusspfändung nach § 826.

2. Beispiele zur Frage der Stellung des Schuldners, I–IV

17 **Arrest:** Der Schuldner darf eine Sicherungsmaßnahme gegen den Drittschuldner nach § 840 betreiben, OLG Oldb MDR 1998, 61; OLG Zweibr OLGZ 89, 334. Er darf zB einen Arrest nach §§ 916 ff. erwirken, LG Bln MDR 1989, 76. Der Schuldner darf aber **keine** Klage nach §§ 253, 261 auf eine Leistung an sich selbst erheben, auch nicht eine solche „unbeschadet der Rechte des Gläubigers", Münzberg DGVZ 1985, 145, und auch nicht eine Klage auf eine Leistung an sich und an den Gläubiger. Auch → „Hinterlegung".
Einziehung: Der Schuldner darf während der Dauer der Pfändung die Forderung **nicht** mehr einziehen, LG Bln MDR 1986, 327.
Feststellungsklage: Der Schuldner darf eine Feststellungsklage nach § 256 gegen den Drittschuldner nach § 840 erheben, BGH NJW 1991, 3148.
Hinterlegung: Zunächst → „Leistungsklage". Die Einziehung einer Nachlassforderung erfolgt zwecks Hinterlegung für alle Miterben auch dann, wenn der Nachlassgläubiger und der Schuldner der Nachlassforderung dieselbe Person sind. Demgemäß erfolgt auch die Pfändung und Überweisung einer Forderung gegen den Gläubiger selbst. Der Schuldner darf **keine** Klage auf Hinterlegung erheben, Münzberg DGVZ 1985, 145.
Insolvenz: Der Schuldner darf das Recht zur Tabelle anmelden. Er darf das Stimmrecht aber nur gemeinsam mit dem Gläubiger ausüben.
Leistungsklage: Der Schuldner darf nach §§ 253, 261 auf eine Leistung an den Gläubiger klagen, BGH NJW 2001, 2178. Denn die Erfüllung berührt den Schuldner wesentlich. Der Gläubiger muss die Forderung einziehen. Der Drittschuldner nach § 840 kann sich durch eine Streitverkündung nach § 72 gegen eine doppelte Beanspruchung schützen.
Prozessführungsbefugnis: Dem Schuldner **fehlt** die Prozessführungsbefugnis im Hinblick auf dasjenige Recht, das jetzt dem Gläubiger zusteht. Daher ist die Klage des Schuldners unzulässig.
Sicherungsmaßnahme: → „Arrest".
Steuererklärung: Der Schuldner kann sie als eine Nebenpflicht abgeben müssen, Wolf/Müller NJW 2004, 1775 (1779).
Überschuss: Der Schuldner kann auf dessen Leistung an sich selbst klagen, BGH NJW 2001, 2178.
Urteil: Ein zwischen dem Gläubiger und dem Drittschuldner nach § 840 ergehendes Urteil schafft keine innere Rechtskraft nach § 322 für den Schuldner und umgekehrt, OLG Köln VersR 2002, 1106.
Vollstreckungsabwehrklage: Der Schuldner darf sich mit einer Klage nach § 767 jedenfalls gegen eine über Sicherungsmaßnahmen hinausgehende Zwangsvollstreckung wehren, LG Bln MDR 1989, 76.

18 **VII. Stellung des Drittschuldners, I–IV. 1. Inhalt.** Für den Drittschuldner nach § 840 ist nur noch der Gläubiger maßgeblich, BGH NJW 1982, 173; BFH NJW 1988, 1407. Auch → § 766 Rn. 29 „Drittschuldner", → § 829 Rn. 53.

2. Beispiele zur Frage der Stellung des Drittschuldners, I–IV

Abtretung: Der Drittschuldner hat alle Einwendungen gegenüber dem Gläubiger und dem Schuldner nach § 404 BGB wie vor dem Zeitpunkt der Überweisung, OLG Oldb Rpfleger 1994, 265. Er muss gegenüber dem Gläubiger beweisen, dass der Schuldner die Forderung vor der Zustellung des Pfändungs- und Überweisungsbeschlusses abgetreten hatte. 19

Aufrechnung: Der Drittschuldner darf gegenüber dem Gläubiger eine Aufrechnung erklären, und zwar nach § 406 BGB auch mit einer gegen den Schuldner bestehenden Forderung, BGH NJW 1980, 584. Er darf aber nach § 392 BGB **nicht** mit einer erst nach der Beschlagnahme erworbenen Forderung aufrechnen, und nicht mit einer solchen Forderung, die der Schuldner gegen den Gläubiger besitzt, AG Langen MDR 1981, 237, ferner nicht mit einer gar nicht aufrechnungsfähigen Forderung, BGH NJW 2001, 287.

Bearbeitungskosten: Eine Grundlage dafür, dass der drittschuldende Arbeitgeber die mit der Bearbeitung von Lohn- und Gehaltspfändungen verbundenen Kosten von dem pfändbaren Betrag zu Lasten des Gläubigers abzieht, besteht nicht, AG Cuxhafen JurBüro 2020, 443.

Doppelzahlung: Ein Anspruch nach §§ 812 ff. BGB kann gegen den Schuldner nach einer Doppel- oder Überzahlung des Drittschuldners entstehen. Es können dann auch §§ 670, 683 BGB anwendbar sein, Seibert WM 1984, 521.

Einrede der Nichterfüllung: Bei ihr muss der Drittschuldner erst Zug um Zug gegen die Bewirkung der Gegenleistung durch den Gläubiger leisten.

Einstellung der Vollstreckung: Dann braucht der Drittschuldner nicht mehr an den Gläubiger zu leisten.

Einwendung gegen Anspruch: Der Drittschuldner kann grds. keine Einwendung gegen den Anspruch selbst erheben, also gegen die Forderung des Gläubigers, BAG NJW 1989, 1053; LG Brem JurBüro 2016, 156; Stein/Jonas/Würdinger § 829 Rn. 115; Thomas/Putzo/Seiler § 836 Rn. 7. Aber auch → „Nichtigkeit".

Erinnerung: Der Drittschuldner darf die Mangelhaftigkeit oder die Unwirksamkeit des Pfändungs- und Überweisungsbeschlusses im Prozess oder nach § 766 geltend machen; aM LAG Düss NZA-RR 2002, 35 (nur nach § 766. Zu eng).

Falscher Gläubiger: Nur die Zahlung an den objektiv richtigen Gläubiger befreit den Drittschuldner nach §§ 815 III, 819 voll, BGH NJW 1988, 495. Soweit der Drittschuldner an einen objektiv nicht richtigen Gläubiger gezahlt hat, kann er einen Anspruch nach §§ 812 ff. BGB haben, BGH NJW 1982, 173; Lieb ZIP 1982, 1153.

Falscher Schuldner: Der Drittschuldner muss klären, ob der Gläubiger überhaupt eine Forderung gerade dieses Schuldners gepfändet hat, OLG Brdb JurBüro 2007, 157.

Falsche Zahlung: → „Unkenntnis".

Forderungsinhaber: Der Drittschuldner muss klären, ob der Gläubiger überhaupt eine Forderung gerade dieses Schuldners gepfändet hat, OLG Brdb JurBüro 2007, 157.

Hinterlegung: Der Drittschuldner darf bei einem Zweifel nach § 372 BGB hinterlegen.

Leistungsbescheid: Der Drittschuldner muss auch ihn herausgeben, LG Drsd JurBüro 2009, 663.

Lohnabrechnung: Der Drittschuldner muss auch sie erteilen, BGH NJW 2013, 539 (evtl. klarstellende Mitpfändung).

Mangelhaftigkeit: → „Erinnerung".

Nichterfüllung: Bei einer solchen Einrede muss der Drittschuldner zunächst Zug um Zug gegen die Bewirkung der Gegenleistung durch den Gläubiger leisten. Der Schuldner kann die Erfüllung seiner eigenen Verbindlichkeit gegenüber dem Drittschuldner dahin verweigern, dass der Drittschuldner Zug um Zug an den Gläubiger zahlen muss.

Nichtigkeit: Der Drittschuldner kann diejenige des Pfändungs- und Überweisungsbeschlusses einwenden, BGH NJW 1976, 851; BAG NJW 1989, 2148.

Pfändungsschutzkonto: Der Drittschuldner muss IV beachten.

Rechtmäßigkeit der Pfändung: Der Drittschuldner braucht sie nach § 836 II grds. nicht nachzuprüfen, BGH NJW 1991, 705.

Schuldbefreiung: Nur die Zahlung an den objektiv richtigen Gläubiger befreit den Drittschuldner nach §§ 815 III, 819, BGH NJW 1988, 495. Aber auch → „Abtretung".

Überzahlung: Ein Anspruch aus §§ 812 ff. BGB kann zB gegen den Schuldner bei einer Doppel- oder Überzahlung des Drittschuldners bestehen. Es können dann auch §§ 670, 683 BGB anwendbar sein, Seibert WM 1984, 521.

Unkenntnis: Eine Zahlung des Drittschuldners an den Schuldner kann den ersteren nach § 407 BGB dann befreien, wenn er den Pfändungs- und Überweisungsbeschluss nicht kannte. § 408 BGB ist anwendbar. Der Drittschuldner braucht die Rechtmäßigkeit des Pfändungs- und Überweisungsbeschlusses nach § 836 II nicht nachzuprüfen, BGH NJW 1991, 705.

Unwirksamkeit: → „Mangelhaftigkeit".

Zug um Zug: → „Nichterfüllung".

Zweifel: Der Drittschuldner muss nicht ermitteln, aber evtl. beim Schuldner rückfragen, ArbG Kempten JurBüro 2012, 494.

VIII. Kontenguthaben, III 2, IV. Man muss wie folgt unterscheiden. 20

1. Jetziges Guthaben, III 2 Hs. 1, IV. Zunächst → Rn. 1. Wenn der Gläubiger das jetzige Kontenguthaben einer natürlichen Person nach § 1 BGB bei einem Kreditinstitut nach § 829 wirksam gepfändet und überwiesen erhalten hat, darf dieser Drittschuldner nach § 840 aus dem Guthaben erst dann eine Zahlung an den Gläubiger leisten oder einen Betrag nach § 839 hinterlegen oder aufrechnen, wenn seit der Zustellung des Überweisungsbeschlusses (nicht: des etwa gesonderten Pfändungsbeschlusses) an den Drittschuldner ein Monat vergangen sind. Die Frist berechnet sich nach § 222. Sie ist zwingend. Auf den Zeitpunkt der Zustellung des freilich meist gleichzeitigen Pfändungsbeschlusses an den Drittschuldner kommt es nicht an. **Beliebiger Art und Herkunft** darf das jetzige Kontoguthaben nach III 2 Hs. 1 sein. Das ergibt sich auch aus V. **Verfügen** darf der Schuldner im Rahmen des Freibetrags auch schon während der Monatssperre beliebig. Ein weiterer Überweisungsbeschluss während der Sperre löst eine selbständige neue Sperre aus. 21

22 **2. Künftiges Guthaben, III 2 Hs. 2.** Soweit der Pfändungs- und Überweisungsbeschluss nach § 829 auch oder nur ein „künftiges" Guthaben erfasst, erschwert die Vorschrift die Lage des Schuldners: Hier gilt die Monats-Sperrfrist nach III 2 Hs. 2 nicht schon kraft Gesetzes, sondern der Schuldner muss sie zunächst beim Vollstreckungsgericht nach §§ 764, 802 beantragen. Das Gericht wird also nicht von Amts wegen tätig. Eine entsprechende Sonderregelung für ein Pfändungsschutzkonto enthielt IV; siehe insoweit nunmehr § 900, dazu BGH NJW-RR 2018, 315; BGH NJW-RR 2011, 1433; Hintzen WuB 2018, 148.

23 **3. Antrag, III 2 Hs. 2.** Der Antrag ist weder form- noch fristbedürftig. Es besteht kein Anwaltszwang. Der Antrag kann sich aus einer Auslegung ergeben. Er dürfte im Zweifel vorliegen.

24 **4. Kein Ermessen, III 2 Hs. 2.** Das Vollstreckungsgericht muss einem ordnungsgemäßen Antrag nach → Rn. 23 stattgeben. Denn nach dem Gesetzestext „ordnet es zusätzlich an", nicht etwa „kann" es anordnen. Es gibt auch keine gesetzliche Bedingung etwa nach Art des zugleich mit III 2 Hs. 2 geänderten § 788 IV (Billigkeitsprüfung). Inhaltlich muss die Anordnung dasselbe enthalten wie die gesetzliche Folge von III 2 Hs. 1, also die Verhängung einer auch der Dauer nach wie dort zwingenden Frist von 1 Monat vor einer Zahlung an den Gläubiger oder einer Hinterlegung. Die Frist berechnet sich wie bei → Rn. 20. Sie beginnt mit der Gutschrift auf dem Schuldnerkonto. Diese richtet sich nach den AGB der Bank. Es gibt eine Kurzbegründung des Beschlusses nach → Rn. 7. Das Gericht sollte klären, ob seine Anordnung auch alle künftigen Pfändungen erfasst.

25 **5. Mitteilung, III 2 Hs. 2.** Das Vollstreckungsgericht teilt seine Anordnung dem Drittschuldner nach § 840, dem Schuldner und dem Gläubiger schon wegen § 329 II 2 Hs. 2 (Fristsetzung) förmlich zugestellt mit. Denn auch die gesetzlich der Länge nach bestimmte Monatsfrist des Hs. 2 ist dem Grunde nach eine richterliche.

26 **6. Begriffe, Verfahren, III 2, IV.** Kreditinstitut ist jede Bank, Sparkasse oder jedes Postgiroamt, LG Bad Kreuzn Rpfleger 1990, 216, oder eine sonst geschäftsmäßig tätige zugelassene Stelle, LG Bln Rpfleger 1992, 128. Das gilt unabhängig von deren Rechtsform und Größe. Es gilt auch dann, wenn dieses Kreditinstitut der Arbeitgeber ist, etwa derjenige eines Bankangestellten. Die Zahlstelle einer Justizvollzugsanstalt zählt nicht hierher, LG Bln Rpfleger 1992, 128. Eine Überweisung an Zahlungs statt genügt. Soweit das Gericht dann die Pfändung aufgehoben hat, fällt die Forderung an den Schuldner zurück. Für die 1-Monats-Frist ist eine Zustellung an einen anderen als den Drittschuldner nach § 840 unerheblich. Der Drittschuldner darf aus einem anderen als dem gepfändeten Guthaben leisten, selbst wenn zwischen den Beteiligten Identität vorliegt. Wenn der Gläubiger mehrere Guthaben desselben Schuldners gepfändet hat, muss man die Rechte und Pflichten für jedes Konto gesondert beurteilen. Der Drittschuldner muss ausreichend Auskunft geben, LG Drsd JurBüro 2009, 663 (zum alten Recht).

27 Eine **vorzeitige** Leistung ist nach §§ 134 ff. BGB jedenfalls den Benachteiligten gegenüber unwirksam. Deshalb muss das Kreditinstitut dann nochmals zahlen oder eine Rückgutschrift vornehmen. Allerdings bleiben die Pfändung und die Wirkung der Überweisung während der Monatssperre bestehen. Nur die Verfügungsbefugnis und -pflicht des Drittschuldners ist aufgeschoben, Hartmann NJW 1978, 609. III 2 gilt nach § 314 III AO entsprechend.

28 **7. Verstoß.** Sofern der Schuldner den Antrag nach §§ 850k, 899 ff. rechtzeitig gestellt hat, kann ein Verstoß des Drittschuldners seine Schadensersatzpflicht nach § 823 II BGB auslösen.

29 **IX. Überweisung an Zahlungs statt, I–III. 1. Antrag.** Eine Überweisung an Zahlungs statt geschieht nur auf einen ausdrücklichen Antrag des Gläubigers und grds. nur bei einer Geldforderung. Nach §§ 857 I, 844 können allerdings auch andere Rechte an Zahlungs statt überwiesen werden, BGH MDR 2019, 125 (Internet-Domain). Eine solche Überweisungsart ist bei §§ 839, 849, 851 II und dann unzulässig, wenn die Forderung von einer Gegenleistung abhängig ist. Denn dann fehlt der bestimmte Nennwert. Bei einer Vollstreckung auf Grund eines nach §§ 708 ff. vorläufig vollstreckbaren Titels ist eine Überweisung an Zahlungs statt zulässig. Sie fügt dort dem Rechtsübergang eine auflösende Bedingung bei. Wenn das Gericht den vorläufig vollstreckbaren Titel aufhebt, muss man das Geleistete nach § 717 II, III zurückgeben. Wenn die gepfändete Forderung in Wahrheit nicht besteht oder wenn der Drittschuldner nach § 840 die Forderung mit einer Einrede nach den §§ 404 ff. BGB tilgt, darf der Gläubiger anderweit vollstrecken. Bei wiederkehrenden Bezügen darf man nur die einzelnen Raten überweisen, nicht das Recht selbst.

30 **2. Wirkung.** Die Überweisung darf nur zum Nennwert geschehen und nur in der Höhe des Anspruchs des Gläubigers einschließlich der Kosten der Zwangsvollstreckung nach § 788. Die Überweisung wirkt wie eine Abtretung der gepfändeten Forderung nach §§ 398 ff. BGB, Hasse VersR 2005, 15 (20). Sie befriedigt daher den Gläubiger einer wirklich bestehenden Forderung mit dem Augenblick der Zustellung des Überweisungsbeschlusses an den Drittschuldner. Es ist unerheblich, ob sich die Forderung beitreiben lässt. Der Anspruch des Gläubigers lebt auch dann nicht wieder auf, wenn man die Forderung in Wahrheit nicht beitreiben kann. Da der Gläubiger außerdem wegen der Kosten einer vergeblichen Rechtsverfolgung keinen Ersatzanspruch hat, ist diese Art der Überweisung unbeliebt und selten. Wenn der Gläubiger die Forderung in voller Höhe gepfändet hat und wenn die Vollstreckungsschuld aber in Wahrheit niedriger ist, wird der nicht überwiesene Restbetrag frei.

836 *Wirkung der Überweisung.* **I Die Überweisung ersetzt die förmlichen Erklärungen des Schuldners, von denen nach den Vorschriften des bürgerlichen Rechts die Berechtigung zur Einziehung der Forderung abhängig ist.**

II Der Überweisungsbeschluss gilt, auch wenn er mit Unrecht erlassen ist, zugunsten des Drittschuldners dem Schuldner gegenüber so lange als rechtsbeständig, bis er aufgehoben wird und die Aufhebung zur Kenntnis des Drittschuldners gelangt.

III [1]Der Schuldner ist verpflichtet, dem Gläubiger die zur Geltendmachung der Forderung nötige Auskunft zu erteilen und ihm die über die Forderung vorhandenen Urkunden herauszugeben. [2]Erteilt der Schuldner die Auskunft nicht, so ist er auf Antrag des Gläubigers verpflichtet, sie zu Protokoll zu geben und seine Angaben an Eides statt zu versichern. [3]Der gemäß § 802e zuständige Gerichtsvollzieher lädt den Schuldner zur Abgabe der Auskunft und eidesstattlichen Versicherung. [4]Die Vorschriften des § 802f Abs. 4 und der §§ 802g bis 802i, 802j Abs. 1 und 2 gelten entsprechend. [5]Die

Herausgabe der Urkunden kann von dem Gläubiger im Wege der Zwangsvollstreckung erwirkt werden.

I. Systematik, I–III. Die Überweisung ändert nicht die Natur des Schuldverhältnisses, BFH NJW 1988, 1407. I gibt dem Gläubiger eine Einziehungsbefugnis im Verhältnis zum Drittschuldner mit der Möglichkeit der Einziehungsklage. Sie wirkt im Rahmen des § 835 rechtsübertragend, BFH NJW 1988, 1407, auch wenn das sachliche Recht für die Übertragung eine besondere Form verlangt. Die Überweisung ersetzt zB eine schriftliche Abtretung nach § 1154 I BGB und ein Inkassoindossament nach Art. 18 WG, nicht aber ein Vollindossament. Der Schuldner soll nämlich nicht einem wechselmäßigen Rückgriff ausgesetzt sein. Die Auskunftspflicht nach III setzt eine konkretisierende Anordnung im Überweisungsbeschluss nicht voraus, AG Korbach DGVZ 2003, 45. 1

II. Regelungszweck, I–III. Dazu Derleder JurBüro 1995, 122. **I** dient der Vereinfachung und Beschleunigung des Verfahrens. 2

II soll denjenigen Drittschuldner nach § 840 schützen, der im Vertrauen auf die Wirksamkeit des Überweisungsbeschlusses gehandelt hat, BGH NJW 1999, 953; BAG NJW 1990, 2641; LG Köln NJW-RR 1999, 649 (auch zu den Schutzgrenzen). 3

III führt immer wieder zu Auslegungsstreit, etwa nach → Rn. 10 bei der Lohnsteuerkarte. Man sollte die Vorschrift nach der Grundsatzentscheidung des BFH NJW 1999, 1056 auch vor den übrigen Gerichten wie vor dem Gerichtsvollzieher nicht anders auslegen, um die Rechtssicherheit zu wahren. **Gläubigerfreundlich** darf man III im Kern handhaben. 4

III. Geltungsbereich, I–III. 1. Ähnlichkeit zur Abtretungsanzeige. II ist dem § 409 BGB nachgebildet. Die Vorschrift ist auf einen nichtigen Überweisungsbeschluss unanwendbar, BGH NJW 1993, 429; vgl. aber BGH NJW 1994, 3225; Lüke NJW 1996, 3264. 5

2. Beispiele zur Frage einer Anwendbarkeit, I–III

Abtretung: Der Drittschuldner nach § 840 kann sich auf sie nur bedingt berufen, AG Oldb JurBüro 2015, 386. 6

Aufhebung: Die Unterstellung nach II endet dann, wenn der Drittschuldner nach § 840 eine Kenntnis von der Aufhebung des Überweisungsbeschlusses erhält. Dazu genügt eine formlose Mitteilung oder die Vorlegung einer beglaubigten Ablichtung oder Abschrift des Gerichtsbeschlusses oder die Zustellung des aufhebenden Beschlusses. Der Schuldner oder dessen Pfändungsgläubiger muss diese Voraussetzungen beweisen, BGHZ 66, 394 (398). Wenn das Gericht den Pfändungsbeschluss aufhebt, kann der Drittschuldner wieder mit einer befreienden Wirkung an den Schuldner leisten. Das gilt selbst dann, wenn der Aufhebungsbeschluss nicht rechtskräftig ist und wenn dann durch eine Aufhebung des Aufhebungsbeschlusses die frühere Pfändung wiederauflebt (diese kann allerdings nicht mit gleichem Rang wiederhergestellt werden!). Die Möglichkeit zur Leistung mit einer befreienden Wirkung dauert dann solange an, bis der Drittschuldner von der Aufhebung des Aufhebungsbeschlusses eine sichere Kenntnis hat. Der Schuldner braucht irgendwelchen Zweifeln wegen der Wirksamkeit des Widerrufs der die Forderungsanzeige betreffenden Anzeige nicht nachzugehen. Der Drittschuldner braucht einem etwaigen Zweifel an der Wirksamkeit des Aufhebungsbeschlusses nicht nachzugehen. II ist bei einer Verwertung nach § 844 entsprechend anwendbar.

Aufrechnung: Der Dritte kann sich zB als Mieter nicht auf sie berufen, falls sein Anspruch erst nach der Pfändung entstand, LG Oldb JurBüro 2015, 386.

Auskunft: III nennt das Verfahren. Zuständig auch evtl. zur Verhaftung ist der Gerichtsvollzieher nach § 144 I 1 Nr. 2 GVGA.

Bösgläubigkeit: Der Schutz entfällt dann, wenn wegen einer klaren entgegenstehenden Rechtslage kein guter Glaube entstehen konnte, BAG NJW 1977, 75, oder wenn ein solcher guter Glaube weggefallen ist, etwa wenn das Prozessgericht die Zwangsvollstreckung zB nach §§ 707, 719, 769 einstweilen eingestellt hatte oder wenn eine gerichtliche Rangänderung erfolgt ist, (zum alten Recht) BAG NJW 1991, 1774 (sie wirkt auf den Pfändungszeitpunkt zurück).

Drittschuldner – Pfändungsgläubiger: Man muss II auch entsprechend auf das Verhältnis zwischen dem Drittschuldner nach § 840 und dem Pfändungsgläubiger des wahren Schuldners nach → § 829 Rn. 47 anwenden. Denn der Pfändungsgläubiger ist an die Stelle des Schuldners getreten, BGHZ 66, 394; BAG NJW 1990, 2641. Die Unterstellung wird an sich im Zeitpunkt der Zustellung des Überweisungsbeschlusses an den Drittschuldner wirksam, BGHZ 66, 394. Die Unterstellung erstreckt sich aber auf denjenigen Rang der Forderungsüberweisung zurück, den der Zeitpunkt der Pfändung bestimmt, BGHZ 66, 394; BAG NJW 1990, 2641. Der Drittschuldner hat allerdings nur im Rahmen von § 835 III 2 Schutz. Beim Zweifel über den wahren Gläubiger leistet der Drittschuldner auf eigenes Risiko, BGH NJW 2002, 755. Die entsprechende Anwendung von II setzt keine Pfändung der Hypothekenforderung voraus, BGH NJW 1994, 3225; KG JurBüro 1993, 32.

Drittschuldner – Schuldner: Die Unterstellung nach II gilt direkt nur im Verhältnis zwischen dem Drittschuldner nach § 840 und dem Schuldner, BGHZ 66, 394.

Einstellung: → „Bösgläubigkeit".

Falscher Gläubiger: Wenn die Forderung in Wahrheit einem anderen zusteht, befreit eine Zahlung an den Pfändungsgläubiger den Drittschuldner nach § 840 dem wahren Gläubiger gegenüber nicht, BGH NJW 1988, 495.

Mangel: II wirkt nicht zulasten des Drittschuldners nach § 840, sondern zu seinen Gunsten, BGH NZI 2017, 892. Er darf einen Mangel des Überweisungsbeschlusses geltend machen.

Miete: Der Schuldner muss zum Vermieter und zu etwaigen Rückforderungen etwa wegen Nebenkosten Auskunft geben, AG Naumb JurBüro 2016, 157.

Nichtigkeit: → Rn. 5

Rangänderung: → „Bösgläubigkeit".

Unpfändbarkeit: II gilt bei einer Unpfändbarkeit.

IV. Hilfspflicht des Schuldners, III. Der Schuldner hat dem Gläubiger gegenüber folgende Pflichten, und zwar unabhängig von den Pflichten des Drittschuldners nach § 840, LG Ravensb Rpfleger 1990, 266: 7

1. Auskunft. Dazu Kreutzkam JurBüro 2008, 231; Wertenbruch DGVZ 2001, 65 (je: Grdz.). Der Schuldner muss dem Gläubiger nur diejenige Auskunft geben, die der Gläubiger benötigt, um die Forderung geltend 8 machen zu können, BGH NJW-RR 2013, 766; LG Frankenth DGVZ 2007, 37; AG Linz JurBüro 2010, 215. Die Auskunftspflicht des Schuldners entspricht derjenigen des § 402 BGB. Sie umfasst zB Angaben darüber, welche Tätigkeit der Schuldner für seinen Auftraggeber ausführt und wie viele Wochenstunden hindurch er für ihn tätig ist, LG Köln DGVZ 2002, 186. Sie erstreckt sich auch auf erst nach der Pfändung eingetretenen Tatsachen, LG Bochum JurBüro 2000, 437. Der Gläubiger kann ein Verfahren nach III 3, 4 bis zum Haftbefehl nach § 802g beantragen, und zwar nach III 3 beim nach § 802e zuständigen Gerichtsvollzieher, so schon David MDR 2000, 195. Der Schuldner braucht zB nicht seine Steuerklasse anzugeben, wohl aber eine Abtretung, LG Hildesh DGVZ 2001, 87. Zur Schweigepflicht → Rn. 10. Wenn der Schuldner diese Auskunfts- und Offenbarungspflicht verletzt, macht er sich dem Gläubiger nach § 280 I BGB schadensersatzpflichtig, OLG Mü MDR 1990, 932.

9 **2. Herausgabe von Urkunden im Schuldnerbesitz.** Der Schuldner muss dem Gläubiger diejenigen Urkunden herausgeben, die er über die Forderung besitzt und die den Bestand der Forderung beweisen, BGH NJW 2007, 606; LG Hof DGVZ 1991, 138 (nicht aber im Weg der Ausforschung gemäß § 122 I 2 GVGA auch alle nur evtl. in seinem Besitz befindlichen anderen Urkunden, LG Bochum JurBüro 2009, 270; LG Kassel DGVZ 1994, 115; AG Hünfeld DGVZ 2005, 110). Erforderlich ist die Pfändung des Hauptanspruchs, LG Kaisersl Rpfleger 1984, 473. Eine ausdrückliche Herausgabeanordnung ist nicht erforderlich, AG Wuppert JurBüro 2018, 657. Eine entsprechende Anwendung von III auf den Drittschuldner erfolgt nicht, LG Würzb NJOZ 2021, 27.

3. Beispiele zur Frage einer Herausgabepflicht, III

10 **Abtretungsurkunde:** Sie fällt unter III bei einer früheren Abtretung, BGH NJW-RR 2006, 1576; AG Soltau JurBüro 2015, 100; AG Münst JurBüro 2014, 608.

Arbeitslosengeld II: Der Drittschuldner nach § 840 muss zumindest Fotokopien der Leistungsbescheide herausgeben, AG Dortm JurBüro 2008, 100.

Beweisurkunde: Sie fällt unter III.

Brief: Er fällt unter III.

EC-Karte: Sie fällt **nicht** unter III, BGH NJW 2003, 1256 (zust. Walker LMK 2003, 115).

Euroscheck: Er fällt **nicht** unter III, LG Münst Rpfleger 2000, 506; LG Stgt Rpfleger 1994, 471.

Flugschein: Er fällt unter → Rn. 9, LG Ffm DGVZ 1990, 169.

Kontoauszug: Er fällt unter III, BGH JurBüro 2013, 41; NJW 2012, 1223 (ohne Schwärzungen); AG Hmb-Barmbek JurBüro 2012, 438; aM LG Drsd JurBüro 2010, 663; LG Stgt Rpfleger 2008, 211 (der Gläubiger kann dazu vom Drittschuldner eine Auskunft nach § 840 fordern); LG Verden Rpfleger 2010, 95 (ggf. mit Schwärzungen).

Kraftfahrzeugpapiere: Sie fallen unter III, KG OLGZ 94, 113.

Leistungsbescheid: Derjenige der Arbeitsagentur fällt unter III, LG Kblz JurBüro 2010, 49; AG Köln JurBüro 2015, 45; AG Wuppert JurBüro 2016, 553; aM LG Hann Rpfleger 1986, 143 (aber § 840 schließt III nicht aus).

Lohnabrechnung: Sie fällt **nicht** unter III, OLG Zweibr DGVZ 1995, 148; aM LG Ulm DGVZ 2015, 226; AG Zeven JurBüro 2018, 326; nach BGH NJW 2013, 539 handelt es sich bei dem Anspruch auf Erteilung einer Lohnabrechnung um einen unselbständigen Nebenanspruch, die grundsätzlich bei einer Lohnpfändung mitgepfändet werden. Die Mitpfändung kann klarstellend ausgesprochen werden.

Lohn- oder Rentenabtretung: Eine Urkunde über eine solche Abtretung fällt unter III, BGH NJW-RR 2006, 1576; Waldschmidt JurBüro 2017, 63, aM LG Hof DGVZ 1991, 138; Stein/Jonas/Würdinger Rn 14 (aber der Gläubiger muss die Vermögenslage des Schuldners voll prüfen können).

Lohnsteuerkarte. Dazu Behr JurBüro 1997, 349 (Grdz.). Insbesondere bei der Pfändung des Steuererstattungsanspruchs fällt die Lohnsteuerkarte nicht unter III. Denn der Erstattungsanspruch ist wegen der Unübertragbarkeit der Rechtstellung des Schuldners im Steuerfestsetzungsverfahren, zu der sein Antragsrecht nach § 46 II Nr. 8 EStG zählt, allenfalls nach § 888 verwertbar, BGH NJW 2008, 1675; BFH NJW 1999, 1056 (für die Steuerverwaltung verbindlich); Viertelhausen DGVZ 2004, 161; aM BGH NJW 2004, 954 (III bei einer Benötigung für ein eigenes Steuerverfahren; zust. Walker/Reichenbach LMK 2004, 76 mit der Forderung nach einer Entscheidung des Gemeinsamen Senats der Obersten Gerichtshöfe). Dadurch dürfte die bisherige Streitfrage weitgehend geklärt sein. Der Gläubiger kann auch keine Zusammenveranlagung beantragen. Die Steuerkarte des Ehegatten des Schuldners fällt nicht unter III. Der Gläubiger kann aber die Ausfüllung eines eigenen Fragebogens zur Steuererstattung fordern, AG Detm DGVZ 2007, 190.

Mietrecht: Ein Vertrag fällt unter III, LG Hann JurBüro 1986, 302. Eine Kaution fällt zB bei einer Zwangsverwaltung **keineswegs stets** unter III, LG Heilbr Rpfleger 2007, 620; LG Tüb DGVZ 2004, 142. Zu ihrem Umfang BGH NJW 2008, 1598.

Pfändungs- und Überweisungsbeschluss: Ein früherer fällt unter III. Denn der Gläubiger ist auf die Information angewiesen, BGH NJW-RR 2006, 1576; LG Mühlhausen JurBüro 2004, 449; AG Münst JurBüro 2014, 608; aM LG Münst Rpfleger 2002, 321 (mit Recht abl. Hintzen).

Pfandschein: Er fällt nach § 122 I 2 GVGA unter III.

Quittung: → Rn. 9.

Rentenauskunft: Eine solche nach § 109 SGB VI fällt wegen ihres weitreichenden Inhalts und wegen § 35 SGB I, §§ 67 ff. SGB X unter III, LG Drsd JurBüro 2009, 45; AG Diepholz JurBüro 1998, 159; AG Heidelb JurBüro 1998, 159; aM OLG Celle JurBüro 1998, 156; LG Lpz Rpfleger 2005, 96 (zust. Schmidt); LG Siegen JurBüro 1999, 158 (aber der Gläubiger muss die Vermögenslage des Schuldners voll prüfen können).

Rentenbescheid: Er fällt unter III, LG Hagen JurBüro 2016, 546; LG Bochum JurBüro 2009, 270; AG Schwelm JurBüro 2016, 380.

Schuldschein: Er fällt nach § 122 I 2 GVGA unter III.

Schweigepflicht: Sie mag ausnahmsweise entfallen, BGH NJW 2005, 1505; OLG Stgt NJW 1994, 2838.

Sparbuch: Es fällt unter III, AG Bernburg DGVZ 2021, 202.

Steuerbeleg: Solche Unterlagen, die eine Steuerminderung ergeben, fallen unter III, AG Hoyerswerda JurBüro 1995, 663.

Verdienstabrechnung: → „Lohnabrechnung“.

Vergleichsurkunde: Sie fällt unter III.

Versicherungsschein: Der Versicherungsschein einer freiwilligen Versicherung fällt nach § 122 I 2 GVGA unter III, OLG Ffm Rpfleger 1977, 221; LG Darmst DGVZ 1991, 9; Hasse VersR 2005, 15 (19).
Vertragsurkunde: Sie fällt unter III.
Vollstreckungstitel: Der Vollstreckungstitel hinsichtlich der gepfändeten Forderung stellt eine Urkunde im Sinne von § 836 III dar, BGH BeckRS 2010, 11179.
Weiterer Pfändungsbeschluss: Er fällt unter III, LG Bielef JurBüro 1995, 384.

4. Vollstreckung. Der Gläubiger darf sich auf Grund einer Ausfertigung des ursprünglichen Schuldtitels und einer Ausfertigung des Überweisungsbeschlusses nach § 835 die Urkunden nach → Rn. 9 im Weg der Zwangsvollstreckung beschaffen, ohne dass eine besondere Herausgabeanordnung nötig ist, BGH NJW-RR 2006, 1576; LG Darmst DGVZ 1991, 9. Der nach § 20 I Nr. 17 S. 1 RPflG zuständige Rpfleger muss im Überweisungsbeschluss die Urkunden genau bezeichnen, AG Köln DGVZ 1994, 157. Andernfalls muss der Gläubiger einen keine Vollstreckungsklausel nach § 724 brauchenden Ergänzungsbeschluss herbeiführen, der die Urkunden genau aufführt, LG Ravensb Rpfleger 1990, 266; AG Bremerh JurBüro 2009, 329. Eine Formulierung, es seien die „Nachweise über die Dauer der Nichtbeschäftigung, zB Meldekarten, Atteste usw." herauszugeben, ist ausreichend, aM LG Bln Rpfleger 1975, 229 (aber der Beschluss muss wie ein Vollstreckungstitel aus sich heraus verständlich und vollständig sein). Eine Glaubhaftmachung nach § 294 gegenüber dem Finanzamt genügt, FG Düss BB 1975, 1334. Eine entsprechende Anwendung auf den Drittschuldner erfolgt nicht, LG Würzb NJOZ 2021, 27. 11

Der Gläubiger muss den Beschluss nach § 750 zustellen, Stein/Jonas/Würdinger Rn. 15; aM AG Bad Schwartau DGVZ 1981, 63. Nach § 122 II 4 GVGA, sucht der **Gerichtsvollzieher** anschließend beim Schuldner nach den Urkunden und nimmt sie ihm nach § 122 II 1–3 GVGA mit einer Hilfspfändung weg, LG Kaisersl Rpfleger 1984, 473. Bei III 3, 4 zieht der Gerichtsvollzieher nach § 8 II GVGA evtl. einen Dolmetscher nach § 185 GVG hinzu. 12

Bei einer **Teilüberweisung** muss der Schuldner die Urkunden über die gesamte Forderung herausgeben. Der Beschluss muss die Pflicht des Gläubigers zur Rückgabe der Urkunden nach dem Ausgebrauch aussprechen. Aus dem Beschluss ist die Zwangsvollstreckung zulässig. Wenn sich die Urkunden im Besitz eines zur Herausgabe nicht bereiten Dritten befinden, berechtigt der Überweisungs- oder Ergänzungsbeschluss den Gläubiger zu einer Klage auf die Herausgabe, OLG Hamm JurBüro 1995, 163; LAG Düss MDR 1983, 85. Notfalls kann der Gläubiger eine eidesstattliche Versicherung über den Urkundenverbleib fordern, LG Kblz JurBüro 1994, 742. 13

5. Rechtsbehelf. Gegenüber einer Maßnahme des Gerichtsvollziehers kann der Betroffene die Erinnerung nach § 766 einlegen, Thomas/Putzo/Seiler Rn. 21. Beim Rpfleger gilt nach einer bloßen Maßnahme § 766. Nach einer Entscheidung → § 829 Rn. 69–78. Wegen der Rechtsbehelfe im Verfahren nach III 2 iVm §§ 899 ff. vgl. dort. 14

837 *Überweisung einer Hypothekenforderung.*

I [1]Zur Überweisung einer gepfändeten Forderung, für die eine Hypothek besteht, genügt die Aushändigung des Überweisungsbeschlusses an den Gläubiger. [2]Ist die Erteilung des Hypothekenbriefes ausgeschlossen, so ist zur Überweisung an Zahlungs statt die Eintragung der Überweisung in das Grundbuch erforderlich; die Eintragung erfolgt auf Grund des Überweisungsbeschlusses.

II [1]Diese Vorschriften sind nicht anzuwenden, soweit es sich um die Überweisung der Ansprüche auf die im § 1159 des Bürgerlichen Gesetzbuchs bezeichneten Leistungen handelt. [2]Das Gleiche gilt bei einer Sicherungshypothek im Falle des § 1187 des Bürgerlichen Gesetzbuchs von der Überweisung der Hauptforderung.

III Bei einer Sicherungshypothek der im § 1190 des Bürgerlichen Gesetzbuchs bezeichneten Art kann die Hauptforderung nach den allgemeinen Vorschriften gepfändet und überwiesen werden, wenn der Gläubiger die Überweisung der Forderung ohne die Hypothek an Zahlungs statt beantragt.

I. Systematik, I–III. Die Vorschrift ergänzt §§ 835, 836 in ihrem Geltungsbereich als eine vorrangige Spezialregelung. Ihr geht die noch speziellere Regelung bei einer Schiffshypothek in § 837a vor. 1

II. Regelungszweck, I–III. Ziel ist eine den Eigenarten des Grundpfandrechts angepasste praktikable Durchführung der Vollstreckung unter einer Einbeziehung des gerade im Recht der unbeweglichen Sachen so besonders wichtigen Gesichtspunkts der Rechtssicherheit. Das muss man bei der Auslegung mitbeachten. 2

III. Briefhypothek, I, II. Bei der Briefhypothek genügt die formlose Aushändigung des Überweisungsbeschlusses an den Gläubiger dann, wenn der Gläubiger den Brief schon auf Grund der Pfändung im Besitz hat. Wenn der Rpfleger die Pfändung und Überweisung nach §§ 829, 835 durch denselben Beschluss ausgesprochen hatte, kann eine solche Situation nicht eintreten. Dann wird die Überweisung gleichzeitig mit der Pfändung wirksam, also mit der Übergabe oder mit der Wegnahme des Briefs. Der Schuldner bleibt der Inhaber der Hypothek. Sie lässt sich daher nicht auf den Gläubiger umschreiben. Bei einer Überweisung an Zahlungs statt ersetzt der Überweisungsbeschluss nach § 836 I, § 1155 BGB die Abtretungserklärung. Daher lässt sich das Grundbuch berichtigen. 3

IV. Buchhypothek, I, II. Bei der Buchhypothek muss man die folgenden Voraussetzungen beachten. 4

1. Einziehung. Bei einer Überweisung zur Einziehung gilt dasselbe wie bei → Rn. 1. Dabei tritt an die Stelle der Übergabe des Briefs die Eintragung der Pfändung im Grundbuch, BGH NJW 1994, 3225. Die Eintragung der Überweisung im Grundbuch wäre nicht einmal statthaft. Denn die Forderung geht nicht auf den Pfandgläubiger über. 5

2. An Zahlungs statt. Bei einer Überweisung an Zahlungs statt muss eine Aushändigung des Beschlusses und eine Umschreibung im Grundbuch stattfinden. Diese Umschreibung ist eine Maßnahme der Zwangsvollstreckung. Sie erfolgt auf Grund eines auch formlosen Antrags des Gläubigers und nach der Vorlage des Überweisungsbeschlusses. Er braucht keine Vollstreckungsklausel nach § 724 aufzuweisen. Die Eintragung ist nicht vor der Wirksamkeit der Pfändung statthaft. Wenn der Rpfleger die Pfändung und die Überweisung in demselben Beschluss ausgesprochen hatte, werden beide mit der Umschreibung wirksam. 6

7 **V. Weitere Einzelfragen, I, II.** Zur Wirkung der Überweisung § 835. Allein der Gläubiger kann eine löschungsfähige Quittung erteilen, sofern die Überweisung an Zahlungs statt erfolgte.

8 **VI. Unanwendbarkeit, I, II.** Das Verfahren nach I ist bei den in § 830 III genannten Forderungen unanwendbar. In diesen Fällen muss die Pfändung nach § 829 erfolgen. Die Verwertung erfolgt dann nach § 821 oder nach § 835. Infolgedessen wirkt die Überweisung dann erst mit der Zustellung an den Drittschuldner nach § 840.

9 **VII. Sicherungshypothek, § 1190 BGB, III.** Bei der Höchstbetragshypothek lässt sich die Forderung nach § 1190 IV BGB von der Hypothek trennen. Daher ist dann eine Pfändung und Überweisung wie bei einer Buchhypothek zulässig. Der Gläubiger kann die Forderung dann, wenn er die Forderung ohne die Hypothek erwerben will, allein nach §§ 829, 835 gleichzeitig pfänden und sich nur an Zahlungs statt überweisen lassen. Pfändung und Überweisung werden mit der Zustellung an den Drittschuldner nach § 840 wirksam.

10 **VIII. Reallast, Grundschuld, Rentenschuld, I–III entsprechend.** § 837 ist entsprechend anwendbar, § 857 VI.

837a *Überweisung einer Schiffshypothekenforderung.* **I [1]Zur Überweisung einer gepfändeten Forderung, für die eine Schiffshypothek besteht, genügt, wenn die Forderung zur Einziehung überwiesen wird, die Aushändigung des Überweisungsbeschlusses an den Gläubiger. [2]Zur Überweisung an Zahlungs statt ist die Eintragung der Überweisung in das Schiffsregister oder in das Schiffsbauregister erforderlich; die Eintragung erfolgt auf Grund des Überweisungsbeschlusses.**

II [1]Diese Vorschriften sind nicht anzuwenden, soweit es sich um die Überweisung der Ansprüche auf die im § 53 des Gesetzes über Rechte an eingetragenen Schiffen und Schiffsbauwerken vom 15. November 1940 (RGBl. I S. 1499) bezeichneten Leistungen handelt. [2]Das Gleiche gilt, wenn bei einer Schiffshypothek für eine Forderung aus einer Schuldverschreibung auf den Inhaber, aus einem Wechsel oder aus einem anderen durch Indossament übertragbaren Papier die Hauptforderung überwiesen wird.

III Bei einer Schiffshypothek für einen Höchstbetrag (§ 75 des im Absatz 2 genannten Gesetzes) gilt § 837 Abs. 3 entsprechend.

1 **I. Systematik, Regelungszweck, I–III.** Die Vorschrift hat den Vorrang vor § 837, auch wenn sie jener Bestimmung inhaltlich weitgehend entspricht. Sie ergänzt §§ 835, 836. Das Ziel ist dasselbe wie bei → § 837 Rn. 2.

2 **II. Geltungsbereich, I–III.** Die Überweisung einer gepfändeten Schiffshypothek erfolgt nach § 837 wie diejenige einer Buchhypothek. Eine entsprechende Regelung gilt für das Registerpfandrecht an einem Luftfahrzeug, § 99 I LuftRG. II entspricht als eine Ausnahmevorschrift derjenigen des § 830a III. Die Höchstbetragsschiffshypothek nach § 75 SchiffRG entspricht einer Sicherungshypothek aus § 1190 BGB. § 837a behandelt die Höchstbetragsschiffshypothek daher wie eine Sicherungshypothek.

838 *Einrede des Schuldners bei Faustpfand.* **Wird eine durch ein Pfandrecht an einer beweglichen Sache gesicherte Forderung überwiesen, so kann der Schuldner die Herausgabe des Pfandes an den Gläubiger verweigern, bis ihm Sicherheit für die Haftung geleistet wird, die für ihn aus einer Verletzung der dem Gläubiger dem Verpfänder gegenüber obliegenden Verpflichtungen entstehen kann.**

1 **I. Systematik, Regelungszweck.** Man muss das Pfandrecht nach dem BGB und das Pfändungspfandrecht nach § 804 ZPO sorgsam unterscheiden. Beides kann aber bei einer Zwangsvollstreckung zusammentreffen. Einen Teil der dabei entstehenden Fragen regelt vorrangig § 838. Den Rest regeln die allgemeinen Vorschriften der §§ 829 ff. Ziel ist hier dasselbe wie bei → § 829 Rn. 4.

2 **II. Geltungsbereich: Faustpfandforderung.** Die Vorschrift gilt für eine solche Forderung des Schuldners gegenüber einem Dritten, die durch ein Pfandrecht an einer beweglichen Sache nach dem BGB eine Sicherung erhält. Die Pfändung und Überweisung einer Faustpfandforderung ergreift das Pfandrecht. Nach der Überweisung kann der Gläubiger an sich nach § 1251 I BGB ohne weiteres die Herausgabe des Pfands verlangen. Der Schuldner haftet dann nach § 1251 II 2 BGB wie ein selbstschuldnerischer Bürge für die Verpflichtungen des Gläubigers gegenüber dem Drittschuldner nach § 840. Darum gibt § 838 dem Schuldner eine aufschiebende Einrede bis zum Zeitpunkt einer Sicherheitsleistung.

3 **III. Verfahren.** Der Gerichtsvollzieher nimmt das Pfand weg. Das geschieht unabhängig davon, ob der Schuldner die Einrede geltend macht. Der Gerichtsvollzieher geht dabei entsprechend § 836 III vor. Er darf das Pfand dem Gläubiger erst nach der Sicherheitsleistung des Gläubigers herausgeben. Das Vollstreckungsgericht muss die Höhe der Sicherheit festsetzen, aM Thomas/Putzo/Seiler Rn. 1; Zöller/Herget Rn. 2 (es sei eine besondere Klage auf eine Herausgabe erforderlich. Bei einer Nichtleistung müsse das Gericht sie abweisen. Nach anderen sind eine besondere Klage und ein Urteil auf die Herausgabe des Pfands gegen eine Sicherheitsleistung erforderlich.). Da § 838 einen rein sachlich-rechtlichen Inhalt hat, muss der Gläubiger die Sicherheit nach § 232 BGB leisten und sie nach den sachlich-rechtlichen Grundsätzen zurückgeben, also nicht nach §§ 108, 109.

839 *Überweisung bei Abwendungsbefugnis.* **Darf der Schuldner nach § 711 Satz 1, § 712 Abs. 1 Satz 1 die Vollstreckung durch Sicherheitsleistung oder Hinterlegung abwenden, so findet die Überweisung gepfändeter Geldforderungen nur zur Einziehung und nur mit der Wirkung statt, dass der Drittschuldner den Schuldbetrag zu hinterlegen hat.**

1 **I. Systematik, Regelungszweck.** Die Vorschrift ergänzt und begrenzt § 835 in ihrem Geltungsbereich durch eine vorrangige Sonderregelung im Interesse der Beibehaltung des Gefüges der §§ 709 ff. bis zur endgülti-

gen Vollstreckbarkeit infolge der formellen Rechtskraft nach § 705. Sie dient also dem vorläufigen Schuldnerschutz. Sie ist entsprechend auslegbar.

II. Geltungsbereich. Die Vorschrift ist auf die in ihr nicht genannten Fälle einer Einstellung oder Beschränkung der Zwangsvollstreckung nicht entsprechend anwendbar. Leistet der Gläubiger vor der Vollstreckung, wenn auch nach Abwendung durch den Schuldner, Sicherheit entsprechend der Anordnung im Vollstreckungstitel, entfällt die Wirkung des § 839, AG Augsb BeckRS 2011, 10046. 2

III. Verfahren. Wenn das Gericht dem Schuldner erlaubt hat, die Zwangsvollstreckung durch eine Sicherheitsleistung oder durch eine Hinterlegung nach §§ 711 S. 1, 712 I 1, 720, 815 III, 819 abzuwenden, darf das Gericht die Forderung dem Gläubiger nach § 835 I nur zur Einziehung überweisen. Der Drittschuldner nach § 840 braucht dann nicht zu zahlen, sondern nur zu hinterlegen. Das muss der nach § 20 I Nr. 17 S. 1 RPflG zuständige Rpfleger in dem Überweisungsbeschluss klarstellen. Andernfalls ist § 836 II anwendbar. Diese Hinterlegung befreit den Schuldner. Der Gläubiger erwirbt ein Pfandrecht am Hinterlegten oder dann, wenn das Hinterlegte zum Staatseigentum geworden ist, einen Anspruch auf die Rückgewähr nach § 233 BGB, OLG Düss FamRZ 1988, 298. Der Schuldner erwirbt die Forderung gegen die Hinterlegungsstelle. Es kann sich um eine Familiensache nach § 111 FamFG handeln, OLG Düss FamRZ 1988, 298. Die Auszahlung des Hinterlegten erfolgt nach dem Landesrecht auf einen Antrag beim Nachweis der Berechtigung. 3

Gebühren: des Gerichts § 12 VI GKG (Vorauszahlungspflicht), KV 2111 GKG; des Anwalts VV 3309, 3310 RVG. 4

840 *Erklärungspflicht des Drittschuldners.*

[1] Auf Verlangen des Gläubigers hat der Drittschuldner binnen zwei Wochen, von der Zustellung des Pfändungsbeschlusses an gerechnet, dem Gläubiger zu erklären:

1. ob und inwieweit er die Forderung als begründet anerkenne und Zahlung zu leisten bereit sei;
2. ob und welche Ansprüche andere Personen an die Forderung machen;
3. ob und wegen welcher Ansprüche die Forderung bereits für andere Gläubiger gepfändet sei;
4. ob innerhalb der letzten zwölf Monate im Hinblick auf das Konto, dessen Guthaben gepfändet worden ist, nach § 907 die Unpfändbarkeit des Guthabens festgesetzt worden ist, und
5. ob es sich bei dem Konto, dessen Guthaben gepfändet worden ist, um ein Pfändungsschutzkonto im Sinne des § 850k oder ein Gemeinschaftskonto im Sinne des § 850l handelt; bei einem Gemeinschaftskonto ist zugleich anzugeben, ob der Schuldner nur gemeinsam mit einer oder mehreren anderen Personen verfügungsbefugt ist.

II [1]**Die Aufforderung zur Abgabe dieser Erklärungen muss in die Zustellungsurkunde aufgenommen werden; bei Zustellungen nach § 193a muss die Aufforderung als elektronisches Dokument zusammen mit dem Pfändungsbeschluss übermittelt werden.** [2]**Der Drittschuldner haftet dem Gläubiger für den aus der Nichterfüllung seiner Verpflichtung entstehenden Schaden.**

III [1]**Die Erklärungen des Drittschuldners können innerhalb der in Absatz 1 bestimmten Frist auch gegenüber dem Gerichtsvollzieher abgegeben werden.** [2]**Werden die Erklärungen bei einer Zustellung des Pfändungsbeschlusses nach § 193 abgegeben, so sind sie in die Zustellungsurkunde aufzunehmen und von dem Drittschuldner zu unterschreiben.**

I. Systematik, I–III. Die Vorschrift tritt zu §§ 829, 835 hinzu. §§ 841, 842 ergänzen sie. Sie zieht den Schuldner des Schuldners, den sog. Drittschuldner mit gewissen Pflichten in das Vollstreckungsverfahren hinein und bürdet ihm damit Zeit und solche Kosten auf, die er nur bedingt erstattet fordern kann. Die Regelung ist verfassungsgemäß, BGH NJW 2000, 651. Es findet nach → Rn. 33 kein obligatorisches Güteverfahren statt. 1

Kein Drittschuldner ist der Notar wegen eines Anderkontos zugunsten eines Mandanten, BGH MDR 2016, 1290. 2

II. Regelungszweck, I–III. Die Erweiterung des Prozessrechtsverhältnisses in seinem Abwicklungsstadium dient nicht dem Interesse des Vollstreckungsschuldners, sondern dem Interesse des Gläubigers und der Allgemeinheit, BGH NJW 2000, 651. Es geht darum solche Angaben zu erhalten, die den Gläubiger wenigstens in groben Zügen darüber informieren, ob der Drittschuldner die gepfändete Forderung als begründet anerkennt und erfüllen wird oder ob sie einem Dritten zusteht oder ob der Drittschuldner sie bestreitet und ob der Gläubiger sie deshalb dem Drittschuldner gegenüber nicht oder nur im Erkenntnis- oder Vollstreckungsverfahren durchsetzen kann, BGH NJW 2000, 651; LG Mönchengladb JurBüro 2009, 273; Foerste NJW 1999, 904. Das verkennt LAG Rostock JurBüro 2017, 543 (Erklärungspflicht, auch bei Pfändung ins Leere). § 840 dient auch dem wohlverstandenen Interesse des Drittschuldners, eigenen Schaden zu vermeiden. Seine Aufgaben sind ihm daher als eine staatsbürgerliche Pflicht ähnlich der Zeugenpflicht zumutbar, BGH NJW 2000, 651. 3

Soweit der Drittschuldner solche Information **nicht gibt,** darf der Gläubiger von der Beitreibbarkeit des gepfändeten Anspruchs ausgehen, LAG Hmb NJW-RR 1986, 743. Er darf diesen Anspruch dann ohne ein Kostenrisiko einklagen, BGH NJW 1984, 1901; Schmidt JurBüro 2006, 344. Soweit die Erklärung des Drittschuldners ergibt, dass die Forderung nicht besteht oder nicht durchsetzbar ist, kann der Gläubiger die Abgabe einer Vermögensauskunft vom Schuldner im Verfahren nach §§ 802c ff. fordern oder unter den Voraussetzungen gem. II zum Schadensersatzanspruch übergehen, BGH NJW 1984, 1901; LAG Stgt JurBüro 1994, 135. Bei einer Gesamtschuld gilt § 840 für jeden Drittschuldner. Die Vorschrift gilt auch für den zur Prozessführung befugten Ehegatten. § 43a BRAO tritt zurück, Wirges JurBüro 1997, 295 (298). 4

III. Aufforderung zur Erklärung, I, II. Es ist zunächst erforderlich, dass der Gläubiger den Drittschuldner nach → Rn. 1 zu einer Erklärung nach I auffordert. 5

1. Keine Klagbarkeit. Der Drittschuldner kann von sich aus gegenüber dem Gläubiger die Erklärung abgeben, dass der Schuldner keine Forderung habe. Der Drittschuldner kann dem Gläubiger gleichzeitig nach § 843 eine Frist setzen, BGH NJW 1977, 1881. Der Gläubiger kann den Drittschuldner bei der Zustellung des Pfändungsbeschlusses oder gesondert zur Erteilung einer Auskunft auffordern. Der Drittschuldner hat dann eine rein prozessuale Pflicht zur Abgabe der gewünschten Erklärung, aM OLG Köln MDR 1978, 941; Schumann 6

NJW 1982, 1271. Der Gerichtsvollzieher hat keinen Auskunftsanspruch, auch nicht im Namen der Staatskasse, LG Mü DGVZ 1995, 122; Seip DGVZ 1995, 112 (auch rechtspolitisch). Auch der Gläubiger hat keinen einklagbaren Anspruch gegen den Drittschuldner, BGH NJW 1984, 1901; LG Mönchengladb JurBüro 2009, 273; aM OLG Köln MDR 1978, 941.

7 Der Gläubiger hat aber einen Anspruch gegen den Vollstreckungsschuldner auf die Erteilung einer entsprechenden **Auskunft** usw. nach → § 836 Rn. 7; LAG Stgt JurBüro 1994, 135. Das Gericht kann die Erklärung ebenso wenig wie der Gläubiger erzwingen, BGH NJW 1984, 1901; OLG Mü NJW 1975, 174; LG Bln Rpfleger 1978, 64; aM OLG Köln MDR 1978, 941; Feiber DB 1978, 477.

8 Einer Klage auf die Abgabe der Erklärung fehlt daher das **Rechtsschutzbedürfnis,** BGH WM 1980, 107; aM OLG Köln MDR 1978, 941. Das ArbG ist grundsätzlich nicht zuständig, BAG NJW 1985, 1181. Aber → Rn. 33. Zur Sonderlage auf Grund von Verwaltungsvollstreckungsgesetzen der Länder Henneke JZ 1987, 746 (751).

9 **2. Zustellung des Pfändungsbeschlusses.** Voraussetzung für diese Pflicht ist eine wirksame Zustellung des Pfändungsbeschlusses, BGH NJW 1977, 1199; OLG Köln DGVZ 2002, 42; OLG Schlesw NJW-RR 1990, 448. Bei einem dinglichen Arrest muss die Monatsfrist des § 929 II, § 153 VIII 3 GVGA eingehalten werden. Erforderlich ist eine Zustellung gerade an den Drittschuldner, §§ 121 I, 153 VIII 3 GVGA. Eine Vorpfändung nach § 845 reicht nicht aus. Eine Überweisung nach § 835 braucht aber nicht erfolgt zu sein, BGH NJW 1977, 1199. Daher genügen: Eine Sicherungsvollstreckung nach § 720a; eine Arrestpfändung nach § 930, BGH NJW-RR 2006, 1566. Es ist auch unerheblich, ob die Forderung wirklich gegen diesen „Drittschuldner" besteht, OLG Schlesw NJW-RR 1990, 448; LG Essen JurBüro 2018, 213. Denn die Auskunft dient ja nach → Rn. 1 unter anderem gerade dieser Klärung. Der Gerichtsvollzieher lässt binnen 1 Woche nach der Zustellung des Pfändungsbeschlusses die etwa noch nicht erfolgte Zustellung des Arrestbefehls an den Schuldner nach § 153 VIII 4 GVGA, § 929 III 2 folgen.

10 Bei **mehreren Drittschuldnern** aus demselben Pfändungsbeschluss in verschiedenen AG-Bezirken führt zunächst der für den erstgenannten Drittschuldner zuständige Gerichtsvollzieher nach § 121 II 7 GVGA die Zustellung an die Drittschuldner in seinem Bezirk aus. Anschließend gibt er die Akte an den für den nächstgenannten Drittschuldner zuständigen Kollegen nach § 121 II 8, 9 GVGA weiter usw., bis Zustellungen an alle Drittschuldner vorliegen. Die Zustellung an den Schuldner erfolgt durch den zuletzt tätig gewesenen Gerichtsvollzieher nach § 121 II 10 GVGA.

11 **3. Zustellung der Aufforderung.** Der Gerichtsvollzieher muss die Aufforderung für den Gläubiger nach § 121 II 2 GVGA in die Zustellungsurkunde aufnehmen, OLG Köln DGVZ 2002, 43, auch auf ihrer Rückseite, AG Obernburg DGVZ 2010, 174, oder bei einer nicht mit dem Pfändungs- und Überweisungsbeschluss verbundenen Aufforderung durch den Gerichtsvollzieher nach § 121 II GVGA und nicht durch die Post allein zustellen lassen; bei einer elektronischen Zustellung nach § 193a muss die Aufforderung als elektronisches Dokument zusammen mit dem Pfändungsbeschluss übermittelt werden. Sonst entfällt jede Haftung, sofern der Drittschuldner nicht etwa freiwillig eine falsche Auskunft erteilt und den Anschein erweckt, er wolle seine Pflicht nach § 840 damit erfüllen. Natürlich darf die Post die Auskunft nicht etwa dann aufnehmen, wenn sie die Aufforderung dem Drittschuldner zustellt. Denn dann ist III undurchführbar. Eine Ersatzzustellung der Aufforderung nach §§ 178 ff. ist zulässig, AG Itzehoe DGVZ 1994, 126; Schmidt JurBüro 2011, 397. Eine öffentliche Zustellung nach §§ 185 ff. ist nicht zulässig. Wegen einer Zustellung im Ausland → § 828 Rn. 1. Wenn die Zustellungsurkunde keine Aufforderung enthielt, kann der Gläubiger die Aufforderung dem Drittschuldner nachträglich zustellen lassen, OLG Köln DGVZ 2001, 43. Die 2-Wochen-Frist beginnt dann erst mit dieser nachträglichen Zustellung. Eine einstweilige Einstellung der Zwangsvollstreckung zB nach §§ 707, 719, 769 lässt die Erklärungspflicht des Drittschuldners unberührt.

12 **4. Weitere Gläubigererwägungen.** Der Gläubiger muss bedenken, dass er sofort auf die Leistung klagen kann. Es treffen den Drittschuldner allerdings dann, wenn er vorher geschwiegen hat, selbst für denjenigen Fall die Kosten, dass der Gläubiger mangels Bestehen der Forderung unterliegt. Er muss ferner bedenken, dass bei einem Arrest nach § 922 eine Auskunft nicht weiterhelfen würde, BGH NJW 1977, 1199.

13 **IV. Erklärung, I–III. 1. Form und Frist.** Der Drittschuldner muss seine Erklärung nach § 121 II 1 GVGA binnen 2 Wochen seit der Zustellung des Pfändungsbeschlusses an ihn abgeben. Die Frist ist keine Notfrist nach § 224 I 2. Man berechnet sie nach § 222. Der Drittschuldner muss seine Erklärung entweder dem Gläubiger gegenüber schriftlich oder dem Gerichtsvollzieher gegenüber mündlich im Zeitpunkt der Zustellung des Pfändungsbeschlusses oder elektronisch oder schriftlich oder zum Protokoll des Gerichtsvollziehers nach der Zustellung innerhalb der Frist abgeben, BGH NJW 1981, 990. Für die Fristwahrung kommt es auf die mündliche Erklärung oder den Zugang der schriftlichen oder sonstigen Erklärung beim Adressaten an, BGH NJW 1981, 990; OLG Düss WM 1980, 202; Thomas/Putzo/Seiler Rn. 8; aM Zöller/Herget Rn. 9; MüKoZPO/Smid Rn. 11. Der Drittschuldner muss die Fristwahrung beweisen. Eine wiederholte Auskunft ist grundsätzlich nicht nötig, ebenso wenig eine Ergänzung, BGH WM 1983, 935, erst recht keine Auskunft über jeden Einzelvorgang einer Dauerbeziehung zum Schuldner, OLG Köln ZIP 1981, 964.

14 **2. Beteiligung des Gerichtsvollziehers.** Auch bei der Entgegennahme der Erklärung des Drittschuldners handelt der Gerichtsvollzieher als eine Amtsperson und nicht als ein Vertreter des Gläubigers. Der Gerichtsvollzieher muss die mündliche Erklärung des Drittschuldners nach § 121 II 4 GVGA beurkunden und sie sich vom Drittschuldner unterschreiben lassen, OLG Ffm DGVZ 1978, 156. Wenn der Drittschuldner die Erklärung bereits im Zeitpunkt der Zustellung des Pfändungsbeschlusses abgibt, lässt sich der Gerichtsvollzieher die Unterschrift auf der Zustellungsurkunde nach § 193 geben. Andernfalls muss der Gerichtsvollzieher nach § 121 II 6 GVGA eine besondere Urkunde zur Unterschrift vorlegen. Der Gerichtsvollzieher braucht den Drittschuldner aber nach § 121 II 3 GVGA nur dann zum Zweck seiner Unterschrift aufzusuchen, wenn er den Pfändungsbeschluss dem Drittschuldner selbst zugestellt hatte, OLG Ffm DGVZ 1978, 156; OLG Hamm DGVZ 1977, 188; AG Bayreuth DGVZ 1995, 78; aM Thomas/Putzo/Seiler Rn. 9. Der Drittschuldner darf seine Erklärung durch einen Vertreter abgeben, zB durch einen Anwalt. Es besteht aber kein Anwaltszwang. Wenn der Drittschuldner schweigt oder die Unterschrift verweigert, gilt das grundsätzlich als eine Verweigerung der Erklärung. Das vermerkt der Gerichtsvollzieher in der Zustellungsurkunde nach § 121 II 5 GVGA.

3. Inhaltsgrundsätze. Dazu Waldschmidt JurBüro 2016, 182. Der Drittschuldner muss seine Erklärung auf alle diejenigen Punkte erstrecken, die in der Aufforderung des Gläubigers enthalten sind. Der Drittschuldner braucht sich aber grundsätzlich nicht über solche Fragen zu äußern, die I Nr. 1–5 nicht nennt, BGH WM 1980, 107. Der Drittschuldner hat keineswegs umfassende Auskunftspflichten, etwa über den Personenstand, die Steuerklasse, die Höhe des Lohns oder Einkommens des Schuldners usw., Scherer Rpfleger 1995, 446 (450). Die Erklärung des Drittschuldners soll zwar eine gewisse Hilfe bei der Entscheidung des Gläubigers geben, wie er weiter vorgehen will, Foerste NJW 1999, 904 (908). Der Drittschuldner ist aber eben auch nicht ein kostenloser umfassender Vollstreckungsförderer, LG Memmingen NJW-RR 2006, 998; LAG Düss DGVZ 1995, 115; aM Foerste NJW 1999, 904. 15

Allerdings kann zB eine **Bank** eine erweiterte Darlegungslast nach I Nr. 4, 5 haben, BGH NJW 1983, 687. Auch diese zwingt aber nicht zur Wiederholung oder Ergänzung einer schon ausreichend erteilten Auskunft, BGH NJW 1983, 687. Sie zwingt auch nicht über I Nr. 4, 5 hinaus zur laufenden Information über das Girokonto des Schuldners, OLG Köln ZIP 1981, 964; LG Ffm MDR 1986, 594, schon gar bei einer anderen Filiale, AG Lpz NJW-RR 1998, 1345. Der Drittschuldner braucht auch keine Belege herauszugeben, BGH NJW 1983, 687. Bei einem Anhaltspunkt für die Unrichtigkeit der erhaltenen „Auskunft" kann der Gläubiger grundsätzlich nur nach II vorgehen, BGH NJW 1983, 687. Der Gläubiger kann seine Fragen innerhalb I Nr. 1–5 auch beschränken. 16

4. Anerkennung, I Nr. 1. Die Anerkennung der Forderung „als begründet" ist eine rein tatsächliche Auskunft, eine Wissenserklärung ohne einen selbständigen Verpflichtungswillen, BGH ZIP 1982, 1482; OLG Drsd MDR 2001, 580; LAG Bln DB 1991, 1336. Die Zahlung durch den Drittschuldner ist gegenüber dem Pfändungs- und Überweisungsvorgang der §§ 829 ff. eine selbständige Rechtshandlung, BGH NJW-RR 2000, 1215. 17

Man kann diese Auskunft nur, aber eben auch, als ein **Indiz** verwerten, durch das der Gläubiger im Prozess gegen den Drittschuldner auch seine Darlegungs- und Beweislast erfüllt, LAG Bln DB 1991, 1336. Deshalb verliert der Drittschuldner sein Aufrechnungsrecht nicht. Er braucht es nicht im Einzelnen darzulegen, BGH MDR 2013, 368. Der Drittschuldner muss den anerkannten Betrag nennen. Er braucht keine Belege vorzulegen, soweit er nicht anerkennt, BGH NJW 1983, 687. Die Bemerkung, der Gläubiger könne vorerst nicht mit einer Zahlung rechnen, genügt für I Nr. 1 nicht. Es ist aber keine erschöpfende Mitteilung aller rechtlich oder wirtschaftlich evtl. für den Gläubiger miterheblichen Umstände notwendig, OLG Mü NJW 1975, 174; Stein/Jonas/Würdinger Rn. 9; strenger Foerste NJW 1999, 904 (aber es gibt auch Nr. 2, 3). Er braucht keinen Kontoauszug vorzulegen, OLG Köln ZIP 1981, 964. Freilich mag eine gewisse Auskunft nötig sein, LG Drsd JurBüro 2009, 663, wenn auch keine Lohnabrechnung, LG Mainz Rpfleger 1994, 309. 18

Widerruf der Erklärung ist dem Drittschuldner erlaubt. Er muss aber dann beweisen, dass die Voraussetzungen einer Anerkennung nicht vorgelegen haben, BGH NJW 1978, 44. Ein Anerkenntnis gegenüber dem Gläubiger nach § 307 hemmt die Verjährung, falls das Anerkenntnis nach demjenigen Zeitpunkt erfolgte, in dem das Vollstreckungsgericht die Forderung dem Gläubiger nach § 835 wirksam zur Einziehung überwiesen hatte, BGH NJW 1978, 1914. Der Drittschuldner kann sich nicht auf ein Pfändungsverbot oder auf eine Pfändungsbeschränkung berufen, BGH NJW 1998, 1553. Er braucht über I Nr. 3 hinaus nicht auf den Anspruch eines anderen hinzuweisen, LG Memmingen NJW-RR 2006, 998. Er braucht nicht die Richtigkeit seiner Angaben zu beweisen, BGH NJW 1983, 687. Er muss den nach § 850c pfändbaren Betrag meist selbst errechnen, LG Hmb JurBüro 2010, 159; AG Hmb-Altona JurBüro 2010, 157. Er darf nach einer vorläufigen Einstellung nach § 775 Nr. 2 nur noch an den Gläubiger und den Schuldner gemeinsam leisten oder hinterlegen, BGH NJW 1999, 953. Er kann das irrig Geleistete evtl. nach § 812 I 1 BGB zurückfordern, BGH NJW 2002, 2871. 19

5. Ansprüche anderer, I Nr. 2. Der Drittschuldner muss auch zu solchen Ansprüchen eine Erklärung abgeben, LG Mönchengladb JurBüro 2014, 102. Das gilt etwa dann, wenn andere sich auf eine Abtretung berufen oder auf eine treuhänderische Zweckbindung, BGH NJW 1998, 746, auf einen Übergang kraft Gesetzes oder auf eine Verpfändung. Er muss den oder die weiteren Gläubiger nach ihren Namen und Anschriften und nach Grund und Höhe ihrer Forderungen bezeichnen, vgl. Zöller/Herget Rn. 6. Angeben muss der Drittschuldner auch die anderen Pfändungsbeschlüsse nach dem Gericht, dem Aktenzeichen und dem Datum. Die Auskunft ist auch bei einer Ungewissheit oder Zweifelhaftigkeit solcher weiteren Ansprüche nötig, daher auch bei einem etwaigen Nachrang. 20

6. Pfändung für andere, I Nr. 3. Eine bloße Angabe der Gesamtsumme reicht nicht aus. Maßgeblich ist das Interesse des Gläubigers. Daher reicht die Angabe des noch nicht gedeckten Rests der vorher gepfändeten Forderung(en) meist aus. Mag der Gläubiger klären, ob andere vorher zu viel gepfändet haben. Der Drittschuldner braucht keine Belege vorzulegen, LG Münst Rpfleger 2002, 321. 21

7. Aufhebung usw., I Nr. 4. Der Drittschuldner muss auch erklären, ob das Vollstreckungsgericht nach § 907 festgesetzt hat, dass das Kontoguthaben für die dort genannte Zeit unpfändbar ist. Beachten muss der Drittschuldner eine solche Entscheidung nur insoweit, als das Gericht sie innerhalb der letzten 12 Monate getroffen hat. Diese Zeitgrenze beginnt mit der Wirksamkeit der Entscheidung. Diese Wirksamkeit tritt mit deren gesetzmäßiger Mitteilung an den Drittschuldner wie bei → Rn. 9 ein. Er muss prüfen, ob das Verlangen des Gläubigers binnen dieser 12 Monate bei ihm eingegangen ist. Nicht etwa kommt es auf den Absendezeitpunkt seiner Erklärung oder gar auf deren Zugang beim Gläubiger an. 22

8. Pfändungsschutzkonto, I Nr. 5. Der Drittschuldner muss schließlich erklären, ob das Konto mit dem gepfändeten Guthaben ein Pfändungsschutzkonto nach § 850k oder ein Gemeinschaftskonto nach § 850l ist. Hinsichtlich des Gemeinschaftskontos muss er zugleich angeben, ob der Schuldner nur gemeinsam mit einer oder mehreren anderen Personen verfügungsbefugt ist. 23

Nach einer **Umwandlung** in ein Pfändungsschutzkonto nach der Zustellung eines Überweisungsbeschlusses ist bei einer dem Zweck von I Nr. 5 entsprechenden Auslegung eine Erklärung an den Pfändungsgläubiger nötig, auch wenn die Bank usw. vorher wahrheitsgemäß die Nichtexistenz eines Pfändungsschutzkontos erklärt hatte. 24

9. Kostenerstattung. Dazu Bienge Rpfleger 2018, 308 (Grdz.). Der Gläubiger muss dem Drittschuldner die Kosten der Erklärung vergüten. Das gilt mit Ausnahme von Anwaltskosten nach → § 91 Rn. 114. Es sind unter 25 anderem §§ 261 III, 268 II, 811 II BGB entsprechend anwendbar. Zur Vergütungspflicht BGH NJW 2000, 651; BVerwG NVwZ-RR 1994, 698.

26 Der Drittschuldner hat aber wegen dieser Kosten **kein Zurückbehaltungsrecht,** Bienge Rpfleger 2018, 308. Der Gläubiger kann die dem Drittschuldner erstatteten Erklärungskosten als einen Teil der Kosten der Zwangsvollstreckung vom Schuldner beitreiben, BGH NJW 1984, 1901 („ohne Kostenrisiko"). Der Drittschuldner hat allerdings keinen Anspruch gegen den Gläubiger auf die Erstattung derjenigen Kosten, die beim Drittschuldner durch die Bearbeitung einer Lohnpfändung entstehen, Gutzmann BB 1976, 700. Zum Problem Walker FS Leipold, 2009, 451 (467) (auch rechtspolitisch).

27 Beim **Verstoß gegen I** muss der Drittschuldner die Anwaltskosten des Gläubigers ihm gegenüber auch dann nach dem Wert der verständigerweise möglich gewesenen Klage erstatten, wenn sie erfolglos geblieben wäre, AG Meißen JurBüro 2005, 216. BGH NJW 2010, 1674 versagt § 788 beim Verstoß (jetzt) gegen die 2-Wochen-Frist nach I.

28 Dem **Schuldner** gegenüber hat der Gläubiger jedenfalls weder nach § 840 noch nach § 788 einen Erstattungsanspruch, auch nicht aus einer Schlechterfüllung, BGH NJW 1999, 2276.

29 **V. Ersatzpflicht, II. 1. Grundsatz: Drittschuldnerhaftung bei Verschulden.** Der Gläubiger kann gegen den Drittschuldner nach → Rn. 6 keine Klage auf die Erteilung einer Auskunft erheben. Der Gläubiger kann den Drittschuldner erst recht nicht im Weg der Zwangsvollstreckung zu einer Auskunft zwingen. Der Drittschuldner haftet nicht allgemein nach § 280 I BGB, BGH NJW 1999, 2276. Er haftet aber dem Gläubiger (nur) dann, wenn er gerade die erforderliche Erklärung nicht gesetzmäßig abgibt, auf einen gerade und nur dadurch entstandenen Schadensersatz nach §§ 249 ff. BGB, BVerfG NJW 2014, 3213; BAG NZA 2015, 1533; OLG Kblz WM 2013, 1025. Ihn trifft keine über die Auskunftspflicht hinausgehende Handlungspflicht zum Schutze des Vermögens des Gläubigers, NJW-RR 2021, 577. Das gilt nach §§ 276 ff. BGB nur, sofern der Drittschuldner schuldhaft handelte, BGH NJW 1987, 64; OLG Düss VersR 1997, 705; LG Rostock JurBüro 2017, 103. Auch eine schuldhaft verspätete, unrichtige, irreführende oder unvollständige Auskunft macht den Drittschuldner ersatzpflichtig, BGH ZIP 1982, 1482; LSG Chemnitz JurBüro 2016, 44. Das gilt auch zum Grund der Nichtanerkennung.

30 Es gilt, soweit die Auskunft **freiwillig** erfolgt. Die richtige Auskunft macht nicht ersatzpflichtig, OLG Hamm MDR 1987, 770. Eine Schadensersatzpflicht kann dann fehlen, wenn eine Pfändung ins Leere gegangen ist, BAG NZA 2015, 1533; LAG Hamm MDR 1991, 88. Der Gläubiger braucht nur zu beweisen, dass bei einer rechtzeitigen vollständigen Auskunft der Prozess voraussichtlich vermeidbar gewesen wäre, LG Stgt Rpfleger 1990, 265. Der Drittschuldner ist dafür beweispflichtig, dass ihn an der Nichterfüllung seiner Auskunftspflicht kein Verschulden trifft, BGHZ 79, 275.

31 **2. Ausnahme: Mitverschulden des Gläubigers.** Der Gläubiger muss aber seinen Schaden auch nach § 254 BGB evtl. selbst teilweise oder ganz tragen. Das gilt dann, wenn er seine Interessen nicht ausreichend verfolgt, etwa wegen eines Verzichts auf eine weitere Vollstreckungsmaßnahme, BGH ZIP 1982, 1482.

3. Beispiele zur Frage einer Ersatzpflicht, II

32 **Amtlich bestellter Vertreter:** → „Berufsverbot".

Andere Vollstreckungsmöglichkeit: Es reicht, wenn dem Gläubiger durch die verspätete Auskunft andere Vollstreckungsmöglichkeiten entgehen, LAG Köln JurBüro 2009, 548. Auch → „Unterlassung der Pfändung".

Arrest: Die Kosten eines Rechtsstreits zur Hauptsache im Anschluss an ein Arrestverfahren nach §§ 916 ff. gehören **nicht** zum Schaden nach II 2, BGH NJW 1977, 1199. Auch → „Kostenerstattung".

Aufrechnung: Der Gläubiger kann gegen die Forderung des Drittschuldners auf die Erstattung seiner Prozesskosten in jenem Rechtsstreit nicht aufrechnen, vgl. BGH NJW 1981, 990.

Auskunftsanspruch: Der Gläubiger kann auch die Kosten eines Auskunftsanspruchs ersetzt verlangen, OLG Düss JurBüro 2011, 328; AG Köln JurBüro 2002, 326. Das gilt aber **nicht** für die Anwaltskosten einer weiteren Aufforderung des Gläubigers, BGH NJW-RR 2006, 1566.

Berufsverbot: Der amtlich bestellte Vertreter eines mit einem Berufsverbot belegten Anwalts haftet als Drittschuldner nur mit dem für die Kanzlei des Vertretenen erwirtschafteten Gewinn, AG Neumünster AnwBl 1989, 100.

Bezifferung: Soweit der Gläubiger eine Zahlungsklage erhebt, → „Zahlungsklage", auch durch eine Klageänderung nach → „Klageänderung", muss er seinen Schaden genau beziffern, LAG Hamm MDR 1982, 695.

Einrede: Nicht zur Ersatzpflicht nach II gehört ein solcher Schaden, den der Gläubiger dadurch erleidet, dass die Forderung mit einer Einrede behaftet ist, BGH NJW 1978, 44; Rixecker JurBüro 1982, 1761.

Fehlen einer Forderung: Nicht zur Ersatzpflicht nach II gehört ein solcher Schaden, den der Gläubiger dadurch erleidet, dass die Forderung in Wahrheit nicht besteht, BGH NJW 1978, 44; Rixecker JurBüro 1982, 1761.

Klageänderung: Der Gläubiger kann auch im Prozess den Schaden infolge einer mangelhaften Auskunftserteilung des Drittschuldners durch eine Klageänderung nach §§ 263, 264 geltend machen, BGH NJW 1981, 990; BSG NJW 1999, 895; OLG Düss NJW-RR 1988, 574. Es ist auch eine Umstellung auf eine Feststellung nach §§ 256, 263 denkbar, AG Oranienburg JurBüro 2010, 494. Auch → „Zahlungsklage".

Klageentschluss: Zur Ersatzpflicht gehören seine Kosten, LG Mönchengladb JurBüro 2009, 273.

Kostenerstattung: Zunächst → Rn. 25 und sodann → „Aufrechnung". Derjenige Anwalt, der in einer eigenen Sache nach der Erwirkung einer Arrestpfändung ein Gespräch mit dem Drittschuldner führt, um seine Zugriffsmöglichkeiten gegenüber dem Arrestschuldner zu klären, hat aber **keinen** Erstattungsanspruch, BGH WM 1983, 935.

Prozesskosten: Hierher können diejenigen einer Einziehung zählen, OLG Köln Rpfleger 2003, 670; OLG Stgt Rpfleger 1990, 265. Auch Prozesskosten sind erstattungsfähig, AG Wermelskirchen JurBüro 2012, 547; evtl. sogar vorprozessuale Anwaltskosten, AG Wuppert JurBüro 2013, 105.

Schadensersatz: → „Zahlungsklage"; → „Zeitversäumnis".

Sittenwidrigkeit: Es kann eine erweiterte Haftung aus § 826 BGB (neben derjenigen nach II) entstehen, BGH NJW 1987, 64.

Unterlassung der Pfändung: Zur Ersatzpflicht zählt der Schaden des Gläubigers infolge seines Entschlusses, keine Pfändung aus **diesem** Vertragstitel vorzunehmen, OLG Kblz WM 2013, 1025. Nicht zur Ersatzpflicht nach II gehört ein solcher Schaden, den der Gläubiger durch die Unterlassung der Pfändung aus einem **anderen** Vollstreckungstitel usw. erleidet, BGH NJW 1987, 64.

Ursächlichkeit: Nicht zur Ersatzpflicht nach II gehört ein solcher Schaden, der dem Gläubiger dadurch entsteht, dass er unabhängig von seiner Bemühung um die Befriedigung des Vollstreckungsanspruchs auf die Auskunft vertraut, LG Detm ZIP 1980, 1080.

Vergeblichkeit der Pfändung: Nicht zur Ersatzpflicht nach II gehört ein solcher Schaden, den der Gläubiger dadurch erleidet, dass die Pfändung ins Leere geht, LAG Hamm JurBüro 1991, 131.

Vollstreckung gegen Drittschuldner: Über sie muss er den Gläubiger informieren und ihm notfalls nach § 72 den Streit verkünden, LG Memmingen NJW-RR 2006, 998.

Weiterer Vollstreckungstitel: → „Unterlassung der Pfändung".

Wirksamkeit des Pfändungs- und Überweisungsbeschlusses: Ist der Pfändungs- und Überweisungsbeschluss unwirksam, entsteht keine Auskunftspflicht, OLG Hamm, BeckRS 2018, 28402.

Zahlungsaufforderung: Nicht zur Ersatzpflicht nach II zählt schon die anwaltliche vorgerichtliche, aM OLG Drsd NJW-RR 2011, 924.

Zahlungsklage: Der Gläubiger kann nicht auf eine Auskunft zu klagen, sondern muss sogleich auf Zahlung des Schadensersatzes klagen, OLG Stgt Rpfleger 1990, 265; AG Wermelskirchen JurBüro 2012, 547. Er kann auch nach → „Klageänderung" mit einer Klageänderung vorgehen. Auch → „Bezifferung".

Zuständigkeit: Stellt der Kläger seine auf Einziehung gepfändeten Arbeitseinkommens gerichtete Drittschuldnerklage auf eine Schadensersatzklage wegen Nichterfüllung der Erklärungspflicht nach I um, bleibt das angerufene Arbeitsgericht gemäß § 2 III ArbGG zuständig, LAG Köln, BeckRS 2020, 31555.

Zustellung: Keine Ersatzpflicht entsteht mangels wirksamer Zustellung des Pfändungs- und Überweisungsbeschlusses, BGH NJW-RR 2018, 637.

Zeitversäumnis: Der Schadensersatz kann auch eine Zeitversäumnis umfassen.

4. Verfahren. § 15a II 1 Nr. 6 EGZPO findet keine Anwendung, LG Ellwangen JurBüro 2009, 552; vgl. Hartmann NJW 1999, 3745 (3748). Für die Ersatzklage ist grundsätzlich das ordentliche Gericht zuständig, BAG NJW 1985, 1181; AG Geilenkirchen JurBüro 2003, 661; aM ArbG Dessau-Roßlau JurBüro 2012, 496; ArbG Passau NZA-RR 2006, 541. Jedoch ist das ArbG dann zuständig, wenn es zu einer Umstellung der dort erhobenen Einziehungsklage kommt, LAG Köln FA 2021, 28; LAG Köln AnwBl 1990, 277; ArbG Münst JurBüro 2021, 609, und in einer entsprechenden Lage das SG, BSG NJW 1999, 895. Der Gläubiger muss zur Schadensursächlichkeit nachvollziehbar vortragen, OLG Stgt JurBüro 2011, 443; LG Stgt Rpfleger 1990, 265. Der Drittschuldner hat eine erweiterte Darlegungslast, BGH NJW 1983, 687; LAG Bln DB 1991, 1336 (aber → Rn. 17). Der Gläubiger kann die Hauptsache nicht für erledigt erklären, sobald sich die Aussichtslosigkeit ergibt, BGH NJW 1981, 990; aM LG Wuppert JurBüro 2010, 664; vgl. auch LAG Hamm MDR 1982, 695. Er kann aber im Wege der Klageänderung seinen Schadensersatzanspruch und hiermit seine Kosten geltend machen, BGH NJW 1981, 990. Im arbeitsgerichtlichen Kostenfestsetzungsverfahren ist keine Geltendmachung solcher Schäden statthaft, LAG Mü JurBüro 2009, 554. 33

5. Notfalls Gläubigerklage. Notfalls darf und muss der Gläubiger seinen Schaden in einem besonderen Rechtsstreit mit einer Klageänderung nach §§ 263, 264 geltend machen, AG Lpz JurBüro 2014, 664. Der Gläubiger muss in einer Klage die Art der vom Schuldner ausgeübten Berufstätigkeit darlegen und die gepfändeten Lohnteile im Rahmen des angenommenen Erfolgs der Pfändung berechnen, soweit der Drittschuldner das alles nicht bereits kennt, LAG Hmb NJW-RR 1986, 743. Wer als Drittschuldner eine Erklärung unterlässt, gibt dem Gläubiger einen Anlass zur Erhebung der Klage nach § 93, BGH WM 1981, 386. Man darf aber daraus, dass der Drittschuldner seine Erklärung unterlässt oder nur mangelhaft abgibt, keine Folgerungen tatsächlicher Art ziehen. Das Prozessgericht prüft nicht die Voraussetzungen des § 850c VI. Es ist aber an deren Prüfung durch das Vollstreckungsgericht nach §§ 764, 802 gebunden, OLG Karlsr JurBüro 2009, 553. 34

841 *Pflicht zur Streitverkündung.* Der Gläubiger, der die Forderung einklagt, ist verpflichtet, dem Schuldner gerichtlich den Streit zu verkünden, sofern nicht eine Zustellung im Ausland oder eine öffentliche Zustellung erforderlich wird.

I. Systematik, Regelungszweck. Die Vorschrift erweitert §§ 72ff. von einem Streitverkündungsrecht zu einer Pflicht. Sie ergänzt ebenso wie § 842 den § 840. § 841 beruht auf der Sorgfaltspflicht des Pfändungspfandgläubigers. Die Vorschrift dient also dem Interesse des Schuldners, BGH NJW 1978, 1914. Ein Urteil im Prozess des Gläubigers gegen den Drittschuldner nach § 840 begründet keine innere Rechtskraft nach §§ 322, 265 für und gegen den Schuldner. Daraus zieht § 841 die notwendigen Folgerungen. 1

II. Geltungsbereich. Wenn der Gläubiger auf Grund eines Pfändungs- oder Überweisungsbeschlusses den Drittschuldner auf die Feststellung von dessen Leistungspflicht oder auf die Leistung verklagt, darf nicht nur, sondern muss der Gläubiger dem Schuldner den Streit nach §§ 72, 73 verkünden, sofern man nicht die Streitverkündung öffentlich nach § 185 oder im Ausland nach §§ 183, 184 zustellen müsste. Das gilt auch bei einer Überweisung an Zahlungs statt nach § 835 I und im arbeitsgerichtlichen Verfahren. Aus der Sachlage folgt, dass der Gläubiger aber nicht zweckdienliche Maßnahmen des beigetretenen Schuldners durchkreuzen darf. Er darf zB nicht auf ein Beweismittel verzichten. Soweit er den Streit verkündet, treten die Wirkungen der §§ 68, 74 ein. Vgl. ferner § 316 III AO. 2

III. Verstoß. Ein Verstoß gegen § 841 oder gegen die eben aufgestellte Regel verpflichtet den Gläubiger zum Schadensersatz gegenüber dem Schuldner. Die Zulässigkeit der Drittschuldnerklage wird nicht berührt. Ein etwaiges Verschulden seines Anwalts gilt wie stets im Prozess nach § 85 II als ein Verschulden der Partei. Wenn der Gläubiger dem Schuldner den Streit nicht nach § 72 verkündet hatte, muss er beweisen, dass er den Prozess auch bei einer ordnungsgemäßen Streitverkündung und dann verloren hätte, wenn infolgedessen ein weiteres Vorbringen möglich gewesen wäre. Wenn der Gläubiger Maßnahmen des Schuldners durchkreuzt, muss der Schuldner die Ursächlichkeit dieser Störungen für seinen Schaden beweisen. In keinem Fall kann der Drittschuldner aus solchen Vorgängen etwas für sich herleiten. 3

842 *Schadenersatz bei verzögerter Beitreibung.* **Der Gläubiger, der die Beitreibung einer ihm zur Einziehung überwiesenen Forderung verzögert, haftet dem Schuldner für den daraus entstehenden Schaden.**

1 **I. Systematik.** Wer sich eine Forderung nach § 835 I Hs. 1 zur Einziehung überweisen lässt, der muss die Forderung unverzüglich beitreiben. Er muss sie also außergerichtlich oder gerichtlich geltend machen und vollstrecken.

2 **II. Regelungszweck.** Die Regelung dient dem Interesse des Schuldners am Unterbleiben eines solchen zeitlich unzumutbaren Schwebezustands, der seine eigenen Rechte lähmen könnte. Das würde auch den Verhältnismäßigkeitsgrundsatz verletzen und evtl. zu einem ungerechten Ergebnis führen.

3 **III. Geltungsbereich: Einziehung nur zur Überweisung.** Die Vorschrift gilt nur bei einer Pfändung gerade zur Einziehung nach § 835 I Hs. 1. Bei einer Überweisung an Zahlungs statt nach § 835 I Hs. 2 ist § 842 nicht anwendbar. Denn die Überweisung an Zahlungs statt befriedigt den Gläubiger. Eine Verzögerung schädigt daher nur ihn.

4 **IV. Verzögerungsfolge: Schadensersatzpflicht.** Eine Verzögerung begründet eine Ersatzpflicht nach §§ 249 ff. BGB. Der Schaden kann in einem Rechtsverlust liegen, BGH NJW 1996, 48 (Verjährung). Ein Mitverschulden des Schuldners ist nach § 254 BGB beachtlich, LAG Hamm DB 1988, 1703. Vgl. ferner § 316 III AO.

843 *Verzicht des Pfandgläubigers.* **[1]Der Gläubiger kann auf die durch Pfändung und Überweisung zur Einziehung erworbenen Rechte unbeschadet seines Anspruchs verzichten. [2]Die Verzichtleistung erfolgt durch eine dem Schuldner zuzustellende Erklärung. [3]Die Erklärung ist auch dem Drittschuldner zuzustellen.**

1 **I. Systematik, S. 1–3.** Die Vorschrift gilt in einer Ergänzung zu § 835. Der Gläubiger darf auf die Rechte aus einem Pfändungs- oder Überweisungsbeschluss nach §§ 829 ff. ohne die Notwendigkeit einer Mitwirkung des Vollstreckungsgerichts nach §§ 764, 802 jederzeit verzichten. Dieser Verzicht ist eine Parteiprozesshandlung. Ein Verzicht auf das Recht aus der Pfändung vernichtet ohne weiteres das Recht aus der Überweisung. Ein Verzicht auf das Recht aus der Überweisung beseitigt aber nicht automatisch das Recht aus der Pfändung, Ehlenz/Joeres JurBüro 2010, 62 (65).

2 **II. Regelungszweck, S. 1–3.** Im Rahmen der in der Zwangsvollstreckung – begrenzt – geltenden Parteiherrschaft mag der Gläubiger nach einer Pfändung und Überweisung nach §§ 829 ff. aus vielerlei Gründen – etwa mit Blick auf § 842 – eine andere Vollstreckungsart bevorzugen oder zB derzeit auf eine Vollstreckung verzichten wollen, ohne den mühsam erkämpften Anspruch aus dem Vollstreckungstitel preiszugeben. Dann hilft ihm § 843. S. 1 ist daher auch zugunsten des Gläubigers auslegbar. Die Verzichtserklärung muss aber der Sache nach eindeutig sein. S. 2, 3 dienen der Rechtssicherheit.

3 **III. Geltungsbereich, S. 1–3.** Die Vorschrift gilt nur bei einer Überweisung zur Einziehung nach § 835 I Hs. 1. Bei einer Überweisung an Zahlungs statt nach § 835 I Hs. 2 kommt ein Verzicht wegen ihrer Befriedigungswirkung nicht in Betracht. Vgl. auch § 316 III AO.

4 **IV. Verzichtserklärung, S. 2.** Der Gläubiger sollte seine Verzichtserklärung grundsätzlich schriftlich abfassen, vgl. OLG Ffm WM 2012, 2283. Denn er muss sie gemäß S. 2, 3 dem Schuldner und dem Drittschuldner nach § 840 im Parteibetrieb nach §§ 191 ff. zustellen. Allerdings ist ein Verzicht auch bei Außerachtlassen dieser Form wirksam, BGH NJW 2002, 1788; Musielak FS Schilken, 2015, 749 (752). Der Verzicht ist eine Parteiprozesshandlung und daher unwiderruflich, bedingungsfeindlich und nicht anfechtbar, OLG Mü OLGR 1999, 277. Er wird grundsätzlich schon und erst im Zeitpunkt der Zustellung dieser Erklärung an den Schuldner wirksam. Die bloße Zustellung an den Drittschuldner lässt die Wirksamkeit der Pfändung unberührt. Der Drittschuldner hat bis zur Kenntnis des Wirksamwerdens des Verzichts nach § 836 II einen Schutz. Die Rücknahme des Antrags steht dem Verzicht gleich; ein etwaiger Pfändungsbeschluss kann zur Klarstellung aufgehoben werden, OLG Köln JurBüro 1995, 387.

5 **V. Verzichtsfolgen, S. 1, 3.** Mit dem Verzicht erlöschen nur die Rechte aus dem bisherigen Vollstreckungstitel. Eine neue Vollstreckung oder Pfändung bleibt zulässig, AG Bln-Neukölln DGVZ 1986, 78. Sie hat jedoch ggf. nach § 804 III einen schlechteren Rang. Eine förmliche Aufhebung des Beschlusses ist zwar entbehrlich. Sie ist aber auf einen Antrag des Gläubigers, Schuldners oder Drittschuldners nach § 840 zur Klarstellung zulässig, BGH NJW 2002, 1788. Evtl. kann auch ein sachlich-rechtlicher Verzicht in der Form einer einfachen Erklärung genügen. § 843 zeigt nur den unbedingt richtigen Weg, BGH NJW 1983, 886.

6 Im Umfang des Verzichts verliert der klagende Gläubiger seine bisherige **Sachbefugnis.** Es rücken nachrangige Gläubiger auf. Es ist auch ein Teilverzicht statthaft, BAG NJW 1975, 1575. Es ist auch eine Stundung zulässig. Der Gläubiger darf sie aber nicht auf Kosten eines nachrangigen Gläubigers erklären. Ein Rangrücktritt ist weniger als ein Verzicht.

844 *Andere Verwertungsart.* **[I] Ist die gepfändete Forderung bedingt oder betagt oder ist ihre Einziehung wegen der Abhängigkeit von einer Gegenleistung oder aus anderen Gründen mit Schwierigkeiten verbunden, so kann das Gericht auf Antrag an Stelle der Überweisung eine andere Art der Verwertung anordnen.**

[II] Vor dem Beschluss, durch welchen dem Antrag stattgegeben wird, ist der Gegner zu hören, sofern nicht eine Zustellung im Ausland oder eine öffentliche Zustellung erforderlich wird.

1 **I. Systematik, I, II.** § 844 ähnelt dem § 825, LG Freib DGVZ 1982, 186. Die Vorschrift lässt eine anderweitige Verwertung einer gepfändeten Forderung als eine Ausnahme von § 835 nur auf Grund einer Anordnung des Gerichts zu. Sie kommt zB auch bei §§ 817a II 2, 821, 825 vor.

II. Regelungszweck, I, II. § 844 dient wie die eben genannten vergleichbaren Vorschriften den wohlverstandenen Interessen beider Parteien an der Verhinderung einer Wertverschleuderung usw., OLG Düss Rpfleger 2000, 400. 2

III. Geltungsbereich, I, II. Die Vorschrift gilt auch bei § 857, OLG Düss Rpfleger 2000, 400; OLG Ffm WM 1977, 89; LG Gießen JurBüro 1999, 49. Das Gericht muss jede der folgenden Voraussetzungen beachten. 3

1. Bestimmtheit, Bedingung, Betagtheit. Die Forderung muss bestimmt oder bestimmbar sein, LG Gießen JurBüro 1999, 49. Sie muss außerdem betagt oder bedingt sein, etwa dann, wenn sie erst künftig fällig wird. 4

2. Abhängigkeit von Gegenleistung. Statt → Rn. 3 reicht es auch, dass die Forderung von einer Gegenleistung abhängig ist. 5

3. Schwierigkeit der Einziehung. Statt → Rn. 3 oder 4 reicht es auch, dass die Einziehung der Forderung aus anderen Gründen ungewöhnlich schwierig ist. Das gilt etwa wegen einer Insolvenz des Drittschuldners nach § 840 oder dann, wenn es sich um einen Anteil an einer Gesellschaft handelt, zB einer GmbH, vgl. BGH NJW 2021, 637 Rn. 32; BeckRS 2020, 39601 Rn. 30, oder einer Kommanditgesellschaft, OLG Düss BeckRS 2020, 26353, oder um den Anteil an einer Gemeinschaft, zB einer Erbengemeinschaft, Eickmann DGVZ 1984, 65. Man kann hierbei auch die Vollstreckung in sammelverwahrte „Wertrechte" rechnen, vgl. AG Zeitz BeckRS 2020, 19561 (sammelverwahrte Investmentfondsanteile); Erk Rpfleger 1991, 236. Das Gericht muss die Interessen des Schuldners mitbeachten. Eine Vereinbarung zwischen dem Gläubiger und dem Schuldner ist kein ausreichender Grund zu einer anderweitigen Verwertung. 6

4. Weitere Bedingungen. Eine freiwillige Verpfändung steht im Allgemeinen einer Pfändung gleich. Es wäre nicht sinnvoll, erneut zu pfänden. Bei einer Hypothek muss aber ein solcher Vollstreckungstitel vorliegen, der die Pflicht des Schuldners enthält, die Zwangsvollstreckung zu dulden. Ein bloßes Zahlungsurteil reicht nicht aus. Die Anordnung einer anderweitigen Art der Verwertung ersetzt den Überweisungsbeschluss nach § 835. Die Anordnung darf daher unter anderem nur dann ergehen, wenn die Voraussetzungen des Überweisungsbeschlusses noch vorliegen. Die Anordnung des Gerichts ist noch nach einer Überweisung zur Einziehung zulässig, nicht aber nach einer Überweisung nur an Zahlungs statt. Das Gericht darf seine Anordnung nur in derjenigen Höhe treffen, in der die Pfändung wirksam erfolgte. Eine Anordnung nach § 844 darf die Rechtsstellung des Gläubigers nicht über §§ 829 ff. hinaus beliebig ausdehnen. 7

IV. Verwertung, I. 1. Grundsatz: Anwendbarkeit des § 825. Es gelten grundsätzlich dieselben Regeln wie bei → § 825 Rn. 14–23. Vor allem sind statthaft die Anordnung eines freihändigen Verkaufs oder die Anordnung der Versteigerung der Forderung oder des Rechts, AG Elmsh DGVZ 1993, 190. Beide Maßnahmen nimmt entweder der Gerichtsvollzieher vor, LG Hann DGVZ 1990, 140, oder ein solcher anderer, den das Gericht bestimmen muss. Diese Personen müssen die vom Gericht erlassenen Vorschriften beachten. Wenn solche Vorschriften fehlen, geht der Gerichtsvollzieher entsprechend §§ 816 ff. vor, Eickmann DGVZ 1984, 65, im Übrigen nach dem BGB. Ein Mindestgebot ist mangels einer gerichtlichen Anordnung nicht erforderlich, LG Kref Rpfleger 1979, 147; aM AG Elmsh DGVZ 1993, 190 (zu streng). Man muss aber eine Wertverschleuderung vermeiden, Vogelmann/Körner DNotZ 2018, 485. Daher ist evtl. eine Abweisung dann nötig, wenn die sonstige Verwertung dann zunächst scheitern könnte, OLG Düss Rpfleger 2000, 400. Bei einem freihändigen Verkauf erlangt der Erwerber das Eigentum an der Sache auf Grund eines Vertrags nach dem bürgerlichen Recht. Der private Versteigerer verkauft die Forderung dem Erwerber nach § 156 BGB. Es handelt sich also um ein Privatrechtsgeschäft. Daher sind bei einer Hypothek §§ 892 ff. BGB anwendbar. Der Gläubiger kann mitbieten. 8

2. Weitere Möglichkeiten. Bei einem indossablen Papier und vor allem bei einem Wechsel genügen zum Erwerb die Erteilung des Zuschlags und die Übergabe des Wechsels ohne ein Indossament. Bei der Versteigerung einer Hypothek ersetzt der Zuschlag die Abtretungserklärung. Bei einer Teilversteigerung ist ein Teilhypothekenbrief erforderlich. Der Gläubiger darf mitbieten. Der Erlös wird entsprechend § 819 abgeführt. Eine erlaubte freihändige Veräußerung der Hypothek ermöglicht einen gutgläubigen Erwerb ebenso wie ein Beschluss auf eine Überweisung an Zahlungs statt an den Veräußerer. Es ist auch eine Überweisung an Zahlungs statt zum Schätzwert unter oder über dem Nennwert zulässig, BGH MDR 2019, 125; NJW 2005, 3353; LG Kref Rpfleger 1979, 147; aM Boecker MDR 2007, 1234 (zu streng). Diese Überweisung befriedigt den Gläubiger in Höhe dieses Schätzwerts. In Betracht kommt auch zB eine Verwaltung oder Verpachtung. 9

V. Verfahren, II. 1. Allgemeines. Der Gläubiger oder der Schuldner muss einen Antrag stellen. Bei elektronischer Einreichung gelten §§ 130a–130d. Wenn ein nach § 826 im Anschluss pfändender Gläubiger den Antrag stellt, kann der frühere Gläubiger nicht nach § 771 eine Widerspruchsklage erheben. Er kann vielmehr die Erinnerung nach § 766 einlegen. Der Drittschuldner nach § 840 ist nicht antragsberechtigt. Der Antragsteller muss nachweisen, dass eine Pfändung stattgefunden hat. Zur Entscheidung über den Antrag ist der Rpfleger des Vollstreckungsgerichts des Gerichtsstands des Schuldners zur Zeit der Antragstellung nach §§ 802, 828, § 20 I Nr. 17 S. 1 RPflG ausschließlich zuständig. Eine sachliche Unzuständigkeit des Vollstreckungsgerichts macht die Anordnung und die Verwertung unrechtmäßig. Zur Anordnung besteht dann, wenn sie nach dem pflichtgemäßen Ermessen des Gerichts ratsam ist, eine Amtspflicht. 10

Das Gericht darf und muss den Wert selbst schätzen und dazu evtl. einen **Sachverständigen** hinzuziehen, LG Kref Rpfleger 1979, 147; AG Elmsh DGVZ 1993, 190. 11

2. Anhörung des Gegners. Das Vollstreckungsgericht muss den Antragsgegner, also je nach der Sachlage den Gläubiger, auch einen vorrangigen, oder den Schuldner evtl. anhören. Das gilt dann, wenn es dazu neigt, dem Antrag stattzugeben. Selbst dann ist eine Anhörung nicht erforderlich, wenn das Gericht die Entscheidung nach §§ 183, 184 im Ausland oder nach §§ 185 ff. öffentlich zustellen müsste. Eine Anhörung des Drittschuldners nach § 840 ist nicht notwendig. Es ist allerdings immer zweckmäßig, alle Beteiligten anzuhören, um einen unberechtigten Eingriff zu vermeiden. Die Anhörung erfolgt nach § 764 III mündlich oder elektronisch oder schriftlich. Wegen der Anhörung und wegen § 834 kommt eine Entscheidung erst nach einer Pfändung in Betracht. 12

3. Entscheidung. Der Rpfleger entscheidet nach §§ 329, 764 III grundsätzlich durch einen Beschluss. Er muss ihn begründen. Er stellt einen ablehnenden Beschluss dem Antragsteller nach § 329 III förmlich zu. Einen 13 anordnenden Beschluss stellt der Rpfleger dem Gläubiger und dem Schuldner nach § 329 III ebenso zu. Er sollte ihn zweckmäßigerweise dem Drittschuldner nach § 840 formlos mitteilen, aM Boecker MDR 2007, 1234 (förmliche Zustellung ratsam). Kosten: § 788.

14 **Gebühren:** des Gerichts: keine; des Anwalts: VV 3309, 3310 RVG; des Gerichtsvollziehers: KV 300 GvKostG.

15 **VI. Rechtsbehelfe, I, II.** Sie hängen von der Anhörungsfrage ab.

16 **1. Nach Anhörung.** Jeder Beschwerte, auch der Drittschuldner nach § 840, OLG Ffm BB 1976, 1147, kann nach § 11 I RPflG, §§ 567 I Nr. 1, 793 vorgehen, soweit der Rpfleger seine Entscheidung nach einer Anhörung des Antragsgegners getroffen hat (nicht notwendig nach einer mündlichen Verhandlung).

17 **2. Mangels Anhörung.** Wenn der Rpfleger eine bloße Maßnahme ohne eine Anhörung getroffen hatte, ist die einfache Erinnerung nach § 766 statthaft, AG Bln-Schöneb DGVZ 1988, 188.

845 *Vorpfändung.* **I [1]Schon vor der Pfändung kann der Gläubiger auf Grund eines vollstreckbaren Schuldtitels durch den Gerichtsvollzieher dem Drittschuldner und dem Schuldner die Benachrichtigung, dass die Pfändung bevorstehe, zustellen lassen mit der Aufforderung an den Drittschuldner, nicht an den Schuldner zu zahlen, und mit der Aufforderung an den Schuldner, sich jeder Verfügung über die Forderung, insbesondere ihrer Einziehung, zu enthalten. [2]Der Gerichtsvollzieher hat die Benachrichtigung mit den Aufforderungen selbst anzufertigen, wenn er von dem Gläubiger hierzu ausdrücklich beauftragt worden ist. [3]An Stelle einer an den Schuldner im Ausland zu bewirkenden Zustellung erfolgt die Zustellung durch Aufgabe zur Post, sofern die Zustellung nicht nach unmittelbar anwendbaren Regelungen der Europäischen Union zu bewirken ist.**

II [1]Die Benachrichtigung an den Drittschuldner hat die Wirkung eines Arrestes (§ 930), sofern die Pfändung der Forderung innerhalb eines Monats bewirkt wird. [2]Die Frist beginnt mit dem Tag, an dem die Benachrichtigung zugestellt ist.

Schrifttum: Waldschmidt JurBüro 2016, 118 (Grdz.).

1 **I. Systematik, I, II.** Die Vorschrift betrifft den Zeitraum vor einer Pfändung nach §§ 829 ff. Sie eröffnet eine zusätzliche Möglichkeit, rasch eine Sicherung herbeizuführen, bevor eine Verwertung möglich ist. Die Vorschrift ist dann unanwendbar, wenn nicht das Gericht pfändet, sondern der Gerichtsvollzieher, also bei einem indossablen Papier nach § 831. Dagegen ist § 845 auch auf die Pfändung eines Herausgabeanspruchs sowie dann anwendbar, wenn ein Drittschuldner nach § 840 fehlt, ferner nach → Rn. 20 dann, wenn es um eine Hypothekenforderung geht. Die Ankündigung einer künftigen Anfechtung nach § 4 AnfG ist der Vorpfändung ähnlich. Sie hat aber doch andere nicht so weitreichende Wirkungen, BGH NJW 1983, 1738. Zur InsO Viertelhausen KTS 1999, 433 (442).

2 **Nicht verwechseln** darf man die Vorpfändung des § 845 mit der vorläufigen Pfändung einer Forderung auf Grund eines Beschlusses nach der Verordnung (EU) Nr. 655/2014 (Kontenpfändungsverordnung, EuKtPVO), dazu §§ 946 ff.

3 **II. Regelungszweck, I, II.** Der Gedanke des zeitlichen Vorrangs nach § 804 III schlägt auch bei der Verwertung mittels einer Pfändung usw. durch. Deshalb hat § 845 in der Praxis eine berechtigt hohe Bedeutung, Hascher/Lammers DGVZ 2009, 92. Der Gläubiger muss allerdings nach II 1 die Pfändung rechtzeitig bewirken.

4 II verweist auf § 930, dessen Sicherungszweck ähnlich ist. § 845 soll ähnlich wie § 929 III 1 dem Gläubiger bei der Zwangsvollstreckung wegen einer Geldforderung einen Rang sichern, Hascher/Lammers DGVZ 2009, 92. Das gilt auch bei derjenigen in eine Forderung und in ein sonstiges Recht, soweit nicht § 865 anwendbar ist. Die Vorschrift soll dem Gläubiger dadurch trotz der Möglichkeiten des § 842 einen solchen Schaden ersparen, der ihm durch die Verzögerung einer gerichtlichen Pfändung entstehen könnte, BayObLG Rpfleger 1985, 58; OLG Ffm MDR 1994, 843; LAG Köln MDR 1995, 423. Auch vorsorglich viele Vorpfändungen sind grundsätzlich statthaft, Schöler MDR 2009, 184 (auch zu den Grenzen).

5 **III. Geltungsbereich: Vor einer Pfändung; vollstreckbarer Schuldtitel, I, II. 1. Voraussetzungen.** Zugunsten des Gläubigers muss ein nach §§ 708 ff. vorläufig vollstreckbarer Schuldtitel bestehen.

6 Der Gläubiger darf wegen dieses Vollstreckungstitels noch keine eigentliche Pfändung nach §§ 829 ff. veranlasst haben. Ein Pfändungsantrag darf also noch nicht nach → Rn. 1 zum Pfändungsvorgang geführt haben.

2. Beispiele zur Frage eines vollstreckbaren Schuldtitels, I, II

7 **Arrest, einstweilige Verfügung:** Ausreichend ist ein Titel nach §§ 916 ff. oder §§ 935 ff.

Bedingte Vollstreckbarkeit: Bei ihr muss man § 726 I beachten.

Besitz des Titels: Nicht notwendig ist der jetzige körperliche Besitz des Vollstreckungstitels beim Gläubiger oder Gerichtsvollzieher, LG Ffm Rpfleger 1983, 32.

Fristablauf: Notwendig ist er bei einem Kalendertag nach § 751 I. **Nicht** notwendig ist der Ablauf der Wartefrist des § 750 III.

Kostenfestsetzungsbeschluss: Ausreichend ist ein solcher nach § 104. **Nicht** ausreichend für eine Kostenerstattungsforderung ist das zugrundeliegende Urteil.

Oder-Konto: Bei ihm erfasst die Vorpfändung nicht das Recht eines weiteren Oder-Kunden vor **dessen** Mitpfändung, OLG Drsd MDR 2001, 580.

Pfändbarkeit: Notwendig ist sie nach §§ 829 ff. im Zeitpunkt der Zustellung der Vorpfändung an den Drittschuldner nach § 840, BGH MDR 2012, 54.

Rechtsnachfolge: Nicht notwendig ist bei der Vorpfändung gegen einen Rechtsnachfolger eine schon jetzt erfolgende Umschreibung nach § 727.

Sicherungspfändung: Ausreichend ist ein Titel nach § 720a. Der Gläubiger braucht eine etwa erforderliche Sicherheit noch nicht geleistet zu haben. Wegen des Fehlens der hier nicht notwendigen Wartefrist nach § 750 III → „Fristablauf".

Sofortige Vollstreckbarkeit: Notwendig ist dieser Grad. Er liegt aber auch bei einer vorläufigen Vollstreckbarkeit nach §§ 708 ff. vor.

Steuersache: Bei einer Vorpfändung ist § 46 VI AO zu beachten, BGH MDR 2012, 54; LG Essen Rpfleger 2011, 95. Vgl. auch Wilke NJW 1978, 2381 und Buciek DB 1985, 1428.
Vollstreckbare Ausfertigung: Nicht notwendig ist bereits jetzt ihr Bestehen nach §§ 724 ff., § 802a II 1 Nr. 5 Hs. 1, 2, AG Gelnhausen JurBüro 1999, 101, auch nicht bei §§ 728, 729 und bei einer Rechtsnachfolge nach § 727.
Vollstreckungsklausel: Es gilt dasselbe wie bei der → „Vollstreckbaren Ausfertigung".
Vorläufige Vollstreckbarkeit: → „Sofortige Vollstreckbarkeit".
Zug um Zug: Bei einer solchen Verurteilung nach § 756 muss das bisherige Verfahren nach § 765 abgelaufen sein.
Zustellung: Nicht notwendig **vor** der Vorpfändung ist eine gleichzeitige Parteizustellung nach §§ 191 ff. wegen des Vollstreckungstitels nach § 750 I und wegen der Urkunden nach § 750 III. Das folgt aus § 802a II 1 Nr. 5 Hs. 2, KG MDR 1981, 412; LG Ffm Rpfleger 1983, 32; Zöller/Herget Rn. 2. Wegen der **Vornahme** der Vorpfändung → Rn. 12.

IV. Vornahme, I 1, 3. Zuständig ist nach § 802a II 1 Nr. 5 Hs. 1 der Gerichtsvollzieher, vgl. auch § 16 GVO. Für eine wirksame Vorpfändung sind die folgenden Maßnahmen notwendig. Wartefristen nach § 798 oder § 750 III müssen nicht eingehalten werden, BGH NJW 1982, 1150; AG Karlsr-Durl NZI 2022, 348. 8

1. Benachrichtigung. Der Gläubiger muss den Drittschuldner nach § 840 und den Schuldner von der bevorstehenden Pfändung benachrichtigen lassen. Die Benachrichtigung muss zumindest auf Gläubigerverlangen nach § 126 III 1 GVGA gerade „durch den Gerichtsvollzieher" erfolgen. Sie muss den vollstreckbaren Titel angeben. Sie muss nach § 126 III 4 GVGA die Forderung auch nach Gläubiger, Schuldner und Rechtsgrund eindeutig kennzeichnen, BGH NJW 2001, 2976, zumindest in allgemeinen Umrissen, BGH NJW-RR 2005, 1361. Sie muss ferner angeben, dass die Voraussetzungen → Rn. 1–7 vorliegen. Ein Nachweis ist dann nicht erforderlich. Es reicht aus, dass eine Nachprüfung möglich ist. Ungenauigkeiten bei der Bezeichnung der Forderung schaden hier ebenso viel oder wenig wie bei einer Pfändung nach → § 829 Rn. 10, vgl. auch BGH NJW-RR 2008, 1164. Eine vom Gläubiger gefertigte Benachrichtigung stellt der Gerichtsvollzieher nach § 126 IV 1, 2 GVGA zu. 9

2. Aufforderung. Der Drittschuldner nach § 840 muss die Aufforderung erhalten, nicht an den Schuldner zu zahlen, sog. Arrestatorium. Schon wegen der Rechtsbehelfsmöglichkeit ist außerdem eine Aufforderung an den Schuldner nötig, sich jeder Verfügung über die Forderung zu enthalten, sog. Inhibitorium. Diese Aufforderung ist zwar für die Wirksamkeit der Vorpfändung ebenso unwesentlich wie für die Wirksamkeit der Pfändung. Wenn der Gläubiger die Aufforderung versäumt, kann er sich allerdings ersatzpflichtig machen. 10

Umstritten ist, ob der Gläubiger mit dem vorläufigen Zahlungsverbot zugleich die Bitte an den Drittschuldner verbinden darf, die sich aus § 840 I ergebenden Auskunftspflichten bereits jetzt zu erfüllen, und der Gerichtsvollzieher eine mit diesem Zusatz versehene Vorpfändung zustellen muss, AG Bonn BeckRS 2021, 24284; AG Heilbronn DGVZ 2021, 146; AG Calw DGVZ 2021, 67 (dagegen); AG Hildesheim DGVZ 2021, 242 (dafür). Das vom AG Hildesheim verwendete Argument, es stünde dem Drittschuldner im Rahmen seiner Privatautonomie frei, eine solche Bitte zu erfüllen, überzeugt insoweit allerdings nicht. Es geht nicht um die Frage, ob der Drittschuldner Informationen an den Gläubiger übermitteln darf oder nicht, sondern darum, ob der Gläubiger im Rahmen einer Zwangsvollstreckungsmaßnahme, worum es sich bei der Vorpfändung handelt, seinen Handlungsspielraum über das gesetzlich Vorgesehene hinaus ausdehnen darf. Mit Blick darauf, dass II 1 der Vorpfändung ausdrücklich die formale Wirkung eines Arrests beilegt und sie damit eine verpflichtende Wirkung (auch) gegenüber dem Drittschuldner (Arrestatorium) entfaltet, sind Zusätze, die aus Sicht des Drittschuldners eine zusätzliche (Auskunfts-) Pflicht zu begründen scheinen, nicht zuzulassen, vgl. BeckOK ZPO/Riedel Rn. 31. 11

3. Zustellung. Wegen der Lage **vor** der Vorpfändung → Rn. 7 „Zustellung". 12

Bei der eigentlichen **Vornahme** gilt: Der Gläubiger kann die Erklärungen nach → Rn. 8, 10 dem Gerichtsvollzieher auch durch ein Telefax übermitteln, Müller DGVZ 1996, 85 (88); aM LG Mü DGVZ 2021, 120; Kerres DGVZ 1997, 9. Dieser muss sie im Parteibetrieb nach §§ 191 ff. dem Drittschuldner nach § 840 und dem Schuldner zustellen, LG Marbg DGVZ 1983, 119, und zwar auch eine Ablichtung oder Abschrift der Urkunde über die an den Drittschuldner bewirkte Zustellung, LG Stgt DGVZ 1990, 15. Eine vollstreckbare Ausfertigung und eine Zustellung auch des Schuldtitels ist aber nach § 802a II Nr. 5 Hs. 2 und § 126 II 3 GVGA nicht nötig. Der Gerichtsvollzieher prüft dabei die Voraussetzungen nach → Rn. 1–7 nicht. Eine Ersatzzustellung nach §§ 178 ff. ist zulässig. Anstelle einer Zustellung im Ausland erfolgt nach I 3 grundsätzlich eine Aufgabe zur Post. Freilich muss der Gerichtsvollzieher eine etwa vorrangige notwendige Auslandszustellung nach I 3 vornehmen. Zur Neufassung von I 3 → § 829 Rn. 41. Eine öffentliche Zustellung nach §§ 185 ff. ist grundsätzlich wirkungslos, ebenso eine Zusendung per E-Mail, vgl. LG Hechingen DGVZ 1986, 188; LG Kblz DGVZ 1984, 58. Die Zustellung an den Drittschuldner ist wesentlich. Sie bestimmt auch den Zeitpunkt des Wirksamwerdens der Vorpfändung, LG Essen Rpfleger 2011, 95. Die Zustellung an den Schuldner hat nur für einen etwaigen bösen Glauben des Schuldners eine Bedeutung, BayObLG Rpfleger 1985, 58. Der Gerichtsvollzieher darf eine Zustellung dann ablehnen, wenn der Drittschuldner eine Auskunft geben soll, AG Heilbr DGVZ 2017, 57. 13

4. Verzicht. Ein Verzicht auf eine Vorpfändung ist im Rahmen von § 843 zulässig. 14

5. Verstoß. Es kann ein wesentliches Merkmal fehlen, etwa bei einer bloßen Benachrichtigung des Drittschuldners ohne den Gerichtsvollzieher oder bei einer Immunität nach § 18 GVG, BGH BeckRS 2007, 11748. Dann ist die Vorpfändung unwirksam, LG Hechingen DGVZ 1986, 188. Freilich kann nach § 189 eine Mängelheilung eintreten, so schon AG Biedenkopf MDR 1983, 588. 15

V. Anfertigung durch den Gerichtsvollzieher, I 2. 1. Grundsatz: Zulässigkeit. Der Gerichtsvollzieher darf die Benachrichtigung mit den Aufforderungen selbst anfertigen und zustellen, Arnold MDR 1979, 358. Denn er hat oft am ehesten und besten eine Kenntnis der pfändbaren Forderungen des Schuldners. Er kann die Zwangsvollstreckung durch einen schnelleren Zugriff auf die Forderungen wirksamer gestalten. Nach § 857 VII ist I 2 im Anwendungsbereich von § 857 unanwendbar. Denn der Gerichtsvollzieher wäre dann mit der Klärung von Rechtsfragen überfordert, und man muss eine Amtshaftung vermeiden. Auf eine hohe Erfolgsaussicht kommt es nicht an, LG Wiesb DGVZ 2003, 156; strenger AG Darmst DGVZ 2003, 159. 16

17 **2. Antrag.** Der Gerichtsvollzieher darf aber die Benachrichtigung und die Aufforderungen nur auf Grund eines ausdrücklichen mündlichen oder nach den §§ 130a–130d auch elektronischen oder eines schriftlichen Auftrags des Gläubigers vornehmen. Der Gerichtsvollzieher darf also nicht schon im bloß angenommenen Einverständnis des Gläubigers vorgehen, ebenso wenig auf Grund eines nach seiner Meinung stillschweigenden Auftrags. Die Anfertigung der Benachrichtigung durch den Gerichtsvollzieher ist also keineswegs mehr ohne einen ausdrücklichen Auftrag des Gläubigers zulässig. Der Gläubiger kann diesen ausdrücklichen Auftrag aber mit einem allgemeinen Vollstreckungsauftrag verbinden. Die Gesamterklärung ist wie sonst auslegbar.

18 **3. Verstoß.** Dazu Müller NJW 1979, 905; Münzberg DGVZ 1979, 161. Ein Verstoß gegen diese Vorschrift mag die Zwangsvollstreckung als einen Staatsakt trotzdem zunächst wirksam lassen.

19 **VI. Wirkung, II. 1. Fristabhängigkeit.** Die Vorpfändung wirkt vom Zeitpunkt der Zustellung an den Drittschuldner an nach § 829 III, § 126 I 2 GVGA wie eine Arrestpfändung nach § 930. Sie wirkt also wie ein vollzogener Arrest, wie eine Beschlagnahme, BGH MDR 2016, 1290, aber auch nicht weitergehend, OLG Drsd MDR 2001, 580. Das gilt auch bei einer Sicherungspfändung nach § 720a, BGH NJW 1985, 863. Der Adressat muss im Rahmen des Zumutbaren handeln, LG Hann NVwZ-RR 2005, 764. Diese Arrestwirkung tritt aber nach § 126 I 2 GVGA nur dann ein, wenn die Pfändung binnen 1 Monat nachfolgt, BGH NJW 2001, 2976; LG Hmb ZMR 2012, 948; LG Karlsr Rpfleger 1997, 268. Man nimmt am besten ein auflösend bedingtes Pfandrecht an, LAG Ffm DB 1989, 1732. Die Annahme, es sei ein aufschiebend bedingtes Pfandrecht, hilft nicht weiter. Denn das Gesetz hält die Vorpfändung nicht mehr für anfechtbar, außer wenn es sich um ihre rangsichernde Wirkung handelt, Meyer-Reim NJW 1993, 3041. Die Bedingung entfällt mit einer fristgemäßen Pfändung, also mit der Zustellung des Pfändungsbeschlusses an den Drittschuldner nach § 840. Das Pfandrecht hat also den Rang der Vorpfändungszeit, nicht einer späteren Erweiterung, BGH NJW 2001, 2976. Eine Aufforderung nach § 840 I, II ist unstatthaft, BGH NJW 1977, 1199. Zum Gesellschaftsanteil Takjas/Schlüter ZIP 2017, 1699.

20 Eine **Verfügung** über die Sache nach dem Zeitpunkt der Vorpfändung und vor der Pfändung nach §§ 829 ff. ist dem Gläubiger gegenüber unwirksam. § 408 II BGB ist unanwendbar, LG Hildesh NJW 1988, 1916. Die Eröffnung des Insolvenzverfahrens macht eine Vorpfändung unwirksam. Für eine Anfechtung der Pfändung im Insolvenzverfahren ist der Zeitpunkt der Pfändung maßgebend, BGH NJW 2006, 1870. Bei einer Hypothekenforderung nach §§ 830, 830a ist weder eine Übergabe des Hypothekenbriefs noch eine Eintragung erforderlich. Die Eintragung ist aber generell statthaft, OLG Naumb Rpfleger 2016, 222. Diese Maßnahmen sind erst zur endgültigen Pfändung notwendig. Die Vorpfändung erfordert aber natürlich diese nachfolgende Pfändung in der Monatsfrist. Ein Wegnahmeauftrag an den Gerichtsvollzieher oder ein Eintragungsantrag beim Grundbuchamt reichen zur Fristwahrung ebenso wenig wie die Zustellung der Vorpfändung beim Drittschuldner.

21 **2. Frist von 1 Monat.** Sie beginnt im Zeitpunkt der Zustellung der Vorpfändung an den Drittschuldner nach → Rn. 12. Diese muss daher nach § 126 II 1 GVGA besonders beschleunigt erfolgen. Der Gerichtsvollzieher beurkundet sie nach § 126 II 1, 2 GVGA genau oder veranlasst das durch den Postboten. Die Monatsfrist ist keine Notfrist nach § 224 I 2. Daher sind §§ 233 ff. unanwendbar. Sie berechnet sich nach § 222, § 187 I BGB. Man kann sie nicht wie bei § 224 I 1 verlängern. Wenn der Gläubiger die Vorpfändung wiederholt, läuft eine neue Frist. Diese Frist beginnt mit der neuen Zustellung. Sie begründet nach → Rn. 19 ein auflösend bedingtes Pfandrecht. Ein ProzBev nach § 81 muss bei einer nachfolgend beabsichtigten Pfändung evtl. nach § 85 II das Vollstreckungsgericht auf den Fristablauf hinweisen, OLG Hamm MDR 1998, 503.

22 **3. Pfändung.** Sie ist im Grunde nichts anderes als der Ausspruch, das durch die Vorpfändung begründete Pfandrecht bestehe zu Recht, LG Kblz MDR 1983, 587; Meyer-Reim NJW 1993, 3041. Sie wirkt rechtsbestätigend, Hascher/Lammers DGVZ 2009, 92. Sie muss sich auf dieselbe Forderung beziehen wie die Vorpfändung. Sie braucht aber nicht auf die Vorpfändung zu verweisen. Sie erstreckt sich auf zwischenzeitliche Erhöhungen der Vorpfändung etwa bei einem Kontokorrent. Wenn die Vollpfändung wegen eines geringeren Betrags als die Vorpfändung erfolgt, bleibt die Vorpfändungswirkung nur wegen des geringeren Betrags bestehen, BGH NJW 2001, 2976.

23 Alle **anschließenden Veränderungen** stören die Wirksamkeit der Vorpfändung und den dadurch nach § 804 III begründeten Rang nicht, soweit sie nicht die Pfändung ausschließen und dadurch den Fristablauf herbeiführen. Es sind zB eine Veräußerung des Grundstücks und der Zuschlag in der Zwangsversteigerung bei einer Mietvorpfändung unbeachtlich. Wenn die Pfändung aber wegen der Eröffnung des Insolvenzverfahrens oder der Anordnung der Beschlagnahme in der Liegenschaftsvollstreckung unzulässig wird, verliert auch die Vorpfändung ihre Wirkung, LG Detm Rpfleger 2007, 274. Das gilt auch bei einer dauernden und nicht nur zeitweiligen Einstellung der Zwangsvollstreckung. Die Überweisung nach § 835 verlangt immer eine endgültige Pfändung nach § 829. Eine akzeptierte Zahlung des Drittschuldners nach § 840 lässt das Rechtsschutzbedürfnis für eine Pfändung entfallen, LG Frankenth Rpfleger 1985, 245.

24 **4. Bedingter Arrest.** Die Vorpfändung wirkt wie ein bedingter Arrest nach §§ 916 ff. Daher ist sie eine Vollstreckungsmaßnahme, LAG Ffm DB 1989, 1732; Hascher/Lammers DGVZ 2009, 92. Deshalb ist auch die Vorpfändung während eines Insolvenzverfahrens über das Vermögen des Schuldners unzulässig. Die Eigenart der Vorpfändung liegt darin, dass sie als eine private Maßnahme gleichwohl eine öffentlich-rechtliche Wirkung hat, Hascher/Lammers DGVZ 2009, 92. Die Wartefrist des § 798 gilt bei der Vorpfändung nicht, BGH NJW 1982, 1150; KG MDR 1981, 412; LG Ffm Rpfleger 1983, 32. Eine Aufforderung zur Erklärung nach § 840 ist bei einer Vorpfändung bis zur rechtzeitig nachfolgenden Vollpfändung unzulässig.

25 **5. Kosten.** Kosten einer zulässigen Vorpfändung: Des Gerichts und des Anwalts wie bei § 788, KG MDR 1987, 595; des Gerichtsvollziehers: KV 100, 101, 200 GvKostG; Auslagen KV 700 ff. GvKostG. Der Gerichtsvollzieher darf die Festgebühr unabhängig von der Zahl der Benachrichtigungen und der Aufforderungen nur einmal erheben. Lässt der Gläubiger die Frist nach II verstreichen, entsteht kein Erstattungsanspruch, LG Ravensb DGVZ 1998, 171; LAG Köln NZA 1993, 1152.

26 **VII. Rechtsbehelfe, I, II. 1. Möglichkeiten.** Die Vorpfändung ist nach → Rn. 24 eine Maßnahme der Zwangsvollstreckung, OLG Düss NJW-RR 1993, 831. Daher ist die Erinnerung nach § 766 statthaft, OLG Stgt DGVZ 2021, 119; OLG Hamm DGVZ 2012, 13; OLG Düss NJW-RR 1993, 831; Schöler MDR 2009, 184 (186). Es ist auch eine Widerspruchsklage nach § 771 zulässig. Das gilt auch gegenüber dem Gerichtsvollzieher. Der Schuldner muss wegen § 828 seine richtige Anschrift nennen, LG Düss JurBüro 1997, 103. Der Gerichtsvoll-

zieher hat gegen eine Anweisung des Vollstreckungsgerichts grundsätzlich kein Beschwerderecht, solange sie nicht seine persönlichen Belange betrifft. Man kann die Erinnerung nur auf einen solchen Mangel stützen, den der nachfolgende Pfändungsbeschluss nicht hat. Es kann auch eine Maßnahme nach §§ 935, 940 infrage kommen, Schöler MDR 2009, 184 (186).

2. Grenzen. Eine auf Grund einer Erinnerung aufgehobene Vorpfändung kann auch bei einer erfolgreichen sofortigen Beschwerde nach §§ 567 I Nr. 1, 793 nicht wiederaufleben. Soweit der Pfändungsbeschluss nicht rechtzeitig erging, entfällt das Rechtsschutzinteresse schon deshalb, weil die Vorpfändung ja wirkungslos geworden ist, OLG Köln Rpfleger 1991, 261. Wegen der Anfechtbarkeit des rechtzeitig erwirkten Pfändungsbeschlusses nach § 829 kommt die Anfechtung der Vorpfändung anschließend nur noch bei einem über die Kostenfrage hinausgehenden Interesse an ihrem Wegfall in Betracht, OLG Köln Rpfleger 1991, 261. 27

846 ***Zwangsvollstreckung in Herausgabeansprüche.*** **Die Zwangsvollstreckung in Ansprüche, welche die Herausgabe oder Leistung körperlicher Sachen zum Gegenstand haben, erfolgt nach den §§ 829 bis 845 unter Berücksichtigung der nachstehenden Vorschriften.**

I. Systematik. §§ 846–849 stehen in ihrem Geltungsbereich als vorrangige Sondervorschriften zur Verfügung. Die Verweisung auf §§ 829–845 erfolgt nur hilfsweise. Die Sondervorschriften beruhen auf den Besonderheiten der von den Herausgabeansprüchen jeweils betroffenen Objekte. Man darf die Vollstreckung **in** einen Herausgabeanspruch nicht mit der Vollstreckung **auf Grund** eines Herausgabeanspruchs verwechseln. Die letztere regeln §§ 883–886. 1

II. Regelungszweck. Die Ziele der §§ 846–849 sind dieselben wie bei §§ 829–845. 2

III. Geltungsbereich. Ein Anspruch, der „die Herausgabe oder Leistung körperlicher Sachen zum Gegenstand" hat, ist ein schuldrechtlicher Anspruch oder ein dinglicher Anspruch auf eine Besitz- oder Eigentumsübertragung an Fahrnis und Liegenschaften, OLG Mü Rpfleger 2010, 365. Der Pfändungsbeschluss muss die Sache unverwechselbar bezeichnen, BGH NJW 2000, 3218; Thomas/Putzo/Seiler Rn. 1. 3

Hierher gehört zB: Der Anspruch auf die Herausgabe eines Wertpapiers nach § 808 oder eines Automaten, oder auf eine Auflassung, OLG Mü Rpfleger 2010, 365; der Anspruch auf die Rückübereignung einer zur Sicherung übereigneten Sache; der Fall, dass ein Dritter eine Sache des Schuldners nicht an den Gerichtsvollzieher herausgibt. 4

Nicht hierher gehört zB: Ein Anspruch auf eine Vorlegung oder auf ein sonstiges Tun oder Unterlassen; eine Lohnabrechnung, OLG Zweibr DGVZ 1995, 148; LG Mainz Rpfleger 1994, 309. Ebenfalls nicht hierher gehört die Vollstreckung in sammelverwahrte Investmentfondsanteile, AG Zeitz Rpfleger 2021, 122. 5

IV. Durchführung. Es ist nach § 125 S. 1 GVGA ein gerichtlicher Pfändungsbeschluss nötig. Es wird nach § 125 S. 2 GVGA wie bei § 829 zugestellt. Eine Veräußerung der herauszugebenden Sache nach der Pfändung des Herausgabeanspruchs lässt den Zahlungsanspruch an die Stelle des Herausgabeanspruchs treten. Eine Pfändung des Herausgabeanspruchs ist keine Pfändung der Sache. Die Sachpfändung nach §§ 803 ff. tritt erst mit der Herausgabe der Sache an den Gerichtsvollzieher ein. Dabei bestimmt sich der Rang nach der Reihenfolge der Pfändungen. Es gibt hier also zwei Vollstreckungen, in den Herausgabeanspruch und in die Sache. 6

V. Kosten. Gebühren: des Gerichts § 12 VI GKG (Vorauszahlungspflicht), KV 2111 GKG; des Anwalts VV 3309, 3310 RVG. 7

847 ***Herausgabeanspruch auf eine bewegliche Sache.*** **I Bei der Pfändung eines Anspruchs, der eine bewegliche körperliche Sache betrifft, ist anzuordnen, dass die Sache an einen vom Gläubiger zu beauftragenden Gerichtsvollzieher herauszugeben sei.**

II Auf die Verwertung der Sache sind die Vorschriften über die Verwertung gepfändeter Sachen anzuwenden.

I. Systematik, I, II. Zunächst → § 846 Rn. 1. Auch bei § 847 muss man zwischen der hier allein geregelten Vollstreckung **in** einen Herausgabeanspruch und derjenigen **auf Grund** eines Herausgabeanspruchs unterscheiden. 1

II. Regelungszweck, I, II. Die komplizierte Regelung dient einer komplizierten Rechtslage. Die Vorschrift soll in einer für alle Beteiligten einigermaßen klar verfolgbaren Art und Weise dazu beitragen, dass am Ende aus einem bloßen Herausgabeanspruch eine Befriedigung in bar werden kann. 2

III. Geltungsbereich, I, II. § 847 betrifft die Zwangsvollstreckung in einen solchen Anspruch, den der Schuldner gegen einen Dritten auf die Herausgabe einer pfändbaren beweglichen körperlichen Sache nach → § 846 Rn. 1 hat, auch wenn dieser Anspruch von einer Gegenleistung abhängt. Die Vorschrift betrifft ferner alle solchen Ansprüche, die dem in → § 829 Rn. 1 genannten entsprechen. Es schadet nicht, dass man die Sache erst von einem Grundstück trennen muss. Wenn eine Hilfspfändung zulässig ist wie bei einem Hypothekenbrief oder bei einem Sparbuch, ist eine Vollstreckung nach § 847 nicht erforderlich. 3

§ 847 ist auf eine bloße Beweisurkunde unanwendbar, etwa auf einen Kfz-Brief oder auf einen Grundpfandbrief. Bei § 831 ist § 847 ebenfalls unanwendbar, BGH MDR 1980, 1016. Die Vorschrift gilt ferner nicht für einen unpfändbaren, nicht abtretbaren oder auf die Herausgabe einer unpfändbaren Sache gerichteten Anspruch, OLG Zweibr DGVZ 1995, 149 (Lohnabrechnung), bei sammelverwahrten Investmentfondsanteilen, AG Zeitz Rpfleger 2021, 122, oder bei einem Treugut, BGH NJW 1998, 2969. 4

IV. Pfändung, I. 1. Pfändungsbeschluss und Zustellung. Zuständig ist nach § 20 I Nr. 17 RPflG der Rpfleger des Vollstreckungsgerichts nach §§ 802, 828, § 124 I 1 GVGA. Der Pfändungsbeschluss muss den zu pfändenden Anspruch und daher hier auch die zu leistende Sache unverwechselbar bezeichnen, BGH NJW 2000, 3218; OLG Ffm NJW 2005, 1961; LG Köln ZIP 1980, 114; aM LG Bln MDR 1977, 59. Drittschuldner nach § 840 ist der Herausgabeschuldner. Der Rpfleger erlässt den Pfändungsbeschluss nach denselben Regeln wie bei § 829. Der Gerichtsvollzieher stellt ihn dem Drittschuldner im Parteibetrieb nach §§ 191 ff. zu. Wesentlich sind 5 also die Pfändung und das Verbot an den Drittschuldner, die Sache an den Schuldner zu leisten oder herauszugeben. Dagegen ist es für die Pfändung nicht erforderlich, dass das Gericht dem Schuldner untersagt, über die Sache zu verfügen. Ebenso steht es mit der in I vorgesehenen Anordnung, die Sache an einen vom Gläubiger zu beauftragenden Gerichtsvollzieher herauszugeben. Diese Anordnung hat mit der Wirksamkeit der Pfändung des Anspruchs nichts zu tun. Die Anordnung lässt sich auch in einem besonderen Beschluss nachholen, LG Bln MDR 1977, 59.

6 Eine Vorpfändung nach § 845 ist statthaft. Ein Antrag des Gläubigers ermächtigt den Gerichtsvollzieher und weist ihn aus. Wenn der Anspruch mehreren nach Bruchteilen zusteht, muss man den Gerichtsvollzieher zusammen mit den anderen Berechtigten ermächtigen.

7 **2. Pfändungspfandrecht.** Mit der Zustellung des Pfändungsbeschlusses an den Drittschuldner nach § 840 entsteht nach § 829 III das Pfändungspfandrecht des Gläubigers nebst einer Verstrickung an dem Anspruch. Das gilt unabhängig vom Eigentum des Schuldners an der Sache. Wenn es um ein indossables Papier geht, entsteht nach § 831, § 124 I 2 GVGA das Pfändungspfandrecht mit der Wegnahme des Papiers, BGH DB 1980, 1937. Das Pfändungspfandrecht entspricht inhaltlich ganz demjenigen des § 829. Ein Veräußerungsverbot besteht nur für den Schuldner gegenüber dem Anspruch, nicht für den Drittschuldner gegenüber der Sache. Deshalb gehen die vor der Herausgabe an der Sache entstandenen Pfändungspfandrechte dem erst mit der Herausgabe entstehenden Pfandrecht des Gläubigers vor. Der Drittschuldner hat entsprechend §§ 372, 383 BGB ein Recht zur Hinterlegung oder zur Leistung an den Gläubiger und den Schuldner gemeinsam, aM Thomas/Putzo/Seiler Rn. 5; Zöller/Herget Rn. 4.

8 **3. Herausgabe.** Bei einer Bereitschaft des Drittschuldners nach § 840 nimmt der Gerichtsvollzieher nach § 124 III 1 GVGA die Sache gegen protokollierte Quittung an sich. Mit der Herausgabe erwirbt der Schuldner das Eigentum, sofern er einen Anspruch auf eine Eigentumsübertragung hat. Dabei vertritt ihn der Gerichtsvollzieher nach § 848 II 1. Der Gläubiger erwirbt kraft Gesetzes und ohne eine weitere Pfändung nach § 124 III 4 GVGA ein Pfändungspfandrecht an der Sache, BGH NJW 1979, 373. Das geschieht ohne die Notwendigkeit einer Sachpfändung nach § 808 und mit Wirkung für die Zukunft, BGH NJW 1977, 384. Das gilt auch dann, wenn die Zwangsvollstreckung nach § 831 hätte erfolgen müssen, BGH MDR 1980, 1016. Bei der Pfändung eines Herausgabeanspruchs für mehrere Gläubiger nacheinander gilt die Rangordnung entsprechend § 804 III. Evtl. ist nach § 854, § 124 VI 1 GVGA eine Hinterlegung erforderlich, vgl. auch § 827. Nach der Herausgabe kommt nach § 124 VII GVGA nur noch eine Anschlusspfändung nach § 826 in Betracht. Soweit der Schuldner die Sache freiwillig an einen anderen Vollstreckungsgläubiger herausgibt, tritt dadurch keine Beendigung der Zwangsvollstreckung ein, BGH NJW 1979, 373.

9 **4. Verweigerung der Herausgabe.** Wenn der Drittschuldner nach § 840 die Sache nicht freiwillig herausgibt, darf der Gläubiger nicht in die Sache vollstrecken. Der Gerichtsvollzieher darf die Sache dem Drittschuldner daher nach § 124 II 1 GVGA zunächst noch nicht wegnehmen. Der Gerichtsvollzieher beschränkt sich vielmehr auf die Beurkundung der Verweigerung nach § 124 II 3 GVGA. Der Gläubiger muss dann den Drittschuldner nach § 124 II 2 GVGA auf eine Herausgabe an den Gerichtsvollzieher verklagen. Dabei muss der Gläubiger entsprechend § 841 dem Schuldner nach § 72 den Streit verkünden. Der Schuldner darf die Herausgabeklage auch selbst erheben. Der Gerichtsvollzieher darf nicht so vorgehen. Die Zwangsvollstreckung aus dem daraufhin ergehenden Urteil erfolgt nach §§ 883, 884. Wenn der Gläubiger durch eine verspätete Herausgabe einen Rangverlust hat, ist der Drittschuldner dem Gläubiger schadensersatzpflichtig, falls der Drittschuldner schuldhaft handelte.

10 **V. Verwertung, II.** Die Verwertung erfolgt wie bei einer gepfändeten Sache nach §§ 814ff., § 124 III 3 GVGA, also durch eine Versteigerung der Sache durch den Gerichtsvollzieher nach § 124 IV GVGA. Er benachrichtigt den Gläubiger und den Schuldner vom Versteigerungstermin. Der Gerichtsvollzieher darf nach § 155 S. 2 Nr. 1 GVGA keine Auszahlung an den Gläubiger vornehmen, soweit und solange der Schuldner hinterlegen darf. Das gilt aber nur dann, wenn der Gläubiger ein Verwertungsrecht hat. Das bloße Pfändungspfandrecht oder eine bloße Sicherungsvollstreckung nach § 720a geben dem Gläubiger noch kein Verwertungsrecht. Es lässt eine Verwertung nur nach § 930 III bei einer besonderen Gefährdung zu. Wenn der Gläubiger im Übrigen verwerten will, muss er sich den Anspruch auf die Herausgabe nach § 835 I zur Einziehung überweisen lassen. Durch die Überweisung scheidet der Anspruch noch nicht aus dem Vermögen des Schuldners aus. Jedoch beschränkt die Überweisung die Verfügungsmacht des Schuldners im Interesse des Gläubigers. Die Überweisung gibt dem Gläubiger einen Anspruch auf den Erlös. Eine Überweisung an Zahlungs statt ist mangels eines Nennwerts unzulässig. Bei § 839 muss man hinterlegen.

11 **VI. Kosten, I, II. Gebühren:** des Gerichts § 12 VI GKG (Vorauszahlungspflicht), KV 2111 GKG; des Anwalts VV 3309, 3310 RVG.

12 **VII. Rechtsbehelfe, I, II.** Es gilt dieselbe Regelung wie bei → § 829 Rn. 69–78. Ein Dritter kann sein Recht vom Zeitpunkt der Pfändung ab durch eine Herausgabeklage oder durch eine Widerspruchsklage nach §§ 771, 805 geltend machen, BGH NJW 1977, 384.

847a *Herausgabeanspruch auf ein Schiff.*

I Bei der Pfändung eines Anspruchs, der ein eingetragenes Schiff betrifft, ist anzuordnen, dass das Schiff an einen vom Vollstreckungsgericht zu bestellenden Treuhänder herauszugeben ist.

II 1Ist der Anspruch auf Übertragung des Eigentums gerichtet, so vertritt der Treuhänder den Schuldner bei der Übertragung des Eigentums. 2Mit dem Übergang des Eigentums auf den Schuldner erlangt der Gläubiger eine Schiffshypothek für seine Forderung. 3Der Treuhänder hat die Eintragung der Schiffshypothek in das Schiffsregister zu bewilligen.

III Die Zwangsvollstreckung in das Schiff wird nach den für die Zwangsvollstreckung in unbewegliche Sachen geltenden Vorschriften bewirkt.

IV Die vorstehenden Vorschriften gelten entsprechend, wenn der Anspruch ein Schiffsbauwerk betrifft, das im Schiffsbauregister eingetragen ist oder in dieses Register eingetragen werden kann.

I. Systematik, Regelungszweck, I–IV. Die dem § 847 vorgehende, dem § 848 ähnelnde Vorschrift ist wie die ganze Gruppe der §§ 846–849 ein Teil der Vollstreckung wegen einer Geldforderung **in** den Anspruch des Schuldners gegen einen Dritten und nicht etwa ein Teil der Vollstreckung **wegen** eines Herausgabeanspruchs. Letztere ist in §§ 883–886 geregelt. 1

II. Geltungsbereich, I–IV. Die Vorschrift regelt die Pfändung eines Herausgabeanspruchs des Schuldners gegen einen Dritten nach → Rn. 1 bei einem eingetragenen Schiff ebenso wie die Pfändung eines entsprechenden Herausgabeanspruchs von Liegenschaften. § 847a gilt nach § 99 I LuftRG, § 125 S. 1 Nr. 4 GVGA sinngemäß auch bei einem in die Luftfahrzeugrolle eingetragenen inländischen Luftfahrzeug, oder nach § 125 S. 1 Nr. 5 GVGA bei einem ausländischen. Der Schiffshypothek entspricht dann ein Registerpfandrecht an dem Luftfahrzeug. Der vorgesehene Treuhänder ist der Sequester des → § 848 Rn. 4, vgl. § 125 S. 3 GVGA. Ein Schiffsbauwerk oder Schwimmdock fällt nach § 125 S. 1 GVGA dann unter § 847a, wenn man es nach § 66 SchiffsregisterO ins Schiffsbauregister eintragen kann oder wenn es dort eingetragen ist. 2

848 *Herausgabeanspruch auf eine unbewegliche Sache.*

I Bei Pfändung eines Anspruchs, der eine unbewegliche Sache betrifft, ist anzuordnen, dass die Sache an einen auf Antrag des Gläubigers vom Amtsgericht der belegenen Sache zu bestellenden Sequester herauszugeben sei.

II 1Ist der Anspruch auf Übertragung des Eigentums gerichtet, so hat die Auflassung an den Sequester als Vertreter des Schuldners zu erfolgen. 2Mit dem Übergang des Eigentums auf den Schuldner erlangt der Gläubiger eine Sicherungshypothek für seine Forderung. 3Der Sequester hat die Eintragung der Sicherungshypothek zu bewilligen.

III Die Zwangsvollstreckung in die herausgegebene Sache wird nach den für die Zwangsvollstreckung in unbewegliche Sachen geltenden Vorschriften bewirkt.

I. Systematik, I–III. Auch § 848, dem § 847a vergleichbar, ist ein Teil der Vollstreckung wegen einer Geldforderung **in** den Anspruch des Schuldners gegen einen Dritten auf eine Herausgabe und nicht etwa ein Teil der Vollstreckung **wegen** eines Herausgabeanspruchs. Die letztere regeln §§ 883–886. Die Pfändung des Anspruchs auf die Herausgabe eines Grundstücks, Grundstücksanteils, Wohnungseigentums, Zubehörs nach § 865, eines Erbbaurechts und sonstigen grundstücksgleichen Rechts ist keine Zwangsvollstreckung nach §§ 864 ff. Deshalb gilt die Beschränkung der Sicherungshypothek aus § 866 III dann nicht. Erst die Zwangsvollstreckung in das herausgegebene Grundstück ist eine Liegenschaftszwangsvollstreckung nach §§ 864 ff. 1

II. Regelungszweck, I–III. Die Sequestration bezweckt eine dem § 938 II ähnliche vorläufige Sicherung des Vollstreckungsobjekts bis zur Durchführung eines der Verwertungsverfahren der §§ 864 ff. Das dient dem Schutzbedürfnis des Gläubigers, aber auch der Rechtssicherheit. Es dient sogar dem wohlverstandenen Interesse auch des Schuldners. Er erhält Schutz vor dem Zugriff weiterer Gläubiger auf dieses Objekt und kommt damit etwas besser von den Gefahren unklarer Dreier-, Vierer- oder Fünfer-Rechtsbeziehungen frei. Demgemäß muss man die wie § 847 komplizierte Vorschrift einerseits mit einer Bemühung um Klarheit handhaben. Andererseits sollte man sie in solchen Grenzen auch so praktikabel wie möglich auslegen. 2

III. Verfahren, I. Die Vorschrift gilt auch bei einem durch eine Vormerkung gesicherten Anspruch, BGH NJW 2012, 2654. Man muss zwei Zeitabschnitte unterscheiden. 3

1. Grundsatz: Herausgabe an Sequester. Das Verfahren entspricht demjenigen des § 847 I. Im Gegensatz zur dortigen Regelung muss der Schuldner die Sache nicht an den Gerichtsvollzieher herausgeben, sondern auch „an einen auf Antrag des Gläubigers vom Gericht zu bestellenden" Treuhänder, den Sequester nach § 847a. Auch dann ist die Wirksamkeit der Pfändung eine Voraussetzung der Wirksamkeit der auf ihr beruhenden Rechtsänderungen. Bei einer mehrfachen Pfändung ist § 855 anwendbar. Das AG des Orts der belegenen Sache ist als Vollstreckungsgericht nach §§ 764, 802 zur Bestellung des Sequesters zuständig. Es entscheidet durch den Rpfleger nach § 20 I Nr. 17 RPflG. Er entscheidet durch einen Beschluss nach § 329. Der Rpfleger muss ihn begründen. Der Gläubiger lässt ihn nach §§ 191 ff., 829 II im Parteibetrieb dem Drittschuldner zustellen. Der Beschluss muss das Grundstück unverwechselbar bezeichnen, vgl. auch § 28 GBO. Die Bestellung des Sequesters im Pfändungsbeschluss setzt voraus, dass dasselbe Gericht für die Pfändung und für die Bestellung des Sequesters zuständig ist. 4

2. Einzelfragen. Unter mehreren zuständigen Gerichten darf der Gläubiger wie bei § 35 wählen. Wenn es um mehrere Grundstücke in verschiedenen Gerichtsbezirken geht, muss jedes AG einen Sequester bestellen. Der Gläubiger muss die Ernennung des Sequesters betreiben. Wenn der Gläubiger insofern zögerlich vorgeht, darf der Drittschuldner nach § 303 BGB verfahren. Auch eine juristische Person, eine OHG oder eine KG kann ein Sequester werden, zB § 265 AktG für einen Abwickler. Auch eine Treuhandgesellschaft kann ein Sequester sein. Ein Vorschlag des Gläubigers bindet den Rpfleger nicht. Der Sequester muss das Amt nicht übernehmen. Das Vollstreckungsgericht setzt seine Vergütung entsprechend § 153 ZVG nach seinem pflichtgemäßen Ermessen fest, BGH NJW-RR 2005, 1283. Zuständig ist auch hierfür der Rpfleger und nicht etwa der Urkundsbeamte der Geschäftsstelle. Die Kosten der Sequestration sind Kosten der Zwangsvollstreckung. 5

3. Aufgabe des Sequesters. Sie beschränkt sich auf die Entgegennahme der Auflassung, deren Genehmigung und die Bewilligung der Eintragung der Hypothek, BayObLG NJW-RR 1992, 1369; OLG Düss Rpfleger 1981, 199 (evtl. Gesamthypothek); OLG Jena Rpfleger 1996, 100. Wenn der Drittschuldner nach § 840 die Sache nicht freiwillig herausgibt, muss der Gläubiger den Drittschuldner auf eine Herausgabe verklagen. Die Zwangsvollstreckung aus einem daraufhin ergehenden Urteil erfolgt nach §§ 883 ff. Mit der Herausgabe an den Sequester endet die Zwangsvollstreckung auf Grund der bloßen Pfändung. Sie kann zum Zweck der Besitzentziehung gegenüber dem Drittschuldner oder zu dem Zweck des Wegfalls seiner Herausgabepflicht gegenüber dem Schuldner sinnvoll sein. Es entsteht weder ein Pfändungspfandrecht noch eine Sicherungshypothek oder ein Verwaltungsrecht am Grundstück. 6

4. Kosten. Gebühren der Bestellung des Sequesters: des Gerichts § 12 VI GKG (Vorauszahlungspflicht), KV 2111 GKG; des Anwalts VV 3309, 3310 RVG. 7

8 **IV. Anspruch auf Eigentumsübertragung, II. 1. Pfändung dieses Anspruchs.** Dazu Hintzen Rpfleger 1989, 439; Medicus DNotZ 1990, 275 (283) (je ausf.): Man muss zwischen der Pfändung des Anwartschaftsrechts und der in II geregelten Pfändung des Übereignungsanspruchs unterscheiden, OLG Hamm FGPrax 2008, 9; Medicus DNotZ 1990, 275 (283). Der Gläubiger kann den Anspruch auf eine Eigentumsübertragung pfänden, OLG Rostock FGPrax 2016, 15; OLG Ffm NJW-RR 1997, 1308 (auch nach der Auflassung, aber auch zu den Grenzen, zB nicht nach einer Abtretung der Rechte aus einer Auflassungsvormerkung, aM BayObLG NJW-RR 1997, 1173). Dann muss die Auflassung gegenüber dem Sequester als dem Vertreter des Schuldners erfolgen. Bei einer Weigerung des Drittschuldners nach § 840 zur Übereignung nach §§ 873 I, 925 BGB an den durch den Sequester vertretenen Schuldner muss der Gläubiger selbst die Klage auf die Abgabe der Auflassungserklärung an den Sequester zur Schuldnereintragung erheben, nicht der Sequester. Eine Mitwirkung des Schuldners an der Auflassung ist dann nicht erforderlich, BGH WM 1978, 12; vgl. OLG Nürnb MDR 2020, 1438. Die Zwangsvollstreckung aus dem daraufhin ergehenden Urteil erfolgt nach §§ 894, 895. Die Pfändung des Anspruchs auf die Übertragung des Eigentums ist noch nach der Auflassung an den Schuldner zulässig. Der Sequester muss dann eine Umschreibung auf den Schuldner beantragen. Mit der Zurückweisung des Umschreibungsantrags fällt nur ein Anwartschaftsrecht und die Wirkung seiner Pfändung weg.

9 **2. Sicherungshypothek kraft Gesetzes.** Maßgeblich ist der Augenblick des Eigentumsübergangs, also der Eintragung des Schuldners in das Grundbuch, BayObLG NJW-RR 1992, 1369. Außerdem muss die Pfändung wirksam sein, Kerbusch Rpfleger 1988, 475. Unter diesen Voraussetzungen erwirbt der Gläubiger unabhängig vom Eigentumsübergang auf den Schuldner kraft Gesetzes eine Sicherungshypothek für seine Vollstreckungsforderung, OLG Jena Rpfleger 1996, 100; LG Düss Rpfleger 1985, 305 (krit. Münzberg). Das geschieht unabhängig von deren Höhe und einschließlich der Vollstreckungskosten. § 866 III ist unanwendbar. Die Sicherungshypothek steht nach → Rn. 11 an der aussichtsreichsten Stelle, Krammer/Riedel Rpfleger 1989, 144 (146) (zu einem Anspruch aus dem Meistgebot). Es kann sich um eine Gesamthypothek handeln, OLG Düss Rpfleger 1981, 199.

10 Die Sicherungshypothek entsteht in entsprechender Anwendung von II 2 auch bei der Pfändung eines Anwartschaftsrechts, BGH NJW 1968, 493; OLG Nürnberg FGPrax 2020, 268.

11 **3. Rang.** Die Sicherungshypothek erfordert keine Eintragung ins Grundbuch, LG Fulda Rpfleger 1988, 252. Die Eintragung ist eine bloße Berichtigung des Grundbuchs. Sie erfolgt auf einen Antrag des Gläubigers oder des Sequesters im Verfahren der GBO, OLG Jena Rpfleger 1996, 100; LG Fulda Rpfleger 1988, 252 (zust. Kerbusch Rpfleger 1988, 475). Bei einer Pfändung für mehrere Gläubiger entstehen in der Reihenfolge der Pfändungen Sicherungshypotheken. Der Sicherungshypothek geht ein schon vorher entstandenes Grundpfandrecht nur dann vor, wenn der Eigentümer dieses frühere Grundpfandrecht aus Anlass des Grunderwerbs zugunsten des Veräußerers bestellt hatte, zB eine Kaufgeldhypothek oder eine Grunddienstbarkeit, LG Frankenth Rpfleger 1985, 231; LG Fulda Rpfleger 1988, 252 (zust. Kerbusch Rpfleger 1988, 475). Andere vorher entstandene Grundpfandrechte gehen der Sicherungshypothek also nicht vor, LG Fulda Rpfleger 1988, 252 (abl. Böttcher; zust. Kerbusch Rpfleger 1988, 475). Eine Auflassungsvormerkung zugunsten desjenigen Dritten, an den der Erwerber weiterverkauft hat, geht der Sicherungshypothek auch dann nach, wenn man die Eintragung der Vormerkung vor der Pfändung beantragt hatte, OLG Jena Rpfleger 1996, 100. Zum Rangverhältnis zu § 1287 S. 2 BGB, Just JZ 1998, 123.

12 **4. Sicherungshypothek.** Gegenüber einer nicht eingetragenen Sicherungshypothek greift nach § 892 BGB ein guter Glaube bei einem rechtsgeschäftlichen Erwerb durch, LG Fulda Rpfleger 1988, 252 (im Ergebnis abl. Böttcher). Deshalb muss der Sequester gleichzeitig mit dem Antrag auf die Eintragung des Schuldners als des Eigentümers den Antrag auf die Eintragung der Sicherungshypothek stellen und diese Eintragungen bewilligen, OLG Jena Rpfleger 1996, 100. Wenn er beide Anträge stellt, ist mangels einer abweichenden Bitte eine einheitliche Erledigung als gewollt annehmbar. Mit einer Zustimmung des Sequesters kann auch der Schuldner den Eintragungsantrag stellen.

13 **V. Verwertung, III.** Der gepfändete Anspruch bleibt auch nach seiner Überweisung an den Gläubiger zur Einziehung im Vermögen des Schuldners. Der Schuldner darf über diesen Anspruch aber nicht mehr zum Nachteil des Gläubigers verfügen. Die Verwertung des Grundstücks geschieht selbständig. Sie beruht nicht auf dem Pfändungsbeschluss, sondern auf dem eigentlichen Schuldtitel. Sie findet in der Liegenschaftszwangsvollstreckung statt. Es finden also nach § 866 I eine Zwangsverwaltung oder eine Zwangsversteigerung statt (vgl. zur analogen Anwendbarkeit des § 867 III OLG Brbg FGPrax 2017, 200). Die Zwangsvollstreckung beginnt mit der Beschlagnahme in einem dieser Verfahren. Wenn ein Arresttitel vorliegt, ist eine Zwangsversteigerung unzulässig.

14 **VI. Rechtsbehelfe, I–III.** Es kommt auf die Person des Entscheidenden an.

15 **1. Sequester.** Gegen die Ernennung des Sequesters kann jeder Betroffene die Erinnerung nach § 766 einlegen. Gegen die Ablehnung des Antrags, evtl. auch desjenigen auf eine bestimmte Person, hat der Gläubiger die Wege nach § 11 RPflG, § 793.

16 **2. Sonstige Fälle.** Es gelten dieselben Regeln wie bei → § 829 Rn. 69–78. Außerdem kommt im Verfahren nach der GBO die Beschwerde nach § 71 GBO in Betracht.

849 *Keine Überweisung an Zahlungs statt.* **Eine Überweisung der im § 846 bezeichneten Ansprüche an Zahlungs statt ist unzulässig.**

1 **I. Systematik, Regelungszweck.** Zunächst → § 846 Rn. 1, 2. Auch § 849 bezieht sich nur auf die Vollstreckung wegen einer Geldforderung **in** den Anspruch des Schuldners gegen einen Dritten und nicht etwa auf die Vollstreckung **wegen** eines Herausgabeanspruchs. Letztere ist in §§ 883–886 geregelt.

2 **II. Geltungsbereich.** Bei der Pfändung eines Anspruchs auf die Herausgabe einer beweglichen oder einer unbeweglichen Sache ist eine Überweisung an Zahlungs statt deshalb nicht möglich, weil es keinen Nennwert gibt. Dagegen ist eine Überweisung zur Einziehung zulässig. Das gilt auch beim Anwartschaftsrecht des Auflassungsempfängers.

Vorbemerkung zu § 850
Unpfändbarkeit von Forderungen

I. Systematik. Zunächst → § 811 Rn. 1, → § 829 Rn. 1. Grdz. bei Hellwich JurBüro 2014, 174. Eine Unpfändbarkeit ist kein bloßes Leistungsverweigerungsrecht, BGH NJW 1998, 1058. Zunächst liegt eine Unpfändbarkeit dann vor, wenn kein rechtlicher Anspruch besteht. Im Übrigen ist allein das Gesetz maßgebend. Die Auffassung des Prozessgerichts über den unpfändbaren Betrag ist nicht bindend. §§ 850 ff. beseitigen nicht die Verpflichtungsfreiheit, OLG Karlsr NJWE-FER 1998, 147. 1

Mit Gesetz zur Fortentwicklung des Rechts des Pfändungsschutzkontos und zur Änderung von Vorschriften des Pfändungsschutzes (Pfändungsschutzkonto-Fortentwicklungsgesetz – PKoFoG) vom 22.11.2020 sind verschiedene Vorschriften des Pfändungschutzrechts geändert worden. Zudem beinhaltet Abschnitt 4 des Buchs 8 der ZPO (§§ 899–910) am 1.12.2021 in Kraft getretene neue Vorschriften über die Wirkungen des Pfändungsschutzkontos. 2

II. Regelungszweck. Das aus Art. 1, 20 I GG folgende Gebot einer Sozialverträglichkeit der Individualvollstreckung hat unter anderem die komplizierte Regelung der §§ 850 ff., 899 ff. zum Ergebnis, BGH NJW 1999, 1544; BSG NZM 2013, 386. 3

III. Geltungsbereich. §§ 850 ff., 899 ff. gelten grundsätzlich in allen Fällen einer Vollstreckung nach der ZPO, auch im WEG-Verfahren. §§ 850–850i, 899 ff. gelten auch bei der Arrestvollziehung nach §§ 928, 930 und im Insolvenzverfahren nach §§ 4, 36 I 2, IV InsO, vgl. BAG NZA 2013, 1147; OLG Köln Rpfleger 2001, 92; AG Gött Rpfleger 2002, 170. Mangels Verweisung auch auf § 850b gilt diese Vorschrift allerdings im Insolvenzverfahren nicht, LG Heilbr Rpfleger 2009, 640. Nur der pfändbare Teil zählt zur Insolvenzmasse, LAG Kiel NZA-RR 2006, 309. §§ 850 ff. sind sinngemäß anwendbar auch in der Vollstreckung nach § 6 I Nr. 1 JBeitrG, vgl. im Einzelnen Toussaint/Volpert JBeitrG § 6 Rn. 1. Vgl. ferner §§ 946 ff. 4

IV. Grundregeln. 1. Berücksichtigung von Amts wegen. Das Gericht darf nicht eine solche Pfändung anordnen, deren Unzulässigkeit sich aus dem Vorbringen des Gläubigers ergibt. Es findet insoweit eine Berücksichtigung von Amts wegen statt. Nachforschen darf und muss das Gericht aber nicht. Es entscheidet der Zeitpunkt der Pfändung. Die Unpfändbarkeit geht nicht dadurch verloren, dass die Forderung im Vollstreckungsverfahren ihre Rechtsnatur wechselt. Die gelegentliche Gegenmeinung vereitelt den Zweck des Gesetzes. Es wird also eine Unterhaltsforderung dann nicht pfändbar, wenn der Schuldner an den Anwalt des Gläubigers zahlt oder wenn der Gerichtsvollzieher beitreibt, AG Bln-Charlottenb DGVZ 1976, 77. Der Arbeitslohn bleibt auch dann unpfändbar, wenn der Gläubiger nach der Pfändung ein Urteil gegen den Unternehmer erwirkt hat. 5

2. Kontogutschrift. Auf ein Konto eines Geldinstituts überwiesene laufende Einkünfte des Schuldners sind im Rahmen von §§ 850k, 850l, 899 ff. unpfändbar. 6

3. Vereinnahmtes Geld. Davon abgesehen ist das vom Schuldner auf die unpfändbare Forderung vereinnahmte Geld pfändbar, soweit nicht § 811 entgegensteht. Nach § 811 I Nr. 8 muss dem Schuldner ein solcher Betrag bleiben, der den unpfändbaren Teil für die Zeit zwischen der Pfändung und dem nächsten Zahlungstermin sichert. Ansprüche auf eine Kapitalabfindung für Rentenansprüche fallen nur bedingt unter den Pfändungsschutz. Ist eine herauszugebende Sache unpfändbar, ist es auch der Anspruch auf ihre Herausgabe. Hat der Drittschuldner nach § 840 hinterlegt, tritt der Herausgabeanspruch an die Stelle der Forderung, LG Düss MDR 1977, 586. 7

4. Abtretungs- und Aufrechnungsverbot. Unpfändbare (Teile der) Ansprüche lassen nach §§ 400, 394 BGB weder eine Abtretung noch eine Aufrechnung zu, BAG NZA-RR 2013, 590; OLG Bbg FamRZ 1996, 1487; LG Bonn FamRZ 1996, 1486 (keine Umgehung), auch nicht einen Aufrechnungsvertrag, auch nicht eine Abtretung nur der Einziehungsbefugnis. Ein Zurückbehaltungsrecht versagt dann, wenn es wirtschaftlich auf eine Aufrechnung hinausläuft, etwa bei AGB der Banken, Schmeling BB 1976, 187 (191). Gegenüber Forderungen aus einer vorsätzlichen unerlaubten Handlung beseitigt dann die Einrede der Arglist diejenige der Unzulässigkeit der Aufrechnung. Daher darf der Dienstherr gegen den Gehaltsanspruch des Angestellten mit einem Anspruch aus einem Betrug aufrechnen. Überhaupt entscheiden Treu und Glauben auch hier, LG Bonn FamRZ 1996, 1486. 8

V. Verstoß. Ein Verstoß zieht nicht die Nichtigkeit der Pfändung nach §§ 829 ff. nach sich. Die Pfändung ist zwar mit einem Mangel behaftet. Sie ist aber bis zur Aufhebung auf einen Rechtsbehelf voll wirksam, OLG Düss NJW 1978, 2603; OLG Hamm NJW 1979, 1663; MDR 1979, 149. Ein Verzicht des Schuldners vor der Pfändung ist wegen der öffentlich-rechtlichen Natur der Schutzvorschriften grundsätzlich wirkungslos. Daher ist eine Forderungspfändung in unzähligen Fällen ihrem Bestand nach ungewiss. Sie ist unanfechtbar, soweit die Pfändungsgrenze nicht überschritten ist, im Übrigen anfechtbar. 9

VI. Rechtsbehelfe. Der Schuldner muss die Unpfändbarkeit mit der Erinnerung nach § 766 geltend machen und beweisen. Dasselbe können der Drittschuldner nach § 840 und der im Einzelfall als Begünstigter Genannte tun. Auch derjenige Gläubiger, der die Unrechtmäßigkeit der Ablehnung behauptet, hat die Erinnerung. Auch einem Dritten steht evtl. ein Erinnerungsrecht zu. Das gilt etwa beim Übersehen der Gleichberechtigung mehrerer Unterhaltsberechtigter. Jeder andere Rechtsbehelf ist unstatthaft. Aber auch → § 766 Rn. 29 „Drittschuldner" und § 850g. Der Drittschuldner kann die Unpfändbarkeit dem Pfändungsgläubiger jedenfalls insoweit entgegenhalten, als sie den sachlichen Anspruch berührt. Nach der Durchführung der Verwertung bleibt dem Schuldner die Bereicherungs- oder Ersatzklage. 10

850 ***Pfändungsschutz für Arbeitseinkommen.*** **I Arbeitseinkommen, das in Geld zahlbar ist, kann nur nach Maßgabe der §§ 850a bis 850i gepfändet werden.**

II Arbeitseinkommen im Sinne dieser Vorschrift sind die Dienst- und Versorgungsbezüge der Beamten, Arbeits- und Dienstlöhne, Ruhegelder und ähnliche nach dem einstweiligen oder dauernden Ausscheiden aus dem Dienst- oder Arbeitsverhältnis gewährte fortlaufende Einkünfte, ferner Hinterbliebenenbezüge sowie sonstige Vergütungen für Dienstleistungen aller Art, die die Erwerbstätigkeit des Schuldners vollständig oder zu einem wesentlichen Teil in Anspruch nehmen.

III Arbeitseinkommen sind auch die folgenden Bezüge, soweit sie in Geld zahlbar sind:

a) Bezüge, die ein Arbeitnehmer zum Ausgleich für Wettbewerbsbeschränkungen für die Zeit nach Beendigung seines Dienstverhältnisses beanspruchen kann;

b) Renten, die auf Grund von Versicherungsverträgen gewährt werden, wenn diese Verträge zur Versorgung des Versicherungsnehmers oder seiner unterhaltsberechtigten Angehörigen eingegangen sind.

IV Die Pfändung des in Geld zahlbaren Arbeitseinkommens erfasst alle Vergütungen, die dem Schuldner aus der Arbeits- oder Dienstleistung zustehen, ohne Rücksicht auf ihre Benennung oder Berechnungsart.

1 **I. Systematik, I–IV.** §§ 850 ff. behandeln nur das in Geld zahlbare Arbeitseinkommen. Die Pfändung eines Naturaleinkommens hat außer bei einem landwirtschaftlichen Arbeitnehmer nach § 811 I Nr. 4a keine besondere Regelung. Eine selbständige Pfändung ist kaum möglich. Denn die Leistung ist nach § 851 zweckgebunden. Bei der Berechnung des Einkommens muss man nach § 850e Nr. 3 die Naturalbezüge mitberücksichtigen. § 850 stellt die Hauptregeln zur Pfändbarkeit und ihren Grenzen auf. Die folgenden Vorschriften wirken ergänzend.

2 **II. Regelungszweck, I–IV.** Die Vorschrift sichert dem Schuldner die Existenzgrundlage aus einer Erwerbstätigkeit, BGH NJW 2006, 2485 (2488); OLG Düss FamRZ 2007, 138 (zu II, auch zu den Grenzen).

3 **III. Arbeitseinkommen, II, III. 1. Begriff im weiteren Sinn.** Zum Arbeitseinkommen gehören alle Bezüge aus einer jetzigen oder früheren Arbeit, auch wenn kein Arbeitsvertrag zugrunde liegt wie etwa bei einem Vorstandsmitglied einer Gesellschaft, BGH NJW 1981, 2465; OLG Karlsr NZG 2012, 299. Zum Arbeitseinkommen zählt auch alles dasjenige, was der Lohnsteuer unterliegt. II gibt jedoch nur Beispiele und ist daher grundsätzlich weit auslegbar, BGH NJW-RR 2010, 1142; BAG NJW 1977, 75; LAG Ffm DB 1988, 1456. Die Bezeichnung und die Berechnung der Bezüge sind unerheblich. Ebenso ist es unerheblich, ob es sich um eine geistige oder eine körperliche Arbeit, um eine selbständige oder um eine unselbständige Tätigkeit handelt, BGH NZI 2013, 40, um eine Haupt- oder eine Nebentätigkeit, BGH NJW-RR 2004, 644. Maßgeblich ist nur, ob die Bezüge wiederkehren, BGH NJW-RR 2004, 644. Unter II fallen zB auch: Ein Anspruch des Kassenarztes auf einen Abschlag, OLG Nürnb JurBüro 2002, 603; der Lohn des Auszubildenden; ein Bedienungsgeld (Trinkgeld) des Kellners nach → Rn. 8, auch wenn es nicht unter § 832 II fällt; ein Zuschuss zum Einkommensausgleich beim vorzeitigen Ausscheiden, LAG Ffm DB 1988, 1456. Vgl. zum Taschengeldanspruch eines Schuldners in einer Pflegeeinrichtung BGH NJW-RR 2020, 820: Unpfändbarkeit gem. § 851 I iVm § 399 Var. 1 BGB.

4 Einkünfte **anderer** Art zB aus selbständiger Tätigkeit gehören nicht hierher, BGH NJW-RR 2013, 996; AG Hadamar DGVZ 1989, 189. BAG NZA 1998, 707 verneint Arbeitseinkommen, soweit der Arbeitgeber eine Versicherung des Arbeitnehmers übernimmt oder bezahlt.

5 Pfändungsfreie Beträge bleiben auch dann pfändungsfrei, wenn sie auf ein schuldnerfremdes Konto überwiesen werden, FG Berlin-Brdb EFG 2020, 888 (Revision anhängig beim BFH: VII R 11/20).

6 **2. Dienst- und Versorgungsbezüge der Beamten.** Beamte sind Personen des öffentlichen Dienstes, ebenso Geistliche der öffentlich-rechtlichen Religionsgemeinschaften. Wenn man die letzteren nicht als Beamte ansieht, muss man sie als Angestellte einstufen. Der Betriff der Dienstbezüge umfasst alles dasjenige, was dem Beamten aus den Beamten- oder Versorgungsgesetzen zusteht, sofern nicht versorgungsrechtliche Sonderbestimmungen bestehen. Richter sind Beamte nach dieser Bestimmung. Aufwandsentschädigungen gehören zu § 850a Nr. 3. Den Wehrsold nach dem WSG muss man entsprechend behandeln. Ebenso wie die Bezüge der Beamten ist der Wehrsold ein Arbeitseinkommen. Wegen der Bewertung der Sachbezüge → § 850e Rn. 14. Auch ein Dienstgeld ist pfändbar.

7 **3. Arbeits- und Dienstlöhne.** Es kommt nicht darauf an, wie die Beteiligten sie nennen. Der Dienstverpflichtete muss einen Vergütungsanspruch haben. Dieser Anspruch muss ihm aus einem solchen dauernden Rechtsverhältnis zustehen, das ihn in einer persönlichen und in einer wirtschaftlichen Abhängigkeit vom Dienstberechtigten hält, BAG Rpfleger 1975, 220; LG Bln Rpfleger 1992, 128. Auf das Maß der Beanspruchung der Arbeitskraft kommt es hier nicht an. Insofern kann auch ein Anspruch auf ein Pflegegeld ausnahmsweise pfändbar sein. Zur Pfändbarkeit des Bruttolohnes LG Stgt DGVZ 2009, 187.

4. Beispiele zur Frage von Arbeits- und Dienstlohn, II, III

9 **Abfindung:** Eine Abfindung etwa beim Vertragsende gehört zu II, BGH NJW-RR 2010, 1353; BAG NZA 2006, 259; LAG Hann MDR 2004, 714.

Altersversorgung: Hierher zählt eine Leistung des Arbeitgebers an den (ehemaligen) Arbeitnehmer, BGH NJW-RR 2017, 161. Beiträge des Arbeitsgebers an eine Versicherung zur privaten/betrieblichen Altersversorgung fallen nicht unter § 850, LAG Rostock NZA-RR 2011, 484; ArbG Bautz GWR 2022, 15.

Anwärterbezug: Er gehört zu II.

Arbeitnehmererfindung: Es gelten dieselben Regeln wie bei → „Lizenz", BGH NJW 1985, 1031.

Arbeitnehmersparzulage: Sie gehört **nicht** zu II, ist vielmehr selbständig pfändbar, BAG NJW 1977, 75.

Aufteilung: Wenn die Vergütung auch für eine andere Leistung erfolgt, muss man jeden Teil für sich behandeln. Eine solche Aufteilung ist zB dann erforderlich, wenn es um eine Lizenz geht, → „Lizenz".

Auslagenersatz: Er gehört **nicht** zu II. Es greifen meist §§ 850a Nr. 3, 850 I ein.

Auslandszuschlag: Er gehört zu II, BGH MDR 1980, 385.

Auslösung: Nicht zu II gehört ein Auslösungsanspruch des auswärts Arbeitenden nach § 850a Nr. 2, 3.

Bedienungsgeld: Es gehört zu II, aM BAG NJW 1996, 1012; OLG Stgt MDR 2002, 294.

Beihilfe: Sie zählt **nicht** zu II.

Eigengeld: → „Gefangener".

Ein-EUR-Job: Die Entschädigung zählt zu § 850a Nr. 3, LG Görlitz FamRZ 2007, 299.

Entgeltumwandlung: Vereinbaren die Arbeitsvertragsparteien die Umwandlung eines Teils des künftigen Entgelts in eine Anwartschaft auf Leistungen aus der betrieblichen Altersversorgung, liegen pfändbare Ansprüche auf Arbeitseinkommen nicht vor, BAG NZA 2022, 140.

Entschädigung: Eine Entschädigung nach § 15 II AGG fällt nicht unter § 850, LAG Bd-Wrttmb InsbürO 2022, 130.

Ersatzanspruch: Ein Ersatzanspruch für geleistete Arbeit fällt meist unter § 850i, BAG MDR 1980, 346.
Familienzulage: Sie gehört zu II.
Gefangener: Vom Arbeitsentgelt des Untersuchungs- oder Strafgefangenen ist grds. nur dasjenige Eigengeld pfändbar, das nach dem Abzug des unpfändbaren Hausgelds verbleibt und das nach dem Abzug auch der Haftkostenbeiträge, der Unterhaltsbeiträge oder des Überbrückungsgelds nach § 52 StVollzG verbleibt, BGH NJW 2013, 3312. Das gilt in den Grenzen des § 51 IV, V StVollzG ohne die Schutzgrenze des § 850c, BVerfG NJW 1982, 1583; BGH NJW 2004, 3714; aM OLG Ffm Rpfleger 1984, 425. Das **Überbrückungsgeld** ist nur nach § 51 IV, V StVollzG für einen Unterhaltsgläubiger pfändbar, OLG Hamm OLGZ 84, 457; OLG Karlsr Rpfleger 1994, 370; LG Hann Rpfleger 1995, 264. Zur Problematik auch BGH NJW 1990, 3158. Also ist der Anspruch auf die Auszahlung **unpfändbar.** Ein ausgezahlter Betrag ist binnen 4 Wochen seit der Entlassung nach § 75 III StVollzG nur bedingt pfändbar.
Gewinnanteil: Er gehört zu II.
Güterbeförderung: → „Werklohn".
Hausgeld: → „Gefangener".
Kindergeld: Maßgebend sind §§ 48 I 2, 3, 54 III–V, 55 SGB I, LG Köln Rpfleger 2006, 421; AG Pinneb Rpfleger 2006, 422. Die Vorschriften sind als Spezialrecht zusammen mit § 850e Nr. 2a S. 2–5 vorrangig. Das gilt auch bei einem Titel aus vorsätzlicher unerlaubter Handlung, BGH NJW-RR 2016, 575. Die letzteren bleiben nur mit dieser Einschränkung und außerhalb des Geltungsbereichs der Vorschriften beachtlich. Man sollte die Vorschriften trotz ihres erkennbaren Bestrebens nach einer Verbesserung des Pfändungsschutzes als Ausnahmen von dem Grundgedanken der Pfändbarkeit des gesamten Vermögens und Einkommens eng auslegen. Ein Anspruch nach § 54 IV 1 SGB I ist wie ein Arbeitseinkommen nach §§ 850 ff. pfändbar, BGH NJW-RR 2004, 1439.
Lizenz: Eine Aufteilung ist zB dann erforderlich, wenn es um eine Lizenz, ein Patent und um eine gleichzeitige Verpflichtung zu einer ständigen Mitarbeit geht. Bei einer **urheberrechtlichen** Lizenz steht dagegen die Vergütung für die Verwertung des fertigen Erzeugnisses der geistigen Leistung im Vordergrund. Daher ist II dann **unanwendbar,** Sikinger GRUR 1985, 785; aM Stöber/Rellermeyer Forderungspfändung Rn. 881.
Nachzahlung: Sie zählt hierher, AG Neuburg JurBüro 2016, 444.
Ortszuschlag: Er gehört zu II.
Pensionsvertrag: Die Möglichkeit, ein in einem Pensionsvertrag vorgesehenes etwaiges künftiges Arbeitgeberangebot auf Umwandlung der monatlichen Rentenzahlung in eine Kapitalabfindung anzunehmen, ist eine bloße Handlungsmöglichkeit und nicht pfändbar, BGH BauR 2021, 1866.
Prämie: Sie kann zu II zählen.
Provision: Sie gehört zu II. Das gilt auch für eine Provision vom Umsatz.
Reisekosten: Sie gehören zu II, soweit man bei angemessener Handhabung Ersparnisse machen kann.
Ruhegeld: Es zählt hierher, BGH NJW-RR 2017, 161; OLG Oldb ZIP 2018, 1311.
Schauspielergeld: Das Gehalt und das sog. Spielgeld des Schauspielers gehören zu II.
Schichtzulage: Sie gehört zu II.
Sozialplanabfindung: Sie gehört zu II, BAG NZA 2002, 449.
Strafgefangener: → „Gefangener".
Stücklohn: Er gehört zu II.
Überbrückungsgeld: → „Gefangener".
Tantiemen: Vgl. OLG Mü BeckRS 2018, 29487.
Taschengeldanspruch: Zu einem solchen eines Schuldners in einer Pflegeeinrichtung BGH NJW-RR 2020, 820 (Unpfändbarkeit nach Maßgabe des § 851 I).
Teuerungszulage: Sie gehört zu II.
Trinkgeld: → „Bedienungsgeld".
Unfallversicherung: Eine Verletztenrente zählt zu II, BGH NJW 2017, 959.
Untersuchungsgefangener: → „Gefangener".
Urlaub: Nicht zu II gehören das Urlaubsgeld nach § 850a Nr. 2, 3, sowie das während des Urlaubs weitergezahlte Arbeitsentgelt.
Werklohn: Er gehört zu II, BAG Rpfleger 1975, 220 (für laufend ausgeführte Arbeiten). Das gilt etwa bei einer Güterbeförderung.
Zulage: Sie gehört zu II.

5. Ruhegelder usw. Es muss sich um solche staatlichen oder privaten fortlaufend gewährten Einkünfte nach dem Ausscheiden aus dem Dienst handeln, die eine nachträgliche Vergütung der Dienste darstellen. Also zählt auch eine betriebliche Altersversorgung hierher. Denn sie ist aus dem Arbeitsverhältnis entstanden, BGH NJW-RR 2007, 1553; LAG Hamm DB 1995, 2122. Wegen der Invalidenrenten usw. OVG Saarlouis NJW 2006, 2873. Es ist unerheblich, wer den Betrag auszahlt. Auch das Mitglied einer Landesregierung kann unter diese Vorschrift fallen, ebenso ein Abgeordneter, AG Bremerhaven MDR 1980, 504. Die Pfändbarkeit ausländischer Rente beurteilt sich nach deutschem Insolvenzstatut, BGH NJW-RR 2017, 1080. 10

6. Hinterbliebenenbezüge. Hinterbliebene sind Personen, die nach den einschlägigen gesetzl. oder vertragl. Bestimmungen als Hinterbliebene auf Grund des Dienstverhältnisses des Verstorbenen zu Bezügen berechtigt sind, LG Köln NJW-RR 1990, 13. Nur die bloßen Unterstützungsgelder für Notfälle zählen zu den von § 850b I Nr. 4 vorrangig geregelten Beträgen, LG Köln NJW-RR 1990, 13. Über Sterbegelder und Gnadenbezüge § 850a Nr. 7. 11

7. Sonstige Vergütungen usw. Notwendig ist hier, dass die zu vergütenden Leistungen die Erwerbstätigkeit des Schuldners vollständig oder zu einem wesentlichen Teil beanspruchen, BGH NJW 1986, 2362 (krit. Brehm JZ 1986, 500). Das setzt eine gewisse Abhängigkeit vom Dienstberechtigten oder Unternehmer voraus. Es kommt aber nach → Rn. 3 nicht darauf an, ob die Arbeit selbständig oder unselbständig ist, BGH NJW 1986, 2362. Auch eine Nebentätigkeit reicht, BGH NJW-RR 2004, 644. Die Abhängigkeit äußert sich vor allem darin, dass die Ergebnisse der Arbeit dem Dienstberechtigten ganz oder teilweise zugutekommen. Der Rechtsgrund der Arbeit und die Art der Leistung sind belanglos. 12

13 **Hierher gehören zB:** Ein gegen eine feste Vergütung angestellter Postagent; der Kassenarzt wegen seiner Ansprüche aus dem Kassenarztverhältnis, BGH NJW 1986, 2362; ein Vertragsspieler eines Sportvereins; der Vorstand einer Aktiengesellschaft, BGH NJW 1978, 756; der Gesellschafter einer Gesellschaft bürgerlichen Rechts wegen einer vom Gewinn unabhängigen Vergütung; eine Hausangestellte; ein Heimarbeiter nach § 27 HAG; der Handelsvertreter wegen seines Festgehalts und seines Provisionsanspruchs; der Versicherungsvertreter wegen der monatlich an ihn zu zahlenden Garantiesumme; der einen laufenden Werklohn erhaltende Unternehmer, BAG WM 1975, 503.

14 **Nicht hierher gehört zB** der selbständige Gewerbetreibende.

15 **8. Wesentlichkeit der Beanspruchung.** Ob die Arbeitskraft wesentlich beansprucht wird, richtet sich nach den Tatsachen. Sie kann zB dann wesentlich beansprucht werden, wenn jemand zwar wenig arbeitet, aber nur für **einen** Dienstberechtigten, oder wenn jemand zwar viel für sich, aber noch mehr für den Dienstberechtigten arbeitet. Die Höhe der Einnahme aus der einen oder aus der anderen Tätigkeit entscheidet nicht. Vielmehr sind das Maß und die Zeit der Arbeitsleistung wesentlich. Es kommt nicht auf die Dauer des Arbeitsverhältnisses an. Hierher gehört sogar ein jederzeit kündbares Verhältnis. Berücksichtigen muss man nur den Arbeitsverdienst des Schuldners, nicht denjenigen eines Angehörigen, nicht die Ersparnis von Ausgaben oder die Unterstützung von einer dritten Seite ohne eine rechtliche Verpflichtung nach → § 850b Rn. 17. Eine solche Vergütung, die nicht wiederkehrend zahlbar ist, etwa die Einnahmen eines Kassenarztes aus seiner Privatpraxis oder der Anspruch eines bei einer Prozesskostenhilfe beigeordneten Anwalts gegen die Staatskasse, gehören nicht hierher, sondern nach § 850i I.

16 **9. Wettbewerbsbeschränkungen, III Buchst. a.** Hierher gehört vor allem diejenige Entschädigung, die der Unternehmer dem Handlungsgehilfen nach § 74 II HGB für dessen Beschränkung zahlt. Unter III Buchst. a fällt aber auch ein ähnlicher einem wirtschaftlich Abhängigen gewährter Wettbewerbsbezug, zB eine Karenzentschädigung eines Geschäftsführers wegen eines Wettbewerbsverbots, OLG Rostock NJW-RR 1995, 173. Bei einer Kapitalisierung gilt § 850i I.

17 **10. Versicherungsrenten, III Buchst. b.** Es ist notwendig, dass der Versicherungsvertrag der Versorgung des Versicherungsnehmers oder seiner unterhaltsberechtigten Angehörigen dient, dass er also ein Ruhegeld oder ein Hinterbliebenengeld ersetzt, und dass ferner eine Zahlung in der Form einer Rente erfolgt. Eine Kapitalzahlung gehört nicht hierher und fällt auch nicht unter § 850i I, Hasse VersR 2006, 145 (148). Denn sie ist eine grundsätzlich andersartige Leistung, BFH NJW 1992, 527; Hasse VersR 2005, 15 (18) (je: Kapitallebensversicherung). Wohl aber zählt eine Berufsunfähigkeitsrente hierher, OLG Mü VersR 1996, 318; aM KG VersR 2003, 490 (§ 850b I); OLG Saarbr VersR 1995, 1227; Hülsmann NJW 1995, 1521 (aber gerade auch sie dient eindeutig der Versorgung). Der weitgehende Pfändungsschutz von Versicherungsrenten nach → § 850i Rn. 14 verstößt nicht gegen das GG, BVerfG NJW 1960, 1899. Die Beschränkung des Pfändungsschutzes auf Renten aus einem Versicherungsvertrag eines Arbeitnehmers und nicht auch eines Selbständigen oder Nichtberufstätigen lässt sich ebenfalls nicht beanstanden, BGH NZI 2008, 95; OLG Ffm VersR 1996, 614; OLG Köln VersR 2013, 1248. Ein Geschäftsführer und Gesellschafter einer GmbH fällt **nicht** unter III Buchst. b, OLG Naumb VersR 2012, 1287.

18 **IV. Umfang der Pfändung, IV.** Die Pfändung erfasst sämtliche Vergütungen, die dem Schuldner aus der Arbeits- oder Dienstleistung zustehen. Das gilt ohne Rücksicht auf ihre Bezeichnung und ihre Art.

19 Maßgebend ist der **Zeitpunkt der Pfändung.** Es ist also möglich, dass im Zeitpunkt der Pfändung bereits eine gültige Abtretungserklärung des Arbeitseinkommens vorliegt und damit den Umfang der Pfändung einschränkt. Wenn der Arbeitgeber als Drittschuldner nach § 840 das erst nachträglich erfährt, muss er seine Erklärung berichtigen.

20 Rechnet der Arbeitgeber Arbeitseinkommen auf, so obliegt es ihm im Prozess vorzutragen, dass die Aufrechnung unter Beachtung der Pfändungsschutzvorschriften erfolgt, BAG NZA 2021, 357.

V. Beispiele zur Frage des Umfangs der Pfändung, IV

21 **Amtswechsel:** Bei ihm bleibt die Pfändung unberührt, soweit das Dienstverhältnis in seiner Nämlichkeit bestehen bleibt.

Anderes Rechtsverhältnis: Nicht erfasst ist ein Anspruch aus einem anderen Rechtsverhältnis als einem Arbeitsverhältnis nach dem ArbGG, BGH NJW-RR 2004, 644; LG Brschw NJW-RR 1998, 1690.

Anwachsende Bezüge: Miterfasst sind sie entsprechend § 833. Denn diese Vorschrift enthält einen allgemeinen Rechtsgedanken.

Anwaltsvergütung: Nicht erfasst ist ein Anspruch nach dem RVG. Denn er entsteht im freien Beruf, nicht in einem Arbeitsverhältnis, ungeachtet aller etwaigen faktischen Abhängigkeit. Das gilt auch bei laufender Tätigkeit für denselben Auftraggeber.

Kindergeld: → Rn. 9 „Kindergeld".

Krankengeld: Erfasst ist ein Zuschuss des Arbeitgebers.

Pension: Erfasst sind ihre Bezüge.

Ruhestand: Erfasst sind seine Bezüge.

Steuererstattung: Erfasst sein kann ein aus Arbeitseinkommen entstandener Anspruch auf Steuererstattung, BGH NJW 2005, 2988.

Umwandlung: Erfasst bleiben die Bezüge bei einer solchen zB nach dem UmwG.

Vermögenswirksame Leistung: Sie ist nicht erfasst.

Wechsel des Dienstherrn: Nicht erfasst sind weitere Bezüge dann, wenn mit ihm ein ganz andersartiges Dienstverhältnis begonnen hat.

850a *Unpfändbare Bezüge.* Unpfändbar sind

1. zur Hälfte die für die Leistung von Mehrarbeitsstunden gezahlten Teile des Arbeitseinkommens;

2. die für die Dauer eines Urlaubs über das Arbeitseinkommen hinaus gewährten Bezüge, Zuwendungen aus Anlass eines besonderen Betriebsereignisses und Treugelder, soweit sie den Rahmen des Üblichen nicht übersteigen;

3. **Aufwandsentschädigungen, Auslösungsgelder und sonstige soziale Zulagen für auswärtige Beschäftigungen, das Entgelt für selbstgestelltes Arbeitsmaterial, Gefahrenzulagen sowie Schmutz- und Erschwerniszulagen, soweit diese Bezüge den Rahmen des Üblichen nicht übersteigen;**
4. **Weihnachtsvergütungen bis zu der Hälfte des Betrages, dessen Höhe sich nach Aufrundung des monatlichen Freibetrags nach § 850c Absatz 1 in Verbindung mit Absatz 4 auf den nächsten vollen 10-Euro-Betrag ergibt;**
5. **Geburtsbeihilfen sowie Beihilfen aus Anlass der Eingehung einer Ehe oder Begründung einer Lebenspartnerschaft, sofern die Vollstreckung wegen anderer als der aus Anlass der Geburt, der Eingehung einer Ehe oder der Begründung einer Lebenspartnerschaft entstandenen Ansprüche betrieben wird;**
6. **Erziehungsgelder, Studienbeihilfen und ähnliche Bezüge;**
7. **Sterbe- und Gnadenbezüge aus Arbeits- oder Dienstverhältnissen;**
8. **Blindenzulagen.**

I. Systematik, Nr. 1–8. Zunächst → Vor § 850 Rn. 5. Die Vorschrift eröffnet die Gruppe der den § 850 ergänzenden und im jeweiligen Geltungsbereich vorrangigen Sonderregeln. § 850a enthält die unbedingt unpfändbaren Bezüge. § 850b zählt die bedingt unpfändbaren Bezüge auf. Die Bezüge des § 850a sind weder für sich allein noch im Zusammenhang mit anderen Bezügen pfändbar. Man muss diese Bezüge bei der Berechnung des Arbeitseinkommens unberücksichtigt lassen. § 850a enthält keine erschöpfende Regelung der Unpfändbarkeit, Sibben DGVZ 1988, 4. Es gibt entsprechende Vorschriften in Sondergesetzen. Man darf § 850a aber auch nicht ausdehnend auslegen, Sibben DGVZ 1988, 4 (8). 1

II. Regelungszweck, Nr. 1–8. Wegen der grundsätzlichen Pfändbarkeit des Lohns nach § 850 bringt § 850a einen Teil der aus vielen Gründen notwendigen Begrenzungen der Pfändbarkeit. Allen hier geregelten Fällen ist der Sozialgedanke gemeinsam. Auch soll ein besonderer Arbeitseinsatz wenigstens teilweise den verdienten Lohn trotz aller Gläubigerforderungen erhalten und behalten dürfen, BGH NJW-RR 2014, 1198. Es handelt sich also um einen vielgestaltigen Schuldnerschutz, wenn auch durchaus in Grenzen. Dieses Ziel in seiner Begrenzung ist auch bei der Auslegung wichtig. 2

III. Überstundenvergütung, Nr. 1. Es muss eine zusätzliche Vergütung für eine solche Arbeit vorliegen, die über die im Betrieb gewöhnlich eingehaltene Arbeitszeit hinausging. Es muss ein Rechtsanspruch auf diese Vergütung bestehen. Man kann hierher auch denjenigen regelmäßigen Nebenverdienst rechnen, der aus einer solchen Arbeit entsteht, die der Schuldner außerhalb der üblichen Arbeitszeit geleistet hat. Die Zusammenrechnung erfolgt nach § 850e Nr. 2. Unpfändbar ist nur die Hälfte der Gesamtvergütung für die Überstunden, nicht nur der Zuschläge. Der Arbeitgeber muss wegen einer Aufrechnung darlegen, um welchen Nettobetrag sich das Arbeitsentgelt durch Überstunden erhöht hat, BAG NJW 2003, 2189. 3

IV. Urlaubsgelder usw., Nr. 2. Diese Bezüge sind im Grunde schon nach § 851 unpfändbar. Zweck ist es, dem Berechtigten die zum Unterhalt bestimmten Mittel unverkürzt und rechtzeitig zukommen zu lassen, BGH NJW-RR 2012, 825. 4

1. Nur Zusatzgeld. Nr. 2 schützt nur Zuwendungen für die Dauer eines Urlaubs, soweit sie über das Arbeitseinkommen hinausgehen und den Rahmen des Üblichen nicht übersteigen, BGH NJW-RR 2012, 825 (Maßgeblichkeit vergleichbarer Unternehmen); Henze Rpfleger 1980, 456. Diese letztere Bedingung bezieht sich auf alle Fälle der Nr. 2. Eine Zuwendung aus Anlass eines besonderen Betriebsereignisses ist zB eine Zuwendung wegen eines besonders günstigen Betriebserfolgs, Sibben DGVZ 1988, 4 (8). Diesen Begriff schränkt BAG NJW 2009, 167 allerdings deutlich ein. 5

Tantiemen gehören **nicht** zu Nr. 2, sondern zu § 850, vgl. OLG Mü BeckRS 2018, 29487. Sie sind daher nach § 850c pfändbar, auch wenn sie für ein längeres als ein dreijähriges Verbleiben im Betrieb anfallen und dann alljährlich wiederkehren. Eine Schenkung gehört nicht zum Arbeitseinkommen. Die Unpfändbarkeit nach Nr. 2 entsteht in voller Höhe, bei gleichartigen Unternehmen in der üblichen Höhe. 6

2. Nicht normales Urlaubsentgelt. Dasjenige Arbeitseinkommen, das der Arbeitnehmer während seines Urlaubs in der gewöhnlichen Höhe erhält, also das sog. Urlaubsentgelt, gehört ebenfalls **nicht** zu Nr. 2. Es ist vielmehr trotz der grundsätzlichen Einheit des Anspruchs auf die Freistellung von Arbeit und des Anspruchs auf die Zahlung einer Vergütung übertragbar, BGH NJW 1972, 1703 (Angestellte); BGH NJW 1972, 1705 (Beamte). Das Urlaubsentgelt ist also nach § 851 I pfändbar, BAG NZA 2002, 323; LG Deggendorf Rpfleger 2005, 372. Es ist zumindest wegen § 851 II in den Grenzen des § 850c pfändbar. Dasselbe gilt bei einer Urlaubsabgeltung, also bei einer Geldzahlung anstelle der Freistellung von der Arbeit. Für diese Urlaubsabgeltung ist wegen des Verbots einer ausdehnenden Auslegung nach → Rn. 1 weder Nr. 1 noch Nr. 2 anwendbar. Die Vorschrift schützt nur einen „gewährten" Bezug, nicht einen bereits gezahlten Bezug, etwa einen schon überwiesenen Betrag. Das gilt selbst dann, wenn der Arbeitgeber ihn als eine vermögenswirksame Leistung überwiesen hat. Insofern gilt § 850k. 7

V. Aufwandsentschädigungen usw., Nr. 3. Hierher zählen die folgenden Entschädigungen. 8

1. Aufwandsentschädigung. Hierher gehören: Eine Aufwandsentschädigung, zB für Reisekosten, Umzugskosten, Tagegelder, Bürogelder, für einen Ein-Euro-Job, BSG NJW 2009, 2478; LG Drsd NJW-RR 2009, 359; Harks Rpfleger 2007, 588; für eine Tätigkeit in einem Gemeinderat, OLG Hamm FamRZ 1980, 997; für Repräsentationskosten; der Auslagenersatz eines Provisionsreisenden; das Kilometergeld für einen Angestellten zum Besuch von Baustellen im eigenen Pkw; eine Zulage für Dienst zu ungünstiger Zeit, BGH NJW 2016, 2812 (Nachtarbeit); sowie eine Wechselschichtzulage, OVG Lüneb NVwZ-RR 2010, 75; VG Kassel JurBüro 2013, 599; ein Erstattungsanspruch nach § 40 I BetrVG, LAG Bln AnwBl 1987, 240; vgl. BGH NZA 2018, 126 (§ 851 I); die Aufwandsentschädigung bei Anordnung des persönlichen Erscheinens im Sozialgerichtsprozess, SG Potsdam, 28.9.2020 – S 30 SF 198/20 F. 9

Man muss **mehrere** Aufwandsentschädigungen **zusammenrechnen,** soweit sie denselben Zweck dienen und das Übliche nicht übersteigen, BezG Ffo Rpfleger 1993, 457. Man muss aber in allen diesen Fällen prüfen, ob nicht ein verkappter Lohn vorliegt. Diesen muss man dann annehmen, wenn die Entschädigung den normalen Aufwand übersteigt oder wenn sie dem Lebensunterhalt bei einer Vollzeittätigkeit dient, VG Ansbach Rpfleger 10

2006, 419. Das gilt erst recht, soweit der „Aufwandschuldner“ Steuern und Sozialmittel abführt. Das Wohnungsgeld und ein Kinderzuschlag gehören zum Gehalt. Es ist unerheblich, ob daneben ein Vergütungsanspruch besteht. Auch Schöffen und andere Laienrichter erhalten eine Aufwandsentschädigung, ebenso Volkszähler, OLG Düss NJW 1988, 977; LG Düss Rpfleger 1988, 31. Auch das Vorstandsmitglied eines Anwaltsvereins übt eine auf Dauer angelegte Tätigkeit aus und kann daher hierher zählen, aM AG Lpz NJW 2004, 375.

11 **2. Auslösung usw.** Hierher gehören auch ein Auslösungsgeld und eine sonstige soziale Zulage für eine auswärtige Beschäftigung, also eine Vergütung für die damit verbundenen Mehrkosten. Zulagen für Sonntags-, Feiertags- und Nachtarbeit fallen unter die Vorschrift; Zulagen für Samstags-, sog. Vorfest- und Schichtarbeit nicht, VG Cottbus BeckRS 2020, 19655.

12 **3. Materialentgelt.** Hierher gehört ferner das Entgelt für ein selbstgestelltes Arbeitsmaterial.

13 **4. Gefahrzulage.** Hierher gehört ferner die Gefahrenzulage, etwa eine Giftzulage, ferner eine Nachtzulage, LAG Ffm DB 1989, 1732.

14 **5. Schmutz- und Erschwerniszulage.** Hierher gehört schließlich eine Schmutz- oder Erschwerniszulage, zB ein Zuschlag für Nacht-, Sonntags- und Feiertagsarbeit, BGH NJW 2018, 3461; BAG NJW 2017, 3675 (zum Umfang vgl. § 3b EStG); LAG Bln Brdb ZIP 2015, 2344, nicht aber eine Zulage für Samstags- und sog. Vorfest- und Schichtarbeit, VG Cottbus FA 2020, 306. Sie muss gerade diejenige Erschwernis abgelten, die durch die Eigentümlichkeit der Arbeits**art** entsteht, nicht schon durch schlechte Lage der Arbeits**zeit,** LAG Ffm DB 1989, 1732.

15 Eine vom Arbeitgeber gezahlte **Corona-Prämie** zwecks Abmilderung der Lasten der Corona-Pandemie kann als Erschwerniszulage als unpfändbar angesehen werden, LG Lüneb BeckRS 2022, 13397; LG Mü VuR 2022, 156; AG Gera InsbürO 2021, 336; AG Cottbus BeckRS 2021, 8116; AG Zeitz Rpfleger 2020, 751 (§ 851); LAG Hann NZA-RR 2022, 109; aA LG Lüb NZI 2022, 699; LG Drsd NZI 2021, 547; AG Konst JurBüro 2021, 269; LAG Berl-Brdb BeckRS 2022, 8258; ArbG Bautzen ArbRAktuell 2021, 696.

16 **6. Weitere Voraussetzungen.** Bei → Rn. 8–14 ist Voraussetzung, dass die Vergütung entweder gesetzlich oder auf Grund eines Tarifs, einer Betriebs- oder einer Dienstordnung anfällt oder sich im Rahmen desjenigen hält, was bei gleichartigen Unternehmen üblich ist.

17 Der **Wehrsold** nach → § 850 Rn. 6 ist nach → Rn. 1 keine Aufwandsentschädigung. Auf den Anspruch des Kassenarztes gegen die Kasse ist Nr. 3 unanwendbar, BGH NJW 1986, 2362 (krit. Brehm JZ 1986, 500).

18 **VI. Weihnachtsvergütungen, Nr. 4.** Die Vorschrift erfasst diese Vergütung, BVerwG NVwZ-RR 2018, 909. Das gilt aber nur, soweit sie nicht ein Geschenk darstellt, sondern auf einem Rechtsanspruch beruht. Der Schuldner muss den Bruttobetrag darlegen, LG Hann JurBüro 2008, 327. Das gilt auch dann, wenn der Arbeitgeber die Weihnachtsvergütung für ein bestimmtes Jahr zwar verbindlich, jedoch unter dem Vorbehalt zugesagt hat, dass für das kommende Jahr aus der jetzigen Zusage kein Rechtsanspruch entstehe. Es kommt nicht darauf an, ob die Jahressonderzahlung ausdrücklich als Weihnachtsgeld bezeichnet wird, wenn sie von den Arbeitsvertragsparteien und im Allgemeinen als Weihnachtsgeld angesehen wird, AG Zeitz Rpfleger 2021, 372.

19 Eine solche Vergütung ist nach der am 1.1.2022 in Kraft getretenen Neuregelung bis zur Hälfte des auf den nächsten 10-Euro-Betrag aufgerundeten Freibetrags nach § 850c I, IV. Soweit sie pfändbar ist, muss man sie dem Lohn für Dezember hinzurechnen. Man kann eine Unpfändbarkeit auch nicht durch eine Vereinbarung nach § 399 herbeiführen.

20 **Unanwendbar** ist Nr. 4 bei einem garantierten Anteil an einer Sparkassen-Sonderzahlung, BAG NZA 2012, 1246, oder bei einer Sonderzahlung nach § 20 TVöD, BAG NZA 2016, 840; LG Görlitz JurBüro 2015, 100.

21 **VII. Geburtsbeihilfen usw., Nr. 5.** Eine solche Beihilfe ist in voller Höhe unpfändbar. Sie ist aber wegen eines solchen Anspruchs pfändbar, der gerade aus dem Anlass der Heirat oder Lebenspartnerschaft oder der Geburt entstanden ist.

22 **VIII. Erziehungsgelder usw., Nr. 6.** Ein solcher Bezug ist voll unpfändbar. Das besagt auch § 54 V SGB I, LG Oldb Rpfleger 1987, 28; Meierkamp Rpfleger 1987, 349 (352); aM OLG Hamm MDR 1988, 153; OLG Köln FamRZ 1990, 190 (aber Wortlaut und Sinn sind eindeutig). Das gilt unabhängig davon, wer ihn gewährt hat und ob er einer Waise zukommt.

23 **Nicht hierher gehört** der Kinderzuschlag. Er ist allerdings nach § 54 V SGB I nur eingeschränkt pfändbar. Nicht hierher gehören ferner: Das Entlassungsgeld nach dem Ausscheiden aus dem Wehr- oder Zivildienst, LG Detm Rpfleger 1997, 448; der Unterhaltszuschuss eines Referendars.

24 **IX. Sterbe- und Gnadenbezüge, Nr. 7.** Ein solcher Bezug ist im Allgemeinen ohne Rücksicht auf seine Höhe voll unpfändbar. Er steht den Hinterbliebenen als solchen zu, nicht als Erben. Zu den von Nr. 7 erfassten Bezügen gehören auch diejenigen für das sog. Gnadenvierteljahr. Der Verstorbene braucht aber kein Beamter gewesen zu sein. Ein Sterbegeld nach § 48 II SVG ist unpfändbar.

25 **X. Blindenzulagen, Nr. 8.** Die Vorschrift dient der Klarstellung. Die Unpfändbarkeit folgt schon aus § 851. Solche Bezüge sind voll unpfändbar.

26 **XI. Verstoß, Nr. 1–8.** Bei einem Verstoß gegen die Vorschrift kann der Betroffene die Erinnerung nach § 766 einlegen. Das gilt auch zugunsten des Drittschuldners.

850b *Bedingt pfändbare Bezüge.* **[I] Unpfändbar sind ferner**

1. Renten, die wegen einer Verletzung des Körpers oder der Gesundheit zu entrichten sind;
2. Unterhaltsrenten, die auf gesetzlicher Vorschrift beruhen, sowie die wegen Entziehung einer solchen Forderung zu entrichtenden Renten;
3. fortlaufende Einkünfte, die ein Schuldner aus Stiftungen oder sonst auf Grund der Fürsorge und Freigebigkeit eines Dritten oder auf Grund eines Altenteils oder Auszugsvertrags bezieht;
4. Bezüge aus Witwen-, Waisen-, Hilfs- und Krankenkassen, die ausschließlich oder zu einem wesentlichen Teil zu Unterstützungszwecken gewährt werden, ferner Ansprüche aus Lebensversicherun-

gen, die nur auf den Todesfall des Versicherungsnehmers abgeschlossen sind, wenn die Versicherungssumme 5400 Euro nicht übersteigt.

II Diese Bezüge können nach den für Arbeitseinkommen geltenden Vorschriften gepfändet werden, wenn die Vollstreckung in das sonstige bewegliche Vermögen des Schuldners zu einer vollständigen Befriedigung des Gläubigers nicht geführt hat oder voraussichtlich nicht führen wird und wenn nach den Umständen des Falles, insbesondere nach der Art des beizutreibenden Anspruchs und der Höhe der Bezüge, die Pfändung der Billigkeit entspricht.

III Das Vollstreckungsgericht soll vor seiner Entscheidung die Beteiligten hören.

I. Systematik, I–III. Zunächst → Vor § 850 Rn. 1, → § 850a Rn. 1. Die Vorschrift gilt auch beim Selbständigen, BGH NZI 2010, 777, und im Insolvenzverfahren, BGH NJW-RR 2010, 474; LG Ffm ZInsO 2020, 1495. Die Bezüge des § 850b sind regelmäßig voll unpfändbar. Man darf sie dem pfändbaren Teil des Arbeitseinkommens nicht zurechnen. § 850b ist zwingendes Recht. II lässt aber Ausnahmen zu, OLG Schlesw Rpfleger 2002, 87. **Nicht** hierher, sondern unter § 850i III gehören Renten nach dem BVG und aufgrund der Sozialversicherung nach den einzelnen Büchern des SGB; vgl. auch § 54 SGB I. 1

II. Regelungszweck, I–III. Während § 850a schlechthin zur Unpfändbarkeit führt, lässt § 850b II eine bedingte Pfändbarkeit zu. Man darf das Interesse des Gläubigers nicht von vorneherein geringer oder höher ansetzen als dasjenige des Schuldners. Mitbeachtlich ist, ob der Schuldner sich leichtfertig verschuldet hatte; vgl. im Übrigen BGH NJW-RR 2005, 869. 2

III. Verletzungsrenten, I Nr. 1. Unpfändbar ist eine Rente wegen der Verletzung des Körpers oder der Gesundheit, OLG Mü VersR 1997, 1520. Die Unpfändbarkeit besteht aber grundsätzlich nur in Höhe des gesetzlichen Anspruchs. Eine Kapitalabfindung ist ungeschützt. Unpfändbar ist aber auch ein rückständiger oder kapitalisierter Betrag, BGH NJW 1988, 819, und zwar bis zur Höhe des etwaigen Rentenhöchstbetrags. Unpfändbar ist auch ein künftiger Anspruch, BGH NJW 2010, 374. 3

Hierher zählen zB: Ein solcher Anspruch nach § 843 BGB; ein solcher Anspruch, den ein anderes Gesetz der Regelung des § 843 BGB unterstellt, wie die Rente des Handlungsgehilfen wegen der Verletzung einer Fürsorgepflicht des Unternehmers nach § 62 III HGB; eine solche Rente, die der Haftpflichtversicherer des Unfallgegners zahlt, BGH NJW 1988, 819; eine solche Rente nach § 38 LuftVG; zur Entschädigung nach dem Infektionsschutzgesetz vgl. § 67 IfSG; ausnahmsweise ein rein vertraglicher oder letztwillig verfügter Rentenanspruch, BGH NJW 1978, 950. 4

Nicht hierher zählt zB: Die Erstattung von Auslagen wegen einer zeitweiligen Vermehrung der Bedürfnisse; eine Berufsunfähigkeitsrente, OVG Saarlouis NJW 2006, 2873; aM KG VersR 2003, 490; OLG Karlsr OLGR 2002, 114; OLG Köln VersR 2009, 621 (aber § 850 III Buchst. b passt besser). Eine Kapitallebensversicherung nebst Berufsunfähigkeits-Zusatzversicherung ist wegen der Einheitlichkeit des Vertrags zwar unpfändbar, aber abtretbar, BGH NJW 2010, 374. 5

Eine **Aufrechnung** mit einem Ausgleichsanspruch ändert an der Unpfändbarkeit nichts. Ein Aufrechnungs- und Pfändungsverbot wirkt nicht zulasten desjenigen Sozialversicherungsträgers, auf den der Anspruch übergegangen ist, BAG DB 1979, 1848 (dort auch wegen einer Ausnahme). 6

IV. Gesetzliche Unterhaltsforderungen und Renten nach § 844 BGB, I Nr. 2. Voll unpfändbar sind die folgenden Bezüge, aM Foerste NJW 2006, 2945 (2947) (I Nr. 2 verstoße gegen Art. 14 I, 20 III GG). Sie müssen auf Geld gehen, LG Bln Rpfleger 1978, 334. 7

1. Grundsatz: Nur gesetzliche Forderung. Eine Forderung hat grundsätzlich nur einen Schutz, soweit sie gerade zumindest auch auf einer gesetzlichen Vorschrift beruht, BGH NZI 2006, 593, wie diejenige des Ehegatten von der Trennung ab, LG Bln Rpfleger 1978, 334, oder diejenige des früheren Ehegatten, eines Verwandten, eines nichtehelichen Kindes. 8

2. Beispiele zur Frage einer Forderung nach I Nr. 2

Abtretung: Wegen begrenzter Abtretbarkeit BGH NJW 2013, 2592; OLG Brem NJW-RR 2002, 361. Wegen des abgetretenen Anspruchs; LG Mannh Rpfleger 1987, 465. 9

Arglist: Sie ist stets unstatthaft. Daher kann ein Aufrechnungsschutz versagen, soweit dem Verbot des § 394 BGB der Einwand der Arglist entgegensteht.

Aufrechnung: Eine Pfändung kann auch evtl. zwecks einer Aufrechnung erfolgen, OLG Hamm FamRZ 2005, 995. Eine Aufrechnung kann auch gegen eine nach I Nr. 4 unpfändbare Forderung möglich sein, BGH NJW 2019, 359; LG Gera VersR 2016, 181.

Auslagenersatz: Anwendbar ist I Nr. 2 auf einen solchen Anspruch.

Dritter: Unanwendbar ist I Nr. 2 auf einen Anspruch auf die Erstattung eines für einen Dritten geleisteten Unterhalts.

Ehegattenunterhalt: Anwendbar ist I Nr. 2 auf den Unterhaltsanspruch des Ehegatten gegen den anderen in einer intakten Ehe, LG Frankenth Rpfleger 1983, 256.

Einmaligkeit: Anwendbar ist I Nr. 2 auch auf einen einmaligen Anspruch, BGH NJW-RR 2002, 1513.

Fälligkeit: Sie ist unerheblich.

Familienunterhalt: Unanwendbar ist I Nr. 2 bei §§ 1360, 1360a BGB, BGH NJW 1985, 2263 (Vorschuss: § 851); LG Frankenth Rpfleger 1983, 256.

Freistellung: Anwendbar ist I Nr. 2 auch auf einen Freistellungsanspruch, LG Münst Rpfleger 2005, 270.

Gesetz – Vertrag: Anwendbar ist I Nr. 2 auf einen solchen ursprünglich gesetzlichen Anspruch, den die Parteien ganz auf eine vertragliche Grundlage „umgestellt" haben, BGH NJW-RR 2002, 1513.

Kindergeld: → § 850 Rn. 9 „Kindergeld".

Künftiger Anspruch: Es ist unerheblich, ob es sich um einen künftigen Anspruch handelt.

Mindestbetrag: Dem Unterhaltsberechtigten muss auch bei einer Aufrechnung ein Existenzminimum verbleiben, BGH NJW 1993, 2105; strenger AG Eschwege FamRZ 2001, 840 (überhaupt keine Aufrechenbarkeit).

Prozessbevollmächtigter: Unanwendbar ist I Nr. 2 auf einen Anspruch gegen den ProzBev nach § 81 auf eine Auszahlung des vom Prozessgegner an diesen ProzBev gezahlten Unterhalts, LG Düss Rpfleger 1977, 183.

Prozesskostenvorschuss: Anwendbar ist I Nr. 2 auf einen Erstattungsanspruch auf Grund eines Verfahrens auf die Zahlung eines Prozesskostenvorschusses, OLG Karlsr FamRZ 1984, 1090. Auch → Rn. 12.

Rückstand von Unterhalt: Er ist allenfalls im Rahmen von II, III pfändbar, KG FamRZ 1999, 405; LG Bonn FamRZ 1996, 1486.

Schadensersatz: Anwendbar ist I Nr. 2 auf einen solchen Anspruch.

Sonderbedarf: Anwendbar ist I Nr. 2 auf einen Unterhaltsanspruch wegen eines einmaligen Sonderbedarfs im Rahmen der Zweckbindung zugunsten desjenigen Gläubigers, der dem Schuldner diejenige Leistung erbracht hat, die die Grundlage für den Unterhaltsanspruch gegenüber dem Drittschuldner nach § 840 ist, LG Frankenth NJW-RR 1989, 1352.

Splitting: Anwendbar ist I Nr. 2 auf einen Steuererstattungsanspruch infolge Splittings, BGH NJW 1997, 1441.

Überleitung: Eine Aufrechnung des Unterhaltsgläubigers nach § 394 BGB entfällt, soweit sein Anspruch auf einen Sozialhilfeträger übergegangen ist, OLG Düss FamRZ 2006, 1532; aM LG Heilbr NJW-RR 1990, 197.

10 **3. Taschengeld.** Dazu auch → Rn. 14 sowie krit. auch rechtspolitisch Braun NJW 2000, 97; Röwekamp, Der Taschengeldanspruch unter Ehegatten und seine Pfändbarkeit, 2003: Zwischen Ehegatten besteht grundsätzlich ein Anspruch auf die Zahlung eines Taschengelds, BVerfG FamRZ 1986, 773; KG NJW 2000, 149; LG Konst Rpfleger 2008, 37; aM AG Rendsb NJW 2000, 3653; Braun NJW 2000, 97 (aber ein Taschengeld dient den von § 1360a I BGB begünstigten persönlichen Bedürfnissen). Dieser Anspruch ist im Rahmen der Nr. 2 pfändbar, BVerfG FamRZ 1986, 773; BGH NJW 2004, 2450 (zust. Balthasar FamRZ 2005, 85; krit. Smid JZ 2004, 1134; Sturhahn LMK 2004, 184); LG Stg JurBüro 2004, 617; aM OLG Brdb MDR 2002, 356; OLG Stgt Rpfleger 2001, 557; LG Kleve JurBüro 2002, 550; LG Kblz FamRZ 2005, 468; LG Saarbr JurBüro 2001, 605. Zur Höhe → Rn. 26, OLG Ffm FamRZ 1991, 727; OLG Hamm NJW-RR 1990, 1224; LG Heilbr Rpfleger 1999, 550. Das gilt ohne einen Verstoß gegen Art. 6 GG, BVerfG FamRZ 1986, 773 (Nichtannahmebeschluss ohne Gesetzeskraft, Otto Rpfleger 1989, 207). Ein nichtehelicher Partner mit einem gesetzlichen Unterhaltsanspruch hat ebenfalls einen pfändbaren Taschengeldanspruch, LG Tüb JurBüro 2001, 46; AG Neustadt/Aisch JurBüro 2003, 158; Bauer JurBüro 2001, 15.

11 **Fehlen** kann das auch in der Zwangsvollstreckung erforderliche Rechtsschutzbedürfnis dann, wenn der Schuldner keinen Taschengeldanspruch hat, AG Stgt JurBüro 2009, 610.

12 **4. Prozesskostenvorschuss.** Derjenige nach § 1360a IV BGB, § 127a ist nach → § 851 Rn. 5 unpfändbar. Durch die Zahlung des Unterhalts auf ein Bankkonto oder an eine andere Durchgangsstelle geht das Vorrecht der Nr. 2 nicht verloren. Pfändbar ist aber im Rahmen von §§ 850k, 850l die auf ein Bankkonto gezahlte Abfindungssumme für eine Unterhaltsrente. Auch → Rn. 9 „Prozesskostenvorschuss".

13 **5. Rente.** Unpfändbar ist eine Rente wegen der Entziehung des Unterhaltsanspruchs, zB wegen der Tötung des Unterhaltspflichtigen nach § 844 BGB. Ein Rentenanspruch der Hinterbliebenen nach §§ 10, 13 StVG steht diesen Renten gleich.

14 **V. Fortlaufende Einkünfte usw., I Nr. 3.** Unpfändbar in voller Höhe ohne Rücksicht auf den Bedarf sind fortlaufende Einkünfte in den folgenden Fällen.

15 **1. Einkünfte aus einer Stiftung usw.** Einkünfte aus einer Stiftung oder auf Grund der Fürsorglichkeit oder Freigebigkeit eines Dritten haben einen Schutz, und zwar Einkünfte in Geld oder in Naturalien aus einem Vertrag oder auf Grund einer Verfügung von Todes wegen, OLG Ffm NJW-RR 2001, 367 (Fallfrage), etwa auf Grund eines Vermächtnisses. Die Fürsorglichkeit und die Freigebigkeit müssen zusammentreffen. Die Einkünfte müssen also unentgeltlich sein, um den Schuldner vor einer Not zu schützen, OLG Stgt OLGZ 1985, 338.

16 **In Betracht kommen:** Eine Häftlingshilfe nach § 18 HHG; eine Zahlung seitens der Unterstützungseinrichtung der Rennställe und Trainingsanstalten, OLG Köln FamRZ 1990, 190; ein Leibgedinge KG NZG 2015, 189.

17 **Nicht hierher gehören:** Ein entgeltlicher Erwerb; eine Kapitalleistung, soweit man nicht nur die Einkünfte auszahlen muss; ein Ruhegehalt, denn es stellt ein Entgelt dar; ein Unterhaltsanspruch, OLG Stgt OLGZ 85, 338; Einkünfte des Vorerben aus dem Nachlass, LG Gießen Rpfleger 2000, 169. Das gesetzliche Erbrecht schließt nach § 863 den Bezug von Einkünften nach dieser Regel nicht aus, aM KG Rpfleger 1985, 73; die Einzahlung eines Dritten für eine Selbstverpflegung des Beschuldigten in der Untersuchungshaftanstalt. Denn der Beschuldigte ist nicht fürsorgebedürftig.

18 **2. Anspruch aus einem Altenteil.** Es handelt sich um die aus Anlass einer Grundstücksübergabe zur Altersversorgung des Schuldners und seiner Angehörigen zugewendeten Nutzungen und wiederkehrenden Leistungen, OLG Hamm FamRZ 1988, 745. Maßgeblich ist begrifflich Art. 96 EGBGB, BGH NJW-RR 2007, 1390. Ein derartiger Anspruch oder ein Anspruch auf Grund eines Auszugs sind ebenfalls geschützt. Es ist unerheblich, ob die Beteiligten einen solchen Anspruch dinglich gesichert oder nur schuldrechtlich vereinbart haben. Etwas anderes gilt bei einer lediglich schuldrechtlichen Vereinbarung dann, wenn es sich um beiderseits gleichwertige Leistungen handelt. Zum Problem BGH NJW-RR 2007, 1390; LG Oldb Rpfleger 1982, 298 (krit. Hornung). Denn dann ist der Auszugsanspruch oder Altenteilsanspruch rechtlich betrachtet das Entgelt für die Gutsüberlassung, wirtschaftlich betrachtet ein Unterhaltsanspruch. Ein Altenteilsanspruch ist auch bei der Überlassung eines städtischen Grundstücks möglich. Eine Unpfändbarkeit kann davon abhängen, wann bei einer Abtretung ein Gegenwert geflossen ist, BGH NJW-RR 2010, 1235.

19 **Das trifft aber dann nicht zu,** wenn die Parteien eine Leibrente als Kaufpreis oder als Teil des Kaufpreises ausbedungen haben, ohne miteinander verwandt zu sein. Ebenso wenig handelt es sich um einen Altenteilsanspruch mit einer Geldrente auf Lebenszeit, selbst wenn der Berechtigte sie zum Lebensunterhalt verwendet. OLG Hamm FamRZ 1988, 745 wendet Nr. 3 auf eine im Haushaltsverfahren angeordnete Ausgleichszahlung entsprechend an.

20 **VI. Bezüge aus Witwenkassen usw., I Nr. 4.** Die Vorschrift ist verfassungsgemäß, BVerfG NJW 2004, 2585 (Lebensversicherung). Ein solcher Bezug ist voll unpfändbar, aM LG Köln NJW-RR 2004, 552 (nur bedingte Unpfändbarkeit. Aber Nr. 4 ist eindeutig). Hierher gehört auch eine Leistung aus öffentlichen oder privaten Kassen ohne Rücksicht auf ihre Höhe. Es ist entscheidend, ob die Leistung lediglich eine Unterstützung für den Notfall und nicht einen allgemeinen, von dem nachrangigen § 850 II geregelten Hinterbliebenenbezug

darstellt, LG Köln NJW-RR 1990, 13. Das lässt sich nur nach den Umständen beurteilen. Nr. 4 erfasst auch eine einmalige Leistung, KG Rpfleger 1985, 73.

Eine Forderung verliert ihren Charakter durch eine **Überleitung** auf den Berechtigten nicht. Das ist bei einer Familienversicherung wichtig. Der Gläubiger des mitversicherten Familienmitglieds hat also nach der Abtretung der Rente an dieses Familienmitglied oder nach ihrer Pfändung die Möglichkeit eines Zugriffs nur im Rahmen von II. Die Versicherungszahlung einer Versicherungsgesellschaft, vgl. auch § 850 III Buchst. b, gehört nur dann zu Nr. 4, wenn die Versicherungssumme 5.400 EUR nicht übersteigt, BGH FamRZ 2009, 972; OLG Bbg JurBüro 1985, 1739; vgl. auch BGH NJW-RR 2008, 412; AG Fürth VersR 1982, 59. Eine weitere Voraussetzung ist, dass die Versicherung nur auf den Todesfall lautet, BVerfG NJW 2004, 2585; BGH NJW 2012, 678; AG Fürth VersR 1982, 59. Eine solche Zahlung soll in der Regel in erster Linie zur Deckung der Bestattungskosten dienen, AG Fürth VersR 1982, 59. Dann darf sie aber natürlich zugunsten eines Angehörigen lauten, BGH FamRZ 2009, 972. Der Anspruch aus einer privaten Zusatzversicherung kann nach I Nr. 4 pfändbar sein, LG Hann Rpfleger 1995, 511. 21

Sondergesetze gehen vor, zB bei dem Krankengeld § 54 SGB I, OLG Köln NJW 1989, 2956 (insofern ist § 850b nur auf solche Krankenkassen anwendbar, die nicht Träger der gesetzlichen Sozialversicherung sind, also auf private Krankenkassen, BGH NJW-RR 2014, 683; vgl. SG Dortm BeckRS 2018, 16347). Das gilt auch bei einem Krankenhaustagegeld, LG Oldb JurBüro 1983, 778. Beihilferechtliche Ansprüche sind nach § 851 unpfändbar, OVG Münster, BeckRS 2018, 30450. 22

VII. Bedingte Pfändbarkeit, II, III. Ein Bezug nach I ist wie ein Arbeitseinkommen nur auf Antrag und nur dann pfändbar, wenn die folgenden Voraussetzungen zusammentreffen. 23

1. Vergeblichkeit der Vollstreckung. Die Zwangsvollstreckung in das sonstige bewegliche Vermögen des Schuldners muss ergebnislos gewesen oder aussichtslos sein. Ein bloßer Versuch einer Fahrnisvollstreckung in körperliche Sachen genügt nicht. Es ist aber kein Versuch einer Liegenschaftszwangsvollstreckung notwendig. Eine Glaubhaftmachung der Ergebnislosigkeit oder Aussichtslosigkeit nach § 294 genügt, § 807. 24

2. Billigkeit der Pfändung. Die Pfändung muss außerdem der Billigkeit entsprechen, BGH NZI 2010, 777. Ob diese Voraussetzung zutrifft, muss man insbesondere bei § 54 SGB I nach den Umständen beurteilen, BGH NJW-RR 2005, 869; KG MDR 1981, 505. Dabei ist die Zweckbestimmung der Sozialleistung besonders zu beachten, BGH NJW-RR 2008, 412; OLG Schlesw Rpfleger 2002, 87; LG Gera VersR 2016, 181. Der Gläubiger muss die Billigkeit beweisen, BGH NJW 2004, 2450; OLG Mü NJW-RR 1988, 894, der Schuldner die Unentbehrlichkeit zum Unterhalt, BGH NJW 2008, 227. Ein Pfändungsbeschluss, der die gepfändeten Forderungen nur abstrakt-generell bezeichnet, ist regelmäßig dahingehend auszulegen, dass er lediglich uneingeschränkt pfändbare Forderungen umfasst, nicht solche, die nach I nur bedingt pfändbar sind, BGH NJW 2018, 2732. 25

3. Beispiele zur Frage einer Billigkeit, II, III

Abwägung: Das Gericht muss die Verhältnisse des Gläubigers und des Schuldners abwägen, BGH NJW-RR 2010, 474. Es muss dabei insbesondere auf die Art des Anspruchs und die Höhe der Bezüge des Schuldners achten, LG Stgt JurBüro 2001, 45; LG Tüb JurBüro 2001, 46. 26

Lebensunterhalt: Das Gericht muss einen Anspruch aus einer Lieferung zum Lebensunterhalt begünstigen. Das gilt aber **nicht** bei hohem Umsatz und hohen Außenständen, AG Landau/Pf JurBüro 2015, 384.

Schönheitsreparatur: Man kann die Pfändung wegen der Unterlassung einer Schönheitsreparatur für zulässig ansehen, LG Bln MDR 1977, 147.

Sterbegeldversicherung: Bei dem Rückkaufswert einer Sterbegeldversicherung kann die Pfändbarkeit danach bemessen werden, ob die Versicherungssumme den Schonbetrag von 5.400 EUR erreicht, AG Erfurt NZI 2021, 675.

Stiftung: Ein hoher Anspruch aus einer Stiftung kann durchaus pfändbar sein.

Taschengeld: Zunächst → Rn. 10. Auch bei ihm gilt der Billigkeitsgrundsatz, BGH NJW 2004, 2450; LG Heilbr JurBüro 2000, 156 (hohe Forderung, kleines Taschengeld); FG Bln NJW 1992, 528 (kleine Forderung, hohes Taschengeld). Der Gläubiger darf nicht ins Blaue behaupten, auch nicht zum Taschengeldanspruch, OLG Köln Rpfleger 1995, 76; LG Dortm Rpfleger 1989, 467; Otto Rpfleger 1989, 207; aM LG Kleve MDR 1978, 584; Hornung Rpfleger 1981, 423. Beim Taschengeldanspruch ist nur so viel pfändbar, dass man die Pfändungsgrenze nach § 850c nicht überschreitet, LG Heilbr Rpfleger 1999, 550. Auf die tatsächlich gezahlte Höhe kommt es nur bedingt an, LG Stgt JurBüro 2001, 45; LG Tüb JurBüro 2001, 46 (je: Maßgeblichkeit der Einkommens- und Vermögensverhältnisse).

Überspannung: Das Gericht darf an die Darlegungen des Gläubigers keine übertriebenen Anforderungen stellen, OLG Hamm Rpfleger 1981, 447; Stöber Rpfleger 1979, 160.

Unerlaubte Handlung: Das Gericht muss einen Anspruch wegen einer vorsätzlichen unerlaubten Handlung gegen den Gläubiger begünstigen.

Witwenrente: Man kann die Pfändung einer Witwenrente zugunsten eines Anwalts für eher unzulässig halten, OLG Celle MDR 1999, 1087.

Zweckgebundenheit: Pfändbarkeit kann auch dann vorliegen, AG Reutlingen JurBüro 2015, 385.

VIII. Verfahren, I–III. Abweichend von der Regel des § 834 muss das sachlich grundsätzlich allein zuständige Vollstreckungsgericht nach §§ 764, 802 durch den nach § 20 I Nr. 17 S. 1 RPflG zuständigen Rpfleger hier nicht nur den Gläubiger hören, sondern auch den Schuldner, AG Cloppenb JurBüro 2007, 382. Das Gericht braucht den Drittschuldner nach § 840 bei § 54 SGB I nicht zwingend anzuhören, LG Bln Rpfleger 1978, 65; aM LG Verden Rpfleger 1986, 100 (aber er ist hier nicht direkt beteiligt). Eine mündliche Verhandlung steht im Ermessen des Gerichts nach § 128 IV. Das Gericht muss einen Ausgleich anstreben, etwa im Weg einer Verpflichtung zur Ratenzahlung. Beim Kontenschutz gelten §§ 850k, 850l, 899 ff. Im Insolvenzverfahren macht BGH NJW-RR 2010, 474 evtl. das Insolvenzgericht zuständig. 27

IX. Entscheidung, I–III. Das Vollstreckungsgericht entscheidet auch bei einer Abtretung unpfändbarer Forderungen, aber natürlich nur innerhalb eines Vollstreckungsverfahrens, LG Hmb MDR 1984, 1035. Der Rpfleger muss eine klare Entscheidung treffen, vor allem zur etwaigen Pfändung des Taschengeldanspruchs nach → Rn. 10, so dass der Drittschuldner nach § 840 den abzuführenden Betrag erkennen kann, OLG Köln FamRZ 28

1991, 587; LG Augsb Rpfleger 1999, 404; Otto Rpfleger 1989, 207. Der Rpfleger muss seinen Beschluss begründen, LG Düss JurBüro 1983, 1575.

29 **X. Rechtsbehelfe, I–III.** Wenn der Rpfleger die Pfändung durch eine echte Entscheidung abgelehnt hat, gelten → § 829 Rn. 69–78. Wenn das Gericht eine gleichlautende Entscheidung getroffen hat, kann der Gläubiger die sofortige Beschwerde nach §§ 567 I Nr. 1, 793 einlegen, OLG Kblz MDR 1975, 939. Wenn der Rpfleger oder das Gericht den Betroffenen nicht angehört hat, kann er die Erinnerung nach § 766 einlegen. Gegen den Pfändungsbeschluss sind dieselben Möglichkeiten gegeben, OLG Ffm OLGZ 75, 488.

850c ***Pfändungsgrenzen für Arbeitseinkommen.***[1] **I Arbeitseinkommen ist unpfändbar, wenn es, je nach dem Zeitraum, für den es gezahlt wird, nicht mehr als**

1. ***1330,16 Euro*** **monatlich,**
2. ***306,12 Euro*** **wöchentlich oder**
3. ***61,22 Euro*** **täglich**

beträgt.

II [1]Gewährt der Schuldner auf Grund einer gesetzlichen Verpflichtung seinem Ehegatten, einem früheren Ehegatten, seinem Lebenspartner, einem früheren Lebenspartner, einem Verwandten oder nach den §§ 1615l und 1615n des Bürgerlichen Gesetzbuchs einem Elternteil Unterhalt, so erhöht sich der Betrag nach Absatz 1 für die erste Person, der Unterhalt gewährt wird, und zwar um

1. ***500,62 Euro*** **monatlich,**
2. ***115,21 Euro*** **wöchentlich oder**
3. ***23,04 Euro*** **täglich.**

[2]Für die zweite bis fünfte Person, der Unterhalt gewährt wird, erhöht sich der Betrag nach Absatz 1 um je

1. ***278,90 Euro*** **monatlich,**
2. ***64,19 Euro*** **wöchentlich oder**
3. ***12,84 Euro*** **täglich.**

III [1]Übersteigt das Arbeitseinkommen den Betrag nach Absatz 1, so ist es hinsichtlich des überschießenden Teils in Höhe von drei Zehnteln unpfändbar. [2]Gewährt der Schuldner nach Absatz 2 Unterhalt, so sind für die erste Person weitere zwei Zehntel und für die zweite bis fünfte Person jeweils ein weiteres Zehntel unpfändbar. [3]Der Teil des Arbeitseinkommens, der

1. ***4077,72 Euro*** **monatlich,**
2. ***938,43 Euro*** **wöchentlich oder**
3. ***187,69 Euro*** **täglich**

übersteigt, bleibt bei der Berechnung des unpfändbaren Betrags unberücksichtigt.

IV [1]Das Bundesministerium der Justiz und für Verbraucherschutz macht im Bundesgesetzblatt Folgendes bekannt (Pfändungsfreigrenzenbekanntmachung):

1. **die Höhe des unpfändbaren Arbeitseinkommens nach Absatz 1,**
2. **die Höhe der Erhöhungsbeträge nach Absatz 2,**
3. **die Höhe der in Absatz 3 Satz 3 genannten Höchstbeträge.**

[2]Die Beträge werden jeweils zum 1. Juli eines Jahres entsprechend der im Vergleich zum jeweiligen Vorjahreszeitraum sich ergebenden prozentualen Entwicklung des Grundfreibetrages nach § 32a Absatz 1 Satz 2 Nummer 1 des Einkommensteuergesetzes angepasst; der Berechnung ist die am 1. Januar des jeweiligen Jahres geltende Fassung des § 32a Absatz 1 Satz 2 Nummer 1 des Einkommensteuergesetzes zugrunde zu legen.

V [1]Um den nach Absatz 3 pfändbaren Teil des Arbeitseinkommens zu berechnen, ist das Arbeitseinkommen, gegebenenfalls nach Abzug des nach Absatz 3 Satz 3 pfändbaren Betrages, auf eine Zahl abzurunden, die bei einer Auszahlung für

1. **Monate bei einer Teilung durch 10 eine natürliche Zahl ergibt,**
2. **Wochen bei einer Teilung durch 2,5 eine natürliche Zahl ergibt,**
3. **Tage bei einer Teilung durch 0,5 eine natürliche Zahl ergibt.**

[2]Die sich aus der Berechnung nach Satz 1 ergebenden Beträge sind in der Pfändungsfreigrenzenbekanntmachung als Tabelle enthalten. [3]Im Pfändungsbeschluss genügt die Bezugnahme auf die Tabelle.

VI Hat eine Person, welcher der Schuldner auf Grund gesetzlicher Verpflichtung Unterhalt gewährt, eigene Einkünfte, so kann das Vollstreckungsgericht auf Antrag des Gläubigers nach billigem Ermessen bestimmen, dass diese Person bei der Berechnung des unpfändbaren Teils des Arbeitseinkommens ganz oder teilweise unberücksichtigt bleibt; soll die Person nur teilweise berücksichtigt werden, so ist Absatz 5 Satz 3 nicht anzuwenden.

Nichtamtlicher Anhang (zu § ZPO § 850c). ***[Pfändungsfreibeträge ab 1.7.2022]***

Auszahlung für Monate

Euro	Pfändbarer Betrag bei Unterhaltspflicht für … Personen					
Nettolohn monatlich	0	1	2	3	4	5 und mehr
bis 1 339,99	–	–	–	–	–	–

[1] Die Pfändungsfreigrenzenbek. 2022 mit Wirkung ab 1.7.2022 ist in § 850c bereits eingearbeitet.

Euro	Pfändbarer Betrag bei Unterhaltspflicht für … Personen					
Nettolohn monatlich	0	1	2	3	4	5 und mehr
1 340,00 bis 1 349,99	6,89	–	–	–	–	–
1 350,00 bis 1 359,99	13,89	–	–	–	–	–
1 360,00 bis 1 369,99	20,89	–	–	–	–	–
1 370,00 bis 1 379,99	27,89	–	–	–	–	–
1 380,00 bis 1 389,99	34,89	–	–	–	–	–
1 390,00 bis 1 399,99	41,89	–	–	–	–	–
1 400,00 bis 1 409,99	48,89	–	–	–	–	–
1 410,00 bis 1 419,99	55,89	–	–	–	–	–
1 420,00 bis 1 429,99	62,89	–	–	–	–	–
1 430,00 bis 1 439,99	69,89	–	–	–	–	–
1 440,00 bis 1 449,99	76,89	–	–	–	–	–
1 450,00 bis 1 459,99	83,89	–	–	–	–	–
1 460,00 bis 1 469,99	90,89	–	–	–	–	–
1 470,00 bis 1 479,99	97,89	–	–	–	–	–
1 480,00 bis 1 489,99	104,89	–	–	–	–	–
1 490,00 bis 1 499,99	111,89	–	–	–	–	–
1 500,00 bis 1 509,99	118,89	–	–	–	–	–
1 510,00 bis 1 519,99	125,89	–	–	–	–	–
1 520,00 bis 1 529,99	132,89	–	–	–	–	–
1 530,00 bis 1 539,99	139,89	–	–	–	–	–
1 540,00 bis 1 549,99	146,89	–	–	–	–	–
1 550,00 bis 1 559,99	153,89	–	–	–	–	–
1 560,00 bis 1 569,99	160,89	–	–	–	–	–
1 570,00 bis 1 579,99	167,89	–	–	–	–	–
1 580,00 bis 1 589,99	174,89	–	–	–	–	–
1 590,00 bis 1 599,99	181,89	–	–	–	–	–
1 600,00 bis 1 609,99	188,89	–	–	–	–	–
1 610,00 bis 1 619,99	195,89	–	–	–	–	–
1 620,00 bis 1 629,99	202,89	–	–	–	–	–
1 630,00 bis 1 639,99	209,89	–	–	–	–	–
1 640,00 bis 1 649,99	216,89	–	–	–	–	–
1 650,00 bis 1 659,99	223,89	–	–	–	–	–
1 660,00 bis 1 669,99	230,89	–	–	–	–	–
1 670,00 bis 1 679,99	237,89	–	–	–	–	–
1 680,00 bis 1 689,99	244,89	–	–	–	–	–
1 690,00 bis 1 699,99	251,89	–	–	–	–	–
1 700,00 bis 1 709,99	258,89	–	–	–	–	–
1 710,00 bis 1 719,99	265,89	–	–	–	–	–
1 720,00 bis 1 729,99	272,89	–	–	–	–	–
1 730,00 bis 1 739,99	279,89	–	–	–	–	–
1 740,00 bis 1 749,99	286,89	–	–	–	–	–
1 750,00 bis 1 759,99	293,89	–	–	–	–	–
1 760,00 bis 1 769,99	300,89	–	–	–	–	–
1 770,00 bis 1 779,99	307,89	–	–	–	–	–
1 780,00 bis 1 789,99	314,89	–	–	–	–	–

Euro	Pfändbarer Betrag bei Unterhaltspflicht für … Personen					
Nettolohn monatlich	0	1	2	3	4	5 und mehr
1 790,00 bis 1 799,99	321,89	–	–	–	–	–
1 800,00 bis 1 809,99	328,89	–	–	–	–	–
1 810,00 bis 1 819,99	335,89	–	–	–	–	–
1 820,00 bis 1 829,99	342,89	–	–	–	–	–
1 830,00 bis 1 839,99	349,89	–	–	–	–	–
1 840,00 bis 1 849,99	356,89	4,61	–	–	–	–
1 850,00 bis 1 859,99	363,89	9,61	–	–	–	–
1 860,00 bis 1 869,99	370,89	14,61	–	–	–	–
1 870,00 bis 1 879,99	377,89	19,61	–	–	–	–
1 880,00 bis 1 889,99	384,89	24,61	–	–	–	–
1 890,00 bis 1 899,99	391,89	29,61	–	–	–	–
1 900,00 bis 1 909,99	398,89	34,61	–	–	–	–
1 910,00 bis 1 919,99	405,89	39,61	–	–	–	–
1 920,00 bis 1 929,99	412,89	44,61	–	–	–	–
1 930,00 bis 1 939,99	419,89	49,61	–	–	–	–
1 940,00 bis 1 949,99	426,89	54,61	–	–	–	–
1 950,00 bis 1 959,99	433,89	59,61	–	–	–	–
1 960,00 bis 1 969,99	440,89	64,61	–	–	–	–
1 970,00 bis 1 979,99	447,89	69,61	–	–	–	–
1 980,00 bis 1 989,99	454,89	74,61	–	–	–	–
1 990,00 bis 1 999,99	461,89	79,61	–	–	–	–
2 000,00 bis 2 009,99	468,89	84,61	–	–	–	–
2 010,00 bis 2 019,99	475,89	89,61	–	–	–	–
2 020,00 bis 2 029,99	482,89	94,61	–	–	–	–
2 030,00 bis 2 039,99	489,89	99,61	–	–	–	–
2 040,00 bis 2 049,99	496,89	104,61	–	–	–	–
2 050,00 bis 2 059,99	503,89	109,61	–	–	–	–
2 060,00 bis 2 069,99	510,89	114,61	–	–	–	–
2 070,00 bis 2 079,99	517,89	119,61	–	–	–	–
2 080,00 bis 2 089,99	524,89	124,61	–	–	–	–
2 090,00 bis 2 099,99	531,89	129,61	–	–	–	–
2 100,00 bis 2 109,99	538,89	134,61	–	–	–	–
2 110,00 bis 2 119,99	545,89	139,61	0,13	–	–	–
2 120,00 bis 2 129,99	552,89	144,61	4,13	–	–	–
2 130,00 bis 2 139,99	559,89	149,61	8,13	–	–	–
2 140,00 bis 2 149,99	566,89	154,61	12,13	–	–	–
2 150,00 bis 2 159,99	573,89	159,61	16,13	–	–	–
2 160,00 bis 2 169,99	580,89	164,61	20,13	–	–	–
2 170,00 bis 2 179,99	587,89	169,61	24,13	–	–	–
2 180,00 bis 2 189,99	594,89	174,61	28,13	–	–	–
2 190,00 bis 2 199,99	601,89	179,61	32,13	–	–	–
2 200,00 bis 2 209,99	608,89	184,61	36,13	–	–	–
2 210,00 bis 2 219,99	615,89	189,61	40,13	–	–	–
2 220,00 bis 2 229,99	622,89	194,61	44,13	–	–	–
2 230,00 bis 2 239,99	629,89	199,61	48,13	–	–	–

Euro	Pfändbarer Betrag bei Unterhaltspflicht für … Personen					
Nettolohn monatlich	0	1	2	3	4	5 und mehr
2 240,00 bis 2 249,99	636,89	204,61	52,13	–	–	–
2 250,00 bis 2 259,99	643,89	209,61	56,13	–	–	–
2 260,00 bis 2 269,99	650,89	214,61	60,13	–	–	–
2 270,00 bis 2 279,99	657,89	219,61	64,13	–	–	–
2 280,00 bis 2 289,99	664,89	224,61	68,13	–	–	–
2 290,00 bis 2 299,99	671,89	229,61	72,13	–	–	–
2 300,00 bis 2 309,99	678,89	234,61	76,13	–	–	–
2 310,00 bis 2 319,99	685,89	239,61	80,13	–	–	–
2 320,00 bis 2 329,99	692,89	244,61	84,13	–	–	–
2 330,00 bis 2 339,99	699,89	249,61	88,13	–	–	–
2 340,00 bis 2 349,99	706,89	254,61	92,13	–	–	–
2 350,00 bis 2 359,99	713,89	259,61	96,13	–	–	–
2 360,00 bis 2 369,99	720,89	264,61	100,13	–	–	–
2 370,00 bis 2 379,99	727,89	269,61	104,13	–	–	–
2 380,00 bis 2 389,99	734,89	274,61	108,13	–	–	–
2 390,00 bis 2 399,99	741,89	279,61	112,13	0,43	–	–
2 400,00 bis 2 409,99	748,89	284,61	116,13	3,43	–	–
2 410,00 bis 2 419,99	755,89	289,61	120,13	6,43	–	–
2 420,00 bis 2 429,99	762,89	294,61	124,13	9,43	–	–
2 430,00 bis 2 439,99	769,89	299,61	128,13	12,43	–	–
2 440,00 bis 2 449,99	776,89	304,61	132,13	15,43	–	–
2 450,00 bis 2 459,99	783,89	309,61	136,13	18,43	–	–
2 460,00 bis 2 469,99	790,89	314,61	140,13	21,43	–	–
2 470,00 bis 2 479,99	797,89	319,61	144,13	24,43	–	–
2 480,00 bis 2 489,99	804,89	324,61	148,13	27,43	–	–
2 490,00 bis 2 499,99	811,89	329,61	152,13	30,43	–	–
2 500,00 bis 2 509,99	818,89	334,61	156,13	33,43	–	–
2 510,00 bis 2 519,99	825,89	339,61	160,13	36,43	–	–
2 520,00 bis 2 529,99	832,89	344,61	164,13	39,43	–	–
2 530,00 bis 2 539,99	839,89	349,61	168,13	42,43	–	–
2 540,00 bis 2 549,99	846,89	354,61	172,13	45,43	–	–
2 550,00 bis 2 559,99	853,89	359,61	176,13	48,43	–	–
2 560,00 bis 2 569,99	860,89	364,61	180,13	51,43	–	–
2 570,00 bis 2 579,99	867,89	369,61	184,13	54,43	–	–
2 580,00 bis 2 589,99	874,89	374,61	188,13	57,43	–	–
2 590,00 bis 2 599,99	881,89	379,61	192,13	60,43	–	–
2 600,00 bis 2 609,99	888,89	384,61	196,13	63,43	–	–
2 610,00 bis 2 619,99	895,89	389,61	200,13	66,43	–	–
2 620,00 bis 2 629,99	902,89	394,61	204,13	69,43	–	–
2 630,00 bis 2 639,99	909,89	399,61	208,13	72,43	–	–
2 640,00 bis 2 649,99	916,89	404,61	212,13	75,43	–	–
2 650,00 bis 2 659,99	923,89	409,61	216,13	78,43	–	–
2 660,00 bis 2 669,99	930,89	414,61	220,13	81,43	–	–
2 670,00 bis 2 679,99	937,89	419,61	224,13	84,43	0,50	–
2 680,00 bis 2 689,99	944,89	424,61	228,13	87,43	2,50	–

Euro	Pfändbarer Betrag bei Unterhaltspflicht für … Personen					
Nettolohn monatlich	0	1	2	3	4	5 und mehr
2 690,00 bis 2 699,99	951,89	429,61	232,13	90,43	4,50	–
2 700,00 bis 2 709,99	958,89	434,61	236,13	93,43	6,50	–
2 710,00 bis 2 719,99	965,89	439,61	240,13	96,43	8,50	–
2 720,00 bis 2 729,99	972,89	444,61	244,13	99,43	10,50	–
2 730,00 bis 2 739,99	979,89	449,61	248,13	102,43	12,50	–
2 740,00 bis 2 749,99	986,89	454,61	252,13	105,43	14,50	–
2 750,00 bis 2 759,99	993,89	459,61	256,13	108,43	16,50	–
2 760,00 bis 2 769,99	1 000,89	464,61	260,13	111,43	18,50	–
2 770,00 bis 2 779,99	1 007,89	469,61	264,13	114,43	20,50	–
2 780,00 bis 2 789,99	1 014,89	474,61	268,13	117,43	22,50	–
2 790,00 bis 2 799,99	1 021,89	479,61	272,13	120,43	24,50	–
2 800,00 bis 2 809,99	1 028,89	484,61	276,13	123,43	26,50	–
2 810,00 bis 2 819,99	1 035,89	489,61	280,13	126,43	28,50	–
2 820,00 bis 2 829,99	1 042,89	494,61	284,13	129,43	30,50	–
2 830,00 bis 2 839,99	1 049,89	499,61	288,13	132,43	32,50	–
2 840,00 bis 2 849,99	1 056,89	504,61	292,13	135,43	34,50	–
2 850,00 bis 2 859,99	1 063,89	509,61	296,13	138,43	36,50	–
2 860,00 bis 2 869,99	1 070,89	514,61	300,13	141,43	38,50	–
2 870,00 bis 2 879,99	1 077,89	519,61	304,13	144,43	40,50	–
2 880,00 bis 2 889,99	1 084,89	524,61	308,13	147,43	42,50	–
2 890,00 bis 2 899,99	1 091,89	529,61	312,13	150,43	44,50	–
2 900,00 bis 2 909,99	1 098,89	534,61	316,13	153,43	46,50	–
2 910,00 bis 2 919,99	1 105,89	539,61	320,13	156,43	48,50	–
2 920,00 bis 2 929,99	1 112,89	544,61	324,13	159,43	50,50	–
2 930,00 bis 2 939,99	1 119,89	549,61	328,13	162,43	52,50	–
2 940,00 bis 2 949,99	1 126,89	554,61	332,13	165,43	54,50	–
2 950,00 bis 2 959,99	1 133,89	559,61	336,13	168,43	56,50	0,36
2 960,00 bis 2 969,99	1 140,89	564,61	340,13	171,43	58,50	1,36
2 970,00 bis 2 979,99	1 147,89	569,61	344,13	174,43	60,50	2,36
2 980,00 bis 2 989,99	1 154,89	574,61	348,13	177,43	62,50	3,36
2 990,00 bis 2 999,99	1 161,89	579,61	352,13	180,43	64,50	4,36
3 000,00 bis 3 009,99	1 168,89	584,61	356,13	183,43	66,50	5,36
3 010,00 bis 3 019,99	1 175,89	589,61	360,13	186,43	68,50	6,36
3 020,00 bis 3 029,99	1 182,89	594,61	364,13	189,43	70,50	7,36
3 030,00 bis 3 039,99	1 189,89	599,61	368,13	192,43	72,50	8,36
3 040,00 bis 3 049,99	1 196,89	604,61	372,13	195,43	74,50	9,36
3 050,00 bis 3 059,99	1 203,89	609,61	376,13	198,43	76,50	10,36
3 060,00 bis 3 069,99	1 210,89	614,61	380,13	201,43	78,50	11,36
3 070,00 bis 3 079,99	1 217,89	619,61	384,13	204,43	80,50	12,36
3 080,00 bis 3 089,99	1 224,89	624,61	388,13	207,43	82,50	13,36
3 090,00 bis 3 099,99	1 231,89	629,61	392,13	210,43	84,50	14,36
3 100,00 bis 3 109,99	1 238,89	634,61	396,13	213,43	86,50	15,36
3 110,00 bis 3 119,99	1 245,89	639,61	400,13	216,43	88,50	16,36
3 120,00 bis 3 129,99	1 252,89	644,61	404,13	219,43	90,50	17,36
3 130,00 bis 3 139,99	1 259,89	649,61	408,13	222,43	92,50	18,36

Euro	Pfändbarer Betrag bei Unterhaltspflicht für … Personen					
Nettolohn monatlich	0	1	2	3	4	5 und mehr
3 140,00 bis 3 149,99	1 266,89	654,61	412,13	225,43	94,50	19,36
3 150,00 bis 3 159,99	1 273,89	659,61	416,13	228,43	96,50	20,36
3 160,00 bis 3 169,99	1 280,89	664,61	420,13	231,43	98,50	21,36
3 170,00 bis 3 179,99	1 287,89	669,61	424,13	234,43	100,50	22,36
3 180,00 bis 3 189,99	1 294,89	674,61	428,13	237,43	102,50	23,36
3 190,00 bis 3 199,99	1 301,89	679,61	432,13	240,43	104,50	24,36
3 200,00 bis 3 209,99	1 308,89	684,61	436,13	243,43	106,50	25,36
3 210,00 bis 3 219,99	1 315,89	689,61	440,13	246,43	108,50	26,36
3 220,00 bis 3 229,99	1 322,89	694,61	444,13	249,43	110,50	27,36
3 230,00 bis 3 239,99	1 329,89	699,61	448,13	252,43	112,50	28,36
3 240,00 bis 3 249,99	1 336,89	704,61	452,13	255,43	114,50	29,36
3 250,00 bis 3 259,99	1 343,89	709,61	456,13	258,43	116,50	30,36
3 260,00 bis 3 269,99	1 350,89	714,61	460,13	261,43	118,50	31,36
3 270,00 bis 3 279,99	1 357,89	719,61	464,13	264,43	120,50	32,36
3 280,00 bis 3 289,99	1 364,89	724,61	468,13	267,43	122,50	33,36
3 290,00 bis 3 299,99	1 371,89	729,61	472,13	270,43	124,50	34,36
3 300,00 bis 3 309,99	1 378,89	734,61	476,13	273,43	126,50	35,36
3 310,00 bis 3 319,99	1 385,89	739,61	480,13	276,43	128,50	36,36
3 320,00 bis 3 329,99	1 392,89	744,61	484,13	279,43	130,50	37,36
3 330,00 bis 3 339,99	1 399,89	749,61	488,13	282,43	132,50	38,36
3 340,00 bis 3 349,99	1 406,89	754,61	492,13	285,43	134,50	39,36
3 350,00 bis 3 359,99	1 413,89	759,61	496,13	288,43	136,50	40,36
3 360,00 bis 3 369,99	1 420,89	764,61	500,13	291,43	138,50	41,36
3 370,00 bis 3 379,99	1 427,89	769,61	504,13	294,43	140,50	42,36
3 380,00 bis 3 389,99	1 434,89	774,61	508,13	297,43	142,50	43,36
3 390,00 bis 3 399,99	1 441,89	779,61	512,13	300,43	144,50	44,36
3 400,00 bis 3 409,99	1 448,89	784,61	516,13	303,43	146,50	45,36
3 410,00 bis 3 419,99	1 455,89	789,61	520,13	306,43	148,50	46,36
3 420,00 bis 3 429,99	1 462,89	794,61	524,13	309,43	150,50	47,36
3 430,00 bis 3 439,99	1 469,89	799,61	528,13	312,43	152,50	48,36
3 440,00 bis 3 449,99	1 476,89	804,61	532,13	315,43	154,50	49,36
3 450,00 bis 3 459,99	1 483,89	809,61	536,13	318,43	156,50	50,36
3 460,00 bis 3 469,99	1 490,89	814,61	540,13	321,43	158,50	51,36
3 470,00 bis 3 479,99	1 497,89	819,61	544,13	324,43	160,50	52,36
3 480,00 bis 3 489,99	1 504,89	824,61	548,13	327,43	162,50	53,36
3 490,00 bis 3 499,99	1 511,89	829,61	552,13	330,43	164,50	54,36
3 500,00 bis 3 509,99	1 518,89	834,61	556,13	333,43	166,50	55,36
3 510,00 bis 3 519,99	1 525,89	839,61	560,13	336,43	168,50	56,36
3 520,00 bis 3 529,99	1 532,89	844,61	564,13	339,43	170,50	57,36
3 530,00 bis 3 539,99	1 539,89	849,61	568,13	342,43	172,50	58,36
3 540,00 bis 3 549,99	1 546,89	854,61	572,13	345,43	174,50	59,36
3 550,00 bis 3 559,99	1 553,89	859,61	576,13	348,43	176,50	60,36
3 560,00 bis 3 569,99	1 560,89	864,61	580,13	351,43	178,50	61,36
3 570,00 bis 3 579,99	1 567,89	869,61	584,13	354,43	180,50	62,36
3 580,00 bis 3 589,99	1 574,89	874,61	588,13	357,43	182,50	63,36

Euro	Pfändbarer Betrag bei Unterhaltspflicht für … Personen					
Nettolohn monatlich	0	1	2	3	4	5 und mehr
3 590,00 bis 3 599,99	1 581,89	879,61	592,13	360,43	184,50	64,36
3 600,00 bis 3 609,99	1 588,89	884,61	596,13	363,43	186,50	65,36
3 610,00 bis 3 619,99	1 595,89	889,61	600,13	366,43	188,50	66,36
3 620,00 bis 3 629,99	1 602,89	894,61	604,13	369,43	190,50	67,36
3 630,00 bis 3 639,99	1 609,89	899,61	608,13	372,43	192,50	68,36
3 640,00 bis 3 649,99	1 616,89	904,61	612,13	375,43	194,50	69,36
3 650,00 bis 3 659,99	1 623,89	909,61	616,13	378,43	196,50	70,36
3 660,00 bis 3 669,99	1 630,89	914,61	620,13	381,43	198,50	71,36
3 670,00 bis 3 679,99	1 637,89	919,61	624,13	384,43	200,50	72,36
3 680,00 bis 3 689,99	1 644,89	924,61	628,13	387,43	202,50	73,36
3 690,00 bis 3 699,99	1 651,89	929,61	632,13	390,43	204,50	74,36
3 700,00 bis 3 709,99	1 658,89	934,61	636,13	393,43	206,50	75,36
3 710,00 bis 3 719,99	1 665,89	939,61	640,13	396,43	208,50	76,36
3 720,00 bis 3 729,99	1 672,89	944,61	644,13	399,43	210,50	77,36
3 730,00 bis 3 739,99	1 679,89	949,61	648,13	402,43	212,50	78,36
3 740,00 bis 3 749,99	1 686,89	954,61	652,13	405,43	214,50	79,36
3 750,00 bis 3 759,99	1 693,89	959,61	656,13	408,43	216,50	80,36
3 760,00 bis 3 769,99	1 700,89	964,61	660,13	411,43	218,50	81,36
3 770,00 bis 3 779,99	1 707,89	969,61	664,13	414,43	220,50	82,36
3 780,00 bis 3 789,99	1 714,89	974,61	668,13	417,43	222,50	83,36
3 790,00 bis 3 799,99	1 721,89	979,61	672,13	420,43	224,50	84,36
3 800,00 bis 3 809,99	1 728,89	984,61	676,13	423,43	226,50	85,36
3 810,00 bis 3 819,99	1 735,89	989,61	680,13	426,43	228,50	86,36
3 820,00 bis 3 829,99	1 742,89	994,61	684,13	429,43	230,50	87,36
3 830,00 bis 3 839,99	1 749,89	999,61	688,13	432,43	232,50	88,36
3 840,00 bis 3 849,99	1 756,89	1 004,61	692,13	435,43	234,50	89,36
3 850,00 bis 3 859,99	1 763,89	1 009,61	696,13	438,43	236,50	90,36
3 860,00 bis 3 869,99	1 770,89	1 014,61	700,13	441,43	238,50	91,36
3 870,00 bis 3 879,99	1 777,89	1 019,61	704,13	444,43	240,50	92,36
3 880,00 bis 3 889,99	1 784,89	1 024,61	708,13	447,43	242,50	93,36
3 890,00 bis 3 899,99	1 791,89	1 029,61	712,13	450,43	244,50	94,36
3 900,00 bis 3 909,99	1 798,89	1 034,61	716,13	453,43	246,50	95,36
3 910,00 bis 3 919,99	1 805,89	1 039,61	720,13	456,43	248,50	96,36
3 920,00 bis 3 929,99	1 812,89	1 044,61	724,13	459,43	250,50	97,36
3 930,00 bis 3 939,99	1 819,89	1 049,61	728,13	462,43	252,50	98,36
3 940,00 bis 3 949,99	1 826,89	1 054,61	732,13	465,43	254,50	99,36
3 950,00 bis 3 959,99	1 833,89	1 059,61	736,13	468,43	256,50	100,36
3 960,00 bis 3 969,99	1 840,89	1 064,61	740,13	471,43	258,50	101,36
3 970,00 bis 3 979,99	1 847,89	1 069,61	744,13	474,43	260,50	102,36
3 980,00 bis 3 989,99	1 854,89	1 074,61	748,13	477,43	262,50	103,36
3 990,00 bis 3 999,99	1 861,89	1 079,61	752,13	480,43	264,50	104,36
4 000,00 bis 4 009,99	1 868,89	1 084,61	756,13	483,43	266,50	105,36
4 010,00 bis 4 019,99	1 875,89	1 089,61	760,13	486,43	268,50	106,36
4 020,00 bis 4 029,99	1 882,89	1 094,61	764,13	489,43	270,50	107,36
4 030,00 bis 4 039,99	1 889,89	1 099,61	768,13	492,43	272,50	108,36

Euro	Pfändbarer Betrag bei Unterhaltspflicht für … Personen					
Nettolohn monatlich	0	1	2	3	4	5 und mehr
4 040,00 bis 4 049,99	1 896,89	1 104,61	772,13	495,43	274,50	109,36
4 050,00 bis 4 059,99	1 903,89	1 109,61	776,13	498,43	276,50	110,36
4 060,00 bis 4 069,99	1 910,89	1 114,61	780,13	501,43	278,50	111,36
4 070,00 bis 4 077,72	1 917,89	1 119,61	784,13	504,43	280,50	112,36
Der Mehrbetrag über 4 077,72 Euro ist voll pfändbar.						

Auszahlung für Wochen

Euro	Pfändbarer Betrag bei Unterhaltspflicht für … Personen					
Nettolohn wöchentlich	0	1	2	3	4	5 und mehr
bis 307,49	–	–	–	–	–	–
307,50 bis 309,99	0,97	–	–	–	–	–
310,00 bis 312,49	2,72	–	–	–	–	–
312,50 bis 314,99	4,47	–	–	–	–	–
315,00 bis 317,49	6,22	–	–	–	–	–
317,50 bis 319,99	7,97	–	–	–	–	–
320,00 bis 322,49	9,72	–	–	–	–	–
322,50 bis 324,99	11,47	–	–	–	–	–
325,00 bis 327,49	13,22	–	–	–	–	–
327,50 bis 329,99	14,97	–	–	–	–	–
330,00 bis 332,49	16,72	–	–	–	–	–
332,50 bis 334,99	18,47	–	–	–	–	–
335,00 bis 337,49	20,22	–	–	–	–	–
337,50 bis 339,99	21,97	–	–	–	–	–
340,00 bis 342,49	23,72	–	–	–	–	–
342,50 bis 344,99	25,47	–	–	–	–	–
345,00 bis 347,49	27,22	–	–	–	–	–
347,50 bis 349,99	28,97	–	–	–	–	–
350,00 bis 352,49	30,72	–	–	–	–	–
352,50 bis 354,99	32,47	–	–	–	–	–
355,00 bis 357,49	34,22	–	–	–	–	–
357,50 bis 359,99	35,97	–	–	–	–	–
360,00 bis 362,49	37,72	–	–	–	–	–
362,50 bis 364,99	39,47	–	–	–	–	–
365,00 bis 367,49	41,22	–	–	–	–	–
367,50 bis 369,99	42,97	–	–	–	–	–
370,00 bis 372,49	44,72	–	–	–	–	–
372,50 bis 374,99	46,47	–	–	–	–	–
375,00 bis 377,49	48,22	–	–	–	–	–
377,50 bis 379,99	49,97	–	–	–	–	–
380,00 bis 382,49	51,72	–	–	–	–	–
382,50 bis 384,99	53,47	–	–	–	–	–
385,00 bis 387,49	55,22	–	–	–	–	–
387,50 bis 389,99	56,97	–	–	–	–	–
390,00 bis 392,49	58,72	–	–	–	–	–
392,50 bis 394,99	60,47	–	–	–	–	–

Euro	Pfändbarer Betrag bei Unterhaltspflicht für … Personen					
Nettolohn wöchentlich	0	1	2	3	4	5 und mehr
395,00 bis 397,49	62,22	–	–	–	–	–
397,50 bis 399,99	63,97	–	–	–	–	–
400,00 bis 402,49	65,72	–	–	–	–	–
402,50 bis 404,99	67,47	–	–	–	–	–
405,00 bis 407,49	69,22	–	–	–	–	–
407,50 bis 409,99	70,97	–	–	–	–	–
410,00 bis 412,49	72,72	–	–	–	–	–
412,50 bis 414,99	74,47	–	–	–	–	–
415,00 bis 417,49	76,22	–	–	–	–	–
417,50 bis 419,99	77,97	–	–	–	–	–
420,00 bis 422,49	79,72	–	–	–	–	–
422,50 bis 424,99	81,47	0,59	–	–	–	–
425,00 bis 427,49	83,22	1,84	–	–	–	–
427,50 bis 429,99	84,97	3,09	–	–	–	–
430,00 bis 432,49	86,72	4,34	–	–	–	–
432,50 bis 434,99	88,47	5,59	–	–	–	–
435,00 bis 437,49	90,22	6,84	–	–	–	–
437,50 bis 439,99	91,97	8,09	–	–	–	–
440,00 bis 442,49	93,72	9,34	–	–	–	–
442,50 bis 444,99	95,47	10,59	–	–	–	–
445,00 bis 447,49	97,22	11,84	–	–	–	–
447,50 bis 449,99	98,97	13,09	–	–	–	–
450,00 bis 452,49	100,72	14,34	–	–	–	–
452,50 bis 454,99	102,47	15,59	–	–	–	–
455,00 bis 457,49	104,22	16,84	–	–	–	–
457,50 bis 459,99	105,97	18,09	–	–	–	–
460,00 bis 462,49	107,72	19,34	–	–	–	–
462,50 bis 464,99	109,47	20,59	–	–	–	–
465,00 bis 467,49	111,22	21,84	–	–	–	–
467,50 bis 469,99	112,97	23,09	–	–	–	–
470,00 bis 472,49	114,72	24,34	–	–	–	–
472,50 bis 474,99	116,47	25,59	–	–	–	–
475,00 bis 477,49	118,22	26,84	–	–	–	–
477,50 bis 479,99	119,97	28,09	–	–	–	–
480,00 bis 482,49	121,72	29,34	–	–	–	–
482,50 bis 484,99	123,47	30,59	–	–	–	–
485,00 bis 487,49	125,22	31,84	–	–	–	–
487,50 bis 489,99	126,97	33,09	0,79	–	–	–
490,00 bis 492,49	128,72	34,34	1,79	–	–	–
492,50 bis 494,99	130,47	35,59	2,79	–	–	–
495,00 bis 497,49	132,22	36,84	3,79	–	–	–
497,50 bis 499,99	133,97	38,09	4,79	–	–	–
500,00 bis 502,49	135,72	39,34	5,79	–	–	–
502,50 bis 504,99	137,47	40,59	6,79	–	–	–
505,00 bis 507,49	139,22	41,84	7,79	–	–	–

Euro	Pfändbarer Betrag bei Unterhaltspflicht für … Personen					
Nettolohn wöchentlich	0	1	2	3	4	5 und mehr
507,50 bis 509,99	140,97	43,09	8,79	–	–	–
510,00 bis 512,49	142,72	44,34	9,79	–	–	–
512,50 bis 514,99	144,47	45,59	10,79	–	–	–
515,00 bis 517,49	146,22	46,84	11,79	–	–	–
517,50 bis 519,99	147,97	48,09	12,79	–	–	–
520,00 bis 522,49	149,72	49,34	13,79	–	–	–
522,50 bis 524,99	151,47	50,59	14,79	–	–	–
525,00 bis 527,49	153,22	51,84	15,79	–	–	–
527,50 bis 529,99	154,97	53,09	16,79	–	–	–
530,00 bis 532,49	156,72	54,34	17,79	–	–	–
532,50 bis 534,99	158,47	55,59	18,79	–	–	–
535,00 bis 537,49	160,22	56,84	19,79	–	–	–
537,50 bis 539,99	161,97	58,09	20,79	–	–	–
540,00 bis 542,49	163,72	59,34	21,79	–	–	–
542,50 bis 544,99	165,47	60,59	22,79	–	–	–
545,00 bis 547,49	167,22	61,84	23,79	–	–	–
547,50 bis 549,99	168,97	63,09	24,79	–	–	–
550,00 bis 552,49	170,72	64,34	25,79	0,09	–	–
552,50 bis 554,99	172,47	65,59	26,79	0,84	–	–
555,00 bis 557,49	174,22	66,84	27,79	1,59	–	–
557,50 bis 559,99	175,97	68,09	28,79	2,34	–	–
560,00 bis 562,49	177,72	69,34	29,79	3,09	–	–
562,50 bis 564,99	179,47	70,59	30,79	3,84	–	–
565,00 bis 567,49	181,22	71,84	31,79	4,59	–	–
567,50 bis 569,99	182,97	73,09	32,79	5,34	–	–
570,00 bis 572,49	184,72	74,34	33,79	6,09	–	–
572,50 bis 574,99	186,47	75,59	34,79	6,84	–	–
575,00 bis 577,49	188,22	76,84	35,79	7,59	–	–
577,50 bis 579,99	189,97	78,09	36,79	8,34	–	–
580,00 bis 582,49	191,72	79,34	37,79	9,09	–	–
582,50 bis 584,99	193,47	80,59	38,79	9,84	–	–
585,00 bis 587,49	195,22	81,84	39,79	10,59	–	–
587,50 bis 589,99	196,97	83,09	40,79	11,34	–	–
590,00 bis 592,49	198,72	84,34	41,79	12,09	–	–
592,50 bis 594,99	200,47	85,59	42,79	12,84	–	–
595,00 bis 597,49	202,22	86,84	43,79	13,59	–	–
597,50 bis 599,99	203,97	88,09	44,79	14,34	–	–
600,00 bis 602,49	205,72	89,34	45,79	15,09	–	–
602,50 bis 604,99	207,47	90,59	46,79	15,84	–	–
605,00 bis 607,49	209,22	91,84	47,79	16,59	–	–
607,50 bis 609,99	210,97	93,09	48,79	17,34	–	–
610,00 bis 612,49	212,72	94,34	49,79	18,09	–	–
612,50 bis 614,99	214,47	95,59	50,79	18,84	–	–
615,00 bis 617,49	216,22	96,84	51,79	19,59	0,22	–
617,50 bis 619,99	217,97	98,09	52,79	20,34	0,72	–

Euro	Pfändbarer Betrag bei Unterhaltspflicht für … Personen					
Nettolohn wöchentlich	0	1	2	3	4	5 und mehr
620,00 bis 622,49	219,72	99,34	53,79	21,09	1,22	–
622,50 bis 624,99	221,47	100,59	54,79	21,84	1,72	–
625,00 bis 627,49	223,22	101,84	55,79	22,59	2,22	–
627,50 bis 629,99	224,97	103,09	56,79	23,34	2,72	–
630,00 bis 632,49	226,72	104,34	57,79	24,09	3,22	–
632,50 bis 634,99	228,47	105,59	58,79	24,84	3,72	–
635,00 bis 637,49	230,22	106,84	59,79	25,59	4,22	–
637,50 bis 639,99	231,97	108,09	60,79	26,34	4,72	–
640,00 bis 642,49	233,72	109,34	61,79	27,09	5,22	–
642,50 bis 644,99	235,47	110,59	62,79	27,84	5,72	–
645,00 bis 647,49	237,22	111,84	63,79	28,59	6,22	–
647,50 bis 649,99	238,97	113,09	64,79	29,34	6,72	–
650,00 bis 652,49	240,72	114,34	65,79	30,09	7,22	–
652,50 bis 654,99	242,47	115,59	66,79	30,84	7,72	–
655,00 bis 657,49	244,22	116,84	67,79	31,59	8,22	–
657,50 bis 659,99	245,97	118,09	68,79	32,34	8,72	–
660,00 bis 662,49	247,72	119,34	69,79	33,09	9,22	–
662,50 bis 664,99	249,47	120,59	70,79	33,84	9,72	–
665,00 bis 667,49	251,22	121,84	71,79	34,59	10,22	–
667,50 bis 669,99	252,97	123,09	72,79	35,34	10,72	–
670,00 bis 672,49	254,72	124,34	73,79	36,09	11,22	–
672,50 bis 674,99	256,47	125,59	74,79	36,84	11,72	–
675,00 bis 677,49	258,22	126,84	75,79	37,59	12,22	–
677,50 bis 679,99	259,97	128,09	76,79	38,34	12,72	–
680,00 bis 682,49	261,72	129,34	77,79	39,09	13,22	0,19
682,50 bis 684,99	263,47	130,59	78,79	39,84	13,72	0,44
685,00 bis 687,49	265,22	131,84	79,79	40,59	14,22	0,69
687,50 bis 689,99	266,97	133,09	80,79	41,34	14,72	0,94
690,00 bis 692,49	268,72	134,34	81,79	42,09	15,22	1,19
692,50 bis 694,99	270,47	135,59	82,79	42,84	15,72	1,44
695,00 bis 697,49	272,22	136,84	83,79	43,59	16,22	1,69
697,50 bis 699,99	273,97	138,09	84,79	44,34	16,72	1,94
700,00 bis 702,49	275,72	139,34	85,79	45,09	17,22	2,19
702,50 bis 704,99	277,47	140,59	86,79	45,84	17,72	2,44
705,00 bis 707,49	279,22	141,84	87,79	46,59	18,22	2,69
707,50 bis 709,99	280,97	143,09	88,79	47,34	18,72	2,94
710,00 bis 712,49	282,72	144,34	89,79	48,09	19,22	3,19
712,50 bis 714,99	284,47	145,59	90,79	48,84	19,72	3,44
715,00 bis 717,49	286,22	146,84	91,79	49,59	20,22	3,69
717,50 bis 719,99	287,97	148,09	92,79	50,34	20,72	3,94
720,00 bis 722,49	289,72	149,34	93,79	51,09	21,22	4,19
722,50 bis 724,99	291,47	150,59	94,79	51,84	21,72	4,44
725,00 bis 727,49	293,22	151,84	95,79	52,59	22,22	4,69
727,50 bis 729,99	294,97	153,09	96,79	53,34	22,72	4,94
730,00 bis 732,49	296,72	154,34	97,79	54,09	23,22	5,19

Euro	Pfändbarer Betrag bei Unterhaltspflicht für … Personen					
Nettolohn wöchentlich	0	1	2	3	4	5 und mehr
732,50 bis 734,99	298,47	155,59	98,79	54,84	23,72	5,44
735,00 bis 737,49	300,22	156,84	99,79	55,59	24,22	5,69
737,50 bis 739,99	301,97	158,09	100,79	56,34	24,72	5,94
740,00 bis 742,49	303,72	159,34	101,79	57,09	25,22	6,19
742,50 bis 744,99	305,47	160,59	102,79	57,84	25,72	6,44
745,00 bis 747,49	307,22	161,84	103,79	58,59	26,22	6,69
747,50 bis 749,99	308,97	163,09	104,79	59,34	26,72	6,94
750,00 bis 752,49	310,72	164,34	105,79	60,09	27,22	7,19
752,50 bis 754,99	312,47	165,59	106,79	60,84	27,72	7,44
755,00 bis 757,49	314,22	166,84	107,79	61,59	28,22	7,69
757,50 bis 759,99	315,97	168,09	108,79	62,34	28,72	7,94
760,00 bis 762,49	317,72	169,34	109,79	63,09	29,22	8,19
762,50 bis 764,99	319,47	170,59	110,79	63,84	29,72	8,44
765,00 bis 767,49	321,22	171,84	111,79	64,59	30,22	8,69
767,50 bis 769,99	322,97	173,09	112,79	65,34	30,72	8,94
770,00 bis 772,49	324,72	174,34	113,79	66,09	31,22	9,19
772,50 bis 774,99	326,47	175,59	114,79	66,84	31,72	9,44
775,00 bis 777,49	328,22	176,84	115,79	67,59	32,22	9,69
777,50 bis 779,99	329,97	178,09	116,79	68,34	32,72	9,94
780,00 bis 782,49	331,72	179,34	117,79	69,09	33,22	10,19
782,50 bis 784,99	333,47	180,59	118,79	69,84	33,72	10,44
785,00 bis 787,49	335,22	181,84	119,79	70,59	34,22	10,69
787,50 bis 789,99	336,97	183,09	120,79	71,34	34,72	10,94
790,00 bis 792,49	338,72	184,34	121,79	72,09	35,22	11,19
792,50 bis 794,99	340,47	185,59	122,79	72,84	35,72	11,44
795,00 bis 797,49	342,22	186,84	123,79	73,59	36,22	11,69
797,50 bis 799,99	343,97	188,09	124,79	74,34	36,72	11,94
800,00 bis 802,49	345,72	189,34	125,79	75,09	37,22	12,19
802,50 bis 804,99	347,47	190,59	126,79	75,84	37,72	12,44
805,00 bis 807,49	349,22	191,84	127,79	76,59	38,22	12,69
807,50 bis 809,99	350,97	193,09	128,79	77,34	38,72	12,94
810,00 bis 812,49	352,72	194,34	129,79	78,09	39,22	13,19
812,50 bis 814,99	354,47	195,59	130,79	78,84	39,72	13,44
815,00 bis 817,49	356,22	196,84	131,79	79,59	40,22	13,69
817,50 bis 819,99	357,97	198,09	132,79	80,34	40,72	13,94
820,00 bis 822,49	359,72	199,34	133,79	81,09	41,22	14,19
822,50 bis 824,99	361,47	200,59	134,79	81,84	41,72	14,44
825,00 bis 827,49	363,22	201,84	135,79	82,59	42,22	14,69
827,50 bis 829,99	364,97	203,09	136,79	83,34	42,72	14,94
830,00 bis 832,49	366,72	204,34	137,79	84,09	43,22	15,19
832,50 bis 834,99	368,47	205,59	138,79	84,84	43,72	15,44
835,00 bis 837,49	370,22	206,84	139,79	85,59	44,22	15,69
837,50 bis 839,99	371,97	208,09	140,79	86,34	44,72	15,94
840,00 bis 842,49	373,72	209,34	141,79	87,09	45,22	16,19
842,50 bis 844,99	375,47	210,59	142,79	87,84	45,72	16,44

Euro	Pfändbarer Betrag bei Unterhaltspflicht für … Personen					
Nettolohn wöchentlich	0	1	2	3	4	5 und mehr
845,00 bis 847,49	377,22	211,84	143,79	88,59	46,22	16,69
847,50 bis 849,99	378,97	213,09	144,79	89,34	46,72	16,94
850,00 bis 852,49	380,72	214,34	145,79	90,09	47,22	17,19
852,50 bis 854,99	382,47	215,59	146,79	90,84	47,72	17,44
855,00 bis 857,49	384,22	216,84	147,79	91,59	48,22	17,69
857,50 bis 859,99	385,97	218,09	148,79	92,34	48,72	17,94
860,00 bis 862,49	387,72	219,34	149,79	93,09	49,22	18,19
862,50 bis 864,99	389,47	220,59	150,79	93,84	49,72	18,44
865,00 bis 867,49	391,22	221,84	151,79	94,59	50,22	18,69
867,50 bis 869,99	392,97	223,09	152,79	95,34	50,72	18,94
870,00 bis 872,49	394,72	224,34	153,79	96,09	51,22	19,19
872,50 bis 874,99	396,47	225,59	154,79	96,84	51,72	19,44
875,00 bis 877,49	398,22	226,84	155,79	97,59	52,22	19,69
877,50 bis 879,99	399,97	228,09	156,79	98,34	52,72	19,94
880,00 bis 882,49	401,72	229,34	157,79	99,09	53,22	20,19
882,50 bis 884,99	403,47	230,59	158,79	99,84	53,72	20,44
885,00 bis 887,49	405,22	231,84	159,79	100,59	54,22	20,69
887,50 bis 889,99	406,97	233,09	160,79	101,34	54,72	20,94
890,00 bis 892,49	408,72	234,34	161,79	102,09	55,22	21,19
892,50 bis 894,99	410,47	235,59	162,79	102,84	55,72	21,44
895,00 bis 897,49	412,22	236,84	163,79	103,59	56,22	21,69
897,50 bis 899,99	413,97	238,09	164,79	104,34	56,72	21,94
900,00 bis 902,49	415,72	239,34	165,79	105,09	57,22	22,19
902,50 bis 904,99	417,47	240,59	166,79	105,84	57,72	22,44
905,00 bis 907,49	419,22	241,84	167,79	106,59	58,22	22,69
907,50 bis 909,99	420,97	243,09	168,79	107,34	58,72	22,94
910,00 bis 912,49	422,72	244,34	169,79	108,09	59,22	23,19
912,50 bis 914,99	424,47	245,59	170,79	108,84	59,72	23,44
915,00 bis 917,49	426,22	246,84	171,79	109,59	60,22	23,69
917,50 bis 919,99	427,97	248,09	172,79	110,34	60,72	23,94
920,00 bis 922,49	429,72	249,34	173,79	111,09	61,22	24,19
922,50 bis 924,99	431,47	250,59	174,79	111,84	61,72	24,44
925,00 bis 927,49	433,22	251,84	175,79	112,59	62,22	24,69
927,50 bis 929,99	434,97	253,09	176,79	113,34	62,72	24,94
930,00 bis 932,49	436,72	254,34	177,79	114,09	63,22	25,19
932,50 bis 934,99	438,47	255,59	178,79	114,84	63,72	25,44
935,00 bis 937,49	440,22	256,84	179,79	115,59	64,22	25,69
937,50 bis 938,43	441,97	258,09	180,79	116,34	64,72	25,94
Der Mehrbetrag über 938,43 Euro ist voll pfändbar.						

Auszahlung für Tage

Euro	Pfändbarer Betrag bei Unterhaltspflicht für … Personen					
Nettolohn täglich	0	1	2	3	4	5 und mehr
bis 61,49	–	–	–	–	–	–
61,50 bis 61,99	0,20	–	–	–	–	–

Euro	Pfändbarer Betrag bei Unterhaltspflicht für … Personen					
Nettolohn täglich	0	1	2	3	4	5 und mehr
62,00 bis 62,49	0,55	–	–	–	–	–
62,50 bis 62,99	0,90	–	–	–	–	–
63,00 bis 63,49	1,25	–	–	–	–	–
63,50 bis 63,99	1,60	–	–	–	–	–
64,00 bis 64,49	1,95	–	–	–	–	–
64,50 bis 64,99	2,30	–	–	–	–	–
65,00 bis 65,49	2,65	–	–	–	–	–
65,50 bis 65,99	3,00	–	–	–	–	–
66,00 bis 66,49	3,35	–	–	–	–	–
66,50 bis 66,99	3,70	–	–	–	–	–
67,00 bis 67,49	4,05	–	–	–	–	–
67,50 bis 67,99	4,40	–	–	–	–	–
68,00 bis 68,49	4,75	–	–	–	–	–
68,50 bis 68,99	5,10	–	–	–	–	–
69,00 bis 69,49	5,45	–	–	–	–	–
69,50 bis 69,99	5,80	–	–	–	–	–
70,00 bis 70,49	6,15	–	–	–	–	–
70,50 bis 70,99	6,50	–	–	–	–	–
71,00 bis 71,49	6,85	–	–	–	–	–
71,50 bis 71,99	7,20	–	–	–	–	–
72,00 bis 72,49	7,55	–	–	–	–	–
72,50 bis 72,99	7,90	–	–	–	–	–
73,00 bis 73,49	8,25	–	–	–	–	–
73,50 bis 73,99	8,60	–	–	–	–	–
74,00 bis 74,49	8,95	–	–	–	–	–
74,50 bis 74,99	9,30	–	–	–	–	–
75,00 bis 75,49	9,65	–	–	–	–	–
75,50 bis 75,99	10,00	–	–	–	–	–
76,00 bis 76,49	10,35	–	–	–	–	–
76,50 bis 76,99	10,70	–	–	–	–	–
77,00 bis 77,49	11,05	–	–	–	–	–
77,50 bis 77,99	11,40	–	–	–	–	–
78,00 bis 78,49	11,75	–	–	–	–	–
78,50 bis 78,99	12,10	–	–	–	–	–
79,00 bis 79,49	12,45	–	–	–	–	–
79,50 bis 79,99	12,80	–	–	–	–	–
80,00 bis 80,49	13,15	–	–	–	–	–
80,50 bis 80,99	13,50	–	–	–	–	–
81,00 bis 81,49	13,85	–	–	–	–	–
81,50 bis 81,99	14,20	–	–	–	–	–
82,00 bis 82,49	14,55	–	–	–	–	–
82,50 bis 82,99	14,90	–	–	–	–	–
83,00 bis 83,49	15,25	–	–	–	–	–
83,50 bis 83,99	15,60	–	–	–	–	–
84,00 bis 84,49	15,95	–	–	–	–	–

Euro	Pfändbarer Betrag bei Unterhaltspflicht für … Personen					
Nettolohn täglich	0	1	2	3	4	5 und mehr
84,50 bis 84,99	16,30	0,12	–	–	–	–
85,00 bis 85,49	16,65	0,37	–	–	–	–
85,50 bis 85,99	17,00	0,62	–	–	–	–
86,00 bis 86,49	17,35	0,87	–	–	–	–
86,50 bis 86,99	17,70	1,12	–	–	–	–
87,00 bis 87,49	18,05	1,37	–	–	–	–
87,50 bis 87,99	18,40	1,62	–	–	–	–
88,00 bis 88,49	18,75	1,87	–	–	–	–
88,50 bis 88,99	19,10	2,12	–	–	–	–
89,00 bis 89,49	19,45	2,37	–	–	–	–
89,50 bis 89,99	19,80	2,62	–	–	–	–
90,00 bis 90,49	20,15	2,87	–	–	–	–
90,50 bis 90,99	20,50	3,12	–	–	–	–
91,00 bis 91,49	20,85	3,37	–	–	–	–
91,50 bis 91,99	21,20	3,62	–	–	–	–
92,00 bis 92,49	21,55	3,87	–	–	–	–
92,50 bis 92,99	21,90	4,12	–	–	–	–
93,00 bis 93,49	22,25	4,37	–	–	–	–
93,50 bis 93,99	22,60	4,62	–	–	–	–
94,00 bis 94,49	22,95	4,87	–	–	–	–
94,50 bis 94,99	23,30	5,12	–	–	–	–
95,00 bis 95,49	23,65	5,37	–	–	–	–
95,50 bis 95,99	24,00	5,62	–	–	–	–
96,00 bis 96,49	24,35	5,87	–	–	–	–
96,50 bis 96,99	24,70	6,12	–	–	–	–
97,00 bis 97,49	25,05	6,37	–	–	–	–
97,50 bis 97,99	25,40	6,62	0,16	–	–	–
98,00 bis 98,49	25,75	6,87	0,36	–	–	–
98,50 bis 98,99	26,10	7,12	0,56	–	–	–
99,00 bis 99,49	26,45	7,37	0,76	–	–	–
99,50 bis 99,99	26,80	7,62	0,96	–	–	–
100,00 bis 100,49	27,15	7,87	1,16	–	–	–
100,50 bis 100,99	27,50	8,12	1,36	–	–	–
101,00 bis 101,49	27,85	8,37	1,56	–	–	–
101,50 bis 101,99	28,20	8,62	1,76	–	–	–
102,00 bis 102,49	28,55	8,87	1,96	–	–	–
102,50 bis 102,99	28,90	9,12	2,16	–	–	–
103,00 bis 103,49	29,25	9,37	2,36	–	–	–
103,50 bis 103,99	29,60	9,62	2,56	–	–	–
104,00 bis 104,49	29,95	9,87	2,76	–	–	–
104,50 bis 104,99	30,30	10,12	2,96	–	–	–
105,00 bis 105,49	30,65	10,37	3,16	–	–	–
105,50 bis 105,99	31,00	10,62	3,36	–	–	–
106,00 bis 106,49	31,35	10,87	3,56	–	–	–
106,50 bis 106,99	31,70	11,12	3,76	–	–	–

Euro	Pfändbarer Betrag bei Unterhaltspflicht für … Personen					
Nettolohn täglich	0	1	2	3	4	5 und mehr
107,00 bis 107,49	32,05	11,37	3,96	–	–	–
107,50 bis 107,99	32,40	11,62	4,16	–	–	–
108,00 bis 108,49	32,75	11,87	4,36	–	–	–
108,50 bis 108,99	33,10	12,12	4,56	–	–	–
109,00 bis 109,49	33,45	12,37	4,76	–	–	–
109,50 bis 109,99	33,80	12,62	4,96	–	–	–
110,00 bis 110,49	34,15	12,87	5,16	0,02	–	–
110,50 bis 110,99	34,50	13,12	5,36	0,17	–	–
111,00 bis 111,49	34,85	13,37	5,56	0,32	–	–
111,50 bis 111,99	35,20	13,62	5,76	0,47	–	–
112,00 bis 112,49	35,55	13,87	5,96	0,62	–	–
112,50 bis 112,99	35,90	14,12	6,16	0,77	–	–
113,00 bis 113,49	36,25	14,37	6,36	0,92	–	–
113,50 bis 113,99	36,60	14,62	6,56	1,07	–	–
114,00 bis 114,49	36,95	14,87	6,76	1,22	–	–
114,50 bis 114,99	37,30	15,12	6,96	1,37	–	–
115,00 bis 115,49	37,65	15,37	7,16	1,52	–	–
115,50 bis 115,99	38,00	15,62	7,36	1,67	–	–
116,00 bis 116,49	38,35	15,87	7,56	1,82	–	–
116,50 bis 116,99	38,70	16,12	7,76	1,97	–	–
117,00 bis 117,49	39,05	16,37	7,96	2,12	–	–
117,50 bis 117,99	39,40	16,62	8,16	2,27	–	–
118,00 bis 118,49	39,75	16,87	8,36	2,42	–	–
118,50 bis 118,99	40,10	17,12	8,56	2,57	–	–
119,00 bis 119,49	40,45	17,37	8,76	2,72	–	–
119,50 bis 119,99	40,80	17,62	8,96	2,87	–	–
120,00 bis 120,49	41,15	17,87	9,16	3,02	–	–
120,50 bis 120,99	41,50	18,12	9,36	3,17	–	–
121,00 bis 121,49	41,85	18,37	9,56	3,32	–	–
121,50 bis 121,99	42,20	18,62	9,76	3,47	–	–
122,00 bis 122,49	42,55	18,87	9,96	3,62	–	–
122,50 bis 122,99	42,90	19,12	10,16	3,77	–	–
123,00 bis 123,49	43,25	19,37	10,36	3,92	0,04	–
123,50 bis 123,99	43,60	19,62	10,56	4,07	0,14	–
124,00 bis 124,49	43,95	19,87	10,76	4,22	0,24	–
124,50 bis 124,99	44,30	20,12	10,96	4,37	0,34	–
125,00 bis 125,49	44,65	20,37	11,16	4,52	0,44	–
125,50 bis 125,99	45,00	20,62	11,36	4,67	0,54	–
126,00 bis 126,49	45,35	20,87	11,56	4,82	0,64	–
126,50 bis 126,99	45,70	21,12	11,76	4,97	0,74	–
127,00 bis 127,49	46,05	21,37	11,96	5,12	0,84	–
127,50 bis 127,99	46,40	21,62	12,16	5,27	0,94	–
128,00 bis 128,49	46,75	21,87	12,36	5,42	1,04	–
128,50 bis 128,99	47,10	22,12	12,56	5,57	1,14	–
129,00 bis 129,49	47,45	22,37	12,76	5,72	1,24	–

Euro	Pfändbarer Betrag bei Unterhaltspflicht für … Personen					
Nettolohn täglich	0	1	2	3	4	5 und mehr
129,50 bis 129,99	47,80	22,62	12,96	5,87	1,34	–
130,00 bis 130,49	48,15	22,87	13,16	6,02	1,44	–
130,50 bis 130,99	48,50	23,12	13,36	6,17	1,54	–
131,00 bis 131,49	48,85	23,37	13,56	6,32	1,64	–
131,50 bis 131,99	49,20	23,62	13,76	6,47	1,74	–
132,00 bis 132,49	49,55	23,87	13,96	6,62	1,84	–
132,50 bis 132,99	49,90	24,12	14,16	6,77	1,94	–
133,00 bis 133,49	50,25	24,37	14,36	6,92	2,04	–
133,50 bis 133,99	50,60	24,62	14,56	7,07	2,14	–
134,00 bis 134,49	50,95	24,87	14,76	7,22	2,24	–
134,50 bis 134,99	51,30	25,12	14,96	7,37	2,34	–
135,00 bis 135,49	51,65	25,37	15,16	7,52	2,44	–
135,50 bis 135,99	52,00	25,62	15,36	7,67	2,54	–
136,00 bis 136,49	52,35	25,87	15,56	7,82	2,64	0,04
136,50 bis 136,99	52,70	26,12	15,76	7,97	2,74	0,09
137,00 bis 137,49	53,05	26,37	15,96	8,12	2,84	0,14
137,50 bis 137,99	53,40	26,62	16,16	8,27	2,94	0,19
138,00 bis 138,49	53,75	26,87	16,36	8,42	3,04	0,24
138,50 bis 138,99	54,10	27,12	16,56	8,57	3,14	0,29
139,00 bis 139,49	54,45	27,37	16,76	8,72	3,24	0,34
139,50 bis 139,99	54,80	27,62	16,96	8,87	3,34	0,39
140,00 bis 140,49	55,15	27,87	17,16	9,02	3,44	0,44
140,50 bis 140,99	55,50	28,12	17,36	9,17	3,54	0,49
141,00 bis 141,49	55,85	28,37	17,56	9,32	3,64	0,54
141,50 bis 141,99	56,20	28,62	17,76	9,47	3,74	0,59
142,00 bis 142,49	56,55	28,87	17,96	9,62	3,84	0,64
142,50 bis 142,99	56,90	29,12	18,16	9,77	3,94	0,69
143,00 bis 143,49	57,25	29,37	18,36	9,92	4,04	0,74
143,50 bis 143,99	57,60	29,62	18,56	10,07	4,14	0,79
144,00 bis 144,49	57,95	29,87	18,76	10,22	4,24	0,84
144,50 bis 144,99	58,30	30,12	18,96	10,37	4,34	0,89
145,00 bis 145,49	58,65	30,37	19,16	10,52	4,44	0,94
145,50 bis 145,99	59,00	30,62	19,36	10,67	4,54	0,99
146,00 bis 146,49	59,35	30,87	19,56	10,82	4,64	1,04
146,50 bis 146,99	59,70	31,12	19,76	10,97	4,74	1,09
147,00 bis 147,49	60,05	31,37	19,96	11,12	4,84	1,14
147,50 bis 147,99	60,40	31,62	20,16	11,27	4,94	1,19
148,00 bis 148,49	60,75	31,87	20,36	11,42	5,04	1,24
148,50 bis 148,99	61,10	32,12	20,56	11,57	5,14	1,29
149,00 bis 149,49	61,45	32,37	20,76	11,72	5,24	1,34
149,50 bis 149,99	61,80	32,62	20,96	11,87	5,34	1,39
150,00 bis 150,49	62,15	32,87	21,16	12,02	5,44	1,44
150,50 bis 150,99	62,50	33,12	21,36	12,17	5,54	1,49
151,00 bis 151,49	62,85	33,37	21,56	12,32	5,64	1,54
151,50 bis 151,99	63,20	33,62	21,76	12,47	5,74	1,59

Euro	Pfändbarer Betrag bei Unterhaltspflicht für … Personen					
Nettolohn täglich	0	1	2	3	4	5 und mehr
152,00 bis 152,49	63,55	33,87	21,96	12,62	5,84	1,64
152,50 bis 152,99	63,90	34,12	22,16	12,77	5,94	1,69
153,00 bis 153,49	64,25	34,37	22,36	12,92	6,04	1,74
153,50 bis 153,99	64,60	34,62	22,56	13,07	6,14	1,79
154,00 bis 154,49	64,95	34,87	22,76	13,22	6,24	1,84
154,50 bis 154,99	65,30	35,12	22,96	13,37	6,34	1,89
155,00 bis 155,49	65,65	35,37	23,16	13,52	6,44	1,94
155,50 bis 155,99	66,00	35,62	23,36	13,67	6,54	1,99
156,00 bis 156,49	66,35	35,87	23,56	13,82	6,64	2,04
156,50 bis 156,99	66,70	36,12	23,76	13,97	6,74	2,09
157,00 bis 157,49	67,05	36,37	23,96	14,12	6,84	2,14
157,50 bis 157,99	67,40	36,62	24,16	14,27	6,94	2,19
158,00 bis 158,49	67,75	36,87	24,36	14,42	7,04	2,24
158,50 bis 158,99	68,10	37,12	24,56	14,57	7,14	2,29
159,00 bis 159,49	68,45	37,37	24,76	14,72	7,24	2,34
159,50 bis 159,99	68,80	37,62	24,96	14,87	7,34	2,39
160,00 bis 160,49	69,15	37,87	25,16	15,02	7,44	2,44
160,50 bis 160,99	69,50	38,12	25,36	15,17	7,54	2,49
161,00 bis 161,49	69,85	38,37	25,56	15,32	7,64	2,54
161,50 bis 161,99	70,20	38,62	25,76	15,47	7,74	2,59
162,00 bis 162,49	70,55	38,87	25,96	15,62	7,84	2,64
162,50 bis 162,99	70,90	39,12	26,16	15,77	7,94	2,69
163,00 bis 163,49	71,25	39,37	26,36	15,92	8,04	2,74
163,50 bis 163,99	71,60	39,62	26,56	16,07	8,14	2,79
164,00 bis 164,49	71,95	39,87	26,76	16,22	8,24	2,84
164,50 bis 164,99	72,30	40,12	26,96	16,37	8,34	2,89
165,00 bis 165,49	72,65	40,37	27,16	16,52	8,44	2,94
165,50 bis 165,99	73,00	40,62	27,36	16,67	8,54	2,99
166,00 bis 166,49	73,35	40,87	27,56	16,82	8,64	3,04
166,50 bis 166,99	73,70	41,12	27,76	16,97	8,74	3,09
167,00 bis 167,49	74,05	41,37	27,96	17,12	8,84	3,14
167,50 bis 167,99	74,40	41,62	28,16	17,27	8,94	3,19
168,00 bis 168,49	74,75	41,87	28,36	17,42	9,04	3,24
168,50 bis 168,99	75,10	42,12	28,56	17,57	9,14	3,29
169,00 bis 169,49	75,45	42,37	28,76	17,72	9,24	3,34
169,50 bis 169,99	75,80	42,62	28,96	17,87	9,34	3,39
170,00 bis 170,49	76,15	42,87	29,16	18,02	9,44	3,44
170,50 bis 170,99	76,50	43,12	29,36	18,17	9,54	3,49
171,00 bis 171,49	76,85	43,37	29,56	18,32	9,64	3,54
171,50 bis 171,99	77,20	43,62	29,76	18,47	9,74	3,59
172,00 bis 172,49	77,55	43,87	29,96	18,62	9,84	3,64
172,50 bis 172,99	77,90	44,12	30,16	18,77	9,94	3,69
173,00 bis 173,49	78,25	44,37	30,36	18,92	10,04	3,74
173,50 bis 173,99	78,60	44,62	30,56	19,07	10,14	3,79
174,00 bis 174,49	78,95	44,87	30,76	19,22	10,24	3,84

Euro	Pfändbarer Betrag bei Unterhaltspflicht für … Personen					
Nettolohn täglich	0	1	2	3	4	5 und mehr
174,50 bis 174,99	79,30	45,12	30,96	19,37	10,34	3,89
175,00 bis 175,49	79,65	45,37	31,16	19,52	10,44	3,94
175,50 bis 175,99	80,00	45,62	31,36	19,67	10,54	3,99
176,00 bis 176,49	80,35	45,87	31,56	19,82	10,64	4,04
176,50 bis 176,99	80,70	46,12	31,76	19,97	10,74	4,09
177,00 bis 177,49	81,05	46,37	31,96	20,12	10,84	4,14
177,50 bis 177,99	81,40	46,62	32,16	20,27	10,94	4,19
178,00 bis 178,49	81,75	46,87	32,36	20,42	11,04	4,24
178,50 bis 178,99	82,10	47,12	32,56	20,57	11,14	4,29
179,00 bis 179,49	82,45	47,37	32,76	20,72	11,24	4,34
179,50 bis 179,99	82,80	47,62	32,96	20,87	11,34	4,39
180,00 bis 180,49	83,15	47,87	33,16	21,02	11,44	4,44
180,50 bis 180,99	83,50	48,12	33,36	21,17	11,54	4,49
181,00 bis 181,49	83,85	48,37	33,56	21,32	11,64	4,54
181,50 bis 181,99	84,20	48,62	33,76	21,47	11,74	4,59
182,00 bis 182,49	84,55	48,87	33,96	21,62	11,84	4,64
182,50 bis 182,99	84,90	49,12	34,16	21,77	11,94	4,69
183,00 bis 183,49	85,25	49,37	34,36	21,92	12,04	4,74
183,50 bis 183,99	85,60	49,62	34,56	22,07	12,14	4,79
184,00 bis 184,49	85,95	49,87	34,76	22,22	12,24	4,84
184,50 bis 184,99	86,30	50,12	34,96	22,37	12,34	4,89
185,00 bis 185,49	86,65	50,37	35,16	22,52	12,44	4,94
185,50 bis 185,99	87,00	50,62	35,36	22,67	12,54	4,99
186,00 bis 186,49	87,35	50,87	35,56	22,82	12,64	5,04
186,50 bis 186,99	87,70	51,12	35,76	22,97	12,74	5,09
187,00 bis 187,49	88,05	51,37	35,96	23,12	12,84	5,14
187,50 bis 187,69	88,40	51,62	36,16	23,27	12,94	5,19
Der Mehrbetrag über 187,69 Euro ist voll pfändbar.						

Pfändungsfreibeträge in der **ab 1.7.2022** geltenden Fassung gem. dem Anhang der Pfändungsfreigrenzenbek. 2022.

Schrifttum: Helwich JurBüro 2015, 340 (Grdz.).

1–6 **I. Systematik, I–IV.** Zunächst → Vor § 850 Rn. 1, → § 850a Rn. 1. § 850c ist nicht schon bei der Feststellung der Leistungsfähigkeit im Erkenntnisverfahren anwendbar, OLG Celle NJW-RR 1989, 1134.

7 **I und II** geben die unpfändbaren Grundbeträge an, und zwar unter einer Berücksichtigung der gesetzlichen Unterhaltspflichten des Schuldners. **III und V** nennen die unpfändbaren Teile höherer Arbeitseinkommen. **VI** regelt zum Schutz des Gläubigers die Frage, inwieweit ein Unterhaltsberechtigter wegen eines eigenen Einkommens bei der Berechnung der Freibeträge unberücksichtigt bleiben muss.

8 Das Vollstreckungsgericht nach §§ 764, 802 ist auch bei einer Sozialleistung zuständig, LSG Celle NJW 1988, 2695. Es muss nach § 850e Nr. 1 immer vom **Nettoarbeitseinkommen** ausgehen. Wegen der Naturaleinkommen dort § 850e Nr. 3. In erster Linie ist das Geldeinkommen pfändbar. Eine besondere Regelung gilt für Unterhaltsansprüche nach § 850d und für Ansprüche auf Grund einer vorsätzlichen unerlaubten Handlung.

9 **II. Regelungszweck, I–IV.** Die Vorschrift soll einerseits verhindern, dass der Staat mit Sozialleistungen einspringen muss. Das soll der Schuldner auch nicht durch eine nur den Gläubiger benachteiligende Wahl der Steuerklasse unterlaufen, LG Darmst JurBüro 2006, 268. Sie soll andererseits dem Schuldner, dem jetzigen oder früheren Lebenspartner und seiner Familie den erforderlichen Mindestbetrag zum Leben sichern, OLG Düss FamRZ 2007, 138 (auch zu den Grenzen); OLG Karlsr FamRZ 1998, 1436; AG Wupp JurBüro 2021, 441; LAG Köln ZIP 2015, 2183. Das gilt unabhängig von einer bestimmten Altersgrenze, aM OLG Hamm VersR 2010, 100. Daraus folgt, dass sie nicht im Verhältnis zwischen dem unterhaltsberechtigten Angehörigen und dem Schuldner gilt, sondern nur im Verhältnis eines nicht derart bevorzugten Gläubigers zum Schuldner, AG Kleve FamRZ 1984, 1093; AG Münst FamRZ 2002, 407; Kohte Rpfleger 1990, 9 (12). Sie beschränkt nicht die Verpflichtungsfreiheit des Schuldners, OLG Karlsr FamRZ 1998, 1436.

III. Geltungsbereich I–IV. Die Vorschrift gilt umfassend. Sie gilt auch zB im VwGO-Verfahren, BVerwG NVwZ 2013, 1339 (1343); im Steuervollstreckungsrecht, FG Karlsr NZM 2000, 406; im Insolvenzverfahren, § 36 I 2 InsO, BGH NJW 2012, 393. Nach § 400 BGB ist eine Abtretung unwirksam, soweit die Forderung unpfändbar ist, BAG NJW 2001, 1443 (Unwirksamkeit entgegenstehender Vereinbarung). Auch eine zulässig vorgenommene Lohn- oder Gehaltsabtretung lässt die Berechnung des pfändbaren Teils unberührt, LG Hagen NJW-RR 1988, 1232. Eine in AGB enthaltene Klausel, wonach ein Bürge den pfändbaren Teil seiner Rente an den Kreditgeber zur Sicherung abtritt, kann allerdings unwirksam sein, SG Düss NJW-RR 1989, 756. Ein öffentlich-rechtlicher Versorgungsanspruch kann trotz einer Unabtretbarkeit in den Grenzen des § 850c pfändbar sein, BGH NJW 2004, 3770. Das Vollstreckungsgericht muss alle Umstände abwägen und darf nicht nur nach festen Berechnungsgrößen vorgehen, BGH NJW-RR 2005, 795 (krit. Schmidt Rpfleger 2005, 203); BVerwG NVwZ 2013, 1339. Für die Berechnung des pfändungsfreien Teils muss das Vollstreckungsgericht von demjenigen Auszahlungszeitraum ausgehen, für den die Lohnzahlung erfolgt, also von einer monatlichen, wöchentlichen oder täglichen Auszahlung, BSG NJW 1993, 811. 10

Wenn die Auszahlung zB **wöchentlich** erfolgt, wenn der Schuldner nun aber aus irgendeinem Grund tatsächlich nicht in der ganzen Woche gearbeitet hatte, sondern nur an drei Tagen, und wenn er demgemäß weniger erhielt, etwa infolge einer Krankheit, bleiben diese Umstände ebenso außer Betracht, wie wenn man den Lohn für die einzelnen Wochentage nach Stunden berechnet (Berechnungsgrundlage) und wenn er deshalb für die einzelnen Tage unterschiedlich hoch ist. Das Gericht muss auch dann den vom Gesetz für eine Woche festgesetzten Betrag ansetzen. Scheidet ein Empfänger von Monatslohn vor dem Monatsende aus, oder arbeitet in diesem Monat nicht ständig, bleibt die Monatstabelle anwendbar, BAG NZA 2009, 861; ArbG Ffm NJW-RR 1999, 723. 11

Der Rpfleger muss eine **Nachzahlung** demjenigen Auszahlungszeitraum zuschlagen, für den sie erfolgt. Wenn Auszahlungszeiträume mit einer vollen Beschäftigung und solche mit einer geringeren Beschäftigung aufeinander folgen, muss das Gericht eine Durchschnittsberechnung anstellen. Es muss eine Jahresgewinnbeteiligung verteilen. Wenn ein Angestellter zum Teil von Spesen lebt, muss das Gericht diesen Umstand berücksichtigen. Wenn der Schuldner sich in eine zu günstige falsche Steuerklasse einstufen ließ, kann das Gericht ihn als richtig eingestuft behandeln, OLG Köln MDR 2000, 1032; AG Bochum DGVZ 2000, 40. → Rn. 22. 12

Unanwendbar ist § 850c bei einer Einbehaltung von Dienstbezügen bei einer vorläufigen Dienstenthebung, OVG Saarlouis NVwZ-RR 2010, 26. 13

Erhält ein Schuldner **mehrere Arbeitseinkommen** können diese zusammengerechnet und der pfändungsfreie Betrag hernach bestimmt werden, AG Wupp JurBüro 2021, 441. 14

IV. Unpfändbare Grundbeträge, I–II. Die gesetzlichen Freibeträge gelten auch bei einem im Ausland billiger lebenden Schuldner, LG Heilbr Rpfleger 2006, 330. Rechenbeispiele bei Behr Rpfleger 2005, 498; Sturm JurBüro 2002, 345. 15

1. Grundsatz: Nur bei gesetzlicher Unterhaltspflicht. In Betracht kommt nur eine im Einzelfall bestehende gesetzliche Unterhaltspflicht, BAG NJW 1987, 1573; AG Dorsten ZVI 2018, 162, einschließlich derjenigen aus §§ 1615l, 1615n BGB oder aus § 5 LPartG. Die Höhe eines unpfändbaren Grundbetrags richtet sich zunächst danach, ob der Schuldner überhaupt eine Unterhaltsverpflichtung hat, LG Bayreuth MDR 1994, 621 (das gilt zugunsten jedes Gesamtschuldners); LG Brem JurBüro 1998, 211; LSG Essen Rpfleger 1984, 278. Leider gibt es keinen Erfahrungssatz, dass jeder Unterhaltsschuldner zur Zahlung des Mindestbetrags an seine minderjährigen Kinder imstande ist, aM OLG Schlesw FamRZ 2005, 1109. Erst nach der Klärung dieser Vorfrage darf der Rpfleger anschließend nach IV prüfen, in welchem Umfang eine solche Unterhaltspflicht besteht. 16

2. Beispiele zur Frage einer gesetzlichen Unterhaltspflicht, II

Adoptivkind: Vgl. zunächst „Verwandter". Der Rpfl. muss eine Unterhaltspflicht gegenüber einem Adoptivkind beachten. 17

Gefangener: Zu seinem Arbeitsentgelt → § 850 Rn. 9.

Haushaltsgemeinschaft: Der Selbstbehalt kann bei einer kostensparenden Haushaltsgemeinschaft sinken, OLG Nürnb NJW 2003, 3138.

Kindergeld: Zu ihm → § 890 Rn. 9 „Kindergeld".

Lohnersatzanspruch: Zu ihm LG Hmb Rpfleger 1985, 34.

Mitverdiener: Ein Ehegatte oder Lebenspartner gehört dazu, OLG Karlsr NJW-RR 2015, 1479, und zwar zur ersten Stufe, LG Augsb JurBüro 2004, 156. Er muss sich je nach den Verhältnissen auch gegenüber dem mitverdienenden anderen Ehegatten oder Lebenspartner an der Bezahlung der persönlichen Bedürfnisse beteiligen, soweit die Beteiligten nicht getrennt leben, Viertelhausen DGVZ 2001, 129. Daher ist der eine dem anderen also insoweit nach → § 850b Rn. 7 unterhaltspflichtig, LG Osnabr JurBüro 2002, 440; LAG Bln DB 1976, 1114.

Nichteheliche Gemeinschaft: Unanwendbar ist I bei ihr, LG Osnabr JurBüro 1999, 45.

Pflegekind: Es gilt dasselbe wie beim „Verwandten".

Rangfolge: Die gesetzliche Rangfolge nach (jetzt) § 1609 BGB ist natürlich mitbeachtlich.

SGB I: Zu § 54 III Nr. 2 SGB I KG JurBüro 1978, 1888; OLG Köln NJW 1990, 2696; LG Düss JurBüro 1990, 1056.

SGB II: Zu § 9 II 1 SGB II BGH NJW 2018, 954.

SGB VI: Zur Kindererziehungsleistung nach § 294 SGB VI AG Bln-Wedding JurBüro 2002, 48 (Zusammenrechnung mit Rente).

Sozialhilfe: Die Tabelle garantiert nicht stets einen über der Sozialhilfe liegenden Standard, BFH NJW 1992, 855; OLG Ffm Rpfleger 1991, 378. Aber → § 850f Rn. 3, 5.

Stiefkind: Ein Unterhalt an diesen „Angehörigen" ist kein gesetzlicher, OLG Köln MDR 2009, 953; LG Mosbach FamRZ 2012, 1664.

Tatsächliche Zahlung: Der Schuldner muss auch tatsächlich an den oder die Unterhaltsberechtigten zahlen, BGH NJW 2017, 3591; BAGE 2013, 3532; LG Chemnitz JurBüro 2015, 209; AG Hmb JurBüro 2017, 160; vgl. auch BGH MDR 2010, 1489. Der Gläubiger kann für den Fall, dass der Schuldner tatsächlich keinen Unterhalt zahlt, einen klarstellenden Beschluss verlangen, AG Brake JurBüro 2021, 387.

Untervermietung: Bei der Berechnung des Sozialhilfebedarfs können (fiktive) Einnahmen aus einer Untervermietung mitbeachtlich sein, LG Bln Rpfleger 1994, 221.

Verwandter: Eine Unterhaltspflicht gegenüber einem solchen an sich berechtigten Verwandten, der sich selbst unterhalten kann, bleibt insbesondere bei einer Gefährdung des Schuldnerunterhalts außer Betracht, BAG NJW 1987, 1573.

Volljähriges Kind: Bei § 1603 I BGB zählt es nicht hierher, BAG NJW 1987, 1573.

18 **3. Pfändungsfreiheit.** Pfändungsfrei bleibt für den Schuldner stets mindestens ein Grundbetrag. Eine Reduzierung unter die Pauschbeträge ist unstatthaft, BGH NJW-RR 2007, 938. Der Schuldner verdient um so mehr Schutz, je unsteter oder kurzfristiger er arbeitet und Lohn erhält, BSG NJW 1993, 811. Ein arglistiger Scheinvertrag über eine in Wahrheit längere, scheinbar aber kürzere Abrechnungsperiode zur Erschleichung eines höheren monatlichen effektiven Freibetrags wäre unbeachtlich. Er wäre ein evtl. strafbarer Betrug(sversuch) auch des Drittschuldners. Von dem Mehrbetrag, also von dem Unterschiedsbetrag zwischen dem pfändungsfreien Grundbetrag und dem Arbeitseinkommen, bleiben weitere Beträge unpfändbar, und zwar entsprechend der Zahl der Personen, denen der Schuldner Unterhalt gewähren muss, vgl. LG Heilbr Rpfleger 2004, 300. Ein Kind kann auch dann „erste" Person sein, wenn es keinen Ehegatten gibt oder wenn dieser unberücksichtigt bleibt, BGH NJW-RR 2004, 1371; aM LG Brem JurBüro 2003, 378; LG Verden JurBüro 2002, 660; AG Traunstein JurBüro 2003, 276.

19 **V. Pfändungsfreie Teile des Netto-Mehreinkommens, III.** Es muss irgendein Arbeitseinkommen vorliegen, FG Karlsr NZM 2000, 406. Es gilt eine Wertgrenze. Zahlt der Schuldner keine Miete, wird das Nettoeinkommen fiktiv erhöht, AG Bln-Orianienburg JurBüro 2016, 658.

20 **1. Nettoeinkommen bis 4.077,72 EUR monatlich usw.** Übersteigt das Arbeitseinkommen den pfändungsfreien Betrag und ist das Nettoeinkommen nach → Rn. 6 nicht höher als 4.077,72 EUR monatlich, 938,43 EUR wöchentlich, 187,69 EUR täglich, ist der die Freibeträge von I übersteigende Betrag für den Schuldner zu 30 % pfändungsfrei. Zugunsten des ersten nach I gesetzlich Unterhaltsberechtigten bleiben weitere 20 % dieses Überschussbetrags unpfändbar. Zugunsten des zweiten bis fünften nach I gesetzlich Unterhaltsberechtigten bleiben je weitere 10 % unpfändbar. Man muss diese Unpfändbarkeit ohne den jeweiligen Mindestbetrag berechnen. Der jeweils pfändungsfreie Betrag ergibt sich aus der Tabelle entsprechend der Pfändungsfreigrenzenbekanntmachung gem. IV. Diese Tabelle berücksichtigt bereits die nach III vorgeschriebene Abrundung des Arbeitseinkommens auf 10 EUR monatlich, 2,50 EUR wöchentlich, 0,50 EUR täglich. Vgl. ferner § 850f III.

21 **2. Höheres Nettoeinkommen.** Ist das Nettoeinkommen höher als die in → Rn. 20 genannten Beträge, ist die diese Beträge übersteigende Spitze nach III 3 stets voll pfändbar. Vgl. im Übrigen → Rn. 19.

22 **3. Tabelle.** Der Rpfleger kann im Pfändungsbeschluss nach V 3 grundsätzlich auf die amtliche Tabelle Bezug nehmen, etwa mit den Worten: es werde „der Betrag gepfändet, der sich aus der amtlichen Tabelle zu § 850c ZPO ergibt", KG Rpfleger 1978, 334; Hornung Rpfleger 1978, 353. Dann überlässt der Rpfleger dem Drittschuldner nach § 840 die Aufgabe, den Betrag entsprechend dem Auszahlungszeitraum und entsprechend derjenigen Personenzahl einzusetzen. Er muss dazu den Schuldner befragen, OLG Karlsr JurBüro 2009, 553, haftet aber erst bei einer Kenntnis der Unrichtigkeit der Angaben, Liese DB 1990, 2065 (2070). Mangels ausreichender Anhaltspunkte für ein Wahlrecht des Schuldners wegen seiner Steuerklasse muss der Drittschuldner die normale zugrunde legen, AG Brem JurBüro 1997, 659. Der Drittschuldner darf nach → Rn. 15, 17 davon ausgehen, dass der Schuldner den in der Lohnsteuerkarte genannten Personen auch tatsächlich einen Unterhalt zahlt.

23 Die **Bezugnahme** auf die Tabelle mit ihrer Angabe im Einzelnen bei einer Unterhaltspflicht des Schuldners bis zu fünf und mehr Personen enthebt also den Gläubiger der für ihn oft nur unter einem erheblichen Zeitverlust und nicht genau möglichen Angabe der Zahl der unterhaltsberechtigten Personen. Eine Anordnung des Rpfleger darüber, welche der drei Tabellen der Drittschuldner anwenden muss, kann je nach Sachlage nach → Rn. 9 ratsam sein, aM LG Bochum Rpfleger 1985, 370 (sie sei unzulässig). Die lange vor der Pfändung gewählte Steuerklasse ist auch dann nicht rechtsmissbräuchlich, wenn sie dem Gläubiger ungünstig ist, LG Osnabr NJW-RR 2000, 1216. Eine spätere, für den Gläubiger ungünstigere Wahl des Schuldners führt nach → Rn. 10 zur Anwendung der günstigeren Steuerklasse, LG Ansbach JurBüro 2010, 50; LG Stgt JurBüro 2001, 111; AG Mü JurBüro 2001, 154.

24 **4. Eigene Einkünfte, VI.** Die Vorschrift erfasst solche Einkünfte beliebiger Art, LG Mü JurBüro 2001, 657 (staatliche Leistung); AG Schlesw JurBüro 2017, 661 (Dienstwagen). Sie erfasst auch Leistungen eines weiteren Unterhaltspflichtigen, BGH NJW-RR 2009, 1279; OLG Mü JurBüro 2000, 47; LG Lpz JurBüro 2003, 324 (zust. Kokol). Sie meint Einkünfte derjenigen Personen, die der Schuldner kraft Gesetzes und nicht bloß auf Grund eines Vertrags unterhalten muss, LG Tüb Rpfleger 2008, 514 (beim Kind Berücksichtigung zur Hälfte) und auch tatsächlich unterhält, AG Stralsund JurBüro 2017, 438. Der Rpfleger darf solche Einkünfte derart beachten, dass der Gläubiger beim Schuldner mehr pfänden kann, als nach der Tabelle eigentlich zulässig wäre, OLG Köln FamRZ 1996, 811; LG Konst JurBüro 1996, 666; LG Osnabr JurBüro 1996, 271; aM LG Ffm Rpfleger 1996, 298. Dieser Weg ist nicht von Amts wegen möglich, sondern nur auf einen Antrag des Gläubigers, BAG MDR 1983, 788; LG Bielef DGVZ 2000, 87; LG Wuppert JurBüro 2008, 270. Der Gläubiger kann den Antrag stillschweigend stellen, LG Marbg Rpfleger 1992, 167. Der Rpfleger übt auch hier ein pflichtgemäßes Ermessen aus, BGH NZI 2010, 578; BVerwG NVwZ 2013, 1339; LG Chemnitz JurBüro 2010, 550. Trotzdem hat er die Amtspflicht zur Berücksichtigung aller erheblichen Gesichtspunkte, BGH NJW-RR 2006, 568; NJW-RR 2005, 1239; LG Kblz FamRZ 2005, 469; AG Wuppert JurBüro 2018, 160 (Kind: 50 %). Er führt keine Amtsermittlung durch. Er unterliegt keinen starren Regeln, BGH NJW-RR 2005, 795; BVerwG NVwZ 2013, 1339; LG Chemnitz JurBüro 2010, 550. Er darf auch nicht einmal an sich erlaubte feste Berechnungsgrößen unterschiedslos anwenden, BGH NZI 2010, 578. Der Rpfleger muss vor seiner Entscheidung den Schuldner und evtl. die selbstverdienenden Unterhaltsberechtigten anhören, BVerfG NJW 2000, 1709; aM LG Stade JurBüro 2000, 378; Henze Rpfleger 1981, 52.

5. Beispiele zur Frage eigener Einkünfte, VI

25 **Auszubildender:** Anwendbar ist VI bei einem in der Ausbildung mitverdienenden Kind, LG Osnabr JurBüro 1996, 271. Wenn sich der Schuldner nicht äußert, kann die Behauptung des Gläubigers glaubhaft sein, ein Sohn des Schuldners erhalte jetzt eine Ausbildungshilfe von zB 300 EUR, LG Münst JurBüro 1990, 1363.

Drittschuldner: Es ist Sache des Drittschuldners, die Unterhaltspflichten des Schuldners zu ermitteln; es ist aber nicht seine Sache, etwaige eigene Einkünfte des Unterhaltsberechtigten zu ermitteln, OLG Brdb JurBüro 2021, 383.

Ehegatte: Anwendbar ist IV grds. bei einem beschäftigten Ehegatten, BAG MDR 1985, 82; Rostock Rpfleger 2013, 462; AG Syke JurBüro 2015, 662. Ein Einkommen von 8.400 EUR mtl. darf zu 75 % unberücksichtigt bleiben, LG Verden JurBüro 2013, 491; strenger AG Wuppert JurBüro 2017, 160 (nur 40 %). Ein wesentlich geringeres Einkommen eines Ehegatten gegenüber dem anderen bleibt unbeachtlich, AG Bln-Oranienb JurBüro 2015, 270. Wenn sich der Schuldner nicht äußert, kann die Behauptung des Gläubigers glaubhaft sein, die Ehefrau des Schuldners arbeite zB nach einem (damals) 400-Euro-Vertrag, LG Kassel Rpfleger 2001, 143. Bei etwa gleichhohen Einkünften der Eheleute bleiben die unterhaltsberechtigten Kinder zur Hälfte unberücksichtigt, LG Lpz JurBüro 2015, 269; AG Syke JurBüro 2015, 662; AG Ulm JurBüro 2003, 216; strenger wohl AG Aurich JurBüro 2009, 47; ferner AG Düss JurBüro 2017, 438. Etwa 350 EUR zzgl. Kindergeld bleiben außer Betracht, AG Schorndorf JurBüro 2008, 551; strenger AG Delmenhorst JurBüro 2017, 552. Ein Betrag von 558 EUR ist aber zu viel, AG Wermelskirchen JurBüro 2011, 217. Bei Steuerklasse IV darf man den Ehegatten der Schuldnerin nicht berücksichtigen. Eine Mitteilung der Eheschließung ohne Angabe zu Einkünften des Ehegatten muss kein Verheimlichen nach § 295 I Nr. 3 InsO sein, BGH NJW-RR 2010, 254. AG Lüb JurBüro 2016, 102 beachtet ein gegenüber dem Schuldner höheres Einkommen der Ehefrau nicht mit. Nicht zu berücksichtigen ist das Einkommen der getrenntlebenden Ehefrau, AG Wesel JurBüro 2016, 154.

Elterngeld: Das Mindestelterngeld nach § 2 IV 1 BEEG ist nicht den eigenen Einkünften nach VI zuzurechnen, BGH NJW-RR 2022, 579.

Erziehungsgeld: Unanwendbar ist VI bei ihm, LG Hagen Rpfleger 1993, 30.

Frühere Pfändung: Eine frühere Pfändung eines anderen Unterhaltsgläubigers darf nicht zu dessen Ausschluss nach VI führen, LG Bochum Rpfleger 1998, 210 (zust. Hintzen).

Kindergeld: Unanwendbar ist VI bei ihm, BGH NJW-RR 2006, 568; vgl. auch LG Hildesheim NZI 2019, 44.

Kontenschutz: Anwendbar ist VI auch bei §§ 850k, 850l, 899 ff., LG Münst Rpfleger 1989, 294.

Lebenspartner: Anwendbar ist VI beim mitverdienenden Lebenspartner nach dem LPartG.

Mehrere Personen: Kosten erhöhen sich nicht automatisch, BGH NJW-RR 2005, 1239.

Naturalien: Zu den eigenen Einkünften können auch Naturalleistungen zählen, BGH NZI 2015, 561; LG Strals JurBüro 2016, 491; AG Achim JurBüro 2017, 326 (zust. Drumann), etwa solche des Arbeitgebers, BGH NZI 2015, 561, zB Wohnung und Verpflegung, AG Verden JurBüro 2008, 216 (660 EUR/mtl.), oder eine Privatnutzungserlaubnis des Firmenwagens, LAG Mainz JurBüro 2009, 268 (Wert: 1 %-Regelung der Steuerverwaltung).

Sozialhilfe + X: Der Rpfleger muss beachten, dass ein arbeitender Mensch einen erhöhten Bedarf hat, Henze Rpfleger 1981, 52. Deshalb benötigt zB ein solches Kind, das das Elternhaus verlässt, meist auch in der Folgezeit zunächst noch einen gewissen Unterhaltszuschuss von den Eltern. Das gilt selbst dann, wenn es schon so viel verdient, wie die Eltern bisher für dieses Kind insgesamt aufbringen musste. Der Rpfleger sollte den Bedarf mindestens etwa mit dem Sozialhilfebedarf + x% ansetzen, LG Kiel JurBüro 2008, 161; ähnlich LG Flensb JurBüro 2002, 662; LG Heilbr JurBüro 2003, 660; LG Lpz JurBüro 2002, 97 (je: + 20 %); ähnlich LG Ellwangen Rpfleger 2006, 88 (+ 30–50 %); LG Kblz JurBüro 2003, 377 (mtl. 559 EUR); aM LG Detm Rpfleger 1998, 256; LG Traunstein JurBüro 2003, 548; AG Langenfeld JurBüro 2016, 157. Das gilt auch bei dem im Haushalt lebenden Ehegatten des Schuldners, LG Lpz JurBüro 2002, 211. Wenn der Rpfleger einen derartigen Unterhaltsberechtigten nur teilweise berücksichtigen will, darf er nach IV Hs. 2 iVm III 2 nicht auf die amtliche Tabelle Bezug nehmen.

Tatsächliche Zahlung: Auch bei VI kommt es auf sie an, LG Mü JurBüro 2015, 270; AG Bad Schwalbach JurBüro 2010, 554; VG Gießen Rpfleger 2006, 90. Dazu reicht eine Geburtsurkunde nicht aus, LG Kref JurBüro 2002, 661.

Überspannung: Man darf keine überspannten Anforderungen stellen, LG Ffm Rpfleger 1988, 73; LG Kassel Rpfleger 2001, 143; LG Stade JurBüro 2000, 378.

Unterhaltszahlungen: Unterhaltszahlungen, die der Unterhaltsberechtigter von einem anderen erhält, sind eigene Einkünfte nach VI, LG Oldb JurBüro 2021, 439.

Volljähriger: Anwendbar ist VI beim volljährigen Kind, LG Nürnberg-Fürth JurBüro 2001, 549; LG Arnsberg FamRZ 2014, 874; AG Bln-Oranienburg JurBüro 2015, 270.

Vorschuss: Anwendbar sein kann VI beim Unterhaltsvorschuss.

Wegfall: Wenn sich der Schuldner nicht äußert, kann die Behauptung des Gläubigers glaubhaft sein, ein Unterhaltsberechtigter sei weggefallen, LG Detm JurBüro 2001, 604 (zust. Kokol).

Zusammenwohnen: Zur Entscheidung in Fällen des Zusammenlebens von Schuldner und Unterhaltsberechtigten AG Ibb JurBüro 2021, 556; AG Bad-Bad InsbürO 2021, 337.

6. Entscheidung, VI. Ein Beschluss nach VI ist erst nach dem Erlass des Pfändungsbeschlusses nach § 829 statthaft, LG Hann JurBüro 1992, 265. Er begründet kein neues oder für alle Pfändungsgläubiger erweitertes Pfändungspfandrecht. Er erweitert vielmehr nur für diesen Gläubiger das bestehende Pfändungspfandrecht, BAG MDR 1985, 82; LG Konst Rpfleger 2003, 517; LG Mönchengladb JurBüro 2003, 490; aM Hein Rpfleger 1984, 260. Der Beschluss wird mit der Zustellung an den Drittschuldner nach § 840 wirksam, und zwar ohne weiteres, LG Mönchengladb JurBüro 2003, 490. Ein klarstellender Beschluss kann mangels Zahlung statthaft sein, BGH NJW 2017, 3591. 26

7. Rechtsbehelfe. Bei einer Unstimmigkeit ist die Erinnerung nach § 766 zulässig, KG Rpfleger 1978, 334; LG Marbg Rpfleger 2002, 470. Das gilt auch durch den nach IV unberücksichtigt gebliebenen Unterhaltsberechtigten, OLG Oldb Rpfleger 1991, 261; OLG Stgt Rpfleger 1987, 255; Romeyko FamRZ 2002, 1499; aM Thomas/Putzo/Seiler Rn. 12; Zöller/Herget Rn. 16 (vgl. aber § 850g S. 2). Der Rpfleger darf bei einer nur teilweisen Berücksichtigung eines Unterhaltsberechtigten mit einem eigenen Einkommen nach IV Hs. 2 nicht auf die Tabelle Bezug nehmen. Bei einem Verstoß ist auch insofern die Erinnerung nach § 766 statthaft. Der Betroffene kann gegen die nach einer Anhörung der Beteiligten getroffene Entscheidung des Rpfleger nach § 11 RPflG vorgehen. Zum Verfahren → § 104 Rn. 57. Der Betroffene kann gegen eine Erstentscheidung des Gerichts die sofortige Beschwerde nach §§ 567 I Nr. 1, 793 einlegen. Ein bloßer Treuhänder im vereinfachten Verbraucherinsolvenzverfahren hat kein Rechtsmittel, BayObLG NZI 2001, 597. 27

VI. Jährliche Änderung der Freibeträge, IV. Die jedes Jahr zum 1.7. der Höhe nach anzupassende Berechnungsmethode ist in IV bestimmt. Für die Praxis reicht die jährliche Neubekanntmachung, zuletzt durch 28

Bek. v. 25.5.2022, BGBl. I 825. Danach haben sich die unpfändbaren Beträge zuletzt für die Zeit seit 1.7.2022 erhöht, wie jetzt aus dem oben abgedruckten Gesetzestext ersichtlich. Diese Tabelle ist gesetzmäßig, BGH NJW 2006, 777.

850d ***Pfändbarkeit bei Unterhaltsansprüchen.*** **I [1]Wegen der Unterhaltsansprüche, die kraft Gesetzes einem Verwandten, dem Ehegatten, einem früheren Ehegatten, dem Lebenspartner, einem früheren Lebenspartner oder nach §§ 1615l, 1615n des Bürgerlichen Gesetzbuchs einem Elternteil zustehen, sind das Arbeitseinkommen und die in § 850a Nr. 1, 2 und 4 genannten Bezüge ohne die in § 850c bezeichneten Beschränkungen pfändbar. [2]Dem Schuldner ist jedoch so viel zu belassen, als er für seinen notwendigen Unterhalt und zur Erfüllung seiner laufenden gesetzlichen Unterhaltspflichten gegenüber den dem Gläubiger vorgehenden Berechtigten oder zur gleichmäßigen Befriedigung der dem Gläubiger gleichstehenden Berechtigten bedarf; von den in § 850a Nr. 1, 2 und 4 genannten Bezügen hat ihm mindestens die Hälfte des nach § 850a unpfändbaren Betrages zu verbleiben. [3]Der dem Schuldner hiernach verbleibende Teil seines Arbeitseinkommens darf den Betrag nicht übersteigen, der ihm nach den Vorschriften des § 850c gegenüber nicht bevorrechtigten Gläubigern zu verbleiben hätte. [4]Für die Pfändung wegen der Rückstände, die länger als ein Jahr vor dem Antrag auf Erlass des Pfändungsbeschlusses fällig geworden sind, gelten die Vorschriften dieses Absatzes insoweit nicht, als nach Lage der Verhältnisse nicht anzunehmen ist, dass der Schuldner sich seiner Zahlungspflicht absichtlich entzogen hat.**

II Mehrere nach Absatz 1 Berechtigte sind mit ihren Ansprüchen in der Reihenfolge nach § 1609 des Bürgerlichen Gesetzbuchs und § 16 des Lebenspartnerschaftsgesetzes zu berücksichtigen, wobei mehrere gleich nahe Berechtigte untereinander den gleichen Rang haben.

III Bei der Vollstreckung wegen der in Absatz 1 bezeichneten Ansprüche sowie wegen der aus Anlass einer Verletzung des Körpers oder der Gesundheit zu zahlenden Renten kann zugleich mit der Pfändung wegen fälliger Ansprüche auch künftig fällig werdendes Arbeitseinkommen wegen der dann jeweils fällig werdenden Ansprüche gepfändet und überwiesen werden.

1 **I. Systematik, I–III.** Zunächst → Vor § 850 Rn. 1, → § 850a Rn. 1. Ein vollstreckbarer Titel ist auch hier nötig, LSG Celle FamRZ 2012, 1834. Ein Vollstreckungsbescheid nach § 699 reicht nur bei § 850c, nicht bei § 850d, BGH FamRZ 2018, 132; NJW 2016, 1663; LG Lpz Rpfleger 2016, 236; LG Hann FamRZ 2014, 1658; vgl. auch BGH NJW 2013, 239; 2005, 1663; für die Vorschusskasse kann als Nachweis der Bewilligungsbescheid gem. § 9 II UVG iVm einem Vollstreckungsbescheid genügen, LG Lpz FamRZ 2018, 1689; LG Mü FamRZ 2018, 1530. § 850d bildet die unterste Grenze des Sozialschutzes, BGH MDR 2005, 1434; LAG Hamm DB 1995, 2122. Die Vorschrift gilt grundsätzlich zeitlich unbegrenzt, BAG NZA-RR 2013, 590. Sie bevorrechtigt aus sozialen Erwägungen zugunsten des wirtschaftlich Schwächeren, Abhängigen gewisse Unterhaltsberechtigte bei der Pfändung, nämlich die Verwandten, den Ehegatten, den früheren Ehegatten, den Lebenspartner, einen früheren Lebenspartner sowie einen Elternteil des Kindes nicht miteinander verheirateter Eltern. Das Pfändungsvorrecht ist höchstpersönlich. Denn der Anspruch wechselt bei einer Übertragung auf eine andere Person seinen Charakter. Allerdings gilt das nicht beim Übergang auf einen anderen Unterhaltspflichtigen nach §§ 1607 II, 1608 BGB. Denn dieser andere Unterhaltspflichtige befriedigt jetzt den gesetzlichen Unterhaltsanspruch, selbst wenn dieser Anspruch erst in zweiter Linie gegen ihn selbst besteht.

2 Der Anspruch **wechselt** nicht durch einen Übergang auf den Träger der Sozialhilfe seinen **Charakter,** BGH NJW 2015, 157; LG Aachen FamRZ 2001, 177; LG Stgt Rpfleger 1996, 119.

3 **II. Regelungszweck, I–III.** Der zum Unterhalt auf Geld vom Schuldner angewiesene Gläubiger soll nach der Vorschrift vor anderen Gläubigern bevorrechtigt vollstrecken dürfen, vgl. BGH NJW-RR 2022, 220. Die Vorschrift sorgt im Übrigen für einen Ausgleich zwischen Unterhaltsgläubigern gleichen oder verschiedenen Rangs.

4 **III. Geltungsbereich: Gesetzlicher Unterhaltsanspruch, I–III. 1. Nur dieser Anspruch.** Die Vorschrift erfasst nur einen gesetzlichen Unterhaltsanspruch, BGH FamRZ 2018, 132; LG Drsd FamRZ 2015, 1740.

2. Beispiele zur Frage eines gesetzlichen Unterhaltsanspruchs, I–III

5 **Abfindung: Unanwendbar** ist § 850d auf eine Kapitalabfindung.

Altenteil: Unanwendbar ist § 850d auf eine Altenteilsleistung.

Insolvenz: Eine Ausnahme vom Vollstreckungsverbot im Insolvenzverfahren nach § 89 II 2 InsO gilt nur für einen solchen Neugläubiger eines Unterhalts- oder Deliktsanspruchs, der nicht am Insolvenzverfahren teilnehmen kann, BGH FamRZ 2008, 684. Eine Pfändbarkeit nur für einen bestimmten Gläubiger macht einen Gegenstand nicht zum Teil einer Insolvenzmasse, BAG NZA-RR 2013, 590. Auch „Verbraucherinsolvenz".

Kostenforderung: Unanwendbar ist § 850d auf eine Kostenforderung nach §§ 91 ff., 788. Das gilt selbst dann, wenn sie mit einer Unterhaltspflicht zusammenhängt, BGH NJW-RR 2009, 1441; LG Kref FamRZ 2010, 1929.

Krankengeld: Unanwendbar ist § 850d bei einem Krankengeld.

Prozesskostenvorschuss: Anwendbar ist § 850d auf einen Prozesskostenvorschuss der Ehegatten nach § 1360a IV BGB oder auf einen solchen des Lebenspartners nach § 8 II LPartG iVm § 1360a IV BGB oder auf einen Prozesskostenvorschuss der Eltern für ein Kind, sofern es sich um einen lebenswichtigen Vorgang handelt.

Rückstand: Neben dem laufenden Unterhalt darf und muss der Rpfleger auch die Rückstände aus der Periode vor dem Zeitpunkt des Eingangs des Pfändungsantrags berücksichtigen, LG Bln Rpfleger 1995, 222, insbesondere die sog. überjährigen, KG MDR 1986, 767; Kabath Rpfleger 1991, 292. Ein Verbraucherinsolvenzverfahren macht die Einzelvollstreckung unstatthaft, BAG NJW 2010, 253. Das **Pfändungsprivileg entfällt** nach dem Wortlaut von I 4 für solche überjährigen Rückstände, bei denen man nach der Lage der Verhältnisse nicht annehmen kann, dass der Schuldner sich seiner Zahlungspflicht absichtlich entzogen hat. Das letztere muss nicht der Gläubiger darlegen und beweisen, sondern das Gegenteil der Schuldner, BGH NJW-RR 2005, 718; LG Konst Rpfleger 2003, 677; vgl. auch Landmann Rpfleger 2005, 75. Immerhin darf der Rpfleger dem Schuldner nicht ohne weiteres unterstellen, dass er sich der Zahlungspflicht absichtlich entziehen wollte. Maßgebend ist, ob ein bevorrechtigter Unterhalt vorliegt. Die Entziehungsabsicht besteht beim zahlungsfähigen, aber nicht zahlenden Schuldner, KG MDR 1986, 767. Der Rpfleger muss die diesbezüglichen tatsächlichen Feststellungen im Vollstreckungstitel berücksichtigen. Wenn sie fehlen oder unklar sind, geht er wie bei → § 850f Rn. 10 vor, OLG Ffm Rpfleger 1980, 198.

Schadensersatz: Nicht anwendbar ist § 850d auf eine Schadensersatzforderung wegen eines rechtswidrig entzogenen Unterhaltsanspruchs oder nach § 844 III BGB, BGH NZI 2006, 593.

Sozialkasse: Beim Anspruchsübergang bleibt der Anspruch ein gesetzlicher Unterhaltsanspruch, LG Lpz FamRZ 2016, 74; auch → Rn. 1.

Verbraucherinsolvenz: Sie ändert an der Pfändbarkeit gem. § 850d nichts, OLG Brdb FamRZ 2008, 286.

Versorgungsausgleich: Unanwendbar sein kann § 850d bei einem Anspruch auf einen Versorgungsausgleich, (zum alten Recht) BGH MDR 2005, 1434.

Vertragsunterhalt: Anwendbar ist § 850d, soweit der Vertrag nur eine gesetzliche Unterhaltspflicht festlegt, Welzel MDR 1983, 722. **Unanwendbar** ist die Vorschrift, soweit der Schuldner freiwillig einen Unterhalt über seine gesetzliche Pflicht hinaus zahlt, zB an ein nichteheliches Kind seiner Ehefrau.

Vorschusskasse: Sie kann nach dem Übergang von Ansprüchen des Schuldners auf sie nach § 850d vorgehen, BGH NJW 2015, 157; NJW 2015, 1830; LG Dessau-Roßlau FamRZ 2018, 1688; vgl. aber § 7 III 2 UVG.

Wirtschaftsgeld: Anwendbar ist § 850d auf das Wirtschaftsgeld des Ehegatten oder des Lebenspartners nach dem LPartG.

IV. Reihenfolge der Berechtigten, II. Dazu Reinken FPR 2008, 9; Schürmann FamRZ 2008, 313 (je: Grdz.). Die gesetzliche Reihenfolge entspricht weitgehend der Reihenfolge des § 1609 BGB. Sie ist für jeden Nachrangigen verbindlich, AG Karlsr FamRZ 2008, 2225; Wolf/Hintzen Rpfleger 2008, 337; Nehlsen-v. Stryk FamRZ 1988, 225 (231). Das gilt auch beim rückständigen Unterhalt, LG Bln Rpfleger 1995, 222. Zum Rang zwischen Rückstand gegenüber dem (jetzt) Volljährigen und laufendem Unterhalt Maurer FamRZ 2017, 2002 (ausf.). Gleichberechtigte haben unter sich einen gleichen Rang. Die Gleichrangigkeit bedeutet nicht, dass jeder dieselbe Quote erhält. Vielmehr muss der Rpfleger dann die Quote eines jeden nach seinem Bedarf ausrechnen, vgl. aber AG Zeitz JurBüro 2020, 554. 6

1. Minderjährige unverheiratete Kinder, Kinder nach § 1603 II 2 BGB. Den ersten Rang nehmen diese beiden Personengruppen nach § 1609 Nr. 1 BGB ein, AG Hann FamRZ 2009, 1843. Dabei nennt § 1603 II 2 BGB diejenigen volljährigen unverheirateten Kinder bis zur Vollendung des 21. Lebensjahrs, die noch oder schon wieder im Haushalt der Eltern oder eines Elternteils leben und die sich noch in der allgemeinen Schulausbildung befinden. 7

2. Unterhaltsberechtigte, § 1609 Nr. 2 BGB. Den zweiten Rang nehmen diejenigen Elternteile ein, die wegen der Betreuung eines Kindes unterhaltsberechtigt sind oder bei einer Scheidung unterhaltsberechtigt wären, sowie Ehegatten und geschiedene Ehegatten bei einer Ehe „von langer Dauer". Nach Hs. 2 sind jedenfalls auch Nachteile nach § 1578b I 2, 3 BGB mitbeachtlich. 8

3. Restliche Ehegatten, § 1609 Nr. 3 BGB. Den dritten Rang belegen diejenigen Ehegatten auch geschiedene Ehegatten, die nicht unter → Rn. 8 fallen. 9

4. Restliche Kinder, § 1609 Nr. 4 BGB. Den vierten Rang nehmen diejenigen Kinder ein, die nicht unter → Rn. 7 fallen. 10

5. Enkel, weitere Abkömmlinge, § 1609 Nr. 5 BGB. Sie belegen Rang 5. 11

6. (Restliche) Eltern, § 1609 Nr. 6 BGB. Sie erfasst diejenigen Elternteile, die nicht in den Rang → Rn. 8 fallen. 12

7. Weitere aufsteigende Verwandten, § 1609 Nr. 7 BGB. Den letzten, siebenten Rang nehmen diese Personen ein. Dabei lässt Hs. 2 unter ihnen die Näheren den Entfernteren vorgehen. 13

8. Gerichtsbefugnisse, § 1609 Nr. 1–7 BGB. Das Vollstreckungsgericht der §§ 764, 802 kann bei → Rn. 1, 3 das Rangverhältnis auf einen Antrag des Schuldners oder eines Berechtigten nach seinem pflichtgemäßen Ermessen anders festsetzen, BGH NJW 2008, 227. Die Anordnung eines anderen Rangs wirkt auf den Zeitpunkt der Pfändung zurück, BAG NJW 1991, 1774. Zugunsten des früheren Ehegatten muss der Rpfleger eine lange Dauer jener Ehe beachten, LG Frankenth Rpfleger 1984, 106. Dasselbe gilt beim früheren Lebenspartner. Der Rpfleger darf aber nicht die Unterhaltsentscheidung unterlaufen, LG Frankenth Rpfleger 1984, 106. Wenn mehrere gleichberechtigte Pfändungen einander folgen, gilt zunächst der Zeitvorrang des § 804 III. Freilich kommt eine Anpassung nach § 850g in Betracht, BGH NJW-RR 2005, 222; LG Bbg MDR 1986, 245. 14

Das Vollstreckungsgericht darf und muss aber oft eine **Anpassung nach § 850g** vornehmen. Das darf jedoch nur im Vorrechtsbereich geschehen. Infolgedessen gilt wegen eines Mehreinkommens über die Grenzen des § 850c hinaus wieder die Rangfolge des § 804 III, aM Henze Rpfleger 1980, 456 (458). Der Rpfleger muss auch die zeitlichen Grenzen der Bevorzugung der Ansprüche beachten. Wenn mehrere Pfändungen zusammentreffen, gilt → § 850e Rn. 15, 16. Wenn ein besser- oder gleichberechtigter Unterhaltsgläubiger hinzutritt, muss der Rpfleger den Freibetrag im Pfändungsbeschluss nach § 829 erhöhen. Er muss dann den bisherigen Pfändungsbeschluss also abändern. 15

V. Maß der Pfändbarkeit, I–III. 1. Anwendungsbereich. § 850d ergreift das Arbeitseinkommen nach § 850 und von den Bezügen des § 850a diejenigen Bezüge, die dort Nr. 1, 2, 4 regeln, also die Überstundenvergütung, ein Urlaubsgeld, die Weihnachtsvergütung, Treugelder. Der Unterhaltsgläubiger muss nicht nach § 850d vorgehen, LG Hmb JurBüro 2017, 209. Bei den Bezügen aus § 850a Nr. 1, 2, 4 muss der Rpfleger dem Schuldner aber mindestens die Hälfte der an sich unpfändbaren Bezüge belassen. Für die Bezüge nach § 850b gilt dessen II. Sonstige unpfändbare Bezüge bleiben wie sonst unpfändbar. 16

2. Notwendiger Unterhalt. Grundsatz. Dazu Rudolph Rpfleger 1996, 490 (ausf.). Grundsätzlich entfallen die Möglichkeit einer Beschränkung der Pfändung oder die Unpfändbarkeit. Indessen muss der Schuldner auch dann nicht in einem Unterhaltsprozess die Einrede des Notbedarfs geltend machen. Der Rpfleger muss eine andere Verbindlichkeit des Schuldners mitbeachten, OLG Naumb NZI 2003, 615. Der Schuldner braucht nicht zur Verbesserung seiner Lage ein Insolvenzverfahren mit einer Restschuldbefreiung einzuleiten, OLG Naumb NZI 2003, 615; aM OLG Stgt FamRZ 2003, 1216 (aber das verstößt gegen den Verhältnismäßigkeitsgrundsatz). Der Rpfleger muss dem Schuldner vielmehr so viel als einen sog. notwendigen Selbstbehalt belassen, dass er seinen notwendigen Unterhalt bestreiten und außerdem seine laufenden gesetzlichen Unterhaltspflichten gegen- 17 über vorgehenden Unterhaltsberechtigten erfüllen kann, LG Köln FamRZ 2005, 50; LG Neuruppin FamRZ 2003, 698. Dabei setzt I 2 voraus, dass der Schuldner überhaupt tatsächlich Unterhalt zahlt, vgl. aber BGH MDR 2010, 1214 (er darf nicht nur die tatsächliche Zahlungshöhe zurückhalten, sondern die Höhe des gesetzlichen Anspruchs des Unterhaltsgläubigers); aA LG Lpz NZFam 2020, 536.

18 Er muss auch **gleichstehende** Unterhaltsberechtigte gleichmäßig befriedigen können, OLG Köln NJW-RR 1993, 1156 (gleichmäßig heißt: bei einem Gleichrang anteilig); LG Konst FamRZ 1998, 1448 (Verhältnisse beachten). Dabei bleibt das Einkommen der Ehefrau oder des Lebenspartners des Schuldners unberücksichtigt, aM LG Hanau JurBüro 2004, 619. Für Kinder ist kein vom Alter unabhängiger Pauschsatz zulässig, OLG Köln Rpfleger 1993, 412. Auch ein solches Kind ist unterhaltsberechtigt, das für die Vergangenheit pfändet, LG Münst Rpfleger 2001, 608. Der Schuldner erhält nur insoweit einen Schutz, als der Lohn zur Befriedigung der dem Gläubiger gleichstehenden Unterhaltsberechtigten nicht reicht.

19 Zweckmäßigerweise belässt der Rpfleger dem Schuldner auch ein geringfügiges **Taschengeld,** damit der Schuldner nicht jede Freude an der Arbeit verliert. Der Rpfleger darf nach § 850f den dem Schuldner belassenen Betrag wegen notwendiger besonderer Aufwendungen erhöhen. Ein wohlhabender Stiefvater entlastet einen unterhaltspflichtigen Vater nicht. Der weitere Umfang der Pfändbarkeit kommt den Unterhaltsforderungen zugute. Der Rpfleger muss darüber hinaus vorhandene Beträge zwischen den sonst noch vorhandenen Schulden und dem geschuldeten Unterhalt angemessen verteilen.

20 **3. Obergrenze des dem Schuldner Verbleibenden: Nicht mehr als nach § 850c.** Keinesfalls darf der Schuldner mehr behalten, als ihm nach § 850c zukommen würde, LG Drsd MDR 1999, 118. Dabei muss der Rpfleger Einnahmen aus anderen Quellen berücksichtigen. Er muss also beim Unterhalt eines Kindes nach → § 850 Rn. 9 „Kindergeld", → § 851 Rn. 3 auch das Kindergeld beachten, ferner zB übliche Trinkgelder, LG Osnabr JurBüro 1999, 214. Hat der Schuldner in einer Kenntnis seiner titulierten Unterhaltspflicht wesentliche Teile des Arbeitseinkommens an einen Dritten abgetreten, kann der Rpfleger ihn so behandeln, als hätte er nichts abgetreten, LG Saarbr Rpfleger 1986, 23 (abl. Lorenschat Rpfleger 1986, 309).

21 **4. Notwendiger Unterhalt: Fallfrage.** Zunächst → Rn. 16, 17. „Notwendiger Unterhalt" ist etwas mehr als dasjenige, was § 1611 BGB nennt, immerhin weniger als der „angemessene Unterhalt", § 1610 BGB, § 5 S. 1 LPartG, LG Detm Rpfleger 2000, 340; Zöller/Herget Rn. 7; MüKoZPO/Smid Rn. 22; vgl. auch Musielak/Voit/Flockenhaus Rn. 5. Der Begriff ist gleitend, BSG FamRZ 1985, 379. Der notwendige Unterhalt entspricht grundsätzlich dem notwendigen Lebensunterhalt im Sinne des 3. und 11. Kapitels des Zwölften Buches Sozialgesetzbuch, BGH NJW 2020, 1371; NJW-RR 2018, 1272. Die Kosten einer Eigentumswohnung müssen grundsätzlich unbeachtet bleiben, LG Kassel JurBüro 2005, 379, freilich nur, soweit sie Mietkosten übersteigen. Die frühere gehobene Lebensstellung des Schuldners darf aber bei der Bemessung des notwendigen Unterhalts keine Beachtung mehr finden. Ein Eigenverdienst des einen Beteiligten dient nicht dazu, den Gläubiger des anderen zu befriedigen. Der Rpfleger darf diesen Eigenverdienst also nur insoweit berücksichtigen, als er die Unterhaltspflicht des einen Beteiligten dem anderen gegenüber verringert. Arbeitslosengeld II mindert den Freibetrag wie sonstige Einnahmen und geldwerte Vorteile, BGH NJW 2020, 1371.

22 Ist der arbeitsbedingte Mehrbedarf bereits mit 50 % des Regelsatzes nach § 82 III SGB XII bemessen worden, mögen daneben gleichwohl bezifferte und notwendige Fahrtkosten berücksichtigt werden können, LG Lpz NZFam 2020, 689.

23 Der notwendige Unterhalt kann auch auf Null festgesetzt werden, wenn der notwendige Bedarf des Schuldners etwa durch die Einkünfte seines Ehegatten tatsächlich gedeckt ist, LG Lpz FamRZ 2020, 1932; vgl. auch LG Köln FamRZ 2020, 701.

24 **5. Maßgeblichkeit der Schuldnerstellung.** Eine Gehaltsabtretung zugunsten eines Unterhaltsberechtigten bezieht sich im Zweifel auf alle pfändbaren Gehaltsteile, Walker FS Musielak, 2004, 664. Maßgeblich ist, was dem Schuldner verbleiben muss, nicht, was der Gläubiger erhalten muss. Landesrechtliche Regelsätze auf Grund des Sozialrechts sind für den Rpfleger nur Anhaltspunkte für eine solche Entscheidung, die er immer auf die Umstände abstellen muss, BGH NJW 2003, 2918; BAG MDR 1997, 848 (je: kein Absinken auf Sozialhilfe); LG Memmingen FamRZ 2006, 806; vgl. auch BGH NJW-RR 2018, 1272; NJW-RR 2011, 706; LG Halle Rpfleger 2000, 557; LG Köln FamRZ 2005, 50; LG Memmingen FamRZ 2004, 1393 (je: Sozialhilfe); LG Mönchengladb Rpfleger 2006, 28 (1,5facher Regelsatz); LG Bln Rpfleger 2006, 664 (grds. Grundsicherung nach SGB); LG Oldb FamRZ 2000, 1592; LG Osnabr FamRZ 2001, 840 (je: doppelter Mindestsatz); LG Kblz FamRZ 2005, 470 (20 % des jetzt notwendigen Unterhalts). Zum Zuschlag nach § 24 II SGB II a. F., LG Münst Rpfleger 2005, 550. Zum pauschalen Mehrbedarfszuschlag LG Detm FamRZ 2009, 1083 (+ 40 % des Regelbetrags beim Erwerbstätigen); LG Mönchengladb JurBüro 2006, 154.

25 Bei einer **privaten Krankenversicherung** soll nur die Berücksichtigung solcher Mehrkosten an Beiträgen unterbleiben, die durch einen gegenüber der Sozialversicherung günstigeren Versicherungsschutz entstehen würden, OLG Hamm Rpfleger 1985, 154. „Erkaufte" höhere Leistungen muss der Gläubiger zumindest gut nachvollziehbar darlegen, LG Kleve JurBüro 1999, 45. Solche Richtsätze ändern sich außerdem bei einer Änderung der Lebenshaltungskosten. Schon deshalb darf der Rpfleger nicht unbedingt von ihnen ausgehen. Auch der niedrigste gesetzliche Lohn kann einen Anhaltspunkt bieten. Wegen der Abgrenzung zu § 48 SGB I BSG FamRZ 1985, 379. Die durch Art. 11 GG geschützte Freizügigkeit kann zu einer Erhöhung des Betrags des notwendigen Unterhalts führen, LG Hmb MDR 1988, 154 (Umzug in Großstadt). Abzahlungen auf rückständige Steuern des Schuldners kommen ihm nicht zugute, OLG Karlsr MDR 1999, 1403. Ein Insolvenz-Schuldner ist nicht stets leistungsunfähig, OLG Kblz FamRZ 2002, 31.

26 **6. Verfahren.** Der Gläubiger muss nur I darlegen, nicht II, BGH NJW 2013, 239 (zust. Seiler FamRZ 2012, 1801). Das Vollstreckungsgericht nach §§ 764, 802 muss durch den nach § 20 I Nr. 17 S. 1 RPflG zuständigen Rpfleger die Entscheidung darüber treffen, welchen Betrag es dem Schuldner als den für seinen Unterhalt notwendigen Betrag belassen muss. Der Rpfleger darf aber die etwaige Festsetzung dieses Betrags durch das Prozessgericht nicht ohne weiteres übergehen.

27 Der Antrag auf privilegierte Pfändung nach § 850d soll ausdrücklich erfolgen müssen, AG Witt FamRZ 2021, 374.

7. Rechtsbehelf des Drittschuldners. Andererseits kann sich der Drittschuldner nach § 840 gegenüber einer Festsetzung des notwendigen Unterhaltsbetrags durch den Rpfleger ohne eine Anhörung im Einziehungserkenntnisverfahren vor dem Prozessgericht nicht darauf berufen, das Vollstreckungsgericht habe wesentliche Umstände zu seinen Lasten übersehen. Vielmehr kann der Drittschuldner dann nur die Erinnerung nach § 766 oder die sofortige Beschwerde nach §§ 567 I Nr. 1, 793 einlegen, LAG Ffm DB 1990, 639. Der Beschluss, durch den das Gericht die Maßnahme des Rpfleger auf Grund einer Erinnerung abändert, tritt an die Stelle des bisherigen Beschlusses. Dieser neue Beschluss wirkt aber nur insoweit zurück, als der Drittschuldner die Beträge nicht schon gezahlt hat. Gegen eine Entscheidung des Rpfleger gilt § 11 RPflG. 28

8. Bezifferung des Notbedarfs. Das Vollstreckungsgericht sollte im Beschluss den Notbedarf beziffern, etwa so: „Dem Schuldner müssen aber X EUR im Monat (Woche, Tag) verbleiben". Das Gericht darf auch einen eindeutig bestimmbaren gleitenden Freibetrag bestimmen, etwa gemessen an den jeweiligen amtlichen Heimpflegekosten. 29

VI. Vorratspfändung, III. Die Pfändung des künftigen Arbeitseinkommens ist zugleich mit der Pfändung des derzeitigen Arbeitseinkommens dann statthaft, wenn es sich um eine Zwangsvollstreckung wegen einer Unterhaltsrente oder wegen einer Rente auf Grund einer Körperverletzung handelt. Es entsteht ein Pfandrecht gleichen bevorzugten Rangs auch an künftig fällig werdendem Arbeitseinkommen wegen künftig fällig werdender Ansprüche, BGH NJW-RR 2022, 220. 30

Es ist daneben eine Vorauspfändung (Dauerpfändung) wegen fortlaufender Unterhaltsforderungen dergestalt möglich, dass bei Vollstreckung wegen einer fälligen Gläubigerforderung zugleich auch die Pfändung wegen der künftig erst fällig werdenden Leistungen aufschiebend bedingt erfolgt, wobei die Pfändung erst bei Fälligkeit des jeweiligen titulierten Anspruchs wirksam wird; eine solche Pfändung ist auch in eine Eigentümergrundschuld möglich, BGH NJW-RR 2022, 220. 31

Wegen anderer Ansprüche siehe bei § 751. 32

1. Zulässigkeit. Die Vorratspfändung ist nur insoweit statthaft, als gleichzeitig eine Pfändung wegen eines fälligen derartigen Anspruchs notwendig ist. Eine Vorratspfändung ist also dann unstatthaft, wenn eine Pfändung nur wegen zukünftiger Ansprüche infrage kommt, OLG Ffm OLGR 2000, 269; LG Wuppert MDR 1990, 640. Ob noch ein fälliger Anspruch vorhanden ist, entscheidet sich nach dem Zeitpunkt des Erlasses des Pfändungs- und Überweisungsbeschlusses, LG Wuppert MDR 1990, 640. Pfändbar sind die Einkommen nach §§ 850, 850a Nr. 1, 2, 4, 850b. Eine zusätzliche Gefahr künftigen Schuldnerverzugs ist nicht erforderlich, aM OLG Naumb DGVZ 1995, 57. 33

Unzulässig ist die Pfändung nach III bei einer Einspeisungsvergütung nach dem EEG, LG Stgt NJW-RR 2012, 1277. 34

2. Notwendigkeit. Die Pfändung wird mit der Zustellung des Pfändungsbeschlusses auch wegen der künftigen Ansprüche wirksam. Die Worte „dann jeweils" beschränken nur die Höhe und den Zugriff. Die Pfändung wirkt für die Dauer des Vollstreckungstitels, falls der Gläubiger sie nicht beschränkt. Das Wort „kann" im Gesetzestext stellt nur in den Machtbereich, nicht in das Ermessen des Vollstreckungsgerichts. Der Rpfleger muss daher den Pfändungsbeschluss dann erlassen, wenn dessen Voraussetzungen vorliegen. Die Pfändung wirkt schon von demjenigen Zeitpunkt an, in dem der Pfändungsbeschluss wirksam wird, nicht etwa erst ab der Fälligkeit der Rate. Wenn die Vorratspfändung noch nach dem früheren Recht erfolgt ist, muss der Rpfleger ihr Ausmaß auf einen Antrag des Schuldners den neuen Bestimmungen anpassen. Eine Tilgung der Rückstände rechtfertigt nur dann eine Aufhebung der Vorratspfändung, wenn man erwarten kann, dass der Schuldner auch künftig pünktlich zahlen wird, OLG Bbg FamRZ 1994, 1540. 35

850e *Berechnung des pfändbaren Arbeitseinkommens.* **Für die Berechnung des pfändbaren Arbeitseinkommens gilt Folgendes:**

1. [1]Nicht mitzurechnen sind die nach § 850a der Pfändung entzogenen Bezüge, ferner Beträge, die unmittelbar auf Grund steuerrechtlicher oder sozialrechtlicher Vorschriften zur Erfüllung gesetzlicher Verpflichtungen des Schuldners abzuführen sind. [2]Diesen Beträgen stehen gleich die auf den Auszahlungszeitraum entfallenden Beträge, die der Schuldner
a) nach den Vorschriften der Sozialversicherungsgesetze zur Weiterversicherung entrichtet oder
b) an eine Ersatzkasse oder an ein Unternehmen der privaten Krankenversicherung leistet, soweit sie den Rahmen des Üblichen nicht übersteigen.

2. [1]Mehrere Arbeitseinkommen sind auf Antrag vom Vollstreckungsgericht bei der Pfändung zusammenzurechnen. [2]Der unpfändbare Grundbetrag ist in erster Linie dem Arbeitseinkommen zu entnehmen, das die wesentliche Grundlage der Lebenshaltung des Schuldners bildet.

2a. [1]Mit Arbeitseinkommen sind auf Antrag auch Ansprüche auf laufende Geldleistungen nach dem Sozialgesetzbuch zusammenzurechnen, soweit diese der Pfändung unterworfen sind. [2]Der unpfändbare Grundbetrag ist, soweit die Pfändung nicht wegen gesetzlicher Unterhaltsansprüche erfolgt, in erster Linie den laufenden Geldleistungen nach dem Sozialgesetzbuch zu entnehmen. [3]Ansprüche auf Geldleistungen für Kinder dürfen mit Arbeitseinkommen nur zusammengerechnet werden, soweit sie nach § 76 des Einkommensteuergesetzes oder nach § 54 Abs. 5 des Ersten Buches Sozialgesetzbuch gepfändet werden können.

3. [1]Erhält der Schuldner neben seinem in Geld zahlbaren Einkommen auch Naturalleistungen, so sind Geld- und Naturalleistungen zusammenzurechnen. [2]In diesem Fall ist der in Geld zahlbare Betrag insoweit pfändbar, als der nach § 850c unpfändbare Teil des Gesamteinkommens durch den Wert der dem Schuldner verbleibenden Naturalleistungen gedeckt ist.

4. [1]Trifft eine Pfändung, eine Abtretung oder eine sonstige Verfügung wegen eines der in § 850d bezeichneten Ansprüche mit einer Pfändung wegen eines sonstigen Anspruchs zusammen, so sind auf die Unterhaltsansprüche zunächst die gemäß § 850d der Pfändung in erweitertem Umfang unterliegenden Teile des Arbeitseinkommens zu verrechnen. [2]Die Verrechnung nimmt auf Antrag eines Beteiligten das Vollstreckungsgericht vor. [3]Der Drittschuldner kann, solange ihm eine Ent-

scheidung des Vollstreckungsgerichts nicht zugestellt ist, nach dem Inhalt der ihm bekannten Pfändungsbeschlüsse, Abtretungen und sonstigen Verfügungen mit befreiender Wirkung leisten.

1 **I. Systematik, Regelungszweck, Nr. 1–4.** Zunächst → Vor § 850 Rn. 1. § 850e enthält unterschiedlich geartete, dem Ziel einer sozialen Ausgewogenheit bei der Frage der Pfändbarkeit von Arbeitseinkommen jedoch gleichermaßen zugeordnete Spezialregeln der Berechnung. Die Vorschrift gilt nur in der Zwangsvollstreckung, BGH NJW-RR 2004, 494 (also nicht bei einer Abtretung). Der Grundsatz getrennter Betrachtung eines jeden von mehreren Einkommen des Schuldners dient dem Schutz des Arbeitgebers als Drittschuldner nach § 840, BAG NJW 2002, 3121. Denn er kennt meist nur eines der Einkommen genau. Nr. 2a gilt auch im Insolvenzverfahren, BGH NZI 2008, 607.

2 **II. Nettoberechnung, Nr. 1.** Zuständig ist das Vollstreckungsgericht nach §§ 764, 802, im eröffneten Insolvenzverfahren evtl. das Insolvenzgericht, LG Rostock Rpfleger 2001, 563. Es muss den pfändbaren Teil des Arbeitseinkommens jeweils netto berechnen. Nicht abgerechnete Abschlagszahlungen und Vorschüsse sind bei einer nachfolgenden Pfändung auf den pfändungsfreien Betrag anrechenbar, BAG NZA 1987, 485. Rechenbeispiele bei Napierala Rpfleger 1992, 49. Man muss die folgenden Beträge abziehen, und zwar auch gegenüber Unterhaltsberechtigten.

3 **1. Unpfändbarkeit, § 850a.** Abziehen muss man zunächst die nach § 850a unpfändbaren Bezüge, soweit die Lohnpfändung sie ergreift, OLG Köln FamRZ 1990, 190, zB den Überstundenlohn zu einem Drittel, bei § 850d in dem bei → § 850d Rn. 16 genannten Umfang.

4 **2. Steuerrecht, Sozialrecht.** Abziehen muss man ferner diejenigen Beträge, die der Arbeitgeber auf das pfändbare Einkommen nach dem Steuer- oder Sozialrecht einbehalten und unmittelbar abführen muss, BAG NJW 2013, 2924 (sog. Nettomethode, zust. Würdinger NJW 2014, 3121 ausf.), zB die Lohnsteuer in voller Höhe, BFH NZA-RR 2011, 483, ferner die Sozialversicherungsabgaben, soweit sie nicht unter → Rn. 6 fallen. Es ist unerheblich, ob der Schuldner gegen Krankheit usw. gesetzlich oder freiwillig versichert ist. Die gesetzlichen Beträge dürften aber die Obergrenze desjenigen darstellen, was man abziehen muss, LG Bln Rpfleger 1994, 426. Bei Versorgungsbezügen ist der letzte Arbeitgeber der Drittschuldner nach § 840. Beim Ruhen wegen eines Wehrdienstes usw., bei einer Beschäftigung nur als eine Aushilfskraft ohne eine Lohnsteuerkarte, ferner bei einer Abtretung des Rückzahlungsanspruchs und schließlich bei einer Forderung des Erben eines Arbeitnehmers ist jeweils das Finanzamt der Drittschuldner. Auf andere als unmittelbar vom Arbeitgeber geschuldete Steuern usw. ist Nr. 1 S. 1 unanwendbar, BAG NJW 1986, 2208 (dem Auslandsfiskus geschuldete Steuer); BFH NZA-RR 2011, 483 (Abschlusszahlung). Insofern kann aber § 850f I anwendbar sein. Deshalb ist § 850e Nr. 1 verfassungsgemäß, BAG NJW 1986, 2208. Unter Umständen kann auch ein Betrag zu berücksichtigen sein, der noch nicht tatsächlich anfällt, aber für einen verpflichteten Krankenversicherungsabschluss erforderlich ist, LG Rottweil BeckRS 2018, 41372.

5 **Unzulässig** ist ein doppelter Abzug etwa beim Urlaubsgeld, ArbG Aachen FamRZ 2007, 63.

6 **3. Sozialversicherung usw.** Abziehen muss man schließlich diejenigen Beträge, die der Schuldner nach dem Sozialversicherungsrecht zu einer Weiterversicherung entrichtet, ferner solche Beträge, die an eine Ersatzkasse oder an eine private Krankenversicherung gelangen, sofern sich solche Beträge im Rahmen des Üblichen halten. Dabei darf man nicht einfach pauschalieren, LG Düss JurBüro 2006, 156. Abzugsfähig ist in der privaten Krankenversicherung ein Beitrag oberhalb des sog. Basistarifs, aM LG Stgt JurBüro 2012, 437; LAG Mainz NZA-RR 2017, 345. Nicht abzugsfähig sind zB Beiträge ohne gesetzliche Pflicht, BGH NJW-RR 2012, 736, etwa zu einem privaten Pensionsfonds. Man muss Teilzahlungen und Vorschüsse auf den pfandfreien Teil verrechnen, nur mit dem Überschuss auf den Rest. Etwas anderes gilt dann, wenn der Vorschuss ein Darlehen darstellen würde. Das muss man regelmäßig dann annehmen, wenn es sich um einen „Vorschuss" auf mehrere Lohnzahlungen handelt, wenn es also um einen solchen Bedarf geht, zu dem man auch sonst Kreditmittel in Anspruch nimmt, während es sich bei einem Vorschuss um die Befriedigung des normalen Lebensbedarfs handelt. Der Drittschuldner nach § 840 kann den pfändbaren Teil mit einer Wirkung gegenüber dem Gläubiger nach § 392 BGB aufrechnen. Der Drittschuldner kann ebenso bei einem Anspruch auf eine vereinbarungsgemäße Einbehaltung einer Kaution vorgehen. Eine Leistung aufgrund einer Berechnung nach bestem Wissen kann der Drittschuldner bis zur Kenntnis eines Irrtums befreiend entgegenhalten, SG Trier JurBüro 2011, 326.

7 **III. Zusammenrechnung, Nr. 2, 2a. 1. Arbeitseinkommen, Nr. 2.** Die Vorschrift ist zwingend. Man muss sämtliche pfändbaren Arbeitseinkommen des Schuldners zusammenrechnen. Das gilt ohne Rücksicht auf die Art der Pfändung, LG Ffm Rpfleger 1983, 449; Mertes Rpfleger 1984, 453; aM Behr Rpfleger 1981, 382 (390). Evtl. darf man auch eine Rente und einen Arbeitsverdienst zusammenrechnen, BAG NJW 2002, 3121. Nicht hierher gehören die nach § 850a unpfändbaren Bezüge, OLG Köln FamRZ 1990, 190, und Einkünfte aus selbständiger Tätigkeit, LG Hann JurBüro 1990, 1059.

2. Beispiele zur Frage einer Zusammenrechnung, Nr. 2

8 **Abtretung:** Der Zusammenrechnungsbeschluss kann keine weitere Abtretbarkeit begründen, BAG NJW 1997, 479.

Altersversorgung: Man muss sie mit einem Arbeitgeberzuschuss zusammenrechnen, auch wenn sie aus einer selbständigen Pensionskasse stammt, BAG NZA 1991, 147.

Andere Einkommensarten: Eine Zusammenrechnung des Arbeitseinkommens mit anderen Einkommensarten wie zB aus selbständiger Tätigkeit findet schon nach dem Wortlaut von II **nicht** statt, LG Hann JurBüro 1990, 1059; AG Hadamar DGVZ 1989, 189.

Arbeitgeberzuschuss: → „Krankengeld".

Aufrechnung: Der Zusammenrechnungsbeschluss kann keine weitere Aufrechenbarkeit begründen, BAG NJW 1997, 479.

Ausländische Rente: Sie ist auf Antrag mit einer inländischen Rente zusammenzurechnen, BGH NJW-RR 2014, 1459.

Drittschuldner: Die Existenz mehrerer Drittschuldner nach § 840 hindert eine Zusammenrechnung nicht.

Ehegatte: Man darf das Arbeitseinkommen des Ehegatten des Schuldners **nicht** mit dem Arbeitseinkommen des Schuldners zusammenrechnen, LG Marbg Rpfleger 1992, 167. Das gilt auch dann, wenn die Ehefrau zum

Unterhalt des Schuldners beitragen muss. Es entfällt aber der Freibetrag für die Ehefrau dann, wenn sie sich selbst voll unterhalten kann.

Frühere Pfändung: Einen schon gepfändeten Betrag darf der Rpfleger **nicht** nochmals zusammenrechnen.

Grundbetrag: Der Rpfleger muss den unpfändbaren Grundbetrag in erster Linie demjenigen Arbeitseinkommen entnehmen, das die wesentliche Grundlage der Lebenshaltung des Schuldners ist, OLG Stgt Rpfleger 1979, 223; LG Trier MDR 1981, 326. Das ist regelmäßig das höhere Einkommen. Es kann aber auch anders liegen. Das gilt etwa dann, wenn ein Beamter neben seinem Gehalt aus einer Nebenbeschäftigung solche höheren Nebeneinnahmen hat, die nicht dauernd wiederkehren. Im Einzelnen hat das Gericht freie Hand, LG Itzehoe SchlHA 1978, 215. Man sollte aber an dem Grundsatz festhalten, dass eine Zusammenrechnung den Schuldner nicht besserstellen darf, als wenn er ein einheitliches Arbeitseinkommen in Höhe der Gesamtbezüge haben würde.

Kindergeld: → § 850 Rn. 9 und → Rn. 9.

Krankengeld: Man muss es mit einem Arbeitgeberzuschuss zusammenrechnen. Denn er gehört zum Arbeitseinkommen.

Naturalleistung: Sie zählt zum Einkommen, LAG Ffm NZI 2009, 526 (Privatnutzung eines Firmen-Pkw).

Nebenbeschäftigung: „Grundbetrag".

Pfändung: Wenn ein Gläubiger die mehreren Bezüge gepfändet hat, muss das Vollstreckungsgericht im Beschluss sagen, welcher Drittschuldner nach § 840 den unpfändbaren Betrag oder auch den entsprechenden Anteil berücksichtigen muss. Wenn mehrere Gläubiger pfänden und jeder das Einkommen des Schuldners aus einer anderen Quelle pfändet, muss man den pfändungsfreien Betrag stets solange berücksichtigen, bis eine solche Anordnung nach Nr. 2 ergeht, bis das Gericht also den pfändungsfreien Betrag einem der Einkommen entnimmt. Der Rpfleger muss die pfändungsfreien Zehntel des Mehrbetrags dann auf die übrigen Einkommen verteilen. Sie gehen jeweils zulasten desjenigen Gläubigers, der gerade dieses Einkommen gepfändet hat.

Sozialrente: Man darf sie nur nach Nr. 2a zusammenrechnen, → Rn. 9.

Wohngeld: Man darf und muss es mitrechnen, LG Landshut JurBüro 2000, 436.

3. Sozialleistungen, Nr. 2a. Zusammenrechenbar sind Renten- und Arbeitsverdienstansprüche, BAG NJW 2002, 3121, sowie Ansprüche auf eine laufende Geldleistung nach dem SGB (also nicht andere, zB ausländische, LG Aachen MDR 1992, 521; AG Nienb JurBüro 2004, 559) mit dem Arbeitseinkommen. Freilich ist dazu wie bei Nr. 2 nur das Vollstreckungsgericht befugt, nicht das Prozessgericht, BAG NJW 2002, 3121. Es gibt keine Zusammenrechnung im Insolvenzverfahren, LG Heilbr Rpfleger 2009, 640. Es müssen im Übrigen die folgenden Voraussetzungen vorliegen. 9

Es muss zunächst ein **Antrag** des Gläubigers vorliegen, OLG Mü Rpfleger 1979, 223; LG Münst WuM 2002, 96. Ein solcher des Schuldners, der nach dem Gesetzeswortlaut ebenfalls ausreichen könnte, ist mangels eines Rechtsschutzbedürfnisses kaum zulässig. Zwar könnte er durch eine Zusammenrechnung zunächst seinen Freibetrag erhöhen. Der Schuldner müsste aber insgesamt mehr abführen. Der Anspruch muss auch pfändbar sein. Das gilt zB nicht bei einer Sozialhilfe, LG Bln MDR 1978, 323. Wegen des Erziehungsgelds, Kindergelds, Mutterschaftsgeld usw. → § 850 Rn. 9 „Kindergeld". Wegen des Wohngelds → Rn. 8. Zum Abtretungsproblem BGH NJW-RR 2010, 211. Keine Zusammenrechnung erfolgt mit Arbeitslosengeld II, wenn dieses nur deshalb gezahlt wird, weil das Arbeitseinkommen bei anderen Personen in einer Bedarfsgemeinschaft berücksichtigt wird, BGH NZA-RR 2013, 147; vgl. auch BGH NJW 2020, 1371. 10

Soweit es um einen Anspruch nach § 54 V 1 iVm § 48 I 2 SGB I geht, darf man eine Zusammenrechnung nach Nr. 2a S. 3 nur vornehmen, soweit eine Pfändung nach § 76 EStG oder nach § 54 V SGB I überhaupt zulässig ist, → § 850 Rn. 9 „Kindergeld", BGH NJW-RR 2005, 1010. Soweit es um eine Pfändung nicht wegen gesetzlicher Unterhaltsansprüche geht, muss man den unpfändbaren Grundbetrag nach Nr. 2a S. 2 den laufenden Leistungen nach dem SGB entnehmen, LG Marbg Rpfleger 2002, 216. Der Drittschuldner nach § 840 kann mangels einer Beschwer nicht geltend machen, die eine Geldquelle sei unpfändbar, wenn er nur die andere beliefern muss, AG Halle JurBüro 2005, 273. 11

Für die **verbleibenden restlichen Fälle** ist Nr. 2 entsprechend anwendbar. Das gilt mit der Einschränkung, dass die nachfolgenden Belege unbrauchbar sind, soweit sie sich auch auf die vorstehende Neuregelung für Kindergeld usw. beziehen. Der Rpfl. muss den unpfändbaren Grundbetrag derjenigen Leistung entnehmen, die die wesentliche Grundlage der Lebenshaltung des Schuldners bildet, OLG Stgt Rpfleger 1982, 349; LG Freibg Rpfleger 1981, 452; aM OLG Karlsr MDR 1981, 1026; LG Hildesh Rpfleger 1981, 450; vgl. Hornung Rpfleger 1988, 213 (221). 12

Zur Pfändung einer Kriegsschadensrente in Form einer **Unterhaltsbeihilfe** BSG NJW-RR 1987, 571. Zur Pfändung der Grundrente eines Schwerkriegsbeschädigten OLG Hamm Rpfleger 1983, 409. Wegen des Wohngelds LG Marbg Rpfleger 1986, 395; LG Tüb Rpfleger 1984, 280. 13

IV. Naturalbezüge, Nr. 3. Zusammenrechenbar sind nur Naturalbezüge aus Dienstleistungen, BAG NZA 2009, 861 (zust. Reifelsberger/Kopp NZA 2013, 641); OLG Ffm JurBüro 1991, 723; AG Cloppenb JurBüro 2012, 100, nicht solche vom Lebensgefährten, LG Regensb JurBüro 1995, 218 (auch keine Trinkgelder). Wenn der Schuldner nur Naturalbezüge hat, sind §§ 850 ff. unanwendbar. Wenn der Schuldner einen Naturalbezug neben einer Geldleistung bezieht, muss man den Naturalbezug seinem Geldwert nach dem Bargeldbezug zurechnen, BGH NJW-RR 2013, 650; AG Cloppenb JurBüro 2012, 100; AG Zossen JurBüro 2009, 660, also nicht mit demjenigen Wert, der für die Lohnsteuer und für die Sozialbeiträge festgesetzt wird. Das gilt auch dann, wenn der Schuldner von dem einen Drittschuldner nach § 840 nur Geld bezieht, von dem anderen Drittschuldner aber nur einen Naturalbezug. § 850e belässt aber die Naturalbezüge stets dem Schuldner, Meyer JurBüro 2001, 187. Denn die Vorschrift besagt, dass man den Wert der Naturalleistung zunächst auf den unpfändbaren Grundbetrag des § 850c verrechnen muss. Das Gericht muss die Verrechnung von Amts wegen vornehmen. Das gilt auch: für einen Wehrsold; für den Lebenskostenbeitrag des Strafgefangenen, OLG Ffm NStZ 1985, 96. Der Firmenwagen ist monatlich mit 1 % des Neuwerts ansetzbar, AG Cloppenb JurBüro 2011, 322, oder mit 555 EUR, AG Coesfeld JurBüro 2015, 383, oder mit 200 EUR, AG Cloppenb JurBüro 2012, 100. Der Arbeitgeber sollte die Privatnutzung des Dienstwagens ab Lohnpfändung untersagen, Reifelsberger/Kopp NZA 2013, 641 (647). Im Insolvenzverfahren bedarf es einer gerichtlichen Anordnung zur Zusammenrechnung nicht; der Schuldner kann eine niedrigere Bewertung der Naturalleistungen nur vor dem Prozessgericht erreichen, BGH NZI 2018, 528. 14

15 **V. Zusammentreffen, Nr. 4.** Das Arbeitseinkommen zerfällt in drei Teile: Denjenigen Teil, der dem Schuldner unbedingt verbleiben muss; ferner denjenigen Teil, der einem Unterhaltsberechtigten für eine Pfändung freisteht; schließlich denjenigen Teil, der jedem Gläubiger offensteht. Nr. 4 soll diejenigen Schwierigkeiten beseitigen, die dann entstehen, wenn verschieden berechtigte Gläubiger Pfändungen vornehmen. Wenn ein Unterhaltsberechtigter oder ein sonst nach § 850d Bevorzugter pfändet, ergreift seine Pfändung zunächst denjenigen Teil des Arbeitseinkommens, der nur seiner Pfändung freisteht. Erst in zweiter Linie ergreift seine Pfändung denjenigen Teil des Arbeitseinkommens, der jedem Gläubiger offensteht.

16 Wenn der Schuldner einen Bevorrechtigten durch die **Abtretung** eines Teils seines Einkommens gesichert hat, wirkt diese Maßnahme gegenüber einem nicht Bevorrechtigten, soweit eine Pfändung gewirkt hätte. Es erfolgt also eine Verrechnung auf denjenigen Teil, der nur dem Bevorrechtigten offensteht. Derjenige nicht bevorrechtigte Gläubiger oder sonstige Beteiligte, der kein Drittschuldner nach § 840 ist, kann verlangen, dass das Vollstreckungsgericht eine entsprechende Verrechnung vornimmt, vgl. Thomas/Putzo/Seiler Rn. 8; Zöller/Herget Rn. 32. Wegen des Zusammentreffens mit einem Gläubiger nach § 850f II → § 850f Rn. 11. Hat das Vollstreckungsgericht zugunsten eines durch eine Prozesskostenhilfe nach §§ 114 ff. begünstigten Pfändungsgläubigers, eine Anordnung nach Nr. 4 und nach § 850d getroffen, kommt eine Verrechnung von daraufhin geleisteten Zahlungen des Drittschuldners auf die Kosten nicht in Betracht, LG Bln Rpfleger 1983, 119.

17 **VI. Entscheidung, Nr. 1–4.** Das Vollstreckungsgericht nach §§ 764, 802 entscheidet durch den Rpfleger nach § 20 I Nr. 17 RPflG. Er entscheidet durch einen Beschluss nach § 329. Der Rpfleger muss ihn begründen. Bis zur Zustellung dieses Beschlusses an den Drittschuldner nach § 840 darf dieser befreiend nach einer Abtretung, gemäß einem anderen Pfändungsbeschluss und nach anderen Verfügungen leisten. Man kann auch einen Antrag des Abtretungsgläubigers genügen lassen, Grunsky ZIP 1983, 908; Denck MDR 1979, 450; aM Walker FS Musielak, 2004, 659.

850f *Änderung des unpfändbaren Betrages.*

I Das Vollstreckungsgericht kann dem Schuldner auf Antrag von dem nach den Bestimmungen der §§ 850c, 850d und 850i pfändbaren Teil seines Arbeitseinkommens einen Teil belassen, wenn

1. der Schuldner nachweist, dass bei Anwendung der Pfändungsfreigrenzen entsprechend § 850c der notwendige Lebensunterhalt im Sinne des Dritten und Vierten Kapitels des Zwölften Buches Sozialgesetzbuch oder nach Kapitel 3 Abschnitt 2 des Zweiten Buches Sozialgesetzbuch für sich und für die Personen, denen er gesetzlich zum Unterhalt verpflichtet ist, nicht gedeckt ist,

2. besondere Bedürfnisse des Schuldners aus persönlichen oder beruflichen Gründen oder

3. der besondere Umfang der gesetzlichen Unterhaltspflichten des Schuldners, insbesondere die Zahl der Unterhaltsberechtigten, dies erfordern

und überwiegende Belange des Gläubigers nicht entgegenstehen.

II Wird die Zwangsvollstreckung wegen einer Forderung aus einer vorsätzlich begangenen unerlaubten Handlung betrieben, so kann das Vollstreckungsgericht auf Antrag des Gläubigers den pfändbaren Teil des Arbeitseinkommens ohne Rücksicht auf die in § 850c vorgesehenen Beschränkungen bestimmen; dem Schuldner ist jedoch so viel zu belassen, wie er für seinen notwendigen Unterhalt und zur Erfüllung seiner laufenden gesetzlichen Unterhaltspflichten bedarf.

1 **I. Systematik.** § 850f ist keine auf eine Überprüfung des bisherigen Pfändungsbeschlusses gerichtete Erinnerung, OLG Köln NJW-RR 1989, 189. Daher reichen auch nicht allgemeine Billigkeitserwägungen zur Schlüssigkeit, LG Frankenth Rpfleger 1984, 362. Die Vorschrift ist ein Teil einer Gesamtregelung, AG Bad Waldsee FamRZ 2000, 1593. Die Vorschrift gilt nach § 319 AO auch bei der Vollstreckung einer Steuerforderung, Buciek DB 1988, 882 (ausf.); nach BFH NJW 2008, 3807 ist Steuerhinterziehung nach § 370 AO allerdings keine vorsätzlich begangene unerlaubte Handlung, so dass II keine Anwendung findet. § 54 SGB I geht vor, BFH DB 1979, 1332. Zu den Auswirkungen beim Kindergeld Hornung Rpfleger 1988, 213 (223). I ist auf eine Abtretung anwendbar, BGH NJW-RR 2003, 1367 (die Entscheidung darüber liegt beim Prozessgericht); OLG Köln NJW-RR 1998, 1689; LG Heilbr Rpfleger 2001, 190; Winter Rpfleger 2000, 149; Walker FS Musielak, 2004, 668. Wegen des Insolvenzverfahrens AG Gött NZI 2003, 333; AG Köln NZI 2001, 160. I ist auf das Restschuldbefreiungsverfahren unanwendbar, Möhlen Rpfleger 2000, 4 (hält allenfalls § 765a für anwendbar). Rechtspolitisch Christmann Rpfleger 1990, 403. Auf den Selbständigen ist I anwendbar, BGH NJW 2008, 227; aM (allenfalls § 765a), LG Ffo Rpfleger 2002, 322. § 850k ist nachrangig, AG Osterholz-Scharmbeck JurBüro 2008, 552.

2 **II. Regelungszweck, I–II.** Die Vorschrift bezweckt eine Neuregelung auf Grund von neu geltend gemachten Tatsachen, OLG Hamm Rpfleger 1977, 224. Sie soll dazu beitragen, in bestimmten Fällen Härten zu vermeiden, OLG Köln FamRZ 1991, 1462; LG Hann Rpfleger 1985, 154; Hornung Rpfleger 1984, 125. I enthält eine Schutzvorschrift für den Schuldner, BAG NJW 1986, 2208. Das gilt auch im Rahmen einer Lohnabtretung nach § 400 BGB, BGH NJW-RR 2003, 1367; AG Bad Waldsee FamRZ 2000, 1593. II enthält eine Schutzvorschrift für den Gläubiger, BGH NJW 2005, 1663. Demgemäß sind die einzelnen Teile der Vorschrift bald zugunsten des Gläubigers auslegbar, bald zugunsten des Schuldners. II Hs. 2 soll sicherstellen, dass der Schuldner nicht sozialhilfefällig wird, LG Stgt FamRZ 2005, 1103.

3 **III. Schutz des Schuldners, I. 1. Keine Deckung des Lebensunterhalts, I Nr. 1.** Die Vorschrift ist auch bei einer Unterhaltsvollstreckung anwendbar, BGH NJW-RR 2004, 506; FamRZ 2004, 622; OLG Ffm NJW-RR 2000, 220; aM LG Bln Rpfleger 1993, 120. Sie greift dann ein, wenn die Tabellen der Anlage zu § 850c, abgedruckt → § 850c Rn. 1–4, dem Schuldner weniger pfändungsfrei belassen, als er zur Deckung des notwendigen Lebensunterhalts nach dem SGB für sich und für die ihm gegenüber Unterhaltsberechtigten braucht. Dabei geht es nicht nur um gesetzlich Unterhaltsberechtigte, LG Limburg NJW-RR 2003, 365. Es soll also kein Absinken unter den Sozialhilfesatz erfolgen, BGH NJW-RR 2004, 506; FamRZ 2004, 622; LG Bln JurBüro 2000, 46; Hauß MDR 2002, 1163 (1167). Bei einer Erwerbstätigkeit des Schuldners ist ein Besserstellungszuschlag bis zu 50 % des Sozialhilferegelsatzes denkbar, OLG Ffm Rpfleger 2001, 38. Mit alledem erfüllt I Buchst. a nach → Rn. 2 eine Forderung zum Zweck der Verhütung einer Hilfsbedürftigkeit des Schuldners wie auch der Verlagerung der Sozialkosten auf den Staat, LG Duisb Rpfleger 1998, 355; Schilken FamRZ 1993, 1227. Der Gläubiger soll nicht

kahlpfänden dürfen. Er soll also nicht das Existenzminimum gefährden, OLG Ffm NJW-RR 2001, 189. Die Verweisung auf das SGB führt zu einer Abhängigkeit der Härteklausel des I Buchst. a vom SGB Im Härtefall kommt ein Freibetrag über § 850d I 3 hinaus in Betracht, OLG Ffm NJW-RR 2000, 220.

Anwendbar sein kann I Nr. 1 bei einem faktischen Unterhalt gegenüber einem nicht leiblichen Kind, LG Essen VuR 2015, 67; aM LG Münst JurBüro 2017, 549. 4

2. Verfahren, I Nr. 1. Zuständig ist das Vollstreckungsgericht nach §§ 764, 802. Es amtiert durch den Rpfleger nach § 20 I Nr. 17 S. 1 RPflG. Auch das Insolvenzgericht kann Vollstreckungsgericht sein, BGH NJW-RR 2012, 1396. Das Vollstreckungsgericht beachtet alles das nicht von Amts wegen, sondern nach I nur auf einen Schuldnerantrag, vgl. aber LG Ffm FamRZ 1996, 242. Der Schuldner muss grundsätzlich sogar nachweisen, dass seine restlichen Mittel zum Absinken unter die SGB-Grenzen führen würden, LG Bochum Rpfleger 1998, 531. Er braucht aber einen Pauschbetrag oder Bedarf nach (jetzt) § 28 SGB XII ausnahmsweise nicht nachzuweisen, LG Stgt FamRZ 2005, 1103 (zum alten Recht). Im Zweifel ist eine Maßnahme nach I Nr. 1 nicht zulässig, LG Mü JurBüro 1998, 377. Damit bürdet die Vorschrift dem Schuldner die Ermittlung der jeweiligen Grenzen nach dem SGB auf. Die Vereinbarkeit dieser Beweislast mit dem Gebot des Sozialstaats nach Art. 20 I GG ist zweifelhaft. Das Vollstreckungsgericht darf dem Schuldner bei der Errechnung helfen und dürfte das in einem zumutbaren Umfang dazu auch tun müssen, bevor es ihn für beweisfällig erklärt. Eine Bescheinigung der Sozialbehörde über eine hypothetisch zahlbare Sozialhilfe usw. bindet das Vollstreckungsgericht nicht, LG Köln JurBüro 1995, 103; LG Wiesb JurBüro 2000, 379. Der übliche Wohnbedarf gehört zum notwendigen Lebensunterhalt, BGH NJW-RR 2009, 1459; LG Brem Rpfleger 1999, 189. Er kann beim Fehlen eines festen Wohnsitzes geringer sein, noch strenger LG Drsd JurBüro 2015, 159 (aber jeder muss irgendwo wohnen können). Bei der Berechnung wegen einer hohen Miete muss der Rpfleger den Freibetrag am Wohngeldrecht orientieren, LG Heidelb JurBüro 1998, 45, auch an einem Mietspiegel, BGH FamRZ 2009, 1747. Eine Begünstigung nur des sozialen Leistungsträgers und nicht auch des Schuldners reicht nicht aus, LG Detm Rpfleger 2000, 341; AG Hechingen Rpfleger 1989, 294. Denn das ginge über den Schuldnerschutz nach → Rn. 2 hinaus. 5

3. Besondere Bedürfnisse, I Nr. 2. Die Vorschrift greift dann ein, wenn ein besonderes Bedürfnis des Schuldners zu der Notwendigkeit führt, ihm einen solchen Teil des Arbeitseinkommens pfändungsfrei zu belassen, der über die gesetzliche Höhe der Pfändungsfreigrenze hinausgeht, BGH NJW 2012, 609. Die besonderen Bedürfnisse können persönliche sein. Es können auch berufliche Bedürfnisse vorhanden sein. 6

4. Beispiele zur Frage besonderer Bedürfnisse, I Nr. 2

Anwaltskosten: Unanwendbar ist I Nr. 2 auf ihre Bezahlung, LG Kiel Rpfleger 2017, 349. 7

Auslandskosten: Ihrer etwaigen besonderen Höhe mögen entsprechend höhere Einnahmen gegenüberstehen, LG Brschw Rpfleger 2009, 160 (Schweiz).

Berufsaufwand: Anwendbar ist I Nr. 2 bei einem solchen berufsbedingten Aufwand, für den der Schuldner keine besondere Entschädigung erhält, BAG NJW 1986, 2208; AG Stgt Rpfleger 1996, 360, LG Hmb Rpfleger 2000, 169 (50 % des damaligen Regelbedarfs als abschließende Pauschale).

Darlehen: Unanwendbar ist I Nr. 2 bei einem Darlehen ohne einen fortbestehenden besonderen Bedarf, OLG Hamm Rpfleger 1977, 110.

Essen: Anwendbar sein kann I Nr. 2 bei einer besonderen Ernährung zur Erhaltung oder Wiederherstellung der Gesundheit, LGe Essen, Frankenth, Mainz je Rpfleger 1990, 470.

Fahrtkosten: Anwendbar ist I Nr. 2 auf die Kraftstoffkosten des berufsbedingt genutzten Pkw, LG Bonn JurBüro 2009, 550. 20–30 km Strecke können reichen, LG Hechingen FamRZ 2012, 150. **Unanwendbar** ist I Nr. 2 auf Steuer und Versicherung des Pkw, LG Bonn JurBüro 2009, 550, und bei Fahrtkosten des Unterhaltsschuldners zwecks Ausübung des Umgangsrechts. Aber auch „Umgangsrecht".

Garantiebescheinigung: Unanwendbar ist I Nr. 2 bei einer sog. „Garantiebescheinigung" des Sozialamts, LG Stgt Rpfleger 1990, 173.

Geringes Einkommen: → „Sozialbehörde".

Haushaltshilfe: Anwendbar sein kann I Nr. 2 bei der Notwendigkeit einer Haushaltshilfe, LG Essen JurBüro 1999, 325.

Krankheitskosten: Beachtlich sind grds. nur die von der gesetzlichen Krankenkasse übernommenen, BGH NJW 2009, 2313. Das kann zulasten der gar nicht gesetzlich, sondern privat Versicherten gehen, BGH NJW-RR 2018, 370. Auch Medikamentenkosten können beachtlich sein, aM AG Wuppert JurBüro 2012, 46.

Miete: Unanwendbar ist I Nr. 2 bei einem Mietrückstand oder bei einer hohen Miete, AG Kassel JurBüro 1997, 442.

Reparaturkosten: Die Kosten der Reparatur eines eigenen Kfz begründen einen Antrag nach § 850f I nicht, AG Kiel VIA 2021, 36.

Schwangerschaft: Man kann § 30 II SGB XII zugrunde legen, LG Heilbr Rpfleger 2012, 700.

Sozialbehörde: Man kann darauf abstellen, ob eine Erhöhung auch dem Schuldner selbst und nicht nur zB der Sozialbehörde zugutekäme. Anwendbar sein kann I Nr. 2 dann, wenn das Sozialamt den Schuldner wegen der geringen Höhe seines Einkommens zusätzlich unterstützen muss, LG Hann Rpfleger 1985, 154; Kohte Rpfleger 1991, 514.

Steuerschuld: Nur ausnahmsweise ist I Nr. 2 bei einer schon vorhandenen Steuerschuld anwendbar, BAG NJW 1986, 2208; Buciek DB 1988, 882.

Transporte: Anwendbar ist I Nr. 2 dann, wenn Leistungen für die Durchführung von Transporten die Erwerbstätigkeit des Schuldners voll beanspruchen, LG Hann JurBüro 1992, 265 (zum alten Recht).

Umgangsrecht: Unanwendbar ist I Nr. 2 bei Fahrtkosten des Unterhaltsschuldners zwecks Ausübung eines Umgangsrechts, BGH FamRZ 2004, 873.

5. Unterhaltspflicht, I Nr. 3. Die Vorschrift greift dann ein, wenn der Schuldner besonders umfangreiche gesetzliche Unterhaltspflichten erfüllen muss, BGH NJW 2012, 609. Diese Unterhaltspflichten müssen also den Durchschnitt beachtlich übersteigen, entweder wegen der Zahl der Berechtigten oder wegen der Höhe der notwendigen Aufwendungen, etwa infolge einer Krankheit, infolge der Beendigung einer Ausbildung usw. Ein Unterhalt bis zu fünf Personen ist als ein solcher keine besondere Belastung. Denn diese Belastung ist bereits in § 850c berücksichtigt. Unbeachtlich ist eine vertragliche oder gar rein tatsächliche freiwillige Unterhaltsleistung 8 ohne eine gesetzliche Pflicht etwa an den Sohn, LG Kblz NJW-RR 1986, 680, oder an die „Lebensgefährtin", LG Schweinf NJW 1984, 374, oder an ein Stiefkind, OLG Köln MDR 2009, 953.

9 **6. Überwiegen der Belange des Gläubigers, I Nr. 1–3.** Bei → Rn. 3–8 dürfen jeweils keine überwiegenden Belange des Gläubigers entgegenstehen, LG Hmb NJW-RR 1992, 264. Solche Belange können in der Person des Gläubigers liegen, etwa in seiner Gebrechlichkeit oder in seinen Verpflichtungen. Wenn der Gläubiger durch eine Ermäßigung in eine Notlage kommt, muss das Vollstreckungsgericht einen gerechten Ausgleich suchen, OLG Köln FamRZ 1991, 1462; LG Hmb NJW-RR 1992, 264. Weder der Gläubiger noch der Schuldner haben ein grundsätzliches Vorrecht, OLG Celle Rpfleger 1990, 376. Der Rpfleger muss allerdings die Interessen des Gläubigers hier besonders sorgfältig nachprüfen. Die Zustimmung wirkt nur gegen den Zustimmenden, Siegel BB 1997, 103.

10 Ein Drittschuldner ist nicht berechtigt, über die Erhöhung des pfändungsfreien Betrags nach § 850f zu entscheiden, vgl. LSG Chemnitz BeckRS 2021, 1222.

IV. Begünstigung des Gläubigers, II

Schrifttum: Behr Rpfleger 2005, 498 (Rechenbeispiele); Neugebauer MDR 2004, 1223 (Grdz.); Schulte-Beckhausen, Die Zwangsvollstreckung gemäß § 850f Abs. 2 ZPO aus einem hierfür ungeeigneten Titel, 1994; Stöber, Forderungsnachweis für „privilegierte" Zwangsvollstreckung, FG Vollkommer, 2006, 363.

11 **1. Zwangsvollstreckung wegen einer vorsätzlichen unerlaubten Handlung, II.** Die Vorschrift gilt nur beim Arbeitseinkommen, AG Kaufbeuren JurBüro 2016, 158 (sonst evtl. § 850k IV). Sie begünstigt den Gläubiger dann, wenn der Schuldner ihm gegenüber eine vorsätzliche Handlung begangen hat, OLG Hamm Rpfleger 2002, 161. Ein Insolvenzgläubiger gehört bedingt dazu, OLG Zweibr NZI 2001, 423; LG Heilbr Rpfleger 2005, 98; LG Schwerin VersR 2007, 400. II gilt auch nach einem Insolvenzverfahren, LG Düss JurBüro 2008, 661. Das gilt nicht bei § 294 I InsO, BGH NJW-RR 2012, 1131. Eine einfache oder auch grobe Fahrlässigkeit des Schuldners reicht nicht aus. II gilt auch wegen der Zinsen und Prozesskosten, BGH NJW-RR 2011, 791; LG Saarbr JurBüro 2006, 380; AG Karlsr JurBüro 2008, 667; aM LG Dortm Rpfleger 1989, 75 (aber Hs. 1 meint mit „Forderung" ersichtlich nicht nur eine Hauptforderung). Die allgemeinen Regeln gelten nicht für die Kosten eines Anwalts für die Tätigkeit gegen den Schuldner im zugehörigen Strafverfahren, denn dabei handelt es sich allein um einen prozessrechtlichen Kostenerstattungsanspruch und nicht um eine materiell-rechtliche Folge der unerlaubten Handlung, BGH NJW 2011, 2966; aM LG Hann Rpfleger 1982, 232. Die Schutzklausel ist grundsätzlich bei einer Zwangsvollstreckung auf Grund jedes Vollstreckungstitels anwendbar, auch beim Steuerverstoß, vgl. aber BFH NJW 1997, 1725; BAG NJW 1989, 2148. Sie kann auch nach einer Restschuldbefreiung statthaft sein, LG Essen JurBüro 2017, 551. Sie gilt nicht ohne einen Titel nach § 750, OLG Kblz NZI 2018, 569.

12 Vereinbaren die Arbeitsvertragsparteien in einem Vergleich eine Abfindung, handelt es sich auch dann nicht um eine Forderung aus einer vorsätzlich begangenen unerlaubten Handlung, wenn der Schuldner über seine Zahlungsfähigkeit/-willigkeit getäuscht hat, LAG Rostock ZInsO 2022, 349.

13 **2. Festgestellter oder unstreitiger Vorsatz.** Maßgeblich sind jedenfalls diejenigen Feststellungen zum Vorsatz des Schuldners, die sich im Urteil oder in einem sonstigen diesbezüglichen Titel befinden, sofern es solche Feststellungen enthält, BGH NZI 2020, 438 (Insolvenztabelle); BGH NJW 2012, 601; LG Lübeck NZI 2018, 609 (Insolvenztabelle); LG Mü JurBüro 2004, 673 (Vollstreckungsbescheid); Peters KTS 2006, 127; vgl. aber auch BGH NJW 2006, 2922 (krit. Klostermann FamRZ 2007, 1938). Ein Anerkenntnisurteil nach § 307 dürfte meist reichen, aM LG Frankenth Rpfleger 2006, 29 (mit Recht abl. Lehmann Rpfleger 2006, 210). Maßgeblich sind ferner diejenigen Feststellungen zum Vorsatz, die sich zwar nicht in dem vorgenannten Vollstreckungstitel befinden, die aber doch unstreitig sind, BGH NJW 2012, 601; LG Kref JurBüro 2000, 217; LG Stgt MDR 1985, 150; vgl. aber auch BGH NJW 2003, 515. Der Gläubiger sollte das Prozessgericht nach Möglichkeit dazu veranlassen, solche Feststellungen in seine Entscheidung aufzunehmen, Künzl JR 1991, 95. Er kann auch insoweit die Feststellung beantragen.

14 Wenn die Zwangsvollstreckung aus einem **Vollstreckungsbescheid** nach § 700 oder aus einem Versäumnisurteil nach §§ 331 ff. erfolgt, ist die etwaige auslegbare Anspruchsbegründung maßgeblich, OLG Naumb NZI 2011, 772; LG Darmst Rpfleger 1985, 155; LG Münst JurBüro 1996, 385; strenger LG Verden Rpfleger 2010, 150 (auch zu einem Teilzahlungsvergleich). Eine formularmäßige Behauptung reicht wegen des Fehlens der Notwendigkeit der Schlüssigkeitsprüfung beim Vollstreckungsbescheid nicht mehr aus, BGH NJW 2005, 1663 (krit. Smid JZ 2006, 393); LG Düss NJW-RR 1987, 758; Ahrens JurBüro 2003, 401 (406); aM LG Stgt JurBüro 1997, 548.

15 Den Rpfleger **bindet** die Rechtskraft nach §§ 322, 705, BGH NJW 2005, 1663; Künzl JR 1991, 91; Smid ZZP 103 (1990), 359, vgl. auch BGH NJW 2006, 2922. Ein Insolvenzgläubiger ist nicht nach II bevorrechtigt, OLG Zweibr NZI 2001, 423.

16 **3. Nicht festgestellter Vorsatz.** Wenn in dem Urteil, in dem sonstigen Vollstreckungstitel nach § 794 oder in der Anspruchsbegründung keine Feststellungen zur Schuldform stehen oder wenn das Prozessgericht dort dahingestellt gelassen hat, ob der Schuldner vorsätzlich handelte, kann und muss der Gläubiger Feststellungsklage erheben, BGH NJW 2012, 601; NJW 2005, 1663; NJW 1990, 834; LG Saarbr JurBüro 2006, 380; AG Bielef JurBüro 2006, 329; aM LG Heilbr Rpfleger 2005, 98; LG Münst Rpfleger 2002, 470; Gaul NJW 2005, 2896

17 Allerdings ist eine **Auslegung** des Vollstreckungstitels statthaft und evtl. notwendig. Das Vollstreckungsgericht darf jedoch keine Beweisaufnahme nach §§ 355 ff. durchführen, OLG Stgt Rpfleger 2000, 403; OLG Zweibr Rpfleger 2000, 226. Es darf auch keine Gefahr laufen, den Titel inhaltlich zu ändern, LG Augsb DGVZ 1995, 26; LG Landshut JurBüro 1996, 555.

18 **4. Vorsatzfolgen.** Wenn feststeht, dass der Schuldner vorsätzlich handelte, kann das Vollstreckungsgericht nach §§ 764, 802 auf einen Antrag des Gläubigers den pfändbaren Teil des Arbeitseinkommens ohne eine Rücksicht auf die Beschränkungen des § 850c bestimmen. Das gilt auch bei der Pfändung von Taschengeld, OLG Hamm Rpfleger 2002, 161. Es gilt auch wegen Zinsen, BGH NJW 2012, 601. Der Rpfleger übt insofern ein pflichtgemäßes Ermessen aus. Er muss auf den Unrechtsgehalt abstellen, ferner auf den Vorteil des Schuldners, die Schwere der Verletzung des Gläubigers oder seiner Interessen, ferner auf die beiderseitige wirtschaftliche Lage und auf die Unterhaltsverpflichtungen des Schuldners, BGH DGVZ 2012, 11. Zwar muss der Rpfleger dabei die

Gesichtspunkte des I heranziehen. Er muss aber einen etwa gleichzeitig nach I gestellten Antrag des Schuldners regelmäßig ablehnen. Denn II enthält eine Annäherung an § 850d I, aber insofern immer noch eine Besserstellung des Schuldners, als die Vorschrift nicht auf die Bezüge aus § 850a zurückgreift.

5. Gerichtsbefugnisse. Das Vollstreckungsgericht muss dem Schuldner stets denjenigen Betrag belassen, den der Schuldner zu seinem eigenen Unterhalt benötigt, LG Frankenth JurBüro 1995, 664, und den er zur Erfüllung seiner Unterhaltspflichten braucht, AG Groß-Gerau MDR 1984, 61, auch zur Erfüllung von Mietzahlungspflichten, BGH NJW-RR 2009, 1459, unabhängig davon, ob er sie bisher pünktlich zahlte, LG Stgt Rpfleger 2005, 38. Das Gericht darf allerdings nicht einen nur andernorts geltenden Mietspiegel anwenden, VerfGH Mü NJW-RR 2011, 215. Es kommt nur ein tatsächlich geleisteter Unterhalt infrage, LG Drsd JurBüro 2009, 608. Im Übrigen kann der danach dem Schuldner verbleibende Betrag im Ergebnis evtl. dadurch noch geringer werden, dass der Schuldner eine Geldstrafe oder eine Bewährungsauflage abtragen muss, AG Backnang JurBüro 2008, 552. Denn dieser Umstand darf nicht zulasten der Zahlungen an den Gläubiger gehen, LG Frankenth JurBüro 1995, 664; AG Freudenstadt JurBüro 2004, 448. Das gilt vor allem dann, wenn dieser Gläubiger vielleicht gerade vom Schuldner durch die Straftat einen Schaden erlitten hat. 19

Als **Richtwert** des Unpfändbaren nehmen LG Münst JurBüro 2002, 96; LG Erfurt JurBüro 1996, 554; AG Zwickau JurBüro 2004, 158 das Doppelte des Regelsatzes nach dem Sozialrecht; BGH NJW 2013, 1371; NJW-RR 2011, 706; LG Wuppert JurBüro 2014, 439; LG Ffm Rpfleger 2011, 543 den Regelsatz nach § 28 SGB XII; LG Siegen JurBüro 2009, 210; AG Drsd JurBüro 2009, 46; AG Karlsr JurBüro 2007, 495; AG Wuppert JurBüro 2007, 496 etwas weniger als den Regelsatz. Untergrenze ist § 850c, LG Bochum Rpfleger 1997, 395, oder § 850d, LG Hann JurBüro 2007, 100. 20

Wegen des **Kindergelds** → § 850 Rn. 9 „Kindergeld". Eine Zuckerkrankheit des Schuldners rechtfertigt nicht stets einen erhöhten Pfändungsschutz. Ebenso wenig ist eine allgemeine Diätnotwendigkeit ausreichend, LG Kblz NJW-RR 1986, 680. Ein Anspruch aus § 850d geht der Regelung nach II vor. Ein Lohnabtretungsverbot ist nach einer Anordnung aus II unbeachtlich, BAG MDR 1983, 699. Bei wechselnden Einkünften kann es ratsam sein, nicht den pfändbaren Betrag zu bestimmen, sondern den pfandfreien zu nennen, LG Stgt MDR 1985, 150. 21

6. Andere Fälle, III. III ist mit Wirkung ab 8.5.2021 aufgehoben. Vgl. zum alten Recht die Kommentierung in der 79. Aufl. 2021. 22

V. Verfahren, I–II. Ein abstraktes Schuldversprechen gibt weitere Möglichkeiten, LG Bonn NJW-RR 1999, 50. 23

1. Zuständigkeit, Antrag. Zuständig ist nach § 20 I Nr. 17 S. 1 RPflG grundsätzlich der Rpfleger des Vollstreckungsgerichts nach §§ 764, 802, obwohl es sich hier um eine Ermessensentscheidung in einem Härtefall handelt, BAG NJW 1991, 2038. Es kann auch der Rpfleger des Insolvenzgerichts zuständig sein, AG Gött NZI 2000, 493. Im Streit zwischen einem Arbeitnehmer und einem Abtretungsgläubiger kann auch das Prozessgericht zuständig sein, BAG NJW 1991, 2038. Örtlich bleibt auch beim Wohnsitzwechsel nach dem Erlass des Pfändungsbeschlusses nach § 829 die Zuständigkeit bestehen, OLG Mü Rpfleger 1985, 154. Der Rpfleger entscheidet nur auf einen Antrag des Gläubigers, nicht von Amts wegen, anders als eine Vollstreckungsbehörde, zu ihr VGH Mannh NJW 2017, 970. Der Antrag kann nach → Rn. 1 grundsätzlich nicht in eine Erinnerung nach § 766 umgedeutet werden, OLG Köln NJW-RR 1989, 189. Freilich ist das eine Fallfrage. Der Gläubiger kann den Antrag auch während der Pfändungszeit stellen. 24

2. Weiteres Verfahren. Eine mündliche Verhandlung steht nach § 764 III frei. Bei I entscheidet der Rpfleger auch auf den Antrag eines solchen Dritten, dem die Vergünstigung zugutekommen würde, etwa eines Unterhaltsberechtigten. Der Drittschuldner nach § 840 hat aber kein Antragsrecht. Der Antragsteller muss ein Rechtsschutzbedürfnis haben. Der Rpfleger muss den Schuldner trotz § 834 nach Art. 2 I, 20 III GG anhören, BVerfG NJW 2000, 1709, soweit er eine Prüfung der wirtschaftlichen Verhältnisse des Schuldners vornehmen muss, aM LG Bochum Rpfleger 1997, 395 (aber dann erfordert ein faires Verfahren die Möglichkeit einer Stellungnahme). Der Rpfleger setzt in seinem Beschluss nach § 329 die Unpfändbarkeitsgrenze nach I herauf oder nach II herab. Er muss den Beschluss begründen. Er muss ihn nach § 329 III förmlich zustellen lassen. 25

3. Aufhebung der Anordnung nach I. Wenn das Gericht auf Grund eines Rechtsbehelfs oder nach § 850g eine Anordnung nach I aufhebt, lebt das Recht aus der ursprünglichen Pfändung im vollen Umfang (bei einer Abänderung entsprechend) und mit dem früheren Rang wieder auf, es sei denn, die Freigrenzen wären inzwischen höher, OLG Köln NJW-RR 1993, 393. Dasselbe gilt bei einer Erweiterung der Pfändungsgrenze zulasten des Schuldners nach II. Diese Wirkung tritt auch bei einem Überweisungsbeschluss nach § 835 ein. Bei einer Aufhebung oder Abänderung zulasten des Gläubigers nach II entfällt die bisherige Regelung von der Wirksamkeit des abändernden Beschlusses an. 26

VI. Rechtsbehelfe, I, II. Soweit wegen der notwendigen Prüfung der wirtschaftlichen Verhältnisse des Schuldners eine echte Entscheidung vorliegt, ist gegen den Beschluss des Rpflegers § 11 RPflG anwendbar. Es ist also grundsätzlich die sofortige Beschwerde nach §§ 567 I Nr. 1, 793 statthaft, vgl. LG Stgt Rpfleger 1994, 175; Thomas/Putzo/Seiler Rn. 11. Das gilt zumindest dann, wenn der Rpfleger den Antrag teilweise abgelehnt hat. 27

850g

Änderung der Unpfändbarkeitsvoraussetzungen. **[1]Ändern sich die Voraussetzungen für die Bemessung des unpfändbaren Teils des Arbeitseinkommens, so hat das Vollstreckungsgericht auf Antrag des Schuldners oder des Gläubigers den Pfändungsbeschluss entsprechend zu ändern. [2]Antragsberechtigt ist auch ein Dritter, dem der Schuldner kraft Gesetzes Unterhalt zu gewähren hat. [3]Der Drittschuldner kann nach dem Inhalt des früheren Pfändungsbeschlusses mit befreiender Wirkung leisten, bis ihm der Änderungsbeschluss zugestellt wird.**

I. Systematik, S. 1–3. Es handelt sich um ein Gegenstück zu §§ 323, 767. 1

II. Regelungszweck, S. 1–3. Eine solche Regelung ist auch dann notwendig, wenn es um einen auch in die Zukunft gerichteten Pfändungs- und Überweisungsbeschluss nach §§ 829 ff. geht. Die Vorschrift dient mit der Möglichkeit der Berücksichtigung nachträglicher Änderungen der Gerechtigkeit. 2

3 **III. Geltungsbereich: Änderung der Verhältnisse, S. 1, 2.** Man kann die Grundsätze → § 323 Rn. 29 auch bei § 850g heranziehen. Zwar fordert § 323 I eine „wesentliche" Änderung, § 850g S. 1 nur eine „Änderung". Eine solche sollte man aber erst ab etwa 10% annehmen. Das Gesetz will kein dauerndes Hin- und Herschwanken. Eine Änderung kann zB wegen des Todes des Schuldners eintreten, LG Wuppert JurBüro 2002, 95, oder wegen der Erhöhung der Zahl von Unterhaltsberechtigten, KG FamRZ 2018, 687. Eine Änderung der Maßstäbe kann sich aus einer neuen Grundsatzentscheidung ergeben, BGH NJW-RR 2005, 222 (entsprechende Anwendung).

4 **IV. Verfahren, S. 1–3.** Das Änderungsverfahren setzt das alte Verfahren fort, BGH NJW-RR 2005, 222. Es ist dazu aber ein Antrag des Betroffenen erforderlich, AG Ffm JurBüro 1998, 273. Das kann auch der Gläubiger dann sein, wenn sich die Verhältnisse des Schuldners oder seiner Erben nach § 779 gebessert haben, LG Wuppert JurBüro 2002, 95. Zuständig ist grundsätzlich dasjenige Vollstreckungsgericht nach § 764, das den Pfändungsbeschluss nach §§ 829 ff. erlassen hatte, BGH Rpfleger 1990, 308, im Insolvenzverfahren das Insolvenzgericht, OLG Köln NZI 2000, 590. Zum Antrag können der Gläubiger, der Schuldner, KG FamRZ 2018, 687, und auch ein solcher Dritter berechtigt sein, dem der Schuldner einen gesetzlichen Unterhalt leisten muss, etwa ein Abkömmling. Der Drittschuldner ist nicht antragsberechtigt, LG Brem BeckRS 2021, 2448. Der Antragsteller muss stets ein Rechtsschutzbedürfnis haben. Dieses besteht dann, wenn ihm die begehrte Änderung zugutekommt. Der Antrag ist so, wie ihn das Gesetz behandelt, keine Erinnerung nach § 766, OLG Mü Rpfleger 1985, 154. Deshalb ist zur Entscheidung über den Antrag nach § 20 I Nr. 17 S. 1 RPflG auch der Rpfleger zuständig, OLG Köln NZI 2000, 590.

5 **V. Entscheidung, S. 1–3.** Der Rpfleger ändert den Pfändungsbeschluss auch dann, wenn zuvor der Richter entschieden hatte, denn es müssen neue Unterlagen vorliegen. Der Rpfleger muss seinen Beschluss begründen.

6 **VI. Wirkung, S. 1–3.** Die Zustellung des abändernden Beschlusses nach § 329 erfolgt wie beim Pfändungsbeschluss an den Drittschuldner nach § 840 im Parteibetrieb nach §§ 191 ff. Bis zur Zustellung kann sich der Drittschuldner an den bisherigen Beschluss halten, LAG Ffm DB 1990, 639. Das gilt selbst dann, wenn er den abändernden Beschluss bereits kennt. Der abändernde Beschluss hat also grundsätzlich keine Rückwirkung, OLG Köln Rpfleger 1988, 419; LG Rostock JurBüro 2003, 327. Er bindet nach §§ 318, 329, OLG Köln FamRZ 1994, 1273; ArbG Halle JurBüro 2003, 491. Wenn der Schuldner die Unrichtigkeit derjenigen Tatsachen behauptet, die der Gläubiger vorträgt und die das Gericht dem alten Beschluss zugrunde gelegt hatte, handelt es sich um eine Erinnerung nach § 766, LG Düss Rpfleger 1982, 300.

850h

Verschleiertes Arbeitseinkommen. I [1]**Hat sich der Empfänger der vom Schuldner geleisteten Arbeiten oder Dienste verpflichtet, Leistungen an einen Dritten zu bewirken, die nach Lage der Verhältnisse ganz oder teilweise eine Vergütung für die Leistung des Schuldners darstellen, so kann der Anspruch des Drittberechtigten insoweit auf Grund des Schuldtitels gegen den Schuldner gepfändet werden, wie wenn der Anspruch dem Schuldner zustände. [2]Die Pfändung des Vergütungsanspruchs des Schuldners umfasst ohne weiteres den Anspruch des Drittberechtigten. [3]Der Pfändungsbeschluss ist dem Drittberechtigten ebenso wie dem Schuldner zuzustellen.**

II [1]**Leistet der Schuldner einem Dritten in einem ständigen Verhältnis Arbeiten oder Dienste, die nach Art und Umfang üblicherweise vergütet werden, unentgeltlich oder gegen eine unverhältnismäßig geringe Vergütung, so gilt im Verhältnis des Gläubigers zu dem Empfänger der Arbeits- und Dienstleistungen eine angemessene Vergütung als geschuldet. [2]Bei der Prüfung, ob diese Voraussetzungen vorliegen, sowie bei der Bemessung der Vergütung ist auf alle Umstände des Einzelfalles, insbesondere die Art der Arbeits- und Dienstleistung, die verwandtschaftlichen oder sonstigen Beziehungen zwischen dem Dienstberechtigten und dem Dienstverpflichteten und die wirtschaftliche Leistungsfähigkeit des Dienstberechtigten Rücksicht zu nehmen.**

1 **I. Systematik, I, II.** I betrifft einen solchen Vertrag, der den Arbeitgeber verpflichtet, die Vergütung ganz oder jedenfalls in derjenigen Höhe an einen Dritten zu zahlen, in der sie die Unpfändbarkeitsgrenze übersteigt. Die güterrechtliche Regelung der Schuldenhaftung berührt den § 850h nicht. Wegen einer unwahren Lohnzahlungsperiode → § 850c Rn. 18. §§ 850a–850c sind anwendbar, BAG NZA 2008, 779.

2 **II. Regelungszweck, I, II.** § 850h soll es einem Schuldner unmöglich machen, sich durch eine Lohnschiebung der Zwangsvollstreckung zu entziehen, BGH NJW 1979, 1600. Das gilt auch bei der Steuerklasse, AG Halle JurBüro 2020, 499; AG Hagen JurBüro 2016, 550. **II** soll verhindern, dass der Schuldner eine gewinnbringende Arbeit ohne jede Vergütung oder nur gegen eine unverhältnismäßig geringe Vergütung leistet, BAG NZA 2009, 163; OLG Düss NJW-RR 1989, 390, etwa gegen ein Taschengeld. Dieser Vorgang findet sich häufig bei Eheleuten im Geschäft des Ehegatten, bei Kindern in dem Geschäft der Eltern. Das Gesetz hilft mit einer Unterstellung (Fiktion) der Vereinbarung einer angemessenen Vergütung, BGH NJW 1979, 1600. Dem Zweck des Gesetzes nach muss man stets den Grund und den Sinn des Vorgangs sorgfältig prüfen. Nicht jede gänzliche oder teilweise Unentgeltlichkeit erfolgt auch aus einer Gleichgültigkeit oder Schädigungsabsicht gegenüber dem Gläubiger.

3 **III. Lohnbegrenzungsvertrag, I.** Es müssen zwei Bedingungen zusammentreffen.

4 **1. Schuldnerleistung.** Es muss ein Vertragsschuldner Arbeiten oder Dienste leisten, BAG NZA 1997, 61. Es ist nicht erforderlich, dass ein festes Dienstverhältnis, ein Arbeits- und ein Dienstlohn oder eine wiederkehrende Vergütung vorliegen. Jeder Anspruch auf eine Vergütung für irgendeine Arbeits- oder Dienstleistung genügt, auch eine einmalige Vergütung.

5 **2. Vergütungspflicht.** Ein Dienstempfänger muss sich verpflichtet haben, einem Dritten eine Vergütung zu bezahlen. Die Abtretung des Anspruchs gehört nicht hierher. Eine solche Abtretung kann eine Gläubigeranfechtung begründen. Als Vergütung muss man jede Vermögenszuwendung für die Arbeit ansehen. Es genügt, dass nur ein Teil der Zuwendung eine solche Vergütung darstellt. Entscheidend ist, ob die Leistung „nach Lage der Umstände" als eine solche Vergütung gilt. Man muss diese Frage objektiv in einer freien Würdigung der

Umstände beurteilen. Die Auffassung der Beteiligten ist nicht wesentlich. Es braucht also keine gewollte Schiebung vorzuliegen.

3. Umfang der Pfändung. Die Pfändung des Anspruchs des Schuldners gegen den Drittschuldner nach § 840 umfasst unter den Voraussetzungen → Rn. 4, 5 kraft Gesetzes den Anspruch des Dritten gegen den Drittschuldner, LG Lüb Rpfleger 1986, 99. Der Gläubiger kann aber auch ohne einen Vollstreckungstitel gegenüber dem Drittberechtigten und ohne eine vorherige Zustellung an ihn dessen Anspruch pfänden. Das Vollstreckungsgericht nach §§ 764, 802 prüft dann nicht, ob die Voraussetzungen des § 850h vorliegen, sondern es legt seinem Beschluss die Angaben des Gläubigers zugrunde. Eine vorherige Zustellung des Vollstreckungstitels an den Dritten ist nicht erforderlich. Denn der Dritte ist nicht der Vollstreckungsschuldner. Der Rpfleger muss seinen Pfändungsbeschluss begründen. Er stellt ihn dem Schuldner und dem Dritten zu. Allerdings sind diese Einzelheiten prozessual unerheblich. Die Pfändung wird mit der Zustellung an den Drittschuldner wirksam. Die Pfändungsbeschränkungen gelten auch hier. Der Dritte kann den Anspruch dem Zugriff des Gläubigers nicht durch eine Abtretung entziehen. Ein anderer kann eine solche Wirkung nicht durch eine Pfändung beim Dritten erreichen. Denn niemand kann mehr Rechte erwerben, als sie der Veräußernde hatte. 6

IV. Verschleierter Arbeitsvertrag, II. Dazu Schmidt JurBüro 2010, 4. Es müssen die Vorgänge → Rn. 8, 9 zusammentreffen. Das Gericht muss alle Umstände beachten, BAG NZA 2009, 163; LG Ingolst JurBüro 2004, 336. 7

1. Arbeits- und Dienstleistung. Der Schuldner muss in einem ständigen Verhältnis arbeiten oder Dienste leisten, LAG Ffm DB 1991, 1388. Es muss nicht unbedingt ein Dienstverhältnis vorliegen. Die Tätigkeit kann auf Grund eines Vertrags oder ohne einen Vertrag erfolgen. Eine tatsächliche Arbeit genügt, LAG Mainz JurBüro 2010, 380. Sie ist aber auch nötig, OLG Drsd JurBüro 2017, 323. Eine einmalige Leistung gehört aber nicht hierhin. Vielmehr muss die Tätigkeit eine gewisse Regelmäßigkeit und Dauer aufweisen. Dann reicht auch eine Teilzeitarbeit, LAG Hamm BB 1988, 1754 (zust. Smid). Eine Abtretung muss den tatsächlich bestehenden Lohnanspruch erfassen, LAG Ffm DB 1991, 1388 (auch wegen einer sog. Mantelzession). Die Umwandlung künftiger Entgeltansprüche in eine wertgleiche Anwartschaft auf Leistungen der betrieblichen Altersversorgung fällt nicht unter § 850h, BAG NZA 2022, 140. 8

2. Unverhältnismäßig geringe Vergütung. Die Arbeiten oder Dienste müssen üblicherweise nach ihrer Art und nach ihrem Umfang nur gegen eine Vergütung geschehen. Das muss man aus der Sicht eines unbeteiligten Dritten beurteilen, BAG NJW 1978, 343, und zwar bei einer Abwägung aller Umstände nach → Rn. 2, OLG Karlsr NZG 2012, 299; LAG Hamm JurBüro 1997, 273. In diesem Zusammenhang muss man die allgemeinen Verhältnisse am Leistungsort berücksichtigen. Dabei muss man von einer Vergütung nach einem etwaigen Tarif ausgehen, jedenfalls aber von demjenigen Mindestentgelt, das dem Schuldner danach zustehen würde, LAG Hamm ZIP 1993, 610 (keine Abweichung aus mehr als 30 % vom Tariflohn). Ferner muss man die persönlichen Verhältnisse der Beteiligten berücksichtigen, OLG Düss NJW-RR 1989, 390, etwa den Wunsch der schon betagten Eltern, sich ihre Existenzgrundlage zu erhalten. Auch die wirtschaftliche Leistungsfähigkeit des Dienstberechtigten ist beachtlich, OLG Düss NJW-RR 1989, 390; OLG Nürnb FamRZ 1981, 954. Man kann eine Berücksichtigung auch der Interessen des Schuldners und des Drittschuldners nach § 840 fordern, Grunsky FS Baur, 1981 408. Die „Lebensgefährtin" erhält für Haushaltsleistungen vom Partner nicht „üblicherweise" eine Vergütung, OLG Düss NJW-RR 1997, 1497; OLG Hamm NJWE-FER 1998, 195; aM OLG Nürnb NJW-RR 1996, 1412; LAG Köln NZA 1989, 686; LG Stgt DGVZ 2009, 132. 9

Unverhältnismäßig gering ist evtl. auch eine Vergütung von über 75 % des Üblichen, BAG NZA 2009, 163, oder von nur 520 EUR mtl., AG Stgt JurBüro 2015, 160, oder von 831,30 EUR mtl., LG Lpz JurBüro 2016, 382. 10

3. Hausmann usw. Manche wollen aus II herauslesen, dass ein fingierter Arbeitsverdienst auch dann vorliege, obwohl S. 2 auch die verwandtschaftlichen Beziehungen besonders erwähnt, AG Plön JurBüro 2008, 160; ArbG Dortm DB 1991, 2600. § 1356 II BGB gibt aber zumindest einen Anhalt dafür, inwiefern eine Vergütung üblich ist. Es kann sich aber auch um vergütete Dienste handeln. Ein Hausmann kann einer Putzfrau oder Zugehfrau gleichstehen. Es kann auch eine Gesellschaft vorliegen. Die Inhaberschaft kann auch verschleiert sein, etwa dann, wenn die Ehefrau des in Insolvenz geratenen Ehemannes das Geschäft unter seiner Leitung fortführt oder wenn der verschuldete Ehemann im Geschäft der Ehefrau arbeitet, LG Halle JurBüro 2006, 382, oder evtl. dann, wenn er im früher eigenen Betrieb jetzt als „Mitarbeiter" fungiert, LG Ravensb JurBüro 2015, 271. Es entscheidet, was der Schuldner gerade bei diesem Betrieb fordern könnte, zB bei einer Geschäftsführung generell, AG Wesel JurBüro 2012, 664; LAG Mainz JurBüro 2010, 380; LAG Hamm JurBüro 1997, 273 oder speziell durch den Lebensgefährten der Inhaberin bei einem kleinen oder kleinsten Betrieb, LAG Hamm BB 1988, 1754 (Anm. Smid) (kein Anscheinsbeweis für eine vollschichtige Mitarbeit des Ehemanns). 11

Es kommt darauf an, ob man eine **normal beschäftigte** Arbeitskraft anstelle des mitarbeitenden Schuldners dann beschäftigen müsste, wenn dieser nicht mitarbeiten würde. Eine Absicht der Gläubigerbenachteiligung ist bei II nicht erforderlich, BGH NJW 1979, 1600; aM Grunsky FS Baur, 1981, 411 (aber II deutet ein solches Merkmal nicht an). Auch wenn der Schuldner gutgläubig handelt, kann eine grobe Unbilligkeit vorliegen, BGH NJW 1979, 1600. 12

4. Weitere Sonderfälle. Wenn der Schuldner keine Dienste leistet und trotzdem den Lebensunterhalt und eine Vergütung erhält, ist II unanwendbar. Dann kann zwar ein Ersatzanspruch nach § 826 BGB entstanden sein. Das gilt etwa dann, wenn eine Ehefrau ihrem Ehemann, einem Schlachter, freie Station gewährt, ohne ihn in ihrer gutgehenden Schlachterei zu beschäftigen. Wenn der Schuldner eine eigene Schuld abarbeitet, fällt dieser Vorgang nicht unter § 850h. Es liegen dann vielmehr die Vereinbarung einer Vergütung und eine Aufrechnung gegen diese Vergütung vor. Wenn dagegen der Dienstberechtigte eine solche Forderung hat, deren Abarbeitung die Partner nicht vereinbart hatten, gilt → Rn. 14. Man kann auch die Wahl einer ungünstigen Steuerklasse als ein verschleiertes Arbeitseinkommen beurteilen, BGH NJW-RR 2006, 569; LG Düss JurBüro 2017, 102; AG Halle JurBüro 2020, 499; AG Langen JurBüro 2020, 327; AG Neustadt JurBüro 2020, 446; vgl. auch Möhring ZVI 2018, 261. 13

5. Pfändbarer Anspruch. Als geschuldet gilt zugunsten des Gläubigers eine angemessene Vergütung. Sie bemisst sich nach der Leistung des Schuldners und der Leistungsfähigkeit des Dienstberechtigten. Die Pfändung 14

kann sich eine Wirkung für die Vergangenheit beilegen, Stein/Jonas/Würdinger Rn. 35; aM BAG NJW 2008, 2606; LAG Hamm DB 1990, 1340; Geißler Rpfleger 1987, 5 (aber gerade auch eine solche Rückwirkung kann aus dem Wort „gilt" in II folgen). Man muss einen Vorschuss auf den unpfändbaren Betrag verrechnen und, soweit der Vorschuss höher ist, auf den Restbetrag. Eine Verrechnung darf nicht auf die unterstellte Vergütung erfolgen. Ein Vorschuss ist bei der Vergütung anrechenbar. Bei angeblichem Getrenntleben, aber Steuerklasse V muss das Gericht auf Gläubigerantrag so rechnen, als sei Klasse I maßgeblich, vgl. AG Bernkastel-Kues JurBüro 2020, 324; AG Wuppert JurBüro 2013, 106.

15 **6. Rang.** Wenn mehrere Gläubiger in demselben Prozess vorgehen, gilt das Vorrangsprinzip der §§ 804 III, 832, 850h I 2 uneingeschränkt, BGH NJW 1991, 495; BAG NJW 1995, 414; aM LAG Köln DB 1980, 2060; ArbG Lüb MDR 1984, 174 (aber II lässt nicht erkennen, dass die genannten Regeln hier nicht ebenfalls gelten sollten). Man muss eine bewirkte Leistung auf die Vergütung anrechnen. Die Pfändung ist nur in den Grenzen der §§ 850 ff. zulässig. Der Drittschuldner nach § 840 kann sich im Prozess mit dem Gläubiger auf diese Einschränkung berufen.

16 **7. Verfahren.** Wenn der Gläubiger einen unter II fallenden Sachverhalt vorträgt, muss das Vollstreckungsgericht nach §§ 764, 802 durch den nach § 20 I Nr. 17 S. 1 RPflG zuständigen Rpfleger den angeblichen Anspruch des Schuldners pfänden, ohne das Bestehen und die Höhe des angeblichen Anspruchs selbst zu prüfen, BGH MDR 2013, 1370; BAG NJW 2008, 2606. Wenn der Drittschuldner nach § 840 den Anspruch bestreitet, muss der Gläubiger die Voraussetzungen von II im Drittschuldnerprozess darlegen und beweisen, OLG Brem OLGR 2001, 144; LAG Mainz BeckRS 2018, 38082; LAG Düss MDR 1994, 1020; LAG Hamm DB 1993, 1428; aM OLG Oldb JurBüro 1995, 104 (zust. Sitz MDR 1995, 345). Das Prozessgericht muss dann auf dieser Basis das Bestehen und die Höhe des Anspruchs selbst prüfen, BGH MDR 2013, 1370; LG Frankenth MDR 1984, 856; LG Brem JurBüro 2003, 215. Der Schuldner muss bei einem angeblich extrem geringen Einkommen die Art und den Umfang seiner Tätigkeit näher darlegen, LG Ingolst JurBüro 2004, 336; LG Regensb DGVZ 1999, 59; AG Brem JurBüro 2015, 211. Ein Ausforschungsbeweis ist unzulässig, BAG NZA 2006, 175.

17 Die Beschränkungen der **§§ 850a ff.** gelten auch dann. Das Vollstreckungsgericht muss also unpfändbare Bezüge absetzen. Die Pfändung eines nicht bestehenden Vergütungsanspruchs ist aber evtl. als eine Pfändung nach II auslegbar und wirksam. Die Pfändung ergreift das gesamte Bezugsrecht. Dieses dauert an, solange das Rechtsverhältnis zwischen dem Schuldner und dem Dritten im Wesentlichen dasselbe ist. Das Rangprinzip des § 804 III gilt auch hier zugunsten anderer Gläubiger, BAG NJW 1995, 414.

18 **V. Rechtsbehelfe, I, II.** Der Schuldner und der Drittschuldner nach § 840 haben gegen eine Maßnahme die Erinnerung nach § 766. Nach einer Entscheidung des Rpfleger gilt § 11 RPflG. Der die Lage I leugnende Dritte kann die Widerspruchsklage nach § 771 einlegen. Wenn der Gläubiger gegen den Drittschuldner auf eine Zahlung klagt oder wenn der Drittschuldner gegen den Gläubiger nach § 256 eine Klage auf die Feststellung des Nichtbestehens des Anspruchs erhebt, hat er die Darlegungs- und Beweislast für die Tatsachen einer fingierten Vergütung, LG Lüb Rpfleger 1986, 99; LAG Hamm DB 1993, 1428. Dann muss das Prozessgericht prüfen, ob ein Anspruch des Schuldners nach II besteht. Der Schuldner selbst hat kein Klagerecht. Im Prozess sind Einwendungen gegen die Wirksamkeit der Pfändung zulässig. Da das Gesetz ein Arbeitsverhältnis unterstellt, ist meist das ArbG zuständig, LAG Stgt JurBüro 1997, 327; vgl. auch BGHZ 68, 128.

850i ***Pfändungsschutz für sonstige Einkünfte.*** **I [1]Werden nicht wiederkehrend zahlbare Vergütungen für persönlich geleistete Arbeiten oder Dienste oder sonstige Einkünfte, die kein Arbeitseinkommen sind, gepfändet, so hat das Gericht dem Schuldner auf Antrag während eines angemessenen Zeitraums so viel zu belassen, als ihm nach freier Schätzung des Gerichts verbleiben würde, wenn sein Einkommen aus laufendem Arbeits- oder Dienstlohn bestünde. [2]Bei der Entscheidung sind die wirtschaftlichen Verhältnisse des Schuldners, insbesondere seine sonstigen Verdienstmöglichkeiten, frei zu würdigen. [3]Der Antrag des Schuldners ist insoweit abzulehnen, als überwiegende Belange des Gläubigers entgegenstehen.**

II Die Vorschriften des § 27 des Heimarbeitsgesetzes vom 14. März 1951 (BGBl. I S. 191) bleiben unberührt.

III Die Bestimmungen der Versicherungs-, Versorgungs- und sonstigen gesetzlichen Vorschriften über die Pfändung von Ansprüchen bestimmter Art bleiben unberührt.

§ 27 HeimarbG Pfändungsschutz

Für das Entgelt, das den in Heimarbeit Beschäftigten oder den Gleichgestellten gewährt wird, gelten die Vorschriften über den Pfändungsschutz für Vergütungen, die auf Grund eines Arbeits- oder Dienstverhältnisses geschuldet werden, entsprechend.

1 **I. Systematik, I–III.** I–III enthalten Schutzregeln für nicht wiederkehrende Einkünfte auch des Selbständigen.

2 **II. Regelungszweck, I–III.** Das Gesetz soll auch dem freiberuflich Tätigen den notwendigen Unterhalt gegen einen Zugriff des Gläubigers schützen, BGH NJW-RR 2009, 410. Das gilt auch bei einer Schuldnerinsolvenz, BGH NJW 2003, 2167, vgl. § 36 I 2 InsO.

3 **III. Nicht wiederkehrende Leistung usw., I.** Dieser Teil der Vorschrift betrifft die Vergütung für eine solche persönliche Arbeits- oder Dienstleistung, die nicht unter § 850 fällt, weil sie nicht wiederkehrend zahlbar ist. I 1 erfasst ferner alle „sonstigen Einkünfte, die kein Arbeitseinkommen sind", AG Dortm JurBüro 2017, 158; AG Remscheid JurBüro 2017, 45. Es muss also um ein eigenständig erwirtschaftetes Einkommen gehen, vgl. BGH NJW-RR 2014, 1197 (aber → Rn. 5 „Miete"). Auf eine bloße rechtsgeschäftliche Handlungsmöglichkeit ist § 850i nicht anwendbar, BGH ZInsO 2022, 847.

4 **1. Jeder Rechtsgrund.** Der Rechtsgrund und die Art der Arbeit und der Dienste usw. sind unerheblich. Eine einmalige Tätigkeit kann genügen, sofern sie nicht nebenbei ohne einen besonderen Zeitaufwand erfolgt ist.

2. Beispiele zur Frage einer Anwendbarkeit von I 1

Abfindungsempfänger: Anwendbar ist I 1 auf eine einmalige Abfindung, LG Bbg Rpfleger 2009, 327; AG Düss JurBüro 2006, 270, auch nach zB §§ 112, 113 BetrVG oder nach den §§ 9, 10 KSchG, BAG NZA 1992, 384; LG Münst Rpfleger 2002, 578; AG Langen JurBüro 2002, 605 (zust. Ernst). 5

Anwalt: Anwendbar ist I 1 auf den Anwalt.

Architekt: Anwendbar ist I 1 auf den Architekten, BGH NJW-RR 2009, 410.

Arzt: Anwendbar ist I 1 auf den Arzt, BGH NJW 2008, 227.

Außendienstmitarbeiter: Anwendbar ist I 1 auf ihn wegen einer Stornoreserve, LAG Hamm BB 1992, 2224.

Corona-Sonderzahlung: I 1 ist nicht anwendbar, ArbG Bautzen ArbR 2021, 696; AG Konst JurBüro 2021, 269.

Dentist: Anwendbar ist I 1 auf den Dentisten.

Entschädigung: Auf die Entschädigung nach § 15 II AGG ist I 1 nicht anwendbar, vgl. BGH NJW-RR 2020, 995; LAG Stgt InsbürO 2022, 130.

Erbbauzinsen: I 1 ist anwendbar, BGH NZI 2018, 899.

Erfinder: Anwendbar ist I 1 auf den Erfinder.

Freiberufler: Anwendbar ist I 1 auf jeden Freiberufler, LG Lpz JurBüro 2005, 102. S. auch bei den einzelnen Berufsarten.

Gastwirt: Unanwendbar ist I auf denjenigen Gastwirt, der seine Dienste durch Angestellte leistet.

Handlungsagent: Anwendbar ist I 1 auf den Handlungsagenten nach dem HGB.

Handlungsmöglichkeit: → Rn. 3.

Handwerker: Anwendbar ist I 1 auf einen Handwerker, soweit er seine Dienste persönlich leistet.

Hebamme: Anwendbar ist I 1 auf die Hebamme.

Insolvenzverwalter: Anwendbar ist I 1 auf den Insolvenzverwalter nach der InsO. Für die vom Insolvenzverwalter freigegebene selbständige Tätigkeit des Schuldners vgl. BGH NZI 2018, 275.

Kapitalerträge: I 1 ist anwendbar, LG Berlin NZI 2022, 275.

Komponist: „Künstler".

Künstler: Anwendbar ist I 1 auf den Künstler, also auch beim Komponisten etwa auf die von der GEMA erhaltenen Beträge.

Kunsthandwerker: Anwendbar ist I 1 auf den Kunsthandwerker.

Lizenzgeber: Anwendbar ist I 1 auf den Lizenzgeber, BGH NJW-RR 2004, 644.

Lotto-Gewinn: I 1 ist nicht anwendbar, LG Flensb JurBüro 2021, 330.

Miete: I 1 ist anwendbar, BGH NJW-RR 2018, 625.

Nießbrauch: I 1 ist anwendbar, BGH NJW-RR 2014, 1197.

Pflichtteil: Unanwendbar ist I 1 auf einen solchen Anspruch, BGH NJW-RR 2016, 761.

Psychologe: Anwendbar ist I 1 auf ihn, BGH NJW 2003, 2167.

Schriftsteller: Anwendbar ist I 1 auf den Schriftsteller auch wegen der zB von der VG Wort erhaltenen Beträge, BGH NJW-RR 2004, 644.

Soldat: Anwendbar ist I 1 auf sein Entlassungsgeld, LG Rostock Rpfleger 2001, 439.

Steuerberater: Anwendbar ist I 1 auf ihn, BGH NJW 1999, 1544.

Tantiemen: I 1 kann anwendbar sein, OLG Mü BeckRS 2018, 29487.

Unternehmensberater: Anwendbar ist I 1 auf einen selbständigen Unternehmensberater, BGH NJW-RR 2014, 1198; LG Lpz JurBüro 2005, 102.

Urheber: „Künstler", „Schriftsteller" usw.

Verkauf: I 1 ist anwendbar auf die Kaufpreisraten aufgrund der Veräußerung eines GmbH-Geschäftsanteils, BGH NJW-RR 2019, 1520.

Versicherungsleistungen: I 1 ist anwendbar, BGH NJW-RR 2021, 987; LG Dortm NZI 2021, 687, auch auf einen Vergleichsbetrag anlässlich der Aufhebung eines Versicherungsvertrags, LG Bln NZI 2022, 275.

Versteigerer: Anwendbar ist I 1 auf den gewerbsmäßigen Versteigerer.

Wissenschaftler: → „Schriftsteller".

Wohngelegenheit: Anwendbar ist I 1 auf eine Vergütung für die Gewährung einer Wohngelegenheit oder für eine andere Sachbenutzung dann, wenn die Vergütung zu einem nicht unwesentlichen Teil solche Dienste abgilt, die neben der Sachbenutzung erfolgten. Der Schuldner muss die Dienste persönlich oder durch Hausgenossen geleistet haben.

Zahnarzt: Anwendbar ist I 1 auf den Zahnarzt, OLG Hamm NJW 2005, 2788; VGH Mü NVwZ-RR 2006, 550.

Zimmervermieter: Anwendbar ist I 1 auf einen Zimmervermieter.

IV. Pfändung, I. 1. Voraussetzungen. Der Vollstreckungsschutz tritt hier abweichend von der Regel nur auf Grund eines Antrags ein, BGH NJW 2008, 227. Der Arbeitgeber braucht den Arbeitnehmer grundsätzlich nicht über diese Vollstreckungsschutzmöglichkeit zu belehren, BAG NZA 1992, 384. Der Antrag ist dann nicht mehr zulässig, wenn der Drittschuldner bereits an den Gläubiger geleistet hat. Der Rpfl. muss dem Schuldner dann eine solche Summe belassen, die für eine angemessene Zeit ebenso viel belässt, wie ihm bei (nur) laufenden Arbeits- oder Dienstlohn verbleiben würde, AG Remscheid JurBüro 2017, 45, die also vor allem den Unterhalt des Schuldners sichert, ebenso denjenigen seines jetzigen oder früheren Ehegatten oder Lebenspartners, Viertelhausen DGVZ 2001, 129, seiner unterhaltsberechtigten Verwandten, LG Bbg Rpfleger 2009, 327, und einem Elternteil des Kindes nicht miteinander verheirateter Eltern. Maßgebend für die Höhe des zu belassenden Betrags sind etwa die Sätze der laufenden Hilfe zum Lebensunterhalt nach dem SGB, (je zum alten Recht) LG Heilbr JurBüro 2003, 157; LG Rostock Rpfleger 2001, 439; (zum neuen Recht) AG Münst NZI 2017, 357. 6

2. Zeitraum, I 1. Der Rpfleger muss unter einer Berücksichtigung aller persönlichen und allgemeinen Verhältnisse prüfen, welcher Zeitraum angemessen ist. Dabei mag man oft etwa 6 Wochen zu Grunde legen, OLG Drsd Rpfleger 1999, 283, aber auch einmal 3 Monate, AG Michelstadt JurBüro 2002, 549, oder sogar 6 Monate, LG Mainz JurBüro 2000, 157, 12 Monate, AG Dortm NZI 2021, 585, oder sogar 18 Monate, LG Bbg Rpfleger 2009, 327. Wer erst nach längerer Zeit eine Zahlung erwarten kann, dem muss man einen entsprechend hohen Betrag für eine längere Zeit belassen als demjenigen, dem baldige Einnahmen winken. Der 7

Fall liegt etwa so, als ob sich die voraussichtlichen Einnahmen des Jahres auf Monate verteilen würden. Unklarheiten über den tatsächlichen Verdienst eines Journalisten können zulasten des Schuldners gehen. Auch Vorsorgeaufwendungen können schutzwürdig sein, BGH NJW 2008, 227. Keineswegs darf der Schuldner besser stehen, als wenn er unter die allgemeine Regelung fallen würde. Er soll aber auch nicht weniger behalten.

8 **3. Abwägung, I 2, 3.** Es können überwiegende Belange des Gläubigers dann entgegenstehen, wenn der Gläubiger zB als Unterhaltsberechtigter das Geld dringend zum Leben braucht. Dann muss der Rpfleger den Antrag nach I 3 ablehnen. Er muss auch §§ 850d und 850f II heranziehen, hier allerdings einen Antrag vorausgesetzt. Er muss nach I 2 die beiderseitigen wirtschaftlichen Verhältnisse in die Abwägung einbeziehen. Unter I fällt auch der Fall, dass der Arbeitgeber einen zunächst einbehaltenen Teil des Lohns nachträglich auszahlt, aM ArbG Wetzlar BB 1988, 2320 (zum Zahlungsverzug. Durch ihn ändert sich aber nicht der Charakter der Lohnzahlungen als wiederkehrende Leistung). Daher zählt auch der Anspruch aus dem Lohnsteuerjahresausgleich hierher. Diesen Anspruch muss der Gläubiger evtl. beim Finanzamt pfänden.

9 Wenn mit einem Einkommen nach § 850i ein Einkommen nach § 850c zusammentrifft, muss der Rpfl. zunächst wie nach § 850c verfahren, LG Halle Rpfleger 2001, 439. Wenn der Unterhalt des Schuldners im Rahmen der dortigen Freigrenzen sicher ist, kann sich der Schuldner für das an sich nach § 850i zu beurteilende Einkommen nicht auf diese Vorschrift berufen, LG Bln Rpfleger 1995, 170.

10 **4. Verfahren.** Antragsberechtigt sind außer dem Schuldner auch diejenigen Angehörigen, die aus der Vergütung ihren notwendigen Unterhalt beziehen. Der Drittschuldner nach § 840 hat kein Antragsrecht. Der nach § 20 I Nr. 17 S. 1 RPflG zuständige Rpfl. muss vor einer solchen Entscheidung um eines fairen Verfahrens willen den Gläubiger anhören. Deshalb ist auch eine mündliche Verhandlung nach § 764 III statthaft. Der widersprechende Gläubiger muss andere Verdienstmöglichkeiten nach I 2 darlegen. Erst anschließend braucht sich der Schuldner zu solchen angeblichen anderweitigen Verdienstmöglichkeiten zu äußern. Der Rpfl. ist deshalb zur Entscheidung zuständig, weil es sich um eine Ergänzung der bisherigen Festsetzung auf Grund neuer Tatsachen handelt, LG Bln Rpfleger 1995, 170.

11 **5. Entscheidung.** Der Rpfl. entscheidet durch einen Beschluss nach § 329. Es muss ihn begründen. Er muss ihn nach § 329 III förmlich zustellen.

12 **6. Rechtsbehelf.** Jeder Betroffene kann nach § 11 RPflG vorgehen.

13 **V. Heimarbeit, II.** § 27 HeimarbG unterwirft das Entgelt des Heimarbeiters dem Pfändungsschutz für Vergütungen auf Grund eines Arbeits- oder Dienstverhältnisses. Danach sind entweder §§ 850c ff. oder § 850i anwendbar, je nachdem, ob es sich um ein ständiges solches Verhältnis handelt oder nicht.

14 **VI. Versorgungsvorschriften usw., III.** Die Vorschrift besagt nur, dass § 850i die sonst bestehenden Sondervorschriften über eine Unpfändbarkeit nicht aufhebt. In Betracht kommt etwa § 54 SGB I, OLG Stgt NJW 1993, 604; OLG Kblz MDR 1977, 323.

850k

Einrichtung und Beendigung des Pfändungsschutzkontos. **I [1]Eine natürliche Person kann jederzeit von dem Kreditinstitut verlangen, dass ein von ihr dort geführtes Zahlungskonto als Pfändungsschutzkonto geführt wird. [2]Satz 1 gilt auch, wenn das Zahlungskonto zum Zeitpunkt des Verlangens einen negativen Saldo aufweist. [3]Ein Pfändungsschutzkonto darf jedoch ausschließlich auf Guthabenbasis geführt werden.**

II [1]Ist Guthaben auf dem Zahlungskonto bereits gepfändet worden, kann der Schuldner die Führung dieses Kontos als Pfändungsschutzkonto zum Beginn des vierten auf sein Verlangen folgenden Geschäftstages fordern. [2]Das Vertragsverhältnis zwischen dem Kontoinhaber und dem Kreditinstitut bleibt im Übrigen unberührt.

III [1]Jede Person darf nur ein Pfändungsschutzkonto unterhalten. [2]Bei dem Verlangen nach Absatz 1 hat der Kunde gegenüber dem Kreditinstitut zu versichern, dass er kein weiteres Pfändungsschutzkonto unterhält.

IV [1]Unterhält ein Schuldner entgegen Absatz 3 Satz 1 mehrere Zahlungskonten als Pfändungsschutzkonten, ordnet das Vollstreckungsgericht auf Antrag des Gläubigers an, dass nur das von dem Gläubiger in seinem Antrag bezeichnete Zahlungskonto dem Schuldner als Pfändungsschutzkonto verbleibt. [2]Der Gläubiger hat den Umstand, dass ein Schuldner entgegen Satz 1 mehrere Zahlungskonten als Pfändungsschutzkonten unterhält, durch Vorlage entsprechender Erklärungen der Drittschuldner glaubhaft zu machen. [3]Eine Anhörung des Schuldners durch das Vollstreckungsgericht unterbleibt. [4]Die Anordnung nach Satz 1 ist allen Drittschuldnern zuzustellen. [5]Mit der Zustellung der Anordnung an diejenigen Kreditinstitute, deren Zahlungskonten nicht zum Pfändungsschutzkonto bestimmt sind, entfallen die Wirkungen dieser Pfändungsschutzkonten.

V [1]Der Kontoinhaber kann mit einer Frist von mindestens vier Geschäftstagen zum Monatsende von dem Kreditinstitut verlangen, dass das dort geführte Pfändungsschutzkonto als Zahlungskonto ohne Pfändungsschutz geführt wird. [2]Absatz 2 Satz 2 gilt entsprechend.

1 **I. Systematik, I–V.** Die Vorschrift wurde mit Wirkung ab dem 1.12.2021 neu gefasst und regelt als Grundlage für die weitergehenden Vorschriften der ebenfalls mit Wirkung ab dem 1.12.2021 neu gefassten §§ 899–910 die Einrichtung des Pfändungsschutzkontos sowie in V die Rückwandlung eines Pfändungsschutzkontos in ein Zahlungskonto ohne Pfändungsschutz.

2 Ein Pfändungsschutzkonto ist ein herkömmliches Girokonto, das aufgrund einer ergänzenden vertraglichen Vereinbarung als Pfändungsschutzkonto geführt wird, BGH NJW 2013, 3163. § 765a und andere Schuldnerschutzvorschriften gelten weiterhin, BGH NZI 2014, 414; NJW 2008, 1678. Eilrechtsschutz ist nicht geboten, wo Vollstreckungsschutz durch Umwandlung eines Girokontos in ein Pfändungsschutzkonto möglich ist, BVerfG BVerfG NJW 2014, 3771. Das Konto bleibt im Übrigen kündbar, OLG Drsd GRUR-RR 2018, 428.

II. Regelungszweck, I–V. Bei der Abwägung der Bedürfnisse des Gläubigers und des Schuldners sowie seiner unterhaltsberechtigten Familie bringen §§ 850k, 899–910 eine erhebliche Verbesserung der Schuldnerstellung. 3

III. Geltungsbereich, I–V. § 850k regelt das Pfändungsschutzkonto. Andere Vorschriften wie § 833a regeln das Nicht-Pfändungsschutzkonto. Wieder andere wie § 765a erfassen beide Bereiche. Ergänzend wirken im Umfeld des Pfändungsschutzkontos zB §§ 38 EGZPO, 309 III AO. § 850k gilt auch bei einer Verwaltungsvollstreckung und im Insolvenzverfahren, § 36 I 2 InsO. 4

IV. Einrichtung, I, II. I regelt wie früher VII die Entstehung des Pfändungsschutzkontos, auf dem die gesamte weitere Regelung der §§ 850k, 899–910 beruht. 5

1. Zahlungskonto, I 1. Die natürliche Person, die ein Pfändungsschutzkonto einrichten will, muss bei dem Kreditinstitut ein Zahlungskonto – in VII a. F. noch: Girokonto – führen. Es muss ein solcher Vertrag bestehen, den man als Zahlungskonto/Girokonto bezeichnen kann. Das ist etwas anderes als ein Sparkonto. Es müssen direkte Überweisungsaufträge möglich sein, ebenso andere unbare Vorgänge. 6

2. Einrichtung bei oder nach Kontobeginn, I 1. Die Eigenschaft eines Pfändungsschutzkontos kann schon beim Beginn eines Zahlungskontos eintreten, aber auch später bis zum Ende des Zahlungskontos. Zu solcher Einrichtung ist keineswegs eine gar akute Finanznot des Kunden erforderlich. Man kann sein Konto als Pfändungsschutzkonto auch nach dem Ende einer eigenen Finanzklemme beliebig lange fortbestehen lassen. Für die Einrichtung und Aufrechterhaltung eines Pfändungsschutzkontos braucht der Kunde der Bank usw. keinerlei Gründe anzugeben, auch nicht auf deren etwaiges Verlangen. 7

Die Bank **muss** ein solches Konto unter den gesetzlichen Voraussetzungen einrichten und darf für dieses Konto keine Pauschal- oder Zusatzgebühren usw. fordern, BGH NJW 2013, 995; OLG Ffm WM 2012, 1911; LG Lpz ZIP 2016, 207; aM LG Ffm ZIP 2012, 114; Herresthal WM 2013, 773 (779). Will die Bank usw. ein solches Konto nicht dulden, muss sie den Abschluss eines Girokontovertrags mit diesem Kunden ablehnen oder den ganzen Vertrag im Rahmen der dafür möglichen Regeln kündigen, KG NJW 2012, 395; Bitter ZIP 2011, 149 (158); Herresthal WM 2013, 773 (778); strenger Ahrens NJW 2013, 975 (Notwendigkeit eines sachlichen Grundes). Würde eine solche Gesamtkündigung danach erst zu einem Zeitpunkt nach fünf oder mehr Geschäftstagen zulässig sein, könnte der Kunde vorher die Einrichtung als Pfändungsschutzkontos nach I 1 erzwingen. Ein Pfändungsschutzkonto erlischt nicht schon wegen Insolvenz des Inhabers, LG Verden NZI 2014, 36. 8

3. Nur bei natürlicher Person, I 1. Nur **natürliche Personen** iSd § 1 BGB können ein Pfändungsschutzkonto führen. 9

4. Einseitiges Verlangen I 1. Anders als früher VII 1 sieht I 1 nicht mehr vor, dass das Pfändungsschutzkonto aufgrund einer Vereinbarung zwischen Kontoführer und Kreditinstitut eingerichtet wird. Vielmehr kann der Kontoführer einseitig die Führung als Pfändungsschutzkonto verlangen. Das entspricht der früheren Regelung in VII 2. 10

5. Einrichtungszeitpunkt, I 1, II 1. Die Bank darf nur auf Wunsch des Kunden ein Pfändungsschutzkonto einrichten. Er kann den Zeitpunkt „jederzeit" bestimmen. Die Bank haftet wegen einer nicht unverzüglichen Einrichtung. 11

Ab wirksamer Pfändung gilt nach **II 1** (entspricht früher VII 3) als Ausnahme: Der Schuldner kann eine Umwandlung in ein Pfändungsschutzkonto zwar auch weiterhin jederzeit für die Zukunft fordern, BVerfG NJW 2014, 3771. Er kann sie aber erst zu dem Beginn des vierten auf den Zugang seiner Umwandlungserklärung folgenden Geschäftstags der Bank verlangen. Die Bank usw. darf und muss also dann sogar bis zu diesem vierten Tag mit der Einrichtung warten. Eine verfrühte Umwandlung kann sie gegenüber einem dadurch benachteiligten Gläubiger nach § 840 II 2 haftbar machen. 12

Pfändungsschutz besteht zugunsten des Schuldners auch bei einer danach verfrühten Einrichtung des Pfändungsschutzkontos. Denn wenn das Kreditinstitut sie wirksam vorgenommen hat, muss Klarheit für alle Beteiligten bestehen, bis eine wirksame Aufhebung dieser Kontoart erfolgt. 13

6. Einrichtungstechnik, I 1. Dazu schweigt § 850k. Es nennt nur den Begriff einer „Führung" als Pfändungsschutzkonto durch das Kreditinstitut. Führung setzt an sich begrifflich ein Einrichten voraus. Indessen kann man in I 1 soweit nötig unter „Führung" auch „Einrichtung" verstehen. Zur Kündbarkeit durch eine Bank LG Lpz ZIP 2016, 207; Bitter ZIP 2015, 1807. 14

Äußerlich erkennbar muss die Einrichtung als Pfändungsschutzkonto aber sein. Die Bank usw. muss mehr tun als nur interne Bezeichnungen anordnen und vornehmen. Sie muss zumindest dem Kunden gegenüber auf dessen etwaige Anfrage bestätigen, dass sie sein bisheriges bloß einfaches Girokonto nun als Pfändungsschutzkonto führt. Eine förmliche Mitteilung von sich aus braucht die Bank aber sowohl gegenüber dem Kunden als auch anderen Beteiligten gegenüber nicht zur Wirksamkeit der Einrichtung zu machen. Andernfalls würde der Einrichtungszeitpunkt von einer solchen Zustellung abhängen, die das Gesetz gerade nicht fordert. Daher im Zweifel Existenz als Pfändungsschutzkonto schon ab entsprechender Bezeichnung bei dem Kreditinstitut in seinen Unterlagen. 15

7. Negativer Saldo; Führung auf Guthabenbasis, I 2, 3. Nach I 2 kann die Umwandlung in ein Pfändungsschutzkonto auch erfolgen, wenn das Zahlungskonto einen negativen Saldo aufweist. Es darf dann aber nach I 3 gleichwohl nur auf Guthabenbasis geführt werden. Das bedeutet, dass der negative Saldo getrennt zu verbuchen ist. In der Praxis bietet sich dazu das sog. „Zwei-Konten-Modell" an, vgl. dazu BeckOK ZPO/Riedel Rn. 8. Vgl. im Übrigen die Regelung des § 901. 16

V. Nur ein Pfändungsschutzkonto, III. Nach III darf jede Person nur ein Pfändungsschutzkonto führen; IV regelt die Rechtsfolgen, wenn der Schuldner mehr als ein Pfändungsschutzkonto unterhält. Die Regelungen entsprechen weitgehend VIII und IX aF. 17

1. Freie Anfangswahl, III 1. Die Begrenzung auf nur ein einziges Pfändungsschutzkonto ändert nichts an der freien Wahl des Schuldners, welches von mehreren Girokonten bei einer oder mehreren Banken usw. er derart unterhalten will. Er darf auch ein Pfändungsschutzkonto auflösen (und als „normales" Girokonto weiterführen oder ganz beenden) und sofort anschließend ein neues Pfändungsschutzkonto bei demselben Kreditinstitut oder bei einem anderen einrichten lassen. Denn ein Pfändungsgläubiger hat durch die Aufhebung des Pfändungs- 18 schutzkontos ja keinerlei Nachteile, sondern eher den Vorteil einer jetzt zulasten des etwa verbleibenden Normalkontos zulässigen „normalen" Pfändbarkeit. Solange der Schuldner nicht ein Schutzkonto hat, kann der Gläubiger auf dem etwa vorhandenen anderen Normalkonto ebenfalls normal vollstrecken.

19 **2. Kein Gemeinschaftskonto, III 1.** Das einzig erlaubte Pfändungsschutzkonto darf auch nur einen einzigen Menschen als Kontoinhaber haben. Es kann also ein etwaiges Gemeinschaftskonto weder als Pfändungsschutzkonto beginnen noch nachträglich auch nur für einen der Gemeinschafter zu seinem Pfändungsschutzkonto werden. Das gilt sowohl bei einem „Oder-Konto" als auch bei einem „Und-Konto". Natürlich bleiben solche Formen grundsätzlich bei einem Kreditinstitut im Rahmen der AGB und der Vertragsbedingungen statthaft, aber eben nicht als Pfändungsschutzkonto.

20 Zur **Umwandlung** eines „normalen" Gemeinschaftskontos in ein Einzel-Pfändungsschutzkonto nunmehr → § 850l Rn. 1.

21 **3. Kein erhöhter Pfändungsschutz auf anderen Konten, III 1.** Gutschriften auf etwaigen weiteren, nicht zum Pfändungsschutzkonto gewordenen Konten dieses Schuldners unterliegen einer Pfändbarkeit, AG Neu-Ulm JurBüro 2015, 384. Das gilt auch dann, wenn es sich zB um Sozialleistungen handelt.

22 **4. Versicherung keines weiteren Pfändungsschutzkontos, III 2.** Diese Vorschrift begründet keine bloße Obliegenheit (bloßer Rechtsnachteil eines Versäumnisses), sondern eine ausdrückliche Rechtspflicht des Schuldners: Er „hat zu versichern".

23 **Gegenüber dem Kreditinstitut** besteht diese Pflicht. Der Schuldner muss ihre Erfüllung darlegen und beweisen. Nur einem zur Entgegennahme bereiten und aus Schuldnersicht zur Entgegennahme befugten Bankmitarbeiter darf der Schuldner Unterlagen übergeben. Es besteht weder ein Formzwang noch die Notwendigkeit einer Glaubhaftmachung etwa nach § 294. Denn III 2 enthält keine Pflicht zur Glaubhaftmachung. Die Versicherung ist daher theoretisch auch telefonisch oder mündlich ausreichend. Sie braucht nicht „an Eides statt" zu erfolgen, hat aber bei einer solchen Steigerung evtl. deren strafrechtliche Folgen.

24 „Bei dem Verlangen" ist die Versicherung des Schuldners nötig, also zugleich mit dem Verlangen nach I 1. Daraus folgt zugleich: Das Kreditinstitut darf und muss die Einrichtung eines Pfändungsschutzkontos bis zum Vorliegen einer wirksamen Versicherung des Kunden nach III 2 ablehnen und haftet beim Verstoß. Es ist dringend ratsam, eine Schriftform zu erbitten. Sollte der Kunde diese ablehnen, bleibt der Bank nur ein Vermerk darüber oder eine Kündigung des Kontovertrags, aber nicht eine Verweigerung des Pfändungsschutzkontos mangels Schriftlichkeit der Versicherung. Eine stillschweigende Versicherung ist ausnahmsweise denkbar.

25 **Inhaltlich** ist am besten „Ich unterhalte kein weiteres Pfändungsschutzkonto". Andere Formulierungen sind nach §§ 133, 157 BGB und im Prozess auslegbar. Sie müssen aber eindeutig sein.

26 **VI. Rechtsfolge des Verstoßes gegen das Ein-Konto-Prinzip, IV.** Die Vorschrift bringt beim Bestehen mehrerer Pfändungsschutzkonten wegen deren Verbot nach III 1 die Regelung einer Verstoßbeseitigung mit dem Ziel des Verbleibs nur des einzigen erlaubten Kontos als Pfändungsschutzkonto.

27 **1. Führung mehrerer Pfändungsschutzkonten, IV 1.** Es müssen aus irgendwelchen Gründen gleichzeitig schon und noch für diesen Schuldner bei derselben oder bei verschiedenen Banken usw. mehrere Zahlungskonten wirksam bestehen. Solange diese Voraussetzung noch nicht oder sobald sie nicht mehr besteht, entfällt die Notwendigkeit eines Verfahrens nach IV. Ein etwa trotzdem eröffnetes Verfahren darf dann nicht mehr weitergehen.

28 **Vor** einer Pfändung darf das Kreditinstitut eines von ihm bekannten mehreren Pfändungsschutzkonten desselben Schuldners im Rahmen der AGB und etwa besonderen Vertragsbedingungen kündigen oder in ein „Normal-Konto" umwandeln. **Nach** der wirksamen Pfändung gilt nur noch IV.

29 **2. Notwendigkeit eines Gläubigerantrags, IV 1.** Das gerichtliche Bestimmungsverfahren ist zunächst von einem Antrag „eines Gläubigers" abhängig. Das kann ein solcher Gläubiger sein, der schon mit oder ohne Erfolg gepfändet hat. Es ist aber auch derjenige Gläubiger antragsberechtigt, der erst noch pfänden will. Der Antrag muss eindeutig eine Entscheidung nach IV 1 bezwecken. Er ist selbst zwar nicht formbedürftig und daher sogar telefonisch oder per Fax usw. statthaft. Allerdings muss der Gläubiger die in IV 2 genannten Erklärungen ein- oder nachreichen. Ein Anwaltszwang besteht ebenso wenig wie eine Frist. Ein Rechtschutzbedürfnis wie ist wie stets eine Zulässigkeitsvoraussetzung. Der Antrag ist als Prozesshandlung auslegbar. Der Gläubiger muss ihn ordnungsgemäß unterzeichnen.

30 **3. Zuständigkeit des Vollstreckungsgerichts, IV 1.** Das Bestimmungsverfahren läuft vor dem Vollstreckungsgericht nach §§ 764, 802. Ein unzuständiges Gericht leitet einen Antrag unverzüglich nach § 129a an das zuständige weiter.

31 **4. Glaubhaftmachung, IV 2.** Der antragstellende Gläubiger muss dem Vollstreckungsgericht nach § 294 glaubhaft machen, dass derzeit für diesen Schuldner mehrere Konten gerade als Pfändungsschutzkonten bestehen. Die Vorschrift nennt die zwingende Art der Glaubhaftmachung und schränkt insofern den im Übrigen beachtlichen § 294 ein. Der Gläubiger muss nämlich „entsprechende Erklärungen der Drittschuldner" vorlegen. Damit sind diejenigen Kreditinstitute am Zug, die jeweils ein oder sogar mehrere Pfändungsschutzkonten führen.

32 **Rechtsgrund** solcher Erklärungen ist § 840 I Nr. 4 in einer entsprechenden Anwendung iVm IV 2. Denn § 840 verpflichtet den Drittschuldner zu solchen Erklärungen gegenüber dem Gläubiger, die diesem weiterhelfen. Das ist auch der Sinn von IV 2.

33 **5. Keine Schuldneranhörung, IV 3.** Wegen des meist vorhanden besonderen Eilbedürfnisses des Gläubigers darf und muss das Vollstreckungsgericht ohne Anhörung des Schuldners entscheiden. Es darf erst recht keine mündliche Verhandlung stattfinden. Insofern gilt dasselbe wie bei § 834 in einer gegenüber §§ 922 I 1 Hs. 1, 937 II für den Schuldner noch strengeren Regelung.

34 **6. Entscheidung, IV 1.** Das Vollstreckungsgericht weist den Antrag als unzulässig oder unbegründet zurück oder ordnet an, dass das von dem Gläubiger bezeichnete Girokonto als einziges Pfändungsschutzkonto dieses Schuldners bleibt. Es darf die Auswahl nicht dem Schuldner oder einem der beteiligten Kreditinstitute überlassen. Es nennt keinen anderen Zeitpunkt des Verbleibs als denjenigen, den IV 5 selbst für alle verbindlich bestimmt. Die Entscheidung ergeht durch einen Beschluss nach § 329.

7. Zustellung, IV 4, 5. Das Vollstreckungsgericht muss seine Verbleibbestimmung allen Drittschuldnern nach § 840 schon nach der ausdrücklichen Anweisung in IV 4 „zustellen" und nicht nur „mitteilen". Erforderlich ist also eine förmliche Zustellung von Amts wegen nach §§ 166 ff. und nicht etwa nur auf Betreiben eines Beteiligten etwa nach §§ 191 ff. Das gilt schon wegen der Notwendigkeit einer völligen Klärung des genauen Zeitpunkts. Er ergibt sich aus der zu den Gerichtsakten zurückgekommenen Zustellungsurkunden bei denjenigen Kreditinstituten, „deren Girokonten nicht zum Pfändungsschutzkonto bestimmt sind". Jeder Beteiligte erhält zweckmäßiger Weise von Amts wegen eine formlose Nachricht über diesen Zeitpunkt. 35

Mehrere Konten können so „nicht bestimmt" sein. Dann können Zustellungen nach IV 5 zu mehreren Zeitpunkten geschehen. Der in IV 5 genannte Wegfall der Wirkungen tritt dann bei jedem solchen Nicht-mehr-Pfändungsschutzkonto mit der Zustellung gerade bei diesem Kreditinstitut ein. Daraus können zeitlich unterschiedliche Wirkungsfolgen eintreten. 36

8. Bestimmungsfolge: Entfallen der Wirkungen, IV 5. Mit einer wirksamen Zustellung entfallen im Verhältnis zu diesem Kreditinstitut alle Wirkungen nach §§ 850k, 899–910 kraft Gesetzes. Ob das bisherige Pfändungsschutzkonto trotz des Wegfalls dieses Charakters als „normales" Girokonto bestehen bleibt, ist eine Frage des Kontovertrags, BGH NJW-RR 2015, 885. Jedenfalls darf jeder Gläubiger ohne die Beschränkungen als Pfändungsschutzkonto jetzt in das als Pfändungsschutz weggefallene Konto in den sonstigen gesetzlichen Grenzen vollstrecken. 37

VII. Beendigung des Pfändungsschutzkontos, V. Der Kontoinhaber kann nach V 1 mit einer Frist von vier Geschäftstagen zum Monatsende verlangen, dass das Pfändungsschutzkonto als Zahlungskonto ohne Pfändungsschutz geführt wird. Die bisherigen Vereinbarungen über die Kontoführung gelten dann fort, V 2 mit Verweis auf II 2, vgl. BGH NJW-RR 2015, 885. 38

VIII. Rechtsbehelfe, I–V. § 850k enthält keine vorrangigen Sonderbestimmungen über Rechtsbehelfe. Es gelten daher die allgemeinen Regeln der ZPO und insbesondere §§ 704 ff., ferner etwa OLG Ffm Rpfleger 2015, 259. 39

850l *Pfändung des Gemeinschaftskontos.*

I [1]Unterhält der Schuldner, der eine natürliche Person ist, mit einer anderen natürlichen oder mit einer juristischen Person oder mit einer Mehrheit von Personen ein Gemeinschaftskonto und wird Guthaben auf diesem Konto gepfändet, so darf das Kreditinstitut erst nach Ablauf von einem Monat nach Zustellung des Überweisungsbeschlusses aus dem Guthaben an den Gläubiger leisten oder den Betrag hinterlegen. [2]Satz 1 gilt auch für künftiges Guthaben.

II [1]Ist der Schuldner eine natürliche Person, kann er innerhalb des Zeitraums nach Absatz 1 Satz 1 von dem Kreditinstitut verlangen, bestehendes oder künftiges Guthaben von dem Gemeinschaftskonto auf ein bei dem Kreditinstitut allein auf seinen Namen lautendes Zahlungskonto zu übertragen. [2]Wird Guthaben nach Satz 1 übertragen und verlangt der Schuldner innerhalb des Zeitraums nach Absatz 1 Satz 1, dass das Zahlungskonto als Pfändungsschutzkonto geführt wird, so gelten für die Einrichtung des Pfändungsschutzkontos § 850k und für das übertragene Guthaben die Regelungen des Buches 8 Abschnitt 4. [3]Für die Übertragung nach Satz 1 ist eine Mitwirkung anderer Kontoinhaber oder des Gläubigers nicht erforderlich. [4]Der Übertragungsbetrag beläuft sich auf den Kopfteil des Schuldners an dem Guthaben. [5]Sämtliche Kontoinhaber und der Gläubiger können sich auf eine von Satz 4 abweichende Aufteilung des Übertragungsbetrages einigen; die Vereinbarung ist dem Kreditinstitut in Textform mitzuteilen.

III Absatz 2 Satz 1 und 3 bis 5 ist auf natürliche Personen, mit denen der Schuldner das Gemeinschaftskonto unterhält, entsprechend anzuwenden.

IV Die Wirkungen von Pfändung und Überweisung von Guthaben auf dem Gemeinschaftskonto setzen sich an dem nach Absatz 2 Satz 1 auf ein Einzelkonto des Schuldners übertragenen Guthaben fort; sie setzen sich nicht an dem Guthaben fort, das nach Absatz 3 übertragen wird.

I. Systematik, I–IV. Die Vorschrift betrifft die Pfändung von Guthaben auf einem Gemeinschaftskonto und die Möglichkeit der Umwandlung eines Zahlungskontos in ein Pfändungsschutzkonto unter Übertragung des Gemeinschaftsguthabens. 1

II. Regelungszweck, I–IV. Die Vorschrift dient dem Schutz desjenigen Schuldners, der mit anderen Personen ein Gemeinschaftskonto führt. 2

III. Geltungsbereich, I–IV. Die Vorschrift findet Anwendung auf die sog. „Oder"-Konten, da hier die Pfändung des Guthabens bereits möglich ist, wenn ein Vollstreckungstitel gegen nur einen Kontoinhaber vorliegt. Bei den sog. „Und"-Konten ist hingegen zur wirksamen Pfändung des Guthabens ein Titel gegen alle Kontoinhaber erforderlich, vgl. BeckOK ZPO/Riedel Rn. 3. 3

IV. Moratorium, I. I 1 ordnet für den Fall einer Pfändung des Gemeinschaftsguthabens ein Moratorium von einem Monat ab Zustellung des Überweisungsbeschlusses an. Innerhalb dieses Zeitraums darf das Guthaben weder an den Gläubiger geleistet oder hinterlegt werden. Auch eine Auszahlung an die Mitinhaber des Kontos ist wegen der Pfändungswirkung nicht zulässig, BeckOK ZPO/Riedel Rn. 7. Dieser Zeitraum soll dem Schuldner die Möglichkeit geben, die Befugnisse nach II auszuüben. 4

V. Befugnisse des Schuldners, II, IV Hs. 1. Der Schuldner ist nach II 1 innerhalb des Moratoriums nach I 1 befugt, ohne Mitwirkung der anderen Kontoinhaber oder des Gläubigers das gepfändete Guthaben auf ein allein auf seinen Namen lautendes Zahlungskonto zu übertragen. Dabei ist grundsätzlich nur die Übertragung des auf den Kopfteil des Schuldners entfallenden Anteils des Guthabens möglich ist, II 4, wenn nicht sämtliche Kontoinhaber und der Gläubiger sich auf eine abweichende, dem Kreditinstitut in Textform mitzuteilende Aufteilung einigen, II 5. 5

Das nun bestehende Einzel-Zahlungskonto darf der Schuldner innerhalb der Frist des I 1 in ein Pfändungsschutzkonto mit allen seinen Wirkungen nach §§ 850k, 899–910 umwandeln, II 2. 6

7 Nach IV Hs. 1 setzen sich die Wirkungen von Pfändung und Überweisung des Guthabens auf dem Gemeinschaftskonto an dem nach II 1 begründeten Einzelkonto fort.

8 **VI. Befugnisse der anderen Kontoinhaber, III, IV Hs. 2.** Nach III haben die anderen Kontoinhaber ebenfalls innerhalb des Moratoriums nach I 1 die Befugnis, ihren nach Kopfteilen bestimmten oder anders vereinbarten Anteil gem. II 1, 3–5 auf ein Einzel-Zahlungskonto zu übertragen. IV Hs. 2 ordnet für diesen Fall an, dass die Wirkungen von Pfändung und Überweisung sich an dem übertragenen Guthaben nicht fortsetzen; das so übertragene Guthaben wird also frei.

851 *Nicht übertragbare Forderungen.* **I Eine Forderung ist in Ermangelung besonderer Vorschriften der Pfändung nur insoweit unterworfen, als sie übertragbar ist.**

II Eine nach § 399 des Bürgerlichen Gesetzbuchs nicht übertragbare Forderung kann insoweit gepfändet und zur Einziehung überwiesen werden, als der geschuldete Gegenstand der Pfändung unterworfen ist.

1 **I. Systematik, I, II.** Nach § 400 BGB ist grundsätzlich eine unpfändbare Forderung zwingend unübertragbar, BGH NJW 1988, 819. Nach § 851 ZPO ist eine unübertragbare Forderung unpfändbar. Unpfändbar ist also jede Forderung, die das Prozessrecht für unpfändbar oder das sachliche Recht für unübertragbar erklärt. Dabei betrifft I die gesetzliche Unpfändbarkeit und II die vertraglich infolge einer Unabtretbarkeit eintretende Unpfändbarkeit, LG Oldb Rpfleger 1985, 449. Wenn die Abtretung unzulässig ist, trifft das alle diejenigen Befugnisse, die aus der Forderung folgen, zB eine Einziehung. § 89 I InsO begründet kein Abtretungshindernis, BGH NJW 1994, 1057. Ein vereinbartes Abtretungsverbot nach § 399 Hs. 2 genügt nicht, BGH NJW 2012, 678. Soweit das Landesrecht eine Unübertragbarkeit anordnen darf, braucht das nicht mit zur Unpfändbarkeit zu führen, AG Lpz NJW 2003, 2754. Im Zweifel gilt die Verbindung zwischen der Unpfändbarkeit und der Unübertragbarkeit auch dort. Eine vorübergehende oder teilweise Übertragbarkeit genügt. Das ergeben die Worte „nur insoweit" in I.

2 **II. Regelungszweck, I, II.** Die Unpfändbarkeit einer Forderung und ihre Unübertragbarkeit stehen in einer Wechselwirkung zueinander. Das stellt § 851 klar. Die Vorschrift dient nicht dem Schutz des Schuldners, sondern des Drittschuldners, KG NZI 2021, 1023.

3 **III. Unübertragbarkeit, I. 1. Einschlägige Vorschriften.** Unübertragbar sind vor allem Ansprüche auf Grund der §§ 399, 664 II, 717 BGB, vgl. Lippross/Bittmann S. 157.

4 **2. Zweckgebundener Anspruch.** Man muss zwischen bloßer Zweck**bestimmung** zB des Eigengelds eines Inhaftierten und einer wirklichen Zweck**bindung** unterscheiden, LG Ffm Rpfleger 1989, 33. Nur der letztere Anspruch ist grundsätzlich unübertragbar, BGH NJW 2006, 2040; OLG Düss NJW 1988, 1676; LG Köln ZMR 2011, 320. Er lässt eine Pfändung nur im Rahmen der Zweckbestimmung zu.

3. Beispiele zur Frage einer Anwendbarkeit von I

5 **AGG:** Ein Entschädigungsanspruch nach Vorschriften des AGG ist abtretbar und pfändbar, BGH NJW-RR 2020, 995.

Altersvorsorge: Unübertragbar ist nur das staatlich geförderte solche Vermögen, AG Mü WM 2013, 998.

Anteilsrecht: Unübertragbar ist es vor der Eintragung der Aktiengesellschaft nach § 41 IV AktG.

Arbeitsrecht: → „Gefahrgeneigte Arbeit".

Architekt: → „Honorar", → „Vorschuss"

Baugeldanspruch: Unpfändbar ist wegen Zweckbindung der Baugeldanspruch.

Bausparvertrag: § 851 ist **unanwendbar** auf den Anspruch auf die Auszahlung eines Bauspardarlehens und den Anspruch auf die Rückzahlung des Bausparguthabens nach der Zuteilung oder Kündigung dann, wenn auch nur eine eingeschränkte Pfändbarkeit besteht.

Befreiungsanspruch: → „Schuldbefreiung".

Beihilfe: § 851 ist **unanwendbar** auf den Anspruch auf eine Beihilfe, soweit ihn derjenige (zB der Arzt) pfändet, dem die dem Patienten zu zahlende Beihilfe wirtschaftlich zugute kommen soll, etwa als Honorar, LG Hann AnwBl 1993, 355; vgl. auch BGH Rpfleger 2008, 152.

Betriebsrat: Unübertragbar ist sein Anspruch nach § 40 I BetrVG, BGH NZA 2018, 126.

Buße: Unübertragbar ist ein Anspruch auf eine noch nicht zugesprochene Buße.

Corona-Soforthilfe: → „Soforthilfe Corona".

Eingetragener Verein: Die Vereinsmitgliedschaft an sich ist nicht pfändbar, vgl. BGH NJW-RR 2018, 1376.

Erbausschlagung: Unübertragbar ist dieses Recht, LG Hildesh FamRZ 2009, 1440.

Erbbaurecht: II ist anwendbar bei § 7 II ErbbauRG, OLG Mü NJW-RR 2018, 916.

Erfüllungsgehilfe: → „Vorschuss".

Gefahrgeneigte Arbeit: Unpfändbar ist wegen der Zweckbindung der Freistellungsanspruch des Arbeitnehmers gegenüber dem Arbeitgeber nach der Schädigung eines Dritten und dergleichen, aM Hardt DB 2000, 1814.

Gefangener: Wegen seines Arbeitsentgelts → § 850 Rn. 9. § 851 ist **unanwendbar** auf den Anspruch des Untersuchungsgefangenen auf die Auszahlung der für ihn eingezahlten Selbstverpflegungskosten, Hillebrand Rpfleger 1986, 464. Man darf auch nicht verkennen, dass es sich hier um solche Gelder handelt, die der Staat zwar zu einem bestimmten Zweck gezahlt, aber nicht gebunden hat, und dass auch ein Fürsorgefall nach § 850b I Nr. 3 nicht vorliegen kann, da die ordentliche Verpflegung vor Not schützt.

Gemeinschaft: Unübertragbar ist der Anspruch auf die Aufhebung einer Gemeinschaft.

Getrenntleben: Unpfändbar ist wegen der Zweckbindung der Anspruch des getrenntlebenden Ehegatten auf die Überlassung von Haushaltsgegenständen nach § 1361a I 2 BGB.

Haftentschädigung: Der Anspruch auf sie kann vor der formellen Rechtskraft des Entschädigungsurteils nach § 705 unpfändbar sein, OLG Kblz NJW-RR 1999, 508.

Haftpflichtversicherung: Der Anspruch des Versicherten ist nur dergestalt abtretbar und daher **pfändbar,** dass der Abtretungsnehmer anstelle des Versicherten eine Befriedigung des Berechtigten verlangen kann.

Haushalt: → „Getrenntleben".

Honorar: Beim Honoraranspruch des Anwalts oder Architekten besteht eine **grundsätzliche Pfändbarkeit,** BFH NJW 2005, 1308. Das gilt jedenfalls insoweit, als der Auftraggeber einer Abtretung oder Preisgabe von geschützten Daten zustimmt, Diepold MDR 1993, 835 unter Bezug auf BGH NJW 1991, 2955; AG Karlsr MDR 2007, 496. Das gilt nur, soweit die Abtretung zulässig wäre. Zur Problematik beim Anwalt BGH NJW 2007, 1196; NJW 1995, 2026; BFH NJW 2005, 1308; LG Stgt AnwBl 2007, 455; LG Mü NJW 2004, 451.

Identität: Unpfändbarkeit besteht beim Verlust der Nämlichkeit der Forderung infolge Übertragung, wenn die Leistung an einen anderen Gläubiger also als eine andere Leistung erscheinen würde, BGH NJW 2016, 636.

Insolvenzverwaltervergütung: Der Anspruch auf Insolvenzverwaltervergütung ist kein höchstpersönlicher Anspruch unter ist abtretbar und pfändbar, BAG NJW 2021, 963.

Interessenabwägung: Eine unübertragbare Forderung kann pfändbar sein, wenn das Befriedigungsinteresse des Gläubigers im konkreten Fall die schutzwürdigen Belange des Schuldners überwiegt, BGH NZI 2013, 434.

Kontokorrent: Unübertragbar ist ein einzelner Posten eines Kontokorrents nach § 355 HGB, LG Stgt Rpfleger 1981, 24. Unübertragbar ist auch der Rechnungslegungsanspruch des Kunden gegen seine Bank, LG Stgt Rpfleger 1994, 471.

Kostenerstattung: Pfändbar ist ein solcher Anspruch, BGH NJW 2011, 2296; OLG Nürnb MDR 2011, 322.

Leasing: Unpfändbar ist wegen der Zweckbindung der Nutzungsanspruch des Leasingnehmers, OLG Düss NJW 1988, 1676 (dann ist § 857 III anwendbar).

Lohnsteuerjahresausgleich: Der Anspruch auf ihn ist grds. **pfändbar.**

Mietgebrauch: Unpfändbar ist wegen der Zweckbindung der Anspruch des Mieters auf die Überlassung der Mietsache zum vertragsgemäßen Gebrauch.

Mietnebenkosten: Unpfändbar ist wegen der Zweckbindung der Anspruch des Vermieters auf eine Erstattung von Nebenkosten, OLG Celle NJW-RR 2000, 460; LG Ffm Rpfleger 1989, 294; aM Schmidt ZMR 2000, 144.

Opfer: Unübertragbar ist sein Anspruch nach Art. 41 EMRK, KG ZIP 2009, 1873.

Prozesskostenvorschuss: Unpfändbar ist wegen Zweckbindung ein Prozesskostenvorschuss, BGH NJW 1985, 2263.

Rangvorbehalt: Unübertragbar ist ein Rangvorbehalt.

Rentenanspruch: § 851 ist auf einen Anspruch gegen ein anwaltliches Versorgungswerk grds. anwendbar, LG Ravensb NJW 2004, 1538. Die Vorschrift kann aber ausnahmsweise **unanwendbar** sein, AG Lpz NJW 2003, 2754.

Schadensersatzanspruch: Pfändbar ist ein solcher gegen einen ProzBev wegen von vornherein offensichtlich keine Erfolgsaussichten versprechender Rechtsverfolgung/-verteidigung nur bedingt, OLG Kblz MDR 2015, 920.

Schmerzensgeld: Es ist grds. pfändbar, BGH NJW-RR 2014, 1009. Ausnahmsweise ist § 851 **unanwendbar** auf einen Anspruch auf Opferentschädigung wegen seelischen Missbrauchs, BGH NJW-RR 2014, 1009.

Schuldbefreiung: Unpfändbar ist ein derartiger Anspruch, weil man ihn nur an einen Drittgläubiger abtreten kann, BGH NJW-RR 2001, 1490; durch diesen kann er gepfändet werden.

Soforthilfe Corona: Die Corona-Soforthilfe (Bundesprogramm „Corona-Soforthilfen für Kleinstunternehmen und Selbständige" und ergänzendes Landesprogramm „NRW-Soforthilfe 2020" sind nach § 851 I unpfändbar, BGH NJW 2021, 1322; BFH NJW 2020, 2749; FG Münst BeckRS 2020, 30583; AG Zeitz Rpfleger 2020, 751.

Soforthilfe Hochwasser: Die wegen der Unwetterkatastrophe vom 14./15.7.2021 geleistete Soforthilfe ist nach § 851 I unpfändbar, AG Eusk JurBüro 2021, 444.

Sozialleistung: Unpfändbar ist wegen der Zweckbindung der Anspruch auf Dienst- und Sachleistungen nach § 53 I SGB I.

Stammeinlage: § 851 ist **unanwendbar** auf den Anspruch der GmbH auf die Leistung der Stammeinlage, soweit sie ihre Zweckbindung nach § 19 GmbHG verloren hat, OLG Köln NJW-RR 1996, 939.

Steuerberater: Sein Honorar ist grds. **pfändbar,** BGH NJW 1999, 1544.

Steuererklärung: Der Anspruch auf eine Mitwirkung an der gemeinsamen Steuererklärung ist unpfändbar, LG Hechingen FamRZ 1990, 1127. Auch → „Lohnsteuerjahresausgleich".

Subvention: Unpfändbar ist wegen der Zweckbindung eine staatliche Subvention, OVG Weimar NVwZ-RR 2004, 781. Das gilt also auch für eine Ausgleichszahlung für Erzeugnisse eines Landwirts wegen der Preisvorschriften der EU. Es gilt aber **nicht** dann, wenn sie innerhalb des landwirtschaftlichen Zwecks liegt. Eine Unpfändbarkeit ist allerdings selbst dann nach § 851a möglich.

Taschengeld: Der Anspruch des sich in einer Pflegeeinrichtung befindlichen Schuldners gegen den Träger der Pflegeeinrichtung auf Auszahlung eines auf einem „Taschengeldkonto" verwalteten Guthabens ist bis zur Höhe des § 27b III SGB XII unpfändbar; darüber hinaus ist es pfändbar, BGH NJW-RR 2020, 820.

Treuhand: § 851 ist anwendbar auf eine treuhänderische Zweckbindung, BGH NJW 2000, 1270.

Unterhalt: Unpfändbar ist wegen der Zweckbindung grds. jeder Unterhalt, BGH NJW 2006, 2040; LG Frankenth NJW-RR 2001, 1012 (Ausnahme evtl. bei Sonderbedarf). Das gilt auch für den Beitrag der Ehefrau oder des Ehemanns aus der Arbeit zum Familienunterhalt.

Untermietzins: § 851 ist **unanwendbar** auf die Forderung auf Untermietzins.

Vereinbarung: Anwendbar ist I auch bei einer vereinbarten Zweckbindung.

Versicherung: Der Anspruch auf Auszahlung der Versicherungssumme im Versicherungsfall fällt nicht unter § 851, BGH NJW-RR 2011, 283.

Versorgungsausgleich: § 851 ist anwendbar, OLG Naumb FamRZ 2012, 1057.

Versorgungswerk: Ein Anspruch gegen eine solche Einrichtung ist trotz einer Unabtretbarkeit wie ein Arbeitseinkommen **pfändbar.**

Vertraglicher Ausschluss: Ein solches Recht, für das man die Übertragbarkeit nur vertraglich ausgeschlossen hat, ist nach → Rn. 6 **pfändbar.**

Vertragliche Zweckbestimmung: § 851 ist nach → Rn. 4 **grds. unanwendbar** auf eine bloße Zweck**bestimmung** und **nicht** Zweck**bindung** durch eine einfache Abrede zwischen dem Schuldner und dem Drittschuldner. Aber auch → „Treuhand".

Vorkaufsrecht: Unpfändbar ist ein solcher Anspruch, falls die Übertragbarkeit nicht besonders vereinbart ist, BGH NJW 2003, 1858.

Vorschuss: Unpfändbar ist wegen der Zweckbindung ein treuhänderisch gebundener Vorschuss auf ein Architektenhonorar, BGH MDR 1978, 747. Dasselbe gilt bei einem Vorschuss zur Entlohnung eines Unterangestellten oder sonstigen Erfüllungsgehilfen eines Angestellten. Auch → „Prozesskostenvorschuss".
Vorvertrag: § 851 ist dann anwendbar, wenn der Hauptvertrag folgt, OLG Stgt NJW-RR 2009, 1312.
Zweckbindung: Unpfändbar ist eine derart gebundene Forderung, OLG Nürnb MDR 2011, 322.

6 **IV. Anspruch nach § 399 BGB, II.** Die Vorschrift macht eine Ausnahme von der Regel, dass eine Unübertragbarkeit auch die Unpfändbarkeit nach sich zieht. II gilt dann, wenn der geschuldete Gegenstand seiner Art nach pfändbar ist, BGH NJW 2012, 678. Hierhin kann Geld zählen, OLG Köln NJW-RR 1993, 1030. Hierher kann auch eine solche Forderung gehören, deren Abtretung den Inhalt der Leistung verändert oder deren Abtretung die Partner vertraglich ausgeschlossen haben, OLG Ffm NJW-RR 1991, 1416; OLG Mü MDR 1991, 453; LG Oldb Rpfleger 1985, 449. Hierher gehört iVm § 857 auch der Anspruch auf eine Zustimmung nach (jetzt) § 7 II ErbbauRG, LG Köln NZM 2001, 1102. Dazu gehört nicht schon eine wegen eines Geheimnisschutzes nicht abtretbare Forderung, OLG Stgt NJW 1994, 2838 (Steuerberater). II soll verhindern, dass der Schuldner und der Drittschuldner nach § 840 die Zwangsvollstreckung durch eine Abrede untereinander völlig vereiteln können. Die Vorschrift gestattet daher auch nur eine Einziehung, nicht eine Überweisung an Zahlungs statt. Auch → Rn. 1.

7 Wenn der Gläubiger der Forderung seine Ansprüche **abredewidrig** abgetreten hat und der Schuldner diesen Vorgang genehmigt, wirkt die Genehmigung nicht zurück. II gilt beim zweckgebundenen Anspruch nicht, OLG Köln NJW-RR 1993, 1030. Die Unübertragbarkeit lässt sich nicht einseitig herstellen. Eine höchstpersönliche Forderung ist nach → Rn. 3 schon wegen ihrer Unübertragbarkeit unpfändbar. Der Anspruch gegenüber einer Versicherungsgesellschaft ist grundsätzlich pfändbar, LG Ffm VersR 1978, 1058. Das gilt aber nicht, soweit die Versicherung einen Ersatz wegen einer unpfändbaren Sache leisten soll, LG Detm Rpfleger 1988, 154. Wegen des Urlaubsgelds, des Urlaubsentgelts und der Urlaubsabgeltung → § 850a Rn. 7. Zur betrieblichen Altersvorsorge OLG Hamm FamRZ 2013, 1909. Wenn II anwendbar ist, darf der Rpfleger keine Interessenabwägung vornehmen, BGH MDR 1978, 839.

851a

Pfändungsschutz für Landwirte. **I Die Pfändung von Forderungen, die einem die Landwirtschaft betreibenden Schuldner aus dem Verkauf von landwirtschaftlichen Erzeugnissen zustehen, ist auf seinen Antrag vom Vollstreckungsgericht insoweit aufzuheben, als die Einkünfte zum Unterhalt des Schuldners, seiner Familie und seiner Arbeitnehmer oder zur Aufrechterhaltung einer geordneten Wirtschaftsführung unentbehrlich sind.**

II Die Pfändung soll unterbleiben, wenn offenkundig ist, dass die Voraussetzungen für die Aufhebung der Zwangsvollstreckung nach Absatz 1 vorliegen.

1 **I. Systematik, Regelungszweck, I, II.** Die Vorschrift soll Landwirte zusätzlich zu § 811 I Nr. 4 schützen. Während jene Vorschrift die landwirtschaftlichen Erzeugnisse selbst in einem gewissen Umfang der Pfändung entzieht, erstreckt § 851a den Schutz auf die Forderungen aus dem Verkauf solcher Erzeugnisse, zB auf das Milchgeld, LG Bonn DGVZ 1983, 153, oder die sog. Bullenprämie, LG Kblz JurBüro 2003, 382. Dieser Schutz geht nach § 865 II auch über § 98 Nr. 2 BGB hinaus.

2 **II. Voraussetzungen für die Aufhebung der Pfändung, I.** Zum Begriff des landwirtschaftlichen Betriebs → § 811 Rn. 33. Vgl. die dortigen Ausführungen auch wegen derjenigen landwirtschaftlichen Erzeugnisse, die zur Aufrechterhaltung einer geordneten Wirtschaftsführung erforderlich sind, also zu deren Fortführung. Das Vollstreckungsgericht nach §§ 764, 802 muss insofern notfalls einen Sachverständigen wie nach §§ 402 ff. hinzuziehen. Zur Familie gehören außer dem Schuldner und seiner Ehefrau alle diejenigen Familienmitglieder, die mit dem Schuldner zusammenwohnen und von ihm einen Unterhalt beziehen. Es soll eine geordnete Fortführung des Betriebs möglich bleiben. Das gilt auch, soweit die Vorschrift den Unterhalt für den Schuldner und seine Familie sowie seine Arbeitnehmer sichert. Wegen der sonstigen Unterhaltssicherung für Landwirte § 811 I Nr. 4. Die Regelung geht also über diejenige des § 811 I Nr. 2 hinaus. Sie begrenzt aber die pfändungsfreien Forderungen nach § 77 S. 1 GVGA auf den für den geordneten Betrieb und den damit zusammenhängenden Unterhalt offenkundig unentbehrlichen Betrag. Das ist erheblich weniger als das Angemessene. Es muss aber zur Erhaltung der Arbeitskraft sowie dazu ausreichen, dass die Wirtschaft nicht ins Stocken kommt. Soweit der Landwirt üblicherweise etwa für Dünger Kredit in Anspruch nimmt, verbleiben ihm keine besonderen Geldmittel.

3 **Unanwendbar** ist die Vorschrift auf einen Anspruch auf eine Ausgleichszulage in benachbarten Gebieten; sie kann aber anwendbar sein auf landwirtschaftliche Subventionen, die den Kaufpreis ergänzen oder ersetzen, BGH MDR 2012, 1252.

4 Auch bei der Pfändung wegen Beiträgen zur Sozialversicherung bleibt § 851a anwendbar, LG Kblz BeckRS 2006, 08522.

5 **III. Verfahren, I, II. 1. Antrag.** Der Gerichtsvollzieher pfändet mangels Offenkundigkeit nach → Rn. 2 zunächst wie sonst und weist den Schuldner nach § 77 S. 3 GVGA auf § 851a hin. Das protokolliert er nach § 762, § 77 S. 4 GVGA. Die Aufhebung der Pfändung erfordert einen Antrag. Sie geschieht also nicht von Amts wegen. Zur Aufhebung ist das Vollstreckungsgericht nach §§ 764, 802 zuständig. Es entscheidet zunächst durch den Rpfleger nach § 20 I Nr. 17 RPflG. Für die Aufhebung ist der Zeitpunkt der Entscheidung maßgeblich, vgl. OLG Köln JurBüro 1989, 878. Das ergibt sich aus den Worten „insoweit aufzuheben, als ... unentbehrlich sind". Der Zeitpunkt des Pfändungsbeschlusses nach § 829 ist also nicht maßgebend. Insofern gilt etwas anderes als bei → § 811 Rn. 19. Der Rpfleger darf keine besonderen Untersuchungen anstellen. Wenn die Voraussetzungen des I für das Vollstreckungsgericht offenkundig vorliegen, muss es eine Pfändung unterlassen, II. Bei einer Pfändungskonkurrenz zwischen zwei Gläubigern nach §§ 811 I Nr. 4, 851a ist § 804 III anwendbar, LG Bonn DGVZ 1983, 153.

6 **2. Kosten.** S. § 788 I, IV. Gebühren: Des Gerichts: keine; des Anwalts: VV 3309, 3310 RVG.

7 **IV. Rechtsbehelfe.** Der Schuldner kann nach einer Pfändung ohne eine Anhörung beantragen, sie aufzuheben. Gegen eine ablehnende Entscheidung des Rpfleger gilt § 11 RPflG. Gegen eine solche des Richters ist

die sofortige Beschwerde nach §§ 567 I Nr. 1, 793 statthaft. Der Gläubiger kann gegen die Aufhebung der Pfändung durch den Rpfleger nach einer Anhörung gemäß § 11 RPflG vorgehen.

851b ***Pfändungsschutz bei Miet- und Pachtzinsen.*** **I [1]Die Pfändung von Miete und Pacht ist auf Antrag des Schuldners vom Vollstreckungsgericht insoweit aufzuheben, als diese Einkünfte für den Schuldner zur laufenden Unterhaltung des Grundstücks, zur Vornahme notwendiger Instandsetzungsarbeiten und zur Befriedigung von Ansprüchen unentbehrlich sind, die bei einer Zwangsvollstreckung in das Grundstück dem Anspruch des Gläubigers nach § 10 des Gesetzes über die Zwangsversteigerung und die Zwangsverwaltung vorgehen würden. [2]Das Gleiche gilt von der Pfändung von Barmitteln und Guthaben, die aus Miet- oder Pachtzahlungen herrühren und zu den in Satz 1 bezeichneten Zwecken unentbehrlich sind.**

II [1]Wird der Antrag nicht binnen einer Frist von zwei Wochen gestellt, so ist er ohne sachliche Prüfung zurückzuweisen, wenn das Vollstreckungsgericht der Überzeugung ist, dass der Schuldner den Antrag in der Absicht der Verschleppung oder aus grober Nachlässigkeit nicht früher gestellt hat. [2]Die Frist beginnt mit der Pfändung.

III Anordnungen nach Absatz 1 können mehrmals ergehen und, soweit es nach Lage der Verhältnisse geboten ist, auf Antrag aufgehoben oder abgeändert werden.

IV [1]Vor den in den Absätzen 1 und 3 bezeichneten Entscheidungen ist, soweit dies ohne erhebliche Verzögerung möglich ist, der Gläubiger zu hören. [2]Die für die Entscheidung wesentlichen tatsächlichen Verhältnisse sind glaubhaft zu machen. [3]Die Pfändung soll unterbleiben, wenn offenkundig ist, dass die Voraussetzungen für die Aufhebung der Zwangsvollstreckung nach Absatz 1 vorliegen.

I. Systematik, I–IV. Die Vorschrift schließt die Anwendung von § 850i nicht aus, BGH NJW-RR 2018, 1
625; NJW-RR 2014, 1197.

II. Regelungszweck, I–IV. § 851b soll erreichen, dass die Miete und Pacht einem ihrer Hauptzwecke 2
erhalten bleiben, nämlich der Unterhaltung des Grundstücks. Nur der Überschuss soll pfändbar sein, OLG Köln Rpfleger 1991, 427. Die Vorschrift dient insofern dem Schutz des Grundbesitzes. Sie dient darüber hinaus aber auch den Interessen der Mieter am Erhalt der Haus- und Grundstücksqualität und damit evtl. auch dem Interesse des Gläubigers daran, auf Dauer bis zur Befriedigung wenigstens teilweise zugreifen zu können. Sie gilt für den Inländer wie für den Ausländer. Der Schutz ist unabhängig davon, ob der Schuldner vorwerfbar handelte. Soweit der Schuldner aber andere Einkommens- und Vermögensquellen zur Verfügung hat, ist § 851b unanwendbar, OLG Köln Rpfleger 1991, 427. Andererseits entfällt der Schutzzweck nicht schon deshalb, weil der Schuldner eine Teilungsversteigerung betreibt, OLG Köln Rpfleger 1991, 427.

III. Pfändungsbeschränkung wegen Unentbehrlichkeit, I, III. § 851b enthält kein unbedingtes Gebot, 3
sondern stellt auf die Verhältnisse des Schuldners ab. Die Pfändung soll nach § 77 S. 2 GVGA von vornherein dann unterbleiben, wenn feststeht, dass die Einkünfte nach § 291 offenkundig unentbehrlich sind, Ernst JurBüro 2005, 231. Dafür ist die bloße Kostenmiete ein Indiz. Der Schuldner soll zu den folgenden Maßnahmen imstande bleiben.

1. Laufende Unterhaltung. Der Schuldner muss das Grundstück laufend unterhalten können. Er muss also 4
dazu imstande sein, alle notwendigen sachlichen und persönlichen Ausgaben hierzu zu machen. Frühere Aufwendungen, Rückstände, gehören nicht hierher. Die Aufwendungen müssen gerade wegen dieses Grundstücks notwendig sein, nicht für den Schuldner und seine Familie, anders als bei § 851a. Eine Hausverwaltung ist nicht stets eine Haus-Unterhaltung, AG Bln-Schöneb JurBüro 2001, 326. Sie kann aber dazu gehören.

2. Instandsetzung. Der Schuldner muss die notwendigen Instandsetzungsarbeiten vornehmen können. Er 5
muss auch das für diesen Zweck erforderliche Kapital ansammeln können. Eine Hausverwaltung ist nicht stets eine Instandsetzung, AG Bln-Schöneb JurBüro 2001, 326. Sie kann aber dazu gehören.

3. Vorrangsicherung. Der Schuldner muss diejenigen Ansprüche befriedigen können, die bei einer Zwangs- 6
versteigerung dem Anspruch des Gläubigers nach § 10 ZVG vorgehen. Das darf man nach dem Sinn der Vorschrift nicht auf ein Hypotheken- oder Grundschuldkapital beziehen, LG Bln Rpfleger 1990, 377. Es gehen nur die aus den letzten zwei Jahren rückständigen Leistungen und die laufend wiederkehrenden Leistungen vor. Wenn gerade ein bevorrechtigter Gläubiger pfändet, gilt die Rangfolge der §§ 10, 11 I, 155 II ZVG.

IV. Pfändungsbeschränkung trotz Entbehrlichkeit, I, III. Die Pfändung soll in den folgenden Fällen 7
unterbleiben.

1. Miete und Pachtzins. Es geht um Mietforderungen und Pachtforderungen. 8

2. Bargeld und Guthaben. Es geht um diejenigen Barmittel und Guthaben, die aus einer Miet- oder 9
Pachtzahlung herrühren. Dann will das Gesetz eine Umgehung verhindern. Wenn das Vollstreckungsgericht die Pfändung ausgesprochen hat, muss es die Pfändung aufheben, soweit diese das zulässige Maß überschritten hat.

V. Schuldnerantrag, I, II. Es ist ein Antrag des Schuldners erforderlich, AG Lörrach BeckRS 2018, 36276. 10
Bei elektronischer Einreichung gelten §§ 130a–130d. Das Vollstreckungsgericht nach §§ 764, 802 handelt also weder auf einen Antrag anderer Personen noch von Amts wegen. Der Schuldner muss den Antrag nach II 2 innerhalb von 2 Wochen seit der Pfändung stellen, also beim Gericht einreichen. Der Posteingangsstempel genügt. Man berechnet die Frist nach § 222. Eine Wiedereinsetzung ist nach §§ 224 I 2, 233 unstatthaft. Ein Anwaltszwang besteht nach § 78 III Hs. 2 nicht. Der Schuldner braucht keinen bestimmten Vorschlag zu machen.

VI. Verspäteter Antrag, II. Das Gericht muss einen verspäteten Antrag berücksichtigen, soweit es nicht nach 11
seinem pflichtgemäßen Ermessen nach II 1 feststellt, dass der Schuldner in Wahrheit nur die weitere Zwangsvollstreckung hinauszögern will oder dass er die Antragsfrist aus grober Nachlässigkeit versäumt hatte, also wie bei § 296 II. Wenn das Gericht zu dieser Überzeugung kommt, muss es den Antrag des Schuldners ohne eine weitere Sachprüfung zurückweisen.

12 **VII. Mehrmalige Anordnung usw., III.** Das Vollstreckungsgericht kann die weitere Vollstreckung mehrmals einstellen und mehrere Fristen setzen. Die Fristen dürfen insgesamt (jetzt) auch länger als ein Jahr seit der Pfändung betragen. Zu einer mehrfachen Anordnung gehört jeweils ein neuer Antrag des Schuldners. Für diesen neuen Antrag gilt entsprechend II eine Frist. Sie beginnt mit der Benachrichtigung des Schuldners von der Fortsetzung der Zwangsvollstreckung. Das Gericht kann auch seine Anordnung vor dem Ablauf der Frist dann ändern oder aufheben, wenn der Gläubiger oder der Schuldner es beantragen. Ein Aufhebungsgrund ist zB: Der Schuldner hält die zugebilligten Raten nicht ein; der Gläubiger gerät in Not; den Schuldner trifft ein unverschuldetes Unglück. Es ist aber nicht unbedingt eine Änderung der Verhältnisse erforderlich, um die bisherige Anordnung zu ändern oder aufzuheben. Das Gericht kann die bisherigen Verhältnisse auch anders würdigen. Freilich wäre eine bloße Bezugnahme auf die vor der Ablehnung vorgetragenen Gründe missbräuchlich.

13 **VIII. Verfahren, I–IV.** Der Gerichtsvollzieher pfändet mangels Offenkundigkeit nach → Rn. 3 zunächst wie sonst und weist den Schuldner nach § 77 S. 3 GVGA auf § 851b hin. Das protokolliert er nach § 77 S. 4 GVGA. Das Vollstreckungsgericht ist nach §§ 764, 802 ausschließlich zuständig. Eine mündliche Verhandlung ist nach § 764 III nicht erforderlich. Das Verfahren verläuft vor dem Rpfleger nach § 20 I Nr. 17 S. 1 RPflG. Eine Anhörung des Antragsgegners ist nach IV 1 vor einer ihm nachteiligen Entscheidung grundsätzlich erforderlich. Sie ist nur dann ausnahmsweise entbehrlich, wenn durch sie eine erhebliche Verzögerung eintreten würde. Das gilt etwa dann, wenn sich etwa der Antragsgegner im Ausland aufhält und auch brieflich schwer erreichbar ist. Der Antragsteller braucht seine Angaben nicht zu beweisen. Eine Glaubhaftmachung aller für die begehrte Vergünstigung wesentlichen tatsächlichen Verhältnisse ohne eine Beschränkung auf eine bloß floskelhafte Wiederholung des Gesetzestextes ist nach IV 2 gemäß § 294 notwendig und reicht jedenfalls aus, OLG Köln Rpfleger 1991, 427. Das Gericht ordnet evtl. eine einstweilige Maßnahme nach § 732 II mit oder ohne eine vorläufige Zahlungsanordnung an. Das Gericht soll wie stets eine gütliche Einigung versuchen. Es kann zu diesem Zweck eine mündliche Verhandlung bestimmen.

14 **IX. Entscheidung, I–IV.** Das Gericht entscheidet durch einen Beschluss nach § 329.

15 **1. Hauptinhalt.** Der Beschluss lautet auf eine Zurückweisung des Antrags als unzulässig oder unbegründet oder dahin, dass das Gericht die Verwertung der genau bezeichneten Sache bis zu einem bestimmten Zeitpunkt unter genau bezeichneten Ratenauflagen aussetzt. Dabei ist IV 3 zu beachten. Es ist also unzulässig, nur einen Endtermin ohne zeitlich und der Höhe nach bestimmten Raten anzuordnen. Ebenso wenig darf das Gericht nur eine einmalige Stundung gewähren. Denn beide Varianten verfehlen den Sinn von § 851b. Der Beschluss darf nach § 308 I nicht über den Antrag hinausgehen. Der Rpfleger muss dessen teilweise Zurückweisung aussprechen, soweit er hinter dem Antrag zurückbleibt, etwa wegen höherer Raten oder kürzerer Fristen. Weitere Auflagen etwa wegen anderer Schulden sind unzulässig.

16 **2. Nebenentscheidungen, Mitteilung.** Das Gericht muss den Beschluss grundsätzlich begründen, und zwar schon wegen seiner grundsätzlichen Anfechtbarkeit. Es muss seinen Beschluss nach einer mündlichen Verhandlung nach § 329 I verkünden und sonst dem Gläubiger und dem Schuldner zustellen. Denn er setzt nach § 329 II 2 eine Frist in Lauf. Das Gericht muss im Beschluss über die Kosten des Verfahrens entscheiden. Besondere Gründe im Verhalten des Gläubigers können dazu führen, dass das Gericht ihm die Kosten nach § 788 IV ganz oder teilweise auferlegen muss. Die Kosten dieses Verfahrens fallen nicht unter die gewöhnlichen Kosten der Zwangsvollstreckung. Sie sind auch nicht erstattungsfähig. Die Ausfertigung des Beschlusses ist dem Gerichtsvollzieher gegenüber ein Ausweis nach § 775.

17 **Gebühren:** des Gerichts: KV 2111 GKG, des Anwalts: VV 3309, 3310 RVG. Streitwert: § 3, oft der Unterschied zwischen dem Wiederbeschaffungswert und dem zu schätzenden Versteigerungserlös.

18 **X. Rechtsmittel, I–IV. 1. Gegen Rechtspfleger.** Gegen den Beschluss des Rpfleger ist die sofortige Erinnerung nach § 11 II 1 RPflG.

19 **2. Gegen Richter.** Gegen die Entscheidung des Richters ist die sofortige Beschwerde nach §§ 567 I Nr. 1, 793 zulässig, soweit er die Grenzen seines Ermessens verkannt hat. Das LG verweist evtl. nach § 572 III zurück.

20 **3. Gegen einstweilige Einstellung.** Eine einstweilige Einstellung nach I 2 durch den Rpfleger ist wie bei § 732 II anfechtbar.

851c ***Pfändungsschutz bei Altersrenten.*** **[I] Ansprüche auf Leistungen, die auf Grund von Verträgen gewährt werden, dürfen nur wie Arbeitseinkommen gepfändet werden, wenn**

1. die Leistung in regelmäßigen Zeitabständen lebenslang und nicht vor Vollendung des 60. Lebensjahres oder nur bei Eintritt der Berufsunfähigkeit gewährt wird,
2. über die Ansprüche aus dem Vertrag nicht verfügt werden darf,
3. die Bestimmung von Dritten mit Ausnahme von Hinterbliebenen als Berechtigte ausgeschlossen ist und
4. die Zahlung einer Kapitalleistung, ausgenommen eine Zahlung für den Todesfall, nicht vereinbart wurde.

II [1]Beträge, die der Schuldner anspart, um in Erfüllung eines Vertrages nach Absatz 1 eine angemessene Alterssicherung aufzubauen, unterliegen nicht der Pfändung, soweit sie

1. jährlich nicht mehr betragen als
   a) 6000 Euro bei einem Schuldner vom 18. bis zum vollendeten 27. Lebensjahr und
   b) 7000 Euro bei einem Schuldner vom 28. bis zum vollendeten 67. Lebensjahr und
2. einen Gesamtbetrag von 340 000 Euro nicht übersteigen.

[2]Die in Satz 1 genannten Beträge werden jeweils zum 1. Juli eines jeden fünften Jahres entsprechend der Entwicklung auf dem Kapitalmarkt, des Sterblichkeitsrisikos und der Höhe der Pfändungsfreigrenze angepasst und die angepassten Beträge vom Bundesministerium der Justiz und für Verbraucherschutz in der Pfändungsfreigrenzenbekanntmachung im Sinne des § 850c Absatz 4 Satz 1 bekannt gemacht. [3]Übersteigt der Rückkaufwert der Alterssicherung den unpfändbaren Betrag, sind

drei Zehntel des überschießenden Betrags unpfändbar. [4]Satz 3 gilt nicht für den Teil des Rückkaufwerts, der den dreifachen Wert des in Satz 1 Nummer 2 genannten Betrags übersteigt.

III **§ 850e Nr. 2 und 2a gilt entsprechend.**

I. Systematik, I–III. In der Reihe der Bestimmungen über einen Pfändungsschutz für bestimmte Berufsgruppen nach §§ 851a, 851b bilden §§ 851c, 851d weitere Vergünstigungen. Sie kommen nach ihrem Wortlaut jedermann unter den dortigen sachlichen Voraussetzungen zugute. Sie schützen in erster Linie denjenigen Freiberufler, dessen finanzielle Alterssicherung sich nicht voll aus einem Arbeitsverhältnis ergibt. Sie können aber auch denjenigen begünstigen, der sich einen zusätzlichen Altersvorsorgeschutz neben einer arbeitsbedingten Rente aufbaut. § 851d schränkt § 851c wieder ein. § 850i wird von § 851c nicht verdrängt, BGH NJW-RR 2021, 987. 1

II. Regelungszweck, I–III. Eine Entlastung der Staatskasse auf Kosten des Gläubigers ist der wahre Zweck. Die Allgemeinheit soll bei einer Verschuldung des Freiberuflers weniger leisten müssen. Nur deshalb belohnt das Gesetz ihn bei einer Kapitalbildung auf Kosten des Gläubigers. 2

III. Geltungsbereich, I–III. Die Vorschrift erfasst nur diejenigen Ansprüche, die nicht unter § 851d iVm dem dort mitabgedruckten § 1 I 1 Nr. 4 AltZertG fallen; vgl. zum in einem Altersvorsorgevertrag aus gefördertem Altersvorsorgevermögen etc. angesparten Kapital BGH NJW 2018, 1166 (gem. § 851 unpfändbar). Man muss also zunächst klären, ob diese letztere Regelung eingreift. Unschädlich ist ein früheres Kapitalisierungsrecht, BGH NZI 2012, 809. Bei einer Umwandlung zur Erlangung des Pfändungsschutzes nach § 167 VVG müssen im Zeitpunkt der Pfändung sämtliche Voraussetzungen des § 851c vorliegen, BGH NJW 2015, 3506; OLG Karlsr ZIP 2022, 337. **Unanwendbar** ist § 851c auf die zur Einzahlung notwendigen Mittel des Schuldners, BGH NJW-RR 2011, 1617. 3

IV. Nicht arbeitsbedingte vertragliche Altersrente, I. Es muss sich um einen Vertragsanspruch und nicht um einen gesetzlichen handeln. Er darf nicht gerade aus einer Arbeitsleistung entstehen. Er darf neben dem Arbeitsentgelt im weitesten Sinn bestehen. Er darf aber eben nicht auch nur teilweise ein Arbeitseinkommen sein. 4

Zu dieser **Grundabgrenzung** müssen die in I Nr. 1–4 aufgezählten Voraussetzungen grundsätzlich sämtlich hinzutreten, so auch BGH NJW-RR 2011, 493 (auch zu einer Ausnahme bei Nr. 3); KG ZIP 2012, 379 (zu § 168 III VVG); OLG Stgt NZI 2012, 250. Es reicht also nicht, dass nur ein Teil von ihnen vorliegt. 5

1. Regelmäßiger Zeitabstand, lebenslang, ab 60. Geburtstag oder ab Berufsunfähigkeit, I Nr. 1. Die Vorschrift enthält zwei nebeneinander zwingende und zwei alternativ zwingende Bedingungen. Das Merkmal „lebenslang" muss bei beiden alternativen Bedingungen vorliegen, BGH NZI 2010, 777. Eine Regelmäßigkeit liegt auch bei einer einigermaßen regelmäßigen Leistung vor. Eine Berufsunfähigkeit liegt noch nicht bei einer wenigstens noch teilweise und nicht nur völlig unerheblichen Fähigkeit zur Ausübung gerade des erlernten oder beherrschten Berufs oder einer zumutbaren anderen Erwerbsfähigkeit vor. 6

2. Keine vertragliche Verfügbarkeit, I Nr. 2. Der Schuldner darf nicht wirksam über die Ansprüche ganz oder teilweise verfügen dürfen. Es muss also ein Abtretungsverbot bestehen, auch ein Verzichtsverbot, ein Schenkungsverbot, jedes sachenrechtlich erhebliche Geschäft. 7

3. Kein Bestimmungsrecht Dritter (Ausnahme: Hinterbliebene), I Nr. 3. Nach dem Vertrag muss ein Dritter mit Ausnahme eines Hinterbliebenen als Verfügungsberechtigter ausgeschlossen sein. Ein testamentarisch Bedachter ist kein Hinterbliebener. Zu seinem Kreis zählt ein Verwandter nach dem BGB. Der Verwandtschaftsgrad ist unerheblich. Auch ein aufsteigender Verwandter kann ein Hinterbliebener sein. Allerdings kann auch der überlebende Ehegatte ein Hinterbliebener sein, nicht aber ein Lebensgefährte, BGH NJW-RR 2011, 493. 8

4. Keine Kapitalleistung (Ausnahme: Todesfall), I Nr. 4. Es darf nur für den Todesfall eine Kapitalisierung zulässig sein, BGH NJW 2012, 678. Sie darf auch nicht in einer verdeckten Form möglich sein, etwa in der Form von nur zwei oder drei „Renten" in Höhe der Gesamtleistung, BGH NZI 2010, 777. 9

V. Ansammlungshöhe, II. Die Vorschrift begrenzt die Höhe der nach I nur wie ein Arbeitseinkommen pfändbaren Rücklagen im Interesse des Gläubigers, OLG Ffm VersR 2012, 169. Die ab dem 1.1.2022 geltende Neufassung schützt höhere Beträge als zuvor, wobei alle fünf Jahre eine Anpassung durch das zuständige Bundesministerium vorgesehen ist. Sie gilt nach II 3, 4 insbesondere beim sog. Rückkaufwert. Jeder Betrag, um den die Ansammlung im jeweiligen Zeitraum des II 1 den dortigen Freibetrag übersteigt, ist ohne den Schutz des § 851c nach den sonstigen Gesetzesvorschriften pfändbar, eher noch strenger Tavakoli NJW 2008, 3259 (3263). Maßgeblich ist der Gutschriftstag. Der Rückkaufswert einer Lebensversicherung ist grundsätzlich verwertbar, LG Kblz MDR 2009, 1048. Zur Möglichkeit der Anfechtung einer Umwandlung nach § 132 InsO AG Köln NZI 2012, 615. 10

VI. Zusammenrechnung bei mehreren Verträgen, III. Hat der Schuldner mehrere Verträge der in I genannten Art geschlossen, erfolgt bei II eine Zusammenrechnung in einer entsprechenden Anwendung von § 850e Nr. 2, 2a. 11

851d *Pfändungsschutz bei steuerlich gefördertem Altersvorsorgevermögen.* **Monatliche Leistungen in Form einer lebenslangen Rente oder monatlicher Ratenzahlungen im Rahmen eines Auszahlungsplans nach § 1 Abs. 1 Satz 1 Nr. 4 des Altersvorsorgeverträge-Zertifizierungsgesetzes aus steuerlich gefördertem Altersvorsorgevermögen sind wie Arbeitseinkommen pfändbar.**

§ 1 AltZertG Begriffsbestimmungen

I [1]Ein Altersvorsorgevertrag im Sinne dieses Gesetzes liegt vor, wenn zwischen dem Anbieter und einer natürlichen Person (Vertragspartner) eine Vereinbarung in deutscher Sprache geschlossen wird,

1.–3. …

4. die monatliche Leistungen für den Vertragspartner in Form einer
   a) lebenslangen Leibrente oder Ratenzahlungen im Rahmen eines Auszahlungsplans mit einer anschließenden Teilkapitalverrentung ab spätestens dem 85. Lebensjahr vorsieht; die Leistungen müssen während der gesamten Auszahlungsphase gleich bleiben oder steigen; Anbieter und Vertragspartner können verein-

baren, dass bis zu zwölf Monatsleistungen in einer Auszahlung zusammengefasst werden oder eine Kleinbetragsrente nach § 93 Abs. 3 des Einkommensteuergesetzes abgefunden wird, wenn die Vereinbarungen vorsehen, dass der Vertragspartner bis vier Wochen nach der Mitteilung des Anbieters darüber, dass die Auszahlung in Form einer Kleinbetragsrentenabfindung erfolgen wird, den Beginn der Auszahlungsphase auf den 1. Januar des darauffolgenden Jahres verschieben kann; bis zu 30 Prozent des zu Beginn der Auszahlungsphase zur Verfügung stehenden Kapitals kann an den Vertragspartner außerhalb der monatlichen Leistungen ausgezahlt werden; die gesonderte Auszahlung der in der Auszahlungsphase anfallenden Zinsen und Erträge ist zulässig;

b) …

1 Die Vorschrift hat in ihrem Geltungsbereich den Vorrang vor § 851c. Wenn und soweit das in dem Altersvorsorgevertrag angesparte Kapital aus gefördertem Altersvorsorgevermögen etc. besteht, ist es unpfändbar, BGH NJW 2018, 1166.

852 *Beschränkt pfändbare Forderungen.* **I Der Pflichtteilsanspruch ist der Pfändung nur unterworfen, wenn er durch Vertrag anerkannt oder rechtshängig geworden ist.**

II Das Gleiche gilt für den nach § 528 des Bürgerlichen Gesetzbuchs dem Schenker zustehenden Anspruch auf Herausgabe des Geschenkes sowie für den Anspruch eines Ehegatten oder Lebenspartners auf den Ausgleich des Zugewinns.

1 **I. Systematik, I, II.** Die Vorschrift schließt die Gruppe der §§ 850–852 mit einer vorrangigen Spezialregelung in ihrem Geltungsbereich unter einer Abstimmung mit den zugehörigen sachlich-rechtlichen Vorschriften des BGB ab. Der Pflichtteilsanspruch entsteht mit dem Erbfall, BGH NZI 2015, 821. Er und der Anspruch des Ehegatten auf einen Ausgleich des Zugewinns sind nach §§ 2317 II, 1378 III BGB unbeschränkt übertragbar. Der Herausgabeanspruch des verarmten Schenkers nach § 528 BGB ist wegen § 399 Hs. 1 BGB (Zweckbindung) nur an die in § 528 I 1 BGB genannten Unterhaltsberechtigten abtretbar, Wüllenkemper JR 1988, 353 (357); aM OLG Düss FamRZ 1984, 887. Ein Rückforderungsanspruch nach der Scheidung oder dem Tod lässt sich entsprechend § 852 beurteilen, Berringer DNotZ 2004, 245 (258). Er ist nur nach II pfändbar oder unpfändbar, BGH NJW 2007, 60; aM OLG Mü Rpfleger 2009, 500.

2 **II. Regelungszweck, I, II.** Er besteht bei I im Schutz des Pflichtteilsberechtigten vor einer Entziehung seiner Befugnis zur Entscheidung darüber, ob er den Pflichtteilsanspruch geltend machen will, OLG Brdb FamRZ 1999, 1436; LG Münst NJW-RR 2006, 1020; Kreft KTS 2004, 205 (214). II dient der auch moralisch und ethisch mitbestimmten Vorzugsstellung des Schenkers oder des anderen Ehegatten in einer schwierigen enttäuschenden oder seelisch sonst wie stark belastenden Lage, Berringer DNotZ 2004, 245 (256).

3 **III. Geltungsbereich, I, II.** § 852 lässt nach seinem Wortlaut eine Pfändung der dort genannten Ansprüche nur unter den folgenden Voraussetzungen zu. Nach der Rechtsprechung des BGH ist ein Zugriff des Gläubigers jedoch auch darüber hinaus möglich, indem der Anspruch als aufschiebend bedingter Anspruch gepfändet und erst nach dem Eintritt der in § 852 genannten Voraussetzungen etwa aufgrund eines Überweisungsbeschlusses, der erst dann ergehen darf, verwertet wird, BGH NJW 2013, 530; NJW-RR 2009, 997; der Anspruch gehört auch zur Insolvenzmasse, BGH NJW-RR 2016, 761; NJW 2011, 1448; OLG Brdb FamRZ 1999, 1436. Aus der Unpfändbarkeit folgt der Ausschluss eines gesetzlichen Forderungsübergangs nach §§ 400, 412 BGB, OLG Karlsr NJW-RR 2004, 728.

4 Die **Voraussetzungen der Pfändung** bzw. Verwertung sind:

5 **1. Anerkennung.** Der Schuldner muss den Anspruch vertraglich anerkannt haben. Damit meint I nicht ein Anerkenntnis nach § 781 BGB, OLG Düss FamRZ 2000, 367. Es genügt vielmehr jede solche Vereinbarung, die den Willen des Berechtigten erkennen lässt, den Anspruch geltend zu machen, also auch eine bloße Abtretung. Die Vereinbarung muss zwischen dem Pflichtteilsberechtigten und dem Erben bestehen, eine solche zwischen dem Gläubiger und dem Erben reicht nicht, OLG Düss FamRZ 2000, 367.

6 **2. Rechtshängigkeit.** Der Anspruch muss nach → § 261 Rn. 1 rechtshängig geworden sein. Das gilt auch dann, wenn die Rechtshängigkeit zur Zeit der Pfändung nicht mehr andauert. Eine bloße Anhängigkeit des Anspruchs genügt nicht.

7 **IV. Gleichstehende Fälle, I, II.** Den in § 852 genannten Ansprüchen steht der Anspruch der von der fortgesetzten Gütergemeinschaft ausgeschlossenen Abkömmlinge nach § 1511 II 2 BGB gleich. Zum Rückforderungsanspruch nach einer ehe- oder lebenspartnerschaftsbedingten Zuwendung und Scheidung Münch FamRZ 2004, 1329.

8 **V. Rechtsbehelf, I, II.** → Vor § 850 Rn. 10.

853 *Mehrfache Pfändung einer Geldforderung.* **Ist eine Geldforderung für mehrere Gläubiger gepfändet, so ist der Drittschuldner berechtigt und auf Verlangen eines Gläubigers, dem die Forderung überwiesen wurde, verpflichtet, unter Anzeige der Sachlage und unter Aushändigung der ihm zugestellten Beschlüsse an das Amtsgericht, dessen Beschluss ihm zuerst zugestellt ist, den Schuldbetrag zu hinterlegen.**

1 **I. Systematik.** Die Vorschrift ist eine Ergänzung zu § 840 in den Fällen des § 827. §§ 854ff. enthalten ähnliche Regelungen für die dortigen Geltungsbereiche. § 856 nennt die zugehörigen prozessualen Folgemöglichkeiten.

2 **II. Regelungszweck.** Wenn der Pfändung nach § 829 die Überweisung nach § 835 nachfolgt, kommt der Drittschuldner nach § 840 in die Gefahr, an einen nicht oder schlechter Berechtigten zu leisten und deshalb zweimal leisten zu müssen. § 853 soll den Drittschuldner vor dieser Gefahr schützen. Die Vorschrift ist deshalb zu seinen Gunsten auslegbar.

III. Geltungsbereich. § 853 setzt die Pfändung einer Geldforderung für mehrere Gläubiger voraus. Die Vorschrift ist dann unanwendbar, wenn eine Teilpfändung und eine Teilabtretung vorliegen. Dann verläuft das Verfahren nach § 372 BGB, LG Bln Rpfleger 1981, 453. Bei einer Hinterlegung für den Abtretungsnehmer erfasst § 853 nur denjenigen Teil der Forderung, den die Abtretung nicht erfasst hat. Wenn der Drittschuldner nach § 840 schon früher nach dem BGB hinterlegt hatte, braucht er nicht mehr nach § 853 zu hinterlegen. Wenn er aber nun zahlt, tut er das auf seine Gefahr. 3

IV. Verfahren des Drittschuldners. Man muss zahlreiche Aspekte beachten. 4

1. Hinterlegungsbefugnis. Der Drittschuldner darf auf Grund der bloßen Tatsache einer mehrfachen Pfändung hinterlegen. Er darf auch sämtliche Gläubiger dann befriedigen, wenn das Gericht die Forderung ihnen allen nach § 835 überwiesen hat. Er darf schließlich an den Bestberechtigten dann zahlen, wenn das Gericht die Forderung diesem überwiesen hat und wenn derjenige Betrag, über den der Drittschuldner verfügen kann, nicht zur Befriedigung sämtlicher Gläubiger ausreicht. Eine auf den Hinterlegungsgrund der Gläubigerungewissheit im Sinne von § 372 Satz 2 BGB gestützte und ausdrücklich damit begründete Hinterlegung soll nicht als Hinterlegung gemäß § 853 ZPO ausgelegt werden können, BayObLG NJOZ 2021, 557. 5

2. Hinterlegungspflicht. Der Drittschuldner muss dann hinterlegen, wenn ein Überweisungsgläubiger nach § 835 die Hinterlegung verlangt. Die Forderung eines bloßen Pfändungsgläubigers nach § 829 reicht nicht aus. Das gilt unabhängig davon, in welcher Weise dieser sein Recht erlangt hat, selbst wenn es sich um den Bestberechtigten handeln mag. Freilich darf der Drittschuldner dann an den Bestberechtigten zahlen. Der Drittschuldner muss diese Berechtigung aber beweisen. Der Gläubiger kann sein Verlangen formlos stellen. Zweckmäßig ist es aber, die Forderung schriftlich zuzustellen. Die Pflicht des Drittschuldners, an den Schuldner dann zu leisten, wenn nicht gepfändet wäre, ist eine Voraussetzung der Hinterlegungspflicht des Drittschuldners. Daher muss der Gläubiger zB nach Art. 39 WG dem Drittschuldner den Wechsel aushändigen. 6

Der Drittschuldner hat aber **keine Prüfungspflicht.** Er muss den Betrag für die beteiligten Gläubiger hinterlegen. §§ 372, 1281 BGB sind dann unanwendbar. Jeder Gläubiger kann den Anspruch gegen den Drittschuldner auf dessen Hinterlegung nach § 856 einklagen. Bei einer früheren Pfändung darf der Gläubiger auf eine Hinterlegung oder auf eine Zahlung an sich und an den Besserberechtigten klagen. Die spätere Pfändung durch einen anderen Gläubiger hindert keinen weiteren Gläubiger daran, die Zahlung zu verlangen. Auch bei einer Klage des Bestberechtigten kann der Drittschuldner verlangen, dass das Gericht ihn nur zur Hinterlegung verurteilt. Der Gläubiger kann den Einwand dadurch ausräumen, dass er das Einverständnis des früheren Gläubigers mit der Zahlung an ihn nachweist. 7

3. Hinterlegungswirkung. Die Hinterlegung ist eine Erfüllung. Der Betrag scheidet im Zeitpunkt der Hinterlegung aus dem Vermögen des Drittschuldners aus. Eine Hinterlegung mit dem Recht der Rücknahme könnte keine Grundlage des Verteilungsverfahrens sein. Daher ist die Rücknahme des hinterlegten Betrags auch ohne einen Verzicht auf das Recht der Rücknahme unzulässig. Wenn der hinterlegte Betrag nicht zur Befriedigung aller Gläubiger ausreicht, muss das Gericht den Erlös nach §§ 872 ff. verteilen. 8

4. Kosten. Die Kosten der Hinterlegung sind Kosten der Zwangsvollstreckung nach § 788. Der Drittschuldner darf sie bei der Hinterlegung abziehen. Das Gericht muss die Kosten notfalls in einem etwa anschließenden Verteilungsverfahren nach → Rn. 11 berücksichtigen. Wenn ein solches Verteilungsverfahren nicht stattfindet, muss der Berechtigte sie im Klageweg geltend machen, OLG Ffm Rpfleger 1977, 184. 9

5. Anzeigepflicht. Der Drittschuldner muss die Sachlage dem AG bei jeder Hinterlegung anzeigen, LG Bln Rpfleger 1981, 453. Er muss dem Gericht also eine vollständige Auskunft über die Schuld, die Pfändungen und seine Hinterlegung geben und die zugestellten Pfändungs- und Überweisungsbeschlüsse einreichen. 10

6. Weiteres Verfahren. Es findet auf Grund der Anzeige von Amts wegen ein Verteilungsverfahren nach §§ 872 ff. statt, LG Bln Rpfleger 1981, 453. Nach § 802, § 20 I Nr. 17 S. 1 RPflG ist der Rpfleger desjenigen AG ausschließlich zuständig, dessen Beschluss zuerst zugestellt worden ist, mag der Beschluss auch unwirksam gewesen sein. Wenn der Rpfleger die Annahme ohne eine Anhörung des Antragsgegners durch eine bloße Maßnahme ablehnt, ist die Erinnerung nach § 766 statthaft. Gegen eine echte Entscheidung des Rpfleger haben der Drittschuldner nach § 840 und sämtliche Pfändungsgläubiger nach § 829 die Möglichkeiten nach § 11 RPflG. Zum Verfahren → § 104 Rn. 49. Wenn der zuerst zugestellte Pfändungsbeschluss in einem Arrestverfahren nach §§ 916 ff. von einem LG oder einem OLG ergangen war, kann der Drittschuldner seine Anzeige diesem Gericht gegenüber erstatten. Dieses Gericht muss die Sache aber an das AG weitergeben. Denn es handelt sich um eine Verteilungssache. Daher kann der Drittschuldner die Anzeige auch dem AG unmittelbar zuleiten. Ein Verstoß gegen die Anzeigepflicht macht die Hinterlegung unrechtmäßig und daher unwirksam. Eine Anzeige an den Gläubiger ist nicht vorgeschrieben. § 374 II BGB ist unanwendbar. 11

854 ***Mehrfache Pfändung eines Anspruchs auf bewegliche Sachen.*** **I [1]Ist ein Anspruch, der eine bewegliche körperliche Sache betrifft, für mehrere Gläubiger gepfändet, so ist der Drittschuldner berechtigt und auf Verlangen eines Gläubigers, dem der Anspruch überwiesen wurde, verpflichtet, die Sache unter Anzeige der Sachlage und unter Aushändigung der ihm zugestellten Beschlüsse dem Gerichtsvollzieher herauszugeben, der nach dem ihm zuerst zugestellten Beschluss zur Empfangnahme der Sache ermächtigt ist. [2]Hat der Gläubiger einen solchen Gerichtsvollzieher nicht bezeichnet, so wird dieser auf Antrag des Drittschuldners von dem Amtsgericht des Ortes ernannt, wo die Sache herauszugeben ist.**

II [1]Ist der Erlös zur Deckung der Forderungen nicht ausreichend und verlangt der Gläubiger, für den die zweite oder eine spätere Pfändung erfolgt ist, ohne Zustimmung der übrigen beteiligten Gläubiger eine andere Verteilung als nach der Reihenfolge der Pfändungen, so hat der Gerichtsvollzieher die Sachlage unter Hinterlegung des Erlöses dem Amtsgericht anzuzeigen, dessen Beschluss dem Drittschuldner zuerst zugestellt ist. [2]Dieser Anzeige sind die Dokumente beizufügen, die sich auf das Verfahren beziehen.

III In gleicher Weise ist zu verfahren, wenn die Pfändung für mehrere Gläubiger gleichzeitig bewirkt ist.

1 **I. Systematik, Regelungszweck, I–III.** § 854 schließt sich eng an § 853 an. Die Zielsetzung ist nach → § 853 Rn. 2 ebenfalls vergleichbar.

2 **II. Herausgabe, I–III.** Der Drittschuldner nach § 840 darf oder muss die Sache allerdings statt einer Hinterlegung an den Gerichtsvollzieher herausgeben. Er muss auch dem Gerichtsvollzieher seine Anzeige machen und die Dokumente aushändigen. Derjenige Gerichtsvollzieher ist zuständig, den der zuerst zugestellte Beschluss bezeichnet hat. Wenn der Beschluss keinen Gerichtsvollzieher bezeichnet, muss das AG desjenigen Orts auf einen Antrag des Drittschuldners einen Gerichtsvollzieher bestimmen, an den man die Sache herausgeben muss. Bei einer gleichzeitigen Zustellung mehrerer Beschlüsse kann der Drittschuldner unter denjenigen Gerichtsvollziehern wählen, die diese Beschlüsse nennen. Das AG handelt durch den Rpfleger nach § 20 I Nr. 17 RPflG.

3 **III. Wirkung, I–III.** Mit der Herausgabe der Sache gehen die Pfändungspfandrechte an dem Anspruch auf die Sache über, und zwar in der Reihenfolge der Anspruchspfändungen. Der Gerichtsvollzieher verteilt den Erlös. Wenn der Erlös nicht für alle Gläubiger ausreicht und wenn ein späterer Gläubiger einen besseren Rang verlangt, ist eine Hinterlegung nach § 827 II notwendig, und es findet ein Verteilungsverfahren nach §§ 872 ff. statt. Dasselbe gilt bei einer Mehrpfändung nach § 827 III. Der Gerichtsvollzieher darf nach § 155 S. 2 Nr. 3 GVGA keine Auszahlung an den Gläubiger vornehmen, soweit und solange der Schuldner hinterlegen darf.

855 *Mehrfache Pfändung eines Anspruchs auf eine unbewegliche Sache.*

Betrifft der Anspruch eine unbewegliche Sache, so ist der Drittschuldner berechtigt und auf Verlangen eines Gläubigers, dem der Anspruch überwiesen wurde, verpflichtet, die Sache unter Anzeige der Sachlage und unter Aushändigung der ihm zugestellten Beschlüsse an den von dem Amtsgericht der belegenen Sache ernannten oder auf seinen Antrag zu ernennenden Sequester herauszugeben.

1 **I. Systematik, Regelungszweck.** Die Regelung der Mehrpfändung des Anspruchs auf die Herausgabe eines Grundstücks schließt sich eng an § 853 an. Die Zielsetzung ist nach → § 853 Rn. 2 vergleichbar.

2 **II. Treuhänder.** Der Drittschuldner nach § 840 muss eine unbewegliche Sache an einen Treuhänder (Sequester) herausgeben. Das AG der belegenen Sache ernennt den Treuhänder durch den Rpfleger nach § 20 I Nr. 17 RPflG, falls es ihn nicht schon vorher ernannt hatte. Über die Stellung des Treuhänders → § 848 Rn. 4. In der Reihenfolge der Pfändungen entstehen Sicherungshypotheken. Man kann einen beanspruchten Vorrang durch einen Widerspruch sichern. Wenn der Gläubiger bei einer Mitberechtigung anderer Gläubiger nur den Anteil des Schuldners gepfändet hat, muss der Drittschuldner die Sache an den Sequester und an die anderen Berechtigten gemeinsam herausgeben.

3 **Gebühren:** des Gerichts keine; des Anwalts VV 3309, 3310 RVG.

4 **III. Rechtsbehelfe.** Es gelten §§ 766, 793.

855a *Mehrfache Pfändung eines Anspruchs auf ein Schiff.*

I Betrifft der Anspruch ein eingetragenes Schiff, so ist der Drittschuldner berechtigt und auf Verlangen eines Gläubigers, dem der Anspruch überwiesen wurde, verpflichtet, das Schiff unter Anzeige der Sachlage und unter Aushändigung der Beschlüsse dem Treuhänder herauszugeben, der in dem ihm zuerst zugestellten Beschluss bestellt ist.

II Absatz 1 gilt sinngemäß, wenn der Anspruch ein Schiffsbauwerk betrifft, das im Schiffsbauregister eingetragen ist oder in dieses Register eingetragen werden kann.

1 I ist ganz dem § 855 nachgebildet. II stellt ein Schiffsbauwerk einem eingetragenen Schiff dann gleich, wenn das Schiffsbauwerk nach § 66 SchiffsregisterO eingetragen ist oder eingetragen werden kann. § 855a gilt nach § 99 I LuftRG für ein in der Luftfahrzeugrolle eingetragenes Luftfahrzeug sinngemäß.

856 *Klage bei mehrfacher Pfändung.*

I Jeder Gläubiger, dem der Anspruch überwiesen wurde, ist berechtigt, gegen den Drittschuldner Klage auf Erfüllung der nach den Vorschriften der §§ 853 bis 855 diesem obliegenden Verpflichtungen zu erheben.

II Jeder Gläubiger, für den der Anspruch gepfändet ist, kann sich dem Kläger in jeder Lage des Rechtsstreits als Streitgenosse anschließen.

III Der Drittschuldner hat bei dem Prozessgericht zu beantragen, dass die Gläubiger, welche die Klage nicht erhoben und dem Kläger sich nicht angeschlossen haben, zum Termin zur mündlichen Verhandlung geladen werden.

IV Die Entscheidung, die in dem Rechtsstreit über den in der Klage erhobenen Anspruch erlassen wird, ist für und gegen sämtliche Gläubiger wirksam.

V Der Drittschuldner kann sich gegenüber einem Gläubiger auf die ihm günstige Entscheidung nicht berufen, wenn der Gläubiger zum Termin zur mündlichen Verhandlung nicht geladen worden ist.

1 **I. Systematik, I–V.** Die Vorschrift enthält die prozessualen Möglichkeiten des bei §§ 853–855 betroffenen Beteiligten.

2 **II. Regelungszweck, I–V.** Das notgedrungen aufwendige System I–V soll zur Klärung der durch die Hinterlegung usw. eingetretenen Unsicherheiten führen. Es soll damit die Fortsetzung der ins Stocken geratenen Vollstreckung in demjenigen Umfang ermöglichen, der sich am Ende der Zwischenverfahren nach § 856 als noch zulässig erweist.

III. Klage, I. Jeder Überweisungsgläubiger nach § 835 kann gegen den Schuldner die rein prozessuale Leistungsklage des § 856 auf die Erfüllung der Verpflichtungen nach §§ 853, 855 erheben; die Klage muss hinreichend bestimmt sein, also die zu hinterlegende Summe benennen, BGH NJW 1983, 687. Der bloße Pfändungsgläubiger nach § 829 hat diese Möglichkeit nicht. Er ist vielmehr nach II darauf angewiesen, dem Rechtsstreit beizutreten. Der klagende Gläubiger braucht die anderen Gläubiger nicht beizuladen. Er muss aber dem Schuldner nach §§ 72, 841 den Streit verkünden. Mehrere klagende Überweisungsgläubiger sind notwendige Streitgenossen nach § 62. § 856 beseitigt nicht das Recht eines Gläubigers, auf die Leistung zu klagen. 3

Eine auf Zahlung gerichtete Drittschuldnerklage kann in eine Klage gem. § 856 umgestellt werden, OLG Mü WM 2007, 760. 4

Für die Klage ist der Rechtsweg gegeben, der für eine Leistungsklage des Schuldners gegen den Drittschuldner gegeben wäre, OLG Stgt BeckRS 1999, 31363208. 5

IV. Beitritt, II. Jeder Pfändungsgläubiger nach § 829 darf unabhängig davon, ob er auch ein Überweisungsgläubiger nach § 835 ist oder nicht, einem klagenden Überweisungsgläubiger in dessen Prozess gegenüber dem Schuldner jederzeit beitreten. Er wird dann ein notwendiger Streitgenosse nach § 62, vgl. BGH NJW 1959, 1683. Nur der Erstkläger hat ein selbständiges Klagerecht. Spätere Klagen sind wegen der Möglichkeit eines Beitritts mangels eines Rechtsschutzbedürfnisses unzulässig, Stein/Jonas/Würdinger Rn. 2 (der Bekl. habe eine der Rüge der Rechtshängigkeit nach § 261 III Nr. 1 ähnliche Einrede). 6

V. Beiladung, III. Der Drittschuldner nach § 840 muss bei dem Prozessgericht beantragen, sämtliche Pfändungsgläubiger nach § 829 beizuladen, die nicht geklagt und sich auch nicht nach II angeschlossen haben, selbst wenn sie später gepfändet haben. Die Beiladung muss in der Form der Streitverkündung nach § 73 erfolgen, obwohl die Beiladung keine Streitverkündung ist. Die Ladung braucht nur zum ersten streitigen Verhandlungstermin jeder Instanz zu erfolgen. Das gilt auch dann, wenn eine öffentliche Zustellung nach §§ 185 ff. oder eine Zustellung im Ausland nach §§ 183, 184 erforderlich wird. Man reicht beim Gericht einen Schriftsatz ein. Das Gericht teilt ihn dem Gegner formlos mit. 7

VI. Einwendungen, IV, V. Der Drittschuldner nach § 840 kann im Prozess die folgenden Einwendungen erheben. 8

1. Sachlich-rechtliches Bedenken. Er kann sich gegen den Anspruch eines jeden Gläubigers auf Grund sachlich-rechtlicher Bedenken wenden. Er kann zB vortragen, er habe bereits an einen Besserberechtigten erfüllt oder er habe eine Aufrechnung erklärt. Ein Vergleich, ein Erlass der Forderung, eine Stundung durch einen Pfändungsgläubiger sind nur dann zulässig, wenn das Gericht die Forderung diesem Pfändungsgläubiger an Zahlungs statt überwiesen hatte oder wenn es bei einer Überweisung zur Einziehung den vollen Betrag der überwiesenen Forderung auf die beizutreibende Forderung verrechnet hatte. 9

2. Einwand gegen einzelne Gläubiger. Der Schuldner kann sich gegen einen einzelnen Gläubiger etwa mit der Begründung wenden, ihm gegenüber bestehe weder eine Hinterlegungspflicht noch eine Herausgabepflicht. Solche Einwendungen sind aber solange unerheblich, als noch mindestens zwei Gläubiger verbleiben, die von den Einwendungen nicht betroffen werden. 10

VII. Urteil, IV, V. Das Urteil wirkt nach § 322 immer für sämtliche Gläubiger. Es wirkt nur gegen diejenigen Gläubiger, die sich am Verfahren beteiligt haben oder die das Gericht nach → Rn. 7 beigeladen hatte. Die Wirkung erstreckt sich nur auf den „in der Klage erhobenen Anspruch", also auf den Anspruch auf eine Hinterlegung in Höhe des Gesamtbetrags der Pfändungen. Das Urteil erwächst gegenüber dem Schuldner nicht in innere Rechtskraft nach § 322. Die Zwangsvollstreckung findet aus dem Urteil für alle Gläubiger statt, OLG Saarbr NJW-RR 1990, 1472. Wer am Verfahren nicht teilgenommen hat, muss das Urteil nach § 727 auf sich umschreiben lassen, OLG Saarbr NJW-RR 1990, 1472. 11

857 ***Zwangsvollstreckung in andere Vermögensrechte.*** **I Für die Zwangsvollstreckung in andere Vermögensrechte, die nicht Gegenstand der Zwangsvollstreckung in das unbewegliche Vermögen sind, gelten die vorstehenden Vorschriften entsprechend.**

II Ist ein Drittschuldner nicht vorhanden, so ist die Pfändung mit dem Zeitpunkt als bewirkt anzusehen, in welchem dem Schuldner das Gebot, sich jeder Verfügung über das Recht zu enthalten, zugestellt ist.

III Ein unveräußerliches Recht ist in Ermangelung besonderer Vorschriften der Pfändung insoweit unterworfen, als die Ausübung einem anderen überlassen werden kann.

IV 1Das Gericht kann bei der Zwangsvollstreckung in unveräußerliche Rechte, deren Ausübung einem anderen überlassen werden kann, besondere Anordnungen erlassen. 2Es kann insbesondere bei der Zwangsvollstreckung in Nutzungsrechte eine Verwaltung anordnen; in diesem Fall wird die Pfändung durch Übergabe der zu benutzenden Sache an den Verwalter bewirkt, sofern sie nicht durch Zustellung des Beschlusses bereits vorher bewirkt ist.

V Ist die Veräußerung des Rechts selbst zulässig, so kann auch diese Veräußerung von dem Gericht angeordnet werden.

VI Auf die Zwangsvollstreckung in eine Reallast, eine Grundschuld oder eine Rentenschuld sind die Vorschriften über die Zwangsvollstreckung in eine Forderung, für die eine Hypothek besteht, entsprechend anzuwenden.

VII Die Vorschrift des § 845 Abs. 1 Satz 2 ist nicht anzuwenden.

I. Systematik, I–VII. §§ 857–863 regeln die gesamte Zwangsvollstreckung in das bewegliche Vermögen, soweit die Zwangsvollstreckung nicht körperliche Sachen nach → § 803 Rn. 1, Geldforderungen nach → § 829 Rn. 1 oder Ansprüche auf die Herausgabe von Sachen nach § 846 betrifft, OLG Brem MDR 1983, 677; OLG Hamm DNotZ 1983, 61. Dabei bleiben die Ziele der Regelung dieselben wie bei jeder Vollstreckung in das bewegliche Vermögen. § 857 stellt die Regel auf, nach der §§ 828–856 anwendbar sind. Auch § 829a ist 1 anwendbar, LG Nürnb-Fürth BeckRS 2022, 11042. §§ 858–863 enthalten Sondervorschriften. Die Abgrenzung ist manchmal schwierig.

2 **II. Regelungszweck, I–VII.** Das gesamte Vermögen soll grundsätzlich dem Zugriff des Gläubigers offenstehen. Diesem Ziel dient § 857 als Sammel- und Auffangvorschrift. Insofern ist eine weite Auslegung zugunsten des Gläubigers erforderlich.

3 **III. Anderes Vermögensrecht, I.** Es handelt sich nach → Rn. 2 um einen gesetzlichen Hilfs- oder Auffangbegriff zwecks Erfassung der in §§ 828–856 nicht bereits geregelten Vermögenswerte. Vermögensrecht ist dasjenige, was einen solchen Geldwert darstellt, der sich zur Befriedigung des Gläubigers eignet, LG Aurich Rpfleger 1997, 268; vgl. Lippross/Bittmann S. 193.

4 Den **Gegensatz** zu Vermögensrechten bildet ein unselbständiges Recht. **Beispiele:** Das Recht auf die Herausgabe des Hypothekenbriefs oder von Kraftfahrzeug-Papieren, KG OLGZ 94, 113; die Hypothek ohne eine Forderung; das Pfändungspfandrecht, OLG Nürnb MDR 2001, 1133; die Zustimmung zu einer Löschung, OLG Mü Rpfleger 2017, 84; eine bloße Befugnis, BGH NJW 2010, 2346. Ein solches unselbständiges Recht ist nicht für sich pfändbar, sondern nur zusammen mit dem Hauptrecht, LG Bln Rpfleger 1978, 331. Ebenfalls unpfändbar sind rein tatsächliche Verhältnisse wie das Unternehmen als solches, OLG Celle NZG 2004, 424, oder der „Goodwill" eines Unternehmens, LG Brem BeckRS 2021, 15267. Eine Nebenforderung, etwa der Anspruch auf Zinsen, ist selbständig pfändbar.

5 In allen vorstehenden Fällen ist eine **Pfändung nicht möglich.** Dasselbe gilt bei einem Rangvorbehalt. Es ist nach § 848 nicht erforderlich, dass die Zwangsvollstreckung unmittelbar zu einer Befriedigung des Gläubigers führen kann. Ferner sind alle öffentlich-rechtlichen Befugnisse unpfändbar, etwa: Das Wahlrecht; der „Anspruch" auf ein Handeln einer staatlichen Stelle, etwa ein Urteil auf eine Eintragung in das Grundbuch. Der Berichtigungsanspruch nach § 894 BGB ist ein privatrechtlicher Anspruch gegen den Eingetragenen.

IV. Beispiele zur Frage eines anderen Vermögensrechts, I

6 **Abtretung, Übertragung:** I ist anwendbar auf die Zwangsvollstreckung in einen Anspruch auf die Abtretung, Rückabtretung, Übertragung oder Rückübertragung eines Rechts, BGH NJW 2003, 1858; LG Bln MDR 1977, 59; MDR 1977, 412; LG Verden Rpfleger 1986, 394. Auch „Anwartschaftsrecht", „Auseinandersetzung", → „Handlungsmöglichkeit".

Anwartschaftsrecht: I kann trotz der dogmatischen Probleme nach → § 829 Rn. 1 anwendbar sein auf die Zwangsvollstreckung in ein Anwartschaftsrecht, OLG Düss Rpfleger 1981, 199 (abl. Eickmann); LG Bonn Rpfleger 1989, 449 (der Nachweis der Auflassung durch eine öffentliche oder öffentlich beglaubigte Urkunde ist notwendig). Zum Problem OLG Rostock Rpfleger 2016, 90; Geißler DGVZ 1990, 81 (ausf.). Auch „Abtretung, Übertragung".

Arzneimittelrecht: I ist anwendbar auf die Zwangsvollstreckung in die Befugnis, ein Arzneimittel in den Verkehr zu bringen und nur zusammen mit ihr die öffentlich-rechtliche Zulassung zu erwerben, BGH NJW 1990, 2931.

Auseinandersetzung: I ist anwendbar auf die Zwangsvollstreckung in einen Anspruch auf ein Auseinandersetzungsguthaben, auch ein künftiges.

Befugnis: Unanwendbar ist I auf eine bloße Befugnis, BGH NJW 2010, 2346.

Berichtigung: → „Grundbuch".

Beschränkte persönliche Dienstbarkeit: Sie ist nicht pfändbar, OLG Mü MDR 2011, 134.

Design: Das Recht an ihm kann Gegenstand der Zwangsvollstreckung sein.

Destinatär: Vgl. von Eichel, Gläubigerzugriff auf Destinatärrechte, 2011.

Dienstleistungsmarke: I ist anwendbar auf eine Dienstleistungsmarke oder auf eine international registrierte Marke (IR-Marke) mit deutscher Basismarke, Repenn NJW 1994, 175.

Domain: → „Internet-Domain".

Dreidimensionales Zeichen: I ist anwendbar jetzt auch auf ein solches Zeichen, Repenn NJW 1994, 175.

Eigentum: „Erbteil", → „Miteigentum".

Eintragung: → „Grundbuch".

Einziehungsrecht: I ist anwendbar auf ein solches aus einem Pfändungs- und Überweisungsbeschluss nach §§ 829 ff., aM LG Lpz Rpfleger 2000, 401 (aber auch dieses Recht hat einen Vermögenswert).

Emissionsberechtigung: I ist anwendbar, Wagner JZ 2007, 971.

Erbbaurecht. Dazu Helwich JurBüro 2008, 346 (Grdz.). I ist iVm § 851 II anwendbar auf den Zustimmungsanspruch nach (jetzt) § 7 II ErbbauRG, LG Köln, NJW-RR 2000, 682.

Erbschaftsannahme: I ist auf ihr Recht **unanwendbar,** OLG Mü NJW 2015, 2128.

Erbteil: I ist anwendbar auf die Zwangsvollstreckung in einen Erbteil, auch wenn er aus einem Grundstücksanteil besteht. Auch → „Miteigentum".

Erfinderrecht: § 857 ist auf seine vermögensrechtlichen Teile anwendbar, Zimmermann GRUR 1999, 121. **Unanwendbar** ist I auf den Erfindergedanken im engsten Sinn, BGH GRUR 1978, 583.

Gemeinschaftsanteil: Bei einer Bruchteilsgemeinschaft kann I anwendbar sein, BGH NJW-RR 2015, 1406. I ist aber dann **unanwendbar,** wenn ein Aufhebungsausschluss nach § 1010 BGB besteht, AG Ffm Rpfleger 2011, 684.

Gesellschaftsanteil: → § 859 Rn. 3, Anh. § 859.

Goodwill: Er ist unpfändbar, → Rn. 4.

Grundbuch. Dazu Linderhaus, Die Zwangsvollstreckung in den sachenrechtlichen Anspruch auf Zustimmung zur Berichtigung des Grundbuches (§ 894 BGB), Diss. Konst, 1999. I ist anwendbar auf die Zwangsvollstreckung in den Anspruch auf eine Berichtigung, OLG Düss NJW-RR 1998, 1390, oder auf die Eintragung eines Grundpfandrechts, OLG Brem NJW 1984, 2478 (nur das „Stammrecht" der Verwendung des Grundstücks zur dinglichen Sicherung ist weder abtretbar noch pfändbar, dazu krit. Dubischar NJW 1984, 2440). Auch → „Grundschuld".

Grundschuld: I ist anwendbar auf die Zwangsvollstreckung in einen Anspruch auf die Rückgewähr einer nicht valutierenden Grundschuld, LG Detm DGVZ 2000, 169, oder auf einen Verzicht auf die Grundschuld. Auch → „Grundbuch".

Handlungsmöglichkeit: Unanwendbar ist I auf sie, BGH NJW 2010, 2346; AG Sinzig NJW-RR 1986, 967. Dies betrifft etwa das Kündigungsrecht, Hanloser CR 2001, 456, oder das Recht, eine Mietaufhebung zu verlangen, oder das Abtretungsrecht. Ebenfalls fällt hierunter das Recht ein etwaiges künftiges Angebot des Arbeitgebers auf Vertragsänderung, das in einem Pensionsvertrag vorgesehen ist, anzunehmen, BGH ZInsO 2022, 847; MDR 2021, 1156.

Hinterlegung: I ist anwendbar auf die Zwangsvollstreckung in den Anspruch gegen einen Notar auf die Auszahlung eines bei ihm hinterlegten Geldbetrags, OLG Ffm NJW-RR 1998, 1582; OLG Hamm DNotZ 1983, 61; Rupp/Fleischmann NJW 1983, 2368.

Internet-Domain. Dazu Berger Rpfleger 2002, 181; Bettinger (Hrsg.), Handbuch des Domainrechts, 2. Aufl. 2017; Birner, Die Internet-Domain als Vermögensrecht, 2005; Boecker MDR 2007, 1234 (ausf.); Brock, Die Zwangsvollstreckung in Internet-Domains unter besonderer Berücksichtigung des Kennzeichenrechts, 2005; Herberg, Domains in der Zwangsvollstreckung (rechtsvergleichend), 2006; Herrmann, Die Zwangsvollstreckung in die Domain, 2004; Kleespies GRUR 2002, 764; Kopf, Die Internetdomain in der Einzelzwangsvollstreckung und in der Insolvenz des Domaininhabers, 2006; Krebs/Becker JZ 2009, 932; Meinhold Rpfleger 2016, 623 (ausf.); Straub, Die Domain-Pfändung usw., 2010: I ist auf dieses abtretbare, handelbare Recht anwendbar, BGH GRUR 2019, 324; NJW 2005, 3353; BFH MMR 2021, 314; MMR 2017, 675; LG Mönchengladb NJW-RR 2005, 439; LG Zwickau Rpfleger 2010, 34; aM LG Mü MMR 2000, 565 (nicht beim Familiennamen) und MMR 2001, 319 (nicht beim Firmennamen).

Kündigung: → „Handlungsmöglichkeit".

Leasing: → Rn. 12.

Marke: Zuständig ist das Vollstreckungsgericht nach §§ 764, 802, LG Düss Rpfleger 1998, 356.

Miteigentum: I ist anwendbar auf die Zwangsvollstreckung in einen Miteigentumsanteil, BGH NJW 2006, 849; BayObLG NJW-RR 1992, 1369. Das gilt auch für einen isolierten Miteigentumsanteil ohne Sondereigentum und ohne Anwartschaft nach dem WEG, OLG Hamm NJW-RR 1991, 335. Auch → „Erbteil".

Nießbrauch: I ist nach → Rn. 13 auf ihn anwendbar, BGH NJW 2006, 1124; OLG Mü FGPrax 2013, 202, auch III, BFH NZI 2010, 917, auch IV 2, BGH NJW 2007, 149; OLG Düss Rpfleger 1997, 315.

Notar: → „Hinterlegung".

Nutzungsrecht: → Rn. 19.

Persönlichkeitsrecht: Vgl. Botsch, Die Zwangsvollstreckung in das allgemeine Persönlichkeitsrecht, Diss. Bayreuth 2007.

Pfändungspfandrecht: I ist auf dieses Recht **unanwendbar.** Denn es folgt der Forderung, OLG Nürnb MDR 2001, 1133.

Renteninformation, -auskunft: I ist **unanwendbar,** BGH NJW-RR 2012, 434.

Rückabtretung, Rückübertragung: → „Abtretung, Übertragung".

Rückgewährsanspruch: I ist auf ihn anwendbar, OLG Schlesw FGPrax 1997, 53. Auch → „Abtretung, Übertragung".

Sammeldepot: I kann auf einen Miteigentumsanteil anwendbar sein, BGH NJW-RR 2008, 494.

Sondernutzungsrecht: I ist in einem beschränkten Rahmen anwendbar, BGH NJW 2010, 2346; Schuschke NZM 1999, 830; aM OLG Stgt NZM 2002, 884.

Sport: Soweit das Recht zur Teilnahme am sportlichen Wettbewerb übertragbar ist und einen Vermögenswert hat, ist es pfändbar, BGH NJW-RR 2001, 1552.

Teilungsversteigerung: I ist anwendbar, OLG Jena Rpfleger 2001, 445.

Übertragung: → „Abtretung".

Urheberrecht: Vgl. Skauradszun, Das Urheberrecht in der Zwangsvollstreckung, 2009.

Vormerkung: Anwendbar ist § 857 nur auf den durch sie gesicherten Anspruch (Anwartschaftsrecht), OLG Rostock Rpfleger 2016, 90.

Website: Vgl. Radjai-Bokharai, Zwangsvollstreckung in die Website, 2008.

Zwangsversteigerung: I ist anwendbar auf die Zwangsvollstreckung in den Anspruch aus dem Meistgebot auf die Erteilung des Zuschlags. Es entsteht nach § 848 II 2 eine Sicherungshypothek, Krammer/Riedel Rpfleger 1989, 144.

V. Pfändung, II. Wenn ein Drittschuldner nach 840 vorhanden ist, wird die Pfändung nach §§ 829 ff. mit 7
der Zustellung des Pfändungsbeschlusses an ihn wirksam; dem Drittschuldner gegenüber muss dann ein den Besonderheiten des Pfändungsgegenstands Rechnung tragendes Verbot ausgesprochen werden, Erfüllungshandlungen gegenüber dem Schuldner vorzunehmen, die das Pfändungspfandrecht beeinträchtigen können (Arrestatorium), BGH NJW 2021, 637; BeckRS 2020, 39601. Wenn ein Drittschuldner fehlt, wird die Pfändung mit der Zustellung des Verfügungsverbots an den Schuldner wirksam. Dieses Verfügungsverbot ist dann unentbehrlich. Man muss den Begriff Drittschuldner hier im weitesten Sinne verstehen. Drittschuldner ist jeder, dessen Recht die Pfändung berührt.

Das trifft zB zu für: Einen Miterben; einen Miteigentümer; denjenigen, der unter einem Eigentumsvorbehalt 8
veräußert hat. Die Pfändung des Anwartschaftsrechts erfolgt bei ihm entsprechend § 829 III. Nach einem Erlöschen gemäß § 91 ZVG ist zunächst kein Drittschuldner wegen des Anspruchs auf den Anteil am Erlös vorhanden. Daher reicht zur Pfändung dieses Anspruchs eine Zustellung an den Schuldner nach II aus. Diese Zustellung ist auch notwendig. Demgegenüber ist seit dem Zeitpunkt einer Hinterlegung nach §§ 120, 124 ZVG die Zustellung an die Hinterlegungsstelle als der Drittschuldnerin nach § 829 III maßgeblich. Die Pfändung des Alleinnacherbrechts berührt das andersartige Recht des Vorerben nicht.

Wenn der Gläubiger das **Anwartschaftsrecht** des Vorbehaltskäufers oder auch des Sicherungsgebers gepfändet 9
hat, muss er auch die Sache selbst nach § 808 pfänden. Denn der Gläubiger erlangt nur so den Besitz. Er kann nur so zu seiner Befriedigung kommen. Der Gläubiger kann dann einen späteren Abtretungsempfänger des Anspruchs gegen den Vorbehaltsverkäufer oder den Sicherungsnehmer ausschalten.

Wenn die Zwangsvollstreckung in das **Nutzungsrecht** an einer Sache erfolgt ist, etwa in einen Nießbrauch, 10
und wenn das Gericht eine Verwaltung angeordnet hat, kann eine Übergabe der noch zu benutzenden Sache an den Verwalter die Pfändung ersetzen. Die Pfändung eines rechtstragenden Wertpapiers erfolgt nach § 831. Das Pfandrecht entsteht immer an dem gepfändeten Recht selbst, mag man es dem Schuldner auch nur zur Ausübung

überlassen haben. Eine solche Belastung des Rechts, die im Zeitpunkt der Pfändung bestand, wirkt auch gegenüber dem Gläubiger. Das gilt für eine Löschungsvormerkung bei einer Eigentümerhypothek. Im Zeitpunkt des Erlöschens des Rechts geht das Pfandrecht unter.

11 **Gebühren:** des Gerichts § 12 V GKG (Vorauszahlungspflicht), KV 2111 GKG; des Anwalts VV 3309, 3310 RVG.

12 **VI. Unveräußerliches Recht, III.** Ein solches Recht ist in seinem Bestand unpfändbar. Bei einer Anwendung des § 851 II auf ein solches Recht muss man folgendes beachten. Ein höchstpersönliches Recht ist zB das Wohnrecht aus einem Altenteilsvertrag. Eine vertragliche Ausschließung der Übertragbarkeit ist bei einem Recht durch § 137 BGB unzulässig. Das Firmenrecht oder ein patentrechtliches Vorbenutzungsrecht hat einen Vermögenswert. Da es aber nur zusammen mit dem Unternehmen übertragbar ist und da das Unternehmen praktisch unpfändbar ist, ist eine Pfändung unmöglich, BGHZ 182, 231 (234). III lässt die Pfändung der Ausübung nach zu, soweit man die Ausübung des Rechts einem anderen überlassen kann, OLG Hamm NZM 2014, 475. Das ist zB bei dem Gebrauchsrecht des Mieters möglich, sofern der Vermieter dem Mieter nach § 540 I 1 BGB gestattet hat, die Mietsache einem Dritten zu überlassen. Zu einer solchen Überlassung ist also eine Vereinbarung zwischen dem Vermieter und dem Mieter notwendig. Entsprechendes gilt beim Leasingvertrag wegen des Nutzungsrechts usw. Die Sache selbst ist nach §§ 808 ff. pfändbar, OLG Düss NJW 1988, 1676; AG Neuwied DGVZ 1996, 142; Baldus, Zwangsvollstreckung beim Mobilienfinanzierungsleasing, 2010.

13 Der Grundstückseigentümer kann demgemäß ein **dingliches Wohnrecht** seines Schuldners am Grundstück des Eigentümers (Gläubigers) nur dann pfänden, wenn er dem Berechtigten gestattet hatte, die Ausübung des Wohnungsrechts einem Dritten zu überlassen, AG Köln WuM 2003, 341, und wenn diese Erlaubnis im Grundbuch eingetragen worden war, großzügiger BGH MDR 2007, 296; LG Detm Rpfleger 1988, 372; strenger BGH WuM 2007, 30; KG NZI 2021, 1023; OLG Mü MDR 2011, 134; LG Hmb JurBüro 2009, 498 (je: grundsätzliche Unpfändbarkeit); OLG Schlesw FGPrax 1997, 53 (pfändbar sei nur ein Wertersatzanspruch nach Zwangsversteigerung); großzügiger AG Köln WuM 2003, 341 (keine Eintragung nötig). Manche wenden III auch auf den Anspruch des Miteigentümers eines Grundstücks auf die Aufhebung der Bruchteilsgemeinschaft nach § 749 BGB an, AG Siegen Rpfleger 1988, 249; Gramentz, Die Aufhebung der Gemeinschaft nach Bruchteilen durch den Gläubiger eines Teilhabers, 1989, 502. Aber auch → § 864 Rn. 11.

14 Die Pfändung des **Nießbrauchs** ist zulässig, OLG Hamm NZM 2014, 475; LG Lübeck Rpfleger 1993, 360; Schüller, Die Zwangsvollstreckung in den Nießbrauch, Diss. Bonn 1978. Eine Pfändung ist der Ausübung nach auch immer dann zulässig, wenn sich die Rechtsausübung nicht unbedingt an die Person des Berechtigten knüpft. Deshalb mag der Gläubiger die Ausnutzung des schriftstellerischen Urheberrechts pfänden können. Das Recht auf die Erteilung eines Patents und das Recht aus einem Patent sind pfändbar. Wegen einer Marke → Rn. 6 „Marke".

15 **VII. Verwertung, IV, V.** Es gibt mehrere Möglichkeiten.

16 **1. Überweisung zur Einziehung.** Diese Form der Überweisung nach § 835 I ist dann statthaft, wenn der Gläubiger an die Stelle des Schuldners treten kann. Wenn nur bestimmte Personen dazu imstande sind, muss der Gläubiger zu ihrem Kreis zählen. Dann kann der Gläubiger auf Grund der Überweisung dasjenige erreichen, das der Schuldner ohne eine Pfändung erreichen würde. Der Gläubiger darf etwa bei einer Grundbuchberichtigung die Eintragung auf den Namen des Schuldners verlangen, nicht aber die Eintragung auf seinen eigenen Namen.

17 **2. Überweisung zum Nennwert.** Diese Form der Überweisung kommt nur bei einem Recht mit einem bestimmten Nennwert infrage, etwa bei einer Eigentümergrundschuld.

18 **3. Andere Art der Verwertung.** Wenn die Verwertung durch eine Einziehung unmöglich oder schwierig ist, kann das Vollstreckungsgericht nach § 844 eine andere Art der Verwertung anordnen, je nach der Art des Rechts, etwa bei einem veräußerlichen Recht die Veräußerung des Rechts durch eine Versteigerung oder durch einen freihändigen Verkauf wie bei § 825, zB bei einem Erbteil oder bei einer Eigentümergrundschuld oder eine Verwaltung bei einem eingetragenen Nießbrauch, BGH NJW 2011, 1009. Den nach §§ 146 ff. ZVG dann nötigen Besitz des Schuldners prüft das Vollstreckungsgericht nicht (Ausnahme: Kenntnis des Nichtbesitzes), BGH NJW 2011, 1009. Die bloße Pfändung und Überweisung eines Erbanteils berechtigt nicht zum freihändigen Verkauf, BGH MDR 2019, 698 Rn. 6. Die Überweisung an Zahlungs statt nach § 835 I kann zum Schätzungswert infrage kommen, etwa dann, wenn man dadurch eine Erbauseinandersetzung vermeiden kann und wenn der Wert ersichtlich angemessen ist.

19 **4. Nutzungsrecht.** Beim Nutzungsrecht nach → Rn. 12, 13 kann das Gericht eine besondere Anordnung treffen. Es kann etwa eine Verwaltung anordnen, BGH NJW 2007, 149. Dann muss der Schuldner die genutzte Sache dem Verwalter übergeben, BGH NJW 2007, 149. Er liefert dem Gläubiger die Erträge ab, sofern nicht der Drittschuldner nach § 839 hinterlegen müsste. Das Vollstreckungsgericht nach §§ 764, 802 trifft alle näheren Anordnungen, LG Lübeck Rpfleger 1993, 360. Bei einem Nutzungsrecht an dem Grundstück ist entsprechend § 848 das Gericht der belegenen Sache zuständig. Auch dieses Gericht entscheidet durch den Rpfleger. Das Gericht kann auch die Ausübung zugunsten des Gläubigers einem Dritten oder dem Gläubiger übertragen, zB an einem Patent durch die Erteilung einer Lizenz.

20 **VIII. Reallast usw., VI. 1. Allgemeines.** Eine Reallast, eine Grundschuld oder eine Rentenschuld lassen sich nach §§ 830, 837 wie eine Hypothek pfänden und überweisen. Der Grundschuldbrief oder der Rentenschuldbrief sind nur dann nach § 808 pfändbar und nach § 821 verwertbar, wenn das Grundbuchamt sie auf den Inhaber ausgestellt hat. Eine Reallast steht einer Buchhypothek gleich. Sie ist nur pfändbar, soweit nicht nach § 1111 II BGB der Anspruch auf die einzelne Leistung unpfändbar ist oder nach § 1110 BGB die Reallast zugunsten des jeweiligen Eigentümers besteht. Ein Zinsrückstand und eine rückständige Reallastleistung ist wie ein Hypothekenzins selbständig pfändbar. Die Pfändung der Grundschuld usw. ergreift diesen Rückstand usw. nicht. Wenn der Schuldner die Grundschuld sicherungshalber an einen Dritten abgetreten hat, insbesondere an ein Kreditinstitut, kann man nur den Anspruch auf die Rückübertragung und einen Verzicht auf sie nach § 829 pfänden. Wenn es sich um eine Briefgrundschuld handelt, ist die Wirksamkeit der Pfändung nicht vom Briefbesitz abhängig, vgl. aber § 122 I 1 GVGA. Nach der Überweisung entsteht ein Anspruch des Pfandgläubigers auf eine Rückübertragung der Grundschuld auf den Grundstückseigentümer im Zeitpunkt der Fälligkeit. Er selbst erwirbt ein Ersatzpfandrecht entsprechend § 848 II an der Grundschuld.

Wenn der Gläubiger den Anspruch des Grundeigentümers auf eine **Rückübertragung** des nichtvalutierten Teils der Grundschuld gegenüber dem Grundschuldgläubiger gepfändet hat und wenn die Grundschuld in der Zwangsversteigerung erloschen ist, bleibt das Pfandrecht an einem entsprechenden Teil des Versteigerungserlöses bestehen. Man kann den Löschungsanspruch durch eine Hilfspfändung erfassen. 21

2. Eigentümerhypothek. Wenn die Hypothek dem Eigentümer mit der Forderung nach §§ 1143, 1177 II BGB zusteht, findet die Pfändung und Überweisung nach § 830 wie bei der gewöhnlichen Hypothek statt. 22

3. Eigentümergrundschuld. Wenn die Forderung dem Eigentümer wie bei § 1163 BGB nicht zusteht, ist die Hypothek nach § 1177 BGB sachlich-rechtlich eine Grundschuld. Der Gläubiger pfändet sie dann wie eine Grundschuld nach § 830. Diese Lösung hat praktisch sehr viel für sich. Deshalb ist bei einer Briefhypothek ein Besitz am Hypothekenbrief erforderlich, BGH NJW-RR 1989, 636, evtl. an dem zu bildenden Teilhypothekenbrief. Bei einer Buchhypothek muss eine Eintragung erfolgen, OLG Ffm FGPrax 2009, 255. § 1197 I BGB steht einer Vollstreckung durch den Pfändungsgläubiger nicht entgegen, BGH NJW 1988, 1026. 23

Wenn ein **Dritter** eine Sicherungsgrundschuld **tilgt, muss** man bei der Pfändung des getilgten Teils beim Antrag auf die Bildung eines Teilgrundschuldbriefs nachweisen, dass der getilgte Grundschuldteil nicht auf den Dritten übergegangen ist. Der Pfändungsbeschluss muss die Eigentümergrundschuld als solche bezeichnen. Man muss die Rechtsnatur dem Grundbuchamt nachweisen. Das kann schwierig werden. Eine Zustellung des Verbots an den Eigentümer genügt. Denn ein Drittschuldner nach § 840 fehlt. Es ist auch nach → § 829 Rn. 1 die Pfändung einer zukünftigen Eigentümergrundschuld zulässig. Allerdings müssen diejenigen Voraussetzungen eindeutig klar sein, unter denen die Grundschuld entstehen soll. Dementsprechend kann man auch nach § 1170 BGB die Anwartschaft auf den Erwerb derjenigen Eigentümergrundschuld pfänden, die bei einem Ausschlussurteil entsteht, nebst dem Recht, das Aufgebot gegenüber unbekannten Hypothekengläubigern zu betreiben. 24

Wenn die Eigentümergrundschuld in der Zwangsversteigerung **infolge eines Zuschlags erloschen** ist, ist der Anspruch auf den an die Stelle der Eigentümergrundschuld getretenen Erlös nach § 829 pfändbar. Dasselbe gilt bei einer nicht valutierten Grundschuld. Wenn bei einer Briefhypothek dem Eigentümer nur ein Teil der Hypothek zusteht, muss man Folgendes pfänden und überweisen: Das Miteigentum am Brief nach § 952 BGB; den Anspruch auf die Aufhebung der Gemeinschaft am Brief nach § 749 BGB; den Anspruch auf eine Berichtigung des Grundbuchs nach § 894 BGB; den Anspruch auf die Vorlegung des Briefs beim Grundbuchamt zwecks Bildung eines Teilhypothekenbriefs nach § 896 BGB; die Teilhypothek. Mit der Übergabe des Teilbriefs entsteht dann das Pfandrecht an der Hypothek. Wenn bei einer Buchhypothek der Gläubiger noch eingetragen ist, muss der Gläubiger den Anspruch auf die Berichtigung des Grundbuchs pfänden und sich überweisen lassen. Daraufhin kann der Gläubiger nach § 836 III eine Auskunft und die Herausgabe der Urkunden erzwingen sowie einen Widerspruch nach § 899 BGB eintragen lassen. Vor einer Umschreibung auf den Eigentümer ist die Eintragung des Pfandrechts wegen § 39 GBO unmöglich. Andernfalls könnten ein Gläubiger des Eigentümers und ein Gläubiger des Hypothekengläubigers gleichzeitig eine Eintragung vornehmen lassen. 25

4. Höchstbetragshypothek. Eine Höchstbetragshypothek nach § 1190 BGB gibt eine auflösend bedingte Eigentümergrundschuld in Höhe des nicht verbrauchten Teils des Kredits nach § 1163 BGB und nicht nur eine dingliche Anwartschaft. Eine Umschreibung auf den Eigentümer ist jedenfalls erst nach einer endgültigen Feststellung der Forderung zulässig. Demgemäß ist die vorläufige Eigentümergrundschuld zwar pfändbar und überweisbar. Die Pfändung ist aber durch die Eintragung aufschiebend bedingt. Mit der Eintragung tritt nach § 830 II eine Rückwirkung auf den Tag der Zustellung des Pfändungsbeschlusses an den Eigentümer ein. Daher wären seitdem erfolgte Pfändungen dem Gläubiger gegenüber unwirksam. § 39 GBO lässt eine solche Eintragung aber erst nach einer Umschreibung in eine Eigentümergrundschuld zu. Man muss von Fall zu Fall prüfen, welche Bedeutung eine vorher vollzogene Eintragung hat. Denn nicht jeder Verstoß gegen § 39 GBO macht die Eintragung unwirksam. Die Befugnis des Eigentümers zur Ausnutzung des nicht verbrauchten Teils des Kredits, also seine Befugnis, insofern weitere Schulden zu machen, lässt sich nur durch eine einstweilige Verfügung oder durch den Antrag auf die Eröffnung des Insolvenzverfahrens über das Vermögen des Schuldners unterbinden. Da ein Berichtigungsanspruch nicht vor demjenigen Zeitpunkt entstehen kann, in dem der Betrag feststeht, kann man keinen solchen Anspruch pfänden. 26

IX. Vorpfändung, VII. Der Gerichtsvollzieher darf die Benachrichtigung mit den Aufforderungen nicht selbst anfertigen. Das stellt VII durch den Ausschluss des § 845 I 2 klar, vgl. aber auch § 126 III 3 GVGA (Prüfungspflicht des Gerichtsvollziehers, ob der Gläubiger einen Vollstreckungstitel besitzt und ob die Voraussetzungen der §§ 711, 712, 720a, 751, 752, 756, 795, 930 vorliegen). Das gilt, soweit die Zwangsvollstreckung nach I–VI erfolgt. Selbst ein ausdrücklicher Auftrag des Gläubigers ermächtigt den Gerichtsvollzieher dann nicht zur Anfertigung der Benachrichtigung usw. Wenn er dennoch nach § 845 I 2 verfahren ist, ist seine Maßnahme als ein Staatsakt der Zwangsvollstreckung zunächst wirksam. 27

858 *Zwangsvollstreckung in Schiffspart.* **I Für die Zwangsvollstreckung in die Schiffspart (§§ 489 ff. des Handelsgesetzbuchs) gilt § 857 mit folgenden Abweichungen.**

II Als Vollstreckungsgericht ist das Amtsgericht zuständig, bei dem das Register für das Schiff geführt wird.

III [1]Die Pfändung bedarf der Eintragung in das Schiffsregister; die Eintragung erfolgt auf Grund des Pfändungsbeschlusses. [2]Der Pfändungsbeschluss soll dem Korrespondentreeder zugestellt werden; wird der Beschluss diesem vor der Eintragung zugestellt, so gilt die Pfändung ihm gegenüber mit der Zustellung als bewirkt.

IV [1]Verwertet wird die gepfändete Schiffspart im Wege der Veräußerung. [2]Dem Antrag auf Anordnung der Veräußerung ist ein Auszug aus dem Schiffsregister beizufügen, der alle das Schiff und die Schiffspart betreffenden Eintragungen enthält; der Auszug darf nicht älter als eine Woche sein.

V [1]Ergibt der Auszug aus dem Schiffsregister, dass die Schiffspart mit einem Pfandrecht belastet ist, das einem andern als dem betreibenden Gläubiger zusteht, so ist die Hinterlegung des Erlöses anzuordnen. [2]Der Erlös wird in diesem Fall nach den Vorschriften der §§ 873 bis 882 verteilt;

Forderungen, für die ein Pfandrecht an der Schiffspart eingetragen ist, sind nach dem Inhalt des Schiffsregisters in den Teilungsplan aufzunehmen.

Schrifttum: Röder DGVZ 2002, 17 (Grdz.).

1 **I. Systematik, Regelungszweck, I–V.** Die Vorschrift ergänzt § 857 zwecks einer auch verfahrenstechnischen Klarstellung der aus der Natur der Schiffspart sich ergebenden notwendigen Besonderheiten der Vollstreckung in einen solchen Vermögenswert. Obwohl ein eingetragenes Schiff der Liegenschaftszwangsvollstreckung unterliegt, behandelt § 858 den Miteigentumsanteil, die Schiffspart als eine bewegliche Sache, anders als bei einem Bruchteilseigentum am Schiff nach § 864 II. Die Schiffspart macht zum Mitreeder. Wer die Schiffspart auf Grund der Pfändung erwirbt, hat folglich am Gewinn oder Verlust des bisherigen Mitreeders einen Anteil. Zwischen dem Pfandrecht an dem ganzen Schiff und dem Pfandrecht an der Schiffspart besteht kein Rangverhältnis. Wenn das Schiff als Ganzes versteigert wird, kann das Pfandrecht an der Schiffspart gegenstandslos werden.

2 **II. Pfändung, I–V. 1. Zuständigkeit.** Das AG des Schiffsregisters ist das Vollstreckungsgericht nach § 764. Es ist nach § 802 ausschließlich zuständig.

3 **2. Eintragung.** Das Registergericht muss die Pfändung auf Grund des Pfändungsbeschlusses in das Schiffsregister eintragen. Eine Eintragung ist für die Wirksamkeit der Pfändung unentbehrlich. Denn die Pfändung „bedarf der Eintragung". Das Pfändungspfandrecht entsteht erst mit der Eintragung. Die Zustellung des Pfändungsbeschlusses an den Schuldner ist für die Entstehung des Pfandrechts unerheblich, § 857 II ist nicht anwendbar.

4 **3. Zustellung.** Der Gläubiger soll den Beschluss dem Korrespondentreeder als dem Vertreter der Reederei zustellen. Das ist eine Ordnungsvorschrift. Eine Zustellung vor dem Zeitpunkt der Eintragung macht aber die Pfändung gegenüber dem Korrespondentreeder wirksam.

5 **4. Verwertung.** Die Verwertung erfolgt nur durch eine Veräußerung der Schiffspart nach § 844. Eine Überweisung nach § 835 ist unzulässig.

6 **5. Weiteres Verfahren.** Dem Antrag muss man einen Auszug aus dem Schiffsregister beifügen. Wenn dieser Auszug ein Pfandrecht eines Dritten ausweist, muss das Vollstreckungsgericht eine Hinterlegung anordnen. Der Hinterlegung folgt dann ein Verteilungsverfahren. Das Pfändungspfandrecht hat immer den Rang hinter der Schiffshypothek. Durch die Zwangsveräußerung der Schiffspart erlöschen Rechte an ihr.

7 **Gebühren:** des Gerichts KV 2111 GKG; des Anwalts VV 3309, 3310 RVG.

859 *Pfändung von Gesamthandanteilen.* **I [1]Der Anteil eines Gesellschafters an dem Gesellschaftsvermögen einer nach § 705 des Bürgerlichen Gesetzbuchs eingegangenen Gesellschaft ist der Pfändung unterworfen. [2]Der Anteil eines Gesellschafters an den einzelnen zu dem Gesellschaftsvermögen gehörenden Gegenständen ist der Pfändung nicht unterworfen.**

II Die gleichen Vorschriften gelten für den Anteil eines Miterben an dem Nachlass und an den einzelnen Nachlassgegenständen.

1 **I. Systematik, I, II.** Die Vorschrift enthält eine unvollständige Regelung der Frage der Pfändbarkeit eines Anteils an einer Gesellschaft. Zur Lage bei den Handelsgesellschaftsarten → Anh. § 859 Rn. 1. Die Erbengemeinschaft weist vergleichbare Rechtslagen auf, OLG Düss FGPrax 2013, 57. II behandelt sie daher entsprechend einer Gesellschaft.

2 **II. Regelungszweck, I, II.** Der Grundsatz, dass der Gläubiger in das gesamte Schuldnervermögen vollstrecken darf, muss auch bei einem Gesellschaftsanteil gelten. Es würde aber zu uferlosen Problemen führen, wollte man auch eine Vollstreckung in den einzelnen zum Gesellschaftsvermögen zählenden Gegenstand zulassen, selbst wenn er noch so wertvoll wäre. Denn er gehört ja nicht dem Schuldner allein. Auf diesen letzteren Gesichtspunkt sollte man bei der Auslegung abstellen.

3 **III. Gesellschaftsanteil, I.** Der Gesellschafter einer BGB-Gesellschaft ist am Gesellschaftsvermögen zur gesamten Hand beteiligt. Er darf nach § 719 I BGB weder über diesen Anteil noch über den Anteil an den einzelnen Gegenständen des Gesellschaftsvermögens verfügen. Der Anteil an den Gegenständen ist schlechthin unpfändbar, BGH NZG 2016, 1223; OLG Düss NJW-RR 2004, 1111. Dagegen erlaubt § 859 die Einzelvollstreckung in den Gesellschaftsanteil, BFH ZIP 2016, 128, und daher eine Pfändung des Gesellschaftsanteils, BGH NZG 2016, 1223; OLG Düss NJW-RR 2004, 1111; OLG Köln NJW-RR 1994, 1517.

4 Die Pfändung des Gesellschaftsanteils erfolgt durch eine **Zustellung** an den Geschäftsführer der Gesellschaft nach § 171, OLG Köln NJW-RR 1994, 1517. Sie erfolgt nach § 857, Rupp/Fleischmann Rpfleger 1984, 223; aM LG Hmb Rpfleger 1989, 519 (sie erfolge nach § 859); Schmidt JR 1977, 177 (sie erfolge nach § 829). Die übrigen Gesellschafter brauchen nicht zuzustimmen, OLG Köln NJW-RR 1994, 1517. Drittschuldner nach § 840 ist (jetzt) die Gesellschaft, vgl. BGH NJW 2001, 1056, so schon Schmidt JR 1977, 177. Es genügt eine Zustellung an die geschäftsführenden Gesellschafter, BGH NJW 1986, 1991. Die Zwangsvollstreckung nach § 736 schließt den § 859 nicht aus. Beim „Und-Konto" liegt nicht stets eine Gesamthandsgemeinschaft vor, LG Oldb Rpfleger 1983, 79. Eine Eintragung ins Grundbuch erfolgt nicht, OLG Düss NJW-RR 2004, 1111 (keine Verfügungsbeschränkung, anders als bei einer Verpfändung).

5 **IV. Wirkung der Pfändung, I. 1. Gewinnanspruch.** Der Gläubiger erlangt denjenigen Anspruch auf einen Gewinnanteil und auf ein Auseinandersetzungsguthaben, der einem Gesellschafter nach § 717 BGB zusteht, OLG Düss NJW-RR 2004, 1111; Schmidt AcP 182 (1982), 481 (495). Der Gläubiger darf aber vor einer Kündigung die übrigen gesellschaftlichen Mitgliedsrechte nicht ausüben, BGH NJW 1986, 1991. Er kann zB nicht das Stimmrecht ausüben, und zwar auch nicht bei einer Überweisung nach § 725 II BGB.

6 **2. Kündigungsrecht.** Der Gläubiger darf die Gesellschaft fristlos aufkündigen, BGH NJW 1986, 1991; OLG Düss NJW-RR 2004, 1111; LG Hmb Rpfleger 2002, 532. Das darf er nach § 725 I BGB nur auf Grund eines nach §§ 329, 705 formell rechtskräftigen Vollstreckungstitels tun, OLG Zweibr Rpfleger 1982, 413. Wenn er das tut, ergreift das Pfändungspfandrecht ohne weiteres alles, was der Gesellschafter bei der Auseinandersetzung erhält. Der Gläubiger darf die Auseinandersetzung anstelle des Schuldners betreiben, BGH NJW 1992, 830; LG Hmb

Rpfleger 2002, 532. Der Gläubiger darf also auch die Teilungsversteigerung beantragen, BGH NJW 1992, 830 (zumindest dann, wenn nur noch ein einziger Vermögensgegenstand vorhanden ist, zust. Hintzen Rpfleger 1992, 262); LG Hmb Rpfleger 2002, 532.

Die Pfändung des Anteils an einer bereits **aufgelösten** Gesellschaft erfasst die Abfindungsforderung. Denn die Gesellschaft besteht nach § 730 II BGB bis zur Vollbeendigung fort. Es schadet nicht, dass ein Grundstück zum Anteil gehört. Die Eintragung der Pfändung in das Grundbuch ist aber unzulässig, LG Frankenth Rpfleger 2002, 72; Schmidt AcP 182 (1982), 481 (495). Der Anspruch des Gesellschafters auf eine Auskunft ist unpfändbar. Denn andernfalls würde der Gläubiger einen unzulässigen Einblick in die Verhältnisse Dritter erhalten. 7

V. Miterbenanteil, II. § 2033 BGB erlaubt dem Miterben die Veräußerung seines Anteils an der Erbschaft, BGH NJW 2013, 870. Der Miterbe kann aber über den Anteil an den einzelnen Erbschaftsgegenständen nicht verfügen. Deshalb ist der Anteil an diesen einzelnen Erbschaftsgegenständen unpfändbar und auch nicht etwa bedingt pfändbar, BayObLGZ 82, 459; OLG Ffm Rpfleger 1979, 205; OLG Köln NJW-RR 2014, 1415. Auch der Anspruch auf die Durchführung der Erbauseinandersetzung ist nicht selbständig pfändbar. Dagegen ist der Miterbenanteil insgesamt pfändbar, BGH NJW 2013, 870; OLG Düss FGPrax 2013, 57; LG Stendal Rpfleger 1998, 122. Die Pfändung dieses Miterbenanteils erfolgt nach § 857, OLG Düss FGPrax 2013, 57; OLG Ffm Rpfleger 1979, 205. Die anderen Erben sind die Drittschuldner nach § 840, OLG Ffm Rpfleger 1979, 205; Stöber Rpfleger 1976, 197. Der Miterbe kann aber trotz der Pfändung seines Miterbenanteils eine Nachlassforderung mit dem Antrag geltend machen, für alle Erben zu hinterlegen. Eine ungenaue Bezeichnung etwa als „Forderung am Nachlass" schadet nicht. Unschädlich sind auch eine Testamentsvollstreckung, BayObLGZ 82, 459 (sie bleibt unverändert), eine Nachlassverwaltung oder eine Nacherbschaft. Nach der Durchführung der Erbauseinandersetzung ist die Pfändung des Miterbenanteils nicht mehr statthaft. Man muss zwischen dem Pfändungs- und dem Grundpfandrecht unterscheiden, BGH NJW-RR 1999, 504. 8

VI. Wirkung des Pfändungspfandrechts, II. Dieses Recht ergreift den Miterbenanteil als einen Inbegriff von Rechten und Pflichten, BayObLGZ 82, 459; OLG Ffm Rpfleger 1979, 205. Das Pfändungspfandrecht verschafft dem Gläubiger aber nicht die Stellung eines Miterben, BayObLGZ 82, 459. Die Eintragung ins Grundbuch ist als eine Verfügungsbeschränkung zulässig. Das gilt auch unter einer vorherigen Eintragung sämtlicher Miterben (das letztere ist notwendig, OLG Ffm Rpfleger 1979, 205), selbst ohne deren Zustimmung, Stöber Rpfleger 1976, 197 (201). Der Gläubiger kann die Erbauseinandersetzung betreiben, sogar wenn der Erblasser sie ausgeschlossen hatte, BayObLGZ 82, 459. Das gilt auch auf Grund eines nur vorläufig vollstreckbaren Titels. Der Gläubiger hat zu diesem Zweck alle Rechtsbehelfe anstelle des Schuldners. 9

Er kann zB: Eine Teilungsklage erheben; den Auskunftsanspruch geltend machen: im Erbscheinsverfahren die Beschwerde einlegen. Der Gläubiger erlangt an der Gesamtheit derjenigen Sachen, die auf seinen Miterbenanteil entfallen, kraft Gesetzes ein Pfändungspfandrecht. Eine Erbauseinandersetzung ohne den Gläubiger ist wegen der Verfügungsbeschränkung der Erben ihm gegenüber unwirksam. Der Gläubiger kann aber nicht eine Zwangsvollstreckung in einzelne Vermögensstücke der Erbschaft betreiben, OLG Köln NJW-RR 2014, 1415. Ein älteres Vertragspfandrecht bleibt auch am Auseinandersetzungserlös vorrangig. Der Schuldner kann nach § 180 II 1 ZVG vorgehen, LG Stendal Rpfleger 1998, 122. 10

VII. Verwertung, II. Sie findet folgendermaßen statt. 11

1. Nach § 844. Entweder erfolgt eine Verwertung der Erbschaft im Ganzen auf Grund einer gerichtlichen Anordnung nach § 844. Die Verwertung kann durch eine Versteigerung des Miterbenanteils durch den Gerichtsvollzieher geschehen. 12

2. Einziehung. Oder das Gericht überweist dem Gläubiger den Miterbenanteil zur Einziehung, also zur Beitreibung des Auseinandersetzungsguthabens. Wenn eine Nacherbschaft besteht, kann der Gläubiger den Miterbenanteil veräußern. Zweckmäßiger ist allerdings meist die Anordnung einer Verwaltung nach § 857 IV. 13

Anhang zu § 859
Zwangsvollstreckung in die Gesellschafteranteile von Handelsgesellschaften

I. Offene Handelsgesellschaft, Partnerschaftsgesellschaft, Europäische wirtschaftliche Interessenvereinigung, Kommanditgesellschaft. 1. Titel. Eine Zwangsvollstreckung in das Vermögen des einzelnen Gesellschafters setzt einen Vollstreckungstitel nach §§ 704, 794 gegen diesen voraus. Ein Titel gegen die Gesellschaft genügt nicht. Ein solcher Titel lässt sich auch nach dem Erlöschen der Gesellschaft nicht nach § 727 auf oder gegen die einzelnen Gesellschafter umschreiben. Eine Feststellung zur Tabelle in einem Insolvenzverfahren gegen die OHG wirkt nicht gegen die Gesellschafter. Wegen der Rechtsscheinhaftung einer angeblichen OHG oder KG → § 736 Rn. 9. 1

2. Durchführung. Für sie gelten § 859 I, → § 859 Rn. 1, BFH NJW 1987, 2703, und §§ 105 III, 161 II HGB. Die Gesellschaft ist der Drittschuldner nach § 840. Die Pfändung des Anteils ist durch § 135 HGB nicht eingeschränkt. Abweichend wirkt die Einengung der Kündigung durch § 135 HGB. Diese verlangt die Pfändung und eine Überweisung des Anspruchs auf das Auseinandersetzungsguthaben. Das gilt aber nur dann, wenn ein nach §§ 329, 705 formell rechtskräftiger Vollstreckungstitel vorliegt, wenn binnen 6 Monaten eine Zwangsvollstreckung in das bewegliche Vermögen ergebnislos voraufgegangen war, und nur unter der Einhaltung einer Frist von 6 Monaten zum Schluss des Geschäftsjahrs. Eine kürzere Frist ist dann zulässig, wenn der Gesellschafter selbst vertraglich kürzer aufkündigen darf. Neben dieser Kündigung ist eine Kündigung nach § 725 BGB nicht möglich. Nach einer wirksamen Kündigung beginnt die Abwicklung der Gesellschaft. Der Gläubiger kann die Gesellschaft auf die Vornahme dieser Abwicklung verklagen. Der Gläubiger wird nicht Abwickler. Er gehört aber zu den „Beteiligten" der §§ 146, 147, 152 HGB. Der Gläubiger darf nicht ohne weiteres freihändig veräußern, sondern bedarf hierzu eines Beschlusses gemäß §§ 857, 844 ZPO, OLG Düss BeckRS 2020, 26353. 2

Den **Schuldner** weist der Gerichtsvollzieher nach § 64 GVO auf eine etwaige Einkommen- oder Körperschaftssteuerpflicht usw. hin. 3

3. § 859 kann auf der Personengesellschaft vergleichbare ausländische Gesellschaften wie der britischen Limited Liability Partnership (LLP) analog angewendet werden, BGH NZG 2019, 710. 4

5 **II. Aktiengesellschaft.** Die Pfändung der Aktien erfolgt nach § 808. Die Verwertung erfolgt nach § 821. Eine nach § 68 AktG gebundene Namensaktie wird nach § 857 verwertet, ein Bezugsrecht wird nach § 857 verwertet. Denn man kann es vom Aktienbesitz abtrennen. Nach der Eintragung der Gesellschaft sind die Mitgliedsrechte auch vor der Ausgabe der Aktien pfändbar. Eine etwa notwendige Zustimmung zu der Übertragung hindert eine Pfändung und eine Veräußerung nicht.

6 **III. Gesellschaft mit beschränkter Haftung. 1. Pfändung und Veräußerung der Geschäftsanteile.** Dazu Behr NJW 2000, 1137; Röder DGVZ 2007, 81; Vogelmann/Körner DNotZ 2018, 485 (je: Grdz.): Die Pfändung und die Veräußerung der Geschäftsanteile erfolgen immer nach § 857, BGH NJW 1989, 458 (zust. Münzberg JZ 1989, 253); LG Bln MDR 1987, 592; LG Köln Rpfleger 1989, 511. Das geschieht auch ohne eine Einwilligung der Gesellschaft, selbst wenn sie sonst in eine Übertragung einwilligen müsste. Wegen der Zweckgebundenheit der Stammeinlage nach § 19 II 1 GmbHG ist die Forderung auf deren Einzahlung nur insoweit pfändbar, als der Gläubiger ihr eine volle Gegenleistung erbringt, OLG Ffm GmbHR 1977, 249; LG Augsb Rpfleger 1987, 116, oder wenn die Erhaltung der Kapitalgrundlage nicht mehr nötig ist, BGH NJW 1980, 2253; LG Augsb Rpfleger 1987, 116. Die Gesellschaft ist der Drittschuldner nach § 840. Unpfändbar ist ein Informationsrecht nach § 51a GmbHG, BGH NZG 2013, 665.

7 Die **Verwertung** erfolgt nach § 844, BGH NJW 1989, 458; LG Köln Rpfleger 1989, 511; Vogelmann/Körner DNotZ 2018, 485. § 817 gilt entsprechend. Die Schätzung erfolgt nach § 813 I 3. Außerdem erfolgt evtl. eine Hilfspfändung des Auskunftsanspruchs. Der Gläubiger kann außerdem eine Auskunftsklage erheben. Die Pfändung der Anteilscheine ist nur als eine Hilfspfändung möglich, nicht als eine Pfändung von Wertpapieren. Die Pfändung des Geschäftsanteils berechtigt im Übrigen nicht zur Ausübung der Verwaltungsrechte. Sie berechtigt insbesondere nicht zur Ausübung des Stimmrechts. Zur Verwertung des gepfändeten Anteils und zu dessen Einziehung unter seinem Wert durch die anderen Gesellschafter BGHZ 65, 22; OLG Ffm BB 1976, 1147. Eine Vorausabtretung des Anspruchs des Gesellschafters auf die Abfindung oder das Auseinandersetzungsguthaben gibt dem neuen Gläubiger gegenüber einem Pfändungsgläubiger des Gesellschafters nur dann ein mit dem Pfändungspfandrecht belastetes Recht, wenn die Pfändung zwar der Abtretung folgte, aber der Entstehung des vorausabgetretenen Anspruchs vorausging, BGH NJW 1989, 458 (zust. Münzberg JZ 1989, 253).

8 **2. Pfändung des Anspruchs auf die Stammeinlage.** Der Anspruch der GmbH auf eine Leistung der Stammeinlage ist pfändbar. Doch darf sich dadurch der Vermögensstand der Gesellschaft nach § 19 GmbHG nicht verringern. Deshalb muss der Anspruch des Gläubigers gegen die Gesellschaft dem gepfändeten Anspruch beim Wirksamwerden des Überweisungsbeschlusses gleichwertig sein. Eine Einforderung durch einen Gesellschafterbeschluss ist dann nicht erforderlich. Der Anspruch auf die Leistung der Stammeinlage ist auch gegenüber dem späteren Erwerber des Geschäftsanteils pfändbar. Allerdings sind dann andere Einreden möglich. Bei der Einforderung, auch durch einen Gläubiger, muss man § 19 I GmbHG beachten.

9 **IV. Andere Gesellschaften. 1. Stille Gesellschaft.** Die Pfändung des Auseinandersetzungsguthabens erfolgt nach § 859.

10 **2. Kommanditgesellschaft auf Aktien.** Die Pfändung erfolgt nach § 808. Die Verwertung erfolgt nach § 821. Der Gläubiger eines Kommanditisten darf die Gesellschaft aber nach § 289 IV AktG nicht aufkündigen.

11 **3. Erwerbs- und Wirtschaftsgenossenschaft.** Die Pfändung erfolgt wie bei der Offenen Handelsgesellschaft nach → Rn. 1. Der Anspruch auf Einzahlung der Geschäftsanteile und der anteiligen Fehlbeträge ist unpfändbar. Eine Aufnahmegebühr ist pfändbar. Die Dividende ist pfändbar. Jedoch muss der Gläubiger auch das Geschäftsguthaben pfänden, wenn das Statut die Dividende dem Geschäftsguthaben zuschreibt. Wegen der Liquidation § 88a GenG. Die Kündigung nach § 66 GenG erfolgt mit der Wirkung des Austritts des Genossen. Sein Auseinandersetzungsguthaben ist pfändbar, LG Stgt JurBüro 2007, 47.

12 **V. Umwandlung.** Nach einer Umwandlung ist die Zwangsvollstreckung im Allgemeinen nur noch gegen den Übernehmer möglich. Denn es liegt meist ein gesetzlicher und kein vertraglicher Vermögensübergang vor. Maßgeblich ist im Allgemeinen die Eintragung im Handelsregister.

860 *Pfändung von Gesamtgutanteilen.* **I 1 Bei dem Güterstand der Gütergemeinschaft ist der Anteil eines Ehegatten oder Lebenspartners an dem Gesamtgut und an den einzelnen dazu gehörenden Gegenständen der Pfändung nicht unterworfen. 2 Das Gleiche gilt bei der fortgesetzten Gütergemeinschaft von den Anteilen des überlebenden Ehegatten oder Lebenspartners und der Abkömmlinge.**

II Nach der Beendigung der Gemeinschaft ist der Anteil an dem Gesamtgut zugunsten der Gläubiger des Anteilsberechtigten der Pfändung unterworfen.

1 **I. Systematik, Regelungszweck, I, II.** Es gelten dieselben Erwägungen wie bei dem vergleichbaren § 859, dort → § 859 Rn. 1, 2.

2 **II. Bestehen der Gütergemeinschaft, I.** Der Anteil eines Ehegatten oder Lebenspartners am Gesamtgut und der Anteil an den einzelnen zum Gesamtgut gehörenden Gegenständen sind bei der Gütergemeinschaft und bei der fortgesetzten Gütergemeinschaft unpfändbar, OLG Mü NJW-RR 2013, 527. Unzulässig ist auch die Pfändung des dem Schuldner nach der Beendigung der Gemeinschaft zufallenden Anteils. Die praktische Bedeutung des Verbots beschränkt sich außer bei einer gemeinschaftlichen Verwaltung nach §§ 740 I, 745 I auf die Gläubiger des nicht verwaltenden Ehegatten oder Lebenspartners und der Abkömmlinge. Diese Gläubiger müssen sich einen nach diesen Bestimmungen vollstreckbaren Titel beschaffen. Der Anspruch des einen Ehegatten oder Lebenspartner gegen den anderen auf die Auseinandersetzung der Gütergemeinschaft ist während des Bestehens dieser Gemeinschaft als einer der wichtigsten Bestandteile des mit dem Gesamtgut unlösbar verbundenen Anteils ebenfalls unpfändbar, LG Frankenth Rpfleger 1981, 241.

3 **III. Beendigung der Gemeinschaft, II.** Nach der Beendigung der Gemeinschaft ist der Anteil am Gesamtgut pfändbar. Damit entsteht für denjenigen Gläubiger eine Möglichkeit zur Vornahme einer Pfändung, der keinen Vollstreckungstitel nach § 743 erlangen konnte, weil seine Forderung nach der Beendigung der Gemeinschaft entstanden war. Man muss den Beschluss dem anderen Ehegatten oder Lebenspartners zustellen. Der

Gläubiger kann nach §§ 344, 373 FamFG die Auseinandersetzung betreiben. Die Verwertung erfolgt durch eine Überweisung zur Einziehung. Eine Veräußerung nach § 844 kann nach §§ 1471 II, 1419 BGB, vgl. § 857 V nicht stattfinden.

861, 862 (weggefallen)

863 *Pfändungsbeschränkungen bei Erbschaftsnutzungen.* **I [1]Ist der Schuldner als Erbe nach § 2338 des Bürgerlichen Gesetzbuchs durch die Einsetzung eines Nacherben beschränkt, so sind die Nutzungen der Erbschaft der Pfändung nicht unterworfen, soweit sie zur Erfüllung der dem Schuldner, seinem Ehegatten, seinem früheren Ehegatten, seinem Lebenspartner, einem früheren Lebenspartner oder seinen Verwandten gegenüber gesetzlich obliegenden Unterhaltspflicht und zur Bestreitung seines standesmäßigen Unterhalts erforderlich sind. [2]Das Gleiche gilt, wenn der Schuldner nach § 2338 des Bürgerlichen Gesetzbuchs durch die Ernennung eines Testamentsvollstreckers beschränkt ist, für seinen Anspruch auf den jährlichen Reinertrag.**

II Die Pfändung ist unbeschränkt zulässig, wenn der Anspruch eines Nachlassgläubigers oder ein auch dem Nacherben oder dem Testamentsvollstrecker gegenüber wirksames Recht geltend gemacht wird.

III Diese Vorschriften gelten entsprechend, wenn der Anteil eines Abkömmlings an dem Gesamtgut der fortgesetzten Gütergemeinschaft nach § 1513 Abs. 2 des Bürgerlichen Gesetzbuchs einer Beschränkung der im Absatz 1 bezeichneten Art unterliegt.

I. Systematik, Regelungszweck, I–III. Die Vorschrift soll eine Ausgewogenheit der berechtigten Ansprüche des Gläubigers und derjenigen der übrigen Beteiligten herbeiführen. 1

II. Geltungsbereich, I–III. Die Nutzungen des Vorerben sind dem Zugriff der persönlichen Gläubiger und der Nachlassgläubiger ausgesetzt. Von dieser Gefahr macht § 863 dann eine Ausnahme, wenn der Erblasser nach § 2338 BGB einen Nacherben oder einen Testamentsvollstrecker zur Sicherung des Erbes eines Verschwenders oder eines Überschuldeten einsetzt, OLG Brem FamRZ 1984, 213, oder wenn nach § 1513 II BGB eine entsprechende Beschränkung für den Abkömmling bei einer fortgesetzten Gütergemeinschaft eintritt, also bei einer Enterbung in einer guten Absicht. Der Grund der Beschränkung muss im Zeitpunkt der Errichtung des Testaments bestehen. Das Testament muss diesen Grund angeben. Es braucht aber § 2338 BGB nicht zu erwähnen, OLG Brem FamRZ 1984, 213. Die Beschränkung wirkt nach §§ 2115 S. 2, 2213 BGB, 326 II ZPO nicht gegenüber dem Nachlassgläubiger nach § 1967 BGB und nicht gegenüber demjenigen Gläubiger, dessen Recht gegen den Nacherben oder gegen den Testamentsvollstrecker wirkt. Sie wirkt anders gesagt nur gegenüber dem persönlichen Gläubiger des Erben, OLG Brem FamRZ 1984, 213. 2

Titel 3. Zwangsvollstreckung in das unbewegliche Vermögen

Vorbemerkung zu § 864

Schrifttum: Böttcher, Gesetz über die Zwangsversteigerung und Zwangsverwaltung, Kommentar, 6. Aufl. 2016; Dassler/Schiffhauer, Gesetz über die Zwangsversteigerung und Zwangsverwaltung, Kommentar, 16. Aufl. 2020; Depré (Hrsg.), ZVG, 2. Aufl. 2018; Depré/Mayer, Praxis der Zwangsverwaltung, 7. Aufl. 2013; Eickmann, Zwangsversteigerungs- und Zwangsverwaltungsrecht, 3. Aufl. 2013; Haarmeyer/Hintzen, Zwangsverwaltung, 7. Aufl. 2021; Hintzen, Pfändung und Vollstreckung im Grundbuch, 5. Aufl. 2018; Hintzen/Rellermeyer, ZVG, 16. Aufl. 2020; Hintzen/Wolf, Zwangsvollstreckung, Zwangsversteigerung und Zwangsverwaltung, 2006; Hock, Immobiliarvollstreckung, 6. Aufl. 2018; Knees, Zwangsversteigerung und Zwangsverwaltung, 8. Aufl. 2017; Lang/Kensbock, Das Zwangsversteigerungsverfahren, 2015; Lippross/Bittmann, Zwangsvollstreckungsrecht, 13. Aufl. 2021; Löhnig (Hrsg.), Gesetz über die Zwangsversteigerung und die Zwangsverwaltung, 2011; Matschke, Immobilienversteigerung, 4. Aufl. 2010; Stöber, Zwangsvollstreckung in das unbewegliche Vermögen, 9. Aufl. 2010; Stöber, Zwangsversteigerungsgesetz, 22. Aufl. 2019; Storz/Kiderlen, Praxis der Teilungsversteigerung, 6. Aufl. 2016; Storz/Kiderlen, Praxis des Zwangsversteigerungsverfahrens, 13. Aufl. 2021.

I. Systematik. §§ 864 ff. enthalten eine durch ein ganzes Sondergesetz, das ZVG, ergänzte Regelung mit einem komplizierten Nebeneinander von Beschlagnahme- und Verwertungsmöglichkeiten. 1

II. Regelungszweck. Der Grundsatz, dass der Gläubiger auf das Gesamtvermögen des Schuldners zugreifen kann, führt zur Notwendigkeit einer Regelung der Vollstreckung auch in das unbewegliche Vermögen. Ein Leitgedanke ist die Verhinderung der Verschleuderung von großen Sachwerten nur auf Grund einer oder mehrerer noch so berechtigter Einzelvollstreckungen. Damit ist Art. 20 I GG mit seinem Sozialstaatsgebot ebenso wie der im Gesamtbereich der Zwangsvollstreckung geltende Grundsatz der Verhältnismäßigkeit beachtlich. 2

III. Geltungsbereich. Man muss drei Gruppen von jeweils maßgebenden Vorschriften unterscheiden. 3

1. Zwangsversteigerungsgesetz. Die Zwangsvollstreckung in Liegenschaften regelt das ZVG. Die ZPO beschränkt sich nach § 867 auf einige allgemeine Vorschriften und die Ordnung der Zwangshypothek. Sie greift aber auch dann ein, wenn das ZVG keine Sondervorschriften enthält. §§ 864 ff. setzen ebenso wie das ZVG die Anlegung des Grundbuchs voraus. 4

2. Zivilprozessordnung. Der Regelung der §§ 864 ff. unterliegen folgende Fälle: Grundstücke nach → § 864 Rn. 1, und grundstücksgleiche Rechte nach → § 865 Rn. 3; im Schiffsregister eingetragene Schiffe und Schiffsbauwerke, ebd.; in die Luftfahrzeugrolle eingetragene Luftfahrzeuge nach § 99 I LuftRG; alles, was eine Hypothek, Schiffshypothek oder ein Registerpfandrecht mitumfasst, also zB das Zubehör, getrennte Früchte, Miet- und Pachtforderungen. Soweit Liegenschaften dem Landesrecht unterstehen, ist Titel 2 unanwendbar, zB für Bahneinheiten nach Art. 112 EGBGB. Das folgt aus § 2 EGZVG, § 871 ZPO. 5

6 **3. Beschränkungen der Liegenschaftszwangsvollstreckung.** Solche Beschränkungen ergeben sich zB aus § 864 II und aus Sondergesetzen. S. § 8 ErbbauRG. Zum Einfluss des Insolvenzverfahrens Hintzen Rpfleger 1999, 256.

7 **IV. Art der Zwangsvollstreckung.** Die Zwangsvollstreckung geschieht auf folgenden Arten.

8 **1. Zwangshypothek.** In Betracht kommt die Eintragung einer Zwangshypothek nach § 867. Sie ist eine Sicherungshypothek und verwandelt sich nach § 868 in eine Eigentümergrundschuld, sobald der Schuldtitel oder seine Vollstreckbarkeit aufgehoben, die Zwangsvollstreckung eingestellt oder eine zugelassene Abwendungssicherheit geleistet ist.

9 **2. Zwangsverwaltung.** In Betracht kommt auch eine Zwangsverwaltung nach § 869 iVm dem ZVG.

10 **3. Zwangsversteigerung.** In Betracht kommt schließlich eine Zwangsversteigerung nach § 869 iVm dem ZVG.

864 *Gegenstand der Immobiliarvollstreckung.* I **Der Zwangsvollstreckung in das unbewegliche Vermögen unterliegen außer den Grundstücken die Berechtigungen, für welche die sich auf Grundstücke beziehenden Vorschriften gelten, die im Schiffsregister eingetragenen Schiffe und die Schiffsbauwerke, die im Schiffsbauregister eingetragen sind oder in dieses Register eingetragen werden können.**

II **Die Zwangsvollstreckung in den Bruchteil eines Grundstücks, einer Berechtigung der im Absatz 1 bezeichneten Art oder eines Schiffes oder Schiffsbauwerks ist nur zulässig, wenn der Bruchteil in dem Anteil eines Miteigentümers besteht oder wenn sich der Anspruch des Gläubigers auf ein Recht gründet, mit dem der Bruchteil als solcher belastet ist.**

1 **I. Systematik, Regelungszweck, I, II.** Die Vorschrift nennt in I den Geltungsbereich der Vollstreckung in das unbewegliche Vermögen und in II eine Grenze der Vollstreckbarkeit bei einem der Art nach an sich dem Zugriff unterliegenden Vermögenswert.

2 **II. Grundstück, I, II.** Nach § 864 unterliegen der Zwangsvollstreckung Grundstücke. Das sind begrenzte Teile der Erdoberfläche. Ein selbständiges Grundstück ist der im Grundbuch unter einer besonderen Nummer oder auf einem besonderen Blatt eingetragene Teil. Die wirtschaftliche Einheit entscheidet nicht. Eine Vereinigung oder eine Zuschreibung nach §§ 890 BGB, 5 GBO hebt die Selbständigkeit auf. Ein Grundstücksbruchteil ist kein selbständiges Grundstück.

3 **III. Wesentlicher Bestandteil eines Grundstücks, I, II.** Alle wesentlichen Bestandteile unterliegen der Liegenschaftszwangsvollstreckung.

4 **1. Wesensveränderung.** Ein Bestandteil ist nach § 93 BGB dann wesentlich, wenn dessen Trennung den Bestandteil oder das Grundstück in seinem Wesen verändert.

5 **Beispiele:** Ein Gebäude, nicht allerdings eine Baracke, meist auch nicht eine Wohnlaube oder ein Gartenhaus; auf einem bebauten Grundstück in aller Regel eine Wasser-, Gas- oder Elektrizitätsanlage. Eine Maschine in einem Fabrikgebäude kann ein Bestandteil des Gebäudes sein. Dazu ist eine unmittelbare stärkere oder schwächere Verbindung erforderlich, so dass das Grundstück und die Maschine nach der Verkehrsanschauung eine einheitliche Sache, eben „die Fabrik" bilden. Die Maschine kann dann Zubehör sein, wenn sie ihre eigentümliche Selbständigkeit als eine bewegliche Sache bewahrt. Man darf dann keinen Bestandteil oder Zubehör annehmen, wenn sich die Maschine in einem solchen Gebäude befindet, das objektiv betrachtet nicht dauernd zum Betrieb eines Gewerbes besteht, BGHZ 62, 49. Eine serienmäßige Einbauküche ist nicht stets Zubehör.

6 **2. Feste Verbindung.** Ein Bestandteil ist dann wesentlich, wenn er mit dem Grund und Boden fest verbunden ist, etwa der Pflanzenaufwuchs (nicht bei einer Baumschule, LG Bayreuth DGVZ 1985, 42) oder ein Gebäude.

7 **3. Einfügung.** Ein wesentlicher Bestandteil ist eine zur Herstellung des Gebäudes in das Gebäude eingefügte Sache, etwa ein Fenster oder eine Badewanne.

8 **4. Recht.** Wesentlicher Bestandteil ist ein mit dem Grundstück verbundenes Recht. Eine solche Sache, die man nach § 95 BGB nur zu einem vorübergehenden Zweck mit dem Grundstück verbunden oder in das Grundstück eingefügt hat, ist nicht einmal ein unwesentlicher Bestandteil. Solche Sachen und Früchte auf dem Halm sind nach § 810 wie bewegliche Sachen pfändbar.

9 **IV. Grundstücksgleiches Recht, I, II.** Auch es unterliegt der Liegenschaftsvollstreckung. **Hierher zählen zB:** Das Erbbaurecht, BFH NJW-RR 2012, 1428; LG Köln NJW-RR 2000, 682; das Bergwerkseigentum, Rellermeyer Rpfleger 2008, 462; eine landesrechtliche Jagd- und Fischereigerechtigkeit oder Kohlenabbaugerechtigkeit usw. nach Art. 67–69, 196 EGBGB; eine Salzabbaugerechtigkeit, Rellermeyer Rpfleger 2008, 462. Bei einem Erbbaurecht ist das Gebäude dann ein Bestandteil des Grundstücks, wenn der Eigentümer es nach der Bestellung des Erbbaurechts errichtet hat, und dann nach §§ 93 BGB, 12 ErbbauRG ein Bestandteil des Erbbaurechts, wenn der Erbbauberechtigte das Gebäude errichtet hat oder wenn es im Zeitpunkt der Bestellung des Erbbaurechts bereits vorhanden war.

10 **V. Schiff, Luftfahrzeug, I, II.** Ein im Schiffsregister eingetragenes Seeschiff oder Binnenschiff oder ein im Schiffsbauregister eingetragenes Schiffsbauwerk unterliegen der Liegenschaftszwangsvollstreckung, AG Hmb IPRax 2016, 72. Das gilt nach § 66 SchRegO auch dann, wenn das Objekt noch nicht eingetragen worden war, aber bereits hätte eingetragen werden können. Dasselbe gilt nach § 99 I LuftRG für ein in der Luftfahrzeugrolle eingetragenes Luftfahrzeug. Ein im Register nicht eingetragenes Schiff oder Schiffsbauwerk gilt für die Zwangsvollstreckung als eine bewegliche Sache nach §§ 803 ff., AG Hmb IPRax 2016, 72. Wegen eines ausländischen Schiffs § 171 ZVG. Wegen eines „ausgeflaggten" Seeschiffs Drischler KTS 1980, 111. Bei einem eingetragenen Schiff ist nach § 931 eine Arrestpfändung zulässig. Die Zwangsvollstreckung erfolgt im Übrigen nach § 870a durch die Eintragung einer Zwangshypothek oder durch eine Zwangsversteigerung, AG Hmb IPRax 2016, 72.

11 **VI. Bruchteil, II.** Eine Vollstreckung in ihn ist statthaft, BGH NJW-RR 2021, 467; OLG Mü NZM 2015, 898.

1. Grundsatz: Pfändbarkeit nur des Erlöses. Ein Bruchteil eines Grundstücks, AG Siegen Rpfleger 1988, 249, eines grundstücksgleichen Rechts, eines eingetragenen Schiffs oder eines Schiffsbauwerks der in I bezeichneten Art ist nicht beweglich. Wegen der Pfändung einer Schiffspart vgl. § 858. Bruchteile eines in die Luftfahrzeugrolle eingetragenen Luftfahrzeugs gelten ebenfalls als nicht beweglich. Denn dann ist II nach § 99 I LuftRG sinngemäß anwendbar. Der Gläubiger kann solche Bruchteile grundsätzlich nicht pfänden, BGH NJW 2013, 3786. Er kann vielmehr nur den Anspruch auf den Erlös bei einer Auseinandersetzung pfänden. Bei § 2329 I BGB muss man aber evtl. großzügiger sein, BGH NJW 2013, 3786. Die Beschlagnahme eines Miteigentumsanteils steht dem Antrag des Miteigentümers auf Teilungsversteigerung nicht entgegen, BGH NJW 2017, 2768. 12

2. Voraussetzungen. Die Zwangsvollstreckung in einen Bruchteil setzt folgendes voraus. Entweder besteht der Bruchteil in einem Anteil des Miteigentümers nach § 1008 BGB, OLG Ffm NJW-RR 1988, 463. Dieser Anteil muss sich nach § 47 GBO aus dem Grundbuch ergeben. Man muss das Grundbuch daher evtl. vorher berichtigen. Oder es besteht eine Belastung des Bruchteils als eines solchen mit einem Recht des Gläubigers, OLG Ffm NJW-RR 1988, 463. Das kann nur dann vorliegen, wenn der jetzige Alleineigentümer im Zeitpunkt der Belastung eines Bruchteils mit dem Recht des Gläubigers nur ein Bruchteilseigentümer war, OLG Mü Rpfleger 2015, 395. Eine irrige Grundschuld kann unschädlich sein, OLG Mü Rpfleger 2015, 395. 13

In beiden Fällen gilt: Wenn der Alleineigentümer den Bruchteil in einer nach dem AnfG anfechtbaren Weise erworben hatte, muss der Alleineigentümer die Zwangsvollstreckung so dulden, als ob der Bruchteil noch dem Veräußerer gehören würde, OLG Ffm NJW-RR 1988, 463. Bei einer Gemeinschaft zur gesamten Hand ist eine Zwangsvollstreckung nach §§ 859, 860 höchstens in den Anteil an der ganzen Masse zulässig, Bärmann Rpfleger 1977, 233 (239) (WEG). Die Zwangsvollstreckung in den Bruchteil des Alleineigentümers ist unzulässig, OLG Kblz MDR 1978, 669. Zur Vereinigung mehrerer Anteile infolge eines Erbfalls OLG Oldb JurBüro 1996, 273. Zum ausländischen Güterrecht Rauscher Rpfleger 1988, 89. 14

865 *Verhältnis zur Mobiliarvollstreckung.* [I] **Die Zwangsvollstreckung in das unbewegliche Vermögen umfasst auch die Gegenstände, auf die sich bei Grundstücken und Berechtigungen die Hypothek, bei Schiffen oder Schiffsbauwerken die Schiffshypothek erstreckt.**

[II] [1]**Diese Gegenstände können, soweit sie Zubehör sind, nicht gepfändet werden.** [2]**Im Übrigen unterliegen sie der Zwangsvollstreckung in das bewegliche Vermögen, solange nicht ihre Beschlagnahme im Wege der Zwangsvollstreckung in das unbewegliche Vermögen erfolgt ist.**

I. Systematik, I, II. § 865 ergänzt die Vorschriften des BGB über die Grundstückshaftung. Die Bestimmung entscheidet auch in der Fahrniszwangsvollstreckung über die Eigenschaft einer Sache als beweglich oder als unbeweglich. 1

II. Regelungszweck, I, II. Die Vorschrift soll dem Einzelzugriff dasjenige entziehen, was bereits von einer Zwangsverwaltung oder einer Zwangsversteigerung erfasst wird und was nach § 78 I GVGA rechtlich und wirtschaftlich zu deren Masse gehört. Darum muss man die Vorschrift ausdehnend dahin auslegen, dass die Liegenschaftszwangsvollstreckung diejenigen Gegenstände ergreift, die eine Hypothek oder eine Schiffshypothek erfasst. 2

III. Geltungsbereich, I, II. Die Vorschrift gilt für alle Grundstücke nach → Rn. 1. Bei einem grundstücksgleichen Recht, einem eingetragenen Schiff, einem Schiffsbauwerk nach → § 864 Rn. 9, einem Schwimmdock und einem in die Luftfahrzeugrolle eingetragenen Luftfahrzeug nach § 99 I LuftRG, → Rn. 14, gilt nach § 78 V, VI GVGA dasselbe wie bei einem Grundstück. Das Landesrecht kann allerdings eine abweichende Regelung treffen. Bei einem Erbbaurecht erlischt die Haftung eines im Zeitpunkt der Bestellung des Erbbaurechts bereits vorhandenen Bauwerks nach § 12 ErbbauRG mit der Eintragung des Erbbaurechts. 3

IV. Hypothek, I. 1. Vom Boden getrennte Erzeugnisse. Die Hypothek erfasst nach §§ 1120 ff. BGB und § 78 II GVGA die vom Boden getrennten Erzeugnisse und die sonstigen Bestandteile, soweit diese nicht mit der Trennung das Eigentum eines anderen werden, BFH NJW 2016, 2207, etwa des Pächters, wie es bei Früchten geschieht, AG Oldb DGVZ 1988, 79. Die Erzeugnisse und sonstigen Bestandteile sind dann frei pfändbar, wenn man sie vor dem Zeitpunkt der Beschlagnahme entweder veräußert und vom Grundstück entfernt hatte oder sie vorher veräußert hatte und wenn nachher der Erwerber sie entfernt hatte. Dann vermutet das Gesetz unwiderleglich wegen der Beschlagnahme bei § 23 II ZVG eine Bösgläubigkeit vom Zeitpunkt der Eintragung des Versteigerungsvermerks an. Die freie Pfändbarkeit liegt auch dann vor, wenn die Erzeugnisse usw. in den Grenzen einer ordnungsgemäßen Wirtschaft vom Grundstück wegkamen. Das darf allerdings weder zu einem bloß vorübergehenden Zweck noch im Rahmen einer wirtschaftlich notwendigen Betriebseinstellung geschehen sein. Diese Regel gilt nach §§ 1121 ff. BGB auch bei einer Entfernung auf Grund einer Pfändung. Wenn die Hypothek infolge eines Zuschlags nach § 91 I ZVG erlischt, geht das Hypothekenrecht nicht an denjenigen Früchten unter, die von der Zwangsversteigerung ausgeschlossen sind. 4

2. Zubehör. Die Hypothek erfasst nach § 1120 BGB und § 78 III Nr. 1 S. 1 GVGA auch das Zubehör außer solchem, das nicht in das Eigentum des Grundstückseigentümers gelangt ist. Es ist unerheblich, ob das Zubehör vor oder nach dem Zeitpunkt der Hypothekenbestellung entstanden ist. Zum Begriff des Zubehörs §§ 97 ff. BGB. Das Zubehör muss dem wirtschaftlichen Zweck der Hauptsache dienen. Es ist nicht erforderlich, dass sich dieser Zweck erreichen ließ oder dass das Zubehör dem Zweck auch wirklich zu dienen geeignet ist. Ebenso wenig ist es erforderlich, dass das Zubehör für die Hauptsache unentbehrlich ist, LG Bln DGVZ 1977, 156. Grundsätzlich kann nur eine bewegliche Sache Zubehör sein. Das Zubehör muss in einer solchen räumlichen Beziehung zu der Hauptsache stehen, die der Zweckbindung entspricht. Eine bloß vorübergehende Trennung ist unschädlich. Man muss eine anderweitige Verkehrsanschauung beachten. Zum Scheinbestandteil Noack DGVZ 1985, 161. 5

3. Beispiele zur Frage von Zubehör, I

Anwartschaftsrecht: Es ist Zubehör. 6

Ausstellungsstück: Es ist **kein** Zubehör eines Möbelgeschäfts, AG Viechtach DGVZ 1989, 29.

Bau: Der nur für die Mietzeit errichtete kann nach § 808 behandelbar sein, AG Pirna DGVZ 1999, 63.

Baumaterial: Es ist auf dem Baugrundstück dessen Zubehör.
Bügelmaschine: Sie kann Zubehör einer Bäckerei und Konditorei sein, AG Elmshorn DGVZ 1985, 191.
Büroausstattung: Sie ist Zubehör, LG Mannh MDR 1977, 49.
Einbauküche. Dazu Holch DGVZ 1998, 65. Sie ist evtl. Zubehör, BGH NJW 2009, 1078; OLG Nürnb NJW-RR 2002, 1485; aM OLG Düss NJW-RR 1994, 1039 (vgl. Jaeger NJW 1995, 432).
Fertighaus: Ein demontierbares Fertighaus ist Zubehör, LG Bochum DGVZ 1988, 156. Etwas anderes gilt bei einem festen Fundament, BGH NJW 1988, 2789. Zur Problematik Gaul NJW 1989, 2509. Auch → „Wochenendhaus".
Früchte. Dazu Viertelhausen DGVZ 2016, 247. Es gelten §§ 810, 813 III, 824, §§ 78 IV, 101–103 GVGA.
Fuhrpark: Er ist **kein** Zubehör zB eines Transportunternehmens, BGH NJW 1983, 746.
Gastank: → „Öltank".
Getreide: Es ist Zubehör, soweit es der Wirtschaftsfortführung und nicht schon direkt dem Verkauf dient, § 78 III Nr. 2 GVGA.
Glocke: Sie ist nebst ihrem Läutewerk Zubehör eines Kapellengebäudes, BGH NJW 1984, 2277.
Heizöl: Im Haustank ist es Zubehör, AG Saarlouis DGVZ 1999, 187.
Inventar: Es ist Zubehör, zB bei einer Apotheke oder bei einem Gasthof, aM LG Kiel Rpfleger 1983, 167.
Kleinkläranlage: Sie ist im Wohnhaus Zubehör, LG Traunst DGVZ 2009, 44.
Mastvieh: Es ist beim Landgut nach § 98 Nr. 2 BGB solange Zubehör, wie es ein verständiger Landwirt weiter füttert, AG Itzehoe DGVZ 1993, 61.
Öltank: Er kann auch dann Zubehör sein, BGH NJW-RR 2013, 652, wenn er zB das Eigentum des Lieferanten bleiben soll, LG Gießen NJW-RR 1999, 1538.
Satellitenantenne: Die fest installierte ist Zubehör eines Wohngrundstücks, LG Nürnb-Fürth DGVZ 1996, 123.
Sauna: Eine fest installierte kann Zubehör sein, AG Aschaffenb DGVZ 1998, 158. Sie kann aber auch pfändbar sein, OLG Kblz JurBüro 2004, 506; LG Lübeck JurBüro 2004, 505; Schmidt JurBüro 2004, 467.
Schwimmbecken: Es ist nebst Heiz- und Filteranlage Zubehör zB in einem Saunaclub, AG Betzdorf DGVZ 1989, 189.
Tiere: Viertelhausen DGVZ 2016, 247.
Wochenendhaus: Wegen eines solchen Hauses auf einem Pachtgrundstück LG Hagen DGVZ 1978, 11. Auch → „Fertighaus".
Zuchthengst: Er ist auf dem Reiterhof dessen Zubehör, AG Oldb DGVZ 1980, 93.

7 **4. Haftungsbefreiung des Zubehörs.** Zubehör wird haftfrei nach denselben Regeln wie bei Erzeugnissen nach → Rn. 4 und außerdem nach § 1122 II BGB dann, wenn das Zubehör nach einer ordnungsgemäßen Wirtschaft die Eigenschaft als Zubehör verliert. Es wird also nicht schon dann haftfrei, wenn eine Betriebseinstellung wirtschaftlich notwendig ist. Wenn ein Gerichtsvollzieher die Sache im Zug einer objektiv unberechtigten Pfändung von dem Grundstück entfernt, erlischt die Zubehöreigenschaft auflösend bedingt durch eine Aufhebung dieser Pfändung. Eine Entfernung durch den Gerichtsvollzieher ist regelmäßig keine bloß vorübergehende Entfernung nach § 1122 BGB. Etwas anderes gilt dann, wenn man nachweislich mit einer baldigen Einlösung rechnen kann.

8 **5. Miete und Pacht, § 1123 BGB.** Sie wird in den folgenden Fällen frei.

9 Ein Jahr **nach der Fälligkeit,** wenn nicht ein Hypothekengläubiger sie vorher beschlagnahmt hat, sei es durch eine Pfändung auf Grund eines dinglichen Vollstreckungstitels, sei es in einer Zwangsverwaltung nach §§ 21, 148 ZVG. Wenn die Miete oder Pacht im Voraus zahlbar ist, wirkt die Befreiung nur für den jeweils laufenden Kalendermonat, bei einer Beschlagnahme nach dem 15. des Monats auch für den folgenden Kalendermonat nach § 1123 II 2 BGB. Wenn jemand über sie vor der Beschlagnahme verfügt hat, etwa infolge einer Einziehung, einer Abtretung, einer Pfändung oder eines Erlasses, gilt dieselbe Beschränkung wie bei § 1124 BGB.

10 Bei einer **mehrfachen** Pfändung entscheidet der Rang. Daher geht eine spätere Pfändung des vorstehenden Hypothekengläubigers der früheren Pfändung des nachstehenden Hypothekengläubigers vor, soweit nicht die Befreiung wirkt. Die Pfändung eines persönlichen Gläubigers bewirkt ein Freiwerden nur für die Zeit der Befreiung. Diese Pfändung wirkt dann dem Zeitvorrang nach. Die Bestellung des Nießbrauchs ist keine Verfügung über die Miete. Deshalb geht eine spätere Pfändung für den rangbesseren Hypothekengläubiger der Bestellung eines Nießbrauchs für die Zeit der Befreiung vor.

11 **6. Recht auf eine wiederkehrende Leistung.** Ein mit dem Eigentum an dem Grundstück nach § 1126 BGB verbundenes Recht, zB eine Reallast, erhält im Wesentlichen nach §§ 1126 BGB, 21, 148 ZVG dieselbe Behandlung wie eine Miete oder Pacht.

12 **7. Versicherungsforderung.** Die Hypothek erfasst sie nach §§ 1127–1129 BGB mit. Gemeint ist ein Anspruch aus einem Versicherungsvertrag gegenüber dem Versicherer über einen der Hypothek unterworfenen Gegenstand. Über eine entsprechende Behandlung des Entschädigungsanspruchs wegen einer Enteignung Art. 52 f. EGBGB.

13 **V. Sonderfälle, I, II. 1. Schiffshypothek.** Die Schiffshypothek erfasst nach §§ 31 ff. SchiffRG das Zubehör des Schiffs außer denjenigen Stücken, die nicht im Eigentum des Schiffseigentümers stehen. Die Schiffshypothek umfasst ferner die Versicherungsforderung dann, wenn der Eigentümer oder ein anderer für ihn das Schiff versichert haben. Das Zubehör wird nach § 31 II SchiffRG frei bei der Aufhebung der Zubehöreigenschaft nach einer ordnungsmäßigen Wirtschaft oder mit der Entfernung vom Schiff vor dem Zeitpunkt der Beschlagnahme.

14 **2. Luftfahrzeug.** Das Registerpfandrecht an einem Luftfahrzeug erfasst auch das Zubehör, ferner die Versicherungsforderung nach §§ 31, 32 LuftRG, nicht aber das Ersatzteillager nach § 99 I 2 LuftRG iVm § 71 LuftRG.

15 **VI. Zwangsvollstreckung, II.** Zubehör ist schlechthin unpfändbar. Das gilt nach → Rn. 5, soweit das Zubehör der Hypothekenhaftung unterliegt. Auch dann darf der Insolvenzverwalter das Zubehör nicht gesondert verwerten. Eine trotzdem vorgenommene Pfändung ist unwirksam. Sie kann auch nicht heilen, und zwar auch nicht dadurch, dass man das Grundstück ohne das Zubehör verkauft. Im Übrigen ist die Fahrniszwangsvollstreckung bis zur Beschlagnahme der Liegenschaftszwangsvollstreckung für einen persönlichen und für einen ding-

lichen Gläubiger statthaft. Das Vieh ist nach den Regeln der Fahrniszwangsvollstreckung dann pfändbar, wenn es zum Verkauf und nicht zur Nahrungsmittel- oder Düngerverwertung dient.

Die **Beschlagnahme ergreift** bei einer Zwangsverwaltung alle Sachen und Rechte nach → Rn. 3. Bei einer Zwangsversteigerung ergreift die Beschlagnahme nicht die bereits getrennten Erzeugnisse und ferner nach §§ 21, 148 ZVG nicht die Miet- und Pachtzinsen, die Versicherungsforderungen und die wiederkehrenden Leistungen. Als eine Beschlagnahme gilt auch die Pfändung auf Grund eines dinglichen Vollstreckungstitels für den Hypothekengläubiger. Die Pfändung ist nach dem Zeitpunkt der Beschlagnahme unzulässig. Eine spätere Beschlagnahme berührt die Wirksamkeit der früheren Pfändung nicht. Sie nötigt aber nach § 37 ZVG zu einer Anmeldung. 16

Ein **dinglicher Gläubiger** kann auf Grund seines dinglichen Titels wie ein persönlicher Gläubiger pfänden. Er kann auch sein besseres Recht nach § 805 geltend machen. Wenn er bereits gepfändet hat, kann er sein besseres Recht auch im Verteilungsverfahren nach §§ 872 ff. geltend machen. Gegenüber der Pfändung der Miete und Pacht kann es sich empfehlen, dass der Hypothekengläubiger einen Antrag auf die Anordnung der Zwangsverwaltung stellt. 17

VII. Rechtsbehelfe, I, II. Eine unzulässige Pfändung ist auflösend bedingt wirksam. Die Durchführung einer solchen Pfändung ohne eine Anhörung kann dem Benachteiligten aber die Erinnerung nach § 766 geben, AG Viechtach DGVZ 1989, 29. Sie kann außerdem einen Anspruch aus einer ungerechtfertigten Bereicherung oder einen Ersatzanspruch geben, Gaul NJW 1989, 2509 (2515). Der Schuldner (Eigentümer), der dingliche Gläubiger, der Zwangsverwalter können die Unzulässigkeit der Pfändung durch die Erinnerung nach § 766 geltend machen. Die Praxis eröffnet dem dinglichen Gläubiger außerdem den Weg einer Widerspruchsklage nach § 771. 18

866

Arten der Vollstreckung. **I Die Zwangsvollstreckung in ein Grundstück erfolgt durch Eintragung einer Sicherungshypothek für die Forderung, durch Zwangsversteigerung und durch Zwangsverwaltung.**

II Der Gläubiger kann verlangen, dass eine dieser Maßregeln allein oder neben den übrigen ausgeführt werde.

III [1]Eine Sicherungshypothek (Absatz 1) darf nur für einen Betrag von mehr als 750 Euro eingetragen werden; Zinsen bleiben dabei unberücksichtigt, soweit sie als Nebenforderung geltend gemacht sind. [2]Auf Grund mehrerer demselben Gläubiger zustehender Schuldtitel kann eine einheitliche Sicherungshypothek eingetragen werden.

I. Systematik, I–III. § 866 wird ergänzt durch §§ 867 ff., beim Schiff eingeschränkt durch § 870a. § 866 lässt dem Gläubiger eines persönlichen oder eines dinglichen Vollstreckungstitels die Wahl nur zwischen den folgenden Wegen, OLG Saarbr Rpfleger 1993, 80. Er kann eine Zwangsversteigerung nach § 869 betreiben. Ihr Erlös befriedigt ihn. Er kann auch die Zwangsverwaltung nach § 869 betreiben. Sie befriedigt ihn aus ihren Erträgnissen. Er kann schließlich eine Sicherungshypothek als Zwangshypothek nach § 867 eintragen lassen. Sie gibt dem Gläubiger nur eine Sicherung und wahrt ihm seinen Rang. Zum Verhältnis zur Arresthypothek nach § 932 Morvilius FPR 2013, 382. 1

II. Regelungszweck, I–III. Ein Grundstück lässt sich nach **I** auf verschiedene Arten auswerten. Von ihnen lassen zwei Arten die Eigentümerstellung bestehen. Nach dem Grundsatz der Zugriffsmöglichkeit auf das gesamte Schuldnervermögen kommt jede dieser drei Arten auch zwangsweise infrage. Das stellt **II** zugunsten des Gläubigers sicher. Das kann für ihn vorteilhaft sein. Denn schon die Zwangshypothek wahrt dem Gläubiger den Rang für den Fall, dass das Gericht das Zwangsversteigerungsverfahren aufhebt. Um die Zwangsversteigerung mit dem Rang der Hypothek zu betreiben, braucht der Gläubiger allerdings nach § 867 III keinen besonderen Duldungstitel mehr. **III** dient der Beachtung des Verhältnismäßigkeitsgebots und der Vereinfachung, also der Prozesswirtschaftlichkeit. Diesen unterschiedlichen Zwecken sollte die Auslegung der Teile der Vorschrift entsprechen. 2

III. Geltungsbereich; Wahlrecht, I, II. Der Gläubiger darf zwei, auch alle drei Maßnahmen miteinander verbinden. Gläubiger kann auch eine GbR sein, KG NJW 2008, 3444. Wenn der Justizfiskus wegen rückständiger Kosten aus einer Sicherungshypothek die Zwangsversteigerung betreibt, muss er nach § 7 JBeitrG, Toussaint/Volpert JBeitrG § 7 Rn. 1, nur einen Antrag stellen, OLG Ffm JurBüro 1998, 48. Eine Zwangshypothek ist auch dann zulässig, wenn der Vollstreckungstitel auf eine Hinterlegung lautet. Der Insolvenzverwalter wird als Gläubiger einer Zwangshypothek eingetragen, OLG Jena NZI 2020, 1015. 3

Der Gläubiger kann auf Grund eines nach § 890 festgesetzten **Ordnungsgelds** keine Liegenschaftszwangsvollstreckung betreiben. Denn das Ordnungsgeld gehört nicht dem Gläubiger, sondern der Staatskasse. Ein Ermächtigungsbeschluss nach § 887 zur Vollstreckung einer Freistellungsverpflichtung ist kein geeigneter Vollstreckungstitel für eine Zwangshypothek, wenn er nicht die Verurteilung des Schuldners zur Vorauszahlung ausspricht, OLG Mü BauR 2017, 1087. 4

Eine landesrechtliche Abweichung von § 866 ist im Rahmen der Art. 64 ff., 197 EGBGB zulässig. 5

Über die Folgen eines Verstoßes → § 865 Rn. 15. Nach einem Verstoß gegen § 765 kann nach § 879 II BGB eine rückwirkende Heilung eintreten. 6

Eine GbR kann einzutragende Berechtigte einer Zwangshypothek sein, OLG Ffm NZG 2018, 780. 7

IV. Mindestbetrag der Zwangshypothek, III. 1. Grundsatz: Mindestens 750 EUR. Die Eintragung einer Zwangshypothek ist nur für einen Betrag von mehr als 750 EUR statthaft, BayObLG JurBüro 1983, 116; OLG Mü FGPrax 2015, 19; OLG Celle FGPrax 2013, 103. Die Vorschrift soll nicht etwa den Schuldner schützen. Sie soll nur das Grundbuch von verwirrenden kleinen Eintragungen freihalten. Bei der Berechnung der Mindestsumme bleiben Zinsen dann unberücksichtigt, wenn sie der Gläubiger als eine Nebenforderung geltend gemacht hat, vgl. OLG Schlesw Rpfleger 1982, 301 (zust. Hellwig). Zinsen neben einer Hauptforderung von über 750 EUR sind also immer eintragungsfähig, BayObLG JurBüro 1983, 116. Ohne eine solche Hauptforderung sind Zinsen dann eintragungsfähig, wenn der Gläubiger sie für einen bestimmten Zeitraum kapitalisiert geltend macht, OLG Hamm FGPrax 2012, 11; FGPrax 2009, 153, und wenn dieser Betrag allein bereits mehr als 8

750 EUR ausmacht, LG Bonn Rpfleger 1982, 75; vgl. auch OLG Düss FGPrax 2019, 101. Kosten darf und muss man hinzurechnen, BayObLG JurBüro 1982, 116.

9 Wenn das Grundbuchamt versehentlich nur einen **Teil** eingetragen oder pflichtwidrig statt einer Zwischenverfügung zurückgewiesen hat, muss man auch einen Rest unter 750 EUR eintragen. Die Wertgrenze gilt auch für eine Arresthypothek. Sie gilt ferner für eine Steuerhypothek und für eine auf Grund eines öffentlich-rechtlichen Vollstreckungstitels eingetragene Zwangshypothek. Wegen § 867 II → § 867 Rn. 20.

10 **2. Ausnahmen.** Die Wertgrenze nach → Rn. 8 gilt in folgenden Lagen nicht: Bei einer bewilligten Sicherungshypothek, wie der Bauhandwerkerhypothek des § 648 BGB; bei einer Sicherungshypothek aus § 848; bei einer solchen Sicherungshypothek, die das Grundbuchamt auf Grund einer einstweiligen Verfügung nach § 932 eingetragen hat, falls die einstweilige Verfügung nicht auf eine Geldzahlung lautet.

11 **3. Mehrere Schuldtitel.** Der Gläubiger darf mehrere zu seinen Gunsten ergangene Vollstreckungstitel zusammenrechnen. Es genügt also, dass ihre Hauptforderungen und Kosten zusammen 750 EUR übersteigen. Das reicht aber nur dann aus, wenn der Gläubiger einen einheitlichen Antrag stellt. Der Gläubiger muss die Zusammenrechnung selbst vornehmen.

867 *Zwangshypothek.* **I [1]Die Sicherungshypothek wird auf Antrag des Gläubigers in das Grundbuch eingetragen; die Eintragung ist auf dem vollstreckbaren Titel zu vermerken. [2]Mit der Eintragung entsteht die Hypothek. [3]Das Grundstück haftet auch für die dem Schuldner zur Last fallenden Kosten der Eintragung.**

II [1]Sollen mehrere Grundstücke des Schuldners mit der Hypothek belastet werden, so ist der Betrag der Forderung auf die einzelnen Grundstücke zu verteilen. [2]Die Größe der Teile bestimmt der Gläubiger; für die Teile gilt § 866 Abs. 3 Satz 1 entsprechend.

III Zur Befriedigung aus dem Grundstück durch Zwangsversteigerung genügt der vollstreckbare Titel, auf dem die Eintragung vermerkt ist.

1 **I. Systematik, I–III.** Von den drei in § 866 dem Gläubiger zur Wahl gestellten Arten der Vollstreckung in das unbewegliche Vermögen regeln §§ 867, 868 den einen, nämlich die Eintragung einer Sicherungshypothek. § 867 verstößt nicht gegen Art. 14 I GG, OLG Ffm JurBüro 1998, 48. Die Vorschrift ist auch gegenüber einem ausländischen Grundeigentümer anwendbar, OLG Mü FGPrax 2015, 17.

2 **II. Regelungszweck, I–III.** Durch die Eintragung einer Sicherungshypothek ist der Gläubiger noch nicht am Vollstreckungsziel der Befriedigung. Er erhält nur ein dingliches Grundpfandrecht mit einem oft nur zweifelhaften Rang. Aus ihm muss er dann nach → Rn. 3, 17, 27 in einem weiteren Schritt bis zur Befriedigung vorgehen. Genügt der erreichte Rang allerdings dem Gläubiger, mag er von einer weiteren Vollstreckung zunächst absehen wollen.

3 **III. Eintragung: Doppelnatur, I.** Die Eintragung der Zwangshypothek hat eine rechtliche Doppelnatur, BGH NJW 2013, 3786; KG FGPrax 2017, 99; OLG Hamm FGPrax 2015, 167.

4 **1. Vollstreckungsmaßnahme.** Die Eintragung ist zum einen eine Vollstreckungsmaßnahme. Das ergibt sich eindeutig aus § 866 I, BGH NJW 2013, 3786; KG FGPrax 2017, 99; OLG Mü Rpfleger 2017, 220. Deshalb müssen alle förmlichen Voraussetzungen der Zwangsvollstreckung vorliegen, OLG Saarbr FGPrax 2020, 269; OLG Hamm FGPrax 2015, 167; OLG Mü NZM 2015, 898; OLG Karlsr Rpfleger 2014, 420. Es muss also ein vollstreckbarer Zahlungstitel in einer vollstreckbaren Ausfertigung nach §§ 724 ff. vorhanden sein, BGH NJW 2013, 3786 (Duldungstitel); KG FGPrax 2018, 50; OLG Karlsr Rpfleger 2014, 420. Ein etwaiger Duldungstitel ist ebenfalls nötig, genügt aber nicht allein. Ferner müssen die Voraussetzungen des Beginns der Zwangsvollstreckung nach § 750 vorliegen, BayObLG FGPrax 2005, 57; OLG Mü NJW-RR 2016, 212. Es darf kein Vollstreckungshindernis vorhanden sein, wie die Eröffnung des Insolvenzverfahrens es darstellen würde. Eine Eintragung ist nur wegen eines fälligen Betrags möglich, etwa bei einer Rente. Andernfalls ist nur eine Arresthypothek nach § 832 zulässig, also eine Höchstbetragshypothek.

5 **2. Bloße Sicherung.** Die Zwangshypothek ist nur eine Sicherungsmaßnahme, ähnlich wie eine Arresthypothek nach § 932. Sie zielt auf eine Fortführung der Vollstreckung durch eine Zwangsverwaltung oder meist durch eine Zwangsversteigerung nach III. Es hindert auch eine aufschiebende Einrede des Erben nach § 782 die Eintragung nicht. Künftige Zinsen als eine Nebenforderung sind eintragungsfähig. Wenn der Schuldner nach § 756 nur Zug um Zug leisten muss, ist § 765 anwendbar, OLG Celle Rpfleger 1990, 112 (krit. Münzberg Rpfleger 1990, 253); LG Wuppert Rpfleger 1988, 153.

6 **3. Vollstreckungsgrenzen.** Die Einstellung der Zwangsvollstreckung usw. nach §§ 769, 775, 781, 785 führt grundsätzlich dazu, dass das Grundbuchamt keine Zwangshypothek mehr eintragen darf, OLG Ffm NJW-RR 1998, 160. Hatte es sie bereits vorher eingetragen, ist § 868 II anwendbar. Es kann auch eine Fortsetzung infrage kommen, OLG Mü FGPrax 2015, 161. Das Grundstück muss zu derjenigen Vermögensmasse gehören, in die der Gläubiger vollstrecken darf. Zugunsten eines nicht rechtsfähigen Vereins ist keine Eintragung statthaft. Die Zwangsvollstreckung auf Grund eines Anspruchs einer Berufsgenossenschaft setzt eine nach §§ 724 ff. vollstreckbare Ausfertigung des Auszugs aus der Heberolle voraus. Man darf die Zulässigkeit des Vollstreckungstitels und der Vollstreckungsklausel in diesem Verfahrensstadium nicht nachprüfen. Eine Immunität des ausländischen Eigentümer(staat)s kann eine Zwangssicherungshypothek unstatthaft machen, KG Rpfleger 2010, 658; aM OLG Köln FGPrax 2004, 100 (aber Immunität ist stets eine Vollstreckungsgrenze).

7 Nach einer insolvenzrechtlichen Restschuldbefreiung entsteht kein Anspruch auf Erteilung einer Löschungsbewilligung, BGH NJW-RR 2021, 303.

8 **4. Maßnahme der freiwilligen Gerichtsbarkeit.** Dazu Böttcher Rpfleger 2011, 53. Die Eintragung ist außerdem eine Maßnahme der freiwilligen Gerichtsbarkeit, BGH NJW 2013, 3786; KG FGPrax 2017, 99; OLG Mü Rpfleger 2017, 220. Denn die Eintragung kann nur nach den förmlichen Vorschriften des Grundbuchrechts geschehen, BGH NJW 2013, 3786; OLG Hamm FGPrax 2015, 167; OLG Mü NZM 2015, 898. Deshalb muss der Schuldner als der Eigentümer im Grundbuch stehen, BayObLG JurBüro 1983, 116, oder er muss nach § 40

GBO der Erbe des eingetragenen Eigentümers sein. Andernfalls muss der Gläubiger zunächst eine Berichtigung nach § 14 GBO herbeiführen, sofern nicht das Grundbuchamt die Berichtigung nach §§ 82, 82a GBO von Amts wegen veranlasst. Der Gläubiger muss notfalls einen Erbschein usw. nach § 792 erwirken. Notfalls kann der Gläubiger den Anspruch des Schuldners auf eine Berichtigung des Grundbuchs pfänden und sich überweisen lassen. Der Vollstreckungstitel ersetzt die Eintragungsbewilligung. Bei der Zwangsvollstreckung in ein Erbbaurecht ersetzt erst die Pfändung und Überweisung des Anspruchs des Erbbauberechtigten gegen den Eigentümer dessen Zustimmung, OLG Hamm MDR 1993, 686.

5. Eintragungsantrag. Stets muss der Gläubiger den Antrag auf die Eintragung der Zwangshypothek stellen, 9
BayObLG JurBüro 1983, 116; OLG Mü NJW-RR 2018, 1487; KG FGPrax 2017, 99. Gläubiger ist hier der Titelinhaber nach § 750, BayObLG NJW-RR 2005, 665. Er muss den Titel in vollstreckbarer Ausfertigung beifügen, OLG Mü FGPrax 2015, 19.

6. Beispiele zur Frage eines Eintragungsantrags, I

Antragsrücknahme: Sie braucht die in § 29 I GBO vorgeschriebene Form, OLG Hamm FGPrax 2015,114; 10
OLG Düss Rpfleger 2000, 62.

Bedingung: Sie ist nur sehr begrenzt möglich oder gar nötig, OLG Ffm FGPrax 2011, 59; OLG Stgt NZM 2011, 335; vgl. zum Nichteingreifen des Vorrangs gemäß § 10 Abs. 1 Nr. 2 ZVG BGH NZM 2012, 176.

Befreiung von Verbindlichkeit: Hier mag der Gläubiger auch zB seine Bank als Empfängerin eintragen lassen müssen, OLG Karlsr Rpfleger 1998, 158.

Beglaubigung: Eine öffentliche Beglaubigung ist nach § 30 GBO nicht erforderlich. Das gilt auch dann, wenn der Gläubiger die Eintragung der Zwangshypothek nur wegen eines Teilbetrags verlangt oder wenn man den Betrag der Forderung nach II verteilen muss.

Bezugnahme: Der Eigentümer darf auf den Schuldtitel Bezug nehmen.

BGB-Gesellschaft: Sie ist rechtsfähig, BGH NJW 2001, 1056, und kann einzutragende Berechtigte einer Zwangshypothek sein, OLG Ffm NZG 2018, 780; NZG 2016, 619. Es müssen alle Gesellschafter eingetragen werden, § 47 Abs. 2 GBO; der Titel muss alle Gesellschafter nennen.

Dritter: Lautet der Titel auf einen Dritten, muss das Grundbuchamt auch ihn eintragen, KG NZI 2016, 191; OLG Mü NZI 2016, 506 (beim Insolvenzverwalter ohne Amtszusatz, vgl. auch OLG Jena NZI 2020, 1015); LG Darmst Rpfleger 2007, 659 (je: Insolvenzverwalter).

GbR: → „BGB-Gesellschaft".

Insolvenzverwalter: → „Dritter".

Prozessstandschaft: Wer in einer Prozessstandschaft einen Titel erwirkt hat, kann die Eintragung auf seinen Namen fordern, LG Bochum Rpfleger 1985, 438.

Prozessvollmacht: Sie ermächtigt nach § 81 zum Eintragungsantrag. Eine Beglaubigung ist nicht erforderlich. Da die Eintragung zugleich auch eine Maßnahme nach dem FamFG ist, muss der Antragsteller seine Vollmacht dort nach § 11 FamFG nachweisen.

Schuldner: Er ist **nicht** antragsberechtigt.

Vollstreckungsgericht: Es ist **nicht** antragsberechtigt, aM OLG Düss Rpfleger 1989, 339 (ZVG).

Wechsel: Wenn die Zwangsvollstreckung auf Grund eines Wechsels oder eines sonstigen indossablen Papiers erfolgt, muss der Antragsteller nach §§ 726, 756, 765, § 43 GBO das Papier vorlegen, soweit der Gläubiger wegen der durch das Wechselurteil selbst titulierten Forderung vollstreckt, OLG Ffm DGVZ 1981, 84 (bei der Zwangsvollstreckung aus einem Kostenfestsetzungsbeschluss auf Grund eines Wechselurteils ist die Wechselvorlage unnötig).

Wohnungseigentum: Bei einer WEG als Gläubigerin kann die Lage und Hausnummer reichen, LG Brem NZM 2007, 453. Ein Wegfall nach § 10 I Nr. 2 ZVG muss nicht vorliegen, OLG Ffm FGPrax 2011, 59.

Zinsen: Man muss sie als Nebenleistungen und darf sie neben der Hauptforderung nicht kapitalisiert angeben und eintragen lassen, BGH MDR 2022, 331; OLG Mü Rpfleger 2016, 556; OLG Nürnb MDR 2014, 802.

Zwangsgeld: Bei einer Zwangssicherungshypothek für ein Zwangsgeld nach § 888 muss das Grundbuchamt den Kläger als Gläubiger, die Gerichtskasse als Zahlungsempfänger eintragen, BayObLG MDR 1985, 142; AG Hmb Rpfleger 1982, 31.

7. Prüfung beim Grundbuchamt. Das Grundbuchamt muss grundsätzlich eine Reihe von Prüfungen 11
vornehmen, BFHE 158, 310; OLG Hamm Rpfleger 1985, 231; OLG Köln NVwZ-RR 1990, 420. Zunächst muss das Grundbuchamt klären, ob die **förmlichen** Voraussetzungen der Zwangsvollstreckung vorliegen, BGH NJW 2013, 3786; KG FGPrax 2018, 99; OLG Ffm NZM 2004, 503. Der Schuldner muss schon und noch als der Eigentümer eingetragen sein, BGH NJW-RR 2007, 1247. Eine Eintragung als Miterbe reicht nicht, OLG Düss FGPrax 2013, 12.

Das Grundbuchamt muss ferner prüfen, ob die **grundbuchmäßigen** Voraussetzungen der Eintragung nach 12
→ Rn. 3 vorliegen, BGH NJW 2001, 3627; KG FGPrax 2018, 99; OLG Ffm NZM 2004, 503 (je: Bestimmtheitserfordernis).

8. Beispiele zur Frage einer Prüfung beim Grundbuchamt, I

Erbbaurecht: Beim Eigentümererbbaurecht ist ein in der Form des § 29 GBO notwendiger Nachweis einer 13
Zustimmung des Eigentümers oder deren Ersetzung nach § 7 III ErbbauRG erforderlich. Bei einem Erbbaurecht ist evtl. die Zustimmung des Grundeigentümers zur Eintragung der Sicherungshypothek erforderlich, BayObLG NJW-RR 1996, 975.

Fälligkeit: → „Verfallklausel".

Fassung der Eintragung: Sie richtet sich nach dem Grundbuchrecht, BayObLG NJW-RR 1988, 980 (auch zum Namen).

Finanzamt: Das Finanzamt braucht bei einem Steuerrückstand wegen § 322 III 2, 3 AO den vollstreckbaren Titel und den Zustellungsnachweis **nicht** vorzulegen, BFHE 158, 310.

Gläubiger: Als den Gläubiger trägt das Grundbuchamt den Vollstreckungsgläubiger nach § 750 I 1 ein, BayObLG NJW-RR 2005, 665, und keinen anderen, OLG Mü NJW-RR 2014, 134. Bei einer Gläubigermehrheit muss der Vollstreckungstitel wegen § 47 II GBO alle Gesellschafter nennen.

Grundstückswert: Keine Prüfung erfolgt zum Grundstückswert, schon gar nicht bei einer Anschlusspfändung nach § 826, LG Marbg Rpfleger 1984, 406. Eine Ausnahme gilt allenfalls zwecks Klärung des Kostenwerts.

Prozessstandschaft: → „Sachlich-rechtlicher Anspruch".

Rang: Der Rang richtet sich nach dem Zeitpunkt des Eingangs des Antrags beim Grundbuchamt. Das gilt auch dann, wenn die Eintragung fehlerhaft war und der Fehler erst nachträglich heilt, OLG Schlesw NJW-RR 1988, 700 (Zustellung der Vollstreckungsklausel bei § 720a); aM LG Mainz Rpfleger 1991, 302 (ein Vollstreckungshindernis sei rangstörend). Erst die Eintragung begründet aber das Recht am Grundstück. Der Antrag gibt kein Recht auf die Eintragung bei einer späteren Verfügungsbeschränkung. § 878 BGB betrifft nur rechtsgeschäftliche Eintragungen.

SachenRBerG: Bei § 78 SachenRBerG ist die Eintragung einer Zwangshypothek weder allein am Grundstück noch allein am Gebäudeeigentum **noch** an beidem zulässig, LG Chemnitz Rpfleger 1995, 456.

Sachlich-rechtlicher Anspruch: Keine Prüfung erfolgt dazu, ob der Anspruch sachlich-rechtlich besteht, BGH NJW 2001, 3627; OLG Ffm JurBüro 2009, 554; OLG Mü FGPrax 2008, 235. Das gilt auch bei einer Prozessstandschaft, BGH NJW 2001, 3627; KG NZM 2001, 470. Auch „Verwaltungszwangsverfahren".

Sicherungsabrede: Das Grundbuchamt hat bei einem vollstreckbaren abstrakten Schuldversprechen die Voraussetzungen der ihm zugrundeliegenden Sicherungsabrede nicht zu prüfen, OLG Mü NJW 2018, 2134.

Sicherungshypothek: Anwendbar ist III auf eine solche nach § 848 II 2, OLG Brdb FGPrax 2017, 200.

Sicherungsvollstreckung: Es ist bei § 720a dieselbe Prüfung wie sonst nötig, BGH NJW 2013, 3786.

Verfallklausel: Keine Prüfung erfolgt dazu, ob eine Verfallklausel vorhanden ist und ob ihre Voraussetzungen vorliegen, ob zB der gesamte Restbetrag infolge des Verzugs mit einer Rate fällig geworden ist. Denn diese Prüfung erfolgt bereits im Verfahren zur Erteilung der Vollstreckungsklausel nach § 726 I. Dort konnte der Schuldner seine etwaigen Einwendungen wegen des Nichtvorliegens des Verfalls nach § 732 vorbringen.

Vertretungsmacht: Das Grundbuchamt muss sie stets prüfen, OLG Mü FGPrax 2012, 194, auch bei einem Löschungsantrag, BGH NJW-RR 2012, 532.

Verwaltungszwangsverfahren: Soweit in ihm ein Antrag oder ein Ersuchen der Behörde an die Stelle des Schuldtitels tritt, darf das Grundbuchamt **nicht** prüfen, ob der Schuldner auch sachlich-rechtlich zu der Leistung verpflichtet ist, BayObLG Rpfleger 1982, 98.

Vollstreckungsklausel: Das Grundbuchamt muss zB § 726 beachten, OLG Drsd MDR 2010, 1491; aM OLG Mü Rpfleger 2017, 23.

Vollstreckungstitel: Er muss natürlich bestehen, BGH NJW 2013, 3786, und zwar genau auf diesen Gläubiger und gegen diesen Schuldner, OLG Mü NJW-RR 2014, 134. Das Grundbuchamt muss natürlich sein Vorliegen prüfen, OLG Düss MDR 2015, 672.

Vormerkung: Ihre Eintragung ist unstatthaft. Denn der Gläubiger hat keinen privatrechtlichen Anspruch auf die Eintragung einer Vormerkung.

Zinsen: Man darf gesondert berechnete als Nebenforderung auslegen, OLG Hamm FGPrax 2013, 149.

Zwangshypothek: Die Eintragung soll die Natur der Hypothek als einer Zwangshypothek kenntlich machen. Wenn ein solcher Hinweis aber fehlt, ist die Eintragung trotzdem nicht schon deshalb ungültig. Die Zwangshypothek unterscheidet sich von einer vertraglichen Sicherungshypothek, LG Mü Rpfleger 1989, 96. Denn die Zwangshypothek haftet ohne weiteres für die Kosten der Zwangsvollstreckung nach § 788 mit, LG Köln NJW-RR 2000, 682, und sie wird auch nach § 868 anders übertragen. Man muss § 1115 BGB beachten, BGH NJW 2001, 3627; BayObLG Rpfleger 1985, 102. Das Grundbuchamt muss bei einer Zug-um-Zug-Forderung § 765 beachten, OLG Mü JurBüro 2017, 266.

14 **9. Auflage des Grundbuchamts.** Das Grundbuchamt muss bei einer Auflage oder bei einer Zurückverweisung sämtliche Beanstandungsgründe bezeichnen, soweit der Antragsteller diese Beanstandungen beheben kann, LG Mainz Rpfleger 1991, 302. Auf diese Weise soll die Gefahr einer nochmaligen Ablehnung aus anderen Gründen ausscheiden. Eine Zwischenverfügung nach § 18 I GBO ist dann unzulässig, wenn wesentliche Voraussetzungen der Zwangsvollstreckung fehlen, BayObLG FGPrax 2005, 57. Andernfalls würde man dem Gläubiger einen solchen Rang vorbehalten, der ihm objektiv nicht zukommt, OLG Mü NJW 2009, 1358. Die Zwangsvollstreckung würde infolgedessen vorzeitig beginnen können. Demgegenüber behält der Gläubiger bei einer fehlerhaften Eintragung nach → Rn. 17 seinen Rang. Nach der Eintragung der Zwangshypothek gibt das Grundbuchamt nach I 1 Hs. 2, III den Vollstreckungstitel dem Gläubiger mit dem Vermerk der Eintragung zurück, mit seinem Einverständnis auch an einen anderen, Saum JZ 1981, 695.

15 **IV. Zwangshypothek, I. 1. Buchhypothek.** Die Zwangshypothek entsteht mit ihrer Eintragung, OLG Stgt FGPrax 2011, 286; OLG Hamm FGPrax 2005, 192; OLG Düss NJW-RR 1993, 1430. Sie entsteht als eine Buchhypothek. Das Grundbuchamt vermerkt nach I 1 Hs. 2, III von Amts wegen zugleich notfalls nachträglich nach → Rn. 16 die Eintragung auf dem vollstreckbaren Titel, LG Mü Rpfleger 1989, 96. Das soll den Schuldner schützen. Es soll auch verhindern, dass wegen derselben Forderung an einem anderen Grundstück eine weitere Zwangshypothek entsteht, LG Mü Rpfleger 1989, 96. Ferner soll die mit dem Vermerk direkt nach III statthafte Zwangsversteigerung möglich werden. Das Grundbuchamt darf dem Gläubiger keinen Hypothekenbrief erteilen. Der Gläubiger kann sich nicht zum Beweis seiner Forderung auf die Eintragung berufen. Der Eigentümer hat alle sachlich-rechtlichen Einwendungen gegen die Forderung, auch wenn der Eigentümer das Grundstück erst später erworben hat. Der Eigentümer ist bei diesen Möglichkeiten jedoch durch die Rechtskraftwirkung des Titels und durch § 767 beschränkt, BGH NJW 1988, 828. Die bloße Eintragung im Grundbuch bringt kein Recht zum Entstehen, auch nicht bei einer Zwangshypothek, OLG Hamm Rpfleger 1983, 393. Dann wird aber das Grundbuchamt nach → Rn. 3 auch als ein Vollstreckungsorgan tätig.

16 **2. Prozessualer Mangel.** Deshalb liegt bei einem prozessualen Mangel wie etwa beim Fehlen der Voraussetzungen der Zwangsvollstreckung keine Nichtigkeit vor. Es entsteht vielmehr ein auflösend bedingtes Recht, OLG Hamm NJW-RR 1998, 87; Zöller/Seibel Rn. 25; aM BFHE 158, 310; OLG Schlesw NJW-RR 1988, 700; Streuer Rpfleger 1988, 513; vgl. auch OLG Mü FGPrax 2015, 19. Dieses Recht wahrt dann den Rang, wenn die Bedingung nicht eintritt, nämlich wenn die Eintragung nicht auf Grund eines Rechtsbehelfs wegfällt. Bei einem behebbaren Mangel ist eine Heilung für die Zukunft möglich, OLG Mü MDR 2011, 1381; vgl. aber § 879 II BGB, OLG Hamm Rpfleger 2005, 532; Hagemann Rpfleger 1981, 165 (entsprechende Anwendbarkeit). Wenn sich die „Nichtigkeit der Eintragung" aus der Eintragung selbst ergibt wie bei einem Verstoß gegen II, muss das Grundbuchamt die Eintragung löschen, BayObLG Rpfleger 1986, 372. Wenn ein grundbuchmäßiger

Mangel vorliegt, entsteht kein Recht. Zur Problematik bei einem Freistellungsanspruch OLG Mü BauR 2017, 1087.

3. Wirkung. Die Zwangshypothek steht rechtlich im Wesentlichen einer vertraglich bestellten Sicherungshypothek gleich, OLG Köln NJW-RR 1996, 1106. Die Zwangshypothek gibt dem Gläubiger nur die Erhaltung des Rechts und keine Befriedigung, BGH NJW 2008, 1599. Deshalb beendet die Zwangshypothek die Zwangsvollstreckung nicht, BGH NJW 1995, 2715. Deshalb bleiben auch die Möglichkeiten einer Widerspruchsklage nach § 771 oder einer Vollstreckungsabwehrklage nach § 767 sogar noch nach dem Zeitpunkt der Eintragung bestehen, BGH NJW 1988, 828. Das Grundbuchamt trägt die Zwangshypothek mit dem Rang vor einer bereits bestehenden Hypothek ein, falls deren Inhaber zustimmt. Eine Einwilligung des Schuldners ist entbehrlich. Andernfalls erhält die Zwangshypothek den Rang der nächstbereiten Stelle. Der Gläubiger kann einen Rangvorbehalt des Schuldners nicht ohne die Zustimmungen der Inhaber der belasteten Rechte ausnutzen. Die Restschuldbefreiung nach § 301 InsO führt nicht zu einem Anspruch auf Erteilung einer Löschungsbewilligung hinsichtlich einer vor Eröffnung des Insolvenzverfahrens eingetragenen Zwangshypothek, BGH NJW-RR 2021, 303; OLG Kblz MDR 2020, 631. 17

Zur **Zwangsversteigerung** mit dem Rang der Hypothek ist nach III kein besonderer Duldungstitel mehr erforderlich. Es reicht vielmehr nach → Rn. 27 ein Eintragungsvermerk nach I 1 Hs. 2 aus. Zur Zwangsvollstreckung wegen eines erst nach §§ 281, 325 BGB entstandenen Schadensersatzanspruchs ist ein neuer Titel erforderlich. Gegen den erhobenen Hypothekenanspruch ist die Vollstreckungsabwehrklage nach § 767 möglich, OLG Düss NJW-RR 1993, 1430. Derjenige Eigentümer, der das Grundstück vom Titelschuldner mit der Zwangshypothek belastet erworben hat, kann das Erlöschen der Titelforderung nach § 771 bekämpfen, OLG Düss NJW-RR 1993, 1430. Eine vertragliche Sicherstellung beschränkt das Recht des Gläubigers auf die Durchführung der Zwangsvollstreckung nicht. Der Gläubiger darf die Zwangshypothek auch dann eintragen lassen, wenn er wegen derselben Forderung an einem anderen Grundstück des Schuldners bereits eine Vertragsgrundschuld erhalten hat, BayObLG MDR 1991, 163; LG Lüb Rpfleger 1985, 287, oder eine Vertragshypothek. Im letzteren Fall entsteht zwar keine Gesamthypothek. Indessen ist die Eintragung einer zweiten (Ausfall-)Zwangshypothek auf demselben Grundstück ebenso unzulässig wie eine Gesamthypothek, OLG Köln NJW-RR 1996, 1106. Wegen der Vereinigung von Anteilen infolge eines Erbfalls OLG Oldb JurBüro 1996, 273. Bei Streitgenossen nach § 59 mit einem gemeinsamen Anwalt liegt im Zweifel eine Gesamtgläubigerschaft vor, LG Saarbr Rpfleger 2003, 498. Eine Löschung kommt nach § 71 GBO infrage, OLG Hamm FGPrax 2015, 200. 18

4. Kosten der Eintragung. Das Grundstück haftet für die Eintragungskosten ohne weiteres. Deshalb darf das Grundbuchamt diese Eintragungskosten nicht eintragen. Das gilt unabhängig davon, ob es sich um Partei-, Gerichts- oder Anwaltskosten handelt. Die Kosten errechnen sich bei der Zwangsverwaltung oder bei der Zwangsversteigerung nach dem GNotKG, vgl. OLG Köln NVwZ-RR 1990, 420. Die Kosten des Prozesses oder die Kosten einer früheren ergebnislosen Zwangsvollstreckung sind eintragungsfähig. Die Kosten einer früheren Vollstreckung brauchen keine gerichtliche Festsetzung. Vielmehr muss sie das Grundbuchamt als Vollstreckungsorgan auf ihre Entstehung und auf ihre Notwendigkeit überprüfen. Der Gläubiger muss sie in öffentlich beglaubigter Form nach § 29 GBO nachweisen. 19

V. Mehrheit von Grundstücken, II. Die Vorschrift gilt nicht bei § 78 I 1, 2 SachenRBerG, OLG Brdb FGPrax 1997, 9; OLG Jena FGPrax 1997, 208; LG Lpz Rpfleger 1996, 285; aM LG Ffo Rpfleger 1997, 212. 20

1. Forderungsverteilung. Wenn der Gläubiger mehrere Grundstücke des Schuldners mit der Zwangshypothek belasten will, muss er die Forderung auf diese mehreren Grundstücke genau verteilen, BGH NJW 1991, 2022; OLG Mü FGPrax 2016, 11; KG NJW-RR 2010, 1602. Auch etwaige Zinsansprüche müssen verteilt werden, KG FGPrax 2020, 154. Der Gläubiger darf die Größe der Teile frei bestimmen, BGH NJW 1991, 2022, ohne dass der Schuldner zustimmen müsste. Eine Gesamthypothek ist aber unzulässig. Das gilt im Gegensatz zu der nachträglichen Eintragung einer Sicherungshypothek auf einem weiteren Grundstück des Schuldners, BGH NJW 1991, 2022; BayObLG Rpfleger 1986, 372; LG Hechingen Rpfleger 1993, 169. Zum Begriff des Grundstücks → § 864 Rn. 2. Eine Gesamthypothek ist auch dann unzulässig, wenn der Gläubiger die mehreren Grundstücke nacheinander belasten will, OLG Düss MDR 1990, 62. 21

Ist die titulierte Forderung bereits vollständig durch Einzelhypotheken gesichert, darf eine Zwangshypothek nach II nicht eingetragen wird; wird sie gleichwohl eingetragen, ist sie nicht entstanden, OLG Schlesw FGPrax 2021, 255. 22

2. Verfahren. Die Verteilung braucht keine Form, vgl. KG FGPrax 2018, 50; OLG Köln Rpfleger 1986, 91; Schneider MDR 1986, 817; Zöller/Seibel Rn. 3. Wenn der Gläubiger überhaupt keine Verteilung vorgenommen hat, muss das Grundbuchamt den Eintragungsantrag grundsätzlich sofort zurückweisen, LG Mannh Rpfleger 1981, 406. Denn eine völlig klare Verteilung der Forderung ist als eine Voraussetzung für den Beginn der Zwangsvollstreckung ein notwendiger Bestandteil des Antrags, BGH NJW 1991, 2022; OLG Zweibr Rpfleger 2001, 586. Das gilt erst recht dann, wenn mehrere Forderungen zugrunde liegen, OLG Hamm FGPrax 2011, 169; OLG Zweibr Rpfleger 2001, 586. Der Gläubiger braucht aber über die Angabe hinaus, wie das Grundbuchamt verteilen soll, nicht zusätzlich eine Rangfolge dieser Teile für die Befriedigung anzugeben. Evtl. ist § 366 BGB insoweit anwendbar, BGH NJW 1991, 2022. 23

Das Grundbuchamt darf auch **keine Zwischenverfügung** nach § 18 I 1 GBO zur Rangsicherung erlassen, OLG Düss MDR 1990, 62. Das Grundbuchamt kann dem Antragsteller vor einer Zurückweisung des Antrags lediglich durch einen Hinweis die Gelegenheit zur Verteilung geben, vgl. OLG Naumb FGPrax 2019, 120. Es muss den Antrag spätestens dann zurückweisen, wenn ein weiterer Antrag beim Grundbuchamt eingeht. Die Mindestsumme nach § 866 III 1 ist bei der Verteilung jetzt nach II 2 Hs. 2 ebenfalls verbindlich. Der Gläubiger darf die Zinsen einem der Grundstücke zuteilen. 24

3. Wirkung. Durch die Verteilung der Forderung entstehen entsprechend dem Verteilungsschlüssel des Gläubigers auf den einzelnen Grundstücken Einzelsicherungshypotheken. Eine Gesamthypothek wäre grundbuchrechtlich zulässig. Sie ist aber nach II unzulässig. Deshalb muss man eine etwa doch eingetragene Gesamthypothek auf Grund einer Beschwerde in Einzelhypotheken mit dem Rang der Gesamthypothek zerlegen. Wenn das Grundbuchamt unzulässiger Weise gleichzeitig auf mehreren Grundstücken desselben Schuldners eine Zwangshypothek eingetragen hat, ist diese Zwangshypothek inhaltlich unzulässig. Eine nicht gleichzeitige Ein- 25 tragung lässt die zuerst erfolgte wirksam, LG Mannh Rpfleger 1981, 406. Wenn mehrere gesamtschuldnerisch haften, darf der Gläubiger die Einzelgrundstücke sämtlicher Schuldner mit der ganzen Forderung belasten.

26 Wenn einer der Schuldner **mehrere** Grundstücke besitzt, muss der Gläubiger die Forderung auf diese Grundstücke verteilen. Wenn der Gläubiger mehrere Grundstücke des Schuldners hintereinander belastet, muss das Grundbuchamt die Eintragung ablehnen, sofern die volle Forderung bereits auf einem anderen Grundstück eingetragen steht und sofern nicht der Gläubiger auf einen Teil der früheren Zwangshypothek verzichtet. Der Schuldner kann die Eintragung einer solchen bedingten Sicherungshypothek, die gegen einen Ausfall einer Zwangshypothek auf einem anderen Grundstück sichern soll (Ausfallshypothek), zwar freiwillig bestellen. Der Gläubiger hat aber keinen derartigen Anspruch.

27 **VI. Entbehrlichkeit besonderen Duldungstitels, III.** Zur Zwangsversteigerung ist ein solcher vollstreckbarer Titel des alleinigen Erkenntnisverfahrens ausreichend, auf dem der Gläubiger hat vermerken lassen, dass die Zwangshypothek im Grundbuch steht. Es ist also nach der Eintragung zur weiteren Vollstreckung zwecks Befriedigung kein zusätzlicher Prozess mit dem Ziel der Erwirkung eines Duldungstitels notwendig. Ihm fehlt daher das Rechtsschutzbedürfnis. Der Vermerk der Eintragung genügt vielmehr, LG Bonn NJW-RR 2009, 1316. Er erfolgt von Amts wegen nach I 1 Hs. 2.

28 Eine Umschreibung nach § 727 I ist allerdings nicht möglich, da durch den Vermerk kein dinglicher Titel entsteht, BGH, NJW-RR 2021, 1145 Rn. 17.

29 **VII. Rechtsbehelfe, I–III.** Die Entscheidungen des Grundbuchamts sind mit der Beschwerde nach § 71 GBO anfechtbar, OLG Zweibr FGPrax 2022, 112; OLG Mü NVwZ-RR 2016, 585; FGPrax 2015, 204; OLG Köln FGPrax 2008, 193; Dümig Rpfleger 2004, 1. Eine nicht rangwahrende Zwischenentscheidung des Grundbuchamts nach §§ 18 II GBO, 139 ZPO ist unanfechtbar, BayObLG FGPrax 2005, 57.

30 Nach einer Erstentscheidung des Richters ist die einfache Beschwerde nach der GBO zulässig, OLG Schlesw Rpfleger 2012, 65; KG NJW-RR 1987, 592; Streuer Rpfleger 1988, 513; vgl. auch BGHZ 64, 194.

31 Demgemäß sind gegenüber einer Eintragung folgende **Rechtsbehelfe** statthaft: Zum einen der sachlichrechtliche Widerspruch. Das Grundbuchamt kann ihn nach § 53 GBO auch von Amts wegen eintragen; zum anderen eine einfache Beschwerde mit dem Antrag, das Grundbuchamt nach § 71 II GBO zu einer Löschung oder zur Eintragung eines Widerspruchs anzuweisen, BayObLG Rpfleger 1995, 106. Eine Erinnerung nach § 766 ist unzulässig, KG NJW-RR 1987, 592. Das Grundbuchamt darf eine Löschung nur auf Grund eines Amtswiderspruchs vornehmen.

868 *Erwerb der Zwangshypothek durch den Eigentümer.* **I Wird durch eine vollstreckbare Entscheidung die zu vollstreckende Entscheidung oder ihre vorläufige Vollstreckbarkeit aufgehoben oder die Zwangsvollstreckung für unzulässig erklärt oder deren Einstellung angeordnet, so erwirbt der Eigentümer des Grundstücks die Hypothek.**

II Das Gleiche gilt, wenn durch eine gerichtliche Entscheidung die einstweilige Einstellung der Vollstreckung und zugleich die Aufhebung der erfolgten Vollstreckungsmaßregeln angeordnet wird oder wenn die zur Abwendung der Vollstreckung nachgelassene Sicherheitsleistung oder Hinterlegung erfolgt.

1 **I. Systematik, Regelungszweck, I, II.** Die Vorschrift entspricht § 775 Nr. 1, auch im Regelungszweck. Sie ergänzt § 867 durch die in ihrem Geltungsbereich vorrangigen Sonderregeln.

2 **II. Geltungsbereich, I, II.** Die Zwangshypothek hängt in ihrem Bestand von dem Vollstreckungstitel ab. Sie geht kraft Gesetzes auf den Eigentümer über, wenn eine der folgenden Voraussetzungen vorliegt. Bei § 88 InsO kommt eine entsprechende Anwendbarkeit des § 868 in Betracht, OLG Düss NZI 2004, 93; NJW-RR 2004, 138.

3 **1. Aufhebung des Titels usw.** Den Vollstreckungstitel nach §§ 704, 794 oder dessen vorläufige Vollstreckbarkeit nach §§ 708 ff. muss ein nach § 705 formell rechtskräftiges oder seinerseits vorläufig vollstreckbares Urteil aufgehoben haben. Die Aufhebung muss endgültig erfolgt sein. Der Nachweis kann nur durch Vorlage einer Ausfertigung, nicht auch einer beglaubigten Abschrift geführt werden, OLG Mü MDR 2022, 395. Es darf also nicht nur eine bloße Zurückverweisung ohne eine endgültige Aufhebung in der Sache vorliegen, OLG Brdb Rpfleger 2001, 487. Bei einem Vollstreckungstitel nach § 794 I Nr. 3 muss ein entsprechender Beschluss nach § 329 vorliegen. Wegen der Aufhebung einer Arresthypothek OLG Ffm KTS 1984, 162. Es ist nicht erforderlich, den Vollstreckungstitel vorzulegen.

4 **2. Unzulässigkeit der Zwangsvollstreckung.** Das Vollstreckungsgericht mag die Zwangsvollstreckung nach §§ 732, 767 ff., 771 ff. (nicht § 766) für unzulässig erklärt haben.

5 **3. Einstellung der Zwangsvollstreckung.** Das Vollstreckungsgericht mag die Zwangsvollstreckung auch aus einem anderen Grund als bei → Rn. 4 eingestellt haben. Gleichzeitig muss es die bereits getroffenen Vollstreckungsmaßnahmen aufgehoben haben.

6 **4. Sicherheitsleistung.** Eine nach § 711 erlaubte Sicherheit oder Hinterlegung muss erfolgt sein. Wenn der Schuldner diejenige Bank wählen durfte, bei der er hinterlegen muss, und wenn er seine Wahl nicht bis zum Zeitpunkt der Anordnung der Eintragung getroffen hat, üben bei der Zwangsversteigerung der Schuldner oder der Gläubiger das Wahlrecht aus.

7 **III. Unanwendbarkeit, I, II.** § 868 ist dann unanwendbar, wenn die Zwangshypothek von vornherein ganz unwirksam ist oder wenn sie von Anfang an in Wahrheit dem Eigentümer zusteht, weil nämlich die Forderung nach § 1163 BGB nicht mehr bestand, oder wenn der Gläubiger etwa durch einen Vergleich nach § 779 BGB auf die Zwangsvollstreckung verzichtet, BayObLG Rpfleger 1998, 437. Ferner erwirbt der Eigentümer die Hypothek nach dem sachlichen Recht dann, wenn die Forderung erlischt. Das gilt insbesondere dann, wenn der Gläubiger außerhalb der Liegenschaftszwangsvollstreckung nach § 1163 BGB seine Befriedigung erhält oder wenn der Gläubiger nach § 1168 BGB auf die Forderung verzichtet. Bei einer Zwangshypothek auf Grund eines Kostenfestsetzungsbeschlusses geht die Hypothek mit der Aufhebung des Haupttitels auf den Eigentümer über.

IV. Übergang auf den Eigentümer, I, II. Derjenige erwirbt, der im Zeitpunkt des Eintritts der Voraussetzungen der wahre Eigentümer ist, auch wenn er nicht der Schuldner ist, KG Rpfleger 2006, 602 (evtl. § 771). Der Übergang macht die Zwangshypothek zu einer Eigentümergrundschuld. Wenn das Gericht den Vollstreckungstitel wiederherstellt, lebt die Zwangshypothek nicht wieder von sich aus auf, BGH NJW 2006, 1286. Der Gläubiger muss dann eine Zwangsvollstreckung in die Eigentümergrundschuld vornehmen. Gegenüber dem Erwerber besteht kein Bereicherungsanspruch nach §§ 812 ff. BGB. Wenn die Eigentümergrundschuld dem Vollstreckungsschuldner dann nicht mehr gehört, geht der Gläubiger leer aus. Die Umschreibung erfolgt nach dem Grundbuchrecht. Der Eigentümer trägt die Kosten, ohne beim Gläubiger Rückgriff nehmen zu können. 8

869 ***Zwangsversteigerung und Zwangsverwaltung.*** **Die Zwangsversteigerung und die Zwangsverwaltung werden durch ein besonderes Gesetz geregelt.**

I. Systematik. Von den drei in § 866 dem Gläubiger zur Wahl gestellten Arten der Vollstreckung in unbewegliches Vermögen regelt § 869 nach derjenigen der Zwangshypothek nach §§ 867, 868 die beiden weiteren, nämlich diejenigen einer Zwangsversteigerung oder Zwangsverwaltung mit deren sehr unterschiedlichen Methoden zur Erzielung desselben Ergebnisses einer Befriedigung. 1

II. Regelungszweck. Die ZPO bedient sich der Gesamtverweisungstechnik zwecks einer Vereinfachung. 2

III. Geltungsbereich. Das ZVG ist zwar formell ein selbständiges Gesetz, das auch zB selbständige Änderungen erfährt. Der Sache nach muss man es freilich als einen Teil der ZPO beurteilen, als ihr Ausführungsgesetz, BGH MDR 2020, 1015; OLG Karlsr Rpfleger 1995, 427; OLG Kblz NJW-RR 1992, 1279; AG Mühldorf Rpfleger 2001, 562. Deshalb gelten vor allem die allgemeinen Vorschriften über die Zwangsvollstreckung auch in einem Verfahren nach dem ZVG, BGH MDR 2020, 1015; NJW 2011, 929; NJW 2011, 1818; OLG Ffm Rpfleger 1983, 36. Es ist zB § 888 und nicht Art. 6 I EGStGB anwendbar, AG Mühldorf Rpfleger 2001, 562. Freilich geht zB § 95 ZVG dem § 766 vor, OLG Stgt Rpfleger 2000, 226. Die Einzelzwangsvollstreckung nach der ZPO ist in ein vom Zwangsverwalter ausgegliedertes Vermögensstück zulässig, zB in die Einnahmen eines von ihm verpachteten Betriebs, LG Oldb DGVZ 1984, 90. Nach einer einstweiligen Einstellung nach dem ZVG oder der ZPO bleibt die Beschlagnahme des Zubehörs bestehen. Zum Problem Helwich JurBüro 2011, 64. Nach einer Aufhebung der Zwangsverwaltung oder -versteigerung kann der Gläubiger auf das Zubehör allenfalls im Wege der Mobiliarvollstreckung zugreifen, OLG Hamm Rpfleger 1994, 176. Zu den Rechten und Pflichten des Zwangsverwalters Drasdo ZMR 2012, 9. Zur Tätigkeit des Gerichtsvollziehers Beier DGVZ 2008, 149. 3

870 ***Grundstücksgleiche Rechte.*** **Auf die Zwangsvollstreckung in eine Berechtigung, für welche die sich auf Grundstücke beziehenden Vorschriften gelten, sind die Vorschriften über die Zwangsvollstreckung in Grundstücke entsprechend anzuwenden.**

I. Systematik, Regelungszweck. Die Vorschrift enthält eine vorrangige Sondervorschrift für ihren Geltungsbereich. 1

II. Geltungsbereich. Zum Begriff des grundstücksgleichen Rechts → § 864 Rn. 9 (zB Erbbaurecht, Bergwerkseigentum). Bei ihr sind grundsätzlich sämtliche Arten der Zwangsvollstreckung zulässig. Es bestehen aber mehrere Sondervorschriften. 2

870a ***Zwangsvollstreckung in ein Schiff oder Schiffsbauwerk.*** **I [1]Die Zwangsvollstreckung in ein eingetragenes Schiff oder in ein Schiffsbauwerk, das im Schiffsbauregister eingetragen ist oder in dieses Register eingetragen werden kann, erfolgt durch Eintragung einer Schiffshypothek für die Forderung oder durch Zwangsversteigerung. [2]Die Anordnung einer Zwangsversteigerung eines Seeschiffs ist unzulässig, wenn sich das Schiff auf der Reise befindet und nicht in einem Hafen liegt.**

II § 866 Abs. 2, 3, § 867 gelten entsprechend.

III [1]Wird durch eine vollstreckbare Entscheidung die zu vollstreckende Entscheidung oder ihre vorläufige Vollstreckbarkeit aufgehoben oder die Zwangsvollstreckung für unzulässig erklärt oder deren Einstellung angeordnet, so erlischt die Schiffshypothek; § 57 Abs. 3 des Gesetzes über Rechte an eingetragenen Schiffen und Schiffsbauwerken vom 15. November 1940 (RGBl. I S. 1499) ist anzuwenden. [2]Das Gleiche gilt, wenn durch eine gerichtliche Entscheidung die einstweilige Einstellung der Zwangsvollstreckung und zugleich die Aufhebung der erfolgten Vollstreckungsmaßregeln angeordnet wird oder wenn die zur Abwendung der Vollstreckung nachgelassene Sicherheitsleistung oder Hinterlegung erfolgt.

I. Systematik, I–III. Die Vorschrift schränkt als eine vorrangige Sonderregelung § 866 in ihrem Geltungsbereich ein. Die Bewachung und die Verwahrung eines Schiffs nach § 165 ZVG sind nur eine Sicherungsmaßnahme und keine Zwangsverwaltung. Die Zwangsvollstreckung in ein eingetragenes Schiff oder in ein eingetragenes oder eintragungsfähiges Schiffsbauwerk nach § 66 SchRegisterO geschieht nur entweder durch die Eintragung einer Schiffshypothek, BayObLG Rpfleger 1992, 28, oder durch eine Zwangsversteigerung nach dem ZVG. Eine Zwangsverwaltung ist also unzulässig. Man muss die Zwangsschiffshypothek nach II ganz so wie eine Zwangshypothek behandeln, BayObLG Rpfleger 1992, 28. § 868 ist aber unanwendbar. Der dem § 868 nachgebildete § 870a III lässt bei § 868 keine Eigentümerschiffshypothek entstehen, sondern die Schiffshypothek erlöschen. Das Registergericht muss sie im Schiffsregister löschen. Dem Eigentümer steht das Recht aus § 57 III SchiffRG zu, bis zur Löschung eine entsprechende neue Schiffshypothek zu bestellen. 1

Unanwendbar ist § 870a nach § 84 GVGA (ausf.) auf ein nicht unter I fallendes Schiff usw. Dann erfolgt die Pfändung wie beim beweglichen Vermögen. 2

II. Regelungszweck, I–III. Der Gesetzgeber beschränkt die Vollstreckung bei einem Schiff auf die Eintragung einer Schiffshypothek und auf die Zwangsversteigerung; die Zwangsverwaltung ist ausgeschlossen. 3

4 **III. Geltungsbereich, I–III.** Die Vorschrift gilt grundsätzlich für jedes Schiff nach I. Gegen eine Zwangsvollstreckung in ein Schiff während der Reise gilt I 2. Wegen des Arrestes in ein Seeschiff siehe §§ 916, 931. Wegen des Verteilungsverfahrens → Vor § 872 Rn. 1. § 870a gilt bis auf III 1 Hs. 2 sinngemäß auch für ein Luftfahrzeug, das in der Luftfahrzeugrolle steht, § 99 I LuftRG.

5 **Gebühren:** des Anwalts VV 3311, 3312 RVG.

871 *Landesrechtlicher Vorbehalt bei Eisenbahnen.* **Unberührt bleiben die landesgesetzlichen Vorschriften, nach denen, wenn ein anderer als der Eigentümer einer Eisenbahn oder Kleinbahn den Betrieb der Bahn kraft eigenen Nutzungsrechts ausübt, das Nutzungsrecht und gewisse dem Betriebe gewidmete Gegenstände in Ansehung der Zwangsvollstreckung zum unbeweglichen Vermögen gehören und die Zwangsvollstreckung abweichend von den Vorschriften des Bundesrechts geregelt ist.**

1 **I. Systematik, Regelungszweck.** Über die landesgesetzlichen Vorschriften vgl. Art. 112 EGBGB. Vgl. ferner für das frühere preußische Gebiet das G über Bahneinheiten v. 7.8.1902 und das Gesetz v. 26.9.1934, RGBl. II 811, nebst Änderungen, BGBl. 1951 I 225, § 3 des Gesetzes v. 7.3.1934, RGBl. II 91.

Titel 4. Verteilungsverfahren

Vorbemerkung zu § 872

1 **I. Systematik.** Vor dem nach §§ 858 II, 873 zuständigen AG als dem für das Verteilungsverfahren mitzuständigen Vollstreckungsgericht nach §§ 764, 802 findet ein Verteilungsverfahren dann statt, wenn bei einer Zwangsvollstreckung nur ein solcher Geldbetrag hinterlegt worden ist, der nicht zur Befriedigung aller beteiligten Gläubiger ausreicht. Das gilt nach § 115 ZVG auch bei einer Liegenschaftsvollstreckung. Dann gelten Abweichungen zB für den Teilungsplan. Das Verfahren findet nur dann statt, wenn und soweit sich die Gläubiger nicht untereinander verständigen. Das Verfahren unterliegt dem Amtsbetrieb. Es hat Vorrang gegenüber den hinterlegungsrechtlichen Herausgabeklagen, sofern es sich nicht um eine Hinterlegung gem. § 372 BGB handelt, OLG Ffm BeckRS 2020, 1813.

2 **II. Regelungszweck.** Es ist trotz des Grundsatzes nach § 804 III notwendig, einen Pfändungspfandgläubiger nach dem Zeitvorrang zu befriedigen. Denn man kann die Übernahme der Gefahr einer unrichtigen Verteilung weder dem Gerichtsvollzieher noch dem Drittschuldner nach § 840 zumuten. Die Vorschriften dienen also gleichermaßen der Rechtssicherheit wie vor allem der Gerechtigkeit in einem auch innerhalb der Gläubigergruppe sozial mitausgerichteten Sinn. So sind sie auch am besten auslegbar. Natürlich kann und soll das Verteilungsverfahren nicht einfach den Rang nach § 804 III beseitigen. Der Anspruch des Gläubigers an die Verteilungsmasse ist nur zusammen mit seiner Forderung pfändbar und überweisbar.

3 **III. Geltungsbereich.** §§ 872 ff. gelten grundsätzlich bei jeder Verteilung. Haftungsbeschränkungen des Reeders usw. nach §§ 611 ff. HGB, 4 ff. BinnenschiffahrtsG führen zu einem Verteilungsverfahren nach der Schifffahrtsrechtlichen Verteilungsordnung (SVertO). Danach ist auf dieses Verfahren die ZPO hilfsweise entsprechend anwendbar.

4 **Gebühren:** des Gerichts KV 2117 GKG; des Anwalts VV 3311, 3312 RVG.

872 *Voraussetzungen.* **Das Verteilungsverfahren tritt ein, wenn bei der Zwangsvollstreckung in das bewegliche Vermögen ein Geldbetrag hinterlegt ist, der zur Befriedigung der beteiligten Gläubiger nicht hinreicht.**

§ 2 SVertO Zuständigkeit

I Betrifft das Verteilungsverfahren ein Schiff, das in einem Schiffsregister im Geltungsbereich dieses Gesetzes eingetragen ist, so ist das Amtsgericht ausschließlich zuständig, bei dem das Schiffsregister geführt wird.

II 1Betrifft das Verteilungsverfahren
1. ein Schiff, das nicht in einem Schiffsregister im Geltungsbereich dieses Gesetzes eingetragen ist, oder
2. Ansprüche gegen die in § 1 Abs. 3 Satz 1 Nr. 3, 3a bezeichneten Personen,

so ist das Amtsgericht ausschließlich zuständig, in dessen Bezirk der Antragsteller seine gewerbliche Niederlassung oder in Ermangelung einer solchen seinen gewöhnlichen Aufenthalt hat. 2Hat der Antragsteller weder eine gewerbliche Niederlassung noch einen gewöhnlichen Aufenthalt im Geltungsbereich dieses Gesetzes, so ist das Amtsgericht ausschließlich zuständig, in dessen Bezirk ein Gericht seinen Sitz hat, das im ersten Rechtszug für eine Klage gegen den Antragsteller wegen eines Anspruchs, für den dieser seine Haftung beschränken kann, zuständig ist, oder in dessen Bezirk die Zwangsvollstreckung gegen den Antragsteller wegen eines solchen Anspruchs betrieben wird. 3Sind mehrere Gerichte zuständig, so schließt das Gericht, bei welchem zuerst die Eröffnung des Verfahrens beantragt worden ist, die übrigen aus.

III 1Die Landesregierungen werden ermächtigt, durch Rechtsverordnung die Verteilungsverfahren für die Bezirke mehrerer Amtsgerichte einem von ihnen zuzuweisen, sofern die Zusammenfassung für eine sachdienliche Förderung oder schnellere Erledigung der Verfahren zweckmäßig ist. 2Die Landesregierungen können die Ermächtigung auf die Landesjustizverwaltungen übertragen.

IV Die Länder können vereinbaren, daß die Verteilungsverfahren eines Landes den Gerichten eines anderen Landes zugewiesen werden.

1 § 2 SVertO gilt für das Seerechtliche Verteilungsverfahren. Für das Binnenschiffahrtsrechtliche Verteilungsverfahren enthält § 37 SVertO eine fast wörtlich gleichlautende Regelung.

2 Das Amtsgericht Hamburg ist im Schifffahrtsrechtlichen Verteilungsverfahren als zuständig vereinbart. Das ergibt sich aus dem Abk. v. 6.11.1991, SaBl 1992, 1080, in Kraft seit 1.3.1993, Bek. v. 15.7.1993, HbgGVBl 50; vgl. zu den einzelnen Bundesländern: **Baden-Württemberg:** Gesetz v. 25.2.1992, GBl 126; **Bayern:** Bek. v. 17.7.1973, GVBl 448; **Berlin:** Gesetz v. 3.3.1992, GBl 45; **Brandenburg:** Gesetz v. 2.7.1992, GVBl 217 und v.

16.10.1992, GVBl 424; **Bremen:** Gesetz v. 17.9.1992, GVBl 243; **Hamburg:** Gesetz v. 5.5.1992, GVBl 91; **Hessen:** Gesetz v. 4.4.1973, GVBl 123; **Mecklenburg-Vorpommern:** Gesetz v. 21.6.1992, GVBl 366; **Niedersachsen:** Gesetz v. 17.9.1992, GVBl 243; **Nordrhein-Westfalen:** Bek. v. 27.2.1992, GVBl 95; **Rheinland-Pfalz:** Gesetz v. 30.5.1973, GVBl 115, Bek. v. 24.8.1973, GVBl 260; **Saarland:** Gesetz v. 21.3.1973, ABl. 265; **Schleswig-Holstein:** Gesetz v. 19.3.1992, GVBl 207; **Thüringen:** Gesetz v. 20.3.1992, GVBl 75.

§ 3 SVertO Anwendung der Zivilprozeßordnung

I [1]Auf das Verteilungsverfahren finden, soweit dieses Gesetz nichts anderes bestimmt, die Vorschriften der Zivilprozeßordnung entsprechende Anwendung. [2]Die Entscheidungen können ohne mündliche Verhandlung ergehen. [3]Die Zustellungen erfolgen von Amts wegen.

II [1]Gegen die Entscheidungen im Verteilungsverfahren findet die sofortige Beschwerde statt, soweit nicht in §§ 12, 33 etwas anderes bestimmt ist. [2]Die Frist zur Einlegung der sofortigen Beschwerde beträgt einen Monat. [3]Gegen Entscheidungen des Beschwerdegerichts findet die Rechtsbeschwerde statt.

§ 3 SVertO gilt für das Schifffahrtsrechtliche Verteilungsverfahren. Wegen des Binnenschifffahrtsrechtlichen Verfahrens verweist § 34 II 1 ua auf § 3 SVertO. 3

I. Systematik, Regelungszweck. Zunächst → Vor § 872 Rn. 1, 2. Die Vorschrift nennt die Voraussetzung des Verteilungsverfahrens. §§ 873 ff. regeln seinen mehrstufigen Ablauf. 4

II. Geltungsbereich. 1. Fahrnisvollstreckung. Es muss sich um eine Zwangsvollstreckung in Fahrnis handeln. Eine Arrestvollziehung nach § 929 genügt. Eine Überweisung nach § 835 ist nicht notwendig. 5

2. Hinterlegung. Ferner muss eine Hinterlegung nach §§ 827, 853, 854 stattgefunden haben, also auf Grund einer Zwangsvollstreckung, BayObLG NJOZ 2021, 557; LG Bln Rpfleger 1981, 453, auch auf Grund einer Arrestvollziehung nach § 929. 6

Fälle: Der Gerichtsvollzieher hinterlegt den Erlös wegen einer mehrfachen Pfändung oder einer Mehrpfändung einer beweglichen körperlichen Sache; der Gerichtsvollzieher hinterlegt den Erlös wegen einer mehrfachen Pfändung des Anspruchs auf die Herausgabe einer beweglichen körperlichen Sache; der Drittschuldner nach § 840 hinterlegt wegen einer mehrfachen Pfändung einer Geldforderung; es findet eine Hinterlegung nach § 858 V bei der Schiffspart statt. 7

Der Gläubiger kann die Hinterlegung beim Gerichtsvollzieher und beim Drittschuldner nach §§ 766, 856 **erzwingen.** Es genügt auch, dass die Hinterlegung ursprünglich nach §§ 769, 805 IV erfolgt war, wenn hinterher ein Grund zur Hinterlegung in einem der oben genannten Fälle eingetreten ist. Eine Hinterlegung nach dem sachlichen Recht genügt dann nicht. Sie genügt auch dann nicht, wenn ein Pfändungspfandrecht und ein Abtretungsrecht zusammentreffen. Ein Gläubiger mit einem gesetzlichen oder vertragsmäßigen Pfandrecht nimmt am Verteilungsverfahren nicht teil. Wenn die Pfändung der Finanzbehörde mit einer anderen Pfändung zusammentrifft, gelten §§ 873 ff., 308 IV, 320 AO. 8

3. Mehrheit von Pfändungspfandgläubigern. Ferner muss eine Mehrheit von Pfändungspfandgläubigern vorliegen, LG Münst Rpfleger 1995, 78, anders als bei der Liegenschaftsvollstreckung nach § 9 ZVG. Wenn sich eine Anschlusspfändung nach § 826 nur auf einen Teil der Erstpfändung erstreckte, findet das Verteilungsverfahren nur insoweit statt, als sich die Pfändungen decken. Ein Pfand- und ein Vorzugsberechtigter nach § 805 oder ein Dritter im Besitz eines die Veräußerung hindernden Rechts müssen nach §§ 805, 771 klagen. Sie gehören nicht in das Verteilungsverfahren. Das gilt zB für den Abtretungsnehmer des Schuldners, LG Münst Rpfleger 1995, 78. 9

4. Unzulänglichkeit des Betrags. Schließlich muss der hinterlegte Betrag unzulänglich sein. Es müssen also nicht alle Gläubiger aus ihm ihre Befriedigung erhalten können. Dieses Erfordernis kann bei § 853 fehlen. Denn der Drittschuldner nach § 840 darf auch dann hinterlegen, wenn der Betrag zur Befriedigung aller Gläubiger ausreicht. Dann erfolgt die Verteilung aber ohne ein Verteilungsverfahren. Das Verteilungsverfahren bei der Liegenschaftsvollstreckung findet nach jeder Versteigerung statt. Es erfasst alle Gläubiger. Die „Anordnung" des Verfahrens ist nur eine Äußerung des AG darüber, ob die Voraussetzungen des Verteilungsverfahrens vorliegen. Die Anordnung ist also nur die Einleitung des Verfahrens. Sie hat rechtlich keine besondere Bedeutung. 10

III. Verfahren. Wenn eine der in → Rn. 5–10 genannten Voraussetzungen fehlt, darf kein Verteilungsverfahren stattfinden. Erst wenn sämtliche Voraussetzungen vorliegen, tritt das Verteilungsverfahren kraft Gesetzes ein. Seine Bestimmungen sind dann auch nach §§ 878 ff. allein für die Entscheidung über den Rang maßgeblich, OLG Kblz DGVZ 1984, 58. Daher wären eine anderweitig erhobene Klage und eine daraufhin ergangene Entscheidung unerheblich, LG Kblz MDR 1983, 676. Das Verfahren wahrt nur die Belange der an ihm beteiligten Gläubiger. Deshalb erübrigt sich das Verteilungsverfahren dann, wenn sich alle beteiligten Gläubiger einigen. Wenn sich herausstellt, dass die Masse zur Befriedigung sämtlicher beteiligten Gläubiger ausreicht, befriedigt das AG die Gläubiger außerhalb des Verteilungsverfahrens. Das Gericht braucht das Verteilungsverfahren dann nicht einzustellen. 11

IV. Rechtsbehelfe. Wenn der Rpfl. die Anordnung des Verteilungsverfahrens abgelehnt hat, kann der Gläubiger die Erinnerung einlegen, vgl. OLG Ffm Rpfleger 1977, 184. Wenn der Richter entschieden hat, kann der Gläubiger die sofortige Beschwerde nach §§ 567 I Nr. 1, 793 einlegen. Der Gläubiger ist auf diese Rechtsmittel beschränkt, OLG Ffm BeckRS 2020, 1813. Der hinterlegende Dritte ist befreit und deshalb nicht beschwert, es sei denn, dass das Vollstreckungsgericht sich weigert, die Anzeige entgegenzunehmen, vgl. OLG Ffm Rpfleger 1977, 184. Eine Rechtsbeschwerde kommt unter den Voraussetzungen des § 574 in Betracht. Gegen die Anordnung des Verteilungsverfahrens ist kein Rechtsbehelf statthaft, Wieser ZZP 103 (1990), 177. 12

873

Aufforderung des Verteilungsgerichts. **Das zuständige Amtsgericht (§§ 827, 853, 854) hat nach Eingang der Anzeige über die Sachlage an jeden der beteiligten Gläubiger die Aufforderung zu erlassen, binnen zwei Wochen eine Berechnung der Forderung an Kapital, Zinsen, Kosten und sonstigen Nebenforderungen einzureichen.**

1 **I. Systematik.** § 873 eröffnet die Gruppe der Vorschriften zu dem eigenartig mehrstufigen Verteilungsverfahren. Auch → § 872 Rn. 4.

2 **II. Regelungszweck.** Die Vorschrift regelt sowohl die Zuständigkeit als auch die verfahrenseinleitende Aufforderung des Gerichts.

3 **III. Zuständigkeit.** Für das Verteilungsverfahren ist das für die Anzeige nach §§ 827, 853, 854 zuständige AG zuständig. Ferner ist das AG nach § 858 II zuständig. Das als Vollstreckungsgericht nach §§ 764, 802 ausschließlich tätige AG entscheidet nach § 20 I Nr. 17 S. 1 RPflG durch den Rpfl. Die Zuständigkeit für die Pfändung ist in diesem Zusammenhang unbeachtlich. Das Vollstreckungsgericht bleibt auch nach dem Wegfall der Erstpfändung das Vollstreckungsgericht. Der Anzeige muss die Hinterlegungsurkunde beiliegen.

4 **IV. Aufforderung.** Sofort nach dem Eingang der Anzeige erlässt das Gericht von Amts wegen die Aufforderung an alle beteiligten Gläubiger nach → § 872 Rn. 9, binnen 2 Wochen eine Berechnung ihrer Forderungen nach deren Kapital, Zinsen und Kosten einzureichen. Sie leitet das Verteilungsverfahren ein, Wieser ZZP 103 (1990), 171. Das Verfahren ist von dieser Einleitung an ein Amtsverfahren. Daher unterliegt das Verfahren nicht der Parteiherrschaft. Der Gläubiger kann seinen Rang noch im Verteilungstermin darlegen. Das Gericht muss den Rang aber auch von Amts wegen prüfen und beachten.

5 Die **Zweiwochenfrist** ist eine gesetzliche Frist. Sie ist aber keine Notfrist nach § 224 I 2. Man berechnet sie nach § 222. Das Gericht kann sie nach § 224 I 1 weder verlängern noch abkürzen. Gegen ihre Versäumung ist keine Wiedereinsetzung in den vorigen Stand nach § 233 statthaft. Die Berechnung der Forderungen lässt sich nach § 874 III bis zum Erlass des Teilungsplans nachholen. Die Berechnung muss schriftlich, elektronisch oder zum Protokoll der Geschäftsstelle und deshalb nach § 78 III ohne Anwaltszwang erfolgen. Sie muss alle notwendigen Angaben enthalten. Der Gläubiger muss die etwa erforderlichen Unterlagen beifügen.

6 **V. Rechtsbehelf.** Jeder Beteiligte kann gegen die Aufforderung des Gerichts ohne eine Anhörung des Gegners die Erinnerung nach § 766 einlegen. Gegen eine Entscheidung des Rpfleger nach einer Anhörung gibt es die Möglichkeiten nach § 11 RPflG. Zum Verfahren → § 104 Rn. 49.

874 *Teilungsplan.* **I Nach Ablauf der zweiwöchigen Fristen wird von dem Gericht ein Teilungsplan angefertigt.**

II Der Betrag der Kosten des Verfahrens ist von dem Bestand der Masse vorweg in Abzug zu bringen.

III 1Die Forderung eines Gläubigers, der bis zur Anfertigung des Teilungsplanes der an ihn gerichteten Aufforderung nicht nachgekommen ist, wird nach der Anzeige und deren Unterlagen berechnet. 2Eine nachträgliche Ergänzung der Forderung findet nicht statt.

1 **I. Systematik, I–III.** § 874 regelt die Grundlage der endgültigen Verteilung, den amtlichen Plan. Er hat eine gewisse entfernte Ähnlichkeit mit der Insolvenztabelle.

2 **II. Regelungszweck, I–III.** Auch wenn der Teilungsplan nach §§ 875–877 der Kontrolle jedes Beteiligten unterliegt, hat doch das Gericht wegen seiner jedenfalls zunächst alleinigen vollständigen Aktenkenntnis eine so erhebliche Verantwortung für die richtige Anlage des Plans, dass man die Vorschrift streng auslegen muss.

3 **III. Verfahren des Teilungsplans, I.** Nach dem Ablauf der Zweiwochenfrist des § 873 fertigt das Gericht von Amts wegen ohne eine mündliche Verhandlung einen Teilungsplan an. Grundlage des Teilungsplans sind die Pfändungs- und Hinterlegungsprotokolle und die Rechnungen der einzelnen Gläubiger sowie andere eingereichte Unterlagen. Das Gericht beschafft nichts von Amts wegen. Es stellt auch dann einen Teilungsplan auf, wenn die ganze Masse dem ersten Gläubiger zufließt. Denn es können ja Änderungen eintreten. Das Gericht prüft zwar nicht die sachliche Berechtigung nach, wohl aber die Wirksamkeit des Pfandrechts. Für den Rang entscheidet der Zeitvorrang, soweit nicht ein Vorzugsrecht besteht. Zum Problem Wieser ZZP 103 (1990), 171 (174).

4 **IV. Inhalt des Teilungsplans, I.** Der Teilungsplan muss die nach dem Abzug der Kosten verbleibende Masse bezeichnen. Er muss ferner die Forderung eines jeden Gläubigers und den auf jeden Gläubiger entfallenden Betrag aufweisen. Er muss eine Arrestforderung nach §§ 916 ff. vorläufig in den Teilungsplan aufnehmen. Der auf diese Arrestforderung entfallende Betrag muss hinterlegt werden. Es empfiehlt sich, für den Fall des Wegfalls einer Arrestforderung einen Hilfsplan aufzustellen. Wenn das Gericht den Arrest nach § 925 aufgehoben hat oder wenn es die Zwangsvollstreckung aus ihm nach § 775 dauernd eingestellt hat, ist die Pfändung unbeachtlich. Das gilt unabhängig davon, wer den Beschluss vorgelegt hat. Bei einem fortlaufenden Bezug muss der Rpfl. den Teilungsplan vorbehaltlich späterer Änderungen nach § 832 aufstellen. Er muss dann über die Zahlungsart entscheiden.

5 **V. Kosten, II.** Abziehen muss man die folgenden Kosten nach § 788.

6 **1. Gemeinsame Kosten.** Abziehen muss man die gemeinsamen Kosten, vor allem diejenigen der Versteigerung, auch die Kosten der Überführung zum Versteigerungsort, die Kosten der Hinterlegung und die Kosten des Verteilungsverfahrens selbst. Ferner muss man dasjenige abziehen, was ein einzelner Gläubiger zur Erhaltung der Masse aufgewendet hat.

7 **2. Besondere Kosten.** Abziehen muss man ferner die besonderen Kosten der Beteiligung des einzelnen Gläubigers mit dem Rang seiner Hauptforderung.

8 **VI. Säumiger Gläubiger, III.** Wenn ein Gläubiger auf die Aufforderung nach § 873 keine Berechnung oder nur eine unzureichende Berechnung eingereicht hat, berechnet das Gericht die Forderung dieses Gläubigers auf Grund seiner Anzeige und der zugehörigen Unterlagen. Der Gläubiger darf seine Berechnung solange nachholen, ergänzen und berichtigen, bis der Rpfl. den Teilungsplan hinausgegeben hat. Der Gläubiger darf seine Forderung später nur dann ergänzen, wenn sämtliche Beteiligte zustimmen.

875 *Terminsbestimmung.* **I [1]Das Gericht hat zur Erklärung über den Teilungsplan sowie zur Ausführung der Verteilung einen Termin zu bestimmen. [2]Der Teilungsplan muss spätestens drei Tage vor dem Termin auf der Geschäftsstelle zur Einsicht der Beteiligten niedergelegt werden.**

II Die Ladung des Schuldners zu dem Termin ist nicht erforderlich, wenn sie durch Zustellung im Ausland oder durch öffentliche Zustellung erfolgen müsste.

I. Systematik, I, II. §§ 875–877 regeln den Kern des Verteilungsverfahrens. 1

II. Regelungszweck, I, II. Da hier die zunächst endgültigen Wertzuweisungen erfolgen, dienen die Vorschriften vor allem der Gerechtigkeit. 2

III. Amtsverfahren, I, II. Das Gericht bestimmt von Amts wegen nach § 216 einen Termin zur Erklärung über den Teilungsplan und zur Ausführung der Verteilung. Die Ladungsfrist beträgt nach § 217 drei Tage. Das Gericht muss sämtliche Beteiligten laden, notfalls mit einer öffentlichen Zustellung nach §§ 185 ff. Das Gericht muss ferner den Schuldner laden. Seine Ladung ist allerdings nach III dann entbehrlich, wenn eine öffentliche Zustellung oder eine Zustellung im Ausland erfolgen müssten. Das Gericht braucht dem Ausbleibenden nach § 231 keinen Nachteil anzudrohen. Der Teilungsplan muss spätestens drei Tage vor dem Termin auf der Geschäftsstelle ausliegen. Trotz der Mussform ist I 2 eine Sollvorschrift. Im Verfahren nach der SVertO ist eine mündliche Verhandlung nach § 3 I 2 SVertO nicht erforderlich. 3

IV. Verstoß, I, II. Ein Verstoß gegen die Bestimmung beeinträchtigt die Wirksamkeit des Verfahrens nicht. Er gibt aber jedem Beteiligten einen Anspruch auf eine Vertagung nach § 227. Der Betroffene kann auf die Rüge eines Mangels nach § 295 I verzichten. 4

876 *Termin zur Erklärung und Ausführung.* **[1]Wird in dem Termin ein Widerspruch gegen den Plan nicht erhoben, so ist dieser zur Ausführung zu bringen. [2]Erfolgt ein Widerspruch, so hat sich jeder dabei beteiligte Gläubiger sofort zu erklären. [3]Wird der Widerspruch von den Beteiligten als begründet anerkannt oder kommt anderweit eine Einigung zustande, so ist der Plan demgemäß zu berichtigen. [4]Wenn ein Widerspruch sich nicht erledigt, so wird der Plan insoweit ausgeführt, als er durch den Widerspruch nicht betroffen wird.**

I. Systematik, S. 1–4. § 876 regelt nur einen Teil der in Betracht kommenden Rechtsbehelfe. 1

II. Regelungszweck, S. 1–4. Dem Zweck einer alsbald erwünschten endgültigen Wertzuweisung entsprechend sollte man die Vorschrift nicht zu großzügig auslegen. 2

III. Geltungsbereich, S. 1–4. Man muss drei Situationen unterscheiden. 3

1. Widerspruch. Gegen den vorläufigen Plan nach § 874 steht dem Gläubiger der Widerspruch zu, BGH NJW 2002, 1578. Der Gläubiger kann nur durch den Widerspruch oder durch Klage nach § 878 einen besseren Rang erreichen. 4

2. Sofortige Beschwerde. Gegen einen endgültigen Plan des Gerichts nach einer Anhörung der Beteiligten hat jeder Beteiligte die sofortige Beschwerde, vgl. OLG Stgt Rpfleger 2000, 226. Zum Problem Wieser ZZP 103 (1990), 171 (178). Denn der endgültige Teilungsplan ist eine Entscheidung des Rpfleger als des Vollstreckungsgerichts nach §§ 764, 802, 873. Man kann die sofortige Beschwerde nur auf eine Verletzung einer Verfahrensvorschrift stützen. 5

3. Klage. Gegen den endgültigen Teilungsplan hat der widersprechende Gläubiger außerdem die Möglichkeit der Klage nach § 878. 6

IV. Widerspruch, S. 1–4. Gläubiger und Schuldner haben unterschiedliche Rechte. 7

1. Recht des Gläubigers. Der Widerspruch dient der Geltendmachung eines besseren Rechts eines Gläubigers, BGH NJW 2002, 1578; LG Kblz JurBüro 2003, 551. Der Gläubiger kann den Widerspruch nach § 877 I vor dem Termin schriftlich, elektronisch oder zum Protokoll der Geschäftsstelle und daher nach § 78 III ohne Anwaltszwang einlegen. Der Gläubiger kann den Widerspruch auch im Termin bis zu dessen Schluss nach §§ 136 IV, 296a mündlich erklären. Derjenige Gläubiger, der keinen Widerspruch eingelegt hat, verliert das Recht auf den besseren Rang mit allen Einwendungen endgültig. Der Gläubiger braucht seinen Widerspruch nicht zu begründen. Ihn bindet eine etwa abgegebene Begründung des Widerspruchs nicht. Das Gericht muss aber erkennen können, was der Gläubiger begehrt. Ein vorrangiger Gläubiger darf wegen des Fehlens eines Rechtsschutzbedürfnisses der Berücksichtigung eines nachrangigen Gläubigers nicht widersprechen. 8

2. Verfahren. Das Gericht darf nur die förmliche Berechtigung des Widerspruchs prüfen. Es darf also die sachlich-rechtliche Begründung nicht überprüfen. Ein unzulässiger Widerspruch bleibt unbeachtet. Ein zulässiger Widerspruch hat eine Hemmungswirkung, soweit er den Plan berührt. Das Gericht muss zum Widerspruch alle Beteiligten anhören. Sie alle müssen ihre Erklärungen unverzüglich abgeben. Kein Beteiligter hat einen Anspruch auf eine Vertagung nach § 227. Wenn sich alle beteiligten Gläubiger einigen, muss der Rpfleger den Teilungsplan entsprechend berichtigen. Andernfalls bleibt die sachliche Berechnung in der Schwebe. 9

3. Recht des Schuldners. Der Schuldner hat kein Widerspruchsrecht. Er muss seine Rechte außerhalb des Verfahrens nach §§ 766, 767, 768, 793 wahren. Ein etwa vom Schuldner dennoch erklärter Widerspruch ist unbeachtlich. Der Schuldner kann aber der Klage eines Gläubigers nach § 878 als dessen Streithelfer nach § 66 beitreten. Ein Dritter kann nur nach den §§ 771, 805 klagen. 10

V. Ausführung des Teilungsplans, S. 1–4. Das Vollstreckungsgericht nach §§ 764, 802 führt den endgültigen Teilungsplan insoweit aus, als ihn nicht ein zulässiger Widerspruch beeinträchtigt. Die Ausführung geschieht dadurch, dass der Rpfleger die Hinterlegungsstelle ersucht, entsprechende Auszahlungen vorzunehmen. Damit ist das Verteilungsverfahren beendet. Wer keinen Widerspruch eingelegt hat, kann keinen Rechtsbehelf einlegen. Das gilt auch im Hinblick auf denjenigen Betrag, der bei der Hinterlegungsstelle verbleibt. Wenn ein Gläubiger nach seinem Widerspruch in einem Prozess nach § 878 siegt, muss ein neues Verteilungsverfahren stattfinden. An diesem neuen Verfahren darf derjenige Gläubiger nicht teilnehmen, der im vorangegangenen Verfahren keinen Widerspruch eingelegt hatte. Bei einem fortlaufenden Bezug kann ein Gläubiger entsprechend § 159 ZVG auch 11 ohne einen Widerspruch durch eine Klage die Änderung des Teilungsplans für diejenigen Beträge verlangen, die erst nach dem Termin hinterlegt werden. Dann darf das Vollstreckungsgericht den bisherigen Teilungsplan nicht weiter ausführen.

877 *Säumnisfolgen.* **I Gegen einen Gläubiger, der in dem Termin weder erschienen ist noch vor dem Termin bei dem Gericht Widerspruch erhoben hat, wird angenommen, dass er mit der Ausführung des Planes einverstanden sei.**

II Ist ein in dem Termin nicht erschienener Gläubiger bei dem Widerspruch beteiligt, den ein anderer Gläubiger erhoben hat, so wird angenommen, dass er diesen Widerspruch nicht als begründet anerkenne.

1 **I. Systematik, Regelungszweck, I, II.** Die Vorschrift regelt eine bei jedem Verfahren mit einem Verhandlungstermin regelungsbedürftige Säumnis eines Beteiligten. Das geschieht mit anderen Rechtsfolgen als im Erkenntnisverfahren nach §§ 330 ff. Im jetzigen Stadium ist zB durchaus keine Rückversetzung wie bei § 342 notwendig. Im Übrigen kann das Klageverfahren nach §§ 878 ff. helfen. Daher kann man § 877 im Sinn der Prozesswirtschaftlichkeit auslegen.

2 **II. Vermutetes Einverständnis, I.** Die Vorschrift vermutet unwiderleglich ein Einverständnis desjenigen Gläubigers mit der Ausführung des Teilungsplans, der entweder vor dem Termin keinen Widerspruch erhoben hat und im Termin ausgeblieben ist oder im Termin zwar erschienen ist, aber keinen Widerspruch eingelegt hat. Diese Versäumnisfolge ist endgültig. Wer keinen Widerspruch einlegt, gibt allerdings nur zu erkennen, dass er sich der Durchführung des Teilungsplans nicht widersetzen will. Er gibt damit noch nicht einen Verzicht auf weitere Ansprüche zu erkennen, etwa auf Grund einer Amtspflichtverletzung oder nach § 878 II, § 812 BGB. I hat einen rein verfahrensrechtlichen Inhalt.

3 **III. Vermutetes Bestreiten, II.** Nach II ist an dem Widerspruch eines anderen Gläubigers jeder Gläubiger beteiligt, dessen Befriedigung ein Erfolg des Widerspruchs beeinträchtigen würde, OLG Celle Rpfleger 1993, 364. Wenn demnach ein solcher Gläubiger als beteiligt gilt, der ausgeblieben war oder sich nicht erklärt hatte, vermutet II unwiderleglich, dass dieser Gläubiger den Widerspruch als nicht begründet betrachtet, OLG Mü BeckRS 2010, 16938. Infolgedessen muss man auch diesen Gläubiger nach § 878 verklagen. Dieser Gläubiger hat nur dann einen Klageanlass nach § 93 gegeben, wenn sein Gegner annehmen musste, dass er ohne die Anrufung des Gerichts nicht zu seinem Recht kommen werde, vgl. OLG Mü BeckRS 2010, 16938.

878 *Widerspruchsklage.* **I [1]Der widersprechende Gläubiger muss ohne vorherige Aufforderung binnen einer Frist von einem Monat, die mit dem Terminstag beginnt, dem Gericht nachweisen, dass er gegen die beteiligten Gläubiger Klage erhoben habe. [2]Nach fruchtlosem Ablauf dieser Frist wird die Ausführung des Planes ohne Rücksicht auf den Widerspruch angeordnet.**

II Die Befugnis des Gläubigers, der dem Plan widersprochen hat, ein besseres Recht gegen den Gläubiger, der einen Geldbetrag nach dem Plan erhalten hat, im Wege der Klage geltend zu machen, wird durch die Versäumung der Frist und durch die Ausführung des Planes nicht ausgeschlossen.

1 **I. Systematik, I, II.** §§ 878–882 regeln den abschließenden Abschnitt des Verteilungsverfahrens. Es handelt sich um ein besonderes Klageverfahren. Es ähnelt als solches dem in §§ 253 ff. geregelten Erkenntnisverfahren. Man darf und muss es insofern ergänzend durch jene Vorschriften mitauslegen.

2 **II. Regelungszweck, I, II.** Die Vorschrift bringt einen Rechtsbehelf nach → § 876 Rn. 1. Wie bei jedem Rechtsbehelf erfordert die Rechtssicherheit eine strenge Auslegung der Klagefrist usw. Das gilt bei I umso mehr, als II weitere Möglichkeiten für den Gläubiger in einer Reihe wichtiger Fälle offenlässt.

3 **III. Nachweis der Klagerhebung, I.** Der Gläubiger muss fristwahrend handeln.

4 **1. Grundsatz: Gläubigeraufgabe.** Der widersprechende Gläubiger muss dem Verteilungsgericht des § 873 aus eigenem Antrieb nachweisen, dass er die Klage nach §§ 253, 261 erhoben hat. Der Nachweis der Klageeinreichung zusammen mit dem Nachweis der Zustellungsvoraussetzungen reicht, BGH NJW-RR 2015, 1202. Diesen Nachweis muss er schriftlich, elektronisch oder zum Protokoll der Geschäftsstelle erbringen. Ein Anwaltszwang besteht nach § 78 III deshalb nicht. Wenn das AG nach § 879 Prozessgericht ist, genügt ein Bezug auf die Akten. Die Beteiligten können auch vereinbaren, dass ein schwebender Prozess die Bedeutung einer Klageerhebung nach § 878 haben soll. § 878 ist auf eine Teilungsversteigerung nach § 180 ZVG unanwendbar.

5 **2. Frist.** Es gibt eine Monatsfrist, OLG Kblz WM 2018, 1129. Sie ist eine gesetzliche Frist. Sie ist aber keine Notfrist nach § 224 I 2, (zum alten Recht) AG Hann Rpfleger 1993, 296. Man berechnet sie nach § 222. Sie beginnt mit dem Terminstag. Das gilt auch dann, wenn früher ein Widerspruch stattfand, oder dann, wenn das Gericht den Widerspruch auf Grund einer Beschwerde berücksichtigt. Das Gericht darf die Frist nach § 224 II Hs. 2 weder verlängern, AG Hann Rpfleger 1993, 296, noch abkürzen. Der Gläubiger kann die Frist nur durch den Nachweis der Klagerhebung wahren, nicht schon durch die Klagerhebung selbst, → Rn. 3.

6 **3. Fristversäumung.** Wenn der Gläubiger die Frist versäumt, muss der Rpfleger die Masse ohne eine Berücksichtigung des Widerspruchs von Amts wegen verteilen. Gegen die Fristversäumung ist nach §§ 224 I 2, 233 keine Wiedereinsetzung in den vorigen Stand statthaft, (zum alten Recht) AG Hann Rpfleger 1993, 296. Die Wahrung der Frist hat aber nur für das Verteilungsverfahren eine Bedeutung. Die Klageberechtigung hängt von der Fristwahrung nicht ab. Der Gläubiger kann seine Klage vielmehr bis zum Zeitpunkt der Durchführung des Teilungsplans erheben, BGH NJW-RR 1987, 890; LG Aachen NZM 2002, 141.

7 **Nach diesem Zeitpunkt** ist die Klage wegen Fehlens des Rechtsschutzbedürfnisses nicht mehr zulässig, LG Aachen NZM 2002, 141. Denn die Widerspruchsklage steht mit dem anhängigen Verteilungsverfahren in engstem Zusammenhang. Wenn das Gericht die Verteilung unterlässt, muss das Beschwerdegericht auf eine sofortige Beschwerde nach §§ 567 ff. hin den Rpfleger zur Verteilung anhalten. Wenn die Auszahlung erst nach der Klageerhebung nach §§ 253, 261 stattfindet, muss man die Widerspruchsklage in eine Bereicherungsklage

nach §§ 812 ff. BGB aus dem besseren Recht überleiten. Darin liegt keine Klageänderung nach §§ 263, 264. Die Zuständigkeit des Gerichts bleibt nach § 261 III Nr. 2 bestehen. Wenn das AG keine Verteilung vorgenommen hat, muss es ein solches Urteil berücksichtigen, das im Widerspruchsverfahren ergeht.

IV. Rechtsnatur der Widerspruchsklage, I. Die Widerspruchsklage ist eine rein prozessuale Gestaltungsklage. Denn sie verlangt nicht nur eine Feststellung des besseren Rechts, OLG Düss NJW-RR 1989, 599, sondern auch die Anordnung einer anderen Verteilung nach § 880. Die Widerspruchsklage ist aber eine gewöhnliche Klage nach § 253. Sie lässt eine Anspruchshäufung nach § 260 zu, etwa eine Verbindung mit einer Zahlungsklage. Ein Prozess über den sachlich-rechtlichen Anspruch hat mit der Widerspruchsklage nichts zu tun. Er gibt dem Bekl. nicht die Rüge der Rechtshängigkeit nach § 261 III Nr. 1. 8

V. Parteien der Widerspruchsklage, I. Klageberechtigt ist der widersprechende Gläubiger, OLG Kblz WM 2018, 1128; LG Aachen NZM 2002, 141. Richtige Bekl. sind sämtliche beteiligten Gläubiger, OLG Celle FamRZ 1996, 1228; LG Bonn ZMR 2011, 985; LG Aachen NZM 2002, 141, nicht der Schuldner, aM OLG Celle FamRZ 1996, 1228. Sie sind gewöhnliche Streitgenossen nach § 59. Auch der klageberechtigte Gläubiger muss also ein Beteiligter nach § 9 ZVG sein. Wenn er diese Stellung nicht hat, ist seine Widerspruchsklage nicht unzulässig, sondern wegen des Fehlens seiner Aktivlegitimation unbegründet. Eine Klage gegen einzelne Gläubiger ist zulässig. Sie hilft dem Kläger aber nicht. Eine Umkehrung der Parteirollen ist zulässig. Die Prozessvollmacht für den Hauptprozess nach § 81 genügt auch für die Widerspruchsklage. Das Gericht muss die Klage entweder dem ProzBev des Hauptprozesses nach § 172 oder dem Bekl. selbst zustellen. Bei einer fristgemäßen Klagerhebung fehlt das Feststellungsinteresse für eine Feststellungsklage dahin, dass der Widerspruch unbegründet sei. Es fehlt auch das Rechtsschutzbedürfnis für eine Klage auf die Einwilligung in die Auszahlung des hinterlegten Betrages. Denn die Auszahlung erfolgt von Amts wegen. 9

VI. Beschränkung der Klagegründe, I. Die Klage darf sich nur auf solche Tatsachen stützen, die bis zum Schluss des Verteilungstermins nach §§ 136 IV, 296a eingetreten waren. Andernfalls wäre der Gegner benachteiligt, BGH NJW 1991, 1063. Der Kläger kann auf viererlei Art vorgehen. 10

1. Kein Pfändungspfandrecht. Für den Gegner mag kein Pfändungspfandrecht entstanden sein. Dieser Einwand spielt bei der nicht überzeugenden Auffassung vom Entstehen eines wirksamen Pfändungspfandrechts eine große Rolle. Vor allem gehört wegen der vielfach behaupteten abhängigen Natur des Pfändungspfandrechts das Nichtbestehen der Forderung hierher. Was das Gericht aber gegenüber dem Schuldner bereits nach §§ 322, 705 rechtskräftig festgestellt hat, das muss der widersprechende Gläubiger selbst dann gegen sich gelten lassen, wenn er an jenem Verfahren nicht teilgenommen hat. Denn andernfalls würde er ein fremdes Recht geltend machen, Batsch ZZP 87, 9; Krückmann ZZP 47, 62 (es handelt sich um eine „Vollstreckungsbefangenheit"). Unzulässig ist der Einwand, die Vollstreckungsforderung stehe einem anderen zu. Denn dieser Einwand kann die Stellung des Gläubigers nicht verbessern. Eine Drittwirkung der Rechtskraft kann beachtlich sein. 11

2. Keine Pfändung. Es mag eine wirksame Pfändung nach § 829 fehlen, etwa weil ein sachlich unzuständiger Gerichtsvollzieher gepfändet hatte. 12

3. Vorrang. Der widersprechende Gläubiger mag den Vorrang haben, sei es wegen eines besseren Pfändungspfandrechts, sei es aus schuldrechtlichen Gründen, etwa wegen der Einräumung eines Vorrechts oder deshalb, weil der andere Gläubiger den Vorrang nur infolge eines Rechtsmissbrauchs erlangt hatte. Der Kläger kann das Recht des Bekl. auch wegen einer Gläubigerbenachteiligung anfechten. 13

4. Vorrang erloschen. Ein Vorrecht des Bekl. mag vor dem Beginn des Prozesses erloschen sein (nicht: es war verjährt), BGHZ 63, 61. 14

VII. Beweislast, I. Der Kläger muss nachweisen, dass er ein Recht auf die Befriedigung hat und dass die Zuteilung des Erlöses an den Bekl. dieses Recht beeinträchtigt. Er muss ferner beweisen, dass das Recht des Bekl. mangelhaft ist. Die Beendigung des Verteilungsverfahrens macht die Klage gegenstandslos. Sie lässt aber nach → Rn. 7, 17 den Übergang zur Bereicherungsklage zu. Der Bekl. kann einwenden, dass das Pfändungspfandrecht des Klägers nicht bestehe oder dass der Kläger mit seinem Rang zurücktreten müsse, OLG Karlsr VersR 1987, 152. Der Bekl. kann auch eine Anfechtung erklären. 15

VIII. Entscheidung, I. Das Urteil lautet entweder dahin, dass der Widerspruch unbegründet sei, oder dahin, dass der Widerspruch begründet sei. Im letzteren Fall muss das Urteil die Anweisung zur Auszahlung in einer bestimmten Weise enthalten. Das Urteil kann anstelle einer solchen Anweisung auch die Anfertigung eines neuen Teilungsplans anordnen. Das Urteil schafft nur zwischen den beteiligten Gläubigern eine innere Rechtskraft. Die Entscheidung ist aber ein Anzeichen für das Bestehen der rechtskräftig festgestellten Forderung des Bekl. an seinen Schuldner gegenüber dem Kläger. 16

IX. Bereicherungsklage, II. Wer die Klagefrist nach I 1 versäumt hat, hat damit nicht sein besseres sachliches Recht eingebüßt. Er kann die Bereicherung von demjenigen herausverlangen, der auf Grund des Teilungsplans etwas auf Kosten des Klägers erlangt hat, BGH NJW 2012, 2274; LG Hmb ZMR 2001, 395. Er muss die Klage im ordentlichen Gerichtsstand nach §§ 12 ff. erheben, BGH NJW-RR 1987, 890. Dasselbe gilt dann, wenn das Gericht den Widerspruch durch ein Prozessurteil zurückgewiesen hatte. Es gilt auch dann, wenn der widersprechende Gläubiger solche Tatsachen vorbringen kann, die erst nach dem Verteilungstermin entstanden sind. Wenn der Gläubiger seinen Widerspruch tatsächlich oder kraft einer Unterstellung nach § 877 versäumt hat, hat er trotzdem nach → § 877 Rn. 1 seinen Bereicherungsanspruch nicht verloren, BGH NJW 1994, 3299. Während der Hinterlegung des Erlöses muss er die Klage auf eine Einwilligung in die Auszahlung richten. 17

879 *Zuständigkeit für die Widerspruchsklage.*

I Die Klage ist bei dem Verteilungsgericht und, wenn der Streitgegenstand zur Zuständigkeit der Amtsgerichte nicht gehört, bei dem Landgericht zu erheben, in dessen Bezirk das Verteilungsgericht seinen Sitz hat.

II Das Landgericht ist für sämtliche Klagen zuständig, wenn seine Zuständigkeit nach dem Inhalt der erhobenen und in dem Termin nicht zur Erledigung gelangten Widersprüche auch nur bei einer Klage begründet ist, sofern nicht die sämtlichen beteiligten Gläubiger vereinbaren, dass das Verteilungsgericht über alle Widersprüche entscheiden solle.

1 **I. Systematik, Regelungszweck, I, II.** Zunächst → § 878 Rn. 1. § 879 bezieht sich nur auf die Widerspruchsklage des § 878 I, nicht auf die Bereicherungsklage des § 878 II.

2 **II. Zuständigkeit nach I.** Nach §§ 764, 802 ist nach § 879 das nach § 873 berufene Verteilungsgericht ausschließlich zuständig. Das ist also dasjenige AG, bei dem das Verteilungsverfahren schwebt, ohne Rücksicht auf die wahre Zuständigkeit, bei einem höheren Streitwert das LG des Bezirks, LG Aachen NZM 2002, 141. Der Streitwert der §§ 3 ff. richtet sich nach demjenigen Betrag, für den der Kläger eine bessere Berücksichtigung verlangt. Eine spätere Veränderung ist unerheblich. Ebenso unerheblich ist die Frage, ob sich die Parteirollen umgekehrt haben. Schließlich ist es unerheblich, ob der Kläger dem Verteilungsgericht den Nachweis nach § 878 I geführt hat. Dagegen gilt § 879 dann nicht, wenn ein Gläubiger unter einer Umgehung des Verteilungsverfahrens klagt. Die Kammer für Handelssachen nach §§ 93 ff. GVG ist unzuständig.

3 **III. Zuständigkeit nach II.** Um alle Widerspruchsprozesse möglichst in einer Hand zu vereinigen, macht II das LG zuständig, sofern der Streitwert bei auch nur einem der Widersprüche 5.000 EUR übersteigt. Dann ist es unerheblich, ob der Kläger eine höhere oder eine geringere Forderung hat. Wenn mehrere klagen, muss das Gericht die Prozesse nach § 147 verbinden. Eine abweichende Übertragung der Zuständigkeit auf das Verteilungsgericht ist nur dann statthaft, wenn sämtliche Gläubiger zustimmen, die bei irgendeinem Widerspruch beteiligt sind. Die umgekehrte Vereinbarung der Zuständigkeit des LG statt der Zuständigkeit des Verteilungsgerichts ist unter denselben Voraussetzungen statthaft.

880 *Inhalt des Urteils.* **[1]In dem Urteil, durch das über einen erhobenen Widerspruch entschieden wird, ist zugleich zu bestimmen, an welche Gläubiger und in welchen Beträgen der streitige Teil der Masse auszuzahlen sei. [2]Wird dies nicht für angemessen erachtet, so ist die Anfertigung eines neuen Planes und ein anderweites Verteilungsverfahren in dem Urteil anzuordnen.**

1 **I. Systematik, Regelungszweck, S. 1, 2.** Zunächst → § 878 Rn. 1. Die Vorschrift entspricht der Eigenart des Verteilungsverfahrens. Sie regelt die möglichen Inhalte des jeweiligen Klageverfahrens. § 881 ergänzt sie.

2 **II. Urteilsinhalt, S. 1, 2.** Das Urteil erklärt entweder den Widerspruch für unbegründet. Dann muss man den Teilungsplan so ausführen, als ob kein Widerspruch vorliegt. Oder es erklärt den Widerspruch für begründet. Dann muss man einen etwaigen Hilfsplan zum Verteilungsplan ausführen, soweit nicht auch der Hilfsplan angegriffen worden war. Andernfalls muss das Prozessgericht selbst bestimmen, an wen man auszahlen muss, oder es muss zweckmäßigerweise einen neuen Teilungsplan anordnen. Dazu kann es bestimmte Weisungen geben. Wenn das Prozessgericht solche Weisungen versäumt hat, muss das Verteilungsgericht trotzdem einen neuen Teilungsplan aufstellen und dabei das Urteil so gut wie möglich beachten. Gegen den neuen Teilungsplan kann der Benachteiligte wiederum einen Widerspruch einlegen. Zu diesem Widerspruch ist aber nur noch derjenige Gläubiger berechtigt, der am neuen Teilungsplan beteiligt ist, also nicht derjenige, der zum früheren Teilungsplan geschwiegen hatte. Man kann den neuen Widerspruch nur mit der Begründung einlegen, der neue Teilungsplan entspreche dem Urteil nicht.

881 *Versäumnisurteil.* **Das Versäumnisurteil gegen einen widersprechenden Gläubiger ist dahin zu erlassen, dass der Widerspruch als zurückgenommen anzusehen sei.**

1 **I. Systematik, Regelungszweck.** Die Vorschrift ergänzt § 880 mit einer Unterstellungswirkung im Interesse der Prozesswirtschaftlichkeit (Endgültigkeit).

2 **II. Geltungsbereich.** Ein Versäumnisurteil nach §§ 330 ff. ergeht in diesem Verfahren gegen den Bekl. wie sonst, gegen den Kläger nicht dahin, dass das Gericht die Klage abweist, sondern nur dahin, dass der Widerspruch als zurückgenommen gilt. Mit der formellen Rechtskraft des Versäumnisurteils nach § 705 bricht der Widerspruch zusammen. Mit dieser Rechtskraft entfällt auch die Möglichkeit einer Bereicherungsklage nach § 878 II.

882 *Verfahren nach dem Urteil.* **Auf Grund des erlassenen Urteils wird die Auszahlung oder das anderweite Verteilungsverfahren von dem Verteilungsgericht angeordnet.**

1 Erst nach der formellen Rechtskraft des Urteils nach § 705 ersucht das Verteilungsgericht die Hinterlegungsstelle von Amts wegen um eine Auszahlung. Dieses Ersuchen darf also nicht schon dann erfolgen, wenn das Urteil nur nach §§ 708 ff. vorläufig vollstreckbar ist. Der Gläubiger muss die Rechtskraft nachweisen. Ein anderweitiges Verteilungsverfahren ist nur nach einer rechtskräftigen Erledigung sämtlicher Widersprüche statthaft. Es handelt sich dann um ein neues selbständiges Verteilungsverfahren. Die befriedigten Gläubiger oder die sonst ausgeschiedenen Gläubiger nehmen an ihm nicht teil. Neue Berechnungen sind dann nicht mehr notwendig. Jenes Verfahren verläuft im Übrigen wie nach den §§ 874 ff.

Titel 5. Zwangsvollstreckung in Sachen, die der Erfüllung öffentlicher Aufgaben dienen

882a *Zwangsvollstreckung wegen einer Geldforderung.* I **[1]Die Zwangsvollstreckung gegen den Bund oder ein Land wegen einer Geldforderung darf, soweit nicht dingliche Rechte verfolgt werden, erst vier Wochen nach dem Zeitpunkt beginnen, in dem der Gläubiger seine Absicht, die Zwangsvollstreckung zu betreiben, der zur Vertretung des Schuldners berufenen Behörde und, sofern die Zwangsvollstreckung in ein von einer anderen Behörde verwaltetes Vermögen erfolgen soll, auch dem zuständigen Ministerium der Finanzen angezeigt hat. [2]Dem Gläubiger ist auf Verlangen der Empfang der Anzeige zu bescheinigen. [3]Soweit in solchen Fällen die Zwangsvollstreckung durch den Gerichtsvollzieher zu erfolgen hat, ist der Gerichtsvollzieher auf Antrag des Gläubigers vom Vollstreckungsgericht zu bestimmen.**

II **[1]Die Zwangsvollstreckung ist unzulässig in Sachen, die für die Erfüllung öffentlicher Aufgaben eines in Absatz 1 Satz 1 bezeichneten Schuldners unentbehrlich sind oder deren Veräußerung ein**

öffentliches Interesse entgegensteht. [2]Darüber, ob die Voraussetzungen des Satzes 1 vorliegen, ist im Streitfall nach § 766 zu entscheiden. [3]Vor der Entscheidung ist das zuständige Ministerium zu hören.

III [1]**Die Vorschriften der Absätze 1 und 2 sind auf die Zwangsvollstreckung gegen sonstige Körperschaften, Anstalten und Stiftungen des öffentlichen Rechtes mit der Maßgabe anzuwenden, dass an die Stelle der Behörde im Sinne des Absatzes 1 die gesetzlichen Vertreter treten. [2]Für öffentlich-rechtliche Bank- und Kreditanstalten gelten die Beschränkungen der Absätze 1 und 2 nicht.**

IV [1]**Soll in eine für die Erfüllung öffentlicher Aufgaben unentbehrliche Sache vollstreckt werden, die im Eigentum eines Dritten steht, kann das Vollstreckungsgericht auf Antrag die Zwangsvollstreckung wegen einer Geldforderung gemäß § 766 für unzulässig erklären. [2]Antragsberechtigt sind**
1. der Schuldner und
2. der Bund, das Land, die Körperschaft, Anstalt oder Stiftung des öffentlichen Rechts.
[3]Voraussetzung für die Antragsberechtigung nach Satz 2 Nummer 2 ist, dass die Sache zur Erfüllung der jeweiligen öffentlichen Aufgaben der in Satz 2 Nummer 2 genannten Antragsberechtigten dient. [4]Vor der Entscheidung ist das zuständige Ministerium zu hören.

V **Der Ankündigung der Zwangsvollstreckung und der Einhaltung einer Wartefrist nach Maßgabe der Absätze 1 und 3 bedarf es nicht, wenn es sich um den Vollzug einer einstweiligen Verfügung handelt.**

I. Systematik, I–V. § 882a bringt eine Erweiterung des Vollstreckungsschutzes der §§ 811 ff., Schneider MDR 1985, 640. Die Vorschrift schafft für den Bund und die Länder ein einheitliches Recht. Das Landesrecht gilt mit Vorrang nach § 15 Nr. 3 EGZPO, § 50 II GVGA nur noch für Gemeindeverbände und Gemeinden. 1

II. Regelungszweck, I–V. Die Vorschrift bezweckt einen besonderen Schutz der öffentlichen Hand. 2

III. Geltungsbereich, I–V. Man muss zwei Aspekte prüfen. VG Gött JurBüro 2017, 646 wendet im VwGO-Bereich I 1 entsprechend iVm § 167 I 1 VwGO an. 3

1. Grundsatz: Schuldner öffentliche Hand. Es muss sich um eine Zwangsvollstreckung gegen folgende juristische Personen des öffentlichen Rechts handeln: Den Bund, die Länder, nach LG Heilbr Rpfleger 2018, 220 auch ein Landkreis, ferner die Körperschaften, BVerfG NJW 1984, 2401, ferner Anstalten, Stiftungen des öffentlichen Rechts, also auch die kirchlichen Körperschaften, LG Freibg DGVZ 1993, 11, die Versicherungsträger der Sozialversicherung. Ausgenommen ist das Sondervermögen Bundeseisenbahnvermögen, das infolge seiner weitgehenden Privatisierung nicht mehr begünstigt ist; § 39 BBahnG ist nach Art. 8 § 1 Nr. 2, § 3 ENeuOG aufgehoben. Ausgenommen sind ferner die öffentlich-rechtlichen Bank- und Kreditanstalten. Gegen sie findet nach III 2 die Zwangsvollstreckung wie gegen jeden Schuldner statt. Wegen der Gemeinden und Gemeindeverbände § 15 Nr. 3 EGZPO, § 50 I 1 GVGA und Willenbruch ZIP 1998, 817. 4

2. Besonderheiten. Besonderheiten der Zwangsvollstreckung ergeben sich nach I nur bei einer Vollstreckung wegen einer Geldforderung nach §§ 803 ff. Auch das gilt nach I dann nicht, wenn der Gläubiger ein dingliches Recht verfolgt. Dann haben die juristischen Personen des öffentlichen Rechts keine gegenüber anderen Schuldnern bevorzugte Stellung, ebenso wenig bei §§ 887, 888, aM LG Freibg DGVZ 1993, 11. Es ist unerheblich, um welche Art von Vollstreckungstitel nach §§ 704, 794 ff. es sich handelt. Die in I vorgesehene Anzeige und die Einhaltung der Wartefrist entfallen nach V stets dann, wenn es um den Vollzug einer einstweiligen Verfügung nach §§ 936, 929 geht. Soweit § 882a keine Sonderregeln enthält, gelten die allgemeinen Vollstreckungsregeln. Es gelten auch die Insolvenzregeln, BVerwG NJW 1987, 3017. 5

IV. Verfahren, I–III. 1. Notwendigkeit einer Anzeige. Der Gläubiger muss die Zwangsvollstreckung vorab anzeigen. Wenn er in dasjenige Vermögen des Bundes oder eines Landes vollstrecken will, das eine zur Vertretung berufenen Behörde verwaltet, genügt eine Anzeige der Vollstreckungsabsicht an diese Behörde. Wenn dagegen diese Behörde dasjenige Vermögen nicht verwaltet, in das die Vollstreckung stattfinden soll, muss der Gläubiger außerdem eine Anzeige auch dem Finanzministerium des Bundes oder des Landes übersenden. Dann ist eine Anzeige gegenüber der verwaltenden Behörde allerdings nicht erforderlich, vgl. aber LG Heilbr Rpfleger 2018, 220. 6

2. Durchführung der Anzeige. Es genügt eine formlose Anzeige, auch eine elektronische oder eine solche per Telefax oder eine telefonische, Schneider MDR 1985, 640. Der Gläubiger muss sie evtl. an den nach § 81 bestellten ProzBev richten. Die Anzeige ist eine Parteiprozesshandlung. Sie braucht nur eine allgemeine Ankündigung der bevorstehenden Zwangsvollstreckung aus dem kurz zu bezeichnenden Vollstreckungstitel zu enthalten. Der Gläubiger kann sich den Empfang der Anzeige von der Behörde bescheinigen lassen, auch beim Vorhandensein eines ProzBev zusätzlich. Diese Bescheinigung ist zweckmäßig. Denn der Gläubiger kann dem Gerichtsvollzieher dann im Zeitpunkt seiner Beauftragung den Fristablauf nachweisen. Wenn der Gläubiger nach III gegen eine Körperschaft, gegen eine Anstalt oder gegen eine Stiftung des öffentlichen Rechts vollstrecken will, muss er die Anzeige an den gesetzlichen Vertreter dieser Institution nach § 18 schicken. Es ist nicht notwendig, den Schuldner vor der Anzeige auf etwaige Bearbeitungsfehler usw. hinzuweisen oder gar mit der Absendung der Anzeige vier Wochen zu warten. § 882a verlangt eine Zulassung der Vollstreckung durch eine Aufsichtsbehörde als Bundesrecht gerade nicht allgemein. 7

3. Weitere Voraussetzungen. Außerdem müssen alle sonst notwendigen Voraussetzungen der Zwangsvollstreckung vorliegen, OLG Ffm Rpfleger 1981, 158. Das Gericht muss zB eine Vollstreckungsklausel nach §§ 724 ff. erteilt haben, OLG Ffm Rpfleger 1981, 158. 8

4. Wartefrist. Der Gläubiger muss vier Wochen abwarten. Sie rechnet von dem Tag des Eingangs der Anzeige bei der Behörde oder der gesetzlichen Vertretung der Behörde an, aber auch vom Zeitpunkt einer Anzeige an den gegnerischen ProzBev nach § 81 an, Schneider MDR 1985, 640. Sein etwaiges Verschulden ändert nach § 85 II nichts am Fristlauf, Schneider MDR 1985, 640. Wenn mehrere Anzeigen erforderlich waren, beginnt die Frist erst mit dem Eingang der letzten Anzeige. Der Gläubiger muss aber nicht etwa schon mit der Absendung der Anzeige warten, sondern nur nach ihr bis zur Vollstreckung, LAG Hamm AnwBl 1984, 161. 9

5. Kosten. Auf die Kosten der Anzeige ist § 788 anwendbar. **Gebühren:** des Anwalts VV 3309, 3310 RVG. 10

11 **6. Vollstreckung durch den Gerichtsvollzieher.** Soweit die Zwangsvollstreckung durch den Gerichtsvollzieher erfolgt, muss nach I 3 das Vollstreckungsgericht nach §§ 764, 802, 828 den zuständigen Gerichtsvollzieher nach § 50 I 1 GVGA auf einen Antrag des Gläubigers bestimmen. Der Gerichtsvollzieher muss nach § 50 I 2 GVGA insbesondere prüfen, ob die Voraussetzungen nach → Rn. 4–9 vorliegen. Er muss den Nachweis dazu nach § 50 I 3 GVGA aktenkundig machen, zB durch eine Bescheinigung des Gläubigers nach § 50 I 4 GVGA.

12 **7. Unzulässigkeit, II.** Die Zwangsvollstreckung ist in die folgenden körperlichen Sachen nach § 808 unzulässig: **Entweder muss** es sich um solche Sachen handeln, die für die Erfüllung öffentlicher Aufgaben des Schuldners unentbehrlich sind. Hier muss man einen strengen Maßstab anlegen. Eine andere Art der Aufgabenerfüllung muss objektiv gänzlich unmöglich oder völlig unzumutbar sein. Die Unentbehrlichkeit fehlt zB oft bei einem einzelnen von mehreren verfügbaren Behördenwagen, Schneider MDR 1985, 640. **Oder** es muss sich um solche Sachen handeln, deren Veräußerung ein öffentliches Interesse entgegensteht. Das gilt zB bei einem Kunstschatz; bei einem Archiv; bei einer Bibliothek. Dann kommt es auf eine etwaige Unentbehrlichkeit zur Erfüllung öffentlicher Aufgaben nicht an. Zum Kirchenvermögen BVerfG NJW 1984, 2401.

13 **Nicht hierher gehören:** Das Finanzvermögen, BVerfG NJW 1983, 2766, und Forderungen sowie andere unkörperliche Gegenstände, BVerfG NJW 1983, 2766. Wegen einer Rundfunkanstalt BVerwG NJW 1987, 3017.

14 Über die Zulässigkeit der Zwangsvollstreckung **entscheidet** auch insofern das nach §§ 764, 802, 828 zuständige Vollstreckungsgericht durch den Rpfl. nach § 20 I Nr. 17 RPflG. Er entscheidet nach § 764 III ohne eine mündliche Verhandlung. Er muss vor seiner Entscheidung nach Art. 2 I, 20 III GG dasjenige Ministerium anhören, dem dasjenige Vermögen untersteht, in das die Zwangsvollstreckung erfolgen soll. Er entscheidet durch einen Beschluss nach § 329. Er muss ihn begründen. Er teilt formlos nach § 329 II 1 mit, soweit er die Zwangsvollstreckung für unzulässig erklärt. Denn dann ist der Beschluss gerade kein Vollstreckungstitel. Andernfalls muss der Rpfl. seinen Beschluss nach § 329 III förmlich zustellen.

15 **8. Unzulässigkeit bei Dritteigentum, IV.** Mit Wirkung vom 1.12.2021 erweitert IV die Unzulässigkeit der Pfändung in unentbehrliche Sachen, vgl. insoweit → Rn. 12. Hier ist allerdings erforderlich, dass die Zwangsvollstreckung auf Erinnerung des Schuldners oder der öffentlichen Stelle, für deren Aufgaben die Sache benötigt wird, für unzulässig erklärt wird, vgl. BeckOK ZPO/Riedel Rn. 18.

16 **V. Einstweilige Verfügung, V.** Beim Vollzug einer einstweiligen Verfügung nach §§ 929, 935, 936, 940 braucht der Gläubiger weder eine Anzeige noch eine Wartefrist zu beachten. Das gilt aber nicht beim Vollzug eines Arrests nach §§ 929 ff.

17 **VI. Rechtsbehelf, I–III, V.** Gegen eine bloße Maßnahme des Rpfl. ohne eine Anhörung ist die Erinnerung nach § 766 zulässig. Über diese entscheidet der Richter nach § 20 I Nr. 17 S. 2 RPflG. Gegen eine echte Entscheidung des Rpfl. nach einer Anhörung ist der jeweilige Weg nach § 11 RPflG statthaft, gegen eine Erstentscheidung des Richters grundsätzlich die sofortige Beschwerde nach §§ 567 I Nr. 1, 793.

Titel 6. Schuldnerverzeichnis

Vorbemerkung zu § 882b

1 **I. Systematik.** Die Vorschriften enthalten in einer Verknüpfung von Justizverwaltungs- und Verfahrensrecht die Regeln zur Einrichtung und Benutzung des Schuldnerverzeichnisses. Zu ihnen gehören die in den Verordnungen des Bundes und der Länder auf Grund von § 882b enthaltenen näheren Bestimmungen. Als Akte der gerichtlichen Verwaltung unterliegen die Maßnahmen nach §§ 882b ff. der Überprüfung ungeachtet der Unstatthaftigkeit bei § 882d I zunächst dem Widerspruch und im Übrigen beim Urkundsbeamten der Erinnerung nach § 573, beim Rpfl. dem § 11 RPflG oder dem § 766 und beim Richter einer sofortigen Beschwerde nach §§ 567 ff. Dem § 299 gehen §§ 882b ff. als Spezialregeln vor. Die erstere Vorschrift kann hilfsweise anwendbar sein.

2 Es besteht mangels einer ausdrücklichen Bestimmung eine Gebührenfreiheit nach § 1 I 1 GKG, nicht aber eine Auslagenfreiheit. KV 9000 ff. GKG sind anwendbar. Allerdings sieht § 882h landesrechtliche Regelungen durch Kostenvorschriften indirekt mit vor.

3 **II. Regelungszweck.** Viele am Rechtsverkehr Beteiligte haben ein wirtschaftlich und rechtlich schutzwürdiges Interesse daran, rechtzeitig einigermaßen zuverlässig die Bonität eines künftigen oder gegenwärtigen Partners oder Schuldners zu erkennen. Auch der Staat hat ein Interesse daran, einen wirtschaftlichen Leerlauf der Bürger untereinander und wirtschaftlich sinnlose Prozesse sowie Vollstreckungsversuche usw. vermeiden zu helfen.

4 **Schuldnerschutz** ist aber ein weiteres Ziel der §§ 882b ff. Nicht nur aus der Menschenwürde nach Art. 1 GG und aus dem Grundrecht auf die informationelle Selbstbestimmung nach Art. 2 I, 1 I GG, LG Magdeb Rpfleger 1996, 364, sowie aus dem Grundrecht der Berufsfreiheit nach Art. 12 I GG ergeben sich Grenzen gegenüber dem Bestreben, den zahlungsschwachen Bürger als einen gläsernen Schuldner an einen modernen Pranger zu stellen, der ihn und mittelbar seine Familie, Firma usw. bundesweit bloßstellen kann.

5 Die Vorschriften lassen das Bestreben erkennen, eine beide Interessengruppen berücksichtigende **Mittellösung** zu finden. Das muss man bei der Auslegung stets mitbeachten.

882b *Inhalt des Schuldnerverzeichnisses.* **[I] Das zentrale Vollstreckungsgericht nach § 882h Abs. 1 führt ein Verzeichnis (Schuldnerverzeichnis) derjenigen Personen,**

1. deren Eintragung der Gerichtsvollzieher nach Maßgabe des § 882c angeordnet hat;

2. deren Eintragung die Vollstreckungsbehörde nach Maßgabe des § 284 Abs. 9 der Abgabenordnung angeordnet hat; einer Eintragungsanordnung nach § 284 Abs. 9 der Abgabenordnung steht die Anordnung der Eintragung in das Schuldnerverzeichnis durch eine Vollstreckungsbehörde gleich, die auf Grund einer gleichwertigen Regelung durch Bundesgesetz oder durch Landesgesetz ergangen ist;

3. deren Eintragung das Insolvenzgericht nach Maßgabe des § 26 Absatz 2 oder des § 303a der Insolvenzordnung angeordnet hat.

II Im Schuldnerverzeichnis werden angegeben:

1. Name, Vorname und Geburtsname des Schuldners sowie die Firma und deren Nummer des Registerblatts im Handelsregister,
2. Geburtsdatum und Geburtsort des Schuldners,
3. Wohnsitze des Schuldners oder Sitz des Schuldners,

einschließlich abweichender Personendaten.

III Im Schuldnerverzeichnis werden weiter angegeben:

1. Aktenzeichen und Gericht oder Vollstreckungsbehörde der Vollstreckungssache oder des Insolvenzverfahrens,
2. im Fall des Absatzes 1 Nr. 1 das Datum der Eintragungsanordnung und der gemäß § 882c zur Eintragung führende Grund,
3. im Fall des Absatzes 1 Nr. 2 das Datum der Eintragungsanordnung und der gemäß § 284 Abs. 9 der Abgabenordnung oder einer gleichwertigen Regelung im Sinne von Absatz 1 Nr. 2 Halbsatz 2 zur Eintragung führende Grund,
4. im Fall des Absatzes 1 Nummer 3 das Datum der Eintragungsanordnung sowie die Feststellung, dass ein Antrag auf Eröffnung des Insolvenzverfahrens über das Vermögen des Schuldners mangels Masse gemäß § 26 Absatz 1 Satz 1 der Insolvenzordnung abgewiesen wurde, oder bei einer Eintragung gemäß § 303a der Insolvenzordnung der zur Eintragung führende Grund und das Datum der Entscheidung des Insolvenzgerichts.

Schrifttum: Hergenröder DGVZ 2017, 119; Mroß DGVZ 2010, 181; Schwörer DGVZ 2011, 77; Würdinger JZ 2011, 177.

I. Systematik, I–III. Die Vorschrift leitet die umfangreiche Neuregelung zum Schuldnerverzeichnis ein, also nach der Schuldnerverzeichnisführungsverordnung – SchuFV – v. 26.7.2012, BGBl. I 1694, zuletzt geändert am 20.11.2019, BGBl. I 1724. Sie bestimmt die Voraussetzungen der Eintragung und ihren Inhalt. Die Zuständigkeit ergibt sich aus § 882h I, auf den § 882b I einleitend verweist. 1

II. Regelungszweck, I–III. Die Vorschrift dient dem Gläubigerschutz. 2

III. Eintragungsvoraussetzungen, I. Die Eintragung darf nur und muss dann erfolgen, wenn auch nur eine der Bedingungen I Nr. 1–3 eintritt. 3

1. Anordnung nach § 882c, I Nr. 1. Der Gerichtsvollzieher muss gerade diese Eintragung nach § 882c wirksam angeordnet haben. Vgl. daher dort zu den Einzelheiten. 4

2. Anordnung nach § 284 IX AO, I Nr. 2 Hs. 1. Es muss eine wirksame Anordnung nach dieser Vorschrift der AO vorliegen. Ihr steht **Hs. 2** gleich. 5

3. Anordnung nach gleichwertiger Regelung, I Nr. 2 Hs. 2. Es muss die wirksame Anordnung einer solchen Vollstreckungsbehörde vorliegen, die nach einer dem § 284 IX AO „gleichwertigen Regelung" durch Bundes- oder Landesgesetz erfolgt ist. Was gleichwertig ist, überlässt I Nr. 2 Hs. 2 der Praxis. 6

4. Anordnung nach § 26 II oder § 303a InsO, I Nr. 3. Es muss das Insolvenzgericht wirksam gerade nach dieser Bestimmung der InsO gehandelt haben. 7

IV. Personendaten, II. Das Schuldnerverzeichnis darf und muss sämtliche in II Nr. 1–3 abschließend aufgezählten persönlichen Daten des Schuldners enthalten. Zu den „abweichenden Personendaten" kann zB ein Künstlername zählen. Die Staatsangehörigkeit zählt nicht dazu, wohl aber etwa eine Änderung des Namens oder der Firma. 8

V. Verfahrensdaten, III. Das Schuldnerverzeichnis darf und muss auch sämtliche in III Nr. 1–4 abschließend aufgezählten sachlichen Verfahrensdaten enthalten. 9

882c

Eintragungsanordnung. **I [1]Der zuständige Gerichtsvollzieher ordnet von Amts wegen die Eintragung des Schuldners in das Schuldnerverzeichnis an, wenn**

1. der Schuldner seiner Pflicht zur Abgabe der Vermögensauskunft nicht nachgekommen ist;
2. eine Vollstreckung nach dem Inhalt des Vermögensverzeichnisses offensichtlich nicht geeignet wäre, zu einer vollständigen Befriedigung des Gläubigers zu führen, auf dessen Antrag die Vermögensauskunft erteilt oder dem die erteilte Auskunft zugeleitet wurde, oder
3. [1]der Schuldner dem Gerichtsvollzieher nicht innerhalb eines Monats nach Abgabe der Vermögensauskunft oder Bekanntgabe der Zuleitung nach § 802d Abs. 1 Satz 2 die vollständige Befriedigung des Gläubigers nachweist, auf dessen Antrag die Vermögensauskunft erteilt oder dem die erteilte Auskunft zugeleitet wurde. [2]Dies gilt nicht, solange ein Zahlungsplan nach § 802b festgesetzt und nicht hinfällig ist.

[2]Die Anordnung der Eintragung des Schuldners in das Schuldnerverzeichnis ist Teil des Vollstreckungsverfahrens.

II [1]Die Eintragungsanordnung soll kurz begründet werden. [2]Der Gerichtsvollzieher stellt sie dem Schuldner von Amts wegen zu, soweit sie ihm nicht mündlich bekannt gegeben und in das Protokoll aufgenommen wird (§ 763 Absatz 1). [3]Über die Bewilligung der öffentlichen Zustellung entscheidet abweichend von § 186 Absatz 1 Satz 1 der Gerichtsvollzieher.

III [1]Die Eintragungsanordnung hat die in § 882b Abs. 2 und 3 genannten Daten zu enthalten. [2]Sind dem Gerichtsvollzieher die nach § 882b Abs. 2 Nr. 1 bis 3 im Schuldnerverzeichnis anzugebenden Daten nicht bekannt, holt er Auskünfte bei den in § 755 Abs. 1 und 2 Satz 1 Nr. 1 genannten Stellen ein, um die erforderlichen Daten zu beschaffen. [3]Hat der Gerichtsvollzieher Anhaltspunkte dafür,

dass zugunsten des Schuldners eine Auskunftssperre gemäß § 51 des Bundesmeldegesetzes eingetragen oder ein bedingter Sperrvermerk gemäß § 52 des Bundesmeldegesetzes eingerichtet wurde, hat der Gerichtsvollzieher den Schuldner auf die Möglichkeit eines Vorgehens nach § 882f Absatz 2 hinzuweisen.

Schrifttum: Büttner DGVZ 2013, 222; Gietmann DGVZ 2016, 1; Seip DGVZ 2017, 65.

1 **I. Systematik, I–III.** Die Vorschrift nennt zusammen mit der SchuFV abschließend die Voraussetzungen einer Eintragungsanordnung durch den nach §§ 754, 802e zuständigen Gerichtsvollzieher von Amts wegen, Büttner DGVZ 2013, 222. Er darf und muss derart tätig werden, sobald und soweit auch nur einer oder gar mehrere der in I Nr. 1–3 aufgezählten Gründe eingetreten ist und andauert. Ein Gläubigerantrag ist statthaft, aber als bloße Anregung für den Gerichtsvollzieher zwar natürlich beachtlich, aber nicht verbindlich.

2 **Unanwendbar** ist die Vorschrift im Verwaltungsvollstreckungsverfahren, LG Bonn DGVZ 2016, 107.

3 **II. Regelungszweck, I–III.** Die alleinige Anordnungsbefugnis des nach → Rn. 1 zuständigen Gerichtsvollziehers stärkt seine Stellung entscheidend.

4 **III. Anordnungsvoraussetzungen, I.** Die Vorschrift nennt drei Fallgruppen. Jede reicht aus. Mindestens eine muss vorliegen. Maßgeblich ist der Zeitpunkt der Anordnung.

5 **IV. Keine Vermögensauskunft, I 1 Nr. 1.** Der Schuldner muss seine Pflicht zur Vermögensauskunft verletzt haben, Würdinger JZ 2011, 177 (182). „Nicht nachgekommen" ist er ihr, soweit er bzw. sein gesetzlicher Vertreter, BGH DGVZ 2022, 11, im Auskunftstermin unentschuldigt nicht erschienen ist, LG Arnsberg DGVZ 2014, 43, oder wenn er seine Pflicht im Termin nicht vollständig erfüllt hat, AG Essen-Borbeck DGVZ 2016, 31 (keine Unterlagen dabei). Es reicht daher theoretisch eine kleine Unvollständigkeit oder Ungenauigkeit. Praktisch ist I Nr. 1 aber erst dann ein Anordnungsgrund, wenn man insgesamt von einem wesentlichen und endgültigen Nichtabgeben ausgehen muss. Zwischenstufen muss der Gerichtsvollzieher in zumutbaren Grenzen zu behandeln versuchen, zB durch Nachfrage, Mahnung, Frist usw. Andernfalls wäre der Verhältnismäßigkeitsgrundsatz verletzt. Der Schuldner muss seine Pflicht also „überhaupt nicht" erfüllt haben. Ob das so war, ergibt sich aus §§ 802c–802f, also auch schon vor einer Erzwingungshaft nach § 802g und vor einer ihr folgenden und nach § 802i unzureichenden Auskunft. Eine außergerichtliche Ratenzahlungsvereinbarung kann dem „Nachkommen" gleichstehen, LG Bln DGVZ 2013, 213.

6 **Unanwendbar** wird I Nr. 1 dann, wenn nach dem Ausbleiben des Schuldners im Auskunftstermin vor einer Eintragungsanordnung Gläubiger und Schuldner eine Zahlungsvereinbarung treffen, LG Detm DGVZ 2015, 22, aM insofern LG Arnsberg DGVZ 2014, 43 (aber dann hat der Gläubiger als der Herr der Zwangsvollstreckung die weitere Vollstreckung zumindest zunächst in einer den Gerichtsvollzieher bindenden Weise unterbrochen oder aufgeschoben). Unanwendbarkeit kann auch dann vorliegen, wenn der Gerichtsvollzieher dem Gläubiger B sogleich eine Abschrift eines für den Gläubiger A erstellten Verzeichnisses zusendet, AG Solingen DGVZ 2017, 248.

7 **V. Keine vollständige Befriedigungseignung, I 1 Nr. 2.** Der Schuldner mag auch ein solches Vermögensverzeichnis nach §§ 802c ff. geliefert haben, das nach seinem Inhalt ohne Beachtung weiterer Umstände „offensichtlich" und nicht nur möglicherweise oder wahrscheinlich, wenn auch nicht zweifelsfrei, überhaupt „nicht geeignet" ist, zu einer vollständigen Befriedigung des Antragstellers nach § 754 oder § 802g I 1 oder des Auskunftsempfängers nach § 802f VI 2 Hs. 2 zu führen, Schwörer DGVZ 2012, 77 (84); Würdinger JZ 2011, 177 (182).

VI. Beispiele zur Frage einer Nichteignung, I 1 Nr. 2

8 **Andere Gläubiger:** Es kann ausreichen, dass ein anderer Gläubiger bereits fruchtlos gepfändet hat, AG Erkelenz JurBüro 2008, 326.

Aufgabe von Geschäftsraum, Wohnung usw.: Sie kann ausreichen, OLG Stgt Rpfleger 1981, 152; LG Chemnitz JurBüro 1998, 660; AG Magdeb JurBüro 2001, 112.

Benutzungsrecht: Der Gläubiger muss die bei ihm befindlichen Möbel usw. des Schuldners dann pfänden lassen, wenn er selbst ein Benutzungsrecht an diesen Schuldnersachen hat.

Drittschuldner: Es reicht aus, dass der Drittschuldner nach der Zustellung des Pfändungs- und Überweisungsbeschlusses nach §§ 829, 835 dem Gläubiger außergerichtlich keine Auskunft nach § 840 I gegeben hat, LG Itzehoe SchlHA 1985, 107.

Eigentumsvorbehalt: Der Gläubiger braucht eine noch unter seinem Eigentumsvorbehalt stehende Sache wegen des Restkaufpreises nicht pfänden zu lassen.

Haftbefehl: Derjenige nach § 802g kann ausreichen, auch derjenige eines anderen Gerichts, LG Mühlhausen Rpfleger 2010, 224; AG Bremerh JurBüro 2006, 608; AG Oberhausen JurBüro 2006, 46; aM LG Heilbr Rpfleger 1993, 356 (beim Kleinbetrag; zust. Hintzen); LG Mü JurBüro 2007, 326; AG Strausberg DGVZ 2005, 187. Erst recht reichen fünf kurz zuvor ergangene Haftbefehle, AG Lüdinghausen JurBüro 2009, 158. Ein anderer Haftbefehl darf nicht zu alt sein, LG Brschw Rpfleger 1998, 77 (offen bei 6 Monaten); LG Fulda JurBüro 1997, 608 (1 Jahr reicht noch); AG Münden DGVZ 2002, 94 (8 Monate reichen noch).

Hohe Forderung: Auch bei einer hohen Forderung widerspricht es keineswegs der Lebenserfahrung, dass eine Befriedigung in der Wohnung des Schuldners möglich wäre, aM AG Heilbr JurBüro 1996, 211. Es kommt stets auf die Gesamtverhältnisse des Schuldners an.

Kontenpfändung: Diejenige nach §§ 850k, l reicht **nicht** aus, AG Neresheim DGVZ 2004, 156; AG Rheinberg DGVZ 2004, 156. Denn I Nr. 2 setzt eine Sachpfändung voraus.

Ratenvereinbarung: Sie verhindert nicht die Eintragung, LG Brschw DGVZ 2015, 37.

Schuldnerverzeichnis: Eine Eintragung im Verzeichnis nach §§ 882b ff. reicht grds., AG Öhringen JurBüro 2005, 327; aM AG Brake DGVZ 2003, 45; AG Erding DGVZ 2003, 45; AG Waiblingen DGVZ 2003, 125.

Sozialhilfe: Ihr Bezug kann reichen.

Umzug: Ein Umzug des Schuldners darf nicht zur Verweigerung des Verfahrens nur wegen Zeitablaufs führen, AG Lindau DGVZ 2001, 127.

Wohnsitz: Sein Fehlen kann reichen, OLG Stgt Rpfleger 1981, 152.

VII. Kein rechtzeitiger Befriedigungsnachweis, I 1 Nr. 3. Der Schuldner mag auch keine vollständige Befriedigung nachgewiesen haben. Hier ergeben sich mehrere Unterfragen und zwei Fallgruppen als Regel und Ausnahme. 9

1. Fristablauf, I 1 Nr. 3 S. 1 Hs. 1. Es muss zunächst ein Monat seit der Abgabe der Vermögensauskunft nach § 802c oder seit der Bekanntgabe der Zuleitung nach § 802d I 2 verstrichen sein. Die Frist errechnet sich jedem dieser in den Lauf eines Tages fallenden Vorgänge nach § 222 iVm §§ 187 I, 188 II, III BGB. 10

2. Gläubiger: Antragsteller oder Auskunftsempfänger, I 1 Nr. 3 S. 1 Hs. 2. Es muss die Befriedigung gerade dieses Gläubigers fehlen. 11

3. Keine Vollständigkeit der Befriedigung, I 1 Nr. 3 S. 1 Hs. 1, 2. Hier gilt dasselbe wie bei → Rn. 7. 12

4. Ausnahme: Zahlungsplan, I 1 Nr. 3 S. 2. Der Gerichtsvollzieher darf dann keine Eintragungsanordnung vornehmen, wenn bei einem der Vorgänge → Rn. 10–12 ein Zahlungsplan nach § 802b festgesetzt und nicht hinfällig war. Das folgt aus der Ausnahmevorschrift I Nr. 3 S. 2. Hinfälligkeit regelt sich nach § 802b III 2 Hs. 1 (unverzüglicher Widerspruch des Gläubigers). 13

VIII. Anordnung, I 2, II 1. Sie ist nach I 2 Teil des Vollstreckungsverfahrens. Sie erfolgt von Amts wegen, OLG Stgt DGVZ 2016, 182; OLG Kblz DGVZ 2016, 59. Eine Begründung ist nach § 329 III notwendig. Aber auch unabhängig davon ordnet II 1 eine wenigstens „kurz" formulierte Begründung an. Man muss aus ihr erkennen können, ob der Gerichtsvollzieher die Voraussetzungen der Anordnung nach → Rn. 4–13 ordnungsgemäß geprüft und welche von ihnen er bejaht hat. Nachvollziehbarkeit ist auch bei Kürze nötig. Bloße Wiederholung des Gesetzestexts ist nicht genug. Datenangabe: → Rn. 19. „Soll" begründen bedeutet keine Beliebigkeit, sondern ein erweitertes Ermessen. 14

Fällt eine der allgemeinen Vollstreckungsvoraussetzungen vor Bestandskraft der Eintragungsanordnung weg, liegt darin ein Eintragungshindernis, BGH DGVZ 2022, 11 (Rücknahme des Vollstreckungsantrags während des Beschwerdeverfahrens). 15

IX. Mitteilung, II 2, 3. Ihre Art ist in zwei Varianten dem Gerichtsvollzieher möglich. Eine Mitteilung „ist" vorzunehmen. Stets ist auch eine Rechtsbehelfsbelehrung nach § 882d III nötig. 16

1. Entweder: Mündliche Bekanntgabe nebst Protokoll, II 2 Hs. 2. Beides muss bei dieser Variante zur Wirksamkeit zusammentreffen. Die Bekanntgabe erfordert eine Mitteilung auch der Kurzgründe nach II 1 und auch deren Mitaufnahme ins Protokoll nach § 763 I. Eine Vorlesung ist statthaft, aber nicht nötig. eine Genehmigung des Gläubigers oder Schuldners ist nicht nötig. 17

2. Oder: Förmliche Zustellung, II 2 Hs. 1, S. 3. Sie ist nötig, „soweit" und nicht: wenn keine mündliche Bekanntgabe nach → Rn. 16 erfolgt ist, Büttner DGVZ 2013, 123 (127). Der Gerichtsvollzieher mag also zB eine Mangelhaftigkeit der mündlichen Mitteilung oder Protokollierung durch die Zustellung mindestens des Fehlenden heilen dürfen. Natürlich muss letztere in sich nachvollziehbar sein, um auszureichen. Eine nur eingescannte Unterschrift reicht nicht, LG Stgt DGVZ 2014, 260. Die Zustellung ist von Amts wegen nötig, KG DGVZ 2017, 78; OLG Mü FamRZ 2017, 389; LG Lüneb DGVZ 2015, 173; aM LG Verden DGVZ 2015, 61. Sie erfolgt nach §§ 166 ff., AG Marbach DGVZ 2015, 133; AG Pinneberg DGVZ 2015, 27; AG Singen DGVZ 2016, 183; aM OLG Stgt NJW-RR 2015, 291 und DGVZ 2015, 91; LG Stgt DGVZ 2015, 115; Tenner DGVZ 2015, 31. 18

X. Datenangabe, III. Als Teil der Anordnung muss der Gerichtsvollzieher eine Reihe von Daten nennen. Das erfolgt teilweise in einem Rubrum nach Art von § 313 I Nr. 1–3 am besten, im Übrigen in der Begründung. Zu diesem Zweck muss er evtl. nach III 2 Auskünfte einholen, bevor er seine Anordnung erlassen darf. 19

1. Bekannte Daten, III 1. In die Eintragungsanordnung gehören alle Daten nach § 882b II, III. Das alles gehört ohnehin in eine nachvollziehbare Kurzbegründung nach → Rn. 14. 20

2. Auskunftseinholung, III 2. Wegen der Notwendigkeit der Aufnahme aller Daten nach § 882b II, III muss der Gerichtsvollzieher evtl. zuvor Auskünfte bei den Stellen des § 755 I, II 1 Nr. 1 einholen, soweit es um ein Datum nach § 882b II Nr. 1–3 geht. Dadurch darf sich nicht die Anordnung der Eintragung unzumutbar verzögern. Deshalb muss es notfalls reichen, die Unbeschaffbarkeit eines Datums in der Anordnungsbegründung nachvollziehbar darzulegen. Indessen würde eine solche Lücke schädlich bleiben, soweit die ganze Anordnung nicht durchführbar würde. Der Gerichtsvollzieher muss deshalb bei Schwierigkeiten der Datenbeschaffung intensiv nachforschen, Büttner DGVZ 2013, 222 (228), und diese Intensivität auch in der Anordnung darstellen. 21

3. Auskunftssperre, III 3. Bei einem Anhalt dafür muss der Gerichtsvollzieher den Schuldner auf § 882f II hinweisen. 22

XI. Verstoß, I–III. Ein wesentlicher Verstoß macht die Anordnung unwirksam und unbeachtlich, Büttner DGVZ 2013, 123 (126). Eine Heilung ist kaum rückwirkend möglich. Ein unwesentlicher lässt die Anordnung als Hoheitsakt bestehen. 23

XII. Rechtsbehelfe, I–III. Beim Gläubiger gilt § 766, Büttner DGVZ 2013, 222 (nur bei Unterlassung einer Anordnung), beim Schuldner zumindest zunächst § 882d I 1, 2. Evtl. kann dem Verfahren des § 766 eine sofortige Beschwerde nach § 793 folgen, unter den Voraussetzungen des § 574 auch eine Rechtsbeschwerde LG Stgt DGVZ 2014, 260. Materielle Einwendungen werden im Rechtsmittelverfahren allerdings nicht geprüft, LG Stgt BeckRS 2018, 19819. Auch eine einstweilige Aussetzung nach § 882d II 1 ist nach § 882d III 1 ein Rechtsbehelf. 24

882d *Vollziehung der Eintragungsanordnung.* [I] **[1]Gegen die Eintragungsanordnung nach § 882c kann der Schuldner binnen zwei Wochen seit Bekanntgabe Widerspruch beim zuständigen Vollstreckungsgericht einlegen. [2]Der Widerspruch hemmt nicht die Vollziehung. [3]Nach Ablauf der Frist des Satzes 1 übermittelt der Gerichtsvollzieher die Anordnung unverzüglich elektronisch dem zentralen Vollstreckungsgericht nach § 882h Abs. 1. [4]Dieses veranlasst die Eintragung des Schuldners. [5]Wird dem Gerichtsvollzieher vor der Übermittlung der Anordnung nach Satz 3 bekannt, dass die Voraussetzungen für die Eintragung nicht oder nicht mehr vorliegen, hebt er die Anordnung auf und unterrichtet den Schuldner hierüber.**

II ¹Auf Antrag des Schuldners kann das Vollstreckungsgericht anordnen, dass die Eintragung einstweilen ausgesetzt wird. ²Das zentrale Vollstreckungsgericht nach § 882h Abs. 1 hat von einer Eintragung abzusehen, wenn ihm die Ausfertigung einer vollstreckbaren Entscheidung vorgelegt wird, aus der sich ergibt, dass die Eintragungsanordnung einstweilen ausgesetzt ist.

III ¹Über die Rechtsbehelfe nach den Absätzen 1 und 2 ist der Schuldner mit der Bekanntgabe der Eintragungsanordnung zu belehren. ²Das Gericht, das über die Rechtsbehelfe entschieden hat, übermittelt seine Entscheidung dem zentralen Vollstreckungsgericht nach § 882h Abs. 1 elektronisch.

Schrifttum: Seip DGVZ 2017, 65.

1 **I. Systematik, I–III.** Die Überschrift nennt nur einen Teil des Inhalts der Vorschrift. Denn I 1, 2 regeln den zulässigen Rechtsbehelf gegen die Anordnung nach § 882c, und III 1 bringt eine Pflicht zur Rechtsbehelfsbelehrung. Erst der Rest behandelt die Vollziehung der Anordnung.

2 **II. Regelungszweck, I–III.** I 1, 2, III 1 dienen einer Klärung der Einwendungsmöglichkeiten, freilich hier nur des Schuldners. Der Rest der Vorschrift bezweckt eine Klärung der Zuständigkeiten und der zeitlichen Reihenfolge der Durchführung der Anordnung und damit eine Rechtssicherheit beim weiteren Verfahren mit seiner Bemühung auch um das durchaus nötige Tempo.

3 **III. Widerspruch, I 1.** Er ist mit Vorrang vor § 766 der zunächst allein statthafte Rechtsbehelf des dazu allein befugten Schuldners.

4 **1. Form.** I 1 schreibt keine besondere Form vor. Nötig ist bei der Auslegung dieser Parteiprozesshandlung ein eindeutiger Wille, sich zumindest gegen einen nicht völlig unerheblichen Teil der Anordnung zu wehren. Unter dieser Bedingung mag auch eine stillschweigende Widerspruchserklärung ausreichen.

5 **2. Frist.** I 1 schreibt eine 2-Wochen-Frist seit Bekanntgabe der Anordnung vor. Da die Bekanntgabe nach § 882c II 2 in den Lauf eines Tages fällt, errechnet sich die Frist nach § 222 iVm §§ 187 I, 188 II, III BGB. Es handelt sich nicht um eine Notfrist nach § 224 I 2, auch nicht um eine der sonstigen in § 233 abschließend aufgezählten Fristen. Daher ist eine Wiedereinsetzung unstatthaft, vgl. aber LG Wuppert NZI 2022, 484. **Korrekte** Bekanntgabe ist wie stets eine Voraussetzung schon des Fristanlaufs.

6 **3. Adressat: Zuständiges Vollstreckungsgericht.** Der Widerspruch ist erst dann unter den Voraussetzungen → Rn. 3, 5 wirksam, wenn er beim zuständigen Vollstreckungsgericht eingeht. Dieses ergibt sich nicht aus § 802e. Denn jene Vorschrift regelt nur die Vermögensauskunft nebst eidesstattlicher Versicherung, nicht das gesondert in §§ 882b ff. geregelte Verfahren zum Schuldnerverzeichnis. Daher bleibt es bei einer Zuständigkeit nach §§ 764, 802. Vgl. daher dort.

7 Ein beim danach **unzuständigen** Gericht eingegangener Widerspruch führt wie stets in vergleichbaren Fällen zum Verfahren wie bei § 129a II. Das unzuständige Gericht darf und muss danach unverzüglich das zuständige ermitteln und den Widerspruch nach dort weiterleiten, ohne alles stehen- und liegenlassen zu müssen. Erst der Eingang beim objektiv zuständigen Gericht heilt nach § 129a II 2.

8 **IV. Keine Vollziehungshemmung, I 2.** Das Widerspruchsverfahren erhält in § 882d fast keine Regelung. I 2 stellt nur klar, dass ähnlich wie bei einer sofortigen Beschwerde nach § 570 I Hs. 1 (dort grundsätzlich) durch den Widerspruch keine Hemmung der Vollziehung eintritt. **Beachtlich** ist aber eine **Aussetzung.**

9 **V. Weiteres Widerspruchsverfahren, I 2, II 1.** Es verläuft vor dem Vollstreckungsgericht nach → Rn. 6 und nicht vor dem Zentralen Vollstreckungsgericht des § 882h I. Das gilt selbst dann, wenn beide praktisch fast identisch an demselben Ort usw. amtieren. Der Gerichtsvollzieher darf dem Widerspruch abhelfen, AG Bonn DGVZ 2014, 151. Das Gericht nach → Rn. 6 amtiert durch den Rpfl. nach § 20 I Nr. 17 S. 1 RPflG. Es prüft zunächst die Statthaftigkeit und sodann die Zulässigkeit, schließlich die Begründetheit des Widerspruchs jeweils unter Beachtung von Art. 103 I GG, also mit ausreichender Frist zur Stellungnahme gegenüber dem Gläubiger. Materielle Einwendungen gegen den Vollstreckungstitel werden allerdings nicht geprüft, LG Stgt BeckRS 2018, 19819. Der Gläubiger kann nicht auf eine Eintragung durch eine Einigung verzichten, AG Böblingen DGVZ 2014, 174. Das Gericht entscheidet durch einen schon wegen § 329 III iVm § 793 zu begründenden Beschluss. Es stellt ihn dem Betroffenen nach § 329 III förmlich zu.

10 **VI. Übermittlung der Anordnung, I 3.** Der Gerichtsvollzieher darf und muss unverzüglich seine Eintragungsanordnung wie folgt weiterbehandeln.

11 **1. Fristablauf.** Die Widerspruchsfrist nach I 1 muss nach → Rn. 5 abgelaufen sein. Es gilt sowohl mangels Widerspruchs als auch beim Vorliegen dieses Rechtsbehelfs. Denn er hemmt ja den weiteren Vollzugsablauf nach I 2 nicht. Der Gerichtsvollzieher muss mithin die Frist selbst kontrollieren. Er muss auch einen Vorgang nach → Rn. 6, 7 in dem ihm zumutbaren Maß mitprüfen.

12 **2. Keine Aussetzung.** Der Gerichtsvollzieher muss mitklären, ob das Vollstreckungsgericht nach → Rn. 6 etwa gemäß II 1 eine einstweilige Aussetzung der Vollziehung angeordnet hat. Ob er dazu dort vorsorglich anfragen oder dessen Entscheidung abwarten sollte, hängt von den Umständen ab. Er muss sein Ermessen pflichtgemäß durch Abwägung ausüben.

13 **3. Adressat: Zentrales Vollstreckungsgericht.** Die Übermittlung muss gerade an das für die Eintragung zuständige Zentrale Vollstreckungsgericht nach § 882h I erfolgen, also nicht an das Vollstreckungsgericht der §§ 764, 802, → Rn. 6. Beim dortigen Eingang muss jenes Gericht wie bei → Rn. 7 nach § 129a II verfahren.

14 **4. Elektronische Form.** Sie ist zwingend. Die Schriftform oder gar eine telefonische Form sind nicht wirksame Übermittlungen, daher auch kein Telefax, selbst nicht beim eindeutigen Eingang beim Zentralen Vollstreckungsgericht.

15 **5. Keine Übermittlungsnachricht an Parteien.** § 882d sieht keine Benachrichtigung des Gläubigers und/oder des Schuldners von der bloßen Übermittlung vor. Sie ist nicht schon deshalb unstatthaft. Sie mag zumindest dann ratsam sein, wenn noch keine Entscheidung über einen Schuldnerwiderspruch nach → Rn. 9 vorliegt.

16 **VII. Eintragung, I 4, 5.** Das Zentrale Vollstreckungsgericht nach § 882h I darf und muss unverzüglich die Eintragung „veranlassen", also vornehmen, sobald und soweit ihm die ordnungsgemäße Übermittlung nach → Rn. 10–14 vorliegt und soweit keine Aussetzung nach → Rn. 18–23 erfolgt ist. Außerdem darf kein Ein-

tragungshindernis wegen einer Rechtsbehelfsentscheidung nach → Rn. 23 vorliegen. Nach vollständiger Leistung des Schuldners erfolgt nach → Rn. 17 keine Eintragung mehr, so schon AG Bonn DGVZ 2014, 151.

VIII. Aufhebung der Anordnung, I 5. Sie wird nach **Hs.** 1 dann notwendig, wenn dem Gerichtsvollzieher bekannt wird und nicht nur werden könnte, dass die Eintragungsvoraussetzungen nicht oder nicht mehr vorliegen. Nach **Hs.** 2 darf und muss er dann den Schuldner über die Aufhebung unterrichten, evtl. auch das zentrale Vollstreckungsgericht. 17

IX. Aussetzung, II. Das Vollstreckungsgericht nach §§ 764, 802 (und nicht das Zentrale Vollstreckungsgericht nach § 882h I) setzt die Vollziehung der Eintragungsanordnung unter den folgenden Voraussetzungen einstweilen aus. 18

1. Antrag, Ermessen, II 1. „Kann" aussetzen stellt nicht nur in die Zuständigkeit, sondern eröffnet auf Grund eines notwendigen Schuldnerantrags ein pflichtgemäßes Ermessen. Es ist eine Abwägung nötig. Dabei spielen mögliche Verfahrensfehler des Gerichtsvollziehers eine Rolle, aber auch materielle wie immaterielle Besonderheiten der Lage der Beteiligten, nicht nur des Schuldners. 19

2. Nur Einstweiligkeit, II 1. Es ist nicht schon nach § 882d eine endgültige Aussetzung statthaft, daher auch nicht eine allzu langandauernde. Mehr als einige (ziemlich wenige) Monate kommen kaum infrage. Mehrere Wochen dürften aber durchaus angemessen sein. 20

3. Bedingungen einer Aussetzung, II 1. Sie kommen ähnlich wie zB bei → § 570 Rn. 4, 9 infrage, auch zur Art der einstweiligen Aussetzung. 21

4. Vollstreckbarkeit, II 1. Wegen II 2 muss das Vollstreckungsgericht eine Aussetzung für vollstreckbar erklärt haben. 22

5. Aussetzungsfolge: Keine Eintragung, II 2. Die Vorschrift stellt eine selbstverständliche Folge einer wirksamen Aussetzung nach → Rn. 18–22 klar. Die Aussetzung bindet das Zentrale Vollstreckungsgericht des § 882h I. Freilich muss ihm eine Ausfertigung der vollstreckbaren Aussetzung vorliegen. Sie mag vom Vollstreckungsgericht kommen, vom Schuldner oder vom Gerichtsvollzieher. Sie bedeutet: Das Vollstreckungsgericht muss seine Aussetzung nach → Rn. 22 für vollstreckbar erklärt haben. 23

X. Rechtsbehelfsbelehrung, III 1. Der Gerichtsvollzieher muss den Schuldner zugleich mit der Bekanntgabe seiner Eintragungsanordnung nach § 882c II 2 über die Rechtsbehelfe nach I, II belehren, also über die Möglichkeit eines fristgebundenen Widerspruchs nach → Rn. 3 und über die Möglichkeit eines Antrags auf eine einstweilige Aussetzung nach → Rn. 18. Die Belehrung muss unmissverständlich sein. Vgl. im Übrigen §§ 232, 233 S. 2. 24

Eine **nachträgliche** Belehrung oder die Vervollständigung einer mangelhaften sind statthaft. Sie ändern aber nichts am Fristablauf nach → Rn. 5. Denn die Belehrung ist kein Bestandteil der Bekanntmachung, sondern erfolgt nur zugleich „mit" der eben formell auch ohne Belehrung erfolgenden Bekanntgabe. 25

XI. Elektronische Übermittlung einer Rechtsbehelfsentscheidung, III 2. Sie ist wie bei → Rn. 14 zu beurteilen. Zur Entscheidung über einen Widerspruch → Rn. 9, zur Aussetzungsentscheidung → Rn. 18–23. Zur Übermittlung ist das über den Rechtsbehelf entscheidende Gericht zuständig. Empfänger ist das Zentrale Vollstreckungsgericht des § 882h I. 26

882e

Löschung. I **Eine Eintragung im Schuldnerverzeichnis wird nach Ablauf von drei Jahren seit dem Tag der Eintragungsanordnung von dem zentralen Vollstreckungsgericht nach § 882h Abs. 1 gelöscht.**

II [1]**Über Einwendungen gegen die Löschung nach Absatz 1 oder ihre Versagung entscheidet der Urkundsbeamte der Geschäftsstelle.** [2]**Gegen seine Entscheidung findet die Erinnerung nach § 573 statt.**

III **Abweichend von Absatz 1 wird eine Eintragung auf Anordnung des zentralen Vollstreckungsgerichts nach § 882h Abs. 1 gelöscht, wenn diesem**

1. die vollständige Befriedigung des Gläubigers nachgewiesen worden ist;

2. das Fehlen oder der Wegfall des Eintragungsgrundes bekannt geworden ist oder

3. die Ausfertigung einer vollstreckbaren Entscheidung vorgelegt wird, aus der sich ergibt, dass die Eintragungsanordnung aufgehoben oder einstweilen ausgesetzt ist.

IV [1]**Wird dem zentralen Vollstreckungsgericht nach § 882h Abs. 1 bekannt, dass der Inhalt einer Eintragung von Beginn an fehlerhaft war, wird die Eintragung durch den Urkundsbeamten der Geschäftsstelle geändert.** [2]**Wird der Schuldner oder ein Dritter durch die Änderung der Eintragung beschwert, findet die Erinnerung nach § 573 statt.**

I. Systematik, Regelungszweck, I–IV. Eine zeitliche Begrenzung der Eintragung ist schon zwecks Beachtung des Verhältnismäßigkeitsgebots notwendig. Man muss zwei Gruppen von Löschungsvoraussetzungen unterscheiden. Die Löschung findet statt, sobald drei Jahre seit einem der in I genannten Ereignisse verstrichen sind. Sie findet unabhängig davon auch dann statt, wenn eines der in III genannten Ereignisse vorliegt. § 882g VI 1, 2 verweist auf § 882e I, III. 1

II. Löschung, Änderung von Amts wegen, I, II. Eine Löschung oder Änderung erfolgt beim Vorliegen der Voraussetzungen stets von Amts wegen: Die Eintragung „wird … gelöscht" oder „… geändert". Ein Antrag ist also nicht erforderlich. Er ist aber natürlich als eine Anregung statthaft. Er zwingt zur unverzüglichen Prüfung der Löschungs- oder Änderungsvoraussetzungen, obwohl diese Prüfung ohnehin erforderlich wäre. Der Antrag kann bei einem Zweifel ratsam sein. 2

III. Dreijahresablauf, I. Das Gericht muss wie folgt rechnen: Der Dreijahreszeitraum endet mit dem Ablauf desjenigen Tages, der durch seine Benennung oder Zahl demjenigen Tag entspricht, auf den die Eintragungsanordnung fiel, weil er nach §§ 187 I, 188 II Hs. 1 BGB im Lauf jenes früheren Tages erfolgte. Denn § 188 III BGB gilt ohnehin nicht bei einer Jahresfrist. Maßgebend ist die Verkündung oder die sonstige gesetzmäßige 3

Mitteilung. Die Berechnung erfolgt also nicht so, dass die Dreijahresfrist immer erst am folgenden 31.12. ablaufen würde.

4 **IV. Einwendungen, II.** Zuständig ist der Urkundsbeamte, II 1. Gegen ihn ist nach II 2 die Erinnerung nach § 573 statthaft, also evtl. auch erstinstanzlich die sofortige Beschwerde nach § 573 II.

5 **V. Vorzeitige Löschung, III.** Die Vorschrift nennt drei abschließende Fallgruppen, LG Karlsr DGVZ 2013, 211. Eine Löschung nach III ist vom Zeitablauf nach I unabhängig. Wegen vorzeitiger Listenlöschung § 882g VI 2–4.

6 **1. Befriedigungsnachweis, III Nr. 1.** Eine vorzeitige Löschung von Amts wegen nach → Rn. 2 erfolgt dann, wenn der Schuldner die Befriedigung des Gläubigers nachweist. Der Nachweis erfolgt nach § 775 Nr. 4, 5, insbesondere durch eine Quittung. Die bloße Behauptung, man besitze eine Quittung usw., reicht nicht aus, auch nicht eine Glaubhaftmachung. Denn sie macht nach § 294 nur überwiegend wahrscheinlich, statt wie erforderlich voll nachzuweisen.

7 Es muss eine **vollständige Befriedigung** vorliegen. Bloße Teilleistungen reichen selbst dann nicht aus, wenn der Rest gering ist. Bei einer absolut verschwindend geringen Restschuld mag die Verweigerung der Quittung als eine prozessuale Arglist unbeachtlich sein.

8 **2. Bekanntwerden eines Fehlens oder Wegfalls oder einer Aufhebung oder Aussetzung, III Nr. 2, 3.** Statt der Voraussetzungen → Rn. 6, 7 reicht es zur vorzeitigen Löschung von Amts wegen nach → Rn. 2 auch aus, dass das anfängliche Fehlen oder der nachträgliche Wegfall des Eintragungsgrundes dem zentralen Vollstreckungsgericht des § 882b I bekanntgeworden ist oder wenn die Ausfertigung einer vollstreckbaren Aufhebung oder einstweiligen Aussetzung der Eintragungsanordnung vorliegt.

3. Beispiele zur Frage eines Fehlens oder Wegfalls usw., III Nr. 2, 3

9 **Aufhebung des Haftbefehls:** Anwendbar ist III Nr. 2 bei einer Aufhebung des Haftbefehls durch das Vollstreckungs- oder das Beschwerdegericht, vgl. schon OLG Düss MDR 1995, 312.

Aufhebung des Vollstreckungstitels: Anwendbar ist III Nr. 2 bei einer Aufhebung des Titels dann, wenn sie der Schuldner durch die Vorlage einer vollstreckbaren Entscheidung nach § 775 Nr. 1 nachweist, vgl. LG Bln Rpfleger 1989, 206.

Einstellung, Beschränkung, Aufhebung der Vollstreckung: Anwendbar ist III Nr. 2 dann, wenn es zu einer der Situationen nach §§ 775 Nr. 1, 776 S. 1 kommt, LG Münst Rpfleger 1996, 168.

Einverständnis des Gläubigers: „Stundung".

Haftfortdauer: Unanwendbar ist III Nr. 2 bei einer bloßen Haftfortdauer.

Insolvenz: § 26 II InsO.

Ratenvereinbarung: Unanwendbar ist III Nr. 2 bei einer solchen nach dem Ende des Vollstreckungsverfahrens, LG Dessau-Roßlau DGVZ 2015, 22, oder ab Unanfechtbarkeit der Eintragungsanordnung, BGH NJW-RR 2017, 511.

Schulderlass: Anwendbar ist III Nr. 2, soweit der Gläubiger dem Schuldner die (Rest-)Schuld erlässt und soweit es dabei auch gerade um denjenigen Vollstreckungstitel geht, dessentwegen der Gläubiger dieses Offenbarungsverfahren betrieben hat, LG Freib Rpfleger 1986, 187.

Stundung: Unanwendbar ist III Nr. 2 bei einer bloßen Stundung. Das gilt selbst dann, wenn der Gläubiger mit einer vorzeitigen Löschung einverstanden ist. Denn das Schuldnerverzeichnis dient auch öffentlichen Interessen, LG Freib Rpfleger 1986, 187; LG Tüb Rpfleger 1986, 24 (je zum alten Recht).

Unzulässigkeit der Vollstreckung: Anwendbar ist III Nr. 2 dann, wenn das Prozessgericht die Zwangsvollstreckung auf Grund einer Vollstreckungsabwehrklage nach § 767 für dauernd unzulässig erklärt hat, LG Münst Rpfleger 1996, 168.

10 **VI. Änderung, IV.** Sie erfolgt nach → Rn. 2 von Amts wegen. Der Eintragungsinhalt muss von Beginn an nicht völlig unerheblich fehlerhaft gewesen sein. Zuständig ist nach IV 1 der Urkundsbeamte. Eine Erinnerung steht jedem Beschwerten nach IV 2 iVm § 573 offen (evtl. also auch sofortige Beschwerde nach § 573 II).

882f

Einsicht in das Schuldnerverzeichnis. I [1]**Die Einsicht in das Schuldnerverzeichnis ist jedem gestattet, der darlegt, Angaben nach § 882b zu benötigen:**

1. für Zwecke der Zwangsvollstreckung;
2. um gesetzliche Pflichten zur Prüfung der wirtschaftlichen Zuverlässigkeit zu erfüllen;
3. um Voraussetzungen für die Gewährung von öffentlichen Leistungen zu prüfen;
4. um wirtschaftliche Nachteile abzuwenden, die daraus entstehen können, dass Schuldner ihren Zahlungsverpflichtungen nicht nachkommen;
5. für Zwecke der Strafverfolgung und der Strafvollstreckung;
6. zur Auskunft über ihn selbst betreffende Eintragungen;
7. für Zwecke der Dienstaufsicht über Justizbedienstete, die mit dem Schuldnerverzeichnis befasst sind.

[2]**Die Informationen dürfen nur für den Zweck verarbeitet werden, für den sie übermittelt worden sind; sie sind nach Zweckerreichung zu löschen.** [3]**Nichtöffentliche Stellen sind darauf bei der Übermittlung hinzuweisen.**

II [1]**Das Recht auf Einsichtnahme durch Dritte erstreckt sich nicht auf Angaben nach § 882b Absatz 2 Nummer 3, wenn glaubhaft gemacht wird, dass zugunsten des Schuldners eine Auskunftssperre gemäß § 51 des Bundesmeldegesetzes eingetragen oder ein bedingter Sperrvermerk gemäß § 52 des Bundesmeldegesetzes eingerichtet wurde.** [2]**Der Schuldner hat das Bestehen einer solchen Auskunftssperre oder eines solchen Sperrvermerks gegenüber dem Gerichtsvollzieher glaubhaft zu machen.** [3]**Satz 2 gilt entsprechend gegenüber dem zentralen Vollstreckungsgericht, wenn die Eintragungsanordnung an dieses gemäß § 882d Absatz 1 Satz 3 übermittelt worden ist.** [4]**Satz 1 ist nicht anzuwenden auf die Einsichtnahme in das Schuldnerverzeichnis durch Gerichte und Behörden für die in Absatz 1 Satz 1 Nummer 2 und 5 bezeichneten Zwecke.**

I. Systematik, Regelungszweck, I 1–3. Die Vorschrift nennt eine Einsichtsmöglichkeit. Man muss das Schuldnerverzeichnis vom Vermögensverzeichnis des § 802k unterscheiden. 1

II. Zuständigkeit des Zentralen Vollstreckungsgerichts, I 1–3. Sie folgt aus § 882b I. 2

III. Darlegung eines ausreichenden Verwendungszwecks, I 1. Zwingende Voraussetzung einer Einsicht ist die Darlegung, dass die Angabe nach § 882b für einen der in § I 1 Nr. 1–7 bezeichneten Zwecke erforderlich und nicht nur förderlich oder nützlich ist. 3

Eine bloße **Darlegung genügt** nach dem klaren Wortlaut von I 1. Eine Glaubhaftmachung nach § 294 ist also nicht erforderlich, OLG Brdb NJW-RR 2001, 1630. 4

Andererseits ist die frühere Möglichkeit, dass jedermann **ohne jede Grundangabe** eine Auskunft fordern konnte, entfallen. Auch ein allgemeines wirtschaftliches oder rechtliches Interesse genügt nicht mehr, soweit nicht gerade einer der Zwecke nach I 1 Nr. 1–7 eine Einsicht erfordert. 5

1. Zwangsvollstreckung, I 1 Nr. 1. Zum Zweck aller Arten von Vollstreckung und während aller Stadien von ihrem Beginn bis zu ihrem Ende ist die Verwendung statthaft. Die Zwangsvollstreckung muss nicht gerade vom Antragsteller ausgehen. Er muss aber ein gerade vollstreckungsbedingtes Verwendungsinteresse haben. 6

2. Wirtschaftliche Zuverlässigkeit, I 1 Nr. 2. Die Verwendung ist ebenfalls statthaft zum Zweck der Erfüllung einer gesetzlichen und nicht nur vertraglichen Pflicht und nicht nur Befugnis oder Absicht, eine wirtschaftliche Zuverlässigkeit gerade des Eingetragenen zu prüfen. Es muss feststehen, dass sich die gesetzliche Pflicht gerade auch auf die wirtschaftliche Prüfung erstreckt und dort gerade auch die Zuverlässigkeit und nicht nur die allgemeine Zahlungsfähigkeit erfassen soll. Es reicht nicht aus zu klären, ob jemand Geld hat, sondern es muss kraft Gesetzes nötig sein zu klären, ob er auch zahlungswillig ist. 7

3. Gewährung öffentlicher Leistungen, I 1 Nr. 3. Die Prüfung ihrer Voraussetzungen reicht als Zweck. 8

4. Abwendung wirtschaftlicher Nachteile, I 1 Nr. 4. Die Verwendung ist ferner zulässig, um solche wirtschaftlichen Nachteile abzuwenden, die gerade daraus entstehen können, dass Schuldner ihren Zahlungspflichten nicht nachkommen. 9

5. Verfolgung von Straftat und Strafvollstreckung, I 1 Nr. 5. Die Verwendung ist ferner statthaft, soweit das zur Verfolgung von Straftaten und Strafvollstreckung nötig ist. Es reicht nicht aus, wirtschaftsrechtliche Ordnungswidrigkeiten zu verfolgen. Es reicht auch nicht aus, dass die Verwendung nur wünschenswert, förderlich oder nützlich wäre. 10

6. Eintragungen über Antragsteller, I 1 Nr. 6. Die Verwendung ist schließlich zur Auskunft solcher Art statthaft. Die Auskunftserteilung stellt eine Maßnahme der Justizverwaltung dar, wenn sie außerhalb eines konkreten Vollstreckungsverfahrens erfolgt, BayObLG DGVZ 2021, 45. 11

7. Dienstaufsicht, I 1 Nr. 7. Zu ihrem Zweck ist ebenfalls eine Einsicht statthaft, soweit es gerade um solche Bediensteten geht, die mit dem Schuldnerverzeichnis befasst sind oder waren. 12

IV. Nur gemäß Übermittlung, I 2, 3. Man darf jede Information nach I 1 nur in denjenigen Grenzen verwenden, für die sie erfolgte. Damit stellt I 2 klar, dass das Gericht einen Austausch selbst innerhalb an sich gesetzlich zulässiger Verwendungszwecke zuvor genehmigen muss. Das zwingt den Urkundsbeamten oder Rpfl., den jeweils nach I 1 erlaubten Teilzweck genau zu bestimmen. 13

V. Einsichtsgrenzen, II. Eine Glaubhaftmachung durch den Schuldner erfolgt nach § 294. 14

882g

Erteilung von Abdrucken. **I [1]Aus dem Schuldnerverzeichnis können auf Antrag Abdrucke zum laufenden Bezug erteilt werden, auch durch Übermittlung in einer nur maschinell lesbaren Form. [2]Bei der Übermittlung in einer nur maschinell lesbaren Form gelten die von der Landesjustizverwaltung festgelegten Datenübertragungsregeln. [3]Liegen die Voraussetzungen des § 882f Absatz 2 vor, dürfen Abdrucke insoweit nicht erteilt werden.**

II Abdrucke erhalten:

1. **Industrie- und Handelskammern sowie Körperschaften des öffentlichen Rechts, in denen Angehörige eines Berufes kraft Gesetzes zusammengeschlossen sind (Kammern),**
2. **Antragsteller, die Abdrucke zur Errichtung und Führung nichtöffentlicher zentraler Schuldnerverzeichnisse verwenden, oder**
3. **Antragsteller, deren berechtigtem Interesse durch Einzeleinsicht in die Länderschuldnerverzeichnisse oder durch den Bezug von Listen nach Absatz 5 nicht hinreichend Rechnung getragen werden kann.**

III [1]Die Abdrucke sind vertraulich zu behandeln und dürfen Dritten nicht zugänglich gemacht werden. [2]Nach der Beendigung des laufenden Bezugs sind die Abdrucke unverzüglich zu vernichten; Auskünfte dürfen nicht mehr erteilt werden.

IV [1]Die Kammern dürfen ihren Mitgliedern oder den Mitgliedern einer anderen Kammer Auskünfte erteilen. [2]Andere Bezieher von Abdrucken dürfen Auskünfte erteilen, soweit dies zu ihrer ordnungsgemäßen Tätigkeit gehört. [3]Absatz 3 gilt entsprechend. [4]Die Auskünfte dürfen auch im automatisierten Abrufverfahren erteilt werden, soweit dieses Verfahren unter Berücksichtigung der schutzwürdigen Interessen der Betroffenen und der Geschäftszwecke der zum Abruf berechtigten Stellen angemessen ist.

V [1]Die Kammern dürfen die Abdrucke in Listen zusammenfassen oder hiermit Dritte beauftragen; sie haben diese bei der Durchführung des Auftrags zu beaufsichtigen. [2]Die Listen dürfen den Mitgliedern von Kammern auf Antrag zum laufenden Bezug überlassen werden. [3]Für den Bezug der Listen gelten Absatz 2 Nr. 3 und Absatz 3 entsprechend. [4]Die Bezieher der Listen dürfen Auskünfte nur jemandem erteilen, dessen Belange sie kraft Gesetzes oder Vertrages wahrzunehmen haben.

VI [1]Für Abdrucke, Listen und Aufzeichnungen über eine Eintragung im Schuldnerverzeichnis, die auf der Verarbeitung von Abdrucken oder Listen oder auf Auskünften über Eintragungen im Schuld-

nerverzeichnis beruhen, gilt § 882e Abs. 1 entsprechend. [2]Über vorzeitige Löschungen (§ 882e Abs. 3) sind die Bezieher von Abdrucken innerhalb eines Monats zu unterrichten. [3]Sie unterrichten unverzüglich die Bezieher von Listen (Absatz 5 Satz 2). [4]In den auf Grund der Abdrucke und Listen erstellten Aufzeichnungen sind die Eintragungen unverzüglich zu löschen. [5]Listen sind auch unverzüglich zu vernichten, soweit sie durch neue ersetzt werden.

VII **[1]In den Fällen des Absatzes 2 Nr. 2 und 3 sowie des Absatzes 5 gilt für nichtöffentliche Stellen § 40 des Bundesdatenschutzgesetzes mit der Maßgabe, dass die Aufsichtsbehörde auch die Verarbeitung dieser personenbezogenen Daten in oder aus Akten überwacht. [2]Entsprechendes gilt für nichtöffentliche Stellen, die von den in Absatz 2 genannten Stellen Auskünfte erhalten haben.**

VIII **Das Bundesministerium der Justiz und für Verbraucherschutz wird ermächtigt, durch Rechtsverordnung mit Zustimmung des Bundesrates**

1. **Vorschriften über den Bezug von Abdrucken nach den Absätzen 1 und 2 und das Bewilligungsverfahren sowie den Bezug von Listen nach Absatz 5 zu erlassen;**
2. **Einzelheiten der Einrichtung und Ausgestaltung automatisierter Abrufverfahren nach Absatz 4 Satz 4, insbesondere der Protokollierung der Abrufe für Zwecke der Datenschutzkontrolle, zu regeln;**
3. **die Erteilung und Aufbewahrung von Abdrucken aus dem Schuldnerverzeichnis, die Anfertigung, Verwendung und Weitergabe von Listen, die Mitteilung und den Vollzug von Löschungen und den Ausschluss vom Bezug von Abdrucken und Listen näher zu regeln, um die ordnungsgemäße Behandlung der Mitteilungen, den Schutz vor unbefugter Verwendung und die rechtzeitige Löschung von Eintragungen sicherzustellen;**
4. **zur Durchsetzung der Vernichtungs- und Löschungspflichten im Fall des Widerrufs der Bewilligung die Verhängung von Zwangsgeldern vorzusehen; das einzelne Zwangsgeld darf den Betrag von 25 000 Euro nicht übersteigen.**

1 **I. Systematik, I–VIII.** Die Regelung umfasst das früher zersplitterte Recht. Seine Grenzen ergeben sich aus I 3 iVm § 882f II.

2 **II. Regelungszweck, I–VIII.** Der Kreis der Antragsberechtigten nach II erweckt Bedenken. Die Vorschrift sollte nicht allzu gläubigerfreundlich ausgelegt werden, OLG Hamm Rpfleger 2006, 481. Allerdings besteht beim Vorliegen der Voraussetzungen kein Ermessen, BGH NJW-RR 2015, 631; OLG Brdb Rpfleger 2003, 201. Unter den Voraussetzungen des § 882f II ist eine Abdruckerteilung nach I 3 unstatthaft.

3 **III. Begriff des Abdrucks, I–VIII.** Der Begriff Abdruck meint in I 1 im Gegensatz zur Abschrift oder Kopie ein von vornherein für größere Stückzahlen hergestelltes Doppel, sei es in herkömmlicher, sei es in einer nur maschinell lesbaren Form. Wegen des Inhalts des Abdrucks und seiner Übersendung vgl. VIII. Damit trägt das Gesetz der zunehmend erforderlichen Massenproduktion in Verfahren beliebiger technischer Art Rechnung. Kostenmäßig ist die Art der Herstellung unerheblich.

4 **IV. Datenübertragung, I 2.** Soweit eine Übermittlung der Abdrucke in einer nur maschinell lesbaren Form erfolgt, muss die Landesjustizverwaltung die in den Ländern festgelegten Datenübertragungsregeln einhalten.

5 **V. Antragsberechtigung, II.** Zum Bezug von Abdrucken, auch zum laufenden, sind die in II Nr. 1–3 Genannten berechtigt. Sie erhalten Abdrucke jedoch nicht von Amts wegen, sondern natürlich nur auf einen Antrag. Das stellt I 1 klar. Deshalb entsteht auch die Auslagenverpflichtung, KV 9000 GKG.

6 **1. Kammern, II Nr. 1.** Die bezugsberechtigten Kammern müssen Körperschaften des öffentlichen Rechts sein und außerdem einen Zusammenschluss von Angehörigen eines Berufes kraft Gesetzes darstellen. **Beispiele:** Apothekerkammern, Architektenkammern, Ärztekammern, Handwerkskammern, Rechtsanwaltskammern, Zahnärztekammern.

7 **2. Führer von privaten Schuldnerverzeichnissen, II Nr. 2.** Es muss sich um einen solchen Antragsteller handeln, der Abdrucke gerade zur Errichtung und Führung eines privaten Schuldnerverzeichnisses verwenden will und verwendet, mag dieses Verzeichnis bundesweit oder zumindest zunächst regional wie immer beschränkt geplant oder angelegt sein. **Beispiel:** Die sog. Schufa und vergleichbare Einrichtungen.

8 **3. Berechtigtes sonstiges Interesse, II Nr. 3.** Es reicht schließlich ein berechtigtes, nicht nur wirtschaftliches, aber nicht notwendig rechtliches Interesse aus. Das Interesse muss sich durch Einzeleinsicht usw. oder durch einen bloßen Listenbezug nach V 2, 3 nicht hinreichend befriedigen lassen.

9 **VI. Vertrauliche Behandlung usw., III 1.** Jeder Bezieher und/oder Verwender eines Abdrucks ist kraft Gesetzes verpflichtet, ihn vertraulich zu behandeln und nicht Dritten zugänglich zu machen.

10 **VII. Vernichtung usw., III 2.** Die gesetzliche Pflicht, Abdrucke unverzüglich zu vernichten und von weiteren Auskünften abzusehen, beginnt mit der Beendigung eines laufenden Bezugs. Soweit man dazu Kündigungsfristen beachten muss, ist das Ende der Frist maßgeblich. Bei einer vorzeitigen Vertragsbeendigung ist dieser Zeitpunkt maßgeblich. Auf den etwaigen Fortbestand der Eintragung im Originalverzeichnis kommt es nur insofern an, dass nach der dortigen Löschung auch der laufende Bezieher nicht mehr verwenden darf.

11 **VIII. Auskunftsbefugnisse, automatisiertes Abrufverfahren, IV.** Die Vorschrift grenzt die Auskunftsbefugnis der Abdrucksbezieher nach II Nr. 1 nur personell ein, OLG Hamm Rpfleger 2006, 481, nicht sachlich. Damit verlagert sich indes im Bereich von IV die Kontrollbefugnis vom Urkundsbeamten oder Rpfl. auf denjenigen Mitarbeiter einer Kammer, der die dort eingehenden Auskunftsanträge bearbeitet. Zu den Einzelheiten des automatisierten Abrufverfahrens VIII.

12 **IX. Listenbefugnis, V 1–3.** Nur Kammern im Sinn von II Nr. 1 dürfen nach V 2 Abdrucke in Listen zusammenfassen oder damit Dritte beauftragen. Sie müssen die Dritten beaufsichtigen.

13 **X. Auskünfte, V 4.** In Abweichung von V 1 sind die Bezieher von Listen zu Auskünften nur gegenüber demjenigen berechtigt, dessen Belange sie kraft Gesetzes oder Vertrags wahrnehmen müssen. Da sie Verträge der letzteren Art jederzeit schließen können, verpufft die mit der ersten Alternative beabsichtigte Schutzwirkung praktisch fast völlig.

XI. Löschung, V 1. Die Vorschrift verweist für Listen usw. auf die Löschungsregeln für Eintragungen in § 882e I. 14

XII. Vorzeitige Löschung, VI 2, 3. Die Vorschrift zwingt den Versender von Abdrucken zur Unterrichtung der Bezieher über vorzeitige Löschungen nach § 882e III. Sie zwingt den letzteren zur unverzüglichen Unterrichtung seiner Listenbezieher. Sie zwingt alle Beteiligten zur unverzüglichen Löschung in ihren Abdrucken und Listen. 15

XIII. Vernichtung, VI 4. Die Vernichtung der bisherigen Liste beim Eingang der nächsten gilt nur, soweit die nächste die bisherige „ersetzt". 16

XIV. Aufsicht der Datenschutzbehörde, VII. In den von VII 1 begrenzten Fällen ist die nach § 40 BDSG bestellte Aufsichtsbehörde in dem erheblichen Umfang jener Vorschrift berechtigt. 17

XV. Schuldnerverzeichnisabdruckverordnung des Bundes, VIII. Es besteht die SchuVAbdrV v. 26.7.2012, BGBl. I 1658, zuletzt geändert am 20.11.2019, BGBl. I 1724. Vgl. dazu BGH NJW-RR 2015, 631. 18

882h *Zuständigkeit; Ausgestaltung des Schuldnerverzeichnisses.* **I [1]Das Schuldnerverzeichnis wird für jedes Land von einem zentralen Vollstreckungsgericht geführt. [2]Der Inhalt des Schuldnerverzeichnisses kann über eine zentrale und länderübergreifende Abfrage im Internet eingesehen werden. [3]Die Länder können Einzug und Verteilung der Gebühren sowie weitere Abwicklungsaufgaben im Zusammenhang mit der Abfrage nach Satz 2 auf die zuständige Stelle eines Landes übertragen.**

II [1]Die Landesregierungen bestimmen durch Rechtsverordnung, welches Gericht die Aufgaben des zentralen Vollstreckungsgerichts nach Absatz 1 wahrzunehmen hat. [2]§ 802k Abs. 3 Satz 2 und 3 gilt entsprechend. [3]Die Führung des Schuldnerverzeichnisses stellt eine Angelegenheit der Justizverwaltung dar.

III [1]Das Bundesministerium der Justiz und für Verbraucherschutz wird ermächtigt, durch Rechtsverordnung mit Zustimmung des Bundesrates die Einzelheiten zu Form und Übermittlung der Eintragungsanordnungen nach § 882b Abs. 1 und der Entscheidungen nach § 882d Abs. 3 Satz 2 dieses Gesetzes und § 284 Abs. 10 Satz 2 der Abgabenordnung oder gleichwertigen Regelungen im Sinne von § 882b Abs. 1 Nr. 2 Halbsatz 2 dieses Gesetzes sowie zum Inhalt des Schuldnerverzeichnisses und zur Ausgestaltung der Einsicht insbesondere durch ein automatisiertes Abrufverfahren zu regeln. [2]Die Rechtsverordnung hat geeignete Regelungen zur Sicherung des Datenschutzes und der Datensicherheit vorzusehen. [3]Insbesondere ist sicherzustellen, dass die Daten

1. **bei der elektronischen Übermittlung an das zentrale Vollstreckungsgericht nach Absatz 1 sowie bei der Weitergabe an eine andere Stelle nach Absatz 2 Satz 2 gegen unbefugte Kenntnisnahme geschützt sind,**
2. **unversehrt und vollständig wiedergegeben werden,**
3. **jederzeit ihrem Ursprung nach zugeordnet werden können und**
4. **nur von registrierten Nutzern nach Angabe des Verwendungszwecks abgerufen werden können, jeder Abrufvorgang protokolliert wird und Nutzer im Fall des missbräuchlichen Datenabrufs oder einer missbräuchlichen Datenverarbeitung von der Einsichtnahme ausgeschlossen werden können.**

[4]Die Daten der Nutzer dürfen nur für die in Satz 3 Nr. 4 genannten Zwecke verarbeitet werden.

I. Systematik, I–III. Die Zuständigkeit des zentralen Vollstreckungsgerichts und die formelle Ausgestaltung des Schuldnerverzeichnisses ergeben sich nach der Vorschrift weitgehend aus zugehörigen Länderregelungen und Rechtsverordnungen des Bundes (III 1) oder der Länder (I 3, II). Ergänzend gilt infolge der Klarstellung in II 3 die in § 23 EGGVG geregelte Rechtswegzuständigkeit des ordentlichen Gerichts. 1

II. Regelungszweck, I–III. Die jeweiligen Ermächtigungen sollen eine schnellere, regional angepasste und leichter änderbare Handhabung ermöglichen. 2

III. Zentrales Vollstreckungsgericht, I 1, II 1. Jedes Land darf und muss ein solches Gericht bestimmen. Das ist auf Grund staatsvertraglicher Vereinbarungen wie folgt geschehen: **Baden-Württemberg:** AG Karlsruhe; **Bayern:** AG Hof; **Berlin:** VO v. 23.1.1997, GVBl 21 (AG Mitte); **Brandenburg:** VO v. 6.9.2007, GVBl 309 (AG Nauen); **Bremen:** VO v. 28.8.2012, GBl 381 (AG Bremerhaven), berichtigt am 10.6.2013, GBl 241; **Hamburg:** Gesetz v. 19.6.2013, GVBl 289 (AG Hmb-Mitte); **Hessen:** VO v. 30.11.2007, GVBl 828 (AG Hünfeld); **Mecklenburg-Vorpommern:** AG Neubrandenburg; **Niedersachsen:** AG Goslar; **Nordrhein-Westfalen:** VO v. 17.7.2002, GVBl 372 (AG Hagen); **Rheinland-Pfalz:** AG Kaiserslautern; **Saarland:** AG Saarbrücken, Gesetz v. 18.9.2013, ABl. 286; **Sachsen:** AG Zwickau; **Sachsen-Anhalt:** Gesetz v. 26.6.2013, GVBl 367 (AG Dessau-Roßlau); **Schleswig-Holstein:** Gesetz v. 4.7.2013, GVBl 330 (AG Schleswig); **Thüringen:** VO v. 8.7.1999, GVBl 459 (AG Meiningen). 3

IV. Internetabfrage, I 2. I 2 ordnet die Abfragemöglichkeit im Internet an. 4

V. Übertragung, I 3. Sie ist wie folgt geregelt: **Bayern:** Bek. v. 19.3.2014, GVBl 98; **Berlin:** Gesetz v. 15.3.2013, GVBl 38; Bek. v. 14.10.2013, GVBl 623; **Brandenburg:** Gesetz zuletzt v. 20.11.2015, GVBl 30; **Bremen:** VO v. 28.8.2012, GBl 381, berichtigt am 10.6.2013, GVBl 241, und v. 16.10.2013, GBl 553; **Hamburg:** Gesetz v. 19.6.2013, GVBl 289; Beck v. 5.2.2014, GVBl 46; **Hessen:** VO zuletzt v. 21.10.2013, GVBl 575; **Mecklenburg-Vorpommern:** VO v. 13.12.2012, GVBl 551; **Niedersachsen:** VO v. 7.12.2012, GVBl 558; Bek. v. 12.11.2013, GVBl 280; **Nordrhein-Westfalen:** Bek. v. 11.3.2014, GVBl 214; **Rheinland-Pfalz:** VO v. 29.12.2012, GVBl 461; Bek. v. 28.10.2013, GVBl 499; **Saarland:** Gesetz v. 18.9.2013, ABl. 286; Bek. v. 31.10.2013, ABl. I 304; **Sachsen:** VO v. 10.4.2013, GVBl 236; **Sachsen-Anhalt:** Bek. v. 31.10.2013, GVBl 503; **Schleswig-Holstein:** Gesetz v. 4.7.2013, GVBl 330; Bek. v. 16.1.2014, GVBl 32; VO v. 30.8.2016, GVBl 819; **Thüringen:** VO v. 14.12.2012, GVBl 460; Bek. v. 8.8.2014, GVBl 626. 5

VI. Übertragung, II 2. Man muss diese Art der Übertragung von derjenigen nach I 3 unterscheiden. Es geht hier in II 2 um die entsprechende Anwendbarkeit von§ 802k III 2, also um die Befugnis der Landesregierung zur 6

Übertragung der Bestimmung des zentralen Vollstreckungsgerichts nach I 1 auf die Landesjustizverwaltung. → Rn. 3.

7 **VII. Beauftragung mit Datenverarbeitung, II 2.** Infolge der Verweisung auch auf § 802k III 3 kann das nach → Rn. 3 bestimmte zentrale Vollstreckungsgericht auch eine oder mehrere „andere Stellen" mit der Datenverarbeitung beauftragen. Wer eine „andere Stelle" sein darf, besagt das Gesetz nicht. Er ordnet nur als Mindesteignung eine Beachtung der jeweiligen datenschutzrechtlichen Bestimmungen über die Verarbeitung personenbezogener Daten im Auftrag an.

8 **VIII. Justizverwaltungsangelegenheit, II 3.** Dazu → Rn. 1.

9 **IX. Regelung der Einzelheiten, III.** Vgl. dazu SchuFV v. 26.7.2012, BGBl. 1654, → § 882b Rn. 1.

882i

Rechte der Betroffenen. **I [1]Das Auskunftsrecht nach Artikel 15 Absatz 1 und das Recht auf Erhalt einer Kopie nach Artikel 15 Absatz 3 der Verordnung (EU) 2016/679 wird in Bezug auf die personenbezogenen Daten, die im Schuldnerverzeichnis und in den an das zentrale Vollstreckungsgericht übermittelten Anordnungen der Eintragung in das Schuldnerverzeichnis enthalten sind, dadurch gewährt, dass die betroffene Person Einsicht in das Schuldnerverzeichnis über die zentrale und länderübergreifende Abfrage im Internet nach § 882h Absatz 1 Satz 2 nehmen kann. [2]Eine Information der betroffenen Person über konkrete Empfänger, gegenüber denen die in Satz 1 genannten personenbezogenen Daten offengelegt werden, erfolgt nur insoweit, als Daten zu diesen Empfängern nach den Vorschriften für Zwecke der Datenschutzkontrolle zu speichern sind.**

II Hinsichtlich der im Schuldnerverzeichnis enthaltenen personenbezogenen Daten kann das Recht auf Berichtigung nach Artikel 16 der Verordnung (EU) 2016/679 nur unter den Voraussetzungen ausgeübt werden, die in § 882e für Löschungen von Eintragungen oder die Änderung fehlerhafter Eintragungen vorgesehen sind.

III Das Widerspruchsrecht gemäß Artikel 21 der Verordnung (EU) 2016/679 gilt nicht in Bezug auf die personenbezogenen Daten, die im Schuldnerverzeichnis und in den an das zentrale Vollstreckungsgericht übermittelten Anordnungen der Eintragung in das Schuldnerverzeichnis enthalten sind.

1 Die Einführung der Vorschrift erfolgte mit Wirkung vom 26.11.2019 zur Umsetzung der Ansprüche, die sich aus der Datenschutzgrundverordnung ergeben und modifiziert diese entsprechend dem Zweck der Führung des Schuldnerverzeichnisses.

Abschnitt 3. Zwangsvollstreckung zur Erwirkung der Herausgabe von Sachen und zur Erwirkung von Handlungen oder Unterlassungen

Vorbemerkung zu § 883

I. Systematik. Abschnitt 3 regelt die Zwangsvollstreckung in persönliche Leistungen, soweit solche Leistungen überhaupt erzwingbar sind. Die Zwangsvollstreckung findet gegen den Fiskus und gegen andere Personen des öffentlichen Rechts genauso statt wie gegen andere Schuldner nach § 882a, § 15 Nr. 3 EGZPO. Die allgemeinen Vollstreckungsregeln nach §§ 704–802 sind anwendbar. § 95 I Nr. 2 FamFG macht § 883 entsprechend anwendbar, Giers NZFam 2020, 4. 1

II. Regelungszweck. Die Vorschriften zeigen das Bemühen des Gesetzgebers, auch bei eigentlich gar nicht erzwingbaren Vorgängen irgendwie Druck auf den Schuldner auszuüben, sei es durch Ordnungsmittel, durch eine kostenpflichtige Ersatzvornahme oder durch eine Unterstellung (Fiktion). Insbesondere §§ 885, 887, 888, 890 bergen eine dort jeweils beschriebene solche Fülle von Problemen, dass man den Gläubiger nicht noch durch eine allzu schuldnerfreundliche Auslegung behindern darf. Freilich setzt Art. 20 I GG Grenzen. Ferner muss man nach Art. 1, 2 GG die Menschenwürde und das Persönlichkeitsrecht des Schuldners und vor allem der zB von einer Räumung mitbetroffenen Personen wahren. Das Ermessen des Gerichts geht teilweise außerordentlich weit. Es gilt, eine richtige Mitte zwischen sozialer Verantwortung und Durchsetzungskraft wie Druckwirkung zu erzielen. 2

III. Geltungsbereich. 1. Herausgabe. Es geht zunächst um die Erzwingung der Herausgabe oder Leistung einer beweglichen oder unbeweglichen körperlichen Sache nach §§ 883 ff. Man muss diese Zwangsvollstreckung von der Zwangsvollstreckung in den Anspruch auf die Herausgabe nach §§ 846–849 unterscheiden. 3

2. Andere Handlung. Es geht ferner um die Erzwingung einer Handlung anderer Art. Dabei behandelt die ZPO nach §§ 887 ff. vertretbare und unvertretbare Handlungen verschieden. Bei einer vertretbaren Handlung nach § 887 tritt eine Ersatzhandlung ein. Bei einer unvertretbaren Handlung nach §§ 888–889 muss ein unmittelbarer Zwang gegen den Schuldner erfolgen. 4

3. Unterlassung, Duldung. Es geht ferner um die Verpflichtung zur Unterlassung oder Duldung einer Handlung nach § 890. Die Zuwiderhandlung wird mit Ordnungsmitteln geahndet. 5

4. Willenserklärung. Es geht schließlich um eine Willenserklärung nach §§ 894 ff. Man kann sie nicht erzwingen. Die ZPO unterstellt daher einfach ihre Abgabe. 6

883 ***Herausgabe bestimmter beweglicher Sachen.*** **I Hat der Schuldner eine bewegliche Sache oder eine Menge bestimmter beweglicher Sachen herauszugeben, so sind sie von dem Gerichtsvollzieher ihm wegzunehmen und dem Gläubiger zu übergeben.**

II **1Wird die herauszugebende Sache nicht vorgefunden, so ist der Schuldner verpflichtet, auf Antrag des Gläubigers zu Protokoll an Eides statt zu versichern, dass er die Sache nicht besitze, auch nicht wisse, wo die Sache sich befinde. 2Der gemäß § 802e zuständige Gerichtsvollzieher lädt den Schuldner zur Abgabe der eidesstattlichen Versicherung. 3Die Vorschriften der §§ 478 bis 480, 483, 802 f Abs. 4, §§ 802g bis 802i und 802j Abs. 1 und 2 gelten entsprechend.**

III **Das Gericht kann eine der Sachlage entsprechende Änderung der eidesstattlichen Versicherung beschließen.**

I. Systematik. Die Vorschrift wird ergänzt durch §§ 884, 886. Sie regelt die Vollstreckung aufgrund eines **Herausgabetitels des Gläubigers.** Demgegenüber betreffen §§ 846–849 die Vollstreckung in einen Herausgabeanspruch des Schuldners. Die Regelung gilt nach § 95 I Nr. 2 FamFG auch für Titel, die in einem FamFG-Verfahren ergangen sind. Nach § 95 IV FamFG kann das Gericht die Herausgabe aber auch durch Maßnahmen nach § 888 bewirken. 1

II. Regelungszweck. Die Regelung soll die Erfüllung eines Herausgabeanspruchs bewirken. Nach **I** geschieht dies unmittelbar durch Wegnahme der Sache beim Schuldner und Übergabe an den Gläubiger. Bei **II, III** führt noch nicht § 883 zur Befriedigung, sondern erst ein sich an § 802a anschließendes Verfahren. 2

III. Geltungsbereich. 1. Herausgabetitel. Grundlage der Vollstreckung nach dieser Norm muss ein auf Herausgabe gerichteter **Titel** sein. Neben Urteilen, einstweiligen Verfügungen und Vollstreckungstiteln gemäß § 794 kommen auch andere Titel, zB die Anordnung der Zwangsverwaltung, BGH NJW-RR 2005, 1032; AG Bln-Neukölln NZM 2010, 560 (569), in Betracht, ebenso Pfändungsbeschlüsse gem. §§ 830 I 1, 836 III 1 hinsichtlich der dort bezeichneten Urkunden, Wieczorek/Schütze/Rensen Rn. 5. Der Titel muss auf die Herausgabe einer beweglichen Sache (→ Rn. 4) gerichtet sein. Muss die Sache zur Erfüllung der Herausgabepflicht erst an einen anderen Ort verbracht werden, steht das der Anwendung des § 883 nicht entgegen, OLG Ffm NJW 1983, 1685 (1686); Schilken DGVZ 1988, 49 (52). Soweit es um **Geld** geht, ist dies von Zahlungsansprüchen abzugrenzen, die nach §§ 802a ff. zu vollstrecken sind. **Duldung der Wegnahme** ist etwas anderes als Herausgabe. Man muss die Duldungspflicht nach § 890 vollstrecken, AG Peine DGVZ 1999, 140. Die Herausgabe kann auch Teil einer umfassenderen Vollstreckung sein, zB bei der vorübergehenden Herausgabe im Rahmen einer Auskunftserteilung (→ Rn. 5 „Auskunft") oder als Teil einer Pflicht zur Übereignung iVm § 897. 3

2. Bewegliche Sache. Gegenstand der Zwangsvollstreckung muss eine bewegliche Sache sein. Maßgeblich hierfür sind die §§ 90 ff. BGB. Es geht also um **körperliche Gegenstände,** die weder Immobilien noch Schiffe/Schiffsbauwerke – insoweit gilt § 885 – sind. **Wesentliche Bestandteile** von Immobilien können unter § 883 fallen, wenn sie im Rahmen der Wegnahme von dieser abgetrennt werden, Schuschke/Walker/Kessen/Thole/Walker/Koranyi Rn. 5. **Tiere** sind hier wie bewegliche Sachen zu behandeln (§ 90a S. 3 BGB). Für den Anspruch auf Herausgabe von **Menschen,** insbes. Kindern, gilt § 883 nicht, sondern §§ 88 ff. FamFG. 4

3. Beispiele zur Frage einer beweglichen Sache usw., I

5 **Abtrennbarkeit:** Anwendbar ist § 883 auch auf eine solche Sache, die erst durch ihre Wegnahme beweglich wird, falls der Gerichtsvollzieher sie abtrennen kann.

Arbeitspapiere: → § 887 Rn. 31.

Auskunft: Anwendbar ist § 883 auch dann, wenn die Herausgabe nur zu einer vorübergehenden Überlassung ohne eine Besitzaufgabe erfolgen muss, zB zu einer Einsicht, BayObLG DGVZ 2022, 133 Rn. 41; OLG Ffm NJW-RR 2018, 765; 1991, 171; Habermalz NJW 2013, 3403 (3405), oder Vorlegung ohne eine weitergehende Auskunft, OLG Köln NJW-RR 1988, 1210; abl. Fluck/Weber GmbHR 2022, 729 Rn. 40 unter Hinweis auf die sich daraus ergebenden praktischen Probleme. Unanwendbar ist § 883 dann, wenn die Herausgabe zu einer weitergehenden Auskunft gehört, BayObLG WM 1975, 1071; MüKoZPO/Gruber Rn. 15 (dann gilt § 888).

Bestimmtheit: Sie muss vorliegen. Umfangreiche Unterlagen zur Errichtung einer Industrieanlage sind ohne genaue Bezeichnung nicht bestimmt, AG Saarlouis DGVZ 2016, 257.

Bruchteil: Der rechnerische Sachbruchteil ist keine Sache.

Datenträger: Anwendbar ist § 883, freilich erst ab Verkörperung der Daten auf einem geeigneten Medium, BGH MDR 2018, 227; Steinrötter/Bohlsen ZZP 133, 459 (461). Die Pflicht zur Leistung von Bitcoins oder ähnlichen Kryptowerten ist nicht auf die Herausgabe von Sachen gerichtet, OLG Düss MDR 2021, 643 (→ § 887 Rn. 32 „Bitcoins").

Dritter: Anwendbar ist § 883 auch dann, wenn der Schuldner die Sache an einen Dritten herausgeben muss, zB an eine Behörde oder an einen Sequester, LG Heidelb DGVZ 1977, 44; Schilken DGVZ 1988, 49 (52), oder an den → „Zwangsverwalter".

Einsichtnahme: → „Auskunft".

Geld: → „Mehrere Sachen".

Hinterlegung: Anwendbar ist § 883 auch dann, wenn der Schuldner die Sache hinterlegen muss.

Insolvenz: Der Eröffnungsbeschluss ist ein Herausgabetitel (§ 51 I GVGA). § 89 InsO hindert nicht, LG Hann DGVZ 1990, 170.

Mehrere Sachen: Eine greifbar bestimmte Gesamtheit kann sich aus bestimmten beweglichen Sachen zusammensetzen, auch aus Geld, BGH NJW-RR 2005, 1032; LG Heilbr Rpfleger 2007, 620 (je: Mietkaution). Das kann etwa bei einer Bücherei oder Ladeneinrichtung oder beim Hausrat so sein, vgl. aber auch OLG Köln MDR 1993, 83 (Urkundenmehrheit). Die greifbar bestimmte Gesamtheit kann auch aus vertretbaren Sachen bestehen, Schilken DGVZ 1988, 49 (51). Es muss aber die Pflicht bestehen, aus einem bestimmten Bestand herauszugeben, etwa 5000l Heizöl der Qualität X.

Montagepflicht: Unanwendbar ist § 883 dann, wenn der Schuldner die Sache auch montieren oder aufstellen muss, zB eine Maschine. Dann gilt § 887, aA MüKoZPO/Gruber Rn. 18.

Neulieferung: Bei der Neulieferung im Rahmen der Nacherfüllung (§ 439 BGB) ist str., ob diese unter § 883 fällt oder unter § 887, so OLG Karlsr NJW-RR 2019, 869 Rn. 46, offen gelassen BGH WM 2022, 330 Rn. 28.

Recht an Sache: Es ist keine Sache.

Samenzellen: § 883 ist anwendbar, OLG Hbg NZFam 2022, 20 (24).

Sequester: „Dritter".

Tier: § 90a BGB.

Unvertretbare Sache: Es gilt § 887 auch dann, wenn der Schuldner die Sache beschaffen oder herstellen muss, LAG Hamm ZIP 1983, 1253 (Lohnabrechnung); Wieczorek/Schütze/Rensen Rn. 8; aA Schilken DGVZ 1988, 49 (53) (evtl. auch § 883) (aber §§ 887 ff. sind vorrangige Spezialvorschriften).

Urkunde: Anwendbar ist § 883 auch dann, wenn der Schuldner eine Urkunde herausgeben muss, OLG Köln NJW-RR 1989, 568 (569); LG Bielef DGVZ 1996, 76 (über §§ 1, 6 JBeitrO: eingezogener Führerschein); LG Itzehoe DGVZ 1982, 187; aA OLG Mü OLGR 1994, 261 (auch bei bloßer Vorlagepflicht). Auch „Arbeitspapiere".

Vertretbare Sache: Es gilt § 884 → „Neulieferung".

Vorratsschuld: MüKoZPO/Gruber Rn. 10; Wieczorek/Schütze/Rensen Rn. 6.

Vorübergehende Überlassung: → „Auskunft".

Wahlrecht: Bei einem Wahlrecht des Gläubigers lässt der Gerichtsvollzieher ihm an Ort und Stelle oder vorher die Auswahl und wählt mangels einer näheren Anweisung nach § 753 selbst für den Gläubiger. Bei einem Wahlrecht des Schuldners kann sich dieser nach §§ 261, 262 BGB bis zur Empfangnahme durch den Gläubiger durch die Leistung anderer Stücke befreien.

Wertpapier: Vgl. Hollinger MDR 2019, 520 (525); Meier MMR 2021, 381 insbes. zu elektronischen Wertpapieren, die Herausgabe scheitert aber meist schon an der Existenz einer bloßen sog. Globalurkunde, so z. B. bei einem DAX-Papier. Dann muss schon der Vollstreckungstitel anders lauten.

6 **IV. Durchführung, I.** Einzelheiten zum Vorgehen ergeben sich für den Gerichtsvollzieher aus § 127 GVGA. Dieser muss die Voraussetzungen der Zwangsvollstreckung und insbesondere die Voraussetzungen des § 883 von Amts wegen prüfen, aber nicht ermitteln. Der Vollstreckungstitel ist auslegbar, und zwar auch nach dem Vollstreckungszweck, LG Frankenth DGVZ 1986, 184; Schilken DGVZ 1988, 49 (53).

7 **1. Nämlichkeitsprüfung.** Der Gerichtsvollzieher prüft, ob der Vollstreckungstitel die herauszugebende Sache genügend bestimmt bezeichnet, Sutschet ZZP 119, 279 (301) (evtl. keine letzte Genauigkeit nötig), OLG Köln DGVZ 1983, 74. Der Gerichtsvollzieher kann bei drohenden Zweifeln oder Meinungsverschiedenheiten verlangen, dass der Gläubiger die Nämlichkeit des Vollstreckungsgegenstands selbst oder durch einen kundigen Beauftragten für den Gerichtsvollzieher klären hilft, LG Lübeck DGVZ 1989, 30; AG Oldb DGVZ 1989, 30.

8 **2. Wegnahme.** Der Gerichtsvollzieher nimmt die Sache dem Schuldner bei § 808 nach den allgemeinen Grundsätzen der §§ 758 ff. weg, LG Karlsr DGVZ 1993, 141; LG Bln DGVZ 1992, 11; LG Kiel DGVZ 1985, 185. Ist zur Wegnahme der Sache das Betreten der Wohnung des Schuldners erforderlich, ist § 758a zu beachten, MüKoZPO/Gruber Rn. 26; Schuschke/Walker/Kessen/Thole/Walker/Koranyi Rn. 27. Das setzt **Besitz des Schuldners** voraus, OLG Köln DGVZ 1983, 74. Befindet sich die Sache im (Mit-)Besitz eines Dritten, ist das in den Fällen des § 739 unschädlich. Befindet sich die Sache im **Besitz eines Dritten** und ist dieser zur Herausgabe bereit, kann entsprechend § 809 die Wegnahme bei diesem erfolgen, Wieczorek/Schütze/Rensen Rn. 24. Ist er

nicht zur Herausgabe bereit, gilt § 886. Auf die **Eigentumsverhältnisse** kommt es für die Wegnahme nicht an; Rechte an der Sache, zB Eigentum oder Vermieterpfandrecht, sind ggf. gem. § 771 geltend zu machen. Über die Wegnahme ist ein **Protokoll** zu fertigen, in dem die weggenommenen Sachen genau zu bezeichnen sind (§ 127 VI GVGA).

3. Übergabe an den Gläubiger. Die Übergabe an den Gläubiger soll möglichst unmittelbar nach der Wegnahme erfolgen, OLG Kblz NJW-RR 1990, 1152. Deshalb soll der Gerichtsvollzieher dem Gläubiger Ort und Zeitpunkt der beabsichtigten Vollstreckung vorher mitteilen (§ 127 II 3 GVGV). Kann eine Übergabe nicht am Ort der Wegnahme erfolgen, ist die weggenommene Sache zunächst in Verwahrung zu nehmen. Die Herausgabe erfolgt gegen Empfangsbescheinigung (§ 127 II 1 GVGA); diese ist außerdem im Protokoll zu vermerken (§ 127 VI 3 GVGA). 9

Der Gerichtsvollzieher kann die Sache dem Gläubiger auch **übersenden** (§ 127 II 1 GVGA). Das muss er allerdings grundsätzlich nicht tun, LG Saarbr DGVZ 2009, 205; AG Ffm DGVZ 1989, 47; aA OLG Düss DGVZ 1995, 86 (stellt auf den Vollstreckungstitel ab). Die Verpflichtung des Schuldners zur Herausgabe der Sache an einem anderen Ort ändert nichts daran, dass sich die Vollstreckung nach § 883 richtet, BGH NJW 2016, 645 Rn. 19 10

Treffen ein Auftrag nach § 883 und ein solcher auf **Pfändung** nach §§ 803 ff. zusammen, führt der Gerichtsvollzieher zunächst den Pfändungsauftrag durch (§ 127 VI 2 GVGA). Nur soweit keine anderen Pfandstücke vorhanden sind, pfändet er die wegzunehmende Sache (§ 127 VI 3 GVGA). Auf Verlangen des Gläubigers des Herausgabetitels ist diese auch wegzunehmen, es erfolgt aber keine Übergabe/Verwahrung. Die Zwangsvollstreckung darf in Bezug auf diese Sache erst fortgesetzt werden, wenn sie der eine Gläubiger von dem Recht des anderen befreit hat (§ 127 V 6 GVGA). Für den Gläubiger des Herausgabetitels ist dies über § 771 möglich, MüKoZPO/Gruber Rn. 29. Wegen eines Zusammentreffens von § 883 und § 887 LAG Bln DB 1998, 684 (evtl. zunächst nach § 883 vollstrecken). 11

V. Eidesstattliche Versicherung, II, III. 1. Voraussetzungen, II 1. Der Schuldner muss die eidesstattliche Versicherung dann leisten, wenn die Zwangsvollstreckung überhaupt statthaft ist und wenn der Gerichtsvollzieher die herauszugebende Sache nicht im Gewahrsam des Schuldners vorfindet, OLG Ffm NJW 1983, 1685. Wenn ein Dritter die Sache im Gewahrsam hat und zur Herausgabe nicht bereit ist, gilt § 886, OLG Köln DGVZ 1983, 74. Die eidesstattliche Versicherung ist das einzige zulässige Zwangsmittel. §§ 887 ff. sind nicht anwendbar, OLG Köln DGVZ 1983, 74; LG Frankenth DGVZ 1986, 185. Der Gerichtsvollzieher ermittelt nicht von Amts wegen den Verbleib, AG Rotenbg DGVZ 1991, 94. Der Schuldner muss in der eidesstattlichen Versicherung alle ihm möglichen Angaben machen, um dem Gläubiger das Auffinden der Sache zu ermöglichen. Hat zB der Vermieter eine Mietkaution verrechnet, bleibt zur näheren Auskunft nur § 836 III. Wenn der Gläubiger weiß, wo sich die Sache befindet, kann ihm eine eidesstattliche Versicherung nichts verraten. Deshalb fehlt dem Gläubiger dann das Rechtsschutzbedürfnis für den Antrag auf die Abnahme der eidesstattlichen Versicherung. Wenn der eine Schuldner etwas herauszugeben hat und der andere Schuldner die Herausgabe dulden muss, müssen beide Schuldner die eidesstattliche Versicherung abgeben. Die eidesstattliche Versicherung ist auch in einem Verfahren zur Erwirkung eines Arrests oder einer einstweiligen Verfügung nach §§ 916 ff., 935 ff. notwendig, OLG Karlsr Rpfleger 1993, 79. 12

2. Zuständigkeit, II 2. Für die Entgegennahme der eidesstattlichen Versicherung ist nach dem klaren Wortlaut von **II 2** mit seiner Bezugnahme auch auf § 802e nicht das Vollstreckungsgericht der §§ 864 II, 802 zuständig, sondern der **Gerichtsvollzieher** nach § 144 I 1 Nr. 2 GVGA bei dem nach § 802e örtlich zuständigen AG. Es wird also auf einen Auftrag des Gläubigers nach § 802e I zunächst der Gerichtsvollzieher beim AG des Wohnsitzes oder Aufenthaltsorts im Zeitpunkt der Auftragserteilung tätig. Eine gerichtliche Anordnung der Abgabe der eidesstattlichen Versicherung ist daneben nicht vorgesehen, BayObLG 22.4.2021 – 101 ZBR 13/21, BeckRS 2021, 8484 Rn. 26. 13

3. Weiteres Verfahren, II 2, 3. Die Anordnung erfolgt durch einen Beschluss nach § 329. Der Gerichtsvollzieher muss ihn begründen. Das weitere Verfahren verläuft nach **II 3** nach den entsprechend anwendbaren §§ 802f IV, 802g–802i, 802j I, II. Der Gerichtsvollzieher zieht evtl. einen Dolmetscher hinzu (§ 8 II GVGA). Nur dann, wenn der Gläubiger nach § 294 glaubhaft macht, dass der Schuldner die Sache erst nach dem Zeitpunkt der Abgabe seiner eidesstattlichen Versicherung erlangt hat, muss der Schuldner eine weitere eidesstattliche Versicherung abgeben, BGH NJW 2008, 1598 Rn. 13. 14

4. Persönliche Abgabe, II 3. Der Schuldner muss die eidesstattliche Versicherung persönlich abgeben. Ein gesetzlicher Vertreter muss eigene Kenntnisse und die ihm bekannten des Vertretenen offenbaren. Der Offenbarende muss die Erklärung zum Protokoll des Gerichtsvollziehers erklären. Wenn er dazu nicht imstande ist oder vom Vollstreckungsgericht weit entfernt wohnt, muss er sie entsprechend §§ 478, 479 zum Protokoll eines Gerichtsvollziehers beim nach §§ 156 ff. GVG ersuchten AG ableisten. Der Schuldner kann beim Gerichtsvollzieher den Antrag stellen, er möge einen Kollegen bei einem auswärtigen AG ersuchen. Falls dieser Antrag begründet ist, muss ihm der Gerichtsvollzieher des Vollstreckungsgerichts stattgeben. Derjenige Gerichtsvollzieher, der dem Schuldner die eidesstattliche Versicherung abnimmt, muss ihn entsprechend § 480 über deren Bedeutung belehren. Bei einem Stummen gilt § 483 entsprechend. 15

5. Formeländerung, III. Die Formel der eidesstattlichen Erklärung kann der angepasst werden. Zuständig ist das Vollstreckungsgericht und hier der Rpfl. (§ 20 I Nr. 17 RPflG). Er kann vor allem diejenige Fassung wählen, dass der Schuldner lediglich seine persönliche Überzeugung dann versichern müsse, wenn man ihm nicht zumuten kann, eine Versicherung dahin abzugeben, seine Angaben seien auch objektiv wahr. 16

VI. Entsprechende Anwendbarkeit, I–III. 1. Sachvorlage. Es geht darum, dass der Schuldner eine Sache vorlegen muss, zB Geschäftsunterlagen. Denn die Vorlegung ist eine Herausgabe nur zur Ansicht oder zur Einsicht, BFH NVwZ 2000, 1334 (1336). § 888 führt außerdem oft nicht zum Ziel, OLG Ffm NJW-RR 2002, 823 (wendet bei völliger Versagung § 887 an); Schilken DGVZ 1988, 49 (52). Das gilt selbst dann, wenn der Schuldner die Sache bei einer Behörde vorlegen muss, etwa beim Grundbuchamt. 17

2. Strafurteil, Bußgeldbescheid. Es geht um eine Herausgabe aufgrund eines solchen Strafurteils, das eine Einziehung verfügt hat, AG Büdingen DGVZ 1997, 14, oder aufgrund eines entsprechenden Bußgeldbescheids nach § 90 III OWiG. 18

19 **VII. Rechtsbehelfe.** Gegen das Verfahren des Gerichtsvollziehers hat jeder Betroffene die **Erinnerung** nach § 766, LG Tüb DGVZ 2004, 142. Gegen den aufgrund einer Anhörung ergangenen Beschluss des Rpfl. nach **II, III** ist der jeweilige Weg nach § 11 RPflG statthaft. Gegen eine richterliche Erstentscheidung ist die sofortige Beschwerde nach §§ 567 I Nr. 1, 793 statthaft. Der eine Erfüllung behauptende Schuldner muss nach § 767 vorgehen, LG Münst DGVZ 1995, 184. Ein Dritter kann auch die Drittwiderspruchsklage nach § 771 erheben. Der Gläubiger kann bei einer Erfolglosigkeit der Herausgabevollstreckung nach § 893 vorgehen. Soweit der Schuldner zB bei einem Abzahlungskauf schon eine Rate gezahlt hatte, kann eine Vollstreckungsabwehrklage nach § 767 in Betracht kommen.

20 **VIII. Kosten und Gebühren.** Soweit die Kosten zur Durchführung der Zwangsvollstreckung erforderlich sind, gehen diese zu Lasten des Schuldners, § 788. Dazu gehören auch die Kosten der **Hinzuziehung eines Sachverständigen** für die Prüfung, ob es sich um die wegzunehmende Sache handelt, BGH MDR 2018, 227. Die Kosten der **Verwahrung** der Sache durch den Gerichtsvollzieher bis zur Übergabe an den Gläubiger hat der Schuldner ebenfalls zu tragen, OLG Düss AnwBl 1989, 239, es sei denn, es ist lediglich die Herausgabe an einen Sequester geschuldet, weil die Vollstreckung dann mit der Wegnahme abgeschlossen ist, OLG Hamm OLGR 1997, 56; OLG Schlesw JurBüro 1996, 89; OLG Kblz MDR 1981, 855. Kosten der **Versendung** hat der Schuldner nur zu tragen, wenn er die Herausgabe an einem anderen Ort schuldet, OLG Köln NJW-RR 1990, 1152; Wiecz/Rensen Rn. 36.

21 Für die Wegnahme durch den **Gerichtsvollzieher** fallen Kosten iHv 26 Euro an (KV 221 GvKostG), für die Abnahme der eidesstattlichen Versicherung iHv 38 Euro (KV 262 GvKostG). Für die **anwaltliche Vertretung** entstehen Gebühren gem. VV 3309 f. RVG.

884 *Leistung einer bestimmten Menge vertretbarer Sachen.* **Hat der Schuldner eine bestimmte Menge vertretbarer Sachen oder Wertpapiere zu leisten, so gilt die Vorschrift des § 883 Abs. 1 entsprechend.**

1 **I. Systematik, Regelungszweck.** Die Norm erweitert den Anwendungsbereich des § 883 I auf vertretbare Sachen (§ 91 BGB) und Wertpapiere. Ergänzend gilt § 886.

2 **II. Geltungsbereich.** Unter § 884 fällt vor allem ein Anspruch auf eine solche bewegliche Sache, die der Schuldner erst noch anschaffen oder herstellen muss. Hierher gehört auch ein Anspruch auf eine solche Sache, die der Schuldner an einen Spediteur oder dgl. liefern muss. Hierher gehört auch ein Posten Aktien in Sammelverwahrung, BGH NJW 2004, 3341 (beim Gewahrsam eines Dritten gilt § 886); LAG Hmb ZIP 2014, 1696 (also nicht § 887 III).

3 **III. Durchführung.** Der Gerichtsvollzieher darf nur eine solche Sache wegnehmen, die sich im **Besitz des Schuldners** befindet. Wenn der Schuldner eine derartige Sache nicht im Besitz hat, ist nicht etwa § 883 II, III entsprechend anwendbar, auf den § 884 nicht mit verweist. Vielmehr bleibt dem Gläubiger dann nur eine Klage auf das Interesse nach § 893 übrig, soweit nicht § 886 hilft, Schilken DGVZ 1988, 49 (51). Der Gläubiger kann den Schuldner also nicht durch die Androhung eines Ordnungs- oder Zwangsmittels zur Anschaffung der Sache oder zu einem Tauschangebot zwingen, ganz abgesehen davon, dass man den Anspruch im Urteil auch nicht genügend genau bezeichnen könnte. Auch §§ 887, 888 sind nach § 887 III unanwendbar. Die Wegnahme beschränkt die Leistungspflicht nach §§ 243 II BGB, 897 auf die weggenommenen Stücke.

885 *Herausgabe von Grundstücken oder Schiffen.* I [1]**Hat der Schuldner eine unbewegliche Sache oder ein eingetragenes Schiff oder Schiffsbauwerk herauszugeben, zu überlassen oder zu räumen, so hat der Gerichtsvollzieher den Schuldner aus dem Besitz zu setzen und den Gläubiger in den Besitz einzuweisen.** [2]**Der Gerichtsvollzieher hat den Schuldner aufzufordern, eine Anschrift zum Zweck von Zustellungen oder einen Zustellungsbevollmächtigten zu benennen.**

II **Bewegliche Sachen, die nicht Gegenstand der Zwangsvollstreckung sind, werden von dem Gerichtsvollzieher weggeschafft und dem Schuldner oder, wenn dieser abwesend ist, einem Bevollmächtigten des Schuldners, einem erwachsenen Familienangehörigen, einer in der Familie beschäftigten Person oder einem erwachsenen ständigen Mitbewohner übergeben oder zur Verfügung gestellt.**

III [1]**Ist weder der Schuldner noch eine der bezeichneten Personen anwesend oder wird die Entgegennahme verweigert, hat der Gerichtsvollzieher die in Absatz 2 bezeichneten Sachen auf Kosten des Schuldners in die Pfandkammer zu schaffen oder anderweitig in Verwahrung zu bringen.** [2]**Bewegliche Sachen, an deren Aufbewahrung offensichtlich kein Interesse besteht, sollen unverzüglich vernichtet werden.**

IV [1]**Fordert der Schuldner die Sachen nicht binnen einer Frist von einem Monat nach der Räumung ab, veräußert der Gerichtsvollzieher die Sachen und hinterlegt den Erlös.** [2]**Der Gerichtsvollzieher veräußert die Sachen und hinterlegt den Erlös auch dann, wenn der Schuldner die Sachen binnen einer Frist von einem Monat abfordert, ohne binnen einer Frist von zwei Monaten nach der Räumung die Kosten zu zahlen.** [3]**Die §§ 806, 814 und 817 sind entsprechend anzuwenden.** [4]**Sachen, die nicht verwertet werden können, sollen vernichtet werden.**

V **Unpfändbare Sachen und solche Sachen, bei denen ein Verwertungserlös nicht zu erwarten ist, sind auf Verlangen des Schuldners jederzeit ohne Weiteres herauszugeben.**

Schrifttum: Cirullies, Der Gerichtsvollzieher im Gewaltschutzverfahren – Vollstreckung des Anspruchs auf Wohnungsüberlassung, DGVZ 2018, 77; Flatow, Was heißt hier Räumung?, ZMR 2014, 937; Keinert, Haftung für Beschädigung des Räumungsguts bei der Räumungsvollstreckung gemäß § 885 ZPO, ZMR 2013, 515; Klüver, Zur Räumung von Nachbesitzern des Vertragsmieters, DGVZ 2012, 116; Lincke, Zur Bilddokumentation bei der beschränkten Zwangsräumung, DGVZ 2016, 44; Mroß/Fischer, Räumungsvollstreckung gegen Mit-

und Nachbesitzer, DGVZ 2016, 195; Schindler, Im Überblick: Die Abwehr der Räumungsvollstreckung, NZM 2021, 745; Schuschke, Die Räumungsvollstreckung gegen Mitbesitzer einer Mietwohnung, NZM 2010, 10; Schwieren, Die Kostenbelastung des Gläubigers bei der Räumungsvollstreckung – effektiver Rechtsschutz, DGVZ 2011, 48; Waldschmidt, Zwangsvollstreckung aus einem Räumungstitel – nicht immer ganz einfach, JurBüro 2022, 9; Weidt, Räumung von Gewerbeobjekten, ZMR 2021, 636.

I. Systematik. §§ 883, 884 betreffen bewegliche Sachen. Demgegenüber regelt § 885 mit Ergänzungen durch §§ 885a, 886 die Vollstreckung aufgrund eines Herausgabeanspruchs des Gläubigers wegen einer unbeweglichen Sache, BGH NJW-RR 2007, 1091 (also nicht § 888). Daher bleibt auch eine Zwangsräumung nach §§ 21 II Nr. 3, 89 I InsO trotz einer Insolvenz des Räumungsschuldners statthaft, AG Offenbach DGVZ 2005, 14; aA LG Lübeck NZI 2020, 998 Rn. 11. § 95 I Nr. 2 FamFG macht § 885 entsprechend anwendbar. Vgl. auch § 96 FamFG. In einer FamFG-Sache gibt § 95 IV FamFG erweiterte Befugnisse. 1

II. Regelungszweck, I–V. Die Räumung führt zu zahlreichen auch sozialen Begleitproblemen. Sie finden teilweise in §§ 721, 765a, 885a usw. Spezialregelungen. Man muss sie aber im Übrigen durch eine solche Auslegung lösen, die den berechtigten Wunsch des Räumungsgläubigers oft nach der selbst dringend benötigten Wohnung beachtet. Es gibt ja ein verfassungsrechtlich geschütztes Befriedigungsrecht des Gläubigers, BGH NJW 2004, 3770 (3771). Freilich gibt es auch den aus Art. 1, 2, 13, 14, 20 I GG ableitbaren Schutz des Räumungsschuldners und vor allem seiner Angehörigen. Dabei muss man auch den behördlichen Obdachlosenschutz (→ Rn. 8) in die Überlegungen einbeziehen. Man muss auch die oft erheblichen Kosten zB eines Transports und einer Zwischenlagerung (→ Rn. 13) immerhin mitbedenken. Das alles kann nur unter einer Abwägung aller Umstände behutsam geschehen. Die Vorschrift verstößt nicht gegen Art. 13, 14 GG, BVerfG WuM 1991, 465. 2

III. Unbewegliche Sache, I. 1. Räumung. Hierher gehört von § 546 I BGB abweichend die Herausgabe, Räumung und Überlassung des Allein- oder Mitbesitzes, BGH NJW 2020, 3376 Rn. 32; NZM 2017, 473; Flatow ZMR 2014, 937. Den Gegensatz bildet das evtl. nur nach §§ 887, 888 beurteilbare bloße Verlassen eines Raumes, das bloße „Ausziehen“, LG BadBad DGVZ 2003, 24; AG Mainz DGVZ 2001, 63; AG Gladbeck FamRZ 1992, 589. Überlassung ist die Herausgabe zur ungehinderten Benutzung. Räumung ist nach § 854 BGB, § 128 I 1 GVGA die Entsetzung des Schuldners aus dem Besitz mit der folgenden Einweisung des Gläubigers in den Besitz, OLG Ffm MDR 2003, 655; LG Wiesb DGVZ 2000, 24. Das geschieht meist durch eine Schlüsselübergabe evtl. nach einer Auswechslung der Schlösser. Beim Grundstück ohne einen verschließbaren Raum kann die Erklärung des Gerichtsvollziehers zu seinem Protokoll reichen. Der Gerichtsvollzieher fordert den Schuldner nach § 128 I 2 GVGA zugleich zur Angabe von dessen neuer Anschrift zwecks Zustellungen auf. Wegen der sog. **Berliner Räumung** § 885a; wegen der sog. **Hamburger Räumung** Nies DGVZ 2000, 33; Riecke NZM 2006, 919. Räumungspflicht bedeutet stets auch Herausgabepflicht, AG Ehingen DGVZ 1979, 77. Das gilt auch bei einer freiwilligen Räumung, AG Emmendingen DGVZ 2002, 191 (Übergabe an Gläubiger). Mit der Inbesitznahme durch den Gläubiger ist der Vollstreckungstitel verbraucht, OLG Rostock WuM 2015, 568. Eine Übereignung fällt unter § 894. § 885 erlaubt keinen Abbruch usw., OLG Ffm MDR 2003, 655 (§ 887). Die allgemeinen Voraussetzungen der Zwangsvollstreckung müssen vorliegen, insbesondere ein Vollstreckungstitel nach §§ 704, 794 usw., AG Darmst DGVZ 2009, 168; AG Aalen DGVZ 2006, 123 (je: Insolvenzeröffnungsbeschluss). Er muss das Räumobjekt genau bezeichnen, OLG Mü DGVZ 1999, 56; AG Bln-Schöneb NJW-RR 1991, 1488. Er ist wie stets auslegbar, LG Bonn DGVZ 1998, 142. 3

2. Sachbegriff. Anders als bei § 864 umfasst der Begriff der unbeweglichen Sache hier nur ein **Grundstück** oder einen körperlichen Teil eines solchen Grundstücks, zB eine Wohnung, einen Geschäftsraum, Schilken DGVZ 1988, 49 (56), oder ein vom Schuldner errichtetes Gebäude, also einen nicht bloß gedachten Teil. Unter § 885 fallen ferner nach § 128 I 1 GVGA: Ein **eingetragenes Schiff,** und zwar unabhängig davon, ob jemand es bewohnt oder nicht; ein eingetragenes Schiffsbauwerk; ein Schwimmdock. Ein nicht eingetragenes Schiff sowie ein nicht eingetragenes Schiffsbauwerk fallen unter § 883, selbst wenn diese schon eintragungsfähig sein mögen. § 885 betrifft insbesondere die Räumung des Grundstücks oder des Schiffs oder einzelner Räume (dazu §§ 721, 794a) oder die Räumung eines Pachtgrundstücks. Man muss die Räumung einer beweglichen Sache entsprechend behandeln, etwa die Räumung eines Wohnwagens oder Behelfsheimes oder diejenige eines nicht eingetragenen bewohnten Schiffs. Wenn der Schuldner ein bewegliches Zubehör mit dem Grundstück usw. herausgeben muss, fällt es nach § 128 III GVGA unter § 885, BGH DGVZ 2003, 89. 4

3. Beispiele zur Frage eines Räumungstitels, I

Arrest, einstweilige Anordnung oder Verfügung: Eine dort angeordnete „Räumung“ ist wegen der grds. ja nur vorläufig möglichen Eilmaßnahme bei der auch hier stets notwendigen Auslegung grds. keine nach § 885 vollstreckbare Pflicht, OLG Köln FamRZ 1983, 1231. 5

Beendigung: Eine nur so bezeichnete Pflicht reicht als Räumungstitel grds. nicht aus, LG Bln DGVZ 1991, 92. → „Räumungsfrist“.

Besitzübertragung: → „Dritter“.

Dinglicher Titel: Es ist unerheblich, ob ein solcher Titel oder ein persönlicher vorliegt.

Dritter: § 885 setzt Alleinbesitz des Vollstreckungsschuldners voraus, der Gerichtsvollzieher muss die wahre Besitzlage ermitteln, BGH NJW 2020, 3376 Rn. 28. Besitzen mehrere die Sache, bedarf es gegen jeden Mitbesitzer eines Titels, BGH NJW 2018, 399 (Hausbesetzer). Dritter ist jede vom Vollstreckungsschuldner verschiedene Person, die die Sache selbst in Besitz hat, auch Ehe- und Lebenspartner, BGH NJW 2020, 3376 Rn. 28; 2004, 3041; OLG Ffm NZM 2016, 816 (817). Eine arglistige Besitzübertragung auf Dritte zwecks einer Räumungsverhinderung kann unbeachtlich sein, AG/LG Hmb DGVZ 2005, 164. Zu weiteren Familienangehörigen → Rn. 11 f.

Flurstück: Seine Angabe reicht grds. aus, OLG Mü DGVZ 1999, 56.

Gegen Gewahrsamsinhaber: Der Räumungstitel muss gegen den Gewahrsamsinhaber lauten, notfalls auch gegen den Untermieter (→ Rn. 12). Gewahrsam ist auch hier die tatsächliche Sachherrschaft, OLG Celle DGVZ 1988, 171; AG Essen DGVZ 1998, 44.

Gewaltschutz: Zur Wohnungsüberlassung usw. Cirullies DGVZ 2018, 77.

Hausbesetzer: Es ist eine eindeutige Bezeichnung erforderlich, BGH NJW 2018, 399.

Herausgabe: Der Räumungstitel braucht diese Pflicht nicht zusätzlich anzugeben, OLG Mü DGVZ 1999, 56.

Insolvenz: Der Eröffnungsbeschluss ist nach § 51 I GVGA ein Räumungstitel; zum Räumungsanspruch in der Insolvenz des Mieters Vuia ZInsO 2020, 1957.

Mit- und Nachbesitz. Dazu Mroß/Fischer DGVZ 2016, 195. Er folgt nicht schon aus Eintragung in einem Personalausweis, AG Bad Neuenahr DGVZ 2009, 167.

Nießbrauch: Nicht ausreichend ist die Pfändung des Nießbrauchs, BGH NJW 2006, 1124.

Nutzungsüberlassung: Ausreichen kann eine Formulierung, der Schuldner werde die Wohnung „zur alleinigen Nutzung überlassen", KG FamRZ 1987, 1290 (für die Zeit vor der Rechtskraft der Scheidung); aA OLG Hmb FamRZ 1983, 1151; LG Itzehoe FamRZ 1987, 176 (aber solche Formulierungen geben das Wesentliche durchaus klar her).

Persönlicher Titel: → „Dinglicher Titel".

Prozessvergleich: Dieser kann ausreichen, wenn er auf Herausgabe, Räumung oder Überlassung gerichtet ist, AG Bln-Schöneb NJW-RR 1991, 1488.

Räumung + Herausgabe: Der Titel braucht nach → Rn. 2 nicht auf beides zu lauten, OLG Mü DGVZ 1999, 56.

Räumungsfrist: Ihre Vereinbarung kann als Räumungstitel durchweg ausreichen, LG Coburg DGVZ 1991, 38; eine Wohnungszuweisung gem. § 1361b BGB genügt nicht, OLG Zweibr. NZM 2020, 662.

Verpflichtung zum Auszug: Ausreichen kann ein solcher Titel trotz → Rn. 3, AG Gießen DGVZ 1994, 126; aA AG Mainz DGVZ 2000, 62 (zu formell).

Zug-um-Zug: Unbeachtlich ist eine im Räumungstitel stehende Zug-um-Zug-Pflicht, LG Oldb DGVZ 2010, 86.

Zuschlagsbeschluss: Ausreichen kann ein solcher Beschluss nach § 93 I ZVG, LG Darmst DGVZ 1996, 72; LG Lübeck DGVZ 1990, 91. Ein erst nach dem Zuschlag begonnener Besitz hindert eine Räumung nicht, LG Kleve DGVZ 2009, 166.

Zwangsverwaltung: Ausreichen kann ein Räumungsbeschluss bei einer Zwangsverwaltung nach § 869 iVm § 149 II ZVG. Die Zwangsverwaltungsanordnung enthält eine Räumungsbefugnis, BGH NJW-RR 2011, 1095. Der Gerichtsvollzieher kann den Zwangsverwalter nach § 131 II 1–3 GVGA einweisen. Er zeigt den Auftrag dem Schuldner oder dem an dessen Stelle Angetroffenen vor und erteilt auf deren Verlangen eine Auftragsabschrift nach § 131 II 3, 4 GVGA.

6 **IV. Unmittelbarer Zwang, I. 1. Grundsatz: Zulässigkeit bei möglichster Schonung.** Vgl. §§ 128 ff. GVGA. Ihre Nichtbeachtung ist zwar nach § 766 anfechtbar, aber im Übrigen nur bedingt beachtlich, AG Augsb DGVZ 2012, 126. Der Gerichtsvollzieher muss möglichst schonend handeln, jedoch notfalls durch einen unmittelbaren Zwang nach § 758 III, BVerfG NJW 2003, 882 (Klinik). Die Schonungsaufgabe gilt grundsätzlich einschließlich der Räumung der beweglichen Sachen des Schuldners, aber ohne einen Eingriff in die zu räumende Sache selbst. Der Gerichtsvollzieher darf also nicht etwa eine Mauer niederreißen. Demgemäß reicht ein Vollstreckungstitel auf die Räumung eines Grundstücks auch nicht zur „Räumung" desjenigen bebauten Grundstücksteils aus, auf dem sich ein festes Wohnhaus des Schuldners befindet. Dann kann der Gläubiger nur nach § 887 vorgehen, falls auch die Beseitigung mit unter die „Räumung" nach dem Urteil fällt, Waldschmidt JurBüro 2022, 9 (11). Im Übrigen ergeben die Sachlage und das sachliche Recht das Notwendige. Stets beinhaltet aber der Räumungstitel die Befugnis des Gerichtsvollziehers, den Schuldner aus demjenigen Gebäude zu entfernen, das der Schuldner auf dem Grundstück erbaut hat.

7 Der Gerichtsvollzieher muss nach § 128 II 5 GVGA grundsätzlich zwischen Zustellung nach § 750 und Räumung mindestens 3 Wochen abwarten. Er kann den zu früh gestellten Räumungsantrag zwar derzeit zurückweisen, AG Oberkirch DGVZ 1995, 92. Besser lässt er ihn aber bis zum Fristablauf liegen. Er muss den Räumungstermin dem Gläubiger nach § 128 II 1, 2 GVGA stets mitteilen, dem Schuldner in der Regel. Die Mitteilung muss so rechtzeitig geschehen, dass der Schuldner sich auf die Räumung einrichten kann, AG Ffm WuM 1983, 87. Freilich darf der Schuldner grundsätzlich keine wochenlange Zwischenfrist beanspruchen. Der Gerichtsvollzieher braucht zur Mitteilung nach § 130 I GVGA auch nicht die **Räumungsfrist** abzuwarten. Es braucht erst recht nicht ein Räumungsfristverfahren nach § 721 abzuwarten, solange das Gericht keine andere einstweilige Anordnung nach §§ 721 IV 4, 732 II getroffen hat. Der Schuldner kann nach §§ 765a, 766 vorgehen. Keine Benachrichtigung des Schuldners erfolgt nach §§ 53 II 1, 209 III 1, 216 II 1 FamFG dann, wenn entweder eine Entscheidung des Familiengerichts in einer Gewaltschutz- oder Ehewohnungssache nach §§ 200 I, 210 FamFG vor der Zustellung vollziehbar ist oder wenn eine Zustellung nach § 214 II Hs. 2 FamFG nicht vor der Vollstreckung erfolgen darf, vgl. dazu jeweils § 128 II 4 GVGA. Eine Benachrichtigung unterbleibt nach § 128 II 6 GVGA auch bei einem unbekannten Schuldneraufenthalt. Eine öffentliche Zustellung nach § 185 ist nach § 128 II 7 GVGA meist nicht sinnvoll. Der Gläubiger kann abwesend bleiben, falls er nach § 128 II 7 GVGA infolge zB der Übergabe der Schlüssel an ihn oder einen Hüter die tatsächliche Gewalt über das geräumte Objekt erhält. Auch der Schuldner kann nach § 128 II 9 GVGA abwesend sein.

8 **2. Obdachlosigkeit.** Eine Haft oder eine drohende Obdachlosigkeit des Schuldners und seiner Familie dürfen zwar grundsätzlich die Räumung durch den Gerichtsvollzieher nicht beeinträchtigen, AG Bad Mergentheim DGVZ 2000, 28, aA bei Zwangsverwaltung § 131 II 6 GVGA (evtl. Belassung der zum Hausstand unentbehrlichen Räume). Der Gerichtsvollzieher muss nur die zuständigen Behörden nach § 130 III 1 GVGA benachrichtigen. Zur Praxis polizeilicher Zwangseinweisung des Räumungsschuldners in die zu räumende Wohnung, OVG Lüneb NZM 2011, 372 (nur bei polizeilichem Notstand). Wegen der Räumungskosten bei einer Beschlagnahme Nies ZMR 2002, 20. Zur behördlichen Räumungsverfügung gegen den zunächst wieder Eingewiesenen BGH NJW 1995, 2918. Zu ihrem Verhältnis zu § 765a VG Kblz WuM 1993, 474.

9 Indes muss der Gerichtsvollzieher prüfen, ob eine vom Schuldner beantragte Gerichtsentscheidung zB nach § 765a direkt bevorsteht. Der Gerichtsvollzieher kann nach §§ 65, 130 III 2 GVGA begrenzt auch selbst nach § 765a II einen Aufschub geben. Nach dem Ablauf der ordnungsbehördlichen Einweisungsfrist darf und muss der Gerichtsvollzieher aufgrund des nicht verbrauchten Vollstreckungstitels weiter vollstrecken, LG Darmst DGVZ 1993, 154; LG Ellwangen DGVZ 1993, 11; LG Heilbr MDR 1992, 910 Freilich kann die sofortige Vollziehbarkeit einer Einweisungsverfügung auch bei deren Verlängerung fortgelten, LG Gießen DGVZ 1990, 73. Will die Obdachlosenbehörde den Schuldner aus der Wohnung setzen lassen, ist eine rechtskräftige oder sofort vollziehbare Verfügung notwendig, in der sie die Räumungsverpflichtung ausdrücklich ausspricht, AG Reutlin-

gen DGVZ 1990, 79. Der Schuldner kann den Einwand des Abschlusses eines neuen Nutzungsverhältnisses nur nach § 767 geltend machen, LG Freibg DGVZ 1989, 155. Die Obdachlosenbehörde haftet evtl., BGH NJW 1995, 2918, auch für Kosten des Gläubigers infolge einer verspäteten Ankündigung der Wiedereinweisung, LG Limburg DGVZ 1991, 75.

3. Verwirkung usw. Zum Rechtsmissbrauch LG Hann MDR 1979, 495 und 589; AG Hmb- St Georg DGVZ 2007, 63. Nach 2,5 Jahren nebst Raten kann eine Verwirkung vorliegen, AG Kronach DGVZ 2005, 187, ebenso nach einer wiederholten Forderung zur Mietzahlung statt zur Räumung, AG Mü DGVZ 2006, 123. 10

V. Familienangehöriger usw., I. 1. Eigenes Nutzungsrecht. Die Frage, ob Dritte, die sich in den Räumen befinden aufgrund des gegen den Schuldner gerichteten Titels mit geräumt werden können, hängt davon ab, ob sie selbst **Besitzer** iSd § 854 BGB sind also eigenen Gewahrsam an der Sache haben, BGH WM 2020, 1427 Rn. 32 oder nur am Besitz des Schuldners teilhaben. Letzteres gilt für Besucher, Besitzdiener iSd § 855 BGB und minderjährige Kinder. Soweit ein Dritter selbst Besitz hat, darf er nur aufgrund eines gegen ihn gerichteten Titels geräumt werden, BGH NJW 2004, 3041. 11

Besucher: Sie haben keinen eigenen Besitz, Wieczorek/Schütze/Rensen Rn. 27. 12

Ehegatten: Sie sind selbst Besitzer und dürfen deshalb nur aufgrund eines gegen sie gerichteten Titels geräumt werden, BGH NJW 2004, 3041.

Hausangestellte: Sie sind lediglich Besitzdiener, Wieczorek/Schütze/Rensen Rn. 29

Hausbesetzer: Gegen jeden Besetzer muss der Titel gerichtet sein, in dem er eindeutig bezeichnet sein muss, BGH NJW 2018, 399.

Kinder: Minderjährige Kinder haben keinen eigenen Besitz, BGH NJW 2008, 1959 Rn. 20. Dies soll auch für die Zeit nach Eintritt der Volljährigkeit gelten, BGH NJW 2008, 1959 Rn. 21; zu Recht krit. MüKoZPO/Gruber Rn. 20.

Lebenspartner: Es gilt dasselbe wie für „Ehegatten".

Lebensgefährte: Der Lebensgefährte des Besitzers ist selbst Besitzer, nicht aber der Lebensgefährte eines Besitzdieners, BGH NJW 2009, 1959 Rn. 13, 22.

Rechtsnachfolger: Gegen diesen muss eine Rechtsnachfolgeklausel gem. § 750 II nur dann erwirkt werden, wenn er tatsächlichen Besitz hat, die Fiktion des § 857 BGB genügt nicht, BGH NJW 2020, 3376 Rn. 28, 34.

Untermieter: Er darf nur aufgrund eines gegen ihn gerichteten Titels geräumt werden, BGH NJW 2008, 3288; AG Heidelb DGVZ 2021, 200 Rn. 12.

Wohngemeinschaft: Die Mitglieder einer Wohngemeinschaft sind unabhängig davon, ob sie Mieter sind/waren Mitbesitzer, MüKoZPO/Gruber Rn. 21. Hier kann nichts anderes gelten als beim → „Untermieter".

VI. Bewegliche Sache, II–V. 1. Grundsatz: Wegschaffung, Übergabe. Wenn sich auf dem Grundstück oder auf dem Schiff Fahrnis befindet, die nicht Gegenstand der Zwangsvollstreckung ist, also nicht als Zubehör des Grundstücks oder des Schiffs nach § 865 gelten kann, muss der Gerichtsvollzieher diese nach § 128 IV 1 GVGA beim unbeschränkten Vollstreckungsauftrag nach **II** grundsätzlich wegschaffen, OLG Düss NZM 2015, 895; LG Bonn NZM 2010, 920; LG Düss DGVZ 1984, 78. Sie sind aber nicht Gegenstand der ZwV, BGH WM 2020, 1427 Rn. 43. Er muss sie dem Schuldner, seinem Bevollmächtigten, seinen erwachsenen Familienangehörigen, den Hausangestellten oder einem erwachsenen ständigen Mitbewohner nach § 128 IV 6, 7 GVGA übergeben oder zur Verfügung stellen. In ein anderes Schuldnerobjekt braucht der Gerichtsvollzieher solche Sachen aber nach § 128 IV 8, 9 GVGA nur auf Schuldnerbitte und -kosten zu schaffen, AG Hann ZMR 1987, 27; Waldschmidt JurBüro 2022, 9 (11). Der ProzBev nach § 81 ist nicht ohne weiteres ein derart Bevollmächtigter. Wenn der Gerichtsvollzieher nicht so vorgehen kann oder wenn der Vermieter oder Verpächter aufgrund eines **gesetzlichen Pfandrechts** dieser Maßnahme widersprechen oder der Schuldner die (Wieder-)Entgegennahme der mit der Räumung entfernten Habe verweigert, muss der Gerichtsvollzieher die Fahrnis nach § 128 V 1 GVGA grundsätzlich in die Pfandkammer schaffen oder sie an einer anderen Stelle verwahren, OLG Köln VersR 1995, 574; LG Ffm DGVZ 1983 172; LG Freibg WuM 1989, 444; aA § 128 IV 2–4 GVGA, LG Köln DGVZ 1996, 75 (Zurücklassung). Der Gläubiger muss sein Pfandrecht im Einzelnen darlegen, AG Hanau DGVZ 2005, 185. Er kann auch den Auftrag nach § 885a auf die Wohnungsherausgabe beschränken. 13

2. Leerung. Jedenfalls hat der Gerichtsvollzieher den Schuldner grundsätzlich erst dann nach **I** aus dem Besitz der Wohnung gesetzt, wenn der Gerichtsvollzieher sämtliche Möbel des Schuldners auf die vorstehende Art und Weise behandelt hat, OLG Karlsr FamRZ 1994, 1123 (Ausnahme evtl. bei einer einstweiligen Anordnung); LG Bonn NZM 2010, 920; AG Hanau DGVZ 2005, 185. Daher ist der Vollstreckungstitel auch erst dann verbraucht. Der Gerichtsvollzieher muss die Durchführung der Räumung bis zu ihrem Abschluss überwachen. Er darf und muss freilich auch auf eine Kostensparsamkeit achten. Andernfalls darf er Kosten evtl. nach § 7 GvKostG nicht erheben, so schon LG Hmb MDR 1999, 1526. Der Gerichtsvollzieher muss einen Raum aber nicht besenrein übergeben, Schuschke DGVZ 2010, 141. Die Schlüsselübergabe (nach Leerung) beendet die Räumung, BGH NJW-RR 2017, 1158 Rn. 7. 14

3. Öffentliche Ordnung. Der Gerichtsvollzieher darf die öffentliche Ordnung nicht stören. Er darf die aus der Wohnung entfernten Sachen zB nicht auf der Straße stehen lassen, Schuschke DGVZ 2010, 139. Der Gerichtsvollzieher darf nach **I** schon aus Haftungsgründen den Abtransport nicht ohne weiteres dem Gläubiger überlassen, AG Lörrach DGVZ 2005, 109; AG Brakel DGVZ 1984, 158. Wenn eine solche Gefahr aber nicht droht, darf der Gerichtsvollzieher jedenfalls nicht gegen den Willen des Gläubigers nach **III** vorgehen, OLG Hamm DGVZ 1981, 186. Er darf und muss vielmehr dann die Sachen auch mithilfe des Vorschusses (→ Rn. 16 „Vorschuss") des Gläubigers in die neue Wohnung des Schuldners bringen, OLG Hamm DGVZ 1980, 187. Freilich besteht keine derartige **Vorschusspflicht** des Gläubigers. Mangels eines Gläubigerauftrags nach § 754 haftet der Gläubiger auch nicht für die Kosten dieser Verbringung in die Ersatzwohnung des Schuldners. Eine nur symbolische Räumung durch die Entfernung nur einzelner Möbelstücke wegen einer sofortigen polizeilichen Einweisung verbraucht den Vollstreckungstitel nicht, LG Heilbr MDR 1992, 910; LG Freibg DGVZ 1989, 155; Nies DGVZ 2000, 33 (auch zur sog. Hamburgischen Räumung). Der Gläubiger kann nach dem Ablauf der Einweisungsfrist von der Einweisungsbehörde die Entfernung des zwangseingewiesenen Schuldners fordern, VGH Mannh NJW 1997, 2832. 15

4. Beispiele zur Frage einer Räumung, II–V

16 **Abfall:** → Rn. 22.

Abriss: Er fällt unter §§ 887, 888, OLG Düss NZM 2015, 895.

Aufschüttung: Die Entfernung einer Aufschüttung usw. von einem zu räumenden Grundstück kann unter § 885 fallen, aA OLG Düss DGVZ 1999, 155 (§ 887) (systemwidrig).

Ausfallbetrag: → „Gläubigerhaftung".

Bauwagen: Zu seiner Räumung als Wohnung gehören auch das Ausräumen, das Verpacken des Inhalts, der Abtransport usw., LG Kassel DGVZ 2005, 10.

Bauwerk: Es fällt dann nicht unter § 885, wenn der Schuldner es nach dem Titel selbst entfernen muss, BGH NJW-RR 2005, 212 (§ 887).

Beitreibung: Die notwendigen Kosten gehören zu § 788 (→ „Kostensparsamkeit"), LG Heilbr MDR 1992, 910 (Aufhebung einer Zwangseinweisung); LG Limburg DGVZ 1983, 127. Das gilt auch für die Kosten der Bereitstellung eines Spediteurs (→ „Spediteur"), oder für die Kosten einer Einlagerung bzw. Verwahrung (→ „Gläubigerhaftung", → „Kostenfestsetzung").

Bepflanzung: Ihre Entfernung fällt nicht unter § 885, OLG Düss NJW-RR 2000, 533; OLG Ffm MDR 2003, 655, sondern meist unter § 887, BGH NJW-RR 2005, 212. → „Aufschüttung"; Weidt ZMR 2021, 636 (637).

Bereitstellungskosten: Der Gläubiger muss für die voraussichtlichen Bereitstellungskosten nach § 788 aufkommen, AG Ettlingen DGVZ 1998, 15; LG Siegen DGVZ 1994, 76. → „Vorschuss".

„Berliner Rämung": § 885a.

Besitz: → „Verwahrungsvertrag".

Brachliegen: Dann stellt der Gerichtsvollzieher zu Protokoll fest, dass er das Grundstück dem anwesenden Gläubiger zu Besitz übergeben hat, BGH NJW-RR 2009, 445.

Dritter: Ein Dritter kann aufgrund eines die Veräußerung hindernden Rechts nicht aus § 771 vorgehen. Denn die verwahrten Sachen sind nicht mehr ein Gegenstand der Zwangsvollstreckung, AG Essen DGVZ 2000, 125. Der Dritte muss vielmehr evtl. eine Erinnerung nach § 766 einlegen, aA AG Essen DGVZ 2000, 125 (systemwidrig). Der Gerichtsvollzieher darf die Schuldnersachen einem Dritten nur mit einer Einwilligung des Schuldners herausgeben, AG Essen DGVZ 2000, 125.

Einlagerung: → „Gläubigerhaftung", → „Verwahrungsvertrag", → „Vorschuss".

Einzelsache: Der Gerichtsvollzieher braucht sie grds. nicht aus dem übrigen Räumungsgut herauszusuchen, LG Wuppert DGVZ 2005, 108. Freilich kann eine Ausnahme unter besonderen Umständen gelten. → „Kostbarkeit".

Geschäftsunterlagen: → „Verwahrungsvertrag".

Getrenntleben: Es ist nicht die Aufgabe des Vollstreckungsgerichts oder des Gerichtsvollziehers, das Eigentum aufzuteilen, AG Siegb DGVZ 1998, 190.

Gewalt: → „Widerstand".

Gewaltschutz: Bei einer einstweiligen Anordnung kommt nach § 130 II 1 GVGA evtl. eine erneute Räumung infrage. Vgl. auch § 134 GVGA. → „Titelrückgabe".

Gläubigerhaftung: Neben dem Schuldner haftet der Gläubiger für die infolge seines Auftrags nach § 754 notwendigerweise entstehenden Kosten nach § 13 GvKostG, LG Bln JurBüro 2000, 548; LG Kblz DGVZ 1992, 30; AG Lahnstein DGVZ 1992, 30. Der Gläubiger haftet also nach **I–III** auch für die Kosten der Räumung und dafür, dass die dabei herausgeholten Gegenstände und Tiere eine geeignete Verwahrung bekommen, → „Tier", OLG Jena JurBüro 1999, 435; AG Bln-Tempelhof DGVZ 1992, 141; AG Brake DGVZ 1995, 44; aA LG Oldb DGVZ 1995, 44 (aber Tiere brauchen schon wegen § 90a BGB erst recht Fürsorge); AG Bln-Tempelhof DGVZ 1992, 141. Der Gläubiger haftet aber nicht für die Kosten der an diese Überführung anschließenden eigentlichen Einlagerung. Denn das ordnet **III** eindeutig nicht mit an. Es ergibt sich auch nicht nach **IV**, LG Mannh DGVZ 1997, 153; AG Ffm DGVZ 1987, 159; aA OLG Hamm DGVZ 2001, 7; LG Kblz DGVZ 2006, 78; AG Erkelenz DGVZ 2000, 159 (aber das wäre eine Überdehnung der Auslegungsmöglichkeiten).

Grenzzeichen: Sie können evtl. fehlen, BGH MDR 2009, 289.

Haftung: Vgl. Keinert ZMR 2013, 515.

„Hamburger Räumung": → Rn. 3.

Haustier: → „Gläubigerhaftung", → „Tier".

Kostbarkeit: Soweit zum Räumungsgut eine Kostbarkeit gehört, muss der Gerichtsvollzieher natürlich auch einen Hinweis des Schuldners auf die Notwendigkeit einer besonderen Vorsicht zur Vermeidung mindestens einer Staatshaftung beachten.

Kosten: → „Kostensparsamkeit".

Kostenabzug: Nur der Gerichtsvollzieher und nicht der Gläubiger können vom Verkaufserlös des IV offene Kosten der Räumung vor der Hinterlegung des Erlöses abziehen.

Kostenfestsetzung: Es kann eine Festsetzung der notwendigen Kosten nach §§ 104 ff., 788 erfolgen, auch zB unter einer Einbeziehung der Speditionskosten, LG Hann DGVZ 1989, 42. → „Gläubigerhaftung".

Kostensparsamkeit: Man muss auch in der Zwangsvollstreckung jeden unnötigen Aufwand vermeiden. Daher muss der Gerichtsvollzieher auch bei der Räumung die Kosten möglichst gering halten, OLG Hmb NZM 2000, 575; OLG Mü MDR 2000, 602; AG Ffm NZM 2004, 359. → „Spediteur".

Müll: → Rn. 22.

Nachschuss: → „Vorschuss".

Obdachlosenbehörde: → „Vorschuss".

Öffnungskosten: Der Gläubiger muss für die voraussichtlichen aufkommen, LG Siegen DGVZ 1994, 76. → „Vorschuss".

Polizeieinsatz: → „Widerstand". Vgl. auch § 96 FamFG (Gewaltschutz).

Rückschaffung: Soweit das Gericht die bereits in Gang befindliche Räumung einstellt, lassen LG Flensb DGVZ 1991, 118; AG Bochum DGVZ 1992, 31 den Gläubiger nicht für die Kosten der Rückschaffung des Räumungsguts haften, aA Schilken DGVZ 1993, 2.

Schuldnerpapiere: → „Verwahrungsvertrag".

Schuldnerrechte: Der Schuldner kann gegenüber dem Gläubiger weder nach §§ 811, 812 noch nach §§ 765a, 813 vorgehen. → Rn. 24.

Spediteur, Keinert ZMR 2013, 515 (Haftung): Der Gerichtsvollzieher darf einen Spediteur hinzuziehen, LG Kblz DGVZ 1993, 73; AG Montabaur DGVZ 1993, 73. Er muss das Gut aber nicht so zum Schuldner schaffen, LG Aschaffenb DGVZ 1997, 155 (Annahme: Schuldner zahlt Vorschuss, AG Herne DGVZ 1980, 30); LG Wuppert DGVZ 1990, 189. Der Gerichtsvollzieher wählt den Spediteur grds. selbst aus, LG Kblz DGVZ 1997, 29; LG Stgt DGVZ 1990, 172; AG Rastatt DGVZ 2002, 46. Er muss einen Wunsch des Gläubigers nur bei durchgreifenden Gründen beachten, LG Hann DGVZ 1985, 76, AG Mönchengladb-Rheydt ZMR 1989, 312. Er braucht bei marktüblichen Preisen kein Vergleichsangebot einzuholen, sondern darf einen ihm als zuverlässig bekannten Spediteur auswählen, LG Kblz DGVZ 1997, 30; LG Saarbr DGVZ 1985, 92; AG Hmb-St Georg DGVZ 2004, 189; strenger LG Mannh DGVZ 1997, 153 (Beamtenpflichten bei Auftragsvergabe. Aber das ist meist schon zeitlich undurchführbar). Er darf freilich nicht vermeidbar hohe Kosten entstehen lassen (→ „Kostensparsamkeit"), Schwieren DGVZ 2011, 48 (hat sogar verfassungsrechtlich Bedenken). In Betracht kommen auch die Kosten eines bloßen Beförderungsversuchs, BVerwG DGVZ 1982, 156; AG Flensb DGVZ 2005, 131; AG Ettlingen DGVZ 1998, 15, auch evtl. Bereitstellungskosten, LG Düss DGVZ 2006, 57; LG Ffm DGVZ 2006, 115; LG Kassel DGVZ 2003, 140, und zwar ohne Umsatzsteuer, BFH DStR 2010, 2184; LG Kassel DGVZ 2003, 140. Nicht hierher gehören aber sonstige bloße Vorbereitungskosten, LG Kblz DGVZ 1987, 58; AG Itzehoe DGVZ 1984, 123. → „Kostbarkeit", → „Kostensparsamkeit".

Sperrmüll: → Rn. 22.

Tier: Geißler DGVZ 1995, 148 hält den Gerichtsvollzieher nicht für verpflichtet, für ein Haustier des Schuldners zu sorgen. Dasselbe meint AG Eschwege DGVZ 2008, 140 beim Gläubiger. Das kann aber eine evtl. sogar strafbare Tierquälerei sein. Zumindest darf der Tierschutz nicht wegen seiner Kosten scheitern, Sues DGVZ 2008, 135. Es kann außerdem auf einen Verstoß gegen die öffentliche Ordnung nach → Rn. 15 hinauslaufen. Deshalb ist es eine Fallfrage, wieweit der Gerichtsvollzieher vorsorgen muss, BGH NJW 2012, 2889 Rn. 13. Er kann die Gemeinde bitten, für die Tiere zu sorgen, AG Gött DGVZ 1996, 14 (mangels Anweisung kein Erinnerungsrecht der Gemeinde), aA OLG Karlsr NJW 1997, 1789, LG Ingolst DGVZ 1997, 167 (je: bloße Mitteilung an die Polizei, die für das Tier sorgen müsse, krit. Rigoll MDR 1999, 1363; Stollenwerk JurBüro 1997, 621, abl. Braun JZ 1997, 574), VGH Mannh NJW 1997, 1798 (keine Unterbringungspflicht der Behörde).

Titelrückgabe: Sie wird nach jeder Erledigung des Räumungsauftrags nach § 130 II 2 GVGA nötig, damit der Gläubiger notfalls einen neuen weiteren Auftrag geben kann.

Transportkosten: Der Gläubiger muss für die voraussichtlichen Transportkosten Vorschuss (→ „Vorschuss") leisten, LG Kassel DGVZ 2005, 10; LG Mannh NZM 1999, 956; LG Siegen DGVZ 1994, 76. Das gilt auch dann, wenn sich der Gläubiger erbietet, den Transport durchzuführen, AG Lörrach DGVZ 2005, 109; AG Brakel DGVZ 1984, 158, oder wenn man eine Wiedereinweisung des Schuldners durch die Obdachlosenbehörde erwarten muss, LG Wuppert DGVZ 1991, 26; LG Waldshut-Tiengen DGVZ 1990, 93; AG Schönau DGVZ 1989, 45. Um eine solche Kostenpflicht zu vermeiden, muss der Gläubiger eine freiwillige Räumung durch den Schuldner rechtzeitig ankündigen, also etwa 5–6 Tage vor dem Räumungstermin, LG Mannh NZM 1999, 956. → „Spediteur", → „Vorschuss".

Überführung: Der Gläubiger muss für die voraussichtlichen Kosten einer Überführung des Räumungsguts zwecks der Einlagerung aufkommen, LG Kassel DGVZ 2005, 10; LG Mannh NZM 1999, 956; LG Siegen DGVZ 1994, 76. → „Einlagerung".

Vermieterpfandrecht: An sich muss der Gerichtsvollzieher in den Grenzen des Vermieterpfandrechts vollständig räumen, LG Bonn NZM 2010, 920; AG Hann NZM 2011, 96; AG Bln-Lichtenberg DGVZ 2005, 11. Ein Vermieterpfandrecht erstreckt sich aber nicht auf eine unpfändbare Sache, LG Aachen DGVZ 2007, 125; LG Bln DGVZ 2005, 140; AG Saarbr DGVZ 2008, 174 (die Prüfung dazu liegt beim Gerichtsvollzieher). Der Gläubiger kann sein Vermieterpfandrecht auch dadurch behalten, dass er den Gerichtsvollzieher anweist, die eindeutig zugehörigen Sachen nicht mit zu entfernen, BGH NZM 2009, 660; LG Bonn NZM 2010, 920 (aber auch nur dann); LG Darmst DGVZ 1977, 89; aA LG Bln DGVZ 2005, 140 (zu formell). Der Gläubiger bestimmt allein den Umfang der Ausübung des Vermieterpfandrechts; AG Phillipsburg DGVZ 2005, 12 (notfalls muss der Schuldner klagen). Er hat dann eine Verwalterpflicht nach §§ 1215, 1257 BGB, LG Lübeck NJW-RR 2010, 811. Er kann sich auf eine Herausgabe beschränken, BGH NJW 2006, 3273 (auch zu Einzelheiten). → Rn. 18.

Verwahrungsvertrag: Der Gerichtsvollzieher handelt in den Grenzen gesetzlicher Aufbewahrungsfristen, AG Hmb-Harbg DGVZ 2004, 173. In diesen Grenzen handelt er nach seinem pflichtgemäßen Ermessen, AG Rastatt DGVZ 2002, 46. Er braucht nicht den Gläubiger verwahren zu lassen, zumindest dann nicht, wenn keine sichere Verwahrung usw. feststeht, AG Siegb DGVZ 1999, 13. Er schließt den Verwahrungsvertrag nicht als Vertreter des Gläubigers ab, selbst wenn der Gläubiger mit der Verwahrung einverstanden ist. Der Gerichtsvollzieher schließt den Verwahrungsvertrag auch nicht als Vertreter des Schuldners ab, BGH NJW 1984, 2759. Er handelt vielmehr kraft öffentlichen Rechts für den Staat, wenn auch formell scheinbar oft im eigenen Namen, BGH NJW 1999, 2597; OLG Köln VersR 1995, 574; LG Essen DGVZ 1989, 153; aA OLG Brdb DGVZ 1997, 122 (systemfremd). Der Gerichtsvollzieher muss mindestens den mittelbaren Besitz der verwahrten Sachen behalten. Wenn er die Gegenstände in einem solchen Raum verwahrt, zu dem nur er den Schlüssel hat, ist der Gerichtsvollzieher wegen eines kraft Gesetzes entstandenen Verwahrungsverhältnisses zwischen ihm und dem Schuldner der unmittelbare Besitzer. Der Gerichtsvollzieher braucht lose **Schuldnerpapiere** nicht besonders zu ordnen und zu verpacken, AG Siegen DGVZ 1989, 44. Freilich darf er auch nicht alles vermeidbar achtlos wüst durcheinanderwerfen. Erst recht darf er auch nach dem Fristablauf nicht alles ganz ungeprüft vernichten, aA Schwörer DGVZ 2008, 135 (138) (aber der Verhältnismäßigkeitsgrundsatz kann entgegenstehen). Jedenfalls braucht er keine diesbezüglichen besonderen Kosten aufzuwenden. Soweit der Gerichtsvollzieher **Geschäftsunterlagen** über den Zeitraum von **IV** hinaus verwahren muss, muss der Gläubiger die Verwahrkosten erstatten, LG Kblz DGVZ 2006, 28; AG Bad Schwalbach DGVZ 2002, 189; aA LG Bln DGVZ 2004, 140 (zu großzügig). → „Dritter".

Vorschuss: Der Gläubiger muss mit Ausnahme der in **III 2, IV 1 Hs. 1** genannten Situation einen nach § 4 GvKostG aufgrund der Gesamtumstände grds. zur vollständigen Räumung nach dem pflichtgemäßen Ermessen des Gerichtsvollziehers nach § 128 V 6 GVGA Vorschuss zahlen, LG Bln DGVZ 2005, 140; LG Kassel DGVZ 2005, 10; AG Bln-Lichtenberg DGVZ 2005, 11. Das gilt selbst dann, wenn sich der Gläubiger erbietet, den Transport durchzuführen, LG Köln DGVZ 2002, 168; AG Stockach DGVZ 1993, 31, oder wenn man eine Wiedereinweisung des Schuldners durch die Obdachlosenbehörde erwarten kann oder muss, AG Schönau DGVZ 1989, 45. Wenn der Gerichtsvollzieher aber diesen Vorschuss verbraucht hat, braucht der Gläubiger keine weiteren Vorschüsse nachzuschießen. Freilich muss der Gläubiger evtl. am Schluss einen Rest nachzahlen, AG Bln-Pankow DGVZ 1997, 92. Der Gläubiger kann keine Vorschussminderung wegen eines gar nicht bestehenden Vermieterpfandrechts fordern, LG BadBad DGVZ 2003, 24; Riecke DGVZ 2004, 145 (148); aA AG Bln-Wedding DGVZ 2004, 158 (systemwidrig). Das gilt ebenso dann, wenn er einen eigenen, aber nur dem Gerichtsvollzieher zugänglichen Lagerraum mit Schadenhaftung anbietet, AG Ffm NZM 2004, 359.

Widerstand: Wird wegen eines Widerstands des Schuldners ein Polizeieinsatz notwendig und entstehen dadurch Schäden am Haus, können sie nach § 788 notwendige Kosten verursachen, AG Kenzingen DGVZ 1992, 93.

Wiedereinweisung: → „Vorschuss".

Wohnungszuweisung: Vgl. § 96 FamFG.

Zubehör: → „Zwangsverwaltung".

Zurückbehaltungsrecht: → Rn. 22.

Zwangsverwaltung: Der Gerichtsvollzieher braucht nicht das Zubehör festzustellen und dem Zwangsverwalter darüber eine Aufstellung zu übergeben, AG Osterholz-Scharmbeck DGVZ 2000, 79.

17 **VII. Verzögerung der Abforderung, IV. 1. Verkauf und Hinterlegung; Herausgabe, IV 1–3.** Wenn der Schuldner oder ein Dritter als Eigentümer die Abforderung seiner beweglichen Habe nicht binnen eines Monats seit der Beendigung der Räumung erklärt, darf und muss der Gerichtsvollzieher die Sachen nach **IV 1** unverzüglich nach § 128 VI 1 GVGA verwerten. Das gilt nach **IV 2** auch dann, wenn der Schuldner oder der Dritte die Sachen zwar binnen eines Monats abfordert, jedoch nicht binnen zwei Monaten seit dem Ende der Räumung die zur Übergabe notwendigen Kosten zahlt, LG Aschaffenb DGVZ 1997, 155. Er verwertet unter einer Abwägung der Lagerkosten, des etwaigen Versteigerungserlöses und des Wiederbeschaffungswerts für den Schuldner (§ 128 VII GVGA). Der Erlös ist zu hinterlegen. Vor der Hinterlegung kann der Gerichtsvollzieher die Kosten der Veräußerung/Versteigerung abziehen, eine Auskehr an den Gläubiger wegen der von ihm bevorschussten Räumungskosten ist nur aufgrundlage eines Pfändungs- und Überweisungsbeschlusses zulässig, LG Berlin DGVZ 2018, 100 Rn. 20, 23; aA Hippeli DGVZ 2018, 241 (244). Dieser ist über die Hinterlegung zu informieren, wenn er einen Vorschuss geleistet hat (§ 128 VII 4 GVGA).

18 §§ 806, 814, 817 gelten nach **IV 3** entsprechend, nicht aber gelten die §§ 803 II, 811, 811c, 812, 816, 817a. Alles das erfolgt natürlich erst recht auf einen Antrag oder eine Anregung des Gläubigers nach **IV 1.** Der Rpfl. des Vollstreckungsgerichts ist nicht mehr zuständig.

19 Der Gerichtsvollzieher braucht den Verkauf nicht anzudrohen und den Schuldner nicht anzuhören. Die **Fristen** sind keine Notfristen nach § 224 I 2. Man berechnet sie nach § 222. Der Schuldner kann entsprechend § 697 BGB nicht fordern, ihm das Räumungsgut zu überbringen, LG Wuppert DGVZ 1990, 189. Unpfändbare Sachen behandelt der Gerichtsvollzieher nach **V,** → Rn. 22.

20 **2. Vernichtung, IV 4.** Der Gerichtsvollzieher soll schon aus Kostengründen unverkäufliches und daher grundsätzlich unverwertbares Räumungsgut nach dem Ablauf der Frist vernichten. Das gilt zB dann, wenn es sich um bloßes Gerümpel handelt, LG Karlsr DGVZ 1990, 11; AG Lampertheim DGVZ 1988, 125. Höchstpersönliche, im Übrigen aber wertlose Sachen gehen trotz **IV 4** besser zB per Post an den Schuldner, AG Lampertheim DGVZ 1988, 125. Auch zu einer Vernichtung ist der Rpfl. des Vollstreckungsgerichts nicht mehr zuständig. Art. 14 I GG ist durch die Wartefrist ausreichend beachtet.

21 **3. Weitere Folgen, IV 1–4.** Der Gerichtsvollzieher benachrichtigt die Beteiligten nach **IV, V,** formlos von seinen Maßnahmen, aA Heinze DGVZ 2004, 164 (aber **IV** enthält eine Frist ab der Räumung, nicht ab deren Ankündigung oder Mitteilung). Die Benachrichtigung kann schon vor dem Vollstreckungstermin erfolgen (§ 128 VI GVGA). Eine Maßnahme kann nach **IV** unzulässig sein, etwa wegen gesetzlicher Aufbewahrungspflichten des Schuldners. Diese muss der Gerichtsvollzieher wegen seines unbekannten Aufenthalts beachten. Dann verwahrt die Geschäftsstelle des Vollstreckungsgerichts der §§ 764, 802 die Sachen auf Kosten der Landeskasse, AG Bad Oldesloe DGVZ 1982, 13. Das gilt bei Geschäftsunterlagen evtl. nicht, LG Ffm DGVZ 2002, 76. Eine Maßnahme nach **IV** ist auch dann nicht mehr statthaft, wenn der Schuldner die bisherigen Lagerkosten zahlt und die weitere Verwahrung übernimmt. Dazu ist aber ein Vertrag zwischen ihm und dem Einlagerer und nicht nur eine einseitige Bereitschaftserklärung erforderlich, LG Karlsr DGVZ 1990, 11.

22 **VIII. Unpfändbare Sache, Unrat, V.** Der Gerichtsvollzieher darf und muss im Rahmen der Räumung nach pflichtgemäßem Ermessen nach § 128 V 3, 4, VIII GVGA auch unpfändbare Sachen, Unrat, Schutt, Müll und wertloses Gerümpel aus dem Raum entfernen und vernichten, OLG Zweibr DGVZ 1998, 9; LG Ffm DGVZ 2002, 76; Weidt ZMR 2021, 636 (639), aA BGH DGVZ 2005, 70; LG Limburg DGVZ 2005, 70 (je bei großer Menge § 887), AG Pirna DGVZ 2010, 155 (aber vor der Entfernung aller Sachen liegt nach → Rn. 14 keine vollständige Besitzaufgabe = Räumung vor). Das gilt sogar entgegen einer Dienstanweisung des Vorgesetzten, LG Bln DGVZ 1980, 154 (dort auch zu weiteren Einzelheiten); LG Karlsr DGVZ 1980, 14. Der Gerichtsvollzieher muss nach § 128 V 2 GVGA den Unrat dem Schuldner auf dessen Verlangen „ohne weiteres" herausgeben, also ohne einen Kostenvorschuss und ohne ein Zurückbehaltungsrecht, LG Essen DGVZ 1989, 153; aA KG MDR 1975, 235; LG Bln DGVZ 2018, 100. Unanwendbar ist **V** dann, wenn die Gegenstände nicht oder nur unter erheblichem Aufwand auffindbar wären, LG Kref DGVZ 2014, 42.

23 **IX. Protokoll.** In ihm nach § 762 bezeichnet der Gerichtsvollzieher das Räumobjekt genau (§ 128 II 1 GVGA). Er gibt ferner an, wer an der Vollstreckungshandlung teilgenommen hat (§ 128 II 2 GVGA), welche Maßnahmen er getroffen hat, um den Schuldner aus dem Besitz zu setzen und den Gläubiger einzuweisen, und welches Zubehör er dem Gläubiger mitübergeben hat. Er gibt auch an, welche Schuldnersachen er in Verwahrung genommen und welche er vernichtet hat usw. (§ 128 II 3 GVGA).

24 **X. Rechtsbehelfe, I–V.** Zunächst → § 883 Rn. 20. Der Betroffene kann gegen die Maßnahme des Gerichtsvollziehers nach **IV** die Erinnerung einlegen, § 766, AG Dortm DGVZ 2003, 94. Zum weiteren Erinnerungs-

verfahren § 766. Wenn der Richter über die Erinnerung entschieden hatte, ist die sofortige Beschwerde nach §§ 567 I Nr. 1, 793 statthaft. Wegen der Rechte eines Dritten → Rn. 16 „Dritter".

885a *Beschränkter Vollstreckungsauftrag.* **I Der Vollstreckungsauftrag kann auf die Maßnahmen nach § 885 Absatz 1 beschränkt werden.**

II [1]Der Gerichtsvollzieher hat in dem Protokoll (§ 762) die frei ersichtlichen beweglichen Sachen zu dokumentieren, die er bei der Vornahme der Vollstreckungshandlung vorfindet. [2]Er kann bei der Dokumentation Bildaufnahmen in elektronischer Form herstellen.

III [1]Der Gläubiger kann bewegliche Sachen, die nicht Gegenstand der Zwangsvollstreckung sind, jederzeit wegschaffen und hat sie zu verwahren. [2]Bewegliche Sachen, an deren Aufbewahrung offensichtlich kein Interesse besteht, kann er jederzeit vernichten. [3]Der Gläubiger hat hinsichtlich der Maßnahmen nach den Sätzen 1 und 2 nur Vorsatz und grobe Fahrlässigkeit zu vertreten.

IV [1]Fordert der Schuldner die Sachen beim Gläubiger nicht binnen einer Frist von einem Monat nach der Einweisung des Gläubigers in den Besitz ab, kann der Gläubiger die Sachen verwerten. [2]Die §§ 372 bis 380, 382, 383 und 385 des Bürgerlichen Gesetzbuchs sind entsprechend anzuwenden. [3]Eine Androhung der Versteigerung findet nicht statt. [4]Sachen, die nicht verwertet werden können, können vernichtet werden.

V Unpfändbare Sachen und solche Sachen, bei denen ein Verwertungserlös nicht zu erwarten ist, sind auf Verlangen des Schuldners jederzeit ohne Weiteres herauszugeben.

VI Mit der Mitteilung des Räumungstermins weist der Gerichtsvollzieher den Gläubiger und den Schuldner auf die Bestimmungen der Absätze 2 bis 5 hin.

VII Die Kosten nach den Absätzen 3 und 4 gelten als Kosten der Zwangsvollstreckung.

I. Systematik. Die Vorschrift ergänzt § 885 als eine vorrangige Spezialregelung. Freilich greifen beide Bestimmungen der Sache nach weitgehend ineinander. Insbesondere ähneln sich § 885 IV und § 885a IV. **VII** ergänzt den § 788. 1

II. Regelungszweck. Die bisherige sog. **Berliner Räumung** hat ausdrücklich gesetzliche Regeln erhalten. Hierdurch wird jetzt deutlicher, dass der Gläubiger einen bequemeren Zugriff auf das im Räumungsobjekt vorhandene bewegliche Schuldnervermögen miterhalten kann, etwa um ein Vermieterpfandrecht auszuüben. Schon dieser wirtschaftliche Zweck macht die Behandlung der beweglichen Schuldnerhabe nicht zur ausnahmsweisen Nebensache. Man sollte ähnlich wie bei jeder selbständigen Vorschrift abwägen und weder zu streng noch zu großzügig auslegen. 2

III. Geltungsbereich. Die Vorschrift gilt in jedem Vollstreckungsverfahren nach der ZPO und nach einem insofern auf die ZPO verweisenden Gesetz. Sie gilt also nicht nur beim Vermieterpfandrecht, BGH NJW-RR 2017, 1158. Sie gilt auch im WEG-Verfahren und im FamFG-Verfahren, soweit eben auch dort die ZPO anwendbar ist. 3

IV. Auftragsbeschränkung, I. 1. Bloße Möglichkeit. Der Gläubiger „kann" seinen Vollstreckungsauftrag nach § 129 I GVGA auf Maßnahmen nach § 885 I beschränken, BGH NJW-RR 2017, 1158. Er muss das nicht tun. Er ist insofern ganz frei. Er schuldet zur Beschränkung keine Begründung. Er darf eine Beschränkung nach **I** auch zeitlich nach dem eigentlichen Auftrag nach § 754 vornehmen, solange das noch sinnvoll ist. Er darf bei mehreren Schuldnerobjekten eine Beschränkung auf eines oder auf einzelne von ihnen vornehmen. Das muss freilich unmissverständlich geschehen. Er lässt sich auch auf einen Zuschlagsbeschluss nach § 93 I 1 ZVG stützen, BGH NJW-RR 2017, 1158. Im Zweifel keine Beschränkung. Dann muss der Gerichtsvollzieher auch die persönlichen Sachen des Schuldners entfernen, LG Aachen DGVZ 2015, 110. Der Gerichtsvollzieher weist die Parteien bei der Mitteilung des Räumungstermins schriftlich auf **II–V** hin (§ 129 III GVGA). 4

2. Auftragsänderung. Nicht nur eine nachträgliche Beschränkung bleibt im Rahmen von → Rn. 4 statthaft, sondern auch eine nachträgliche Rücknahme der Beschränkung und damit eine Rückkehr zum Ausgangsauftrag, solange das nach dem inzwischen eingetretenen Vollstreckungsstadium noch objektiv sinnvoll, weil durch den Gerichtsvollzieher noch praktisch beachtbar bleibt. Andernfalls darf und muss der Gerichtsvollzieher wie vor der Auftragsänderung fortfahren. 5

V. Protokoll, II. Die Vorschrift präzisiert die ohnehin zu beachtenden Regeln des § 762. Alle Beteiligten sollen klar erkennen können, welche dem Vollstreckungsauftrag für die Dauer seiner Beschränkung nach **I** nicht unterfallenden beweglichen Sachen im Räumungs- oder Vollstreckungsobjekt nun jedenfalls bei seiner Besitzübertragung nach **I** noch vor Ort vorhanden waren. 6

1. Nur zu frei ersichtlichen Sachen, II 1. Nur sie unterliegen der Dokumentationspflicht (§ 129 II 1 GVGA). Was „frei ersichtlich" ist, muss der Gerichtsvollzieher nach pflichtgemäßem Ermessen feststellen. Dazu gehört dasjenige, was man ohne Lupe und ohne mühsames Bücken, Kriechen, Klettern usw. eben ersehen kann (§ 129 II 3 GVGA). Ob zB ein Instrument auch spielbar ist, ein technisches Gerät einwandfrei funktioniert, ob erforderliche Batterien noch intakt sind usw., sind Fragen über freie Ersichtlichkeit hinaus. Behältnisse bleiben ungeöffnet (§ 129 II 4 GVGA). Schranktüren können nach § 129 II 5 GVGA geschlossen bleiben, Schubladen ebenso. Das gilt insbesondere bei dazu etwa höherem Aufwand (§ 129 II 5 GVGA). Immerhin darf und sollte der Gerichtsvollzieher im Rahmen leichter Klärbarkeit auch dergleichen mitnotieren. 7

2. Dokumentation, II 1, 2. Sie kann schriftlich, mithilfe von Fotos herkömmlicher sog. analoger Form erfolgen, aber auch in elektronischer Weise, soweit es um eine bildliche Dokumentation geht (§ 129 II 3 GVGA), Lincke DGVZ 2016, 44. Auch insofern handelt der Gerichtsvollzieher nach seinem pflichtgemäßen Ermessen und nicht nach der Anweisung des Gläubigers oder eines anderen Beteiligten. Er sollte freilich deren gar näher begründete Bitten mitbedenken und deren etwaige Ablehnung nachvollziehbar kurzbegründen. Zur Abschrift oder Einsicht § 760. Zur Beweiskraft der Dokumente §§ 415 ff., 418, 419. 8

9 **VI. Bewegliche Sachen ohne Vollstreckung, III. 1. Kein Vollstreckungsgegenstand, III 1.** Der Vorschrift unterfallen nur solche beweglichen Sachen, die nicht Gegenstand der Zwangsvollstreckung durch diesen Gerichtsvollzieher im Rahmen des derzeit schon und noch bestehenden Vollstreckungsauftrags gerade dieses Gläubigers sind, BGH NJW-RR 2017, 1158 Rn. 10. Es darf aber auch kein anderer Gerichtsvollzieher eine Vollstreckung betreiben. Andererseits ist es nach **III 1** ausreichend, dass die Sachen kein Vollstreckungsgegenstand „sind". Es kommt also nicht darauf an, ob sie Vollstreckungsgegenstand sein könnten.

10 **2. Ermessen, III 1.** Der Gläubiger „kann" nach **III 1** vorgehen. Er hat also wie der Gerichtsvollzieher ein Ermessen (§ 129 II 7 GVGA; → Rn. 8). Es ist „jederzeit" und daher auch nachträglich und auch evtl. nur wegen einzelner beweglicher Sachen denkbar. Nur ein **Wegschaffen** der Sachen steht im Ermessen. Eine anschließende **Verwahrung** „hat" der Gläubiger nach **III 1** grundsätzlich vorzunehmen. Das gilt unabhängig davon, ob, von wem und in welcher Höhe der Gläubiger Verwahrkosten ersetzt fordern kann. Eine Grenze solcher Pflicht zieht erst **III 2.** Die Verwahrung muss sachgerecht erfolgen. Insofern handelt der Gläubiger innerhalb seiner Verwahrpflicht nun wiederum nach Ermessen zum Wo und Wie. Zur Dauer gilt **IV.**

11 **3. Vernichtung, III 2.** Diese weitere bloße Kannvorschrift erlaubt statt einer Verwahrung nach **III 1** eine Vernichtung dann, wenn und soweit an einer Aufbewahrung **objektiv überhaupt kein Interesse** besteht. Es darf also niemand auch nur evtl. ein Aufbewahrungsinteresse vernünftigerweise auch nur haben können. Das muss „offensichtlich" so sein. Das ist im Kern so wie eine Offenkundigkeit zu beurteilen. Alles das gilt nach dem auch hier im Gesetzestext vorhandenen Wort „jederzeit", also auch dann, wenn zB ein Ausbewahrungsinteresse nachträglich ganz oder teilweise entfällt. Natürlich ist es dringend ratsam, Ermessensgründe zumindest auch einem Beteiligten auf dessen Wunsch mitzuteilen.

12 **4. Eingeschränkte Gläubigerhaftung, III 3.** Derjenige Gläubiger, der nach → Rn. 9, 10, 11 vorgeht, riskiert eine Haftung gegenüber einem dadurch Benachteiligten etwa wegen einer nicht ganz korrekten Vorgehensweise nur für Vorsatz oder für grobe Fahrlässigkeit.

13 **VII. Verwertung usw., IV. 1. Keine rechtzeitige Abforderung durch Schuldner, IV 1.** Der Schuldner darf die bewegliche Sache nicht beim Gläubiger abgefordert haben. Abforderung ist die Bitte oder Forderung nach Herausgabe. Der Schuldner muss sie nicht begründen. Die Abforderung kann auch stillschweigend erfolgen. Sie muss aber eindeutig geschehen. Eine zusätzliche Forderung nach Kostenersatz usw. mag an der Eindeutigkeit der Abforderung nichts ändern, kann aber auch eine Bedingung darstellen. Diese würde evtl. zur Unbeachtlichkeit einer „Abforderung" führen. Fristgemäß muss eine Abforderung erfolgt sein. Es läuft eine nach § 222 berechenbare Monatsfrist seit der Besitzeinweisung des Gläubigers in das Objekt nach **I 1** durch den Gerichtsvollzieher unabhängig davon, wann der Schuldner davon erfahren hat. Die Frist ist keine Notfrist nach § 224 I 2 und keine sonstige Frist nach § 233 S. 1. Deshalb gibt es gegen ihre Versäumung keine Wiedereinsetzung nach §§ 233 ff. Ist eine rechtzeitige Abforderung erfolgt, kommt eine Verwertung nur nach allg. Vorschriften in Betracht, was Annahmeverzug des Schuldners voraussetzt, BVerfG DGVZ 2021, 194 Rn. 5.

14 **2. Gläubigerermessen, IV 1.** Unter den Voraussetzungen → Rn. 13 hat der Gläubiger die Möglichkeit, statt einer (weiteren) Verwahrung nach → Rn. 10 oder einer Vernichtung nach → Rn. 11 nun eine Verwertung vorzunehmen. Er ist insofern in seiner Wahl ziemlich frei, darf aber nicht rechtsmissbräuchlich vorgehen und hat daher ein freies, aber nicht willkürfreies Ermessen.

15 **3. Verwertungsarten, IV 2, 3.** Die Vorschrift verweist auf die BGB-Bestimmungen zu den praktisch wohl allein infrage kommenden Möglichkeiten einer Verwertung. **Hinterlegung** mit dem Fernziel des Erlöschens der Schuldnerrechte nach § 382 BGB ist die eine der Möglichkeiten. Weit wichtiger ist eine **Versteigerung** nach § 383 BGB bei einer zur Hinterlegung nicht geeigneten Sache. Mindestens ebenso wichtig ist die Möglichkeit eines **freihändigen Verkaufs** nach § 385 BGB (**IV 2** verweist nicht auf den an sich näherliegenden ganz ähnlichen § 825 ZPO). Hinterlegungskosten richten sich nicht nach dem nicht mitanwendbar gemachten § 381 BGB, sondern nach **V** nach § 788 ZPO. Eine Versteigerung muss nicht angedroht werden. Denn **IV 2** machen den § 384 BGB nicht mitanwendbar.

16 **4. Vernichtung, IV 4.** Diese Möglichkeit setzt eine Unverwertbarkeit nach **IV 1–3** voraus. Es darf also weder eine Hinterlegung noch eine Versteigerung noch ein freihändiger Verkauf statthaft und auch sinnvoll durchführbar sein, etwa wegen unverhältnismäßiger und daher nicht nach **V** iVm § 788 behandelbarer Kosten. Der Gläubiger „kann" dann vernichten. **IV 4** gibt ihm dazu allerdings auch keine Pflicht. Das ist bei **V** mit zu beachten.

17 **VIII. Herausgabe, V.** Der Schuldner darf, muss aber nicht verlangen, unpfändbare Sachen und solche, bei denen ein Verwertungserlös überhaupt nicht erwartbar ist, ihm herauszugeben. Nicht ausreichend ist ein Erlös oder eine solche Möglichkeit, bei der nur keine Kostendeckung nach § 803 II nicht erwartbar ist. Im Zweifel liegen die Voraussetzungen nach **V** nicht vor. **Jederzeit** ist ein Schuldnerverlangen statthaft, also auch noch nachträglich. Das gilt natürlich nur, solange und soweit die Sachen im Sinn von **V** überhaupt noch vorhanden sind. **Ohne weiteres** herausgeben heißt: Ohne irgendwelche Bedingungen oder Vorleistungen über die in **V** genannten Voraussetzungen hinaus.

18 **IX. Hinweispflicht, VI.** Der Gerichtsvollzieher muss bereits „mit" der Mitteilung eines Räumungstermins den Gläubiger und den Schuldner auf **II–IV** hinweisen, OLG Schlesw NZM 2015, 624 Rn. 17. „Mit" heißt nicht: in der Räumungsmitteilung, sondern nur: wenigstens gleichzeitig.

19 **X. Kosten, VII.** Die Vorschrift gilt nur bei **III, IV.** Sie macht die Regeln des § 788 zu Kosten der Zwangsvollstreckung anwendbar. Vgl. daher dort und ferner → Rn. 16.

20 **XI. Rechtsbehelfe.** Es gelten § 766 und sodann § 793.

886

***Herausgabe bei Gewahrsam eines Dritten.* Befindet sich eine herauszugebende Sache im Gewahrsam eines Dritten, so ist dem Gläubiger auf dessen Antrag der Anspruch des Schuldners auf Herausgabe der Sache nach den Vorschriften zu überweisen, welche die Pfändung und Überweisung einer Geldforderung betreffen.**

I. Systematik, Regelungszweck. Die Vorschrift ergänzt sowohl §§ 883, 884 als auch § 885 durch eine in ihrem Geltungsbereich vorrangige Sonderregelung. Sie schließt die Anwendung des § 888 gegen den Schuldner, der nicht im (Allein-)Besitz der herauszugebenden Sache aus, BGH NJW-RR 2007, 1091. **Gewahrsam** bedeutet das Gleiche wie Besitz iSd § 854 BGB, fiktiver Erbenbesitz iSd § 857 BGB reicht nicht, BGH NJW 2020, 3376 Rn. 33. 1

II. Geltungsbereich: fehlende Herausgabebereitschaft oder Prozesseintritt. Die Norm findet nur dann Anwendung, wenn sich ein Dritter im (Mit-)Besitz der herauszugebenden Sache befindet, dieser (Mit-)Besitz nicht unbeachtlich und der Dritte zur Herausgabe nicht bereits ist (→ § 883 Rn. 8). Hat der nicht zur Herausgabe bereite Dritte den Besitz erst nach der Titulierung des Herausgabeanspruchs erlangt, kann der Titel gem. §§ 325, 727 umgeschrieben werden, MüKoZPO/Gruber Rn. 5; Schuschke/Walker/Kessen/Thole/Walker/Koranyi Rn. 2. Auf Aktien in Sammelverwahrung findet § 886 entsprechende Anwendung, BGH NJW 2004, 3340. 2

III. Durchführung der Zwangsvollstreckung. Die Zwangsvollstreckung hat nach den §§ 829 ff. durch **Pfändung des Herausgabeanspruchs** und dessen Überweisung zu erfolgen und nicht nach der Vollstreckung in einen Herausgabeanspruch gem. §§ 846–848. Das gilt auch dann, wenn der Anspruch bedingt, betagt oder erst künftig ist. Die **Überweisung** des Anspruchs gem. § 835 I darf nur **zur Einziehung** erfolgen. Eine Überweisung an Zahlungs Statt ist deshalb unzulässig, weil ein Nennwert fehlt. Deshalb braucht man die Sache nicht an den Gerichtsvollzieher oder an einen Sequester herauszugeben, sondern nur an den Gläubiger. Dieser kann dementsprechend gegenüber dem Drittschuldner einen Herausgabetitel erstreiten und dann erst nach §§ 883–885 vollstrecken. Ist der Dritte auch nach Pfändung und Überweisung des Anspruchs nicht zur Herausgabe bereit, muss gegen ihn ein eigener Titel erstritten werden, der dann nach §§ 883–885 vollstreckt werden kann. 3

Wie bei §§ 829, 835 entscheidet der **Rpfl.** des Vollstreckungsgerichts nach §§ 764, 802, § 20 I Nr. 17 RPflG. Ein Antrag ist erforderlich. Er ist schriftlich, elektronisch oder zum Protokoll der Geschäftsstelle zulässig. Es findet nach § 764 III keine mündliche Verhandlung statt. Es besteht nach § 78 III Hs. 2 kein Anwaltszwang. Der Rpfl. entscheidet durch einen zu begründenden Beschluss nach § 329, der nach § 329 III förmlich zustellen ist. 4

IV. Rechtsbehelfe. Gegen eine Maßnahme des Rpfl. ohne eine Anhörung des Gegners ist die Erinnerung nach § 766 statthaft. Gegen eine echte Entscheidung des Rpfl. ist nach § 829 der jeweilige Weg nach § 11 RPflG statthaft. 5

V. Gebühren. Des Gerichts § 12 V GKG (Vorauszahlungspflicht), KV 2110 GKG; des Anwalts VV 3309, 3310 RVG. 6

887 *Vertretbare Handlungen.* **I Erfüllt der Schuldner die Verpflichtung nicht, eine Handlung vorzunehmen, deren Vornahme durch einen Dritten erfolgen kann, so ist der Gläubiger von dem Prozessgericht des ersten Rechtszuges auf Antrag zu ermächtigen, auf Kosten des Schuldners die Handlung vornehmen zu lassen.**

II Der Gläubiger kann zugleich beantragen, den Schuldner zur Vorauszahlung der Kosten zu verurteilen, die durch die Vornahme der Handlung entstehen werden, unbeschadet des Rechts auf eine Nachforderung, wenn die Vornahme der Handlung einen größeren Kostenaufwand verursacht.

III Auf die Zwangsvollstreckung zur Erwirkung der Herausgabe oder Leistung von Sachen sind die vorstehenden Vorschriften nicht anzuwenden.

I. Systematik, §§ 887–893. Zunächst → Vor § 883 Rn. 1. §§ 887–893 behandeln die Zwangsvollstreckung zur Erzwingung einer Handlung oder einer Unterlassung aufgrund eines §§ 708 ff. vollstreckbaren Titels, also nach dem Abschluss des Erkenntnisverfahrens nach §§ 253 ff., OLG Celle NJW 1990, 262. § 95 I Nr. 3 FamFG macht § 887 entsprechend anwendbar. In einer FamFG-Sache gibt § 95 IV FamFG erweiterte Befugnisse. Zu §§ 887–890 rechnet nicht die **Herausgabe von Sachen** nach §§ 883, 885, 886, LG Bln DGVZ 1980, 154 (156), also auch nicht die Entfernung von Unrat, Müll und wertlosem Gerümpel anlässlich einer Räumung. Hierher rechnet auch nicht die Herausgabe von Personen. Ebensowenig zählen hierher nach **III** die Leistung einer bestimmten Menge vertretbarer Sachen nach § 884 oder die Leistung einer bestimmten Menge solcher unvertretbarer Sachen, die der Schuldner erst beschaffen muss. Bei solchen Sachen erfolgt also keine Ermächtigung zur Vornahme, sondern es ist eine Ersatzklage nach § 893 notwendig, es sei denn, dass die Vornahme der Handlung im Vordergrund steht. Eine Zwangsvollstreckung auf eine **Zahlung** oder auf eine Hinterlegung von Geld regeln §§ 803 ff., 887 III, OLG Karlsr MDR 1991, 454; OLG Düss FamRZ 1984, 704. Die Zwangsvollstreckung in die **Abgabe einer Willenserklärung** erfolgt nach § 894. Der Anspruch auf die **Befreiung von einer Geldschuld** wird nach § 887 vollstreckt, ebenso wie der Anspruch auf eine Befreiung von einer anderen Verbindlichkeit nach → Rn. 32 „Befreiung von einer Schuld". 1

Die ZPO erzwingt eine Handlung unterschiedlich. Das geschieht nämlich dann, wenn sie **vertretbar** ist, nach § 887. Wenn sie aber **unvertretbar** ist, erfolgt die Vollstreckung nach § 888 (→ Rn. 31). Die Erzwingung einer **Unterlassung** erfolgt nach § 890. Es ist unzulässig, das Begehrte durch die Festsetzung einer Geldstrafe aufgrund einer Parteivereinbarung zu erwirken. Denn § 887 ist zwingendes Recht, OLG Oldb MDR 1985, 855. Bei § 510b sind nach § 888a die §§ 887–888 unanwendbar. 2

II. Regelungszweck. Die systematischen Abgrenzungsfragen erweisen sich in der Praxis als oft ungemein schwierig. Man muss versuchen, eine praktikable Lösung dadurch zu erreichen, dass man auf den Kern der zu erbringenden Leistung des Schuldners als das Wesentliche abstellt und sich nicht durch scheinbar ganz andersartige bloße Nebenpflichten verwirren lässt, LG Gött DGVZ 2002, 120 (Räumung eines Altenheims). Vornahme der geschuldeten Handlung ist das Ziel auch einer sachgerechten Abgrenzung und Auslegung. Die Erfolgswirkung lässt sich eigentlich nur bei § 887 herstellen, nicht bei § 888. Was also durch einen Dritten in gleicher Qualität, Brauchbarkeit und Haltbarkeit herstellbar ist, das sollte man nach § 887 behandeln. Der Anwendungsbereich des § 888 sollte so klein wie möglich bleiben. 3

III. Geltungsbereich. Zunächst zur Abgrenzung → Rn. 1, 3. § 887 gilt auch im WEG-Verfahren, OLG Ffm NZM 2008, 210. Man muss evtl. zwischen einem Handlungsstörer und einem Zustandsstörer unterscheiden, LG Mü ZMR 2013, 498. 4

5 **1. Allgemeine Voraussetzungen.** Stets müssen auch bei §§ 887–890 die Voraussetzungen einer Zwangsvollstreckung vorliegen (→ Vor § 704 Rn. 19). Das gilt unter anderem für die Prozessfähigkeit des Schuldners, OLG Ffm Rpfleger 1975, 441. Es gilt ferner für die ausreichende Bestimmtheit des zu vollstreckenden Anspruchs, OLG Mü FamRZ 1999, 944; LG Ffm NJW-RR 2021, 128; LAG Mainz NZA-RR 2005, 550. Das Urteil darf nicht zu zwei einander ausschließenden Handlungen verpflichten, KG MDR 2003, 955. Das Prozessgericht muss vor allem prüfen, ob die Zustellung der Vollstreckungsklausel und der nötigen Urkunden erfolgte, soweit § 750 das vorsieht, OLG Düss OLGZ 1976, 377.

6 **2. Nichtvornahme einer Handlung.** § 887 setzt voraus, dass der Schuldner eine vertretbare Handlung (→ Rn. 3, 8) nicht vornimmt, die er aufgrund eines nach §§ 704, 794 usw. vollstreckbaren Titels im Inland vornehmen müsste. Es reicht also nicht, dass der Gläubiger die vertretbare Schuldnerhandlung schon selbst vorgenommen hat, BGH NJW-RR 2007, 213 Rn. 18. Es darf sich weder um eine Zahlung handeln noch um eine Herausgabe oder Leistung einer Sache noch um eine andere Willenserklärung als nach → Rn. 32 „Willenserklärung", OLG Kblz MDR 2014, 244. Der Gläubiger muss die Nichterfüllung trotz einer objektiven Möglichkeit der Erfüllung behaupten. Das Gericht prüft nur nach, ob die Voraussetzungen der Zwangsvollstreckung (→ Rn. 5) vorliegen, OLG Bbg NJW-RR 1998, 716, und ob der Schuldner zeitlich die Verpflichtung erfüllen konnte. Der Schuldner mag zB nicht ohne eine Mitwirkung der Wohnungseigentümergemeinschaft zur Erfüllung etwa eines Außenhautschadens imstande sein. Er muss freilich die Mitwirkung der WEG energisch zu erreichen versuchen, OLG Düss NJW-RR 2002, 1663. Eine bloße Erklärung des Schuldners über seine jetzige Erfüllungsbereitschaft ist dann unbeachtlich, wenn er längst hätte erfüllen können, OLG Ffm NJW-RR 1989, 59; OLG Düss MDR 1982, 62; LG Hmb WuM 1989, 587. Er darf auch jetzt weder eine Unzumutbarkeit noch eine angebliche Unerfüllbarkeit mehr geltend machen, BGH NJW-RR 2006, 202.

7 **3. Erfüllung.** Wenn die Erfüllung unstreitig ist, muss das Gericht sie natürlich beachten, BGH NJW-RR 2015, 610 Rn. 10; OLG Brdb NJW-RR 2020, 544; OLG Rostock WuM 2003, 640. Wenn der Schuldner die Erfüllung behauptet, dazu Schilken, FS Gaul S. 667, und der Gläubiger diese nach § 138 ausreichend bestreitet, muss das Gericht allerdings statt einer Verweisung auf § 767 selbst nachprüfen, ob der Schuldner tatsächlich erfüllt hat. Denn der Wortlaut und die Prozesswirtschaftlichkeit sprechen für diese Lösung, BGH NJW 2016, 3536 Rn. 32; 2005, 415; Schuschke/Walker/Kessen/Thole/Walker/Koranyi Rn. 22; Wieczorek/Schütze/Rensen Rn. 15; aA OLG Mü NZG 2008, 197; OLG Rostock WuM 2003, 640; KG NJW-RR 2003, 214, (aber der Sinn der Vorschrift ist ebenfalls ziemlich eindeutig. § 887 ist so ganz gut anwendbar). Dann muss der Schuldner allerdings die erforderlichen Tatsachen beweisen, OLG Karlsr MDR 2001, 1191; OLG Nürnb OLGZ 1994, 598; VGH Kassel NVwZ-RR 2004, 796; aA OLG Köln MDR 2003, 114; OLG Düss OLGZ 1976, 379, (wegen § 888. Aber schon der Wortlaut von **I** spricht für seine Beweislast). Eine Arglist ist wie stets schädlich, OLG Düss MDR 1996, 848. § 767 bleibt anwendbar, OLG Mü MDR 2000, 907; OLG Bbg Rpfleger 1983, 79. Der Einwand der Unverhältnismäßigkeit ist dagegen nur unter den Voraussetzungen des § 767 zu beachten, BGH-NJW-RR 2006, 202; OLG Düss GRUR-RR 2020, 146.

8 **4. Vertretbarkeit der Handlung.** Sie muss zunächst natürlich zulässig sein, BGH NJW 1995, 463. Vertretbar ist eine solche Handlung, bei der es rechtlich und wirtschaftlich für den Gläubiger bei einer vernünftigen Betrachtungsweise unerheblich ist, ob der Schuldner oder ein Dritter erfüllt, OLG Kblz MDR 2014, 244; OLG Stgt MDR 2010, 1491; OLG Zweibr OLGR 2001, 70. Es muss auch für den Gläubiger unerheblich sein, ob der Schuldner die Handlung auch vornehmen darf. Die Verteuerung für den Schuldner ist eine Folge seines Ungehorsams. Sie bleibt außer Betracht. Die Abgrenzung gegenüber der unvertretbaren Handlung nach → § 888 Rn. 1 ist oft schwierig. Maßgeblich ist nur der sachliche Inhalt der Leistungsverpflichtung, LG Brem DGVZ 2006, 51. Ob eine vertretbare oder eine unvertretbare Handlung vorliegt, kann von der allgemeinen Wirtschaftslage abhängen, etwa zB von einer auftretenden Schwierigkeit, Rohstoffe zu beschaffen, durch die eine andere Situation als bei normalen Verhältnissen eintreten mag.

9 Eine an sich vertretbare Handlung kann unvertretbar sein, soweit der Gläubiger einen Wert darauf legen darf und ersichtlich auch darauf legt, dass der Schuldner die Verpflichtung in seiner eigenen Person und nicht durch einen Dritten erfüllt, OLG Bbg NJW-RR 2004, 475; OLG Köln MDR 1981, 505; Schmidt MDR 1989, 1068. Es ist unerheblich, ob das Urteil auf § 887 oder auf § 888 verweist. Wenn es zweifelhaft ist, ob man die Handlung als vertretbar oder als unvertretbar beurteilen soll, etwa bei einer Verurteilung zu einer Bilanzierung, muss das Gericht zunächst nach § 887 verfahren. Denn diese Vorschrift bedrückt den Schuldner weniger. Erst wenn sich dann die Notwendigkeit einer Mitwirkung des Schuldners herausstellt, ist nunmehr § 888 anwendbar, LG Hmb NJW-RR 1986, 158. Ein Wahlrecht des Schuldners ändert nichts an den vorstehenden Regeln, OLG Düss NJW-RR 1998, 1768. Einzelfälle sind in → Rn. 31 ff. aufgezählt.

10 **IV. Ermächtigung, I. 1. Auf Kosten des Schuldners.** Das Gericht ermächtigt den Gläubiger durch einen Beschluss nach § 329 dazu, die Handlung auf Kosten des Schuldners vornehmen zu lassen oder selbst vorzunehmen. Das Gericht braucht diese Wahl nicht selbst zu treffen. Wenn der Beschluss eine allgemeine Ermächtigung ausspricht, hat der Gläubiger noch hinterher ein Wahlrecht. Das Gericht braucht erst recht nicht einen bestimmten Dritten zu benennen. Es wäre sogar zweckwidrig, eine solche Benennung vorzunehmen.

11 **2. Bestimmtheit.** Das Gericht bezeichnet im Beschluss grundsätzlich die vorzunehmende Handlung entsprechend dem Gläubigerantrag (→ Rn. 17) im Einzelnen genau, OLG Kblz NJW-RR 1998, 1770. Das Gericht kann zB nähere Vorschriften über seine Ausführung erlassen, OLG Köln NJW 1985, 274. Eine Strafandrohung ist unstatthaft. Der Beschluss ist der Beginn der Zwangsvollstreckung, Kannowski/Keil DGVZ 2008, 109 (118). Die Ermächtigung ergeht nach § 788 I auf Kosten des Schuldners. Sie berührt die Pflicht des Schuldners und sein Recht zur Erfüllung nicht. Etwas anderes gilt allenfalls dann, wenn der Gläubiger an der Durchführung der Ermächtigung ein berechtigtes Interesse haben würde. Der Gläubiger schließt zur Ausführung des Beschlusses die erforderlichen Verträge mit Dritten im eigenen Namen. Er haftet daher für das etwaige Verschulden eines Dritten nach §§ 276 ff. BGB. Ein Mitverschulden des Gläubigers wirkt kostenmindernd, BGH NJW 1997, 2234. Die den Gläubiger treffenden **Kosten** sind nach § 891 S. 3 iVm §§ 91–93, 95–100 beitreibbar. Eine Kostenfestsetzung ist nach §§ 103 ff. zulässig, OLG Mü MDR 1997, 1069; KG Rpfleger 1994, 31; OLG Nürnb JurBüro 1993, 240. Der Schuldner trägt allerdings nach § 891 S. 3 iVm § 91 nur die notwendigen Kosten Die durch sachwidrige

Maßnahmen eines Dritten entstandenen Kosten, brauchen weder der Gläubiger noch der Schuldner zu tragen. Man muss evtl. einen Kostentitel erstreiten.

3. Duldungspflicht. Der Schuldner muss die Ausführung dulden. Das gilt zumindest dann, wenn der Schuldner das Vertrauen des Gläubigers auf eine ordnungsgemäße und zuverlässige Vornahme der Handlung erschüttert hat, OLG Düss MDR 1982, 61. Der Schuldner muss dem Gläubiger daher auch gestatten, seine Räume im erforderlichen Umfang zu betreten. Das Gericht kann in seinem Beschluss dieses **Zutrittsrecht** und weitere Einzelheiten darüber anordnen, in welchem Umfang der Schuldner die Ausführung dulden muss, um dem Gläubiger die Vornahme der Handlung zu ermöglichen oder zu erleichtern, OLG Düss NJW-RR 1998, 1768 (1769); OLG Hamm NJW 1985, 275; Schuschke/Walker/Kessen/Thole/Walker/Koranyi Rn. 27. Das Gericht kann demgegenüber keinen Dritten in dieser Weise unmittelbar verpflichten. Der Gläubiger muss sich eine zur Ausführung etwa erforderliche behördliche Erlaubnis selbst beschaffen, etwa eine Baugenehmigung. 12

Das Gericht darf eine Anordnung nach § 887 nur dann ablehnen, wenn zB die Behörde eine etwa notwendige **behördliche Erlaubnis** bereits versagt hat, also nicht schon dann, wenn sie die Erlaubnis zwar noch nicht erteilt hat, aber immerhin noch erteilen kann. Das Zutrittsrecht lässt sich nicht etwa nach § 890 vollstrecken, Kannowski/Keil DGVZ 2008, 109 (113); aA OLG Köln NJW-RR 1988, 832; LG Kblz DGVZ 2008, 119 (aber das ist nicht überzeugend. Denn der Schuldner muss mehr tun als dulden. Er muss öffnen). Die bloße Behauptung des Gläubigers, der Schuldner habe nicht geöffnet, reicht nicht zur Annahme einer Zutrittsverweigerung, OLG Kblz WuM 2002, 222. 13

Einen **Widerstand** des Schuldners muss der Gerichtsvollzieher nach § 892 brechen, OLG Köln NJW-RR 1988, 832; LG Weiden DGVZ 2008, 120; AG Montabaur DGVZ 2008, 121. Der Schuldner kann zulässigerweise zB die Erfüllung in einer ernstlichen Erklärung übernehmen, nachdem der zur Ausführung der Handlung ermächtigte Gläubiger bereits diesbezügliche Aufwendungen gemacht hatte, BGH NJW 1995, 3189. Dann muss der Schuldner diese Aufwendungen dem Gläubiger ersetzen und den Gläubiger von seinen noch bestehenden Verbindlichkeiten befreien. Wegen der Nachprüfung der Erfüllung → Rn. 7. Wenn der Schuldner prozessunfähig ist, ändert sich aA vorstehenden Verfahren grundsätzlich nichts. Es genügt dann, dass der gesetzliche Vertreter des Schuldners die Erfüllung verweigert. 14

V. Verfahren, I. 1. Zuständigkeit. Das Prozessgericht der ersten Instanz ist nach § 802 ausschließlich zuständig. Es muss nicht unbedingt diejenige Stelle nach § 887 entscheiden, die im Erkenntnisverfahren nach §§ 253 ff. entschieden hat, OLG Düss FamRZ 1981, 577. 15

2. Beispiele zur Frage einer Zuständigkeit, I

ArbGG: Zuständig ist das ArbG, auch sein Vorsitzender nach § 53 I ArbGG. 16

Arrest, Einstweilige Verfügung: Nach einer Entscheidung nach §§ 935 ff. ist stets das Erstgericht zuständig. Das gilt auch dann, wenn die Entscheidung beim Berufungsgericht ergangen war oder wenn dort ein Prozessvergleich zustande kam, BGH NJW 2002, 754. Wenn die Zivilkammer das Eilverfahren nach einem Widerspruch nach § 924 mit dem Hauptprozess verbunden und dem Einzelrichter übertragen hat, bleibt er auch bei § 891 zuständig, aA OLG Kblz NJW-RR 2002, 1724. Wenn das AG eine Anordnung nach § 942 getroffen hatte, ist das Gericht der Hauptsache zuständig. Denn das AG ist nur aushilfsweise zuständig.

Auslandsfall: Es ist dasjenige Gericht zuständig, das diesen Vollstreckungstitel für im Inland vollstreckbar erklärt hat oder das nach einer gesetzlichen Vorschrift im Inland zuständig geworden ist, zB nach §§ 722, 723. Zum ausländischen Leistungsort BGH EuZW 2010, 114; OLG Hmb ZVertriebsR 2019, 132; OLG Mü NJW-RR 2018, 422.

Einzelrichter: Funktionell zuständig ist evtl. der Einzelrichter wie sonst nach §§ 348, 348a, 526, 527, 568, OLG Ffm FamRZ 1987, 1293.

Familiensache: Nach einer Entscheidung nach dem FamFG ist das FamG zuständig, (je zum alten Recht) OLG Ffm FamRZ 1987, 1293; OLG Hmb FamRZ 1983, 1252; OLG Düss FamRZ 1981, 577. Das FamG ist auch dann zuständig, wenn das OLG eine einstweilige Anordnung nach §§ 49 ff. FamFG erlassen hatte.

Handelssache: Funktionell zuständig ist evtl. die Kammer für Handelssachen wie sonst nach §§ 93 ff. GVG.

Höhere Instanz: Es ist unerheblich, ob der Streit inzwischen in einer höheren Instanz anhängig ist oder war, BGH NJW 2002, 755. Das Urteil selbst darf noch keine Ermächtigung geben. Die Ermächtigung gehört nämlich zur Zwangsvollstreckung.

Patentsache: Zuständig ist das BPatG, BPatG GRUR 1996, 402.

Rechtspfleger: Er ist nicht zuständig. Denn § 20 I Nr. 17 RPflG hat ihm keine derartige Funktion des Prozessgerichts übertragen.

Schiedsspruch: Es ist dasjenige Gericht zuständig, das den Schiedsspruch nach § 1054 für vollstreckbar erklärt hat.

Vergleich: Nach einem vor der Gütestelle nach § 794 I Nr. 1 geschlossenen Vergleich ist das nach § 795 zuständige Gericht der Vollstreckungsklausel zuständig.

Wohnungseigentumssache: In einer WEG-Sache ist das Gericht des ersten Rechtszugs zuständig (je zum alten Recht) BayObLG NJW-RR 1988, 640; OLG Ffm OLGZ 1980, 163. Vgl. auch § 72 II GVG, OLG Oldb NJW 2009, 859.

3. Antrag. Unentbehrlich ist ein Antrag des Gläubigers. Soweit das AG nach → Rn. 15, 16 sachlich zuständig ist, ist der Antrag auch zum Protokoll der Geschäftsstelle zulässig. Daher besteht insoweit nach § 78 III Hs. 2 kein Anwaltszwang. Ein Anwaltszwang besteht im Übrigen wie sonst (→ § 78 Rn. 1). Haben mehrere Gläubiger den Titel erstritten, kann jeder den Antrag stellen, AG Hmb-Altona ZMR 2003, 961 (WEG). 17

4. Beispiele zur Frage eines Antrags, I

Abnahmepflicht: Eine solche nach → Rn. 31 „Abnahme" ermächtigt nur zur Abnahme und nicht zur Versteigerung. Die letztere kommt erst bei Nichtzahlung des nach **II** festgesetzten Vorschusses infrage. 18

Bezeichnung: Der Gläubiger muss die notwendige Handlung in seinem Antrag genau bezeichnen, OLG Düss MDR 2002, 1394; OLG Stgt NJW-RR 1999, 792; OLG Bbg NJW-RR 2000, 358. Nicht notwendig ist eine Angabe des Gläubigers zu jedem einzelnen Arbeitsschritt, OLG Drsd MDR 2009, 1411; OLG Mü NJW-RR 1988, 22; OLG Hamm MDR 1984, 591. Auch „Eignung".

Eignung: Zwar braucht der Gläubiger keine bestimmte Person vorzuschlagen. Er muss aber darlegen, dass und weshalb ein Vorgeschlagener überhaupt imstande und geeignet wäre, die Handlung vorzunehmen. Das gilt auch nach einer nur unbrauchbaren Verhaltensweise des Schuldners, OLG Köln NJW-RR 1996, 100.
Erfüllbarkeit: Wenn sich der Gläubiger die Erfüllung ohne weiteres kostenlos selbst verschaffen kann und wenn er entsprechend gehandelt hat, ist sein Antrag unzulässig. Das gilt etwa dann, wenn er diejenigen Urkunden selbst besorgen kann, die ihm der Schuldner liefern soll. „Erfüllung".
Erfüllung: Diejenige durch den Schuldner beseitigt das Rechtsschutzbedürfnis an einer Ermächtigung zur Ersatzvornahme, LAG Ffm JurBüro 2009, 212. Der Schuldner ist für seine Erfüllung beweispflichtig, Kannowski/Distler NJW 2005, 865 (868) (→ Rn. 7). → „Erfüllbarkeit", → „Rechtsschutzbedürfnis".
Gegenvorschlag des Schuldners: → „Unterlagen".
Genehmigung: Erst die Bestandskraft der Versagung einer zur Vornahme erforderlichen öffentlichrechtlichen Genehmigung kann einer Ermächtigung zur Ersatzvornahme entgegenstehen, OLG Düss MDR 2002, 1394. „Zustimmung eines Dritten".
Rechtsschutzbedürfnis: Notwendig ist stets ein solches, LG Frankenth Rpfleger 1984, 28. Es fehlt, soweit der Gläubiger die Ersatzvornahme schon getätigt hat. „Erfüllung".
Rücknahme: Der Gläubiger kann seinen Antrag bis zur formellen Rechtskraft des Beschlusses nach §§ 329, 705 wirksam zurücknehmen.
Umdeutung: Ein Antrag nach § 888 ist in einen solchen nach § 887 umdeutbar, soweit das erkennbar dem wahren Gläubigerwillen entspricht, OLG Hamm NJW 1985, 274. Das Gericht muss evtl. nach § 139 fragen.
Unterlagen: Die in Bezug genommenen müssen dem Antrag beiliegen, OLG Saarbr NJW-RR 2010, 95. Das gilt auch dann, wenn der Schuldner wählen könnte, wie er erfüllen will. Dann muss das Gericht seinen Gegenvorschlag von Amts wegen prüfen, OLG Stgt NJW-RR 1999, 792.
Vorschuss: → „Abnahmepflicht".
Wahlrecht des Schuldners: → „Unterlagen".
Zeugnis: Sein Inhalt muss vollstreckbar genau sein, BAG JurBüro 2017, 497.
Zustimmung eines Dritten: Eine solche etwa erforderliche muss bis zum Ermächtigungsbeschluss vorliegen.

19 **5. Weiteres Verfahren.** Vgl. § 891. Die während der Durchführung nach **I** notwendigerweise entstandenen Kosten sind grundsätzlich solche der Zwangsvollstreckung nach § 788, OLG Zweibr MDR 1994, 1044. Sie können aber ausnahmsweise nach → § 891 Rn. 7 unter §§ 91 ff. fallen. Entsprechendes gilt auch für diejenigen Kosten, die der Gläubiger für den vom Schuldner erbetenen Transport der Sache in dessen Herrschaftsbereich zwecks einer Vornahme der Handlung aufwendet, OLG Ffm MDR 1981, 1025. Wenn der Schuldner einwendet, er habe alles ihm bisher Mögliche zur Erfüllung getan, leugnet er das Verstreichen einer angemessenen Frist. Über diese Frage kann das Gericht nicht im Verfahren nach § 887 entscheiden, BGH NJW-RR 2006, 202; OLG Düss GRUR-RR 2020, 146; OLG Zweibr NJW-RR 1998, 1767. Wenn der Schuldner die Art der angeordneten Sicherheitsleistung nicht bestimmt hatte, muss der Gläubiger seine Wahl im Antrag treffen. Bei § 775 Nr. 1–3 ist der Antrag unzulässig. Das Verfahren verläuft im Übrigen nach § 891.

20 **VI. Rechtsbehelfe, I–III. 1. Sofortige Beschwerde.** Der Gläubiger und der Schuldner können gegen eine Entscheidung des Gerichts die sofortige Beschwerde nach §§ 567 I Nr. 1, 793 einlegen, OLG Bbg NJW-RR 1998, 716; BayObLGZ 1983, 17. Ein Anwaltszwang besteht wie sonst nach § 569 III, OLG Kblz JurBüro 2001, 437. Eine Aussetzung der Vollziehung erfolgt nach § 570 II, III. Eine Rechtsbeschwerde kommt unter den Voraussetzungen des § 574 ZPO in Betracht.

21 **2. Erinnerung.** Gegen eine Maßnahme oder Verfahrensweise des Gerichtsvollziehers ist die Erinnerung nach § 766 statthaft.

22 **3. Vollstreckungsabwehrklage.** Der Schuldner kann mit der Behauptung einer Erfüllung stets eine Vollstreckungsabwehrklage nach § 767 erheben, OLG Mü MDR 2000, 907; OLG Köln MDR 1993, 579; OLG Hamm NJW-RR 1988, 1087(wegen § 888). Er muss diesen Weg gehen, sobald das Verfahren nach § 887 formell rechtskräftig beendet ist, OLG Bbg Rpfleger 1983, 79; OLG Ffm MDR 1981, 414; LG Erfurt NJW-RR 1998, 428. Vorher kann er schon aus den Gründen → Rn. 20 nicht so vorgehen, aA OLG Mü MDR 2000, 907 (aber dann besteht noch kein Rechtsschutzbedürfnis für diesen komplizierten Weg). Der Schuldner kann natürlich auch im Hauptsacheverfahren vorgehen, solange dieses noch nicht nach §§ 329, 705 formell rechtskräftig beendet ist, OLG Ffm MDR 1981, 414. Eine Entscheidung im Vollstreckungsverfahren bindet den Richter der Vollstreckungsabwehrklage nicht.

23 Der Einwand des Schuldners, ihm sei die **Erfüllung unmöglich** geworden, gehört grundsätzlich in das etwaige Verfahren nach § 767, OLG Hamm NJW-RR 1988, 1088; Wieczorek/Schütze/Rensen Rn. 16; aA OLG Zweibr NJW-RR 1998, 1767 (aber das ist sogar eine für § 767 typische Einwendung). Dann fehlt nämlich das Rechtsschutzbedürfnis. Dasselbe gilt beim Einwand eines Annahmeverzugs, LG Bln NZM 2012, 860. Bei einer wiederkehrenden Leistung muss der Gläubiger deren urteilsmäßige Voraussetzungen jedesmal nachweisen. Eine gerichtliche Aufforderung an den Schuldner zur Erfüllung und eine Fristsetzung sind unzulässig. Wenn der Schuldner nach § 769 eine Einstellung der Zwangsvollstreckung beantragt, muss das Gericht zwar unter den weiteren Voraussetzungen des § 887 einen Beschluss nach dieser Vorschrift erlassen. Es muss die Vollstreckung aber evtl. aussetzen. Eine bloße Einwendung gegen eine Anordnung nach **II** gehört aber nicht nach § 767, BGH NJW 1993, 1394.

24 **4. Schadensersatzklage.** Unberührt bleibt nach § 893 die Möglichkeit, Schadensersatz zu fordern.

25 **5. Kosten.** Gebühren: des Gerichts KV 1811 GKG. (Beschwerdegebühr); des Anwalts VV 3309, 3310 RVG. Zum Streitwert OLG Ros MDR 2021, 322.

26 **VII. Kostenvorschuss, II. 1. Antrag.** Der Gläubiger kann beantragen, den Schuldner dazu anzuhalten, ihm die voraussichtlichen Kosten vorzuschießen, aber nur soweit diese notwendig (→ § 788 Rn. 6) sind, OLG Drsd IHR 2020, 216 (218). Es handelt sich hierbei um ein Nebenrecht, das nicht selbständig abgetreten oder gepfändet werden kann, BGH NJW 2017, 3525 Rn. 13. Der Gläubiger braucht diesen Antrag nicht „zugleich" mit dem Antrag auf seine Ermächtigung zu stellen. Das Gericht entscheidet durch einen Beschluss nach § 329. Es muss ihn nach § 329 nachprüfbar begründen, OLG Ffm JurBüro 1976, 398. Die Anordnung ist eine Vollstreckungsmaßnahme; eine Vollstreckungsabwehrklage nach § 767 ist insoweit unstatthaft, BGH NJW 1993, 1394. Wenn

der Gläubiger mehrmals einen Vorschuss beantragt, müssen evtl. mehrere Entscheidungen ergehen. Das Gericht muss den Schuldner nach § 891 auch in diesem Verfahren vor einer ihm nachteiligen Entscheidung anhören. Der Schuldner darf gegenüber demjenigen Betrag, zu dessen Vorschussleistung ihn der Beschluss anhält, eine Aufrechnung erklären, OLG Rostock OLGR 2009, 511; MüKoZPO/Gruber Rn. 39; aA OLG Celle NJW-RR 2005, 1013; Schuschke/Walker/Kessen/Thole/Walker/Koranyi Rn. 35 (systemwidrig). Das Gericht darf den Antrag des Gläubigers nicht zurückweisen, soweit er sich aus einer Gegenforderung des Schuldners noch nicht befriedigen kann, OLG Hamm MDR 1984, 591. Nach einer Tilgung der Forderung kann der Schuldner nach §§ 767, 769 vorgehen. Nach der Vornahme der Handlung kommt kein weiterer Vorschuss mehr in Betracht, BGH NJW-RR 2007, 213 Rn. 18.

2. Verfahren, Entscheidung. Zur internationalen Zuständigkeit BGH NJW-RR 2010, 279; OLG Mü NJW-RR 2018, 422 Rn. 8. Die Höhe des Vorschusses steht im pflichtgemäßen Ermessen des Gerichts, OLG Saarbr BauR 2011, 1869; OLG Rostock OLGR 2009, 511. Es darf nach § 308 I über den Antrag nicht hinausgehen. Es muss ein Mitverschulden des Gläubigers vorschussmindernd beachten, BGH NJW 1997, 2234. Wenn es den Gläubiger zur Vornahme einer solchen Handlung ermächtigt, für die er eine Gegenleistung schuldet, etwa bei einer Handwerkerarbeit, BGH NJW 1984, 401, kann er als Vorschuss nur die Mehrkosten der Ersatzvornahme fordern, OLG Rostock OLGR 2009, 511; LG Würzb Rpfleger 1980, 160; Wieczorek/Schütze/Rensen Rn. 65; aA OLG Naumb JurBüro 2002, 552; OLG Hamm MDR 1984, 591; MüKoZPO/Gruber Rn. 38, (aber das liefe im Ergebnis auf eine Umgehung des Grundgedankens auch des § 756 hinaus). Der Gläubiger muss diese Mehrkosten möglichst genau darlegen, OLG Saarbr BauR 2011, 1869; OLG Köln OLGR 1996, 271 (je: zB durch einen Voranschlag; keine Ermittlung durch das Gericht). Das Gericht muss die Zuschusspflicht des Auftraggebers bei einer entsprechenden Zug-um-Zug-Verurteilung berücksichtigen, BGH NJW 1984, 401. Zu den Kosten können diejenigen einer Finanzierung zählen, OLG Düss MDR 1984, 323. Das gilt zB für diejenigen einer vorbereitenden Schätzung durch einen Sachverständigen, KG Rpfleger 1994, 32; OLG Ffm MDR 1982, 352. 27

Die **Zwangsvollstreckung** aus dem Beschluss erfolgt nach § 794 I Nr. 3, §§ 803 ff., OLG Köln FamRZ 1983, 710; Schmidt MDR 1989, 1068. Der Schuldner muss evtl. den Gläubiger unter Fristsetzung von ca. 3 Wochen zur Abrechnung eines erhaltenen Vorschusses auffordern und notfalls nach zB § 254 auf eine Rückerstattung des etwa nicht verbrauchten Vorschussteils nach §§ 812 ff. BGB klagen. Wenn der Gläubiger einen Mehrbedarf hat, kann er ihn im Verfahren nach **II** mit einem neuen Antrag nachfordern, OLG Hmb FamRZ 1983, 1252. 28

Wenn das Verfahren nach § 887 beendet ist, darf das Gericht auch keinen Vorschuss nach **II** mehr festsetzen. Vielmehr ist die Prüfung der Notwendigkeit solcher Kosten dann im Verfahren nach § 788 notwendig, OLG Schlesw JurBüro 1990, 1466; Wieczorek/Schütze/Rensen Rn. 69; aA OLG Düss OLGR 2009, 771; LG Kblz MDR 1984, 591 (aber Beendigung ist Beendigung). Der Gläubiger muss den Schuldner notfalls verklagen. Eine Klage ist vor der Beendigung des Verfahrens nach **II** grundsätzlich unzulässig, OLG Oldb MDR 1985, 855. KG NJW-RR 1988, 1039 billigt dem nach § 538 II BGB zur Selbsthilfe berechtigten Mieter ein klagbares Recht auf einen Vorschuss schon vor dem Verfahren nach § 887 II zu. 29

Gebühren: des Gerichts § 12 V GKG (Vorauszahlungspflicht), KV 2110 GKG; des Anwalts VV 3309, 3310 RVG. 30

VIII. Beispiele zur Frage einer Vertretbarkeit oder Unvertretbarkeit, §§ 887, 888. Bei einer vertretbaren Handlung erfolgt die Zwangsvollstreckung nach § 887, bei einer unvertretbaren Handlung erfolgt die Zwangsvollstreckung nach → § 888 Rn. 8, 10. 31

Abbruch: Solche Leistung ist vertretbar, OLG Ffm MDR 2003, 655 (Unanwendbarkeit des § 885); OLG Köln OLGR 1993, 31. 32

Ablösungsverpflichtung: → „Stellplatzverpflichtung".

Abnahme der Kaufsache: Sie ist trotz der zu ihrer Vornahme erforderlichen Willenserklärung, auf die an sich § 894 anwendbar wäre, wegen der weitergehenden Pflicht zur Befreiung des Gläubigers vom Besitz vertretbar, OLG Köln MDR 1975, 586.

Abrechnung: Sie kann vertretbar sein, BGH WuM 2021, 388 Rn. 11; LG Hmb ZMR 2015, 482; LAG Köln JurBüro 2008, 496; AG Halle ZMR 2012, 412; aber nicht, wenn damit die Versicherung der Vollständigkeit und Richtigkeit verbunden ist, BGH NJW 2016, 3536 Rn. 18. Unvertretbar kann sie mangels Unterlagen zB im Kleinbetrieb sein, LAG Köln JurBüro 2008, 497.

Akteneinsicht: Sie ist grds. unvertretbar, evtl. auch entsprechend § 883 II, III vollstreckbar, BFH NVwZ 2000, 1334.

Angebot: Seine Ausarbeitung fällt unter § 888, die bloße Annahme fällt unter § 894, BAG NZA 2011, 1170 Rn. 18.

Anmeldung zum Insolvenzverfahren und dgl.: Sie ist vertretbar.

Annahme als Erfüllung: Sie ist unvertretbar. Denn zu ihr gehört eine Prüfung der Ware.

Apotheke: → „Betriebspflicht".

Arbeitsleistung: Sie ist grds. vertretbar, vgl. aber → „Dienste". Die Beschäftigung eines Arbeitnehmers ist unvertretbar sein, BAG NZA 2020, 542 Rn. 14. Die vergleichsweise Pflicht, unter bestimmten Voraussetzungen einem Mitarbeiter oder Vertreter zu kündigen, kann unvertretbar sein. Eine Abrechnung des Entgelts kann unvertretbar sein, BAG NZA 2010, 61. Auch → „Weiterbeschäftigung".

Arbeitspapiere: Soweit der Arbeitgeber sie bereits vollständig ausgefüllt oder auch nur angeblich an den Mitarbeiter übersandt hat, erfolgt die Vollstreckung nach § 883, LAG Ffm NZA-RR 2005, 381, andernfalls nach § 888, LAG Mainz JurBüro 2010, 51; LAG Erfurt BB 2001, 943; LAG Hamm DB 1981, 535.

Architektenauftrag: Seine Vollstreckung erfolgt nach § 887, AG Obernburg BauR 2012, 1151.

Auskunft, Einsicht, Rechnungslegung: Sie ist zumindest unvertretbar, soweit sie nur der Schuldner erbringen kann, BGH NJW-RR 2017, 518; OLG Ffm GRUR-RR 2018, 222 (je: allgemein); OLG Brdb NJW-RR 2007, 943; OLG Hamm MDR 2009, 362; AG Ludwigslust FamRZ 2012, 31 (je: wegen § 1379 I BGB); OLG Brem NJW 2000, 963; OLG Hamm NJW 2001, 1870 (je: Erzeugername); BGH NJW-RR 2017, 518 Rn. 11 (§ 1686 BGB); OLG Celle NJW-RR 2005, 1374; OLG Mü MDR 2004, 399 (je: Pflichtteil, nur im verlangten Umfang); OLG Köln JurBüro 2009, 215; OLG Nürnb ZEV 2010, 417 (je: Bestandsverzeichnis); BFH NVwZ

2000, 1334 (1336) (Akteneinsicht). Die Auskunft usw. ist aber auch sonst unvertretbar, BAG NZA 2004, 863 (866); OLG Jena FamRZ 2013, 656; OLG Köln MDR 2002, 294. Denn mit jeder Rechnungslegung erklärt der Schuldner deren Richtigkeit und Vollständigkeit. Das verkennt BGH NJW-RR 2014, 1319. Er muss sie notfalls im Weg einer eidesstattlichen Versicherung zur Vermögensauskunft bekräftigen, LG Kiel DGVZ 1983, 155. Das übersieht OLG Düss NZM 1999, 842. Man muss stets den Verhältnismäßigkeitsgrundsatz mitbeachten, BGH GRUR 2015, 1248. Unerheblich ist, dass streng genommen nur die Abgabe der Erklärung höchstpersönliche Natur hat, nicht auch deren Übermittlung, aA OLG Zweibr FamRZ 2000, 1222 (aber der Erklärende muss für den Gesamtvorgang geradestehen).

– **(Auslegung):** Sie kann ausdehnend nötig sein, BGH GRUR 2014, 605 (auch durch ein Tochterunternehmen).
– **(Beseitigung des Titels):** Nach der Rechnungslegung darf der Schuldner eine Titelbeseitigung fordern, OLG Bbg FamRZ 1999, 111.
– **(Herausgabe):** Bei einer zwecks Auskunft erforderlichen Vorlegung kommt § 883 (→ § 883 Rn. 13) entsprechend infrage, BayObLG DGVZ 2022, 133 Rn. 41; OLG Ffm NJW-RR 1992, 171; OLG Köln NJW-RR 1988, 1210. Auch kann § 888 anwendbar sein, → „Vorlegung".
– **(Hilfeleistung):** Der Schuldner muss evtl. sogar als Konzernunternehmen ein anderes solches Unternehmen auf eine Unterstützung verklagen, BGH NJW 2009, 2308.
– **(Hilfskraft):** Der Schuldner darf und muss notfalls eine Hilfskraft zuziehen, BayObLG NJW-RR 1989, 932 (Sachverständiger, der nicht alle Erkenntnisse preisgeben darf); OLG Ffm NJW-RR 1997, 567 (Sozius ohne EDV-Passwort und ohne Mitwirkung der anderen); OLG Karlsr NJW-RR 2002, 220. Notfalls muss er ohne die Hilfskraft so gut wie möglich Auskunft geben, BayObLG NJW 1975, 740.
– **(Holding):** Sie muss in zumutbarem Umfang von ihrer Tochter Informationen einholen, OLG Düss GRUR-RR 2013, 273.
– **(Provision):** Der Auskunftsanspruch zur verdienten ist meist unvertretbar, LAG Ffm ZVertriebsR 2016, 187.
– **(Unmöglichkeit):** Nach einem Rückerhalt der erforderlichen Unterlagen darf sich der Schuldner nicht mehr auf eine Unmöglichkeit berufen, OLG Saarbr NZM 1999, 1008 (1009).
– **(Unrichtigkeit):** Wenn der Gläubiger die Unrichtigkeit der erhaltenen Rechnung behauptet, muss er eine entsprechende Klage erheben. Der Rechnungspflichtige braucht die zugehörigen Belege dem Anwalt des Gegners nicht zu treuen Händen zu überlassen, es sei denn der Titel ordnet auch dies an OLG Zweibr NJW-RR 1998, 715; vgl. OLG Köln NJW-RR 1996, 382. Vgl. auch § 132 IV 2 AktG.
– **(Unvollständigkeit):** Wenn der Gläubiger die Rechnungslegung aber als unvollständig angesehen hat, weil der Schuldner angeblich nicht alles ihm Zumutbare geleistet habe, kann das Gericht nach § 888 prüfen, ob es den Schuldner anhalten muss, die Rechnung besser und vollständiger zu legen, BGH GRUR 2014, 605; OLG Ffm NJW-RR 2016, 960; OLG Brdb FamRZ 2015, 1999. Ein Urteil auf eine Rechnungslegung muss dann aber auch in diese Richtung gehen.
– **(Vermieter):** → „Vermieter".
– **(Versorgungsausgleich):** → „Versorgungsausgleich".
– **(Vorlegung):** (Herausgabe)". Auch → „Vorlegung".
– **(Zutritt zum Geschäftslokal):** Hier kommt nach Wahl des Gläubigers auch eine Vollstreckung nach § 890 oder § 892 in Betracht, BGH NJW-RR 2002, 823 (824).

Bankbürgschaft: → „Sicherheitsleistung".

Baumangel: → „Handwerksmäßige Leistung".

Beendigung der Zuwiderhandlung: Sie macht § 888 unanwendbar, OLG Karlsr NJW-RR 1989, 189.

Befreiung von einer Schuld, etwa einer Bürgschaft: Sie ist nach vertretbar, soweit die Schuld der Höhe nach genau feststeht, OLG Kblz MDR 2015, 980; OLG Saarbr FamRZ 1999, 110, und soweit auch ein Dritter sie gleichwertig erfüllen kann, BGH NJW 1983, 2438; BAG WM 1975, 1190; OLG Hamm WM 1984, 336. Zur Durchsetzung OLG Köln FamRZ 2005, 471 (auch zu den Grenzen); Schlappa DGVZ 2011, 21 (23).

Beglaubigung, öffentliche, einer Urkunde des Schuldners: Sie ist unvertretbar, BayObLG NJW-RR 1997, 1015.

Belieferung: Zum Problem Klein/Burianski NJW 2010, 2248 (empfehlen § 890).

Beseitigung: Sie ist wohl meist vertretbar, BGH NJW-RR 2005, 212; KG MDR 2013, 430; OLG Karlsr NJW 2012, 1520; aA OLG Düss OLGR 1995, 74 (oder es kommt auf die Umstände an). Das gilt auch beim Rückruf, Sakowski GRUR 2017, 355 (359).

Betriebspflicht usw.: Ihre Durchsetzung erfolgt nach § 888, OLG Hmb NJW-RR 2014, 133; KG NZM 2013, 731; LG Kassel ZMR 2016, 36. Dasselbe gilt bei einer Betriebsabwicklung, LG Gött DGVZ 2002, 120. → „Geschäftsbetrieb".

Bewilligung: Sie ist grds. unvertretbar, BGH NJW-RR 2015, 852 (Dienstbarkeit).

Bilanzierung: Sie ist vertretbar, soweit ein Sachverständiger die Bilanz anhand der Geschäftsbücher und Geschäftspapiere zuverlässig fertigen kann, BGH NJW 2009, 431. Sie ist jedoch unvertretbar, soweit der Unternehmer mitwirken muss, OLG Köln NJW-RR 2003, 33; OLG Zweibr JurBüro 1998, 105.

Bitcoins: Die Leistung von Kryptowerten wie Bitcoins ist eine vertretbare Handlung, OLG Düss BKR 2021, 514; Bachert CR 2021, 356 (359); aA LG Berlin CR 2022, 149.

Buchauszug: Die Erteilung eines Buchauszugs ist vertretbar, BGH NJW-RR 2011, 470; OLG Mü NJW-RR 2018, 422; OLG Hmb ZVertriebsR 2015, 316. Bei einem Handelsvertreter werden die Ersatzvornahme seines Anspruchs auf die Erteilung eines Buchauszugs und die Mitteilung der näheren Vertragsumstände nach § 87c II und III HGB zwar nicht durch das Recht auf die eigene Bucheinsicht oder durch die Vornahme durch einen Wirtschaftsprüfer oder einen vereidigten Buchsachverständigen nach § 87c IV HGB unzulässig. Jedoch erfolgt eine Ersatzvornahme nicht schon wegen eines jeden Mangels des bereits erteilten Auszugs. Sie erfolgt vielmehr erst dann, wenn der erteilte Auszug gänzlich unbrauchbar ist, OLG Nürnb OLGR 1998, 364; OLG Mü NJW-RR 1988, 290. Das muss der Gläubiger darlegen, OLG Köln VersR 2004, 1413. Zur Beweislast vgl. freilich → Rn. 7. Das Gericht prüft, ob der Auszug völlig unbrauchbar ist, OLG Zweibr MDR 1986, 1034. Insofern findet also kein Verfahren nach § 767 statt. Eine bloße Bezugnahme auf ungeordnete Anlagen reicht nicht, BGH JurBüro 2009, 662. Die erforderlichen Auskünfte nach § 87c III HGB nennt grds. schon das Urteil näher. Der Kläger muss sie aber spätestens zu Beginn der Zwangsvollstreckung bestimmen. Denn das Gericht müsste den Antrag sonst mangels ausreichender Bestimmtheit zurückweisen.

Bürgschaft: → „Sicherheitsleistung".

Dienste: Dienste höherer Art sind unvertretbar, vgl. § 888 III. Andere Dienste sind regelmäßig vertretbar, etwa: Eine Transportleistung; das Beleuchten; der Abbruch eines Behelfsheims. Dann ist regelmäßig § 887 anwendbar. Vgl. → § 888 Rn. 31, auch wegen des Beschäftigungsanspruchs.

Duldung: § 890, AG Peine DGVZ 1999, 140. Aber auch → „Sperrung von Energiezufuhr usw.".

Dritter: Die Abhängigkeit von seiner Duldung macht eine grds. vertretbare Handlung evtl. unvertretbar, OLG Köln MDR 2003, 114; LG Hmb ZMR 2008, 572.

Drucklegung: Sie ist nach → Rn. 8 dann vertretbar, wenn sie keine Einbuße in ihrem Wesen erleidet, falls sie ein anderer Verlag vornimmt. So muss man auch im Zweifel verfahren. Die Befreiung eines Gesamtschuldners vom Befreiungsanspruch des anderen ist nach → „Gegendarstellung" vertretbar. Andernfalls handelt es sich um eine unvertretbare Handlung.

Einsicht: → „Auskunft".

Eintragung ins Grundbuch: Die Bewirkung ist vertretbar.

Einzelhandelsgeschäft: Sein Betrieb ist unvertretbar, → „Geschäftsbetrieb". Vgl. aber auch § 893.

Entfernung: Die Entfernung eines Gegenstands, BGH NJW-RR 2005, 212, zB aus einem Geschäftsraum oder eines Pkw oder einer Garage, ist grds. vertretbar, LG Hmb ZMR 2008, 572; AG Wuppert DGVZ 1998, 159; AG Erkelenz DGVZ 1994. Aber auch → „Dritter", → „Person".

Erbvertrag: → § 888 Rn. 31.

Fernsehen: → „Rundfunk".

Fotomaterial: Seine Vernichtung fällt unter § 887, OLG Ffm GRUR-RR 2007, 30.

Freistellungsanspruch: → „Befreiung von einer Schuld".

Fristeinhaltung: Vgl. §§ 510b, 888a (§§ 887–888 sind dann unanwendbar).

Fußpflege: Sie ist unvertretbar, LG Detm NJW-RR 2011, 1238 (1240).

Gaststätte: Ihr Betrieb ist oft unvertretbar, OLG Naumb NJW-RR 1998, 873; bei nur noch kurzer Restlaufzeit kommt § 890 in Betracht, OLG Düss NJW-RR 1997, 648; Peters/Welkerlin ZMR 1999, 369 (371) (§ 890. Aber es kommt auf den Stil des Chefs an).

Gegendarstellung: Der Abdruck ist unvertretbar, OLG Mü MDR 2003, 53; LG Ffm NJW-RR 1988, 1022.

Geistige Leistung: Die geistige, künstlerische, wissenschaftliche, schriftstellerische Leistung ist regelmäßig unvertretbar. Eine geistige Leistung kann aber dann vertretbar sein, wenn genügend sachlich oder allgemein gebildete Personen zur Leistung vorhanden sind. Das kann zB je nach der Sachlage auch dann gelten, wenn es etwa um die Inhaltsangabe eines wissenschaftlichen Werks oder um die Anfertigung eines Sachregisters oder eines Warenverzeichnisses geht. Die Übersetzung einer Urkunde ist vertretbar. Sie kann auch nach den Umständen unvertretbar sein. Die Übersetzung eines Werks ist nach → § 888 Rn. 8, 10 unvertretbar. § 888 kann auch zB in folgender Lage anwendbar sein: Es geht darum, dass mehrere zusammen leisten müssen, dass die Zwangsvollstreckung aber nur gegen einen einzelnen geht und dass die anderen ihre Mitwirkung verweigern; es geht darum, dass besondere Fähigkeiten notwendig sind. Denn dann lässt sich nicht feststellen, dass sie der Schuldner gerade jetzt oder überhaupt hat. Ein Schriftsteller oder ein Komponist kann zB nicht jederzeit auf Verlangen ein bedeutendes Werk schreiben; es geht um die Aufführung einer Oper an einer bestimmten Bühne.

Geschäftsbetrieb: Die Pflicht zu seiner Vornahme ist unvertretbar, die Vollstreckung scheitert auch nicht daran, dass man dazu zB Lieferantenverträge abschließen muss, OLG Celle NJW-RR 1996, 585. → „Betriebspflicht".

Gesellschaft: Die Ermittlung des Auseinandersetzungsguthabens ist vertretbar, BGH NJW 2009, 431; OLG Köln NJW-RR 2003, 33. Die Einreichung einer geänderten Gesellschafterliste (§ 40 GmbHG) ist unvertretbar und da keine Willenserklärung auch nicht nach § 894 zu vollstrecken, OLG Brbg ZIP 2022, 640; Lutter/Hommelhoff/Bayer GmbHG § 40 Rn. 103; Wanner-Laufer NJW 2022, 2076 (2078). Der Auskunftsanspruch gem. § 51a GmbHG ist nach § 888 zu vollstrecken, BayObLG NJW-RR 2022, 47; Koehler GmbHR 2022, 292 (300); Fluck/Weber GmbHR 2022, 729 Rn. 11.

Grundstückslast: Ihre Beseitigung ist grds. vertretbar, BGH NJW 1986, 1676; OLG Saarbr MDR 2005, 1253. Sie ist aber ausnahmsweise dann unvertretbar, wenn die nötige Summe nicht feststeht, OLG Stgt MDR 2005, 777.

Handwerksmäßige Leistung: Eine solche Leistung ist vertretbar, soweit sie keine besondere geistige oder körperliche Befähigung verlangt, BGH NJW 1993, 1394. Das gilt im Allgemeinen für die Arbeit eines Handwerkers, KG NZM 2003, 907; OLG Stgt NJW-RR 1999, 792; AG Hmb-Altona ZMR 2003, 961.

– **(Architekt):** Vertretbar sein kann die Errichtung eines schlüsselfertigen Hauses durch ihn, ebenso wie die Errichtung einer Straße.
– **(Bau):** Vertretbar ist sie dort, OLG Drsd MDR 2009, 1411 (auch bei einem weiten Ermessen des Handwerkers); OLG Stgt NJW-RR 1999, 792; LG Mü NZM 2004, 279.
– **(Betriebspflicht):** Unvertretbar sein kann sie, OLG Rostock NJW 2016, 3539; → „Betriebspflicht".
– **(Dienstvertrag):** Vertretbar sein kann seine Leistung, selbst wenn ein Sachverständiger mitwirken muss.
– **(Kein Einverständnis):** Soweit eine an sich vertretbare Handlung gegen den früheren Eigentümer einer solchen Wohnung zu vollstrecken ist, deren neuer Eigentümer oder derzeitiger Mieter nicht einverstanden ist, kann § 888 nach dort → § 888 Rn. 4 anwendbar sein, BayObLG NJW-RR 1989, 462; LG Mü NZM 2004, 279 (auch zu den Grenzen).
– **(Feuchtigkeit):** Vertretbar ist ihre Beseitigung, KG NZM 2003, 907.
– **(Gärtnerarbeit):** Vertretbar ist sie, und zwar auch dann, wenn sie der Grundeigentümer durchführen kann oder soll, OLG Karlsr OLGZ 1991, 448; OLG Zweibr JurBüro 1982, 939; AG Mönchengladb DGVZ 1998, 91.
– **(Haus):** → „– (Architekt)", → „– (Bau)", → „– (Rückbau)",
– **(Mietvertrag):** Vertretbar sein kann seine Leistung, LG Bln WuM 1994, 552 (selbst dann, wenn mehrere technische Durchführungsarten infragekommen), LG Lüneb ZMR 2015, 318. Unvertretbarkeit kann dann bestehen, wenn eine Maßnahme für den Mieter von Wohnungseigentum auch Gemeinschaftseigentum betrifft, LG Bln NZM 2013, 360. Auch → „– (Schönheitsreparatur)".

– **(Rückbau):** Vertretbar sein kann diese Arbeit, AG Hmb-Altona ZMR 2003, 961.
– **(Sachverständigenmitwirkung):** Vertretbar sein kann eine Leistung trotz der Notwendigkeit der Mitwirkung eines Sachverständigen.
– **(Schallschutz):** Vertretbar ist seine Herstellung, OLG Stgt NJW-RR 1999, 792.
– **(Schönheitsreparatur):** Vertretbar ist sie meist, AG Hmb-Altona WuM 2000, 418. Auch → „– (Mietvertrag)".
– **(Werklieferungsvertrag):** Vertretbar sein kann seine Leistung, BGH NJW 1993, 1394.

Haustier, Beseitigung: Die Handlung ist im Allgemeinen vertretbar und nur unter besonderen Umständen unvertretbar, LG Hmb NJW-RR 1986, 158; AG Meschede DGVZ 1997, 91. Eine Verurteilung zur „Verhinderung von Geruchsbelästigungen" kann besonders dann nach § 888 (und nicht nach § 890) vollstreckbar sein, wenn die Urteilsgründe von einer „Störungsbeseitigung" sprechen, OLG Mü OLGZ 1982, 101.

Herausgabe: → § 883 Rn. 6–11, ferner → Rn. 6. §§ 887 oder 888 sind jedenfalls beim Zusammentreffen einer Herausgabe- und einer Handlungspflicht anwendbar, BGH NJW-RR 2005, 212; OLG Zweibr OLGR 2001, 70; AG Halle ZMR 2012, 412.

Hinterlegung von Geld: Sie ist nach → Rn. 8 vertretbar. Sie ist aber wegen der Berechnung dann unvertretbar, wenn der Betrag nicht ziffernmäßig feststeht. Das kann zB bei dem Erlös aus der Aberntung eines Ackers so sein.

Immission: → „Zuführung".

Instandsetzung: → „Vermieter".

Internet: Der Antrag auf die Freigabe eines Domain-Namens lässt sich nicht nach § 894 vollstrecken, sondern geht auf die Vornahme einer Handlung, OLG Nürnb OLGR 2000, 194, und zwar wohl durchweg einer unvertretbaren. Der Anspruch auf Zugang zu einem Benutzerkonto ist nach § 888 zu vollstrecken, BGH MMR 2020, 688 Rn. 10, ebenso der Anspruch auf Löschung von ins Internet eingestellten Beiträgen, OLG Mü MMR 2021, 78 Rn. 12.

Kaufverpflichtung nach einer Liste: Sie ist vertretbar, OLG Köln MDR 1975, 586.

Klage: Ihre Erhebung und Durchführung sind unvertretbar.

Komplexe Handlungen: Wenn bei ihnen mehrere zusammenwirken müssen und Eingriffe in sonstige Rechtsgüter unvermeidbar sind, kann schon deshalb eine Unvertretbarkeit vorliegen, OLG Mü NJW-RR 1992, 768.

Kraftfahrzeug-Serviceheft: Auf seine Herausgabe durch den Verkäufer ist § 887 anwendbar, AG Dülmen MDR 2001, 715.

Lieferung von elektrischer Kraft und dgl.: Sie ist vertretbar.

Lohnabrechnung: Sie ist grds. vertretbar, LAG Ffm JurBüro 2009, 212; LAG Köln ZIP 2009, 988; LAG Mainz MDR 2006, 55; aA Ahmad/Horcher NZA 2018, 1234 (1240). Unvertretbar ist sie nur bei einem solchen Kleinstbetrieb, der nur flüchtige Notizen als Unterlagen hat, LAG Hamm ZIP 1983, 1253.

Löschung der Hypothek oder Grundschuld eines Dritten: Sie ist vertretbar, OLG Düss MDR 1980, 410. Die Beibringung einer Löschungsbewilligung ist allenfalls nach § 887 vollstreckbar, OLG Naumb JurBüro 2003, 51 (oft auch so nicht).

Mangel: → „Beseitigung".

Mieter: → „Handwerksmäßige Leistung", → „Vermieter".

Mitwirkung: Sie kann unvertretbar sein, KG FamRZ 1984, 1122; LG Zweibr MDR 1976, 144 (Steuerklasse). Wenn ein Dritter mitwirken muss, ist die Leistung für den Schuldner im Allgemeinen unvertretbar, OLG Stgt MDR 2006, 293. Das gilt zB dann, wenn die Leistung ausschließlich vom Willen des Schuldners abhängt. Mag er versuchen, die Mitwirkung des Dritten zu erreichen, OLG Stgt MDR 2006, 293. Wenn der Dritte nicht mitwirken muss und auch nicht dazu bereit ist, ist auch § 888 nach → § 888 Rn. 5 unanwendbar, OLG Ffm MDR 1983, 141. Der Schuldner muss den Ausfall des Dritten behaupten.

Nachbarrecht: → „Überbau, Überhang, Überwuchs", → „Unterlassung".

Nachbesserung: → „Handwerksmäßige Leistung".

Nachlassverzeichnis, Herstellung: Sie ist unvertretbar, BGH NJW 2022, 393 Rn. 18; 2019, 231 Rn. 7; OLG Hamm ZEV 2020, 295; Schöneberg-Wessel NJW 2021, 2633 (2635). Dasselbe gilt für eine Urkundenvorlage an den Pflichtteilsberechtigten, BGH NJW 1975, 1774 (1777), und für eine zugehörige Auskunft, OLG Düss NJW-RR 2017, 524. Die Mitwirkung des Notars an der Aufstellung des Nachlassverzeichnisses (§ 2314 I 3 BGB) ist vom Schuldner ggf. zu erzwingen, OLG Kbl ZEV 2020, 267.

Namensrecht: Die Verpflichtung, den früheren Familiennamen wieder anzunehmen, ist unvertretbar. Das gilt auch vergleichsweise bei der Scheidung. Auch → „Auskunft, Einsicht, Rechnungslegung".

Nebenkostenabrechnung: → „Vermieter".

Neulieferung: Für die Neulieferung im Rahmen der Nacherfüllung (§ 439 BGB) ist str., ob diese unter § 883 fällt oder unter § 887, so OLG Karlsr NJW-RR 2019, 869 Rn. 46, offengelassen BGH WM 2022, 338 Rn. 28.

Person, Entfernung: zunächst → § 885 Rn. 11 ff. Im Übrigen ist sie unvertretbar.

Personalakte, Entfernung: Eine solche zB einer Abmahnung ist grds. unvertretbar, LAG Ffm NZA 1994, 288.

Postfiliale: Ihr Betrieb ist nach § 888 vollstreckbar, LG Mainz NJW-RR 2001, 637.

Presse: → „Drucklegung", → „Gegendarstellung".

Provisionsabrechnung: Sie ist durchweg vertretbar, OLG Köln NJW-RR 1996, 100; LAG Hamm ZIP 1983, 1253. Sie kann aber ausnahmsweise unvertretbar sein, OLG Zweibr OLGR 1998, 202.

Prozess: Die Einleitung und die Führung des Rechtsstreits sind wegen der grundlegenden Bedeutung der persönlichen Einwirkung grds. unvertretbar und nur ausnahmsweise vertretbar.

Räumung: §§ 885, 886 haben den Vorrang, BGH NJW-RR 2007, 1091. Vertretbar ist die Beseitigung von Bauwerken, Anpflanzungen usw., BGH JurBüro 2004, 446; aA LG Köln JurBüro 2013, 160 (besonderer Titel nötig. Zu streng). Zur Räumung kann zB eine unvertretbare Betriebsabwicklung gehören und der eigentlichen Räumung vorausgehen müssen, LG Gött DGVZ 2002, 120.

Rechnungslegung: → „Auskunft".

Rechtsgeschäft: → „Willenserklärung".

Reparatur: → „Handwerksmäßige Leistung".

Rückruf: → „Beseitigung".

Rundfunk: Die Ausstrahlung eines Werbespots ist unvertretbar, LG Hann NJW 1994, 2237.
Sachverständiger: Seine Leistung ist grds. vertretbar, soweit er auswechselbar ist, OLG Hamm JMBl NRW 1977, 67. Seine Leistung kann bei ungewöhnlichen Fachkenntnissen unvertretbar sein.
Schneeräumen: Es gilt § 887 oder § 887, aber nicht § 890, OLG Schlesw MDR 2011, 1204.
Schönheitsreparatur: → „Handwerksmäßige Leistung".
Sicherungsanordnung: Diejenige nach § 283a lässt sich nach § 887 vollstrecken.
Sicherheitsleistung: Die Verpflichtung zur Leistung einer Sicherheit zB durch eine Bankbürgschaft usw. ist vertretbar, OLG Karlsr MDR 1991, 454; OLG Köln MDR 1989, 169; OLG Saarbr NJW-RR 2015, 1206. Das Gericht darf und muss den Schuldner auch verurteilen, diejenigen Kosten vorauszuzahlen, die der Gläubiger aufwenden muss, um seinerseits die von der Bank verlangte Sicherheit zu erbringen, OLG Köln MDR 1989, 169; LG Hagen BauR 2011, 569. Bei einer Sicherheitsleistung nach § 232 BGB darf der Gläubiger sofort aus einer Bürgschaft vollstrecken. Denn § 232 I BGB dient nur seinem Schutz, OLG Zweibr MDR 1986, 1034. Es ist § 887 anwendbar, LG Osnabr NJW-RR 2016, 1168. Zu den Kosten gehört die Vergütung des Bürgen. → „Versorgungsausgleich".
Sperrung von Energiezufuhr usw.: Sie ist eine vertretbare Handlung, LG Mü DGVZ 2011, 18; LG Mainz NZI 2002, 444.
Stellplatzverpflichtung: Eine Ablösepflicht nach einer LBauO ist dann vertretbar, wenn der Gläubiger eine öffentlichrechtliche entsprechende Baulast übernommen hat, OLG Zweibr OLGZ 1992, 77.
Steuererklärung, Steuerkarte: Die Abgabe ist unvertretbar, BGH NJW 2004, 954 (955); OLG Mü OLGR 1996, 58. Die Mitwirkung des anderen Ehegatten ist meist unvertretbar, LG Zweibr MDR 1976, 144. Freilich ist grds. der vorrangige § 894 anwendbar, OLG Ffm FamRZ 1989, 1321. Eine Eintragung in einer Steuer- oder Versicherungskarte ist grds. vertretbar, aA LAG Düss MDR 1990, 1044. „Abgegebene" Erklärungen meint nicht auch künftige, KG FamRZ 2015, 1740.
Überbau, Überhang, Überwuchs: Seine Beseitigung ist vertretbar, BGH NJW 2004, 603; OLG Karlsr OLGZ 1991, 448; OLG Köln NJW 1985, 274.
Umgangsrecht: § 89 FamFG
Unterhaltsleistung: Sie ist bei der Erfüllung durch eine Geldzahlung stets, bei der Erfüllung durch eine Naturalleistung meist vertretbar, OLG Hmb FamRZ 1983, 212; aA BayObLG FPR 1997, 422 (aber es kommt ganz auf die Umstände an).
Unterlassung: Eine Unterlassungspflicht muss man auch dann nach § 890 vollstrecken, wenn der Schuldner dazu etwas tun muss, wenn er zB Maßnahmen gegenüber einem Dritten ergreifen muss, BayObLG NZM 1999, 769; OLG Kblz WuM 1999, 416; OLG Köln OLGR 1994, 138; aA BGH NJW-RR 2003, 1235 (Schwerpunkt maßgeblich); OLG Saarbr NJW-RR 2001, 164 (Auslegung nötig); AG Brem WuM 2007, 144 (§ 887 bei einer Unterlassung der Tierhaltung).
Unterzeichnung eines Wechsels und dgl.: Sie ist unvertretbar.
Urkunde: → „Auskunft", → „Vorlegung".
Urteil: Die Veröffentlichung eines Urteils gegen den Bekl. ist seinerseits unvertretbar.
Veräußerungsverpflichtung: Sie ist unvertretbar. Denn man muss die Bedingungen im Einzelnen aushandeln und muss einen Kaufvertrag abschließen.
Vermieter, Handlungen des: Grundsätzlich muss man bei einer Notwendigkeit der Mitwirkung eines Dritten § 888 anwenden, OLG Köln MDR 2003, 114; OLG Hamm WuM 1996, 568; KG NJW-RR 1990, 1166. § 888 ist auch beim Zutrittsanspruch des Mieters nebst Schlüsseln anwendbar, KG NJW-RR 2007, 1311.

– **(Auskunft):** Unvertretbar ist ein Auskunftsanspruch zB gegen den Vermieter auf Offenlegung seiner Unterlagen, LG Wuppert WuM 2002, 273. Denn diese Unterlagen besitzt meist nur der Vermieter.
– **(Dritter):** Unvertretbar kann eine an sich vertretbare Handlung dadurch werden, dass der Schuldner die Fläche an einen Dritten vermietet hat, BayObLG NZM 2000, 303; OLG Köln NZM 2000, 1018. Der Umstand, dass sich eine herauszugebende Sache im Besitz eines Dritten befindet, rechtfertigt bei einem allein auf Herausgabe gerichteten Titel nicht die zusätzliche Anwendung des § 888, BGH NJW-RR 2007, 1091h). Unvertretbar ist auch eine verbotene Raumüberlassung an einen Dritten statt an den Mieter, LG Bln WuM 1995, 123.
– **(Energieversorgung):** Sie ist vertretbar, AG Flensb WuM 2004, 32.
– **(Fahrstuhl):** Vertretbar ist sein Inbetriebsetzen.
– **(Feuchtigkeit):** Vertretbar ist die Verhinderung oder Beseitigung eines Feuchtigkeitsschadens, Drsd WuM 2002, 34; OLG Düss NJW-RR 2002, 1663; OLG Ffm NJW-RR 1990, 19. Wegen einer WEG in einem solchen Fall → Rn. 6.
– **(Heizung):** Grundsätzlich vertretbar ist ihre Instandsetzung und ihr Betrieb, LG Kiel SchlHA 1987, 155; aA OLG Hamm WuM 1996, 568 (Vermieter einer Eigentumswohnung), LG Bln WuM 1994, 552 (auch bei mehreren Arten von Durchführungsmöglichkeiten); aA OLG Köln MDR 1995, 95; LG Kblz NJW-RR 1986, 506 (sie wenden zum Teil § 888, zum Teil § 890 an, weil eine Dauerverpflichtung vorliege und weil mit dieser Dauerverpflichtung die Schwierigkeiten der Wartung zusammenhingen. Damit verkehrt man aber § 890 evtl. fast in sein Gegenteil. Denn die Maschinerie dieser Vorschrift arbeitet viel zu langsam, und der Gläubiger unterliegt hier der Dauerschikane des Schuldners, während er nach § 887 selbst energisch eingreifen könnte. Der Schuldner muss sich die entstehenden Mehrkosten selbst zuschreiben).
– **(Lichtanlage):** Vertretbar ist ihr Inbetriebsetzen.
– **(Konkurrenzschutz):** Unvertretbar ist das Gebot, dafür zu sorgen, dass ein Mieter zB seine Arzttätigkeit zwecks Konkurrenzschutzes eines anderen Mieters begrenze, BGH NJW-RR 1996, 460.
– **(Mieterwahlrecht):** Dann ist seine Handlung vertretbar, OLG Kblz MDR 2010, 1310.
– **(Nebenkostenrechnung):** Meist unvertretbar ist ihre Aufstellung, BGH NJW 2006, 2706; KG NZM 2002, 671; Timme NJW 2006, 2668; aA OLG Rostock NZM 2005, 520; LG Rostock NJW-RR 2003, 373; LG Wuppert ZMR 2001, 200 (aber nur der Vermieter kann praktisch zuverlässig alle erforderlichen Angaben machen, auch zB zu anderen Wohnungen im Haus, deren Daten nicht einfach einem Dritten zugänglich werden sollten).
– **(Staubsaugeranlage):** Vertretbar ist ihr Inbetriebsetzen.

– **(Treppenhausreinigung):** Vertretbar ist ihre Unterhaltung, aA LG Bln WuM 1994, 552 (aber das kann nun wirklich fast jeder tun).
– **(Untermieter):** → „– (Dritter)".
– **(Widerstand):** Der Gerichtsvollzieher bricht einen Widerstand des Schuldners beim Betreten des Grundstücks nach → Rn. 12. Man kann auch nach § 890 vorgehen.

Vernichtung: Die Vernichtung einer schutzrechtsverletzenden Ware ist vertretbar, Retzer FS Piper (1996) 437.

Versicherungsrecht: Die Benennung des Begünstigten einer Lebensversicherung ist unvertretbar, OLG Köln MDR 1975, 586. Auch die Freigabe einer Lebensversicherung als Sicherheit ist unvertretbar, aA OLG Stgt MDR 2010, 1491 (aber wer außer dem Versicherten soll freigeben?). Wegen der Eintragung in einer Versicherungskarte → „Steuererklärung, Steuerkarte".

Versorgungsausgleich: Die Zwangsvollstreckung aus einem Beschluss des FamG wegen einer Auskunft über die Voraussetzungen des Versorgungsausgleichs erfolgt wegen § 95 I Nr. 3 FamFG Fall 2 nach § 888, (je zum alten Recht) OLG Ffm FamRZ 1981, 180; (3. FamS); 1980, 899 und (1. FamS) OLG Hamm FamRZ 1980, 899, aA OLG Ffm (4. FamS) FamRZ 1980, 265. Der Anspruch auf eine Sicherheitsleistung nach § 1389 BGB ist wegen § 95 I Nr. 3 Fall 2 FamFG nach § 888 vollstreckbar, OLG Düss FamRZ 1984, 704. Der durch die Ausübung des Wahlrechts des Gläubigers entstandene Anspruch auf eine Hinterlegung von Geld ist sodann wie eine Geldforderung vollstreckbar, OLG Düss FamRZ 1984, 704.

Versorgungsleistung: Der Anspruch auf sie ist vertretbar, AG Flensb WuM 2004, 32.

Vertrag: Sein schriftlicher Abschluss ist unvertretbar, BayObLG NZM 2001, 672 (675) (WEG); OLG Bbg MDR 1983, 499. Allerdings kann auch § 888 nach dort → § 888 Rn. 5 unanwendbar sein, ferner → „Kaufverpflichtung", → „Willenserklärung", auch wegen der Vollmacht. Vgl. auch § 893, OLG Bbg MDR 1983, 499.

Vollmacht: → „Willenserklärung".

Vorlegung: Sie ist zwar grds. entsprechend § 883 vollstreckbar, OLG Köln NJW-RR 1988, 1210; aA OLG Mü NJW-RR 1994, 724. Sie kann aber im Rahmen einer Pflicht zur Auskunft und Rechnungslegung nach § 888 unvertretbar sein, → „Auskunft, Einsicht, Rechnungslegung", etwa bei einer Übersendung von Belegen, OLG Brschw FamRZ 2017, 788; OLG Kblz MDR 2017, 1325; OLG Düss MDR 2001, 772.

Vornahmepflicht: Sie kann unvertretbar sein, LG Hmb ZMR 2012, 188.

Wechsel: Seine Ausstellung ist unvertretbar.

Weiterbeschäftigung: Die Vollstreckung des Anspruchs auf die Weiterbeschäftigung ist nach § 888 statthaft, LAG Ffm JurBüro 2010, 608; LAG Mainz JurBüro 2009, 329; LAG Mü BB 1994, 1083; Ahmad/Horcher NZA 2018, 1234 (1236). Das gilt jedoch naturgemäß nur bis zur formellen Rechtskraft nach §§ 329, 705, LAG Köln DB 1988, 660, und nicht bei einer Unmöglichkeit, LAG Kiel NZA-RR 2004, 408; LAG Köln MDR 1999, 303. Das letztere muss der Arbeitgeber überzeugend darlegen, LAG Kiel NZA-RR 2004, 408. „Weiterbeschäftigung als Lagerleiter" kann vollstreckungsunfähig unscharf sein, LAG Mainz NZA-RR 2005, 550. Auch → Rn. 31 „Arbeitsleistung".

Wertermittlung: → „Zugewinnausgleich".

Widerruf: Er ist unvertretbar, die Zwangsvollstreckung erfolgt nach § 888 und nicht nach § 894, BVerfG NJW 1970, 651; BGH NJW 1977, 1288 (1290); OLG Ffm (16. ZS) MDR 1998, 986; aA OLG Ffm (13. ZS) NJW 1982, 113; OLG Hamm OLGZ 1992, 66 (aber die Erforderlichkeit und die Zumutbarkeit müssen nach I prüfbar sein).

Willenserklärung: Es kann der vorrangige § 894 anwendbar sein, zB bei der Zustimmung zu einer Zusammenveranlagung zur Steuer, OLG Ffm FamRZ 1989, 1321. Im Übrigen ist ihre Abgabe oder Entgegennahme nach → Rn. 6 nur dann vertretbar, wenn die Parteien auf den Inhalt überhaupt keinen oder nahezu keinen Einfluss haben, OLG Köln MDR 1975, 586. Auch kann § 888 anwendbar sein, BGH NJW 1995, 463 (Vollmacht nur auf eine noch auszuwählende Person); OLG Karlsr Rpfleger 2005, 95; OLG Kblz DGVZ 1986, 138. Andernfalls ist eine neue Klage erforderlich, aA OLG Köln MDR 1975, 586 (Abnahme der Kaufsache, unpraktisch). Eine richterliche Ermächtigung ersetzt die fehlende Befugnis. Der Umstand, dass zur Abgabe der Willenserklärung eine Vollmacht des Schuldners erforderlich ist, macht die Abgabe nicht zu einer unvertretbaren Handlung. Die Ermächtigung ersetzt auch die Vollmacht. Das gilt bei der Verschaffung des Eigentums dann, wenn der Eigentümer zur Veräußerung an den Gläubiger unter angemessenen Bedingungen bereit ist. Aber → § 894 Rn. 1, 2.

Wirtschaftsplan: Seine Erstellung kann vertretbar sein, AG Halle ZMR 2012, 411 (WEG-Verwalter).

Wohnungszuweisung: → § 885 Rn. 7, § 96 FamFG. Die Vollstreckung einer einstweiligen Anordnung auf eine Überlassung der Ehewohnung erfolgt mangels einer Anwendbarkeit des FamFG nach § 888, LG Aachen DGVZ 1994, 175. Die Erstellung einer Jahresabrechnung durch den Verwalter ist unvertretbar, BGH NJW 2016, 3536.

Zählerwegnahme: Sie ist grds. vertretbar. Denn ein zugelassener Handwerker kann sie vornehmen oder rückgängig machen, allenfalls ohne amtliche Plombe.

Zahlung: → Rn. 1.

Zeugnis: Seine Ausstellung ist unvertretbar, BAG NZA 2012, 1244; LAG Hamm NZA-RR 2016, 570; LAG Köln NZA-RR 2013, 490; Ahmad/Horcher NZA 2018, 1234 (1239). Das gilt auch beim Zwischenzeugnis, LAG Köln JurBüro 2008, 496. Zu der Frage, ob eine Zwangsvollstreckung möglich ist oder ob eine neue Klage erforderlich ist, LAG Düss JurBüro 2011, 605; LAG Ffm NZA-RR 2004, 382.

Zuführung (Immission): Der Gläubiger muss in seinem Antrag diejenigen Maßnahmen genau angeben, die der Schuldner vornehmen soll, sofern das Gericht diese Maßnahmen nicht schon im Urteil festgelegt hat, aA OLG Düss NJW-RR 1988, 63 (zu großzügig). Die Zwangsvollstreckung erfolgt je nach der Sachlage entweder nach § 887, OLG Saarbr NJW-RR 2001, 163; OLG Düss NJW-RR 1998, 1768; OLG Hamm MDR 1983, 850 (nur nach dieser Vorschrift), oder nach § 888, OLG Düss NJW-RR 1988, 63; OLG Mü OLGZ 1982, 102. Sie erfolgt grds. jedoch nicht nach § 890, OLG Ffm Rpfleger 1975, 445 (Untätigkeit des Schuldners gegenüber einer Beseitigungspflicht); OLG Saarbr NJW-RR 2001, 163. § 890 gilt aber zB bei einer Verpflichtung zur Unterlassung eines vermeidbaren ruhestörenden Lärms, auch durch quakende Frösche, LG Lüneb NJW-RR 1986, 502. Wer den Rechtsfrieden gebrochen hat, der darf nicht dem Geschädigten die oft fast unlösbare Aufgabe zumuten, im Einzelnen aufzuzeigen, wie eine Schadensbeseitigung erfolgen soll. Oft weiß nur der

Schuldner den richtigen Weg. Das gilt etwa dann, wenn es um eine große Fabrik mit verwickelten technischen Einrichtungen geht. Die Beseitigung von Zuführungen wird noch nicht dadurch zu einer unvertretbaren Handlung, dass der Gläubiger und seine Hilfspersonen das Grundstück des Schuldners betreten müssen, um die erforderlichen Maßnahmen zu treffen. Notfalls gilt § 892. Wenn es sich allerdings um größere Änderungen handelt, die den ganzen Betrieb oder wesentliche Teile betreffen, ist doch wieder § 888 anwendbar.

Zugewinnausgleich: Der Anspruch aus § 1379 I 2 BGB ist auch bei einer Anwendbarkeit des FamFG wegen § 95 I Nr. 3 FmFG nach § 887 vollstreckbar, (zum alten Recht) OLG Bbg NJW-RR 1999, 577.

Zug-um-Zug-Leistung: Soweit sie vertretbar ist, muss der Schuldner bei der Verweigerung zB einer Nachbesserung die Vollstreckung nach § 887 dulden, soweit der Gläubiger die Gegenleistung nach § 756 anbietet, BGH NJW 1990, 1679.

Zutritt: Eine Sperrung der Zufahrt auf dem Schuldnergrundstück ist vertretbar, OLG Bbg NJW-RR 2000, 358. Der Zutritt zu einem bewohnten Haus ist meist unvertretbar, OLG Zweibr OLGR 2004, 100; AG Montabaur DGVZ 2008, 121. Auch → „Vermieter“ und → Rn. 8.

888 *Nicht vertretbare Handlungen.* **I [1]Kann eine Handlung durch einen Dritten nicht vorgenommen werden, so ist, wenn sie ausschließlich von dem Willen des Schuldners abhängt, auf Antrag von dem Prozessgericht des ersten Rechtszuges zu erkennen, dass der Schuldner zur Vornahme der Handlung durch Zwangsgeld und für den Fall, dass dieses nicht beigetrieben werden kann, durch Zwangshaft oder durch Zwangshaft anzuhalten sei. [2]Das einzelne Zwangsgeld darf den Betrag von 25 000 Euro nicht übersteigen. [3]Für die Zwangshaft gelten die Vorschriften des Zweiten Abschnitts über die Haft entsprechend.**

II Eine Androhung der Zwangsmittel findet nicht statt.

III Diese Vorschriften kommen im Falle der Verurteilung zur Leistung von Diensten aus einem Dienstvertrag nicht zur Anwendung.

Schrifttum: Cirullies, Zwangsmittel und Haftbefehl – Die Anordnung von Ersatzzwangshaft, NJW 2013, 203; Neumann, Anspruch des Scheinvaters auf Auskunft über die Identität des biologischen Vaters, FPR 2011, 366; Schall/Wiegand, Zur Zwangsvollstreckung gegen die englische Limited in Deutschland, DGVZ 2011, 193; Spehl, Schwierigkeiten einer Leistungsverfügung auf Belieferung – vor allem in der Zwangsvollstreckung, BB 2010, 267.

I. Systematik. Zunächst → § 887 Rn. 1. Das Verfahren nach § 888 ist ein selbständiges Nebenverfahren, BayObLG DB 1996, 977. §§ 885, 886 haben den Vorrang, BGH NJW-RR 2007, 1091, ebenso § 894, BAG NZA 2016, 124; OLG Saarbr FamRZ 2015, 431. § 95 I Nr. 3 FamFG macht § 888 entsprechend anwendbar. Den früheren **III** ersetzt § 120 III FamFG. 1

II. Regelungszweck. Zunächst → § 887 Rn. 3. Der Schuldner soll die Handlung, etwa die Auskunft, vollständig und ernsthaft vornehmen, OLG Ffm GRUR-RR 2002, 120 (die Überprüfung der Richtigkeit und Vollständigkeit ist aber nicht eine Aufgabe des Gerichts). Auch hier gilt zur richtigen Einordnung das Gebot der Konzentration auf den Kern und auf das Wesentliche der vom Schuldner zu erbringenden Leistung. Die Höhe eines Zwangsmittels kann gerade bei einer unvertretbaren Leistung ein Druck sein. Er kann erst recht zur Lähmung der Schaffenskraft führen. Der Gläubiger will die Handlung. Das Zwangsgeld bekommt ohnehin nicht er, sondern der Staat. **III** ist als eine Sondervorschrift eng auslegbar, aber → Rn. 31. 2

III. Geltungsbereich. Die Vorschrift gilt wegen → § 869 Rn. 1, 2 auch zB gegenüber dem Zwangsverwalter. Die Abgrenzung zwischen §§ 887, 888 ist im Übrigen schwierig. Sie ist aber aufgrund der unterschiedlichen Zwangsmittel unentbehrlich. Zu einzelnen Fällen → § 887 Rn. 31 ff. 3

1. Abhängigkeit vom Schuldnerwillen. § 888 setzt eine Handlung des Schuldners voraus, die im Zeitpunkt eines Beschlusses nach **I** ausschließlich vom Willen des Schuldners abhängt, BGH NJW 2006, 2706; OLG Kblz FamRZ 2003, 1486; OLG Naumb JurBüro 2003, 51. Es muss sich um eine Maßnahme handeln, die ein Dritter bei einer vernünftigen Betrachtung nicht vornehmen kann oder darf, OLG Celle MDR 1998, 924, jedenfalls nicht so, wie es dem Schuldner möglich ist, OLG Zweibr OLGR 2001, 70; OLG Naumb NJW-RR 1998, 873. Zum Problem Schilken JR 1976, 320. Wegen des bei § 888 im Inland auszuübenden Zwanges reicht auch eine im Ausland notwendige unvertretbare Handlung. Der Beugezwang nach **I** ist sinnvoll und rechtens, solange der Schuldner seine Möglichkeiten nicht ausgeschöpft hat. Die Handlung darf nach → § 887 Rn. 1 nicht etwa eine Geldzahlung oder eine Hinterlegung oder eine Herausgabe von Personen oder Sachen betreffen. Die Handlung darf nach → § 887 Rn. 32 „Willenserklärung“ auch nicht etwa auf eine Willenserklärung hinauslaufen, außer wenn der vorrangige § 894 unanwendbar ist. Es darf sich auch nicht um eine bloße Unterlassung nach § 890 handeln. Entscheidend ist der Inhalt und nicht die Fassung des Urteils, OLG Mü OLGZ 1982, 101. Man muss ihn durch eine **Auslegung** ermitteln, wobei vom Tenor auszugehen ist und Umstände, die außerhalb des Titels liegen, außer Betracht zu bleiben haben, BGH MMR 2020, 688 Rn. 12 f. Ein Zwang ist nur im Rahmen des § 888 statthaft. Der Titel muss vollstreckungsfähig genau sein, BGH NJW 1986, 2704; OLG Bbg FamRZ 1994, 1048; OLG Karlsr FamRZ 1983, 631. 4

2. Unanwendbarkeit. Darüber hinaus und auch bei solchen Handlungen, die nicht ausschließlich im Willen des Schuldners liegen, bleibt dem Gläubiger nur übrig, nach § 893 eine Klage auf das Interesse zu erheben, etwa bei einer Verurteilung zum Abschluss eines Vertrags oder bei einer Verurteilung zum Betrieb eines Einzelhandelsgeschäfts. Wenn das Verfahren nach § 888 zur Beseitigung von Zweifeln bei der Urteilsauslegung nicht ausreicht, können der Gläubiger sowie der Schuldner eine Feststellungsklage nach § 256 erheben. Soweit das Gericht einen solchen Sachverhalt beurteilen soll, der über die bisherige Verurteilung hinausgeht, ist eine ganz neue Klage nach § 253 erforderlich. 5

§ 888 ist ferner dann unanwendbar, wenn es um § 510b geht. Das bestimmt § 888a. § 888 ist ferner dann unanwendbar, wenn der Vollstreckungstitel trotz der statthaften Auslegung nicht vollstreckungsfähig genau ist, OLG Zweibr FamRZ 2004, 1224. Sie darf sich freilich nicht mehr auf die rechtliche Zulässigkeit der fraglichen Handlung erstrecken, OLG Mü FamRZ 1992, 1207. § 888 ist ferner dann unanwendbar, wenn die Handlung 6 dem Schuldner schon oder noch unmöglich ist, OLG Hmb NJW-RR 2014, 133; OLG Karlsr JurBüro 2013, 661; OLG Brdb MDR 2007, 429 (→ Rn. 12), oder wenn sie von einem fremden Willen abhängt, wenn also der ernstlich gewollten Vornahme unüberwindliche Hindernisse entgegenstehen, mögen sie auf einem Verschulden des Schuldners beruhen oder nicht, BayObLG NJW-RR 1989, 462; OLG Hamm NJW-RR 1988, 1087; LG Hann WuM 1993, 476; aA Thomas/Putzo/Seiler Rn. 3 (aber Unmöglichkeit bleibt Unmöglichkeit und fordert andere Wege). Der Schuldner muss natürlich alles ihm Zumutbare zur Erfüllung getan haben, OLG Karlsr JurBüro 2013, 661. Er darf sich nach → § 887 Rn. 32 „Auskunft, Einsicht, Rechnungslegung" nicht nach dem Rückerhalt der erforderlichen Unterlagen auf die Unmöglichkeit einer Auskunft berufen. Eine fremdsprachliche Auskunft mag als Erfüllung reichen, OLG Ffm GRUR-RR 2018, 222.

7 **3. Parteiaufgaben.** Der Gläubiger muss die nicht vollständige oder nicht korrekte oder die gänzlich unterbliebene Handlung darlegen, OLG Köln MDR 2003, 114. Der Schuldner muss seine Behauptung darlegen und beweisen, er könne die Handlung im Rahmen des ihm Zumutbaren wirklich nicht mehr selbst oder mithilfe zB eines Konzern-Mitunternehmens vornehmen, BGH NJW 2009, 2308; OLG Köln GRUR-RR 2006, 31; OLG Stgt MDR 2005, 777. Er muss zB auch Rechnungen und Lieferscheine vorlegen, OLG Ffm GRUR 2018, 272 Dem kann der Gläubiger mit einem Gegenbeweis entgegentreten, OLG Hamm FamRZ 1997, 1095. Der Schuldner kann auch nach → § 767 Rn. 62 „Unmöglichkeit" klagen. Ein zum Abdruck einer Gegendarstellung verurteilter verantwortlicher Redakteur kann aber in dieser Stellung nicht einfach behaupten, er könne den Abdruck mit Rücksicht auf seine Stellung nicht durchsetzen. Ein „Redaktionsschwanz" entwertet die Gegendarstellung und eröffnet eine weitere, OLG Ffm NJW-RR 1988, 1022.

8 **4. Hilfskraft.** Der Schuldner darf und muss evtl. Hilfskräfte hinzuziehen, OLG Brdb FamRZ 1998, 178 und 179; OLG Kblz VersR 1993, 379. Er muss ihre Hinzuziehung zumindest versuchen, OLG Düss NJW-RR 2002, 1663; OLG Kblz VersR 1993, 379; OLG Ffm NJW-RR 1992, 171. Der Schuldner muss also dann einen Sachverständigen wie nach §§ 402 ff. hinzuziehen, wenn er über seine Einkommens- und Vermögensverhältnisse eine Auskunft geben muss. Um Hilfe bitten mag er auch einen Steuerberater, OLG Hamm FamRZ 1997, 1095, oder das Finanzamt, soweit diese zulässig ist, LG Lahn-Gießen MDR 1979, 64. Wenn die Rechnungslegung davon abhängt, dass ein Dritter Bücher vorlegt, kann sich der Gläubiger den Anspruch des Schuldners gegen den Dritten abtreten lassen. Trotzdem kann § 888 in solchen Fällen anwendbar bleiben, OLG Köln MDR 1981, 505.

9 Der Gläubiger muss abgesehen von → Rn. 7 gemäß → § 887 Rn. 7 beweisen, dass die weiteren Voraussetzungen des § 888 vorliegen, OLG Hamm FamRZ 1997, 1095; aA Schilken JR 1976, 320 (322) (aber es bleibt bei den allgemeinen Beweisregeln). § 139 III PatG ist nur insofern anwendbar, als der Schuldner nach § 138 nachvollziehbar darlegen muss, sich korrekt verhalten zu haben, OLG Ffm GRUR-RR 2002, 120. Maßgeblich ist der Zeitpunkt der Zwangsvollstreckung. Der Schuldner muss also auch die geschuldete Handlung unterlassen oder verweigert haben. Das Gericht muss dann wie nach §§ 355 ff. eine Beweiserhebung beschließen, wenn ein Beweis erforderlich war und wenn der zugehörige Beweisantritt vorliegt.

10 **5. Beispiele zur Frage einer Anwendbarkeit.** Vgl. das ABC in → § 887 Rn. 31 ff.

11 **IV. Vollstreckung, I, II. 1. Zuständigkeit.** Zunächst → Rn. 1. Zuständig ist nach § 802 abweichend von § 764 nach → § 887 Rn. 15 das Prozessgericht der ersten Instanz, KG NJW 1991, 989; OLG Saarbr OLGZ 1990, 484; OLG Schlesw SchlHA 1981, 190. Zuständig ist also das Gericht desjenigen Verfahrens, in dem der Vollstreckungstitel ergangen ist, BGH NJW 1980, 1393; BayObLG NJW-RR 1989, 932. In einer FamFG-Sache ist nach § 95 I Nr. 3 FamFG das FamG zuständig, OLG Ffm OLGZ 1991, 340; OLG Saarbr OLGZ 90, 484; OLG Düss FamRZ 1978, 129 (je zum alten Recht). Dabei bedeutet auch eine nicht gehörige Erfüllung eine Nichterfüllung nach → § 887 Rn. 32 „Willenserklärung", OLG Ffm NJOZ 2021, 1108 (offensichtlich unvollständige Auskunft); OLG Hamm NJW-RR 1992, 1029; OLG Düss GRUR 1979, 276. Wenn der Einzelrichter den Vollstreckungstitel erlassen hatte, ist er zuständig, §§ 348, 348a, OLG Ffm MDR 1981, 504.

12 **2. Weiteres Verfahren.** Eine materiell-rechtliche Einwendung kann gerade dann beachtlich sein, wenn der Schuldner sie erst jetzt bringen kann, aA OLG Saarbr FamRZ 2009, 1004. Der **Erfüllungseinwand** ist zB wie bei → § 887 Rn. 7 zulässig, BGH NJW-RR 2015, 610; OLG Hamm ZEV 2020, 295; VGH Mannh NJW 2013, 2138; aA OLG Kblz NJW-RR 2005, 160; OLG Bremen DGVZ 2020, 146 Rn. 20. Bei der Verpflichtung zur Auskunftserteilung setzt der Eintritt der Erfüllungswirkung nicht voraus, dass die Richtigkeit der Auskunft feststeht, BayObLG NZG 2022, 118 Rn. 31 – krit. Fluck/Weber GmbHR 2022, 729 Rn. 21 –, es sei denn, die Auskunft ist offensichtlich unvollständig, OLG Ffm NJOZ 2021, 1108. Erst eine Erfüllung nach der formellen Rechtskraft einer Zwangsgeldandrohung nach §§ 329, 705 gehört nach § 767, OLG Düss MDR 2009, 1193. Beachtlich ist auch der Einwand der Unmöglichkeit, denn dann hängt ihre Durchführung nicht mehr allein vom Willen des Schuldners ab, BGH NJW 2022, 393 Rn. 58; BAG NZA 2020, 542 Rn. 17; OLG Bremen DGVZ 2020, 146 Rn. 31; OLG Ffm GRUR-RR 2015, 408; OLG Celle MDR 2013, 320, nicht aber der Einwand der Unzumutbarkeit, zB des Schutzes von Geschäftsgeheimnissen, OLG Düss GRUR 2020, 734 Rn. 15.

13 Das Gericht wird nur auf einen **Antrag des Gläubigers** gerade nach § 888 tätig, OLG Celle FamRZ 2006, 1689; OLG Mü MDR 2003, 53, Schmaltz/Kuczera GRUR 2006, 97 (98). Es gilt insoweit → § 887 Rn. 17. Er braucht weder das Zwangsmittel noch das Zwangsmaß anzugeben, OLG Köln MDR 1982, 589. Ein auch diesbezüglicher „Antrag" ist nur eine Anregung, OLG Mü NJW-RR 1992, 704. Ein Antrag nach „§ 890" lässt sich evtl. umdeuten, OLG Mü MDR 2003, 53; aA OLG Mü OLGR 2000, 86. Ein Anwaltszwang besteht wie sonst nach → § 891 Rn. 1. Bei einer entsprechenden Anwendung durch das Vollstreckungsgericht nach § 889 II besteht kein Anwaltszwang. Das Verfahren verläuft nach § 891. Die allgemeinen Voraussetzungen der Zwangsvollstreckung müssen vorliegen. Die etwaige Prozessunfähigkeit des Schuldners nach §§ 51, 52 hindert den Fortgang des Verfahrens nicht. Die Entscheidung ergeht dann gegen den Prozessunfähigen, vertreten durch seinen gesetzlichen Vertreter, Peters ZZP 91, 341 (evtl. ist die Entscheidung also auch gegen einen minderjährigen Schuldner vollstreckbar).

14 **3. Entscheidung.** Das Prozessgericht entscheidet nach § 128 IV in einer freistehenden mündlichen Verhandlung. Es entscheidet nach § 891 S. 1 stets durch einen Beschluss nach § 329. Es muss nach → Rn. 16 den Antrag zurückweisen oder den Schuldner zur Vornahme der Handlung anhalten. Es muss genau angeben, was der Schuldner tun oder lassen soll, OLG Celle MDR 2014, 1170. Zu diesem Zweck verhängt das Gericht entweder ein **Zwangsgeld.** Dann muss das Gericht zugleich ersatzweise eine Zwangshaft für den Fall der Nichtbeitreibbar-

keit anordnen, AG Bln-Charlottenb DGVZ 1979, 28; LAG Ffm DB 1993, 1248. Oder das Gericht verhängt sogleich eine **Zwangshaft,** falls nämlich die Anordnung eines Zwangsgelds iVm einer nur ersatzweisen Zwangshaft unzureichend wäre. Welchen dieser beiden Wege das Gericht wählt, steht in seinem pflichtgemäßen Ermessen, OLG Celle MDR 2013, 320; OLG Köln MDR 1982, 589. Voraussetzung für jede Zwangsmaßnahme ist, dass das Gericht im Rahmen des § 286 zur Überzeugung gelangt, dass die Voraussetzunge vorliegen, BGH NJW 2022, 393 Rn. 66. Das Gericht muss seinen Beschluss begründen. Die Festsetzung kann der Beginn der Zwangsvollstreckung sein, LG Bln Rpfleger 1975, 374. Auch in diesem Stadium muss ein Rechtsschutzbedürfnis des Gläubigers vorliegen. Es fehlt dann, wenn sich der Gläubiger selbst helfen kann, etwa nach § 792 und bei einer Wahlschuld. Denn bei einer solchen Schuldart kann der Gläubiger die Wahl nach § 264 BGB selbst treffen. Eine wiederholte Festsetzung setzt die volle Durchführung der bisherigen Zwangsmittel voraus, OLG Celle FamRZ 2006, 1689; OLG Brdb FamRZ 1998, 180. Das Gericht entscheidet über die Kosten wegen § 891 S. 3 nach §§ 91 ff. Das gilt auch bei einer Antragsrücknahme und bei einer Zurückweisung.

4. Anhalten: Sogleich Festsetzung. Das „Anhalten" darf nach **II** nicht so erfolgen, dass das Gericht für den 15
Fall des ergebnislosen Fristablaufs die Zwangsmittel nur androht. Vielmehr darf und muss das Gericht sofort ein Zwangsmittel festsetzen. Das Verfahren ist nämlich schon schleppend genug, OLG Kblz NJW-RR 1997, 1337. Der Schuldner kann die Vollstreckung ja durch seine Erfüllung abwenden. Das Gericht darf natürlich nicht nur das Höchstmaß festsetzen. Es darf auch keine bloße Bezugnahme auf Akten vornehmen, OLG Naumb FamRZ 2014, 148. Eine Klage auf eine Rechnungslegung ist dann unzulässig, wenn das Vollstreckungsgericht den Antrag auf eine Erzwingung nach §§ 329, 705 formell rechtskräftig abgewiesen hat. Im Festsetzungsbeschluss darf das Gericht evtl. eine **Frist zur Vornahme** der Handlung setzen, zB wenn der Schuldner eine angemessene Zeit für eine streitig gewesene Rechnungslegung braucht, BGH NJW 2009, 2308 Rn. 29. Länger darf er aber auch nicht trödeln, Schmaltz/Kuczera GRUR 2006, 97 (98). Durch die Frist wahrt das Gericht auch den Verhältnismäßigkeitsgrundsatz. Ein fälschlich ergangener bloßer Androhungsbeschluss ist nicht in eine Festsetzung umdeutbar.

5. Rechtsbehelfe bei Festsetzung. Der Schuldner kann gegen eine Festsetzung die sofortige Beschwerde 16
nach §§ 567, 793 I einlegen, OLG Köln NJW-RR 2003, 716 (Aussetzung der Vollziehung nur durch Einstellung der Zwangsvollstreckung). In einer FamFG-Sache gelten wegen § 87 IV FamFG §§ 567–572. Vgl. ferner § 893. Ab einer Unanfechtbarkeit kommt nur noch § 767 infrage, OLG Karlsr MDR 2006, 472. Gegen einen fälschlich ergangenen bloßen Androhungsbeschluss ist ebenfalls die sofortige Beschwerde statthaft. 12a

Kosten: § 97. **Gebühren:** des Gerichts § 12 V GKG (Vorauszahlungspflicht), KV 2110 GKG; des Anwalts 17
VV 3309, 3310 RVG, wobei die mehrfache Beantragung eine einzige bes. Angelegenheit iSv § 18 I Nr. 13 RVG darstellt, BGH NJW 2020, 2196 Rn. 15. Wert: → Anh. § 3 Rn. 145.

V. Zwangsmittel, I, II. Seine Anordnung erfordert große Aufmerksamkeit. Stets muss ein Rechtsschutz- 18
bedürfnis bestehen, BGH NJW 2013, 2906.

1. Ermessen. Wenn der Schuldner entweder nicht innerhalb der ihm gesetzten Frist erfüllt hat oder mangels 19
einer solchen Frist pflichtwidrig nicht innerhalb einer angemessenen Frist, muss das Prozessgericht ein Zwangsmittel festsetzen. Das Unterlassen muss jeweils **pflichtwidrig** sein, sonst kann kein Zwangsmittel verhängt werden, BGH NJW-RR 2009, 443 Rn. 14; KG FamRZ 2012, 1243; Spehl BB 2010, 267. Arbeitsbedingungen müssen im Vollstreckungstitel genau festliegen, um ihretwegen nach **I, II** vorgehen zu können, LAG Stgt JurBüro 2017, 547. Der Gläubiger kann nach einer Pflichtwidrigkeit des Schuldners zwar ein bestimmtes Zwangsmittel anregen. Das Gericht muss seine Wahl aber nach seinem pflichtgemäßen Ermessen selbst ausüben, OLG Köln MDR 1982, 589. Die Parteien können auch nicht vereinbaren, dass ein Zwangsmittel des § 888 bei einer vertretbaren Handlung erfolgen solle.

2. Art. Das Gericht hat zunächst die Möglichkeit, dem Schuldner ein Zwangsgeld aufzuerlegen. Das Gericht 20
muss es nach → Rn. 14 stets mit einer ersatzweisen Zwangshaft verbinden. Es hat auch die Möglichkeit, sogleich eine Zwangshaft zu verhängen. Neben einem Zwangsgeld ist eine Zwangshaft zunächst immer nur ersatzweise zulässig. Das Gericht kann aber zunächst ein Zwangsgeld, ersatzweise eine Zwangshaft festsetzen, dann eine Haft. Es kann auch umgekehrt vorgehen. Es kann auch ohne einen Verstoß gegen Art. 103 III GG jede Art von Zwangsmitteln wiederholt verhängen, OLG Hamm DGVZ 1977, 41, also zB zunächst Zwangsgeld, ersatzweise Zwangshaft, dann mangels Zahlung oder bisheriger Beitreibbarkeit erneut Zwangsgeld, ersatzweise Zwangshaft und so fort, OLG Karlsr FamRZ 1994, 1274. Freilich erfordert eine Wiederholung von Zwangsgeld, dass das Gericht zuvor zumindest versucht hat, ein früher festgesetztes Zwangsgeld zu vollstrecken oder die gerichtliche Anordnung durchzusetzen, OLG Celle MDR 2005, 768; strenger LAG Kiel NZA-RR 2006, 540 (erst nach erfolgter Vollstreckung). Es kann auch eine Ersatzhaft oder Zwangshaft nachträglich gesondert festsetzen.

Eine **mehrmalige Anordnung** wegen desselben Ungehorsams ist nur dann zulässig, wenn der Ungehorsam 21
trotz der früheren Anordnung fortdauert, wenn der Schuldner also eine neue Zuwiderhandlung begangen hat. Das Gesamtmaß der Zwangshaft darf nach **I 3,** § 802j I 1 6 Monate nicht übersteigen. Zweckmäßig ist es, einfach „Zwangshaft" zu verhängen. Sie dauert dann bis zu 6 Monaten.

3. Höhe. Das Zwangsgeld muss auf eine bestimmte Höhe lauten, wenn das Gericht es endgültig festsetzt. Das 22
Gericht muss den Verhältnismäßigkeitsgrundsatz auch hier beachten, OLG Brdb MDR 2007, 429; OLG Karlsr NJW-RR 2000, 1312. Es darf zB nicht das Zehnfache des Vertretbaren anordnen, LAG Ffm DB 1993, 1248. Es muss sich am Interesse des Gläubigers an der Durchsetzung der titulierten Forderung zumindest mitorientieren, OLG Brdb FamRZ 2007, 64; OLG Karlsr NJW-RR 2000, 1312; LAG Ffm DB 1993, 1248, ebenso an der Hartnäckigkeit der Verweigerung des Schuldners, OLGBrdb MDR 2007, 429; OLG Karlsr NJW-RR 2000, 1312, und an der Bedeutung der Sache, OLG Mü NJW-RR 1992, 704. Man kann sich am Streitwert orientieren, OLG Rostock OLGR 2009, 75; OLG Brdb MDR 2007, 429; OLG Karlsr MDR 2000, 229. Der Mindestbetrag des Zwangsgeldes ist nach Art. 6 I 1 EGStGB 5 EUR. Nur der einzelne Höchstbetrag ist 25.000 EUR, **I 2,** BGH Rpfleger 2005, 469 (also nicht mehrere). Es können zB 10 000 EUR bei einer verweigernder „Verschleppung" einer Auskunft über die Verbreitung von Videobändern gerechtfertigt sein, OLG Mü NJW-RR 1992, 704. Die Haft steht nicht im Widerspruch zur MRK. Bei einer Gesellschaft kommt ein Zwangsgeld sowohl gegen sie als auch gegen ihren Geschäftsführer infrage, OLG Ffm GRUR-RR 2015, 408.

4. Keine Schuldprüfung. Das Zwangsgeld und die Zwangshaft sind reine **Zwangs- und Beugemittel,** 23
OLG Ffm NJW-RR 1990, 639; OLG Hamm NJW-RR 1988, 1087; OVG Bln NVwZ-RR 1999, 411. Sie sind

keine Strafen oder ähnliche Ahndungen, sondern nach Art. 5 EGStGB andersartige Rechtsnachteile, OLG Zweibr FamRZ 1998, 384; OLG Hamm NJW-RR 1988, 1087. Sie sollen nur die Erfüllung herbeiführen, OLG Mü OLGZ 1982, 101; OLG Ffm MDR 1981, 414. Daraus folgt: Hier gelten keine strafrechtlichen Grundsätze. Es braucht also abgesehen vom Fall der Unmöglichkeit (→ Rn. 6) weder eine vorsätzliche noch eine fahrlässige Verhaltensweise des Schuldners vorzuliegen, OLG Köln NJW-RR 1998, 716; OLG Hamm NJW-RR 1987, 765. Er mag sogar nach § 51 prozessunfähig sein, OLG Kblz FamRZ 2003, 1486; OLG Zweibr OLGR 2003, 347 (dann Vollstreckung gegen den gesetzlichen Vertreter). Ein Zwangsmittel darf nicht mehr ergehen, wenn der Gläubiger kein Durchsetzungsinteresse mehr hat, OVG Berlin NVwZ-RR 1999, 411 (Zeitablauf).

24 **5. Keine Stundung usw.** Das Gericht darf dem Schuldner weder eine Stundung noch eine Ratenzahlung gewähren. Denn Art. 7 EGStGB nennt nur das Ordnungsgeld, nicht ein Zwangsgeld. Deshalb sind auch dessen Art. 8, 9 EGStGB unanwendbar.

25 **6. Vollstreckung.** Die Vollstreckung des Zwangsgelds erfolgt nicht nach § 1 I Nr. 3 JBeitrG von Amts wegen, sondern auf Antrag des Gläubigers, der auch in dieser Phase Herr des Verfahrens bleibt, BeckOK KostR/Behrend/Rieder JBeitrG § 1 Rn. 36, allerdings **zugunsten der Staatskasse** und nicht etwa des Gläubigers, BGH NJW 1983, 1859; OLG Mü NJW 1983, 947; LG Kblz MDR 1983, 851. Eine Vollstreckungsklausel nach §§ 724 ff. ist entbehrlich, LG Kiel DGVZ 1983, 155; AG Lindau DGVZ 1997, 44. Das Zwangsgeld fällt der Staatskasse zu, BGH NJW 1983, 1859. Bis zur Beitreibung darf der Schuldner das Zwangsgeld durch eine Erfüllung abwenden, OLG Zweibr FamRZ 1998, 384; OLG Hmb FamRZ 1988, 1213; LG Oldb Rpfleger 1982, 351.

26 Eine Vollstreckung der **Ersatzzwangshaft** ist erst dann zulässig, wenn feststeht, dass das zunächst festgesetzte Zwangsgeld nicht beitreibbar ist. An diesen Nachweis darf man aber keine zu strengen Anforderungen stellen, um nicht den Gläubiger praktisch fast schutzlos zu machen, OLG Zweibr OLGR 2003, 333; OLG Köln FamRZ 2002, 895; OLG Düss JurBüro 1989, 278. Deshalb kann es zB beim ausländischen Schuldner ausreichen, dass eine Taschenpfändung erfolglos war und dass nun eine Vollstreckung des Zwangsgelds im Ausland notwendig würde, OLG Köln FamRZ 2002, 895. Eine Verhaftung erfolgt nach § 144 I 1 Nr. 3 GVGA durch den Gerichtsvollzieher. Sie unterbleibt nach § 144 I 2 GVGA, falls das Gericht (unstatthaft) nur auf Schadensersatz oder Entschädigung statt Zwangshaft erkannt hat.

27 Das Gericht muss den Schuldner nach dessen Erfüllung von einer Vollstreckung befreien, BGH ZIP 2015, 332; OLG Düss MDR 2009, 1193; OLG Karlsr FamRZ 2006, 284. Es muss ihn sofort aus der Zwangshaft entlassen, OLG Ffm JurBüro 1991, 1554. Man muss die Geldvollstreckung dann sofort einstellen, OLG Ffm MDR 1981, 414. Das Gericht darf den Schuldner nicht begnadigen. Denn der Gläubiger könnte jederzeit von der weiteren Vollstreckung absehen. Er ist der Herr der Zwangsvollstreckung. Das Gericht darf den Gläubiger nicht zunächst darauf verweisen, zum Zweck der Herbeiführung einer eidesstattlichen Versicherung nach § 889 eine Zwangshaft durchführen zu lassen, selbst wenn der Gläubiger einen dementsprechenden Vollstreckungstitel besitzt. Die Haftvollstreckung erfolgt (jetzt) nach §§ 802g, 802h, AG Kref MDR 1977, 322. Bei einem nach §§ 51, 52 Prozessunfähigen oder einer juristischen Person muss man ein Zwangsgeld in sein Vermögen vollstrecken, BGH NJW 2022, 393 Rn. 73, eine Zwangshaft aber nach → § 890 Rn. 34 gegen den notfalls zB nach § 57 auszuwechselnden gesetzlichen Vertreter durchführen, OLG Drsd FamRZ 2000, 298; Schall/Wiegand DGVZ 2011, 193 (197), nicht aber gegen den Bevollmächtigten, BGH NJW 2022, 393 Rn. 49. §§ 802a ff. sind infolge der Verweisung in **I 3** anwendbar, mithin auch §§ 802j III iVm § 802d. Zur Problematik nach dem Ablauf der 6-Monats-Höchstdauer der Haft → § 802j Rn. 11.

28 **7. Rechtsbehelfe bei Ablehnung usw.** Der Gläubiger hat gegen eine die Vollstreckung ablehnende Entscheidung die sofortige Beschwerde nach §§ 567 I Nr. 1, 793 entsprechend, 6 I Nr. 1 JBeitrG, OLG Mü NJW 1983, 947. In einer FamFG-Sache gelten wegen § 87 IV FamFG §§ 567–572. Jeder Betroffene kann gegen die Art der Vollstreckung die Erinnerung nach § 766 einlegen. Der Zwangsmittelbeschluss ist zugleich Vollstreckungstitel iSd § 794 I Nr. 3, auf den § 767 entsprechenden Anwendung findet, OLG Karlsr MDR 2020, 568, zB bei einer Verjährung, BayObLG NZM 2000, 302. Für eine solche Klage fehlt nach der Erfüllung das Rechtschutzbedürfnis, OLG Zweibr FamRZ 1998, 384.

29 **8. Aufhebung des Titels.** Wenn das Gericht den Vollstreckungstitel aufhebt oder die Zwangsvollstreckung einstellt, werden die Festsetzung der Zwangsmittel und die weitere Vollstreckung unzulässig, LAG Ffm NZA 1985, 460. Wenn die Zwangsvollstreckung anschließend wieder ihren Fortgang nimmt, kann das auch die Zwangsmittel erfassen. Ein aufgehobener Beschluss lebt nicht wieder auf. Die Aufhebung des Vollstreckungstitels stellt fest, dass die seiner Durchführung dienende Festsetzung unrechtmäßig erfolgt war. Deshalb hat der Schuldner insoweit gegen den Gläubiger einen Anspruch nach § 717 II. Der Schuldner hat auch einen Anspruch gegen den Staat auf die Zurückzahlung eines bereits beigetriebenen Zwangsgelds. Denn der Staat ist trotz der öffentlich-rechtlichen Elemente des Gesamtvorgangs nun entsprechend § 812 BGB ohne einen Rechtsgrund bereichert, BAG NJW 1990, 2579; OLG Ffm JurBüro 1991, 1556. Das gilt aber nicht für Zwangsgelder nach § 35 FamFG, BGH NJW 2017, 3592.

30 **VI. Nicht erzwingbare Handlung, III. 1. Religiöses Verhalten.** Es muss um ein kultisches oder religiöses Verhalten gehen. Die Unanwendbarkeit von **I, II** resultiert hier aus Art. 4 GG, BVerfG NJW 1972, 1183; OLG Ffm Rpfleger 1980, 117.

31 **2. Unvertretbarer Dienst.** Es muss um die Ableistung von unvertretbaren Diensten aufgrund eines Dienstvertrags gehen, BGH NJW 1980, 2415 (2416) (Geschäftsführer einer KG). Auch der Arbeitsvertrag zählt evtl. hierher, BAG NZA 2013, 1147 Rn. 22. Bei vertretbaren Diensten gilt § 887, LG Halle JurBüro 2012, 263 (DSL-Anschluss). Es kann sich auch um unvertretbare Dienste aus einem Vertrag über eine entgeltliche Geschäftsbesorgung nach § 675 BGB oder um einen Auftrag nach § 662 BGB handeln. Über das Unterlassen der Dienstleistung bei anderen → § 890 Rn. 5. Die Wettbewerbsklausel im Dienstvertrag enthält keine Verpflichtung zu einer wirklichen Leistung. Ihre Einhaltung ist erzwingbar, und zwar auch im Weg einer einstweiligen Verfügung nach §§ 935 ff. Der Beschäftigungs- oder Weiterbeschäftigungsanspruch des Arbeitnehmers ist nach **I, II** vollstreckbar, LAG Kiel NZA 1987, 322; LAG Bln BB 1979, 1404. Der Arbeitgeber kann sich der Verpflichtung nicht durch eine weitere vorsorgliche Kündigung entziehen. Er ist vielmehr auf eine Vollstreckungsabwehrklage nach § 767 angewiesen, ArbG Münster BB 1981, 243.

3. Sonstige Fälle. **III** ist entsprechend anwendbar auf einen Verstoß gegen ein Grundrecht, Neumann FPR 2011, 366 (368), und auf den Abschluss eines Erbvertrags, OLG Ffm Rpfleger 1980, 117. 32

VII. Zulässigkeit der Verurteilung, III. Die Vorschrift verbietet nur die Erzwingung, also nicht die Verurteilung. Deshalb ist eine Klage auf die Ableistung der vertraglichen Dienste zulässig. Die Klage kann nämlich trotz **III** als eine vorläufige Entscheidung dem Gläubiger wertvoll sein. Deshalb ist auch eine einstweilige Verfügung auf die Leistung der vertraglichen Dienste nach §§ 935 ff. zulässig. Allerdings darf das Gericht in der einstweiligen Verfügung kein Zwangsmittel androhen, wenn **III** anwendbar ist. Die einstweilige Verfügung ist insofern auch nicht vollstreckbar. Die Zustellung zum Zweck der Vollziehung vor § 916 keine Zwangsvollstreckung. 33

888a *Keine Handlungsvollstreckung bei Entschädigungspflicht.* **Ist im Falle des § 510b der Beklagte zur Zahlung einer Entschädigung verurteilt, so ist die Zwangsvollstreckung auf Grund der Vorschriften der §§ 887, 888 ausgeschlossen.**

I. Systematik, Regelungszweck. Es handelt sich um eine Klarstellung im Interesse der Vermeidung einer doppelten Vollstreckung. Für die Abschaffung dieser Bestimmung wegen des sich daraus ergebenden Eingriffs in das Wahlrecht des Gläubigers Stamm ZfPW 2020, 86 (110). 1

II. Geltungsbereich. Über die Anwendbarkeit des § 888a → § 510b Rn. 2. Dort ist auch § 889 II unanwendbar. Denn die Erzwingung der eidesstattlichen Versicherung nach § 889 II ist ein Unterfall von § 888. Im Fall einer Arbeitssache gilt § 61 II ArbGG. 2

III. Rechtsbehelf. Bei einer Zwangsvollstreckung aus §§ 887–889 hat der Betroffene die Möglichkeit der sofortigen Beschwerde nach §§ 567 I Nr. 1, 793. 3

889 *Eidesstattliche Versicherung nach bürgerlichem Recht.* I [1]**Ist der Schuldner auf Grund der Vorschriften des bürgerlichen Rechts zur Abgabe einer eidesstattlichen Versicherung verurteilt, so wird die Versicherung vor dem Amtsgericht als Vollstreckungsgericht abgegeben, in dessen Bezirk der Schuldner im Inland seinen Wohnsitz oder in Ermangelung eines solchen seinen Aufenthaltsort hat, sonst vor dem Amtsgericht als Vollstreckungsgericht, in dessen Bezirk das Prozessgericht des ersten Rechtszuges seinen Sitz hat.** [2]**Die Vorschriften der §§ 478 bis 480, 483 gelten entsprechend.**

II **Erscheint der Schuldner in dem zur Abgabe der eidesstattlichen Versicherung bestimmten Termin nicht oder verweigert er die Abgabe der eidesstattlichen Versicherung, so verfährt das Vollstreckungsgericht nach § 888.**

I. Systematik. Die eidesstattliche Versicherung des sachlichen Rechts, vor allem diejenige bei einer Verpflichtung zur Erteilung einer Auskunft und einer Rechnungslegung, ist eine unvertretbare Handlung, Weiss/Brückerhoff ZIP 2021, 885 (891). Sie hat mit der prozessualen eidesstattlichen Versicherung nichts gemeinsam, OLG Düss MDR 1994, 306. Wenn das Gericht dem Schuldner die Abgabe der eidesstattlichen Versicherung in einem Urteil auferlegt hat, ist nur eine Zwangsvollstreckung nach § 889 statthaft. Es ist allerdings zulässig, dass sich die Parteien dahin einigen, dass der Schuldner auch dann die eidesstattliche Versicherung vor dem Gericht des FamFG abgeben solle. Das Verfahren gehört nicht mehr zum Erkenntnisverfahren nach §§ 253 ff. Es ist ein besonderes Verfahren der Zwangsvollstreckung. Das gilt zwar nach → Rn. 4 noch nicht von Anfang an, wohl aber im weiteren Verlauf. Deshalb sind die Kosten dieses Verfahrens Kosten der Zwangsvollstreckung nach § 788, falls der Schuldner die eidesstattliche Versicherung nicht freiwillig leistet. Andernfalls ist § 261 III BGB anwendbar. 1

II. Regelungszweck. Man sollte nach → Vor § 883 Rn. 2 die Umständlichkeit des Verfahrens nach § 889 nicht durch eine allzu schuldnerfreundliche Auslegung steigern. Entgegen §§ 899 ff. enthält **II** eine verhältnismäßig scharfe Rechtsfolge des Ungehorsams. Die in → § 888 Rn. 2 angesprochenen Gefahren zu hoher Zwangsmittel entstehen bei **II** kaum. Deshalb darf und sollte man hier getrost schärfer durchgreifen. 2

III. Titelfassung, I. Oft gibt das Urteil keine Fassung der eidesstattlichen Versicherung, obwohl es sie geben sollte. Dann muss das Gericht die erforderliche Fassung der eidesstattlichen Versicherung im Vollstreckungsverfahren durch einen Beschluss festlegen. Es darf auch eine Nachbesserung fordern, BGH NJW-RR 2005, 221. Auch ein nach §§ 708 ff. nur vorläufig vollstreckbares Urteil darf eine eidesstattliche Versicherung auferlegen. Dieser Weg ist aber dann nicht zulässig, wenn das Gericht lediglich eine einstweilige Verfügung nach §§ 935 ff. erlässt. Soweit ein dem Urteil gleichstehender Prozessvergleich usw. vorliegt, kommt es nicht darauf an, ob er vor dem eigentlich zuständigen Gericht zustande kam. Denn es reicht sein Abschluss vor „einem" deutschen Gericht. Daher sind insofern §§ 40 II, 764, 802 unbeachtlich. Natürlich muss der Inhalt vollstreckungsfähig sein. Die „Verpflichtung zur Abgabe der eidesstattlichen Versicherung vor einem Gericht bis zum …" kann nach dem Fristablauf nach § 894 ausreichend sein (Fallfrage). 3

IV. Abgabe der eidesstattlichen Versicherung, I. 1. Zuständigkeit. Es besteht eine ausschließliche Zuständigkeit nach § 802. Sachlich zuständig ist stets das AG als **Vollstreckungsgericht** nach § 764. Funktionell zuständig ist also zur Entgegennahme nach → Rn. 9 anders als zur Verhaftung nicht etwa der Gerichtsvollzieher, sondern der Rpfl. nach § 20 I Nr. 17 S. 1 RPflG, OLG Düss FamRZ 1997, 1495; LG Bochum Rpfleger 1999, 404. Das gilt auch in einer FamFG-Sache, OLG Ffm FamRZ 2004, 129, und nach § 62 II 1 ArbGG auch bei einem arbeitsgerichtlichen Titel. Denn das AG wird nach **I 1** eben „als Vollstreckungsgericht" tätig. Örtlich ist das AG des inländischen Wohnsitzes zuständig, hilfsweise das AG des Aufenthaltsorts, bei einer juristischen Person das AG des Sitzes. Ganz hilfsweise ist dasjenige AG zuständig, in dessen Bezirk das Prozessgericht des ersten Rechtszuges seinen Sitz hat, also zB das AG am Ort des LG. 4

2. Verfahren. Es beginnt mit einem Antrag des Gläubigers. Die Terminbestimmung nach § 216 ist noch keine Maßnahme der Zwangsvollstreckung, sondern steht einer Aufforderung zur Erfüllung gleich, OLG Düss MDR 1994, 306; LG Heilbr MDR 1995, 1168. Deshalb braucht der Gläubiger die Voraussetzungen der 5

Zwangsvollstreckung erst im Termin nachzuweisen, so vor allem die Zustellung nach § 750. Für einen nach §§ 51, 52 Prozessunfähigen muss derjenige gesetzliche Vertreter die eidesstattliche Versicherung abgeben, der für das Vermögen sorgen muss. Das gilt auch dann, wenn das Gericht ihn im Urteil nicht benannt hat. Der Termin gilt nur der Abgabe der eidesstattlichen Versicherung, LG Bln Rpfleger 1975, 374. Eine Berichtigung der Fassung kann in einem Beschluss nach §§ 319, 329 erfolgen. Das Gericht muss ihn begründen. Das Gericht kann nach § 261 I BGB eine Ergänzung fordern, BGH WM 2014, 2004. Eine sachliche Änderung kann nur dann erfolgen, wenn das Gericht ein späteres Ereignis berücksichtigen muss, etwa den Eintritt eines gesetzlichen Vertreters. Der Schuldner muss eine etwaige Einwendung gegen den Anspruch nach § 767 geltend machen. Er kann mangels eines Beginns der Zwangsvollstreckung nicht nach § 766 vorgehen, solange der Gläubiger keinen Antrag auch nach § 888 gestellt hat, LG Heilbr MDR 1995, 1168. Die Vollstreckungsklausel nach § 724 besagt im Einzelnen, wer die eidesstattliche Versicherung abgeben muss. Ein Streit über diese Frage gehört nicht in dieses Verfahren. **Gebühren:** Des Gerichts KV 1813 GKG (Beschwerdegebühr); des Anwalts VV 3309, 3310 RVG.

6 **3. Pflicht zur persönlichen Abgabe.** Es besteht nach **I 2** eine Pflicht zur persönlichen Abgabe der eidesstattlichen Versicherung zum Protokoll des Rpfl. des Vollstreckungsgerichts. Wenn der Schuldner verhindert ist dort zu erscheinen oder wenn er sich an einem entfernten Ort aufhält, kann er entsprechend §§ 478, 479 beantragen, dass der Rpfl. des für seinen Aufenthaltsort zuständigen AG ihm die eidesstattliche Versicherung abnimmt. Wenn dieser Antrag berechtigt ist, muss das Vollstreckungsgericht ihm stattgeben. Wenn es diesen Antrag zurückweist, kann der Schuldner wie bei → § 793 Rn. 12 vorgehen. Der die eidesstattliche Versicherung abnehmende Rpfl. muss den Schuldner über die Bedeutung dieser Versicherung entsprechend § 480 belehren. Bei einem Stummen gilt § 483 entsprechend.

7 **V. Säumnis und Weigerung, II. 1. Allgemeines.** § 802b II ist wegen der Besonderheit des Verfahrens nach → Rn. 1 unanwendbar, OLG Düss MDR 1994, 306 (zum früheren Recht). Wenn der Gläubiger im Termin ausbleibt, ist das unerheblich. Wenn der Schuldner ausbleibt oder wenn der Schuldner objektiv unberechtigt die Abgabe der eidesstattlichen Versicherung verweigert, muss das Gericht aufgrund eines Antrags des Gläubigers nach → § 888 Rn. 11, 22 verfahren, BGH NJW-RR 2015, 58; OLG Düss FamRZ 1997, 1495; LG Heilbr MDR 1995, 1168. Das Gericht darf und muss den Gläubiger dazu anregen, diesen Antrag zu stellen. Schon im Zeitpunkt der Androhung und auch im Zeitpunkt der Festsetzung eines Zwangsgeldes muss das Gericht zugleich ersatzweise eine Zwangshaft vorschreiben.

8 **2. Zuständigkeit.** Da diese Zwangshaft aber trotz ihres Charakters als eines reinen Zwangsmittels eine Freiheitsentziehung ist, darf der Rpfl. diese Maßnahme nicht vornehmen. Vielmehr muss dazu der Richter tätig werden. Das ergibt sich aus §§ 4 Nr. 2, 31 III RPflG. Der Richter muss nach § 31 III letzter Hs. RPflG erst recht dann entscheiden, wenn er sich nach diesen Vorschriften die Vollstreckung ohnehin vorbehalten hat. Wegen des Richtervorbehalts des § 4 II Nr. 2 RPflG muss also der Rpfl. die Sache stets schon vor der ersten Androhung eines Zwangsgeldes nach § 4 III RPflG dem Richter vorlegen, Brehm NJW 1975, 249 (250). Der Richter ist erst recht dann zuständig, wenn er aufgrund der vorgenannten Bestimmung eine Zwangshaft androhen oder anordnen muss, wenn er also bei der Ausübung seines Ermessens eine Zwangshaft sogleich und nicht nur ersatzweise für notwendig hält.

9 **3. Weiteres Verfahren.** Der Schuldner darf sich nicht darauf berufen, er könne die von seinem Steuerberater gefertigte Auskunft nicht überprüfen, LG Köln NJW-RR 1986, 360. Er muss sich die notwendigen Kenntnisse notfalls auch durch einen Dritten beschaffen, BGH NJW-RR 2015, 58. Das Gericht darf evtl. nach § 261 I BGB vorgehen, BGH NJW-RR 2015, 58. Wenn der Schuldner eine Zwangsmaßnahme dieser Art verweigert, hat der Betroffene die in → § 793 Rn. 12 genannten Möglichkeiten. Der Gerichtsvollzieher ist nach § 144 I 1 Nr. 3 GVGA zur etwaigen Verhaftung zuständig. Der Rpfl. darf und muss daher nach § 20 I Nr. 17 S. 1 RPflG evtl. eine richterliche Haftanordnung dann aufheben, wenn sich die Sachlage geändert hat, soweit sich nicht der Richter die Vollstreckung insgesamt vorbehalten hat. Der Schuldner darf jederzeit die Abnahme der eidesstattlichen Versicherung beim AG des Haftorts verlangen, wie bei § 802i. Das Gericht hat dem Schuldner das rechtliche Gehör schon dadurch gegeben, dass es ihn zum Termin zwecks Abgabe der eidesstattlichen Versicherung geladen hat.

890 *Erzwingung von Unterlassungen und Duldungen.* **I [1]Handelt der Schuldner der Verpflichtung zuwider, eine Handlung zu unterlassen oder die Vornahme einer Handlung zu dulden, so ist er wegen einer jeden Zuwiderhandlung auf Antrag des Gläubigers von dem Prozessgericht des ersten Rechtszuges zu einem Ordnungsgeld und für den Fall, dass dieses nicht beigetrieben werden kann, zur Ordnungshaft oder zur Ordnungshaft bis zu sechs Monaten zu verurteilen. [2]Das einzelne Ordnungsgeld darf den Betrag von 250 000 Euro, die Ordnungshaft insgesamt zwei Jahre nicht übersteigen.**

II Der Verurteilung muss eine entsprechende Androhung vorausgehen, die, wenn sie in dem die Verpflichtung aussprechenden Urteil nicht enthalten ist, auf Antrag von dem Prozessgericht des ersten Rechtszuges erlassen wird.

III Auch kann der Schuldner auf Antrag des Gläubigers zur Bestellung einer Sicherheit für den durch fernere Zuwiderhandlungen entstehenden Schaden auf bestimmte Zeit verurteilt werden.

Übersicht

I. Systematik. Zunächst → Vor § 883 Rn. 1. § 890 betrifft den Fall, dass der Schuldner nach dem Vollstreckungstitel eine Handlung unterlassen oder dulden muss, BVerfG NJW-RR 2000, 1589, zB nach §§ 823, 1004 BGB; OLG Köln MDR 1995, 95 (Gegensatz: Vornahme der Handlung); LG Bln NJW 1988, 346; AG Peine DGVZ 1999, 140 (Entfernung eines Zählers). Ein solcher Vollstreckungstitel ist statthaft auch gegenüber einer juristischen Person, einer Offenen Handelsgesellschaft oder einer Kommanditgesellschaft, OLG Hamm MDR 1986, 1035, auch gegenüber einer Vor-GmbH, OLG Stgt NJW-RR 1989, 638. Auf diese Weise kann der Gläubiger auch eine Verpflichtung aus dem Gesellschaftsvertrag erzwingen. Man muss nach → § 888 Rn. 1 durch eine Auslegung der Urteilsformel ermitteln, ob es sich um dergleichen handelt, BGH NJW 1994, 245; OLG Ffm Rpfleger 1975, 444; OLG Mü OLGZ 1982, 101. Soweit der Schuldner auch oder nur eine greifbare Handlung vornehmen muss, gelten §§ 887, 888, OLG Ffm Rpfleger 1975, 444; OLG Mü OLGZ 1982, 101, aA LG Hmb ZMR 2012, 574 (systemwidrig). Man kann die Unterlassung einer Äußerung und gar einer sog. verdeckten Tatsachenbehauptung wegen Art. 5 I, II GG nur im Umfang des unbedingt Notwendigen erreichen, BVerfG NJW 2004, 1942, und natürlich nicht mittels Arglist, BGH NZM 2013, 324 Rn. 33. In einer FamFG-Sache machen §§ 95 I Nr. 4, 96 FamFG § 890 entsprechend anwendbar, OLG Hamm FamRZ 2013, 1507. Im arbeitsgerichtlichen Beschlussverfahren macht § 85 I 3 ArbGG den § 890 nur teilweise entsprechend anwendbar, nämlich ohne Ordnungshaft, BAG NZA 2011, 174. Im sozialgerichtlichen Verfahren ist nach § 198 SGG der § 890 anwendbar, LSG Halle JurBüro 2013, 164. 1

Derselbe Vorgang kann grundsätzlich nicht gleichzeitig einerseits unter § 890 und andererseits unter § 887 oder unter § 888 fallen, BGH NJW 1993, 1076; OLG Köln MDR 1995, 95; aA OLG Celle GRUR-RR 2018, 46. Hauptanwendungsfall des § 890 ist eine Verurteilung aufgrund einer Abwehrklage nach § 1004 BGB zu einer Unterlassung in einem Eigentums-, Wettbewerbs-, Patent- oder Urheberprozess und dgl. Es kann aber auch dann eine Beseitigungspflicht infragekommen. Die Verpflichtung zur Unterlassung einer Handlung, durch die ein fortdauernder Störungszustand geschaffen wurde, umfass idR auch die Verpflichtung zur Vornahme möglicher und zumutbarer Handlungen zur **Beseitigung der Störung,** BGH NJW 2018, 1317 Rn. 19; GRUR 2017, 318 Rn. 12; 2016, 720 Rn. 24. Zur Problematik Lindacher GRUR 1985, 423 (425). Eine notarielle Unterlassungserklärung ist gegenüber einem gerichtlichen Titel evtl. nicht ausreichend, KG GRUR 2017, 752. Zumindest **II** ist iVm § 198 SGG auch gegenüber einer bundesunmittelbaren Körperschaft anwendbar, BSG NJW 1989, 796 (798). Beim Unterlassungstitel kommt eine Zwangsvollstreckung im engeren Sinn nicht in Betracht. § 890 sieht nur einen mittelbaren psychischen Zwang vor, das Ordnungsmittel, Bork WRP 1989, 360. Die Vorschrift gilt auch bei Wohnungseigentum, (zum alten Recht) OLG Schlesw NZM 2000, 557. 2

II. Regelungszweck. Die Vorschrift dient dem **Interesse des Gläubigers,** BVerfG NJW 2018, 531 Rn. 21. Die ganze Regelung des § 890 ist so kompliziert, dass man sie nicht auch noch durch eine allzu schuldnerfreundliche Auslegung zusätzlich erschweren sollte. Insbesondere darf nach → Rn. 5 ff. nicht der Schuldner durch eine Umgehung versuchen, sich dem Verbot zu entziehen. Bei einem Unterlassungsvertrag lässt sich § 890 zur Auslegung heranziehen, BGH NJW 2001, 2622. 3

Schwere wirtschaftliche Schäden können insbesondere im Gewerblichen Rechtsschutz und Urheberrecht durch pflichtwidrige Verstöße gegen Unterlassungsgebote entstehen. Finden solche Verstöße nicht sehr fühlbare Rechtsfolgen, besteht die Wahrscheinlichkeit ihrer ungerührten Fortsetzung. Vielfach wählt das Gericht innerhalb des ja beachtlichen Rahmens ein Ordnungsmittel in einer zu geringen Höhe. Zumindest beim auch nur bedingt vorsätzlichen Verstoß über einen nicht nur ganz geringen Zeitraum und/oder in einem nicht nur ganz unbedeutenden Ausmaß wäre eine derartige Nachgiebigkeit wahrhaft unangebracht. Sie würde das Ziel der Vollstreckung, eben die Unterlassung, zu spät oder gar nicht erreichen. Der Bagatellverstoß darf nicht zum Ruin des Schuldners führen. Sein beharrlicher gewinnträchtiger Verstoß verdient aber sehr unangenehm fühlbare Folgen. Auf ihre Höhe achtet auch mancher Gläubigervertreter nicht annähernd genau genug. 4

III. Verbotsurteil, I. Das Verbotsurteil muss nicht rechtskräftig, aber (vorläufig) **vollstreckbar** sein. Soweit das Urteil vollstreckbar ist, ist es sofort zu beachten, ohne dass es einer vorherigen **Zustellung** bedarf, BGH GRUR 2009, 890 Rn. 7; OLG Ffm OLGR 2003, 176 Rn. 13. Es reicht aus, wenn die Klausel erst nach der Zuwiderhandlung, aber vor der Verhängung des Zwangsmittels erteilt wird, OLG Schlesw VuR 2021, 33 (35). 5

1. Verständlichkeit, Auslegbarkeit. Das Verbotsurteil muss zur Vollstreckung geeignet sein, BAG NZA 2004, 1240; OLG Bbg MDR 1998, 1370; BayObLG NJW-RR 1987, 1040. Es muss aus sich heraus klar und für jedermann verständlich sein, BGH NJW 1980, 700; BAG NZA 2004, 1240; OLG Zweibr GRUR 1987, 853. Seine Fassung darf also nicht so kompliziert sein, dass sie nur die Parteien verstehen können, OLG Düss NJW-RR 1999, 791. Die zu unterlassende/zu duldende Handlung muss konkret bezeichnet werden, LG Ffm MMR 2019, 856. Es reicht nur ganz ausnahmsweise aus, dass das Gericht in dem Vollstreckungstitel auf ein Schriftstück außerhalb des Titels verweist, etwa dann, wenn eine Wortbeschreibung zu umständlich wäre. Das Verbotsurteil verbietet alles, was sich aus seiner **Formel** nach § 313 I Nr. 4 ergibt. Verboten ist also nicht nur etwas Identisches, sondern alles das, was man im Verkehr als gleichwertig ansieht, OLG Bbg VersR 2011, 866. 6

Die **Entscheidungsgründe** des Urteils nach § 313 III können und müssen notfalls zur Auslegung seiner Formel und auch zur Ermittlung etwaiger Umgehungstatbestände mitdienen, BGH NJW 2018, 1317 Rn. 22; 1994, 245; OLG Bbg VersR 2011, 866; aA OLG Düss GRUR-RR 2019, 278 Rn. 15. Freilich kann das Urteil 7 auch klare Verbotsgrenzen ergeben, OLG Mü GRUR-RR 2004, 63. Bei der Unterlassung einer Äußerung muss der Verbotsumfang ganz klar sein, BVerfG NJW 2004, 1942.

8 **2. Sog. Kerntheorie.** Der Verletzer kann sich also nicht durch jede Änderung der Verletzungsform dem Verbotsurteil entziehen. Eine solche Änderung, die den Kern der Verletzungsform unberührt lässt, unterfällt ebenso dem Verbotsurteil, sog. Kerntheorie, BGH NJW 2018, 1317; OLG Köln GRUR 2018, 863. Dabei ist eine gewisse Verallgemeinerung zulässig, OLG Nürnb GRUR-RR 2004, 61; LG Hmb GRUR-RR 2002, 43 (Internet-Werbung); LG Paderb NJW-RR 2001, 1223 (e-mail-Werbung); aA OLG Ffm GRUR 1978, 532 (glattes Äquivalent), Götz GRUR 2008, 401 (aber ohne gewisse Verallgemeinerung würde man der Umgehung Tür und Tor öffnen). Die Kerntheorie ist keineswegs ein bloßes Instrument der Zwangsvollstreckung. Man darf den Zusammenhang mit der inneren Rechtskraft nach § 322 nicht so auflockern, dass man im Ergebnis dem Gläubiger evtl. ein Wahlrecht zwischen einer neuen Klage und einem Vorgehen nach § 890 gibt, BGH NJW 2014, 2870; aA OLG Düss GRUR 1994, 81.

9 Die Kerntheorie gilt auch bei einer **Vertragsstrafe** nach § 339 BGB, OLG Ffm GRUR 1988, 563. Ein Verbotsurteil ist auch dann genügend bestimmt, wenn sich das Verbot auf solche Waren bezieht, die beim Bundeskartellamt angemeldet sind und die man daher auf diesem Weg feststellen kann. Ausreichend ist auch zB ein solches Urteil, das dem Bekl. aufgibt, in dort genannten Zeiten geeignete Maßnahmen zu treffen, Ahrens GRUR 2018, 374, zB gegen störende Geräusche (Hundegebell). Dagegen ist ein solches Verbotsurteil nicht vollstreckbar, das lediglich eine Verpflichtung zur Unterlassung „ähnlicher Handlungen" ausspricht, vgl. auch OLG Ffm NJW 1995, 892, ebensowenig ein Titel auf „Wahrung des Hausfriedens" ohne nähere Bestimmung, AG Münst WuM 1987, 235. Es ist ratsam, im Urteil auch den Versuch ausdrücklich zu verbieten und unter eine Ordnungsmittelandrohung stellen zu lassen (→ Rn. 25).

10 **3. Unerzwingbarkeit der Handlung.** Eine Maßnahme nach **I** wird nicht dadurch unzulässig, dass die Handlung selbst unerzwingbar wäre. Man kann zwar einen Angestellten nicht dazu zwingen, seine Arbeitskraft brachliegen zu lassen. Trotzdem ist ein Wettbewerbsverbot des Inhalts zulässig, dass er nicht bei bestimmten Firmen arbeiten darf.

11 **4. Vergleich.** § 890 ist auch bei einer Zwangsvollstreckung aufgrund eines Vergleichs nach § 779 BGB anwendbar, BAG NZA 2003, 516; OLG Hmb GRUR-RR 2013, 495. Er muss aber bereits vollstreckungsfähig bestimmt sein, BAG NZA 2003, 516. Der Vergleich kann aber grundsätzlich keine wirksame Androhung eines Ordnungsmittels enthalten, sondern nur die Androhung einer Vertragsstrafe, OLG Ffm GRUR-RS 2020, 4674; OLG Ham NJW-RR 1988, 767; LG Oldb VersR 2000, 385; AG Münst WuM 1987, 235; aA OLG Hmb GRUR-RR 2013, 495 (systemwidrig). Das gilt auch bei einem Prozessvergleich, denn die Androhung eines Ordnungsmittels ist die Vorbereitung einer hoheitlichen Maßnahme und deshalb der Parteiherrschaft entzogen, OLG Ffm GRUR-RR 2020, 247; 2013, 494. Daran ändert auch der Umstand nichts, dass das Gericht ein Ordnungsmittel nur aufgrund eines Antrags androhen und festsetzen darf, LG Oldb VersR 2000, 385. Auch beim gerichtlich festgestellten Vergleich etwa nach § 278 VI kann § 890 anwendbar sein, OLG Ffm NJW-RR 2006, 1441.

12 Eine sonstige Verpflichtung wie etwa eine Erklärung zum Protokoll während des Rechtsstreits genügt dann nicht. Vielmehr muss trotz einer im Vergleich enthaltenen Unterwerfungsklausel nach § 794 I Nr. 5 ein besonderer gerichtlicher Androhungsbeschluss ergehen, strenger OLG Hamm NJW-RR 1988, 767. Deshalb empfiehlt es sich dringend, den Androhungsbeschluss alsbald nach dem Vergleich zu erwirken und nicht abzuwarten, bis der Schuldner eine Zuwiderhandlung begangen hat.

13 **IV. Zuwiderhandlung, I. 1. Begriff.** § 890 setzt nur eine einzige Zuwiderhandlung gerade des Schuldners gegen das Verbot voraus, OLG Hamm MDR 1986, 418, also nicht stets nur eine Zuwiderhandlung eines Dritten, sei es auch eines nicht genug beaufsichtigten Vertriebspartners, LG Düss GRUR-RR 2008, 110, oder eines Angehörigen, LG Freibg FamRZ 1992, 1208.

14 **2. Rechtsnatur.** Eine Zuwiderhandlung ist nur ein Verstoß gegen ein zivilprozessuales Verbot, das das Gericht durch die Androhung eines Ordnungsmittels als eines Beugemittels verstärkt hatte. Die ganz herrschende Meinung, spricht von einem **Doppelcharakter** (es handle sich um eine Strafe oder strafähnliche Maßnahme und zugleich um eine Zwangsmaßnahme), BVerfG NJW 2018, 531 Rn. 21; BGH GRUR 2022, 1379 Rn. 19, 30; NZFam 2017, 613. Vertragsstrafe und § 890 haben aber nichts gemeinsam, BGH NJW 1998, 1138; GRUR 2022, 1379 Rn. 35.

3. Beispiele zur Frage einer Zuwiderhandlung, I

15 **Aufbrauchsfrist:** Sie kann bestehen. Auch → „Überlegungsfrist".

Beseitigungspflicht: Bei Schaffung eines fortdauernden Störungszustandes umfasst die Unterlassungspflicht auch die Verpflichtung zur Vornahme möglicher und zumutbarer Handlungen zur Beseitigung des Störungszustandes, BGH NJW 2018, 1317.

Dritter: Der Schuldner kann ein Verbot nicht dadurch umgehen, dass er einen Dritten einschaltet, OLG Ffm GRUR-RR 2009, 324. Der Schuldner haftet für den Dritten, soweit sein eigenes Verhalten für das Verhalten des Dritten ursächlich ist. Dann liegt nämlich nach → Rn. 13, 33 „Dritter" auch eine eigene Zuwiderhandlung vor.

Einwirkung: Der Schuldner muss auf einen Abnehmer ernsthaft einwirken, OLG Köln GRUR-RR 2008, 365.

Fortsetzung: Die Aufgabe des Fortsetzungszusammenhangs im Strafrecht hat der BGH auch für die ZwV nachvollzogen, jedoch kann bei engem räumlich-zeitlichen Zusammenhang von einer natürlichen Handlungseinheit ausgegangen werden, BGH NJW 2021, 1098 Rn. 21; 2009, 921 Rn. 14.

Hinweis: Keine Zuwiderhandlung liegt zB dann vor, wenn der zur Unterlassung Verurteilte später auf diesen Umstand hinweist, OLG Ffm NJW-RR 2001, 187. Freilich kommt es auch insoweit stets auf die Umstände an.

Internetverstoß: Es sind alle geeigneten Maßnahmen dagegen statthaft, OLG Stgt GRUR-RR 2017, 86.

Organisationsverschulden: Es kann beachtlich sein, OLG Ffm GRUR-RR 2016, 48. → „Verhinderungspflicht".

Rückruf: Aus der Unterlassungsverpflichtung ergibt sich keine Verpflichtung zum Rückruf bereits verkaufter Ware, OLG Düss GRUR-RR 2019, 278 Rn. 13; OLG Ffm GRUR 2016, 1320 Rn. 14; aA OLG Köln GRUR-RR 2008, 365.

Sicherheitsleistung: Der Schuldner darf nach → Rn. 32 eine vom Gläubiger geschuldete Sicherheitsleistung abwarten.

Überlegungsfrist: Sie besteht nur eng begrenzt oder gar nicht, OLG Köln BB 1977, 220. → „Aufbrauchsfrist“.
Überwachungspflicht: Sie besteht unabhängig von der Größe der Schuldnerfirma, LG Karlsr GRUR-RR 2017, 464.
Umgehung: → „Dritter“.
Untätigkeit: Die Zuwiderhandlung kann schon darin liegen, dass der nur zu einer Unterlassung verurteilte Schuldner den urteilswidrigen Zustand nicht durch eine positive Handlung beseitigt, BGH NJW-RR 2015, 785 (Torschließerei); OLG Hmb GRUR 1989, 150 (Rückruf von Werbematerial); LG Mü ZMR 2008, 244 (Werbeentfernung). Das gilt jedenfalls, soweit die positive Handlung noch vom Willen des Schuldners abhängig ist.
Verhinderungspflicht: Der Schuldner muss alle ihm zumutbaren Maßnahmen treffen, um einen Verstoß zu verhindern, OLG Köln GRUR-RR 2015, 272, zB gegenüber einem Mitarbeiter derart aktiv werden; OLG Düss GRUR 1993, 854 (er muss darlegen, was er unternommen hat); OLG Ffm MDR 1990, 452; OLG Hmb NJW-RR 1993, 1392. Freilich gilt das nur für eine solche Handlung, die beim Verstoß im Geschäftsverkehr auch diesem Schuldner zur Kenntnis kommen kann, OLG Hmb GRUR 1990, 637. Gegenüber einem Dritten ist eine Verhinderungspflicht durchaus vorhanden, OLG Hmb GRUR-RR 2017, 464, freilich evtl. nur begrenzt, OLG Hmb NJW-RR 2015, 998. → „Organisationsverschulden“.
Versuch: Schon er kann nach dem Urteil verboten sein, OLG Köln JurBüro 1993, 627.
Werbung: Eine Zuwiderhandlung kann in einer e-mail-Werbung ohne vorherige Einwilligung des Empfängers liegen, AG Hmb NJW-RR 2014, 1258.
Wiederholungsgefahr: Sie kann reichen, AG Brühl ZMR 2011, 135. → „Verhinderungspflicht“.

4. Rechtsnachfolge. Wer als eine Einzelperson zu einer Unterlassung verurteilt wurde und nun als ein Organ 16
einer Handelsgesellschaft oder einer juristischen Person als der Rechtsnachfolgerin einen Verstoß begeht, der haftet selbst, OLG Zweibr NJW-RR 1988, 1341. Es ist auch eine Haftung sowohl der GmbH als auch des Geschäftsführers persönlich denkbar, OLG Ffm GRUR 1994, 668; OLG Hmb GRUR 1989, 458. Wenn die Inhaber einer verurteilten GmbH eine neue GmbH gründen, mag die neue nicht nach § 890 mithaften, OLG Ffm GRUR 1994, 668.

V. Ordnungsmittel, I. 1. Antrag des Gläubigers. Das Gericht darf ein Ordnungsmittel nur aufgrund eines 17
Antrags des Gläubigers festsetzen, BGH GRUR 2018, 973; OLG Düss NJW-RR 1988, 1216. Der Gläubiger darf die Art und/oder die Höhe des Ordnungsmittels anregen, OLG Köln GRUR 1987, 652. Das Gericht entscheidet jedoch stets nach seinem eigenen pflichtgemäßen Ermessen, OLG Ffm GRUR 1987, 940. Der Antrag ist ein Zwangsvollstreckungsauftrag, jedenfalls wenn er dem Unterlassungstitel nachfolgt, und die Festsetzung ist eine Zwangsvollstreckungsmaßnahme, Bork WRP 1989, 360 (361). Deshalb müssen die Voraussetzungen der Zwangsvollstreckung schon und noch vorliegen, OLG Karlsr NJW 2008, 450; KG NJW-RR 2004, 68. Es ist ratsam, den Antrag zu stellen, sobald er zulässig ist, damit der Gläubiger schon eine solche Zuwiderhandlung des Schuldners ahnden lassen kann, die der Schuldner etwa alsbald nach der Entstehung des Vollstreckungstitels begeht.

2. Beispiele zur Frage eines Antrags, I

Anwaltszwang: Er besteht wie sonst nach § 78, OLG Köln NJW-RR 1995, 644; OLG Ffm MDR 1989, 459; 18
OLG Düss MDR 1987, 506. Das gilt auch dann, wenn der Vollstreckungstitel als eine Eilmaßnahme zB nach §§ 935 ff. ohne eine mündliche Verhandlung ergangen war, OLG Düss MDR 1987, 506.
Arrest, einstweilige Verfügung: → „Anwaltszwang“.
Frist: Es gibt keine Antragsfrist.
Neuer Antrag: → „Rücknahme“.
Ordnungshaft: Soweit im Antrag die Bitte fehlt, hilfsweise statt Ordnungsgeld Ordnungshaft zu verhängen, handelt das Gericht von Amts wegen entsprechend, BGH NJW-RR 1992, 1453.
Rechtsmissbrauch: Unstatthaft ist der Antrag wie stets bei einem Missbrauch, OLG Köln OLGR 2002, 302; LG Essen MDR 1982, 587. → „Rücknahme“.
Rücknahme: Statthaft ist sie bis zur formellen Rechtskraft des Ordnungsmittelbeschlusses nach §§ 329, 705, OLG Hamm NJW 1977, 1203. Die Rücknahme des Antrags schließt eine Vollstreckung für den bisherigen Gläubiger aus, nicht aber für weitere Gläubiger, OLG Hamm NJW 1977, 1203. Mangels eines Rechtsmissbrauchs kann der Gläubiger im Anschluss an die Rücknahme eines Antrags aufgrund desselben Vollstreckungstitels einen neuen Antrag stellen. Das gilt auch dann, wenn der Schuldner inzwischen keine erste oder weitere Zuwiderhandlung begangen hat.
Sicherheitsleistung: Statthaft ist ein Ordnungsmittel erst dann, wenn der Gläubiger eine ihm etwa nach §§ 709 ff. auferlegte Sicherheitsleistung erbracht und den Schuldner davon vor dessen Zuwiderhandlung unterrichtet hat, BGH NJW 2008, 3220 (Zustellung einer Bürgschaftsurkunde reicht).
Neben Strafe: Statthaft ist ein Ordnungsmittel auch neben einer echten Strafe, OLG Schlesw NJW 2006, 3578 (letztere mitbeachtlich).
Umdeutung: Statthaft ist ein formell nach § 887 gestellter Antrag, falls man ihn in einen solchen nach § 890 umdeuten kann, BayObLG NZM 1999, 769.
Wahlrecht: Der Gläubiger kann nach § 890 oder nach § 892 vorgehen, LG Karlsr DGVZ 1984, 12, aA AG Bln-Wedding DGVZ 1987, 63 (zunächst müsse man nach § 890 vorgehen. Aber keine der beiden Vorschriften schreibt das vor).
Zulässigkeitsdauer: Statthaft bleibt der Antrag, solange der Vollstreckungstitel wirksam ist, OLG Köln GRUR 1987, 652.

3. Zuständigkeit usw. Das Verfahren verläuft nach § 891. Ausschließlich nach § 802 zuständig ist das 19
Prozessgericht der ersten Instanz, BPatG GRUR 1996, 402; OLG Schlesw NJW 2006, 3578 (also evtl. das FamG oder das ArbG; OLG Schlesw NZM 2000, 557, oder das SG, LSG Halle JurBüro 2013, 164; LG Kassel ZMR 2010, 876. Das in Wahrheit unzuständig gewesene Gericht bleibt jetzt zuständig, BPatG GRUR 1996, 402. Wenn der Einzelrichter den Vollstreckungstitel erlassen hatte, ist er zuständig, OLG Ffm MDR 1981, 504. Das Gericht nimmt keine Amtsermittlung vor. Bei einer notariellen Urkunde nach § 797 ist nur das Gericht des Bezirks des Notarsitzes zuständig, OLG Köln GRUR-RR 2014, 277.

4. Rechtsschutzbedürfnis. Das Gericht prüft das Rechtsschutzbedürfnis, OLG Ffm NJW-RR 1990, 639; 20
OLG Saarbr NJW 1980, 461; aA OLG Karlsr MDR 1994, 728; OLG Bbg MDR 1979, 680 (aber diese

Prozessvoraussetzung gilt in allen Verfahrensstadien). Es ist erforderlich und ausreichend, dass der Gläubiger im Zeitpunkt der Zuwiderhandlung ein Interesse an der Anordnung eines Ordnungsmittels hat, OLG Karlsr GRUR 1992, 207; OLG Ffm NJW 1977, 1204. Der Gläubiger muss etwaige **Beweise** wie in einem Erkenntnisverfahren nach §§ 355 ff. antreten.

21 Das Rechtsschutzbedürfnis liegt bei der Möglichkeit einer Zuwiderhandlung vor, BGH NJW 1979, 217; OLG Düss GRUR-RR 2017, 249 Rn. 34; LG Hmb ZMR 2012, 574, auch nach längerer Zeit und sogar trotz einer Schuldnerverpflichtung zu einer Vertragsstrafe, BGH NJW 1998, 1138. Auch eine notarielle Unterlassungserklärung beseitigt das Rechtsschutzbedürfnis nicht, BGH NJW 2017, 171. Es entsteht dann neu, wenn der Schuldner sich schon bei der ersten Gelegenheit nicht mehr an sie hält, selbst wenn er anschließend ein höher strafbewehrtes Gelöbnis ablegt, OLG Nürnb GRUR 1983, 399. OLG Hamm Rpfleger 1986, 488 verhängt nur ein einheitliches Ordnungsmittel wegen eines Verstoßes gegen das Titelgebot gegen die KG, ihre GmbH und deren Geschäftsführer. Stets muss man den Verhältnismäßigkeitsgrundsatz nach längerem Zeitablauf mitbeachten, OLG Hamm FamRZ 2015, 1405.

22 **5. Ordnungsgeld.** Das Gericht muss unter den gesetzlichen Voraussetzungen dem Grunde nach ein Ordnungsgeld oder eine Ordnungshaft nach von Amts wegen verhängen. Das ergibt sich schon aus dem Wortlaut von **I 1** („… so ist er … zu verurteilen"), BGH NJW-RR 1992, 1453; OLG Düss NJW-RR 1988, 1216. Bei der Bemessung der Art und Höhe nach wählt das Gericht dann im Rahmen seines pflichtgemäßen **Ermessens,** OLG Düss NJW-RR 1988, 1216. Das gilt freilich erst nach einem voll bewiesenen Verstoß, OLG Schlesw MDR 2014, 561; OVG Magdeb NVwZ-RR 2011, 942. Maßgebend sind Art, Umfang und Dauer des Verstoßes, der Verkehrsgrad, ein Vorteil des Verletzers, die Gefährlichkeit begangener und möglicher weiterer Verletzungen, OLG Ffm GRUR-RR 2016, 48. Das Ordnungsgeld muss fühlbar und empfindlich sein, OLG Ffm GRUR-RR 2016, 48; OLG Celle MDR 2010, 1891. Man muss die wirtschaftliche Lage des Schuldners mitbeachten, BGH NJW-RR 2017, 382. Dabei beachtet das Gericht den Unwertgehalt der Verletzungshandlung und ihrer Gefährlichkeit sowie den Zweck, die Verbotsbeachtung zu erreichen, BGH NJW 2004, 506; OLG Ffm GRUR-RR 2018, 272; OLG Hmb WuM 1999, 50. Es entscheidet ohne jede schematische Abhängigkeit vom Streitwert des Unterlassungsprozesses, BGH NJW 1994, 45; aA OLG Ffm NJW-RR 1990, 639 (zu formell). Eine systematische Missachtung wirkt sich verschärfend aus, AG Reutlingen ZMR 2014, 163. Es entscheidet zwischen den folgenden Möglichkeiten.

23 Das Gericht kann ein **Ordnungsgeld** verhängen. Das gilt je Zuwiderhandlung ohne einen Rabatt nach Art einer Gesamtstrafe, OLG Köln GRUR-RR 2007, 31. Der Mindestbetrag ist nach Art. 6 I 1 EGStGB 5 EUR. Der Höchstbetrag ist nach **I 2** je Zuwiderhandlung 250.000 EUR. Die Höhe richtet sich wesentlich nach den wirtschaftlichen Verhältnissen des Zuwiderhandelnden, BGH NJW-RR 2017, 382. Auch 200.000 EUR können durchaus angemessen sein, OLG Düss GRUR-RR 2002, 151. Das Gericht muss bei jeder Festsetzung eines Ordnungsgelds zugleich von Amts wegen eine Ordnungshaft für den Fall mitfestsetzen, dass das Ordnungsgeld nicht beitreibbar ist, BGH NJW-RR 1992, 1453 (→ Rn. 42). Die Festsetzung der **Ordnungshaft** erfolgt dann also „ersatzweise". Die Ordnungshaft beträgt nach Art. 6 II EGStGB mindestens 1 Tag, höchstens nach Art. 6 II 1 EGStGB je Zuwiderhandlung sechs Wochen. Die Worte „bis zu sechs Monaten" in **I 1** beziehen sich nur auf eine solche Verurteilung, die von Anfang an sogleich nur eine Ordnungshaft verhängt. Es gibt keine gesetzliche Vorschrift dazu, auf wieviele EUR man 1 Tag Haft verhängen muss. Die Dauer der Ordnungshaft darf nicht zu krass von der Höhe des Ordnungsgelds abweichen, OLG Ffm GRUR 1987, 940. Freilich sind die Tagessätze des Strafrechts unanwendbar, OLG Ffm GRUR 1987, 940. Wegen der Einzelheiten der Festsetzung, der Möglichkeit zur Gewährung einer Stundung oder zur Zubilligung von Raten, auch der nachträglichen Anordnung oder Änderung solcher Entscheidungen gilt dasselbe wie bei § 380. Ein Betrag unter dem vom Verletzten verlangten führt zur Auferlegung eines Kostenteils, OLG Ffm GRUR-RR 2016, 48. Eine titulierte Vertragsstrafe kann auch insoweit beachtbar sein, als der Schuldner sie an einen Dritten leisten muss, OLG Düss NJW-RR 1988, 1216.

24 **6. Ordnungshaft.** Das Gericht kann auch anstelle eines Ordnungsgeldes sogleich und nicht nur ersatzweise eine Ordnungshaft verhängen, freilich nicht im arbeitsgerichtlichen Beschlussverfahren (→ Rn. 1). Sie beträgt nach Art. 6 II 1 EGStGB mindestens 1 Tag, höchstens nach **I 1** je Zuwiderhandlung sechs Monate. Sie beträgt insgesamt jedoch nach **I 2** aufgrund desselben Vollstreckungstitels höchstens zwei Jahre. Das übersieht OLG Hamm FamRZ 2013, 1507 (720 Tage). In diesen Fällen sind Art. 7, 8 EGStGB nicht anwendbar. Die Verjährung richtet sich nach Art. 9 EGStGB. Das Gericht muss die Person des zu Verhaftenden eindeutig bezeichnen, OLG Hamm NJW-RR 2016, 1082; OLG Düss MDR 1992, 411. Bei einer juristischen Person erfolgt die Festsetzung gegen den organschaftlichen Vertreter zur Zeit der Zuwiderhandlung, BGH NJW 2020, 3386 Rn. 83; OLG Hamm NJW-RR 2016, 102. Die Vollstreckung ist auch nach einer Insolvenz der Gesellschaft noch möglich, BVerfG NJW-RR 2017, 957.

25 **7. Zuwiderhandlung nach Androhung.** Die Androhung darf, nicht muss, schon im Urteil erfolgen, LAG Kiel NZA-RR 2008, 414. Sie kann nicht wirksam in einem Prozessvergleich stehen, BGH GRUR 2012, 957. Sie erfordert keine schon erfolgte Zuwiderhandlung, BayObLG NZM 1999, 770; OLG Hamm NJW-RR 1988, 767. Die Zuwiderhandlung muss der Androhung der jeweiligen Maßnahmenart vielmehr nachfolgen, OLG Hamm OLGR 1993, 169. Es reicht aus, dass der Schuldner auch nur ein Tatbestandsmerkmal nach demjenigen Zeitpunkt verwirklicht hat, in dem die Androhung ihm gegenüber wirksam wurde, falls er die weiteren Tatbestandsmerkmale nach dem Erlass des Urteils erfüllt hat. Ein bloßer Versuch reicht nur, falls schon er verboten war, OVG Magdeb NVwZ-RR 2011, 942. Weil die Androhung also der Zuwiderhandlung vorangehen muss, ist es ratsam, den Antrag auf den Erlass des Androhungsbeschlusses zu stellen, sobald die Voraussetzungen der Zwangsvollstreckung vorliegen, BayObLG NZM 1999, 770. Der Androhungsbeschluss ist der Beginn der Zwangsvollstreckung, BGH NJW 1992, 749.

26 Das Gericht muss sein Urteil zwar nach § 317 zugestellt haben, bevor es das Ordnungsmittel festsetzen kann, aA Bork WRP 1989, 360 (366) (das Verfügungsurteil auf eine Unterlassung sei schon ab seiner Verkündung im Hinblick auf eine Zuwiderhandlung wirksam. Aber Zuwiderhandeln kann man erst ab einer tatsächlichen Verbotskenntnis). Für die bloße Androhung des Ordnungsmittels ist die Zustellung des Urteils aber nicht erforderlich. Es genügt vielmehr, dass die Zuwiderhandlung nach der Verkündung des Urteils nach §§ 310, 311 und nach dem Zeitpunkt der Wirksamkeit des Androhungsbeschlusses erfolgt ist, OLG Hmb NJW-RR 1986,

1501, also evtl. alsbald nach der Verkündung des Urteils, OLG Hamm GRUR-RR 2007, 407; aA OLG Hamm NJW 1977, 1205; LG Ffm BB 1980, 1553; Bork WRP 1989, 360 (361) (aber mit der Verkündung ist rechtlich eine Kenntnis eingetreten). Es mag überhaupt keine Verkündung des Vollstreckungstitels vorliegen, etwa dann, wenn das Gericht ihn in einer einstweiligen Verfügung ohne eine mündliche Verhandlung durch einen Beschluss erlassen hatte, LG Flensb SchlHA 1979, 215. Dann muss zunächst die Zustellung der Androhung der Zuwiderhandlung vorangehen, Bork WRP 1989, 360 (363).

8. Beweisaufnahme. Die objektive Zuwiderhandlung muss zur Gewissheit des Gerichts feststehen, OLG Ffm GRUR 1994, 918; LG Landau NJW-RR 2002, 214. Sie darf also nicht nur nach § 294 glaubhaft sein, KG GRUR 1991, 707. Das gilt auch nach einem Eilverfahren nach §§ 916 ff., 935 ff., OLG Mü NJW-RR 2015, 1204; LG Landau NJW-RR 2002, 214; LG Nürnb-Fürth ZMR 2010, 401; aA OLG Brem MDR 2003, 233 (aber § 294 gilt nicht im Vollstreckungsverfahren. Denn dort geht es nicht um eine vorläufige Erkenntnis, sondern meist um eine endgültige Vollstreckung). Alle prozessrechtlich zulässigen Beweismittel nach §§ 371 ff. sind erlaubt, auch eine Parteivernehmung nach §§ 445 ff. Die Grundsätze des § 244 StPO sind auch hier zu beachten. Man kann einen Anscheinsbeweis des Verstoßes erlauben, BVerfG NJW 1991, 3139; OLG Ffm GRUR 1999, 371; aA KG GRUR 1991, 707 (aber wenn alle Anzeichen für einen Verstoß sprechen und nur der Schuldner sein Fehlen nachweisen kann, mag er dazu beweispflichtig werden, OLG Ffm GRUR 1999, 371). Eine Unterbrechung des Verfahrens zwecks einer Prüfung der Zurechnungsfähigkeit des Schuldners ist unzulässig. 27

9. Schuld. Zwar ist weder eine Strafe noch eine Ordnungsstrafe des früheren Rechts ohne eine Schuld zulässig, aber man muss zwischen der Strafe und einem bloßen Zwangsmittel unterscheiden, BVerfG NJW 1967, 195. Wie Art. 6 I EGStGB zeigt, liegen bei **I** noch nicht einmal Zwangsmittel vor, sondern bloße Ordnungsmittel nach Art. 5 EGStGB „Rechtsnachteile, die nicht bei Straftaten angedroht werden". Indessen scheint BVerfG NJW 1967, 195 alle diejenigen staatlichen Maßnahmen dem Schuldprinzip zu unterstellen, die auf eine „Repression und Vergeltung für ein rechtlich verbotenes Verhalten" abzielen, durch die „dem Täter ein Rechtsverstoß vorgehalten und zum Vorwurf gemacht" wird. Auch in **I** reagiert der Staat auf eine Zuwiderhandlung gegen sein Verbot, also auf einen Rechtsverstoß. In diesem Zusammenhang ist es auch unerheblich, dass das Gericht ein Ordnungsmittel nur auf einen Antrag des Gläubigers verhängt. Freilich hat das EGStGB so klar die Tendenz, die Ordnungs- und Zwangsmittel noch nicht einmal als Ordnungswidrigkeitsfolgen einzustufen, dass aus denselben Gründen wie bei §§ 380, 888 keinerlei auch nur strafähnlicher Charakter mehr vorliegt, OLG Zweibr GRUR 1990, 307; OLG Bbg MDR 1979, 680; LAG Hamm MDR 1975, 696. Das spräche an sich eher gegen eine Schuldprüfung. 28

Indessen ist nach der ganz herrschenden Meinung wegen des Doppelcharakters (→ Rn. 14)vor einem Ordnungsmittel eine Schuldprüfung mit einer unterschiedlichen Begründung teilweise wegen eines zumindest auch strafähnlichen Charakters und des Grundsatzes „nulla poena sine lege" erforderlich, BVerfG NJW-RR 2017, 957 Rn. 25; BGH GRUR 2010, 355 Rn. 32; OLG Kblz FamRZ 2017, 1933. Eine einfache Fahrlässigkeit genügt, OLG Brdb NJW-RR 2007, 70. Zumindest kommt es vor allem auf das Schuldnerverhalten an, OLG Köln GRUR-RR 2018, 176. 29

Eine Folge ist: Es besteht für den Betriebsinhaber dann eine Entlastungsmöglichkeit, wenn nur sein Personal objektiv eine Zuwiderhandlung begangen hat, BVerfG NJW 1981, 2457; AG Wiesb WuM 1981, 214 (mit strengen Anforderungen). §§ 51 II, 85 II bleiben freilich anwendbar. Ein Verbotsirrtum ist beachtlich, BVerfG NJW 1967, 195. Die Verhängung eines Ordnungsmittels nach **I** unterbleibt, soweit der Schuldner nach der Zuwiderhandlung eine „Entschuldigung" vorgebracht hat. Keine Entschuldigung ist die Hoffnung auf den Erfolg einer etwaigen Verfassungsbeschwerde, BayObLG NJW-RR 1995, 1040. Der Erbe haftet nur für eignes Verschulden, OLG Hamm MDR 1986, 156; aA KG DB 1985, 2245. 30

Ein nach §§ 51, 52 Prozessunfähiger kann nur nach prozessualen Grundsätzen haften. Sonst wäre der Vollstreckungszweck unerreichbar. Infolgedessen erfolgt die Zwangsvollstreckung wegen des Ordnungsgelds in das Vermögen auch des Prozessunfähigen, die Zwangsvollstreckung wegen einer Ordnungshaft gegen den gesetzlichen Vertreter, BVerfG NJW 1967, 195; BGH NJW 1992, 749 (zulässig auch die Androhung, an „einem" von mehreren Vertretern zu vollziehen); aA KG GRUR 1983, 795 (inkonsequent). Wenn Zwangsmaßnahmen gegen eine Personalgesellschaft und gegen die Gesellschafter notwendig werden, kann man eine Haft natürlich nur gegen die Gesellschafter vollziehen. Dasselbe gilt bei Ordnungsmitteln gegen eine Kommanditgesellschaft. Eine weitere Auswirkung besteht darin, dass der strafrechtliche Grundsatz „ne bis in idem" das Gericht bindet, aA OLG Ffm GRUR 1983, 687 (inkonsequent). Das Rechtsschutzbedürfnis für mehrere Ordnungsmaßnahmen wegen desselben Verstoßes kann auch dann fehlen, wenn mehrere Gläubiger sie beantragen. 31

10. Wirksamkeitszeitpunkt von Urteil und Androhung. Das Urteil und der Androhungsbeschluss müssen im Zeitpunkt der Festsetzung des Ordnungsmittels wirksam sein, OLG Celle FamRZ 2013, 1758. Die Wirksamkeit tritt mit der Zustellung ein (→ Rn. 26). Ein Wegfall des materiell-rechtlichen Anspruchs nach der Zuwiderhandlung ohne eine Titelaufhebung ist unbeachtlich, aA OLG Kblz NJW-RR 1990, 1086 (aber die Zwangsvollstreckung kann nicht einfach von der materiell-rechtlichen Entwicklung ohne eine Titeländerung abhängen). Der Grund der Festsetzung des Ordnungsmittels ist ein Ungehorsam gegenüber dem staatlichen Verbot, OLG Hamm MDR 1986, 156; aA OLG Bbg MDR 1979, 680 (auch allgemein abschreckender Charakter der Festsetzung); OLG Hamm NJW 1980, 1399; LG Essen MDR 1983, 500 (Kombination von Beugemittel und Ahndung. Aber beide Varianten setzen den Schwerpunkt nicht klar genug). 32

11. Beispiele zur Frage der Zulässigkeit eines Ordnungsmittels, I

Abänderungsklage: → „Aufhebung". 33

Ablauf der Verbotszeit: → „Zeitablauf".

Antragsrücknahme: Ab dem Eingang einer wirksamen Zurücknahme des Antrags des Gläubigers auf die Festsetzung eines Ordnungsmittels ist seine Verhängung unzulässig.

Arrest, einstweilige Verfügung: Der Gläubiger muss den Titel im Zeitpunkt der Zuwiderhandlung bereits im Parteibetrieb nach §§ 191 ff. zugestellt haben, von der Groeben GRUR 1999, 674 (675). → „Sicherheitsleistung".

Aufhebung: Ein Ordnungsmittel ist insoweit unzulässig, als das Gericht den Vollstreckungstitel aufgehoben hat, OLG Brschw WuM 1995, 196; OLG Hamm NJW-RR 1990, 1086 (Erlöschen), zB aufgrund eines Rechtsbehelfs, KG NJW-RR 2004, 68, oder wegen einer Veränderung der Verhältnisse etwa aufgrund einer Klage nach § 323 oder nach § 767, OLG Köln GRUR 1987, 652. Ein bereits ergangener Ordnungsmittelbeschluss wird aber keineswegs automatisch wegen einer Aufhebung der Hauptsacheentscheidung wirkungslos, BGH NJW-RR 1988, 1530. Vor seiner Aufhebung kommt eine Rückzahlung von Ordnungsmitteln nicht in Betracht, BGH NJW-RR 1988, 1530. Nach dem Eintritt der formellen Rechtskraft des Anordnungsbeschlusses nach §§ 329, 705 erfolgt keine Aufhebung mehr, LG Kblz JurBüro 1997, 50.

Belieferung: → § 887 Rn. 32 „Belieferung".

Domain: Der Unterlassungsschuldner ist nicht dafür verantwortlich, dass Suchmaschinen oder Provider noch gewisse Zeit auf die Domain verweisen, OLG Köln NJW-RR 2002, 215. Er muss sich aber um die Beendigung solcher Verweise bemühen.

Dritter: Es reicht nach → Rn. 14, dass der Schuldner einen Dritten hätte anweisen müssen, BGH NJW-RR 2003, 1235; OLG Köln GRUR-RR 2015, 271; OLG Mü NJW-RR 1986, 638.

Einstweilige Einstellung: Eine nur einstweilige Einstellung der Zwangsvollstreckung etwa nach §§ 707, 719 verhindert zunächst die Festsetzung eines Ordnungsmittels. Das Gericht darf es dann erst nach dem Wegfall der Einstellung festsetzen. Das Verfahren zur Festsetzung eines Ordnungsmittels läuft auch dann weiter, wenn das Gericht den aufgehobenen Vollstreckungstitel wiederherstellt.

Endgültige Einstellung: Ein Ordnungsmittel ist unzulässig, sobald und soweit das Gericht die Zwangsvollstreckung aus diesem Vollstreckungstitel dauernd zB nach § 775 einstellt. → „Einstweilige Einstellung".

Erledigung: Wenn beide Parteien die Hauptsache wirksam für erledigt erklären, wird eine ergangene noch nicht nach §§ 329, 705 formell rechtskräftige Entscheidung zur Hauptsache rückwirkend wirkungslos. Daher wird dann ein Ordnungsmittel unzulässig, BGH NJW 2004, 506; KG GRUR 1999, 191; OLG Köln GRUR 1992, 476; aA OLG Düss GRUR-RR 2003, 127; OLG Ffm OLGR 1994, 70. Wenn nur der Kläger die Hauptsache für erledigt erklärt, fehlt meist das Rechtsschutzbedürfnis. Wegen einer Ausnahme → „Rechtsschutzbedürfnis".

Erlöschen: Ein Ordnungsmittel ist unzulässig, soweit der Vollstreckungstitel erloschen ist, OLG Brschw WuM 1995, 196; OLG Hamm NJW-RR 1990, 1086. Auch → „Aufhebung", → „Wegfall des Titels".

Juristische Person: Das Ordnungsmittel ergeht bei ihr beim Verstoß ihres gesetzlichen Vertreters, BGH NZG 2012, 320; OLG Karlsr NJW-RR 1998, 1569 (evtl. stellvertretender Geschäftsführer?); OLG Kblz VersR 1997, 1556 (AG, Vorstand); OLG Stgt NJW-RR 1989, 637 (Vor-GmbH). Das gilt auch dann, wenn er nach der Festsetzung ausgeschieden ist, OLG Nürnb MDR 2003, 293.

Materiell-rechtlicher Anspruch: → „Wegfall des Titels".

Prüfungszeitraum: Ein Ordnungsmittel kann unzulässig sein, solange der Schuldner noch zur Prüfung des Verbotsumfangs Zeit haben muss, OLG Ffm GRUR-RR 2016, 528.

Rechtsbehelf: → „Wegfall des Titels".

Rechtsmissbrauch: Das Gericht muss jeden Rechtsmissbrauch wie stets auch in der Zwangsvollstreckung von Amts wegen beachten.

Rechtsschutzbedürfnis: Ein Ordnungsmittel ist nur zulässig, soweit und solange der Gläubiger ein Rechtsschutzbedürfnis hat, OLG Hamm MDR 1986, 418. Es kann freilich auch noch nach der Abgabe einer einseitigen Erledigungserklärung ausnahmsweise vorliegen, falls der Gläubiger den Ordnungsmittelantrag aufrecht erhält.

Rechtsstreit: Ein Ordnungsmittel ist unzulässig, soweit der Schuldner eine ihm verbotene Behauptung im späteren Prozess mit einem Dritten zur Rechtsverfolgung erneut aufstellt, LG Hann MDR 1998, 987.

Schutzschrift: Nach ihrer Einreichung nach §§ 945a, b muss der Einreicher für eine Nachricht über den Eingang einer einstweiligen Verfügung nach §§ 935 ff. erreichbar sein.

Sicherheitsleistung: Ein Ordnungsmittel ist unzulässig, solange der Gläubiger eine Sicherheitsleistung nach § 709 noch nicht erbracht hat, BGH NJW 2008, 3220 Rn. 9, oder soweit der Schuldner nach § 711 eine Sicherheitsleistung erbracht hat, während der Gläubiger die „Gegen-Sicherheitsleistung" noch nicht erbrachte, OLG Mü GRUR 1990, 638; OLG Ffm GRUR 1989, 458. Keine solche Lage liegt vor, soweit das Gericht im Widerspruchsverfahren nach § 924 die Vollziehung von einer Sicherheitsleistung abhängig macht, OLG Hamm NJW-RR 1986, 679.

Veränderung der Verhältnisse: → „Aufhebung".

Verbotsirrtum: Er fehlt jedenfalls dann, wenn der Schuldner ohne einen Anwalt meint, vor der formellen Rechtskraft trete keine Vollziehbarkeit einer einstweiligen Verfügung nach §§ 929, 930 ein, OLG Naumb GRUR-RR 2005, 368; strenger OLG Köln GRUR-RR 2018, 219 Rn. 18.

Verbotszeit: → „Zeitablauf".

Vergleich: → „Wegfall des Titels".

Verjährung: Die Verjährung und deren Ruhen richtet sich nach Art. 9 I EGStGB, soweit es um die Vollstreckung des Ordnungsmittels geht, BGH NJW 2005, 509 (kein Eintritt der Verfolgungsverjährung ab Festsetzung des Ordnungsmittels); BayObLG WuM 1995, 443; OLG Hamm BB 1978, 574. Die Verjährung beginnt nicht, solange der Schuldner das Verbot beachtet, sei es auch Jahre hindurch.

Vertragsstrafe: Ihre Vereinbarung lässt die Zulässigkeit eines Ordnungsmittels unberührt, BGH NJW 1998, 1138 (Einfluss auf dessen Höhe).

Vollstreckungsabwehrklage: → „Aufhebung".

Wegfall des Titels: Ein Ordnungsmittel ist unzulässig, soweit der Vollstreckungstitel rückwirkend weggefallen ist, OLG Köln GRUR 1992, 476; OLG Ffm NJW 1982, 1056; aA BayObLG NJW-RR 1995, 1040 (inkonsequent). Das gilt zB aufgrund eines Rechtsbehelfs oder eines Vergleichs, OLG Stgt NJW-RR 1986, 1255. Auch → „Aufhebung", → „Erlöschen".

Wiederholung des Verbots: Es gilt ein Verbot der Doppelahndung, OLG Ffm GRUR-RR 2017, 166. Es liegt aber keine ein Ordnungsmittel unzulässig machende Aufhebung des Titels vor, soweit das Gericht im Urteil des Hauptprozesses ein solches Verbot wiederholt, das im Weg einer einstweiligen Verfügung nach §§ 935 ff. ergangen war.

Wiederholung des Verstoßes: Der Grundsatz „ne bis in idem" schließt die Verhängung eines weiteren Ordnungsgeldes wegen desselben Verstoßes nach dem Verfall einer Vertragsstrafe oder der Verhängung eines Ordnungsgeldes auf Antrag eines anderen Gläubigers nicht aus, OLG Düss GRUR-RR 2019, 278 Rn. 23.

Zeitablauf: Ein Ordnungsmittel ist unzulässig, soweit die Verbotszeit abgelaufen ist. Denn dann liegt keinerlei Sinn und Notwendigkeit eines Ordnungsmittels mehr vor, OLG Köln OLGR 1995, 110; OLG Düss GRUR 1992, 478; LAG Hmb MDR 1990, 365; aA OLG Hamm NJW-RR 1990, 1086; OLG Bbg MDR 1979, 680;

LG Bln WuM 2010, 99 (aber das Fehlen des Rechtsschutzbedürfnisses ist nach → „Rechtsschutzbedürfnis" stets beachtlich).

Zeugenaussage: Sie geht als eine staatsbürgerliche Pflicht auch einem Unterlassungstitel vor. Sie kann daher kein Ordnungsmittel auslösen, OLG Ffm NJW-RR 2001, 1364.

Zurücknahme des Antrags: → „Antragsrücknahme".

VI. Vollstreckung, I. 1. Von Amts wegen. Die Vollstreckung des Ordnungsmittels erfolgt von Amts wegen. Sie ist nach § 794 I Nr. 3 sofort zulässig, BGH NJW 2005, 509. Zur Vollstreckung ist grundsätzlich der Rpfl. zuständig, soweit sich nicht der Richter im Einzelfall die Vollstreckung nach § 31 III RPflG ganz oder teilweise vorbehalten hat, BayObLG Rpfleger 2002, 254. Der Rpfl. ist insoweit auch nach § 4 II Nr. 2a RPflG ausnahmsweise zur Androhung oder Anordnung einer Ordnungshaft zuständig. Zuständig ist der Rpfl. des Prozessgerichts nach § 2 JBeitrG, BGH WM 2013, 713, nicht der Staatsanwaltschaft, BayObLG Rpfleger 2002, 254; OLG Köln OLGZ 1989, 476; OLG Mü MDR 1988, 784. 34

Eine Rücknahme des Antrags nach **I** oder ein Wegfall des materiell-rechtlichen Anspruchs sind unbeachtlich. 35 Das gilt insbesondere infolge einer Erfüllung, erst recht nach dem Eintritt der formellen Rechtskraft des Ordnungsmittelbeschlusses nach §§ 329, 705, Schockenhoff NJW 1990, 154; aA OLG Karlsr MDR 1979, 150 (aber die Rechtskraft beendet nun wirklich derartige Möglichkeiten). Eine solche Rücknahme oder ein derartiger Wegfall führen deshalb anders als bei → § 888 Rn. 29 weder zur Aufhebung des Beschlusses noch zu einer Rückzahlung des Ordnungsgelds, OLG Nürnb MDR 2006, 945; OLG Ffm Rpfleger 1980, 200, noch zu einem Schadensersatzanspruch. §§ 717, 945 sind unanwendbar. Das gilt schon deshalb, weil jedenfalls ein Ungehorsam das Ordnungsmittel begründet. Stundung und/oder Ratenzahlung sind statthaft. Eine Begnadigung ist unstatthaft, OLG Kblz WRP 1983, 576; Brehm NJW 1975, 249 (250). Die Vollstreckung ist auch gegenüber einem Minderjährigen grundsätzlich zulässig. Das Gericht muss Art. 7, 8 EGStGB beachten, OLG Köln OLGZ 1989, 475. Die Vollstreckung gegen einen Rechtsnachfolger ist unzulässig, soweit nur der Vorgänger verstoßen hat, OLG Köln GRUR-RR 2009, 192. Zur Verjährung beim internationalen Fall BGH WM 2013, 713.

2. Staatskasse als Empfänger. Das Ordnungsgeld fließt in die Staatskasse. Die Beitreibung des Ordnungsgelds erfolgt nach § 1 I Nr. 3, 4 JBeitrG, BGH WM 2013, 713; OLG Karlsr NJW-RR 1997, 1567; OLG Mü NJW-RR 1988, 1407. Es sind keinerlei strafprozessuale Grundsätze mehr zu beachten (→ Rn. 28). Deshalb ist es zulässig, den Festsetzungsbeschluss nach der Zahlung des Ordnungsgeldes aufzuheben, LG Ffm NJW 1977, 302. Deshalb sind auch wegen desselben Verstoßes mehrere Ordnungsmittel aufgrund der Anträge mehrerer Gläubiger vollstreckbar, zB in einer Wettbewerbssache, aA OLG Hamm NJW 1977, 1203. Die Vollstreckungsverjährung und deren Ruhen richtet sich nach Art. 9 II EGStGB. 36

VII. Androhung, II. 1. Zeitliche Reihenfolge. Der Festsetzung eines Ordnungsmittels muss unbedingt eine entsprechende **Androhung** vorausgehen, BGH NJW 2004, 506; OLG Hmb NJW-RR 2014, 1402; VGH Mü NVwZ-RR 2016, 680. Die Androhung ist ein wesentlicher Bestandteil des Verfahrens. Sie ist eine Voraussetzung der Vollstreckbarkeit, BGH NJW 2017, 171. Deshalb können weder der Gläubiger noch der Schuldner auf die Androhung wirksam verzichten. Die Androhung soll möglichst frühzeitig einen Druck auf den Schuldner ausüben, OVG Magdeb NVwZ-RR 2011, 942; VGH Mannh NVwZ-RR 1990, 447. Sie kann bereits im Urteil erfolgen, wenn der Gläubiger einen entsprechenden Antrag gestellt hat, OLG Ffm NJW-RR 1992, 396 (400); BeckOKZPO/Stürner § 890 Rn. 29. Das Gericht muss freilich die Androhung auch bereits so früh für ratsam halten, BGH NJW 1993, 1076; OLG Mü GRUR 1990, 677; VGH Mannh NVwZ-RR 1990, 447. Sie ist dann noch keine Vollstreckungshandlung, BGH NJW 1993, 1076; OLG Mü GRUR 1990, 677, vgl. freilich im Eilverfahren auch bei § 929 II (Vollzug). Sie setzt dann nur die Unterlassungspflicht und die bloße Möglichkeit einer Zwangsvollstreckung voraus, BPatG GRUR 1996, 402; OLG Mü GRUR 1990, 677. Es braucht also noch kein Verstoß vorzuliegen, OVG Magdeb NVwZ-RR 2011, 942. Die Androhung braucht also noch nicht formell rechtskräftig zu sein, BayObLG WuM 2000, 377. 37

In einem **Prozessvergleich** ist eine Androhung unzulässig, KG NJW-RR 1987, 507; LG Oldb VersR 2000, 385. Wenn sie dort gleichwohl erfolgt ist, ist sie insofern unwirksam (→ Rn. 11). Nach einem Prozessvergleich kann der Gläubiger den Antrag stellen, BGH WM 2014, 1139. Wenn die Androhung noch nicht im Urteil erfolgt ist, spricht das Gericht sie aufgrund eines Antrags des Gläubigers in einem besonderen Beschluss nach § 329 aus, BGH NJW 1993, 1076; BayObLG WuM 1992, 163; OLG Hmb NJW-RR 2014, 1402. Der Antrag unterliegt dem **Anwaltszwang** wie sonst nach § 78. Erst dieser Beschluss stellt eine Vollstreckungshandlung dar, BayObLG NJW-RR 1996, 780; OLG Köln VersR 1992, 723; OLG Mü GRUR 1990, 677. Dann müssen auch die Voraussetzungen der Zwangsvollstreckung vorliegen, zB nach §§ 724, 750, OLG Köln VersR 1992, 723; VGH Mannh NVwZ-RR 1990, 447. 38

2. Verfahren. Für das Verfahren ist das Prozessgericht der ersten Instanz zuständig (→ § 887 Rn. 15). Das kann bei einer notariellen Unterwerfungserklärung das AG am Notarsitz sein, OLG Mü MDR 2015, 1034. Das Verfahren richtet sich nach § 891. Der Antrag auf ein Zwangsmittel und auf eine Vertragsstrafe aufgrund eines gerichtlichen Vergleichs schließen sich zwar grundsätzlich nicht gegenseitig aus. Daher ist ein Antrag nach § 890 auch nach der früheren Vereinbarung einer Vertragsstrafe noch zulässig, BGH GRUR 2014, 909; OLG Saarbr NJW 1980, 461. Das gilt schon deshalb, weil die Vertragsstrafe auch der Schadloshaltung des Gläubigers dient, BVerfG NJW 1967, 195. Der Gläubiger kann allerdings nur zwischen beiden Möglichkeiten wählen. Er kann also nicht beide nebeneinander ausüben, LG Saarbr MDR 1992, 362, aA OLG Saarbr NJW 1980, 461 (aber das käme einem Rechtsmissbrauch). Er allein ist antragsberechtigt, BGH NJW-RR 2018, 960, kann bei § 890 I, II den Antrag auf eine Ordnungshaft nicht wirksam auf deren bloße Ersatzfunktion beschränken. 39

Natürlich kann der Gläubiger schlechthin auf die Möglichkeit eines Weges nach § 890 verzichten. Diesen 40 Verzicht muss man von dem Verzicht auf eine besondere Androhung für den Fall unterscheiden, dass der Gläubiger nach § 890 vorgehen will. Der gänzliche Verzicht auf die Möglichkeit eines Ordnungsmittels liegt aber noch nicht darin, dass die Parteien eine Vertragsstrafe vereinbart haben, auch wenn man im Ergebnis nicht beide Möglichkeiten erschöpfen kann. Vielmehr muss der Gläubiger den völligen Verzicht ausdrücklich erklären, OLG Saarbr NJW 1980, 461.

Das **Rechtsschutzbedürfnis** für einen Ordnungsmittelantrag muss vorliegen. Es ergibt sich grundsätzlich 41 schon aus dem titulierten Duldungsanspruch und der ständigen Möglichkeit einer Zuwiderhandlung des Schuldners, BGH NJW 2008, 3220 Rn. 9; VGH Kassel NVwZ-RR 2006, 531 (535). Das Gericht braucht daher nicht die Erfolgsaussicht einer Zwangsvollstreckung zu prüfen, OLG Zweibr MDR 1990, 258. Das Rechtsschutzbedürfnis entfällt nicht schon wegen des höheren Alters des Vollstreckungstitels, KG NJW-RR 1987, 507. Jedes Verfahren verläuft bis zu einer etwaigen Verbindung nach § 147 selbständig, aA OLG Düss GRUR-RR 2003, 130 (gibt eine Art Mengenrabatt, eine zweifelhafte Besserstellung des besonders hartnäckigen Schuldners).

42 **3. Entscheidung.** Das Gericht muss die generelle Art des angedrohten Ordnungsmittels angeben, BGH NJW 1995, 3177 (3181). Es muss also bestimmen, ob es ein Ordnungsgeld mit einer ersatzweisen Ordnungshaft oder sogleich eine Ordnungshaft androht. Der Androhungsbeschluss nach §§ 329, 891 S. 1 muss den Adressaten genau angeben, BGH NJW 1992, 749; KG MDR 1997, 195. Er braucht das Ordnungsmittel aber nach seiner Höhe noch nicht bestimmt anzugeben. Es reicht aus, dass das Gericht auf den gesetzlichen Rahmen Bezug nimmt. Das ist sogar ratsam, OLG Hamm NJW-RR 1988, 960 (keine Einengung von vornherein), aA BGH NJW 1995, 3177 (3181) (mit der nicht näher begründeten und zeitlich nicht überzeugenden Beurteilung, das Gericht müsse schon im Änderungsbeschluss die Art und das Höchstmaß des Ordnungsmittels „konkretisieren". Freilich kann das Gericht auch nach einer fälschlichen Androhung nur eines Ordnungsgelds ohne eine Ersatz-Ordnungshaft später das angedrohte Ordnungsgeld festsetzen, OLG Hamm MDR 1992, 411. Das Gericht muss ferner das gesetzliche Höchstmaß „bis zu …" nennen, BGH NJW 1995, 3177 (3181); OLG Hamm NJW 1980, 1289. Das Gericht muss seine Entscheidung begründen.

43 Wenn das Gericht das Ordnungsmittel nach seiner Art und Höhe angedroht hat, bindet dieser Rahmen es bei einer anschließenden Festsetzung des Ordnungsmittels. Das Gericht darf also insbesondere nicht eine andere als die angedrohte Art des Ordnungsmittels verhängen. **II** soll nämlich nicht nur den Schuldner schützen, sondern es soll auch dem Gläubiger diejenigen Maßnahmen zur Verfügung stellen, die für die Durchsetzung seiner Ansprüche notwendig sind. Die Parteien können die Kosten in einem etwa zugrundeliegenden Vergleich mitgeregelt haben. Andernfalls folgen die Kosten der übrigen Kostenregelung im Vergleich, wenn im Zeitpunkt des Vergleichsabschlusses bereits ein Antrag nach **II** vorlag. Andernfalls ist der § 788 anwendbar (→ § 891 Rn. 7). Soweit die Androhung ein ungesetzlich überhöhtes Ordnungsmittel nannte, bleibt eine Festsetzung in gesetzlicher Höhe zulässig, BGH NJW 2004, 506; OLG Hamm GRUR 1983, 606.

44 **4. Abänderung.** Das Gericht darf die Androhung jederzeit wegen veränderter Umstände abändern. Die Androhung ist schon vor der ersten Zuwiderhandlung statthaft. Das ergibt sich aus der Möglichkeit der Aufnahme der Androhung in das Urteil, BGH NJW 1979, 217. Die Androhung setzt nicht voraus, dass das Urteil bereits nach § 705 formell rechtskräftig geworden ist. Die Androhung wird mit der Zustellung an den Schuldner wirksam. Eine einmalige Androhung genügt für alle Zukunft, KG GRUR 1983, 795. Wenn das Gericht das Ordnungsmittel in einem besonderen Beschluss androht, also auch im Anschluss an einen Prozessvergleich, ist die Zustellung dieses Beschlusses nach § 750 I der Beginn der Zwangsvollstreckung, BGH NJW 1979, 217.

45 Wenn das Gericht die Androhung in das Urteil aufgenommen hat, ist die Urteilszustellung noch nicht zugleich nach § 750 I der Beginn der Zwangsvollstreckung, BGH NJW 1979, 217. Deshalb müssen im Zeitpunkt der Zustellung der Androhung die Voraussetzungen der Zwangsvollstreckung vorliegen. Das gilt auch bei einer Androhung aufgrund einer einstweiligen Verfügung nach §§ 935 ff. Die Zustellung der einstweiligen Verfügung ist ihr Vollzug, nicht ihre Vollstreckung. §§ 775 Nr. 1, 776 bleiben beachtlich, LAG Mainz NZA 1999, 1239.

46 **VIII. Sicherheitsleistung des Schuldners, III.** Auf Grund eines Antrags des Gläubigers mit einem Anwaltszwang wie sonst nach § 78 kann das Prozessgericht der ersten Instanz nach seinem pflichtgemäßen Ermessen dem Schuldner nach seiner Anhörung ohne Notwendigkeit einer mündlichen Verhandlung eine Sicherheitsleistung zur Absicherung desjenigen Schadens auferlegen, der durch eine fernere Zuwiderhandlung drohen mag. Voraussetzung ist zwar nicht, dass das Gericht die Sicherheitsleistung angedroht hat, OLG Ffm Rpfleger 1978, 267, und/oder dass es bereits vorher ein Ordnungsmittel festgesetzt hatte. Der Schuldner muss aber bereits mindestens einmal nach dem Wirksamwerden der Androhung eines Ordnungsmittels eine Zuwiderhandlung begangen haben. Das Urteil braucht allerdings keine Sicherheitsleistung auferlegt zu haben, OLG Ffm Rpfleger 1978, 267 (→ Rn. 33 „Sicherheitsleistung"). Zur Art und Höhe der Sicherheit § 108. Die Sicherheit haftet dem Gläubiger für etwaige Schäden und Kosten weiterer Zuwiderhandlungen, OLG Ffm Rpfleger 1978, 267. Sie haftet ihm aber nicht dafür, dass der Schuldner das Ordnungsgeld zahlt. Der Gläubiger muss seinen etwaigen Schaden nach § 893 II einklagen, OLG Ffm Rpfleger 1978, 267. Die Rückgabe der Sicherheit richtet sich nach § 109. Das gilt auch beim Ablauf der etwa im Beschluss bestimmten Zeitspanne.

47 **IX. Rechtsbehelfe. 1. Sofortige Beschwerde.** Die sofortige Beschwerde ist nach §§ 567 I Nr. 1, 793 statthaft, BVerfG NJW 1982, 1635; KG NJW 1991, 989. Das gilt dann, wenn das Gericht ein Ordnungsmittel durch einen besonderen Beschluss angedroht hat, OLG Hamm NJW-RR 1988, 960. Wenn die Androhung bereits im Urteil enthalten war, kann der Schuldner gegen diese Entscheidung nur das gegen das Urteil nach §§ 511 ff., 542 ff. statthaft Rechtsmittel einlegen, LAG Hamm MDR 1977, 699; aA OLG Hamm NJW-RR 1988, 960 (sofortige Beschwerde. Aber dann war die Androhung ein Urteilsbestandteil). Die Festsetzung eines Ordnungsmittels führt nicht dazu, dass die sofortige Beschwerde gegen den Androhungsbeschluss erledigt wäre.

48 Die sofortige Beschwerde ist ferner dann statthaft, wenn das Gericht vor oder nach dem Eintritt der formellen Rechtskraft des Verbotstitels nach §§ 329, 705 durch einen Beschluss ein Ordnungsmittel festgesetzt hat, OLG Mü MDR 1984, 592; OLG Hamm GRUR 1983, 606. In diesem Fall kann der Gläubiger die sofortige Beschwerde dann einlegen, wenn das Gericht das Ordnungsmittel seiner Meinung nach zu niedrig bemessen hat. Denn er hat ein schutzwürdiges Interesse daran, dass das Gericht eine genügend wirksame Art und Höhe festsetzt, OLG Ffm GRUR-RR 2018, 223; OLG Hamm NJW-RR 1988, 960. Der Schuldner kann die sofortige Beschwerde gegen eine zu hohe Bemessung einlegen, OLG Hamm GRUR 1983, 606, oder gegen Versagung einer Ratenherabsetzung, OLG Karlsr NJW-RR 1997, 1567; aA KG KGR 2007, 972 (§ 7 IV EGStGB. Aber das ist keine „allgemeine" Vorschrift, sondern eine spezielle).

49 Die sofortige Beschwerde ist ferner dann statthaft, wenn das Gericht über einen Antrag des Gläubigers auf eine Sicherheitsleistung nach **III** entschieden hat. Dann kann sich der Gläubiger gegen die Zurückweisung des Antrags beschweren, OLG Hamm GRUR 1990, 306. In einer FamFG-Sache macht § 87 IV FamFG §§ 567–572 entsprechend anwendbar.

50 Wenn gleichzeitig gegen eine einstweilige Anordnung, gegen die Anordnung eines Ordnungsmittels und gegen eine Festsetzung Rechtsbehelfe vorliegen, muss das Rechtsmittelgericht sie in dieser Reihenfolge prüfen.

2. Erinnerung. Gegen eine fehlerhafte Art und Weise der Durchführung der Vollstreckung ist die Erinnerung nach § 766 statthaft, Art. 7 IV EGStGB, Brehm NJW 1975, 249 (250). 51

3. Sonstige Fälle. Gegen die ablehnende Entscheidung über einen Antrag des Schuldners, ein formell rechtskräftig festgesetztes Ordnungsgeld entfallen zu lassen, ist kein Rechtsmittel statthaft, OLG Mü MDR 1984, 592. § 767 ist anwendbar, OLG Köln NJW-RR 1987, 1471. 52

X. Kosten, I–III. → § 891 Rn. 7. 53

891 *Verfahren; Anhörung des Schuldners; Kostenentscheidung.* **[1]Die nach den §§ 887 bis 890 zu erlassenden Entscheidungen ergehen durch Beschluss. [2]Vor der Entscheidung ist der Schuldner zu hören. [3]Für die Kostenentscheidung gelten die §§ 91 bis 93, 95 bis 100, 106, 107 entsprechend.**

I. Systematik. Die Vorschrift ergänzt die in ihr genannten Vorschriften. Sie wird ihrerseits durch §§ 892, 893 ergänzt. Im FamFG-Verfahren gilt nach § 5 IV 2 FamFG evtl. § 891 entsprechend. 1

II. Regelungszweck. Die Vorschrift enthält einerseits zur Beschleunigung und Vereinfachung und daher im Interesse der Prozesswirtschaftlichkeit eine erhebliche Erleichterung (nach → Rn. 3 kein Verhandlungszwang). Sie enthält andererseits in S. 2 durch das Anhörungsgebot (→ Rn. 4) eine zwecks der Rechtsstaatlichkeit des Verfahrens notwendige Mindestanforderung. Die Auslegung sollte alledem folgen. S. 2 ist zu oft unbekannt. Auch die Notwendigkeit einer Begründung des Beschlusses ist nicht immer geläufig. Die Begründung muss sogar nachvollziehbar zu erkennen geben, dass das Gericht die zahlreichen bei §§ 887–889 angeschnittenen Probleme gesehen und in seine Abwägung einbezogen hat. Auch das sollte man zur Vermeidung einer Zurückverweisung mitbedenken. 2

III. Geltungsbereich; Verfahren. 1. Kein Verhandlungszwang, S. 1. Entscheidungen nach §§ 887, 888, 890 ergehen durch das Prozessgericht (→ § 887 Rn. 15, 16). Sie erfordern nach § 128 IV keine mündliche Verhandlung. Wenn das Gericht einen Termin nach § 889 bestimmt, handelt es sich nicht um eine Vollstreckungsmaßnahme. Wenn das Gericht nach § 216 eine mündliche Verhandlung anordnet, muss es die Beteiligten nach §§ 166 ff. laden. Ein Anwaltszwang besteht wie sonst nach → § 78 Rn. 1, OLG Köln NJW-RR 1995, 644; OLG Kblz NJW-RR 1988, 1279; OLG Ffm FamRZ 1987, 1292. Eine Zustellung muss an den etwa nach § 81 bestellten ProzBev nach § 172 erfolgen. Das Gericht muss aber eine Aufforderung zum Haftantritt der Partei persönlich zustellen. 3

2. Anhörung des Schuldners, S. 2. Das Gericht muss den Schuldner grundsätzlich vor einer ihm nachteiligen Entscheidung nach Art. 103 I GG anhören, OLG Brem NJW-RR 2007, 662. Es muss also dem Schuldner eine Gelegenheit zur mündlichen oder schriftlichen Äußerung geben. Es genügt, dass der Vorsitzende dem Schuldner eine ausreichende Frist setzt. Wenn die Äußerung des Schuldners erst nach dem Fristablauf eingeht, muss das Gericht sie grundsätzlich berücksichtigen, falls seine Entscheidung bei ihrem Eingang noch nicht herausgegangen war. Freilich kann und muss das Gericht einen verspäteten Vortrag evtl. entsprechend §§ 282, 296 zurückweisen, KG OLGZ 1979, 366; aA OLG Mü MDR 1981, 1025. § 138 III ist anwendbar, OLG Düss NJW-RR 1991, 1088; AG Aachen JurBüro 2005, 498. Das Gericht muss den Schuldner auch dann vor einer Androhung anhören, soweit die Androhung in einem besonderen Beschluss ergehen soll. Wenn die Androhung bereits in einem Urteil enthalten war, hat der Schuldner das Gehör im Verfahren bis zum Urteil erhalten. Wenn die Androhung in einer einstweiligen Verfügung nach §§ 935 ff. enthalten war und wenn diese aufgrund einer mündlichen Verhandlung durch ein Urteil erging, gilt dasselbe. Soll die einstweilige Verfügung wegen ihrer besonderen Eilbedürftigkeit ohne eine mündliche Verhandlung und ohne eine Anhörung des Schuldners nach § 937 II ergehen, braucht das Gericht ihn nicht bloß wegen der in ihr beabsichtigten Androhung anzuhören. 4

3. Weiteres Verfahren. Es ist immer ein voller Beweis notwendig, OLG Schlesw NZM 2000, 557. Eine Glaubhaftmachung nach § 294 genügt nicht, und zwar auch nicht dann, wenn ein Arrest oder eine einstweilige Verfügung nach §§ 916 ff., 935 ff. die Grundlage der Zwangsvollstreckung bilden, OLG Saarbr FamRZ 2012, 998. In der Beschwerdeinstanz gelten nach → § 890 Rn. 42, 44, § 572 und nicht § 891 S. 2. 5

IV. Entscheidung. 1. Sachentscheidung, S. 1, 2. Das Gericht entscheidet stets durch einen Beschluss nach § 329. Es muss den Pflichtigen wenigstens jetzt benennen, KG MDR 1997, 195. Es muss den Beschluss grundsätzlich begründen. Es verkündet den Beschluss nach § 329 I 1 oder teilt ihn dem Sieger formlos nach § 329 II 1 mit, während es ihn dem Verlierer nach § 329 III von Amts wegen zustellt. 6

2. Kostenentscheidung, S. 3. Infolge der Verweisung in S. 3 auf die dort genannten Vorschriften und insbesondere auch auf § 91 ist eine Kostengrundentscheidung stets notwendig, KG WuM 2006, 531, und zwar von Amts wegen wie bei § 308 II, BayObLG NZM 2002, 489 (491). Danach trägt der Schuldner die Kosten nach § 91 I 1 nur, soweit sie notwendig waren. Dazu braucht man nicht § 788. Das Gericht muss die Kosten dann dem Gläubiger nach §§ 91 ff. auferlegen, wenn der Schuldner solche Kosten erlitten hat, die durch objektiv nicht notwendige Vollstreckungsmaßnahmen des Gläubigers entstanden sind, OLG Saarbr JurBüro 1993, 27; OLG Zweibr MDR 1990, 258; KG Rpfleger 1981, 319. Das kann zB in folgenden Fällen geschehen: Das Gericht musste aufgrund einer sofortigen Beschwerde des Schuldners eine Vollstreckungsmaßnahme aufheben; der Gläubiger hat seinen Antrag nach § 269 III 3, IV zurückgenommen, OLG Ffm MDR 1978, 411; das Gericht hat einen Antrag nach §§ 887, 888, 890 zurückgewiesen; die Hauptsache des Verfahrens nach §§ 887 ff. hat sich erledigt, KG WuM 2006, 531, zB nach einem unberechtigtem Vollstreckungsantrag, OLG Mü MDR 1991, 357; OLG Zweibr MDR 1990, 258. Ferner kommen Kostenteilungen usw. nach §§ 92 ff. in Betracht, soweit zB ein Vollstreckungsantrag nur teilweise einen Erfolg hat, etwa wegen einer Titelerfüllung oder wegen eines nur einmaligen Verstoßes. Vgl. bei den einzelnen in **S. 3** in Bezug genommenen Vorschriften. § 97 II ist anwendbar, OLG Mü FamRZ 1998, 179. Das Gericht muss eine Kostenentscheidung nach § 329 kurz begründen. 7

V. Rechtsbehelfe. Gegen die Entscheidung ist nur eine sofortige Beschwerde nach §§ 567 I Nr. 1, 793 statthaft, BVerfG NJW 1982, 1635; OLG Schlesw NZM 2000, 557 (WEG-Sache). In einer FamFG-Sache macht § 87 IV FamFG §§ 567–572 entsprechend anwendbar. Eine Erinnerung nach § 766 ist unstatthaft. Das gilt auch 8 dann, wenn das Gericht fälschlich statt eines Beschlusses ein Urteil erlassen hat oder wenn es gegen **S. 2** verstoßen oder eine falsche Kostenentscheidung getroffen hat, OLG Hamm MDR 1985, 590. Die Entscheidung hat keine aufschiebende Wirkung. Eine Aussetzung erfolgt nach § 570. § 571 II, III ist anwendbar. Das Gericht muss dem Betroffenen vor einer Aufhebung des angefochtenen Beschlusses nach Art. 103 I GG das rechtliche Gehör geben, BVerfGE 30, 406 (408). Eine Rechtsbeschwerde ist unter den Voraussetzungen der § 574 ZPO, §§ 70 ff. FamFG denkbar. Wegen einer Anschlussbeschwerde § 567 III. Die innere Rechtskraft hat nach §§ 322, 329 zur Folge, dass der Schuldner nicht mehr zu leisten und daher zB keine bessere Rechnung mehr zu legen braucht.

892 *Widerstand des Schuldners.* **Leistet der Schuldner Widerstand gegen die Vornahme einer Handlung, die er nach den Vorschriften der §§ 887, 890 zu dulden hat, so kann der Gläubiger zur Beseitigung des Widerstandes einen Gerichtsvollzieher zuziehen, der nach den Vorschriften des § 758 Abs. 3 und des § 759 zu verfahren hat.**

1 **I. Systematik.** Die Vorschrift ergänzt §§ 890, 891 in einer praktisch wichtigen, wenn auch nicht sehr häufig vorkommenden Frage. Im FamFG-Verfahren gilt nach § 35 IV 2 FamFG evtl. § 892 entsprechend.

2 **II. Regelungszweck.** Die Vorschrift dient der Rechtssicherheit, zumal hinter ihr § 113 StGB mit seiner Strafbarkeit eines Widerstands gegen Vollstreckungsbeamte steht. Deshalb muss man sie strikt auslegen. Ein rein passives Verhalten reicht nicht, Kannowski/Keil DGVZ 2008, 109 (115). Eine erste Abwesenheit zur mitgeteilten Stunde reicht evtl. nicht, zu streng LG Weiden DGVZ 2008, 120. Andererseits ist „Widerstand" nicht selten ein nur kurze Zeit währendes Aufbegehren. Ihm kann durchaus Einsicht folgen. Das sollte man mitbedenken. Deshalb sollte man vielleicht doch noch ein wenig mit Gewalt warten, jedenfalls als Gerichtsvollzieher. Solche letzte Bedenkfrist für den Schuldner etwa von 1 Stunde ist nicht verboten. Sie ist für den Rechtsfrieden wichtig.

3 **III. Geltungsbereich.** Wenn der Schuldner gegen eine solche Handlung einen Widerstand leistet, die er nach §§ 887, 890 dulden muss, darf der Gläubiger nur im Rahmen des § 229 BGB zu einer Selbsthilfe greifen. Im Übrigen darf und muss der Gläubiger einen Gerichtsvollzieher ohne eine Anrufung des Gerichts von sich aus direkt hinzuziehen, OLG Hmb OLGZ 1991, 441; AG Bühl DGVZ 2010, 61. Ist mit Widerstand zu rechnen, kann bereits vorsorglich ein Gerichtsvollzieher hinzugezogen werden; die hierdurch entstehenden Kosten sind solche der ZwV iSd § 788, BGH GRUR 2020, 1346 Rn. 12.

4 **IV. Verhalten des Gerichtsvollziehers.** Der Gerichtsvollzieher darf zwar nach § 185 GVGA nur insoweit tätig werden, als überhaupt eine Zwangsvollstreckung schon und noch zulässig ist, LG Paderb DGVZ 2006, 75. Er darf keinen Rechtsmissbrauch betreiben, LG Paderb DGVZ 2006, 75. Er darf dann aber nicht verlangen, dass der Gläubiger ihm einen Widerstand des Schuldners nachweist, LG Bln DGVZ 1992, 91; LG Brschw DGVZ 1988, 140; AG Münst DGVZ 1979, 28. Der Gerichtsvollzieher verfährt nach §§ 758 III, 758a, 759, OLG Hmb OLGZ 1991, 442, oder wenn es nur um eine Besichtigung durch einen Bietinteressenten in der Zwangsversteigerung geht, LG Ellwangen DGVZ 1995, 125. Der Gerichtsvollzieher darf trotz des Fehlens der Verweisung auch auf § 758 II dennoch auch Türen öffnen lassen, LG Weiden DGVZ 2008, 120; LG Brschw DGVZ 1988, 140; AG Bühl DGVZ 2010, 61. Eine zusätzliche Durchsuchungsanordnung ist nicht erforderlich, BGH NJW 2006, 3352 Rn. 10, anders bei der Vollstreckung aus einem Vergleich AG Bad Hersfeld DGVZ 2020, 101. Der Gerichtsvollzieher darf das zur Beseitigung des Widerstands erforderliche Maß nicht überschreiten, AG Meschede DGVZ 1997, 91. Er ist für den Schutz der besichtigenden Personen vor Angriffen Dritter nicht zuständig, OLG Hmb OLGZ 1991, 441. Er nimmt nach § 762 ein Protokoll wie bei jeder Vollstreckungsmaßnahme auf. Seine Kosten nach KVGv 250 sind Kosten der Zwangsvollstreckung nach § 788. Der Schuldner muss sie ersetzen, soweit die Hinzuziehung des Gerichtsvollziehers objektiv notwendig war, LG Brschw DGVZ 1988, 140; AG Münst DGVZ 1979, 29. Der Gläubiger kann nach § 890 oder nach § 892 vorgehen, BGH NJW-RR 2021, 1146 Rn. 13; OLG Köln NJW-RR 1988, 832; LG Mainz NZI 2002, 444; AG Schopfheim DGVZ 2018, 73; aA AG Bln-Wedding DGVZ 1987, 63; Lehmann-Richter WuM 2010, 729 (731) (je: zunächst müsse man nach § 890 vorgehen. Aber keine der beiden Vorschriften nennt solche Rangfolge). Mit der einmaligen Vornahme ist der Titel grundsätzlich verbraucht, LG Tüb DGVZ 2015, 37; AG Offenbach DGVZ 2004, 157.

5 **V. Rechtsbehelf.** Gegen die Ablehnung des Gerichtsvollziehers kann der Gläubiger, gegen eine Maßnahme des Gerichtsvollziehers kann der Schuldner die Erinnerung nach § 766 einlegen. Anschließend kommt die sofortige Beschwerde nach §§ 567 I Nr. 1, 793 in Betracht. Ein Mitbewohner muss evtl. dulden, AG Waldbröl DGVZ 2008, 122. In einer FamFG-Sache macht § 87 IV FamFG §§ 567–572 entsprechend anwendbar. Einem statt solcher Rechtsbehelfe sogleich gestellten Antrag, die Hinzuziehung des Gerichtsvollziehers zu gestatten usw., fehlt daher das Rechtsschutzbedürfnis. Das Gericht muss ihn deshalb insofern notfalls auf Kosten des Gläubigers durch einen Beschluss nach § 329 zurückweisen. Zuständig dafür ist nach → § 764 Rn. 6 bei einer Anrufung des Prozessgerichts der Richter, bei einer Anrufung des Vollstreckungsgerichts dessen Rpfl. Im Zweifel muss man hier wohl meist das Prozessgericht anrufen.

892a *(aufgehoben)*

893 *Klage auf Leistung des Interesses.* **[I] Durch die Vorschriften dieses Abschnitts wird das Recht des Gläubigers nicht berührt, die Leistung des Interesses zu verlangen.**

[II] Den Anspruch auf Leistung des Interesses hat der Gläubiger im Wege der Klage bei dem Prozessgericht des ersten Rechtszuges geltend zu machen.

1 **I. Systematik. I** lässt einen etwa nach dem sachlichen Recht bestehenden Ersatzanspruch bei §§ 883–892 unberührt, OLG Celle NZM 2007, 838. Die Vorschrift begründet dann nicht etwa einen prozessualen Anspruch, wenn kein materiell-rechtlicher Anspruch besteht, OLG Kblz FamRZ 1982, 507. Der Fall des § 894 fällt nicht unter § 893. Für einen Ersatzanspruch gelten §§ 280 ff., 325 BGB. Nach diesen Vorschriften richtet sich auch die

Frage, wann der Gläubiger zu einer Schadensersatzforderung übergehen darf. Er darf zB dann so vorgehen, wenn der Schuldner eine Sache nicht herausgeben kann oder wenn der Gläubiger diejenige Handlung nicht erzwingen kann, zu der das Gericht den Schuldner verurteilt hat. Der Anspruch ist nicht von der vorherigen Durchführung oder von der Durchführbarkeit der Zwangsvollstreckung abhängig, OLG Celle NZM 2007, 838. Ein nachträgliches Angebot der Leistung beseitigt den bereits entstandenen Schadensersatzanspruch nicht. Der Anspruch lässt sich auch durch eine Einrede geltend machen, etwa im Weg einer Aufrechnung (→ § 145 Rn. 15). Die Aufrechnung begründet aber den Gerichtsstand nach **II** nicht.

II. Regelungszweck. Die Vorschrift dient der Klarstellung und damit der Rechtssicherheit. Wegen der gerade dann auftretenden Schwierigkeiten der Schadensberechnung muss eine weitherzige Anwendung des § 287 helfen. Bei einer Klage nach **II** sollte man dem Gläubiger nicht allzu viel abverlangen. Er hat schon lange genug kämpfen müssen. Eine weitere Klagenotwendigkeit bringt ihm zusätzliche Belastung und Zeitverlust. 2

III. Zuständigkeit, II. Für die Ersatzklage ist das Prozessgericht der ersten Instanz örtlich und auch international zuständig, BGH NJW 1997, 2245. Es ist auch sachlich zuständig (→ § 887 Rn. 15). Das ist also dasjenige Gericht, das früher entschieden hat. Es handelt sich um eine ausschließliche Zuständigkeit nach § 802, OLG Schlesw NJW-RR 2003, 1013. §§ 11, 513 II sind anwendbar. Für eine Klage auf einen Schadensersatz statt der ursprünglich geschuldeten Herausgabe von Haushaltssachen ist das FamG zuständig, weil es sich um eine sonstige FamSache nach § 266 I Nr. 3 FamFG handelt. Eine Voraussetzung der Anwendbarkeit von **II** ist, dass der Kläger statt der Leistung einen Schadensersatz fordert. Wenn der Kläger den Schadensersatz neben der Leistung begehrt, sind die gewöhnlichen Gerichtsstände anwendbar. Das gilt auch dann, wenn der Kläger zunächst ein Urteil auf eine Leistung erwirkt hat, nun aber daneben einen Ersatz fordert. Es gilt schließlich auch dann, wenn der Kläger zunächst eine Unterlassung verlangt hat und dann wegen einer vor dem Erlass des Urteils begangenen Handlung einen Schadensersatz fordert. 3

894

Fiktion der Abgabe einer Willenserklärung. **[1]Ist der Schuldner zur Abgabe einer Willenserklärung verurteilt, so gilt die Erklärung als abgegeben, sobald das Urteil die Rechtskraft erlangt hat. [2]Ist die Willenserklärung von einer Gegenleistung abhängig gemacht, so tritt diese Wirkung ein, sobald nach den Vorschriften der §§ 726, 730 eine vollstreckbare Ausfertigung des rechtskräftigen Urteils erteilt ist.**

I. Systematik. § 894, ergänzt durch §§ 895–897 und vorrangig vor § 888, OLG Saarbr FamRZ 2015, 430, betrifft die Zwangsvollstreckung aufgrund eines Urteils, das den Schuldner lediglich dazu verurteilt, eine Willenserklärung abzugeben, OLG Köln MDR 1992, 184. Das Urteil muss einen ganz bestimmten Inhalt (→ Rn. 4) haben. Das gilt auch für die Person eines etwa zu beauftragenden Dritten, BGH NJW 1995, 463 (464). Es richtet sich nicht nach der Form, sondern nach dem Inhalt des Urteils, ob eine derartige Entscheidung vorliegt, von Gerkan ZGR 1985, 182. Es ist unerheblich, ob zu der Willenserklärung eine Leistung des Schuldners hinzutreten muss, etwa die Übergabe einer Sache. Auch ein nach §§ 329, 705 formell rechtskräftiger Beschluss lässt sich ausnahmsweise nach § 894 behandeln, auch ein Schiedsspruch nach § 1060 I. 1

II. Regelungszweck. Man kann nicht ohne Folter oder ähnlich grausame Drohungen einen Menschen physisch zum Reden zwingen. Gerade eine ganz bestimmte Äußerung ist aber hier das alleinige Ziel des ganzen Zivilprozesses. Also bleibt nur das Mittel der Unterstellung dieser Äußerung, der Fiktion. Die Abgrenzung zu §§ 887, 888 kann schwierig sein. Man sollte wie auch bei jenen Vorschriften auf den Kern der Verurteilung achten, auf die wesentliche Leistung, die der Schuldner erbringen muss. Natürlich kann auch eine teilweise nach § 894 und teilweise nach anderen Vorschriften bewertbare Verurteilung vorliegen. 2

III. Geltungsbereich. Die Vorschrift gilt auch vor dem Arbeitsgericht, BAG NZA 2011, 1044 Rn. 13. Unter § 894 fällt nicht nur die Verurteilung zu einer materiell-rechtlichen rechtsgeschäftlichen Willenserklärung, OLG Köln NJW-RR 2000, 880. Hierher zählt vielmehr auch die Verurteilung zu einer Willenserklärung gegenüber einer Registerbehörde, BayObLG DNotZ 1985, 47; OLG Köln MDR 1983, 490. Der Empfänger der Erklärung ist unerheblich. § 894 gilt auch dann, wenn der Schuldner die Willenserklärung gegenüber einem Dritten abgeben muss, OLG Brdb NJW-RR 2001, 1185, oder wenn er sie im Ausland abgeben muss. Wenn das Urteil im Ausland nicht anerkannt wird, muss der Gläubiger den Schuldner nach § 888 zur Abgabe einer entsprechenden Erklärung anhalten. In einer WEG-Sache ist § 894 anwendbar, (je zum alten Recht) BayObLG NZM 2001, 671 (gibt sich eine Anpassungsbefugnis zwecks Vollstreckbarkeit), OLG Zweibr FGPrax 2006, 17; KG NJW-RR 1991, 1424. In einer FamFG-Sache macht § 95 I Nr. 5 FamFG § 894 entsprechend anwendbar. 3

IV. Inhaltsbestimmtheit. Das Urteil muss eindeutig ergeben, welche unbedingte und vorbehaltlose Erklärung der Schuldner abgeben soll, BGH NJW 2012, 530; BAG NZA 2013, 804 Rn. 20; OLG Karlsr Rpfleger 2005, 95. Man muss notfalls die Entscheidungsgründe des Urteils zur Auslegung hinzuziehen, BAG NZA 2013, 804 Rn. 20. Wenn auch sie keine Klarheit verschaffen, bleibt nur übrig, eine neue Klage nach § 253 erheben, BGH NJW 1986, 2704; eine Klärung im Vollstreckungsverfahren nach § 888 herbeizuführen ist dagegen nicht möglich, BGH NJW 2011, 3161 Rn. 9. Ein Antrag mit dem Inhalt, den Bekl. zu verurteilen, alle für die Übertragung des Geschäfts des Bekl. notwendigen Rechtsgeschäfte mit dem Kläger abzuschließen, ist zu unbestimmt. Dasselbe gilt bei der Verpflichtung, einem erst noch bevorstehenden Angebot schon jetzt zuzustimmen (→ Rn. 6 „Vertragsangebot"). 4

Dasjenige Urteil, das den Schuldner zur Abgabe einer Willenserklärung verurteilt, ist ein Leistungsurteil. Denn nicht das Urteil gestaltet, sondern die unterstellte Willenserklärung, BayObLG NJW-RR 1989, 1172. 5

V. Beispiele zur Frage einer Anwendbarkeit von S. 1, 2

Abnahmepflicht: I ist auf das Angebot des Geschäftsnachfolgers an die Brauerei anwendbar, wenn er mit dem bisherigen Gastwirt den Eintritt in dessen Abnahmepflicht vereinbart hat. 6

Angebot: → „Vertragsangebot".

Arbeitnehmererfindung: „Einwilligung".

Arbeitsfreistellung: I ist anwendbar, BAG NJW 2011, 2987 Rn. 14.

Arbeitsvertrag: I ist auf seinen Abschluss anwendbar, BAG NZA-RR 2014, 119 Rn. 18.

Auflassung: → „Grundbuchmäßige Erklärung".

Auskunft: → „Handlung".
Bewilligung: → „Genehmigung".
Bruchteilsgemeinschaft: Bei der Aufhebung einer Bruchteilsgemeinschaft wendet K. Schmidt JR 1979, 317 zugunsten eines Gläubigers unmittelbar § 751 S. 2 BGB an.
Drittwiderspruchsklage: I ist unanwendbar, soweit ein Urteil im Prozess nach § 771 objektiv unrichtig zu einer Freigabe verurteilt.
Duldung der Zwangsvollstreckung: Ein solcher Anspruch reicht ausnahmsweise, wenn ein Insolvenzverwalter nach § 16 AnfG einen Anspruch auf Duldung der Zwangsvollstreckung in ein Grundstück geltend mach, OLG Mü FGPrax 2017, 68.
Eherecht: I ist wegen § 95 I Nr. 5 FamFG entsprechend anwendbar auf die Zustimmung des Ehegatten nach § 1355 V 2 BGB, LG Mü FamRZ 2000, 1168, oder nach §§ 1477 II 2, 1478 BGB, BGH NJW-RR 1986, 1066, oder auf ein Realsplitting nach → „Realsplitting", oder auf die Mitwirkung nach § 1561 BGB, OLG Köln MDR 1983, 490.
Eidesstattliche Versicherung: I ist auf ihre Abgabe anwendbar, SG Ffm NJW-RR 2002, 1213.
Eintragung: → „Grundbuchmäßige Erklärung", → „Registermäßige Erklärung".
Einwilligung: I ist auf eine Einwilligung anwendbar, BGH GRUR 2005, 320 (324) (aber kein Gestaltungsurteil). Das gilt zB nach § 12 IV ArbEG.
Entlastung: I ist auf eine Entlastung des Vorstands zB einer Aktiengesellschaft anwendbar.
Ermächtigung: I ist auf eine Verurteilung zu ihrer Erteilung anwendbar, LG Ffm ZMR 2013, 983.
Genehmigung: I ist auf die Verweigerung einer Genehmigung anwendbar, BGH NJW 2012, 530, zB bei einer bisher schwebenden Unwirksamkeit, K. Schmidt AcP 189, 1 (18). I ist auch auf eine Genehmigung nach § 177 I BGB anwendbar, auch auf eine solche vor dem Notar, OLG Köln NJW-RR 2000, 880, auch auf eine grundbuchrechtliche Bewilligung, OLG Mü FGPrax 2018, 64.
Geschäftsgrundlage: I ist bei ihrem Fortfall auf die Klage nach § 313 I BGB anwendbar, Dauner-Lieb/Dötsch NJW 2003, 921 (927).
Gesellschaftsrecht: I ist auf die Zustimmung zu einem Gesellschafterbeschluss anwendbar, BGH NJW-RR 1987, 285; zur Gesellschafterliste → § 887 Rn. 32 „Gesellschaft".
Grundbuchmäßige Erklärung: I ist auf jede grundbuchmäßige Erklärung anwendbar, zB auf: Die Bewilligung einer Eintragung, BGH NJW 2012, 530; OLG Düss Rpfleger 2018, 435; OLG Celle BauR 2012, 509, die Löschung, BGH NJW 2012, 3574 Rn. 12; BayObLG DNotZ 1985, 47; LG Rostock Rpfleger 2000, 496, die Auflassung, OLG Mü FGPrax 2017, 64; KG ZIP 2012, 1722; OLG Stgt NJW-RR 2008, 828, eine Berichtigung, KG FGPrax 2015, 254; OLG Mü FGPrax 2012, 104; eine Dienstbarkeit, sofern der Titel das dienende und das herrschende Grundstück nennt, BGH NJW-RR 2015, 852 (sonst § 888), die Eintragungsbewilligung, OLG Düss FGPrax 2012, 97, zB wegen eines Teilgrundstücks vor dem Zeitpunkt der grundbuchlich vollzogenen Teilung, wenn schon ein solcher Veränderungsnachweis vorliegt, auf den das Urteil Bezug nehmen kann, BGH NJW 1986, 1867.
Handlung: I ist unanwendbar, soweit der Schuldner eine Handlung vornehmen muss, zB eine Unterschrift etwa unter eine Vollmachtsurkunde nach → § 887 Rn. 32 „Unterzeichnung", aber wegen der zugehörigen Erklärung → „Vollmacht".
Insolvenz: I ist erst nach einer Vollmacht des Schuldners auf eine Erkl. des Verwalters anwendbar, OLG Hamm ZIP 2013, 789. Eine Zustimmung nach § 21 II 1 Nr. 2 Alt. 2 InsO muss hinzutreten, BGH NJW-RR 2018, 1007.
Klagerücknahme: → „Öffentlich-rechtliche Erklärung".
Künftige Leistung: I ist unanwendbar. Denn eine Vollstreckung und daher auch die Wirkung nach I dürfen trotz der Rechtskraft erst ab (künftiger) Fälligkeit stattfinden, OLG Kblz NJW 2004, 1743.
Löschung: „Grundbuchmäßige Erklärung", → „Registermäßige Erklärung".
Mieterhöhung: I ist auf die Zustimmung zur Mieterhöhung nach §§ 558 ff. BGB anwendbar, BayObLG NJW-RR 1989, 1172; LG Mannh MDR 1977, 140 (auch zur Abgrenzung).
Notarielle Erklärung: → „Genehmigung".
Öffentlich-rechtliche Erklärung: I ist auf eine im Zivilprozess erzwingbare öffentlich-rechtliche Erklärung anwendbar, etwa auf die Zustimmung zu einer steuerlichen Zusammenveranlagung, OLG Ffm FamRZ 1989, 1321, oder auf die Rücknahme eines Strafantrags bei einem solchen Delikt, das nur aufgrund eines Antrags des Verletzten verfolgt wird, oder auf die Rücknahme einer Privatklage nach §§ 375 ff. StPO, oder auf die Klagerücknahme nach § 269.
Privatklage: → „Öffentlich-rechtliche Erklärung".
Realsplitting: I ist auf eine Zustimmung zum Realsplitting anwendbar, BFH NJW 1989, 1504; KG FamRZ 1984, 1122.
Rechtsgeschäft: I ist auf jede rechtsgeschäftliche Erklärung anwendbar, OLG Köln MDR 1992, 184. Vgl. bei den einzelnen Stichwörtern.
Registermäßige Erklärung: I ist wegen § 95 I Nr. 5 FamFG entsprechend auf jede registermäßige Erklärung anwendbar, OLG Mü NZG 2013, 1114, zB auf § 1355 V 2 BGB; LG Mü FamRZ 2000, 1168, oder auf die Mitwirkung nach § 1561 BGB OLG Köln MDR 1983, 490.
Rückübertragung: → „Grundbuchmäßige Erklärung".
Stimmrechtsbindung: I ist auf eine Stimmrechtsbindung anwendbar, OLG Köln NJW-RR 1989, 352, Zöllner ZHR 155, 168 (186).
Strafantrag: → „Öffentlich-rechtliche Erklärung".
Teilgrundstück: → „Grundbuchmäßige Erklärung".
Unterschrift: → „Handlung".
Vergleich: Unanwendbar sind **S. 1, 2.** Denn selbst ein Prozessvergleich ist einer inneren Rechtskraft nach § 322 nicht zugänglich, OLG Saarbr NZBau 2013, 776.
Vertragsänderung: I ist auf die zur Änderung des Vertrags erfolgende Erklärung anwendbar, BayObLG NJW-RR 1989, 1172, zB beim Gesellschaftsvertrag.
Vertragsangebot und -annahme: I ist auf ein fertig formuliertes Angebot anwendbar, BAG NZA 2017, 1612, zB auf den Abschluss eines Hauptvertrags oder auf dessen Annahme, BGH NJW 1984, 479; BAG NZA 2017,

1612; Rolfs/Wiemer NJW 2014, 698, oder auf ein Darlehen, BGH NJW 1975, 443, oder einen Erbvertrag, OLG Köln DNotZ 2020, 925 Rn. 102. **I** ist grds. auch auf eine Vertragsannahme anwendbar, BAG NZA 2013, 1358. **I** ist dann unanwendbar, wenn es um die Ausarbeitung eines Angebots geht, BAG NZA 2011, 1169 (dann gilt § 888), oder wenn man einem erst abzugebenden Angebot schon jetzt zustimmen soll, BayObLG NZM 1999, 768.

Vertragsaufhebung: **I** ist auf die Zustimmung zu einer Vertragsaufhebung anwendbar, BAG NZA 1989, 684.

Vollmacht: **I** ist nach → Rn. 1 auf eine Vollmacht anwendbar, soweit die Person des Bevollmächtigten und die Sache ganz genau feststeht, BGH NJW 1995, 463. Andernfalls kann § 888 anwendbar sein, BGH NJW 1995, 463. Wegen der Unterschrift → „Handlung".

Vormerkung: **I** ist unanwendbar, soweit der Hinweis auf eine solche Vormerkung fehlt, deren Rang der Gläubiger ausnutzen will, LG Ffm Rpfleger 1977, 301.

Widerruf: **I** ist unanwendbar, soweit das Gericht den Schuldner zum Widerruf einer nachteiligen Behauptung verurteilt hat, → § 887 Rn. 32 „Widerruf".

Wiedereinstellung: **I** ist auf ein Urteil auf eine Wiedereinstellung anwendbar. **I** ist auch Zug um Zug gegen die Rückzahlung einer Abfindung anwendbar, BAG NJW 2001, 1297.

Wohnungseigentum: Wegen der Verweisung von § 19 I 1 WEG auf das ZVG ist keine Rechtskraft nötig, LG Rostock NJW-Spezial 2013, 387.

Zeugnis: → „Handlung".

Zustimmung: **I** ist auf ein Urteil auf eine Zustimmung etwa zu einer gemeinsamen (Steuer-)Erklärung anwendbar, OLG Kblz FmRZ 2005, 224, ebenso im Arbeitsrecht, BAG NZA 2015, 805 Rn. 38 und 825 (je: rechtswidrige Nichterklärung), ArbG Ffm NZA-RR 2002, 473, im WEG-Verfahren, OLG Kblz WuM 2012, 337 (auch zu den Grenzen); OLG Zweibr FGPrax 2006, 17; LG Karlsr NJW-RR 2015, 1495, und im Gesellschaftsrecht, BGH NJW 1987, 189.

VI. Vollstreckungswirkung. 1. Abgabe der Erklärung. § 894 ersetzt den Zwang durch eine reine Unterstellung. Die Erklärung gilt vom Zeitpunkt des Eintritts der formellen Rechtskraft des Urteils nach § 705 an als abgegeben, BGH NJW 2005, 2310; BAG NZA 2012, 317 Rn. 13; OLG Mü NZG 2013, 1114; aA LAG Hamm NZA-RR 2005, 405 (evtl. wirke die Unterstellung der Erklärung sogar dann zurück, wenn das der materiellrechtlichen Lage entspreche. Aber das kann zur Uferlosigkeit und zu einer erheblichen Rechtsunsicherheit führen). In einer FamFG-Sache gilt § 40 II FamFG. Diese Unterstellung ist eine wirkliche echte Vollstreckungswirkung, BGH GRUR 2005, 320 (324) (kein Gestaltungsurteil). Soweit § 894 anwendbar ist, ist jede weitere Zwangsvollstreckung unstatthaft, etwa diejenige nach § 756, LG Kblz DGVZ 1989, 43, oder diejenige nach §§ 887 ff. Das letztere gilt grundsätzlich auch vor dem Eintritt der formellen Rechtskraft des Urteils. Eine vorläufige Vollstreckbarkeit aus dem Urteil nach §§ 708 ff. ist nur wegen der Kosten des Rechtsstreits nach §§ 91 ff. zulässig. Ein Recht aus dem Urteil ist nicht übertragbar. 7

2. Unanwendbarkeit. Da die Wirkung erst im Zeitpunkt der formellen Rechtskraft (→ Rn. 7) eintritt, ist § 894 nicht anwendbar, soweit die Rechtskraft gar nicht eintreten kann, also beim Prozessvergleich, BGH NJW 1986, 2704; OLG Ffm Rpfleger 1980, 291. § 894 ist ferner unanwendbar bei einer vollstreckbaren Urkunde nach § 794 I Nr. 1, 5, ähnlich OLG Hmb ZMR 2010, 463. Dann findet die Zwangsvollstreckung nach §§ 887 ff. statt (→ § 887 Rn. 32 „Willenserklärung"). Am besten nimmt man die Willenserklärung gleich in den Text des Vergleichs oder der vollstreckbaren Urkunde mit auf. Dabei muss man die Nämlichkeit und die Verfügungsfähigkeit der Erklärenden prüfen. 8

3. Wirkung mit Rechtskraft. Die Erklärung gilt nach → Rn. 7 nach den allgemeinen Rechtsgrundsätzen als abgegeben, BAG NZA 2013, 373; LAG Hamm NZA-RR 2017, 176. Vgl. freilich auch → Rn. 6 „Künftige Leistung". Wenn das Urteil erst im Zeitpunkt seiner Zustellung nach § 317 formell nach § 705 rechtskräftig wird, gilt die Erklärung als in diesem Zeitpunkt abgegeben, BAG NJW 2011, 2987. Wenn die formelle Rechtskraft bereits mit der Verkündung des Urteils nach § 311 eintritt, muss der Empfänger von dem Inhalt der Verurteilung eine volle Kenntnis haben, damit man die Erklärung als abgegeben ansehen kann. Die Empfangsbedürftigkeit der Erklärung ist unerheblich, soweit zumindest auch der Gläubiger ihr Empfänger ist, OLG Hmb MDR 1998, 1051. Wenn nur ein Dritter der Empfänger der Erklärung ist, zB eine Behörde, muss der Gläubiger die Erklärung dem Dritten zuleiten, OLG Mü NZG 2013, 1114. Er muss ihm also das rechtskräftige Urteil vorlegen, BayObLG DNotZ 1985, 47. Bei einer ausländischen Entscheidung und bei einem Schiedsspruch nach § 1054 tritt die Wirkung der Abgabe der Erklärung nach § 722 erst dann ein, wenn die zugehörige Vollstreckbarerklärung nach § 1061 rechtskräftig wird. Denn es handelt sich um eine Vollstreckungswirkung. 9

4. Keine vorherige Wirkung. Die Erklärung gilt in keinem Fall aufgrund eines nach §§ 708 ff. bloß vorläufig vollstreckbaren Urteils als abgegeben. Das gilt nach § 895 auch dann, wenn aufgrund des Urteils eine Sicherheitsleistung stattgefunden hat. Die Erklärung gilt nicht als abgegeben, solange das Urteil nach § 780 nur unter dem Vorbehalt der beschränkten Erbenhaftung ergangen ist. Denn dann würde man den Vorbehalt durch die Erklärung praktisch entwerten. Dort und bei einer Umschreibung der Vollstreckungsklausel auf die Erben des Verurteilten nach §§ 708 ff. muss die Zwangsvollstreckung nach § 888 erfolgen. Eine Rückwirkung tritt nur bei einer eindeutigen entsprechenden Verurteilung ein, BAG NJW 2010, 461. 10

5. Wahlrecht. Gibt das Urteil die Wahl zwischen mehreren Willenserklärungen oder zwischen der Erklärung und der Leistung, kann die Unterstellung erst im Zeitpunkt der Ausübung des Wahlrechts eintreten. Wenn der Gläubiger wählen darf und wenn er sein Wahlrecht nicht etwa schon früher ausgeübt oder nach § 264 II BGB verloren hatte, darf er die Wahl schon nach einem nach §§ 708 ff. lediglich vorläufig vollstreckbaren Urteil ausüben. Die Wirkung tritt aber erst beim Eintritt der formellen Rechtskraft des Urteils nach § 705 ein, BAG NZA 2011, 1044 Rn. 13. Wenn der Schuldner die Wahl hat, muss er sie bis zum Beginn der Zwangsvollstreckung ausüben. Andernfalls darf der Gläubiger nach § 264 BGB die Wahl treffen. Der Gläubiger muss dem Schuldner gegenüber erklären, dass er nunmehr sein Wahlrecht ausübe. Mit dieser Erklärung tritt die Vollstreckungswirkung ein. 11

VII. Unterstellung, S. 1. 1. Rechtswirkung. Beim Eintritt der formellen Rechtskraft des Urteils gilt die Erklärung als abgegeben (→ Rn. 7). Mit der Rechtswirkung endet die Zwangsvollstreckung, OLG Hmb MDR 1998, 1051; LAG Düss NZA-RR 2004, 234 (236). Es treten dieselben Folgen wie dann ein, wenn der Verurteilte 12 im Zeitpunkt der Rechtskraft und nicht etwa schon vorher bedingt die Erklärung formgerecht abgegeben hätte, BAG NJW 1978, 72; OLG Köln NJW-RR 2000, 880. Ein Zahlungsverzug tritt erst ab Rechtskraft und nicht rückwirkend ein, BGH NJW 2005, 2310. Die Rechtskraft ersetzt jede beliebige materiell-rechtlich notwendige Form der Erklärung. Das gilt grundsätzlich bei einer Erklärung des Schuldners, BayObLG WM 1983, 1118. Es gilt ausnahmsweise auch bei einer Erklärung auch des Gläubigers, zB bei einer Zug-um-Zug-Leistung nach § 756, LG Kblz DGVZ 1989, 43. Es gilt zB eine Auflassung als vor dem zuständigen Notar erklärt, BayObLG WM 1983, 1118; LG Kblz DGVZ 1989, 43. Eine löschungsfähige Quittung gilt als in öffentlicher Form erteilt. Die Verurteilung zur Abgabe einer öffentlich beglaubigten Erklärung ersetzt auch die Beglaubigung.

13 **2. Wirkungsgrenzen.** Demgegenüber ist die Verurteilung dahin, nur die Beglaubigung vornehmen zu lassen, lediglich nach § 888 erzwingbar. Zweckmäßiger und einfacher ist aber eine Verurteilung zur Abgabe der Erklärung. Denn diese Verurteilung ersetzt mit dem Eintritt ihrer formellen Rechtskraft nach § 705 auch die Beglaubigung. Es ersetzt ja auch ein Urteil auf die Wiederholung der Abtretung der Hypothek die formgerechte Eintragungsbewilligung in einer grundbuchmäßigen Form. Das gilt auch zulasten des Gläubigers. Es gilt ferner gegenüber einem Dritten. Mit der Rechtskraft des Urteils gilt die Erklärung auch dem etwa mitbetroffenen oder sogar allein betroffenen Dritten gegenüber als abgegeben. Eine etwaige Prozessunfähigkeit des Schuldners nach §§ 51, 52 beim Eintritt der Rechtskraft des Urteils ist unschädlich. Bei einer juristischen Person gilt der nach Vertretungsberechtigte, als der Erklärende. Das gilt selbst dann, wenn beim Eintritt der Rechtskraft des Urteils ein Vertretungsberechtigter in Wahrheit fehlt.

14 **3. Kein Ersatz weiterer Erfordernisse.** Weder die formelle Rechtskraft noch § 705 noch die mit ihr auch eintretende innere Rechtskraft nach § 322 kann allerdings die etwaigen weiteren Erfordernisse ersetzen, BGH NJW 1982, 881. Sie kann zB nicht eine etwa notwendige Erklärung des Gläubigers oder eines Dritten ersetzen, BGH NJW-RR 2018, 1007 Rn. 22 (Insolvenzverwalter); OLGMü Rpfleger 2017, 532; KG NJW-RR 1986, 439. Der Gläubiger muss zB bei einem Urteil auf die Auflassung seinerseits die Einigung erklären, und zwar anschließend an die Rechtskraft, nicht vorher, BayObLG WM 1983, 1118. Wenn die Auflassung einem Dritten gegenüber erfolgen soll, muss der Dritte die Einigung erklären und der Gläubiger muss das rechtskräftige Urteil dem Grundbuchamt vorlegen. Der Dritte kann das Urteil nicht vorlegen. Denn das Urteil wirkt ihm gegenüber nicht. Wenn es um die Zustimmung nur eines oder mehrerer Gesellschafter geht, ist damit noch nicht stets der erforderliche Gesellschaftsbeschluss herbeigeführt, BGH NJW-RR 1989, 1056. Wenn es sich um eine Zustimmung zu einer Änderung des Gesellschaftsvertrags einer BGB-Gesellschaft handelt, braucht keine Gesellschaftsversammlung stattzufinden.

15 Es ist unerheblich, ob auch eine Handlung des Schuldners hinzutreten muss. Denn nur für die Erklärung gilt § 894. Für die etwa außerdem notwendige Handlung des Schuldners gelten §§ 883–888. Freilich muss das Gericht sein Urteil insofern klar gefasst haben. Wenn beide geschuldeten Vorgänge rechtlich eine einheitliche Verpflichtung und Maßnahme bilden, etwa bei einer Indossierung eines Wechsels, ist § 888 anwendbar. Eine an sich nach dem sachlichen Recht notwendige gerichtliche Genehmigung ist nicht entbehrlich, Wieczorek/Schütze/Rensen Rn. 21. Eine sonst etwa notwendige behördliche Genehmigung bleibt erforderlich, etwa diejenige nach § 15 StFG. Auch eine etwa notwendige materiell-rechtliche Legitimation erfolgt nicht schon infolge der bloßen Erklärungsfiktion nach § 894, OLG Mü FGPrax 2011, 279.

16 **4. Notwendig bleibende Handlung.** Alle weiterhin notwendigen Handlungen bleiben dem Gläubiger überlassen. Was der Verwertung der Willenserklärung dient, steht außerhalb der Zwangsvollstreckung und braucht den Nachweis ihrer Voraussetzungen nicht. Das gilt etwa für eine grundbuchmäßige Eintragung. Anders ist die Lage dann, wenn ein Rechtsnachfolger des Gläubigers oder des Schuldners beteiligt ist. Dann ist ein Nachweis der nach § 727 erfolgten Umschreibung erforderlich, BayObLG DNotZ 1985, 47. Der Schuldner kann die Eintragung nicht schon aufgrund einer Vollstreckungsabwehrklage nach § 767 oder aufgrund einer Wiederaufnahmeklage nach §§ 578 ff. unterbinden. Die Eintragung ist nämlich keine Vollstreckungsmaßnahme. Deshalb bleibt der Schuldner darauf angewiesen, eine einstweilige Verfügung nach §§ 935 ff. zu erwirken. Bei einer Wiedereinsetzung gegen den Ablauf der Rechtsmittelfrist nach §§ 233 ff. fällt die Unterstellung rückwirkend weg.

17 **VIII. Gegenleistung, S. 2.** Wenn das Urteil die Abgabe der Willenserklärung von einer Gegenleistung abhängig macht, wird die Unterstellung entsprechend § 726 II erst in demjenigen Zeitpunkt wirksam, in dem der Schuldner eine vollstreckbare Ausfertigung des Urteils nach § 724 I in Händen hat, BFH NJW 1989, 1504 (Sicherheitsleistung des Gläubigers); OLG Mü Rpfleger 2014, 133; OLG Kblz FamRZ 2005, 224; aA OLG Ffm OLGR 1994, 227 (aber das wäre eine Erklärung zulasten eines Dritten). OLG Hamm FGPrax 2014, 106 fordert sogar eine Urkunde nach § 726. Das Gericht darf eine solche Ausfertigung erst dann erteilen, wenn der Nachweis der Erfüllung oder der Nachweis des Annahmeverzugs des Gläubigers vorliegt, OLG Mü Rpfleger 2014, 134. Dann tritt die Vollstreckungswirkung genau in demjenigen Augenblick ein, in dem der Urkundsbeamte der Geschäftsstelle die vollstreckbare Ausfertigung hinausgibt; eine Erinnerung ist dann nicht mehr zulässig (→ § 732 Rn. 12). Wenn der Gläubiger zunächst nach § 731 auf die Erteilung der Vollstreckungsklausel klagen muss, tritt die Unterstellung beim Eintritt der formellen Rechtskraft desjenigen Urteils ein, das die Erteilung der Vollstreckungsklausel anordnet.

895 *Willenserklärung zwecks Eintragung bei vorläufig vollstreckbarem Urteil.* **[1]Ist durch ein vorläufig vollstreckbares Urteil der Schuldner zur Abgabe einer Willenserklärung verurteilt, auf Grund deren eine Eintragung in das Grundbuch, das Schiffsregister oder das Schiffsbauregister erfolgen soll, so gilt die Eintragung einer Vormerkung oder eines Widerspruchs als bewilligt. [2]Die Vormerkung oder der Widerspruch erlischt, wenn das Urteil durch eine vollstreckbare Entscheidung aufgehoben wird.**

1 **I. Systematik.** Die Vorschrift ergänzt den § 894 durch eine in ihrem Geltungsbereich nach → Rn. 3 vorrangige Sonderregelung. Für Anmeldungen zum Handelsregister gilt § 16 HGB.

2 **II. Regelungszweck.** Zweck ist eine Überbrückung des für den Gläubiger sonst zu gefährlichen Zeitraums zwischen dem Erlass eines Urteils auf eine Willenserklärung und dem Eintritt der formellen Rechtskraft nach

§ 705, mit dem ja erst die Unterstellung der Abgabe dieser Willenserklärung erfolgt. Zwar darf das Gericht ein Urteil nach § 894 grundsätzlich überhaupt nicht für vorläufig vollstreckbar erklären. Indessen ergibt sich aus § 895 eine Ausnahme. Dem Charakter einer nur vorläufigen Vollstreckbarkeit entspricht die Vormerkung oder der Widerspruch als eine bloße Rangsicherungsmaßnahme. Das Urteil wahrt dem Gläubiger seinen Rang. Das Grundbuchamt wird als ein Vollstreckungsorgan tätig, um einer Durchkreuzung des ausgeurteilten Anspruchs durch eine Verfügung des eingetragenen Titelschuldners vorzubeugen, KG Rpfleger 1981, 22. Das alles dient auch der beim Grundbuch notwendigen Rechtssicherheit. Man sollte die Vorschrift entsprechend strikt auslegen.

III. Geltungsbereich. Im Allgemeinen hat ein nur vorläufig vollstreckbares Urteil auf die Abgabe einer Willenserklärung keine Vollstreckungswirkung im engeren Sinn (→ Rn. 2). Es ist lediglich wegen der Kosten vollstreckbar. Von diesem Grundsatz macht § 895 eine Ausnahme für ein solches Urteil, das zu einer Eintragung im Grundbuch, im Schiffsregister oder im Schiffsbauregister verurteilt. Eine entsprechende Regelung gilt dann, wenn ein Urteil nach § 99 I LuftfzRG zur Eintragung eines Registerpfandrechts an einem Luftfahrzeug in die Luftfahrzeugrolle verurteilt. Zwar entsteht auch dann nicht sogleich die Wirkung, dass die Erklärung als abgegeben gilt. Unter § 895 fallen alle Arten von Anträgen und Bewilligungen auf eine Eintragung. Die Vorschrift ist aber als eine Sonderregelung nicht etwa auf andere Register ausdehnend anwendbar (→ Rn. 2). Es ist unerheblich, ob das Urteil unmittelbar oder nur mittelbar vorläufig vollstreckbar ist, etwa weil ein solches Urteil vorläufig vollstreckbar ist, das den Einspruch nach § 341 I 2 verwirft. Unter § 895 fällt auch ein solches nach §§ 708 ff. vorläufig vollstreckbares Feststellungsurteil nach § 256, das den Inhalt und die Tragweite eines rechtskräftigen Urteils auf die Abgabe einer Willenserklärung feststellt. Man kann **S. 1** bei einer Verurteilung zur Bewilligung einer bloßen Vormerkung für unanwendbar halten, BayObLG Rpfleger 1997, 525. § 895 ist dann unanwendbar, wenn die Verurteilung des Schuldners nicht durch ein Urteil erfolgt ist, sondern durch einen Beschluss auf den Erlass einer einstweiligen Verfügung ohne eine mündliche Verhandlung nach § 937 II, OLG Ffm FGPrax 1995, 180. 3

IV. Unterstellung, S. 1. Mit der Verkündung eines solchen Urteils nach §§ 310, 311, das den Bekl. zur Abgabe einer Willenserklärung verurteilt und nach §§ 708 ff. vorläufig vollstreckbar ist, gilt die Eintragung einer Vormerkung oder eines Widerspruchs als formell bewilligt, OLG Kblz Rpfleger 1992, 102. Zur Eintragung genügt daher die Vorlage einer einfachen Ausfertigung des vorläufig vollstreckbaren Urteils nach § 317, LG Bln NZG 2009, 141. Die Vorlage einer vollstreckbaren Ausfertigung des Urteils nach § 724 ist nicht erforderlich. Das Grundbuchamt prüft wie andere Vollstreckungsorgane nicht, ob das Urteil materiell-rechtlich richtig ist oder ob eine Vollstreckungsabwehrklage nach § 767 einen Erfolg haben müsste, KG Rpfleger 1981, 23. Der Schuldner kann aber eine Eintragung dadurch verhindern, dass er eine Sicherheit leistet. 4

Das Urteil kann nun allerdings auch die vorläufige Vollstreckbarkeit nach §§ 709 ff. von einer Sicherheitsleistung des Gläubigers abhängig machen. Dann tritt die Vollstreckungswirkung nicht vor der Leistung der Sicherheit ein, OLG Schlesw NJW-RR 2010, 1103 (auch zu deren Umfang). Der Gläubiger muss also vor der Eintragung nachweisen, dass er die Sicherheit geleistet hat. Es richtet sich nach der Art des Anspruchs, ob das Grundbuchamt eine Vormerkung oder einen Widerspruch eintragen muss. Die Vormerkung sichert nach § 883 BGB einen persönlichen Anspruch, der Widerspruch sichert nach 899 BGB einen dinglichen Anspruch. 5

Die Eintragung erfolgt nur aufgrund eines **Antrags des Gläubigers.** Der Gläubiger kann den Antrag allerdings auch zugunsten eines Dritten stellen, KG MDR 1979, 674. Der Gläubiger muss das Urteil vorlegen (→ § 894 Rn. 9). Auch dann ist die Eintragung keine Maßnahme der Zwangsvollstreckung. Deshalb ist § 788 unanwendbar und ist eine Beschwerde nur nach dem Grundbuchrecht zulässig, KG MDR 1979, 674. Es gibt keinen Ersatz weiterer Erfordernisse (→ § 894 Rn. 14, 15), OLG Mü FGPrax 2011, 279 (Fehlen einer materiellrechtlichen Legitimation). 6

V. Abändernde Entscheidung. 1. Rechtskraft des Urteils. Wenn das Urteil nach § 705 formell rechtskräftig wird, muss das Grundbuchamt aufgrund eines Antrags des Gläubigers die Eintragung in eine endgültige umwandeln. 7

2. Aufhebung. Wenn das Gericht ein Urteil oder seine Vollstreckbarkeit durch eine nach §§ 704, 794 vollstreckbare Entscheidung aufhebt, erlöschen die Vormerkung oder der Widerspruch. Das Grundbuchamt muss nach § 25 GBO die Eintragung dann aufgrund des einseitigen Antrags des Schuldners durch eine Grundbuchberichtigung löschen. Auch dann prüft das Grundbuchamt nur den prozessualen Vorgang, nicht seine materiellrechtliche Richtigkeit, KG DNotZ 1981, 394. Der Schuldner hat dann einen Ersatzanspruch nach § 717. Wenn das Gericht das aufgehobene Urteil anschließend wiederherstellt, lässt sich der zuvor verlorene Rang der Grundbucheintragung nicht wiederherstellen. 8

3. Einstellung der Zwangsvollstreckung. Eine bloße Einstellung der Zwangsvollstreckung lässt allerdings die Eintragung unberührt. Denn die Eintragung ist keine Maßnahme der Zwangsvollstreckung im engeren Sinn (→ § 894 Rn. 16). Solange das Gericht den Vollstreckungstitel nicht aufgehoben hat, braucht eine Löschung des Widerspruchs auch dann eine Bewilligung des berechtigten Gläubigers oder seiner Erben, wenn der ausgeurteilte Anspruch nicht vererblich ist und der Schuldner den Tod des eingetragenen Berechtigten nachweist, KG DNotZ 1981, 394. 9

896

Erteilung von Urkunden an Gläubiger. **Soll auf Grund eines Urteils, das eine Willenserklärung des Schuldners ersetzt, eine Eintragung in ein öffentliches Buch oder Register vorgenommen werden, so kann der Gläubiger an Stelle des Schuldners die Erteilung der im § 792 bezeichneten Urkunden verlangen, soweit er dieser Urkunden zur Herbeiführung der Eintragung bedarf.**

I. Systematik. § 896 ergänzt § 894 neben § 895 durch eine im Geltungsbereich (→ Rn. 3) vorrangige weitere Sonderregelung. Sie wiederholt die Regelung des § 792, LG Lpz Rpfleger 2008, 655. Denn die Eintragung in das Grundbuch oder in ein öffentliches Register nach §§ 894 ff. ist keine Maßnahme der Zwangsvollstreckung (→ § 894 Rn. 16). 1

II. Regelungszweck. Die Vorschrift bezweckt eine Beschleunigung und Erleichterung für den Gläubiger. Man sollte sie entsprechend gläubigerfreundlich auslegen. 2

3 **III. Geltungsbereich.** § 896 wird vor allem dann erheblich, wenn der Schuldner nicht als ein Berechtigter eingetragen ist. Gegen den Schuldner ist kein Zwang zur Beschaffung der Urkunden zulässig. Vgl. im Übrigen bei § 792, auch zu den Rechtsbehelfen, zB eines Vermächtnisnehmers, BayObLG NJW-RR 1999, 446.

897 *Übereignung; Verschaffung von Grundpfandrechten.* **I Ist der Schuldner zur Übertragung des Eigentums oder zur Bestellung eines Rechts an einer beweglichen Sache verurteilt, so gilt die Übergabe der Sache als erfolgt, wenn der Gerichtsvollzieher die Sache zum Zwecke der Ablieferung an den Gläubiger wegnimmt.**

II Das Gleiche gilt, wenn der Schuldner zur Bestellung einer Hypothek, Grundschuld oder Rentenschuld oder zur Abtretung oder Belastung einer Hypothekenforderung, Grundschuld oder Rentenschuld verurteilt ist, für die Übergabe des Hypotheken-, Grundschuld- oder Rentenschuldbriefs.

1 **I. Systematik.** Auch diese Vorschrift ergänzt § 894 durch eine in ihrem Geltungsbereich vorrangige Sonderregelung. Ihr gegenüber hat wiederum § 898 den Vorrang.

2 **II. Regelungszweck.** Das Ziel ist auch hier eine Klärung des Befriedigungszeitpunkts im Interesse aller Beteiligten. Die Vorschrift dient also wesentlich auch der Rechtssicherheit. Man sollte sie entsprechend strikt auslegen.

3 **III. Geltungsbereich.** Man erwirbt das Eigentum oder ein dingliches Recht an einer beweglichen Sache auch aufgrund eines Urteils durch eine Einigung und durch die Übergabe der Sache nach §§ 929, 1032, 1205 BGB. Die Einigung vollzieht sich nach § 894. Das Urteil unterstellt die Erklärung des Schuldners als im Zeitpunkt des Eintritts der formellen Rechtskraft des Urteils nach § 705 abgegeben. Wenn das Urteil zur Erklärung nur Zug um Zug gegen eine Gegenleistung des Gläubigers verurteilt, gilt die Erklärung des Schuldners als in demjenigen Zeitpunkt abgegeben, in dem der Gläubiger die Vollstreckungsklausel nach § 724 erwirkt. Der Gläubiger braucht daher nun nur noch die seinerseits etwa notwendige Erklärung abzugeben. § 897 ersetzt die nun noch erforderliche Übergabe durch eine Wegnahme. Diese nimmt der Gerichtsvollzieher nach § 808 vor. Dann darf der Gerichtsvollzieher die Sache nicht im Gewahrsam des Schuldners belassen. Der Gerichtsvollzieher wäre nicht zum Abschluss einer Besitzabrede (Konstitut) befugt. Auch hier handelt der Gerichtsvollzieher nicht als ein Vertreter des Gläubigers, sondern als eine Amtsperson in einer Ausübung staatlicher Hoheitsrechte nach § 753. Das gilt auch dann, wenn der Schuldner die Sache dem Gerichtsvollzieher freiwillig übergibt. Denn die Ermächtigung des Gerichtsvollziehers zur Annahme der Sache beruht nicht auf dem „Auftrag" des Gläubigers, sondern nach § 794 auf dem Gesetz.

4 **IV. Maßgeblicher Zeitpunkt, I.** Die Sache gilt in demjenigen Augenblick als dem Gläubiger übergeben, in dem sie der Gerichtsvollzieher dem Schuldner wegnimmt oder sie vom Schuldner empfängt. Der Gläubiger trägt von diesem Augenblick an die Gefahr des Untergangs der Sache. Der Schuldner ist von diesem Zeitpunkt an befreit. Das Eigentum erst bei Ablieferung der Sache an den Gläubiger übergehen zu lassen, widerspricht dem Gesetz.

5 **V. Bestellung einer Hypothek usw., II.** Der Erwerb, die Abtretung und die Verpfändung einer Hypothek, einer Briefgrundschuld oder einer Briefrentenschuld, erfolgen durch eine Einigung und durch die Übergabe des Briefs nach §§ 1117, 1154, 1192, 1199, 1274 BGB. Deshalb gilt **I** dann entsprechend. Wenn das Gericht den Schuldner überflüssigerweise auch dazu verurteilt hat, in die Aushändigung des noch zu bildenden Hypothekenbriefs nach § 1117 II BGB einzuwilligen, ist eine Wegnahme unnötig, BayObLG NJW-RR 1998, 18.

898 *Gutgläubiger Erwerb.* **Auf einen Erwerb, der sich nach den §§ 894, 897 vollzieht, sind die Vorschriften des bürgerlichen Rechts zugunsten derjenigen, die Rechte von einem Nichtberechtigten herleiten, anzuwenden.**

1 **I. Systematik.** Die Vorschrift ergänzt §§ 894, 897 durch eine in ihrem Geltungsbereich vorrangige Sonderregelung in demjenigen Bereich der Vollstreckung, von dessen Rechtswirkungen Dritte andernfalls schuldlos nachteilig mitbetroffen sein könnten.

2 **II. Regelungszweck.** Der Sinn ist der Schutz des guten Glaubens. Damit dient die Vorschrift der Rechtssicherheit. Diesen Schutzzweck muss man bei der Auslegung mitbeachten. Im Allgemeinen nutzt zwar ein guter Glaube in der Zwangsvollstreckung nichts. Etwas anderes gilt aber dann, wenn ein nach § 705 formell rechtskräftiges Urteil eine Willenserklärung nach § 894 ersetzt. Sie steht im Hinblick auf einen guten Glauben einer rechtsgeschäftlich abgegebenen Willenserklärung gleich. Daher muss man einen Erwerb aufgrund einer solchen Erklärung wie einen rechtsgeschäftlichen Erwerb behandeln.

3 **III. Geltungsbereich.** Bei einer Wegnahme nach § 897 handelt der Gerichtsvollzieher als eine Amtsperson (→ § 753 Rn. 3). Daher entscheidet nicht sein persönlicher guter oder schlechter Glaube, sondern allein derjenige des Gläubigers. Das gilt (→ § 897 Rn. 3) auch dann, wenn der Schuldner die Sache dem Gerichtsvollzieher freiwillig übergibt, Wieczorek/Schütze/Rensen Rn. 2; aA Stein/Jonas/Bartels Rn. 4 (wie hier nur, soweit der Gerichtsvollzieher bloßer Besitzmittler sei. Das geht am Kern vorbei, der Rechtsstellung des Gerichtsvollziehers als einer Amtsperson). Bei einer Fahrnis muss der gute Glaube im Zeitpunkt der Einigung vorliegen, also dann, wenn dasjenige Urteil nach § 705 formell rechtskräftig wird, das zur Abgabe der Willenserklärung verurteilt. Der gute Glaube muss außerdem noch im Zeitpunkt der Übergabe vorhanden sein, also im Zeitpunkt der Wegnahme nach § 897. Beide Zeitpunkte ergeben sich aus § 932 BGB. § 895 wird nicht genannt, aber die überwiegende Auffassung befürwortet eine entsprechende Anwendung, MüKoZPO/Gruber Rn. 3.

Abschnitt 4. Wirkungen des Pfändungsschutzkontos

899 *Pfändungsfreier Betrag; Übertrag.* **I [1]Wird Guthaben auf dem Pfändungsschutzkonto des Schuldners gepfändet, kann der Schuldner jeweils bis zum Ende des Kalendermonats aus dem Guthaben über einen Betrag verfügen, dessen Höhe sich nach Aufrundung des monatlichen Freibetrages nach § 850c Absatz 1 in Verbindung mit Absatz 4 auf den nächsten vollen 10-Euro-Betrag ergibt; insoweit wird das Guthaben nicht von der Pfändung erfasst. [2]Satz 1 gilt entsprechend, wenn Guthaben auf einem Zahlungskonto des Schuldners gepfändet ist, das vor Ablauf von einem Monat seit der Zustellung des Überweisungsbeschlusses an den Drittschuldner in ein Pfändungsschutzkonto umgewandelt wird. [3]§ 900 Absatz 2 bleibt unberührt.**

II [1]Hat der Schuldner in dem jeweiligen Kalendermonat nicht über Guthaben in Höhe des gesamten nach Absatz 1 pfändungsfreien Betrages verfügt, wird dieses nicht verbrauchte Guthaben in den drei nachfolgenden Kalendermonaten zusätzlich zu dem nach Absatz 1 geschützten Guthaben nicht von der Pfändung erfasst. [2]Verfügungen sind jeweils mit dem Guthaben zu verrechnen, das zuerst dem Pfändungsschutzkonto gutgeschrieben wurde.

III [1]Einwendungen gegen die Höhe eines pfändungsfreien Betrages hat der Schuldner dem Kreditinstitut spätestens bis zum Ablauf des sechsten auf die Berechnung des jeweiligen pfändungsfreien Betrages folgenden Kalendermonats mitzuteilen. [2]Nach Ablauf dieser Frist kann der Schuldner nur Einwendungen geltend machen, deren verspätete Geltendmachung er nicht zu vertreten hat.

I. Systematik und Regelungszweck, I–III. Die §§ 899–910 wurden mit Wirkung ab dem 1.12.2021 durch das Gesetz zur Fortentwicklung des Rechts des Pfändungsschutzkontos und zur Änderung von Vorschriften des Pfändungsschutzes (Pfändungsschutzkonto-Fortentwicklungsgesetz – PKoFoG) vom 22.11.20, BGBl. I 2466, neu geschaffen, vgl. zum Ganzen MüKoZPO/Smid §§ 899–910 nF (Beilage). 1

Die §§ 899–910 gestalten das nach Maßgabe des § 850k eingerichtete Pfändungsschutzkonto im Einzelnen aus. 2

II. Sockelfreibetrag, I 1. I 1 regelt die Pfändungsfreiheit des Sockelbetrags, dh des auf den nächsten 10-Euro-Betrag aufgerundeten Pfändungsfreibetrags des § 850c I, IV. Die Vorschrift entspricht damit weitgehend § 850k I 1 aF Der pfändungsfreie Betrag beträgt derzeit 1.340 EUR (Stand: 1.7.2022). 3

Der Schuldner kann innerhalb dieses Freibetrags über sein Guthaben trotz dessen Pfändung frei verfügen, BGH NJW-RR 2021, 497. Verfügung ist auch eine Barabhebung am Monatsende, BGH NJW 2018, 299. Keine Verfügung ist ein vergeblicher Barabhebungsversuch, BGH NJW-RR 2018, 315. Voraussetzung ist, dass für den Schuldner schon und noch wirksam ein Pfändungsschutzkonto nach § 850k und auf diesem für den Schuldner ein Guthaben besteht. 4

I 1 gibt eine Verfügungsfreiheit zunächst nur bis zum Ende desjenigen Kalendermonats, in den die Zustellung des Überweisungsbeschlusses an das Kreditinstitut gefallen ist oder fallen wird. Maßgeblich ist dasjenige Datum, das dem Kreditinstitut die Ausführung der Verfügung oder Anweisung des Kunden erlaubt, also der zugehörige Bankarbeitstag. Nicht maßgeblich ist das Datum einer elektronischen oder papiernen Eingabe usw. 5

III. Nachträgliches Pfändungsschutzkonto, I 2. 1. Entsprechende Geltung von I 1. Sowohl der Schutz eines Monats als auch derjenige aller Folgemonate entsteht auch dann, wenn am Tag der Zustellung des Überweisungsbeschlusses noch gar kein Pfändungsschutzkonto nach § 850k bestand. Folglich kann eine Zahlung des Kreditinstituts an den Gläubiger alsbald nach der Pfändung sogar rückwirkend rechtswidrig werden. 6

2. Zeitgrenze: 1 Monat seit Überweisung. Die Rückwirkung tritt nur dann ein, wenn die Umwandlung in ein Pfändungsschutzkonto vor Ablauf von einem Monat seit der Zustellung des Überweisungsbeschlusses an das Kreditinstitut als Drittschuldner nach § 840 erfolgt. **Zustellung** ist diejenige nach §§ 829 II 1, 835. 7

3. Umwandlung in Pfändungsschutzkonto. Schließlich muss eine (rechtzeitige) Umwandlung in ein Pfändungsschutzkonto nach § 850k II erfolgt sein. 8

IV. Fortwirkung im Folgezeitraum, II. Der Schuldner mag im laufenden Monat aus irgendeinem Grund seine Verfügungsbefugnis nach gar nicht oder nur teilweise ausgenutzt haben oder erst nach dem Ende des Kalendermonats eine wirksame Verfügung getroffen haben. Dann gilt **II 1.** Er gilt also nicht dann, wenn der Schuldner schon vollständig verfügt hatte, LG Essen Rpfleger 2010, 606, oder wenn gar keine Verfügung erfolgte. 9

Kraft Gesetzes stellt diese Vorschrift das noch nicht im Pfändungsmonat verfügte oder verfügbare Restguthaben in den folgenden drei Kalendermonaten dem Schuldner nochmals verfügungsfrei, vgl. BGH NJW-RR 2015, 254; AG Bln-Schöneb JurBüro 2017, 100. Er braucht das also nicht zu beantragen. Die Vorschrift stellt hinsichtlich des Ansparzeitraums eine Verbesserung der Schuldnerlage im Verhältnis zu § 850k I 2 a. F. dar. 10

Zusätzlich zu dem in diesen drei Folgemonaten pfändungsfreien Betrag bleibt der Rest des Vormonatsbetrags verfügbar, BGH NJW-RR 2018, 315. Dadurch kann sich in diesem Folgemonat die Verfügbarkeit beträchtlich erhöhen. **II 2** ordnet an, dass Verfügungen zunächst mit dem älteren Guthaben zu verrechnen sind. 11

V. Einwendungen des Schuldners, III. III betrifft Einwendungen des Schuldners gegen die Berechnung des pfändungsfreien Betrags. 12

900 *Moratorium bei Überweisung an den Gläubiger.* **I [1]Wird künftiges Guthaben auf einem Pfändungsschutzkonto gepfändet und dem Gläubiger überwiesen, darf der Drittschuldner erst nach Ablauf des Kalendermonats, der auf die jeweilige Gutschrift folgt, an den Gläubiger leisten oder den Betrag hinterlegen; eine Verlängerung des in § 899 Absatz 2 bezeichneten Zeitraums erfolgt dadurch nicht. [2]Auf Antrag des Gläubigers kann das Vollstreckungsgericht eine von Satz 1 erster Halbsatz abweichende Anordnung treffen, wenn sonst unter Würdigung des Schutzbedürfnisses des Schuldners für den Gläubiger eine unzumutbare Härte entstünde.**

II Guthaben, aus dem bis zum Ablauf der Frist des Absatzes 1 nicht an den Gläubiger geleistet oder das bis zu diesem Zeitpunkt nicht hinterlegt werden darf, ist in dem auf die Gutschrift folgenden Kalendermonat Guthaben im Sinne des § 899 Absatz 1 Satz 1.

1 **I. Systematik und Regelungszweck, I, II.** Die Vorschrift fasst die bisherigen Regelungen von § 835 IV und § 850k I 2 zusammen, vgl. MüKoZPO/Smid § 901 nF Rn. 1 (Beilage).

2 Die Vorschrift bezweckt den Schutz des Schuldners bei der Pfändung künftigen Guthabens.

3 **II. Leistungssperre, I.** I 1 bestimmt für den Fall einer Pfändung künftigen Guthabens mit der Möglichkeit einer abweichenden Anordnung durch das Vollstreckungsgericht zu Gunsten des Gläubigers in I 2, dass bis zum Ablauf des folgenden Monats der Drittschuldner nicht an den Gläubiger leisten darf. Eine Verlängerung des Ansparzeitraums nach § 899 II erfolgt dadurch nicht. Der Schuldner kann die Zeit nutzen, ggf. eine Erhöhung des pfändungsfreien Betrags nach §§ 902 f., 905 durchzusetzen.

4 **III. Gutschrift im Vormonat, II.** II ordnet an, dass Gutschriften, aus denen bis zum Ablauf der Frist in I nicht an den Gläubiger geleistet werden darf, im folgenden Kalendermonat zum pfändungsfreien Betrag nach § 899 I 1 gezählt werden (entspricht § 851k I 2 a.F.).

901 *Verbot der Aufrechnung und Verrechnung.* **I Verlangt eine natürliche Person von dem Kreditinstitut, dass ein von ihr dort geführtes Zahlungskonto, das einen negativen Saldo aufweist, als Pfändungsschutzkonto geführt wird, darf das Kreditinstitut ab dem Verlangen nicht mit seinen Forderungen gegen Forderungen des Kontoinhabers aufrechnen oder einen zugunsten des Kontoinhabers bestehenden Saldo mit einem zugunsten des Kreditinstituts bestehenden Saldo verrechnen, soweit die Gutschrift auf dem Zahlungskonto als Guthaben auf einem Pfändungsschutzkonto nicht von der Pfändung erfasst sein würde.**

II [1]Das Verbot der Aufrechnung und Verrechnung nach Absatz 1 gilt für ein Zahlungskonto, auf das sich eine Pfändung erstreckt, bereits ab dem Zeitpunkt der Kenntnis des Kreditinstituts von der Pfändung. [2]Das Verbot der Aufrechnung oder Verrechnung entfällt jedoch, wenn der Schuldner nicht gemäß § 899 Absatz 1 Satz 2 verlangt, dass das Zahlungskonto als Pfändungsschutzkonto geführt wird.

III [1]Gutschriften auf dem Zahlungskonto, die nach Absatz 1 oder 2 dem Verbot der Aufrechnung und Verrechnung unterliegen, sind als Guthaben auf das Pfändungsschutzkonto zu übertragen. [2]Im Fall des Absatzes 2 erfolgt die Übertragung jedoch nur, wenn der Schuldner gemäß § 899 Absatz 1 Satz 2 verlangt, dass das Zahlungskonto als Pfändungsschutzkonto geführt wird.

1 Mit der Vorschrift soll der Pfändungsschutz debitorischer Konten im Sinne von § 850k I 2 verbessert werden. I sieht für den Fall eines negativen Saldos ein Aufrechnungs- und Verrechnungsverbot für das kontoführende Kreditinstitut ab dem Zeitpunkt vor, in dem die natürliche Person die Führung des Kontos als Pfändungsschutzkonto verlangt, vgl. MüKoZPO/Smid § 901 nF Rn. 1 (Beilage).

2 Das Aufrechnungs- und Verrechnungsverbot gilt nach II bereits ab dem Zeitpunkt, in dem das kontoführende Kreditinstitut Kenntnis von einer Pfändung erlangt; für diesen Fall entfällt das Verbot jedoch, wenn der Schuldner nicht verlangt, dass das Konto als Pfändungsschutzkonto geführt wird.

902 *Erhöhungsbeträge.* **[1]Neben dem pfändungsfreien Betrag nach § 899 Absatz 1 Satz 1 werden folgende Erhöhungsbeträge nicht von der Pfändung des Guthabens auf einem Pfändungsschutzkonto erfasst:**

1. die pfändungsfreien Beträge nach § 850c Absatz 2 in Verbindung mit Absatz 4, wenn der Schuldner
   a) einer Person oder mehreren Personen auf Grund gesetzlicher Verpflichtung Unterhalt gewährt;
   b) Geldleistungen nach dem Zweiten oder Zwölften Buch Sozialgesetzbuch für Personen entgegennimmt, die mit ihm in einer Bedarfsgemeinschaft im Sinne des § 7 Absatz 3 des Zweiten Buches Sozialgesetzbuch oder in einer Gemeinschaft nach den §§ 19, 20, 27, 39 Satz 1 oder § 43 des Zwölften Buches Sozialgesetzbuch leben und denen er nicht auf Grund gesetzlicher Vorschriften zum Unterhalt verpflichtet ist;
   c) Geldleistungen nach dem Asylbewerberleistungsgesetz für Personen entgegennimmt, mit denen er in einem gemeinsamen Haushalt zusammenlebt und denen er nicht auf Grund gesetzlicher Vorschriften zum Unterhalt verpflichtet ist;
2. Geldleistungen im Sinne des § 54 Absatz 2 oder Absatz 3 Nummer 3 des Ersten Buches Sozialgesetzbuch;
3. Geldleistungen gemäß § 5 Absatz 1 des Gesetzes zur Errichtung einer Stiftung „Mutter und Kind – Schutz des ungeborenen Lebens";
4. Geldleistungen, die dem Schuldner selbst nach dem Zweiten oder Zwölften Buch Sozialgesetzbuch oder dem Asylbewerberleistungsgesetz gewährt werden, in dem Umfang, in dem diese den pfändungsfreien Betrag nach § 899 Absatz 1 Satz 1 übersteigen;
5. das Kindergeld nach dem Einkommensteuergesetz und andere gesetzliche Geldleistungen für Kinder, es sei denn, dass wegen einer Unterhaltsforderung des Kindes, für das die Leistungen gewährt oder bei dem sie berücksichtigt werden, gepfändet wird;
6. Geldleistungen, die dem Schuldner nach landesrechtlichen oder anderen als in den Nummern 1 bis 5 genannten bundesrechtlichen Rechtsvorschriften gewährt werden, in welchen die Unpfändbarkeit der Geldleistung festgelegt wird.

[2]Für die Erhöhungsbeträge nach Satz 1 gilt § 899 Absatz 2 entsprechend.

I. Systematik und Regelungszweck. Während § 899 den Grundfreibetrag per se für pfändungsfrei erklärt, betreffen §§ 902, 903 die Erhöhung um bestimmte, in § 902 S. 1 Nr. 1–6 aufgezählte, zusätzliche Beträge. 1

II. Erhöhungsbeträge. 1. Unterhaltszahlung des Schuldners, 1 Nr. 1 Buchst. a. Erste wahlweise Voraussetzung einer Erhöhung des Freibetrags ist: Der Schuldner gewährt Unterhalt nach § 850c II, IV. Es muss also um Unterhalt gerade „auf Grund einer gesetzlichen Verpflichtung" gehen. Der Unterhalt muss einer oder mehreren der folgenden Personen zufließen: Dem Ehegatten; einem früheren Ehegatten; einem Lebenspartner; einem früheren Lebenspartner; einem Verwandten; nach §§ 1615l, 1615n BGB einem Elternteil. Der Unterhalt muss tatsächlich erfolgen. Das kann das Kreditinstitut nur bedingt prüfen. Der Schuldner muss es aber auf Anfrage versichern. 2

2. Entgegennahme von Sozialleistungen, 1 Nr. 1 Buchst. b. Wahlweise ist weitere Voraussetzung einer Erhöhung des Freibetrags: Der Schuldner nimmt für eine oder mehrere bestimmte Personen eine Sozialleistung entgegen. Dabei gelten die folgenden Bedingungen. Zur rückwirkenden Zahlung von Arbeitslosengeld LSG Mü NZS 2015, 268. 3

a) Leistung nach SGB II oder XII. Es muss sich um eine Geldleistung mit Gutschrift auf dem Schuldnerkonto handeln. Eine Naturalleistung scheidet hier aus. Maßgebend ist SGB II, XII. 4

b) Zusammenleben mit Bedachtem in Gemeinschaft. Der Schuldner muss im Zeitpunkt der jeweiligen Gutschrift auf seinem Konto schon und noch tatsächlich mit einem oder mehreren Menschen in einer Gemeinschaft nach einer oder mehreren der folgenden Vorschriften leben: 5

§ 7 III SGB II

Zur Bedarfsgemeinschaft gehören

1. die erwerbsfähigen Leistungsberechtigten,
2. die im Haushalt lebenden Eltern oder der im Haushalt lebende Elternteil eines unverheirateten erwerbsfähigen Kindes, welches das 25. Lebensjahr noch nicht vollendet hat, und die im Haushalt lebende Partnerin oder der im Haushalt lebende Partner dieses Elternteils,
3. als Partnerin oder Partner der erwerbsfähigen Leistungsberechtigten
   a) die nicht dauernd getrennt lebende Ehegattin oder der nicht dauernd getrennt lebende Ehegatte,
   b) die nicht dauernd getrennt lebende Lebenspartnerin oder der nicht dauernd getrennt lebende Lebenspartner,
   c) eine Person, die mit der erwerbsfähigen leistungsberechtigten Person in einem gemeinsamen Haushalt so zusammenlebt, dass nach verständiger Würdigung der wechselseitige Wille anzunehmen ist, Verantwortung füreinander zu tragen und füreinander einzustehen.
4. die dem Haushalt angehörenden unverheirateten Kinder der in den Nummern 1 bis 3 genannten Personen, wenn sie das 25. Lebensjahr noch nicht vollendet haben, soweit sie die Leistungen zur Sicherung ihres Lebensunterhalts nicht aus eigenem Einkommen oder Verlangen beschaffen können.

§ 19 SGB XII

Leistungsberechtigte; zu ihnen gehören die in dieser Vorschrift Aufgezählten mit ihren Ansprüchen auf Hilfe zum Lebensunterhalt nach § 19 I, Grundsicherung nach § 19 II, Hilfe zur Gesundheit usw. nach § 19 III;

§ 20 SGB XII

Eheähnliche Gemeinschaft; das ist eine andere Form als eine Ehe oder eine eingetragene Lebenspartnerschaft;

§ 27 SGB XII

die Vorschrift betrifft die Hilfen zum Lebensunterhalt: hier sind Einkommen und Vermögen nicht getrennt lebender Ehegatten oder Lebenspartner und ggf. minderjähriger unverheirateter Kinder zusammenzurechnen;

§ 39 S. 1 SGB XII

Vermutung bei Haushaltsgemeinschaft; hier gilt: Lebt eine solche Person, die Sozialhilfe beansprucht (nachfragende Person), gemeinsam mit anderen Personen in einer Wohnung oder in einer entsprechenden anderen Unterkunft, so wird vermutet, dass sie gemeinsam wirtschaften (Haushaltsgemeinschaft) und dass sie von ihnen Leistungen zum Lebensunterhalt erhält, soweit dies nach ihrem Einkommen und Vermögen erwartet werden kann;

§ 43 SGB XII

Vermögenseinsatz und Unterhaltsansprüche; hier gelten umfangreiche Regeln beim Einkommen und Vermögen des nicht getrennt lebenden Ehegatten oder Lebenspartners nach § 43 I 1 und bei einem Unterhaltsanspruch des Leistungsberechtigten gegenüber seinen Kindern und Eltern nach § 43 II.

3. Entgegennahme von Asylbewerberleistungen, 1 Nr. 1 Buchst. c. Weitere wahlweise Voraussetzung ist das Entgegennehmen von Geldleistungen nach dem Asylbewerberleistungsgesetz für Personen, mit denen der Schuldner in einem gemeinsamen Haushalt lebt und denen er nicht zum Unterhalt verpflichtet ist. 6

4. Geldleistungen nach § 54 II oder III Nr. 3 SGB I, 1 Nr. 2. a) Einmalige Geldleistung nach § 54 II SGB I. Es mag sich um eine einmalige Geldleistung handeln, soweit an sich nach den Umständen und insbesondere nach den Einkommens- und Vermögensverhältnissen des Leistungsberechtigten, der Art des Anspruchs auf die Geldleistung sowie der Höhe und der Zweckbestimmung eine Pfändung der Billigkeit entsprechen würde. Dasjenige, was also nach § 54 II SGB I eigentlich gerade pfändbar wäre, macht II 1 Nr. 2 nun wieder gerade pfändungsfrei, also trotz formeller Pfändung im Ergebnis unpfändbar. 7

b) Ausgleich von Mehraufwand nach § 54 III Nr. 3 SGB I. Es mag sich auch um eine solche Geldleistung handeln, die den durch einen „Körper- oder Gesundheitsschaden" bedingten Mehraufwand ausgleichen soll. 8

5. Geldleistungen nach § 5 I des Stiftung „Mutter und Kind"-Gesetz, 1 Nr. 3. Eine solche Geldleistung erhöht den pfändungsfreien Betrag. 9

6. Sozialleistungen oder Asylbewerberleistungen zu Gunsten des Schuldners, 1 Nr. 4. Sozialleistungen oder Asylbewerberleistungen zu Gunsten des Schuldners erhöhen den Freibetrag, wenn sie den pfändungsfreien Sockelbetrag übersteigen. 10

11 **7. Kindergeld und ähnliche Leistungen, 1 Nr. 5.** Diese Vorschrift befreit Einkommen unter zwei Voraussetzungen, von denen die erste vorliegen muss, die zweite nicht vorliegen darf.

12 **a) Kindergeld usw.** Es muss sich um Kindergeld oder um eine andere Geldleistung für ein oder mehrere Kinder handeln.

13 **b) Keine Unterhaltsforderung des Kindes.** Es darf sich beim Gläubiger nicht um ein solches Kind handeln, für das das Kindergeld usw. dem Schuldnerkonto gutgeschrieben wurde oder bei dem das Kindergeld berücksichtigt wurde.

14 **8. Sonstige unpfändbare Leistungen, 1 Nr. 6.** Ebenfalls erhöhend wirken sonstige landes- oder bundesrechtliche Leistungen, hinsichtlich derer eine gesonderte Unpfändbarkeit festgelegt ist, z. B. nach den verschiedenen Landespflegegeldgesetzen.

15 **III. Fortwirkung im Folgezeitraum, 2.** Für sämtliche Fälle einer Pfändungsfreiheit nach 1 erklärt 2 die Regeln zur Fortwirkung im Folgezeitraum nach § 899 II für entsprechend anwendbar.

903 ***Nachweise über Erhöhungsbeträge.*** **I [1]Das Kreditinstitut kann aus Guthaben, soweit es als Erhöhungsbetrag unpfändbar ist, mit befreiender Wirkung gegenüber dem Schuldner an den Gläubiger leisten, bis der Schuldner dem Kreditinstitut nachweist, dass es sich um Guthaben handelt, das nach § 902 nicht von der Pfändung erfasst wird. [2]Der Nachweis ist zu führen durch Vorlage einer Bescheinigung**

1. der Familienkasse, des Sozialleistungsträgers oder einer mit der Gewährung von Geldleistungen im Sinne des § 902 Satz 1 befassten Einrichtung,
2. des Arbeitgebers oder
3. einer geeigneten Person oder Stelle im Sinne des § 305 Absatz 1 Nummer 1 der Insolvenzordnung.

II [1]Das Kreditinstitut hat Bescheinigungen nach Absatz 1 Satz 2 für die Dauer zu beachten, für die sie ausgestellt sind. [2]Unbefristete Bescheinigungen hat das Kreditinstitut für die Dauer von zwei Jahren zu beachten. [3]Nach Ablauf des in Satz 2 genannten Zeitraums kann das Kreditinstitut von dem Kontoinhaber, der eine Bescheinigung nach Absatz 1 Satz 2 vorgelegt hat, die Vorlage einer neuen Bescheinigung verlangen. [4]Vor Ablauf des in Satz 2 genannten Zeitraums kann das Kreditinstitut eine neue Bescheinigung verlangen, wenn tatsächliche Anhaltspunkte bestehen, die die Annahme rechtfertigen, dass die Angaben in der Bescheinigung unrichtig sind oder nicht mehr zutreffen.

III [1]Jede der in Absatz 1 Satz 2 Nummer 1 genannten Stellen, die Leistungen im Sinne des § 902 Satz 1 Nummer 1 Buchstabe b und c sowie Nummer 2 bis 6 durch Überweisung auf ein Zahlungskonto des Schuldners erbringt, ist verpflichtet, auf Antrag des Schuldners eine Bescheinigung nach Absatz 1 Satz 2 über ihre Leistungen auszustellen. [2]Die Bescheinigung muss folgende Angaben enthalten:

1. die Höhe der Leistung,
2. in welcher Höhe die Leistung zu welcher der in § 902 Satz 1 Nummer 1 Buchstabe b und c sowie Nummer 2 bis 6 genannten Leistungsarten gehört,
3. für welchen Zeitraum die Leistung gewährt wird.

[3]Darüber hinaus ist die in Absatz 1 Satz 2 Nummer 1 genannte Stelle verpflichtet, soweit sie Kenntnis hiervon hat, Folgendes zu bescheinigen:

1. die Anzahl der Personen, denen der Schuldner auf Grund gesetzlicher Verpflichtung Unterhalt gewährt,
2. das Geburtsdatum der minderjährigen unterhaltsberechtigten Personen.

IV Das Kreditinstitut hat die Angaben in der Bescheinigung nach Absatz 1 Satz 2 ab dem zweiten auf die Vorlage der Bescheinigung folgenden Geschäftstag zu beachten.

1 **I. Systematik und Regelungszweck, I-IV.** Die Vorschrift regelt die Pflicht des Schuldners, Nachweise über die Erhöhungsbeträge des § 902 beizubringen.

2 **II. Nachweispflicht des Schuldners.** Das Kreditinstitut kann nach I 1 mit befreiender Wirkung an die Gläubiger leisten, soweit es aus Erhöhungsbeträgen leistet, die nicht von dem Schuldner nachgewiesen sind.

3 **1. Nachweisbegriff.** Das Kreditinstitut muss nicht nur von der Wahrscheinlichkeit überzeugt sein, sondern von der Wahrheit der Schuldnerangaben. Eine bloße Glaubhaftmachung nach § 294 bis zu einer überwiegenden Wahrscheinlichkeit reicht hier nicht aus.

4 **2. Bescheinigung.** Der Schuldner muss eine „Bescheinigung" vorlegen, also eine Urkunde nach §§ 415 ff.

5 **3. Bescheinigungsinhalt.** Jede nach I 2 zulässige Urkunde muss inhaltlich bestätigen, dass das Schuldnerguthaben auf diesem Konto derzeit „nicht von der Pfändung erfasst ist". Das meint nicht etwa, dass der Aussteller diese Rechtsauffassung und gar nur sie mit solchen oder ähnlichen Worten formulieren müsse. Denn dazu wäre er als Nicht-Kontobesitzer gar nicht imstande.

6 Angaben zB zur **Steuerklasse** der Lohnsteuerkarte reichen **nicht.**

7 **Tatsachen** müssen daher aus der Bescheinigung hervorgehen. Aus solchen Tatsachen muss die Gewissheit des Lesers entstehen, dass eine Unpfändbarkeit nach II derzeit schon und noch besteht. Es muss also nicht der Aussteller, sondern der Empfänger der Bescheinigung die rechtliche Prüfung nach II bis zu seiner Gewissheit vornehmen.

8 **4. Aussteller der Bescheinigung.** I 2 nennt abschließend die folgenden Aussteller:

9 **Familienkasse:** Zuständig ist die für das Kindergeld örtlich bestimmte Familienkasse. Bei einem Angehörigen des öffentlichen Dienstes ist diejenige Stelle zuständig, die für die Festsetzung der Bezüge oder des Arbeitsentgelts verantwortlich ist. Die Kosten ihrer Bescheinigung nebst ihrer Vorbereitung muss zunächst die Familienkasse tragen.

Sozialleistungsträger: Die Zuständigkeit richtet sich nach der Art der Sozialleistung. Die Kosten der Bescheinigung und ihrer Vorbereitung muss zunächst der Sozialleistungsträger aufbringen. Ob er sie kraft Gesetzes auf den Schuldner abwälzen kann, ist eine andere Frage.

Arbeitgeber: Seine Rechtsform muss wahrheitsgemäß sein. Das Arbeitsverhältnis muss im Kern nachvollziehbar sein, besonders zu der Angabe der Art und der Berechnung des Verdienstes (zB Monatslohn, Vierteljahresvergütung usw.). Zur bisherigen Dauer oder zu einem Endzeitpunkt des Arbeitsvertrags können Angaben nötig sein. Die Vorschriften des Konkurrenzschutzes, des BDSG/der DSGVO usw. mögen zu beachten sein. Sie dürfen aber die Brauchbarkeit für das Kreditinstitut nicht merklich beeinträchtigen. Andernfalls ist eine solche Bescheinigung unzulänglich. Die Kosten der Bescheinigung nebst ihrer Vorbereitung muss zunächst der Arbeitgeber tragen. Ob er sie auf den Schuldner abwälzen kann, ist eine Frage des Arbeitsvertrags.

Person oder Stelle, § 305 I Nr. 1 InsO: Sie muss geeignet sein darzulegen, dass eine außergerichtliche Einigung über eine Schuldenbereinigung auf der Grundlage eines Plans binnen 6 Monaten erfolglos versucht worden sei. Ihre Bescheinigung muss dahin gehen, das Guthaben des Schuldners sei nach II nicht von der formellen Pfändung erfasst.

III. Beachtenspflicht des Kreditinstituts, II, IV. Das Kreditinstitut muss ihm vorgelegte Bescheinigung nach Maßgabe von II und IV beachten. 10

IV. Ausstellungspflicht, III. Die in I genannten Stellen sind verpflichtet dem Schuldner die von diesem benötigten Bescheinigungen mit dem Inhalt nach III 2 und 3 auszustellen. 11

904 *Nachzahlung von Leistungen.* **I Werden laufende Geldleistungen zu einem späteren Zeitpunkt als dem Monat, auf den sich die Leistungen beziehen, ausbezahlt, so werden sie von der Pfändung des Guthabens auf dem Pfändungsschutzkonto nicht erfasst, wenn es sich um Geldleistungen gemäß § 902 Satz 1 Nummer 1 Buchstabe b oder c oder Nummer 4 bis 6 handelt.**

II Laufende Geldleistungen nach dem Sozialgesetzbuch, die nicht in Absatz 1 genannt sind, sowie Arbeitseinkommen nach § 850 Absatz 2 und 3 werden von der Pfändung des Guthabens auf dem Pfändungsschutzkonto nicht erfasst, wenn der nachgezahlte Betrag 500 Euro nicht übersteigt.

III 1Laufende Geldleistungen nach Absatz 2, bei denen der nachgezahlte Betrag 500 Euro übersteigt, werden von der Pfändung des Guthabens auf dem Pfändungsschutzkonto nicht erfasst, soweit der für den jeweiligen Monat nachgezahlte Betrag in dem Monat, auf den er sich bezieht, nicht zu einem pfändbaren Guthaben geführt hätte. 2Wird die Nachzahlung pauschal und für einen Bewilligungszeitraum gewährt, der länger als ein Monat ist, ist die Nachzahlungssumme zu gleichen Teilen auf die Zahl der betroffenen Monate aufzuteilen.

IV Für Nachzahlungen von Leistungen nach den Absätzen 1 und 2 gilt § 903 Absatz 1, 3 Satz 1 und Absatz 4 entsprechend.

V 1Für die Festsetzung der Höhe des pfändungsfreien Betrages in den Fällen des Absatzes 3 ist das Vollstreckungsgericht zuständig. 2Entscheidungen nach Satz 1 ergehen auf Antrag des Schuldners durch Beschluss. 3Der Beschluss nach Satz 2 gilt als Bescheinigung im Sinne des § 903 Absatz 1 Satz 2.

§ 904 beinhaltet Regelungen für den in der Praxis häufigen Fall von Nachzahlungen auf Leistungsansprüche des Schuldners. Werden laufende Geldleistungen ganz oder teilweise zu einem späteren Zeitpunkt nachgezahlt, regeln I und II die Fälle, in denen die Nachzahlung pfändungsfrei bleibt; III ordnet eine rechnerische Verteilung auf die begünstigten Zeiträume an, sodass der jeweilige pfändungsfreie Betrag Berücksichtigung finden kann. Vgl. im Einzelnen MüKoZPO/Smid § 904 nF Rn. 1 (Beilage); vgl. ferner BGH NJW-RR 2018, 570 und 504. 1

905 *Festsetzung der Erhöhungsbeträge durch das Vollstreckungsgericht.* **1Macht der Schuldner glaubhaft, dass er eine Bescheinigung im Sinne des § 903 Absatz 1 Satz 2, um deren Erteilung er**

1. zunächst bei einer in § 903 Absatz 1 Satz 2 Nummer 1 genannten Stelle, von der er eine Leistung bezieht, und nachfolgend
2. bei einer weiteren Stelle, die zur Erteilung der Bescheinigung berechtigt ist,

nachgesucht hat, nicht in zumutbarer Weise von diesen Stellen erlangen konnte, hat das Vollstreckungsgericht in dem Beschluss auf Antrag die Erhöhungsbeträge nach § 902 festzusetzen und die Angaben nach § 903 Absatz 3 Satz 2 zu bestimmen. 2Dabei hat das Vollstreckungsgericht den Schuldner auf die Möglichkeit der Stellung eines Antrags nach § 907 Absatz 1 Satz 1 hinzuweisen, wenn nach dem Vorbringen des Schuldners unter Beachtung der von ihm vorgelegten Unterlagen die Voraussetzungen dieser Vorschrift erfüllt sein könnten. 3Der Beschluss des Vollstreckungsgerichts nach Satz 1 gilt als Bescheinigung im Sinne des § 903 Absatz 1 Satz 2.

§ 905 sieht für den Fall, dass der Schuldner einen Nachweis nach §§ 902, 903 bei der für die Ausstellung zuständigen Stelle nicht erlangen kann, eine gerichtliche Entscheidung durch das Vollstreckungsgericht vor, die den Nachweis ersetzt, vgl. MüKoZPO/Smid § 905 nF Rn. 1 (Beilage). 1

906 *Festsetzung eines abweichenden pfändungsfreien Betrages durch das Vollstreckungsgericht.* **I 1Wird Guthaben wegen einer der in § 850d oder § 850f Absatz 2 bezeichneten Forderungen gepfändet, tritt an die Stelle der nach § 899 Absatz 1 und § 902 Satz 1 pfändungsfreien Beträge der vom Vollstreckungsgericht im Pfändungsbeschluss belassene Betrag. 2In den Fällen des § 850d Absatz 1 und 2 kann das Vollstreckungsgericht auf Antrag einen von Satz 1 abweichenden pfändungsfreien Betrag festlegen.**

II Das Vollstreckungsgericht setzt auf Antrag einen von § 899 Absatz 1 und § 902 Satz 1 abweichenden pfändungsfreien Betrag fest, wenn sich aus einer bundes- oder landesrechtlichen Vorschrift eine solche Abweichung ergibt.

III In den Fällen des Absatzes 1 Satz 2 und des Absatzes 2

1. ist der Betrag in der Regel zu beziffern,

2. hat das Vollstreckungsgericht zu prüfen, ob eine der in § 732 Absatz 2 bezeichneten Anordnungen zu erlassen ist, und

3. gilt § 905 Satz 2 entsprechend.

IV Für Beträge, die nach den Absätzen 1 oder 2 festgesetzt sind, gilt § 899 Absatz 2 entsprechend.

1 **I. Systematik und Regelungszweck, I-IV.** Die Vorschrift ermöglicht die abweichende Festsetzung eines pfändungsfreien Betrags, wenn dies aufgrund der zu vollstreckenden Forderung oder aufgrund die Pfändbarkeit regelnder gesetzlicher Vorschriften veranlasst ist.

2 **II. Pfändung wegen Unterhaltsforderungen, I 1 und 2.** Werden Unterhaltsforderungen nach § 850d vollstreckt, tritt nach I 1 an die Stelle der Beträge nach §§ 899, 902 der im Pfändungsbeschluss belassene oder der nach I 2 von dem Vollstreckungsgericht auf Antrag abweichend festgelegte Betrag.

3 **III. Pfändung aufgrund einer Forderung aus vorsätzlich begangener unerlaubter Handlung, I 1.** Bei einer Vollstreckung einer Forderung nach § 850f II gilt der im Pfändungsbeschluss belassene Betrag.

4 **IV. Abweichender pfändungsfreier Betrag, II.** Ergibt sich aus bundes- oder landesrechtlichen Vorschriften eine Abweichung des pfändungsfreien Betrags, setzt das Vollstreckungsgericht auf Antrag einen von § 899 I und § 902 S. 1 abweichenden Betrag fest.

5 In Betracht kommen etwa folgende Vorschriften:

6 **§ 850a:** Unpfändbar sind die dort in Nr. 1–8 aufgezählten Bezüge für Mehrarbeitsstunden usw.

§ 850b: Nur bedingt pfändbar sind die dort in I Nr. 1–4 genannten Beträge mit der dortigen Abwandlung in II.

§ 850c: Pfändungsgrenzen bestehen über die schon in § 850k I 1 iVm § 850c IIa genannten Bezüge hinaus auch bei allen im Übrigen von § 850c erfassten Fällen, LG Hagen JurBüro 2015, 325; AG Delmenhorst JurBüro 2013, 658.

§ 850e: Berechnung: Es gelten die umfangreichen Regelungen dort Nr. 1–4.

§ 850f: Änderung des unpfändbaren Betrags: Es gilt einerseits die Möglichkeit nach dort I zugunsten des Schuldners, andererseits die Möglichkeit nach dort II zu seinen Lasten und schließlich die komplizierte Regelung nach dort III in beiden Richtungen.

§ 850g: Änderung der Unpfändbarkeitsvoraussetzungen: Es ist auf Antrag auch eines Dritten eine Änderung denkbar.

§ 850i: Freiberuflerschutz usw.: Die Vorschrift ist voll anwendbar.

§ 851c: Altersrentenschutz: Auch diese Bestimmung ist voll anwendbar.

§ 851d: Steuerlich geförderte Altersvorsorge: Auch diese Bestimmung ist zu beachten.

§ 54 II, III Nr. 1, 2, 3, IV, V SGB I: Billigkeitspfändbarkeit: Aus dieser umfangreichen Vorschrift sind nur I und III Nr. 2a unbeachtlich.

§ 42 IV SGB II: Dessen Pfändungsschutz ist mitbeachtlich, BGH NJW-RR 2018, 504.

§ 17 I 2 SGB XII: Keine Übertragbarkeit, Verpfändbarkeit oder Pfändbarkeit eines Sozialhilfeanspruchs.

§ 76 EStG: Beschränkung der Pfändbarkeit von Kindergeld.

7 **V. Verfahrensregeln, III, IV.** Nach III Nr. 1 muss der Betrag in der Regel, wenn möglich, beziffert werden. Nach III Nr. 2 sind einstweilige Anordnungen (§ 732 II) möglich. Nach III Nr. 3 gilt die Hinweispflicht des § 905 S. 1 auf § 907 I entsprechend.

8 IV ordnet an, dass für die abweichend festgesetzten Beträge die Ansparregel des § 899 II entsprechend gilt.

907

Festsetzung der Unpfändbarkeit von Kontoguthaben auf dem Pfändungsschutzkonto. **I [1]Auf Antrag des Schuldners kann das Vollstreckungsgericht festsetzen, dass das Guthaben auf dem Pfändungsschutzkonto für die Dauer von bis zu zwölf Monaten der Pfändung nicht unterworfen ist, wenn der Schuldner**

1. nachweist, dass dem Konto in den letzten sechs Monaten vor Antragstellung ganz überwiegend nur unpfändbare Beträge gutgeschrieben worden sind, und

2. glaubhaft macht, dass auch innerhalb der nächsten sechs Monate ganz überwiegend nur die Gutschrift unpfändbarer Beträge zu erwarten ist.

[2]Die Festsetzung ist abzulehnen, wenn ihr überwiegende Belange des Gläubigers entgegenstehen.

II [1]Auf Antrag jedes Gläubigers ist die Festsetzung der Unpfändbarkeit aufzuheben, wenn deren Voraussetzungen nicht mehr vorliegen oder die Festsetzung den überwiegenden Belangen des den Antrag stellenden Gläubigers entgegensteht. [2]Der Schuldner hat die Gläubiger auf eine wesentliche Veränderung seiner Vermögensverhältnisse unverzüglich hinzuweisen.

Übersicht

I. Systematik, I, II. Die Vorschrift regelt Möglichkeiten, den Umfang einer Kontopfändung inhaltlich und zeitlich begrenzt einzuschränken. 1

II. Regelungszweck, I, II. Die Vorschrift dient dem Schuldner. 2

III. Geltungsbereich, I, II. Die Vorschrift gilt nur bei einem Pfändungsschutzkonto nach § 850k. 3

IV. Konto und Pfändung. 1. Pfändungsschutzkonto, I 1. Der Schuldner muss ein Pfändungsschutzkonto schon und noch wirksam haben. 4

2. Pfändung, I 1. Der Gläubiger muss eine Pfändung nach §§ 829 ff. vorgenommen haben. Sie muss schon und noch wirksam sein. 5

3. Guthaben, I 1. Das Konto muss ein Guthaben dieses Schuldners aufweisen. Ein Minusbetrag ist auch dann kein Guthaben, wenn er auf einer vereinbarungsgemäßen oder zumindest geduldeten Überziehung beruht. Eine versehentliche Fehl- oder Minusbuchung ändert auch dann nichts am wahren Guthaben, wenn eine Berichtigung erst später erfolgt und wenn sogar infolge eines weiteren Bankfehlers die Berichtigung unter einem späteren Wertstellungsdatum erfolgt und folglich auch insofern noch weiter berichtigt werden muss. Die Höhe des Guthabens ist für seinen Charakter unerheblich, ebenso die Währung. 6

V. Pfändungseinschränkung, I. 1. Schuldnerantrag, I 1. Erforderlich ist stets ein Antrag des Schuldners an das Vollstreckungsgericht. Er ist theoretisch schon vor einer Pfändung sinnvoll, jedenfalls aber nach der Pfändung statthaft. Denn „der Pfändung nicht unterworfen" meint auch: nicht mehr pfändbar, oder: die Pfändung wird unwirksam. 7

Formfrei ist der Antrag stets. Bei elektronischer Einreichung gelten §§ 130a–130d. Es besteht kein Anwaltszwang. Wirksam wird der Antrag mit dem Zugang beim örtlich nach §§ 764, 802 zuständigen Vollstreckungsgericht (Posteingangsstelle genügt). Es ist kein Vorschuss nötig. Denn § 12 VI GKG nennt § 907 nicht mit, folglich besteht nach § 1 I 1 GKG keine solche Pflicht. 8

Inhaltlich gilt der Grundsatz der Auslegbarkeit jeder Parteiprozesshandlung. Dem Ziel des Schuldnerschutzes entsprechend ist eine schuldnerfreundliche Auslegung richtig. Ein zeitlich nicht begrenzter Antrag nach S. 1 bittet um Schutz für die Höchstfrist von 12 Monaten. Eine Antragswiederholung für eine nochmalige Maßnahme ist nicht von vornherein unstatthaft. Ihre Zulässigkeit im Einzelfall hängt von den Umständen und dabei zB vom weiteren Rechtsschutzbedürfnis ab. 9

Die **Unterlassung** eines Antrags kann wegen der dann zumindest zunächst auf Kosten der Bank usw. notwendigen erheblichen Mehrarbeit und Mehrkosten infolge einer oder mehrerer Kontopfändungen nach den AGB oder den besonderen Vertragsbedingungen das Kreditinstitut zu einer Kündigung des Kontovertrags berechtigen. Das sollte aber nur bei klaren Voraussetzungen und bei einer wirklichen Unzumutbarkeit der Kontofortführung erfolgen. Eine Kündigung lässt gesetzliche wie vertragliche Bankpflichten bis zur ordnungsgemäßen Beendigung dieses Vertrags bestehen. 10

2. Seit 6 Monaten fast nur Unpfändbarkeit, I 1 Nr. 1. Weitere Voraussetzung ist der Umstand, dass das Kreditinstitut dem Pfändungsschutzkonto dieses Schuldners in den letzten 6 Monaten vor dem Antrag ganz überwiegend nur unpfändbare Beträge gutgeschrieben hat. 11

Fristbeginn ist der Zeitpunkt vor dem Eingangstag des Antrags beim Vollstreckungsgericht. Die 6 Monate errechnen sich nach § 222 iVm dem BGB. Die 6 Monate müssen die „letzten … vor Antragstellung" sein, also zusammenhängen. 12

Unpfändbarkeit kann sich aus der ZPO ergeben. Sie kann auch auf Vorschriften anderer Gesetze beruhen, etwa auf dem SGB I usw. 13

3. Ganz überwiegende Unpfändbarkeit, I 1 Nr. 1. Sie muss während aller 6 Monate bestanden haben. Insoweit ist das weitere Wort „nur" überflüssig und irreführend: Es dürfen auch einzelne Gutschriften pfändbarer Beträge erfolgt sein, es braucht also gerade **nicht** ausschließlich oder nur Unpfändbares dem Konto zugeflossen zu sein. 14

„Ganz" überwiegend ist mehr als einfach „überwiegend" wie zB in I 2. Hier muss man daher streng gegenüber dem Schuldner sein. Unpfändbarkeit muss bei weit mehr als 51 % der Gutschriften bestanden haben. Es brauchen aber auch nicht unbedingt über 85–90 % gewesen zu sein. Maßgeblich ist nicht die Zahl der Gutschriften, sondern ihre Summe. 15

4. Nachweis bei bisheriger Unpfändbarkeit, I 1 Nr. 1. Der Schuldner muss die Voraussetzungen dem Vollstreckungsgericht nicht nur nachvollziehbar und schlüssig darlegen, sondern auch nachweisen. Das ist mehr als eine bloße Glaubhaftmachung wie bei § 294. Es ist also mehr als eine überwiegende Wahrscheinlichkeit. Das Vollstreckungsgericht muss daher nicht nur von der Wahrscheinlichkeit überzeugt sein, sondern von der Wahrheit. Es muss ein brauchbarer Grad von Gewissheit bestehen. 16

5. Nachweismittel, I 1 Nr. 1. Der Schuldner wird vor allem Kontoauszüge vorlegen müssen. 17

Jedes Beweismittel nach §§ 371 ff. ist grundsätzlich zum Nachweis zulässig. Eine Ordnung der Unterlagen, ihre Kurzkommentierung oder wenigstens eine zusätzliche Andeutung der Hintergründe einer Gutschrift mögen ratsam oder sogar unentbehrlich sein. 18

19 **6. Während künftiger 6 Monate fast nur Unpfändbarkeit, I 1 Nr. 2.** Weitere Voraussetzung ist, dass man auch oder wenigstens nicht innerhalb der nächsten 6 Monate (statt wie in § 850l a.F.: 12 Monate) nur ganz überwiegend pfändbare Gutschriften erwarten kann.

20 **Fristbeginn** ist der auf den Tag der Zustellung des Pfändungsbeschlusses an das Kreditinstitut folgende Tag, § 222 iVm § 187 I BGB. Im Übrigen gilt zur Fristberechnung dasselbe wie in → Rn. 11. **Unpfändbarkeit** ist dasselbe wie bei → Rn. 11.

21 **7. Ganz überwiegende Unpfändbarkeit, I 1 Nr. 2.** Es gilt dasselbe wie bei → Rn. 14.

22 **8. Glaubhaftmachung bei künftiger Unpfändbarkeit, I 1 Nr. 2.** Im Gegensatz zur Lage bei einer bisherigen Unpfändbarkeit nach → Rn. 16 genügt bei einer erst künftig erwartbaren Unpfändbarkeit eine bloße Glaubhaftmachung nach § 294, also eine überwiegende Wahrscheinlichkeit. Mehr kann man auch vom gewissenhaftesten Schuldner kaum erwarten. Eine Versicherung an Eides statt ist nach § 294 I Hs. 2 ebenso statthaft wie jedes andere Mittel der Glaubhaftmachung. Ein nicht sofort verwendbares Mittel scheidet nach § 294 II aus.

23 **VI. Anordnung der Unpfändbarkeit, I 1.** Das Vollstreckungsgericht kann das Guthaben des Pfändungsschutzkontos für die Dauer von bis zu 12 Monaten als „der Pfändung nicht unterworfen" erklären.

24 **1. Keine Pfändungsunterwerfung.** Diese Formulierung bedeutet: Das Guthaben ist für den Schuldner verfügungsfrei, das Kreditinstitut darf und muss im Rahmen des Kontovertrags nach den frei zulässigen Weisungen des Schuldners handeln. Das gilt auch dann, wenn formell vor der Entscheidung des Vollstreckungsgerichts nach S. 1 etwa eine wirksame Pfändung bestand. Das läuft wirtschaftlich auf eine zeitweise Unpfändbarkeit hinaus, auch wenn die Rechtskonstruktion etwas andersgeartet ist.

25 **2. Höchstdauer 12 Monate.** Die Maßnahme nach I 1 ist für höchstens 12 Monate statthaft. Diese zeitliche Begrenzung gilt ab der Wirksamkeit der Entscheidung, soweit diese keinen anderen Fristbeginn ordnungsgemäß angibt. Wirksam wird der Beschluss oder die etwaige Verfügung des Vollstreckungsgerichts mit der gesetzmäßigen Mitteilung.

26 **Kürzer als 12 Monate** darf und muss die Maßnahme nach einem pflichtgemäßen Ermessen des Gerichts dann sein, wenn es nicht für alle 12 Monate übersehen kann, ob die künftige Unpfändbarkeit nach → Rn. 21 anhalten wird. Dabei darf und muss das Gericht zunächst von den Angaben des Schuldners und ihrer Glaubhaftmachung ausgehen. Es muss aber auch etwaige Bedenken des Gläubigers schon hier und nicht erst im Rahmen von II mitbeachten. Das folgt aus I 2.

27 **VII. Überwiegen von Gläubigerbelangen, I 2.** Jede der Maßnahmen kann dann unterbleiben, wenn überwiegende Belange des Gläubigers entgegenstehen.

28 **1. Überwiegen.** Das ist weniger als ein „ganz überwiegend" nach → Rn. 14.

29 **2. Belange des Gläubigers.** Das ist der denkbar weiteste Begriff. Er geht über „Interessen" eher noch hinaus. Er erfasst aber keine schlechthin abwegigen Bedenken.

30 **3. Ermessen.** „Kann" versagt werden bedeutet nicht nur eine Zuständigkeitsregel, sondern ein gerichtliches pflichtgemäßes Ermessen.

31 **VIII. Gegenantrag des Gläubigers, II.** Während eine Versagung des Schuldnerschutzes theoretisch auch ohne Anhörung des Gläubigers erfolgen darf und muss, setzt eine Aufhebung des Schuldnerschutzes nach II 1 mehr voraus.

32 **1. Antrag, II 1.** Es ist ein Antrag des Gläubigers nötig. Vgl. dazu im Einzelnen dasselbe wie in → Rn. 7–10 beim Schuldnerantrag.

33 **2. Wegfall der Schutzvoraussetzungen, II 1.** Weitere Voraussetzung bei II 1 ist entweder die Veränderung der Schuldnerlage oder die Verstärkung der Gläubigerbelange.

34 **Nicht mehr vorliegen** dürfen diejenigen Umstände, die zu einer Maßnahme nach I 1 geführt hatten. Ihr Wegfall muss eindeutig sein. Maßgebend ist die Erkenntnis des Vollstreckungsgerichts, weder diejenige des Gläubigers noch diejenige des Schuldners. Das Gericht wird beide anhören.

35 **3. Überwiegen von Gläubigerbelangen, II 1.** Es reicht aus, dass wenigstens jetzt eine Maßnahme nach I den überwiegenden Belangen des Gläubigers entgegenstehen würde. Hier gilt dasselbe wie bei → Rn. 28–30.

36 **4. Hinweispflicht des Schuldners, II 2.** Dem Recht des Gläubigers, bei einer Veränderung der Vermögenslage des Schuldners eine Aufhebung des besonderen Schuldnerschutzes zu verlangen, entspricht die Pflicht des Schuldners nach II 2 auf wesentliche Veränderungen seiner Vermögensverhältnisse hinzuweisen.

37 **IX. Verfahren, I, II.** Zu den etwa nötigen Anträgen → Rn. 7–10, 32. Zuständig ist das Vollstreckungsgericht nach §§ 764, 802. Es handelt zunächst nach § 20 I Nr. 17 S. 1 RPflG durch den Rpfleger. Er kann unverzügliche Maßnahmen ohne Anhörung des Gegners treffen dürfen und müssen. Eine Anhörung sollte vor einer dem nicht Angehörten nachteiligen Entscheidung allerdings nur im Notfall unterbleiben.

38 **X. Entscheidung, I, II.** Sie erfolgt durch Beschluss oder Verfügung. Beides erfordert eine wenigstens im Kern nachvollziehbare, im Übrigen aber nur kurze Begründung. Das Kreditinstitut muss als Drittschuldner nach § 840 weder nach I, II noch dem Gläubiger eine Nachricht von der Entscheidung des Vollstreckungsgerichts geben. Es braucht auch nicht den Ablauf der 12-Monats-Frist usw. derart mitzuteilen. Es sollte aber zumindest gegenüber dem Schuldner als seinem Kunden vorsorglich solche Mitteilungen machen und darf dasselbe auch gegenüber den Gläubigern tun.

39 **Kosten:** des Gerichts: keine, § 1 I 1 GKG. Denn KV 2111 ff. GKG nennen § 850l nicht mit. Des Anwalts: § 18 I Nr. 1 RVG, VV 3309, 3310 RVG.

40 **XI. Mitteilung, I, II.** Es gelten → § 329 Rn. 26.

41 **XII. Rechtsmittel, I, II.** Gegen eine Entscheidung des Rpfleger ist nach § 11 RPflG das allgemein zulässige Rechtsmittel (Erinnerung, sofortige Beschwerde) statthaft. Gegen eine echte Entscheidung des Richters ist die sofortige Beschwerde nach § 793 statthaft.

908 *Aufgaben des Kreditinstituts.* **I Das Kreditinstitut ist dem Schuldner zur Leistung aus dem nicht von der Pfändung erfassten Guthaben im Rahmen des vertraglich Vereinbarten verpflichtet.**

II Das Kreditinstitut informiert den Schuldner in einer für diesen geeigneten und zumutbaren Weise über

1. das im laufenden Kalendermonat noch verfügbare von der Pfändung nicht erfasste Guthaben und
2. den Betrag, der mit Ablauf des laufenden Kalendermonats nicht mehr pfändungsfrei ist.

III Das Kreditinstitut hat dem Kontoinhaber die Absicht, eine neue Bescheinigung nach § 903 Absatz 2 Satz 3 zu verlangen, mindestens zwei Monate vor dem Zeitpunkt, ab dem es die ihm vorliegende Bescheinigung nicht mehr berücksichtigen will, mitzuteilen.

I. Leistungspflicht des Kreditinstituts, I. Der Kontovertrag gibt dem Kreditinstitut Rechte und Pflichten wie jeder schuldrechtliche gegenseitige Vertrag. Dabei haben die AGB der Bank usw. eine zentrale Bedeutung. Wirksame Einzelabreden haben Vorrang. Alle diese Fakten bestimmen zusammen mit hilfsweise geltendem Gesetzesrecht vor allem des BGB die Art, den Ort und den Zeitpunkt einer Leistungspflicht der Bank usw. I bestätigt das mit den Worten „im Rahmen des vertraglich Vereinbarten". Die Vorschrift bringt solche Klärung für das nicht von der formell fortbestehenden Pfändung erfasste Guthaben. Ein deutlich höheres Kontoführungsentgelt ist wegen der gesetzlichen Bankpflicht eine unangemessene Benachteiligung nach § 307 I BGB, BGH NJW 2013, 3163; OLG Ffm NJW 2012, 2121. 1

II normiert eine Auskunftspflicht des Kreditinstituts gegenüber dem Schuldner über das pfändungsfreie Guthaben und das nach Ablauf des laufenden Monats nicht mehr pfändungsfreie Guthaben. III knüpft an § 903 II 3 an und erlegt dem Kreditinstitut auf, dem Schuldner zwei Monate vor dem Zeitpunkt, ab dem es eine vorliegende Bescheinigung nicht mehr berücksichtigen will, Mitteilung zu machen. Vgl. zum Ganzen MüKoZPO/Smid § 908 nF Rn. 1 (Beilage). 2

909 *Datenweitergabe; Löschungspflicht.* **I [1]Das Kreditinstitut darf zum Zwecke der Überprüfung der Richtigkeit der Versicherung nach § 850k Absatz 3 Satz 2 Auskunfteien mitteilen, dass es für den Kontoinhaber ein Pfändungsschutzkonto führt. [2]Nur zu diesem Zweck dürfen die Auskunfteien diese Angabe verarbeiten und sie nur auf Anfrage anderer Kreditinstitute an diese übermitteln. [3]Die Verarbeitung zu einem anderen Zweck ist auch mit Einwilligung des Kontoinhabers unzulässig.**

II [1]Wird das Pfändungsschutzkonto für den Kontoinhaber nicht mehr geführt, hat das Kreditinstitut die Auskunfteien, die nach Absatz 1 Satz 1 eine Mitteilung erhalten haben, unverzüglich zu unterrichten. [2]Die Auskunfteien haben nach Erhalt dieser Unterrichtung die Angabe über die Führung des Pfändungsschutzkontos unverzüglich zu löschen.

§ 909 betrifft Auskunftsbefugnisse und Auskunftspflichten des Kreditinstituts gegenüber Auskunfteien. Das Kreditinstitut darf Auskunfteien mitteilen, dass ein Schuldner ein Pfändungsschutzkonto führt, I; sobald das Pfändungsschutzkonto nicht mehr für diesen Schuldner geführt wird, müssen diese Auskunfteien darüber unterrichtet werden, II. Vgl. auch MüKoZPO/Smid § 909 nF Rn. 1 (Beilage). 1

910 *Verwaltungsvollstreckung.* **[1]Die §§ 850k und 850l sowie die Regelungen dieses Abschnitts gelten auch bei einer Pfändung von Kontoguthaben wegen Forderungen, die im Wege der Verwaltungsvollstreckung nach Bundesrecht beigetrieben werden. [2]Mit Ausnahme der Fälle des § 850k Absatz 4 Satz 1, des § 904 Absatz 5 und des § 907 tritt die Vollstreckungsbehörde an die Stelle des Vollstreckungsgerichts.**

§ 910 erstreckt den Geltungsbereich der Vorschriften über das Pfändungsschutzkonto (§§ 850k, 850l, 899–909) auf die Verwaltungsvollstreckung nach Bundesrecht. Für die Erstreckung des Geltungsbereichs auf die Verwaltungsvollstreckung nach Landesrecht fehlt es an der erforderlichen Gesetzgebungskompetenz des Bundes. Die bisherige landesrechtliche Praxis, nach der auch Forderungen, die im Wege der Verwaltungsvollstreckung nach Landesrecht dem Pfändungsschutz der ZPO unterstellt werden, bleibt indes unberührt. S. 2 weist die Kompetenzen des Vollstreckungsgerichts mit definierten Ausnahmen der jeweiligen Vollstreckungsbehörde zu. Vgl. im Einzelnen MüKoZPO/Smid § 910 nF Rn. 1 (Beilage). 1

911-915h *(aufgehoben)*

Abschnitt 5. Arrest und einstweilige Verfügung

Vorbemerkung zu § 916

Schrifttum: Ahrens, Der Wettbewerbsprozess, 8. Aufl. 2016; Ahrens/Spätgens, Einstweiliger Rechtsschutz und Vollstreckung in UWG-Sachen, 4. Aufl. 2001; Bandel, Einstweiliger Rechtsschutz im Schiedsverfahren, 2000; Berger (Hrsg.), Einstweiliger Rechtsschutz im Zivilrecht, 2006; Bergmann, Der einstweilige Rechtsschutz (rechtsvergleichend: Spanien), 2007; Berneke, Die einstweilige Verfügung in Wettbewerbssachen, 4. Aufl. 2018; Beys, Einstweilige Verfügungen an der Grenze der akademischen Freiheit, FS Schumann, 2001, 43; Bopp, Die einstweilige Verfügung in Patentsachen, FS Helm, 2002; Bräuer AnwBl 2008, 627; Clemenz NZA 2007, 64 (Arbeitsrecht); Crückeberg, Vorläufiger Rechtsschutz, 5. Aufl. 2015; Dose/Kraft, Einstweiliger Rechtsschutz in Familiensachen, 4. Aufl. 2018; Ebert, Einstweiliger Rechtsschutz in Familiensachen, 2. Aufl. 2005; Ehrenzeller, Der vorläufige Rechtsschutz im internationalen Verhältnis, 2005; van Els, Das Kind im einstweiligen Rechtsschutz im Familienrecht, 2000; Enders/Börstinghaus (Hrsg.), Einstweiliger Rechtsschutz, 3. Aufl. 2016; Finkelnburg/Dombert/Külßmann, Vorläufiger Rechtsschutz im Verwaltungsstreitverfahren, 7. Aufl. 2017; Franz/Göpner BauR 2018, 557 (Bauvertrag); Gräbig, Streitgegenstand und Antragsfassung bei Unterlassungsansprüchen im Presse- und Äußerungsrecht, GRUR 2020, 1044; Heinze, Die Leistungsverfügung, FG 50 Jahre Bundesgerichtshof, 2000, III 569; ders., Einstweiliger Rechtsschutz im europäischen Immaterialgüterrecht, 2007; Henke, Kollektiver Verbraucherschutz durch einstweilige Verfügung nach der Verbandsklagen-RL, VuR 2021, 137; Kirchheim, Der einstweilige Rechtschutz im Unterhaltsrecht, Diss. Münster 2001; Klevemann (Hrsg.), Anwalts-Handbuch Einstweiliger Rechtschutz, 2. Aufl. 2013; Knothe, Einstweiliger Rechtsschutz im spanischen und deutschen Zivilprozess, 1999; König, Einstweilige Verfügungen im Zivilverfahren, 5. Aufl. 2017; Kofmel Ehrenzeller, Der vorläufige Rechtsschutz im internationalen Verhältnis, 2005; Korinth, Einstweiliger Rechtsschutz im Arbeitsgerichtsverfahren, 4. Aufl. 2015; Kurtz, Grenzüberschreitender einstweiliger Rechtsschutz im Immaterialgüterrecht, 2004; Leicht, Die einstweilige Verfügung, 2003; Mankowski JZ 2005, 1144 (Grdz.); Pansch, Die einstweilige Verfügung zum Schutze des geistigen Eigentums im grenzüberschreitenden Verkehr, 2003; Petersenn/Peters, Das Äußerungsrecht im UWG, NJW 2021, 725; Scheef, Der einstweilige Rechtsschutz (rechtsvergleichend), 2000; Scheffler/Willemsen, Anwaltshandbuch des einstweiligen Rechtsschutzes, 2. Aufl. 2013; Scherer (Hrsg.), Einstweiliger Rechtsschutz im internationalen Sport?, 1999; Schneider, Die Leistungsverfügung im niederländischen, deutschen und europäischen Zivilprozessrecht, 2012 (rechtsvergleichend); Schumann, Kein Geheimverfahren bei einstweiligen Verfügungen in Pressesachen, JZ 2019, 398; Schuschke/Walker/Kessen/Thole, Vollstreckung und Vorläufiger Rechtsschutz, 7. Aufl. 2020; Stock, Einstweiliger Rechtsschutz bezüglich des Anspruchs auf Zugewinnausgleich und bezüglich dessen Kautionsanspruchs, Diss. Münster 2001/2002; Tempel, Mustertexte zum Zivilprozess, Bd. II: Arrest, einstweilige Verfügung, 8. Aufl. 2018; Teplitzky, Wettbewerbsrechtliche Ansprüche und Verfahren, 12. Aufl. 2019; Weinert, Vollstreckungsbegleitender einstweiliger Rechtsschutz, 2007; Werner/Pastor, Der Bauprozess, 17. Aufl. 2020; Wiesnet, Der amtsgerichtliche Bereitschaftsdienst, 2009.

1 **I. Systematik.** Der Abschnitt 5 „Arrest und einstweilige Verfügung" passt nicht in das Buch 8, er ist hier systemwidrig BVerfG NJW 1978, 693 (zu § 198 II SGG). Zur Zwangsvollstreckung gehört nur die Arrestvollstreckung entsprechend der eines Urteils. Das Arrestverfahren, der Arrestprozess und das Anordnungsverfahren nach §§ 916–927 stellen ein besonders geregeltes, abgekürztes und einstweiliges Erkenntnisverfahren dar, BAG NZA 2013, 447. Es handelt sich um eine besondere Verfahrensart. Da sich das allgemeine Erkenntnisverfahren wegen der Wahrung des Rechts auf Gehör vor Gericht für sofort zu erlassende Entscheidungen nicht eignet, ist in §§ 916 ff. ein weitgehend eigenständig geregeltes Eilverfahren vorgesehen, Anders/Gehle Assessorexamen ZivilR T Rn. 1. Es wird selbständig gegenüber dem Hauptsacheverfahren geführt. Verfassungsrechtliche Grundlage des einstweiligen Rechtsschutzverfahrens ist der Justizgewährungsanspruch, BVerfG NZA 2015, 1403; NJW 1995, 3173; → Einl. II Rn. 11. Das vorläufige Rechtsschutzverfahren bildet gegenüber dem Hauptsacheverfahren ein selbständiges Verfahren, das selbständig mit der Verfassungsbeschwerde angegriffen werden kann, BVerfG NJW 1976, 1680. Das gilt sogar gegenüber dem gleichzeitigen Hauptsacheverfahren, Ffm MDR 1984, 58, Köln GRUR 1988, 646. Zur Vorlage nach Art. 100 I GG BVerfG NJW 1978, 693. Nach § 928 sind zwar grundsätzlich die Vorschriften zur Zwangsvollstreckung entsprechend anwendbar, aber nur für die Vollziehung nach §§ 929 ff. nicht für das Verfahren auf den Erlass. Für dieses Erkenntnisverfahren sind zumindest die Vorschriften des Buchs 1 anwendbar, teilweise auch diejenigen des Buchs 2, soweit eben nicht das Eilverfahren vorrangige Sonderregeln enthält, BAG NZA 2013, 447. §§ 49 ff., 119, 214, 226, 247, 248 FamFG regeln als vorrangige Spezialvorschriften die einstweilige „Anordnung" in den dort jeweils genannten FamFG-Sachen. Das gilt auch in den in § 95 I Nr. 1–5 FamFG genannten Fällen.

2 Europarecht kann auch beim vorläufigen Rechtsschutz Vorrang haben. Das nationale Gericht darf solchen Schutz beim Gemeinschaftsrecht nur unter besonderen Voraussetzungen gewähren, Rodríguez Iglesias NJW 2000, 1893 (Grdz.).

3 **II. Regelungszweck.** Der in §§ 916–945b geregelte einstweilige Rechtsschutz soll eine Gefährdung der Rechtsstellung des Gläubigers vor Abschluss des Hauptsacheverfahrens verhindern; er soll also die Pflicht zur Justizgewährung dadurch erfüllen, dass die Entscheidungsfähigkeit im Hauptverfahren offengehalten wird, MüKoZPO/Drescher Rn. 5; Musielak/Voit/Huber § 916 Rn. 1. Eine solche Gefährdung kann durch Zeitablauf bis zum Erlass des Urteils entstehen, sei es durch Insolvenz oder durch andere Vereitlungshandlungen des Schuldners, sei es durch Eintritt vollendeter Tatsachen (zB Wettbewerbsverstoß auf zeitlich begrenzter Messe). Die Rechtsfolgen können existenzgefährdend sein trotz der Möglichkeit des Schadensersatzanspruchs nach § 945, wenn schwere Nachteile nicht durch diese Schadensersatzpflicht aufgefangen werden können, BVerfG NJW 2020, 3023. Einstweiliger Rechtsschutz ist deshalb zu gewähren, wenn sonst dem Antragsteller eine erhebliche, über Randbereiche hinausgehende Verletzung seiner Rechte droht, die durch die Entscheidung in der Hauptsache nicht mehr beseitigt werden kann, BVerfG NJW 1995, 2477. Der einstweilige Rechtsschutz schließt somit eine zeitliche Lücke zwischen privater Selbsthilfe und der Rechtsdurchsetzung aufgrund eines in einem ordentlichen Verfahren ergangenen Urteils, MüKoZPO/Drescher Rn. 1 mwN.

Gewährt wird der einstweilige Rechtsschutz durch Arrest (§§ 916–934) und einstweilige Verfügung (§§ 935 ff.). Jede der beiden Arten dient eigenen Zwecken, Gaul KTS 2007, 137 (Grdz.). Während der Arrest auf die Sicherung von Geldforderungen gerichtet ist, sollen durch die einstweilige Verfügung sonstige Ansprüche gesichert werden, Köln VersR 1996, 733; Schuschke/Walker/Kessen/Thole Rn. 11. Es handelt sich aber nicht um zwei verschiedene Eilverfahren, sondern um die beiden Ausprägungen eines einheitlichen einstweiligen Rechtsschutzverfahrens, wie sich aus der Verknüpfung durch § 936 oder durch die gemeinsamen Regelungen der §§ 943 – 945 ergibt, MüKoZPO/Drescher Rn. 34. Gemeinsam ist die Vorläufigkeit der Prüfung und der daraus folgenden Anordnung. Das rechtliche Gehör ist trotz seiner grundlegenden Bedeutung nach Art. 103 I GG auch in Anbetracht der Rechtsprechung des BVerfG zur prozessualen Waffengleichheit (zB BVerfG NJW 2022, 1083 = GRUR 2022, 429 Rn. 26 ff.; NJW 2021, 615 Rn. 18 ff.; NJW 2020, 3023 Rn. 20 ff.; NJW 2020, 2021 Rn. 16; NJW 2018, 3631 Rn. 14 ff.; → § 937 Rn. 7 ff.) nicht unerheblich eingeschränkt, um ein Eilbedürfnis des Antragstellers zu befriedigen. Der einstweilige Rechtsschutz ist inhaltlich und begrifflich vom vorläufigen Rechtsschutz zu trennen, der einen noch abänderbaren oder aufhebbaren Rechtsschutz darstellt und nur inhaltlich und vollstreckungsrechtlich uneingeschränkt durchsetzbaren Rechtsschutz bietet. Verfahrenszweck von Arrest und einstweiliger Verfügung ist hingegen, einen Zustand zu sichern, bevor Veränderungen die Rechtsverwirklichung durch ein Urteil im ordentlichen Verfahren verhindern oder erschweren. Es geht also um die Sicherung durch Offenhaltung der Entscheidungsfähigkeit im Hauptverfahren, MüKoZPO/Drescher Rn. 7; Heinze, Der einstweilige Rechtsschutz im Zahlungsverkehr der Banken, S. 18. Beschlüsse im einstweiligen Rechtsschutzverfahren entscheiden zwar nicht über das (endgültige) Bestehen, wohl aber über die Sicherung eines Anspruchs. Der Grundsatz der Rechtsicherheit gebietet den Schutz der Endgültigkeit dieser Entscheidung. Aus diesem Grund kann ein abgelehnter Antrag nicht erneut gestellt werden, es sei denn er stützt sich auf neue Tatsachen oder neue Mittel der Glaubhaftmachung, Ffm BeckRS 2021, 18765; MüKoZPO/Drescher Rn. 28 ff. 4

1. Arrest. Der Arrest sichert eine künftige Zwangsvollstreckung in das bewegliche und unbewegliche Vermögen wegen einer im ordentlichen Rechtsweg durchsetzbaren Geldforderung, BGH NJW 2014, 2733; Düss FamRZ 1994, 113. Es reicht nach § 916 auch ein solcher Anspruch, der in eine entsprechende Geldforderung übergehen kann, also ein Vermögenswert. Unerheblich ist dabei, ob ein materiell-rechtlicher Anspruch auf eine Sicherheitsleistung besteht. Der Zweck des Arrestes besteht darin, die Rechtsverwirklichung durch ein Hauptverfahren zu sichern, und nicht darin – wie es der Wortlaut glauben macht, → § 916 Rn. 1 – die Zwangsvollstreckung zu sichern. Es geht vielmehr um die Sicherung der tatsächlichen Voraussetzungen für eine spätere Zwangsvollstreckung, MüKoZPO/Drescher § 916 Rn. 2; Schuschke/Walker/Kessen/Thole Rn. 3. Statthaft ist ein Arrest bei einer Schiedsgerichtsvereinbarung, denn nach § 1033 schließt die Schiedsvereinbarung vorläufige oder sichernde Maßnahmen durch das Gericht nicht aus, Ffm NJOZ 2021, 59. Dies gilt selbst dann, wenn in der Schiedsvereinbarung ausdrücklich die Möglichkeit vorgesehen ist, eine einstweilige Anordnung des Schiedsgerichts erlangen zu können, da der staatliche Rechtschutz im einstweiligen Verfügungsverfahren parallel und unabhängig zum Schiedsverfahren verläuft, Ffm BeckRS 2019, 27715. Der Arrest bezweckt nicht die Aufklärung der Vermögensverhältnisse des Schuldners, BGH NJW 1977, 1199. Schon gar nicht dient er grundsätzlich der endgültigen Befriedigung, BGH NJW 2014, 2733. 5

2. Einstweilige Verfügung. Die einstweilige Verfügung dient unterschiedlichen Zwecken. Einerseits dient sie der Sicherung eines Individualanspruchs, eines Anspruchs auf eine gegenständliche Leistung nach § 935 (Sicherungsverfügung), LG Ffm NJW 1981, 56. Sie dient andererseits der Regelung eines einstweiligen Zustands in Bezug auf ein streitiges Rechtsverhältnis nach § 940 (Regelungsverfügung), Jauernig ZZP 79, 321. Für den Hauptanspruch muss nach § 13 GVG der ordentliche Rechtsweg offenstehen. Soweit der Arrest zulässig ist, ist eine einstweilige Verfügung unstatthaft, Düss FamRZ 1980, 1116, außer bei einem Anspruch, der zwar in eine Geldforderung übergehen kann, aber noch nicht übergegangen ist. Eine Umdeutung ist nur ausnahmsweise zulässig. Ausnahmsweise hat die gerichtliche Praxis für bestimmte Fallgruppen auch eine einstweilige Verfügung zugelassen, die zu einer vorläufigen Befriedigung des Antragstellers (Gläubigers) führt, die sog. Leistungsverfügung, → Rn. 13. 6

III. Geltungsbereich. §§ 916 ff. gelten umfassend; so zB im Schiedsgerichtsverfahren, da die Vorschrift des § 1033 auch auf Verfahren des einstweiligen Rechtsschutzes im Sinne des Prozessrechts wie Arrest und einstweilige Verfügung anzuwenden ist, BGH NJW-RR 2020, 147; Wolf DB 1999, 1101; → § 1033 Rn. 7. Das Schiedsgericht ist jedoch nicht gezwungen, sich am Katalog des für staatliche Gerichte in den §§ 916 ff., §§ 935 ff. vorgesehenen Rechtsschutz zu orientieren, Gaier SchiedsZV 2021, 7 (11). §§ 916 ff. gelten auch im WEG-Verfahren, Abramenko ZMR 2010, 329; Klimesch ZMR 2010, 427 (je: Grdz.). Abschnitt 5 gilt nach §§ 62 II, 85 II ArbGG auch im arbeitsgerichtlichen Verfahren, LAG Hamm DB 1977, 1420; Clemenz NZA 2007, 64 (Grdz.). Zuständig ist dort das ArbG. In einem dringenden Fall nach § 942 und nach § 919 ist daneben das AG zuständig. Ein ähnliches Verfahren kennt für Steuersachen §§ 324 ff. AO, BGH NJW 1991, 2147; BFH DB 1983, 1854; Bruschke BB 1996, 81. Vgl. ferner § 86b II 4 SGG, LSG Essen FamRZ 2009, 257. § 89 I InsO verbietet nur den Arrestvollzug, nicht schon den Erlass des Arrests während des Insolvenzverfahrens, aM Düss FamRZ 2006, 286. Dasselbe gilt für eine einstweilige Verfügung auf die Eintragung einer Vormerkung. Wegen der einstweiligen Anordnung des BVerfG § 32 BVerfGG. Zum Patentverfahren Böhler GRUR 2011, 965 (Grdz.). Wegen des Arrests im Strafverfahren vgl. § 111e ff StPO; zum alten Recht vor Änderung des Rechts zur Vermögenseinziehung, § 111b ff StPO: BGH NJW 2000, 2027; Celle ZIP 2007, 2336. § 111h II 1 STPO steht einer Arrestpfändung entgegen, soweit die StA den Vermögensarrest in einen Gegenstand des Vermögens des Antragsgegners vollzogen hat, da dies die Einzelzwangsvollstreckung hindert, Mü NZI 2021, 1035 Rn. 13. Zulässig ist sie jedoch, soweit die StA die Forderung gegen den Dritten nicht gepfändet hat, Köllner NZI 2021, 1035 (Anm.). Im Verwaltungsgerichtsverfahren gelten §§ 916 ff. nach § 123 I, III VwGO entsprechend, OVG Kblz NVwZ 2017, 1556; OVG Münst NVwZ-RR 2015, 191; VG Hmb NVwZ 2016, 484. Zum EuKoPfVODG s. §§ 946 ff. 7

Arrest in Seeschiffe, dazu Drews RdtW 2019, 1; Looks TranspR 2006, 133 (Grdz.); Nieschulz, Der Arrest in Seeschiffe (rechtsvergleichend), 1997: Es gilt das Internationale Übk. v. 10.5.52, BGBl. 1972 II 655, insbesondere Art. 6 II, in Kraft seit 6.4.1973, Bek. v. 8.3.1973, BGBl. 1973 II 172, für Polen gemäß Bek. v. 22.9.1976, BGBl. 1976 II 1702, Tonga, Bek. v. 19.12.1978, BGBl. 1979 II 20, Italien, Bek. v. 10.1.1980, BGBl. 1980 II 52, Salomonen, Bek. v. 30.12.1981, BGBl. 1982 II 69, Togo, Bek. v. 10.3.1982, BGBl. 1982 II 295, Niederlande 8 (einschl. Niederländische Antillen), Bek. v. 21.3.1983, BGBl. 1983 II 240, Kuba, Bek. v. 14.2.1984, BGBl. 1984 II 209, berichtigt 276, Côte d'Ivoire, Bek. v. 26.6.1989, BGBl. 1989 II 624, Dänemark (ohne Faröer und Grönland), Irland, Luxemburg, Marokko, St. Lucia, Bek. v. 4.11.1991, BGBl. 1991 II 1129, Slowenien, Bek. v. 7.3.1994, BGBl. 1994 II 399, Guinea, Rumänien, Bek. v. 11.1.1996, BGBl. 1996 II 239, Finnland, Bek. v. 4.3.1996, BGBl. 1996 II 376, Norwegen, Bek. v. 6.5.1996, BGBl. 1996 II 935, Russische Föderation, Bek. v. 12.4.2001, BGBl. 2001 II 532, Namibia, Bek. v. 6.6.02, BGBl. 2002 II 1682, Litauen, Bek. v. 9.10.2002, BGBl. 2002 II 2802, Kamerun, Grenadinen, Spanien (Kündigung), Bek. v. 29.12.2011, BGBl. 2012 II 93, Ukraine, Bek. v. 29.2.2012, BGBl. 2012 II 206. Vgl. ferner § 35 SVertO idF der Bek. vom 23.3.1999 BGBl. I 530, ber. 2000 I 149. Danach sind §§ 916 ff. grundsätzlich anwendbar, aM Looks TranspR 2006, 136 (Vorrang vor § 917 II.)

9 Wegen Eisenbahnen Art. 56 CIM, 52 CIV. Bei der Deutschen Genossenschaftsbank besteht eine Arrestbeschränkung. §§ 916 ff. sind nach § 198 II SGG unanwendbar in SGG-Sachen (vielmehr gilt evtl. § 123 VwGO entsprechend, BVerfG NJW 1978, 693). Ein Arrestverbot besteht nach § 3 S. 3 FMStG idF Art. 1 Nr. 2a G v. 7.4.2009, BGBl. I 725.

10 **IV. Abgrenzung zum Verfahren in der Hauptsache.** Gegenüber dem Hauptsacheverfahren bildet das einstweilige Rechtsschutzverfahren ein selbständiges Verfahren, BVerfG NJW 1976, 1680.

11 **1. Grundsatz.** Mit dem einstweiligen Rechtsschutzverfahren betreibt der Gläubiger ein vorläufiges, auf summarischer Prüfung beruhendes Verfahren zur Sicherung des Anspruchs oder zur einstweiligen Regelung eines Rechtsverhältnisses, Kblz NJW-RR 2013, 234; Abramenko ZMR 2010, 332. Streitgegenstand ist deshalb nicht dieser Anspruch oder dieses Rechtsverhältnis, sondern der prozessuale Anspruch auf Sicherung der Rechtsstellung im Hauptverfahren und damit der Zwangsvollstreckung, BGH NJW 1980, 191; Schuschke/Walker/Kessen/Thole Rn. 22; MüKoZPO/Drescher Rn. 13; Musielak/Voit/Huber § 916 Rn. 3; → Rn. 19. Mit Eingang des Antrags bei Gericht wird das Verfahren rechtshängig. Die Rechtsfolgen der Rechtshängigkeit bestehen aber nur gegenüber anderen einstweiligen Rechtsschutzverfahren, nicht gegenüber dem Hauptsacheverfahren; dh der zu sichernde Anspruch selbst wird nicht rechtshängig, BGH NJW 1980, 191; Jena GmbHR 2015, 1267; MüKoZPO/Drescher Rn. 13. Wegen der unterschiedlichen Streitgegenstände sind einstweiliges Rechtsschutzverfahren und Hauptsacheverfahren nebeneinander möglich, was sogar ausdrücklich in § 926 geregelt ist. Das Rechtsschutzbedürfnis kann unabhängig vom Hauptprozess oder seinem Fehlen vorliegen. Vorläufige Maßnahmen lassen sich auf einen Widerspruch nach § 924 und wegen veränderter Umstände nach § 927 und bei der einstweiligen Verfügung nach § 936 aufheben. Unter den Voraussetzungen des § 945 verpflichten sie die Partei zum Schadensersatz, die die Maßnahmen veranlasst hat.

12 Die gerichtliche Maßnahme im Eilverfahren bedeutet also grundsätzlich kein endgültiges Ergebnis, BGH NJW 1977, 1199; Hmb GRUR-RR 2007, 29. Sie darf daher die Erledigung der Hauptsache grundsätzlich nicht vorwegnehmen, VerfGH Bln NZM 2011, 315; Köln BB 1998, 2131. Sie darf dem Antragsteller schon gar nicht mehr geben, als sich im Hauptsacheverfahren erreichen ließe, ArbG Düss DB 1983, 2093; Kesseler/Klages FamRZ 2001, 1193 (Grdz.). Der Gläubiger kann zeitgleich mit oder nach dem einstweiligen Verfügungsverfahren den gesicherten Anspruch im ordentlichen Verfahren einklagen, selbst wenn die einstweilige Verfügung schon vollstreckt ist.

13 **2. Ausnahmen.** Trotz des vorläufigen Charakters auch der einstweiligen Verfügung haben die Gerichte weitgehend aus einer praktischen Notwendigkeit heraus ausnahmsweise die vorläufige Regelung einer Befriedigung des Gläubigers zugelassen, BGH WM 2018, 333; Hamm NJW-RR 2016, 1112; Kblz NJW-RR 2013, 234. Sie haben ein summarisches Erkenntnisverfahren entwickelt, wenn andere erfolgversprechende Maßnahmen nicht zumutbar oder nicht rechtzeitig erreichbar sind, KG ZMR 2013, 181; Mü VersR 2010, 755 (Krankentagegeld); LG Hmb ZMR 2008, 326; Abramenko ZMR 2010, 332 (WEG). Die Nachteile des Abwartens müssen aber im Vergleich zu den Nachteilen des Gegners unverhältnismäßig groß, ja irreparabel sein, Oldb VersR 2011, 1256 (nicht bei Sozialhilfe); Brdb GRUR-RR 2002, 399. Es muss eine besonders schwere und existentielle Rechtsbeeinträchtigung drohen, Hmb GRUR-RR 2007, 29; LG Ffm ZMR 2014, 904 (schwere Straftat); LG Hmb ZMR 2015, 28 (gesundheitsgefährdender Schimmel in Mietwohnung).

14 Eine solche sog. Leistungsverfügung (Befriedigungsverfügung) ist im Unterhaltsrecht entwickelt worden und dient heute vor allem vorläufige Regelungen des nicht unter das FamFG fallenden vertraglichen Unterhalts, soweit es sich dabei um die Befriedigung dringender Lebensbedürfnisse handelt, (je zum alten Recht) Brdb NJW-RR 2002, 1127; Düss FamRZ 1994, 113; Gaul FamRZ 2003, 1143; aM Hmb FamRZ 1981, 161 (für eine Übergangszeit voller angemessener Unterhalt).

15 Darüber hinaus kann die Leistungsverfügung jeden materiell-rechtlichen Anspruch auf Handlung, Duldung oder Unterlassen erfassen. Auch dort kann sie zu einer teilweisen oder vorläufigen Befriedigung führen. Verbreitet ist sie bei Unterlassungsansprüchen auf dem Gebiet des Gewerblicher Rechtsschutzes zu finden, → § 940 Rn. 19 „Gewerblicher Rechtsschutz – (Unterlassung)“, weil dort ein rascher Zugriff, zB bei Messeverstößen, häufig unumgänglich ist. Unterlassungsgebote können in Wettbewerbssachen erlassen werden, wenn die Entscheidung nur von einer Rechtsfrage abhängt, Ffm WRP 1973, 225. Die Herausgabe einer Sache an den früheren Besitzer kann bei verbotener Eigenmacht angeordnet werden, Kblz MDR 2014, 493. Zur Begrifflichkeit „Leistungsverfügung“ Jauernig ZZP 79, 321. Die Verfügung soll der endgültigen Entscheidung nicht vorgreifen, BAG MDR 2009, 1228; Kblz VersR 2008, 1639; AG Hmb-Blankenese ZMR 2016, 923. Sie hat bei einer Aufhebung für Geldleistungen unter den Voraussetzungen des § 945 die Rückzahlung zur Folge.

16 **3. Besondere Anforderungen.** In Fällen der Leistungs- oder der Befriedigungsverfügung bleibt häufig nur der Ersatzanspruch aus § 945. Daher sind bei der Leistungsverfügung an den Nachweis des Verfügungsgrundes, die Schlüssigkeit und die Glaubhaftmachung besonders hohe Anforderungen zu stellen, BVerfG NJW 2020, 3023; Kblz MDR 2014, 493 (verbotene Eigenmacht); Köln VersR 2013, 1208; Jena MDR 2012, 489 (Notfall). Für den im einstweiligen Verfügungsverfahren geltend gemachten Anspruch muss auch im Hauptsacheverfahren eine hohe Erfolgswahrscheinlichkeit bestehen, Kblz VersR 2008, 1639.

17 Kaum ausreichend ist zB die eidesstattliche Versicherung der Partei, sie komme sonst in Bedrängnis. Vielmehr ist ein schwerwiegender Nachteil darzulegen, der auch nicht durch die Schadensersatzpflicht nach § 945 aufgefangen werden kann, BVerfG NJW 2021, 3023. Nicht ausreichend ist schon wegen des Ausforschungsverbots das Bestreben, ein in den Händen des Prozessgegners befindliches Beweismittel schon vor dem Beginn des

Hauptprozesses einzusehen, LG Karlsr VersR 1982, 1165. Ähnliches gilt bei einer angeordneten Duldung und beim Beseitigungsanspruch. Hier und bei einem Unterlassungsanspruch oder Duldungsanspruch hat das Gericht stets zu prüfen, ob nicht geringere Maßnahmen genügen, LG Gött MDR 1980, 324. Denn die Wirkung des Eilverfahrens soll hinter der eines Hauptprozesses zurückbleiben, Düss MDR 2009, 1036. Das kann unter besonderen Verhältnissen auch bei einem nicht auf Besitzstörung beruhenden Herausgabeanspruch so sein, Köln NJW-RR 1997, 57 (einstweilige Verfügung mit Befriedungstendenz), oder bei der Gestaltung eines Rechtsverhältnisses.

V. Andersartige vorläufige Regelungen. Keine einstweiligen Verfügungen, sondern Anordnungen im Prozess sind die Einstellung der Zwangsvollstreckung und die einstweilige Anordnung nach §§ 49 ff. FamFG. Soweit eine solche einstweilige Anordnung statthaft ist, fehlt wegen ihres Vorrangs als Sonderregel meist das stets für einen Arrest wie für eine einstweilige Verfügung erforderliche Rechtsschutzbedürfnis. Andersartig, wenn auch ähnlich, ist die Regelung nach der VO (EU) Nr. 655/2014 (EuKoPfVO), abgedruckt in → Vor § 946, nebst ihrem EuKoPfVODG. 18

VI. Streitgegenstand. Streitgegenstand des einstweiligen Rechtsschutzverfahrens ist die Zulässigkeit einer auch zwangsweisen einstweiligen Regelung oder Sicherung des materiell-rechtlichen Anspruchs, → Rn. 11, Ffm FamRZ 1989, 297; Hamm MDR 1987, 589; Menne FamRZ 2004, 8. Streitgegenstand ist hingegen nicht der materiell-rechtliche Anspruch selbst. Er wird deshalb auch nicht rechtshängig. Er nimmt auch nicht an einer materiellen Rechtskraft einer Entscheidung in diesem Verfahren teil. Deshalb bezieht sich ein Anerkenntnis nach § 307 im Zweifel nur auf diesen Streitgegenstand, Hamm Rpfleger 1986, 310; Mü MDR 1986, 681. Dieselbe Begrenzung gilt für eine Erledigungserklärung nach § 91a, Hamm MDR 1987, 589. Deshalb ist auch ein vorläufiges Verfahren nach dem Eintritt der formellen Rechtskraft der Entscheidung des Hauptprozesses nach § 705 nicht mehr zulässig. Allgemein zum Streitgegenstand → § 253 Rn. 26 ff. 19

VII. Verfahren. Das Verfahren des Arrestes und der einstweiligen Verfügung ist nicht vollständig geregelt, so dass im Einzelfall auf die Vorschriften für das ordentliche Verfahren zurückgegriffen werden muss, Schuschke/Walker/Kessen/Thole Rn. 10; MüKoZPO/Drescher Rn. 10; Musielak/Voit/Huber § 916 Rn. 9. 20

1. Verfahrensgrundsätze. Das einstweilige Rechtsschutzverfahren (Arrest und einstweilige Verfügung) ist ein summarisches Verfahren, in dem das Gericht zu prüfen hat, ob die Rechtsstellung des Antragstellers gesichert werden kann. Hauptkennzeichen dieses Verfahrens sind die grundsätzliche Entbehrlichkeit einer mündlichen Verhandlung im Beschlussverfahren nach § 937 II und die Entbehrlichkeit der vollen Beweisführung. An ihre Stelle tritt die bloße Glaubhaftmachung nach § 920 II. § 15a EGZPO ist beim alleinigen Eilantrag unanwendbar. 21

Die Entscheidung ergeht jeweils nach einer beschleunigten, summarischen Prüfung. Davon abgesehen unterliegt das Eilverfahren den für das Hauptverfahren geltenden Vorschriften nach §§ 128 ff., 253 ff. 22

Vorrang haben jedoch die Abweichungen nach §§ 916 ff., Jestaedt GRUR 1981, 153, oder die sich aus der Natur des Verfahrens ergeben, Düss NJW 1982, 2452. Die Prozessvoraussetzungen müssen wie in einem ordentlichen Verfahren vorliegen, Hamm MDR 1997, 972. Der Arrestgrund nach § 917 stellt zwar eine Form des Rechtsschutzinteresses dar, ist aber keine Zulässigkeitsvoraussetzung. Das Arrestgericht hat den Eilantrag also beim Fehlen des Arrestgrundes als unbegründet und nicht etwa als unzulässig abzuweisen, Ffm NJW 2002, 903; MüKoZPO/Drescher § 917 Rn. 2; Zöller/Vollkommer § 917 Rn. 1 Thomas/Putzo/Seiler § 916 Rn. 3; → § 917 Rn. 5. In einer Handelssache ist die Kammer für Handelssachen zuständig, LG Oldb NJW-RR 2002, 1724. Ist das ArbG für die Hauptsache zuständig, so auch für das vorläufige Verfahren. § 17a GVG ist anwendbar. 23

2. Keine Aussetzung oder Unterbrechung. Mit Rücksicht auf den Eilcharakter dieses Verfahrens verbietet sich sowohl im Anordnungs- als auch im Aufhebungsverfahren grundsätzlich eine Aussetzung, KG NJW-RR 2019, 1344; Ffm OLGZ 1994, 245; Mü OLGZ 1988, 232; Hamm FamRZ 1987, 1189; Zöller/Vollkommer Rn. 7; aM Düss NJW 1985, 1967. Etwas anderes gilt im vorläufigen Rechtschutzverfahren vor den Verwaltungsgerichten; dort ist sogar eine Zurückverweisung möglich, wenn im Rechtsmittelverfahren die Sache für den Senat noch nicht entscheidungsreif ist, so dass iSv § 130 II VwGO, der im Eilverfahren entsprechend anzuwenden ist, eine weitere Verhandlung erforderlich ist, OVG Münst NJW 2021, 1483 = NVwZ-RR 2021, 422; VGH Mü BeckRS 2014, 51313. 24

Das ist auch dann nicht anders, wenn die Aussetzung im Hauptprozess nicht eine Ermessensfrage ist, sondern wenn sie zB nach § 96 GWB gesetzlich notwendig ist. Der kartellrechtliche Einwand des Antragsgegners ist dann unbeachtlich. Das Arrestgericht muss es dem Antragsgegner vielmehr überlassen, seinerseits nach § 56 GWB eine einstweilige Anordnung der Kartellbehörde mit dem Inhalt des § 17 GWB zu erwirken, nachdem er nach §§ 936, 926 den Antragsteller zu einer solchen Klage gezwungen hat, die dann wegen § 96 II GWB zur Aussetzung führt, aM Stein/Jonas/Grunsky Rn. 26 (das Arrestgericht müsse in einer entsprechenden Anwendung von § 926 dem Gläubiger die Einholung einer Entscheidung des Kartellamts aufgeben und andernfalls den Arrest aufheben). 25

Mit Rücksicht auf die Eilbedürftigkeit einstweiliger Verfügungen muss man auch eine Vorlagepflicht nach Art. 177 III EGV verneinen, Ffm OLGZ 1994, 245; Mankowski JR 1993, 406 (ausf.); Stein/Jonas/Grunsky Rn. 27 und wegen Art. 85 EWGV, Ffm NJW-RR 1990, 190. Zudem handelt es sich hier meist nicht um eine mit den Rechtsmitteln des innerstaatlichen Rechts nicht mehr anfechtbare Entscheidung. Immerhin kann eine Aussetzung zB bei einer Anwendbarkeit von Völkerrecht notwendig sein, Ffm Rpfleger 1982, 302. Eine Vorlage nach Art. 100 I GG ist aber zulässig, BVerfG NJW 1983, 1179. Zum EU-Recht auch Brinker NJW 1996, 2851. 26

Trotz des Eilcharakters finden die Vorschriften über Unterbrechung und Aussetzung nach §§ 239 ff. (mit Ausnahme der §§ 246, 247) auf Arrest und einstweilige Verfügung Anwendung, BGH NJW 2004, 1388; NJW 1962, 591; Zöller/Greger Vor § 239 Rn. 4; → Vor § 239 Rn. 5. 27

Trotz des Eilcharakters muss das Gericht auch im einstweiligen Verfügungsverfahren das anwendbare ausländische Recht von Amts wegen ermitteln und darf daher den Antrag nicht mit der Begründung zurückweisen, deutsches Recht sei nicht anwendbar, BGH NZG 2017, 546; Düss GRUR 2020, 204. § 293 ist nämlich auch im Eilverfahren nach §§ 916 ff., 935 ff. anwendbar, KG NJW 2007, 705; → § 293 Rn. 9. Lässt sich im Eilverfahren der Inhalt des ausländischen Rechts nicht einmal summarisch ermitteln, ist der Fall äußerst hilfsweise nach deutschem Recht zu entscheiden, Düss GRUR 2020, 204; Köln GRUR-RR 2002, 309. 28

3. Entscheidung. Die im einstweiligen Rechtsschutzverfahren zu treffende Entscheidung ergeht nach § 922 I 1 im Falle der mündlichen Verhandlung durch Endurteil, ohne mündliche Verhandlung durch Beschluss. 29

Im Beschlussverfahren, das wohl in der Praxis wegen der Eilbedürftigkeit den Regelfall darstellt, ist eine schriftliche Anhörung des Gegners möglich, aber nicht nötig. Nach ständiger Rechtsprechung des BVerfG ist jedoch wegen des Grundsatzes der prozessualen Waffengleichheit im Verfahren der einstweiligen Verfügung und selbst dann, wenn eine Verfügung wegen der besonderen Dringlichkeit ohne mündliche Verhandlung ergehen darf, eine Einbeziehung der Gegenseite im Verfahren geboten, BVerfG NJW 2022, 1083 Rn. 26 ff; BeckRS 2021, 5190 Rn. 22 = WRP 2021, 743; NJW 2021, 615 Rn. 22; BeckRS 2020, 13380 = WRP 2020, 1177 Rn. 14 („Ibiza-Videos"); NJW 2020, 3023 Rn. 13; NJW 2020, 2021 Rn. 18 f; NJW 2018, 3631 und 3634. Den Prozessparteien muss gleichermaßen die Möglichkeit eingeräumt werden, alles für die gerichtliche Entscheidung Erhebliche vorzutragen und alle für die Abwehr des gegnerischen Angriffs erforderliche Verteidigungsmittel selbständig geltend zu machen, BVerfG BeckRS 2020, 13380 = WRP 2020, 1177; Petersenn/Peters NJW 2021, 725 (728); Muckel JA 2020, 790. Demnach verlangt auch das Eilverfahren im Regelfall die Einbeziehung der Gegenseite. Dies dürfte aber nur in den Fällen gelten, in denen eine Einbeziehung der Gegenseite möglich ist, ohne die Zielsetzung des einstweiligen Verfügungsverfahrens zu vereiteln. So wird in Fällen, in denen eine Anhörung zeitlich nicht mehr erfolgen kann, ohne dass ein schädigendes Ereignis bereits eintritt -wie zB Veröffentlichungen in Printmedien –, weiterhin als Ausnahmefall auf eine Anhörung verzichtet werden können. Hierbei müsste aber die Handlung der Gegenpartei die Besorgnis der Gefährdung rechtfertigen, BVerfG NJW 2018, 3631; Petersenn/Peters NJW 2021, 725 (728). Im einstweiligen Rechtsschutzverfahren kann auch ein Vergleich über den Hauptsacheanspruch abgeschlossen werden, auch wenn der durch den Vergleich erledigte Rechtsstreit (Streitgegenstand) gar nicht Gegenstand des Eilverfahrens ist. Die stattgebende Entscheidung gibt einen Vollstreckungstitel. Die Entscheidungen des einstweiligen Rechtsschutzes erwachsen in formelle Rechtskraft, soweit keine Rechtsmittel mehr zulässig sind.

30 **Gebühren:** des Gerichts: KV 1410 ff. GKG; des Anwalts: 3100 ff. RVG.

31 **4. Außenwirtschaft.** Nach § 32 I AWG brauchen ein solcher Arrest und eine solche einstweilige Verfügung, die lediglich der Sicherung dienen, keinen Vorbehalt. Vgl. SchlAnh IV.

32 **VIII. Rechtsbehelfe.** Gegen die Entscheidung sind die folgenden Rechtsbehelfe statthaft. Eine Rechtswegbeschwerde ist statthaft, BGH NJW 1999, 3785; Düss WRP 1998, 1091. Zur Verfassungsbeschwerde BVerfG NJW 2004, 3768.

33 **1. Gläubiger.** Gegen einen zurückweisenden Beschluss hat der Gläubiger die sofortige Beschwerde nach § 567 I Nr. 2; Mü NZG 2022, 239 Rn. 7. Gegen ein den Arrest ablehnendes Urteil ist nach §§ 511 ff. die Berufung des Gläubigers statthaft. Das gilt auch dann, wenn das AG einen stattgebenden Beschluss aufhebt.

34 **2. Schuldner.** Gegen den ohne eine mündliche Verhandlung stattgebenden Beschluss ist der Widerspruch des Schuldners nach § 924 zulässig. Er führt ähnlich wie ein Einspruch gegen ein Versäumnisurteil nach § 342 zur Nachprüfung der gesamten Grundlagen. Stets kann der Schuldner nach § 926 einen Antrag auf Aufhebung wegen einer Versäumung der Klagefrist stellen. Ferner kann er nach § 927 einen Antrag auf Aufhebung wegen veränderter Umstände stellen, wegen einer Sicherheitsleistung, wegen der Nichtvollziehung oder aus anderen erheblichen Gründen. Ein solcher Antrag ist auch nach der Bestätigung zulässig. Er führt zur Prüfung der Aufhebungsgründe. Gegen ein den Arrest anordnendes oder bestätigendes Urteil ist die Berufung nach §§ 511 ff. statthaft. Dem Schuldner ist eine sofortige Beschwerde stets versagt. Eine Revision ist im vorläufigen Verfahren nach § 545 zum Schaden der Rechtseinheit unstatthaft. Eine Verfassungsbeschwerde ist zwar von der Erschöpfung des Rechtswegs abhängig. Sie ist aber nicht von einer Anordnung nach §§ 926 I, 936 abhängig, BVerfG NJW 1976, 1680.

35 **IX. Arrestvollziehung.** Da es sich bei dem einstweiligen Rechtsschutzverfahren um eine besondere Verfahrensart handelt, bei der nur die Arrestvollstreckung zur Zwangsvollstreckung gehört, → Rn. 1, ist zunächst zwischen dem Anordnungsverfahren und Vollziehung zu unterscheiden. Bei der Vollziehung wurde teilweise zwischen Arrestvollzug und Arrestvollstreckung unterschieden, Hamm MDR 1982, 763; Bennert Rpfleger 1996, 485, da erst die Arrestvollstreckung dem Gläubiger die erstrebte Sicherung seiner Rechtsstellung gäbe. Die Vollziehung bezeichnet aber die Zwangsvollstreckung von Arresten und einstweiligen Verfügungen, so dass von dieser Unterscheidung Abstand zu nehmen ist, BGH NJW 1999, 3122; NJW 1996, 198; NJW 1993, 1076; MüKoZPO/Drescher § 928 Rn. 1; Zöller/Vollkommer § 928 Rn. 1. Darüber hinaus hat diese Unterscheidung nur eine geringe Praxisrelevanz, dass beide Stadien üblicherweise zusammenfallen.

916

Arrestanspruch. **[I] Der Arrest findet zur Sicherung der Zwangsvollstreckung in das bewegliche oder unbewegliche Vermögen wegen einer Geldforderung oder wegen eines Anspruchs statt, der in eine Geldforderung übergehen kann.**

[II] Die Zulässigkeit des Arrestes wird nicht dadurch ausgeschlossen, dass der Anspruch betagt oder bedingt ist, es sei denn, dass der bedingte Anspruch wegen der entfernten Möglichkeit des Eintritts der Bedingung einen gegenwärtigen Vermögenswert nicht hat.

1 **I. Systematik, §§ 916–918.** Die systemwidrige Eingliederung des Arrestverfahrens in das Buch 8, → Vor § 916 Rn. 1, spiegelt sich auch in den Formulierungen der §§ 916 – 918 wider. Nach dem Wortlaut geht es in diesem Verfahren um die Sicherung der Zwangsvollstreckung, obwohl nach Sinn und Zweck des Arrestes die Sicherung der Rechtsverwirklichung im Hauptsacheverfahren im Vordergrund steht, Stein/Jonas/Grunsky Vor § 916 Rn. 2; MüKoZPO/Drescher Rn. 1; → Vor § 916 Rn. 5. Im Übrigen ist im Arrestverfahren wie im ordentlichen Verfahren zwischen der Zulässigkeit und der Begründetheit des Antrags unterscheiden. Zur Zulässigkeit gehören zunächst die allgemeinen Prozessvoraussetzungen. §§ 916–918 enthalten die besonderen Voraussetzungen des Arrests, nämlich den Arrestanspruch nach § 916 und den Arrestgrund nach §§ 917–918. Der Gläubiger muss deren Vorliegen behaupten, Teplitzky DRiZ 1982, 41. Das Gericht hat von Amts wegen unter einer Würdigung aller Umstände zu prüfen, ob der Antragsteller diese besonderen Voraussetzungen nach § 920 II glaubhaft gemacht hat. Wenn das so ist, muss das Gericht den damit auch begründeten Arrest erlassen.

2 **II. Regelungszweck, §§ 916–918.** Das Arrestverfahren dient der Sicherung der Rechtsverwirklichung im Hauptsacheverfahren und der Zwangsvollstreckung bezüglich Geldforderungen oder solcher Ansprüche, die in

Geldforderungen übergehen können, → Rn. 1. Die Regelungen der §§ 916–918 bezwecken, dass dem Gläubiger die Sicherung durch den Arrest ermöglicht, unabhängig von der möglichen Dauer eines Hauptsacheverfahrens die rechtlichen Voraussetzungen für eine Zwangsvollstreckung zu erreichen, MüKoZPO/Drescher Rn. 2. Ob der Anspruch durch Zwangsvollstreckung in das bewegliche oder unbewegliche Vermögen gesichert werden soll, ist nach § 916 I ohne Belang. Eine Ausnahme bildet lediglich § 917 II 2, → § 917 Rn. 25f.

III. Geltungsbereich, §§ 916–918. Im Familienrecht hat die einstweilige Anordnung nach §§ 49ff. FamFG als Sonderregel Vorrang vor dem Arrest, → Vor § 916 Rn. 18. In Familienstreitsachen kann das Gericht nach § 119 II FamFG den Arrest zur Sicherung von Geldforderungen, dh typischerweise bei Unterhalt und Zugewinnausgleich, anordnen; dann gelten §§ 916–934 und §§ 943–945 entsprechend. Im arbeitsgerichtlichen Urteilsverfahren gilt § 916 über § 62 II ArbGG. Obwohl für das Beschlussverfahren in § 85 II ArbGG nur auf die einstweilige Verfügung verwiesen wird, ist die Anwendung des Arrestes nicht ausgeschlossen, MüKoZPO/Drescher Rn. 11; Schuschke/Walker/Kessen/Thole Rn. 17. In Verfahren nach der VwGO ist § 916 nicht anwendbar, da die einstweilige Anordnung in § 123 VwGO vorgesehen ist. Ebenso ist in Verfahren vor den Finanzgerichten und vor den Sozialgerichten der Arrest durch die einstweilige Anordnung nach § 114 FGO bzw § 86b SGG ausgeschlossen. 3

Eine einstweilige Verfügung zur Sicherung der Zwangsvollstreckung wegen einer Geldforderung etwa durch die Anordnung einer Arresthypothek oder einer Vormerkung ist unzulässig, Düss NJW 1977, 1828; Stein/Jonas/Grunsky Vor § 916 Rn. 44. In Ausnahmefällen kann ein Anspruch auf eine gegenständliche Leistung mit einem Hilfsanspruch auf die Zahlung einer Geldsumme als Schadensersatz verbunden werden, wenn für beide Ansprüche ein Sicherungsbedürfnis besteht, Köln JMBl NRW 1984, 9; Thomas/Putzo/Seiler Vor § 916 Rn. 8. Eine Umdeutung des Arrestantrags in einen Verfügungsantrag und umgekehrt ist denkbar, Jena OLGR 1997, 96, aber eine Ausnahme. 4

Ein Übergang vom Arrestverfahren zum Verfahren der einstweiligen Verfügung und umgekehrt in demselben einstweiligen Rechtsschutzverfahren ist möglich, da es sich lediglich um unterschiedliche Maßnahmen in einem einheitlichen Rechtsschutzverfahren handelt; die gilt auch in der Rechtsmittelinstanz, Düss NJW 1991, 2028; Prütting/Gehrlein/Fischer Rn. 3; Musielak/Voit/Huber Rn. 5; MüKoZPO/Drescher Vor § 916 Rn. 38. Wenn für den Hauptprozess der ordentliche Rechtsweg nach § 13 GVG unzulässig ist, ist er auch für den Arrest unzulässig. Wenn die Parteien für die Hauptsache ein schiedsrichterliches Verfahren nach §§ 1025ff. vereinbart haben, ist das Gericht noch für die Anordnung eines Arrests zuständig. Unzulässig ist ein Arrest ferner grundsätzlich während der Abwicklung eines Sondervermögens eines Kreditinstituts, §§ 13, 27 Gesetz v. 21.3.1972, BGBl. I 465. 5

IV. Prozessführungsrecht, §§ 916–918. Das Prozessführungsrecht im Arrestverfahren entspricht demjenigen des ordentlichen Prozesses. Ein Pfändungspfandgläubiger kann einen Arrest auch ohne eine Überweisung ausbringen. Dieselbe Befugnis hat der Miterbe schon vor einer Auseinandersetzung. Ein Arrest kann auch gegen einen Ausländer ergehen. 6

V. Arrestanspruch im Allgemeinen, I. Ein Arrest setzt voraus, dass der Gläubiger einen Anspruch auf eine Geldforderung oder einen solchen Anspruch hat, der in eine Geldforderung übergehen kann, BGH NJW 1996, 321; Celle FamRZ 1996, 1429; Hmb FamRZ 1982, 284. Das trifft bei allen vermögensrechtlichen Ansprüchen zu. 7

Ob darüber hinaus der Arrest möglich ist, wenn ein solcher Anspruch noch nicht besteht und damit eine entsprechende Klage noch nicht erhoben werden kann, ist streitig. Teils wird vertreten, dass bei künftigen Ansprüchen, → Rn. 14, dann schon Arrest zuzulassen ist, wenn ein schutzwertes Interesse besteht, den Anspruch jetzt schon sichern zu können, Stein/Jonas/Grunsky Rn. 10 und 11; Zöller/Vollkommer Rn. 8. Wegen der Anordnung in § 926, innerhalb einer zu bestimmenden Frist Klage zu erheben, ist mit der wohl hM davon auszugehen, dass jedenfalls die Erhebung einer Feststellungsklage möglich ist, Hamm OLGR 2008, 715; MüKoZPO/Drescher Rn. 10; Musielak/Voit/Huber Rn. 16; Prütting/Gehrlein/Fischer Rn. 15. 8

VI. Beispiele zur Frage der Zulässigkeit im Allgemeinen, I

Anfechtungsanspruch: Der Arrest ist für Ansprüche wegen anfechtbarer Rechtshandlungen nach § 3 AnfG zulässig. Der Wertersatzanspruch nach § 11 I 2 AnfG ist schon auf Geld gerichtet und somit durch Arrest zu sichern, Stgt NZI 2010, 277; Mü BeckRS 2008, 23965. 9

Dinglicher Anspruch: Zulässig ist der Arrest wegen eines solchen Anspruchs gegen den dinglichen Schuldner. Dieser Weg kann ihm nützen. Denn damit erhält er einen Pfändungstitel für seine Miete o. ä.

Duldung: Zulässig sein kann ein Anspruch auf eine Duldung der Zwangsvollstreckung. Denn er gilt als ein Zahlungsanspruch, BGH NJW 2008, 376.

Erbschaft: Unzulässig ist ein Arrest gegen den Erben nach § 1958 BGB vor der Annahme der Erbschaft. Vorher hat das Nachlassgericht dem Miterben einen Nachlasspfleger zu bestellen. Der Gläubiger kann aber gegen einen Nachlasspfleger vorgehen.

Familienrecht: Zulässig ist ein Arrest nur wegen einer solchen vermögensrechtlichen Leistung, die auf einer familienrechtlichen Grundlage beruht.

Feststellung: Zulässig sein kann ein Arrest, soweit eine Leistungsklage nicht statthaft oder doch nicht erfolgversprechend ist, Hamm OLGR 2008, 715.

Gegenleistung: Zulässig sein kann ein Arrest auch dann, wenn der Gläubiger seine Gegenleistung noch nicht oder nur unvollständig erbracht hat.

Gläubigerbenachteiligung: Zulässig ist eine einstweilige Verfügung wegen der Forderung auf eine Rückgewähr und ein Arrest wegen der Forderung auf einen hilfsweisen Ersatz.

Leibesfrucht: Zulässig sein kann ein Arrest zu ihrem Schutz nach § 1615o BGB.

Schadensersatz: Arrest ist zur Sicherung von Schadensersatzansprüchen bei betrügerischer Schädigung von Kapitalanlegern zulässig, Bbg MDR 2013, 57.

Sicherheitsleistung: Zulässig ist ein Arrest beim Anspruch auf eine solche Leistung nach § 887 II, Celle FamRZ 1996, 1429, oder bei einem gegenständlichen Anspruch dann, wenn man hilfsweise eine Forderung auf einen Geldersatz sichern muss, Köln JMBl NRW 1984, 9, oder bei einem Anspruch auf Sicherheitsleistung für den nachehelichen Unterhalt nach § 1585a BGB, Menne FamRZ 2004, 6.

Zugewinnausgleich: Zulässig ist die Sicherung eines fälligen Anspruchs auf Zugewinnausgleich, KG FamRZ 2014, 148. Nach Rechtshängigkeit des Scheidungsantrags kann der Anspruch auf vorzeitigen Zugewinnausgleich durch Arrest gesichert werden, Brdb FamRZ 2014, 1389; Celle NJW-RR 2014, 1283; darüber hinaus sogar der Anspruch auf künftigen Zugewinnausgleich, Brem FamRZ 2016, 129; Zweibr FamRZ 2014, 977; Celle NJW-RR 2014, 1283.

10 **VII. Betagter und bedingter Anspruch, II.** Nach II kommt als Arrestanspruch auch ein auf Geldforderungen gerichteter Anspruch in Betracht, der betagt oder bedingt ist. Voraussetzung ist allerdings, dass er einen gegenwärtigen Vermögenswert besitzt.

11 **1. Betagter Anspruch.** Ein betagter Anspruch ist eine Forderung, die zwar schon besteht, aber erst zu einem späteren Zeitpunkt fällig wird, sei es durch kalendermäßige Festlegung, sei es durch eine Kündigung oder wegen der Abhängigkeit von einer Gegenleistung, Drsd BeckRS 2022, 4912 Rn. 6; MüKoZPO/Drescher Rn. 8. Er lässt stets einen Arrest zu, Drsd BeckRS 2022, 4912 Rn. 4 ff; NJW-RR 2007, 659; KG FamRZ 1985, 730 = BeckRS 2010, 5443, selbst wenn der Gläubiger schon einen Vollstreckungstitel hat, weil die Zwangsvollstreckung aus ihm nach § 751 noch nicht zulässig ist.

12 **2. Bedingter Anspruch.** Ein auflösend bedingter Anspruch lässt stets einen Arrest zu. Ein aufschiebend bedingter Anspruch reicht nur dann aus, wenn er einen gegenwärtigen Vermögenswert besitzt, Ffm FuR 2004, 263. Das ist dann der Fall, wenn der Bedingungseintritt wahrscheinlich ist. Der Schuldner muss notfalls nach § 920 II glaubhaft machen, dass der gegenwärtige Vermögenswert fehle. Das ergeben die Worte des Gesetzes „es sei denn".

13 **3. Beispiele, II.** Einen Arrest lassen zu: Künftige Teilbeträge einer Rente oder eines vertraglichen Unterhalts, auch auf zehn Jahre im Voraus, KG FamRZ 1985, 731; Meller-Hannich ZZP 115, 182; der Anspruch auf eine Kostenerstattung beim etwaigen künftigen Unterliegen des Gegners; der Anspruch der Staatskasse auf eine Erstattung der Kosten eines Strafprozesses; ein Anspruch auf eine Leistung Zug um Zug; der Anspruch auf eine Rückzahlung eines Betrags, den der Gläubiger aufgrund eines nach §§ 708 ff. vorläufig vollstreckbaren Urteils oder eines Vorbehaltsurteils nach §§ 302, 599 beigetrieben hat oder den der Versicherer aufgrund vorgetäuschter Angaben des Versicherungsnehmers geleistet hat, Hamm VersR 1983, 1174; ein Anspruch, bei dem die Bedingung bereits eingetreten, der Erfolg aber noch unbekannt ist; ein drohender Anspruch, den man nach § 287 bereits schätzen kann. Wegen der Problematik beim Wechsel Beisswingert/Vossius BB 1986, 2364 (ausf.).

14 **4. Künftiger Anspruch.** Er lässt einen Arrest dann zu, sobald der künftige Anspruch einklagbar ist, Brdb NJW-RR 2009, 801; Naumb OLGR 2008, 612; Karlsr FamRZ 2007, 408; aM Kblz FamRZ 1999, 97; Stgt FamRZ 1995, 1427. Das gilt etwa: Für einen vertraglichen Unterhaltsanspruch, Düss FamRZ 1981, 69; für eine begangene Straftat beim Verdacht einer Fortsetzung zwecks Vermögensvorteils, Ffm GRUR-RR 2004, 198. Es genügt mit Blick auf die Regelung des § 926 aber auch die Möglichkeit, eine Feststellungsklage erheben zu können, Hamm OLGR 2008, 715; MüKoZPO/Drescher Rn. 10; → Rn. 8.

917 ***Arrestgrund bei dinglichem Arrest.*** **I Der dingliche Arrest findet statt, wenn zu besorgen ist, dass ohne dessen Verhängung die Vollstreckung des Urteils vereitelt oder wesentlich erschwert werden würde.**

II 1Als ein zureichender Arrestgrund ist es anzusehen, wenn das Urteil im Ausland vollstreckt werden müsste und die Gegenseitigkeit nicht verbürgt ist. 2Eines Arrestgrundes bedarf es nicht, wenn der Arrest nur zur Sicherung der Zwangsvollstreckung in ein Schiff stattfindet.

Schrifttum: Drews, § 917 II ZPO – „Error in Interpretation" RdTW 2019,1; Kropholler/Hartmann, Die Europäisierung des Arrestgrundes der Auslandsvollstreckung, FS Drobnig, 1998, 337; Looks TranspR 2006, 133 (Grdz.); Nieschulz, Der Arrest in Seeschiffe (rechtsvergleichend), 1997; Prévault, Zwangsvollstreckung in den Staaten der Europäischen Union, FS Deutsch, 1999; Wolf, Sind auch ausländische Urteile Urteile im Sinne von § 917 Abs. 1 ZPO?, FS Schütze, 1999, 983.

1 **I. Systematik.** Der Erlass eines Arrestes setzt neben dem Vorliegen eines Arrestanspruchs nach § 916 einen Arrestgrund voraus, mit dem sich §§ 917, 918 befassen. § 917 regelt in I und II 1 die Arrestgründe beim dinglichen Arrest. Eine Ausnahme gilt nach II 2 beim Schiff, → Rn. 25 f. Der Arrestgrund für den persönlichen Arrest ist in § 918 geregelt.

2 **II. Regelungszweck.** Zweck der Regelung von I ist es, den Arrestgrund für den dinglichen Arrest näher zu beschreiben. Der Gläubiger soll vor gewichtigen Verschlechterungen seiner Vollstreckungsmöglichkeiten geschützt werden. Der Arrest findet nach I statt, wenn die Gefahr besteht („zu besorgen ist"), dass der Gläubiger seinen Anspruch wegen der Dauer des Hauptsacheverfahrens aus Sicht eines objektiven, unbeteiligten Dritten nicht verwirklichen kann, Mü GRUR-RR 2021, 297 Rn. 47; MüKoZPO/Drescher Rn. 1, Rn. 3.

3 Da der Arrest in einem Verfahren ohne eine stets notwendige Verhandlung und oft ohne ein rechtliches Gehör des Schuldners ergehen kann, ist er nur unter einer strengen Prüfung der Voraussetzungen des Arrestgrundes möglich. Dabei enthält II 1 eine gesetzliche unwiderlegbare Vermutung, und zwar eben als Vermutung des Vorliegens eines Arrestgrundes und nicht etwa als eine Ausnahme von der Notwendigkeit seines Vorliegens.

4 **III. Geltungsbereich.** Die Vorschrift gilt mit ihren unten dargestellten Differenzierungen in allen Eilverfahren nach der ZPO. §§ 917, 928, 930–932, 934 I gelten nach § 111o II StPO bei einem dringenden Verdacht der Verhängung einer Vermögensstrafe entsprechend. Ein Insolvenzverfahren unterbricht das Verfahren nach § 917 nicht, Düss FamRZ 2006, 287.

5 **IV. Besorgnis der Vereitelung oder wesentlichen Erschwerung, I.** Für einen dinglichen Arrest reicht im Bereich etwaiger Zwangsvollstreckung im Inland die Besorgnis einer direkt bevorstehenden Vereitelung oder wesentlichen Erschwerung der Zwangsvollstreckung, BGH NJW 2014, 3258; Schlesw MDR 2014, 1290; Skauradszun KTS 2016, 434. Die Basis muss ein noch nicht ohne eine Sicherheitsleistung vollstreckbarer oder ein demnächst ergehender Vollstreckungstitel nach §§ 704 ff. sein. Auch wenn der Arrestgrund eine besondere Form

des Rechtsschutzinteresses darstellt, handelt es sich nicht um eine Zulässigkeitsvoraussetzung, Ffm NJW 2002, 903. Soweit er fehlt, muss das Arrestgericht den Antrag als unbegründet abweisen, nicht als unzulässig.

1. Beurteilungsmaßstab. Allein entscheidend ist, dass nach objektiver Betrachtung eine Gefährdung besteht, die eine Sicherung durch Arrest rechtfertigt, Drsd BeckRS 2022, 4912 Rn. 11; Düss BeckRS 2014, 120667; Karlsr NJW 1997, 101712; MüKoZPO/Drescher Rn. 1. Es entscheidet der sachliche Maßstab eines verständigen und gewissenhaft prüfenden Menschen, BFH BB 1978, 1203; Ros NJW-RR 2012, 222; Drsd JurBüro 2007, 220. Maßgebend ist also nicht schon die persönliche Meinung, Befürchtung oder Vermutung des Gläubigers, BGH NJW 1988, 3268; Ros NJW-RR 2012, 222, Düss MDR 2005, 1140. Ein rechtswidriges Verhalten des Betroffenen ist nicht erforderlich, Drsd BeckRS 2022, 4912 Rn. 11; Karlsr NJW 1997, 1017. Erst recht ist kein Verschulden des Schuldners nötig, BFH BB 1978, 1203. Eine Tatsache der Vergangenheit genügt nur dann, wenn gerade sie die Besorgnis einer künftigen Vereitelung begründet, BGH VersR 1975, 764. 6

2. Beispiele zur Frage eines Arrestgrunds, I

Andere Gläubiger: Ein Arrestgrund liegt nicht schon wegen des Ansturms anderer Gläubiger vor. Denn der Arrest darf den Gläubiger nicht besser stellen, als ihn eine sofortige Zwangsvollstreckung stellen würde, BGH NJW 1996, 321; Abramenko ZMR 2010, 334. Der Arrest soll dem Gläubiger insbesondere keinen Vorrang vor einem anderen Gläubiger sichern, Schlesw MDR 2014, 1289. Es muss vielmehr eine besondere Verschlechterung der Vermögenslage oder eine wesentliche Erschwerung des Zugriffs bevorstehen, BGH NJW 2007, 2485; Düss Rpfleger 1991, 217; Karlsr FamRZ 1993, 508. 7

Auskunft: Ein Arrestgrund liegt vor bei grob falscher Auskunft über das Vermögen mit dem Ziel, den Gläubiger davon abzuhalten, Ansprüche geltend zu machen, Celle OLGR 2008, 257; Ffm FamRZ 1996, 748 (Klage auf Zugewinnausgleich). Nicht ausreichend ist die bloße auch längerfristige Auskunftsverweigerung beim Anspruch auf einen künftigen Unterhalt, Mü FamRZ 2000, 965.

Ausland: Ein Arrestgrund kann bei einer Verschiebung nach dort vorliegen, Köln ZIP 1988, 969. Aber der Wegzug ins Ausland allein ist nicht automatisch ein Arrestgrund, Ros NJW-RR 2012, 222; Düs. OLGR 2007, 569.

Auswanderung: Zunächst → Rn. 11–21. Für die danach verbleibenden Fälle gilt: Ein Arrestgrund liegt dann vor, wenn der Schuldner Vorbereitungen zu einer Auswanderung oder zum Wegzug ins Ausland trifft, Hamm FamRZ 2012, 579; KG FamRZ 1985, 731. Ein Arrestgrund fehlt, soweit nur der Drittschuldner nach § 840 im Ausland wohnt, Ffm MDR 1976, 321.

Beiseiteschaffung: Ein Arrestgrund kann bei einem Beiseiteschaffen von Vermögen vorliegen, Düss NJW-RR 1994, 454.

Beschlagnahme: Die Beschlagnahme nach § 111b StPO oder der Vermögensarrest nach § 111e StPO beseitigen den Arrestgrund nicht. § 111h II 1 StPO hindert grds. nur eine Vollstreckung des Arrestes in die sichergestellten Vermögenswerte, Mü NJW-RR 2022, 140 Rn. 29.

Erbteil: Ein Arrestgrund liegt dann vor, wenn der Schuldner durch eine Übertragung seines Erbteils seinen einzigen wesentlichen Vermögensgegenstand aufgibt, AG Steinfurt FamRZ 1988, 1083.

Firma: Ein Arrestgrund fehlt dann, wenn der Gläubiger seine Absicht, eine Firma aufzulösen, monatelang nicht durchgeführt hat, KG MDR 1979, 64.

Gläubigerrisiko: Dazu Schilken, Gläubigerkonkurrenz als Arrestgrund?, FS Leipold, 2009, 159. Ein Arrestgrund kann dann fehlen, wenn sich der Gläubiger bewusst mit einem unsicheren Schuldner eingelassen hat.

Grundeigentum: Ein Arrestgrund liegt dann vor, wenn der Schuldner sein Grundeigentum auffallend stark belastet oder es vor der Eintragung einer bereits zugesicherten Sicherungshypothek veräußert, Naumb FamRZ 2008, 2202. Bei einem gesetzlichen Anspruch auf die Eintragung besteht ein Arrestgrund aber nur unter zusätzlichen Umständen, Hamm MDR 1975, 587; aM Zöller/Vollkommer Rn. 8. Dafür kann eine Abtretbarkeit reichen, KG FamRZ 2014, 148. Nicht ausreichend ist die Absicht des Ehegatten überhaupt zu einem Verkauf eigenen Grundeigentums, Düss FamRZ 2006, 356.

Haft: Ein Arrestgrund kann nicht allein mit der Begründung verneint werden, dass sich der Arrestbeklagte seit längerem in Untersuchungshaft befindet. Dieser Umstand hindert ihn nämlich weder rechtlich noch tatsächlich daran, Vermögensverfügungen ggfs. über Dritte zum Nachteil des Arrestklägers vorzunehmen, Mü NJW-RR 2022, 140 Rn. 27.

Insolvenz: Skauradszun KTS 2016, 434 (Grdz.).

Kartellverstoß: Ein Arrestgrund liegt nicht schon stets wegen des Vorhaltens einer Vorrats- oder Mantelgesellschaft vor, BGH NJW 2014, 3258.

Konnossement: Ein Arrestgrund liegt nicht schon deshalb vor, weil der Schuldner ein Konnossement vorsätzlich falsch ausgestellt hat, Hmb VersR 1982, 341.

Kostenerstattungsanspruch: Er kann ausreichen, Köln GRUR 2013, 656.

Mehrdeutigkeit: Ein Arrestgrund kann schon bei einer solchen Äußerung eines ProzBevtl. vorliegen, Drsd MDR 2018, 699.

Pflichtteil: Schneider NJW 2010, 3401 (ausf.).

Prozessverschleppung: Es gelten dieselben Regeln wie bei → „Andere Gläubiger".

Religiöses Verhalten: Ein Arrestgrund liegt dann vor, wenn der Verdacht besteht, der Schuldner werde seine letzten Vermögenswerte einer religiösen Bewegung usw. zuwenden, zB derjenigen von Hare-Krishna, Mü NJW 1983, 2578.

Scheckrecht: Ein Arrestgrund liegt nicht schon deshalb vor, weil der Schuldner zwei Schecks nicht eingelöst hat, KG OLGZ 1978, 452.

Schenkung: Bei Schenkungen oder Übertragung von Vermögenswerten unter Wert an Nahestehende kann ein Arrestgrund vorliegen, wenn es sich um Verschleuderung des Vermögens, → „Verschleuderung", handelt, Zweibr FamRZ 2014, 977.

Schiff: Zur Sicherung der Vollstreckung gilt II 2, → Rn. 25 f.

Schlechte Vermögenslage: Ein Arrestgrund liegt nicht schon wegen derzeit schlechter Vermögenslage des Schuldners vor, BGH NJW 2007, 2485, auch nicht wegen seiner dadurch mitbedingten unregelmäßigen Zahlungsweise, Köln FamRZ 1983, 1260.

Schweigepflicht: Ein Arrestgrund fehlt evtl. dann, wenn der Gläubiger dazu seine Schweigepflicht massiv brechen müsste, Everts NJW 2002, 3139.

Sicherung des Gläubigers: Ein Arrestgrund fehlt dann, wenn der Gläubiger schon eine hinreichende Sicherung in Händen hat. Ein solcher Vollstreckungstitel, der nur gegen eine klägerische Sicherheitsleistung nach § 709 vorläufig vollstreckbar ist, sichert den Gläubiger nicht genügend, bis zu dem Zeitpunkt, in dem er die Sicherheit erbracht hat, LG Augsb NJW 1975, 2350 sieht ein Vermieterpfandrecht trotz § 562b BGB nicht als eine ausreichende Sicherheit an.

Straftat: Eine Straftat des Schuldners allein reicht grds. nicht als Arrestgrund, BGH NJW 2014, 3258; Schlesw MDR 2014, 1289; Bbg WM 2013, 649; Köln MDR 2008, 232; Hamm NJW-RR 2007, 388; Kblz NJW-RR 2002, 575. Wenn das dem Arrestanspruch zugrundeliegende Verhalten eine vorsätzliche Straftat darstellt, die sich gegen das Vermögen des Arrestgläubigers richtet, besteht aber regelmäßig ein Arrestgrund, Mü NJW-RR 2022, 140 Rn. 26; WM 2017, 644 Rn. 5; KG BeckRS 2010, 6670. Ihr Bevorstehen kann im Einzelfall ausreichen, Schlesw MDR 2014, 1289. Ein Arrestgrund kann sich grds. nur aus dem konkreten Sachverhalt ergeben, wenn sich hieraus eine Gefährdung der Vollstreckung des Urteils in der Hauptsache ergibt, BGH NJW 2014, 3258. Bestimmte Straftaten können auf eine solche Gefährdung hinweisen, zB Eingehungsbetrug, Celle OLGR 2008, 257, Veruntreuung von Firmengeldern, Drsd NJW-RR 1998, 1769. Entscheidend ist aber der jeweilige Sachverhalt; selbst ein Betrug bildet nicht automatisch einen Arrestgrund, Schlesw MDR 2014, 1289; Bbg WM 2013, 649; Hamm NJW-RR 2007, 388. Ein Arrestgrund fehlt trotz des Verdachts eines Eingehungsbetrugs, soweit die Parteien jahrelang über die Erfüllung der streitigen Forderung verhandelt haben, Saarbr NJW-RR 1999, 143. Er kann auch insoweit fehlen, als die Staatsanwaltschaft eine Beschlagnahme als eine sog. Rückgewinnungshilfe nach §§ 111c ff. StPO angeordnet hat, Köper NJW 2004, 2487 (Abwägung nötig).

Überschuldung: Ein Arrestgrund liegt nicht stets schon dann vor, LAG Hamm MDR 1977, 611 (Erbe).

Unbekannter Aufenthalt: Seine bloße Behauptung reicht kaum, Kblz JurBüro 2002, 209.

Verkauf: Ein Arrestgrund liegt vor, soweit der Verdacht besteht, der Schuldner werde seine letzten Vermögenswerte verkaufen, KG NJW-RR 2013, 709; Mü FamRZ 2007, 1101; AG Nordenham FamRZ 2013, 35. Voraussetzung ist bei Veräußerung vorhandener Vermögenswerte, dass kein wesentlicher Gegenwert dem Vermögen zukommt und das übrige Vermögen des Schuldners zur Befriedigung des Gläubigers nicht reicht, Brdb NJW-RR 2009, 801; Drsd NJW-RR 2007, 659.

Vermögensnachteil: Ein Arrestgrund liegt bei jeder für den Gläubiger nachteiligen Einwirkung auf das Vermögen des Schuldners vor, Mü FamRZ 2000, 965 (Verschiebung), auch aufgrund einer vergangenen Tatsache, mag sie vom Schuldner, einem Dritten oder vom Zufall ausgehen. Die schlechte Vermögenslage allein bildet keinen Arrestgrund, zumal wenn diese bereits unwiderruflich vorliegt, BGH NJW 2007, 2435; NJW 1996, 321.

Vermögensübernahme: Ein Arrestgrund liegt bei ihrer Vortäuschung vor, LG Lüneb MDR 1998, 241; Thümer MDR 1998, 199.

Vermutung: Sie allein reicht nicht, Düss MDR 2005, 1140.

Verschleierung: die Verschleierung seiner Vermögenslage durch den Schuldner kann einen Arrestgrund darstellen, Hbg NJW 2012, 1601; Celle OLGR 2007, 703.

Verschleuderung: Ein Arrestgrund liegt dann vor, wenn der Schuldner aus Unlauterkeit wesentliche Vermögensstücke verschiebt oder verschleudert oder dergleichen auch nur ernsthaft androht. Verschleuderung kommt in Betracht, wenn ein ungesichertes Darlehen einer insolventen Person gewährt wird, Mü FamRZ 2011, 746, ebenso bei Übertragung von Vermögen unter Wert an nahestehende Personen, Zweibr FamRZ 2014, 977.

Verschwendung: Ein Arrestgrund liegt dann vor, wenn der Schuldner verschwenderisch ist.

Vorsatz: Eine Böswilligkeit oder direkte Schädigungsabsicht des Schuldners ist keineswegs stets Voraussetzung eines Arrestgrundes. Ein Vorsatz reicht nicht stets, Schlesw MDR 2014, 1289.

Vertragswidrigkeit: Sie reicht nicht stets, Schlesw MDR 2014, 1289.

Wiederholungsgefahr: Ein Arrestgrund liegt dann vor, wenn sich der Schuldner derart vertragswidrig verhält, dass eine Wiederholungsgefahr und damit eine Gefahr für die Vollstreckbarkeit droht.

Wohnsitz: Ein Arrestgrund liegt dann vor, wenn der Schuldner seinen inländischen Wohnsitz aufgibt, ohne einen neuen zu begründen, Düss Rpfleger 1991, 217, oder wenn er einen unsteten Wohnsitz hat, Karlsr FamRZ 1985, 508, oder gar einen unsteten Aufenthalt. Ein Arrestgrund fehlt dann, wenn nur der Drittschuldner nach § 840 im Ausland wohnt, Ffm MDR 1976, 321.

Zahlungsunfähigkeit: Eine solche eines ausländischen Staats steht noch nicht dem Arrest entgegen, sondern allenfalls dessen Vollstreckung, LG Ffm JZ 2003, 1010 (krit. Reinisch JZ 2003, 1013).

Zugewinnausgleich: Ein Arrestgrund kann bei Gefährdung des Anspruchs vorliegen, Zweibr FamRZ 2014, 977. Es genügt eine fortgesetzte Vermögensverschleierung durch Erteilung grob falscher Auskünfte, Ffm FamRZ 1996, 749.

8 **3. Sicherungsbedürfnis.** Das Sicherungsbedürfnis entscheidet die Frage, ob ein Arrestgrund besteht oder nicht, Düss FamRZ 1981, 45. Es kann beim Anspruch auf einen Zugewinnausgleich trotz §§ 935 ff. vorliegen, Hmb NJW-RR 2003, 238.

9 Das Sicherungsbedürfnis fehlt grundsätzlich, soweit der Gläubiger bereits eine genügende Sicherheit in Händen hat, BGH NJW 2007, 2485, zB durch einen Eigentumsvorbehalt, BGH NJW 2007, 2485, oder ein Pfandrecht nach § 777. Dann ist zu prüfen, ob diese Sicherheit mindestens denselben Schutz gewährt wie ein Arrest. Eine Sicherheit wie zB eine Hypothek muss in ihrer Verwertbarkeit einer Sicherung durch einen Arrest im Wesentlichen gleichkommen. Das Sicherungsbedürfnis fehlt grundsätzlich ferner, soweit der Gläubiger schon einen ohne eine Sicherheitsleistung nach § 708 vorläufig oder einen endgültig vollstreckbaren Titel besitzt, der ihm praktisch mindestens dasselbe gewährt. Ein nach § 709 S. 1, 2 nur gegen eine Sicherheitsleistung des Gläubigers vollstreckbares Urteil steht einem Arrest ohne eine Sicherheitsleistung nicht entgegen, Hamm GRUR 1990, 1536; Zöller/Vollkommer Rn. 13. Das gilt auch dann, wenn der Gläubiger die Sicherheitsleistung nicht erbringen kann.

10 Auch ein Unterhaltstitel, der keinen bestimmten Betrag nennt, steht dem Arrest nach seiner Titulierung nicht entgegen, AG Steinfurt FamRZ 1988, 1083. Das Sicherungsbedürfnis fehlt, soweit der Gläubiger bereits einen

dem jetzigen Antrag entsprechenden Arrest erwirkt und nach § 928 vollzogen oder vollziehen lassen hat. Das Sicherungsbedürfnis fehlt ferner, soweit eine Vorratspfändung nach § 850d III möglich ist, AG Ludwigslust FamRZ 2006, 286. Es fehlt schließlich, soweit ein Veräußerungsverbot besteht und der Arrest nicht vollziehbar ist. Das Sicherungsbedürfnis kann aber zB dann vorhanden sein, wenn der Gläubiger trotz des Besitzes eines Vollstreckungstitels die Zwangsvollstreckung insbesondere aus einem rechtlichen Grund derzeit noch nicht durchführen kann, Düss FamRZ 1981, 45. Das Sicherungsbedürfnis fällt auch nicht dadurch fort, dass der Gläubiger durch die Maßnahme einer anderen Behörde oder der freiwilligen Gerichtsbarkeit eine ausreichende Sicherung erhalten könnte. Eine Sicherstellung zur Rückgewinnungshilfe nach §§ 111g, 111h StPO lässt den Arrestgrund nicht entfallen, Ffm ZHW 2014, 325; Bbg WM 2013, 649.

V. Vollstreckung außerhalb Deutschlands, II. Zwecks Umsetzung des in Art. 6 EGV angeordneten und von EuGH NJW 1994, 1271 bestätigten Diskriminierungsverbots innerhalb der EU, das den deutschen Richter schon wegen der Notwendigkeit einer Anrufung des EuGH nach Art. 177 III EGV vor einer Abweichung praktisch band, war zunächst II 2 aF vorhanden. Nunmehr gilt II mit einer erweiterten Einbeziehung aller zwischenstaatlichen Anerkennungsregeln mit der Folge, dass solche Regeln im Ergebnis zur Beurteilung nach I auch bei einer Auslandsvollstreckung führen. Dann gelten die Erfordernisse nach I also uneingeschränkt im Anwendungsbereich von II. 11

1. Urteil. II setzt zunächst ein „Urteil" voraus, mag es bereits vorliegen oder bevorstehen. Damit sind auf jeden Fall alle inländischen Urteile erfasst, Düss OLGR 2000, 21; Hbg NJW 1990, 1425; Mü NJW-RR 1988, 1023. Der Urteilsbegriff liegt hier nicht näher gesetzlich fest. Natürlich ist dies in erster Linie ein Endurteil, Looks TranspR 2006, 134. II erfasst aber wohl jeden Vollstreckungstitel nach §§ 704 ff. Denn es kommt auf die Vollstreckbarkeit an. Daher kommt auch zB jeder weitere Vollstreckungstitel nach §§ 794 ff. in Betracht. 12

Auch ein Titel aus einem Vertragsstaat der Brüssel Ia-VO, SchlAnh V C 2, oder des LugÜ reicht aus, LG Hmb RIW 1997, 68. Das ergibt sich aus dem vom EuGH NJW 1994, 1271 mitbetonten auch nur versteckten Benachteiligungsverbot, Kropholler/Hartmann FS Drobnig, 1998, 344. Das gilt unabhängig davon, ob die Vollstreckung nach II oder I erfolgen müsste. 13

Ein Titel aus dem danach verbleibenden restlichen „Ausland" reicht jetzt wohl ebenfalls aus. Denn II stellt jetzt schlechthin auf das Vorhandensein oder Fehlen der Gegenseitigkeit der Vollstreckbarkeit ab, Looks TranspR 2006, 134. 14

2. Notwendigkeit einer Vollstreckung. II 1 setzt ferner voraus, dass der Gläubiger die Entscheidung im Ausland vollstrecken „müsste" und nicht schon könnte. Eine inländische Vollstreckung muss also ganz oder teilweise erfolglos gewesen sein oder zu werden drohen, und zwar im Zeitpunkt der Entscheidung über den Arrestantrag nach § 922 und bei vernünftiger Abwägung unter einer Beachtung des regelmäßigen Fortgangs der Entwicklung, Kropholler/Hartmann FS Drobnig, 1998, 342 (zu Drittstaaten). Dass der Schuldner im Zeitpunkt der Stellung des Arrestantrags noch Vermögen im Inland hatte, betrifft nicht den Arrestgrund des II 1, da hierdurch erst der Arrest sinnvoll wurde, Ffm OLGR 2003, 16. 15

VI. Vollstreckung im Ausland, II 1 Hs. 1. Die Bedeutung von S. 1 Hs. 1 ist seit der Anfügung von Hs. 2 erheblich gesunken. Sie ist aber keineswegs ganz entwertet. Trotz der scheinbar auch für die Prüfungsreihenfolge maßgeblichen Stellung des Hs. 1 vor Hs. 2 hat er zumindest praktisch wahrscheinlich oft nur eine bloße Auffangfunktion. Erst wenn kein Fall nach Hs. 2 vorliegt, wird Hs. 1 erheblich. Daher sollte die Vorschrift bei einem in den Anwendungsbereich der in Hs. 2 genannten Verträge fallenden Urteil bei einer genauen Betrachtung so gelesen werden: Ein zureichender Arrestgrund liegt dann vor, wenn man das Urteil „außerhalb eines die Gegenseitigkeit verfügenden Auslandsstaats vollstrecken müsste". In diesem Sinn könnte man auch vom „restlichen Ausland" oder von einem „Drittstaat" sprechen. Dabei kommt es auf den Zeitpunkt der Entscheidung über den Arrestantrag nach § 922 an. Denn in diesem Zeitpunkt stellt das Gericht seine abschließende Prognose über die Vollstreckbarkeit. 16

1. Nur Auslandsvermögen. Nur für die verbliebenden Fälle der Vollstreckung in einem solchen Drittstaat gilt unverändert: Das Gericht darf nicht prüfen, ob im Inland oder Ausland eine besondere Gefahr besteht. Das gilt auch dann, wenn der Schuldner ein Ausländer ist und sich in seinem Heimatland aufhält oder dorthin übersiedeln will oder wenn er schon im Zeitpunkt der Begründung des Schuldverhältnisses im Ausland war oder wenn diese Gesichtspunkte für den Gläubiger oder für beide Teile zutreffen, so schon (zum alten Recht) Ffm AWD 1980, 800; Thomas/Putzo/Seiler Rn. 3; aM Stein/Jonas/Grunsky Rn. 13. Das gilt zumindest dann, wenn bei der Verwirklichung des Anspruchs schon weitere Schwierigkeiten aufgetreten oder absehbar sind, so schon Ffm MDR 1981, 62. Es muss überhaupt ein vollstreckbarer Haupttitel möglich sein, so schon LG Köln KTS 1989, 723 (zust. Werres KTS 1989, 728). Ein Arrestgrund kann beim Vorliegen ausreichender, wenn auch im Ausland befindlicher Sicherheiten fehlen. 17

2. Auch Inlandsvermögen. Ein Vermögen im Inland steht dem Arrestgrund des II 1 entgegen, falls es ausreicht und der Gläubiger somit die Möglichkeit einer Zwangsvollstreckung im Inland hat, Düss OLGR 07, 569, und falls keine Gefahr besteht, dass der Schuldner den Zugriff des Gläubigers vereiteln könnte, Celle FamRZ 2015, 160; Stgt NJW-RR 1996, 775; Düss NJW 1977, 2034; Dittmar NJW 1978, 1722. 18

Beispiele: Der ausländische Schädiger hat eine grüne Versicherungskarte; er hält sich jeweils vorhersehbar im Inland auf, wenn auch nur kurzfristig, Mü NJW-RR 1988, 1023. 19

Ein Arrest darf aber nicht etwa nur dann erfolgen, wenn Vermögen im Inland vorhanden ist, Düss FamRZ 1981, 45; Dittmar NJW 1978, 1722; Schütze BB 1979, 349. Wenn eine ausländische Reederei mit einem eigenen Schiff innerhalb eines Liniendienstes voraussichtlich einigermaßen regelmäßig weiterhin einen deutschen Hafen anlaufen wird, liegen die Voraussetzungen nach Hs. 1 selbst dann nicht vor, wenn der Gläubiger im Inland kein Inkasso vornehmen kann, AG Hmb VersR 1987, 1237. Dasselbe gilt dann, wenn sie ständig wiederkehrende Forderungen gegen ihre inländische Agentin hat, Hmb VersR 1982, 341. Im Zweifel liegt aber eine Vollstreckungsgefährdung vor, AG Hmb VersR 1987, 1237. Die bloße Ausländereigenschaft ist kein Arrestgrund. 20

3. Weitere Voraussetzungen. Es stellt keine Vollstreckung im Ausland dar, wenn dort nur der Drittschuldner wohnt, Ffm MDR 1976, 321. Es ist jetzt wesentlich, ob bei einer Zwangsvollstreckung im Ausland die Rechtshilfe verbürgt ist. Es genügt bereits, dass der Gläubiger wahrscheinlich im Ausland vollstrecken müsste, 21 etwa deswegen, weil der Schuldner schon einen großen Teil seines Vermögens ins Ausland geschafft hat oder weil er Anstalten trifft, in das Ausland zu verziehen, es sei denn, er behält ein ausreichendes Inlandsvermögen.

22 **VII. Fehlen der Gegenseitigkeit, II 1 Hs. 2.** Die Notwendigkeit einer Vollstreckung im Ausland reicht nach II 1 Hs. 2 nur dann, wenn die Gegenseitigkeit nicht verbürgt ist, wenn also ein sog. Drittstaat vorliegt, Bbg WM 2017, 2109; Drsd NJW-RR 2007, 659; krit. Looks TranspR 2006, 134. Soweit eine Gegenseitigkeit vorliegt, hängt der dingliche Arrest von den Bedingungen des I ab. Dann gilt also uneingeschränkt I mit seiner Notwendigkeit, die dort genannte Besorgnis nach § 920 II darzulegen und glaubhaft zu machen.

23 Die Frage der Gegenseitigkeit stellt sich jetzt bei allen Auslandsstaaten, also nicht nur im Bereich der Brüssel Ia-VO, SchlAnh V C 2, oder des LugÜ, SchlAnh V D. Aufgrund des Austritts Großbritanniens aus der EU kann ein erleichterter Arrestgrund wegen des Erfordernisses einer Auslandsvollstreckung iSv II 1 bestehen, wenn innerhalb der ausgehandelten Zeit kein weiteres internationales Abkommen entsprechend der Verordnung (EU) Nr. 1215/2012 die erleichterte Anerkennung und Vollstreckung regelt und zulässt, so dass die Gegenseitigkeit verbürgt sein wird, Ffm NJW-RR 2019, 1023 (zum damals noch bevorstehenden Austritt); Sturm/Schulz ZRP 2019, 71.

24 Die Verbürgung der Gegenseitigkeit muss fehlen. Das ist dieselbe Formulierung wie in § 328 I Nr. 5, Looks TranspR 2006, 134, jedoch bezogen auf die Vollstreckbarkeit eines dinglichen Arrests, insoweit also enger gefasst. Trotzdem sind die Rechtsprechung und Lehre zu dieser Vorschrift mit heranzuziehen. Es ist vor allem ebenso wie dort eine differenzierende und großzügige Auffassung des Begriffs der Gegenseitigkeit notwendig. Das gilt schon wegen der ohnehin stets auch im Eilverfahren verstärkt auftretenden Probleme der Klärung, ob eine Verbürgung vorliegt, Looks TranspR 2006, 134. Ein Gutachten dazu ist schon zeitlich kaum erreichbar, Kblz RIW 1993, 939.

25 **VIII. Sicherung der Vollstreckung in ein Schiff, II 2.** II 2 ist durch Gesetz zur Reform des Seehandelsrechts mit Wirkung vom 25.4.2013 eingefügt worden, BGBl. 2012 I 831. Hierdurch wird den Gläubigern der Arrest in ein Schiff erleichtert, indem auf das Erfordernis des Arrestgrundes verzichtet wurde. Diese Regelung dient der Stärkung des Rechtstandorts Deutschland und ist dem niederländischen Recht nachgebildet, Drews RdTW 2019, 1; Musielak/Voit/Huber Rn. 7a. Aus der Formulierung des II 2 ergibt sich, dass der Titel auf die Beschlagnahme eines Schiffes beschränkt sein muss. Es ist deshalb zweckmäßig, in der Begründung des Arrestbefehls klarzustellen, dass er nach II 2 ergangen ist, MüKoZPO/Drescher Rn. 16, Thomas/Putzo/Seiler Rn. 5.

26 Die wohl noch hM beschränkt den Arrest in ein Seeschiff auf die Parteien, die nach § 596 HGB ein gesetzliches Pfandrecht ausüben können, als **Arrestgläubiger** und nur auf die Forderungen nach § 596 I Nr. 1–5 HGB als **Arrestanspruch,** Zöller/Vollkommer Rn. 19; Musielak/Voit/Huber Rn. 7b; Thomas/Putzo/Seiler Rn. 5. Eine solche Einschränkung ist abzulehnen; sie ergibt sich weder aus dem Wortlaut des II 2 noch aus der Gesetzesbegründung, RegE BT-Drs. 17/10309, 143; Drews RdTW 2019, 1; Ramming RdTW 2014, 177; MüKoZPO/Drescher Rn. 17. **Arrestschuldner** ist grds. der Eigentümer des Schiffes (§ 601 II HGB). Liegen die Voraussetzungen eines Arrestanspruchs vor, ist er glaubhaft zu machen; die Glaubhaftmachung eines Arrestgrundes ist wegen der besonderen Schutzbedürftigkeit des Arrestgläubigers entbehrlich. Arrestgegenstand sind im Unterschied zu § 930 IV, § 931 VII alle Schiffe (auch Binnenschiffe). Die **Vollstreckung** erfolgt durch die Beschlagnahme des Schiffes (§§ 930, 931).

918 ***Arrestgrund bei persönlichem Arrest.*** **Der persönliche Sicherheitsarrest findet nur statt, wenn er erforderlich ist, um die gefährdete Zwangsvollstreckung in das Vermögen des Schuldners zu sichern.**

Schrifttum: Gaul, Zur Problematik des persönlichen Arrestes, FS Beys, Athen 2004, 327; Schuschke DGVZ 1999, 129 (Grdz.).

1 **I. Systematik.** Im Anschluss an §§ 916, 917 legt die Vorschrift die Voraussetzungen des persönlichen Arrests und sein Verhältnis zum dinglichen Arrest fest. Der persönliche Arrest ist ein hilfsweiser Rechtsbehelf, Karlsr FamRZ 1996, 1429; Mü NJW-RR 1988, 383. Er ist nur dann zulässig, wenn der Schuldner überhaupt noch pfändbares Vermögen hat. Der persönliche Arrest ist außerdem nur dann zulässig, wenn andere Mittel zur Sicherung der Zwangsvollstreckung bisher versagen, zB ein dinglicher Arrest nach §§ 916, 917. Der persönliche Arrest ist auch gegen einen sich im Inland aufhaltenden Ausländer statthaft, → Anh nach § 918.

2 **II. Regelungszweck.** Der persönliche Arrest ist nur ein Sicherungsmittel; er dient nicht dem unmittelbaren Zwang gegenüber dem Schuldner, um diesen zu zwingen, Vermögensstücke zu beschaffen, Ritter ZZP 88, 138, oder sie aus dem Ausland herbeizuschaffen, Bbg OLGR 2005, 207. Der Zweck liegt vielmehr nur darin, eine Verschiebung der vorhandenen inländischen Vermögensstücke des Schuldners zu verhindern, deren Pfändung im Weg des dinglichen Arrests möglich werden soll. Der persönliche Arrest stellt einen schweren Eingriff in die Rechtsposition des Schuldners dar. Sie darf deshalb nur als letztes Mittel angewandt werden, wenn eine anderweitige Sicherung nicht möglich ist, Mü NJW-RR 1988, 383; Zöller/Vollkommer Rn. 1. Verfassungsrechtliche Bedenken können nur dann zurückstehen, wenn eine „doppelte Subsidiarität", Ritter ZZP 88, 138; MüKoZPO/Drescher Rn. 1 mwN, vorliegt, dh der dingliche Arrest nicht genügt und der Gläubiger nicht anderweitig gesichert ist, MüKoZPO/Drescher Rn. 1.

3 **III. Arrestgrund.** Auch beim persönlichen Arrest hat neben dem Arrestanspruch nach § 916 ein Arrestgrund vorzuliegen. Dieser setzt ein Vermögen des Schuldners voraus, in das die Zwangsvollstreckung gefährdet ist. Somit muss der Schuldner ein Vermögen besitzen, das der Zwangsvollstreckung überhaupt unterliegt, Karlsr NJW-RR 1997, 450, wobei es gleichgültig ist, ob es sich im In- oder Ausland befindet. Eine Vollstreckungsgefährdung ist dann gegeben, wenn die Vermögensgegenstände selbst oder der Ort, an dem sie sich befinden, verheimlicht oder verschleiert wird, Mü NJW-RR 1988, 382. Er ist im Wesentlichen derselbe wie beim dinglichen Arrest nach § 917.

4 Beispiele: Der Schuldner steht im Begriff, mit seinem Vermögen in das Ausland zu ziehen, Karlsr FamRZ 1996, 1425; Kblz JurBüro 1992, 191; man kann nicht ermitteln, wo das Vermögen des Schuldners geblieben ist, Karlsr FamRZ 1996, 1425; der Schuldner will sich der Abgabe einer Vermögensauskunft nach §§ 802c ff. entziehen, Bbg OLGR 2005, 207; Mü NJW-RR 1988, 382. Das Vermögen kann sich im Ausland befinden. Es reicht aus, dass der Gläubiger glaubhaft macht, der Schuldner besitze ein pfändbares Vermögen in einer beliebigen

Höhe. Der Gläubiger kann aber nicht schon zum Zweck der Glaubhaftmachung seiner Behauptungen nach §§ 294, 920 II verlangen, dass der Schuldner eine Vermögensauskunft gibt. Der Schuldner kann seinerseits nicht zum Zweck der Widerlegung der Glaubhaftmachung des Gläubigers anbieten, die Vermögensauskunft zu geben. Eine Gefährdung nach § 918 kann bestehen, wenn der Schuldner nicht zur Abgabe einer eidesstattlichen Versicherung nach §§ 802e ff. gezwungen werden kann, da im Ausland für Gläubiger kaum erreichbar, Bbg OLGR 2005, 206.

IV. Entscheidung. Das Arrestgericht muss im Arrestbeschluss die Art und Weise des Arrests, dessen Vollzug in § 933 geregelt ist, genau festlegen, um zu vermeiden, dass er wegen Unbestimmtheit und mangels Auslegbarkeit nicht vollzogen werden kann, Schuschke DGVZ 1999, 131. Wegen des Grundsatzes der Verhältnismäßigkeit ist immer nur die mildeste Maßnahme zulässig, MüKoZPO/Drescher Rn. 7. Das Gericht muss seinen Beschluss begründen. 5

V. Vollzug. Der Vollzug des persönlichen Arrests erfolgt nach § 933, § 145 VI GVGA. Das Arrestgericht des § 919 muss die Vollzugsart bereits im Haftbefehl angeben oder später durch einen Beschluss ergänzend anordnen. 6

Anhang zu § 918
Persönlicher Arrest nach zwischenstaatlichem Recht

Für den persönlichen Arrest ist es unerheblich, ob der Schuldner Inländer oder Ausländer ist. Art. 26 HZPrÜbk verbietet nur die Schlechterstellung von Angehörigen der Verbandsstaaten, die in Deutschland nicht eintritt. Er lautet:

Art. 26 HZPrÜbk

[1]In Zivil- oder Handelssachen darf die Personalhaft als Mittel der Zwangsvollstreckung oder auch nur als Sicherungsmaßnahme gegen die einem Vertragsstaat angehörenden Ausländer nur in den Fällen angewendet werden, in denen sie auch gegen eigene Staatsangehörige anwendbar sein würde. [2]Ein Grund, aus dem ein im Inland wohnhafter eigener Staatsangehöriger die Aufhebung der Personalhaft beantragen kann, berechtigt auch den Angehörigen eines Vertragsstaates zu einem solchen Antrag, selbst wenn der Grund im Ausland eingetreten ist.

919

Arrestgericht. **Für die Anordnung des Arrestes ist sowohl das Gericht der Hauptsache als auch das Amtsgericht zuständig, in dessen Bezirk der mit Arrest zu belegende Gegenstand oder die in ihrer persönlichen Freiheit zu beschränkende Person sich befindet.**

I. Systematik. § 919 regelt die Zuständigkeit des Gerichts für die Anordnung des Arrests. Die Zuständigkeit für die Vollstreckung ist mit der Ausnahme des § 930 I dieselbe wie bei jeder anderen Zwangsvollstreckung. §§ 930 III, 943 I, II regeln Ausnahmen von § 919. Sowohl das Gericht der Hauptsache als auch das Amtsgericht, in dessen Bezirk der mit Arrest zu belegende Gegenstand oder die in ihrer Freiheit zu beschränkende Person sich befindet, stehen dem Gläubiger als örtlich und sachlich zuständiges Gericht nach § 35 zur Wahl, Ffm FamRZ 1988, 184. Beide sind nach § 802 ausschließlich. In einem dringenden Fall darf der Vorsitzende nach § 944 ohne eine mündliche Verhandlung entscheiden. Das Gericht muss seine Zuständigkeit von Amts wegen prüfen. Wenn die Hauptsache im Zeitpunkt des Eingangs des Arrestgesuchs bereits anhängig ist, erstreckt sich die Zuständigkeitsprüfung nur auf die Anhängigkeit. 1

II. Regelungszweck. Die Vorschrift stellt im Interesse eines wirksamen Rechtsschutzes beide Gerichtsstände zur Wahl, um einen möglichst schnellen Zugriff zu gewährleisten. Sie dient daneben auch der Rechtssicherheit. Die Feststellung des Gerichts „der Hauptsache" kann Probleme bereiten, solange nicht etwa beim sog. fliegenden Gerichtsstand, der jedoch seit dem 2.12.2020 aufgrund des Gesetzes zur Stärkung des fairen Wettbewerbs (BGBl. 2020 I 2568) durch § 14 II UWG nF im Lauterkeitsrecht weitgehend abgeschafft ist, nach § 32 so gut wie jedes Gericht zB des gesamten Verbreitungsgebiets einer etwa wettbewerbswidrigen Handlung zur Verfügung stehen musste, Möller NJW 2021, 1 (9). So greift die Zuständigkeitsregelung des § 14 II 3 Nr. 1 UWG nur ein, wenn die betreffende Zuwiderhandlung tatbestandlich an ein Handeln im elektronischen Rechtsverkehr oder in Telemedien anknüpft, Ffm GRUR-RR 2021, 326; Düss GRUR-RR 2021, 330; GRUR-RR 2021, 333. Zweckmäßig dürfte es sein, das Amtsgericht zu wählen, in dessen Bezirk sich der mit Arrest zu belegende Gegenstand oder die in ihrer Freiheit zu beschränkende Person befindet. 2

III. Geltungsbereich. Eine einmal begründete Zuständigkeit dauert fort. Sie umfasst das Widerspruchsverfahren nach § 925 und die Arrestaufhebung nach §§ 926, 927 I mit Ausnahme von § 927 II. Sie umfasst ferner die Anordnung der Rückgabe einer Sicherheit nach § 109 mit Ausnahme von § 943 II, die Klage auf Erteilung der Vollstreckungsklausel nach §§ 731, 929 I und die Pfändung von Forderungen und anderen Rechten nach §§ 930 I 3, 934. Die Zuständigkeit braucht nur im Zeitpunkt der Entscheidung über den Widerspruch nach § 925 zu bestehen. Der Arrest eines unzuständigen Gerichts bleibt bis zu seiner Aufhebung aufgrund eines Rechtsbehelfs wirksam. Dasselbe gilt für eine aus ihm vorgenommene Zwangsvollstreckung. 3

Die internationale Unzuständigkeit eines inländischen Gerichts für die Hauptsache ist unschädlich, LG Ffm NJW 1990, 652; Geimer WM 1975, 912. Ein Inlandsbezug ist hier ebenso wenig wie bei § 23 notwendig, Looks TranspR 2006, 136. Wegen des LugÜ SchlAnh V D, Karlsr MDR 2002, 231 (Art. 24). Wegen der Brüssel Ia-VO, SchlAnh V C 2, besonders (jetzt) Art. 26, BGH NJW 1980, 528; Kblz IPRax 1991, 241; Hanisch IPRax 1991, 225; aM Kblz NJW 1976, 2082. 4

IV. Gerichtsstand der Hauptsache. 1. Hauptsache. Das ist nach § 919 der zu sichernde Anspruch selbst, bei § 940 das zu regelnde Rechtsverhältnis, Düss FamRZ 1979, 155. Bei einer Anspruchshäufung nach § 260 ist entscheidend, welchen Anspruch der Arrest unmittelbar sichern soll, LG Stgt MDR 1977, 676. Es kann sich um einen solchen Anspruch handeln, der den Klageanspruch nach § 253 II Nr. 2 nur vorbereitet oder nachbereitet, etwa um einen Antrag auf einen Prozesskostenvorschuss oder um einen Ersatzanspruch bei einer Nichterfüllung des Klageanspruchs. Die Parteirollen entscheiden nicht. Im Zusammenhang mit einer Sicherung des Bekl. in der Hauptsache muss der Bekl. zuvor eine Widerklage erhoben haben. Denn sonst fehlt der besondere Gerichtsstand nach § 33 hierfür. Eine Einrede macht den Anspruch nicht anhängig, ebenso wenig eine Aufrechnung. Deshalb bestimmen weder eine Einrede noch eine Aufrechnung ein Gericht zum Gericht der Hauptsache. Eine verneinende Feststellungsklage nach § 256 genügt, Ffm WRP 1996, 97; aM LG Düss GRUR 2000, 611. 5

6 **2. Anhängigkeit des Arrestanspruchs.** Es kommt darauf an, bei welchem Gericht der zu sichernde Anspruch anhängig ist oder anhängig werden kann. Der Gläubiger darf zwischen mehreren zuständigen Gerichten wählen. Wenn die Parteien nach § 1025 eine Schiedsvereinbarung getroffen hatten, ist nach § 943, grds. das Gericht sachlich und örtlich zuständig, das ohne die Schiedsvereinbarung zuständig wäre, nicht das Oberlandesgericht nach § 1062, das nur nach § 1062 I Nr. 4 für die Vollstreckbarerklärung zuständig ist, MüKoZPO/Drescher Rn. 5. Haben die Parteien aber in der Schiedsvereinbarung einen Schiedsort vereinbart, ist im Zweifel davon auszugehen, dass sie diesen auch für Maßnahmen des staatlichen Gerichts, wie nach § 1033, für die örtliche Zuständigkeit bestimmt haben, Hmb NJW 1997, 749; Thomas/Putzo/Seiler § 1033 Rn. 2; Musielak/Voit/Voit § 1033 Rn. 3; → § 1033 Rn. 5; aM MüKoZPO/Drescher Rn. 5. Eine zulässige Vereinbarung der Parteien über die Zuständigkeit in der Hauptsache nach § 38 wirkt auch für das vorläufige Verfahren. Wenn für die Hauptsache die Kammer für Handelssachen nach §§ 95 ff. GVG zuständig ist, ist sie es nach § 96 GVG auch für einen solchen Arrest, den der Gläubiger beantragt.

7 Wenn das Familiengericht für die Hauptsache nach dem FamFG zuständig ist, ist es auch für den zugehörigen etwaigen Arrest zuständig, BGH NJW 1980, 191; Ffm FamRZ 1988, 184; Stein/Jonas/Grunsky Vor § 916 Rn. 29; Thomas/Putzo/Seiler Rn. 5; aM Hamm NJW 1978, 57. Das AG ist in keinem Fall neben einem ArbG zuständig.

8 **3. Anhängigkeit der Hauptsache.** Wenn die Hauptsache schon anhängig ist, ist entscheidend, bei welchem Gericht sie zur Zeit des Eingangs des Arrestantrags nach → § 920 Rn. 3 schwebt, Zweibr JZ 1989, 103. Es ist nicht erforderlich, dass die Hauptsache bereits rechtshängig ist, Zweibr JZ 1989, 103; LG Düss GRUR 2000, 611. Es genügt deshalb, dass die Hauptsache im Mahnverfahren anhängig ist, selbst wenn sie die Zuständigkeit des AG überschreitet. Hauptsachegericht ist also auch dann das AG, dessen Rpfl. oder Urkundsbeamte den Mahnantrag nach § 689 bearbeiten muss. Wegen des FamG: BGH Rpfleger 1980, 14. Wenn die Hauptsache in der zweiten Instanz schwebt, ist für den Arrest nach § 943 I Hs. 2 das Berufungsgericht zuständig. Seine Zuständigkeit endet und die Zuständigkeit des Erstgerichts beginnt wieder im Zeitpunkt des Eintritts der formellen Rechtskraft des Berufungsurteils nach § 705 oder im Zeitpunkt der Einlegung der Revision nach § 552, BGH Rpfleger 1976, 178; Köln GRUR 1977, 221.

9 Wenn bei einer Berufung gegen eine Vorabentscheidung nach § 304 das Verfahren über den Betrag in der ersten Instanz schwebt, ist das Erstgericht für den Arrest zuständig. Denn man muss dann die Zuständigkeit des Berufungsgerichts einschränkend auslegen, Stein/Jonas/Grunsky Rn. 6; aM MüKoZPO/Drescher Rn. 8; Zöller/Vollkommer Rn. 7 (es seien dann die Gerichte beider Instanzen zuständig). Dasselbe gilt bei einem Zwischenurteil nach § 280 II. Während eines Wiederaufnahmeverfahrens nach §§ 578 ff. gegen ein Urteil des OLG ist das OLG für einen Arrest zuständig. Bei einem Teilurteil nach § 301 entscheidet der zu sichernde Teil des Anspruchs.

10 **4. Zuständigkeitsprüfung.** Das Gericht der Hauptsache darf zwar prüfen, ob die Hauptsache anhängig ist. Es darf aber grundsätzlich seine Zuständigkeit für die Hauptsache nicht prüfen, Hmb MDR 1981, 1027, es sei denn, der ordentliche Rechtsweg fehlt nach §§ 13 ff., 17a, 17b GVG, KG GRUR-RR 2002, 247; Zöller/Vollkommer Rn. 8; aM Otte ZIP 1991, 1048. Solange die Unzuständigkeit nicht rechtskräftig feststeht, ist das Gericht der Hauptsache auch für den Arrestantrag zuständig. Diese Zuständigkeit bleibt nach § 261 III Nr. 2 ausnahmsweise auch dann bestehen, wenn das Gericht der Hauptsache die Klage wegen Unzuständigkeit abweist oder den Rechtsstreit wegen der Hauptsache an ein anderes Gericht verweist. Es kommt dann § 927 in Betracht. Die nachträgliche Erhebung der Hauptsacheklage nach §§ 253, 261 macht das Gericht für den Arrestantrag zuständig. Eine Verweisung nach §§ 281, 506 ist zulässig. Keinesfalls kann eine solche spätere Unzuständigkeit schaden, die auf einer Klageänderung nach §§ 263, 264 oder auf einer Widerklage beruht. Maßgeblich ist der Zeitpunkt des Eingangs des Arrestgesuchs. Es ist nicht erforderlich, dass dieselbe Abteilung oder Kammer wie im Hauptprozess entscheidet.

11 **V. Gerichtsstand des Verbleibs oder der Arrestbereitschaft.** Für den Arrestantrag ist im Gesetzestext hinter dessen Wort „als" das offensichtlich auch bei der Neufassung 2005 wieder vergessene Wort „auch" nach heutigem Sprachgebrauch zu ergänzen. Daraus folgt: Nach der Wahl des Gläubigers ist auch das AG zuständig, in dessen Bezirk sich der vom Arrest betroffene Gegenstand oder die vom Arrest betroffene Person bereits befinden, aM Braun VersR 1988, 879 (es müsse zB beim Lkw genügen, dass er sich dort demnächst befinden werde). Diese Zuständigkeit gilt ohne Rücksicht auf den Streitwert nach §§ 3 ff., auf die Anhängigkeit der Hauptsache und beim Arrest auch ohne Rücksicht auf die Dringlichkeit, insofern anders als bei der einstweiligen Verfügung nach § 942 I. Dieses AG ist auch dann zuständig, wenn für die Hauptsache kein inländisches Gericht zuständig wäre.

12 „Gegenstand" ist hier auch eine Forderung. Sie befindet sich nach § 23 S. 2 am Wohnsitz des Drittschuldners nach § 840 und am Ort der Pfandsache. Man kann weder aus dem Gesetzestext noch aus der Natur der Sache ableiten, dass der Arrest nur die Gegenstände oder Personen ergreife, die sich im Bezirk dieses AG befinden. Vielmehr ist eine gegenteilige Auslegung vernünftig und entsprechend § 23 S. 1 möglich, Thümmel NJW 1985, 472; Stein/Jonas/Grunsky § 922 Rn. 31; Zöller/Vollkommer § 926 Rn. 2. Diese Zuständigkeit gilt auch in einer Arbeitsgerichtssache, LG Fulda NJW 1996, 266. Maßgeblich ist der Zeitpunkt des Eingangs des Arrestgesuchs. Ein späterer Wechsel des Verbleibs der Sachen berühren die ursprünglich gegebene Zuständigkeit nicht, MüKoZPO/Drescher Rn. 9; aM Thomas/Putzo/Seiler Rn. 7.

920 *Arrestgesuch.* **I Das Gesuch soll die Bezeichnung des Anspruchs unter Angabe des Geldbetrages oder des Geldwertes sowie die Bezeichnung des Arrestgrundes enthalten.**

II Der Anspruch und der Arrestgrund sind glaubhaft zu machen.

III Das Gesuch kann vor der Geschäftsstelle zu Protokoll erklärt werden.

Schrifttum: Fuchs, Die Darlegungs- und Glaubhaftmachungslast im zivilprozessualen Eilverfahren, Diss. Bonn 1993; Maurer, Verjährungshemmung durch vorläufigen Rechtsschutz, FS Erdmann, 2002; Scherer, Das Beweismaß bei der Glaubhaftmachung, 1996; Walter, Die Darlegungs- und Glaubhaftmachungslast in den Verfahren von Arrest und einstweiliger Verfügung nach §§ 916 ff. ZPO, 1992.

I. Systematik. § 920 regelt den das Arrestverfahren einleitenden Antrag. Er entspricht einer Klageschrift nach § 253 nicht dem vollen Inhalt nach, wohl aber der Funktion nach im Kern. Ergänzend sind die Regelungen über bestimmende Schriftsätze nach §§ 129 ff. anwendbar. 1

II. Regelungszweck. Die Vorschrift dient in I wie § 253 der Klarstellung, was Streitgegenstand des Eilverfahrens ist. Sie dient damit der Abgrenzung auch der materiellen Rechtskraft nach §§ 322, 329 und des Vollstreckungsumfangs, also der Rechtssicherheit. Gerade sie braucht im Eilverfahren eine besondere Aufmerksamkeit. Daher darf man I trotz allen verständlichen Eilbedürfnisses keineswegs allzu großzügig behandeln. Daran ändert im Parallelfall eines Antrags auf eine einstweilige Verfügung nach §§ 935 ff. auch § 938 nichts. Das Gericht kann eine sorgfältig durchdachte nachvollziehbare Fassung des Eilantrags verlangen, besonders wegen seiner Dauer. Denn es besteht oft eine erhebliche Gefahr der Vorwegnahme der Hauptsache. Die Beschränkung in II auf eine bloße Glaubhaftmachung nach § 294 statt eines Vollbeweises entspricht dem Zweck, so schnell wie möglich im Eilverfahren voranzukommen, also der Prozesswirtschaftlichkeit. 2

III. Gesuch, I. Das Verfahren beginnt mit dem Eingang eines Gesuchs oder Antrags des Gläubigers. Er kann ihn mithilfe der vorrangigen §§ 130a–130d auch elektronisch stellen. Das Wort „soll" in I bedeutet nur die Zulässigkeit einer Ergänzung im weiteren Verfahren. Der Antrag hat also eigentlich bereits die folgenden Einzelheiten zu enthalten. Das Gericht muss dem Gläubiger in einem nicht ganz aussichtslosen Fall nach § 139 eine Ergänzung seiner etwa unvollständigen Angaben anheimstellen oder eine mündliche Verhandlung anordnen. 3

1. Arrestanspruch. Der Gläubiger muss den Anspruch nach §§ 253 II Nr. 2, 916 bezeichnen. Dabei hat der Gläubiger den Geldbetrag oder den Geldwert anzugeben, auch wegen § 923. Grundsätzlich gelten dieselben Anforderungen an die Bestimmtheit des Antrags wie bei der Klageschrift, Brdb FamRZ 2015, 1225. Das gilt insbesondere beim Unterlassungsbegehren, Hamm MDR 2000, 386. Indessen darf man die Anforderungen wegen des vorläufigen Charakters des Eilverfahrens auch nicht überspannen, Hamm MDR 2000, 386. 4

2. Gläubiger, Schuldner. Außerdem muss der Gläubiger natürlich sich selbst und den Schuldner ausreichend bezeichnen, BGH MDR 1992, 1178; Ffm NJW 1992, 1178; Köln NJW 1982, 1888. Dazu genügen ausreichende Umschreibungen der Identität dann, wenn der Gläubiger den wahren Namen des Schuldners nicht zumutbar ermitteln kann, Raeschke-Kessler NJW 1981, 663 (Hausbesetzer). 5

3. Arrestgrund. Der Gläubiger muss das Vorliegen eines Arrestgrundes oder über § 936 eines Verfügungsgrundes nach §§ 917 ff. darlegen, Mü GRUR-RR 2021, 297 Rn. 47. Ein Anwalt darf die ihm anvertrauten Tatsachen nicht angeben, die er zur Darlegung seines Vergütungsanspruchs in einem Hauptprozess nicht offenbaren dürfte. Andernfalls tritt ihre Unverwertbarkeit ein, KG NJW 1994, 462. 6

4. Arrestgegenstand. I erwähnt den Arrestgegenstand nicht. Da der Arrest immer „in das Vermögen" des Schuldners ergehen muss, braucht der Gläubiger den Gegenstand nur dann anzugeben, wenn erst dessen Verbleib die Zuständigkeit des angerufenen Gerichts begründet oder wenn der Gläubiger einen persönlichen Arrest beantragt. 7

5. Rechtshängigkeit. Im Arrestverfahren und im Verfahren über den Antrag auf Erlass einer einstweiligen Verfügung entspricht der Zeitpunkt der Rechtshängigkeit – in Abweichung vom Klageverfahren nach §§ 253 ff. – dem der Anhängigkeit, Brdb BauR 2012, 556; Kblz GRUR 1995, 171; Mü NJW 1993, 1604; → § 253 Rn. 10; → § 261 Rn. 4 (je zur Rechtshängigkeit und Anhängigkeit im Klageverfahren). Auf die Zustellung kommt es in diesen Eilverfahren nicht an, weil die Entscheidung auch ohne ein vorheriges rechtliches Gehör des Antragsgegners ergehen kann. Damit treten die Rechtsfolgen der Rechtshängigkeit eines Arrest- und einstweiligen Verfügungsverfahren ein, nicht jedoch hinsichtl. des Hauptsacheverfahrens, BGH NJW 1980, 191; → Vor § 253 Rn. 71, 73 (zu den prozessualen und materiell-rechtlichen Wirkungen der Rechtshängigkeit). Das bedeutet, dass der zu sichernde Anspruch nicht rechtshängig wird, BGH NJW 1980, 191. Wegen der unterschiedlichen Rechtsschutzziele sind Klage und Antrag auf Erlass einer einstweiligen Verfügung grds. in jeder Lage des Verfahrens und unabhängig von den Rechtsfolgen nebeneinander zulässig, Köln GRUR 1988, 646; Düss NJW 1981, 2824. 8

Rechtsgrund der Abweichung von einer grundsätzlich nach §§ 253 I, 261 I, 271 notwendigen Zustellung ist die im Eilverfahren eintretende Prozesstreuhänderstellung des Gerichts als eine Folge seiner Fürsorgepflicht, KG MDR 2009, 765; Stgt NJW-RR 2007, 527; Hmb MDR 2000, 786. Sie begründet hier bereits auch für den Antragsgegner das Prozessrechtsverhältnis. Die Rechtshängigkeit steht einem neuen Gesuch mit demselben Ziel entgegen, Kblz GRUR 1981, 93. Es treten nach § 91a grundsätzlich alle prozessualen Wirkungen der Rechtshängigkeit ein, Mü NJW 1993, 1604; Düss NJW 1981, 2824; Kblz GRUR 1981, 93. 9

Die materiell-rechtlichen Wirkungen der Rechtshängigkeit treten nur ein, soweit das materielle Recht diese Wirkungen an das Arrestgesuch oder an jede gerichtliche Geltendmachung knüpft, wie bei § 941 BGB; → Rn. 8 f. Man kann vom Arrestverfahren zum Hauptprozess nur nach den Regeln der Klageänderung nach §§ 263, 264 übergehen. Unzulässig, da auch nicht durch eine Klage-„Änderung" durchführbar, ist ein Übergang vom Hauptprozess zum Arrestverfahren, schon gar in der höheren Instanz, Düss FamRZ 1981, 70. 10

6. Weitere Voraussetzungen. Ein Verfahren nach § 495a braucht anders als vor einer Klageerhebung dann nicht vorangegangen zu sein, wenn der Gläubiger ein Recht oder ein Rechtsverhältnis nach § 37 IV ArbNEG geltend macht. Die Höhe der Forderung ist als Geldwert zu bezeichnen, weil der nachfolgende Arrestbefehl als Vollstreckungstitel hiermit den Umfang des Arrestpfandrechts und auch die Lösungssumme des § 923 bestimmt, MüKoZPO/Drescher Rn. 5; Zöller/Vollkommer Rn. 1; Thomas/Putzo/Seiler Rn. 1. Dies gilt auch für den Zugewinnausgleich als Arrestanspruch, Brdb FamRZ 2015, 1225. 11

IV. Glaubhaftmachung, II. Im Arrestverfahren oder über § 936 im Verfahren auf Erlass einer einstweiligen Verfügung genügt hinsichtlich des Anspruchs und des Grundes anstelle des Beweises, dass die vorgetragenen Tatsachen der Wahrheit entsprechen, nach II deren Glaubhaftmachung, Mü NJW-RR 2022, 140 = NZG 2022, 282 Rn. 11; GRUR-RR 2021, 297 Rn. 47; Karlsr NJW-RR 2019, 615. Diese Privilegierung erstreckt sich auch auf die Prozessvoraussetzungen, die ebenfalls nur glaubhaft zu machen sind, Hmb NJW-RR 2012, 1210. Die Glaubhaftmachung ist grundsätzlich notwendig, soweit nicht I 1 eingreift, Kblz WM 2016, 952; OVG Münst NVwZ-RR 2015, 191; VG Hmb NVwZ 2016, 484; MüKoZPO/Drescher Rn. 12. Bei diesem geringeren Grad an richterlichen Überzeugungsbildung tritt an dien Stelle des Vollbeweises eine Wahrscheinlichkeitsfeststellung, 12 da eine Behauptung schon dann glaubhaft gemacht ist, wenn eine überwiegende Wahrscheinlichkeit dafür besteht, dass sie zutrifft. Diese Voraussetzung ist erfüllt, wenn bei umfassender Würdigung der Umstände des Falles mehr für die in Rede stehende Behauptung spricht als dagegen, BGH NJW-RR 2011, 136; NJW-RR 2007, 776; NJW 2003, 3558; Mü NJW-RR 2022, 140 Rn. 11; Karlsr NJW-RR 2019, 615; Düss BeckRS 2015, 9946; Kblz NJW-RR 2015, 917; MüKoZPO/Drescher Rn. 15; Brost/Hassel NJW 2021, 1351 (1354). Als Mittel der Glaubhaftmachung wird in den überwiegenden Fällen auf die eidesstattliche Versicherung (§ 294) zurückgegriffen; → Rn. 17 f. Es kann jedoch an der notwendigen Glaubhaftmachung fehlen, wenn nur ein teilweise geschwärzter Entscheidungstext eines Bescheids vorgelegt wird, Ffm GRUR-RR 2020, 456 (Präsentationsarzneimittel). Wenn Arrestgrund und Arrestanspruch nicht glaubhaft gemacht, aber schlüssig vorgetragen sind und ein Bestreiten nicht zu erwarten ist, ist grds. mündlich zu verhandeln, KG GRUR-RR 2011, 287. Die Glaubhaftmachung ist oft streitentscheidend, Saarbr NJW-RR 2008, 1632; LSG Essen FamRZ 2009, 257; VGH Mü NVwZ-RR 2013, 946. Sie erfolgt nach § 294, Ffm NJW-RR 2010, 936; Brdb FamRZ 2009, 447; OVG Münst NVwZ-RR 2015, 191. Jedenfalls bei Anhörung des Gegners oder bei Durchführung einer mündlichen Verhandlung können auch präsente Beweismittel erbracht werden, denn II enthält eine Beweisreduzierung, Brdb NJW-RR 2015, 1283; NJW-RR 2002, 1127; Ffm NJW-RR 1991,175; Karlsr WRP 1988, 631. Keine Partei ist auch im Eilverfahren gehindert, den Vollbeweis zB durch Vorlage einer den Anspruch begründenden Urkunde zu führen. Jedoch ist die Anordnung der Vorlage einer Urkunde im Eilverfahren nicht möglich, da die Glaubhaftmachung auf präsente Beweismittel beschränkt ist, Ffm NJW-RR 2010, 936. An der Intensität, mit der das Gericht die rechtliche Prüfung des Sachverhalts vornehmen muss, ändert die Zulässigkeit der bloßen Glaubhaftmachung einer Tatsache nichts, Kblz NJW 2001, 1364. Bei Erlass einer einstweiligen Verfügung gem. § 101a I 1, III 1 UrhG erstreckt sich die Glaubhaftmachung ebenfalls auf den Verfügungsanspruch und den Verfügungsgrund, Brschw BeckRS 2019, 27016 = GRUR-RR 2020, 3 (Ls).

13 Eine Besonderheit der Glaubhaftmachung ergibt sich in Verfahren auf Erlass einer einstweiligen Verfügung in Presseangelegenheiten, die auf die Unterlassung von Behauptungen investigativer Journalisten gerichtet ist. Eine eidesstattliche Versicherung des Informanten würde dessen Identität offenbaren. Um dem Dilemma zwischen umfassender Darlegungslast und Schutz der Informanten zu entgehen, sind verschiedene Ansätze gesucht worden, vgl. Ffm ZUM 2001, 322; Brost/Hassel NJW 2021, 1351 (1355). Am ehesten dürfte aber auch im Sinne des Informantenschutzes die eidesstattliche Versicherung des Journalisten ausreichen, der dem Tatsachenvortrag eine überwiegende Wahrscheinlichkeit verleiht, LG Köln BeckRS 2018, 25558; Brost/Hassel NJW 2021, 1351 (1355). Vertiefend zum Klageverfahren: → § 138 Rn. 33 „Presserecht". Dies gilt jedoch nicht grds. bei Zeugen, denen außerhalb von Presseangelegenheiten Anonymität zugesagt worden ist. So reicht es nicht aus, wenn ein Zeuge, dem eine solche Anonymität zugesagt ist, gegenüber dem Anwalt die behaupteten Tatsachen an Eides statt versichert und dieser diesen Umstand vor Gericht anwaltlich versichert, Brschw BeckRS 2919, 27016 (unlizenzierte Softwarenutzung); → Rn. 17 f.

14 Nicht ausreichend ist eine Glaubhaftmachung bei einem Einwand des Rechtsmissbrauchs, Stgt BauR 2015, 1024.

15 **1. Erforderlichkeit bei Arrestanspruch, Arrestgrund.** Die Glaubhaftmachung muss sich grundsätzlich auf den Arrestanspruch nach § 916 und auf den Arrestgrund nach § 917 erstrecken (Ausnahme: → Rn. 23), Bbg MDR 2013, 57; Köln NJW-RR 2000, 1299; Hamm FamRZ 1986, 696 (strenge Anforderungen beim Notunterhalt). Je unwahrscheinlicher der Bestand des zu sichernden materiell-rechtlichen Anspruchs ist, desto höhere Anforderungen sind an die erforderliche überwiegende Wahrscheinlichkeit einer dem Antragsteller drohenden Gefahr zu stellen, Jestaedt GRUR 1981, 155. Das gilt besonders bei einer sog. Leistungsverfügung, Celle FamRZ 1994, 386 (Unterhalt). Sie genügt zur Begründung des Gesuchs, Dittmar NJW 1978, 1721. Wenn das Arrestgericht ein Gesuch formell nach §§ 329, 705 rechtskräftig abgewiesen hatte, kann der Gläubiger ein neues Gesuch einreichen und durch eine neue Glaubhaftmachung nunmehr ausreichend begründen.

16 **2. Prozessvoraussetzungen.** Der Gläubiger muss auch die Prozessvoraussetzungen von vornherein glaubhaft machen, Hmb NJW-RR 2012, 1210; Hamm FamRZ 1998, 687; Thümmel NJW 1996, 1931; → Rn. 12 f., vor allem die Zuständigkeit nach § 919. Gegenüber einem Vollbeweis des Gläubigers reicht eine eidesstattliche Versicherung nicht als Gegenbeweis aus, Köln FamRZ 1981, 780. Im Übrigen darf das Gericht aber in keinem Punkt einen vollen Beweis verlangen, Ffm MDR 1981, 238, auch nicht in einer mündlichen Verhandlung, wobei kein allzu strenger Maßstab anzulegen ist, Hmb GRUR 1989, 1164. Das Gericht prüft von Amts wegen, ob eine erforderliche Vollmacht nach § 80 vorliegt und nach §§ 88 II, 80 ausreicht. Eine Prozessvollmacht nach § 81 für den Hauptprozess genügt nach § 82 dann, wenn der Antragsteller sie im Hauptprozess nachgewiesen hat. § 1585a BGB hat das Erfordernis der Glaubhaftmachung nicht beseitigt, Düss FamRZ 1980, 1116.

17 **3. Eidesstattliche Versicherung.** Grundsätzlich kann sich der Gläubiger zur Glaubhaftmachung auf seine eigene eidesstattliche Versicherung nach § 294 I Hs. 2 beziehen, Celle NJW-RR 1987, 448. Indessen muss das Arrestgericht gerade eine solche eidesstattliche Versicherung mit äußerster Vorsicht bewerten. Das gilt insbesondere deshalb, weil eine falsche eidesstattliche Versicherung der Partei zum Teil straflos sein kann, Blomeyer JR 1976, 441. Nach BayObLG JR 1996, 292 (krit. Vormbaum/Zwiehoff) kann im Verfahren des dinglichen Arrestes eine falsche eidesstattliche Versicherung schon dann strafbar sein, wenn diese dem zuständigen Gericht per Telefax zugeleitet worden ist. Zum Gebot einer ebenso zurückhaltenden Bewertung der bloßen Bezugnahme auf einen Anwaltsschriftsatz in der eigenen eidesstattlichen Versicherung, Ffm FamRZ 1984, 313.

18 Es ist anerkannt, dass die durch einen RA mitgeteilten Tatsachen in gleicher Weise nach § 294 I glaubhaft gemacht werden können, wie es sonst durch eidesstattliche Versicherung der Fall ist, wenn der Anwalt die Richtigkeit seiner Angaben unter Bezugnahme auf seine Standespflicht anwaltlich versichert, BGH NJW-RR 2017, 1266; Brschw BeckRS 2019, 27016 = GRUR-RR 2020, 3 (Ls.); → § 294 Rn. 12.

19 **4. Weitere Beweismittel.** Der Gläubiger kann sich aber zur Glaubhaftmachung nach § 294 I auch der oft ebenfalls zurückhaltend zu bewertenden eidesstattlichen Versicherung eines Dritten und aller anderen Beweismittel nach §§ 371 ff. bedienen, sofern er sie nur nach § 294 II sogleich beifügt oder in einer etwaigen Verhandlung zur Verfügung stellt, Düss GRUR-RR 2013, 237; Ffm NJW-RR 2010, 936. Der Antragsteller kann daher zB einen Sachverständigen nach §§ 402 ff. stellen, Nürnb MDR 1977, 849. Er kann später dessen Kosten als Prozesskosten nach § 91 geltend machen, Düss DB 1981, 785. Auch ein ausländisches Urteil kann ausreichen, Schlosser FS Schwab, 1990, 445, ebenso ein in- oder ausländischer Schiedsspruch nach §§ 1054, 1061 oder eine Anklageschrift, Bbg MDR 2013, 57. Ein gerichtliches Geständnis nach § 288 I reicht zur Glaubhaftmachung in

aller Regel aus. Wenn der Gläubiger seine Behauptungen nicht glaubhaft machen kann, darf er eine Sicherheitsleistung nach § 108 anbieten. Sie kann dem Gericht nach § 921 II genügen.

20 Nicht immer steht allein die Eilbedürftigkeit im Vordergrund, sondern es kommt auf die sinnvollen Mittel an, Düss GRUR-RR 2013, 237 (externe Nachprüfung eigener Erkenntnisse).

21 Zur Glaubhaftmachung kann auch eine Verweisung auf die Akten des Hauptprozesses und seiner Beiakten genügen, zB auf ein dort bereits ergangenes Urteil. Zur Glaubhaftmachung bei einer wettbewerbsrechtlichen Abnehmerverwarnung Brandi-Dohrn GRUR 1981, 684. Die Glaubhaftmachung erstreckt sich wie stets nur auf Tatsachen, Hirtz NJW 1986, 111. Sie erspart dem Arrestgericht nicht die volle rechtliche Prüfung, aM Hmb GRUR 1989, 1164 (zum ausländischen Recht). Es gibt nach § 294 II grundsätzlich keine Nachfrist, Hamm FamRZ 1998, 687.

22 Eine Nachholung der Glaubhaftmachung kann aber ausnahmsweise zB aufgrund eines Hinweises nach § 139 in Frage kommen. Das Gericht muss ihn aber in diesem Eilverfahren keineswegs stets geben. Ist die Glaubhaftmachung abgegeben, aber nicht hinreichend, ist dem Antragsteller Gelegenheit zur Nachbesserung zugeben, es sei denn das Gericht verfährt nach § 921, Brdb NJW-RR 2015, 1283; Musielak/Voit/Huber Rn. 10.

23 **5. Entbehrlichkeit beim Arrestgrund.** Der Gläubiger braucht bei §§ 691 II, 698 III HGB, 12 II UWG und bei einem unstreitigen Sachverhalt und folglich dem Wegfall eines wenigstens geringeren Beweisbedürfnisses den Arrestgrund nicht glaubhaft zu machen.

24 **V. Form, III.** Der Gläubiger kann sein Gesuch schriftlich oder elektronisch nach §§ 130a–130d oder zum Protokoll der Geschäftsstelle erklären. Deshalb besteht (nur) für das Gesuch nach § 78 III Hs. 2 kein Anwaltszwang, Hamm MDR 2008, 708; Ffm OLGR 2004, 221; Saarbr NJW-RR 1998, 1012. Das gilt auch im Anwaltsprozess (§ 78). Der Gläubiger kann das Gesuch mit einer Klageschrift nach § 253 verbinden. Das ist allerdings unzweckmäßig. Ein lediglich mündlicher Antrag in einem Verhandlungstermin ist unzulässig. Der Gläubiger kann auch seine etwaigen zur Wirksamkeit des Arrests notwendigen Nebenanträge ohne einen Anwaltszwang stellen. Das gilt zB für den Antrag auf eine öffentliche Zustellung nach §§ 185 ff. oder für den Antrag auf die Zulassung einer anderen Sicherheit nach § 108.

25 Ein Anwaltszwang besteht aber für das an das Gesuch anschließende Verfahren, Hamm OLGR 2008, 257; Köln FamRZ 1988, 1274. Er besteht daher zB auch für andere Anträge, Ffm MDR 1989, 460, oder für einen Widerspruch nach § 924 beim LG und beim OLG, Hamm OLGR 2008, 257; NJW-RR 1997, 763; Ffm MDR 1999, 186; MDR 1983, 233; Düss OLGZ 1983, 358. Für die Einlegung der Beschwerde besteht hingegen nach §§ 569 III Nr. 1, 920 III noch kein Anwaltszwang, Celle NJW-RR 2009, 978; Karlsr OLGR 1998, 130; Mü BauR 1995, 875; → § 922 Rn. 39. Ein Anwaltszwang besteht ferner für das zugehörige Vollstreckungsverfahren nach §§ 929 ff., Ffm MDR 1989, 460.

26 **VI. Antragsrücknahme.** Der Antragsteller kann das Gesuch jederzeit einseitig zurücknehmen, Ullmann BB 1975, 236. Das gilt auch noch nach einem Widerspruch des Antraggegners nach § 924 in der mündlichen Verhandlung, beim LG wegen § 78 dann nur durch einen ProzBev. Die Antragsrücknahme ist auch noch nach einer mündlichen Verhandlung bis zum Eintritt der formellen Rechtskraft nach §§ 329, 705 möglich. Anders als bei der Klagerücknahme bedarf es nicht der Zustimmung des Antragsgegner; § 269 I ist insoweit nicht anwendbar, BGH NJW-RR 1993, 1470 (Patentnichtigkeitsverfahren); Saarbr GRUR-RR 2014, 91; Kblz BeckRS 2013, 17833; Köln NJW 1973, 2071; Höfling/Gremminger NJW 2016, 2459; Vossler MDR 2009, 667; → § 269 Rn. 15 „Arrest". Der Antragsteller kann den Antrag auch erneut stellen, solange er ihn auf neue Tatsachen oder auf neue Mittel der Glaubhaftmachung stützt; Düss NJW 1982, 2452. Die Rücknahme löst stets aufgrund eines Antrags des Antragsgegners die Wirkungen aus, die sich aus einer entsprechenden Anwendung des § 269 II 1 und hinsichtlich der Kostentragung des § 269 III 2 ergeben, Brdb BauR 2012, 556; Düss FamRZ 1992, 962; Mü Rpfleger 1982, 115; Hmb NJW 1977, 813; Höfling/Gremminger NJW 2016, 2459. § 269 III 3 hingegen ist auch entsprechend nicht anwendbar, KG MDR 2009, 765; aM Stgt NJW-RR 2007, 527. Man kann einen zurückgenommenen Antrag wie bei § 269 VI wiederholen, Ffm NJW 2005, 3222. Gegen eine nach Rücknahme des Antrags auf Erlass einer einstweiligen Verfügung im Beschwerdeverfahren ergangene Entscheidung über die Kosten ist eine Rechtsbeschwerde nicht statthaft, BGH NJW 2003, 3565; → § 269 Rn. 53 „Schutzschrift"; → § 269 Rn. 68.

921 *Entscheidung über das Arrestgesuch.*

[1]Das Gericht kann, auch wenn der Anspruch oder der Arrestgrund nicht glaubhaft gemacht ist, den Arrest anordnen, sofern wegen der dem Gegner drohenden Nachteile Sicherheit geleistet wird. [2]Es kann die Anordnung des Arrestes von einer Sicherheitsleistung abhängig machen, selbst wenn der Anspruch und der Arrestgrund glaubhaft gemacht sind.

Schrifttum: Baumgärtel, Die Verteilung der Glaubhaftmachungslast in Verfahren des einstweiligen Rechtsschutzes nach der ZPO, FS Gaul, 1997, 27.

1 **I. Systematik.** Im Anschluss an die Zuständigkeit nach § 919 und den Antrag nach § 920 regelt § 921 iVm § 922 I 1 den weiteren Gang des Arrestverfahrens bis zur Entscheidung nach § 922. Darüber hinaus regelt die Vorschrift auch schon einen Teil der Entscheidungsinhalte.

2 **II. Regelungszweck.** Die Vorschrift ermöglicht in S. 1 dem Gericht, einen Arrest auch ohne hinreichende Glaubhaftmachung des Arrestanspruchs und des Arrestgrundes zu erlassen, wenn der Gläubiger entsprechende Sicherheit leistet. Diese Regelung dient der Verfahrensbeschleunigung, besonders auch im Interesse des Gläubigers. Nach S. 2 kann das Gericht auch bei hinreichender Glaubhaftmachung vom Gläubiger eine Sicherheitsleistung verlangen. Diese Regelung dient dem Schuldnerschutz.

3 **III. Mündliche Verhandlung.** Die Vorschrift gilt sowohl für das Urteils- als auch für das Beschlussverfahren. Die mündliche Verhandlung ist nach § 922 I 1freigestellt. Ob eine mündliche Verhandlung angeordnet wird, liegt im pflichtgemäßen Ermessen des Gerichts. Wenn die Dringlichkeit des Einzelfalls es erfordert, muss das angerufene Gericht die für eine rechtzeitige Entscheidung erforderliche Kommunikation sicherstellen, BVerfG NJW 2014, 51 (zögerliche Behandlung einer Beschwerde im Eilverfahren). Dies kann auch Auswirkungen auf die Entscheidung der Anberaumung einer mündlichen Verhandlung haben.

4 **1. Ermessen.** Im Arrestverfahren entscheidet das Gericht anders als bei der einstweiligen Verfügung nach § 937 II stets nach seinem pflichtgemäßen Ermessen darüber, ob eine mündliche Verhandlung überhaupt stattfinden soll, Köln GRUR 2013, 656; LG Zweibr NJW-RR 1987, 1199. Die Entscheidung steht dem gesamten Gericht und nicht dem Vorsitzenden zu, es sei denn ihm steht ohnehin die Alleinentscheidung nach § 944 zu. Das Gericht entscheidet dann, wenn keine mündliche Verhandlung stattgefunden hat, durch einen Beschluss nach § 922 I 1 Hs. 2. Die Zustellung des Antrags hemmt die Verjährung nach § 204 I Nr. 9 Hs. 1 BGB. Mangels einer Zustellung vor Erlass des Arrests reicht die Antragseinreichung dann, wenn der Arrestbefehl innerhalb eines Monats seit der Verkündung oder seit der Zustellung an den Gläubiger jedenfalls auch dem Schuldner zugeht, § 204 I Nr. 9 Hs. 2 BGB. Bei der Fristberechnung ist § 204 III BGB zu beachten. Der Vorsitzende hat einen etwaigen Termin nach § 216 unverzüglich zu bestimmen. Das muss nach § 227 III 2 Hs. 1 Nr. 1 auch für die Zeit vom 1. Juli bis 31. August ohne eine spätere Verlegungsmöglichkeit erfolgen.

5 Der Gläubiger kann zu der Frage, ob eine mündliche Verhandlung stattfinden soll oder nicht, nur eine Anregung geben. Schon wegen der Gefahr eines materiell-rechtlich unrichtigen Vollstreckungstitels und wegen der Risiken der bloßen Glaubhaftmachung nach § 920 II kann es sinnvoll sein, dass das Gericht trotz der Möglichkeiten des § 921 eine mündliche Verhandlung anberaumt. Eine Verhandlung sollte dann unterbleiben, wenn sie durch die mit ihr verbundene längere Verfahrensdauer den Zweck des Arrests vereiteln würde, BVerfG NJW 1981, 2111; Kblz NJW-RR 1987, 511; Ritter ZZP 1988, 121. Das Gericht muss die Ladungsfrist einhalten.

6 **2. Kein Verhandlungsverbot.** Ein Arrestgesuch nur für den Fall, dass das Gericht ohne eine mündliche Verhandlung entscheidet, stellt eine unwirksame Einschränkung des richterlichen Ermessens dar. Denn es enthält eine bedingte Rücknahme des Gesuchs für den Fall der Notwendigkeit einer mündlichen Verhandlung. Eine solche Bedingung ist unzulässig, Zöller/Vollkommer Rn. 1; Thomas/Putzo/Seiler § 922 Rn. 1. Wenn das Gericht eine mündliche Verhandlung für notwendig erachtet, müsste es konsequenterweise den Antrag als unzulässig zurückweisen; streitig, zum Meinungsstand: Musielak/Voit/Huber Rn. 4. In der Praxis spielt dies keine entscheidende Rolle. Das Gericht kann auch zu einer Auslegung dahin kommen, dass der Antragsteller eine derart unzulässige Bedingung vernünftigerweise nicht aufrechterhalten werde. Zweckmäßig ist allerdings eine Rückfrage beim Antragsteller nach § 139. Er kann beantragen, ihm vor einer Zurückweisung des bedingten Gesuchs die Gelegenheit zur Beseitigung der gerichtlichen Bedenken zu geben. Bei einem solchen Vorgehen ist jedoch die Eilbedürftigkeit zu berücksichtigen.

7 **3. Weiteres Verfahren.** Findet eine mündliche Verhandlung statt, so gelten die allgemeinen Regeln für das Urteilsverfahren, soweit nicht Besonderheiten in den Arrestvorschriften geregelt sind. Grundsätzlich hat hierbei auch die obligatorische Güteverhandlung nach § 278 II stattzufinden; wegen der Eilbedürftigkeit muss sich die mündliche Verhandlung aber unmittelbar anschließen, Musielak/Voit/Huber Rn. 5; MüKoZPO/Drescher § 922 Rn. 22.

8 **4. Entscheidung.** Das Gericht darf das Arrestgesuch auch ohne eine mündliche Verhandlung als unzulässig oder als unbegründet zurückweisen, Mü FamRZ 2000, 853. Das ergibt sich auch aus § 937 II. Wegen der Entscheidung über das Gesuch selbst → § 922 Rn. 34 ff., 46 ff. Nach einer Antragsrücknahme muss das Gericht aufgrund eines Antrags des Schuldners entsprechend § 269 III 2, IV durch Beschluss aussprechen, dass der Gläubiger verpflichtet ist, die Kosten des Verfahrens zu tragen, soweit nicht das Gericht bereits rechtskräftig über sie erkannt hat. Der Schuldner kann diesen Feststellungsantrag auch dann stellen, wenn das Gericht das Arrestgesuch dem Schuldner im Zeitpunkt der Rücknahme des Arrestgesuchs noch nicht zugestellt hatte, Düss NJW 1981, 2824; Hmb NJW 2077, 813, oder wenn das Gericht das Arrestgesuch zwar bereits zugestellt hatte, aber noch keinen Verhandlungstermin angesetzt hatte. Vgl. im Übrigen § 326 III AO.

9 **5. Rechtsbehelfe wegen Verhandlung.** Gegen die Anordnung der mündlichen Verhandlung besteht kein Rechtsbehelf. Gegen die Zurückweisung des Antrags auf eine Terminsbestimmung besteht anders als bei einer notwendigen mündlichen Verhandlung ebenfalls kein Rechtsbehelf. Gegen die Wahl des Termins ist allenfalls eine Dienstaufsichtsbeschwerde statthaft.

10 **IV. Sicherheitsleistung.** Das Gericht kann den Arrest ohne eine Sicherheitsleistung erlassen. Es kann vom Antragsteller aber nach pflichtgemäßem Ermessen eine Sicherheitsleistung verlangen, KG WRP 1995, 24, etwa in den folgenden Situationen:

11 **1. Ersatz der Glaubhaftmachung (S. 1).** Das Gericht kann verlangen, dass der Gläubiger einen Ersatz dafür biete, dass er den Arrestgrund nach § 917 oder den Arrestanspruch nach § 916 oder beide Voraussetzungen nicht genügend nach §§ 294, 920 II glaubhaft gemacht hat. Die Anforderungen an die Glaubhaftmachung müssen ziemlich hoch sein, um unzumutbare Folgen zu vermeiden, VG Minden WM 2011, 1133. Deshalb hat das Gericht vor einer Zurückweisung des Arrestgesuchs zu prüfen, ob es dem Gesuch nicht wenigstens unter der Auflage einer Sicherheitsleistung des Gläubigers entsprechen kann. Dann muss das Gericht die Fähigkeit und den Willen des Gläubigers berücksichtigen, eine ausreichende Sicherheit zu leisten. Es ist nicht erforderlich, dass der Gläubiger von sich aus eine Sicherheitsleistung angeboten hat. Es ist zweckmäßig, dass das Gericht vor einer Entscheidung insoweit beim Gläubiger nach § 139 anfragt. Wenn schon nach dem bloßen Tatsachenvortrag des Gläubigers der Arrestgrund oder der Arrestanspruch fehlen, dann fehlen die Voraussetzungen eines Arrests, und das Gericht hat den Arrestantrag unabhängig davon zurückzuweisen, ob der Gläubiger eine Sicherheit leisten kann und will, Düss VersR 1980, 50.

12 Die Sicherheitsleistung des Gläubigers kann nicht jede Glaubhaftmachung ersetzen. Sie kann schon gar nicht die Notwendigkeit der Angabe der zum Arrestanspruch und zum Arrestgrund erforderlichen Tatsachen ersetzen, also der Schlüssigkeitstatsachen. Sie kann nur einen schwachen Teil seiner Darlegungen verstärken. Sie wirkt also nur ergänzend. Wegen der möglichen schweren Folgen eines Arrests muss das Gericht die Höhe der Sicherheitsleistung eher zu hoch als zu niedrig bemessen. Dabei hat das Gericht auch die Kosten zu berücksichtigen.

13 **2. Zusatz zur Glaubhaftmachung (S. 2).** Das Gericht kann auch eine Sicherheit trotz einer nach § 920 II ausreichenden Glaubhaftmachung für erforderlich halten. Dieser Weg empfiehlt sich vor allem dann, wenn der endgültige Ausgang des Arrestverfahrens ungewiss ist und wenn dem Schuldner durch den Erlass des Arrests ein erheblicher Schaden droht, Celle OLGR 2006, 379; KG WRP 1995, 24; Köln MDR 1989, 920, oder wenn der Gläubiger wegen einer schlechten Vermögenslage einen Schadensersatzanspruch möglicherweise nicht erfüllen kann, Hamm WRP 1989, 116. Ein solches Vorgehen ist aber auch dann zu empfehlen, wenn das Gericht die Glaubhaftmachung nur mühsam bejahen kann oder wenn umstrittene Rechtsfragen entscheidungserheblich sind.

3. Sicherheitsleistung als Bedingung. Das Gericht kann die Anordnung des Arrests von einer Sicherheitsleistung des Gläubigers abhängig machen, Mü GRUR 1988, 711 (spricht nur von der Vollziehbarkeit). Diese Entscheidung kann auch nach einer mündlichen Verhandlung ergehen. Das Gericht erlässt den Arrest in diesen Fällen erst dann, wenn der Gläubiger die Sicherheitsleistung nachgewiesen hat. Die Entscheidung über die Sicherheitsleistung ergeht durch einen Beschluss nach §§ 329, 922 I Hs. 2. Das Gericht muss ihn begründen. Es muss seinen Beschluss dem Gläubiger nach § 329 II 1 von Amts wegen formlos mitteilen, nach § 922 III nicht aber dem Schuldner. Der Nachweis der Sicherheitsleistung gibt dem Gläubiger indes keinen Anspruch auf den Arrest. Das Gericht sollte jedoch nicht einen Arrest trotz der Sicherheitsleistung des Gläubigers nur deshalb zurückweisen, weil der Antrag in einem Punkt mangelhaft ist, der schon vor der Anordnung der Sicherheitsleistung bestanden hatte. 14

4. Arrest nebst Sicherheitsleistung. Das Gericht kann zwar den Arrestbefehl erlassen, aber zugleich eine Sicherheitsleistung des Gläubigers anordnen. Hier dient die Sicherheit nicht dem Erlass des Arrests, sondern seiner Vollziehung und seiner Vollstreckung nach §§ 928ff., Hamm GRUR 1984, 603. Denn der Schuldner erleidet durch die bloße Anordnung keinen Schaden. Das Gericht muss die Art und die Höhe der Sicherheitsleistung nach § 108 bestimmen. In Betracht kommen auch ein Pfand oder eine Bürgschaft. Die Höhe soll den etwaigen Schadensersatzanspruch nach § 945 absichern, nicht die Höhe des Hauptanspruchs. 15

5. Frist vor der Vollziehung. Wenn das Gericht die Sicherheitsleistung vor der Vollziehung des Arrestbefehls anordnet, braucht es keine Frist zu setzen. Denn die Vollziehungsfrist läuft nach § 929 II. Sie gilt ohne Weiteres auch für den Nachweis der Sicherheitsleistung. Diesen Nachweis muss der Gläubiger dem Schuldner in der Frist des § 929 III zustellen. 16

6. Frist nach der Vollziehung. Wenn das Gericht die Sicherheitsleistung nach der Vollziehung des Arrestbefehls nach § 928 anordnet, steht der Arrest unter der auflösenden Bedingung, dass der Nachweis einer Sicherheitsleistung nicht in der Frist erfolgt, die das Gericht nunmehr setzen muss. Das Ende der Frist muss einwandfrei feststehen. Wenn das Gericht dieses Ende nicht kalendermäßig bestimmt hat, hat es den Anfangstag festzusetzen. Wenn das Gericht die Frist entweder überhaupt nicht gesetzt oder ungenau bestimmt hat, ist der Betroffene auf eine Berufung oder auf einen Antrag nach § 321 angewiesen. Die Fristen des § 929 sind in diesem Zusammenhang unerheblich, KG NJW-RR 1986, 1127. Wenn die Frist ergebnislos verstrichen ist, muss das Gericht den Arrest nach § 927 aufgrund eines Antrags des Schuldners wegen der Unzulässigkeit seiner Vollziehung aufheben. 17

7. Rechtsbehelfe wegen Sicherheitsleistung. Gegen die Anordnung einer Sicherheitsleistung im Arrestbefehl kann der Gläubiger die sofortige Beschwerde nach § 567 I Nr. 2 einlegen. Denn es liegt eine teilweise Zurückweisung seines Gesuchs vor. Hat aber der Gläubiger von sich aus eine Sicherheitsleistung angeboten, dürfte sein Rechtsmittel mangels einer Beschwer unzulässig sein, Köln MDR 1959, 31. Gegen eine Änderung der Höhe der Sicherheitsleistung nach dem rechtskräftigen Ende des Arrestverfahrens ist evtl. die sofortige Beschwerde zulässig. Der Schuldner kann nur einen Widerspruch nach § 924 einlegen, um eine Sicherheitsleistung zu erreichen; im Falle einer mündlichen Verhandlung ist gegen das Urteil Berufung einzulegen. 18

922 ***Arresturteil und Arrestbeschluss.*** **I [1]Die Entscheidung über das Gesuch ergeht im Falle einer mündlichen Verhandlung durch Endurteil, andernfalls durch Beschluss. [2]Die Entscheidung, durch die der Arrest angeordnet wird, ist zu begründen, wenn sie im Ausland geltend gemacht werden soll.**

II Den Beschluss, durch den ein Arrest angeordnet wird, hat die Partei, die den Arrest erwirkt hat, zustellen zu lassen.

III Der Beschluss, durch den das Arrestgesuch zurückgewiesen oder vorherige Sicherheitsleistung für erforderlich erklärt wird, ist dem Gegner nicht mitzuteilen.

Schrifttum: Irmen, Die Zurückweisung verspäteten Vorbringens im einstweiligen Verfügungs- und Arrestverfahren, Diss. Köln 1990; Nink, Die Kostenentscheidung nach § 93 ZPO im Urteilsverfahren des einstweiligen Rechtsschutzes, Diss. Gießen 1991; Vogg, Einstweiliger Rechtsschutz und vorläufige Vollstreckbarkeit, 1991.

Übersicht

1 **I. Systematik.** Die Vorschrift regelt zusammen mit den ergänzenden §§ 921, 923 die im Arrestverfahren möglichen Entscheidungen der ersten Phase vor einem etwaigen Widerspruch nach § 924. Natürlich gelten zusätzlich die allgemeinen Vorschriften über das Urteil nach §§ 300 ff. oder über den Beschluss nach § 329 und die sonstigen allgemeinen Vorschriften über die Kosten nach §§ 91 ff. Sie gelten jedoch teilweise nur hilfsweise, zB zur Frage eines Begründungszwangs.

2 **II. Regelungszweck.** Nach I muss die Arrestentscheidung nicht zwingend aufgrund einer mündlichen Verhandlung ergehen. Dadurch ist zugleich die Möglichkeit gegeben, die Entscheidung ohne eine Anhörung des Gegners zu erlassen. Diese Regelung dient der Gewährleistung effektiven Rechtsschutzes, sie steht jedoch im Widerstreit mit dem Gebot des rechtlichen Gehörs (Art. 103 I GG). Eine solche Entscheidung ist deshalb nur gerechtfertigt, wenn die Nichtbeteiligung des Schuldners durch eine besondere Eilbedürftigkeit oder durch das Erfordernis einer Überraschungsentscheidung dringend geboten ist. Das bedeutet, dass eine mündliche Verhandlung nur entbehrlich ist, wenn die Notwendigkeit eines schnellen Zugriffs oder der Sicherungszweck den Verzicht erfordern, Ffm GRUR-RR 2022, 135 Rn. 40. Nur insoweit ist die Regelung mit Art. 103 GG vereinbar, BVerfG NJW 1959, 427, zur grundrechtsbezogenen Abwägung: Teplitzky WRP 2016, 1181. Durch II wird bei einer Entscheidung ohne mündliche Verhandlung das rechtliche Gehör gesichert. III sichert dem Gläubiger nach einer erfolgreichen Beschwerde weiterhin den Überraschungseffekt.

3 **III. Entscheidungsform, I.** Je nach Entscheidung des Gerichts über die Anordnung einer mündlichen Verhandlung gestaltet sich die Form der Entscheidung über den Arrestantrag durch Beschluss oder durch Urteil.

4 **1. Beschluss.** Wenn das Gericht nach seinem pflichtgemäßen Ermessen ohne eine mündliche Verhandlung entscheidet, erlässt es einen Beschluss, der eine Entscheidung zur Sache und zu den Kosten enthält. Das ist auch im Wettbewerbsrecht durchaus üblich und statthaft, Danckwerts GRUR 2008, 767. Wird der Arrestbefehl erlassen, hat er die Geldforderung nach Betrag, die Arrestart und die Lösungssumme zu bezeichnen. Diese Angaben dürfen nicht durch eine Bezugnahme auf den Antrag ersetzt werden, BGH NJW 2003, 3136. Der Beschluss, der den Arrest anordnet, bedarf keiner Begründung, Hbg WRP 2012, 1594; Köln MDR 1998, 433, sofern die Entscheidung nicht im Ausland geltend gemacht werden soll. Davon abgesehen ist es teilweise auch im „Inlandsfall" sinnvoll, die Entscheidung wenigstens kurz zu begründen, auch bei einem Stattgeben, Nürnb NJW 1976, 1101; Lippold NJW 1994, 1110; aM Köln MDR 1998, 432; Herr NJW 1993, 2287. Eine vorherige schriftliche Anhörung des Gegners unterliegt wie bei § 571 IV 2 keinem Anwaltszwang. Sie ist zwar nicht ausdrücklich unzulässig, schon gar nicht nach III. Sie ist aber dann unzweckmäßig, wenn das Gericht den Arrestzweck durch die Anhörung vereiteln und den Gläubiger durch die Anhörung schädigen würde. Sie ist deshalb auch trotz Art. 103 I GG nicht notwendig. Ein Beschluss fällt unter das Spruchrichterprivileg des § 839 II 1 BGB, BGH NJW 2005, 436 (zust. Hübner/Suh LMK 2005, 70).

5 **2. Urteil.** Wenn das Gericht aufgrund einer mündlichen Verhandlung entscheidet, sind die Ladungsfristen zu wahren, nicht aber die Einlassungsfrist. Das Gericht entscheidet dann durch Urteil nach § 300.

6 **3. Prüfungsumfang.** In beiden Fällen muss das Gericht den Streitstoff rechtlich erschöpfend prüfen. Das vorläufige Verfahren erleichtert nämlich nur die Stellung des Gläubigers, nicht aber die Stellung des Gerichts, KG MDR 1980, 677. Gegen die meist zur Glaubhaftmachung verwendeten eidesstattlichen Versicherungen entweder der Parteien oder von Zeugen ist eine gewisse Skepsis angebracht. Das Gericht muss die Prozessvoraussetzungen klären. Es muss also den Arrestanspruch nach § 916 prüfen, den Arrestgrund nach § 917 und die Glaubhaftmachung nach §§ 294, 920 II.

7 **IV. Entscheidungsinhalt, I.** Der Inhalt der Entscheidung richtet sich danach, ob eine mündliche Verhandlung stattgefunden hat.

8 **1. Ohne Verhandlung.** Das Gericht kann das Arrestgesuch ohne eine mündliche Verhandlung zurückweisen, BVerfG NJW 1959, 427; Mü FamRZ 2000, 853. Das Gericht kann auch eine mündliche Verhandlung anordnen. Es kann auch den Arrest ohne eine Sicherheitsleistung anordnen. Es kann einen Arrest auch nur gegen eine Sicherheitsleistung dann anordnen, wenn es das für notwendig hält.

9 **2. Nach Verhandlung.** Wenn das Gericht eine mündliche Verhandlung durchgeführt hat, bestehen drei Möglichkeiten. Es kann das Arrestgesuch zurückweisen. Es kann den Arrest ohne eine Sicherheitsleistung anordnen. Es kann den Arrest auch (nur) gegen eine Sicherheitsleistung anordnen.

10 **V. Arrestanordnung im Einzelnen, I.** Jede Arrestanordnung hat die folgenden 6 Elemente → Rn. 11–16 zu enthalten.

11 **1. Anspruch.** Sie muss den Anspruch enthalten, also die Geldforderung nach ihrem Grund und Betrag. Falls es beantragt wurde: Ein Kostenpauschquantum zur Sicherung der Kosten im Arrest- und im Hauptprozess. Eine Festsetzung des nach § 923 zu hinterlegenden Betrags kann die Angabe hierzu nicht ersetzen.

12 **2. Arrestart.** Sie muss die Arrestart enthalten, also die Entscheidung darüber, ob das Gericht nach §§ 917, 918 einen dinglichen oder einen persönlichen Arrest anordnet.

13 **3. Lösungssumme.** Sie muss nach § 923 von Amts wegen eine Summe nennen, durch deren Hinterlegung der Schuldner die Hemmung einer Vollziehung des Arrests und einen Antrag auf die Aufhebung des vollzogenen Arrests stellen kann.

14 **4. Begründung.** Soweit der Gläubiger einen angeordneten Arrest im Ausland geltend machen will oder muss, ist nach I 2 eine Begründung wegen des AVAG, SchlAnh V D, notwendig. Sie ist dann mindestens anzuraten. Der Verstoß bleibt folgenlos, Hmb OLGR 2005, 281.

15 **5. Kosten.** Die Arrestanordnung muss die Entscheidung über die Kosten enthalten. § 788 ist unanwendbar. Denn es liegt noch keine Zwangsvollstreckung vor. Die Kostenentscheidung ist vollstreckbar, obwohl der Arrest den Hauptanspruch nur sichert, Ffm DGVZ 1982, 60. Soweit das Gericht den Arrest ablehnt, ist die Kostenentscheidung des Beschlusses aus denselben Gründen kraft Gesetzes vorläufig vollstreckbar, außerdem nach § 794 I Nr. 3. Dasselbe gilt an sich auch im Urteilsfall. Hier ergibt sich aber die Notwendigkeit einer besonderen Vollstreckbarerklärung aus § 708 Nr. 6.

6. Vorläufige Vollstreckbarkeit. Sie ergibt sich aus der Natur des Verfahrens, soweit das Gericht den Arrest anordnet. Das Arrestgericht braucht die vorläufige Vollstreckbarkeit deshalb in der Entscheidungsformel nicht zu erwähnen. Natürlich ist ein bestätigender einfacher Ausspruch unschädlich. 16

7. Weitere Möglichkeiten. Eine Entscheidung ohne Angabe des Anspruchs und der Arrestart ist keine wirksame Arrestanordnung. Sie ist nicht vollziehbar. Das Gericht muss sie nach § 927 oder aufgrund eines Rechtsbehelfs aufheben. Das Gericht kann seine Entscheidung im Rahmen des § 321 ergänzen. Das gilt auch wegen der Lösungssumme und wegen der Kosten, wegen der letzteren auch aufgrund einer sofortigen Kostenbeschwerde nach § 567. Es gilt auch dann, wenn das Gericht durch einen Beschluss zur Sache entschieden hat. Die Angabe bestimmter Gegenstände, in die der Arrest erlassen sein soll, ist aber unwirksam. Das gilt auch dann, wenn das AG des Verbleibs der Sache den Arrest anordnet. Wenn die Haftung des Schuldners beschränkt ist, etwa weil er der Erbe ist, muss das Gericht in der Arrestanordnung die haftende Masse bezeichnen. 17

VI. Mündliche Verhandlung, I. Sie ähnelt derjenigen des Erkenntnisverfahrens. 18

1. Ermessen. Das Gericht ordnet aufgrund seines pflichtgemäßen Ermessens dann eine mündliche Verhandlung an, wenn es sie für erforderlich hält. Diese Anordnung hat zur Folge, dass die Entscheidung über das Arrestgesuch durch ein Urteil ergehen muss. Das gilt auch dann, wenn das Beschwerdegericht entscheiden muss. Insofern liegt eine Abweichung von der Regel vor, dass die Anordnung einer dem Gericht freistehenden mündlichen Verhandlung auf die Form seiner anschließenden Entscheidung keinen Einfluss habe. Wegen dieser Abweichung gelten für die einmal angeordnete mündliche Verhandlung auch alle Grundsätze einer notwendigen mündlichen Verhandlung im normalen Erkenntnisverfahren nach §§ 128 ff., Klute GRUR 2003, 35. Es gelten dieselben Regeln zur Darlegungs- und Beweislast wie bei §§ 253 ff., Bbg WM 2013, 649. Thematisiert wird die Frage, ob die Gesundheitsgefährdung durch die Covid-19-Pandemie die Ausübung des pflichtgemäßen Ermessens, inwieweit beim Arrest eine mündliche Verhandlung erforderlich ist, beeinflussen könnte, Rauscher COVuR 2020, 2. Eine solche mögliche Einschränkung der Rechte des Antragsgegners wäre mit Blick auf die Rechtsprechung des BVerfG (NJW 2022, 1083 Rn. 26 ff.; NJW 2021, 615 Rn. 18 ff.; NJW 2020, 2021 Rn. 16; NJW 2018, 3631 und 3634) bei einstweiligen Verfügungsverfahren zur prozessualen Waffengleichheit nicht hinnehmbar; so im Ergebnis auch Rauscher COVuR 2020, 2; → Rn. 48; → Vor § 128a Rn. 53 „einstw. Verfg."; → § 937 Rn. 7; aM ArbG Ros NZA-RR 2020, 437 für das arbeitsgerichtliche Verfahren. 19

2. Neue Tatsachen und Beweismittel. Beide Parteien dürfen bis zum Schluss der mündlichen Verhandlung nach §§ 136 IV, 296a grundsätzlich neue Tatsachen und Beweismittel vorbringen, Hmb NJW-RR 1987, 36; Kblz NJW-RR 1987, 510. Das gilt für solche Tatsachen und Beweismittel, die schon vor der mündlichen Verhandlung vorhanden waren, wie auch für solche, die jetzt erst entstanden oder bekannt geworden sind. Keine Partei hat aufgrund solcher neuen Tatsachen oder Beweismittel einen Anspruch auf eine Vertagung nach § 227. Allerdings hat auch keine Partei ein Recht darauf, den Gegner zu überrumpeln. Das Gericht kann wegen eines offenbar unlauteren Verhaltens entweder nach § 227 vertagen oder den Vortrag zurückweisen, Schneider MDR 1988, 1025. Zur Anwendung von § 296: Klute GRUR 2003, 37. 20

3. Beispiele zur Frage einer mündlichen Verhandlung, I

Antrag, Zustellung: Das Gericht muss den Antrag dem Antragsgegner von Amts wegen nach §§ 166 ff. zustellen, und zwar mit den zugehörigen Unterlagen, am besten mit einer Kopie des Gesuchs nach § 920. Denn sonst darf nach § 335 I Nr. 3 kein Versäumnisurteil gegen den Antragsgegner ergehen, Noack JurBüro 1977, 165. 21

Anwaltszwang: Er besteht wie üblich nach § 78. Beim Anwaltszwang muss das Gericht den Schuldner nach § 215 II zur Anwaltsbestellung auffordern, falls der Schuldner nicht schon im zugehörigen und nicht gesondert laufenden Hauptprozess einen Anwalt nach §§ 82, 172 hat.

Einlassungsfrist: Das Gericht braucht keine Einlassungsfrist zu beachten.

Einzelrichter: Eine Übertragung auf den obligatorischen Einzelrichter nach § 348a ist statthaft, soweit nicht ohnehin schon der originäre Einzelrichter nach § 348 zuständig ist.

Erledigung: § 91a ist anwendbar.

Fragepflicht: § 139 gilt auch im Arrestverfahren.

Gegenantrag: Ein Gegenantrag des Schuldners auf Anordnung des Arrestes oder der einstweiligen Verfügung ist wegen der Besonderheiten des Eilverfahrens beim Fehlen einer Rechtshängigkeit des Hauptanspruchs unstatthaft, Ffm GRUR-RR 2012, 88; Thomas/Putzo/Seiler Rn. 2; aM LG Hmb ZMR 2012, 132 (bei einem Sachzusammenhang).

Glaubhaftmachung: Sie ist beiden Parteien nach § 294 möglich. Der Antragsteller kann und muss die den Arrestanspruch nach § 916 und den Arrestgrund nach § 917 begründenden Tatsache glaubhaft machen, der Antragsgegner kann dies hinsichtlich seiner Einwendungen.

Ladung: Das Gericht muss zur angeordneten mündlichen Verhandlung beide Parteien von Amts wegen nach §§ 166 ff. laden. Dabei muss es nur die Ladungsfrist des § 217 einhalten. Wegen ihrer Abkürzung § 226.

Parteibetrieb: Ein Parteibetrieb besteht auch im Arrestverfahren. Das Gericht darf daher von Amts wegen weder einen Augenschein nach § 371 noch einen Sachverständigenbeweis nach §§ 402 ff. erheben, falls diese Art der Beweisaufnahme nicht nach §§ 294 II, 920 II (gegenüber dem Gericht zumindest entsprechend) sofort möglich ist.

Säumnis: § 331a ist anwendbar, LG Arnsbg GRUR-RR 2011, 287.

Schutzschrift: Bei Vorliegen einer Schutzschrift nach §§ 945a, b wird grds. eine mündliche Verhandlung erforderlich sein, Hartmann GRUR-RR 2015, 89 und GRURPrax 2015, 163; es sei denn dem Antrag auf Erlass des Arrestes oder der einstweiligen Verfügung wird nicht stattgegeben, → § 945a Rn. 5 f.

Terminsverlegung: Bei einem Antrag des Arrestbeklagten auf Terminsverlegung hat das Gericht darauf zu achten, dass der Rechtsschutz für den Arrestkläger nicht zeitlich vereitelt wird, BVerfG NZA 2015, 1403.

Vertagung: Eine Vertagung nach § 227 ist wegen des Eilcharakters des Verfahrens grds. unstatthaft, Hmb NJW-RR 1987, 36; Kblz NJW-RR 1987, 510; Klute GRUR 2003, 35. Das gilt auch bei einer Erkrankung eines Zeugen, es sei denn, dass ohnehin ein neuer Termin nötig wird, etwa weil die Anträge im ersten nicht ordnungsgemäß erfolgt waren.

Verweisung: Sie ist nach §§ 281, 506 statthaft.

Vollbeweis: Ein Vollbeweis ist nicht erforderlich und kann wegen der Eilbedürftigkeit auch grds. nicht stattfinden. Eine Glaubhaftmachung nach § 294 reicht.

Vorauszahlung: Der Antragsteller braucht keine Verfahrensgebühr nach § 12 GKG vorauszuzahlen, Toussaint/Marquardt GKG § 12 Rn. 13.

Widerklage: Eine Widerklage ist wegen der Besonderheiten des Eilverfahrens beim Fehlen einer Rechtshängigkeit des Hauptanspruchs unstatthaft, Stgt NJW 2012, 625; Ffm GRUR-RR 2012, 88.

Zwischenklage: Eine Zwischenklage nach § 280 ist wegen der Besonderheiten des Eilverfahrens beim Fehlen einer Rechtshängigkeit des Hauptanspruchs unstatthaft.

22 **VII. Endurteil, I.** Bei einer Entscheidung über das Arrestgesuch durch Urteil können sich u. a. die im Folgenden dargestellten Problemfelder ergeben:

23 **1. Streitige Entscheidung.** Das streitige Endurteil ergeht nur über den Arrestanspruch nach § 916 als vorläufige Sicherung. Es ergeht also nicht über den Hauptanspruch, den materiell-rechtlichen Anspruch. Die Entscheidung richtet sich nach den für ein Endurteil geltenden Vorschriften der §§ 300 ff. Das Gericht erklärt sein Urteil nach § 708 Nr. 6 nur dann ausdrücklich für vorläufig vollstreckbar, soweit es das Arrestgesuch zurückweisen muss. Soweit das Gericht den Arrest anordnet, versteht sich die vorläufige Vollstreckbarkeit von selbst. Das Gericht muss das Urteil nach § 317 I 1, § 152 II 3 GVGA von Amts wegen beiden Parteien nach §§ 166 ff. zustellen lassen. Diese Regelung ist also anders als bei einer Entscheidung ohne eine mündliche Verhandlung durch einen Beschluss, Hamm GRUR 1978, 612; Bischof NJW 1980, 2236. Diese Zustellung bedeutet noch nicht den Vollzug. Die Wirksamkeit dieser Zustellung ist nicht von einer gleichzeitigen Zustellung der Antragsschrift abhängig, LG Köln GRUR 1989, 77. §§ 172, 189 sind anwendbar, so schon Brdb NJW-RR 2000, 326.

24 **Gebühren:** des Gerichts KV 1410 ff. GKG; des Anwalts VV 3100 ff. RVG.

25 Das Berufungsgericht erklärt sein Endurteil in keinem Fall für vollstreckbar. Denn das Urteil wird nach § 542 II 1 mit seinem Erlass formell nach § 705 rechtskräftig.

26 **2. Versäumnisverfahren.** Das Versäumnisverfahren ist wie üblich nach §§ 330 ff. statthaft. Wenn der Antragsteller säumig ist, muss das Gericht das Arrestgesuch nach § 920 durch ein Versäumnisurteil nach § 330 abweisen. Wenn der Antragsgegner säumig ist, hat das Gericht nach § 331 I 1, II Hs. 1 zu prüfen, ob die vom Antragsteller vorgebrachten und dem Antragsgegner rechtzeitig mitgeteilten Tatsachen den Arrestanspruch nach § 916 rechtfertigen. Diese Tatsachen gelten entsprechend § 331 als nach § 294 glaubhaft zugestanden, LG Ravensb NJW 1987, 139, nicht etwa als bewiesen. Je nach Ergebnis dieser Prüfung weist das Gericht das Arrestgesuch entweder ab oder ordnet den Arrest an. Das Gericht muss nach I 2 auch das anordnende Versäumnisurteil begründen, soweit der Antragsteller den Arrest im Ausland geltend machen will. Ein Einspruch gegen die Versäumnisentscheidung ist wie sonst nach §§ 338 ff. statthaft. Eine Entscheidung nach der Aktenlage gemäß §§ 251a, 331a ist zwar gedanklich möglich. Sie wird sich in der Praxis aber kaum je ergeben.

27 **3. Anerkenntnis; Verzicht.** Beide Erklärungen sind wie im sonstigen Erkenntnisverfahren nach §§ 253 ff. zulässig und haben dieselben Rechtsfolgen wie bei §§ 306, 307.

28 **4. Berufung.** Sie ist nach den allgemeinen Grundsätzen nach §§ 511 ff. statthaft. Wenn das Erstgericht ein Urteil erlassen hat, muss auch das Berufungsgericht durch ein Urteil entscheiden. Wenn das Erstgericht einen Beschluss erlassen hat, darf entweder nach § 572 I 1 Hs. 1 das Erstgericht, Hmb MDR 2013, 1122, oder das Berufungsgericht eine mündliche Verhandlung anordnen. Es hat dann aber durch ein nach § 542 II unanfechtbares Urteil zu entscheiden, Hamm MDR 1987, 942; Zweibr FamRZ 1985, 928. Wegen der Begründung der Berufung § 520. Eine Einstellung der Zwangsvollstreckung nach § 924 III 2 ist in der Berufungsinstanz wie sonst nach §§ 719, 570 II, III statthaft.

29 Das Verfahren in der Berufungsinstanz verläuft wie sonst nach §§ 517 ff. Allerdings muss das Berufungsgericht die Besonderheiten des Arrestverfahrens berücksichtigen. Es darf daher das Verfahren nicht nach § 538 an das Erstgericht zurückverweisen, Karlsr GRUR 1978, 116. Wenn der Arrest nicht vollziehbar geworden ist, muss das Berufungsgericht der Berufung des Antragsgegners stattgeben und den Arrest aufheben. Dasselbe gilt dann, wenn die Hauptsache des Arrestverfahrens nach § 91a erledigt ist. Dann muss der Antragsteller den Arrestantrag zurücknehmen. Für die Frage, wer die Kosten nach §§ 91 ff., 97 zu tragen hat, ist maßgebend, ob der Arrestantrag begründet war. Unerheblich ist also dafür, ob auch die Klage begründet war oder sein könnte.

30 Wenn das Erstgericht statt eines Beschlusses ein Urteil erlassen hat, ist als Rechtsmittel nach dem Meistbegünstigungsgrundsatz sowohl die sofortige Beschwerde als auch die Berufung statthaft, BGH NJW 1987, 442; Zweibr NJW-RR 1992, 904. Wenn es statt eines Urteils einen Arrestbeschluss erlassen hat, ist es daher konsequent, auch den Widerspruch nach § 924 zuzulassen. Hat aber eine mündliche Verhandlung stattgefunden, so soll nur eine Berufung zulässig sein, Karlsr NJW 1987, 509. Gegen ein Urteil des OLG als Berufungsgericht der Hauptsache nach § 943 I, ist nach § 542 II kein Rechtsmittel statthaft.

31 **Gebühren:** des Gerichts KV 1410 ff. GKG; des Anwalts VV 3100 ff. RVG.

32 **5. Revision.** Sie ist nach § 542 II 1 unstatthaft. Das gilt auch dann, wenn erst das Berufungsgericht ein Urteil erlassen hatte oder wenn es nach der Erledigung der Hauptsache nach § 91a entschied. Die Revision ist nach §§ 522 I 2, 542 II 1 ebenfalls dann unstatthaft, wenn das Berufungsgericht die Berufung als unzulässig verworfen hatte, BGH NJW 2003, 69. Im Arbeitsrecht scheidet sie nach § 72 IV ArbGG aus, BAG NJW 2003, 1621.

33 **6. Wiederaufnahme.** Die Wiederaufnahmeklage gegen ein Urteil, das den Arrest aufgehoben hat, ist nach §§ 578 ff. statthaft.

34 **VIII. Beschluss, I.** Die Begründung kommt oft zu kurz.

35 **1. Begründung.** Hierzu: Klein GRUR 2016, 899 (ausf.). Das Gesetz schreibt zwar in I 1 für das Verfahren ohne einen Auslandsbezug nicht ausdrücklich vor, dass das Gericht seine Entscheidung begründen müsse, Nürnb NJW 1976, 1101; Noack JurBüro 1977, 164. Das Gericht muss seinen Beschluss zumindest dann begründen, wenn es den Arrestantrag zurückweist, Roelleke JZ 1975, 245. Denn der Beschluss wäre sonst nicht nachprüfbar, Gießler FamRZ 1999, 695. Soweit das Gericht zur Begründung anstelle besonderer Ausführungen auf die Antragsschrift Bezug nimmt, empfiehlt sich eine gleichzeitige Zustellung dieser Schriftstücke, wenn sie noch nicht erfolgt war, Bischof NJW 1980, 2236, oder deren Verbindung mit dem Beschluss, LG Köln GRUR-RR 2011, 5. Notwendig ist diese Zustellung aber nicht.

Soweit der Beschluss weder eine besondere Begründung noch eine Verweisung auf die Antragsschrift enthält, ist deren Zustellung nach § 329 nur dann entbehrlich, wenn der Beschluss aus sich heraus verständlich ist, Ffm DGVZ 1981, 77. Der Beschluss muss eine Kostenentscheidung enthalten. Wenn sie fehlt, sind die Kosten des Verfahrens ein Teil der Kosten des etwaigen Hauptprozesses. Wenn es nicht zu einem Hauptprozess kommt, muss man zunächst das Verfahren nach § 321 durchführen. Falls das Gericht in jenem Verfahren eine Ergänzung des Beschlusses ablehnt, muss der Gläubiger eine besondere Klage nach §§ 253, 261 erheben. 36

2. Widerspruch gegen Arrest. Wenn das Gericht den Arrest ohne oder gegen eine Sicherheitsleistung durch einen Beschluss angeordnet hat, ist für den Schuldner gegen den Arrest nur der Widerspruch nach § 924 statthaft. Das gilt auch dann, wenn erst das Beschwerdegericht den Arrest angeordnet hat, BGH NJW 2003, 1531. Es gilt ferner selbst dann, wenn im Zeitpunkt der Entscheidung wesentliche Prozessvoraussetzungen fehlten. Gegen eine Sicherheitsleistungsanordnung kann der Gläubiger eine sofortige Beschwerde nach § 567 I Nr. 2 einlegen. Denn infolge der Anordnung der Sicherheitsleistung hat das Gericht seinen natürlich auf einen Arrest ohne eine eigene Sicherheitsleistung gerichteten Antrag teilweise zurückgewiesen. 37

3. Sofortige Beschwerde gegen Abweisung. Wenn das Gericht den Arrestantrag ohne mündliche Verhandlung durch Beschluss zurückgewiesen hat, kann der Antragsteller grundsätzlich die sofortige Beschwerde nach § 567 I Nr. 2 einlegen. Denn der zurückweisende Beschluss ist keine Maßnahme der Zwangsvollstreckung, Ffm NJW-RR 2012, 902; Karlsr FamRZ 1988, 87; Hamm FamRZ 1986, 75. Die sofortige Beschwerde soll aber dann unzulässig sein, wenn sie mit dem Ziel eingelegt wird, die Erledigung der Hauptsache auszusprechen, da es vorrangig um die Frage der Kostenverteilung geht, die nicht eilbedürftig ist, Celle NJW-RR 2009, 1074; Stgt BeckRS 2009, 24379, Kblz BeckRS 2009, 24380. Dem ist entgegenzuhalten, dass in der mündl. Verhandlung über einen Eilantrag unstreitig die Hauptsache einseitig für erledigt erklärt werden kann mit der Folge, dass nur noch über das Vorliegen des erledigenden Ereignisses und die Kosten zu entscheiden ist, Ffm GRUR 2022, 119 Rn. 11. Eine Beschwerde mit dem Ziel, das Eilverfahren in der Hauptsache für erledigt zu erklären, ist zumindest in den Fällen zulässig, in denen der Gegner in das Verfahren einbezogen worden ist, Ffm GRUR 2022, 119 Rn. 8 ff (mit ausführlicher Darstellung des Meinungsstandes). 38

Für die Einlegung der sofortigen Beschwerde besteht nach §§ 569 III Nr. 1, 920 III noch kein Anwaltszwang, so schon BGH NJW 1984, 2413; Celle NJW-RR 2009, 978; Ffm OLGR 2004, 221; aM Ffm GRUR-RR 2011, 31; Hamm MDR 2008, 709; Karlsr OLGR 1998, 130. 39

Die Berufungssumme des § 511 II Nr. 1 ist nicht erforderlich, LG Zweibr NJW-RR 1987, 1199; Zöller/Vollkommer Rn. 13; aM LG Kiel NJW-RR 2012, 1212; LG Köln MDR 2003, 831; LG Konst NJW-RR 1995, 1102. Wegen des Anwaltszwangs im weiteren Verlauf des Beschwerdeverfahrens Ffm GRUR 1987, 574. Das Rechtsschutzbedürfnis fehlt nach einem ergebnislosen Ablauf der Vollzugsfrist, Mü OLGZ 1978, 1781. 40

Das Erstgericht kann der sofortigen Beschwerde nach § 572 I 1 Hs. 1 abhelfen. Es darf aber aufgrund einer sofortigen Beschwerde keine mündliche Verhandlung anordnen. Denn eine solche Maßnahme wäre keine Abhilfe, sondern die Vorbereitung einer im Ergebnis ungewissen neuen andersartigen Entscheidung. Das Beschwerdegericht braucht den Beschwerdegegner dann nicht anzuhören, wenn es die sofortige Beschwerde als aussichtslos zurückweist, Ffm Rpfleger 1980, 396. Es darf ihn aber schriftlich anhören und ihm zu diesem Zweck natürlich auch den angefochtenen Beschluss mitteilen, anders als vorher. Das Beschwerdegericht kann auch eine mündliche Verhandlung anordnen und anschließend durch Urteil entscheiden, KG NJW-RR 2019, 1231; Mü FamRZ 2000, 853. Auch wenn grds. die Abhilfeentscheidung in der selben Entscheidungsart wie die angefochtene ergeht, ist der Übergang in das Urteilsverfahren auch in der Beschwerdeinstanz möglich, KG NJW-RR 2019, 1231. Es kann auch ein Versäumnisurteil nach §§ 330 ff. erlassen, Ffm FamRZ 1987, 1164. 41

4. Widerspruch gegen Abänderung. Wenn das Beschwerdegericht in einer Abänderung des angefochtenen Beschlusses den Arrest ohne eine mündliche Verhandlung durch einen Beschluss anordnet, kann der Antragsgegner nach § 924 einen Widerspruch einlegen. 42

5. Kein Rechtsbehelf gegen Anweisung. Wenn das Beschwerdegericht das Erstgericht nach § 572 III zu einer anderweitigen Entscheidung anweist, ist kein Rechtsbehelf zulässig. 43

6. Rechtsbeschwerde gegen Beschluss des OLG. Eine Rechtsbeschwerde ist im Verfahren auf Erlass eines Arrestes oder einer einstweiligen Verfügung wegen des durch § 542 II 1 begrenzten Instanzenzuges nicht statthaft. Das Verfahrensrecht eröffnet dem Antragsteller die Rechtsbeschwerde schon deshalb nicht, weil gegen den Arrest anordnenden Beschluss der Widerspruch stattfindet, BGH NJW 2003, 1531. 44

IX. Mitteilung, II, III. Das Gericht hat seine Entscheidung mitzuteilen, wobei II und III in der Form der Mitteilung einen Unterschied machen, ob es sich um einen anordnenden oder abweisenden Beschluss handelt: 45

1. Anordnender Beschluss, II. Bis 2014 stellte das Gericht den Arrestbeschluss dem Antragsteller nach §§ 929 II, 329 II 2, § 152 II 2 GVGA von Amts wegen zwecks Wirksamkeit in einer Ausfertigung zu, BayObLG Rpfleger 2004, 94; Bischof NJW 1980, 2236. Seit dem Inkrafttreten der Neufassung des § 317 durch das Gesetz zur Förderung des elektronischen Rechtsverkehrs mit den Gerichten am 1.7.2014 werden Urteile grds. den Parteien nur noch in Abschrift zugestellt, die von der Geschäftsstelle nach § 169 II 1 beglaubigt ist. Ausfertigungen werden nach § 317 II 1 nur noch auf Antrag erteilt, wobei diese nach § 317 II 3 grds. weder Tatbestand noch Entscheidungsgründe enthalten. Damit ist die Übersendung der beglaubigten Abschrift zur Regelform geworden, BGH NJW 2016, 1180. Nichts anderes gilt seit dem 1.7.14 für die Zustellung einer Beschlussverfügung, BGH NJW 2019, 1374 (mAnm Tolani NJW 2019, 1377); Mü GRUR 2018, 444; Hmb BeckRS 2018, 17282. Eine formlose Aushändigung des Beschlusses an den Antragsteller macht den Beschluss nicht unwirksam. Die Vollzugsfrist nach § 929 lässt sich dann vom Zugang an berechnen. Das Gericht stellt den Arrestbeschluss dem Antragsgegner nicht von Amts wegen zu. Vielmehr ist es die Aufgabe des Antragstellers, eine Ausfertigung des Beschlusses (§ 329 II) oder eine vom Gericht beglaubigte Abschrift des Arrestbeschlusses (§§ 329 I 2, 317 II 1, 169 II 1) dem mit der Zustellung beauftragten Gerichtsvollzieher zu übergeben (§ 192 I, II), BGH WRP 2019, 767 Rn. 11; Ffm BeckRS 2021, 10070 Rn. 15. 46

Die Zustellung im Parteibetrieb erfolgt an den Antragsgegner oder an seinen etwaigen ProzBev, Stgt WettbR 1996, 281. Sie erfolgt dadurch, dass der Antragsteller das zuzustellende Schriftstück nach § 192 I, II dem mit der Zustellung beauftragten Gerichtsvollzieher übergibt. Seit dem 1.7.2014 erfolgt die Zustellung von Beschlussverfügungen, die der Antragsteller nach § 922 (oder §§ 936, 922) im Parteibetrieb zuzustellen hat, im Regelfall 47 auch nur in Form einer beglaubigten Abschrift, BGH NJW 2019, 1374; Mü GRUR 2018, 444; Hmb BeckRS 2018, 17282. Die Zustellung einer beglaubigten Abschrift ist stets dann ausreichend, aber auch erforderlich, wenn das Gesetz keine anderen Regelungen enthält, BGH NJW 2019, 1374; NJW 2017, 3721; NJW 2016, 1517. Durch den Akt der Beglaubigung soll die Übereinstimmung von Abschrift mit der Urschrift sichergestellt werden, BGH NJW 2019, 1374. Anlagen, auf die der Beschluss Bezug nimmt, braucht man nur dann nicht zuzustellen, wenn der Beschluss auch ohne sie verständlich ist und wenn er die Art sowie den Umfang des Gebots oder Verbots zweifelsfrei vermittelt, Düss GRUR 1984, 78. Eine öffentliche Zustellung nach §§ 185 ff. und eine Zustellung im Ausland nach §§ 183, 184 erfolgen wie üblich. § 829 II 4 ist unanwendbar. Wenn das Gericht einen Arrestbeschluss und einen Pfändungsbeschluss nach § 930 verbunden hat, kann man § 829 III auf den Arrestbeschluss nicht anwenden. Bei einem Veräußerungsverbot ist die Grundbucheintragung entsprechend § 929 III bewertbar, BayObLG Rpfleger 2004, 94.

48 **2. Zurückweisender Beschluss, III.** Das Gericht gibt einen zurückweisenden Beschluss dem Antragsgegner nicht bekannt. Es teilt den zurückweisenden Beschluss lediglich wegen dessen Anfechtbarkeit durch eine fristgebundene sofortige Beschwerde nach § 567 I Nr. 2 dem Antragsteller förmlich durch seine Zustellung nach § 329 III mit. Das gilt auch für einen Beschluss, durch den das Gericht nach §§ 921, 923 eine Sicherheitsleistung fordert. Denn damit weist es ja den Arrestantrag der Sache nach teilweise zurück. Auch wenn der Antragsgegner nicht beschwert ist, dürfte er ein berechtigtes Interesse am Ausgang des Verfahrens haben. Unter Berücksichtigung der Rechtsprechung des BVerfG (NJW 2022, 1083 Rn. 26 ff.; NJW 2021, 615 Rn. 18 ff.; NJW 2020, 2021 Rn. 16; NJW 2018, 3631 und 3634) kann es zwar entbehrlich sein, den bislang nicht am Verfahren beteiligten Antragsgegner vor einer Entscheidung über die sofortige Beschwerde des Antragstellers gegen einen Zurückweisungsbeschluss zu hören, wenn die sofortige Beschwerde ohne Erfolg bleibt. Trotz des Wortlauts von III kann jedoch dann die Bekanntgabe dieses Beschlusses an den Antragsgegner erforderlich sein, um dem verfassungsrechtlichem Gebot der Waffengleichheit auch im Hinblick auf etwaige künftige Verfahren Rechnung zu tragen, Mü NJW-RR 2019. 1258 (hinsichtlich eines auf § 6 GeschGehG gestützten Unterlassungsanspruch). Die Entscheidungen des BVerfG könnten so verstanden werden, dass III teleologisch auf Fälle zu reduzieren ist, bei denen es auf den Überraschungseffekt ankommt, denn in diesen Fällen soll dem Antragsteller die Überrumpelung auch bei Erlass der einstweiligen Verfügung erst im Beschwerdeverfahren ermöglicht werden, Mü BeckRS 2021, 34702 Rn. 20 = WRP 2022, 124; Zöller/Vollkommer Rn. 18; Bornkamm WRP 2020, 1243 Rn. 4; Mantz NJW 2019, 953 (958); Teplitzky WRP 2016, 1181 (1184).

49 **X. Rechtsbehelfe.** Eine Rechtsbeschwerde ist nach § 574 I 2 iVm § 542 II unstatthaft. Beschlüsse im einstweiligen Rechtsschutzverfahren, die einen Arrestantrag oder einen Antrag auf Erlass einer einstweiligen Verfügung ablehnen, haben nach überwiegender Auffassung einen der Rechtskraft fähigen Inhalt, Ffm BeckRS 2021, 18765. Zumindest besteht Einigkeit, dass ein erneutes Gesuch nur auf nachträglich entstandene neue Tatsachen oder Mittel der Glaubhaftmachung gestützt werden können, MüKoZPO/Drescher Vor § 916 Rn. 28 ff.; Musielak/Voit/Huber Rn. 11. Folglich ist es dem Gericht verwehrt, die von ihm getroffene Entscheidung zu ändern, so dass auch eine Gegenvorstellung nicht statthaft ist, Ffm BeckRS 2021, 18765.

923 *Abwendungsbefugnis.* **In dem Arrestbefehl ist ein Geldbetrag festzustellen, durch dessen Hinterlegung die Vollziehung des Arrestes gehemmt und der Schuldner zu dem Antrag auf Aufhebung des vollzogenen Arrestes berechtigt wird.**

1 **I. Systematik.** Die Vorschrift ergänzt § 922 hinsichtlich des Inhalts des Arrestbefehls. Das Gericht hat von Amts wegen die sog. Lösungssumme festzusetzen. Gleichzeitig knüpft sie auch an § 921 an, wonach die Anordnung einer Sicherheitsleistung zulasten des Gläubigers ermöglicht wird; § 923 bietet dem Schuldner die Möglichkeit, die Arrestanordnung oder deren Folgen unabhängig davon zu bekämpfen, ob er überhaupt einen Widerspruch nach § 924 einlegt oder nach § 926 eine Klage des Gegners erzwingt.

2 **II. Regelungszweck.** Der Zweck der Regelung besteht darin, dem Antragsgegner eine Möglichkeit zu verschaffen, den Antragsteller anderweitig abzusichern. Der Schuldner kann dann wählen, ob er durch Hinterlegung des festgesetzten Betrages die Arrestvollziehung abwenden bzw. einen vollzogenen Arrest aufheben lassen will oder den Arrest hinnehmen will. Deshalb ist auch jede Einigung der Parteien über eine bestimmte Art oder Höhe der Sicherheitsleistung nach § 108 wirksam. Die Lösungssumme muss eine volle Sicherheit für die Arrestforderung und ihre Nebenforderungen einschließlich der Zinsen und Kosten geben. Der Wert der von der Vollziehung ergriffenen Gegenstände ist aber unerheblich. Wenn der Antragsteller schon anderweitig abgesichert ist, muss das Gericht diesen Umstand berücksichtigen.

3 Der Arrestbefehl (nicht eine einstweilige Verfügung nach § 939) muss von Amts wegen diejenige Sicherheit angeben, deren Hinterlegung nach der landesrechtlichen Hinterlegungsregelung auch durch einen Dritten die Vollziehung des Arrests hemmt und den Antrag auf eine Aufhebung des Arrests begründet, Köln DGVZ 2000, 75. Das Gericht muss die Art und die Höhe der Sicherheitsleistung nach § 108 bestimmen. Es wäre eine sachlich ungerechtfertigte Wortauslegung, nur einen Geldbetrag als Sicherheitsleistung ausreichen zu lassen. Vielmehr ist zB die Bürgschaft einer Großbank grundsätzlich zulässig. Diese Form der Sicherheitsleistung reicht jedoch evtl. dann nicht aus, wenn der Arrest die Eintragung einer Vormerkung zwecks Sicherung des Rangs für eine Bauhandwerkerhypothek nach § 648 BGB bezweckt.

4 **III. Pfandrecht.** Am Hinterlegten oder an dem Anspruch auf die Rückgewähr der Sicherheit entsteht dem Antragsteller ein Pfandrecht für die gesamte Forderung nach § 233 BGB. Das gilt auch dann, wenn sich der Gläubiger aus dem Arrestgegenstand nicht voll hätte befriedigen können. Das Pfandrecht entsteht schließlich auch dann, wenn ein Dritter die Sicherheit geleistet hat. Bis zur Arrestaufhebung durch eine nach §§ 708 ff. nur vorläufig vollstreckbare Entscheidung können der Gläubiger und der Schuldner nur gemeinsam die Rückzahlung fordern, Düss NJW-RR 1987, 511. Anschließend ist der Schuldner auch dann zur Rückforderung berechtigt, wenn der Gläubiger eine Berufung einlegt oder bereits zur Hauptsache klagt; § 109 ist anwendbar, Düss NJW-RR 1987, 511.

5 **IV. Wirkung der Hinterlegung.** Die Hinterlegung hat die folgenden beiden Wirkungen:

1. Hemmung der Vollziehung. Die Hinterlegung hemmt die Vollziehung, Karlsr MDR 1983, 678. Ihr Nachweis erfolgt im Verfahren nach § 766 durch eine öffentliche Urkunde nach §§ 775 Nr. 3, 928. Die Kostenfestsetzung nach §§ 103 ff. und der Vollzug der Kostenentscheidung nach § 929 bleiben immer möglich. Die Lösungssumme vermindert sich nicht etwa um den Wert einer im Vollzug gepfändeten Sache. Der Gerichtsvollzieher darf nach § 155 S. 2 Nr. 5 GVGA keine Auszahlung an den Gläubiger vornehmen, soweit und solange der Schuldner hinterlegen darf. 6

2. Aufhebungsrecht. Die Hinterlegung berechtigt zu einem Antrag nach § 766 auf die Aufhebung der Vollziehung des Arrests nach § 934 sobald die Vollziehung erfolgt ist. Der Arrestbefehl selbst bleibt solange bestehen, bis das Gericht ihn aufgrund eines Rechtsbehelfs nach §§ 926, 927 aufhebt. Seine Aufhebung ist die Voraussetzung dafür, dass der Schuldner die Sicherheit zurückerhalten kann. Es kommt auch eine Änderung der Lösungssumme in Betracht, Köln DGVZ 2000, 75. Keine Aufhebung ist nach § 153 VII 3 GVGA möglich, wenn der Gläubiger aufgrund eines Vollstreckungstitels über die Arrestforderung nun im Hauptverfahren vollstreckt. 7

V. Rechtsbehelfe. Gegen die Bestimmung der Art und Höhe der Sicherheitsleistung nach § 108 sind für beide Parteien die gegen den Arrestbefehl zulässigen Rechtsbehelfe nach §§ 924 ff. vorhanden. Das Fehlen einer Lösungssumme macht den Arrestbefehl nicht unwirksam. Das Gericht darf die Lösungssumme im Weg einer Ergänzung nach §§ 321, 329 oder aufgrund eines Rechtsbehelfs des Schuldners hinzufügen, BGH NJW-RR 1996, 1238. 8

924 *Widerspruch.* I Gegen den Beschluss, durch den ein Arrest angeordnet wird, findet Widerspruch statt.

II [1]Die widersprechende Partei hat in dem Widerspruch die Gründe darzulegen, die sie für die Aufhebung des Arrestes geltend machen will. [2]Das Gericht hat Termin zur mündlichen Verhandlung von Amts wegen zu bestimmen. [3]Ist das Arrestgericht ein Amtsgericht, so ist der Widerspruch unter Angabe der Gründe, die für die Aufhebung des Arrestes geltend gemacht werden sollen, schriftlich oder zum Protokoll der Geschäftsstelle zu erheben.

III [1]Durch Erhebung des Widerspruchs wird die Vollziehung des Arrestes nicht gehemmt. [2]Das Gericht kann aber eine einstweilige Anordnung nach § 707 treffen; § 707 Abs. 1 Satz 2 ist nicht anzuwenden.

I. Systematik. §§ 924, 925 regeln eine der Möglichkeiten des Schuldners, einen Arrestbeschluss (nicht ein Arresturteil) zu bekämpfen. Durch den Widerspruch nach § 924 I II erlangt der Schuldner das ihm bisher versagte rechtliche Gehör, da das Gericht einen Termin zur mündlichen Verhandlung anzuberaumen hat (II). Um einen Instanzenverlust zu vermeiden, bleibt der bisherige Richter (judex a quo) zuständig. Der Widerspruch ist also kein Rechtsmittel, sondern ist als Rechtsbehelf ausgestaltet, Kblz MDR 1996, 1293; Hamm OLGZ 1989, 340. III regelt die Wirkung des Widerspruchs auf die Arrestvollziehung. 1

II. Regelungszweck. Die Vorschrift dient in erster Linie dem Schutz des Schuldners, der durch Einlegung des Widerspruchs seinen Anspruch auf Gewährung rechtlichen Gehörs durchsetzen kann, → Rn. 1. Darüber hinaus ist der Widerspruch zum bisherigen Gericht im Interesse der gerade bei dieser Verfahrensart notwendigen Beschleunigung, Kblz MDR 1996, 1293 (Kostenwiderspruch). Es muss sich jedenfalls zunächst nicht ein weiteres Gericht einarbeiten. Wegen der Eilbedürftigkeit hat jedoch das Gericht die jetzt notwendige Verhandlung nach II 2 kurzfristig anzuberaumen und zügig durchzuführen. 2

III. Geltungsbereich. Das Gericht kann einen ohne eine mündliche Verhandlung erlassenen Arrestbeschluss unter den folgenden Voraussetzungen aufheben: 3

1. Widerspruch. Nach Einlegung des Widerspruchs kann sich aufgrund einer nochmaligen genauen Prüfung ergeben, dass der Arrestantrag nach § 920 entweder von Anfang an unbegründet war oder jedenfalls im Zeitpunkt des Schlusses der mündlichen Verhandlung über den Widerspruch nach §§ 136 IV, 296a nicht mehr begründet ist. Wenn das Gericht den Arrest nach § 922 I 1 Hs. 2 durch einen Beschluss erlassen hatte, ist der Widerspruch der alleinige Rechtsbehelf, Hamm OLGZ 1989, 340. Das gilt ohne Rücksicht darauf, in welcher Instanz der Arrest erfolgte. 4

2. Fristablauf. Der Schuldner kann nach § 926 II beantragt haben, den Arrestbeschluss aufzuheben, weil der Gläubiger trotz einer Auflage nicht fristgemäß eine Klage erhoben habe. 5

3. Wichtiger Grund. Der Schuldner kann nach § 927 beantragt haben, den Arrestbeschluss aufzuheben, weil sich die Umstände seit dessen Anordnung verändert hätten oder weil ein sonstiger wichtiger Grund vorliege. 6

4. Wahlmöglichkeit. Alle drei Wege sind gleichzeitig nebeneinander zulässig, LG Freibg NJW-RR 1988, 250 (zu § 926 II). Das gilt jedoch nur dann, wenn ein notwendiges Rechtsschutzbedürfnis für den gewählten Weg vorliegt, Kblz GRUR 1989, 374; Hamm GRUR 1978, 612. Das Rechtsschutzbedürfnis kann für den Weg nach § 927 dann fehlen, wenn bereits ein Widerspruchs- oder Berufungsverfahren anhängig ist, Kblz GRUR 1989, 374. Es endet zB dann, wenn die Hauptsache des Arrestverfahrens nach § 91a erledigt ist oder wenn das Gericht den Arrest oder die einstweilige Verfügung endgültig aufhebt, Hmb MDR 1977, 148. Das gilt unabhängig davon, ob diese Aufhebung rückwirkend erfolgt. 7

Es hängt von den Umständen und insbesondere von den evtl. unterschiedlichen Kostenfolgen ab, welcher der Wege zu empfehlen ist. Zu berücksichtigen ist hierbei, dass eine Aufhebung dem Schuldner keinen Ersatzanspruch nach § 945 eröffnet. Andererseits können die Möglichkeiten mit einer Berufung gegen ein Arresturteil zusammentreffen. Denn diese Möglichkeiten sind sowohl gegenüber einem Beschluss als auch gegenüber einem Urteil vorhanden. Mit dem Eintritt der formellen Rechtskraft einer Aufhebung des Arrests nach § 705 endet natürlich das Wahlrecht. Ein Dritter kann nur nach § 766 oder § 771 vorgehen. 8

Eine Vollstreckungsabwehrklage nach § 767 ist ebenso wenig wie eine andere Klage etwa nach § 323 oder eine Wiederaufnahmeklage nach §§ 578 ff. außer gegen ein arrestaufhebendes Urteil zu dem Zweck zulässig, die Aufhebung des Arrests zu erreichen. Denn §§ 926, 927 treffen Sonderregelungen, Karlsr GRUR 1979, 571. 9

10 **IV. Widerspruch, I, II.** Ziel des Widerspruchs kann die Aufhebung des Arrestbefehls, die (teilweise) Abänderung des Arrestbefehls oder der Lösungssumme sein, es kann aber auch nur auf die Kosten gerichtet sein:

11 **1. Keine mündliche Verhandlung.** Der Widerspruch ist nur dann statthaft, wenn das Gericht den Arrest nach § 922 I 1 Hs. 2 ohne eine mündliche Verhandlung erlassen hat, Kblz MDR 1996, 1293. Der Widerspruch ist kein Rechtsmittel. Deshalb entstehen weder die Hemmungswirkung noch die Anfallswirkung. Der Widerspruch richtet sich grundsätzlich gegen die Anordnung des Arrests, nicht gegen seine Vollziehung nach § 929. Gegen die Vollziehung richtet sich vielmehr § 923.

12 **2. Kostenwiderspruch.** Der Schuldner kann den Widerspruch ausnahmsweise auch auf die Kostenentscheidung beschränken. Das ist ein sog. „Kostenwiderspruch". Insoweit gilt § 128 III vorrangig vor II 2, → § 128 Rn. 16. Diese Möglichkeit besteht bei dessen Bezeichnung als „sofort" schon wegen § 93, BGH NJW-RR 2003, 1293; KG MDR 2011, 877; Hmb NJW-RR 2002, 215. § 99 I steht dieser Lösung nicht entgegen. Denn in jener Vorschrift ist eine aufgrund einer notwendigen mündlichen Verhandlung ergangene streitige Entscheidung die Grundlage. Die Beschränkung auf die Kostenfrage stellt der Sache nach ein sofortiges Anerkenntnis des Arrest- oder Verfügungsanspruchs dar, Ffm NJW-RR 1996, 1535; LG Hmb GRUR-RR 2009, 159. Sie muss aber von vornherein erfolgen und eindeutig sein, KG MDR 2011, 877; Schlesw SchlHA 1990, 8; Hmb MDR 1989, 1002. Es darf also keine Verbindung mit einem Aufhebungsantrag erfolgen, LG Brschw WRP 1984, 363. Der Schuldner muss mit dem Kostenwiderspruch eine Unterwerfungserklärung abgeben, Düss MDR 1991, 257; Stgt WRP 1981, 116.

13 Notfalls ist durch eine Auslegung zu ermitteln, ob ein derartiger bloßer „Kostenwiderspruch" vorliegt. Die bloße Ankündigung eines Anerkenntnisses nach § 307 bedeutet keineswegs stets eine Beschränkung auf die Kostenfrage, Hamm MDR 1989, 1001. In einer solchen Beschränkung kann jedoch ein Verzicht auf das Recht aus § 926 liegen. Die spätere Erweiterung des Kostenwiderspruchs auf einen Vollwiderspruch ist daher unzulässig, Hmb NJW-RR 2000, 1238; Hamm MDR 1991, 357. In einer erst im Lauf des Widerspruchsverfahrens erfolgten Beschränkung auf den Kostenpunkt liegt eine teilweise Widerspruchsrücknahme. Auf sie ist § 99 II nicht anwendbar, Mü WettbR 1996, 140, ebenso auf einen von Anfang an nach § 301 abgrenzbaren Teil beschränkten Kostenwiderspruch, KG MDR 2011, 877.

14 **3. Verwirkung.** Der Widerspruch ist auch dann statthaft, wenn das Gericht nach § 85 II ArbGG ohne eine Anhörung des Gegners entschieden hat. Eine Verwirkung ist ausnahmsweise denkbar, BVerfG NJW 1972, 675; Saarbr NJW-RR 1989, 1513; KG GRUR 1985, 237. Die Funktionsteilung zwischen Fach- und Verfassungsgerichtsbarkeit betraut zunächst die Fachgerichtsbarkeit mit der Korrektur bereits verwirklichter Grundrechtseingriffe, um die möglichen Gehörsverstöße durch nachträgliche Gewährung rechtlichen Gehörs etwa nach §§ 936, 924 II 2 zu heilen, BVerfG NJW 2017, 2985. Sie führt zur Verwerfung als unzulässig, Celle GRUR 1980, 945. Die Rücknahme ist bis zur formellen Rechtskraft der Widerspruchsentscheidung nach § 705 zulässig. Einwendungen gegen die Vollziehung des Widerspruchs sind im Weg der Erinnerung nach § 766 möglich. Einwendungen gegen den Arrestanspruch selbst müssen nach § 927 erfolgen. Wenn der Schuldner den Widerspruch zurücknimmt, trifft das Gericht eine Kostenentscheidung entsprechend §§ 516 III, 346, Mü JurBüro 1977, 93. Ein Widerspruchsverzicht ist nur ganz ausnahmsweise annehmbar, Drsd MDR 2017, 113.

15 **4. Zuständigkeit.** Grundsätzlich ist das Gericht des Arrestbeschlusses nach § 919 zur Entscheidung über den Widerspruch des Schuldners örtlich und sachlich nach § 802 ausschließlich zuständig, Jacobs NJW 1988, 1365. Auch dann, wenn das Beschwerdegericht und nicht das Berufungsgericht der Hauptsache nach § 943 den Arrestbeschluss erlassen oder das Erstgericht zu seinem Erlass angewiesen hat, geht der Widerspruch ausnahmsweise an das Erstgericht. Denn das Beschwerdegericht hat nur anstelle des Erstgerichts entschieden, und die Partei würde sonst auch grundlos eine Instanz verlieren, KG NJW-RR 2008, 520; Drsd JurBüro 2000, 139; Hamm OLGZ 1987, 493; aM KG NJW-RR 2004, 1666 (bei reinen Rechtsfragen). Deshalb tritt auch zunächst keine Bindungswirkung ein. Wenn das angerufene Gericht unzuständig ist, muss es ggf. aufgrund eines evtl. nach § 139 herbeigeführten Antrags das Verfahren nach §§ 281, 506 an das zuständige Gericht verweisen, Hamm OLGZ 1989, 340; LAG Hamm MDR 2006, 592; Zöller/Vollkommer Rn. 6; aM Bernaerts MDR 1979, 98. Dazu ist keine förmliche Aufhebung des bisherigen Arrestbeschlusses nötig, aM LG Arnsberg NJW-RR 1993, 318.

16 **5. Widerspruchsberechtigte.** Zum Widerspruch berechtigt sind lediglich der Schuldner oder dessen Rechtsnachfolger. Der Insolvenzverwalter ist auch aufgrund der Rechte widerspruchsberechtigt, die dem Schuldner aufgrund der Eröffnung des Insolvenzverfahrens zustehen. Der Gläubiger ist in keinem Fall zum Widerspruch berechtigt. Ein Dritter muss nach §§ 766, 771 vorgehen und evtl. eine Anfechtungsklage erheben.

17 **6. Form.** Der Schuldner muss den Widerspruch bei dem Gericht einlegen, das den Arrestbeschluss nach § 922 erlassen hat, aM Hamm BB 1979, 1378 (betr. einen von zwei Streitgenossen nach §§ 59 ff.). Bei elektronischer Einreichung gelten §§ 130a–130d. Wenn das Arrestgericht ein LG ist, muss die Einlegung schriftlich durch einen Anwalt geschehen, Hamm WRP 1992, 724; Kblz NJW 1980, 2589; → § 78 Rn. 16 „Eilverfahren". War das LG Beschwerdegericht beim Erlass, ist das nun wieder zuständige AG maßgeblich. In diesem Fall und dann, wenn das AG den Arrest erlassen hatte, kann man den Widerspruch nach II 2, § 129a auch bei jedem AG zum Protokoll der Geschäftsstelle einlegen. Insoweit besteht nach § 78 III Hs. 2 kein Anwaltszwang, Kblz NJW 1980, 2588. Der Schuldner braucht das Wort Widerspruch nicht zu benutzen. Es genügt vielmehr eine Äußerung seines Willens, eine Entscheidung desselben Gerichts über die Berechtigung des Arrests herbeizuführen. Eine Begründung ist sinnvoll, aber nicht formell zwingend notwendig.

18 **7. Frist.** Ein Widerspruch ist ab dem Erlass des Arrestbefehls zulässig. Er ist also schon vor seiner Zustellung und vor dem Vollzugsbeginn nach § 929 möglich. Er ist unbefristet, Hmb JurBüro 2016, 28; KG MDR 2011, 788. Er ist solange zulässig, wie der Arrestbeschluss wirksam besteht, BGH NJW 1992, 2298, also evtl. auch noch nach dem Ablauf der Vollziehungsfrist des § 929 II oder nach der Erledigung der Hauptsache gemäß § 91a oder nach der Freigabe der nach §§ 803 ff. gepfändeten Sachen. Es ist durchaus gerechtfertigt und mit dem Zweck des Arrests vereinbar, wenn man den Hauptprozess abwartet, selbst wenn dieser recht lange dauert. Die Grenze könnte jedoch durch Verwirkung gesetzt sein, wenn zu dem Zeitablauf noch besondere Umstände hinzukommen. Wenn sich der Gläubiger auf das Unterlassen des Widerspruchs vernünftigerweise einstellen konnte und er in dem Vertrauen hierauf schutzwürdig erscheint, kommt Verwirkung in Betracht, BVerfG NJW-RR 1972, 675;

Saarbr NJW-RR 1989, 1513; Celle GRUR 1980, 945. Das evtl. vorrangige fristschaffende WTO-Recht ist zu berücksichtigen, von Bogdandy NJW 1999, 2088.

8. Rücknahme; Verzicht. Der Schuldner kann den Widerspruch bis zur Entscheidung über ihn zurücknehmen, Ffm NJW-RR 2013, 703. Dann ist § 516 mit zu berücksichtigen. Er kann auch auf den Widerspruch wie auf die Anträge nach §§ 926, 927 verzichten, BGH NJW-RR 2003, 1293 (bloßer Kostenwiderspruch); Mü NJW-RR 2012, 686. Der Gläubiger kann dem Schuldner durch ein sog. Abschlussschreiben dazu eine angemessene Frist setzen, zB einen Monat, KG WRP 1978, 451. Eine Abschlusserklärung, in der die einstweilige Maßnahme als „endgültige, materiell-rechtlich verbindliche Regelung anerkannt wird", beinhaltet zugleich den Verzicht auf einen Widerspruch nach § 924. Dies gilt auch dann, wenn auf Rechte aus § 926 und teilweise aus § 927, nicht aber ausdrücklich auf das Recht auf Widerspruch verzichtet wird, Ffm WRP 2019, 653. Der Verzicht führt zum Wegfall eines Rechtsschutzbedürfnisses für eine Klage in der Hauptsache, Hamm WRP 1976, 252. Die Kosten ergeben sich dann meist aus § 93. Ein neuer Widerspruch bleibt statthaft, soweit nicht Verzicht oder Verwirkung vorliegen, Ffm NJW-RR 2013, 703; Mü NJW-RR 1998, 936; Kblz MDR 1996, 426. 19

V. Verfahren, II. Das Gericht bestimmt unverzüglich nach dem Eingang des vollen Widerspruchs einen Termin zur mündlichen Verhandlung nach § 216, Höfling/Gremminger NJW 2016, 2460. Es lädt dazu beide Parteien von Amts wegen nach §§ 166 ff., 274. Beim bloßen Kostenwiderspruch steht eine mündliche Verhandlung nach § 128 III frei. Es gibt keine Ladung durch die Partei etwa nach §§ 191 ff. Das Gericht muss die Ladungsfrist nach § 217 beachten. Der Schuldner soll die Gründe seines Widerspruchs mitteilen. Er muss diese Mitteilung aber nicht vornehmen. Er darf in der mündlichen Verhandlung weitere Gründe nachschieben. Der Vorsitzende darf die Bestimmung des Verhandlungstermins nicht etwa deswegen ablehnen, weil der Schuldner den Widerspruch nicht begründet hätte. 20

VI. Einfluss auf die Vollziehung, III. Der Widerspruch hemmt die Vollziehung und die Vollstreckung des Arrests nach §§ 928 ff. nicht. Insofern hat er eine andere Wirkung als eine Hinterlegung nach § 923. Das Gericht kann aber nach § 707 eine einstweilige Anordnung treffen, LG Ffm GRUR-RR 2006, 32. Ein gemeinsam mit dem Widerspruch eingelegter Antrag nach III iVm § 707 S. 2 ist nur zulässig, wenn dadurch der Zweck des Arrestes oder der einstweiligen Verfügung nicht vereitelt würde und er zudem von den Erfolgsaussichten in der Sache abhängt, BVerfG NJW 2020, 2021; Mantz NJW 2020, 2007. Beim Arrest ist jedoch eine Einstellung wegen der Abwendungsmöglichkeit durch die Lösesumme und wegen § 921 nur in Ausnahmefällen denkbar, Ffm NJW 2003, 2688; MüKoZPO/Drescher Rn. 15. Es ist dabei nicht an die Beschränkungen des § 707 I 2 gebunden. Das gilt jedoch nur dann, wenn dadurch nicht der Arrest seinen Sinn verliert, Ffm GRUR 1989, 932. Das Gericht kann also auch ohne besondere Voraussetzungen davon absehen, nach § 922 eine Sicherheitsleistung zu verlangen. Die einstweilige Anordnung ist keine einstweilige Verfügung nach §§ 935 ff. Wenn der Widerspruch nicht statthaft ist, bleibt dem Schuldner nur die Möglichkeit einer Aufhebungsklage übrig. Sie lässt eine Einstellung zu. Eine Vollstreckungsabwehrklage nach § 767 ist nicht statthaft. III gilt auch für die dem Schuldner im Arrestbeschluss auferlegten Kosten. 21

925 *Entscheidung nach Widerspruch.* **I Wird Widerspruch erhoben, so ist über die Rechtmäßigkeit des Arrestes durch Endurteil zu entscheiden.**

II Das Gericht kann den Arrest ganz oder teilweise bestätigen, abändern oder aufheben, auch die Bestätigung, Abänderung oder Aufhebung von einer Sicherheitsleistung abhängig machen.

I. Systematik. Die Vorschrift ergänzt § 924. Daher zunächst → § 924 Rn. 1. Der Widerspruch und auch der bloße sog. „Kostenwiderspruch", → § 924 Rn. 12 f., leiten ein streitiges Urteilsverfahren wie nach §§ 253 ff. ein, Roelleke JZ 1975, 245. Daran ändert beim Kostenwiderspruch auch § 128 III nichts. Denn diese Vorschrift macht nur eine mündliche Verhandlung entbehrlich, nicht auch eine gleichwohl ausdrücklich vorgeschriebene Urteilsform. Auch § 128 IV ändert dann nichts. Denn diese Bestimmung besagt nicht etwa, dass eine ohne eine mündliche Verhandlung mögliche Entscheidung auch nicht in Urteilsform ergehen müsse oder könne. Sie setzt vielmehr gerade umgekehrt voraus, dass keine Urteilsform in Betracht kommt. 1

Der Gläubiger wird zum Arrestkläger, der Schuldner wird zum Arrestbeklagten, Hamm JurBüro 1976, 917. Eine Vertauschung dieser Rollen kann nicht eintreten. Deshalb muss ein Versäumnisurteil gegenüber dem Gläubiger nach § 330 ergehen, ein solches gegenüber dem Schuldner nach § 331. Wenn der Gläubiger seinen Antrag zurücknimmt, entspricht das der Klagerücknahme oder dem Verzicht nach §§ 269, 306. Beide Parteien können ihre Anträge nach §§ 263, 264 erweitern oder beschränken, Ffm NJW-RR 1988, 319. Das gilt auch in einer Wettbewerbssache. Eine Verbindung des Widerspruchs mit Anträgen nach §§ 926 II, 927 ist zulässig. Der Widerspruch hemmt den Arrestvollzug nach § 924 III nicht. Allerdings kann der Arrestkläger jetzt den bisherigen Anspruch anders als einzelne von dessen Grundlagen nicht mehr wirksam gegen einen neuen austauschen, Ffm NJW-RR 1988, 319. 2

II. Regelungszweck. Die Vorschrift dient gemeinsam mit § 924 in erster Linie dem Schutz des Schuldners. Diesem wird zum einen ermöglicht, seinen Anspruch auf Gewährung rechtlichen Gehörs durchzusetzen, da das Gericht eine mündliche Verhandlung anberaumen muss. Zum anderen bleiben ihm dadurch, dass das Gericht durch Endurteil zu entscheiden hat, alle Instanzen offen. Im Übrigen werden die Vorschriften der §§ 924, 925 auch dem Beschleunigungsgrundsatz gerecht, → § 924 Rn. 2. 3

Das Gericht muss alle in §§ 300 ff. genannten Urteilsvorschriften beachten. Das Urteil eröffnet den Zugang zur Berufungsinstanz ohne die einer Beschwerde manchmal eigenen Beschränkungen. Natürlich bleibt die Eigenart des Eilverfahrens auch im Widerspruchsverfahren erhalten, nämlich ihr grundsätzlich nur vorläufiger und deshalb auch zeitlich begrenzter Charakter. Auch hier gilt daher das Verbot einer Vorwegnahme der Hauptsache, von den Ausnahmen der sog. Leistungsverfügung abgesehen. In diesen Grenzen sind aber die Regeln des erstinstanzlichen Erkenntnisverfahrens in diesem Abschnitt wirksam. 4

III. Verfahrenshauptregeln. Zuständig ist das Erstgericht auch nach einem Erlass durch das Beschwerdegericht, KG NJW-RR 2008, 520. Grundsätzlich ist eine mündliche Verhandlung notwendig, Brdb NJW-RR 2000, 325 und 327. Somit entsteht mit dem Widerspruch ein neuer Verfahrensabschnitt, da nunmehr streitig verhandelt wird, KG NJW-RR 2008, 520. Beim bloßen Kostenwiderspruch ist allerdings nach § 128 III ausnahmsweise eine 5 mündliche Verhandlung entbehrlich, obwohl es bei der Notwendigkeit eines Urteils bleibt, Ffm GRUR-RR 2007, 63. Denn auch dann ist wegen der Beschränkung auf die Kostenfrage schon nach dem eindeutigen Wortlaut diese Vorschrift des Allgemeinen Teils anwendbar, KG Rpfleger 2008, 100. Das gilt, zumal §§ 916 ff. ein Erkenntnisverfahren regeln. Auch im Widerspruchsverfahren handelt es sich nur um den Arrestanspruch nach § 916, nicht um den Hauptanspruch.

IV. Beispiele zur Frage des Verfahrens, I

6 **Anerkenntnis:** Ein etwaiges Anerkenntnis nach § 307 bezieht sich grds. nur auf den Arrestanspruch nach § 916 und nicht auf den Hauptanspruch.

Aussetzung: Unstatthaft ist die Aussetzung des Arrestverfahrens bis zur Erledigung der Hauptsache. Denn das wäre mit dem Eilcharakter des Arrestverfahrens unvereinbar. Das Gericht muss auch eine Aussetzung aus anderen Gründen nach § 148 vermeiden. Denn auch dann stünde der Eilcharakter entgegen.

Erledigung: Wegen Erledigung des Arrestgrundes kann ein Antrag nach § 927 I gestellt werden, → § 927 Rn. 1 ff. Kein Erledigungsgrund ist im Arrestverfahren die Erwirkung eines Vollstreckungstitels nach § 704 und die Einleitung einer Zwangsvollstreckung aus ihm.

Glaubhaftmachung: Ausreichend ist eine solche nach §§ 294, 920 II stets. Das Gericht darf also an keiner Stelle einen Vollbeweis verlangen, solange das Arrestverfahren nicht in einen Hauptprozess übergegangen ist.

Insolvenz: Statthaft ist ab Eröffnung des Insolvenzverfahrens über das Vermögen des Schuldners aufgrund eines Widerspruchs des Insolvenzverwalters eine Bestätigung oder Abänderung des Arrests, falls der Gläubiger bereits gepfändet oder falls der Schuldner hinterlegt hatte. Wenn der Gläubiger aber mit dem Vollzug des Arrestbefehls nach §§ 928 ff. bisher noch nicht begonnen hatte, kann der Arrest auch für die Zukunft keine Wirkung mehr haben und ist für die Vergangenheit bedeutungslos. Deshalb muss das Gericht den Arrest aufgrund eines Widerspruchs des Insolvenzverwalters dann aufheben.

Klageänderung: Statthaft sein kann sie bei einem Einverständnis beider Parteien. Unstatthaft ist eine solche nach §§ 263, 264 auf eine Leistungsklage. Denn es liegt im Arrestverfahren eine ganz andere Verfahrensart vor.

Leistungsklage: → „Klageänderung".

Prüfungszeitpunkt: Maßgeblich ist zur Klärung der Rechtmäßigkeit des Arrests der Schluss der mündlichen Verhandlung nach §§ 136 IV, 296a, BFH NJW 2004, 2184. Das gilt nach dem umfassend formulierten Wortlaut von I auch beim bloßen Kostenwiderspruch. Zwar hat der Antragsgegner dann den Arrestanspruch der Sache nach anerkannt. Nach § 93 dürfte das Gericht über die Rechtmäßigkeit des Klageanspruches nicht mehr mitentscheiden. Indessen hat das Gericht aufgrund einer Einrede die erst seit dem Erlass des Arrests eingetretenen Umstände zu prüfen. Jedoch tritt keine Bindung wegen des Arrestgrunds des § 917 ein, selbst wenn der Erlass des Arrests vertretbar gewesen war. Sonst wäre der Widerspruch weitgehend sinnlos.

Verspätung: In der zweiten Instanz ist es zulässig, ein verspätetes neues Vorbringen nach § 530 zurückzuweisen.

Verzicht: Ein Verzicht auf die Vollziehung des Arrests nach § 929 ist kein Verzicht auf den Hauptanspruch nach § 306. Er zwingt aber dazu, den Arrest nach § 927 aufzuheben. Der Schuldner darf den Verzicht im Widerspruchsverfahren geltend machen.

7 **V. Endurteil.** Das Endurteil über die Rechtmäßigkeit des Arrestes kann auf Bestätigung, Aufhebung oder Abänderung unter teilweiser Aufhebung des Arrestes, einschließlich der Sicherheitsleistung lauten.

8 **1. Abschließende Inhaltsregelung.** Das Gericht entscheidet aufgrund des vollen Widerspruchs des Schuldners nach einer mündlichen Verhandlung über den Arrest durch ein Endurteil nach §§ 300 ff., Oldb NJW 2017, 1251. Ein Urteil ist auch beim sog. Kostenwiderspruch notwendig, auch wenn dann eine Verhandlung ähnlich wie bei § 341 II freisteht, Kblz MDR 1996, 1293 (zum alten Recht). II regelt den möglichen Inhalt des Endurteils abschließend abgesehen von der Frage der Zulässigkeit der mündlichen Verhandlung und dem Angriff auf die Kostenentscheidung. Dieses Endurteil kann wie folgt lauten:

9 **2. Unzulässigkeit.** Das Gericht verweist aufgrund eines Antrags des Arrestklägers bei einer bloßen Unzuständigkeit das Arrestverfahren nach § 281 an das zuständige Gericht, ohne den Arrest aufzuheben, LAG Hann MDR 2006, 592; Thomas/Putzo/Seiler Rn. 1; aM LG Arnsberg NJW-RR 1993, 318; Teplitzky DRiZ 1982, 41 (halten vor Verweisung eine Aufhebung für erforderlich). Mangels eines Antrags oder bei einem anderen Unzulässigkeitsgrund verwirft das Gericht den Widerspruch als unzulässig, Celle GRUR 1980, 945.

10 **3. Zulässigkeit.** Ein zulässiger Widerspruch bindet das Gericht nicht an seinen Arrestbeschluss. Es hat vielmehr im Umfang des Widerspruchs vollständig neu zu entscheiden, Brdb NJW-RR 2000, 325 und 327. Es kann den Arrestbeschluss bestätigen. Das Gericht kann den Arrestbeschluss auch abändern, ihn also teilweise bestätigen und teilweise aufheben. Es kann dem Arrest auch einen gänzlich oder teilweise anderen Inhalt geben. Eine Abänderung ist auch in einer Wettbewerbssache grundsätzlich zulässig. Sie ist jedoch nicht zulässig, sofern das Gericht den Parteien dadurch die Instanz entziehen würde. Maßgeblich ist der Schluss der mündlichen Verhandlung nach §§ 136 IV, 296a, Brdb NJW-RR 2000, 325 und 327; LG Düss NJW 1975, 1367. Wenn der Arrestgrund nach § 917 in diesem Zeitpunkt nicht oder nicht mehr besteht, muss das Gericht den Arrestbeschluss und nicht nur seine Vollziehung aufheben. In einer WEG-Sache kann ein Antrag des Verwalters nicht reichen, KG NJOZ 2014, 251.

11 In zweiter Instanz gilt dann dasselbe, wenn seit dem Zeitpunkt der Bestätigung des Ersturteils veränderte Umstände vorliegen. Wenn gegen ein den Arrest aufhebendes Urteil eine Berufung erfolgreich war, muss das Berufungsgericht bei anderer Beurteilung den Arrest neu erlassen, Celle NJW-RR 2014, 1283; Köln NJOZ 2003, 456; Düss NJW-RR 2002, 138; MüKoZPO/Drescher Rn. 13; Prütting/Gehrlein/Fischer Rn. 5; aM Celle NJW-RR 1987, 64; Düss BB 1981, 394. Eine andere Frage ist die, welche Wirkung die vorläufige Aufhebung durch eine nach §§ 708 ff. vorläufig vollstreckbare Entscheidung des Erstgerichts hat, Hmb MDR 1977, 148. Das Gericht kann den Arrestbeschluss auch aufheben. Es muss dann zugleich den Arrestantrag zurückweisen. Das Gericht kann die Bestätigung, die Änderung oder die Aufhebung des Arrests davon abhängig machen, dass der Gläubiger oder der Schuldner erstmals oder zusätzlich eine Sicherheit nach § 108 leisten.

12 **4. Wirkung.** Das Urteil wirkt rechtsgestaltend, Köln MDR 2003, 352. Ein aufhebendes Urteil schafft den Arrest oder die einstweilige Verfügung mit Wirkung seit der Verkündung aus der Welt, BFH NJW 2004, 2183; Mü FGPrax 2013, 111; Köln NJOZ 2003, 456; aM Celle NJW 1987, 64 (erst mit Rechtskraft). Das Gericht muss von Amts wegen klären, ob eine Sicherheitsleistung notwendig ist, KG DB 1980, 301. Das Gericht hat die Art

und die Höhe einer erforderlichen Sicherheitsleistung nach § 108 zu bestimmen. Wenn der Schuldner die verlangte Sicherheit geleistet hat, kann er nach § 766 die Aufhebung der Vollziehungsmaßnahmen fordern. Hierbei ist aber das zB in § 929 I zum Ausdruck kommende besondere Schutzbedürfnis des Gläubigers nicht zu verkennen. Wenn das Prozessgericht den Anspruch des Gläubigers im Hauptprozess formell nach § 705 rechtskräftig abgewiesen hat, muss das Arrestgericht den Arrest zwangsläufig aufheben.

Wenn der Gläubiger im Hauptprozess gewinnt, dauert oft das Sicherungsbedürfnis im Arrestverfahren fort. Das 13
gilt vor allem dann, wenn der im Hauptprozess erstrittene Titel nicht vollstreckbar oder nur unter wesentlich schlechteren Voraussetzungen vollstreckbar ist. Wenn solche Gefahren nicht bestehen und wenn der Gläubiger aufgrund einer Aufforderung des Schuldners auf den Arrestanspruch unverzüglich verzichtet, da sich der Arrest erledigt habe, muss das Arrestgericht die Kosten des Arrestverfahrens demjenigen auferlegen, der ohne diese Erledigungswirkung unterlegen wäre. Bei beiderseitigen übereinstimmender wirksamen Erledigungserklärungen ist das Gericht hieran gebunden. Ist eine Voraussetzung für den Erlass erst nachträglich entfallen, ist dem Antrag des Gläubigers auf Erledigung mit der Kostenfolge des § 91 (nicht § 91a) stattzugeben, Zweibr MDR 1992, 1081; Schlüter ZZP 80, 447.

5. Kosten. Eine Kostenentscheidung ist stets notwendig. Anwendbar sind dabei §§ 91 ff., nicht § 788. Die 14
Entscheidung umfasst die gesamten Kosten des Arrestverfahrens. Das gilt auch bei der Kombination mit einem Aufhebungsverfahren nach § 927, Ffm JurBüro 1992, 422. Anders ist es beim isolierten Aufhebungsverfahren. Das Arrestgericht muss eine Kostenentscheidung evtl. nach § 321 nachholen. Im Aufhebungsfall muss der Gläubiger auch die Vollzugskosten tragen. Bei einer nur teilweisen Anfechtung des Arrests ist eine Kostenentscheidung über diesen Teil des Verfahrens erforderlich. Das Gericht hat diese Kosten bei einer etwaigen späteren Anfechtung des Rests in die daraufhin ergehende Kostenentscheidung unverändert einzubeziehen.

Gebühren: des Gerichts KV 1410 ff. GKG; beim bloßen Kostenwiderspruch nach → § 924 Rn. 12 f. KV 15
1312b, Ffm NJW-RR 1996, 1535; des Anwalts VV 3100 ff. RVG.

6. Versäumnisverfahren. Das Versäumnisverfahren ist wie üblich nach §§ 330 ff. statthaft. Wegen des Ver- 16
fahrens: → § 922 Rn. 26.

7. Vollstreckbarkeit. Ein den Arrest bestätigendes Urteil ist ebenso wie der Arrest ohne Weiteres vollstreck- 17
bar, auch wegen der Kosten. Deshalb braucht das Gericht es nicht ausdrücklich für vollstreckbar zu erklären. Das Gericht muss ein Urteil, das den Arrestbefehl aufhebt, abändert oder von einer Sicherheitsleistung abhängig macht, nach § 708 Nr. 6 von Amts wegen ohne eine Sicherheitsleistung für vorläufig vollstreckbar erklären. Jedoch tritt mit der Verkündung des aufhebenden Urteils die Vollstreckbarkeit des Arrests oder der einstweiligen Verfügung nach § 717 außer Kraft. Eine Einstellung der Zwangsvollstreckung ist zulässig, im Übrigen evtl. aufgrund der Vorlegung eines Urteils bei § 775 Nr. 1 und 3, § 776. Die Zustellung des Urteils nach § 317 ist keine Voraussetzung der Einstellung der Zwangsvollstreckung. Wenn der Gläubiger eine Sicherheit leisten soll, stellt das Vollstreckungsgericht die Vollstreckung des Arrests nach § 766 ein, solange er die Sicherheit nicht erbracht hat. Wenn der Schuldner die Sicherheit leisten soll, muss er die Sicherheitsleistung nach § 775 Nr. 3 nachweisen.

VI. Berufung. Zunächst → § 922 Rn. 28 ff. Auch jetzt gelten §§ 920 II, 294 II. Wenn das Gericht den Arrest 18
aufgehoben hat und der Gläubiger die Berufung einlegt, ist es geboten, nach §§ 719, 707 einen Antrag auf Einstellung der Zwangsvollstreckung wegen der Kosten aus dem Aufhebungsurteil zu stellen. Denn eine aufgehobene Zwangsvollstreckungsmaßnahme lebt nicht wieder auf, Celle FamRZ 2015, 160; Köln, NJOZ 2003, 456; Düss NJW-RR 2002, 138; Ffm MDR 2002, 602; aM Ffm BB 1982, 832.

In der Berufungsinstanz kann man auch solche Tatsachen vorbringen, die erst nach Erlass des Ersturteils 19
eingetreten sind, Dötsch MDR 2010, 1430. Gegen ein Versäumnisurteil ist Einspruch nach § 338 statthaft. Gegen ein auf einen Kostenwiderspruch ergangenes Urteil ist die sofortige Beschwerde entsprechend § 99 II gegeben, Hmb NJW-RR 2012, 1210; Düss WRP 2010, 294; Brdb NJW-RR 2000, 1668; MüKoZPO/Drescher Rn. 12; Musielak/Voit/Huber Rn. 9; aM Mü WettbR 1996, 140; Hamm OLGZ 1989, 340; Kblz Rpfleger 1986, 408. Revision und Nichtzulassungsbeschwerde sind ausgeschlossen.

VII. Einspruch. Wegen seiner Zulässigkeit nach einem Versäumnisurteil → § 922 Rn. 26. 20

926 *Anordnung der Klageerhebung.* **I Ist die Hauptsache nicht anhängig, so hat das Arrestgericht auf Antrag ohne mündliche Verhandlung anzuordnen, dass die Partei, die den Arrestbefehl erwirkt hat, binnen einer zu bestimmenden Frist Klage zu erheben habe.**

II Wird dieser Anordnung nicht Folge geleistet, so ist auf Antrag die Aufhebung des Arrestes durch Endurteil auszusprechen.

I. Systematik. § 926 regelt das Verfahren nach Anordnung des Arrestes. Ist der Arrest angeordnet, die 1
Hauptsache aber noch nicht anhängig, hat der Gläubiger wegen der erlangten Sicherheit oft Zeit, seinen Anspruch einzuklagen. Der Gläubiger könnte sogar im Einzelfall Interesse daran haben, das Hauptsacheverfahren hinauszuzögern. Der Schuldner hat dann aufgrund der Vorschriften §§ 926, 927 zwei Möglichkeiten. Er kann nach § 926 den Gläubiger zur Erhebung der Hauptsacheklage zwingen, Brdb NJW 2014, 3316. Er kann außerdem zunächst oder gleichzeitig eine negative Feststellungsklage nach § 256 erheben, BGH NJW 1986, 1815; Hmb MDR 2002, 965; Kblz GRUR 1986, 95; Zweibr FamRZ 1980, 1042, um anschließend aufgrund eines erfolgreichen Urteils nach § 927 vorzugehen, Klauser MDR 1981, 716; Stein/Jonas/Grunsky Rn. 2; Zöller/Vollkommer Rn. 3. Denn § 926 ändert nichts an dem Grundsatz, dass außer dem dort statthaften Weg die Feststellungsklage möglich ist. Ihr steht nicht etwa die materielle Rechtskraft des Arrests nach § 322 entgegen. Über seine Berechtigung entscheidet das Gericht erst aufgrund der Klage. Dieser Weg kann Vorteile bieten. Jedoch kann für ihn das Feststellungsinteresse fehlen, Kblz GRUR 1986, 95. Vielmehr kann ein Feststellungsinteresse des Gläubigers entstehen, Mü MDR 1992, 864. Es kann wegen der Möglichkeit eines Widerspruchs nach § 924 fehlen, BGH NJW 1986, 1815. Man kann gegen den Arrest nur mit dem zulässigen Rechtsbehelf vorgehen. § 926 hat Vorrang vor Art. 50 VI TRIPS, EuGH NJW 2001, 1267; Ffm GRUR 2004, 198; Hmb GRUR 2003, 874.

2 **II. Regelungszweck.** § 926 dient dem Schutz des Schuldners. Die Vorschrift wahrt dem Schuldner die Möglichkeit, eine Entscheidung zur Hauptsache nach §§ 253 ff. herbeizuführen, BVerfG NJW-RR 2007, 1684; BGH NJW 1977, 1199. Sie soll verhindern, dass der Gläubiger mit dem Arrest dadurch einen Missbrauch treibt, dass er den Titel als Druckmittel ohne eine ernsthafte Absicht weiterer Rechtsverfolgung beliebig lange aufrechterhält, Brdb NJW 2014, 3316; Düss NJW-RR 1988, 696; OVG Brem NVwZ-RR 2018, 573. Der Schuldner soll auch die Möglichkeit haben, nach § 945 gegen einen solchen unbegründeten Arrest anzugehen, der ihn in den meisten Fällen überrascht hat, Mü MDR 1992, 864. Es soll aber auch verhindert werden, dass der Gläubiger eine zB wegen einer anderweitigen Rechtshängigkeit unzulässige Hauptsacheklage erheben müsste, Ffm MDR 1981, 237.

3 II bezweckt im Sinne der Prozesswirtschaftlichkeit, die Herbeiführung einer Entscheidung zur Hauptsache, BGH NJW 1977, 1199; Düss NJW-RR 1988, 696; Schlüter ZZP 80, 462, und die Verhinderung eines beliebig langen Drucks auf den Schuldner. Die Streitgegenstände müssen jedoch übereinstimmen, Düss ZMR 1997, 24.

4 **III. Anordnung, I.** Das Arrestgericht darf eine Anordnung unter den folgenden Voraussetzungen treffen:

5 **1. Keine Anhängigkeit der Hauptsache.** Die Hauptsache darf noch nicht oder nicht mehr vor einem inländischen oder vor einem ausländischen Gericht anhängig sein, dessen Urteil nach § 328 anerkennungsfähig ist, Ffm MDR 1989, 272. Eine Rechtshängigkeit der Hauptsache darf natürlich erst recht nicht vorliegen, Ffm MDR 1981, 238. Es kommt allein darauf an, ob die Hauptsacheklage rechtzeitig erhoben worden ist, wobei maßgeblich die Zustellung der Klageschrift und nicht deren Eingang bei Gericht ist; hierbei findet § 167 Anwendung, wenn die Zustellung „demnächst" erfolgt, Ffm NJOZ 2021, 727; KG BeckRS 2010, 23729; MüKoZPO/Drescher Rn. 16; Thomas/Putzo/Seiler Rn. 8. Schon das Mahnverfahren nach §§ 688 ff. hindert, Köln OLGZ 1979, 119, ebenso das Prozesskostenhilfeverfahren nach §§ 114 ff. Das gilt aber eben jeweils nur während deren Dauer, also zB nicht nach der Rücknahme oder Zurückweisung des Gesuchs ohne ein Rechtsmittel, Ffm MDR 1989, 272. Der Gläubiger muss die Anhängigkeit der Hauptsache nachweisen. Der Schuldner braucht nicht etwa das Gegenteil nachzuweisen, Ffm MDR 1981, 238.

6 **2. Arrest.** Es muss grds. ein Arrest nach § 922 vorliegen; dies kann in einer Urteils- oder einer Beschlussform sein. Er braucht weder zugestellt noch nach § 929 vollzogen worden zu sein. Ein bereits eingelegter Widerspruch ist unschädlich, ebenso eine zulässige oder erfolgte Abwendung nach § 923.

7 **3. Antrag.** Der Schuldner muss einen Antrag gestellt haben. Er kann schriftlich oder zu Protokoll des Urkundsbeamten ohne Anwaltszwang erfolgen. Bei elektronischer Einreichung gelten §§ 130a–130d. Grds. setzt der Antrag nach I das Bestehen eines Arrestbefehls voraus, → Rn. 6. Er kann aber bereits vor Erlass des Arrestes (vorsorglich) für den Fall gestellt werden, dass der Arrest erlassen wird; MüKoZPO/Drescher Rn. 4; Zöller/Vollkommer Rn. 9. Der Antrag ist zulässig, sobald und solange für ihn ein Rechtsschutzbedürfnis besteht. Dies liegt nicht mehr vor, wenn der Gläubiger zum Ausdruck gebracht hat, dass sich der Arrest oder die eintw. Verfügung verfahrensrechtlich erledigt hat, Köln GRUR-RR 2005, 101; Ffm NJW-RR 2002, 1475; LG Freibg NJW-RR 1988, 250. § 923 beseitigt das Rechtsschutzbedürfnis natürlich nicht.

4. Beispiele zur Frage eines Antragsrechts, I

8 **Abschlusserklärung:** Bei Verzicht auf Rechte aus § 926 – und teilweise auch aus § 927 – in einer Abschlusserklärung entfällt das Antragsrecht, Ffm WRP 2019, 653.

Anwaltszwang: Er besteht nach § 13 RPflG nicht, Bergerfurth Rpfleger 1978, 205, auch § 78 III Hs. 2. Denn man kann den Antrag nach § 129a auch zum Protokoll des Urkundsbeamten der Geschäftsstelle eines jeden AG stellen.

Aufhebung: Kein Antragsrecht besteht nach einer Ganz- oder Teilaufhebung.

Erledigung: Kein Antragsrecht besteht nach einer Erledigung der Hauptsache dieses Eilverfahrens oder gar des Hauptprozesses, Köln GRUR-RR 2005, 101. Der Gläubiger kann notfalls eine neue Hauptsacheklage erheben, Saarbr NJW-RR 1989, 1514. Im Streit mag eine Feststellung notwendig werden, ob eine Erledigung eingetreten ist, und nicht eine Aufhebung nach II.

Form: Der Schuldner kann den Antrag nach §§ 130, 130a schriftlich oder elektronisch stellen. Man kann ihn aber auch nach § 129a zum Protokoll des Urkundsbeamten der Geschäftsstelle eines jeden AG stellen.

Gläubigerverzicht: Kein Antragsrecht besteht nach einem umfassenden Verzicht nach § 306, Köln GRUR-RR 2005, 101; Kblz GRUR 1986, 95; Karlsr WRP 1980, 713.,

Kostenwiderspruch: → „Schuldnerverzicht".

Leistung: Kein Antragsrecht besteht nach einer vollen Leistung des Schuldners, KG NJW-RR 2009, 23; Klauser MDR 1981, 716.

Schuldnerverzicht: Er ist statthaft, BGH NJW 1981, 1955; Stgt WRP 1980, 102. Er kann auch in einer Beschränkung des Widerspruchs auf die Kostenfrage liegen, Stgt WRP 1980, 102.

Sicherstellung: Kein Antragsrecht besteht nach einer Sicherstellung des Schuldners vor jeder künftigen (weiteren) Inanspruchnahme, LG Freibg NJW-RR 1988, 250. Wenn der Schuldner nach der Klageerhebung nach §§ 253, 261 leistet, muss er die Sache für erledigt erklären, falls der Gläubiger ihn vor weiteren Forderungen sichert.

Wegfall des Eilanspruchs: Kein Antragsrecht besteht in solcher Lage nach §§ 916, 936, Ffm NJW-RR 2002, 1475.

Wegfall einer Wiederholungsgefahr: Kein Antragsrecht besteht, wenn die Wiederholungsgefahr entfallen ist, Karlsr NJW-RR 1988, 252; Hmb GRUR 1986, 564.

9 **IV. Verfahren, I.** Das Arrestgericht nach § 919 ist ausschließlich zuständig, also das Gericht, das den Arrest nach §§ 919, 922 durch einen Beschluss oder durch ein Urteil angeordnet hat. Das gilt unabhängig davon, wo das Widerspruchs- oder Aufhebungsverfahren nach § 927 derzeit schwebt, Schlesw MDR 1997, 392 (das AG des § 942 ist nicht zuständig). Das Arrestgericht stellt den Antrag nach § 172 dem ProzBevtl. des Antragstellers des Arrestverfahrens nach § 81 zu, LG Köln GRUR 1987, 657. Die Anordnung der Klageerhebung wie nach §§ 253, 261 erfolgt durch den Rpfl. nach § 20 I Nr. 14 RPflG. Wenn das Beschwerdegericht oder das Berufungsgericht den Arrest angeordnet hat, ist das Erstgericht zuständig. Das Gericht darf grundsätzlich nur die förmliche Zulässigkeit des Antrags prüfen, also nicht etwa die Erfolgsaussicht der anzuordnenden Klage, Köln Rpfleger 1981, 26. Nur bei einer offenkundigen Aussichtslosigkeit der Klage kann das Gericht den Antrag zurückweisen müssen.

Grundsätzlich muss der Rpfl. die allgemeinen Prozessvoraussetzungen prüfen. Es muss ein Rechtsschutzbedürfnis vorliegen, BGH NJW 2017, 172; Köln GRUR-RR 2015, 405 (Vorinstanz). Wenn die Hauptsacheklage anhängig ist, darf er allerdings nicht prüfen, ob deren Prozessvoraussetzungen vorliegen, Ffm MDR 1981, 238. Wenn die Prozessvoraussetzungen vorliegen und wenn der Antragsteller nicht schon vorher eine Klage erhoben hat, darf das Gericht den Antrag nicht mehr zurückweisen. Wenn keine Klage möglich ist, sind weder ein Arrest noch eine einstweilige Verfügung zulässig.

V. Entscheidung, I. Die Entscheidung ergeht durch einen Beschluss nach § 329. Sie erfolgt stets ohne eine mündliche Verhandlung. Die Formel des Beschlusses lautet etwa: „Der Gläubiger muss bis zum … bei dem Gericht der Hauptsache Klage erheben"; „nach einem erfolglosen Fristablauf ist der Arrestbefehl aufzuheben". Im Beschluss braucht das Gericht nicht mitzuteilen, welches Gericht das der Hauptsache sei. Es sollte auch dazu keine Erläuterung geben. Eine rückwirkende Bestätigung muss eindeutig sein, Ffm NJW-RR 2011, 1290. Der Rpfl. hat seinen Beschluss zu begründen. Er stellt einen ablehnenden Beschluss dem Schuldner wegen → Rn. 15 förmlich zu. Den anordnenden Beschluss stellt er dem Schuldner wegen → Rn. 14 förmlich zu und stellt ihn nach § 329 II 2 auch dem Gläubiger von Amts wegen zu. Mit dieser Zustellung beginnt der Fristlauf. Die Fristberechnung erfolgt nach § 222. Das Gericht kann sie nach § 224 II verlängern. 10

Eine Klageerhebung wie nach §§ 253, 261 vor einem unzuständigen Gericht wahrt die Frist dann, wenn das unzuständige Gericht die Sache nach § 281 an das zuständige Gericht verweist. In einer Arbeitnehmererfindungssache ist keine besondere Fristerstreckung notwendig. Denn dann ist das im Allgemeinen vorgeschaltete Schiedsverfahren nicht erforderlich. 11

Gebühren: des Gerichts: KV 1410 ff. GKG; des Anwalts VV 3100 ff. RVG. Wegen der ausnahmsweise zulässigen isolierten Kostenentscheidung nach beiderseitigen wirksamen Erledigungserklärungen: Ffm Rpfleger 1986, 281. 12

VI. Rechtsbehelfe, I. Die Rechtsbehelfe von Gläubiger und Schuldner sind unterschiedlich; darüber hinaus ist zwischen der Entscheidung des Rpfl. und der des Richters zu unterscheiden. 13

1. Für Gläubiger. Er hat gegen den stattgebenden Beschluss wegen → Rn. 16 die sofortige Erinnerung nach § 11 II 1 RPflG. Denn es liegt keine Entscheidung in der Zwangsvollstreckung vor, BGH NJW-RR 1987, 685; KG NJW-RR 2012, 446; Stgt Rpfleger 2008, 475; Köln Rpfleger 1990, 452; aM Stgt Rpfleger 2008, 475; Karlsr WRP 1983, 104 (je: kein Rechtsbehelf). Daher ist § 793 unanwendbar, Schlesw SchlHA 1982, 44. Der Gläubiger kann die Rechtshängigkeit oder den Besitz eines Vollstreckungstitels nach §§ 704 ff. in der mündlichen Verhandlung nach II einwenden, BGH NJW-RR 1987, 685; Karlsr NJW-RR 1988, 252. Gegen die Verweigerung einer Fristverlängerung ist nach § 225 III iVm § 11 II 1 RPflG bei einer echten Entscheidung des Rpfl. ebenfalls die sofortige Erinnerung statthaft. 14

2. Für Schuldner. Er kann gegen einen zurückweisenden Beschluss oder gegen die Gewährung einer zu langen Frist durch den Rpfl. aus denselben Gründen wie bei → Rn. 14 die sofortige Erinnerung einlegen, Stgt Rpfleger 2008, 475; Naumb OLGR 2002, 260. 15

3. Gegen richterliche Entscheidung. Gegen die Entscheidung des Richters nach § 11 II 3 RPflG ist für den Gläubiger kein Rechtsmittel statthaft, Zweibr MDR 2012, 1044; Stgt Rpfleger 2008, 475. Es ist ja außerdem keine Entscheidung in der Zwangsvollstreckung ergangen. Denn § 928 gilt nur für die Vollziehung, nicht vorher. Zulässig ist aber die sofortige Beschwerde des Schuldners gegen die aufhebende Entscheidung durch das Gericht, Köln GRUR-RR 2005, 101; MüKoZPO/Drescher Rn. 11; Zöller/Vollkommer Rn. 21; Thomas/Putzo/Seiler Rn. 6; Musielak/Voit/Huber Rn. 12; Prütting/Gehrlein/Fischer Rn. 7. 16

VII. Klage, I. Eine nach I zu erhebende Klage muss den Anspruch betreffen, den der Arrest – oder über § 936 die einstweilige Verfügung – sichern soll. Dies gewährleistet, dass die Klage auch tatsächlich zur Überprüfung der Rechtmäßigkeit der Eilentscheidung führt, BGH NJW 2001, 157; KG NJW-RR 2019, 1054. Dabei bleibt aber die Rechtmäßigkeit der Eilmaßnahme als solche, das Vorliegen eines Arrest- oder Verfügungsgrundes außer Betracht, MüKoZPO/Drescher Rn. 13. Sie steht unter einer gerichtlichen Frist. Ein obligatorisches Güteverfahren findet nach § 15a II 1 Nr. 6 EGZPO nicht statt, Hartmann NJW 1999, 3748. 17

1. Klageberechtigung, Hauptsacheklage. Nur der Gläubiger oder sein Rechtsnachfolger können die Klage nach § 926 zulässig erheben. Die Klage muss die Hauptsache betreffen, also den unmittelbar gesicherten materiell-rechtlichen Anspruch, KG NJW-RR 2019, 1054; Ffm NJW 1983, 1130. 18

2. Beispiele zur Frage einer Klage nach I

Abänderungsklage: Unstatthaft ist eine Abänderungsklage nach § 323, Celle FamRZ 1997, 182. 19

Ausländisches Gericht: Statthaft sein kann eine Klage vor einem ausländischen Gericht dann, wenn eine Anerkennung seines Urteils nach § 328 sicher ist.

Erledigung der Hauptsache: Es gilt § 91a, KG NJW-RR 2012, 446. Nicht ausreichend ist eine einseitige Erledigungserklärung des Arrestverfahrens durch den Kläger.

Feststellungsklage: Die Klage darf nur mangels einer Möglichkeit zu einer Leistungsklage auf eine Feststellung nach § 256 gerichtet sein, Stgt Rpfleger 2008, 475. Man darf aber eine Feststellungsforderung nicht allzu förmlich als unstatthaft abtun, Düss MDR 1988, 976. Das Gericht muss ein Feststellungsinteresse nach § 256 beurteilen.

Klagefrist: Die Frist kann trotz eines Widerspruchs gegen den Arrest, dessen Aufhebung und wegen eines Rechtsmittels gegen dieses Urteil laufen, LG Arnsbg MDR 1986, 328. § 167 ist anwendbar, Celle MDR 2007, 1280; Köln OLGR 1999, 400. Wenn das Gericht die Klage auch nur durch ein Prozessurteil formell nach § 705 rechtskräftig abgewiesen und der Antragsteller die Frist versäumt hat, muss das Gericht den Arrest dann aufheben, wenn nicht der Gläubiger vor dem Schluss der mündlichen Verhandlung nach §§ 136 IV, 296a eine neue Klage erhoben hat. Wenn der Gläubiger einen nach §§ 704, 794 vollstreckbaren Titel in Händen hat, erklärt das Gericht die Auflage in der mündlichen Verhandlung für erledigt. Wenn der Schuldner nach einer Fristversäumung keinen Aufhebungsantrag stellt oder wenn die Klage zur Hauptsache bis zum Schluss der mündlichen Verhandlung über den Aufhebungsantrag nach §§ 136 IV, 296a mündlich erhoben oder doch nach § 271 zugestellt ist, schadet die Verspätung nicht, KG WettbR 1998, 111; Ffm NJW-RR 1990, 190.

Leistungsklage: Die Klage soll – wenn möglich – auf eine Leistung lauten. Das gilt auch nach einer Vormerkung nach § 648 BGB, Celle MDR 2004, 111; Düss NJW-RR 1986, 322; aM Ffm MDR 2003, 24.

Mahnbescheidantrag: Ein Antrag nach § 690 ist statthaft und ausreichend, Köln OLGZ 1979, 119. Er leitet ein Verfahren ein, bei dem es von dem Willen der Parteien abhängt, einen rechtskräftigen Titel zu erlangen.

Prozesskostenhilfeantrag: Ein Antrag auf die Bewilligung einer Prozesskostenhilfe nach § 117 wahrt die Frist, wenn Prozesskostenhilfe bewilligt wird, Düss WRP 2015, 396; Hamm FamRZ 1999, 1152; Ffm MDR 1989, 272; Schneider MDR 1982, 722; aM Hamm OLGZ 1989, 323; Düss MDR 1987, 771.

Rechtsschutzbedürfnis: Die Fristsetzung nach I vermag ein fehlendes Rechtsschutzinteresse nicht zu ersetzen, BGH NJW 2017, 171; NJW-RR 1987, 683. Entscheidend ist, ob der Kläger im Zeitpunkt der Klageerhebung ein schutzwürdiges Interesse an der Rechtsverfolgung zuzubilligen ist, BGH NJW 2017, 171 (bei zugegangener notarieller Unterlassungserklärung; siehe auch Vorinstanz: Köln GRUR-RR 2015, 405). Es entfällt für die Hauptsacheklage nach § 253 natürlich nicht durch das Vorhandensein des Arrests, auch nicht des bestätigten.

Schiedsgericht: Statthaft ist eine Klage vor einem nach §§ 1025 ff. vereinbarten Schiedsgericht. Wenn die Parteien ein Schiedsgericht erst noch nach § 1034 bilden müssen, muss man die Frist reichlich bemessen. Sie ist keine Notfrist nach § 224 I 2. Als eine Klage gilt auch die Einleitung des Verfahrens vor einem bereits gebildeten Schiedsgericht.

Sicherungshypothek: Unstatthaft ist die Klage nach einer einstweiligen Verfügung nach §§ 935 ff. auf eine Sicherungshypothek dann, wenn der Kläger jetzt ein anderes Ziel hat, Brdb NJW 2014, 3316; Celle NJW-RR 2003, 1529; Grüneberg/Retzlaff BGB § 650e Rn. 7; aM Ffm MDR 2003, 24; Düss NJW-RR 1986, 322.

Teilklage: Der Kläger muss in voller Höhe dann klagen, wenn er den Arrest aufrecht erhalten will. Eine Teilklage nach § 301 ermöglicht nur eine teilweise Aufrechterhaltung.

Unzuständigkeit: Die Klageeinreichung vor einem unzuständigen Gericht kann die Frist nach I wahren, Hamm OLGR 1994, 142. Es reicht auch dann aus, dass die Klage rechtzeitig eingegangen ist, wenn das Gericht die Klage nach §§ 167, 271 demnächst zustellen lässt, Celle MDR 2007, 1280; Hamm OLGZ 1989, 323; Zöller/Vollkommer Rn. 32; aM Kblz NJW-RR 1995, 444; KG WRP 1976, 378. Dieser Weg setzt allerdings voraus, dass der Kläger seinerseits alles getan hat, um eine baldige Zustellung zu ermöglichen. Der Kläger muss bis zum Schluss der letzten mündlichen Verhandlung nach §§ 136 IV, 296a darlegen, dass er solche Bemühungen angestellt hat.

Zuständigkeit mehrerer Gerichte: Dann ist es wegen § 35 statthaft, eine Hauptsacheklage auch bei einem anderen Gericht als dem zu erheben, das auch oder nur für den Arrest zuständig war.

20 **VIII. Aufhebung, II.** Voraussetzung für das Aufhebungsverfahren ist grds., dass dem Gläubiger eine Frist zur Klageerhebung gesetzt worden ist, deren Voraussetzungen überprüft werden können, Köln GRUR-RR 2015, 405; Zöller/Vollkommer Rn. 23. Jedoch folgt das Rechtsschutzinteresse nicht in jedem Fall allein aus dem Umstand, dass der Kläger mit der Klageerhebung der auf Antrag des Beklagten ergangenen Anordnung nach I Folge geleistet hat, BGH NJW 2017, 171. Das Verfahren ist dann möglich, wenn der Gegner der Fristsetzung nach I nicht nachkommt, BVerfG NJW-RR 2007, 1684.

21 **1. Verfahren.** Es handelt sich nicht schon um einen Teil des künftigen Verfahrens zur Hauptsache, sondern noch um einen unselbständigen Teil des Eilverfahrens, gerichtet auf die beschleunigte Klärung des Fortbestands des Arrests. Es geht also nur um einen neuen Verfahrensabschnitt, nicht um ein neues Prozessrechtsverhältnis, Ffm GRUR 1987, 650. Deshalb handelt es sich um eine „Sommersache" nach § 227 III 2 Hs. 1 Nr. 1, so schon Hamm GRUR 1985, 396. Der Schuldner muss einen Verhandlungstermin schriftlich oder beim AG auch zum Protokoll des Urkundsbeamten beantragen.

2. Beispiele zur Frage eines Aufhebungsverfahrens nach II

22 **Anwaltszwang:** Er besteht beim Landgericht nach § 78, Bergerfurth Rpfleger 1978, 205. Vgl. aber beim AG auch § 78 III Hs. 2.

Aufhebung des Arrests: Es gilt dasselbe wie bei → „Erledigung des Arrests". Die Aufhebung muss nach II stets durch ein Urteil erfolgen. Das gilt also unabhängig davon, ob das Gericht den Arrest nach § 922 durch einen Beschluss oder durch ein Urteil angeordnet hatte. Der Gebührenstreitwert für das Aufhebungsverfahren nach II wird vom Zeitpunkt der einseitigen Erledigungserklärung an auf das Kosteninteresse der Parteien beschränkt, Ffm NJW-RR 2020, 1327; GRUR 1987, 650.

Aufhebungsantrag: Der Aufhebungsantrag ist schon vor dem Ablauf der Rechtsmittelfrist zulässig, Hmb MDR 1977, 148; LG Freibg NJW-RR 1988, 250. Das Gericht muss dem Gläubiger den Aufhebungsantrag nach §§ 166 ff. zustellen. Andernfalls darf nach § 335 I Nr. 3 keine Versäumnisentscheidung ergehen. Der Antrag ist auch noch in der Berufungsinstanz zulässig. Der Gläubiger muss eine rechtzeitige Klageerhebung nach §§ 253, 261 nach § 294 glaubhaft machen. Wenn das Arrestgericht ohnedies über einen Einspruch nach § 339 oder über einen Aufhebungsantrag nach § 927 verhandelt, darf der Schuldner den Antrag in diesem Termin stellen. Die Gegenmeinung müsste zur Aufrechterhaltung eines solchen Arrests führen, der aus einem anderen Grund unhaltbar geworden ist. Der Schuldner muss glaubhaft machen, dass die Frist nach I ergebnislos ablief. Der Gläubiger kann nach dem Fristablauf klagen, aber nur vor dem Schluss der Verhandlung der ersten Instanz nach § 231 II, Ffm NJW-RR 1990, 190; Köln OLGZ 1979, 119. Die Fristversäumnis ist geheilt, wenn die Zustellung der Hauptsacheklage nach § 231 II bis zum Schluss der mündlichen Verhandlung erster Instanz über den Antrag nach II nachgeholt wird, Ffm NJW-RR 2020, 1327. Später ist die Klage unzulässig, Hmb MDR 1977, 237. Evtl. muss allerdings der Gläubiger entsprechend § 93 die Kosten dann tragen, wenn der Schuldner den Antrag im Termin zurücknimmt oder für erledigt erklärt, Ffm MDR 1982, 328.

Einstweilige Maßnahme: §§ 707, 719, 924 III sind entsprechend anwendbar, Ffm FamRZ 1985, 723.

Erledigung des Arrests: Nach einer Erklärung des Arrestgerichts, der Arrestantrag sei erledigt, ist ein Verfahren nach II unstatthaft, BGH NJW 1973, 1329; Ffm GRUR 1987, 651; Zöller/Vollkommer Rn. 23; aM Hmb WRP 1976, 777.

Erledigung des Aufhebungsverfahrens: Wird die Hauptsacheklage nicht fristgerecht erst im Laufe des Aufhebungsverfahrens nach II erhoben und erklären die Parteien das Aufhebungsverfahren übereinstimmend für erledigt, treffen den Gläubiger die Kosten, weil sich durch sein Verhalten das Aufhebungsverfahren nachträglich erledigt hat, Ffm NJOZ 2021, 727. Geht das LG im Aufhebungsverfahren fälschlicherweise von einer Antragsrücknahme aus, während tatsächlich eine einseitige Erledigungserklärung vorliegt, ist der Beschluss, mit dem die Kosten dem Aufhebungsklägers auferlegt werden, aufzuheben, Ffm NJW-RR 2021, 1327. Bleibt die Erledigungserklärung einseitig, ist sie als Feststellungsantrag zu werten, dass der Aufhebungsantrag zulässig und bis zur Klagezustellung begründet war; es ist dann die Erledigung der Hauptsache mit der Kostenfolge des § 91 festzustellen, Ffm BeckRS 2021, 29669 Rn. 12 = WRP 2021, 1616; GRUR 1987, 650. Hierüber ist aber im Urteilsverfahren zu entscheiden, Ffm BeckRS 2021, 29669 Rn. 12; Zöller/Vollkommer Rn. 22.

Ladung: Das Gericht lädt die Parteien von Amts wegen nach §§ 166 ff., 274.

Rechtsschutzbedürfnis: Hat der Antragsteller auf die Rechte aus dem Hauptausspruch verzichtet und den Vollstreckungstitel herausgegeben und hat der Antragsgegner sich auf die Verjährung des Verfügungsanspruchs berufen, fehlt dem Antragsgegner für einen Aufhebungsantrag das Rechtsschutzinteresse, Düss NJW-RR 1988, 696. Dieses kann auch dann bestehen, wenn der Antragsteller nur auf den Hauptsacheanspruch verzichtet hat, nicht aber auf das Recht aus dem Kostenanspruch, LG Köln NJW-RR 1986, 552. Ein Rechtsschutzbedürfnis kann wohl auch dann bestehen, wenn kein Verstoß gegen den Arrest mehr droht, AG Lauenb MDR 1995, 747. Das ist aber eine Fallfrage.

Säumnis: Das Versäumnisverfahren nach §§ 330 ff. verläuft wie sonst. Bleibt der Gläubiger aus, gilt die Nichtanhängigkeit der Hauptsache nach § 331 I 1 als zugestanden (Angreifer ist ja bei II der Schuldner), Ffm MDR 1981, 238. § 231 II ist anwendbar, Ffm NJW-RR 1990, 190.

Zuständigkeit: Zuständig ist grds. das Arrestgericht nach § 919. Jedoch ist das Berufungsgericht dann zuständig, wenn das Arrestverfahren bereits dort anhängig ist, Drsd OLGR 2004, 39; Kblz NJW-RR 1995, 444; aM Karlsr NJW 1973, 1509.

3. Entscheidung. Die Entscheidung ergeht stets durch Urteil. Sie lautet auf Zurückweisung des Antrags oder auf Aufhebung des Arrests. Das aufhebende Urteil wird sofort wirksam. Man kann in diesem Verfahren keinen Schadensersatz nach § 945 verlangen. Die Aufhebung des Arrests wirkt zurück, Ffm NJW 1982, 1056. Wenn man einen neuen Arrestantrag damit begründen kann, dass man eine gegenwärtige Gefährdung nach §§ 294, 920 II glaubhaft macht, ist ein solcher neuer Antrag zulässig. Die Kostenentscheidung ergeht nach §§ 91 ff., nicht nach § 788, Ffm MDR 1982, 328; Mü MDR 1976, 761. Sie hat nur bei II grundsätzlich das gesamte Arrestverfahren zu betreffen. Sie darf sich nicht nur auf das Aufhebungsverfahren beschränken, Mü MDR 1997, 508; Karlsr MDR 1989, 826. 23

Deshalb trägt der Gläubiger die Kosten, selbst wenn der Arrest im Zeitpunkt seiner Anordnung begründet war, Ffm GRUR 1987, 651; LG Köln NJW-RR 1986, 552. Das gilt auch bei einer einseitigen Erledigungserklärung wegen der Hauptsache, selbst wenn das Gericht den Aufhebungsantrag noch nicht zugestellt hatte. Nur bei einer Erledigung des Aufhebungsverfahrens nach II kommt insofern eine besondere Kostenentscheidung in Betracht. Sie führt zur Erstattungspflicht auch der dort zusätzlich entstandenen Kosten, Ffm AnwBl 1986, 407 = WRP 1986, 685. Der Gebührenstreitwert für das Aufhebungsverfahren nach II ist vom Zeitpunkt der einseitigen Erledigungserklärung an auf das Kosteninteresse der Parteien beschränkt, Ffm NJW-RR 2020, 1327; GRUR 1987, 650. Eine Sicherheitsleistung ist zurückzugeben, Köln MDR 1976, 939. Die vorläufige Vollstreckbarkeit ergibt sich bei einer Aufhebung aus § 708 Nr. 6, sonst nach §§ 708 Nr. 11, 709 S. 1. 24

Gebühren: des Gerichts KV 1410 ff. GKG; des Anwalts VV 3100 ff. RVG. 25

4. Rechtsmittel. Gegen das Urteil ist die Berufung nach §§ 511 ff. statthaft. Eine Revision ist nach § 545 II 1 unstatthaft. 26

927 *Aufhebung wegen veränderter Umstände.* **I Auch nach der Bestätigung des Arrestes kann wegen veränderter Umstände, insbesondere wegen Erledigung des Arrestgrundes oder auf Grund des Erbietens zur Sicherheitsleistung die Aufhebung des Arrestes beantragt werden.**

II Die Entscheidung ist durch Endurteil zu erlassen; sie ergeht durch das Gericht, das den Arrest angeordnet hat, und wenn die Hauptsache anhängig ist, durch das Gericht der Hauptsache.

I. Inhalt und Systematik. Die Vorschrift knüpft systematisch an §§ 924–926 an, in denen die Möglichkeiten des Schuldners nach Erlass des Arrestes geregelt sind. § 927 ist dem § 325 AO ähnlich, BFH NJW 2004, 2184. Die Vorschrift enthält eine Ausnahme von § 318, Mü NJW-RR 1987, 762. Sie gibt dem Schuldner die Möglichkeit, wegen einer Veränderung der Umstände die Aufhebung des Arrests herbeizuführen, da dessen Fortdauer nunmehr unbegründet wäre und das Gericht den Arrest deshalb nicht mehr erlassen würde, BGH NJW 2009, 3303; KG FamRZ 2007, 1131; LG Düss GRUR-RR 2012, 67. Nur die Fortdauer des Arrests ist also im Streit, Mü NJW-RR 1987, 762; Nürnb GRUR 1985, 238. Nach § 927 wird die ursprüngliche Rechtmäßigkeit des Arrestes nicht geprüft (allenfalls mit einem Widerspruch nach § 924), BFH NJW 2004, 2183. Wenn das Gericht diesem Widerspruch nicht stattgibt oder wenn es den Arrest nach § 922 durch ein Urteil erlassen hatte, ist gegen diese Entscheidung die Berufung nach §§ 511 ff. auch mit der Begründung zulässig, die Umstände hätten sich verändert, Hamm GRUR 1990, 714; Ffm GRUR 1988, 847. Infolgedessen kann der Schuldner im Verfahren nach § 927 nicht vortragen, der Arrest sei von vornherein unbegründet gewesen. 1

Das Aufhebungsverfahren nach § 927 ist eine Art Nachverfahren, Düss NJW-RR 1988, 188. Der Antrag nach § 927 verlangt vor allem eine Veränderung nach dem Zeitpunkt der Bestätigung des Arrests, Hmb GRUR-RR 2001, 144. Das ergibt sich auch aus den Worten „auch nach der Bestätigung". Der Antrag ist also auch nach einer Durchführung des Widerspruchsverfahrens zulässig, BFH NJW 2004, 2183 (zu 325 AO 1977); Ffm MDR 1990, 452, und zwar jederzeit, BGH GRUR 2010, 358. Man kann ihn widerklagend im Verhandlungstermin zur Hauptsache stellen, Hmb NJW-RR 2007, 42. Der Schuldner kann auf den Rechtsbehelf des § 927 verzichten, BGH NJW-RR 1987, 288; Köln OLGR 2003, 192; KG NJW-RR 1987, 814. 2

Bei einem Arrest dauert das Rechtsschutzbedürfnis grundsätzlich an, solange der Arrest noch äußerlich besteht. Es kann allerdings während des Berufungsverfahrens über den Arrest entfallen, Hamm FamRZ 1995, 824. Es kann auch dann wegfallen, wenn aus dem Arrest keine weiteren Auswirkungen mehr drohen, Ffm MDR 1990, 452. Das gilt zB dann, wenn der Gläubiger darauf verzichtet, Rechte aus dem Arrest geltend zu machen, es sei denn, er hätte auf die Rechte aus dem Kostenanspruch nicht mitverzichtet, Köln GRUR 1985, 459, oder er gäbe den Titel nicht heraus, Hamm GRUR 1992, 888. Man kann das Aufhebungsverfahren sogar dann für unzulässig halten, wenn es gleichzeitig mit oder erst nach einem Widerspruch oder einer Berufung läuft, Düss NJW-RR 1988, 188; Kblz GRUR 1989, 76. Die Möglichkeit eines Aufhebungsantrags schließt die Berufung nicht aus, Hamm GRUR 1989, 931; Düss NJW-RR 1988, 188. Man muss eine anderweitige Rechtshängigkeit oder die 3 formelle Rechtskraft nach § 705 wie die materielle Rechtskraft nach § 322 beachten. Eine Aufhebung kann aber auch noch nach der Bestätigung durch ein rechtskräftiges Urteil in Betracht kommen, Hmb GRUR-RR 2007, 154.

4 **II. Regelungszweck.** § 927 dient – ebenso wie § 926 – dem Schutz des Schuldners. Sie ermöglicht dem Schuldner die Rechtmäßigkeit der Fortdauer einer vorher rechtmäßigen Anordnung überprüfen zu lassen. Das Ziel des § 927 lässt sich nicht mit einer Klage etwa aus § 323 erreichen. § 927 hat nämlich als eine Spezialvorschrift den Vorrang. Sie dient ähnlich wie § 323 der Verhinderung einer Entwicklung, die sich nicht mehr verantworten lässt, weil die ursprünglichen Voraussetzungen nicht mehr vorliegen.

5 **III. Geltungsbereich.** § 927 setzt voraus, dass sich die Umstände nach → Rn. 4 verändert haben. Veränderte Umstände iSd I liegen dann vor, wenn die Voraussetzungen des Arrestes oder der einstweiligen Verfügung seit dem Zeitpunkt deren Erlasses weggefallen sind, BGH NJW 1993, 2685. Es reicht aber aus, dass vor oder nach dem Erlass oder der Bestätigung des Arrestbefehls eine solche Änderung eingetreten ist, die der Schuldner erst nach dessen Erlass erfahren hat, Kblz GRUR 1986, 95; Burgard/Fresemann DRiZ 2000, 295. Die Veränderung kann in den folgenden Punkten vorliegen:

6 **1. Arrestanspruch.** Die Veränderung ist unabhängig von § 323, LG Lüneb MDR 2008, 528. Sie kann im Arrestanspruch nach § 916 vorliegen.

2. Beispiele zur Frage einer Veränderung beim Arrestanspruch

7 **Abweisung:** Veränderte Umstände liegen vor bei rechtskräftiger Abweisung der Hauptklage, BGH NJW 1993, 2685; GRUR 1987, 126; BayObLG Rpfleger 1980, 294; Köln GRUR 2005, 1071; Hmb GRUR-RR 2001, 143. Auch wenn das Urteil noch nicht rechtskräftig, sondern nur vorläufig vollstreckbar ist, können veränderte Umstände vorliegen, wenn eine Änderung durch das eingelegte Rechtsmittel unwahrscheinlich ist, BGH WM 1976, 134; Hmb OLGR 2004, 316; GRUR-RR 2001, 143; Düss NJW-RR 1987, 993; Mü MDR 1986, 681. Ausreichend ist auch ein den Hauptanspruch verneinendes Feststellungsurteil nach § 256. Auch → „Prozessvoraussetzung", → „Unzuständigkeit".

Änderung der Gesetzgebung oder Rechtsprechung: Eine Änderung der Rechtslage durch Gesetzgebung oder höchstrichterliche Rechtsprechung genügt für § 927, BGH NJW 2009, 3303; Ffm WRP 2014, 1101; NJW-RR 1990, 191; KG WettbR 1996, 162 (keine Änderung außerhalb § 767 nach einem sog. Abschlussschreiben); Köln GRUR 1985, 459.

Änderung der Umstände: Hierfür stehen grds. das Widerspruchs- oder das Rechtsmittelverfahren zur Verfügung. Ausnahmsweise können veränderte Umstände aber ausreichen, wenn nachträglich eine neue Beweislage entstanden ist, Ffm NJOZ 2005, 2556; LG Düss GRUR-RR 2012, 67. Ebenso ist eine einstweilige Verfügung wegen veränderter Umstände aufzuheben, wenn die einstweilige Verfügung nicht durch Zustellung im Parteibetrieb ordnungsgemäß erfolgt ist, Köln GRUR-RR 2020, 335.

Glaubhaftigkeitsverlust: Ausreichend ist ein solcher beim Arrestanspruch nach §§ 294, 920 II.

Prozessvoraussetzung: Ausreichend ist das Fehlen von Prozessvoraussetzungen.

Rechtskraft: → „Abweisung".

Unzuständigkeit: Ausreichend ist die Unzuständigkeit beim Gericht des Hauptprozesses. Dann bleibt aber eine Zuständigkeit des Arrestgerichts für das Arrestverfahren bestehen. Deshalb kommt es dann evtl. darauf an, dass der Gläubiger neu geklagt hat.

Verfassungswidrigkeit: Ausreichend ist die Feststellung der Verfassungswidrigkeit durch das BVerfG, BGH NJW 1989, 107; KG GRUR 1985, 236.

Verjährung: Ausreichend ist die Verjährung des Arrestanspruchs, Bbg NJW-RR 2004, 228; Hamm BB 1978, 574.

Verwirkung: Ausreichend ist eine materiell-rechtliche Verwirkung des Arrestanspruchs, KG GRUR 1985, 237.

Wegfall: Wird der mit der einstweiligen Verfügung identische, auf Unterlassung gerichtete Hauptsachetitel rechtskräftig, kann der Schuldner grds. wegen Wegfalls des Verfügungsgrundes die Aufhebung wegen veränderter Umstände verlangen, BGH GRUR 2022, 1379 Rn. 26. Ausreichend ist das Erlöschen des Arrestanspruchs, Karlsr NJW-RR 1988, 1470, oder der Wegfall aller Anspruchsgrundlagen, Mü NJW-RR 1987, 762. Das Gericht hat allerdings weitere Anspruchsgründe mit zu beachten, Ffm MDR 2014, 976.

8 **3. Arrestgrund.** Es kann auch eine Veränderung im Arrestgrund nach § 917 vorliegen.

9 Beispiele: Der Schuldner hat fast eineinhalb Jahre hindurch den titulierten Unterhalt „freiwillig" gezahlt, Zweibr FamRZ 1983, 415 (selbst wenn er wegen des inzwischen anhängigen Scheidungsverfahrens jetzt nicht mehr zahlt); er hat nach § 917 II jetzt ein solches Vermögen im Inland, das der Zwangsvollstreckung zugänglich ist; er hat bei § 918 eine eidesstattliche Versicherung abgegeben; der Gläubiger kann jetzt aufgrund eines nach § 705 formell rechtskräftigen Leistungsurteils vollstrecken, Hamm OLGZ 1988, 322 (eine vorläufige Vollstreckbarkeit nach §§ 708 ff. genügt nicht); KG WRP 1979, 547; er kann jedoch noch nach § 890 aus dem Arresttitel vorgehen, Düss MDR 1990, 732; der Schuldner hat ein verneinendes Feststellungsurteil nach § 256 erhalten, BVerfG NJW-RR 2007, 1684.

10 Das Gericht muss jedoch auch dann beachten, ob der Rang des Pfandrechts erhalten bleibt, Hmb NJW-RR 1988, 1279; KG WRP 1979, 547. Das Gericht hat dabei die Prinzipien der Prozesswirtschaftlichkeit und der Beschleunigung abzuwägen. Nur in diesen Grenzen ist es zulässig, Anspruchsgründe nachzuschieben, Ffm GRUR 1997, 484.

11 **4. Vollziehbarkeit.** Die Veränderung kann auch bei der Vollziehbarkeit nach §§ 928 ff. vorliegen.

12 Beispiele: Der Arrestanspruch ist weggefallen, BGH NJW 1993, 2685; die Vollziehungsfrist des § 929 II ist verstrichen, Düss WRP 2015, 764; Brschw MDR 2013, 1308; Hmb GRUR-RR 2007, 154; Kblz JurBüro 2007, 207. Der Einwand, die Vollziehungsfrist sei versäumt, kann auch noch im Rahmen des Berufungsverfahren geltend gemacht werden, Hamm NJOZ 2020, 1199; Brdb BeckRS 2014, 19354. Weiterhin betrifft die Veränderung die Vollziehbarkeit, wenn der Schuldner eine strafbewehrte Unterlassungserklärung abgegeben hat, Stgt OLGR 2008, 925; Ffm OLGR 2006, 206; Hmb OLGR 2002, 407; es ist eine Gesetzesänderung eingetreten, oder eine Änderung der Rechtsprechung, BGH NJW 2009, 3303; es ist Verjährung eingetreten, Hamm BB 1978, 574; der Gläubiger hat die Hauptsache nicht nach § 926 anhängig gemacht; die den Arrest nach §§ 921 S. 2, 922 III, 923 bedingende Sicherheitsleistung ist nicht erfolgt, Ffm WRP 1980, 423; grundsätzlich auch dann, wenn über das Vermögen des Schuldners das Insolvenzverfahren eröffnet worden ist (noch kein Vollzug und daher noch keine Zwangsvollstreckung, § 928, § 89 I InsO), BFH NJW 2004, 2184 (Ausnahme: Absonderungs-

recht); insbesondere wenn vom Insolvenzgericht gem. § 21 II Nr. 3 InsO ein Vollstreckungsverbot ausgesprochen ist, Hamm NJOZ 2020, 1199. Das Gericht hebt nicht nur die Vollziehbarkeit auf, sondern den ganzen Arrest, Hmb GRUR 1997, 148.

5. Sicherheitsleistung. Die Veränderung kann auch darin liegen, dass der Schuldner jetzt eine Sicherheit nach § 108 leistet. Ein „Erbieten zur Sicherheitsleistung" genügt nur für den Antrag, nicht für die Aufhebung. Deshalb muss das Gericht die Aufhebung dann unter die aufschiebende Bedingung einer fristgemäßen Sicherheitsleistung stellen. Das Gericht muss die Art und die Höhe der Sicherheitsleistung nach § 108 bestimmen. 13

6. Unanwendbarkeit. Keine veränderten Umstände liegen zB in folgenden Fällen vor: Ein neues Sachverständigengutachten nach §§ 402 ff. kommt aufgrund unveränderter Tatsachen zu einer anderen Würdigung; die rechtliche Beurteilung ändert sich (etwas anderes gilt aber dann, wenn sich die gesamte Rechtsanschauung gewandelt hat). Erledigung des Arrestgrundes liegt auch bei Ablauf der Vollziehungsfrist vor, Düss GRUR-RR 2015, 493; Brdb BeckRS 2014, 19354; Ffm NJW-RR 2000, 1236. So kann der Gläubiger den Arrest jetzt nicht mehr nach §§ 928 ff. vollziehen, etwa weil der Schuldner erfüllt hat, Mü GRUR 1994, 83; es ist nach dem AnfG eine Anfechtung des durch die Vollziehung erlangten Pfandrechts erfolgt; es ergeht zugunsten des Antragstellers ein wenn auch nur gegen Sicherheitsleistung nach § 709 S. 1 vorläufig vollstreckbares Urteil zur Hauptsache, Kblz NJW-RR 1991, 491; es liegt im markenrechtlichen Löschungsverfahren ein Instanzenfortschritt vor, Köln GRUR 2005, 1071. Die Vollziehungsfrist ist auch nicht gewahrt, wenn wegen eines Poststreiks keine Zustellung erfolgt, da die Frist bereits mit Verkündung beginnt, Köln GRUR-RR 2018, 268, oder wenn ein Zustellungsbeamter eine Zustellung entgegen den Vorschriften der ZPO falsch bewirkt hat, siehe den der Entscheidung BGH NJW 2019, 1374 zugrunde liegenden Fall des LG Saarbr, Schlick NJW 2019, 2671 (2676). 14

IV. Verfahren. Das Aufhebungsverfahren wird durch den Antrag des Schuldners eingeleitet. Ein obligatorisches Güteverfahren findet nach § 15a II 1 Nr. 6 EGZPO nicht statt, Hartmann NJW 1999, 3748. 15

1. Antrag. Antragsberechtigt, also Kläger, können nur sein: Der Schuldner, sein Gesamtrechtsnachfolger oder der Insolvenzverwalter. Nicht antragsberechtigt sind zB: Der Erwerber einer aufgrund des Arrests gepfändeten Sache; der Gläubiger (denn er ist hier der Bekl. und kann nur auf die Vollziehung verzichten, worauf dann der Schuldner einen Antrag stellen darf); ein Dritter. Im Verfahren vor dem AG ist der Antrag nach § 129a auch zum Protokoll der Geschäftsstelle zulässig, auch bei jedem anderen AG. Daher besteht nach § 78 III Hs. 2 dann kein Anwaltszwang; im Übrigen gilt § 78 I. Bei elektronischer Einreichung gelten §§ 130a–130d. Das Gericht ordnet in keinem Fall von Amts wegen das Aufhebungsverfahren an. Ein Antragsverzicht ist möglich, BGH NJW-RR 1987, 289. 16

2. Weiteres Verfahren. Ausschließlich zuständig ist das Gericht der Hauptsache nach §§ 253 ff., 943 dann, wenn die Hauptsache anhängig ist. Das gilt unabhängig davon, wer in welcher Instanz den Arrest angeordnet hat, BGH WM 1976, 134; Hamm MDR 1987, 593. Das Berufungsgericht ist solange zuständig, bis eine Partei Revision eingelegt hat; dann ist das erstinstanzliche Hauptsachegericht zuständig, BGH WM 1976, 134. Hat ein OLG einen Arrest oder eine einstweilige Verfügung als Rechtsmittelgericht und nicht als Gericht der Hauptsache erlassen, ist ebenfalls das erstinstanzliche Gericht zuständig, Hamm OLGZ 1997, 492; Düss MDR 1984, 324; LG Düss GRUR-RR 2012, 66. Ausschließlich zuständig ist aber das Arrestgericht des § 919, falls die Hauptsache noch nicht oder nicht mehr anhängig ist, Hamm JurBüro 1991, 1411; LAG Drsd NZA 2008, 60. Wenn das höhere Gericht die Anordnung des Arrests nach § 921 S. 2 von einer Sicherheitsleistung abhängig gemacht hatte und wenn es die Sicherheit später hat wegfallen lassen, hatte das Gericht sie angeordnet. Der Gläubiger muss die Anhängigkeit nachweisen. Der Schuldner könnte auch kaum das Gegenteil beweisen. 17

Es müssen die allgemeinen Prozessvoraussetzungen vorliegen. Es handelt sich um eine „Sommersache" nach § 227 III 2 Nr. 1. Ein Anwaltszwang besteht nach § 78. Das Gericht muss die Ladungsfrist nach § 217 beachten. Der Schuldner hat im Verfahren nach § 927 und § 926 II anders als im Verfahren des § 925 die Stellung des Arrestklägers. Das ist für ein Versäumnisverfahren nach §§ 330 ff. wichtig. Der Schuldner muss die Veränderung nach §§ 920 II, 294 glaubhaft machen, Ffm NJW-RR 2000, 1236. Im Hauptsacheverfahren ist eine Widerklage mit einem Aufhebungsantrag nach § 927 nicht zulässig, Ffm BeckRS 2021, 10070 Rn. 23; Karlsr GRUR-RR 2014, 362. Eine Aussetzung nach §§ 148 ff. kommt ebenso wenig wie im Anordnungsverfahren in Betracht, Mü MDR 1986, 681. 18

3. Einreden. Der Schuldner kann nach § 925 den Antrag auch einredeweise im Termin zur Verhandlung über den Widerspruch stellen. 19

4. Entscheidung. Das Gericht entscheidet über die Rechtmäßigkeit der Fortdauer des Arrests stets durch ein Endurteil nach § 300. Das gilt auch dann, wenn es den Arrest nach § 922 I 1 Hs. 2 durch einen Beschluss angeordnet hatte. Das Urteil kann lauten: auf Zurückweisung des Antrags; auf Aufhebung des Arrests; auf Abänderung des Arrests, etwa auf Anordnung einer Sicherheitsleistung. Eine Aufhebung hat keine Rückwirkung. Das Gericht entscheidet nach §§ 91 ff. anders als bei §§ 925, 926 grundsätzlich nur über die Kosten des Aufhebungsverfahrens, Stgt JurBüro 2015, 308. Denn im Streit ist nur die Fortdauer der Rechtmäßigkeit, nicht die Rechtmäßigkeit selbst, Ffm JurBüro 1992, 422; Kblz GRUR 1989, 75; Schlesw SchlHA 1989, 74. Jedoch ist auch über die Kosten des rechtskräftig abgeschlossenen Anordnungsverfahren zu entscheiden, wenn die Hauptklage als von Anfang an unbegründet – rechtskräftig – entschieden ist, Hmb GRUR 1979, 190, oder wenn das BVerfG die Verfassungswidrigkeit der die einstweilige Verfügung tragenden Gründe festgestellt hat, LG Bln GRUR-RR 2012, 495. Wenn der Arrest jetzt unbegründet ist, muss der Gläubiger die Kosten des Aufhebungsverfahrens tragen, Hmb GRUR 1979, 190. Aus dem Umstand, dass ein Aufhebungsantrag nach § 927 auch im Widerspruchsverfahren gestellt werden kann und die Verfahrenskosten dann auch das Aufhebungsverfahren betreffen, ergibt sich nicht, dass der Schuldner einen materiell-rechtlichen Erstattungsanspruch für außergerichtliche Kosten in Form eines Gegenverfügungsantrags im einstweiligen Verfügungsverfahren verfolgen kann, Ffm BeckRS 2021, 10070 Rn. 24. 20

Gebühren: des Gerichts KV 1410 ff. GKG; des Anwalts VV 3100 ff. RVG. 21

5. Beispiele zur Frage einer Entscheidung nach II

Anerkenntnis: Wenn der Gläubiger den Aufhebungsanspruch des Schuldners sofort anerkennt und wenn der Gläubiger schon vor dem Aufhebungsantrag erkennbar gemacht hatte, dass er nicht mehr nach § 929 vollziehen werde, muss der Schuldner die Kosten tragen, Köln Rpfleger 2002, 154; Karlsr WRP 1996, 120. 22

Anfängliche Aufhebungsgründe: Soweit Aufhebungsgründe rückblickend von Anfang an bestanden, muss das Gericht über die Kosten des gesamten Arrestverfahrens entscheiden, Schlesw NJW-RR 1995, 896; Hamm GRUR 1992, 888; Düss NJW-RR 1986, 697.

Erledigung: Wenn der Gläubiger den Arrest aufgrund einer Sicherheitsleistung des Schuldners sofort für erledigt erklärt, fallen die Kosten dem Schuldner zur Last, aM Stein/Jonas/Grunsky Rn. 17. Wenn der Gläubiger die Sache nach der Einlegung des Widerspruchs nach § 924 nicht sofort für erledigt erklärt hat, treffen den Gläubiger die gesamten Kosten des Arrestverfahrens, Köln Rpfleger 1982, 154; Ffm OLGZ 1980, 258. Bei übereinstimmender Erledigungserklärung ergeht die Kostenentscheidung nach § 91a, bei sofortigem Verzicht des Gläubigers auf die Rechte unter Berücksichtigung von § 93, Nürnb ZIP 2011, 1015; Ffm OLGR 2001, 147.

Freigabeerklärung: Wenn der Gläubiger sie bei der Pfändung einer beweglichen Sache nach §§ 803 ff. unterließ, bleibt die Schuldnerklage berechtigt.

Hauptsacheabweisung: Soweit das Prozessgericht die Klage zur Hauptsache nach § 705 formell rechtskräftig abgewiesen hat, muss der Kläger auch die Kosten des Arrestverfahrens evtl. voll tragen, Hmb GRUR 1979, 190.

Hinweispflicht: Wenn der Schuldner den Gläubiger nicht auf den Aufhebungsgrund hingewiesen hatte, muss der Schuldner evtl. die Kosten tragen, Ffm NJW-RR 1999, 1742.

Quittung: Wenn der Gläubiger die Aufhebung des nach § 929 vollzogenen Arrests bewirkt und dem Schuldner eine Quittung erteilt hatte, muss der Schuldner die Kosten tragen, Köln Rpfleger 1982, 154; Hees MDR 1994, 438.

Rückwirkung: Die Bestätigung eines Arrestes oder einer einstweiligen Verfügung für die Vergangenheit stellt eine Ausnahme dar. Deshalb kann von einer Wirkung in die Vergangenheit nur ausgegangen werden, wenn sich dies dem Urteil zweifelsfrei und hinsichtlich eines begrenzten Zeitraums entnehmen lässt, Ffm NJW-RR 2011, 1290.

Säumnis: Das Versäumnisverfahren verläuft wie gewöhnlich nach §§ 330 ff. Das Versäumnisurteil gegenüber dem Gläubiger (Bekl.) lautet dahin, dass das Gericht dem Antrag nach § 331 I 1, II dann stattgibt, wenn das tatsächliche Vorbringen des Schuldners (Klägers) den Antrag rechtfertigt. Ein Versäumnisurteil gegenüber dem Schuldner lautet auf eine Zurückweisung des Antrags, § 330. Unter den Voraussetzungen des § 331a kommt auch eine Entscheidung nach Aktenlage in Betracht.

Verzicht: Man kann fordern, dass der Schuldner einer auf Unterlassung lautenden einstweiligen Verfügung nach §§ 935 ff. vor dem Aufhebungsantrag den Gläubiger zur Abgabe einer Verzichtserklärung aufgefordert haben muss, Mü GRUR 1985, 161. Wenn der Gläubiger bei einer Forderungspfändung nach § 843 einen Verzicht auf die erworbenen Rechte nicht erklärte, bleibt die Schuldnerklage berechtigt. Dasselbe gilt dann, wenn der Gläubiger nur einen Verzicht auf die Rechte aus dem Arrestbefehl erklärte und dem Schuldner nur den Arrestbefehl aushändigte, Hamm GRUR 1985, 84. Denn der Gläubiger könnte sich weitere Vollstreckungstitel beschaffen. Sie brauchen ja nach § 929 I keine Vollstreckungsklausel, Schlüter ZZP 80, 459.

Vorläufige Vollstreckbarkeit: Sie richtet sich bei einer Aufhebung des Arrests nach § 808 Nr. 6, sonst nach §§ 708 Nr. 11, 709 S. 1.

23 **6. Rechtsmittel.** Die Berufung ist wie bei einem Bestätigungsurteil zulässig. Die Revision ist nach § 542 II 1 unstatthaft. Gegen ein im ersten Rechtszug im Aufhebungsverfahren ergangenes Urteil kann (auch) isoliert wegen der Entscheidung über die Kosten des Anordnungsverfahrens (Verfügungsverfahrens) Berufung eingelegt werden, Karlsr GRUR-RS 2022, 10034 Rn. 9; BeckRS 2017, 151252 Rn. 28; Schlesw GRUR-Prax 2016, 182; Stgt BeckRS 2015, 12407. Dementsprechend ist gegen die im Aufhebungsverfahren getroffene Entscheidung über die Kosten des Anordnungsverfahrens keine sofortige Beschwerde nach § 99 II statthaft, Karlsr GRUR-RS 2022, 10034 Rn. 15. Eine Rechtsbeschwerde ist nach § 574 I 2 iVm § 542 II unstatthaft.

24 **V. Einstweilige Maßnahmen.** § 927 sieht keine Möglichkeit zum Erlass einer einstweiligen Maßnahme vor. Der Antrag ist kein Widerspruch. § 924 III ist deshalb nicht unmittelbar anwendbar. Trotzdem darf das Gericht den Schuldner nicht bis zum Erlass des Urteils einer Zwangsvollstreckung aus einer objektiv ungerechtfertigten Entscheidung preisgeben. Deshalb ist § 924 III entsprechend anwendbar, zumal der Antrag nichts anderes ist als ein zugelassener verspäteter Widerspruch, Zweibr FamRZ 1981, 699.

928 *Vollziehung des Arrestes.* **Auf die Vollziehung des Arrestes sind die Vorschriften über die Zwangsvollstreckung entsprechend anzuwenden, soweit nicht die nachfolgenden Paragraphen abweichende Vorschriften enthalten.**

1 **I. Systematik.** In §§ 928–934 ist mit der Vollziehung des Arrestes die Zwangsvollstreckung von Arresten und einstweiligen Verfügungen geregelt, während §§ 916–927 das Erkenntnisverfahren des Arrestprozesses regelt, → Vor § 916 Rn. 1. Systematisch bilden diese Vorschriften die Klammer, weshalb der einstweilige Rechtsschutz im Buch 8 verankert ist. Erst die Vollziehung führt zu der erstrebten Sicherung. Da die Arrestvollstreckung nicht zur Befriedigung führt, sind die Vorschriften über die Zwangsvollstreckung nach § 928 nur entsprechend anzuwenden. In §§ 929–934 ist geregelt, welche Vollstreckungsakte vorzunehmen sind. Über den Unterschied zwischen einem Arrestvollzug und einer Arrestvollstreckung → Vor § 916 Rn. 35.

2 **II. Regelungszweck.** Durch den Arrestbefehl hat der Gläubiger (nur) einen Titel erlangt. § 928 bezweckt durch die Vollziehung des Arrestes dem Gläubiger die von ihm angestrebte Sicherung zu verschaffen. Erst der Vollzug gibt dem Gläubiger iVm der Vollstreckung die gewünschte Sicherung. Er gibt allerdings auch noch nicht die im Arrestverfahren grundsätzlich nicht erreichbare Befriedigung im Hauptanspruch. Deswegen sind die Vorschriften zur Zwangsvollstreckung nur entsprechend anwendbar, BGH NJW 1999, 3122; NJW 1996, 198. Die unterschiedliche Terminologie ist darauf zurückzuführen, dass der Zweck der Zwangsvollstreckung im einstweiligen Rechtsschutz regelmäßig nur in der Sicherung des Gläubigeranspruchs besteht, BGH NJW 1999, 3122; Prütting/Gehrlein/Fischer Rn. 1.

3 In der Praxis ergeht eine Leistungsverfügung insbesondere im Gewerblichen Rechtschutz und Urheberrecht häufig durch die Unterlassung einer Zeitgrenze im Arrest oder der einstweiligen Verfügung. Umso endgültiger kann der Vollzug wirken. So sehr solche Wirkung nach einem Urteil im Hauptprozess erwünscht ist, so problematisch bleibt sie im Eilverfahren. Zur Vorwegnahme der Hauptsache und prozessualer Waffengleichheit

vgl. auch BVerfG NJW 2022, 1083 Rn. 26 ff.; NJW 2021, 615 Rn. 18 ff.; GRUR-RS 2020, 13380; NJW 2020, 2021; NJW 2018, 3631 und 3634 sowie Anm. Roth NJW 2018, 3636.

III. Geltungsbereich. §§ 928 ff. gelten auch im WEG-Verfahren und im arbeitsgerichtlichen Verfahren. Eine Eröffnung des Insolvenzverfahrens nach § 89 I InsO macht die Vollziehung für den einzelnen Arrestgläubiger unzulässig. Ein Vollzug nach dem Eintritt des Erbfalls gibt im Nachlassinsolvenzverfahren nach § 321 InsO kein Absonderungsrecht. Über die Vollziehung einer einstweiligen Verfügung → § 936 Rn. 5 „§ 928 Grundsatz". Wegen § 111d StPO Müller DGVZ 2000, 81. Wegen einer Vermögensstrafe: § 111o II StPO. 4

IV. Verfahren. Auf den Arrestvollzug ist das Recht der Zwangsvollstreckung nach §§ 704 ff. entsprechend anwendbar. Diese Vorschriften sind also nicht unmittelbar anwendbar. Denn der Arrestvollzug ist keine Zwangsvollstreckung. Er bezweckt ja nicht die Befriedigung des Gläubigers, sondern nur seine Sicherung, → Rn. 2. Das Gericht muss deshalb prüfen, ob eine Vorschrift des Zwangsvollstreckungsrechts der bloßen Sicherung dient oder darüber hinaus der Befriedigung. Nur im ersteren Fall ist sie anwendbar, BGH NJW 1999, 3122; Schultes JR 1995, 136. 5

Anwendbar sind zB die Vorschriften über die sachlichen Voraussetzungen der Zwangsvollstreckung; die Regeln über die förmlichen Voraussetzungen mit den Abweichungen des § 929; die Vorschriften über die Arten der Zwangsvollstreckung nach §§ 803 ff., AG Northeim DGVZ 2002, 126 (zB Schlüsselauswechslung). Stets ist nach § 153 II 1 GVGA allenfalls eine Pfändung nach § 929 erlaubt, BayObLG Rpfleger 1985, 59, nicht die Überweisung nach § 935, BGH NJW 1993, 735; Schultes JR 1995, 136, oder eine andere Pfandverwertung. Der Gläubiger kann eine Vermögensauskunft des Schuldners nach §§ 802c ff. fordern. Der Gläubiger ist an einem Verteilungsverfahren nach §§ 872 ff. als ein bedingt Berechtigter beteiligt. Für eine Liegenschaftsvollstreckung gelten §§ 931 ff. 6

Die Zuständigkeit für eine Forderungspfändung regelt § 930 I abweichend. Ihre Wirksamkeit richtet sich nach § 829 III, BayObLG Rpfleger 1985, 59. § 720a ist nicht entsprechend anwendbar, Mü NJW-RR 1988, 1466. 7

V. Rechtsbehelfe. Im Vollzug gelten wegen der Verweisung von § 928 auf §§ 704 ff.: Bei einer bloßen Vollzugsmaßnahme ohne eine Anhörung des Gegners die Erinnerung nach § 766; bei einer echten Entscheidung des Rpfl. die sofortige Beschwerde nach § 11 I RPflG iVm §§ 567 I Nr. 1, 793, bei einer echten Entscheidung des Richters die sofortige Beschwerde nach §§ 567 I, 793; die Widerspruchsklage nach § 771; die Klage auf eine vorzugsweise Befriedigung nach § 805; die Vollstreckungsabwehrklage nach § 767. 8

VI. Vollzugskosten. Man muss die Vollzugskosten trotz der systematischen Abweichungen von §§ 704 ff. im Ergebnis doch nach § 788 behandeln. Der Kostengläubiger muss sie beim Schuldner beitreiben. Bei einer Aufhebung des Arrests sind sie weiter festsetzbar, aM Hamm NJW 1976, 1409. Sie sind auch erstattungsfähig. Ein Anspruch auf den Ersatz solcher Kosten ergibt sich evtl. aus § 945. 9

Gebühren: des Gerichts: keine; des Anwalts: VV 3309, 3310 RVG. 10

929 *Vollstreckungsklausel; Vollziehungsfrist.* I **Arrestbefehle bedürfen der Vollstreckungsklausel nur, wenn die Vollziehung für einen anderen als den in dem Befehl bezeichneten Gläubiger oder gegen einen anderen als den in dem Befehl bezeichneten Schuldner erfolgen soll.**

II [1]**Die Vollziehung des Arrestbefehls ist unstatthaft, wenn seit dem Tag, an dem der Befehl verkündet oder der Partei, auf deren Gesuch er erging, zugestellt ist, ein Monat verstrichen ist.** [2]**Kann ein ausländischer Sicherungstitel im Inland ohne vorherige Vollstreckbarerklärung vollzogen werden, so beträgt die Frist nach Satz 1 zwei Monate.**

III [1]**Die Vollziehung ist vor der Zustellung des Arrestbefehls an den Schuldner zulässig.** [2]**Sie ist jedoch ohne Wirkung, wenn die Zustellung nicht innerhalb einer Woche nach der Vollziehung und vor Ablauf der für diese im vorhergehenden Absatz bestimmten Frist erfolgt.**

Schrifttum: Gleußner, Die Vollziehung von Arrest und einstweiliger Verfügung in ihren zeitlichen Grenzen, 1999; Griesel, Die Notfristähnlichkeit der Vollziehungsfrist, § 929 Abs. 2 ZPO, 2000; Jelinek, Die „Durchführung" von Einstweiligen Unterlassungs-Verfügungen, FS Beys, Athen 2004, 631; Matthey, Probleme bei der Vollziehung von Arrest und einstweiliger Verfügung gemäß § 929 Absatz 2 ZPO, Diss. Bonn 1999; Oetker GRUR 2003, 119 (Überblick zur Frist); Splinter, Mehr Zeit bei der Arrestvollziehung im Ausland, NJW 2022, 1848.

I. Systematik. Systematisch betreffen §§ 928–934 die angestrebte Sicherung des vom Antragsteller geltend gemachten Anspruchs durch den Arrestvollzug, → § 928 Rn. 1. Im Anschluss an § 928 betrifft § 929 I die Rechtsdurchsetzung und erleichtert die Vollziehungsvoraussetzungen. Durch die zeitliche Begrenzung des II wird dem Schuldnerschutz genüge getan, BVerfG NJW 1988, 3141. Der Gerichtsvollzieher wirkt nach § 153 I GVGA beim Vollzug wie sonst in der Zwangsvollstreckung mit. II 2 ist eingefügt durch Art. 1 Nr. 17 des Gesetzes zur Verbesserung des Schutzes von Gerichtsvollziehern vor Gewalt sowie zur Änderung weiterer zwangsvollstreckungsrechtlicher Vorschriften und zur Änderung des Infektionsschutzgesetzes (GvSchuG) vom 7.5.2021, BGBl. I 850 mit Wirkung vom 1.1.2022. 1

II. Regelungszweck. Die Vorschrift dient in I und III der Beschleunigung der Arrestvollziehung und der effektiven Rechtsdurchsetzung durch den Gläubiger. Damit soll im Interesse der Prozesswirtschaftlichkeit die alsbaldige Durchsetzung des erwirkten Arrests sicherstellt werden, LAG Hamm MDR 1987, 1052. Zugleich stellt II eine Warnung für den Gläubiger dar, Zweibr OLGZ 1983, 468; Hamm FamRZ 1981, 584. Ihm ist im Interesse der prozessualen Waffengleichheit eine Bevorratung von Vollstreckungstiteln nach §§ 704 ff. verwehrt, Mü GRUR 1994, 83; LAG Hamm MDR 1987, 1052. Der Antragsteller soll sich keine Eilmaßnahme auf Vorrat beschaffen können, die er dann später unter veränderten Verhältnissen vollzieht. Dem Schuldner soll zuverlässige Kenntnis über die gegen ihn ergangenen Maßnahmen gegeben werden, Düss GRUR 1989, 542; Mü MDR 1986, 944. Dies stellt schließlich einen Ausgleich dafür dar, dass der Gläubiger in einem vereinfachten Verfahren einen Vollstreckungstitel unter erleichterten Umständen erlangen kann, Zweibr OLGZ 1983, 469; Kblz GRUR 1980, 1023. Die zeitliche Begrenzung des II soll ferner den Vollzug unter wesentlich veränderten Verhältnissen verhüten, BVerfG NJW 1988, 3141; BGH WM 2017, 1420; Oetker GRUR 2003, 120. Auch soll II den Schuldner vor einer sehr späten Vollstreckung schützen, BVerfG NJW 1988, 3141; BGH WM 2017, 1420 Rn. 8; 2

Karlsr Rpfleger 1998, 255. Mit der Einfügung des II 2 zum 1.1.2022 soll den Schwierigkeiten begegnet werden, ausländische Arrestbefehle im Inland innerhalb der Monatsfrist des § 929 II aF zu vollziehen, da diese Vorschrift nach Entscheidungen des EuGH und des BGH auch auf Auslandstiteln anzuwenden war; EuGH NJW 2019, 581 Rn. 27 ff.; BGH BeckRS 2018, 37000 Rn. 10 = WM 2019, 270; Splinter NJW 2022, 1848.

3 Parteizustellung nach §§ 191 ff. ist der notwendige Weg zur Einhaltung der Vollzugsbedingungen, Mü MDR 2013, 423. Die Zustellung durch das Gericht ist kein Vollzug des Arrestes oder der einstw. Verfügung; sie kann die Zustellung im Parteibetrieb nicht ersetzen, BGH NJW 1993, 1076; Brdb BeckRS 2014, 19354. Zur Vollziehung einer auf Unterlassung gerichteten Urteilsverfügung reicht die Parteizustellung einer einfachen Urteilsabschrift aus, Düss BeckRS 2020, 45621 = WRP 2021, 782. Die Vollziehung ist hierbei zwar – anders als bei Beschlussverfügung – nicht Voraussetzung für die Wirksamkeit, da sie ab ihrer Verkündung zu beachten ist, aber dann, wenn sie nicht vollzogen wurde, aufzuheben, BGH GRUR 2009, 890; Düss BeckRS 2020, 45621 = WRP 2021, 782. Bei der Fristberechnung gelten wegen der Rechtssicherheit ohnehin die bei jeder Frist erforderlichen strikten Anforderungen, Oetker GRUR 2003, 119; → Rn. 13 ff.

4 **III. Geltungsbereich.** Die Vorschrift gilt nur für eine Entscheidung über den Arrest nach §§ 916 ff. oder über eine einstweilige Verfügung nach §§ 935 ff. selbst. Sie gilt nicht für eine Entscheidung über die zugehörigen Kosten. Der Gläubiger kann die Kosten vielmehr auch nach dem Ablauf der Frist festsetzen lassen und beitreiben. Der Gläubiger muss die Kosten aber dem Schuldner dann zurückerstatten, wenn das Gericht den Arrest samt der Kostenentscheidung aufhebt. Dann hat der Gläubiger dem Schuldner auch den Schaden der Beitreibung zu erstatten, vgl. Schlick NJW 2019, 2671 (2676) auch zur weiteren öffentlich-rechtlichem Ersatzleistung. Die Parteien können die Kostenerstattung natürlich in einem Vergleich nach § 779 BGB (mit)regeln, Hamm Rpfleger 1976, 260. Die Vorschriften über den Vollzug begrenzen die Wirkung eines Staatshoheitsakts, Kblz GRUR 1981, 92. Die Vorschrift gilt auch bei § 120 I FamFG, AG Herford FamRZ 2013, 1507. Sie gilt ferner auch beim Arbeitsgericht nach § 85 ArbGG, LAG Bln-Brdb NZA-RR 2011, 552, und beim Verwaltungsgericht nach § 123 III VwGO, OVG Magdeb NVwZ-RR 2017, 112; OVG Kblz NVwZ-RR 2014, 293; VGH Mannh NVwZ-RR 2013, 738. Im dortigen Eilverfahren gelten für II Grenzen, OVG Saarlouis NVwZ-RR 2018, 195. Für die Vollziehung eines Arrestbefehls, der in einem anderen EU-Mitgliedsstaat erlassen (hier italienische Sicherstellungsbeschlagnahme) und in Deutschland für vollstreckbar erklärt worden war, galt bis 31.12.2021 die Monatsfrist des II aF, EuGH NJW 2019, 581 Rn. 27 ff.; BGH BeckRS 2018, 37000 Rn. 10 = WM 2019, 270. Über den Meinungsstand bis zu diesen Entscheidungen informiert der Vorlagebeschluss des BGH (WM 2017, 1429 Rn. 16 ff.). Seit dem 1.1.2022 gilt für ausländische Sicherungstitel II 2; → Rn. 2.

5 Die Versäumung der Vollzugsfrist macht den Arrestbefehl trotz der Rechtsfolgen ohne Weiteres wirkungslos, BGH NJW 1999, 3494; Karlsr Rpfleger 2004, 642; AG Herford FamRZ 2013, 1507 (abl. Benkelberg). II zwingt also den Gläubiger dazu, sich innerhalb einer kurzen Zeit darüber klar zu werden, ob er auf einer Durchführung des Arrestbefehls besteht, Düss GRUR 1984, 77. Die Vorschriften sind mit dem GG vereinbar, BVerfG NJW 1988, 3141. Sie sind zwingendes Recht. Das Gericht muss sie von Amts wegen beachten, Karlsr Rpfleger 2004, 642; Zweibr MDR 1998, 123; Mü FamRZ 1993, 1101; aM Hamm FamRZ 1997, 1168. Die Parteien können auf ihre Einhaltung nicht verzichten, Kblz NJW-RR 1987, 510; Köln NJW-RR 1987, 576. II gilt im Steuerprozess entsprechend. Der Verzicht kann in keinem Fall ein Recht eines Dritten beeinträchtigen.

6 **IV. Vollstreckungsklausel, I.** Jeder Arrestbefehl ist grundsätzlich ohne Weiteres vollstreckbar. Er braucht grundsätzlich keine Vollstreckbarerklärung etwa nach §§ 708 ff. Das gilt auch für eine nach der ZPO zu vollstreckende einstweilige Anordnung nach §§ 49 ff. FamFG, AG Ibbenbüren FamRZ 2000, 1594. Das Gericht darf dem Schuldner auch nicht etwa gestatten, die Zwangsvollstreckung durch eine Sicherheitsleistung abzuwenden, Karlsr MDR 1983, 677. Der Arrestbefehl braucht auch grundsätzlich keine Vollstreckungsklausel nach § 724. Sie ist nur dann nach § 152 IV GVGA ausnahmsweise notwendig, wenn ein Arrestvollzug für oder gegen einen Dritten nach §§ 727, 729, 738, 742, 744, 745, 749 erfolgen soll oder wenn die Zwangsvollstreckung in einem ausländischen Staat stattfinden soll, zB nach der Brüssel Ia-VO, SchlAnh V C 2, oder wenn im Arrestverfahren ein Prozessvergleich zustande kommt, LAG Düss MDR 1997, 660.

7 **V. Vollzugsfristen, II.** Die Fristen haben Ähnlichkeit mit der Notfrist des § 224 I 2, Griesel, Die Notfristähnlichkeit der Vollziehungsfrist, 2000. Sie ist nicht abdingbar, VGH Mannh NVwZ-RR 2014, 704. Sie gilt auch bei einer durch Urteil erlassenen und bereits von Amts wegen zugestellten Unterlassungsverfügung, Ffm BeckRS 2019, 5087. Sie beginnt nach § 152 III 2 GVGA mit der Verkündung oder mit der Zustellung des Arrestbefehls an den Gläubiger, Saarbr GRUR-RR 2014, 92; VGH Mannh NVwZ-RR 2014, 704; OVG Bln-Brdb NJW 2012, 2217; aM Köln GRUR-RR 2018, 269 (schon und nur mit der Verkündung). Die Zustellung kann nach § 152 III 5 GVGA auch nach § 173 erfolgen. Man darf die Fristen voll ausnutzen, Ffm GRUR 2002, 237. Man braucht die größte Aufmerksamkeit, auch als Gerichtsvollzieher nach § 152 III 4 GVGA.

8 **1. Erklärung der Vollstreckungsabsicht.** Erst durch den Vollzug bekundet der Gläubiger die Absicht, notfalls zwangsweise vorzugehen, Köln MDR 2016, 1229; Jena GRUR-RR 2011, 436; OVG Magdeb NVwZ 2014, 372. Damit geht er auch das Risiko einer Haftung nach § 945 ein, Hmb GRUR 1997, 148. Daher reicht die notwendige Zustellung ohne eine Androhung oder einen Vollstreckungsantrag nicht aus, die Vollzugsfrist zu wahren, BGH NJW 1996, 198; LAG Bln-Brdb NZA-RR 2011, 552; OVG Magdeb NVwZ-RR 2014, 372. Selbst eine entsprechende bloße Androhung reicht evtl. nicht. Andererseits kann die Bekundung der Vollstreckungsabsicht einen Zustellungsfehler evtl. heilen, Brdb NJW-RR 2000, 326. Eine Gläubigererklärung, er werde nicht vor Rechtskraft vollziehen, reicht selbst bei formloser Übermittlung nicht als Vollzug, KG GRUR-RR 2015, 181.

9 **2. Fristversäumung.** Nach Fristablauf darf aus dem Arrestbefehl nicht mehr vollstreckt werden, wenn nicht schon vorher eine Vollstreckungsmaßnahme beantragt wurde, hierzu → Rn. 5. Die Folgen einer Fristversäumung richten sich nach der Verfahrenswahl des Antragsgegners, Düss GRUR 1984, 385. Der Antragsteller darf nach → Rn. 4 den Arrestbefehl nicht mehr vollziehen, BAG MDR 2008, 577; Kblz NJW-RR 2000, 732; OVG Magdeb NVwZ-RR 2014, 372.

3. Beispiele zur Frage der Folgen einer Fristversäumung, II

10 **Anschlussberufung:** → „Neuer Arrest".

Ausländischer Arrestbefehl: Ist er in Deutschland für vollstreckbar erklärt worden, gilt seit dem 1.1.2022 nach II 2 eine zweimonatige Frist. Zuvor galt für einen ausländischen Arrestbefehl aus einem EU-Mitgliedstaat die

Monatsfrist des II aF, EuGH NJW 2019, 581 (Vollziehung einer italienischen Sicherungsbeschlagnahme); → Rn. 2; → Rn. 4. Dies wurde schon nach Neufassung der EuGVVO kritisch bewertet, Wagner WM 2021, 2075; siehe auch Splinter NJW 2022, 1848.

Begründetheitsprüfung: Das Gericht darf bei einer Aufhebung des Arrests infolge Fristversäumung keine nochmalige Prüfung der Begründetheit des Arrestantrags vornehmen, Hmb NJW-RR 2007, 986; Düss GRUR 1984, 385.

Berufungsverfahren: Der Einwand, die Vollziehungsfrist sei versäumt, kann auch im Rahmen der Berufung geltend gemacht werden, Hamm NJOZ 2020, 1199; Brdb BeckRS 2014, 19354; Düss GRUR 1984, 385. Auch wenn es sich grds. um einen Einwand handelt, der mit einem Antrag nach §§ 927 I, 936 geltend zu machen ist, weil damit die Rechtmäßigkeit der Fortdauer des Arrestes oder der einstweiligen Verfügung in Frage gestellt wird, kann er dennoch im Wege der Berufung als dem weitergehenden Rechtsbehelf geltend gemacht werden, Brdb BeckRS 2014, 19354.

Gerichtsvollzieher: Er lehnt den Vollstreckungsauftrag nach § 152 III 7 GVGA ab.

Kosten: Der Gläubiger trägt alle Kosten einer Fristversäumung, Düss NJW-RR 2000, 68; Wedemeyer NJW 1979, 294.

Neuer Arrest: Infolge einer Fristversäumung muss der Gläubiger einen neuen Arrestantrag nach § 920 stellen, Celle MDR 2013, 116; Hmb MDR 2012, 1249; KG NJW-RR 1992, 318; Düss DB 1981, 1926. Der neue Arrest gibt ihm den verlorenen Rang nicht wieder. Für den neuen Arrest ist nach § 919 nur das Erstgericht zuständig, Brdb MDR 1999, 1219; Schlesw SchlHA 1989, 74; Ffm MDR 1986, 768; aM Zweibr WRP 2016, 280 (aus Gründen der Prozesswirtschaftlichkeit jedenfalls dann, wenn Antragsteller die fehlende wirksame Vollziehung nicht zu vertreten hat); Zöller/Vollkommer Rn. 23. Dem Erlass eines neuen Arrests vor der formellen Rechtskraft der Aufhebung nach §§ 329, 705 steht die Rechtshängigkeit entgegen.

Dem Erlass eines neuen Arrests nach der formellen Rechtskraft der Aufhebung braucht nicht entgegenzustehen, dass schon einmal ein Arrest ergangen war, falls auch jetzt eine Arrestforderung nach § 916 und ein Arrestgrund nach § 917 vorliegen, Celle MDR 2013, 116. Allerdings kann der Gläubiger den erneuten Erlass des Arrests nicht schon durch eine Berufung oder Anschlussberufung nach § 524 erreichen, Schlesw SchlHA 1989, 74; LAG Köln JurBüro 2009, 659; aM Celle NJW 1986, 2441; Zöller/Vollkommer Rn. 23.

Schadensersatz: Der eine fristgemäße Vollziehung vereitelnde Gegner haftet nach § 826 BGB auf Schadensersatz.

Sicherheitsleistung: Für Fälle, in denen die Vollziehung eines Arrestbefehls oder einer einstw. Verfügung (zB nach § 921 oder wegen § 938) von einer Sicherheitsleistung abhängig gemacht wurde, wird allgemein verlangt, dass auch diese Sicherheit innerhalb der Vollziehungsfrist des II 1 geleistet sein muss, Nürnb NJW-RR 2022, 500 Rn. 9 f mwN.

Unterlassungsanordnung: II ist anwendbar, LAG Bln-Brdb NZA-RR 2011, 552; OVG Magdeb NVwZ-RR 2014, 372. Die Androhung als Vollzugsbedingung kann antragsgemäß schon im Unterlassungstitel erfolgt sein, auch im Antrag auf ein Ordnungsmittel nach § 890, Drsd MDR 2017, 421. Dann reicht bei II natürlich dessen fristgerechte Zustellung, Drsd MDR 2017, 421. Die Zustellung einer Unterlassungsverfügung als Maßnahme der Vollstreckung muss binnen der Frist des II 1 erreicht werden, Düss GRUR-RR 2019, 240; GRUR-RR 2015, 493. Dies gilt auch bei einer durch Urteil erlassenen und von Amts wegen zugestellten Unterlassungsverfügung, Ffm BeckRS 2019, 5087.

Veränderte Umstände: Nach einer Fristversäumung hebt das Gericht einen Arrestbefehl nach § 927 ebenfalls auf, Düss GRUR 1984, 385. Eine einstweilige Verfügung ist wegen veränderter Umstände auch aufzuheben, wenn die einstweilige Verfügung nicht durch Zustellung im Parteibetrieb ordnungsgemäß erfolgt ist, Köln GRUR-RR 2020, 335.

Vollstreckungsmaßnahme: Infolge einer Fristversäumung wird eine Vollstreckungsmaßnahme unwirksam. Das Gericht hebt sie aufgrund einer Erinnerung nach § 766 auf, Hamm GRUR 1990, 714; Schlesw SchlHA 1989, 74.

Vollziehbarkeit: Die Rechtsfolgen einer Fristversäumung treten ein, soweit keine Vollziehung mehr möglich ist, Schlesw FamRZ 1981, 456; LG Düss 1999, 383.

Widerspruch: Nach einer Fristversäumung erfolgt eine Aufhebung des Arrestbefehls aufgrund eines Widerspruchs nach § 924, Mü NJW-RR 1988, 1466; Ffm OLGZ 1986, 120; LG Düss NJW-RR 1999, 383.

4. Vollzug nach dem Fristablauf. Nach Fristablauf ist eine erste Vollziehung unzulässig; der Arrestbefehl ist 11
auf Widerspruch oder Antrag des Schuldners nach § 927 aufzuheben. Die Vollziehungsmaßnahme ist unwirksam, BGH NJW 1991, 496; Zöller/Vollkommer Rn. 4. Dies hat auch Auswirkung auf die Einforderung von Gerichtskosten, Kblz NJW-RR 2000, 732. Erfährt die einstweilige Rechtsschutzanordnung auf Widerspruch oder Rechtsmittel eine wesentliche Änderung, muss die abgeänderte Maßnahme erneut vollzogen werden; dh ein neuer Beginn der Vollziehungsfrist, Hmb NJW 2015, 2273; Prütting/Gehrlein/Fischer Rn. 8. Eine wesentliche Änderung liegt zB vor, wenn im Widerspruchsbescheid erstmals eine Sicherheitsleistung angeordnet wird, Oldb BauR 2008, 1932; keine wesentliche Änderung liegt bei einer Adressänderung im Rubrum vor, Hmb NJW 2015, 2273.

5. Beispiele zur Frage der Vollzugsfrist, II

Abänderung: Nach Bestätigung einer Beschlussverfügung mit abweichender Tenorierung ist eine erneute Voll- 12
ziehung nur dann erforderlich, wenn die zuvor ergangene einstweilige Verfügung inhaltlich erweitert oder ergänzt wird, Ffm GRUR-RR 2019, 287. Eine nicht geringfügige Abänderung durch das Berufungsgericht lässt die Frist neu anlaufen, Karlsr MDR 2008, 1244; Oldb BauR 2008, 1933; Düss OLGR 1994, 26. Keine neue Frist läuft bei einer nur geringen Änderung, bei einer Beschränkung oder bloßen Konkretisierung oder Klarstellung, Ffm GRUR-RR 2019, 287; Karlsr MDR 2008, 1244; Köln OLGR 2002, 363.

Ablauf der Monatsfrist: Das Gericht muss den Ablauf der Monatsfrist von Amts wegen beachten, BGH WM 2017, 1420; Karlsr Rpfleger 2004, 642; Kblz GRUR 1981, 92. Das gilt auch im Berufungsverfahren, Köln FamRZ 1985, 1062.

Antrag: Zur Wahrung der Vollzugsfrist durch den Beginn des Vollzugs reicht es aus, dass die Vollstreckung bei der zuständigen Stelle beantragt worden ist, da der Gläubiger mit der Antragstellung alles getan hat, was ihm möglich ist; BGH NJW 2006, 1290; NJW 1991, 496; VGH Mannh NVwZ-RR 2014, 704 (zu §§ 171 I, 172 VwGO); Stein/Jonas/Grunsky Rn. 12; Zöller/Vollkommer Rn. 10; Thomas/Putzo/Seiler Rn. 4.

Aufhebung: Mit dem Eintritt der formellen Rechtskraft der Aufhebung des Arrests nach §§ 329, 705 verliert eine etwa im Anschluss an seinen Erlass vorgenommene Vollzugsmaßnahme ihre Grundlage, Celle MDR 2014, 986.

Auskunft: Ein Antrag nach §§ 887, 888 muss zur Fristwahrung nicht hinzutreten, Ffm NJW-RR 1998, 1007.

Auslandszustellung: Ist die Zustellung einer Unterlassungsverfügung im Parteibetrieb im Anwendungsbereich der EuZustVO nicht möglich, genügt es zur fristgerechten Vollziehung, wenn der Gläubiger innerhalb der Vollziehungsfrist den Antrag auf Auslandszustellung beim Gericht einreicht und sodann die Zustellung ohne eine von ihm zu vertretene Verzögerung bewirkt wird, Drsd BeckRS 2020, 7500. Zur Fristwahrung genügt der Eingang des Zustellungsgesuches nebst einer folgenden Zustellung, Ffm GRUR-RR 2015, 183, Eine Auslandszustellung ist nach Ablauf der Vollziehungsfrist gleichwohl fristgerecht, wenn der Versuch der Zustellung im Inland bereits innerhalb der Vollziehungsfrist begonnen hat, Düss BeckRS 2018, 37819. Im Anwendungsbereich des EuZustVO lässt die fehlende Belehrung über das Annahmeverweigerungsrecht die Wirksamkeit der Zustellung unberührt, wenn der Schuldner nicht berechtigt gewesen wäre, die Annahme zu verweigern, weil er der deutschen Sprache hinreichend mächtig ist, Drsd BeckRS 2020, 7500.

Ausländische Titel: Es gilt seit dem 1.1.2022 die Zwei-Monats-Frist des II 2; → Rn. 10 „Ausländischer Arrestbefehl".

Beginn des Vollzugs: Der Gläubiger wahrt die Vollzugsfrist durch den Beginn des Vollzugs, OVG Magdeb NVwZ-RR 2014, 372. Das gilt grds. auch dann, wenn der erste Versuch zu keinem Erfolg führt, Düss MDR 1998, 1180; Hamm NJW-RR 1994, 521; Zöller/Vollkommer 11; aM Köln FamRZ 1985, 1062.

Berichtigung: Eine Berichtigung nach § 319 setzt keine neue Vollzugsfrist in Lauf, Düss DB 1981, 1926.

Beschlagnahme (StPO): II gilt auch bei einer Arrestpfändung in den von der StA nach § 111b StPO beschlagnahmten Vermögensgegenstand des Täters, BGH NJW 2000, 2027; aM Schlesw Rpfleger 2006, 261. Zur Einhaltung der Vollzugsfrist ist bei § 111b StPO nicht eine Zulassung nach § 111g II 1 StPO erforderlich, BGH NJW 2000, 2027.

Beseitigung: Eine Wiederholung der Vollzugsmaßnahme ist ausnahmsweise dann notwendig, wenn die ursprüngliche Vollstreckungsmaßnahme nach der Aufhebung des Arrests schon vollständig entfallen war, KG Rpfleger 1981, 119; LG Dortm Rpfleger 1982, 276.

Bestätigung nach Aufhebung: Wenn das Gericht den Arrest zunächst aufgrund eines Widerspruchs aufgehoben und das Berufungsgericht ihn dann wieder bestätigt hatte, beginnt eine neue Vollzugsfrist zu laufen, Ffm MDR 2002, 602; Zweibr NJW-RR 2002, 1657; Düss NJW-RR 2000, 68.

Bestätigung nach Fristablauf: Das Berufungsgericht kann den aufgrund eines Widerspruchs aufgehobenen Arrest noch dann bestätigen, wenn eine Vollziehung bis zum Ablauf der Vollzugsfrist nicht stattgefunden hat. Mit der Bestätigung beginnt eine neue Vollzugsfrist zu laufen. Denn das Verfahren würde sonst aufgrund eines neuen Arrestantrags nochmals ablaufen, Kblz GRUR 1981, 92 (die Prüfung ist unzulässig, da kein Titel mehr vorhanden ist).

Bestätigung gegen Sicherheitsleistung: Wenn das Gericht den Arrest nach § 925 II gegen eine Sicherheitsleistung bestätigt hat, hat es in Wahrheit einen neuen Arrest erlassen, Ffm OLGZ 1980, 259. Das gilt auch dann, wenn sonst eine wesentliche inhaltliche Veränderung erfolgte, Schlesw NJW-RR 1986, 1128; Wedemeyer NJW 1979, 294. Nur in diesen Fällen beginnt eine neue Vollzugsfrist, Hmb NJW-RR 1995, 1055; Schlesw NJW-RR 1986, 1128; LAG Düss BB 1981, 435; aM LG Münst Rpfleger 1997, 75; Grunsky ZZP 104, 9 (die Vollzugsfrist beginne auch bei einer vollen Bestätigung des Arrests neu).

Bestätigung nach Widerspruch: Wenn das Gericht den Arrest oder die einstweilige Verfügung aufgrund eines Widerspruchs durch ein Urteil bestätigt, jedoch dabei wesentlich inhaltlich geändert hat, muss man sie wegen II erneut vollziehen, Stgt GRUR-RR 2009, 194; Zweibr NJW-RR 2002, 1657; Hamm Rpfleger 1995, 468. Andernfalls ist keine neue Vollziehung nötig, Hmb MDR 2010, 459 (also auch nicht nach einer nur unwesentlichen Änderung); Stgt GRUR-RR 2009, 194.

Einstweilige Einstellung: Eine einstweilige Einstellung der Zwangsvollstreckung zB nach §§ 707, 719 unterbricht die Monatsfrist, Düss FamRZ 1987, 490; LG Bln NJW-RR 2009, 1726.

Frist zur Sicherheitsleistung: Der Gläubiger muss eine etwa angeordnete Sicherheit innerhalb der Vollzugsfrist leisten, Ffm OLGZ 1980, 259; Christmann DGVZ 1993, 109.

Frist zum Vollzugsbeginn: Der Gläubiger muss den Vollzug innerhalb der Vollzugsfrist wenigstens beginnen, LG Aachen NJW-RR 1990, 1344.

Fristablauf: Nach dem Ablauf der Monatsfrist darf das Gericht nach II keine neuen Vollzugsmaßnahmen mehr treffen, Kblz NJW-RR 2000, 732. Ein Verstoß führt zur Unwirksamkeit. Das gilt selbst dann, wenn noch ein enger zeitlicher Zusammenhang vorliegt.

Fristbeginn beim Arrestbeschluss: Die Monatsfrist beginnt bei einem nicht verkündeten Arrestbeschluss nach § 922 I 1 Hs. 2 mit der Zustellung der vollständigen Entscheidung in einer Ausfertigung an den Gläubiger, Köln NJW-RR 1987, 575. Das Gericht kann weitere Zustellungsvoraussetzungen anordnen, etwa die gleichzeitige Zustellung bestimmter Schriftstücke, Nürnb GRUR 1992, 564. Wenn eine Zustellung unterblieben ist, ist die formlose Aushändigung an den Gläubiger maßgeblich. Denn der Gläubiger kann auch dann vollziehen, Düss GRUR 1984, 76; Lang AnwBl 1981, 236; Zöller/Vollkommer Rn. 5; aM AG Pinneberg DGVZ 2017, 133; Fritze FS Schiedermair, 1976, 146; Wedemeyer NJW 1979, 294 (vgl. aber jetzt § 189). Zwecks einer einwandfreien Feststellung des Fristbeginns ist eine Quittung zu empfehlen. Eine Kenntnisnahme ohne eine Besitzerlangung reicht nicht aus, Köln NJW-RR 1987, 576.

Fristbeginn beim Arresturteil: Die Monatsfrist beginnt bei einem Arresturteil nach § 922 I 1 Hs. 1 mit seiner Verkündung nach §§ 310, 311, BVerfG NJW 1988, 3141; Celle GRUR-RR 2017, 144; Düss MDR 2015, 968. Soweit eine Verkündung stattgefunden hat, ist nur sie maßgeblich, nicht etwa eine folgende Zustellung, Hamm MDR 1987, 64; LAG Brem Rpfleger 1982, 481. Keineswegs beginnt die Frist vor der Urteilsverkündung. Das gilt selbst dann, wenn das Gericht schon vorher eine Ausfertigung herausgegeben hatte, Düss NJW-RR 2003, 354.

Fristberechnung: Die Monatsfrist ist eine gesetzliche Frist. Ihre Berechnung erfolgt nach § 222 iVm den dort abgedruckten Vorschriften des § 187 I BGB, Köln NJW-RR 1987, 575; LG Köln NJW-RR 1989, 191, und des § 188 II, III BGB. Das Gericht darf sie nicht abkürzen oder verlängern, Kblz GRUR 1981, 92; Lang AnwBl 1981, 36. Man darf sie wie jede Frist voll ausschöpfen, Köln MDR 2017, 1265. Es handelt sich nicht um eine Notfrist nach § 224 I 2, Ffm OLGZ 1981, 100; LG Brschw DGVZ 1982, 75. Deshalb darf das Gericht gegen die Versäumung der Frist keine Wiedereinsetzung in den vorigen Stand nach §§ 233 ff. geben, BGH NJW 1993, 1076; Schneider MDR 1985, 112. Eine Fristversäumung ist nach § 189 heilbar, Karlsr Rpfleger 2004, 642.

Haftantrag: Er kann zur Frist genügen, Celle DGVZ 1999, 74.

Inhaltserweiterung: Eine Wiederholung der Vollzugsmaßnahme ist ausnahmsweise dann notwendig, wenn das im Widerspruchsverfahren neugefasste Verbot eine inhaltliche Erweiterung enthält, Hamm GRUR 1989, 931; Düss GRUR 1984, 77.

Kosten: Bis zur Aufhebung des Arrestbefehls sind sie festsetzbar und beitreibbar, Jena OLGR 2005, 965; Hamm JurBüro 1997, 151.

Ordnungsmittel: Es genügt zur Fristeinhaltung, dass der Gläubiger ein Ordnungsmittel beantragt, BGH NJW 1991, 220; Celle DGVZ 1999, 74.

Persönlicher Arrest: Notwendig ist die Durchführung der angeordneten Freiheitsbeschränkung.

Pfändung: Ein vor dem Fristablauf gestellter Pfändungsantrag reicht aus, BGH WM 1987, 1311; Celle DGVZ 1999, 74. Bei einer Pfändung durch das Vollstreckungsgericht nach §§ 764, 802 genügt ein Pfändungsbeschluss jedenfalls dann, wenn die Zustellung unverzüglich folgt, BGH NJW 1991, 496; Celle DGVZ 1999, 74; Karlsr Rpfleger 1998, 255. Eine mangelhafte, aber rechtzeitige Pfändung reicht dann aus, wenn der Mangel später geheilt wird. Ist aber der gepfändete Gegenstand im Pfändungsbeschluss nicht mit der erforderlichen Bestimmtheit umschrieben, stellt dieser Mangel von vornherein kein geeignetes Mittel der Arrestvollziehung dar, Bbg MDR 2013, 57. Bei einer Buchhypothek genügt jedenfalls der Eingang des Umschreibungsantrags. Auch die Pfändung eines Anspruchs auf eine Herausgabe erfolgt nur innerhalb der Frist. Eine erfolglose Pfändung ist ein Vollzug. Eine Zustellung des Arrests an den Schuldner reicht nicht aus.

Prozessbevollmächtigter: Für die Zustellung ist § 172 anwendbar, Celle GRUR-RR 2017, 144. Im Anwaltsprozess ist eine Zustellung an den ProzBev. des Schuldners nach § 81 notwendig, Hamm MDR 1976, 407. Eine Zustellung direkt an den Gegner ist grds. bedenklich, Hmb GRUR-RR 2007, 296. Trotzdem kann sie ausnahmsweise ausreichen, Hmb GRUR 1987, 66. Das gilt zB bei einer unverschuldeten Unkenntnis des Umstands, dass der Gegner inzwischen einen ProzBev. nach § 172 bestellt hatte, oder dann, wenn sich der Anwalt des Schuldners nicht zum ProzBev. bestellt hat, Hmb MDR 2006, 1183.

Prozessstandschaft: Eine Wiederholung der Vollzugsmaßnahme kann dann entbehrlich sein, wenn statt des Prozessstandschafters nun der wahre Rechtsinhaber in das Verfahren eintritt, KG WettbR 1996, 161.

Rückgewinnung: Nicht reicht ein Antrag im Rahmen ihrer Hilfe, Mü ZIP 2016, 792.

Sicherungshypothek: Die Frist zur Arrestvollziehung durch Eintragung einer Sicherungshypothek ist auch gewahrt, wenn der Antrag fristgerecht bei dem AG eingeht, zu dem das Grundbuchamt gehört, BGH NJW 2001, 1134. Der Gläubiger muss aber fristgerecht auf etwa mehrere Grundstücke aufteilen.

Vermögensauskunft: Es genügt die Einreichung des Auftrags auf Vermögensauskunft bei dem nach §§ 802c ff. zuständigen Gerichtsvollzieher nach § 167, Treysse Rpfleger 1981, 340. Der Gläubiger muss die nötigen Nachweise beilegen. Da der Fristablauf die weitere Zwangsvollstreckung ausschließt, ist das Verfahren oft wertlos.

Vollzugsbeendigung: Eine Beendigung des Vollzugs innerhalb der Vollzugsfrist ist nicht erforderlich. Denn sie ist oft unmöglich. Es reicht daher aus, dass sich der Gläubiger nach Kräften bemüht hat, dass er also nicht trödelte, LG Hmb DGVZ 1991, 11; LG Kassel DGVZ 1985, 142; aM Köln FamRZ 1985, 1065. Beendende Vollzugsmaßnahmen müssen aber mit den vor dem Fristablauf begonnenen eine Einheit darstellen, Mü FamRZ 1993, 1101; Düss MDR 1983, 239; LG Konst DGVZ 1993, 142; aM App BB 1984, 273 (auch zu § 324 III 1 AO); Schneider MDR 1985, 114.

Vollziehungswille: Wenn der Gläubiger rechtzeitig seinen Vollziehungswillen betätigt, die Vollziehung aber nicht innerhalb der Frist bewirkt wird, ist die spätere Maßnahme wirksam (fristgerecht), wenn sie mit der früheren eine Einheit bildet, Düss BeckRS 2018, 37819; MüKoZPO/Drescher Rn. 11.

Vormerkung: Auch bei der Eintragung einer Vormerkung bleibt zwecks eines Vollzugs die Notwendigkeit der Zustellung, LG Düss NJW-RR 1999, 383. Keine Fristwahrung liegt vor der Eintragung vor, Mü Rpfleger 2015, 266.

Vorpfändung: Eine Zustellung an den Drittschuldner nach § 840 ist notwendig und ausreichend, AG Bln-Charlottenb NJW-RR 1988, 639. Jedoch muss die Pfändung innerhalb der 1-Monats-Frist des § 845 II erfolgen, AG Bln-Charlottenb NJW-RR 1988, 639.

Widerspruch: Eine neue Vollzugsfrist beginnt nur bei einer wesentlichen Änderung in der Widerspruchsentscheidung, Saarbr GRUR-RR 2014, 92.

Wiederholung: Der Gläubiger braucht eine Vollzugsmaßnahme nach der Bestätigung des Arrests grds. nicht zu wiederholen, insbesondere nicht bei einem unveränderten Inhalt, Hamm NJW-RR 1999, 631; Celle GRUR 1987, 66; Düss GRUR 1984, 77.

Zumutbarkeit: Der Gläubiger muss alles ihm Zumutbare tun, Mü Rpfleger 2015, 266.

Zustellung: Voraussetzung einer Vollziehung ist nach § 750 I die Zustellung der Arrestanordnung, Ffm GRUR-RR 2018, 176; Köln DGVZ 2014, 17; OVG Magdeb NVwZ-RR 2014, 372. Die von Amts wegen erfolgte Zustellung genügt nicht; der Gläubiger muss innerhalb der Vollziehungsfrist aktiv werden, indem er vom Titel Gebrauch macht, VGH Mannh NVwZ-RR 2013, 737 (bei § 890). Zur Wahrung der Vollzugsfrist ist im Rahmen des Vollzugsbeginns die Zustellung des Arrests erforderlich, Ffm GRUR 2014, 601; LG Düss NJW-RR 1999, 303 (auch bei Vormerkung); VGH Mannh NVwZ-RR 2014, 704, und zwar an jeden Betroffenen, Karlsr DGVZ 2014, 128. Es müssen zwar grds. keine Vollstreckungsmaßnahmen hinzutreten, Ffm GRUR 2014, 601, wohl aber deren Beantragung, VGH Mannh NVwZ-RR 2014, 704.

– **(Abschlussschreiben):** Keineswegs reicht schon ein sog. Abschlussschreiben nebst der Androhung eines Ordnungsmittelantrags, Hmb WettbR 2000, 51.

– **(Anlage):** Der Gläubiger muss die im Arrestbeschluss in Bezug genommene Anlage beifügen, Ffm GRUR-RR 2018, 176; Kblz GRUR-RR 2013, 496; Düss MDR 2010, 652. Das muss ggf. auch in Farbe geschehen, wenn nur sie Klarheit ergibt. Einen farbigen Urteilsteil muss der Gerichtsvollzieher grds. auch farbig zustellen, Ffm GRUR-RR 2014, 318; Hmb NJW-RR 2007, 986; AG Magdeb DGVZ 2010, 159. Davon gilt evtl. dann eine Ausnahme, wenn auch schwarz-weiß völlig die Reichweite erkennbar macht, Ffm

GRUR-RR 2015, 496, wenn es zB auch den Verbotsirrtum erkennen lässt, Köln GRUR-RR 2010, 176. Farbigkeit der Ausfertigung und nur schwarz-weiß der beglaubigten Abschrift können reichen, Köln DGVZ 2014, 17.

Es kann genügen, die zur Abgrenzung wesentlichen Anlagen beizufügen, Ffm GRUR-RR 2011,340. Eine unwesentliche Anlage kann wegbleiben, Jena NJW-RR 2013, 832.

– **(Arrestbeschluss):** Für die Zustellung einer im Beschlusswege erwirkten Arrestes oder einstweiligen Verfügung genügt seit dem 1.7.2014 die Übermittlung einer vom Gericht beglaubigten Abschrift des Eilrechtstitels, BGH NJW 2019, 1374.
– **(Arresturteil):** Bei ihm genügt die Zustellung einer abgekürzten Fassung, BVerfG NJW 1988, 3141.
– **(Beglaubigte Abschrift):** Seit dem Inkrafttreten der Neufassung des § 317 durch das Gesetz zur Förderung des elektronischen Rechtsverkehrs mit den Gerichten am 1.7.2014 werden Urteile den Parteien von Amts wegen grds. nur noch in Abschrift zugestellt, die von der Geschäftsstelle des Gerichts nach § 169 II 1 zu beglaubigen ist. Damit ist die Übersendung einer beglaubigten Abschrift zur Regelform der Urteilszustellung geworden, BGH NJW 2016, 1180. Nichts anderes gilt seit 1.7.2014 für Zustellung einer Beschlussverfügung, die der Antragsteller im Parteibetrieb zuzustellen hat, BGH NJW 2019, 1374; Mü GRUR 2018, 444; Hmb BeckRS 2018, 17282; siehe auch Celle GRUR-RR 2017, 144; Ffm GRUR 2014, 601. Der Beglaubigungsvermerk muss alles decken, Ffm GRUR 2014, 601. Nur ein unwesentlicher Fehler ist unschädlich, Ffm GRUR 2014, 601. Ungenügend ist die beglaubigte Abschrift einer bloß einfachen Abschrift des Titels, Kblz MDR 2017, 1146. Zur Vollziehung einer Beschlussverfügung ist es nicht ausreichend, eine unbeglaubigte gerichtliche, vom Gerichtsvollzieher aber beglaubigte Abschrift an den Antragsgegner zuzustellen, Düss GRUR-RR 2019, 240.
– **(Bestätigendes Urteil):** Nötig ist seine Zustellung bei einer wesentlichen Änderung gegenüber dem Erstentscheid, Hmb NJW 2015, 2278.
– **(Einfache Abschrift):** Sie reicht nicht, Karlsr DGVZ 2014, 128.
– **(Empfangsbekenntnis):** Ein solches muss wirksam unterschrieben sein.
– **(Erledigung):** Ab beiderseitig wirksamen Erledigungserklärungen unterbleibt eine Zustellung, LG Hmb Rpfleger 2006, 12.
– **(Heilung):** Ein Zustellungsmangel kann durch Übermittlung einer vom Gerichtsvollzieher beglaubigten einfachen Abschrift des Eilrechtstitels nach § 189 geheilt werden, BGH NJW 2019, 1374; Karlsr Rpfleger 2004, 642; Ffm NJW 2003, 2688.
– **(Parteibetrieb):** Der Gläubiger muss die Zustellung grds. nach §§ 191 ff. im Parteibetrieb vornehmen, Köln WRP 2020, 238; Celle GRUR-RR 2017, 144; Brschw MDR 2013, 1308; Ffm GRUR-RR 2010, 401. Das gilt auch für eine durch Urteil erlassene und von Amts wegen zugestellte Unterlassungsverfügung, Ffm BeckRS 2019, 5087. Denn die Amtszustellung nach §§ 166 ff. ergibt noch nicht den jetzigen Vollzugswillen des Gläubigers eindeutig genug, Mü GRUR-RR 2013, 404; Brschw MDR 2013, 1308; Jena GRUR-RR 2011, 434; aM Mü FGPrax 2005, 196; Stgt WRP 1997, 350; Celle NJW-RR 1990, 1088. Das gilt auch nach der erneuten Betätigung eines zuvor aufgehobenen Arrests, Düss NJW-RR 2000, 68. Nur ganz ausnahmsweise kann eine andere Handlung des Antragstellers reichen, Karlsr NJW-RR 2002, 951; Hmb WettbR 2000, 51; OVG Magdeb NVwZ-RR 2014, 372. Eine wegen Verweigerung der Rückgabe eines Empfangsbekenntnisses nach § 195 II 2 gescheiterte Parteizustellung lässt keine wirksame Vollziehung entstehen, Karlsr MDR 2016, 672.
– **(Prozessbevollmächtigter):** Die Zustellung muss an den ProzBevtl. der Instanz nach §§ 81, 172 erfolgen, Mü GRUR 2018, 446; Ffm GRUR-RR 2010, 401; Karlsr Rpfleger 2004, 642. Grds. ist nach § 195 I 5, § 174 II 1 die Übermittlung des Schriftstücks bei Übermittlung von Anwalt zu Anwalt per Telefax zulässig, Köln WRP 2020, 238.
– **(Rechtsmissbrauch):** Der Einwand der fehlenden Vollziehung (auch bei einer bereits von Amts wegen zugestellten Unterlassungsverfügung ist nicht rechtsmissbräuchlich, Ffm BeckRS 2019, 5087; ein Rechtsmissbrauch liegt allenfalls dann vor, wenn der Antragsgegner die Parteizustellung vereitelt hat, Ffm WRP 2016, 673.
– **(Schutzschrift):** Die Zustellung muss an den Schutzschriftanwalt des Gegners dann erfolgen, wenn das Gericht dem Antragsteller die Schutzschrift §§ 945a, 945b zusammen mit der Eilentscheidung zugestellt hatte, (zum alten Recht) Köln GRUR-RR 2001, 71.
– **(Telefax):** Wird eine Ausfertigung eines Arrestbefehls oder einer einstweiligen Verfügung zur Vollziehung per Telefax übersandt, kann ein möglicher Zustellungsmangel durch Zugang des gleichen Telefaxes geheilt sein, Köln WRP 2020, 238. Die Zustellung einer Ausfertigung mittels Telefax kommt nur in Betracht, wenn aufgrund einer Beglaubigung der Kopie jeder einzelnen Seite sichergestellt ist, dass das Original mit der Urschrift übereinstimmt, Köln WRP 2020, 238; Mü GRUR 2018, 444.
– **(Weitere Vollstreckungsmaßnahme):** Eine gesetzmäßige Zustellung reicht für die Wahrung der Vollzugsfrist auch dann, wenn eine weitere Vollstreckungsmaßnahme hinzutreten muss, AG Flensb DGVZ 1995, 60.

13 **VI. Vollzug vor der Zustellung, III.** Die Sonderregelung des III dient ebenfalls der wirksamen Rechtsdurchsetzung durch den Gläubiger, dem nach III 1 ein überraschender Zugriff auf das Schuldnervermögen ermöglicht wird.

14 **1. Möglichkeit.** Die Vorschrift enthält in III 1 eine Ausnahme von §§ 750, 751, die dem Gläubiger die Möglichkeit einräumt, – ähnlich wie bei § 845 I – die Vollziehung vor Zustellung des Arrestbefehls zu betreiben. Alle übrigen Voraussetzungen für eine Vollstreckung müssen erfüllt sein, BayObLG Rpfleger 1985, 59. Das kann sofort nach dem Erlass des Arrests oder der Urteilsverkündung geschehen, also schon vor dem Zeitpunkt der Parteizustellung des Arrests an den Schuldner oder – soweit er anwaltlich vertreten ist – an seinen ProzBev. nach § 172, § 152 V 1 GVGA, Hmb NJW-RR 1995, 444. Sie kann auch an den des Hauptsacheprozesses erfolgen, Hmb NJW-RR 1988, 1277. Bei Zustellung gegen EB ist zwingende Voraussetzung für deren Wirksamkeit, dass der Adressat in irgendeiner Weise klarstellt, das Schriftstück als zugestellt anzusehen, Hamm NJW 2010, 3380. Der Vollzug wirkt dann auflösend bedingt. Die Bedingung tritt nach III 2 dann ein, wenn nicht der Gläubiger innerhalb einer Woche seit dem Vollzug und außerdem vor dem Ablauf eines Monats seit der Verkündung des Arrests oder seiner Zustellung oder der Aushändigung an den Gläubiger und außerdem dem Schuldner nach

§ 152 V 2 GVGA zustellt, Celle FamRZ 1988, 525; LG Ffm NJW 1990, 652. Er muss auch dem etwaigen Drittschuldner nach § 840 rechtzeitig zustellen, Ffm Rpfleger 1999, 85. § 129 ist anwendbar, Drsd NJW-RR 1995, 445. Es muss die Zustellung des vollständigen Arrestbefehls innerhalb einer Woche nachgeholt werden, Köln WRP 1995, 506. Sie hat mit sämtlichen vom Gericht beigefügten Anlagen zu erfolgen, Mü NJW-RR 2003, 1722. Die Zustellung des Protokolls mit der verkündeten Urteilsformel per Fax reicht nicht aus, Ffm NJW-RR 1995, 445; Hamm GRUR 1987, 853.

Die Lösungssumme nach § 923 gibt dem Gerichtsvollzieher nach § 153 VI GVGA die Möglichkeit, von der weiteren Vollstreckung abzusehen. 15

2. Frist. Die Wochenfrist nach III 2 beginnt mit der Vollziehung des Arrestbefehls. Da der Gläubiger auf die Dauer der Vollstreckung jedoch keinen Einfluss hat, ist nicht auf die Einleitung der Vollziehungsmaßnahme, sondern auf den Zugriff auf das Schuldnervermögen abzustellen, Ffm NJW-RR 1999, 1446; MüKoZPO/Drescher Rn. 18; Musielak/Voit/Huber Rn. 10. Bei einer Forderungspfändung ist demnach die Zustellung an den Drittschuldner maßgeblich, Ffm NJW-RR 1999, 1446. Bei einer Eintragung in das Grundbuch oder in ein Register beginnt die Frist mit dem Antrag nach § 932 III, Ffm Rpfleger 1982, 32, oder mit einem sonstigen Zugriff, Ffm NJW-RR 1999, 1446. Eine nach §§ 921–923 notwendige Sicherheitsleistung muss vor dem Vollzug erfolgt sein. Der Gläubiger kann die Urkunden über die Leistung innerhalb der Frist des III zustellen. Es kann notwendig sein, zugleich einer Partei und ihrem gesetzlichen Vertreter zuzustellen, Hmb NJW-RR 1993, 1449. 16

3. Öffentliche Zustellung, Auslandszustellung. Beide sind auch bei III statthaft, Bbg MDR 2013, 673. Bei einer öffentlichen Zustellung nach §§ 185 ff. oder bei einer Zustellung im Ausland nach §§ 183, 184 genügt der Eingang des Gesuchs vor oder nach dem Vollzug dann, wenn die Zustellung nach § 167 demnächst stattfindet, aM (je zum alten Recht) Hmb NJW-RR 1988, 1277; Köln MDR 1987, 593. Es handelt sich um eine gesetzliche Frist und nicht um eine Notfrist nach § 224 I 2. Ihre Einhaltung richtet sich nach dem objektiven Zugang vor Fristablauf, Hamm FGPrax 2016, 58. Nach einem ergebnislosen Ablauf der Frist steht sie einer unzulässigen Zwangsvollstreckung gleich. Das Grundbuchamt muss eine Vormerkung löschen, Köln MDR 1987, 593. Der Schuldner kann auf die Einhaltung der Frist des III nicht wirksam verzichten, Ffm Rpfleger 1982, 32. 17

4. Verstoß. Ein Verstoß gegen II, III 2 führt zur Unwirksamkeit der jeweiligen Vollzugsmaßnahme, zB einer Pfändung, BGH NJW 1991, 220; Schlesw MDR 2001, 231. Der Schuldner kann nach § 766 vorgehen. Er hat außerdem die Möglichkeit eines Antrags nach § 927. Wenn die Zustellung vor dem Vollzug erfolgte oder wenn die Zustellung fehlerhaft war, ist III nicht anwendbar. Denn nach III 1 ist eine Voraussetzung seiner Anwendbarkeit der Umstand, dass überhaupt keine Zustellung erfolgte, LG Aachen NJW-RR 1990, 1344; aM Stein/Jonas/Grunsky Rn. 20. Solange und soweit noch ein Arrest- oder Verfügungsgrund nach §§ 917, 936 ff. besteht, kann der Gläubiger einen neuen Eilantrag stellen, Ffm NJW 2002, 1959. Dieser führt natürlich zu einem gesonderten neuen Verfahren. § 14 BORA ist unanwendbar, AGH Hamm NJW 2015, 890. 18

5. Rechtsbehelf. Der Betroffene kann bei einer bloßen Vollzugsmaßnahme ohne eine Anhörung des Gegners die Erinnerung nach § 766 einlegen, BGH Rpfleger 1989, 248. Er hat bei einer richterlichen Entscheidung des Richters die sofortige Beschwerde nach §§ 567 I Nr. 1, 793, 828. Er hat bei einer solchen des Rpfl. deshalb die sofortige Beschwerde nach § 11 I RPflG. Innerhalb der Monatsfrist nach II kann der Gläubiger den Vollzug wiederholen. 19

930 *Vollziehung in bewegliches Vermögen und Forderungen.*

I [1]Die Vollziehung des Arrestes in bewegliches Vermögen wird durch Pfändung bewirkt. [2]Die Pfändung erfolgt nach denselben Grundsätzen wie jede andere Pfändung und begründet ein Pfandrecht mit den im § 804 bestimmten Wirkungen. [3]Für die Pfändung einer Forderung ist das Arrestgericht als Vollstreckungsgericht zuständig.

II Gepfändetes Geld und ein im Verteilungsverfahren auf den Gläubiger fallender Betrag des Erlöses werden hinterlegt.

III Das Vollstreckungsgericht kann auf Antrag anordnen, dass eine bewegliche körperliche Sache, wenn sie der Gefahr einer beträchtlichen Wertverringerung ausgesetzt ist oder wenn ihre Aufbewahrung unverhältnismäßige Kosten verursachen würde, versteigert und der Erlös hinterlegt werden.

IV Die Vollziehung des Arrestes in ein nicht eingetragenes Seeschiff ist unzulässig, wenn sich das Schiff auf der Reise befindet und nicht in einem Hafen liegt.

I. Systematik. Im Anschluss an §§ 928, 929 regeln die §§ 930 ff. die Vollziehung des Arrestes, → § 928 Rn. 1, → § 929 Rn. 1. Der Arrest ist vollstreckungsfähig und -bedürftig. Das Gesetz spricht von Vollziehung, Zweibr FamRZ 2000, 966, da der Zweck der Zwangsvollstreckung im einstweiligen Rechtsschutz regelmäßig nur der Sicherung dient, → § 928 Rn. 2. § 930 betrifft zunächst die Vollziehung des Arrestes in das bewegliche Vermögen und in Forderungen. Der Arrestvollzug in bewegliches Vermögen erfolgt durch eine Pfändung nach §§ 803 ff. Die Pfändung bringt ein Pfändungspfandrecht nach §§ 804, 829 zum Entstehen, BayObLG Rpfleger 1985, 59. Mit dem Pfändungspfandrecht endet der Arrestvollzug. 1

Der Gläubiger darf keine rechtsgestaltenden Erklärungen abgeben. Er darf zB nicht die Begünstigung eines Dritten durch einen Versicherungsvertrag widerrufen. Ein Antrag nach § 807 ist statthaft, Behr Rpfleger 1988, 2. Der Gläubiger kann den Drittschuldner nach § 840 nicht auf eine Auskunft wegen einer Nichtabgabe der Erklärung verklagen, BGH NJW 1977, 1199. Für die Vollzugskosten ist der Arrest die Festsetzungsgrundlage, KG Rpfleger 1977, 372. Vgl. ferner § 324 III AO. Wegen einer Vermögensstrafe § 111o II StPO. 2

Der Arrestvollzug in das unbewegliche Vermögen richtet sich nach § 932. Die Vollziehung des Arrestes in ein eingetragenes Schiff oder Schiffsbauwerk ist in § 931 und die Vollziehung des persönlichen Arrestes ist in § 933 geregelt. 3

II. Regelungszweck. Der Arrest dient grundsätzlich nur der Sicherung des Gläubigers und nicht seiner Befriedigung, BGH NJW 2014, 2733; Mü MDR 2004, 1383. Daher darf der Gläubiger nach I dieses Pfandrecht nicht verwerten. Er darf also grundsätzlich weder eine Versteigerung noch eine Überweisung nach § 935 betreiben, BGH NJW 2014, 2733. Eine Ausnahme gilt nach III, → Rn. 13 ff. Die Überweisung ist ferner 4 ausnahmsweise dann zulässig, wenn es um einen Anspruch auf die Herausgabe eines solchen Hypothekenbriefs geht, der sich im Besitz eines Dritten befindet. Denn dann ist die Überweisung ein Teil des Pfandrechts, das durch die Überweisung erst zur Entstehung kommt. Eine Überweisung mit einer Hinterlegungsanordnung ist nicht statthaft. Bei einer Pfändung des Anspruchs auf die Herausgabe einer Sache kommt ihre Herausgabe nach § 847 I an den Gerichtsvollzieher oder einen Sequester in Betracht. IV verbietet die Arrestvollziehung in ein nicht eingetragenes Seeschiff auf Reisen außerhalb des Hafens, → Rn. 18.

5 **III. Unterliegen des Schuldners in der Hauptsache, I.** Unterliegt der Schuldner in der Hauptsache, wird das Arrestpfandrecht kraft Gesetzes – dh ohne nochmalige Pfändung, LG Köln Rpfleger 1974, 121 – zu einem Vollstreckungspfandrecht mit dem Rang des Zeitpunkts der Arrestpfändung, BGH NJW 1976, 1453, in Höhe der Arrestsumme, BGH NJW 1991, 2147. Eine Wiederholung der Pfändung wäre ein zweckloser Formalismus. Das Arrestpfandrecht lässt die Verwertung zu, sobald der Gläubiger eine vollstreckbare Ausfertigung des Urteils nach § 724 evtl. nebst einer Hinterlegungsbescheinigung zugestellt hat. Auch dann besteht noch kein Rechtsschutzbedürfnis für eine Einstellung der Zwangsvollstreckung aus dem Arrestbefehl, solange die Verurteilung in der Hauptsache wieder wegfallen kann.

6 **IV. Obsiegen des Schuldners in der Hauptsache, I.** Wenn der Schuldner in der Hauptsache siegt, kann er die Aufhebung des Arrests nach § 927 und danach seine Vollziehung nach § 776 verlangen. Das Arrestpfandrecht gibt den Rang nach dem Tag der Arrestpfändung, BGH NJW 1977, 1199. Jede Aufhebung des Arrests lässt nur den Rang bestehen, der seit der Zustellung eines vollstreckbaren Titels in der Hauptsache besteht.

7 **V. Pfändung einer Forderung, I.** Die Vollziehung des Arrestes erfolgt durch Pfändung (I 1) nach den allgemeinen Regeln (I 2).

8 **1. Verfahren.** Für die Pfändung einer Forderung ist das Arrestgericht des § 919 das nach § 802, § 153 VIII 1 GVGA ausschließlich zuständige Vollstreckungsgericht, BGH NJW 1976, 1453; BayObLG Rpfleger 2004, 365. Das gilt für diese Maßnahme aber nur insoweit in einer Abweichung vom grundsätzlich anwendbaren § 828 II, BVerfG NJW 1983, 2766. Bei Erlass des Arrestes durch das Rechtsmittelgericht ist das erstinstanzliche Gericht zuständig, Mü BeckRS 2016, 20492 = WM 2017, 644; Hamm ZEV 2016, 280; Bambg BeckRS, 2012, 24666; MüKoZPO/Drescher Rn. 3 mwN; aA Thomas/Putzo/Seiler Rn. 2 mwN. Das Arrestgericht entscheidet nach § 20 I Nr. 16 RPflG durch den Rpfl, falls nicht das Gericht zulässigerweise den Pfändungsbeschluss schon mit dem Arrestbeschluss verbunden hatte, Mü MDR 2004, 1383; Ffm Rpfleger 1980, 485. Eine Pfändung des Herausgabeanspruchs und die anderer Vermögensrechte stehen nach §§ 846, 857 gleich. Eine Durchsuchung kann nach § 758a I 2 bei Gefahr im Verzug stattfinden, BVerfG NJW 1979, 1539; Karlsr DGVZ 1983, 139; LG Düss DGVZ 1985, 60. Das Arrestgericht entscheidet nach einer bloßen Maßnahme ohne eine Anhörung des Gegners. Bei einer echten Entscheidung gilt § 11 RPflG. Das Arrestgericht entscheidet auch über die Erinnerung nach § 766, BGH NJW 1976, 1453; Ffm Rpfleger 1980, 485, durch den Richter nach § 20 I Nr. 17 Hs. 2 RPflG. Es erfolgt also keine Weitergabe, so schon Düss NJW-RR 1993, 831; Ffm Rpfleger 1980, 485. Falls sie dennoch erfolgt ist, wird die Sache zurückverwiesen, Düss NJW-RR 1993, 831.

9 Das Arrestgericht entscheidet durch den Richter auch über weitere Anträge wegen derselben Forderung oder wegen irgendwelcher Klarstellungen, Mü Rpfleger 1975, 35; aM LG Mü Rpfleger 1989, 401. Es entscheidet auch über eine Aufhebung des Pfändungsbeschlusses nach §§ 775 ff., BGH NJW 1976, 1453. Ferner entscheidet es über eine Aufhebung nach § 934, BGH NJW 1976, 1453; MüKoZPO/Drescher Rn. 4. Weiterhin ist das Arrestgericht für Vollstreckungsschutzanträge nach § 765a oder für Anträge auf Festsetzung eines abweichenden Pfändungsbetrages nach § 850k IV zuständig, Hamm BeckRS 2017, 122308. Für eine Überweisung der gepfändeten Forderung nach § 835 ist immer das AG als Vollstreckungsgericht nach § 764 zuständig, BGH NJW 1993, 735 (bei Verstoß Nichtigkeit). Ein Arrest und eine Zwangsvollstreckung in eine im Deckungsregister eingetragene und durch ein Schiffspfandrecht gesicherte Darlehnsforderung und in Wertpapiere sind nach § 35 SchiffsbankG nur aufgrund von Ansprüchen aus einem Schiffspfandbrief zulässig.

10 **2. Verbindung der Beschlüsse.** Das Arrestgericht kann den Pfändungsbeschluss nach § 930 mit dem Arrestbeschluss nach § 922 verbinden, Zweibr FamRZ 2000, 966, auch als Beschwerdegericht, Mü MDR 2004, 1383, nicht aber mit einem Arresturteil, aM Stein/Jonas/Grunsky Rn. 5; Zöller/Vollkommer Rn. 2. Wenn das Gericht den Arrest allerdings von einer Sicherheitsleistung abhängig gemacht hat, ist eine derartige Verbindung unzulässig, Düss Rpfleger 1984, 161. Die Verbindung bleibt rein äußerlich, BayObLG Rpfleger 1985, 59. Die Rechtsbehelfe und die Zustellungserfordernisse richten sich nach dem jeweiligen Einzelbeschluss. Auch die Anträge lassen sich verbinden. Ein Anwaltszwang besteht nach § 920 III, § 13 RPflG für den Pfändungsantrag ebenso wenig wie für den Arrestantrag, Bergerfurth Rpfleger 1978, 205. Eine einmal begründete Zuständigkeit bleibt trotz späterer Änderungen etwa nach §§ 775 ff. bestehen. Bei einer neuen Forderung oder bei einem Drittschuldner nach § 840 für den bloßen Pfändungsbeschluss wird der Rpfl. wieder zuständig, Mü Rpfleger 1975, 35. Wenn ein ArbG den Arrest erlassen hat, ist es auch für den Pfändungsbeschluss zuständig.

11 **3. Stellung des Drittschuldners.** Der Drittschuldner nach § 840 darf nur noch an den Pfändungsgläubiger und an den Arrestschuldner gemeinschaftlich zahlen; er kann ggf. zugunsten beider hinterlegen.

12 **VI. Hinterlegung, II.** Der Arrest soll den Gläubiger grundsätzlich nur sichern. Daher muss der Gerichtsvollzieher nach § 153 III 4 GVGA gepfändetes Geld und den Anteil des Gläubigers an der Verteilungsmasse hinterlegen. Notfalls muss nach § 253 auf die Hinterlegung geklagt werden. Wegen des Verteilungsverfahrens §§ 872 ff. Der Gerichtsvollzieher darf nach § 155 S. 2 Nr. 5 GVGA keine Auszahlung an den Gläubiger vornehmen, soweit und solange der Schuldner hinterlegen darf.

13 **VII. Versteigerung, III.** Das Versteigerungsgericht kann nach III auf Antrag des Gläubigers oder des Schuldners anordnen, dass eine bewegliche körperliche Sache versteigert und der Erlös hinterlegt wird. Der Antrag kann nicht vom Gerichtsvollzieher gestellt werden, BGH NJW 1984, 1759. Über das Vorliegen der Voraussetzungen, die nicht eindeutig vorhersehbar sind, entscheidet das Gericht nach pflichtgemäßem Ermessen durch Beschluss. Zur Zuständigkeit und zum Verfahren → Rn. 16. Die Verwertung aufgrund eines Vollstreckungstitels für einen anderen Gläubiger bleibt nach § 153 III 3 GVGA statthaft.

14 **1. Voraussetzungen.** Ein Antrag kann sich darauf stützen, dass die bewegliche Sache der Gefahr einer beträchtlichen Wertverringerung ausgesetzt ist. Dies muss in der Beschaffenheit der Sache liegen. Das kann zB bei

Wertpapieren zutreffen, weniger bei einem Wein, Sekt o. Ä., LG Mönchengladb DGVZ 2003, 141 (PKW); LG Bln DGVZ 1977, 60. Andernfalls ist § 766 anwendbar.

Der Antrag kann sich auch darauf stützen, dass ihre Aufbewahrung im Verhältnis zu ihrem Wert unverhältnismäßig hohe Kosten verursachen würde, LG Mönchengladb DGVZ 2003, 141. Transportkosten sind unerheblich, LG Bln DGVZ 1977, 60. Diese Gefahr besteht dann nicht, wenn der Gläubiger nur den Anspruch auf die Herausgabe gepfändet hat und wenn die Herausgabe selbst nicht erfolgt ist oder wenn zB bei einem Wert von (umgerechnet ca.) 7500 EUR Verwahrkosten von monatlich (ca.) 60 EUR entstehen, LG Kblz DGVZ 1990, 42. 15

2. Verfahren. Für die Anordnung nach III ist nur das Vollstreckungsgericht, dh das AG, in dessen Bezirk sich die Sache befindet (§§ 764 II, 802, 847 II) und nicht das Arrestgericht des § 919 zuständig, BGH NJW 1984, 1759. Der Gerichtsvollzieher soll die Beteiligten nach § 153 III 2 Hs. 3 GVGA auf eine etwaige Versteigerung zwar nach § 49 hinweisen, ist aber nicht zuständig. Beim Vollstreckungsgericht ist funktionell der Rpfl. nach § 20 I Nr. 17 S. 1 RPflG zuständig. Er kann ohne eine mündliche Verhandlung und nach seinem pflichtgemäßen Ermessen durch Beschluss nach § 329 anordnen, dass eine bewegliche körperliche Sache versteigert und ihr Erlös hinterlegt wird. Der Rpfl. hat den Beschluss zu begründen. Er ist nach § 329 III förmlich zuzustellen. 16

3. Rechtsbehelf. Zwischen dem Rechtsbehelf gegen den Arrestbeschluss und dem gegen die Vollziehungsanordnung ist zu unterscheiden, Zweibr FamRZ 2000, 967. Gegen eine Maßnahme des Rpfl. ohne eine Anhörung des Gegners ist die Erinnerung nach § 766 zulässig. Über sie entscheidet der Richter nach § 20 I Nr. 17 S. 2 RPflG. Gegen eine echte Entscheidung des Rpfl. gilt § 11 I RPflG iVm §§ 567 I Nr. 1, 793. Gegen einen fälschlich erfolgten anfänglichen Beschluss des Richters ist die sofortige Beschwerde nach §§ 567 I Nr. 1, 793 statthaft. Bbg WM 2013, 649 lässt gegen die Ablehnung nach I 3 nur begrenzt eine Anfechtung zu. 17

VIII. Unzulässigkeit bei Seeschiff, IV. § 930 IV entspricht § 482 HGB a. F. Nach der mit Wirkung vom 25.4.2013 eingefügten Vorschrift – hierzu → § 917 Rn. 25 f.; Drews RdTW 2019, 1 (zum Gesetz zur Reform des Seehandelsrechts, BGBl. I 2012, 831) – ist die Vollziehung des Arrestes in ein nicht eingetragenes Seeschiff unzulässig, wenn es sich auf Reisen und nicht im Hafen befindet. Diese Regelung entspricht der des § 931 VII für eingetragene Seeschiffe, so dass kein Unterschied zwischen eingetragenen und nicht eingetragenen Seeschiffen besteht. Es darf überhaupt kein Arrestvollzug nach § 930 eintreten, sobald und solange die folgenden Voraussetzungen zusammentreffen: Es muss sich um ein Seeschiff handeln und es muss sich auf der Reise befinden; es darf nicht auch nur kurzfristig in einem Hafen liegen. Diese Vollstreckungsbeschränkung ist ein Ausfluss des Territorialprinzips, nach dem sich die Zwangsvollstreckung grds. nur auf im Inland belegene Objekte erstreckt. 18

931 *Vollziehung in eingetragenes Schiff oder Schiffsbauwerk.* **I Die Vollziehung des Arrestes in ein eingetragenes Schiff oder Schiffsbauwerk wird durch Pfändung nach den Vorschriften über die Pfändung beweglicher Sachen mit folgenden Abweichungen bewirkt.**

II Die Pfändung begründet ein Pfandrecht an dem gepfändeten Schiff oder Schiffsbauwerk; das Pfandrecht gewährt dem Gläubiger im Verhältnis zu anderen Rechten dieselben Rechte wie eine Schiffshypothek.

III Die Pfändung wird auf Antrag des Gläubigers vom Arrestgericht als Vollstreckungsgericht angeordnet; das Gericht hat zugleich das Registergericht um die Eintragung einer Vormerkung zur Sicherung des Arrestpfandrechts in das Schiffsregister oder Schiffsbauregister zu ersuchen; die Vormerkung erlischt, wenn die Vollziehung des Arrestes unstatthaft wird.

IV Der Gerichtsvollzieher hat bei der Vornahme der Pfändung das Schiff oder Schiffsbauwerk in Bewachung und Verwahrung zu nehmen.

V Ist zur Zeit der Arrestvollziehung die Zwangsversteigerung des Schiffes oder Schiffsbauwerks eingeleitet, so gilt die in diesem Verfahren erfolgte Beschlagnahme des Schiffes oder Schiffsbauwerks als erste Pfändung im Sinne des § 826; die Abschrift des Pfändungsprotokolls ist dem Vollstreckungsgericht einzureichen.

VI [1]Das Arrestpfandrecht wird auf Antrag des Gläubigers in das Schiffsregister oder Schiffsbauregister eingetragen; der nach § 923 festgestellte Geldbetrag ist als der Höchstbetrag zu bezeichnen, für den das Schiff oder Schiffsbauwerk haftet. [2]Im Übrigen gelten der § 867 Abs. 1 und 2 und der § 870a Abs. 3 entsprechend, soweit nicht vorstehend etwas anderes bestimmt ist.

VII Die Vollziehung des Arrestes in ein eingetragenes Seeschiff ist unzulässig, wenn sich das Schiff auf der Reise befindet und nicht in einem Hafen liegt.

I. Systematik. Nach § 864 sind eingetragene Schiffe und Schiffsbauwerke Gegenstand der Immobiliarzwangsvollstreckung. Nach I wird aber die Vollziehung des Arrestes durch Pfändung nach den Vorschriften über die Pfändung beweglicher Sachen bewirkt, wobei in II bis VII Abweichungen geregelt werden. Gepfändete Schiffe werden erst wie Grundstücke behandelt, wenn die Zwangsvollstreckung in die eingetragenen Schiffe durch Zwangsversteigerung erfolgt. Nicht eingetragene Schiffe und ausländische Schiffe werden grds. als bewegliche Sachen (§§ 808 f.) behandelt, LG Hmb MDR 1978, 764. 1

II. Regelungszweck. Dass die Regelung für die Vollziehung des Arrestes eine systematische Abweichung von § 864 darstellt, → Rn. 1, beruht auf praktischen Erwägungen und Zweckmäßigkeitsgesichtspunkten. Gerade beim Arrest in ein Seeschiff kann Eile geboten sein, damit ein Auslaufen oder ein endgültiges Verlassen des deutschen Hoheitsgebiets unterbleibt. Nach VII ist die Pfändung unzulässig, wenn sich ein Schiff zur Zeit des Vollzugs der Pfändung auf der Reise befindet und nicht in einem Hafen liegt. Diesem Zweck dienen auch die Sonderregelungen in III bis VI. So geschieht nach IV der Vollzug der Pfändung durch den Gerichtsvollzieher; die Eintragung in das Schiffsregister erfolgt nach VI erst nach vollzogener Pfändung. 2

III. Pfändung. Das Vollstreckungsgericht der §§ 764, 802 ordnet die Pfändung aufgrund eines Gläubigerantrags an, → § 930 Rn. 7 ff. Es wird nach § 20 I Nr. 16 RPflG durch den Rpfl. tätig. Er ersucht das Grundbuchamt gleichzeitig von Amts wegen um die Eintragung einer Vormerkung nach III. Der Vollzug der Pfändung erfolgt nach IV durch den Gerichtsvollzieher. Er nimmt das Schiff oder das Schiffsbauwerk nach IV in seine 3

Bewachung und Verwahrung nach §§ 808, 928, § 153 IV 1, 2 GVGA. Dadurch entsteht das Arrestpfandrecht (§ 804), → Rn. 4. Es bedarf keiner Eintragung in das Schiffsregister oder Schiffsbauregister. Der Gläubiger erwirbt das Arrestpfandrecht nach § 930 I mit der Pfändung durch den Gerichtsvollzieher nach IV. Das Gericht stellt die Pfändungsanordnung dem Schuldner nach § 329 III zu. Eine Zustellung innerhalb der Frist des § 929 III reicht aus. Die Beschlagnahme in der Zwangsversteigerung wirkt nach V nur dahin, dass die Pfändung als eine Anschlusspfändung nach § 826 oder als eine zweite Hauptpfändung nach § 808 stattfindet. Wenn das Vollstreckungsgericht die Versteigerung nach § 930 III anordnet, erfolgt die Versteigerung nach §§ 816 ff. Die eingetragenen Schiffspfandrechte bleiben unberührt.

4 **IV. Arrestpfandrecht, II.** Die Pfändung gibt dem Gläubiger ein Arrestpfandrecht mit dem Inhalt und dem Rang einer Schiffshypothek. Das Arrestpfandrecht entsteht entgegen § 8 SchRG immer ohne eine Eintragung in das Schiffsregister oder Schiffsbauregister, → Rn. 3. Die Eintragung findet nur aufgrund eines Antrags des Gläubigers nur zur Berichtigung des Registers statt. Die Eintragung muss nach § 75 SchRG den Arrestbetrag als den Höchstbetrag angeben. Ohne die Eintragung könnte aber das Arrestpfandrecht gegenüber einem guten Glauben des Erwerbers des Schiffs wegen des öffentlichen Glaubens des Registers nach § 16 SchRG unwirksam sein. §§ 867 I, II, 870a III sind im Übrigen entsprechend anwendbar. Das Schiffspfandrecht erlischt im Zeitpunkt der Aufhebung der Entscheidung oder ihrer Vollstreckbarkeit. Bei einer Zwangsvollstreckung ist der Arrestgläubiger ein Beteiligter nach § 9 ZVG.

5 **V. Unzulässigkeit bei Seeschiff, VII.** Die Regelung des VII für eingetragene Seeschiffe korrespondiert mit der Regelung des § 930 IV für nicht eingetragene Seeschiffe; insoweit gelten die Ausführungen zu → § 930 Rn. 18. Ein Arrestvollzug nach § 931 darf unter folgenden Voraussetzungen nicht eintreten: Es muss sich wie bei § 930 um ein Seeschiff handeln; dieses muss anders als bei § 930 eingetragen sein; es muss sich wie bei § 930 auf der Reise befinden; es darf wie bei § 930 nicht auch nur kurzfristig in einem Hafen liegen.

6 **VI. Luftfahrzeug.** Ähnlich ist die Vollstreckung des Arrests in ein eingetragenes Luftfahrzeug geregelt. Sie erfolgt bei einem inländischen Luftfahrzeug grundsätzlich dadurch, dass der Gerichtsvollzieher das Luftfahrzeug nach § 153 V 1 GVGA in seine Bewachung und Verwahrung nimmt und dass für die Forderung ein Registerpfandrecht eingetragen wird. Für nicht eingetragene Luftfahrzeuge gilt § 930. Bei ausländischen Luftfahrzeugen ist nach § 106 II LuftRG die Vollstreckung und Eintragung eines Registerpfandrechts unzulässig; es erfolgt nach § 108 III LuftRG, § 153 V 2 GVGA eine Pfändung. Eine Pfändung kann nach § 153 V 3 GVGA ausnahmsweise unstatthaft sein. Der Antrag auf die Eintragung des Registerpfandrechts gilt als Vollzug nach § 929 II, III, § 99 II LuftRG.

932

Arresthypothek. I [1]**Die Vollziehung des Arrestes in ein Grundstück oder in eine Berechtigung, für welche die sich auf Grundstücke beziehenden Vorschriften gelten, erfolgt durch Eintragung einer Sicherungshypothek für die Forderung; der nach § 923 festgestellte Geldbetrag ist als der Höchstbetrag zu bezeichnen, für den das Grundstück oder die Berechtigung haftet. [2]Ein Anspruch nach § 1179a oder § 1179b des Bürgerlichen Gesetzbuchs steht dem Gläubiger oder im Grundbuch eingetragenen Gläubiger der Sicherungshypothek nicht zu.**

II **Im Übrigen gelten die Vorschriften des § 866 Abs. 3 Satz 1, des § 867 Abs. 1 und 2 und des § 868.**

III **Der Antrag auf Eintragung der Hypothek gilt im Sinne des § 929 Abs. 2, 3 als Vollziehung des Arrestbefehls.**

Schrifttum: Helwich JurBüro 2009, 290 (Grdz.).

1 **I. Systematik.** Der Arrestvollzug in ein Grundstück oder in grundstücksgleiche Rechte erfolgt ausschließlich durch die Eintragung einer Sicherungshypothek ähnlich den §§ 866, 867, der Arresthypothek. Er geschieht also nicht durch eine Zwangsverwaltung oder durch eine Vormerkung, KG OLGZ 1978, 452. Zum Verhältnis zur Zwangshypothek nach § 866 Morvilius, Die Zwangshypothek und die Arresthypothek, FPR 2013, 382.

2 **II. Regelungszweck.** Entsprechend der Sicherungsfunktion des Arrestes dient die Vorschrift einer rangwahrenden Sicherung. Sie ist noch keine Zwangsvollstreckung, Köln Rpfleger 2004, 478. Aus ihr kann auf die Duldung der Zwangsvollstreckung geklagt werden, BGH NJW 1997, 3233.

3 **III. Geltungsbereich: Arresthypothek.** Das Schicksal der Arresthypothek, die nach Inhalt und Rechtsnatur eine Höchstbetragshypothek darstellt (1), gestaltet sich je nach Ausgang des Hauptprozesses (2, 3) unterschiedlich.

4 **1. Rechtsnatur: Höchstbetragshypothek.** Die Hypothek ist eine Höchstbetrags-Sicherungshypothek, BGH NJW 1997, 3233. Höchstbetrag ist der Abwendungsbetrag, durch dessen Hinterlegung der Schuldner die Vollziehung des Arrestes hemmen oder dessen Aufhebung begründen kann; → § 923 Rn. 1 (Lösungssumme), einschließlich Zinsen und Kosten. Liegt er nicht in EUR vor, ist er auf EUR umzurechnen. Bei einem Arrest zur Sicherung einer Unterhaltsrente muss der Zinsertrag den Rentenbedarf decken. Wegen einer Vermögensstrafe § 111o II StPO. Der Gläubiger hat seine Forderung zusammen mit ihren Nebenansprüchen nach § 1190 II BGB in einer Summe anzugeben. Wenn der Höchstbetrag im Arrestbefehl fehlt, muss das Grundbuchamt den Eintragungsantrag zurückweisen. Wenn die Hypothek fälschlich auf einen Betrag „mit laufenden Zinsen" eingetragen hat, ist nur die Zinseintragung unwirksam. Die Eintragung eines anderen Geldbetrags als desjenigen der Lösungssumme nach § 923 macht die Eintragung zwar unrichtig, aber nicht unzulässig.

5 Die Wertgrenze des § 866 III 1 gilt hier auch bei Teilbeträgen, Hintzen Rpfleger 2005, 576. Das ergibt sich aus § 928 und dadurch, dass II auf § 866 III 1 Bezug nimmt. Der Arrestgläubiger darf eben nicht besser dastehen als ein Vollstreckungsgläubiger. Bei einer Belastung mehrerer Grundstücke muss der Gläubiger die Forderung nach § 867 II verteilen. Allerdings macht eine ungeteilte Eintragung ohne eine Bezeichnung als Gesamthypothek die Eintragung nur unrichtig und nicht unzulässig. Die Arrestforderung ist nach § 1190 BGB ohne die Hypothek übertragbar. Bei einer Zwangsversteigerung oder Zwangsverwaltung gelten §§ 14, 146 ZVG, beim geringsten Gebot § 48 ZVG, beim Teilungsplan §§ 114, 119, 124 ff. ZVG.

6 **2. Stattgabe im Hauptprozess.** Wenn das Gericht die Arrestforderung dem Gläubiger im Hauptprozess durch ein Urteil zuspricht, wird nicht etwa kraft Gesetzes aus der Arresthypothek die rechtlich andersartige

Zwangshypothek des § 866. Zu einer solchen Umwandlung muss der Arrestgläubiger vielmehr einen formlos möglichen Antrag stellen. Er hat außerdem den vollstreckbaren Titel aus dem Hauptprozess vorzulegen, BGH NJW 1997, 3230; Ffm Rpfleger 1975, 103. Für die Zwangshypothek mit dem Rang der Arresthypothek ist der vollstreckbare Titel und nicht etwa der Arrest die Grundlage, LG Zweibr NLW-RR 1995, 512 („latente Verwertungsbefugnis"). Deshalb ist dann keine Umwandlung möglich, wenn nur die Lösungssumme den Betrag des § 866 III 1 übersteigt, nicht aber die Urteilssumme ihn übersteigt. Der Gläubiger kann wohl auch die Umschreibung verlangen, wenn er nur ein nach §§ 708 ff. vorläufig vollstreckbares Urteil erwirkt hat, hL, MüKoZPO/Drescher Rn. 13; Stein/Jonas/Grunsky Rn. 14; Musielak/Voit/Huber Rn. 6; Zöller/Vollkommer Rn. 5. Die Umschreibung verbindet die Hypothek unlöslich mit der Forderung. Bei einer Belastung mehrerer Grundstücke darf der Gläubiger die Verteilung jetzt anders vornehmen. Eine Umschreibung ist nach der Eröffnung des Insolvenzverfahrens selbst dann unzulässig, wenn der Gläubiger einen Duldungstitel vorher erworben hatte, Ffm Rpfleger 1975, 103.

3. Abweisung im Hauptprozess. Wenn das Gericht die Forderung im Hauptprozess durch Urteil abweist, 7
ist aufgrund der Verweisung in II § 868 II anwendbar. Der Eigentümer erwirbt also die Hypothek als eine Eigentümergrundschuld. Die Art der Aufhebung des Arrests ist unerheblich. Die Rechtskraft der Aufhebungsentscheidung ist in keinem Fall erforderlich (§ 868 II), Düss NJW-RR 2000, 68. Der Eigentümer erwirbt die Hypothek schon im Zeitpunkt der Hinterlegung nach § 923. Wenn das Gericht im Urteil die Forderung im Hauptprozess teilweise abweist, muss der Gläubiger auf einen entsprechenden Teil der Arresthypothek verzichten. Dieser Teil der Arresthypothek wird nach § 1176 BGB eine Eigentümergrundschuld im Rang hinter der Zwangshypothek. Der Schuldner trägt die Kosten der Umschreibung. Denn es handelt sich nach § 788 der Sache nach um eine Vollstreckungsmaßnahme.

IV. Eintragung. Die Eintragung richtet sich nach den Vorschriften der §§ 866 III, 867 f. 8

1. Stellung des Grundbuchamts. Das Grundbuchamt handelt hier ebenso wie bei einer Zwangshypothek 9
teilweise als Vollstreckungsgericht nach §§ 764, 802, Hamm Rpfleger 2002, 541. Teilweise handelt es auch als eine Behörde der freiwilligen Gerichtsbarkeit. Das Grundbuchamt prüft die Voraussetzungen einer Eintragung deshalb sowohl nach dem Grundbuchrecht als auch nach dem Vollstreckungs- oder Vollziehungsrecht, Düss Rpfleger 1978, 216. Die Bezeichnung bestimmter haftender Gegenstände im Arrestbefehl ist weder erforderlich noch erheblich; KG MDR 1991, 66. Das Grundbuchamt hat zu prüfen, ob der eingetragene Eigentümer und der Arrestschuldner dieselbe Person sind. Eine im Arrestbeschluss als Gläubigerin genannte Vor-GmbH darf nicht inzwischen aufgelöst worden sein, Düss DB 1993, 1815. Das Grundbuchamt muss von Amts wegen prüfen, ob der Gläubiger die Vollzugsfrist eingehalten hat, LG Essen Rpfleger 1985, 489; aM Köln Rpfleger 2013, 265. Das Grundbuchamt prüft aber nicht, ob der Gläubiger auch die Wochenfrist des § 929 III 2 eingehalten hat, aM Streuer Rpfleger 1988, 514.

2. Wahrung der Vollzugsfrist, III. Schon der Eingang des Eintragungsantrags zumindest auch beim Grund- 10
buchamt wahrt die Vollzugsfrist nach § 929 II, III 2, BGH NJW 2001, 1134; Köln Rpfleger 2013, 266; Ffm NJW 2003, 2688. Das gilt aber nur dann, wenn der Eintragungsantrag sachlich und förmlich ausreicht, Ffm NJW 2003, 2688; Düss Rpfleger 1993, 488. III ist im Übrigen als eine Ausnahmevorschrift eng auszulegen, Hmb FamRZ 1988, 523. Wenn das Grundbuchamt nach § 18 GBO eine Ergänzung verlangt, muss die Ergänzung innerhalb der Monatsfrist eingehen, LG Essen Rpfleger 1985, 489. Außerdem muss natürlich die Eintragung stattfinden, möglicherweise auch erst nach dem Ablauf der Frist. Zum Problem Streuer Rpfleger 1988, 514. Bei einer Zwischenverfügung nach § 18 GBO muss das Grundbuchamt von Amts wegen eine Vormerkung eintragen. Eine Zwischenverfügung ist jedoch nicht stets zulässig, Düss Rpfleger 1978, 216. Bei einer rechtzeitigen Behebung des Hindernisses gilt der Arrest als mit der Behebung vollzogen. Andernfalls muss das Grundbuchamt den Eintragungsantrag zurückweisen, LG Essen Rpfleger 1985, 488.

Zur Fristeinhaltung reicht es aus, wenn der Eintragungsantrag rechtzeitig bei dem AG eingeht, zu dem das 11
zuständige Grundbuchamt gehört, BGH NJW 2001, 1134; Musielak/Voit/Huber Rn. 2; Zöller/Vollkommer Rn. 7; Prütting/Gehrlein/Fischer Rn. 2; → § 929 Rn. 12 „Sicherungshypothek"; str. aM Düss NJW-RR 1994, 1024. Eine Vorlage beim GBA oder gar beim zuständigen Sachbearbeiter ist nicht erforderlich; § 13 II, III GBO sind nicht auf III anwendbar, BGH NJW 2001, 1134; Thomas/Putzo/Seiler Rn. 3.

Da die Arresthypothek nur eine vorläufige Sicherungsmaßnahme darstellt, besteht nach I 2 kein Löschungs- 12
anspruch nach § 1179a und b BGB. Etwas anderes gilt bei einer Zwangshypothek nach §§ 866 ff. Wegen dieser Schlechterstellung des Arrestgläubigers hat Stöber Rpfleger 1977, 426 verfassungsrechtliche Bedenken. Das Grundbuchamt prüft die Zuständigkeit des Arrestgerichts nicht nach. Ebenso wenig prüft es die Frage, ob nach § 750 eine Zustellung des Vollstreckungstitels und der zugehörigen Urkunden erfolgt ist. Denn diese Zustellung darf nach § 929 III nachfolgen, BayObLG Rpfleger 1993, 397. Das Grundbuchamt prüft auch nicht die Einhaltung der Frist des § 929 III 2, BayObLG Rpfleger 1993, 397. § 189 ist anwendbar, Ffm NJW 2003, 2688. Der Gläubiger muss eine Sicherheitsleistung dem Grundbuchamt evtl. nachweisen. Die Zustellung hat innerhalb der Wochenfrist seit dem Eingang des Eintragungsantrags zu erfolgen. Wegen der mangelnden Abstimmung mit § 15 ErbbauRG ist dem Gläubiger, dem der Eigentümer die erforderliche Zustimmung zur Belastung des Erbbaurechts verweigert, eine angemessene Frist zur Durchführung eines gerichtlichen Verfahrens zur Ersetzung der Zustimmung einzuräumen, Celle MDR 1985, 331.

V. Entstehung, II. Die Arresthypothek entsteht nicht schon im Zeitpunkt des Eingangs des Antrags. Denn er 13
wahrt nur die Vollzugsfrist. Die Arresthypothek entsteht vielmehr nach § 867 I, II erst im Zeitpunkt der Eintragung. § 932 III ist also für die Wirkung des Grundbuchs unerheblich. Die Hypothek gibt dem Gläubiger nur eine vorläufige Sicherung. Sie wahrt einen Rang und befriedigt den Gläubiger nicht. Sie sichert die Forderung des Gläubigers in der Höhe ihrer endgültigen Feststellung. Der Arrestgläubiger kann aus der Arresthypothek nach § 1147 BGB nur auf eine Duldung der Zwangsvollstreckung klagen. Das Mahnverfahren ist nach § 688 I 2 zulässig. Der Eigentümer kann die vorzeitige Befriedigung des Gläubigers wegen § 1184 BGB verhindern. Daher werden die Grenzen einer bloßen Sicherung des Arrestgläubigers auch insofern nicht überschritten. Eingetragen werden kann auch eine italienische Sicherstellungsbeschlagnahme, die funktionell wie ein Arresttitel nach deutschen Recht eingeordnet werden kann, mit der Wirkung der Vollziehung nach § 932, EuGH NJW 2019, 581 Rn. 30 ff.

14 Wenn eine grundbuchmäßige Voraussetzung der Eintragung fehlt, wenn zB der Gläubiger die Vollzugsfrist nicht gewahrt hat oder wenn er nach dem Eingang des Antrags die Frist des § 929 III versäumt hat, ist keine Arresthypothek entstanden, ebenso wenig ein Eigentümergrundpfandrecht, Wittmann MDR 1979, 550. Das Grundbuch ist dann nach §§ 894, 899 BGB, 22 GBO von Anfang an unrichtig. Das Grundbuchamt hat das Grundbuch daher von Amts wegen zu berichtigen. Das Grundbuchamt kann nach § 53 I GBO einen Widerspruch von Amts wegen eintragen, aM Thomas/Putzo/Seiler Rn. 4. Bei einem Fehlen des Nachweises der Zustellung einer angeordneten Sicherheitsleistung (Bürgschaft) kann Heilung eintreten, BayObLG NJW-RR 2003, 1668; Marvilius FPR 2013, 382.

15 Wenn dagegen eine Voraussetzung der Zwangsvollstreckung fehlt, entsteht ein auflösend bedingt wirksames Recht, BayObLG Rpfleger 1993, 398. Wenn das Grundbuchamt eine objektiv unwirksame Arresthypothek wirksam einträgt, muss es wegen des förmlichen Grundbuchrechts zunächst die unwirksame frühere Eintragung beseitigen. Das geschieht aufgrund eines formlos möglichen Antrags des Gläubigers durch eine Löschung nach §§ 29, 30 GBO, BayObLG Rpfleger 1993, 398. Der Gläubiger braucht nur die Zeitpunkte des Eingangs des ersten Eintragungsantrags und der Zustellung des Arrestbefehls nachzuweisen, Wittmann MDR 1979, 550.

933 *Vollziehung des persönlichen Arrestes.* **[1]Die Vollziehung des persönlichen Sicherheitsarrestes richtet sich, wenn sie durch Haft erfolgt, nach den Vorschriften der §§ 802g, 802h und 802j Abs. 1 und 2 und, wenn sie durch sonstige Beschränkung der persönlichen Freiheit erfolgt, nach den vom Arrestgericht zu treffenden besonderen Anordnungen, für welche die Beschränkungen der Haft maßgebend sind. [2]In den Haftbefehl ist der nach § 923 festgestellte Geldbetrag aufzunehmen.**

Schrifttum: Schuschke, Der Vollzug des persönlichen Sicherheitsarrestes, DGVZ 1999, 131 (Grdz.).

1 **I. Systematik, Regelungszweck.** Korrespondierend zu den Voraussetzungen des persönlichen Sicherheitsarrestes in § 918 regelt die § 933 dessen Vollziehung (§ 145 VI GVGA) durch Haft oder andere freiheitbeschränkende Maßnahmen. Welche Maßnahme zu ergreifen ist, steht im Ermessen des Arrestgerichts.

2 **1. Haft.** Das Vollstreckungsgericht nach §§ 764, 802 kann im Rahmen der §§ 802g, 802h I, II nur durch den Richter eine Haft von längstens 6 Monaten als ein Höchstmaß der Freiheitsbeschränkung verhängen, Celle OLGR 1999, 213. Dabei sind alle Umstände abzuwägen, Karlsr FamRZ 1996, 1430. Der Abwendungsbetrag nach § 923 ist von Amts wegen in den Haftbefehl aufzunehmen. Wenn der Schuldner den Betrag zahlt, muss er von Zwangsmaßnahmen verschont werden. Er hat nur dann ein Recht darauf, im Anschluss an die Abgabe der Vermögensauskunft nach §§ 802fff. aus der Haft entlassen zu werden, wenn diese gerade die Abgabe dieser Auskunft erzwingen sollte. Die Sicherungshaft und die Vollstreckungshaft sind nicht zusammenzurechnen. Denn durch S. 1 wird gerade nicht auf § 802j III verwiesen, so dass diese Vorschrift nicht anwendbar ist. Bei einer Haftanordnung ist ein zusätzlicher Haftbefehl nicht erforderlich, soweit diese Vollzugsart klar im Arrest steht.

3 **2. Andere Freiheitsbeschränkungen.** Das Gericht kann nach seinem pflichtgemäßen Ermessen nach § 152 I 2 GVGA sonstige Freiheitsbeschränkungen verhängen, auch im Weg einer Ergänzung des Arrests. Es darf zB Folgendes anordnen: Hausarrest; Überwachung; Wegnahme eines Visums oder Reiseverbot ins Ausland mit Beschlagnahme des Passes; Anordnung einer Meldepflicht in bestimmten Abständen. Der Arrestbefehl muss die Art der Vollziehung angeben. Wegen des Grundsatzes der Verhältnismäßigkeit hat das Gericht die jeweils mildeste Arrestmaßnahme zu verhängen.

4 **II. Durchführung.** Die Vollziehung erfolgt durch den Gerichtsvollzieher. Bei Ausführung der Maßnahmen hat er die vom Gericht getroffenen Anordnungen genau zu befolgen. Nach § 4 GvKostG muss der Gläubiger die Kosten vorschießen. Andernfalls droht die Aufhebung nach § 934 II. Wenn ein ArbG den Arrest erlässt, muss auch das ArbG die „besonderen Anordnungen" treffen. Wenn der Schuldner nach § 51 prozessunfähig ist, erfolgt der Vollzug der Anordnungen gegen ihn oder gegen den gesetzlichen Vertreter, je nachdem, ob der Arrestgrund in der Person des einen oder des anderen liegt. Der Schuldner kann durch die Zahlung oder Hinterlegung der Lösungssumme nach § 923 den Vollzug abwenden. Soweit das Gericht mildere Maßnahmen als die Haft anordnet, gelten die für die jeweilige Art der Maßnahme vorhandenen Vorschriften, Schuschke DGVZ 1999, 131 (132). Bei einer Nachverhaftung gilt nach § 146 IV GVGA § 802g entsprechend.

5 **III. Rechtsbehelf.** Gegen das Verfahren des Gerichtsvollziehers ist die Erinnerung nach § 766 an das Vollstreckungsgericht nach §§ 764, 802 statthaft, LG Hmb MDR 1982, 605, also nicht an das Arrestgericht des § 919. Gegen eine Entscheidung des Richters ist sofortige Beschwerde nach §§ 567 I Nr. 1, 793 statthaft.

934 *Aufhebung der Arrestvollziehung.* **I Wird der in dem Arrestbefehl festgestellte Geldbetrag hinterlegt, so wird der vollzogene Arrest von dem Vollstreckungsgericht aufgehoben.**

II Das Vollstreckungsgericht kann die Aufhebung des Arrestes auch anordnen, wenn die Fortdauer besondere Aufwendungen erfordert und die Partei, auf deren Gesuch der Arrest verhängt wurde, den nötigen Geldbetrag nicht vorschießt.

III Die in diesem Paragraphen erwähnten Entscheidungen ergehen durch Beschluss.

IV Gegen den Beschluss, durch den der Arrest aufgehoben wird, findet sofortige Beschwerde statt.

1 **I. Systematik, Regelungszweck.** § 934 betrifft die Aufhebung des Arrestvollzugs, „eines vollzogenen Arrests", nicht die Aufhebung der Arrestanordnung. Für die letztere gelten §§ 924–927. Eine Aufhebung nach § 934 lässt den Arrestbefehl bestehen und macht die Zwangsvollstreckung wegen der Kosten des Arrestbefehls nicht unzulässig, Mü MDR 1957, 238. Deshalb ist die Aufhebung auch vertretbar und notwendig. Denn infolge der Hinterlegung besteht kein weitergehendes Sicherungsbedürfnis mehr. Wegen einer Vermögensstrafe § 111o II StPO.

2 **II. Voraussetzungen, I, II.** Die Aufhebung des Arrestvollzugs hat zu erfolgen, wenn der Sicherungszweck erreicht ist; das ist der Fall, wenn der Geldbetrag hinterlegt ist (I) oder – wenn die Fortdauer besondere Aufwendungen erfordert – der entsprechende Vorschuss nicht gezahlt wurde (II).

1. Hinterlegung. Hat der Schuldner oder ein Dritter den Abwendungsbetrag des § 923, die Lösungssumme, nicht hinterlegt, hat die Aufhebung zu erfolgen. Bei einer Belastung mehrerer Grundstücke reicht je Grundstück der eingetragene Höchstbetrag. Die Gesamtsumme ist zwecks einer Aufhebung der Vollziehung wegen nur eines der Grundstücke nicht notwendig, LG Brem Rpfleger 1994, 163. Im schifffahrtsrechtlichen Verteilungsverfahren gilt § 51 SVertO. 3

2. Kein Vorschuss. Der Gläubiger darf den notwendigen Kostenvorschuss etwa für die Haft, für eine Fütterung, für eine Lagerung oder für eine Sequestration nicht gezahlt haben. 4

Bei einer Arresthypothek wirkt die Aufhebung entsprechend dem § 868 II. Die Löschung erfolgt nach der GBO. 5

III. Verfahren, III, IV. Ausschließlich zuständig ist das Vollstreckungsgericht nach §§ 764, 802. Im Fall I wird der Rpfl. nach § 20 I Nr. 15 RPflG tätig. Das geschieht nur aufgrund eines Antrags, Thomas/Putzo/Seiler Rn. 2. Den Antrag darf nur der Schuldner stellen, nicht der Gerichtsvollzieher, BGH NJW 1984, 1759. Der Gläubiger braucht nur einen Verzicht zu erklären. Bei elektronischer Einreichung gelten §§ 130a–130d. Es besteht kein Anwaltszwang. Bei II erfolgt eine Aufhebung durch den Richter auch von Amts wegen. Eine mündliche Verhandlung steht nach § 128 IV dem Gericht frei. Die Entscheidung erfolgt nach III durch einen Beschluss nach § 329. Das Gericht muss ihn grundsätzlich begründen. Er stellt ihn dem Gläubiger nach § 329 III förmlich zu, und teilt ihn dem Schuldner nach § 329 I 1 formlos mit. Kosten: § 788. 6

Gebühren: Das Verfahren ist gerichtsgebührenfrei; Gebühren des Anwalts VV 3309, 3310 RVG. 7

IV. Rechtsbehelfe. Nach einer bloßen Maßnahme ohne eine Anhörung des Gegners ist die Erinnerung nach § 766 statthaft. Bei einer echten Entscheidung auf eine Aufhebung durch den Rpfl. gilt nach einer Anhörung § 11 RPflG. Gegen den aufhebenden Beschluss des Richters ist die sofortige Beschwerde nach §§ 567 I Nr. 1, 793 statthaft. Gegen den ablehnenden Beschluss des Richters ist die sofortige Beschwerde nach § 567 I Nr. 2 zulässig. 8

935 *Einstweilige Verfügung bezüglich Streitgegenstand.* **Einstweilige Verfügungen in Bezug auf den Streitgegenstand sind zulässig, wenn zu besorgen ist, dass durch eine Veränderung des bestehenden Zustandes die Verwirklichung des Rechts einer Partei vereitelt oder wesentlich erschwert werden könnte.**

Schrifttum: Ahrens, Der Wettbewerbsprozess, 8. Aufl. 2016; Berger, Bleibt alles anders?, GRUR 2021, 1131; Berneke/Schüttpelz, Die einstweilige Verfügung in Wettbewerbssachen, 4. Aufl. 2018; Danckwerts/Papenhausen/Scholz/Tavanti, Wettbewerbsprozessrecht, 2016; Leicht, Die einstweilige Verfügung, 2003; Luber/Zimmermann, Die einstweilige Verfügung im Gewerblichen Rechtschutz, 2009; Mantz, Das Recht auf Waffengleichheit und die Praxis im Verfahren der einstweiligen Verfügung, NJW 2019, 953; ders., Konkretisierung des Rechts auf prozessuale Waffengleichheit durch das BVerfG, NJW 2020, 2007. Vgl. auch Vor § 916.

I. Systematik. Neben dem Arrest (§§ 916–934) ist die einstweilige Verfügung (§§ 935 ff.) die zweite Sicherungsform im einstweiligen Rechtsschutzverfahren, → Vor § 916 Rn. 3f und 6f. Die einstweilige Verfügung dient zwei verschiedenen Zwecken, einmal der Sicherung des Anspruchs auf eine gegenständliche Leistung nach § 935 (Sicherungsverfügung), und zum anderen der Regelung eines einstweiligen Zustands in Bezug auf ein streitiges Rechtsverhältnis nach § 940 (Regelungsverfügung). Auf Grundlage des § 940 lässt die Rechtsprechung ausnahmsweise eine einstweilige Verfügung mit dem Ziel zu, Ansprüche des Gläubigers durchzusetzen (Leistungsverfügung), wenn diesem ein unangemessen großer irreparabler oder existenzgefährdender Nachteil droht, Düss NJW-RR 1996, 123; Köln NJW-RR 1995, 546. Systematisch ist die einstweilige Verfügung im Gesetz im Anschluss an den Arrest geregelt, da eine einstweilige Verfügung angesichts ihres weiten Rahmens nur dann in Betracht kommt, wenn der Arrest (oder sonstige, speziell geregelte Eilanordnungen) nicht in Betracht kommen, Anders/Gehle Assessorexamen ZivilR T Rn. 13. Folglich wird wegen dieser systematischen Anordnung in § 936 auf die Arrestvorschriften (§§ 916 ff.) verwiesen. Der ordentliche Rechtsweg muss nach § 13 GVG bestehen, KG MDR 1992, 197. Das bedeutet nicht, dass ein ordentlicher Rechtsstreit schweben muss. Es genügt vielmehr ein sicherungsbedürftiger Anspruch, BVerfG NJW 1977, 892. Hinzutreten muss ein Verfügungsgrund nach §§ 917, 936, LAG Düss NZA-RR 2004, 182. Wer sich gegen Entscheidungen im einstweiligen Rechtsschutz wendet, kann dabei grds. auf das Hauptsacheverfahren verwiesen werden, es sei denn, dass gerade die Versagung des einstweiligen Rechtsschutzes gerügt wird, BVerfG NZA 2020, 667. Die einstweilige Verfügung kann aber auch dann zulässig sein, wenn das Revisionsgericht die Zwangsvollstreckung aus einem Unterlassungsurteil nach § 890 einstweilen eingestellt hat. Es ist auch denkbar, dass der Antragsgegner im Verfahren auf den Erlass einer einstweiligen Verfügung einen Gegenantrag nach Art einer Widerklage stellt, wenn dafür die Voraussetzungen der §§ 935 ff. ebenfalls vorliegen und wenn es sich um dasselbe Rechtsverhältnis handelt. Die allgemeinen Prozessvoraussetzungen müssen vorliegen. Ein obligatorisches Güteverfahren findet nicht statt, Hamm VersR 2008, 1118. 1

II. Regelungszweck. Die Regelung des § 935 dient auch der das Arrestverfahren kennzeichnenden Sicherungsfunktion für das einstweilige Verfügungsverfahren. Als Grundnorm des einstweiligen Verfügungsrechts regelt diese Vorschrift die Voraussetzungen für den Erlass einer Sicherungsverfügung. Sie bezweckt – ebenso wie § 916 – die Sicherung des bestehenden Zustandes vor Veränderungen, die das Recht einer Partei vereiteln oder wesentlich erschweren könnten. Die einstweilige Verfügung bildet als Sicherungsmaßnahme eine Ergänzung zu §§ 916 ff., weil durch den Arrest der Anspruch auf eine Individualleistung nicht gesichert werden kann. Für eine vorläufige Regelung nach § 935 und vor allem nach § 940 besteht ein ganz erhebliches Bedürfnis. Das gilt vor allem im Gesellschaftsrecht mit Abwehrrechten aus dem Urheber-, Patent- oder Namensrecht, im Gewerblichen Rechtsschutz, im Wettbewerbsrecht, im Presserecht, aber auch im Mietrecht, Partnerschaftsrecht oder Arbeitsrecht. Dabei spielt die Frage, ob eher die eine oder die andere Vorschrift Anwendung findet, in der Praxis wegen §§ 938 ff. eher eine untergeordnete Rolle. Wichtig sind andere Fragen, zB nach dem Eilbedürfnis oder nach den Zulässigkeitsgrenzen gegenüber dem verbreiteten Wunsch nach einer Vorwegnahme der Hauptsache. 2

3 **III. Geltungsbereich und Inhalt des Verfügungsanspruchs.** Über das Verhältnis des § 935 zu § 940 besteht in der Literatur wenig Einigkeit. Teilweise wird strikt zwischen beiden Regelungen wegen der Unterscheidung zwischen Sicherungs- und Regelungsverfügung getrennt; teilweise werden beide Normen als einheitliche Rechtsgrundlage betrachtet, Stein/Jonas/Grunsky Vor § 935 Rn. 29. Schließlich wird § 940 unter Berufung auf die Gesetzesbegründung nur als Ergänzungs- bzw. Konkretisierungsnorm zu § 935 gesehen, MüKoZPO/Drescher Rn. 2. In der Praxis spielt diese Unterscheidung kaum eine Rolle, → Rn. 2. Der Verfügungskläger muss sich nicht auf eine bestimmte Art der einstweiligen Verfügung festlegen; es genügt vielmehr, dass er sein Rechtsschutzziel angibt. Bei Ungewissheit über die Zuordnung wird das Gericht im Zweifel die einstweilige Verfügung nach „§§ 935, 940" erlassen, Musielak/Voit/Huber Rn. 2.

4 Begründet ist der Antrag auf Erlass einer einstweiligen Verfügung, wenn Verfügungsanspruch und Verfügungsgrund glaubhaft gemacht sind. Verfügungsanspruch ist jeder zivilrechtliche Individualanspruch; dazu zählen Ansprüche auf Individualleistungen, die im Hauptsacheverfahren durchgesetzt werden können. Es darf sich nicht um Geldforderungen oder Ansprüche handeln, die in Geldforderungen übergehen können, da hierfür der Arrest vorgesehen ist. In Betracht kommen somit Ansprüche auf Handeln, Dulden oder Unterlassen, unabhängig davon, ob es sich um persönliche oder dingliche Ansprüche handelt. Der Rechtsgrund für den Verfügungsanspruch kann sich aus schuld-, sachen-, familien- oder erbrechtlichen Ansprüchen ergeben. Zur Anwendbarkeit bei Allgemeine Geschäftsbedingungen (§§ 305 ff. BGB) Düss NJW 1989, 1487; Ffm NJW 1989, 1489; Marly NJW 1989, 1475. Wegen der Anwendbarkeit bei §§ 80 ff. ArbGG LAG Düss NZA-RR 2018, 370; ArbG Wetzlar BB 1989, 1488 (zum alten Recht). Die Vorschrift gilt auch im WEG-Verfahren, LG Itzehoe ZMR 2017, 581; AG Pinneberg ZMR 2017, 603. Im Verfahren nach dem Markengesetz vor dem BPatG ist eine einstweilige Verfügung nur ausnahmsweise zur Vermeidung eines schweren und unzumutbaren, anders nicht abwendbaren Nachteils zulässig, BPatG GRUR 2004, 82. Wegen der Anwendbarkeit in einer Patentverletzungssache BPatG GRUR 2017, 381; Mü GRUR-RR 2021, 148; Karlsr GRUR-RR 2015, 509; GRUR-RR 2002, 278; Hmb GRUR-RR 2002, 244; GRUR 1984, 105; LG Hmb GRUR-RR 2021, 406. Im Urheberrecht sind §§ 935 ff. über § 101a III UrhG anwendbar; näher: Brschw GRUR-RR 2020, 3. Das Freigabeverfahren nach § 246a AktG ist nicht ein besonderes einstweiliges Verfügungsverfahren; auch wenn es ein „lex spezialis" ist, gibt es eine strukturelle Verwandtschaft, weswegen die §§ 935 ff. über den Wortlaut des § 246 I 2 AktG hinaus in weiten Teilen anwendbar sind, Ffm ZIP 2020, 462. Wegen des Verfahrens nach dem SGG LSG Stgt BB 1976, 1611. Wegen einer grenzüberschreitenden Lage vgl. die Brüssel Ia-VO, SchlAnh V C 2, Stadler JZ 1999, 1089. Ist die Frage. ob ausländisches Recht anzuwenden ist, im Eilverfahren gerade wegen der Eilbedürftigkeit nicht zuverlässig zu ermitteln, ist weder nach deutschem Recht zu entscheiden noch der Antrag unter Darlegungslastgesichtspunkten zurückzuweisen, Ffm GRUR-RR 2020, 493.

IV. Beispiele zur Frage eines Verfügungsanspruchs

5 **Augenschein:** Ein Verfügungsanspruch kann fehlen, soweit es um einen Augenschein nach § 371 ohne einen derartigen sachlich-rechtlichen Anspruch geht, Stgt NJW-RR 1986, 1448.

Bauhandwerkerforderung: Ein Verfügungsanspruch kann vorliegen, wenn der Gläubiger die Bewilligung einer Vormerkung zwecks Eintragung einer Sicherungshypothek für Bauhandwerkerforderungen begehrt, Celle NJW 2020, 1075; BauR 2003, 1439; Hamm NJW-RR 2004, 379.

Bauunterlagen: Ein Anspruch auf Herausgabe von Bauunterlagen, die zum Weiterbau notwendig sind, kann einen Verfügungsanspruch darstellen, Köln NJW-RR 1998, 1097.

Bedingung, Betagung: Ein Verfügungsanspruch kann vorliegen, soweit es um einen bedingten oder betagten Anspruch geht. Zum Problem der Gesamthypothek Ffm MDR 1975, 578.

Besichtigungsrecht: Ein Besichtigungsrecht nach § 809 BGB kann Verfügungsanspruch nach § 935 sein, Bork NJW 1997, 1665 (dargestellt am Beispiel raubkopierter Computerprogramme) mwN.

Besitzstörung: Kein Verfügungsanspruch besteht für den ausgegrenzten Mieter bei einer Doppelvermietung, Celle MDR 2009, 135; Kblz MDR 2008, 19; aM Düss NJW-RR 1991, 137. Kein Anspruch aus § 861 BGB besteht bei einem auch nur vorläufig vollstreckbaren Urteil zum Gegenanspruch, Stgt NJW 2012, 626 (zust. Voit).

Betriebsratswahlen: Ein Anspruch auf Abbruch oder Unterlassung von Betriebsratswahlen kann keinen Verfügungsanspruch darstellen, auch wenn die mit Durchführung der Wahlen verbundenen Maßnahmen den Arbeitgeber als Betriebsinhaber in seinem Recht am eingerichteten und ausgeübten Gewerbebetrieb berühren; ein solcher Anspruch wäre nicht mit der Konzeption des Betriebsverfassungsgesetzes zu vereinbaren, LAG Bln-Brdb NZA-RR 2022, 136 Rn. 35 ff.

Bewerbungsverfahren: Der unterlegene Bewerber kann sich im Wege der einstweiligen Verfügung gegen die Auswahl des Konkurrenten wenden; dies ist erforderlich, um vom Arbeitgeber des öffentl. Dienstes Schadensersatz verlangen zu können, BAG NJW 2021, 1180.

Duldung: Ein Verfügungsanspruch kann bei einem Anspruch auf Duldung vorliegen, KG OLGR 2005, 642.

Eigentumsvorbehalt: Ein Verfügungsanspruch kann vorliegen, soweit der Gläubiger vom Schuldner eine Herausgabe aufgrund eines Eigentumsvorbehalts verlangt. Die bloße nicht übermäßige Weiterbenutzung nach einem Rücktritt des Vorbehaltskäufers reicht nicht, Köln VersR 1997, 597.

Gesellschaft: Liebscher/Alles ZIP 2015, 1 (Grdz.). Zur Zuordnung eines Widerspruchs gegen die Gesellschafterliste Kblz ZIP 2014, 1881.

Handelsregister: Ein Verfügungsanspruch kann fehlen, soweit der Gläubiger eine Löschung im Handelsregister verlangt. Denn der Erlass einer derartigen einstweiligen Verfügung kann die Rechte eines Dritten berühren.

Herausgabe: Eine auf Herausgabe gerichtete einstweilige Verfügung kommt nur ausnahmsweise in Betracht, wenn der Antragsteller die Sache so dringend benötigt, dass allein eine Sicherstellung oder Sequestrierung, → „Sequester", nicht ausreicht, Brem NJW-RR 2020, 250 – Gorch Fock.

Hypothek: Ein Verfügungsanspruch kann vorliegen, soweit der Gläubiger die Herausgabe eines Hypothekenbriefs an das Grundbuchamt fordert, damit es einen Teilhypothekenbrief bilden kann. Zum Problem einer Gesamthypothek Ffm MDR 1975, 578.

Kauf: Ein Verfügungsanspruch kann vorliegen, soweit es um die Lieferung einer Kaufsache geht, auch in Form einer sog. Regelungsverfügung, Köln VersR 2001, 1284.

Krankenversicherung: Es gibt keinen Anlass zur Klärung des Bestehens einer Krankenversicherung, soweit der Antragsteller eine andere Versicherungsmöglichkeit nicht nutzt, LG Schwerin VersR 2010, 622.

Krankenhausbehandlung: Trotz des grundsätzlichen Kontrahierungszwangs bei krankenhausbedürftigen Patienten kann ein Verfügungsanspruch auf Aufnahme und Behandlung fehlen, wenn ein wichtiger Grund entgegensteht, LG Dortm NJW 2021, 1251 (Weigerung an Testung auf SARS-CoV-2 mitzuwirken).

Leasing: Ein Verfügungsanspruch kann vorliegen, soweit es um die Rückgabe eines geleasten Kraftfahrzeugs nach dem Vertragsende geht und soweit der Antragsgegner es übermäßig benutzt und in der Substanz verändert hat, Köln VersR 1988, 1052.

Mietrecht: Ein Verfügungsanspruch kann vorliegen, soweit es um ein Vermieterpfandrecht geht. Dabei schadet ein Selbsthilferecht nach § 562b I BGB nicht, Celle NJW-RR 1987, 447. Auch ein vertragswidriger Vermieterzugriff auf die Mieterkaution kann ausreichen, LG Darmst WoM 2008, 726; AG Brem WuM 2007, 399.

Notar: Ein Verfügungsanspruch kann fehlen, soweit der Gläubiger ein bestimmtes Tätigwerden eines Notars fordert, Hamm DNotZ 1976, 312.

Patentrecht: Zur Sicherung des Übertragungsanspruchs aus § 8 S. 1, 2 PatG kann dem Antragsgegner im einstweiligen Verfügungsverfahren untersagt werden, über das Verfügungspatent zu verfügen, LG Mü I GRUR-RR 2020, 421. Der Erlass einer einstweiligen Verfügung in Patentsachen erfordert, dass sowohl die Frage der Patentverletzung als auch der Bestand des Verfügungspatents zugunsten des Antragstellers zu beantworten sind, Hmb GRUR-RR 2002, 244; LG Hmb GRUR-RS 2021, 6494 = GRUR-RR 2021, 406 (Ls.).

Rechtshängigkeit: Ein Verfügungsanspruch kann vorliegen, soweit der Gläubiger die Eintragung der Rechtshängigkeit eines Anspruchs im Grundbuch verlangt.

Rechtsnachfolge: Anspruch auf Umschreibung eines Vollstreckungstitels auf Rechtsnachfolger kann Verfügungsanspruch darstellen.

Rückauflassung, Rückgewähr: → „Vormerkung".

Sequester: Ein Verfügungsanspruch kann vorliegen, soweit der Gläubiger die Herausgabe der Sache an einen Sequester fordert. Der gegen den Gläubiger gerichtete Vorwurf, er habe den Sequestrationsantrag rechtsmissbräuchlich gestellt, um der durch § 93 sanktionierten Abmahnpflicht zu entgehen, ist dann nicht berechtigt, wenn der Gläubiger den Gerichtsvollzieher mit der Sequestration beauftragt, diese aber aus Gründen unterblieben ist, die nicht in seinem Einflussbereich standen, Ffm GRUR-RR 2020, 184.

Sicherungsübereignung: Ein Verfügungsanspruch kann vorliegen, soweit der Gläubiger vom Schuldner eine Herausgabe aufgrund einer Sicherungsübereignung verlangt.

Sportrecht: Ein Verfügungsanspruch kann vorliegen, soweit es um die vorläufige Zulassung eines Sportvereins zur Bundesliga geht, LG Ffm NJW 1983, 761.

Umschreibung: Ein Verfügungsanspruch kann vorliegen, soweit es um die Umschreibung eines Vollstreckungstitels nach §§ 727 ff. geht.

Unterlassung: Ein Verfügungsanspruch kann vorliegen, soweit der Gläubiger die Unterlassung einer Wettbewerbsverletzung fordert. Der Gläubiger braucht den Verfügungsgrund dann nach § 12 II UWG nicht darzulegen und nicht nach §§ 294, 920 II, 936 glaubhaft zu machen. Ein Verfügungsanspruch kann ferner vorliegen, wenn der Antragsteller die Unterlassung einer bestimmten anderen Handlung fordert, etwa einer Namensführung, Köln DtZ 1991, 28, oder der Entfernung einer Sache (Zubehör), Köln NJW-RR 1987, 753. Der Schuldner kann zwischen einer Abschlusserklärung und einer Unterwerfung wählen, Karlsr WettbR 1998, 140.

Vereitelung: Ein Verfügungsanspruch kann vorliegen, soweit der Gläubiger mit dem Antrag eine Sicherung der Zwangsvollstreckung gegen eine böswillige Vereitelung bezweckt.

Vermieterpfandrecht: → „Mietrecht".

Versicherungsschutz: Ein Verfügungsanspruch kann vorliegen, wenn der Gläubiger die Gewährung von bedingungsgemäßem Versicherungsschutz verlangt, Ffm NZG 2022, 178 Rn. 19 (hier in Form von PR-Kosten aus der D&O-Versicherung).

Vormerkung: Ein Verfügungsanspruch kann vorliegen, soweit der Gläubiger die Bewilligung einer Vormerkung fordert, auch wegen eines Vorvertrags, wenn die Forderung bereits einklagbar ist. Das gilt auch zwecks Sicherung einer Rückauflassung, Karlsr WoM 1992, 311, oder zwecks Sicherung eines Rückgewähranspruchs etwa nach § 7 I AnfG, Kblz Rpfleger 1993, 170, oder zwecks Eintragung einer Sicherungshypothek für eine Bauhandwerkerforderung, Hamm NJW-RR 2004, 379; Celle BauR 2003, 1439, oder im Erbbau- und Wohnungsgrundbuch, und zwar dort ohne eine Zustimmung des Grundeigentümers. Denn alle diese Eintragungen sind allgemein auch gegen den Willen des Schuldners erzwingbar.

Widerruf: Ein Verfügungsanspruch kann fehlen, soweit der Gläubiger den Widerruf einer Behauptung fordert, Mü MDR 2017, 699 (zum Presserecht).

Widerspruch: Ein Verfügungsanspruch kann vorliegen, soweit der Gläubiger die Bewilligung eines Widerspruchs im Grundbuch verlangt. Das gilt aber nicht beim Widerspruch gegen eine Auflassungsvormerkung, wenn fraglich ist, ob überhaupt ein Auflassungsanspruch besteht, Düss MDR 2000, 846.

Zurückbehaltungsrecht: Ein Verfügungsanspruch kann fehlen, soweit es um ein Zurückbehaltungsrecht geht. Denn dieses Recht stellt keinen selbständigen Anspruch dar.

Zutritt: Ein Verfügungsanspruch kann zB beim demnächst fristlos zu Entlassenden möglich sein, ArbG Hagen NZA-RR 2007, 527.

V. Verfügungsgrund. Er handelt sich um eine von Amts wegen zu prüfende Prozessvoraussetzung, Köln NZG 2017, 933. Der Verfügungsgrund ist die unmittelbar für die Rechtsverwirklichung und Rechtsdurchsetzung im Hauptsacheverfahren drohende Gefahr, MüKoZPO/Drescher Rn. 15. Der Erlass einer einstweiligen Verfügung muss für den Gläubiger so eilbedürftig sein, weil ohne eine Sofortmaßnahme die Durchsetzung des Verfügungsanspruchs vereitelt oder wesentlich erschwert würde, Saarbr. NJW-RR 2020, 504; Brem NJW-RR 2020, 250. Ein Verfügungsgrund ist nur dann gegeben, wenn dem Ast. ohne die beantragte einstweilige Regelung eine konkrete, schwerwiegende Beeinträchtigung seiner rechtlichen Interessen droht, Hamm NZG 2020, 986; Mü NZG 2010, 185; LG Karlsr NJW-RR 2021, 882 Rn. 36. Dem Antragsteller darf ein Zuwarten auf eine Hauptsacheentscheidung nicht zuzumuten sein, LG Mü I GRUR-RR 2020, 421 (Patentstreitigkeit). Dass der 6

Schuldner Ersatz leisten könnte, ist ohne Belang, Mü DB 1986, 2593. Deshalb ist auch die (zusätzliche) Gefährdung eines etwaigen Entschädigungsanspruchs nicht erforderlich, Stein/Jonas/Grunsky Rn. 12.

7 Der einmal grds. gegebene Verfügungsgrund (Dringlichkeit) kann jedoch wieder entfallen, wenn der Ast. nach Eintritt der Gefährdung mit einem Antrag zuwartet, oder während des einstweiligen Rechtsschutzverfahrens, wenn der Gläubiger das Verfahren nur zögerlich betreibt, BGH GRUR 2017, 1017 Rn. 85 f (zu § 85 I PatG); Mü NZG 2022, 564 Rn. 26; GRUR-RR 2021, 297 Rn. 49. So kann die Verursachung eines VU die Vermutung der Dringlichkeit widerlegen, Hamm GRUR 2007, 173 (zu § 12 II UWG). Wie lange ein Ast. nach Kenntniserlangung mit dem Antrag zuwarten darf, hängt vom Einzelfall ab; jedoch ist mit 6 Monaten grds. die Grenze bei Weitem überschritten, Mü NZG 2022, 564 Rn. 27. Das gilt nicht nur vor Erlass der einstweiligen Verfügung, sondern auch in einem sich aufgrund eines Rechtsbehelfs des Antraggegners sich anschließenden Verfahren, Düss BeckRS 2015, 16904; Ffm WRP 1995, 502. So steht es der Annahme der Dringlichkeit entgegen, wenn der Antragsteller im Termin zur Verhandlung über den Widerspruch des Antragsgegners säumig bleibt, Ffm NJW-RR 2021, 117. Dies gilt nicht nur in Konstellationen, in denen es aufgrund besonderer Regelungen wie etwa § 12 II UWG der Darlegung eines Verfügungsgrundes grds. nicht bedarf, sondern für den gesamten Anwendungsbereich der §§ 935, 940, BGH GRUR 2017, 1017 Rn. 85; Hamm NJW-RR 2016, 1112 Rn. 33; Stgt NJW-RR 2016, 932 Rn. 74; Nürnb NJW-RR 2014, 1452 Rn. 35; MüKoZPO/Drescher Rn. 18.

8 **1. Gefährdung.** Die den Verfügungsgrund prägende Gefährdung setzt also voraus, dass eine bevorstehende Veränderung des bestehenden Zustands die Verwirklichung eines gegenständlichen Anspruchs objektiv konkret gefährdet, Hamm NJW-RR 2016, 1112; Ffm NJW-RR 2010, 936; LG Itzehoe ZMR 2018, 2218. Das erfordert wie stets eine Abwägung, LG Köln ZMR 2011, 827. Anders als beim Arrest braucht grds. keine Gefährdung der Zwangsvollstreckung zu drohen. Deshalb ist eine einstweilige Verfügung auch dann zulässig, wenn der Schuldner zahlungsfähig ist. Der Verfügungsgrund darf nicht mit der materiell-rechtlichen Wiederholungsgefahr verwechselt werden, Drsd NJW 2005, 1871. Bei § 885 I 2 BGB ist nach § 648 BGB eine Glaubhaftmachung der Gefährdung nach §§ 294, 920 II, 936 nicht nötig, Kblz MDR 2007, 1307. Ein rein wirtschaftliches Interesse reicht für eine Gefährdung kaum, AG Rosenheim ZMR 2017, 440.

9 Für bestimmte Fallgruppen besteht eine gesetzliche Dringlichkeitsvermutung, dh eine Glaubhaftmachung des Verfügungsgrundes ist nicht erforderlich. Eine solche Vermutung ergibt sich aus § 12 II UWG oder aus §§ 2, 5 UKlaG, aber auch aus § 885 I, 899 II BGB. § 12 II UWG bezieht sich aber nur auf den Unterlassungsanspruch; für andere Ansprüche (Beseitigungs- oder Auskunftsansprüche) gelten auch hinsichtlich der Dringlichkeit die allgemeinen Regeln, so dass der Verfügungsgrund glaubhaft gemacht werden muss, Hamm GRUR-RR 2013, 306. Eine Ausnahme ist in dem mWv 1.1.2018 eingefügten § 650d BGB für bestimmte Ansprüche aus dem Bauvertrag nach Baubeginn normiert, LG Bln NJW 2020, 2898; Jansen NZBau 2020, 755; → Rn. 10 „Bau". Auch bei anderen Unterlassungsverfügungen folgt der Verfügungsgrund regelmäßig schon aus der Erstbegehungs- oder Wiederholungsgefahr iSd § 1004 I BGB, Köln NJW-RR 2020, 30 Rn. 68 (Medienrecht). Diese Dringlichkeitsvermutung ist aber widerlegbar, insbesondere durch das Verhalten des Gläubigers im einstweiligen Rechtsschutzverfahren, BGH GRUR 2017, 1017; Ffm NJW-RR 2021, 117; Mü GRUR-RS 2021, 29384; Drsd BeckRS 2019, 21389; Düss BeckRS 2015, 16904; Hamm GRUR 2007, 173; KG NJW-RR 2001, 1201; → Rn. 7.

2. Beispiele zur Frage einer Gefährdung

10 **Abnutzung eines Kfz:** Eine Gefährdung kann dann bestehen, wenn der Schuldner ein ihm zur Verfügung stehendes sicherungsübereignetes Fahrzeug übermäßig abnutzt, so dass dessen Wert unter den Rest der Schuld gesunken ist. Aber auch → „Wertverlust".

Bau: Eine Gefährdung kann dann bestehen, wenn ein Unternehmer vertragswidrig einen Bau beginnt, Mü DB 1986, 2595. Auch eine nachträgliche Baugenehmigung kann hieran ggf. nicht ändern, AG Reutlingen ZMR 2013, 579. Wenn ein Bauträger die Übergabe einer bezugsfertigen Wohnung unberechtigt verweigert, besteht ein Verfügungsgrund, auch wenn die Wohnung nur zum Zweck der Vermietung erworben wurde, KG NJW-RR 2019, 1231. Jedoch ist ein Verfügungsantrag, mit bestimmten Bauarbeiten unverzüglich zu beginnen, nicht geeignet, die durch eine verzögerte Fertigstellung des Baus entstehenden Nachteile zu verhindern, KG NZBau 2020, 783 = BauR 2020, 1215. Auch der allgemeine Hinweis, durch eine mögliche Kündigung wäre mit einem Stillstand der Bauarbeiten und hierdurch mit erheblichen Nachteilen zu rechnen, reicht zur Darlegung eines Verfügungsgrunds für die Feststellung eines Nichtbestehens von Vergütungsansprüchen nicht aus; die Vermutung des § 650d BGB sei nicht für Vergütungs- oder Ersatzansprüche, die nicht auf § 650c III BGB beruhen, LG Bln NJW 2020, 2898; ausf.: Jansen NZBau 2020, 755. Ist ein Werkunternehmer wegen Streits über seine Vergütung nicht bereit, die von ihm auftragsgemäß erstellte Begutachtung und Bestandsaufnahme eines Bauvorhabens herauszugeben, kann in begründeten Einzelfällen, die Übergabe im Wege der einstweiligen Verfügung erzwungen werden, wenn das Interesse an der Herausgabe überwiegt, KG NZBau 2020, 780 = BauR 2021, 288; Karlsr MMR 2020, 492; Hamm BauR 2000, 295; strenger Brem NJW-RR 2020, 250 (bei Herausgabeansprüchen nur in Fällen der Existenzgefährdung).

Bürgschaft: Vertragswidrige Inanspruchnahme der Bürgschaft stellt allein noch keine hinreichende Rechtsbeeinträchtigung dar, Zweibr. BauR 2019, 1211.

Bewerbungsverfahren: Ein zu Unrecht übergangener Bewerber bei einem Arbeitgeber des öffentlichen Dienstes muss sich im Wege einer einstweiligen Verfügung gegen die Auswahl des Konkurrenten wenden, um im Vorfeld Schaden abzuwenden. Der Verfügungsgrund ergibt sich aus dem Rechtsschutzbegehren, das auf die sofortige Verpflichtung des öffentlich-rechtlichen Arbeitgebers gerichtet ist und daher aus strukturellen Gründen nur im Wege des Eilrechtsschutzes verwirklicht werden kann, BAG NJW 2021, 1180 Rn. 33; NZA 2018, 515 Rn. 39.

Dritter: Eine Gefährdung kann dann bestehen, wenn ein Dritter eine solche Sache beansprucht, die der Gläubiger herausverlangt.

Medien: Eine Gefährdung kann infolge eines drohenden Rechtseingriffs durch die Medien – zB kurz vor Ausstrahlung einer Sendung – bestehen, Köln NJW-RR 2020, 30 Rn. 68.

Ratenverzug: Keine Gefährdung entsteht schon durch einen Ratenverzug des Schuldners.

Verarbeitung: Eine Gefährdung kann infolge einer Verarbeitungsabsicht bestehen, LG Karlsr NJW-RR 2021, 882 Rn. 37.

Verkauf: Eine Gefährdung liegt vor, wenn der Schuldner eine Veräußerung plant; z.B bei einem Doppelverkauf, LG Karlsr. NJW-RR 2021, 882 Rn. 37.

Vernichtung: Eine Gefährdung besteht dann, wenn einer schlecht verwahrten Sache ihre Vernichtung oder ihr Verderb droht.

Wegschaffung: Eine Gefährdung kann dann bestehen, wenn der Schuldner zB Inventar wegschaffen will, obwohl er es dem Recht des dinglichen Gläubigers unterworfen hat oder obwohl es einem Vermieterpfandrecht unterliegt, Stgt NJW-RR 1997, 521; Celle NJW-RR 1987, 447.

Wertverlust: Keine Gefährdung besteht bei einem bloßen Wertverlust, Düss MDR 1995, 635.

Wohnungseigentum: Eine Gefährdung kann zwecks Bestellung eines Verwalters in einer Notlage vorliegen, AG Kassel ZMR 2018, 376.

Zerstörung: Eine Gefährdung besteht immer bei einer Zerstörungsabsicht, LG Karlsr NJW-RR 2021, 882 Rn. 37. Wird aber die Absichtserklärung, den zuzustellenden Gegenstand zu vernichten, mit dem Angebot, einen Zustellungstermin zu vereinbaren, verbunden, ist ein Verfügungsgrund nicht gegeben, AG Brühl RdTW 2021, 72.

Zusammenbruch: Eine Gefährdung besteht bei einem drohenden wirtschaftlichen Zusammenbruch des Schuldners.

VI. Verfahren. Das Verfahren weist im Grundsatz keine Besonderheiten auf. Zuständig ist das Gericht der Hauptsache, § 937 I. Es wird durch den Antrag nach §§ 936, 920 eingeleitet. Der Gläubiger hat als Antragsteller den zu sichernden prozessualen Anspruch und den Verfügungsgrund schlüssig darzulegen und die den Anspruch und die Dringlichkeit begründenden Tatsachen glaubhaft zu machen (§§ 936, 920 II), Hamm NJW-RR 2016, 1112. Die Antragsschrift hat auch Angaben zu § 253 II Nr. 2 zu enthalten, LAG Hamm NZA-RR 2017, 177. Grundsätzlich hat eine mündliche Verhandlung stattzufinden. Da das Eilverfahren auf ein schnelles Handeln zugeschnitten ist, sieht auch im einstweiligen Verfügungsverfahren § 937 II die Möglichkeit der Entscheidung ohne mündliche Verhandlung durch Beschluss vor. In diesem Fall ist aber sicherzustellen, dass der Antragsgegner in irgend einer Weise eingebunden ist, sei es durch vorgerichtliche Abmahnung oder durch Anhörung, soweit der Zweck des Verfahrens nicht vereitelt wird, um die prozessuale Waffengleichheit sicherzustellen, BVerfG NJW 2022, 1083 Rn. 26 ff.; NJW 2021, 615 Rn. 18 ff.; BeckRS 2020, 13380 = WRP 2020, 1177; NJW 2020, 3023 = GRUR 2020, 1119; NJW 2020, 2021; NJW 2018, 3634 und 3631; → § 937 Rn. 7–13. Abmahnung und gegnerische Reaktion hierauf wären dann bei Antragstellung dem Gericht vorzulegen, wobei Abmahnung und spätere Antragstellung inhaltlich kongruent oder identisch sein müssen, BVerfG NJW 2021, 615 Rn. 22; NJW 2020, 3023 Rn. 13; zur weiteren Auswertung: Berger GRUR 2021, 1131. Es ist verfassungsrechtlich geboten, den jeweiligen Verfahrensgegner vor Erlass der Entscheidung in den gleichen Kenntnisstand zu versetzen wie den Antragsteller, BVerfG NJW 2021, 1587. Auch für das Beschlussverfahren gilt das Spruchrichterprivileg (§ 839 II 1 BGB), BGH NJW 2005, 436. Alternativ kommt nach freiem Ermessen des Gerichts – als Regelfall – die Anberaumung einer mündlichen Verhandlung in Betracht, auf die ein Urteil ergeht. Zur Rücknahme eines Antrags auf Erlass einer einstweiligen Verfügung bedarf es auch nach mündlicher Verhandlung nicht der Zustimmung des Gegners, Zweibr BeckRS 2020, 24258. Auch ein Antrag eines Verbandes kann zulässig sein, Hmb NJW 1981, 2420; aM Düss NJW 1978, 2512; Löwe BB 1978, 1433. Der Gläubiger braucht ausnahmsweise eine Gefährdung dann nicht nach §§ 294, 920 II, 936 glaubhaft zu machen, wenn er mit dem Antrag auf den Erlass der einstweiligen Verfügung lediglich nach § 942 II die Eintragung einer Vormerkung fordert. Dasselbe gilt dann, wenn der Gläubiger nur die Eintragung eines Widerspruchs in das Grundbuch oder in das Schiffsregister nach den §§ 885 I 2, 899 II 2 BGB, 11 I 2, 21 II 2 SchRG fordert. Eine Glaubhaftmachung ist ferner bei §§ 61 VI 2 UrhG, 12 II UWG grundsätzlich entbehrlich. Ferner ist bei Ansprüchen aus Bauverträgen § 650d BGB zu beachten, LG Bln NJW 2020, 2898; Jansen NZBau 2020, 755; → Rn. 10 „Bau". Ein im anhängigen einstweiligen Verfügungsverfahren gestellter Gegenantrag auf Erlass einer einstweiligen Verfügung ist mit Blick auf die Eilbedürftigkeit prozessual unstatthaft, Ffm GRUR-RR 2012, 88; Stgt NJW 2012, 625. Inwieweit die im Eilverfahren nach §§ 935 ff. getroffenen formell rechtskräftigen Entscheidungen den Schadensersatzrichter im nachfolgenden Verfahren nach § 945 bindet, ist streitig, vgl. Brschw NJOZ 2019, 1345, wonach Bindungswirkung verneint wird. Zur Auswirkung einer Schutzschrift → § 945a Rn. 5 f. 11

VII. Streitwert. → Anh. § 3 Rn. 35 „Einstweilige Verfügung". 12

936 *Anwendung der Arrestvorschriften.* **Auf die Anordnung einstweiliger Verfügungen und das weitere Verfahren sind die Vorschriften über die Anordnung von Arresten und über das Arrestverfahren entsprechend anzuwenden, soweit nicht die nachfolgenden Paragraphen abweichende Vorschriften enthalten.**

Schrifttum: Gleußner, Die Vollziehung von Arrest und einstweiliger Verfügung in ihren zeitlichen Grenzen, 1999.

I. Systematik und Regelungszweck. Zur systematischen Einordnung wird auf → § 935 Rn. 1 Bezug genommen. Zum Regelungszweck: Arrest und einstweilige Verfügung weisen zwar Unterschiede auf, sie sind jedoch Teile eines einheitlichen Sicherungsverfahrens, das die Zivilprozessordnung in Form des einstweiligen Rechtsschutzverfahrens bildet. Deshalb unterliegen beide Maßnahmen einheitlichen Verfahrensregeln, soweit nicht der Sicherungsgegenstand unterschiedliche Regelungen erfordert. Der Gesetzgeber hat das Verfahren einheitlich im Arrestrecht geregelt. Deshalb ordnet § 936 an, dass die Vorschriften des Arrestverfahrens entsprechend im einstweiligen Verfügungsverfahren anzuwenden sind. Dies gilt nicht nur für die Anordnung und das Verfahren selbst, sondern auch für die Vollstreckung der einstweiligen Verfügung, → Rn. 4 f. 1

Im Verfahren auf den Erlass einer einstweiligen Verfügung verdrängen die in §§ 935, 937–942 normierten abweichenden Regelungen die allgemeinen Arrestvorschriften. Im Übrigen gelten folgende Vorschriften des Arrestverfahrens entsprechend: 2

§ 916, Zulässigkeit: I ist unanwendbar. An seiner Stelle gelten §§ 935, 940. Auch sie fordern einen materiellrechtlichen Anspruch, Köln VersR 1996, 734. II ist anwendbar. Der Gläubiger kann auch einen betagten oder ein bedingten Anspruch im Weg einer einstweiligen Verfügung verfolgen, Hamm MDR 1977, 491. 3

§ 917, Begründetheit: Die Vorschrift ist unanwendbar. An ihrer Stelle gelten §§ 935, 940.

§ 918, Persönlicher Arrest: Die Vorschrift ist unanwendbar. An ihrer Stelle gelten §§ 935, 940; in Betracht kommt aber eine (evtl. Haftandrohung beim Herausgabeanspruch).

§ 919, Zuständigkeit: Die Vorschrift ist unanwendbar. Es gelten §§ 937, 942, 944.

§ 920, Gesuch: Die Vorschrift ist anwendbar. Bei elektronischer Einreichung gelten §§ 130a–130d. Der Antrag muss eindeutig eine einstweilige Verfügung fordern; die Voraussetzungen des § 253 II Nr. 2 sind einzuhalten. Der Gläubiger braucht allerdings wegen § 938 nicht unbedingt einen auch im Übrigen inhaltlich bestimmten Antrag zu stellen. Er braucht nicht anzugeben, ob er § 935 und/oder § 940 für anwendbar hält. Er muss die den Verfügungsanspruch und den Verfügungsgrund ausfüllenden Tatsachen grundsätzlich glaubhaft machen, Hamm NJW-RR 2016, 1112; Nürnb NJW-RR 2014, 1452 (abl. Dittert NZG 2015, 221); OVG Münst NJW 1982, 2517. Das gilt auch in einer solchen Patentsache, auf die § 12 II UWG unanwendbar ist, Düss GRUR 1983, 80. Es gilt aber nach § 650d BGB nicht bei einem Streit über das Anordnungsrecht nach § 650b BGB oder über eine Vergütungsanpassung nach § 650c BGB. Es gilt ferner nicht bei einer Unterlassungsforderung nach § 12 II UWG, oder in den Fällen des § 89b V GWB. Bei § 935 ist eine Gefährdung der Verfügungsgrund. Bei § 940 ist die Notwendigkeit einer einstweiligen Regelung der Verfügungsgrund. Das Gericht braucht das Gesuch nicht zuzustellen, Hmb MDR 2012, 1306. Ein Antrag auf eine sog. Gegenverfügung ist unstatthaft, Ffm GRUR-RR 2012, 88; Stgt NJW 2012, 625; aM Dötsch MDR 2012, 624 (hält eine „eigenständige" Verfügung für besser).

Zur Glaubhaftmachung → § 920 Rn. 12 ff. Sie ist nach § 12 II UWG bei einem UWG-Anspruch auf Unterlassung entbehrlich. Wenn das materielle Recht ausnahmsweise keine Glaubhaftmachung des Grundes verlangt, darf das Gericht auch keine Sicherheitsleistung fordern. Denn eine Sicherheitsleistung soll ja nur eine an sich notwendige Glaubhaftmachung ersetzen. Die Notwendigkeit der Glaubhaftmachung des Verfügungsanspruchs ist von der Glaubhaftmachung des Verfügungsgrunds zu unterscheiden. Wenn der Gläubiger die Unterlassung einer Handlung fordert, muss er unter anderem grundsätzlich die Wiederholungsgefahr glaubhaft machen, also die Gefahr weiterer Störungen.

Der Gläubiger braucht weder einen Geldbetrag noch einen Geldwert zu nennen. Manchmal kann es erforderlich sein, den Streitwert anzugeben, sei es wegen der Zuständigkeitsfrage nach §§ 3 ff., sei es wegen des Kostenstreitwerts nach § 63 GKG. Man kann beim Vermieterpfandrecht hohe Anforderungen für unberechtigt halten, Köln ZMR 1984, 281 (für den Fall eines Warenlagers des Mieters). Wenn es um ein Recht oder ein Rechtsverhältnis aufgrund des ArbNEG geht, braucht kein Schiedsverfahren vorausgegangen zu sein. Zum Anwaltszwang gilt dasselbe wie bei § 920 III. Es besteht also zunächst kein Anwaltszwang, Saarbr NJW-RR 1998, 1012; Stgt NJW-RR 1994, 624; Ffm MDR 1989, 460. Ein Gegenantrag entsprechend einer Widerklage ist grds. zulässig.

§ 921, Entscheidung: Statt S. 1 gilt § 937 II. Eine stattgebende Beschlussverfügung braucht keine Begründung, Hmb MDR 2012, 1306. Wegen der Hemmung der Verjährung gilt dasselbe wie beim Arrest. Sicherheit: Die Vorschrift ist anwendbar, Lidle GRUR 1978, 96. Zum Inhalt § 938.

§ 922, Urteil oder Beschluss: Die Vorschrift ist voll anwendbar, auch zur Begründungsfrage. Auch bei der einstweiligen Verfügung im Beschwerdeverfahren über die Ablehnung des Antrags nach I 1 kann das Beschwerdegericht einen Verhandlungstermin anberaumen und durch Urteil entscheiden, KG NJW-RR 2019, 1231. Die Wirksamkeitszustellung des Beschlusses des II, die zugleich Vollstreckung iSv § 929 darstellt. ist anwendbar, Zweibr. WRP 2016, 280. Allerdings ist Art. 103 I GG bei § 922 III zu beachten, soweit der Gläubigerschutz bestehen bleibt, zB bei einem Antrag auf die Unterlassung einer Handlung. II ist anwendbar, BayObLG Rpfleger 1978, 306. Nach der Zurückweisung eines Antrags auf eine einstweilige Verfügung (fälschlich) durch einen Beschluss kann man mit der Beschwerde grundsätzlich keinen Arrest beantragen. In den Fällen des § 942 entscheidet das Gericht stets durch einen Beschluss, § 942 IV.

§ 923, Abwendungsbefugnis: Die Vorschrift ist wegen § 939 unanwendbar.

§ 924, Widerspruch: Die Vorschrift ist grundsätzlich anwendbar, Hmb JurBüro 2016, 28. In den Fällen des § 942 bei einer einstweiligen Verfügung des AG der belegenen Sache ist sie aber nicht anwendbar. Es ist dann das dort bestimmte Verfahren zulässig. Das Gericht darf die Zwangsvollstreckung auch ohne eine Sicherheitsleistung einstellen, Kblz GRUR 1989, 934; Karlsr MDR 1975, 324. Das gilt jedoch nur dann, wenn das Gericht damit nicht den Sinn der einstweiligen Verfügung nach § 939 aufhebt, BGH NJW-RR 1997, 1155; KG MDR 1994, 727; Zöller/Vollkommer § 924 Rn. 18; strenger Klette GRUR 1982, 474; großzügiger Celle NJW-RR 1987, 190; Stein/Jonas/Grunsky § 924 Rn. 23.

§ 925, Entscheidung auf Widerspruch: Die Vorschrift ist anwendbar. Die Möglichkeit einer Aufhebung der einstweiligen Verfügung gegen eine Sicherheitsleistung des Schuldners ist allerdings durch § 939 begrenzt. Für die Anwendbarkeit des § 93 (Kostenfreiheit des Schuldners) gelten bei einer entsprechenden Sachlage dieselben Grundsätze wie bei der Widerspruchsklage des § 771.

§ 926, Anordnung der Klageerhebung: Die Vorschrift ist grundsätzlich anwendbar, Ffm MDR 1989, 272. Der Antrag nach § 926 II ist auch schon vor dem Eintritt der formellen Rechtskraft der Verfügung nach §§ 329, 705 statthaft, LG Freibg NJW-RR 1988, 250. Zuständig ist der Rpfl. nach § 20 I Nr. 14 RPflG. Die Vorschrift ist bei § 1615o BGB (Leibesfrucht) deshalb unanwendbar, weil dann keine Klage möglich ist, sondern nur eine einstweilige Verfügung. Das Rechtsschutzbedürfnis kann wegen des Zeitablaufs der einstweiligen Verfügung erloschen sein, Hamm MDR 1986, 418.

§ 927, Aufhebung wegen veränderter Umstände: Die Vorschrift ist anwendbar, BGH NJW 1978, 2158; Köln GRUR-RR 2020, 335; Drsd BeckRS 2020, 7500; Schlesw NJW-RR 2016, 1470 (auch wegen der Kosten); Düss NJW-RR 1988, 188. Die Möglichkeit des Gerichts zur Aufhebung der einstweiligen Verfügung gegen eine Sicherheitsleistung ist durch § 939 eingeschränkt. § 927 ist auch bei einer einstweiligen Verfügung mit dem Ziel einer Zahlung anwendbar, sofern eine Aufhebung den § 323 ersetzt.

§ 927 ist aber dann unanwendbar, wenn es um eine einmalige Zahlung nach der Aufhebung geht (Arztkosten). Überhaupt ist die Aufhebung einer einstweiligen Verfügung durch eine weitere einstweilige Verfügung grundsätzlich nicht statthaft. Es gibt auch keine Aufhebungsklage gegen eine einstweilige Verfügung. Wenn die Parteien über den Gegenstand der einstweiligen Verfügung einen Vergleich nach § 779 BGB geschlossen haben, ist § 323 anwendbar. Ein nach §§ 708 ff. vorläufig vollstreckbares, aber anfechtbares Urteil im Hauptprozess reicht selbst dann nicht aus, wenn es mindestens denselben Inhalt wie die einstweilige

Verfügung hat, KG WRP 1979, 547. Nach dem Ablauf der Vollzugsfrist und einem Verzicht des Gläubigers auf die Rechte aus der einstweiligen Verfügung kann der Schuldner trotzdem ein Rechtsbedürfnis haben, Mü NJW-RR 1986, 998.

II. Verfügungsvollzug bei gewöhnlicher einstweiliger Verfügung. Die Anordnung des § 936, dass die Vorschriften des Arrestverfahrens entsprechend im einstweiligen Verfügungsverfahren anwendbar sind, gilt auch für den Vollzug der einstweiligen Verfügung. 4

§ 928, Grundsatz: Die Vorschrift ist anwendbar, BGH NJW 1999, 3122; Mü MDR 1998, 1243. In diesem Rahmen erfolgt die Eintragung einer Vormerkung in Vollziehung einer einstweiligen Verfügung gem. § 941, BGH NJW 1999, 3122. Eine Pfändung von beweglichem Vermögen nach §§ 803 ff. und eine eidesstattliche Versicherung zwecks Vermögensauskunft nach § 802c kommen nach einer einstweiligen Verfügung kaum vor. Die Vollstreckung der Wegnahme einer Sache erfolgt nach §§ 883 ff. Eine eidesstattliche Versicherung nach § 883 sowie eine Pfändung und Überweisung nach § 886 brauchen keine neue einstweilige Verfügung. Eine solche Herausgabe macht eine Wegnahme in der Frist notwendig. Die Erzwingung einer Handlung oder Unterlassung erfolgt nach §§ 887, 888, 890, BGH NJW 1996, 198. 5

Die Zuständigkeit des Vollstreckungsgerichts ergibt sich aus §§ 764, 802. Bei §§ 887 ff. ist das Gericht der Hauptsache als Prozessgericht zugleich das Vollstreckungsgericht. Einwendungen nach §§ 732, 766 sind wie sonst zulässig. Wegen der Möglichkeit einer Einstellung der Zwangsvollstreckung gilt auch § 924 III. Die Umstände ergeben, wann die Zwangsvollstreckung endet. § 788 gilt für die Vollzugskosten; sie lassen sich beim Schuldner beitreiben. Wenn das Gericht die einstweilige Verfügung aufgehoben hat, muss der Gläubiger die Vollzugskosten erstatten.

§ 929, Vollstreckungsklausel, Vollziehungsfrist: Die Vorschrift ist nach § 152 III 3 GVGA grds. anwendbar, Brdb FamRZ 1997, 624; Hmb NJW-RR 1995, 444.

- **(Abweichung vom Antrag):** Die Regeln gelten auch, soweit das Gericht weniger oder etwas anderes als beantragt zugesprochen hat, aM Kblz NJW-RR 1988, 143
- **(Keine Amtszustellung):** Die Amtszustellung nach §§ 166 ff. reicht nicht. Denn sie lässt nicht den Vollzugswillen des Gläubigers erkennen. Das gilt für Urteils- wie Beschlussverfügungen, Düss GRUR-RR 2001, 94; KG NJW-RR 1999, 72; Mü MDR 1998, 1243; aM Stgt WettbR 1997, 43 (eine Urteilsverfügung nach § 890 werde mit der Verkündung der Androhung vollzogen).
- **(Änderung):** Der Gläubiger muss ein „Bestätigungsurteil" nur nach einer inhaltlichen Änderung wiederum zwecks einer erneuten Vollziehung zustellen, Köln GRUR 1999, 90; Oetker GRUR 2003, 124. Dazu zählt etwa, dass jetzt eine Sicherheitsleistung notwendig wird, Hamm NJW-RR 2000, 972, oder dass zunächst keine Verhandlung stattgefunden hatte, Hamm NJW-RR 2000, 972, nicht aber eine bloße Verringerung der einstweiligen Verfügung, Hamm NJW-RR 2000, 972, oder eine bloße Änderung der rechtlichen Begründung, KG WettbR 2000, 197.
- **(Anerkenntnis):** Eine Entscheidung nach Art eines Anerkenntnisurteils nach § 307 braucht dann eine Parteizustellung nach §§ 191 ff., 929, wenn sie sich nicht eindeutig auch auf den sachlich-rechtlichen Anspruch erstreckt, Hamm Rpfleger 1986, 310.
- **(Beiderseitiges Verbot):** Wenn die einstweilige Verfügung ein Verbot gegenüber jeder Partei ausspricht, muss jede Partei der anderen zustellen. Das gilt auch dann, wenn eine eigentliche Zwangsvollstreckung nicht infrage kommt.
- **(Berichtigung):** Eine solche nach §§ 419, 329 erfordert keine erneute Vollzugszustellung, Celle WettbR 1998, 19.
- **(Gebot, Verbot):** Wenn die einstweilige Verfügung ein Gebot oder ein Verbot enthält, kommt es darauf an, dass der Gläubiger seinen Willen zur Durchsetzung der einstweiligen Verfügung klar zum Ausdruck bringt, Karlsr NJW-RR 1988, 1470; aM Oldb JurBüro 1992, 495.
- **(Grundbuch):** Bei einer Grundbucheintragungs-Verfügung ist der Eingang des Eintragungsantrags beim Grundbuchamt erforderlich und ausreichend.
- **(Leistungsverfügung):** § 929 gilt auch bei der sog. Leistungsverfügung, Köln FamRZ 1992, 77; Zweibr OLGZ 1983, 467.
- **(Parteizustellung):** Stets notwendig ist die Parteizustellung nach §§ 191 ff. durch den Gläubiger an den Schuldner. Denn erst diese Parteizustellung lässt den Vollzugswillen des Gläubigers eindeutig erkennen, BGH NJW 2019, 1374; NJW 1993, 1076; Düss GRUR-RR 2019, 240; GRUR-RR 2001, 94; Hmb GRUR-RR 2003, 108. Für die Zustellung genügt seit dem Inkrafttreten der Neufassung des § 317 durch das Gesetz zur Förderung des elektronischen Rechtsverkehrs mit den Gerichten am 1.7.2014 eine vom Gericht beglaubigten Abschrift des Eilrechtstitels; nicht ausreichend ist eine unbeglaubigte gerichtliche, vom Gerichtsvollzieher aber beglaubigte Abschrift, BGH NJW 2019, 1374. Der Mangel der unterbliebenen Zustellung kann durch die von der Geschäftsstelle des Gerichts übermittelte einfache Abschrift geheilt werden, BGH NJW-RR 2018, 970; NJW 2017, 411.
- **(Schuldneranschrift):** Der ProzBevtl. nach § 81 muss die richtige Schuldneranschrift nach § 85 II auch zusätzlich zu Gläubigerangaben klären, Heistermann MDR 2001, 791.
- **(Sicherheitsleistung):** Wenn das Gericht die einstweilige Verfügung von einer Sicherheitsleistung abhängig gemacht hat, muss der Gläubiger die Sicherheit im Zweifel vor der Vollziehung leisten. Außerdem hat der Gläubiger die Bestätigung der Hinterlegungsstelle nach § 751 II innerhalb der Frist des § 929 III 2 zuzustellen.
- **(Unterlassung):** Auch eine Unterlassungsverfügung ist mittelbar durch Ordnungsmittel vollziehbar, BGH NJW 1996, 198. Bei § 890 soll die Androhung eines Ordnungsmittels grundsätzlich schon im Titel stehen, BGH MDR 1996, 452; aM Celle GRUR 1987, 66.
- **(Unvertretbare Handlung):** → „– (Zwangsvollstreckung)".
- **(Veräußerungsverbot):** Die Regeln gelten auch bei einem einzutragenden Veräußerungsverbot, Ffm Rpfleger 1978, 269. Die Eintragung ist nicht an eine Frist gebunden. Soweit im Übrigen eine Eintragung im Grundbuch notwendig ist, wendet die Praxis überwiegend § 932 III entsprechend an. Man wahrt die Frist aber nur dann, wenn das Eintragungsgesuch innerhalb der Frist eingeht und wenn der Eintragung am Ende der Frist keine Hindernisse mehr entgegenstehen. Dann ist es unerheblich, ob anfänglich Hindernisse

vorhanden waren und ob sich diese erst durch eine Zwischenverfügung innerhalb der Frist beseitigen ließen. Ein Verschulden des Grundbuchamts hilft dem Gläubiger nicht. Wenn der Gläubiger die einstweilige Verfügung beim Eingang des Eintragungsantrags nicht zugestellt hat, muss er die Zustellung innerhalb der Frist des § 929 nachholen. Diese Frist beginnt mit dem Eingang des Eintragungsantrags, Düss FGPrax 1997, 51; aM LG Ffm Rpfleger 1993, 254. Andernfalls ist die Vollzugsmaßnahme unwirksam.

– **(Vertretbare Handlung):** → „– (Zwangsvollstreckung)".
– **(Vollzugsfrist):** Es gilt eine Vollzugsfrist von einem Monat seit dem Zeitpunkt der Verkündung der einstweiligen Verfügung, Ffm NJW-RR 2000, 1236; Hamm NJW-RR 2000, 972. Man darf die Frist voll ausnutzen, Ffm GRUR 2002, 237. Wenn keine Verkündung stattfand, läuft die Vollzugsfrist seit der Zustellung der einstweiligen Verfügung, LG Kassel WoM 1993, 418; LAG Brem Rpfleger 1982, 481; aM Hamm BB 1988, 1844. Sie läuft hilfsweise seit der Aushändigung, jeweils an den Gläubiger, AG Bln-Charlottenb DGVZ 1979, 29. Die Zustellung einer vollstreckbaren statt einer einfachen Ausfertigung ist nur bei einer Rechtsnachfolge einer Partei nach §§ 727 ff. nötig. Zum Problem Loritz ZZP 106, 3 (ausf.).
– **(Weiterbeschäftigung):** Der Gläubiger muss die einstweilige Verfügung innerhalb der Frist voll durchgeführt haben, siehe aber LAG Hamm BB 1987, 1536.
– **(Wiederkehrende Leistung):** Es kann ein fristgemäßer Beginn der Durchführung und eine Einheit der späteren Maßnahmen vorliegen. Das gilt etwa dann, wenn es um eine eidesstattliche Versicherung zwecks Vermögensauskunft nach § 802c geht. Sie ist nach § 883 II auch im Verfahren auf den Erlass einer einstweiligen Verfügung zulässig.
– **(Wirksamkeit):** Eine Urteilsverfügung und erst recht eine Beschlussverfügung sind jedenfalls bei einer Inlandszustellung erst im Zeitpunkt der Zustellung wirksam. Die Frist beginnt mit dem Eingang des Zustellungsantrags beim Zustellungsorgan, zB bei der Gerichtsvollzieherverteilungsstelle, Düss GRUR-RR 2001, 95.
– **(Zusammenwirken):** Soweit der Gläubiger und der Schuldner zusammenwirken müssen, genügt statt einer Zustellung die Mitwirkung des Gläubigers, LAG Bln DB 1986, 976.
– **(Zwangsvollstreckung):** Grds. dienen Arrest und einstweilige Verfügung nicht der Befriedigung, sondern nur der Sicherung; insoweit kommt nur eine eingeschränkte und entsprechende Anwendung in Betracht. Bei § 887 ist auch ein rechtzeitiger Vollstreckungsantrag nach § 754 erforderlich, Ros MDR 2006, 1425; Hamm NJW-RR 1993, 960. Bei § 888 genügt auch eine Vollstreckung nach § 890 innerhalb der Monatsfrist, Mü MDR 2003, 53; Zweibr OLGZ 1983, 470; aM Ros MDR 2006, 1425.

§ 930, Vollzug in bewegliches Vermögen: § 930 I 3 ist unanwendbar, soweit sie das Arrestgericht zur Pfändung zuständig macht, aM MüKoZPO/Drescher Rn. 16. § 930 III ist anwendbar, LG Brem DGVZ 2006, 140, aM Zöller/Vollkommer Rn. 1.

§ 931, Vollzug in ein Schiff: Die Vorschrift ist unanwendbar.

§ 932, Arresthypothek: Die Vorschrift ist grds. unanwendbar. Denn es fehlt ein Geldbetrag nach § 923. Allerdings wendet die Praxis mit Recht III (Eingang des Antrags als Vollzug) auf alle durch eine einstweilige Verfügung angeordneten Grundbuch- und Registereintragungen an, KG Rpfleger 1991, 433; KrG Bad Salzungen DtZ 1991, 148. Ein etwaiges Ersuchen nach § 941 gilt dann als der Eintragungsantrag nach § 39 GBO. Wenn aber die Zustellung nicht in der unabhängig von einer Kenntnis des Gläubigers mit dem Eingang des Ersuchens beginnenden Wochenfrist des § 929 III nachfolgt, kann man die Eintragung für unwirksam und den Gläubiger für verpflichtet halten, eine Löschungsbewilligung zu erteilen. Das Grundbuchamt prüft auch die Voraussetzungen einer Eintragung nach dem Grundbuchrecht, Düss Rpfleger 1978, 216. Ein Belastungsverbot wird erst mit der Zustellung an den Schuldner wirksam. Wenn das Grundbuchamt aufgrund einer einstweiligen Verfügung eine Vormerkung eingetragen hatte und wenn das Gericht diese Vormerkung nun durch eine vollstreckbare Entscheidung aufgehoben hat, ist damit bereits die Vormerkung ebenfalls erloschen. Die Löschung stellt nur eine Berichtigung des Grundbuchs dar.

§ 933, Persönlicher Arrest: Die Vorschrift ist anwendbar, soweit in der einstweiligen Verfügung Freiheitsbeschränkungen vorgesehen sind, MüKoZPO/Drescher Rn. 17; Thomas/Putzo/Seiler Rn. 1; aM Zöller/Vollkommer § 933 Rn. 2.

§ 934, Aufhebung des Vollzugs: I ist durch § 939 ersetzt. II–IV sind ebenfalls unanwendbar, Thomas/Putzo/Seiler Rn. 12; aM Zöller/Vollkommer Rn. 1.

6 **III. Verfügungsvollzug bei einer Zahlungsverfügung.** Wenn die einstweilige Verfügung den Schuldner vorläufig zu einer Zahlung verurteilt, steht sie für die Zwangsvollstreckung ganz einem nach §§ 708 ff. vorläufig vollstreckbaren Endurteil auf die Leistung gleich, Hintzen Rpfleger 1993, 255.

7 **1. Wiederkehrende Leistungen.** Eine einstweilige Verfügung kann auf die Verurteilung zu einer nicht unter das FamFG fallenden wiederkehrenden Leistung zB eines laufenden oder künftigen Unterhalts lauten, aber nicht wegen eines in der Vergangenheit entstandenen Unterhaltsanspruchs, Brem FamRZ 1980, 1146. Sie lässt sich wegen der künftigen Raten nicht innerhalb der Monatsfrist vollziehen. § 929 II kann deshalb nicht anwendbar sein. Infolgedessen erfolgt die Vollstreckung ohne Zeitgrenze. Erforderlich ist aber auch dann eine Bindung des Willens des Schuldners durch mehr als die bloße Anordnung verlangen.

8 Der Gläubiger muss die einstweilige Verfügung dem Schuldner daher nur einmal innerhalb eines Monats seit der Verkündung des Urteils nach §§ 191 ff. im Parteibetrieb zustellen, Hmb FamRZ 1988, 522; Kblz FamRZ 1988, 191; Oldb FamRZ 1986, 367; aM Celle FamRZ 1988, 524.

9 Wenn der Gläubiger die Zwangsvollstreckung vor der Zustellung einleitet, hat die Zustellung der ersten Vollstreckungsmaßnahme innerhalb der Wochenfrist nach § 929 III nachzufolgen.

10 **2. Weiteres Verfahren.** Mit den in → Rn. 6 ff. genannten Maßnahmen ist die Vollziehung beendet. Alles Weitere gehört zur Vollstreckung. Die Zwangsvollstreckung erfolgt durch eine Pfändung nach §§ 803–871 und nicht wie bei einem Gebot nach § 887. Hier bezweckt die Vollziehung nicht die Sicherung, sondern die Befriedigung des Gläubigers. Die Vollziehung ist also eine Vollstreckungspfändung und nicht eine Arrestpfändung. §§ 930–932 sind der Natur der Sache nach unanwendbar. Deshalb pfändet nicht das Arrestgericht des § 919 die Forderung. Vielmehr ist dazu das Vollstreckungsgericht der §§ 802, 828 zuständig. Es entscheidet durch den Rpfl. nach § 20 I Nr. 17 RPflG. Deshalb ist hier auch eine Überweisung zulässig. Die Zwangsvollstreckung in

ein eingetragenes Schiff und in eine Liegenschaft erfolgt nach §§ 864ff., nicht nach §§ 931ff. Es gibt also keine Arresthypothek, sondern eine Zwangshypothek, ferner eine Zwangsverwaltung oder eine Zwangsversteigerung.

3. Einmalige Leistung. Wenn die einstweilige Vollstreckung den Schuldner zu einer einmaligen Geldleistung 11 verurteilt, kann der Gläubiger die einstweilige Verfügung nur durch eine Pfändung vollziehen. Die Zahlung des Schuldners zur Abwendung der Pfändung genügt. Auch dann ist eine Überweisung zulässig. Denn eine solche einstweilige Verfügung bezweckt ausnahmsweise eine Befriedigung des Gläubigers.

IV. Vollstreckungsabwehrklage. Der Schuldner kann gegenüber einer gewöhnlichen einstweiligen Ver- 12 fügung keine Vollstreckungsabwehrklage nach § 767 erheben. Denn § 927 hilft ihm ausreichend und schließt die Anwendbarkeit anderer Vorschriften aus. Anders verhält es sich bei einer sog. Leistungsverfügung. Denn eine solche einstweilige Verfügung steht in ihrer Wirkung einem Leistungsurteil gleich. Außerdem ist § 927 dann nicht für fällige, aber rückständige Leistungen anwendbar. Deshalb kann der Schuldner dann nach § 767 klagen, soweit er das gewünschte Ergebnis nicht nach § 927 erreichen kann. Zum Verhältnis zwischen §§ 936ff. und § 769 Düss OLGZ 1985, 494.

937 *Zuständiges Gericht.* I **Für den Erlass einstweiliger Verfügungen ist das Gericht der Hauptsache zuständig.**

II **Die Entscheidung kann in dringenden Fällen sowie dann, wenn der Antrag auf Erlass einer einstweiligen Verfügung zurückzuweisen ist, ohne mündliche Verhandlung ergehen.**

I. Systematik. § 937 stellt hinsichtlich der Zuständigkeit und des Verfahrensablaufs eine Ausnahme von § 936 1 dar, wonach die Arrestvorschriften anwendbar sind. So gilt nicht die Zuständigkeit des § 919; in dringenden Fällen kann gem. §§ 937, 942, 944 der Vorsitzende des Kollegialgerichts oder das AG entscheiden. In Abweichung von § 921 I darf gemäß II eine einstweilige Verfügung nur ausnahmsweise ohne mündliche Verhandlung ergehen; d.h. die Entscheidung über den Verfügungsantrag aufgrund einer mündlichen Verhandlung ist der Regelfall, BVerfG BeckRS 2016, 110261 Rn. 12; BGH NJW 2020, 2474 Rn. 12; → Rn. 7f.

II. Regelungszweck. Die Vorschrift soll im Interesse der Prozesswirtschaftlichkeit gewährleisten, dass das 2 Gericht auch im Verfügungsverfahren entscheidet, das über eine bei ihm anhängige Klage nach § 253 entscheiden soll und die Sache schon kennt, Hmb MDR 1981, 1027. Deshalb ist das Hauptsachegericht abgesehen von § 942 ausschließlich zuständig, soweit die Hauptsache bei ihm schon und noch anhängig ist, Hamm OLGZ 1989, 338. Deshalb muss auch das Gericht die Rechtshängigkeit vor einem etwaigen anderen Hauptsachegericht auch im Rahmen von § 937 beachten, bei dem der Kläger eine zweite Klage über denselben Anspruch erhoben hat, Hmb MDR 1981, 1027.

Die Entscheidung kann nach II in dringenden Fällen ohne mündliche Verhandlung ergehen. Dies scheint 3 gerechtfertigt, da das einstweilige Verfügungsverfahren ohnehin eine eigene Dringlichkeit voraussetzt. Diese bleibt aber hinter der Dringlichkeit des II zurück, die als besondere Dringlichkeit bezeichnet wird. Durch dieses zusätzliche Kriterium soll die Ausnahme betont werden, die eine mündliche Verhandlung bei einer stattgebenden Entscheidung zum Regelfall macht; → Rn. 7ff.

III. Zuständigkeit: Gericht der Hauptsache, I. Das um einen einstweiligen Rechtsschutz ersuchte Gericht 4 muss die Zulässigkeit des Rechtswegs zu ihm nach §§ 13, 17, 17a GVG von Amts wegen prüfen, BGH MDR 2001, 952 (zum damaligen FGG). Das gilt auch dann, wenn es das Hauptsachegericht ist, BAG NW 2000, 2524. Für die Anordnung der einstweiligen Verfügung ist grundsätzlich nach § 943 das Gericht der Hauptsache zuständig, Köln GRUR-RR 2012, 288; Hamm OLGZ 1989, 338; Zweibr JZ 1989, 103. Das gilt örtlich und sachlich, Hmb WRP 1996, 215, und zwar nach § 802 ausschließlich, Ffm GRUR-RR 2014, 117; LG Düss GRUR 2000, 611. Auch die internationale Zuständigkeit richtet sich nach § 937, MüKoZPO/Drescher Rn. 2, Musielak/Voit/Huber Rn. 2. Es gilt auch bei der Brüssel Ia-VO, SchlAnh V C 2, (zum alten Recht) Düss ZMR 2001, 180. Wegen der Ausnahmen §§ 942, 944.

Der Begriff der Hauptsache entspricht dem des § 919. Ein anderes für das Eilverfahren zuständige Gericht 5 bleibt auch bei einer späteren Hauptsacheklage vor einem weiteren Gericht für den Eilantrag nach § 261 III Nr. 2 zuständig, Karlsr MDR 2010, 1013. Hauptsache ist dabei die zu sichernde Leistung oder das zu befriedigende Rechtsverhältnis, nicht der in einer etwa zugehörigen Klagebegründung dazu vorgetragene Streitstoff, Hmb WRP 1996, 215. Das Gericht, bei dem eine negative Feststellungsklage mit umgekehrten Parteirollen anhängig ist, ist Gericht der Hauptsache, Ffm WRP 1996, 27; MüKoZPO/Drescher Rn. 3; strittig: aM Köln WRP 2012, 984; Zöller/Vollkommer Rn. 1; zur Problematik: Steinbeck NJW 2007, 1783.

Über die Zuständigkeit für eine einstweilige Verfügung in einer Wettbewerbssache §§ 13, 14 UWG. Bei den 6 in § 14 UWG genannten Gerichtsständen handelt es sich um ausschließliche; mangels staatlicher Abkommen oder Verträge bestimmen sie auch die internationale Zuständigkeit, KG GRUR-RS 2020, 15836. In dringenden Fällen ist das Gericht der belegenen Sache zuständig. Daneben ist das AG des Tatorts zuständig. Für die Zwangsvollstreckung ist das Vollstreckungsgericht der §§ 764, 802 zuständig. Beim Kollegialgericht ist sein Vorsitzender im Rahmen von § 944 zuständig, → Rn. 1. Auch das FamG kann zuständig sein, vgl. aber §§ 49ff. FamFG.

IV. Verfahren, II. Eine mündliche Verhandlung ist nach II jedenfalls der Regelfall, BVerfG BeckRS 2016, 7 110261 Rn. 12; KG NJW-RR 2019, 1231; Hmb MDR 2013, 1122. Nach überwiegender Meinung darf im einstweiligen Verfügungsverfahren hiervon nur in den Ausnahmefällen des II abgewichen werden, BGH NJW 2020, 2474 Rn. 12; Oldb NJW 2017, 1250; Düss BeckRS 2017, 130449; Zweibr NJOZ 2015, 188; MüKoZPO/Drescher Rn. 5; Zöller/Vollkommer Rn. 3f; Schneider NJW 2018, 523 (zum Gebührentatbestand des Nr. 3104 I VV-RVG). Der Verzicht auf eine mündliche Verhandlung nach II berechtigt ein Gericht nicht dazu, die Gegenseite bis zur Entscheidung über den Verfügungsantrag aus dem Verfahren herauszuhalten; eine stattgebende Entscheidung kommt grds. nur in Betracht, wenn die Gegenseite die Möglichkeit hatte, auf das geltend gemachte Vorbringen zu erwidern, BVerfG BeckRS 2021, 5190 Rn. 22 = WRP 2021, 743. Das BVerfG verlangt wegen des grundrechtsgleichen Rechts auf prozessuale Waffengleichheit zumindest eine Einbindung des Antragsgegners, sei es durch eine vorgerichtliche Abmahnung oder durch eine Anhörung des Antragsgegners, soweit der Zweck des Verfahrens nicht vereitelt wird, BVerfG NJW 2022, 1083 Rn. 26 = GRUR 2022, 429; BeckRS 2020, 13380 Rn. 14 = WRP 2020, 1177; NJW 2020, 3023 Rn. 13; NJW 2020, 2021 Rn. 22; NJW

2018, 3631 und 3634 (jeweils in Pressesachen); → Rn. 9f. Im Presse- und Äußerungsrecht kann nicht als Regel von einer Erforderlichkeit der Überraschung des Gegners bei der Geltendmachung von Ansprüchen ausgegangen werden, BVerfG NJW 2021, 2020 Rn. 21; NJW 2021, 1587 Rn. 29; NJW 2018, 3634 Rn. 31. Speziell im Gegendarstellungsrecht ist das vorherige Veröffentlichungsverlangen eine materiell-rechtliche Voraussetzung für den Gegendarstellungsanspruch, BVerfG NJW 2021, 1587. Diese Rechtsprechung des BVerfG in Pressesache gilt grds. auch für wettbewerbsrechtliche Streitigkeiten, BVerfG NJW 2020, 3023; Düss BeckRS 2019, 5570 = WRP 2019, 773; → Rn. 9; dort besteht jedoch die Möglichkeit, den Antragsgegner in anderer Weise entsprechend einzubinden, wie zB in Lauterkeitsstreitigkeiten durch vorgerichtliche Abmahnung, durch Anhörung oder durch Einreichung einer Schutzschrift. Auch wenn die Sache aufgrund einer sofortigen Beschwerde gegen den erstinstanzlichen Beschluss angefallen ist, kann das Beschwerdegericht nach mündlicher Verhandlung durch Urteil entscheiden, KG NJW-RR 2019, 1231. Von dieser Regel gibt es zwei Ausnahmen: der besonders dringliche Fall und die Zurückweisung des Antrags. Für die Beurteilung, wann ein dringender Fall nach II vorliegt und damit auf eine mündliche Verhandlung verzichtet werden kann, haben die Gerichte einen weiten Wertungsrahmen, BVerfG NJW 2020, 2021; NJW 2018, 3631 und 3634. Thematisiert wird die Frage, ob die Gesundheitsgefährdung durch die Covid-19-Pandemie die Entscheidung zugunsten eines Verzichts auf die mündliche Verhandlung wegen besonderer Dringlichkeit beeinflussen könnte, Rauscher COVuR 2020, 2. Eine solche mögliche Beschränkung der Rechte des Antragsgegners wäre mit Blick auf die genannten Entscheidungen des BVerfG zur prozessualen Waffengleichheit nicht hinnehmbar, so im Ergebnis auch Rauscher COVuR 2020, 2; → Vor § 128a Rn. 53 „einstw. Verfg"; → § 922 Rn. 19; aM ArbG Ros NZA-RR 2020, 437.

8 **1. Grundsatz: Notwendigkeit mündlicher Verhandlung.** Die Verweisung des § 936 auch auf §§ 921, 922 I, wonach die Durchführung einer mündlichen Verhandlung im Arrestverfahren freigestellt ist, wird durch die Regelung des II verdrängt. Hiernach kann eine Entscheidung – außer bei Zurückweisung – nur in dringenden Fällen ohne mündliche Verhandlung ergehen. Liegen die Voraussetzungen nicht vor, hat eine mündliche Verhandlung nach § 128 I zu erfolgen, BGH NJW 2020, 2474 Rn. 12. Anderenfalls besteht die Gefahr, dass der Anspruch des Antragsgegners auf Gewährung rechtlichen Gehörs nach Art. 103 I GG verletzt ist. Die Entscheidung über den Verfügungsantrag aufgrund einer mündlichen Verhandlung ist also der Regelfall, BVerfG BeckRS 2016, 110261; BGH NJW 2020, 2474; Köln NJW-RR 2002, 1596; KG MDR 1991, 1195; LG Mü MDR 2017, 603. Lediglich wenn es durch die Durchführung des Widerspruchsverfahrens und des Berufungsverfahrens zu einer nachträglichen Heilung kommt, könnte die Verletzung rechtlichen Gehörs ex tunc dahinstehen, Mü GRUR 2020, 385: Ffm GRUR-RR 2020, 36; Düs BeckRS 2019, 5570 = WRP 773; Berlit/Wachsmuth GRUR 2021, 49 (67). Das Gericht muss den Termin nach § 216 unverzüglich (Definition § 121 I 1 BGB) bestimmen, und zwar nach § 227 III 2 Hs. 1 Nr. 1 auch für die Zeit vom 1. 7. bis 31. 8. ohne eine spätere Verlegungsmöglichkeit. Das Gericht muss die Ladungsfrist des § 217 einhalten, → § 217 Rn. 4. Bei Vorliegen erheblicher Gründe ist jedoch eine Fristkürzung im Rahmen des § 224 möglich.

9 **2. Entbehrlichkeit in einem besonders dringenden Fall.** Ausnahmsweise ist eine mündliche Verhandlung zunächst dann entbehrlich, wenn eine besondere bzw. gesteigerte Dringlichkeit iSd II vorliegt, BVerfG BeckRS 2016, 110261; BGH NJW 2020, 2474, Karlsr NJW-RR 1987, 1206; Hamm FamRZ 1986, 75; LAG Kiel NZA-RR 2011, 664 (zu § 62 II ArbGG). Eine Dringlichkeit macht eine mündliche Verhandlung auch dann entbehrlich, wenn in derselben Sache schon eine mündliche Verhandlung oder eine Verweisung stattgefunden hatte. Nun setzt allerdings jede einstweilige Verfügung eine Dringlichkeit voraus → Rn. 3. Denn sonst würde der Verfügungsgrund nach §§ 917, 936 fehlen. Deshalb meint II mit dem Ausdruck „in dringenden Fällen" eine gesteigerte zusätzliche Dringlichkeit, BVerfG BeckRS 2016, 110261; Köln NJW-RR 2002, 1596; Karlsr NJW-RR 1987, 1206; Fritze GRUR 1979, 292; aM Pietzcker GRUR 1978, 526. Das Gericht prüft, ob die besondere Dringlichkeit vorliegt und ob es dann von der mündlichen Verhandlung absehen will. Nach dem Grundsatz der prozessualen Waffengleichheit kommt eine stattgebende Entscheidung grds. nur in Betracht, wenn die Gegenseite zuvor die Möglichkeit hatte, auf das mit dem Antrag geltend gemachte Vorbringen zu erwidern, BVerfG NJW 2020, 2021; NJW 2018, 3634; Möller NJW 2019, 1645. Diese vom BVerfG aufgestellten Maßstäbe zur Handhabung der prozessualen Waffengleichheit und des rechtlichen Gehörs im einstweiligen Verfügungsverfahren sind zunächst in presse- und äußerungsrechtlichen Verfahren entwickelt worden, BVerfG NJW 2018, 3634 und 3631; BeckRS 2020, 13380; NJW 2020, 2021; NJW 2021, 615; ZUM 2021, 345; NJW 2021, 1587; Sajuntz NJW 2021, 592 (599). Diese Maßstäbe gelten im Grundsatz auch für einstweilige Verfügungsverfahren im Lauterkeitsrecht, BVerfG NJW 2020, 3023; Düss BeckRS 2019, 5570 = WRP 2019, 773. Jedoch kann nicht jede Verletzung prozessualer Rechte unter Berufung auf die prozessuale Waffengleichheit im Wege einer Verfassungsbeschwerde geltend gemacht werden; hierzu bedarf es schon eines hinreichend gewichtigen Feststellungsinteresses, BVerfG NJW 2020, 3023; BeckRS 2019, 30365; NJW 2018, 3631 und 3634; NJW 2017, 2985; kritisch: Möller NJW-aktuell 41/2020, 3 (der hierin wohl einen Widerspruch sieht). Das Gericht muss den Prozessparteien im Rahmen der Verfahrensordnung gleichermaßen die Möglichkeit einräumen, alles für die gerichtliche Entscheidung Erhebliche vorzutragen, BVerfG NJW 2021, 1587. Davon ist auszugehen, wenn der Ast. mit einer Abmahnung hinreichend Gelegenheit gegeben hat, die Entgegnung mit dem Verfügungsantrag vollständig vorgelegt wird und die zugrunde liegenden Ansprüche und Tatsachenbehauptungen deckungsgleich sind, BVerfG GRUR 2020, 1119 Rn. 21 ff; LG Düss GRUR-RR 2021, 330 Rn. 23; GRUR-RR 2021, 333 Rn. 20. Auch in der Beschwerdeinstanz kann eine einstweilige Verfügung ohne vorherige Anhörung des Antragsgegners unter Berücksichtigung des Grundsatzes der prozessualen Waffengleichheit erlassen werden, wenn der Antragsgegner vorprozessual die Möglichkeit hatte, auf den Vortrag zur Begründung des Verfügungsantrags zu erwidern, KG GRUR-RR 2021, 507 Rn. 24. Dabei ist es unerheblich, dass sich der Ast. zur Begründung des Verfügungsantrags nicht auf alle noch in der Abmahnung vorgebrachten Gründe stützt, BVerfG GRUR-RS 2020, 37361 Rn. 21; KG GRUR-RR 2021, 507 Rn. 24. Einen Überblick über die Entscheidungen des BVerfG zum Recht auf prozessuale Waffengleichheit bietet Möller unter http://rsw.beck.de/arbeitshilfe-moeller.

10 Von der Frage der Anhörung und Einbeziehung der Gegenseite ist aber die Frage zu unterscheiden, wann ein dringender Fall iSd II vorliegt und damit – im Ausnahmefall – auf eine mündliche Verhandlung verzichtet werden kann. Hier besteht für die Fachgerichte ein weiter Wertungsrahmen, der allerdings auch eine zügige Verfahrensdurchführung voraussetzt, BVerfG NJW 2021, 2020 Rn. 22; NJW 2021, 615; NJW 2018, 3631. Jedoch ist die Gleichstellung der Parteien durch eine objektive, faire Verhandlungsführung, durch unvoreingenommene Bereit-

schaft zur Verwertung und Bewertung des gegenseitigen Vorbringens, durch unparteiische Rechtsanwendung und durch korrekte Erfüllung seiner sonstigen prozessualen Obliegenheiten zu wahren, BVerfG NJW 2018, 3631 Rn. 14. Die nachträgliche Feststellung eines Verstoßes gegen die prozessuale Waffengleichheit setzt ein besonderes Feststellungsinteresse voraus, dass besonders bei Wiederholungsgefahr gegeben sein kann, BVerfG NJW 2021, 618 Rn. 6.

Ein besonders dringender Fall liegt vor, wenn der Zeitverlust oder die Benachrichtigung des Gegners den Zweck der einstweiligen Verfügung gefährden könnten, wenn also der Verfügungsgrund die Überraschung der Gegenseite verlangt, Karlsr NJW-RR 1987, 1206; Teplitzky NJW 1980, 1666 oder wenn durch die vorherige Anhörung der Verfahrenszweck gar vereitelt würde, Stein/Jonas/Kern Vor § 128 Rn. 29, 37. Das kann sich auch erst im Lauf des Eilverfahrens ergeben, Köln NJW-RR 2002, 1596. Rechtsmissbrauch macht stets besonders dringlich, LG Mü MDR 2017, 603. Die Dringlichkeitsvermutung kann jedoch durch Zeitablauf oder zögerliches Verhalten des Antragstellers wiederlegt sein; zB wenn der Antragsteller auf das Berühmen des Verletzers hin, sich in der beanstandeten Weise zu verhalten, längere Zeit untätig bleibt, Ffm GRUR-RR 2020, 368 (zu § 140 III MarkenG). Auch ein Antrag auf Fristverlängerung der Begründungsfrist von einem Monat kann dringlichkeitsschädlich sein, Mü GRUR-RS 2021, 29384; NJW-RR 2019, 1258 Rn. 15. Die Dringlichkeit kann jedoch wiederaufleben, wenn der Verletzer sich später tatsächlich in dieser Weise verhält und damit ein „Qualitätssprung" im Vergleich zu der Situation nach dem Berühmen verbunden ist, Ffm GRUR-RR 2020, 368. 11

Gehör ist zu gewähren, wenn dem Antragsgegner das Verlangen nicht in gehöriger Form zugeleitet wurde oder das Gericht dem Antragsteller Hinweise nach § 139 erteilt, von denen die Gegenseite erst nach Erlass der stattgebenden Entscheidung erfährt, BVerfG NJW 2018, 3634 (Prozessuale Waffengleichheit); Mantz NJW 2019, 953; Teplitzky GRUR 2008, 34. Entbehrlich ist eine vorherige Anhörung nur in Ausnahmefällen. Voraussetzung der Verweisung auf eine nachträgliche Anhörung ist, dass sonst der Zweck der einstweiligen Verfügung vereitelt würde, BVerfG NJW 2020, 2021 (äußerungsrechtliche Ansprüche). Die Rechtsprechung des BVerfG zur prozessualen Waffengleichheit, die presserechtliche Verfahren betreffen, gelten auch für wettbewerbliche Streitigkeiten, Düss WRP 2019, 773. Die besonders dringliche Situation muss auch bei § 12 UWG, der in der neuen Fassung von § 13 UWG ergänzt wird, vorliegen. Denn die Dringlichkeitsvermutung dieser Vorschrift – wie auch im Fall der §§ 885, 899 BGB – befreit nicht von II, sondern stellt lediglich eine Vermutung für den Verfügungsgrund dar, KG DB 1979, 642; Teplitzky NJW 1980, 1667; Drettmann GRUR 1979, 602. Das Gericht kann für die Gewährung des rechtlichen Gehörs die Möglichkeit einbeziehen, die der Gegenseite erlauben, sich vorprozessual zu dem Antragsverlangen zu äußern, BVerfG NJW 2018, 3634; Möller NJW 2019, 1245. Dies ist häufig der Fall im Presserecht, im Recht des UWG, des gewerblichen Rechtsschutzes und des Urheberrechts, Mantz NJW 2019, 953; Roth Anm. zu BVerfG NJW 2018, 3636. Gerade in diesen Streitigkeiten hat der Antragsgegner nämlich die Möglichkeit, eine Schutzschrift zu hinterlegen. Seitdem der Gesetzgeber mit §§ 945a, 945b die Möglichkeit geschaffen hat, vorbeugende Verteidigungsschriften gegen erwartete Anträge auf einstweilige Verfügungen zum Gegenstand des einstweiligen Verfügungsverfahrens zu machen, und ein zentrales, länderübergreifendes elektronisches Register hierfür eingeführt hat, ist gewährleistet, dass eine Schutzschrift dem letztlich entscheidenden Gericht zur Kenntnis gelangt, BVerfG NJW 2018, 3634; Mantz NJW 2019, 953. 12

Der Gläubiger muss die besondere Dringlichkeit als eine Voraussetzung zum Erlass der einstweiligen Verfügung nach §§ 294, 920 II, 936 glaubhaft machen, Mü GRUR-RR 2021, 297 Rn. 47, obwohl sie in Wettbewerbsstreitigkeiten, insbesondere bei Messeverstößen häufig auf der Hand liegen, Teplitzky GRUR 1978, 286. Das Gericht muss das Vorliegen der besonderen Dringlichkeit in der einstweiligen Verfügung feststellen; hat es deren Vorliegen bejaht, muss es ohne mündliche Verhandlung entscheiden, MükoZPO/Drescher Rn. 6. Zur Schutzschrift §§ 945a, b; → Rn. 9 f. 13

3. Entbehrlichkeit bei einer Zurückweisung. Eine mündliche Verhandlung ist ferner entbehrlich, wenn das Gericht den Antrag als unzulässig oder unbegründet zurückweisen muss, Danckwerts GRUR 2008, 767. Aus dem Wortlaut des II ergibt sich, dass es hierbei auf die Dringlichkeit nicht ankommt. Hierdurch wird eine schnelle und kostengünstige Erledigung gesichert, Musielak/Voit/Huber Rn. 5. Das Gericht kann die Unbegründetheit vorsorglich und zulässigerweise als ein Hilfsargument darstellen. Die Zurückweisung erfolgt mangels einer mündlichen Verhandlung durch einen zu begründenden Beschluss nebst einer Kostenentscheidung. Seine Vollstreckbarkeit richtet sich nicht nach § 708 Nr. 6, da nicht durch Urteil entschieden wird, sondern nach § 794 I Nr. 3. 14

4. Weiteres Verfahren. Das Gericht kann die Parteien auch telefonisch oder schriftlich anhören, Danckwerts GRUR 2008, 767. Wenn der Gläubiger aufgrund einer Äußerung des Schuldners den Antrag zurücknimmt, muss der Gläubiger entsprechend § 269 III 2, IV grundsätzlich die Kosten des Schuldners tragen. Wegen eines Gegenantrags → § 935 Rn. 1. Zu dem teilweise hochproblematischen Verfahren eines sog. Messebereitschaftsdienstes Lidle GRUR 1978, 93. 15

Gebühren: des Gerichts KV 1410 ff. GKG; des Anwalts VV 3100 ff. RVG. Wert: → Anh. § 3 Rn. 35 „Einstweilige Verfügung". 16

V. Rechtsbehelfe. Gegen die Anordnung einer mündlichen Verhandlung oder gegen ihre Ablehnung ist grundsätzlich kein Rechtsbehelf statthaft. Soweit das Gericht einen Antrag ohne eine mündliche Verhandlung abgewiesen hat, kommt eine sofortige Beschwerde nach § 567 I Nr. 2 in Betracht. Dann kann das Beschwerdegericht die Sache evtl. zur erneuten Entscheidung nach einer mündlichen Verhandlung zurückverweisen, LAG Hamm BB 1984, 409. Eine sofortige Beschwerde bloß zwecks einer Erledigungserklärung ist jedoch unzulässig, Stgt WettbR 1998, 91. Bei einer allzu späten Terminsanberaumung ist neben einer sofortigen Beschwerde wegen der faktischen Zurückweisung eines Verfahrensgesuches nach § 567 I Nr. 2 eine Dienstaufsichtsbeschwerde zulässig. Gegen eine stattgebende einstweilige Verfügung durch Beschluss ist bei Verletzung des Rechts des Antragsgegners auf prozessuale Waffengleichheit, → Rn. 9, die unmittelbare Verfassungsbeschwerde zulässig, BVerfG NJW 2018, 3631 und 3634 mit Anm. Roth. Unabhängig von dem noch andauernden Verfahren vor den Zivilgerichten ist der Rechtsweg insoweit gem. § 90 II 1 BVerfGG erschöpft, BVerfG NJW 2018, 3631; vgl. auch Muckel JA 2019, 74. Entspricht die Verfahrensgestaltung in erster Instanz nicht den Anforderungen an das rechtliche Gehör, beruht das erstinstanzliche Urteil nicht (mehr) auf diesem Verstoß, wenn der Antragsgegner bis zur Verhandlung in zweiter Instanz hinreichend Gelegenheit hatte, sich mit der Verletzungsfrage zu befassen und hierzu vorzutragen, Mü GRUR 2020, 385; Düss BeckRS 2019, 5570 = WRP 2019, 773; → Rn. 8. 17

938 *Inhalt der einstweiligen Verfügung.* I **Das Gericht bestimmt nach freiem Ermessen, welche Anordnungen zur Erreichung des Zweckes erforderlich sind.**

II **Die einstweilige Verfügung kann auch in einer Sequestration sowie darin bestehen, dass dem Gegner eine Handlung geboten oder verboten, insbesondere die Veräußerung, Belastung oder Verpfändung eines Grundstücks oder eines eingetragenen Schiffes oder Schiffsbauwerks untersagt wird.**

1 **I. Systematik.** Die Vorschrift enthält eine dem § 721 bedingt vergleichbare Regelung, LAG Hann DB 1989, 2234. Das Gericht bestimmt nach seinem pflichtgemäßen Ermessen, welche Maßnahme schon vorläufig notwendig werden, LG Brem DGVZ 2006, 140; LG Detm NJW-RR 2011, 1239; AG Bln-Charlottenb NZM 2013, 320. Das gilt grundsätzlich auch bei der Unterlassungsverfügung, Gräbig GRUR 2020, 1044 (1049). Es gibt auch bei einer Wettbewerbssache keine gesetzliche Grundlage dafür, dass das Gericht in der Auswahl seiner Anordnungen beschränkt wäre. Jedoch bringt § 12 II UWG mit seinen Erleichterungen für den Erlass einer einstweiligen Verfügung Gefahren mit sich. Das Gericht darf sich nicht darauf beschränken, etwa allgemein die „Beseitigung der Beeinträchtigung" anzuordnen. Es muss vielmehr bestimmte Maßnahme treffen. Dazu ist ein ausreichend bestimmter Antrag nach → Rn. 7 nötig.

2 Nicht über den Antrag hinaus, „ne ultra petita": § 308 I gilt nach → Rn. 7 auch hier. Denn andernfalls würde man die Parteiherrschaft und damit ein Grundprinzip des Zivilprozesses missachten und wohl auch gegen Art. 1, 2 GG verstoßen. Möglicherweise kann ein vorsichtiger Hinweis nach § 139 sinnvoll sein, den Antrag besser zu erweitern. Grundsätzlich dürften Fragen der Antragsfassung, auf die das Gericht hinweist, keine Anhörungspflicht auslösen, Mauntz, NJW 2019, 953 zu den verschärften Anforderungen gem. BVerfG NJW 2018, 3634. In aller Regel muss das Gericht von Amts wegen einen nicht allzu weit hinausschiebbaren Endzeitpunkt seiner Eilmaßnahme festsetzen, um nicht die Gefahr irreparabler Schäden herbeizuführen. Das gilt insbesondere beim Antrag auf eine sog. Leistungsverfügung, → Vor § 916 Rn. 13 ff., Heinze, Die Leistungsverfügung, FG 50 Jahre Bundesgerichtshof, 2000, III 591. Evtl. muss man nach → Rn. 7 eine Anordnung zeitlich begrenzen und im Übrigen ablehnen. Das Gericht darf im Rahmen vom § 139 aber auch evtl. ergänzen, VGH Mü NVwZ-RR 2017, 574.

3 **II. Regelungszweck.** Im Unterschied zum Arrest, der nur zwei Sicherungsmittel (§§ 917, 918) kennt, stehen im einstweiligen Verfügungsverfahren zahlreiche Anordnungsmöglichkeiten zur Verfügung. Mit der Anordnung nach I sind Maßnahmen des einstweiligen Rechtsschutzes gemeint, die sich aus dem Tenor der Entscheidung ergeben. Die Tatsachen für den zu sichernden Anspruch sowie die Notwendigkeit der Sicherung sind vom Antragsteller darzulegen. Insofern ist diese Vorschrift im Zusammenhang mit dem Bestimmtheitserfordernis des § 253 II Nr. 2 zu sehen, Gräbig GRUR 2020, 1044 (1049). Die einstweilige Verfügung muss aber den Gerichtsvollzieher in die Lage versetzen, die Vollstreckung ohne weitere Urkunden oder Informationen durchzuführen. Nach I ist es dem „freien Ermessen" des Gerichts überlassen, welche Anordnung zur Erreichung des Sicherungszwecks erforderlich sind, Ffm NJW 2019, 1463. Die Inhaltsbestimmung der zu erlassenden Maßnahmen wird nicht in das „freie Ermessen des Gerichts" im Sinne der verwaltungsrechtlichen Definition gestellt; vielmehr hat das Gericht fallbezogen, im Rahmen seines Beurteilungsspielraums die Konkretisierung vorzunehmen, MüKoZPO/Drescher Rn. 4.

4 **III. Voraussetzungen, I.** Die Grenzen der Befugnisse des Gerichts sind durch BVerfG NJW 2018, 3634 gezogen, Sajuntz NJW 2021, 592 (599); Mantz NJW 2019, 953; Roth NJW 2018, 3636. Maßstab ist das Gebot der prozessualen Waffengleichheit, → § 937 Rn. 9. Auf die Sachdienlichkeit des Antrags ist hinzuwirken, ohne jedoch die Verteidigungsmöglichkeiten des Antragsgegners zu schwächen. So muss der Antrag identisch mit der vorgerichtlichen Abmahnung sein, um das rechtliche Gehör zu gewährleisten, BVerfG BeckRS 2020, 13380 = WRP 2020, 1177.

5 **1. Erforderlichkeit.** Die Maßnahme muss erforderlich sein, aber auch ausreichen, um den Zweck der einstweiligen Verfügung zu erreichen. Sie muss hinreichend bestimmt sein, Düss MDR 1986, 328; Gräbig GRUR 2020, 1044. Die einstweilige Verfügung darf aber grundsätzlich nicht eine Entscheidung in der Hauptsache vorwegnehmen, BGH NJW 2007, 2485; KG ZMR 2013, 181. Sie soll möglichst keine endgültigen Verhältnisse schaffen. Denn die einstweilige Verfügung dient lediglich der Sicherung und grundsätzlich nicht der Befriedigung des Gläubigers, Ffm NJW 1985, 1295; KG MDR 1977, 500; Eck/Dombrowski GRUR 2008, 389. Zum Problem Schilken, Die Befriedigungsverfügung, 1976 (krit. Grunsky ZZP 90, 208).

6 Das Gericht darf den Schuldner aber nach → § 940 Rn. 17 nicht schon aufgrund ungenügend geprüfter Behauptungen unwiederbringlich schädigen. Demgegenüber liegt es in der Natur einer einstweil. Verfügung auf eine Leistung auch der Befriedigung des Gläubigers zu dienen. Eine solche Befriedigungsverfügung kann zur Durchsetzung des verfassungsrechtlich gebotenen Rechtsschutzes in Einzelfällen erforderlich sein, um den Gläubiger nicht schutzlos zu lassen, BVerfG NJW 2005, 1103. Sie muss aber die Ausnahme bleiben und darf nicht für Teilbereiche des materiellen Rechts – wie zB für das Wettbewerbsrecht – zum Regelfall werden, Ahrens/Ahrens Kap 48 Rn. 1; MüKoZPO/Drescher Rn. 10. Der Schuldner ist in den Fällen nur auf einen Ersatzanspruch angewiesen.

7 **2. Im Rahmen des Antrags.** Die Maßnahme des Gerichts darf nach §§ 308 I, 525 grds. nicht über den Antrag des Gläubigers hinausgehen, KG NJW 2021, 83; Hmb NJW-RR 2005, 188; Wittmann MDR 2009, 485. Das Gericht kann nur innerhalb dieses Rahmens wählen. Der Gläubiger muss insofern einen ausreichend bestimmten Antrag stellen, AG Hmb-Blankenese ZMR 2016, 315. Er braucht innerhalb des von ihm gesetzten Rahmens aber evtl. keine bestimmten Maßnahmen im Einzelnen anzuregen, Wittmann MDR 2009, 485. Die etwa angeregten Maßnahmen binden das Gericht innerhalb des Rahmens nicht, Hmb GRUR-RR 2010, 201; Köln GRUR-RR 2001, 288; LG Ffm NJW-RR 2002, 127. Die einstweil. Verfügung kann eine Leistung, eine Feststellung oder eine Gestaltung beinhalten. Bei einer Leistungsverfügung muss der Antragsteller die Leistung, die er begehrt, genau bezeichnen. Bei einer Unterlassungsverfügung muss die zu unterlassende Handlung genau bezeichnet werden, Stgt GRUR-RR 2014, 454, zumindest aber im Kern beschrieben werden, BGH NJW 2001, 3710 = GRUR 2002, 177; Hmb GRUR-RR 2016, 124 Rn. 12; vertiefend → § 253 Rn. 48 „Unterlassung". Das zusprechende Urteil muss sich innerhalb des mit dem Antrag anhängig gemachten Streitgegenstands halten, BGH GRUR 2018, 431 Rn. 11; GRUR 2018, 203 Rn. 15; GRUR 2016, 1301 Rn. 26. Es kann aber auch Maßnahmen erlassen, die nicht nur ein „minus" darstellen, sondern auch solche, die in gleicher Richtung wie der Antrag liegen, auch wenn es sich streng genommen um ein „aliud" gegenüber der beantragten Maßnahme

handelt, MüKoZPO/Drescher Rn. 5f. Allerdings sind beim Abweichen vom beantragten Verbotstenor iSd „aliud" ein entsprechender Hinweis und die Gewährung rechtlichen Gehörs für beide Seiten erforderlich, BVerfG NJW 2021, 2018 Rn. 16. Wenn der Gläubiger zB die Zwangsverwaltung eines Grundstücks beantragt, wird das Gericht möglicherweise eine Sequestration anordnen. Grds. ist ein bestimmter Antrag notwendig, ähnlich wie bei § 253 II Nr. 2, Karlsr NJW-RR 2002, 251; Köln NJW-RR 2001, 1487. Eine Verallgemeinerung im Antrag ist nur insoweit zulässig, als er einen klar bestimmten Inhalt behält, Düss GRUR 1978, 610. Wegen der Entscheidung über Auskunfts- und Einsichtsrechte nach §§ 51a, 51b GmbHG Emde ZIP 2001, 824.

3. Im Rahmen des Hauptanspruchs. Die Maßnahme muss im Rahmen des Hauptanspruchs wie nach § 253 II Nr. 2 bleiben, → Rn. 3. Sie darf keineswegs mehr anordnen, ArbG Düss DB 1983, 2093. Sie soll grundsätzlich weniger als die Verwirklichung des Hauptanspruchs bringen, BGH NJW 2007, 2485; Drsd NJW 2001, 1434; Schockenhoff NJW 1990, 155. Die Maßnahme muss aber nicht ausnahmslos ein minus sein, sie kann auch in die gleiche Richtung wie der Antrag gehen und damit möglicherweise ein aliud darstellen. Das Gericht darf vor allem nicht in das Recht eines Dritten eingreifen, LG Mü WoM 1991, 577. Es darf dem Dritten keine Pflicht auferlegen, Düss WM 1978, 359. Eine Eintragung ins Grundbuch oder in ein Register muss materiellrechtlich und auch grundbuchrechtlich zulässig sein. 8

4. Grenzen der Zwangsvollstreckung. Der durch § 938 dem Gericht eröffnete Entscheidungsspielraum besteht lediglich im Rahmen der gestellten Anträge, KG NJW 2021. 83; Ffm BeckRS 2014, 21055; Hmb NJW-RR 2005, 188; → Rn. 7. I erlaubt dem Gericht gegenüber einem Klageantrag nur geringfügig weitergehende Möglichkeiten zur Ausdeutung, Klarstellung und Umformulierung des Antragsbegehrens, nicht aber zu dessen inhaltlicher Veränderung, Teplitzky/Feddersen Kap. 54 Rn. 38. Redaktionelle Umformulierungen sind zulässig; so kann das Gericht Elemente herausnehmen, die keine den Verbotsumfang klarstellende Funktion haben, Cepl/Voß/Voß Rn. 2. So kann der Verbotstenor anders lauten als der ursprüngliche Antrag, Gräbig GRUR 2020, 1044. So kann das Gericht bei einer bewusst unvollständigen Berichterstattung einen uneingeschränkt gestellten Unterlassungsantrag mit einem klarstellenden Zusatz versehen, Karlsr NJW 2005, 2400. Das Verbot kann sich auch auf den durch die Tatsachenbehauptung erweckten Eindrucks beziehen, Hmb NJW-RR 2019, 1059 (1063). Es darf zB dem Grundbuchamt nicht gebieten, einem Antrag stattzugeben. Es darf das Grundbuchamt vielmehr nur nach § 941 ersuchen. Es darf nicht bei einer nach § 890 vollstreckbaren Anordnung eine Maßnahme nach §§ 883–888 androhen, LAG Hamm DB 1977, 1272. Das Betreten der Wohnung eines Dritten durch einen gerichtlichen Sachverständigen zB zwecks Schallmessungen ist grundsätzlich erst nach dessen vorheriger Anhörung statthaft, BVerfG NJW 1987, 2500. Eine Räumungsanordnung ist nur nach § 940a statthaft. § 938 bringt keine Sperre des Grundbuchs, sondern nur eine relative Unwirksamkeit, KG ZMR 2015, 323. 9

5. Gebot der Zurückhaltung. Das Gericht sollte sich mit seiner Anordnung insbesondere dann zurückhalten, wenn die vorläufige Prüfung im Verfahren auf den Erlass der einstweiligen Verfügung ungewöhnlich mangelhaft bleiben muss, Schockenhoff NJW 1990, 155. Allerdings darf das Gericht auch zB im Bereich des Gewerblichen Rechtsschutzes keineswegs von vornherein zurückhaltender verfahren als etwa im Bereich des Bürgerlichen Rechts, Jestaedt GRUR 1981, 193. Der Gläubiger darf alle Mittel der Zwangsvollstreckung ausnutzen. Die Frage, ob das Gericht einen Antrag teilweise zurückgewiesen hat, lässt sich danach beurteilen, ob der Gläubiger der Wirkung nach das Begehrte erreicht hat. 10

IV. Beispiele zur Frage der Zulässigkeit einer Anordnung, I

Aufbrauchfrist: Das Gericht kann eine Aufbrauchfrist als immanente Beschränkung eines Unterlassungsanspruchs anordnen. Dies kommt aber nur in Betracht, wenn dem Schuldner durch ein unbefristetes Verbot unverhältnismäßige Nachteile entstünden, Ffm GRUR-RR 2020, 167. 11

Betriebsrat: Unzulässig ist die Anordnung einer Zustimmung nach § 103 BetrVG.

Beschlagnahme: Unzulässig ist das Gebot an eine Behörde, damit sie etwa eine Amtshandlung herbeiführe oder unterlasse, KG MDR 1993, 1234 (Herausgabe nach Aufhebung einer Beschlagnahme).

Buchhaltungsunterlagen: Zulässig ist die Anordnung der Herausgabe von Buchhaltungsunterlagen aus dem Besitz des Steuerberaters des Schuldners nach § 22 InsO an den Insolvenzverwalter und nicht an einen vorläufigen Insolvenzverwalter, Düss KTS 1983, 146.

Eherecht: Unzulässig ist in einer Ehe- oder Familiensache eine solche Maßnahme, die das FamG auch mithilfe schon des FamFG ohne dessen Verweisungen auf die ZPO treffen kann, Schlesw SchlHA 1978, 120. Wenn das Gericht die einstweilige Verfügung vor der Anhängigkeit der Ehesache beantragt oder sogar erlassen hatte, bleibt das Rechtsschutzbedürfnis schon aus Kostengründen bestehen, Hamm FamRZ 1980, 816. Auch → „Steuerveranlagung", → „Zugewinnausgleich".

Erwerbsverbot: → Rn. 20.

Firma: Unzulässig ist die Anordnung der Löschung einer Firma.

Gegendarstellung: Sie kann zulässig sein, → § 940 Rn. 19 „Presserecht: Gegendarstellung".

Geschäftsbetrieb: → „Unterlassung".

Gesellschaft: Zulässig ist die Entziehung der Vertretung oder der Geschäftsführung eines Gesellschafters. Unzulässig ist nach → § 940 Rn. 19 „Gesellschaft" die Anordnung des Entzugs oder einer Beschränkung des Stimmrechts in der Hauptversammlung, Kblz NJW 1991, 1119. Unzulässig ist nach → § 940 Rn. 19 „Gesellschaft" die Anordnung im Zusammenhang mit einer Beschlussfassung in der Gesellschafterversammlung.

Gewerbebetrieb: Zulässig ist ein Verbot, den Gewerbebetrieb des Gläubigers zu stören.

Grundbuch: → „Grundschuldbrief", → „Unterlassung".

Grundschuldbrief: Zulässig ist wegen § 41 GBO die Anordnung der Herausgabe eines Grundschuldbriefs an den Gerichtsvollzieher nach → § 940 Rn. 19 „Grundbuch". Die einstweilige Verfügung ist im Zeitpunkt der Zustellung an den Gläubiger wirksam. Eine Eintragung in das Grundbuch ist nur für den Ausschluss des guten Glaubens notwendig.

Handelsregister: Zulässig ist außerhalb der den §§ 374ff. FamFG unterstehenden Fälle ein Gebot, einen Vorgang zum Handelsregister anzumelden, etwa den Eintritt in die Abwicklung der Firma. Eine Eintragung ist aber nur zum Ausschluss des guten Glaubens auch geradezu notwendig.

Hauptsache: Die Vorwegnahme der Hauptsache im Eilverfahren ist grds. unzulässig, → § 940 Rn. 13.

Herausgabe: von durch verbotene Eigenmacht Erlangtem → „Verbotene Eigenmacht". Im Übrigen kommt eine auf Herausgabe gerichtete Anordnung nur ausnahmsweise in Betracht, wenn der Antragsteller die Sache so dringend benötigt, dass allein ihre Sicherstellung oder Sequestration zur Gewährleistung effektiven Rechtsschutzes nicht ausreicht, Brem NJW-RR 2020, 250 Rn. 19; LG Karlsr. NJW-RR 2021, 882 Rn. 38; MüKoZPO/Drescher Rn. 25.

Hypothek: Unzulässig ist die Anordnung der Löschung einer Hypothek. Auch → „Vormerkung".

Insolvenz: → „Buchhaltungsunterlagen".

Leasing: Zulässig ist die Anordnung der Herausgabe einer verleasten Sache an einen Sequester, LG Ravensb NJW 1987, 139.

Liquidation: → „Handelsregister".

Löschung: → „Firma", → „Hypothek".

Mietrecht: Zulässig sind: Die Anordnung der Rückschaffung von Sachen des Mieters in die Mieträume; ausnahmsweise auch die Anordnung der Räumung einer Wohnung nach § 940a oder die Anordnung eines Zutritts nach § 554 I BGB. Unzulässig ist die Anordnung der Besitzeinweisung bei einer Doppelvermietung, KG WoM 2007, 207; Hamm NJW-RR 2004, 521; Schlesw MDR 2000, 1428; aM Düss NJW-RR 1991, 336. Auch → „Verbotene Eigenmacht" sowie → Vor § 916 Rn. 13.

Notar: Unzulässig ist die Anordnung eines Gebots an einen Notar, Hamm NJW 1976, 975.

Notlage: Ein Herausgabeantrag kommt nur in Betracht, wenn die Verfügungskläger darlegen und glaubhaft machen, dass sie anderenfalls in eine „existenzielle Notlage" gerieten, LG Karlsr. NJW-RR 2021, 882 Rn. 38 (Herausgabe einer Eigentumswohnung).

Patentrecht: Kaum zulässig ist eine sog. Besichtigungsverfügung, Eck/Dombrowski GRUR 2008, 389.

Redaktionelle Änderung: Zulässig ist die Anordnung, eine Produktbeschreibung redaktionell zu ändern, Köln GRUR-RR 2016, 280.

Reisepass: Zulässig ist die Anordnung der Herausgabe des Reisepasses des Schuldners, den er dem Gläubiger zur Sicherheit übergeben hatte und den der Schuldner nun wieder erhielt.

Rückgabeverbot: Es kommt zusätzlich zur Herausgabe an den Gerichtsvollzieher infrage, um einen Vernichtungsanspruch zu sichern, Ffm GRUR-RR 2003, 96.

Sicherheitsleistung: Sie ist nach § 154 II 4 GVGA → „Reisepass", → „Zugewinnausgleich" meist keine Sequestration nach → Rn. 12, 14.

Steuerveranlagung: Zulässig ist ein Verbot gegenüber dem Ehegatten des Gläubigers, eine getrennte Steuerveranlagung zu beantragen, Tiedtke FamRZ 1977, 689.

Stimmrecht: → „Gesellschaft".

Unterlassung: I lockert das Bestimmtheitsgebot, LG Bln WoM 2012, 213. Zulässig ist das Gebot, einen bestimmten Wettbewerbsverstoß zu unterlassen. Zulässig ist evtl. ein Handlungsgebot zwecks Erfüllung einer Unterlassungspflicht, LG Ffm ZIP 2013, 1722. Zulässig ist das Gebot, keinen Antrag auf eine Eintragung des Eigentumserwerbs beim Grundbuchamt zu stellen. Ein solches Gebot wirkt materiell-rechtlich als ein Erwerbsverbot. Das Grundbuchamt muss dieses Gebot beachten, BayObLG Rpfleger 1978, 306; KG MDR 1977, 500. Das Grundbuchamt darf das Gebot aber nicht eintragen. Eine Eintragung entgegen dem Verbot lässt kein Eigentum übergehen. Unzulässig ist die Anordnung der Unterlassung oder Untersagung eines Geschäftsbetriebs, außer etwa in einem ganz krassen Verletzungsfall.

Umsetzungsfrist: zur Schaffung von Betreuungsmöglichkeit in Kita, OVG Bln-Brdb NJW 2019, 946.

Urlaubsanspruch: Anwendbarkeit beim Urlaubsanspruch ist zweifelhaft, LAG Stgt NZA-RR 2010, 179.

Verbotene Eigenmacht: Zulässig ist die Anordnung der Rückschaffung solcher Sachen, die der Schuldner mit einer verbotenen Eigenmacht erlangt hat, Stgt NJW 2012, 625; Kblz OLGR 2007, 553; Köln MDR 2000, 152; Schlesw SchlHA 1975, 49. Zulässig ist ferner die Anordnung der Herausgabe eines durch eine verbotene Eigenmacht erlangten Kfz-Briefes, LAG Bln BB 1982, 1428.

Verwahrung: Die bloße Verwahrung ist statthaft. Sie ist nach § 154 II 1 GVGA keine Sequestration nach → Rn. 12, 14. Der Gerichtsvollzieher muss sie im Rahmen einer Zwangsvollstreckung nach § 154 II 2 GVGA übernehmen. Ihre Kosten zählen nach § 154 II 3 GVGA zu § 788.

Verwaltungsvollstreckung: Unzulässig ist die Anordnung des Ge- oder Verbots einer Verwaltungsvollstreckung, § 154 III GVGA.

Vormerkung: Zulässig ist eine Vormerkung zur Sicherung des Anspruchs auf die Eintragung einer Sicherungshypothek, BGH Rpfleger 2000, 384.

Wohnungseigentum: Zulässig ist eine Anweisung an den Vorsitzenden des Verwaltungsbeirats, eine Eigentümerversammlung nicht durchzuführen, AG Bln-Charlottenb NZM 2013, 320.

Zugewinnausgleich: Zulässig ist die Anordnung einer Sicherheitsleistung nach § 1389 BGB.

Zuständigkeit: Unzulässig ist ihre Änderung, LG Hmb GRUR-RR 2014, 47.

Zwangsverwaltung: Zulässig ist ausnahmsweise die Anordnung einer Zwangsverwaltung. Denn sie sichert den Gläubiger mit den Rechtsfolgen aus dem ZVG. Das gilt auch wegen eines Hypothekenbriefs. Der Gläubiger erwirkt die Anordnung einer bloßen Verwahrung, nicht auch einer Verwaltung und deshalb nicht einer Sequestration. Er handelt durch den Gerichtsvollzieher, soweit diese Verwahrung mit den zulässigen Grenzen der Zwangsverwaltung vereinbar ist, Grein DGVZ 1982, 178. Aber auch → „Zwangsvollstreckung".

Zwangsvollstreckung: Unzulässig ist grds. eine Anordnung der Zwangsvollstreckung oder ihrer Duldung oder die Einstellung der Zwangsvollstreckung dann, wenn eine andere gesetzliche Maßnahme möglich ist, zB nach §§ 767, 769, Köln NJW-RR 1995, 576. Aber auch → „Zwangsverwaltung".

12 **V. Gerichtliche Maßnahmen, II.** Die Aufzählung der gerichtlichen Maßnahmen in II ist nicht abschließend; es werden nur beispielhaft („auch") besonders typische und praxisrelevante Maßnahmen genannt. Sequestration ist hierbei von besonderer Bedeutung, dazu Gleußner DGVZ 1996, 33.

13 **1. Zulässigkeit.** Die Sequestration ist grundsätzlich eine Verwahrung und eine Verwaltung durch eine hierfür vom Gericht bestimmte und dazu bereite Vertrauensperson nach § 154 I 1 GVGA, BGH NJW-RR 2008, 487; Mü MDR 1984, 62; Nies MDR 1993, 937. Der Gerichtsvollzieher braucht das Amt nach § 154 I 3 GVGA nicht zu übernehmen. Sie findet regelmäßig bei einer Liegenschaft statt. Sie ist aber auch bei beweglichem Vermögen möglich, Drsd MDR 1998, 305; LG Brschw MDR 1993, 757; LG Heidelb DGVZ 1977, 44. Das gilt zB dann, wenn die Möglichkeit einer Hinterlegung oder einer Herausgabe an den Gerichtsvollzieher entfällt oder wenn eine Weiterveräußerung droht, BGH NJW 2007, 2485. Die Sequestration ist ferner bei einem andauernden

Recht oder etwa bei einem Minderjährigen möglich. Sie ist nur dann im Grundbuch eintragungsfähig, wenn und soweit sie eine Verfügungsbeschränkung enthält. Sie bleibt trotz eines angeblichen Besitzverlustes des Gegners zulässig, Hamm GRUR 1984, 503. Sie führt bei einem Grundstück eine Zwangsverwaltung herbei. Das Gericht des § 937 darf eine Zwangsverwaltung anordnen und den Zwangsverwalter ernennen. Auch im Übrigen wendet das Gericht in der Regel das ZVG entsprechend an, soweit nicht eine Befriedigung des Gläubigers infrage kommt. Wo nur Sicherstellung und Verwahrung erforderlich sind, ist keine Sequestration anzuordnen. Die Sequestration kann Grundstücke, bewegliche Sachen, gewerbliche Schutzrechte oder Forderungen erfassen, BGH NJW-RR 2008, 487; NJW 2001, 434. Auch ein Handelsgeschäft oder ein gewerbliches Unternehmen kann sequestriert werden, MüKoZPO/Drescher Rn. 26; Zöller/Vollkommer Rn. 7; Prütting/Gehrlein/Fischer Rn. 6.

2. Unzulässigkeit. Sequestration ist unzulässig, wenn ein dinglicher Arrest nach §§ 916, 917 ausreicht. Etwas Entsprechendes gilt auch bei einem in die Luftfahrzeugrolle eingetragenen Luftfahrzeug nach § 99 I LuftRG. Dann ist bei einer Unzulässigkeit eines Arrests eine einstweilige Verfügung mit dem Ziel der Eintragung einer Verfügungsbeschränkung im Register für Pfandrechte an Luftfahrzeugen beim AG Braunschweig und zugleich eine einstweilige Verfügung mit dem Ziel einer Beschlagnahme zulässig und zu empfehlen. Gegen den Insolvenzverwalter darf keine Sequestration ergehen, Celle MDR 2004, 472. Er ist ja selbst auch eine Art Sequester. Ein möglicher Verschleiß reicht nicht stets, Brdb MDR 1998, 305; Drsd MDR 1998, 305; Düss MDR 1995, 635; aM Karlsr WM 1994, 1986. 14

3. Stellung des Sequesters. Der Sequester übt keine staatliche Funktion aus, BGH Rpfleger 2005, 549. Es handelt sich nicht um eine Maßnahme der Zwangsvollstreckung, BGH NJW 2001, 434. Er übt eine genehmigungspflichtige Nebentätigkeit im beamtenrechtlichen Sinn aus, BGH NJW 2005, 1121; Kblz MDR 1981, 855; VG Düss DGVZ 1999, 29 (auch zu der engen Voraussetzung einer Versagung der Genehmigung). Die Vollstreckung nach § 929 beginnt noch nicht mit dem Auftrag an ihn. Der Sequester ist keiner Weisung einer Partei unterworfen. Er braucht den Parteien über sein Amt auch keine Auskunft zu geben, LG Brem DGVZ 1978, 140 (das gilt aber nur bis zur Aufhebung der einstweiligen Verfügung). Soweit das Prozessgericht nicht etwas anderes bestimmt, untersteht der Sequester der Aufsicht des die Sequestration anordnenden Gerichts, Mü MDR 1984, 62; Düss GRUR 1983, 743; LG Brem DGVZ 2006, 140 (§ 930 III ist anwendbar). Das Gericht wendet für die Aufsicht das Betreuungs- und das Pflegschaftsrecht entsprechend an. Das Gericht muss die Rechte und Pflichten des Sequesters bestimmen, Mü MDR 1984, 62. Soweit es ihn als solchen eingesetzt hat, hat es ihn grundsätzlich auch als solchen zu behandeln, LG Trier DGVZ 1996, 29. Der Sequester kann zB einen Widerspruch oder ein Rechtsmittel einlegen, BGH GRUR 2008, 87; BPatG GRUR 2002, 372. Die Haftung des Sequesters ist keine Amtshaftung des Staats. Sie kann vertraglicher Art sein, BGH NJW 2001, 434. Der Gerichtsvollzieher muss nach § 154 I 2 GVGA evtl. dem Sequester durch Zwangsmaßnahmen dessen Aufgabe erfüllen helfen. 15

4. Vergütung. Die Vergütung wird durch das Gericht, das die einstweilige Verfügung erlassen hat, als Prozessgericht durch privat gestalteten Hoheitsakt festgesetzt, BGH NJW-RR 2005, 1283; der Rpfl. ist nicht zuständig, Köln MDR 1997, 690; Brem DGVZ 1993, 9; LG Saarbr DGVZ 1995, 187. Die Vergütung des Sequesters wird den Einkünften entnommen. Der Antragsteller und der Sequester können auch die Höhe der Vergütung vereinbaren, BGH Rpfleger 2005, 549. Dann darf das Gericht die Vergütung des Sequesters nicht gegenüber dem Antragsteller festsetzen, Karlsr DGVZ 1993, 27; Hmb KTS 1977, 176. Der Festsetzungsbeschluss ist nach § 794 I Nr. 3 vollstreckbar. Der Staat haftet für die Vergütung nicht, LG Köln KTS 1983, 634; aM Hmb KTS 1977, 176. Das gilt auch bei einer Prozesskostenhilfe nach §§ 114 ff. 16

5. Rechtsbehelfe. Die Bestellung des Sequesters und die Festsetzung seiner Vergütung sind Maßnahmen der Zwangsvollstreckung. Gegen sie sind je nach dem Verfahren des Gerichts die Erinnerung oder die sofortige Beschwerde nach §§ 567 I, 793 zulässig, Karlsr Just 1989, 190; Köln Rpfleger 1986, 268. Auch der Sequester kann sich gegen die Festsetzung der Vergütung beschweren, Saarbr DGVZ 1977, 189. Dafür besteht kein Anwaltszwang. Der Betroffene kann sich gegen einzelne Maßnahmen des Sequesters nach § 766 mit der Erinnerung wenden, aM LG Mönchengladb DGVZ 1982, 122. 17

VI. Zwangsverwaltung, II. Bei Grundstücken kommt abgesehen von der Sequestration auch die Anordnung einer Zwangsverwaltung nach §§ 146 ff. ZVG durch einstweilige Verfügung in Betracht, soweit sie gegenüber dem Eigenbesitzer erforderlich ist, MüKoZPO/Drescher Rn. 29. 18

1. Gebote und Verbote, II. Das Verfügungsgericht darf tatsächliche oder rechtliche Handlungen jeder Art gebieten oder verbieten. Das darf aber nur gegenüber dem Schuldner und ohne einen Eingriff in ein Recht eines Dritten geschehen. Für die Praxis bedeutsam ist die Unterlassungsverfügung, in der angeordnet wird, dass der Schuldner bestimmte Handlungen zu unterlassen hat. Dies kann zumindest für einen Zeitraum zu einer Befriedigungsverfügung führen, → Rn. 5, zur Problematik MüKoZPO/Drescher Rn. 30 ff. Das Gericht darf zB einen Erwerb oder eine Veräußerung verbieten, BVerfG NJW-RR 1992, 898; BayObLGZ 1997, 57; Eberl-Borges NJW 2020, 3137 (3141); Heydrich MDR 1997, 796. Ein Veräußerungs- und Verfügungsverbot zieht die Wirkung der §§ 135, 136 BGB nach sich, wonach die verbotswidrige Verfügung dem Gläubiger gegenüber unwirksam ist, BGH NJW 2008, 376. Um einen gutgläubigen Erwerb auszuschließen, muss zugleich die Eintragung eines Verfügungsverbots in das Grundbuch veranlasst werden. Ein Verfügungsverbot kommt erst ab dem Erlass des Pfändungsbeschlusses in Betracht, Düss NJW-RR 1988, 266. Ein solches wegen eines dinglichen Rechts „bis zur Rechtskraft einer Hauptsachenentscheidung" erlischt natürlich mit dieser Rechtskraft, Hamm Rpfleger 2015, 697. In der Regel ist eine Vormerkung vorzuziehen, BVerfG NJW-RR 1992, 898, oder einen Widerspruch zB nach §§ 885 I 1, 899 II 1 BGB, 21 SchRG. Ist die Vormerkung nicht möglich, hilft II, BGH NJW 2008, 377. 19

2. Erwerbsverbot, II. Dem Veräußerungsverbot steht ein Erwerbsverbot gegenüber, das dem Schuldner verbietet, einen Antrag auf Eintragung seines Eigentumserwerbs beim Grundbuchamt zu stellen, Naumb OLGR 2003, 483; Hamm NJW-RR 2001,1086; BayObLG NJW-RR 1997, 913; Prütting/Gehrlein/Fischer Rn. 8; MüKoZPO/Drescher Rn. 37. Es kann nur gegenüber dem Schuldner, nicht zulasten des Zweiterwerbers erlassen werden. Das Erwerbsverbot ist vom Grundbuchamt von Amts wegen als Eintragungshindernis zu beachten, BayObLG NJW-RR 1997, 913, auch wenn es nicht eintragungsfähig ist. 20

939 *Aufhebung gegen Sicherheitsleistung.* **Nur unter besonderen Umständen kann die Aufhebung einer einstweiligen Verfügung gegen Sicherheitsleistung gestattet werden.**

1 **I. Systematik.** Als Sonderregelung für die einstweilige Verfügung ersetzt § 939 die Arrestvorschriften §§ 923, 934 I, nach denen eine Hinterlegung genügt, und teilweise auch § 925 II und § 927, soweit dort Aufhebungsmaßnahmen von Sicherheitsleistungen abhängig gemacht werden. Sie trägt somit der unterschiedlichen Interessenlage je nach Art des einstweiligen Rechtsschutzes Rechnung.

2 **II. Regelungszweck.** Die Vorschrift bezweckt, dass der Rechtsschutz des Gläubigers nicht auf eine Sicherheitsleistung reduziert wird, der dem an die Stelle des Erfüllungsanspruchs tretenden Schadensersatzanspruch nach § 945 entspricht. Damit würde dem durch die einstweilige Verfügung zu schützenden Sicherungsinteresse des Gläubigers in aller Regel nicht angemessen Rechnung getragen. Die Sicherheitsleistung reicht darüber hinaus regelmäßig nicht aus, weil auch der Erfüllungsanspruch nicht auf Geld gerichtet ist oder der Gläubiger auf eine sofortige Befriedigung angewiesen ist, Hamm NJW-RR 2017, 1237. Eine Geldleistung kann einen gegenständlichen Anspruch in aller Regel nicht sichern, LG Aachen VersR 1992, 338. Unter besonderen Umständen muss aber andererseits die Aufhebung der einstweiligen Verfügung gegen Sicherheitsleistung möglich sein, wenn diese Sicherheitsleistung die Sicherung der prozessualen Rechtsstellung des Gläubigers gewährleistet, Köln NJW 1975, 454.

3 **III. Aufhebung gegen Sicherheitsleistung. 1. Grundsatz.** Die Aufhebung gegen Sicherheitsleistung setzt das Vorliegen besonderer Umstände voraus. Das Gericht darf grds. eine einstweilige Verfügung nur aufgrund eines Widerspruchs nach §§ 924, 936 oder nach § 939 aufheben, LG Aachen VersR 1992, 338. Das darf aber nicht durch eine zweite einstweilige Verfügung geschehen. Das Gericht muss nicht nur den Vollzug aufheben, sondern auch die eigentliche einstweilige Verfügung.

4 **2. Besondere Umstände.** Sie sind eine notwendige Voraussetzung jeder Aufhebung, Ffm MDR 1983, 586. Sie müssen die Sicherung voll bestehen lassen, KG MDR 2009, 139; Ffm MDR 1983, 586. Besondere Umstände setzen voraus, dass der Zweck des einstweiligen Rechtsschutzes ausnahmsweise durch die Leistung einer Sicherheit vollständig verwirklicht werden kann, Köln NJW 1975, 454. Dies kann der Fall sein bei Ansprüchen, bei denen das Vermögensinteresse und nicht das Interesse an der Individualleistung im Vordergrund steht, MüKoZPO/Drescher Rn. 2; Zöller/Vollkommer Rn. 1; bei Wahrung des Vermieterpfandrechts, bei der Eintragung einer Vormerkung auf Einräumung einer Bauhandwerkersicherungshypothek, Hamm NJW-RR 2016, 1237; KG MDR 2009, 139; Saarbr BauR 1993, 348. Eine gewöhnliche Schädigung des Schuldners infolge der Vollstreckung der einstweiligen Verfügung genügt also nicht. Ebenso wenig genügt meist eine Schuldnerbürgschaft, Hamm OLGZ 1993, 331. Das Gericht muss über das Vorliegen besonderer Umstände nach seinem pflichtgemäßen Ermessen entscheiden.

5 **3. Sicherheitsleistung.** Die Aufhebung nach § 939 darf nur gegen eine nach der Art und Höhe gemäß § 108 genau bezeichnete Sicherheitsleistung geschehen. Die Sicherheitsleistung muss nach der Art und Höhe voll gewährleisten, dass der Gläubiger den Zweck der einstweiligen Verfügung erreichen kann, Köln NJW 1975, 454; LG Aachen VersR 1992, 338. Diese Gewährleistung ist meist nicht möglich. Eine auf Eintragung einer Vormerkung zur Sicherung des Anspruchs aus § 648 BGB gerichtete einstweilige Verfügung ist aber aufzuheben, wenn der Besteller eine ausreichende Sicherheit in Form der Hinterlegung oder Bürgschaft stellt, da in diesem Fall zumindest das Erfordernis einer vorläufigen Sicherung beseitigt wird, Hamm NJW-RR 2016, 1237; Düss BauR 1985, 334. Das Gericht hat die Tauglichkeit der Sicherheit zu prüfen. Es kann zB eine Bankbürgschaft ausreichen, KG MDR 2009, 139; Köln NJW 1975, 454; LG Aachen VersR 1992, 338. Das Einverständnis des Gläubigers genügt. Es fehlt aber dann, wenn der Kläger eine Abweisung und nur hilfsweise eine Aufrechterhaltung gegen eine Sicherheitsleistung beantragt.

6 **IV. Verfahren.** Die Sicherheitsleistung braucht im Zeitpunkt der Gestattung noch nicht vorzuliegen, Köln NJW 1975, 454. Das Gericht gestattet sie in folgender Weise: In der einstweiligen Verfügung selbst und nicht etwa in einer zweiten einstweiligen Verfügung; aufgrund eines Widerspruchs nach § 925 oder aufgrund veränderter Umstände nach § 927 nach mündlicher Verhandlung durch Urteil, LG Aachen VersR 1992, 338; im Berufungsrechtszug, Hamm NJW-RR 2016, 1237; Ffm MDR 1983, 586. Nach rechtskräftigem Abschluss ist eine Aufhebung nicht mehr möglich, Köln OLGR 2003, 54. Der Schuldner ist dann der Kläger. Das Gericht entscheidet aufgrund einer mündlichen Verhandlung nach § 924 oder nach § 927, auch im Berufungsrechtszug, Köln NJW 1975, 454. Nach der Sicherheitsleistung erfolgt eine Einstellung der Zwangsvollstreckung nach § 775 Nr. 1 und 3, § 776, Zöller/Vollkommer Rn. 2; aM Köln NJW 1975, 454 (die Zwangsvollstreckung dürfe ohne Weiteres eingestellt werden); LG Aachen VersR 1992, 339 (mit der Sicherheitsleistung erfolge die Aufhebung ohne weiteres Verfahren). Eine einstweilige Einstellung der Zwangsvollstreckung erfolgt nur ganz ausnahmsweise, Ffm MDR 1983, 586; Ros OLGR 2008, 211.

940 *Einstweilige Verfügung zur Regelung eines einstweiligen Zustandes.* **Einstweilige Verfügungen sind auch zum Zwecke der Regelung eines einstweiligen Zustandes in Bezug auf ein streitiges Rechtsverhältnis zulässig, sofern diese Regelung, insbesondere bei dauernden Rechtsverhältnissen zur Abwendung wesentlicher Nachteile oder zur Verhinderung drohender Gewalt oder aus anderen Gründen nötig erscheint.**

Schrifttum: Ahrens, Hauptsache ersetzende Unterlassungsverfügungen aufgrundlage des Unionsrechts, FS Schilken, 2015, 187; Spohnheimer, Die dreifache Dringlichkeit bei wettbewerbsrechtlichen Unterlassungsverfügungen, FS Geimer, 2017, 703; Traub, Verlust der Eilbedürftigkeit durch prozessuales Verhalten des Antragsgegners, FS Hefermehl, 1996, 707; Weiland, Die Sicherung konkurrierender Sachleistungsansprüche im Wege einstweiliger Verfügung durch Vormerkung und Verfügungsverbot, 1992.

1 **I. Systematik.** Die Regelung vervollständigt neben § 935 die Möglichkeiten der einstweiligen Verfügung in Abgrenzung zum Arrest nach §§ 916 ff., → § 935 Rn. 1. Die Grenzen zwischen der Sicherungs- und der Regelungsverfügung sind fließend. Im Schrifttum besteht über das Verhältnis zwischen § 935 und § 940 wenig Einigkeit. Hinsichtlich der unterschiedlichen Auffassungen wird auf → § 935 Rn. 3 Bezug genommen. Die dort

dargelegten Unterschiede wirken sich auch auf die Frage aus, ob § 940 eine eigenständige Rechtsgrundlage für den Erlass einer besonderen einstweiligen Verfügung darstellt; zum Streitstand MüKoZPO/Drescher Rn. 1 ff. Diese Unterscheidung spielt in der gerichtlichen Praxis so gut wie keine Rolle, → § 935 Rn. 2 f. Im Zweifel wird das Gericht eine einstweilige Verfügung nach „§§ 935, 940" erlassen. In den Voraussetzungen für den Erlass einer einstweiligen Verfügung nach § 935 oder nach § 940 gibt es keine Unterschiede. Beiden Vorschriften geht es um die Sicherung der Verwirklichung des Rechts einer Partei im Hauptprozess. Die Unterscheidung verschiedener Arten der einstweiligen Verfügung in Sicherungs-, Regelungs- und Leistungsverfügung, Jauernig ZZP 79, 321, zielt nicht auf unterschiedliche Voraussetzungen für deren Erlass, sondern auf die unterschiedlichen Inhalte ab.

II. Regelungszweck und Inhalt. Die einstweilige Verfügung nach § 940 ist das bei weitem am häufigsten angestrebte Ziel aller Eilverfahren. Sie dient weniger der künftigen Verwirklichung eines Anspruchs als vielmehr der Sicherung des Rechtsfriedens. Diese Art der einstweiligen Verfügung wird als Regelungsverfügung bezeichnet, weil durch sie der Streit zwischen Beteiligten von Rechtsverhältnissen, dessen Fortdauer bis zur Entscheidung in der Hauptsache unzumutbar wäre, vorläufig geregelt wird. Zweck der Regelungsverfügung ist es, den Rechtsfrieden bis zur Entscheidung in der Hauptsache herzustellen. Dieser Regelungszweck schließt aber eine vorläufige Befriedigung nicht aus. Unabhängig davon, ob die sog. Leistungsverfügung, die von der Rechtsprechung anerkannt ist, einen Unterfall der Regelungsverfügung darstellt oder eine eigenständige, dritte Art der einstweiligen Verfügung ist, wird sie ganz überwiegend bei § 940 mit behandelt. Die Leistungsverfügung sieht nämlich sogar eine endgültige Befriedigung des Gläubigers vor, wenn er auf die unmittelbare Erfüllung dringend angewiesen ist und ihm ein Zuwarten nicht zugemutet werden kann. Auch der Streit über die richtige Einordnung der Leistungsverfügung hat keine Auswirkung in der Praxis. 2

§ 940 setzt voraus, dass die einstweilige Verfügung zur Regelung eines einstweiligen Zustands notwendig scheint. Bei der Regelungsverfügung tritt hinsichtlich des Verfügungsanspruchs das zu regelnde streitige Rechtsverhältnis an die Stelle des zu sichernden Individualanspruchs, Thomas/Putzo/Seiler Rn. 1; Prütting/Gehrlein/Fischer Rn. 2. Bei einer Leistungsverfügung lässt die Rechtsprechung über die vorläufige Regelung eines streitigen Rechtsverhältnisses hinaus unter bestimmten Voraussetzungen eine (teilweise) Befriedigung des Gläubigers zu, → Rn. 13. Soweit ein selbständiges Beweisverfahren nach §§ 485 ff. in Betracht kommt, ist ein Verfahren nach §§ 935 ff. unstatthaft, Köln VersR 1996, 734. Es muss ein streitiges Rechtsverhältnis vorliegen, Düss WM 1978, 359; LAG Düss NZA-RR 2004, 182. Der Begriff des Rechtsverhältnisses ist weit auszulegen. Streitig ist das Rechtsverhältnis, wenn es verletzt worden ist oder wenn der Antragsgegner es bestreitet; dann kommt es auf eine Verletzung nicht an. Es braucht nicht notwendig ein dauerndes Rechtsverhältnis streitig zu sein, also nicht etwa ein Besitz. Das ergibt sich schon aus dem Gesetzesausdruck „insbesondere". Das Gericht muss dabei die Gesamtheit der rechtlichen Beziehungen zwischen den Parteien beachten. 3

Hinsichtlich des Verfügungsgrundes muss eine Regelungsverfügung notwendig sein. Hierfür ist wie bei der Sicherungsverfügung des § 935 eine Dringlichkeit erforderlich. Die bloße Besorgnis eines unerlaubten Eingriffs reicht nur dann aus, wenn diese Besorgnis schon erheblich ist. Eine allgemeine Ungewissheit wie bei jedem Streit reicht also nicht aus, → Rn. 8. Bei der Leistungsverfügung liegt die erforderliche Dringlichkeit nur vor, wenn die drohenden Nachteile existenzgefährdend sind oder außer Verhältnis zu dem möglichen Schaden des Gegners stehen, → Rn. 13. § 940 setzt nicht unbedingt voraus, dass der Gläubiger einen materiell-rechtlichen Anspruch hat. Es reicht vielmehr aus, dass er ihn im Gegensatz zum Schuldner haben kann, Kblz NJW-RR 1986, 1039. Der Anspruch entsteht aber nicht schon durch das Prozessrechtsverhältnis dieses Verfahrens, Stgt NJW-RR 1986, 1448. Der Anspruch braucht kein vermögensrechtlicher zu sein. Es reicht aus, dass der ordentliche Rechtsweg nach § 13 GVG zulässig ist. 4

III. Geltungsbereich. Die einstweilige Verfügung ist grundsätzlich in allen Verfahren nach der ZPO statthaft, auch im WEG-Verfahren, Sauren NZM 2007, 859. Grundsätzlich zulässig ist die einstweilige Verfügung auch im Patent- und Markenrecht, Mü GRUR-RR 2021, 148; Düss GRUR-RR 2011, 81. Im Urheberrecht soll § 101a III 1 UrhG den Erlass einer einstweiligen Verfügung entgegen den sonst geltenden Grundsätzen des vorläufigen Rechtsschutzes auch dann ermöglichen, wenn die Hauptsache dadurch vorweg genommen wird, Brschw BeckRS 2019, 27016. Im Wettbewerbsrecht sind die Gerichte sehr häufig mit einstweiligen Verfügungsverfahren befasst, die in vielen Fällen das Hauptsacheverfahren ersetzen, da das Ergebnis von den Parteien als endgültig hingenommen wird. Im arbeitsgerichtlichen Verfahren finden die Vorschriften des einstweiligen Rechtsschutzes für den Bereich der Angelegenheiten des Urteilsverfahrens nach § 62 II ArbGG Anwendung; auch in Angelegenheiten des Beschlussverfahrens dürfte die einstweilige Verfügung im Einzelfall zulässig sein, MüKoZPO/Drescher § 935 Rn. 37. Wegen der Besonderheiten des Beschlussverfahrens (Ausschluss der vorläufigen Vollstreckbarkeit nach § 85 I 1 ArbGG und der Schadensersatzansprüche nach § 85 II 2 ArbGG) ist eine Interessenabwägung erforderlich, LAG Hessen NZA 2021, 291. Auch im VwGO-Verfahren ist die einstweilige Verfügung statthaft, OVG Münst NZA-RR 2012, 96. Sie ist ausnahmsweise in den Fällen unstatthaft, in denen der Grundgedanke nicht passt oder in denen ähnliche spezielle Sonderregeln den Vorrang haben, auch → Rn. 19 ff. Die wichtigsten werden im Folgenden vorab zusammengefasst: 5

Eine einstweilige Verfügung ist unstatthaft, soweit das FamFG anwendbar ist, BGH FamRZ 1980, 175; Naumb FamRZ 2004, 478; Hamm FamRZ 2001, 358; aM Karlsr FamRZ 1984, 53 (für den Fall einer bloßen Wohnungsaufteilung); Kblz FamRZ 1989, 196 (für den Fall eines erst nach dem Antrag möglichen Verfahrens nach dem FamFG.) Das Verfügungsgericht muss aber den Antrag in das Zulässige umdeuten, Brdb FamRZ 1996, 1222. Eine einstweilige Verfügung ist ferner unstatthaft, soweit eine sonstige FamFG-Sache vorliegt, Hamm NJW 1978, 2515. Die einstweilige Verfügung ist im Umfang von §§ 200 ff. FamFG unstatthaft, Ffm FamRZ 1979, 516; Schlesw SchlHA 1978, 120. 6

§§ 28 ff., 180 ZVG beseitigen nicht stets die Statthaftigkeit einer einstweiligen Verfügung nach §§ 935, 940, aM Schlesw SchlHA 1989, 44. Im Schiedsgerichtsverfahren gelten §§ 1033, 1041; hiernach stehen die Zuständigkeit des Schiedsgerichts und des staatlichen Gerichts nebeneinander und keine von ihnen ist subsidiär, → § 1033 Rn. 9; → § 1041 Rn. 1. Trotz der Vereinbarung eines Schiedsgerichts bleibt das (staatliche) Gericht für eine etwa notwendige einstweilige Verfügung zuständig, sofern die jeweilige Schiedsvereinbarung nach §§ 1029 ff. kein entsprechendes Verfahren vorsieht; die Schiedsvereinbarung beseitigt nicht die aus § 1033 resultierende Befugnis der staatlichen Gerichte bezüglich des Eilrechtsschutzes, Geimer SchiedsVZ 2005, 52. Andererseits zwingt § 1041 das Schiedsgericht nicht zu Eilmaßnahmen, die einer zwangsweisen Durchsetzung im Wege der Vollziehung mit 7

Hilfe staatlicher Gerichte bedürfen, Gaier SchiedsZV 2021, 7 (10). Zur Zweckmäßigkeit: → § 1041 Rn. 1. Sieht ein Schiedsvertrag eine Entscheidung im Verfahren auf Erlass einer einstweiligen Verfügung vor, ist aber ein zu dieser Entscheidung berufenes Schiedsgericht noch nicht gebildet, ist der Rechtsweg zu den ordentlichen Gerichten zur Sicherung des Rechtsfriedens eröffnet, Ffm NJOZ 2021, 59.(Zwangsabstieg).

8 **IV. Dringlichkeit als Verfügungsgrund.** Ein Verfügungsgrund liegt vor, wenn die Regelungsverfügung notwendig ist. Für den Antrag genügt jedes ernstliche eilige Bedürfnis des Gläubigers, Köln NJW-RR 2009, 1725; Düss FamRZ 1991, 1181; LG Brschw ZMR 2015, 473. Ein Verfügungsgrund (Dringlichkeit) folgt bei einer Unterlassungsverfügung regelmäßig schon aus der Erstbegehungs- oder Wiederholungsgefahr iSd § 1004 BGB, BGH GRUR 2022, 1459 Rn. 41; Köln NJW-RR 2020, 30 Rn. 68. Diese Eilbedürftigkeit dürfte aber nicht vorliegen, wenn dem Gläubiger auch mit einer späteren Verwirklichung seines Rechts im ordentlichen Gerichtsverfahren gedient ist, Stein/Jonas/Grunsky Rn. 7; Prütting/Gehrlein/Fischer Rn. 3. Durch sein prozessuales Verhalten kann der Verfügungskläger den grds. bestehenden Verfügungsgrund selbst widerlegen, z. B. durch Zuwarten in Kenntnis aller den Erlass der Verfügung rechtfertigenden Umstände oder durch sein Unterlassen das Hauptsacheverfahren zu betreiben, KG NJW-RR 2019, 1260 Rn. 9; Nürnb NJW-RR 2019, 105 Rn. 15; Köln GRUR-RR 2018, 95 Rn. 21; Hamm BeckRS 2010, 29048; Hmb NJW-RR 2007, 763 (forum-shopping); Düss NJW-RR 2000, 825; LG Karlsr NJW-RR 2021, 882 Rn. 48. Die so genannte Dringlichkeitsfrist wird in Lauf gesetzt, wenn der Antragsteller Kenntnis von der Verletzungshandlung und dem hierfür Verantwortlichen hat und alle Informationen und Glaubhaftmachungsmittel besitzt, um mit Aussicht auf Erfolg den Erlass einer einstweiligen Verfügung beantragen zu können, Mü GRUR 2020, 385 Rn. 60. Um die Zeitspanne für diese Selbstwiderlegung zu bestimmen, sind die Besonderheiten des Einzelfalles und die tatsächlichen und rechtlichen Schwierigkeiten zu berücksichtigen, Saarbr NJW-RR 2020, 504; Köln NJW-RR 2019, 1213; KG NJW-RR 2012, 1382. Auch wenn es regelmäßig nicht als dringlichkeitsschädlich angesehen wird, wenn der Antrag auf Erlass einer einstweiligen Verfügung innerhalb von 6 Wochen ab Kenntniserlangung gestellt wird, Ffm GRUR-RR 2020, 102, kann es im Einzelfall an der Dringlichkeit fehlen, wenn die Stellung eines Verfügungsantrags nicht binnen eines Monats nach Kenntnis der zur ihrer Begründung herangezogener Umstände erfolgt, Ffm NJOZ 2021, 59. So kann auch ein Fristverlängerungsantrag um einen Monat als dringlichkeitsschädlich angesehen werden, Mü GRUR-RS 2021, 29384. Bei einem Unterlassungsanspruch hat der Antragsteller grundsätzlich auch die Wiederholungsgefahr glaubhaft zu machen. Die Wiederholungsgefahr bei wettbewerbswidrigen Verhalten wird grds. aufgrund eines schon erfolgten Verstoßes vermutet, BGH NJW 1986, 2503. Sie entfällt bei Abgabe einer strafbewehrten Unterlassungserklärung des Gegners, BGH NJW 2014, 2180; NJW 1990, 3147; Drsd BeckRS 2022, 20012 Rn. 22. § 12 II UWG bietet als Sonderregelung zum Verfügungsgrund eine Dringlichkeitsvermutung, die auf die Unterlassungsansprüche im Wettbewerbsrecht anwendbar ist. Im Urheberrecht sind §§ 12 ff. UWG aber nur eingeschränkt anwendbar, Mü MDR 2013, 165; Köln GRUR 2000, 418. Im Übrigen genügt die bloße Behauptung der Wiederholungsgefahr, Hamm GRUR 1980, 929; AG Hmb-Wandsbek ZMR 2002, 130. Die Vorschrift gilt auch im Markenrecht, Köln GRUR 2001, 424; Hmb GRUR-RR 2001, 308; Ffm GRUR 2000, 517; etwas abweichend: Ffm GRUR 2002, 1096 (Dringlichkeitsvermutung des § 25 UWG nicht anwendbar). Bei Unterlassungsansprüchen aus dem GeschGehG sind §§ 12 ff. UWG nicht anwendbar, obwohl mit dem 2019 in Kraft getretenen GeschGehG die §§ 17–19 UWG ersetzt wurden. Da anders als im UWG keine spezielle Bestimmung für vorgesehene Ansprüche im einstweiligen Rechtsschutz im GeschGehG enthalten sind, Ffm GRUR-RR 2021, 229. Auch eine analoge Anwendung der §§ 12 ff. UWG bei der Geltendmachung von Unterlassungsansprüchen nach § 6 GeschGehG im einstweiligen Rechtsschutz ist im Ergebnis wohl abzulehnen, da keine planwidrige Regelungslücke vorliegt, Mü GRUR-RR 2019, 443; zum Streitstand: Ffm GRUR-RR 2021, 229. Der Verfügungsgrund im Rahmen einer einstweiligen Verfügung darf aber nicht mit der materiell-rechtlichen Wiederholungsgefahr verwechselt werden, Drsd NJW 2005, 1871. Die Dringlichkeitsvermutung lässt sich weiter dadurch widerlegen, dass man einen Vollstreckungsverzicht des Gläubigers bis zum Verfahrensende nachweist, KG GRUR-RR 2010, 358.

9 **1. Nachteilsabwendung.** Als ein ernsthaftes Eilbedürfnis nennt § 940 als Beispiel die Abwendung wesentlicher Nachteile; hierzu zählt auch die Abwendung einer Gefährdung, Nürnb BauR 2016, 719. Eine darauf gerichtete Entscheidung im Wege der einstweiligen Verfügung muss zur Abwendung wesentlicher Nachteile notwendig sein, KG NJW 2021, 83. Dieser Verfügungsgrund wird vor allem bei Anordnungen von Geldzahlungen, aber auch bei Vermögensverwaltungen bejaht, MüKoZPO/Drescher Rn. 12. Sie enthält eine vorläufige Verurteilung. Ein wesentlicher Nachteil kann auch bei übermäßiger Nutzung eines überlassenen Gegenstandes – zB bei weiterer Nutzung des Leasinggegenstandes nach Kündigung – durch drohenden Verschleiß vorliegen, Karlsr NJW 1994, 3312. Dies dürfte aber nur denkbar sein, wenn die Grenzen des ordnungsgemäßen Gebrauchs deutlich überschritten werden, so dass eine Verschlechterung droht, die von der ursprünglichen Überlassungsentscheidung nicht mehr gedeckt ist, Hamm NJOZ 2020, 1199; BeckRS 2011, 2729. Die Weiterbenutzung allein genügt nicht, Brdb BeckRS 2001, 30193414 = NJW-RR 2002, 879 (Ls); MüKoZPO/Drescher Rn. 17. Das Gesetz nennt ferner als Beispiel eine Verhinderung drohender Gewalt. Dieser Verfügungsgrund zielt insbesondere auf Fälle streitigen Besitzes, Saarbr NJW-RR 2003, 1717. Es sind aber auch andere Gründe möglich, LAG Düss NZA-RR 2004, 182. Das ergibt sich schon aus dem Wortlaut der Vorschrift, wobei die Formulierung „aus anderen Gründen“ wohl in erster Linie den allgemeinen Gefährdungstatbestand des § 935 bezeichnet, MüKoZPO/Drescher Rn. 12. Schließlich gibt es noch die Fälle, bei denen sich aus der gesetzlichen Regelung eine Vermutung für den Verfügungsgrund ergibt, wie bei §§ 12 ff. UWG, aber auch bei §§ 885, 899. Ein wiederholter Antrag kommt nur dann in Betracht, wenn die vorausgegangene Anordnung noch nicht ausreichte, KG NJW-RR 1992, 318, sonst nicht, Ffm NJW 2005, 3222. Nach einer Rücknahme des Antrags beim Gericht A wegen dessen sofortiger Bedenken kann ein Antrag beim Gericht B durchaus noch eilbedürftig sein, Düss GRUR-RR 2005, 102. Ein zweites Gesuch um einstweiligen Rechtsschutz ist aber unzulässig, wenn seit dem ersten Versuch keine Änderungen eingetreten sind; Ffm NJW 2005, 3222. Stets muss eine Gefährdung gerade des Gläubigers vorliegen, Ffm NJW 2002, 903; KG NJW 1993, 1480. Es genügt also nicht, dass nur dem Schuldner ein Nachteil droht. Das Gericht bestimmt nach seinem pflichtgemäßen Ermessen nach § 938, welche Maßnahmen notwendig sind.

10 **2. Keine Verzögerung.** Verzögerung kann die Eilbedürftigkeit entfallen lassen, denn die Vermutungstatbestände bringen nur einen anspruchstypischen Gefährdungsgrund zum Ausdruck, der im Einzelfall sehr wohl fehlen oder durch das eigene Verhalten des Antragstellers widerlegt sein kann, Saabr. NJW-RR 2020, 504; Köln

NJW-RR 2019, 1213; Nürnb NJW-RR 2019, 105; Düss NJW-RR 2013, 798; Ffm GRUR-RR 2013, 496; Hamm NJW-RR 2007, 109. Dies ist besonders bei einer sog. Selbstwiderlegung gegeben. Diese liegt typischerweise vor, wenn der Gläubiger in voller Kenntnis aller Umstände den Antrag auf Erlass einer einstweiligen Verfügung über einen längeren Zeitraum nicht stellt, Saarbr NJW-RR 2020, 504; KG NJW-RR 2001, 1201; → Rn. 8. Es sind aber stets die Besonderheiten des Einzelfalls zu berücksichtigen. So kann es durchaus vernünftige Gründe geben, mit einem Eilantrag noch etwas zu warten, etwa weil sich zwischenzeitlich eine Besserung abzeichnet. BGH NJW 2005, 436. Maßgeblich für den Beginn der allenfalls erlaubten Wartefrist ist nicht der Kenntnisstand des „Hausanwalts", sondern derjenige der Partei, Köln GRUR-RR 2010, 493. In aller Regel kann ein Zuwarten von mehr als einem Monat als dringlichkeitsschädlich angesehen werden, Ffm NJOZ 2021, 59; Köln NJW-RR 2019, 1213; Nürnb NJW-RR 2019, 105. Dabei kommt es auf die Zumutbarkeit des Zuwartens nach den Umständen an, wie die nachfolgenden Beispiele zeigen: Ein Abwarten über einige Wochen kann unschädlich sein, Hamm VersR 2008, 1118, auch eine volle Fristausnutzung, Brem MDR 2015, 848 (zu § 520 II 1). Eine Untätigkeit von 29 Tagen bis zur Einreichung des Antrags in einem Patentstreitverfahren kann schon schädlich sein, Düss GRUR-RR 2009, 157. In einer Patentsache kann das Abwarten der erstinstanzlichen Einspruchs- oder Nichtigkeitsentscheidung unschädlich sein, Düss GRUR 2017, 1232. Auch in Verfahren, die Besitzansprüche nach §§ 861, 862 BGB zum Gegenstand haben, kann es an der erforderlichen Dringlichkeit fehlen, wenn der Antragsteller in Kenntnis der maßgeblichen Umstände längere Zeit untätig geblieben ist, Saarbr NJW-RR 2020, 504 (über 2 Monate).

Die Eilbedürftigkeit kann auch entfallen, wenn der Antragsteller (Gläubiger) das einstweilige Verfügungsverfahren nicht zügig betreibt. Dies kann bei Anträgen auf Verlängerung der Begründungsfrist vorliegen, KG MDR 2009, 888, oder wenn der Gläubiger vor Erlass der einstweiligen Verfügung ein Versäumnisurteil gegen sich ergehen lässt, Hamm NJW-RR 2007, 108. 11

§ 12 II UWG schafft eine Dringlichkeitsvermutung, BGH NJW 2005, 436; Köln GRUR-RR 2010, 449; Abramenko ZMR 2010, 331; → Rn. 8. Diese Dringlichkeitsvermutung kann jedoch widerlegt werden. Auch hier kommt es maßgeblich auf die Umstände des Einzelfalls an. So ist die Dringlichkeitsvermutung jedenfalls beim Zuwarten von 5 Wochen widerlegt, Hmb MDR 2017, 1444, ebenso von 6 Wochen, Köln WettbR 2000, 173, oder gar nach 8 Wochen, Ffm GRUR-RR 2013, 496; auch ein Zuwarten bis zum Schluss einer verlängerten Berufungsbegründungsfrist, KG MDR 2009, 888 wird als eine Widerlegung der Vermutung angesehen. Weitere Fälle aus der Rechtsprechung: nach einem mehr als dreimonatigen Zuwarten, Celle MDR 2009, 347, nach einem viermonatigen Zuwarten, LG Aachen WoM 2008, 95, nach einem Jahr, KG GRUR-RR 2015, 512; Saarbr MDR 2008, 336, nach mehreren Jahren, Hmb NJW-RR 2008, 1435; LG Hmb ZMR 2010, 985; AG Hmb-Blankenese ZMR 2010, 409. Unabhängig von der Frage des Zeitablaufs kann die Dringlichkeitsvermutung des § 12 II UWG widerlegt sein, wenn das Verbot einer beanstandeten Verletzungsform erst im Laufe des Eilverfahrens auf einen Gesichtspunkt gestützt wird, der dem Antragsteller bereits zu Beginn des Verfahrens bekannt war, Ffm GRUR-RR 2020, 456. Auch die Nichterhebung der Hauptsacheklage kann schädlich sein, KG ZMR 2014, 466. Eine Verzögerung gegenüber Dritten ist unschädlich, Stgt GRUR-RR 2005, 308. Ein neuer Antrag (nach Verzögerung) ist nur bei neuem Sachverhalt statthaft, KG ZMR 2014, 467. 12

3. Keine Vorwegnahme der Hauptsache. Die einstweilige Verfügung darf grundsätzlich nicht die Hauptsache vorwegnehmen, LG Mü ZMR 2016, 489 (Unterbringung von Asylbewerbern); AG Hmb-Blankenese ZMR 2016, 923; AG Köln ZMR 2016, 710 (Vermietermodernisierung). Eine Ausnahme bildet die sog. Leistungsverfügung, mit der die Rechtsprechung über die vorläufige Regelung eines Rechtsverhältnisses hinaus unter engen Voraussetzungen eine (teilweise) Befriedigung des Gläubigers zulässt, KG MDR 2018, 270; → Rn. 2. Die Leistungsverfügung kann jeden materiell-rechtlichen Anspruch auf Handeln, Dulden und Unterlassen erfassen, Musielak/Voit/Huber Rn. 13; Prütting/Gehrlein/Fischer Rn. 4. Voraussetzung hierfür ist, dass der Gläubiger so dringend auf die sofortige Erfüllung angewiesen ist, dass ihm ein Zuwarten oder eine Verweisung auf das ordentliche Verfahren nicht zuzumuten ist, da das geschuldete Verhalten nur so kurzfristig erbracht werden kann, um seinen Sinn nicht zu verlieren, Ffm NJOZ 2021, 59; Düss MMR 2003, 108. Gleichzeitig muss der drohende Nachteil des Gläubigers den möglichen Schaden des Schuldners bei Weitem überwiegen, Celle NJW 2015, 711; Köln NJW-RR 2012, 862; Brdb MDR 2009, 526; Musielak/Voit/Huber Rn. 14. Das ist zB bei einer Not- oder Zwangslage der Fall, Ffm NJOZ 2021, 59. Die Leistungsverfügung ist ferner zur Verhinderung einer Existenzgefahr bejaht worden, KG BauR 2018, 274; MDR 2009, 527; Mü VersR 2010, 755; ArbG Hann NZA-RR 2009, 309. Die Erwägung, dass der Schuldner dem Gläubiger den Schaden ersetzen könne, ist kein Ablehnungsgrund, Fritze GRUR 1979, 292. Wenn der Gläubiger längere Zeit hindurch abgewartet hat und nun erst den Antrag auf den Erlass einer einstweiligen Verfügung stellt, kommt es darauf an, ob das Rechtsschutzbedürfnis nach → Rn. 15 f. weggefallen ist, Oldb FamRZ 1997, 182; AG Neuss NJW-RR 1991, 1168, oder ob der materiell-rechtliche Anspruch gerade wegen dieses Abwartens erloschen ist, Ffm GRUR 1976, 664. Es kommt zB darauf an, ob der Gläubiger sein Recht verwirkt hat oder ob er nunmehr arglistig handelt, ob er verbotene Eigenmacht begeht, Kblz MDR 2014, 493, ob er also einen Rechtsmissbrauch treibt. 13

4. Fristausnutzung. Es kann für den Gläubiger schädlich sein, wenn er eine Frist zur Begründung seines Rechtsmittels voll ausnutzt, Düss WettbR 1997, 22 (Fallfrage); Mü GRUR 1976, 151, oder wenn er gar die zweimonatige Verlängerung der Rechtsmittelbegründungsfrist fast voll ausschöpft, Celle BauR 2016, 312; Düss GRUR-RR 2003, 31; Mü GRUR 1980, 330. Die Vollzugsfrist des § 929 II darf der Gläubiger aber voll ausnutzen, Ffm GRUR 2002, 237. Der Arbeitgeber darf den Gütetermin abwarten, LAG Düss DB 1978, 1283. 14

5. Rechtsschutzbedürfnis. Das Rechtsschutzbedürfnis ist auch in diesem Verfahren stets erforderlich, Mü NZM 2017, 813; Köln GRUR-RR 2013, 148; Ffm NJW 1975, 393. Es kann bei einer Gefahr der Vereitelung der Vollstreckung durch den Gegner bestehen, Mü NZM 2017, 813. Es fehlt dann, wenn der Gläubiger den mit dem Antrag auf den Erlass der einstweiligen Verfügung verfolgten Zweck anders billiger und rascher erreichen kann, Mü NZM 2017, 813; Hamm FamRZ 2002, 618 (§ 769); Karlsr NJW-RR 1996, 960 (schon Haupttitel). Das Rechtsschutzbedürfnis fehlt auch dann, wenn sich eine Wiederholungsgefahr dadurch verhindern lässt, dass der Schuldner gegenüber dem Gläubiger eine strafbewehrte Unterlassungserklärung abgibt. Eine derartige inhaltlich ausreichende Erklärung beseitigt jedenfalls die Wiederholungsgefahr, wenn eine angemessene Strafhöhe versprochen oder diese in das Ermessen des Gläubigers oder eines Dritten gestellt wird, BGH NJW 2014, 2180; NJW-RR 2006, 1477; Drsd BeckRS 2022, 20012 Rn. 22. Dies ist meist unabhängig davon, ob der Gegner das 15

Versprechen auch annimmt, Mü NJW-RR 2003, 1489. Nur für die Vertragsstrafe selbst kann die Annahme notwendig sein. Ein derartiges Versprechen nur zugunsten eines Dritten würde das Rechtsschutzbedürfnis des Gläubigers allerdings nicht beseitigen, Stgt GRUR 1978, 540. Es fehlt dann schon die Tatbestandsmäßigkeit, BGH GRUR 1980, 242.

16 Wenn der Schuldner eine Vertragsstrafe zugunsten des Gläubigers versprochen hatte, entsteht ein Rechtsschutzbedürfnis des Gläubigers für eine einstweilige Verfügung selbst dann nicht stets, wenn der Schuldner gegen sein Versprechen verstößt. Das gilt, sofern man unverändert annehmen kann, dass er sein Versprechen an sich ernstgenommen hat. Wenn der Schuldner keine Vertragsstrafe versprochen hatte, entsteht ein Rechtsschutzbedürfnis für den Gläubiger nicht schon durch jeden Verstoß des Schuldners, solange der Verstoß nur infolge des Irrtums eines Werbeträgers erfolgte. Dagegen bleibt ein Rechtsschutzbedürfnis dann bestehen, wenn ein gezielter neuer Verstoß erfolgt, Ffm GRUR-RR 2014, 278; Köln GRUR-RR 2013, 148. Das gilt selbst dann, wenn der Geschädigte ein vorangegangenes Unterlassungsversprechen zu Unrecht zurückgewiesen hat, Hamm NJW 1979, 1573.

17 **6. Darlegungslast.** Der Gläubiger muss in seinem Antrag das zugrundeliegende Rechtsverhältnis mit Ausnahme eines UWG-Anspruchs auf Unterlassung (§ 12 II UWG) darlegen. Die einstweilige Verfügung wahrt die Belange des Gläubigers. Das Gericht hat aber die Interessen des Schuldners wenigstens insoweit mit zu berücksichtigen, als sein Nachteil nicht außer jedem Verhältnis zum Vorteil des Gläubigers stehen darf, Hamm NJW-RR 1990, 1236 (betr. ein Mietverbot). Wenn der Schuldner eine rechtswidrige Behauptung unterlassen soll, muss er ihre Berechtigung nach §§ 294, 920 II, 936 darlegen und glaubhaft machen, falls er erreichen will, dass das Gericht den Antrag des Gläubigers zurückweist, LG Kblz ZMR 2012, 661. Der Schuldner muss also zB dann, wenn der Gläubiger ihm eine objektiv beleidigende Behauptung vorwirft, deren Wahrheitsgehalt glaubhaft machen. Die Gegenmeinung trägt dem praktischen Bedürfnis und den prozessualen Möglichkeiten keine Rechnung. Auch bei der Geltendmachung von Ansprüchen aus dem GeschGehG im einstweiligen Rechtsschutz ist es im Hinblick auf die hinreichende Bestimmtheit der Anträge erforderlich, dass die streitbefangenen Geschäftsgeheimnisse konkret benannt werden, Ffm GRUR-RR 2021, 229 (Vliesstoffe).

18 **7. Grenzen.** Die einstweilige Verfügung berührt weder den materiell-rechtlichen Anspruch noch die Parteistellung im Hauptsacheverfahren. Das Verfahren auf Erlass der einstweiligen Verfügung und der Hauptsacheprozess können gleichzeitig zulässig sein. Die einstweilige Verfügung kann kaum der Weg sein, komplizierte tatsächliche und/oder rechtliche Fragen auch nur vorläufig zu klären, Ffm NJW 1989, 409. Wird im einstweiligen Verfügungsverfahren ein Vergleich auch zur Vermeidung eines Hauptsacheverfahrens im Sinne einer endgültigen und verbindlichen Regelung des Streits geschlossen, hat der Vergleich ein einheitliches wirtschaftliches Interesse erfasst, wenn die einstweilige Verfügung der Regelung eines einstweiligen Zustands in Bezug auf das streitige Rechtsverhältnis diente. Wirtschaftlich betrachtet stellt der Gegenstand des einstweiligen Verfügungsverfahrens ein minus zum Streit der Parteien in der Hauptsache dar, so dass bei Erledigung auch des noch nicht anhängigen Hauptsacheverfahrens der höhere Wert des Hauptsacheverfahrens ausschlaggebend ist, Brdb NJOZ 2022, 60 Rn. 6. Ist das Hauptsacheverfahren bereits anhängig, sind die Streitwerte beider Verfahren zusammenzurechnen, unabhängig davon in welchen Verfahren der Vergleich geschlossen wurde, Kblz BeckRS 2016, 18255; Köln NZFam 2015,873; Karlsr BeckRS 2011, 26524; a. M. Hamm BeckRS 2009, 2635.

V. Beispiele zur Frage der Zulässigkeit

19 **Allgemeine Geschäftsbedingungen:** Der Gesetzgeber hat es abgelehnt, eine dem § 12 II UWG vergleichbare Erleichterung zu schaffen, Bunte DB 1980, 484. Nach einer erfolglosen Abmahnung ist eine einstweilige Verfügung zulässig, Bunte DB 1980, 485. Eine einstweilige Verfügung ist auch beim UKlaG möglich, so schon (je zum alten Recht) Düss NJW 1989, 1487; Marly NJW 1989, 1473. Das Gericht hat die Dringlichkeit gleichwohl zu prüfen, Düss NJW 1989, 1487; Ffm NJW 1989, 1489; großzügiger Marly NJW 1989, 1474.

Altenheim: Das Zutrittsverbot gegen nahe Angehörige schafft ein Regelungsbedürfnis, Köln VersR 1997, 468; Düss FamRZ 1991, 1181.

Altersgrenze: Zulässig ist die Klärung ihrer Gültigkeit, KG MDR 2012, 921.

Anfechtungsgesetz: Ein Verfügungsverbot kann zur Sicherung eines Anspruchs nach § 7 I AnfG zulässig sein, BGH FamRZ 1992, 663. Dasselbe gilt bei § 11 I 1 AnfG, BGH NJW 2008, 376.

Arbeitsrecht. Dazu Clemenz NZA 2005, 129 (Grdz.); Korinth, Einstweiliger Rechtsschutz im Arbeitsgerichtsverfahren, 4. Aufl. 2019; Reinhard/Kliemt NZA 2005, 545 (Grdz.). Bei einem Streit aufgrund eines Arbeitsrechtsverhältnisses ist eine einstweilige Verfügung grds. statthaft, LAG Stgt NZA-RR 2010, 179; ArbG Wetzlar DB 1987, 1899 (Herausgabe des Firmenwagens); ArbG Detm BB 1979, 218. Das Gericht hat aber den Einzelfall sorgfältig abzuwägen, ArbG Freib NZA-RR 2012, 213. Eine einstweilige Verfügung ist im Allgemeinen unstatthaft, wenn abgesehen von den oben erörterten Fällen unsicher ist, ob das Arbeitsrechtsverhältnis besteht.

- **(Abmahnung):** Unzulässig ist eine Untersagung der Erteilung einer Abmahnung, LAG Köln BB 1996, 2255.
- **(Abbruch der Betriebsratswahl):** Zulässig ist eine Maßnahme zwecks Abbruchs einer Betriebsratswahl, LAG Hamm DB 1994, 992; ArbG Hmb NZA-RR 2006, 362.
- **(Arbeitskampf):** Zulässig sein kann ein Verbot des Arbeitskampfs, LAG Drsd NZA 2008, 61; LAG Köln NZA 2006, 62. Zulässig ist eine einstweilige Verfügung grds. zur Durchführung des Arbeitskampfs, soweit er rechtmäßig ist, BAG NJW 1978, 2116; LAG Ffm NZA-RR 2005, 262; LAG Hamm BB 1991, 843 (wegen Fortführung). Zur Untersagung des Arbeitskampfs ist eine einstweilige Verfügung nur bei dessen offensichtlicher Rechtswidrigkeit statthaft, LAG Drsd NZA 2008, 01 (Interessenabwägung). Unzulässig sein kann ein Verbot des Warnstreiks, LAG Hamm DB 1987, 846; aM LAG Hann DB 1988, 714, oder ein Streik im Blutspendedienst, LAG Hamm NZA-RR 2007, 251.
- **(Arbeitsschutzstandard):** Aufrechterhalten von Arbeitsschutzstandards während der Covid-19-Pandemie, LAG Hessen NZA 2021, 291; → „(Home-Office)".
- **(Arbeitsversäumnis):** Wegen eines Arbeitsversäumnisses Dütz DB 1976, 1431.
- **(Arbeitszeit):** Zulässig ist eine Maßnahme wegen einer Neuregelung der Arbeitszeit, LAG Düss NZA-RR 2004, 182; LAG Köln MDR 2002, 1257 (je: Verringerung); ArbG Münst BB 1987, 61; aM ArbG Kblz DB 1986, 487. Eine Arbeitszeitbeschränkung kommt nur ausnahmsweise infrage, etwa zur Abwendung wesentlicher Nachteile, LAG Hmb MDR 2007, 284 (Alleinerziehende); LAG Köln MDR 2002, 1257.

– **(Auskunft):** Wegen einer Auskunft des Arbeitgebers an einen Betriebsrat und an die Gewerkschaft, LAG Köln MDR 1999, 1204; LAG Bln DB 1984, 1937; LAG Hamm BB 1977, 1606.
– **(Befriedigung):** Auch im Arbeitsrecht kommt eine sog. Befriedigungsverfügung → § 940 Rn. 13 nur ausnahmsweise in Betracht, LAG Drsd MDR 2001, 882.
– **(Beschäftigungsanspruch):** Es ist ein gesteigerter Verfügungsgrund erforderlich, LAG Bln-Brdb NZA-RR 2011, 551 (Zeitablauf reicht nicht); LAG Nürnb NZA-RR 2005, 255. Zulässig ist grds. eine Maßnahme zur Sicherung des Anspruchs auf eine Beschäftigung oder Weiterbeschäftigung bis zum Zeitpunkt der formellen Rechtskraft einer Entscheidung im Hauptprozess nach §§ 329, 705. Zu diesem Zeitpunkt BAG NJW 1985, 2968; LAG Hmb BB 2008, 2636; Lingemann/Steinhauser NJW 2014, 3747 (krit.); aM LAG Hamm MDR 1998, 1036 (nur in Not); KrG Schwerin-Stadt BB 1991, 843 (wegen eines früheren Stasi-Mitarbeiters). Das gilt auch gegenüber dem Betriebserwerber, LAG Hamm NZA-RR 2007, 17. Der Arbeitnehmer muss aber im Kündigungsschutzprozess eine Möglichkeit der Geltendmachung ausgeschöpft haben, LAG Köln BB 2001, 103. Hierbei sind strenge Anforderungen zu stellen, LAG Köln BB 2005, 784 (finanzielle Schwierigkeiten reichen nicht); ArbG Stralsund NZA-RR 2005, 23; Fischer NZA-RR 2015, 565 (auch krit.). Man kann den Beschäftigungsanspruch des Arbeitnehmers durch dessen Freistellung ab einer etwaigen Kündigung ausschließen, LAG Hamm NZA-RR 2005, 358. Sie ist beim Betriebsratsmitglied nur erschwert zulässig, LAG Köln NZA-RR 2006, 28. Unzulässig ist eine Anordnung der Weiterbeschäftigung an einem vom Arbeitgeber endgültig aufgegebenen Arbeitsplatz, LAG Hamm NZA-RR 2004, 247. Ein drohender Zeitablauf reicht als ein Verfügungsgrund nicht stets, LAG Düss MDR 2005, 1419.
– **(Beschluss- oder Urteilsverfahren):** Zu dem Problem, ob das Beschluss- oder das Urteilsverfahren stattfindet, ArbG Wetzlar BB 1989, 1488.
– **(Betriebsänderung):** Unzulässig ist ein Unterlassungsanspruch des Betriebsrats auf Unterlassung einer Betriebsänderung, LAG Köln NZA-RR 2005, 199; ArbG Herne DB 1991, 2296; Bengelsdorf DB 1990, 1238 und 1282; offen: ArbG Darmst NZA 2018, 885.
– **(Betriebsbedingte Entlassung):** Zulässig ist eine Maßnahme gegen eine betriebsbedingte Entlassung vor dem Abschluss der Verhandlungen über einen Interessenausgleich, ArbG Jena BB 1992, 2223; Ehler BB 1994, 2273; aM LAG Ffm BB 1984, 145. Zulässig ist eine Maßnahme gegen eine auch betriebsbedingte Entlassung, soweit sich der Arbeitnehmer dadurch in einer Notlage befindet und soweit die überwiegende Wahrscheinlichkeit dafür spricht, dass die Entlassung unwirksam ist, LAG Ffm NJW 1978, 76; LAG Kiel DB 1976, 826; ArbG Aachen BB 1978, 1415.
– **(Betriebsrat):** Zulässig ist eine einstweilige Verfügung auf die Herausgabe von Adressen und Namen der nicht anders sofort erreichbaren Mitarbeiter an den Betriebsrat wegen einer Betriebsversammlung, ArbG Bln NZA-RR 2004, 642.
– **(Betriebsratsmitglied):** Zulässig ist eine einstweilige Verfügung zwar gegen ein einzelnes Mitglied des Betriebsrats, LAG Mü BB 1993, 2168, oder gegen mehrere oder sämtliche Mitglieder, nicht aber gegen den Betriebsrat als solchen, LAG Hmb BB 1977, 846. Der Betriebsrat kann ein Verbot einer Betriebsänderung herbeiführen, ArbG Hmb NZA-RR 2006, 33. Unzulässig ist grds. ein Verbot der Ausübung des Amts, LAG Mü BB 1993, 2168.
– **(Betriebsratswahl):** Eine auf deren Abbruch gerichtete einstweilige Verfügung ist nur bei einer Gefahr der Nichtigkeit der Wahl zulässig, LAG Köln BB 2001, 1356; jedoch ist die Feststellung der Nichtigkeit eines Betriebsratsbeschluss durch einstweilige Verfügung unzulässig; LAG Hamm NZA-RR 2013, 637. Man kann die Vorlage einer Mitarbeiterliste zwecks Aufstellung einer Wählerliste durch eine einstweilige Verfügung erzwingen, LAG Hamm NZA-RR 2005, 373.
– **(Betriebsverfassung):** Wegen § 2 II BetrVG LAG Düss BB 1989, 286; wegen § 87 I BetrVG LAG Ffm BB 1988, 68; LAG Köln BB 1985, 1332; wegen § 102 V 2 BetrVG ArbG Düss DB 1984, 618 (der Arbeitgeber muss eine einstweilige Verfügung selbst beantragen); wegen § 111 S. 1 BetrVG LAG Düss BB 1997, 1315; ArbG Köln BB 1993, 2311; Ehrich BB 1993, 356; wegen § 112 BetrVG ArbG Düss DB 1983, 2093; wegen § 112a BetrVG ArbG Passau BB 1997, 1315; wegen § 113 BetrVG BAG DB 1992, 380; ArbG Neustrelitz BB 1995, 206.
– **(Betriebszutritt):** Zulässig, um betriebsbedingte Grenzen einzuhalten, LAG Mü NZA-RR 2003, 641.
– **(Bewerbung):** Zulässig sein kann das Gebot, nicht ohne Beachtung der Bewerbung des Verfügungsklägers über die Besetzung anderweitig zu entscheiden, LAG Köln NZA-RR 2010, 613.
– **(Covid-19-Pandemie):** Arbeitsschutzstandards während der Pandemie, LAG Hessen NZA 2021, 291; → „(Home-Office)".
– **(Dienstleistung):** Unzulässig ist ihre Eilanordnung, AG Brdb NJW-RR 2015, 743; LAG Ffm NZA 1990, 614.
– **(Einigungsstelle):** Eine einstweilige Verfügung gegen den Spruch der Einigungsstelle kommt nur in engen Grenzen in Betracht, BAG BB 2000, 988 (bei offensichtlicher Rechtswidrigkeit). Zulässig ist eine Maßnahme zur Durchführung, LAG Bln BB 1991, 206, zur Verhinderung, Kürtner DB 1988, 707, oder zur Aussetzung des Spruchs einer Einigungsstelle, LAG Bln BB 1985, 1199.
– **(Feststellung):** Unzulässig ist grds. eine einstweilige Verfügung auf eine bloße Feststellung, LAG Stgt MDR 2006, 1001; LAG Mü NZA-RR 2005, 354.
– **(Früheres Arbeitsverhältnis):** Unzulässig ist grds. eine Maßnahme, soweit sich die Partner eines früheren Arbeitsverhältnisses nach dem Ablauf der Kündigungsfrist über deren Wirksamkeit noch streiten.
– **(Herausgabe):** Zulässig ist ihre Eilanordnung nach Beendigung des Arbeitsverhältnisses beim Arbeitsgerät o. ä., LAG Ffm DB 2001, 534.
– **(Home-Office):** Zulässig ist eine einstweilige Verfügung des Betriebsrats gegen die Einführung eines Arbeitsmodells → „mobiles Arbeiten", das u. a. Arbeitsschutzstandards mit Home-Office während der Covid-19-Pandemie sicherstellen will, LAG Hessen NZA 2021, 291.
– **(Konkurrentenschutz):** Zulässig sein kann eine einstweilige Verfügung wegen Art. 33 II GG, LAG Bln-Brdb NZA-RR 2012, 382.
– **(Lehre):** Wegen eines Weiterbeschäftigungsanspruchs nach dem Lehrabschluss LAG Kiel BB 1985, 2412.

– **(Lohnzahlung):** Eine einstweilige Verfügung auf eine Lohnzahlung setzt als eine sog. Leistungsverfügung eine Notlage und eine hohe Erfolgsaussicht des Hauptanspruchs voraus, LAG Ffm DB 1996, 48; ArbG Ffm DB 1999, 259.
– **(Mitbestimmung):** Vgl. Schwonberg, Die einstweilige Verfügung des Arbeitsgebers in Mitbestimmungsangelegenheiten, 1997.
– **(mobiles Arbeiten):** als Arbeitsmodell, → „(Home-Office)"
– **(Persönlichkeitsrecht):** Zulässig ist eine Maßnahme zur Verhinderung einer Beeinträchtigung des Persönlichkeitsrechts des Gegners, LAG Drsd MDR 1999, 812.
– **(Rauchverbot):** Zulässig ist dessen Anordnung, LAG Mü NZA 1991, 521.
– **(Rechtsmissbrauch):** Zulässig ist eine Maßnahme gegen einen Rechtsmissbrauch, LAG Ffm NZA-RR 2010, 246.
– **(Schulungsveranstaltung):** Unzulässig ist eine Freistellung eines Mitglieds des Betriebsrats für eine Schulungsveranstaltung, LAG Köln DB 2004, 551; ArbG Bln DB 1976, 2483.
– **(Streik):** → „– (Arbeitskampf)".
– **(Unterlassung):** Zulässig ist eine Maßnahme mit dem Ziel, einen Unterlassungsanspruch durchzusetzen, etwa um zu verhindern, dass der Arbeitnehmer mit dem Unternehmen in einen Wettbewerb eintritt, LAG Köln NZA 1991, 396; LAG Mü NJW 1980, 957; aM ArbG Mü DB 1978, 1649 (es müsse eine offenbare Rechtswidrigkeit vorliegen oder die Existenz des Arbeitnehmers bedroht sein). Meist unzulässig ist eine Maßnahme auf die Unterlassung einer Mehrarbeit, ArbG Bielef BB 1996, 1115.
– **(Urlaub):** Unzulässig ist eine Urlaubsgewährung, soweit der Urlaubsanspruch zwar wegen Zeitablaufs scheinbar zu erlöschen droht, in Wahrheit aber zu einem späteren Zeitpunkt als ein Schadensersatzanspruch möglich ist und soweit der Arbeitnehmer ihn auch in einem Hauptprozess geltend machen kann, LAG Hamm MDR 1990, 657. Das ist anders zu bewerten, wenn der Arbeitnehmer aus persönlichen Gründen gerade im nahen Zeitpunkt Urlaub haben möchte, auf den er grds. einen Anspruch zum Zeitpunkt seiner und nicht des Arbeitgebers Wahl hat, sofern nicht zwingende betriebliche Gründe entgegenstehen, BVerfG NJW 1973, 187; LAG Stgt NZA-RR 2010, 179; LAG Mainz MDR 2002, 1130. Unzulässig ist die Feststellung, ein vom Arbeitgeber bestimmter Zeitraum dürfe nicht als Urlaub behandelt werden, LAG Mainz BB 1997, 1643.
– **(Wahlordnung):** Unzulässig ist eine Maßnahme zwecks Herbeiführung oder Anwendung einer bestimmten Wahlordnung bei der Wahl zum Betriebsrat, LAG Düss DB 1978, 211.
– **(Wahlvorstand):** Zur einstweiligen Verfügung gegen den Wahlvorstand nach der Einleitung einer Betriebsratswahl LAG Hamm BB 1995, 260; LAG Köln DB 1987, 1996; Held DB 1985, 1691. Zur entsprechenden einstweiligen Verfügung des Wahlvorstands LAG Hann NZA-RR 2010, 192.
– **(Warnstreik):** → „– (Arbeitskampf)".
– **(Wettbewerbsverbot):** → „Gewerblicher Rechtsschutz: – (Wettbewerbsverbot)".
– **(Wiederaufnahme der Arbeit):** Unzulässig ist ein Gebot zur Wiederaufnahme der Arbeit. Denn die Zwangsvollstreckung ist wegen § 888 II nicht möglich, BAG DB 2002, 2004.
– **(Willkür):** Zulässig ist eine Maßnahme zugunsten des fristlos mit einer Zustimmung des Betriebsrats Entlassenen, soweit die Entlassung willkürlich war, LAG Düss DB 1975, 700.
– **(Zustimmung zur Entlassung):** Unzulässig ist grds. eine Maßnahme mit dem Ziel, die notwendige Zustimmung des Betriebsrats zur Entlassung eines Mitglieds zu ersetzen, ArbG Hamm BB 1975, 1065.
– **(Zutritt):** Zulässig ist eine Maßnahme mit dem Ziel, dem Arbeitnehmer während des Kündigungsprozesses den Zutritt zur Arbeitsstelle zu gewähren, LAG Düss DB 1977, 1054. Dasselbe gilt grds. zugunsten des Vorsitzenden des Betriebsrats, LAG Ros/Greifsw NZA-RR 2014, 131; LAG Bln-Brdb NZA-RR 2009, 646; oder eines sonstigen Betriebsratsmitglieds, LAG Mü NZA-RR 2010, 190.

Augenschein: Er setzt einen entsprechenden materiell-rechtlichen Anspruch voraus. Dieser entsteht nicht schon durch das Verfahren, Stgt NJW-RR 1986, 1448.

Auskunft, Rechnungslegung: Man kann sie grds. nicht durch eine einstweilige Verfügung erzwingen. Denn die Auskunft oder Rechnungslegung stellt bereits die Erfüllung dar, Köln WRP 2003, 1008; Schlesw GRUR-RR 2001, 70; Hamm NJW-RR 1992, 640. Sie führt oft zu einem dauernden Schaden für den Schuldner. Davon kann aber eine Ausnahme gelten, soweit die Existenz des Gläubigers gefährdet, ein ausreichender Rechtsschutz durch eine Klage nicht erreichbar ist und die Durchsetzbarkeit des Hauptanspruchs von der Auskunft abhängt, Brdb MDR 2005, 950; Ros OLGR 2004, 267; Schlesw GRUR-RR 2001, 70.

Auslandsrecht: Auch ein Verstoß gegen ausländisches Recht kann einen Verfügungsgrund vor einem deutschen Gericht bilden, Hmb GRUR 2004, 880.

Bank: Das Gericht darf die Auszahlung einer Bankgarantiesumme grds. nicht durch eine einstweilige Verfügung verbieten, Stgt ZIP 2012, 2389; Ffm NJW 1981, 56. Sie kann aber vom Kunden eine Auskunft über sicherungsabgetretene Forderungen verlangen, Brdb MDR 2005, 950. Es kann ein seltener Ausnahmefall vorliegen, LG Aachen NJW-RR 1987, 1207, etwa beim Rechtsmissbrauch, BGH NJW 2001, 282; Stgt MDR 1998, 435. Es kann der Bank zumutbar sein, das Konto eines politisch missliebigen Kunden einige Monate weiterzuführen, LG Lpz NJW 2001, 82, oder ein Konto nicht zur Unzeit zu kündigen, Brdb OLGR 2000, 57.

Baustopp: Zulässig sein kann seine Bekämpfung bei einer Sanierung, LG Hmb ZMR 2015, 44. Weigert sich aber der Auftraggeber, einen Nachtrag zu beauftragen, und stellt der Auftragnehmer daraufhin die Arbeiten ein, ist eine einstweilige Verfügung mit dem Ziel, den Auftragnehmer zur Arbeitsaufnahme zu verpflichten, nicht möglich, KG BeckRS 2020, 15795 = BauR 2020,1215.

Bauträger: Es besteht Grund zum Erlass einer einstweiligen Verfügung gegen einen Bauträger, die bezugsfertig hergestellte Wohnung zu übergeben, wenn auch unter den eingeschränkten Erkenntnismöglichkeiten des Eilverfahrens zuverlässig erkennbar ist, dass nach materiellem Recht ein entsprechender Anspruch des Erwerbers einredefrei besteht und der Bauträger die Erfüllung unberechtigt verweigert, KG NJW-RR 2019, 1231; NJW 2018, 311. § 940a ist jedoch nicht anzuwenden, KG NJW-RR 2019, 1231; → § 940a Rn. 3, 6.

Behörde: Zulässig ist eine einstweilige Verfügung zum Schutz vor einer Zwangsvollstreckung wegen einer Gebühr, BVerwG NJW 1978, 335. Zulässig ist eine einstweilige Verfügung mit dem Ziel einer vorläufigen Deckungszusage gegenüber der Behörde, Hamm VersR 1976, 724. Die Versetzung eines Behördenangestellten lässt sich nicht durch eine einstweilige Verfügung regeln.

Beseitigung: Zulässig ist grds. ein Anspruch auf eine Beseitigung, Naumb WettbR 1996, 155.

Besitzstörung. Dazu Münzberg, Einstweilige Verfügungen auf Herausgabe gepfändeter Sachen bei verbotener Eigenmacht?, FS Schneider, 1997, 223. Vor allem bei einer verbotenen Eigenmacht kann eine Herausgabeverfügung zulässig sein, Saarbr MDR 2003, 1198; Schlesw NZM 2002, 192; AG Lpz ZMR 2003, 43 und 44, auch eine Unterlassungs- oder Beseitigungsverfügung, LG Bln ZMR 2014, 792. Der ursprüngliche Besitz muss aber klar erkennbar (gewesen) sein, LG Siegen ZMR 2016, 961. Die Verfügung ist aber auch bei Fahrlässigkeit möglich, Kblz WoM 2009, 319. Das gilt auch dann, wenn der Mieter eine nicht mitvermietete Fläche mit nutzt, KG ZMR 2013, 181, oder wenn der Störer auch als Vermieter den Besitz inzwischen einem Dritten überlassen hat, Celle MDR 2008, 445; LG Bln WoM 2014, 424. Dann ist die Eilbedürftigkeit nicht gesondert darzulegen, Schlesw NZM 2002, 192; LG Brem MDR 1989, 1111. Bei § 861 BGB kann das Gericht im Einzelfall eine Herausgabe verfügen, Stgt NJW 2012, 625; Lehmann-Richter NZM 2009, 178. Eine Stromunterbrechung kann eine Besitzstörung sein, LG Cottbus NZM 2000, 1080. Auch die Ankündigung eines Balkonanbaus kann reichen, LG Bln WoM 2013, 225. Das alles kann auch im Haushaltsverfahren nach §§ 200 ff. FamFG gelten, Kblz FamRZ 2009, 1935.

Betreuung: Zum Hausverbot gegenüber einem Betreuer AG Spaichingen FamRZ 2016, 1008 (krit. Bienwald).

Börse: Ein Unterlassungsausspruch gegen ein Regelwerk („Neuer Markt") kann durch eine einstweilige Verfügung durchsetzbar sein, Ffm NJW 2002, 1958.

Bürgschaft: Eine einstweilige Verfügung des Schuldners gegen den Gläubiger auf die Unterlassung der Inanspruchnahme des Bürgen ist grds. zulässig, Celle OLGR 1995, 269; Ffm DB 1990, 2259 (auch zu Grenzfällen). Zu den Grenzen einer geltungserhaltenden Reduktion des Verbots KG MDR 2003, 527. Der Hauptschuldner kann die Inanspruchnahme des „Bürgen auf erstes Anfordern" nach §§ 935 ff. nur beim Rechtsmissbrauch des Gläubigers verhindern, Stgt NJW-RR 1994, 1204; Hamm MDR 1991, 636.

Dienstleistung: Die Regelung aufgrund eines Dienstvertrags lässt sich grds. durch eine einstweilige Verfügung klären.

eBay: Wenn nicht ersichtlich ist, woraus sich das Recht zur Sperrung eines eBay-Kontos ergibt, steht der Verfügung an eBay, das Konto freizuschalten, nicht das Verbot der Vorwegnahme entgegen, Brdb MDR 2009, 526.

Ehe, Familie. Es gelten §§ 49 ff., 119, 214, 226, 247, 248 FamFG als vorrangige Spezialregeln in den dort jeweils genannten FamFG-Sachen.

Ehre: Der Unterlassungsanspruch wegen einer ehrverletzenden Äußerung gegenüber einem Dritten besteht evtl. auch nach der ersten Äußerung fort, Hamm VersR 2008, 1118; Ffm NJW-RR 2005, 54. Er belässt dem Schuldner seine Rechte nach § 193 StGB, Kblz OLGZ 1990, 246. Auch die Ehre des Verstorbenen kann schutzwürdig sein, Köln FamRZ 1999, 954 (Adenauer).

Eigentum: Der Antragsteller muss darlegen und nach §§ 294, 920 II, 936 glaubhaft machen, dass sein Herausgabeanspruch gefährdet ist, Drsd MDR 1998, 305 (nicht schon bei einer Abnutzung); KG NJW 1993, 1480. Eine Schikane kann schädlich sein, Düss ZMR 2001, 23.

Energieversorgung: Zulässig sein kann die Forderung nach einem vorläufigen Zugang zum Netz, Brdb GRUR-RR 2002, 399; AG Lübeck WoM 2015, 674, auch Zug um Zug gegen eine Zahlung, LG Dortm GRUR-RR 2001, 44 (Gas), und nach einer Weiterversorgung, LG Bln WoM 2002, 508; AG Düss WoM 2009, 176.

Unzulässig ist eine Sperre des Versorgers wegen Kundenverzugs, Ros MDR 2007, 1249; AG Hamm NZM 2005, 320, oder wegen des Streits um eine Preiserhöhung, LG Oldb WoM 2006, 162. Vgl. jedoch: § 19 StromGVV v. 26.10.2006, BGBl. I 2391, § 19 GasGVV v. 26.10.2006, BGBl. I 2391 (6), § 17 NAV v. 1.11.2006, BGBl. I 2477, § 24 NDVA v. 1.11.2006, BGBl. I 2477(85) (je: evtl. Unterbrechung sogar ohne eine Androhung).

Enteignung: Wegen eines Anspruchs öffentlich-rechtlicher Art zB nach dem VermG ist mangels einer Eröffnung des ordentlichen Rechtswegs keine einstweilige Verfügung statthaft. KG MDR 1992, 197.

Erbrecht: Zulässig sein kann ein Verkaufsverbot des Nacherben gegenüber dem Vorerben, Brem OLGR 2004, 87.

Familienpflege: Die Pflegezeit nach § 2a FPfZG kann im Rahmen des einstweiligen Rechtsschutzes durchgesetzt werden, wenn deren Voraussetzungen und die Dringlichkeit vorliegen, LAG Hamm NZA-RR 2017, 176.

Feststellung. Dazu Greiner, Zulässigkeit und Voraussetzungen einer einstweiligen Verfügung auf negative Feststellung im Lauterkeitsrecht, 2015; Starck, Die Zulässigkeit der einstweiligen Verfügung auf Feststellung, Diss. Bayreuth 2000. Eine einstweilige Verfügung mit einem feststellenden Inhalt kommt nur in ganz engen Grenzen in Betracht, Celle NJW 1990, 583; Kohler ZZP 103, 208 (ausf.), großzügiger Vogg NJW 1993, 1365.

Gegendarstellung: → „Presserecht".

Gesellschaft. Dazu Liebscher/Alles ZIP 2015, 1; Lutz BB 2000, 833; Wohlleben, Einstweiliger Rechtsschutz im Personengesellschaftsrecht, 1990 (je ausf.).

- **(Abwicklung):** Unzulässig ist eine Maßnahme zwecks Ernennung oder Abberufung eines Abwicklers, da dies in die freiwillige Gerichtsbarkeit gehört, (zum alten Recht) Ffm NJW-RR 1989, 99; Kblz DB 1990, 2413; Semler BB 1979, 1536; aM von Gerkan ZGR 1985, 190; Zutt ZHR 1991, 208. Das Prozessgericht kann lediglich die Überschreitung der Befugnisse eines Abwicklers untersagen, Ffm NJW-RR 1989, 99.
- **(Ausschließung):** Der ausgeschlossene Kommanditist muss gegen die Gesellschafter und nicht gegen die Gesellschaft vorgehen, Hamm ZIP 2018, 730. Der ausgeschlossene Gesellschafter einer GmbH kann im Rahmen einer einstweiligen Verfügung beantragen, der GmbH zu untersagen, die Anmeldung seiner Abberufung als Geschäftsführer beim Handelsregister einzureichen, wenn der Ausschluss mangels eines rechtskräftigen Gestaltungsurteils noch nicht vorläufig verbindlich ist. Für diese Konstellation sind an die Glaubhaftmachung eines Verfügungsgrunds jedoch hohe Anforderungen zu stellen, Mü NZG 2021, 293.
- **(Befriedigung):** Zu ihren engen Möglichkeiten Ros MDR 1996, 1183.
- **(Entziehung):** Unzulässig ist eine Maßnahme, in einer Zweipersonengesellschaft dem anderen geschäftsführenden Gesellschafter die Befugnisse bis zur Entscheidung in der Hauptsache zu entziehen, soweit auch

der Antragsgegner schon entsprechend vorgeht, BGH NJW 1983, 938; Ffm NJW-RR 1999, 257; Düss NJW 1989, 172.

– **(Gegenantrag):** Zulässig ist die Erzwingung der Mitteilung eines Gegenantrags nach § 126 II AktG, Ffm NJW 1975, 392.
– **(Geschäftsführer):** Zulässig sein können: Die Entziehung der Befugnis eines Geschäftsführers gegenüber dem bisher alleinvertretungsberechtigten Gesellschafter einer Offenen Handelsgesellschaft sowie die Übertragung dieser Befugnis auf einen Dritten, Stgt BB 1985, 879 (betr. eine GmbH oder eine KG); Köln BB 1977, 465; ein Geschäftsführungsverbot bis zur Abberufung durch die Gesellschafter, KG ZIP 2011, 2305; Ffm BB 1998, 2440. Unzulässig ist es, dem Antragsgegner zu verbieten, den Antragsteller als Geschäftsführer auf einer Versammlung abzuberufen, Ffm Rpfleger 1981, 154. Der gegen seinen Willen als Geschäftsführer abberufene Treugeber kann eine Verfügung erwirken, die seine Wiederbestellung zum Geschäftsführer gebietet, Ffm NJW-RR 1992, 935.
– **(Gesellschafterbeschluss):** Zulässig ist das Verbot, einen Gesellschafterbeschluss zu vollziehen, Kblz NJW-RR 1986, 1039, zB einen Beschluss mit dem Inhalt, eine Umwandlung beim Registergericht anzumelden. Unzulässig ist eine Maßnahme mit dem Ziel, auf die Beschlussfassung (Willensbildung) der Gesellschafter einzuwirken, Kblz NJW 1991, 1119. S. dazu bei den einzelnen Arten solcher Maßnahmen.
– **(Gesellschafterversammlung):** Zulässig sein kann das Verbot, eine Gesellschafterversammlung abzuhalten, Ffm Rpfleger 1982, 154.
– **(Letztwillige Verfügung):** → „– (Testament)".
– **(Pacht):** Zulässig ist die Untersagung der weiteren Nutzung einer Sache, die ein Gesellschafter der Gesellschaft verpachtet hat, nach der Kündigung des Pachtvertrags, Karlsr NJW 1994, 3362.
– **(Stimmrechtsausübung):** Unzulässig ist eine Maßnahme mit dem Ziel einer Unterbindung der Ausübung des Stimmrechts durch einen anderen Gesellschafter, Ffm ZIP 2013, 2019; Kblz NJW 1991, 1119; Zöller/Vollkommer Rn. 8 „Gesellschaftsrecht"; aM Hmb NJW 1992, 186; Kblz NJW 1986, 1693
– **(Testament):** Unzulässig ist eine Eintragung des entgegen einer Testamentsauflage, aber trotzdem wirksam bestellten Prokuristen, Kblz NJW-RR 1986, 1039.
– **(Unterlassung):** Zulässig sein kann ein Verbot der Wettbewerbstätigkeit, Zweibr NJW-RR 1990, 482. Zur Unterlassung allgemein Friedeborn NZG 2018, 774.

Gewerblicher Rechtsschutz. Dazu Holzapfel GRUR 2003, 287 (Grdz.); Melullis, Handbuch des Wettbewerbsrechts, 5. Aufl. 2019; Ahrens, Der Wettbewerbsprozess, 8. Aufl. 2016.

– **(Abmahnung):** Im Einzelfall kann eine einstweilige Untersagung der Zusendung weiterer Abmahnungen zulässig sei; in aller Regel dürfte jedoch hierfür das Rechtsschutzbedürfnis fehlen, KG GRUR-RR 2017, 85.
– **(Aktienmarkt):** Zulässig sein kann eine Eilanordnung wegen der Fragen der weiteren Zulassung, jedoch nur bei einer bereits bevorstehenden Gefahr, Ffm NJW 2002, 903.
– **(Allgemeine Geschäftsbedingungen):** Zulässig sein kann der Antrag eines Verbands auf die Unterlassung der Verwendung bestimmter Allgemeiner Geschäftsbedingungen, Hmb NJW 1981, 2420.
– **(Anschrift):** Zulässig ist ein Verbot der Werbung ohne Anschriftenangabe des Werbenden, Brdb ZVertriebsR 2012, 323.
– **(Aufbrauchfrist):** In Ausnahmefällen kommt auch im Eilverfahren die Gewährung einer Aufbrauchfrist in Betracht, wenn aufgrund der Liefer- und Produktionskette die Abänderung einer Bedienungsanleitung in einem Punkt nur unter unverhältnismäßig großem Aufwand sofort möglich wäre, Ffm GRUR-RR 2020, 167.
– **(Ausschluss):** Zulässig sein kann eine Regelung zur Aufrechterhaltung eines Rechts beim Ausschlussstreit, Düss NJW-RR 1988, 1271.
– **(Aussetzung):** Zulässig ist eine Aussetzung nach § 96 II GWB, Köln GRUR 1977, 222 (lässt eine einstweilige Verfügung aber nicht mehr in einem Verfahren gegenüber einem Preisbrecher zu). Unzulässig ist eine Aussetzung nach § 148, Düss GRUR 1983, 80 (stattdessen kommt eine Zurückweisung des Antrags in Betracht).
– **(Belieferung):** Es kann sogar eine sog. Regelungsverfügung dann infrage kommen, wenn die Existenzgrundlage gefährdet ist, Köln VersR 2001, 1284.
– **(Beseitigung):** Zulässig sein kann ein Gebot der Beseitigung, soweit diese keine endgültigen nicht wiedergutzumachenden Verhältnisse schafft, Kblz GRUR 1987, 731.
– **(Firmenrechtsverletzung):** Hierbei besteht grds. ein Verfügungsgrund, denn man könnte einen Schadensersatz nachträglich nur schwer geltend machen, Stgt WettbR 1996, 112.
– **(Folgenbeseitigung):** Zulässig sein kann eine Maßnahme zur Folgenbeseitigung, Ffm GRUR 1989, 74.
– **(Forum-Shopping):** Wer im Wege des „Forum-Shoppings" in rechtsmissbräuchlicher Weise eine Beteiligung des Prozessgegners an der Entscheidungsfindung vereiteln will, begibt sich des Anspruchs auf Erlass einer einstweiligen Verfügung wegen Dringlichkeitsverlustes, KG GRUR 2017, 320. Insbesondere ist es unzulässig, das Wahlrecht nach § 35 so auszuüben, dass der Antragsteller nach einem Hinweis des zunächst gewählten Gerichts den dort gestellten Antrag zurücknimmt und unter Berufung auf § 35 denselben Antrag bei einem anderen Gericht stellt, Düss GRUR 2019, 438; Mü WRP 2011, 364; Hmb GRUR 2007, 614 = NJW-RR 2007, 763; Ffm GRUR 2005, 972; Pauli GRUR-Prax 2021, 273; Löffel GRUR-Prax 2018, 364; Teplitzky GRUR 2008, 34; → § 35 Rn. 5 „Forum-Shopping".
– **(Gebrauchsmuster):** Ein Gebrauchsmuster stellt als ungeprüftes Schutzrecht grds keine taugliche Grundlage für ein einstweiliges Verfügungsverfahren dar, da es dem Antragsteller in der Regel nicht möglich sein wird, dessen Schutzfähigkeit darzulegen und glaubhaft zu machen, Mü GRUR 2020, 385.
– **(Getränkelieferung):** Zulässig sein kann das Verbot, Getränke und insb. Bier bei einem anderen als dem im Lieferungsvertrag Genannten zu beziehen, sogar für die gesamte restliche Vertragsdauer, Ffm GRUR 1989, 71.
– **(Handelsregister):** Zulässig sein kann eine Regelung zwecks Eintragung oder Nichteintragung, Mü ZIP 2006, 2336.
– **(Herstellungs- und Vertriebsverbot):** In einer Patent- oder Gebrauchsmustersache, die auf ein Herstellungs- oder Vertriebsverbot abzielt, ist mit zu berücksichtigen, ob die einstweilige Verfügung den Betrieb des Gegners gefährden würde. Ist dies nicht genügend festzustellen, kann eine einstweilige Verfügung als

unzulässig angesehen werden, LG Düss GRUR 1980, 990; großzügiger Karlsr GRUR 1979, 700; Schulz-Süchting GRUR 1988, 571.

- **(Internet):** Zulässig sein kann das Verbot, seine Internet-Domäne zu benutzen, Ffm GRUR-RR 2001, 5; LG Bln NJW 2004, 1255. Unzulässig ist das Verbot, seine Internet-Domäne reserviert zu halten, Ffm GRUR-RR 2001, 5.
- **(Kartellrecht):** Beim Belieferungsanspruch nach § 26 II GWB ist eine einstweilige Verfügung nicht ausgeschlossen, aber zurückhaltend zu behandeln, Schockenhoff NJW 1990, 152; aM Kblz NJW-RR 1987, 292.
- **(Kenntnisnahme):** Die Eilbedürftigkeit in Wettbewerbsstreitigkeiten entfällt, wenn Gläubiger schon längere Zeit Kenntnisnahme vom Verstoß hatte, Ffm NJW 1985, 1295.
- **(Konkurrenzschutz):** Er kann einen Verfügungsgrund bilden, KG MDR 2012, 515.
- **(Kundenkontakt):** Zulässig ist das Verbot, dass der Gegner mit Kunden des Antragstellers in Kontakt tritt. Das gilt selbst dann, wenn der Antragsteller sie nicht im Einzelnen benennt, Kblz NJW-RR 1987, 95.
- **(Liefersperre):** Zulässig sein kann eine Liefersperre, auch als eine sog. Regelungsverfügung (Leistungsverfügung), LG Bln WettbR 2000, 251 (Umgehung der Buchpreisbindung); LG Cottbus NZM 2000, 1080 (Stromsperre). Unzulässig ist eine einstweilige Verfügung, soweit der Antragsteller einen Verstoß des Antragsgegners dadurch abwenden kann, dass der Antragsteller gegenüber dem Antragsgegner einen Lieferstopp verhängt, Hamm DB 1977, 2134.
- **(Markenrecht):** Ein Auskunftsanspruch nach § 19 III MarkenG kann dann reichen, wenn die Rechtsverletzung offenkundig ist, Ffm GRUR-RR 2003, 32. Die Dringlichkeitsvermutung des § 12 II UWG gilt nicht bei Verfügungsanträgen, die auf Markenrecht gestützt sind, Mü GRUR 2007, 174. Die früher vertretene Auffassung, § 12 II gelte auch im Markenrecht, Drsd WettbR 1999, 134, stützte auf den alten § 16 UWG; seit dessen Materie ihren Sitz im Markenrecht hat, dürfte diese Auffassung überholt sein, Mü GRUR 2007, 174. Die Dringlichkeitsvermutung in § 140 III Markenrecht ist ebenfalls widerlegbar. Sie ist zB widerlegt, wenn der Antragsteller auf ein Berühmen des Verletzers hin, sich in der beanstandeten Weise zu verhalten, längere Zeit untätig geblieben ist, Ffm GRUR-RR 2020, 368. Die Dringlichkeit kann wiederaufleben, wenn mit der anschließenden Verletzungshandlung ein „Qualitätssprung" verbunden ist, Ffm GRUR-RR 2020, 368. Man darf die Dringlichkeit nicht schon wegen eines Zuwartens gegenüber Dritten verneinen, Stgt GRUR-RR 2005, 308. Zur Unzulässigkeit einer einstweiligen Verfügung auf eine Markenumschreibung BPatG GRUR 2001, 339.
- **(Messeverstoß):** Eine Leistungsverfügung etwa auf die Zulassung zum Stand kann möglich sein, Düss NJW-RR 1996, 124.
- **(Nachvertragliche Abrede):** Es kann der Verfügungsgrund fehlen, Jena GRUR-RR 2008, 143.
- **(Patentrecht):** In einer Patentverletzungssache kommt eine einstweilige Verfügung in Betracht, wenn auch nur selten, Karlsr GRUR-RR 2015, 509; Düss GRUR-RR 2008, 329; Ffm GRUR-RR 2003, 263; und nicht in einer rechtlich schwierigen Sache, Karlsr GRUR-RR 2015, 509; LG Mannh GRUR-RR 2011, 83. Der Erlass einer einstweiligen Verfügung, die auf ein Patent gestützt wird, das noch kein zweiseitiges Rechtsbestandsverfahren durchlaufen hat, kommt nur unter besonderen Voraussetzungen in Betracht, Mü GRUR-RR 2021, 148; GRUR 2020, 385; Karlsr GRUR-RR 2015, 509; Düss GRUR-RR 2011, 81; GRUR-RR 2008, 329. Zweifel an der Rechtsbeständigkeit lassen sich grds. nur nach einem Einspruch oder einer Nichtigkeitsklage klären, Mü GRUR 2020, 385; Düss GRUR-RS 2017, 142305; GRUR-RR 2011, 81; Karlsr GRUR-RR 2015, 509; GRUR-RR 2009, 442. Zusätzlich muss eine Verletzung ziemlich wahrscheinlich sein, Ffm GRUR-RR 2012, 322. Eine einschränkende Veränderung des Schutzbegehrens kann im Erteilungsverfahren das Rechtsschutzbedürfnis beseitigen, Ffm GRUR 1988, 686. § 12 II UWG ist unanwendbar, Düss GRUR 1994, 508.
- **(Rechtsberatung über Hotlinie):** Zulässig sein kann eine einstweilige Verfügung auf ihre Unterlassung. Zum Problem Berger NJW 1999, 1353; Büring/Edenfeld MDR 1999, 534.
- **(Rückgabeempfehlung):** Unzulässig ist eine solche einstweilige Verfügung, die den Gegner zu einer Rückgabeempfehlung gegenüber seinen Abnehmern verpflichten soll, Hmb GRUR 1986, 564.
- **(Schadensersatz):** Ein Schadensersatzanspruch kann trotz der damit verbundenen Vorwegnahme der Hauptsache durchsetzbar sein, wenn ein ausreichender Rechtsschutz nur im Eilverfahren erzielbar ist, Düss GRUR 1984, 77.
- **(Stimmrecht):** Zulässig kann eine Regelung zur Ausübung des Stimmrechts sein, Mü ZIP 2006, 2335; Hmb NJW 1992, 186.
- **(Terminsverlegung):** Unzulässig ist eine einstweilige Verfügung wegen eines Wegfalls der Dringlichkeit nach § 12 II UWG dann, wenn der Antragsteller sich mit einer vom Antragsgegner erbetenen Terminverlegung um mehrere Wochen einverstanden erklärt, Hamm WettbR 1996, 164.
- **(Unterlassung):** Vgl. zunächst § 1 UKlG, Düss NJW 1989, 1488; Ffm NJW 1989, 1489. Besondere Schwierigkeiten ergeben sich oft bei der Angabe des Gegenstands eines Unterlassungsgebots. Zunächst scheint § 12 II UWG den Antragsteller sogar von einer Darlegung der Voraussetzungen nach §§ 935, 940 zu befreien, KG NJW-RR 2004, 1239. Die Vorschrift enthält aber nur eine Dringlichkeitsvermutung. Der Gegenstand des Unterlassungsanspruchs ist so eindeutig zu fassen, dass die Entscheidungsbefugnis des Gerichts klar abgegrenzt ist und die Deutung, was dem Antragsgegner verboten ist, nicht der Vollstreckung überlassen bleibt, BGH NJW 2012, 1589; Köln GRUR 2020, 276. Das Gericht befindet nur über die konkret beschriebene (angebliche) Verletzung, BGH NJW 2008, 3712. So sind bei Unterlassungsansprüchen aus § 6 GeschGehG die streitbefangenen Geschäftsgeheimnisse konkret zu bezeichnen, Ffm GRUR-RR 2021, 229; → Rn. 17. Die Angaben des Antragstellers dürfen aber nicht so eng begrenzt sein, dass sich der Antragsgegner dem Antrag durch eine verhältnismäßig geringfügige Änderung seiner bisherigen Verhaltensweise entziehen kann. Man muss aber erkennen können, was der Antragsteller im Kern will, BGH NJW-RR 2016, 1326 = GRUR 2016, 1068; BAG NZA 2015, 453. Dabei kann ein „Insbesondere"-Unterlassungsantrag als Erläuterung des abstrakten Verbots dienen, BGH GRUR-RS 2019, 37304. Daraus hat sich die sog. Kerntheorie entwickelt, wonach der Antragsteller den Kern der Verletzung zu beschreiben hat, damit durch Auslegung das veränderte Verhalten des Antragsgegner miterfasst werden kann, BGH NJW 2001, 3710; Hmb GRUR-RR 2016, 124; vertiefend → § 253

Rn. 48 „Unterlassung". Zulässig kann eine weitere einstweilige Verfügung mit dem Ziel sein, denselben Erfolg auf einem anderen Weg zu erreichen, etwa die Unterlassung einer bestimmten Kennzeichnung nunmehr durch die Herausgabe der Bestände statt durch die Androhung eines Ordnungsmittels zu erreichen. Der Schuldner kann zwischen einer Abschlusserklärung und einer Unterwerfung wählen, Karlsr WettbR 1998, 140. Ist aber in einem einstweiligen Verfügungsverfahren nur die GmbH auf Unterlassen des Vertriebs nachgeahmter Produkte verurteilt worden, fehlt es für einen späteren Verfügungsantrag gegen den Geschäftsführer der GmbH an der Dringlichkeit, wenn es nach Zustellung des Verfügungsurteils an die GmbH zu einer weiteren Verletzungshandlung gekommen ist, Köln, GRUR-RS 2020, 14478 = NZG 2020, 1182 (Ls).

– **(Urheberrecht):** In einer Urheberrechtssache ist § 12 II UWG unanwendbar, Stgt GRUR-RR 2009, 447; KG NJW-RR 2003, 1127. Ein Auskunftsanspruch nach § 101a III UrhG kann dann reichen, wenn die Rechtsverletzung offenkundig ist, Ffm GRUR-RR 2003, 32. Man kann aber eine Veröffentlichung des Tenors einer Unterlassungsverfügung nicht nach § 103 UrhG durch eine einstweilige Verfügung verfolgen, Ffm NJW-RR 1996, 423. Im Urheberrecht kann im Ausnahmefall eine einstweilige Verfügung ohne mündliche Verhandlung und ohne Abmahnung nach § 97a UrhG erlassen werden, wenn der Verletzte neben einem Unterlassungs- und Auskunftsanspruch auch einen Sequestrationsanspruch geltend gemacht hat und für ihn die Besorgnis bestand, dass der Verletzte bei Erhalt der Abmahnung die Verletzungsgegenstände beiseiteschaffen könne, insbesondere bei Weiterverbreitung schutzrechtsverletzender Ware, Ffm GRUR-RR 2020, 184.

– **(Verzögerung).** Dazu Teplitzky FS Loschelder, 2010. Unzulässig kann eine einstweilige Verfügung wegen Verwirkung dann sein, wenn der Gläubiger bis zu ihrer Beantragung zu lange gewartet hat, Hamm WettbR 1996, 164; Karlsr GRUR 1993, 697; Traub GRUR 1996, 707. Die zulässige Wartezeit hängt von den Umständen ab, Hmb GRUR-RR 2008, 366; Zweibr GRUR-RR 2008, 346. So wird eine Wartezeit bis zum Versäumnisurteil als schädlich angesehen, Hamm NJW-RR 2007, 109. Im Folgenden werden Beispiele aus der Rechtsprechung dargestellt, wobei jedoch stets die Besonderheiten des Einzelfalles zu berücksichtigen sind:

2 Tage: Schädlich beim Messeverstoß, Ffm GRUR 1984, 693;
4 Wochen: kann noch unschädlich sein, Mü MDR 1994, 152;
1 Monat: Schädlich, Mü GRUR 1980, 1018;
über 1 Monat: Schädlich, Kblz GRUR 2011, 452 (zust. Demuth GRUR 2011, 404);
6 Wochen: Unschädlich, Stgt GRUR 1978, 540;
monatelang: Schädlich, Köln GRUR 1978, 719;
2 Monate: Gerade noch unschädlich, Düss WettbR 1999, 15; Hmb GRUR 1983, 437; KG DB 1980, 1395;
3 Monate: Evtl. unschädlich, Hamm NJW-RR 1990, 1236 (bei Vermietung; im Ergebnis verneint); schädlich, Köln GRUR 1978, 719 über **3 Monate:** Schädlich, Köln GRUR 1978, 719;
4 Monate: Evtl. unschädlich, LG Düss GRUR 1980, 993;
5 Monate: Schädlich, Brem NJW-RR 1991, 44 (bei Verhandlungen);
6 Monate usw.: Schädlich, Hmb NJW-RR 2002, 550; Ffm BB 1979, 238; LG Ffm NJW-RR 1991, 45;
jahrelang: Schädlich, Mü GRUR 1080, 330; **2 Jahre:** Schädlich, Ffm OLGZ 1988, 99; **3 Jahre:** Schädlich, Naumb GRUR-RR 2006, 32.

Die beispielhaft aufgeführten Fristen setzen die Kenntnis des Gläubigers von allen maßgeblichen Umständen voraus, Hmb NJW-RR 1986, 716; Ffm NJW 1985, 1295.

– **(Wettbewerbsverbot):** Zulässig sein kann ein solches, Zweibr NJW-RR 1990, 482, sogar im nachvertraglichen Zeitraum, LAG Hamm NZA-RR 2006, 427. Im Verfahren nach dem UrhG kommt ein Verbot nur in Betracht, wenn keine gewichtigen Zweifel an der Urheberrechtsverletzung bestehen, Brdb MDR 2009, 581.

– **(Wiederholungsgefahr):** Sie ist stets bei der Entscheidung über den Erlass einer einstweiligen Verfügung zu berücksichtigen, Düss GRUR-RR 2016, 431.

Grundbuch: Einige Beispiele aus dem Bereich des Grundbuchrechts:

– **(Berichtigung):** Zulässig sein kann ggf. eine solche Anordnung, KG ZMR 2010, 705.

– **(Briefherausgabe):** Zulässig und zweckmäßig ist eine Auflage, den Grundschuldbrief an den Gerichtsvollzieher nach § 938 herauszugeben. Denn das Grundbuchamt braucht ihn vor der Eintragung einer Verfügungsbeschränkung nach § 41 GBO, Meyer-Stolte Rpfleger 1983, 250.

– **(Löschungsverbot):** Zulässig ist ein solches Verbot, LG Hmb Rpfleger 2006, 12.

– **(Rechtshängigkeitsvermerk):** Zulässig ist ein solcher Vermerk, BayObLG Rpfleger 2004, 691; aM Mü Rpfleger 2000,107.

– **(Sicherungshypothek):** Zulässig ist sie durch eine Vormerkung, Hamm NJW-RR 2004, 379; Celle BauR 2003, 1439.

– **(Untersagung):** Zulässig ist eine Untersagung, über eine Grundschuld zu verfügen (Verfügungsverbot), LG Ffm Rpfleger 1983, 250. Unzulässig ist die Untersagung einer „Behinderung an der Ausübung der Grunddienstbarkeit", da dies zu unbestimmt ist, Düss MDR 1986, 328.

– **(Vorkaufsrecht):** Ein gesetzliches Vorkaufsrecht stört erst ab Rechtshängigkeit, Hamm NJW-RR 1994, 1042.

– **(Vormerkung):** Zulässig kann sie sein, Hamm NJW-RR 2004, 379; Celle BauR 2003, 1439; Köln NJW-RR 2002, 1596. Sie muss bei der Entscheidungsreife notwendig sein, KG MDR 1994, 1012. Die Voraussetzungen des § 867 II sind hier entbehrlich, Ffm FGPrax 1995, 138.

– **(Widerspruch):** Zulässig ist die Eintragung eines Widerspruchs nach § 899 II BGB, BVerfG NJW 2003, 1177.

Hausbesuch: Zulässig sein kann eine Untersagung, zB gegenüber einem Inkassobüro, AG Kamen NJW 2004, 3639.

Herausgabe: Zulässig sein kann eine Eilanordnung bei Baugerät, KG NJW-RR 2003, 1528, oder bei Bauplänen, Hamm BauR 2000, 295. Grds ist aber Zurückhaltung geboten, Köln NJW-RR 2009, 1725; Saenger JZ 1999, 977.

Krankentagegeld: Zulässig ist eine Anordnung nur bei einer wirtschaftlichen Notlage (maßgebend: Sozialhilfesätze), Kblz VersR 2011, 1000.

Leasing: Zulässig ist die Anordnung der Herausgabe verleaster Sachen an einen Sequester nach § 938, LG Ravensb NJW 1987, 139. Nach dem Vertragsende ist eine Herausgabe nicht schon wegen einer einfachen Weiternutzung zulässig, sondern erst wegen einer übermäßigen Abnutzung, Köln VersR 1988, 1052.

Miete: Dazu Fritsche Rpfleger 2005, 637; Hinz NZM 2005, 841 und WoM 2005, 615; Schneider MDR 2004, 319 (je: Grdz.). Auch hier ist eine sog. Befriedigungsverfügung nur ausnahmsweise zulässig, AG Warendorf WoM 1992, 599:

- **(Aushang):** Zulässig ist ein Verbot der Mahnung zur Mietzahlung durch einen „Aushang" am Hausbriefkasten, LG Dortm WoM 1990, 287.
- **(Auskunft):** Zulässig ist ein Auskunftsverlangen wegen einer unerlaubten Entfernung eingebrachter Sachen, Ros WoM 2004, 471.
- **(Baumaßnahme):** Zulässig ist das Gebot an den Vermieter, unberechtigte und die Wohnqualität beeinträchtigende Baumaßnahmen rückgängig zu machen, AG Wolgast WoM 1994, 265. Zulässig ist eine Eilanordnung von Vorschuss (Hotelkosten) bis zur Bewohnbarkeit, AG Mü ZMR 2013, 365. Das Rechtsschutzbedürfnis für eine einstweilige Verfügung des Mieters nur zwecks Erzwingung einer Duldungsklage des Vermieters kann fehlen, LG Bln WoM 1996, 407.
- **(Besichtigung):** Zulässig ist ihre Anordnung auch nach einem Privatgutachten, LG Aurich NZM 2012, 428. Ob Besichtigungen durch Mietinteressenten trotz eines Widerspruchs des Mieters gegen die Vermieterkündigung zulässig sind, ist eine Fallfrage, AG Ibbenbüren WoM 1991, 360. Der Vermieteranspruch lässt nur im besonders dringenden Fall eine einstweilige Verfügung zu, LG Duisb NZM 2006, 897.
- **(Besitz):** Unzulässig ist die Untersagung des Zutritts des Ersteigerers nur wegen eines etwa fortbestehenden Mieterbesitzes, Drsd NJW-RR 2005, 456.
- **(Betriebspflicht):** Zulässig ist ihre Durchsetzung, Ffm ZMR 2009, 447; KG NZM 2005, 621; Hmb WoM 2003, 642. Eine Dringlichkeit entfällt nicht, wenn der Betreiber erklärt, den Betrieb fortführen zu wollen.
- **(Doppelvermietung):** Dazu Kohler ZZP 123, 439 (ausf.). Es kommt auf die Umstände an, auch zeitlich, Katzenstein ZZP 116, 490; Ulrici ZMR 2002, 885. Bei Gläubigerkonkurrenz kann der Anspruch eines Gläubigers aus einem Mietvorvertrag durch einstweilige Verfügung gesichert werden, Hamm NJW-RR 2004, 521.
- **(Gasversorgung):** Zulässig ist die Durchsetzung bei einer unklaren Preiserhöhung, AG Bad Kissingen WoM 2005, 594; AG Marienburg WoM 2005, 595. Unzulässig ist ein Gebot an den Versorger zum zeitlich unbegrenzten Vertragsabschluss (Vorwegnahme der Hauptsache), LG Gera WoM 1998, 496.
- **(Hausflur):** Unzulässig ist ein völliges Abstellverbot im Hausflur, AG Aachen WoM 2008, 94.
- **(Heizung):** Zulässig ist das Gebot, ordnungsgemäß zu heizen, LG Mannh WoM 1975, 12; AG Erfurt WoM 2000, 260. Es muss aber mehr als eine technische Störung vorliegen, LG Osnabr WoM 1980, 198. Zulässig ist grds. das Gebot, Zutritt zum Heizkeller zu verschaffen, und zwar auch im Sommer, LG Mannh ZMR 1978, 140, etwa zu Renovierungen, AG Münst WoM 1987, 256, sowie das Gebot einer ordnungsgemäßen Energiebezahlung, soweit das zur Versorgung nötig ist, AG Ludwigsb NZM 1999, 122. Zulässig ist das Gebot an den Vermieter, für störungsfreie Beheizung zu sorgen, AG Bochum WoM 2013, 351. Unzulässig ist das Gebot, mit dem der Vermieter einen Zutritt nur zu dem Zweck erzwingen will, die Heizung dort endgültig abzustellen, Hmb WoM 1978, 170, oder auch dort Thermostatventile anzubringen, AG Köln WoM 1989, 88.
- **(Konkurrenzschutz):** Zulässig ist ein vereinbarter Konkurrenzschutz, Ros NZM 2006, 295; KG MDR 2003, 255; Hamm NJW-RR 1990, 1236.
- **(Kündigung):** Unzulässig ist die Anordnung einer Zustimmung, Hmb MDR 1990, 1022.
- **(Mangelbeseitigung):** Ist der Mieter zur sofortigen Beseitigung eines Mangels ohne eine Mitwirkung des Vermieters berechtigt, fehlt es am Verfügungsgrund für die Forderung zur Beseitigung, AG Lörrach WoM 1990, 204.
- **(Mietzahlung):** Unzulässig ist eine einstweilige Verfügung auf die Zahlung von Miete oder Pacht, AG Brdb WoM 2005, 69 (zust. Flatow WoM 2005, 314), oder auf eine Minderung der Miete.
- **(Modernisierung):** Zulässig ist das Verbot gegenüber dem Vermieter, mit einer in ihrer Berechtigung umstrittenen Modernisierung einstweilen zu beginnen, BezG Potsd WoM 1993, 599; LG Bln WoM 2012, 954. Unzulässig ist eine Maßnahme nur mit dem Ziel einer nicht schon aus Sicherheitsgründen geplanten endgültigen Renovierung durch den Antragsteller, LG Hmb WoM 1986, 243; AG Görlitz WoM 1993, 390; Horst NZM 1999, 195, oder durch den Antragsgegner, AG Wuppert WoM 1980, 180.
- **(Nutzung):** Zulässig ist ihr Verbot bei einem Vertragsverstoß, AG Bad Homburg NJW-RR 1992, 335.
- **(Plakat):** Zulässig ist das Gebot der Entfernung eines vom Mieter im Haus angebrachten und den Hausfrieden störenden Plakats, AG Ludwigsb WoM 1989, 618.
- **(Räumung/Rückgabe):** Der Antragsteller kann die Rückgabe einer Sache von dem früheren Besitzer nur ausnahmsweise durch eine einstweilige Verfügung erzwingen, Düss ZMR 2009, 446. Denn es handelt sich um eine Erfüllung, Kluth/Grün NZM 2001, 1017. Diese kommt im Eilverfahren nur bei einer ohnehin notwendigen besonderen Notlage des Antragstellers in Betracht, Celle ZMR 2000, 752; LG Karlsr ZMR 2005, 870. Eine einstweilige Verfügung kann etwa dann nach § 940a in Betracht kommen, wenn der Antragsteller die Sache durch eine verbotene Eigenmacht verloren hatte, Mü WM 2018, 539; LG Freibg FamRZ 2005, 1252 (Untermieter); LG Frankenth WoM 1992, 185, oder wenn nach dem Mietende durch die Weiternutzung ein Verschleiß der Mietsache droht, Düss MDR 2004, 1292; Brdb MDR 1998, 305; Drsd MDR 1998, 305; aM Brdb MDR 2001, 1185; Karlsr WM 1994, 1986, oder wenn sich der Mieter eines Gewerberaums die sofortige Räumung erpresserisch „abkaufen" lassen will, Kluth/Grün NZM 2001, 1017, oder wenn der Vermieter die Räumung der Wohnung durch die Vortäuschung eines Eigenbedarfs erreicht, die Wohnung aber noch nicht weitervermietet hat, LG Hmb WoM 2008, 93. Den Vermieter kann der Mieter nicht zur Mitwirkung an der Rückgabe zwingen, LG Frankenth WoM 2006, 701 (vielmehr dann Annahmeverzug des Vermieters).
- **(Schimmel):** Zulässig erst bei Glaubhaftmachung von Gesundheitsgefahr und grds. nicht auf gänzliche Beseitigung. Denn das wäre eine Vorwegnahme der Hauptsache, LG Hmb ZMR 2015, 28.

– **(Schlüssel):** Zulässig ist das Gebot einer Überlassung, AG Bad Neuenahr WoM 1996, 331.
– **(Selbständiges Beweisverfahren):** Zulässig ist das Gebot einer Unterlassung bis zur Beendigung des zugehörigen Verfahrens nach §§ 485 ff., LG Bln ZMR 2014, 728.
– **(Stromversorgung):** Zulässig ist ein zeitlich begrenztes Liefergebot, Ros MDR 2007, 1249; Celle NJW-RR 2005, 1383; Köln NJW-RR 2005, 99.
– **(Unerlaubte Handlung):** Zulässig ist ein Unterlassungsgebot nach § 823 BGB, LG Hmb ZMR 2011, 387.
– **(Untervermietung):** Anspruch auf vorübergehende Duldung einer Untervermietung kann unter bestimmten Umständen im Wege des einstweiligen Rechtsschutzes gesichert werden, LG Hmb NJW 2013, 548 (zust. Wassermann ZMR 2013, 193). Voraussetzung ist, dass Mieter auf die Erbringung der Leistung dringend angewiesen ist, Ffm MDR 2004, 1019; Düss NJW-RR 1996, 123.
– **(Veräußerungsverbot):** Zulässig ist ein Veräußerungsverbot wegen des Mietgrundstücks zwecks eines Schadensersatzanspruchs nach einer unberechtigten Eigenbedarfskündigung, LG Bonn WoM 1988, 402.
– **(Vermieterpfandrecht):** Dazu Katzenstein/Hüftle MDR 2005, 1030. An die Bestimmtheit des Antrags auf eine Unterlassung der Entfernung dürfen keine zu hohen Anforderungen gestellt werden, Stgt NJW-RR 1997, 521; AG Ludwigsl WoM 2012, 559.
– **(Versorgung):** Unzulässig ist eine einstweilige Verfügung auf ihre Wiederaufnahme, soweit der Mieter Sicherheit leisten kann, AG Ludwigslust ZMR 2014, 176.
– **(Videoüberwachung):** Zulässig ist ihr einstweiliges Verbot, AG Bln-Schöneb ZMR 2000, 542. Es ist aber eine Zurückhaltung geboten, LG Bln ZMR 2001, 112 (nicht schon stets wegen Schmierereien).
– **(Vorvertrag):** Unzulässig ist eine einstweilige Verfügung zwecks Besitzeinräumung und Abschlusses des Hauptvertrags nur aufgrund eines Vorvertrags, Hamm NJW-RR 2004, 521; Schlesw MDR 2000, 1428; aM Düss NJW-RR 1991, 137.
– **(Wasserversorgung):** Zulässig ist ein vorläufiges und zeitlich begrenztes Liefergebot, LG Fulda ZMR 2018, 422; AG Erfurt WoM 2000, 260 (je: Warmwasser); AG Königstein NZM 2003, 106. Unzulässig ist das Absperren wegen eines Zahlungsverzugs, Celle NZM 2005, 741; AG Greifsw WoM 2003, 265, oder ein monatelanges Zuwarten vor der Antragstellung, LG Aachen WoM 2008, 95.
– **(Zutritt):** Unzulässig ist grds. ein Eilverfahren auf den Zutritt eines Dritten, AG Neumünster WoM 2004, 221.
– **(Zweckentfremdung):** Unzulässig ist ein Verbot einer solchen Nutzungsart, die der Vermieter nach Treu und Glauben hinnehmen muss, Düss MDR 1996, 467.

Nachbarrecht: Nächtliche Tiergeräusche können ausreichen, Ffm NJW-RR 1987, 1166. Ein Eilbedürfnis kann auch noch bei einer Wiederholungsgefahr nach zwei Wochen vorhanden sein, AG Hmb-Wandsbek ZMR 2002, 130.

Notar: Unzulässig ist die Anweisung, in bestimmter Weise mit verwahrtem Geld zu verfahren, Hamm MDR 1996, 1182.

Persönlichkeitsrecht: Eine „wertneutrale Falschmeldung" kann evtl. unzureichend sein, Köln NJW-RR 2006, 126.

Politische Partei: Eine Ordnungsmaßnahme kann beschränkt überprüfbar sein, LG Düss NJW-RR 1990, 832. Die Anordnung der Ausstrahlung eines Wahlwerbespots kann zulässig sein, Celle NJW 1994, 2237; LG Hann NJW 1994, 2236.

Presserecht: Die Pressefreiheit steht einer einstweiligen Verfügung grds. nicht entgegen.
– **(Beleidigung):** Zulässig ist das Verbot einer ehrenrührigen Behauptung, Ffm NJW-RR 2005, 54; Brdb NJW-RR 2002, 1127.
– **(Falschaussage):** Zulässig ist eine Maßnahme zur Verhinderung oder Beseitigung der Falschaussage eines Zeugen, Ffm MDR 1978, 315.
– **(Fotografieren):** Zulässig ist das Verbot des Fotografierens, soweit eine Wiederholungsgefahr besteht, LG Mannh ZMR 1978, 140.
– **(Gegendarstellung):** Grds. zulässig ist eine einstweilige Verfügung zwecks Gegendarstellung, Brdb NJW-RR 2000, 325; Mü OLGZ 1990, 244. Das gilt zumindest dann, wenn der Ruf oder das Vermögen des Betroffenen einen schwerwiegenden Schaden erleiden oder bedroht sind. Der Erlass einer einstweiligen Verfügung auf eine Gegendarstellung erfordert grds. eine mündliche Verhandlung, Mü OLGZ 1990, 245; vgl. auch BVerfG NJW 2018, 3634; Mantz NJW 2019, 953.
– **(Karikatur):** Zulässig ist ein Verbot der Verbreitung einer solchen Karikatur, die das Persönlichkeitsrecht verletzt.
– **(Verzögerung):** Bei einer Tageszeitung ist die erforderliche Aktualität nach fast 3 Monaten in der Regel nicht mehr vorhanden. Ein Zuwarten kann umso länger unschädlich sein, je länger der Gegner auf ein Veröffentlichungsverlangen schweigt, Mü OLGZ 1990, 244. Antragsteller darf aber nicht allzu lange warten (Verwirkung), Brdb NJW 1996, 666.

Räumung: Eine derartige sog. Regelungsverfügung ist wegen ihrer unvermeidbaren Vorwegnahme der Hauptsache durchweg unzulässig, Düss MDR 2009, 1036.

Rente: Bei Geltendmachung einer Abschlagszahlung aufgrund eines fortlaufenden Anspruchs aus §§ 842, 843 BGB kommt grds. der Erlass einer Leistungsverfügung in Betracht, aber nur dann, wenn der notwendige Bedarf der Abwendung einer dringenden Notlage dienen soll, Ffm NJW 2007, 851; LG Aachen VersR 1991, 1306. Das Gericht darf einem Unfallgeschädigten auch im Wege einer einstweiligen Verfügung grds. nur das zusprechen, was zur Abwendung eines befürchteten ernsten Dauerschadens oder zur Abwendung der Vernichtung seiner wirtschaftlichen Existenz dienen soll, Celle VersR 1990, 212.

Ruhezeiten: Zulässig sein kann ihre Regelung, AG Reutlingen ZMR 2013, 152.

Schiedsgericht: Zulässig sein kann ein Antrag eines nicht berücksichtigten Mitbewerbers um die Lizenzvergabe zu Fußball-Liga gegen den dies regelnden Schiedsspruch, Ffm NJW-RR 2003, 499.

Selbständiges Beweisverfahren: Soweit ein Verfahren nach §§ 485 ff. in Betracht kommt, ist ein Verfahren nach §§ 935 ff. unzulässig, Köln VersR 1996, 734.

Selbsthilfe: Unzulässig ist eine einstweilige Verfügung auf Herausgabe eines durch Selbsthilfe nach § 859 BGB abgeschleppten Fahrzeugs, LG Mü NZV 2016, 482.

Sozialhilfe: Unzulässig ist eine einstweilige Verfügung auf eine endgültige Leistung, soweit Sozialhilfe möglich ist, Oldb VersR 2011, 1256.

Staatsanwaltschaft: Eine einstweilige Verfügung gegen die Staatsanwaltschaft zwecks Verbots der Rückgabe einer beschlagnahmten Sache kann zwar zulässig sein. Sie ist aber oft erfolglos. Denn man kann gegen den letzten vorangegangenen Gewahrsamsinhaber vorgehen, KG NJW-RR 1995, 62.

Stalking: Zu den Möglichkeiten von Pechstaedt NJW 2007, 1233 (Grdz.).

Streitverkündung: Zum Problem Stretz SchiedsVZ 2013, 193 (ausf.).

Testamentsvollstrecker: Unzulässig ist eine einstweilige Untersagung seiner Amtsausübung durch den Zivilrichter. Denn nur der Nachlassrichter beauftragt ihn, Schlesw MDR 2010, 699.

Unterlassung: Dazu Ahrens FS Schilken, 2015, 187; Spohnheimer FS Geimer, 2017, 703. Außerhalb des UWG ist die Gefahr eines erheblichen wirtschaftlichen Nachteils nötig, Ffm MDR 2004, 1019, oder einer sonstigen entsprechenden Bedrohung. Das Gericht kann wegen des Grundsatzes der Verhältnismäßigkeit dem Antragsgegner eine gewisse Zeit zur Befolgung einräumen, LG Hmb GRUR-RR 2004, 318 (eine Woche zur Computerprogramm-Umstellung). Auch eine verdeckte Störung ist angreifbar, Köln NJW-RR 2007, 43.

Urheberrecht: Die einstweilige Verfügung setzt neben einer offensichtlichen Rechtsverletzung zB nach § 101a III UrhG die Erfüllung der allgemeinen Bedingungen der §§ 935, 940 und insbesondere eine Eilbedürftigkeit voraus, Köln GRUR-RR 2009, 325; Hmb GRUR-RR 2007, 382. Sie kann manchmal kaum der Weg sein, komplizierte tatsächliche und/oder rechtliche Fragen auch nur vorläufig zu klären, KG BB 1994, 1596. § 12 II UWG ist nur eingeschränkt anwendbar, Mü MDR 2013, 165; Köln GRUR 2000, 418; Gutsche FS Nordemann, 1999, 81; aM Karlsr NJW-RR 1995, 176. Es reicht eine Glaubhaftmachung dahin, dass der Antragsteller den Abschluss eines Vertrags befürchten muss, durch den seine Position beeinträchtigt würde, Köln GRUR 2000, 418. Ausreichen kann ein Anspruch nach § 54g II UrhG, BVerfG NJW-RR 2000, 1589, oder nach § 97 UrhG, Naumb GRUR-RR 2013, 135.

Verein: Zulässig ist eine einstweilige Verfügung zwecks Aufrechterhaltung der Mitgliedsrechte, Düss NJW-RR 1988, 1272, oder zwecks Feststellung des Ruhens einer Mitgliedschaft. Es kann unschädlich sein, erst nach 6 Wochen den vereinsinternen Rechtsweg eingeschlagen zu haben, Köln NJW-RR 1993, 891.

Vergaberecht: Zulässig ist das Verbot eines Auftrags an einen Konkurrenten, Brdb BauR 2009, 983.

Versicherung: Eine einstweilige Verfügung kann auf eine Zahlung von Krankentagegeld zulässig sein, Mü NJW-RR 2009, 325; Köln MDR 2005, 290. Sie kann als eine Leistungsverfügung bei einer glaubhaften Existenzgefahr zulässig sein, Brem NJW-RR 2012, 1178; Mü VersR 2010, 755; Saarbr NJW-RR 2007, 1406. Eine Kostenübernahme kommt nur im Notfall infrage, Hamm VersR 2006, 827. Eine einstweilige Verfügung auf eine sofortige Durchführung oder Zusage einer stationären Behandlung kann wegen einer Vorwegnahme der Hauptsache unzulässig sein, Celle VersR 2008, 1638; Kblz VersR 2005, 392; Köln NJW-RR 1995, 546. Ein Antrag auf Weiterversicherung hat wegen möglicher Versicherung bei einer anderen Gesellschaft kein Rechtsschutzbedürfnis, Kblz VersR 2014, 97.

Wechsel: In Betracht kommt eine Herausgabe an einen Sequester nach § 938, LG Köln NJW-RR 1987, 1530, aber nicht mehr nach einem Protest oder nach dem Ablauf der Protestfrist, Hamm MDR 1988, 977, oder beim Wegfall gutgläubigen Erwerbs, Hamm ZIP 1988, 1246.

Werkvertrag: Zulässig ist eine einstweilige Verfügung dann, wenn der Unternehmer mit einem vertragswidrigen Bau beginnt, Mü DB 1986, 2595, oder wenn ein Bauträger ein Objekt nicht vertragsgemäß übergibt, KG BauR 2018, 274. Unzulässig ist eine einstweilige Verfügung des gekündigten Auftragnehmers mit dem Inhalt, dass der Auftraggeber Bauarbeiten solange nicht weiterführe, bis der Auftragnehmer seine Leistungen aufgemessen habe, Düss MDR 2001, 1288. Aufhebbar ist eine nach § 648 BGB eingetragene Vormerkung dann, wenn eine ausreichende Sicherung folgt, Hamm NJW-RR 2016, 1238.

Willenserklärung: Eine einstweilige Verfügung ist grds. unzulässig. Denn eine Willenserklärung gilt nach § 894 erst mit der formellen Rechtskraft nach § 705 als abgegeben, Zweibr MDR 2009, 221; Nürnb NJW 2007, 2054; LAG Hamm NZA-RR 2017, 177. Nur ganz ausnahmsweise kommt wegen einer Willenserklärung zwecks einer nur vorläufigen Regelung eine einstweilige Verfügung in Betracht, Köln NJW-RR 1997, 60 (drohende Rechtsverweigerung).

Wohnungseigentum: Gemeinschaftsinteressen und Individualinteressen sind im einstweiligen Rechtsschutz abzuwägen, LG Mü WoM 2009, 321. Die Durchsetzung einer Sanierung kann reichen, LG Bln ZMR 2010, 978; LG Hmb ZMR 2014, 392. Die Bestellung eines Verwalters ist zwar evtl. zulässig, LG Hmb ZMR 2011, 661; Briesemeister NZM 2009, 70, aber nur mangels Bestellung durch die Eigentümer, AG Hmb-Altona ZMR 2017, 194, und nur für einen kurzen „einstweiligen" Zeitraum von allenfalls ca. 3–6 Monaten, aM Briesemeister NZM 2009, 70. Zulässig ist eine einstweilige Verfügung zwecks Verbots an einen Unbefugten, als Wohnungseigentumsverwalter aufzutreten, AG Wangen ZMR 2008, 580, oder an einen vom Gericht Ermächtigten, vor Rechtskraft so zu handeln, AG Offenbach ZMR 2014, 70. Zulässig ist auch eine Einsicht und eine vorübergehende Herausnahme von Verwalterakten, AG Kelheim ZMR 2008, 83. Zulässig ist eine Aufforderung an den Verwalter, einen angefochtenen Beschluss nicht sofort umzusetzen, AG Cham ZMR 2016, 806. Zulässig ist die Anordnung gegenüber dem früheren Verwalter auf eine Herausgabe dringend benötigter Akten, AG Oldb ZMR 2014, 159. Zulässig ist eine Baustoppmaßnahme bei Gefahr irreparablen Schadens, LG Mü ZMR 2014, 397, oder ein Abrissverbot bis zur Rechtskraft einer Anfechtungsentscheidung, AG Nürnb ZMR 2017, 203. Unzulässig ist die Bestellung eines fehlenden Verwalters, LG Bln ZMR 2012, 570. Streitig ist, ob eine faktische Abberufung des nicht rechtmäßig amtierenden Verwalters zulässig ist. Nach BGH MDR 2011, 1032 dürfte dies möglich sein; LG Brschw ZMR 2015, 473 hält dies wohl für unzulässig, da die Abberufung etwas Endgültiges sei. Davon dürfe man nur zB bei schwerer Straftat abweichen, LG Ffm ZMR 2014, 904, oder bei einer Forderung gegen den insoweit gar nicht verfügungsberechtigten Verwalter, LG Ffm NJW-RR 2010, 1528.

Zurückbehaltungsrecht: § 940 ist anwendbar, Mü NJW-RR 2012, 1405. Eine einstweilige Verfügung auf eine Unterlassung ist zulässig, soweit beim Streit um ein Zurückbehaltungsrecht eine Androhung eines Inkassobüros mangels einer Zahlung binnen 3 Tagen oder eines Anerkenntnisses vorliegt, AG Kamen NJW 2004, 3639.

Zutritt: Zulässig sein kann eine einstweilige Verfügung auf seine Gewährung im selbständigen Beweisverfahren nach §§ 485 ff., Karlsr BauR 2002, 1437. Der ursprüngliche Besitz muss klar erkennbar (gewesen) sein, LG Siegen ZMR 2016, 961.

940a *Räumung von Wohnraum.* **I Die Räumung von Wohnraum darf durch einstweilige Verfügung nur wegen verbotener Eigenmacht oder bei einer konkreten Gefahr für Leib oder Leben angeordnet werden.**

II Die Räumung von Wohnraum darf durch einstweilige Verfügung auch gegen einen Dritten angeordnet werden, der im Besitz der Mietsache ist, wenn gegen den Mieter ein vollstreckbarer Räumungstitel vorliegt und der Vermieter vom Besitzerwerb des Dritten erst nach dem Schluss der mündlichen Verhandlung Kenntnis erlangt hat.

III Ist Räumungsklage wegen Zahlungsverzugs erhoben, darf die Räumung von Wohnraum durch einstweilige Verfügung auch angeordnet werden, wenn der Beklagte einer Sicherungsanordnung (§ 283a) im Hauptsacheverfahren nicht Folge leistet.

IV In den Fällen der Absätze 2 und 3 hat das Gericht den Gegner vor Erlass einer Räumungsverfügung anzuhören.

Schrifttum: Börstinghaus, Die neue „Räumungsverfügung" im Wohnraummietprozess, NJW 2014, 2225 (Grdz.); Brunner, Das Phänomen des Mietnomaden in der Rechtspraxis, 2012; Majer, Die Räumungsvollstreckung und ihre effektive Durchsetzung, 2012 (je: Grdz.); Schuschke, § 940a Abs. 2 und Abs. 3 ZPO – Irrwege des Gesetzgebers, FS Schilken, 2015, 799; Schuschke DGVZ 2016, 37 (verfassungsrechtlich krit.); dazu Wedel ZMR 2017, 299; Streyl NZM 2012, 249; Wendt, Die einstweilige Räumungsverfügung des § 940a Abs. 2 ZPO, 2015 (Bespr. Klüver ZMR 2016, Heft 11); Zehelein WoM 2013, 140 (je: Grdz.).

1 **I. Systematik.** Die Vorschrift schränkt in I den Anwendungsbereich der einstweiligen Verfügung nach §§ 935, 940 bezüglich der Räumung von Wohnraum ein. Dies ergibt sich aus der systematischen Einordnung nach § 940 und der Verwendung des Begriffs „nur". Damit hat der Gesetzgeber der existenziellen Bedeutung des Wohnraums für dessen Benutzer Rechnung getragen. II dient hingegen den wirtschaftlichen Interessen des Vermieters. Die Regelung ist durch das MietRÄndG vom 11.3.2013 (BGBl. I 434) eingefügt. Damit wird die Möglichkeit der einstweiligen Räumungsverfügung für Wohnraum gegen Dritte erweitert. Aus der systematischen Einordnung im Abschnitt 5 des Buches 8 ergibt sich, dass es nicht nur um eine vereinfachte Vollstreckbarkeit, sondern durchaus um eine Leistungsverfügung geht. III wurde auch durch das Gesetz vom 11.3.2013 (BGBl. I 434) eingefügt; mit dieser Regelung wird ebenfalls eine Ausnahme von dem grundsätzlichen Verbot der Räumungsverfügung für Wohnraum für den Fall einer Räumungsverfügung nach Sicherungsanordnung geschaffen.

2 **II. Regelungszweck.** Mit der Einschränkung der einstweiligen Verfügung durch § 940a I bei der Räumung von Wohnraum, → Rn. 1, trägt der Gesetzgeber der überragenden Bedeutung von Wohnraum für ihre jeweiligen Benutzer Rechnung. Es soll vermieden werden, dass eine so einschneidende Maßnahme wie die Räumung einer Wohnung allein aufgrund einer Entscheidung im einstweiligen Rechtsschutz, die gerade von einer summarischen Prüfung und von einer Vorläufigkeit geprägt ist, durchgesetzt werden kann. Erforderlich ist grds. ein zumindest vorläufig vollstreckbarer Titel in einem Hauptsacheverfahren, MüKoZPO/Drescher Rn. 1. Die beiden Ausnahmen von dieser Einschränkung begründen sich zum einen in der durch die verbotene Eigenmacht zum Ausdruck kommenden Missachtung des Besitzschutzes und zum anderen in dem Schutz der Person vor körperlichen Gewalt (Art. 2 II GG) in der 2. Alternative, die durch das GewSchG vom 11.12.2001, BGBl. I 3513, eingefügt wurde.

3 Der Zweck der Regelung von II liegt in erster Linie darin, Verzögerungen der Vollstreckung durch missbräuchlich eingesetzte Untermieter zu verhindern. III soll auch den Schaden des Vermieters durch einen langwierigen Räumungsrechtsstreit mindern.

4 **III. Geltungsbereich.** § 940a behandelt die Räumung von Wohnungen jeder Art. Der Begriff des Wohnraums ist nicht auf Mietwohnungen beschränkt, Hamm MDR 1980, 856, vielmehr werden auch andere Nutzungsverhältnisse – wie bei der Räumungsfrist des § 721 – umfasst. Nach dem eindeutigen Wortlaut der Vorschrift gilt diese ausschließlich für Mietverhältnisse über Wohnraum. Eine – auch analoge – Anwendung auf Geschäftsraum-Mietverhältnisse scheidet aus, Celle BeckRS 2020, 10; NJW 2015, 711; Mü NZM 2015, 168; KG NJW 2013, 3588; LG Köln NJW 2013, 3589; Schuschke/Walker/Kessen/Thole Rn. 7; offen gelassen: Hmb NJW-RR 2015, 1351; aM LG Hmb ZMR 2015, 29 und 380. Es ist unerheblich, zu welchem Zweck der Raum errichtet wurde. Bei Mischmietverhältnissen ist die vertragliche Zweckbestimmung maßgeblich, LG Karlsr ZMR 2005, 869; Musielak/Voit/Huber Rn. 2a. Ob darüber hinaus nicht auch die tatsächliche Nutzung als Wohnraum durch den Schuldner ausschlaggebend ist, so Schuschke/Walker/Kessen/Thole Rn. 5; Prütting/Gehrlein/Fischer Rn. 2, ist strittig. Jedenfalls dann, wenn keine vertragliche Vereinbarung vorliegt, müsste die tatsächliche Nutzung maßgeblich sein. Sie gilt nicht, soweit es um ein Verbot des Betretens des Wohnraums geht, Schuschke NZM 1999, 484; aM LG Brschw NJW-RR 1991, 832; LG Mannh WoM 1986, 351. Die Vorschrift ist auch dann anwendbar, wenn es um eine nichteheliche Gemeinschaft geht, LG Freibg FamRZ 2002, 405; AG Menden NZM 1999, 417; Schuschke NZM 1999, 484. Unanwendbar ist § 940a gegen einen bloßen Besitzdiener, AG Wiesb NZM 2015, 753.

5 Neben dieser Vorschrift ermöglichen auch §§ 935, 940 eine einstweilige Verfügung, wenn der Besitz dem Besitzer durch eine verbotene Eigenmacht nach § 858 I BGB abhanden kam, LG Brschw NJW-RR 1991, 832; AG Mü ZMR 2018, 515; Fleindl ZMR 2014, 938. Wenn wegen der Wohnräume bereits eine Kündigung vorliegt, bleibt § 940a anwendbar, solange das Vertragsverhältnis nicht beendet ist.

6 In einer Wohnungszuweisungssache nach dem FamFG gelten vorrangig §§ 49 ff., 200 ff. FamFG. In einer Gewaltschutzsache gilt § 214 FamFG.

7 **IV. Verbotene Eigenmacht, I.** Ein Erlass einer einstweiligen Verfügung auf Räumung von Wohnraum setzt nach I 1. Alt. voraus, dass der Besitz durch verbotene Eigenmacht erlangt wurde. Die verbotene Eigenmacht muss sich auf die Besitzentziehung oder Besitzstörung von Wohnraum erstrecken. Dabei kann schon das Vorliegen der verbotenen Eigenmacht ohne Nachweis weiterer wesentlicher Nachteile als Verfügungsgrund ausreichen, MüKoZPO/Drescher Rn. 5; Zöller/Vollkommer Rn. 2; aM LG Ffm NJW 1980, 1758. Ein Mitbewohner oder Untermieter kann verbotene Eigenmacht ausüben. So handelt es sich um verbotene Eigenmacht, wenn ein Ehegatte ohne Willen des anderen untervermietet; diese geht dann auch von dem Untermieter aus, wenn er nicht

räumt, LG Freibg FamRZ 2005, 1252. Überlässt der zu räumende Mieter die Wohnung einem Dritten, so erlangt dieser die Wohnung nicht durch verbotene Eigenmacht, LG Lüneb WoM 2011, 603. Sie kann trotz der grundsätzlichen Anwendbarkeit von § 940a beim „Lebensgefährten" im Einzelfall fehlen, LG Bln ZMR 1991, 182; Helle NJW 1991, 212. Sie fehlt bei einer freiwilligen Besitzaufgabe, Köln MietR 1997, 227. Zum Problem Wedel JurBüro 2018, 121.

Die Räumung muss zur Abwendung wesentlicher Nachteile oder zur Verhinderung einer drohenden Gewalt oder aus anderen Gründen notwendig sein, LG Bonn ZMR 2015, 550; LG Hmb ZMR 2003, 494. Eine verbotene Eigenmacht kann ein „anderer Grund" nach § 940 sein, Ffm BB 1981, 148; Wolf NJW 1980, 1759. Es kann evtl. sogar ohne eine verbotene Eigenmacht ein „anderer Grund" vorliegen, LG Brschw NJW-RR 1991, 832; Stellwaag ZMR 1991, 289. Ausreichend sind zB nachhaltige Beleidigungen, Bedrohungen oder Angriffe, auch mit einem Hund, AG Hmb NZM 2010, 667. 8

V. Konkrete Lebens- und Leibesgefahr, I. Nach I 2. Alt. setzt der Erlass einer einstweiligen Verfügung auf Räumung von Wohnraum voraus, dass eine konkrete Gefahr für Leib und Leben vorliegt. Das ist der Fall, wenn der Mieter/Untermieter von Wohnraum den Vermieter oder andere Mieter bedroht, LG Mü NJW-RR 2013, 14 (mit Messer), aber auch in Fällen des Stalkings. Mit der Ergänzung des § 940a I durch das GewSchG 2001, → Rn. 2, hat der Gesetzgeber die in der Praxis vorherrschende Auffassung, LG Brschw NJW-RR 1991, 832; LG Bochum NJW-RR 1990, 896, bestätigt. Das betraf auch Fälle, in denen ein an sich berechtigt dort aufhaltender Angehöriger nun zum Angriff auf Leib oder Leben eines Mitbewohners überzugehen droht. „Konkrete Gefahr" bedeutet mehr als bloße Befürchtungen, AG Brem WoM 2015, 562. Sie liegt erst recht nicht bei Unklarheit über den Absender eines Drohbriefs vor, LG Bonn ZMR 2015, 550. Diese Grundsätze gelten entsprechend, wenn das Wiederbetreten von Wohnraum mit einer damit verbundener konkreten Gefahr für Leib und Leben unterbunden werden soll. War schon eine Verletzung vorausgegangen, handelt es sich um eine Gewaltschutzsache, Musielak/Voit/Huber Rn. 3. 9

VI. Räumungsverfügung gegen Dritte, II. Die Räumungsverfügung gegen Dritte erleichtert die Vollstreckung bei Auftreten nicht im Räumungstitel genannter Personen, in deren Besitz sich die Mietsache befindet. Eine Zwangsvollstreckung kann gegen diese Personen nicht aus einem allein gegen den Mieter gerichteten Räumungstitel durchgeführt werden, BGH NJW 2004, 3041. Somit müsste sich der Vermieter ohne die Regelung des II einen neuen Titel gegen den Dritten auf dem Klageweg beschaffen, Zöller/Vollkommer Rn. 4. Um dies zu verhindern und die Durchsetzung von Räumungstiteln zu erleichtern, lässt II deshalb diese „ergänzende" Räumungsverfügung zu. Voraussetzung ist, dass der Dritte ohne Kenntnis des Vermieters Besitz der Räume erlangt hat. Dritter ist jeder im Räumungstitel nicht genannte Mitbesitzer der Mieträume wie der Ehegatte oder der Lebensgefährte des Mieters, BGH NJW 2004, 3041; LG Mgladb NJW 2014, 950, oder ein Alleinbesitzer wie ein Untermieter, LG Bln NJW-RR 2016, 81; vgl auch RegE BT-Drs. 17/10485, 33. Ein bei den Eltern wohnendes erwachsenes „Kind" ist kein Dritter, AG Kassel ZMR 2016, 78. Eine Eilanordnung ist ausnahmsweise gegen einen Dritten nur bei einem Wohnraum und nur unter engen Voraussetzungen statthaft, LG Ffo NZM 2016, 817; LG Arnsberg NZM 2014, 270. Der Geltungsbereich der Vorschrift kann nicht auf gewerblich genutzte Räume ausgedehnt werden, Celle BeckRS 2020, 10 Rn. 6, 9; NJW 2015, 711; Mü NZM 2015, 167; KG NJW 2013, 3588; LG Arnsberg NZM 2014, 270; LG Köln NJW 2013, 3589; → Rn. 4. Mit Blick auf den eindeutigen Wortlaut der Vorschrift kommt auch eine analoge Anwendung nicht in Betracht, zumal es an einer planwidrigen Regelungslücke fehlt, Celle BeckRS 2020, 10 Rn. 12; MüKoZPO/Drescher Rn. 9. Teilweise wird befürwortet, den Rechtsgedanken des § 940a und die in II zum Ausdruck kommende Wertung auch hinsichtlich der Voraussetzungen für den Erlass von Räumungsverfügungen im Bereich der gewerblichen Miete zu berücksichtigen, Drsd MDR 2018, 204 (zust. Klüver ZMR 2018, 196); Mü MDR 2018, 427; LG Kref MDR 2016, 580; LG Hmb NJW 2013, 3666; Klüver ZMR 2015, 10; Fleidl ZMR 2014, 938; so wohl auch MüKoZPO/Drescher Rn. 9. Eine solche Erweiterung des Anwendungsbereichs ist indes nicht frei von Bedenken, da es im Endeffekt auf eine Korrektur des Gesetzgebers hinausläuft, Celle BeckRS 2020, 10 Rn. 12; Schuschke/Walker/Kessen/Thole Rn. 7 Fn 25; Meyer-Abich NJW 2019, 1504. 10

1. Besitz des Dritten. Der Dritte muss die Mietsache oder zumindest einen Teil davon besitzen. Maßgeblich ist der Zeitpunkt der Entscheidungsreife. Besitz ist dasselbe wie bei §§ 854 ff. BGB, so dass auch Mitbesitz oder mittelbarer Besitz reicht, LG Bln NJW-RR 2016, 81. Der Besitz muss gerade an der nach I zu räumenden Mietsache bestehen. Ein Mitbesitz kann reichen. Ein mit den Eltern zusammenlebendes minderjähriges Kind hat grds. keinen Mitbesitz; das gilt auch nach Eintritt der Volljährigkeit, BGH NJW 2008, 1959; zumindest dann wenn es sich in Ausbildung befindet oder auf Wohnungssuche ist, AG Wiesb NZM 2015, 782. Es genügt somit ein Vollstreckungstitel gegen die Eltern, Meyer-Abich NJW 2019, 1504. 11

Unzureichend sind ein nur völlig untergeordneter Mitbesitz oder ein Besitzerwerb nur nach der Entscheidungsreife sowie ein Besitzverlust vor ihrem Eintritt. Geht es um mehrere Räume, so kommt es darauf an, ob sich der Besitz auf alle nicht völlig untergeordneten (mit)erstreckt. Es darf aber trotz strenger Auslegung nicht der Zweck des II im Ergebnis unerreichbar sein. 12

2. Räumungstitel gegen Mieter. Es muss ein vollstreckbarer Räumungstitel im Zeitpunkt der Entscheidungsreife schon und noch bestehen. Es reicht jeder nach §§ 704, 794 entstandene Vollstreckungstitel. Er muss sich gegen jeden Mieter dieser Mietsache richten. Die Vollstreckbarkeit muss gegen jeden Mieter schon und noch unbedingt bestehen und zeitlich mindestens für denjenigen Zeitraum vorliegen, den ein Eilverfahren nach II erfassen kann. 13

3. Vermieterkenntnis erst nach Verhandlungsschluss. Der Vermieter darf vom Besitzerwerb des Dritten erst nach dem Schluss der mündlichen Verhandlung erster Instanz nach §§ 136 IV, 296a Kenntnis erlangt haben, LG Ffo NZM 2016, 817. Notwendig ist eine wirkliche Kenntnis, AG Hanau NZM 2013, 728. Dafür trägt der Vermieter die Darlegungs- und Beweislast, LG Bln WoM 2016, 751. Eine bloße Möglichkeit der Kenntnisnahme reicht nicht, LG Ffm WoM 2016, 376; Hinz ZMR 2012, 793, auch nicht eine verschuldete Unkenntnis, AG Bln-Mitte WoM 2016, 576; AG Hanau NZM 2013, 728, solange sie nicht auf Rechtsmissbrauch beruht. Unbeachtlich ist, ob der Vermieter einer Besitznahme hätte zustimmen dürfen oder müssen. 14

4. Glaubhaftmachung. Sie ist wie stets im Eilverfahren nach §§ 920 II, 936 erforderlich und erfolgt nach § 294. Der Antragsteller hat den Verfügungsanspruch und die Voraussetzungen des Verfügungsgrundes glaubhaft 15 zu machen. Zur Glaubhaftmachung des Räumungsanspruchs kann er sich auf den Räumungstitel gegen den Mieter beziehen, BGH NJW 2010, 2208. Hinsichtlich des Verfügungsgrundes hat sich die Glaubhaftmachung – üblicherweise durch eidesstattliche Versicherung – auf den Besitz und die fehlende Kenntnis zu erstrecken. Den Besitz kann er regelmäßig durch das Gerichtsvollzieherprotokoll glaubhaft machen, LG Mönchengladb NJW 2014, 950.

16 **VII. Wohnraum-Räumung bei Zahlungsverzug, III.** Eine Eilanordnung ist ferner ausnahmsweise bei einem Wohnraum dann statthaft, wenn folgende zwei Voraussetzungen zusammentreffen:

17 **1. Räumungsklage wegen Zahlungsverzugs.** Die Klage muss zumindest auch auf dem Zahlungsverzug mitberuhen. Dieser richtet sich nach § 286 BGB iVm §§ 535 ff. BGB. Es kommt nur darauf an, ob der Kläger eine solche (Mit-)Begründung vorgetragen hat, nicht darauf, ob sie über eine Sicherungsanordnung nach § 283a hinaus auch schon für das Prozessgericht begründet ist.

18 **2. Nichtachtung einer Sicherungsanordnung nach § 283a.** Ist wegen Zahlungsverzugs Räumungsklage erhoben und hat der Beklagte auf eine rechtskräftige Sicherungsanordnung nach § 283a die Sicherheit nicht innerhalb der ihm gesetzten Frist geleistet, bedarf es für den Erlass einer einstweiligen Verfügung keiner weitergehenden Begründung des Verfügungsgrundes. Dieser besteht unter den besonderen Voraussetzungen des III allein in dem Verstoß gegen die Sicherungsanordnung, Naumb NZM 2017, 634; AG Dortm NJW-RR 2014, 1422. Eine nur völlig unzureichende „Folgeleistung" steht dem gleich. Die zum Schutz gegen Mietnomaden geschaffene Regelung des § 283a, die im Gegensatz zu § 940a in erster Linie dem Vermieterschutz dient, ist systematisch fehlerhaft eingeordnet, → § 283a Rn. 1.

19 **VIII. Anhörung des Gegners, IV.** Wegen Art. 103 I GG hat das Gericht den Dritten im Fall II und den Bekl. der Räumungsklage im Fall III vor dem Erlass einer Räumungsverfügung anzuhören. Die Anhörung ist zwingend; sie kann schriftlich mit ausreichender Fristsetzung von mindestens bei II etwa drei Tagen, bei III etwa 2 Wochen erfolgen. Das Gericht muss verdeutlichen, in welchem Zusammenhang sich der Gegner äußern soll. Diesem ist die Möglichkeit einzuräumen, sich sachgerecht verteidigen zu können. Ob das Gericht einem etwaigen Antrag des Antraggegners auf einen Anhörungstermin Folge leisten muss, hängt von den Umständen ab. Weitere Verzögerungen sind keineswegs zumutbar. Auch besteht eine Umgehungsgefahr zulasten des Antragstellers, nämlich die Aktivierung bisher unbekannter weiterer Drittbesitzer, Fischer DGVZ 2012, 155; Hinz ZMR 2011, 153. Dies ist zB durch eine nur kurze Anhörungsfrist möglichst zu vermeiden. IV darf nicht einen unstatthaften Rechtsmissbrauch erleichtern, Fleindl NZM 2012, 65.

941 *Ersuchen um Eintragungen im Grundbuch usw.* **Hat auf Grund der einstweiligen Verfügung eine Eintragung in das Grundbuch, das Schiffsregister oder das Schiffsbauregister zu erfolgen, so ist das Gericht befugt, das Grundbuchamt oder die Registerbehörde um die Eintragung zu ersuchen.**

Schrifttum: Demharter Rpfleger 1998, 133; Dötsch MDR 2010, 1093.

1 **I. Systematik.** Die Vorschrift stellt eine Verbindung zwischen der Anordnung durch das Verfügungsgericht und der Folge im Grundbuch oder Register her. Im Arrestverfahren nach §§ 916 ff. muss der Gläubiger die etwa notwendigen Eintragungen in das Grundbuch, in das Schiffsregister oder in das Schiffsbauregister selbst herbeiführen. § 941 ermöglicht im Verfahren auf Erlass einer einstweiligen Verfügung dem Gericht, die entsprechenden Maßnahmen von Amts wegen einzuleiten.

2 **II. Regelungszweck.** Die Ausnahmevorschrift trägt der Eilbedürftigkeit des einstweiligen Rechtsschutzes Rechnung und dient der Beschleunigung, wenn aufgrund der einstweiligen Verfügung die Eintragung in das Grundbuch, in das Schiffsregister oder in das Schiffsbauregister zu erfolgen hat. Sie dient aber auch der Rechtssicherheit, auch wenn für den Anwalt ein eigenes Eintragungsgesuch schneller und mit Blick auf die Fristenüberprüfung sicherer sein kann, Dötsch MDR 2010, 1093. Zuständig für ein solches Ersuchen ist das Gericht, das die einstweilige Verfügung erlassen hat, und dort funktionell der Richter (§ 183 I 2 analog); ein vom Urkundsbeamten der Geschäftsstelle unterschriebenes Ersuchen ist unwirksam, Demharter Rpfleger 1998, 133. Das Recht des Gläubigers, den Eintragungsantrag zu stellen, bleibt daneben bestehen, MüKoZPO/Drescher Rn. 3. Das Verfügungsgericht entscheidet nach freiem Ermessen, → Rn. 5, ohne dass es eines Antrags des Gläubigers bedarf. Es sollte aber von seiner Befugnis grundsätzlich nur dann Gebrauch machen, wenn der Gläubiger eine entsprechende ausdrückliche Bitte stellt. Nur im Ausnahmefall sollte das Gericht selbst das Grundbuchamt oder Register um die Eintragung ersuchen, Dötsch MDR 2010, 1095. Grundsätzlich legt die Parteiherrschaft den Fortgang nach dem Erlass der Eilanordnung weitgehend in die Hand des Gläubigers.

3 **III. Geltungsbereich.** Grundsätzlich ist die Vorschrift nicht auf andere Register entsprechend anwenden, also nicht etwa auf das Handelsregister. § 941 ist aber auf das Register für ein Pfandrecht an Luftfahrzeugen nach § 99 I LuftRG entsprechend anwendbar. § 941 setzt voraus, dass die einstweilige Verfügung nach ihrem Inhalt gerade eine Eintragung ermöglicht, zB die Eintragung einer Vormerkung, eines Veräußerungsverbots oder eines Widerspruchs gegen eine Vormerkung.

4 Die Vorschrift ist unanwendbar, wenn die einstweilige Verfügung auf eine Zahlung lautet und der Gläubiger seinen Zahlungsanspruch durch die Eintragung einer Sicherungshypothek vollstrecken will. § 941 ist aber dann anwendbar, wenn das Grundbuchamt oder Register eine Eintragung nach der Aufhebung der einstweiligen Verfügung löschen muss. Ebenso ist die Vorschrift anwendbar bei der Eitragung eines Veräußerungsverbots im Grundbuch, wenn ein überstimmter Miterbe eine einstweilige Verfügung gegen die Erbengemeinschaft auf Unterlassen der Eigentumsübertragung beantragt, Eberl-Borges NJW 2020, 3137.

5 **IV. Ermessen.** Das Gericht kann in der Ausübung eines freien pflichtgemäßen – grundsätzlich nicht nachprüfbaren – Ermessens entscheiden, ob es das Registergericht oder das Grundbuchamt um eine Eintragung ersuchen will, Kblz NJW 1980, 949. In einem dringenden Fall können nach § 944 das AG des § 942 oder der Vorsitzende allein entscheiden. Der Vorsitzende muss das Ersuchen kraft seines Amts unterschreiben, also nicht als ein Vertreter des Gläubigers, Bbg JurBüro 1976, 637.

Trotzdem muss der Eingang des Ersuchens nach dem Willen des Gesetzes die Vollziehungsfrist nach §§ 929 II, 932 III wahren, Celle OLGR 2000, 333; Kblz NJW 1980, 949. Daher hat das Gericht den Gläubiger sofort von dem Ersuchen zu benachrichtigen. Denn die Zustellung der einstweiligen Verfügung ist nach §§ 929 III 2, 936 unverändert im Parteibetrieb nach §§ 191 ff. notwendig. Das Grundbuchamt kann den Nachweis der Zustellung nicht fordern. Da der Gläubiger über den Fortgang der Zwangsvollstreckung bestimmen muss, darf er ein Ersuchen des Gerichts wirksam zurücknehmen. Das Gericht verständigt den Gläubiger auch dann, wenn es von der Befugnis zum Ersuchen keinen Gebrauch macht, damit er selbst einen Eintragungsantrag nach § 13 GBO stellen kann. 6

V. Eintragung. Die ersuchte Behörde darf nur die Zulässigkeit der Eintragung nach dem förmlichen Recht des Grundbuchs oder des Registers prüfen. Wenn die ersuchte Behörde die Eintragung ablehnt, dürfen der Gläubiger und das ersuchende Gericht nach § 71 GBO, § 75 SchiffsRegO Beschwerde einlegen. Das Beschwerderecht des Gerichts ist streitig; so wie hier: Schuschke/Walker/Kessen/Thole Rn. 5; Zöller/Vollkommer Rn. 1; Thomas/Putzo/Seiler Rn. 4; aM MüKoZPO/Drescher Rn. 5; Musielak/Voit/Huber Rn. 2. Wenn der Gläubiger den Antrag zurücknimmt, ist eine etwa eingelegte Beschwerde des Gerichts gegenstandslos. Eine Vormerkung verliert in der Gesamtvollstreckung ihre Wirksamkeit, BGH NJW 1999, 3123. 7

942 *Zuständigkeit des Amtsgerichts der belegenen Sache.* **I In dringenden Fällen kann das Amtsgericht, in dessen Bezirk sich der Streitgegenstand befindet, eine einstweilige Verfügung erlassen unter Bestimmung einer Frist, innerhalb der die Ladung des Gegners zur mündlichen Verhandlung über die Rechtmäßigkeit der einstweiligen Verfügung bei dem Gericht der Hauptsache zu beantragen ist.**

II [1]Die einstweilige Verfügung, auf Grund deren eine Vormerkung oder ein Widerspruch gegen die Richtigkeit des Grundbuchs, des Schiffsregisters oder des Schiffsbauregisters eingetragen werden soll, kann von dem Amtsgericht erlassen werden, in dessen Bezirk das Grundstück belegen ist oder der Heimathafen oder der Heimatort des Schiffes oder der Bauort des Schiffsbauwerks sich befindet, auch wenn der Fall nicht für dringlich erachtet wird; liegt der Heimathafen des Schiffes nicht im Inland, so kann die einstweilige Verfügung vom Amtsgericht in Hamburg erlassen werden. [2]Die Bestimmung der im Absatz 1 bezeichneten Frist hat nur auf Antrag des Gegners zu erfolgen.

III Nach fruchtlosem Ablauf der Frist hat das Amtsgericht auf Antrag die erlassene Verfügung aufzuheben.

IV Die in diesem Paragraphen erwähnten Entscheidungen des Amtsgerichts ergehen durch Beschluss.

I. Systematik. § 942 stellt eine Ausnahmevorschrift im einstweiligen Verfügungsverfahren dar, die von § 937 I abweicht, und mit II an § 941 anknüpft. Die Vorschrift macht neben dem Gericht der Hauptsache für eine einstweilige Verfügung nach § 935 oder nach § 940 in einem besonders dringenden Fall das AG der belegenen Sache als ein Notgericht der „Zwangsbereitschaft" zuständig, Wenzel BB 1983, 1226. Dieses AG ist aber nicht etwa das Verfügungsgericht des § 937 I, Schlesw MDR 1997, 392, etwa wie es bei § 919 das Arrestgericht ist. Das AG der belegenen Sache ist vielmehr nur für die Anordnung, die Aufhebung wegen des erfolglosen Ablaufs einer Auflagefrist nach III und für ein Eintragungsersuchen nach → § 941 Rn. 2 zuständig, LG Saarbr DGVZ 1995, 187. Für eine Aufhebung nach §§ 924–927, 939 ist nur das Gericht der Hauptsache zuständig, auch für die Vergütung des Sequesters nach § 938, LG Saarbr DGVZ 1995, 187. Das letztere Gericht ist auch das Prozessgericht nach §§ 887 ff. Nur das Prozessgericht ist zur Kostenfestsetzung nach §§ 103 ff. berufen, und zwar auch zur Festsetzung der vor dem AG der belegenen Sache entstandenen Kosten, Wenzel BB 1983, 1226. Das AG der belegenen Sache ist allerdings nach §§ 13, 14 UWG erweitert zuständig. Die Zuständigkeit nach § 942 ist nach § 802 eine ausschließliche, Jacobs NJW 1988, 1365. Das AG der belegenen Sache ist auch in einer Arbeitssache und dann funktional als ArbG zuständig, LAG Stgt BB 1989, 851; LAG Brem BB 1982, 2188; Wenzel BB 1983, 1226. 1

II. Regelungszweck. Die Vorschrift bezweckt, in besonders dringlichen Fällen den beschleunigten Erlass der einstweiligen Verfügung sicherzustellen. Eine mögliche zeitliche Verzögerung, die sich aus der Anrufung des Gerichts der Hauptsache ergeben könnte, soll nicht zur Gefährdung des Gläubigers führen. Deshalb bietet § 942 eine Erleichterung des Zugangs zum Gericht. Die Vorschrift dient damit auch der Prozesswirtschaftlichkeit. Zu hinterfragen ist jedoch, ob der Regelungszweck des § 942 bei den heutigen Kommunikations- und Übermittlungsmöglichkeiten noch erforderlich ist. In den meisten Fällen dürfte – auch in Eilfällen – das eigentlich nach § 937 zuständige Gericht genauso rasch ermittelbar und ansprechbar sein wie das Gericht der belegenen Sache. 2

III. Geltungsbereich: dringender Fall, I. Neben dem Verfügungsgericht des § 937 ist in einem dringenden Fall grundsätzlich das AG des Verbleibs der Sache örtlich und sachlich zuständig. Es kommt darauf an, wo sich der Streitgegenstand befindet, also der Gegenstand der einstweiligen Regelung, Kblz WM 2016, 953; Lempp NJW 1975, 1920. Bei einer Forderung gilt § 23 S. 2 entsprechend. Wenn es um eine Handlung oder Unterlassung geht, kommt es darauf an, wo der Antragsgegner diese begangen hat oder wo er sie vornehmen soll. Maßgebender Zeitpunkt ist derjenige der Anordnung der einstweiligen Verfügung nach §§ 922, 936. 3

Ein besonders dringender Fall liegt hier anders als bei § 937 dann vor, wenn eine Anrufung des Gerichts der Hauptsache das Verfahren für den Gläubiger nachteilig verzögern würde, Jacobs NJW 1988, 1365; Lempp NJW 1975, 1920. Wenn sich das AG am selben Ort wie das Gericht der Hauptsache befindet, scheidet eine Notzuständigkeit des AG aus, da der Vorsitzende die Möglichkeit der Entscheidung nach § 944 hat, MüKoZPO/Drescher Rn. 4; Schuschke/Walker/Kessen/Thole Rn. 10; Jacobs NJW 1988, 1365. Der Gläubiger hat die Dringlichkeit nach §§ 294, 920 II, 936 glaubhaft zu machen. 4

Wenn die Dringlichkeit fehlt, kann das angerufene AG das Verfahren aufgrund eines Antrags auch nach § 281 an das Gericht der Hauptsache verweisen, Jacobs NJW 1988, 1365; Lempp NJW 1975, 1920. Wenn das AG die einstweilige Verfügung trotz des Fehlens der Dringlichkeit erlassen hat, bleibt die einstweilige Verfügung wirk- 5 sam, bis sie etwa aufgehoben wird. Es kann aber ein Verstoß gegen Art. 101 I 2 GG vorliegen, BVerfG NVwZ 2018, 321 (zu § 155 II 2 SGG). Wenn es sich um die Eintragung einer Vormerkung oder eines Widerspruchs in das Register für Pfandrechte an Luftfahrzeugen handelt, kann nach § 99 III LuftRG das AG die beantragte einstweilige Verfügung erlassen, in dessen Bezirk das Luftfahrt-Bundesamt seinen Sitz hat.

6 **IV. Eintragung, II.** Neben dem Verfügungsgericht des § 937 I ist für eine einstweilige Verfügung mit dem Ziel der Eintragung einer Vormerkung oder eines Widerspruchs im Grundbuch, im Schiffsregister oder im Schiffsbauregister nach §§ 885, 899 BGB, §§ 11, 21 SchRG örtlich und sachlich das AG zuständig, in dessen Bezirk die Sache belegen ist, der Heimathafen liegt oder in dessen Bezirk der Heimatort nach § 6 BinnSchG oder der Bauort des Schiffsbauwerks liegt. Wenn der Heimathafen im Ausland liegt, ist das AG Hamburg örtlich zuständig. Dann braucht der Gläubiger weder die Gefährdung nach dem sachlichen Recht noch die Dringlichkeit glaubhaft zu machen, Jacobs NJW 1988, 1365. „Kann erlassen werden" bedeutet: Das zuständige AG hat kein freies Ermessen, sondern ist zuständig und muss daher die einstweilige Verfügung erlassen, sobald deren übrige Voraussetzungen vorliegen, Jacobs NJW 1988, 1365. Während I eine Fristbestimmung für den Antrag der Ladung vor das Gericht der Hauptsache verlangt, ist eine solche Fristbestimmung nach II nicht erforderlich. Die Eintragung einer Vormerkung oder eines Widerspruchs in das Register für Pfandrechte an Luftfahrzeugen erfolgt durch einstweilige Verfügung vor dem AG Braunschweig, in dessen Bezirk das Luftfahrt-Bundesamt seinen Sitz hat (§ 99 III LuftRG).

7 **V. Verfahren, I, IV.** Das AG entscheidet, wenn die Voraussetzungen zum Erlass der einstweiligen Verfügung vorliegen. Neben Verfügungsantrag und Verfügungsgrund ist nach I ein dringender Fall glaubhaft zu machen. Für den Prüfungsumfang gelten die allgemeinen Regeln.

8 **1. Verhandlung.** Eine mündliche Verhandlung steht nach § 128 IV frei. Das Gericht entscheidet auch beim Fehlen einer Dringlichkeit nach seinem pflichtgemäßen Ermessen darüber, ob es in eine mündliche Verhandlung eintreten will. Deshalb findet kein Versäumnisverfahren nach §§ 330 ff. statt. Eine Glaubhaftmachung nach §§ 294, 920 II, 936 genügt.

9 **2. Entscheidung.** Das AG entscheidet nach IV stets durch einen Beschluss, der zu begründen ist. Die einstweilige Verfügung muss dem Gläubiger bei I von Amts wegen und bei II nur auf Antrag des Gegners eine solche Frist setzen, innerhalb derer der Gläubiger die Ladung des Schuldners zu einer Verhandlung über die Rechtmäßigkeit der einstweiligen Verfügung vor dem Gericht der Hauptsache beantragen müsste. Es handelt sich um eine richterliche Frist, die sich nach § 222 berechnet. Am zweckmäßigsten bestimmt das Gericht die Frist nach dem Kalender. Im Zweifel beginnt die Frist mit der Zustellung der einstweiligen Verfügung an den Gläubiger. Wenn eine solche Zustellung nicht stattgefunden hat, beginnt die Frist mit der Aushändigung der einstweiligen Verfügung an den Gläubiger. Das Gericht kann die Frist nach § 224 verlängern. Es handelt sich nicht um eine Notfrist nach § 224 I 2. Deshalb ist gegen die Versäumung der Frist keine Wiedereinsetzung in den vorigen Stand nach § 233 zulässig. Der Gläubiger wahrt die Frist durch den Eingang seines etwaigen Antrags auf die Bestimmung des Verhandlungstermins beim Gericht der Hauptsache.

10 **3. Verstoß.** Wenn das Gericht es unterlassen hat, dem Gläubiger die Frist zu setzen, bleibt die etwa ergangene einstweilige Verfügung trotzdem wirksam. Das Gericht hat seinen Beschluss aufgrund eines Antrags nach § 321 zu ergänzen. Der Rpfl. ist weder zur Fristsetzung in der einstweiligen Verfügung noch zur Fristsetzung bei einem nachträglichen Beschluss zuständig. Denn § 20 I Nr. 14 RPflG nennt § 942 nicht und ist als eine Ausnahmevorschrift nach § 3 Nr. 3 RPflG eng auslegbar. Wenn das AG der Hauptsache nach § 937 I zuständig war, muss der Gläubiger die Frist ebenfalls einhalten. Denn die einstweilige Verfügung ist nur unter einer solchen Bedingung ergangen.

11 **Gebühren:** des Gerichts KV 1410 ff. GKG; des Anwalts VV 3100 ff. RVG.

12 **4. Rechtsbehelfe, IV.** Der Gläubiger kann gegen einen zurückweisenden Beschluss die sofortige Beschwerde nach § 567 I Nr. 2 einlegen, Kblz NJW 1980, 2589. Der Schuldner kann gegenüber einem stattgebenden Beschluss nach I einen Widerspruch nur zum Gericht der Hauptsache einlegen, Hamm OLGZ 1989, 340; AG Düss MDR 1985, 151; Zöller/Vollkommer Rn. 4; aM Thomas/Putzo/Seiler Rn. 5 (kein Rechtsbehelf). Gegenüber einem stattgebenden Beschluss nach II kann der Schuldner den Antrag auf die Bestimmung eines Termins stellen.

13 **VI. Rechtfertigungsverfahren, I, II.** Hat das Amtsgericht des § 942 die einstweilige Verfügung erlassen, muss der Antragsteller nach Fristsetzung die Anberaumung eines Termins vor dem Gericht der Hauptsache beantragen, in dem über die Rechtmäßigkeit der einstweiligen Verfügung verhandelt wird (Rechtfertigungsverfahren).

14 **1. Ladung vor das Gericht der Hauptsache.** Die Ladung erfolgt vor das Gericht der Hauptsache, Jacobs NJW 1988, 1365, mit ihr wird das Rechtfertigungsverfahren eingeleitet. Der Antrag auf die Bestimmung des Termins enthält stillschweigend den Antrag, die einstweilige Verfügung zu bestätigen. Wenn der Schuldner bei dem Gericht des § 942 einen Widerspruch nach §§ 924, 936 einlegt, muss dieses das Verfahren aufgrund seines etwaigen Antrags nach § 281 an das Gericht der Hauptsache verweisen, LG Ffm NJW 1975, 1933; aM Lempp NJW 1975, 1921. Wenn die Hauptsache noch nicht anhängig ist, bestimmt sich die Zuständigkeit des Gerichts der Hauptsache nach dem Zeitpunkt der Ladung. Sind mehrere Gerichte hinsichtlich der Hauptsache zuständig, kann der Antragsteller wählen, bei welchem Gericht er die Verhandlung beantragt. Die Zustellung erfolgt nach § 172 an den ProzBev. Denn sie geschieht innerhalb eines anhängigen Verfahrens, aM Stein/Jonas/Grunsky Rn. 13 (die Zustellung erfolge nur an den für das Verfahren vor dem Gericht der Hauptsache bestellten ProzBev). Die Ladungsfrist richtet sich nach § 217. Eine Einlassungsfrist nach § 274 III ist nicht notwendig. Denn es liegt keine Klage vor.

15 **2. Weiteres Verfahren.** Das Gericht der Hauptsache verhandelt und entscheidet im normalen einstweiligen Rechtsschutzverfahren wie auf Widerspruch hin (§ 925). Für die Entscheidung ist die Sach- und Rechtslage am Schluss der mündlichen Verhandlung maßgebend. Daher darf das Gericht die einstweilige Verfügung nur dann bestätigen, wenn sie in diesem Zeitpunkt berechtigt ist. Die Aufhebung der einstweiligen Verfügung ist auch aufgrund veränderter Umstände oder wegen des Ablaufs der Vollzugsfrist nach §§ 929 II, III, 936 zulässig. Das Gericht der Hauptsache darf hingegen – unabhängig von der Richtigkeit der amtsrichterlichen Entscheidung –

nicht über die besondere Dringlichkeit nach § 942 oder über die örtliche Zuständigkeit des Amtsgerichts befinden. Das Gericht kann die einstweilige Verfügung auch gegen eine Sicherheitsleistung entsprechend § 939 aufheben.

3. Entscheidung; Rechtsbehelfe, I, II. Die Entscheidung erfolgt nur nach zwingend durchzuführender mündlicher Verhandlung durch Endurteil. Gegen das Urteil ist wie bei § 925 die Berufung nach §§ 511 ff. statthaft. Wenn irrig das AG des § 942 entschieden hat, ist das Verfahren unter Umständen nach § 538 II 1 Nr. 2 auf einen Antrag an das Gericht der Hauptsache zurückzuverweisen, LG Ffm NJW 1975, 1933; Jacobs NJW 1988, 1366; Stein/Jonas/Grunsky Rn. 11; aM LG Karlsr NJW 1980, 1759. 16

Die Einstellung der Zwangsvollstreckung erfolgt nach §§ 924 III, 936 durch das Gericht der Hauptsache. Diese Einstellung ist nach § 707 II unanfechtbar. Das Gericht der Hauptsache muss die Kosten für das gesamte Verfahren nach §§ 91 ff. festsetzen, auch die Kosten für das Verfahren vor dem AG des § 942, Wenzel BB 1983, 1226; aM Lempp NJW 1975, 1922. 17

VII. Aufhebung, III. Wird das Rechtfertigungsverfahren nicht rechtzeitig eingeleitet, ist die einstweilige Verfügung nach III aufzuheben. 18

1. Allgemeines. Nach einem ergebnislosen Verstreichen der Ladungsfrist nach I muss das AG die einstweilige Verfügung aufgrund eines Antrags des Schuldners oder aufgrund eines Verzichts des Gläubigers aufheben. Das Gericht spricht also eine Aufhebung nicht von Amts wegen aus. Die ordnungsmäßige Einreichung und demnächst nachfolgende Zustellung wahrt die Frist. Es genügt aber, wenn sein Antrag nach § 231 II nur noch vor dem Zeitpunkt der Entscheidung eingeht. Das Gesetz schreibt eine Anhörung des Gläubigers hier nicht ausdrücklich vor. Sie ist aber schon aufgrund des Art. 103 I GG vor einer ihm nachteiligen Entscheidung notwendig. Eine mündliche Verhandlung ist zwar freigestellt, von ihr sollte aber nur in Ausnahmefällen abgesehen werden. Die Entscheidung ergeht nach IV stets durch einen Beschluss, der zu begründen ist. Der Gläubiger trägt bei einer Aufhebung die Kosten des gesamten Verfahrens. Bei Zurückweisung des Aufhebungsantrags ist nur über die Kosten des Aufhebungsverfahrens zu entscheiden, die der Schuldner zu tragen hat. Das Gericht muss seinen Beschluss dem Sieger formlos übersenden und dem Verlierer wegen seiner befristeten Anfechtbarkeit nach → Rn. 21 förmlich nach § 329 III zustellen. 19

Gebühren: des Gerichts: keine, des Anwalts: VV 3100 ff. RVG. 20

2. Rechtsbehelfe, III. Gegen die Zurückweisung des Aufhebungsantrags ist die sofortige Beschwerde nach § 567 I Nr. 2 zulässig. Gegen die Aufhebung ist entsprechend § 934 IV die sofortige Beschwerde statthaft. Das gilt auch dann, wenn die Aufhebung fälschlich durch ein Urteil erfolgte. Denn die Aufhebung macht den Gläubiger nach § 945 ersatzpflichtig. Solange der Schuldner keinen Aufhebungsantrag stellt, bleibt die einstweilige Verfügung wirksam. Das AG ist zu keinerlei weiteren Entscheidungen zuständig, zB nicht zu einer Aufhebung aus anderen Gründen. 21

943

Gericht der Hauptsache. **I Als Gericht der Hauptsache im Sinne der Vorschriften dieses Abschnitts ist das Gericht des ersten Rechtszuges und, wenn die Hauptsache in der Berufungsinstanz anhängig ist, das Berufungsgericht anzusehen.**

II Das Gericht der Hauptsache ist für die nach § 109 zu treffenden Anordnungen ausschließlich zuständig, wenn die Hauptsache anhängig ist oder anhängig gewesen ist.

I. Regelungszweck. Die Vorschrift trifft in I eine Definition des Gerichts der Hauptsache für Arrest und einstweilige Verfügung im Sinne der §§ 919, 927 II, 937 I, 942 I. In II begründet die Vorschrift darüber hinaus die Zuständigkeit des Hauptsachegerichts für die Anordnung der Rückgabe einer Sicherheit, wenn die Hauptsache anhängig ist oder anhängig gewesen ist. Sie gilt in einer Familienstreitsache nach § 119 II 2 FamFG entsprechend, BGH NJW 1980, 191. Im verwaltungsgerichtlichen Verfahren gilt der dieser Regelung nachgebildete § 123 II 2 VwGO, BVerwG NVwZ 2022,164 Rn. 19. 1

II. Gericht der Hauptsache I. Wurde die Hauptsache bereits anhängig gemacht, ist das befasste Gericht nach I als Gericht der Hauptsache anzusehen. Nach I, der gem. § 946 I 2 entsprechende Anwendung findet, ist das Gericht, vor dem diese Sache anhängig ist, auch zum Erlass des Pfändungsbeschlusses berufen, unabhängig davon, ob die Zuständigkeit korrekt begründet wurde; Schlesw BeckRS 2022, 2403 Rn. 9 mwN. Bei Kollegialgerichten hat in dringenden Fällen § 944 Vorrang. Das Gericht erster Instanz ist als Hauptsachegericht im einstweiligen Rechtsschutz bis zur Einlegung der Berufung zuständig. Das Berufungsgericht ist funktionell nur insoweit zuständig, als der Antragsteller den Verfügungsanspruch bereits in erster Instanz geltend gemacht hatte, Hamm GRUR 1989, 457, 925. Es kann sich auch um die Berufung gegen die Aufhebung durch Urteil handeln, Celle NZG 2017, 1030; aM Düss NJW-RR 2002, 139. Die Zuständigkeit des Berufungsgerichts bleibt bis zur rechtskräftigen Entscheidung oder bis zur Revisionseinlegung bestehen. Danach wird das Gericht des ersten Rechtszugs erneut zuständig, BGH WM 1976, 1201; Schlesw NJW-RR 1992, 318. Dies dient auch dem Zweck, die stark tatsachengeprägte Beurteilung der Glaubhaftmachung von den Bundesgerichten in ihrer Funktion als Revisionsgericht ohne tatrichterliche Kognitionsbefugnis fernzuhalten, wie das BVerwG zur Regelung des § 123 II 2 VwGO, die § 943 I nachgebildet ist, feststellt, BVerwG BeckRS 2021, 35659 = NVwZ 2022, 164 Rn. 16, 19; → Rn. 1. Ist bei Eingang des Antrags auf einstweiligen Rechtsschutz die Hauptsache noch nicht anhängig, kann der Gläubiger nach seiner Wahl (§ 35) jedes erstinstanzliche Gericht anrufen, das nach den allgemeinen Regeln zuständig wäre, Köln NJW-RR 2012, 818. 2

III. Rückgabe einer Sicherheit, II. Soweit über die Anordnung der Rückgabe einer Sicherheitsleistung nach § 109 zu entscheiden ist, begründet II darüber hinaus die ausschließliche Zuständigkeit des Gerichts der Hauptsache. 3

1. Zuständigkeit. Zur Anordnung der Rückgabe der Sicherheit ist ausschließlich das Gericht der Hauptsache zuständig. Das gilt dann, wenn die Hauptsache anhängig ist oder anhängig war. Im letzteren Fall ist also immer das Erstgericht zuständig. In einem dringenden Fall kann der Vorsitzende nach § 944 allein entscheiden. In einem schiedsrichterlichen Verfahren nach §§ 1025 ff. entscheidet das Gericht, das die Sicherheitsleistung angeordnet 4 hat. Wer sich darauf beruft, dass die Sache anhängig sei, nicht notwendig rechtshängig, muss die Anhängigkeit beweisen.

5 **2. Sicherheitsleistung des Gläubigers.** Eine solche Sicherheitsleistung sichert die Ansprüche des Schuldners nach § 945. Es ergeben sich folgende Möglichkeiten: Der Arrest oder die einstweilige Verfügung bleiben unangefochten oder werden nicht nach § 929 vollzogen. Der Gläubiger kann dann die Rückgabe verlangen, weil er nicht vollzogen hat oder weil dem Schuldner trotz des Vollzugs kein Schaden entstanden ist. Der Schuldner muss das Gegenteil behaupten. Wenn das Gericht den Arrest aber nach §§ 329, 705 formell rechtskräftig bestätigt hat, handelt es sich nur um eine vorläufige Entscheidung. Die endgültige Entscheidung fällt erst im Hauptprozess. Die Veranlassung zur Sicherheitsleistung entfällt daher erst im Zeitpunkt der Rechtskraft der dem Gläubiger günstigen Entscheidung im Hauptprozess. Eine Befriedigung des Gläubigers steht der rechtskräftigen Entscheidung gleich. Der Schuldner kann das Fehlen eines Arrestgrunds nach § 917 nach der formellen Rechtskraft der Bestätigung nicht mehr bemängeln.

6 **3. Sicherheitsleistung des Schuldners.** Eine solche Sicherheitsleistung berührt die Arrestanordnung nicht. Sie dient vielmehr nur der Abwendung oder der Aufhebung des Vollzugs und der Zwangsvollstreckung. Diese Sicherheitsleistung wird dann frei, wenn der Gläubiger befriedigt worden ist oder wenn das Gericht des Hauptprozesses seinen Anspruch dort nach § 705 formell rechtskräftig als unbegründet abgewiesen hat, Mü BB 1975, 764. Auch eine Aufhebung wegen einer Versäumung der Klagefrist nach § 926 II, wegen veränderter Umstände nach § 927 oder aus einem sonstigen Grund, zB wegen eines Widerspruchs nach § 924, macht die Sicherheitsleistung frei, Düss NJW-RR 1987, 511.

944 ***Entscheidung des Vorsitzenden bei Dringlichkeit.*** **In dringenden Fällen kann der Vorsitzende über die in diesem Abschnitt erwähnten Gesuche, sofern deren Erledigung eine mündliche Verhandlung nicht erfordert, anstatt des Gerichts entscheiden.**

1 **I. Systematik.** Es handelt sich um eine gegenüber den sonstigen Zuständigkeitsregeln vorrangige Sondervorschrift, die für Arrest- und Verfügungsverfahren gilt. Sie ist anwendbar bei Kammerzuständigkeit (§ 348 I 2), nicht aber, wenn der originäre Einzelrichter zuständig ist (§ 348 I 1). Die Vorschrift gilt in einer Familienstreitsache nach § 119 II 2 FamFG entsprechend. Sie gilt auch im Verfahren nach § 85 II 1 ArbGG.

2 **II. Regelungszweck.** Die Vorschrift dient der zusätzlichen Verfahrensbeschleunigung. Sie soll sicherstellen, dass in bestimmten Ausnahmefällen eine Zeitverzögerung durch Einberufung eines Kollegialgerichts vermieden wird.

3 **III. Geltungsbereich: Entbehrlichkeit von Verhandlung.** Soweit nicht ohnehin der Einzelrichter nach §§ 348, 348a zuständig ist, darf der Kammervorsitzende im Gesamtbereich der §§ 916 ff. statt des Kollegiums über jeden Antrag im vorläufigen Verfahren entscheiden, → Rn. 1, soweit nach § 128 IV keine mündliche Verhandlung notwendig ist und soweit der Fall dringlich ist. Es scheiden also §§ 924 II, 925, 926 II, 927, 942 I aus. Eine einstweilige Verfügung muss außerdem schon an sich nach → § 940 Rn. 8 ff. gesteigert dringlich sein, wenn sie nach → § 937 Rn. 7, 9 ohne eine mündliche Verhandlung ergehen soll, Hmb OLGR 1996, 92; Karlsr NJW-RR 1987, 1206; LG Zweibr NJW-RR 1986, 151. Dringlichkeit ist demgegenüber hier dasselbe wie bei → § 942 Rn. 3 ff. Ein dringender Fall kann angenommen werden, wenn die Entscheidung des Kollegiums nur unter einer solchen Verzögerung ergehen könnte, die für den Gläubiger nicht hinnehmbar und nachteilig ist, OVG Magdeb NZA-RR 2012, 168. Das kann der Fall sein, wenn die Kammer für Handelssachen, das Landwirtschaftsgericht (§§ 2, 48 LwVG) oder ein LAG zu entscheiden hat und die ehrenamtlichen Richter nicht schnell genug erreicht werden können. Der Vorsitzende darf auch über eine Forderungspfändung nach § 930 I entscheiden, nicht aber über eine gegen diese Forderungspfändung eingelegte Erinnerung.

4 Der Vorsitzende entscheidet durch einen Beschluss nach § 329 ohne eine mündlichen Verhandlung nach § 128 IV. Der Vorsitzende darf auch eine mündliche Verhandlung anordnen, auch im Rahmen von § 349, Bergerfurth NJW 1975, 334. Er entscheidet anstelle des Kollegiums. Deshalb unterliegt seine Entscheidung denselben Rechtsbehelfen wie eine Entscheidung des Kollegialgerichts. Der Vorsitzende muss seinen Beschluss begründen. Die Vorschrift ist im Verfahren nach § 85 II ArbGG unanwendbar.

945 ***Schadensersatzpflicht.*** **Erweist sich die Anordnung eines Arrestes oder einer einstweiligen Verfügung als von Anfang an ungerechtfertigt oder wird die angeordnete Maßregel auf Grund des § 926 Abs. 2 oder des § 942 Abs. 3 aufgehoben, so ist die Partei, welche die Anordnung erwirkt hat, verpflichtet, dem Gegner den Schaden zu ersetzen, der ihm aus der Vollziehung der angeordneten Maßregel oder dadurch entsteht, dass er Sicherheit leistet, um die Vollziehung abzuwenden oder die Aufhebung der Maßregel zu erwirken.**

Schrifttum: Ahrens, Der Schadensersatzanspruch nach § 945 ZPO im Streit der Zivilsenate, FS Piper, 1996, 31; Kienzle, Schadensersatz bei einstweiliger Verfügung in England und Deutschland, 2000; Rabback, Die entsprechende Anwendbarkeit des den § 945 usw. zugrunde liegenden Rechtsgedankens auf die einstweiligen Anordnungen der ZPO, 1999; Schilken, Grundfragen zum Schadensersatzanspruch nach § 945 ZPO in der Rechtsprechung des Bundesgerichtshofs, FG 50 Jahre Bundesgerichtshof, 2000, III 593.

1 **I. Systematik.** § 945 ist dem § 717 II nachgebildet, BGH MDR 1996, 452, ähnl. §§ 302 IV, 600 II. Die Anwendung des § 945 kommt aber eher als die Anwendung der vergleichbaren anderen Vorschriften in Betracht. Dem Schutz des Antragsgegners im einstweiligen Rechtsschutz wird – systemimmanent – durch die Schadensersatzpflicht Rechnung getragen, BVerfG NJW 2021, 2018 Rn. 18. Denn im vorläufigen Verfahren kann notwendigerweise nur eine summarische materiell-rechtliche Prüfung stattfinden, BGH NJW 1977, 947. Der Sache nach liegt ein Anspruch auf einen Schadensersatz nach §§ 249 ff. BGB vor, BGH NJW 2006, 2767. Systematisch gehört dieser materiell-rechtliche Schadensersatzanspruch zu den Vorschriften des Deliktsrechts (§§ 823 ff. BGB). Jedoch setzt der Anspruch weder Rechtswidrigkeit noch Verschulden voraus, BGH NJW 2017, 1600; GRUR 2009, 890; NJW 1996, 198. Ob es sich letztlich um eine Haftung aus unerlaubter Handlung, aus

Gefährdungshaftung oder Risikohaftung handelt, ist in der Praxis von geringer Bedeutung. Der Vorzug ist wohl der Ansicht zu geben, dass es sich um eine Risikohaftung handelt, da der, der aus einem noch nicht endgültigem Titel die Vollstreckung betreibt, das Risiko tragen soll, BGH NJW 2017, 1600; NJW-RR 2015, 541; GRUR 2009, 890; Köln NJW 1996, 1290; MüKoZPO/Drescher Rn. 3.

II. Regelungszweck. Der Schadensersatzanspruch gilt in gleicher Weise für Arrest und einstweilige Verfügung. Die Vorschrift sieht vor, dass der Schaden ohne Rücksicht auf Verschulden, → Rn. 1, zu ersetzen ist, wenn der Erlass der einstweiligen Maßnahme von Anfang an ungerechtfertigt ist oder diese aufgehoben wird. Dadurch betont der Regelungszweck dieser Vorschrift den Sicherungscharakter des einstweiligen Rechtsschutzes. Von seinem Normzweck her verdeutlicht er den dienenden Charakter des einstweiligen Rechtsschutzes gegenüber dem Hauptverfahren, MüKoZPO/Drescher Rn. 2. Wer einen noch nicht endgültigen Titel erwirkt, soll das Risiko tragen, dass sich sein Vorgehen nachträglich als unberechtigt erweist, → Rn. 1; BGH NJW 2006, 2767. Dem Schutz des Antragsgegners im einstweiligen Verfügungsverfahren wird – systemimmanent – durch die Schadensersatzpflicht Rechnung getragen: Kommt es infolge der Vollziehung zu Schäden, sind diese verschuldensunabhängig zu ersetzen, BVerfG BeckRS 2022, 17728 Rn. 25 = NJW 2020, 3023. Zu ersetzen ist der Schaden, der aus der Vollziehung der angeordneten Maßnahme oder dadurch entsteht, dass der Schuldner Sicherheit leistet, um eine Vollziehung abzuwenden oder die Aufhebung der angeordneten Maßnahme zu erwirken. Der Gläubiger hat also dem Schuldner den Schaden zu ersetzen, den er durch die Duldung der Maßnahme erleidet. So kommt ein Anspruch aus § 945 nur in Betracht, wenn die Vollstreckung bereits droht und der Schuldner (Antragsgegner) sich durch Erfüllung diesem Druck beugt; insbesondere muss die einstweilige Verfügung bereits die Strafandrohung nach § 890 II enthalten. Ist dies nicht der Fall und der Schuldner erfüllt, kann die Vorschrift des § 945 nach ihrem Grundgedanken „dulde und liquidiere" keine Anwendung finden, BGH NJW 1993, 1076. Ein Anspruch aus §§ 280 ff. BGB besteht daneben nicht, Stgt OLGZ 2003, 347. 2

III. Geltungsbereich. Er erstreckt sich auf alle Formen des Arrestes und der einstweiligen Verfügung. Entsprechend anwendbar ist die Norm auf einstweilige Anordnungen in Familienstreitsachen nach § 112 Nr. 2 und 3 FamFG (§ 119 I 2 FamFG), im arbeitsgerichtlichen Verfahren, BAG NJW 2021, 257, auf Anordnungen nach § 123 VwGO (§ 123 III VwGO), BGH NJW 1993, 1077; jedoch gilt eine Einschränkung für beteiligte Dritte. 3

1. Begrenzte Anwendbarkeit. Die Vorschrift hat einen auf §§ 916 ff. begrenzten Anwendungsbereich, OVG Bln-Brdb NVwZ-RR 2014, 124. Es genügt nicht schon eine Aufhebung oder eine Abänderung des Titels. Vielmehr muss die Anordnung von Anfang an ganz oder teilweise unberechtigt gewesen sein, oder das Gericht muss die einstweilige Verfügung nach §§ 926 II, 942 III aufgehoben haben. Der Betroffene darf auch nicht materiell-rechtlich verpflichtet gewesen sein, die ihm etwa durch die einstweilige Verfügung untersagte Handlung zu unterlassen, BGH NJW 1981, 2580; KG NJW-RR 1987, 448. 4

2. Beispiele zur Frage einer Anwendbarkeit

Arbeitsrecht: Wenn der Arbeitgeber Urlaub zu Recht verweigert hatte, ist der Arbeitnehmer, der die Eilmaßnahme erwirkt hat, zum Schadensersatz nach § 945 verpflichtet, LAG BaWü NZA-RR 2010, 179. Zur Aufhebung von Zwangsvollstreckungsmaßnahmen im arbeitsgerichtlichen Verfahren und deren Kosten, BAG NJW 2021, 257; → „Kosten bei Zwangsvollstreckungsmaßnahmen". 5

Auslandsmaßnahme: Unanwendbar ist § 945, soweit es um eine Eilmaßnahme im Ausland geht, auch wenn dort deutsches Recht zur Anwendung gelangte, Freitag IPRax 2002, 272; Sturm NJW 1996, 504. Auf Entscheidungen ausländischer Gerichte ist die Vorschrift ebenfalls nicht anwendbar; eine analoge Anwendung des § 945 scheidet aus, Hmb RdTW 2019, 343; Nürnb WRP 1992, 506.

Betriebsverfassung: Unanwendbar ist § 945 bei einem Verfahren nach § 102 V 2 BetrVG. § 85 II 2 ArbGG, BAG DB 1979, 653; Schmädicke NZA 2004, 296.

Dinglicher Arrest nach § 111d StPO: Unanwendbar ist § 945 sowohl unmittelbar als auch analog, BGH NJW 2019, 227 (betrifft § 111d StPO idF vom 1.4.1987, heute wohl § 111f StPO).

Einstellung der Zwangsvollstreckung: Unanwendbar ist § 945 bei einer solchen vorläufigen Maßnahme.

Familienrecht: Anwendbar ist § 945 entsprechend auf Vollziehung von Arresten in Familienstreitverfahren (§ 119 II 2 FamFG). Bei einstweiligen Anordnungen ist zu differenzieren.

Freiwillige Leistung: keine entsprechende Anwendung findet § 945, wenn einstweilige Verfügung nur formlos zugestellt wurde und Schuldner ohne Vollstreckungsdruck leistet, BGH MDR 2015, 154.

Gebrauchsmuster: Anwendbar ist § 945 entsprechend auf die Verletzung eines später gelöschten Gebrauchsmusters, BGH GRUR 1979, 869; BPatG GRUR 1981, 125.

Gegendarstellung: Anwendbar ist § 945 bei einer presserechtlichen Gegendarstellung, wenn die gerichtliche Anordnung auf Veröffentlichung der Gegendarstellung aufgehoben ist, BGH NJW 1974, 642; Thomas/Putzo/Seiler Rn. 5; Zöller/Vollkommer Rn. 4; abl. Kreuzer JZ 1974, 507.

Kartell- und Vergaberecht: Entsprechende Anwendung des § 945 scheidet bei einstweiligen Anordnungen der Kartellbehörde gem § 60 GWB wegen der abgeschlossenen Regelungen aus, MüKoZPO/Drescher Rn. 33.

Kosten bei Zwangsvollstreckungsmaßnahmen: Die Kosten für die Aufhebung der Zwangsvollstreckungsmaßnahmen können nicht im Kostenfestsetzungsverfahren tituliert werden; sie können jedoch nach § 945 als Schadensersatz geltend gemacht werden; BAG NJW 2021, 257 = NZA 2020, 1655; Mü BeckRS 2015, 1082.

Landwirtschaftssache: Anwendbar ist § 945 in Verfahren vor dem Landwirtschaftsgericht (§ 18 LwVG), BGH NJW 1990, 2396.

Patent: Anwendbar ist § 945 entsprechend auf eine einstweilige Verfügung wegen der Verletzung eines später für nichtig erklärten Patents, BGH NJW-RR 2006, 621; aM Pietzcker GRUR 1980, 442; Kroitzsch GRUR 1976, 512.

Prozessvergleich: Unanwendbar ist § 945 bei einem Prozessvergleich, Karlsr OLGZ 1979, 372; Stein/Jonas/Grunsky Rn. 3; MüKoZPO/Drescher Rn. 6; Thomas/Putzo/Seiler Rn. 6; aM Ffm FamRZ 1988, 88 (entsprechende Anwendung, wenn der Vergleich den Erlass einer einstweiligen Verfügung ersetzen soll).

Rechtsmissbrauch: Unanwendbar ist § 945 bei einem unstatthaften Rechtsmissbrauch, BGH NJW 1993, 593.

Schiedsgerichte: Für vorläufige Maßnahmen eines Schiedsgerichts enthält § 1041 IV eine spezielle Schadensersatzregelung; → § 1041 Rn. 11.

Steuerarrest: Anwendbar ist § 945 entsprechend auf einen Steuerarrest, BGH NJW 1978, 2025; NJW 1975, 540; nicht jedoch auf die Aufhebung eines vollziehbaren Steuerbescheids, BGH NJW-RR 2012, 1490; Gaul JZ 2013, 766; aM Schwarz NJW 1976, 219.

Strafprozess: § 945 findet auf den dinglichen Arrest nach § 111d StPO weder unmittelbar noch analog Anwendung, BGH NJW 2019, 227.

Unterwerfung: Unanwendbar ist § 945, soweit eine Unterwerfungspflicht gar nicht im Urteil steht, Mü GRUR-RR 2004, 63, oder sobald der Schuldner ein Verbot beachtet, BGH WM 2009, 1622.

Verfahrenswidrigkeit: Anwendbar ist § 945 entsprechend auf eine solche einstweilige Verfügung, deren Gesetzesgrundlage (zugrunde liegende Norm) das BVerfG für verfassungswidrig erklärt hat, BGH NJW 1970, 1459.

Vergleich: Haben sich die Parteien vor Erlass des Arrestes oder der einstweiligen Verfügung vergleichsweise geeinigt, kommt § 945 nicht zur Anwendung; wenn sich der Antragsgegner jedoch nach Erlass der einstweiligen Verfügung im Wege des Vergleichs vorläufig zur Erfüllung verpflichtet, beseitigt dies den Schadensersatzanspruch nicht, BGH NJW 2006, 2767; MüKoZPO/Drescher Rn. 6.

Vermögensarrest: → „Dinglicher Arrest" § 111f II StPO.

Verwaltungsrecht: Anwendbar ist § 945 nach § 123 III VwGO entsprechend, OVG Bln-Brdb NVwZ-RR 2014, 124. Der Schadensersatzanspruch steht aber nicht dem Beigeladenen zu, wenn in dessen Rechtskreis der Schaden durch die einstweilige Anordnung entstanden ist, Kopp/Schenke VwGO § 123 Rn. 43.

Vollstreckungsrecht: Bei der Einstellung der (vorläufigen) Vollstreckbarkeit durch einstweilige Anordnungen nach §§ 707, 719, 769 ist § 945 nicht entsprechend anwendbar.

Wohnungseigentum: Anwendbar ist § 945 auch im WEG-Verfahren, BGH NJW 1993, 593; LG Ffm NJW 2021, 643 (bei Ansprüchen der Gemeinschaft nach § 14 I Nr. 1 WEG).

6 **IV. Voraussetzungen.** Das Gesetz differenziert bei den Haftungsvoraussetzungen zwischen zwei Alternativen, der von Anfang an ungerechtfertigten Anordnung (Alt. 1) und der Aufhebung der Maßregel wegen Fristversäumnis (Alt. 2). Im Rahmen der 2. Alt. ist zu unterscheiden, ob der Arrestgläubiger nicht rechtzeitig die Hauptsachenklage erhebt (§ 926 II) oder ob die Vollziehung verspätet ist (§ 929 II, III).

7 **1. Ungerechtfertigte Anordnung.** Die Anordnung des Arrests oder der einstweiligen Verfügung muss von Anfang an objektiv materiell-rechtlich ungerechtfertigt gewesen sein, BGH NJW 2017, 1600; Köln GRUR-RR 2010, 149. Das ist der Fall, wenn Arrest- oder Verfügungsanspruch oder Arrest- oder Verfügungsgrund von Anfang an fehlten, BGH NJW-RR 1992, 736. Maßgeblicher Zeitpunkt ist der Schluss der mündlichen Verhandlung im Schadensersatzprozess nach §§ 136 IV, 296a; BGH NJW-RR 1992, 1001. Wenn die Voraussetzungen rückschauend bei richtiger Beurteilung der tatsächlichen und rechtlichen Gegebenheiten im Zeitpunkt der Anordnung objektiv nicht vorlagen, war die Anordnung ungerechtfertigt, BGH NJW 1988, 3268. Bestand aber der Anspruch zu diesem Zeitpunkt, ist der Antragsteller nicht zum Schadensersatz verpflichtet, selbst wenn der Anspruch rückwirkend entfällt. Die Gutgläubigkeit des Antragstellers oder sein Vertrauen in den Fortbestand der Rechtsprechung sind nicht maßgeblich, BGH NJW 1988, 3269. Dies ergibt sich aus dem Charakter der Schadensersatzhaftung als Risikohaftung, → Rn. 1. Auch eine spätere Änderung der Rechtsprechung kann zum Fehlen des Arrest- oder Verfügungsgrundes führen. Eine geänderte Rechtsprechung darf im Schadensersatzprozess nur dann nicht berücksichtigt werden, wenn bereits ein rechtskräftiges Sachurteil in der Hauptsache vorliegt, BGH NJW 1993, 2685. Zur Nichtigkeitserklärung der zugrunde liegenden Norm durch das BVerfG → Rn. 5 „Verfahrenswidrigkeit". Der Arrest oder die einstweilige Verfügung waren allerdings nicht schon deshalb unberechtigt, weil sich die rein verfahrensrechtlichen Voraussetzungen des Erlasses und daher insbesondere die Gefährdung und damit die Besorgnis nach § 917 später als nicht vorhanden erwiesen. Denn es ist immer unsicher, ob später ein solches Ereignis eintritt, dessen Eintritt man zunächst befürchten musste, BGH NJW 1989, 107; Kohler ZZP 99, 35; aM Düss GRUR 1987, 573; KG GRUR 1987, 571.

8 **2. Aufhebung der angeordneten Maßregel wegen Fristversäumnis.** Weiterhin ist ein Schadensersatzanspruch unabhängig davon gegeben, ob der Arrest- oder Verfügungsanspruch oder Arrest- oder Verfügungsgrund vorliegt, wenn der Gläubiger nicht rechtzeitig die Hauptsachenklage (§ 926 II) erhebt oder das Rechtfertigungsverfahren (§ 942 III) nicht durchführt. Das Gesetz knüpft in dieser 2. Alternative nicht an die materielle Rechtslage, sondern an das Vorliegen formaler Tatbestände an. Die verschuldensunabhängige Schadensersatzhaftung setzt voraus, dass der Gläubiger eine gesetzte Frist versäumt hat und die einstweilige Maßregel deshalb durch Endurteil aufgehoben worden ist. Fehlt eine dieser Voraussetzungen, kommt eine Haftung nach der 2. Alternative nicht in Betracht, da die strenge Haftungsregelung eine über den Gesetzeswortlaut hinausgehende Auslegung verbietet, BGH NJW-RR 1992, 998.

9 **3. Versäumnis der angeordneten Klage oder Ladung/Verspäteter Vollzug.** Wenn das Gericht den Arrest oder die einstweilige Verfügung nach §§ 926 II, 942 III aufheben muss, also wegen einer Versäumung der angeordneten Klage oder Ladung, muss der Gläubiger dem Schuldner einen Schadensersatz leisten. Es nützt dem Gläubiger dann auch nicht, dass das Gericht seinen materiell-rechtlichen Anspruch festgestellt hat. Für die Ersatzpflicht des Gläubigers kommt es nicht darauf an, ob er schuldhaft handelte.

10 Vollzieht der Gläubiger verspätet, kann er aufgrund dieses Umstands ebenso wie aufgrund einer anderen objektiv rechtswidrigen Maßnahme der Zwangsvollstreckung haften. Dann ist eine Voraussetzung seiner Ersatzpflicht, dass das Gericht die fragliche Vollzugsmaßnahme aufgrund eines Rechtsbehelfs des Schuldners aufheben musste, MüKoZPO/Drescher Rn. 18; Zöller/Vollkommer Rn. 12; aM Stein/Jonas/Grunsky Rn. 34.

11 **V. Verfahren.** Ein obligatorisches Güteverfahren findet nach § 15a II 1 Nr. 6 EGZPO nicht statt, Hartmann NJW 1999, 3748. Anspruchsberechtigt ist nur der Vollstreckungsgegner, kein Dritter, Mü NJW-RR 2010, 1113; LG Ffm NZM 2018, 290.

12 **1. Selbständige Prüfung der Berechtigung.** Das Gericht bleibt wie im Anordnungsverfahren zuständig. Es bleibt zB in einer Handelssache die Kammer für Handelssachen zuständig, LG Oldb NJW-RR 2002, 1724. Das Gericht muss grundsätzlich von Amts wegen prüfen, ob die Anordnung des Arrests oder der einstweiligen Verfügung berechtigt war oder nicht. Das gilt selbst dann, wenn der Gläubiger auf den Arrest verzichtet hat. Die Frage, ob und wieweit im Eilverfahren nach §§ 935 ff. getroffene formell rechtskräftige Entscheidungen über den Verfügungsanspruch das Gericht im Schadensersatzprozess nach § 945 bindet, ist umstritten; zum Meinungsstreit:

Brschw NJOZ 2019, 1345. Der früher vorherrschenden Meinung, das Schadensersatzgericht sei an die Eilentscheidung gebunden, zuletzt BGH NJW 1992, 2297, ist entgegenzuhalten, dass das summarische Verfahren eine geringere Richtigkeitsgarantie bietet, so dass keine Bindungskraft bestehen sollte, Brschw NJOZ 2019, 1345; KG GRUR-Prax 2016, 271; Hmb BeckRS 2004, 01013; BAG NZA 2020, 271. Die Prüfungspflicht des Prozessgerichts ist zur Wahrung einer einheitlichen Rechtsprechung eingeschränkt; hierzu → Rn. 14–17.

2. Wirkung der Entscheidung des Hauptprozesses. Hat das Prozessgericht im Hauptprozess nach § 322 rechtskräftig entschieden, bindet jene Entscheidung das Gericht im Rahmen des § 945 zur Frage der Berechtigung des Arrests, BGH NJW 1993, 2685; NJW-RR 1992, 998; Ffm WRP 2004, 1196. Das gilt selbst dann, wenn sich die Rechtsauffassung inzwischen geändert hat oder wenn die zugrunde liegende Norm vom BVerfG für verfassungswidrig erklärt worden ist, BVerfG NJW 1984, 861; BGH NJW 1989, 106; NJW 1970, 1459; → Rn. 5 „Verfahrenswidrigkeit". Wenn das Gericht den Hauptanspruch als im Zeitpunkt der Anordnung des Arrests unbegründet abgewiesen hat, fehlt auch ein Arrestanspruch des § 916. Daher war der Arrest unberechtigt, BGH JZ 1988, 978; Karlsr GRUR 1984, 156. Es ist dann unerheblich, ob das Gericht den Arrest im Widerspruchsverfahren nach § 924 bestätigt hat. Der Arrestgrund des § 917 kann trotzdem vertretbar gewesen sein. Hat das Gericht dem Hauptanspruch im Hauptprozess stattgegeben, steht auch der Arrestanspruch fest. Der Arrestgrund kann aber selbst dann gefehlt haben. Deshalb muss das Gericht im Verfahren nach § 945 insofern eine selbständige Prüfung vornehmen. 13

3. Wirkung bei Aufhebung des Arrests. Sie bindet grundsätzlich das Gericht im Schadensersatzprozess, BGH NJW 1992, 2297; MüKoZPO/Drescher Rn. 18. Das gilt nur dann, wenn das Gericht den Arrest als von Anfang an unberechtigt aufgehoben hat, BGH VersR 1985, 335; Hmb VersR 1987, 356; aM Schilken FG 50 Jahre BGH, 2000, III, 611. Ob dieser Fall vorliegt, ergibt sich aus den Entscheidungsgründen des aufhebenden Urteils. Ein aufhebendes Verzichts- oder Versäumnisurteil ohne Entscheidungsgründe ergibt dazu ohne eine Aktenhinzuziehung meist nichts, BGH NJW-RR 1998, 1652. Es handelt sich um eine Folge der materiellen Rechtskraftwirkung des Arresturteils. Ein neues Vorbringen des Gläubigers zur Rechtmäßigkeit des Arrests kann nicht beachtlich sein. 14

Der Grund der Aufhebung des Arrests ist unerheblich. Der Gläubiger kann nicht geltend machen, statt oder neben § 926 II hätte die Aufhebung nach§ 927 erfolgen müssen. Wenn das Gericht durch die einstweilige Verfügung eine Unterlassung angeordnet hat, ist eine Nachprüfung der sachlich-rechtlichen Rechtslage zulässig, also der Frage, ob der Kläger verpflichtet gewesen wäre, die ihm durch die einstweilige Verfügung zunächst untersagte Handlung zu unterlassen, auch wenn das Berufungsgericht die einstweilige Verfügung aufgehoben hatte. Denn niemand kann sich auf dem Umweg über eine Schadensersatzforderung einen solchen Vorteil verschaffen, den die Rechtsordnung missbilligt. Die Rechtskraft des aufhebenden Urteils steht diesem Ergebnis nicht entgegen. Denn das aufhebende Urteil enthält nichts darüber, ob ein Schaden entstanden ist. 15

4. Wirkung bei Bestätigung des Arrests. Wird der Arrest bestätigt, ist zunächst zwar bindend festgestellt, dass der Arrestgrund des § 917 vorhanden war. Wegen der aufgrund des Sicherungscharakters der Eilmaßnahme nur vorläufigen Entscheidung fehlt es aber an einer bindenden Feststellung, ob der zu sichernde materiellrechtliche Anspruch nach § 916 bestand. Deshalb muss das Gericht im Schadensersatzprozess nach § 945 das Bestehen des materiell-rechtlichen Anspruchs in vollem Umfang und ohne Bindung an die Rechtsauffassung des Verfügungsgerichts prüfen, BGH GRUR 1985, 571; Brschw NJOZ 2019, 1345. Eine Bindung an nur im Eilverfahren ergangene Entscheidungen besteht nicht; eine rechtskräftige Anordnung des Arrestes entfaltet keine Bindungswirkung für den Schadensersatzprozess, Brschw NJOZ 2019, 1345; KG GRUR-Prax 2016, 271; Hmb BeckRS 2004, 01013; BAG NZA 2020, 271; → Rn. 12. Wenn der Hauptprozess anhängig ist, muss das Gericht zB das nach § 924 eingeleitete Widerspruchsverfahren nach § 148 ausnahmsweise aussetzen. Denn die Entscheidung im Hauptprozess ist für die Entscheidung im Widerspruchsverfahren vorgreiflich. Eine einseitige Erledigungserklärung lässt den Anspruch unberührt. 16

5. Fehlen einer Entscheidung im Hauptprozess. Ist das Hauptsacheverfahren ohne eine der Rechtskraft fähigen Entscheidung abgeschlossen worden und fehlt auch eine aufhebende Entscheidung im Arrestverfahren, ist das Gericht bei der Prüfung des Schadensersatzbegehrens ganz frei, BGH NJW 1992, 998; Klauser MDR 1981, 716. Es besteht auch keine Bindungswirkung bei einem die einstweilige Verfügung aufhebenden Verzichtsurteil, BGH GRUR 1998, 1010. Es gilt auch dann, wenn der Gläubiger die Unrechtmäßigkeit des Arrests in einem Vergleich nach § 779 BGB anerkannt hat. Denn der Vergleich wirkt nicht wie ein Urteil. 17

6. Besondere Klage. Der Ersatzanspruch lässt sich nicht im vorläufigen Verfahren durchsetzen. Denn im Verfahren über den Ersatzanspruch ist ein voller Beweis statt einer bloßen Glaubhaftmachung notwendig. Im vorläufigen Verfahren lässt sich auch nur die Sicherung durchführen. Es ist also eine besondere Klage nach §§ 253 ff. erforderlich. Der Kläger muss sie vor dem Gericht erheben, das nach den Regeln über den ordentlichen Rechtsweg zuständig ist, selbst wenn im einstweiligen Rechtsschutzverfahren ein VG nach § 123 VwGO entschieden hatte, BGH NJW 1981, 349. Die Klageerhebung kann nach § 32 auch bei dem Gericht des Tatorts erfolgen. Der Bekl. kann im Hauptsachenprozess eine Widerklage erheben oder die Aufrechnung erklären. Der Verfügungsgläubiger kann auch eine verneinende Feststellungsklage nach § 256 erheben, BGH NJW 1994, 2765. Der Gerichtsstand ergibt sich wie bei einer unerlaubten Handlung aus § 32, BGH NJW 1980, 189. 18

VI. Schadensersatz. Der Schadensersatzanspruch umfasst grundsätzlich den durch die Vollziehung der einstweiligen Anordnung adäquat-kausal verursachten, unmittelbaren oder mittelbaren Schaden, den sog. Vollziehungsschaden, BGH NJW 2017, 1600; GRUR 2016, 406. Anspruchsberechtigt ist nur der Antragsgegner, gegen den sich nach der Absicht des Antragstellers und des Gerichts die einstweilige Anordnung richtete, BGH NJW 1994, 1413; NJW 1981, 349. Dritten stehen grundsätzlich nur – wie auch sonst bei unberechtigter Vollstreckung – Bereicherungs- und Schadensersatzansprüche zu, nicht aber der aus § 945, BGH NJW 1994, 1413. Ein Dritter ist nur anspruchsberechtigt, diesen Schadensersatz geltend zu machen, wenn die einstweilige Anordnung in unzulässiger Weise gegen ihn gerichtet war. Ob Dritte darüber hinaus unter den Voraussetzungen der §§ 844 II, 845 BGB einen eigenen Ersatzanspruch bei Vorliegen der Tatbestandsmerkmale des § 945 besitzen, ist in der Lit. umstritten, vgl. MüKoZPO/Drescher Rn. 20. 19

1. Freie Würdigung. Für den Schadensersatzanspruch gilt grundsätzlich dasselbe wie bei § 717. §§ 249 ff. BGB sind anwendbar, BGH NJW 2006, 2559. Das gilt nach → Rn. 29 f. auch wegen eines Mitverschuldens. Den 20

Schaden und seine Verursachung durch die ungerechtfertigte Anordnung stellt das Gericht stets in einer freien Würdigung nach §§ 286, 287 fest, BGH NJW 2006, 2769; Gehrlein MDR 2000, 687 (ausf.). Der Anspruch entsteht in dem Zeitpunkt, in dem der Gläubiger von seinem Schaden und davon Kenntnis erlangt, dass der Hauptanspruch nicht besteht oder mit hoher Wahrscheinlichkeit nicht bestehen dürfte. In diesem Zeitpunkt beginnt auch die Verjährungsfrist nach § 852 S. 2 BGB zu laufen, BGH NJW 2003, 2611. Das gilt auch dann, wenn das Gericht die vorläufige Entscheidung noch nicht aufgehoben hat oder wenn die Klage in der Hauptsache bereits erfolglos war. Denn ein Schadensersatzanspruch hängt auch sonst stets vom Schadenseintritt und von dessen Kenntnis ab, BGH NJW 1993, 863 (grundsätzlich erst mit der formellen Rechtskraft).

21 Wenn die Anordnung des Arrests oder der einstweiligen Verfügung nur zum Teil objektiv unberechtigt war oder wenn das Gericht sie nur teilweise aufgehoben hatte, braucht man nur den Schaden zu ersetzen, den die übermäßige Vollziehung verursacht hat. Wenn das Gericht den Antrag auf Erlass einer einstweiligen Verfügung kostenpflichtig zurückgewiesen hatte und wenn der Antragsteller dann im Hauptprozess gesiegt hat, kann der Antragsteller die Kosten des Verfahrens auf den Erlass der einstweiligen Verfügung trotzdem nicht ersetzt verlangen. Denn das Eilverfahren ist beendet.

22 **Verjährung:** Der Schadensersatzanspruch verjährt grundsätzlich nach §§ 195, 199 BGB in 3 Jahren. Beginn der Verjährung setzt Kenntnis oder grobfahrlässige Unkenntnis des Schadens oder der Person des Schuldners voraus. Dies wird regelmäßig erst mit Abschluss des Rechtsschutzverfahrens der Fall sein, BGH NJW 1980, 189. Solange eine Entscheidung dazu möglich bleibt, ob die einstweilige Verfügung von Anfang an ungerechtfertigt war, beginnt die Verjährungsfrist nicht schon mit der Aufhebung des Vollzugs, BGH NJW 1992, 2297. Wenn das Rechtsschutzverfahren nicht weitergeführt wird, wird der Antragsgegner mit Ende des Hauptsachenverfahrens Kenntnis besitzen, BGH NJW 1993, 863. Ist der Antrag zurückgenommen worden, beginnt die Verjährungsfrist regelmäßig mit der Rücknahme, da der Antragsteller hierdurch regelmäßig zu erkennen gibt, dass er den Antrag nicht (mehr) für gerechtfertigt hält, BGH NJW 2003, 2610, es sei denn die Rücknahme beruht auf einem Vergleich. Ähnliches gilt, wenn bei einer nach § 927 aufgehobenen einstweiligen Rechtsschutzmaßnahme das erstinstanzliche Urteil im Hauptsachenverfahren zu klaren Verhältnissen geführt hat, BGH NJW 2003, 2610, vgl. BGH NJW 2006, 2557 (offengelassen).

23 **2. Schaden durch Vollziehung.** Ersatzfähig ist der durch Vollziehung des Arrestes oder der einstweiligen Verfügung nach §§ 928 ff., 936 adäquat kausal verursachte, unmittelbare oder mittelbare Schaden iSd §§ 249 ff. BGB, BGH NJW 2017, 1600; → Rn. 19. Der Beginn der Vollziehung ist erforderlich, BGH GRUR 2016, 721; Köln GRUR-RR 2003, 294. Nicht erforderlich ist, dass staatliche Vollstreckungsakte bereits vorgenommen wurden; es genügt, dass der Gläubiger die zur Vollziehung erforderlichen Maßnahmen ergriffen hat, BGH NJW 1993, 863. Entscheidend ist, dass die Eilmaßnahme sofort vollstreckbar ist und dadurch für den Schuldner ein „Vollstreckungsdruck" besteht, BGH NJW-RR 2016, 485; NJW-RR 2015, 541. Eine Androhung von Ordnungsmitteln muss dazu bereits in der Unterlassungsverfügung erfolgt sein; sie reicht, BGH GRUR 2009, 890 (zust. Vohwinkel GRUR 2010, 981). Auch durch eine zu weite Fassung eines an sich berechtigten Unterlassungsgebots kann ein Schaden entstanden sein, BGH NJW 1981, 2580. Das ist nach den tatsächlich vorhandenen und im Nachhinein hypothetisch zu bestimmenden Möglichkeiten zu beurteilen. Dabei kann es auf bestimmte Behauptungen des Klägers im Schadensersatzprozess darüber, wie er sich verhalten hätte, nicht allein und jedenfalls solange nicht ankommen, wie der genaue Umfang und Inhalt eines „richtigen" Verbots nicht feststeht, BGH GRUR 1985, 397. Eine formlose Übermittlung vor dieser Parteizustellung reicht für § 945 noch nicht, BGH GRUR 2015, 197. Eine im Ausland zugestellte Beschlussverfügung ist vollzogen, Mü MDR 1995, 1167.

24 Nicht ersetzt wird der Schaden infolge eines (nach Arrest) ergangenen Steuerbescheids, BGH WM 2012, 2143. Daher braucht man auch nicht die Kosten zu ersetzen, die der Schuldner im Widerspruchsverfahren nach §§ 924, 936 aufwenden musste, BGH WM 2009, 1622. Es sind aber die vom Gläubiger beigetriebenen Kosten zu ersetzen, ferner auch die Beträge, deren Zahlung zur Abwendung der Zwangsvollstreckung erfolgte.

25 Nicht unter § 945 fällt der sog. Anordnungsschaden, der aus der Einleitung des Verfahrens, der bloßen Anordnung der einstweiligen Maßregel oder ihrem Bekanntwerden erfolgt, BGH NJW 1993, 2685; NJW 1988, 3268; Gehrlein MDR 2000, 687. Ein daraus entstehender Schaden kann nur unter den Voraussetzungen der §§ 823 ff. BGB geltend gemacht werden, BGH GRUR 2015, 196. Solche Anordnungsschäden sind typischerweise Rufschädigungen infolge des Bekanntwerdens der Anordnung oder Vermögensnachteile.

26 Kein solcher Schaden entsteht dem, der materiell-rechtlich ohnehin verpflichtet war, BGH GRUR 2016, 407. Auch durch die Beitreibung eines Ordnungsgelds nach § 890 entsteht kein derartiger Schaden, KG GRUR 1987, 571. Etwas anderes gilt dann, wenn es um das Verbot eines bestimmten Verhaltens geht und wenn sich zwar der Betroffene über das Verbot hinwegsetzt, ein zur Mitwirkung verpflichteter Dritter aber dem Verlangen des Betroffenen nicht mehr folgt.

27 **3. Schaden durch Sicherheitsleistung.** Ersatzfähig ist ferner der Schaden, der aufgrund einer Sicherheitsleistung nach §§ 923, 927, 939 in Abwendung oder Aufhebung der Vollziehung entstanden ist. Der Schaden kann auch in der Entziehung eines Vermögenswerts oder in einer Kreditschädigung bestehen. Wenn es um den Ersatz eines Vermögensschadens infolge einer seelischen Beeinträchtigung geht, sollte man einen Schaden eher als bei § 717 bejahen. Denn im Verfahren auf den Erlass eines Arrests oder einer einstweiligen Verfügung beruht das Urteil nicht auf einer vollen Sachprüfung. Trotzdem darf eine so weitgehende Haftung nur dann bejaht werden, wenn eine unerlaubte Handlung vorliegt, wenn der Gegner also schuldhaft handelte.

28 **4. Schadenshöhe.** Zu ersetzen sind der unmittelbare und der mittelbare Schaden, → Rn. 19; BGH NJW 2017, 1600; NJW 1986, 1007. Die Pflicht zum Schadensersatz ergibt sich im Umfang aus §§ 249 ff. BGB, KG WoM 1991, 315; Düss OLGZ 1990, 226. § 287 ist anwendbar, BGH NJW 1993, 2685. Ein Gewinnverlust ist ersetzbar, BGH NJW 2006, 2767. Die Regeln zur Vorteilsausgleichung sind anwendbar, BGH NJW 1980, 2187. Zu ersetzen sind Aufwendungen zur Schadensabwendung oder Schadensminderung, wie zB Kosten zur Umstellung der Werbung, BGH NJW 1993, 2685; ferner Nachteile aus einer zu weiten Fassung eines Unterlassungsgebotes, BGH NJW 1981, 2579. Beim Rückrufanspruch muss man eine Auflagenhöhe oder einen Umsatzerlös mitberücksichtigen, Paschke/Busch NJW 2004, 2627.

29 **5. Mitwirkendes Verschulden.** Ein nach § 254 BGB mitwirkendes Verschulden des Schuldners wirkt sich anspruchsmindernd aus, BGH GRUR 2016, 410. Es ist von Amts wegen zu berücksichtigen, BGH NJW 1991,

167. Das ändert nichts an der Darlegungs- und Beweislast des Bekl. zum Mitverschulden des Klägers, BGH NJW 2006, 2767.

Das mitwirkende Verschulden kann darin liegen, dass der Schuldner vorwerfbar einen Anlass zum Arrest oder der einstweiligen Verfügung gab, BGH NJW 2006, 2767, oder dass er einen etwa nach § 339 möglichen Einspruch unterließ, BGH NJW 2006, 2557, oder dass er einen Widerspruch nach §§ 924, 936 unterließ, Mü WRP 1996, 784, oder dass er keine Sicherheit leistete, BGH NJW 1993, 593. Ein mitwirkendes Verschulden fehlt dann, wenn der Schuldner in einer objektiv zweifelhaften Rechtslage keine Vorkehrungen zur vorläufigen Befriedigung oder Sicherstellung des Gläubigers getroffen hat oder wenn der Geschädigte auf eine Verwarnung unverzüglich geantwortet hat, dabei seine Verhandlungsbereitschaft bekundet und durch die Hinterlegung einer Schutzschrift nach §§ 945a, b bei dem Gericht der Hauptsache zusätzlich eine überstürzte Eilentscheidung zu verhindern versucht hat, Karlsr GRUR 1984, 158. Der Grundsatz einer Vorteilsausgleichung ist auch bei § 945 zu berücksichtigen, BGH NJW 1980, 2187. Vollständig kann der Schadensersatzanspruch nur bei alleinigem Verschulden des Schuldners entfallen. Ein mitwirkendes Verschulden des Antragsgegners kann hingegen nicht in einem Verhalten (fehlende Hinweis- oder Offenbarungspflichten) liegen, das vom ihm auch im ordentlichen Hauptverfahren nicht erwartet werden darf. 30

945a *Einreichung von Schutzschriften.* **I [1]Die Landesjustizverwaltung Hessen führt für die Länder ein zentrales, länderübergreifendes elektronisches Register für Schutzschriften (Schutzschriftenregister). [2]Schutzschriften sind vorbeugende Verteidigungsschriftsätze gegen erwartete Anträge auf Arrest oder einstweilige Verfügung.**

II [1]Eine Schutzschrift gilt als bei allen ordentlichen Gerichten der Länder eingereicht, sobald sie in das Schutzschriftenregister eingestellt ist. [2]Schutzschriften sind sechs Monate nach ihrer Einstellung zu löschen.

III [1]Die Gerichte erhalten Zugriff auf das Register über ein automatisiertes Abrufverfahren. [2]Die Verwendung der Daten ist auf das für die Erfüllung der gesetzlichen Aufgaben Erforderliche zu beschränken. [3]Abrufvorgänge sind zu protokollieren.

§ 49c BRAO Einreichung von Schutzschriften

Der Rechtsanwalt ist verpflichtet, Schutzschriften ausschließlich zum Schutzschriftenregister nach § 945a der Zivilprozessordnung einzureichen.

Schrifttum: Bacher, Das elektronische Schutzschriftenregister, MDR 2015, 1329; Hartmann GRUR-RR 2015, 89 und GRURPrax 2015, 163; Schlingloff, Das elektronische Schutzschriftenregister und die Schutzschriftenregisterverordnung, WRP 2016, 301, Schmitt-Gaedke GRURPrax 2015, 161 (je: Grdz.); Walker, Die Schutzschrift und das elektronische Schutzschriftenregister nach §§ 945a, 945b ZPO, FS Schilken, 2015, 815; Wehlau/Kalbfus, Die Schutzschrift, 2. Aufl. 2015; dies. ZRP 2013, 101; Weller DRiZ 2013, 294 (je: Grdz.).

I. Systematik. §§ 945a, 945b bilden systematisch zutreffend den Abschluss des 5. Abschnitts „Arrest und einstweilige Verfügung", eines eigenständigen Verfahrens, das nicht ohne Weiteres in das System des Buches 8 passt, → Vor § 916 Rn. 1. Da sich das allgemeine Erkenntnisverfahren wegen der Wahrung des Rechts auf Gehör für sofort zu erlassende Entscheidungen nicht eignet, ist das weitgehend eigenständig geregelte Eilverfahren im 5. Abschnitt des Buches 8 vorgesehen, Anders/Gehle Assessorexamen ZivilR T Rn. 1. Zwar ist verfassungsrechtliche Grundlage des einstweiligen Rechtsschutzes der Justizgewährungsanspruch, BVerfG NJW 1995, 3173; dieser steht jedoch im Einzelfall in Konkurrenz mit dem verfassungsrechtlichen Auftrag des rechtlichen Gehörs nach Art. 103 GG. Mit der Aufnahme von § 945a in den 5. Abschnitt wird die Lücke zwischen zwei Verfassungsgrundsätzen vielleicht nicht geschlossen, aber zumindest verkleinert. Zum Prinzip der „prozessualen Waffengleichheit" vgl. BVerfG BeckRS 2021, 5190 Rn. 22 = WRP 2021, 743; NJW 2021, 615 Rn. 22; BeckRS 2020, 13380 Rn. 14 = WRP 2020, 1177; NJW 2020, 3023 Rn. 13; NJW 2020, 2021; NJW 2018, 3631 und 3634. 1

Seitdem der Gesetzgeber mit den Vorschriften der §§ 945a, 945b die Möglichkeit geschaffen hat, vorbeugende Verteidigungsschriften gegen erwartete Anträge auf Arrest oder einstweilige Verfügung (Schutzschriften) anzubringen, ist gewährleistet, dass die Schutzschrift dem letztlich entscheidenden Gericht nach II und III zur Kenntnis gelangt. Dies macht aber eine (erneute) Gewährung rechtlichen Gehörs nur verzichtbar, wenn sowohl das Begehren, als auch die Begründung identisch mit dem Antrag und dessen Begründung sind, BVerfG NJW 2020, 2021; NJW 2018, 3631 und 3634; Möller NJW 2019, 1645. Wegen des „fliegenden Gerichtsstands" der in Wettbewerbssachen entwickelt wurde, aber auch in Presse- Gesellschafts- oder Baurecht gilt, wird durch II und III der Schutz des Schuldners verbessert, Hmb GRUR-RR 2016, 431. Aufgrund des Gesetzes zur Stärkung des fairen Wettbewerbs (BGBl. 2020 I S. 2568) ist jedoch durch § 14 II UWG nF der „fliegende Gerichtsstand" im Lauterkeitsrecht weitgehend abgeschafft, Möller NJW 2021, 1 (9). Der Ausnahmetatbestand des § 14 II 3 Nr. 1 UWG umfasst jedoch nicht jegliches unlautere Handeln im elektronischen Rechtsverkehr oder in Telemedien. Die Zuständigkeitsregelung greift nur ein, wenn die betreffende Zuwiderhandlung tatbestandlich an ein Handeln im elektronischen Rechtsverkehr oder in Telemedien anknüpft, LG Ffm GRUR-RR 2021, 326; LG Düss GRUR-RR 2021, 330; GRUR-RR 2021, 333. 2

II. Regelungszweck. Durch die Bestimmung des § 945a, die zum 1.1.2016 in Kraft getreten ist, sollte die Rechtsstellung des Schuldners beim „fliegenden Gerichtsstand", der durch § 14 II UWG nF im Lauterkeitsrecht nunmehr seit dem 2.12.2020 weitgehend abgeschafft ist, → Rn. 2, verbessert werden, Hmb GRUR-RR 2016, 432. Die Antragsgegner hatten im gewerblichen Rechtsschutz damit begonnen, bei den aus ihrer Sicht in Betracht kommenden Gerichten Schriftsätze einzureichen, um den Erlass von einstweiligen Verfügungen ohne mündliche Verhandlung und damit ohne rechtliches Gehör zu verhindern. Dies war eine Reaktion auf eine möglicherweise zu großzügige Handhabung des § 937 II, Teplitzky FS Bornkamm, 2014, 1073. Der mögliche Antragsgegner musste, um sich zu schützen, bei möglichst vielen Gerichten Schutzschriften hinterlegen. Um die Position des Antragsgegners zu verbessern, hat der Gesetzgeber zum einen in I die Rechtsgrundlage für die Errichtung eines Schutzschriftregisters und zum anderen mit dem Gesetz zur Förderung des elektronischen Rechtsverkehrs mit den Gerichten das bundesweite Schutzschriftenregister geschaffen. Dadurch wurde die Praxis in Verfahren 3 betreffend den gewerblichen Rechtsschutz als prozessuales Verteidigungsmittel anerkannt. II erläutert den Begriff der Schutzschrift, der dem bisherigen Verständnis in der Praxis entspricht.

4 **III. Geltungsbereich.** Der Anwendungsbereich des bundesweiten zentralen Schutzschriftenregisters erstreckt sich nach II 1 auf die ordentliche Gerichtsbarkeit. Nach den ebenfalls zum 1.1.2016 in Kraft getretenen §§ 62 II 3, 85 II 3 ArbGG ist die Vorschrift auch in der Arbeitsgerichtsbarkeit anwendbar. Nicht anwendbar ist die Vorschrift auf die Verfahren vor den Verwaltungs-, Finanz- und Sozialgerichten, da die Regelungen zum einstweiligen Rechtsschutz in § 123 III VwGO, § 114 III FGO und § 86b II 4 SGG nicht auf §§ 945a, 945b verweisen. Ebenfalls nicht anwendbar ist die Vorschrift auf die einstweiligen Anordnungen nach §§ 49 ff. FamFG, da es sich nicht um einen Arrest oder einstweilige Verfügung handelt. Für den Arrest in Familienstreitsachen ist die Vorschrift nicht anwendbar, da § 119 II FamFG nicht auf sie verweist.

5 **IV. Schutzschrift, I 2.** Die Schutzschrift ist nach der Legaldefinition in I 2 ein vorbeugendes Verteidigungsmittel gegen einen zu erwartenden Antrag auf Erlass eines Arrestes oder einer einstweiligen Verfügung. Hierdurch soll verhindert werden, dass in einem einstweiligen Verfahren eine besondere Dringlichkeit angenommen und dem Gesuch ohne mündliche Verhandlung stattgegeben wird. Ziel der Schutzschrift ist in erster Linie, dass nicht ohne mündliche Verhandlung entschieden wird. Gleichzeitig können auch Tatsachen vorgetragen werden, die dem angeblichen Arrest- bzw. Verfügungsgrund oder -anspruch entgegenstehen, zumindest aber deren Glaubhaftmachung erschüttern. Damit soll nicht nur die Rechtsposition des Antragsgegners gestärkt werden, sondern auch Fehlentscheidungen verringert werden, Walker FS Schilken, 2015, 815; → Rn. 3. Ein in der Schutzschrift enthaltener Antrag ist kein Sachantrag, BGH NJW 2003, 1257. Es geht hierbei nur um Anregungen an das Gericht, um in einer bestimmten Weise zu verfahren oder zu entscheiden (in erster Linie: nicht ohne mündliche Verhandlung zu entscheiden). Für das Einreichen einer Schutzschrift besteht kein Anwaltszwang; dies entspricht auch dem Prinzip der Waffengleichheit, da auch für die Antragstellung im einstweiligen Verfügungsverfahren kein Anwaltszwang besteht, Mantz NJW 2019, 953 (958).

6 Die Gerichte haben die eingereichten Schutzschriften nach Art. 103 GG zu berücksichtigen; sie sind aber natürlich nicht an sie gebunden, BGH NJW 2003, 1257. Die Gerichte haben aber eine Abfragepflicht bei dem zentralen Schutzschriftenregister, → Rn. 7. Bei Nichtberücksichtigung des Vorbringens des Antragsgegners läge eine Verletzung dessen Anspruchs auf rechtliches Gehör vor, Walker FS Schilken, 2015, 815. Hierbei ist zu berücksichtigen, auf welcher Grundlage eine solche Schutzschrift – zB aufgrund einer nur knapp gefassten Abmahnung – hinterlegt worden ist, BVerfG BeckRS 2021, 5190 Rn. 25 = WRP 2021, 743; → § 924 Rn. 21; → § 937 Rn. 7. Die Schutzschrift kann auch aus mehreren eingestellten Dokumenten bestehen, die erst in ihrer Gesamtheit inhaltlich den Anforderungen einer Schutzschrift iSd I 2 genügen, Ffm NJW 2022, 881 Rn. 11.

7 **V. Schutzschriftenregister, I 1.** Die LJVerw Hessen führt für die Länder ein Schutzschriftenregister, in dem die in elektronischer Form übermittelte Schutzschrift, → Rn. 4, für einen Zeitraum von 6 Monaten zum Abruf bereitgehalten wird, II 2. Abrufberechtigt sind die Gerichte, III 1. Das Verfahren wird durch die VO über das elektronische Schutzschriftenregister (Schutzschriftenregisterverordnung – SRV) geregelt, abgedruckt nach § 945b. Die Einreichung einer Schutzschrift in dieses Register wirkt nach II 1 wie eine Einreichung in Papierform bei allen Gerichten der ordentlichen Gerichtsbarkeit und der Arbeitsgerichtsbarkeit, → Rn. 4. Es besteht jedoch kein Zwang zur Benutzung dieses Registers. Schutzschriften können weiterhin bei jedem einzelnen Gericht in Papierform eingereicht werden. Seit dem 1.1.2017 sind jedoch Rechtsanwälte nach § 49c BRAO berufsrechtlich zur Benutzung des zentralen Schutzschriftenregisters verpflichtet, vgl. auch Walker FS Schilken, 2015, 815.

8 **VI. Löschen, II.** Zur Löschung eingereichter Schutzschriften ist nach II 2 eine Frist von 6 Monaten nach Einstellung in das Schutzschriftenregister bestimmt. Eine längere Speicherung könnte aus datenschutzrechtlichen Erwägungen bedenklich sein. Andererseits werden Schutzschriften grds. aus aktuellen Anlässen (zB Unterlassungserklärungen, Einstellung von Werbung, Widerruf in Pressesachen etc) eingereicht, so dass eine längere Speicherung üblicherweise nicht erforderlich sein dürfte. Bei später auftretenden – möglicherweise erneuten – Anhaltspunkten für eine Eilmaßnahme muss ggf. eine neue Schutzschrift eingereicht werden.

9 **VII. Abrufverfahren, III.** Aus Gründen des Schutzes personenbezogener Daten (zB in presserechtlichen Verfahren) oder aus wirtschaftlichen Gründen (zB in Wettbewerbsverfahren) beschränkt III 1 das Abrufrecht nur auf die Gerichte, die in den Geltungsbereich dieser Vorschrift fallen, → Rn. 4. Nach III 2 wird die Verwendung der Daten auf das zur Erfüllung der gesetzlichen Aufgaben Erforderliche beschränkt, dh eine Verwendung ist nur für den Fall erlaubt, dass ein entsprechender Antrag auf Erlass einer Maßnahme im einstweiligen Rechtsschutz vorliegt. Schließlich sind nach III 3 Abrufvorgänge – aus datenschutzrechtlichen Gründen – zu protokollieren.

10 **VIII. Kosten.** Die Kosten der vorsorglich eingereichten Schutzschrift können nach §§ 91, 269 III dann erstattet werden, wenn der Verfügungsantrag tatsächlich gestellt wurde, dann aber – aus welchen Gründen auch immer – zurückgewiesen oder zurückgenommen wird, BGH NJW-RR 2007, 1575; NJW 2003, 1257; Hmb GRUR-RR 2016, 431; Düss OLGR 2008, 785; Ffm WRP 1996, 117; → § 269 Rn. 53 „Schutzschrift". Dies gilt auch dann, wenn keine mündliche Verhandlung stattgefunden hat. Das Gericht muss die Schutzschrift für seine Entscheidung nicht verwertet oder zur Kenntnis genommen haben, Hmb GRUR-RR 2016, 431; Düss OLGR 2008, 785. Der Antrag auf Kostenerstattung kann bereits in der Schutzschrift gestellt werden. Wird aber kein Antrag auf Erlass einer einstweiligen Verfügung gestellt, sind die Kosten der Schutzschrift nach § 91 nicht erstattungsfähig; dasselbe gilt bei Rücknahme des Antrags vor Eingang der Schutzschrift, BGH NJW-RR 2008, 1093 Rn. 10; NJW-RR 2007, 1575 Rn. 15 = GRUR 2007, 727; → § 269 Rn. 53 „Schutzschrift". Die durch Einreichung einer Schutzschrift nach Klagerücknahme entstandenen Kosten dürften auch dann iSd § 91 I 1 erstattungsfähig sein, wenn die beklagte Partei sich bei Einreichung der Schutzschrift in nicht vorwerfbarer Unkenntnis von der Klagerücknahme befunden hat. Insoweit dürfte die vom BGH zur Anwaltsbestellung nach Klagerücknahme übertragbar sein, BGH NJW 2019, 2698; NJW-RR 2019, 381; NJW 2018, 1403; → § 91 Rn. 111; → § 269 Rn. 53 „Schutzschrift". Ist aber der Antrag auf Erlass einer einstweiligen Verfügung zurückgenommen worden, ohne dass er vorher dem Antragsgegner zugestellt worden war, ist eine Entscheidung in analoger Anwendung des § 269 III zu treffen, sofern vorher eine Schutzschrift eingereicht war, Mü NJW 1993, 1604.

Für die Einreichung der Schutzschrift beim zentralen Register ist eine Gebühr nach KV 1160 JVKostG zu entrichten, wobei nicht vorausgesetzt wird, dass es sich um einen Schriftsatz handelt, der inhaltlich den Anforderungen einer Schutzschrift genügt, Ffm NJW 2022, 881 Rn. 11. Ebenso wie der Gebührentatbestand der Nr. KV 1160 selbst bei – prozessual unnützer – mehrfacher Übermittlung und Einstellung desselben Dokuments im ZSSR erfüllt ist, AG Ffm BeckRS 2016, 16464, löst die getrennte Einreichung und Einstellung mehrerer Dokumente, die erst in ihrer Gesamtheit den prozessualen Zweck einer Schutzschrift iSd I 2 erfüllen mögen, jeweils die Gebühr aus, Ffm NJW 2022, 881 Rn. 12. Anwaltsgebühren richten sich nach § 19 I 2 Nr. 1a RVG. 11

945b ***Verordnungsermächtigung.*** **Das Bundesministerium der Justiz und für Verbraucherschutz hat durch Rechtsverordnung mit Zustimmung des Bundesrates die näheren Bestimmungen über die Einrichtung und Führung des Registers, über die Einreichung von Schutzschriften zum Register, über den Abruf von Schutzschriften aus dem Register sowie über die Einzelheiten der Datenübermittlung und -speicherung sowie der Datensicherheit und der Barrierefreiheit zu treffen.**

Schrifttum: S. bei § 945a; Möller, Das neue zentrale Schutzschriftenregister, KammerReport Hamm 2015, 10.

I. Allgemein. Die Vorschrift ist die Ermächtigungsgrundlage für die im Wesentlichen zum 1.1.2016, in Teilen erst am 1.1.2017 und am 1.1.2018 in Kraft getretene Verordnung über das elektronische Schutzschriftregister (Schutzschriftenregisterverordnung – SVR), → Rn. 2. Die SVR regelt das Verhältnis des Registers zum Nutzer bei Einreichung der Schutzschrift, die Behandlung der Schutzschrift durch das Register und das Verhältnis des Registers zu den betroffenen Gerichten, → § 945a Rn. 4. Ab dem 1.1.2017 ist die Nutzung dieses Systems für Rechtsanwälte verbindlich, → § 945a Rn. 7. 1

II. Schutzschriftenregisterverordnung. Vom 24.11.2015 (BGBl. I 2135), zuletzt gändert mWv 1.8.2022 durch G vom 7.7.2021 (BGBl. I S. 2363). 2

§ 1 SRV Inhalt und Aufbau des Registers

I Das Register enthält die Schutzschriften, die ihm gemäß § 945a Absatz 1 Satz 1 der Zivilprozessordnung übermittelt worden sind.

II Das Register hat über jede eingestellte Schutzschrift folgende Angaben zu enthalten:

1. die Bezeichnung der Parteien,
2. die bestimmte Angabe des Gegenstands,
3. das Datum und die Uhrzeit der Einstellung der Schutzschrift.

III 1Das Register enthält eine Suchfunktion, die es dem Gericht ermöglicht, nach der Bezeichnung der Parteien zu suchen. 2Auf Grundlage des nach Satz 1 ermittelten Suchergebnisses kann die Suche durch Angabe des Gegenstands und des Zeitraums der Einreichung eingeschränkt werden.

IV Die Suchfunktion stellt sicher, dass auch ähnliche Ergebnisse angezeigt und Eingabefehler sowie ungenaue Parteibezeichnungen toleriert werden.

§ 2 SRV Einreichung

I 1Zur Einreichung einer Schutzschrift bei dem Register ist jeder berechtigt, der eine Schutzschrift gemäß § 945a Absatz 1 Satz 2 der Zivilprozessordnung bei Gericht einreichen kann. 2Der Schutzschrift ist ein einheitlich strukturierter Datensatz beizufügen, der mindestens die Angaben nach § 1 Absatz 2 Nummer 1 und 2 enthält. 3Der Schutzschrift können Anlagen beigefügt werden.

II Die Schutzschrift, ihre Anlagen und der strukturierte Datensatz sind nach Maßgabe der folgenden Absätze als elektronisches Dokument bei dem Register einzureichen.

III 1Das elektronische Dokument muss für die Bearbeitung durch das Register geeignet sein. 2Der Betreiber des Registers bestimmt die technischen Rahmenbedingungen der Einreichung. 3Die Bestimmungen müssen in angemessener Weise den Zugang zum Register sicherstellen und regelmäßig an den jeweiligen Stand der Technik angepasst werden. 4Sie sind vom Betreiber des Registers auf seiner Internetseite zu veröffentlichen.

IV 1Das elektronische Dokument, das die Schutzschrift enthält, muss mit einer qualifizierten elektronischen Signatur der verantwortenden Person versehen sein. 2Wird das elektronische Dokument auf einem sicheren Übermittlungsweg eingereicht, genügt es, wenn die Schutzschrift durch die verantwortende Person signiert wird.

V Sichere Übermittlungswege sind

1. der Postfach- und Versanddienst eines De-Mail-Kontos, wenn der Absender bei Versand der Nachricht sicher im Sinne des § 4 Absatz 1 Satz 2 des De-Mail-Gesetzes angemeldet ist und er sich die sichere Anmeldung gemäß § 5 Absatz 5 des De-Mail-Gesetzes bestätigen lässt,
2. der Übermittlungsweg zwischen den besonderen elektronischen Anwaltspostfächern nach den §§ 31a und 31b der Bundesrechtsanwaltsordnung und dem Register,
3. der Übermittlungsweg zwischen einem auf gesetzlicher Grundlage errichteten elektronischen Postfach, das dem Anwaltspostfach nach Nummer 2 entspricht, und dem Register.

VI Ist ein elektronisches Dokument für das Register zur Bearbeitung nicht geeignet, hat der Betreiber des Registers dies dem Absender unter Hinweis auf die Unwirksamkeit des Eingangs und auf die geltenden technischen Rahmenbedingungen unverzüglich mitzuteilen.

§ 3 SRV Einstellung

I Eine dem Register elektronisch übermittelte Schutzschrift ist unverzüglich nach ihrer ordnungsgemäßen Einreichung zum elektronischen Abruf und Ausdruck in das Register einzustellen.

II Eine Schutzschrift ist in das Register eingestellt, wenn sie auf der für den Abruf bestimmten Einrichtung des Registers elektronisch gespeichert und für die Gerichte der Länder abrufbar ist.

III 1Einstellungen im Register erfolgen ohne inhaltliche Überprüfung der Angaben. 2Eine Berichtigung von Schutzschriften findet nicht statt.

IV Dem Absender ist eine automatisiert erstellte Bestätigung über den Zeitpunkt der Einstellung zu erteilen.

§ 4 SRV Abruf

[I] Abruf ist jede Suchanfrage bei dem Register.

[II] [1]Der Abruf des Registers ist nur den zuständigen Gerichten der Länder in elektronischer Form zur Nutzung in anhängigen Verfahren gestattet. [2]Die Befugnis nach Satz 1 ist bei jedem Verbindungsaufbau anhand einer Benutzerkennung und eines geheim zu haltenden Passworts oder in einem automatisierten Identifizierungsverfahren elektronisch zu prüfen.

[III] Bei jedem Abruf sind die Bezeichnung der Parteien und das gerichtliche Aktenzeichen, sofern ein solches bereits vergeben wurde, anzugeben.

[IV] [1]Der Betreiber des Registers stellt die jederzeitige elektronische Abrufbarkeit des Registers sicher. [2]Störungen werden dem abrufenden Gericht unverzüglich mitgeteilt.

§ 5 SRV Protokollierungs- und Mitteilungspflichten

[I] [1]Jeder Abruf ist unter Angabe des Gerichts, des gerichtlichen Aktenzeichens, sofern ein solches bereits vergeben wurde, der Suchbegriffe, des Zeitpunkts des Abrufes, des Ergebnisses der Suchanfrage und der übermittelten Daten elektronisch zu protokollieren. [2]Das Protokoll wird elektronisch an das abrufende Gericht übersandt; eine Einstellung des Protokolls in das Register erfolgt nicht.

[II] [1]Das abrufende Gericht und das gerichtliche Aktenzeichen, sofern ein solches bereits vergeben wurde, werden im Register bei der abgerufenen Schutzschrift gespeichert, wenn der Abruf zum Auffinden einer Schutzschrift führte. [2]Als aufgefunden gilt eine Schutzschrift, wenn sie auf eine Suchanfrage in einer Trefferliste angezeigt wird.

[III] Wird eine aufgefundene Schutzschrift vom abrufenden Gericht als sachlich einschlägig gekennzeichnet, erhält der Absender drei Monate nach dieser Kennzeichnung eine automatisiert erstellte Mitteilung, die das abrufende Gericht und das gerichtliche Aktenzeichen enthält.

§ 6 SRV Löschung

[I] [1]Der Betreiber des Registers stellt sicher, dass Schutzschriften sechs Monate nach ihrer Einstellung gelöscht werden. [2]Die gemäß § 2 Absatz 1 Satz 2 und § 5 Absatz 2 zu dieser Schutzschrift gespeicherten Daten sind nach weiteren drei Monaten zu löschen.

[II] [1]Auf Antrag des Absenders hat der Betreiber des Registers die Schutzschrift und die zu ihr gemäß § 2 Absatz 1 Satz 2 und § 5 Absatz 2 gespeicherten Daten unverzüglich zu löschen. [2]Der Antrag ist als elektronisches Dokument nach Maßgabe des § 2 zu stellen. [3]Der Absender erhält eine automatisiert erstellte Bestätigung über die Löschung. [4]Eine Mitteilung nach § 5 Absatz 3 erfolgt nach der Löschung nicht mehr.

[III] Unzulässigerweise in das Register eingestellte Daten sind nach Feststellung der Unzulässigkeit unverzüglich zu löschen.

§ 7 SRV Datensicherheit

Der Betreiber des Registers hat durch organisatorische und technische Vorkehrungen sicherzustellen, dass die eingereichten Daten während ihrer Übermittlung und Abrufbarkeit unversehrt und vollständig bleiben sowie gegen unbefugte Kenntnisnahme Dritter geschützt sind.

§ 8 SRV Störungen

[1]Der Betreiber des Registers hat durch organisatorische und technische Vorkehrungen sicherzustellen, dass er von auftretenden Störungen unverzüglich Kenntnis erlangt. [2]Störungen sind unverzüglich zu beheben.

§ 9 SRV Barrierefreiheit

[1]Der Betreiber des Registers hat durch organisatorische und technische Vorkehrungen sicherzustellen, dass für blinde und sehbehinderte Personen ein barrierefreier Zugang zum Register gewährleistet ist. [2]Für die Gestatung des Registers ist die Barrierefreie-Informationstechnik-Verordnung vom 12. September 2011 (BGBl. I S. 1843) in der jeweils geltenden Fassung entsprechend anzuwenden.

§ 10 SRV Inkrafttreten

[I] § 2 Absatz 4 Satz 2, Absatz 5 Nummer 2 und 3 dieser Verordnung tritt am 1. Januar 2017 in Kraft.

[II] § 2 Absatz 5 Nummer 1 dieser Verordnung tritt am 1. Januar 2018 in Kraft.

[III] Im Übrigen tritt diese Verordnung am 1. Januar 2016 in Kraft.

Abschnitt 6. Grenzüberschreitende vorläufige Kontenpfändung

Vorbemerkung zu § 946

Schrifttum: Fawzy, Der europäische Beschluss zur vorläufigen Kontenpfändung – eine zögerliche Pionierleistung, DGVZ 2015, 141; Hess/Raffelsieper, Die Europäische Kontenpfändungsverordnung: Eine überfällige Reform der Effektuierung grenzüberschreitender Vollstreckung im Europäischen Justizraum, IPRax 2015, 46; Kreutz, Vorläufige europäische Kontenpfändung und Präventivrechtsschutz, GPR 2017, 307; Lüttringhaus, Die Europäisierung des Zwangsvollstreckungsrechts im Bereich der vorläufigen Kontenpfändung, ZZP 129, 187; Weimann/Heukamp, Die grenzüberschreitende vorläufige Kontenpfändung, MDR 2017, 673; Wiedemann/Harbeck, Die Europäische Kontenpfändungsverordnung, RIW 2018, 777.

I. Systematik. Die EuKoPfVO, → Rn. 19, ist ein weiterer Rechtsakt zur erleichterten Durchsetzung von Forderungen im EU-Raum. Gegenstand ist hier nicht die Durchsetzung der Forderung selbst, sondern die **Absicherung künftiger Vollstreckungsmöglichkeiten.** Die ZPO kennt hierfür das Instrument des dinglichen Arrestes gem. §§ 915 ff. Hierbei handelt es sich um ein zweiaktiges Verfahren, das aus dem Erkenntnisverfahren bis zum Erlass des Arrestbefehls und dem sich daran anschließenden Vollstreckungsverfahren, zB durch Kontenpfändung besteht. Für den kleinen, aber praktisch besonders bedeutsamen Bereich der Kontenpfändung zur Sicherung eines Geldzahlungsanspruchs schafft die EuKoPfVO ein damit vergleichbares Instrument für den grenzüberschreitenden Rechtsverkehr. 1

II. Regelungszweck. Die Regelung soll die Eintreibung grenzüberschreitender Forderungen erleichtern und vereinfachen und damit beschleunigen. Dies geschieht durch die Zusammenfassung von Erkenntnis- und Vollstreckungsverfahren (→ Rn. 11), den verbreiteten Einsatz von Formularen (→ Rn. 17) sowie die Festlegung von Fristen, innerhalb derer die beteiligten Gerichte ihre Maßnahmen zu ergreifen haben. 2

III. Einzelheiten des Verfahrens. 1. Anwendungsbereich. Der Anwendungsbereich der EuKoPfVO ist auf **grenzüberschreitende Rechtssachen** beschränkt, Art. 2 I, wobei sich aus Art. 3 ergibt, wann eine grenzüberschreitende Rechtssache vorliegt. Voraussetzung hierfür ist, dass das zu pfändende Konto entweder nicht im Gerichtsstaat liegt, Art. 3 I lit. a, oder nicht im Wohnsitzland des Gläubigers, Art. 3 I lit. b; der allgemeine Gerichtsstand der Parteien gem. Art. 2 Brüssel Ia-VO ist dagegen unerheblich. Es kommen also auch reine Inlandsrechtsstreitigkeiten in Betracht, solange nur das zu pfändende Konto in einem anderen EU-Land besteht; die EuKoPfVO gilt aber auch dann nur für die Auslandskonten, MüKoZPO/Hilbig-Lugani EuKoPfVO Art. 3 Rn. 2. Konten in **Drittstaaten** begründen eine Anwendung der EuKoPfVO nicht, wie sich aus der Bezugnahme auf „Bankkonten in einem anderen Mitgliedstaat" in Art. 3 I ergibt. Unabhängig vom Brexit (→ Brüssel Ia-VO Vor Art. 1 Rn. 4) gilt die EuKoPfVO für das Vereinigte Königreich und Dänemark schon deswegen nicht, weil diese von der Möglichkeit des opt-out Gebrauch gemacht haben, Erwägungsgründe 50, 51. 3

Weitere Voraussetzung ist, dass es sich um eine **Geldforderung** – der Begriff ist in Art. 4 Nr. 5 definiert – in einer **Zivil- oder Handelssache** handelt, Art. 2 I. Der Begriff der Zivil- und Handelssache entspricht dem in Art. 1 I Brüssel Ia-VO. Die in **II** aufgeführten Ausnahmen entsprechen weitgehend denjenigen in Art. 1 II Brüssel Ia-VO mit einer Einschränkung für das Insolvenzrecht, Rauscher/Wiedemann EuKoPfVO Art. 2 Rn. 6; Schlosser/Hess EuKoPfVO Art. 2 Rn. 2; anders als in Art. 1 II lit. e Brüssel Ia-VO sind Unterhaltsansprüche nicht ausgenommen. Unklar ist, ob die Ausnahme für die Schiedsgerichtsbarkeit in Art. 2 Abs. 2 lit. e EuKoPfVO schon greift, wenn die Forderung schiedsbefangen ist, oder erst wenn ein Schiedsverfahren anhängig ist, Wiedemann/Harbeck RIW 2018, 777 (779) 4

Vorläufig gepfändet werden können nur Geldkonten. Ausgenommen sind damit zB Wertpapierkonten, Fawzy DGVZ 2015, 141 (143). Ausgenommen sind außerdem unpfändbare Konten, **III,** und Zentralbankkonten, **IV.** 5

2. Verfahren bis zum Erlass des Pfändungsbeschlusses. Die Verordnung unterscheidet zwischen der Sicherung bereits titulierter Ansprüche und solchen, die noch nicht tituliert sind. 6

a) Verfahren bei bereits titulierten Ansprüchen. Die Titulierung der Forderung kann durch eine **gerichtliche Entscheidung,** einen **gerichtlichen Vergleich** oder eine **öffentliche Urkunde** erfolgt sein; die Begriffe sind in Art. 4 Nr. 8–10 EuKoPfVO legaldefiniert. Die Rechtskraft gerichtlicher Entscheidungen wird nicht vorausgesetzt, aber sowohl bei gerichtlichen Entscheidungen wie auch bei öffentlichen Urkunden deren **Vollstreckbarkeit** im Erlassstaat, weshalb ein Mahnbescheid nicht ausreicht, EuGH 7.11.2019 – C-555/18, RIW 2020, 30 Rn. 44. Aus Art. 5 lit. b EuKoPfVO folgt, dass eine gerichtliche Entscheidung nur solche meint, die in einem Hauptsacheverfahren ergangen sind, also keine Arrestbefehle, OLG Hamm NJW-RR 2020, 550 Rn. 13. Der Gläubiger muss einen Antrag unter Verwendung eines **Formblatts** stellen, Art. 8 I. Es besteht **kein Anwaltszwang,** Art. 41, und die Übermittlung des Antrags kann **formlos,** auch auf elektronischem Wege erfolgen, Art. 8 IV. Gleichgerichtete Anträge bei unterschiedlichen Gerichten sind unzulässig, Art. 16. 7

Die **internationale Zuständigkeit** ergibt sich aus Art. 6 EuKoPfVO, während die Regelung der sachlichen und örtlichen Zuständigkeit den nationalen Gesetzgebern überlassen ist (§ 946). Für gerichtliche Entscheidungen und gerichtliche Vergleiche sowie öffentliche Urkunden liegt die internationale Zuständigkeit bei den Gerichten des Staates, in dem die Entscheidung erlassen bzw. der Vergleich geschlossen, Art. 6 III, bzw. die Urkunde errichtet wurde, Art. 6 IV EuKoPfVO. 8

Voraussetzung für den Erlass des Beschlusses zur vorläufigen Pfändung ist, dass eine solche Maßnahme dringend erforderlich ist, weil sonst die spätere Vollstreckung der Forderung unmöglich oder sehr erschwert würde, Art. 7 I. Nach Erwägungsgrund 14 soll jedenfalls „die bloße Nichtzahlung oder das bloße Bestreiten der Forderung oder die bloße Tatsache, dass der Schuldner mehr als einen Gläubiger hat" nicht ausreichen, LG Bremen BeckRS 2020, 4950 Rn. 10. Ebenfalls allein nicht ausreichend ist der Transfer von Vermögensgegenständen auf ausl. Konten, OLG Hamm NJW 2019, 1235 Rn. 13. Die zur Begründung des Antrags erforderlichen Tatsachen sind zu beweisen, Art. 8 EuKoPfVO (§ 947). Unter bestimmten Voraussetzungen kann das Gericht den Erlass des Beschlusses zudem von einer vorherigen **Sicherheitsleistung** abhängig machen, Art. 12 EuKoPfVO. 9

Die **Entscheidung** ergeht ohne vorherige Anhörung des Schuldners, Art. 11. Eine positive Entscheidung geht dahin, dass eine vorläufige Pfändung bis zu dem vom Gläubiger nachgewiesenen Betrag erfolgt, Art. 17 IV 10

EuKoPfVO. Zur Hauptforderung können Zinsen und Kosten hinzukommen, Art. 15, 17 IV EuKoPfVO. Weder im Antrag noch im Beschluss müssen zwingend Angaben zu den zu pfändenden Konten gemacht werden (→ Rn. 12). Der Beschluss hat innerhalb einer **Frist** von 5 Arbeitstagen zu ergehen, Art. 18 II, auch für ihn besteht **Formularzwang,** Art. 19 I EuKoPfVO. Er wird zunächst nur dem Gläubiger nach dem jeweiligen nationalen Recht zugestellt, Art. 17 V EuKoPfVO.

11 **b) Verfahren bei noch nicht titulierten Ansprüchen.** Hier richtet sich die **internationale Zuständigkeit** nach der Zuständigkeit in der Hauptsache, Art. 6 I EuKoPfVO, bei Ansprüchen gegen einen Verbraucher aus einem Vertrag – es muss nicht zwingend ein Verbrauchervertrag sein, aA wohl Rauscher/Wiedemann EuKoPfVO Art. 6 Rn. 13, – ist ausschließlich die Zuständigkeit am Wohnsitz des Schuldners gegeben, Art. 6 II EuKoPfVO. Das kann uU zu einem Auseinanderfallen von Beschluss- und Hauptsachezuständigkeit führen, Lüttringhaus ZZP 129, 187 (196); Weimann/Haukamp MDR 2017, 673; aA Schlosser/Hess EuKoPfVO Art 6 Rn. 5, weil die Anrufung des Gerichts Bindungswirkung für die Hauptsache habe, was sich der VO aber nicht entnehmen lässt. Neben dem **Nachweis** des Sicherungsinteresses ist hier auch der Nachweis des Bestehens der Hauptforderung erforderlich, Art. 7 II EuKoPfVO. Zudem ist die vorherige **Sicherheitsleistung** der Regelfall, Art. 12 I EuKoPfVO. Für das Gericht besteht eine **Frist** von zehn Arbeitstagen, Art. 18 I EuKoPfVO. Innerhalb einer Frist von 30 Tagen nach Einreichung des Antrags bzw. 14 Tagen nach Erlass des Beschlusses ist die **Einleitung des Hauptsacheverfahrens** nachzuweisen, Art. 10 I EuKoPfVO. Diese Frist ist sehr knapp, weil die Postlaufzeiten zu Lasten des Antragstellers gehen, Weimann/Haukamp MDR 2017, 673 (676). Dies muss nicht zwingend bei dem Gericht erfolgen, das den Pfändungsbeschluss erlassen hat, Rauscher/Wiedemann EuKoPfVO Art. 11 Rn. 6; aA Schlosser/Hess EuKoPfVO Art. 6 Rn. 5 unter Berufung auf Erwägungsgrund 13, der das jedoch nicht hergibt. Erfolgt der Nachweis nicht rechtzeitig, wird der Beschluss widerrufen, Art. 10 II EuKoPfVO.

12 **c) Kontoinformationen, Art. 14.** Wesentlich für die Effizienz des Verfahrens ist die Kenntnis des Gläubigers von den Kontoverbindungen des Schuldners. Es ist nicht erforderlich, dass der Antrag oder der Beschluss hierzu genaue Angaben enthalten. Erforderlich sind nach Art. 8 I lit. d EuKoPfVO aber zumindest Angaben zur kontoführenden Bank. Hat der Gläubiger insoweit keine sichere Kenntnis, kann er bei Vorliegen eines **titulierten Anspruchs** (→ Rn. 7) bei dem Gericht beantragen, die Auskunftsbehörde (§ 948) des Mitgliedsstaates, in dem das Konto geführt wird, um entsprechende Informationen zu bitten. Voraussetzung ist auch, dass der Antrag auf Kontopfändung im Übrigen Aussicht auf Erfolg hat, OLG Hamm NJW 2019, 1235 Rn. 18. Fehlt es noch an einer Titulierung der Forderung oder liegen die Voraussetzungen für eine Kontoinformation gem. Art. 14 EuKoPfVO nicht vor, kann die Kontoinformation auch noch im Rahmen der Vollstreckung durch die dafür zuständige Stelle (§§ 951, 952) oder die Bank erfolgen, Art. 24 IV, MüKoZPO/Hilbig-Lugani EuKoPfVO Art. 24 Rn. 6.

13 **3. Vollzug des Beschlusses.** Der Pfändungsbeschluss ist in allen Mitgliedstaaten **ohne vorherige Anerkennung vollstreckbar,** Art. 22 EuKoPfVO. Die **Übermittlung** des Beschlusses erfolgt durch das erlassende Gericht oder den Gläubiger unter Verwendung eines **Formulars** an die zuständige Behörde des Vollstreckungsstaates (§ 952), Art. 23 III EuKoPfVO. Etwa erforderliche Übersetzungen stellt das erlassende Gericht zur Verfügung, Art. 23 IV EuKoPfVO. Die zuständige Behörde des Vollstreckungsstaates veranlasst dann alles weitere nach dem jeweiligen nationalen Recht, Art. 23 V EuKoPfVO, dazu gehört ggf. auch die **Ermittlung des Kontos,** Art. 24 IV EuKoPfVO. In Deutschland erfolgt die **Kontopfändung** gem. § 829. Die Bank darf bis zur Höhe des in dem Beschluss angegebenen Betrages keine Verfügungen über das Konto mehr zulassen, Art. 24 II EuKoPfVO. Außerdem muss sie eine **Drittschuldnererklärung** abgeben, wofür ein Formular zur Verfügung steht, Art. 25 I EuKoPfVO.

14 **4. Schuldnerschutz.** Der Schuldner wird erst nach erfolgter Pfändung informiert, Art. 28; **Schutzschriften** dürften aber zu berücksichtigen sein, LG Bremen, BeckRS 2020, 4950 Rn. 6; Zöller/Geimer § 947 Rn. 2; Weimann/Haukamp MDR 2017, 673 (675); aA Schlosser/Hess/Hess EuKoPfVO Art. 11 Rn. 2. Er kann dann nach Art. 33 einen **Rechtsbehelf gegen den Pfändungsbeschluss** beim zuständigen Gericht des Erlassstaates (§ 954 I), oder nach Art. 34 einen **Rechtsbehelf gegen die Vollstreckungsmaßnahme** beim zuständigen Gericht des Vollstreckungsstaates (§ 954 II) einlegen. Unabhängig vom Vorliegen der Voraussetzungen der Art. 33, 34 EuKoPfVO kann bei veränderten Umständen die **Abänderung** beantragt werden, Art. 35 EuKoPfVO.

15 **Weitere Instrumente** des Schuldnerschutzes sind
- das Erfordernis einer vorherigen Sicherheitsleistung durch den Gläubiger, Art. 12 EuKoPfVO (→ Rn. 9, 11)
- die Verpflichtung des Gläubigers ggf. Schadensersatz zu leisten, Art. 13 EuKoPfVO (§ 958)
- die Verpflichtung zur Einleitung des Hauptsacheverfahrens innerhalb kurzer Frist bei nicht titulierten Ansprüchen, Art. 10 EuKoPfVO (→ Rn. 11)
- Pfändungsschutz nach den jeweiligen nationalen Vorschriften (§§ 850 ff.)
- Freigabe nicht benötigter Beträge, Art. 27 EuKoPfVO
- Beendigung der Pfändung durch Sicherheitsleistung, Art. 38 EuKoPfVO (§ 955)

16 **5. Rechtsmittel.** Der **Gläubiger** kann Rechtsmittel gegen die Ablehnung eines Beschlusses zur vorläufigen Pfändung sowie den Widerruf eines erlassenen Beschlusses gem. Art. 10 II EuKoPfVO einlegen, Art. 21. Sowohl für ihn als auch für den **Schuldner** eröffnet Art. 37 ein Rechtsmittel gegen die Entscheidungen gem. Art. 33–35 EuKoPfVO (→ Rn. 14). Richtiges Rechtsmittel im Inland ist jeweils die sofortige Beschwerde, §§ 953, 956. Soweit **Dritte** durch eine Kontenpfändung betroffen werden, verweist Art. 39 EuKoPfVO auf die jeweilige nationale Rechtsordnung im Vollstreckungsstaat, Art. 39 II EuKoPfVO, in Deutschland also auf § 771.

17 **6. Formulare.** Die Standardisierung durch Formulare trägt insbesondere im internationalen Rechtsverkehr zur Beschleunigung bei und hilft, Fehler zu vermeiden. Die EuKoPfVO stellt deshalb für das Verfahren folgende Formulare zur Verfügung, die **zwingend zu verwenden** sind:
- Antrag auf einen Europäischen Beschluss zur vorläufigen Kontenpfändung, Art. 8 I EuKoPfVO
- Europäischer Beschluss zur vorläufigen Kontenpfändung, Art. 19 EuKoPfVO
- Widerruf eines Europäischen Beschlusses zur vorläufigen Kontenpfändung, Art. 10 II EuKoPfVO

– Erklärung betreffend die vorläufige Pfändung von Geldern, Art. 25 I EuKoPfVO
– Antrag auf Freigabe überschüssiger vorläufig gepfändeter Beiträge, Art. 27 II EuKoPfVO
– Empfangsbestätigung, Art. 29 II EuKoPfVO
– Einlegung eines Rechtsbehelfs, Art. 35 EuKoPfVO
– Übermittlung einer Entscheidung über einen Rechtsbehelf an den Vollstreckungsmitgliedstaat, Art. 35 V EuKoPfVO
– Einlegen von Rechtsmitteln gegen eine Entscheidung über einen Rechtsbehelf, Art. 36 EuKoPfVO

Diese Formulare können über die Homepage des BfJ abgerufen werden [https://e-justice.europa.eu/content_european_account_preservation_order_forms-378-de.do, zuletzt abgerufen am 1.8.2020] 18

7. Übermittlungen und Zustellungen. Die Verordnung verweist für Übermittlungen und Zustellungen nicht pauschal auf die EuZVO (Vor § 1067). Art. 48 lit. a EuKoPfVO erklärt diese vielmehr nur insoweit für anwendbar, wie diese VO nicht selbst Regelungen zur Übermittlung enthält. 19

Verordnung (EU) Nr. 655/2014 (EuKoPfVO) (ohne ihre „Erwägungen“ und ihre umfangreichen Anhänge): 20

Kapitel 1. Gegenstand, Anwendungsbereich und Begriffsbestimmungen

Art. 1. EuKoPfVO Gegenstand

I Mit dieser Verordnung wird ein Unionsverfahren eingeführt, mit dem ein Gläubiger einen Europäischen Beschluss zur vorläufigen Kontenpfändung (im Folgenden „Beschluss zur vorläufigen Pfändung“ oder „Beschluss“) erwirken kann, der verhindert, dass die spätere Vollstreckung seiner Forderung dadurch gefährdet wird, dass Gelder bis zu dem im Beschluss angegebenen Betrag, die vom Schuldner oder in seinem Namen auf einem in einem Mitgliedstaat geführten Bankkonto geführt werden, überwiesen oder abgehoben werden.

II Der Beschluss zur vorläufigen Pfändung steht dem Gläubiger als eine Alternative zu den Maßnahmen zur vorläufigen Pfändung nach dem nationalen Recht zur Verfügung.

Art. 2. EuKoPfVO Anwendungsbereich

I 1Diese Verordnung gilt für Geldforderungen in Zivil- und Handelssachen bei grenzüberschreitenden Rechtssachen im Sinne des Artikels 3, ohne dass es auf die Art des Gerichts ankommt. 2Sie gilt insbesondere nicht für Steuer- und Zollsachen sowie verwaltungsrechtliche Angelegenheiten oder die Haftung des Staates für Handlungen oder Unterlassungen im Rahmen der Ausübung hoheitlicher Rechte („acta jure imperii“).

II Diese Verordnung gilt nicht für:

a) die ehelichen Güterstände oder Güterstände aufgrund von Verhältnissen, die nach dem auf diese Verhältnisse anzuwendenden Recht mit der Ehe vergleichbare Wirkungen entfalten;
b) das Gebiet des Testaments- und Erbrechts, einschließlich Unterhaltspflichten, die mit dem Tod entstehen;
c) Forderungen gegenüber einem Schuldner, gegen den Insolvenzverfahren, Vergleiche oder ähnliche Verfahren eröffnet worden sind;
d) die soziale Sicherheit;
e) die Schiedsgerichtsbarkeit.

III Diese Verordnung gilt weder für Bankkonten, die nach dem Recht des Mitgliedstaats, in dem das Konto geführt wird, nicht gepfändet werden dürfen, noch für Konten, die im Zusammenhang mit dem Betrieb eines Systems im Sinne des Artikels 2 Buchstabe a der Richtlinie 98/26/EG des Europäischen Parlaments und des Rates[1] geführt werden.

IV Diese Verordnung gilt nicht für Bankkonten, die von oder bei Zentralbanken geführt werden, wenn diese in ihrer Eigenschaft als Währungsbehörden tätig werden.

Art. 3. EuKoPfVO Grenzüberschreitende Rechtssachen

I Für die Zwecke dieser Verordnung gilt eine Rechtssache dann als grenzüberschreitend, wenn das mit dem Beschluss zur vorläufigen Pfändung vorläufig zu pfändende Bankkonto oder die damit vorläufig zu pfändenden Bankkonten in einem anderen Mitgliedstaat geführt werden als

a) dem Mitgliedstaat des Gerichts, bei dem der Beschluss zur vorläufigen Pfändung gemäß Artikel 6 beantragt worden ist, oder
b) dem Mitgliedstaat, in dem der Gläubiger seinen Wohnsitz hat.

II Maßgeblicher Zeitpunkt zur Feststellung, ob eine grenzüberschreitende Rechtssache vorliegt, ist der Tag, an dem der Antrag auf Erlass eines Beschlusses zur vorläufigen Pfändung bei dem Gericht, das für den Erlass des Beschlusses zur vorläufigen Pfändung zuständig ist, eingereicht wird.

Art. 4. EuKoPfVO Begriffsbestimmungen

Für die Zwecke dieser Verordnung bezeichnet der Ausdruck

1. „Bankkonto“ oder „Konto“ jedes Konto, das im Namen des Schuldners oder in fremdem Namen für den Schuldner bei einer Bank geführt wird und auf dem Gelder gutgeschrieben sind;
2. „Bank“ ein Kreditinstitut im Sinne des Artikels 4 Absatz 1 Nummer 1 der Verordnung (EU) Nr. 575/2013 des Europäischen Parlaments und des Rates[2] einschließlich der Zweigniederlassungen im Sinne des Artikels 4 Absatz 1 Nummer 17 jener Verordnung, die ihren Hauptsitz innerhalb oder – gemäß Artikel 47 der Richtlinie 2013/36/EU des Europäischen Parlaments und des Rates[3] – außerhalb der Union haben, wenn sich diese Zweigniederlassungen in der Union befinden;

---

[1] **Amtl. Anm.:** Richtlinie 98/26/EG des Europäischen Parlaments und des Rates vom 19. Mai 1998 über die Wirksamkeit von Abrechnungen in Zahlungs- sowie Wertpapierliefer- und -abrechnungssystemen (ABl. L 166 vom 11.6.1998, S. 45).

[2] **Amtl. Anm.:** Verordnung (EU) Nr. 575/2013 des Europäischen Parlaments und des Rates vom 26. Juni 2013 über Aufsichtsanforderungen an Kreditinstitute und Wertpapierfirmen und zur Änderung der Verordnung (EU) Nr. 648/2012 (ABl. L 176 vom 27.6.2013, S. 1).

[3] **Amtl. Anm.:** Richtlinie 2013/36/EU des Europäischen Parlaments und des Rates vom 26. Juni 2013 über den Zugang zur Tätigkeit von Kreditinstituten und die Beaufsichtigung von Kreditinstituten und Wertpapierfirmen, zur Änderung der Richtlinie 2002/87/EG und zur Aufhebung der Richtlinien 2006/48/EG und 2006/49/EG (ABl. L 176 vom 27.6.2013, S. 338).

3. „Gelder“ ein in beliebiger Währung auf einem Konto gutgeschriebener Geldbetrag oder vergleichbare Geldforderungen, wie beispielsweise Geldmarkteinlagen;
4. „Mitgliedstaat, in dem das Bankkonto geführt wird“
   a) den Mitgliedstaat, der in der internationalen Kontonummer (IBAN) des Kontos angegeben ist, oder
   b) bei einem Bankkonto ohne IBAN, den Mitgliedstaat, in dem die Bank, bei der das Konto geführt wird, ihren Hauptsitz hat, oder, sofern das Konto bei einer Zweigniederlassung geführt wird, den Mitgliedstaat, in dem sich die Zweigniederlassung befindet;
5. „Forderung“ eine Forderung auf Zahlung eines bestimmten fälligen Geldbetrags oder eine Forderung auf Zahlung eines bestimmbaren Geldbetrags, der sich aus einer bereits erfolgten Transaktion oder einem bereits eingetretenen Ereignis ergibt, sofern eine solche Forderung gerichtlich eingeklagt werden kann;
6. „Gläubiger“ eine natürliche Person mit Wohnsitz in einem Mitgliedstaat oder eine juristische Person mit Sitz in einem Mitgliedstaat oder ein sonstiger Rechtsträger mit Sitz in einem Mitgliedstaat, der nach dem Recht eines Mitgliedstaats vor Gericht klagen oder verklagt werden kann, welche bzw. welcher einen Beschluss zur vorläufigen Pfändung für eine Forderung beantragt oder bereits erwirkt hat;
7. „Schuldner“ eine natürliche oder juristische Person oder ein sonstiger Rechtsträger, der nach dem Recht eines Mitgliedstaats vor Gericht klagen oder verklagt werden kann, gegen die bzw. den der Gläubiger einen Beschluss zur vorläufigen Pfändung für eine Forderung erwirken will oder bereits erwirkt hat;
8. „gerichtliche Entscheidung“ jede von einem Gericht eines Mitgliedstaats erlassene Entscheidung ohne Rücksicht auf ihre Bezeichnung, einschließlich des Kostenfestsetzungsbeschlusses eines Gerichtsbediensteten;
9. „gerichtlicher Vergleich“ einen Vergleich, der von einem Gericht eines Mitgliedstaats gebilligt oder vor einem Gericht eines Mitgliedstaats im Laufe eines Verfahrens geschlossen worden ist;
10. „öffentliche Urkunde“ ein Schriftstück, das in einem Mitgliedstaat als öffentliche Urkunde förmlich errichtet oder eingetragen worden ist und dessen Beweiskraft
    a) sich auf die Unterschrift und den Inhalt der Urkunde bezieht und
    b) durch eine Behörde oder eine andere hierzu ermächtigte Stelle festgestellt worden ist;
11. „Ursprungsmitgliedstaat“ den Mitgliedstaat, in dem der Beschluss zur vorläufigen Pfändung erlassen worden ist;
12. „Vollstreckungsmitgliedstaat“ den Mitgliedstaat, in dem das vorläufig zu pfändende Konto geführt wird;
13. „Auskunftsbehörde“ die von einem Mitgliedstaat benannte Behörde, die befugt ist, die erforderlichen Informationen zu dem Konto oder den Konten des Schuldners gemäß Artikel 14 einzuholen;
14. „zuständige Behörde“ die von einem Mitgliedstaat benannte Behörde oder benannten Behörden, die befugt ist bzw. sind, den Empfang, die Übermittlung oder die Zustellung gemäß Artikel 10 Absatz 2, Artikel 23 Absätze 3, 5 und 6, Artikel 25 Absatz 3, Artikel 27 Absatz 2, Artikel 28 Absatz 3 und Artikel 36 Absatz 5 Unterabsatz 2 vorzunehmen;
15. „Wohnsitz“ den Wohnsitz nach Maßgabe der Artikel 62 und 63 der Verordnung (EU) Nr. 1215/2012 des Europäischen Parlaments und des Rates[4].

Kapitel 2. Verfahren zur Erwirkung eines Beschlusses zur vorläufigen Pfändung

Art. 5. EuKoPfVO Verfügbarkeit

Ein Beschluss zur vorläufigen Pfändung steht dem Gläubiger in den folgenden Situationen zur Verfügung:

a) bevor der Gläubiger in einem Mitgliedstaat ein Verfahren gegen den Schuldner in der Hauptsache einleitet oder während eines solchen Verfahrens, bis die gerichtliche Entscheidung erlassen oder ein gerichtlicher Vergleich gebilligt oder geschlossen wird;
b) nachdem der Gläubiger in einem Mitgliedstaat eine gerichtliche Entscheidung, einen gerichtlichen Vergleich oder eine öffentliche Urkunde erwirkt hat, mit der bzw. dem der Schuldner aufgefordert wird, die Forderung des Gläubigers zu erfüllen.

Art. 6. EuKoPfVO Zuständigkeit

I In Fällen, in denen der Gläubiger noch keine gerichtliche Entscheidung, keinen gerichtlichen Vergleich oder keine öffentliche Urkunde erwirkt hat, liegt die Zuständigkeit für den Erlass eines Beschlusses zur vorläufigen Pfändung bei den Gerichten des Mitgliedstaats, die gemäß den einschlägigen anzuwendenden Zuständigkeitsvorschriften für die Entscheidung in der Hauptsache zuständig sind.

II Ungeachtet des Absatzes 1 sind, sofern der Schuldner ein Verbraucher ist und einen Vertrag mit dem Gläubiger zu einem Zweck geschlossen hat, der nicht der beruflichen oder gewerblichen Tätigkeit des Schuldners zugerechnet werden kann, ausschließlich die Gerichte des Mitgliedstaats, in dem der Schuldner seinen Wohnsitz hat, für den Erlass eines Beschlusses zur vorläufigen Pfändung zur Sicherung einer Forderung aus diesem Vertrag zuständig.

III Hat der Gläubiger bereits eine gerichtliche Entscheidung oder einen gerichtlichen Vergleich erwirkt, so sind die Gerichte des Mitgliedstaats, in dem die Entscheidung erlassen wurde oder der gerichtliche Vergleich gebilligt oder geschlossen wurde, für den Erlass des Beschlusses zur vorläufigen Pfändung über die in der gerichtlichen Entscheidung oder dem gerichtlichen Vergleich angegebene Forderung zuständig.

IV Hat der Gläubiger die Ausstellung einer öffentlichen Urkunde erwirkt, so sind die als hierfür zuständig bezeichneten Gerichte des Mitgliedstaats, in dem die Urkunde errichtet wurde, für den Erlass des Beschlusses zur vorläufigen Pfändung über die in der Urkunde angegebene Forderung zuständig.

Art. 7. EuKoPfVO Bedingungen für den Erlass eines Beschlusses zur vorläufigen Pfändung

I Das Gericht erlässt einen Beschluss zur vorläufigen Pfändung, wenn der Gläubiger hinreichende Beweismittel vorgelegt hat, die das Gericht zu der berechtigten Annahme veranlassen, dass eine Sicherungsmaßnahme in Form eines Beschlusses zur vorläufigen Pfändung dringend erforderlich ist, weil eine tatsächliche Gefahr besteht, dass ohne diese Maßnahme die spätere Vollstreckung der Forderung des Gläubigers gegenüber dem Schuldner unmöglich oder sehr erschwert wird.

II Hat der Gläubiger noch in keinem Mitgliedstaat eine gerichtliche Entscheidung, einen gerichtlichen Vergleich oder eine öffentliche Urkunde erwirkt, mit der bzw. mit dem der Schuldner aufgefordert wird, die Forderung des Gläubigers zu erfüllen, so legt er zudem hinreichende Beweismittel vor, die das Gericht zu der berechtigten

[4] **Amtl. Anm.:** Verordnung (EU) Nr. 1215/2012 des Europäischen Parlaments und des Rates vom 12. Dezember 2012 über die gerichtliche Zuständigkeit und die Anerkennung und Vollstreckung von Entscheidungen in Zivil- und Handelssachen (ABl. L 351 vom 20.12.2012, S. 1).

Annahme veranlassen, dass über die Forderung gegenüber dem Schuldner in der Hauptsache voraussichtlich zugunsten des Gläubigers entschieden wird.

Art. 8. EuKoPfVO Antrag auf Erlass eines Beschlusses zur vorläufigen Pfändung

I Anträge auf Erlass eines Beschlusses zur vorläufigen Pfändung sind unter Verwendung des gemäß dem Beratungsverfahren nach Artikel 52 Absatz 2 erstellten Formblatts einzureichen.

II Der Antrag muss folgende Angaben enthalten:

a) Name und Anschrift des Gerichts, bei dem der Antrag eingereicht wird;

b) Angaben zum Gläubiger: Name und Kontaktdaten sowie gegebenenfalls Name und Kontaktdaten des Vertreters des Gläubigers und

i) wenn der Gläubiger eine natürliche Person ist, ihr Geburtsdatum und, falls vorhanden und falls verfügbar, ihre Identifikations- oder Passnummer, oder

ii) wenn der Gläubiger eine juristische Person oder ein sonstiger Rechtsträger ist, der nach dem Recht eines Mitgliedstaats vor Gericht klagen oder verklagt werden kann, den Staat ihrer Gründung, Erlangung der Rechtsfähigkeit oder Registrierung und ihre Identifikations- oder Registrierungsnummer oder, falls keine solche Nummer vorhanden ist, Datum und Ort ihrer Gründung, Erlangung der Rechtsfähigkeit oder Registrierung;

c) Angaben zum Schuldner: Name und Kontaktdaten sowie gegebenenfalls Name und Kontaktdaten des Vertreters des Schuldners und, falls verfügbar:

i) wenn der Schuldner eine natürliche Person ist, ihr Geburtsdatum und ihre Identifikations- oder Passnummer, oder

ii) wenn der Schuldner eine juristische Person oder ein sonstiger Rechtsträger ist, der nach dem Recht eines Mitgliedstaats vor Gericht klagen oder verklagt werden kann, den Staat ihrer Gründung, Erlangung der Rechtsfähigkeit oder Registrierung und ihre Identifikations- oder Registrierungsnummer oder, falls keine solche Nummer vorhanden ist, Datum und Ort ihrer Gründung, Erlangung der Rechtsfähigkeit oder Registrierung;

d) eine Nummer, mit der die Bank identifiziert werden kann, wie IBAN oder BIC und/oder Name und Anschrift der Bank, bei der der Schuldner ein oder mehrere vorläufig zu pfändende Konten unterhält;

e) falls verfügbar die Nummer des oder der vorläufig zu pfändenden Konten und in diesem Fall die Angabe, ob andere Konten des Schuldners bei derselben Bank vorläufig gepfändet werden sollen;

f) falls keine der nach Buchstabe d erforderlichen Angaben vorgelegt werden kann, eine Erklärung, dass die Einholung der Kontoinformationen gemäß Artikel 14 beantragt wurde, sofern ein solcher Antrag möglich ist, und die Angabe der Gründe, warum nach Auffassung des Gläubigers der Schuldner ein oder mehrere Konten bei einer Bank in einem bestimmten Mitgliedstaat unterhält;

g) die Höhe der Forderung, für die der Beschluss zur vorläufigen Pfändung beantragt wird:

i) wenn der Gläubiger noch keine gerichtliche Entscheidung, keinen gerichtlichen Vergleich oder keine öffentliche Urkunde erwirkt hat, die Höhe der Hauptforderung oder eines Teils der Hauptforderung und etwaiger Zinsen, soweit diese gemäß Artikel 15 eingetrieben werden können;

ii) wenn der Gläubiger bereits eine gerichtliche Entscheidung oder einen gerichtlichen Vergleich oder eine öffentliche Urkunde erwirkt hat, die Höhe der Hauptforderung, die in der gerichtlichen Entscheidung, dem gerichtlichen Vergleich oder der öffentlichen Urkunde angegeben ist, oder eines Teils der Hauptforderung und etwaiger Zinsen und Kosten, soweit diese gemäß Artikel 15 eingetrieben werden können;

h) wenn der Gläubiger noch keine gerichtliche Entscheidung, keinen gerichtlichen Vergleich oder keine öffentliche Urkunde erwirkt hat,

i) eine Beschreibung aller sachlich relevanten Umstände, die die Zuständigkeit des Gerichts, bei dem der Antrag auf Erlass eines Beschlusses zur vorläufigen Pfändung eingereicht wird, begründen;

ii) eine Beschreibung aller sachlich relevanten Umstände, auf die sich die Forderung sowie gegebenenfalls die Zinsforderungen gründen;

iii) eine Erklärung, die Auskunft darüber gibt, ob der Gläubiger bereits ein Verfahren gegen den Schuldner in der Hauptsache eingeleitet hat;

i) wenn der Gläubiger bereits eine gerichtliche Entscheidung oder einen gerichtlichen Vergleich oder eine öffentliche Urkunde erwirkt hat, eine Erklärung, dass der gerichtlichen Entscheidung, dem gerichtlichen Vergleich oder der öffentlichen Urkunde noch nicht Folge geleistet wurde, oder, falls dieser bzw. diesem zum Teil Folge geleistet wurde, Angaben darüber, inwieweit ihr bzw. ihm nicht Folge geleistet wurde;

j) eine Beschreibung aller sachlich relevanten Umstände nach Maßgabe des Artikels 7 Absatz 1, die den Erlass eines Beschlusses zur vorläufigen Pfändung rechtfertigen;

k) gegebenenfalls eine Angabe der Gründe, warum der Gläubiger seiner Ansicht nach von der Sicherheitsleistung nach Artikel 12 befreit werden sollte;

l) eine Liste der vom Gläubiger vorgelegten Beweismittel;

m) eine Erklärung gemäß Artikel 16, die Auskunft darüber gibt, ob der Gläubiger bei anderen Gerichten oder Behörden einen Antrag auf Erlass eines gleichwertigen nationalen Beschlusses gestellt hat oder ob ein solcher Beschluss bereits erwirkt oder abgelehnt wurde und, falls ein solcher erwirkt wurde, inwieweit er bereits ausgeführt wurde;

n) eine fakultative Angabe des Bankkontos des Gläubigers, das für eine freiwillige Erfüllung der Forderung durch den Schuldner zu verwenden ist;

o) eine Erklärung, dass die Angaben im Antrag vom Gläubiger nach bestem Wissen und Gewissen wahrheitsgemäß und vollständig gemacht wurden und dass dem Gläubiger bewusst ist, dass vorsätzlich falsche oder unvollständige Angaben Rechtsfolgen nach dem Recht des Mitgliedstaats, in dem der Antrag eingereicht wurde, oder eine Haftung nach Artikel 13 nach sich ziehen können.

III Dem Antrag sind alle zweckdienlichen Unterlagen beizufügen sowie, wenn der Gläubiger bereits eine gerichtliche Entscheidung oder einen gerichtlichen Vergleich oder eine öffentliche Urkunde erwirkt hat, eine Ausfertigung der gerichtlichen Entscheidung, des gerichtlichen Vergleichs oder der öffentlichen Urkunde, die die für ihre Beweiskraft erforderlichen Voraussetzungen erfüllt.

IV Der Antrag und die Unterlagen können auf jedem Weg übermittelt werden, der nach den Verfahrensvorschriften des Mitgliedstaats, in dem der Antrag eingereicht wird, zulässig ist, einschließlich elektronischer Kommunikationswege.

Art. 9. EuKoPfVO Beweisaufnahme

I [1]Das Gericht trifft seine Entscheidung im Wege eines schriftlichen Verfahrens auf Grundlage der Informationen und Beweismittel, die der Gläubiger in seinem Antrag vorgebracht bzw. seinem Antrag beigefügt hat. [2]Erachtet das Gericht die vorgelegten Beweismittel für nicht ausreichend, so kann es, sofern dies nach nationalem Recht zulässig ist, den Gläubiger auffordern, zusätzliche schriftliche Beweismittel vorzulegen.

II Ungeachtet des Absatzes 1 und vorbehaltlich des Artikels 11 kann das Gericht, sofern das Verfahren dadurch nicht übermäßig verzögert wird, außerdem jede andere geeignete Methode der Beweiserhebung anwenden, die nach seinem nationalen Recht zur Verfügung steht, wie beispielweise die mündliche Anhörung des Gläubigers oder seines bzw. seiner Zeugen, unter anderem auch mittels Videokonferenz oder einer anderen Kommunikationstechnologie.

Art. 10. EuKoPfVO Einleitung des Verfahrens in der Hauptsache

I [1]Hat der Gläubiger vor der Einleitung eines Verfahrens in der Hauptsache einen Antrag auf Erlass eines Beschlusses zur vorläufigen Pfändung gestellt, so leitet er ein solches Verfahren ein und weist vor dem Gericht, bei dem der Antrag auf Erlass des Beschlusses zur vorläufigen Pfändung eingereicht wurde, innerhalb von 30 Tagen nach Einreichung seines Antrags oder innerhalb von 14 Tagen nach dem Erlass des Beschlusses, je nachdem, welcher Zeitpunkt der spätere ist, nach, dass er ein solches Verfahren eingeleitet hat. [2]Das Gericht kann diese Frist auf Antrag des Schuldners auch verlängern, beispielsweise um es den Parteien zu ermöglichen, eine Einigung hinsichtlich der Erfüllung der Forderung zu erzielen; es unterrichtet beide Parteien entsprechend.

II Geht der Nachweis über die Einleitung des Verfahrens nicht innerhalb der Frist nach Absatz 1 beim Gericht ein, so wird der Beschluss zur vorläufigen Pfändung widerrufen oder er endet und die Parteien werden entsprechend unterrichtet.

Hat das Gericht, das den Beschluss erlassen hat, seinen Sitz im Vollstreckungsmitgliedstaat, so erfolgt der Widerruf oder die Beendigung des Beschlusses in diesem Mitgliedstaat nach dem Recht dieses Mitgliedstaats.

[1]Ist der Widerruf oder die Beendigung in einem anderen Mitgliedstaat als dem Ursprungsmitgliedstaat durchzuführen, so widerruft das Gericht den Beschluss zur vorläufigen Pfändung unter Verwendung des Widerrufsformblatts, das im Wege von gemäß dem Beratungsverfahren nach Artikel 52 Absatz 2 erlassenen Durchführungsakten erstellt wurde, und übermittelt das Widerrufsformblatt gemäß Artikel 29 der zuständigen Behörde des Vollstreckungsmitgliedstaats. [2]Diese Behörde unternimmt die erforderlichen Schritte, indem sie gegebenenfalls Artikel 23 anwendet, damit der Widerruf oder die Beendigung ausgeführt wird.

III Für die Zwecke des Absatzes 1 gilt ein Verfahren in der Hauptsache als eingeleitet

a) zu dem Zeitpunkt, zu dem das verfahrenseinleitende Schriftstück oder ein gleichwertiges Schriftstück bei Gericht eingereicht worden ist, vorausgesetzt, dass der Gläubiger es in der Folge nicht versäumt hat, die ihm obliegenden Maßnahmen zu treffen, um die Zustellung des Schriftstücks an den Schuldner zu bewirken, oder
b) falls die Zustellung an den Schuldner vor Einreichung des Schriftstücks bei Gericht zu bewirken ist, zu dem Zeitpunkt, zu dem die für die Zustellung verantwortliche Behörde das Schriftstück erhalten hat, vorausgesetzt, dass der Gläubiger es in der Folge nicht versäumt hat, die ihm obliegenden Maßnahmen zu treffen, um das Schriftstück bei Gericht einzureichen.

Die für die Zustellung verantwortliche Behörde im Sinne des Unterabsatzes 1 Buchstaben b ist die Behörde, die die zuzustellenden Schriftstücke zuerst erhält.

Art. 11. EuKoPfVO Verfahren ohne vorherige Anhörung des Antragsgegners

Der Schuldner erhält vor Erlass des Beschlusses zur vorläufigen Pfändung keine Kenntnis vom Antrag auf Erlass des Beschlusses oder Gelegenheit zur Äußerung.

Art. 12. EuKoPfVO Sicherheitsleistung des Gläubigers

I In Fällen, in denen der Gläubiger noch keine gerichtliche Entscheidung, keinen gerichtlichen Vergleich oder keine öffentliche Urkunde erwirkt hat, verlangt das Gericht vor Erlass eines Beschlusses zur vorläufigen Pfändung vom Gläubiger die Leistung einer Sicherheit in ausreichender Höhe, um einen Missbrauch des in dieser Verordnung vorgesehenen Verfahrens zu verhindern und sicherzustellen, dass der Schuldner für einen etwaigen Schaden, der ihm infolge des Beschlusses entstanden ist, entschädigt werden kann, soweit der Gläubiger gemäß Artikel 13 für einen solchen Schaden haftet.

In Ausnahmefällen kann das Gericht von der Anforderung gemäß Unterabsatz 1 absehen, wenn es der Auffassung ist, dass die Sicherheitsleistung gemäß jenem Unterabsatz in Anbetracht der Umstände des Falls unangemessen ist.

II Hat der Gläubiger bereits eine gerichtliche Entscheidung oder einen gerichtlichen Vergleich oder eine öffentliche Urkunde erwirkt, so kann das Gericht vom Gläubiger eine Sicherheitsleistung nach Absatz 1 Unterabsatz 1 verlangen, bevor es den Beschluss erlässt, wenn es der Auffassung ist, dass dies in Anbetracht der Umstände des Falles erforderlich und angemessen ist.

III [1]Falls das Gericht gemäß diesem Artikel die Leistung einer Sicherheit verlangt, so teilt es dem Gläubiger den verlangten Betrag und die nach dem Recht des Mitgliedstaats, in dem das Gericht seinen Sitz hat, zulässigen Formen der Sicherheitsleistung mit. [2]Es teilt dem Gläubiger mit, dass es den Beschluss zur vorläufigen Pfändung erlässt, sobald die Sicherheit gemäß diesen Anforderungen geleistet ist.

Art. 13. EuKoPfVO Haftung des Gläubigers

I 1Der Gläubiger haftet für etwaige Schäden, die dem Schuldner durch den Beschluss zur vorläufigen Pfändung aufgrund eines Verschuldens des Gläubigers entstanden sind. 2Die Beweislast liegt beim Schuldner.

II In den folgenden Fällen wird das Verschulden des Gläubigers vermutet, sofern er nicht das Gegenteil nachweist,

a) wenn der Beschluss widerrufen wird, weil der Gläubiger es unterlassen hat, ein Verfahren in der Hauptsache einzuleiten, es sei denn, diese Unterlassung war eine Folge der Zahlung der Forderung durch den Schuldner oder einer anderen Form des Vergleichs zwischen den Parteien;
b) wenn der Gläubiger es unterlassen hat, die Freigabe überpfändeter Beträge gemäß Artikel 27 zu beantragen;
c) wenn in der Folge festgestellt wird, dass der Erlass des Beschlusses aufgrund der Tatsache, dass der Gläubiger seinen Verpflichtungen nach Artikel 16 nicht nachgekommen ist, nicht oder nur für einen niedrigeren Betrag gerechtfertigt war, oder

d) wenn der Beschluss widerrufen oder seine Vollstreckung beendet wird, weil der Gläubiger seinen Verpflichtungen gemäß dieser Verordnung in Bezug auf die Zustellung oder Übersetzung der Schriftstücke oder im Hinblick auf die Heilung der fehlenden Zustellung oder fehlenden Übersetzung nicht nachgekommen ist.

III 1Ungeachtet des Absatzes 1 können die Mitgliedstaaten andere Gründe oder Arten der Haftung oder Vorschriften zur Beweislast in ihrem nationalen Recht beibehalten oder in ihr nationales Recht aufnehmen. 2Alle anderen Aspekte im Zusammenhang mit der Haftung des Gläubigers gegenüber dem Schuldner, die in Absatz 1 oder 2 nicht spezifisch behandelt werden, unterliegen dem nationalen Recht.

IV Das auf die Haftung des Gläubigers anzuwendende Recht ist das Recht des Vollstreckungsmitgliedstaats.

Werden Konten in mehr als einem Mitgliedstaat vorläufig gepfändet, so gilt für die Haftung des Gläubigers das Recht des Vollstreckungsmitgliedstaats,

a) in dem der Schuldner seinen gewöhnlichen Aufenthalt, wie er in Artikel 23 der Verordnung (EG) Nr. 864/2007 des Europäischen Parlaments und des Rates[5] definiert ist, hat, oder andernfalls
b) der die engste Verknüpfung zu dem Fall hat.

V In diesem Artikel wird nicht die Frage etwaiger Haftung des Gläubigers gegenüber einer Bank oder einem Dritten behandelt.

Art. 14. EuKoPfVO Antrag auf Einholung von Kontoinformationen

I Hat der Gläubiger in einem Mitgliedstaat eine vollstreckbare gerichtliche Entscheidung, einen gerichtlichen Vergleich oder eine öffentliche Urkunde erwirkt, mit der bzw. dem vom Schuldner verlangt wird, die Forderung des Gläubigers zu erfüllen, und hat der Gläubiger Grund zu der Annahme, dass der Schuldner ein oder mehrere Konten bei einer Bank in einem bestimmten Mitgliedstaat unterhält, ist ihm jedoch weder der Name noch die Anschrift der Bank noch die IBAN, BIC oder eine andere Banknummer bekannt, welche die Identifizierung der Bank ermöglicht, so kann er bei dem Gericht, bei dem der Beschluss zur vorläufigen Pfändung beantragt wurde, beantragen, die Auskunftsbehörde des Vollstreckungsmitgliedstaats um Einholung der Informationen zu ersuchen, die erforderlich sind, um die Identifizierung der Bank oder der Banken und des Kontos oder der Konten des Schuldners zu ermöglichen.

Ungeachtet des Unterabsatzes 1 kann der Gläubiger den dort genannten Antrag auch dann stellen, wenn die gerichtliche Entscheidung, der gerichtliche Vergleich oder die öffentliche Urkunde, die er erwirkt hat, noch nicht vollstreckbar ist, sofern es sich unter Berücksichtigung der einschlägigen Gegebenheiten um einen vorläufig zu pfändenden Betrag von erheblicher Höhe handelt und sofern der Gläubiger Beweismittel vorgelegt hat, die das Gericht zu der berechtigten Annahme veranlassen, dass die Kontoinformationen dringend erforderlich sind, da sonst die spätere Vollstreckung der Forderung des Gläubigers gegenüber dem Schuldner wahrscheinlich gefährdet ist, und dass dies in der Folge zu einer wesentlichen Verschlechterung der finanziellen Lage des Gläubigers führen könnte.

II 1Der Gläubiger stellt den Antrag gemäß Absatz 1 in dem Antrag auf Erlass des Beschlusses zur vorläufigen Pfändung. 2Der Gläubiger begründet, warum der Schuldner seiner Auffassung nach ein oder mehrere Konten bei einer Bank in einem bestimmten Mitgliedstaat unterhält, und legt alle ihm bekannten relevanten Informationen über den Schuldner und das vorläufig zu pfändende Konto oder die vorläufig zu pfändenden Konten vor. 3Kommt das Gericht, bei dem der Antrag auf Erlass eines Beschlusses zur vorläufigen Pfändung gestellt worden ist, zu dem Schluss, dass der Antrag des Gläubigers nicht ausreichend begründet ist, so lehnt es den Antrag ab.

III Ist das Gericht der Überzeugung, dass der Antrag des Gläubigers ausreichend begründet ist und dass – abgesehen von den Informationspflichten nach Artikel 8 Absatz 2 Buchstabe d – alle Bedingungen und Anforderungen für den Erlass des Beschlusses zur vorläufigen Pfändung sowie gegebenenfalls die Anforderung einer Sicherheitsleistung nach Artikel 12 erfüllt sind, so übermittelt das Gericht gemäß Artikel 29 das Ersuchen um Informationen an die Auskunftsbehörde des Vollstreckungsmitgliedstaats.

IV Zur Einholung der Informationen nach Absatz 1 bedient sich die Auskunftsbehörde des Vollstreckungsmitgliedstaats einer der Methoden, die in diesem Mitgliedstaat nach Absatz 5 zur Verfügung stehen.

V Jeder Mitgliedstaat stellt in seinem nationalen Recht mindestens eine der folgenden Methoden für die Einholung von Informationen nach Absatz 1 zur Verfügung:

a) Alle Banken in seinem Hoheitsgebiet werden verpflichtet, auf Ersuchen der Auskunftsbehörde offenzulegen, ob der Schuldner bei ihnen ein Konto unterhält;
b) die Auskunftsbehörde kann auf die einschlägigen Informationen zugreifen, sofern sie bei Behörden oder öffentlichen Verwaltungen in Registern oder anderweitig gespeichert sind;
c) die Möglichkeit seiner Gerichte, den Schuldner zu verpflichten, offenzulegen, bei welcher Bank oder welchen Banken er in seinem Hoheitsgebiet ein oder mehrere Konten unterhält, wenn eine solche Verpflichtung mit einem Gerichtsbeschluss in personam einhergeht, mit dem ihm die Abhebung oder Überweisung von Geldern auf seinem Konto oder seinen Konten bis zu dem Betrag, der mit dem Beschluss zur vorläufigen Pfändung vorläufig gepfändet werden soll, untersagt wird, oder
d) jede andere Methode, nach der die einschlägigen Informationen wirksam und effizient beschafft werden können, sofern der finanzielle und zeitliche Aufwand nicht unverhältnismäßig ist.

Unabhängig davon, welche Methode oder Methoden ein Mitgliedstaat zur Verfügung stellt, gehen alle an der Einholung der Informationen beteiligten Behörden zügig vor.

VI Sobald die Auskunftsbehörde des Vollstreckungsmitgliedstaats die Kontoinformationen eingeholt hat, übermittelt sie die Informationen dem ersuchenden Gericht gemäß Artikel 29.

VII 1Ist die Auskunftsbehörde nicht imstande, die Informationen nach Absatz 1 einzuholen, so teilt sie dies dem ersuchenden Gericht mit. 2Wird der Antrag auf einen Beschluss zur vorläufigen Pfändung aufgrund des Fehlens der Kontoinformationen gemäß Absatz 1 vollständig abgelehnt, so gibt das ersuchende Gericht unverzüglich alle Sicherheiten frei, die der Gläubiger nach Artikel 12 möglicherweise geleistet hat.

VIII Erhält die Auskunftsbehörde gemäß diesem Artikel Informationen von einer Bank oder Zugriff auf die bei Behörden oder öffentlichen Verwaltungen in Registern gespeicherten Kontoinformationen, so wird die Benach-

[5] **Amtl. Anm.:** Verordnung (EG) Nr. 864/2007 des Europäischen Parlaments und des Rates vom 11. Juli 2007 über das auf außervertragliche Schuldverhältnisse anzuwendende Recht („Rom II") (ABl. L 199 vom 31.7.2007, S. 40).

richtigung des Schuldners über die Offenlegung seiner personenbezogenen Daten um 30 Tage aufgeschoben, um zu verhindern, dass eine frühzeitige Benachrichtigung die Wirkung des Beschlusses zur vorläufigen Pfändung gefährdet.

Art. 15. EuKoPfVO Zinsen und Kosten

I Auf Antrag des Gläubigers werden in den Beschluss zur vorläufigen Pfändung alle Zinsen einbezogen, die nach dem auf die Forderung anwendbaren Recht bis zum Zeitpunkt des Erlasses des Beschlusses angefallen sind, sofern die Einbeziehung nicht aufgrund der Höhe und der Art der Zinsen einen Verstoß gegen die Eingriffsnormen nach dem Recht des Ursprungsmitgliedstaats darstellen.

II Hat ein Gläubiger bereits eine gerichtliche Entscheidung, einen gerichtlichen Vergleich oder eine öffentliche Urkunde erwirkt, so werden auf Antrag des Gläubigers auch die Kosten für die Erwirkung dieser gerichtlichen Entscheidung, dieses gerichtlichen Vergleichs oder dieser öffentlichen Urkunde in den Beschluss zur vorläufigen Pfändung einbezogen, insoweit entschieden wurde, dass diese Kosten dem Schuldner auferlegt werden.

Art. 16. EuKoPfVO Parallele Anträge

I Der Gläubiger darf nicht bei mehreren Gerichten gleichzeitig parallele Anträge auf Erlass eines Beschlusses zur vorläufigen Pfändung gegen denselben Schuldner zur Sicherung derselben Forderung stellen.

II [1]Der Gläubiger erklärt in seinem Antrag auf Erlass eines Beschlusses zur vorläufigen Pfändung, ob er gegen denselben Schuldner im Hinblick auf die Sicherung derselben Forderung bei einem anderen Gericht oder einer anderen Behörde einen Antrag auf Erlass eines gleichwertigen nationalen Beschlusses gestellt oder bereits erwirkt hat. [2]Er gibt außerdem diejenigen Anträge auf Erlass eines solchen Beschlusses an, die als unzulässig oder unbegründet abgelehnt wurden.

III [1]Wenn der Gläubiger während des Verfahrens zum Erlass eines Beschlusses zur vorläufigen Pfändung einen gleichwertigen nationalen Beschluss gegen denselben Schuldner und zur Sicherung derselben Forderung erwirkt hat, unterrichtet er unverzüglich das Gericht hierüber und über jede spätere Ausführung des erlassenen nationalen Beschlusses. [2]Er unterrichtet das Gericht außerdem über diejenigen Anträge auf Erlass eines gleichwertigen nationalen Beschlusses, die als unzulässig oder unbegründet abgelehnt wurden.

IV Wird das Gericht darüber unterrichtet, dass der Gläubiger bereits einen gleichwertigen nationalen Beschluss erwirkt hat, so prüft es unter Berücksichtigung aller Umstände des Falls, ob der Erlass des Beschlusses zur vorläufigen Pfändung im Ganzen oder in Teilen noch angemessen ist.

Art. 17. EuKoPfVO Entscheidung über den Antrag auf Erlass eines Beschlusses zur vorläufigen Pfändung

I Das Gericht, bei dem der Antrag auf Erlass eines Beschlusses zur vorläufigen Pfändung gestellt worden ist, prüft, ob die Bedingungen und Voraussetzungen dieser Verordnung erfüllt sind.

II Das Gericht entscheidet über den Antrag unverzüglich, spätestens jedoch vor Ablauf der in Artikel 18 festgelegten Fristen.

III [1]Hat der Gläubiger nicht alle Angaben nach Artikel 8 gemacht, so kann das Gericht dem Gläubiger die Möglichkeit einräumen, den Antrag innerhalb einer vom Gericht festzulegenden Frist zu vervollständigen oder zu berichtigen, sofern der Antrag nicht offensichtlich unzulässig oder unbegründet ist. [2]Versäumt es der Gläubiger, den Antrag fristgerecht zu vervollständigen oder zu berichtigen, so wird der Antrag abgelehnt.

IV Der Beschluss zur vorläufigen Pfändung wird über einen Betrag erlassen, der durch die Beweismittel nach Artikel 9 und gemäß dem auf die zugrunde liegende Forderung anzuwendenden Recht begründet ist, und umfasst gegebenenfalls die Zinsen und/oder Kosten gemäß Artikel 15.

Der Beschluss wird in keinem Fall über einen Betrag erlassen, der den vom Gläubiger in seinem Antrag angegebenen Betrag übersteigt.

V Die Entscheidung über den Antrag wird dem Gläubiger nach dem im nationalen Recht des Ursprungsmitgliedstaats vorgesehenen Verfahren für gleichwertige nationale Beschlüsse mitgeteilt.

Art. 18. EuKoPfVO Für die Entscheidung über einen Antrag auf Erlass eines Beschlusses zur vorläufigen Pfändung geltende Fristen

I Hat der Gläubiger noch keine gerichtliche Entscheidung, keinen gerichtlichen Vergleich oder keine öffentliche Urkunde erwirkt, so erlässt das Gericht seine Entscheidung bis zum Ende des zehnten Arbeitstags, nach dem der Gläubiger seinen Antrag eingereicht oder gegebenenfalls vervollständigt hat.

II Hat der Gläubiger bereits eine gerichtliche Entscheidung, einen gerichtlichen Vergleich oder eine öffentliche Urkunde erwirkt, so erlässt das Gericht seine Entscheidung bis zum Ende des fünften Arbeitstags, nach dem der Gläubiger seinen Antrag eingereicht oder gegebenenfalls vervollständigt hat.

III Hält das Gericht eine mündliche Anhörung des Gläubigers oder, je nach Sachlage, seines (oder seiner) Zeugen gemäß Artikel 9 Absatz 2 für erforderlich, so führt es diese Anhörung unverzüglich durch und erlässt seine Entscheidung bis zum Ende des fünften Arbeitstags nach der Anhörung.

IV [1]In Fällen nach Artikel 12 gelten für die Entscheidung, vom Gläubiger eine Sicherheitsleistung zu verlangen, die in den Absätzen 1, 2 und 3 des vorliegenden Artikels genannten Fristen. [2]Das Gericht erlässt seine Entscheidung über einen Antrag auf Erlass eines Beschlusses zur vorläufigen Pfändung unverzüglich, nachdem der Gläubiger die verlangte Sicherheit geleistet hat.

V Ungeachtet der Absätze 1, 2 und 3 erlässt das Gericht in Fällen nach Artikel 14 seine Entscheidung unverzüglich, nachdem es die Informationen nach Artikel 14 Absatz 6 oder 7 erhalten hat, sofern der Gläubiger zu diesem Zeitpunkt die gegebenenfalls verlangte Sicherheit geleistet hat.

Art. 19. EuKoPfVO Form und Inhalt des Beschlusses zur vorläufigen Pfändung

I [1]Der Beschluss zur vorläufigen Pfändung wird unter Verwendung des Formblatts erlassen, das im Wege von gemäß dem Beratungsverfahren nach Artikel 52 Absatz 2 erlassenen Durchführungsakten erstellt wurde, und trägt einen Stempel, eine Unterschrift und/oder eine andere Authentifizierung des Gerichts. [2]Das Formblatt besteht aus zwei Teilen:

a) Teil A mit den Informationen nach Absatz 2, die der Bank, dem Gläubiger und dem Schuldner zu übermitteln sind, und

b) Teil B mit den Informationen gemäß Absatz 3, die zusätzlich zu den Informationen nach Absatz 2 dem Gläubiger und dem Schuldner zu übermitteln sind.

II Teil A enthält die folgenden Informationen:

a) den Namen, die Anschrift und das Aktenzeichen des Gerichts;
b) Angaben zum Gläubiger gemäß Artikel 8 Absatz 2 Buchstabe b;
c) Angaben zum Schuldner gemäß Artikel 8 Absatz 2 Buchstabe c;
d) den Namen und die Anschrift der Bank, die von dem Beschluss betroffen ist;
e) wenn der Gläubiger die Kontonummer des Schuldners im Antrag angegeben hat, die Nummer des oder der vorläufig zu pfändenden Konten sowie gegebenenfalls die Angabe, ob andere Konten des Schuldners bei derselben Bank ebenfalls vorläufig gepfändet werden müssen;
f) gegebenenfalls die Angabe, dass die Nummer etwaiger vorläufig zu pfändender Konten durch einen Antrag nach Artikel 14 erlangt wurde und dass die Bank, sofern dies gemäß Artikel 24 Absatz 4 Unterabsatz 2 erforderlich ist, die betreffende Nummer oder die betreffenden Nummern von der Auskunftsbehörde des Vollstreckungsmitgliedstaats erlangt;
g) die Höhe des mit dem Beschluss vorläufig zu pfändenden Betrags;
h) eine Anweisung an die Bank, den Beschluss gemäß Artikel 24 auszuführen;
i) das Datum des Erlasses des Beschlusses;
j) wenn der Gläubiger gemäß Artikel 8 Absatz 2 Buchstabe n in seinem Antrag ein Konto angegeben hat, eine an die Bank gerichtete Ermächtigung gemäß Artikel 24 Absatz 3, falls der Schuldner dies beantragt und falls dies nach dem Recht des Vollstreckungsmitgliedstaats zulässig ist, Gelder bis zu der im Beschluss angegebenen Höhe freigeben und von dem vorläufig gepfändeten Konto auf das Konto, das der Gläubiger in seinem Antrag angegeben hat, überweisen kann;
k) Angaben dazu, wo die elektronische Fassung des Formblatts für die Erklärung nach Artikel 25 zu finden ist.

III Teil B enthält die folgenden Informationen:

a) eine Beschreibung des Gegenstands des Verfahrens und die Begründung des Gerichts für den Erlass des Beschlusses;
b) die Höhe der vom Gläubiger gegebenenfalls geleisteten Sicherheit;
c) gegebenenfalls die Frist für die Einleitung des Verfahrens in der Hauptsache und für den Nachweis der Verfahrenseinleitung gegenüber dem erlassenden Gericht;
d) gegebenenfalls eine Angabe darüber, welche Schriftstücke gemäß Artikel 49 Absatz 1 Satz 2 zu übersetzen sind;
e) gegebenenfalls die Angabe, dass der Gläubiger dafür zuständig ist, die Vollstreckung des Beschlusses zu veranlassen, und folglich gegebenenfalls dafür zuständig ist, den Beschluss gemäß Artikel 23 Absatz 3 an die zuständige Behörde des Vollstreckungsmitgliedstaats zu übermitteln und die Zustellung an den Schuldner gemäß Artikel 28 Absätze 2, 3 und 4 zu veranlassen, und
f) eine Rechtsbehelfsbelehrung des Schuldners.

IV 1Betrifft der Beschluss zur vorläufigen Pfändung Konten bei verschiedenen Banken, so ist für jede Bank ein gesondertes Formblatt (Teil A gemäß Absatz 2) auszufüllen. 2In diesem Fall enthält das dem Gläubiger und dem Schuldner zur Verfügung gestellte Formular (Teile A und B gemäß den Absätzen 2 bzw. 3) eine Liste aller betroffenen Banken.

Art. 20. EuKoPfVO Geltungsdauer der vorläufigen Pfändung

Die mit dem Beschluss zur vorläufigen Pfändung vorläufig gepfändeten Gelder bleiben gemäß dem Beschluss oder späteren Änderungen oder Begrenzungen des Beschlusses gemäß Kapitel 4 so lange vorläufig gepfändet,

a) bis der Beschluss widerrufen wird;
b) bis die Vollstreckung des Beschlusses beendet ist oder
c) bis eine Maßnahme zur Vollstreckung einer gerichtlichen Entscheidung, eines gerichtlichen Vergleichs oder einer öffentlichen Urkunde, die bzw. den der Gläubiger hinsichtlich der durch den Beschluss zur vorläufigen Pfändung zu sichernden Forderung erwirkt hat, in Bezug auf die durch den Beschluss vorläufig gepfändeten Gelder wirksam wird.

Art. 21. EuKoPfVO Rechtsbehelf gegen eine Ablehnung des Antrags auf Erlass eines Beschlusses zur vorläufigen Pfändung

I Der Gläubiger kann gegen die Entscheidung des Gerichts, durch die sein Antrag auf Erlass eines Beschlusses zur vorläufigen Pfändung ganz oder teilweise abgelehnt wurde, einen Rechtsbehelf einlegen.

II 1Ein solcher Rechtsbehelf wird innerhalb von 30 Tagen ab dem Tag, an dem die Entscheidung nach Absatz 1 dem Gläubiger mitgeteilt wurde, eingelegt. 2Er wird bei dem Gericht eingelegt, das der betreffende Mitgliedstaat gemäß Artikel 50 Absatz 1 Buchstabe d der Kommission mitgeteilt hat.

III Wurde der Antrag auf Erlass eines Beschlusses zur vorläufigen Pfändung ganz abgelehnt, so wird der Rechtsbehelf gemäß dem Verfahren ohne vorherige Anhörung des Antragsgegners nach Maßgabe des Artikels 11 bearbeitet.

Kapitel 3. Anerkennung, Vollstreckbarkeit und Vollstreckung des Beschlusses zur vorläufigen Pfändung

Art. 22. EuKoPfVO Anerkennung und Vollstreckbarkeit

Ein in einem Mitgliedstaat gemäß dieser Verordnung erlassener Beschluss zur vorläufigen Pfändung wird in den anderen Mitgliedstaaten anerkannt, ohne dass es eines besonderen Verfahrens bedarf, und ist in den anderen Mitgliedstaaten vollstreckbar, ohne dass es einer Vollstreckbarerklärung bedarf.

Art. 23. EuKoPfVO Vollstreckung des Beschlusses zur vorläufigen Pfändung

I Vorbehaltlich dieses Kapitels erfolgt die Vollstreckung des Beschlusses zur vorläufigen Pfändung gemäß den Verfahren, die in dem Vollstreckungsmitgliedstaat für die Vollstreckung gleichwertiger nationaler Beschlüsse gelten.

II Alle Behörden, die an der Vollstreckung des Beschlusses beteiligt sind, werden unverzüglich tätig.

III Wurde der Beschluss zur vorläufigen Pfändung in einem anderen Mitgliedstaat als dem Vollstreckungsmitgliedstaat erlassen, so werden Teil A des Beschlusses gemäß Artikel 19 Absatz 2 und ein Blanko-Standardformblatt für die Erklärung nach Artikel 25 für die Zwecke des Absatzes 1 dieses Artikels nach Maßgabe des Artikels 29 an die zuständige Behörde des Vollstreckungsmitgliedstaats übermittelt.

Die Übermittlung erfolgt durch das erlassende Gericht oder den Gläubiger, je nachdem, wer nach dem Recht des Ursprungsmitgliedstaats für die Einleitung des Vollstreckungsverfahrens zuständig ist.

IV 1Dem Beschluss wird erforderlichenfalls eine Übersetzung oder Transliteration in die Amtssprache des Vollstreckungsmitgliedstaats oder, wenn es in diesem Mitgliedstaat mehrere Amtssprachen gibt, in die Amtssprache oder eine der Amtssprachen des Ortes, an dem der Beschluss ausgeführt werden soll, beigefügt. 2Die Übersetzung oder Transliteration wird von dem erlassenden Gericht, das dafür die passende Sprachfassung des Formblatts gemäß Artikel 19 verwendet, zur Verfügung gestellt.

V Die zuständige Behörde des Vollstreckungsmitgliedstaats trifft die erforderlichen Maßnahmen, um den Beschluss gemäß ihrem nationalen Recht vollstrecken zu lassen.

VI Betrifft der Beschluss zur vorläufigen Pfändung mehr als eine Bank in demselben Mitgliedstaat oder in verschiedenen Mitgliedstaaten, so wird der zuständigen Behörde des jeweiligen Vollstreckungsmitgliedstaats für jede Bank ein gesondertes Formblatt nach Maßgabe des Artikels 19 Absatz 4 übermittelt.

Art. 24. EuKoPfVO Ausführung des Beschlusses zur vorläufigen Pfändung

I Eine Bank, an die ein Beschluss zur vorläufigen Pfändung gerichtet wird, führt diesen unverzüglich nach Eingang des Beschlusses oder, soweit dies im nationalen Recht des Vollstreckungsmitgliedstaats vorgesehen ist, einer entsprechenden Anweisung zur Ausführung des Beschlusses aus.

II Zur Ausführung des Beschlusses zur vorläufigen Pfändung nimmt die Bank vorbehaltlich des Artikels 31 die vorläufige Pfändung des in dem Beschluss angegebenen Betrags vor, indem sie entweder

a) sicherstellt, dass dieser Betrag nicht von dem Konto oder den Konten, das bzw. die in dem Beschluss genannt ist/sind oder das bzw. die nach Absatz 4 ermittelt wurde(n), überwiesen oder abgehoben wird, oder
b) soweit dies im nationalen Recht vorgesehen ist, diesen Betrag auf ein für vorläufige Pfändungen bestimmtes Konto überweist.

1Der vorläufig gepfändete tatsächliche Betrag kann von der Abwicklung von Transaktionen, die bereits anhängig sind, wenn der Beschluss oder eine entsprechende Anweisung bei der Bank eingeht, abhängen. 2Derartige anhängige Transaktionen dürfen jedoch nur berücksichtigt werden, wenn sie vor der Ausstellung der Erklärung gemäß Artikel 25 bis zum Ablauf der in Artikel 25 Absatz 1 festgelegten Fristen abgewickelt werden.

III Ungeachtet des Absatzes 2 Buchstabe a wird die Bank ermächtigt, auf Wunsch des Schuldners die vorläufig gepfändeten Gelder freizugeben und sie auf das in dem Beschluss angegebene Konto des Gläubigers zur Begleichung von dessen Forderung zu überweisen, wenn alle folgenden Voraussetzungen erfüllt sind:

a) diese Ermächtigung der Bank ist gemäß Artikel 19 Absatz 2 Buchstabe j in dem Beschluss ausdrücklich angegeben,
b) das Recht des Vollstreckungsmitgliedstaats lässt eine solche Freigabe und Überweisung zu, und
c) zu dem betreffenden Konto liegen keine konkurrierenden Beschlüsse vor.

IV Enthält der Beschluss zur vorläufigen Pfändung nicht die Kontonummer oder die Kontonummern des Schuldners, sondern nur den Namen und andere Angaben zum Schuldner, so ermittelt die Bank oder die sonstige Stelle, die für die Vollstreckung des Beschlusses zuständig ist, das Konto oder die Konten, die der Schuldner bei der in dem Beschluss angegebenen Bank unterhält.

Kann die Bank oder die sonstige Stelle ein Konto des Schuldners anhand der Angaben in dem Beschluss nicht mit Sicherheit ermitteln, so

a) holt die Bank diese Kontonummer oder Kontonummern bei der Auskunftsbehörde des Vollstreckungsmitgliedstaats ein, wenn gemäß Artikel 19 Absatz 2 Buchstabe f in dem Beschluss angegeben ist, dass die Nummer oder Nummern des vorläufig zu pfändenden Kontos oder der vorläufig zu pfändenden Konten durch einen Antrag nach Artikel 14 erlangt wurde bzw. wurden, und
b) führt die Bank in allen anderen Fällen den Beschluss nicht aus.

V Die Gelder auf dem Konto oder den Konten nach Absatz 2 Buchstabe a, die den im Beschluss zur vorläufigen Pfändung angegebenen Betrag übersteigen, bleiben von der Ausführung des Beschlusses unberührt.

VI Reichen zum Zeitpunkt der Ausführung des Beschlusses zur vorläufigen Pfändung die Gelder auf dem Konto oder den Konten nach Absatz 2 Buchstabe a nicht aus, um den in dem Beschluss angegebenen Gesamtbetrag vorläufig zu pfänden, so wird der Beschluss nur in Bezug auf den Betrag ausgeführt, der auf dem Konto oder den Konten vorhanden ist.

VII Bezieht sich der Beschluss zur vorläufigen Pfändung auf mehrere Konten des Schuldners bei derselben Bank und übersteigen die Gelder auf diesen Konten den in dem Beschluss angegebenen Betrag, so wird der Beschluss in folgender Reihenfolge ausgeführt:

a) Sparkonten auf den alleinigen Namen des Schuldners;
b) Girokonten auf den alleinigen Namen des Schuldners;
c) gemeinschaftliche Sparkonten auf den Namen mehrerer Personen, vorbehaltlich des Artikels 30;
d) gemeinschaftliche Girokonten auf den Namen mehrerer Personen, vorbehaltlich des Artikels 30.

VIII Lauten die Gelder auf dem Konto oder den Konten nach Absatz 2 Buchstabe a auf eine andere Währung als die, die im Beschluss zur vorläufigen Pfändung angegeben ist, so rechnet die Bank den in dem Beschluss angegebenen Betrag zu dem am Tag und zum Zeitpunkt der Ausführung des Beschlusses für den Verkauf der betreffenden Währung geltenden Referenzwechselkurs der Europäischen Zentralbank oder geltenden Wechselkurs der Zentralbank des Vollstreckungsmitgliedstaats in die Währung der Gelder um und pfändet vorläufig den entsprechenden Betrag in der Währung der Gelder.

Art. 25. EuKoPfVO Erklärung betreffend die vorläufige Pfändung von Geldern

I 1Bis zum Ende des dritten Arbeitstags nach Ausführung des Beschlusses zur vorläufigen Pfändung stellt die Bank oder die sonstige Stelle, die für die Vollstreckung des Beschlusses im Vollstreckungsmitgliedstaat zuständig ist, eine Erklärung unter Verwendung des Erklärungsformblatts, das im Wege von gemäß dem Beratungsverfahren nach Artikel 52 Absatz 2 erlassenen Durchführungsrechtsakten erstellt wurde, aus, in der sie angibt, ob bzw. inwieweit Gelder auf dem Konto oder den Konten des Schuldners vorläufig gepfändet wurden und, wenn dies der Fall ist, an welchem Tag der Beschluss ausgeführt wurde. 2Kann die Bank oder die sonstige Stelle die Erklärung aufgrund außergewöhnlicher Umstände nicht innerhalb von drei Arbeitstagen ausstellen, so stellt sie die Erklärung so schnell wie möglich, spätestens jedoch bis zum Ablauf des achten Arbeitstages nach der Ausführung des Beschlusses aus.

Die Erklärung wird unverzüglich gemäß den Absätzen 2 und 3 übermittelt.

II Wurde der Beschluss im Vollstreckungsmitgliedstaat erlassen, so übermittelt die Bank oder die sonstige Stelle, die für die Vollstreckung des Beschlusses zuständig ist, die Erklärung dem erlassenden Gericht gemäß Artikel 29 und dem Gläubiger per Einschreiben mit Rückschein oder gleichwertige elektronische Mittel.

III Wurde der Beschluss in einem anderen Mitgliedstaat als dem Vollstreckungsmitgliedstaat erlassen, so wird die Erklärung der zuständigen Behörde des Vollstreckungsmitgliedstaats gemäß Artikel 29 übermittelt, es sei denn, sie wurde von derselben Behörde ausgestellt.

Diese Behörde übermittelt die Erklärung dem erlassenden Gericht gemäß Artikel 29 und dem Gläubiger per Einschreiben mit Rückschein oder gleichwertige elektronische Mittel bis zum Ende des ersten Arbeitstags nach deren Eingang oder Ausstellung.

IV [1]Die Bank oder die sonstige Stelle, die für die Vollstreckung des Beschlusses zur vorläufigen Pfändung zuständig ist, legt auf Ersuchen des Schuldners die Einzelheiten des Beschlusses dem Schuldner gegenüber offen. [2]Die Bank oder die sonstige Stelle kann dies auch ohne ein solches Ersuchen tun.

Art. 26. EuKoPfVO Haftung der Bank

Die Haftung der Bank bei Nichterfüllung der ihr nach dieser Verordnung obliegenden Pflichten richtet sich nach dem Recht des Vollstreckungsmitgliedstaats.

Art. 27. EuKoPfVO Pflicht des Gläubigers, die Freigabe überschüssiger vorläufig gepfändeter Beträge zu beantragen

I Der Gläubiger ist verpflichtet, die erforderlichen Schritte zu unternehmen, um sicherzustellen, dass jeder Betrag, der nach Ausführung des Beschlusses zur vorläufigen Pfändung den in dem Beschluss zur vorläufigen Pfändung angegebenen Betrag übersteigt, freigegeben wird:

a) wenn der Beschluss sich auf mehrere Konten in demselben Mitgliedstaat oder in verschiedenen Mitgliedstaaten bezieht oder
b) wenn der Beschluss nach Ausführung eines oder mehrerer gleichwertiger nationaler Beschlüsse gegen denselben Schuldner und zur Sicherung derselben Forderung erlassen wurde.

II Der Gläubiger reicht bis zum Ende des dritten Arbeitstags nach Eingang einer Erklärung nach Artikel 25, aus der eine solche überschießende vorläufige Pfändung hervorgeht, auf schnellstmöglichem Wege unter Verwendung des Formblatts, das im Wege von gemäß dem Beratungsverfahren nach Artikel 52 Absatz 2 erlassenen Durchführungsrechtsakten erstellt wurde, für die Beantragung der Freigabe überschüssiger vorläufig gepfändeter Beträge einen Antrag auf Freigabe bei der zuständigen Behörde des Vollstreckungsmitgliedstaats, in dem die überschießende vorläufige Pfändung erfolgte, ein.

[1]Diese Behörde weist nach Eingang des Antrags die betroffene Bank unverzüglich an, die Freigabe der überschüssigen vorläufig gepfändeten Beträge zu veranlassen. [2]Artikel 24 Absatz 7 gilt gegebenenfalls in umgekehrter Reihenfolge.

III Dieser Artikel hindert einen Mitgliedstaat nicht daran, in seinen nationalen Rechtsvorschriften gegebenenfalls vorzusehen, dass die Freigabe überschüssiger vorläufig gepfändeter Gelder aus Konten, die in seinem Hoheitsgebiet geführt werden, von der zuständigen Vollstreckungsbehörde dieses Mitgliedstaats von sich aus eingeleitet wird.

Art. 28. EuKoPfVO Zustellung an den Schuldner

I Der Beschluss zur vorläufigen Pfändung, die sonstigen in Absatz 5 genannten Schriftstücke und die Erklärung nach Artikel 25 werden dem Schuldner gemäß diesem Artikel zugestellt.

II [1]Hat der Schuldner seinen Wohnsitz im Ursprungsmitgliedstaat, so wird die Zustellung nach dem Recht dieses Mitgliedstaats bewirkt. [2]Die Zustellung wird von dem erlassenden Gericht oder dem Gläubiger, je nachdem, wer im Ursprungsmitgliedstaat für die Veranlassung der Zustellung zuständig ist, bis Ende des dritten Arbeitstags nach dem Tag des Erhalts der Erklärung nach Artikel 25 über vorläufig gepfändete Beträge veranlasst.

III [1]Hat der Schuldner seinen Wohnsitz in einem anderen Mitgliedstaat als dem Ursprungsmitgliedstaat, so übermittelt das erlassende Gericht oder der Gläubiger, je nachdem, wer im Ursprungsmitgliedstaat für die Veranlassung der Zustellung zuständig ist, bis Ende des dritten Arbeitstags nach dem Tag des Erhalts der Erklärung nach Artikel 25 über vorläufig gepfändete Beträge die Schriftstücke nach Absatz 1 dieses Artikels der zuständigen Behörde des Mitgliedstaats, in dem der Schuldner seinen Wohnsitz hat, gemäß Artikel 29. [2]Diese Behörde trifft unverzüglich die erforderlichen Maßnahmen, um die Zustellung an den Schuldner nach dem Recht des Mitgliedstaats, in dem der Schuldner seinen Wohnsitz hat, zu bewirken.

[1]Ist der Mitgliedstaat, in dem der Schuldner seinen Wohnsitz hat, der einzige Vollstreckungsmitgliedstaat, so werden die Schriftstücke nach Absatz 5 dieses Artikels der zuständigen Behörde dieses Mitgliedstaats zur gleichen Zeit wie der Beschluss gemäß Artikel 23 Absatz 3 übermittelt. [2]In solchen Fällen veranlasst diese zuständige Behörde die Zustellung sämtlicher Schriftstücke nach Absatz 1 dieses Artikels bis zum Ende des dritten Arbeitstags nach Eingang oder Ausstellung der Erklärung gemäß Artikel 25, aus der hervorgeht, dass Beträge vorläufig gepfändet wurden.

Die zuständige Behörde unterrichtet das erlassende Gericht oder den Gläubiger, je nachdem, wer die zuzustellenden Schriftstücke übermittelt hat, über das Ergebnis der Zustellung an den Schuldner.

IV Hat der Schuldner seinen Wohnsitz in einem Drittstaat, so wird die Zustellung gemäß den im Ursprungsmitgliedstaat geltenden Vorschriften für die internationale Zustellung bewirkt.

V Folgende Schriftstücke, denen erforderlichenfalls eine Übersetzung oder Transliteration nach Artikel 49 Absatz 1 beigefügt wird, werden dem Schuldner zugestellt:

a) der Beschluss zur vorläufigen Pfändung unter Verwendung der Teile A und B des Formblatts nach Artikel 19 Absätze 2 und 3;
b) der Antrag auf Erlass eines Beschlusses zur vorläufigen Pfändung, der vom Gläubiger beim Gericht eingereicht wurde;
c) Abschriften aller Schriftstücke, die der Gläubiger dem Gericht zur Erwirkung des Beschlusses vorgelegt hat.

VI [1]Betrifft der Beschluss zur vorläufigen Pfändung mehr als eine Bank, so wird dem Schuldner nur die erste Erklärung nach Artikel 25, aus der hervorgeht, dass Beträge vorläufig gepfändet wurden, gemäß diesem Artikel zugestellt. [2]Spätere Erklärungen nach Artikel 25 werden dem Schuldner unverzüglich zur Kenntnis gebracht.

Art. 29. EuKoPfVO Übermittlung von Schriftstücken

I Ist in dieser Verordnung eine Übermittlung von Schriftstücken gemäß diesem Artikel vorgesehen, so kann diese Übermittlung mit geeigneten Mitteln vorgenommen werden, sofern der Inhalt des empfangenen Dokuments mit dem des übermittelten Dokuments inhaltlich genau übereinstimmt und sämtliche enthaltenen Angaben mühelos lesbar sind.

II Das Gericht oder die Behörde, bei dem bzw. der Schriftstücke gemäß Absatz 1 dieses Artikels eingegangen sind, übersendet bis zum Ende des dem Tag des Eingangs folgenden Arbeitstags der Behörde, dem Gläubiger oder der Bank, die bzw. der die Schriftstücke übermittelt hat, auf dem schnellstmöglichem Wege eine Empfangsbestätigung unter Verwendung des Formblatts, das im Wege von gemäß dem Beratungsverfahren nach Artikel 52 Absatz 2 erlassenen Durchführungsrechtsakten erstellt wurde.

Art. 30. EuKoPfVO Vorläufige Pfändung bei Gemeinschaftskonten und Treuhandkonten

Die Gelder auf Konten, über die den Unterlagen der kontoführenden Bank zufolge der Schuldner nicht allein verfügen kann oder über die ein Dritter im Namen des Schuldners oder der Schuldner im Namen eines Dritten verfügen kann, dürfen nach dieser Verordnung nur insoweit vorläufig gepfändet werden, wie sie nach dem Recht des Vollstreckungsmitgliedstaats pfändbar sind.

Art. 31. EuKoPfVO Von der vorläufigen Pfändung ausgenommene Beträge

I Die nach dem Recht des Vollstreckungsmitgliedstaats von der Pfändung freigestellten Beträge werden von der vorläufigen Pfändung gemäß dieser Verordnung ausgenommen.

II Sind die in Absatz 1 genannten Beträge nach dem Recht des Vollstreckungsmitgliedstaats ohne einen Antrag des Schuldners von der Pfändung freigestellt, so stellt die in diesem Mitgliedstaat für die Freistellung der Beträge zuständige Stelle von sich aus diese Beträge von der vorläufigen Pfändung frei.

III Sind die in Absatz 1 dieses Artikels genannten Beträge nach dem Recht des Vollstreckungsmitgliedstaats auf Antrag des Schuldners von der Pfändung freigestellt, so werden diese Beträge auf Antrag des Schuldners von der vorläufigen Pfändung freigestellt, wie in Artikel 34 Absatz 1 Buchstabe a vorgesehen.

Art. 32. EuKoPfVO Rang des Beschlusses zur vorläufigen Pfändung

Der Beschluss zur vorläufigen Pfändung hat gegebenenfalls denselben Rang, den ein gleichwertiger nationaler Beschluss im Vollstreckungsmitgliedstaat besitzt.

Kapitel 4. Rechtsbehelfe

Art. 33. EuKoPfVO Rechtsbehelf des Schuldners gegen den Beschluss zur vorläufigen Pfändung

I Auf Antrag des Schuldners beim zuständigen Gericht des Ursprungsmitgliedstaats wird der Beschluss zur vorläufigen Pfändung aus dem Grund widerrufen oder gegebenenfalls abgeändert, dass

a) die Bedingungen oder Voraussetzungen dieser Verordnung nicht erfüllt sind;
b) der Beschluss, die Erklärung nach Artikel 25 und/oder die sonstigen Schriftstücke nach Artikel 28 Absatz 5 dem Schuldner nicht innerhalb von 14 Tagen nach der vorläufigen Pfändung seines Kontos oder seiner Konten zugestellt wurden;
c) die Schriftstücke, die dem Schuldner gemäß Artikel 28 zugestellt wurden, nicht die Sprachenanforderungen gemäß Artikel 49 Absatz 1 erfüllten;
d) vorläufig gepfändete Beträge, die den im Beschluss angegebenen Betrag übersteigen, nicht gemäß Artikel 27 freigegeben wurden;
e) die Forderung, deren Vollstreckung der Gläubiger mit dem Beschluss sichern will, ganz oder teilweise beglichen wurde;
f) mit einer gerichtlichen Entscheidung in der Hauptsache die Forderung, deren Vollstreckung der Gläubiger mit dem Beschluss sichern wollte, abgewiesen wurde; oder
g) die gerichtliche Entscheidung in der Hauptsache, der gerichtliche Vergleich oder die öffentliche Urkunde, deren Vollstreckung der Gläubiger mit dem Beschluss sichern wollte, aufgehoben oder gegebenenfalls annulliert wurde.

II Auf Antrag des Schuldners beim zuständigen Gericht des Ursprungsmitgliedstaats wird die Entscheidung über die Sicherheit nach Artikel 12 aus dem Grund überprüft, dass geltend gemacht wird, dass die Bedingungen oder Voraussetzungen des genannten Artikels nicht vorlagen.

Verlangt das Gericht aufgrund eines solchen Rechtsbehelfs, dass der Gläubiger eine Sicherheit oder eine zusätzliche Sicherheit leistet, so gilt Artikel 12 Absatz 3 Satz 1 entsprechend und das Gericht erklärt, dass der Beschluss zur vorläufigen Pfändung widerrufen oder abgeändert wird, falls die geforderte (zusätzliche) Sicherheit nicht bis zum Ablauf der vom Gericht gesetzten Frist geleistet wird.

III Dem nach Absatz 1 Buchstabe b eingelegten Rechtsbehelf wird stattgegeben, sofern die fehlende Zustellung nicht innerhalb von 14 Tagen nach Unterrichtung des Gläubigers über den Rechtsbehelf des Schuldners nach Absatz 1 Buchstabe b geheilt wird.

Sofern die fehlende Zustellung nicht bereits durch andere Mittel geheilt wurde, gilt sie zum Zwecke der Beurteilung, ob dem nach Absatz 1 Buchstabe b eingelegten Rechtsbehelf stattzugeben ist, als geheilt,

a) wenn der Gläubiger bei der Stelle, die für die Zustellung nach dem Recht des Ursprungsmitgliedstaats zuständig ist, beantragt, dass die Schriftstücke dem Schuldner zugestellt werden, oder
b) wenn der Schuldner in seinem Rechtsbehelf angegeben hat, dass er damit einverstanden ist, die Schriftstücke beim Gericht des Ursprungsmitgliedstaats abzuholen, und wenn der Gläubiger dafür zuständig war, Übersetzungen zur Verfügung zu stellen, sofern der Gläubiger diesem Gericht Übersetzungen gemäß Artikel 49 Absatz 1 übermittelt.

Die Stelle, die für die Zustellung nach dem Recht des Ursprungsmitgliedstaats zuständig ist, stellt die Schriftstücke dem Schuldner auf Antrag des Gläubigers gemäß Unterabsatz 2 Buchstabe a dieses Absatzes unverzüglich per Einschreiben mit Rückschein an die vom Schuldner gemäß Absatz 5 angegebene Anschrift zu.

War der Gläubiger für die Veranlassung der Zustellung der Schriftstücke nach Artikel 28 zuständig, so kann die fehlende Zustellung nur geheilt werden, wenn der Gläubiger nachweist, dass er alle erforderlichen Schritte unternommen hat, um die ursprüngliche Zustellung der Schriftstücke zu bewirken.

IV Dem nach Absatz 1 Buchstabe c eingelegten Rechtsbehelf wird stattgegeben, sofern der Gläubiger dem Schuldner die gemäß dieser Verordnung erforderlichen Übersetzungen nicht innerhalb von 14 Tagen nach seiner Unterrichtung über den Rechtsbehelf des Schuldners gemäß Absatz 1 Buchstabe c bereitstellt.

Absatz 3 Unterabsätze 2 und 3 gilt entsprechend.

V In seinem nach Absatz 1 Buchstaben b und c eingelegten Rechtsbehelf gibt der Schuldner eine Anschrift an, an die die in Artikel 28 genannten Schriftstücke und Übersetzungen gemäß den Absätzen 3 und 4 des vorliegenden Artikels übermittelt werden können, oder gibt an, dass er damit einverstanden ist, diese Schriftstücke beim Gericht des Ursprungsmitgliedstaats abzuholen.

Art. 34. EuKoPfVO Rechtsbehelfe des Schuldners gegen die Vollstreckung des Beschlusses zur vorläufigen Pfändung

I Ungeachtet der Artikel 33 und 35 wird auf Antrag des Schuldners beim zuständigen Gericht oder, soweit dies im nationalen Recht vorgesehen ist, bei der zuständigen Vollstreckungsbehörde des Vollstreckungsmitgliedstaats die Vollstreckung des Beschlusses zur vorläufigen Pfändung in diesem Mitgliedstaat:

a) aus dem Grund eingeschränkt, dass nach Artikel 31 Absatz 3 bestimmte Beträge auf dem Konto von der Pfändung freigestellt werden sollten oder dass von der Pfändung freigestellte Beträge bei der Ausführung des Beschlusses gemäß Artikel 31 Absatz 2 nicht oder nicht richtig berücksichtigt wurden, oder

b) aus dem Grund beendet, dass
   i) das vorläufig gepfändete Konto gemäß Artikel 2 Absätze 3 und 4 nicht unter diese Verordnung fällt;
   ii) die Vollstreckung der gerichtlichen Entscheidung, des gerichtlichen Vergleichs oder der öffentlichen Urkunde, die der Gläubiger mit dem Beschluss sichern wollte, im Vollstreckungsmitgliedstaat verweigert wurde;
   iii) die Vollstreckbarkeit der gerichtlichen Entscheidung, deren Vollstreckung der Gläubiger mit dem Beschluss sichern wollte, im Ursprungsmitgliedstaat ausgesetzt wurde, oder
   iv) Artikel 33 Absatz 1 Buchstaben b, c, d, e, f oder g Anwendung findet. Artikel 33 Absätze 3, 4 bzw. 5 finden Anwendung.

II Auf Antrag des Schuldners beim zuständigen Gericht des Vollstreckungsmitgliedstaats wird die Vollstreckung des Beschlusses zur vorläufigen Pfändung in diesem Mitgliedstaat beendet, wenn sie der öffentlichen Ordnung (ordre public) des Vollstreckungsmitgliedstaats offensichtlich widerspricht.

Art. 35. EuKoPfVO Sonstige Rechtsbehelfe für den Gläubiger und den Schuldner

I Der Gläubiger oder der Schuldner kann bei dem Gericht, das den Beschluss zur vorläufigen Pfändung erlassen hat, aus dem Grund die Abänderung oder den Widerruf des Beschlusses beantragen, dass sich die Umstände, die Anlass für den Erlass des Beschlusses waren, geändert haben.

II Das Gericht, das den Beschluss zur vorläufigen Pfändung erlassen hat, kann ferner aufgrund veränderter Umstände, sofern dies nach dem Recht des Ursprungsmitgliedstaats zulässig ist, den Beschluss von sich aus abändern oder widerrufen.

III Der Schuldner und der Gläubiger können aus dem Grund, dass sie sich hinsichtlich der Erfüllung der Forderung geeinigt haben, gemeinsam bei dem Gericht, das den Beschluss zur vorläufigen Pfändung erlassen hat, einen Widerruf oder eine Abänderung des Beschlusses bzw. bei dem zuständigen Gericht des Vollstreckungsmitgliedstaats oder, soweit dies im nationalen Recht vorgesehen ist, bei der zuständigen Vollstreckungsbehörde dieses Mitgliedstaats eine Beendigung oder Einschränkung der Vollstreckung des Beschlusses beantragen.

IV Der Gläubiger kann beim zuständigen Gericht des Vollstreckungsmitgliedstaats oder, soweit dies im nationalen Recht vorgesehen ist, bei der zuständigen Vollstreckungsbehörde dieses Mitgliedstaats eine Abänderung der Vollstreckung des Beschlusses zur vorläufigen Pfändung beantragen, die in einer Anpassung der in diesem Mitgliedstaat gemäß Artikel 31 angewandten Freistellung besteht, aus dem Grund, dass bereits andere Freistellungen in ausreichender Höhe in Bezug auf ein oder mehrere Konten, die in einem oder mehreren anderen Mitgliedstaaten geführt werden, angewandt wurden und dass eine Anpassung daher angebracht ist.

Art. 36. EuKoPfVO Verfahren für die Rechtsbehelfe gemäß den Artikeln 33, 34 und 35

I [1]Die Einlegung eines Rechtsbehelfs nach Artikel 33, 34 oder 35 erfolgt unter Verwendung des Formblatts für den Rechtsbehelf, das im Wege von gemäß dem Beratungsverfahren nach Artikel 52 Absatz 2 erlassenen Durchführungsrechtsakten erstellt wurde. [2]Der Antrag kann jederzeit auf jedem Kommunikationsweg übermittelt werden, der nach den Verfahrensvorschriften des Mitgliedstaats, in dem der Antrag eingereicht wird, zulässig ist – einschließlich elektronischer Kommunikationswege.

II Der Antrag wird der anderen Partei zur Kenntnis gebracht.

III Außer wenn der Antrag vom Schuldner gemäß Artikel 34 Absatz 1 Buchstabe a oder Artikel 35 Absatz 3 eingereicht wurde, wird die Entscheidung über den Antrag erlassen, nachdem beiden Parteien Gelegenheit gegeben wurde, sich zu äußern, auch mit den nach dem nationalen Recht jedes der beteiligten Mitgliedstaaten zur Verfügung stehenden geeigneten und zulässigen Mitteln der Kommunikationstechnologie.

IV [1]Die Entscheidung wird unverzüglich erlassen, jedoch nicht später als 21 Tage, nachdem das Gericht oder, soweit dies im nationalen Recht vorgesehen ist, die zuständige Vollstreckungsbehörde alle Informationen erhalten hat, die für seine bzw. ihre Entscheidung erforderlich sind. [2]Die Entscheidung wird den Parteien zur Kenntnis gebracht.

V Die Entscheidung, den Beschluss zur vorläufigen Pfändung zu widerrufen oder abzuändern, und die Entscheidung, die Vollstreckung des Beschlusses zur vorläufigen Pfändung einzuschränken oder zu beenden, ist sofort vollstreckbar:

[1]Wurde der Rechtsbehelf im Ursprungsmitgliedstaat eingelegt, so übermittelt das Gericht nach Artikel 29 die Entscheidung über den Rechtsbehelf unverzüglich der zuständigen Behörde des Vollstreckungsmitgliedstaats unter Verwendung des Formblatts, das im Wege von gemäß dem Beratungsverfahren nach Artikel 52 Absatz 2 erlassenen Durchführungsrechtsakten erstellt wurde. [2]Diese Behörde stellt sofort nach Eingang sicher, dass die Entscheidung über den Rechtsbehelf ausgeführt wird.

Bezieht sich die Entscheidung über den Rechtsbehelf auf ein Bankkonto, das im Ursprungsmitgliedstaat geführt wird, so erfolgt die Durchführung in Bezug auf dieses Bankkonto nach dem Recht des Ursprungsmitgliedstaats.

Wurde der Rechtsbehelf im Vollstreckungsmitgliedstaat beantragt, so erfolgt die Durchführung der Entscheidung über den Rechtsbehelf nach dem Recht dieses Vollstreckungsmitgliedstaats.

Art. 37. EuKoPfVO Rechtsmittel gegen Entscheidungen über den Rechtsbehelf

[1]Jede Partei kann ein Rechtsmittel gegen eine gemäß Artikel 33, 34 oder 35 erlassene Entscheidung einlegen. [2]Ein solches Rechtsmittel wird unter Verwendung des Formblatts, das im Wege von gemäß dem Beratungsverfahren nach Artikel 52 Absatz 2 erlassenen Durchführungsrechtsakten erstellt wurde, für das Rechtsmittel eingelegt.

Art. 38. EuKoPfVO Sicherheitsleistung anstelle der vorläufigen Pfändung

[I] Auf Antrag des Schuldners

a) kann das Gericht, das den Beschluss zur vorläufigen Pfändung erlassen hat, die Freigabe der vorläufig gepfändeten Gelder anordnen, wenn der Schuldner bei diesem Gericht eine Sicherheit in Höhe des in dem Beschluss angegebenen Betrags oder eine anderweitige Sicherheit in einer Form, die nach dem Recht des Mitgliedstaats, in dem das Gericht seinen Sitz hat, zulässig ist, und in einem Wert, der mindestens jenem Betrag entspricht, leistet;

b) kann das zuständige Gericht oder, soweit dies im nationalen Recht vorgesehen ist, die zuständige Vollstreckungsbehörde des Vollstreckungsmitgliedstaats die Vollstreckung des Beschlusses zur vorläufigen Pfändung im Vollstreckungsmitgliedstaat beenden, wenn der Schuldner bei diesem Gericht oder dieser Behörde eine Sicherheit in Höhe des in diesem Mitgliedstaat vorläufig gepfändeten Betrags oder eine anderweitige Sicherheit in einer Form, die nach dem Recht des Mitgliedstaats, in dem das Gericht seinen Sitz hat, zulässig ist, und in einem Wert, der mindestens jenem Betrag entspricht, leistet.

[II] [1]Die Artikel 23 und 24 gelten entsprechend für die Freigabe der vorläufig gepfändeten Gelder. [2]Die Leistung einer Sicherheit anstelle der vorläufigen Pfändung wird dem Gläubiger nach nationalem Recht zur Kenntnis gebracht.

Art. 39. EuKoPfVO Rechte Dritter

[I] Das Recht eines Dritten, einen Beschluss zur vorläufigen Pfändung anzufechten, richtet sich nach dem Recht des Ursprungsmitgliedstaats.

[II] Das Recht eines Dritten, die Vollstreckung eines Beschlusses zur vorläufigen Pfändung anzufechten, richtet sich nach dem Recht des Vollstreckungsmitgliedstaats.

[III] Unbeschadet sonstiger Zuständigkeitsvorschriften des Unionsrechts oder des nationalen Rechts sind für Entscheidungen über eine Klage eines Dritten

a) zur Anfechtung eines Beschlusses zur vorläufigen Pfändung die Gerichte des Ursprungsmitgliedstaats zuständig und

b) zur Anfechtung der Vollstreckung eines Beschlusses zur vorläufigen Pfändung im Vollstreckungsmitgliedstaat die Gerichte des Vollstreckungsmitgliedstaats oder, soweit dies im nationalen Recht dieses Mitgliedstaats vorgesehen ist, die zuständige Vollstreckungsbehörde zuständig.

Kapitel 5. Allgemeine Bestimmungen

Art. 40. EuKoPfVO Legalisation oder ähnliche Förmlichkeiten

Im Rahmen dieser Verordnung bedarf es weder der Legalisation noch einer ähnlichen Förmlichkeit.

Art. 41. EuKoPfVO Rechtliche Vertretung

[1]In Verfahren, mit denen ein Beschluss zur vorläufigen Pfändung erwirkt werden soll, ist eine Vertretung durch einen Rechtsanwalt oder einen sonstigen Rechtsbeistand nicht verpflichtend. [2]In Verfahren nach Kapitel 4 ist eine Vertretung durch einen Rechtsanwalt oder einen sonstigen Rechtsbeistand nicht verpflichtend, es sei denn, eine solche Vertretung ist nach dem Recht des Mitgliedstaats des Gerichts oder der Behörde, bei dem bzw. der der Rechtsbehelf gestellt worden ist, ungeachtet der Staatsangehörigkeit oder des Wohnsitzes der Parteien vorgeschrieben.

Art. 42. EuKoPfVO Gerichtsgebühren

Die Gebühren in Verfahren, in denen ein Beschluss zur vorläufigen Pfändung erwirkt werden soll, oder in einem Rechtsbehelfsverfahren gegen einen Beschluss dürfen nicht höher sein als jene, die für einen gleichwertigen nationalen Beschluss oder einen Rechtsbehelf gegen einen solchen nationalen Beschluss in Rechnung gestellt werden.

Art. 43. EuKoPfVO Den Banken entstehende Kosten

[I] Eine Bank darf sich die Kosten, die ihr bei der Ausführung eines Beschlusses zur vorläufigen Pfändung entstehen, vom Gläubiger oder vom Schuldner nur dann erstatten oder vergüten lassen, wenn sie nach dem Recht des Vollstreckungsmitgliedstaats im Zusammenhang mit gleichwertigen nationalen Beschlüssen Anspruch auf eine solche Vergütung oder Erstattung hat.

[II] Die Gebühren, die von einer Bank zur Deckung der Kosten nach Absatz 1 erhoben werden, sind unter Berücksichtigung der Komplexität der Ausführung des Beschlusses zur vorläufigen Pfändung festzulegen und dürfen nicht höher sein als die Gebühren, die für die Ausführung gleichwertiger nationaler Beschlüsse erhoben werden.

[III] Die Gebühren, die von einer Bank zur Deckung der Kosten für die Erteilung von Kontoinformationen nach Artikel 14 erhoben werden, dürfen die tatsächlich entstandenen Kosten und gegebenenfalls die Gebühren, die für die Erteilung von Kontoinformationen im Rahmen gleichwertiger nationaler Beschlüsse erhoben werden, nicht übersteigen.

Art. 44. EuKoPfVO Von den Behörden erhobene Gebühren

[1]Die Gebühren, die von einer Behörde oder sonstigen Stelle des Vollstreckungsmitgliedstaats, die an der Bearbeitung oder Vollstreckung eines Beschlusses zur vorläufigen Pfändung oder an der Erteilung von Kontoinformationen nach Artikel 14 beteiligt ist, erhoben werden, werden anhand einer Gebührenskala oder eines sonstigen Regelwerks bestimmt, die bzw. das jeder Mitgliedstaat im Voraus festlegt und in der bzw. dem die geltenden Gebühren in transparenter Weise aufgeführt sind. [2]Bei der Festlegung der Skala oder des Regelwerks können die Mitgliedstaaten die Höhe des in dem Beschluss angegebenen Betrags und die Komplexität der Bearbeitung des Beschlusses

berücksichtigen. ³Die Gebühren dürfen die im Zusammenhang mit einem gleichwertigen nationalen Beschluss gegebenenfalls erhobenen Gebühren nicht übersteigen.

Art. 45. EuKoPfVO Fristen

Ist es aufgrund außergewöhnlicher Umstände dem Gericht oder der beteiligten Behörde nicht möglich, die Fristen gemäß Artikel 14 Absatz 7, Artikel 18, Artikel 23 Absatz 2, Artikel 25 Absatz 3 Unterabsatz 2, Artikel 28 Absätze 2, 3 und 6, Artikel 33 Absatz 3 und Artikel 36 Absätze 4 und 5 einzuhalten, so ergreift das Gericht oder die Behörde so rasch wie möglich die nach jenen Vorschriften erforderlichen Maßnahmen.

Art. 46. EuKoPfVO Verhältnis zum nationalen Prozessrecht

I Sämtliche verfahrensrechtlichen Fragen, die in dieser Verordnung nicht ausdrücklich geregelt sind, richten sich nach dem Recht des Mitgliedstaats, in dem das Verfahren stattfindet.

II Die Wirkungen der Eröffnung eines Insolvenzverfahrens auf einzelne Vollstreckungshandlungen, wie die Vollstreckung eines Beschlusses zur vorläufigen Pfändung, richten sich nach dem Recht des Mitgliedstaats, in dem das Insolvenzverfahren eröffnet wurde.

Art. 47. EuKoPfVO Datenschutz

I Personenbezogene Daten, die nach dieser Verordnung erhoben, verarbeitet oder übermittelt werden, müssen dem Zweck, zu dem sie erhoben, verarbeitet oder übermittelt wurden, entsprechen, müssen dafür erheblich sein und dürfen nicht darüber hinausgehen; sie werden ausschließlich für diesen Zweck verwendet.

II ¹Die zuständige Behörde, die Auskunftsbehörde und jede sonstige Stelle, die für die Vollstreckung des Beschlusses zur vorläufigen Pfändung zuständig ist, bewahrt die Daten nach Absatz 1 nur so lange auf, wie dies für den Zweck, zu dem sie erhoben, verarbeitet oder übermittelt wurden, erforderlich ist, in jedem Fall aber höchstens sechs Monate ab Beendigung des Verfahrens, und gewährleistet während dieser Zeit einen angemessenen Schutz dieser Daten. ²Dieser Absatz gilt nicht für die Daten, die von Gerichten bei der Ausübung ihrer Aufgaben verarbeitet und gespeichert werden.

Art. 48. EuKoPfVO Verhältnis zu anderen Rechtsakten

Diese Verordnung berührt nicht die Anwendung

a) der Verordnung (EG) Nr. 1393/2007 des Europäischen Parlaments und des Rates[6], außer in den Fällen nach Artikel 10 Absatz 2, Artikel 14 Absätze 3 und 6, Artikel 17 Absatz 5, Artikel 23 Absätze 3 und 6, Artikel 25 Absätze 2 und 3, Artikel 28 Absätze 1, 3, 5 und 6, Artikel 29, Artikel 33 Absatz 3, Artikel 36 Absätze 2 und 4 und Artikel 49 Absatz 1 der vorliegenden Verordnung;
b) der Verordnung (EU) Nr. 1215/2012;
c) der Verordnung (EG) Nr. 1346/2000;
d) der Richtlinie 95/46/EG, außer in den Fällen nach Artikel 14 Absatz 8 und Artikel 47 der vorliegenden Verordnung;
e) der Verordnung (EG) Nr. 1206/2001 des Europäischen Parlaments und des Rates[7];
f) der Verordnung (EG) Nr. 864/2007, außer in den Fällen nach Artikel 13 Absatz 4 der vorliegenden Verordnung.

Art. 49. EuKoPfVO Sprachenregelung

I ¹Den in Artikel 28 Absatz 5 Buchstaben a und b aufgeführten und dem Schuldner zuzustellenden Schriftstücken, die nicht in der Amtssprache des Mitgliedstaats, in dem der Schuldner seinen Wohnsitz hat, oder, sofern es mehrere Amtssprachen in diesem Mitgliedstaat gibt, der Amtssprache oder einer der Amtssprachen des Ortes, an dem der Schuldner seinen Wohnsitz hat, oder in einer anderen Sprache, die er versteht, abgefasst sind, ist eine Übersetzung oder Transliteration in eine dieser Sprachen beizufügen. ²In Artikel 28 Absatz 5 Buchstabe c aufgeführte Schriftstücke werden nicht übersetzt, sofern nicht das Gericht ausnahmsweise beschließt, dass bestimmte Schriftstücke übersetzt oder transliteriert werden müssen, damit der Schuldner seine Rechte geltend machen kann.

II Schriftstücke, die gemäß dieser Verordnung an ein Gericht oder eine zuständige Behörde gerichtet werden, können auch in einer anderen Amtssprache der Organe der Union angefertigt werden, wenn der betreffende Mitgliedstaat erklärt hat, dass er diese Sprache akzeptieren kann.

III Eine Übersetzung nach Maßgabe dieser Verordnung ist von einem in einem Mitgliedstaat hierzu befugten Übersetzer anzufertigen.

Art. 50. EuKoPfVO Von den Mitgliedstaaten bereitzustellende Informationen

I Die Mitgliedstaaten teilen der Kommission bis zum 18. Juli 2016 Folgendes mit:

a) die benannten Gerichte, die befugt sind, einen Beschluss zur vorläufigen Pfändung zu erlassen (Artikel 6 Absatz 4);
b) die benannte Behörde, die befugt ist, Kontoinformationen einzuholen (Artikel 14);
c) die nach ihrem nationalen Recht zur Verfügung stehenden Methoden zur Einholung von Kontoinformationen (Artikel 14 Absatz 5);
d) die Gerichte, bei denen ein Rechtsbehelf eingelegt werden kann (Artikel 21);
e) die benannte Behörde oder Behörden, die befugt ist bzw. sind, den Beschluss zur vorläufigen Pfändung und sonstige Schriftstücke nach dieser Verordnung entgegenzunehmen, zu übermitteln und zuzustellen (Artikel 4 Nummer 14);
f) die für die Vollstreckung eines Beschlusses zur vorläufigen Pfändung gemäß Kapitel 3 zuständige Behörde;
g) ihre nationalen Regelungen in Bezug auf die Möglichkeiten der vorläufigen Pfändung von Gemeinschafts- oder Treuhandkonten (Artikel 30);
h) die nationalen Vorschriften in Bezug auf von der Pfändung freigestellte Beträge (Artikel 31);

---

[6] **Amtl. Anm.:** Verordnung (EG) Nr. 1393/2007 des Europäischen Parlaments und des Rates vom 13. November 2007 über die Zustellung gerichtlicher und außergerichtlicher Schriftstücke in Zivil- oder Handelssachen in den Mitgliedstaaten (Zustellung von Schriftstücken) und zur Aufhebung der Verordnung (EG) Nr. 1348/2000 des Rates (ABl. L 324 vom 10.12.2007, S. 79).

[7] **Amtl. Anm.:** Verordnung (EG) Nr. 1206/2001 des Rates vom 28. Mai 2001 über die Zusammenarbeit zwischen den Gerichten der Mitgliedstaaten auf dem Gebiet der Beweisaufnahme in Zivil- oder Handelssachen (ABl. L 174 vom 27.6.2001, S. 1).

i) ob nach ihrem nationalem Recht die Banken Gebühren für die Ausführung gleichwertiger nationaler Beschlüsse oder die Erteilung von Kontoinformationen erheben dürfen und, wenn dies der Fall ist, welche Partei diese Gebühren vorläufig und endgültig zu entrichten hat (Artikel 43);
j) die Gebührenskala oder das sonstige Regelwerk, in der bzw. dem die geltenden Gebühren aufgeführt sind, die von einer an der Bearbeitung oder Vollstreckung eines Beschlusses zur vorläufigen Pfändung beteiligten Behörde oder sonstigen Stelle erhoben werden (Artikel 44);
k) ob gleichwertigen nationalen Beschlüssen nach nationalem Recht ein bestimmter Rang eingeräumt wird (Artikel 32);
l) die Gerichte oder gegebenenfalls die Vollstreckungsbehörde, die für einen Rechtsbehelf zuständig sind bzw. ist (Artikel 33 Absatz 1, Artikel 34 Absatz 1 oder 2);
m) die Gerichte, bei denen das Rechtsmittel einzulegen ist, die Frist, innerhalb derer dieses Rechtsmittels nach nationalem Recht einzulegen ist, sofern eine solche vorgesehen ist, und das Ereignis, mit dem diese Frist zu laufen beginnt (Artikel 37);
n) eine Angabe der Gerichtsgebühren (Artikel 42) und
o) die Sprachen, die für die Übersetzung der Schriftstücke zugelassen sind (Artikel 49 Absatz 2).

Die Mitgliedstaaten unterrichten die Kommission über spätere Änderungen dieser Angaben.

II Die Angaben werden von der Kommission in geeigneter Weise veröffentlicht, insbesondere über das Europäische Justizielle Netz für Zivil- und Handelssachen.

Art. 51. EuKoPfVO Erstellung und spätere Änderung der Formblätter

[1]Die Kommission erlässt Durchführungsrechtsakte zur Erstellung und späteren Änderung der Formblätter nach Artikel 8 Absatz 1, Artikel 10 Absatz 2, Artikel 19 Absatz 1, Artikel 25 Absatz 1, Artikel 27 Absatz 2, Artikel 29 Absatz 2, Artikel 36 Absatz 1, Artikel 36 Absatz 5 Unterabsatz 2 und Artikel 37. [2]Diese Durchführungsrechtsakte werden gemäß dem in Artikel 52 Absatz 2 genannten Beratungsverfahren erlassen.

Art. 52. EuKoPfVO Ausschussverfahren

I [1]Die Kommission wird von einem Ausschuss unterstützt. [2]Dieser Ausschuss ist ein Ausschuss im Sinne der Verordnung (EU) Nr. 182/2011.

II Wird auf diesen Absatz Bezug genommen, so gilt Artikel 4 der Verordnung (EU) Nr. 182/2011.

Art. 53. EuKoPfVO Überwachung und Überprüfung

I Die Kommission übermittelt dem Europäischen Parlament, dem Rat und dem Europäischen Wirtschafts- und Sozialausschuss bis zum 18. Januar 2022 einen Bericht über die Anwendung dieser Verordnung, der auch eine Bewertung der Frage umfasst,

a) ob Finanzinstrumente in den Anwendungsbereich dieser Verordnung aufgenommen werden sollten und
b) ob Beträge, die nach Ausführung des Beschlusses zur vorläufigen Pfändung dem Konto des Schuldners gutgeschrieben wurden, aufgrund des Beschlusses vorläufig pfändbar gemacht werden könnten.

Dem Bericht wird gegebenenfalls ein Vorschlag zur Änderung dieser Verordnung und eine Folgenabschätzung der einzuführenden Änderungen beigefügt.

II Für die Zwecke des Absatzes 1 erheben die Mitgliedstaaten folgende Informationen und übermitteln sie der Kommission auf Anfrage:

a) die Zahl der Anträge auf Erlass eines Beschlusses zur vorläufigen Pfändung und die Zahl der erlassenen Beschlüsse;
b) die Zahl der Anträge auf Einlegung eines Rechtsbehelfs gemäß den Artikeln 33 und 34 und, wenn möglich, die Zahl der Fälle, in denen dem Rechtsbehelf stattgegeben wurde, und
c) die Zahl der Anträge auf Einlegung eines Rechtsmittels gemäß Artikel 37 und, sofern möglich, die Zahl der Fälle, in denen das Rechtsmittel erfolgreich war.

Kapitel 6. Schlussbestimmungen

Art. 54. EuKoPfVO Inkrafttreten

Diese Verordnung tritt am zwanzigsten Tag nach ihrer Veröffentlichung im Amtsblatt der Europäischen Union in Kraft.

Sie gilt ab dem 18. Januar 2017 mit Ausnahme des Artikels 50, der ab dem 18. Juli 2016 gilt.

Diese Verordnung ist in allen ihren Teilen verbindlich und gilt gemäß den Verträgen unmittelbar in den Mitgliedstaaten.

Geschehen zu Brüssel am 15. Mai 2014.

Titel 1. Erlass des Beschlusses zur vorläufigen Kontenpfändung

946 *Zuständigkeit.* **I [1]Für den Erlass des Beschlusses zur vorläufigen Kontenpfändung nach der Verordnung (EU) Nr. 655/2014 des Europäischen Parlaments und des Rates vom 15. Mai 2014 zur Einführung eines Verfahrens für einen Europäischen Beschluss zur vorläufigen Kontenpfändung im Hinblick auf die Erleichterung der grenzüberschreitenden Eintreibung von Forderungen in Zivil- und Handelssachen (ABl. L 189 vom 27.6.2014, S. 59) ist das Gericht der Hauptsache zuständig. [2]Die §§ 943 und 944 gelten entsprechend.**

II Hat der Gläubiger bereits eine öffentliche Urkunde (Artikel 4 Nummer 10 der Verordnung (EU) Nr. 655/2014) erwirkt, in der der Schuldner verpflichtet wird, die Forderung zu erfüllen, ist das Gericht zuständig, in dessen Bezirk die Urkunde errichtet worden ist.

1 Die Norm ergänzt die Regelung zur internationalen Zuständigkeit in Art. 6 EuKoPfVO um die nationale Regelung zur sachlichen und örtlichen Zuständigkeit. **II** regelt die Zuständigkeit, wenn über die zu sichernde Forderung eine **öffentliche Urkunde** gem. Art. 4 Nr. 10 EuKoPfVO besteht. Örtlich zuständig sind die Gerichte in dem Bezirk, in dem die Urkunde errichtet wurde, die sachliche Zuständigkeit richtet sich nach dem Streitwert. Für alle anderen Forderungen gilt **I,** der § 919 Alt. 1, § 930 I 3 entspricht; zuständig ist das Gericht

der Hauptsache. Ist diese bereits anhängig, ist das Gericht zuständig, bei dem die Hauptsache anhängig ist. Das ist ggf. auch das Berufungsgericht wie sich aus der Verweisung auf § 943 ergibt oder das Mahngericht bis zur Abgabe an das Gericht der Streitsache, OLG Köln MDR 2022, 523; OLG Schlesw MDR 2022, 72. In dringenden Fällen kann auch der Vorsitzende allein entscheiden, **I 2** iVm § 944. Auf eine generelle Zuständigkeit der Amtsgerichte entsprechend § 919 2. Alt. hat der Gesetzgeber bewusst verzichtet, BT-Drs. 18/7560, 42.

947 *Verfahren.* **I [1]Der Gläubiger kann sich in dem Verfahren auf Erlass des Beschlusses zur vorläufigen Kontenpfändung aller Beweismittel sowie der Versicherung an Eides statt bedienen. [2]Nur eine Beweisaufnahme, die sofort erfolgen kann, ist statthaft.**

II [1]Das Gericht darf die ihm nach Artikel 14 Absatz 6 der Verordnung (EU) Nr. 655/2014 übermittelten Kontoinformationen für die Zwecke des jeweiligen Verfahrens auf Erlass eines Beschlusses zur vorläufigen Kontenpfändung speichern, übermitteln und nutzen. [2]Soweit übermittelte Kontoinformationen für den Erlass des Beschlusses zur vorläufigen Kontenpfändung nicht erforderlich sind, sind sie unverzüglich zu löschen oder ist deren Verarbeitung einzuschränken. [3]Die Löschung ist zu protokollieren. [4]§ 802d Absatz 1 Satz 3 gilt entsprechend.

I konkretisiert die Beweisregelung in Art. 9 EuKoPfVO. Die Regelung beschränkt die Beweisführung auf präsente Beweismittel und die Versicherung an Eides statt. Im Hinblick darauf, dass Art. 9 I EuKoPfVO die Beweisführung auf schriftliche Beweismittel beschränkt, kommen letztlich nur **Urkunden** und **eidesstattliche Versicherung** in Betracht. Mangels mündlicher Verhandlung scheidet eine Anhörung des Gläubigers oder von Zeugen aus, BT-Drs. 18, 7560, 42. 1

II stellt die datenschutzrechtliche Grundlage für die Beschaffung und Übermittlung von Kontodaten gem. Art. 14 EuKoPfVO dar. Die Daten dürfen nur zweckgebunden erhoben, weitergeleitet, gespeichert und genutzt werden. 2

948 *Ersuchen um Einholung von Kontoinformationen.* **I Zuständige Auskunftsbehörde gemäß Artikel 14 der Verordnung (EU) Nr. 655/2014 für die Einholung von Kontoinformationen ist das Bundesamt für Justiz.**

II Zum Zweck der Einholung von Kontoinformationen nach Artikel 14 der Verordnung (EU) Nr. 655/2014 darf das Bundesamt für Justiz das Bundeszentralamt für Steuern ersuchen, bei den Kreditinstituten die in § 93b Absatz 1 der Abgabenordnung bezeichneten Daten abzurufen (§ 93 Absatz 8 der Abgabenordnung).

III [1]Das Bundesamt für Justiz protokolliert die eingehenden Ersuchen um Einholung von Kontoinformationen gemäß Artikel 14 der Verordnung (EU) Nr. 655/2014. [2]Zu protokollieren sind ebenfalls die Bezeichnung der ersuchenden Stelle eines anderen Mitgliedstaates der Europäischen Union, der Abruf der in § 93b Absatz 1 der Abgabenordnung bezeichneten Daten und der Zeitpunkt des Eingangs dieser Daten sowie die Weiterleitung der eingegangenen Daten an die ersuchende Stelle. [3]Das Bundesamt für Justiz löscht den Inhalt der eingeholten Kontoinformationen unverzüglich nach deren Übermittlung an die ersuchende Stelle; die Löschung ist zu protokollieren.

Die Norm dient der weiteren Konkretisierung der inländischen Auskunftsbehörde. Zuständig ist das BfJ, das die entsprechenden Daten beim Bundesamt für Steuern erfragen kann. Es bleibt aber datenschutzrechtlich verantwortlich und muss daher die ihm übermittelten Daten auf ihre Übereinstimmung mit dem vorliegenden Ersuchen überprüfen und darf sie nur bei Übereinstimmung an das ersuchende ausländische Gericht weiterleiten. 1

949 *Nicht rechtzeitige Einleitung des Hauptsacheverfahrens.* **I Ein im Inland erlassener Beschluss zur vorläufigen Kontenpfändung wird nach Artikel 10 Absatz 2 Unterabsatz 1 der Verordnung (EU) Nr. 655/2014 durch Beschluss widerrufen.**

II [1]Zuständige Stelle, an die gemäß Artikel 10 Absatz 2 Unterabsatz 3 der Verordnung (EU) Nr. 655/2014 das Widerrufsformblatt zu übermitteln ist, ist das Amtsgericht, in dessen Bezirk das Vollstreckungsverfahren stattfinden soll oder stattgefunden hat. [2]Ist ein in einem anderen Mitgliedstaat der Europäischen Union erlassener Beschluss zur vorläufigen Kontenpfändung im Inland zu vollziehen, hat das Amtsgericht nach Satz 1 den Beschluss, durch den das Gericht den Beschluss zur vorläufigen Kontenpfändung widerrufen hat, der Bank im Sinne des Artikels 4 Nummer 2 der Verordnung (EU) Nr. 655/2014 zuzustellen.

Der Widerruf wegen nicht (rechtzeitig) erfolgter Einleitung des Hauptsacheverfahrens nach Art. 10 EuKoPfVO erfolgt durch das Gericht, das den Beschluss zur vorläufigen Pfändung erlassen hat. Art. 10 II EuKoPfVO differenziert aber danach, in welchem Land der Beschluss zu vollstrecken ist. Sind **Erlass- und Vollstreckungsstaat identisch,** erfolgt der Widerruf allein nach inländischem Recht (Unterabsatz 2). **I** ordnet für diesen Fall einen Widerruf durch Beschluss an; dieser ist nach § 329 III zuzustellen. Sind **Erlass- und Vollstreckungsstaat nicht identisch,** ist zum Widerruf ein Formblatt zu verwenden (Unterabsatz 3), das der zuständigen Behörde des Vollstreckungsstaates zu übermitteln ist. Diese ist im Inland nach **II 1** das Amtsgericht in dem Bezirk, in dem die Vollstreckung zu erfolgen hat. Dieses hat den Beschluss nach **II 2** an die kontoführende Bank weiterzuleiten. Gegen beide Entscheidungen kann **sofortige Beschwerde** eingelegt werden, § 953. 1

Titel 2. Vollziehung des Beschlusses zur vorläufigen Kontenpfändung

950 *Anwendbare Vorschriften.* **Auf die Vollziehung des Beschlusses zur vorläufigen Kontenpfändung sind die Vorschriften des Achten Buchs über die Zwangsvollstreckung sowie § 930 Absatz 1 Satz 2 entsprechend anzuwenden, soweit die Verordnung (EU) Nr. 655/2014 und die §§ 951 bis 957 keine abweichenden Vorschriften enthalten.**

1 Die Norm betrifft die Vollstreckung von Beschlüssen zur vorläufigen Pfändung im Inland. Sie verweist hierfür in erster Linie auf die Vorschriften des 8. Buches, was § 928 entspricht. Dies betrifft insbesondere die Bestimmungen der §§ 828 ff., mit Ausnahme der Regelungen, die die Überweisung betreffen. Aus der darüber hinausgehenden Bezugnahme auf § 930 I 2 ergibt sich, dass durch die Pfändung ein Pfändungspfandrecht entsteht, dessen weitere Wirkungen sich aus § 804 ergeben.

951 *Vollziehung von im Inland erlassenen Beschlüssen.* **I [1]Ist ein im Inland erlassener Beschluss zur vorläufigen Kontenpfändung im Inland zu vollziehen, hat der Gläubiger, der seinen Wohnsitz in einem anderen Mitgliedstaat der Europäischen Union hat, den Beschluss der Bank zustellen zu lassen. [2]Ist der Beschluss in einem anderen Mitgliedstaat der Europäischen Union zu vollziehen, hat der Gläubiger die Zustellung gemäß Artikel 23 Absatz 3 Unterabsatz 1 der Verordnung (EU) Nr. 655/2014 an die Bank zu veranlassen.**

II [1]Das Gericht, das den Beschluss erlassen hat, lässt dem Schuldner den Beschluss nach Artikel 28 der Verordnung (EU) Nr. 655/2014 zustellen; diese Zustellung gilt als Zustellung auf Betreiben des Gläubigers (§ 191). [2]Eine Übersetzung oder Transliteration, die nach Artikel 28 Absatz 5 in Verbindung mit Artikel 49 Absatz 1 der Verordnung (EU) Nr. 655/2014 erforderlich ist, hat der Gläubiger bereitzustellen.

1 I ergänzt Art. 23 I, V EuKoPfVO. Die Regelung folgt § 829 II, wonach die **Zustellung** des Beschlusses an den Drittschuldner Sache des Gläubigers ist. Die Regelung gilt nur für im Inland erlassene Beschlüsse, für im Ausland erlassene Beschlüsse findet § 952 Anwendung.

2 Für den Fall, dass ein Auslandsgläubiger die Vollstreckung im Inland betreibt, wird ihm entsprechend § 829 II die Zustellung an die Bank aufgegeben. Soll die Vollstreckung dagegen im Ausland erfolgen, hat er lediglich die Zustellung an die Bank „zu veranlassen". Das erfordert die Übermittlung an die zuständige Behörde des Vollstreckungsstaates, die dann die Zustellung an den Schuldner herbeiführt, Art. 28 III EuKoPfVO.

3 **II** regelt in Ergänzung des Art. 28 die Zustellung des Beschlusses an den Schuldner. Entsprechend § 829 II 2 erfolgt die Zustellung des Beschlusses über die vorläufige Pfändung nach erfolgter Pfändung von Amts wegen durch das Gericht. **II 1** aE fingiert gleichwohl, dass es sich um eine Parteizustellung handelt. Das hat zur Folge, dass die Zustellungsurkunde nicht dem Gericht, sondern dem Gläubiger zu übermitteln ist, § 193 III.

952 *Vollziehung von in einem anderen Mitgliedstaat erlassenen Beschlüssen.* **I Zuständige Stelle ist**

1. in den in Artikel 23 Absatz 3, 5 und 6, Artikel 25 Absatz 3 und Artikel 27 Absatz 2 der Verordnung (EU) Nr. 655/2014 bezeichneten Fällen das Amtsgericht, in dessen Bezirk das Vollstreckungsverfahren stattfinden soll oder stattgefunden hat,
2. in den in Artikel 28 Absatz 3 der Verordnung (EU) Nr. 655/2014 bezeichneten Fällen das Amtsgericht, in dessen Bezirk der Schuldner seinen Wohnsitz hat.

II Das nach Absatz 1 Nummer 1 zuständige Amtsgericht hat

1. in den in Artikel 23 Absatz 3 der Verordnung (EU) Nr. 655/2014 bezeichneten Fällen der Bank den Beschluss zur vorläufigen Kontenpfändung zuzustellen,
2. in den in Artikel 27 Absatz 2 der Verordnung (EU) Nr. 655/2014 bezeichneten Fällen der Bank die Freigabeerklärung des Gläubigers zuzustellen.

1 In Art. 23, 27, 28 EuKoPfVO wird die Beteiligung nationaler Behörden im Erlass- und im Vollstreckungsstaat an der Vollstreckung des Beschlusses geregelt. § 952 bestimmt, wer im Inland die jeweils zuständige Behörde ist. Sachlich zuständig ist jeweils das **Amtsgericht.** Die örtliche Zuständigkeit richtet sich überwiegend nach dem Ort, an dem die Vollstreckung erfolgen soll, **I Nr. 1.** Nur für die Zustellung des Beschlusses richtet sich die örtliche Zuständigkeit nach dem Wohnsitz des Schuldners, **I Nr. 2.**

Titel 3. Rechtsbehelfe

953 *Rechtsbehelfe des Gläubigers.* **I Gegen die Ablehnung des Antrags auf Erlass eines Beschlusses zur vorläufigen Kontenpfändung und gegen den Widerruf des Beschlusses zur vorläufigen Kontenpfändung (§ 949 Absatz 1), soweit sie durch das Gericht des ersten Rechtszuges erfolgt sind, findet die sofortige Beschwerde statt.**

II [1]Die in Artikel 21 Absatz 2 Satz 1 der Verordnung (EU) Nr. 655/2014 bezeichnete Frist von 30 Tagen für die Einlegung des Rechtsbehelfs beginnt mit der Zustellung der Entscheidung an den Gläubiger. [2]Dies gilt auch in den Fällen des § 321a Absatz 2 für die Ablehnung des Antrags auf Erlass des Beschlusses durch das Berufungsgericht.

III Die sofortige Beschwerde gegen den Widerruf des Beschlusses zur vorläufigen Kontenpfändung ist innerhalb einer Notfrist von einem Monat ab Zustellung einzulegen.

1 Die Norm regelt die Rechtsbehelfe des Gläubigers
– für den Fall der Ablehnung eines Beschlusses, Art. 21 EuKoPfVO

– und für den Fall des Widerrufs wegen nicht (rechtzeitig) erfolgter Einleitung der Hauptsache, Art. 10 EuKoPfVO, § 949.

Für beide Fälle eröffnet die Norm die **sofortige Beschwerde** gem. §§ 567 ff. gegen die Entscheidung eines erstinstanzlichen Gerichts. Ergeht die Entscheidung durch ein Berufungsgericht, käme als Rechtsmittel gem. § 574 nur die Rechtsbeschwerde in Betracht, die jedoch ausgeschlossen ist, § 957. 2

Abweichend von § 569 I 1 beträgt die **Beschwerdefrist** nicht zwei Wochen, sondern 30 Tage. Dies ergibt sich bereits aus Art. 21 II EuKoPfVO und wird in **II** lediglich wiederholt. **III** begründet für die Anfechtung der Widerrufsentscheidung eine eigenständige Frist, die der deutschen Rechtspraxis entsprechend nicht in Tagen, sondern als Monatsfrist bestimmt wird. Es handelt sich um eine Notfrist gem. § 224. 3

954 *Rechtsbehelfe nach den Artikeln 33 bis 35 der Verordnung (EU) Nr. 655/2014.*

I [1]Über den Rechtsbehelf des Schuldners gegen einen im Inland erlassenen Beschluss zur vorläufigen Kontenpfändung nach Artikel 33 Absatz 1 der Verordnung (EU) Nr. 655/2014 (Widerspruch) entscheidet das Gericht, das den Beschluss erlassen hat. [2]Die Entscheidung ergeht durch Beschluss. [3]Die Sätze 1 und 2 gelten entsprechend für den Widerspruch des Schuldners gemäß Artikel 33 Absatz 2 der Verordnung (EU) Nr. 655/2014 gegen die Entscheidung nach Artikel 12 der Verordnung (EU) Nr. 655/2014.

II [1]Über den Rechtsbehelf des Schuldners wegen Einwendungen gegen die Vollziehung eines Beschlusses zur vorläufigen Kontenpfändung im Inland nach Artikel 34 der Verordnung (EU) Nr. 655/2014 entscheidet das Vollstreckungsgericht (§ 764 Absatz 2). [2]Für den Antrag nach Artikel 34 Absatz 1 Buchstabe a der Verordnung (EU) Nr. 655/2014 gelten § 906 Absatz 1 Satz 2, Absatz 2 und § 907 entsprechend.

III [1]Über Rechtsbehelfe, die nach Artikel 35 Absatz 3 und 4 der Verordnung (EU) Nr. 655/2014 im Vollstreckungsmitgliedstaat eingelegt werden, entscheidet ebenfalls das Vollstreckungsgericht. [2]Sofern nach Artikel 35 der Verordnung (EU) Nr. 655/2014 das Gericht zuständig ist, das den Beschluss zur vorläufigen Kontenpfändung erlassen hat, ergeht die Entscheidung durch Beschluss.

IV [1]Zuständige Stelle ist in den Fällen des Artikels 36 Absatz 5 Unterabsatz 2 der Verordnung (EU) Nr. 655/2014 das Amtsgericht, in dessen Bezirk das Vollstreckungsverfahren stattfinden soll oder stattgefunden hat. [2]Dieses hat den Beschluss der Bank zuzustellen.

Abgesehen von Art. 21 EuKoPfVO regelt die VO auch noch verschiedene Rechtsbehelfe in Art. 33 und 34, die allein dem Schuldner zur Verfügung stehen und in Art. 35, den sowohl Gläubiger als auch Schuldner einlegen können. Art. 33 EuKoPfVO betrifft Rechtsbehelfe gegen den Beschluss zur vorläufigen Pfändung und die Festsetzung einer Sicherheitsleistung. Nach **I** sind Rechtsbehelfe an das erlassende Gericht zu richten, das hierüber durch Beschluss entscheidet, **I 2.** Art. 34 betrifft dagegen den Rechtsbehelf des Schuldners gegen konkrete Vollstreckungsmaßnahmen. Hierfür ist nach **II** in Deutschland das Vollstreckungsgericht (§ 764 II) zuständig. Dieses gilt nach **III** auch für Rechtsbehelfe von Gläubiger oder Schuldner gem. Art. 35 III, IV EuKoPfVO. Das Rechtsmittel gegen Entscheidungen über die Rechtsbehelfe regelt § 956. 1

955 *Sicherheitsleistung nach Artikel 38 der Verordnung (EU) Nr. 655/2014.*

[1]Für die Entscheidung über Anträge des Schuldners auf Beendigung der Vollstreckung wegen erbrachter Sicherheitsleistung nach Artikel 38 Absatz 1 Buchstabe b der Verordnung (EU) Nr. 655/2014 ist das Vollstreckungsgericht zuständig. [2]Die Entscheidung nach Artikel 38 Absatz 1 der Verordnung (EU) Nr. 655/2014 ergeht durch Beschluss.

Art. 38 EuKoPfVO eröffnet dem Schuldner eine **Abwendungsbefugnis** durch Sicherheitsleistung. Anders als in § 923 wird diese aber nicht schon in den Beschluss über die vorläufige Pfändung aufgenommen, vielmehr bedarf es eines Antrags des Schuldners. Zuständig für die Entscheidung über diesen Antrag ist das Vollstreckungsgericht. 1

956 *Rechtsmittel gegen die Entscheidungen nach § 954 Absatz 1 bis 3 und § 955.*

I [1]Gegen die Entscheidungen des Vollstreckungsgerichts nach § 954 Absatz 2 und 3 Satz 1 sowie nach § 955 Satz 1 findet die sofortige Beschwerde statt. [2]Dies gilt auch für Entscheidungen des Gerichts des ersten Rechtszugs in den Fällen des § 954 Absatz 1 und 3 Satz 2 sowie des § 955 Satz 2.

II Die sofortige Beschwerde ist innerhalb einer Notfrist von einem Monat ab Zustellung der Entscheidung einzulegen.

Entscheidungen über Rechtsbehelfe gem. Art. 34, 35 EuKoPfVO, die das Vollstreckungsgericht getroffen hat, können nach **I 1** mit der sofortigen Beschwerde gem. §§ 567 angefochten werden. Zuständig ist das LG. Entscheidungen über Rechtsbehelfe gem. Art. 33 EuKoPfVO, die von dem Gericht zu treffen sind, das den Beschluss erlassen hat, sind nur anfechtbar, soweit das erstinstanzliche Gericht entschieden hat, **I 2.** Zuständig ist also entweder das LG oder das OLG 1

II bestimmt die Frist für alle Beschwerden abweichend von § 569 I 1 einheitlich auf einen Monat. 2

957 *Ausschluss der Rechtsbeschwerde.*

In Verfahren zur grenzüberschreitenden vorläufigen Kontenpfändung nach der Verordnung (EU) Nr. 655/2014 findet die Rechtsbeschwerde nicht statt.

Der Ausschluss der Rechtsbeschwerde trägt dem provisorischen und zeitlich begrenzten Charakter der Maßnahmen nach der EuKoPfVO Rechnung, BT-Drs. 18/7560, 46.

Titel 4. Schadensersatz; Verordnungsermächtigung

958 *Schadensersatz.* **[1]Erweist sich die Anordnung eines Beschlusses zur vorläufigen Kontenpfändung, der im Inland vollzogen worden ist, als von Anfang an ungerechtfertigt, so ist der Gläubiger verpflichtet, dem Schuldner den Schaden zu ersetzen, der ihm aus der Vollziehung des Beschlusses oder dadurch entsteht, dass er Sicherheit leistet, um die Freigabe der vorläufig gepfändeten Gelder oder die Beendigung der Vollstreckung zu erwirken. [2]Im Übrigen richtet sich die Haftung des Gläubigers gegenüber dem Schuldner nach Artikel 13 Absatz 1 und 2 der Verordnung (EU) Nr. 655/2014.**

1 Die Regelung ergänzt Art. 13 EuKoPfVO und entspricht dem Charakter der vorläufigen Pfändung entsprechend denjenigen für Arrest und einstweilige Verfügung in § 945.

959 *Verordnungsermächtigung.* **I Die Landesregierungen können die Aufgaben nach Artikel 10 Absatz 2, Artikel 23 Absatz 3, 5 und 6, Artikel 25 Absatz 3, Artikel 27 Absatz 2, Artikel 28 Absatz 3 sowie Artikel 36 Absatz 5 Unterabsatz 2 und 3 der Verordnung (EU) Nr. 655/2014 einem Amtsgericht für die Bezirke mehrerer Amtsgerichte durch Rechtsverordnung zuweisen.**

II Die Landesregierungen können die Ermächtigung nach Absatz 1 durch Rechtsverordnung einer obersten Landesbehörde übertragen.

1 Die Norm eröffnet den Ländern die Möglichkeit einer Konzentration für solche Zuständigkeiten, die beim AG liegen. Die Länder haben hiervon aber noch keinen Gebrauch gemacht.

Buch 9. Aufgebotsverfahren (§§ 960–1024) (aufgehoben)

Buch 9 wurde aufgehoben durch Art. 29 Nr. 27 FGG-RG v. 17.12.2008, BGBl. 2586, in Kraft seit 1.9.2009, Art. 112 Hs. 1 FGG-RG, ÜbergangsR Art. 111 FGG-RG (Fortgeltung des Buch 9 in Altfällen). §§ 946–1024 aF sind zuletzt im Ergänzungsband zur 68. Aufl. 2010 abgedruckt und kommentiert. Die Nachfolgeregelung in §§ 433–484 FamFG ist zuletzt im Hauptband der 69. Aufl. 2011 kommentiert. 2

Buch 10. Schiedsrichterliches Verfahren

Vorbemerkung zu Abschnitt 1–10

Schrifttum: Aden, Internationale Handelsschiedsgerichtsbarkeit, 2. Aufl. 2003; Ahner, Investor-Staat-Schiedsverfahren nach Europäischem Unionsrecht, 2015; Aufdermauer, Schiedsgerichtsbarkeit und Insolvenz in Deutschland, 2013; Bälz, Prozessführungsverbote durch Schiedsgerichter, SchiedsVZ 2021, 204; Böckstiegel SchiedsVZ 2009, 3 (Grdz.); Böckstiegel/Berger/Bredow, Die Beteiligung Dritter an Schiedsverfahren, 2005; Böckstiegel/Berger/Bredow, Schiedsgerichtsbarkeit und Kartellrecht, 2006; Böckstiegel/Bredow, DIS-Schiedsgerichtsordnung, 2015; Bühler, Die 2021 ICC-Schiedsordnung: Zwischen Beständigkeit und Wandel, SchiedsVZ 2021, 230; Bork, Schiedsverfahren mit insolventen Parteien, SchiedsVZ 2022, 139; Büstgens, Transparenz und Öffentlichkeit gemischter Schiedsverfahren, 2017; Cervenka/Schwarz, Zu Schiedsverfahren und Datenschutz, SchiedsVZ 2020, 78; Dickler, Schiedsgerichtsbarkeit und Reform der Brüssel Ia-VO usw., 2015; Ebbing, Private Zivilgerichte, 2003; Englert/Franke/Grieger, Streitlösung ohne Gericht (Bausachen), 2006; Flöther, Auswirkungen des inländischen Insolvenzverfahrens auf Schiedsverfahren und Schiedsabrede, 2001; Gaier NJW 2016, 1367; Gilfrich, Schiedsverfahren im Scheidungsrecht, 2007; Glatter, Jüngste Fortentwicklung in der Schiedsgerichtsbarkeit der Volksgerichtsbarkeit China, SchiedsVZ 2020, 207; Glossner/Bredow/Bühler, Das Schiedsgericht in der Praxis, 4. Aufl. 2004; Gottwald, Revision des EuGVÜ-Neues Schiedsverfahrensrecht, 2000; Greger, Autonome Konfliktlösung innerhalb und außerhalb des Prozesses, Festgabe für Vollkommer, 2006, 3; Greger, Justizanspruch und ADR, FS Klamaris, Athen, 2016, 319; Groh/Gigga, „Agree to disagree"- Die Zulässigkeit von (vereinbarten) Sondervoten im deutschen Schiedsverfahrensrecht, NZG 2020, 1251; Hamama/Sendetska, Arbitration in Ukraine, SchiedsVZ 2021, 304; Hammer, Überprüfung von Schiedsverfahren durch staatliche Gerichte in Deutschland, 2018; Harder, Das Schiedsverfahren im Erbrecht, 2007; Hausmanninger/Loksa/Schenner, Die höchstrichterliche Rechtsprechung Österreichs im Schiedsrecht (2019 – August 2020), SchiedsVZ 2020, 278; Heese KTS 2017, 167; Heger/Yousif/Tarasiuk, Russlands Sonderweg in der internationalen Schiedsgerichtsbarkeit, SchiedsVZ 2021, 215; Henn, Schiedsverfahrensrecht, 3. Aufl. 2000; Hötte, Religiöse Schiedsgerichtsbarkeit, 2013; Heydn, Die Datenschutzerklärung des Schiedsgerichts, SchiedsVZ 2020, 242; Höttler, Das fingierte Schiedsverfahren, 2007; Hövelmann, Schiedsgerichtsbarkeit Deutschland Österreich USA, 2014; Kaissis, Die Schiedsgerichtsordnung der Deutsch-Griechischen Industrie- und Handelskammer, FS Schütze, 2014, 213; Kern, Schiedsgericht und Generalklausel (internationalrechtlich), 2017; Köhler/Hudetz, Staatliche Konkurrenz für die Schiedsgerichtsbarkeit, BB 2020, 2179; Komuczky, Mittellosigkeit des Beklagten im Schiedsverfahren – die Perspektive des Schiedsgerichts, SchiedsVZ 2022, 8; Kreindler/Schäfer/Wolff, Schiedsgerichtsbarkeit, 2006; Kröll, Die Entwicklung des Schiedsrechts, zuletzt NJW 2022, 827; 2021, 832; und SchiedsVZ 2022, 255 und 150; 2021, 128, 264; 2020, 156 und 219; Labes/Lörcher, Nationales und internationales Schiedsverfahrensrecht, 2. Aufl. 2002; Lachmann, Handbuch für die Schiedsgerichtspraxis, 3. Aufl. 2008; Leuschner, Das Recht der Schiedsverfahren in Spanien und Deutschland im Vergleich, 2008; von Lindheim, Das Schiedsgericht im modernen Zivilprozess, 2012; Lionett, Handbuch der internationalen und nationalen Schiedsgerichtsbarkeit, 3. Aufl. 2004; Löhr, Rechtsschutz im Schiedsverfahrensrecht, 2017; Lörcher/Lörcher, Das Schiedsverfahren – national/international – nach neuem Recht, 2. Aufl. 2001; Lukits SchiedsVZ 2013, 269 (rechtsgeschichtlich); Möller, Echte Schiedsgerichtsbarkeit im Verwaltungsrecht, 2014; Mönnikes, Die Reform des deutschen Schiedsverfahrensrechts, 2000; Panchmatia/Basarkod/Lederer, The Arbitration Landscape of India, SchiedsVZ 2021, 322; Pfeiffer, Brexit und internationale Schiedsgerichtsbarkeit, DRiZ 2020, 138; Prütting AnwBl 2015, 548; Raeschke-Kessler/Berger, Recht und Praxis des Schiedsverfahrens, 2018; Risse/Spehl ZVertriebsR 2012, 151 (international-rechtlich); Saenger/Eberl/Eberl, Schiedsverfahren, 2018; Salger/Trittmann, Internationale Schiedsverfahren, 2018; Samwar, Das anwendbare Recht im internationalen schiedsrichterlichen Verfahren, FS Samwar sen, 2008; Schack, Internationales Zivilverfahrensrecht, 8. Aufl. 2021; Schäfer, Einführung in die internationale Schiedsgerichtsbarkeit, JURA 2004, 153; Schäfer NJW 2015, 3398 (Anwaltstätigkeit); Schäfer, Informationstechnologie in SchiedsVerf nach der 2018 DIS-Schiedsgerichtsordnung, SchiedsVZ 2019, 195; Scherpe ZZP 128, 335 (rechtspolitisch); Schiffer, Wirtschaftsschiedsgerichtsbarkeit, 2000; Schmitz, Schiedsverfahren und Insolvenz, 2016; Schütze/Thümmel, Schiedsgericht und Schiedsverfahren, 7. Aufl. 2021; Schütze, Ausgewählte Probleme des deutschen und internationalen Schiedsverfahrensrechts, 2006; Schütze, Institutionelle Schiedsgerichtsbarkeit, 3. Aufl. 2018; Schultze-Moderow, Schiedsverfahren und Insolvenz, 2017; Schütze, Die Dutco-Entscheidung.Probleme der Schiedsrichterbestellung in Mehrparteienschiedsverfahren, FS für Kronke, 2020, 1561; Schwab/Walter, Schiedsgerichtsbarkeit, 7. Aufl. 2005; Stumpe, Parallele Verfahren in der privaten Schiedsgerichtsbarkeit und bei Investitionsstreitigkeiten, 2015; Sunaric, Dissenting Opinion – Weder Ärger noch Torheit, SchiedsVZ 2021, 35; Theune, Schiedsrichteramt, Schiedsorganisationsvertrag und Schiedsrichtervertrag bei Geltung der DIS-Schiedsgerichtsordnung 2018, SchiedsVZ 2021, 177; Torggler, Handbuch Schiedsgerichtsbarkeit, 2017; Wach, Die Münchener Regeln zur Beteiligung am Schiedsverfahren – The Munich Rules (TMR), SchiedsVZ 2020, 228; Wagner DRiZ 2015, 264 (rechtspolitisch); Werner, Schiedsverfahren IV – die Schiedsfähigkeit von Beschlussmängelstreitigkeiten bei Personengesellschaften, JM 2022, 310; Wilske/Markert/Ebert, Entwicklungen in der internationalen Schiedsgerichtsbarkeit im Jahr 2020 und Ausblick auf 2021, SchiedsVZ 2021, 106; Wolff SchiedsVZ 2016, 293; Zeiler, Schiedsverfahren, 2014; Zobel, Schiedsgerichtsbarkeit und Gemeinschaftsrecht, 2005.

I. Systematik und Geltungsbereich. Die §§ 1025 ff. übernehmen im Wesentlichen das von der UNO den Mitgliedsstaaten zur Annahme empfohlene UNCITRAL-Modellgesetz als innerstaatliches Recht für nationale und internationale schiedsrichterliche Verfahren. Zur DIS-Schiedsgerichtsordnung 2018, in Kraft seit 1.3.2018; MüKoZPO/Münch Vor § 1025 Rn. 139 ff.; Theune SchiedsVZ 2021, 177; Roquette/Tröstler BauR 2018, 900; → Anh. § 1035 Rn. 5. Zu den Reformbestrebungen insbesondere des DAV-Ausschusses Zivilverfahrensrecht und zu dem vom BMJV eingesetzten Arbeitskreis zur Modernisierung des Schiedsverfahrensrechtes MüKoZPO/Münch Vor § 1025 Rn. 265 ff.; vgl. auch Wolff SchiedsVZ 2021, 328 zu einer empirischen Studie zu Verfahren 1 nach §§ 1059 ff. Im Buch 10 wird das schiedsgerichtliche Verfahren untergliedert in Schiedsgerichte aufgrund einer Vereinbarung (Abschnitte 1–9) und aufgrund einer Anordnung (Abschnitt 10) sowie innerhalb der ersten neun Abschnitte in Allgemeine Vorschriften (1. Abschnitt), in das „Erkenntnisverfahren" (2.–6. Abschnitt) einschließlich des Rechtsbehelfs (7. Abschnitt) sowie in die Anerkennung und Vollstreckung des Schiedsspruches (8. Abschnitt) und die Mitwirkung der staatlichen Gerichte (9. Abschnitt). Zum **Geltungsbereich** → Vor § 1025 Rn. 2 ff.

2 **II. Regelungszweck.** Das Buch 10 regelt eine nichtstaatliche Streitentscheidung und damit den Ausschluss der staatlichen Gerichtsbarkeit durch Vereinbarung (1.–9. Abschnitt) bzw. durch Anordnung (10. Abschnitt). Die Parteien verzichten auf ihr verfassungsrechtlich garantiertes Recht auf Justizgewährung nach Art. 19 IV GG, Prütting/Gehrlein/Prütting § 1025 Rn. 1. Die §§ 1025 ff. sind verfassungsgemäß, Prütting FS Schlosser, 2005, 705.

3 Die Schiedsgerichtsbarkeit gewinnt durch die weltweiten Handelsbeziehungen immer mehr an Bedeutung, Kröll NJW 2009, 1183. Zur langen Geschichte, die schon auf das Römische Recht zurückgeht: Prütting/Gehrlein/Prütting § 1025 Rn. 4, 2; MüKoZPO/Münch Vor § 1025 Rn. 233 ff. Zur Bedeutung des Europarechts für gesellschaftsrechtliche Schiedsverfahren Hess JZ 2014, 538; Raeschke-Kessler SchiedsVZ 2003, 145. In vielen Staaten gibt es die Möglichkeit eines Schiedsverfahrens, MüKoZPO/Münch Vor § 1025 Rn. 171–216; vgl. Glatter SchiedsVZ 2020, 207 (zur Entwicklung in China). Da viele Staaten das von der UNO empfohlene **UNCITRAL-ModellG** übernommen haben, liegt der Regelungszweck der §§ 1025 ff. zum einen in der Harmonisierung der internationalen Regelungen. Ziel ist ein zeitgemäßes und den internationalen Bedingungen angepasstes schiedsrichterliches Verfahren. Die Regelungen sollen die Austragung derartiger Verfahren mit nationalen, aber auch mit internationalem Bezug in Deutschland fördern. Sie sollen einen erhöhten Anreiz bieten, bei nationalen und internationalen Streitigkeiten verstärkt von der Schiedsgerichtsbarkeit Gebrauch zu machen. Daher enthalten §§ 1025 ff. vor allem Bestimmungen, die der Vereinfachung und Beschleunigung des Verfahrens sowohl der Schiedsgerichte als auch der staatlichen Gerichte, die in dem Buch 10 und in diesem Kommentar nur als „Gerichte" bezeichnet werden, dienen, zB durch die Konzentrierung der Zuständigkeiten bei dem OLG nach § 1062. Dabei bleibt die Gestaltung des Verfahrens weitgehend den Parteien überlassen. Das alles dient in hohem Maße der Parteiherrschaft, → Vor § 128 Rn. 20 ff.

4 Nicht immer unproblematisch ist die Ausdehnung der Parteiherrschaft im Erkenntnisabschnitt des schiedsrichterlichen Verfahrens weit über die Möglichkeiten im staatlichen Erkenntnisverfahren hinaus. Die gesetzlichen Regelungen sehen deshalb gewisse staatliche Kontrollmöglichkeiten vor. Soweit sich die Parteien einem Schiedsspruch nicht beugen, wird seine Vollstreckung der schiedsrichterlichen Entscheidung unvermeidbar. Seine Vollstreckbarkeit wird durch das Gericht erklärt, §§ 1060 ff. Selbst bei ihrer Durchführung nach §§ 1060 ff. durch staatliche Organe bleibt jedoch deren Bindung an den „freiwilligen" Vollstreckungstitel bestehen. Damit wird die wahre Macht der Beteiligten zum wesentlichen Merkmal. Kontrollmöglichkeiten und damit Grenzen der Parteiherrschaft bestehen bei der Vollstreckung, daneben auch durch das Aufhebungsverfahren nach § 1059, so bei einem Verstoß gegen den Grundsatz „ordre public" und seinen eventuellen Konsequenzen nach § 1059 II. Diese Grenzen haben ferner Bedeutung bei der Auslegung und der Prüfung der Wirksamkeit einer Schiedsvereinbarung sowie bei der Prüfung der Auswahl der Schiedsrichter nach §§ 1035 ff.

5 **III. Besonderheiten bei ausländischen Schiedssprüchen. 1. UNÜ.** Liegt ein ausländischer Schiedsspruch vor, richtet sich die Anerkennung und Vollstreckung gemäß § 1061 nach dem Übereinkommen über die Anerkennung und Vollstreckung ausländischer Schiedssprüche vom 10.6.1958, BGBl. 1961 II 121, 122 (UNÜ), 2007 II 389, des sog. UNÜ, letzte Bek. v. 30.4.2013, BGBl. II 614 (Myamar), BGBl. II 791, zuletzt Bek. v. 24.6.2015, BGBl. II 1011; → § 1061 vor Rn. 1 (zum Text); → § 1061 Rn. 1 ff. Das UNÜ, dem die DDR beigetreten war, gilt auch in den neuen Bundesländern in der 1960 von der BRep ratifizierten Fassung, von Hoffmann IPRax 1991, 10. Zum zeitlichen Anwendungsbereich: BGH NJW 1982, 1225 (zum Verhältnis des UNÜ zu anderen völkerrechtlichen Verträgen und zum innerstaatlichen Recht Art VII). Nach § 1061 ZPO gilt das UNÜ bei allen Vertragsstaaten, Musielak/Voit/Voit § 1061 Rn. 7, Fn. 26, 27 (Aufzählung der Vertragsstaaten), aber auch als innerstaatliches Recht für die ausländischen Schiedssprüche aller anderen Staaten, Thomas/Putzo/Seiler § 1061 Rn. 5. Dabei bleiben nach § 1061 I 2 ZPO multilaterale und bilaterale Staatsverträge unberührt.

6 **2. EuÜbkHSch.** Das Europäische Übereinkommen über die internationale Handelsschiedsgerichtsbarkeit v. 17.4.1964, BGBl. 1964 II 425, ist in Kraft getreten für die BRep am 25.1.1965, BGBl. 1965 II 107, für die damalige DDR am 21.5.1975, BGBl. 1975 II 1133. Wegen der Vertragsstaaten letzte Bek. v. 4.12.2012, BGBl. II 1567 (São Tomé und Principe). Das EuÜbkHSch tritt neben das UNÜ, das als innerstaatliches Recht auch für alle ausländischen Schiedssprüche aus anderen Staaten als den Vertragsstaaten des UNÜ gilt, → Rn. 5. Durch Art. 9 II ändert es das UNÜ ab, Walter RIW 1982, 695. Es geht ihm als jüngeres auch vor. Es lässt die Gültigkeit mehrseitiger oder zweiseitiger Verträge unberührt, die die Vertragsstaaten auf dem Gebiet der Schiedsgerichtsbarkeit geschlossen haben oder noch schließen werden, Art X Abs. VII. Soweit nicht diese unberührt bleibenden Abk. oder das EuÜbkHSch eingreifen, gilt das Recht desjenigen Landes, in dem der Spruch ergeht. Die besondere Bedeutung des EuÜbkHSch liegt, wie die Liste der Mitgliedsstaaten zeigt, auf dem Gebiet des Ost-West-Handels. RIW 1984, 23. Daneben behält das deutsch-amerikanische Freundschafts-, Handels- und Schifffahrtsabkommen v. 29.10.1954, BGBl. 1956 II 488, seine Bedeutung, soweit es anerkennungsfreundlicher ist, Art VII UNÜ, Schlosser NJW 1978, 456. Der Vertrag regelt nicht das Verfahren der Vollstreckbarerklärung. Daher gilt insofern § 1061. Der **amerikanische** Schiedsspruch ist ordnungsgemäß ergangen, endgültig und vollstreckbar, wenn er rechtswirksam ist, BGH NJW 1972, 449; Habscheid KTS 1972, 216; Schlosser ZZP 86, 49. Jedoch erfolgt die Prüfung nur im Rahmen des Vertrags. Daher darf das Gericht eine Vollstreckbarerklärung nur dann ablehnen, wenn der ordre public verletzt ist, BGH NJW 1972, 449. Das trifft bei Abweichungen des Verfahrens auch von Grundprinzipien des deutschen Rechts nur ausnahmsweise zu, BGH RIW 1984, 558, und liegt auch bei einer Versagung des rechtlichen Gehörs nur in extremen Fällen vor, OLG Hmb MDR 1975, 940; Gündisch RIW 1975, 577; Habscheid/Calavros KTS 1979, 9; → Vor § 128 Rn. 42 ff. (allgemein zum rechtlichen Gehör). Einwendungen, auf die sich eine Vollstreckungsabwehrklage stützen lässt, bleiben statthaft.

7 **3. Russlands Sonderweg.** Mit dem Ende der Sowjetunion 1991 kam es im Zuge der internationalen Öffnung Russlands zu einer Liberalisierung der Schiedsgerichtsbarkeit durch das Gesetz „Über die internationale

Wirtschaftsschiedsgerichtsbarkeit“ vom 7.7.1993 (Nr. 5338-I, zuletzt geändert am 24.7.2018 – Nr. 485-FZ), das dem Uncitral-Modellgesetz zur internationalen Handelsschiedsgerichtsbarkeit vom 21.6.1985, zuletzt geändert am 7.7.2006 folgt, vgl. näher Heger/Yousif/Tarasiuk SchiedsVZ 2021 215. In diesen Zusammenhang passt auch das Gesetz „Über die Schiedsgerichte in der Russischen Föderation vom 24.7.2002 (Nr. 102-FZ), das seit 1.9.2016 nicht mehr gilt. Das deutsch-sowjetische Abkommen über Allgemeine Fragen des Handels und der Seeschifffahrt v. 25.4.1958, BGBl. 1959 II 222, galt nach dem Ende der Sowjetunion weiter im Verhältnis zu Armenien, Aserbaidschan, Georgien, Kasachstan, Kirgistan, Tadschikistan, Ukraine, Usbekistan u. Weißrussland. Es ist im Verhältnis zur russischen Föderation am 20.12.2000 außer Kraft getreten (Bek. v. 7.12.2001, BGBl. 2002 II 40). Vgl. auch die Schiedsordnung des Internationalen Handelsschiedsgerichts bei der Industrie- und Handelskammer der Russischen Föderation, SchiedsVZ 2007, Beilage 1. Die Trendwende in der russischen Schiedsgerichtsgesetzgebung begann mit dem Gesetz „Über die Schiedsgerichtsbarkeit in der Russischen Föderation“ vom 29.12.2015, das am 1.9.2016 in Kraft trat. Kernstück war die Einführung des Status einer ständig tätigen Schiedsinstitution, die eine staatlichen Lizenz benötigt und damit unter staatliche Kontrolle gestellt wurde; mit dem Gesetz „Über Änderungen dieses föderalen Gesetzes“ vom 27.12.2018 (Nr. 531-FZ), das seit 29.3.2019 in Kraft ist, erfolgten einige Änderungen und Klarstellungen, vgl. näher: Heger/Yousif/Tarasiuk SchiedsVZ 2021, 215. Seit den Geschehnissen in der Ost-Ukraine 2014 wurden insbesondere von den USA und der EU verschiedene Sanktionen gegen Russland und russische Unternehmen sowie Personen verhängt; Russland reagierte mit dem Sanktionsgesetz 2020 (vom 8.6.2020 Nr. 171-FZ) für Streitfälle unter Beteiligung der Sanktionsbetroffenen, für die ausschließlich die russischen Wirtschaftsgerichte zuständig sind; außerdem können die Parteien beim zuständigen russischen Gericht ein Verbot der Einleitung und der Fortsetzung des Verfahrens mit demselben Streitgegenstand vor einem ausländischen Gericht oder Schiedsgericht mit Schiedsort außerhalb Russland beantragen, vgl. näher Heger/Yousif/Tarasiuk SchoedsVZ 2021, 215 (220 ff.; insb. zum Geltungsvorrang der Schiedsvereinbarung und zur Rechtsunsicherheit bei gesellschaftsrechtlichen Streitigkeiten). Es bleibt abzuwarten, wie sich die Wirtschaftsbeziehungen zu Russland während des am 24.2.2022 begonnenen Ukraine-Krieges und nach dem Ende des Krieges entwickeln; viele multinationale Unternehmen haben sich aus Russland zurückgezogen und die russische Regierung hat angedroht, verbleibende Vermögenswerte zu enteignen, vgl. näher Wilske/Markert/Ebert SchiedsVZ 2022, 111 (136 ff.). Zum Verhältnis zwischen internationalen Sanktionen und **internationalen Investitionsrecht** anhand des Beispiels des Sanktionsregimes gegen Russland: vgl. Boras/Hildebrandt SchiedsVZ 2022, 246.

4. Besonderheiten bei der Investitionsschiedsgerichtsbarkeit und der Handelsgerichtsbarkeit. Durch 8
die Verhandlungen der EU mit Kanada **(CETA)** und mit den USA **(TTIP)** zu Freihandelsabkommen, die Hemmnisse für den Handel abbauen und den Konzernen Sonderrechte vor Schiedsgerichten garantieren sollen, hat sich die Kritik speziell an der Investitionsschiedsgerichtsbarkeit und der internationalen Handelsgerichtsbarkeit in Bezug auf eine „private Paralleljustiz bzw. Geheimjustiz“ verstärkt, Prütting/Gehrlein/Prütting § 1025 Rn 2; Elsing SchiedsVZ 2019, 16; → § 1066 Rn. 19 „Investitionsschiedsgerichtsbarkeit“. Dem ist entgegenzuhalten, dass die Schiedsgerichtsbarkeit bereits 1877 als staatlich garantierte Verfahrensmöglichkeit existierte und die Globalisierung für die Wirtschaftsprozesse ein internationales Auftreten erfordert, vgl. näher Prütting/Gehrlein/Prütting § 1025 Rn. 2: vgl. näher Wilske/Markert/Ebert SchiedsVZ 2022, 111 (125); Kröll SchiedsVZ 2022, 150; → § 1066 Rn. 19 „Investitionsschiedsgericht“. Kröll SchiedsVZ 2022, 150, hält für die Investitionsschiedsgerichtsbarkeit in Europa 2021 als keinen sonderlich erfreulichen Jahrgang, weil der EuGH in zwei Entscheidungen die Möglichkeiten eines effektiven Schutzes von Investitionen durch Schiedsverfahren innerhalb der EU weiter eingeschränkt hat; er hat die Reichweite der Achmeda-Entscheidung auf den ECT und Schiedsvereinbarungen ausgedehnt, EuGH 2.9.2021 – C-741/19 (Moldawien); 26.10.2021 – C-109/20 (Polen); vgl. auch BGH BeckRS 2021, 39182. Vgl. auch → Rn. 7 a. E. (zu den Sanktionen gegen Russland).

5. Zur Entwicklung des Schiedsverfahrensrechts in den einzelnen Ländern: Vgl näher Wilske/Mar- 9
kert/Ebert SchiedsVZ 2022, 111, 120 ff. Zur höchstrichterlichen Rspr. **Österreichs** im Schiedsrecht April 2021–Mai 2022: Hausmaninger/Schenner SchiedsVZ 2022, 202. Zur höchstrichterlichen Rspr. in der **Schweiz** 2020, 2021: Schroeder/Junge SchiedsVZ 2022, 210.

Abschnitt 1. Allgemeine Vorschriften

Vorbemerkung zu § 1025

1 **I. Systematik, Regelungszweck.** → 10. Buch. Vor Abschnitt 1–10 Rn. 1, 2.

2 **II. Geltungsbereich.** Für das privatrechtliche schiedsrichterliche Verfahren gilt das Buch 10, soweit der Schiedsort nach § 1025 I in Deutschland liegt oder soweit § 1025 II infrage kommt, Heese KTS 2017, 167; Kröll NJW 2003, 792. Einzelbestimmungen zeigen auf, wann ein schiedsrichterliches Verfahren nicht statthaft ist, so zB bei Fehlen der Schiedsfähigkeit nach § 1030. Die §§ 1025 ff. gelten unmittelbar nur für den Bereich der streitigen Zivilgerichtsbarkeit; auch Angelegenheiten der **freiwilligen** Gerichtsbarkeit werden erfasst, soweit es sich um Streitverfahren handelt, so: Musielak/Voit/Voit § 1030 Rn. 8; Prütting/Gehrlein/Prütting § 1025 Rn. 9; aA: MüKoZPO/Münch § 1029 Rn. 94; offengelassen: BGH ZEV 2017, 412 Rn. 14. Maßnahmen des **einstweiligen** Rechtsschutzes (Arrest und einstweilige Verfügung nach §§ 916 ff.) können nach §§ 1033, 1041 sowohl durch ein Schiedsgericht als auch durch ein Gericht erlassen werden, Zöller/Geimer § 1032 Rn. 9; → § 1032 Rn. 10; → § 1033 Rn. 9. Die Parteien können kein **Urkunds-**Schiedsverfahren vereinbaren; ein Vorbehaltsschiedsspruch ist in Buch 10 nicht vorgesehen, Thomas/Putzo/Seiler § 1042 Rn. 6; → § 1042 Rn. 14 „Urkundenprozess"; aM Wolf DB 1999, 1106. Es gibt auch Schiedsgerichte in **Arbeitssachen;** § 4 ArbGG sieht eine solche Möglichkeit vor, allerdings „nach Maßgabe der §§ 101–110 ArbGG", so dass letztlich Schiedsgerichte nur bei wenigen Streitigkeiten möglich sind, zB bei Streitigkeiten zwischen Tarifparteien über Tarifverträge oder bei bestimmten Individualstreitigkeiten von Künstlern; §§ 101 ff. ArbGG regeln das Schiedsverfahren abschließend für die Fälle der §§ 2 I, II, 4 ArbGG mit erheblichen Abweichungen vom Buch 10, BAG NZA 1998, 220; Germelmann NZA 1994, 12; Löwisch ZZP 103, 22; MüKoZPO/Münch Rn. 271. In den Fällen des § 2 III, IV gilt das Buch 10. Bei **öffentlich-rechtlichen** Streitigkeiten gelten die Verweisungsnormen der § 173 VwGO, § 155 FGO und § 202 SGG, die bei grundsätzlichen Unterschieden die Anwendbarkeit der ZPO-Regeln ausschließen; wie zB §§ 168 I Nr. 5,187 VwGO verdeutlichen, sind Schiedsgerichte nicht vollständig ausgeschlossen; sie sind zulässig, wenn es gesetzlich zugelassen ist, so zB § 30 II VermG, oder wenn für die Streitigkeit eine Vergleichsfähigkeit, gegeben ist, so bei der Möglichkeit, einen öffentlich-rechtlichen Vertrag zu schließen, MüKoZPO/Münch Rn. 276 f.; → § 1030 Rn. 8 „öffentlich-rechtliche Ansprüche". **Börsenschiedsgerichte** sind weit verbreitet; sie dienen den Bedürfnissen des Börsenverkehrs und stehen mit diesem in einem organischen Zusammenhang; die frühere Sonderregelung des § 28 BörsG ist durch § 37h WpHG aF und § 101 WpHG nF sozusagen verallgemeinert worden; danach sind Schiedsvereinbarungen über künftige Rechtsstreitigkeiten aus Wertpapierdienstleistungen und Finanztermingeschäften nur verbindlich, wenn beide Parteien Kaufleute oder juristischen Personen des öffentlichen Rechts sind, BGH NJW 1991, 2215; MüKoZPO/Münch Rn. 275; → § 1030 Rn. 14 „Wertpapierdienstleistungen".

3 Die **Brüssel Ia-VO** ist auf Streitigkeiten, die Schiedssprüche und Unterstützungshandlungen staatlicher Gerichte betreffen, nicht anwendbar (Art. 1 II d, 73 II Brüssel-Ia-VO), Pfeiffer DRiZ 2020, 138; Dutta EuZW 2007, 489; MüKoZPO/Münch Rn. 245 ff. Auch nach dem **Brexit** gilt das New Yorker Übereinkommen (NYÜ) und das 10. Buch der ZPO, Pfeiffer DRiZ 2020, 138; Wilske/Markert/Ebert SchiedsVZ 2020, 97 (118). Zur Entwicklung in der internationalen Schiedsgerichtsbarkeit im Jahr 2019 und Ausblick: Wilke/Markert/Ebert SchiedsVZ 2021, 106; 2020, 97.

4 Zum internationalen Investitionsschiedsgericht, bei denen es um Streitigkeiten zwischen Privaten und Staaten geht: → § 1066 Rn. 12; Böckstiegel SchiedsVZ 2008, 265; MüKoZPO/Münch Rn. 18 (zu TTIP und CETA). Zur Anwendbarkeit der §§ 1025 ff. beim Kirchengericht: BGH NJW 2000, 1555: beim Sportgericht, BGH NJW 2016, 2266; beim Parteigericht nach § 14 ParteiG und beim Versorgungsgericht, → § 1066 Rn. 19 „Investitionsschiedsgerichte".

5 **Echte** Schiedsgerichte sind nur solche, die auf einem Rechtsgeschäft beruhen, sei es eine Schiedsvereinbarung nach § 1029 oder eine letztwillige oder satzungsmäßige Anordnung nach § 1066. Sie müssen als unabhängige und unparteiische Stelle organisiert sein und eine bürgerlich-rechtliche Streitigkeit anstelle der staatlichen Gerichte abschließend entscheiden (sog. neutrale Entscheidungskompetenz), BVerfG NJW 2018, 1935 Rn. 69; BGH NJW 2022, 245 Rn. 9; KG NZG 2020, 1113. Zu ihnen gehören auch die nach privaten Satzungen zuständigen Schiedsgerichte nach § 1066. Es gibt ferner die durch Gesetz, Verordnung oder öffentlich-rechtliche Satzung eingesetzten Schiedsgerichte (sog. **unechte** Schiedsgerichte). Diese sind besondere Gerichte. Für sie sind eine gesetzliche Grundlage und eine Gerichtsqualität nötig; die §§ 1025 ff. gelten für die „unechten Schiedsgerichte" grundsätzlich nicht, soweit das Gesetz nichts anderes bestimmt. Zu den schiedsgerichtlichen Verfahren gehören nicht die Verfahren, an denen Schiedsleute, Schlichter, Schiedsgutachter und Gütestellen → Rn. 12 ff., beteiligt sind und denen keine endgültige Entscheidung zusteht. Die nicht selten eingesetzten Schiedsgerichte zur Feststellung von Verstößen gegen eine Vereinssatzung und zur Festsetzung von Ordnungsstrafen gegen Mitglieder können echte Schiedsgerichte nach § 1066 sein. So ist das ständige Schiedsgericht des DFB ein echtes Schiedsgericht, BGH NJW 2022, 245 Rn. 11–17; → § 1059 Rn. 28 „DFB" (Verbandsstrafenhaftung kein Verstoß gegen ordre public). Dasselbe gilt nach § 14 ParteiG für die Schiedsgerichte der politischen Parteien, → § 1066 Rn. 19 „Parteigericht".

6 Zu unterscheiden ist bei den echten Schiedsgerichten zwischen **Gelegenheitsschiedsgerichten** (ad-hoc-Schiedsgerichte), die für einen bestimmten Einzelfall konstituiert werden, und **ständigen Schiedsgerichten** (institutionelle Schiedsgerichte), zu denen zB das ständige Schiedsgericht der 3.Fußball-Liga gehört, Ffm NZKart 2020, 448 = BeckRS 2020, 14655. Dagegen ist das Landesschiedsgericht des deutschen Roten Kreuzes zB ein Vereinsgericht und kein echtes Schiedsgericht, weil es an der satzungsmäßigen Unabhängigkeit fehlt, BayObLG BeckRS 2020, 35358. Bei den Gelegenheitsschiedsgerichten werden die Regeln des Verfahrens von den Parteien frei bestimmt, wobei diese auch auf einen Muster- oder Standardtext Bezug nehmen können; zu solchen Mustertexten gehören zB die **Hamburger freundschaftliche Arbitrage** oder die **Pariser Arbitration Rules** vom 15.3.2015, MüKoZPO/Münch Rn. 25 ff. Die ständigen oder institutionellen Schiedsgerichte stellen dagegen dauerhaft bestehende Einrichtungen dar, die zur Erledigung einer bestimmten Vielzahl von Fällen zur Verfügung stehen und grundsätzlich eigene Verfahrensordnungen mit Gebührentarifen und administrativer Unterstützung aufgestellt haben, teilweise auch mit eigenen rechtlichen Befugnissen, wie zB das Schiedsrichterernennungsrecht,

ausgestattet sind, MüKoZPO/Münch Vor § 1025 Rn. 28 ff., 137 ff. Hierzu gehören die **Pariser Internationale Handelskammer** (ICC) und die **Deutsche Institution für Schiedsgerichtsbarkeit eV (DIS),** → Anh. § 1035 Rn. 5 (zur DIS-SchO 2018). Zu den Bestrebungen nach Mischformen der staatlichen Gerichtsbarkeit und der Schiedsgerichte sowie danach, internationale Handelsstreitigkeiten an die staatlichen Gerichte zurückzuholen (Stichwort: Commercial Courts) vgl. MüKoZPO/Münch Rn. 32 ff.; → § 139 Rn. 49 (Überlegungen zum Commercial Courts).

III. Besonderheiten des Verfahrens. 1. Verhältnis zum Verfahren vor einem Gericht. Das schiedsrichterliche Verfahren ist kein Teil des Zivilprozesses, sondern eine selbständige Verfahrensart. Das schiedsrichterliche Verfahren ersetzt für das Erkenntnisverfahren die Organe der Rechtspflege durch frei gewählte Privatpersonen als Schiedsrichter, BGH NJW 1998, 3027; BayObLG MDR 2003, 1133; Kröll NJW 2003, 792. Es hat Vorrang vor dem staatlichen Erkenntnisverfahren. Das ergibt sich insbesondere aus § 1032 I. Auch die Schiedsgerichtsbarkeit ist Rechtsprechung im materiellen Sinn, BGH WM 2013, 1127; LG Mü NJW-RR 2011, 162; → Rn. 10. Allerdings gelten die Regelungen der §§ 1025 ff. nur für das **echte Schiedsverfahren,** dh das Schiedsgericht muss als unabhängige und unparteiische Instanz organisiert und es muss anstelle des staatlichen Gerichts die Entscheidungsbefugnis über die betreffenden Streitigkeiten haben, BayObLG BeckRS 2020, 35358; → Rn. 5 f.; → § 1029 Rn. 5. Da die Zwangsvollstreckung eines schiedsgerichtlichen Titels öffentliche Belange berührt, kann das Schiedsgericht selbst seiner Entscheidung keine Vollstreckbarkeit nach §§ 704 ff. geben. Die Vollstreckbarkeit muss vielmehr durch das Gericht nach § 1060 I erklärt werden. Schiedsgerichtliche Entscheidungen werden nicht durch eine höhere staatliche Instanz überprüft, dh es gibt gegen sie kein Rechtsmittel. Jedoch unterliegen sie durch verschiedene Möglichkeiten, so bei einem Aufhebungsantrag nach § 1059 oder dem Vollstreckbarkeitsverfahren nach § 1060 in gewissem Umfang einer staatlichen Nachprüfung. 7

2. Vor- und Nachteile. Garbe-Emden, Nachteile des Schiedsverfahrens, BauR 2012, 1035; Berger, Herausforderungen für die (deutsche) Gerichtsbarkeit, SchiedsVZ 2009, 289 (291).

Als **Vorteile** der Schiedsgerichtsbarkeit werden die Nichtzulassung der Öffentlichkeit, die kürzere Verfahrensdauer und geringere Kosten wegen Fehlens mehrerer Instanzen, die größere Gestaltungsfreiheit der Parteien in Verfahrensfragen, die Vermeidung von Grundsatzentscheidungen, die besseren Vollstreckungsmöglichkeiten im Ausland und die höhere Kompetenz der Schiedsrichter genannt. Ob diese Vorteile tatsächlich bestehen, hängt von der Ausgestaltung im Einzelfall ab, ua auch von der Auswahl der Schiedsrichter und der Verfahrensgestaltung, Berger SchiedsVZ 2009, 289 (291); Garbe-Emden BauR 2012, 1035 (jeweils kritisch zum Zeit- und Kostenargument). Durch die freiwillige Vereinbarung der Geltung von vorformulierten Schiedsgerichtsordnungen, zB die der DIS, wird das Bedürfnis der Parteien nach gewissen Regeln trotz der eingeräumten Freiheiten deutlich und dies ist auch nicht zu beanstanden, siehe zur DIS und zur internationalen Handelskammer in Paris (ICC und CCI); MüKoZPO/Münch Rn. 139 ff.; → Rn. 6; → Anh. § 1035 Rn. 5 f. 8

Nachteile des schiedsgerichtlichen Verfahrens können im Einzelfall darin liegen, dass Schiedsklauseln zuweilen nicht auf dem ganz freien Willen beider Parteien beruhen, mitunter weit höhere Kosten verursachen, mehr Zeit als drei Instanzen vor staatlichen Gerichten in Anspruch nehmen und möglicherweise nicht immer die Gewähr einer unparteiischen Entscheidung bieten, die aber nur begrenzt überprüfbar ist, Franz/Keune VersR 2013, 13; Franzen NJW 1986, 299; Jagenburg FS Oppenhoff, 1985, 158. Allem kann aber durch eine besondere Sorgfalt in der Auswahl der Schiedsrichter und einer strukturierten Verfahrensgestaltung im Einzelfall entgegen gewirkt werden. 9

3. Verfahrensregeln und Urteilswirkung. Das Verfahren des Schiedsgerichts nach §§ 1042 ff. steht fast ganz in seinem pflichtgemäßen Ermessen, des Schiedsgerichts, soweit in der Schiedsvereinbarung nach § 1029 darüber keine Bestimmung getroffen wurde. Die Entscheidung ergeht durch einen Schiedsspruch nach § 1054. Er wirkt wie ein nach §§ 322, 705 rechtskräftiges Urteil. Er wird aber erst durch die Vollstreckbarerklärung des Gerichts nach §§ 1060, 1061 iVm §§ 1062 ff. vollstreckbar. 10

IV. Abgrenzung zu Schlichtungsstellen. 1. Allgemeines. Die Abgrenzung eines schiedsgerichtlichen Verfahrens zu ähnlichen Verfahren erfolgt danach, ob eine Schiedsvereinbarung nach § 1029 vorliegt, dh ob die endgültige Entscheidung über eine bürgerlich-rechtliche Streitigkeit kraft privater Vereinbarung auf ein neutrales Schiedsgericht anstelle der Gerichte übertragen worden ist, BGH NJW-RR 2018, 1402; 2013, 873; Kröll NJW 2009, 1183; Prütting JZ 1985, 264; Walter ZZP 103, 141; → Rn. 12 ff., → § 1029 Rn. 4 ff., 7 (auch zu Auslegungsfragen). Von einer Schlichtung hingegen ist auszugehen, wenn ein neutraler Dritter, der keine Entscheidungskompetenz hat, eingeschaltet wird, um den Parteien zu einer Einigung zu verhelfen, MüKoZPO/Münch Rn. 42. 11

2. Obligatorische Gütestellen, § 15a EGZPO. Gütestellen nach 15a EGZPO, die durch Landesgesetze für bestimmte Streitigkeiten eingerichtet worden sind, sollen den Versuch einer Einigung zwischen den Beteiligten vor Anrufen der Gerichte unternehmen; fehlt das obligatorische Güteverfahren bei Klageerhebung, ist die Klage als unzulässig abzuweisen, BGH NJW-RR 2018, 394; NJW 2005, 437; → Vor § 253 Rn. 47 „Obligatorisches Güteverfahren"; → § 278 Rn. 2; vgl. auch MüKoZPO/Münch Rn. 48 (zu den einzelnen Landesgesetzen). Bei den Gütestellen nach § 15a EGZPO handelt sich nicht um Schiedsgerichte, sondern um Schlichtungsstellen. Ist der Schlichtungsversuch erfolgreich und wird eine Einigung vor einer durch die Landesjustizverwaltung eingerichteten oder anerkannten Gütestelle erzielt, liegt ein Vollstreckungstitel nach §§ 794 I Nr. 1 vor und der Streit ist durch eine gütliche Einigung, nicht durch eine Entscheidung beendet. Dasselbe gilt für die andere Einigungsstellen, zB nach § 15 UWG. 12

3. Schlichtungsstellen im Übrigen

Schrifttum: Prütting, Außergerichtliche Streitschlichtung, 2003; Wolfram-Korn/Schmarski, Außergerichtliche Streitschlichtung in Deutschland, 2001.

Der Versuch einer nicht obligatorischen Streitschlichtung kann in mannigfaltigen Formen stattfinden, Greger FG Vollkommer, 2006, 22. Eine Form stellt zB die **Mediation** iSd MediationsG, s. § 278a, dar, also ein außergerichtliches Güteverfahren mit Mediationsmethoden, dh ein freiwilliges außergerichtliches Verfahren zur Konfliktbeilegung, bei dem ein neutraler Dritter die Parteien unterstützt, den Konflikt einvernehmlich beizulegen, → § 278a Rn. 4 ff; → § 278 Rn. 39 (Def. und Phasen der Mediation). Das Güteverfahren nach § 278 V, bei dem auch Mediationsmethoden angewendet werden können, stellt keine gerichtsinterne Mediation dar, sondern ist 13

Teil des Rechtsstreits; mit den Neuregelungen der §§ 278 V, 278a sowie mit § 9 I MediationsG hat sich der Gesetzgeber eindeutig gegen die gerichtsinterne Mediation entschieden, → § 278 Rn. 4, 48.

14 Eingerichtete Schieds-, Güte- und Schlichtungsstellen haben meist die Aufgabe, eine gütliche Einigung herbeizuführen; sie sind keine echten Schiedsgerichte, wenn ihnen eine Regelungsbefugnis fehlt. Schlichter kann eine außenstehende Person, aber auch ein Organ derjenigen juristischen Person sein, der die Beteiligten angehören, so zB eine Körperschaft; BGH NJW 1977, 2263; BGH NJW 1984, 669; Ffm AnwBl 1984, 391; Dötsch MDR 2012, 818 (Kfz). Muster von Schlichtungsverträgen: NJW 1992, 2745; Grisebach AnwBl 1993, 261. Zum Teil beruhen sie auf gesetzlichen Vorschriften, zB auf §§ 305 I Nr. 1, 305a InsO oder auf dem Verbraucherstreitbeilegungs G vom 19.2.2016, BGBl. I 254. Schlichtungsstellen haben vor allem bei Verbraucherbeschwerden und bei Streitigkeiten unter Berufskollegen große Bedeutung erlangt, Eberhardt NJW 1986, 747 (Arzthaftpflicht); Prütting ZZP 99, 93. Zu den Schlichtungsstellen kann zB je nach Konstellation auch eine Landeschiedskommission einer politischen Partei zählen, Düss NJW-RR 2003, 142; → § 1066 Rn. 19 „Sportgericht". Auch das Landesschiedsgericht des Deutschen Roten Kreuzes stellt kein echtes Schiedsgericht, sondern eine Schlichtungsstelle dar, weil laut Satzung der Rechtsweg zu den Verwaltungsgerichten eröffnet ist und zudem der Verband maßgeblichen Einfluss auf die Zusammensetzung des Landesschiedsgerichts hat, BayObLG BeckRS 2020, 35358 = SchiedsVZ 2021, 168; Kröll SchiedsVZ 2021, 1128. Ein „Expertenausschuss" ist kein Schiedsgericht, Kröll SchiedsVZ 2010, 147, ebenso wenig ein „Vertragsbeirat", Ffm SchiedsVZ 2017, 151. Ist eine Vereinbarung getroffen worden, dass vor einer Anrufung des Gerichts ein Güteversuch vor Dritten stattfinden muss, kann dies aber Auswirkungen auf das staatliche Gerichtsverfahren haben, und zwar sowohl auf die Zulässigkeit als auf die Begründetheit, BGH NJW 1999, 647; BayObLG NJW-RR 1996, 910 (zum WEG); Köln BauR 2018, 871; → Vor § 253 Rn. 41 f. („Frage der Klagbarkeit" mit Beispielen).

V. Schiedsgutachten

Schrifttum: Greger/Stubbe, Schiedsgutachten, 2007.

15 **1. Allgemeines.** Durch ein Schiedsgutachten wird der Rechtsstreit nicht entschieden; es handelt sich nicht um ein schiedsrichterliches Verfahren, BGH BB 1982, 1077; Mü NJW 2016, 1964. Mit dem Schiedsgutachten werden vielmehr nur einzelne Elemente eines Rechtsverhältnisses geklärt, auch wenn die Klärung für die betreffenden Punkte verbindlich sein soll; das gilt auch für die endgültige Feststellung einzelner Streitfragen, wenn das Gericht nicht vollständig ausgeschlossen werden soll, Mü NJW 2016, 1964 (Bauvertrag); Brdg NJW-RR 2014, 405. Eine Schiedsgutachterklausel beseitigt die Zuständigkeit des Schiedsgerichts nicht, BGH NJW-RR 2016, 703. Schiedsgutachten können auch dazu dienen, den von den Parteien zwar objektiv bestimmten, aber nur mit einer gewissen Sachkunde feststellbaren Vertragsinhalt zu ermitteln; zulässig ist, dass in **Tarifverträgen** Stellen geschaffen werden, denen die Aufgabe eines Schiedsgutachters zukommt; derartige Vereinbarungen binden ausschließlich materiell-rechtlich und verstoßen deshalb nicht gegen das im Arbeitsgerichtsverfahren nach §§ 4, 101 ArbGG mit wenigen Ausnahmen geltende Verbot der Schiedsgerichtsbarkeit; etwas anderes gilt, wenn die Stelle nicht nur Tatsachen feststellen, sondern verbindlich subsumieren soll, so im Bereich auszufüllender unbestimmter Rechtsbegriffe, BAG NZA 2020, 1050 Rn. 24 (Schiedsgutachten zur Leistungsbeurteilung); NZA 2018, 1066 Rn. 38; 2016, 1089 Rn. 21.

16 **2. Leistungsbestimmung durch Dritte.** Die Abrede, Dritte sollen die Leistung nach billigem Ermessen bestimmen (§§ 317 ff. BGB), ist grundsätzlich ein Schiedsgutachtervertrag mit der Möglichkeit einer gerichtlichen Nachprüfung nach § 319 I 2 BGB, BGH NJW-RR 1994, 1314; VGH Mannh BauR 2016, 1061, Es kann sich aber auch um eine Schiedsvereinbarung nach § 1029 handeln, wenn sich der Parteiwille darauf richtet, dass eine endgültige, urteilsgleiche Entscheidung unter einem Ausschluss der gerichtlichen Nachprüfung gemäß § 319 I 2 BGB ergehen soll, BGH MDR 1982, 36; Wolf ZIP 1981, 235. Ein Schiedsgutachtervertrag ist auch die Abrede, dass der Dritte die Leistung an veränderte Verhältnisse anpassen soll, BGH NJW 1984, 43; KG ZMR 1986, 194. Man kann dem Schiedsgutachter dabei auch die Beurteilung der Vorfrage übertragen, ob sich die Verhältnisse geändert haben, BGH NJW 1975, 1556. Kein Schiedsgutachter nach § 317 BGB sind dagegen die Preisrichter bei einer Auslobung. Ihre Aufgabe nähert sich derjenigen von Schiedsrichtern, BGHZ 71, 366.

17 **3. Feststellungen des Gutachters.** Ein Schiedsgutachten und kein Schiedsspruch nach § 1054 soll meistens auch dann ergehen, wenn der Dritte nur Tatsachen, sonstige für die Entscheidung eines Rechtsstreits erhebliche Umstände oder eine den Vertragsparteien unbekannte, ihrem Inhalt nach aber bestimmte oder bestimmbare Leistung feststellen soll, BGH NJW 1984, 43; Dü BauR 2010, 919; Kröll SchiedsVZ 2012, 138. Unerheblich ist, ob die Tatsachen Bedeutung für Rechtsbegriffe, wie etwa ein Verschulden, hat, BGH NJW 1975, 1556; Mü MDR 2005, 1186; Kasolowsky/Schnabl SchiedsVZ 2012, 89.

18 Zu den Schiedsgutachtertätigkeiten können zB gehören: Die Erstellung einer Abrechnung, BGH NJW 2001, 3776, die Klärung von Nachforderungen, Joussen BauR 2010, 518, die Feststellung eines Schadens, Döbereiner VersR 1983, 713, der Qualität einer Ware, der ortsüblichen Miete, des Verkehrswerts, des ursächlichen Zusammenhangs, BGH WM 1975, 1047, der Voraussetzungen einer Kündigung, der Angemessenheit einer Ersatzwohnung oder der Höhe der Gebühren durch die Anwaltskammer im Verfahren nach § 14 II RVG, Mü MDR 2005, 1186. In allen diesen Fällen hat der Gutachter kein Ermessen, sondern er soll Feststellungen treffen.

19 **4. Abgrenzung.** Ob eine Schiedsvereinbarung nach § 1029 oder ein Schiedsgutachtervertrag vorliegt, richtet sich danach, welche Wirkungen die Parteien dem Spruch des Dritten beilegen wollen, BGH MDR 1982, 36; Brdb NJW-RR 2014, 405; Mü NJW 2016, 1964. Soll das Gericht über die Folgen entscheiden, liegt keine Schiedsvereinbarung vor, BGH NJW 2001, 3775; Brdb NJW-RR 2014, 405; Kröll SchiedsVZ 2012, 138; aM Kurth NJW 1990, 2038 (stellt auf den Inhalt der dem Dritten übertragenen Aufgabe ab). Der maßgebliche Parteiwille lässt sich durch eine Auslegung ermitteln, Oldb SchiedsVZ 2006, 223; Kröll SchiedsVZ 2012, 137. Die Benutzung des Worts „Schiedsgericht" hat dabei allein keine entscheidende Bedeutung, BGH NJW 1975, 1556; Mü MDR 2005, 1186; Kröll SchiedsVZ 2012, 137. Vielmehr kommt es auf den tatsächlichen Willen an, Kröll SchiedsVZ 2012, 137. Gegen ein Schiedsgericht spricht die Vereinbarung, dass für das Verfahren die ZPO gelten soll, BGH WM 1976, 910. Das gilt auch bei einer Fehlbezeichnung, Stgt OLGR 2006, 685; Kröll NJW 2007, 147. Im Zweifel ist nur ein Schiedsgutachtervertrag vorhanden, Mü NJW 2016, 1964; SchiedsVZ 2006, 286; Kröll SchiedsVZ 2007, 147.

5. Rechtsfragen zum Schiedsgutachtervertrag. Bei einem Schiedsgutachtervertrag sind die §§ 1025 ff. nicht anwendbar, Kröll SchiedsVZ 2012, 137. Die §§ 402 ff. greifen nicht ein, Düss OLGR 95, 12. Auch wenn es sich bei dem Schiedsgutachtervertrag um einen privatrechtlichen Vertrag handelt, gilt der Grundsatz des rechtlichen Gehörs nach Art. 103 I GG, wenn die Anhörung das Gutachten beeinflussen könnte, → Vor § 128 Rn. 42 ff. (zum rechtlichen Gehör allg.). Daher müssen die Beteiligten zB an einer Besichtigung teilnehmen dürfen. Kosten des Schiedsgutachtens sind grundsätzlich keine Prozesskosten des nachfolgenden Rechtstreits, Düss NJW-RR 2000, 1667. 20

Für den Schiedsgutachtervertrag ist keine Form notwendig. Die Abrede kann auch stillschweigend erfolgen, Hamm NJW-RR 1994, 1551 (in einem gerichtlichen Vergleich). Die Vereinbarung kann auch in AGB enthalten sein, die die Parteien zum Vertragsbestandteil gemacht haben, BGH NJW 1992, 433; Köln NJW 1986, 2579; LG Köln NJW 1986, 67. Dann unterliegt die Schiedsgutachterklausel der Inhaltskontrolle nach §§ 305 ff. BGB, BGH NJW 1992, 433; Düss NJW-RR 2000, 281; AG Lpz NZM 2015, 83 (§ 307 BGB). Zulässig ist auch eine Vereinbarung zugunsten eines Dritten, KG NJW 1980, 1342. Für ein Schiedsgutachtervertrag des Vormunds oder Nachlasspflegers ist keine Genehmigung nach § 1822 Nr. 12 BGB erforderlich, BGH FamRZ 2014, 655. Mit dem Schiedsgutachtenverfahren wird die Verjährung nicht kraft Gesetzes gehemmt (vgl. § 204 BGB); in der Regel kann jedoch von der Vereinbarung einer Verjährungshemmung ausgegangen werden, BGH NJW 1990, 1231. 21

Das Verhältnis eines Schiedsgutachtervertrages zum **selbstständigen Beweisverfahren** nach §§ 485 ff., insb. zu § 485 II, ist umstritten. Nach einer Auffassung fehlt es für die Durchführung eines solchen Verfahrens am rechtlichen Interesse und es ist deshalb unzulässig, BGH BeckRS 2022, 2417 Rn. 17, 18 (zu § 18 IV VOB/B) = NJW 2022, 1389 Rn. 12 ff. mAnm Ulrich und Darstellung der Meinungsstreits; Brem NJW-RR 2009, 1294; Musielak/Voit/Huber; MüKoZPO/Schreiber § 485 Rn. 16. Andere halten ein Verfahren für uneingeschränkt zulässig, Kobl MDR1999, 505; Thomas/Putzo/Seiler § 485 Rn. 10; Zöller/Geimer § 1033 Rn. 9. Nach einer dritten Meinung gilt das nur, solange noch kein Schiedsgutachterverfahren in Gang gesetzt ist, Köln NZBau 2009, 252 Rn. 16. Wir schließen uns der ersten Meinung aus Gründen der Privatautonomie an; vereinbaren die Parteien die Klärung bestimmter Fragen durch ein Schiedsgutachten, fehlt es an einem rechtlichen Interesse für die Durchführung eines streitschlichtenden Beweisverfahrens nach § 485 II jedenfalls dann, wenn sich der Gegner auf die Abrede beruft; vgl. zur Schiedsvereinbarung im Verhältnis zum selbständigen Beweisverfahren → § 1032 Rn. 10 „Beweisverfahren".., 22

6. Wirkung des Gutachtens im Prozess. Auch der Schiedsgutachtervertrag begrenzt in seiner Reichweite den Prozess. Denn die Parteien können im Rahmen ihrer Parteiherrschaft zulässigerweise von dem Ergebnis des Gutachtens die Entstehung und den Umfang ihrer privatrechtlichen Pflichten abhängig machen. Das Gutachten kann also einen Tatsachenwert oder die Klärung einer Rechtsfrage zum Gegenstand haben und bindet insoweit aufgrund einer Parteivereinbarung grundsätzlich das Gericht, BGH NJW-RR 1988, 506; Brem NJW-RR 2009, 1294; Ffm VersR 1982, 759. Das gilt auch bei einem selbständigen Beweisverfahren nach §§ 485 ff., Brem NJW-RR2009, 1294; aM Köln NJW-RR 2009, 160. wird ein vereinbartes Schiedsgutachten nicht eingeholt, ist dies im Prozess nur auf eine Einrede und nicht von Amts wegen zu beachten, Ffm VersR 1982, 759. Die Wirkung im Prozess ist, dass das Gericht die von einem Schiedsgutachter zulässigerweise ermittelten Tatsachen oder Feststellungen zu einer Rechtsfrage grundsätzlich nicht selbst feststellen darf, Ffm VersR 1982, 759. Haben die Parteien hinsichtlich eines Anspruchs oder einzelner Anspruchsvoraussetzungen eine Schiedsgutachtenvereinbarung getroffen, ist regelmäßig anzunehmen, dass die Einholung des Gutachtens Anspruchsvoraussetzung ist; eine vor Einholung des Gutachtens erhobene Klage ist daher nicht als endgültig, sondern als zur Zeit unbegründet abzuweisen; das Gericht kann auch entsprechend §§ 356, 431 eine Frist zur Beibringung des Schiedsgutachten setzen BGH BeckRS 2021, 6658 = NJW 2021, 1593; NZG 2021, 641; NZBau 2006, 173; NJW-RR 1988, 1405; Düss NJW-RR 2000, 1668; BAG NZA 2020, 1050 Rn. 28 (Schiedsgutachten zur Überprüfung einer Leistungsbeurteilung); vgl. zur Klagbarkeit: → Vor § 253 Rn. 41 ff. Zur Beweisvereitelung → Rn. 24 „Verzögerung". 23

7. Beispiele zur Fragen der Wirkung des Gutachtens

Beweisvereitelung: → „Verzögerung". 24

Ernennung des Schiedsgutachters: → „Verzögerung".

Feststellung: Die Parteien können durch eine Klage nach § 256 den Inhalt eines für die Leistungsbestimmung durch den Schiedsgutachter maßgeblichen Rechtsverhältnisses klären lassen, BGH NJW 1982, 1878.

Unzulässigkeit der Klage: § 1032 I gilt nicht; eine solche Rüge ermöglicht ein Schiedsgutachtervertrag nicht, BGH NJW 1982, 1878.

Unzulässigkeit des Rechtswegs: Eine solche Rüge ermöglicht ein Schiedsgutachtervertrag nicht, BGH WM 1982, 543; BAG NZA 2020, 1050 Rn. 28.

Urkundenprozess: Das Schiedsgutachten reicht als Grundlage für einen Urkundennachweis dann aus, wenn es zur Anspruchsbegründung nötig ist, BGH WM 1988, 276.

Verzögerung: Verzögert oder verhindert eine Partei das schiedsgutachterliche Verfahren, muss die andere Partei nicht auf seine Vornahme, sondern sie kann sofort auf die Leistung klagen, BGH DB 1990, 833; Nürnb NJW-RR 1995, 544. Der Säumige darf sich entsprechend § 319 I 2 Hs. 2 BGB nicht mehr auf die Schiedsgutachterklausel und ihre Wirkungen berufen. Im Einzelfall ist unter dem Gesichtspunkt der Beweisvereitelung dann vom Tatsachenvortrag des Gegners auszugehen, → Rn. 29 „Vorschuss".

Zurückverweisung: Statthaft und evtl. notwendig entsprechend § 538 II 1 Nr. 3 ist sie dann, wenn in der Berufungsinstanz derjenige Einwand des Schiedsgutachtens wegfällt, der zur erstinstanzlichen Abweisung der Klage geführt hatte, Ffm MDR 1985, 150.

Zwischenfeststellungsklage: Die Frage, ob ein eingeholtes Gutachten das vertraglich vorgesehene Schiedsgutachten ist, kann nicht Gegenstand einer Zwischenfeststellungsklage nach § 256 II im Rahmen der auf Leistung gerichteten Hauptklage sein, BGH MDR 1985, 37.

8. Auswahl des Gutachters. Grundsätzlich sollen nur unparteiische Dritte zum Schiedsgutachter bestellt werden, also nicht die Parteien und nicht bestimmte ihnen nahestehende Personen, Nicklisch FS Bülow, 1981, 159. Das gilt in jedem Fall für feststellende Gutachten. Für gestaltende Schiedsgutachten können sich aber Ausnahmen ergeben. Der Partei nahestehende Personen können wegen §§ 315, 317 BGB nicht als ausgeschlossen 25 gelten. Stets muss der Schiedsgutachter seine Aufgabe aber unabhängig und unparteiisch erfüllen, BGH NJW-RR 1994, 1314; Düss NJW-RR 2000, 281. Bei einer offenbaren Unrichtigkeit kann der Schiedsgutachter nach allgemeinen Regeln haften.

26 **9. Verbindlichkeit des Gutachtens.** Das Schiedsgutachten wird mit seiner Mitteilung an einen Beteiligten nach § 318 I BGB grundsätzlich verbindlich und unwiderruflich, BGH NJW-RR 1987, 22. Die Vertragspartner können es aber nach §§ 119 ff., § 318 II 1 BGB anfechten, Döbeneiner VersR1983, 713 (auch zu nachvertraglichen Pflichten der Schiedsgutachter zur Aufklärung der Parteien über solche Umstände, die zur Anfechtbarkeit oder Unverbindlichkeit führen können). Die Schiedsgutachter dürfen aber offenbare Unrichtigkeiten nach § 319 berichtigen.

27 **10. Unbilligkeit, Unrichtigkeit.** Soll der Schiedsgutachter gestaltend tätig werden, ist das Gutachten nach § 319 BGB bei einer offenbaren Unbilligkeit seines Ergebnisses unverbindlich, BGH WM 2002, 1863. Soll er dagegen einen bestimmten Vertragsinhalt klarstellen, Tatsachen feststellen oder eine an sich objektiv feststehende und nur den Vertragspartnern mangels Fachkenntnis nicht erkennbare oder zwischen ihnen streitige Leistung ermitteln, wie den Verkehrswert, gilt dasselbe bei einer offenbaren Unrichtigkeit des Ergebnisses, BGH NJW 2001, 3776; Düss NJW-RR 2000, 281; KG NJW 1980, 1342. Offenbar ist die Unrichtigkeit dann, wenn sie sich einem sachkundigen und unbefangenen Beurteiler, wenn auch möglicherweise erst nach eingehender Prüfung, aufdrängt, BGH NJW-RR 1988, 506; Düss NJW-RR 2000, 281.

28 Ist das Schiedsgutachten wegen offensichtlicher Unbilligkeit oder Unrichtigkeit unverbindlich, kommt es auf den Vertrag an, dh auf die Frage, ob ein neues, den Bestimmungen des Vertrags entsprechendes Gutachten infrage kommt oder ob das Gericht entscheiden soll. Ist eine Behörde, zB das Wohnungsamt, Schiedsgutachter, findet eine Anfechtung nicht im Verwaltungsstreitverfahren, sondern nach §§ 318 f. BGB nur vor einem ordentlichen Gericht statt.

11. Beispiele zur Frage einer Unbilligkeit oder Unrichtigkeit

29 **Arzthelfer statt Arzt:** Wird das Gutachten vom Arzthelfer und nicht, wie vorgesehen, vom Arzt erstellt, liegt eine offenbare Unrichtigkeit vor.

Beweis: Eine Beweisaufnahme zur Frage der Unrichtigkeit ist nach § 286 nur dann notwendig, wenn es um eine Tatsache geht, die für das Gericht einen offenbaren Mangel des Schiedsgutachtens ergibt, BGH NJW-RR 1993, 1034. Dann wird evtl. nach §§ 402 ff. ein Gutachten eines von einem Gericht beauftragten Sachverständigen nötig, BGH NJW 1991, 2699.

Lückenhaftigkeit: Führt zur Unrichtigkeit des Schiedsgutachtens, jedenfalls wenn sie so erheblich ist, dass selbst ein Fachmann das Ergebnis nicht aus dem Zusammenhang des Gutachtens nachvollziehen kann, BGH NJW 2001, 3776; NJW 1991, 2698; Düss NJW-RR 2000, 281.

Verfahrensmethode des Gutachters: Auf diese und auf die von ihm herangezogenen Kriterien darf man grundsätzlich bei der Frage der Unrichtigkeit nicht abstellen, BGH NJW 1996, 454.

Vorschuss: Die Nichtzahlung des dem Antragsteller vertraglich auferlegten Gutachtervorschusses kann unter dem Gesichtspunkt der Vereitelung im Einzelfall dazu führen, den Vortrag des Antragsgegners zugrunde zu legen, Kblz NJW-RR 2012, 488; → Rn. 24 „Verzögerung".

1025

Anwendungsbereich. **I Die Vorschriften dieses Buches sind anzuwenden, wenn der Ort des schiedsrichterlichen Verfahrens im Sinne des § 1043 Abs. 1 in Deutschland liegt.**

II Die Bestimmungen der §§ 1032, 1033 und 1050 sind auch dann anzuwenden, wenn der Ort des schiedsrichterlichen Verfahrens im Ausland liegt oder noch nicht bestimmt ist.

III Solange der Ort des schiedsrichterlichen Verfahrens noch nicht bestimmt ist, sind die deutschen Gerichte für die Ausübung der in den §§ 1034, 1035, 1037 und 1038 bezeichneten gerichtlichen Aufgaben zuständig, wenn der Beklagte oder der Kläger seinen Sitz oder seinen gewöhnlichen Aufenthalt in Deutschland hat.

IV Für die Anerkennung und Vollstreckung ausländischer Schiedssprüche gelten die §§ 1061 bis 1065.

1 **I. Systematik, Regelungszweck, Geltungsbereich.** → 10. Buch. Vor Abschnitt 1–10 Rn. 1 ff.; → Vor § 1025 Rn. 1 ff. Die Vorschrift bestimmt zwingend den Anwendungsbereich des gesamten Buchs 10 für echte schiedsrichterliche Verfahren, bei denen der Ort der Verfahren in Deutschland liegt. Damit wird angeknüpft an den Ort des schiedsrichterlichen Verfahrens nach § 1043 I, Franz/Keune VersR 2013, 14. Das ist nicht der Sitz des Schiedsgerichts oder der Schiedsrichter, auch nicht der Ort ihrer Tätigkeit, Berger DZWiR1998, 47. Grundsätzlich bestimmen die Parteien den Ort des schiedsrichterlichen Verfahrens selbst. Hilfsweise bestimmt ihn das Schiedsgericht nach § 1043, Hmb NJW-RR 1999, 781. Das entspricht dem international verbreiteten Territorialitätsprinzip. Damit dient die Vorschrift auch international der Rechtssicherheit.

2 **II. Ort des schiedsrichterlichen Verfahrens, I. 1. Allgemeines.** Der nach § 1043 festgelegte Schiedsort ergibt nicht nur zwingend das auf das schiedsrichterliche Verfahren nach § 1025 anwendbare Recht. Er gilt auch für die Zuständigkeit des Gerichts nach § 1062 und für die Qualifikation als ein inländischer oder ausländischer Schiedsspruch (§ 1061 I). Darauf, wo das Verfahren tatsächlich abläuft, kommt es nach § 1043 II nicht an, es sei denn, dass darin nach Art I UNÜ eine stillschweigende Verlegung des Schiedsorts liegt, Berger DZWiR 1998, 47; → Vor § 1061 Rn. 1 (Text des UNÜ).

3 **2. Inländischer Ort des Schiedsverfahren.** Nach I ist Voraussetzung für die Anwendbarkeit der §§ 1026 ff. ein **echtes** schiedsrichterliches Verfahren mit einem Schiedsort in Deutschland. Dieses Verfahren wird gesetzlich nicht definiert. Es muss sich um ein auf eine bürgerlich-rechtliche Streitigkeit bezogenes Verfahren handeln, das auf einem Rechtsgeschäft beruht, durch das das staatliche Erkenntnisverfahren ersetzt wird und zum Ziel eine Endscheidung durch die Schiedsrichter hat, MüKoZPO/Münch Rn. 9; → Vor § 1025 Rn. 5 (echtes Schiedsgericht)., § 1025 regelt den räumlichen Anwendungsbereich. Das Buch 10 ist grundsätzlich zwingend auf jedes schiedsrichterliche Verfahren nationaler und internationaler Art anwendbar, dessen Ort nach § 1043 I in Deutschland liegt (sog. **Territorialprinzip**), Kronke RIW 1998, 260. Die Parteien können nicht bestimmen,

dass in diesem Fall ein anderes Schiedsverfahrensrecht als Ganzes zur Anwendung kommt, Prütting/Gehrlein/Prütting Rn. 26; Thomas/Putzo/Seiler Rn. 1; Zöller/Geimer Rn. 3. Darauf, welches materiell-rechtliche Recht das Schiedsgericht anwenden muss, ob es sich um nationales oder ausländisches Recht handelt, kommt es hingegen nicht an, auch nicht auf einen Bezug zum Streitgegenstand, → § 253 Rn. 26 (Begriff des Streitgegenstandes). Das Verfahrensrecht des 10. Buches gilt ohne Einschränkung unmittelbar für das staatliche Gericht, das im Rahmen des Schiedsverfahrens in einzelnen Bereichen, so zB bei der Vollstreckbarkeitserklärung, mitwirkt; für das Schiedsgericht kommt es uU zusätzlich auf abweichende (Einzel-) Parteivereinbarungen zum Verfahren an, die sich iRd § 1042 III halten; daran ist das Schiedsgericht wegen der geltenden Parteiherrschaft gebunden, Musielak/Voit/Voit Rn. 3; Prütting/Gehrlein/Prütting Rn. 26; Zöller/Geimer Rn. 4. Diese Abweichungen haben möglicher Weise Konsequenzen nach § 1059 I Nr. 1d und das Schiedsgericht muss darauf hinweisen, dass es Schwierigkeiten bei der Vollstreckbarkeitserklärung in Deutschland geben könnte; es darf aber nicht unter Hinweis auf das Territorialprinzip die einzelne Parteivereinbarung zum Verfahren missachten, zumal die Parteien möglicherweise ein Interesse an einer Vollstreckung nur im Ausland haben können, Musielak/Voit/Voit Rn. 4. Im Zweifel wird aber mit der Wahl des Schiedsortes in Deutschland auch das zwingende Verfahrensrecht des 10. Buches jedenfalls konkludent vereinbart sein.

3. Ausländischer Schiedsort, II, IV. a) Grundsatz. Liegt der Ort des Verfahrens nach § 1043 im Ausland, gelten die §§ 1026 ff. grundsätzlich nicht, es sei denn, ihre Geltung ist vereinbart worden oder es liegt ein offensichtlicher Missbrauch vor, Zöller/Geimer Rn. 7. Bei einem ausländischen Ort bestimmt sich das für das Verfahren anwendbare Recht nach dem Parteiwillen oder den ausländischen gesetzlichen Bestimmungen. Es handelt sich dann um ein ausländisches Verfahren, dessen Schiedsspruch aber in Deutschland nach §§ 1061 ff. anerkannt und auch vollstreckt werden kann. 4

b) Ausnahmen. Bei einem ausländischen Schiedsort sind im Interesse der Beteiligten nach II folgende Vorschriften über die Zuständigkeit der deutschen Gerichte ungeachtet der Parteivereinbarungen anwendbar: §§ 1032 (Einrede der Schiedsvereinbarung im gerichtlichen Verfahren und Feststellung der Zulässigkeit oder Unzulässigkeit des Schiedsverfahrens durch ein Gericht), 1033 (einstweilige Maßnahmen durch das Gericht), und 1050 (gerichtliche Unterstützung, so bei der Beweisaufnahme). II gilt auch, wenn der Schiedsort noch nicht bestimmt ist, Musielak/Voit/Voit Rn. 5; → Rn. 7, 8. 5

Die Anerkennung und Vollstreckung richtet sich gemäß IV auch bei ausländischen Schiedssprüchen nach §§ 1061–1065. Eine Aufrechnung kann im Vollstreckungsverfahren zulässig sein, BGH WM 2010, 2237. Ergänzend gelten die allgemeinen Vorschriften der ZPO, soweit sie mit dem Charakter des Vollstreckbarkeitsverfahrens vereinbar sind, BGH NJW-RR 2002, 933. Die sachliche und örtliche Zuständigkeit nach §§ 1032, 1050 regelt § 1062 II, IV. §§ 1062–1065 gelten nicht nur im Rahmen von IV, sondern auch iVm den in II genannten Bestimmungen, Kröll SchiedsVZ 2007, 148 (zu § 1032 II). Bei § 1033 gelten die allgemeinen Vorschriften nach §§ 12 ff. 6

Völkerrechtliche Verträge gehen dem Buch 10 vor. Da § 1061 I auf das UNÜ nach SchlAnh VI A 1 verweist, können sich Abweichungen allein aus dem EuÜbkHSch, → 10. Buch. Vor Abschnitt 1–10 Rn. 46 ff., aus den Genfer Abk., dem HUnterÜbk nach SchlAnh V A 2 oder aus bilateralen Verträgen nach SchlAnh V B, VI B, ergeben, vgl. zur Vollstreckung internationaler Schiedssprüche in der Schweiz: Laute/Ziegler SchiedsVZ 2020, 286. 7

4. Fehlen eines Schiedsorts, II, III. Da der Schiedsort bei der Konstituierung des Schiedsgerichts nach § 1043 I nicht festzustehen braucht, sehen II, III die Anwendung einzelner Vorschriften schon vor der Bestimmung des Schiedsorts im In- oder Ausland vor. Abgesehen von §§ 1032, 1033, 1050 (II) sind nach III vor der Bestimmung des Schiedsorts die deutschen Gerichte auch für die in §§ 1034, 1035, 1037, 1038 genannten Aufgaben international zuständig, wenn der Bekl. oder der Kläger seinen Sitz oder seinen gewöhnlichen Aufenthalt in Deutschland hat; „Sitz" umfasst sowohl den Wohnsitz nach § 13 als auch den Sitz juristischer Personen nach § 17, BayObLG MDR 2005, 289. 8

Hat keine der Parteien ihren Sitz oder gewöhnlichen Aufenthalt in Deutschland, sind vor der Bestimmung des Schiedsorts die deutschen Gerichte in den in III genannten Fällen nur dann zuständig, wenn die Parteien die Anwendung des deutschen Verfahrensrechts vereinbart haben. 9

1026 *Umfang gerichtlicher Tätigkeit.* **Ein Gericht darf in den in den §§ 1025 bis 1061 geregelten Angelegenheiten nur tätig werden, soweit dieses Buch es vorsieht.**

I. Systematik, Regelungszweck. Da im Wesentlichen die Parteien und das Schiedsgericht das Verfahren gestalten, regelt diese Vorschrift die Grenzen der staatlichen Gerichtsbarkeit auf diesem Gebiet. Die Vorschrift hat eine klarstellende Funktion, wobei sich die Grenze ohne sie auch aus den einzelnen Regelungen, insbesondere aus § 1062, ergeben würde, Mü SchiedsVZ 2019, 283 Rn. 39; MüKoZPO/Münch Rn. 1. Die Hauptbedeutung der Vorschrift liegt darin, insbesondere ausländischen Rechtsanwendern zu versichern, dass sich nicht an anderer Stelle staatliche Eingriffsnormen befinden. 1

II. Geltungsbereich. Ein Gericht darf in dem gesamten Bereich der Schiedsgerichtsbarkeit nur tätig werden, soweit das Buch 10 es zulässt. Auf der anderen Seite können die Parteien die gesetzlich vorgesehene Gerichtsmacht nicht durch Vereinbarung beschränken, allerdings auch nicht erweitern, MüKoZPO/Münch Rn. 3. Eine Erweiterung der Befugnisse des Gerichts durch die Rechtsprechung ist ebenfalls wegen § 1026 unzulässig. Entgegen dem Wortlaut gilt § 1026 auch für diejenigen in § 1066 geregelten Angelegenheiten, in denen §§ 1025–1061 entsprechend anwendbar sind. Praktisch gilt nur die abschließende Aufzählung in §§ 1050, 1062 I Nr. 1–4. Das Gericht übt im Rahmen der §§ 1033, 1035, 1038, 1050 Hilfsfunktionen für das Schiedsgericht und in den Fällen der §§ 1032 II, 1034 II, 1035 IV, 1037 III, 1040 III, 1041, 1059 ff. Kontrollfunktionen aus. Unter „Gericht" nach §§ 1026 ff. ist das staatliche Gericht zu verstehen, während das Schiedsgericht in allen Normen als solches bezeichnet wird. **Unstatthaft** ist zB eine Aussetzung des Schiedsverfahrens durch das Gericht, Mü NJOZ 2015, 893 und eine gerichtliche Kontrolle der Beweiserhebung, BGH SchiedsVZ 2021, 43 (keine Rechtsbeschwerde gegen gerichtliche Entscheidungen nach § 1050); MüKoZPO/Münch Rn. 4 (mit weiteren Beispielen); → § 1050 Rn. 10. 2

3 **III. Umfang der gerichtlichen Tätigkeit.** Die Beschränkung der staatlichen Gerichtsbarkeit erfasst in jedem Fall die Zeit von der Bildung des Schiedsgerichts nach §§ 1034 ff. bis zur formellen Rechtskraft der Vollstreckbarerklärung nach §§ 1060, 1061. Aus §§ 1032 II, 1033 ergibt sich allerdings, dass die Regelung auch schon vorher gilt (Aufgabe der früheren Meinung), so auch: MüKoZPO/Münch Rn. 5. Zum Schadensersatz wegen einer Klage vor dem Gericht: vgl. Sachs/Pfeiffer, Schadensersatz wegen Klage vor dem staatlichen Gericht anstatt dem vereinbarten Schiedsgericht: Scharfe Waffe oder stumpfes Schwert im Arsenal schiedstreuer Parteien, FS Coester-Waltjen, 2012, 713.

1027 *Verlust des Rügerechts.* [1]**Ist einer Bestimmung dieses Buches, von der die Parteien abweichen können, oder einem vereinbarten Erfordernis des schiedsrichterlichen Verfahrens nicht entsprochen worden, so kann eine Partei, die den Mangel nicht unverzüglich oder innerhalb einer dafür vorgesehenen Frist rügt, diesen später nicht mehr geltend machen. [2]Dies gilt nicht, wenn der Partei der Mangel nicht bekannt war.**

1 **I. Systematik, Regelungszweck.** Da das schiedsrichterliche Verfahren auf eine schnelle Entscheidung abzielt, begrenzt § 1027 das Rügerecht der Parteien in Anlehnung an die Ausschließungsvorschriften im Gerichtsverfahren, zB in § 295. Mit dieser Norm ist keine über ihren Regelungsinhalt hinausgehende Präklusionsvorschrift geschaffen worden, Prütting/Gehrlein/Prütting Rn. 1; aA wohl MüKoZPO/Münch Rn. 5 (allg. Präklusionsnorm, die erweiterbar ist)

2 **II. Geltungsbereich.** Die Vorschrift gilt nach § 1025 I nur beim inländischen Schiedsort. Für die Rüge eines Formmangels der Schiedsvereinbarung nach § 1029 gilt die Sonderregelung des § 1031 VI, für die Rüge der Unzuständigkeit des Schiedsgerichts gilt § 1040 II ebenfalls als Sonderregelung und nicht § 1027. Für verspätetes Vorbringen trifft § 1046 II eine Sonderregelung, so dass auch insoweit § 1027 nicht anwendbar ist, Musielak/Voit/Voit Rn. 2. Dasselbe gilt auch für das Verhältnis zu § 1037 II 1, III, so dass § 1027 auch insoweit keine Anwendung findet, MüKoZPO/Münch Rn. 4; → § 1037 Rn. 8; aA Mü SchiedsVZ 2014, 257 (260).

3 **III. Rüge. 1. Voraussetzungen.** Das Schiedsgericht braucht nicht auf die Rügeobliegenheit hinzuweisen, BGH VersR1995, 767; MüKoZPO/Münch Rn. 5. Die Obliegenheit der Parteien, Mängel des Verfahrens zu rügen, besteht bei einem Verstoß gegen nicht zwingende gesetzliche Verfahrensvorschriften, dh in allen Fällen, in denen eine nicht zwingende Bestimmung des Buchs 10 oder ein vereinbartes Erfordernis des schiedsrichterlichen Verfahrens nicht beachtet wurde, Naumb NJW-RR 2003, 71 (Absehen von einer mündlichen Verhandlung). § 1027 greift nicht bei einem Verstoß gegen Verfahrensvorschriften ein, auf die die Parteien nicht verzichten können, wie zB auf die Partei- und Prozessfähigkeit oder auf §§ 1034 II, 1042 I, II, Thomas/Putzo/Seiler Rn. 3. Nach unserer Auffassung trifft dies auch für den Grundsatz des rechtlichen Gehörs nach § 1042 I 2 zu, soweit es um dieses Recht generell und nicht um Verfahrensfragen geht, Musielak/Voit/Voit Rn. 2; § 1042 Rn. 5; Thomas/Putzo/Seiler Rn. 5. Die Entscheidung des BGH, NJW 2018, 70 Rn. 24, steht dem nach unserer Auffassung nicht entgegen; nach dieser Entscheidung, wonach § 1027, § 41 DIS bei Verstoß gegen die Rügepflicht nach § 26.1 DIS (rechtliches Gehör) eingreift, wird ausdrücklich nicht die elementare Bedeutung des Grundsatz des rechtlichen Gehörs in Frage gestellt; das bedeutet aber nur, dass die Parteien die Pflicht zur Gewährleistung des rechtlichen Gehörs (§ 1042 I 2) nicht ausschließen können; jedoch greift § 1027 ein, wenn die Parteien die Möglichkeit hatten, die Verletzung unverzüglich zu rügen und die Möglichkeit bestand, die Verletzung zu heilen, BGH NJW 2018, 70 Rn. 26; Thomas/Putzo/Seiler Rn. 5; aM wohl Musielak/Voit/Voit Rn. 2; auch → Vor § 128 Rn. 51 (zur Heilung bei Verletzung des rechtlichen Gehörs).

4 § 1027 enthält zwingendes Recht, und zwar in beiden Alternativen, MüKoZPO/Münch Rn. 20. Rügeberechtigt sind beim Fehler des Schiedsgerichts beide Parteien, sonst der Gegner.

5 **2. Verfahren.** Die Rüge kann nach Satz 1 sowohl in einem Schriftsatz als auch in der mündlichen Verhandlung, die kurz bevorsteht, erhoben werden. Grundsätzlich muss eine Rüge unverzüglich in einem Schriftsatz erfolgen, weil der Hinweis darauf, man habe mit einem alsbaldigen Termin gerechnet, eine Säumnis nicht entschuldigt, Musielak/Voit/Voit Rn. 3. Die Rüge muss grundsätzlich nach § 1027 innerhalb einer vom Schiedsgericht gesetzten Frist und unverzüglich, dh ohne ein schuldhaftes Zögern, geschehen, BGH NJW 2018, 70. Schon eine einfache Fahrlässigkeit ist dabei schädlich, Naumb NJW-RR 2003, 71. Das Verschulden eines Vertreters ist der Partei nach §§ 51 II, 85 II zuzurechnen. Ist in der Schiedsvereinbarung nach § 1029 oder in einer Anordnung des Schiedsgerichts eine Rügefrist vorhanden, muss die Rüge innerhalb dieser Frist erhoben werden. Geschieht das nicht, ist die Rüge nur dann zulässig, wenn Satz 2 eingreift.

6 **3. Verlust des Rügerechts.** Wenn eine Partei die Rügeobliegenheit verletzt, kann sie den Mangel später nicht mehr geltend machen, BGH NJW 2018, 70. Sie verliert also die Rügemöglichkeit rückwirkend, Naumb NJW-RR 2003, 71. Das gilt auch für das Aufhebungs- und Vollstreckbarkeitsverfahren nach §§ 1059, 1060, 1061, Ffm OLGR 2003, 186; Stgt NJW-RR 2003, 495. Das Rügerecht geht nach Satz 1 dann nicht verloren, wenn die Rüge ohne ein Verschulden verspätet erfolgt. Das gilt auch, wenn die Frist schuldlos nicht eingehalten wird.

7 Das Rügerecht geht nach **Satz 2** dann nicht verloren, wenn die Partei den Mangel nicht kannte. Dabei kommt es auf positive Kenntnis an, dh fahrlässige Unkenntnis ist unschädlich. Für die Kenntnis des Mangels sind § 51 II, § 85 II entsprechend anwendbar. Denn andernfalls dürfte man eine verspätete Rüge unter einer Berufung auf die kaum widerlegbare Unkenntnis meist zulassen, Gottwald/Adolphsen DStR 1998, 1024. Die Darlegungs- und Beweislast für die fehlende Kenntnis trifft denjenigen, der sich trotz Verspätung auf den Mangel berufen will; das folgt schon aus der Formulierung des Satzes 2, Musielak/Voit/Voit Rn. 4.

1028 *Empfang schriftlicher Mitteilungen bei unbekanntem Aufenthalt.* [I] **Ist der Aufenthalt einer Partei oder einer zur Entgegennahme berechtigten Person unbekannt, gelten, sofern die Parteien nichts anderes vereinbart haben, schriftliche Mitteilungen an dem Tag als empfangen, an dem sie bei ordnungsgemäßer Übermittlung durch Einschreiben gegen Rückschein oder auf eine**

andere Weise, welche den Zugang an der letztbekannten Postanschrift oder Niederlassung oder dem letztbekannten gewöhnlichen Aufenthalt des Adressaten belegt, dort hätten empfangen werden können.

II **Absatz 1 ist auf Mitteilungen in gerichtlichen Verfahren nicht anzuwenden.**

I. Systematik, Regelungszweck. Die Vorschrift erleichtert die Feststellung, wann eine schriftliche Mitteilung jedes Absenders und jeden Inhalts den Parteien zugegangen ist, wenn deren Aufenthalt unbekannt ist. Bei einem bekannten Aufenthalt gilt der allgemeine Grundsatz des § 130 BGB. Die Vorschrift regelt die Fiktion eines Zuganges, sowohl für die Kenntniserlangung als auch für ihren Zeitpunkt. Damit dient die Vorschrift dem Beschleunigungsgebot und dem Gebot der Verfahrensvereinfachung im schiedsrichterlichen Verfahren. Sie ersetzt eine öffentliche Zustellung. Die strengeren Voraussetzungen nach §§ 185 ff. gelten insofern nicht. 1

II. Geltungsbereich. Die Vorschrift gilt nach § 1025 I nur beim inländischen Schiedsort. Sie greift nur bei schriftlichen Mitteilungen ein, während die moderne Übermittlung, insbesondere die elektronische, als Anknüpfungspunkt ausscheidet; §§ 126 III, 126a BGB helfen nicht weiter, MüKoZPO/Münch Rn. 4. Die Regelung in I ist in gerichtlichen Verfahren (§ 1062) nach II unanwendbar. Hier sind nach § 1063 die allgemeinen Verfahrensvorschriften, zB von §§ 130a–130d, 185 ff., 270, maßgeblich. Demgemäß gilt I nur für das schiedsrichterliche Verfahren in allen Phasen. Die Parteien können aber andere, von Satz 1 abweichende Regelungen vereinbaren. 2

III. Unbekannter Aufenthalt. Der Aufenthalt einer Partei oder einer zur Entgegennahme von Schriftstücken berechtigten Person ist dann unbekannt, wenn der Absender hierüber keine Informationen hat und wenn er sie nach zumutbaren Recherchen auch nicht erhalten kann. Das Schiedsgericht darf sich bei dieser Frage nicht mit der bloßen Behauptung einer Partei begnügen, sondern muss notfalls selbst zumutbare Ermittlungen anstellen, aM Drsd SchiedsVZ 2006, 166 (keine Verpflichtung zur Recherche). Es kommt auf die zur Entgegennahme berechtigte Person an, Musielak/Voit/Voit Rn. 2. 3

IV. Zugangsfiktion. Die Parteien können die Pflicht vereinbaren, sich gegenseitig eine Anschriftenänderung mitzuteilen, Drsd SchiedsVZ 2006, 166; Kröll SchiedsVZ 2007, 146. Sofern die Parteien nichts anderes vereinbart haben, kommt es darauf an, wann die Mitteilung bei einer ordnungsgemäßen Übermittlung unter der letztbekannten Postanschrift oder Niederlassung oder dem letztbekannten gewöhnlichen Aufenthalt des Empfängers diesen erreicht haben würde. Wegen des Begriffs der Niederlassung → § 21 Rn. 3 ff. Man muss die Möglichkeit eines solchen Zugangs unter einer dieser Adressen nachweisen, zB durch ein Einschreiben gegen Rückschein oder auf eine andere aussagekräftige Weise. Dann gilt die Mitteilung als an demjenigen Tag zugegangen, an dem man sie nachweislich hätte empfangen können. Das auf diese Weise ermittelte Datum hat vor allem für den Fristbeginn im schiedsrichterlichen Verfahren Bedeutung. Die Frist errechnet sich nach §§ 187 ff. BGB. 4

Abschnitt 2. Schiedsvereinbarung

1029 *Begriffsbestimmung.* I **Schiedsvereinbarung ist eine Vereinbarung der Parteien, alle oder einzelne Streitigkeiten, die zwischen ihnen in Bezug auf ein bestimmtes Rechtsverhältnis vertraglicher oder nichtvertraglicher Art entstanden sind oder künftig entstehen, der Entscheidung durch ein Schiedsgericht zu unterwerfen.**

II **Eine Schiedsvereinbarung kann in Form einer selbständigen Vereinbarung (Schiedsabrede) oder in Form einer Klausel in einem Vertrag (Schiedsklausel) geschlossen werden.**

Schrifttum: Bälz, Prozessführungsverbot durch Schiedsgerichte, SchiedsVZ 2021, 204; Kröll NJW 2016, 849; von Bary Gerichtsstands- und Schiedsvereinbarungen im internationalen Erbrecht, 2018; Berger WM 2012, 1701 (Banken); Böckstiegel/Berger/Bredow,, Die Beteiligung Dritter am Schiedsverfahren, 2005; Epping, Die Schiedsvereinbarung im internationalen privaten Rechtsverkehr nach der Reform des deutschen Schiedsverfahrens, 1999; Flötner, Auswirkungen des inländischen Insolvenzverfahrens auf Schiedsverfahren und Schiedsabrede, 2001; Frohloff, Verletzung von Schiedsvereinbarungen, 2017; Gilfrich, Schiedsverfahren und Scheidungsrecht (rechtsvergleichend), 2007; Heidbruck SchiedsVZ 2009, 261; Höttler, Das fingierte Schiedsverfahren, 2007; Iffland, Börsenschiedsgerichtsbarkeit in Deutschland und Rußland, 2008; Kölbl, Schiedsklauseln in Vereinssatzungen, 2004; Lachmann SchiedsVZ 2003, 28 (Klippen für die Schiedsvereinbarung); Leisinger, Vertraulichkeit in internationalen Schiedsverfahren, 2012; Longrée/Gantenbrink SchiedsVZ 2014, 21; Mayr, Schiedsvereinbarung und Privatrecht – Zu der Rechtsnatur und den Wirkungen einer Schiedsvereinbarung, 2019; Sachslehner, Schiedsvereinbarungen in wettbewerbsbeschränkenden Verträgen, 2001; Schäfer, Die Verträge zur Durchführung des Schiedsverfahrens, 2010; Stolzke, Aufrechnung und Widerklage in der Schiedsgerichtsbarkeit, 2006; Werner, D & O-Versicherung und Schiedsverfahren, VersR 2015, 1084.;

Übersicht

1 **I. Systematik, Regelungszweck.** Die Vorschrift gibt eine Legaldefinition für die Schiedsvereinbarung in I und eine klare Unterscheidung zwischen einer Schiedsabrede und einer Schiedsklausel in II. Die Schiedsvereinbarung ist die Grundlage jedes schiedsrichterlichen Verfahrens mit Ausnahme der in § 1066 genannten Fälle.

2 Mit einer Schiedsvereinbarung können die Parteien kraft ihrer Parteiherrschaft, → Vor § 128 Rn. 20 ff., und ihrer Vertragsfreiheit gem. Art. 2 und Art. 12 I GG eine private Gerichtsbarkeit begründen, deren Entscheidung nach § 1055 wie ein rechtskräftiges gerichtliches Urteil wirkt, allerdings nach §§ 1060, 1061 durch ein staatliches Gericht für vollstreckbar erklärt werden muss. Die Schiedsvereinbarung darf aber die Rechtssicherheit nicht gefährden; schiedsrichterliche Verfahren müssen einen effektiven Rechtsschutz gewährleisten und rechtsstaatlichen Mindeststandards entsprechen; dazu gehört der Grundsatz der Öffentlichkeit mündlicher Verhandlungen, wenn ein Vertragspartner faktisch einseitig den Vertragsinhalt bestimmen kann, BVerfG NJW 2022, 2677 = BeckRS 2022, 16286, 31 (Fall Pechstein- Sportverbände); → § 1066 Rn. 13. Wegen dieser Anforderungen hat der Gesetzgeber auch verschiedene Kontrollmöglichkeiten durch die Gerichte z. B. in den in § 1062 I, IV genannten Verfahren vorgesehen. § 1029 steht demnach im Spannungsfeld zwischen der Privatautonomie und einer staatlichen Kontrolle, MüKoZPO/Münch Rn. 5.

3 **II. Geltungsbereich.** Die Vorschrift gilt nach § 1025 I für ein Verfahren mit einem inländischen Schiedsort. Sie bezieht sich in beiden Absätzen nicht nur auf den Abschnitt 2, sondern auf das ganze Buch 10.

4 **III. Schiedsvereinbarung. 1. Inhalt und Auslegung.** Abweichend vom früheren Recht, das durchgehend vom „Schiedsvertrag" sprach, unterscheidet **II** zwischen der „selbständigen Schiedsvereinbarung" (Schiedsabrede) und der „Klausel in einem Vertrag" (Schiedsklausel), also in dem in beiden Fällen meist bestehenden Hauptvertrag. Das bedeutet, dass die Parteien die Schiedsvereinbarung selbständig schließen können, dh diese „Schiedsabrede" befasst sich ausschließlich mit dem Schiedsverfahren; eine Schiedsklausel kann auch Teil des (Haupt-) Vertrages sein. Der Begriff „Schiedsvereinbarung" ist der Oberbegriff und dieser umfasst die selbständige Schiedsabrede und die Schiedsklausel in einem Hauptvertrag, Thomas/Putzo/Seiler Rn. 2. In beiden Konstellationen, dh auch bei einer Schiedsklausel, liegen zwei selbständige Verträge vor, auch wenn die Schiedsklausel Teil derselben Urkunde wie der Hauptvertrag ist, BGH NJW 2017, 2115; Mü SchiedsVZ 2012, 159; Kröll SchiedsVZ 2013, 186.

Die Schiedsvereinbarung ist ein **Vertrag** zwischen natürlichen und/oder juristischen Personen **mit einer** 5
prozessrechtlichen Wirkung, Kröll NJW 2018, 1265; 2007, 744. Auch eine Personengesellschaft oder eine Personenhandelsgesellschaft können Vertragspartner einer Schiedsvereinbarung sein, BGH WM 2017, 961; NJW 2001, 1056 (BGB-Gesellschaft). Aus **I** ergeben sich folgende Voraussetzung: Die Parteien vereinbaren, dass bestimmte bürgerlich-rechtliche Streitigkeiten, die zwischen ihnen in Bezug auf ein bestimmtes Rechtsverhältnis vertraglicher oder nicht vertraglicher Art entstanden sind oder künftig entstehen, nicht durch ein staatliches Gericht, sondern durch ein Schiedsgericht, das aus einem oder mehreren neutralen, unabhängigen Schiedsrichtern zusammen gesetzt ist, endgültig und verbindlich entschieden werden, BGH NJW-RR 2018, 1402; 2013, 873; NJW 2017, 2115; 1987, 651; Mü MDR 2005, 1186; Kblz RR 2000, 1365; Kröll NJW 2020, 1417; → Vor § 1025 Rn. 5 ff. (sog. echte Schiedsgerichte). Für eine solche Vereinbarung gelten die allgemeinen Regeln über das Zustandekommen eines Vertrages nach §§ 145 ff. BGB, auch wenn kein Vertrag nach dem BGB vorliegt, es sich vielmehr um eine vertragliche Zuständigkeitsregelung handelt, BGH WM 2017, 2272; Kröll NJW 2018, 12165; Mü MDR 2005, 1186; 2017, 391; → Rn. 16 f.

Die Schiedsvereinbarung kann sich auch aus einem Vertrag mit **Schutzwirkung** zugunsten Dritter ergeben, 6
Hmg 21.8.2019 – 6 Sch 3/10 (Vertrag zwischen Konzertveranstalter und Agentur zugunsten des Künstlers); BeckRS 2019, 37488 (verneinend bei Seefracht zugunsten eines anderen Befrachters); Kröll NJW 2020, 1417; SchiedsVZ 2020, 136 (138). Eine Einbeziehung von **AGB** in einen Handelsvertrag kann zu I führen, Mü ZVertriebsR 2017, 374. Ein Handelsbrauch reicht nicht (mehr), BGH ZIP 2017, 1570. Eine Abrede, eine Schiedsvereinbarung zu schließen, fällt noch nicht unter I, Dresd 1.11.2019 – 3 SchH 2/19; Mü ZVertriebsR 2017, 391. Das gilt auch für die Formulierung „es wird ein Schiedsverfahren angestrebt", weil es sich nur um eine Ankündigung handelt, BGH SchiedsVZ 2016, 42. Etwas anderes kann sich ergeben, wenn die Parteien im Hauptvertrag eine Streitbeilegung durch ein Schiedsgericht vereinbaren, aber Einzelheiten in einer separaten Schiedsvereinbarung regeln wollen, diese aber nie zustande kommt (sog. **pathologische Schiedsklauseln**), → Rn. 7. Eine formwirksame Einigung auf ein Schiedsverfahren kann auch im Wege eines **kaufmännischen Bestätigungsschreiben** erfolgen, KG Bln 21.6.2921 – 12 Sch 1017/21; Kröll SchiedsVZ 2022, 150.

Zum Teil ergeben sich bei der Frage, ob eine Schiedsvereinbarung vorliegt, Abgrenzungsschwierigkeiten, zB 7
zur vereinbarten Schlichtung oder zur Vereinbarung eines Schiedsgutachtens, → Vor § 1025 Rn. 11 ff., 19. Die Vereinbarungen sind **auslegungsfähig,** Kröll NJW 2018, 1265. Dabei sagt die Wortwahl der Parteierklärungen häufig nichts Entscheidendes über das von den Beteiligten Gewollte aus. Die Bedeutung des Erklärten, der Parteiwille, ist dann vielmehr durch eine Auslegung zu ermitteln. Liegt eine Schiedsklausel vor, kann für ihre Auslegung trotz grundsätzlicher Eigenständigkeit auch der Inhalt des Hauptvertrages von Bedeutung sein, Mü NJOZ 2019, 144. Eine Schiedsvereinbarung kann auch vorliegen, wenn sie auf einen gar nicht existenten „Schiedsvertrag" verweist, Kröll SchiedsVZ 2012, 138 oder wenn es nicht zu ergänzenden Detailregelungen kommt, Kröll SchiedsVZ 2013, 188. Ein Problem besteht auch darin, dass die Parteien zwar bereits im Hauptvertrag eine Streiterledigung durch ein Schiedsverfahren vorsehen, dessen Details aber in einer separaten Schiedsvereinbarung geregelt werden sollen, die aber nicht zustande kommt (sog. **pathologische Schiedsklauseln**); hier ist durch Auslegung zu ermitteln, ob die Klausel im Hauptvertrag bereits als Schiedsvereinbarung zu werten ist; dabei ist zu berücksichtigen, dass Regelungen der Parteien über das schiedsgerichtliche Verfahren von der Schiedsvereinbarung zu unterscheiden ist; unschädlich ist deshalb, dass das Verfahren erst in Zukunft geregelt werden soll, dies dann aber nicht geschieht, BGH BeckRS 2020, 3068; BayObLG SchiedsVZ 2022, 150; 2021, 240 Rn. 28 ff. (Freiberufler-Sozietätsvertrag); Köln BeckRS 2019, 39367; Kröll NJW 2022, 827; ders. SchiedsVZ 2021, 128 (132). Ein Vertrag, nach dem nur durch die Vermittlung eines Dritten eine Einigung versucht werden soll, ist keine Schiedsvereinbarung, → Vor § 1025 Rn. 12. Das gilt auch für einen Schiedsgutachtervertrag, Mü MDR 2005, 1186; → Vor § 1025 Rn. 17 ff. Nicht selten sind Klauseln im internationalen Handel auslegungsbedürftig, insbesondere, wenn fremdsprachige Vertragsmuster verwendet werden, BGH NJW-RR 2011, 570; Hmg BeckRS 2010, 11771.

2. Schiedsrichter. a) Allgemeines. Die Entscheidung muss einem Schiedsgericht übertragen worden sein, 8
→ Rn. 25. Von der Schiedsvereinbarung zu unterscheiden ist der Schiedsrichtervertrag, der zwischen den Parteien und dem Schiedsrichter bzw den Schiedsrichtern zustande kommt; im Einzelfall kann § 139 BGB eingreifen, → Anh. § 1035 Rn. 1. Das Schiedsgericht kann mit einem Schiedsrichter oder mehreren Schiedsrichtern nach § 1034 besetzt sein. Der Schiedsrichter muss unabhängig sein und unabhängig arbeiten können, § 1036 I, BGH NJW 2004, 2226 (zust. Schlosser LMK 2004, 169); Kröll NJW 2005, 194. Zur sog. asymmetrischen Klausel mit ungleichen Rechten der Beteiligten Bälz/Stompfe SchiedsVZ 2017, 157.

Schiedsrichter kann nur eine **natürliche Person** sein. Haben die Parteien eine juristische Person zum Schieds- 9
richter bestellt, sind in der Regel ihre gesetzlichen Vertreter als berufen ansehen. Unfähig sind Geschäftsunfähige, weil sie keinen Schiedsvertrag abschließen können. Minderjährige sind nur ablehnbar, ebenso die Personen, die auch nicht voll geschäftsfähig sind. Beamte und Richter benötigen für die Schiedsrichtertätigkeit nach § 99 I Nr. 2 BBG, § 40 DRiG eine Genehmigung der Dienstherrn. Fehlt sie, ist bestritten, ob der Schiedsvertrag nach § 134 BGB unwirksam ist; wir verneinen dies, → Anh. § 1035 Rn. 2. Ist die vorliegende Genehmigung nur fehlerhaft, berührt das die Wirksamkeit in jedem Fall nicht. Eine **Behörde** als solche kann nicht Schiedsrichter sein. Durch eine Auslegung ist zu ermitteln, ob mit einer solchen Bestellung den Behördenleiter gemeint ist. Er handelt dann aber nicht als solcher, sondern als Privatperson. Entsprechendes gilt für ein Gericht. Eine besondere Qualifikation für die Schiedsrichter sieht das Gesetz nicht vor, ebensowenig allgemeine Ausschlusstatbestände, Wagner NJW 2001, 2132 (Notar als Schiedsrichter). Eine Fehlentscheidung mangels Rechtskenntnis ist allein unter den Voraussetzungen der § 1059 korrigierbar, MüKoZPO/Münch § 1059 Rn. 8; Schumann NJW 1992, 2065.

b) In eigener Sache. Nie kann ein Beteiligter selbst Schiedsrichter sein, weil niemand in eigener Sache 10
entscheiden darf, BGH NJW 2019, 857 (Testamentsvollstrecker für Streitigkeiten zwischen ihm und den Erben); 2018, 869; → § 1036 Rn. 8 „Eigene Sache". Schiedsrichter kann auch nicht sein, wer eine Partei allein oder mit einem anderen zusammen gesetzlich vertritt. Dann ist die Bestellung zum Schiedsrichter nichtig. Schiedsrichter kann danach nicht ein Mitglied eines Vertretungsorgans der Partei, zB ein Vorstandsmitglied einer Gesellschaft oder eines Vereins beim Streit zwischen der Gesellschaft oder dem Verein und einem Mitglied sein, BGH NJW 2017, 869. Etwas anderes kann bei weitverzweigten Vereinen dann gelten, wenn einzelne Mitglieder des Vereins

(nicht des Vorstands) wegen ihrer Sachkunde als Schiedsrichter amtieren. Unwirksam ist eine Schiedsvereinbarung dann, wenn Beisitzer für einen Streit zwischen Verbandsmitgliedern und Außenstehenden nur Mitglieder des Verbands sein sollen, Mü KTS 1985, 156; Habscheid KTS 1976, 3; aM Bettermann MDR 1975, 410, Kornblum ZZP 82, 480. Dann entsteht auch durch die Erklärung der Parteien vor dem Schiedsgericht, sie hätten keine Bedenken gegen dessen Zuständigkeit und Zusammensetzung, keine wirksame neue Schiedsvereinbarung. Ein Verbands- oder Vereinsgericht, das ein Organ ist und dem gewisse Verwaltungs- und Disziplinarmaßnahmen zur Entscheidung übertragen sind, stellt kein Schiedsgericht iSd §§ 1025 ff. dar; es fällt keinen Schiedsspruch nach § 1054, so dass das Verbot, Schiedsrichter in eigener Sache zu sein, nicht gilt, BGH NJW 2004, 2226.

11 Zulässig ist die Bestellung eines Mitglieds des Vorstands der Anwaltskammer zum Schiedsrichter im Streit zwischen einem Anwalt und den Erben eines anderen Anwalts. Zulässig sein kann auch die nach der Entstehung des Streitfalls erfolgende Bestellung eines nur mitzeichnungsberechtigten Organvertreters einer Partei durch beide Parteien, BGHZ 65, 59 (zust. Kornblum BB 1977, 675); Habscheid/Calavros KTS 1979, 5; Zöller/Geimer Rn. 3; aM Schlosser JZ 1976, 247. Beamte sind im Streit zwischen dem betreffenden Fiskus und Privaten dann ausgeschlossen, wenn sie den betreffenden Fiskus gesetzlich vertreten. Andernfalls können sie Schiedsrichter sein.

12 Wird ein Schiedsrichter nachträglich Partei oder gesetzlicher Vertreter, fällt er ohne weiteres weg. Entfällt nachträglich die Eigenschaft als Partei oder gesetzlicher Vertreter, heilt das die Nichtigkeit nicht.

13 **3. Bestimmtes Rechtsverhältnis zwischen den Parteien.** Die Schiedsvereinbarung muss sich auf die Entscheidung einer Rechtsstreitigkeit beziehen, die zwischen den Parteien in Bezug auf ein bestimmtes Rechtsverhältnis vertraglicher oder nichtvertraglicher Art entstanden ist oder künftig entsteht; die bloße Feststellung von Tatsachen genügt nicht, → Vor § 1025 Rn. 15 ff.

14 Die Streitigkeit kann bei Abschluss der Schiedsvereinbarung schon bestehen oder künftig entstehen. In jedem Fall muss sich die Schiedsvereinbarung auf ein bestimmtes Rechtsverhältnis oder mehrere solcher beziehen, BGH NJW-RR 2002, 387; → Rn. 20 ff.; § 1030 Rn. 39 ff. (zur Reichweite). Maßgebender Zeitpunkt für die Beurteilung der Bestimmtheit ist der Vertragsschluss. Ausreichend ist zB eine Vereinbarung für alle Streitigkeiten aus einem bestimmten Gesellschaftsverhältnis oder für Zahlungsansprüche aus jeder Lieferung eines Sukzessiv-Lieferungsvertrags. Unzureichend ist eine Vereinbarung „für alle Streitigkeiten aus der Geschäftsverbindung" oder die Bestimmung des Kreises nur durch die Mitgliedschaft an einer Börse. Aus dem Rechtsverhältnis entspringt auch ein Streit über die Aufhebung des Verhältnisses, etwa durch einen Rücktritt oder eine Kündigung, BGH BeckRS 2018, 31390 (Beendigung einer Anwaltssozietät). Die Schiedsvereinbarung über ein künftiges Rechtsverhältnis ist aufschiebend bedingt. Die Bedingung tritt mit der Entstehung des Rechtsverhältnisses ein.

15 **4. Schiedsfähigkeit.** Die Streitigkeit muss nach § 1030 schiedsfähig sein.

5. Rechtsnatur der Schiedsvereinbarung

Schrifttum: Longrée/Wedel MDR 2016, 1362.

16 Mit der Schiedsvereinbarung, die vom Hauptvertrag streng zu trennen ist, → Rn. 32, wird vorgesehen, dass ein neutrales und unabhängiges Schiedsgericht anstelle eines staatlichen Gerichts über bestehende oder künftige Streitigkeiten zwischen den Parteien aus einem bestimmten Rechtsverhältnis verbindlich und endgültig zu entscheiden hat, → Rn. 5; → Vor § 1025 Rn. 5. Die Hauptwirkungen bestehen darin, dass die schiedsgerichtliche Entscheidung nach § 1055 einem rechtskräftigen Urteil gleichgesetzt wird und der Rechtsschutz durch ein Gericht nicht zulässig ist, wenn sich der Beklagte auf die Schiedsvereinbarung beruft, § 1032 I, → § 1032 Rn. 4 ff. Damit ist die Schiedsvereinbarung im Schwerpunkt ein Prozessvertrag, da sie mit dem Ausschluss der staatlichen Gerichtsbarkeit den Justizgewährungsanspruch berührt. Offenbleiben kann, ob es sich bei der Schiedsvereinbarung ausschließlich um einen solchen handelt, so: BGH NJW 2009, 1962 (Prozessvertrag mit materiellen Gültigkeitsgrenzen, wie § 138 BGB); 1987, 651; Mü SchiedsVZ 2022, 98 Rn. 31, 32; NJOZ 2011, 413; Prütting/Gehrlein/Prütting Rn. 7; Zöller/Geimer Rn. 15, oder ob auch ein materiell-rechtliche Rechtsgeschäft vorliegt (Doppelnatur), Musielak/Voit/Voit Rn. 3; so wohl: Thomas/Putzo/Seiler Rn. 1; zum Meinungsstand im Einzelnen: MüKoZPO/Münch Rn. 12 ff.; → Vor § 128 Rn. 56 (zum Prozessvertrag allgemein).

17 Jedenfalls gelten nach allen Meinungen für das Zustandekommen und die Wirksamkeit der Schiedsvereinbarung bei Anwendung deutschen Rechts, → Rn. 17, Vertragsgrundsätze des bürgerlichen Rechts und Regeln über einen Prozessvertrag, → Rn. 29 (Einzelbeispiele). So gelten zB für das Zustandekommen einer Schiedsvereinbarung die §§ 145 ff. BGB, Mü NJOZ 2017, 130; MüKoZPO/Münch Rn. 15. Außerdem müssen die Prozesshandlungsvoraussetzungen vorliegen, Prütting/Gehrlein/Prütting Rn. 7; → Vor § 253 Rn. 16 (allgemein zu den Prozesshandlungsvoraussetzungen). Im Ergebnis muss nach unserer Auffassung die dogmatische Einordnung nicht endgültig geklärt werden, weil grundsätzlich alle Meinungen praktisch zu demselben Ergebnis führen. Wie Münch in MüKoZPO Rn. 12 und Fn. 21, ausgeführt hat, neigen wir in Anlehnung an die „Erfindung von Adolf Baumbach" zu dem pragmatischen Kompromiss der Doppelnatur; anders als die ältere Rspr., BGHZ 40, 320 (322); 49, 384 (386), und die Vorauflagen gehen wir aber nicht mehr von einem „materiell-rechtlichen Vertrag über prozessrechtliche Beziehungen", sondern „von einem Prozessvertrag mit materiell-rechtlichen Anforderungen" aus. Wir sind uns darüber im Klaren, dass sich der Streit eigentlich auf eine Terminologie beschränkt ist und keine praktischen Konsequenzen hat, sondern pragmatische Einzelfalllösungen ermöglicht und diese sollten auch im Vordergrund stehen. Geht man mit der hM von der Einordnung als reinen Prozessvertrag aus, kommen Art. 3 ff. Rom I-VO (vormals Art. 27 ff. EGBGB) nicht zur Anwendung, sondern eigene Regelungen des Internationalen Verfahrensrechts; für die Anerkennung und Vollstreckung ausländischer Schiedssprüche gilt Art. V Ia UNÜ und für inländische Schiedssprüche § 1959 II Nr. 1a, Zöller/Geimer Rn. 17, → Buch 10. Vor Abschnitt 1–10 Rn. 5 und → § 1061 vor Rn. 1 (Text des UNÜ). Maßgeblich ist in beiden Fällen das von den Parteien gewählte Recht, hilfsweise das Recht des Staates, in dem der Schiedsspruch ergangen ist, MüKoZPO/Münch Rn. 34 ff.

18 **6. Maßgebliches Recht.** Bei einer internationalen Schiedsvereinbarung richten sich das Zustandekommen und die rechtlichen Wirkungen im Geltungsbereich internationaler Abkommen, insbesondere nach dem UNÜ, → Buch 10. Vor Abschnitt 1–10 Rn. 5 ff., vorrangig nach diesen, im Übrigen nach der für den Vertrag nach dem deutschen Internationalen Privatrecht maßgeblichen Rechtsordnung, BGH NJW-RR 1993, 1520; Hamm SchiedsVZ 2014, 39. Während bei einem Schiedsort in Deutschland für die Formwirksamkeit § 1031 maßgeblich ist, BGH NJW-RR 1993, 1520, → § 1031 Rn. 3, kommt es für das Vertragsstatut (Zustandekommen, Wirk-

samkeit, Auslegung und Erfüllung) auf das von den Parteien ausdrücklich oder stillschweigend gewählte Recht an, BGH SchiedsVZ 2011, 159; Düss RIW 1996, 239; Kröll SchiedsVZ 2009, 161; krit. Sandrock FS Glossner, 1994, 281. Beim Fehlen einer Rechtswahl kommt es darauf an, zu welcher Rechtsordnung die Schiedsvereinbarung die engsten Beziehungen hat. Für die Regelungen bei Auslandsbezug gelten nicht die Kollisionsnormen der Art. 3 ff. Rom I-VO, sondern für die Anerkennung und Vollstreckung ausländischer Schiedssprüche greift Art. V 1a UNÜ ein, → Rn. 19. Zur Rückversicherung Franz/Keune VersR 2013, 9. Die gerade bei §§ 1025 ff. besonders ausgeprägte Parteiherrschaft hat aber Grenzen in zwingenden staatsrechtlichen Normen, besonders beim Auslandsbezug, zum Problem Commandeur Gößling SchiedsVZ 2014, 12.

Für die Beurteilung der Frage nach dem maßgeblichen Recht muss man alle Umstände heranziehen. Dabei können sich Anhaltspunkte aus dem Statut des Hauptvertrags ergeben, Hmb SchiedsVZ 2010, 145, aus dem Sitz des vereinbarten Schiedsgerichts, BGH NJW 1984, 2764 (zum Begriff des „Sitzes" Berger RIW 1993, 8); Drsd MDR 2009, 1074; Mü SchiedsVZ 2014, 262. Entsprechendes gilt für die Bestimmung des für das Verfahren maßgeblichen Rechts, MüKoZPO/Münch Rn. 35 ff. Ob die danach in erster Linie maßgebliche Rechtswahl wirksam ist, entscheidet sich nach demjenigen Recht, das nach der Rechtswahl maßgeblich sein soll, BGH NJW 1984, 2764, sofern nicht der deutsche ordre public eingreift, Dü RIW 1995, 769. Zur Rechtswahlvereinbarung in AGB; BGH BeckRS 2020, 35147 = SchiedsVZ 2021, 97 (Anwendungsbereich des CISG); Kröll SchiedsVZ 2021, 128, 129; Meyer-Sparenberg RIW 1989, 347. Zur Schiedsgerichtsbarkeit bei einer Rückversicherung Busse/Taylor/Justen SchiedsVZ 2008, 1. Zur Lage im Joint-Venture-Streit Quinke NZG 2015, 537. 19

7. Objektive Reichweite der Schiedsvereinbarung. a) Allgemeines. Ergibt sich aus der Vereinbarung, dass die Parteien eine endgültige Entscheidung über eine zwischen ihnen bestehende oder künftig entstehende Streitigkeit aus einem bestimmten Rechtsverhältnis durch ein unabhängiges und neutrales Schiedsgericht wünschen, kann sich die Frage nach dem Umfang der Entscheidungskompetenz des Schiedsgerichts, dh nach der Reichweite der Schiedsvereinbarung stellen; hier zeigt sich eine Tendenz zu einer weiten Auslegung, BGH NZG 2022, 218 (Teilnichtigkeit); MDR 2017, 168; NJW 2011, 2978; 2004, 2898; BayOblG SchiedsVZ 2021, 240 Rn 32 (Freiberufler-Sozietätsvertrag); Mü SchiedsVZ 2014, 262; OLGR 2009, 221; Kröll NJW 2022, 827; → Rn. 30 „Teilnichtigkeit". Im Zweifel ist davon auszugehen, dass die Parteien einen Streit möglichst umfassend dem Schiedsgericht zuweisen wollen, BGH NZG 2022, 218; Ffm BeckRS 2019, 2887 Rn. 41; Musielak/Voit/Voit Rn. 23. Das gilt auch dann, wenn die Vereinbarung im Übrigen Unklarheiten, so zB über die Ernennung der Schiedsrichter enthält, → Rn. 24 „Bestellung von Schiedsrichtern", oder sogar eine künftige Vereinbarung über das Schiedsverfahren selbst vorsieht, die aber nicht zustande kommen, → Rn. 7. Zu beachten sind bei der Auslegung die Parteierklärungen beim Vertragsabschluss, aber auch die Regeln im Hauptvertrag, BGH NZG 2022, 218 Rn. 13 ff.; Mü NJOZ 2019, 144; Kröll NJW 2019, 818; 2011, 1266. In jedem Fall muss sich die Schiedsvereinbarung auf ein bestimmtes oder bestimmbares Rechtsverhältnis beziehen und es muss klar oder durch Auslegung zu ermitteln sein, über welche Streitigkeiten zwischen den Parteien aus diesem Rechtsverhältnis das Schiedsgericht entscheiden soll, Prütting/Gehrlein/Prütting Rn. 10. Dabei muss das Gericht im Rahmen von § 1032 I feststellen können, ob die Streitgegenstände identisch sind, → § 253 Rn. 26 (zum Streitgegenstand). 20

Durch eine **Auslegung** des Vertragswillens ist ferner festzustellen, ob die Parteien, die in einem Vertrag ein Schiedsgericht vereinbart haben, auch eine spätere Neuordnung dieser vertraglichen Beziehungen unter dieses Schiedsgericht stellen wollten. Das kann auch bei einer Umgestaltung des Vertrags der Fall sein, BGH KTS 1984, 335. In Ergänzungsvereinbarungen zu Lieferverträgen, die erstmals eine Schiedsvereinbarung enthalten, spielt für die Auslegung der Reichweite der Zeitfaktor eine wesentliche Rolle, wenn die Ergänzung nicht eindeutig formuliert ist, BGH SchiedsVZ 2020, 94. Die Schiedsvereinbarung kann sich auch auf die Abänderungsklage nach § 323 beziehen. Ist das Schiedsgericht nach Maßgabe des alten Vertrags neu zu bilden, dürfen die Schiedsrichter ihre neue (Weiter-)Beteiligung ablehnen. 21

b) Beispiele:

Gesellschaftsvertrag: Bei einer Gesellschaft, die einen körperschaftlichen Charakter hat, wie z. B. eine GmbH, ist eine objektive Auslegung erforderlich; die Vorstellungen der Gründungsgesellschafter, die im Gesellschaftsvertrag keinen Niederschlag gefunden haben, sind nicht zu berücksichtigen; das gilt auch für eine Publikumspersonengesellschaft; BGH NZG 2022, 218 Rn. 13; 2018, 1226 Rn. 17; 2014, 1296 Rn. 15. Sollen alle Streitigkeiten aus einem solchen Vertrag erfasst werden, umfasst die Schiedsvereinbarung im Zweifel nicht nur die Ansprüche der Gesellschafter gegen die Gesellschaft (GmbH), sondern auch umgekehrt die Ansprüche der Gesellschaft gegen die Gesellschafter, BGH NJW 2004, 2898. Soweit alle „Streitigkeiten zwischen Partnern oder zwischen einem Partner und der Sozietät" erfasst sein sollen, bezieht sich die Klausel auf alle Streitigkeiten, die ihren Ursprung in dem Gesellschaftsverhältnis haben und sie gilt auch für den ausgeschiedenen Partner, BayObLG SchiedsVZ 2021, 240 Rn. 32 mAnm Seitz. Ist die Schiedsvereinbarung teilweise nichtig, kann nicht ohne weiteres aus dem Wendung „alle Streitigkeiten" zwingend auf eine Gesamtnichtigkeit geschlossen werden, BGH NZG 2022, 218 Rn. 14 ff.; → § 1030 Rn. 6 ff. (Beschlussmängelstreitigkeit); zur Teilnichtigkeit → „Teilnichtigkeit". 22

Künftig wiederkehrende Leistungen: Im Zweifel wird eine endgültige Entscheidung in Bezug auf das gesamte Vertragsverhältnis erstrebt. Die Vereinbarung kann sich auch auf einen später entstehenden Schadenersatzanspruch aus unerlaubter Handlung erstrecken, falls sich dieser mit einer Vertragsverletzung deckt, Ffm BeckRs 2020, 28050; Umbeck SchiedsVZ 2009, 147.

Sozietätsvertrag: Wird die Schiedsvereinbarung auf „alle Streitigkeiten im Zusammenhang mit dem Vertrag" bezogen, gilt sie im Zweifel auch für Streitigkeiten, die infolge der Beendigung des Vertrages entstanden sind oder entstehen, BGH BeckRS 2018, 31390 (Anwaltssozietät); NJW 1980, 2022 („jede etwaige Streitigkeit aus Anlass dieses Vertrags"); BayObLG SchiedsVZ 2021, 240 Rn. 32 (Steuerberatersozietät). Auch wenn sich die Vereinbarung nach dem Wortlaut nur auf alle Streitigkeiten „aus diesem Vertrag zwischen Sozien bzw. zwischen einem oder mehreren Sozien einerseits und der Sozietät andererseits" bezieht, kann eine Streitigkeit zwischen der Witwe eines verstorbenen Partners und der Sozietät über Versorgungsansprüche erfasst sein, wenn der Vertrag auch Versorgungsleistungen regelt, Oldb 22.6.2021 – 8 SchH 2/21; Kröll SchiedsVZ 2022, 150.

Vertrag: Eine Schiedsklausel, die alle Streitigkeiten aus einem bestimmten Vertrag erfassen soll, gilt im Zweifel auch für Streitigkeiten, die infolge der Beendigung des Vertrages entstanden sind oder entstehen, → „Sozietätsvertrag". Dasselbe gilt bei einer solchen Formulierung im Zweifel auch für konkurrierende vertragliche

Ansprüche, für vorvertragliche Ansprüche und für Ansprüche aus Gesetz, insbesondere aus Delikt, die im Zusammenhang mit dem Vertrag bzw. der Vertragsabwicklung stehen, Ffm BeckRS 2020, 28050; Kröll SchiedsVZ 2021, 128, 131. Sie kann auch einen Anspruch aus ungerechtfertigter Bereicherung umfassen, Mü NJW-RR 1991, 602.

Darunter können auch solche fallen, die die Bezahlung von zeitlich getrennten Lieferungen aufgrund der vereinbarten Bezugsverpflichtung zum Gegenstand haben, Mü NJOZ 2019, 144; SchDIS SchiedsVZ 2005, 166.

Umgekehrt kann sich eine Schiedsklausel auch auf bestimmte Streitigkeiten im Rahmen eines Vertragsverhältnisses beschränken, so zB auf Störungen des Bauablaufs aus dem Verantwortungsbereich des Architekten; dann werden Ansprüche aufgrund von Störungen aus dem Verantwortungsbereich des Auftraggebers nicht erfasst, Ffm BeckRS 2019, 54285.

23 **IV. Inhaltliche Ausgestaltung. 1. Grundsatz: Übertragung der Entscheidung.** Die Schiedsvereinbarung überträgt den Schiedsrichtern die Entscheidung der Frage, wer im Recht ist, BGH SchiedsVZ 2008, 41; Kblz NJW-RR 2000, 1365; Kröll SchiedsVZ 2008, 63. Sie schließt also den Rechtsweg zum ordentlichen Gericht nach § 1032 I bei einer entsprechenden Einrede aus, BGH NJW 1984, 669; Karlsr MDR 2012, 996. Die Schiedsvereinbarung braucht keine hohen inhaltlichen Anforderungen zu enthalten oder zu erfüllen, Karlsr MDR 2012, 996; Kröll NJW 2005, 194.

2. Beispiele für Übertragungsmöglichkeiten

24 **Bestellung der Schiedsrichter:** Wird nur die Anzahl der Schiedsrichter in der Schiedsvereinbarung genannt, aber keine Regelungen über das Bestellungsverfahren getroffen, ist die Schiedsvereinbarung insoweit hinreichend bestimmt, Bbg SchiedsVZ 2010, 279; Kröll SchiedsVZ 2013, 260.

Gestaltungsmöglichkeit: Zulässig ist die Übertragung solcher Befugnis auf das Schiedsgericht, die über eine rein erkennende Tätigkeit hinausgeht, indem es ein Recht gestaltet, etwa bei der OHG den Gesellschaftsvertrag neu ordnet.

Insolvenz: → Rn. 43.

Kostenregelung. Dazu Pörnbacher/Dolgorukow, Die Entscheidung über bestrittene Kostenforderungen durch Schiedsgerichte, FS Geimer, 2017, 509. Zulässig ist die Übertragung der Entscheidung über die Kosten des Verfahrens auch und gerade dann, wenn dieses Verfahren unzulässig sein sollte.

Managerhaftung: Zulässig ist eine Vereinbarung zur Klärung von Fragen einer Managerhaftung, Umbeck SchiedsVZ 2009, 148.

Schiedsordnung: Zulässig ist eine Bezugnahme auf sie, KG SchiedsVZ 2012, 337.

Teil eines prozessualen Anspruchs: Zulässig ist eine Übertragung der Entscheidung über einen des Teilurteils nach § 301 fähigen Teil des prozessualen Anspruchs.

Überprüfung des Gerichts: Unzulässig ist die Übertragung einer Nachprüfung der Entscheidung eines Gerichts, BGH SchiedsVZ 2008, 41.

Umsatzsteuer: Bezieht sich die Schiedsvereinbarung auf die Vergütung nach einem Vertrag (Allianz-Vertrag) und soll diese zuzüglich Umsatzsteuer anfallen, sofern nicht beide Vertragspartner Bauleistende iSd § 13 UStG sind, wird eine Streitigkeit über die Umsatzsteuer jedenfalls nicht von der Schiedsklausel umfasst, wenn es nicht um die Endkosten, sondern um Abschlagszahlungen geht, Dü ss BeckRS 2019, 12791; Kröll SchiedsVZ 2020, 136 (138).

Vollstreckungsabwehr: Unzulässig ist die Übertragung einer Entscheidung über eine Vollstreckungsabwehrklage nach §§ 767 ff., es sei denn, dass die dort erhobene Einwendung der Schiedsabrede unterliegt, BGH SchiedsVZ 2008, 41; Schmidt JuS 1987, 748; Schütze EWiR 1987, 305.

25 **3. Bestimmung des Schiedsgerichts.** Die Parteien müssen die Entscheidung einem Schiedsgericht übertragen, und zwar einem bestimmten oder doch eindeutig bestimmbaren Schiedsgericht, BGH NJW 1983, 1267; LG Mü ZMR 2011, 166; Kröll SchiedsVZ 2010, 145. Die Benennung der Schiedsrichter ist nicht erforderlich. Das zeigt § 1035 III, BGH WM 1986, 404. Nötig ist das Verlangen nach einer Entscheidung im schiedsrichterlichen Verfahren nach §§ 1025 ff. und nicht nach dem für das Gericht vorgeschriebenen Verfahren; dabei kommt es auf den Wortlaut der Vereinbarung nicht an. Nötig ist ferner das Verlangen nach einer Entscheidung des Schiedsgerichts anstelle des Gerichts, Kblz NJW-RR 2000, 1365. Darum ist kein Instanzenzug zwischen dem Schiedsgericht und dem Gericht möglich. Haben die Parteien vereinbart, dass sie trotz eines Schiedsspruchs das Gericht anrufen dürfen, ist die Schiedsvereinbarung als solche nichtig, demgemäß auch die Schiedsgerichtsabrede bei dem Zusatz „der ordentliche Rechtsweg wird hierdurch nicht ausgeschlossen“. Eine solche Abrede kann aber als die Vereinbarung einer Schlichtung, → Vor § 1025 Rn. 11 ff., gelten, BGH KTS 1984, 335. Zulässig ist die Abrede, dass die Wirksamkeit des Schiedsspruchs nach § 1054 von der Unterwerfung beider Parteien abhängig sei.

26 **4. Wahlmöglichkeiten.** Die Schiedsvereinbarung kann auch die Anrufung des Schiedsgerichts oder Gerichts bei klarer Abgrenzung wahlweise freistellen, BGH NJW 1976, 852; Naumbg OLGR 06, 31; Habscheid /Calavros KTS 1979, 1; Zöller/Geimer Rn. 35. Das gilt für eine solche Klausel zugunsten des Klägers, BGH NJW 1992, 575, nicht dagegen in der Regel für die Vereinbarung eines Wahlrechts auch zugunsten des Bekl.; denn sie benachteiligt den anderen Partner unangemessen, jedenfalls dann, wenn er sich nicht vorher erklärt, BGH NJW 1999, 282. Zur wirksamen Gestaltung einer solchen Klausel: BGH MDR 2011, 717 (§ 307 BGB); NJW 1989, 1477 (§ 138 BGB); Jagenburg/Kesselring NJW 1999, 2412. Als zulässig angesehen wird auch die Wahlmöglichkeit des Klägers zwischen mehreren bestimmbaren Schiedsgerichten, Zöller/Geimer Rn. 37. Für die Fristsetzung zur Wahl gilt § 264 II BGB entsprechend. Gilt nach den AGB des Lieferers eine Gerichtsstandsklausel nach § 38 zu seinen Gunsten, haben die Partner aber für den Einzelfall ein Schiedsgericht vereinbart, wird man bei einer beiderseitigen Abstandnahme von der Schiedsklausel auf die Gerichtsstandsklausel zurückgreifen können. Nicht zulässig ist die Aufteilung zwischen Schiedsgericht und Gericht in Bezug auf verschiedene Fragen, die insgesamt erst den Rechtsstreit beendet. Möglicherweise ist eine solche Abrede aber als eine Schiedsgutachterklausel, → Vor § 1025 Rn. 17, gültig. Zulässig ist eine auflösende Bedingung für die Schiedsvereinbarung, dass eine Partei den Schiedsspruch nicht innerhalb einer Frist anerkennt, → Rn. 30 „Bedingung“.

27 **5. Vertragsfreiheit.** Da für die Schiedsvereinbarung eine Vertragsfreiheit besteht, dürfen die Parteien vorbehaltlich der im Buch 10 geltenden Einschränkungen die Zuständigkeit, die Besetzung und das Verfahren nach § 1042 III grundsätzlich frei vereinbaren, LG Mü SchiedsVZ 2014, 104 (krit. Pfeiffer SchiedsVZ 2014, 159). Das

gilt sogar bei einer Bezugnahme auf eine dann später gar nicht zustande gekommene Vereinbarung, Kröll SchiedsVZ 2009, 161. Die Parteien bestimmen natürlich auch die Grenzen der Befugnisse des Schiedsgerichts, Kröll SchiedsVZ 2013, 260. Den Inhalt der Schiedsvereinbarung stellt dagegen der Richter fest, indem er den Willen der Parteien unter einer Beachtung aller Umstände im Weg der individuellen Auslegung nach §§ 133, 157 BGB ermittelt, Mü NJW-RR 1991, 603.

6. Materiell-rechtliche Gültigkeit. a) Allgemeines. Neben den Prozesshandlungsvoraussetzungen müssen auch maßgebliche materiell-rechtliche Regeln beachtet werden, BGH NJW-RR 2002, 387; → Rn. 16f. Dabei ist zunächst zu prüfen, ob Spezialregelungen in den §§ 1025ff. vorhanden sind. So schließt zB § 1036 die Anfechtung der Schiedsabrede bei Fehlvorstellungen über den Schiedsrichter aus. Spezielle Regelungen können sich auch aus § 1059 III ergeben. 28

Ist die Wirksamkeit einer Schiedsvereinbarung fraglich, kann das Schiedsgericht das Verfahren solange fortsetzen, bis das Gericht nach § 1059 II über die Wirksamkeit aufgrund eines Aufhebungsantrages nach § 1059 I entschieden hat. Das gilt auch bei einer schwebend unwirksamen Schiedsvereinbarung, BGH NJW-RR 1986, 1059. Nichtigkeit liegt grundsätzlich nur bei solchen Mängeln vor, die die ganze Schiedsvereinbarung ergreifen, zB bei einer Sittenwidrigkeit nach § 138 I BGB, BGH SchiedsVZ 2009, 247 (zust. Hilbig); Kröll NJW 2016, 850; Musielak/Voit/Voit Rn. 10 (kritisch zur Anwendbarkeit des § 138 BGB), bei einer missbräuchlichen Klausel zulasten eines Verbrauchers entgegen der Richtlinie 93/13/EWG v. 5.4.1993, EuGH NJW 2007, 135, bei einem Verstoß gegen eine zwingende Norm oder bei einer Unbestimmtheit, BGH NJW 1983, 1267; Köln OLGR 2006, 28 (das zur Entscheidung berufene Schiedsgericht ist weder eindeutig bestimmt noch bestimmbar). Auch ein Verstoß gegen zwingende Vorschriften des deutschen internationalen Rechts kann die Schiedsvereinbarung unwirksam machen, Kröll SchiedsVZ 2008, 66. Liegt keine Gesamtnichtigkeit der Schiedsvereinbarung vor und ist nur die einzelne gesetzwidrige Bestimmung unwirksam, ist sie durch die entsprechende gesetzliche Regelung zu ersetzen. 29

b) Beispiele für die Anwendbarkeit materiell-rechtlicher Regeln

AGB: Ist die Schiedsklausel in solchen enthalten, findet grundsätzlich eine Inhaltskontrolle über § 307 BGB statt, LG Ffm NJOZ 2021, 382; Prütting/Gehrlein/Prütting Rn. 17; MüKoZPO/Münch Rn. 17; 23ff.; Musielak/Voit/Voit Rn. 10; vgl. auch BGH NJW 2009, 1962 (offengelassen). Ob AGB vorliegen, hängt nach § 305 I BGB u. a. davon ab, ob der Verwender die betreffenden Vertragsbedingungen vorformuliert hat und in einer Vielzahl von Verträgen verwendet und ob der Vertragspartner die Möglichkeit hatte, über die Schiedsklausel zu verhandeln, LG Ffm NJOZ 2021, 382; Grüneberg/Grüneberg BGH § 305 Rn. 2ff. § 1034 II geht als Spezialregelung § 307 vor, dh bei einem in AGB's vorgesehenen Übergewicht einer Partei in Bezug auf die Zusammensetzung des Schiedsgerichts ist die Schiedsklausel nicht unwirksam, vielmehr steht der anderen Partei das in § 1034 II vorgesehene Antragsrecht zu, → § 1034 Rn. 6. 30

Anfechtung wegen Willensmängeln: Wird zugelassen, allerdings kann die erklärte Anfechtung an § 1040 II 1 und die nicht erklärte an § 1059 III 1 scheitern; deshalb ist die Anfechtung nach Einlassung zur Hauptsache vor dem Schiedsgericht ausgeschlossen, MüKoZPO/Münch Rn. 20 (auch zur Frage von § 142 BGB); Prütting/Gehrlein/Prütting Rn. 7; Musielak/Voit/Voit Rn. 11. Soweit die Fehlvorstellungen durch eine Ablehnung des Schiedsrichters geltend gemacht werden kann, gehen die Sonderregelungen der §§ 1036f. vor, Musielak/Voit/Voit Rn. 11.

Auslegung: Die Schiedsvereinbarung ist nach prozessualen Grundsätzen auszulegen, Prütting/Gehrlein/Prütting Rn. 7. Allerdings finden dabei die allgemeinen Auslegungsregeln nach §§ 133, 157 BGB Anwendung, BGH MDR 2017, 168; NJW-RR 2009, 790 Rn. 25; 2002, 387; FamRZ 2001, 1703; Mü SchiedsVZ 2014, 262; Brdb NJW-RR 2014, 405; Thomas/Putzo/Seiler Rn. 6; Kröll NJW 2019, 818; SchiedsVZ 2016, 849; Grüneberg/Ellenberger BGB § 133 Rn. 4.

Bedingung: Die Schiedsvereinbarung ist, wie jede Prozesshandlung, grundsätzlich bedingungsfeindlich, soweit die Bedingung bei Verfahrenseinleitung noch nicht eingetreten ist, Prütting/Gehrlein/Prütting Rn. 7; MüKoZPO/Münch Rn. 18. Etwas anderes gilt für eine befristete auflösende Bedingung, dh eine Schiedsvereinbarung ist zulässig, wenn den Parteien freigestellt wird, den Schiedsspruch innerhalb einer Frist nicht anzuerkennen und den Weg zu den Gerichten zu beschreiten, BGH SchiedsVZ 2007, 160; Kröll SchiedsVZ 2008, 63. Zur zulässigen Bedingung der Vollstreckbarkeitserklärung in Bezug auf die Schiedsvereinbarung und damit den Schiedsspruch → § 1055 Rn. 8.

Rechtsgeschäftslehre: Die Regeln der §§ 134, 138 BGB und die Regeln über den Dissens sind anwendbar, BGH NJW 2009, 1962; MüKoZPO/Münch Rn. 17; Schmidt FS Nagel, 1987, 374; → „Sittenwidrigkeit". Zur Teilnichtigkeit nach § 139 → „Teilnichtigkeit".

Rechtsmissbrauch: Im Einzelfall kann auch die Berufung auf eine Schiedsvereinbarung wegen nach § 242 ausgeschlossen sein, BGH NJW-RR 2009, 791; Bbg SchiedsVZ 2010, 279 (kein Missbrauch bei fehlender Mitwirkung an Konstituierung); Kröll NJW 2018, 1265; → § 1032 Rn. 15 „Rechtsmissbrauch".

Sittenwidrigkeit: Die Schiedsvereinbarung ist nach § 138 nichtig, wenn eine Partei unter Ausnutzung einer überlegenen Position die andere zum Abschluss nötigt; allerdings reicht allein eine wirtschaftliche oder soziale Überlegenheit für die Frage der Ausnutzung nicht aus, Musielak/Voit/Voit Rn. 10; → „Rechtsgeschäftslehre"; → § 1066 Rn. 19 „Sportgericht" (Sportverbände).

Schiedsrichter: Bei einem Übergewicht einer Partei im Zusammenhang mit der Ernennung der Schiedsrichter gilt § 1034 II; die Schiedsvereinbarung ist bei einer solchen Konstellation nicht unwirksam, → § 1034 Rn. 6.

Stellvertretung: Sie ist eine im Rahmen des sachlichen Rechts möglich, während die Prozessvollmacht nicht zum Abschluss einer Schiedsvereinbarung ermächtigt, MüKoZPO/Münch Rn. 21.

Teilnichtigkeit: Sind einzelne Regelungen in der Schiedsvereinbarung nichtig, führt dies nach § 139 BGB nur dann zur Gesamtnichtigkeit, wenn nicht anzunehmen ist, dass die Vereinbarung auch ohne den nichtigen Teil getroffen worden wäre; dies setzt die Abgrenzbarkeit des nichtigen Teils von den übrigen Regelungen voraus, BGH NZG 2022, 264 = SchiedsVZ 2022, 86 Rn. 31 (Beschlussmängelstreitigkeit – Personengesellschaft); NZG 2022, 218 Rn. 10 (Beschlussmängelstreitigkeiten – GmbH); NJW 2019, 2016 Rn. 25; → § 1030 Rn. 6ff.; Kröll SchiedsVZ 2022, 150, 153; vgl. auch Glienke/Hohm SchiedsVZ 2022, 189, 191. Sollen „alle" Streitigkeiten aus einem Rechtsverhältnis von der Schiedsvereinbarung erfasst werden und ist die Vereinbarung nur in Bezug auf einzelne Bereiche nicht wirksam, würde die Annahme der Gesamtunwirksamkeit dazu führen, dass entgegen des Regelungszweckes auch die nicht unwirksamen Teile der staatlichen Gerichtsbarkeit nicht entzogen würden; das spricht mangels weiterer Anhaltspunkte gegen die Annahme der Gesamtnichtigkeit, BGH NZA 2022, 218 Rn. 16f.; Mü BeckRS 2014, 1197 Rn. 103 (jeweils unwirksame Einbeziehung der Beschlussmängelstreitigkeiten).

Zustandekommen der Schiedsvereinbarung: Es gelten die §§ 145ff. BGB, → Rn. 17.

31 **7. Freiwilligkeit.** Der Verzicht auf den Justizgewähranspruch, der aus dem Rechtsstaatsprinzip und den Grundrechten, insbesondere Art. 2 I GG herzuleiten ist, muss grundsätzlich freiwillig erfolgt sein; dies ist zB im Leistungssportbereich mit der Organisation von Wettkämpfen durch internationale Verbänden fraglich, wenn die Sportler ohne Eingehung auf eine Schiedsvereinbarung befürchten, ihren Beruf als Athleten nicht mehr ausüben zu können, → § 1066 Rn. 13f., 19 „Sportgerichte“. Der BGH hat im sog. Fall „Pechstein“ eine Unfreiwilligkeit verneint, BGH NJW 2016, 2266 Rn. 53ff.; zur Verfassungsbeschwerde → Rn. 2; → § 1066 Rn. 13, 19 „Sportgerichte“; → s. a. E. Dem ist der EGMR, NJW 2019, 1057 = BeckRS 2018, 23523 Rn. 113, 114, im Ergebnis gefolgt, auch wenn der Sportler ohne Akzeptanz der Bedingungen des Sportverbandes auf die Teilnahme von internationalen Wettkämpfen verzichtet. Entsprechend entschieden haben das BayObLG BeckRS 2020, 28751 = SpuRT 2021, 30, und das Ffm, BeckRS 2020, 14655 = SpuRT 2020, 255, zur Wirksamkeit von Schiedsklauseln von Fußballvereinen, deren Zeichnung der Monopolverband als Voraussetzung für die Teilnahme am Ligabetrieb vorgeschrieben hat, vgl. auch Kröll SchiedsVZ 2021, 128, 130; → § 1066 Rn. 14, 19 „Sportgerichte“. Mit den Argumenten des EGMR hat das LG Ffm NJOZ 2021, 382, hingegen die Freiwilligkeit verneint. Der Verfassungsbeschwerde gegen die Entscheidung des BGH von 2016 hat das BVerfG, NJW 2022, 2677 mAnm Thöne NJW 2022, 2650 = SchiedsVZ 2022, 296 mAnm Michaelis, nunmehr stattgegeben, weil in der damaligen Schiedsklausel die Öffentlichkeit mündlicher Verhandlungen nicht vorgesehen war und damit rechtstaatliche Mindeststandards nicht erfüllt waren; die Sportorganisation habe ein solches Gewicht gehabt, dass sie den Vertragsinhalt habe bestimmen können und damit habe eine Freiwilligkeit des Sportlers nicht bestanden, → Rn. 2; → § 1066 Rn. 13, 19 „Sportgericht“.

32 **8. Verhältnis zum Hauptvertrag.** Für das Verhältnis der Schiedsvereinbarung zu demjenigen Hauptvertrag, dessen Durchführung die Schiedsvereinbarung dient, gilt: Ist die Schiedsklausel unwirksam, richtet sich die Wirksamkeit des Hauptvertrags nach § 139 BGB. Ist der Hauptvertrag unwirksam, ist § 139 BGB nach § 1040 I 2 unanwendbar, BGH NJW 1991, 2216; Schütze IPRax 1999, 88 (je zum alten Recht). Ein Mangel des Hauptvertrags bedeutet keineswegs stets auch einen Mangel der Schiedsvereinbarung, Mü MDR 2008, 943; Kröll NJW 2015, 834. Sie kann aber im Einzelfall dahin ausgelegt werden, dass der Mangel des Hauptvertrages auch die Wirksamkeit des Schiedsvertrags erfasst, BGH NZM 2009, 278.

33 **V. Wirkungen der Schiedsvereinbarung. 1. Pflichten der Parteien.** Die Schiedsvereinbarung verpflichtet die Parteien, alles zu tun, um die Durchführung des Schiedsverfahrens bis zum Erlass des Schiedsspruchs zu ermöglichen und alles zu unterlassen, was dem zuwider läuft, BGH NJW-RR 1986, 1060; LG Gießen NJW-RR 1996, 500. Das gilt nicht völlig unabhängig vom zugrundeliegenden Hauptvertrag, aM Hbg SchiedsVZ 2013, 180. Die Parteien müssen die geeigneten Schiedsrichter wie vorgesehen ernennen und das ihrige tun, eine Einigung über deren Person herbeizuführen, BGH NJW-RR 1986, 1060. Zu den Pflichten der Parteien kann auch die Anerkennung einer Änderung der Schiedsgerichtsordnung im anhängigen Verfahren gehören, BGH NJW 1988, 1215. Die Parteien müssen den Schiedsrichtern die verlangten angemessenen Vorschüsse zahlen. Darüber hinaus besteht für sie eine Loyalitätspflicht, dh eine Pflicht zum wahrheitsgemäßen Vorbringen; aber nur bei groben Verstößen ist deshalb ein Rücktrittsrecht oder eine Schadensersatzpflicht denkbar, Mü SchiedsVZ 2012, 96. Eine Pflicht der Parteien zur **Verschwiegenheit** besteht nur dann, wenn dies vereinbart wurde, wobei zB die Vertraulichkeit des Schiedsverfahrens nach Art. 44.1 DIS-SchiedsO und die darin ausgetauschten Informationen besonders geschützt sind, Musielak/Voit/Voit Rn. 27; Boll-Kempelmann SchiedsVZ 2022, 245.

34 Ob eine Klage auf Erfüllung der Pflichten im laufenden Schiedsverfahren zulässig ist, oder sich bei Verletzung nur eine Schadensersatzpflicht bzw. ein Rücktrittsrecht ergeben kann, ist streitig, Klagemöglichkeit bejahend: wohl MüKoZPO/Münch Rn. 141f.; Thomas/Putzo/Seiler Rn. 13 (jedenfalls für Vorschuss der Schiedsrichter); aM Musielak/Voit/Voit Rn. 26 (nur Schadensersatz und Rücktrittsrecht für den Gegner nach § 323 BGB). Da über die gesetzlich geregelten Fälle hinaus eine Mitwirkung der Gerichte nicht möglich ist, halten wir ebenfalls nur eine Klage auf den Vorschuss, sonst aber keine Erfüllungsklage für zulässig; vielmehr ist bei Verletzung der Mitteilungspflichten der Beteiligten nur eine Schadensersatzklage bzw. ein Rücktritt/eine Kündigung durch den Gegner möglich, auch → Rn. 46 „Vorschuss“.

35 **2. Prozessrechtliche Wirkung.** Die Schiedsvereinbarung begründet die Zuständigkeit des Schiedsgerichtes und verpflichtet die Parteien, das staatliche Gericht nicht anzurufen, Wiegand SchiedsVZ 2003, 58. Geschieht dies doch, steht dem Gegner nach § 1032 I die prozesshindernde Einrede zu. Auch die ausländische Schiedsvereinbarung gibt die Rüge der Unzulässigkeit der Klage. Greift die Rüge durch, muss das Gericht die Klage nach § 1032 I, evtl. nach einem Hinweis nach § 139, durch ein Prozessurteil als unzulässig abweisen. Darüber hinaus kann jede Partei nach § 1032 II bei Gericht eine Klage auf Feststellung des Umfangs und der Reichweite der Schiedsvereinbarung erheben; für diese Klage fehlt nicht das Rechtsschutzbedürfnis, wenn die Hauptsacheklage erhoben ist und der Bekl. die Einrede nach § 1032 I geltend machen kann, BGH NJW-RR 2020, 147 Rn. 13. Der Schiedsspruch hat nach § 1055 die Wirkung eines rechtskräftigen gerichtlichen Urteils. Zur Vollstreckung ist aber nach §§ 1060ff eine Vollstreckbarkeitserklärung durch das Gericht erforderlich.

36 Aus der Pflicht der Parteien im Falle einer wirksamen Schiedsvereinbarung, Klagen vor dem unzuständigen staatlichen Gericht zu unterlassen, MüKoZPO/Münch Rn. 142, will Bälz, SchiedsVZ 2021, 204, die Möglichkeit für das Schiedsgericht zu einer Unterlassungsverfügung **(Prozessführungsverbot)** ableiten. Dabei beruft sich Bälz, auf den BGH, NJW 2020, 399 Rn. 25, der in einer Vereinbarung eines inländischen Gerichtsstandes die Pflicht der Parteien sieht, vereinbarungswidrige Klagen vor einem ausländischen Gericht zu unterlassen, und der bei Pflichtwidrigkeit von einem Schadensersatz nach § 280 I BGB ausgeht. Bälz verweist auf die Möglichkeit einer einstweiligen Anordnung nach § 1041 I durch das Schiedsgericht und auf § 1040 I, wonach das Schiedsgericht über seine eigene Zuständigkeit entscheiden kann. Wir halten eine Unterlassungsverfügung für fraglich, zumal die Parteien sowohl vor dem staatlichen Gericht als auch vor dem Schiedsgericht vorläufige Maßnahmen beantragen (§§ 1033, 1041) und darüber hinaus beim staatlichen Gericht nach § 1032 II die Zuständigkeit bzw.

Unzuständigkeit des Schiedsgerichts klären lassen können, → § 1041 Rn. 1, 6 (Vollziehung durch das Gericht); → § 1032 Rn. 14; dem würde ein durch das Schiedsgericht angeordnetes Prozessführungsverbot widersprechen.

3. Besonderheiten für eine Aufrechnung. Ob das Schiedsgericht über eine zur Aufrechnung gestellte Forderung, die nicht der Schiedsvereinbarung unterliegt, gegen einen dem schiedsrichterlichen Verfahren unterworfenen Anspruch entscheiden kann, ist bestritten, bejahend: Schlesw SchiedsVZ 2010, 276; Busse MDR 2000, 732; Heidbruck SchiedsVZ 2009, 261; einschränkend nur bei unbestrittener oder rechtskräftig festgestellter Gegenforderung: Musielak/Voit/Voit Rn. 24; Thomas/Putzo/Seiler Rn. 9; verneinend: Mü SchiedsVZ 2016, 118; MüKoZPO/Münch § 1046 Rn. 43; Zöller/Geimer Rn. 85. Wir folgen der Mittelmeinung jedenfalls teilweise und halten eine Entscheidung des Schiedsgerichts unter Einbeziehung der erklärten Aufrechnung nur bei einer rechtskräftig festgestellten Gegenforderung für zulässig. Das ist aus unserer Sicht wegen § 389 BGB gerechtfertigt, wenn das Schiedsgericht durch seine Entscheidung keine Rechtskraft nach §§ 322 II, 1055 in Bezug auf die Gegenforderung schafft, weil Rechtskraft schon eingetreten ist. Ansonsten ist eine Entscheidung des Schiedsgerichts über die Aufrechnung aus unserer Sicht nicht möglich, weil die Parteien bezüglich der Gegenforderung nicht auf den Justizgewährungsanspruch verzichtet haben. Das Schiedsgericht kann das Verfahren nach § 148 aussetzen bis zur Entscheidung über die Gegenforderung durch das Gericht, Thomas/Putzo/Seiler Rn. 9. Ob auch ein Vorbehalts-Schiedsspruch möglich ist oder ob das Schiedsgericht ohne Vorbehalt zu entscheiden hat – dann muss die Gegenforderung selbständig eingeklagt werden –, ist bestritten, zum Meinungsstand: Musielak/Voit/Voit Rn. 24; Thomas/Putzo/Seiler Rn. 9. Diese Konstellation wird selten vorkommen, weil die Parteien im Zweifel die Schiedsvereinbarung auch auf Gegenforderungen, die im Zusammenhang mit der für das Schiedsverfahren maßgeblichen Forderung stehen, erstrecken werden. 37

Rechnet die Partei mit einer der Schiedsvereinbarung unterworfenen streitigen Forderung in einem gerichtlichen Verfahren auf, wird im Allgemeinen die Einrede der Schiedsvereinbarung nach § 1032 I durchgreifen. Denn in dieser Vereinbarung liegt in der Regel die beachtliche Prozessabrede, sich nicht auf eine Aufrechnung mit einer schiedsgebundenen Gegenforderung zu berufen; wegen der Rechtskraftwirkung des § 322 II könnte ansonsten die Schiedsbindung umgangen werden, BGH NJW-RR 2011, 213; 2008, 556; 1993, 2752; Bbg BeckRS 2016, 19999; aM zum Ansatz: BGH NJW 1957, 591 (materielles Aufrechnungsverbot); → § 1032 Rn. 10 „Aufrechnung". 38

4. Persönliche Reichweite

Schrifttum: Böckstiegel/Berger/Bredow, Die Beteiligung Dritter am Schiedsverfahren, 2005; Gebauer, Zur objektiven Reichweite von Schieds- und Gerichtstandsvereinbarungen, FS Schütze, 2014, 95; Haas/Oberhammer, „Drittwirkung" von Schiedsvereinbarungen einer Personenhandelsgesellschaft, FS Geimer, 2009, 493; Gottwald, Zur Bindung Dritter an internationale Gerichtsstands- und Schiedsvereinbarungen, FS Geimer, 2017, 131; Jürschik, Die Ausdehnung der Schiedsvereinbarung auf konzernzugehörige Unternehmen, 2011; Müller/Keilmann SchiedsVZ 2007, 113; Niklas, Die subjektive Reichweite von Schiedsvereinbarungen, 2008; Offenhausen, Mehrparteienschiedsgerichtsverfahren bei der Beteiligung einer Gesellschaft bürgerlichen Rechts, 2007; Raeschke-Kessler/Wiegand AnwBl 2007, 396 (Gesellschaftsstreitigkeiten); Wach, Die Münchener Regeln zur Beteiligung Dritter am Schiedsverfahren – The Munich Rules (TMR), SchiedsVZ 2020, 228.

a) Allgemeines. Die Schiedsvereinbarung wirkt zwischen den Parteien, nicht dagegen grundsätzlich im Verhältnis zu Dritten, Kröll SchiedsVZ 2007, 146; → Rn. 41. Die Schiedsvereinbarung wirkt nicht gegen den Streitverkündungsgegner nach § 68, der nicht beitritt, Müller/Keilmann SchiedsVZ 2007, 119. Eine Schiedsvereinbarung zwischen Miterben über Streitigkeiten aus dem Nachlass bindet den Testamentsvollstrecker nicht. Mitschuldner, Garant oder Bürge (sog. Haftungsverband) einer Vertragspartei sind nicht an die Schiedsvereinbarung gebunden; sie dürfen sich nicht auf sie berufen, BGH MDR 1991, 737; VersR 1983, 776; Hbg VersR 1982, 1096. Grundsätzlich ist der vollmachtlose Vertreter an die Schiedsvereinbarung wegen der differenzierten Einstandspflicht (§ 179 BGB) nicht gebunden, BGH NJW 1977, 1397; Zöller/Geimer Rn. 64; aM MüKoZPO/Münch Rn. 57.; Musielak/Voit/Voit Rn. 8. Nach unserer Auffassung gilt die Schiedsvereinbarung aber für den Firmenübernehmer nach §§ 25 ff. HGB, der zwar kein Rechtsnachfolger ist, aber in vollem Umfang haftet, MüKoZPO/Münch Rn. 57; KG BeckRS 2016, 03080 Rn. 45. 39

b) Rechtsnachfolger. Bei einer Rechtnachfolge gehen die Rechte und Pflichten aus der Schiedsvereinbarung grundsätzlich auf den Rechtsnachfolger über; das gilt für eine Gesamtrechtsnachfolge zB nach § 1922 BGB, BGH NJW-RR 2002, 1462; BayObLG SchiedsVZ 2004, 163, und für eine Einzelrechtsnachfolge, etwa durch eine Abtretung oder Vertragsübernahme, BGH MDR 2000, 948; Perlau MDR 1998, 432, ferner beim Eintritt in einen Mietvertrag nach § 566 BGB, BGH MDR 2000, 948; → § 265 Rn. 10 ff. (zur Frage der Rechtsnachfolge/Veräußerung, Abtretung). Das gilt aber dann nicht, wenn die Schiedsvereinbarung etwas anderes ergibt, wenn sie zB auf ein besonderes Vertrauen der Parteien abstellt. Eine Bindung des Rechtsnachfolgers an die Schiedsvereinbarung tritt ferner ein durch einen Erwerb des Geschäftsanteils einer GmbH, BGH NJW 1979, 2567, oder durch die Ausübung eines rechtsgeschäftlichen Eintrittsrechts, BGH NJW 2000, 2346, in diesen Fällen ohne einen Beitritt in der Form des § 1031. Ob dann der bisherige Rechtsinhaber aus der Bindung zu entlassen ist, muss durch eine Auslegung ermittelt werden, BGH NJW-RR 2002, 1462. Bei Auslandsbezug ist die Frage, ob die Schiedsvereinbarung auch für und gegen den Rechtsnachfolger wirkt, nach dem für die Schiedsvereinbarung geltenden Recht zu beurteilen, BGH SchiedsVZ 2014, 151. 40

c) Geltung gegenüber sonstigen Dritten. Die Schiedsvereinbarung wirkt grundsätzlich nicht gegen Dritte, die keine Rechtsnachfolger sind, → Rn. 39 f.; Kröll SchiedsR 2007, 146. Etwas anderes kann gelten, wenn sich ausnahmsweise die Rechtskraft auch ohne Rechtsnachfolge auf sie erstreckt, so bei den Parteien kraft Amtes – Insolvenzverwalter, Testamentsvollstrecker, Zwangsverwalter – MüKoZPO/Münch Rn. 53 f.; → Rn. 43. Etwas anderes kann sich zudem im Einzelfall aus §§ 328 ff. BGB ergeben, KG NJW 1980, 1342 (Schiedsgutachterklausel); Kröll NJW 2015, 835; Schütze SchiedsVZ 2014, 274. Die Schiedsvereinbarung wirkt ferner zB gegen einen Pfändungsgläubiger dann, wenn ein solcher Vertrag zwischen dem Schuldner, dessen Recht er geltend macht, und dem Drittschuldner besteht, BGH WM 1962, 685; MüKoZPO/Münch Rn. 58. Sie wirkt auch gegen den nach § 95 III HGB in Anspruch genommenen Makler, BGH NJW 1977, 1397. Gegen den Indossatar eines Orderpapiers kann die Schiedsvereinbarung nur dann wirken, wenn sich das nach § 364 HGB aus der Urkunde ergibt. Die von einer OHG mit einem Dritten geschlossene Schiedsvereinbarung bindet die Gesellschafter, ebenso bei der KG die persönlich haftenden, BGH NJW-RR 1991, 423; Müller/Keilmann SchiedsVZ 41

2007, 115; krit. Schmidt DB 1989, 2318; Weber/v. Schlabrendorff FS Glossner, 1994, 482. Entsprechendes gilt bei der Gesellschaft bürgerlichen Rechts, BGH NJW 2001, 1056, Wiegand SchiedsVZ 2003, 52. Diese Wirkung gilt aber nur für solche Rechtsstreitigkeiten, in denen Ansprüche gegen die Gesellschaft erhoben werden und es um die gleichgerichtete Haftung des Gesellschafters geht (Passivprozesse), BGH NJW-RR 1991, 423, und umgekehrt für Prozesse des Gesellschafters, in denen er in dieser Eigenschaft Ansprüche der Gesellschaft erhebt oder sie von ihr herleitet (Aktivprozesse), BGH NJW-RR 1991; 423; Vollkommer IPRax 1992, 208. Zur gesellschaftsrechtlichen Umwandlung Höfling NZG 2017, 691.

42 Ist ein Dritter in Bezug auf den Primäranspruch mit einer Streitpartei durch ein mögliches Regressschuldverhältnis verbunden, stellt sich die Frage der Streitverkündung, (§ 72), um aufgrund der Streitverkündungswirkung (§§ 74, 68) den Verlust dieser Regressforderungen zu vermeiden, vgl. Beispiele bei Wach, SchiedsVZ 2020, 229. Die Schiedsordnungen, wie zB. Art. 19 DIS 2018, Art. 7 ICC-SchO, sehen eine Streitverkündung nicht oder nur unter engen Verhältnissen vor, vgl. Wach SchiedsVZ 2020, 234. Möglich ist aber eine Regelung der Parteien in der Schiedsvereinbarung. Wach, SchiedsVZ 2020, 228 (236 ff.), schlägt die Einbeziehung von The Munich Rules (TMR) vor.

43 **5. Besonderheiten bei der Insolvenz.** Eine Insolvenz unterbricht das schiedsrichterliche Verfahren nicht. Denn die prozessualen Vorschriften der ZPO, so § 240, binden es nicht, Hamm KTS 1985, 376; Lüke ZZP 2010; Wagner 64; → § 1042 Rn. 14 „Aussetzung/Unterbrechung". Der Insolvenzverwalter ist grundsätzlich an die Schiedsvereinbarung des Gemeinschuldners gebunden und tritt in ein laufendes Schiedsverfahren ein, BGH ZIP 2018, 487; 2013, 1539; WM 2011, 1474; Bork SchiedsVZ 2022, 139 (142); Heydn SchiedsVZ 2010, 187; Kröll SchiedsVZ 2012, 139; MüKoZPO/Münch Rn. 54. Das gilt nicht für Rechtspositionen, die dem Insolvenzverwalter kraft InsO zustehen, wie das Anfechtungsrecht nach § 143 InsO oder das Wahlrecht nach § 103 InsO, BGH WM 2011, 1474; KG SchiedsVZ 2012, 321 mAnm Kuhli; MüKoZPO/Münch Rn. 54; Thomas/Putzo/Seiler Rn. 14; → Rn. 41; aM Heidbrück SchiedsVZ 2009, 265.

44 **VI. Beendigung des schiedsgerichtlichen Verfahrens. 1. Allgemeines.** Die Schiedsvereinbarung erlischt durch Zweckerreichung, dh mit einem endgültigen Schiedsspruch nach § 1054, BGH NJW-RR 2009, 790. Dieser schafft Rechtskraft nach § 1055, auch wenn das Schiedsgericht ihn nicht für vollstreckbar erklären kann. Wegen des Wiederauflebens der Schiedsvereinbarung bei einer Aufhebung des Schiedsspruchs vgl, § 1059 V. Sie erlischt ferner nach § 1053 mit einem Vergleich. Sie erlischt auch mit einer nach § 705 formell rechtskräftigen Entscheidung des Gerichts in derselben Sache. Sie erlischt wirksam mit dem Verlust der Rüge der Unzulässigkeit der Klage. Sie erlischt ferner mit dem Eintritt einer etwaigen auflösenden Bedingung oder Befristung, BGH SchiedsVZ 2007, 161; → Rn. 30 „Bedingung". Sie erlischt auch durch ihren Verbrauch. Er tritt aber grundsätzlich nicht schon mit dem erstmaligen Gebrauch ein, Karlsr SchiedsVZ 2008, 311, Kröll NJW 2009, 1184. Sie erlischt mit einer erfolgreichen Anfechtung nach bürgerlichem Recht, → Rn. 30 „Anfechtung". Sie erlischt ferner mit ihrer vertraglichen Aufhebung, BGH MDR 1984, 649; Kblz SchiedsVZ 2005, 260; Kröll SchiedsVZ 2012, 141. Die Aufhebung kann in einer gemeinsamen Anrufung des Gerichts liegen, BGH NJW 2017, 892. Eine einverständliche Aufhebung ist jederzeit formlos und auch konkludent zulässig, auch noch nach dem Erlass des Schiedsspruchs nach § 1054, aber nicht mehr nach seiner Vollstreckbarerklärung nach § 1060, Ffm NJOZ 2009, 791. Denn diese gibt dem Schiedsspruch die volle Bedeutung eines rechtskräftigen Urteils des Gerichts. Die Schiedsvereinbarung erlischt weiterhin mit einem Rücktritt von der Schiedsvereinbarung, so wenn eine Partei durch ihre Nichtmitwirkung das Verfahren vereitelt, aM Habscheid KTS 1980, 291.

45 **2. Rücktritt/Kündigung.** Entsprechend § 323 BGB ist ein Rücktritt bis zur Anrufung des Schiedsgerichtes möglich, wenn eine Partei die Pflicht zur Förderung der Streitbeilegung durch ein Schiedsverfahren verletzt, Zöller/Geimer Rn. 97; Musielak/Voit/Voit Rn. 12. Eine Kündigung ist dann gerechtfertigt, wenn ein wichtiger Grund iSd § 314 BGB vorliegt, zB wenn das schiedsrichterliche Verfahren undurchführbar wird oder der vertragstreuen Partei das Festhalten an der Schiedsvereinbarung nicht mehr zumuten kann, BGH NJW 2014, 3655; 1992, 3107; 1985, 1904; Ffm SchiedsVZ 2013, 49, 58; Mü SchiedsVZ 2012, 96; Kröll SchiedsVZ 2013, 189. Mit der wirksamen Kündigung ist die Schiedsvereinbarung nicht mehr existent, Habscheid KTS 1980, 285; Raeschke-Kessler NJW 1988, 3044.

3. Beispiele zur Frage einer Kündigung

46 **Ablehnung:** Unzulässig ist eine Kündigung grds. dann, wenn eine Ablehnung des Schiedsrichters nach §§ 1036, 1037 in Frage kommt.

Anwaltssozietät: Die Kündigung der Sozietät berechtigt nicht zur Kündigung einer Schiedsvereinbarung bezüglich aller Streitigkeiten im Zusammenhang mit der Sozietät; mangels anderer Anhaltspunkte soll die Vereinbarung, die selbständig ist, gerade Streitigkeiten bei Beendigung erfassen, BGH BeckRS 2018, 31390; Kröll NJW 2020, 1418.

Arglist: Der Gegner kann gegenüber dem Einwand aus § 1032 I die Gegeneinrede der Arglist erheben, BGH NJW 1988, 1215, Longrée/Wedel MDR 2016, 1364.

Mittellosigkeit: → „Verarmung", → „Vorschuss"; → „Undurchführbarkeit des Schiedsverfahrens".

Undurchführbarkeit der Schiedsvereinbarung: Aus § 1032 I letzter Hs. 3. Alt. ergibt sich, dass dann die Wirkungen der Schiedsvereinbarung entfallen, so dass es keiner Kündigung (mehr) bedarf, BGH NJW 2000, 3720; Zöller/Geimer Rn. 98; Bork SchiedsVZ 2022, 139 (141). Das gilt auch dann, wenn eine Partei in Armut fällt, es sei denn, die andere Partei ist bereit, die Kosten für das Schiedsverfahren und den gegnerischen Anwalt vorzuschießen; ansonsten würde der mittellosen Partei ein effektiver Rechtsschutz abgeschnitten, da es für diese Partei im Schiedsverfahren keine Prozesskostenhilfe gibt, BGH NJW 2000, 3720; Zöller/Geimer Rn. 99; Komuczky SchiedsVZ 2022, 8.

Verarmung: → „Undurchführbarkeit". Vorsichtshalber sollte aber grundsätzlich vorsorglich eine Kündigung von beiden Parteien ausgesprochen werden, wenn die nicht verarmte Partei nicht alle Kosten tragen will; weder ihr noch der verarmten Partei ist dann zuzumuten, sich auf das Verfahren einzulassen, Naumb OLGR 2006, 76 (nicht beim verarmten Anwalt der Partei, Kröll NJW 2007, 744); Musielak/Voit/Voit Rn 12; Zöller/Geimer Rn. 99.

Vollstreckbarerklärung: Unzulässig ist eine Kündigung dann, wenn die Ablehnung einer Vollstreckbarerklärung nach § 1060 in Frage kommt, Habscheid KTS 1980, 285.

Vorschuss: Zulässig ist eine Kündigung dann, wenn eine Partei sich hartnäckig weigert, den vom Schiedsgericht verlangten Vorschuss zu leisten, BGH NJW 1985, 1904. Bei Verarmung einer Partei, → „Verarmung"; → „Undurchführbarkeit der Schiedsvereinbarung". Unerheblich ist, ob eine Partei schon beim Abschluss der Schiedsvereinbarung mittellos war, falls sie erwarten konnte, aus der Durchführung des Hauptvertrags die erforderlichen Mittel zu erhalten, und wenn ungewiss war, ob es überhaupt zu einem Streit kommen werde, BGH NJW 1977, 65.

Wegfall des Schiedsrichters: Zulässig ist eine Kündigung beim Wegfall dann, wenn die Parteien das vereinbaren.

4. Erlöschensfolge. Bei Erlöschen oder Wegfall der Schiedsvereinbarung lebt die Zuständigkeit des Gerichts 47
wieder auf, weil dann die Einrede nach § 1032 I nicht mehr erfolgreich erhoben werden kann. Behauptet eine Partei, es habe von Anfang an keine wirksame Schiedsvereinbarung bestanden, entscheidet darüber das Gericht im Urteilsverfahren. Behauptet die Partei das spätere Erlöschen der bestehenden Schiedsvereinbarung, lässt sich darüber nach § 1032 II entscheiden, also im Beschlussverfahren nach einer Anhörung des Gegners mit einer Rechtskraftwirkung nach § 322.

1030 *Schiedsfähigkeit.* **I [1]Jeder vermögensrechtliche Anspruch kann Gegenstand einer Schiedsvereinbarung sein. [2]Eine Schiedsvereinbarung über nichtvermögensrechtliche Ansprüche hat insoweit rechtliche Wirkung, als die Parteien berechtigt sind, über den Gegenstand des Streites einen Vergleich zu schließen.**

II [1]Eine Schiedsvereinbarung über Rechtsstreitigkeiten, die den Bestand eines Mietverhältnisses über Wohnraum im Inland betreffen, ist unwirksam. [2]Dies gilt nicht, soweit es sich um Wohnraum der in § 549 Abs. 2 Nr. 1 bis 3 des Bürgerlichen Gesetzbuchs bestimmten Art handelt.

III Gesetzliche Vorschriften außerhalb dieses Buches, nach denen Streitigkeiten einem schiedsrichterlichen Verfahren nicht oder nur unter bestimmten Voraussetzungen unterworfen werden dürfen, bleiben unberührt.

Schrifttum: Benedict/Gehle/Schmidt in Münchener Handbuch zum Gesellschaftsrecht, Bd. VII § 133; Borris SchiedsVZ 2018, 242, Geimer, Schiedsvereinbarungen in Anstellungsverträgen usw., FS Geimer, 2017, 121; Gilfrich, Schiedsverfahren im Scheidungsrecht (rechtsvergleichend), 2007; Glienke/Hohm, Die Schiedsfähigkeits-Rspr. des BGH – Eine (Never) Ending Story?, SchiedsVZ 2022, 189; Goette AnwBl 2012, 33; Hauschild/Böttcher DNotZ 2012, 577; Holla, Der Einsatz von Schiedsgerichten im organisierten Sport, 2005; Korff, Beschlußmängelstreitigkeit der Kapitalgesellschaft im Schiedsverfahren, 2004; Papmehl, Die Schiedsfähigkeit gesellschaftsrechtlicher Streitigkeiten, 2001.

I. Systematik, Regelungszweck. Die Vorschrift regelt die objektive Schiedsfähigkeit und damit die Frage, 1
welche Gegenstände durch ein Schiedsgericht entschieden werden können. Für vermögensrechtliche Streitigkeiten werden nach I 1 grundsätzlich keine Grenzen gesetzt, so dass das Schiedsgericht auch dann entscheiden kann, wenn den Parteien keine Verfügungsbefugnis zusteht, sie also keine vergleichsweise Regelung treffen könnten. Darauf wird in I 2 nur bei nichtvermögensrechtlichen Streitigkeiten abgestellt. Zur Frage der Verfassungsmäßigkeit mit Blick auf Art. 92 GG: siehe Musielak/Voit/Voit Rn. 1; Prütting/Gehrlein/Prütting Rn. 1 II betrifft den Sozialschutz bei Wohnraummietverhältnissen im Inland, bei denen grundsätzlich eine Schiedsvereinbarung unzulässig ist, soweit es um den Bestand geht. III enthält für alle Bereiche eine Einschränkung durch Regelungen außerhalb des Schiedsverfahrensrechts. Alle Regelungsbereiche dienen der Rechtssicherheit und dem Bestreben, durch ein weites Anwendungsfeld Anreize für inländische Schiedsverfahren zu schaffen, → Buch 10. Vor Abschnitt 1–10 Rn. 3 ff.

II. Geltungsbereich. Die Vorschrift gilt nach § 1025 I nur bei einem inländischen Schiedsort, → Vor § 1025 2
Rn. 2–6.

III. Objektive Schiedsfähigkeit,. 1. Allgemeines. Für die Frage der Schiedsfähigkeit kommt es auf den 3
Inhalt der Schiedsvereinbarung nach § 1029 an, die sich anhand des Parteiwillens auslegen lässt, Mü NJW 2005, 832; → § 1029 Rn. 7, 20, 29 „Auslegung". Soweit mehrere selbständige Vertragsverhältnisse bestehen, muss für jedes gesondert geprüft, ob es unter die Schiedsvereinbarung fällt, Mü NJW 2005, 832. Es kommt nicht darauf an, ob das Schiedsgericht sich mit einer Leistung, einer Feststellung und/ oder einer Gestaltung beschäftigen soll; unerheblich ist auch, ob es sich um Rechtsstreitigkeiten handelt, für die bestimmte Klagearten statthaft sind; in allen Fällen ist grundsätzlich die Schiedsfähigkeit anzunehmen, Hamm DB 2000, 1118; Zöller/Geimer Rn. 3; → Vor § 253 Rn. 8 ff. (zu den Klagearten). Eine Schiedsvereinbarung, die sich auf einen nicht schiedsfähigen Gegenstand bezieht, ist nichtig und nicht heilbar, → § 1059 Rn. 24 (Aufhebungsgrund). Eine genehmigungsbedürftige Schiedsvereinbarung, zB nach § 1822 BGB, ist bis zur Genehmigung schwebend unwirksam.

2. Vermögensrechtlicher Anspruch, I 1. Mit Anspruch ist nicht die materiell-rechtliche Anspruchsgrund- 4
lage, sondern der prozessuale Anspruch gemeint, MüKoZPO/Münch Rn. 13; → § 253 Rn. 26, 31 (zum Streitgegenstand/prozessualen Anspruch). Der Begriff „vermögensrechtlich" ist weit auslegen, und erfasst sowohl Ansprüche, die sich aus Vermögensrechten ableiten, als auch solche, die auf eine vermögenswerte Leistung abzielen, BGH NJW 2017, 2115; MüKoZPO/Münch Rn. 13; Berger DZWiR 1998, 48; Böcker, Das neue Recht der objektiven Schiedsfähigkeit, 1998, 82. Alle „vermögensrechtlichen Ansprüche" können Gegenstand einer Schiedsvereinbarung nach § 1029 sein, es sei denn, aus II, III ergibt sich etwas anderes, BGH NJW 2017, 1112 (Pflichtteilsansprüche); Mü FamRZ 2018, 533 (Vermächtnis). Das gilt unmittelbar für privatrechtliche Ansprüche und entsprechend für öffentlich-rechtliche Ansprüche, → Vor § 1025 Rn. 5; → Rn. 8 „Öffentlich-rechtliche Ansprüche". Deshalb sind vermögensrechtliche Ansprüche gegen den Staat und andere öffentlich-rechtliche Institutionen schiedsfähig, auch solche im Ausland. Zur Einhaltung bei FRAND-Bedingungen: Baumann GRUR 2018, 145.

Die Regelung in I 1 erweitert die Zulässigkeit einer Schiedsvereinbarung gegenüber dem früheren Recht 5
erheblich, weil es für die objektive Schiedsfähigkeit bei einem vermögensrechtlichen Anspruch nicht mehr auf die Verfügungs- und Vergleichsfähigkeit ankommt, Berger DZWiR 1998, 48; Gottwald/Adolphsen DStR 1998, 1018; Trittmann ZGR 1999, 340. Vorschriften über Verfügungs-, Vergleichs- und Verzichtsverbote schließen

also die Schiedsfähigkeit nicht aus. Ebenso hindert ein staatlicher Genehmigungsvorbehalt die Schiedsfähigkeit nicht.

6 **3. Besonderheiten bei Beschlussmängelstreitigkeiten.** Die Schiedsfähigkeit gesellschaftsrechtlicher Beschlussmängelstreitigkeiten (Anfechtung, Auflösung- und Nichtigkeit) bei einer Aktiengesellschaft und einer GmbH ist zu bejahen, wenn die entsprechende Schiedsvereinbarung im Gesellschaftsvertrag vorgesehen ist oder individuell durch die Gesellschaft und alle Gesellschafter getroffen wurde und das schiedsrichterliche Verfahren ebenso rechtsstaatlich ablaufen kann wie vor einem Gericht; dazu gehört ein Mindeststandard, dh die Beteiligung aller Gesellschafter nach ihren gesellschaftsrechtlichen Beteiligungsrechten an dem Verfahren einschließlich der erforderlichen Informationen und die Konzentration auf ein Schiedsgericht bei demselben Streitgegenstand, BGH NJW 2015, 3234 (zu den Grenzen der Anforderungen, einfache Feststellungsklage); NJW 2009, 1962 (Schiedsfähigkeit II unter Aufgabe von 1996, 1753 = Schiedsfähigkeit I, wo die Schiedsfähigkeit wegen § 248 AktG verneint wurde); NZG 2017, 657 = SchiedsVZ 2017, 194 (Schiedsfähigkeit III); NZG 2022, 264 = SchiedsVZ 2022, 86 (Schiedsfähigkeit IV); Köln SchiedsVZ 2013, 339; Benedict/Gehle/Schmidt, Münchener Handbuch zum Gesellschaftsrecht, Bd. VII § 133 Rn. 152 ff. und Rn. 165 ff.; Kröll SchiedsVZ 2011, 132; Nolting SchiedsVZ 2011, 319; Thomas/Putzo/Seiler Rn. 2; Meyer/Schwiete NZG 2022, 1035 (1038); vgl. zum Ernennungsrecht der Schiedsrichter (Mehrparteienschiedsgericht) → § 1035 Rn. 10. Im Grundsatz wird dies auch bei Personenhandelsgesellschaften, wie die **KG** und die **OHG,** anerkannt, wobei der BGH in seiner jüngsten Entscheidung die Anforderungen dahin konkretisiert hat, dass insoweit Schiedsklauseln zulässig sind, wenn das sog. Anfechtungsmodell vorgesehen ist, dh der Beschlussmängelstreit nicht durch eine Feststellungsklage eines Gesellschafters gegen die anderen, sondern zwischen den klagenden Gesellschaftern und der Gesellschaft geführt wird; dann gelten die für die GmbH entwickelten Mindeststandards für die Wirksamkeit dahingehender Schiedsvereinbarungen entsprechend, BGH NZG 2022, 264 Rn. 14–16 (Schiedsfähigkeit IV) = SchiedsVZ 2022, 86 mAnm Mock SchiedsVZ 2022, 56 und Leuering/Rubner NJW-Spezial 2022, 239; Glienke/Hohm SchiedsVZ 2022, 189 (191); vgl. auch BGH SchiedsVZ 2017, 194 („Schiedsfähigkeit III"; krit. Götz/Peitsmeyer SchiedsVZ 2018, 7); Ffm BeckRS 2010, 30135; aM Musielak/Voit/Voit Rn. 2 (auch bei einer Gerichtsentscheidung erstreckt sich die Rechtskraft nicht auf alle); vgl. auch BGH SchiedsVZ 2017, 197 (keine Geltung der Schiedsfähigkeit II-Grundsätze bei Klage gegen Mitgesellschafter); vgl. auch Werner JM 2022, 310; → § 256 Rn. 64 „Gesellschaft (Aktivlegitimation), (Beschlussmängelstreit). Manche halten für die Schiedsfähigkeit auch erforderlich, dass die Schiedsvereinbarung die Beschlussmängelstreitigkeiten ausdrücklich nennt, Thomas/Putzo/Seiler Rn. 2. Letzteres ist aus Gründen der Rechtssicherheit empfehlenswert, jedoch ist kein Grund ersichtlich, warum insoweit eine stillschweigende Vereinbarung im Einzelfall nicht ausreichen sollte. Zum Streitwert einer Beschlussmängelklage vgl. Hamm NZG 2022, 1019 Rn. 13 (GmbH), 14 (KG). Entsprechendes gilt für Beschlussmängelstreitigkeiten in einer **Wohnungseigentümergemeinschaft,** LG Mü NJW-RR 2017, 162, wenn eine entsprechende Schiedsvereinbarung getroffen wurde. In dem neuen ab 1.1.2024 geltenden **Personengesellschaftsrecht** ist das Anfechtungsmodell der Regelfall, so dass einfache Schiedsklauseln für Beschlussmängelstreitigkeiten bei Personenhandelsgesellschaften zulässig sein werden; für die rechtsfähige BGB-Gesellschaft bleibt es künftig bei dem Feststellungsmodell, so dass es bei dieser einer Verankerung des Anfechtungsmodells im Gesellschaftsvertrag bedürfen wird, näher Mock SchiedsVZ 2022, 56.

7 Nicht entschieden hat der BGH in Schiedsfähigkeit II, → Rn. 6, über die Rechtsfolgen, die die Nichteinhaltung der Erfordernisse für die Wirksamkeit der Klauseln im Hinblick auf andere gesellschaftsrechtliche Streitigkeiten hat. In den Beschlüssen vom 23.9.2021, NZG 2022, 264 Rn. 35 ff. und 218 Rn. 12 ff. = BeckRS 2021, 40425, hat der BGH die Klausel, dass „alle" Streitigkeiten aus dem Gesellschaftsverhältnis erfasst werden sollen, dahin ausgelegt, dass mangels anderweitiger Anhaltspunkte bei Unwirksamkeit der Einbeziehung von Beschlussmängelstreitigkeiten gemäß § 139 keine Gesamtnichtigkeit anzunehmen ist, vgl. auch Anm: Borris/ Schenk-Busch NZG 2022, 259 (zu Schiedsfähigkeit IV); Leuering NJW-spezial 2022, 47; Kröll SchiedsVZ 2022, 150 (153); 2021, 128 (133); → § 1029 Rn. 22 „Gesellschaftsvertrag"; → § 1029 Rn. 30 „Teilnichtigkeit"; vgl. auch → § 1035 Rn. 12 (zum Mehrparteienschiedsgericht).

4. Beispiele zu Fragen der Schiedsfähigkeit

8 **Ausschließliche Zuständigkeit bei Gerichtsverfahren:** Auch die ausschließliche Zuständigkeit für bestimmte Klagen steht der Schiedsfähigkeit nicht entgegen; § 40 II Nr. 2 findet keine Anwendung, BGH NJW1996, 1753; Hamm DB 2000, 1118; Schmidt ZGR 1988, 523.

Erbauseinandersetzung: Sie ist schiedsfähig, BGH NJW 1979, 2567.

FamFG: Unerheblich ist, ob sich das Verfahren nach ZPO oder FamFG richtet, solange es einen vermögensrechtlichen Anspruch betrifft; auf § 36 I 1 FamFG kommt es für die Frage der Schiedsfähigkeit nicht an, Zöller/Geimer Rn. 6.

Finanzgerichtsbarkeit: Schiedsvereinbarungen können in der Regel nicht getroffen werden wegen Vertragsformverbotes, Musielak/Voit/Voit Rn. 9; „öffentlich-rechtliche Ansprüche".

Gesellschaftsrechtliche Fragen, eingehend: Benedict/Gehle/Schmidt, Münchener Handbuch zum Gesellschaftsrecht, Bd. VII § 133; → Rn. 6, 7.

- **Auflösung der Gesellschaft:** Schiedsfähig ist ein Streit nach § 133 HGB oder nach § 61 GmbHG, BayObLG 1984, 47.
- **Auskunft, Einsicht:** Schiedsfähig ist ein solcher Streit bei einem dahinterstehenden vermögensrechtlichen Hauptanspruch, zB nach §§ 51a, 51b GmbHG, Hamm GmbHR 2000, 677.
- **Beschlussmängelstreitigkeiten:** Zu den Schiedsfähigkeitsentscheidungen der BGH → Rn. 6.
- **Ersatzansprüche:** ZB nach dem AktG gegen die Gründer oder nach §§ 9a, 43 GmbHG sind schiedsfähig, auch wenn sie nicht verzichtbar sind, §§ 50, 302 III AktG, § 9b GmbHG.
- **Geschäftsführung:** Schiedsfähig ist ein Streit dazu zB bei einer BGB-Gesellschaft, Hamm NZG 1999, 1099 (zust. Ebbing).

Insolvenz: Die **Anfechtung** sowie Streitigkeiten über **Aussonderung, Absonderung** und die Anmeldung zur **Insolvenztabelle** sind schiedsfähig, BGH NJW-RR 2008, 558; Nacimiento/Bähr NJW 2010, 414; Musielak/Voit/Voit Rn. 2, wobei das Anfechtungsrecht originär in der Person des Verwalters entsteht und die mit dem Gemeinschuldner getroffene Schiedsvereinbarung insoweit nicht reicht, → § 1029 Rn. 43.

Kartellrechtliche Streitigkeiten: Sind nach Aufhebung der Einschränkung durch § 91 GWB aF uneingeschränkt schiedsfähig, Musielak/Voit/Voit Rn. 2; Schmidt BB 2006, 1497.
Öffentlich-rechtliche Ansprüche, die vermögensrechtlich sind: Schiedsfähigkeit zu bejahen, soweit Gesetz die Möglichkeit einer schiedsrichterlichen Entscheidung vorsieht, zB § 30 II VermG, § 14 VZOG, oder die Parteien über den Gegenstand einen öffentlich-rechtlichen Vertrag schließen können, Thomas/Putzo/Seiler Rn. 2; → „Finanzgerichtsbarkeit"; → Vor § 1025 Rn. 2.
Patentsachen: Nach hM sind Streitigkeiten über Nichtigkeitserklärungen, Rücknahme von Patenten oder Zwangslizenzen nach § 81 PatG nicht schiedsfähig, weil diese Entscheidungen für und gegen jedermann wirken; ansonsten sind auch Patentstreitigkeiten schiedsfähig, MüKoZPO/Münch Rn. 34; Musielak/Voit/Voit Rn. 3; Kröll SchiedsVZ 2022, 150 (154); Zöller/Geimer Rn. 14; Schütze/Thümmel § 5 Rn. 27; aA LG Mü SchiedsVZ 2022, 98 mzustAnm Elsing.
Pflichtteilsanspruch: Schiedsfähig, BGH WM 2017, 1111.
Sozialgerichtsbarkeit: → „Finanzgerichtsbarkeit"; → „Öffentlich-rechtliche Ansprüche".
Vollstreckungsrechtliche Klagen, §§ 767, 768, 771: Schiedsfähigkeit besteht grundsätzlich; sie ist bei § 767 zu bejahen, wenn die materielle Einwendung gegen die titulierte Forderung der Schiedsvereinbarung unterliegt, Musielak/Voit/Voit Rn. 7; → § 1029 Rn. 24 „Vollstreckungsabwehr"; Entsprechendes gilt für § 878.

5. Nichtvermögensrechtlicher Anspruch, I 2. Bei einem solchen Anspruch hat eine Schiedsvereinbarung nur insoweit eine rechtliche Wirkung, als die Parteien über den Gegenstand des Streits einen Vergleich schließen dürfen, BGH VersR 1998, 112; BAG NZA-RR 2015, 28. Subjektiv hängt die Fähigkeit zum Abschluss einer wirksamen Schiedsvereinbarung von der Vergleichsbefugnis nach dem sachlichen Recht ab. Objektiv kommt es darauf an, ob die Parteien über den Streitgegenstand, → § 253 Rn. 26 (Begriff des Streitgegenstandes) verfahrensrechtlich verfügen können. Das ist nicht der Fall, soweit das Verfahren vor dem Gericht ablaufen muss, also zB in einer Ehe- und Kindschaftssache, in einer Lebenspartnerschaftssache, in einer Sorgerechts-, Pflegschafts- und Betreuungssache, BGH NJW 2004, 2898; Ffm SchiedsVZ 2004, 97. Schiedsfähig ist ein presserechtlicher Gegendarstellungsanspruch und der Ausschluss aus einem Idealverein, MüKoZPO/Münch Rn. 20. Soweit sich die Parteien über die nichtvermögensrechtliche Streitigkeit vergleichen können, was in vielen Fällen so ist, ist eine Abgrenzung zwischen vermögensrechtlichen und nichtvermögensrechtlichen Streitigkeiten nicht erforderlich und kann offenbleiben. 9

IV. Mietstreitigkeit, II. 1. Grundsatz, II 1. Eine Schiedsvereinbarung nach § 1029 über eine solche Rechtstreitigkeit, die den Bestand eines Mietverhältnisses über Wohnraum im Inland betrifft und nicht unter § 549 II Nr. 1–3 BGB fällt, ist nach II grundsätzlich unwirksam. Die Beschränkung auf Wohnraum im Inland beruht auf der Erwägung, dass der Schutz des Mieters durch eine staatliche Gerichtsbarkeit gewährleistet werden soll und dass er außerdem im Ausland der dortigen Gesetzgebung unterliegt. Beim Mischvertrag kommt es auf seinen Schwerpunkt an, Kröll SchiedsVZ 2010, 217. 10

Nach § 29a ist im Interesse des gewöhnlich sozial schwächeren Mieters dasjenige AG ausschließlich zuständig, in dessen Bezirk sich der Wohnraum befindet; eine Parteivereinbarung über die Zuständigkeit nach § 38 ist ausgeschlossen. Nach II 1 ist dann auch eine Schiedsvereinbarung unwirksam, um ein Ausweichen in die Schiedsgerichtsbarkeit zu verhindern. Jedoch decken sich § 29a und § 1030 II 1 nicht. Letzterer gilt nur für einen solchen Streit, der direkt den Bestand eines Mietverhältnisses über Wohnraum betrifft. Darunter fällt eine Klage, die zum Gegenstand hat, ob der Mietvertrag noch besteht, ob er weiter besteht oder gekündigt ist, ferner eine solche, für die das Bestehen oder Nichtbestehen eine Vorfrage ist, zB eine Räumungs- und Herausgabeklage. Das gilt auch für einen Mietvertrag, der eine Schiedsvereinbarung enthält, AG Münst WuM 2008, 507. Über andere Streitigkeiten kann eine Schiedsvereinbarung wirksam sein, also zB über Leistungen aus dem Mietvertrag, wie die Zahlung der Miete, Schönheitsreparaturen oder ein Schadensersatz, AG Münst WuM 2008, 507. II 1 gilt nicht bei einem Mietvertrag über Geschäftsräume; liegt ein Mischvertrag vor, entscheidet der Schwerpunkt, Karlsr NJW-RR 1988, 401. Für Wohnraum in Studenten- und Jugendwohnheimen sowie für Werks- und Dienstwohnungen gilt II 1, Musielak/Voit/Voit Rn. 4 (Reduktion des II unter den Voraussetzungen des § 576a II BGB). 11

2. Ausnahme, II 2. Kein Verbot gilt für eine Schiedsvereinbarung bei einer Vermietung zu einem nur vorübergehenden Gebrauch, bei der Vermietung möblierter Räume in der Wohnung des Vermieters und bei der Vermietung von Wohnraum an bestimmte Organisationen zum Zweck der Unterbringung von Hilfsbedürftigen nach II 2 iVm § 549 II Nr. 1–3 BGB. Auf einen Schiedsgutachtervertrag, → Vor § 1025 Rn. 15 ff., bezieht sich II nicht. 12

V. Weitere Beschränkungen, III. 1. Allgemeines. I, II enthalten keine abschließende Regelung. Unberührt bleiben diejenigen gesetzlichen Vorschriften außerhalb des Buchs 10, nach denen man einen Streit einem schiedsrichterlichen Verfahren nicht oder nur unter bestimmten Voraussetzungen unterwerfen darf. 13

2. Beispiele zu III
Arbeitssache: → Vor § 1025 Rn. 2. 14
Beschlussmängelstreitigkeit: → Rn. 6, 7.
Betreuer: → „Vormund".
Börsengeschäfte: → „Wertpapierdienstleistung".
Kreditwesengesetz: Unterhält ein Unternehmen im Ausland Zweigstellen im Inland, die Bankgeschäfte betreiben oder Finanzdienstleistungen erbringen, § 53 I KWG, ergibt sich aus § 53 III KWG, dass für Streitigkeiten, die auf den Betrieb der Zweigstelle nach § 53 I KWG Bezug gerichtet sind, ein Schiedsgericht nur am Ort der Zweigstelle vereinbart werden darf, BGH NJW 1980, 2024; MüKoZPO/Münch Rn. 34; zu § 101 WpHG „Wertpapierdienstleistungen".
Patentsache: → Rn. 8 „Patentsachen".
Pfleger: → „Vormund".
Termingeschäft: → „Wertpapierdienstleistungen".
Vormund: Zu einer Schiedsvereinbarung, die ein Vormund für seinen Mündel schließt, bedarf es unter den Voraussetzungen des § 1822 Nr. 12 der familiengerichtlichen Genehmigung. Das gilt auch für Schiedsvereinbarungen eines Betreuers, § 1908i I BGB, und eines Pflegers, § 1915 I BGB.

Wertpapierdienstleistungen: § 101 WpHG (früher § 37h/ davor § 28 BörsG) erlaubt eine Schiedsvereinbarung über künftige Streitigkeiten aus Wertpapierdienstleistungen oder Finanztermingeschäften nur Kaufleuten oder juristischen Personen des öffentlichen Rechts; dadurch soll verhindert werden, dass über eine Börsenordnung oder über AGB Nichtkundigen der staatliche Rechtsgewähranspruch genommen wird, BGH WM 2010, 749; MüKoZPO/Münch Vor § 1025 Rn. 275; Kröll NJW 2011, 1266; Lehmann SchiedsVZ 2003, 219; → Vor § 1025 Rn. 2. Da entstandene Streitigkeiten nicht erfasst werden, können insoweit Schiedsvereinbarungen geschlossen werden; deswegen ist auch eine Zuständigkeitsbegründung durch rügeloses Einlassen möglich, Musielak/Voit/Voit Rn. 3.

1031 ***Form der Schiedsvereinbarung.*** **I Die Schiedsvereinbarung muss entweder in einem von den Parteien unterzeichneten Dokument oder in zwischen ihnen gewechselten Schreiben, Fernkopien, Telegrammen oder anderen Formen der Nachrichtenübermittlung, die einen Nachweis der Vereinbarung sicherstellen, enthalten sein.**

II Die Form des Absatzes 1 gilt auch dann als erfüllt, wenn die Schiedsvereinbarung in einem von der einen Partei der anderen Partei oder von einem Dritten beiden Parteien übermittelten Dokument enthalten ist und der Inhalt des Dokuments im Falle eines nicht rechtzeitig erfolgten Widerspruchs nach der Verkehrssitte als Vertragsinhalt angesehen wird.

III Nimmt ein den Formerfordernissen des Absatzes 1 oder 2 entsprechender Vertrag auf ein Dokument Bezug, das eine Schiedsklausel enthält, so begründet dies eine Schiedsvereinbarung, wenn die Bezugnahme dergestalt ist, dass sie diese Klausel zu einem Bestandteil des Vertrages macht.

IV (aufgehoben)

V [1]**Schiedsvereinbarungen, an denen ein Verbraucher beteiligt ist, müssen in einer von den Parteien eigenhändig unterzeichneten Urkunde enthalten sein.** [2]**Die schriftliche Form nach Satz 1 kann durch die elektronische Form nach § 126a des Bürgerlichen Gesetzbuchs ersetzt werden.** [3]**Andere Vereinbarungen als solche, die sich auf das schiedsrichterliche Verfahren beziehen, darf die Urkunde oder das elektronische Dokument nicht enthalten; dies gilt nicht bei notarieller Beurkundung.**

VI Der Mangel der Form wird durch die Einlassung auf die schiedsgerichtliche Verhandlung zur Hauptsache geheilt.

Schrifttum: Baldus, Der elektronisch geschlossene Vertrag mit Schiedsabrede, 2004, 16–103; Graf von Westphalen ZIP 2013, 2184; Loos, Wann sind Schiedsvereinbarungen und sogar Schiedsordnungen ebenso beurkundungsbedürftig wie das Grundgeschäft?, FS Elsing, 2015, 303, Maibach, Formvorschriften und Online-Schiedsgerichtsbarkeit, 2009.

1 **I. Systematik, Regelungszweck.** → Buch 10. Vor Abschnitt 1 Rn. 1 ff. Die Vorschrift bietet eine formale Vereinfachung für den Abschluss einer Schiedsvereinbarung nach § 1029 durch eine Lockerung der Formvorschriften. Dadurch sollen Anreize für die Durchführung von Schiedsverfahren geschaffen werden. Zum Schutz der schwächeren Partei und zur Klarstellung der durch die Schiedsvereinbarung festgelegten Verfahrensregeln ist in I Alt 1 als Grundsatz die Schriftform vorgesehen, Kröll SchiedsVZ 2007, 146. Lockerungen für den gewerblichen Verkehr enthalten I Alt. 2, II, III. Eine Verschärfung im Interesse des Verbrauchers sieht V vor. Stets wird der Formmangel durch eine rügelose Einlassung auf die schiedsgerichtliche Verhandlung zur Hauptsache nach VI geheilt. Als Formvorschrift dient die Regelung der Rechtssicherheit. Das Formerfordernis der Vorschrift erfüllt eine Warnfunktion, BGH NJW 1994, 2300.

2 **II. Geltungsbereich.** → Vor § 1025 Rn. 2 ff. Unanwendbar ist § 1031 bei § 1066; das ergibt sich schon aus dem Wort „Vereinbarung" in I, II, III, V, Prütting/Gehrlein/Prütting Rn. 2; Haas SchiedsVZ 2007, 10; Musielak/Voit/Voit Rn. 2. Für die Einbeziehung einer Schiedsklausel durch Konnossement gilt § 522 I 2 HGB, nachdem Abs. 4 mWv 25.4.2013 aufgehoben wurde. Die Vorschrift gilt nur für den Abschluss der Schiedsvereinbarung nach § 1029, nicht aber für ihre Aufhebung, Prütting/Gehrlein/Prütting Rn. 2. Ist das zugrunde liegende Rechtsgeschäft formbedürftig nach anderen Regelungen, zB nach §§ 311b, 518 I 1 BGB, § 15 GmbHG, muss die betreffende Form nicht auch für die Schiedsvereinbarung beachtet werden, → Rn. 15 „Beurkundungspflicht des Hauptvertrages".

3 Bei einem Schiedsort in Deutschland (§ 1043) gilt für die Form der Schiedsvereinbarung § 1031 **zwingend;** dies kann nicht abbedungen werden, BGH NJW 2017, 3723 Rn. 10; MüKoZPO/Münch Rn. 22; Zöller/Geimer Rn. 1. Demgegenüber ist der Anwendungsbereich der UNÜ, → § 1061 vor Rn. 1 (Text), nur eröffnet, wenn die Schiedsabrede zu einem ausländischen Schiedsspruch iSd Art. I 1 UNÜ führen kann, was einen ausländischen Schiedsort voraussetzt, BGH NJW 2017, 3723 Rn. 19; NZG 2010, 1351. Bei Anwendbarkeit des **UNÜ** ist für die Form des dortigen Art. II Abs. I, II zu beachten, BGH NJW 2005, 3500; BayObLG NJW-RR 1999, 645; AG Neuß IPRax 1987, 369; Nolting IPRax 1987, 349. Im Geltungsbereich des **EuÜbkHSch,** → Buch 10. Vor Abschnitt 1–10 Rn. 6, richten sich die Wirksamkeitserfordernisse allein nach diesem Übk., BGH NJW 1980, 2022; Moller NZG 2000, 57. Es genügt also die Form des dortigen Art. 1 II a, BGH RIW 1983, 210; Köln MDR1993, 80.

4 **III. Form der Schiedsvereinbarung. 1. Allgemeines.** Die Schiedsvereinbarung nach § 1029 braucht nicht als solche bezeichnet werden, Kobl BeckRS 2010, 26416; aM Behme BB 2008, 688. Sie muss in jedem Fall in einer Form erfolgen, die einen Nachweis ihres Inhalts ermöglicht, Kröll NJW 2007, 744. Dafür stellt das Gesetz verschiedene Möglichkeiten zur Verfügung.

5 **2. Unterzeichnetes Dokument, I Alt. 1.** Die Schiedsvereinbarung kann in einem von den Parteien oder von ihren Bevollmächtigten unterzeichneten Dokument mit ihrem vollständigen Inhalt erfolgen, BGH NJW 2005, 3500. Beide Parteien müssen das Dokument nach §§ 126, 129 BGB eigenhändig durch ihre Namensunterschriften oder mit gerichtlich oder notariell beglaubigten Handzeichen unterzeichnen, auch wenn es sich um ein notarielles Protokoll des Hauptvertrags oder dessen Anlage als ein wesentlicher Bestandteil des Notariatsaktes handelt. Nötig ist die Unterzeichnung entweder auf demselben Dokument oder bei mehreren gleichlautenden

Dokumenten auf dem für den Partner bestimmten (§ 126 II 2 BGB), BGH NJW 2017, 2723. Im letzteren Fall kommt unter Abwesenden eine wirksame Schiedsvereinbarung nur dann zustande, wenn sowohl der Antrag als auch die Annahmeerklärung jeweils dem anderen Vertragspartner schriftlich vorliegen, Hmg KTS 1984, 171. Unschädlich ist, dass die Urkunde auch andere Vereinbarungen enthält, wie sich aus § 1029 II ergibt. Kommt die von einer Partei ausgefüllte und unterschriebene Vereinbarung erst nach drei Monaten von der anderen Partei unterschrieben zurück, wurde das Angebot auf Abschluss einer Schiedsvereinbarung nicht in der Frist des § 147 II BGB angenommen, Hmg BeckRS 2019, 37488; Kröll NJW 2020, 1417. Nachträgliche einvernehmliche Änderungen oberhalb der Unterschriften sind zulässig, BGH NJW 1994, 2300. Ungenügend ist die bloße Bezugnahme auf eine nicht (mit)unterzeichnete Schiedsvereinbarung, Köln MDR 2006, 201. Erst recht ungenügend ist eine bloße Mündlichkeit. Allein durch Handelsbrauch kann die Schiedsvereinbarung nicht zustande kommen, BGH NJW 2017, 2723. Ob für die Form nach I auch § 126a BGB gilt, dh die Schriftform durch die **elektronische** Form ersetzt werden kann, ist bestritten, bejahend: Prütting/Gehrlein/Prütting Rn. 5; Thomas/Putzo/Seiler Rn. 3; aA MüKoZPO/Münch Rn. 31. Zwar ist § 126a nur in der Sonderregelung des V genannt; jedoch spricht nach unserer Auffassung der Wortlaut des I für die Möglichkeit der elektronischen Form, da unterzeichneten Dokumente andere Formen der Nachrichtenübermittlung gegenübergestellt sind, die einen Nachweis der Vereinbarung sicherstellen, → Rn. 7 (Anforderungen).

Die **Vollmacht** zum Abschluss der Schiedsvereinbarung bedarf nach § 167 II grundsätzlich nicht der Form des § 1031; etwas anderes gilt bei einer unwiderruflichen Bevollmächtigung, Zöller/Geimer Rn. 13; Musielak/Voit/Voit Rn. 2; MüKoZPO/Münch Rn. 19 (einschränkend auf den Verbraucher); → Rn. 15 „Vollmacht". Eine Handlungsvollmacht nach § 54 HGB reicht wegen dessen II unabhängig von der Form nicht aus, → Rn. 15 „Handlungsvollmacht". 6

3. Schriftwechsel, I Alt. 2. Eine Ausnahme von der gesetzlichen Schriftform ist in I Alt. 2 enthalten. Die notwendige Form liegt auch dann vor, wenn die von den Parteien gewechselten Dokumente Angebot und Annahme der Schiedsvereinbarung enthalten, BGH NJW 2005, 3500, zB Schreiben, Fernkopien, Telefaxe oder andere Formen der Nachrichtenübermittlung, die einen Nachweis der Vereinbarung sicherstellen, Mü SchiedsVZ 2010, 50. Es genügt auch eine elektronische Übermittlung, so der wechselseitige Zugang von E-Mails,→ Rn. 5. Ausreichend ist, dass sich die Schiedsvereinbarung aus dem Gesamtinhalt des Schriftwechsels ergibt, BayObLG NJW-RR 2003, 719. Die einzelnen Erklärungen müssen sicher erkennen lassen, dass sie von einer Vertragspartei herrühren und korrespondierende Willenserklärungen in Bezug auf die Schiedsvereinbarung enthalten. Auch ein kaufmännisches Bestätigungsschreiben kann ausreichen, Kröll NJW 2009, 1184. 7

4. Stillschweigende Zustimmung, II. Die Form gilt nach II auch als gewahrt, wenn eine Partei der anderen ein Schriftstück mit einem Angebot zum Abschluss einer Schiedsvereinbarung übermittelt und das Schweigen der Gegenpartei oder der nicht rechtzeitige Widerspruch nach der Verkehrssitte als ihre Zustimmung zu dem schriftlichen Abschlussangebot anzusehen ist; das beurteilt sich nach materiellem Recht. Dabei ist unter Schriftstück jede Form des Absatzes 1 zu verstehen, Musielak/Voit/Voit Rn. 5, → Rn. 5, 7. Hauptfall ist das Schweigen bzw. der nicht rechtzeitige Widerspruch auf ein kaufmännisches Bestätigungsschreiben im Handelsverkehr, BGH KTS 1971, 37; Kröll SchiedsVZ 2013, 186 (auch zu Grenzen). Auch können ein Handelsbrauch oder Gepflogenheiten zwischen den Vertragsparteien bedeutsam sein, Kröll NJW 2021, 83 (zur niederländische Vereinigung für den Gewürzhandel). Allerdings reicht ein Handelsbrauch für die Annahme einer konkludenten Schiedsvereinbarung nicht, BGH NJW-RR 2017, 1531; MüKoZPO/Münch Rn. 35; → Rn. 11. Eine Schlussnote des Handelsmaklers nach § 94 HGB kann reichen, Mü BeckRS 2013, 11713; Kröll SchiedsVZ 2007, 146. Eine Schiedsklausel in einer Rechnung reicht nicht, BGH SchiedsVZ 2005, 306; Geimer IPRax 2006, 233. 8

5. Bezugnahme auf Dokument, III. Außerhalb V braucht ein Vertrag, bei dem die Form des Abs. 1 oder 2 beachtet wurde, die Schiedsvereinbarung nicht wiederzugeben. Es genügt vielmehr die Bezugnahme auf ein solches Dokument, das eine Schiedsklausel nach § 1029 II enthält, sofern die Bezugnahme die Schiedsklausel zum Bestandteil des Vertrags macht, Düss BauR 2016, 892; Kröll SchiedsVZ 2013, 260. Erst recht genügt unter dieser Voraussetzung die Bezugnahme auf eine Schiedsabrede nach § 1029 II, zB auf eine umfassende Schiedsordnung, BGH NJW 2004, 2899. Hierzu kann die Hamburger Arbitrage zählen, Kblz MDR 2010, 1476; Kröll SchiedsVZ 2013, 186. Die Schiedsordnung muss natürlich existieren, KG NJW 2008, 2719; Kröll NJW 2009, 1185. Sie muss auch wirksam sein, Lachmann/Lachmann BB 2000, 1633; Spieker ZIP 1991, 2138. 9

Hauptfall ist die im Handelsverkehr häufige Bezugnahme auf **AGB,** die durch ihre Einbeziehung zum Vertragsbestandteil geworden sind, BGH NJW-RR 2007, 1719; Kröll SchiedsVZ 2013, 187. Dabei richtet sich die Schiedsklausel nach dem Recht des Hauptvertrags, Kröll SchiedsVZ 2007, 146. Fällt der Hauptvertrag in den Anwendungsbereich der CISG, reicht anders als nach dem BGB ein bloßer Hinweis auf die Geltung von AGB für deren Einbeziehung nicht aus; vielmehr müssen diese der anderen Partei auch zugänglich gemacht werden, BGH SchiedsVZ 2021, 97 = BeckRS 2020, 35147 (niederländischer Gewürzhandel). Es reicht nicht, dass jeder Partner nur auf seine AGB Bezug nimmt und dass eine von ihnen keine Schiedsvereinbarung enthält, Kröll NJW 2007, 745. AGB können auch auf der Rückseite stehen, BayObLG NJW-RR 1999, 644. Außerhalb des kaufmännischen Verkehrs sind Schiedsvereinbarungen in AGB unwirksam, Spieker ZIP 1999, 2138. Ohne eine Bezugnahme nach III kommt eine Schiedsvereinbarung nicht zustande. Zur Beiziehung von Akten des Schiedsgerichts durch das Gericht: Haller SchiedsVZ 2011, 179. 10

Ungenügend sind ein bloßer **Handelsbrauch,** BGH NJW-RR 2017, 1531; → Rn. 8, 15 „Handelsbrauch", oder eine allgemeine Verweisung auf AGB. Der Vertragspartner muss Kenntnis von der Schiedsklausel haben, es sei denn, es handelt sich um einen Unternehmer, Mü SchiedsVZ 2012, 159; NJW-RR 1996, 1532; vgl. auch Musielak/Voit/Voit Rn. 6 (Kenntnis generell nicht erforderlich), und die Klausel muss wirksam sein, zur Unwirksamkeit einer AGB-Schiedsvereinbarung: Hilbig SchiedsVZ 2010, 74. 11

6. Form bei Beteiligung eines Verbrauchers, V. Eine Verschärfung der Formvorschriften sieht das Gesetz bei der Beteiligung eines Verbrauchers nach § 13 BGB vor, also bei natürlichen Personen, die mit dem zugrunde liegenden Rechtsgeschäft keine gewerbliche oder selbständigen beruflichen Tätigkeit ausüben, BGH SchiedsVZ 2005, 157; Hamm MDR 2007, 1438. Auf die Formvorschrift kann sich auch der Unternehmer berufen, und zwar unabhängig davon, von wem die Klausel stammt, BGH SchiedsVZ 2011, 227; Hamm NZBau 2007, 311; aM Kröll SchiedsVZ 2007, 148. Die Unterscheidung zwischen Verbraucher und Unternehmer richtet sich unter Berücksichtigung von §§ 13, 14 BGB nach den Umständen, Düss MDR 2010, 858. V gilt auch bei einer nach 12 deutschem Recht zu beurteilenden Klausel mit einer Auslandsbeteiligung, BGH NJW-RR 2011 548; Kröll SchiedsVZ 2012, 140 (Vertrag eines ausländischen Brokers mit einem inländischen Verbraucher). Zu Existenzgründern → Rn. 15 (Stichwort dort). Zu „Geschäftsführer einer GmbH" → Rn. 15 „Gründungsvertrag einer Personenhandelsgesellschaft", „Publikumsgesellschaft", „Vorstand einer AG".

13 Nach V 1 muss die Schiedsvereinbarung in einer von den Parteien eigenhändig unterzeichneten Urkunde (§ 126 I BGB) enthalten sein, BGH SchiedsVZ 2011, 159. Auch hier reicht die Unterzeichnung durch einen Bevollmächtigten aus, Lachmann SchiedsVZ 2003, 33; → Rn. 5. § 126 II gilt nicht, Musielak/Voit/Voit Rn. 10. Jedoch ist eine Bezugnahme auf andere Schriftstücke, auch auf AGB´s, möglich, Zöller/Geimer Rn. 37. Eine elektronische Form nach § 126a BGB ersetzt nach V 2 die Schriftform des V 1. Die Aufhebung oder die Einschränkung der formwirksamen Schiedsvereinbarung ist formlos möglich, weil dadurch der Zugang zu den Gerichten nicht beschränkt wird, Musielak/Voit/Voit Rn. 12.

14 Die Urkunde oder das elektronische Dokument darf nach V 3 keine anderen Vereinbarungen enthalten als diejenigen, die sich auf das schiedsrichterliche Verfahren beziehen, BGH NJW-RR 2011, 845; Kblz NJW-RR 1996, 970 (keinen Mietvertrag oder Gesellschaftsvertrag). Nicht nötig ist ein besonderes Blatt, Umbeck SchiedsVZ 2009, 145. Steht die Schiedsvereinbarung auf demselben Dokument wie der Hauptvertrag, muss sie sich eindeutig von ihm absetzen und besonders unterschrieben sein. Bei Einhaltung der Form des V ist auch ein Formularvertrag erlaubt, BGH NJW 2005, 1125; Kröll NJW 2007, 746. Das Erfordernis, dass das Dokument keine anderen Vereinbarungen enthalten darf, gilt nach V 3, Hs. 2 nicht für eine notariell beurkundete Vereinbarung, weil den Notar eine Belehrungspflicht trifft und dadurch der Verbraucherschutz sichergestellt ist, BGH NJW-RR 2007, 1466. Eine in Bezug genommene Schiedsgerichtsordnung muss nicht mit beurkundet werden, BGH NJW 2014, 3652. V 3 Hs. 2 gilt entsprechend bei einem gerichtlichen Vergleich, weil die Situation mit dem gesetzlich geregelten Fall vergleichbar ist, MüKoZPO/Münch Rn. 66. Zur Frage, ob Nachträge zum notariellen Ursprungsvertrag privatschriftlich erfolgen können: → Rn. 15 „Notarielle Schiedsvereinbarung".

7. Beispiele zur Formvorschrift

15 **Abtretung:** § 1031 findet keine Anwendung, da der Zugang zu den Gerichten nicht neu eingeschränkt wird; die Rechte und Pflichten aus einer zugehörigen Schiedsvereinbarung gehen in der Regel auf den Erwerber mit über, BGH NJW 1978, 1585; Habscheid KTS 1984, 53; → § 1029 Rn. 40.

Änderung: Form des § 1031 ist bei einer Änderung der Schiedsvereinbarung nicht einzuhalten, wenn sich diese nur auf Einzelheiten des Verfahrens bezieht, BGH NJW 1994, 2156.

Anteilserwerb: ZB bei einem Erwerb eines GmbH-Anteils ist die Form des § 1031 nicht einzuhalten, und zwar aus denselben Gründen wie bei einer „Abtretung", BGH NJW 1979, 2567 (zust. Kornmeier DB 1980, 193).

Aufhebung einer Schiedsvereinbarung: Keine Anwendung des § 1031, weil kein neuer Ausschluss der staatlichen Gerichtsbarkeit, → Rn. 13.

Beurkundungspflicht des Hauptvertrages: (zB §§ 311b, 518 I BGB, § 15 GmbHG) Für die Schiedsvereinbarung gelten nicht die besonderen Formvorschriften des Hauptvertrages, sondern es greift § 1031 ein; Schiedsvereinbarung als Verfahrensvereinbarung und Hauptvertrag sind, wie § 1040 I 2 zeigt, voneinander unabhängig und § 139 BGB gilt nicht, BGH NJW 2014, 3652; MüKoZPO/Münch Rn. 14.; Musielak/Voit/Voit Rn. 10; aM Mü DNotZ 2014, 206 (notarielle Form); Prütting/Gehrlein/Prütting Rn. 2; Zöller/Geimer Rn. 16, 48; Böhringer DNotZ 2014, 160.

Bezugnahme: Auf Dokument nach III → Rn. 9.

Einschränkung der Schiedsvereinbarung: wie → „Aufhebung der Schiedsvereinbarung".

Existenzgründer: § 1031 V gilt nicht für sie; Existenzgründer sind Unternehmer und keine Verbraucher, BGH NJW 2005, 1273; Düss NJW 2004, 3192; Kröll NJW 2007, 746.

Geschäftsführer einer GmbH: Der Geschäftsführer einer GmbH und der Vorstand einer AG werden bei Abschluss des Anstellungsvertrages als Verbraucher angesehen; V gilt, Hamm MDR 2007, 1438.

Gesellschaftseintritt: Nötig ist die Beachtung von I bei einem Neueintritt, BGH NJW 1980, 1049; LG Wiesb KTS 1983, 335. Das gilt nach → Rn. 14 dann, wenn nicht III deshalb eingreift, weil alle Gesellschafter Vollkaufleute sind und der Vertragsschluss für sie ein Handelsgeschäft ist. Unnötig ist ihre besondere Darstellung in der Form des § 1031 aus denselben Gründen wie bei „Abtretung" bei der Ausübung eines rechtsgeschäftlichen Eintrittsrechts in eine Handelsgesellschaft, BGH NJW 1980, 1797.

Gründungsvertrag einer Personenhandelsgesellschaft: Für Schiedsklauseln, die in einem Gründungsvertrag einer Personenhandelsgesellschaft enthalten sind, gilt V nicht, BGH NJW 2005, 1273.

Handlungsvollmacht nach § 54 HGB: Reicht unabhängig von ihrer Form für eine Bevollmächtigung zum Abschluss einer Schiedsvereinbarung nicht; das ergibt sich aus § 54 II HGB, wonach die Prozessführung ausgeschlossen ist; der darin zum Ausdruck kommende Grundsatz, unkalkulierte Kosten zu vermeiden, gilt auch für das Schiedsverfahren, Mü NJW-RR 2009, 418; Kröll NJW 2009, 1184.

Handelsbrauch: Der bloße Handelsbrauch reicht für eine konkludente Schiedsvereinbarung nicht, BGH NJW 2017, 2723; → Rn. 8, 11; zur Schlussnote der Handelsmaklers nach § 94 HGB und zu einer Schiedsklausel auf einer Rechnung

Mündliche Nebenabrede: Sie ist wegen Nichtbeachtung von § 1031 unwirksam, → Rn. 16.

Notarielle Schiedsvereinbarung/Privatschriftliche Nachträge: Die Form des V 3 Hs. 2 ist gewahrt, auch wenn die Nachträge sie nicht erfüllten, wenn sich der Ursprungsvertrag auch auf Streitigkeiten aus späteren Vereinbarungen erstreckt und mit den Nachträgen keine inhaltliche Änderung bezweckt ist; das ergibt sich aus dem Grundsatz der weiten Auslegung von Schiedsvereinbarungen, um eine Aufspaltung des Rechtswegs zu vermeiden, BGH BeckRS 2019, 8071 = DB 2019, 2688 (Verkauf von GmbH-Anteilen).

Publikumsgesellschaft: Die Kommanditisten einer Publikumsgesellschaft befinden sich in der Rolle des Verbrauchers und sind deshalb schutzwürdig; V gilt deshalb, BGH NJW 1980, 1049 (zum alten Recht); Musielak/Voit/Voit Rn. 9; Zöller/Geimer Rn. 35b.

Vertragsübernahme: Unnötig ist ihre besondere Darstellung in der Form des § 1031 aus denselben Gründen wie bei → „Abtretung", BGH NJW 1979, 1166.

Vollmacht zum Abschluss einer Schiedsvereinbarung: § 1031 gilt gemäß § 167 II nicht für die Vollmachtserteilung, es sei denn, diese ist unwiderruflich, → Rn. 5.

Vorstand einer AG: Für den Anstellungsvertrag → „Geschäftsführer einer GmbH".

IV. Folgen des Formverstoßes und Heilung, VI. Alle Formerfordernisse nach Abs. 1–3, 5 sind Wirksamkeitsvoraussetzungen und nicht nur Beweiserleichterungen; ein Verstoß gegen diese Formvorschriften führt gemäß § 125 BGB zur Unwirksamkeit der Schiedsvereinbarung nach § 1029, BGH NJW 2011 2976; MüKoZPO/Münch Rn. 12. Auf die Nichtigkeit kann sich jede Partei berufen; das gilt auch bei V, → Rn. 12. Entscheidet das Schiedsgericht trotz Formfehlers, greift § 1059 II Nr. 1 ein, wenn keine Heilung erfolgt ist. 16

Nach VI wird jedoch ein Mangel der Form durch die rügelose Einlassung im Schiedsverfahren geheilt, Kröll NJW 2003, 793, und zwar rückwirkend. Eine **rügelose Einlassung** zur Hauptsache ist anzunehmen, wenn eine Partei das Schiedsgericht anruft und der Gegner sich vor dem Schiedsgericht mündlich oder schriftlich zur Hauptsache erklärt, ohne den Formmangel zu beanstanden. Für die Heilung reicht die wegen des Formmangels vorbehaltlose Einlassung zur Hauptsache in einem Schriftsatz aus, BGH NJW-RR 2005, 1660. Es genügt auch ein Schriftwechsel, dem man entnehmen kann, dass beide Parteien das schiedsrichterliche Verfahren wünschen, Hmb NJW-RR 1999, 1738. Da ein Anwaltszwang nicht besteht, kann auch die Partei die Erklärung abgeben. 17

Bei VI kommt es nicht darauf an, ob die Parteien sich bewusst waren, durch ihre Einlassung die Zuständigkeit des Schiedsgerichts anstelle des staatlichen Gerichts zu begründen, Mü MDR 2005, 1186; Schmidt FS Nagel, 1987, 377; Prütting/Gehrlein/Prütting Rn. 10. Eine vollständig vorbehaltslose Erklärung zur Hauptsache ist für die Heilung nicht erforderlich, solange sich ein Vorbehalt nicht auf die Formunwirksamkeit bezieht, BGH NJW-RR 2005, 1659. Wegen § 1040 III 3 kann es erforderlich sein, dass sich die Partei, die die Verletzung der Formvorschriften rügt, vorsorglich zur Sache einlassen muss; dann tritt keine Heilung ein, Musielak/Voit/Voit Rn. 13. 18

Eine Heilung erfolgt nur im Umfang des Sachantrages. Denn er grenzt die Hauptsache ab. Sie erstreckt sich daher nicht ohne weiteres auf Vorfragen. Möglich ist aber, dass durch die Einlassung die Schiedsvereinbarung auf einen von ihr zunächst nicht erfassten Streitgegenstand erweitert wird. Das muss der die Vollstreckung aus dem Schiedsspruch nach §§ 1060, 1061 Begehrende beweisen. 19

Die Heilung kann sich nur auf einen Formfehler beziehen. VI gilt direkt nicht bei anderen Mängeln, Prütting/Gehrlein/Prütting Rn. 10; Schmidt FS Nagel, 1987, 778, Wackenhuth KTS 1985, 428. Fehlte eine Schiedsvereinbarung, liegt in der Klagerhebung vor dem Schiedsgericht und der rügelosen Einlassung des Gegners sowie in der ausdrücklichen Hinnahme des Schiedsgerichts aber in der Regel der konkludente Abschluss einer Schiedsvereinbarung, wenn der Unwirksamkeitsgrund nicht mehr besteht, BGH NJW 1984, 1356; Zöller/Geimer Rn. 44. Auch insoweit gilt aber § 1031 und außerdem ist ein Erklärungsbewusstsein der Parteien erforderlich, Mü KTS 1977, 178; Thomas/Putzo/Seiler Rn. 14, 15; Wackenhuth KTS 1985, 428; aM Hmb RIW 1982, 285; LG Ffm NJW 1983, 762 (mit Recht abl. Vollkommer NJW 1983, 726). Bei anderen Mängeln ist streitig, ob eine analoge Anwendung von VI auch ohne Erklärungsbewusstsein in Betracht kommt, bejahend wohl: Thomas/Putzo/Seiler Rn. 14; verneinend: Musielak/Voit/Voit Rn. 14; Prütting/Gehrlein/Prütting Rn. 10; MüKoZPO/Münch Rn. 72, die aber eine Analogie von § 1040 II 1 für möglich halten. Wir meinen, dass VI bei anderen Mängeln nicht anwendbar ist. Dies ergibt schon der eindeutige Wortlaut. 20

1032 *Schiedsvereinbarung und Klage vor Gericht.* **I Wird vor einem Gericht Klage in einer Angelegenheit erhoben, die Gegenstand einer Schiedsvereinbarung ist, so hat das Gericht die Klage als unzulässig abzuweisen, sofern der Beklagte dies vor Beginn der mündlichen Verhandlung zur Hauptsache rügt, es sei denn, das Gericht stellt fest, dass die Schiedsvereinbarung nichtig, unwirksam oder undurchführbar ist.**

II Bei Gericht kann bis zur Bildung des Schiedsgerichts Antrag auf Feststellung der Zulässigkeit oder Unzulässigkeit eines schiedsrichterlichen Verfahrens gestellt werden.

III Ist ein Verfahren im Sinne des Absatzes 1 oder 2 anhängig, kann ein schiedsrichterliches Verfahren gleichwohl eingeleitet oder fortgesetzt werden und ein Schiedsspruch ergehen.

Schrifttum: Hammer, Überprüfung von Schiedsverfahren durch staatliche Gerichte in Deutschland, 2018, 22–52; Huber SchiedsVZ 2003, 73; Illmer, Der Arglisteinwand an der Schnittstelle von staatlicher Gerichtsbarkeit und Schiedsgerichtsbarkeit, 2007; Kremer/Weimann MDR 2004, 181; Kröll zuletzt NJW 2020, 1417 und SchiedsVZ 2020, 156; Münch ZZP 128, 307; Longrée/Wedel SchiedsVZ 2016, 237; Münch, Die Schiedsbindung als Prozesseinrede, FS Geimer, 2017, 461; Schütze, Doppelrelevante Tatsachen und Rechtsfragen im Schiedsverfahrensrecht – Probleme der Anwendung von § 1032 Abs. 2 ZPO, FS Stürner, 2013, I 531; Spohnheimer, Die Vorabentscheidung über die Zulässigkeit des schiedsgerichtlichen Verfahrens nach § 1032 Abs. 2 ZPO durch staatliche Gerichte, FS Käfer, 2009, 357; Stolzke, Aufrechnung und Widerklage in der Schiedsgerichtsbarkeit, 2006.

I. Systematik. → Buch 10. Vor Abschnitt 1–10 Rn. 1. Abs. 1 regelt die Bedeutung einer Schiedsvereinbarung nach § 1029 für ein Verfahren vor dem Gericht in derselben Angelegenheit; die Klage vor einem staatlichen Gericht muss bei einer rechtzeitigen Rüge als unzulässig abgewiesen werden; § 1032 stellt eine vorrangige Spezialvorschrift dar, BGH NJW 2001, 2176; Huber SchiedsVZ 2003, 73; Kröll NJW 2003, 792. II eröffnet die Möglichkeit, die Zulässigkeit oder Unzulässigkeit des schiedsrichterlichen Verfahrens durch das Gericht feststellen zu lassen. III bestimmt, dass ein schiedsrichterliches Verfahren bis zum Ende durchgeführt werden kann, auch wenn ein Verfahren nach I oder II bei Gericht anhängig ist. Zum Verhältnis von I zu II → Rn. 14. 1

II. Regelungszeck. → Buch 10. Vor Abschnitt 1–10 Rn. 2 ff. Zweck der Regelung ist die Rechtssicherheit trotz aller Parteiherrschaft, aber auch die Prozesswirtschaftlichkeit, Schlosser SchiedsVZ 2009, 134; → Vor § 128 Rn. 20 ff. (allgemein zur Parteiherrschaft); aA wohl MüKoZPO/Münch Rn. 1 (Förderung prozesseffektiver Abläufe). 2

III. Geltungsbereich. → Vor § 1025 Rn. 2–6. Die Vorschrift gilt, wenn der Schiedsort im Inland liegt, → Vor § 1025 Rn. 3. Sie gilt auch für eine ausländische Schiedsvereinbarung nach § 1025 II, Düss RIW 1996, 776; Kröll SchiedsVZ 2007, 148. Art II Abs. III UNÜ, → § 1061 vor Rn. 1 (Text des UNÜ), verweist auf 3

§ 1032 I, BGH WM 2011, 1467. Die Vorschrift greift auch bei einer Schiedsanordnung nach § 1066 ein. Die Vorschrift gilt nur, wenn eine Schiedsvereinbarung iSd § 1029 vorliegt, nicht dagegen bei einem Schiedsgutachten, → Vor § 1025 Rn. 15; Düss BauR 2013, 471, oder beim Einsatz von Einigungs- oder Schlichtungsstellen, die keine Entscheidungskompetenz haben, → Vor § 1025 Rn. 11 ff. Die Vorschrift findet auch im Vollstreckbarkeitsverfahren Anwendung, BGH BeckRS 2021, 8031. Die Schiedseinrede kann ferner bei einer Widerklage, BGH BeckRS 2021, 10927, oder bei einer vor dem staatlichen Gericht geltend gemachten Einwendung, so zB der Aufrechnung, entgegen gehalten werden, wenn die Schiedsvereinbarung die betreffenden Rechte umfasst, BGH BeckRS 2021, 8031 Rn. 15 = NJW-RR 2021, 791.

4 **IV. Einrede der Schiedsvereinbarung, I. 1. Möglichkeit und Notwendigkeit.** Wird eine Klage vor dem Gericht in einer Angelegenheit erhoben, die Gegenstand einer Schiedsvereinbarung nach § 1029 ist, ist diese als unzulässig abzuweisen, wenn der Beklagte rechtzeitig die Einrede erhebt und das Gericht die Schiedsvereinbarung nicht für nichtig, unwirksam oder undurchführbar bewertet. Der Klage vor dem Gericht gleichgestellt sind Verfahren, die durch einen Antrag eingeleitet werden und auf eine Streitentscheidung gerichtet sind, zB eine vermögensrechtliche Folgesache im Verbund mit einer bereits anhängigen Ehesache nach § 137 FamFG.

5 Nach I Hs. 1 kommt es auf die **Reichweite** der Schiedsvereinbarung an, BGH NJW-RR 2002, 387; BayObLG NJW-RR 2002, 321; → § 1029 Rn. 4 ff., 20 ff., 39 ff.; → Rn. 10 (Beispiele zur Reichweite) Unerheblich ist, ob es sich um eine Schiedsabrede oder um eine Schiedsklausel iSd § 1029 II handelt, KG NJW 2011, 2978; → § 1029 Rn. 4. Deckt sich der Streitgegenstand der Klage nur teilweise mit dem Gegenstand der Schiedsvereinbarung, ist die Klage bei Erhebung der Einrede nur im Hinblick auf den Deckungsteil als unzulässig abzuweisen, Thomas/Putzo/Seiler Rn. 4. Nicht geprüft wird im gerichtlichen Verfahren, ob die Schiedsklage zulässig und begründet ist, Köln SchiedsVZ 2012, 222.

6 Nach I Hs. 3 wird das Verfahren trotz Rüge und Vorliegen einer Schiedsvereinbarung vor dem staatlichen Gericht durchgeführt, wenn festgestellt wird, dass die Schiedsvereinbarung nichtig, unwirksam oder undurchführbar ist, LG Mü NJW-RR 2011, 163. Die Ungültigkeit oder Unwirksamkeit kann sich aus dem Prozessrecht oder dem materieller Recht ergeben, → § 1029 Rn. 16, 28 f.; → Rn. 10 (Beispiele). Undurchführbar ist die Schiedsvereinbarung bei Zweckerfüllung oder Unmöglichkeit der Zweckerreichung, MüKoZPO/Münch Rn. 10; → Rn. 10.

7 **2. Erhebung der Einrede.** Der Bekl. muss bei Gericht vor dem Beginn der mündlichen Verhandlung zur Hauptsache und im schriftlichen Verfahren vor seiner Einlassung zur Sache grundsätzlich die Einrede der Schiedsvereinbarung erheben, dh in jeder Instanz rügen, dass dieselbe Angelegenheit Gegenstand einer genau zu bezeichnenden Schiedsvereinbarung ist; mit der Einrede muss der Bekl. nicht gleichzeitig zur Klage, dh zur Sache selbst vortragen, BGH NJW-RR 2011, 1188; BAG NZA-RR 2015, 28; Ffm SchiedsVZ 2007, 217; aM Celle NJW-RR 2016, 332 (beim Testament). Ist die Rüge verspätet, ist sie nicht zu beachten. Der Bekl. braucht die Einrede nicht innerhalb der Klagerwiderungsfrist nach §§ 275 I 1, 276 I 2 vorzubringen, sondern darf damit bis zum Beginn der mündlichen Verhandlung nach § 137 I warten, → § 137 Rn. 5 ff. (zum Ablauf der mündlichen Verhandlung). §§ 282 III 2, 296 III sind unanwendbar; denn § 1032 geht als eine Sonderregelung vor, BGH BeckRS 2021, 8031; NJW 2001, 2176; Kröll NJW 2003, 792; Musielak/Voit/Voit Rn. 7; aM MüKoZPO/Münch Rn. 21. Wird im schriftlichen Verfahren die Einrede nicht erhoben, verliert die Partei das Rügerecht mit Einreichung des nächsten Schriftsatzes, Kröll NJW 2022, 827 (829). Zur Rechtzeitigkeit bei Erhebung in der Einspruchsschrift nach Erlass des Versäumnisurteils im schriftlichen Vorverfahren → Rn. 10 „Versäumnisurteil"

8 Eine besondere Form ist für Rüge nicht vorgeschrieben, BGH BeckRS 2020, 35147 Rn. 17; NJW-RR 2009, 790; Kröll SchiedsVZ 2010, 147. Das Rügerecht nach I stellt einschließlich der Fristgebundenheit eine verzichtbare Verfahrensvorschrift iSv § 295 II dar; wird die Schiedseinrede verspätet erhoben, kann die Überschreitung der von I normierten zeitlichen Grenze nach § 295 I geheilt werden, BGH BeckRS 2021, 8031 Rn. 28 ff. = RdTW 2021, 427; Kröll SchiedsVZ 2022, 150 (157). Außerdem darf das Gericht die Schiedsvereinbarung nicht von Amts wegen beachten, BGH NJW-RR 1996, 1150; BAG MDR 1988, 259; krit. Wolff SchiedsVZ 2015, 286. Die Beweislast trifft diejenige Partei, die sich auf die Schiedsvereinbarung beruft, BGH NJW 1986, 2765; Brdb SchiedsVZ 2016, 49; → Vor § 253 Rn. 15 (allgemein zur Rüge).

9 Der Bekl., der die Rüge erhebt, ist darlegungs- und beweispflichtig für alle Tatsachen, die für den Abschluss sowie die Reichweite der Schiedsvereinbarung und die Rechtzeitigkeit der Rüge relevant sind; der Gegner muss die Tatsachen für die fehlende Wirksamkeit oder fehlende Durchführbarkeit der Schiedsvereinbarung darlegen und beweisen, Mü BeckRS 2016, 06078; Musielak/Voit/Voit Rn. 3. Die Wirksamkeit und die Durchführbarkeit werden vom Amts wegen und nicht nur auf Rüge vom Gericht geprüft, Musielak/Voit/Voit Rn. 3.

3. Beispiele zur Reichweite/ Statthaftigkeit der Einrede, I

10 **Arglist/Treu und Glauben:** Bei Nichtigkeit der Schiedsvereinbarung ist die Einrede nicht statthaft, I Hs. 3, und das Gericht zuständig, Bbg SchiedsVZ 2010, 279; Kröll NJW 2011, 1266. Wenn es dem Kläger nach Treu und Glauben nicht zumutbar ist, an der Schiedsvereinbarung weiter festgehalten zu werden, kann der Bekl. die Schiedseinrede nicht erfolgreich erheben; das kann bei widersprüchlichem Verhalten der Fall sein, wenn der Bekl. im Schiedsverfahren geltend gemacht hat, das ordentliche Gericht sei zuständig, BGH NJW-RR 2021, 791 = SchiedsVZ 2021, 291; 2009, 1582 Rn. 9; NJW 2019, 857; 2011, 2976 Rn. 10; Saenger/Eberl/Eberl/Saenger § 1032 K7; Kröll SchiedsVZ 2022, 150 (156); → Rn. 15 „Rechtsmissbrauch" (zu II). Von einem widersprüchlichen Verhalten kann aber nicht ausgegangen werden, wenn der Widerbekl. nur im Hinblick auf die Klage meint, das ordentliche Gericht sei zuständig, während er bei der Widerklage von der Zuständigkeit des Schiedsgerichts ausgeht, BGH BeckRS 2021, 10927 Rn. 19 = NJW-RR 2021, 791.

Arrest: → „Einstweiliger Rechtsschutz".

Ausländischer Schiedsspruch: BGH MDR 2000, 1450.

Aufrechnung: Rechnet der Beklagte in einem gerichtlichen Verfahren mit einer schiedsgebundenen Gegenforderung auf, ist in den Rechtsstreit zur Gegenforderung die Rüge der Schiedsvereinbarung statthaft, und zwar unabhängig davon, ob die Gegenforderung bestritten ist, BGH NJOZ 2021, 1228 Rn. 15; MüKoZPO/Münch Rn. 19; → § 1029 Rn. 37.

Beweisverfahren: Im selbständigen Beweisverfahren nach §§ 485 ff. steht die Einrede der Schiedsvereinbarung der Zulässigkeit nicht entgegen; hier gelten dieselben Gesichtspunkte wie beim „Einstweiligen Rechtschutz" und beim Wechsel- und Scheckprozess, Kobl MDR 1999, 502; → „Einstweiliger Rechtsschutz". Zum Verhältnis eines Schiedsgutachtens zum selbständigen Beweisverfahren: BGH BeckRS 2022, 2417; → Vor § 1025 Rn. 22.

Beendigung des Schiedsgerichts: Die Schiedseinrede entfällt, BGH NJW-RR 2009, 790; → § 1029 Rn. 44 ff. (zur Beendigung); „Unwirksamkeit/Kündigung". Bei einem endgültigen Schiedsspruch tritt an ihre Stelle der Einwand der Rechtskraft, § 1055, Karlsr SchiedsVZ 2008, 311.

DIS-Schiedsklausel: Köln SchiedsVZ 2018, 1827.

Einstweiliger Rechtsschutz: In Verfahren des einstweiligen Rechtsschutzes, Arrest und einstweilige Verfügung nach §§ 916 ff., kann die Einrede der Schiedsvereinbarung nicht geltend gemacht werden, weil insoweit sowohl das Schiedsgericht als auch die staatlichen Gerichte zuständig sind, wie §§ 1033, 1041 zeigen, Zöller/Geimer Rn. 9; Landbrecht SchiedsVZ 2013, 241; Teplitzky NJW 1980, 1667 (Empfehlung einer Schutzschrift nach §§ 945a, 945b); → Vor § 1025 Rn. 2; → § 1033 Rn. 6.

Entscheidung des Schiedsgerichts: Hat das Schiedsgericht endgültig entschieden, ist die Einrede unstatthaft, „Beendigung des Schiedsgerichts".

Einspruchsverfahren: → „Versäumnisurteil im schriftlichen Vorverfahren"

Einstweilige Verfügung: → „Einstweiliger Rechtsschutz".

Europarecht: Art. 6 I EuÜbkHSch, → 10. Buch. Vor Abschnitt 1–10 Rn. 6.

Kostenvorschuss: Wird der für das Schiedsverfahren geforderte Kostenvorschuss nicht bezahlt, kann dies zur Undurchführbarkeit der Schiedsvereinbarung führen oder die andere Partei zur Kündigung der Schiedsvereinbarung berechtigen, → § 1029 Rn. 46 „Undurchführbarkeit" und „Vorschuss". Bei Undurchführbarkeit oder bei wirksamer Kündigung ist die Einrede nicht mehr statthaft, § 1032 I Hs. 3; → „Unwirksamkeit".

Kündigung: → „Unwirksamkeit".

Mahnverfahren: Zur Frage, ob ein Mahnverfahren aufgrund einer Schiedsvereinbarung unstatthaft ist, wird nicht einheitlich beantwortet. Die Parteien können in einer Schiedsvereinbarung besondere Verfahrensarten ausschließen oder ausdrücklich für zulässig erklären, Seidel SchiedsVZ 2021, 245. Soweit hierzu keine ausdrückliche Regelung vorhanden ist, kommt es bei der Frage der Reichweite auf eine Auslegung an. Nach hM ist im Zweifel mit einer Schiedsvereinbarung auch ein Mahnverfahren ausgeschlossen, Musielak/Voit/Voit Rn. 5; Zöller/Geimer Rn. 11a; MüKoZPO/Münch § 1033 Rn. 10; aA: BeckOZPO/Wolf/Eslami Rn. 12; Stein/Jonas/Schlosser Rn. 12. Wir schließen uns der hM an. Das Mahnverfahren ist grundsätzlich nur eine besondere Form der Prozesseinleitung. Allerdings wird der zuständige Rechtspfleger grundsätzlich von der Existenz der Schiedsvereinbarung keine Kenntnis haben. Durch Zustellung eines Mahnbescheides wird die Verjährung nach § 204 I Nr. 3 BGB gehemmt. Ergeht ein rechtskräftiger Vollstreckungsbescheid, kann sich das Schiedsgericht nicht mehr mit der Sache befassen; das entspricht nicht dem Willen der Parteien, näher zu dieser gesamten Problematik: Seidel SchiedsVZ 2021, 245.

Mittellosigkeit: Ist das Schiedsverfahren wegen Mittellosigkeit des Klägers (nach seinem Vortrag) nach der Feststellung des Gerichts nicht durchführbar, ist die Einrede des Bekl. auch ohne Kündigung durch den Kläger statthaft, BGH NJW 2000, 3720; KG SchiedsVZ 2003, 239; Köln ZIP 2013, 2024; → § 1029 Rn. 46 „Undurchführbarkeit". Ist der Bekl. verarmt, ist ebenfalls die Rüge nicht statthaft, wenn der Kläger die Schiedsvereinbarung kündigt, Naumbg BauR 2005, 1509; Musielak/Voit/Voit Rn. 4; → 1029 Rn. 46 „Undurchführbarkeit".

Rechtsmissbrauch: → Rn. 16 „Rechtsmissbrauch" (iRv II). Ist die Berufung auf die Einrede rechtsmissbräuchlich, ist sie nicht statthaft, Köln SchiedsVZ 2015, 295; Jena BauR 2011, 896; Kröll SchiedsVZ 2012, 141. Unstatthaft wird die Einrede zB bei Geltendmachung der Zuständigkeit des staatlichen Gerichts im schiedsrichterlichen Verfahren oder nach § 1062, BGH NJW-RR 1987, 1194; Ffm IPRax 1999, 250 (zust. Hau IPRax 1999, 232); Köln JMBl NRW 1985, 261; krit. Kröll SchiedsVZ 2010, 148.

Rechtsübertragung: Statthaft bleibt die Einrede dann, wenn eine Partei das streitgegenständliche Recht auf einen Dritten übertragen hat, BayObLG NJW-RR 2002, 323; → § 1029 Rn. 40.

Schiedsrichter: Undurchführbarkeit nach I Hs. 3 ist anzunehmen, wenn ein benannter Schiedsrichter ausfällt und eine Ersatzbestellung ausgeschlossen ist; bei Fehlbestellung der Schiedsrichter ist die Rüge aber grundsätzlich statthaft und es wird nach § 1035 IV entschieden, BGH WM 2014, 1880; MüKoZPO/Münch Rn. 10; → § 1029 Rn. 46 „Wegfall der Schiedsrichter"; wohl aM Mü BeckRS 2014, 08761.

Scheckprozess: → „Urkundenprozess".

Treu und Glauben: → „Arglist".

Unwirksamkeit/ Undurchführbarkeit /Kündigung: Unstatthaft ist/wird die Einrede bei Kündigung, Nichtigkeit, Unwirksamkeit oder Undurchführbarkeit der Schiedsvereinbarung, § 1032 I aE, Köln ZIP 2013, 2024; BayObLG NJW-RR 2002, 323; Kröll SchiedsVZ 2012, 139; → „Beendigung"; → § 1029 Rn. 44 ff. (Kündigung/Beendigung/Undurchführbarkeit).

Urkundenprozess: Auch im Urkundenprozess nach §§ 592 ff. führt die Einrede nach I zur Unzulässigkeit der Klage, da ein solcher Prozess zwar Besonderheiten aufweist, jedoch ein ordentliches Klageverfahren darstellt, BGH SchiedsVZ 2007, 215; NJW 2006, 779; Celle SchiedsVZ 2006, 52; Kröll NJW 2007; aM Bbg OLGR 2005, 79. Etwas anderes gilt im **Wechsel- und Scheckprozess,** wenn nichts Besonderes vereinbart wurde; bei einem solchen Verfahren hat die Einrede der Schiedsvereinbarung erst im Nachverfahren Bedeutung, BGH NJW 2006, 779; 1994, 136; Ffm RIW 1986, 379; Mü RIW 1990, 585; MüKoZPO/Münch Rn. 15; Seidel SchiedsVZ 2021, 245, 247; aM Zöller/Geimer Rn. 10. Begründet wird die hM damit, dass der Wechsel und der Scheck im Geschäftsverkehr die Bedeutung eines Zahlungsmittels haben und die rasche Durchsetzbarkeit hier von zentraler Bedeutung ist ähnlich wie beim einstweiligen Rechtsschutz. „Einstweiliger Rechtsschutz".

Versäumnisurteil im schriftlichen Vorverfahren: Wird die Schiedseinrede in der Einspruchsfrist nach Erlass eines Versäumnisurteils im schriftlichen Vorverfahren erhoben, ist sie rechtzeitig, BGH BeckRS 2020, 35147 Rn. 17 = SchiedsVZ 2021, 97 = NJW-RR 2021, 376.

Verweisung: Statthaft bleibt die Einrede unabhängig von einer Verweisung etwa nach § 281, Kröll NJW 2011, 1266.

Vollstreckungsrechtliche Rechtsbehelfe: § 1032 I gilt auch bei vollstreckungsrechtlichen Verfahren, zB nach §§ 767, 769 771, 805, 878, BGH MDR 2008, 156; NJW 1987, 651.

Vorprozess: Statthaft bleibt die Einrede auch dann, wenn sich die Partei in einem Vorprozess über einen anderen Streitgegenstand nicht auf sie berufen hat, BGH NJW 1978, 1586.

Vorschuss: → „Kostenvorschuss".

Wechselprozess: → „Urkundenprozess".

Widerklage: Grundsätzlich ist die Rüge möglich, es sei denn, dass die Rüge ausnahmsweise nach § 242 BGB, wegen Arglist ausgeschlossen ist, BGH BeckRS 2021, 10927 = NJW-RR 2021, 791; MüKoZPO/Münch Rn. 6, 9; Kröll NJW 2022, 827 (828); → „Arglist".

Zurückbehaltungsrecht: Wird in einem gerichtlichen Verfahren ein Zurückbehaltungsrecht wegen einer schiedsgebundenen Forderung erklärt, greift die Rüge – anders als bei der → „Aufrechnung" – nicht, da über diese Gegenforderung nicht rechtskraftfähig entschieden wird, Bbg BeckRS 2016, 19999; Musielak/Voit/Voit Rn. 6; MüKoZPO/Münch Rn. 20; → § 1029 Rn. 37.

11 **4. Wirkung der Einrede.** Wird die Rüge rechtzeitig erhoben und liegen alle weiteren Voraussetzungen (positiv nach I Hs. 1 und negativ nach Hs. 3) vor, ist die Klage nach Hs. 2 als unzulässig durch Prozessurteil abzuweisen, Mü NJW 2005, 832. Eine Aussetzung oder Verweisung an das Schiedsgericht kommt nicht in Betracht, da insoweit § 1040 Spezialvorschrift ist, Steinbrück SchiedsVZ 2010, 177. Über die Einrede kann das Gericht nach § 280 in einer abgesonderten Verhandlung entscheiden. Dann fällt die Sache beim Rechtsmittelgericht nur in diesem Umfang an, BGH NJW 1986, 1436.

12 Wer mit der Rüge durchdringt, kann mit Rechtskraft des Prozessurteils die Zuständigkeit des Schiedsgerichts nicht mehr bemängeln, weil dessen Zuständigkeit dann feststeht. Hat das Schiedsgericht unangreifbar entschieden und seine Zuständigkeit bejaht, ist die Anrufung der Gerichte infolge der Rechtskraft unstatthaft, Huber SchiedVZ 2003, 74; Schlosser FS Nagel, 1987, 358. Bestritten ist, ob die tragenden Gründe zur wirksamen Schiedsvereinbarung ausnahmsweise auch in Rechtskraft erwachsen, bejahend: Prütting/Gehrlein/Prütting Rn. 5; verneinend: Musielak/Voit/Voit Rn. 9. Der BGH MDR 2009, 883, hat hierzu im Ergebnis eine vermittelnde Meinung vertreten, indem er die Berufung auf die Unwirksamkeit der Schiedsvereinbarung wegen § 242 BGB für unzulässig hält (unzulässige Rechtsausübung). Damit kommen beide Meinungen zu demselben – richtigen – Ergebnis.

13 Hat umgekehrt das Gericht die Rüge für unbegründet erklärt, darf nach → § 1059 Rn. 6 kein Schiedsspruch mehr ergehen, Ffm BeckRS 2014, 14826. Hat sich das Schiedsgericht unangreifbar für unzuständig erklärt, muss das Gericht entscheiden, und zwar unter einer Bindung an die Erklärung. Nach einem Schiedsspruch nach § 1054 muss das Gericht dem Betroffenen nach § 148 die Möglichkeit geben, nach § 1059 vorzugehen, Haas FS Ruhberger, 2005, 202; Schlosser FS Nagel, 1987, 359.

14 **V. Feststellungsverfahren, II. 1. Allgemeines.** Die Vorschrift gibt beiden Parteien die Möglichkeit, durch das Gericht die Zulässigkeit oder Unzulässigkeit des schiedsrichterlichen Verfahrens feststellen zu lassen, BGH SchiedsVZ 2007, 216; Ffm NJW-RR 2010, 788; Mü NJW-RR 2009, 418. Das gilt nicht nur, wenn es um die Wirksamkeit der Schiedsvereinbarung geht, sondern auch, wenn deren Reichweite betroffen ist, BayObLG SchiedsVZ 2021, 240 Rn. 19. Eine solche Feststellung ist möglich bis zur Bildung des Schiedsgerichtes; bei einem **ständigen Schiedsgericht,** → Vor § 1025 Rn. 6, kommt es für die Statthaftigkeit nicht auf dessen Konstituierung, sondern auf dessen erstmalige Befassung mit der Sache an, BayObLG BeckRS 2020, 28751 = SpuRT 2021, 30 (Sportschiedsgerichte). Eine abschließende Klärung kann nicht mit dem Ernennungsverfahren nach § 1035 IV, V erreicht werden, Ffm BeckRS 2019, 11212; → § 1035 Rn. 20. Zuständig ist nach § 1062 I Nr. 2 das OLG, → Rn. 15 „Zuständigkeit". Für die Zulässigkeit eines Antrages nach II ist ein Rechtsschutzbedürfnis nötig, BGH MDR 2017, 1261. Es kann vor Beginn eines schiedsrichterlichen Verfahrens bestehen, Ffm SchiedsVZ 2015, 47, aber die Feststellungsklage kann auch noch mit der Einleitung eines Schiedsverfahrens gleichzeitig zulässiger Weise erhoben werden, BGH NJW 2019, 857; MDR 2017, 126. Maßgeblich für den Zeitpunkt ist der Eingang bei Gericht, BGH WM 2011, 1474; Kröll SchiedsVZ 2022, 150 (156). Das Rechtschutzinteresse ist regelmäßig bei einer möglichen Parteistellung im schiedsgerichtlichen Verfahren zu bejahen, BGH NJW 2019, 858. Nach Auffassung des OLG Ffm BeckRS 2019, 11212, haben sogar beide Parteien trotz identischer Zielrichtung gleichzeitig ein Feststellungsinteresse. Es entfällt wegen § 1032 III nicht, wenn das Schiedsgericht einen Schiedsspruch erlassen hat, in dem die Zulässigkeit der Schiedsklage bejaht wird; dies ist möglicherweise später zu korrigieren, BGH NJW 2017, 3724. Das Rechtsschutzbedürfnis für eine Klage nach II ist nicht zu verneinen, wenn vor Gericht die Hauptsachenklage erhoben wird und der Bekl. damit die Möglichkeit der Einrede nach I hat; der Gefahr widersprüchlicher Entscheidungen kann durch Aussetzung des Hauptsachenverfahrens nach § 148 begegnet werden, BGH NJW-RR 2020, 146 Rn. 13; NJW-RR 2018, 1402; → § 1029 Rn. 35. Das Rechtschutzinteresse besteht aber dann nicht, wenn bereits ein Hauptsacheverfahren vor einem Gericht rechtshängig ist und wenn der Bekl. dort schon die Schiedseinrede erhoben hat, BGH NJW-RR 2005; 1582; Naumb SchiedsVZ 2013, 238; Kröll SchiedsVZ 2013, 189; einschränkend (von Einrede unabhängig): Mü SchiedsVZ 2011, 341; MüKoZPO/Münch Rn. 32. Bei II müssen dieselben Voraussetzungen wie bei I – sieht man von der Rüge ab – vorliegen, BayObLG NJW-RR 2002, 323; Thomas/Putzo/Seiler Rn. 5. Der **Streitwert** für ein Verfahren nach II beträgt nach § 3, § 48 GKG einen Bruchteil des Hauptsachenstreitwertes, BGH NJW-RR 2020, 146 1/5); Ffm BeckRS 2019, 2887 (1/5); Karlsr BeckRS 2019, 37453 (1/3); Stgt 12.10.2020 – 1SchH 5/20 (1/3); Kröll SchiedsVZ 2021, 128 (133); 2020, 162.

2. Beispiele zum Feststellungsverfahren,

15 **Anerkenntnis:** Es ist wirksam, wenn der Verfahrensgegenstand der Disposition der Beteiligten unterliegt; dann kann ein Anerkenntnisbeschluss ergehen, bei dem § 93 entsprechend angewendet werden kann, Br SchiedsVZ 2009, 338; Kröll SchiedsVZ 2011, 133; SchiedsVZ 2012, 142. Eine Kostenverteilung nach § 93 kommt nur in Betracht, wenn der Antragsgegner nachweist, keinen Anlass zur Einleitung des Verfahrens nach II gegeben zu haben; davon kann nicht ausgegangen werden, wenn im ebenfalls eingeleiteten Schiedsverfahren die Rüge der Zuständigkeit geltend gemacht wird; dadurch verzichtet die Partei nicht auf ein Vorgehen nach II und sie handelt auch nicht rechtsmissbräuchlich, wenn sie die Schiedsklägerin nicht vorher auffordert, die Zulässigkeit des Schiedsverfahrens zu erklären, Stgt 12.10.2020 – 1 SchH 5/20; Kröll SchiedsVZ 2021, 128 (133).

Antrag: Man braucht ihn nicht schon vor der Erhebung der Schiedsklage, aber man muss ihn bis zur „Bildung des Schiedsgerichts", dh zumindest gleichzeitig stellen, BayObLG NJW-RR 2002, 323; Kröll NJW 2011, 1266.

Entscheidungsform: Das OLG (§ 1062 I Nr. 2) entscheidet nach II durch einen Beschluss nach §§ 1063 I, 329.
Rechtsmissbrauch: Unstatthaft bei einer Aufspaltung in viele Einzelverfahren, Kröll SchiedsVZ 2012, 142. Der Antrag nach § 1032 II ist unzulässig, wenn er auf widersprüchlichem Verhalten beruht; davon kann ausgegangen werden, wenn eine Partei vor dem Gericht geltend macht, das Schiedsgericht sei zuständig, sich aber im schiedsgerichtlichen Verfahren auf den gegenteiligen Standpunkt stellt; dies läuft auf den Versuch hinaus, dem Gegner den Rechtschutz abzuschneiden, BGH NJW 2019, 857; NJW-RR 2021, 791 Rn. 18 = SchiedsVZ 2021, 291; NJW-RR 2009, 1582; Ffm SchiedsVZ 2020, 185; → Rn. 10 „Arglist". Kein widersprüchliches Verhalten liegt vor, wenn die Gegenpartei vor dem Verfahren nach II versucht hat, mit der Antragstellerin eine Vereinbarung zu treffen, dass eine Streitentscheidung durch ein staatliches Gericht erfolgen soll und die Antragstellerin darauf nicht reagiert hat; ferner ist das Verfahren nach II nicht missbräuchlich, weil es zu Verzögerungen des Schiedsverfahrens führt, Ffm SchiedsVZ 2020, 185 Rn. 26, 27; → Rn. 10 „Arglist" (zu I).
Sicherheitsleistung: Unanwendbar ist § 110, Kröll SchiedsVZ 2010, 221; → „Streitgegenstand".
Streitgegenstand: Der Antrag nach II darf nur das schiedsrichterliche Verfahren im Ganzen betreffen, während ein Verstoß gegen einzelne Verfahrenshandlungen nur nach § 1059 oder § 1060 oder § 1061 geltend zu machen sind, Jena NJW-RR 2003, 1506. Zum Streitgegenstand kann auch ein Anspruch auf Stellung einer **Zahlungssicherheit** gehören, wenn er als Hauptsache geltend gemacht wird, BGH NJW-RR 2020, 147; → „Sicherheitsleistung".
Verfahrenswahl: Die Parteien haben die Wahl, ob sie die Rüge der Unzulässigkeit des schiedsrichterlichen Verfahrens mit der Klage nach II vor dem Gericht erheben, BGH SchiedsVZ 2007, 216; Ffm SchiedsVZ 2007, 217, oder nach § 1040 vor dem Schiedsgericht, BayObLG NJW-RR 2003, 355; Busse SchiedsVZ 2003, 189. Nach der Bildung des Schiedsgerichts steht ihnen aber nur noch der letztere Weg offen, Kröll SchiedsVZ 2011, 133.
Verhandlung: Unnötig, aber statthaft ist eine mündliche Verhandlung nach §§ 128 IV, 1062 I Nr. 2, 1063 I 1, BayObLG NJW-RR 2002, 323.
Verjährung: Ein Antrag nach II hat keine verjährungshemmende Folge; § 204 I Nr. 11 BGB greift nicht ein, Musielak/Voit/Voit Rn. 13; MüKoZPO/Münch Rn. 41; Windhorst SchiedsVZ 2004, 230.
Widersprüchliches Verhalten: → „Rechtsmissbrauch".
Zeitpunkt: Maßgebend für den Zeitpunkt nach II, bis zu dem die Feststellung geltend zu machen ist, ist die Bildung des Schiedsgerichtes; dabei kommt es auf den Eingang bei Gericht an, BGH ZZP 2013, 111.
Zuständigkeit für die Feststellung nach II: Sie liegt nach § 1062 I Nr. 2 beim OLG; die örtliche Zuständigkeit richtet sich nach § 1025 I (bei Vereinbarung oder Schiedsort) und II bei einem ausländischen oder noch unbestimmten Schiedsort (Gegnerwohnsitz oder Belegenheit).

VI. Einfluss eines Verfahrens vor dem Gericht, III. Die Rechtshängigkeit eines Verfahrens nach I oder 16
Anhängigkeit eines solchen nach II steht der Einleitung oder Fortsetzung des schiedsrichterlichen Verfahrens nicht entgegen, BGH ZIP 2011, 1478. Bei einer Klage vor dem Gericht wird aber das Schiedsgericht in der Regel sein Verfahren nach seinem pflichtgemäßen Ermessen entsprechend § 148 aussetzen oder zum Ruhen bringen, BGH ZIP 2011, 1477; Thomas/Putzo/Seiler Rn. 6 und es nur dann ausnahmsweise fortsetzen, wenn zB ein Beweismittel nach §§ 371 ff. verlorengehen könnte, Haas FS Rechberger, 2005, 198. Einen Schiedsspruch nach § 1054 zu erlassen verbietet sich immer dann, wenn ein Aufhebungsverfahren nach § 1059 wahrscheinlich ist. Die Unzulässigkeit des schiedsrichterlichen Verfahrens ist ein Aufhebungsgrund nach § 1059 II Nr. 1a, c, d. Hat sich das Gericht nach §§ 322, 705 rechtskräftig für unzuständig erklärt, darf das Schiedsgericht seine Zuständigkeit nicht mehr wegen einer angeblichen Zuständigkeit des Gerichts verneinen, Windhorst SchiedsVZ 2004, 231.

Ist zur Zeit der Entscheidung des Gerichts, nach der die Unzulässigkeit des Schiedsverfahrens festgestellt wurde, 17
bereits ein Schiedsspruch ergangen, ist streitig, ob dieser nichtig ist und ein Aufhebungsverfahren nur deklaratorischen Charakter hat, so: Musielak/Voit/Voit Rn. 15, oder ob ein Aufhebungsverfahren innerhalb der Frist zu erfolgen hat, so: BGH SchiedsVZ 2014, 200; Prütting/Gehrlein/Prütting Rn. 7; Thomas/Putzo/Seiler Rn. 5. Eine einstweilige Verfügung des Gerichts auf Einstellung des Schiedsverfahrens ist wegen III nicht zulässig, MüKoZPO/Münch Rn. 46; aM Musielak/Voit/Voit Rn. 15, wenn ernste Zweifel an der Zulässigkeit des Schiedsverfahrens bestehen und die Folgen eines Schiedsspruches irrevisibel wären.

1033 *Schiedsvereinbarung und einstweilige gerichtliche Maßnahmen.* **Eine Schiedsvereinbarung schließt nicht aus, dass ein Gericht vor oder nach Beginn des schiedsrichterlichen Verfahrens auf Antrag einer Partei eine vorläufige oder sichernde Maßnahme in Bezug auf den Streitgegenstand des schiedsrichterlichen Verfahrens anordnet.**

Schrifttum: Bandel, Einstweiliger Rechtsschutz im Schiedsverfahren, 2000; Landbrecht SchiedsVZ 2013, 241 (ausf.); Schroth SchiedsVZ 2003, 104.

I. Systematik. Die Vorschrift regelt die Zuständigkeit des Gerichts zum Erlass einstweiliger Maßnahmen bei 1
Vorliegen einer Schiedsvereinbarung in Bezug auf den Gegenstand, auf den sich ein laufendes Schiedsverfahren bezieht oder ein künftiges beziehen kann. Daneben darf auch das Schiedsgericht solche Maßnahmen nach § 1041 I, II treffen. Unabhängig davon und entgegen § 1032 I sieht § 1033 eine ebenfalls originäre gleichrangige Zuständigkeit des Gerichts vor. Das Rechtsschutzbedürfnis kann für beide Verfahrensarten nebeneinander bis zur ersten Entscheidung bestehen. § 110 ist unanwendbar, Mü IPRspr 2000, Nr. 182.

II. Regelungszweck. Einen Eilschiedsrichter kennt das deutsche Recht nicht, Horn SchiedVZ 2016, 22. 2
Zweck der Vorschrift ist eine Befriedigung des auch im schiedsrichterlichen Verfahrens auftretenden Bedürfnisses nach einer vorläufigen raschen Regelung besonders drängender Fragen in den Eilverfahren der §§ 485, 916 ff., 935 ff. oder § 246 FamFG, und zwar im schiedsrichterlichen Verfahren oder im Gerichtsprozess. Damit dient die Vorschrift der Verwirklichung des effektiven Rechtsschutzes, Musielak/Voit/Voit Rn 1.

3 **III. Geltungsbereich.** Durch eine Schiedsvereinbarung über die Hauptsache wird die Zuständigkeit der Gerichte im einstweiligen Rechtsschutz nicht ausgeschlossen, und zwar unabhängig davon, ob ein Schiedsgericht mit Sitz im In- oder Ausland vereinbart wurde, MüKoZPO/Münch Rn. 1; → Rn. 1; → § 1041 Rn. 1. Die Vorschrift gilt auch für ein Verfahren nach § 1066. Zum einstweiligen Rechtsschutz in einer Sportsache: Schlosser SchiedsVZ 2009, 84. Die Vorschrift ist auf Verfahren des einstweiligen Rechtsschutzes, wie Arrest (§§ 916 ff.), einstweilige Verfügung (§§ 935 ff.), Anordnung nach § 246 FamFG und des selbständigen Beweisverfahrens (§§ 485 ff.) anzuwenden; eine Hauptsachenklage auf Sicherheitsleistung (§ 648a BGBaF) fällt nicht unter § 1033, auch wenn sie sichernden Charakter hat, BGH NJW-RR 2020, 147 = SchiedsVZ 2020, 51.

4 **IV. Einstweiliger Rechtsschutz durch das Gericht. 1. Allgemeines.** Eine Schiedsvereinbarung schließt nicht aus, dass ein staatliches Gericht sowohl vor als auch nach dem Beginn des schiedsrichterlichen Verfahrens auf einen Antrag einer Partei über den Streitgegenstand vorläufige oder sichernde Maßnahmen trifft; insoweit greift § 1032 I nicht ein, LG Brschw SchiedsVZ 2015, 292 (auch zu § 1063). Das gilt auch, wenn in der Schiedsvereinbarung ausdrücklich die Möglichkeit vorgesehen ist, eine einstweilige Anordnung des Schiedsgerichts erlangen zu können, da allein darin kein Ausschluss der Zuständigkeit des staatlichen Gerichts zu sehen ist, Ffm NJOZ 2021, 59 Rn. 23; BeckRS 2013, 10147. Die Parteien können die Zuständigkeit des Gerichts jedenfalls bei Schiedsgerichten in Deutschland auch nicht abbedingen, zumal die Entscheidung des Schiedsgerichts im einstweiligen Rechtsschutz im Hinblick auf die Vollstreckbarkeit hinter einer solchen des Gerichts zurückbleibt, streitig, so: Mü NJW-RR 2001, 711; LG Berl BeckRS 2011, 09092; MüKoZPO/Münch Rn. 18; Musielak/Voit/Voit Rn. 3; Thomas/Putzo/Seiler Rn. 2; Gaier SchiedsVZ 2021, 7,9; aM Zöller/Geimer Rn. 12. Der Auffassung des OLG Nürnbg SchiedsVZ 2005, 50, dass in der „normalen" Schiedsvereinbarung, mit der ein ausländisches Schiedsgericht vereinbart wurde, in der Regel eine Derogation (§ 38) für ein deutsches Gericht liegt, folgen wir nicht, weil dadurch die Effizienz des einstweiligen Rechtsschutzes, wie sie das Gesetz vorsieht, erheblich reduziert wäre und die Wirkungen einer Schiedsvereinbarung mit einer Gerichtsstandsvereinbarung nicht gleichgesetzt werden können; das folgt aus § 1025 II, so auch: Musielak/Voit/Voit Rn. 3; Geimer SchiedsVZ 2005, 52; Schütze IPRax 2006, 442.

5 Zuständig ist das Gericht der Hauptsache nach §§ 919, 943, dh das Gericht, das ohne die Schiedsvereinbarung zuständig wäre, und nicht das OLG nach § 1062; haben die Parteien in der Schiedsvereinbarung einen Schiedsort vereinbart (§ 1043 I 1), ist im Zweifel davon auszugehen, dass sie diesen auch für die möglichen Maßnahmen des staatlichen Gerichts, wie nach § 1033, bestimmt haben, so dass dieser Schiedsort dann auch für die örtliche Zuständigkeit des Gerichts nach § 1033 grundsätzlich maßgeblich ist, Hbg NJW 1997, 749; Musielak/Voit/Voit Rn. 3; Thomas/Putzo/Seiler Rn. 2; → § 920 Rn. 6; aM MüKoZPO/Drescher § 919 Rn. 5 (allgemeiner Gerichtsstand).

6 **2. Zuständigkeit auch des Schiedsgerichts.** Vor einer Bildung des Schiedsgerichts steht der Partei nur der Weg zu den Gerichten offen. Nach Bildung des Schiedsgerichts nach §§ 1034 ff. steht es ihr grundsätzlich frei, ob sie einen Antrag auf vorläufigen Rechtsschutz (§§ 916 ff. und §§ 485, § 246 FamFG) nach § 1041 an das Schiedsgericht oder nach § 1033 an das Gericht stellt; das gilt jedenfalls grundsätzlich auch bei einem ausländischen Schiedsgericht, → Rn. 3; → Rn. 4. Wenn es der Partei nämlich auf eine schnelle Vollstreckung nach §§ 704 ff. ankommt, wird sie sich wegen § 1041 II, III in der Regel sofort an das Gericht wenden, Schütze BB 1998, 1650; → § 1041 Rn. 1, und dieser Weg darf ihr allein wegen Vereinbarung eines ausländischen Schiedsgerichts nicht verwehrt werden.

7 **3. Mögliche Maßnahmen.** Welche vorläufigen oder sichernden Maßnahmen zulässig sind und wie das gerichtliche Eilverfahren dann abläuft, bestimmt sich nach den allgemeinen Vorschriften, zB nach §§ 485, Brdbg MDR 2011, 941; Kblz MDR 1999, 502, oder nach §§ 916, 935, BGH NJW-RR 2020, 147; → Vor § 916 Rn. 7, und in bestimmten Fällen nach Sondervorschriften, zB in einer Unterhaltssache nach § 246 FamFG. Nach ihnen richten sich auch die Zuständigkeit und die Rechtsmittel. Gericht der Hauptsache ist dann dasjenige Gericht, in dessen Bezirk der Ort das Schiedsgericht nach § 1043 liegt, Hmb NJW 1997, 749. §§ 1062 ff. gelten insoweit nicht.

8 Ordnet das Gericht die Klageerhebung nach § 926 I an, kann die Klage vor dem Schiedsgericht erhoben werden, wobei dann zur Fristwahrung auf die Zustellung des einleitenden Schriftsatzes abzustellen ist, Musielak/Voit/Voit Rn. 4. Daneben kann aber auch fristwahrend grundsätzlich die Klage vor dem Gericht erhoben werden, weil die Zuständigkeit von der Reichweite und Wirksamkeit der Schiedsvereinbarung sowie von der ordnungsgemäßen Rüge des Bekl. nach § 1032 I abhängt, Musielak/Voit/Voit Rn. 4.

9 **4. Doppelentscheidungen.** Doppelentscheidungen sind im Einzelfall denkbar, da die beiden Zuständigkeiten des Schiedsgerichts und des staatlichen Gerichts nebeneinander stehen und keine von ihnen susidiär ist. Sie sollten aber möglichst vermieden werden, Vollkommer IPRax 1999, 232. Deshalb wird verlangt, dass sowohl das Schiedsgericht nach § 1041 als auch das Gericht nach § 1033 strenge Anforderungen an das Rechtsschutzbedürfnis für den vorläufigen Rechtsschutz stellen sollten, wobei das Rechtsschutzbedürfnis nicht wegen der jeweils anderen Möglichkeit verneint werden kann, Thomas/Putzo/Seiler Rn. 4; → § 1041 Rn. 2. UU kann dies aber nach einem einverständlichen selbständigen Beweisverfahren gemäß §§ 485 bezweifelt werden, Brdb BauR 2011, 1533. Die Vollziehung einer Maßnahme des Schiedsgerichts ist außerdem nach § 1041 II nur insoweit zulässig, als der Gläubiger nicht schon eine entsprechende Regelung beim Gericht beantragt hat, → § 1041 Rn. 2. Nach § 1041 III kann das Gericht zudem den Vollziehungsbeschluss nach § 1041 II aufheben oder ändern. Wegen § 1026 darf das Gericht aber nicht ein schiedsrichterliches Verfahren nach §§ 935, 940 einstellen.

Abschnitt 3. Bildung des Schiedsgerichts

1034 *Zusammensetzung des Schiedsgerichts.* **I [1]Die Parteien können die Anzahl der Schiedsrichter vereinbaren. [2]Fehlt eine solche Vereinbarung, so ist die Zahl der Schiedsrichter drei.**

II [1]Gibt die Schiedsvereinbarung einer Partei bei der Zusammensetzung des Schiedsgerichts ein Übergewicht, das die andere Partei benachteiligt, so kann diese Partei bei Gericht beantragen, den oder die Schiedsrichter abweichend von der erfolgten Ernennung oder der vereinbarten Ernennungsregelung zu bestellen. [2]Der Antrag ist spätestens bis zum Ablauf von zwei Wochen, nachdem der Partei die Zusammensetzung des Schiedsgerichts bekannt geworden ist, zu stellen. [3]§ 1032 Abs. 3 gilt entsprechend.

Schrifttum: Aden, Internationale Handelsschiedsgerichtsbarkeit, 2. Aufl. 2003; Geimer, Schiedsgerichtsbarkeit und Verfassung, 1994; Karl, Die Gewährleistung der Unabhängigkeit und Unparteilichkeit des Schiedsrichters, 2004; Niedermaier, Schieds- und Schiedsverfahrensvereinbarungen in strukturellen Ungleichgewichtslagen (rechtsvergleichend), 2013; Prütting SchiedsVZ 2011, 233.

I. Systematik, Regelungszweck. Die Zusammensetzung des Schiedsgerichts hat für seine Unabhängigkeit 1
und Unparteilichkeit große Bedeutung, wie §§ 1035 V, 1036 I, II verdeutlichen, Kröll SchiedsVZ 2007, 148; → Vor § 1025 Rn. 2. Zur Gewährleistung dieser Grundvoraussetzung des schiedsrichterlichen Verfahrens enthält § 1034 II besondere Bestimmungen, wenn die Vereinbarung oder die erfolgte Ernennung einer Partei ein Übergewicht einräumt. II dient der Gleichberechtigung aller Parteien des Verfahrens. Systematisch gehört diese Vorschrift zu § 1035.

II. Geltungsbereich. → Vor § 1025 Rn. 2. §§ 1034 gelten nicht beim Schiedsgutachten, Mü NJW 2016, 2
1965; → Vor § 1025 Rn. 15, und nicht für die Ernennung von Schlichtern oder Dritten, Ffm BeckRS 2019. 4287.

III. Zahl der Schiedsrichter, I. Die Vorschrift setzt den Grundgedanken der Parteiherrschaft, → Buch 10. 3
Vor Abschnitt 1–10 Rn. 2 ff., konsequent um; die Anzahl der Schiedsrichter können die Parteien nach Satz 1 vereinbaren. I 2 hat eine bloße Auffangfunktion, wenn eine Vereinbarung fehlt.

1. Grundsatz, I 1. Die Zahl der Schiedsrichter kann sich aus der Schiedsvereinbarung nach §§ 1029, 1031 4
ergeben. Eine Regelung kann auch nachträglich getroffen werden und bedarf dann nicht der Form des § 1031. Die Parteien können sich demgemäß auf einen Einzelschiedsrichter oder auf ein Schiedsgericht mit zwei, drei oder mehr Schiedsrichtern einigen. Sie können die Zahl der Schiedsrichter bis zum Schiedsspruch nach § 1054 beliebig einverständlich ändern, auch in AGB, Celle EWiR 2000, 411 (abl. Mankowski). Sie können nach § 1035 III Näheres über die Bestimmung des Vorsitzenden (Obmanns) des Schiedsgerichts vereinbaren. Vereinbaren sie ein institutionelles Schiedsgericht, gelten die Bestimmungen in dessen etwaiger Verfahrensordnung (zB diejenigen der Internationalen Handelskammer (ICC), SchiedsVZ 2003, 34.

2. Ausnahme, I 2. Fehlt eine wirksame Vereinbarung der Parteien, bleibt die Schiedsvereinbarung wirksam; 5
dann besteht das Schiedsgericht nach I 2, aus drei Personen, Zöller/Geimer Rn. 13.

IV. Übergewicht einer Partei, II. 1. Gleichberechtigung, II 1. Die nötige Unparteilichkeit und Un- 6
abhängigkeit eines Schiedsgerichts ist eine wesentliche Voraussetzung, BGH NJW 1986, 3027; OLGR Celle 2007, 664. Sie ist nur dann gegeben, wenn keine Partei bei der Zusammensetzung des Schiedsgerichts ein solches Übergewicht hat, dass die andere Partei benachteiligt wird; damit soll die Gleichheit der Parteien bei der Bildung des Schiedsgerichtes gewährleistet sein, Brschw SchiedsVZ 2006, 262; Ffm OLGR 2004, 548; Zöller/Geimer Rn. 2; Kröll SchiedsVZ 2011, 134. II regelt diesen Fall. Er gibt der betroffenen Partei und auch dem Insolvenzverwalter bei der Schiedsrichterbenennung durch den (Insolvenz-)Schuldner, KG SchiedsVZ 2005, 100, bei einem solchen Übergewicht das Recht, bei Gericht zu beantragen, den oder die Schiedsrichter abweichend von der erfolgten Ernennung oder der vereinbarten Ernennungsregelung zu bestellen, BGH NZM 2007, 337. II stellt eine Sonderregelung dar, so dass sich aufgrund des Übergewichts keine Unwirksamkeit der Schiedsvereinbarung nach § 1029; II hat Vorrang vor der §§ 307 BGB, BGH NJW-RR 2007, 1466; Kröll NJW 2009, 1185.

Das gilt auch beim sog. Mehrparteienschiedsverfahren, bei dem nach → § 1035 Rn. 10 auf einer Seite mehrere 7
Beteiligte stehen, BGH BB 1996, 1074; Berger RIW 2001, 13; Kröll SchiedsVZ 2009, 165. Wenn sie sich nicht auf die Ernennung eines Schiedsrichters einigen, kann die Mehrpartei, um das evtl. drohende Ungleichgewicht zu verhindern, nicht die Ernennung des gesamten Schiedsgerichts beantragen; nicht der Rechtsgedanke von II, sondern § 1035 III greift dann bei fehlender Vereinbarung ein, streitig, → § 1035 Rn. 10.

2. Beispiele zur Frage eines Übergewichts, II 1

Alleinentscheidungsrecht: Ein Übergewicht ergibt sich dann, wenn der gegnerische Schiedsrichter allein 8
entscheiden darf, BGH NJW-RR 2007, 1466.

Anwaltskammer: → „Rechtsanwaltskammer".

Auslandspartei: Ein Übergewicht ergibt sich noch nicht bei ihrer Beteiligung wegen der Klausel, dass der Schiedsrichter in Deutschland wohnhaft sein muss, Kröll SchiedsVZ 2007, 150.

Dritter Schiedsrichter: Ein Übergewicht kann sich aus dem größeren Einfluss einer Partei auf die Ernennung eines dritten Schiedsrichters ergeben, BGH NJW 1989, 1477; KG NJW 2008, 2719; Ffm SchiedsVZ 2006, 219.

Einzelschiedsrichter: Ein Übergewicht kann sich aus dem größeren Einfluss auf die Ernennung eines Einzelschiedsrichters ergeben, BGH NJW 1989, 1477; KG NJW 2008, 2719.

Ernennungsrecht: Ein Übergewicht ergibt sich, wenn das Recht nur einer Partei zusteht, BGH NJW-RR 2007, 1466.

Gesetzlicher Vertreter: → „Partei als Schiedsrichter".

Internationaler Bezug: Ein Übergewicht ergibt sich bei ihm aus der Staatsangehörigkeit des Vorsitzenden des Schiedsgerichts bei ihrer Übereinstimmung mit derjenigen einer Partei, Koepp SchiedsVZ 2011, 306.

Partei als Schiedsrichter: Ein Übergewicht kann sich aus der Bestellung einer Partei selbst, ihres gesetzlichen Vertreters oder eines Mitglieds ihres Organs in einer eigenen Sache ergeben, Thomas/Putzo/Seiler Rn. 3; → § 1029 Rn. 10 (Schiedsrichter in eigener Sache).

Rechtsanwaltskammer: Unbedenklich ist die Benennung eines Vorstandsmitgliedes der Rechtsanwaltskammer bei einer Streitigkeit eines Rechtsanwaltes gegen die Erben eines anderen im Zusammenhang mit der Praxisübernahme, BGH NJW 1973, 98.

Persönliche Bekanntschaft: Ein Übergewicht ergibt sich noch nicht stets daraus, dass eine Partei die Schiedsrichter persönlich kennt, Hmb MDR 1975, 409 (abl. Habscheid KTS 1976, 19; aM Thomas/Putzo/Seiler Rn. 3 (aber die Notwendigkeit der Unparteilichkeit führt noch nicht stets zur Verfänglichkeit einer jeden persönlichen Bekanntschaft. Sie kann ja auch ein durchaus erwünschtes Vertrauen bedeuten).

Stimmengleichheit: Ein Übergewicht ergibt sich dann, wenn nur der Schiedsrichter einer der Parteien bei einer Stimmengleichheit entscheiden soll.

Verbandsmitglied: Ein Übergewicht kann sich aus der Unterwerfung unter das Schiedsgericht eines solchen Verbandes ergeben, dem nur die andere Partei angehört und das nur mit Verbandsmitgliedern besetzt ist; dasselbe gilt beim Verein; Thomas/Putzo/Seiler Rn. 3; im Fall Pechstein, → § 1066 Rn. 13, bei dem es um Schiedsklausel eines Sportverbandes ging, hat das BVerfG, NJW 2022, 2677 Rn. 53, zwar offengelassen, ob ein strukturelles Übergewicht der Sportverbände gegen Art. 2, Art. 20 III GG (Justizgewähranspruch) verstößt; es hat aber dargelegt, dass es zum Wesen der richterlichen Tätigkeit gehört, dass sie von einem unbeteiligten Dritten ausgeübt wird; dies erfordere die Neutralität und Distanz gegenüber allen Verfahrensbeteiligten.

Verein: Ein Übergewicht kann sich daraus ergeben, dass der Vorstand eines Vereins alle Schiedsrichter oder ihren Vorsitzenden ernennen soll, wenn nur eine Partei Vereinsmitglied ist, Mü KTS 1983, 154; → „Verbandsmitglied".

Versäumung des Ernennungsrechts: Ein Übergewicht kann sich aus der Regelung der Folgen der Versäumung des Ernennungsrechts ergeben, BGH NJW 1965, 59.

Weiterer Schiedsrichter: Ein Übergewicht ergibt sich bei § 1035 IV dann, wenn nur der Gegner einen weiteren Schiedsrichter bestimmen darf.

Zahl der Schiedsrichter: Ein Übergewicht kann sich aus dem größeren Einfluss auf die Zahl der Schiedsrichter ergeben, BGH NJW 1989, 1477.

Zeitpunkt der Vereinbarung: Es ist unerheblich, ob er vor oder nach dem Eintritt des Streits lag, Thomas/Putzo/Seiler Rn. 3.

9 **3. Verfahren, II 2.** Der Antrag ist nach II 2 spätestens bis zum Ablauf von zwei Wochen nötig, nachdem die Partei die Zusammensetzung des Schiedsgerichts erfahren hat. Das entspricht der Frist § 1037 II für die Ablehnung eines Schiedsrichters. Entscheidend ist dabei der Zeitpunkt, zu dem der Antrag bei Gericht eingeht. Der Antrag kann schon vor der Ernennung der Schiedsrichter gestellt werden, Musielak/Voit/Voit Rn. 7.

10 Zuständig ist das OLG nach § 1062 I Nr. 1. § 1063 regelt das Verfahren. Das OLG prüft auch, ob der Streitgegenstand überhaupt unter die Schiedsvereinbarung nach § 1029 fällt, BayObLG 1999, 255. Wegen des Anwaltszwangs ist nach § 1063 IV von Bedeutung, ob schon eine mündliche Verhandlung anberaumt wurde. Für die Entscheidung gilt § 1035 V. Für die Offenlegungspflicht des als Schiedsrichter in Aussicht Genommenen gilt § 1036 I. Die Entscheidung des OLG ist nach § 1065 I 2 unanfechtbar. Sie lässt aber nach §§ 1036 II, 1037 die Ablehnbarkeit des Ernannten unberührt.

11 Ist die Frist nach II 2 versäumt, ist der Antrag auf gerichtliche Bestellung unzulässig; dann kommt auch kein Verstoß gegen § 1059 II Nr. 1d in Betracht; vielmehr ist durch die Säumnis Heilung eingetreten, weil ansonsten die beabsichtigte Schaffung klarer Verhältnisse nicht zu erreichen wäre, streitig, so: MüKoZPO/Münch Rn. 18; aM Musielak/Voit/Voit Rn. 7 (ev. Anwendbarkeit des § 1059 II Nr. 1d).

12 **4. Wirkung, II 3.** Die Wirkung eines Antrages nach II auf das schiedsrichterliche Verfahren folgt aus II 3. Entsprechend § 1032 III kann während der Anhängigkeit eines Verfahrens nach II das schiedsrichterliche Verfahren beginnen oder fortlaufen und es kann ein Schiedsspruch nach § 1054 ergehen. Bestellt das OLG nach § 1035 V einen anderen zum Schiedsrichter, muss das schiedsrichterliche Verfahren in der neuen Besetzung neu beginnen. Ein etwa nach § 1054 ergangener Schiedsspruch kann der Aufhebung nach § 1059 II Nr. 1d unterliegen.

1035 *Bestellung der Schiedsrichter.* **I Die Parteien können das Verfahren zur Bestellung des Schiedsrichters oder der Schiedsrichter vereinbaren.**

II Sofern die Parteien nichts anderes vereinbart haben, ist eine Partei an die durch sie erfolgte Bestellung eines Schiedsrichters gebunden, sobald die andere Partei die Mitteilung über die Bestellung empfangen hat.

III [1]Fehlt eine Vereinbarung der Parteien über die Bestellung der Schiedsrichter, wird ein Einzelschiedsrichter, wenn die Parteien sich über seine Bestellung nicht einigen können, auf Antrag einer Partei durch das Gericht bestellt. [2]In schiedsrichterlichen Verfahren mit drei Schiedsrichtern bestellt jede Partei einen Schiedsrichter; diese beiden Schiedsrichter bestellen den dritten Schiedsrichter, der als Vorsitzender des Schiedsgerichts tätig wird. [3]Hat eine Partei den Schiedsrichter nicht innerhalb eines Monats nach Empfang einer entsprechenden Aufforderung durch die andere Partei bestellt oder können sich die beiden Schiedsrichter nicht binnen eines Monats nach ihrer Bestellung über den dritten Schiedsrichter einigen, so ist der Schiedsrichter auf Antrag einer Partei durch das Gericht zu bestellen.

IV Haben die Parteien ein Verfahren für die Bestellung vereinbart und handelt eine Partei nicht entsprechend diesem Verfahren oder können die Parteien oder die beiden Schiedsrichter eine Einigung entsprechend diesem Verfahren nicht erzielen oder erfüllt ein Dritter eine ihm nach diesem Verfahren übertragene Aufgabe nicht, so kann jede Partei bei Gericht die Anordnung der erforderlichen Maßnahmen beantragen, sofern das vereinbarte Bestellungsverfahren zur Sicherung der Bestellung nichts anderes vorsieht.

V [1]**Das Gericht hat bei der Bestellung eines Schiedsrichters alle nach der Parteivereinbarung für den Schiedsrichter vorgeschriebenen Voraussetzungen zu berücksichtigen und allen Gesichtspunkten Rechnung zu tragen, die die Bestellung eines unabhängigen und unparteiischen Schiedsrichters sicherstellen.** [2]**Bei der Bestellung eines Einzelschiedsrichters oder eines dritten Schiedsrichters hat das Gericht auch die Zweckmäßigkeit der Bestellung eines Schiedsrichters mit einer anderen Staatsangehörigkeit als derjenigen der Parteien in Erwägung zu ziehen.**

Schrifttum: Kröll NJW 2020, 1417; 2018, 1265; 2016, 850; SchiedsVZ 2021, 128 (134); 2020, 156; Zimmermann, Parteivereinbarungen über die Qualifikation von Schiedsrichtern, 2016.

I. Systematik. → § 1034 Rn. 1. Die Parteien bestimmen grundsätzlich das bei der Bestellung der Schiedsrichter notwendige Verfahren, I, II, V. Fehlt eine Vereinbarung, ist die Bestellung nach III, V Aufgabe des Gerichts. Nicht vorgesehen ist, dass das Gericht feststellen kann, ob eine Schiedsrichterbestellung wirksam bzw. statthaft ist; eine Beteiligung des Gerichts ist bei der Konstituierung nur im Rahmen des IV zulässig, Mü BeckRS 2019, 14029. Die nicht ordnungsgemäße Besetzung kann nur im Aufhebungsverfahren geltend gemacht werden, Kröll NJW 2020, 1418. 1

II. Regelungszweck. Er ist natürlich auch hier die Stärkung der Parteiherrschaft als des beherrschenden Grundgedankens des ganzen schiedsrichterlichen Verfahrens. Zugleich muss aber die ebenso wichtige Rechtssicherheit, nach → Einl. II Rn. 87; → Vor § 128 Rn. 20 ff., unbedingt bestehen bleiben. Denn sonst könnte aus der Parteiherrschaft rasch eine Willkür des Stärkeren werden. 2

III. Geltungsbereich. Die Vorschrift gilt auch vor der Bestimmung eines deutschen Schiedsorts nach § 1025 III, → Vor § 1025 Rn. 1 ff. 3

IV. Vereinbartes Bestellungsverfahren, I, II. 1. Vereinbarungsfreiheit, I. Die Parteien können das Verfahren für die Bestellung des Einzelschiedsrichters oder der Schiedsrichter unabhängig von Art. 101 I 2 GG frei vereinbaren; nur wenn diese Vereinbarung in der Schiedsvereinbarung nach § 1029 erfolgt, gilt die Formvorschrift des § 1031; ansonsten ist die Vereinbarung formfrei, Mü OLGR 07, 681; Zöller/Geimer Rn. 1; Kröll NJW 2009, 1185. Eine solche Regelung kann auch durch einen Mehrheitsbeschluss von Gesellschaftern erfolgen, Kröll SchiedsVZ 2008, 69. Dabei müssen aber die Mindestregeln beachtet werden, BGH WM 2018, 1465. Die Parteien dürfen nach § 1036 II bestimmte Anforderungen an die Qualifikation der Schiedsrichter festlegen, Mü BauR 2015, 169. So kann bestimmt werden, dass ein Schiedsrichter Volljurist, zB Anwalt sein muss, Prütting AnwBl 2012, 28. Der Schiedsrichter braucht aber nicht schon kraft Gesetzes Jurist zu sein, Kronke RIW 1998, 257. Die Parteien können auch eine zeitliche Staffelung der Ernennungen, zB zunächst der Beisitzer und dann des Vorsitzenden, vereinbaren. Die Parteien können das Schiedsrichteramt zeitlich beschränken, aber auch eine Verlängerung vereinbaren. Grenzen hat die Freiheit der Parteien insofern durch den Grundsatz, dass die Unabhängigkeit und Unparteilichkeit des Schiedsgerichts sicher sein müssen, BGH NJW 1985, 1904. Hier bietet auch → § 1034 Rn. 6 f. einen Schutz, indem die Vorschrift Regelungen für das Übergewicht einer Partei im Schiedsverfahren nach § 1034 II vorsieht. 4

Unstatthaft ist die Ernennung eines aktiven Berufrichters, soweit dieser mit der Sache befasst ist; ansonsten bedarf der Berufsrichter einer Nebentätigkeitsgenehmigung, → § 1029 Rn. 8; → Anh. § 1035 Rn. 1. Unstatthaft ist die Ernennung einer Person in eigener Sache, BGH SchiedsVZ 2012, 154; Ffm SchiedsVZ 2017, 150; → § 1029 Rn. 10. 5

2. Mitteilung, Bindung, II. Jede Partei hat die Pflicht, an der Bestellung der Schiedsrichter mitzuwirken, wobei sich aus IV ableiten lässt, dass dies nicht einklagbar ist, Zöller/Geimer Rn. 1a; Kröll SchiedsVZ 2011, 132; → § 1029 Rn. 33 II bestimmt, dass jede Partei der anderen die eigene(n) Bestellung(en) mitzuteilen hat. Sie muss zugleich mitteilen, welchen Streit das Schiedsgericht entscheiden soll, KG MDR 2008, 284; Kröll SchiedsVZ 2010, 149. Der Zugang dieser Mitteilung bei der anderen Partei nach § 130 BGB bindet die Partei grundsätzlich an ihre Schiedsrichterbestellung, Kröll NJW 2011, 1267. Das gilt unabhängig davon, ob die andere Partei ihr Bestellungsrecht schon ausgeübt hat. Um den Zugang sicherzustellen und nachweisen zu können, empfiehlt sich auch wegen der Frist nach § 1034 II die Mitteilung durch ein Einschreiben gegen Rückschein oder per Telefax mit o. k.-Mitteilung. Die Partei darf die Ernennung dem Gegner gegenüber solange widerrufen, bis die Ernennung diesem nach § 130 I BGB zugegangen ist, auch wenn der Schiedsrichter sein Amt bereits angenommen hatte. Diese Regelung gilt dann nicht, wenn die Parteien etwas anderes vereinbart haben, der ernannte Schiedsrichter das Amt nicht übernimmt oder sich daran gehindert sieht. Eine Abweichung vom vereinbarten Bestellungsverfahren kann zur Unwirksamkeit der Bestellung führen, Kröll NJW 2003, 793. 6

3. Bestellung durch Dritten, I, II. Die Schiedsvereinbarung nach § 1029 kann die Ernennung einem Dritten überlassen, zB dem Landgerichtspräsidenten oder dem Vorstand einer Anwaltskammer. Dann ist zu prüfen, ob nicht der Dritte von einer Partei so abhängt, dass in Wahrheit die Partei ernennt. Ist der Dritte eine Behörde oder Personenmehrheit, ernennt im Zweifel der Vorstand den Schiedsrichter. Dabei darf die Schiedsvereinbarung nicht offensichtlich unwirksam sein, Jena SchiedsVZ 2009, 238. Unwirksam ist eine solche Vereinbarung, nach der alle Schiedsrichter oder der den Ausschlag gebende Vorsitzende vom Vorstand oder dem Beauftragten eines Vereins ernannt werden, falls nicht beide Parteien Mitglieder dieses Vereins sind; das gilt aber nicht, wenn die Schiedsvereinbarung erst nach dem Eintritt des Konfliktfalls zustande kommt, Mü KTS 1985, 154. Eine Verpflichtung zur Ernennung hat der Dritte gesetzlich nicht. Er handelt im Namen der Partei(en). Er schließt mit dem Schiedsrichter keinen eigenen Vertrag. Er muss selbst nicht von den Parteien unabhängig sein, solange kein Übergewicht nach § 1034 II 1 entsteht. Die Ernennung ist immer eine rein private Handlung, auch bei einer Ernennung durch einen Richter. Zulässig ist auch die Vereinbarung, dass von jeder Partei zu benennende Dritte den oder die Schiedsrichter ernennen, BayObLG NJW 2002, 3717. 7

V. Fehlen einer Vereinbarung, III. 1. Grundsatz. Haben die Parteien über die Bestellung der Schiedsrichter keine Vereinbarung getroffen oder ist die Vereinbarung unwirksam, müssen sich die Parteien wirksam über die Bestellung eines Einzelschiedsrichters nach § 1034 I 1 einigen. Bei einem Dreiergericht wird bei Fehlen einer Vereinbarung der Vorsitzenden durch die Beisitzer bestellt, die jeweils wirksam durch eine Partei bestellt wurden, III 2, 3. 8

9 **2. Bestellung durch das Gericht, III 1.** Misslingt die Bestellung des Einzelschiedsrichters, greift III 1 ein, dh das Gericht bestellt auf Antrag den Schiedsrichter, BGH SchiedsVZ 2012, 282; BayObLG NJW-RR 1999, 1085; Mü FamRZ 2018, 533. Entsprechendes gilt bei einem Dreiergericht nach III 3 für den Vorsitzenden und die Beisitzer. Die Bestellung durch das Gericht ist keine Entscheidung nach § 1062, auch wenn die offensichtliche Unwirksamkeit der Schiedsvereinbarung als Vorfrage geprüft wird, so dass eine Rechtsbeschwerde nach § 1065 nicht zulässig ist, BGH BeckRS 2020, 2038; → § 1062 Rn. 5.

10 **3. Mehrparteien-Schiedsgericht, III 2.** Soweit bei einem Dreierschiedsgericht keine konkrete Bestellungsvereinbarung getroffen ist, bestellt jede Partei nach III 2 einen Schiedsrichter. Diese beiden Schiedsrichter bestellen nach III 2 den dritten Schiedsrichter, der als Vorsitzender (Obmann) tätig wird, falls die Parteien nicht etwas anderes bestimmt haben. Wenn sich die beiden ernannten Schiedsrichter innerhalb der Monatsfrist nicht auf den Vorsitzenden einigen können, ist für dessen Ernennung auf Antrag ausschließlich das Gericht zuständig, Mü NJOZ 2009, 4781. Sind auf einer oder beiden Seiten mehrere Parteien vorhanden, spricht man von einem Mehrparteien-Schiedsgericht; ein solches Schiedsgericht ist zulässig, BGH NJW 2009, 1962; MüKoZPO/Münch Rn. 65; Musielak/Voit/Voit Rn. 7; Schütze FS Kronke,2020, 1561. Schwierigkeiten können sich hier aber bei der Besetzung des Schiedsgerichts ergeben. Die sich in einer Verwaltungs- und Verfügungsgemeinschaft oder in einer nach § 62 notwendigen Streitgenossenschaft stehenden Beteiligten auf einer Seite des Schiedsgerichts müssen sich mangels Geltung einer Schiedsordnung oder einer Individualvereinbarung einigen auf den oder die gemeinsamen Schiedsrichter, für die die betreffende Seite ein Ernennungsrecht hat. Gelingt dies nicht, ist bestritten, ob III gilt, dh ob das Gericht auf Antrag einer Partei dann den oder die betreffenden Schiedsrichter nur der einen Seite benennt, so MüKoZPO/Münch § 1035 Rn. 72 ff.; Musielak/Voit/Voit Rn. 7; Schütze FS Kronke 2020, 1562; Schwab FS Habscheid 1989, 908, oder ob dann das Ernennungsrecht für alle Schiedsrichter, auch für die der Gegenseite, in Anlehnung an § 1034 II auf das Gericht übergeht, so KG NJW 2008, 2720; Berger RIW 2001, 7, 13. Die zuletzt genannte Meinung geht auf die sog. **Ducto-Entscheidung** des französischen Cour des Cassation in Sachen BKJM./.Siemens vom 7.1.1992 zurück, nach der dem Gleichheitsgrundsatz (Grundsatz der Waffengleichheit) der Vorrang vor dem Recht der Parteien auf eine freie Schiedsrichterwahl eingeräumt wurde, weil der Einfluss auf die Besetzung des Schiedsgerichts bei einer Einzelpartei ungleich größer sei als bei einer Mehrheit der Parteien, Rev.arb. 1992, 470 =BB 1992, Beil. Nr. 15, 219. Die ICC hat diesen Grundsatz in ihr Regelwerk übernommen (Art. 12 VIII der Schiedsordnung 2017). Auch Art. 20.3 DIS-SchO 2018 folgt der ratio der Ducto-Entscheidung; es handelt sich allerdings insoweit um eine Kann-Regelung und das danach bestehende Ernennungsrecht der DIS kann auch dahin gehen, nur für die säumige Mehrparteienseite den Schiedsrichter zu bestellen. Im Ausland gelten in vielen Ländern die Grundsätze der Ducto-Entscheidung, vgl. Schütze FS Kronke 2020, 1563.

11 Nach unserer Auffassung gilt bei fehlender Vereinbarung einschließlich geltender Schiedsordnungen § 1035 III, dh das Gericht bestimmt auf Antrag bei nicht erfolgter Einigung der (Mehr-)-Partei nur die von dieser zu benennenden Schiedsrichter. Der deutsche Gesetzgeber hat in Kenntnis des Problems die Frage des Mehrparteienschiedsgerichts nicht besonders geregelt, so dass § 1035 nach unserer Auffassung auch insoweit gilt. Dessen III sieht aber nicht vor, dass die vertragsuntreue (Mehr-)Partei, die keinen Schiedsrichter benennt, dadurch der vertragstreuen Partei das Bestimmungsrecht nehmen kann; deshalb würde die Ducto-Entscheidung gegen diese Vorschrift verstoßen. Wir stimmen Schütze FS Kronke 2020,1567 zu, dass dadurch der Gleichheitsgrundsatz bzw. das Gebot der Waffengleichheit nicht verletzt wird. Danach muss jede Partei nur dieselbe Möglichkeit zur Schiedsrichterbestimmung haben; unerheblich ist hingegen, ob sie von dieser Möglichkeit Gebrauch macht.

12 Besondere Bedeutung hat das aufgezeigte Problem bei gesellschaftsrechtlichen **Beschlussanfechtungsklagen,** → § 1030 Rn. 6. Hier hat der BGH, NJW 2009, 1962 Rn. 20, für die Einigung der Mehrparteien auf einen Schiedsrichter eine Mehrheitsentscheidung für maßgeblich angesehen, vgl. auch Wolff NJW 2009, 2021. Um von vorneherein Konflikte bei der Besetzung eines Mehrparteienschiedsgerichts zu vermeiden, bietet sich eine Vereinbarung an, alle Schiedsrichter von einer neutralen Stelle benennen zu lassen, so auch Musielak/Voit/Voit Rn. 7.

13 **4. Monatsfrist, III 3.** Für die Erfüllung der Verpflichtung der Parteien zur Bestellung der Schiedsrichter läuft jeweils eine Monatsfrist. Nach ihrem Ablauf muss auf den Antrag einer Partei das zuständige OLG (§§ 1062, 1063) nach III 3 den Schiedsrichter bestellen, BayObLG NJW-RR 2002, 933. III 3 ist keine Ausschlussfrist. Eine Wiedereinsetzung nach § 233 kommt nicht infrage.

14 **5. Zeitverstoß, III 3.** Ein Verstoß gegen die Mitwirkungspflicht der Parteien innerhalb der Frist bei der Bestellung der Schiedsrichter kann zum Verlust des Bestellungsrechts führen, Kröll NJW 2009, 1186. Die Monatsfrist beginnt allerdings erst mit einer Aufforderung durch die andere Partei. Ihre Zustellung ist nicht erforderlich, aber ratsam. Die Aufforderung muss mangels einer abweichenden Regelung in der Schiedsvereinbarung nach § 1029 zunächst die Bezeichnung des Schiedsrichters des Auffordernden enthalten, KG MDR 2008, 285; Kröll SchiedsVZ 2012, 143, und zwar so genau, dass sich der Gegner nach ihm erkundigen kann, Naumb SchiedsVZ 2010, 229. Er braucht aber das Amt weder angenommen zu haben noch auch nur über dessen Annahme befragt zu sein.

15 Fällt der Ernannte weg oder lehnt er ab, hat der Gegner das Aufforderungsrecht. Die Aufforderung muss ferner eine ausreichende Bezeichnung des Streitgegenstands enthalten. Die genaue Angabe des Anspruchs ist unnötig. Die Aufforderung sollte schließlich einen Hinweis auf die Monatsfrist enthalten. Er ist zwar nicht nötig, BGH NJW-RR 2002, 934, aber ratsam. Für die Berechnung gilt § 222, der Fristlauf beginnt mit dem Zugang der Aufforderung. Eine Verlängerung und Abkürzung durch eine Vereinbarung sind zulässig, weil kein gerichtliches Verfahren vorliegt. Ist die vereinbarte Frist zu kurz gewesen, ist sie unbeachtlich; die Ernennungsaufforderung ist aber nicht unwirksam, es wird dann lediglich die gesetzliche Frist in Gang gesetzt, Naumb 30.7.2020 – 7 SchH 1/20; KG MDR 2013, 931. Ist die gesetzliche Ernennungsfrist verstrichen, geht das Ernennungsrecht auf das Gericht über; um den Interessen beider Parteien Rechnung zu tragen und den Eingriff in die Privatautonomie der säumigen Partei möglichst gering zu halten, hat das Gericht nach Auffassung des OLG Naumb v. 24.9.2020 – 7 SchH 2/20; Kröll SchiedsVZ 2021, 128 (134), den verspäteten Ernennungsvorschlag einer Partei möglichst zu berücksichtigen. Eine nachträglich wirksame Benennung durch die Parteien erledigt das Bestellungsverfahren, KG MDR 2013, 931.

16 Trotz des Fristablaufs endet das Bestellungsrecht der Partei erst dann, wenn die andere Partei bei Gericht einen Antrag auf eine Ersatzbestellung gestellt, BGH NJW-RR 2002, 934, und das OLG über die Bestellung ent-

schieden hat, KG MDR 2013, 931; MüKoZPO/Münch Rn. 50; Thomas/Putzo/Seiler Rn. 8; aM wohl Mü MDR 2006, 1308 (Bestellung soll bloße Anregung an das Gericht darstellen); BayObLG NJW-RR 2002, 933, Naumb SchiedsVZ 2003, 236. Das bestellende Gericht überprüft auch die Wirksamkeit der Schiedsvereinbarung, aber nur summarisch, Kröll NJW 2007, 746; → Rn. 20.

VI. Erfolglosigkeit einer Bestellung, IV, V. Manchmal handelt eine der Parteien nicht entsprechend der Vereinbarung oder die Parteien bzw. die beiden Schiedsrichter können eine Einigung entsprechend dem vereinbarten Verfahren nicht erzielen oder ein Dritter erfüllt eine ihm nach diesem Verfahren übertragene Aufgabe nicht, BayObLG 2000, 187; Mü SchiedsVZ 2010, 168, oder der als Schiedsrichter Bestellte weigert sich, Kröll SchiedsVZ 2012, 143. Erst dann kann jede Partei bei dem Gericht die Anordnung der erforderlichen Maßnahmen beantragen, Mü SchiedsVZ 2012, 112; Kröll NJW 2011, 1267. Das gilt aber nur, sofern das vereinbarte Verfahren zur Sicherung der Bestellung nichts anderes vorsieht, Mü SchiedsVZ 2010, 169, zB den zunächst zu versuchenden Übergang der Befugnis auf einen Dritten, BayObLG NJW 2002, 3717; Kröll SchiedsVZ 2009, 164. 17

Hierhin gehört auch die Geltendmachung der Unwirksamkeit der Ernennung eines Schiedsrichters, Hamm SchiedsVZ 2003, 79; Kröll SchiedsVZ 2012, 143. Zuständig ist das OLG nach § 1062 I Nr. 1. Sein Verfahren richtet sich nach § 1063. Es besteht wegen § 1063 IV in der Regel kein Anwaltszwang vor Anordnung der mündlichen Verhandlung. Was im Einzelfall „erforderlich" ist, entscheidet das OLG nach seinem pflichtgemäßen Ermessen unter einer Beachtung der zwingenden Vorschriften des Buchs 10. Wenn es selbst einen Schiedsrichter ernennt, muss es nach § 1035 I verfahren und die in V gesetzten Maßstäbe beachten. Das OLG muss einen Antrag dann zurückweisen, wenn nach dem Parteivortrag offensichtlich keine wirksame Schiedsvereinbarung nach § 1029 vorliegt, BayObLG MDR 2001, 78; Kröll SchiedsVZ 2020, 162; → Rn. 20, oder wenn eine Ernennung erfolgt ist, Kröll SchiedsVZ 2012, 143. 18

Die Unwirksamkeit einer Bestellung hat nicht stets die Unwirksamkeit der Schiedsvereinbarung zur Folge, Ffm SchiedsVZ 2013, 295. Dasselbe gilt bei einer Unzweckmäßigkeit der Vereinbarung, Mü BauR 2015, 169. 19

VII. Gerichtsentscheidung, V. Das OLG muss zunächst prüfen, ob die Schiedsvereinbarung nach § 1029 überhaupt wirksam ist, BGH SchiedsVZ 2012, 282; Drsd SchiedsVZ 2009, 70; Mü SchiedsVZ 2010, 168. Im Ernennungsverfahren wird aber die Wirksamkeit der Schiedsklausel nicht abschließend geklärt, sondern nur summarisch geprüft; eine umfassende Prüfung kann nur aufgrund eines Antrages nach § 1032 II erfolgen; es wird lediglich geprüft, ob diese **offensichtlich** unwirksam ist oder offensichtlich den Streit nicht erfasst, BGH BeckRS 2020, 2038; BayObLG BeckRS 2020, 35340; Ffm BeckRS 2019, 21305 Rn. 11; BeckRS 2019, 11212; Kröll SchiedsVZ 2021, 128 (134 f.); 2020, 162; 2013, 191. Dementsprechend handelt es sich bei der gerichtlichen Bestellung eines Schiedsrichters nicht um eine Entscheidung nach § 1062 I Nr. 2 Fall 1, so dass eine Rechtsbeschwerde nach § 1065 I 1 nicht statthaft ist, BGH BeckRS 2020, 4781. 20

Das Gericht muss nach V 1 bei der Bestellung eines Schiedsrichters alle nach der Parteivereinbarung für den Schiedsrichter erforderlichen Voraussetzungen berücksichtigen und alle diejenigen Gesichtspunkte beachten, die die Bestellung eines unabhängigen und unparteiischen Schiedsrichters sicherstellen, BayObLG NJW-RR 1999, 1085; Mü SchiedsVZ 2010, 169; Naumb SchiedsVZ 2003, 235. Bei der Bestellung eines Einzelschiedsrichters oder eines dritten Schiedsrichters (Vorsitzenden) muss das OLG nach V 2 auch die Zweckmäßigkeit der Bestellung eines Schiedsrichters mit einer anderen Staatsangehörigkeit als derjenigen der Parteien in Erwägung ziehen. Dieser Gesichtspunkt hat vor allem in der internationalen Schiedsgerichtsbarkeit Bedeutung. Die in V genannten Maßstäbe lassen sich nicht durch eine Parteivereinbarung ändern. Fällt der vom OLG Bestellte weg, gilt § 1039. Bei der Bestellung des Vorsitzenden kann man § 92 anwenden, Kröll SchiedsVZ 2007, 148. § 91a ist ebenfalls anwendbar, Kröll NJW 2011, 1267. 21

Der Streitwert für das Bestellungsverfahren wird nach § 3, § 48 GKG auf einen Bruchteil der Hauptsache festgesetzt, Mü BeckRS 2019, 1897 ($^1/_3$). Im Einzelfall kann aber auch der Streitwert der Hauptsache in vollem Umfang gerechtfertigt sein, Kröll NJW 2005, 196. 22

VIII. Schiedsrichtervertrag, I–V. Den zwischen den Parteien und den Schiedsrichtern nötigen Vertrag regelt Buch 10 nicht. Zu den Einzelheiten siehe nachfolgenden Anh. § 1035. 23

Anhang zu § 1035
Schiedsrichtervertrag

Schrifttum: Armbrüster SchiedsVZ 2016, 81; Gal, Die Haftung des Schiedsrichters in der internationalen Handelsschiedsgerichtsbarkeit, 2009; Greiner/Nießen ZZP 126, 447 (Arbeitsgerichtsverfahren); Haarmann, Die vorzeitige Beendigung des Schiedsrichteramtes durch Abberufung oder Rücktritt usw., FS Geimer, 2017, 139; Holzberger, Die materiellrechtliche und kollisionsrechtliche Einordnung des Schiedsrichtervertrages, 2015; Karl, Die Gewährleistung der Unabhängig und Unparteilichkeit des Schiedsrichters, 2004; Prütting SchiedsVZ 2011, 233; Rings, Schiedsrichtervertrag und Schiedsrichtervergütung in der Insolvenz einer Schiedspartei, 2017; Sachs, Verhaltensstandards für Schiedsrichter, 2008; Theune, Schiedsrichteramt, Schiedsrichterorganisation und Schiedsrichtervertrag bei Geltung der DIS-Schiedsordnung 2018.

I. Wesen und Abschluss. 1. Gegenstand. Der Schiedsrichtervertrag ist grundsätzlich der zwischen allen Parteien und dem Schiedsrichter bzw. jedem einzelnen Schiedsrichter bei einem Mehrpersonen-Schiedsgericht geschlossene Vertrag, der von der Schiedsvereinbarung zwischen den Parteien nach § 1029 zu unterscheiden ist, MüKoZPO/Münch Vor § 1034 Rn. 13. Die Wirksamkeit des Schiedsrichtervertrags ist von derjenigen der Schiedsvereinbarung nach § 1029 grundsätzlich unabhängig, jedoch kann im Einzelfall § 139 BGB eingreifen, → § 1029 Rn. 8. Sein Abschluss steht dem dazu vorgesehenen Schiedsrichter frei. Er ist nicht formbedürftig, insb. gilt § 1031 nicht, MüKoZPO/Münch Vor § 1034 Rn. 14. Der Vertrag verpflichtet den Schiedsrichter zur Ausübung des Schiedsrichteramts. Wesen und Wirkung des Schiedsvertrages sind streitig, obwohl die praktischen Unterschiede der verschiedenen Meinungen gering sind. Der Schiedsrichtervertrag ist jedenfalls ein gegenüber der Schiedsvereinbarung nach § 1029 selbständiger privatrechtlicher Vertrag, BGH NJW 1986, 3077; Theune SchiedsVZ 2021, 177, 189. Der Schiedsrichtervertrag ist mangels eines Entgelts ein Auftrag und bei einer Entgeltlichkeit – was die Regel ist – im Grundsatz ein Vertrag **sui generis** mit einem Einschlag zum Geschäftsbesorgungsvertrag; dagegen kann ein Dienstvertrag in seiner Reinform nicht angenommen werden, weil die Schiedsrichter weisungsunabhängig sind, BGH NJW 1986, 3077; Musielak/Voit/Voit § 1035 Rn. 20; Zöller/ 1

Geimer § 1035 Rn. 23; Prütting/Gehrlein/Prütting § 1035 Rn. 8; Theune SchiedsVZ 2021, 177, 190; Götz SchiedsVZ 2012, 311; Prütting SchiedsVZ 2011, 233; Kröll NJW 2007, 747; aM Schwab/Walter 11 Rn. 9 (Prozessvertrag, der auch dem bürgerlichen Recht untersteht). Die Schiedsvereinbarung ist dahingehend auszulegen, dass sich die Schiedsparteien konkludent gegenseitig bevollmächtigen, im Rahmen ihres Ernennungsrechtes einen Schiedsrichtervertrag auch für die jeweils andere Partei zu schließen und auch für die andere Partei Willenserklärungen des von einer Partei ernannten Schiedsrichters entgegenzunehmen; indem eine Partei berechtigterweise einen Schiedsrichter bestellt, macht sie diesem im eigenen Namen und für die andere Partei als Vertreter ein Angebot zum Abschluss eines Schiedsrichtervertrages, Musielak/Voit/Voit § 1035 Rn. 22. Entsprechendes gilt für die Bestellung des Vorsitzenden durch die von den Parteien bestellten Beisitzer (§ 1035 III 2). Die Annahmeerklärung des Schiedsrichters gegenüber einer Schiedspartei wirkt auch für den anderen. Entgegen der Vorauflagen wird nicht mehr die Meinung vertreten, dass der Schiedsvertrag zwischen dem Ernannten und den Schiedsparteien erst zustande, kommt, wenn die Anzeige von der Ernennung des Schiedsrichters dem Gegner zugeht und bis dahin nur eine innere Angelegenheit des Ernennenden und des Schiedsrichters vorliegt. Dies ergibt sich auch aus § 1035 II, der überflüssig wäre, wenn der Schiedsrichtervertrag erst mit der Mitteilung an den Gegner wirksam wäre. Zu den Besonderheiten für einen Schiedsrichtervertragsabschluss bei Beteiligung von Schiedsorganisationen; → Rn. 5 f.

2 **Schiedsrichterfähig** ist jede geschäftsfähige natürliche Person und auch das Vertretungsorgan einer juristischen Person, → § 1029 Rn. 9. Eine Behörde ist als solche nicht schiedsrichterfähig, Thomas/Putzo/Seiler § 1035 Rn. 1; Zöller/Geimer § 1035 Rn. 7, wohl aber ihr Vorstand (Auslegungsfrage), → § 1029 Rn. 9. Das Gericht ist nicht schiedsrichterfähig. Richter und Beamte als Schiedsrichter benötigen eine **Genehmigung ihrer Dienstbehörde** nach den Beamtengesetzen (§ 99 I Nr. 2 BBG, § 40 I DRiG), KG SchiedsVZ 2003, 185; → § 1029 Rn. 9. Fehlt die Genehmigung, ist streitig, ob der Schiedsvertrag wirksam ist, verneinend: BGH WM 2016, 1244 (Verstoß gegen § 40 I 1 DRiG); Brem BeckRS 2014, 21290; Stgt NJW-RR 2003, 495; Musielak/Voit/Voit § 1035 Rn. 17; bejahend: KG SchiedsVZ 2003, 185; Hmbg VersR 1983, 787; MüKoZPO/Münch Vor § 1034 Rn. 58 (§ 134 BGB, aber der Schiedsspruch kann deshalb nicht aufgehoben werden); Breetzke NJW 1971, 1458; → § 1029 Rn. 9. Da Zweck der Genehmigungspflicht allein die Funktionsfähigkeit des Öffentlichen Dienstes ist, ist der Schutzbereich der Vertragspartner nicht betroffen, so dass nach unserer Auffassung die Wirksamkeit nicht tangiert wird.

3 **2. Kollisionsrechtliche Fragen.** Gibt es im Zusammenhang mit dem Schiedsrichtervertrag Auslandsbezüge, stellt sich die Frage nach dem anzuwendenden Recht. Die §§ 1025 ff. regeln nur das schiedsgerichtliche Verfahren sowie die Kontrollrechte der Gerichte; so normieren § 1025 prozessuales und § 1051 materielles Kollisionsrecht. Auf die Regelungen für das Schiedsverfahren selbst kommt es aber beim Schiedsrichtervertrag vom Ansatz her nicht an. Die §§ 1025 ff enthalten keine Regelungen für diesen Vertrag. Insoweit gelten die Kollisionsnormen der Art. 3 ff. Rom I-VO direkt (vormals Art. 27 ff. EGBGB), MüKoZPO/Münch Vor § 1034 Rn. 10; Klein IPRax 1986, 53 (zum alten Recht). Danach ist in erster Linie nach Art. 3 I Rom I-VO (vormals Art. 27 EGBGB) der Parteiwille maßgeblich, in zweiter Linie wird nach Art. 4 I b Rom-I-VO bei Dienstverträgen auf den gewöhnlichen Aufenthalt des Schiedsrichters abgestellt. Das kann aber zur Folge haben, dass bei einem Mehrpersonen-Schiedsgericht verschiedene Rechtsordnungen maßgeblich wären. Hier hilft Art. 4 III Rom I-VO (vormals Art. 28 II EGBGB), nach dem sich aus einer engeren Verbindung zu einem anderen Staat etwas anderes ergeben kann. Diese engere Verbindung kann sich aus dem Schiedsort oder dem Sitz der gewählten Institution ergeben, so dass letztlich für den Schiedsrichtervertrag in der Regel deutsches Recht anzuwenden ist, wenn der Schiedsort in Deutschland liegt, MüKoZPO/Münch Vor § 1034 Rn. 12; v. Hoffmann FS Glossner, 1994, 143; Kronke RIW 1998, 258.

4 **3. Vertragspartner.** Das sind einerseits der Schiedsrichter oder jeder einzelne Schiedsrichter bei einem Mehrpersonen-Schiedsgericht, andererseits grundsätzlich alle Schiedsparteien, nicht nur die Partei, die den Schiedsrichter benannt hat, Thomas/Putzo/Seiler Vor § 1029 Rn. 8. Es ist auch eine Vereinbarung der Parteien mit einer Schiedsrichterorganisation denkbar, die ihrerseits die Schiedsrichter bestellt, → Rn. 5. Es hängt dann von den einzelnen Vereinbarungen ab, wer Vertragspartner des Schiedsvertrages ist. Wer ernennt, ist allein für diese Frage nicht ausschlaggebend. Es können auch beide Parteien gemeinsam vorgehen oder einen Dritten hierzu berufen. Wenn ersatzweise das Gericht ernennt, erfolgt dies kraft seiner gesetzlichen Ermächtigung für beide Parteien. Der Vertragsschluss geschieht formlos, → Rn. 1, die Annahme des Amtes kann auch durch eine schlüssige Handlung erfolgen. Eine schriftliche Erklärung der Annahme oder Ablehnung ist aus der Urkunde auslegbar. Ein abweichender innerer Wille ist neben ihr unbeachtlich.

5 Es kann ein Schiedsorganisationsvertrag vorliegen, dh ein Vertrag, der in der institutionellen Schiedsgerichtsbarkeit die Rechtsbeziehungen zwischen den Schiedsparteien und der **Schiedsorganisation** regelt, MüKoZPO/Münch Vor § 1034 Rn. 77 ff. Dieser Vertrag ist noch kein Schiedsvertrag. Bei Vorliegen eines solchen Vertrages gelten Besonderheiten. Je nach Regelung in den einzelnen Schiedsordnungen haben die Schiedsorganisationen unterschiedliche Aufgaben zu erfüllen, wie zB die Vermittlung von geeigneten Schiedsrichtern, die Bereitstellung des äußeren Rahmens, die formale Verwaltung des Verfahrens, eventuell auch die Überprüfung von Einzelfragen; MüKoZPO/Münch Vor § 1034 Rn. 77. Einzelne Schiedsorganisationsverträge sehen für die Schiedsorganisation aber auch die Bestellung der Schiedsrichter vor; geschieht dies im Namen der Parteien, kommt der Schiedsrichtervertrag – wie üblich – zwischen den Parteien und den Schiedsrichtern zustande, → Rn. 4; möglich ist aber auch, dass die Schiedsorganisationen im eigenen Namen die Schiedsverträge zugunsten der Parteien schließt; dann ist die Organisation für die Schiedsrichterleistung gegenüber den Parteien verantwortlich, vgl. im Einzelnen: MüKoZPO/Münch Vor § 1034 Rn 78 ff.

6 Ob nach der **DIS-Schiedsgerichtsordnung** 2018 der Schiedsvertrag zwischen der DIS und den Schiedsrichtern oder herkömmlich geschlossen wird, wird, anders als bei Geltung der DIS-Schiedsgerichtsordnung 1998, unterschiedlich beurteilt. Theune SchiedsVZ 2021, 177 (189 ff.), insb. 193 ff., geht davon aus, dass der Schiedsvertrag zwischen jedem Schiedsrichter und der DIS abgeschlossen wird, und zwar als echter Vertrag zugunsten Dritter, der Parteien. Die DIS verpflichtet sich gegenüber den Parteien, das Schiedsverfahren zu administrieren und in diesem Verfahren alle in der Schiedsgerichtsordnung bestimmten Aufgaben wahrzunehmen, und zwar entgeltlich gegen Zahlung der DIS-Bearbeitungsgebühren; insoweit liegt ein Geschäftsbesorgungsvertrag vor. Nach Ansicht von Theune SchiedsVZ 2021, 177 (185), ist Schuldner für die Honoraransprüche der Schieds-

richter die DIS. Demgegenüber sieht MüKoZPO/Münch Vor § 1034 Rn. 79, die DIS nicht als Vertragspartner der Schiedsrichter an. Auch wir haben Zweifel, ob sich aus der Honorarregelung und aus anderen Regelungen der DIS-SchO 2018 ableiten lässt, dass der Schiedsvertrag nicht mehr zwischen den Parteien und den einzelnen Schiedsrichtern, sondern zwischen der DIS und den Schiedsrichtern als Vertrag zugunsten Dritter ableiten lässt. Grundsätzlich beschränkt sich die Tätigkeit der DIS in Bezug auf die Schiedsrichter auf schlichte Auswahlempfehlungen, und zwar nur auf Abfrage, Art. 9.2 DIS-SchO 2018, und auf eine Bestätigung der Bestellung, Art. 13.1–4 DIS-SchO 2018. Allein aufgrund der Kostensicherheit für die Schiedsrichter in Bezug auf die Honoraransprüche, Art. 34.3, 35 DIS-SchO 2018, kann aus unserer Sicht noch kein Vertragsverhältnis zwischen der DIS und den Schiedsrichtern abgeleitet werden. In jedem Fall kann die Veröffentlichung und Bewerbung der Schiedsgerichtsordnung durch die DIS nur als invitatio ad offerendum, gewertet werden, so auch: Theune SchiedsVZ 2021, 177 (186); vgl. auch MüKoZPO/Münch Vor § 1025 Rn. 139 ff. (zu den Neuerungen der DIS-SchO); vgl. auch Klesse/Wietzorek SchiedsVZ 2021, 278. Ähnliche Fragen stellen sich bei anderen Schiedsorganisationen, insbesondere bei Geltung der **ICC-Rules,** Zöller/Geimer § 1035 Rn. 23 (Vertrag zwischen ICC und jedem Schiedsrichter); Theune SchiedsVZ 2021, 177, 193 (auch zum Meinungsstand); vgl. auch Gal, Die Haftung von Schiedsrichtern in der internationalen Handelsschiedsgerichtsbarkeit, 2009, 117 mit Fn. 77; Bühler SchiedsVZ 2021, 230 (zur neuen Fassung der ICC-Schiedsordnung 2021).

II. Inhalt. 1. Rechtsgrundlagen. Der Schiedsrichtervertrag ist ein materiell-rechtlicher Vertrag sui generis, 7
→ Rn. 1. Es gelten die Vorschriften des bürgerlichen Rechts mit den durch die Natur des Vertrags bedingten Abweichungen. §§ 615–619 BGB sind zB mit dem Schiedsrichtervertrag unvereinbar und darum unanwendbar. Eine Anfechtung kann nicht auf Gründe gestützt werden, die durch eine Ablehnung nach § 1036 geltend gemacht werden könnten, weil es sich insoweit um eine Spezialvorschrift handelt, MüKoZPO/Münch Vor § 1034 Rn. 17. Auch eine AGB-Kontrolle nach §§ 307 BGB ist bei Vorliegen der Voraussetzungen möglich, Musielak/Voit/Voit Vor § 1034 Rn. 14.

2. Mitwirkungspflicht. Durch den Schiedsrichtervertrag verpflichtet sich der Schiedsrichter, im schieds- 8
richterlichen Verfahren nach besten Kräften mitzuwirken und den Streitfall nach der Schiedsvereinbarung gemäß § 1029 in einem geordneten rechtsstaatlichen Verfahren neutral und unabhängig sowie zügig (§ 1038) einer sachgerechten Erledigung zuzuführen, BGH NJW 1986, 3077 (mit einem ausführlichen Pflichtenkatalog). Aus § 1036 I ergibt sich, dass der Schiedsrichter auf mögliche Ablehnungsgründe hinweisen muss. Aus dem Vertrag ergibt sich für den Schiedsrichter die Ermächtigung und zugleich die Pflicht, die erforderlichen Ermittlungen anzustellen, auch Zeugen zu hören, einen Ortstermin durchzuführen und Sachverständige wie bei §§ 402 ff. zu beauftragen, soweit dies für eine sachgerechte Entscheidung von Bedeutung ist. Auch im Übrigen muss sich der Schiedsrichter umfassend tatsächlich und rechtlich informieren, Musielak/Voit/Voit § 1035 Rn. 24. Weigert sich der Schiedsrichter, gilt § 1038. Eine Mitwirkung wäre nach § 888 III nicht erzwingbar und sie ist deshalb auch nicht einklagbar, MüKoZPO/Münch Vor § 1034 Rn. 21. Hat der Schiedsrichter aber mitgewirkt und den Schiedsspruch nach § 1054 (mit)gefällt, muss er ihn auch unterzeichnen, selbst wenn er überstimmt worden ist oder den bzw. die anderen Schiedsrichter für parteiisch hält. Andernfalls würde er durch seine Kündigung das an sich fertige Ergebnis der bisherigen Arbeit rückwirkend zerstören. Eine auf eine Unterzeichnung gerichtete gerichtliche Klage ist dann zulässig, wenn es auf die Unterschrift nach § 1054 ankommt, für die Erzwingung der Unterschrift nach einer Mitwirkung gilt § 888 I, III, MüKoZPO/Münch Vor § 1034 Rn. 25; Thomas/Putzo/Seiler § 1039 Rn. 7; aM Schwab/Walter 12 Rn. 1 ff. (Erlöschen der Schiedsvereinbarung). Ansonsten müsste das Hauptverfahren vor dem Gericht faktisch neu beginnen, was den Parteien schwerlich zumutbar wäre.

3. Unabhängigkeit; Haftung. Der Schiedsrichter verdankt seine Stellung dem Parteiwillen. Er übt keine 9
staatlichen Befugnisse aus. Er ist aber von den Parteien völlig unabhängig und muss es, wie sich aus § 1036 ergibt, auch sein. Er darf nicht als ein Vertreter derjenigen Partei amtieren, die ihn ernannt hat. Bei seiner Weigerung jeder Mitwirkung gelten §§ 627 II, 671 II BGB. Er verliert evtl. nach § 628 BGB seinen Anspruch auf eine Vergütung. Er muss dann die erhaltene zurückzahlen und für einen Verzögerungsschaden aufkommen. Darüber hinaus kann er bei Vorliegen der Voraussetzungen der §§ 1036, 1038 aus seinem Amt entfernt werden. UU haftet er nach § 280 ff. BGB und bei Verletzung der absoluten Rechtsgüter nach §§ 823 ff. BGB. Für ein Verschulden beim Schiedsspruch gilt dieselbe Haftungsbeschränkung nach § 839 II BGB analog, wie sie für den urteilenden staatlichen Richter maßgeblich ist, BGH NJW 1954, 1763; Zöller/Geimer § 1035 Rn. 30; MüKoZPO/Münch Vor § 1034 Rn. 33; Götz SchiedsVZ 2012, 311; → § 1054 Rn. 8 **(Dissenting Opinion).**

4. Höchstpersönliches Amt. Das Amt des Schiedsrichters ist nach §§ 613, 664 BGB höchstpersönlich. Die 10
Pflichten des Schiedsrichters sind nicht übertragbar. Jedoch kann der Schiedsrichter **Hilfskräfte** hinzu ziehen Der Schiedsrichter darf grundsätzlich keinen Erfüllungsgehilfen nach § 278 BGB beschäftigen, allenfalls Hilfskräfte oder einen Berater, soweit die Parteien dies erlauben, BGH NJW 1990, 2199; Stürner SchiedsVZ 2013, 322; vgl. auch Jensen SchiedsVZ 2022, 275 (zur Frage von Hilfspersonen und zur Entwicklung bezüglich des „Sekretärs des Schiedsgerichts" in Sachen **Yukos** anlässlich der Entscheidung des Niederländischen Obersten Gerichtshofs). Grundsätzlich geht das Schiedsrichteramt nicht auf den Rechtsnachfolger über, sondern der Schiedsrichtervertrag wird bei Eintritt der Rechtsnachfolge beendet, wie zB durch den Tod des Schiedsrichters. Etwas anderes kann gelten, wenn der Inhalt des Schiedsrichtervertrages unberührt bleibt.

5. Weisungen beider Parteien. Sie binden den Schiedsrichter im Rahmen seiner Aufgabe nach § 665 BGB, 11
soweit sie mit dem Schiedsrichtervertrag vereinbar sind und nicht gegen zwingende Normen verstoßen. Weisungen nur einer der Parteien sind höchstens pflichtmäßig bewertbare Anregungen, BGH NJW 1986, 3077. Derjenige Schiedsrichter, der sich zum Schaden einer Partei nicht an das im Vertrag vorgesehene Recht hält, handelt treuwidrig. Denn er hat eine ähnliche Stellung wie der Richter des Gerichts. Er haftet deshalb nach → Rn. 9 ebenso wie dieser.

6. Einzelpflichten. → Rn. 8. Der Schiedsrichter hat den Parteien nach § 1042 I 2 rechtliches Gehör zu 12
gewähren und er muss an Verhandlungen teilnehmen, MüKoZPO/Münch Vor § 1034 Rn. 23. Der Schiedsrichter ist auch verpflichtet, die Parteien im erforderlichen Umfang zu informieren und Auskunft über den jeweiligen Verfahrensstand zu geben. Weiterhin ist der Schiedsrichter zur Verschwiegenheit verpflichtet, weil ansonsten ein Zweck des Schiedsgerichtsverfahrens, nämlich die Vermeidung der Öffentlichkeit, nicht erreichbar wäre; eine Entbindung durch die Parteien ist nicht ausreichend, BGH NJW-RR 2015, 1087; MüKoZPO/Münch

Vor § 1034 Rn. 30; Zöller/Geimer § 1035 Rn. 31; Im Umfang seiner Verschwiegenheitspflicht ist er zur Aussageverweigerung berechtigt, und zwar unabhängig von einer Entbindung durch die Parteien, Düss EWiR 1988, 623; Prütting FS Schwab, 1990, 418. Hier greift zumindest der Rechtsgedanke des § 383 I Nr. 6 ein. Der Schiedsrichter unterliegt dem **Beratungsgeheimnis,** → § 1052 Rn. 5; → § 1054 Rn. 8 (dissenting opinion). Wegen der aus dem Datenschutz ergebenden Pflicht des Schiedsgerichts, vgl. Cervanka/Schwarz SchiedsVZ 2020, 78; Fritz/Prantl/Leinwather/Hofer SchiedsVZ 2019, 301; Heydn SchiedsVZ 2020, 242 (Muster einer Datenschutzerklärung des Schiedsgerichts), Eine Akteneinsicht wie bei § 299, eine Auskunft über den Stand des Verfahrens, eine Abrechnung über Vorschüsse, die Herausgabe für die Parteien vereinnahmter Beträge sind selbstverständliche Pflichten, BGH NJW 1986, 3078. Der Schiedsrichter kann auch bei der Klärung solcher Umstände mitwirken müssen, die den Bestand des Schiedsspruchs nach §§ 1054, 1055 infrage stellen. Wegen des Verbots der Vorteilsannahme gelten §§ 331 II, 332 II, § 335a StGB.

13 **III. Vergütung. 1. Anspruchsgrundlage.** Ein Anspruch auf eine Vergütung besteht, wenn dies zwischen den Parteien und den Schiedsrichtern, evtl. mit Einschaltung der Schiedsorganisation vereinbart wurde; dann liegt ein Dienstvertrag mit Geschäftsbesorgung bzw. ein Vertrag sui generis vor, → Rn. 1, und ein Vergütungsanspruch ergibt sich dann aus §§ 611, 675 I BGB (analog), und zwar gegen die Parteien als Gesamtschuldner nach §§ 421, 427 BGB. Auch ohne besondere Abrede entsteht der Vergütungsanspruch auf die übliche Vergütung nach § 612 BGB, wenn keine andere Abrede getroffen wurde, weil die Schiedsrichtertätigkeit üblicherweise keine unentgeltliche ist. Maßgeblich für die Höhe ist zunächst die zwischen den Vertragsparteien getroffene Vereinbarung. Notfalls sollte man den Schiedsrichtervertrag durch eine Zusatzvereinbarung in der ersten mündlichen Verhandlung ergänzen, um Streit zu vermeiden. Fehlt eine Vereinbarung, muss man die am Ort der Dienstleistung übliche Vergütung leisten. Diese kann häufig auf der Grundlage der vom Deutschen Anwaltverein mit dem Deutschen Richterbund ausgearbeiteten Mustervereinbarung (Vergütung eines Berufungsanwalts) oder auf der Grundlage der Schiedsgerichtsordnung für das Bauwesen ermittelt werden und zwar für jeden Schiedsrichter und meist mit einem Zuschlag für den Vorsitzenden, MüKoZPO/Münch Vor 1034 Rn. 41 (DAV und DRiB); Bork NJW 2008, 1921; Buchwaldt NJW 1994, 638; Burchard ZfBR 1989, 131. Man kann zB die Vergütung entsprechend einem Berufungsanwalts mit doppelten Termingebühren und beim Vorsitzenden mit einem Zuschlag von 0, 2-Gebühr ansetzen und den Streitwert, wie er in einem gerichtlichen Verfahren bestimmt würde, zugrunde legen, LG Mönchengladb SchiedsVZ 2007, 104; vgl. auch MüKoZPO/Münch Vor § 1034 Rn. 38 ff. (kritisch zum Zugrundelegen der RVG-Vorgaben). Neben der Vergütung steht den Schiedsrichtern auch ein Anspruch auf Auslagenersatz zu, und zwar analog §§ 675, 670 BGB, wie zB Büroaufwand, Schreibkosten, Post- und Telekomminikationsentgelte, Reisekosten, MüKoZPO/Münch Vor § 1034 Rn. 47. Zum Vorschuss → Rn. 16.

14 Ist eine Schiedsorganisation eingebunden, enthalten deren Schiedsordnungen meistens streitwertabhängige eigene Vergütungssysteme, wie zB Art. 38 ICC oder Art. 32 DIS-SchO 2018 iVm Ziff. 3.1 DIS-KostO (Bearbeitungsgebühr der DIS), Art. 32 DIS-SchO 2918 iVm Ziff. 2.1 DIS-KostO (Honorar der Schiedsrichter), vgl. näher MüKoZPO/Münch Vor § 1034 Rn. 42 ff. Zu den Besonderheiten der Honoraransprüche der Schiedsrichter bei Geltung der DIS-SchO 2018: vgl. Art. 34.3 und Rn. 3b. Bedeutsam für die Vergütungshöhe ist die Streitwertbemessung. Nach Art 36.2 DIS-SchO 2018 geschieht diese durch das Schiedsgericht nach Anhörung der Parteien. Die DIS hat insoweit ein Kontrollrecht nach Art. 36.3 DIS-SchO, Ziff. 2.3 DIS-KostO, MüKoZPO/Münch Vor § 1034 Rn. 43 f.

2. Beispiele zur Frage einer Vergütung

15 **Auslagen:** Ihr Ersatz muss nach §§ 670, 675 BGB gewährt werden, ein Vorschuss nach §§ 669, 675 BGB, → Rn. 16.

Einigungsgebühr: Statthaft sein kann eine solche entsprechend VV 1000 RVG, Bork NJW 2008, 1921.

Ermessen: Ist eine übliche Vergütung nicht ermittelbar, kann evtl. das Schiedsgericht seine Vergütung ausnahmsweise nach seinem pflichtgemäßen Ermessen nach §§ 315 ff. BGB bestimmen, Kröll NJW 2007, 747.

Fälligkeit: Sie entsteht grds. erst mit dem Ende des schiedsrichterlichen Verfahrens, zum Vorschuss → Rn. 16.

Festsetzung: Bei einem Streit über die Angemessenheit entscheidet das Gericht in einem Prozess, weil die Schiedsrichter nicht in eigener Sache tätig werden können, BGH NJW 2012, 1811; NJW 1985, 1903; Ffm SchiedsVZ 2017, 150; Mü SchiedsVZ 2007, 166; → § 1029 Rn. 10. Das Schiedsgericht darf auch nicht im Schiedsspruch über das Schiedsrichterhonorar entscheiden, BGH NJW 2012, 1811; 1985, 1903; grds. auch nicht durch eine endgültige Entscheidung über den Streitwert des Verfahrens, BGH NJW 1985, 1903; Habscheid/Calavros KTS 1979, 7, → § 1057 Rn. 6 „Gegenstandswert" und „Vergütung der Schiedsrichter".

Gesamtschuldner: Die Parteien haften für das Schiedsrichterhonorar als Gesamtschulder nach § 421 BGB. Der Schiedsrichter kann seine Vergütung von jeder Partei als Gesamtschuldnerin fordern, also auch von derjenigen, die ihn nicht bestellt hat. Bei § 1066 ist Vergütungsschuldner derjenige, der den Schiedsrichter eingesetzt hat.

RVG: Die Beteiligten können eine Anwendbarkeit des RVG vereinbaren. Dann stehen auch die einzelnen Gebührentatbestände grds. fest und keine Partei kann die Unangemessenheit der entsprechend berechneten Gebühren rügen.

Schiedsspruch: Für die Frage der Vergütung kommt es auf seine Richtigkeit und Rechtsbeständigkeit nach §§ 1054, 1055 grundsätzlich nicht an.

Schiedsvereinbarung: Unbeachtlich ist grds. ihre Gültigkeit nach § 1029, → Rn. 1

Streitwertvereinbarung: Sie reicht, BGH NJW-RR 2016, 700.

Umsatzsteuer: Die Vergütungspflicht schließt eine etwaige Mehrwertsteuer ein, wenn die Schiedsrichter mehrwertsteuerpflichtig sind; zur Höhe der Umsatzsteuer Kröck/Kuhli SchiedsVZ 2014, 232; Risse/Kuhli SchiedsVZ 2016, 1.

Vorzeitige Beendigung: Wird das Schiedsgericht vorzeitig beendet, erfolgt üblicherweise eine Ermäßigung der Vergütung, MüKoZPO/Münch Vor § 1034 Rn. 45; Buchwald NJW 1994, 638 (zum altem Recht).

16 **3. Vorschuss.** Die Schiedsrichter dürfen einen Vergütungsvorschuss nach §§ 675, 669 BGB verlangen, und zwar in jeder Lage des Verfahrens, BGH NJW 1985, 1904; Buchwitz/Schütt SchiedsVZ 2015, 1. Ein Vorschuss ist derart üblich, dass manche von einem Gewohnheitsrecht sprechen, Kröll NJW 2007, 747. Hinzu kommt, dass die Vergütung der Tätigkeit des Schiedsrichters meist der Vergütung für die Tätigkeit eines Anwalts ähnelt und dass man niemandem zumuten kann, bei einer derartigen regelmäßig längeren Tätigkeit vorzuleisten. Ratsam ist immer, die Tätigkeit von einer vorherigen Vorschussleistung abhängig zu machen. Vorschusspflichtig sind nach

§ 669 BGB beide Parteien als Gesamtschuldner. Sie sind zusammen „der Auftraggeber". Im Innenverhältnis besteht mangels einer abweichenden Vereinbarung eine Verpflichtung nur nach § 426 I BGB, dh im Verhältnis zueinander haften sie in der Regel zu gleichen Teilen. Das gilt unabhängig von einer etwaigen Bedürftigkeit einer Partei. Bei § 1066 mag im Innenverhältnis zB jeder Miterbe anteilsmäßig haften. Der Vorsitzende ist Treuhänder der Vorschüsse, Schlosser SchiedsVZ 2003, 21. Zum Treuhandkonto zwecks Absicherung der Vergütung und zum Verstoß gegen das Geldwäschegesetz: Risse SchiedsVZ 2013, 158.

Leistet eine Partei den Vorschuss **nicht,** kann der Schiedsrichter nicht klagen; wohl aber kann das die Gegenpartei vor dem Gericht, BGH SchiedsVZ 2012, 154; NJW 1985, 1903; aM MüKoZPO/Münch Vor § 1034 Rn. 51. Denn die Pflicht zur Leistung des Vorschusses ergibt sich aus der Förderungspflicht der Parteien, BGH NJW 1985, 1904; AG Düss SchiedsVZ 2003, 240. Niemals darf das Schiedsgericht über die Zahlung des von ihm verlangten Vorschusses selbst befinden. Ob die Partei leisten kann, ist unerheblich. Ein Verzug gibt der Gegenpartei das Recht, von der Schiedsvereinbarung nach § 326 BGB zurückzutreten oder nach → § 1029 Rn. 45 aus wichtigem Grund zu kündigen, wenn nicht sogar von einer Undurchführbarkeit iSd § 1032 I auszugehen ist, → § 1029 Rn. 46 „Undurchführbarkeit". Wer selbst keinen Vorschuss leisten kann, darf ihn nach Treu und Glauben nicht dem Gegner zumuten. Bleibt der Vorschuss aus, dürfen die Schiedsrichter die Tätigkeit nach §§ 273 I, 320 BGB bis zur Zahlung einstellen, BGH NJW 1985, 1904; MüKoZPO/Münch Vor § 1034 Rn. 51; Kröll NJW 2007, 747. Sie dürfen aber nicht wegen der Nichtzahlung des Vorschusses eine für erheblich gehaltene Beweisaufnahme unterlassen oder ohne eine Verwertung des Beweismittels entscheiden, BGH NJW 1985, 1904; Waldner JR 1986, 69. Ist ein Vorschuss gezahlt worden und halten die Parteien ihn für zu hoch, können sie den entsprechenden Teil notfalls mit einer Klage gegenüber den Schiedsrichtern vor den Gerichten zurückverlangen; die Festsetzung des Gegenstandswertes im Schiedsspruch hat für das Verhältnis zwischen den Parteien und den Schiedsrichtern keine direkte Bedeutung, BGH NJW 2012, 1813; → § 1057 Rn. 4 „Gegenstandswert" 17

IV. Beendigung. 1. Gründe. Infrage kommt zunächst die Beendigung der Aufgabe, regelmäßig also der Erlass des Schiedsspruchs nach §§ 1054, 1056 III. Möglich ist auch, dass sich der Zweck nicht mehr erreichen lässt. Ein weiterer Grund ist der Tod des Schiedsrichters, sein Unfähigwerden zur Dienstleistung, verbunden mit seinem Rücktritt oder der Vereinbarung der Beendigung durch die Parteien, § 1038, eine wirksame Kündigung der Parteien bzw. der Schiedsrichter nach §§ 626, 627, 671 BGB oder eine zeitliche Beschränkung des Schiedsrichteramts nach Zeitablauf. Eine Kündigung der Parteien ist jederzeit ohne Eintreten einer Bedingung zulässig. Sie muss von beiden Parteien ausgehen. Die Kündigung oder der Widerruf nur einer Partei ist unbeachtlich. Ein Rücktritt vom Vertrag kommt neben einer Kündigung nach → Rn. 19 nicht infrage. Als Erlöschensgrund kommt ferner infrage eine erfolgreiche Ablehnung nach §§ 1036, 1037. Ein Insolvenzverfahren über das Vermögen einer Partei beendet das Vertragsverhältnis nicht. Auch eine Insolvenz des Schiedsrichters beendet den Schiedsrichtervertrag nicht. Beide Fälle sind grundsätzlich auch kein Kündigungsgrund. Der Tod einer Partei hat auf den Schiedsrichtervertrag keinen Einfluss und der Rechtsnachfolger tritt in das Schiedsverfahren ein 18

2. Kündigung. Die Kündigung durch den Schiedsrichter ist jederzeit zulässig (Einschränkung → Rn. 8), wenn die Parteien zustimmen, also den Rücktritt genehmigen, oder wenn ein wichtiger Grund nach §§ 626, 627, 671 BGB vorliegt. Das gilt zB in folgenden Fällen: Wenn das Vertrauen gestört ist, wenn etwa eine Partei einen Schiedsrichter ernstlich beleidigt; wenn sie den erforderten angemessenen Vorschuss nach → Rn. 16f. nicht zahlt; wenn der Schiedsrichter mit den anderen Schiedsrichtern nicht mehr zusammenarbeiten kann, wozu die bloße Parteilichkeit eines anderen Schiedsrichters nicht genügt; bei längerer Krankheit; beim Wegzug ins Ausland; bei Verstoß gegen die Verpflichtung nach § 1036 I, → § 1036 Rn. 4; nicht aber dann, wenn die anderen Schiedsrichter ihn überstimmen. Eine Kündigung ohne einen wichtigen Grund macht den Schiedsrichter für den entstehenden Schaden ersatzpflichtig. Wegen der Vergütung und eines Ersatzes bei einer Kündigung: § 628 BGB. Den Kündigungsgrund muss der Schiedsrichter beweisen, LG Köln BeckRS 2013, 05902. 19

3. Rechtsfolgen. Wegen der Vergütung des Schiedsrichters → Rn. 13; Buchwaldt NJW 1994, 638. 20

1036 *Ablehnung eines Schiedsrichters.*

I [1]Eine Person, der ein Schiedsrichteramt angetragen wird, hat alle Umstände offen zu legen, die Zweifel an ihrer Unparteilichkeit oder Unabhängigkeit wecken können. [2]Ein Schiedsrichter ist auch nach seiner Bestellung bis zum Ende des schiedsrichterlichen Verfahrens verpflichtet, solche Umstände den Parteien unverzüglich offen zu legen, wenn er sie ihnen nicht schon vorher mitgeteilt hat.

II [1]Ein Schiedsrichter kann nur abgelehnt werden, wenn Umstände vorliegen, die berechtigte Zweifel an seiner Unparteilichkeit oder Unabhängigkeit aufkommen lassen, oder wenn er die zwischen den Parteien vereinbarten Voraussetzungen nicht erfüllt. [2]Eine Partei kann einen Schiedsrichter, den sie bestellt oder an dessen Bestellung sie mitgewirkt hat, nur aus Gründen ablehnen, die ihr erst nach der Bestellung bekannt geworden sind.

Schrifttum: Effer-Uhe SchiedsVZ 2018, 75; Horst, Das Spannungsverhältnis zwischen Schiedsrichter und Parteivertreter in der internationalen Schiedsgerichtsbarkeit, 2017; Prütting SchiedsVZ 2011, 233; Sachs, Verhaltensstandards für Schiedsrichter, 2008; Seegers, Die Ablehnung von Schiedsrichtern, 2014; Weigel MDR 1999, 1360.

I. Systematik, Regelungszweck, Anwendungsbereich. → Buch 10. Vor Abschnitt 1–10 Rn. 1ff.; → Vor § 1025 Rn. 1–6. Es handelt sich um eine Abwandlung der §§ 42ff. und um deren erhebliche Erweiterung in I. Ergänzend gilt § 1037 für das Ablehnungsverfahren. Beide Vorschriften sollen sicherstellen, dass alle Schiedsrichter unabhängig und unparteiisch sind und Zweifel daran möglichst frühzeitig überprüft werden; dadurch sollen Verfahrensverzögerungen vermieden werden. Mit diesen Vorschriften sowie mit §§ 1034 II, 1035 V wird verdeutlicht, dass die Unabhängigkeit und Unparteilichkeit der Schiedsrichter zu den elementaren Grundlagen der Schiedsgerichtsbarkeit gehören. Die Sicherstellung dieser Grundlagen liegt trotz aller Parteiherrschaft auch im öffentlichen Interesse, BGH NJW 1986, 3027; aM Zöller/Geimer Rn. 1 (kein unverzichtbares öffentliches Interesse). §§ 1036, 1037 sollen für ein faires Schiedsverfahren sorgen und der Schiedsgerichtsbarkeit die Rechtsprechungsqualität sichern, MüKoZPO/Münch Rn. 2. Die Vorschrift legt den Schiedsrichtern deshalb in I eine Offenlegungspflicht auf und regelt ihre Ablehnung in II. 1

2 Unanwendbar ist § 1036 beim Schiedsgutachter nach → Vor § 1025 Rn. 15 ff.; Mü BB 1976, 1047 (anders bei einer Leistungsklage). §§ 1036, 1037 können beim Vorsitzenden einer betrieblichen Einigungsstelle entsprechend anwendbar sein, BAG MDR 2002, 343.

3 **II. Offenlegungspflicht, I.** Wer ein Schiedsrichteramt übernehmen soll, muss den Parteien und evtl. dem Gericht nach I 1 alle Umstände offenlegen, die objektiv Zweifel an seiner Unparteilichkeit oder Unabhängigkeit wecken können, BGH NJW 1995, 1679; Ffm NJW 2008, 1325, nicht hingegen auch weitere Umstände, die damit nicht im Zusammenhang stehen, Ffm SchiedsVZ 2011, 343; Mü SchiedsVZ 2013, 336. Anders als in II sind auch „berechtigte" Zweifel nicht erforderlich, so dass die Offenbarungspflicht weiter geht als die Ablehnungsmöglichkeit. Zu offenbaren sind persönliche, geschäftliche und gesellschaftliche Beziehungen des Schiedsrichters zu den Parteien und zu Mitschiedsrichtern, ferner Vorkenntnisse über den Streitgegenstand und Verpflichtungen, die möglicherweise den Schiedsrichter einengen, sowie wirtschaftliche Interessen je nach Ausgang des Verfahrens, Musielak/Voit/Voit Rn. 2, 8. Ein Berufsgeheimnis schließt die Offenbarungspflicht nicht aus; gegebenenfalls muss der Angesprochene wegen dieser Pflicht die Übernahme des Schiedsrichteramtes ablehnen, Musielak/Voit/Voit Rn. 2. Auf die Offenlegungspflicht sollten die Parteien und das Gericht bei der entsprechenden Anfrage ausdrücklich hinweisen. Die Offenlegungspflicht besteht für den Schiedsrichter nach seiner Bestellung bis zum Ende des schiedsrichterlichen Verfahrens nach § 1056 III fort. Er muss die genannten Umstände nach I 2 beiden Parteien unverzüglich, dh ohne schuldhaftes Zögern dann offenlegen, wenn er sie ihnen nicht schon vorher mitgeteilt hat. Der abgelehnte Schiedsrichter braucht nur im Umfang vernünftiger Zweifel Stellung zu nehmen, KG SchiedsVZ 2010, 226.

4 Ein Verstoß gegen die Verpflichtung nach I kann zur Kündigung des Schiedsrichtervertrags durch die Parteien führen, → Anh. § 1035 Rn. 19 (Schiedsrichtervertrag). Man muss ihn im Ablehnungsverfahren nach II zulasten des Schiedsrichters berücksichtigen, wobei sich ein selbständiger Grund für die Ablehnung daraus nur in Ausnahmefällen ergibt, BGH WM 2019, 875 Rn. 23; NJW 1999, 2370; Ffm NJW 2008, 1325; Weigel MDR 1999, 1360; Zöller/Geimer Rn. 9. Darüber hinaus kann die Verletzung der Offenbarungspflicht zu einer Haftung des Schiedsrichters insbesondere wegen eines Verzögerungsschadens führen, wobei das Haftungsprivileg des § 839 II BGB nicht eingreift, weil insoweit keine Spruchrichtertätigkeit betroffen ist, → Anh. § 1035 Rn. 9. Der Verstoß kann auch zur Aufhebung des Schiedsspruchs nach § 1059 II Nr. 1d führen, wenn der Schiedsrichter die möglichen Befangenheitsgründe nicht offenlegt und diese eine Ablehnung gerechtfertigt hätten, BGH BeckRS 2019, 4854; SchiedsVZ 2017, 317; aM wohl Musielak/Voit/Voit Rn. 3. Ist dagegen der Ablehnungsgrund nicht verschwiegen worden, wird er aber von den Parteien nicht geltend gemacht, kommt eine Aufhebung des Schiedsspruches nur bei schwerwiegenden Verstößen, zB bei einer Schiedsrichtertätigkeit in eigener Sache, in Betracht; dies ist sachgerecht, weil das Gesetz ein sofortiges Reagieren der Parteien durch die Fristen in § 1037 vorsieht und ansonsten im Aufhebungsverfahren eine umfassende Aufklärung der Befangenheit in jedem einzelnen Fall erforderlich wäre, BGH SchiedsVZ 2017, 317; Musielak/Voit/Voit Rn. 3 ff.; → § 1029 Rn. 10; → Rn. 8 „Eigene Sache".

5 **III. Ablehnung eines Schiedsrichters, II. 1. Voraussetzungen, II 1.** Ein Schiedsrichter ist nur innerhalb der Frist des § 1037 II 1 und nur dann ablehnbar, wenn solche Umstände vorliegen, die objektiv berechtigte Zweifel nach II aufkommen lassen, Ffm SchiedsVZ 2011, 343, oder wenn der Schiedsrichter die zwischen den Parteien vereinbarten Voraussetzungen nicht erfüllt, so zB die vorgesehene Mitgliedschaft in der IHK, Kröll SchiedsVZ 2007, 149; NJW 2003, 793 (nachträglicher Verzicht darauf ist möglich), oder die Qualifikation als (aktiver?) Arzt, Ffm BeckRS 2019, 16597. Immer kommt es bei der Frage der Unparteilichkeit und Unabhängigkeit auf die objektiven Umstände aus Sicht beider Parteien an, Ffm BeckRS 2019, 6976 Rn. 147; 2019, 848 Rn. 78. Die für den Richter bestehenden Ausschließungs- und Ablehnungsgründe nach §§ 41, 42, lassen in der Regel „berechtigte Zweifel" nach II 1 aufkommen, Ffm BeckRS 2019, 848; Hmb 29.6.2018 – 6 SchH 1/18 – GMAA-Schiedsrichter; KG BeckRS 2018, 3961; SchiedsVZ 2011, 110; Ffm NJW-RR 2008, 801; Bre NJW-RR 2007, 968; Kröll NJW 2019, 818; 2018, 1265. Es gibt zwar keinen Ausschluss kraft Gesetzes nach § 41. Jedoch ist bei Vorliegen der Voraussetzungen des § 41 grundsätzlich ein Ablehnungsgrund zu bejahen. Unabhängig von der Ablehnung durch die Partei ist der Schiedsrichter in eigener Sache (§ 41 Nr. 1) ausgeschlossen, so dass dieser Ablehnungsgrund im Aufhebungsverfahren nach § 1059 geltend gemacht werden kann, BGH WM 2018, 338 (allgemein zur Unzulässigkeit des Richters in eigener Angelegenheit); Ffm SchiedsVO 2006, 329; Musielak/Voit/Voit Rn. 4; → § 1029 Rn. 10; → Rn. 8 „Eigene Sache".

6 Wird erstmalig im Aufhebungs- oder Vollstreckungsverfahren der Ablehnungsgrund geltend gemacht, ist dieser in Anlehnung an §§ 44 II, 294 glaubhaft zu machen; der Strengbeweis, → Vor § 284 Rn. 15, gilt nicht; der Vortrag einer Partei reicht nicht, wenn er bestritten ist; dem Gegner ist rechtliches Gehör zu gewähren und bei Beweisbedürftigkeit ist eine Beweisaufnahme erforderlich, BGH WM 2019, 875; NJW 2018, 70; Karlsr BeckRS 2018, 4095; Schmidt-Ahrendts/Schneider SchiedsVZ 2020, 35 (jeweils zur Befangenheit eines Sachverständigen); → § 1049 Rn. 5.

7 Die Anforderungen an die Unparteilichkeit und Unabhängigkeit müssen für alle Schiedsrichter gleich sein. Daher kommt es nicht darauf an, ob es sich um einen Einzelschiedsrichter, um einen Beisitzer oder um den Vorsitzenden des Schiedsgerichts handelt, Lachmann FS Geimer, 2002, 515. Hier gilt dasselbe wie im Verfahren vor einem Gericht.

2. Beispiele zur Frage einer Ablehnbarkeit, II 1

8 **Alleinschiedsrichter in anderen Verfahren:** Ein Ablehnungsgrund kann bestehen, wenn ein Alleinschiedsrichter als von einer Partei bestellter Beisitzer in einem anderen, beide Parteien berührenden gerichtlichen oder schiedsrichterlichen Verfahren tätig wird oder wurde, Drsd SchiedsVZ 2005, 159; Kröll NJW 2007, 747.

Anwalt als Schiedsrichter: Beziehungen zu den Prozessbevollmächtigten einer Partei im beruflichen Bereich, zB gemeinsame Teilnahme an Fachtagungen und den daraus resultierenden mehrmals im Jahr stattfindenden Stammtischen oder Treffen der Mitautorenschaft reicht grundsätzlich für eine Ablehnung nicht aus, KG SchiedsVZ 2011, 110; Ffm NJW 2008, 1325 (Mieter eines Prozessbevollmächtigten). Ein Ablehnungsgrund kann dann bestehen, wenn ein Schiedsrichter der regelmäßige Rechtsbeistand einer Partei ist; das gilt vor allem dann, wenn er sie in einer gleichliegenden Sache vertritt, Gruber ZRP 1997, 216. Das gilt aber nicht bei einer früheren abgeschlossenen Beratung, selbst wenn der Sachverhalt identisch ist, Hmb 29.6.2018 – 6 Sch 1/18 – GMAA-Schiedsrichter; Hmb SchiedsVZ 2006, 55. Ablehnbarkeit kann bestehen, wenn der Alleinschiedsrichter eine Schiedspartei in einem solchen Prozess vor dem Gericht vertritt, in dem die andere Schiedspartei der Gegner ist, Drsd SchiedsVZ 2005, 159; „Freundschaft“. Ob eine lange zurückliegende gemeinsame Tätigkeit des Schiedsrichters mit dem RA einer Partei zur Ablehnbarkeit führen kann, hängt von den Umständen der früheren Zusammenarbeit ab, Ffm BeckRS 2019, 848.

Bestechung: Kilcher SchiedsVZ 2016, 150.

Bewirtung: Ein Ablehnungsgrund kann bestehen, wenn eine Partei ein Mitglied des Schiedsgerichts kostspielig bewirtet hat.

Drohung: Bei einer Drohung des Schiedsrichters mit einem Strafverfahren gegenüber einem Prozessbevollmächtigten ist der Ablehnungsgrund zweifelhaft, Kröll NJW 2009, 1186.

Eigene Sache: Ein Ablehnungsgrund besteht bei einer Tätigkeit des Schiedsrichters in eigener Sache, BGH NJW 2019, 857 (Testamentsvollstrecker als Schiedsrichter nach § 1066 bei Streitigkeiten zwischen ihm und den Erben); 1986, 3079; Mü NJOZ 2018, 1698; → § 1029 Rn. 10; → Rn. 5. Dasselbe gilt für den gesetzlichen Vertreter einer Partei, Zöller/Geimer Rn. 10, und für die Vertretungsorgane einer juristischen Person, BGH NJW 2018, 869. Auch ohne Ablehnung kann dies im Aufhebungsverfahren geltend gemacht werden, → Rn. 5.

Einseitige Vorbesprechung: Ein Ablehnungsgrund kann bestehen, wenn der Schiedsrichter einer Partei in einer einseitigen Besprechung vor der Ernennung recht gegeben hatte.

Freundschaft: Kein Ablehnungsgrund allein wegen einer Freundschaft zwischen den Schiedsrichtern untereinander oder zu einem Anwalt der Parteien, KG SchiedsVZ 2010, 225; Ffm NJW 2008, 1326; Lachmann FS Geimer, 2002, 526.

Gesellschaftliche Beziehung: Ablehnbarkeit kann im Einzelfall schon dann bestehen, wobei in der Regel wirtschaftliche Interessen hinzukommen müssen, Hamm BauR 2012, 842.

Gleichheitsgebot: Ablehnbarkeit besteht bei seinem Verstoß, Mü SchiedsVZ 2016, 49.

Güteverhandlung: Ablehnbarkeit kann bestehen, wenn der Schiedsspruch ohne eine vereinbarte Güteverhandlung zustande kommt, Ffm SchiedsVZ 2006, 330.

Herabsetzung: Ablehnbarkeit kann im Einzelfall wegen einer herabsetzenden Äußerung in Bezug auf eine Partei bestehen, Brem SchiedsVZ 2007, 54.

Hinweis: Ablehnbarkeit besteht bei seinem pflichtwidrigen Unterlassen, KG MDR 2018, 886.

Honorar: Allein wegen eines Streits über das Honorar des Schiedsrichters besteht keine Ablehnbarkeit, Kröll NJW 2009, 1186.

Information: Ablehnbarkeit fehlt, soweit eine Partei nur einen Schiedsrichter vor dessen Amtsübernahme zwecks Überblick informiert hat, ohne dass besondere Umstände hinzutreten, etwa eine kostspieligere Bewirtung. Informationen gegenüber einem Schiedsrichter im laufenden Schiedsverfahren rechtfertigen grundsätzlich keine Ablehnung, wenn die übrigen Verfahrensbeteiligten darüber informiert werden, Celle OLGR 2004, 396.

Kanzleimitglied: Ständige Beratung einer Partei durch einen Sozius kann zur Ablehnbarkeit führen, DIS-Schiedsverf. SchiedsVZ 2003, 94; Froitzheim SchiedsVZ 2017, 172.

Kritik: Kein Ablehnungsgrund, soweit der Schiedsrichter das Verhalten einer Partei kritisiert; „Herabsetzung“.

Mitarbeiter: Ablehnbarkeit fehlt bei einer bloßen Tätigkeit eines früheren Mitarbeiters des Prozessbevollmächtigten in der Kanzlei des Vorsitzenden, Drsd SchiedsVZ 2008, 310.

Mitautor: → „Anwalt als Schiedsrichter“.

Nebentätigkeit: Ablehnbarkeit nicht allein deshalb gegeben, weil der Schiedsrichter ohne eine ausreichende Nebentätigkeitsgenehmigung amtiert, Stgt NJW-RR 2003, 497; → Anh. § 1035 Rn. 2; → § 1029 Rn. 9.

Oberflächlichkeit: Grundsätzlich keine Ablehnbarkeit, da Verfahrensfehler vor dem Schiedsspruch grundsätzlich nicht geltend gemacht werden können, Mü SchiedsVZ 2016, 51; Ffm SchiedsVZ 2010, 52.

Obmannverstoß: (Vorsitzendenverstoß) Ablehnbarkeit kann evtl. dann bestehen, wenn ihn ein Mitschiedsrichter nicht offenlegt, Mü SchiedsVZ 2013, 336 (dort verneint).

Organisation: Ablehnbarkeit fehlt grundsätzlich, soweit der Schiedsrichter nur in einer Organisation einer Partei mitarbeitet, Kröll SchiedsVZ 2007, 149.

Ortsbesichtigung: Ablehnbarkeit besteht dann, wenn der Schiedsrichter mit nur einer Partei eine Ortsbesichtigung vorgenommen hat und dann seine Information nicht allen Parteien gibt, Celle OLGR 2004, 396.

Partei als Schiedsrichter: Ablehnbarkeit besteht für den Gegner in solcher Lage, BGH NJW 2004, 2226 (Vereinsvorstand); → „eigene Sache“; → § 1029 Rn. 10 (in eigener Sache).

Patenkind: Dass ein Patenkind des Schiedsrichters bei einem Prozessbevollmächtigten mitgearbeitet hat oder dort tätig ist, reicht für Ablehnbarkeit grundsätzlich nicht, Kröll NJW 2007, 747.

Privatgutachten: Ablehnbarkeit kann dann bestehen, wenn der Schiedsrichter ein Privatgutachten für eine Partei erstattet hat oder daran beteiligt war, und zwar zu Fragen, die für das Schiedsverfahren von Bedeutung sein können.,

Protokoll: Ablehnbarkeit kann bei seinem Verstoß bestehen, Mü SchiedsVZ 2016, 49.

Rechtliches Gehör: Ablehnbarkeit besteht bei seinem Verstoß, BGH NJW 2018, 71; Mü SchiedsVZ 2016, 51 (53).

Rechtsansichten: Allein die Unrichtigkeit rechtfertigt die Ablehnung nicht; vielmehr muss Willkür vorliegen, Mü SchiedsVZ 2014, 357; Kröll NJW 2009, 1186. Keine Ablehnbarkeit besteht schon deshalb, weil der Schiedsrichter sich nicht ausdrücklich nur „vorläufig“ äußert und nicht ausdrücklich die bloße Möglichkeitsform wählt, Mü NJW 2016, 882; → Vorläufige Beurteilung“.

Sachverständiger: Ein Näheverhältnis des Schiedsrichters zum Sachverständigen rechtfertigt allein die Ablehnung nicht, Mü SchiedsVZ 2014, 357.

Übergewicht nach § 1034 II: Ablehnbarkeit besteht wegen des Übergewichts einer Partei bei der Bildung des Schiedsgerichts, LG Bonn NJW 1996, 2169; die Ablehnbarkeit besteht neben der Möglichkeit nach § 1034 II, allerdings ist die Frist des § 1037 II zu beachten, MüKo ZPO/Münch § 1035 Rn. 18.

Unsachlichkeit: Ablehnbarkeit kann dann bestehen, Mü SchiedsVZ 2014, 46, → „Herabsetzung“.

Verbundenheit: Ablehnbarkeit fehlt bei einer bloßen nicht allzu engen Verbundenheit, Mü SchiedsVZ 2014, 258, Kröll NJW 2009, 1186. Denn ohne sie gibt es ohnehin meist kein Schiedsrichteramt.

Vereinsvorstand: Ablehnbarkeit besteht dann, wenn der Schiedsrichter im Vorstand derselben Vereinigung sitzt wie der persönlich haftende Gesellschafter des Gegners, Kröll NJW 2003, 793; → § 1029 Rn. 10.

Verfahrensfehler Ablehnbarkeit besteht erst bei einem besonders schweren oder häufigen Verstoß, Ffm SchiedsVZ 2010, 52; Kröll NJW 2011, 1267.
Verflechtung: Ablehnbarkeit besteht bei einer Verflechtung einer Partei mit allen oder einzelnen Schiedsrichtern. Das gilt zumal dann, wenn das Schiedsgericht darüber irreführende Angaben macht.
Vergleichsvorschlag: Ablehnbarkeit fehlt, soweit der Schiedsrichter nur einen Vergleichsvorschlag gemacht hat, auch wenn dieser von den Vorstellungen einer Partei erheblich abweicht, Mü SchiedsVZ 2008, 104; Kröll SchiedsVZ 2013, 260.
Verhandlungsführung: Ablehnbarkeit fehlt, soweit es nur um eine „autoritäre" Verhandlungsführung geht, KG BeckRS 2011, 07078; Kröll NJW 2018, 1265.
Vorbefassung: Ablehnbarkeit besteht dann, wenn der Schiedsrichter in einer gleichliegenden Sache in einem Schieds- oder Gerichtsverfahren gegen die Partei entschieden hatte.
Vorläufige Beurteilung: Ablehnbarkeit fehlt in der Regel, aM KG MDR 2018, 886.
Wertfestsetzung: Ablehnbarkeit fehlt grds. Indessen kann man vor dem Gericht gegen einen zu hohen Wert vorgehen, BGH NJW 2012, 1811.
Willkür: Ablehnbarkeit besteht bei einer Willkür, Mü SchiedsVZ 2016, 53; Kröll NJW 2009, 1186.
Zeuge: Ablehnbarkeit fehlt, falls eine Partei den Schiedsrichter im Verfahren vor dem Gericht als Zeugen benannt hat, Mü BauR 2013, 1737.

9 **3. Beschränkungen, II 2.** Ein Ablehnungsrecht steht derjenigen Partei, die den Schiedsrichter bestellt oder an seiner Bestellung mitgewirkt hat, nur dann zu, wenn sie den Grund erst nach der Bestellung erfahren hat, II 1. Den Zeitpunkt der positiven Kenntniserlangung muss die Partei im Ablehnungsverfahren nach § 1037 darlegen, MüKoZPO/Münch Rn. 55. II 2 ist nicht entsprechend anwendbar, wenn die Partei sich rügelos auf eine Verhandlung eingelassen hat. § 43 gilt im schiedsrichterlichen Verfahren wegen seiner besonderen Ausgestaltung insbesondere durch § 1037 II nicht, Musielak/Voit/Voit § 1037 Rn. 3.

10 **4. Ablehnungsverfahren, II 1, 2.** Einzelheiten bei § 1037.

1037 *Ablehnungsverfahren.* **I Die Parteien können vorbehaltlich des Absatzes 3 ein Verfahren für die Ablehnung eines Schiedsrichters vereinbaren.**

II 1Fehlt eine solche Vereinbarung, so hat die Partei, die einen Schiedsrichter ablehnen will, innerhalb von zwei Wochen, nachdem ihr die Zusammensetzung des Schiedsgerichts oder ein Umstand im Sinne des § 1036 Abs. 2 bekannt geworden ist, dem Schiedsgericht schriftlich die Ablehnungsgründe darzulegen. 2Tritt der abgelehnte Schiedsrichter von seinem Amt nicht zurück oder stimmt die andere Partei der Ablehnung nicht zu, so entscheidet das Schiedsgericht über die Ablehnung.

III 1Bleibt die Ablehnung nach dem von den Parteien vereinbarten Verfahren oder nach dem in Absatz 2 vorgesehenen Verfahren erfolglos, so kann die ablehnende Partei innerhalb eines Monats, nachdem sie von der Entscheidung, mit der die Ablehnung verweigert wurde, Kenntnis erlangt hat, bei Gericht eine Entscheidung über die Ablehnung beantragen; die Parteien können eine andere Frist vereinbaren. 2Während ein solcher Antrag anhängig ist, kann das Schiedsgericht einschließlich des abgelehnten Schiedsrichters das schiedsrichterliche Verfahren fortsetzen und einen Schiedsspruch erlassen.

Schrifttum: Hammer, Überprüfung von Schiedsverfahren durch staatliche Gerichte in Deutschland, 2018, 66; Kröll ZZP 116, 195; Mankowski SchiedsVZ 2004, 304.

1 **I. Systematik, Regelungszweck.** → § 1036 Rn. 1. Die Vorschrift ergänzt § 1036. Abs. 1 gibt den Parteien die Befugnis, das Ablehnungsverfahren weitgehend selbst zu vereinbaren. II regelt das bei Fehlen einer Vereinbarung notwendige Verfahren und trifft Regelungen für eine Präklusion. Einziger Rechtsbehelf bei einer Erfolglosigkeit des Gesuchs im Verfahren nach I oder II ist die nicht abdingbare Anrufung des Gerichts nach III.

2 Zweck ist auch hier eine möglichst weitgehende Parteiherrschaft bei einer gleichzeitigen Aufrechterhaltung von Mindestanforderungen der Rechtssicherheit.

3 **II. Geltungsbereich.** → Vor § 1025 Rn. 2 ff. Die Vorschrift gilt vorrangig gegenüber §§ 42 ff. Sie kann auch auf ein dem schiedsrichterlichen Verfahren vorgeschaltetes Schlichtungsverfahren anwendbar sein, Kröll SchiedsVZ 2007, 148.

4 **III. Parteivereinbarung, I.** In der Regelung des Ablehnungsverfahrens sind die Parteien vorbehaltlich der Möglichkeit der Einschaltung des Gerichts nach III völlig frei, Hmb SchiedsVZ 2006, 55; Kröll SchiedsVZ 2013, 192. Die Parteivereinbarung, die keiner Form unterliegt, Zöller/Geimer Rn. 1, ist vorrangig gegenüber dem in II geregelten Verfahren. Die Parteien können vereinbaren, dass über die Ablehnung ein unbeteiligter Dritter entscheidet, MüKoZPO/Münch Rn. 6, oder dass die Ablehnung innerhalb einer Frist erfolgen muss. Fristwahrend ist evtl. die Antragseinreichung auch beim unzuständigen Gericht, Naumb NZBau 2002, 448. Die Ablehnung ist im Zweifel bis zum Schiedsspruch nach § 1054 möglich, Kröll NJW 2003, 793, aber nicht mehr danach. BGH NJW 1999, 2370; Düss NJW 1984, 1209; Naumb SchiedsVZ 2003, 134. Die Kontrolle der Vereinbarung erfolgt nach III bei einer erfolglosen Ablehnung durch das Gericht. Diesen Weg zu den Gerichten können die Parteien nicht ausschließen, aber sie können vereinbaren, dass das OLG entgegen II sofort über die Ablehnung entscheidet, Hmb SchiedsVZ 2006, 55. Eine Partei kann auf eine Ablehnung direkt oder stillschweigend verzichten, nicht aber durch eine rügelose Einlassung trotz eines ihr bekannten Ablehnungsgrunds, → § 1036 Rn. 9.

5 **IV. Fehlen einer Parteivereinbarung, II.** Wenn die Parteien das Ablehnungsverfahren nicht einvernehmlich geregelt haben, gilt II, Mü SchiedsVZ 2008, 102. Dann muss die Partei nach Satz 1 innerhalb von zwei Wochen beim Schiedsgericht ein Ablehnungsgesuch einreichen und dem Schiedsgericht die Ablehnungsgründe des § 1036 II schriftlich oder elektronisch nach §§ 126, 126a BGB mitteilen, Kröll SchiedsVZ 2010, 150. Das gilt auch beim Einmannschiedsgericht. Die Mitteilung bloßer Tatsachen zur Ablehnbarkeit reicht nicht. Vielmehr muss die Partei erkennbar eine Ablehnung erklären, ohne den Begriff „Ablehnung" zu verwenden, und mit den entsprechenden Tatsachen begründen, VG Bln SchiedsVZ 2010, 109. Die **Frist** beginnt nach II 1 mit demjeni-

gen Tag, an dem der Partei die Zusammensetzung des Schiedsgerichts oder ein Umstand nach § 1036 II bekannt geworden ist. Maßgebend ist die Kenntnis der Partei selbst, nicht diejenige eines unzuständigen Mitarbeiters, Drsd SchiedsVZ 2005, 159; Mü SchiedsVZ 2006, 286; Kröll NJW 2007, 747. Die Frist wird nur durch den rechtzeitigen Eingang des Ablehnungsgesuchs beim Schiedsgericht gewahrt. Das Schiedsgericht muss das Ablehnungsgesuch der anderen Partei nach § 1047 III bekanntgeben. Tritt daraufhin der abgelehnte Schiedsrichter von seinem Amt zurück oder stimmt die andere Partei der Ablehnung zu, kommt es nach § 1039 zur Bestellung eines ersetzenden Schiedsrichters.

Tritt der Abgelehnte aber nicht zurück oder stimmt die andere Partei der Ablehnung nicht zu, entscheidet das Schiedsgericht nach II 2 mit allen Schiedsrichtern einschließlich des Abgelehnten über die Ablehnung, Mü MDR 2006, 944; BAG MDR 2002, 343; Kröll SchiedsVZ 2010, 150. Dabei hat es ein weites Ermessen, Armbrüster/Wächter SchiedsVZ 2017, 223. Eine Zurückweisung nach verspäteter Ablehnung ist kein Verstoß gegen Art. 103 I GG, Mü BauR 2014, 322. Eine einfache Verfahrensfortführung durch den Vorsitzenden ist keine Entscheidung nach II 2, Mü SchiedsVZ 2006, 286; Kröll SchiedsVZ 2007, 148. Tritt der Einzelschiedsrichter nicht zurück, ist darin gleichzeitg seine Ablehnung zu sehen. Bei einem Dreierschiedsgericht gilt die Nichtübereinstimmung der beiden verbleibenden Schiedsrichter nach § 1052 I grundsätzlich als Ablehnung, MüKoZPO/Münch Rn. 22. In beiden Fällen müssen die Parteien unterrichtet werden. Bei einer erfolgreichen Ablehnung endet das Amt des Abgelehnten, aber nicht rückwirkend. Seine bisherigen Handlungen bleiben daher wirksam, MüKoZPO/Münch Rn. 23 (ex nunc-Wirkung). Die Folgen regelt § 1039. Nach Erlass des Schiedsspruchs nach § 1054 kommt ein isoliertes Ablehnungsverfahren nicht mehr in Betracht, Kröll NJW 2009, 1186. Man kann aber im Einzelfall die Aufhebung des Schiedsspruchs nach § 1059 erreichen, BGH NJW 1999, 2370; Stgt NJW-RR 2003, 495. 6

V. Gerichtliche Entscheidung, III. 1. Antragsrecht, III 1. Bleibt die Ablehnung nach dem vereinbarten Verfahren gemäß I oder nach II erfolglos, kann die ablehnende Partei die Entscheidung des Gerichts beantragen, Kröll SchiedsVZ 2010, 150, und zwar innerhalb eines Monats ab Kenntnis von der die Ablehnung verweigernden Entscheidung, sofern die Parteien keine andere Frist vereinbart haben. Über den Antrag entscheidet das OLG nach § 1062 I Nr. 1 im Verfahren nach § 1063 (Anwaltszwang nach § 1063 IV erst nach der Anordnung einer mündlichen Verhandlung) durch einen Beschluss in voller Besetzung, BAG MDR 2011, 923. Die Frist lässt sich auch durch den Antrag bei einem örtlich unzuständigen Gericht wahren, Mü SchiedsVZ 2008, 102. Das Verfahren nach III ist kein Rechtsmittelverfahren, sondern ein eigenständiges Gerichtsverfahren, Ros MDR 2006, 946 (zur Ablehnungsfrage unabhängig von einem Besetzungsfehler des Schiedsgerichts); Mü OLGR 2006, 272. Deshalb können die Parteien auch sofort ein Verfahren nach III vorsehen und damit den vorherigen Weg nach II ausschließen, Hmb SchiedsVZ 2006, 56; Thomas/Putzo/Seiler Rn. 1; aA MüKoZPO/Münch Rn. 5. Die Entscheidung ist nach § 1065 I 2 unanfechtbar. Erklärt das OLG die Ablehnung für begründet, hebt es die Entscheidung des Schiedsgerichts auf und stellt die Beendigung des Schiedsrichteramtes fest. Dann regelt § 1039 die Folgen. Im Zweifel erfolgt keine Antragsstattgabe, Kröll SchiedsVZ 2013, 260. Nach dem Schiedsspruch nach § 1054 ist eine Ablehnung nicht mehr statthaft, Kröll SchiedsVZ 2009, 166. 7

2. Einfluss auf das schiedsrichterliche Verfahren, III 2. Während der Anhängigkeit des staatlichen Gerichtsverfahrens kann das Schiedsgericht einschließlich des abgelehnten Schiedsrichters das Schiedsverfahren fortsetzen und einen Schiedsspruch nach § 1054 erlassen, Mü SchiedsVZ 2014, 46; Ffm SchiedsVZ 2008, 97; Kröll NJW 2009, 1186. Das Rechtsschutzbedürfnis entfällt nicht, wenn während des Verfahrens der Schiedsspruch ergeht, Mü SchiedsVZ 2014, 45. Wird jedoch auch ein Aufhebungsantrag nach § 1059 gestellt, ist das Rechtsschutzbedürfnis für das Verfahren nach III zu verneinen, da die Befangenheit im Aufhebungsverfahren geltend gemacht werden kann und im Verfahren nach III der Schiedsspruch nicht beseitigt wird, Stgt v. 20.7.2020 – 1 SchH 3/20; Kröll SchiedsVZ 2021, 128 (135). Bis zur Entscheidung nach III 1 kann die Partei auch einen neuen Ablehnungsgrund nennen, Stgt SchiedsVZ 2003, 85. Gibt das OLG nach einem Schiedsspruch dem Antrag statt, greift § 1059 II Nr. 1d bzw. § 1059 II Nr. 2b ein (Aufhebung des Schiedsspruchs oder Ablehnung der Vollstreckbarerklärung im Rahmen von § 1060 II), Kröll ZZP 116, 218. Deshalb sollte ein Schiedsspruch während des Verfahrens vor dem OLG nur in besonderen Ausnahmefällen ergehen. **§ 1027** ist nicht anwendbar, Zöller/Geimer Rn. 6. Da die Ausgestaltung des Ablehnungsrechts darauf abzielt, eine schnelle Klärung über die schiedsrichterliche Befangenheit herbeizuführen, müssen Ablehnungsgründe innerhalb der nach III vorgesehenen Frist unter Einhaltung der vorgeschriebenen Form grundsätzlich geltend gemacht werden; hat die Partei von der Möglichkeit des III nicht oder nicht erfolgreich Gebrauch gemacht, tritt grundsätzlich Präklusion ein; das gilt nur dann nicht, wenn ein Verstoß gegen das Gebot der überparteilichen Rechtspflege gegeben ist, so bei einem Verstoß gegen das Verbot, als Richter in eigener Sache tätig zu sein, BGH NJW-RR 2001, 1059; Musielak/Voit/Voit Rn 5; → § 1029 Rn. 10. Das gilt auch für den erst nach dem Schiedsspruch bekanntgewordenen Ablehnungsgrund; auch dieser kann nicht nach § 1059 oder § 1060 geltend gemacht werden; nur beim Schiedsrichter in eigener Sache kommen §§ 1059, 1060 auch ohne Geltendmachung eines Ablehnungsgrundes in Betracht; BGH NJW 2018, 70 (Befangenheit eines Sachverständigen); Thomas/Putzo/Seiler Rn. 9; → § 1036 Rn. 8 „Übergewicht nach § 1034 II". 8

3. Erneute Ablehnung, III 1, 2. Ergeht der Schiedsspruch nach § 1054 nach der Zustellung des die Ablehnung zurückweisenden Beschlusses, steht einer erneuten Ablehnung aus denselben Gründen die Rechtskraft des Beschlusses entgegen. Sie schließt auch die Geltendmachung dieser Gründe im Aufhebungs- und Vollstreckbarerklärungsverfahren nach §§ 1059 ff. grundsätzlich aus. Dasselbe gilt dann, wenn die Partei davon absieht, einen Antrag nach III zu stellen, → Rn. 8. Denn „kann" bedeutet nur die Einräumung der bloßen Befugnis zur Einlegung des einzigen Rechtsbehelfs zur Nachprüfung von Ablehnungsgründen. Für den absoluten Ablehnungsgrund des Tätigwerdens in eigener Sache gilt aber etwas anderes, → § 1036 Rn. 8 „Eigene Sache". 9

1038 ***Untätigkeit oder Unmöglichkeit der Aufgabenerfüllung.*** I [1]**Ist ein Schiedsrichter rechtlich oder tatsächlich außerstande, seine Aufgaben zu erfüllen, oder kommt er aus anderen Gründen seinen Aufgaben in angemessener Frist nicht nach, so endet sein Amt, wenn er zurücktritt oder wenn die Parteien die Beendigung seines Amtes vereinbaren.** [2]**Tritt der Schiedsrichter von**

seinem Amt nicht zurück oder können sich die Parteien über dessen Beendigung nicht einigen, kann jede Partei bei Gericht eine Entscheidung über die Beendigung des Amtes beantragen.

II Tritt ein Schiedsrichter in den Fällen des Absatzes 1 oder des § 1037 Abs. 2 zurück oder stimmt eine Partei der Beendigung des Schiedsrichteramtes zu, so bedeutet dies nicht die Anerkennung der in Absatz 1 oder § 1036 Abs. 2 genannten Rücktrittsgründe.

1 **I. Systematik, Regelungszweck.** → Buch 10. Vor Abschnitt 1–10 Rn. 1 ff. Die Bestimmung regelt über die Überschrift hinausgehend die wichtigsten Gründe für die Beendigung des Amts eines Schiedsrichters. Sie hat Vorrang vor den BGB-Regeln. Ergänzend gelten §§ 1035 III, IV, 1040 III. Zweck ist eine ausgewogene Beachtung sowohl der das ganze schiedsrichterliche Verfahren beherrschenden Parteiherrschaft als auch der unverzichtbaren Rechtssicherheit, → Vor § 128 Rn. 20 ff. (allgemein zur Parteiherrschaft).

2 **II. Geltungsbereich.** → Vor § 1025 Rn. 2 ff. Die Vorschrift gilt auch vor der Bestimmung eines deutschen Schiedsorts nach § 1025 III.

3 **III. Ende des Schiedsrichteramts, I.** Außer beim Rücktritt nach § 1037 II 2 endet das Amt auch beim Rücktritt des Schiedsrichters oder bei einer Parteivereinbarung aus den in I 1 genannten Gründen. Darüber hinaus endet das Amt des Schiedsrichters durch den Rücktritt aus anderen Gründen, Altenkirch SchiedsVZ 2014, 121, oder durch eine auf einen solchen Grund gestützte Parteivereinbarung (§ 1039). Das gilt unabhängig davon, welche Folgen sich daraus aus dem Schiedsrichtervertrag ergeben. Wegen weiterer Fälle der Beendigung des Amts → Anh. § 1035 Rn. 18, 19.

4 Nach I 1 wird vorausgesetzt, dass der Schiedsrichter rechtlich oder tatsächlich nicht in der Lage ist, seine Aufgaben zu erfüllen. Das kann der Fall sein bei Verlust der Geschäftsfähigkeit, aufgrund seiner Stellung als gesetzlicher Vertreter einer Partei, bei Wegzug, Tod, überlanger Abwesenheit oder schwerer Krankheit. Wird die institutionelle Organisation, bei der das Schiedsgericht stattfinden sollte, aufgelöst, endet grundsätzlich das Schiedsrichteramt, BGH NJW 1991, 1008 (Kammer für Außenhandel der ehemaligen DDR). Der Unmöglichkeit gleichgestellt ist eine Pflichtverletzung des Schiedsrichters, dh die vorwerfbare Nichterfüllung seiner Aufgaben in angemessener Frist, sei es auch nur bei der erforderlichen Unterschrift oder Ergänzung des Schiedsspruchs nach § 1058. Dabei kommt es in erster Linie auf den Schiedsrichtervertrag, Anh. zu § 1035, an, ferner auf die von den Parteien vorausgesetzte Qualifikation des Schiedsrichters sowie auf den Umfang und die Schwierigkeit des Falls. Bei der Frage der angemessenen Frist muss man zumutbar abwarten, Mü SchiedsVZ 2016, 54; MDR 2011, 565.

5 Tritt in diesen Fällen der Schiedsrichter nicht zurück oder können sich die Parteien über die Beendigung seines Amts, also seine Abberufung, nicht einigen, ist keine Ablehnung statthaft. Vielmehr kann nach I 2 jede Partei beim Gericht eine Entscheidung über die Beendigung des Amts beantragen, Mü SchiedsVZ 2006, 286; Kröll SchiedsVZ 2007, 148. Dazu braucht der Antragsteller dem Schiedsrichter keine Gelegenheit zum Rücktritt gegeben zu haben, KG BauR 2013, 1003. Zuständig ist das OLG nach § 1062 I Nr. 1. Wegen des Verfahrens gilt § 1063. Ein Anwaltszwang besteht nur im Rahmen des § 1063 IV. Die Entscheidung des OLG ist nach § 1065 I 2 unanfechtbar. Die Parteien können nicht etwas anderes vereinbaren. Denn der gerichtliche Rechtsschutz kann nur bei einem ausdrücklichen gesetzlichen Vorbehalt eingeschränkt werden.

6 **IV. Gütliche Beendigung des Amts, II.** Die Vorschrift erleichtert die Beendigung des Amts durch einen Rücktritt oder eine Parteivereinbarung nach §§ 1037 I, II 2 oder 1038 I 1 dadurch, dass eine solche Beendigung des Amts nicht die Anerkennung der in § 1036 II oder § 1038 I genannten Gründe bedeutet. Das kann Auswirkungen auf den Honoraranspruch und eine eventuelle Haftung des Schiedsrichters haben, → Anh. § 1035 Rn. 9, 13 ff. Ob ein solcher Grund vorgelegen hat, muss im Streitfall dann das dafür zuständige Gericht prüfen, falls über die nach dem Schiedsrichtervertrag, Anh. § 1035, eintretenden Folgen Streit entsteht.

7 **V. Folgen der Beendigung des Schiedsrichteramts.** Für den ausscheidenden Schiedsrichter muss nach § 1039 ein Ersatzschiedsrichter bestellt werden. Etwaige Ansprüche aus dem Schiedsrichtervertrag sind außerhalb des schiedsrichterlichen Verfahrens bei dem dafür zuständigen Gericht oder bei einem dafür vereinbarten Schiedsgericht geltend zu machen, Altenkirch SchiedsVZ 2014, 121.

1039

Bestellung eines Ersatzschiedsrichters. **I 1Endet das Amt eines Schiedsrichters nach den §§ 1037, 1038 oder wegen seines Rücktritts vom Amt aus einem anderen Grund oder wegen der Aufhebung seines Amtes durch Vereinbarung der Parteien, so ist ein Ersatzschiedsrichter zu bestellen. 2Die Bestellung erfolgt nach den Regeln, die auf die Bestellung des zu ersetzenden Schiedsrichters anzuwenden waren.**

II Die Parteien können eine abweichende Vereinbarung treffen.

1 **I. Systematik, Regelungszweck, Anwendungsbereich.** → Buch 10. Vor Abschnitt 1–10 Rn. 1 ff.; → Vor § 1025 Rn. 1 ff. Die Vorschrift ergänzt §§ 1037, 1038. Endet das Amt des Schiedsrichters nach diesen Vorschriften, soll das weder den Beginn noch den Ablauf des schiedsrichterlichen Verfahrens beeinträchtigen, Kröll SchiedsVZ 2010, 150. Deshalb sieht I die Bestellung eines Ersatzschiedsrichters vor, sofern die Parteien nicht nach II eine abweichende Vereinbarung treffen.

2 **II. Folgen des Ausscheidens eines Schiedsrichters. 1. Ersatzschiedsrichter, I.** Fehlt eine Parteivereinbarung, ist grundsätzlich in allen Fällen der Beendigung des Schiedsrichteramts nach §§ 1037, 1038, wegen eines Rücktritts aus einem anderen Grund oder wegen der Aufhebung des Amts nach I 1 durch eine Vereinbarung der Parteien ein Ersatzschiedsrichter zu bestellen. Für die Bestellung des Ersatzschiedsrichters gelten nach I 2 die auf die Bestellung des bisherigen Schiedsrichters anwendbaren Bestimmungen, so § 1035. Das gilt grundsätzlich auch bei Wegfall eines in der Schiedsvereinbarung nach § 1029 ernannten Schiedsrichters. Fällt der Schiedsrichtervertrag, → Anh. § 1035, weg, kann § 627 BGB eingreifen.

3 **2. Vereinbarung der Parteien, II.** Die Parteien können eine von I abweichende Bestimmung treffen. Sie können sich in der Schiedsvereinbarung nach §§ 1029, 1031 oder später –formlos– darauf einigen, dass zB die Schiedsvereinbarung bei Wegfall eines Schiedsrichters erlischt oder dass dann der Vorsitzende als Einzelschiedsrichter entscheidet. Eine Vereinbarung, dass bei Wegfall eines Schiedsrichters die Schiedsvereinbarung erlischt,

kann sich aus Anhaltspunkten ergeben, so zB wenn die Parteien besonderen Wert auf eine bestimmte Person als Schiedsrichter gelegt haben, Musielak/Voit/Voit Rn. 2. Für die Ersatzschiedsrichterbestellung kommt auch eine einseitige Anordnung nach § 1066 infrage.

Fällt ausnahmsweise die Schiedsvereinbarung weg, entfällt die Einrede nach § 1032 I und dann ist der Weg einer gerichtlichen Klage eröffnet, Haas FS Rechenberger, 2005, 206. 4

Abschnitt 4. Zuständigkeit des Schiedsgerichts

1040 *Befugnis des Schiedsgerichts zur Entscheidung über die eigene Zuständigkeit.* **I 1Das Schiedsgericht kann über die eigene Zuständigkeit und im Zusammenhang hiermit über das Bestehen oder die Gültigkeit der Schiedsvereinbarung entscheiden. 2Hierbei ist eine Schiedsklausel als eine von den übrigen Vertragsbestimmungen unabhängige Vereinbarung zu behandeln.**

II 1Die Rüge der Unzuständigkeit des Schiedsgerichts ist spätestens mit der Klagebeantwortung vorzubringen. 2Von der Erhebung einer solchen Rüge ist eine Partei nicht dadurch ausgeschlossen, dass sie einen Schiedsrichter bestellt oder an der Bestellung eines Schiedsrichters mitgewirkt hat. 3Die Rüge, das Schiedsgericht überschreite seine Befugnisse, ist zu erheben, sobald die Angelegenheit, von der dies behauptet wird, im schiedsrichterlichen Verfahren zur Erörterung kommt. 4Das Schiedsgericht kann in beiden Fällen eine spätere Rüge zulassen, wenn die Partei die Verspätung genügend entschuldigt.

III 1Hält das Schiedsgericht sich für zuständig, so entscheidet es über eine Rüge nach Absatz 2 in der Regel durch Zwischenentscheid. 2In diesem Fall kann jede Partei innerhalb eines Monats nach schriftlicher Mitteilung des Entscheids eine gerichtliche Entscheidung beantragen. 3Während ein solcher Antrag anhängig ist, kann das Schiedsgericht das schiedsrichterliche Verfahren fortsetzen und einen Schiedsspruch erlassen.

1 **I. Systematik, Regelungszweck, Anwendungsbereich.** → Buch 10. Vor Abschnitt 1–10 Rn. 1 ff.; → Vor § 1025 Rn. 1 ff. Die Vorschrift regelt die für die Praxis wichtige sog. Kompetenz-Kompetenz eines Schiedsgerichts und ergänzt § 1032 II. Die Zuständigkeitsbeurteilung durch das Schiedsgericht bindet das Gericht nicht, BGH NJW 2005, 1125 (zust. Hau LMK 2005, 68); Borges ZZP 111, 491; Kröll NJW 2007, 746. Zweck ist auch hier die volle Beachtung des Prinzips der Parteiherrschaft im schiedsrichterlichen Verfahren, → Vor § 128 Rn. 20 ff (allgemein zur Parteiherrschaft). Zwar liegt sie im Bereich des § 1040 nur indirekt bei den Parteien. Diese bestimmen aber durch die Schiedsvereinbarung nach § 1029 die Zuständigkeit des Schiedsgerichts und übertragen dann die Entscheidung auf die Schiedsrichter.

2 **II. Befugnisse des Schiedsgerichts, I.** Das Schiedsgericht muss nach I 1 unabhängig von etwaigen Regelungen in der Schiedsvereinbarung nach § 1029 von Amts wegen über seine **eigene Zuständigkeit** und im Zusammenhang hiermit über die Gültigkeit der Schiedsvereinbarung entscheiden, Spohnheimer FS Käfer, 2009, 371. Dabei sind der Hauptvertrag und die Schiedsvereinbarung als zwei nach → § 1029 Rn. 4 voneinander unabhängige Verträge zu behandeln, BGH MDR 2016, 480. Das gilt nach I 2 auch dann, wenn es sich um eine Schiedsklausel nach § 1029 II handelt, BGH WM 2018, 818; Kröll SchiedsVZ 2011, 131. Insofern findet § 139 BGB keine Anwendung. Die Aufhebung oder die Unwirksamkeit des Hauptvertrags hebt nicht automatisch auch die Schiedsvereinbarung auf, BGH WM 2018, 817; NJW 2017, 488; Kblz SchiedsVZ 2005, 260. Auch die Eröffnung des Insolvenzverfahrens steht der Bindung an die Schiedsvereinbarung nicht entgegen, BGH WM 2017, 2271; Thomas/Putzo/Seiler Rn. 1. Für welche Streitigkeiten die Schiedsvereinbarung gelten soll, hängt von ihrem Inhalt ab, der uU durch Auslegung zu ermitteln ist, → § 1029 Rn. 30 „Auslegung", so zB, ob eine Schiedsvereinbarung auch für Folgestreitigkeiten nach dem Schiedsspruch gilt, etwa nach einer Kündigung für den Folge-Hauptvertrag, Mü OLGR 2006, 869; Kröll NJW 2007, 744; → § 1029 Rn. 20, 39 (zur Reichweite). Ist der Hauptvertrag unwirksam, aber die Schiedsvereinbarung wirksam, ist das Schiedsgericht möglicherweise für Rückabwicklungsansprüche zuständig. Die Gültigkeit der Schiedsvereinbarung ist nach dem dafür maßgeblichen Recht und evtl. nach den Kollisionsregeln des § 1059 II Nr. 1a und Nr. 2a zu beurteilen. Eine Partei darf nicht vorprozessual eine Schiedsvereinbarung behaupten und sie dann im schiedsrichterlichen Verfahren bestreiten; dies stellt ein Verstoß gegen § 242 BGB dar, BGH WM 1987, 1084; → § 1032 Rn. 10 „Rechtsmissbrauch".

3 **III. Rüge der Unzuständigkeit des Schiedsgerichts, II.** Dazu Kröll NJW 2016, 850: Nach Bildung des Schiedsgerichts kommt nur noch II in Betracht, hingegen nicht mehr ein Antrag nach § 1032 II; damit hat das Schiedsgericht ab diesem Zeitpunkt ein Erstentscheidungsrecht, Musielak/Voit/Voit Rn. 3. II greift nicht nur ein, wenn keine Schiedsvereinbarung vorliegt, sondern auch dann, wenn die Partei sie für unwirksam hält, BGH BeckRS 2021, 47552. Das Gericht kann nach III bei positiver Entscheidung des Schiedsgerichts angerufen werden; III 2 kann nicht abgedungen werden. Zöller/Geimer Rn. 1. Die Rüge der Unzuständigkeit nach II muss eindeutig und bedingungslos sein; sie darf nicht nur hilfsweise erfolgen, SchG Hmb SchiedsVZ 2010, 173. Sie ist nach II 1 spätestens mit der Klagebeantwortung notwendig, BGH SchiedsVZ 2017, 197; KG SchiedsVZ 2009, 181; SchG Hmb SchiedsVZ 2010, 173; Spohnheimer FS Käfer, 2009, 258. Der Partei steht es frei, ob sie die Unzuständigkeit rügen will, Hmb SchiedsVZ 2007, 56. Ein Hinweis auf die Rügebefugnis mag auf den ersten Blick ein Gebot fairer Verfahrensführung sein, ist aber ähnlich wie ein richterlicher Hinweis auf eine etwaige Verjährung im Hinblick auf eine Parteilichkeit durchaus problematisch und jedenfalls nicht erforderlich.

4 Nach II 2 darf die Partei die Rüge auch dann erheben, wenn sie sich an der Bestellung eines Schiedsrichters beteiligt hat. Will eine Partei während des schiedsrichterlichen Verfahrens rügen, das Schiedsgericht überschreite seine Befugnisse (§ 1059 II Nr. 1c), muss sie das nach **II 3** tun, sobald die fragliche Angelegenheit im schiedsrichterlichen Verfahren zur Erörterung kommt, Kblz VersR 2011, 1329 (schon in einer Klagerwiderung); Hausmann FS Stoll, 2001, 602 (Bindung für § 1059 II Nr. 1a). Eine Rüge erst nach einem Zwischenbescheid ist verspätet, Mü BauR 2017, 2225. Bestritten ist, ob eine „Erörterung" auch darin liegen kann, dass eine Partei sie beginnt, MüKoZPO/Münch Rn. 24, oder ob immer eine Maßnahme des Schiedsgerichts erforderlich ist, Zöller/Geimer Rn. 6; Musielak/Voit/Voit Rn. 6. Wir folgen der Meinung, dass die Angelegenheit erst bei einem Handeln des Schiedsgerichts, sei es auch nur durch die Aufforderung zur Stellungnahme gegenüber der Gegenpartei, zur Erörterung kommt, weil erst dann Anlass zur Rüge gegeben ist und das Schiedsgericht Herrin des Verfahrens ist. Zur Auslegung des Begriffs „Überschreitung der Befugnisse" Art. 5 EuÜbkHSch, → Buch 10. Vor Abschnitt 1–10 Rn. 6.

5 Eine nach II 1 oder II 3 **verspätete Rüge** hat das Schiedsgericht nach **II 4** nach seinem pflichtgemäßen Ermessen dann zuzulassen, wenn die Partei die Verspätung genügend entschuldigt, → § 296 Rn. 48 ff. Versäumt eine Partei die Frist unentschuldigt, wird die Rüge sowohl im schiedsrichterlichen Verfahren als auch im

Aufhebungs- und Vollstreckbarkeitsverfahren nach §§ 1059 ff. unstatthaft, BGH SchiedsVZ 2022, 237 Rn. 9; VersR 2005, 425; Kblz SchiedsVZ 2005, 260; Kröll NJW 2007, 748. Zur Präklusion und „Heilung" der Unzuständigkeit bei einer GmbH-Beschlussmängelstreitigkeit Triebel/Hafner SchiedsVZ 2009, 313. Berücksichtigt das Schiedsgericht die Rüge trotz ausreichender Entschuldigung nicht, ist die Partei im Verfahren nach III oder im Aufhebungsverfahren mit der Rüge nicht ausgeschlossen.

IV. Verfahren, III. 1. Entscheidung, III 1. Hält das Schiedsgericht sich für unzuständig, ist bestritten, ob es – nach einem Hinweis – durch Beschluss die Beendigung des Schiedsverfahrens wegen Unzuständigkeit nach § 1056 II Nr. 3 feststellt, Musielak/Voit/Voit Rn. 8, oder ob es einen **(Prozess-)Schiedsspruch** nach § 1054 erlässt, BGH NJW 2002, 3032; MüKoZPO/Münch Rn. 31 f.; Zöller/Geimer Rn. 11; Kröll NJW 2003, 793; Thiel/Pörnbacher SchiedsVZ 2007, 296. Nur nach der zweiten Meinung ist die Entscheidung im Aufhebungsverfahren nach dem Rechtsgedanken von § 1059 II Nr. 1a angreifbar, BGH NJW 2002, 3031; Huber SchiedsVZ 2003, 74; Münch SchiedsVZ 2003, 41; aM Musielak/Voit/Voit Rn. 8 (nicht anfechtbar). Wir folgen der zweiten Meinung; denn das Schiedsgericht entscheidet genau wie ein Gericht durch Prozessurteil abschließend aufgrund der zu überprüfenden Voraussetzungen, die verfahrensrechtlicher, prozessualer und materiell-rechtlicher Natur sein können. 6

Bejaht das Schiedsgericht seine Zuständigkeit, entscheidet es über die Rüge zwecks einer möglichst baldigen Klärung nach III 1 meist in einem Zwischenentscheid, Ffm SchiedsVZ 2013, 343; Kröll SchiedsVZ 2013, 260. Diese Möglichkeit lässt sich nicht abbedingen. Nur die Zuständigkeit, nicht hingegen die Zulässigkeit des Schiedsverfahrens kann Gegenstand des Verfahrens nach III sein; die Zulässigkeit des Schiedsverfahrens kann erst nach Erlass des Schiedsspruchs überprüft werden, Mü BeckRS 2019, 15349; Kröll SchiedsVZ 2020, 165. Ein Zwischenentscheid über die Zuständigkeit des Schiedsgerichts ist nach einem endgültigen Schiedsspruch nach § 1054 nicht mehr statthaft, BGH SchiedsVZ 2013, 333; Kröll NJW 2015, 836. Er ist sonst in jeder Verfahrenslage statthaft. Ihn muss das Schiedsgericht eindeutig als solchen bezeichnen. Es darf also nicht nur eine prozessleitende zuständigkeitsbejahende Verfügung des Vorsitzenden vorliegen, BayObLG SchiedsVZ 2004, 164. Auch bei einer bloßen Anforderung eines Vorschusses kann kein Zwischenentscheid angenommen werden, Kröll SchiedsVZ 2007, 150. Ausnahmsweise kann das Schiedsgericht nach seinem pflichtgemäßen Ermessen von einem Zwischenentscheid absehen und die positive Entscheidung erst im endgültigen Schiedsspruch treffen. Möglicherweise will das Schiedsgericht mit einem solchen Vorgehen eine sonst drohende Verzögerung des Verfahrens verhindern. Für die Zwischenentscheidung gelten §§ 1052, 1054 entsprechend. Der Tenor kann lauten: *„Das Schiedsgericht ist zuständig".* Das Schiedsgericht muss seine Entscheidung nach → § 1054 Rn. 6 begründen. Eine nur mündliche Mitteilung reicht nicht, Kröll SchiedsVZ 2007, 150. Der Zwischenentscheid nach § 1040 III 1 ist kein Schiedsspruch und § 1063 findet keine Anwendung, Hmb SchiedsVZ 2009, 72. Hat das Gericht die Zuständigkeit des Schiedsgerichts bejaht, umfasst die Bindungswirkung der Entscheidung auch die Feststellung der objektiven Schiedsfähigkeit und ist iRv § 1059 II Nr. 2a zu berücksichtigen; bei der Entscheidung nach III 2 wird die Gültigkeit der Schiedsvereinbarung festgestellt und deshalb kann im Hinblick auf die Schiedsfähigkeit nicht anders entschieden werden, BGH SchiedsVZ 2016, 339; Mü BeckRS 2020, 2932 Rn. 29 f. = ZIP 2020, 1372; Kröll SchiedsVZ 2021, 264, 268 7

2. Rechtsbehelf, III 2. Gegen einen Prozessschiedsspruch, mit dem die Zuständigkeit verneint wird, ist nach unserer Auffassung ein Aufhebungsantrag nach § 1059 statthaft, → Rn. 6. Gegen einen Zwischenentscheid nach III 1 kann jede Partei nach Satz 2 innerhalb eines Monats nach seiner schriftlichen Mitteilung gerade an diese Partei eine Entscheidung des Gerichts beantragen, Brem SchiedsVZ 2007, 52; KG SchiedsVZ 2009, 181; Kröll SchiedsVZ 2013, 260. Für die „schriftliche Mitteilung" des Zwischenbescheides reicht die elektronische und nichtunterschriebene Kopie aus; der Zwischenbescheid ist kein Schiedsspruch und unterliegt damit nicht den Formerfordernissen des § 1054; III 2 knüpft nur an die schriftliche Mitteilung, nicht an die Mitteilung eines unterschriebenen Zwischenbescheids an, Stuttg SchiedsVZ 2021, 293; Kröll NJW 2022, 827 (829). Die Partei kann nach III 2 auch rügen, der Klageanspruch falle nicht unter die Schiedsvereinbarung, BayObLG DB 2004, 302, oder es gebe keine wirksame Schiedsvereinbarung, Kröll SchiedsVZ 2013, 260. III 2 ist zwingend. Die Frist ist keine Notfrist nach § 224 II 1, Kröll NJW 2003, 793. Man kann so auch eine Entscheidung nach II 4 überprüfen lassen. Zuständig ist das OLG nach § 1062 I Nr. 2. Fristwahrend ist der Eingang bei Gericht, Kröll SchiedsVZ 2010, 147, evtl. auch beim örtlich unzuständigen, Mü ZIP 2016, 972; Kröll NJW 2003, 793. Die Begründung kann nachfolgen, Kröll SchiedsVZ 2010, 149. Wegen des Verfahrens gilt § 1063. Bei einer Antragsrücknahme kann § 269 III anwendbar sein, Mü BauR 2014, 1526. 8

Ein Anwaltszwang besteht nach § 1063 IV erst nach Anordnung einer mündlichen Verhandlung, die nicht obligatorisch ist. Auch bei Beantragung durch eine Partei fordert Art. 6 I 1 EMRK bei § 1040 III 2 nicht stets eine mündliche Verhandlung, BGH NJW 2014, 3652; → § 1063 Rn. 4. Als Rechtsmittel kommt die Rechtsbeschwerde nach § 1065 in Betracht. Stellt keine Partei einen rechtzeitigen wirksamen Antrag auf eine gerichtliche Entscheidung, wird der Zwischenentscheid mit dem Ablauf der Monatsfrist verbindlich. Er schließt dann den Einwand der Ungültigkeit oder des Fehlens der Schiedsvereinbarung für das Aufhebungs- und Vollstreckungsverfahren nach § 1059 II Nr. 1a aus, BGH WM 2016, 1710; Kröll SchiedsVZ 2013, 260; NJW 2007, 748; Spohnheimer FS Käfer, 2009, 359; Müller/Kielmann SchiedsVZ 2007, 119. Das gilt dann nicht, wenn das Schiedsgericht seine Zuständigkeit erst im Schiedsspruch nach § 1054 bejaht hat. 9

Da das Gesetz nur „in der Regel" einen Zwischenbescheid vorsieht, wenn das Schiedsgericht seine Zuständigkeit bejaht hat und die Unzuständigkeit gerügt wurde, ist es auch zulässig, wenn die Zuständigkeit erst im Schiedsspruch behandelt wird; dann kann die Frage der Zuständigkeit in den Verfahren nach §§ 1059, 1060 geltend gemacht werden, Musielak/Voit/Voit Rn. 9; Zöller/Geimer Rn. 8. Eine Zurückverweisung an das Schiedsgericht ist unstatthaft, Mü BauR 2015, 723. 10

3. Fortsetzung des schiedsrichterlichen Verfahrens, III 3. Die Anhängigkeit eines Verfahrens vor dem Gericht nach III 2 steht einer Fortsetzung des schiedsgerichtlichen Verfahrens und dem Erlass eines Schiedsspruchs nicht entgegen (Satz 3). Da aber das Gericht den Schiedsspruch evtl. nach § 1059 II Nr. 1a, aufheben müsste, wird ein Schiedsgericht in der Regel sein Verfahren entsprechend § 148 aussetzen. Ein Schiedsspruch zur Hauptsache beendet das Rechtsschutzbedürfnis nach III 2, BGH MDR 2013, 1362 (abl. Griebel IPRax 2015, 326). 11

1041 *Maßnahmen des einstweiligen Rechtsschutzes.* **I [1]Haben die Parteien nichts anderes vereinbart, so kann das Schiedsgericht auf Antrag einer Partei vorläufige oder sichernde Maßnahmen anordnen, die es in Bezug auf den Streitgegenstand für erforderlich hält. [2]Das Schiedsgericht kann von jeder Partei im Zusammenhang mit einer solchen Maßnahme angemessene Sicherheit verlangen.**

II [1]Das Gericht kann auf Antrag einer Partei die Vollziehung einer Maßnahme nach Absatz 1 zulassen, sofern nicht schon eine entsprechende Maßnahme des einstweiligen Rechtsschutzes bei einem Gericht beantragt worden ist. [2]Es kann die Anordnung abweichend fassen, wenn dies zur Vollziehung der Maßnahme notwendig ist.

III Auf Antrag kann das Gericht den Beschluss nach Absatz 2 aufheben oder ändern.

IV [1]Erweist sich die Anordnung einer Maßnahme nach Absatz 1 als von Anfang an ungerechtfertigt, so ist die Partei, welche ihre Vollziehung erwirkt hat, verpflichtet, dem Gegner den Schaden zu ersetzen, der ihm aus der Vollziehung der Maßnahme oder dadurch entsteht, dass er Sicherheit leistet, um die Vollziehung abzuwenden. [2]Der Anspruch kann im anhängigen schiedsrichterlichen Verfahren geltend gemacht werden.

Schrifttum: Bandel, Einstweiliger Rechtsschutz im Schiedsverfahren, 2000; Edler, Die Aufhebung von Schiedssprüchen und der Erlass einstweiliger Maßnahmen in Deutschland, 2009; Gaier, Ex-parte-Eilmaßnahmen des Schiedsgerichts und das Prozessgrundrecht der Waffengleichheit, SchiedsVZ 2021, 7; Laukemann ZZP 126, 175 (Grdz., auch international); Leitzen, Die Anordnung vorläufiger oder sichernder Maßnahmen durch Schiedsgerichte nach § 1041 ZPO, 2002.

1 **I. Systematik, Regelungszweck.** → Buch 10. Vor Abschnitt 1–10 Rn. 1 ff. Im Zusammenhang mit § 1033 regelt § 1041, dass einstweiliger Rechtsschutz in Bezug auf den Gegenstand der Schiedsvereinbarung sowohl beim Gericht als auch beim Schiedsgericht nach seiner Konstituierung beantragt werden kann und es insoweit kein Vorrangverhältnis gibt, → § 1033 Rn. 9; → § 940 Rn. 7. Auch wenn zwei Zuständigkeiten gleichrangig nebeneinanderstehen, empfiehlt sich für den einstweiligen Rechtsschutz grundsätzlich wegen der Verzögerungs- und Blockademöglichkeiten nach II, III die sofortige Anrufung des Gerichts, Musielak/Voit/Voit Rn. 1; → § 1033 Rn. 9. Durch II–IV wird klargestellt, dass auch im einstweiligen Rechtsschutz das Gericht für die Vollstreckung zuständig ist. Zugleich werden auch die Grenzen der Befugnisse des Schiedsgerichts in III klar. IV dient der Begrenzung der Gefahren eines jeden einstweiligen Verfahrens.

2 **II. Geltungsbereich.** Zum Geltungsbereich → Vor § 1025 Rn. 2 ff. Nicht zu den nach I zulässigen Maßnahmen gehört eine Entscheidung im Urkundenprozess nach §§ 592 ff., da das Vorverfahren keine Maßnahme des einstweiligen Rechtsschutzes darstellt, Thomas/Putzo/Seiler Rn. 6. Jedoch gilt § 1041 auch für das selbständige Beweisverfahren nach § 485 ff., → § 1033 Rn. 3.

3 **III. Vorläufige oder sichernde Maßnahme, I.** Vorbehaltlich einer abweichenden Vereinbarung der Parteien kann das Schiedsgericht nach I 1 auf den Antrag einer Partei diejenigen einstweiligen Maßnahmen anordnen, die es für erforderlich hält, um die betreffenden Rechtspositionen, die Gegenstand der Schiedsvereinbarung sind, vorläufig bis zum Ende des Schiedsverfahrens zu sichern, Horn SchiedsVZ 2016, 22; Schütze BB 1998, 1650. Diese Befugnis steht gleichrangig neben der Zuständigkeit des Gerichts nach § 1033, → Rn. 1; → § 1033 Rn. 9. Daher hat die Partei ein Wahlrecht, Gottwald/Adolphsen DStR 1998, 1020; Looks TranspR 2006, 136 (zu § 917 II). „Kann" bedeutet ein pflichtgemäßes Ermessen sowohl wegen des Grundes als auch wegen der erforderlichen Maßnahmen, Looks TranspR 2006, 136.

4 Voraussetzung sind ein Antrag einer Partei und die Bildung eines Schiedsgerichtes nach §§ 1034 ff. Im schiedsrichterlichen Verfahren zulässig sind vorläufige oder sichernde Maßnahmen aller Art. Ein konkreter Antrag braucht ebenso wenig wie bei § 938 gestellt werden; vielmehr kann die Auswahl dem Schiedsgericht überlassen werden, Elsing FS Schütze, 2014, 69 (zur Kostensicherheit); Kronke RIW 1998, 264; Schütze BB 1998, 1650; Horn SchiedsVZ 2016, 22; Thümmel DZWiR 1997, 135. Zur sog. E-Discovery: Hilgard SchiedsVZ 2008, 122. Das Schiedsgericht kann auch eine endgültige Maßnahme für einen begrenzten Zeitraum, so zB eine zeitlich begrenzte Unterlassungspflicht vorsehen, Musielak/Voit/Voit Rn. 5; Zöller/Geimer Rn. 6. Unzulässig sind Maßnahmen, die in die Rechte Dritter eingreifen, wie zB gegenüber Dritten wirkende Verfügungsverbote nach §§ 135, 136 BGB, Wolf DB 1999, 1102. Stets darf das Schiedsgericht nach I 2 und § 921 II 2 iVm § 936 im Zusammenhang mit einer einstweiligen Maßnahme eine angemessene Sicherheit verlangen, und zwar von beiden Parteien, Musielak/Voit/Voit Rn. 4. Es darf aber nach → § 1050 Rn. 1 nicht selbst eine eidesstattliche Versicherung einholen, Thomas/Putzo/Seiler Rn. 2.

5 Für das Verfahren gelten die Parteivereinbarung und grundsätzlich §§ 1042 ff. Die Entscheidung ergeht nicht durch einen auch nur vorläufigen Schiedsspruch nach § 1054, sondern durch einen gesonderten Beschluss. Er setzt ungeachtet § 1042 I 2 nicht in jedem Fall zwingend die Gewährung rechtlichen Gehörs der Beteiligten voraus; das kann aus dem Rechtsgedanken des § 1063 III iVm dem der §§ 921 I, 937 II, 924 abgeleitet werden; es kann ausreichen, wenn das rechtliche Gehör in besonders dringenden Fällen, in denen der effektive Rechtsschutz eine Maßnahme ohne vorherige Anhörung des Gegners gebietet, nachgeholt wird; hier gelten gegenüber dem staatlichen Verfahren keine weitergehenden Einschränkungen, Musielak/Voit/Voit Rn. 3; Zöller/Geimer Rn. 1; Wolf DB 1999, 1102; aM MüKoZPO/Münch Rn. 28; Thomas/Putzo/Seiler Rn. 2; zu § 937: BVerfG NJW 2018, 3634; → § 937 Rn. 9 (Absehen der mündlichen Verhandlung vor Erlass einer einstweiligen Verfügung nur in absoluten Ausnahmefällen möglich). Die Entscheidung des Schiedsgerichts nach I ist unanfechtbar. Es findet also kein Widerspruchsverfahren wie nach § 924 und auch kein Aufhebungsverfahren nach § 1059 statt, Thomas/Putzo/Seiler Rn. 2. Nach einer Ablehnung mag § 1033 helfen.

6 **IV. Vollziehung einstweiliger Maßnahme, II, III.** Zwangsmittel darf das Schiedsgericht weder verhängen noch androhen, → § 1042 Rn. 14 „Zwangsmaßnahme". Die Vollziehung einer durch das Schiedsgericht angeordneten Maßnahme setzt nach II 1 voraus, dass das Gericht die Vollziehung auf den Antrag einer Partei durch einen Beschluss zulässt, dh einen Vollstreckungstitel schafft, Gaier SchiedsvZ 2021, 7 (9). Den Antrag kann jede Partei stellen, und zwar unabhängig davon, ob Anhaltspunkte dafür bestehen, dass der Belastete der Anordnung nicht freiwillig nachkommt; denn das Gesetz sieht keine Einschränkung vor, Musielak/Voit/Voit Rn. 6. Ein

solcher Beschluss darf dann nicht ergehen, wenn eine Partei schon eine entsprechende Maßnahme, Arrest oder einstweilige Verfügung, bei Gericht nach § 1033 beantragt hat. Denn für Anträge nach II, III, nach denen die Gerichte für die Vollstreckung der vom Schiedsgericht angeordneten vorläufigen Maßnahmen zuständig sind, fehlt in solchen Fällen das Rechtsschutzbedürfnis, Musielak/Voit/Voit Rn. 6; Thomas/Putzo/Seiler Rn. 2; MüKoZPO/Münch Rn. 41. Gleichzeitig ergibt sich daraus, dass das umgekehrt für den einstweiligen Rechtsschutz nach §§ 1033, 916 ff. nicht gilt.

Über den Vollziehungsantrag entscheidet das Gericht ohne eine Bindung nach §§ 1059 II, 1060 II 1, Zekoll/ 7
Giessen SchiedsVZ 2010, 141; aM Wolf DB 1999, 1102 (Befugnis zur Prüfung von Aufhebungsgründen, § 1059). Es entscheidet unter Abwägung aller Umstände. Der Prüfungsumfang des Gerichts ist nicht abschließend geklärt; mit dem Wort „kann" hat der Gesetzgeber die Entscheidung in dessen pflichtgemäßes Ermessen gestellt; nach überwiegender Meinung ist die Eilanordnung grundsätzlich für vollziehbar zu erklären und es soll lediglich eine summarische Prüfung stattfinden, ob eine wirksame Schiedsvereinbarung und kein Verstoß gegen ordre public vorliegen, BGH SchiedsVZ 2018, 318 und NJW 2014, 1597 (allgemein zum rechtlichen Gehör); BayObLG SchiedsVZ 2020, 315 mAnm Goumas; Saarbr SchiedsVZ 2007, 323; MüKoZPO/Münch Rn. 43 ff.; aA Schütze SchiedsVZ 2009, 241 244 (volle Überprüfung); vgl. auch Gaier SchiedsVZ 2021, 7 (zur Frage der Heilung bei nachträglicher Gewährung rechtlichen Gehörs). Die Unwirksamkeit der Schiedsvereinbarung ist wegen der Sonderregelung des § 1040 aber nur dann beachtlich, wenn keine Präklusion nach § 1040 eingetreten ist und der Gegner die Unwirksamkeit rügt, Zöller/Geimer Rn. 3; aM Thomas/Putzo/Seiler Rn. 3; Musielak/Voit/Voit Rn. 7 (generelle Prüfung der Wirksamkeit). Das Gericht prüft, ob dem Schiedsgericht offensichtliche Ermessensfehler unterlaufen sind, Ffm NJW-RR 2001, 1078; MüKoZPO/Münch Rn. 43 f. Grundsätzlich ist eine Vorwegnahme der Hauptsache nicht möglich; im Einzelfall kann aber die Vollziehung zur Sicherung des streitigen Anspruchs auch angeordnet, werden, wenn dadurch Erfüllung eintritt, Ffm NJW-RR 2001, 1078; MüKoZPO/Münch Rn. 44.

Das Gericht kann nach II 2 in seiner Entscheidung die Anordnung des Schiedsgerichts dann redaktionell 8
abweichend fassen, wenn das zu ihrer Vollziehung notwendig ist, zB wenn sie nicht bestimmt genug war, Saarbr SchiedsVZ 2007, 324; Thümmel DZWiR 1997, 136.

Das Gericht darf die Entscheidung aber nicht schon nach II 2, sondern nur nach III inhaltlich ändern, wenn 9
ein Antrag auf Aufhebung oder Änderung der Entscheidung gestellt wird, Saarbr SchiedsVZ 2007, 324. Das ist insbesondere bei einer Veränderung der Sachlage denkbar, aber auch bei Veränderung der Rechtsauffassung oder bei Feststellung der Unzweckmäßigkeit, so wohl auch Musielak/Voit/Voit Rn. 12.

Zuständig für die Entscheidungen nach II, III ist das OLG nach § 1062 I Nr. 3. Wegen des Verfahrens gilt 10
§ 1063. Das OLG entscheidet durch Beschluss nach § 1063 I 1. Nach § 1063 III kann der Vorsitzende anordnen, dass die vorläufige oder sichernde Maßnahme durch den Antragsteller bis zur Entscheidung vollzogen werden darf, → § 1063 Rn. 8. Ein Anwaltszwang besteht nach § 1063 IV erst nach einer Anordnung der mündlichen Verhandlung nach § 1063 IV. In den Verfahren nach II und III gibt es nach § 1065 I 2 kein Rechtsmittel gegen die Entscheidung des OLG.

V. Schadensersatzpflicht, IV. Dazu Risse/Frohloff SchiedsVZ 2011, 239. Die Schadensersatzpflicht derje- 11
nigen Partei, die die Vollziehung einer von Anfang an ungerechtfertigten einstweiligen Maßnahme erwirkt hat, regelt IV 1 entsprechend § 945. Ebenso wie bei § 945 genügt das Erwirken der einstweiligen Maßnahme nicht. Vielmehr muss die Maßnahme vollzogen oder Sicherheit geleistet worden sein, um dies abzuwenden. Der Anspruch erstreckt sich dann auf den dadurch entstandenen Schaden. Dieser Schadensersatzanspruch kann nach IV 2 im anhängigen schiedsrichterlichen Verfahren geltend gemacht werden. Das Schiedsgericht entscheidet über ihn durch seinen Schiedsspruch nach § 1054.

Abschnitt 5. Durchführung des schiedsrichterlichen Verfahrens

1042 *Allgemeine Verfahrensregeln.* I [1]**Die Parteien sind gleich zu behandeln.** [2]**Jeder Partei ist rechtliches Gehör zu gewähren.**

II **Rechtsanwälte dürfen als Bevollmächtigte nicht ausgeschlossen werden.**

III **Im Übrigen können die Parteien vorbehaltlich der zwingenden Vorschriften dieses Buches das Verfahren selbst oder durch Bezugnahme auf eine schiedsrichterliche Verfahrensordnung regeln.**

IV [1]**Soweit eine Vereinbarung der Parteien nicht vorliegt und dieses Buch keine Regelung enthält, werden die Verfahrensregeln vom Schiedsgericht nach freiem Ermessen bestimmt.** [2]**Das Schiedsgericht ist berechtigt, über die Zulässigkeit einer Beweiserhebung zu entscheiden, diese durchzuführen und das Ergebnis frei zu würdigen.**

Schrifttum: Bryant, Class Arbitrations mit Verbraucherbeteiligung im deutschen Recht, SchiedsVZ 2021, 58; Cervenka/Schwarz, Datenschutz im Schiedsverfahren, SchiedsVZ 2020, 78; Gielen/Wahnschaffe, Die virtuelle Verhandlung im Schiedsverfahren, SchiedsVZ 2020, 257; Holder, Vertraulichkeit im Schiedsverfahren nach deutschem Recht (rechtsvergleichend), 2009; Kahlert, Vertraulichkeit im Schiedsverfahren, 2015; Kilian, Die Vertretung von Schiedsparteien durch ausländische Rechtsanwälte vor inländischen Schiedsgerichten, FS Prütting, 2018, 855; Sawang, Geheimhaltung und rechtliches Gehör im Schiedsverfahren nach deutschem Recht, 2010; Schütze SchiedsVZ 2018, 101; Stolzke, Aufrechnung und Widerklage in der Schiedsgerichtsbarkeit, 2006; Wilhelmi, Die Verletzung rechtlichen Gehörs im Schiedsgerichtsverfahren, SchiedsVZ 2020, 30.

1 **I. Systematik, Geltungsbereich.** → Buch 10. Vor Abschnitt 1 Rn. 1; → Vor § 1025 Rn. 1 ff. Abschnitt 5 enthält Regeln für den Ablauf des schiedsrichterlichen Verfahrens. Die Vorschrift wird ergänzt durch §§ 1049, 1050. Keineswegs sind alle Verfahrensvorschriften zwingendes Recht, → Rn. 11 ff. Vielmehr bleiben weite Freiräume für eine Parteivereinbarung nach III. Danach sind für das Verfahren zu beachten: Zwingende Vorschriften des nach § 1025 I maßgeblichen Rechts oder bei nicht zwingenden Verfahrensregeln die Parteivereinbarung einschließlich der in Bezug genommenen Schiedsordnung und bei deren Fehlen vom Schiedsgericht nach seinem pflichtgemäßen Ermessen festgelegte Verfahrensregeln, Berger DZWiR 1998, 51. Die Datenschutz-Grundverordnung gilt auch in Schiedsverfahren, Cervenka/Schwarz SchiedsVZ 2020, 78; → Rn. 14 „Datenschutz".

2 **II. Regelungszweck.** → Buch 10. Vor Abschnitt 1 Rn. 2. Der Zweck ist die Gewährleistung der das ganze schiedsrichterliche Verfahren durchdringenden Parteiherrschaft auch und vor allem bei der eigentlichen Verfahrensabwicklung. Zugleich dient aber I 2, II auch denjenigen im staatlichen Zivilprozess geltenden Regeln, die dem Grundprinzip der Rechtssicherheit folgen.

3 **III. Gleichbehandlung, rechtliches Gehör, I. 1. Grundsatz.** Diese Grundregeln sind Eckpfeiler auch des schiedsrichterlichen Verfahrens. Das Schiedsgericht muss sie in jedem Stadium des schiedsrichterlichen Verfahrens als zwingendes Recht beachten. Ihre Verletzung etwa durch eine unangemessene Benachteiligung eines Beteiligten, LG Dortm NJW-RR 2008, 441, führt zur Aufhebung des Schiedsspruchs nach § 1059 II und schließt seine Anerkennung und Vollstreckbarkeit nach § 1060 aus. Deshalb stehen diese Grundregeln und die Unabhängigkeit sowie Unparteilichkeit der Schiedsrichter, → § 1034 Rn. 1, nicht zur Disposition und sind vom Schiedsgericht zwingend zu beachten; ein Verzicht der Parteien ist unwirksam, Zöller/Geimer Rn. 4; Gielen/Wahnschaffe SchiedsVZ 2020, 258.

4 **2. Gleichbehandlung.** Damit ist nicht nur die unparteiische und gleichmäßige Handhabung der Verfahrensregeln gemeint, sondern auch die Beachtung der Waffengleichheit der Parteien und des Verbots der Willkür (Art. 3 I, 20 III GG); dieser verfassungsrechtliche Grundsatz gehört zum ordre public, BGH GRUR 2021, 118 = SchiedsVZ 2021, 46 Rn. 9; → Vor § 128 Rn. 45.

5 **3. Rechtliches Gehör.** Das Schiedsgericht muss diesen Grundsatz in jedem Verfahrensstadium beachten; es darf keine Entscheidung fällen, ohne den Parteien Gelegenheit zu geben, sich zu allen relevanten Umständen zu äußern; daraus folgt für die Parteien die wichtigste verfahrensmäßige Sicherung gegen Willkür und Nachlässigkeit, BGH BeckRS 2020, 25089 Rn 16 f. = SchiedsVZ 2021, 46; SchiedsVZ 2020, 46 und 94; Mü SchiedsVZ 2017, 43; 2015, 303; 2014, 258; Saenger/Eberl/Eberl/Saenger § 1042 K4; → § 1059 Rn. 22 und 28, jeweils „Rechtliches Gehör"; allgemein zum Grundsatz des rechtlichen Gehörs: → Vor § 128 Rn. 42 ff. Der Schiedsspruch, der auf einer Gehörsverletzung beruht, unterliegt der Aufhebung nach § 1059 II Nr. 2b und darf nicht für vollstreckbar erklärt werden; geschieht letzteres doch, kann Verfassungsbeschwerde wegen Verletzung des Art. 103 I GG eingelegt werden, Saenger/Eberl/Eberl/Saenger § 1042 Rn K 10. Die Parteien können auf den Grundsatz nicht verzichten, → Rn. 3; jedoch steht es ihnen frei, eine Verletzung zu rügen, BGH NJW 2018, 70.

6 Die Anhörungspflicht des Schiedsgerichts geht ebenso weit wie diejenige des Gerichts, BGH BeckRS 2020, 10815 Rn. 14; NJW 1983, 867; Ffm BeckRS 2020, 19207 Rn. 34 f.; SchiedsVZ 2014, 157; Naumb SchiedsVZ 2011, 229. Die Parteien müssen über den Verfahrensablauf von Beginn an in Kenntnis gesetzt werden. Es genügt nicht, dass die Parteien einmal ihre Behauptungen vorbringen konnten. Das Schiedsgericht muss sie vielmehr hören, so oft es die Sach- und Prozesslage verlangt, Naumb SchiedsVZ 2011, 229, also zu allen denjenigen Tatsachen und zu allen Beweismitteln, die das Schiedsgericht seiner Entscheidung zugrunde legen will. Das Schiedsgericht muss den gesamten Vortrag zur Kenntnis nehmen und sich damit auseinander setzen; es muss auch beiden Parteien gleichermaßen rechtliches Gehör gewähren (sog. Waffengleichheit), BGH BeckRS 2020, 25089 = SchiedsVZ 2021, 46; 2020, 10815; SchiedsVZ 2020, 46 Rn. 31 ff.; 2020, 92; 2020, 94; Gielen/Wahnschaffe SchiedsVZ 2020, 257, 259. → Vor § 128 Rn. 42 ff. Das Schiedsgericht ist allerdings nicht verpflichtet, sich mit jedem Vorbringen im Schiedsspruch ausdrücklich auseinander zu setzen; Art. 103 I GG ist erst verletzt, wenn im Einzelfall anzunehmen ist, dass das Gericht das tatsächliche Vorbringen überhaupt nicht zur Kenntnis genommen oder bei der Entscheidung nicht erwogen hat; das kann der Fall sein, wenn in der Entscheidung auf den Kern des Tatsachenvortrages nicht eingegangen wird, BVerfG NJW 2009, 1584; BGH SchiedsVZ 2020, 46; 2020, 94; Wilhelmi SchiedsVZ 2020, 30; → § 1059 Rn. 22, 28, je „Rechtliches Gehör"; → Vor § 128 Rn. 42 ff. Keine

Verletzung des rechtlichen Gehörs liegt aber vor, wenn sich das Schiedsgericht mit den Angriffs- und Verteidigungsmitteln auseinandersetzt, aber eine andere rechtliche Wertung als die Parteien vornimmt, BGH BeckRS 2020, 10815 Rn. 14. Zu jeder Beweisaufnahme muss das Schiedsgericht die Parteien nicht nur nach § 1047 II hinzuziehen, sondern grundsätzlich auch hören. Konnte eine Partei an einer Beweisaufnahme nicht teilnehmen, muss das Schiedsgericht ihr das Ergebnis schriftlich mitteilen. Ob die Ablehnung einer Terminverlegung das rechtliche Gehör verletzt, ist eine Einzelfallfrage, Kröll SchiedsVZ 2013, 261. Eine Anhörung am Schluss des Verfahrens ist grundsätzlich ratsam. Hat das Schiedsgericht einen Termin ausdrücklich nur zur Verhandlung über bestimmte Punkte bestimmt, darf es in der Abwesenheit der Parteien nichts anderes behandeln. Das Schiedsgericht muss auch die Rechtsansichten der Parteien zur Kenntnis nehmen; es ist aber nicht verpflichtet darüber zu diskutieren bzw. Stellung zu nehmen, Mü SchiedsVZ 2016, 51; Musielak/Voit/Voit Rn. 4. Im Falle der Streitverkündung oder der Beiladung sollte das Schiedsgericht die betreffenden Personen grundsätzlich hören, auch wenn I sich nur auf die Parteien bezieht, Zöller/Geimer Rn. 3; aA MüKoZPO/Münch Rn. 39; → Rn. 14 „Streithilfe".

4. Grenzen des rechtlichen Gehörs. Das rechtliche Gehör kann fehlen, wenn das Schiedsgericht bei einer Partei den Eindruck erweckt hat, es werde eine Frage in ihrem Sinn entscheiden, dann aber im Schiedsspruch nach § 1054 ohne ein weiteres Gehör entgegengesetzt entscheidet, BGH NJW 1983, 868; Ffm BB 1977, 17. Das Schiedsgericht braucht aber den Parteien seine Rechtsansicht nicht dauernd vorläufig mitzuteilen und sie zur Äußerung hierzu aufzufordern, BGH NJW 1990, 3211. Eine Nichtbeachtung der Grundsätze des § 139 kann nicht in jedem Einzelfall zu einer Verletzung des Anspruchs auf rechtliches Gehör führen; jedoch sind die Maßstäbe dieser Vorschrift unabhängig davon, ob ihre Geltung vereinbart wurde, grundsätzlich auch für das Schiedsverfahren von Bedeutung, vgl. BGH NJW 1983, 868; Mü SchiedsVZ 2017, 43. 7

Kein Verstoß liegt dann vor, wenn das Schiedsgericht eine Frist ohne Anhörung aller Beteiligten verlängert, BGH NJW 1988, 390; Stgt IPRax 1987, 369; Laschet FS Nagel, 1987, 182. Hat das Schiedsgericht sich mit dem Vorbringen der Antragsgegners zur Gegenforderung befasst, dieses jedoch unberücksichtigt gelassen, weil dieser die von ihm zu zahlende Schiedsgerichtsgebühr nicht bezahlt hat, liegt kein Verstoß gegen das rechtliche Gehör vor, BGH SchiedsVZ 2020, 92. Vom rechtlichen Gehör zu unterscheiden ist der Grundsatz der **Öffentlichkeit** (§ 169 GVG), der von I 2 nicht erfasst wird und ohne Parteivereinbarung im Schiedsverfahren gerade nicht gilt, Prütting/Gehrlein/Prütting Rn. 6. 8

IV. Rechtsanwälte als Prozessbevollmächtigte, II. Im Schiedsverfahren besteht kein Anwaltszwang, soweit nichts anderes vereinbart wird. Das Schiedsgericht darf aber weder inländische noch ausländische Anwälte als Bevollmächtigte von vornherein ausschließen. Die Vorschrift ist zwingend und eine abweichende Vereinbarung wäre unwirksam, Prütting/Gehrlein/Prütting Rn. 7. Sie gilt auch für die Schiedsvereinbarung nach § 1029. Ob das Schiedsgericht im Verfahren § 79, insbesondere dessen III, entsprechend anwenden darf, kann es nach seinem pflichtgemäßen Ermessen entscheiden, wenn die Parteien nichts anderes bestimmen. 9

Zulässig bleibt eine Vereinbarung über eine Begrenzung der Erstattungsfähigkeit von Anwaltskosten und über die Beschränkung in der Auswahl des Anwalts, soweit dadurch kein Übergewicht einer Partei besteht, Musielak/Voit/Voit Rn. 7. 10

V. Verfahrensvereinbarung, III. Dazu Ahlers AnwBl 1999, 308: Soweit nicht zwingende Vorschriften entgegenstehen, können die Parteien das Verfahren insgesamt oder in beliebigen Teilen von vorneherein oder nach der Schiedsvereinbarung gemäß § 1029 ergänzend und ohne eine Zustimmung der Schiedsrichter selbständig oder durch eine Bezugnahme auf eine Schiedsgerichtsordnung regeln, zB diejenigen des ICC in Paris, abgedruckt bei Schwab/Walter Anh. B 1, dazu Weigand NJW 1998, 2081, oder die „Platzusançen für den hamburgischen Warenhandel", abgedruckt bei Schwab/Walter Anh. B 5; dazu Vogel in Recht und Juristen in Hmb, Bd. II, 1999, 219. Zwingend sind I und II sowie die Unparteilichkeit und Unabhängigkeit der Schiedsrichter, → Rn. 3, 9. Nicht zwingend sind dagegen diejenigen Vorschriften, die ausdrücklich eine Parteivereinbarung zulassen, wie zB §§ 1034 I, 1035 I, 1037 I, 1041 I, 1043 – 1049, vgl. näher MüKoZPO/Münch Rn. 14. Vereinbarungen zu Verfahrensfragen, die außerhalb der Schiedsvereinbarung getroffen werden, sind nicht formbedürftig; § 1031 gilt nicht, Zöller/Geimer Rn. 23. IRd § 1066 können der Erblasser oder Satzungsgeber einseitig das Verfahren regeln, Zöller/Geimer Rn. 27a. 11

Der Regelungsspielraum nach III ist im Übrigen groß. Er entspricht dem Grundprinzip der Zulassung eines privaten Gerichtsverfahrens als Ausfluss der aus Art. 1, 2 GG ableitbaren Parteiherrschaft mit allen ihren Chancen und Risiken. Zwingend sind diejenigen Vorschriften, die das Schiedsverfahren anstelle des gerichtlichen Verfahrens erst ermöglichen, wie zB § 1025, 1029–1031, und die Vorschriften, die neben dem Schiedsverfahren das staatliche Verfahren vorsehen, so zB zur Kontrolle, wie in §§ 1034 II, 1037 II, 1038 I 1, 1040 III 2, 1041 II, III, 1059–1061, oder zur Hilfestellung, wie in 1035 IV, V, 1038 I 1040 III, vgl. näher MüKoZPO/Münch Rn. 15 ff. Auch können Zwangsmaßnahmen nicht vereinbart werden. Hier kann aber uU § 1050 helfen. Neben diesen Grenzen muss nach dem Sinn und Zweck der jeweiligen Regelung ermittelt werden, ob eine Verfahrensvereinbarung der Parteien nach III zulässig ist, Thomas/Putzo/Seiler Rn. 5. Allein die Tatsache, dass im Gesetz eine Parteivereinbarung nicht genannt ist, vgl. → Rn. 11, reicht für die Annahme einer zwingenden Regelung aber nicht aus, MüKoZPO/Münch Rn. 17 ff. 12

VI. Ermessen des Schiedsgerichts, IV. Soweit eine zwingende gesetzliche Regelung oder eine Parteivereinbarung fehlt, bestimmt das Schiedsgericht nach IV 1 in den Grenzen von I sein Verfahren nach seinem weiten pflichtgemäßen Ermessen, Celle OLGR 2004, 396. Es darf nach IV 2 insbesondere über die Zulässigkeit einer Beweisaufnahme entscheiden, sie durchführen und ihr Ergebnis frei würdigen, wie es § 286 entspricht. Es muss nur die zwingenden Grundregeln einhalten, → Rn. 14 „Beweiserhebung" und „Beweiswürdigung". Zur (Un-) Zuverlässlichkeit der Zeugenerinnerung vgl. Harbst SchiedsVZ 2021, 49. 13

VII. Beispiele zur Verfahrensführung, I–IV

Ablehnung eines Schiedsrichters: Es gelten die speziellen Regelungen der §§ 1036, 1037. Nach § 1037 I können die Parteien das Verfahren der Ablehnung von Schiedsrichtern vereinbaren; die Möglichkeit für die nicht durchgedrungene Partei, eine gerichtliche Entscheidung nach § 1037 III herbeizuführen, ist aber zwingend, Schütze/Thümmel § 1 Rn. 87. 14

(14) **Anerkenntnis:** Es wird beim Schiedsspruch grundsätzlich berücksichtigt. Über IV kann § 307 angewendet werden mit der Folge, dass eine sachliche Prüfung nicht mehr erfolgt, KG SchiedsVZ 2007, 276; MüKoZPO/Münch § 1056 Rn. 17.

Antrag: Er erfolgt nicht notwendig schriftlich, sondern kann auch stillschweigend gestellt werden; Verlesung ist unnötig. Die Anträge binden wie bei § 308 I, Köln SchiedsVZ 2012, 161. Das Schiedsgericht muss sie aber so auslegen, dass es den Streit nach dem Rechtsschutzziel entscheidet. In diesem Sinn darf es aufgrund des Parteiwillens sogar über den Wortlaut des Antrages hinausgehen. Der Bestimmtheitsgrundsatz nach § 253 II Nr. 2 gilt inhaltlich, wobei bei einem Verstoß durch die Parteien keine Unzulässigkeit gegeben ist, vielmehr das Schiedsgericht ihr wahres Ziel unter Berücksichtigung dieser Vorschrift ermitteln muss, Gerstenmaier FS Schütze, 2014, 130. Möglich ist auch die Vereinbarung, dass das Schiedsgericht über die Gestaltung von Rechtsbeziehungen der Parteien entscheiden soll.

Arglist: Vgl. Ilmer, Der Arglisteinwand an der Schnittstelle von staatlicher Gerichtsbarkeit und Schiedsgerichtsbarkeit, 2007.

Arrest, einstweilige Verfügung: → §§ 1033, 1041.

Aussetzung/Unterbrechung: Durch die Eröffnung des Insolvenzverfahrens verliert der Insolvenzschuldner nach § 80 I InsO die Verwaltungs- und Verfügungsbefugnis über sein Vermögen, soweit es dem Insolvenzbeschlag unterliegt; die Befugnis geht kraft Gesetzes auf den Insolvenzverwalter über, Bork SchiedsVZ 2022, 139, 140. Bei Insolvenzeröffnung erlischt die Schiedsabrede grundsätzlich nicht und bindet daher den Insolvenzverwalter; allerdings werden davon Ausnahmen gemacht, BGH SchiedsVZ 2018,127 Rn. 18 (Anfechtungsklage); Bork SchiedsVZ 2022, 143; → § 1029 Rn. 43. Die Aussetzungs- und Unterbrechensregeln nach §§ 239 ff. gelten nicht unmittelbar; jedoch kann das Schiedsgericht grundsätzlich vergleichbare Maßnahmen treffen; in Anlehnung an § 251 hat das Schiedsgericht einen beiderseitigen Parteiantrag mit zu berücksichtigen; wegen des Beschleunigungsgebotes müssen die Parteien aber auch die Möglichkeit haben, einen Antrag auf Fortsetzung zu stellen, BGH MDR 2008, 15 (weiter Ermessensspielraum); Drsd SchiedsVZ 2005, 159; Heidbrink/von der Groeben ZIP 2006, 265. Die Insolvenzeröffnung unterbricht nicht; jedoch muss das Schiedsgericht dem Insolvenzverwalter die Möglichkeit geben, über die Verfahrensfortsetzung entscheiden zu können; eine Aussetzung mit der Wirkung einer Vertagung ist nach Lage des Falls zulässig, Bork SchiedsVZ 2022, 139 (141); Heidbrink/von der Groeben ZIP 2006, 265. Dasselbe gilt bei Tod einer Partei im Hinblick auf die Erben. Zur Aussetzung nach Art. 234 EGV ist ein Schiedsgericht nicht befugt, EuGH EuZW 2005, 319; Habscheid KTS 1984, 62; Hepting IPRax 1983, 101; nach → GVG § 1 Rn. 11 ff. Keine Aussetzung nach Art. 100 GG möglich, Raeschke-Kessler EuZW 1990, 147. Für die staatlichen Verfahren nach §§ 1025 ff. gelten die §§ 239 ff. unmittelbar, BGH MDR 2017, 906 (§ 240 iRd §§ 1059, 1060).

Beratung und Abstimmung: → § 1052 (auch zum Beratungsgeheimnis), insbes. → § 1052 Rn. 5.

Beweisantrag: Es gelten die Regeln nach → Vor § 284 Rn. 44 ff., 57, 29 (Beweisgegenstand); → § 286 Rn. 27 ff., Sandrock BB 2001, 2177. Die Parteien können durch Vereinbarung auf Beweisanträge verzichten. Unabhängig davon kann immer eine Beweiserhebung durch das Schiedsgericht erfolgen, wenn es dies für erforderlich hält, → „Beweiserhebung".

Beweiserhebung, dazu die IBA-Regeln (Internationale Anwaltskammer); Eberl, Beweis im Schiedsverfahren, 2015 (Bespr. Baumert NJW 2015, 1078); Hamacher/Happe, Der Zeugenbeweis im arbeitsgerichtlichen Verfahren, NZA 2021, 665; Harbst, Die (Un-) Zuverlässlichkeit der Zeugenerinnerung, SchiedsVZ 2021, 49; Kläsener/Dolgorukow SchiedsVZ 2010, 302; Laumen MDR 2015, 1276; Tawil/Gill SchiedsVZ 2010, 3; → § 138 Rn. 15 (zur subjektiven Wahrheit). Zu beachten sind nach IV 2 die IBA Rules on the Taking of Evidence in International Arbitration, dazu Raeschke-Kessler NJW 2010 Heft 25 Editorial. Die Beweiserhebung erfolgt im Rahmen von „Ermittlungen", wenn das Schiedsgericht die Tatsachen für aufklärungsbedürftig hält; eine Beweisaufnahme kann nicht abgelehnt werden, weil die Parteien den für die Schiedsrichter geforderten Vorschuss nicht gezahlt haben, BGH NJW 1985, 1903. Zwangsmaßnahmen können durch das Schiedsgericht nicht erfolgen. Aber möglicherweise helfen insoweit §§ 1049, 1050. Die Parteien können sich darüber verständigen, ob ein Beweisantrag notwendig ist. Die Vernehmungsart steht dem Schiedsgericht frei. Es sollte aber prozesswirtschaftlich vorgehen, Semler SchiedsVZ 2009, 148. In § 1049 ist eine spezielle Regelung für den Sachverständigenbeweis vorhanden. Das Schiedsgericht kann alle Beweismittel nach §§ 371 ff. erheben, ist aber darauf nicht beschränkt. Es gilt der Grundsatz des Freibeweises, Köln GesR 2009, 157; MüKoZPO/Münch § 1049 Rn. 47; → Vor § 284 Rn. 17. **Zeugen** können, soweit keine gegenteilige Vereinbarung besteht, auch schriftlich vernommen werden, Mü BeckRS 2014, 17139. In der internationalen Praxis werden Zeugeneinvernahmen häufig durch schriftliche Zeugenaussagen vorbereitet und es folgt dann meistens die eigentliche Zeugeneinvernahme durch ein Kreuzverhör, Harbst SchiedsVZ 2021, 49 (auch zum Beweiswert von Zeugenaussagen). Eine Belehrung ist nicht zwingend, kann aber im Hinblick auf § 263 StGB erfolgen; Aussagedelikte kommen dagegen nicht in Betracht, weil das Schiedsgericht keine zuständige Stelle ist, Musielak/Voit/Voit Rn. 23. Das Schiedsgericht kann die Zeugen nicht vereidigen; es kann auch keine eidesstattliche Versicherung entgegennehmen; wenn es eine solche Versicherung über einen Notar verlangt und dies bei der Würdigung berücksichtigt, kann der Schiedsspruch wegen Verstoßes gegen § 1050 aufhebbar sein, Musielak/Voit/Voit Rn. 23. Verweigert die Partei die Mitwirkung bei der Beweisaufnahme, zB durch Nichtvorlage von Urkunden oder fehlende Duldung einer Inaugenscheinnahme, kann dies bei der Beweiswürdigung berücksichtigt werden, Musielak/Voit/Voit Rn. 25. Zur Bedeutung der DS-GVO im Beweisverfahren vgl. Boll-Kempelmann SchiedsVZ 2022, 241; → „Datenschutz".

Ein selbständiges Beweisverfahren nach §§ 485 ff. vor dem Schiedsgericht ist dann möglich, wenn die Hauptsache bei ihm anhängig ist. Daneben bleibt das Gericht zuständig, Nicklisch GRUR Int 1978, 317; → § 1033 Rn. 9. Wegen des Grundsatzes des rechtlichen Gehörs müssen die Parteien entsprechend § 357 an der Beweisaufnahme teilnehmen dürfen. Das Schiedsgericht darf nach § 367 I bei ihrer Abwesenheit die Beweisaufnahme durchführen. Es muss aber den Ausgebliebenen vom Ergebnis wie nach § 285 I unterrichten, → Rn. 4. Zur witness conferencing-Methode: Wegen FS Schütze, 2014, 671.

Beweislastregel: Sind anzuwenden.

Beweiswürdigung: §§ 286, 287 gelten nicht zwingend, sind aber eine Richtschnur, BGH NJW 1986, 1436; Köln SchiedsVZ 2005, 165. Die Verweigerung der Zeugenaussage kann nur Folgen haben, wenn § 1050 ausgeschöpft ist. Anders als § 287 in der direkten Anwendung bezieht sich die „freie Beweiswürdigung" in

III 2 auf eine durchgeführte Beweisaufnahme; gleichwohl kann auch ohne Beweisaufnahme entsprechend § 287 eine Schadensschätzung erfolgen, soweit keine verbotene Billigkeitsentscheidung nach § 1051 III 1 vorliegt; die Entscheidung sollte begründet werden, BGH NJW-RR 2016, 892; BeckRS 2016, 2020; Mü NJOZ 2016, 327; Risse/Höfling SchiedsVZ 2020, 73 (76). **(14)**

Bezugnahme: Eine solche der Parteien zB auf die ZPO ist statthaft und zu beachten, Kröll SchiedsVZ 2013, 261.

Datenschutz: Die Datenschutz-Grundverordnung, VO (EU) 2016/679, gilt auch in Schiedsverfahren für Schiedsrichter bei deren Niederlassung innerhalb der EU oder des Europäischen Wirtschaftsraumes und für die sonstigen Verfahrensbeteiligten, weil während eines solchen Verfahrens viele personenbezogene Daten verarbeitet werden, BGH SchiedsVZ 2020, 78, 82; deshalb sollte das Schiedsgericht so früh wie möglich ein Datenschutz-Protokoll erstellen, Cervenka/Schwarz SchiedsVZ 2020, 78. Zum Datenschutz und dem Beweisverfahren vgl. auch: Boll-Kempelmann SchiedsVZ 2022, 241 (243) (auch zur Frage der Einwilligung).

Dokumentenvorlage: Haller SchiedsVZ 2013, 135; → „Urkunde“.

Eidesstattliche Versicherung: → „Beweiserhebung“.

Einstweilige Verfügung: Siehe §§ 1033, 1041.

Eintritt einer neuen Partei: Ist nur mit einer Zustimmung der Parteien und des Schiedsgerichts statthaft. Sie enthält die Unterwerfung unter das schiedsrichterliche Verfahren → „Streitverkündung“.

Entschädigung: → „Zeugenentschädigung.

Entscheidung: Zum Schiedsspruch § 1054. Ein Beschluss wird erst mit ihrer Mitteilung an die Parteien wirksam.

Ermittlungen: Das Schiedsgericht hat den Sachverhalt nach IV 2 von sich aus zu ermitteln, soweit dies für die Entscheidung erforderlich ist, Schütze SchiedsVZ 2006, 1; Semler SchiedsVZ 2009, 148; → Vor § 253 Rn. 50 ff.; → § 139 Rn. 23; → Vor § 284 Rn. 4 (Frage der Beweiserheblichkeit). Damit gilt nicht der Untersuchungsgrundsatz, Lionnet FS Glossner, 1994, 209. Es besteht aber eine Aufklärungspflicht unabhängig von den Beweisanträgen, → „Beweisantrag“.

- **(Beweisantritt):** Er bindet das Schiedsgericht nicht.
- **(Beweismittel):** → „Beweiserhebung“.
- **(Beweismittelbeschränkung):** Die Parteien können wirksam die Beweismittel beschränken, zB andere als Urkunden nach §§ 415 ff. ausschließen, Holland/Hantke FS Bülow, 1981, 75, oder wegen der Sachkunde der Schiedsrichter den Beweis durch Sachverständige nach §§ 402 ff. ausschließen, Nagel FS Firsching, 1985, 199.
- **(Dritter):** Zwangsmittel gegen einen Dritten, zB zur Vorlegung einer Urkunde nach §§ 428 ff., kann das Schiedsgericht selbst nicht anwenden; es gibt nur die Möglichkeit über das Gericht nach § 1050.
- **(Einzelschiedsrichter):** Das Schiedsgericht kann die Beweiserhebung grds. beliebig einem seiner Mitglieder anvertrauen.
- **(Fachkenntnis):** Das Schiedsgericht darf die allgemeinen Fachkenntnisse seiner Mitglieder verwerten, ebenso konkrete private Kenntnisse wegen streitiger Tatsachen. Es muss aber dazu die Parteien hören, Schwab/Walter 15 Rn. 8; aM Koutsouradis KTS 1984, 573 (nur offenkundige oder gerichtsbekannte Tatsachen). Zum rechtlichen Gehör allg. → Vor § 128 Rn. 42 ff.
- **(Rechtliches Gehör):** → Rn. 5 ff.
- **(Vorschuss):** Soweit den Schiedsrichtern durch ihre Ermittlungen Kosten entstehen, müssen die Parteien diese Auslagen vorschießen, → Anh. § 1035 Rn. 16. Wenn eine Partei sich weigert, den angeforderten Vorschuss an die Schiedsrichter zu zahlen, darf das Schiedsgericht nicht deswegen von einer für erheblich gehaltenen Beweisaufnahme absehen, BGH NJW 1985, 1903; → Anh. § 1035 Rn. 17.

Exterritorialität: Im Abschluss einer Schiedsvereinbarung nach § 1029 liegt meist ein Verzicht auf die Immunität, Ebenroth/Parche RIW 1990, 343; GVG Vor § 18 Rn. 1 ff.

Frist: Eine vertragliche oder vom Schiedsgericht gesetzte Frist errechnet sich nach dem vermutlichen Parteiwillen gemäß § 222. Eine abweichende Regelung ist ebenso zulässig wie eine Verlängerung oder Verkürzung durch die Parteien. Sie können auch die Anwendung der Verspätungsvorschriften nach §§ 296, 296a bei der Versäumung schiedsrichterlicher Fristen vereinbaren. Eine klare Vereinbarung ist ratsam, Kröll SchiedsVZ 2004, 121.

Geständnis: Ein solches hat nicht die Bindungswirkung des § 288; jedoch kann das Schiedsgericht die zugestandene Tatsache ohne eigene Ermittlung als zutreffend ansehen, Musielak/Voit/Voit Rn. 18.

Gleichbehandlung: → Rn. 3, 4.

Grundentscheidung: Für eine Vorabentscheidung über den Grund nach § 304 besteht im schiedsrichterlichen Verfahren grundsätzlich kein Bedürfnis. Eine solche Entscheidung ist für sich allein kein Schiedsspruch nach § 1054, es sei denn, die Tätigkeit des Schiedsgerichts beschränkt sich auf die Feststellung der Berechtigung dem Grunde nach, BGH NJW-RR 2019, 982 (zur Frage der Zulässigkeit eines Grundurteils).

Gutachten: Das Schiedsgericht muss ein von ihm bestelltes Gutachten den Parteien zwecks ihrer Äußerungsmöglichkeit vorlegen, → Rn. 5.

Hinweis- und Aufklärungspflicht: §§ 139, 278 III sind aufgrund ausdrücklicher Vereinbarung anwendbar, sonst nur im Rahmen des I 2, wenn durch einen fehlende Hinweis das rechtliche Gehör verletzt ist, BGH NJW 1983, 867; Musielak/Voit/Stadler Rn. 3; → Rn. 5 f. Das Schiedsgericht muss aber nicht vorab stets seine vorläufige rechtliche Beurteilung mitteilen, Mü SchiedsVZ 2011, 165.

Informationsrecht: Es folgt nach → Rn. 5 aus dem Grundsatz des rechtlichen Gehörs.

Insolvenz: → „Aussetzung“; Kindler FS Schütze, 2014, 221; Longrée/Gantenbrink SchiedsVZ 2014, 21; Mankowski ZIP 2010, 2478.

Kartellsache: Dazu Böckstiegel/Berger/Bredow, Schiedsgerichtsbarkeit und Kartellrecht, 2006. Das Schiedsgericht muss eine zwingende Norm von Amts wegen beachten, zB Art. 81, 82 EGV, §§ 1 ff. GWB, Schmidt BB 2006, 1405.

Klage: Es besteht keine Bindung an Formen (§ 253) und Arten, → Vor § 253 Rn. 8 ff.; auch nicht für die Klageerwiderung. Die Parteien machen aber keinen Fehler, wenn sie sich an den Regeln über das Erkenntnisverfahren weitgehend halten, soweit sie nichts anderes vereinbart haben oder in den §§ 1025 ff., so zB in § 1044 S. 2, nichts anderes bestimmt ist, → § 1044 Rn. 2. Die Mindestanforderungen der Antragsschrift sind

(14) in § 1044 S. 2 geregelt. Es gibt keine Einlassungsfrist nach § 274 III. Das Schiedsgericht schreibt zweckmäßig eine Frist zur Klagebeantwortung vor.

Klageänderung: → § 1046 II. § 263 gilt nicht; Sachdienlichkeit oder die Zustimmung des Gegners sind nicht erforderlich, Musielak/Voit/Voit Rn. 16: Sie muss aber von der Schiedsvereinbarung gedeckt sein; MüKoZPO/Münch Rn. 21 f.; Brueggemann/Smahi SchiedsVZ 2022, 49; → § 1047 Rn. 8.

Klagenhäufung: In einem schiedsgerichtlichen Verfahren können auf beiden Seiten mehrere Personen beteiligt sein, sog. subjektive Klagehäufung nach §§ 59 ff., → „Streitgenossen", und es können auch mehrere Anträge gestellt werden, § 260 (sog. objektive Klagehäufung), Musielak/Voit/Voit Rn. 10, 16. Es kommt auf den Inhalt der Schiedsvereinbarung an.

Kosten: Das Schiedsgericht entscheidet darüber nach § 1057, wenn keine andere Vereinbarung getroffen wurde.

Kreuzverhör: Zum Problem Mekat SchiedsVZ 2017, 119.

Ladung: Sie erfolgt formlos. Es ist aber wegen des rechtlichen Gehörs nach Art. 103 I GG nach → Rn. 5; → „Zustellung", eine Sicherstellung und ein Nachweis des Zugangs zweckmäßig. Eine Ladungsfrist wie nach § 217 ist nicht formell notwendig. Nötig ist aber praktisch die Einhaltung einer angemessenen Frist.

Mündlichkeit: Das Schiedsgericht muss sie grundsätzlich anordnen, wenn die Parteien sie vereinbart haben oder übereinstimmend beantragen, BGH NJW 1994, 2155; → § 1047 Rn. 4 (zu Videoverhandlungen, insb. in der Corona-Krise). Ein nachträglicher Verzicht ist möglich. Im Übrigen genügt nach → Rn. 5 die Gewährung rechtlichen Gehörs in beliebiger Art. Eine gleichzeitige Anhörung der Parteien ist nicht notwendig, aber durchaus ratsam. War eine Erklärungsfrist zu knapp, hat das Schiedsgericht das rechtliche Gehör nach Art. 103 I GG verweigert, → Vor § 128 Rn. 53 „Fristen". Eine mündliche Verhandlung darf das Schiedsgericht frei gestalten, sofern die Parteien nichts anderes vereinbart haben.

Nebenintervention: → „Streithilfe".

Oberschiedsgericht: → „Rechtsmittel"; → § 1054 Rn. 2.

Öffentlichkeit: Dazu Eslami, Die Nichtöffentlichkeit des Schiedsverfahrens, 2016 (Bespr. Berger ZZP 131, 127). Grundsätzlich besteht keine Öffentlichkeit nach § 169 GVG, Leuering NJW 2014, 661. Denn sie liegt regelmäßig nicht im Interesse der Parteien. Das Schiedsgericht darf im Einverständnis der Parteien Ausnahmen machen, nicht aber ohne ein solches.

Ort: Der Schiedsort ergibt sich aus der Vereinbarung oder wird vom Schiedsgericht bestimmt, § 1043.

Partei- und Prozessfähigkeit, §§ 50–53: Das Schiedsgericht muss dies von Amts wegen prüfen. Im Vollstreckbarkeitsverfahren nach §§ 1060 ff. kann keine Heilung eintreten. Die Bestellung eines gesetzlichen Vertreters erfolgt nur durch das Gericht.

Parteiöffentlichkeit: § 357 ist anwendbar.

Präklusion: § 1027; → § 1027 Rn. 6 (Verlust des Rügerechts).

Protokoll: Es ist nicht zwingend, Kröll SchiedsVZ 2012, 144. Es ist aber durchaus wie nach §§ 159 ff. zweckmäßig. Es hat nicht die Beweiskraft des § 165, BGH ZZP 89, 431. Die Parteien sowie ihre ProzBev und alle Schiedsrichter sollten es unterschreiben. Eine Protokollierung aller für das Verfahren nach § 160 II wesentlichen Punkte ist meist ratsam. Tonbandprotokolle sind nur zulässig, wenn sie vereinbart sind, Mü BeckRS 2014, 17139. Hat zB die Aufnahmetechnik versagt, ist grds. eine Wiederholung der Beweisaufnahme nötig.

Prozesskostenhilfe: Das Gericht darf eine Hilfe nach §§ 114 ff. für das schiedsrichterliche Verfahren nicht bewilligen, Stgt BauR 1983, 486; LAG Düss KTS 1987, 692; Prütting/Gehrlein/Prütting Rn. 15. Eine Ausnahme gilt bei → § 1050 Rn. 6 vor dem Gericht. Mittellosigkeit kann zur Kündigung berechtigen, → § 1029 Rn. 45, 46 „Verarmung" und „Undurchführbarkeit".

Prozessstandschaft: Gewillkürte Prozessstandschaft ist zulässig, Pfeiffer SchiedsVZ 2017, 135.

Prozessvollmacht: Für sie gelten §§ 80 ff. entsprechend.

Rechtliches Gehör: → Rn. 5.

Rechtshängigkeit: → § 1044 Rn. 2, 3.

Rechtsmittel: Es gibt keinen Instanzenzug zwischen dem Schiedsgericht und dem Gericht. Die Schiedsvereinbarung nach § 1029 kann aber ein **Oberschiedsgericht** vorsehen, Weber FS Geimer, 2002, 1445. Es ist im Zweifel eine weitere Tatsacheninstanz. Eine Beschwer ist wie bei § 511 nötig. Eine Vereinbarung in Bezug auf ein Obergericht ist nicht mehr zulässig, wenn ein Schiedsspruch erfolgt ist, da dieser nicht zu Disposition der Parteien steht. Die Frist lässt sich abweichend von §§ 517, 518 vertraglich bestimmen. Im Zweifel angemessen ist die Monatsfrist des § 517. Das Verfahren lässt sich im Rahmen der Schiedsvereinbarung frei gestalten. Die endgültige Entscheidung ist „der" Schiedsspruch des Oberschiedsgerichts nach § 1054, → § 1054 Rn. 2. Das gilt auch für die Entscheidung, dass das Rechtsmittel unzulässig sei, Hmb NJW-RR 2000, 806. Ein Anschlussrechtsmittel ist entsprechend einer Vereinbarung oder Verfahrensordnung wie zB bei § 524 zulässig.

Rechtsnachfolger: Wegen der Wirkungen gilt § 1055; → § 265 Rn. 10 ff. (zur Rechtsnachfolge/Veräußerung/Abtretung).

Rechtswahl: Das Schiedsgericht muss eine wirksame Rechtswahl respektieren, Kröll SchiedsVZ 2013, 261.

Rechtsweg: Das Schiedsgericht muss seine Zulässigkeit nach § 13 GVG von Amts wegen prüfen. Fehlt sie, ist ein schiedsrichterliches Verfahren nicht statthaft. Wegen öffentlich-rechtlicher Schiedsgerichte → Vor § 1025 Rn. 5 (unechte Schiedsgerichte).

Rücknahme: Ist ohne Einwilligung des Gegners zwar möglich, jedoch führt sie nur dann zu Beendigung des Schiedsverfahrens, wenn dieses Einverständnis erteilt wird oder das Schiedsgericht das berechtigte Interesse des Bekl. an der endgültigen Beilegung der Streitigkeit nicht anerkennt, § 1056 II Nr. 1b.

Rüge der Unzulässigkeit des schiedsrichterlichen Verfahrens: § 1040. Vgl. auch Art. 5 EuÜbkHSch, SchlAnh VI A 2.

Ruhen des Verfahrens: → „Aussetzung".

Sachverständiger: siehe § 1049; Düss BauR 2014, 878.

Sammelschiedsklagen: Über derartige Klagen nach US-Vorbild mit Verbraucherbeteiligung wird mit unterschiedlichen Ergebnissen diskutiert, vgl. im Einzelnen: Bryant SchiedsVZ 2021, 58.

Schadensschätzung entsprechend § 287: → „Beweiswürdigung".

Schiedshängigkeit: → § 1044 Rn. 3.

Sekundäre Darlegungs- und Beweislast: Gilt vom Grundsatz auch im Schiedsverfahren, Semler FS Schütze, 2014, 535; im Einzelnen → § 138 Rn. 32 f.

Sicherheitsleistung: § 110 ist nur bei einer entsprechenden Vereinbarung zwischen den Parteien anwendbar, Zöller/Geimer Rn. 40; aM Haase BB 1995, 1252. Das Schiedsgericht kann aber grundsätzlich bei entsprechenden konkreten Anhaltspunkten zur Sicherung des Kosteninteresses einer Partei eine Sicherheit anordnen, Zöller/Geimer Rn. 40. (14)

Sprache: § 1045.

Streitgenossen: Sie ist wie bei §§ 59 ff. statthaft, Koussoulis ZZP 94, 195; Markfort, Mehrparteien-Schiedsgerichtsbarkeit im deutschen und ausländischen Recht, 1994; Schwab FS Habscheid, 1989, 285; → Rn. 11 „Klagehäufung". Bei einer Notwendigkeit gemeinsamer Rechtsverfolgung müssen sämtliche Streitgenossen dem Schiedsgericht unterstehen. Die Schiedsvereinbarung nach § 1029 durch nur einen notwendigen Streitgenossen nach § 62 ist unwirksam.

Streithilfe: Sie ist wie bei §§ 66 ff. denkbar, BGHZ 85, 290; Stgt SchiedsVZ 2003, 85, zB durch einen nicht unmittelbar von der Entscheidung betroffenen Gesellschafter, Becker ZZP 97, 320; Schmidt ZGR 1988, 533 (Auflösungsklage nach § 61 GmbHG). Voraussetzung für einen wirksamen Beitritt ist die Zustimmung der Parteien und des Schiedsgerichts, Stgt NJW-RR 2003, 495. Es tritt dann eine Nebeninterventionswirkung nach § 68 tritt nur ein, wenn der Beitretende diese Wirkung ausdrücklich übernimmt, aM Kraft/Looks BB 2002, 1171; Stein/Jonas/Schlosser Rn. 28; Thomas/Putzo/Seiler Rn. 7.

Streitverkündung: Dazu Elsing SchiedsVZ 2004, 88; Thomas, Die Streitverkündung im kartellrechtlichen Schiedsverfahren, FS Geimer, 2017, 735. Sie ist immer wie bei § 72 zulässig, aber ohne die Nebeninterventionswirkung der §§ 74, 68. Denn die Schiedsvereinbarung nach § 1029 und ihre Abwicklung im schiedsrichterlichen Verfahren kann auf Dritte keine Wirkung haben. Etwas anderes gilt dann, wenn der Streitverkündete nach § 74 I beitritt und sich der Wirkung ausdrücklich unterworfen hat. MüKoZPO/Münch § 1034 Rn. 39 lässt ein stillschweigendes Einverständnis genügen, zB durch eine nach § 295 I rügelose Mitwirkung.

Teilschiedsspruch: Er ist zulässig, soweit im Verfahren des Gerichts ein Teilurteil nach § 301 ergehen darf, Mü SchiedsVZ 2008, 151; → § 1054 Rn. 2; → § 331 Rn. 17 „Teilurteil". Wenn er in sich vollständig und nicht mehr abänderbar ist, ist er ein Schiedsspruch nach § 1054 und lässt sich nach §§ 1060, 1061 für vollstreckbar erklären.

Terminverlegung: Die zu § 227 entwickelten Grundsätze für eine berechtigte T. gelten auch im Schiedsverfahren, BGH BeckRS 2022, 20156 Rn. 26; → § 227 Rn. 17 „Schiedsgerichtsbarkeit".

Unterbrechung: Sie lässt sich wie nach §§ 239 ff. vereinbaren, → „Aussetzung".

Urkunde: Eine solche nach §§ 415 ff. darf das Schiedsgericht als ein Beweismittel von der Partei anfordern und verwenden. Es kann sie notfalls mithilfe des Gerichts nach § 1050 von Beteiligten und Dritten anfordern. Die Parteien haben ein Einsichtsrecht.

Urkundenprozess: Ein schiedsrichterliches Verfahren nicht zulässig, da es keinen dem Vorbehaltsurteil gleichkommenden Schiedsspruch gibt, Schütze/Thümmel § 14 Rn. 1; → Vor § 1025 Rn. 1.

Veräußerung des Streitgegenstandes: § 265 gilt entsprechend, Hamm RIW 1983, 698, → § 265 Rn. 10 ff.

Verbindung: Sie ist statthaft, soweit alle Beteiligten zustimmen, Hamann/Lennartz SchiedsVZ 2006, 289; Laschet IPRax 1986, 182.

Verfahrensordnung: Bis auf die zwingenden Vorschriften nach §§ 1025 ff. können die Parteien jede Verfahrensordnung vereinbaren. Im Zweifel gilt diejenige zur Zeit der Schiedsvereinbarung nach § 1029, Hmb KTS 1983, 499.

Verfahrensrüge: → § 1027.

Vergleich: → § 1053.

Vergütung: → Anh. § 1035 Rn. 13 ff.

Versäumnisverfahren: § 1048.

Verspätung: → § 1046 II. § 296 kann auch hier gelten, jedenfalls können die Parteien dies vereinbaren, Ffm SchiedsVZ 2014, 137. In den Verfahren nach §§ 1059, 1060 kann nicht geprüft werden, ob das Schiedsgericht verspätetes Vorbringen zu Unrecht zugelassen hat, Ffm SchiedsVZ 2022, 40 Rn. 67. Nach § 1042 IV 2 kann über die Zulässigkeit der Beweiserhebung nach freiem Ermessen entschieden werden, wenn keine Parteivereinbarung vorliegt; dies gilt auch zur Frage der Verspätung von Beweismitteln, Kröll SchiedsVZ 2021, 264, 271.

Vertagung: Ihre Ablehnung bei Vorliegen von berechtigten Gründen kann wie bei § 227 gegen Art. 103 I GG verstoßen. BGH BeckRR 2022, 20156; → „Terminvereinbarung".

Vertraulichkeit: → Vor § 1025 Rn. 7; → § 1054 Rn. 8, 9 (Beratungsgeheimnis/Dissenting Opinion).

Vertretung: → Rn. 9 (Rechtsanwälte).

Verzicht: → „Anerkenntnis".

Videoverhandlung: Die Parteien können eine Videoverhandlung von vorneherein verbieten oder umgekehrt von vorneherein ermöglichen oder vorschreiben, Gielen/Wahnschaffe SchiedsVZ 2020, 257, 260; → § 1047 Rn. 4. Fehlt eine Vereinbarung, greifen §§ 1042 IV 1, 1047 I ein, d. h. das Schiedsgericht entscheidet nach freiem Ermessen, Gielen/Wahnschaffe SchiedsVZ 2020, 257 (262); → § 1047 Rn. 4; → § 278a Rn. 8.

Vollstreckung: § 1060. Eine Klage nach § 767 ist möglich, auch insoweit kann ein Schiedsgericht vereinbart werden.

Wahrheit: § 138 I gilt zwingend. Denn die Vorschrift spricht einen sittlichen Grundsatz der Prozessführung aus. Ihm kann sich niemand entziehen. Ihre Verletzung gibt aber kein Lossagungsrecht von der Schiedsvereinbarung nach § 1029; zur Wahrheitspflicht → § 138 Rn. 11 ff.

Wechsel- und Scheckprozess: Die Schiedsvereinbarung kann sich auf Ansprüche aus Wechseln und Schecks erstrecken. Jedoch ist ein Wechsel- oder Scheckprozess nach §§ 602 ff. im schiedsrichterliches Verfahren nicht zulässig, BGH NJW 1994, 136; Wolf DB 1999, 1104; → „Urkundenprozess".

Widerklage: Dazu Stolzke, Aufrechnung und Widerklage in der Schiedgerichtsbarkeit, 2006. Eine solche ist nach § 1046 III im Rahmen der Schiedsvereinbarung nach § 1029 zulässig, Kleinschmidt SchiedsVZ 2006, 142. Im Zusammenhang mit der Klage können Schiedsrichter ihre Mitbehandlung dann nicht ablehnen, wenn nicht für die Widerklage ein anderes (Schieds-)Gericht zuständig ist. Für die Widerklage entsteht eine neue Vorschusspflicht nach → Anh. § 1035 Rn. 16; allg. zur Widerklage → Anh. § 253.

Wiederaufnahme: Eine solche nach §§ 578 ff. ist weder vor dem Schiedsgericht noch vor dem Gericht möglich. An ihre Stelle tritt die Aufhebungsklage nach § 1059.

Wiedereinsetzung: Sie ist nach § 233 nur bei einer nach § 224 I 2 notfristartigen Frist denkbar, etwa bei einer vereinbarten → „Rechtsmittel"-Frist. Insoweit ist § 233 entsprechend anwendbar. Im Übrigen gibt es eine freie Zulassung der sonst nach § 296 verspäteten Prozesshandlung.

Zeugen: → „Beweiserhebung".

Zeugenentschädigung: Das JVEG gilt nur bei einer entsprechenden Vereinbarung der Parteien. Andernfalls kommt es auf die materielle Rechtslage an, ob und wann der Zeuge, Sachverständige, Berater etwas erhält. Das Schiedsgericht setzt dann keine Entschädigung fest, wenn nicht die Parteien ihm auch diese Entscheidung übertragen haben.

Zeugenvorbereitung: Bertke/Schroeder SchiedsVZ 2014, 80 (Grenzen).

Zuständigkeit: → § 1040.

Zustellung: Das Gesetz schreibt eine förmliche Zustellung etwa wie bei §§ 166 ff., 191 ff. im schiedsrichterlichen Verfahren nicht vor. Die Parteien können sie aber vereinbaren. Sonst genügt jede Art der Bekanntmachung. Ein Einschreibebrief mit Rückschein oder ein Telefax mit o. k.-Bestätigung bei wichtigeren Schriftsätzen ist aber ratsam. Denn sonst ist kein Empfangsnachweis möglich, zB bei einer Klagerhebung wegen der sachlich rechtlichen Folgen und bei einer Aufforderung zur Äußerung wegen der Gewährung des rechtlichen Gehörs nach Art. 103 I GG, → Vor § 128 Rn. 49 ff. (allgemein zum rechtlichen Gehör).

Zwangsmaßnahme: Sie ist dem Schiedsgericht verwehrt. Es muß nach → § 1041 Rn. 3 ff. evtl. nach § 1050 vorgehen lassen.

Zwischenentscheidung(-entscheid): Eine solche etwa über die Zuständigkeit ist nach § 1040 III zulässig. Sie ist aber kein Schiedsspruch nach § 1054. Sie lässt sich nicht nach § 1060 für vollstreckbar erklären. Soweit nichts anderes zB in § 1040 III bestimmt ist, darf das Gericht sie nur zusammen mit der Endentscheidung überprüfen, Laschet, Rechtsmittel gegen schiedsgerichtliche Zwischenentscheidungen, FS Nagel, 1987, 167.

15 **VIII. Verstoß, I–IV.** Er führt bei den zwingenden Regeln zur Aufhebung des Schiedsspruchs nach § 1059 II, BGH SchiedsVZ 2021, 46 Rn. 16 (Verstoß gegen ordre public); → § 1059 Rn. 28 „Rechtliches Gehör"; zur Frage, ob bei einem Verstoß gegen das rechtliche Gehör der Kausalzusammenhang zum Schiedsspruch vorliegen muss MüKoZPO/Münch Rn. 65 (kritisch). Eine Verfassungsbeschwerde gegen den Schiedsspruch wegen Verletzung des Art. 103 GG ist nicht statthaft, weil die Schiedsgerichte keine öffentliche Gewalt ausüben, MüKoZPO/Münch Rn. 66; Zöller/Geimer Rn. 18.

1043 *Ort des schiedsrichterlichen Verfahrens.* I [1]**Die Parteien können eine Vereinbarung über den Ort des schiedsrichterlichen Verfahrens treffen.** [2]**Fehlt eine solche Vereinbarung, so wird der Ort des schiedsrichterlichen Verfahrens vom Schiedsgericht bestimmt.** [3]**Dabei sind die Umstände des Falles einschließlich der Eignung des Ortes für die Parteien zu berücksichtigen.**

II **Haben die Parteien nichts anderes vereinbart, so kann das Schiedsgericht ungeachtet des Absatzes 1 an jedem ihm geeignet erscheinenden Ort zu einer mündlichen Verhandlung, zur Vernehmung von Zeugen, Sachverständigen oder der Parteien, zur Beratung zwischen seinen Mitgliedern, zur Besichtigung von Sachen oder zur Einsichtnahme in Dokumente zusammentreten.**

1 **I. Systematik.** → Buch 10. Vor Abschnitt 1–10 Rn. 1. Die Vorschrift regelt den örtlichen Schiedsgerichtsstand mit einem Vorrang vor §§ 12 ff. Der Ort des schiedsrichterlichen Verfahrens (Schiedsort) hat für mehrere Fragen seine Bedeutung. Nach ihm bestimmen sich nach § 1025 I das anwendbare Verfahrensrecht (liegt er in Deutschland, ist Buch 10 anwendbar), Kröll NJW 2003, 792, die Einstufung als inländischer oder ausländischer Schiedsspruch nach §§ 1060, 1061 I und die örtliche Zuständigkeit des Gerichts nach § 1062 I. Das Schiedsgericht muss den Schiedsort nach § 1054 III 1 im Schiedsspruch angeben, → § 1054 Rn. 4.

2 **II. Regelungszweck.** → Buch 10. Vor Abschnitt 1 Rn. 2. Die Vorschrift dient der Rechtssicherheit wie jede Gerichtsstandsregelung. Sie dient aber zugleich ganz dem Grundgedanken des schiedsrichterlichen Verfahrens, der Parteiherrschaft. Man muss sie insofern großzügig auslegen. Beide Aspekte sind bei der erforderlichen Gesamtabwägung mit zu beachten.

3 **III. Bestimmung des Schiedsorts, I.** Ihn bestimmen nach I 1 in erster Linie die Parteien. Das kann sowohl unabhängig von ihrer Staatsangehörigkeit und von sonstigen persönlichen Merkmalen geschehen, wie etwa ihr in der Schiedsvereinbarung nach § 1029 angegebene Sitz oder Wohnsitz. Die Bestimmung unterliegt nicht der Formvorschrift des § 1031. Die Wahl „Hamburger Freundschaftliche Arbitrage" bedeutet die Bestimmung Hamburgs zum Schiedsort, SchG Hmb NJW-RR 1999, 780. Treffen die Parteien keine Bestimmung, bestimmt das Schiedsgericht seinen Schiedsort nach I 2. Das Schiedsgericht trifft diese Entscheidung bei mehreren Schiedsrichtern als Kollegium. Die Bestimmung des Schiedsortes ist keine „einzelne Angelegenheit" nach § 1052 III. Bei dieser Bestimmung muss das Schiedsgericht nach I 3 die Umstände einschließlich der Eignung des Orts für die Parteien berücksichtigen. Das Schiedsgericht muss bei seiner pflichtgemäßen Ermessensentscheidung vor allem die Belange der Schiedsrichter und der Beteiligten beachten, im internationalen Verkehr aber auch die Eignung der durch den Schiedsort bestimmten Verfahrensordnung und die Auswirkungen auf die Anerkennung und Vollstreckbarkeit des Schiedsspruchs nach §§ 1059 ff. Der Schiedsort braucht nach II nicht der reale Ort der Tätigkeit des Schiedsgerichts zu sein, insbesondere nicht der Verhandlungs-, Beratungs- oder Verkündungsort. Es braucht nach → Rn. 4 auch nicht der ständige Arbeitsort etwa des Vorsitzenden zu sein. Die Parteien können den Schiedsort nachträglich ändern. Wegen eines Missbrauchs → § 1059 Rn. 22 „Schiedsort".

4 **IV. Ort der Tätigkeit des Schiedsgerichts, II.** In der Regel wird das Schiedsgericht am Schiedsort auch tätig sein. Das ist aber nicht zwingend. Wenn die Parteien nichts anderes vereinbart haben, kann das Schiedsgericht an jedem ihm geeignet erscheinenden Ort zu einer mündlichen Verhandlung, zur Vernehmung von Zeugen, Sachverständigen und Parteien, zur Besichtigung von Sachen oder zur Einsichtnahme in Schriftstücke zusammentreten. Da es bis zu einer etwa abweichenden Vereinbarung der Parteien allein auf die Ansicht der Schiedsrichter ankommt, darf das Gericht die Eignung des Orts nicht nachprüfen. Das Gericht hat aber bei Fehlen einer ausdrücklichen Bestimmung durch das Schiedsgericht zu prüfen, ob und welche Anhaltspunkte für eine konkludente Bestimmung gegeben sind, Borges ZZP 111, 505. Es muss dabei den Parteiwillen respektieren. Wurde ausdrücklich kein Schiedsort festgelegt, ist im Zweifel der Schiedsort der Ort der letzten mündlichen

Verhandlung wie bei §§ 136 IV, 296a, Düss EWiR 2000, 795 (zust. Kröll), oder auch der Ort einer Beweisaufnahme wie nach §§ 355 ff., Mü SchiedsVZ 2005, 309. Der Schiedsspruch gilt als am Ort des schiedsrichterlichen Verfahrens erlassen, auch wenn er tatsächlich anderswo erging, Mü SchiedsVZ 2010, 336.

1044 ***Beginn des schiedsrichterlichen Verfahrens.*** **[1]Haben die Parteien nichts anderes vereinbart, so beginnt das schiedsrichterliche Verfahren über eine bestimmte Streitigkeit mit dem Tag, an dem der Beklagte den Antrag, die Streitigkeit einem Schiedsgericht vorzulegen, empfangen hat. [2]Der Antrag muss die Bezeichnung der Parteien, die Angabe des Streitgegenstandes und einen Hinweis auf die Schiedsvereinbarung enthalten.**

Schrifttum: Pohl, Doppelte Rechtshängigkeit im schiedsgerichtlichen Verfahren, 2015.

I. Systematik, Regelungszweck. → Buch 10. Vor Abschnitt 1–10 Rn. 1 f. Die Vorschrift regelt den 1
Beginn des schiedsrichterlichen Verfahrens, bei dem zur Streitigkeit noch nicht im Einzelnen vorgetragen sein muss. Das erfolgt in einem zweiten Akt durch die Klage und Klagebeantwortung nach § 1046, wenn das Schiedsgericht konstituiert ist, § 1035. Den Zeitpunkt für den Beginn festzulegen ist in erster Linie eine Aufgabe der Parteien.

II. Verfahrensfragen. Wenn die Parteien nichts anderes vereinbart haben, beginnt das schiedsrichterliche 2
Verfahren über eine bestimmte Streitigkeit an demjenigen Tag, an dem der Bekl. den Antrag auf die Vorlage der Streitigkeit beim Schiedsgericht förmlich zugestellt bekommen oder formlos empfangen hat. Wird gegen mehrere Beteiligte in derselben Sache ein Antrag nach S. 1, 2 gestellt, entscheidet mangels einer entgegenstehenden Parteiabrede der früheste Zugang über den Beginn des schiedsrichterlichen Verfahrens. Die Mitteilung über die Bestellung eines Schiedsrichters nach § 1035 II kann, muss aber nicht zugleich erfolgen. In Abänderung unserer bisherigen Meinung gehen wir nicht mehr von dem Erfordernis der Schriftlichkeit aus; mit „Empfang" ist der Zugang gemeint, so dass eine bestimmte Form für die Mitteilung nicht einzuhalten ist, Celle NJOZ 2007, 648; MüKoZPO/Münch Rn. 15; Musielak/Voit/Voit Rn. 2. Für den Kläger ist aber ratsam, den Nachweis des Empfangs durch geeignete Mittel, wie zB durch ein Einschreiben gegen Rückschein oder durch eine förmliche Zustellung wie nach §§ 166 ff. sicherzustellen, wenn in der Schiedsvereinbarung keine Regelung vorhanden ist. Das schiedsrichterliche Verfahren beginnt zu diesem Zeitpunkt nur dann, wenn der Antrag den in S. 2 genannten Anforderungen entspricht. Anders als in der Schiedsklage nach § 1046 I muss der Schiedskläger die den Anspruch begründenden Tatsachen nicht angeben und auch noch keinen konkreten Antrag stellen. Wohl aber muss er Angaben zum Streitgegenstand machen, so dass § 253 II Nr. 2 hier grundsätzlich mittelbar gilt, → § 253 Rn. 26 ff., 34. Dabei ist dasjenige anzugeben, was der Gegner zur Abgrenzung des Streitgegenstands braucht; → § 253 Rn. 26 (Streitgegenstand). Denn eine Angabe des Streitgegenstands ist sonst kaum möglich. Nach S. 2 muss die Antragsschrift ferner die Bezeichnung der Parteien und einen Hinweis auf die Schiedsvereinbarung enthalten. Die Schiedsvereinbarung nach § 1029 muss nicht beigefügt werden.

III. Wirkungen der Schiedshängigkeit. Mit dem Beginn des schiedsrichterlichen Verfahrens und nicht erst 3
mit dem Zugang der Schiedsklage nach § 1046 I beim Gegner tritt die Schiedshängigkeit ein; Zöller/Geimer Rn. 4; aM MüKoZPO/Münch Rn. 34, 35 (Schiedshängigkeit erst mit Konstituierung des Schiedsgerichts). Hinzu kommen müssen in einem zweiten Akt die Bildung des Schiedsgerichts und die Eröffnung des Streitverfahrens, dh Umstände, auf die der Schiedskläger keinen Einfluss hat. Deshalb bestimmt § 204 I Nr. 11 BGB, dass mit der Schiedshängigkeit die Verjährung gehemmt ist, MüKoZPO/Münch Rn. 38; Hauck, Schiedshängigkeit und Verjährungsunterbrechung, 1996; Münch FS Schlosser, 2005, 613; Valdini SchiedsVZ 2016, 77. Die Schiedshängigkeit begründet keine Rechtshängigkeit nach §§ 253 I, 261 I, → § 253 Rn. 10; → § 261 Rn. 20 ff., → § 261 Rn. 4 (je zur Rechtshängigkeit); Valdini SchiedsVZ 2016, 77. Sie begründet aber gegenüber einem später anhängig gemachten schiedsrichterlichen Verfahren wegen desselben Gegenstands die Einrede der Schiedshängigkeit entsprechend § 261 III Nr. 1. Die Anrufung des staatlichen Gerichts ist auch bei Schiedshängigkeit nur dann unzulässig, wenn die Einrede der wirksamen Schiedsvereinbarung nach § 1032 I rechtzeitig erhoben wurde, → § 1032 Rn. 7. Die materiell-rechtlichen Wirkungen, die mit der Rechtshängigkeit eintreten, gelten auch bei der Schiedshängigkeit, zB §§ 286 I 2, 291, 292, 562b II, 818 IV, 864, 941, 987, 989, 994 II, weil ansonsten der Bekl. die für ihn nachteiligen Folgen durch eine zögerliche Besetzung des Schiedsgerichts hinauszögern könnte, Musielak/Voit/Voit Rn. 6; MüKoZPO/Münch Rn. 43; Schönke FS Schütze, 1999, 807; Valdini SchiedsVZ 2016, 76; Windhorst SchiedsVZ 2004, 230; → Vor § 253 Rn. 73; → § 262 Rn. 3 (je zu den materiell-rechtlichen Wirkungen der Rechtshängigkeit). Haben die Parteien eine Schiedsklageerhebung bei einer Schiedsinstitution vereinbart, treten die materiell-rechtlichen Wirkungen erst ein, wenn dem Bekl. eine Mitteilung über die Durchführung des Schiedsverfahrens zugeht, Musielak/Voit/Voit Rn. 8.

1045 ***Verfahrenssprache.*** **I [1]Die Parteien können die Sprache oder die Sprachen, die im schiedsrichterlichen Verfahren zu verwenden sind, vereinbaren. [2]Fehlt eine solche Vereinbarung, so bestimmt hierüber das Schiedsgericht. [3]Die Vereinbarung der Parteien oder die Bestimmung des Schiedsgerichts ist, sofern darin nichts anderes vorgesehen wird, für schriftliche Erklärungen einer Partei, mündliche Verhandlungen, Schiedssprüche, sonstige Entscheidungen und andere Mitteilungen des Schiedsgerichts maßgebend.**

II Das Schiedsgericht kann anordnen, dass schriftliche Beweismittel mit einer Übersetzung in die Sprache oder die Sprachen versehen sein müssen, die zwischen den Parteien vereinbart oder vom Schiedsgericht bestimmt worden sind.

I. Systematik, Regelungszweck. → Buch 10. Vor § 1033 Rn. 1 f. Die Verfahrenssprache hat im interna- 1
tionalen Schiedsverkehr eine erhebliche Bedeutung. Sie muss für das schiedsrichterliche Verfahren klar sein. § 184 I GVG gilt nicht, dh die Gerichtssprache eines inländischen Schiedsgerichts muss nicht deutsch sein; die Vorschrift korrespondiert allerdings mit den Grundsatz des rechtlichen Gehörs in § 1042 I 2, BGH SchiedsVZ 2021, 46 = GRUR 2021, 118 Rn. 13, 17; → GVG § 184 Rn. 3.

2 **II. Bestimmung der Verfahrenssprache, I.** In erster Linie ist es nach I 1 eine Aufgabe der Parteien, die im schiedsrichterlichen Verfahren geltende Sprache – es können auch mehrere sein – in der Schiedsvereinbarung oder später festzulegen. Fehlt eine entsprechende Vereinbarung, bestimmt das Schiedsgericht nach I 2 die Verfahrenssprache nach seinem pflichtgemäßen Ermessen. Maßgeblich hierfür sind die Interessen des Schiedsgerichts und der Parteien sowie die Sprache des zugrunde liegenden Vertrags, wobei eine Verfahrenssprache zweckmäßig ist, die möglichst wenige Übersetzungen erfordert. Wichtigster Anhaltspunkt kann dabei die Vertragssprache des materiell-rechtlichen Hauptvertrages sein, Zöller/Geimer Rn. 2. Auf die Amtssprache am tatsächlichen oder rechtlichen Schiedsort nach § 1043 kommt es nicht zwingend an. Die Verfahrenssprache ist nach I 3 maßgebend für schriftliche Erklärungen der Parteien, mündliche Verhandlungen, Schiedssprüche sowie sonstige Entscheidungen und andere Mitteilungen des Schiedsgerichts, soweit keine andere Regelung durch die Parteien oder das Schiedsgericht getroffen wurde.

3 **III. Übersetzung, II.** Bei einer Urkunde nach §§ 415 ff. als Beweismittel ist I nicht stets anwendbar. Das Schiedsgericht kann aber anordnen, dass die Parteien ein schriftliches Beweismittel, wie zB eine Urkunde oder ein Gutachten nach §§ 402 ff., mit einer Übersetzung in die Verfahrenssprache versehen müssen. Befolgen sie die Anordnung nicht, hat das Schiedsgericht das Beweismittel als ungeeignet zurückweisen. Die Kosten einer nach II notwendigen Übersetzung sind notwendige Kosten nach § 1057 I 1. Das gilt unabhängig davon, bei welcher Partei sie entstanden.

1046 *Klage und Klagebeantwortung.*

I [1]Innerhalb der von den Parteien vereinbarten oder vom Schiedsgericht bestimmten Frist hat der Kläger seinen Anspruch und die Tatsachen, auf die sich dieser Anspruch stützt, darzulegen und der Beklagte hierzu Stellung zu nehmen. [2]Die Parteien können dabei alle ihnen erheblich erscheinenden Dokumente vorlegen oder andere Beweismittel bezeichnen, derer sie sich bedienen wollen.

II Haben die Parteien nichts anderes vereinbart, so kann jede Partei im Laufe des schiedsrichterlichen Verfahrens ihre Klage oder ihre Angriffs- und Verteidigungsmittel ändern oder ergänzen, es sei denn, das Schiedsgericht lässt dies wegen Verspätung, die nicht genügend entschuldigt wird, nicht zu.

III Die Absätze 1 und 2 gelten für die Widerklage entsprechend.

1 **I. Systematik, Regelungszweck.** → Buch 10. Vor Abschnitt 1–10 Rn. 1 f. Die Vorschrift ergänzt § 1044 und regelt in I die Frist sowie den Inhalt der Begründung und der Erwiderung. In Ergänzung zu § 1042 wird in II die Möglichkeit einer Änderung eingeräumt und die Zurückweisung wegen Verspätung zugelassen. III bezieht die Widerklage in diese Regelungen ein.

2 **II. Klage und Klagebeantwortung, I. 1. Klage, I 1 Hs. 1.** Die Schiedsklage muss anders als der bloße Antrag des § 1044 I 2 in einer Anlehnung an die Anforderungen an eine Klageschrift nach § 253 II vor dem Gericht mehr enthalten, → § 253 Rn. 23 ff. (zum Inhalt der Klageschrift im Einzelnen). UU muss die Bezeichnung der Parteien iSd § 1044 ergänzt werden. Ein konkret bestimmter Antrag (§ 253 II Nr. 2) muss nicht gestellt werden; jedoch muss das Ziel des Schiedsklägers, die Rechtsschutzform und die begehrte Rechtsfolge, zumindest bestimmbar sein; zu empfehlen ist aber ein konkreter Antrag, Thomas/Putzo/Seiler Rn. 2. Außerdem muss der Schiedskläger seinen Anspruch und diejenigen Tatsachen darlegen, auf die er sein Klageziel stützt, → § 138 Rn. 11 ff.; → Vor § 284 Rn. 29 ff. (so zum Begriff Tatsachen). Hier gilt nichts anderes als bei § 253 II Nr. 2, → § 253 Rn. 26 ff. Nur so lässt sich der Streitgegenstand bestimmen, → § 253 Rn. 26 (Streitgegenstand), Schütze/Thümmel § 10 Rn. 4. Die Schlüssigkeit des Vorbringens ist an dieser Stelle nicht erforderlich; diese ist vielmehr für die Begründetheit des Begehrens bedeutsam, Musielak/Voit/Voit Rn. 2; Zöller/Geimer Rn. 1; MüKoZPO/Münch Rn. 3, → Vor § 253 Rn. 50 ff.; → § 139 Rn. 23; → Vor § 284 Rn. 4 ff. (je zur Relationsmethode). Diese Anforderungen sind zwingend.

3 Mit der Schiedsklage kann eine Leistung, eine Feststellung oder eine Gestaltung begehrt werden, → Vor § 253 Rn. 8–10 (zu den Klagearten). Für die Feststellung ist kein rechtliches Feststellungsinteresse entsprechend § 256 I, sondern nur ein allgemeines Rechtsschutzbedürfnis erforderlich, so dass ein wirtschaftliches Interesse ausreicht; denn anders als im staatlichen Gerichtsverfahren bedarf es hier nicht der Schonung von Ressourcen, Musielak/Voit/Voit Rn. 2; → § 256 Rn. 3, 28 ff.; MüKoZPO/Münch § 1044 Rn. 12.

4 **2. Klagebeantwortung, I 1 Hs. 2.** Mit ihr muss der Bekl. zu der Klage und vor allem zum Tatsachenvortrag des Klägers Stellung nehmen und seine Verteidigungsmittel vortragen, auch die Einreden iSd ZPO, → § 139 Rn. 64 „Einreden"; → Vor § 253 Rn. 61 ff.

5 **3. Frist und Beweismittel, I 1, 2.** Sowohl für die Klage als auch für die Klagebeantwortung müssen nach I 1 die von den Parteien vereinbarten oder die mangels Vereinbarung vom Schiedsgericht bestimmten Fristen eingehalten werden. Eine Form ist für die Fristvereinbarung nicht einzuhalten. Über § 1052 III kann für die Fristsetzung uU der Vorsitzende des Schiedsgerichts zuständig sein. Für den Fristenlauf gilt mangels anderer Bestimmung § 222 entsprechend. Das Schiedsgericht kann eine Frist nach § 224 II, III verlängern.

6 Beide Parteien können nach **I 2** innerhalb der Fristen alle ihnen erheblich erscheinenden Dokumente vorlegen oder andere Beweismittel bezeichnen. Die Vorlage von Ablichtungen oder Abschriften genügt. Die Klage und die Klagebeantwortung müssen ebenso wie alle sonstigen Dokumente der Gegenpartei nach § 1047 III zur Kenntnis kommen.

7 **4. Verstoß, I, II.** Bei Versäumung der Einreichung der Klage innerhalb der vereinbarten oder gesetzten Frist kommt bei Vorliegen der Voraussetzungen ein Beschluss nach §§ 1048 I, 1056 II Nr. 1a auf Feststellung der Beendigung in Betracht, Schütze/Thümmel § 12 Rn. 2; → § 1048 Rn. 2. Entspricht die Klage nicht den inhaltlichen Anforderungen, muss das Schiedsgericht sein Verfahren nach dem Fristablauf nach einem Hinweis wie nach § 139 wegen der Unzulässigkeit der Klage durch einen sog. Prozess-Schiedsspruch nach § 1054 beenden, Thomas/Putzo/Seiler Rn. 3; aA wohl MüKoZPO/Münch Rn. 3. Versäumt der Bekl. die gesetzte Frist schuldhaft oder ist seine Erwiderung unvollständig, wird das Verfahren nach § 1048 II fortgesetzt, ohne die Säumnis entgegen § 331 I 1 als Zugeständnis der Behauptung des Klägers zu behandeln, → § 1048 Rn. 3.

III. Änderung, II. Wenn die Parteien nichts anderes vereinbart haben, darf jede Partei im Lauf des schiedsrichterlichen Verfahrens ihre Anträge oder ihre Angriffs- oder Verteidigungsmittel weitergehend als bei § 263 ändern oder ergänzen. **Angriffs- und Verteidigungsmittel** beziehen sich auf die von den Parteien vorgetragenen Tatsachen, → § 138 Rn. 11 ff.; → Vor § 284 Rn. 4 ff. (je zum Tatsachenbegriff in Abgrenzung von Rechtsaussichten). Angriffsmittel umfassen den Tatsachenvortrag des Klägers zu den anspruchsbegründeten Voraussetzungen, die den Antrag rechtfertigen, und die Verteidigungsmittel das Bestreiten der Bekl. in Bezug auf die anspruchsbegründeten Tatsachen sowie den Tatsachenvertrag der Bekl. zu den Einreden iSd ZPO, → § 253 Rn. 61 ff.; → § 139 Rn. 23, 61 „Einreden". Mit der „Änderung" der Klage nach II ist die objektive Klageänderung nach §§ 263, 264 gemeint, → § 263 Rn. 4 ff., wobei die besonderen Voraussetzungen dieser Vorschriften, die Sachdienlichkeit oder die Einwilligung des Gegners, nicht vorliegen müssen, MüKoZPO/Münch Rn. 21, 22; vgl. auch Brueggemann/Smahi SchiedsVZ 2022, 49; → § 1042 Rn. 14 „Klageänderung". Die Parteien unterliegen nach II in den Grenzen der Schiedsfähigkeit nach § 1030 und der Schiedsvereinbarung nach § 1029 keinen Beschränkungen. Bei einer Verspätung kommt es auf das Verhalten der Gegenpartei an. Willigt sie ein, ist das neue Vorbringen ohne weiteres zulässig. Widerspricht sie, darf das Schiedsgericht das neue Vorbringen wie nach § 282 I beurteilen und nach einer Anhörung und einem Hinweis wie nach § 139 zurückweisen. Auf eine Verzögerung iSd § 296 I, II kommt es nicht an. Eine gegen II verstoßende Zurückweisung kann zur Aufhebung nach § 1059 II Nr. 1d führen, → § 1059 Rn. 21, es sei denn, die Partei entschuldigt ihre Verspätung genügend nach § 1048 IV. Die Grundsätze, die im Gerichtsverfahren zur **subjektiven Klageänderung** entwickelt wurden, → § 263 Rn. 23, können auf das Schiedsverfahren nicht übertragen werden; ob eine solche Änderung möglich ist, hängt von der Schiedsvereinbarung und ihrer Reichweite, vom Einverständnis der Beteiligten und von der Frage ab, ob der Schiedsrichtervertrag, Anh. § 1035, auch die Änderungen erfasst, MüKoZPO/Münch Rn. 22, 23; → § 1029 Rn. 39 (persönliche Reichweite). 8

Eine Rücknahme der Klage ist, wie § 1056 II Nr. 1b verdeutlicht, grundsätzlich möglich und kann auch in einer Klageänderung liegen, → § 263 Rn. 6. Widerspricht der Bekl., führt das unter den Voraussetzungen der § 1056 II Nr. 1b aE nicht zur Beendigung des schiedsrichterlichen Verfahrens, → § 1056 Rn. 6. 9

IV. Widerklage, III. Für die Widerklage, Anh. § 253, gelten I, II entsprechend, Kleinschmidt SchiedsVZ 2006, 142. Die Parteien können sie ausschließen. Sie ist nur dann zulässig, wenn die Schiedsvereinbarung nach § 1029 auch ihren Gegenstand mitumfasst, Prütting/Gehrlein/Prütting Rn. 6; Musielak/Voit/Voit Rn. 14; MüKoZPO/Münch Rn. 33; → § 1029 Rn. 19, 39 (persönliche Reichweite); aM Zöller/Geimer Rn. 5 (enger Zusammenhang reicht). Auch insoweit hat der Schiedsrichtervertrag Bedeutung, → Rn. 8. Ansonsten darf das Schiedsgericht eine Widerklage nur dann berücksichtigen, wenn die Gegenpartei nicht widerspricht. Gegen einen Dritten kommt eine Schiedswiderklage nur ausnahmsweise bei Zustimmung aller Beteiligter infrage, Geimer FS Hay, 2005, 171; Kleinschmidt SchiedsVZ 2006, 148; → Anh. § 253 Rn. 7; → § 1029 Rn. 39. 10

Zur Zulässigkeit der **Aufrechnung** mit einer nicht von der Schiedsvereinbarung umfassten Aufrechnung → § 1029 Rn. 37. 11

1047 ***Mündliche Verhandlung und schriftliches Verfahren.*** **I [1]Vorbehaltlich einer Vereinbarung der Parteien entscheidet das Schiedsgericht, ob mündlich verhandelt werden soll oder ob das Verfahren auf der Grundlage von Dokumenten und anderen Unterlagen durchzuführen ist. [2]Haben die Parteien die mündliche Verhandlung nicht ausgeschlossen, hat das Schiedsgericht eine solche Verhandlung in einem geeigneten Abschnitt des Verfahrens durchzuführen, wenn eine Partei es beantragt.**

II Die Parteien sind von jeder Verhandlung und jedem Zusammentreffen des Schiedsgerichts zu Zwecken der Beweisaufnahme rechtzeitig in Kenntnis zu setzen.

III Alle Schriftsätze, Dokumente und sonstigen Mitteilungen, die dem Schiedsgericht von einer Partei vorgelegt werden, sind der anderen Partei, Gutachten und andere schriftliche Beweismittel, auf die sich das Schiedsgericht bei seiner Entscheidung stützen kann, sind beiden Parteien zur Kenntnis zu bringen.

I. Systematik, Regelungszweck, Geltungsbereich. → Buch 10. Vor Abschnitt 1 Rn. 1 f. Die Vorschrift konkretisiert den Anspruch auf ein rechtliches Gehör nach § 1042 I 2. Sie regelt die Frage der mündlichen Verhandlung teilweise erheblich abweichend vom Zivilprozess und geht § 128 vor. Das ist eine Folge des Grundsatzes der Parteiherrschaft im schiedsrichterlichen Verfahren. 1

Zum Geltungsbereich → Vor § 1025 Rn. 2 ff. Im arbeitsgerichtlichen Verfahren gilt für die mündliche Verhandlung § 105 II 1 ArbGG. 2

II. Mündliche Verhandlung, I. Für die Frage, ob eine mündliche Verhandlung durchzuführen ist, ist in erster Linie die Parteivereinbarung maßgeblich. Sie kann auch bei Wahrung des rechtlichen Gehörs nachträglich geändert oder ergänzt werden, BGH NJW 1994, 2155. Fehlt sie, bestimmt nach I 1 das Schiedsgericht, ob eine mündliche Verhandlung wie nach § 128 I oder ein schriftliches Verfahren stattfindet. Die Parteien können eine mündliche Verhandlung ausschließen. Sie dürfen dabei zumindest nicht das rechtliche Gehör aushebeln, → § 1042 Rn. 5 ff. Ist ein Ausschluss nicht geschehen, muss das Schiedsgericht nach I 2 eine solche Verhandlung in einem geeigneten Verfahrensabschnitt oder insgesamt dann durchführen, wenn eine Partei das beantragt. Auch wenn mündlich verhandelt wird, ist der schriftsätzliche Vortrag der Parteien – anders als bei § 137 III – ohne Bezugnahme eingeführt, Musielak/Voit/Voit Rn. 3; → § 137 Rn. 21 ff. Änderungen und Ergänzungen sind nach § 1046 II zulässig. 3

Eine **Videoverhandlung** ist auch im Schiedsverfahren zulässig, wenn die Parteien eine solche vereinbart haben oder das Schiedsgericht sie kraft freien Ermessens anordnet und die Parteien eine solche nicht durch Vereinbarung ausgeschlossen haben, Prütting/Gehrlein/Prütting § 1047 Rn. 2; Gielen/Wahnschaffe SchiedsVZ 2020, 261; vgl. auch: MüKoZPO/Münch Rn. 12 (bei autonomer Vereinbarung); Musielak/Voit/Voit 1042 Rn. 13 (bei Einverständnis beider Parteien); vgl. auch OGH SchiedsVZ 2021, 163 (zur Frage, ob nach **österreichischem** Recht Videokonferenzen einen Ablehnungsgrund darstellen); Bühler SchiedsVZ 2021, 230 (233) (zu virtuellen Schiedsgerichtssitzungen nach Art. 26 I **ICC-SchO 2021**). Wegen der Sonderregelungen in § 1042 4

III, IV finden zwar weder § 128 noch § 128a direkt Anwendung. Jedoch ergibt sich die Zulässigkeit einer Videoverhandlung im Schiedsverfahren aus der grundsätzlichen Verfahrensfreiheit und findet dort eine Grenze, wo die Grundsätze des rechtlichen Gehörs oder der Gleichbehandlung nach § 1042 I nicht gewahrt werden können. Bei der Frage des Ermessens spielen ebenso wie bei § 128a neben diesen zwingenden Prinzipien die Pflicht einer effizienten Verfahrensführung aber auch die Klimaneutralität eine Rolle; gerade in Zeiten einer Epidemie kann unter Effizienzgesichtspunkten die Videoverhandlung der mündlichen Verhandlung im herkömmlichen Sinn im Einzelfall der Vorzug zu geben sein; aber auch der Inhalt des konkreten Schiedsverfahrens ist ebenso wie bei einem Gerichtsverfahren zu berücksichtigen, Gielen/Wahnschaffe SchiedsVZ 2020, 257 (262); Wilske/Markert/Ebert SchiedsVZ 2021, 106 (Erfahrungen mit § 128a in der Corona-Krise) → § 128a Rn. 8, 18 (zur Frage, in welchen Fällen eine Videoverhandlung sachgemäß ist).

5 **III. Benachrichtigung von Sitzung durch das Schiedsgerichts, II.** Das Schiedsgericht muss die Parteien von jeder Verhandlung wie nach § 128 I und von jedem Zusammentreffen der Schiedsrichter zu einer Beweisaufnahme wie nach §§ 355 ff. rechtzeitig in Kenntnis setzen, um den Beteiligten die Gelegenheit zu geben, an der Verhandlung teilzunehmen oder dem Schiedsgericht und der Gegenpartei neues Vorbringen mitzuteilen. Die Vorschrift ist zwingend.

6 **IV. Mitteilung schriftlicher Äußerungen, III.** Dass das Schiedsgericht alle von einer Partei vorgelegten Dokumente der anderen Partei und alle schriftlichen Beweismittel und vor allem diejenigen Gutachten, auf die sich das Schiedsgericht stützen kann, beiden Parteien zur Kenntnis bringen muss, versteht sich im Hinblick auf § 1042 I von selbst. Auch ohne eine ausdrückliche Vorschrift muss das Schiedsgericht natürlich erst recht auch seine eigenen Entscheidungen, Verfügungen und Mitteilungen beiden Parteien nach § 1054 IV zur Kenntnis bringen. Die Vorschrift ist zwingend. III gilt nicht für eine dem Gegner schon bekannte Urkunde, BGH MDR 2016, 479 = SchiedsVZ 2016, 163.

1048

Säumnis einer Partei. **I Versäumt es der Kläger, seine Klage nach § 1046 Abs. 1 einzureichen, so beendet das Schiedsgericht das Verfahren.**

II Versäumt es der Beklagte, die Klage nach § 1046 Abs. 1 zu beantworten, so setzt das Schiedsgericht das Verfahren fort, ohne die Säumnis als solche als Zugeständnis der Behauptungen des Klägers zu behandeln.

III Versäumt es eine Partei, zu einer mündlichen Verhandlung zu erscheinen oder innerhalb einer festgelegten Frist ein Dokument zum Beweis vorzulegen, so kann das Schiedsgericht das Verfahren fortsetzen und den Schiedsspruch nach den vorliegenden Erkenntnissen erlassen.

IV [1]Wird die Säumnis nach Überzeugung des Schiedsgerichts genügend entschuldigt, bleibt sie außer Betracht. [2]Im Übrigen können die Parteien über die Folgen der Säumnis etwas anderes vereinbaren.

Schrifttum: Quinke SchiedsVZ 2013, 129.

1 **I. Systematik, Regelungszweck.** → Buch 10. Vor Abschnitt 1–10 Rn. 1 f. Die Folgen einer prozessualen Säumnis iSd Vorschrift, → Vor § 330 Rn. 8 ff. (allgemein zur Säumnis), regelt § 1048 abschließend vorrangig und abweichend von §§ 330 ff. Das zeigt schon IV 2. Die Ausgestaltung der Regelungen ist eine Folge des Prinzips der Parteiherrschaft. Das ist indes auch ganz folgerichtig. Je höher die Befugnis zur Entscheidung ist, desto höher ist auch die Verantwortung und die Obliegenheit, sich dem privat vereinbarten Verfahren zu stellen. Vorbehaltlich IV 1 -Ausschluss verletzt den Anspruch auf rechtliches Gehör- können die Parteien etwas anderes nach IV 2 vereinbaren.

2 **II. Versäumnis der Klagefrist, I, IV.** Versäumt der Kläger, seine Klage nach § 1046 I innerhalb der vereinbarten oder vom Schiedsgericht bestimmten Frist einzureichen, beendet das Schiedsgericht das Verfahren nach §§ 1048 I, 1056 II Nr. 1a durch einen Beschluss nach einem Hinweis wie bei § 139. Das gilt nach IV 1 dann nicht, wenn die Partei ihre Säumnis nach der Überzeugung des Schiedsgerichts genügend entschuldigt hat. Bei der Frage des Verschuldens kommt es auch auf die Angemessenheit der Frist an, MüKoZPO/Münch Rn. 28, 29. Im Übrigen können die Parteien nach IV 2 etwas anderes vereinbaren. Auch mag der Kläger rechtzeitig eine Fristverlängerung beantragt haben. Geht die Klage nach Ablauf der Frist ein, ist das Verfahren gleichwohl beendet, wenn die Säumnis nicht genügend entschuldigt ist, Prütting/Gehrlein/Prütting Rn. 2. Hält das Schiedsgericht die Versäumung zu Unrecht für entschuldigt, kann dies die Aufhebung des Schiedsspruchs nicht rechtfertigen, Musielak/Voit/Voit Rn. 2. Ist der Beendigungsbeschluss nach § 1056 II Nr. 1a zu Unrecht ergangen, etwa, weil sich der Kläger nachträglich entschuldigt hat, kann der Beschluss im allseitigen Einverständnis aufgehoben werden, weil es sich um ein privates Verfahren handelt, Musielak/Voit/Voit Rn. 8; Prütting/Gehrlein/Prütting Rn. 6.

3 **III. Versäumnis der Klagebeantwortungsfrist, II, IV.** Hält der Bekl. die Frist des § 1046 I nicht ein, setzt das Schiedsgericht das Verfahren fort, ohne die Säumnis wie bei § 331 I 1 als ein Zugeständnis der Behauptungen des Klägers zu behandeln, → § 1046 Rn. 5; → § 331 Rn. 7 (Geständnisfiktion). Das Schiedsgericht muss nach IV 1 aber prüfen, ob der Bekl. seine Säumnis genügend entschuldigt hat. Geschieht das nicht, hat das Schiedsgericht je nach Situation verschiedene Möglichkeiten; es kann dem Bekl. eine neue Frist setzen, eine Beweisaufnahme durchführen oder den Sachverhalt in anderer Weise aufklären und dann nach § 1054 einen Schiedsspruch in der Sache erlassen. Auch ohne Geständnisfiktion des § 331 I 1 kommt die Annahme eines Geständnisses im Einzelfall in Betracht, MüKoZPO/Münch Rn. 10. Das gilt nach IV 2 dann nicht, wenn die Parteien etwas anderes vereinbaren, wenn sie zB eine Sanktion ausschließen.

4 **IV. Andere Fälle der Säumnis, III, IV.** Versäumt es die Partei, zur mündlichen Verhandlung nach § 1047 zu erscheinen oder nach § 1046 I 2 innerhalb einer nach § 1042 IV 1 festgelegten Frist ein Dokument wie nach § 420 zum Beweis vorzulegen, kann das Schiedsgericht das Verfahren fortsetzen und den Schiedsspruch ähnlich wie bei einer Entscheidung nach Lage der Akten nach §§ 251a, 331a gemäß den vorliegenden Erkenntnissen erlassen, SchdG Hmb NJW-RR 1999, 781. Das gilt nach IV 1 dann nicht, wenn die Säumnis der Partei nach der

Überzeugung des Schiedsgerichts genügend entschuldigt ist. Die Ladung zur mündlichen Verhandlung muss rechtzeitig nach § 1047 II gewesen sein, → § 335 Rn. 8. Eine gesetzte Frist muss angemessen gewesen sein. Die Parteien können nach IV 2 von III abweichende Vereinbarungen treffen. Sie können zB die Anwendung von §§ 330 ff. vereinbaren, auch von §§ 340 ff., Zöller/Geimer Rn. 5; aM Otto IPRax 2002, 167. Sie müssen dabei den Grundsatz des IV 1 beachten.

In § 1048 nicht genannte Fälle der Versäumung einer von den Parteien oder vom Schiedsgericht gesetzten Frist 5
bleiben dann folgenlos, wenn nicht die Parteien dafür Sanktionen, etwa entsprechend § 296, vereinbaren. Sie müssen dabei nach IV 1 den Grundsatz beachten, dass eine genügend entschuldigte Säumnis außer Betracht bleiben muss.

1049 *Vom Schiedsgericht bestellter Sachverständiger.* **I [1]Haben die Parteien nichts anderes vereinbart, so kann das Schiedsgericht einen oder mehrere Sachverständige zur Erstattung eines Gutachtens über bestimmte vom Schiedsgericht festzulegende Fragen bestellen. [2]Es kann ferner eine Partei auffordern, dem Sachverständigen jede sachdienliche Auskunft zu erteilen oder alle für das Verfahren erheblichen Dokumente oder Sachen zur Besichtigung vorzulegen oder zugänglich zu machen.**

II [1]Haben die Parteien nichts anderes vereinbart, so hat der Sachverständige, wenn eine Partei dies beantragt oder das Schiedsgericht es für erforderlich hält, nach Erstattung seines schriftlichen oder mündlichen Gutachtens an einer mündlichen Verhandlung teilzunehmen. [2]Bei der Verhandlung können die Parteien dem Sachverständigen Fragen stellen und eigene Sachverständige zu den streitigen Fragen aussagen lassen.

III Auf den vom Schiedsgericht bestellten Sachverständigen sind die §§ 1036, 1037 Abs. 1 und 2 entsprechend anzuwenden.

Schrifttum: Lotz SchiedsVZ 2011, 203.

I. Systematik Regelungszweck. → Buch 10. Vor Abschnitt 1 Rn. 1 f. Die Vorschrift ergänzt §§ 1042, 1047 1
II und trifft Regelungen zum Sachverständigenbeweis (§§ 402 ff.), der eine besondere Bedeutung im Schiedsverfahren hat. Das Schiedsgericht muss den Sachverhalt ermitteln, → § 1042 Rn. 14 „Ermittlungen", „Beweiserhebung". Den Umfang einer Beweisaufnahme bestimmt grundsätzlich die Parteivereinbarung und mangels solcher Vereinbarungen das Schiedsgericht selbst. Das Schiedsgericht kann Zeugen und Beteiligte uneidlich vernehmen, allerdings sind Zwangsmaßnahmen nicht möglich; insoweit muss nach § 1050 das staatliche Gericht eingeschaltet werden. Anstelle von § 406 gelten III, §§ 1036, 1037 I, II entsprechend.

II. Bestellung von Sachverständigen, I. Die Parteien können aus Gründen der Kostenersparnis, des 2
Zeitgewinns oder wegen eigener Sachkunde eine Vereinbarung zum Sachverständigenbeweis treffen haben; eine solche Vereinbarung ist formlos möglich. Die Parteien dürfen zB die Bestellung von Sachverständigen ausschließen, nur bestimmte Personen oder Institutionen als Sachverständige zulassen, oder den Sachverständigenbeweis auf bestimmte Sachfragen oder Sachgebiete begrenzen. Liegt eine solche Vereinbarung nicht vor, ist das Schiedsgericht nach I 1 nach seinem „freien" und pflichtgemäßen Ermessen gemäß § 1042 IV berechtigt und bei Fehlen einer eigenen Sachkunde auch verpflichtet, einen oder mehrere Sachverständige unter Beachtung der Grundsätze nach §§ 402 ff. zur Erstattung eines Gutachtens über bestimmte vom Schiedsgericht festzustellende Fragen zu bestellen, Schütze SchiedsVZ 2008, 11. Zudem besteht entgegen § 407 keine Pflicht des Sachverständigen zur Erstattung des Gutachtens, auch wenn er öffentlich bestellt ist; er kann vor dem Schiedsgericht auch nicht vereidigt werden, Schütze/Thümmel § 11 Rn. 22; so wohl auch MüKoZPO/Münch Rn. 10 ff.; → § 1050 Rn. 7. Die Parteien dürfen andere Regeln aufstellen und von §§ 402 ff. abweichen, sowohl auch MüKoZPO/Münch Rn. 10. Hat das Schiedsgericht den Sachverständigen bestellt, kann es nach I 2 eine oder beide Parteien auffordern, dem Sachverständigen jede sachdienliche Auskunft zu erteilen, alle für das Verfahren erheblichen Dokumente und Sachen zur Besichtigung vorzulegen oder zugänglich zu machen. Kommt die Partei einer solchen Aufforderung nicht nach, kann das Schiedsgericht das wie bei § 286 frei würdigen, zB als eine Beweisvereitelung werten. Es kann dann nach § 1048 III oder § 1050 verfahren. Der Sachverständige muss den Parteien die Teilnahme an der Ermittlung seiner Feststellungen ermöglichen, BGHZ 116, 47. Zur Hinzuziehung von Beratern durch das Schiedsgericht → Anh. § 1035 Rn. 10.

Es ist bestritten, ob das Schiedsgericht mangels einer Parteivereinbarung den Sachverständigen im Namen und 3
auf Rechnung aller Parteien mit einer Tätigkeit nach §§ 631 ff. BGB beauftragt, so: Düss BeckRS 2013, 22198; Musielak/Voit/Voit Rn. 9; Prütting/Gehrlein/Prütting Rn. 3; Thomas/Putzo/Seiler Rn. 3, oder ob nur ein Verhältnis zwischen dem Schiedsgericht und dem Sachverständigen entsteht, so: MüKoZPO/Münch Rn. 25. Wir folgen der zweiten Meinung; schon der Wortlaut „das Schiedsgericht bestellt den Sachverständigen" verdeutlicht ein verfahrensrechtliches Vorgehen und kein Handeln im Namen der Parteien. Diese Stellung des Sachverständigen wird auch durch III verdeutlicht. Zudem ist von einem Teil derjenigen, die die Gegenmeinung vertreten (Werkvertrag zwischen den Parteien und dem Sachverständigen), anerkannt, dass der Sachverständige nicht nach allgemeinen materiell-rechtlichen Regeln haftet, sondern gemäß § 839a BGB (analog) wie ein Sachverständiger, der für ein staatliches Gericht tätig wird, Thomas/Putzo/Seiler Rn. 3. Die Schwierigkeiten, die sich bei der von uns vertretenen Meinung mit dem Honoraranspruchs des Sachverständigen ergeben, – dann besteht der Honoraranspruch des Sachverständigen gegenüber den Schiedsrichtern – kann durch ein Vorschussverlangen des Schiedsgerichts gelöst werden, MüKoZPO/Münch Rn. 33; Musielak/Voit/Voit Rn. 9.

III. Mündliche Verhandlung in Gegenwart der Parteien, II. Wenn die Parteien nichts anderes vereinbart 4
haben, muss der vom Schiedsgericht bestellte Sachverständige dem Schiedsgericht etwaige Ergänzungsfragen schriftlich beantworten. Er muss auch nach II 1 auf den Antrag einer Partei oder aufgrund einer vom Schiedsgericht ohne einen Antrag erlassenen Anordnung nach der Erstattung seines schriftlichen oder mündlichen Gutachtens an einer mündlichen Verhandlung zwecks Erläuterung des Gutachtens wie nach § 411 III, IV teilnehmen. Bei dieser Verhandlung können die Parteien nach II 2 dem Sachverständigen entsprechend § 411 III, IV Fragen stellen und/oder eigene Sachverständige zu den streitigen Fragen aussagen lassen. Unter Aufgabe

unserer bisherigen Meinung, dass das Parteigutachten wie in einem Zivilprozess nur als Vortrag der betreffenden Partei zu werten ist, halten wir auch den Parteisachverständigen für ein mögliches Beweismittel im Schiedsverfahren; das ergibt sich aus dem Wortlaut des II 2 „eigene Sachverständige"; die gesetzgeberische Intension hängt damit zusammen, dass der Privatsachverständige international in Schiedsverfahren eine bedeutende Rolle spielt: MüKoZPO/Münch Rn. 38 f.; Schütze/Thümmel § 11 Rn. 20; Thomas/Putzo/Seiler Rn. 8. Über II 2 hinaus stellt der Parteisachverständige nicht nur in der mündlichen Verhandlung ein Beweismittel dar, dasselbe gilt vielmehr auch für das schriftliche Parteigutachten, Thomas/Putzo/Seiler Rn. 8. Dass der Parteisachverständige uU nicht unparteilich ist und auch nicht abgelehnt werden kann, → Rn. 5, hat das Schiedsgericht bei seiner Beweiswürdigung zu berücksichtigen, Schütze/Thümmel § 11 Rn. 21; Thomas/Putzo/Seiler Rn. 8.

5 **IV. Ablehnung von Sachverständigen, III.** Da nur der vom Schiedsgericht bestellte Sachverständige unparteiisch und unabhängig sein muss, gelten nur für ihn und nicht für den Parteisachverständigen des II 2 die §§ 1036, 1037 I, II entsprechend und nicht § 406, BGH NJW 2018, 70. Bei einer erfolglosen Ablehnung gibt es keinen Rechtsbehelf. Denn § 1037 III ist nicht anwendbar, da III nicht darauf verweist, BGH NJW 2018, 70. Insofern müssen Einwendungen im Aufhebungs- und Vollstreckbarkeitsverfahren nach §§ 1059 ff. geltend gemacht werden. Diese Bestimmungen zur Befangenheit sind zwingend, auch wenn ansonsten die Regelungen des § 1049 zur Disposition der Parteien stehen; das gilt auch bei Vereinbarung der DIS-SchO, BGH NJW 2018, 70. Der vom Gericht bestellte Sachverständige muss während der Dauer des Schiedsverfahrens alle Umstände offenlegen, die Zweifel an seiner Unparteilichkeit oder Unabhängigkeit wecken könnten, §§ 1049 III, 1036 I; ist dies nicht geschehen, ist der Schiedsspruch in der Regel nach § 1059 II Nr. 1d aufzuheben, wenn der Schiedsspruch auf dem Sachverständigengutachten beruht und die nicht offen gelegten Gründe für die Ablehnung des Sachverständigen gereicht hätten, BGH NJW 2018, 70; WM 2019, 875 = BeckRS 2019, 4854 (Entscheidung über die Rechtsbeschwerde gegen die Entscheidung von Karlsr, BeckRS 2018, 40959 auf die vorgenannte Entscheidung des BGH); Kröll SchiedsVZ 2020, 225; Schmidt-Ahrendts/Schneider SchiedsVZ 2020, 35; Kärcher SchiedsVZ 2017, 277. Dabei reicht ein objektiver Verstoß gegen die Offenlegungspflicht aus; der Maßstab des § 580 Nr. 3 ist hier nicht übertragbar, BGH NJW 2018, 70. Beruft sich die Partei erstmalig im Aufhebungs- oder Vollstreckungsverfahren auf den Ablehnungsgrund, muss diese in Anlehnung an §§ 44 II, 294 den Grund nur glaubhaft machen; der Strengbeweis, → Vor § 284 Rn. 14, gilt nicht, BGH WM 2019, 875. Bei der Frage der berechtigten Zweifel an der Unparteilichkeit reicht der streitige Parteivortrag nicht, vielmehr ist der Sachverhalt bei Beweisbedürftigkeit, → Vor § 253 Rn. 55, durch eine Beweisaufnahme zu klären; dem Gegner ist in jedem Fall rechtliches Gehör zu gewähren, BGH WM 2019, 35. Grundsätzlich reicht die Verletzung der Offenbarungspflicht per se nicht aus; etwas anderes gilt aber bei einem Verdacht eines bewussten Verheimlichens, BGH WM 2019, 35; Karlsr BeckRS 2018, 40959; → § 1036 Rn. 4.

1050 *Gerichtliche Unterstützung bei der Beweisaufnahme und sonstige richterliche Handlungen.*

[1]Das Schiedsgericht oder eine Partei mit Zustimmung des Schiedsgerichts kann bei Gericht Unterstützung bei der Beweisaufnahme oder die Vornahme sonstiger richterlicher Handlungen, zu denen das Schiedsgericht nicht befugt ist, beantragen. [2]Das Gericht erledigt den Antrag, sofern es ihn nicht für unzulässig hält, nach seinen für die Beweisaufnahme oder die sonstige richterliche Handlung geltenden Verfahrensvorschriften. [3]Die Schiedsrichter sind berechtigt, an einer gerichtlichen Beweisaufnahme teilzunehmen und Fragen zu stellen.

Schrifttum: Hammer, Überprüfung von Schiedsverfahren durch staatliche Gerichte in Deutschland, 2018; Pörnbacher/Bauer, Rechtswahl und ihre Grenzen in der internationalen Schiedsgerichtsbarkeit, FS Schütze, 2014, 431; Zobel, Schiedsgerichtsbarkeit und Gemeinschaftsrecht, 2005.

1 **I. Systematik, Regelungszweck.** → Buch 10. Vor Abschnitt 1–10 Rn. 1 f. Die Vorschrift bildet eine notwendige Ergänzung in dem grundsätzlich den Parteien überlassenen Schiedsverfahren. Auch dieses Verfahren kommt nicht ganz ohne die Machtmittel des Staats aus, Geimer DNotZ 1991, 267 (270). § 1050 greift nur dann ein, wenn das Schiedsgericht zur Vornahme einer Handlung nicht befugt ist, weil es keinen Zwang ausüben darf und kann.

2 **II. Geltungsbereich.** → Vor § 1025 Rn. 2 ff. § 1050 gilt auch für ein Verfahren mit einem ausländischen Schiedsort nach § 1043, § 1025 II, IV und für die Zeit vor einer Bestimmung des Schiedsorts nach § 1025 III.

3 **III. Unterstützungsantrag, S. 1.** Nur das Schiedsgericht oder mit seiner Zustimmung eine Partei kann nach **S. 1** eine Unterstützung des Gerichts beantragen. Das setzt voraus, dass das Schiedsgericht konstituiert ist; eine Prüfungskompetenz über die Wirksamkeit der Bestellung hat das Gericht nicht. Hilfestellungen durch das Gericht können nur für richterliche Maßnahmen beantragt werden, die das Schiedsgericht als nicht staatliches Gericht nicht durchführen kann, so zB bestimmte Zwangsmaßnahmen bei der Beweisaufnahme, näher → Rn. 5 „Subsidiarität". Das Schiedsgericht darf seine Zustimmung dann versagen, wenn es die Handlung für unzulässig hält. Das Schiedsgericht oder die Partei muss den Antrag an das nach §§ 1025 I, II, 1062 IV zuständige AG des Orts der beantragten Handlung richten.

4 **IV. Verfahren, S. 2, 3.** Bei dem nach § 1062 IV sachlich zuständigen AG besteht kein Anwaltszwang nach → § 78 Rn. 1. Es muss den Antrag nach S. 2 dann ablehnen, wenn es ihn für unzulässig hält, so zB, wenn das Schiedsgericht die Maßnahme selbst durchführen kann. Das AG ist aber nicht berechtigt, die Erforderlichkeit oder Erheblichkeit der Maßnahme zu überprüfen, weil dies der schiedsrichterlichen Eigenverantwortung obliegt, Musielak/Voit/Voit Rn. 4. Das AG prüft grundsätzlich nicht die Wirksamkeit der Schiedsvereinbarung; das ergibt sich aus § 1040 I sowie daraus, dass diese Prüfung eine Aufgabe des OLG nach §§ 1059 1062 ist, MüKoZPO/Münch Rn. 21; aM Musielak/Voit/Voit Rn. 5 (Prüfung erforderlich, ob Unwirksamkeit unschwer zu erkennen ist).

5 Das AG hat folgenden Voraussetzungen zu prüfen:

Allgemeinen Zulässigkeitsvoraussetzungen: Müssen vorliegen, MüKoZPO/Münch Rn. 20; → Vor § 253 Rn. 22.

Antrag: Das Schiedsgerichts oder eine Partei mit Zustimmung des Schiedsgerichts muss den Antrag beim zuständigen AG stellen, zum Antrag → Rn. 3.

Subsidiarität: Der Antrag ist nur zulässig, wenn das Schiedsgericht nicht befugt ist, die Zwangshandlung selbst vorzunehmen. **Beispiele:** Zustellung im Ausland zB nach § 183 oder öffentliche Zustellung nach §§ 185 ff.; Bestellung eines Vertreters nach § 57; Ersuchen um amtliche Auskünfte nach → Vor § 373 Rn. 31; Erscheinenszwang für Zeugen, Sachverständige, §§ 380, 390; Verhängung und Vollziehung von Ordnungsmitteln als Erzwingungsmaßnahmen, vgl. Mann/Nußbaum SchiedsVZ 2021, 253 (auch zur Frage der Androhung); Eidesleistung eines Zeugen, eines Sachverständigen und einer Partei nach §§ 478 ff. iVm §§ 391, 410, 452; eidesstattliche Versicherung zB nach § 294; Einholung der Genehmigung für die Zeugenaussage von Beamten, Richtern und Soldaten nach § 376 III; Ersuchen an eine Behörde um Vorlage einer Urkunde nach § 432; Vorlagebefugnis an das BVerfG nach Art. 100 GG, → GVG § 1 Rn. 12, oder an den EuGH nach Art. 267 AEUV, EuGH EuZW 2005, 319, Schütze/Thümmel § 3 Rn. 3; Schmidt BB 2006, 1401; Zöller/Geimer § 1051 Rn. 18; Schütze SchiedsVZ 2007, 124; Festsetzung eines Streitwerts, AG Stgt SchiedsVZ 2012, 54 (zust. Winkler).

Vorlagepflicht des Antragstellers: Soweit es um Rechtsfragen geht, ist eine Darlegung nicht erforderlich. Bei Tatsachen bedarf es keiner Glaubhaftmachung, vielmehr reicht die Wahrscheinlichkeit aus, zB dass ein Zeuge nicht vor dem Schiedsgericht erscheinen werde, MüKoZPO/Münch Rn. 23. Dem AG sind die Schiedsvereinbarung und gegebenenfalls die Zustimmung des Schiedsgerichts vorzulegen sowie Unterlagen, aus denen sich die vorgenannte Wahrscheinlichkeit, die örtliche Zuständigkeit des AG, die Konstituierung des Schiedsgerichts und eventuell die Beweisanordnung durch das Schiedsgericht ergeben, MüKoZPO/Münch Rn. 23. Zweckmäßig sollten diese Unterlagen sofort dem Antrag beigefügt werden.

Zulässigkeit der Handlung nach der ZPO: Unzulässig ist zB die Beeidigung eines Eidesunfähigen, § 393, Verweigerung eines Zeugnisverweigerungsberechtigten, Thomas/Putzo/Reichold § 391 Rn. 8. Der Rechtsgedanke des § 158 II GVG kann herangezogen werden. Unzulässig ist auch ein Ersuchen um eine Beeidigung beider Parteien. Vgl.auch „Subsidiarität" (Ordnungsmittel).

6 Ist das Ersuchen zulässig, muss das AG gemäß S. 2 seinen für die beantragte Handlung geltenden Verfahrensvorschriften der ZPO vorgehen. Es ordnet die Maßnahme nach einer Anhörung der Parteien durch Beschluss an. Hat nur eine Partei den Antrag gestellt, ist die Gegenpartei anzuhören. Eine Prozesskostenhilfe ist nach §§ 114 ff. nach allgemeinen Grundsätzen für diesen begrenzten Verfahrensabschnitt statthaft, allerdings nur für die Parteien. Für die Beweisaufnahme gelten §§ 159 ff., 355 ff., auch § 379, MüKoZPO/Münch Rn. 31. Das AG vernimmt einen Zeugen nach §§ 373 ff. dann uneidlich, wenn nicht das Schiedsgericht dessen Beeidigung angeordnet hat. Es beeidigt ihn im Rahmen von §§ 391–393, 478 ff. Hat das Schiedsgericht Bedenken gegen die Glaubwürdigkeit, kann es sogleich um eine Beeidigung ersuchen. Das AG wird regelmäßig einen Zeugen, den es nur beeidigen soll, neu vernehmen. Es muss ihn dann beeidigen. Die Schiedsrichter dürfen nach S. 3 und eben auch die Parteien nach § 357 an einer gerichtlichen Beweisaufnahme teilnehmen und nach § 397 Fragen stellen. Das AG muss sie deshalb nach § 1047 II benachrichtigen.

7 Das Schiedsgericht kann das Ergebnis der Handlung des Gerichts über dessen Protokoll in das Schiedsverfahren einführen.

8 **V. Verstoß, S. 1–3.** Ein Mangel des Verfahrens des Gerichts kann nur im Einzelfall zur Aufhebung des Schiedsspruchs nach § 1059 II Nr. 1b oder zur Ablehnung der Vollstreckbarerklärung nach § 1060 II führen. Ein Fehler bei der Beweisaufnahme hat zB keinen Einfluss auf den Bestand des Schiedsspruches, Musielak/Voit/Voit Rn. 8. Nimmt das Schiedsgericht unzulässiger Weise die Beeidigung vor, ist der darauf beruhende Schiedsspruch nach § 1059 II Nr. 1d aufhebbar. Ob dieser Verstoß den Tatbestand des § 132 StGB erfüllt, hängt vom Einzelfall ab, aM Zöller/Geimer Rn. 3 (generell verneinend).

9 **VI. Rechtsmittel, S. 1–3.** Lehnt das AG seine Tätigkeit ab, weil eine Voraussetzung nicht erfüllt ist, → Rn. 4, entscheidet es durch Beschluss. Sein Ablehnungsbeschluss ist nicht nach § 1065 I 2 unanfechtbar, weil sich diese Regelung nur auf die Entscheidungen nach § 1065 I, nicht aber auf § 1065 IV bezieht; deshalb ist in der Regel eine sofortige Beschwerde nach § 567 I Nr. 2 statthaft; § 159 I GVG findet mangels Regelungslücke keine Anwendung, so dass sich die Statthaftigkeit einer Rechtsbeschwerde daraus nicht ergibt, BGH SchiedsVZ 2021, 43 Rn. 10; Musielak/Voit/Voit Rn. 6; Prütting/Gehrlein/Prütting Rn. 3; Kröll SchiedsVZ 2021, 128 (136). Wird dem Antrag nach § 1050 entsprochen, ist ein Rechtsmittel nicht statthaft; eine entsprechende Anwendung des § 567 I Nr. 2 unter dem Gesichtspunkt der prozessualen Waffengleichheit ist zu verneinen, weil nur die ablehnende Entscheidung des AG den Gegner beeinträchtigt, wenn dem Schiedsgericht ohne Unterstützung des AG das Beweismittel nicht oder nur eingeschränkt zur Verfügung steht; gibt hingegen das AG dem Antrag statt, entscheidet das Schiedsgericht über die gewonnenen Erkenntnisse beim AG und der Schiedsspruch ist im Rahmen der §§ 1059, 1060 überprüfbar; BGH SchiedsVZ 2021, 43 Rn. 2, 8, 19 ff.; → § 1026 Rn. 2; aA MüKoZPO/Lipp, 5. Aufl. 2016, § 567 Rn. 13 (allgemein und nicht allein bezogen auf § 1050).

Abschnitt 6. Schiedsspruch und Beendigung des Verfahrens

1051 *Anwendbares Recht.* I [1]**Das Schiedsgericht hat die Streitigkeit in Übereinstimmung mit den Rechtsvorschriften zu entscheiden, die von den Parteien als auf den Inhalt des Rechtsstreits anwendbar bezeichnet worden sind. [2]Die Bezeichnung des Rechts oder der Rechtsordnung eines bestimmten Staates ist, sofern die Parteien nicht ausdrücklich etwas anderes vereinbart haben, als unmittelbare Verweisung auf die Sachvorschriften dieses Staates und nicht auf sein Kollisionsrecht zu verstehen.**

II **Haben die Parteien die anzuwendenden Rechtsvorschriften nicht bestimmt, so hat das Schiedsgericht das Recht des Staates anzuwenden, mit dem der Gegenstand des Verfahrens die engsten Verbindungen aufweist.**

III [1]**Das Schiedsgericht hat nur dann nach Billigkeit zu entscheiden, wenn die Parteien es ausdrücklich dazu ermächtigt haben. [2]Die Ermächtigung kann bis zur Entscheidung des Schiedsgerichts erteilt werden.**

IV **In allen Fällen hat das Schiedsgericht in Übereinstimmung mit den Bestimmungen des Vertrages zu entscheiden und dabei bestehende Handelsbräuche zu berücksichtigen.**

Schrifttum: Adolphsen/Schmalenberg SchiedsVZ 2007, 57 (islamisches Recht); Beulker, Die Eingriffsnormenproblematik im internationalen Schiedsverfahren, 2005; Handorn, Das Sonderkollisionsrecht der deutschen internationalen Schiedsgerichtsbarkeit, 2005; Kulpa, Das anwendbare (materielle) Recht im internationalen Handelsschiedsgerichtsverfahren, 2005; Mankowski FS Schütze, 2014, 314 (Europarecht)); McGuire SchiedsVZ 2011, 257 (Grenzen der Rechtswahlfreiheit); Nojack, Exklusivnormen im IPR, 2005; Schlosser, Atypische Entscheidungsbefugnisse von Schiedsrichtern, FS Gottwald, 2014, 553; Schmidt EuZW 2013, 32; Schmidt-Ahrends/Höttler SchiedsVZ 2011, 267; Stauder SchiedsVZ 2014, 287; Wagner, Rechtswahlfreiheit im Schiedsverfahren, FS Schumann, 2001, 535; Wegen, Zur Möglichkeit des Ausschlusses einfach zwingenden Rechts durch Schiedsabreden bei Inlandssachverhalten mit AGB-Bezug, FS Prütting, 2018, 913.

1 **I. Systematik, Regelungszweck, Geltungsbereich.** → Buch 10. Vor Abschnitt 1–10 Rn. 1 f.; → Vor § 1025 Rn. 2 ff. Die Vorschrift regelt die Frage, welches sachliche Recht das Schiedsgericht seiner Entscheidung zugrunde zu legen hat. Davon zu unterscheiden sind die Fragen, welches Recht für die Schiedsvereinbarung und das Verfahren gilt. Bei I, II handelt es sich um ein Sonder-Kollisionsrecht, MüKoZPO/Münch Rn. 1. Die Parteien können nach I eine andere Rechtsordnung wählen, eigene Rechtsvorschriften aufstellen sowie das Schiedsgericht von Rechtsvorschriften freistellen und es nur nach Billigkeit entscheiden lassen (III) Wenn die Parteien keine Vereinbarung getroffen haben, entscheidet das Schiedsgericht über das anzuwendende sachliche Recht (II). Die Grenze bilden nach IV die Bestimmungen des Vertrages und die Handelsbräuche. Die Wahlfreiheiten der Parteien werden grundsätzlich nicht begrenzt durch das EGBGB, die VO (EG) Nr. 864/2007 (Rom II) und die VO (EG) Nr. 593/2008 („Rom I), abgedruckt bei Grüneberg/Thorn hinter §§ 27 ff. EGBGB (aufgehoben); der Gesetzeszweck, eine einfache und grenzenlose Wahlfreiheit zu schaffen, um die internationale Schiedsgerichtsbarkeit in Deutschland attraktiv zu machen, würde bei genereller Geltung des **nationalen Kollisionsrecht** wieder eingeschränkt, bestritten: so wohl: Musielak/Voit/Voit Rn. 3; aM Zöller/Geimer Rn. 2 ff.; einschränkend: MüKoZPO/Münch Rn. 7, 9; Thomas/Putzo/Seiler Rn. 1 (Geltung von Art. 6, 8 VO Rom I für Verbraucher- und Arbeitsverträge). Allerdings bieten die Kollisionsnormen unabhängig von ihrer direkten Geltung Auslegungshilfen, so zB Art. 4 VO Rom I für II, → Rn. 4. Eine Grenze ergibt sich aber in jedem Fall bei einem Verstoß gegen den ordre public (§ 1059 II Nr. 2b). Zweck der Regelung ist die Wahrung der Rechtssicherheit durch eine möglichste Klärung der anzuwendenden Rechtsvorschriften für den Schiedsspruch im ganzen Verfahren.

2 **II. Parteivereinbarung, I.** In erster Linie entscheidet über das vom Schiedsgericht anwendbare sachliche Recht nach I 1 die Vereinbarung der Parteien. Sie ist in der Schiedsvereinbarung nach § 1029 oder später möglich und abänderbar; sie kann dann auch formlos getroffen werden, Musielak/Voit/Voit Rn. 2. Die Parteien können nicht nur die Gesamtrechtsordnung eines Staats oder Teilgebiets wählen, sondern auch einzelne Bestimmungen einer Rechtsordnung oder eine Kombination von Vorschriften verschiedener (nationaler oder internationaler) Herkunft, Solomon RIW 1997, 982; Voit JZ 1997, 122; aM Valdini ZIP 2017, 7 (I unanwendbar bei zwingendem deutschen Recht). Zum sog. Binnensachverhalt Kondring ZIP 2017, 706. Zu den Beschränkungen, zB aus § 1059 II Nr. 2 → Rn. 1. Eine Schiedsvereinbarung über einen inländischen Gegenstand und einen inländischen Schiedsort deutet in der Regel auf die Anwendung des deutschen Rechts hin, falls sich aus ihr nichts anderes ergibt, SchiedsG Hmb NJW-RR 1999, 780; Ostendorf SchiedsVZ 2010, 242. Auch kann sich das anzuwendende Recht mittelbar aus dem Hauptvertrag ergeben.

3 Wenn die Parteien nichts anderes vereinbart haben, ist nach I 2 die Bezeichnung des Rechts oder der Rechtsordnung eines bestimmten Staats als eine unmittelbare Verweisung auf dessen sachliches Recht und nicht auf dessen Kollisionsrecht zu verstehen. Den Parteien steht es frei, ein bestimmtes Kollisionsrecht zu wählen, nach dem sich das anwendbare sachliche Recht bestimmt. Die Parteivereinbarung lässt sich insoweit auch auslegen. Sie kann eine Ermächtigung der Schiedsrichter zur Rechtswahl enthalten.

4 **III. Fehlen einer Parteivereinbarung, II.** Hilfsweise muss das Schiedsgericht das Recht desjenigen Staats anwenden, mit dem der Gegenstand des Verfahrens die engste Verbindung aufweist. Unabhängig von seiner direkten Geltung, → Rn. 1, ist für die Auslegung des unbestimmten Begriffs „engste Verbindung" Art. 4 VO Rom I in seiner Aufzählung heranzuziehen, falls nicht andere Umstände, zB aus dem Hauptvertrag, deutlicher auf einen anderen Staat hinweisen; auch Art. 5, 7, 8 VO Rom I können bei Beförderungs-, Versicherungs- und Arbeitsverträgen Auslegungshilfen bieten, Thomas/Putzo/Seiler Rn. 3; Musielak/Voit/Voit Rn. 6, 7; MüKoZPO/Münch Rn. 21 ff. Es gilt also nicht einfach die lex fori, Hamm SchiedsVZ 2014, 39. Damit ergeben sich teilweise streitige Fragen, (zum alten Recht) Solomon RIW 1997, 983, (zum neuen Recht) Schack FS Schütze, 2014, 511. Deshalb empfiehlt es sich, in der Schiedsvereinbarung nach § 1029 eine ausdrückliche Rechtswahl vorzunehmen. Das Schiedsgericht darf das Recht weiterentwickeln, Schiffer IPRax 1991, 85. § 293 ist anwend-

bar. Das Schiedsgericht darf zur Klärung der Fragen einen Gutachter nach § 1049 hinzuziehen, Schütze SchiedsVZ 2008, 11.

IV. Billigkeitsentscheidung, III. Grundsätzlich muss das Schiedsgericht ebenso wie das Gericht nach Recht 5 und Gesetz entscheiden. Das gilt nach III 1 nur dann nicht, wenn die Parteien es ausdrücklich zu einer Billigkeitsentscheidung ermächtigen. Eine stillschweigende Ermächtigung ist also unstatthaft, Mü OLGR 2005, 728. Eine ausdrückliche Ermächtigung kann nach III 2 bis zur Entscheidung des Schiedsgerichts geschehen. Die Ermächtigung braucht also kein Bestandteil der Schiedsvereinbarung nach § 1029 zu sein. Sie muss deshalb auch nicht in der Form des § 1031 erfolgen, Musielak/Voit/Voit Rn. 4. Zulässig ist auch die Vereinbarung über eine Entscheidung nach kaufmännischem Gewohnheitsrecht (lex mercatoria), Labes/Lörcher MDR 1997, 424; Stein, lex mercatoria, 1995. Zur Anwendung von IV → Rn. 6. Die Ermächtigung darf natürlich nicht zum Rechtsmissbrauch führen, BGH WM 1985, 1487; Mü OLGR 2005, 727; Hausmann FS Stoll, 2001, 601.

V. Bindung an den Vertrag, Berücksichtigung von Handelsbräuchen, IV. Wenn das Schiedsgericht bei 6 der Bestimmung des anwendbaren Rechts an eine bestimmte Rechtsordnung anknüpft, haben deren zwingende Vorschriften den Vorrang vor dem zwischen den Parteien bestehenden Hauptvertrag und vor etwaigen Handelsbräuchen, Ritlewski SchiedsVZ 2007, 130. Daran ändert IV nichts, krit. Solomon RIW 1997, 985. Die Vorschrift hat demgemäß eine Bedeutung für nicht zwingende Vorschriften und vor allem dann, wenn die Parteien eine Billigkeitsentscheidung nach III vereinbart oder einzelne Bestimmungen einer Rechtsordnung als anwendbar bezeichnet haben, MüKoZPO/Münch Rn. 38 ff. (zu den Unklarheiten).

VI. Verstoß, I–IV. Ein Verstoß gegen richterlich verfügte Regeln (IV) oder gegen Parteivereinbarungen zum 7 Verfahren sind beachtlich; es kommt allenfalls II 1c wegen Kompetenzüberschreitung in Betracht, MüKoZPO/Münch Rn 37. Entscheidet das Schiedsgericht nicht nach den nach § 1051 maßgeblichen Rechtsvorschriften, kommt ein Aufhebungsgrund nach § 1059 II Nr. 1d in Betracht und das nach § 1062 I Nr. 4 zuständige OLG hebt uU den Schiedsspruch aufgrund einer Rüge der beschwerten Partei auf, BGH NJW 1986, 1437 (zust. Sandrock JZ 1986, 373); Musielak/Voit/Voit Rn. 9. Ein Verstoß gegen den ordre public ist ein Aufhebungsgrund nach § 1059 II Nr. 2b, → § 1059 Rn. 22. Entscheidet das Schiedsgericht ohne Ermächtigung nach Billigkeit (III), ist der Schiedsspruch nach § 1059 II Nr. 1d und II Nr. 2 aufhebbar; umgekehrt ist die Aufhebung bei einer Entscheidung nach Rechtsvorschriften trotz Ermächtigung zur Billigkeitsentscheidung in der Regel nicht gerechtfertigt, weil die Rechtsanwendung meistens der Billigkeit entspricht, Mü SchiedsVZ 2005, 308; Zöller/Geimer Rn. 8; Gottwald FS Nagel, 1987, 61; Stauder SchiedsVZ 2014, 292.

1052 *Entscheidung durch ein Schiedsrichterkollegium.* **I Haben die Parteien nichts anderes vereinbart, so ist in schiedsrichterlichen Verfahren mit mehr als einem Schiedsrichter jede Entscheidung des Schiedsgerichts mit Mehrheit der Stimmen aller Mitglieder zu treffen.**

II [1]Verweigert ein Schiedsrichter die Teilnahme an einer Abstimmung, können die übrigen Schiedsrichter ohne ihn entscheiden, sofern die Parteien nichts anderes vereinbart haben. [2]Die Absicht, ohne den verweigernden Schiedsrichter über den Schiedsspruch abzustimmen, ist den Parteien vorher mitzuteilen. [3]Bei anderen Entscheidungen sind die Parteien von der Abstimmungsverweigerung nachträglich in Kenntnis zu setzen.

III Über einzelne Verfahrensfragen kann der vorsitzende Schiedsrichter allein entscheiden, wenn die Parteien oder die anderen Mitglieder des Schiedsgerichts ihn dazu ermächtigt haben.

Schrifttum: Nedden/Büstgens SchiedsVZ 2015, 169 (Beratungs-Grdz.); Peltzer, Die Dissenting Opinios in der Schiedsgerichtsbarkeit, 1999; Schütze SchiedsVZ 2008, 10; Schütze, Sondervoten im Schiedsverfahren – eine Bestandsaufnahme, FS Geimer, 2017, 641.

I. Systematik, Regelungszweck. → Buch 10. Vor Abschnitt 1–10 Rn. 1 f. Für den häufigen Fall, dass das 1 Schiedsgericht nach § 1034 aus mehreren Personen besteht, regelt § 1052 die Entscheidungsfindung und die Stellung des Vorsitzenden. Denn es ist wegen der größeren Entscheidungsfreiheit der Parteien auch bei der Zusammensetzung und Arbeitsweise ihres Schiedsgericht im Interesse der Rechtssicherheit notwendig, die Abstimmungs- und Entscheidungsvorgänge möglichst klar und zwingend zu regeln. §§ 192 ff. GVG gelten nicht, auch wenn sich die Schiedsrichter daran orientieren können, soweit keine anderen Vereinbarungen getroffen wurden, so wohl auch MüKoZPO/Münch Rn. 1.

II. Entscheidungsfindung, I. Die Vorschrift gilt für alle Entscheidungsarten, auch für einen Zwischenent- 2 scheid, zB § 1040 III, für eine Entscheidung über den Anspruchsgrund oder für einen Teilschiedsspruch. Wenn die Parteien nichts anderes vereinbart haben, ist im Verfahren mit mehr als einem Schiedsrichter zu jeder Entscheidung die Mehrheit der Stimmen aller als Schiedsrichter eingesetzten Mitglieder nötig, also die absolute Mehrheit iSd § 196 I GVG. Das bedeutet, dass bei einer geradezähligen Besetzung die Gefahr eines Patts besteht. Eine Stimmenthaltung ist nicht zulässig, Musielak/Voit/Voit Rn. 6. Verweigert ein Schiedsrichter abzustimmen, gilt II. Mangels der erforderlichen Mehrheit beendet das Schiedsgericht sein Verfahren nach § 1056 II Nr. 3 Hs. 2 mit der Folge, dass dann die Gerichte zuständig sind. Ein Stichentscheid des Vorsitzenden ist nach dem Gesetz nicht vorgesehen. Die Parteien können ihn auch wegen II 1 vereinbaren. Bilden sich bei der Entscheidung über Summen mehr als zwei Meinungen, gilt § 196 II GVG entsprechend, MüKoZPO/Münch Rn. 13. Über die Reihenfolge der Stimmabgabe schweigt das Gesetz. Mangels einer Abrede der Parteien bietet sich die entsprechende Anwendung von § 197 GVG an, dh die Schiedsrichter stimmen nach dem Lebensalter, der jüngste zuerst, der Vorsitzende zuletzt ab.

Über die Leitung der Beratung und Abstimmung schweigt § 1052. Aus der Natur der Sache folgt die 3 entsprechende Anwendung von § 194 GVG dann, wenn die Parteien nichts anderes vereinbart haben.

Die Beratung kann in Anwesenheit aller Schiedsrichter, aber auch schriftlich, telefonisch oder elektronisch 4 geschehen. Wenn die Schiedsvereinbarung nach § 1029 nicht entgegensteht, genügt die Unterzeichnung des mit Gründen versehenen Schiedsspruchs nach § 1054 im Umlaufweg, Köln BauR 1988, 637. Das Schiedsgericht darf jedenfalls dann, wenn die Schiedsvereinbarung nach § 1029 es nicht verbietet, Berater bei der Beratung hinzuziehen und einem solchen die Formulierung der vom Schiedsgericht beschlossenen Entscheidungsgründe begrenzt überlassen, wenn für diesen das Beratungsgeheimnis, → Rn. 5, auch gilt und er keinen Einfluss auf das Ergebnis nimmt, BGH NJW 1990, 2199; Düss BB 1976, 251; Musielak/Voit/Voit Rn. 2; Habscheid /Calavros KTS 1979, 6. Allerdings darf ein Oberschiedsgericht nicht denselben Berater wie das Erstschiedsgericht hinzuziehen, BGHZ 110, 105; Düss BB 1976, 251. Auch wenn bei internationalen und auch nationalen Schiedsverfahren die Hinzuziehung von Beratern nicht unüblich ist, ist mit Blick auf das rechtliche Gehör und das faire Verfahren der bessere Weg, bei Beratungsbedarf des Schiedsgerichts ein Gutachten nach § 1049 einzuholen, so auch Musielak/Voit/Voit Rn. 2. Das gilt auch deshalb, weil nur für die Schiedsrichter und die Sachverständigen Regeln über ihre mögliche Befangenheit bestehen, §§ 1036, 1037, 1049 III. Stets empfiehlt es sich, vor Hinzuziehung von Beratern das Einverständnis der Parteien mit dem beabsichtigten Verfahren einzuholen oder diese zumindest zu informieren. Für die Hinzuziehung anderer Dritter, so zB Referendare, gilt Entsprechendes.

5 **III. Beratungsgeheimnis, I.** Das Schiedsgericht einschließlich eventueller Hilfspersonen muss das Beratungsgeheimnis wahren, da die Grundsätze der Unparteilichkeit und Unabhängigkeit auch hier gelten, BGH NJW-RR 2015, 1087; Prütting FS Schwab, 1990, 409; → § 1054 Rn. 8 f.; → Anh. § 1035 Rn. 12; aA. Groh/Gigga NZG 2020, 1251, 1253 (keine analoge Anwendung des § 43 DRiG). Dabei kann offen bleiben, ob dies aus einer analogen Anwendung des § 43 DRiG, aus Gewohnheitsrecht oder aus dem Wesen der Schiedsgerichtsbarkeit iVm § 1036 abzuleiten ist, vgl. näher Sessler/Ruß SchiedsVZ 2020, 201 (203). Wegen des Beratungsgeheimnisses gibt es keinen Anspruch auf eine Einsicht in die schriftlichen Grundlagen der Meinungsbildung des Schiedsgerichts. Das Gericht darf Schiedsrichter grundsätzlich nicht zur Beratung und zur Auslegung ihres Schiedsspruchs als Zeugen vernehmen, selbst wenn sich beide Parteien auf sie berufen, weil den Schiedsrichtern ein Zeugnisverweigerungsrecht nach § 383 I Nr. 6 (entsprechend) zusteht, MüKoZPO/Münch Rn. 5; → Anh. § 1035 Rn. 12. Da das Beratungsgeheimnis auch im Interesse der Schiedsrichter besteht, setzt eine Vernehmung auch ihren Verzicht auf diesen Schutz voraus, nicht nur den der Parteien. Ihre Vernehmung mag ausnahmsweise in Frage kommen, soweit es um einen schwerwiegenden Verfahrensverstoß geht, BGH NJW 1986, 3077. Grundsätzlich darf ein überstimmter Schiedsrichter seine abweichende Meinung nicht oder jedenfalls nicht ohne die Erlaubnis der Parteien bekanntgeben, → § 1054 Rn. 8 (zum Meinungsstreit). Eine nachträgliche Verletzung des Beratungsgeheimnisses hat aber mangels Kausalität auf den Bestand des Schiedsspruchs grundsätzlich keinen Einfluss; jedoch kann eine Haftung wegen Verletzung des Schiedsvertrages in Betracht kommen, Escher SchiedsVZ 2018, 219 (zur **dissenting opinions** und Beratungsgeheimnis); → Anh. § 1035 Rn. 9; → § 1054 Rn. 8 f.

6 **IV. Verweigerung eines Schiedsrichters, II.** Verweigert ein Mitglied des Schiedsgerichts die Teilnahme an einer Abstimmung, können die übrigen Mitglieder nach II 1 ohne dieses Mitglied entscheiden, sofern die Parteien nichts anderes vereinbart haben. Auch hier ist die absolute Mehrheit der Gesamtzahl der Schiedsrichter erforderlich. Der Schiedsrichter „verweigert" seine Mitwirkung nur dann, wenn er ohne einen zwingenden Grund an der Abstimmung überhaupt nicht teilnimmt, nicht aber, wenn er eine andere Meinung vertritt, so zB, wenn er die Sache nicht für entscheidungsreif hält. Die Verweigerung muss zur Überzeugung der anderen Schiedsrichter feststehen, Schütze SchiedsVZ 2008, 13.

7 Das Schiedsgericht muss nach II 2 seine Absicht, ohne den sich weigernden Schiedsrichter über den Schiedsspruch abzustimmen, den Parteien vor der Abstimmung mitteilen, um ihnen die Gelegenheit zu geben, auf den Schiedsrichter einzuwirken oder andere Konsequenzen zu ziehen, Schütze SchiedsVZ 2008, 13. Zwischen der Mitteilung und der Abstimmung muss ein den Umständen entsprechender angemessener Zeitraum liegen. Handelt es sich nicht um die Abstimmung über den Schiedsspruch, darf das Schiedsgericht ohne den sich Weigernden abstimmen. Es muss aber die Parteien nach II 3 nachträglich von der Abstimmungsverweigerung unterrichten.

8 **V. Befugnisse des Vorsitzenden, III.** Dazu Schlosser SchiedsVZ 2003, 1. Der Vorsitzende nach § 1035 III 2 ist auch beim Schiedsgericht dann nur ein „primus inter pares", wenn die Parteien nichts anderes vereinbaren. Er darf über einzelne Verfahrensfragen aber selbst entscheiden, wenn die Parteien oder bei Fehlen einer Parteivereinbarung die anderen Mitglieder des Schiedsgerichts ihn dazu ermächtigt haben. Eine solche Ermächtigung kann auch konkludent, aA MüKoZPO/Münch Rn. 13 („ausdrücklich"), und sogar rückwirkend erfolgen. Der Wortlaut „Ermächtigung" (und nicht Genehmigung) könnte für eine Wirkung ex nunc sprechen; jedoch ist zu berücksichtigen, dass die Regelungszweck der §§ 1025 ff. in der Harmonisierung der internationalen Regelungen auf der Grundlage des Unicitral-ModellG liegt und daher der Wortlaut teilweise auch von internationalen Usancen geprägt ist, → Buch 10. Vor Abschnitt 1–10 Rn. 3. Mit Rücksicht auf den Regelungszweck sowie darauf, dass der Vorsitzende die Maßnahme jederzeit wiederholen kann und deshalb kein Schutzbedürfnis der Betroffenen besteht, gehen wir aus praktischen Gesichtspunkten von einer ex-tunc-Wirkung aus, aA wohl MüKoZPO/Münch Rn 13. Der Begriff „einzelne Verfahrensfragen" nach III umfasst die prozessuale Verfahrensgestaltung in Bezug auf Einzelfragen und nicht die für das Verfahren insgesamt geltenden Fragen sowie nicht die materiellen Streitfragen, die für den Schiedsspruch von Bedeutung sind, MüKoZPO/Münch Rn. 13 ff.; Zöller/Geimer Rn. 7. Hierzu gehören die Wahl zwischen einem schriftlichen und mündlichen Verfahren nach § 1047, die Anberaumung eines Termins, dessen Vorbereitung, und die Festsetzung von Fristen; hier handelt es sich grundsätzlich um einzelne Verfahrensfragen, die nicht den Inhalt des Schiedsspruchs beeinflussen; sie fallen deshalb in der Regel unter III. Die Entscheidung über den Schiedsort nach § 1043 I und die Entscheidung über die Verfahrenssprache, so auch Prütting/Gehrlein/Prütting Rn. 4; aA MüKoZPO/Münch Rn. 17, nach § 1045 betreffen dagegen das Verfahren im Ganzen, so dass III nicht gilt. Das trifft auch auf die Hinzuziehung eines Sachverständigen nach § 1049, da davon der Inhalt des Schiedsspruches wesentlich betroffen sein kann. Verfahrensleitende Maßnahmen, zB Schriftwechsel mit den Parteien und Leitung der mündlichen Verhandlung, muss der Vorsitzende unabhängig von III treffen.

9 **VI. Verstoß, II.** Ein Verstoß gegen II führt zur Aufhebung des Schiedsspruchs, sofern er sich ausgewirkt hat, § 1059 II Nr. 1d, Saarbr SchiedsVZ 2003, 93.

1053 *Vergleich.* **I [1]Vergleichen sich die Parteien während des schiedsrichterlichen Verfahrens über die Streitigkeit, so beendet das Schiedsgericht das Verfahren. [2]Auf Antrag der Parteien hält es den Vergleich in der Form eines Schiedsspruchs mit vereinbartem Wortlaut fest, sofern der Inhalt des Vergleichs nicht gegen die öffentliche Ordnung (ordre public) verstößt.**

II [1]Ein Schiedsspruch mit vereinbartem Wortlaut ist gemäß § 1054 zu erlassen und muss angeben, dass es sich um einen Schiedsspruch handelt. [2]Ein solcher Schiedsspruch hat dieselbe Wirkung wie jeder andere Schiedsspruch zur Sache.

III Soweit die Wirksamkeit von Erklärungen eine notarielle Beurkundung erfordert, wird diese bei einem Schiedsspruch mit vereinbartem Wortlaut durch die Aufnahme der Erklärungen der Parteien in den Schiedsspruch ersetzt.

IV [1]Mit Zustimmung der Parteien kann ein Schiedsspruch mit vereinbartem Wortlaut auch von einem Notar, der seinen Amtssitz im Bezirk des nach § 1062 Abs. 1, 2 für die Vollstreckbarerklärung zuständigen Gerichts hat, für vollstreckbar erklärt werden. [2]Der Notar lehnt die Vollstreckbarerklärung ab, wenn die Voraussetzungen des Absatzes 1 Satz 2 nicht vorliegen.

Schrifttum: Frische, Verfahrenswirkungen, Rechtskraft – internationale Anerkennung und Vollstreckung von Prozeßvergleichen und Schiedssprüchen mit vereinbartem Wortlaut, 2005; Gottwald, Konsensuale Streitbeilegung, 2001, 31; Höttler, Das fingierte Schiedsverfahren, 2007; Mankowski ZZP 114, 37; Schütze FS Lorenz, 2001, 277; Thümmel, Der Vergleich als Herausforderung für Schiedsgerichte, FS Geimer, 2017, 745; Waßmuth, Richtigkeitskontrolle und Rechtskraft des Schiedsspruchs mit vereinbartem Wortlaut, 2013.

I. Systematik, Regelungszweck. → Buch 10. Vor Abschnitt 1–10 Rn. 1 f. Die Vorschrift setzt bei einem Vergleich der Parteien an die Stelle des früheren Schiedsvergleichs den Schiedsspruch mit vereinbartem Wortlaut, wenn diese ihn beantragen, Saenger MDR 1999, 664. Dadurch erübrigen sich besondere Bestimmungen über die Zulässigkeit und die Vollstreckbarkeit, die nach dem UNÜ gemäß § 1061 nicht vorläge. Daher wird mit § 1053 ein weltweit anerkannter Vollstreckungstitel möglich. Das ist wegen des oft auch international ausgeprägten schiedsrichterlichen Verfahrens ein außerordentlicher Gewinn. II enthält Formregelungen, auch durch die Bezugnahme auf § 1054, und die Wirkungen eines Schiedsspruchs mit vereinbartem Wortlaut, so dass auch ein Bezug zu § 1055 hergestellt wird. III korrespondiert mit § 127a BGB, einer Regelung für den gerichtlichen Vergleich. Nach IV kann der Schiedsspruch mit vereinbartem Wortlaut auch von einem Notar für vollstreckbar erklärt werden, wodurch das Verfahren vereinfacht und verbilligt wird. 1

II. Geltungsbereich. → Vor § 1025 Rn. 2 ff. Im arbeitsrechtlichen Verfahren gelten vorrangig §§ 107, 109 ArbGG. 2

III. Vergleich, I 1. Nach dem Wortlaut beendet ein Vergleich zwischen den Schiedsparteien das Schiedsverfahren, wenn er während dieses Verfahrens geschlossen wurde; jedoch reicht auch aus, dass der Vergleich vor Erhebung der Schiedsklage geschlossen wurde und die Parteien dann den Antrag nach I 2 stellen; darin liegt konkludent eine Wiederholung des Vergleichsabschlusses, Musielak/Voit/Voit Rn. 3; aA MüKoZPO/Münch Rn. 16 (erst nach Beginn). Der Vergleich muss auch eine ausdrückliche oder konkludente Einigung über die Verfahrensbeendigung enthalten, Busse SchiedsVZ 2010, 61. Findet das BGB Anwendung, setzt der Vergleich eine materiell-rechtliche Vereinbarung mit einem gegenseitigen Nachgeben voraus, wobei sich das Nachgeben auf Nebenpunkte beziehen kann, § 779 BGB, Mü OLGR 2005, 72; Kröll NJW 2007, 743. Gelten andere materiell-rechtlichen Rechtsvorschriften, sind diese für die Frage des Vergleichs maßgeblich; auch hier gilt § 1051, Musielak/Voit/Voit Rn. 4. Unerheblich ist, ob die Parteien den Vergleich ohne Einschaltung Dritter, mit Hilfe des Schiedsgerichts, als Anwaltsvergleich (§ 796a), in einem Mediationsverfahren oder in anderer Weise geschlossen haben, Stubbe SchiedsVZ 2009, 321. Der Vergleichsinhalt kann über die Reichweite der Schiedsvereinbarung, → § 1029 Rn. 20, hinaus gehen, wenn darin bei einem Antrag nach I 2 auch eine Erweiterung der Schiedsabrede zu sehen ist, Mankowski ZZP 114, 62; Musielak/Voit/Voit Rn. 4, aA wohl MüKoZPO/Münch Rn. 16. Auch Dritte können sich an dem Vergleich beteiligen, wobei sie der Schiedsvereinbarung dann beitreten müssen, wenn in ihrer Beziehung ebenfalls ein Schiedsspruch beantragt wird, MüKoZPO/Münch Rn. 14. Treten sie nicht bei, ist der Schiedsspruch insoweit nach § 1059 II Nr. 1c aufhebbar. 3

Vergleichen sich die Parteien nach I 1, beendet das Schiedsgericht das Verfahren grundsätzlich durch einen Beschluss nach § 1056 II Nr. 2, Thomas/Putzo/Seiler Rn. 1; Busse SchiedsVZ 2010, 58. Ein solcher Vergleich ist nur nach §§ 794 I Nr. 4b unter den dort genannten weiteren Voraussetzungen ein Vollstreckungstitel. Ansonsten hat er lediglich materiell-rechtliche Wirkungen. Darüber hinaus wird ein Vergleich im schiedsrichterlichen Verfahren nur dadurch zum Vollstreckungstitel, dass das Schiedsgericht ihn auf Antrag in der Form eines Schiedsspruchs mit vereinbartem Wortlaut mit den Wirkungen des § 1055 festhält und dass das OLG ihn nach §§ 1060 ff. für vollstreckbar erklärt, → Rn. 6; → § 1060 Rn. 7; Thomas/Putzo/Seiler Rn. 4; Bredow SchiedsVZ 2010, 301. Ergeht ein Schiedsspruch, ist das Schiedsverfahren nach § 1056 I beendet. 4

Soweit über die Kosten des Schiedsverfahrens im Vergleich keine Regelung getroffen wurde, ist § 98 entsprechend heranzuziehen, dh die Kosten werden gegeneinander aufgehoben, MüKoZPO/Münch Rn. 43. 5

IV. Schiedsspruch mit vereinbartem Wortlaut, I 2, II, III. 1. Zulässigkeit, I 2. Dazu Bredow SchiedsVZ 2010, 295: Das Schiedsgericht erlässt auf Antrag der Parteien einen Schiedsspruch mit vereinbartem Wortlaut dann, wenn der Inhalt des Vergleichs nicht gegen die öffentliche Ordnung (ordre public) nach § 1059 II Nr. 2b verstößt; dazu gehört auch die Schiedsfähigkeit nach § 1030 und die Vergleichsfähigkeit, soweit es um die materielle Verfügungsbefugnis geht, MüKoZPO/Münch Rn. 29; Thomas/Putzo/Seiler Rn. 2. Mankowski ZZP 114, 44. Liegt ein Widerrufsvergleich vor, muss feststehen, dass der Widerruf nicht fristgerecht erfolgt ist. Nach dem Wortlaut wird ein Antrag beider Parteien vorausgesetzt; es reicht aber auch ein Antrag einer Partei aus, dem sich die andere Partei anschließt, Thomas/Putzo/Seiler Rn. 2. In einem Mehrparteienverfahren ist auch ein Teilvergleich nach I 2 zwischen einzelnen Parteien denkbar. Darüber hinaus müssen die Prozesshandlungsvoraussetzungen vorliegen (wirksamer Antrag), es muss eine wirksame Schiedsvereinbarung vorliegen und das Schiedsgericht muss zuständig sein, MüKoZPO/Münch Rn. 31, 32. 6

2. Form und Wirkung, II. Der Schiedsspruch mit vereinbartem Wortlaut ist eine Prozesshandlung des Schiedsgerichts, → Vor § 128 Rn. 54 ff. (allg. zu Prozesshandlungen). Für die Form und den Inhalt des Schiedsspruchs mit vereinbartem Wortlaut gilt grundsätzlich § 1054. In ihm muss das Schiedsgericht nach II 1 angeben, dass es sich um einen Schiedsspruch handelt, Mü MDR 2007, 854. Nach § 1054 II aE ist der als solcher zu bezeichnende Schiedsspruch nicht zu begründen, so dass es auch sinnvoll ist klarzustellen, dass es sich um einen „Schiedsspruch mit vereinbartem Wortlaut" handelt. Der tatsächlich „vereinbarte Wortlaut" muss grundsätzlich 7 auch im Inhalt des Schiedsspruchs wiederkehren; jedenfalls darf der Text nicht von dem gewollten Inhalt des Vergleichs abweichen; allerdings reicht eine vergleichbare Formulierung aus, wenn ansonsten die tenorierungsübliche Bestimmtheit nicht einzuhalten ist, Mü NJOZ 2016, 748; MüKoZPO/Münch Rn. 33; → § 253 Rn. 34 ff. (zur Bestimmtheit des Klageantrags). Bei einer Abweichung vom Wortlaut sind die Parteien entsprechend § 139 vorher darauf hinzuweisen und das Schiedsgericht hat darauf hinzuwirken, dass der Wortlaut bestimmter gefasst wird. Nach II 2 hat ein solcher Schiedsspruch dieselbe Wirkung wie jeder andere Schiedsspruch, BGH MDR 2007, 851. Er hat unter den Parteien die Wirkung eines rechtskräftigen Urteils nach § 1055. Er beendet das schiedsrichterliche Verfahren nach § 1056 I, → Rn. 4. Er unterliegt nach → § 1059 Rn. 25 nur wegen eines Verstoßes gegen die öffentliche Ordnung nach I 2 der Aufhebung. Er braucht eine Vollstreckbarerklärung durch das OLG nach §§ 1060, 1061. Für diese gelten die allgemeinen Vorschriften, BGH NJW 2001, 373. Sie darf grundsätzlich nicht ohne die Form nach § 1054 erfolgen, Ffm SchiedsVZ 2003, 288 (Ausnahme: ein völkerrechtlicher Vertrag, BayObLG OLGR 2004, 381).

8 **3. Anderweitige Formvorschriften, III.** Der Schiedsspruch nach § 1053 ersetzt nicht jede zwingende Form. Soweit aber für die Wirksamkeit einer Erklärung eine notarielle Beurkundung erforderlich ist, ersetzt III sie dadurch, dass das Schiedsgericht die Erklärungen der Parteien entsprechend § 127a BGB wörtlich in den Schiedsspruch aufnimmt. Diese Regelung ist kritisiert worden, weil die Schiedsrichter kein öffentliches Amt bekleiden und die Vorschrift die Unterscheidung zwischen öffentlicher und privater Urkunde relativiert, Mü OLGR 2005, 726; Zöller/Geimer Rn. 7; Schütze FS Lorenz II, 2001, 281. Deshalb ist es zwingend, dass bei einem offensichtlichen Missbrauch die Wirkungen des III nicht eintreten, Mü GmbHR 2005, 1568; Musielak/Voit/Voit Rn. 13; Zöller/Geimer Rn. 7; Kröll SchiedsVZ 2007, 145. Für Eintragungen in das Grundbuch und in andere öffentliche Register ist die Vollstreckbarerklärung des Schiedsspruchs nach §§ 1060, 1061 nicht erforderlich; das ergibt sich aus dem Wortlaut des III und aus II 2, § 1055, Musielak/Voit/Voit Rn. 13; Zöller/Geimer Rn. 7; aM Saenger MDR 1999, 663.

9 **V. Notarielle Vollstreckbarerklärung, IV. 1. Grundsatz.** Die Beteiligten haben die Möglichkeit, das Gerichtsverfahren zur Vollstreckbarerklärung nach § 1061 dadurch zu ersetzen, dass sie sich auf die Vollstreckbarerklärung des Schiedsspruchs mit vereinbartem Wortlaut durch einen Notar einigen. Eine ähnliche Regelung gilt nach § 796c für einen Anwaltsvergleich. Mit der Vollstreckbarkeitserklärung durch den Notar wird ein Vollstreckungstitel geschaffen, Musielak/Voit/Voit Rn. 14; aM MüKoZPO/Münch Rn. 55 (weil § 1053 IV 1 nicht in § 794 behandelt wird).

10 **2. Voraussetzungen, IV 1.** Die Parteien müssen der Vollstreckbarerklärung eines Schiedsspruchs mit vereinbarten Wortlaut durch den Notar zustimmen. Diese Zustimmung kann im vereinbarten Wortlaut des Schiedsspruchs oder auf andere Weise erfolgen, nämlich in schriftlicher Form oder auch mündlich gegenüber dem Notar. Die einmal erklärte Zustimmung ist unwiderruflich.

11 **3. Zuständigkeit, IV 1.** Mit Zustimmung der Parteien, → Rn. 8, kann ein Schiedsspruch mit vereinbartem Wortlaut auch von einem Notar für vollstreckbar erklärt werden. Der Notar muss seinen Amtssitz im Bezirk des nach § 1062 I, II für die Vollstreckbarerklärung zuständigen OLG haben. Eine Zuständigkeitskonzentration nach § 1062 V bleibt außer Betracht. Ein Mangel der Zuständigkeit macht die Vollstreckbarerklärung nach nicht unwirksam.

12 **4. Vornahme, IV 1.** Der von den Parteien berufene Notar kann auf den Antrag einer Partei den Schiedsspruch dann für vollstreckbar erklären, wenn er zuständig ist, → Rn. 9, wenn die Zustimmung aller Parteien vorliegt, und wenn die Voraussetzungen des I auch im Übrigen erfüllt sind, → Rn. 3, 4. Neben I 2 darf der Notar keine Unwirksamkeitsgründe prüfen; das ist aus IV 2 abzuleiten. „Kann" bedeutet hier grundsätzlich „darf", Armbrüster/Greis DNotZ 2016, 819 (zu den Grenzen); Schütze FS Lorenz II, 2001, 283. Er muss den für vollstreckbar erklärten Schiedsspruch mit vereinbartem Inhalt den Beteiligten nach § 20 I 2 BNotO, § 329 III zustellen. Der Notar erteilt auch die vollstreckbare Ausfertigung. Er haftet nur ähnlich wie der Richter nach § 839 II BGB entsprechend, Zöller/Geimer Rn. 14; Schütze FS Lorenz II, 2001, 283; aM Musielak/Voit/Voit Rn. 14.

13 **5. Ablehnung, IV 2.** Der Notar muss die Vollstreckbarerklärung ablehnen, sofern die Voraussetzungen für einen Schiedsspruch, → Rn. 3, 4, nicht vollständig vorliegen. Dagegen finden die §§ 41 ff. keine Anwendung, Musielak/Voit/Voit Rn. 14; jedoch wird der Notar dann von sich aus ein Tätigwerden grundsätzlich ablehnen. Der Notar entscheidet unter Beachtung der Formerfordernisses nach II 1, § 1054 durch Beschluss, der auch eine Kostenregelung enthält, GNotKG KV 11102 ff., 2380. Die Kosten sind wesentlich niedriger als bei dem gerichtlichen Verfahren.

14 **6. Rechtsbehelfe.** Lehnt der Notar die Vollstreckbarerklärung ab, kann die dadurch beschwerte Partei sie beim zuständigen OLG nach §§ 1062 I Nr. 4, 1063–1065 beantragen. Bei Vollstreckbarerklärung durch den Notar ist nur ein Aufhebungsverfahren nach § 1059 möglich (Beschränkung auf Verstoß gegen ordre public), Musielak/Voit/Voit Rn. 14; aM Zöller/Geimer Rn. 20 (Rechtsbeschwerde zum BGH analog § 1065, abzulehnen wegen Sondervorschrift des § 1065 I 2). Bei Vollstreckbarerklärung durch den Notar findet § 1059 III 4 keine Anwendung, weil der Schiedsspruch nicht von einem deutschen Gericht für vollstreckbar erklärt wurde; das bedeutet, dass nach dieser Vorschrift ein Aufhebungsantrag bei Vorliegen einer notariellen Vollstreckbarkeitserklärung nicht ausgeschlossen ist, Musielak/Voit/Voit Rn. 14.

1054 ***Form und Inhalt des Schiedsspruchs.*** **I [1]Der Schiedsspruch ist schriftlich zu erlassen und durch den Schiedsrichter oder die Schiedsrichter zu unterschreiben. [2]In schiedsrichterlichen Verfahren mit mehr als einem Schiedsrichter genügen die Unterschriften der Mehrheit aller Mitglieder des Schiedsgerichts, sofern der Grund für eine fehlende Unterschrift angegeben wird.**

II Der Schiedsspruch ist zu begründen, es sei denn, die Parteien haben vereinbart, dass keine Begründung gegeben werden muss, oder es handelt sich um einen Schiedsspruch mit vereinbartem Wortlaut im Sinne des § 1053.

III [1]Im Schiedsspruch sind der Tag, an dem er erlassen wurde, und der nach § 1043 Abs. 1 bestimmte Ort des schiedsrichterlichen Verfahrens anzugeben. [2]Der Schiedsspruch gilt als an diesem Tag und diesem Ort erlassen.

IV Jeder Partei ist ein von den Schiedsrichtern unterschriebener Schiedsspruch zu übermitteln.

Schrifttum: Wimalasena, Die Veröffentlichung von Schiedssprüchen als Beitrag zur Normbildung, 2016.

I. Systematik, Regelungszweck. → Buch 10. Vor Abschnitt 1–10 Rn. 1 f. Da der Schiedsspruch nach § 1055 die Wirkungen eines nach §§ 322, 705 rechtskräftigen Urteils hat und nach §§ 1060, 1061 zum Vollstreckungstitel werden kann, muss er bestimmten Formvorschriften genügen. Alle Absätze, die Sonderregelungen zu den §§ 311 ff. darstellen, befassen sich mit Formfragen. Der Zweck ist wie bei allen Formvorschriften die Wahrung der Rechtssicherheit. Ihre Einhaltung muss zwingend erfolgen, und zwar in jeder Verfahrenslage, BGH DB 1980, 201. 1

II. Geltungsbereich. → Vor § 1025 Rn. 2 ff. Die Formvorschrift gilt nur für Schiedssprüche. Ein wirksamer Schiedsspruch liegt erst mit Abschluss des gesamten Verfahrens oder bei einer endgültigen Entscheidung über einen wie nach § 301 abgrenzbaren Teil vor, dh bei einem zweistufigen Verfahren erst nach der zweiten Stufe, BGH NJW-RR 2018, 1334; Mü SchiedsVZ 2008, 151; Kröll NJW 2009, 1187. Als Schiedsspruch gilt auch ein solcher mit vereinbartem Wortlaut nach § 1053, wie II aE verdeutlicht. Auf die Bezeichnung der Entscheidung kommt es nicht an, sondern auf ihren wahren Charakter, Kröll NJW 2009, 1187. Materiell-rechtlich kann der Schiedsspruch eine Leistung, eine Feststellung oder eine Gestaltung vorsehen. Ein Schiedsspruch ist auch die Endentscheidung, dass die Schiedsklage wegen fehlender Zuständigkeit oder wegen Fehlens anderer Zulässigkeitsvoraussetzungen unzulässig ist (sog. Prozessschiedsspruch), BGH NJW 2002, 3031; → § 1040 Rn. 6. Dasselbe gilt für die Endentscheidung eines Oberschiedsgerichts, dass das Rechtsmittel unzulässig ist, Hmb NJW-RR 2000, 806; Düss BB 1976, 251; Thomas/Putzo/Seiler Rn. 3. Bei einem solchen zweistufigen Schiedsverfahren liegt ein wirksamer Schiedsspruch immer erst mit Abschluss des gesamten Verfahrens vor, weil der erstinstanzliche Schiedsspruch unter der aufschiebenden Bedingung steht, dass er nicht aufgehoben wird, BGH NJW-RR 2018, 1334; Kröll NJW 2019, 818; → § 1059 Rn. 6 **„Oberschiedsgericht"**. I–IV sind auf eine abschließende Regelung im Eilverfahren des Schiedsgerichts nach § 1041 zumindest entsprechend anwendbar, Zöller/Geimer Rn. 3; aM Sandrock WM 1994, 448; Schlosser ZZP 99, 241. Nicht anwendbar sind diese Regelungen auf bloße Zwischenentscheide, zB nach § 1040 III; hierbei handelt es sich nicht um Schiedssprüche, weil keine abschließende Entscheidungen getroffen ist. Das gilt aber nicht für eine Schieds-Entscheidung über den Grund entsprechend § 304, Thomas/Putzo/Seiler Rn. 1. Hat das Schiedsgericht entsprechend der Schiedsvereinbarung nur über den **Anspruchsgrund** zu entscheiden, ist der Grund-Schiedsspruch die endgültige Entscheidung, die in materieller Rechtskraft erwächst, dh die Parteien sind bei der Frage zur Höhe an den Schiedsspruch zum Grund gebunden. Soll das Schiedsgericht auch über die Höhe des Anspruchs entscheiden, ist eine Zwischenentscheidung über den Grund des Anspruchs wie bei § 304 als Schiedsspruch zulässig; an diese Zwischenentscheidung über den Grund ist das Schiedsgericht bei Klärung der Höhe gebunden, jedenfalls wenn die Parteien einverstanden sind; denn in ihr liegt die Feststellung des Anspruchsgrundes, Musielak/Voit/Voit Rn. 4; aM Ffm SchiedsVZ 2007, 278. Auch ein **Teilschiedsspruch** über einen nach § 301 abgrenzbaren Teil des zu entscheidenden Gegenstandes ist ein Schiedsspruch iSd Vorschrift, Mü SchiedsVZ 2008, 151; → § 1042 Rn. 14 „Teilschiedsspruch". Zulässig ist ein solcher Teilschiedsspruch grundsätzlich auch dann, wenn die Gefahr widersprechender Entscheidungen besteht, BGH SchiedsVZ 2021, 341, → § 1059 Rn. 6, 22 je „Teilschiedsspruch". Allerdings kann in einem solchen Fall die Zweckmäßigkeit eines Teilschiedsspruches bezweifelt werden, Groh/Lieberknecht, SchiedsVZ 2021, 297. 2

III. Schriftform, I. Für den Schiedsspruch, die endgültige Entscheidung des Schiedsgerichts, → Rn. 2, gilt als zwingende Wirksamkeitsvoraussetzung die Schriftform BGH RIW 1986, 970, und zwar für alle Arten. Die in § 126 dargestellten Anforderungen und die besonderen Regelungen in § 1054 müssen beachtet werden. Der Schiedsspruch erfordert eine Urkunde in Papierform und einen schriftlich lesbaren Text, und zwar in der Verfahrenssprache nach § 1045, Prütting/Gehrlein/Prütting Rn. 3. Der Text ist vom Einzelschiedsrichter oder grundsätzlich von allen Schiedsrichtern, auch den überstimmten, nach I 1 persönlich und eigenhändig zu unterschreiben, wobei die Reihenfolge unerheblich ist, Mü SchiedsVZ 2013, 230; Düss SchiedsVZ 2008, 156; → Rn. 4. Nicht möglich ist eine Vertretung, auch nicht durch einen anderen Schiedsrichter, Mü SchiedsVZ 2013, 230; Kröll NJW 2015, 836. Lesbarkeit der Unterschrift ist nicht erforderlich; jedoch müssen die Unterzeichnenden identifizierbar sein, MüKoZPO/Münch Rn. 11; → § 129 Rn. 15 „Individualität" und „Schlangenlinie". Alle Unterschriften müssen den gesamten Text abdecken, so dass sie zwingend unten ihren Platz haben; sie sollten auch nicht auf verschiedenen Blättern stehen, auch wenn dies nicht in allen Fällen zwingend ist; allerdings müssen sie sich auf einer Urkunde befinden, Mü SchiedsVZ 2013, 230 (Unterschriften auf zwei verschiedenen, aber inhaltlich identischen Seiten eines mehrseitigen Schiedsspruchs); Kröll NJW 2015, 836. In Verfahren mit mehr als einem Schiedsrichter genügen nach I 2 ausnahmsweise die Unterschriften der Mehrheit aller Schiedsrichter, sofern der Schiedsspruch den Grund für eine fehlende Unterschrift wie nach § 315 I 2 nennt, Kröll SchiedsVZ 2007, 152. Eine Verhinderung iSd § 315 I 2, dh das Vorliegen eines triftigen Grundes, ist nicht erforderlich; ein Grund kann auch die Verweigerung eines Schiedsrichters, Mü SchiedsVZ 2011, 167, oder seine Ortsabwesenheit sein, Ffm BeckRS 2014, 124235. Die Regelungen in I sind zwingend. Daher gilt das Erfordernis der absoluten Mehrheit nach § 1052 I auch dann, wenn die Parteivereinbarung für die Abstimmung etwas anderes bestimmt. Die Unterschrift bindet. Ihre Verweigerung ist nach § 888 I einklagbar, Thomas/Putzo/Seiler Rn. 6. Andernfalls gelten §§ 1038, 1039. Wird der Schiedsspruch nicht ordnungsgemäß unterschrieben, ist er nicht wirksam, Mü SchiedsVZ 2010, 169. 3

IV. Inhalt und Begründung des Schiedsspruchs, II, III. 1. Rubrum und Tenor. Da der Schiedsspruch nach § 1055 unter den Parteien die Wirkungen eines rechtskräftigen gerichtlichen Urteils hat, muss sich aus ihm ergeben, wer die Parteien sind. Das gilt auch für die Fälle, in denen eine Begründung nicht erforderlich ist, → Rn. 5. Bezüglich der Angaben zu den Parteien können §§ 130 Nr. 1, 313 I Nr. 1 eine Orientierung geben, wenn auch nicht stets alle Angaben erforderlich sind, die ein Urteilsrubrum enthalten muss, Mü SchiedsVZ 2012, 217; → § 130 Rn. 9 ff.; → § 253 Rn. 23 ff. Wir empfehlen, das **Rubrum** nach der Beschreibung der Parteien entsprechend § 313 I Nr. 2, 3 fortzusetzen, und zwar durch Benennung der Schiedsrichter und der nach III 4 erforderlichen Angaben. Diese Reihenfolge ist aber nicht zwingend. Nach III 2 notwendig sind die Angabe desjenigen Tages, an dem der Schiedsspruch erging, und der Schiedsort nach § 1043. Auf den davon abweichenden Erlassort kommt er nicht an, MüKoZPO/Münch Rn. 39. Der Schiedsspruch gilt dann nach III 2 als an diesem Tag und an diesem Ort erlassen. Daher kommt es nicht darauf an, ob die Angaben mit der Wirklichkeit übereinstimmen. Das Fehlen der Angaben nach III berührt die Wirksamkeit des Schiedsspruchs nicht; denn es handelt sich lediglich um eine Ordnungsvorschrift, BGH WM 1977, 320; Ffm BeckRS 2016, 116009; Stgt NJW-RR 2003, 1438; aA wohl MüKoZPO/Münch Rn. 40. Eine Ergänzung ist bei klarer Auslegbarkeit entbehrlich, Mü SchiedsVZ 2011, 168. Das Rubrum könnte wie folgt formuliert werden: *„In dem Schiedsverfahren des … (Angaben zum Kläger) gegen den … (Angaben zum Bekl.) … erlässt das Schiedsgericht, bestehend aus … (Angaben zu den Schiedsrichtern), an dem Schiedsort … am … (Datum des Erlasses) folgenden Schiedsspruch: …“.*

5 Auch wenn § 1054 keine Entscheidungsformel verlangt, sollte im Hinblick auf § 1055 und der Tatsache, dass der Schiedsspruch bei Vollstreckbarkeitserklärung nach § 1060 I einen Vollstreckungstitel darstellt, § 794 I Nr. 4a, nach dem Rubrum ein **Tenor** formuliert werden. Als Inhalt kommen eine endgültige oder abgrenzbare teilweise Regelung über den Streitgegenstand, aber auch eine Entscheidung über den Anspruchsgrund oder die Unzulässigkeit der Schiedsklage in Betracht. Der sachliche Hauptsache-Schiedsspruch kann auf Leistung, Feststellung oder Gestaltung gerichtet sein. Dabei kommt es auf die Anträge der Schiedsparteien, die auch stillschweigend gestellt werden können, an; § 308 gilt, Köln SchiedsVZ 2012, 161. Der Hauptsache-Tenor sollte möglichst genau, dh bestimmt und mit einem vollstreckbaren Inhalt vollstreckungsfähig sein; es gelten dieselben Anforderungen wie für einen Urteilstenor nach § 313 I Nr. 4. Wegen der Kosten gilt § 1057. Eine vorläufige Vollstreckbarkeit hat das Schiedsgericht nicht auszusprechen; die Vollstreckbarkeitserklärung ist dem OLG nach §§ 1060, 1062 I Nr. 4 vorbehalten, Kröll SchiedsVZ 2013, 260.

6 **2. Begründung.** Grundsätzlich muss der Schiedsspruch nach II begründet werden. Die Parteien können aber nach II vereinbaren, dass der Schiedsspruch keine Begründung zu enthalten braucht. Eine solche Vereinbarung kann auch in der Klausel liegen, dass jede gerichtliche Nachprüfung entfällt, BGH NJW 1986, 1437; aM Schwab/Walter 19 Rn. 13. Eine Begründung ist ferner bei einem Schiedsspruch mit vereinbartem Wortlaut nach § 1053 nicht erforderlich, II aE. In allen anderen Fällen muss der Schiedsspruch nach II eine Begründung enthalten. Ein gesonderter Tatbestand ist zwar nicht zwingend, aber in vielen Fällen zweckmäßig; nur so kann uU im Einzelfall geprüft werden, ob der Grundsatz des rechtlichen Gehörs gewahrt ist. Da II nicht zwischen Tatbestand und Entscheidungsgründen differenziert (§ 313 I Nr. 5, 6), sollten beide Teile mit „Begründung“ überschrieben werden.

7 Für die Begründung der Entscheidung ieS. ist nicht der für die Entscheidungsgründe eines gerichtlichen Urteils geltende Maßstab maßgeblich, zumal der Schiedsrichter kein Jurist sein muss, BGH RIW 1990, 495; Mü BeckRS 2015, 02548. Allerdings ist das Schiedsgericht auf der sicheren Seite, wenn es sich im Wesentlichen an die Anforderungen eines Urteils hält; das bedeutet, dass es in der Begründung zunächst den Tatbestand, dh den wesentlichen Sachverhalt darstellt und im Anschluss daran die tragenden Punkte der Entscheidung; s. Anders/Gehle Assessorexamen ZivilR B Rn. 27 ff. Zur Begründung genügt aber, dass die Begründung gewissen Mindestanforderungen entspricht, BGH BeckRS 2021, 46107; NJW 1986, 1437; Kröll NJW 2015, 836. Eine kurze Zusammenfassung aller die Entscheidung tragender Gesichtspunkte ist ausreichend (§ 313 III), BGH IPRax 1991, 244 (zust. Schlosser IPRax 1991, 218). Das Schiedsgericht sollte aber zu allen entscheidungserheblichen Angriffs- und Verteidigungsmittel tatsächlich und rechtlich Stellung nehmen; erforderlich ist dies insbesondere für den Kern des Parteivortrages, mit dem sich das Schiedsgericht in der Begründung auseinandersetzen muss, BGH BeckRS 2021, 46107 = SchiedsVZ 2022, 228 Rn. 23; SchiedsVZ 2020, 46; NJW-RR 2016, 892 Rn. 24; Wilhelmi SchiedsVZ 2020, 30. Es genügt aber, dass insofern überhaupt eine Begründung erfolgt, wenn auch eine lückenhafte oder falsche. Es muss allerdings eine Abwägung erkennbar sein, BGH SchiedsVZ 2020, 46; Wilhelmi SchiedsVZ 2020, 30; Kröll SchiedsVZ 2005, 145. Inhaltsleere Wendungen sind keine Gründe Mü BeckRS 2015, 02548. Fehlt eine Auseinandersetzung mit dem Kernvortrag der Parteien, liegt ein erheblicher Verstoß gegen das rechtliche Gehör und damit ein Aufhebungsgrund nach § 1059 II Nr. 2b vor, BGH BeckRS 2021, 46107; SchiedsVZ 2020, 46; Wilhelmi SchiedsVZ 2020, 30; → § 1059 Rn. 22, 28, je „Rechtliches Gehör“; → Vor § 128 Rn. 49 ff. (allg. zum rechtlichen Gehör). Die Begründung darf auch nicht offenbar widersinnig sein oder im Widerspruch zur Entscheidung stehen, BGH NJW 1986, 1437. Andernfalls kommt § 1059 II Nr. 1d infrage.

8 Ob ein Schiedsrichter ein Sondervotum, dh eine sog **Dissenting Opinion** („abweichende Meinung/Sondervotum“) erstellen und veröffentlichen kann und ob ein solches Vorgehen einen Aufhebungsgrund nach § 1059 II Nr. 1d oder 2b darstellt, war zum alten Recht streitig, vgl. zum Problem Bartels SchiedsVZ 2014, 133; Schütze SchiedsVZ 2008, 13; Westermann FS Kerameus, 2009, 1571 und SchiedsVZ 2009, 102; Wilske FS Schütze, 2014, 738. In ausländischen und internationalen Schiedsordnungen ist eine Dissenting Opinion zulässig oder sogar üblich, Escher SchiedsVZ 2018, 219; Sunaric SchiedsVZ 2021, 35. Diejenigen, die eine Dissenting Opinion bei inländischen Schiedsgerichten für zulässig erachten, berufen sich darauf sowie auf das Bestreben bei der Gesetzesänderung 1998, die Attraktivität des Schiedsortes Deutschland zu fördern; zudem verweisen sie darauf, dass der Gesetzgeber bei der Reform des Schiedsgerichtswesens 1998 bewusst von einer Regelung zu der Dissenting Opinion abgesehen hat, BT-Drs. 13/5274, 56; nach dieser Meinung ist es allein Aufgabe der Parteien, die Unzulässigkeit des Sondervotums durch eine Vereinbarung zu regeln, Groh/Gigga NZG 2020, 125 (1253); Bartels SchiedsVZ 2014, 133; Sunaric SchiedsVZ 2021, 35; Wilske FS Schütze 729. In der Mehrheit werden jedoch Sondervoten grundsätzlich abgelehnt, wobei ein Teil sie für zulässig erachtet, wenn nicht nur die Parteien, sondern auch die Schiedsrichter zustimmen, Stein/Jonas/Schlosser § 1054 Rn. 20; das Verbot eines Sondervotums wird mit dem nach deutschem Recht geltenden Beratungsgeheimnis begründet, MüKoZPO/Münch Rn. 24; Musielak/Voit/Voit § 1052 Rn. 3; Saenger/Saenger/Saenger § 1052 Rn K4; Zöller/Geimer § 1052 Rn. 5. Das OLG Frankfurt, NZG 2020, 1280 = BeckRS 2020, 4606 mBespr. Korte GWR 2020, 30, hat nun in einem obiter dictum ausgeführt, dass vieles dafür spricht, dass ein Sondervotum und damit eine Verletzung des **Beratungsgeheimnisses** auch nach der Gesetzesänderung 1998 einen Aufhebungsgrund nach § 1059 II Nr. 2b darstellt. Es hat sich ua auf BGH, SchiedsVZ 2016, 41, berufen, wonach bei Beteiligung eines erfolgreich abgelehnten Schiedsrichter an dem Schiedsspruch die Möglichkeit besteht, dass das Schiedsgericht ohne den Verfahrensverstoß anders entschieden hätte und deshalb § 1059 II Nr. 1d zu bejahen ist.

Wir vertreten mit der hM die Auffassung, dass auch im Schiedsgerichtsverfahren wegen der Grundsätze der Unabhängigkeit und Unparteilichkeit der Richter das **Beratungsgeheimnis** zu beachten ist, BGH NJW-RR 2015, 1087; MüKoZPO/Münch § 1052 Rn 3; Zöller/Geimer § 1035 Rn. 31; Sessler/Ruß SchiedsVZ 2020, 2; → § 1052 Rn. 5. Deshalb stellt eine **Dissenting Opinion** mangels einer gesetzlichen Ausnahmeregelung, wie sie in § 30 II BVerfGG, auch in § 12 I bzw. in § 16 II der niedersächs. bzw. hess. Gesetze über den Staatsgerichtshof, → GVG Vor § 192 Rn. 1, enthalten ist, eine Verletzung des Beratungsgeheimnisses und damit des Schiedsrichtervertrages dar, die zum Schadensersatz führen kann, → Anh § 1035 Rn. 9. Das gilt auch, wenn die Parteien und/oder die Schiedsrichter mit einem Sondervotum einverstanden sind, da das Beratungsgeheimnis nicht disponibel ist, Ffm NZG 2020; Sessler/Ruß SchiedsVZ 2020, 201. Jedoch meinen wir, dass ein **nachträglich** veröffentlichtes Sondervotum grundsätzlich nicht den Schiedsspruch selbst beeinflusst hat, so dass dessen Aufhebung dann wegen mangelnder Kausalität nicht in Betracht kommt; nicht der Schiedsspruch selbst, sondern die Veröffentlichung des Sondervotums stellt die Verletzung dar, so auch MüKoZPO/Münch Rn. 24; Musielak/Voit/Voit § 1052 Rn. 3; Sessler/Ruß SchiedsVZ 2020, 201 (206). 9

V. Bekanntmachung des Schiedsspruchs, IV. Eine Verkündung ist in Abweichung von § 311 II mangels einer Parteivereinbarung nicht nötig. Das Schiedsgericht muss jeder Partei und ihrem ProzBev. einen nach → Rn. 3 unterzeichneten Schiedsspruch übersenden; Ausfertigungen ohne Unterschriften, Ablichtungen oder Abschriften reichen nicht, Mü BeckRS 2020, 25424; Düss SchiedsVZ 2008, 156; Musielak/Voit/Voit Rn. 9; → § 1060 Rn. 6. Eine förmliche Zustellung ist nicht notwendig. Sie ist aber schon deshalb ratsam, weil sie das sicherste Mittel ist, den Tag des Empfangs festzustellen, der für die Aufhebungsfrist nach § 1059 III 2 und für den Ausschluss von Aufhebungsgründen nach § 1060 II 3 Bedeutung hat. Den Anforderungen von IV genügt in jedem Fall die Übersendung durch die Post per Einschreiben gegen Rückschein, um den Tag des Empfangs einwandfrei feststellen zu können, BGH NJW 2015, 3234. Auch eine elektronische Übersendung ist beim Einverständnis der Beteiligten statthaft, eine Niederlegung bei Gericht dagegen nicht, Kröll SchiedsVZ 2008, 113. Der Vorsitzende ist nach § 1052 III zur Übersendung ermächtigt, soweit nicht zB erst jetzt eine Befangenheit nach § 1036 vorliegt, Düss WM 1984, 1209. 10

1055 *Wirkungen des Schiedsspruchs.* **Der Schiedsspruch hat unter den Parteien die Wirkungen eines rechtskräftigen gerichtlichen Urteils.**

Schrifttum: Loritz ZZP 105, 3; Lühmann, Die Rechtskraft des Schiedsspruchs im deutschen und US-amerikanischen Recht, 2014; Solomon, Die Verbindlichkeit von Schiedssprüchen in der internationalen privaten Schiedsgerichtsbarkeit, 2006; Wagner, Dispositionen über die Verbindlichkeit von Schiedssprüchen, FS Schilken, 2015, 553; Waßmuth, Richtigkeitskontrolle und Rechtskraft des Schiedsspruchs mit vereinbartem Wortlaut, 2013.

I. Systematik, Regelungszweck. → Buch 10. Vor Abschnitt 1–10 Rn. 1 f. Der inländische Schiedsspruch hat unter den Parteien die Wirkung eines rechtskräftigen Urteils mit Ausnahme der Vollstreckbarkeit, §§ 1060, 1061. Damit klärt § 1055 im Interesse der Rechtssicherheit und des Rechtsfriedens eine Zentralbedeutung des Schiedsverfahrens. Für einen eventuell vorhandenen Tatbestand gilt § 314 S. 1 nicht entsprechend, da der Schiedsspruch keine öffentliche Urkunde ist, MüKoZPO/Münch Rn. 38; aM wohl KG SchiedsVZ 2007, 277. 1

II. Wirkung des Schiedsspruchs. 1. Grundsatz. Mit der Erfüllung aller wesentlichen Voraussetzungen des § 1054 erlangt der inländische Schiedsspruch unter den Parteien formelle (§ 705) und materielle Rechtskraft (§ 322) wie ein rechtskräftiges gerichtliches Urteil, BGH MDR 2009, 398 (im Ergebnis zust. Wirth SchiedsVZ 2009, 204); NJW-RR 1986, 61; Kröll SchiedsVZ 2010, 213; zur Wirkungsgrenze → Rn. 7, 8. § 1055 gilt auch für den Schiedsspruch mit vereinbartem Wortlaut nach § 1053. Dazu, welche Voraussetzungen wesentlich und daher zwingend sind, → § 1054 Rn. 2 ff. Zum Begriff des Schiedsspruchs → § 1054 Rn. 2. 2

2. Formelle Rechtskraft. Der endgültige Schiedsspruch beendet das schiedsrichterliche Verfahren nach § 1056 I. Endgültig ist ein Schiedsspruch dann, wenn er nach der Schiedsvereinbarung nach § 1029 keiner Prüfung oder Bestätigung durch eine andere Person oder Stelle, wie zB ein Oberschiedsgericht, → § 1054 Rn. 2, unterliegt. Seine formelle Rechtskraft nach § 705 tritt dann mit der Erfüllung der in § 1054 vorgesehenen Förmlichkeiten ein, wozu auch die Übersendung des Schiedsspruches nach § 1054 IV an alle Parteien gehört, so dass es auf die letzte Übersendung ankommt, BGH NJW 1986, 1436; Musielak/Voit/Voit Rn. 5; aM MüKoZPO/Münch Rn. 5 (maßgebend die erste Übersendung). Das gilt unabhängig von der Frist nach § 1059 III. Haben die Parteien auch die Möglichkeit der Anrufung eines Oberschiedsgerichts vereinbart, wird der Erstschiedsspruch erst mit dem zweitinstanzlichen Entscheidung oder mit fruchtlosen Ablauf der eventuell vereinbarten Rechtsmittelfrist rechtskräftig, BGH NJW-RR 2018, 1334. Ein Rechtsmittel an das staatliche Gericht ist unstatthaft. Bei einem ausländischen Schiedsspruch bestimmt sich die Rechtskraft nach dem ausländischen Recht, Loritz ZZP 105, 2. Ob eine Vollstreckbarerklärung nach §§ 1060, 1061 ergehen kann, ist für die Frage der Rechtskraft unerheblich. Wegen einer Berichtigung, Auslegung oder Ergänzung gilt § 1058. Der Schiedsspruch verlängert die Verjährungsfrist nach § 197 I Nr. 3 BGB auf 30 Jahre, solange das Gericht ihn nicht nach § 1059 aufhebt. Er bewirkt im Zweifel eine sofortige Fälligkeit, Kröll SchiedsVZ 2010, 214. 3

3. Materielle Rechtskraft. Dazu Gaul FS Sandrock, 2000, 326 (krit.); Loritz ZZP 105, 2. Der endgültige Schiedsspruch, zu dem auch ein Teil- oder Grundschiedsspruch und eine Feststellung der Unzulässigkeit der Schiedsklage gehören, → § 1054 Rn. 2, bewirkt bei Eintritt der formellen Rechtskraft, → Rn. 3, die materielle Rechtskraft, § 322. Rechtskraftwirkung hat auch ein unbedingter Schiedsspruch auf eine bedingte Leistung. Maßgeblich für die Rechtskraft ist nur der Tenor, wobei neben dem Verfahrensstatut die Begründung zur Auslegung über den Umfang der Rechtskraft heran gezogen werden können BGH NJW-RR 2009, 790; MüKoZPO/Münch Rn. 16. Die Partei kann beim Schiedsgericht nach § 1058 I Nr. 2 auch beantragen, bestimmte Teile des Schiedsspruchs auszulegen. Ist der Inhalt des Schiedsspruchs auch durch Auslegung nicht bestimmbar, ist er wirkungslos, BGH SchiedsVZ 2009, 122. 4

4. Notwendigkeit einer Einrede. Die Rechtskraft des Schiedsspruchs ist ebenso wie die Rechtshängigkeit vor dem Schiedsgericht nach § 1044 nicht von Amts wegen zu beachten, sondern nur aufgrund einer Einrede, 5 weil der Schiedsspruch kein Hoheitsakt ist, BayObLG MDR 1984, 496; MüKoZPO/Münch Rn. 12; Thomas/Putzo/Seiler Rn. 2; Wagner FS Schilken, 2015, 565; aM Musielak/Voit/Voit Rn. 5; Spohnheimer FS Käfer, 2009, 378 (aber darum dürfen die Parteien auch durch eine Vereinbarung die Rechtskraftwirkung des Schiedsspruchs beseitigen, BayObLG MDR 1984, 496; Thomas/Putzo/Seiler Rn. 2; Zöller/Geimer Rn. 10; aM Loritz ZZP 105, 13). Belassen die Parteien es beim Schiedsspruch, bindet er sie auch ohne eine Vollstreckbarerklärung nach § 1060 materiell-rechtlich. Das bei Gericht anhängige Verfahren über denselben Streitgegenstand wird durch den Schiedsspruch nur dann unzulässig, wenn in diesem Verfahren die Einrede nach § 1032 I rechtzeitig erfolgte und wenn das Gericht sie noch nicht durch ein Zwischenurteil nach § 280 I für unbegründet erklärt hat, Schlosser FS Nagel, 1987, 358.

6 **5. Aufhebung.** Während sich ein rechtskräftiges Urteil im Allgemeinen nur durch eine Wiederaufnahmeklage nach §§ 578 ff. beseitigen lässt, kann der Schiedsspruch nach §§ 1059 ff. auf eine Aufhebungsklage aufgehoben werden, Haas FS Rechberger, 2005, 210. Bis zur Aufhebungsentscheidung ist er wirksam. Wegen der Parteiherrschaft können auch die Parteien den Schiedsspruch einvernehmlich aufheben oder ändern, MüKoZPO/Münch Rn. 31; Thomas/Putzo/Seiler Rn. 2.

7 **6. Wirkung gegen Dritte.** Dazu Pika ZZP 131, 25: Der Schiedsspruch wirkt gegen Dritte nicht nach § 325; vielmehr kommt es allein auf die Schiedsvereinbarung nach § 1029 an; diese kann sich auf den Rechtsnachfolger erstrecken, BGH BB 1975, 583; krit. Gaul FS Sandrock, 2000, 289; zur Frage der Rechtsnachfolge: → § 265 Rn. 10 ff. Er reicht also nur so weit, wie die Schiedsvereinbarung wirkt, zB gegen Erben oder vertragliche Rechtsnachfolger. Denn diejenigen öffentlich-rechtlichen Erwägungen, die den §§ 265, 325, 727 zugrunde liegen, also zB eine Rücksicht auf die Stetigkeit der Rechtspflege und deren Ansehen, greifen hier nicht, BGH SchiedsVZ 2022 Rn. 23; BB 1975, 582; Thomas/Putzo/Seiler Rn. 3; Zöller/Geimer Rn. 4; aM Loritz ZZP 105, 14; Walter FS Schwab, 1990, 550. Auch außerhalb von § 325 ist die Bindungswirkung des Schiedsspruchs gegenüber Dritten geringer als diejenige eines Urteils, so zB bei der Streithilfe, → § 1042 Rn. 14 „Streithilfe" (§ 68). Zur Streitfrage der Bindung des Haftpflichtversicherers Sieg VersR 1984, 501.

8 **7. Wirkungsgrenze.** Der Schiedsspruch hat nicht alle Wirkungen eines gerichtlichen Urteils. Zur Nichtanwendbarkeit des § 325, → Rn. 7. So bildet nicht der Schiedsspruch, sondern erst die unanfechtbare Vollstreckbarerklärung im Verfahren des § 1060 nach § 894 einen Ersatz für die Abgabe einer Willenserklärung, Musielak/Voit/Voit § 1060 Rn. 2; Zöller/Geimer Rn. 2; aM Loritz ZZP 105, 18. Denn die Fiktion ersetzt als besondere Form der Zwangsvollstreckung die Leistung, so dass der Titel vollstreckungsfähig sein muss. Das gilt aber nicht generell für gestaltende Schiedssprüche oder solche, die Grundlage für Eintragungen in das Grundbuch oder in ein anderes öffentliches Register nach § 895 sind; hier ist eine Vollstreckbarerklärung nach § 1060 nicht nötig; denn der Gesetzgeber unterscheidet zwischen der Rechtskraft und der Vollstreckbarkeit, BayObLG MDR 1984, 496 (abl. Vollmer BB 1984, 1774); Zöller/Geimer Rn. 2; Loritz ZZP 105, 18; Schwab/Walter 28 Rn. 19; aM Stein/Jonas/Schlösser § 1042 Rn. 2; MüKoZPO/Münch § 1060 Rn. 6. Über die Vollstreckungsabwehrklage nach § 767 → § 1060 Rn. 17. Im Übrigen können die Schiedsvereinbarung und mit ihr der Schiedsspruch unter einer Bedingung der Vollstreckbarkeitserklärung stehen; so liegt eine zulässige auflösende Bedingung vor, wenn es den Parteien freigestellt ist, innerhalb einer Frist den Schiedsspruch nicht anzuerkennen; der Schiedsspruch ist dann ohne die „Anfechtung" exequaturfähig, BGH SchiedsVZ 2007, 160; Kröll SchiedsVZ 2008, 63; → § 1029 Rn. 30 „Bedingung". Ebenso wie bei einem Urteil kann bei einem Schiedsspruch die Rechtskraft durch § 826 BGB begrenzt sein, vgl. MüKoZPO/Münch Rn. 33 (Feststellungsklage genügt).

9 **8. Zwangsvollstreckung.** Sie ist nur im Anschluss an eine Vollstreckbarerklärung nach § 1060 statthaft. Eine Klage vor einem Gericht auf eine Erfüllung des Schiedsspruchs ist in demselben Umfang statthaft wie bei einem Urteil. Das gilt wegen § 1061 auch bei einem ausländischen Schiedsspruch. Soweit eine Vollstreckbarerklärung möglich ist, versagt die Erfüllungsklage schon wegen der Gefahr eines doppelten Titels. § 767 II gilt entsprechend, wobei hier auf den Zeitpunkt abzustellen ist, zu dem sich die Parteien letztmalig schriftlich oder mündlich äußern konnten, BGH NJW 1990, 3210; Prütting/Gehrlein/Prütting Rn. 7.

1056 *Beendigung des schiedsrichterlichen Verfahrens.* **I Das schiedsrichterliche Verfahren wird mit dem endgültigen Schiedsspruch oder mit einem Beschluss des Schiedsgerichts nach Absatz 2 beendet.**

II Das Schiedsgericht stellt durch Beschluss die Beendigung des schiedsrichterlichen Verfahrens fest, wenn

1. der Kläger
   a) es versäumt, seine Klage nach § 1046 Abs. 1 einzureichen und kein Fall des § 1048 Abs. 4 vorliegt, oder
   b) seine Klage zurücknimmt, es sei denn, dass der Beklagte dem widerspricht und das Schiedsgericht ein berechtigtes Interesse des Beklagten an der endgültigen Beilegung der Streitigkeit anerkennt; oder

2. die Parteien die Beendigung des Verfahrens vereinbaren; oder

3. die Parteien das schiedsrichterliche Verfahren trotz Aufforderung des Schiedsgerichts nicht weiter betreiben oder die Fortsetzung des Verfahrens aus einem anderen Grund unmöglich geworden ist.

III Vorbehaltlich des § 1057 Abs. 2 und der §§ 1058, 1059 Abs. 4 endet das Amt des Schiedsgerichts mit der Beendigung des schiedsrichterlichen Verfahrens.

1 **I. Systematik, Regelungszweck.** → Buch 10. Vor Abschnitt 1–10 Rn. 1 f. Die Vorschrift bestimmt zur Rechtssicherheit diejenigen Fälle, in denen das schiedsrichterliche Verfahren endet. Sie regelt in III auch die daran geknüpften Folgen. Wegen der Folgen der Aufhebung eines Schiedsspruchs gilt § 1059 V. Ein Insolvenzverfahren beendet oder unterbricht anders als § 240 nicht das schiedsrichterliche Verfahren. Die Parteien können eine Unterbrechung vereinbaren, → § 1042 Rn. 14 „Unterbrechung".

2 **II. Schiedsspruch, I Hs. 1.** Das schiedsrichterliche Verfahren endet mit dem endgültigen Schiedsspruch nach § 1054. Endgültig ist ein solcher Schiedsspruch, der eine abschließende Entscheidung zu einer nach § 301

abgrenzbaren Teilfrage oder zum gesamten Streitgegenstand trifft und der nach der Schiedsvereinbarung nach § 1029 keiner Nachprüfung unterliegt, BGH NJW-RR 2018, 1334; → § 1055 Rn. 2. Der endgültige Schiedsspruch mag als ein sog. Prozessschiedsspruch wegen einer Unzulässigkeit der Schiedsklage ergehen, → § 1055 Rn. 2. Die Beendigung tritt mit der Erfüllung der Voraussetzungen des § 1054 ein, also mit der Mitteilung des Schiedsspruchs an beide Parteien.

III. Beschluss, I Hs. 2, II. Das Verfahren endet ferner vor einem Schiedsgericht durch den Erlass eines 3
feststellenden Beendigungsbeschlusses in folgenden Fällen:

1. Säumnis des Klägers, II Nr. 1a. Das Schiedsgericht muss die Beendigung dann feststellen, wenn der 4
Kläger es versäumt hat, seine Klage formgerecht nach § 1046 I einzureichen. Voraussetzung ist der ergebnislose Ablauf einer solchen Frist, die die Parteien oder das Schiedsgericht für die Einreichung festgesetzt haben.

Die Rechtsfolge tritt dann nicht ein, wenn nach § 1048 IV 1 der Kläger seine Säumnis genügend entschuldigt 5
oder wenn nach § 1048 IV 2 die Parteien die Folgen der Versäumung anders geregelt haben, → § 1048 Rn. 4 f.

2. Rücknahme der Schiedsklage, II Nr. 1b. Die Rücknahme der Schiedsklage führt dann zur Beendigung 6
des Verfahrens, wenn nicht der Bekl. widerspricht und wenn nicht daraufhin das Schiedsgericht sein berechtigtes Interesse an der endgültigen Beilegung der Streitigkeit anerkennt. Anders als nach § 269 kommt es auf den Zeitpunkt der Rücknahme nicht an, Zöller/Geimer Rn. 4 Darüber, ob ein berechtigtes Interesse des Bekl. vorliegt, entscheidet das Schiedsgericht nach seinem pflichtgemäßen Ermessen unter einer Berücksichtigung aller Umstände. Ein bloßes Kosteninteresse reicht nicht, Gerstenmaier SchiedsVZ 2010, 284. Je nach Ergebnis kann die Entscheidung in dem Beschluss nach II, durch den Schiedsspruch nach § 1054 oder durch einen Zwischenentscheid erfolgen. § 269 III ist vom Rechtsgedanken entsprechend anwendbar, → § 1057 Rn. 6 „Rücknahme", während die anderen Regelungen des § 269 durch II Nr. 1b verdrängt werden, MüKoZPO/Münch Rn. 22; → § 1046 Rn. 9.

3. Vereinbarung der Parteien, II Nr. 2. Da die Parteien die Herrschaft über das Verfahren haben, können 7
sie dessen Beendigung vereinbaren. Aus welchen Gründen und in welcher Form das geschieht, hat für die Feststellung der Beendigung keine Bedeutung. Infrage kommt auch jede Art von Vergleich nach § 1053, uU im Rahmen eines Mediationsverfahrens, Lörcher DB 1999, 789. Ein einseitiger Antrag reicht nicht, Busse SchiedsVZ 2010, 59. Mangels eines Vergleichs auch zur Verfahrensbeendigung muss das Schiedsgericht das Verfahren fortsetzen, Busse SchiedsVZ 2010, 61.

4. Nichtbetreiben des Verfahrens oder Unmöglichkeit seiner Fortsetzung, II Nr. 3. Das Schieds- 8
gericht muss die Beendigung des Verfahrens dann feststellen, wenn die Parteien es trotz seiner Aufforderung nicht weiter betreiben oder wenn seine Fortsetzung aus einem anderen Grund unmöglich geworden ist, zB wegen des Erlöschens der Schiedsvereinbarung nach § 1029 oder wegen einer Stimmengleichheit bei der Abstimmung über den Schiedsspruch nach § 1052 I. Die Unmöglichkeit muss zur Überzeugung des Schiedsgerichts feststehen. Beim Nichtbetreibens muss das Schiedsgericht aufklären, ob darin nur ein vorübergehender Stillstand liegt, zB ein faktisches Ruhen des Verfahrens.

IV. Verfahren beim Beendigungsbeschluss. Das Schiedsgericht hat vor seiner Entscheidung die Parteien 9
zu dem von ihm beabsichtigten Beschluss nach § 1042 I 2 mit einer angemessenen Frist zu hören. Es muss evtl. den Sachverhalt aufklären, → Rn. 8. Für den Beschluss nach I, II gelten §§ 1052, 1054 entsprechend, Gerstenmaier SchiedsVZ 2010, 281. Über die **Kostenhöhe** darf das Schiedsgericht nicht entscheiden, wenn sie noch nicht feststeht; vielmehr ist darüber nach § 1057 II 2 ein besonderer Kostenschiedsspruch nötig. Der Beschluss nach I ist unanfechtbar. Im Gesetz ist für den Beschluss weder eine Wiederaufnahme des Verfahrens noch ein Aufhebungsverfahren vorgesehen; jedoch steht es grundsätzlich den Parteien frei, das Schiedsverfahren wieder aufzunehmen, wenn die Schiedsrichter damit einverstanden sind und in der Schiedsvereinbarung keine andere Regelung getroffen wurde, Musielak/Voit/Voit Rn. 8.

V. Ende des Amts der Schiedsrichter, III. Vorbehaltlich §§ 1057 II, 1058, 1059 IV endet das Amt der 10
Schiedsrichter mit der Beendigung des Verfahrens nach I, also dem Schiedsspruchs nach § 1054 oder des Beschlusses nach II, Gerstenmeier SchiedsVZ 2010, 281; Ffm NJW-RR 2008, 591. Die Vorschrift ist zwingend. Bei der Beendigung durch einen Beschluss steht es den Parteien frei, ein neues schiedsrichterliches Verfahren über den Streitgegenstand zu vereinbaren, Ffm NJW-RR 2008, 591.

1057

Entscheidung über die Kosten. **I [1]Sofern die Parteien nichts anderes vereinbart haben, hat das Schiedsgericht in einem Schiedsspruch darüber zu entscheiden, zu welchem Anteil die Parteien die Kosten des schiedsrichterlichen Verfahrens einschließlich der den Parteien erwachsenen und zur zweckentsprechenden Rechtsverfolgung notwendigen Kosten zu tragen haben. [2]Hierbei entscheidet das Schiedsgericht nach pflichtgemäßem Ermessen unter Berücksichtigung der Umstände des Einzelfalles, insbesondere des Ausgangs des Verfahrens.**

II [1]Soweit die Kosten des schiedsrichterlichen Verfahrens feststehen, hat das Schiedsgericht auch darüber zu entscheiden, in welcher Höhe die Parteien diese zu tragen haben. [2]Ist die Festsetzung der Kosten unterblieben oder erst nach Beendigung des schiedsrichterlichen Verfahrens möglich, wird hierüber in einem gesonderten Schiedsspruch entschieden.

I. Systematik. → Buch 10. Vor Abschnitt 1–10 Rn. 1. Die Parteien können vereinbaren, dass das Schieds- 1
gericht über die Verfahrenskosten entscheiden soll, und wie die Kosten des Schiedsgerichts verteilt sowie erstattet werden; das kann auch in einem nachträglichen Vergleich erfolgen, Mü SchiedsVZ 2007, 166. Für den häufigen Fall, dass eine Vereinbarung nicht vorliegt, enthält § 1057 Regelungen über die Kostengrundentscheidung und über die Kostenhöhe. Mü SchiedsVZ 2012, 283 bezeichnet die ICC-SchO als vorrangig. Vgl. zur Kostenentscheidung eines Schiedsgerichts in Österreich Edel/Dobric SchiedsVZ 2021, 22.

II. Regelungszweck. → Buch 10. Vor Abschnitt 1–10 Rn. 2. Der Zweck ist die Schaffung von Rechts- 2
sicherheit in Kostenfragen.

III. Kostengrundentscheidung, I. 1. Grundsatz. Mangels einer Parteivereinbarung hat das Schiedsgericht 3
nach I 1 in einem Schiedsspruch eine sog. Kostengrundentscheidung darüber zu treffen, zu welchem Anteil die

Parteien die Kosten des Schiedsverfahrens einschließlich ihrer notwendigen Aufwendungen tragen sollen, Köln SchiedsVZ 2004, 269. Hierüber entscheidet das Schiedsgericht nach seinem pflichtgemäßen Ermessen, von Bernuth SchiedsVZ 2013, 214. Es entscheidet nach I 2 unter einer Berücksichtigung der Umstände, insbesondere des Ausgangs des Verfahrens. Sonst ist das Schiedsgericht frei. Dass sich das Schiedsgericht an die in §§ 91 ff. festgelegten Grundsätze hält, dürfte die Regel sein, Mü MDR 2009, 1354; Kröll SchiedsVZ 2010, 149.

4 **2. Entscheidungsform.** Die Kostengrundentscheidung ergeht in einem Schiedsspruch. Auch ein Prozessschiedsspruch ist ein Schiedsspruch iSd § 1054. BGH NJW 2002, 3032; → § 1054 Rn. 2. Sind beide Parteien an den Kosten zu beteiligen, legt das Schiedsgericht die jeweiligen Quoten nach Prozenten oder Brüchen fest; dabei kann formuliert werden: *„Die Kosten des Schiedsverfahrens tragen die Parteien je zu 50 % (oder zu je ein halb)"*. Kommt es nicht zu einem Schiedsspruch mit Kostengrundentscheidung, zB bei § 1056 II, oder ist die Kostenentscheidung unterblieben, darf das Schiedsgericht entsprechend II 2 einen gesonderten Schiedsspruch über die Kosten erlassen, Stgt NJW-RR 2003, 1439. Er unterliegt den für Schiedssprüche geltenden Regeln, insbesondere §§ 1054, 1058, 1059, 1060, 1061. Im Verfahren über seine Vollstreckbarerklärung überprüft das Gericht nicht stets die Kostengrundentscheidung, Stgt NJW-RR 2003, 1439. Ein „Kostenfestsetzungsbeschluss" nur des Vorsitzenden reicht nicht, Köln SchiedsVZ 2004, 269.

5 Bei Fehlen einer wirksamen Hauptsache-Schiedsvereinbarung nach § 1029 sind §§ 91 ff. nicht auch nur entsprechend anwendbar, BGH NJW-RR 1998, 234. Mit einer Aufhebung der Hauptsache-Schiedsspruchs nach § 1059 fällt auch die Kostengrundentscheidung weg und es entsteht nach §§ 812 ff. BGB ein Rückzahlungsanspruch (nur) zwischen den Parteien.

3. Beispiele zur Frage einer Kostengrundentscheidung, I

6 **Anerkenntnis:** § 93 kann entsprechend anwendbar sein, Hamm SchiedsVZ 2010, 56.

Anwaltskosten: Sie sind nicht immer erstattungsfähig. Zumindest hängt die Erstattungsfähigkeit nach I 1 von der Notwendigkeit oder Zweckmäßigkeit einer Rechtsverfolgung ab. § 11 RVG ist nur aufgrund einer Parteivereinbarung anwendbar, KG AnwBl 1999, 55. Ein Zeithonorar kann erstattungsfähig sein, Mü SchiedsVZ 2017, 40 (zust. Goumas)

Erfolgshonorar: Wegen des Vorrangs einer Parteivereinbarung nach I 1 kommt seine Erstattbarkeit infrage, Wilske/Markert FS Geimer, 2017, 806; aM Stein/Jonas/Schlosser Rn. 2.

Erledigung der Hauptsache: § 91a kann bei beidseitigen Erklärungen entsprechend anwendbar sein, Kröll SchiedsVZ 2010, 149.

Ernennung eines Schiedsrichters durch das Gericht: Kommt eine Partei ihrem Ernennungsrecht bei einem Dreierschiedsgericht nicht nach, trägt diese die Kosten für das Ersatzbenennungsverfahren durch das Gericht; das gilt in einem solchen Fall nicht bei Bestellung eines Einzelrichters oder des Vorsitzenden, Drsd SchiedsVZ 2005, 210; Kröll NJW 2007, 746; Schütze SchiedsVZ 2008, 11.

Ernennung des Vorsitzenden durch das Gericht: → „Ernennung eines Schiedsrichters durch das Gericht".

Gegenstandswert: Das Schiedsgericht darf ihn im Schiedsspruch festsetzen, wobei er nur im Verhältnis der Schiedsparteien untereinander verbindlich ist; für die Vergütung der Schiedsrichter und der Prozessbevollmächtigten hat eine solche Festsetzung keine Verbindlichkeit, BGH NJW 2012, 1811; → Anh. § 1035 Rn. 13 ff. und 15 „Festsetzung". Hält eine Partei die Wertfestsetzung als zu hoch, muss sie sich an das Gericht wenden, BGH NJW 2012, 1811.

Gerichtskosten: Soweit es sich um die Vergütung und die Auslagen der Schiedsrichter handelt, kann deren Vergütung als Teil der Verfahrenskosten ziffernmäßig festgesetzt werden, wenn diese bei der Beendigung des Verfahrens unstreitig feststehen, BGH NJW-RR 2016, 700. Ansonsten ist dies nicht möglich, weil das Schiedsgericht in eigener Sache ohne eine Erlaubnis der Parteien nicht entscheiden kann, BGH NJW 2012, 1811; Drsd SchiedsVZ 2004, 44; Kröll SchiedsVZ 2013, 262; → Anh. § 1035 Rn. 16 f.; → „Vorschuss".

Internationales Verfahren: I gilt zumindest entsprechend auch hier, Mü BauR 2012, 1692.

Prozessschiedsspruch: Es handelt sich um einen Schiedsspruch, → § 1054 Rn. 2 I gilt auch bei einem solchen, BGH NJW 2002, 3031; Zöller/Geimer 3; aM Voit FS Musielak, 2004, 615.

Rücknahme: § 269 III kann entsprechend anwendbar sein, Hamm SchiedsVZ 2010, 56; → § 1056 Rn. 6.

Vergleich: § 98 kann entsprechend anwendbar sein, Kröll SchiedsVZ 2010, 149.

Vergütung der Schiedsrichter: Die Festsetzung des Gegenstandswertes durch das Schiedsgericht ist insoweit nicht verbindlich, → „Gegenstandswert". Den Parteien bleibt es unbenommen, sich in einem vor dem ordentlichen Gericht anhängig zu machenden Vergütungsstreit gegenüber den Schiedsrichtern darauf zu berufen, der Gegenstandswert sei zu hoch angesetzt, BGH NJW 2012, 1811 → Anh. § 1035 Rn. 15 „Festsetzung"; → „Gegenstandswert".

Vorbereitungskosten: Zu ihnen können auch die Kosten eines vorangegangenen Gerichtsverfahrens zählen, Thiel/Pörnbacher SchiedsVZ 2007, 296.

Vorschuss: Man muss einen etwaigen Streit über zuviel gezahlte Vorschüsse außerhalb des schiedsrichterlichen Verfahrens vor einem Gericht austragen, → „Gegenstandswert".

Zinsen: Auch die Verzinsung zu erstattender Kosten kann auf einer Kostenvereinbarung mitberuhen. Zur Zinsproblematik Gerstenmaier SchiedsVZ 2012, 1.

7 **IV. Kostenfestsetzung, II.** Das Schiedsgericht muss nach II 1 auch darüber entscheiden, in welcher Höhe die Parteien die bei der Beendigung des Verfahrens nach § 1056 I feststehenden Kosten tragen müssen. Welche Kosten bei einer Beendigung des Verfahrens feststehen, richtet sich für die eigenen Kosten der Parteien nach deren belegten Aufwendungen und für die Anwaltskosten je nach Vereinbarung nach dem RVG, Bischof SchiedsVZ 2004, 252. Ein Kostensetzungsverfahren ist im Schiedsverfahren nicht vorgesehen, MüKoZPO/Münch Rn. 6.

8 Die Festsetzung erfolgt in einem Schiedsspruch nach § 1054. Ist die Festsetzung erst nach der Beendigung des Verfahrens möglich oder aus einem anderen Grund unterblieben, muss das Schiedsgericht nach II 2 hierüber in einem gesonderten Schiedsspruch entscheiden, zB in einem Auslegungs- oder Ergänzungsschiedsspruch nach § 1058 I Nr. 2, 3. Im Verfahren über die Vollstreckbarkeit des gesonderten Schiedsspruch ist der Schiedsspruch, der die Kostengrundentscheidung enthält, nicht nochmals zu überprüfen, Stgt SchiedsVZ 2003, 1438.

1058 ***Berichtigung, Auslegung und Ergänzung des Schiedsspruchs.*** **I Jede Partei kann beim Schiedsgericht beantragen,**

1. Rechen-, Schreib- und Druckfehler oder Fehler ähnlicher Art im Schiedsspruch zu berichtigen;
2. bestimmte Teile des Schiedsspruchs auszulegen;
3. einen ergänzenden Schiedsspruch über solche Ansprüche zu erlassen, die im schiedsrichterlichen Verfahren zwar geltend gemacht, im Schiedsspruch aber nicht behandelt worden sind.

II Sofern die Parteien keine andere Frist vereinbart haben, ist der Antrag innerhalb eines Monats nach Empfang des Schiedsspruchs zu stellen.

III Das Schiedsgericht soll über die Berichtigung oder Auslegung des Schiedsspruchs innerhalb eines Monats und über die Ergänzung des Schiedsspruchs innerhalb von zwei Monaten entscheiden.

IV Eine Berichtigung des Schiedsspruchs kann das Schiedsgericht auch ohne Antrag vornehmen.

V § 1054 ist auf die Berichtigung, Auslegung oder Ergänzung des Schiedsspruchs anzuwenden.

Schrifttum: Christ, Berichtigung, Auslegung und Ergänzung des Schiedsspruchs, 2008.

1 **I. Systematik, Regelungszweck.** → Buch 10. Vor Abschnitt 1–10 Rn. 1 f. Über die für ein Gericht geltenden §§ 319 ff. hinaus eröffnet die Vorschrift dem Schiedsgericht als Sonderregelung die Möglichkeit, Nachbesserungen seines Schiedsspruchs vorzunehmen und bestimmte Teile des Schiedsspruchs auszulegen. Das ist eine Folge der das ganze Verfahren beherrschenden Parteiherrschaft. Andererseits dient sie auch der Rechtssicherheit als einem gerade in dieser Verfahrensart ganz wichtigen Grundgebot. Das Schiedsgericht ist nur iRd § 1058 zur Änderung oder Auslegung befugt und im Übrigen wie das Gericht entsprechend § 318 an den Schiedsspruch gebunden. Erst eine Zurückverweisung nach § 1059 IV oder durch das Oberschiedsgericht, → § 1054 Rn. 2, hebt diese Bindung auf.

2 **II. Nachbesserung und Auslegung eines Schiedsspruchs, I, IV.** Das Schiedsgericht kann iRd Vorschrift Änderungen und Ergänzungen vornehmen; eine inhaltliche Korrektur ist aber nicht statthaft, Thomas/Putzo/Seiler Rn. 3; aM Schroth SchiedsVZ 2007, 291. Die Befugnis des Schiedsgerichts umfasst alle Teile des Schiedsspruchs; berichtigen darf man zB auch die Parteibezeichnung, Ffm MDR 1990, 639, und den Tenor, den man aber nicht völlig aushebeln darf, BGH 1978, 22. Nach I Nr. 1 kann das Schiedsgericht bei seinem Schiedsspruch Rechen-, Schreib- und Druckfehler sowie Fehler ähnlicher Art berichtigen, auch wenn sie nicht wie bei § 319 offenbar sind, und zwar auf Antrag einer Partei oder von Amts wegen nach IV. Eine abweichende Parteivereinbarung ist nicht zulässig. Es kann ferner nach I Nr. 2 bestimmte Teile des Schiedsspruchs auf Antrag einer Partei auslegen. Es kann also solche Teile klarstellen, um Missverständnisse auszuräumen, allerdings kann es auch bei I Nr. 2 keine inhaltliche Änderung vornehmen. Im Einzelfall kann in diesem Rahmen ein nicht vollstreckungsfähiger Tenor konkretisiert werden, BGH ZInsO 2009, 662. Das Schiedsgericht kann weiterhin nach I Nr. 3 auf Antrag einer Partei über geltend gemachte und in der Entscheidung übergangene Ansprüche einen ergänzenden Schiedsspruch erlassen. § 1057 II 2 stellt eine spezielle Vorschrift in Bezug auf die Kostenhöhe dar, → § 1057 Rn. 4. Beim Schiedsspruch mit vereinbartem Wortlaut nach § 1053 I müssen die Parteien zustimmen. Auch §§ 323, 324 können anwendbar sein.

3 **III. Verfahren, II, III.** Für das Verfahren gelten diejenigen Regeln, die sich aus einer Parteivereinbarung und hilfsweise aus §§ 1042 ff. ergeben. Abgesehen von der Berichtigung nach IV ist stets ein Antrag erforderlich. Ihn darf jede Partei stellen. Sofern die Parteien keine andere Frist vereinbart haben, muss der Antrag nach II innerhalb eines Monats nach dem Empfang des Schiedsspruchs nach → § 1054 Rn. 10 beim Schiedsgericht eingehen. Nach III soll das Schiedsgericht bei einer Berichtigung oder Auslegung innerhalb eines Monats und bei einer Ergänzung innerhalb von zwei Monaten entscheiden. Diese Fristen beginnen mit dem Eingang des Antrags beim Schiedsgericht. Sie berechnen sich nach § 222 iVm §§ 187, 188 BGB. Die Überschreitung der bloßen Sollfrist hat keine Rechtsfolgen, Schroth SchiedsVZ 2007, 295. Allerdings kann eine solche Fristüberschreitung ein Aufhebungsverfahren neben dem Änderungsverfahren ermöglichen, Düss SchiedsVZ 2008, 156. Für die Berichtigung von Amts wegen nach IV laufen keine Fristen. Das Schiedsgericht hört in allen Fällen den Antragsgegner vor einer ihm nachteiligen Entscheidung an und prüft vor der Entscheidung die allgemeinen Verfahrensvoraussetzungen, Zöller/Geimer Rn. 2.

4 **IV. Entscheidung, V.** Das Schiedsgericht entscheidet nach V in allen Fällen mit seiner Stimmenmehrheit nach § 1052 durch einen Schiedsspruch. Für ihn gilt § 1054. Es weist einen unzulässigen oder unbegründeten Antrag durch einen Beschluss zurück, Wilske/Stendel SchiedsVZ 2017, 251. Wegen der Kosten ist § 1057 anwendbar. Dieser nachträgliche Schiedsspruch ist ein Bestandteil des ursprünglichen Schiedsspruchs, KG SchiedsVZ 2011, 110; Zöller/Geimer Rn. 44; aM Ffm SchiedsVZ 2005, 311. Die berichtigte Fassung gilt rückwirkend, BGH NJW 1985, 742 (zu § 319). Sie ist also nur zusammen mit dem ursprünglichen Schiedsspruch nach § 1059 anfechtbar und nach § 1060 vollstreckbar, Schroth SchiedsVZ 2007, 295. Das gilt nicht für den Ergänzungsschiedsspruch nach I Nr. 3. Er macht den ursprünglichen Schiedsspruch zu einem Teilspruch. Ihn kann man ebenso wie jenen selbständig anfechten und für vollstreckbar erklären lassen, Schütze SchiedsVZ 2009, 241.

Abschnitt 7. Rechtsbehelf gegen den Schiedsspruch

Vorbemerkung zu § 1059

Schrifttum: Böckstiegel/Berger/Bredow, Die Vollstreckung von Schiedssprüchen, 2007; Edler, Die Aufhebung von Schiedssprüchen und der Erlass einstweiliger Maßnahmen in Deutschland und Schweden, 2009; Ecksteins-Puhl, Prozessbetrug im Schiedsverfahren usw., 2005; Feldmann, Rechtsbehelfe in der Zwangsvollstreckung aus Schiedssprüchen, 2014; Gottwald/Adolphsen DStR 1998, 1023; Hammer, Überprüfung von Schiedsverfahren durch staatliche Gerichte in Deutschland, 2018; Seehaver, Das Verfahren zur Vollstreckbarerklärung von Schiedssprüchen, 2016; Spohnheimer, Gestaltungsfreiheit bei antizipiertem Legalanerkenntnis des Schiedsspruchs, 2010; Steiner SchiedsVZ 2013, 15; Uzar, Rechtsmittel gegen Schiedssprüche nach dem deutschen und türkischen Schiedsverfahrensrecht, 2007; Waßmuth, Richtigkeitskontrolle und Rechtskraft des Schiedsspruchs mit vereinbartem Wortlaut, 2013.

1 **I. Zulässige Rechtsbehelfe.** Grundsätzlich lässt sich jede Entscheidung des Schiedsgerichts durch das Gericht in einem gewissen Umfang überprüfen, Schütze SchiedsVZ 2009, 247. Eine Partei hat folgende Möglichkeiten, einen Schiedsspruch zu Fall zu bringen: Sie kann ihre Einwendungen im Vollstreckbarkeitsverfahren nach §§ 1060 II, 1061 vorbringen. Bringt die Partei die Einwendungen nicht vor, verliert sie diese Möglichkeit. Sie kann ferner nach § 1059 I einen Antrag auf Aufhebung des Schiedsspruchs stellen, soweit er nicht nach § 1059 III 4 für vollstreckbar erklärt worden ist. Das alles gilt auch beim Schiedsspruch mit vereinbartem Wortlaut nach § 1053, BGH NJW 2001, 373. Solange die Voraussetzungen des § 1054 nicht vorliegen, ist weiterhin nur eine Klage auf eine Feststellung des Nichtbestehens einer Schiedsvereinbarung nach § 256 zulässig. Eine Klage auf eine Feststellung der Wirksamkeit des Schiedsspruchs ist mangels eines Rechtsschutzbedürfnisses wegen §§ 1059, 1060 unzulässig. Das Gericht muss sie evtl. nach einem Hinweis nach § 139 durch Prozessbeschluss als unzulässig abweisen. Die Klage auf eine Feststellung der Unwirksamkeit ist meist in Wahrheit eine Aufhebungsklage.

2 **II. Verfahren.** Das Gericht muss das gesamte schiedsrichterliche Verfahren nachprüfen, nicht bloß einen Ausschnitt, Schütze SchiedsVZ 2009, 247. Eine Gegeneinrede aus dem Anfechtungsgrund gegenüber der Einrede der Rechtskraft des Schiedsspruchs ist unzulässig. Denn der Schiedsspruch ist bis zur Aufhebung rechtsbeständig.

3 **III. Konkurrenzen zwischen § 1059 und § 1060:** Die Aufhebungsgründe nach § 1059 II sind auch für das Vollstreckbarkeitsverfahren, wie § 1060 II zeigt, von Bedeutung. Nicht einheitlich beantwortet wird das Konkurrenzverhältnis zwischen den beiden Verfahrensmöglichkeiten. Nach wohl hM soll für einen später rechtshängigen Aufhebungsantrag das Rechtsschutzbedürfnis fehlen und das Aufhebungsverfahren, wenn es zuerst eingeleitet wurde, nach § 148 ausgesetzt werden können, Ffm BeckRS 2014, 372 aE; Mü BeckRS 2006, 11342; BayObLG SchiedsVZ 2004, 164; Hmb SchiedsVZ 2003, 286; Zöller/Geimer § 1029 Rn. 22 f.; Musielak/Voit/Voit § 1059 Rn. 33; Thomas/Putzo/Seiler § 1059 Rn. 4; Kröll NJW 2005, 196. Da § 1059 und § 1060 unterschiedliche Streitgegenstände haben, → § 253 Rn. 26 (allg. zum Streitgegenstand), auch wenn es in beiden Fällen bei gegenläufigen Zielen letztlich um die Frage der Vollstreckbarkeit geht, sind wir der Meinung, dass beide Verfahren parallel laufen können, auch wenn grundsätzlich je nach Verfahrensstand praktische Gründe für den Weg des § 148 im Hinblick auf das Aufhebungsverfahren sprechen, so wohl auch MüKoZPO/Münch § 1029 Rn. 95; vgl. auch von de Sande/Folter SchiedsVZ 2016, 72 (Hilfsantrag auf Aufhebung im Vollstreckbarkeitsverfahren). Dafür können auch auch die Sonderregelungen zum Verhältnis beider Vorschriften in § 1059 III 4 und § 1060 II angeführt werden. Der wie nach § 705 formell rechtskräftige Ausspruch der Wirksamkeit oder Unwirksamkeit im Vollstreckbarkeitserklärungsverfahren erledigt den Aufhebungsprozess. Die rechtskräftige Aufhebung im Aufhebungsprozess bindet im Vollstreckbarkeitserklärungsverfahren. Im Verhältnis von Aufhebungs- und Vollstreckungsverfahren versagt damit die Berufung auf die anderweitige Rechtshängigkeit.

4 **IV. Arbeitsgerichtsbarkeit.** → Vor § 1025 Rn. 6; vgl. auch Schütze/Thümmel § 17 Rn. 17 ff. Zur Aufhebungsklage nach § 110 ArbGG: Röckrath NZA 1994, 678.

1059 *Aufhebungsantrag.* **I Gegen einen Schiedsspruch kann nur der Antrag auf gerichtliche Aufhebung nach den Absätzen 2 und 3 gestellt werden.**

II Ein Schiedsspruch kann nur aufgehoben werden,

1. wenn der Antragsteller begründet geltend macht, dass

a) eine der Parteien, die eine Schiedsvereinbarung nach den §§ 1029, 1031 geschlossen haben, nach dem Recht, das für sie persönlich maßgebend ist, hierzu nicht fähig war, oder dass die Schiedsvereinbarung nach dem Recht, dem die Parteien sie unterstellt haben oder, falls die Parteien hierüber nichts bestimmt haben, nach deutschem Recht ungültig ist oder

b) er von der Bestellung eines Schiedsrichters oder von dem schiedsrichterlichen Verfahren nicht gehörig in Kenntnis gesetzt worden ist oder dass er aus einem anderen Grund seine Angriffs- oder Verteidigungsmittel nicht hat geltend machen können oder

c) der Schiedsspruch eine Streitigkeit betrifft, die in der Schiedsabrede nicht erwähnt ist oder nicht unter die Bestimmungen der Schiedsklausel fällt, oder dass er Entscheidungen enthält, welche die Grenzen der Schiedsvereinbarung überschreiten; kann jedoch der Teil des Schiedsspruchs, der sich auf Streitpunkte bezieht, die dem schiedsrichterlichen Verfahren unterworfen waren, von dem Teil, der Streitpunkte betrifft, die ihm nicht unterworfen waren, getrennt werden, so kann nur der letztgenannte Teil des Schiedsspruchs aufgehoben werden; oder

d) die Bildung des Schiedsgerichts oder das schiedsrichterliche Verfahren einer Bestimmung dieses Buches oder einer zulässigen Vereinbarung der Parteien nicht entsprochen hat und anzunehmen ist, dass sich dies auf den Schiedsspruch ausgewirkt hat; oder

2. wenn das Gericht feststellt, dass

a) der Gegenstand des Streites nach deutschem Recht nicht schiedsfähig ist oder

b) die Anerkennung oder Vollstreckung des Schiedsspruchs zu einem Ergebnis führt, das der öffentlichen Ordnung (ordre public) widerspricht.

III [1]Sofern die Parteien nichts anderes vereinbaren, muss der Aufhebungsantrag innerhalb einer Frist von drei Monaten bei Gericht eingereicht werden. [2]Die Frist beginnt mit dem Tag, an dem der Antragsteller den Schiedsspruch empfangen hat. [3]Ist ein Antrag nach § 1058 gestellt worden, verlängert sich die Frist um höchstens einen Monat nach Empfang der Entscheidung über diesen Antrag. [4]Der Antrag auf Aufhebung des Schiedsspruchs kann nicht mehr gestellt werden, wenn der Schiedsspruch von einem deutschen Gericht für vollstreckbar erklärt worden ist.

IV Ist die Aufhebung beantragt worden, so kann das Gericht in geeigneten Fällen auf Antrag einer Partei unter Aufhebung des Schiedsspruchs die Sache an das Schiedsgericht zurückverweisen.

V Die Aufhebung des Schiedsspruchs hat im Zweifel zur Folge, dass wegen des Streitgegenstandes die Schiedsvereinbarung wiederauflebt.

I. Systematik, Regelungszweck. → Buch 10. Vor Abschnitt 1–10 Rn. 1. Als einzigen Rechtsbehelf gegen einen inländischen Schiedsspruch nach § 1054 außerhalb einer etwa wirksam vereinbarten Möglichkeit der Anrufung eines Oberschiedsgerichts, → § 1054 Rn. 2, sieht § 1059 den Antrag auf seine Aufhebung durch ein Gericht vor. Die Regelung ist zwingend, also einer Parteivereinbarung nicht zugänglich. Es kommen weder eine Berufung oder Revision nach §§ 511 ff., §§ 542 ff. noch eine Wiederaufnahmemöglichkeit nach §§ 578 ff. infrage, MüKoZPO/Münch Rn. 1. 1

Das Verfahren auf eine Vollstreckbarerklärung nach § 1060 hat das gegenläufige Ziel, → Vor § 1059 Rn. 3 (Verhältnis). Während mit dem Aufhebungsverfahren die rückwirkende Beseitigung des Schiedsspruchs beabsichtigt wird, soll dieser durch das Vollstreckbarkeitsverfahren verfestigt werden. Beide Verfahren können in den Grenzen von §§ 1059 III 4, 1060 II nebeneinander verlaufen, → Vor § 1059 Rn. 3; Einzelfragen: Haas FS Rechherger, 2005, 189; Hausmann FS Stoll, 2001, 615. Hat der Antragsgegner im Verfahren nach § 1060 von der Möglichkeit eines Aufhebungsverfahrens nicht fristgemäß Gebrauch gemacht, beschränkt sich die Prüfung nach § 1060 II 3 auf die Aufhebungsgründe nach II Nr. 2; wird der Aufhebungsantrag abgewiesen, entfällt bei § 1060 die Prüfung eines Aufhebungsgrundes, Musielak/Voit/Voit Rn. 1. Einer Klage auf die Feststellung der Unwirksamkeit des Schiedsspruchs nach § 256 fehlt wegen § 1059 das Rechtsschutzinteresse, Mü OLGR 2006, 767; Kröll SchiedsVZ 2007, 152; → Vor § 1059 Rn. 1; → Rn. 4 „Beschwer". 2

§ 1059 steht im Zusammenhang § 1055, der eine Rechtskraftwirkung des Schiedsspruchs und damit eine möglichst rasche endgültigen Klärung im Interesse der Prozesswirtschaftlichkeit und der Rechtssicherheit bezweckt. Andererseits birgt ein Schiedsspruch auch wegen umfänglicher Möglichkeiten für Parteivereinbarungen die Gefahr eines Verstoßes gegen wichtige Verfahrensregeln. IRd § 1059 sind diese verschiedenen Aspekte zu berücksichtigen, ohne dass durch das Gericht eine Inhaltskontrolle über die Voraussetzungen des § 1059 II hinaus stattfindet, MüKoZPO/Münch Rn. 5, 8. Das Aufhebungsverfahren darf nicht zu einer **révision au fond,** dh zu einer Inhaltskontrolle des Schiedsspruchs führen, so dass zB die Beweiswürdigung eines Schiedsgerichts nicht durch die eigene Beweiswürdigung des staatlichen Gerichts ersetzt werden kann, BGH NJW 2014, 3652 und 1597; 2002, 3031; Ffm BeckRS 2020, 35848; Stgt SchiedsVZ 2003, 85; Kröll SchiedsVZ 2020, 221; Voit FS Musielak, 2004, 595; → Rn. 27. 3

II. Zulässigkeit. 1. Grundsatz. Der Aufhebungsantrag hat folgende Zulässigkeitsvoraussetzungen, die von Amts wegen zu prüfen sind und über die nach § 280 analog gesondert verhandelt und entschieden werden kann, Zöller/Geimer Rn. 1c: 4

Allgemeine Zulässigkeitsvoraussetzungen: Dazu gehören die Zuständigkeit des OLG nach § 1062 I Nr. 4, → Rn. 10, 29, und die allgemeinen Prozesshandlungsvoraussetzungen. Ein Anwaltszwang besteht nach §§ 1063 IV, 78 I nur, wenn das OLG die mündliche Verhandlung anberaumt.

Statthaftigkeit: → Rn. 5 f.

Ordnungsgemäßer und fristgerechter Antrag: Die Vorschrift sieht als Rechtsbehelf den Antrag der Partei auf die Aufhebung durch das Gericht vor; eine Änderung des Schiedsspruchs kann nicht beantragt werden, Kröll NJW 2003, 793; → Rn. 10. Der Antrag muss innerhalb der Frist des III gestellt werden, wenn die Parteien nichts anderes vereinbart haben, → Rn. 29 ff. Zu § 1059 III 4 → Rn. 29.

Beschwer oder Rechtsschutzbedürfnis: Erforderlich. Fehlt in der Regel für die obsiegende Schiedspartei. Beschwer im Kostenpunkt reicht aus, Saarbr SchiedsVZ 2008, 313. Zum Rechtschutzbedürfnis, wenn zuerst ein Antrag nach § 1060 gestellt wird und umgekehrt; → Vor § 1059 Rn. 3; vgl. auch → Rn. 29; vgl. van de Sande/Folter SchiedsVZ 2016, 72: Hilfsantrag auf Aufhebung im Vollstreckbarkeitsverfahren möglich.

Keine Vollstreckbarkeitserklärung: Nach III 4 kann der Aufhebungsantrag nicht mehr gestellt werden, wenn der Schiedsspruch durch das Gericht für vollstreckbar erklärt wurde.

2. Statthaftigkeit. a) Allgemein. Die Statthaftigkeit des Aufhebungsantrages bestimmen I, II abschließend. Nach I ist zu prüfen, ob ein wirksamer rechtskräftiger Schiedsspruch eines Schiedsgerichts nach §§ 1054, 1055 mit einem Schiedsort im Inland vorliegt, der im schiedsrichterlichen Verfahren nach §§ 1025 ff. ergangen ist und die unverzichtbaren Förmlichkeiten des § 1054 erfüllt; nicht statthaft ist ein Aufhebungsverfahren für einen **ausländischen** Schiedsspruch, → Rn. 6 (Stichwort dort); zu den Voraussetzungen für einen Schiedsspruch → § 1054 Rn. 2. Das Vorliegen eines wirksamen Schiedsspruchs in diesem Sinn ist von Amts wegen zu prüfen, BGH NJW 2004, 2226. Mangels Statthaftigkeit des Aufhebungsverfahrens nach § 1059 bleibt der Klageweg zu den Gerichten schon wegen Art. 19 IV GG offen. Auf den Aufhebungsantrag im Ganzen kann man nicht im Voraus wirksam verzichten, BGH NJW 1986, 1436, sondern erst nach dem Erlass des Schiedsspruchs nach § 1054 und bei einer Kenntnis des bereits vorhandenen Aufhebungsgrunds, Ffm NJW 1984, 2768 (zust. Geimer). Anders liegt es beim Verzicht auf die Geltendmachung einzelner Gründe, wie II Nr. 1 zeigt: Soweit der Aufhebungsgrund allein dem Schutz der Partei dient, kann diese zu jeder Zeit darauf verzichten, ihn geltend zu machen. 5

b) Beispiele zur Statthaftigkeit eines Aufhebungsantrages

Ausländischer Schiedsspruch: § 1059 I gilt nur bei einem inländischen Schiedsspruch; I ist bei einem ausländischen Schiedsspruch unanwendbar, BGH NJW 2004, 2226 (krit. Schroeder SchiedsVZ 2005, 244); Mü 6

OLGR 2006, 767; Kröll NJW 2007, 747; ders. SchiedsVZ 2013, 259.; Prütting/Gehrlein/Raeschke-Kessler Rn. 3; Thomas/Putzo/Seiler Rn. 5; → Rn. 9; Zöller/Geimer Rn. 1, 3.

Beendigungsbeschluss: Unanwendbar ist I bei einem Beschluss nach § 1056 II, Haas SchiedsVZ 2010, 295.

Gesonderter Schiedsspruch: Anwendbar ist I auch bei einem solchen nach §§ 1057, 1058, BGH VersR 2005, 526; → § 1057 Rn. 3, 5; → § 1058 Rn. 4.

Grundschiedsspruch: Anwendbar ist I auch bei einem solchen abschließenden entsprechend § 304, BGH NJW-RR 2007, 1008; Kremer/Weimann SchiedsVZ 2007, 245; Kröll NJW 2009, 1187; → § 1054 Rn. 2; aM Ffm SchiedsVZ 2007, 279.

Inländischer Schiedsspruch: → „Ausländischer Schiedsspruch".

Kostenentscheidung: I ist selbständig anwendbar, Mü SchiedsVZ 2017, 42; → § 1057 Rn. 5.

Oberschiedsgericht: Bei einem zweistufigen Verfahren liegt ein Schiedsspruch gemäß § 1054 erst mit Abschluss des gesamten Verfahrens vor, weil der erste Schiedsspruch unter der aufschiebenden Bedingung steht, nicht aufgehoben zu werden; erst nach Abschluss des gesamten Verfahrens ist der Antrag nach I statthaft, BGH NJW-RR 2018, 318; Kröll NJW 2019, 818; → § 1054 Rn. 2.

Prozessleitende Maßnahmen: Unanwendbar ist I, weil kein Schiedsspruch vorliegt, Kröll NJW 2005, 196; → § 1054 Rn. 2.

Prozessschiedsspruch: Anwendbar ist I auch bei einer Abweisung als unzulässig, BGH NJW 2002, 3032; → § 1054 Rn. 2.

Scheinschiedsspruch: Anwendbar ist I auch bei ihm, Naumb SchiedsVZ 2006, 103; Kröll NJW 2007, 743; Schröder SchiedsVZ 2005, 244.

Teilschiedsspruch: Anwendbar ist I auch bei einem solchen, BGH 96, 49; Mü SchiedsVZ 2008, 151; Kröll NJW 2009, 1187; Bühler/von Eschen IPRax 1990, 64; → § 1054 Rn. 2. Das gilt zB bei einer bloßen Kostenentscheidung nach § 1057, Hausmann FS Stoll, 2002, 611.

Verbands- oder vereinsinterner Schiedsspruch: Unanwendbar ist I in solcher Lage unabhängig von der Bezeichnung der Entscheidung, BGH NJW 2004, 2226; Kröll SchiedsVZ 2013, 25; großzügiger Ffm OLGR 2004, 9.

Vereinbarter Wortlaut: Anwendbar ist I auch bei einem solchen Schiedsspruch nach § 1053, BGH NJW 2001, 373.

Zweistufiges Schiedsverfahren: → „Oberschiedsgericht".

7 **3. Antrag, I und Darlegungslast.** Ein Antrag ist stets nötig. Er kann schriftlich, nach § 1063 IV bis zur Anordnung der mündlichen Verhandlung auch zu Protokoll der Geschäftsstelle oder elektronisch bei Vorliegen der Voraussetzungen nach §§ 130a–130d gestellt werden. Für den ordnungsgemäßen Antrag müssen die allgemeinen Prozesshandlungsvoraussetzungen vorliegen, → Vor § 128 Rn. 54 ff. (allg. zu den Prozesshandlungen). Der Antrag an das nach § 1062 I Nr. 4 zuständige OLG unterliegt nach §§§ 78 III, 1063 IV bis zur Anordnung der mündlichen Verhandlung nicht dem Anwaltszwang. Den Antrag kann auch ein im schiedsrichterlichen Verfahren wie nach §§ 66 ff. zugelassener Streithelfer stellen, Stgt NJW-RR 2003, 496. Antragsgegner ist derjenige, den der Schiedsspruch berechtigt, Stgt SchiedsVZ 2003, 85: Schlosser FS Geimer, 2002, 963. „Partei" kann auch ein Rechtsnachfolger nach § 727 sein, BGH NJW-RR 2007, 1366 (aufgelöste OHG). → Rn. 5.

8 Inhaltlich kann man sich beim Antrag im Rahmen der **Darlegungspflicht** an den Anforderungen zur Revisionsbegründung nach § 551 III orientieren, KG SchiedsVZ 2009, 180; Kröll NJW 2009, 1187. Für die Tatsachen, die zur Beurteilung der Zulässigkeit erforderlich sind, → Rn. 4, trägt der Antragsteller die Darlegungslast. Im Rahmen der Begründetheit bestehen zwischen den Aufhebungsgründen nach II Nr. 1 und II Nr. 2 Unterschiede im Hinblick auf den Umfang, weil nur die nach Nr. 2 von Amts wegen zu beachten sind, BGH NJW 2001, 373; BayOblG NJW-RR 2000, 1359. Der Antrag ist auf die Aufhebung des Schiedsspruchs gerichtet. In dem Antrag muss der Antragsteller die Tatsachen **schlüssig** darlegen, die zur Zulässigkeit gehören, sowie die, die die von ihm geltend gemachten Aufhebungsgründe ergeben, BGH NJW 2002, 3031; Mü SchiedsVZ 2005, 309; Ehricke ZZP 113, 457, → Rn. 12; → Vor § 253 Rn. 14 (allgemein zur Prüfung von Amts wegen); → § 1042 Rn. 14 „Verspätung". Die rechtlich korrekte Benennung des Aufhebungsgrundes ist allerdings nicht erforderlich, Mü SchiedsVZ 2005, 308; MüKoZPO/Münch Rn. 60. Auch der rechtliche Hinweis auf einen der Aufhebungsgründe nach II Nr. 2 ist nicht zwingend, weil diese von Amts wegen zu berücksichtigen sind; allerdings muss auch hier der Vortrag des Antragstellers die erforderlichen Tatsachen für den Aufhebungsgrund enthalten, BGH NJW 2002, 3031; → Vor § 138 Rn. 22 ff. (allg. zur Darlegungslast); → Vor § 253 Rn. 14 (allgemein zur Prüfung von Amts wegen); aA wohl MüKoZPO/Münch Rn. 60.

9 Die **Darlegungslast** umfasst bei einem **ausländischen Schiedsspruch** auch – in den Einschränkungen des § 293 – die Existenz und den Inhalt des ausländischen Rechts, Ffm BeckRS 2019, 16020. Ein neues tatsächliches Vorbringen ist keine Klageänderung. Der Übergang zu einem anderen Grund ist eine Klageänderung nach § 263. Sie ist grundsätzlich sachdienlich, → § 263 Rn. 11. Zur Antragsfrist → Rn. 29 ff.

10 **4. Besonderheiten bei der Prozesskostensicherheit nach §§ 110 ff.** Zur Frage der **Prozesskostensicherheit** gilt folgendes: Da die Verfahren nach §§ 1059, 1060, 1061 gemäß § 1062 I Nr. 4 durch einen Antrag eingeleitet werden, finden diese Vorschriften keine direkte Anwendung, da die Beteiligten sich nicht als Kläger und Beklagte, sondern als Antragsteller und Antragsgegner gegenüber stehen. Die Vorschriften finden aber im Rahmen des § 1059 entsprechende Anwendung, wenn für den Antragssteller die Voraussetzungen des § 110 I vorliegen; diese Situation ist mit einer Klage nach § 767 vergleichbar und der Antragsteller befindet sich in der Rolle des Angreifers; ferner hat der Antragsgegner auch bei dieser Konstellation ein Interesse daran, vor Schwierigkeiten einer Vollstreckung im Ausland geschützt zu werden, Ffm vom 31.1.2018 – 26 Sch 7/17, juris; vgl. auch Mü SchiedsVZ 2022, 183 Rn. 24 ff.; Kröll SchiedsVZ 2022, 255 (256); Schumacher/Shchaveler SchiedsVZ 2022, 265 (270 ff.). Zum Verfahren auf Vollstreckbarkeitserklärung nach § 1060 hat der BGH zu dem bis 31.12.1997 geltenden Verfahrensrecht entschieden, dass die §§ 110 ff nicht entsprechend anwendbar sind, BGH NJW 1969, 2089; vgl. auch Karlsr SchiedsVZ 2022, 291; Kröll SchiedsVZ 2022, 255, 256. Die §§ 110 ff. finden aber auch nicht entsprechend Anwendung, wenn der Antragsgegner im Verfahren nach § 1060 einen (Gegen-)Antrag auf Aufhebung des Schiedsspruchs stellt, BGH NJW-RR 2022, 207 = SchiedsVZ 2022, 32; aA Ffm BeckRS 2018, 56946. Der BGH begründet dies mit dem Rechtsgedanken des § 110 II Nr. 4.

III. Begründetheit. 1. Grundsatz. Neben der Zulässigkeit ist in der Begründetheit zu prüfen, ob ein oder mehrere Aufhebungsgründe vorliegen, → Rn. 12 ff. Das OLG muss im Falle der positiven Entscheidung den Aufhebungsgrund vollständig feststellen; dieser muss für den Schiedsspruch ursächlich gewesen sein. Die Aufzählung der Aufhebungsgründe in der Vorschrift ist abschließend. Hat das Gericht den Aufhebungsgrund bereits rechtskräftig verneint, zB in den Fällen der §§ 1032 II, 1037 III, 1040 III 2, kann sich der Antragsteller nicht mehr mit Erfolg darauf berufen; entsprechendes gilt bei Heilung, insbesondere bei nicht ordnungsgemäßer Rüge, oder bei Präklusion zB nach § 1027, BGH WM 2003, 2433; Thomas/Putzo/Seiler Rn. 6; Haas FS Rechberger, 2005, 201; Schroeter SchiedsVZ 2004, 295; → Rn. 22 „Rechtsbehelfserschöpfung" und → „Rüge". 11

2. Aufhebungsgründe, II. a) Grundsatz. Ein Schiedsspruch ist dann aufheben, wenn mindestens einer der in II grundsätzlich abschließend genannten Gründe vorliegt, EuGH ZIP 2018, 948; BGH WM 2015, 2019; Raeschke-Kessler SchiedsVZ 2018, 3. Zu den materiell-rechtlichen Einwendungen BGH ZIP 2014, 244. Bei den Gründen muss man zwischen solchen Umständen unterscheiden, auf die sich die Partei nach II Nr. 1 berufen muss, BGH NJW 2001, 373; Kröll SchiedsVZ 2008, 115 (§ 551 III Nr. 2), und denjenigen, die das Gericht nach II Nr. 2 von Amts wegen zu beachten hat, BGH VersR 2005, 526; BayObLG RR 2000, 1359. Anhaltspunkte dafür, dass die von Amts wegen zu beachtenden Aufhebungsgründe nach II Nr. 2a, b denen nach II Nr. 1ad, die nur auf Rüge zu beachten sind, als lex specialis vorgehen, ergeben sich nicht, Musielak/Voit/Voit Rn. 24; MüKoZPO/Münch Rn. 12; aA wohl zu II Nr. 2a BGH SchiedsVZ 2018, 37 Rn. 12; NJW 2017, 2115. Eine über die Vorschrift hinausgehende Inhaltskontrolle des Schiedsspruchs ist unstatthaft, BGH SchiedsVZ 2008, 42; Kröll SchiedsVZ 2020, 219; NJW 2009, 1186; → Rn. 6, 22 „Teilschiedsspruch" und 27. Der Schiedsspruch unterliegt genau wie ein Urteil der Auslegung, wobei derselbe Maßstab gilt und die Gesamtumstände, insbesondere die Begründung nach § 1054 II, bedeutsam sind, BGH NJW 2009, 1747 (Feststellung zu der Insolvenztabelle statt Leistung). 12

b) Auf Rüge zu prüfende Aufhebungsgründe, II Nr. 1. aa) Allgemeines. Der Antragsteller muss die Tatsachen, die den Aufhebungsgrund ergeben, schlüssig mit einem etwaigen Beweisangebot vortragen. Denn er ist insoweit darlegungs- und beweispflichtig, BGH NJW 2001, 373; zur Darlegungslast → Rn. 9, 23; → § 138 Rn. 21 ff. (allgemein). Für die rechtliche Wertung ist dagegen das Schiedsgericht zuständig, Thomas/Putzo/Seiler Rn. 6; aM wohl Ehricke ZZP 113, 453 (auch relevante Rechtsnormen nennen). Die Vorschrift nennt vier Fallgruppen. 13

bb) Mangel der persönlichen Schiedsfähigkeit, Ungültigkeit, II Nr. 1a. Ein Aufhebungsgrund nach dieser Vorschrift ist gegeben, wenn eine wirksame Schiedsvereinbarung bzw. Anordnung nach § 1066 fehlt oder eine der Parteien schiedsunfähig ist. Maßgeblicher Zeitpunkt ist dabei der der Entscheidung nach § 1063 I 1 oder nach § 1065 I 1. Voraussetzung für die Aufhebung ist, dass einer der Parteien der Schiedsvereinbarung nach § 1029 nach dem für ihn persönlich maßgebenden Recht hierzu nicht fähig gewesen ist, BGH NJW 1998, 2452, oder die Schiedsvereinbarung nach dem Recht, dem die Parteien sie nach § 1025 I unterstellt haben, hilfsweise nach deutschem Recht oder zB nach dem EU-Recht unwirksam ist, BGH WM 2016, 1049; Ffm BeckRS 2019, 16020; Kröll SchiedsVZ 2020, 221; 2012, 201. Das kann man dann nicht annehmen, wenn sich der Betroffene nicht im Ausland gegen den dortigen Schiedsspruch gewehrt hat, BGH MDR 2011, 192. Den Fall der Ungültigkeit der Schiedsvereinbarung wegen fehlender Schiedsfähigkeit ihres Gegenstands regelt II Nr. 2a. Ist deutsches Recht anwendbar, kann sich das Fehlen der persönlichen Schiedsfähigkeit aus der fehlenden Rechts-, Geschäfts- oder Testierfähigkeit ergeben; die Schiedsvereinbarung kann wegen Nichteinhalten der Form, § 1031, bzw. aus anderen materiell-rechtlichen Gründen unwirksam sein bzw. wegen Kündigung keinen Bestand mehr haben, → § 1029 Rn. 15 ff., 20 ff., 39 ff. Ist eine Vollmacht relevant, muss sie wirksam (gewesen) sein, Kröll SchiedsVZ 2010, 215. Hat das Gericht die Zuständigkeit des Schiedsgerichts nach § 1040 III festgestellt, beinhaltet dies die Gültigkeit der Schiedsvereinbarung; deshalb wird von der Bindungswirkung der gerichtlichen Entscheidung auch die Feststellung der Schiedsfähigkeit umfasst, Mü BeckRS 2020, 2932; → § 1040 Rn. 7. Geht es um einen ausländischen Schiedsspruch, muss der Antragsteller den Inhalt des ausländischen Rechts, → Rn. 9, und die Tatsachen vortragen, die zur Unwirksamkeit der Schiedsvereinbarung führen können, Ffm BeckRS 2019, 16020 (russischer Schiedsspruch); Kröll SchiedsVZ 2019, 16020. 14

Darauf, ob die Partei den Mangel schon im schiedsrichterlichen Verfahren gerügt hatte, kommt es grundsätzlich nicht an, aM Mü SchiedsVZ 2014, 258. Anders liegt es dann, wenn die Rüge der Unzuständigkeit nach § 1040 III versäumt wurde, Kröll SchiedsVZ 2008, 115; → § 1040 Rn. 3, oder wenn man eine wirksame Schiedsvereinbarung während des schiedsrichterlichen Verfahrens ausdrücklich oder stillschweigend nachgeschoben hatte, BGHZ 88, 318; Mü BB 1977, 865; LG Ffm NJW 1983, 762. Gegen Treu und Glauben verstößt die Rüge der Unzulässigkeit des schiedsrichterlichen Verfahrens dann, wenn man dieses Verfahren selbst herbeigeführt hat, Hamm SchiedsVZ 2013, 182 (zust. Graumann), zB dadurch, dass man sich vorprozessual nachdrücklich und uneingeschränkt auf die Schiedsvereinbarung berufen, BGH NJW-RR 2009, 1582, oder als Bekl. am schiedsrichterlichen Verfahren teilgenommen hat, Hamm SchiedsVZ 2006, 106; Kblz SchiedsVZ 2005, 260; Kröll SchiedsVZ 2006, 213. Verboten ist auch eine missbräuchliche Klausel zulasten eines Verbrauchers oder Verbandes entgegen zB der Richtlinie 93/13/EWG v. 5.4.1993, EuGH SchiedsVZ 2010, 110. Unterschiedliche Parteibezeichnungen reichen zur Aufhebung nicht aus, BayObLGSchiedsVZ 2004, 163. Man kann II Nr. 1a bei einer Grenzüberschreitung europarechtsfreundlich anwenden, Kröll SchiedsVZ 2012, 129. 15

cc) Mangelnde Kenntnis, II Nr. 1b. Der Aufhebungsgrund setzt voraus, dass das Schiedsgericht eine Partei von der Bestellung der Schiedsrichter nach § 1035 oder von dem schiedsrichterlichen Verfahren nicht nach §§ 1044, 1046, 1047 II, III gehörig in Kenntnis gesetzt hat; er greift auch ein, wenn eine Partei aus anderen Gründen außerstande gewesen ist, ihre Angriffs- und Verteidigungsmittel anzugeben, BGH NJW-RR 2001, 1059. Insoweit handelt es sich um eine Ausprägung des rechtlichen Gehörs, → Vor § 128 Rn. 42 ff. Der Antragsteller muss auch darlegen, was er bei einer Kenntnis vorgetragen und welche Folgen das für den Schiedsspruch gehabt hätte, BGH SchiedsVZ 2009, 126; Ffm SchiedsVZ 2014, 157; Stgt SchiedsVZ 2003, 85. Unschädlich ist ein Verstoß dann, wenn der Empfänger säumig war, BGH NJW 2009, 1149, oder wenn er die Prozesshandlungen genehmigt hat, Ffm SchiedsVZ 2009, 240. II Nr. 1b gibt keinen Anspruch darauf, die Beurteilung des Schiedsgerichts schon vorab zu erfahren, Stgt SchiedsVZ 2011, 52. 16

17 **dd) Überschreitung des Streitgegenstands, II Nr. 1c.** Hs. 1 kann eingreifen, wenn der Schiedsspruch eine solche Streitigkeit betrifft, die die Schiedsvereinbarung nach § 1029 II nicht erfasst, oder wenn die Entscheidung die Grenzen der Schiedsvereinbarung nach der erforderlichen Auslegung überschreitet, BGH NJW 2002, 3031. Das ist zB der Fall, wenn das Schiedsgericht über eine zur Aufrechnung gestellten Forderung entscheidet, obwohl diese von der Schiedsvereinbarung nicht erfasst wird und über die auch nicht rechtskräftig entschieden wurde, → § 1029 Rn. 37. Ein Verstoß gegen Art. 344 AEUV liegt vor, wenn die Schiedsvereinbarung Streitigkeiten zwischen einem Mitgliedsstaat und einer Privatperson erfasst, EuGH SchiedsVZ 2018, 186; BGH SchiedsVZ 2019, 46; Thomas/Putzo/Seiler Rn. 10. Wenn sich die vom Mangel betroffenen Teile von den anderen Teilen wie bei § 301 trennen lassen, kann das Gericht nach II Nr. 1c Hs. 2 nur die betroffenen Teile aufheben, Borges ZZP 111, 492; Eberl SchiedsVZ 2003, 186. Eine unberechtigte Unzuständigkeitserklärung gehört nicht hierher, BGH NJW 2002, 3032; → § 1040 Rn. 6. Wird die Rüge der Unzuständigkeit nicht rechtzeitig iSd § 1040 II erhoben oder wird nur die Aktivlegitimation, eine Frage der Begründetheit, geltend gemacht, ist ein Aufhebungsgrund nach II Nr. 1c nicht gegeben, Mü v. 14.2.2019 – 34 Sch 4/17; Kröll SchiedsVZ 2020, 224.

18 **ee) Mangel der Gerichtsbildung, II Nr. 1d Fall 1.** Diese Vorschrift setzt voraus, dass die Bildung des Schiedsgerichts nach §§ 1034 ff. oder das Verfahren nach §§ 1042 ff. einer zwingenden Bestimmung des Buchs 10, BGH WM 2017, 1306, oder einer zulässigen Parteivereinbarung nicht entsprochen hat, Ffm SchiedsVZ 2013, 53. Ein solcher Fehler führt nur dann zur Aufhebung des Schiedsspruchs, wenn anzunehmen ist, dass er sich auf den Schiedsspruch ausgewirkt hat; es muss wenigstens die Möglichkeit bestehen, dass die Entscheidung ohne den Verfahrensverstoß anders ausgefallen wäre, BGH NJW 2018, 70; SchiedsVZ 2009, 127; Saarbr SchiedsVZ 2003, 94; Hmb RIW 1992, 154; Kröll NJW 2009, 1188. Diese Beschränkung verhindert die Aufhebung aus rein formalen Gründen und die dann nötige Durchführung eines weiteren Verfahrens mit voraussichtlich demselben Ergebnis.

19 Bei der Bildung des Schiedsgerichts ist Hauptfall die Entscheidung durch andere als die nach § 1035 vertraglich bestimmten Schiedsrichter. Haben die Parteien in der Schiedsvereinbarung nach § 1029 die Schiedsgerichtsordnung eines institutionellen Schiedsgerichts in Bezug genommen, ist eine spätere Änderung der Schiedsgerichtsordnung mangels Vereinbarung meist dann kein Bestandteil der Schiedsvereinbarung, wenn dadurch der Spruchkörper eine grundlegende Änderung erhält, Hmb KTS 1983, 499, wohl aber dann, wenn sich insoweit bestehende Mängel durch die Änderung beheben lassen, BGH NJW-RR 1986, 1060. Eine unvorschriftsmäßige Besetzung liegt auch dann vor, wenn der Schiedsrichter geschäftsunfähig ist, BGH NJW 1986, 3079 (keine Pflicht zur psychiatrischen Untersuchung). Eine bloße Minderung der geistigen Kräfte, die noch durch das Bestimmungsrecht der Parteien gedeckt ist, reicht nicht aus. Dasselbe gilt bei einer bloßen Oberflächlichkeit der Bearbeitung, Kröll SchiedsVZ 2010, 215. Sie mag aber nach → Rn. 20 eine Ablehnung rechtfertigen, BGH NJW 1986, 3079; Wierterfeld NJW 1987, 3059); aM Kornblume NJW 1987, 1105. Nicht ausreichend ist auch ein Fehlen der Nebentätigkeitsgenehmigung eines Berufsrichters, BGH WM 2016, 1245; → § 1036 Rn. 8 „Nebentätigkeit". Ausreichend für eine Ablehnung ist eine Verurteilung eines Schiedsrichters wegen Rechtsbeugung, KG NJW 1976, 1356.

20 **ff) Ausschluss oder Ablehnung eines Schiedsrichters II Nr. 1d Fall 1.** Der Aufhebungsgrund setzt einen Verstoß gegen eine Bestimmung des 10. Buches der ZPO oder gegen eine zulässige Parteivereinbarung voraus, BGH SchiedsVZ 2019, 287.Die Ablehnung eines Schiedsrichters nach § 1036 gibt einen Aufhebungsgrund nur dann, wenn das Gericht sie vor oder nach dem Schiedsspruch nach § 1054 für begründet erklärt hat, und auch nur dann, wenn es einer Partei nicht möglich oder zumutbar war, das Gesuch vor der Beendigung des schiedsrichterliches Verfahrens beim Gericht einzureichen, BGH BauR 2015, 1372. Ein bei Gericht anhängiges Ablehnungsverfahren nach § 1037 III muss auch dann fortlaufen, wenn der Schiedsspruch ergeht. Hat das Gericht die Ablehnung für unbegründet erklärt, kann man den Aufhebungsantrag nicht mehr darauf stützen, Kröll SchiedsVZ 2008, 115. Die Mitwirkung eines „ausgeschlossenen" Schiedsrichters, etwa in eigener Sache, begründet die Aufhebung trotz einer Versäumung der Ablehnungsfrist, BGH MDR 1999, 755; → § 1037 Rn. 8; → § 1029 Rn. 10. Der Verlust des Ablehnungsrechts nach § 1036 zB durch eine rügelose Einlassung wie bei § 43 führt auch zum Verlust eines Aufhebungsrechts, Kröll SchiedsVZ 2012, 203; → § 1037 Rn. 8.

21 **gg) Mangel des Verfahrens, II 1d Fall 2.** Für diesen Aufhebungsgrund muss entweder ein Verstoß gegen die zulässige Parteivereinbarung oder gegen eine Bestimmung des 10. Buches des ZPO vorliegen; Verstöße gegen Normen aus sonstigen Büchern der ZPO rechtfertigen eine Aufhebung nur dann, wenn es sich um unverzichtbare Normen eines ordnungsgemäßen Verfahrens handelt, BGH SchiedsVZ 2019, 287; NJW 1994, 2155; vgl. auch Saenger/Eberl/Eberl/Saenger § 1059 Rn. K 16 ff. (Beispiele für Verfahrensfehler). Zu den das Verfahren bestimmenden Vorschriften gehören auch die Regelungen einer solchen institutionellen Verfahrensordnung, der sich die Parteien unterworfen haben, BGH NJW 1994, 2155. Es genügt, wenn der Schiedsspruch auf dem Verstoß beruhen kann, BGH BauR 2015, 1372. Das muss die Partei aber auch nachvollziehbar darlegen. Es muss sich zB der Schluss aufdrängen, das Schiedsgericht habe den Sachvortrag überhaupt nicht zur Kenntnis genommen, Düss SchiedsVZ 2008, 156. Beweispflichtig für den Verstoß und dafür, dass der Spruch auf einem solchen Verstoß beruhen kann, ist derjenige, der die Aufhebung verlangt, → Rn. 8. Anders liegt es nur dann, wenn der Bekl. die Beweisführung vereitelt hat. Bei einer erfolgreichen Ablehnung liegt ihre Ursächlichkeit für die Entscheidung grundsätzlich vor, BGH BauR 2015, 1372. Aufzuheben ist nur, soweit das Verfahren von dem Mangel betroffen ist, BGH BauR 2015, 1372, vorausgesetzt, dass wegen des bestehenbleibenden Teils ein Teilurteil wie bei § 301 möglich ist, BGH NJW 1986, 1438.

hh) Beispiele zu II Nr. 1

22 **Allgemeine Geschäftsbedingungen:** Zu einer unzulässigen AGB-Schiedsvereinbarung Hilbig SchiedsVZ 2010, 74.

Antragsgrenzen: Aufhebbar ist ein über die Grenzen des § 308 I hinausgegangener Schiedsspruch, wenn nicht anzunehmen ist, dass die Parteien eine stillschweigende Antragserweiterung vorgenommen haben; hier kommt aber auch ein Verstoß nach Nr. 2b in Betracht; Köln SchiedsVZ 2012, 161.

Befangenheit: Wirkt ein erfolgreich abgelehnter Schiedsrichter beim Schiedsspruch mit, ist § 1059 II Nr. 1d zu bejahen, weil die Möglichkeit besteht, dass ansonsten der Schiedsspruch anders ausgefallen wäre, BGH SchiedsVZ 2018, 219. Aufhebbar ist der Schiedsspruch eines nicht abgelehnten Schiedsrichters nur in einem besonders schweren Fall der Befangenheit, Mü NJOZ 08, 4808; Kröll NJW 2009, 1188; → „Unabhängigkeit". Zur Problematik eines Sachverständigen → „Sachverständiger".

Berater: Aufhebbar bei Tätigkeit eines Beraters in beiden schiedsrichterlichen „Instanzen", Düss BB 1976, 251; unschädlich ist grundsätzlich eine solche Tätigkeit in nur einer Instanz.

Begründung: Aufhebbar ist der Schiedsspruch grds. beim Fehlen der erforderlichen Begründung nach § 1054 II, BGH NJW 1986, 1438. Diesen Mangel kann man naturgemäß nicht im schiedsrichterlichen Verfahren rügen.

Beweislast: Zöller/Geimer Rn. 43; → Rn. 8 (zur Darlegungslast) und Rn. 23; → § 138 Rn. 25 (allg. zur Beweislast); aM BayObLG EWiR 2000, 199 (zust. Berger).

Beweiswürdigung: Sie ist nur begrenzt überprüfbar; BGH BeckRS 2020, 35848; Stgt SchiedsVZ 2011, 49; Kröll NJW 2011, 1268 (grds. Verbot einer révision au fond, → Rn. 3, 27).

Dritter: Aufhebbar ist die Verurteilung eines in Wahrheit unbeteiligten Dritten, Kröll SchiedsVZ 2008, 117.

Eid: Aufhebbar ist ein Schiedsspruch nach einer Eidesabnahme durch das Schiedsgericht statt durch das Gericht über § 1050, → § 1050 Rn. 4.

Eigene Sache: Aufhebbar ist der Schiedsspruch nach einer Entscheidung in eigener Sache, uU über die Vergütung der Schiedsrichter, BGH NJW 1985, 1904; NJW 1976, 10; → § 1036 Rn. 8 „Eigene Sache" → § 1029 Rn. 10.

Hinweispflicht: Nicht aufhebbar ist der Schiedsspruch schon wegen eines Verstoßes gegen § 139, BGH NJW 1990, 3211; Stgt SchiedsVZ 2011, 49; Kröll NJW 2011, 1269.

Klageänderung: Aufhebbar ist ein unter Verstoß gegen § 1046 II ergangener Schiedsspruch, → § 1046 Rn. 8.

Kosten: Nicht aufhebbar ist ein Schiedsspruch wegen eines Widerspruchs zwischen der Kostenregelung in der Schiedsvereinbarung nach § 1029 und der Kostenentscheidung im Schiedsspruch nach § 1057, aM Schwab/Walter 24 Rn. 26.

Mitwirkungsverzicht: Nicht aufhebbar ist der Schiedsspruch, soweit sein Mangel nur darauf beruht, dass die Partei erklärt hatte, nicht mehr mitwirken zu wollen.

Ordre public: Aufhebbar ist der Schiedsspruch nach einem Verstoß gegen den ordre public, → Rn. 25, 28.

Parteifähigkeit: Aufhebbar ist der Schiedsspruch nach einem Mangel der Parteifähigkeit nach § 50.

Parteivereinbarung: Aufhebbar ist ein Schiedsspruch, soweit er gegen eine Parteivereinbarung erging, Kröll SchiedsVZ 2012, 203.

Rechtliches Gehör: Allgemein Wilhelmi SchiedsVZ 2020, 30; → Vor § 128 Rn. 42 ff.; → Rn. 28; → § 1060 Rn. 19 (je) „Rechtliches Gehör". Das rechtliche Gehör kann je nach Art den Tatbestand in § 1059 II Nr. 1b, Nr. 1d und Nr. 2b erfüllen, BGH SchiedsVZ 2020, 46 und 94; 2018, 31 (Nr. 2b soll vorgehen); Mü NJOZ 2018, 1146; Kröll NJW 2019, 821; → § 1042 Rn. 5. Aufhebbar kann ein Schiedsspruch nach einem Verstoß gegen Art. 103 I GG sein, §§ 1042 I, 1052 II 2, BGH BeckRS 2021, 46107; Mü NJOZ 2018, 1146; SchiedsVZ 2011, 231; Stgt SchiedsVZ 2011, 529 (dort verneint); Kröll NJW 2019, 818, 821; SchiedsVZ 2013, 261; NJW 2005, 197; → § 1042 Rn. 5 ff. Das Schiedsgericht muss das Parteivorbringen zur Kenntnis genommen und in Erwägung gezogen haben, BGH BeckRS 2021, 46107; SchiedsVZ 2020, 46 und 94; GRUR 2018, 974 (zu § 254 BGB); NJW 2007, 748; → § 1042 Rn. 5; Wilhelmi SchiedsVZ 2020, 30. Der Schiedsspruch muss eine Abwägung erkennbar gemacht haben, BVerfG NJW2007, 2241 und 2243; BGH SchiedsVZ 2020, 46; und 94; Kröll NJW 2019, 818, 821; 2009, 1188. Deshalb darf das Schiedsgericht ein eindeutiges Bestreiten nicht übergangen haben, BGH NJW 1992, 2299 (krit. Sandrock JZ 1986, 377). Grundsätzlich wird vermutet, dass das Schiedsgericht den Vortrag der Parteien zur Kenntnis genommen hat, auch wenn es nicht auf alle Einzelheiten eingegangen ist; das Schiedsgericht braucht nicht jede Nuance seiner Erwägungen in die Begründung aufzunehmen; allerdings muss sich das Schiedsgericht nach neueren Entscheidungen des BGH mit den Kernpunkten in der Begründung auseinandersetzen; dies führt aber nicht zu einer Inhaltskontrolle; eine revision au fond, dh eine inhaltliche Überprüfung, ist nicht zulässig, wobei die Abgrenzung zum Anspruch auf rechtliches Gehörs nicht immer einfach ist, BGH SchiedsVZ 2020, 46 und 94; Ffm NZG 2020, 1280; BeckRS 2020, 35848 Rn. 58 (Verbot der eigenen Beweiswürdigung); Kröll NJW 2020, 1420; Kröll SchiedsVZ 2020, 221; Wilhelmi SchiedsVZ 2020, 30; → § 1042 Rn. 4. Eine persönliche Parteianhörung neben derjenigen ihres ProzBevtl. ist nicht stets nötig, Mü SchiedsVZ 2010, 172 (zu § 1061).

Nicht aufhebbar ist der Schiedsspruch in jedem Fall nach dem Übergehen eines Beweisantrags; im Einzelfall kann ein Freibeweis gerechtfertigt sein, wobei in jedem Fall dann eine Auseinandersetzung im Schiedsspruch ratsam ist, BGH NJW-RR 1993, 445; Ffm BeckRS 2019, 32865 (Schadenshöhe bei Schadensschätzung); BeckRS 2019, 33789 (kein eigenes Sachverständigengutachten bei mehreren Privatgutachten); BeckRS 2018, 18804 (keine Beweisaufnahme bei Benennung des Geschäftsführers der beteiligten GmbH als Zeugen); Kröll SchiedsVZ 2020, 222; NJW 2020, 1420 und SchiedsVZ 2020, 223 (verspätete Beweisanträge); SchiedsVZ 2019, 818, 821; 2009, 1188. Ist das Schiedsgericht auf die Widerklage nicht eingegangen, weil der geforderte Vorschuss nicht bezahlt wurde, liegt keine Verletzung des rechtlichen Gehörs vor, Ffm BeckRS 2019, 16020. Zum Verstoß gegen den Grundsatz der Waffengleichheit → Vor § 128 Rn. 45; → Rn. 28 „Rechtliches Gehör".

Rechtsbehelfserschöpfung: Nicht aufhebbar ist der Schiedsspruch, soweit die Partei nicht alle ihr möglichen Rechtsbehelfe erschöpft hat, zB nach §§ 1034 II, 1037 III, 1038 I, Ffm SchiedsVZ 2006, 222.

Restitutionsgrund: Aufhebbar ist der Schiedsspruch grundsätzlich beim Vorliegen eines Restitutionsgrunds nach § 580, wobei die Grenzen der §§ 581, 582 zu beachten sind, BGH SchiedsVZ 2018, 53 Rn. 58; NJW 2001, 373; Stgt SchiedsVZ 2003, 85; MüKoZPO/Münch Rn. 52; Zöller/Geimer Rn. 67; aM Kröll SchiedsVZ 2004, 119; Rüßmann FS Schlosser (2005), 799.

Rüge: Aus § 1027 folgt, dass der Mangel iSd Vorschrift während des schiedsrichterlichen Verfahrens rechtzeitig, aber vergeblich beim Schiedsgericht gerügt werden muss; ansonsten ist der Schiedsspruch grundsätzlich nicht aufhebbar, BGH WM 2017, 1305; Zöller/Geimer Rn. 45a; Borges ZZP 111, 493; aM BayObLG 1999, 55; Hausmann FS Stoll, 2001, 605; → § 1037 Rn. 8 (zu den Ausnahmen).

Sachverständiger: Bei Nichtoffenbarung von eventuellen Ablehnungsgründen nach §§ 1049 III, 1036 I sind Mangel und Kausalität bei Zugrundelegen des Gutachtens eines Sachverständigen zu bejahen, wenn diese Gründe berechtigte Zweifel an seiner Unparteilichkeit oder Unabhängigkeit aufkommen lassen, BGH BeckRS 2019, 4854; NJW 2018, 70; Kärcher SchiedsVZ 2017, 277; → § 1049 Rn. 5; → Rn. 20 (Schiedsrichterablehnung). Aufhebbar ist ein Schiedsspruch nach einer willkürlichen Bestellung eines Sachverständigen nach 1049 oder nach der Verwertung des Gutachtens eines solchen Sachverständigen, dessen Mangel an Sachkunde das Schiedsgericht kannte.

Schiedsort: Aufhebbar ist der Schiedsspruch bei rechtsmissbräuchlichen Bestimmung des Schiedsorts nach § 1043 I 2, 3, Borges ZZP 111, 505.
Schiedsvereinbarung: Zur Wirksamkeit → Rn. 13 ff.; → § 1029 Rn. 16 ff.
Streitwert: Nicht aufhebbar ist der Schiedsspruch wegen einer Festsetzung des Streitwerts durch das Schiedsgericht, KG SchiedsVZ 2011, 111. Darin liegt noch kein Tätigwerden in → „Eigene Sache".
Teilschiedsspruch: § 301 gehört nicht zu den unverzichtbaren Normen eines ordnungsgemäßen Verfahrens; der Aspekt der Widerspruchsfreiheit von Teil- und Schlussentscheidung ist kein unverzichtbarer Grundsatz der deutschen Rechtsordnung, soweit die Verfahrensgestaltung noch rational nachvollziehbar ist, so dass ein Verstoß mangels Parteivereinbarung nicht zur Aufhebung führt; das folgt aus dem weiten Ermessensspielraum des § 1042 IV, BGH NJOZ 2020, 1500 = SchiedsVZ 2021, 341; SchiedsVZ 2019, 287; Groh/Lieberknecht SchiedsVZ 2021, 297; auch → Rn. 28 „Grundurteil" Kröll SchiedsVZ 2011, 212.
Überraschungsentscheidung: Das Schiedsgericht ist nicht verpflichtet, Einzelheiten seines Rechtsstandpunktes darzulegen; aufhebbar kann ein Überraschungsschiedsspruch nur bei Verletzung des rechtlichen Gehörs sein, Kröll NJW 2009, 1188; → „Rechtliches Gehör".
Unabhängigkeit: Aufhebbar ist ein erlassener Schiedsspruch bei Mitwirkung eines erfolgreich abgelehnten Schiedsrichters, BGH NJW 1986, 3027, ansonsten nur bei schwerwiegenden Gründen, → „Befangenheit".
Unzuständigkeit: Aufhebbar ist der Schiedsspruch nach einer Überschreitung der Zuständigkeit des Schiedsgerichts, Kröll NJW 2009, 1187, oder dann, wenn sich das Schiedsgericht zu Unrecht durch einen Prozessschiedsspruch für unzuständig erklärt hatte, BGH NJW 2002, 3031. Zur entsprechenden Verneinung durch das Rechtsbeschwerdegericht: BGH WM 2016, 1714.
Verfahrensdauer: Aufhebbar sein kann der Schiedsspruch nach Art. 6 I MRK wegen einer überlangen Verfahrensdauer entsprechend §§ 198 ff. GVG, Habscheid FS Henckel, 1995, 342; Matscher IPRax 1992, 335.
Vergütung: → „Eigene Sache".
Vorschuss: Aufhebbar ist ein Schiedsspruch bei Ablehnung einer Beweisaufnahme nur wegen Nichtzahlung des Vorschusses für die Schiedsrichter BGH NJW 1985, 1904; → Anh. § 1035 Rn. 16. Nicht aufhebbar ist er bei der Anwendung einer vereinbarten Rechtzeitigkeitsklausel, Hmb NJW-RR 2000, 806.
Zuständigkeit: „Unzuständigkeit".

23 **3. Von Amts wegen zu prüfende Aufhebungsgründe, II Nr. 2. a) Allgemein.** Das Gericht muss sie grundsätzlich im Verfahren der Vollstreckbarkeitserklärung nach § 1060 auch nach dem Ablauf der Antragsfrist nach III berücksichtigen, BGH NJW 2001, 373. Eine gewisse Inhaltskontrolle findet praktisch nur bei Nr. 2b statt, Kröll NJW 2015, 836; → Rn. 25; aM MüKoZPO/Münch Rn. 7 (keine Inhaltskontrolle). Insoweit ist zwar keine Rüge erforderlich; jedoch muss die Partei die maßgeblichen Tatsachen vortragen; zum Umfang des Vortrages des Antragstellers und seiner Darlegungslast → Rn. 8 f.

24 **b) Mangel der sachlichen Schiedsfähigkeit, II Nr. 2a.** Ein Aufhebungsgrund liegt vor, wenn der Streitgegenstand nach deutschem Recht nicht schiedsfähig ist, selbst wenn die Parteien die Schiedsvereinbarung einem anderen Recht unterstellt haben, BGH WM 2017, 1112; Thomas/Putzo/Seiler Rn. 15; Kröll SchiedsVZ 2010, 217; Borges ZZP 111, 494; Hausmann FS Stoll, 2001, 605; zur Schiedsfähigkeit → § 1030 Rn. 3 ff. Es handelt sich um einen Unterfall einer Ungültigkeit der Schiedsvereinbarung nach § 1029, der wegen seiner Bedeutung aus der allgemeinen Regelung in II Nr. 1a herausfällt und den das Gericht von Amts wegen als vorrangig beachten muss, BGH WM 2017, 1112. Eine Präklusion tritt nicht ein, Mü FamRZ 2016, 52.

25 **c) Verstoß gegen die öffentliche Ordnung, II Nr. 2b.** Dazu Horn SchiedsVZ 2008, 209; Kröll SchiedsVZ 2020, 225; NJW 2020, 1420; 2019, 818 (821); 2015, 838; Marx, Der verfahrensrechtliche ordre public bei der Anerkennung und Vollstreckung ausländischer Schiedssprüchen in Deutschland, 1994. Der Begriff entspricht im Wesentlichen dem in § 328 I Nr. 4, dh der Schiedsspruch ist aufhebbar, wenn er mit wesentlichen Grundsätzen des deutschen Rechts, insbesondere den Grundrechten, offensichtlich nicht vereinbar ist, BGH NJW 2014, 1597; Thomas/Putzo/Seiler Rn. 16; Kröll NJW 2007, 748; Dabei handelt es sich um diejenige öffentliche Ordnung Deutschlands, die den anerkennungsfreundlichen sog. ordre public international umfasst, BGH NJW 2018, 71; 2015, 3234; 2007, 774; Sandrock FS Sonnenberger, 2004, 615.

26 Nicht jede Verletzung zwingender Normen führt aber zur Annahme eines ordre public-Verstoßes; vielmehr müssen Normen betroffen sein, die die grundlegenden Werte der Rechtsordnung umfassen und die Grundlagen des staatlichen oder wirtschaftlichen Lebens regeln; ein Verstoß gegen die öffentliche Ordnung ist anzunehmen, wenn der Schiedsspruch zu deutschen Gerechtigkeitsvorstellungen in einem untragbaren Widerspruch steht, BGH SchiedsVZ 2021, 46; BeckRS 2020, 19737; 2020, 10815; WM 2019, 36; NJW 2009, 1215; Drsd IPRax 2010, 241 (grobe Benachteiligung). Der ordre public-Einwand dient nicht dazu, die Rechtsanwendung des Schiedsgerichts zu überprüfen; das ergibt sich aus § 1055; auch Fehlentscheidungen sind grundsätzlich wie formell rechtskräftige Urteile hinzunehmen; das Aufhebungs- und das Vollstreckbarkeitsverfahren sollen nur sicherstellen, dass elementare Grundlagen der Rechtsordnung nicht verletzt sind, Mü BeckRS 2014, 01197; Celle BauR 2011, 1029; MüKoZPO/Münch Rn. 7; Kröll NJW 2009, 1189. Zu dem verfahrensrechtlichem ordre public gehören die Fälle des Prozessbetruges nach § 580 Nr. 4, BGH NJW 2001, 374; Mü OLGR 2007, 361; Stgt NJW-RR 2003, 495, der Verstoß einer Entscheidung in eigener Sache, → § 1036 Rn. 7 „Eigene Sache", und der Grundsatz des rechtlichen Gehörs nach Art. 103 GG. Aus Art. 103 GG ist abzuleiten, dass das Schiedsgericht das Vorbringen der Parteien zur Kenntnis nehmen und in Erwägung ziehen muss; für einen Verstoß sind Anhaltspunkte erforderlich; nicht zwingend ist eine Auseinandersetzung mit jedem einzelnen Vorbringen, BGH SchiedsVZ 2020, 46 und 94; NJW 2018, 70; Ffm NZG 2020, 1280; Stgt SchiedsVZ 2011, 52; → Rn. 22 und 28 „Rechtliches Gehör". Der Verstoß muss zum Zeitpunkt der Entscheidung des OLG über den Aufhebungsantrag vorliegen, BGH WM 2017, 2391; Mü SchiedsVZ 2014, 98; 153; Kröll NJW 2009, 1189. Diesen muss das OLG von Amts wegen klären, Mü SchiedsVZ 2011, 165; Kröll NJW 2015, 836; → Rn. 8 f.

27 II Nr. 2b bindet das OLG nicht an den Schiedsspruch im Hinblick auf die tatsächlichen Feststellungen, BGH WM 1983, 1207; Gottwald FS Nagel, 1987, 66; aM Köln SchiedsVZ 2005, 165; Zöller/Geimer Rn. 53. Das Gericht ist auch im Übrigen in rechtlicher Hinsicht nicht an den Schiedsspruch gebunden, wie zB an die Vertragsauslegung, an die Wertungen zu anderen Rechtsfragen einschließlich der Frage des anzuwendenden Rechts und nicht an die Beurteilung der Rechtsfolgen. Unerheblich ist auch, ob die zur öffentlichen Ordnung

gehörenden Normen Gegenstand des schiedsrichterlichen Verfahrens waren. Später entstandene Einwendungen sind im Vollstreckungsverfahren geltend zu machen, → § 1060 Rn. 19. Es erfolgt keine **révision au fond,** Mü SchiedsVZ 2011, 168; Ffm BeckRS 2020, 35848 Rn. 54; Rn. 3; → Rn. 22 „Beweiswürdigung".

d) Beispiele zur Frage eines Verstoßes gegen die öffentliche Ordnung, II Nr. 2b

Abtretung des streitgegenständlichen Anspruchs: Ein positiver Schiedsspruch trotz Kenntnis des Schiedsgerichtes hiervon führt nicht zu einem Verstoß gegen den inländischen ordre public; § 265 ist im Schiedsverfahren nicht entsprechend anwendbar, BGH BeckRS 2021, 47552 = SchiedsVZ 2022, 237 Rn. 23 f.; → § 1055 Rn. 7. 28

Aktivlegitimation: → „BGB-Gesellschaft".

Anstandsgefühl: Im Einzelfall kann sich daraus ein Aufhebungsgrund ergeben, Mü SchiedsVZ 2012, 107.

Antragsüberschreitung: Nicht stets aufhebbar ist jeder Verstoß gegen § 308 I, Köln SchiedsVZ 2012, 162; → Rn. 22 „Antragsgrenzen".

Ausschließung eines Schiedsrichters: Aufhebbar ist der Schiedsspruch bei der Mitwirkung eines ausgeschlossenen Schiedsrichters.

Bestechung: Aufhebbar ist ein auf Bestechung beruhender Schiedsspruch. Zum Problem Harbst SchiedsVZ 2007, 22.

Betrug: Aufhebbar kann ein durch Betrug erwirkter Schiedsspruch sein, BGH NJW 2001, 373 (mit den Einschränkungen des § 581).

Beweiswürdigung: → „Rechtliches Gehör".

BGB-Gesellschaft: Grundsätzlich ist eine Überprüfung der Aktivlegitimation im Rahmen des ordre public entzogen, jedenfalls wenn es um das Außenverhältnis geht; ein ordre public-Verstoß kommt nur in Betracht, wenn der Schiedsspruch gegen eine Partei gerichtet ist, die am Schiedsverfahren nicht beteiligt war, BGH SchiedsVZ 2019, 353 (Radiologenfall).

Börse: Nicht aufhebbar ist der Schiedsspruch allein wegen eines Verstoßes gegen Börsenterminregeln, BGH NJW-RR 2005, 1071; 1991, 757.

DFB: Die Verbandsstrafenhaftung des § 9a der Rechts- und Verfahrensordnung des DFB (DFB-RuVO) widerspricht nach Auffassung des BGH, NJW 2022, 245 Rn. 22 ff. = Schieds SchiedsVZ 2022, 91 (Vorinstanz: Ffm NZKart 2020, 448 = BeckRS 2020, 14655) nicht dem ordre public, weil die „Verbands-Geldstrafe" keine strafähnliche Sanktion darstelle; nur eine solche könne ohne Schuld des Täters rechtsstaatswidrig sein; die „Verbandsstrafe" diene nicht der Ahndung und Sühne vorangegangenen Fehlverhaltens, sondern solle den künftigen ordnungsgemäßen Spielbetrieb sichern, vgl Anm zur BGH-Entscheidung: Orth NJW 2022, 220 (kritisch bezüglich der Begründung des BGH) und Luft SchiedsVZ 2022, 97.

Dissenting Opinion: Zum Meinungsstreit, ob Sondervoten offengelegt werden können oder ob der Verstoß gegen das Beratungsgeheimnis einen Verstoß gegen ordre public darstellt → § 1054 Rn. 8 f.

Dritter: Aufhebbar ist ein Schiedsspruch gegen einen nicht beteiligten Dritten, Mü NJW 2007, 2129 (Gesellschafter statt BGB-Gesellschafter); → „BGB-Gesellschaft".

Einheit der Rechtsordnung: Ein Verstoß kann reichen, Kröll SchiedsVZ 2013, 261.

Ermessen: Nicht aufhebbar ist ein nur ermessensfehlerhafter Schiedsspruch, BGH SchiedsVZ 2008, 43.

Europarechtsverstoß: Aufhebbar ist ein gegen Art. 85 EGV verstoßender Schiedsspruch, Habscheid ZZP 84, 208, Raeschke-Kessler EuZW 1990, 147.

Faires Verfahren: Aufhebbar ist ein Schiedsspruch bei Verstoß gegen dieses Grundgebot, BVerfG NJW 2004, 2150. Ein Verzicht auf jede Anfechtung kann aber zur Unanwendbarkeit sogar des Art. 192 I IPRG führen, EGMR/Münch SchiedsVZ 2017, 114.

Fälligkeit: § 271a BGB ist kein Bestandteil des ordre public, KG 16.5.2019 –12 Sch 12/18; Kröll SchiedsVZ 2020, 226.

Getreidehandel: Nicht aufhebbar ist der Schiedsspruch schon wegen eines Verstoßes gegen § 41 der Einheitsbedingungen im Deutschen Getreidehandel, BGH NJW 2009, 1215.

Grundurteil: § 304 gehört nicht zu den unverzichtbaren Normen eines ordnungsgemäßen Verfahrens; während BGH BeckRS 2019, 4597 offengelassen hat, ob der verfahrensrechtliche ordre public eine Einschränkung von diesem Grundsatz erfordern könnte, wenn infolge eines Grundurteils eine konkrete Gefahr widersprüchlicher Entscheidungen droht oder die Verfahrensgestaltung des Schiedsgerichts im konkreten Fall nicht mehr rational nachvollziehbar ist, hat BGH BeckRS 2020, 19737 für einen Teilschiedsspruch entschieden, dass der Aspekt der Widerspruchsfreiheit von Teil- und Schlussentscheidung nicht unverzichtbar ist, → Rn. 22 „Teilschiedsspruch".

Insolvenz: Aufhebbar ist ein solcher Schiedsspruch, der die Gleichstellung aller Insolvenzgläubiger missachtet, Stgt SchiedsVZ 2014, 307 (krit. mAv Keller); Köln SchiedsVZ 2008, 152.

Kartellverstoß: Aufhebbar ist der Schiedsspruch, soweit er gegen zwingendes Kartellrecht verstößt, EuGH EuZW 1999, 565; BGHZ 88, 319; Jena SchiedsVZ 2008, 44 (Verstoß verneint, weil Auslegung des Schiedsgerichts vertretbar ist); Schmidt BB 2006, 1400.

Kosten: Nicht in jedem Fall aufhebbar ist ein Schiedsspruch schon wegen einer Bezifferung eines Kostenanspruchs der Schiedsrichter im Tenor, Dresd SchiedsVZ 2004, 44; Kröll NJW 2005, 198; → Rn. 22 „Eigene Sache", → Rn. 25.

Prozessfinanzierung: Nicht aufhebbar ist ein Schiedsspruch schon wegen einer zB 50%igen Erfolgsbeteiligung eines Prozessfinanzierers.

Rechtliches Gehör: → Rn. 22 und § 1060 Rn. 19 (je) „Rechtliches Gehör". Aufhebbar kann ein Schiedsspruch nach Nr. 2b bei Verstoß gegen dieses Verfassungsgebot sein, BGH BeckRS 2021, 46107; SchiedsVZ 2020, 46 und 94; NJW 2018, 70; 2016, 339; Ffm NZG 2020, 1280; BeckRS 2020, 17285; Mü SchiedsVZ 2015, 304; Kröll SchiedsVZ 2012, 202 und 207. Grundsätzlich ist davon auszugehen, dass Schiedsgerichte den Parteivortrag zur Kenntnis genommen und in Erwägung gezogen haben, Ffm BeckRS 2020, 17285. Ein Verstoß kommt aber in Betracht, wenn das Schiedsgericht von seiner geäußerten Meinung abweicht, ohne die Parteien darauf hinzuweisen, Stgt SchiedsVZ 2011, 49; Kröll NJW 2011, 1269. Ein Verstoß gegen den Grundsatz des rechtlichen Gehörs liegt auch vor, wenn das Schiedsgericht sich mit dem Kernvortrag des Schiedsklägers in der Begründung nicht auseinander setzt, auch wenn es den Antrag selbst wiedergibt und den

Vortrag schlicht auflistet, BGH BeckRS 2021, 46107; SchiedsVZ 2020, 46; 2020, 94; Wilhelmi SchiedsVZ 2020, 30; → § 1042 Rn. 4. Eine fehlerhafte Ablehnung eines Terminverlegungsantrages verletzt das rechtliche Gehör, wenn dadurch die Partei in der mündlichen Verhandlung vor dem Schiedsgericht nicht vertreten ist, BGH BeckRS 2022, 20156 Rn. 24; Vor § 128 Rn. 53 „Terminverlegung". Eine erkennbar falsche **Beweiswürdigung** stellt noch keinen Aufhebungsgrund dar, es sei denn, der Schiedsspruch ist mit elementaren Gerechtigkeitsvorstellungen nicht vereinbar, Ffm BeckRS 2020, 35848 Rn. 59. Ein Verstoß gegen den verfassungsrechtlichen Grundsatz der **Waffengleichheit** aus Art, 3 I, 20 III GG gehört zum verfahrensrechtliche ordre public, BGH GRUR 2021, 118 = SchiedsVZ 2021, 46 Rn. 9 = BeckRS 2020, 25089; → Vor § 128 Rn. 45; → Rn. 22 „Rechtliches Gehör".

Rechtskraft: Ein Verstoß gegen sie kann reichen, BGH WM 2019, 36; Kröll NJW 2019, 821; SchiedsVZ 2013, 262; verneinend, wenn Umfang der Rechtskraft nicht zweifelsfrei ist, BGH WM 2019, 36 (Handelsvertreterabrechnungen über einen längeren Zeitraum, der nicht eindeutig ist).

Sachliches Recht: Nicht aufhebbar ist ein Schiedsspruch schon wegen eines Verstoßes gegen materielles Recht unterhalb der Ebene der Grundrechte (anders § 110 I Nr. 2 ArbGG). Denn das OLG darf über II Nr. 2b hinaus die Richtigkeit der Sachentscheidung nicht nachprüfen, BGH NJW 1990, 3211; → Rn. 25.

Säumnis: Ein Verstoß gegen § 1048 III, dh der Erlass eines Versäumnisurteils, kann zur Aufhebung führen, BGH WM 2017, 111; → § 1048 Rn. 4.

Schiedsvereinbarung: Kann sich der Schiedsspruch nicht auf eine wirksame Schiedsvereinbarung stützen, liegt ein Verstoß gegen den ordre public vor, Hmbg BeckRS 2019, 37488; Kröll SchiedsVZ 2020, 225.

Sittenwidrigkeit: Aufhebbar kann ein durch einen Verstoß gegen § 826 BGB erwirkter Schiedsspruch sein, BGH NJW 2001, 373; Stgt NJW-RR 2003, 495; LG Ffm SchiedsVZ 2017, 210; aM Zöller/Geimer Rn. 69; allerdings ist der Verstoß nicht vollumfänglich überprüfbar; vielmehr muss sich das OLG auf die Überprüfung eines vertretbaren Ergebnisses beschränken, Kröll NJW 2005, 198.

Teilschiedsspruch: → Rn. 22 (Stichwort dort).

Überparteilichkeit: Aufhebbar ist ein solcher Schiedsspruch, der gegen das Gebot einer überparteilichen Rechtspflege verstößt, BGH NJW 1986, 3027.

Unbilligkeit: Sie reicht nicht, Kröll SchiedsVZ 2013, 261.

Unkenntnis: Aufhebbar ist der Schiedsspruch, falls eine Partei den Schiedsrichter nicht als solchen erkannt hatte, Köln ZZP 91, 318.

Unverhältnismäßigkeit: Aufhebbar ist ein Schiedsspruch, wenn dessen Anerkennung oder Vollstreckung zu einem Ergebnis führt, das erheblich gegen den Verhältnismäßigkeitsgrundsatz verstößt, BGH NJW 2022, 245 = SchiedsVZ 2022, 92 (§ 9a DFB-RuVO); Dresd SchiedsVZ 2005, 210; Kröll SchiedsVZ 2013, 262; NJW 2007, 748.

Unverständlichkeit: Aufhebbar kann ein widersinniger oder widersprüchlicher Schiedsspruch dann sein, wenn auch seine Gründe keine Klarheit bringen, Kröll SchiedsVZ 2012, 204.

Verfassungswidrigkeit: Aufhebbar ist der Schiedsspruch bei seiner Verfassungswidrigkeit, BVerfG NJW 2001, 2532.

Verhältnismäßigkeit: → „Unverhältnismäßigkeit".

Vertragsstrafe: Nicht aufhebbar ist der Schiedsspruch schon allein wegen der Vereinbarung einer Vertragsstrafe, Kröll SchiedsVZ 2007, 153. Etwas anderes kann bei einem Jahreszins von 180 % gelten, → „Zinsen", KG BeckRS 2019, 5992.

Verzicht auf Aufhebung in der Schiedsvereinbarung: Ein vor Erhalt des Schiedsspruchs erklärter genereller Verzicht in der Schiedsvereinbarung ist unwirksam; jedoch liegt bei Vollstreckbarerklärung eines Schiedsspruchs kein Verstoß gegen den inländischen ordre public vor, BGH BeckRS 2021, 47552 = SchiedsVZ 2022, 237 Rn. 15, 16.

Zinsen: Werden 180 % Jahreszins als Vertragsstrafe (0,5 % des Warenwertes pro Tag) vereinbart, ist dies mit dem deutschen ordre public unvereinbar, wenn die Höhe der Vertragsstrafe nicht durch länderspezifische Inflationsraten (Russland) oder sonstige Gründe gerechtfertigt ist; eine Reduktion auf ein angemessenes Maß kommt mangels inhaltlicher Entscheidungskompetenz des Exequaturgerichts nicht in Betracht, KG BeckRS 2019, 5992.

Vertretung: Aufhebbar ist der Schiedsspruch beim Verstoß gegen das Gebot einer ordnungsgemäßen Vertretung, BGH NJW 2009, 1748.

Waffengleichheit: → Rn. 22 „Rechtliches Gehör"; → „Rechtliches Gehör"; § 1060 Rn. 19 „Rechtliches Gehör".

29 **IV. Antragsfrist, weiteres Verfahren, III.** Es gibt für den nach → Rn. 8 nötigen Antrag eine Antragsfrist. Sie beträgt nach III 1 dann drei Monate, wenn die Parteien nicht zulässigerweise vorrangig bis zum Ende der drei Monate etwas anderes vereinbaren, BGH MDR 2011, 192; Borges ZZP 111, 497. Die Frist richtet sich gewöhnlich nach § 222 I, also nach §§ 187, 188 BGB, Kröll SchiedsVZ 2013, 259. Sie beginnt nach III 2 entgegen § 187 I BGB mit dem Tag, an dem der Antragsteller den unterschriebenen Schiedsspruch nach § 1054 IV ordnungsgemäß empfangen hat, BGH MDR 2011, 192; Dresd 15.3.2019 – 3 Sch 4/18. Dabei reicht die Zustellung an die Kanzlei des ProzBev., Kröll SchiedsVZ 2022, 255. Eine vorherige Mitteilung per Email reicht nicht aus, aber uU eine elektronische Übermittlung, wenn die Parteien einverstanden sind, → § 1054 Rn. 10. Die Übersendung lässt sich im Verfahren nach §§ 1059 ff. nachholen, Kröll SchiedsVZ 2004, 120. Die Antragsfrist endet nach § 222 iVm §§ 187, 188 II BGB. Die Antragsfrist verlängert sich dann, wenn eine Partei nach der Zustellung des Schiedsspruchs einen Antrag nach § 1058 stellt. Sie läuft dann frühestens einen Monat nach dem Empfang der Entscheidung über diesen Antrag ab. Daher kann sie sich nach III 3 um höchstens einen Monat verlängern, nämlich dann, wenn der Zugang am Tag des Ablaufs der Dreimonatsfrist erfolgt. Man kann einen Antrag nach I dann nach III 4 nicht mehr stellen, wenn ein Gericht den Schiedsspruch für vollstreckbar erklärt hat; die vorläufige Vollstreckbarkeit nach § 1064 II und die notarielle Vollstreckbarkeitserklärung nach § 1053 IV reichen nicht, MüKoZPO/Münch Rn. 96. Dann bleiben nur die Möglichkeiten nach §§ 578 ff. 767 III ist entsprechend anwendbar, wenn ein Schiedsspruch erlassen wurde und erst zu einem späteren Zeitpunkt eine Entscheidung über den Zwischenentscheid nach § 1040 III 1 erging; dann beginnt die Frist erst mit dem Zugang dieser Entscheidung, BGH NJW-RR 2018, 1334; NJW 2017, 488.

Läuft die Antragsfrist ohne einen Aufhebungsantrag ab, darf das Gericht die Aufhebungsgründe nach II Nr. 1 auch im Vollstreckbarkeitsverfahren nach § 1060 II 3 nicht berücksichtigen, Hamm SchiedsVZ 2003, 81 (zust. Kröll). Eine Aufhebung kommt dann nur noch bei Vorliegen der Voraussetzungen nach II Nr. 2 in Betracht, BGH 146, 381; Schlosser FS Gaul, 1997, 682. Bei Bejahung des § 826 BGB kann zB ein Aufhebungsgrund nach II Nr. 2b gegeben sein, BGH NJW 2001, 373; kritisch: MüKoZPO/Münch Rn. 98; → Rn. 28 „Sittenwidrigkeit". 30

Ist zuerst ein Aufhebungsverfahren und dann ein Vollstreckbarerklärungsverfahren durch die andere Partei eingeleitet worden, lassen sich uU beide Verfahren beim OLG verbinden, Prütting/Gehrlein/Raeschke-Kessler Rn. 82; zur Frage, ob bei der umgekehrten Reihenfolge für das Aufhebungsverfahren das Rechtschutzbedürfnis fehlt, wenn nicht eine Aussetzung des Aufhebungsverfahrens erfolgt, → Vor § 1059 Rn. 3; → Rn. 4. Ein Antrag auf eine Vollstreckbarerklärung vor einem ausländischen Gericht wirkt nicht nach § 261 III Nr. 1, Hmb SchiedsVZ 2003, 286. 31

Das weitere Verfahren des OLG richtet sich nach §§ 1062, 1063. Wegen der Rechtsmittel → § 1065. 32

V. Entscheidung IV. Liegt ein Aufhebungsgrund nach II Nr. 1, 2 vor, spricht das OLG die Aufhebung des Schiedsspruchs aus. Der Beschluss nach § 1063 I lautet auf Zurückweisung des Antrages oder auf Aufhebung des Schiedsspruchs, BGH SchiedsVZ 2008, 95. Eine inhaltliche Abänderung kommt nicht in Betracht. Eine Darstellung jeder Einzelerwägung ist nicht nötig, Kröll NJW 2011, 1268. Betrifft der Aufhebungsgrund nur einen wie nach § 301 abtrennbaren Teil des Schiedsspruchs, darf das OLG nur diesen Teil aufheben, sodass eine in sich abgeschlossene und eines Teilurteils fähige Entscheidung übrigbleibt, BGH NJW 2009, 1747; KG NJW 1976, 1357; Wighardt SchiedsVZ 2010, 255; aA MüKoZPO/Münch Rn. 84 („unbesehen der Anwendung des § 301"). Die Aufhebung und auch die Teilaufhebung des Schiedsspruchs haben die Aufhebung seiner Kostengrundentscheidung zur Folge, BGH NJW 2009, 1750; MDR 2002, 51. Die Entscheidung über einen Aufhebungsgrund schafft keine Rechtskraft nach § 322 für andere Gründe. In geeigneten Fällen kann das OLG nach IV auf Antrag einer Partei die Sache unter einer Aufhebung des Schiedsspruchs an das Schiedsgericht zurückverweisen, etwa wegen eines Fehlers, der sich korrigieren lässt, Wighardt SchiedsVZ 2010, 255. Das Schiedsgericht muss dann unter einer Bindung an die für die Aufhebung maßgeblich getretenen Gründe erneut einen Schiedsspruch erlassen. Eine Zurückverweisung könnte entfallen, wenn das Schiedsgericht nicht mehr amtieren darf, wenn ein zu hoher Aufwand entstünde oder wenn eine Partei einen Schiedsrichter entlassen kann, Wolff SchiedsVZ 2007, 258. Eine Zurückverweisung kommt auch nicht in Betracht, wenn der Aufhebungsgrund einer augenfälligen, gravierenden Verletzung des rechtlichen Gehörs einer Partei vorliegt, BGH SchiedsVZ 2020, 46 = BeckRS 2019, 23336; SchiedsVZ 2018, 318 mit Bespr. von Wilhelmi SchiedsVZ 2020, 30; MüKoZPO/Münch Rn. 91. 33

VI. Wirkung, V. Die Aufhebung hat im Zweifel die Wirkung, dass der Schiedsspruch nach § 1054 rückwirkend wegfällt und dass wegen des Streitgegenstands, → § 253 Rn. 26 (Begriff), die Schiedsvereinbarung nach § 1029 wieder auflebt, wenn die Parteien nichts anderes vereinbart haben, BGH SchiedsVZ 2008, 95. Das kann auch bei einem nach § 301 teilurteilsfähigen Teil des Schiedsspruchs geschehen, BGH VersR 1982, 92. Die Parteien brauchen dann also keine neue Vereinbarung zu treffen. Da das Amt des Schiedsgerichts mit der Beendigung des Verfahrens durch den Schiedsspruch nach § 1056 I endete, muss das Schiedsgericht allerdings nach § 1034 neu gebildet werden, Ffm NJW-RR 2008, 590. Das Gericht wird also zumindest zunächst nicht schon mit der Aufhebung zuständig. 34

V ist nach II Nr. 1a dann nicht anwendbar, wenn die Aufhebung darauf beruht, dass die Schiedsvereinbarung ungültig ist. Dann sind die Gerichte zuständig. 35

Abschnitt 8. Voraussetzungen der Anerkennung und Vollstreckung von Schiedssprüchen

1060 *Inländische Schiedssprüche.* **I Die Zwangsvollstreckung findet statt, wenn der Schiedsspruch für vollstreckbar erklärt ist.**

II 1Der Antrag auf Vollstreckbarerklärung ist unter Aufhebung des Schiedsspruchs abzulehnen, wenn einer der in § 1059 Abs. 2 bezeichneten Aufhebungsgründe vorliegt. 2Aufhebungsgründe sind nicht zu berücksichtigen, soweit im Zeitpunkt der Zustellung des Antrags auf Vollstreckbarerklärung ein auf sie gestützter Aufhebungsantrag rechtskräftig abgewiesen ist. 3Aufhebungsgründe nach § 1059 Abs. 2 Nr. 1 sind auch dann nicht zu berücksichtigen, wenn die in § 1059 Abs. 3 bestimmten Fristen abgelaufen sind, ohne dass der Antragsgegner einen Antrag auf Aufhebung des Schiedsspruchs gestellt hat.

1 **I. Systematik, Regelungszweck, Geltungsbereich.** → Buch 10. Abschnitt 1–10 Rn. 1 f.; Vor 1025 Rn. 1 ff. Die Vorschrift betrifft den inländischen Schiedsspruch, § 1061 den ausländischen. I verdeutlicht, dass der inländische Schiedsspruch nach § 1054 kein Vollstreckungstitel ist. Das gilt trotz einer etwa im Schiedsspruch erklärten „vorläufigen" oder gar endgültigen „Vollstreckbarkeit". Erst der Ausspruch eines Gerichts fügt rechtsgestaltend die Vollstreckbarkeit hinzu und schafft einen Vollstreckungstitel nach § 794 I Nr. 4a, Naumb SchiedsVZ 2010, 277; Kröll NJW 2011, 1267. Das Verfahren ist kein Zwangsvollstreckungsverfahren, sondern ein Erkenntnisverfahren eigener Art, BGH NJW 2013, 3184. Die Vorschrift sieht ein Mindestmaß an staatlicher Kontrolle vor und will Rechtssicherheit schaffen, Musielak/Voit/Voit Rn. 1; Kröll NJW 2009, 1186. Die zwangsweise Durchsetzung eines Schiedsspruchs, bei dem die Parteiherrschaft absoluten Vorrang hat, ist nur über ein staatliches Verfahren möglich ist.

2 Für eine Leistungsklage vor dem Gericht trotz eines Schiedsspruchs fehlt das Rechtsschutzbedürfnis, weil das Verfahren nach §§ 1060, 1061 zu demselben Ergebnis führt, Thomas/Putzo/Seiler Rn. 9; aM Schlosser FS Schwab, 1990, 435. Das gilt auch für eine Klage auf Feststellung der Wirksamkeit des Schiedsspruchs und für eine Klage nach § 767 ab Antragstellung auf Vollstreckbarkeitserklärung, Thomas/Putzo/Seiler Rn. 9. Zum Verhältnis zwischen den Verfahren nach § 1059 und nach § 1060 → Vor § 1059 Rn. 3; → § 1059 Rn. 2.

3 Beim ausländischen Schiedsspruch kann Art. III UNÜ anwendbar sein, vor → § 1061 Rn. 1.

4 **II. Prüfungspunkte. 1. Allgemein.** Auch im Rahmen der Vorschrift prüft das OLG die Zulässigkeit und Begründetheit. Über die Zulässigkeit kann vorab nach § 280 entsprechend entschieden werden. Ist die Zulässigkeit bejaht, muss im Rahmen der Begründetheit gemäß II 1 geprüft werden, ob keiner der Aufhebungsgründe nach § 1059 II vorliegt. Hierzu und zu den Ausnahmen → Rn. 13 ff.

5 **2. Zulässigkeitsvoraussetzungen. a) Allgemein.** Das OLG prüft allgemeinen Zulässigkeitsvoraussetzungen wie bei § 1059, → § 1059 Rn. 4 ff., 10 (zur Frage der Anwendung von § 110); → Vor § 253 Rn. 22. Dazu gehören ua:

Zuständigkeit: Das OLG ist nach § 1062 I Nr. 4 zuständig für die Vollstreckbarkeit eines Schiedsspruchs selbst, nicht aber auch Annexansprüche, so für eventuelle Schadensersatzansprüche, mit denen Rechtsanwaltskosten geltend gemacht werden, die im Rahmen einer vorgerichtlichen Durchsetzung des Schiedsspruches angefallen sind, Ffm BeckRS 2020, 19296 = SchiedsVZ 2020, 318 mAv Schneider; Kröll SchiedsVZ 2021, 265; → § 1062 Rn. 5.

Statthaftigkeit: Die Vorschrift setzt einen wirksamen Schiedsspruch nach § 1054 von einem Schiedsgericht mit einem inländischen Schiedsort voraus; bei einem ausländischen Schiedsort greift § 1061 ein, → § 1059 Rn. 4 ff.

Ordnungsgemäßer Antrag: Er ist auf Vollstreckbarkeitserklärung des Schiedsspruchs gerichtet, → § 1059 Rn. 4, 7; → Rn. 9.

Beschwer/Rechtsschutzbedürfnis: Die Partei, für die der Schiedsspruch positiv ist, kann den Antrag stellen. Der Schiedsspruch nach § 1054 muss keinen vollstreckbaren Inhalt haben; gleichwohl ist das Rechtschutzbedürfnis gegeben, → Rn. 8. Zum Erfordernis des Rechtsschutzbedürfnisses Mü OLGR 2006, 906; Kröll SchiedsVZ 2009, 217; → § 1059 Rn. 4; zum Verhältnis des § 1059 zu § 1060 → Vor § 1059 Rn. 3. Das Rechtsschutzbedürfnis fehlt nicht, wenn die Vollstreckung eines ausländischen Schiedsspruchs in dem betreffenden Land bereits eingeleitet ist, solange keine vollständige Befriedung des Gläubigers erfolgt ist, Mü SchiedsVZ 2020, 145.

6 **b) Schiedsspruch, I.** § 1060 ist nur statthaft, wenn ein wirksamer Schiedsspruch vorliegt, der allen Anforderungen der §§ 1054, 1055 genügt, Kröll NJW 2005, 197. Nötig sind ein endgültiger Ausspruch eines inländischen Schiedsgerichts, BayObLG MDR 2003, 1132 (zust. Plaßmeier SchiedsVZ 2004, 234), der das Verfahren ganz oder zu einem wie bei § 301 abtrennbaren Teil abschließt, BGH WM 2007, 1051; im Einzelnen → § 1054 Rn. 2; → § 1059 Rn. 6, 7. Auch der gesonderte Kosten-Schiedsspruch nach § 1057 II ist ein Schiedsspruch in diesem Sinn, Kröll SchiedsVZ 2008, 114. Ausreichend ist ferner ein Schiedsspruch mit vereinbartem Wortlaut nach § 1053 I 2, II (Vergleich in der Form des § 1054), BGH MDR 2007, 851; Mü SchiedsVZ 2009, 128; Mü MDR 2007, 854; Ffm SchiedsVZ 2003, 288; Kröll SchiedsVZ 2008, 114. Zu den zu beachtenden Anforderungen an den Schiedsspruch gehört auch § 1054 IV, dh die Übermittlung einer Ausfertigung des Schiedsspruchs mit den Unterschriften der Schiedsrichter, Mü BeckRS 2020, 25424; Düss SchiedsVZ 2008, 156; Kröll SchiedsVZ 2021, 265; → § 1054 Rn. 3.

7 Wegen der Vollstreckung einer einstweiligen Maßnahme → § 1041. Ist ein Oberschiedsgericht vereinbart worden, ist der erstinstanzliche Schiedsspruch erst mit der Entscheidung des höheren Gerichts endgültig und damit ein Schiedsspruch im Sinne des § 1060, MüKoZPO/Münch Rn. 17; → § 1054 Rn. 2; → § 1059 Rn. 7 „Oberschiedsgericht" Das Schiedsgericht darf auch nicht die Klärung einzelner Fragen dem Gericht überlassen haben, BGH SchiedsVZ 2008, 41; Stgt OLGR 2006, 945; Kröll SchiedsVZ 2007, 154. Erst der letztinstanzliche Schiedsspruch ist vollstreckungsfähig. Dass die Parteien ein Wahlrecht zwischen einem Schiedsgericht und einem staatlichen Gericht vereinbart haben, hindert nicht die Annahme eines wirksamen Schiedsspruches, BGH NJW-RR 2007, 1511. Bei der Frage eines wirksamen Schiedsspruchs kann dieser ausgelegt, aber inhaltlich nicht verändert werden, BGH SchiedsVZ 2008, 42.

§ 1060 gilt unabhängig vom **Inhalt** des Schiedsspruchs. So findet die Vorschrift auch Anwendung bei Schiedssprüchen, die auf eine künftig fällige Leistung gerichtet sind, BayObLG BeckRS 2020, 35391Rn. 31–33; Mü SchiedsVZ 2007, 164; Kröll SchiedsVZ 2021,266. Für vollstreckbar erklärt wird in der Regel der tatsächliche Leistungsausspruch in seiner konkreten Form; Modifikationen, wie die Umrechnung in Euro oder die Ergänzung eines konkreten Zinssatzes, sind auch bei ausländischen Schiedssprüchen nicht zugelassen, Kröll NJW 2022, 827 (830). Es kommt nicht darauf an, ob der Schiedsspruch einen vollstreckungsfähigen Inhalt hat; die Vorschrift gilt nicht nur für einen Leistungs-Schiedsspruch, sondern auch für abweisende, feststellende und gestaltende Schiedssprüche, BGH SchiedsVZ 2009, 176; NJW-RR 2006, 995; BayObLG NJW-RR 2003, 503; Mü SchiedsVZ 2009, 128; Kröll SchiedsVZ 2021, 267 und NJW 2005, 197; aM Musielak/Voit/Voit Rn. 2; Zöller/Geimer Rn. 6. Dafür spricht schon der Wortlaut des I, der ohne Einschränkung einen Schiedsspruch nennt. Dadurch kommt der Wille des Gesetzgebers zum Ausdruck, dass alle Schiedssprüche einer gewissen Kontrolle der staatlichen Gerichte unterliegen sollen. Soweit die Gegenmeinung zum Argument der Rechtssicherheit § 1059 III anführt, ist dem entgegenzuhalten, dass auch nach Fristablauf die Aufhebungsgründe des § 1059 II Nr. 2 berücksichtigt werden können, II 3. Richtig ist allerdings, dass grundsätzlich Gestaltungs-Schiedssprüche wegen § 1055 auch ohne Vollstreckbarerklärung Wirkungen haben, zB sind Eintragungen in öffentliche Register nach § 895 ohne Vollstreckbarkeitserklärung zulässig; jedoch gilt nach der hier vertretenen Auffassung die Fiktion des § 894 erst mit der Vollstreckbarkeitserklärung, → § 1055 Rn. 8, ein weiteres Argument dafür, dass es für das Rechtsschutzbedürfnis, → Rn. 4, nicht auf den Inhalt des Schiedsspruchs ankommen kann. Entsprechendes gilt für Feststellungs-Schiedssprüche. Ferner ist zu berücksichtigen, dass die Vollstreckbarerklärung für die Zwangsvollstreckung wegen der Kosten, § 1057, Bedeutung hat und über diese auch entschieden wird, wenn der Hauptsache-Schiedsspruch nicht vollstreckungsfähig ist. 8

c) Antrag. Für das Verfahren nach § 1060 ist ein Antrag erforderlich, für den keine Frist vorgesehen ist. Auf den Ablauf der Frist nach § 1059 III kommt es hier nicht an, Kblz BeckRS 2009, 88047. Zum Rechtsschutzbedürfnis gehört nicht die Besorgnis der Nichterfüllung, Ffm BeckRS 2014, 124255; Kröll NJW 2011, 1268. Der Antrag kann bei dem nach § 1062 I Nr. 4 zuständigen OLG schriftlich, nach § 1063 IV bis zur Anordnung der mündlichen Verhandlung auch zu Protokoll der Geschäftsstelle oder elektronisch unter Beachtung der §§ 130a–130d gestellt werden. Dabei müssen die Prozesshandlungsvoraussetzungen vorliegen, → Vor § 128 Rn. 54 ff. (allg.). Gemäß §§ 78 III, 1063 IV unterliegt der Antrag bis zur Anordnung der mündlichen Verhandlung nicht dem Anwaltszwang. Wegen des Verfahrens gelten §§ 1062–1065. Zur Form des Antrags gilt § 1064 I. Eine Vollmacht richtet sich nach § 80 I, BGH NJW-RR 2002, 933. Eine Streitverkündung nach § 72 und ein Beitritt als Streitgehilfe nach § 68 sind zulässig, zum Problem Stretz SchiedsVZ 2013, 193. 9

Antragsberechtigt ist die wenigstens teilweise siegreiche Partei oder ihr Rechtsnachfolger, BGH MDR 2007, 851; Mü BeckRS 2015, 09570; Kröll SchiedsVZ 2008, 114; → § 1059 Rn. 8. Jeder Miterbe kann den Antrag stellen, Ffm FamRZ 2008, 1978. Bei der Rechtsnachfolge gilt für den Nachweis nicht § 727, Kröll NJW 2011, 1267. Der Antrag lässt sich meist dahin auslegen, dass er sich nur auf den dem Antragsteller günstigen Teil des Schiedsspruchs bezieht, BGH DB 1980, 873; Kröll NJW 2005, 197. Auch der Insolvenzverwalter kann antragsberechtigt sein, BGH MDR 2008, 468. Zur Insolvenz des Antragsgegners: Heidbrinck/von der Groeben ZIP 2006, 270. Richtiger Antragsgegner ist die Gegenpartei des Schiedsverfahrens oder ihr Rechtsnachfolger, Wagner Prozessverträge, 1998, 66. 10

3. Darlegungslast. Der Antragsteller muss im Vollstreckbarkeitsverfahren alle Tatsachen für das Vorliegen der Voraussetzungen vortragen, für die er die Darlegungslast trägt, BayObLG MDR 2003, 1132. Außerdem hat er dem Antrag die nach § 1064 I erforderlichen Unterlagen beizufügen. Auch wenn die Zulässigkeitsvoraussetzungen und die Aufhebungsgründe nach § 1059 II Nr. 2 von Amts wegen zu prüfen sind, → § 1059 Rn. 4, 13, trägt der Antragsteller die Darlegungs- und Beweislast für die ihm insoweit günstigen Tatsachen. Da es iRd § 1060 II um das Nichtvorliegen der Aufhebungsgründe geht, stellen die in § 1059 II Nr. 2 zugrunde liegenden Tatsachen für den Antragsteller negative Tatsachen dar, und insoweit können die Grundsätze der sekundären Darlegungslast eingreifen; das kann im Einzelfall bedeuten, dass der Antragsgegner nach Treu und Glauben verpflichtet ist, substantiiert zu bestreiten, wenn es sich um Tatsachen aus seiner Sphäre handelt; zur sekundären Darlegungslast: Anders/Gehle Assessorexamen ZivilR A Rn. 34; → § 138 Rn. 21 f. insb. 26. Für das Vorliegen der Tatsachen, die einen nicht von Amts wegen zu prüfenden Aufhebungsgrund nach § 1059 II Nr. 1 ergeben, trägt der Antragsgegner die Darlegungs- und Beweislast, Musielak/Voit/Voit Rn. 9; zB → § 1059 Rn. 4, 13. Deshalb braucht der Antragsteller insoweit grundsätzlich nichts auszuführen, sondern kann zunächst den Vortrag des Gegners abwarten. Dasselbe gilt für die vom Antragsgegner geltend gemachten Einwendungen gegen den mit dem Schiedsspruch festgestellten Anspruch. 11

Für das Vorliegen der maßgeblichen Tatsachen (positiv oder negativ) genügt es, dass sie in dem für die Entscheidung maßgebenden Zeitpunkt vorliegen, also zB am Ende einer mündlichen Verhandlung nach § 1063 IV. Fehlende förmliche Voraussetzungen kann der Antragsteller also nachholen. Das Gericht muss nach § 139 auch auf die Nachholung hinwirken. Die Kosten nach § 1057 muss der Antragsgegner jedoch auch dann tragen, wenn der Antragsteller den Nachweis sofort nachholt. Denn er hätte durch Leistung das Vollstreckbarerklärungsverfahren verhindern können. 12

4. Begründetheit. a) Nichtvorliegen von Aufhebungsgründen, II 1. Liegt ein nach II 1 zu beachtender Aufhebungsgrund nach § 1059 II Nr. 1, 2 vor, im Einzelnen → § 1059 Rn. 12 ff., muss das Gericht eine Vollstreckbarerklärung ablehnen und den Schiedsspruch auch ohne einen Antrag aufheben. Betrifft ein Aufhebungsgrund einen nach § 301 abtrennbaren Teil des Schiedsspruchs, steht das der Vollstreckbarerklärung des anderen Teils nicht entgegen. Aufhebungsgründe darf das Gericht erst nach Bejahung der Zulässigkeitsvoraussetzungen, → Rn. 5, prüfen. Die Aufhebungsgründe nach § 1959 II Nr. 2 sind von Amts wegen zu prüfen, während im Hinblick auf die des § 1059 II Nr. 1 der Antragsgegner sich darauf berufen muss, Musielak/Voit/Voit Rn. 9; aM Thomas/Putzo/Seiler Rn. 2 (bei § 1060 immer von Amts wegen; Argument: § 1063 II aE); → Rn. 11. Wir folgen der Gegenmeinung nicht, weil II 1 auf § 1059 II verweist und kein Grund ersichtlich ist, warum bei § 1060 etwas anderes gelten soll; § 1063 II aE ergibt insoweit nichts anderes. Zur Darlegungslast für die den Aufhebungsgründen zugrunde liegenden Tatsachen → Rn. 12. 13

Auch wenn die Schiedsabrede unwirksam ist, kann sich eine Partei im Verfahren nach § 1060 auf einen Aufhebungsgrund nach Treu und Glauben unter dem Gesichtspunkt der unzulässigen Rechtsausübung nicht 14 berufen, wenn sie sich zuvor in einem vor einem Gericht geführten Prozess die Einrede der Schiedsabrede erhoben und deshalb die Klageabweisung oder Rücknahme der Klage durch den Gegner erreicht hat, BGH NJW 2017, 2115 (mangelnde Schiedsfähigkeit, §§ 1059 II Nr. 2a, 1066).

15 **b) Ausnahmen, II 2, 3.** Das Gericht darf nach II 2 Aufhebungsgründe nach § 1059 II nicht berücksichtigen, soweit es im Zeitpunkt der Zustellung des Antrags auf Vollstreckbarkeitserklärung des Schiedsspruchs einen auf sie gestützten Aufhebungsantrag rechtskräftig abgewiesen hat. Erfasst werden nach dem Wortlaut von II 2 von der Präklusion nur die Aufhebungsgründe, die Gegenstand der Aufhebungsklage waren, Musielak/Voit/Voit Rn. 10. Wird der Aufhebungsantrag nach dem maßgeblichen Zeitpunkt rechtskräftig abgewiesen, sind in dem Verfahren nach § 1060 die allgemeinen Regeln der Rechtskraft zu beachten, Musielak/Voit/Voit Rn. 10. Zum Verhältnis von § 1059 zu § 1060 → Vor § 1059 Rn. 3.

16 Das OLG darf nach II 3 Aufhebungsgründe gemäß § 1059 II Nr. 1 außerdem dann nicht berücksichtigen, wenn die in § 1059 III bezeichneten Fristen abgelaufen sind, ohne dass der Antragsgegner einen Aufhebungsantrag gestellt hat. Dieser Ausschluss greift anders als derjenige nach II 2 nicht bei den von Amts wegen zu beachtenden Aufhebungsgründen nach § 1059 II Nr. 2 ein. Das hat vor allem eine Bedeutung für die Geltendmachung von Verstößen gegen den ordre public nach § 1059 II Nr. 2b, die erst nach dem Ablauf der Fristen des § 1059 III bekannt werden, BGH NJW 2001, 373 (§ 826 BGB).

17 **c) Einwendungen und Klage nach § 767.** Einwendungen gegen den im Schiedsspruch festgestellten Anspruch selbst sind entgegen dem Gesetzeswortlaut im Interesse der Verfahrenskonzentration zulässig, soweit sie in den Anwendungsbereich des § 767 fallen, BGH NJW-RR 2014, 953; 2011, 213; 2008, 558; 1997, 1289; Ffm BeckRS 2020, 28050; Drsd SchiedsVZ 2005, 213; Düss SchiedsVZ 2005, 215; Kröll NJW 2015, 839, aM BayObLG OLGR 2003, 370; Stgt MDR 2001, 595; Borris/Schmidt SchiedsVZ 2004, 273. Das bedeutet, dass die der Einwendung zugrunde liegenden Tatsachen nach dem Schiedsverfahren entsprechend § 767 II entstanden sein müssen, ohne dass es auf die Kenntnis ankommt. So ist zB eine Aufrechnung unzulässig, soweit der Bekl. im schiedsrichterlichen Verfahren aufrechnen konnte, Mü MDR 2005, 1245; zur Frage der Zulässigkeit der Aufrechnung im Schiedsverfahren → § 1029 Rn. 37. Anders liegt es dann, wenn die Aufrechnungslage oder andere Einwendungen erst später entstanden sind, BGH NJW-RR 1997, 1289; Mü SchiedsVZ 2016, 119. Allerdings ist der Aufrechnungseinwand im Verfahren nach § 1060 nicht zu berücksichtigen, wenn für die zur Aufrechnung gestellte Forderung ein neues Schiedsgericht zu bilden ist, BGH BeckRS 2021, 15389. Der Rechtsgedanke des § 767 II greift nicht, wenn der Antragsgegner sich schon im Schiedsverfahren auf die Aufrechnung berufen, das Schiedsgericht aber darüber nicht entschieden hat, BGH WM 2016, 1706; NJW-RR 2014, 953. Die Erfüllung kann man gegenüber einem Auskunftsanspruch dann nicht einwenden, wenn der Schuldner inzwischen nur über einen Teil der Abschlüsse oder gewisse Gruppen eine Auskunft erteilt hat. Denn es ist nicht eine Aufgabe des Gerichts, einer solchen Teilerfüllung nachzugehen, Mü SchiedsVZ 2008, 152.

18 Für eine Vollstreckungsabwehrklage nach § 767 fehlt grds. ab dem Antragseingang bis zur Beendigung des Verfahrens nach § 1060 das Rechtsschutzinteresse, Thomas/Putzo/Seiler Rn. 9. § 767 greift aber ein, wenn das Schiedsgericht die Aufrechnung deshalb nicht beurteilt hatte, weil es sich für nicht zuständig hielt. Zum Problem: BGH WM 2010, 2237; Düss SchiedsVZ 2005, 215; Kblz SchiedsVZ 2005, 262. Für solche Umstände, die das Schiedsgericht nur zur Beurteilung der Höhe des Anspruchs herangezogen hat, ist die Vollstreckungsabwehrklage nach § 767 nicht statthaft; vielmehr ist die Klage bei dem nach allgemeinen Vorschriften zuständigen Gericht zu erheben, Kröll SchiedsVZ 2006, 212; Linke FS Schlosser, 2005, 505; aM Drsd SchiedsVZ 2005, 210 (OLG). Denn die Schiedsvereinbarung nach § 1029 ist durch den Schiedsspruch nach § 1054 grundsätzlich endgültig erledigt. Etwas anderes gilt jedoch dann, wenn die mit der Klage geltend gemachte Einwendung der Schiedsvereinbarung unterliegt, BGH NJW 1987, 651; Mü SchiedsVZ 2006, 165; Borris/Schmidt SchiedsVZ 2004, 279.

d) Beispiele zur Frage des Prüfungsumfangs

19 **Anhörung:** → „Rechtliches Gehör"; → § 1059 Rn. 22 und 28 (je) „Rechtliches Gehör".

Aufhebungsgründe: Das Gericht prüft die Aufhebungsgründe nach § 1059 II, soweit keine Präklusion nach II 2, 3 eingetreten ist, → Rn. 15 f., und die Parteien ihrer Darlegungslast nachgekommen sind, → Rn. 11.

Auslegung: Der Schiedsspruch ist auslegbar, BGH SchiedsVZ 2008, 42; Kröll SchiedsVZ 2010, 147.

Aufrechnung: → Rn. 17; → § 1029 Rn. 37; Kröll NJW 2015, 839.

Beweiswürdigung: → „Revision au fond".

Darlegungslast: → Rn. 11; Kröll SchiedsVZ 2007, 151.

Insolvenz: Kröll NJW 2015, 838.

Kostengrundentscheidung: Es handelt sich um einen Schiedsspruch, auch wenn er nach § 1057 II gesondert unter Einhaltung der Form des § 1054 ergeht, → § 1057 Rn. 3.

Künftige, nicht fällige Forderung: Auch dann ist der Antrag nach § 1060 statthaft, Mü SchiedsVZ 2007, 165, Kröll NJW 2011, 1268; Naumb SchiedsVZ 2010, 278; → Rn. 8.

Ordnungsmäßigkeit des Schiedsspruchs: § 1054 prüft das Gericht im Rahmen der Statthaftigkeit des Antrages, → Rn. 7; → § 1059 Rn. 6, 7.

Parteifähigkeit: Das Gericht prüft sie im Rahmen der Zulässigkeit (allgemeine Zulässigkeitsvoraussetzungen), → § 1059 Rn. 4, 8; → Rn. 4, 8; → Vor § 253 Rn. 22.

Prozeßfähigkeit: → „Parteifähigkeit".

Rechtliches Gehör: Allgemein → Vor § 128 Rn. 42 ff. Das Gericht muss Art. 103 I GG und den Grundsatz der Waffengleichheit beachten. Der Verstoß kann einen Aufhebungsgrund nach § 1059 II Nr. 1d, 2b ergeben, → § 1059 Rn. 22, 28, jeweils „Rechtliches Gehör"; BGH NJW 2018, 70 (zur Frage des Rügeverzichts). Zu einem Verstoß gegen die Begründungspflicht: BGH BeckRS 2021, 46107; → § 1054 Rn. 6; → § 1059 Rn. 28 „Rechtliches Gehör" (zur fehlerhaften Terminverlegung).

Rechtsschutzbedürfnis: Das Gericht prüft es im Rahmen der Zulässigkeit, → Rn. 4. Ein Antrag nach § 1060 ist auch für Schiedssprüche ohne vollstreckungsfähigen Inhalt statthaft, BGH NJW-RR 2006, 995; Kröll NJW 2007, 747; → Rn. 8.

Rechtsweg: Das Gericht prüft seine Zulässigkeit nach § 13 GVG, → Rn. 4.

Révision au fond: Eine Inhaltskontrolle findet durch das staatliche Gericht nicht statt; zB kann die Beweiswürdigung eines Schiedsgerichtes im Verfahren wegen dieses Verbots nicht durch eine eigene Beweiswürdigung ersetzt werden, BGH MDR 2008, 156; Ffm BeckRS 2020, 35848; → § 1059 Rn. 3, 27.

Teilschiedsspruch: Grundsätzlich kein Verstoß gegen ordre public, → § 1059 Rn. 22, 28, je „Teilschiedsspruch".
Unzulässige Rechtsausübung: Das Gericht prüft sie, Mü BauR 2016, 723; → Rn. 13.
Vollstreckungsfähiger Inhalt eines Schiedsspruchs: Statthaftigkeit wird auch bei Fehlen bejaht, → „Rechtschutzbedürfnis".
Vollstreckungsklausel: Das Gericht prüft die Vollstreckbarkeit im Verfahren auf die Erteilung einer Vollstreckungsklausel, BGH NJW-RR 2006, 995; BayObLG NJW-RR 2003, 502; Mü OLGR 2006, 906.
Wirksamkeit des Schiedsspruchs: Das Gericht prüft sie im Rahmen von §§ 1059 II Nr. 1a, 1060 II 1, → § 1059 Rn. 12.
Zurückbehaltungrecht: Das Gericht prüft es, Mü BauR 2016, 723.
Zuständigkeit: Das Gericht prüft nach § 1063 seine örtliche und sachliche Zuständigkeit.

III. Entscheidung. Über die Vollstreckbarerklärung entscheidet das Gericht durch einen Beschluss nach § 1063 I 1. Eine mehrdeutige Bezeichnung der Parteien kann in diesem Beschluss klargestellt werden, Mü SchiedsVZ 2006, 111. Das OLG hat für die zwecks Zwangsvollstreckung nach § 750 nötige Bestimmtheit des Schiedsspruchs in der Vollstreckbarerklärung zu sorgen. Eine Klarstellung ist statthaft, Mü SchiedsVZ 2006, 111; Kröll SchiedsVZ 2008, 114, nicht aber eine inhaltliche Änderung, Hamm BeckRS 2018, 22979; Mü OLGR 2006, 906; Kröll SchiedsVZ 2008, 114. Bei der Kostenentscheidung gelten §§ 91 ff. entsprechend, Kröll SchiedsVZ 2012, 206. Auch §§ 91a, 93, § 269 III sind anwendbar, Hamm SchiedsVZ 2010, 56; Stgt SchiedsVZ 2009, 67; Kröll NJW 2009, 1187. Das OLG muss seine Entscheidung nach § 1064 II ohne Sicherheitsleistung für vorläufig vollstreckbar erklären, und zwar in jedem Fall wegen der Kosten, Thomas/Putzo/Seiler Rn. 7; einschränkend: MüKoZPO/Münch Rn. 28 (nur bei vermögensrechtlich geprägten Streitigkeiten). Der Beschluss erhält eine Vollstreckungsklausel wie nach §§ 724 ff. Der **Gebührenstreitwert** bemisst sich nach dem Interesse des Antragstellers an der Vollstreckbarerklärung des Schiedsspruchs, Kröll NJW 2020, 1419. Er kann über den Wert der zu vollstreckenden Forderung hinaus gehen, wenn zB das Schiedsgericht eine Schiedswiderklage abgewiesen oder hilfsweise zur Aufrechnung gestellte Forderungen negativ beschieden hat; dies kann sich nach § 45 GKG streitwerterhöhend auswirken, BGH SchiedsVZ 2019, 351. Als Rechtsmittel kommt nach § 1065 I 1 die Rechtsbeschwerde in Betracht. Eine Berichtigung oder Ergänzung ist wie beim Urteil nach §§ 319 ff. möglich, Roth IPRax 2006, 22; aM KG SchiedsVZ 2005, 310; Kröll SchiedsVZ 2005, 147. 20

Der Tenor in der Hauptsache kann bei einer positiven Entscheidung lauten: *„Der Schiedsspruch … (genaue Bezeichnung unter Wiedergabe des Schiedsspruchs, eventuell mit einer Klarstellung) ist vollstreckbar"*. 21

Bejaht das OLG einen der Aufhebungsgründe nach § 1059 II, hebt es nach II den Schiedsspruch auf und lehnt den Antrag auf Vollstreckbarkeitserklärung ab. Auch im Rahmen des § 1060 ist § 1059 IV entsprechend anwendbar, dh in geeigneten Fällen – das ist insbesondere bei behebbaren Mängeln der Fall- kann auf Antrag einer Partei die Sache unter Aufhebung des Schiedsspruchs an das Schiedsgericht zurückverwiesen werden, wenn dieses noch besteht, BGH SchiedsVZ 2018, 318; Musielak/Voit/Voit Rn. 15; → § 1059 Rn. 33. Mit der Aufhebung des Schiedsspruchs lebt im Zweifel analog § 1059 V die Schiedsvereinbarung wieder auf, Musielak/Voit/Voit Rn. 15, → § 1059 Rn. 34. 22

Ist der Antrag unzulässig oder greift eine Einwendung gegen den im Schiedsspruch festgestellten Anspruch durch, wird die Vollstreckbarerklärung abgelehnt; ob hierzu dem Gegner rechtliches Gehör zu gewähren ist, ist streitig, bejahend: Musielak/Voit/Voit Rn. 6; verneinend: MüKoZPO/Münch Rn. 21. Wir halten rechtliches Gehör wegen § 1063 I 2 für erforderlich, auch wenn der Gegner durch die Entscheidung nicht benachteiligt wird, → § 1063 Rn. 4. 23

1061 *Ausländische Schiedssprüche.* I [1]**Die Anerkennung und Vollstreckung ausländischer Schiedssprüche richtet sich nach dem Übereinkommen vom 10. Juni 1958 über die Anerkennung und Vollstreckung ausländischer Schiedssprüche (BGBl. 1961 II S. 121).** [2]**Die Vorschriften in anderen Staatsverträgen über die Anerkennung und Vollstreckung von Schiedssprüchen bleiben unberührt.**

II **Ist die Vollstreckbarerklärung abzulehnen, stellt das Gericht fest, dass der Schiedsspruch im Inland nicht anzuerkennen ist.**

III **Wird der Schiedsspruch, nachdem er für vollstreckbar erklärt worden ist, im Ausland aufgehoben, so kann die Aufhebung der Vollstreckbarerklärung beantragt werden.**

UN-Übereinkommen über die Anerkennung und Vollstreckung ausländischer Schiedssprüche
Vom 10.6.1958 (BGBl. 1961 II S. 121, 122)

Art. I UNÜ [Anwendungsbereich]

(1) [1]Dieses Übereinkommen ist auf die Anerkennung und Vollstreckung von Schiedssprüchen anzuwenden, die in Rechtsstreitigkeiten zwischen natürlichen oder juristischen Personen in dem Hoheitsgebiet eines anderen Staates als desjenigen ergangen sind, in dem die Anerkennung und Vollstreckung nachgesucht wird. [2]Es ist auch auf solche Schiedssprüche anzuwenden, die in dem Staat, in dem ihre Anerkennung und Vollstreckung nachgesucht wird, nicht als inländische anzusehen sind.

(2) Unter „Schiedssprüchen" sind nicht nur Schiedssprüche von Schiedsrichtern, die für eine bestimmte Sache bestellt worden sind, sondern auch solche eines ständigen Schiedsgerichtes, dem sich die Parteien unterworfen haben, zu verstehen.

(3) [1]Jeder Staat, der dieses Übereinkommen unterzeichnet oder ratifiziert, ihm beitritt oder dessen Ausdehnung gemäß Artikel X notifiziert, kann gleichzeitig auf der Grundlage der Gegenseitigkeit erklären, daß er das Übereinkommen nur auf die Anerkennung und Vollstreckung solcher Schiedssprüche anwenden werde, die in dem Hoheitsgebiet eines anderen Vertragsstaates ergangen sind. [2]Er kann auch erklären, daß er das Übereinkommen nur auf

Streitigkeiten aus solchen Rechtsverhältnissen, sei es vertraglicher oder nichtvertraglicher Art, anwenden werde, die nach seinem innerstaatlichen Recht als Handelssachen angesehen werden.

Art. II UNÜ [Anerkennung von Schiedsvereinbarungen]

(1) Jeder Vertragsstaat erkennt eine schriftliche Vereinbarung an, durch die sich die Parteien verpflichten, alle oder einzelne Streitigkeiten, die zwischen ihnen aus einem bestimmten Rechtsverhältnis, sei es vertraglicher oder nichtvertraglicher Art, bereits entstanden sind oder etwa künftig entstehen, einem schiedsrichterlichen Verfahren zu unterwerfen, sofern der Gegenstand des Streites auf schiedsrichterlichem Wege geregelt werden kann.

(2) Unter einer „schriftlichen Vereinbarung" ist eine Schiedsklausel in einem Vertrag oder eine Schiedsabrede zu verstehen, sofern der Vertrag oder die Schiedsabrede von den Parteien unterzeichnet oder in Briefen oder Telegrammen enthalten ist, die sie gewechselt haben,

(3) Wird ein Gericht eines Vertragsstaates wegen eines Streitgegenstandes angerufen, hinsichtlich dessen die Parteien eine Vereinbarung im Sinne dieses Artikels getroffen haben, so hat das Gericht auf Antrag einer der Parteien sie auf das schiedsrichterliche Verfahren zu verweisen, sofern es nicht feststellt, daß die Vereinbarung hinfällig, unwirksam oder nicht erfüllbar ist.

Art. III UNÜ [Anerkennung und Vollstreckung von Schiedssprüchen]

[1]Jeder Vertragsstaat erkennt Schiedssprüche als wirksam an und läßt sie nach den Verfahrensvorschriften des Hoheitsgebietes, in dem der Schiedsspruch geltend gemacht wird, zur Vollstreckung zu, sofern die in den folgenden Artikeln festgelegten Voraussetzungen gegeben sind. [2]Die Anerkennung oder Vollstreckung von Schiedssprüchen, auf die dieses Übereinkommen anzuwenden ist, darf weder wesentlich strengeren Verfahrensvorschriften noch wesentlich höheren Kosten unterliegen als die Anerkennung oder Vollstreckung inländischer Schiedssprüche.

Art. IV UNÜ [Vorzulegende Unterlagen]

(1) Zur Anerkennung und Vollstreckung, die im vorangehenden Artikel erwähnt wird, ist erforderlich, dass die Partei, welche die Anerkennung und Vollstreckung nachsucht, zugleich mit ihrem Antrag vorlegt:

a) die gehörig legalisierte (beglaubigte) Urschrift des Schiedsspruches oder eine Abschrift, deren Übereinstimmung mit einer solchen Urschrift ordnungsgemäß beglaubigt ist;

b) die Urschrift der Vereinbarung im Sinne des Artikels II oder eine Abschrift, deren Übereinstimmung mit einer solchen Urschrift ordnungsgemäß beglaubigt ist;

(2) [1]Ist der Schiedsspruch oder die Vereinbarung nicht in einer amtlichen Sprache des Landes abgefaßt, in dem der Schiedsspruch geltend gemacht wird, so hat die Partei, die seine Anerkennung und Vollstreckung nachsucht, eine Übersetzung der erwähnten Urkunden in diese Sprache beizubringen. [2]Die Übersetzung muß von einem amtlichen oder beeidigten Übersetzer oder von einem diplomatischen oder konsularischen Vertreter beglaubigt sein.

Art. V UNÜ [Versagung von Anerkennung und Vollstreckung eines Schiedsspruches]

(1) Die Anerkennung und Vollstreckung des Schiedsspruches darf auf Antrag der Partei, gegen die er geltend gemacht wird, nur versagt werden, wenn diese Partei der zuständigen Behörde des Landes, in dem die Anerkennung und Vollstreckung nachgesucht wird, den Beweis erbringt,

a) daß die Parteien, die eine Vereinbarung im Sinne des Artikels II geschlossen haben, nach dem Recht, das für sie persönlich maßgebend ist, in irgendeiner Hinsicht hierzu nicht fähig waren, oder daß die Vereinbarung nach dem Recht, dem die Parteien sie unterstellt haben, oder, falls die Parteien hierüber nichts bestimmt haben, nach dem Recht des Landes, in dem der Schiedsspruch ergangen ist, ungültig ist, oder

b) daß die Partei, gegen die der Schiedsspruch geltend gemacht wird, von der Bestellung des Schiedsrichters oder von dem schiedsrichterlichen Verfahren nicht gehörig in Kenntnis gesetzt worden ist oder daß sie aus einem anderen Grund ihre Angriffs- oder Verteidigungsmittel nicht hat geltend machen können, oder

c) daß der Schiedsspruch eine Streitigkeit betrifft, die in der Schiedsabrede nicht erwähnt ist oder nicht unter die Bestimmungen der Schiedsklausel fällt, oder daß er Entscheidungen enthält, welche die Grenzen der Schiedsabrede oder der Schiedsklausel überschreiten; kann jedoch der Teil des Schiedsspruches, der sich auf Streitpunkte bezieht, die dem schiedsrichterlichen Verfahren unterworfen waren, von dem Teil, der Streitpunkte betrifft, die ihm nicht unterworfen waren, getrennt werden, so kann der erstgenannte Teil des Schiedsspruches anerkannt und vollstreckt werden, oder

d) daß die Bildung des Schiedsgerichtes oder das schiedsrichterliche Verfahren der Vereinbarung der Parteien oder, mangels einer solchen Vereinbarung, dem Recht des Landes, in dem das schiedsrichterliche Verfahren stattfand, nicht entsprochen hat, oder

e) daß der Schiedsspruch für die Parteien noch nicht verbindlich geworden ist oder daß er von einer zuständigen Behörde des Landes, in dem oder nach dessen Recht er ergangen ist, aufgehoben oder in seinen Wirkungen einstweilen gehemmt worden ist.

(2) Die Anerkennung und Vollstreckung eines Schiedsspruches darf auch versagt werden, wenn die zuständige Behörde des Landes, in dem die Anerkennung und Vollstreckung nachgesucht wird, feststellt,

a) daß der Gegenstand des Streites nach dem Recht dieses Landes nicht auf schiedsrichterlichem Wege geregelt werden kann, oder

b) daß die Anerkennung oder Vollstreckung des Schiedsspruches der öffentlichen Ordnung dieses Landes widersprechen würde.

Art. VI UNÜ [Verfahren bei Antrag auf Aufhebung eines Schiedsspruchs]

Ist bei der Behörde, die im Sinne des Artikels V Absatz 1 Buchstabe e zuständig ist, ein Antrag gestellt worden, den Schiedsspruch aufzuheben oder ihn in seinen Wirkungen einstweilen zu hemmen, so kann die Behörde, vor welcher der Schiedsspruch geltend gemacht wird, sofern sie es für angebracht hält, die Entscheidung über den Antrag, die Vollstreckung zuzulassen, aussetzen; sie kann aber auch auf Antrag der Partei, welche die Vollstreckung des Schiedsspruches begehrt, der anderen Partei auferlegen, angemessene Sicherheit zu leisten.

Art. VII UNÜ [Verhältnis zu anderen Verträgen]

(1) Die Bestimmungen dieses Übereinkommens lassen die Gültigkeit mehrseitiger oder zweiseitiger Verträge, welche die Vertragsstaaten über die Anerkennung und Vollstreckung von Schiedssprüchen geschlossen haben, unberührt und nehmen keiner beteiligten Partei das Recht, sich auf einen Schiedsspruch nach Maßgabe des innerstaatlichen Rechts oder der Verträge des Landes, in dem er geltend gemacht wird, zu berufen.

(2) Das Genfer Protokoll über die Schiedsklauseln von 1923 und das Genfer Abkommen zur Vollstreckung ausländischer Schiedssprüche von 1927 treten zwischen den Vertragsstaaten in dem Zeitpunkt und in dem Ausmaß außer Kraft, in dem dieses Übereinkommen für sie verbindlich wird.

Schrifttum: Boes/Kopylova, Rechtsprechungsübersicht der russischen Gerichte zur Anerkennung und Vollstreckbarkeitserklärung ausländischer Schiedssprüche im Jahr 2019, SchiedsVZ 2021, 80; Czernich, Anerkennung gerichtlicher Aufhebungsentscheidungen in Schiedssachen in Europa usw., FS Geimer, 2017, 45; Edel/Dobric, Ermessensspielraum des Schiedsgerichts bei Kostenentscheidungen in Österreich, SchiedsVZ 2021, 22; Fröhlingsdorf, Schiedsgerichtsbarkeit in Spanien, SchiedsVZ 2021, 28; Gößling, Europäisches Kollisionsrecht und internationale Schiedsgerichtsbarkeit, 2018; Gottwald, Aktuelle Probleme des internationalen Schiedsverfahrensrechts, FS Coester-Waltjen, 2015; Hausmanninger/Loksa/Schenner, Dier höchstgerichtliche Rechtsprechung Österreichs im Schiedsrecht September 2020 – März 2021, SchiedsVZ 2021, 149; Horn SchiedsVZ 2008, 209 (Grdz. über zwingendes Recht); Kaissis, Zum Theorienstreit über die Anerkennung und Vollstreckung am Schiedsort aufgehobener Schiedssprüche, FS Prütting, 2018, 843; König, Präzedenzwirkung internationaler Schiedssprüche usw., 2013; Laute/Ziegler Vereinbarkeit des Merkmals der hinreichenden Binnenbeziehung mit dem UNÜ in der Schweiz, SchiedsVZ 2020, 286; Markert/Wilske SchiedsVZ 2010, 62; Salger/Trittmann, Internationale Schiedsverfahren, 2018; Santomauro SchiedsVZ 2016, 178 (Präklusion); von Pachelbel, Investitionsschutzrecht und -schiedsgerichtsbarkeit, SchiedsVZ 2021, 92; Scheffer da Silveira/Cavalcante/Bickmann, Arbitration in Brazil: An Overview, SchiedsVZ 2021, 84; Steger, Die Präklusion von Versagungsgründen bei der Vollstreckung ausländischer Schiedssprüche usw., 2016; Steinbrück, Die Unterstützung ausländischer Schiedsverfahren durch staatliche Gerichte, 2009; Stürner FS Schütze, 2014, 579 (englischer Schiedsspruch); Wilske/Markert/Ebert, Entwicklung in der internationalen Schiedsgerichtsbarkeit im Jahr 2021 und Ausblick auf 2022, SchiedsVZ 2022, 111; Wilske/Markert/Bräuninger SchiedsVZ 2017, 49.

I. Systematik, Regelungszweck, Geltungsbereich. → Buch 10. Vor Abschnitt 1–10 Rn. 1 f.; → Vor § 1025 Rn. 1 ff. Auch diese Vorschrift schafft wie § 1060 ein Erkenntnisverfahren eigener Art und regelt die Anerkennung und Vollstreckung für ausländische Schiedssprüche, BGH NJW 2013, 3184; Brdb SchiedsVZ 2016, 49; Kröll SchiedsVZ 2009, 221; → Rn. 7. Eine ausländische Exequatur-Entscheidung gab früher die Wahl zwischen einem Antrag nach § 722 und einem auf Vollstreckbarerklärung des Schiedsspruchs. Inzwischen hat der BGH, NJW 2009, 2826, diese sog. Doppelexequatur als unzulässig angesehen; möglich ist nach dieser Entscheidung nur noch eine Vollstreckbarerklärung des ausländischen Schiedsspruchs nach § 1062, nicht aber ein Vorgehen nach § 722, Plaßmeier SchiedsVZ 2010, 82. Man darf eine lückenhafte ausländische Vollstreckbarentscheidung nicht nach § 1061 ergänzen, Hmb RIW 1991, 154, → Rn. 9. Zu einer aufgehobenen ausländischen Entscheidung BGH SchiedsVZ 2013, 230. Zum sog. Investor-Staat-Schiedsurteil Knieper SchiedsVZ 2013, 307. Zum transatlantischen Freihandel Duve/Wimalasena AnwBl 2014, 511. Bei Zweifeln legt der Gerichtsvollzieher nach § 41 IV 2 GVGA der vorgesetzten Dienstbehörde zur Klärung der Vollstreckbarkeit vor. Zum ISV-Schiedsgericht Raeschke-Kessler SchiedsVZ 2018, 1. Zweck der Vorschrift ist die Anpassung des innerdeutschen an das deutsche internationale Recht. Es dient dem Meistbegünstigungsgrundsatz, BGH WM 2010, 2235. 1

II. Anwendung des UNÜ, I. Dazu Haas SchiedsVZ 2011, 289; Kröll SchiedsVZ 2009, 40, Kühn SchiedsVZ 2009, 53. 2

1. Grundsatz, I 1. → Buch 10. Vor Abschnitt 1–10 Rn. 1 ff. Die Anerkennung und Vollstreckung eines ausländischen Schiedsspruchs richtet sich nach § 1061 und den einschlägigen Art. III 1 und Art. IV–VI UNÜ, BGH SchiedsVZ 2013, 229; KG SchiedsVZ 2013, 115; MüKoZPO/Münch Rn. 16, so nach Art V Abs. 1b UNÜ, BGH SchiedsVZ 2009, 126; Kröll SchiedsVZ 2010, 217, 220, nach Art V Abs. 1d UNÜ, Kröll SchiedsVZ 2009, 223, nach Art V Abs. 2b UNÜ, BGH ZIP 2017, 152, oder nach Art VII Abs. 1 UNÜ, BGH WM 2010, 2235. Das gilt ohne Rücksicht darauf, ob der Schiedsort in einem Mitgliedstaat liegt. Damit sind diese Bestimmungen des UNÜ als innerstaatliches Recht auch dann anwendbar, wenn es sich um einen solchen Schiedsspruch handelt, für den das UNÜ als zwischenstaatliches Recht nach Art I Abs. 1–3 UNÜ nicht gilt, → Buch 10. Vor Abschnitt 1–10 Rn. 1 ff. Daher kommt es im Rahmen des § 1061 nicht darauf an, wer die Vertragsstaaten sind. Gegenstand des Verfahrens ist nur die Vollstreckbarkeit, nicht das Zustandekommen des Auslandstitels, BGH WM 2012, 179. 3

2. Ausnahmen, I 2. Die einschlägigen Vorschriften in anderen Staatsverträgen über die Anerkennung und Vollstreckung von Schiedssprüchen bleiben nach dieser Vorschrift und Art VII Abs. 1 UNÜ unberührt. Soweit sie fortbestehen, gilt im Verhältnis der bilateralen Verträge zum UNÜ das Meistbegünstigungsprinzip, nach dem die für Anerkennung und Vollstreckung günstigere Norm maßgebend ist. Das gilt auch im Verhältnis des UNÜ zu dem EuÜbkHSch und zum Genfer Protokoll, Moller NZG 2000, 57; → Buch 10. Vor Abschnitt 1–10 Rn. 1 ff. Von den bilateralen Verträgen nach Art. 2 §§ 3 ff. SchiedsVfG kommen die Abkommen mit Belgien, Griechenland, Großbritannien, Italien, Österreich, der Schweiz und Tunesien in Betracht, SchlAnh V B, ferner die Verträge mit den USA und den Staaten der GUS, → Buch 10. Vor Abschnitt 1–10 Rn. 1 ff. Die Brüssel Ia-VO,, SchlAnh V gilt nach ihrem Art. 1 II lit. d nicht für die Schiedsgerichtsbarkeit. In einem aufsehenerregenden Verfahren hatte der Cour d´ Appel Paris (CA) darüber zu entscheiden, ob diese Regelung auch für eine Haftungsklage gegen einen Schiedsrichter gilt, der seine mögliche Befangenheit nicht offengelegt hatte und deshalb der Schiedsspruch aufgehoben wurde. Die CA Paris bejahte diese Frage und ordnete sie als prozessuale Frage des Schiedsverfahrens ein, SchiedsVZ 2021, 344; hierzu kritisch: Mankowski SchiedsVZ 2021, 310. 4

III. Verfahren, II, III, und Prüfungsumfang. Zur Entwicklung der internationalen Schiedsinstitutionen im Jahr 2020 und zu den neuen oder überarbeiteten Regelwerke: Wilske/Markert/Ebert SchiedsVZ 2021, 106 (107 ff.); Nettlau/O'Dell/Hackstein, SchiedsVZ 2021, 315 (am 15.2.2021 überarbeitete Beweisaufnahmeregelungen durch die International Bar Association). Art. III UNÜ enthält die völkerrechtliche Pflicht, jeden ausländischen Schiedsspruch anzuerkennen, soweit die Voraussetzungen der folgenden Artikel des UNÜ erfüllt sind; Verfahrensvorschriften sind dort nicht geregelt, so dass diese dem lex fori überlassen sind, MüKoZPO/Adolphsen Anh. zu § 1061, Art. III Rn. 1; Laute/Ziegler SchiedsVZ 2020, 286 (290). 5

Zuständig für die Vollstreckbarerklärung ist das OLG nach § 1062 I Nr. 4. Zur Zulässigkeit gehören die **Zulässigkeitsvoraussetzungen,** → § 1060 Rn. 5; → Vor § 253 Rn. 22, so die Statthaftigkeit und ein ordnungsgemäßer Antrag. **Statthaft** ist der Antrag nur bei Vorliegen eines ausländischen Schiedsspruchs. Ob ein Schieds- 6 spruch vorliegt, richtet sich nach § 1054, BGH NJW 1982, 1124; Düss SchiedsVZ 2005, 215; Ros IPRax 2002, 401 (zust. Kröll IPRax 2002, 384); im Einzelnen → § 1054 Rn. 3 ff. Ein Teilschiedsspruch für einen Verfahrensabschnitt „Partial Award on Jurisdiction" kann ausreichen, BGH NJW-RR 2007, 1008. Auch eine bindende Zwischenentscheidung kann bei Vorliegen der Voraussetzungen als Schiedsspruch anerkannt werden, Jena SchiedsVZ 2008, 44. Wegen des Zinsanspruchs Kröll SchiedsVZ 2011, 213. Ob es sich um einen ausländischen Schiedsspruch handelt, bestimmt sich nach § 1025 I nach dem Ort des Schiedsverfahrens, der nicht im Inland liegen darf, → § 1060 Rn. 1; BGH NJW 2001, 1730. Ein im Ausland nach deutschem Verfahrensrecht ergehender Schiedsspruch gilt nach § 1025 als ein ausländischer Schiedsspruch. Unerheblich ist aber, welches sachliche Recht anwendbar ist. → Rn. 1; → § 1054 Rn. 2. Voraussetzung ist, dass der ausländische Schiedsspruch verbindlich ist, Art. V Abs. 1e UNÜ. Wegen des erforderlichen **Antrags** und des **Verfahrens** gelten Art IV, V UNÜ sowie §§ 1064 III, 1063, → § 1060 Rn. 9. Antragsberechtigt ist derjenige, zu dessen Gunsten die Schiedsabrede ganz oder teilweise getroffen wurde. Anwaltszwang besteht nach § 1063 IV erst nach der Anordnung einer mündlichen Verhandlung. Dem Antrag ist nach § 1064 I, III der Schiedsspruch oder eine beglaubigte Abschrift beizufügen; Art IV UNÜ erweitert die Formvorausetzungen nicht, da diese Regelung keine Zulässigkeitsvoraussetzung, sondern eine Beweisregel ist, BGH NJW-RR 2001, 1059; Mü SchiedsVZ 2011, 337; Kröll NJW 2020, 1419; SchiedsVZ 2010, 217. Unabhängig davon gilt insoweit das Meistbegünstigungsprinzip des Art. VII I UNÜ, BGH SchiedsVZ 2003, 281.

7 Die materielle Prüfung beschränkt sich grundsätzlich auf die Versagungsgründe des Art. V II, III UNÜ, Laute/Ziegler SchiedsVZ 2020, 286 (290) (zur Frage des Merkmals „hinreichende Binnenbeziehung" nach Schweizer Recht). Im Hinblick auf die zahlreichen Überschneidungen mit § 1059 II wird Bezug genommen auf → § 1059 Rn. 10–28. Die Anerkennung und Vollstreckung des ausländischen Schiedsspruchs ist wegen des Fehlens einer wirksamen Schiedsvereinbarung nach Art V Abs. 1a UNÜ zu versagen, BGH MDR 2011, 192; Hammer FS Schütze, 2014, 148; Kröll SchiedsVZ 2010, 220. Zu Art VII Abs. I UNÜ Quinke SchiedsVZ 2011, 169. Das **CISG** (United Nations Convention on Contracts for the International Sale of Goods) findet auch die Frage der materiellen Einigung der Parteien auf eine Schiedsvereinbarung zumindest in den Fällen Anwendung, in denen mangels Einhaltung der Form des Art. II Abs. 2 UNÜ über den Meistbegünstigungsgrundsatz des Art. VII Abs. 1 UNÜ auf das nationale Sachrecht oder Kollisionsrecht zurückgegriffen werden kann; die Formgültigkeit einer Schiedsvereinbarung richtet sich dagegen auch in einem dem CISG unterliegenden Vertrag nach den einschlägigen Spezialvorschriften wie dem UNÜ oder § 1031, BGH SchiedsVZ 2021, 97 Rn. 19 ff. mAnm Masser/Harraschain = NJW-RR 2021, 376. Bei einer dem § 1042 II entsprechenden Regelung oder Vereinbarung muss der Bekl. das Fehlen einer wirksamen Schiedsvereinbarung bereits im ausländischen Schiedsverfahren rügen; ansonsten ist er in Deutschland präkludiert und kann sich im deutschen Vollstreckbarkeitsverfahren nicht mehr auf Art. V Nr. 1a UNÜ berufen, Brdbg NJOZ 2020, 1545; Kblz SchiedsVZ 2005, 260. Auch im Übrigen führt die rügelose Einlassung grundsätzlich zum Einredeverlust, Kblz WM 2013, 1328; Kröll NJW 2005, 198, ebenso die Nichtausnutzung eines ausländischen Rechtsmittels, KG JurBüro 2008, 490; aM Kröll NJW 2005, 198. Hat ein ausländisches Gericht im Aufhebungsverfahren die Zuständigkeit des Schiedsgerichts bestätigt, sind die deutschen Gerichte hieran im Anerkennungsverfahren gebunden, Brdbg NJOZ 2020, 1545. ausländische Weitere Versagungsgründe iSd Art. VII, III können sein: eine Unklarheit über eine Partei, Mü SchiedsVZ 2013, 62, das Fehlen einer Unterschrift, BGH NJW 2008, 2718; Kröll SchiedsVZ 2010, 218; aM Mü SchiedsVZ 2010, 171 (Begründung des Fehlens reiche), eine Verletzung des ordre public, BGH SchiedsVZ 2017, 201; Brdbg NJOZ 2020, 1545 Rn. 103; Ffm SchiedsVZ 2014, 2071; Saarbr SchiedsVZ 2012, 48 (dort bei § 138 BGB verneint), oder die Benutzung einer schon im Erstverfahren erfolglos gerügten anderen als der vereinbarten Sprache, Köln SchiedsVZ 2014, 205. Treu und Glauben können im Einzelfall berücksichtigt werden, BGH NJW MDR 2008, 758 (verneint); krit. Kraayvanger SchiedsVZ 2008, 301. Eine Schiedsabrede oder Schiedsklausel nach Art II UNÜ muss zunächst formal einverständlich erfolgt sein, Mü SchiedsVZ 2010, 50. Eine Auslegung ist möglich, Kröll SchiedsVZ 2010, 218. Der Meistbegünstigungsgrundsatz gilt auch hier, Kröll SchiedsVZ 2011, 213. Der Schiedsspruch muss wirksam sein, Brdb SchiedsVZ 2016, 49; Mü SchiedsVZ 2012, 341. Er muss auch nach Art V Abs. 1e UNÜ verbindlich sein; das bedeutet auch, dass nach dem maßgebenden ausländischen Recht kein Rechtsbehelf mehr möglich ist, BGH WM 2001, 971; Karlsr SchiedsVZ 2008, 48; Kröll SchiedsVZ 2009, 223. Die Aufhebungsklage darf im Herkunftsland des Schiedsspruchs auch nicht verfristet sein, Karlsr SchiedsVZ 2012, 103. I 1 hat den Vorrang vor Art. IV UNÜ, BGH NJW-RR 2004, 1505. Auch Einwendungen gegen den materiell-rechtlichen Anspruch, wie er im Schiedsspruch festgestellt wurde, können berücksichtigt werden, wenn sie nach dem Schiedsspruch entstanden sind; hier gilt das zu § 1060 Ausgeführte entsprechend, Zöller/Geimer Rn. 54; → § 1060 Rn. 17. Eine révision au fond ist darüber hinaus nicht statthaft, Brdbg NJOZ 2020, 1545 Rn. 103; Jena SchiedsVZ 2008, 45. Der ausländische Schiedsspruch bindet das OLG weder tatsächlich noch rechtlich, Kblz WM 2013, 1328. § 1060 II 3 ist nicht entsprechend anwendbar, BGH NJW 2011, 1290.

8 Wegen der **Darlegungs-** und **Beweislast** wird auf die Ausführungen zu → § 1060 Rn. 11 f. Bezug genommen, die unter Berücksichtigung der UNÜ-Artikel auch insoweit gelten, BayObLG NJW-RR 2003, 719; Celle SchiedsVZ 2004, 165 (zur wirksamen Schiedsabrede). Die Formulierung in Art. V Abs. 1 UNÜ zur Beweislast verdeutlicht, dass ebenso wie bei § 1059 II Nr. 1 derjenige die Rügepflicht und die Beweislast trägt, gegen den sich der Schiedsspruch richtet, dh der Antragsgegner. Die Formulierung in Art. V Abs. 2 UNÜ lässt wie bei § 1059 II Nr. 2 auf einer Feststellung von Amts wegen schließen, so dass eine Rüge hier nicht erforderlich ist. Die Beweislast trägt aber auch insoweit die vorgenannte Partei, dh der Antragsgegner. Wer eine bloße Scheinklausel behauptet, trägt die Beweislast, Mü SchiedsVZ 2011, 337.

9 **IV. Entscheidung.** Sie ergeht nach § 1063 I durch Beschluss. Ihn muss das OLG nach § 1064 II ohne eine Sicherheitsanordnung für vorläufig vollstreckbar erklären. Die Entscheidung lautet, wie sich aus § 1061 II, III ableiten lässt, auf Vollstreckbarerklärung des ausländischen Schiedsspruchs, wobei eine Konkretisierung, aber keine Änderung möglich ist, BGH WM 2012, 179, oder auf ihre Ablehnung wie bei einem inländischen Schiedsspruch nach → § 1060 Rn. 20. Lehnt das OLG die Vollstreckbarerklärung ab, stellt es nach II fest, dass es den Schiedsspruch im Inland nicht anerkennen kann, BayObLG 1999, 57; Drsd SchiedsVZ 2007, 328. Es versagt ihm damit nach § 1055 für das Inland die Wirkung eines rechtskräftigen Urteils. Eine Aufhebung des ausländischen Schiedsspruchs erfolgt anders als bei § 1060 II 1 nicht. Wird der für vollstreckbar erklärte ausländische Schiedsspruch später im Ausland aufgehoben, kann nach III die Aufhebung der Vollstreckbarerklärung beantragt

werden. Dabei geht es um die Aufhebung im Ursprungsland, Borges ZZP 111, 510. Für das Verfahren gilt → Rn. 5. Das OLG darf nur prüfen, ob nach dem maßgeblichen Recht eine formell rechtskräftige Aufhebung vorliegt. Jede weitergehende Nachprüfung ist unzulässig. Die Aufhebung der Vollstreckbarerklärung nimmt dem Schiedsspruch für das Inland die Vollstreckbarkeit.

V. Rechtsmittel. Nach §§ 1062 I Nr. 4, 1065 I 1 ist die Rechtsbeschwerde statthaft. 10

Abschnitt 9. Gerichtliches Verfahren

1062 *Zuständigkeit.* **I Das Oberlandesgericht, das in der Schiedsvereinbarung bezeichnet ist oder, wenn eine solche Bezeichnung fehlt, in dessen Bezirk der Ort des schiedsrichterlichen Verfahrens liegt, ist zuständig für Entscheidungen über Anträge betreffend**

1. die Bestellung eines Schiedsrichters (§§ 1034, 1035), die Ablehnung eines Schiedsrichters (§ 1037) oder die Beendigung des Schiedsrichteramtes (§ 1038);
2. die Feststellung der Zulässigkeit oder Unzulässigkeit eines schiedsrichterlichen Verfahrens (§ 1032) oder die Entscheidung eines Schiedsgerichts, in der dieses seine Zuständigkeit in einem Zwischenentscheid bejaht hat (§ 1040);
3. die Vollziehung, Aufhebung oder Änderung der Anordnung vorläufiger oder sichernder Maßnahmen des Schiedsgerichts (§ 1041);
4. die Aufhebung (§ 1059) oder die Vollstreckbarerklärung des Schiedsspruchs (§§ 1060 ff.) oder die Aufhebung der Vollstreckbarerklärung (§ 1061).

II Besteht in den Fällen des Absatzes 1 Nr. 2 erste Alternative, Nr. 3 oder Nr. 4 kein deutscher Schiedsort, so ist für die Entscheidungen das Oberlandesgericht zuständig, in dessen Bezirk der Antragsgegner seinen Sitz oder gewöhnlichen Aufenthalt hat oder sich Vermögen des Antragsgegners oder der mit der Schiedsklage in Anspruch genommene oder von der Maßnahme betroffene Gegenstand befindet, hilfsweise das Kammergericht.

III In den Fällen des § 1025 Abs. 3 ist für die Entscheidung das Oberlandesgericht zuständig, in dessen Bezirk der Kläger oder der Beklagte seinen Sitz oder seinen gewöhnlichen Aufenthalt hat.

IV Für die Unterstützung bei der Beweisaufnahme und sonstige richterliche Handlungen (§ 1050) ist das Amtsgericht zuständig, in dessen Bezirk die richterliche Handlung vorzunehmen ist.

V [1]Sind in einem Land mehrere Oberlandesgerichte errichtet, so kann die Zuständigkeit von der Landesregierung durch Rechtsverordnung einem Oberlandesgericht oder dem obersten Landesgericht übertragen werden; die Landesregierung kann die Ermächtigung durch Rechtsverordnung auf die Landesjustizverwaltung übertragen. [2]Mehrere Länder können die Zuständigkeit eines Oberlandesgerichts über die Ländergrenzen hinaus vereinbaren.

1 **I. Systematik, Regelungszweck, Geltungsbereich.** → Buch 10. Vor Abschnitt 1–10 Rn. 1 f.; → Vor § 1025 Rn. 1 ff. Die Mitwirkung der Gerichte im Schiedsverfahren nach dem Buch 10 ist auf die in dieser Vorschrift genannten Fälle in I Nr. 1–4, IV beschränkt. Die Vorschrift regelt zwecks Rechtssicherheit die Zuständigkeit des Gerichts. Die internationale Zuständigkeit deutscher Gerichte ergibt sich aus § 1025, Musielak/Voit/Voit Rn. 1. Die Vorschrift enthält Regelungen der sachlichen und örtlichen Zuständigkeit, BayObLG NJW-RR 2002, 934; Ffm SchiedsVZ 2012, 127; Kröll SchiedsVZ 2011, 210. Erstinstanzlich zuständig ist grundsätzlich das OLG, und zwar, wie § 1063 III 1 verdeutlicht, ein Zivilsenat; durch diese Konzentration soll eine Verfahrensbeschleunigung bewirkt werden, Ffm SchiedsVZ 2007, 217.

2 Nur bei Unterstützungshandlungen nach § 1050 ist das AG zuständig, IV. Die örtliche Zuständigkeit ergibt sich grundsätzlich aus I, IV. Wegen des Verfahrens gelten die §§ 1063, 1064, wegen der Rechtsmittel § 1065. Nach § 1053 IV ist unter den dort genannten Voraussetzungen ausnahmsweise der Notar anstelle des OLG für die Vollstreckbarkeitserklärung eines Schiedsspruchs mit vereinbartem Wortlaut zuständig, Kröll SchiedsVZ 2010, 214.

3 Keine Entscheidung nach I ist die Klärung der Vorfrage einer Wirksamkeit der Schiedsvereinbarung, zB im Rahmen des § 1035 III, BGH BeckRS 2020, 2038; SchiedsVZ 2012, 282; → § 1035 Rn. 8 und 20; → Rn. 5.

4 Für Schiedsverfahren gelten in Arbeitssachen §§ 109 I 1, 110 II ArbGG (Zwangsvollstreckung und Aufhebungsklage), in öffentlich-rechtlichen Angelegenheiten §§ 168 I Nr. 5, 173 S. 2 VwGO (OVG bei Vollstreckbarerklärung von öffentlich-rechtlichen Schiedssprüchen).

5 **II. Zuständigkeit des OLG, I–III, V.** Für die Entscheidung nach I Nr. 1–4 (das sind alle infrage kommenden Fälle außer § 1050) ist nach I erstinstanzlich das OLG zuständig; abweichende Vereinbarungen sind nicht zulässig, Mü BeckRS 2021, 44914; 2015, 304; KG SchiedsVZ 2013, 115; Kröll SchiedsVZ 2022, 255. Das gilt auch in einer Kartellfrage, Ffm BeckRS 2021, 41901; Düss MDR 2002, 44; Zöller/Geimer Rn. 6; Kröll SchiedsVZ 2022, 255; aM für § 91 GWB: Kröll NJW 2003, 796 (nur Vorrang), wobei der Schiedssenat und nicht der Kartellsenat zuständig ist, weil es sich nicht um eine dem Kartellsenat nach §§ 95, 91 S. 2, 87 S. 1 GWB ausschließlich zugewiesene Kartellsache handelt; das Exequaturverfahren dient nicht der formell- und materiell-rechtlichen Überprüfung des Schiedsspruchs, sondern ist auf eine Rechtsgestaltung, die Vollstreckbarkeit des Schiedsspruchs, gerichtet, Ffm BeckRS 2019, 6220; Kröll SchiedsVZ 2020, 220. Entsprechendes gilt bei Schiedsverfahren zu landwirtschaftlichen Fragen; insoweit ist nicht der Landwirtschaftssenat, sondern der Schiedssenat zuständig, Naumbg 30.7.2020 – 7 SchH 17/20; Kröll SchiedsVZ 2021, 128, 134. Die Zuständigkeit des OLG gilt auch für Einwendungen iSd § 767 bei Verfahren nach §§ 1060, 1061, nicht aber für eine Klage nach § 767, KG JurBüro 2007, 49, bei §§ 887, 888, Mü SchiedsVZ 2012, 343; aM Jena SchiedsVZ 2008, 44, oder bei einem Kostenwiderspruch, Mü SchiedsVZ 2012, 158. Nicht zuständig nach § 1062 ist das OLG für gerichtliche Entscheidungen, die im Hinblick auf einen Vollstreckungstitel nach § 794 I Nr. 1, der vor einer „anerkannten Gütestelle" geschaffen wurde, zu treffen sind; eine dennoch erfolgte Verweisung nach § 281 bindet das OLG nicht, Brdb NJW-RR 2001, 645. Kein Fall von I Nr. 2 1. Fall liegt vor bei einer Ersatzernennung eines Schiedsrichters nach § 1035 III, auch wenn das Gericht als Vorfrage die offensichtliche Unwirksamkeit der Schiedsvereinbarung prüft, weil keine Entscheidung vorliegt, BGH BeckRS 2020, 2038. § 1062 I Nr. 4 bezieht sich auf die Aufhebung des Schiedsspruchs (§ 1059) und auf dessen Vollstreckbarkeitserklärung (§ 1060 f.); damit verbunden ist keine Annexzuständigkeit für eventuelle Schadensersatzansprüche, mit denen RA-Kosten verfolgt werden, die im Rahmen der vorgerichtlichen Durchsetzung des Schiedsspruchs angefallen sind, Ffm BeckRS 2020, 19206 =SchiedsVZ 2020, 320 mAnm Schneider; Kröll NJW 2021, 832 (835) und SchiedsVZ 2021, 265; → § 1060 Rn. 5.

6 **Örtlich** zuständig ist das in der Schiedsvereinbarung nach § 1029 oder entsprechend nachträglich bezeichnete OLG, BayObLG NJW-RR 2002, 934, bei einer fehlenden oder unwirksamen Bezeichnung dasjenige OLG, in

dessen Bezirk der Schiedsort (§ 1043) liegt, wobei dieser bei Vorliegen eines Schiedsspruchs gemäß § 1054 III 2 aus der Ortsangabe bei der Unterschrift abzuleiten ist, Mü ZIP 2016, 972. Fehlt ein inländischen Schiedsorts, ist nach II in den Fällen des Abs. I Nr. 2 erste Alternative, 3 oder 4 das OLG zuständig, in dessen Bezirk der Antragsgegner seinen Sitz oder gewöhnlichen Aufenthalt hat oder sich sein Vermögen oder der Gegenstand befindet, der mit der Schiedsklage in Anspruch genommen wird oder der von der Maßnahme betroffen ist; hilfsweise ist das KG zuständig, BGH WM 2010, 2237; KG SchiedsVZ 2007, 109 (fordert einen Inlandsbezug, insofern abl. Kröll SchiedsVZ 2007, 154); Köln SchiedsVZ 2003, 238; Escher/Reichert SchiedsVZ 2007, 71. § 1062 II greift über seinen Wortlaut auch ein, wenn der Schiedsort zwar in Deutschland liegt, aber noch unbestimmt ist; davon ist auch auszugehen, wenn sich keine Anhaltspunkte dafür ergeben, dass die Parteien einen ausländischen Schiedsort wählen wollten, BayObLG SchiedsVZ 2021, 240 Rn. 18; KG NJW 2018, 122. Bei der Frage der belegenen Sache kann insoweit auf § 23 zurückgegriffen werden; bei Aktien kommt es nicht auf den Sitz der AG, sondern darauf an, wo die Globalurkunde belegen sei, die die Wertpapierrechte verbrieft, BayObLG BeckRS 2020, 28029 Rn 14 ff.; Kröll SchiedsVZ 2021, 128, 136; NJW 2021, 832, 835. Ein Bankkonto reicht als Bezug nicht, Kröll SchiedsVZ 2012, 205. Bei § 1025 III ist nach III das OLG zuständig, in dessen Bezirk eine der Parteien ihren Sitz oder gewöhnlichem Aufenthalt hat, → § 1025 Rn. 3. Kommen mehrere OLG's in Betracht, hat der Antragsteller ein Wahlrecht, Zöller/Geimer Rn. 2, 3. Die Zuständigkeit ist nicht ausschließlich. § 36 I Nr. 3 ist anwendbar, BayObLG RIW 1989, 309; aM Mü SchiedsVZ 2012, 96. Die Zuständigkeit kann sich auch infolge einer rügelosen Einlassung nach § 39 entstehen, Stgt NJW-RR 2003, 495. Soweit es um Maßnahmen geht, die in einem Schiedsverfahren nicht ergehen können, wie zB Vollstreckungsmaßnahmen, ist die funktionale Zuständigkeit der OLG nicht betroffen und § 281 greift zB nicht ein, KG JurBüro 2007, 49; Brdbg NJW-RR 2001, 695 (eigenständige Klage nach § 767).

III. Zuständigkeit des AG, IV. Für die Unterstützung bei der Beweisaufnahme und bei einer sonstigen richterlichen Handlung nach § 1050 ist nach IV dasjenige AG zuständig, in dessen Bezirk die richterliche Handlung erforderlich wird. Das Verfahren des AG und die Rechtsmittel richten sich nach § 1050 S. 2, 3 nach den für die richterliche Handlung geltenden Vorschriften. 7

IV. Ermächtigung, V. Die Länder dürfen die Zuständigkeit bei dem Obersten Landesgericht oder einem bestimmten OLG nach Maßgabe des V 1 konzentrieren, auch über die Landesgrenzen hinweg (durch Staatsvertrag) nach V 2. Eine solche Konzentrierung dient dazu, diejenigen Kenntnisse und Erfahrungen nutzbar zu machen, die Richter an Zentren der Schiedsgerichtsbarkeit gesammelt haben, Schumann RIW 1993, 701; Mü SchiedsVZ 2011, 165. Ist ein Konzentrations-OLG vorhanden, haben die Parteien aber ein anderes OLG bestimmt, kann im Wege der Auslegung das Konzentrationsgericht zuständig sein, wenn die Wahl der Parteien in Verkennung der Situation erfolgte, Mü SchiedsVZ 2014, 258. 8

Bei folgenden OLG´s ist beispielsweise die Zuständigkeit konzentriert: OLG Kobl für Rheinland-Pfalz (VO vom 28.4.1998, GVBl. 1998, 134); OLG Köln für ganz NRW (VO vom 20.3.2019, GV. NRW 2019, 196); BayObLG für ganz Bayern (VO vom 6.4.2020, GVBl. 2020, 205). 9

1063 *Allgemeine Vorschriften.* **I [1]Das Gericht entscheidet durch Beschluss. [2]Vor der Entscheidung ist der Gegner zu hören.**

II Das Gericht hat die mündliche Verhandlung anzuordnen, wenn die Aufhebung des Schiedsspruchs beantragt wird oder wenn bei einem Antrag auf Anerkennung oder Vollstreckbarerklärung des Schiedsspruchs Aufhebungsgründe nach § 1059 Abs. 2 in Betracht kommen.

III [1]Der Vorsitzende des Zivilsenats kann ohne vorherige Anhörung des Gegners anordnen, dass der Antragsteller bis zur Entscheidung über den Antrag die Zwangsvollstreckung aus dem Schiedsspruch betreiben oder die vorläufige oder sichernde Maßnahme des Schiedsgerichts nach § 1041 vollziehen darf. [2]Die Zwangsvollstreckung aus dem Schiedsspruch darf nicht über Maßnahmen zur Sicherung hinausgehen. [3]Der Antragsgegner ist befugt, die Zwangsvollstreckung durch Leistung einer Sicherheit in Höhe des Betrages, wegen dessen der Antragsteller vollstrecken kann, abzuwenden.

IV Solange eine mündliche Verhandlung nicht angeordnet ist, können zu Protokoll der Geschäftsstelle Anträge gestellt und Erklärungen abgegeben werden.

I. Systematik, Regelungszweck, Geltungsbereich. → Buch 10. Vor Abschnitt 1–10 Rn. 1 f.; Vor § 1025 Rn. 1 ff. Die Vorschrift enthält zwecks Rechtssicherheit einige ergänzende Bestimmungen für das Verfahren des Gerichts nach § 1062. Davon gelten I, IV für das OLG und das AG, II, III allein für das OLG. Die Vorschrift regelt ein Beschlussverfahren mit grundsätzlich freigestellter mündlicher Verhandlung, § 128 IV; davon macht II in den dort genannten Fällen eine Ausnahme. IV, § 78 III verdeutlichen, dass Anwaltszwang nur bei Anordnung der mündlichen Verhandlung besteht. Ergänzende Bestimmungen für die Vollstreckbarerklärung durch das OLG, §§ 1060, 1061, enthält § 1064. Die Rechtsmittel regelt § 1065. Die Verfahrensvorschriften für das Gericht sind zwingend. 1

Bei Vorliegen einer rechtskräftigen Vollstreckbarerklärung ist eine Feststellungsklage nach § 256 auf Unzulässigkeit des schiedsrichterlichen Verfahrens unzulässig. Die Gerichtssprache ist nach §§ 184, 185 GVG auch hier deutsch, aM Illner ZRP 2011, 170. §§ 330 ff. finden keine Anwendung, → Rn. 4. 2

II. Entscheidung, I. Das nach § 1062 zuständige OLG bzw das AG im Falle des § 1062 IV prüft die Zulässigkeit und Begründetheit. Die Statthaftigkeit ergibt sich aus § 1062 I, IV für die dort genannten Anträge. Ein Rechtsschutzbedürfnis ist in allen Verfahren und nicht nur bei §§ 1959, 1060, jeweils → Rn. 2, nötig, Mü SchiedsVZ 2015, 206; Kröll SchiedsVZ 2008, 114. Es liegt aber in der Regel vor, → Vor § 1059 Rn. 3 (zum Verhältnis von § 1059 zu § 1060). Ein angeblicher Erfüllungswille beseitigt ein Rechtschutzbedürfnis nicht, Kröll SchiedsVZ 2012, 205. 3

Nach I 1 entscheidet das Gericht durch einen Beschluss nach § 329. Vor einer Entscheidung muss das OLG den Antragsgegner nach I 2 wegen Art. 103 I GG hören, auch wenn es den Antrag für abweisungsreif hält, Mü SchiedsVZ 2011, 231; aM MüKoZPO/Münch Rn. 3. Dabei ist dem Gegner der Antrag als verfahrenseinleitendes Schriftstück bekannt zu geben, regelmäßig durch Zustellung; ansonsten liegt eine Gehörsverletzung, dh ein wesentlicher Verfahrensmangel vor, wobei es nicht darauf ankommt, ob die Verletzung entscheidungserheblich 4 war, BGH SchiedsVZ 2020, 196 Rn. 39 ff.; → Vor § 128 Rn. 42 ff. (allg. zum rechtlichen Gehör). Eine mündliche Verhandlung ist nur nach II notwendig, BayObLG NJW-RR 2000, 807; Kröll SchiedsVZ 2013, 263. Das OLG darf sie aber auch sonst nach IV anordnen. Im Übrigen muss das OLG die Vorschriften der ZPO über das Verfahren erster Instanz anwenden, also die Bücher 1 und 2, sofern II–IV und § 1064 nicht besondere Regeln enthalten, BGH NJW-RR 2002, 933 (zu §§ 80 ff.); Drsd SchiedsVZ 2005, 162; Kblz OLGR 2004, 232. So sind zB § 307, § 319 anwendbar, Mü BauR 2011, 151; Kröll SchiedsVZ 2010, 214. Es gelten auch die GVG-Regeln, wie zB § 184 GVG, der im Schiedsverfahren nicht gilt, → § 1045 Rn. 2.

5 Im Hinblick auf die Form des Beschlusses kann sich das Gericht an § 313 I orientieren, wobei der Zeitpunkt (§ 313 Nr. 3) der jeweiligen Verfahrensweise anzupassen ist und in der Regel der Sachverhalt und die rechtliche Würdigung unter der Überschrift „Gründe" dargestellt werden, soweit eine Begründung überhaupt erforderlich ist. Soweit § 1065 I 1 die Rechtsbeschwerde vorsieht, muss die Entscheidung im Hinblick auf §§ 576 III, 547 Nr. 6 begründet werden, dh der Beschluss muss die für die Beurteilung erforderlichen tatsächlichen und rechtlichen Feststellungen enthalten, wenn auch in einem klaren Fall evtl. eine Bezugnahme auf den Schiedsspruch reicht, BGH NJW 1999, 2974. Dasselbe gilt bei einem ablehnenden Beschluss, MüKoZPO/Münch Rn. 22. Aber auch bei unanfechtbaren Entscheidungen, § 1065 I 2, empfiehlt sich eine Begründung wegen der Kontrollfunktion des Gerichts bei Schiedsverfahren, Musielak/Voit/Voit Rn. 8. Der die Vollstreckbarkeit anordnende Beschluss muss nach § 329 III Hs. 1 förmlich zugestellt werden. Gleiches gilt auch für die übrigen Entscheidungen nach § 1062 I Nr. 2 und 4, weil gegen diese nach § 1065 I 1 die befristete Rechtsbeschwerde, § 575 I, statthaft ist, Hs. 2. Der Beschluss ist immer nach § 329 I 1 zu verkünden, wenn eine mündliche Verhandlung stattgefunden hat, auch wenn sie nach II nicht zwingend war, MüKoZPO/Münch Rn. 19. Nicht verkündete Beschlüsse sind den Parteien nach § 329 II 1 formlos mitzuteilen, wenn nicht dessen Satz 2 eingreift. Für das Verfahren vor dem AG gilt neben I, IV die Regelung in § 1050.

6 Der Beschluss muss eine Regelung über die Kosten enthalten, wobei §§ 91 ff., auch § 93 und § 269 III entsprechend anwendbar sind, Mü SchiedsVZ 2015, 205; Hamm SchiedsVZ 2010, 56; Thomas/Putzo/Seiler Rn. 5; Kröll SchiedsVZ 2012, 206, allerdings nicht § 99 II, dh eine Rechtsbeschwerde allein wegen der Kostenentscheidung nach § 93 ist nicht statthaft, BGH NJW-RR 2008, 664. Der Streitwert für Verfahren nach § 1060 beurteilt sich nach dem Interesse des Antragstellers an der Vollstreckbarkeitserklärung; zunächst ist der Wert der zu vollstreckenden Forderung maßgeblich; entsprechendes gilt für Verfahren nach § 1059; das Interesse kann aber auch darüber hinausgehen, zB durch Widerklagen oder hilfsweise erklärte Aufrechnungen; das Aufhebungsinteresse der anderen Partei entspricht vollständig dem Wert der Forderung, BGH SchiedsVZ 2019, 351; Ffm SchiedsVZ 2020, 318; Mü SchiedsVZ 2009, 68 (I Nr. 4: wie Hauptsache ohne Zinsen und Kosten); Mü SchiedsVZ 2007, 330 (ca. 1/3 für I Nr. 2 nach § 3); Kröll SchiedsVZ 2020, 220; Thomas/Putzo/Seiler Rn. 5; (für I Nr. 1–3: ca 1/3 der Hauptsache nach § 3). Wird neben der Vollstreckbarkeit Ersatz vorgerichtlicher Anwaltskosten begehrt, werden beide Werte addiert, da es sich bei den Anwaltskosten nicht um Nebenforderungen iSd § 43 I GKG handelt; bei der Vollstreckbarkeitserklärung geht es nicht um den vom Schiedsgericht zuerkannten Anspruch, Ffm SchiedsVZ 2020, 318 mAnm Monschau/Schneider/Thiel. Wegen der Rechtsmittel § 1065.

7 **III. Mündliche Verhandlung, II.** Das OLG muss sie nur dann anzuordnen, wenn der Antragsteller in dem dafür vorgesehenen Verfahren nach § 1059 die Aufhebung des Schiedsspruchs verlangt oder wenn bei einem Antrag auf Anerkennung oder Vollstreckbarerklärung Aufhebungsgründe nach § 1059 II in Betracht kommen. Im eingeleiteten Beschwerdeverfahren greift II nicht ein; vielmehr gilt § 128 IV, so dass zwar die Möglichkeit einer mündlichen Verhandlung besteht, eine solche aber nicht zwingend ist, BGH BeckRS 2019, 36251. Wegen Art. 6 I EMRK bzw. Art. 47 II EuGRC ist auch neben den Fällen des II eine mündliche Verhandlung erforderlich, wenn die Parteien sie beantragen, Zöller/Geimer Rn. 2. Etwas anderes gilt aber bei § 1040 III 2; hier ist auch bei einem entsprechenden Antrag einer Partei die mündliche Verhandlung freigestellt, weil die Entscheidung über die Zuständigkeit nach § 1040 III 1 keine endgültige Entscheidung ist und Art. 6 I EMRK nicht direkt gilt, BGH NJW 2014, 3652; → § 1040 Rn. 7; → § 1054 Rn. 2. Ob bei dem Verfahren auf Anerkennung oder Vollstreckbarerklärung nach §§ 1060, 1061 für die Frage der mündlichen Verhandlung ein Aufhebungsgrund nach § 1059 II Nr. 1 schlüssig dargelegt muss, ist bestritten; verneinend: BGH NJW 1999, 2974; Hamm SchiedsVZ 2013, 182; BayObLG NJW-RR 2000, 807; Mü SchiedsVZ 2011, 168; Musielak/Voit/Voit Rn. 3; aM Zöller/Geimer Rn. 2; Ehricke ZZP 113, 462; Kröll SchiedsVZ 2004, 120. Da der Gesetzgeber formuliert „in Betracht kommen", reicht nach unserer Auffassung aus, dass nach dem Vortrag des Antragstellers eine gewisse Wahrscheinlichkeit für das Vorliegen von Aufhebungsgründen vorhanden ist; aA wohl MüKoZPO/Münch Rn. 12 („schlüssige Tatsachen"); zur Darlegungslast → § 1060 Rn. 11 f. Ist der Antragsteller im mündlichen Verhandlungstermin säumig, ist das OLG nicht an einer Sachentscheidung gehindert; ein **„Versäumnisbeschluss"** analog § 330 ist nicht zulässig, weil sich ein Versäumnisverfahren insbesondere wegen §§ 345, 514 II in die Systematik der §§ 1060 ff. nicht einfügt, BGH NJW 2007, 772; BayObLG NJW-RR 2000, 807; Kröll NJW 2007, 747; → Vor § 330 Rn. 7; aM Hamm MDR 2007, 483; Lüke FS Schlosser, 2005, 510, Zöller/Geimer Rn. 8. §§ 148, 356 gelten nicht zwingend, BGH SchiedsVZ 2008, 43.

8 **IV. Sicherungsvollstreckung, III.** Dazu Ebert SchiedsVZ 2020, 55; Sessler/Schreiber SchiedsVZ 2006, 119. Die Anordnung der vorläufigen Sicherungsvollstreckung ist sowohl bei inländischen als auch ausländisch en Schiedssprüchen möglich, Ebert SchiedsVZ 2020, 55. Ihre Zulassung durch das OLG nach III in den Fällen des § 1062 I Nr. 3, 4 entspricht einem praktischen Bedürfnis vor allem im internationalen Schiedsverkehr, BGH WM 2013, 1648; LG Brschw SchiedsVZ 2015, 294. Das gilt nach III 1 auch und gerade für die Vollziehung einstweiliger Maßnahmen des Schiedsgerichts nach § 1041.Die Anordnung setzt einen Antrag voraus. Statthaft ist der Antrag, sobald ein Antrag auf Vollstreckbarkeitserklärung gestellt wurde. Zuständig ist der Vorsitzende des Zivilsenats. Die Anordnung setzt eine Interessenabwägung voraus, dh der Vorsitzende muss im Rahmen pflichtgemäßen Ermessens die Parteiinteressen abwägen, KG SchiedsVZ 2017, 38; Ebert SchiedsVZ 2020, 55; Kröll SchiedsVZ 2013, 268. In jedem Fall sind dabei die Erfolgsaussichten des Antrages auf Vollstreckbarerklärung mit zu berücksichtigen, Ffm BeckRS 2017, 147625; KG SchiedsVZ 2017, 37; Brschw BeckRS 2016, 19530. Wird allerdings der Antrag zusammen mit dem auf Vollstreckbarkeitserklärung gestellt, steht zu diesem Zeitpunkt noch nicht fest, ob der Schuldner Einwendungen gegen den Schiedsspruch erhebt, so dass das OLG in diesem Stadium bei der Interessenabwägung sich insoweit nur auf die von Amts wegen zu berücksichtigenden Aufhebungsgründe abstellen kann, Ebert SchiedsVZ 2020, 55. Bei der Interessenabwägung spielt auch Satz 3 eine Rolle, KG BeckRS

2015, 126414. Ein einheitlicher Maßstab für die Interessenabwägung hat sich noch nicht herausgebildet; manche lassen eine Gefahr ausreichen, dass das im Inland befindliche Vermögen leicht ins Ausland transferiert werde, weil im Inland nur bewegliches Vermögen, wie Bankguthaben oder sonstige Forderungen bestehen, Hmbg 22.7.2019 – 6 sch 11/19, andere ziehen Parallelen zu den Arrestvorschriften, vgl. Kröll SchiedsVZ 2020, 226; Ebert SchiedsVZ 2020, 55 (zum Meinungsstreit). Auf die Arrestvorschriften ist nach unserer Auffassung nicht abzustellen, weil mit dem Schiedsspruch bereits eine rechtskräftige Entscheidung vorliegt; auf der anderen Seite kann allein die bloße Möglichkeit einer Vermögensverschlechterung wegen der Interessen des Antragsgegners nicht ausreichen; vielmehr muss der durch Tatsachen belegte konkrete Verdacht bestehen, dass ohne die Maßnahmen nach III 2 die Vollstreckung nach Abschluss des Verfahrens auf Vollstreckbarerklärung insgesamt und nicht nur wegen der Kosten ins Leere läuft, Ffm SchiedsVZ 2020, 94 (in Abweichung von Ffm SchiedsVZ 2010, 227 – Möglichkeit der Verschiebung von inländischem Vermögen ins Ausland reiche); Ebert SchiedsVZ 2020, 55, 57. Der Vorsitzende kann auf Antrag einer Partei nach pflichtgemäßen Ermessen anordnen, dass der Antragsteller bis zur Entscheidung die Zwangsvollstreckung aus dem Schiedsspruch betreiben oder eine vorläufige bzw. sichernde Maßnahme des Schiedsgerichts nach § 1041 vollziehen darf. Die Anordnung kann ohne eine Anhörung des Gegners ergehen. Sie ist genau so wie ihre Ablehnung unanfechtbar, BGH MDR 2017, 239. Die Vollstreckung aus dem Schiedsspruch darf aber nach III 2 nicht über Maßnahmen der Sicherung hinausgehen, KG SchiedsVZ 2017, 38; Hamm SchiedsVZ 2012, 221. Sie darf also wie bei § 720a nicht zur Befriedigung führen. Die Veranlassung zur Sicherheitsleistung entfällt nicht schon mit einer Zurückverweisung nach § 1065 II 2, BGH WM 2013, 1948. Der Antragsgegner kann die Zwangsvollstreckung nach III 3 durch eine Sicherheitsleistung in Höhe des Betrages abwenden, wegen dessen der Antragsteller vollstrecken kann, Ffm SchiedsVZ 2010, 227. Eine gesonderte Kostenentscheidung ergeht nicht, Hamm SchiedsVZ 2012, 221; Jena SchiedsVZ 2017, 147 (zu KV 1626 GKG).

V. Anträge zu Protokoll der Geschäftsstelle, IV. Die Vorschrift bezieht sich vor allem auf das Verfahren 9 vor dem OLG, für das sie den Anwaltszwang mildern soll. Bei elektronischer Einreichung gelten §§ 130a–130d. Der Anwaltszwang besteht nicht, solange keine mündliche Verhandlung angeordnet wurde; solange können Anträge und Erklärungen zu Protokoll der Geschäftsstelle abgegeben werden und unterliegen damit nach § 78 III Hs. 2 nicht dem Anwaltszwang; solange keine mündliche Verhandlung anberaumt wurde, tritt bei Ausfall des Bevollmächtigten die Partei an seine Stelle, BGH BeckRS 2020, 18305; = NJW-RR 2020, 1191; Kröll NJW 2003, 796 und SchiedsVZ 2021, 266; → § 78 Rn. 48 „Schiedsverfahren". Die Anordnung der mündlichen Verhandlung nach I durch eine Terminbestimmung nach § 216 lässt für das weitere Verfahren uneingeschränkt den Anwaltszwang nach § 78 I eintreten. Das gilt für die Verfahren vor dem AG nach § 1062 IV nur in der Rechtsmittelinstanz. Wegen des Nachweises der Bevollmächtigung BGH BB 2002, 963; Kröll NJW 2003, 796.

1064 *Besonderheiten bei der Vollstreckbarerklärung von Schiedssprüchen.* I [1]**Mit dem Antrag auf Vollstreckbarerklärung eines Schiedsspruchs ist der Schiedsspruch oder eine beglaubigte Abschrift des Schiedsspruchs vorzulegen.** [2]**Die Beglaubigung kann auch von dem für das gerichtliche Verfahren bevollmächtigten Rechtsanwalt vorgenommen werden.**

II **Der Beschluss, durch den ein Schiedsspruch für vollstreckbar erklärt wird, ist für vorläufig vollstreckbar zu erklären.**

III **Auf ausländische Schiedssprüche sind die Absätze 1 und 2 anzuwenden, soweit Staatsverträge nicht ein anderes bestimmen.**

Schrifttum: Kröll SchiedsVZ 2013, 263.

I. Systematik, Regelungszweck. → Buch 10. Vor Abschnitt 1–10 Rn. 1 f.; → Vor § 1025 Rn. 1 ff. Die 1 Vorschrift ergänzt § 1063 zwecks Klarstellung im Interesse der Rechtssicherheit durch besondere Bestimmungen über das Verfahren der Vollstreckbarerklärung nach § 1060 I, II, bei einem ausländischen Schiedsspruch nach III mit dem Vorbehalt, dass Staatsverträge nicht entgegenstehen.

II. Antrag auf Vollstreckbarerklärung, I. Bei Anträgen auf Vollstreckbarerklärung gemäß §§ 1060, 1061 ist 2 grundsätzlich nach I 1 der Schiedsspruch nach § 1054 oder eine beglaubigte Kopie des Schiedsspruchs einzureichen, Mü FamRZ 2012, 1962; Kröll SchiedsVZ 2013, 263; Ausnahme: → Rn. 4. Dabei handelt es sich nicht um eine Zulässigkeitsvoraussetzung, sondern um eine besondere Beweismittelanforderung, deren Einhaltung im Falle des Bestreitens relevant wird, Ffm BeckRS 2021, 11890; Kröll SchiedsVZ 2022, 255. Der Schiedsspruch muss die Unterschriften der Schiedsrichter enthalten. Ein solches Exemplar ist den Parteien nach § 1054 IV auch übermittelt worden. Für den erforderlichen Antrag besteht kein Anwaltszwang, §§ 78 III, 1063 IV, BGH NJW-RR 2002, 933; → § 1063 Rn. 9. Eine bestimmte Form der Beglaubigung ist nicht notwendig. Auch der Anwalt kann sie nach I 2 vornehmen. Das hat vor allem für einen ausländischen Schiedsspruch Bedeutung. Die Vorlage der Schiedsvereinbarung nach § 1029 ist nur bei einer gesonderten richterlichen Anordnung nach § 142 zwingend erforderlich. Die Beifügung einer Übersetzung ist in dieser Vorschrift nicht vorgesehen. Das gilt auch für ausländische Schiedssprüche; Art. IV UNÜ erweitert die Formerfordernisse nicht; diese Vorschrift ist lediglich als Beweisvorschrift zu verstehen, BGH NJW-RR 2001, 1059; Hmb BeckRS 2019, 37488 (kalifornischer Schiedsspruch – beglaubigte Abschrift reicht); Ffm BeckRS 2019, 16020 (russischer Schiedsspruch) und 39979 (legalisierte Urschrift reicht); Mü SchiedsVZ 2011, 337. Zudem würde sie wegen des Meistbegünstigungsprinzips nach Art. VII Abs. 1 UNÜ die Regelung des § 1064 I, III nicht verdrängen, BGH NJW-RR 2004, 1504; Mü 2020, 145 (kroatischer Schiedsspruch); Brdb SchiedsVZ 2016, 49; → § 1061 Rn. 5; aM Ros IPRax 2002, 402. Jedoch ist § 184 S. 1 GVG zu beachten. Man kann den Antrag auf einen wie bei § 301 selbständigen Teil des Schiedsspruchs beschränken, Mü SchiedsVZ 2008, 151. Bei elektronischer Einreichung gelten §§ 130a–130d.

III. Vollstreckbarerklärung, II. Der Schiedsspruch als solcher enthält die Feststellung über den Streitgegen- 3 stand des Schiedsverfahrens, → § 1054 Rn. 2, dh praktisch den noch nicht vollstreckbaren Hauptsachentenor. Erst die staatliche Vollstreckbarerklärung nach §§ 1060, 1061 fügt die Vollstreckbarkeit hinzu. Da der Beschluss nach § 1063 I der Rechtsbeschwerde nach § 1065 unterliegt, muss das Gericht ihn nach II für vorläufig vollstreckbar erklären, Mü SchiedsVZ 2011, 168. Weder eine Sicherheitsleistung noch eine Abwendungsbefugnis sind in II vorgesehen; §§ 708 ff. sind insoweit nicht ergänzend heranzuziehen, Mü SchiedsVZ 2012, 43;

Musielak/Voit/Voit Rn. 3; Thomas/Putzo/Seiler Rn. 2; aM Stgt BeckRS 2014, 05494; MüKoZPO/Münch Rn. 9. Das Gericht stellt seinen Beschluss von Amts wegen nach § 329 III Hs. 1 zu, → § 1063 Rn. 4. Eine Vollstreckungsklausel ist wie sonst nach §§ 724 ff. erforderlich.

4 **IV. Vorbehalt für abweichende Regelungen, III.** Auf einen ausländischen Schiedsspruch, → § 1061 Rn. 4, sind I, II nur anwendbar, wenn nicht ein Staatsvertrag etwas anderes bestimmt. I 1 geht nach dem Meistbegünstigungsprinzip des Art VII Abs. 1 UNÜ als eine nationale Regelung dem Art IV UNÜ vor, BGH NJW-RR 2004, 1504; Brdb SchiedsVZ 2016, 49; Köln SchiedsVZ 2005, 163; aM Ros IPRax 2002, 402; → Rn. 2; zu Art IV UNÜ SchlAnh VI A 1.

1065 *Rechtsmittel.* I [1]**Gegen die in § 1062 Abs. 1 Nr. 2 und 4 genannten Entscheidungen findet die Rechtsbeschwerde statt.** [2]**Im Übrigen sind die Entscheidungen in den in § 1062 Abs. 1 bezeichneten Verfahren unanfechtbar.**

II [1]**Die Rechtsbeschwerde kann auch darauf gestützt werden, dass die Entscheidung auf einer Verletzung eines Staatsvertrages beruht.** [2]**Die §§ 707, 717 sind entsprechend anzuwenden.**

Schrifttum: Feldmann, Rechtsbehelfe in der Zwangsvollstreckung aus Schiedssprüchen, 2014.

1 **I. Systematik, Regelungszweck, Geltungsbereich.** → Buch 10. Vor Abschnitt 1–10 Rn. 1 f.; → Vor § 1025 Rn. 1 ff. Im Interesse einer Beschleunigung und Vereinfachung des Verfahrens beschränkt § 1065 die Rechtsmittel gegen einen Beschluss des OLG. Er ist nach I 2 dann grundsätzlich unanfechtbar, wenn es sich nicht um eine Entscheidung in Verfahren nach § 1062 I Nr. 2 und 4 handelt. Nur in diesen Fällen ist die Rechtsbeschwerde nach § 1065 I 1 statthaft, BGH SchiedsVZ 2018, 193; Kröll NJW 2003, 797. Für eine Entscheidung des AG nach § 1062 IV gilt § 1065 nicht; eine Entscheidung des AG ist nach allgemeinen Regeln der ZPO anfechtbar, BGH SchiedsVZ 2021, 43; Musielak/Voit/Voit Rn. 4.

2 **II. Unanfechtbarkeit, I 2.** Nach I 1 iVm § 574 I Nr. 1 findet die Rechtsbeschwerde gegen eine Entscheidung des OLG nach § 1062 I Nr. 2 und 4 statt. Alle anderen Entscheidungen in einem der in § 1062 I genannten Verfahren sind nach I 2 unanfechtbar, und zwar unabhängig davon, ob und warum eine Anordnung oder Ablehnung erfolgte, BGH WM 2017, 732; NJW-RR 2010, 425. I 2 gilt sowohl für alle Entscheidungen nach § 1062 I Nr. 1 oder nach § 1062 I Nr. 3, BGH SchiedsVZ 2012, 282, als auch für Zwischen- und Nebenentscheidungen nach § 1062 I Nr. 2 und 4, soweit sie nicht den Endentscheidungen gleichstehen. Nicht isoliert anfechtbar ist die in den in § 1062 I Nr. 2 und 4 genannten Verfahren getroffene Kostenentscheidung nach § 93, weil § 99 II nicht anwendbar ist, BGH NJW-RR 2008, 664.

3 **III. Rechtsbeschwerde, I 1, II. 1. Zulässigkeit.** Sie ist nach I 1 gegen Entscheidungen des OLG in einem der in § 1062 I Nr. 2, 4 genannten Verfahren statthaft, wenn die Voraussetzungen des § 574 II vorliegen, BGH NJW-RR 2016, 701. Die Rechtsbeschwerde nach §§ 574 ff. ist ein der Revision nachgebildetes Rechtsmittel. Zuständig ist nach § 133 GVG der BGH. Einer Wertgrenze besteht für die Rechtsbeschwerde nicht. Anfechtbar ist nicht nur eine Endentscheidung, sondern auch eine ihr gleichstehende Zwischenentscheidung zB nach § 280, BGH NJW 2001, 3787; → Rn. 2. Zur Frist, Form und Begründung gilt § 575. Diese Zulässigkeitsvoraussetzungen sowie die Statthaftigkeit sind nach § 577 I 1 von Amts wegen zu prüfen. Es muss ein beim BGH zugelassener Anwalt tätig werden, BGH DB 2002, 1001. Zur Anschlussrechtsbeschwerde § 574 IV

4 **2. Prüfungsumfang.** Er ergibt sich aus §§ 576, 577 sowie aus I 1, II 1. Die Rechtsbeschwerde beschränkt sich auf die Verletzung von Gesetzen iSd § 576 I und Staatsverträgen bei einer Entscheidung in den in § 1062 I Nr. 2 und 4 genannten Verfahren; auch wenn Staatsverträge erst in II 1 genannt sind, gilt I auch für die Staatsverträge, BGH NJW 1999, 2974; Musielak/Voit/Voit Rn. 2. Bei der Frage, ob eine Gesetzesverletzung vorliegt, sind die §§ 576 II, 577 II, III zu beachten; so kann die fehlende Zuständigkeit des OLG nicht gerügt werden, BGH SchiedsVZ 2008, 43. Nach § 577 II 1 erfolgt eine Prüfung nur im Rahmen der gestellten Anträge. Der BGH ist an den vom OLG zugrunde gelegten Sachverhalt gebunden; neue Tatsachen werden grundsätzlich nicht berücksichtigt, Kröll NJW 2003, 797. Eine Ausnahme gilt bei Veränderungen nach der Entscheidung des OLG, BGH NJW 2001, 1730 (Entscheidung im Erlassstaat über die Verbindlichkeit des Schiedsspruchs); SchiedsVZ 2008, 42 (§ 767). Der BGH kann den Schiedsspruch frei auslegen, BGH SchiedsVZ 2016, 343 (ohne Rückgriff auf das ausländische Recht beim ausländischen Schiedsspruch); SchiedsVZ 2008, 42; Thomas/Putzo/Seiler Rn. 6.

5 **3. Einstweilige Maßnahmen, Entscheidung.** Nach II 2 sind die §§ 707, 719 entsprechend anwendbar, dh auf Antrag kann der BGH die Vollstreckung einstweilen einstellen, BGH SchiedsVZ 2018, 193. II 2 ist auch bei I anwendbar; die scheinbar entgegenstehende Systematik beruht auf der früheren Regelung, wonach neben der Verletzung des Staatsvertrages auch die Gesetzesverletzung in II 1 als Prüfungsmaßstab genannt wurde, Musielak/Voit/Voit Rn. 2. Mit dieser besonderen Regelung in II 2 werden die allgemeinen Vorschriften der §§ 570 III, 575 V auf eine einstweilige Anordnung vor der Entscheidung verdrängt, MüKoZPO/Münch Rn. 19. Bei der Entscheidung über den Einstellungsantrag sind die widerstreitenden Interessen von Schuldner und Gläubiger gegeneinander abzuwägen und dabei die Erfolgsaussichten des Rechtsbehelfs summarisch zu prüfen; dabei räumt das gesetzliche Leitbild grundsätzlich dem Vollstreckungsinteresse des Gläubigers den Vorrang ein, so dass besondere Gründe für das Schutzinteresse des Schuldners vorliegen müssen, BGH SchiedsVZ 2020, 92 = BeckRS 2019, 30323; BeckRS 2019, 25985; SchiedsVZ 2019, 353. Die Entscheidung über die einstweilige Einstellung wird bei endgültiger Aufhebung hinfällig, BGH NJW-RR 2014, 64.

6 Die **Entscheidung des BGH** ergeht nach § 577 VI 1 durch Beschluss. Fehlt eine von Amts wegen zu prüfende Zulässigkeitsvoraussetzung, wird die Rechtsbeschwerde nach § 577 I 2 als unzulässig verworfen. Ist die Rechtsbeschwerde unbegründet oder liegt ein Fall des § 577 III vor, wird sie zurückgewiesen. Bei der begründeten Rechtsbeschwerde gilt § 577 IV, V, dh die angefochtene Entscheidung wird aufgehoben und der BGH entscheidet selbst (V) oder er verweist an das OLG, eventuell an einen anderen Spruchkörper zurück (IV). Für die Frage der Begründung gelten § 577 VI 2, 3, 564. Für die Gerichtsgebühren gelten KV 1628, 1629 GKG und für die Anwaltsgebühren VV 3100 RVG. Auch bei einem ausländischen Schiedsspruch verbleibt es bei der Verfahrensgebühr nach VV 3100 RVG, Mü NJW 2013, 3186.

Abschnitt 10. Außervertragliche Schiedsgerichte

1066 ***Entsprechende Anwendung der Vorschriften des Buches 10.*** **Für Schiedsgerichte, die in gesetzlich statthafter Weise durch letztwillige oder andere nicht auf Vereinbarung beruhende Verfügungen angeordnet werden, gelten die Vorschriften dieses Buches entsprechend.**

Schrifttum: Bandel SchiedsVZ 2017, 72 (Pflichtteilsstreit); Dawirs, Das letztwillig angeordnete Schiedsgerichtsverfahren, 2014; Fölsing, Machtpoker um Nordstream 2: Investorenklagen gegen die EU, SchiedsVZ 2021, 223; Geimer, Entlassung des Testamentsvollstreckers durch ein vom Erblasser eingesetztes Schiedsgericht?, GS Wolf, 2011, 371; Harder, Das Schiedsverfahren im Erbrecht usw., Diss. Mainz 2006; Haas SchiedsVZ 2007, 1 (Gesellschaftsverträge); Heermann NJW 2019, 1560 Sportschiedsgerichtsbarkeit 2019 – Eine Standortbestimmung); ders., Freiwilligkeit beim Sport-Schiedsgerichtsbarkeit, SchiedsVZ 2014, 66; Hülskötter, Eine Frage der Freiwilligkeit?, SchiedsVZ 2021, 145; Keim NJW 2017, 2652 (letztwillige Schiedsklauseln); Lange ZZP 128, 407; Reimann, Schiedsgerichtsverfahren im Erbrecht, FamRZ 2017, 1295.

1 **I. Systematik, Regelungszweck, Geltungsbereich.** → Buch 10. Vor Abschnitt 1–10 Rn. 1 f.; → Vor § 1025 Rn. 1 ff. Nach dieser Vorschrift gelten §§ 1025 – 1065 für inländische und ausländische Schiedsgerichte entsprechend, die nicht auf einer privat-rechtlichen Vereinbarung beruhen, sondern durch eine wirksame **(einseitige)** privat-rechtliche Verfügung angeordnet wurden, Sareika ZZP 90, 285. Entsprechende Anwendung bedeutet, dass die Vorschriften nicht gelten, die mit dem zugrunde liegenden einseitigen Rechtsgeschäft, der Verfügung, nicht in Einklang zu bringen, sind. ZB unterliegen die Verfügungen nicht der für die Schiedsvereinbarungen nach § 1029 geltenden Formvorschrift des § 1031, während § 1033 entsprechend anzuwenden ist BGH NJW 2017, 2115; Haas SchiedsVZ 2007, 10 Für die einseitigen Rechtsgeschäfte sind die eventuell für sie selbst geltenden Formvorschriften zu beachten, zB die Form eines Testamentes, §§ 2231–2252 BGB. Auch im Übrigen richtet sich die Wirksamkeit der Verfügung nach dem materiellen Recht. Bei den einseitig verfügten Schiedsgerichten ist der Gefahr des Übergewichts einer Partei besondere Aufmerksamkeit zu widmen. Bedeutsam kann dieser Gesichtspunkt zB bei § 1034 II und bei § 1059 II Nr. 2b sein, → Rn. 13 (Fall „Pechstein").

2 Nicht von der Vorschrift erfasst werden Schiedsgerichte, die auf einem staatlichen Normsetzungsakt beruhen oder von öffentlich-rechtlichen Anstalten eingesetzt werden, Düss NJW-RR 2003, 142; Musielak/Voit/Voit Rn. 1; zu sog. unechten Schiedsgerichte: → Vor § 1025 Rn. 5; zu den Verfügungen nach dieser Vorschrift gehören ausdrücklich letztwillige Verfügungen, nicht aber Erbverträge, da diese zweiseitige Rechtsgeschäfte sind; bei einer im Erbvertrag getroffenen Schiedsvereinbarung greifen die §§ 1025 ff. unmittelbar ein, also gilt auch die Formvorschrift des § 1031, Hamm NJW-RR 1991, 455; Schütze RIW 1992, 1880; Schulze MDR 2000, 314.

3 **II. Letztwillig angeordnetes Schiedsgericht.** Die Verfügungen iSd Vorschrift müssen in gesetzlich statthafter Weise ergangen sein. Ob dies der Fall ist, richtet sich nach dem materiellen Recht, → Rn. 1. Darüber hinaus ist ein letztwillig angeordnetes Schiedsgericht durch Testament in gesetzlicher Weise nicht statthaft, wenn die Anordnung nicht in der Verfügungsmacht des Erblassers liegt; § 1066 geht deshalb nicht weiter als dessen Testierfähigkeit. BGH NJW 2019, 857; 2017, 2112 und 2115; Reimann FamRZ 2017, 1295. Die Gegenansicht, Zöller/Geimer Rn. 18, nach der die Anordnungskompetenz auf der prozessrechtlichen Vorschrift des § 1066 beruht und deshalb über § 1030 hinaus keinen Beschränkungen unterliegt, ist nicht zu folgen, weil die Vorschrift eine Anordnungskompetenz des Erblassers voraussetzt, aber nicht begründet, BGH NJW 2017, 2115. Statthaft ist zB die Einsetzung eines Schiedsgerichts zur Regelung der Streitigkeiten zwischen den Erben oder zwischen ihnen und anderen Begünstigten durch eine letztwillige Verfügung nach § 1937 BGB, Mü FamRZ 2018, 33 (Vermächtnisnehmer); LG Mainz SchiedsVZ 2008, 264. Statthafter Zweck ist auch die Erbauseinandersetzung, und zwar unabhängig von der Zahl der Erben, LG Mainz SchiedsVZ 2008, 264. Dem Schiedsgericht kann auch die Auslegung des Testamentes, wegen § 2065 BGB aber nicht die Wahl der Kriterien für die Bestimmung der Erbenstellung überlassen werden, Musielak/Voit/Voit Rn. 4. Soweit es um die Wirksamkeit der letztwilligen Verfügung geht, kann das Schiedsgericht diese im Zusammenhang mit seiner Zuständigkeit prüfen, § 1040; wegen § 1040 III 2 oder § 1059 II Nr. 1a kann aber eine Kontrolle durch das OLG erfolgen, §§ 1062 I Nr. 2, 4, 1066.

4 Die Bestellung des **Testamentsvollstreckers** zum Schiedsrichter ist grundsätzlich zulässig. Er kann als Schiedsrichter bei Streitigkeiten zwischen den Erben oder bei der Testamentsauslegung eingesetzt werden. Nicht zulässig ist aber, ihn als Schiedsrichter für Streitigkeiten zwischen ihm und den Erben oder anderer Begünstigter zu bestimmen; denn in derartigen Fällen wäre er Richter in eigener Sache, was nicht zulässig ist, BGH NJW 2019, 857; 2012, 1811; → § 1036 Rn. 7 „Eigene Sache". Die Verfügungsbefugnis des Erblassers in Bezug auf einen Testamentsvollstrecker findet ihre Grenze in § 2220 BGB, wonach der Erblasser nicht das Recht hat, diesen von den ihm nach §§ 2215, 2216, 2218, 2219 BGB obliegenden Verpflichtungen zu befreien; in einem solchen Fall ist die testamentarische Schiedsgerichtsanordnung insgesamt nicht zulässig, BGH NJW 2019, 857; 2017, 2112. Nicht zulässig ist auch eine Anordnung nach § 1066 über die Entlassung des Testamentsvollstreckers, weil § 2227 BGB die verfahrensrechtliche Ergänzung zu § 2220 BGB darstellt, BGH NJW 2017, 2112; Karlsr NJW 2010, 688 (zust. Storz SchiedsVZ 2010, 201); Musielak/Voit/Voit Rn. 4; Reimer NJW 2017, 1295; aM Zöller/Geimer Rn. 21; Geimer FS Schlosser, 2005, 207; Schulze MDR 2000, 317.

5 Durch eine Anordnung eines Schiedsgerichts nach § 1066 im Testament kann das **Erbscheinverfahren** mangels Dispositionsbefugnis des Erblassers nicht verhindert werden, Celle NJW-RR 2016, 331. Die Entscheidung des Schiedsgerichts ist aber für das Nachlassgericht bindend und bei einem Streit über die Auslegung oder die Wirksamkeit des Testamentes kann der Erbschein vor dem Schiedsspruch nicht erteilt werden, Musielak/Voit/Voit Rn. 2. Ob insoweit § 1032 II entsprechend gilt, dh ob sich ein Beteiligter des Erbscheinverfahren auf die Schiedsklausel berufen muss, erscheint fraglich, weil die Klausel nicht zur Disposition des Beteiligten steht; deshalb vertreten wir die Auffassung, dass das Gericht die Klausel von Amts wegen zu berücksichtigen hat und § 1032 II hier nicht gilt, so wohl auch Musielak/Voit/Voit Rn. 2.

6 Die Kompetenz des Schiedsgerichts ist eingeschränkt, soweit es einen **Pflichtteil** geht; über den kraft Gesetzes bestehenden Mindestanspruch auf den Pflichtteil kann der Erblasser nicht verfügen und damit ist dieser Anspruch nicht schiedsfähig iSd § 1059 II Nr. 2a, der dem § 1059 II Nr. 1a vorgeht, BGH SchiedsVZ 2018, 37; NJW

2017, 2115; Mü FamRZ 2018, 1035; Haas SchiedsVZ 2018, 49; Musielak/Voit/Voit Rn. 3 (zulässig bei mehr als der Mindestanspruch); Reimer FamRZ 2017, 1295; aM Zöller/Geimer Rn. 18 (keine Einschränkung über § 1030 hinaus, → Rn. 2).

7 **III. Durch Satzung bestimmte Schiedsgerichte. 1. Allgemein.** Dazu Ebbing NZG 1998, 281; Hilpert BayVBl. 1988, 161:§ 1066 gilt auch für ein Schiedsgericht, das auf einer Vereins-, Verbands- oder Stiftungssatzung einer juristischen Person beruht, BGH NJW 2004, 2226; Haas/Neumayer NZG 2017, 881 (Vereinsgericht); Stumpf SchiedsVZ 2009, 266 (Stiftung). Die Vorschrift gilt auch bei einem nicht rechtsfähigen Verein, BGH WM 1979, 1428. Wird ein „Organ des Vereins" als Schiedsgericht bezeichnet, liegt ein Vereinsgericht, aber kein Schiedsgericht vor, Kröll NJW 2007, 744.

8 **2. Reichweite der Satzung, Abgrenzung zu § 1029.** § 1066 setzt voraus, dass in der Satzung ein Schiedsgericht nach §§ 1025 ff. angeordnet wurde, das anstelle der staatlichen Gerichte eine oder mehrere Streitigkeit in den Grenzen des § 1059 II endgültig entscheiden soll, Mü SchiedsVZ 2006, 286, Kröll NJW 2015, 833; → § 1054 Rn. 2. Dazu gehört unabhängig von der Bezeichnung wenigstens im Kern die Unparteilichkeit und Unabhängigkeit der Schiedsrichter mit einem etwa gleichen Einfluss der Beteiligten auf die Zusammensetzung des Schiedsgerichts; zudem ist erforderlich, dass sich der Wille, den Justizgewähranspruch durch den grundrechtlich gewährleisteten gesetzlichen Richter (Art. 101 I 2 GG) zugunsten der privaten Schiedsgerichtsbarkeit zurückzustellen, eindeutig aus den Bestimmungen der Satzung ergibt, BGH NJW-RR 2018, 1402 (Skatgericht); NJW 2016, 2266 (Pechstein/International Skating Union Rn. 24, 30; NJW 2004, 2227; BayOblG SchiedsVZ 2021, 168 Rn. 37 (Bayr. Rotes Kreuz); Brschw SchiedsVZ 2005, 262; Ffm OLGR 2004, 548; Kröll NJW 2015, 833; Hülskötter SchiedsVZ 2021, 145 (146). Ist die Schiedsklausel in der Satzung unwirksam, schließen die Parteien dadurch, dass sie sich bewusst und gewollt dem schiedsrichterlichen Verfahren nach §§ 1025 ff. unterwerfen und das erklären, eine Einzel-Schiedsvereinbarung nach § 1029. Für deren Wirksamkeit gilt § 1031, eventuell VI, BGH NJW 1984, 1356.

9 Zulässig ist die durch eine Stiftung, eine Auslobung oder eine Satzung erfolgende Einsetzung eines Schiedsgerichts zur Entscheidung über Streitigkeiten zwischen einer juristischen Person bzw. eines Vereins und ihren Mitgliedern über die Rechte und Pflichten aus der Mitgliedschaft, BGH NJW 2000, 1713; Hamm OLGZ 90, 453. Die Satzung oder Gesellschaftsverträge einer juristischen Person können eine Schiedsgerichtsbarkeit aber nur für Streitigkeiten über ein solches Rechtsverhältnis anordnen, das der Gegenstand einer statutarischen Bindung ist, nicht für Streitigkeiten der Mitglieder untereinander, soweit diese nicht Fragen der Mitgliedschaft betreffen, wie zB Fragen zum Stimmrecht, zu Gewinnbeteiligungen, zu Beitragspflichten, Zöller/Geimer Rn. 1; Musielak/Voit/Voit Rn. 9; Benedict/Gehle/Schmidt; Münchener Handbuch zum Gesellschaftsrecht, Bd. VII § 133 Rn. 52 ff.; Haas SchiedsVZ 2007, 10; Schmidt BB 2001, 1860; Schütze BB 1992, 1879. Bei Individualansprüchen außerhalb des Mitgliedschaftsverhältnisses kommt nur eine Schiedsvereinbarung nach § 1029 in Betracht, Musielak/Voit/Voit Rn. 9.

10 Schiedsklauseln in Gesellschaftsverträgen von **Personengesellschaften** fallen nicht unter § 1066, weil sie auf einer Vereinbarung beruhen und deshalb die §§ 1025 ff. unmittelbar Anwendung finden; das gilt auch, wenn der Gesellschaftsvertrag Mehrheitsentscheidungen zulässt und/oder es sich um eine Publikums-KG handelt BGH NJW 1980, 1049, Oldb NZG 2002, 931; MüKoZPO/Münch Rn. 20; Musielak/Voit/Voit Rn. 7; aM Zöller/Geimer Rn. 1

11 Soll nach der Satzung einer Aktiengesellschaft ein Schiedsgericht alle Streitigkeiten zwischen Aktionären und der Gesellschaft regeln, fallen auch die Anfechtungs- und Nichtigkeitsklage gegen Hauptversammlungsbeschlüsse darunter, dh die Beschlussmängelstreitigkeiten, weil sie schiedsfähig sind, → § 1030 Rn. 6, 8 „Gesellschaftsrechtliche Fragen". Dasselbe gilt für die Anfechtung von Gesellschafterbeschlüssen in einer GmbH. Ein neuer Gesellschafter unterwirft sich grundsätzlich einer schon bestehenden Schiedsklausel, BGH NJW 1979, 2569.

12 Wenn sich ein Dritter einem Vereins- oder Verbandsschiedsgericht unterwirft, kann dies nur durch eine Schiedsvereinbarung nach §§ 1029, 1031 erfolgen, MüKoZPO/Münch Rn. 17. Bei Vereinen mit Aufnahmezwang oder mit Monopolstellung ist zwar § 1066 anwendbar, jedoch unterliegt die Satzung zur Schiedsklausel einer besonderen Inhaltskontrolle. Der Justizgewähranspruch, der aus dem Rechtsstaatsprinzip iVm Art. 2 I GG hergeleitet wird, garantiert den Zugang zu den Gerichten, die in staatlicher Trägerschaft stehen und mit unabhängigen Richtern besetzt sind; auf diesen Zugang kann man nur verzichten, wenn die Unterwerfung unter die Schiedsvereinbarung freiwillig ist, BGH NJW 2016, 2266 Rn. 53 (Fall Pechstein); LG Ffm NJOZ 2021, 382; → § 1029 Rn. 31. Bei Berufssportlern ist diese Freiwilligkeit gegenüber **Sportverbänden,** die in ihren Bedingungen Schiedsklauseln vorsehen, nicht unproblematisch, wenn diese finanziell darauf angewiesen sind, an Wettkämpfen, insbesondere auf internationaler Ebene teilzunehmen; vgl. hierzu → Rn. 19 „Sportgericht" und § 1029 Rn. 18b.

13 Die Frage der Freiwilligkeit und Öffentlichkeit ist aktuell im Besonderen im sog. Fall **„Pechstein"** von besonderer Bedeutung, bei der sich verschiedene Gerichte mit der Frage der Wirksamkeit eines Schiedsspruchs der Internationalen Sport-Schiedsgerichtsbarkeit, die durch den in Lausanne ansässigen CAS ausgeübt wird, zu beschäftigen hatten, dem eine der Sportlerin von einem Sportverband faktisch aufgezwungene Schiedsvereinbarung zugrunde lag. Wegen der verhängten Dopingsperre machte die Sportlerin u. a. Schadensersatz und Schmerzensgeld geltend. Der BGH, NJW 2016, 2266, ist in diesem Fall von der Freiwilligkeit bei Sportlern ausgegangen trotz der latenten Gefahr, ohne Eingehung der Schiedsvereinbarung ihren Beruf als Athlet nicht ausüben zu können. Der EMGR hat sich dem Ergebnis angeschlossen; nach Ansicht der EMGR war der Schiedsspruch trotz der faktischen Zwanges in Bezug auf das Schiedsgericht wirksam, weil die Schiedsgerichtsbarkeit die in Art. 6 I EMRK vorgesehenen Garantien bot, dh als ein unabhängiges, unparteiisches, auf Gesetz beruhendes Gericht entschieden hat, EGMR NJW 2019, 1057 = BeckRS 2018, 23523; aA LG Ffm NJOZ 2021, 382; kritisch: Heermann NJW 2019, 1560; vgl. auch kritisch zum Merkmal „Freiwilligkeit" im Zusammenhang mit dem Justizgewähranspruch: Hülskötter SchiedsVZ 2021, 145 (zugleich Anm. zu LG Ffm). Das LG Ffm hat ausgeführt, dass mit den vom EGMR dargestellten Mechanismen bei den Sportverbänden die Freiwilligkeit verneint werden muss. Die Ausführungen zur Verneinung der freiwillige Unterwerfung unter die Schiedsgerichtsbarkeit machen nach Ansicht von Heermann, NJW 2019, 1560, deutlich, dass in dieser Hinsicht eine ergebnisorientierte Argumentation nicht mehr möglich ist, vgl. auch Thöne SchiedsVZ 2020, 176 (zum Verlauf in Sachen Pechstein). Nunmehr hat das **BVerfG** NJW 2022, 2677 Rn. 32 ff. = SchiedsVZ 2022, 296 mAnm Michaelis und

mBespr Thöne, NJW 2022, 2650, über die Verfassungsbeschwerde gegen die Entscheidung des BGH von 2016 entschieden; es hält die Verfassungsbeschwerde der Sportlerin für begründet, weil sie in ihren in Art. 2 I, Art. 20 III GG und Art. 6 I EMRK verbürgten Justizgewähranspruch verletzt ist, weil der Anspruch auf Öffentlichkeit der mündlichen Verhandlung verletzt ist; nach Auffassung des BVerfG gehört die Öffentlichkeit der mündlichen Verhandlung zu den Mindeststandards des rechtsstaatlichen Verfahrens und darauf können die Parteien nur freiwillig verzichten; bei einem Übergewicht der Sportverbände, den Vertragsinhalt einseitig bestimmen zu können, könne von Freiwilligkeit nicht ausgegangen werden. Offengelassen hat das BVerfG, ob die geänderten Statuten des CAS wirksam sind oder wegen des strukturellen Übergewichts der Verbände bei der Benennung der neutralen dritten Schiedsrichterposition ebenfalls gegen rechtsstaatliche Minderstandards verstoßen, weil es darauf im konkreten Fall nicht ankam (Rn. 53 der Entscheidung).

Das BayObLG, BeckRS 2020, 28751 = SpuRt 2021, 376, und das OLG Ffm, BeckRS 2020, 14655 = SpuRT 2020 = 2020, 255, haben sich auf Antrag von Fußballvereinen mit der Wirksamkeit von Schiedsvereinbarungen beschäftigt, deren Zeichnung der jeweilige Monopolverband als Voraussetzung für die Teilnahme am Ligabetrieb vorgeschrieben hatte; in Anlehnung an die Pechstein-Entscheidung des BGH, NJW 2016, 2266, haben die Gerichte einen Verstoß gegen Art. 6 EMRK und§ 19 GWB verneint, weil die Konstituierungsmechanismen (Ernennung durch den OLG-Präsidenten) eine hinreichende Gewährleistung struktureller Unabhängigkeit der Schiedsrichter vom Verband böten und bei einer Interessenabwägung die Verbandsinteressen an einer funktionierenden Streiterledigung überwiegen, aA LG Ffm NJOZ 2021, 382; vgl. auch Kröll SchiedsVZ 2021, 128 (130); → § 1029 Rn. 31; → Rn. 19 „Sportgericht“. 14

3. Anforderungen an die Satzung. Notwendig ist die Regelung des schiedsrichterlichen Verfahrens in der Stiftungsurkunde oder Vereinssatzung. Die Gültigkeit einer satzungsmäßigen Schiedsklausel richtet sich nach den für die Satzung maßgeblichen Vorschriften, also zB nach den zwingenden Bestimmungen des BGB über Vereine. Danach ist die Einreichung beim Registergericht erforderlich, Mü KTS 1977, 178. Da die Satzung eines rechtsfähigen Vereins sämtliche das Vereinsleben bestimmenden Leitprinzipien und Grundsatzregelungen enthalten muss, soweit sie nicht gesetzlich festliegen, ist eine in der Satzung enthaltene Schiedsklausel nur dann verbindlich, wenn sie die wesentlichen Punkte unmittelbar regelt, vor allem die Zusammensetzung des Schiedsgerichts und die Regeln über die Auswahl und Bestellung der Schiedsrichter, BGH NJW 2004, 2226; Hamm NJW-RR 1993, 1535. Soll das in der Satzung vorgesehene Schiedsgericht unter uneingeschränktem Ausschluss der Zuständigkeit der staatlichen Gerichte allein von der Mitgliederversammlung berufen werden, ist die Regelung nichtig, weil ein echtes Schiedsgericht als unabhängige und unparteiische Stelle organisiert sein muss, KG NZG 2020, 1113. 15

Die Kompetenz einer Haupt- oder Gesellschafterversammlung unterliegt evtl. betriebsverfassungsrechtlichen Beschränkungen, Raiser BB 1977, 1463. Auch kann ihre Befugnis zur Wahl der Schiedsrichter wegen § 1034 II aus der Sicht des einzelnen Mitglieds problematisch sein, BGH NJW 2004, 2226. Die wirksame Schiedsklausel gilt für alle Mitglieder oder Gesellschafter. Sie lässt sich auf dem dafür vorgesehenen Weg ohne eine Rückwirkung einführen oder ändern, und zwar in Vereinen ohne eine Aufnahmepflicht auch gegenüber einer überstimmten Minderheit, Schmidt JZ 1989, 1082; Roth FS Nagel, 1987, 327. Wenn man aber einen Austritt aus dem Verein dem überstimmten Mitglied nicht zumuten will, kann man ihm die Schiedsklausel nicht entgegenhalten, BGH NJW 2000, 1713; Schmidt BB 2001, 1861. 16

Die Form des § 1031 ist nicht zu beachten bei Schiedsgerichtsregelung in der schriftlichen Satzung eines rechtsfähigen Vereins, BGH NJW 2000, 1713; Haas ZGR 2000, 325, eines nichtrechtsfähigen Vereins, BGH NJW 1980, 1049, einer Aktiengesellschaft, einer GmbH, Hamm OLGZ 1990, 453; LG Mönchengladb NJW-RR 1987, 224; von Trotha DB 1988, 1367; → Rn. 1; aM für die Satzung einer Aktiengesellschaft EuGH NJW 1992, 1671 (vertragliche Regelung), allg. Benedict/Gehle/Schmidt, Handbuch zum Gesellschaftsrecht Bd. VII, § 133 Rn. 75. Zu den „Ergänzenden Regeln“ für gesellschaftsrechtliche Streitigkeiten der DIS („DIS-ERGeS“) Borris SchiedsVZ 2009, 299 (Grdz.). Zur Richtlinie 2013/11/EU v. 21.5.2013, ABl. (EU) L 165, 63 über Alternative Streitbeilegung in Verbraucherangelegenheiten (AS-RL) Wagner FS Schütze, 2014, 679. 17

In jedem Fall ist die Frage der Sittenwidrigkeit zu prüfen. Die Satzung des Verbands unterwirft die Mitglieder dem schiedsrichterlichen Verfahren oft durch einen mittelbaren Zwang. Lehnt das Mitglied ab, verliert es alle Rechte und Möglichkeiten der Zugehörigkeit zum Verband. Darin kann eine unzulässige Knebelung nach § 138 BGB liegen mit der Folge der Unwirksamkeit, → Rn. 13 (Fall „Pechstein“). Dass eine Partei einen übergewichtigen Einfluss auf die Bildung des Schiedsgerichts erhält, kann unzulässig sein, → § 1034 Rn. 6. Ein außerhalb des Verbands stehender Rechtsnachfolger untersteht dem Verbandsschiedsgericht regelmäßig nicht, → § 1025 Rn. 27 f. Ein zB kartellmäßiger Rechtsmissbrauch ist unstatthaft, Mü SchiedsVZ 2015, 40. 18

IV. Beispiele für besondere (Schieds-)Institutionen

Deutsche Institution für Schiedsgerichtsbarkeit e. V. (DIS): Die DIS mit Sitz in Berlin organisiert und kontrolliert den Verfahrensgang eines Schiedsgerichts; durch die DIS-Schiedsgerichtsordnung und eine Reihe von zusätzlichen Schieds-Ordnungen existiert ein „Verfahrenskorsett“, das die Parteien eines Schiedsgerichts vereinbaren können, MüKoZPO/Münch Vor § 1025 Rn. 20, 105 ff.; → Vor § 1025 Rn. 6. 19

Internationale Handelskammer (ICC bzw CCI): Der ICC-Schiedsgerichtshof in Paris ist kein Gericht, sondern eine Art Verwaltungsorgan; er organisiert und kontrolliert den Verfahrensgang vor den Schiedsgerichten; es existiert eine ICC-SchO, Böckstiegel NJW 1977, 463; MüKoZPO/Münch Rn. 19, 131 ff. Zum 1.1.2021 ist die neue Schiedsgerichtsordnung der ICC in Kraft getreten, die am 6.10.2020 durch das ICC Executive Board genehmigt wurde, abrufbar auf der ICC-Webseite. Sie enthält zB neue Regelungen zur Prozessfinanzierung, zur Vermeidung von Interessenkonflikten durch Parteivertreter, zur Durchführung von virtuellen Verhandlungen und zur elektronischen Verfahrensführung, Wilske/Markert/Ebert SchiedsVZ 2021, 106 (109).

Investitionsschiedsgerichte: → Buch 10. Vor Abschnitt 1–10 Rn. 8. Ausländische Direktinvestitionen von Unternehmen wird in vielen Staaten als wünschenswert angesehen; Probleme ergeben sich wegen zu befürchtender staatlicher Eingriffe und der Unsicherheit, ob Rechte verfahrensrechtlich durchsetzbar sind, Schütze/Thümmel § 25 Rn. 1 f. Der Ausweg sind die sog. Investionsschiedsgerichte. Mit der Zustimmung zu der Schiedsvereinbarung verzichtet der Investitionsstaat auf seine Staatenimmunität, vgl. Schütze/Thümmel § 25 Rn. 3, auch zu den verschiedenen bilateralen Investionsschutzverträgen. Die Investitionsschiedsgerichte zielen auf Streitlösungen zwischen Privaten und Staaten ab und judizieren auf der Grundlage des Völkerrechts,

MüKoZPO/Münch Vor § 1025 Rn. 13ff., 15a (TTIP und CETA); Wilske/Markert/Ebert SchiedsVZ 2020, 97 (114ff., 117f.); Wernicke NJW 2018, 1644. Im Investitionsschiedsverfahren Achmea/Slowakei hat der EuGH nun „die Totenglocke für Investitionsstreitgkeiten vor Schiedsgerichten auf der Grundlage der innereuropäischen Bits geläutet", Kröll SchiedsVZ 2020, 156. Der EuGH hat den Standpunkt vertreten, dass die Zuständigkeit von Schiedsgerichten für Investitionsschutzverfahren, soweit sich ihr Gegenstand auf den Schutz von Grundfreiheiten nach dem AEUV bezieht, mit dem Entscheidungsmonopol des EuGH nicht vereinbar ist; er hat entsprechende Schiedsklauseln in innereuropäischen Investitionsschutzabkommen für unwirksam erklärt, NJW 2018, 28148; darauf hat der BGH, WM 2018,2294, den betreffenden Schiedsspruch aufgehoben und die darauf erhobene Anhörungsrüge zurückgewiesen, BeckRS 2019, 1863. Der BGH hat sich mit den Argumenten der Versagung effektiven Rechtsschutzes vor den slowakischen Gerichten auseinander gesetzt und dazu ausgeführt, dass ihm eine vom EuGH abweichende Würdigung nicht möglich sei; zum Problem für den Rechtsschutz bei Investitionen in Mitgliedsländern, in denen EU-Institutionen den Rechtsstaat als gefährdet ansehen, vgl. Kröll NJW 2020, 1420; SchiedsVZ 2020, 156. Im Rahmen der Schiedsklage der **Nord Stream 2 AG,** deren alleiniger Aktionär die Gazprom PJSC ist, gegen die EU gemäß Art. 26 ECT vor dem Permanent Court auf Arbitration mit Sitz in Kanada geht es ua um die Frage, ob das Angebot der EU auf Abschluss eines Schiedsvertrages von Vorneherein wegen Verstoßes gegen die Achmeda-Rspr. des EuGH unwirksam ist wegen einer Verletzung des Art. 344 AEUV, vgl. hierzu näher Fölsing SchiedsVZ 2021, 223 (226). Da Deutschland zwar mit vielen Staaten bilaterale Investitionsabkommen abgeschlossen hat, nicht aber mit dem Vereinigten Königreich, ergeben sich im Hinblick auf den **Brexit** aus der Entscheidung des EuGH keine Auswirkungen, Pfeiffer DRiZ 2020, 138 (vgl.dort auch Fn. 27 zu der Webseite des BMWI zu den Abkommen).

Zu den Auswirkungen der **Corona-Krise** auf Investitionsschiedsklagen, insbesondere auch zu virtuellen Schiedsverhandlungen: Wilske/Markert/Ebert SchiedsVZ 2021, 106 (115, 121) (einzelne Verfahren, zB Energieverfahren); vgl. auch Bühler SchiedsVZ 2021, 230, 233 (Anordnung virtueller Schiedsgerichtssitzungen nach Art. 26 I **ICC-SchO 2021**); → § 1047 Rn. 4. Im Zusammenhang mit der **CETA**-Schiedsrichterliste für Staat-Staat-Schiedsverfahren wurde die Zusammensetzung kritisiert und eine Diversität geltend gemacht; bei der CETA handelt es sich um ein Freihandelsabkommen der EU und Kanada, bei dem zur Gesamtgeltung noch die Ratifizierung einzelnen EU-Staaten aussteht, auch von Deutschland, Wilske/Markert/Ebert SchiedsVZ 2022, 111, 120ff.; 2021, 106, 116.

Kirchengericht: Nach Art. 140 GG iVm Art. 137 WRV können Religionsgemeinschaften alle internen Angelegenheiten unter Ausschluss des Staates selbst regeln, wozu auch eine eigene Gerichtsbarkeit gehört; sie unterliegt in ihrem Geltungsbereich nicht der staatlichen Kontrolle; die Schranken der für alle geltenden Gesetze dürfen aber nicht überschritten werde; die §§ 1025ff. finden keine Anwendung, BGH NJW 2000, 1555; Ffm NJW 1999, 3720 (zu dem Schieds- und Verwaltungsgericht beim Zentralrat der Deutschen Juden); VG Göttingen, NVwZ 1999, 794.

Parteigericht: Die aufgrund des § 14 ParteiG durch ihre Satzung eingerichteten Schiedsgerichte der politischen Parteien können echte Schiedsgerichte, → Vor § 1025 Rn. 5, sein, wenn ihnen die Kompetenz zur Entscheidung übertragen ist, Mü SchiedsVZ 2016, 347; im Einzelfall verneinend: Dü NJW-RR 2003, 142; KG NJW 1988, 3159; Köln NVwZ 1991, 1116. Notwendig ist die dem Buch 10 entsprechende Ausgestaltung dieser Schiedsgerichte. Sie dürfte grundsätzlich vorliegen bei einem Verfahren über den Parteiausschluss, Hasenritter ZRP 1982, 94, und bei Ordnungsmaßnahmen, nicht dagegen bei Verfahren über eine Wahlanfechtung, Vollkommer NJW 1988, 3161, einschränkend aus verfassungsrechtlichen Gründen Schiedermair AöR 104, 210.

Sportgericht. Dazu Bleistein/Degenhart NJW 2015, 1353 (Sportschiedsgericht und Verfassungsrecht); Duwe/Rösch SchiedsVZ 2014, 216; Eichel ZZP 129, 327 (AGB-Kontrolle in Athletikvereinbarungen); Heermann NJW 2019, 1560; SchiedsVZ 2016, 2224; Hofmann SchiedsVZ 2016, 90 (ausf. zur DIS-Ordnung seit 1.4.16); Niedermaier SchiedsVZ 2014, 280; Scherrer/Museron/Ludwig SchiedsVZ 2015, 161; Schlosser SchiedsVZ 2015, 257; Westermann FS Krüger, 2017, 517; Wolf/Eslami FS Geimer, 2017, 807: Die Sportgerichtsbarkeit ist weitgehend Verbandsschiedsgerichten und im Verhältnis zu Außenstehenden Vertragsschiedsgerichten übertragen, Adolphsen SchiedsVZ 2004, 169; Haas/Hauptmann SchiedsVZ 2004, 175; Haug SchiedsVZ 2004, 190; Martens SchiedsVZ 2009, 99. Zu dortigen Eilmaßnahmen Schlosser SchiedsVZ 2009, 84. Zur Wirksamkeit der Regelungen im Bereich des Deutschen Fußballbundes BGH SchiedsVZ 2004, 206; Ffm NJW-RR 2003, 498; Stgt NJW-RR 2003, 495. Zum Berufssport BGH WM 2013, 1127. Zum Court of Arbitration for Sports (CAS) in Lausanne BVerfG, NJW 2022, 2677 = SchiedsVZ 2022, 296 („Pechstein"); BGH WM 2016, 1252; zu Fragen der aufgezwungenen Schiedsvereinbarung und den erforderlichen Garantien nach dem Rechtsstaatsprinzip iVm Art. 2 I GG und nach Art. 6 I EMRK im Einzelnen → Rn. 13 (Fall „Pechstein"); → § 1029 Rn. 31. Die „Zwangsschiedsgerichtsbarkeit" bei Fußballvereinen als Voraussetzung für die Teilnahme am Ligabetrieb wird für zulässig angesehen, Bay ObLG BeckRS 2020, 28751 = SpuRT n2021, 30; Ffm BeckRS 2020, 14655 = SpuRT 2020, 255; Kröll SchiedsVZ 2021, 128, 130; → Rn. 12ff. Zur Frage der Diskriminierung von Sportschiedsrichtern durch **Altersgrenzen** vgl. Gräf NZA 2021, 911. Zur Frage, ob die Verbandsstrafenhaftung einen Verstoß gegen ordre public darstellt, → § 1059 Rn. 28 „DFB".

Versorgungsgericht: Bei der Schiedsgerichtsbarkeit der Versorgungsanstalt des Bundes und der Länder (VBL) handelt es sich um Privatrecht, BVerfG NJW-RR 1995, 232; BGH NVwZ 1988, 104.

Buch 11. Justizielle Zusammenarbeit in der Europäischen Union

Vorbemerkung zu den §§ 1067–1120

1 Das Zivilprozessrecht gehört nicht zu den ursprünglichen Aufgaben der EWG/EU. Der ursprüngliche EWG-Vertrag aus dem Jahre 1958 hatte in Art. 220 lediglich vorgesehen, dass die Mitgliedstaaten untereinander Verhandlungen einleiten, um zugunsten ihrer Staatsangehörigen „die Vereinfachung der Formalitäten für die gegenseitige Anerkennung und Vollstreckung richterlicher Entscheidungen und Schiedssprüche" sicherzustellen. Resultat dieses Arbeitsauftrages war das EWG-Übereinkommen vom 27.9.1968 über die gerichtliche Zuständigkeit und die Vollstreckung gerichtlicher Entscheidungen in Zivil- und Handelssachen (EuGVÜ oder Brüsseler Übereinkommen). Im Vertrag von Maastricht vom 7.2.1992 gehörte das Zivilprozessrecht zur sog. „Dritten Säule", also dem Bereich, in dem sich die Mitgliedstaaten in Art. K.3 zur engeren Zusammenarbeit verpflichteten und der EU bereits gewisse Kompetenzen einräumten; dazu und zum Folgenden Schack Rn. 113 ff.

2 Mit dem Vertrag von Amsterdam vom 2.10.1997 erhielt die EU für den Bereich des Zivilprozessrechts eine eigene Regelungskompetenz (Art. 61 lit. c EGV-Amsterdam). Verstärkt wurde diese Kompetenz noch durch den Vertrag von Nizza vom 26.2.2001, weil damit das alleinige Initiativrecht auf die Kommission übergegangen ist und der Rat nicht mehr einstimmig, sondern mit Mehrheit entscheidet (Art. 65, 67 V EGV-Nizza). Im Jahre 2009 ist Art. 81 AEUV an dessen Stelle getreten.

3 Seit dem Beginn des Jahrtausends hat die EU durch den Erlass einer Vielzahl von Rechtsakten von dieser Kompetenz Gebrauch gemacht. Dies sind:

4 **Internationale Zuständigkeit und grenzüberschreitende Entscheidungsanerkennung**

- Verordnung (EU) Nr. 1215/2012 vom 12.12.2012 über die gerichtliche Zuständigkeit und die Anerkennung und Vollstreckung von Entscheidungen in Zivil- und Handelssachen **(Brüssel Ia-VO)** (Schlussanh. V; §§ 1110 ff.).
  Dies ist die Nachfolgeregelung zur Verordnung Nr. 44/2000 des Rates vom 22.12.2000 über die gerichtliche Zuständigkeit und die Anerkennung und Vollstreckung von Entscheidungen in Zivil- und Handelssachen. Im Verhältnis zu einigen weiteren europäischen Drittstaaten, jetzt insbes. noch Schweiz und Norwegen gilt das weitgehend parallel laufende **LugÜ,** Schlosser/Hess Einl. Rn. 18; Schack Rn. 130 f.
- Verordnung (EG) Nr. 2201/2003 des Rates über die Zuständigkeit und die Anerkennung und Vollstreckung von Entscheidungen in Ehesachen und in Verfahren betreffend die elterliche Verantwortung und zur Aufhebung der Verordnung (EG) Nr. 1347/2000 **(EuEheVO – Brüssel IIa-VO)**
- Verordnung (EG) Nr. 4/2009 des Rates vom 18.12.2008 über die Zuständigkeit, das anwendbare Recht, die Anerkennung und Vollstreckung von Entscheidungen und die Zusammenarbeit in Unterhaltssachen (EG-UntVO)
- Verordnung (EU) 2015/848 des Europäischen Parlaments und des Rates vom 20.5.2015 über Insolvenzverfahren **(EuInsVO)**

5 **Zustellung**

6 Seit dem 1.7.2022 hat die Verordnung (EU) 2020/1784 vom 25.11.2020 über die Zustellung gerichtlicher und außergerichtlicher Schriftstücke in Zivil- oder Handelssachen in den Mitgliedstaaten (Zustellung von Schriftstücken) die Verordnung (EG) Nr. 1393/2007 vom 13.11.2007 über die Zustellung gerichtlicher und außergerichtlicher Schriftstücke in Zivil- oder Handelssachen in den Mitgliedsstaaten und zur Aufhebung der Verordnung (EG) Nr. 1348/2000 abgelöst **(EuZVO)** (§§ 1067 ff.). Zur Neuregelung Sujecki EuZW 2021, 286; Mansel/Thorn/Wagner IPRax 2022, 97 (106).

7 **Beweisaufnahme**

8 Seit dem 1.7.2022 hat die Verordnung (EU) 2020(1783 über die Zusammenarbeit zwischen den Gerichten der Mitgliedstaaten auf dem Gebiet der Beweisaufnahme in Zivil- und Handelssachen (Beweisaufnahme) die Verordnung (EG) Nr. 1206/2001 vom 28.5.2001 über die Zusammenarbeit zwischen den Gerichten der Mitgliedstaaten auf dem Gebiet der Beweisaufnahme in Zivil- oder Handelssachen **(EuBVO)** (§§ 1072 ff.) abgelöst, dazu Mansel/Thorn/Wagner IPRax 2022, 97 (107).

9 **Schaffung weiterer Vollstreckungstitel**

- Verordnung (EG) Nr. 805/2004 des Europäischen Parlaments und des Rates vom 21.4.2004 zur Einführung eines europäischen Vollstreckungstitels für unbestrittene Forderungen **(EuVTVO)** (§§ 1079 ff.)
- Verordnung (EG) Nr. 1896/2006 des Europäischen Parlaments und des Rates vom 12.12.2006 zur Einführung eines Europäischen Mahnverfahrens **(EuMahnVO)** (§§ 1087 ff.)
- Verordnung (EG) Nr. 861/2007 des Europäischen Parlaments und des Rates vom 11.7.2007 zur Einführung eines europäischen Verfahrens für geringfügige Forderungen **(EuBagVO)** (§§ 1097 ff.)

10 **Zwangsvollstreckung**

11 Verordnung (EU) Nr. 655/2014 des Europäischen Parlaments und des Rates vom 15.5.2014 zur Einführung eines Verfahrens für einen Europäischen Beschluss zur vorläufigen Kontenpfändung im Hinblick auf die Erleichterung der grenzüberschreitenden Eintreibung von Forderungen in Zivil- und Handelssachen **(EuKoPfVO)** (§§ 946 ff.)

12 **Prozesskostenhilfe**

13 Richtlinie 2003/8/EG des Rates vom 27. Januar 2003 über Prozesskostenhilfe bei Streitsachen mit grenzüberschreitendem Bezug in Zivil- und Handelssachen **(PKH-RL)** (§§ 1076 ff.)

14 **Außergerichtliche Streitbeilegung**

15 Richtlinie 2008/52/EG des Europäischen Parlaments und des Rates vom 21.5.2008 über bestimmte Aspekte der Mediation in Zivil- und Handelssachen (ADR-RL)

16 Die für das Zivilprozessrecht grundlegende Regelung ist die Brüssel Ia-VO, weil diese in den Art. 1–3 Bestimmungen enthält, die auch für die anderen Regelungen von Bedeutung sind und deren Geltungsbereich

ebenfalls abstecken. Außerdem sind die Auslegungsgrundsätze der Brüssel Ia-VO auch für die Auslegung der übrigen Rechtsakte von Bedeutung.

17 Abgesehen von wenigen Ausnahmen (PKH-RL, ADR-RL) handelt es sich bei den Rechtsakten der EU um Verordnungen. die gem. Art. 288 AEUV in allen Mitgliedstaaten unmittelbar und allgemein gelten; eine Ausnahme gilt insoweit für Dänemark, das von der sog. opt-out-Klausel Gebrauch gemacht hat; insoweit erfolgt die Übernahme der Bestimmungen aufgrund eines völkerrechtlichen Vertrages zwischen der EU und Dänemark, Schlosser/Hess Einl. Rn. 18a; Mansel/Thorn/Wagner IPRax 2022, 97 (106); zu den Folgen des Brexit im Verhältnis zum Vereinigten Königreich → Brüssel Ia-VO Vor Art. 1 Rn. 4. Einzelne Bestimmungen erfordern aber immer noch eine nationale Umsetzung bzw. nationale Ausführungsbestimmungen. Diese finden sich im Wesentlichen in diesem Buch der ZPO, die Umsetzung der EuKoPfVO ist in den §§ 946 ff. erfolgt. Mit Ausnahme der Brüssel Ia-VO erfolgt die Erläuterung jeweils im Zusammenhang mit den Ausführungsbestimmungen.

Abschnitt 1. Zustellung nach der Verordnung (EU) Nr. 2020/1784

Vorbemerkungen zu § 1067

Schrifttum: Drehsen, Zustellung gerichtlicher Schriftstücke im Rahmen der EuMahnVO, IPRax 2019, 378; Eichel, Internationale Zustellung und Klagepriorität bei fehlenden oder fehlerhaften Übersetzungen der Klageschrift, IPRax 2017, 352; Fabig/Windau, Übersetzungen bei Auslandszustellungen innerhalb der EU, NJW 2017, 2502; Fabig/Windau, Die Neufassung der Europäischen Zustellungs- und Beweisaufnahmeverordnungen, NJW 2022, 1977; Knöfel, Zustellung privater Schriftstücke über die Europäische Zustellungsverordnung, IPRax 2017, 245; Mansel/Thorn/Wagner, Europäisches Kollisionsrecht 2021: Digitalisierung als Aufgabe, IPRax 2022, 97; Rohls/Mekat, Das Zusammenspiel der Vorschriften der EuZustVO und der ZRHO bei der Zustellung gerichtlicher Schriftstücke an fremde Staaten, IPRax 2017, 239; Ruster, Die rückwirkende Heilung schwebend unwirksamer Auslandszustellungen, NJW 2019, 3186; Sujecki, Neufassung der Europäischen Zustellungsverordnung, EuZW 2021, 286; Wißling, Zustellungserfordernis nach EuZVO und Anerkennungshindernis nach Brüssel Ia-VO – zwei Seiten einer Medaille, GPR 2017, 25.

I. Systematik. Die seit dem 1.7.2022 geltende Verordnung (EU) 2020/1784 des Europäischen Rates und Parlamentes vom 25.11.2020 über die Zustellung gerichtlicher und außergerichtlicher Schriftstücke in Zivil- und Handelssachen in den Mitgliedstaaten (Zustellung von Schriftstücken), ABl. EU L 405/40 v 2.12.2020, ist inzwischen die dritte Fassung der **EuZVO.** Sie ist an die Stelle der VO (EG) Nr. 1393/2007 (Geltungszeitraum 13.11.2008 – 30.6.2022) getreten, die ihrerseits die seit den 31.5.2001 geltende VO (EG) Nr. 1348/2000 abgelöst hatte. Sie ist in → Rn. 3 ff. abgedruckt. Sie hat nach ihrem Art. 29 I grundsätzlich (Ausnahmen Art. 29 II) Vorrang vor den Bestimmungen zur Auslandszustellung in §§ 183 f. Das ergibt sich aus § 183 I, BGH NJW 2011, 2218 Rn. 10 zu § 183 V a. F. Im Anwendungsbereich der VO sind (fiktive) Inlandszustellungen unzulässig EuGH NJW 2013, 443 Rn. 24 ff., 40 – Alder, krit. aber soweit dadurch auch eine Inlandszustellung gem. § 177 ZPO ausgeschlossen wird Düsterhaus NJW 2013, 445; Stürner ZZP 126, 137 (149); aA LG Hamburg RdTW 2013, 288, wonach eine Inlandszustellung gem. § 168 ZPO möglich bleiben soll. Teilweise wird in diesen Fällen eine Inlandszustellung unter Beifügung einer Übersetzung für möglich gehalten, Rauscher/Heiderhoff EuZVO Art. 1 Rn. 15. 1

Die Neufassung ist deutlich umfangreicher als die EuZVO a. F. Wesentliche Neuerung ist die Schaffung der Möglichkeit einer unmittelbaren elektronischen Zustellung (Art. 19 EuZVO). Außerdem wird eine Verpflichtung der Mitgliedstaaten zur Amtshilfe bei der Ermittlung von Anschriften eingeführt (Art. 7 EuZVO) und das Recht zur Annahmeverweigerung wurde konkretisiert (Art. 12 EuZVO). Im Übrigen wurde der Regelungsgehalt der wesentlichen Bestimmungen der EuZVO a. F. aber übernommen; eine Entsprechungstabelle enthält Anh. III. Deshalb kann im Übrigen auch auf Rspr. zur früheren EuZVO zurückgegriffen werden. 2

II. Regelungszweck. Er liegt wie bei der Auslandszustellung in die nicht zur EU gehörigen Staaten in einer Vereinfachung, Vereinheitlichung und Beschleunigung. Zugleich ist aber auch ein angemessener Schutz der Rechte des Empfängers zu gewährleisten. Diesen widerstreitenden Interessen hat die Auslegung der Bestimmungen Rechnung zu tragen, EuGH EuZW 2017, 344 Rn. 51 f. – Novo Banco. 3

III. Verordnung (EG) Nr. 2020/1784 (Zustellungs-VO 2022) (EuZVO). (ohne die Anhänge-Formulare) 4

DAS EUROPÄISCHE PARLAMENT UND DER RAT DER EUROPÄISCHEN UNION –

gestützt auf den Vertrag über die Arbeitsweise der Europäischen Union, insbesondere auf Artikel 81 Absatz 2,

auf Vorschlag der Europäischen Kommission,

nach Zuleitung des Entwurfs des Gesetzgebungsakts an die nationalen Parlamente,

nach Stellungnahme des Europäischen Wirtschafts- und Sozialausschusses,

nach Anhörung des Ausschusses der Regionen,

gemäß dem ordentlichen Gesetzgebungsverfahren,

in Erwägung nachstehender Gründe:

(1) Die Verordnung (EG) Nr. 1393/2007 des Europäischen Parlaments und des Rates (3) ist bereits früher geändert worden. Da weitere erhebliche Änderungen vorgenommen werden müssen, sollte die Verordnung im Interesse der Klarheit neu gefasst werden.

(2) Die Union hat sich zum Ziel gesetzt, die Union als einen Raum der Freiheit, der Sicherheit und des Rechts, in dem die Freizügigkeit gewährleistet ist, zu erhalten und weiterzuentwickeln. Um diesen Raum aufzubauen, erlässt die Union unter anderem im Bereich der justiziellen Zusammenarbeit in Zivilsachen die für das reibungslose Funktionieren des Binnenmarkts erforderlichen Maßnahmen.

(3) Für das reibungslose Funktionieren des Binnenmarkts und die Entwicklung eines Rechtsraums in Zivilsachen in der Union muss die Übermittlung und Zustellung gerichtlicher und außergerichtlicher Schriftstücke zwischen den Mitgliedstaaten in Zivil- oder Handelssachen weiter verbessert und beschleunigt und zugleich ein hohes Maß an Sicherheit und Schutz bei der Übermittlung solcher Schriftstücke – unter Wahrung des Schutzes der Rechte der Empfänger sowie des Schutzes der Privatsphäre und der personenbezogenen Daten – sichergestellt werden. Diese Verordnung verfolgt das Ziel, die Effizienz und Schnelligkeit von Gerichtsverfahren durch ihre Vereinfachung und Straffung im Bereich der Zustellung gerichtlicher und außergerichtlicher Schriftstücke in der Union zu verbessern, und gleichzeitig dazu beizutragen, Verzögerungen und Kosten für natürliche Personen und Unternehmen zu verringern. Durch die Schaffung größerer Rechtssicherheit und die Vereinfachung, Straffung und Digitalisierung der Verfahren werden natürliche Personen und Unternehmen dazu ermutigt, sich am grenzüberschreitenden Geschäftsverkehr zu beteiligen, wodurch der Handel innerhalb der Union angekurbelt und somit das Funktionieren des Binnenmarkts verbessert wird.

(4) Mit dieser Verordnung werden Regeln über die Zustellung gerichtlicher und außergerichtlicher Schriftstücke in den Mitgliedstaaten in Zivil- oder Handelssachen festgelegt. Sie sollte nicht für die Zustellung gerichtlicher und außergerichtlicher Schriftstücke in anderen Angelegenheiten wie Steuer- und Zollsachen sowie verwaltungsrechtlichen Angelegenheiten gelten.

(5) Bei der grenzüberschreitenden Zustellung sollte es sich um die Zustellung von einem Mitgliedstaat in einen anderen Mitgliedstaat handeln.

(6) Diese Verordnung sollte nicht für die Zustellung von Schriftstücken an einen Bevollmächtigten einer Partei im Forummitgliedstaat gelten, sondern – unabhängig von der Zustellung an den Bevollmächtigten der Partei – für die Zustellung aller Schriftstücke an eine Partei im Ausland, falls diese Zustellung nach dem Recht des Forummitgliedstaats vorgeschrieben ist.

(7) Wenn ein Empfänger keine bekannte Zustelladresse im Forummitgliedstaat, aber eine oder mehrere bekannte Zustelladresse in einem oder mehreren anderen Mitgliedstaaten hat, so sollte das Schriftstück dem betreffenden anderen Mitgliedstaat zwecks Zustellung gemäß dieser Verordnung übermittelt werden. Diese Situation sollte nicht als eine inländische Zustellung im Forummitgliedstaat ausgelegt werden. Insbesondere sollte die Zustellung des Schriftstücks an den Empfänger nicht durch eine Methode der fiktiven Zustellung – wie beispielsweise eine Zustellung durch Anschlag an der Gerichtstafel oder durch Aufbewahrung des Schriftstücks im Gerichtsakt – erfolgen.

(8) Für die Zwecke dieser Verordnung sollte der Begriff „außergerichtliche Schriftstücke" so verstanden werden, dass er von einer Behörde oder einer Amtsperson erstellte oder beglaubigte Schriftstücke umfasst sowie andere Schriftstücke, deren förmliche Übermittlung an einen in einem anderen Mitgliedstaat ansässigen Empfänger zur Geltendmachung, zum Beweis oder zur Wahrung eines Rechts oder Anspruchs in Zivil- oder Handelssachen erforderlich ist. Der Begriff „außergerichtliche Schriftstücke" sollte nicht so verstanden werden, dass er Schriftstücke umfasst, die von Verwaltungsbehörden für die Zwecke von Verwaltungsverfahren ausgestellt werden.

(9) Die Wirksamkeit und Schnelligkeit der gerichtlichen Verfahren in Zivilsachen setzt voraus, dass die Übermittlung gerichtlicher und außergerichtlicher Schriftstücke unmittelbar und auf schnellstmöglichem Wege zwischen den von den Mitgliedstaaten benannten örtlichen Stellen erfolgt. Die Mitgliedstaaten sollten separate Übermittlungs- oder Empfangsstellen oder eine einzige oder mehrere Stellen, die beide Funktionen zugleich wahrnehmen, für einen Zeitraum von fünf Jahren benennen können. Es sollte jedoch möglich sein, diese Benennung alle fünf Jahre zu erneuern.

(10) Um die schnelle Übermittlung von Schriftstücken zwischen den Mitgliedstaaten zum Zwecke der Zustellung sicherzustellen, sollten alle geeigneten modernen Kommunikationstechnologien genutzt werden, vorausgesetzt, bestimmte Anforderungen an die Integrität und Originaltreue des empfangenen Schriftstücks sind erfüllt. Daher sollten in der Regel jede Kommunikation und jeder Austausch von Schriftstücken zwischen den von den Mitgliedstaaten benannten Stellen über ein sicheres und zuverlässiges dezentrales IT-System erfolgen, das nationale IT-Systeme umfasst, die vernetzt und technisch interoperabel sind, wie beispielsweise – unbeschadet der weiteren technologischen Entwicklung – auf e-CODEX beruhend. Dementsprechend sollte ein dezentrales IT-System für den Datenaustausch nach dieser Verordnung eingerichtet werden. Der dezentrale Charakter dieses IT-Systems würde den Datenaustausch ausschließlich zwischen einem Mitgliedstaat und einem anderen ermöglichen, ohne dass eines der Organe der Union an diesem Austausch beteiligt ist.

(11) Unbeschadet eines möglichen künftigen technologischen Fortschritts sollten das sichere dezentrale IT-System und seine Bestandteile nicht zwingend als qualifizierter Dienst für die Zustellung elektronischer Einschreiben im Sinne der Verordnung (EU) Nr. 910/2014 des Europäischen Parlaments und des Rates aufgefasst werden.

(12) Die Kommission sollte für die Schaffung, Wartung und Pflege sowie künftige Weiterentwicklung einer Referenzimplementierungssoftware verantwortlich sein, die Mitgliedstaaten anstelle eines nationalen IT-Systems nutzen können sollten, gemäß den Grundsätzen des Datenschutzes durch Technikgestaltung und durch datenschutzfreundliche Voreinstellungen. Die Kommission sollte die Referenzimplementierungssoftware gemäß den Datenschutzanforderungen und -grundsätzen der Verordnungen (EU) 2018/1725 und (EU) 2016/679 des Europäischen Parlaments und des Rates – insbesondere den Grundsätzen des Datenschutzes durch Technikgestaltung und durch datenschutzfreundliche Voreinstellungen – konzipieren, entwickeln und warten. Die Referenzimplementierungssoftware sollte außerdem geeignete technische Maßnahmen enthalten und die organisatorischen Maßnahmen ermöglichen, die dafür erforderlich sind, ein Maß an Sicherheit und Interoperabilität zu gewährleisten, das für den Informationsaustausch im Bereich der Zustellung von Schriftstücken geeignet ist.

(13) Für die Komponenten des dezentralen IT-Systems, für welche die Union zuständig ist, sollte die Verwaltungsstelle über ausreichende Ressourcen verfügen, um das ordnungsgemäße Funktionieren dieses Systems zu gewährleisten.

(14) Die nach nationalem Recht zuständige Behörde oder zuständigen Behörden sollte bzw. sollten als Verantwortliche im Sinne der Verordnung (EU) 2016/679 für die Verarbeitung personenbezogener Daten, die sie nach der vorliegenden Verordnung zur Übermittlung von Schriftstücken zwischen Mitgliedstaaten durchführt bzw. durchführen, zuständig sein.

(15) Die Übermittlung über das dezentrale IT-System könnte aufgrund einer Störung des Systems unmöglich werden. Auch aufgrund außergewöhnlicher Umstände könnten andere Kommunikationsmittel besser geeignet sein, etwa dann, wenn die Digitalisierung einer umfangreichen Dokumentation einen unverhältnismäßigen Verwaltungsaufwand für die Übermittlungsstelle darstellen würde oder wenn zur Beurteilung der Echtheit eines Schriftstücks das Original in Papierform benötigt wird. Wenn das dezentrale IT-System nicht verwendet wird, sollte die Übermittlung mit dem am besten geeigneten alternativen Mittel durchgeführt werden. Dieses alternative Mittel sollte unter anderem dazu führen, dass die Übermittlung so rasch wie möglich und auf sichere Weise durch andere sichere elektronische Mittel oder durch Postdienste durchgeführt wird.

(16) Damit die elektronische grenzüberschreitende Übermittlung von Schriftstücken über das dezentrale IT-System häufiger genutzt wird, sollte solchen Schriftstücken die Rechtswirkung und die Zulässigkeit als Beweismittel in Gerichtsverfahren nicht allein deshalb abgesprochen werden, weil sie in elektronischer Form vorliegen. Jedoch sollte dieser Grundsatz die Beurteilung der Rechtswirkung solcher Schriftstücke oder ihrer Zulässigkeit als Beweismittel nach nationalem Recht nicht berühren. Zudem sollte er nationales Recht über die Umwandlung von Schriftstücken unberührt lassen.

(17) Um die Übermittlung und Zustellung von Schriftstücken zwischen den Mitgliedstaaten zu erleichtern, sollten die in Anhang I enthaltenen Formblätter verwendet werden. Dem zu übermittelnden Schriftstück sollte ein Antrag beigefügt werden, der unter Verwendung des Formblattes A in Anhang I erstellt wird. Das Formblatt sollte in der Amtssprache des Empfangsmitgliedstaats ausgefüllt werden oder, wenn es in diesem Mitgliedstaat mehrere Amtssprachen gibt, der Amtssprache oder einer der Amtssprachen des Ortes, an dem die Zustellung erfolgen soll, oder in einer sonstigen Sprache, die der Empfangsmitgliedstaat zugelassen hat. Jeder Mitgliedstaat sollte die Amts-

sprache oder die Amtssprachen der Union angeben, die er außer seiner eigenen Amtssprache oder seinen eigenen Amtssprachen akzeptiert.

(18) Der Übermittlungsstelle sollte automatisch über das dezentrale IT-System oder auf andere Weise sobald wie möglich, auf jeden Fall aber innerhalb von sieben Tagen nach Eingang des Schriftstücks, eine Empfangsbestätigung unter Verwendung des Formblatts D in Anhang I übermittelt werden.

(19) Wenn die Übermittlungsstelle eine Bescheinigung über die Nichtzustellung von Schriftstücken erhält, ist es für sie wichtig zu erfahren, ob die Behörden des Empfangsmitgliedstaats Anfragen an Wohnsitzregister oder andere Datenbanken — falls es solche Register oder Datenbanken gibt — gerichtet haben, um eine neue Anschrift des Empfängers des Schriftstücks zu ermitteln. Daher sollten die Mitgliedstaaten der Kommission mitteilen, ob ihre Behörden derartige Anfragen auf eigene Initiative stellen, wenn die im Zustellungsantrag angegebene Anschrift nicht richtig ist. Allerdings sollte diese Verordnung die Behörden der Mitgliedstaaten nicht dazu verpflichten, derartige Anfragen zu stellen.

(20) Kann ein Zustellungsantrag aufgrund der übermittelten Angaben oder Schriftstücke nicht erledigt werden, fällt er nicht in den Anwendungsbereich dieser Verordnung, ist die Zustellung wegen Nichtbeachtung der erforderlichen Formvorschriften nicht möglich oder wurde er an eine örtlich nicht zuständige Empfangsstelle gesandt, so sollte die Empfangsstelle die in dieser Verordnung vorgesehenen Schritte ohne eine Verzögerung unternehmen, die unter Berücksichtigung der besonderen Umstände — einschließlich der der Empfangsstelle zur Verfügung stehenden Kommunikationsmittel — ungerechtfertigt, unangemessen und unnötig ist.

(21) Auf eine schnelle Übermittlung muss auch eine schnelle Zustellung des Schriftstücks in den Tagen nach seinem Eingang folgen. Die Zustellung von Schriftstücken sollte so bald wie möglich, in jedem Fall aber innerhalb eines Monats nach ihrem Eingang bei der Empfangsstelle erfolgen.

(22) Die Empfangsstelle sollte auch in den Fällen, in denen es — etwa, weil der Beklagte urlaubsbedingt nicht zu Hause war oder sich aus dienstlichen Gründen nicht an seinem Arbeitsplatz aufhielt — nicht möglich war, die Zustellung des Schriftstücks innerhalb eines Monats nach Eingang des Schriftstücks zu bewirken, weiterhin alle für die Zustellung des Schriftstücks erforderlichen Schritte unternehmen. Um jedoch eine unbefristete Verpflichtung der Empfangsstelle, Schritte zur Zustellung des Schriftstücks zu unternehmen, zu vermeiden, sollte die Übermittlungsstelle die Möglichkeit haben, unter Verwendung von Formblatt A in Anhang I eine Frist festzulegen, nach deren Ablauf die Zustellung nicht mehr erforderlich ist.

(23) Um die Wirksamkeit dieser Verordnung zu gewährleisten, sollten die Umstände, unter denen es möglich ist, die Annahme des zuzustellenden Schriftstücks zu verweigern, auf Ausnahmefälle beschränkt werden.

(24) In allen Fällen, in denen das zuzustellende Schriftstück nicht in der Amtssprache oder einer der Amtssprachen des Zustellungsorts abgefasst ist, sollte die Empfangsstelle den Zustellungsempfänger schriftlich unter Verwendung des Formblatts L in Anhang I darüber belehren, dass er die Annahme des zuzustellenden Schriftstücks verweigern kann, wenn es weder in einer Sprache, die er versteht, noch in der Amtssprache oder einer der Amtssprachen des Zustellungsorts abgefasst ist. Diese Regel sollte auch für später erfolgende Zustellungen gelten, wenn der Empfänger das Verweigerungsrecht ausgeübt hat. Dieses Verweigerungsrecht sollte auch im Falle der Zustellung durch diplomatische Vertreter oder konsularische Bedienstete, der Zustellung durch Postdienste, der elektronischen Zustellung und der unmittelbaren Zustellung gelten. Die Zustellung eines Schriftstücks, dessen Annahme verweigert wurde, sollte dadurch geheilt werden können, dass dem Empfänger eine Übersetzung des zurückgewiesenen Schriftstücks zugestellt wird.

(25) Wird dem zuzustellenden Schriftstück eine Übersetzung beigefügt, so sollte sie beglaubigt sein oder auf andere Weise nach dem Recht des Ursprungsmitgliedstaats als für das Verfahren geeignet befunden werden. Die Übersetzung sollte dem Mitgliedstaat, in dem die Zustellung erfolgen soll, zur Verfügung gestellt werden. Die Übersetzung von Schriftstücken in eine andere Sprache zum Zwecke der Gewährleistung der Einhaltung dieser Verordnung berührt nicht die Möglichkeit für den Empfänger, die Richtigkeit der Übersetzung nach dem Recht des Forummitgliedstaats, anzufechten.

(26) Wenn der Empfänger die Annahme des Schriftstücks verweigert hat und das in dem Verfahren angerufene Gericht oder die mit dem Verfahren befasste Behörde nach Überprüfung entscheidet, dass die Verweigerung nicht gerechtfertigt war, sollte dieses Gericht oder diese Behörde eine geeignete Form der Unterrichtung des Empfängers über diese Entscheidung gemäß dem nationalen Recht prüfen. Für die Zwecke der Überprüfung, ob die Verweigerung gerechtfertigt war, sollte das Gericht oder die Behörde alle in der Akte enthaltenen relevanten Informationen berücksichtigen, um die Sprachkenntnisse des Empfängers zu ermitteln. Bei der Bewertung der Sprachkenntnisse des Empfängers könnte das Gericht oder die Behörde gegebenenfalls Tatsachen berücksichtigen wie zum Beispiel, ob der Empfänger Schriftstücke in der betreffenden Sprache verfasst hat, ob besondere Sprachkenntnisse für den Beruf des Empfängers erforderlich sind, ob der Empfänger Staatsangehöriger des Forummitgliedstaats ist oder ob der Empfänger früher über einen längeren Zeitraum seinen Wohnsitz in diesem Mitgliedstaat hatte.

(27) Aufgrund der verfahrensrechtlichen Unterschiede zwischen den Mitgliedstaaten bestimmt sich der maßgebliche Zustellungszeitpunkt in den einzelnen Mitgliedstaaten nach unterschiedlichen Kriterien. Unter diesen Umständen und in Anbetracht der möglicherweise daraus entstehenden Schwierigkeiten sollte diese Verordnung eine Regelung vorsehen, nach der sich der Zustellungszeitpunkt nach dem Recht des Empfangsmitgliedstaats bestimmt. Muss jedoch nach dem Recht eines Mitgliedstaats ein Schriftstück innerhalb einer bestimmten Frist zugestellt werden, so sollte im Verhältnis zum Antragsteller als Tag der Zustellung der Tag gelten, der sich aus dem Recht dieses Mitgliedstaats ergibt. Diese Regelung des doppelten Datums besteht nur in einer begrenzten Zahl von Mitgliedstaaten. Wenn Mitgliedstaaten diese Regelung anwenden, sollten sie diese Information der Kommission mitteilen, die diese Information über das durch die Verordnung 2001/470/EG des Rates (7) gegründete Europäische Justizielle Netz für Zivil- und Handelssachen und über das Europäische Justizportal in elektronischer Form zugänglich machen sollte.

(28) Um den Zugang zum Recht zu erleichtern, sollten die Mitgliedstaaten eine einheitliche Festgebühr für die Inanspruchnahme einer Amtsperson oder einer anderen nach dem Recht des Empfangsmitgliedstaats zuständigen Person festlegen. Diese Gebühr sollte den Grundsätzen der Verhältnismäßigkeit und der Nichtdiskriminierung entsprechen. Das Erfordernis einer einheitlichen Festgebühr sollte nicht die Möglichkeit ausschließen, dass die Mitgliedstaaten unterschiedliche Festgebühren für unterschiedliche Arten der Zustellung festlegen, sofern sie diese Grundsätze beachten.

(29) Es sollte jedem Mitgliedstaat freistehen, Personen, die in einem anderen Mitgliedstaat ansässig sind, Schriftstücke durch Postdienste unmittelbar per Einschreiben mit Rückschein oder gleichwertigem Beleg zustellen zu lassen. Für die Zustellung von Schriftstücken in verschiedenen Formen von Briefen, einschließlich Briefkonvoluten, sollte es möglich sein, private oder öffentliche Postdienste zu nutzen.

(30) Nach der ständigen Rechtsprechung des Gerichtshofs der Europäischen Union (8) gilt die unmittelbare Zustellung durch einen Postdienst im Sinne dieser Verordnung sogar dann als rechtsgültig bewirkt, wenn das Schriftstück zwar nicht dem Empfänger persönlich ausgehändigt, aber an der Privatanschrift des Empfängers an einen Erwachsenen übergeben wurde, der in demselben Haushalt wie der Empfänger lebt oder dort vom Empfänger beschäftigt wird und der das Schriftstück annehmen kann und dazu bereit ist, es sei denn, dass nach dem Recht des Forummitgliedstaats nur die persönliche Aushändigung des Schriftstücks an den Empfänger zulässig ist.

(31) Effiziente, zügige grenzüberschreitende Gerichtsverfahren erfordern schnelle und sichere direkte Kanäle für die Zustellung von Schriftstücken an Personen in anderen Mitgliedstaaten. Folglich sollte es möglich sein, einem Empfänger, der eine bekannte Zustelladresse in einem anderen Mitgliedstaat hat, Schriftstücke unmittelbar elektronisch zuzustellen. Die Voraussetzungen für diese Art der unmittelbaren elektronischen Zustellung sollten gewährleisten, dass die elektronische Zustellung nur mit elektronischen Mitteln erfolgt, die nach dem Recht des Forummitgliedstaats für die inländische Zustellung von Schriftstücken verwendet werden dürfen, und dass geeignete Garantien für den Schutz der Interessen des Empfängers einschließlich hoher technischer Standards und die Anforderung der ausdrücklichen Zustimmung des Empfängers bestehen.

(32) Die elektronische Zustellung an den Empfänger durch einen qualifizierten Zustelldienst für die Zustellung elektronischer Einschreiben im Sinne der Verordnung (EU) Nr. 910/2014 sollte möglich sein, wenn der Empfänger vorher ausdrücklich der Verwendung elektronischer Mittel für die Zustellung von Schriftstücken in Gerichtsverfahren zugestimmt hat. In solchen Fällen könnte die ausdrückliche Zustimmung für bestimmte Verfahren oder ganz allgemein für die elektronische Zustellung von Schriftstücken in Gerichtsverfahren durch diese Zustellungsarten erteilt werden. Diese Zustimmung könnte auch dann erteilt werden, wenn nach dem Recht des Forummitgliedstaats Verfahrensschriftstücke mithilfe eines elektronischen Systems zugestellt werden können und der Empfänger der Verwendung dieses Systems im Zusammenhang mit der Zustellung von Schriftstücken zugestimmt hat, bevor ihm mithilfe des betreffenden Systems Schriftstücke zugestellt werden.

(33) Eine elektronische Zustellung ohne Verwendung eines qualifizierten Zustelldienstes für die Zustellung elektronischer Einschreiben im Sinne der Verordnung (EU) Nr. 910/2014 an den Empfänger könnte erfolgen, wenn der Empfänger dem in dem Verfahren angerufenen Gericht oder der mit dem Verfahren befassten Behörde oder der in dem betreffenden Verfahren für die Zustellung zuständigen Partei seine vorherige ausdrückliche Zustimmung zur Verwendung von E-Mails an eine bestimmte E-Mail-Adresse für solche Verfahrens erteilt hat, sofern eine Bestätigung des Empfangs des Schriftstücks durch den Empfänger eingeht. Der Empfänger sollte den Empfang des Schriftstücks bestätigen, indem er eine Empfangsbestätigung unterzeichnet und zurückschickt oder indem er eine E-Mail von der von ihm für die Zustellung angegebenen E-Mail-Adresse zurückschickt. Die Empfangsbestätigung könnte auch elektronisch unterzeichnet werden. Um die Sicherheit der Übermittlung zu gewährleisten, könnten Mitgliedstaaten zusätzliche Bedingungen mitteilen, unter denen sie die elektronische Zustellung per E-Mail zulassen, wenn nach ihrem Recht für die Zustellung per E-Mail strengere Bedingungen gelten oder wenn ihr Recht eine solche Zustellung per E-Mail nicht zulässt. Diese Bedingungen können Aspekte wie die Identifizierung des Absenders und des Empfängers, die Unversehrtheit der übermittelten Schriftstücke und den Schutz der Übermittlung vor äußeren Eingriffen betreffen.

(34) Jeder an bestimmten gerichtlichen Verfahren Beteiligte sollte die Möglichkeit haben, Schriftstücke unmittelbar durch Amtspersonen, Beamte oder sonstige zuständige Personen des Mitgliedstaats, in dem um Zustellung ersucht wird, zustellen zu lassen, wenn eine solche unmittelbare Zustellung nach dem Recht dieses Mitgliedstaats zulässig ist.

(35) Wenn das nationale Recht und diese Verordnung dem Gericht erlauben, den Rechtsstreit auch dann zu entscheiden, wenn keine Bescheinigung über die Zustellung oder die Aushändigung bzw. Abgabe des verfahrenseinleitenden Schriftstücks oder des ihm gleichwertigen Schriftstücks eingegangen ist, so sollten alle angemessenen Schritte bei den zuständigen Behörden oder Stellen des Empfangsmitgliedstaats unternommen werden, um die Bescheinigung zu erlangen, bevor eine Gerichtsentscheidung im Einklang auch mit anderen Erfordernissen zum Schutz der Interessen des Beklagten ergeht. Sofern nicht mit dem nationalen Recht unvereinbar, sollten alle angemessenen Schritte unternommen werden, um den Beklagten über alle verfügbaren Kommunikationskanäle — einschließlich der modernen Kommunikationstechnologie —, für die dem angerufenen Gericht eine Anschrift oder ein Konto bekannt ist, davon in Kenntnis zu setzen, dass ein Gerichtsverfahren gegen ihn eingeleitet wurde.

(36) Die Kommission sollte ein Handbuch mit Informationen zur ordnungsgemäßen Anwendung dieser Verordnung erstellen. Das Handbuch sollte über das Europäische Justizielle Netz für die Zusammenarbeit in Zivil- und Handelssachen zugänglich gemacht werden. Die Kommission und die Mitgliedstaaten sollten ihr Möglichstes tun, um sicherzustellen, dass die in dem Handbuch enthaltenen Informationen aktuell und vollständig sind, insbesondere die Kontaktinformationen zu den Empfangs- und den Übermittlungsstellen.

(37) Die Berechnung der in dieser Verordnung vorgesehenen Fristen und Termine sollte nach Maßgabe der Verordnung (EWG, Euratom) Nr. 1182/71 des Rates (9) erfolgen.

(38) Um die in Anhang I dieser Verordnung enthaltenen Formblätter zu aktualisieren oder technische Anpassungen an diesen Formblättern vorzunehmen, sollte der Kommission die Befugnis übertragen werden, nach Artikel 290 des Vertrags über die Arbeitsweise der Europäischen Union Rechtsakte zur Änderung des genannten Anhangs zu erlassen. Es ist von besonderer Bedeutung, dass die Kommission im Zuge ihrer Vorbereitungsarbeit angemessene Konsultationen, auch auf der Ebene von Sachverständigen, durchführt, die mit den Grundsätzen in Einklang stehen, die in der Interinstitutionellen Vereinbarung vom 13. April 2016 über bessere Rechtsetzung (10) niedergelegt wurden. Um insbesondere für eine gleichberechtigte Beteiligung an der Vorbereitung delegierter Rechtsakte zu sorgen, erhalten das Europäische Parlament und der Rat alle Dokumente zur gleichen Zeit wie die Sachverständigen der Mitgliedstaaten, und ihre Sachverständigen haben systematisch Zugang zu den Sitzungen der Sachverständigengruppen der Kommission, die mit der Vorbereitung der delegierten Rechtsakte befasst sind.

(39) Zur Gewährleistung einheitlicher Bedingungen für die Durchführung dieser Verordnung sollten der Kommission Durchführungsbefugnisse übertragen werden. Diese Befugnisse sollten im Einklang mit der Verordnung (EU) Nr. 182/2011 des Europäischen Parlaments und des Rates (11) ausgeübt werden.

(40) Diese Verordnung sollte Vorrang vor den Bestimmungen bilateraler oder multilateraler Übereinkünfte oder Vereinbarungen mit einem dieser Verordnung gleichen Anwendungsbereich haben, die Mitgliedstaaten geschlos-

sen haben, insbesondere dem Haager Übereinkommen vom 15. November 1965 über die Zustellung gerichtlicher und außergerichtlicher Schriftstücke im Ausland in Zivil- oder Handelssachen. Diese Verordnung hindert die Mitgliedstaaten nicht daran, Übereinkünfte oder Vereinbarungen zur Beschleunigung oder Vereinfachung der Übermittlung von Schriftstücken beizubehalten oder zu schließen, sofern diese Übereinkünfte oder Vereinbarungen mit dieser Verordnung vereinbar sind.

(41) Die Grundrechte und Grundfreiheiten aller beteiligten Personen sollten gemäß dem Unionsrecht uneingeschränkt gewahrt und geachtet werden, insbesondere das Recht auf gleichberechtigten Zugang zur Justiz, das Recht auf Nichtdiskriminierung und das Recht auf Schutz personenbezogener Daten und der Privatsphäre.

(42) Die nach dieser Verordnung übermittelten Daten sollten angemessen geschützt werden. Dieser Schutz wird durch die Verordnung (EU) 2016/679 und die Richtlinie 2002/58/EG des Europäischen Parlaments und des Rates (12) geregelt. Personenbezogene Daten, die für die Bearbeitung eines bestimmten Falls nicht relevant sind, sollten unverzüglich gelöscht werden.

(43) Nach den Nummern 22 und 23 der Interinstitutionellen Vereinbarung vom 13. April 2016 über bessere Rechtsetzung sollte die Kommission diese Verordnung auf der Grundlage der Informationen bewerten, die im Rahmen spezifischer Monitoring-Regelungen eingeholt werden, um die tatsächlichen Auswirkungen dieser Verordnung zu bewerten und zu prüfen, ob weitere Maßnahmen notwendig sind. Erfassen die Mitgliedstaaten Daten zur Zustellung von Schriftstücken nach dieser Verordnung, insbesondere zur Zahl der übermittelten und erhaltenen Ersuchen, zur Zahl der Fälle, in denen die Übermittlung auf anderem Wege als über das dezentrale IT-System erfolgt ist, zur Zahl der erhaltenen Bescheinigungen über die Nichtzustellung von Schriftstücken und zur Zahl der Fälle, in denen Übermittlungsstellen die Annahme von Schriftstücken aus sprachlichen Gründen verweigert wurde, so sollten sie diese Daten für die Zwecke der Überwachung der Kommission bereitstellen. Die von der Kommission als Back-End-System entwickelte Referenzimplementierungssoftware sollte die für die Zwecke der Überwachung erforderlichen Daten durch entsprechende Programmierung erfassen, und diese Daten sollten der Kommission übermittelt werden. Wenn sich die Mitgliedstaaten für die Nutzung eines nationalen IT-Systems anstelle der durch die Kommission entwickelten Referenzimplementierungssoftware entscheiden, so kann dieses System so ausgerüstet sein, dass es diese Daten durch entsprechende Programmierung erfasst; in diesem Fall sollten die Daten der Kommission übermittelt werden.

(44) Da die Ziele dieser Verordnung aufgrund der Unterschiede zwischen den nationalen Vorschriften über die gerichtliche Zuständigkeit und die Anerkennung und Vollstreckung von Entscheidungen von den Mitgliedstaaten nicht ausreichend verwirklicht werden können, sondern vielmehr wegen der unmittelbaren Geltung und Verbindlichkeit dieser Verordnung auf Unionsebene besser zu verwirklichen sind, kann die Union im Einklang mit dem in Artikel 5 des Vertrags über die Europäische Union verankerten Subsidiaritätsprinzip tätig werden. Entsprechend dem in demselben Artikel genannten Grundsatz der Verhältnismäßigkeit geht diese Verordnung nicht über das für die Verwirklichung dieser Ziele erforderliche Maß hinaus.

(45) Der Europäische Datenschutzbeauftragte wurde nach Artikel 42 Absatz 1 der Verordnung (EU) 2018/1725 konsultiert und hat am 13. September 2019 eine Stellungnahme abgegeben. (13)

(46) Im Interesse einer besseren Übersicht und Verständlichkeit sollte die Verordnung (EG) Nr. 1393/2007 aufgehoben und durch die vorliegende Verordnung ersetzt werden.

(47) Nach Artikel 3 und Artikel 4a Absatz 1 des dem Vertrag über die Europäische Union und dem Vertrag über die Arbeitsweise der Europäischen Union beigefügten Protokolls Nr. 21 über die Position des Vereinigten Königreichs und Irlands hinsichtlich des Raums der Freiheit, der Sicherheit und des Rechts haben das Vereinigte Königreich und Irland mitgeteilt, dass sie sich an der Annahme und Anwendung dieser Verordnung beteiligen möchten.

(48) Nach den Artikeln 1 und 2 des dem Vertrag über die Europäische Union und dem Vertrag über die Arbeitsweise der Europäischen Union beigefügten Protokolls Nr. 22 über die Position Dänemarks beteiligt sich Dänemark nicht an der Annahme dieser Verordnung und ist weder durch diese Verordnung gebunden noch zu ihrer Anwendung verpflichtet –

HABEN FOLGENDE VERORDNUNG ERLASSEN:

KAPITEL I. ALLGEMEINE BESTIMMUNGEN

Art. 1 EuZVO Anwendungsbereich

(1) Diese Verordnung gilt für die grenzüberschreitende Zustellung gerichtlicher und außergerichtlicher Schriftstücke in Zivil- oder Handelssachen. Sie gilt insbesondere nicht für Steuer- und Zollsachen, verwaltungsrechtliche Angelegenheiten sowie die Haftung eines Mitgliedstaats für Handlungen oder Unterlassungen im Rahmen der Ausübung hoheitlicher Rechte („acta iure imperii").

(2) Mit Ausnahme des Artikels 7 gilt diese Verordnung nicht, wenn die Anschrift des Empfängers eines Schriftstücks unbekannt ist.

(3) Diese Verordnung gilt nicht für die Zustellung eines Schriftstücks in dem Forummitgliedstaat an einen Bevollmächtigten der Person, an die zugestellt werden soll, unabhängig davon, wo diese Person ihren Wohnsitz hat.

Die Regelung entspricht im Wesentlichen Art. 1 EuZVO a. F. Neu ist im Wesentlichen **III.** 5

I entspricht im Wesentlichen Art. 1 I Brüssel Ia-VO (Schlussanh. V. C.2). Die in Art. 1 II Brüssel Ia-Vo 6 vorgesehenen Ausnahmen für bestimmte Zivil- und Handelssachen, zB Insolvenzverfahren, gelten für die EuZVO nicht; diese gilt also auch dort, wo sich die int. Zuständigkeit aus der EuEheVO, der EuUntVO oder der EuInsVO ergibt. Im Hinblick darauf, dass es sich bei der Zustellung idR erst um eine Verfahrenseinleitung handelt, ist der Anwendungsbereich bereits eröffnet, wenn es nicht offensichtlich ist, dass es sich um keine Zivil- und Handelssache handelt, EuGH EuZW 2015, 633 Rn. 39 – Fahnenbrock; zust. Knöfel RIW 2015, 503 (504). Darüber hinaus bezieht sich die Regelung auch auf die Zustellung außergerichtlicher Schriftstücke (→ Rn. 37).

Aus **II** folgt, dass die **öffentliche Zustellung** (§ 185 ZPO) durch den Vorrang der EuZVO nicht aus- 7 geschlossen ist, EuGH EuZW 2012, 381 Rn. – de Visser, aA MüKoZPO/Rauscher EuZVO Art. 1 Rn. 17; Rauscher/Heiderhoff EuZVO Einl. Rn. 40. Diese dürfte allerdings erst zulässig sein, wenn die durch die Neufassung eingefügte Möglichkeit Amtshilfe bei der Ermittlung der Anschrift (Art. 7) erfolglos geblieben ist.

III wurde neu gefasst. Damit wird klargestellt, dass eine reine Inlandszustellung möglich bleibt, wenn zwar 8 nicht der Zustellungsempfänger, aber sein Bevollmächtigter im Forummitgliedstaat eine Zustellungsanschrift hat.

Art. 2 EuZVO Begriffsbestimmungen

Für die Zwecke dieser Verordnung gelten folgende Begriffsbestimmungen:

1. „Forummitgliedstaat" bezeichnet den Mitgliedstaat, in dem das Gerichtsverfahren anhängig ist;
2. „Dezentrales IT-System" bezeichnet ein Netzwerk nationaler IT-Systeme und interoperabler Zugangspunkte, die unter der jeweiligen Verantwortung und Verwaltung eines jeden Mitgliedstaats betrieben werden, das den sicheren und zuverlässigen grenzüberschreitenden Informationsaustausch zwischen den nationalen IT-Systemen ermöglicht.

Art. 3 EuZVO Übermittlungs- und Empfangsstellen

(1) Jeder Mitgliedstaat benennt die Amtspersonen, Behörden oder sonstigen Personen, die für die Übermittlung gerichtlicher und außergerichtlicher Schriftstücke, die in einem anderen Mitgliedstaat zuzustellen sind, zuständig sind (im Folgenden „Übermittlungsstellen").

(2) Jeder Mitgliedstaat benennt die Amtspersonen, Behörden oder sonstigen Personen, die für die Entgegennahme gerichtlicher und außergerichtlicher Schriftstücke aus einem anderen Mitgliedstaat zuständig sind (im Folgenden „Empfangsstellen").

(3) [1]Die Mitgliedstaaten können entweder separate Übermittlungs- und Empfangsstellen oder eine einzige oder mehrere Stellen benennen, die beide Funktionen zugleich wahrnehmen. [2]Bundesstaatlich organisierte Mitgliedstaaten, Mitgliedstaaten mit mehreren Rechtssystemen und Mitgliedstaaten mit autonomen Gebietskörperschaften können mehrere derartige Stellen benennen. [3]Diese Benennung ist für einen Zeitraum von fünf Jahren gültig und kann um weitere Perioden von fünf Jahren verlängert werden.

(4) Jeder Mitgliedstaat teilt der Kommission folgende Angaben mit:

a) die Namen und Anschriften der Empfangsstellen nach den Absätzen 2 und 3,
b) den Bereich, für den diese Empfangsstellen örtlich zuständig sind,
c) die den Empfangsstellen im Anwendungsbereich des Artikels 5 Absatz 4 zur Verfügung stehenden Mittel für den Empfang von Schriftstücken und
d) die Sprachen, in denen die Formblätter in Anhang I ausgefüllt werden dürfen.

Die Mitgliedstaaten teilen der Kommission jede Änderung der in Unterabsatz 1 genannten Angaben mit.

Art. 4 EuZVO Zentralstelle

Jeder Mitgliedstaat benennt eine Zentralstelle, die dafür verantwortlich ist,

a) den Übermittlungsstellen Auskünfte zu erteilen;
b) nach Lösungswegen zu suchen, wenn bei der Übermittlung von Schriftstücken zum Zwecke der Zustellung Schwierigkeiten auftreten;
c) in Ausnahmefällen auf Ersuchen einer Übermittlungsstelle einen Zustellungsantrag an die zuständige Empfangsstelle weiterzuleiten.

Bundesstaatlich organisierte Mitgliedstaaten, Mitgliedstaaten mit mehreren Rechtssystemen und Mitgliedstaaten mit autonomen Gebietskörperschaften können mehrere Zentralstellen benennen.

9 Art. 3 und 4 entsprechen mit geringeren sprachlichen Abweichungen Art. 2 und 3 EuZVO a. F.

10 Art. 5 sieht als Regelfall die Zustellung im Wege der internationalen Rechtshilfe vor; in der Praxis wird tatsächlich überwiegend von der alternativ zugelassenen Zustellung durch Postdienste (Art. 14 EuZVO) Gebrauch gemacht. Soweit die Zustellung im Wege der internationalen Rechtshilfe erfolgt, sind daran als ersuchendes Gericht die **Übermittlungsstelle** und als ersuchtes Gericht die **Empfangsstelle** beteiligt. Wer die jeweils zuständige Übermittlungs- und Empfangsstelle ist, wird von den jeweiligen Mitgliedstaaten festgelegt. Für Deutschland ist dies in § 1069 geregelt.

11 **Art. 3 IV** verpflichtet die Mitgliedsstaaten, die jeweiligen Übermittlungs- und Empfangsstellen der EU mitzuteilen. Diese stellt hierfür im Internet eine Übersicht **(Justizatlas)** zur Verfügung [https://e-justice.europa.eu/content_serving_documents-373-de.do]. Die Funktion der Stellen beschränkt sich darauf, physisch die Übermittlung und die Zustellung des betreffenden Schriftstücks sicherzustellen sowie Maßnahmen zur Vereinfachung der Abwicklung dieser Vorgänge zu ergreifen.

12 **Art. 4** verpflichtet die Mitgliedsstaaten jeweils zumindest eine Zentralstelle einzurichten, die bei der Abwicklung der internationalen Rechtshilfe zwischen den Übermittlungs- und Empfangsstellen berät und vermittelt. In Deutschland gibt es in jedem Bundesland eine **Zentralstelle** sowie nunmehr auch eine auf Bundesebene (→ § 1069 Rn. 6); die Zentralstellen der anderen Mitgliedstaaten ergeben sich aus dem EU-Justizatlas (→ Rn. 11).

Art. 5 EuZVO Von den Übermittlungs- und Empfangsstellensowie den Zentralstellen zu verwendende Kommunikationsmittel

(1) [1]Zuzustellende Schriftstücke, Ersuchen, Bestätigungen, Empfangsbestätigungen, Bescheinigungen und Mitteilungen, die unter Verwendung der Formblätter in Anhang I erstellt wurden, werden zwischen den Übermittlungs- und Empfangsstellen, zwischen diesen Stellen und den Zentralstellen oder zwischen den Zentralstellen der verschiedenen Mitgliedstaaten über ein sicheres und zuverlässiges dezentrales IT-System übermittelt. [2]Dieses dezentrale IT-System beruht auf einer interoperablen Lösung wie beispielsweise e-CODEX.

(2) Für die zuzustellenden Schriftstücke, Ersuchen, Bestätigungen, Empfangsbestätigungen, Bescheinigungen und Mitteilungen, die über das dezentrale IT-System übermittelt werden, gilt der mit der Verordnung (EU) Nr. 910/2014 geschaffene allgemeine Rechtsrahmen für die Verwendung von qualifizierten Vertrauensdiensten.

(3) Erfordern oder enthalten die in Absatz 1 dieses Artikels genannten zuzustellenden Schriftstücke, Ersuchen, Bestätigungen, Empfangsbestätigungen, Bescheinigungen und sonstigen Mitteilungen ein Siegel oder eine eigenhändige Unterschrift, so können stattdessen qualifizierte elektronische Siegel oder qualifizierte elektronische Signaturen im Sinne der Verordnung (EU) Nr. 910/2014 verwendet werden.

(4) Ist die Übermittlung nach Absatz 1 aufgrund einer Störung des dezentralen IT-Systems oder außergewöhnlicher Umstände nicht möglich, so wird die Übermittlung mit dem schnellsten und am besten geeigneten alternativen Mittel durchgeführt, wobei den Erfordernissen der Zuverlässigkeit und Sicherheit Rechnung zu tragen ist.

Der Regelungsgehalt der Norm ist im Wesentlichen neu. Durch **I** wird jetzt auch die Möglichkeit der **elektronischen Übermittlung** eröffnet, dessen Verwendung nicht nur möglich, sondern – auch im Hinblick auf das Beschleunigungsgebot (Art. 8 I) – geboten ist. **II–IV** enthalten hierzu Folgeregelungen. Der Regelungsgelt des Art. 4 EuZVO aF findet sich jetzt in Art. 8. 13

Art. 6 EuZVO Rechtswirkung elektronischer Schriftstücke

Den über das dezentrale IT-System übermittelten Schriftstücken darf die Rechtswirkung oder die Zulässigkeit als Beweismittel im Gerichtsverfahren nicht allein deshalb abgesprochen werden, weil sie in elektronischer Form vorliegen.

Art. 7 EuZVO Unterstützung bei der Ermittlung von Anschriften

(1) Ist die Anschrift der Person, der das gerichtliche oder außergerichtliche Schriftstück in einem anderen Mitgliedstaat zuzustellen ist, nicht bekannt, so leistet der andere Mitgliedstaat bei der Ermittlung der Anschrift in mindestens einer der folgenden Weisen Unterstützung:

a) Angabe benannter Behörden, an welche die Übermittlungsstellen Anfragen um die Ermittlung der Anschrift des Empfängers des Schriftstücks richten;
b) Erlaubnis für Personen aus anderen Mitgliedstaaten, Auskunftsanfragen zu Anschriften von Empfängern, auch auf elektronischem Wege, mittels eines auf dem Europäischen Justizportal verfügbaren Standardformulars, direkt an Wohnsitzregister oder andere öffentlich zugängliche Datenbanken zu richten; oder
c) Bereitstellung ausführlicher Informationen im Europäischen Justizportal darüber, wie Anschriften von Empfängern ermittelt werden können.

(2) Jeder Mitgliedstaat teilt der Kommission folgende Angaben mit, damit diese im Europäischen Justizportal zugänglich gemacht werden:

a) die Mittel, mit denen der Mitgliedstaat in seinem Hoheitsgebiet nach Absatz 1 Unterstützung leistet;
b) gegebenenfalls Name und Kontaktdaten der in Absatz 1 Buchstaben a und b genannten Behörden;
c) die Angabe, ob die Behörden des Empfangsmitgliedstaats auf eigene Initiative Auskunftsersuchen an Wohnsitzregister oder andere Datenbanken für Informationen über Anschriften richten, wenn die im Zustellungsantrag angegebene Anschrift nicht richtig ist.

Die Mitgliedstaaten teilen der Kommission jede Änderung der in Unterabsatz 1 genannten Angaben mit.

Die Regelung ist neu. Die EuZVO findet mit Ausnahme dieser Norm nur Anwendung, wenn die Zustellanschrift des Empfängers bekannt ist (Art. 1 II). Die Ermittlung unbekannter Zustellanschriften gestaltet sich im grenzüberschreitenden Verkehr noch schwieriger als bei reinen Inlandssachverhalten. Hier soll dadurch zumindest Erleichterung geschaffen werden, dass leicht zugängliche Informationen über die Möglichkeiten der Ermittlung von Anschriften zur Verfügung ggestellt werden, Sujecki EuZW 2021, 286 (288). Die Möglichkeit der öffentlichen Zustellung (§ 185 ZPO) dürfte erst dann bei grenzüberschreitenden Sachverhalten eröffnet sein, wenn auch auf diesem Weg eine Zustellanschrift nicht ermittelt werden konnte. 14

KAPITEL II. GERICHTLICHE SCHRIFTSTÜCKE

ABSCHNITT 1. Übermittlung und Zustellung von gerichtlichen Schriftstücken

Art. 8 EuZVO Übermittlung von Schriftstücken

(1) Gerichtliche Schriftstücke werden zwischen den Übermittlungs- und Empfangsstellen unmittelbar und so schnell wie möglich übermittelt.

(2) [1]Dem zu übermittelnden Schriftstück ist ein Antrag beizufügen, der unter Verwendung des Formblattes A in Anhang I erstellt wird. [2]Das Formblatt ist in der Amtssprache des Empfangsmitgliedstaats oder, wenn es in diesem Mitgliedstaat mehrere Amtssprachen gibt, in der Amtssprache oder einer der Amtssprachen des Ortes, an dem die Zustellung erfolgen soll, oder in einer sonstigen Sprache, die der Empfangsmitgliedstaat zugelassen hat, auszufüllen.

Jeder Mitgliedstaat teilt der Kommission jede andere Amtssprache der Union als seine eigene mit, in der das Formblatt ausgefüllt werden kann.

(3) Schriftstücke, die gemäß dieser Verordnung übermittelt werden, bedürfen weder der Beglaubigung noch einer anderen gleichwertigen Formalität.

(4) Beantragt die Übermittlungsstelle die Rücksendung einer Kopie eines nach Artikel 5 Absatz 4 in Papierform übermittelten Schriftstücks zusammen mit der in Artikel 14 genannten Bescheinigung, so übermittelt sie das betreffende Schriftstück in zweifacher Ausfertigung.

Die Regelung entspricht Art. 4 I, III-V EuZVO a. F. 15

I regelt die Grundform der Zustellung im Wege der internationalen Rechtshilfe durch die unmittelbare Übermittlung von der Übermittlungsstelle zur Empfangsstelle. Daneben kennt die EuZVO folgende weitere Formen der Zustellung: 16

– Übermittlung auf konsularischem oder diplomatischem Weg (Art. 16)
– Zustellung durch die diplomatischen oder konsularischen Vertretungen (Art. 17)
– Zustellung durch Postdienste (Art. 18)
– elektronische Zustellung (Art. 19)
– unmittelbare Zustellung (Art. 20).

Mit Ausnahme der subsidiären Zustellung auf diplomatischem oder konsularischem Weg (Art. 16) stehen alle Formen der Zustellung grdsl.gleichwertig nebeneinander, EuGH NJW 2013, 443 Rn. 31 – Alder; 2006, 975 Rn. 20 – Plumex; Rohls/Mekat IPRax 2017, 239 (240); die Wahl über die Zustellungsform trifft der Antragsteller, EuGH EuZW 2015, 947 Rn. 59 – Tecom Mican. Art. 17 beschränkt allerdings auch den Anwendungsbereich der Zustellung von Schriftstücken durch diplomatische oder konsularische Bedienstete, die in Deutschland durch § 1067 ZPO noch weiter eingeschränkt ist. 17

Der in **II** geregelte **Formularzwang** erleichtert die Bitte um internationale Rechtshilfe deutlich. Die Übermittlungsstelle ist aufgrund der europaweit übereinstimmenden Formulare ohne weiteres in der Lage, das 18

Formular in die im Empfangsstaat zugelassenen Sprachen – in der BRep sind dies Deutsch und Englich, § 1070 ZPO – auszufüllen.

Art. 9 EuZVO Übersetzung von Schriftstücken

(1) Die Übermittlungsstelle, welcher der Antragsteller das Schriftstück zum Zweck der Übermittlung übergibt, setzt den Antragsteller davon in Kenntnis, dass der Empfänger die Annahme des Schriftstücks verweigern darf, wenn es nicht in einer der in Artikel 12 Absatz 1 bestimmten Sprachen abgefasst ist.

(2) Der Antragsteller trägt etwaige vor der Übermittlung des Schriftstücks anfallende Übersetzungskosten unbeschadet etwaiger späterer Kostenentscheidungen des zuständigen Gerichts oder der zuständigen Behörde.

Art. 10 EuZVO Entgegennahme der Schriftstücke durch die Empfangsstelle

(1) Nach Erhalt eines Schriftstücks übermittelt die Empfangsstelle der Übermittlungsstelle automatisch und so bald wie möglich eine Empfangsbestätigung über das dezentralisierte IT-System oder, wenn die Empfangsbestätigung mit anderen Mitteln übersendet wird, so bald wie möglich, auf jeden Fall aber innerhalb von sieben Tagen nach Erhalt des Schriftstücks, unter Verwendung des Formblatts D in Anhang I.

(2) Kann der Zustellungsantrag aufgrund der übermittelten Angaben oder Schriftstücke nicht erledigt werden, so nimmt die Empfangsstelle unter Verwendung des Formblatts E in Anhang I ohne unangemessene Verzögerung Verbindung zur Übermittlungsstelle auf, um die fehlenden Angaben oder Schriftstücke zu erlangen.

(3) Fällt der Zustellungsantrag offenkundig nicht in den Anwendungsbereich dieser Verordnung oder ist die Zustellung wegen Nichtbeachtung der erforderlichen Formvorschriften nicht möglich, so sind der Zustellungsantrag und die übermittelten Schriftstücke nach Erhalt unter Verwendung des Formblatts F in Anhang I mit einer Benachrichtigung über die Rücksendung ohne unangemessene Verzögerung an die Übermittlungsstelle zurückzusenden.

(4) [1]Erhält eine Empfangsstelle ein Schriftstück zur Zustellung, für dessen Zustellung sie örtlich nicht zuständig ist, so leitet sie dieses Schriftstück zusammen mit dem Zustellungsantrag ohne unangemessene Verzögerung an die örtlich zuständige Empfangsstelle im Empfangsmitgliedstaat weiter, sofern der Antrag den Anforderungen des Artikels 8 Absatz 2 entspricht. [2]Die Empfangsstelle setzt gleichzeitig die Übermittlungsstelle unter Verwendung des Formblatts G in Anhang I davon in Kenntnis. [3]Nachdem die örtlich zuständige Empfangsstelle im Empfangsmitgliedstaat das Schriftstück und den Zustellungsantrag erhalten hat, übermittelt diese Empfangsstelle der Übermittlungsstelle so bald wie möglich, auf jeden Fall aber innerhalb von sieben Tagen nach Erhalt, eine Empfangsbestätigung unter Verwendung des Formblatts H in Anhang I.

Art. 11 EuZVO Zustellung von Schriftstücken

(1) Die Zustellung des Schriftstücks wird von der Empfangsstelle bewirkt oder veranlasst, entweder nach dem Recht des Empfangsmitgliedstaats oder in einem von der Übermittlungsstelle gewünschten besonderen Verfahren, sofern dieses Verfahren mit dem Recht des Empfangsmitgliedstaats vereinbar ist.

(2) [1]Die Empfangsstelle unternimmt alle erforderlichen Schritte, um die Zustellung des Schriftstücks so rasch wie möglich, in jedem Fall jedoch binnen eines Monats nach seinem Eingang auszuführen. [2]Konnte die Zustellung nicht binnen eines Monats nach Eingang des Schriftstücks vorgenommen werden, verfährt die Empfangsstelle wie folgt:

a) Sie unterrichtet die Übermittlungsstelle unverzüglich unter Verwendung des Formblatts K in Anhang I davon oder, sofern die Übermittlungsstelle unter Verwendung des Formblatts I in Anhang I um Informationen ersucht hat, unter Verwendung des Formblatts J in Anhang I, und

b) sie unternimmt weiterhin alle für die Zustellung des Schriftstücks erforderlichen Schritte, falls die Zustellung innerhalb einer angemessenen Frist möglich erscheint, es sei denn, die Übermittlungsstelle gibt an, dass die Zustellung nicht mehr erforderlich ist.

Art. 12 EuZVO Verweigerung der Annahme eines Schriftstücks

(1) Der Empfänger darf die Annahme des zuzustellenden Schriftstücks verweigern, wenn das Schriftstück nicht in einer der folgenden Sprachen abgefasst oder keine Übersetzung in eine der folgenden Sprachen beigefügt ist:

a) einer Sprache, die der Empfänger versteht, oder

b) der Amtssprache des Empfangsmitgliedstaats oder, wenn es im Empfangsmitgliedstaat mehrere Amtssprachen gibt, der Amtssprache oder einer der Amtssprachen des Ortes, an dem die Zustellung erfolgen soll.

(2) Die Empfangsstelle informiert den Empfänger über sein Recht nach Absatz 1, wenn das Schriftstück nicht in einer der in Absatz 1 Buchstabe b genannten Sprachen abgefasst oder keine Übersetzung in eine dieser Sprachen beigefügt ist, indem sie dem zuzustellenden Schriftstück das Formblatt L in Anhang I in den folgenden Sprachen beifügt:

a) in der Amtssprache oder in einer der Amtssprachen des Ursprungsmitgliedstaats und

b) in einer Sprache nach Absatz 1 Buchstabe b.

Gibt es Anzeichen dafür, dass der Empfänger eine Amtssprache eines anderen Mitgliedstaats versteht, so ist auch das in dieser Sprache abgefasste Formblatt L in Anhang I beizufügen.

Übersetzt ein Mitgliedstaat Formblatt L in Anhang I in eine Sprache eines Drittstaats, so stellt er die Übersetzung der Kommission zur Verfügung, damit sie über das Europäische Justizportal zugänglich gemacht wird.

(3) [1]Der Empfänger kann die Annahme eines Schriftstücks entweder bei der Zustellung oder durch eine schriftliche Erklärung der Annahmeverweigerung innerhalb von zwei Wochen ab dem Zeitpunkt der Zustellung verweigern. [2]Zu diesem Zweck kann der Empfänger entweder das Formblatt L in Anhang I oder eine schriftliche Erklärung an die Empfangsstelle mit der Angabe zurücksenden, dass er die Annahme des Schriftstücks aufgrund der Sprache, in der es zugestellt wurde, verweigert.

(4) Wird der Empfangsstelle mitgeteilt, dass der Empfänger die Annahme des Schriftstücks nach den Absätzen 1, 2 und 3 verweigert, so setzt sie die Übermittlungsstelle unter Verwendung der Bescheinigung über die Zustellung bzw. Nichtzustellung, unter Verwendung von Formblatt K in Anhang I, unverzüglich davon in Kenntnis und sendet den Antrag und — falls verfügbar — jedes Schriftstück, um dessen Übersetzung ersucht wird, zurück.

(5) [1]Die Zustellung eines Schriftstücks, dessen Annahme verweigert wurde, kann dadurch geheilt werden, dass dem Empfänger nach Maßgabe dieser Verordnung das Schriftstück zusammen mit einer Übersetzung in einer der in Absatz 1 vorgesehenen Sprachen zugestellt wird. [2]In diesem Fall ist der Tag der Zustellung des Schriftstücks der Tag, an dem die Zustellung des Schriftstücks zusammen mit der Übersetzung nach dem Recht des Empfangsmitgliedstaats bewirkt wird. [3]Muss jedoch nach dem Recht eines Mitgliedstaats ein Schriftstück innerhalb einer

bestimmten Frist zugestellt werden, so ist im Verhältnis zum Antragsteller als Tag der Zustellung der nach Artikel 13 Absatz 2 ermittelte Tag maßgebend, an dem das ursprüngliche Schriftstück zugestellt worden ist.

(6) Die Absätze 1 bis 5 gelten auch für die anderen Arten der Übermittlung und Zustellung gerichtlicher Schriftstücke nach Abschnitt 2.

(7) Für die Zwecke der Absätze 1 und 2 gilt Folgendes: Erfolgt die Zustellung nach Artikel 17 durch diplomatische Vertreter oder konsularische Bedienstete und nach Artikel 18, 19 oder 20 durch eine Behörde oder Person, so setzen diese Vertreter oder Bediensteten beziehungsweise die Behörde oder Person den Empfänger davon in Kenntnis, dass er die Annahme des Schriftstücks verweigern darf und dass diesen Vertretern oder Bediensteten beziehungsweise dieser Behörde oder Person eine entweder unter Verwendung des Formblatts L in Anhang I oder freihändig erstellte schriftliche Verweigerungserklärung zu übermitteln ist.

Die Norm entspricht im Wesentlichen Art. 8 EuZVO aF, wobei der Regelungsgehalt des Art. 8 I EuZVO aF sich jetzt in **I–III** findet und derjenige des Art. 8 II–IV in **IV–VII.** 19

Aus **Art. 9** folgt, dass ein Übermittlungsauftrag unabhängig von der Beifügung von **Übersetzungen** auszuführen ist, Fabig/Windau NJW 2017, 2502; dasselbe gilt für die Zustellung gerichtlicher Entscheidungen, Fabig/Windau NJW 2022, 1977 (1979). Fehlen diese, ergeben sich die Rechte des Empfängers aus Art. 12 (→ Rn. 22). Nur wenn der Antragsteller die Beifügung einer Übersetzung verlangt, hat er nach **Art. 9 II** deren Kosten zu tragen, OLG Brdb FamRZ 2019, 138. Dadurch entstehende Verzögerungen der Zustellung sind für § 167 ZPO ohne Bedeutung, BGH NJW 2021, 1598 Rn. 29. 20

Art. 10 und **Art. 11** betreffen die Tätigkeit der jeweiligen Empfangsstelle. Im Hinblick auf die in **Art. 12** geregelte Möglichkeit der Annahmeverweigerung (→ Rn. 22) hat die Übermittlungsstelle nach **Art. 9 I** den Antragsteller hierauf hinzuweisen, damit dieser ggf. zur Reduzierung dieses Risikos Übersetzungen beifügt, deren Kosten er gem. **Art. 9 II** auf jeden Fall zu tragen hat. 21

Art. 12 regelt das Recht zur **Verweigerung der Annahme** der Zustellung durch den Empfänger und zwar für alle Arten der Zustellung **(VI).** Dieses Recht folgt aus dem Gebot der Fairness des Verfahrens, EuGH EuZW 2017, 344 Rn. 51 – Novo Banco. Die Annahmeverweigerung wegen fehlender Übersetzung ist ein Ausnahmetatbestand; weitere Annahmeverweigerungsgründe kennt das Gesetz nicht. Eine **Belehrung** hierüber ist der Zustellung zwingend nach **II** beizufügen, EuGH EuZW 2015, 832 Rn. 50 – Alpha Bank Cyprus; OLG Düss GRUR-RR 2020, 45. 22

Grundsätzlich muss der Zustellung eine **Übersetzung** der zuzustellen Urkunden nicht beigefügt werden. Die Entscheidung hierüber obliegt dem Antragsteller, der die Kosten einer Übersetzung, **Art. 9 II,** aber auch das Risiko einer fehlenden Übersetzung zu tragen hat, OLG Brdb. FamRZ 2019, 138. Der Empfänger kann die Zustellung jedoch unter bestimmten Voraussetzungen die Annahme verweigern. Hierüber ist er bei der Zustellung nach **II** zwingend durch Übergabe eines entsprechenden Formblatts zu belehren, eine fehlerhaft unterbliebene Übergabe dieses Formblatts kann allerdings nachgeholt werden, EuGH EuZW 2018, 1001 Rn. 38 – Catlin; 2017, 344 Rn. 56, 58 – Novo Banco; OLG Düss IWRZ 2020, 42 Rn. 17. 23

Die **Verweigerung** muss nach **III** entweder bereits bei der Zustellung oder innerhalb einer **Frist** von zwei Wochen seit der Zustellung erfolgen. **Adressat** der Erklärung ist die **Empfangsstelle.** Zwar sieht **III 2** die Übermittlungsstelle als Empfängerin vor, jedoch macht dies im Hinblick auf die in **IV** vorgesehene Information der Übermittlungsstelle durch die Empfangsstelle über die Annahmeverweigerung keinen Sinn und dürfte auf einen Übersetzungsversehen beruhen, in der engl. und fr. Fassung findet sich hier jeweils der Begriff für Empfangsstelle, Fabig/Windau NJW 2022, 1977 (1979). Die Erklärung bedarf der **Schriftform;** es kann ein hierfür zur Verfügung stehende Formular verwendet werden. 24

Unproblematisch ist der Fall, dass der zuzustellenden Sendung eine Übersetzung in die Amtssprache am Zustellungsort beigefügt ist **(I lit. b).** Die Einhaltung dieses formalen Kriteriums lässt sich relativ einfach feststellen. Besondere Anforderungen an die Qualität der Übersetzung, zB durch vereidigten Übersetzer, bestehen nicht. Allerdings dürfte eine eigene Übersetzungen des Absenders nicht ausreichen, aA noch Fabig/Windau NJW 2017, 2502 (2504 f.), denn Erwägungsgrund 25 sieht nunmehr vor, dass Übersetzungen beglaubigt oder auf andere Weise im Ursprungsmitgliedstaat als für das Verfahren geeignet befunden worden sein soll. 25

Problematisch ist dagegen das in **lit. a** aufgestellte Erfordernis **„einer Sprache, die der Empfänger versteht".** Dies erfordert Sprachkenntnisse, die zumindest das Verständnis des übermittelten Schriftstücks zulassen. Bei jur. Personen wird man nicht auf die Sprachkenntnisse der Organe, sondern auf die der für die jeweilige Bearbeitung zuständigen Mitarbeiter abstellen müssen, OLG Mü MMR 2020, 484; OLG Köln NJW-RR 2019, 1214 Rn. 6; AG Berlin-Mitte IPRax 2018, 408; Schlosser/Hess Rn. 2a; MüKoZPO/Rauscher EuZVO Art. 8 Rn. 12; einschränkend aber Rauscher/Heiderhoff EuZVO Art. 8 Rn. 15, wonach es auf die „Geschäftssprache" ankommen soll, was im Rahmen außervertraglicher Haftung aber nicht weiterhilft. Die geschäftliche Ausrichtung auf einen bestimmten Staat indiziert entsprechende Sprachkenntnisse, OLG Mü MDR 2020, 242. Im Einzelfall kann die Berufung auf fehlende Sprachkenntnisse rechtsmissbräuchlich sein, LG Offenburg MMR 2018, 848. 26

Die **Folgen einer** berechtigten **Annahmeverweigerung** ergeben sich insbes. aus Art. 45 I lit. b Brüssel Ia-VO. Über die Annahmeverweigerung ist die Übermittlungsstelle zu informieren **(IV).** Im Zweifel sollte zumindest dann eine erneute Zustellung und zwar wegen **V 2** nicht nur der Übersetzung, sondern auch des Dokuments erfolgen, MüKoZPO/Rauscher EuZVO Art. 8 Rn. 9, 19; Rauscher/Heiderhoff EuZVO Art. 8 Rn. 34 f.; Eichel IPRax 2017, 352. Anlagen, die für das Verständnis des Schriftstücks nicht erforderlich sind, zB Beweismittel, brauchen nicht übersetzt zu werden, EuGH NJW 2008, 1721, Rn. 73 – Weiss, anders ist dies aber für einen Antrag auf Erlass eines Europäischen Zahlungsbefehls, ohne den der Europäische Zahlungsbefehl unverständlich bleibt, EuGH EuZW 2018, 1001 – Catlin; Drehsen IPRax 2019, 378 (379). Die Folgen einer unberechtigten Annahmeverweigerung ergeben sich mangels unionsrechtlicher Vorschriften aus den jeweiligen nationalen Rechtsordnungen, vgl. EuGH EuZW 2006, 22 Rn. 50. 27

Über die Begründetheit einer Annahmeverweigerung entscheidet das Gericht im Übermittlungsstaat, EuGH EuZW 2015, 832 Rn. 42. Maßgeblich für die Feststellung der Sprachkenntnisse sind obj. Anhaltspunkte wie die Vertragssprache, Gerichtsstands- oder Rechtswahlklausel, EuGH NJW 2008, 1721 Rn. 86; Würdinger IPRax 2013, 61 (63). Die Beweislast obliegt dem Antragsteller, MüKoZPO/Rauscher EuZVO Art. 8 Rn. 11. Erwägungsgrund 26 benennt jetzt einige Kriterien für die Ermittlung der Sprachkenntnisse. 28

Art. 13 EuZVO Tag der Zustellung

(1) Unbeschadet des Artikels 12 Absatz 5 ist für das Datum der nach Artikel 11 erfolgten Zustellung eines Schriftstücks das Datum maßgeblich, an dem das Schriftstück nach dem Recht des Empfangsmitgliedstaats zugestellt worden ist.

(2) Erfordert jedoch das Recht eines Mitgliedstaats die Zustellung eines Schriftstücks innerhalb einer bestimmten Frist, so ist im Verhältnis zum Antragsteller als Datum der Zustellung das Datum maßgeblich, das sich aus dem Recht dieses Mitgliedstaats ergibt.

(3) Dieser Artikel gilt auch für die anderen Arten der Übermittlung und Zustellung gerichtlicher Schriftstücke nach Abschnitt 2.

Art. 14 EuZVO Bescheinigung über die Zustellung und Kopie des zugestellten Schriftstücks

(1) Nach Erledigung der für die Zustellung des Schriftstücks vorzunehmenden Schritte, stellt die Empfangsstelle unter Verwendung von Formblatt K in Anhang I eine Bescheinigung über die Erledigung dieser Schritte aus und sendet sie der Übermittlungsstelle; im Falle des Artikels 8 Absatz 4 wird der Bescheinigung eine Kopie des zugestellten Schriftstücks beigefügt.

(2) [1]Die in Absatz 1 genannte Bescheinigung ist in der Amtssprache oder in einer der Amtssprachen des Ursprungsmitgliedstaats oder in einer sonstigen Sprache auszustellen, die der Ursprungsmitgliedstaat zugelassen hat. [2]Jeder Mitgliedstaat gibt die Amtssprache(n) der Union außer seiner oder seinen eigenen Amtssprache(n) an, in denen das Formblatt K in Anhang I ausgefüllt werden kann.

Art. 15 EuZVO Kosten der Zustellung

(1) Die Zustellung gerichtlicher Schriftstücke aus einem Mitgliedstaat begründet keine Verpflichtung zur Zahlung oder Erstattung von Gebühren und Auslagen für die Tätigkeit des Empfangsmitgliedstaats.

(2) Abweichend von Absatz 1 zahlt oder erstattet der Antragsteller die Kosten

a) der Mitwirkung einer Amtsperson oder einer anderen nach dem Recht des Empfangsmitgliedstaats zuständigen Person bei der Zustellung;

b) für ein besonderes Verfahren der Zustellung.

Die Mitgliedstaaten legen eine einheitliche Festgebühr für die Mitwirkung einer Amtsperson oder einer anderen nach dem Recht des Empfangsmitgliedstaats zuständigen Person fest. Diese Gebühr entspricht den Grundsätzen der Verhältnismäßigkeit und der Nichtdiskriminierung. Die Mitgliedstaaten teilen der Kommission diese Festgebühren mit.

ABSCHNITT 2. Andere Arten der Übermittlung und Zustellung gerichtlicher Schriftstücke

Art. 16 EuZVO Übermittlung auf diplomatischem oder konsularischem Weg

In Ausnahmefällen kann jeder Mitgliedstaat den Empfangsstellen oder den Zentralstellen eines anderen Mitgliedstaats gerichtliche Schriftstücke zum Zwecke der Zustellung auf diplomatischem oder konsularischem Weg übermitteln.

Art. 17 EuZVO Zustellung von Schriftstücken durch diplomatische Vertreter oder konsularische Bedienstete

(1) Jeder Mitgliedstaat kann Personen, die ihren Wohnsitz in einem anderen Mitgliedstaat haben, gerichtliche Schriftstücke unmittelbar durch seine diplomatischen Vertreter oder konsularischen Bediensteten ohne Anwendung von Zwangsmitteln zustellen lassen.

(2) Ein Mitgliedstaat kann der Kommission mitteilen, dass er die Zustellung gerichtlicher Schriftstücke nach Absatz 1 in seinem Hoheitsgebiet nicht zulässt, außer wenn die zuzustellenden Schriftstücke Staatsangehörigen des Übermittlungsmitgliedstaats zuzustellen sind.

Art. 18 EuZVO Zustellung durch Postdienste

Gerichtliche Schriftstücke können Personen mit Aufenthalt in einem anderen Mitgliedstaat unmittelbar durch Postdienste per Einschreiben mit Empfangsbestätigung oder mittels eines gleichwertigen Nachweises zugestellt werden.

29 Die Regelung entspricht Art. 14 EuZVO aF.

30 Die **Zustellung durch Postbedienstete** ist der einfachste und deshalb praktisch bedeutsamste Weg der Auslandszustellung. Die Zustellung erfolgt dadurch, dass ein von der Übermittlungsstelle aufgegebenes **Einschreiben mit Rückschein** dem Empfänger zugeht. Für den Zeitpunkt des Zugangs gilt **Art. 13 III.**

31 Bei der Zustellung durch Postbedienstete kommen neben dem Einschreiben mit Rückschein auch andere Zustellungsarten in Betracht, wenn diese einen dem Rückschein „gleichwertigen Beleg" bieten. Gleichwertigkeit ist gegeben, wenn sowohl der Erhalt des Schriftstücks durch seinen Empfänger als auch der Umstände des Erhalts das gleiche Maß an Gewissheit und Verlässlichkeit aufweisen wie ein Einschreiben mit Rückschein EuGH EuZW 2017, 344 Rn. 81 – Novo Banco.

32 Deutschland hat von dem Vorbehalt des **Art. 17 II** Gebrauch gemacht (§ 1067 ZPO).

33 Eine Zustellung nach **Art. 18** ist nur einer Übermittlungsstelle **(Art. 3 I)** erlaubt, nicht auch den Parteien oder ihren ProzBev nach § 81, OLG Ffm NJW-RR 2021, 211; OLG Drsd MDR 2019, 313; Schlosser/Hess EuZVO Art. 14 Rn. 2; Emde NJW 2004, 1834.

34 Als Zustellungsempfänger kommen neben dem Adressaten selbst auch Personen, die in seiner Wohnung angetroffen werden, **Art. 22 I lit. b,** EuGH EuZW 2017, 344 Rn. 87 – Novo Banco, sowie Mitarbeiter in Betracht, OLG Düss IPRax 2018, 518.

Art. 19 EuZVO Elektronische Zustellung

(1) Gerichtliche Schriftstücke können einer Person, die eine bekannte Zustelladresse in einem anderen Mitgliedstaat hat, unmittelbar durch elektronische Mittel zugestellt werden, die nach dem Recht des Forummitgliedstaats für die inländische Zustellung von Schriftstücken vorgesehen sind, vorausgesetzt

a) die Schriftstücke werden mittels eines qualifizierten Dienstes für die Zustellung elektronischer Einschreiben im Sinne der Verordnung (EU) Nr. 910/2014 versandt und empfangen und der Empfänger hat vorher ausdrücklich der Verwendung elektronischer Mittel für die Zustellung von Schriftstücken in gerichtlichen Verfahren zugestimmt oder

b) der Empfänger hat dem angerufenen Gericht oder der mit dem Verfahren befassten Behörde oder der in dem betreffenden Verfahren für die Zustellung von Schriftstücken zuständigen Partei seine vorherige ausdrückliche Zustimmung zur Verwendung von E-Mails an eine bestimmte E-Mail-Adresse für die Zustellung von Schriftstücken im Rahmen des betreffenden Verfahrens erteilt und der Empfänger bestätigt die Zustellung des Schriftstücks mit einer Empfangsbestätigung, die das Empfangsdatum enthält.

(2) Um die Sicherheit der Übermittlung zu gewährleisten, kann jeder Mitgliedstaat die zusätzlichen Bedingungen festlegen und der Kommission mitteilen, unter denen er die elektronische Zustellung nach Absatz 1 Buchstabe b zulässt, wenn nach seinem Recht strengere Bedingungen dafür gelten oder die elektronische Zustellung per E-Mail nicht zugelassen ist.

Die Regelung ist eine der wesentlichen Neuerungen der Neufassung der EuZVO, Sujecki EuZW 2021, 286 (289); Mansel/Thorn/Wagner IPRax 2022, 97 (107). Es kann nunmehr auch eine elektronische Zustellung erfolgen, allerdings nur mit Zustimmung des Empfängers. Die BRep hat von der in **II** eröffneten Möglichkeit Gebrauch gemacht und die Möglichkeit der Zustellung per E-Mail gem. **I lit. b)** ausgeschlossen (→ § 1068 Rn. 3). 35

Art. 20 EuZVO Unmittelbare Zustellung

(1) Jeder an bestimmten Gerichtsverfahren Beteiligte kann gerichtliche Schriftstücke unmittelbar durch Amtspersonen, Beamte oder sonstige zuständige Personen des Mitgliedstaats, in dem Zustellung beantragt wird, zustellen lassen, sofern eine solche unmittelbare Zustellung nach dem Recht dieses Mitgliedstaats zulässig ist.

(2) [1]Ein Mitgliedstaat, der die unmittelbare Zustellung zulässt, informiert die Kommission darüber, welche Berufsgruppen oder qualifizierten Personen in ihrem Hoheitsgebiet die unmittelbare Zustellung von Schriftstücken vornehmen dürfen. [2]Die Kommission macht diese Informationen im Europäischen Justizportal zugänglich.

Die Regelung entspricht Art. 15 EuZVO a. F. Soweit die Parteizustellung im jew. Mitgliedsstaat nicht zulässig ist, kann für § 929 II nicht hierauf abgestellt werden. Es hat dann vielmehr auf Antrag des Gläubigers eine Zustellung durch das Gericht zu erfolgen; zur Wahrung der Frist genügt die rechtzeitige Antragstellung, OLG Drsd GRUR-Prax 2020, 323. 36

KAPITEL III. AUßERGERICHTLICHE SCHRIFTSTÜCKE

Art. 21 EuZVO Übermittlung und Zustellung außergerichtlicher Schriftstücke

Außergerichtliche Schriftstücke können in einen anderen Mitgliedstaat nach Maßgabe dieser Verordnung übermittelt und dort zugestellt werden.

Die Regelung entspricht Art. 16 EuZVO a. F. Außergerichtliche Schriftstücke sind sowohl von einer Behörde oder einer Amtsperson erstellte oder beglaubigte Schriftstücke als auch private Schriftstücke, deren förmliche Übermittlung an ihren im Ausland ansässigen Empfänger zur Geltendmachung, zum Beweis oder zur Wahrung eines Rechts oder Anspruchs in Zivil- oder Handelssachen erforderlich ist, EuGH EuZW 2015, 947 Rn. 44 – Tecom Mican; krit. dazu Knöfel IPRax 2017, 245 (253). Dies gilt insbes. für notarielle Urkunden, EuGH NJW 2009, 2513 Rn. 58. Andere Beispiele sind Wechselproteste, Anwaltsvergleiche und Schiedssprüche; Rauscher/Heiderhoff EuZVO Art. 1 Rn. 9. 37

KAPITEL IV. SCHLUSSBESTIMMUNGEN

Art. 22 EuZVO Nichteinlassung des Beklagten

(1) War ein verfahrenseinleitendes Schriftstück oder ein diesem gleichwertiges Schriftstück nach dieser Verordnung zum Zwecke der Zustellung in einen anderen Mitgliedstaat zu übermitteln und hat sich der Beklagte nicht auf das Verfahren eingelassen, so ergeht kein Urteil, bis festgestellt ist, dass das Schriftstück so rechtzeitig zugestellt oder übergeben worden ist, dass der Beklagte genügend Zeit hatte, um sich verteidigen zu können, und dass

a) das Schriftstück in einer Weise zugestellt worden ist, die das Recht des Empfangsmitgliedstaats für die Zustellung von Schriftstücken in einem innerstaatlichen Rechtsstreit an dort befindliche Personen vorschreibt, oder
b) das Schriftstück tatsächlich entweder dem Beklagten persönlich ausgehändigt oder nach einem anderen in dieser Verordnung vorgesehenen Verfahren in der Wohnung des Beklagten abgegeben worden ist.

(2) Jeder Mitgliedstaat kann der Kommission mitteilen, dass ein Gericht ungeachtet des Absatzes 1 den Rechtsstreit entscheiden kann, auch wenn keine Bescheinigung über die Zustellung oder die Aushändigung bzw. Abgabe des verfahrenseinleitenden Schriftstücks oder ein diesem gleichwertiges Schriftstück eingegangen ist, sofern alle folgenden Voraussetzungen erfüllt sind:

a) Das Schriftstück ist nach einem in dieser Verordnung vorgesehenen Verfahren übermittelt worden;
b) seit der Absendung des Schriftstücks ist eine Frist verstrichen, die das Gericht im Einzelfall als angemessen erachtet, mindestens jedoch eine Frist von sechs Monaten;
c) es wurde keine Bescheinigung irgendeiner Art erlangt, obwohl alle zumutbaren Schritte zu ihrer Erlangung durch die zuständigen Behörden oder Stellen des Empfangsmitgliedstaats unternommen wurden.

Diese Informationen werden im Europäischen Justizportal zugänglich gemacht.

(3) Ungeachtet der Absätze 1 und 2 können Gerichte in begründeten dringenden Fällen einstweilige Maßnahmen oder Sicherungsmaßnahmen anordnen.

(4) War ein verfahrenseinleitendes Schriftstück oder ein diesem gleichwertiges Schriftstück nach dieser Verordnung zum Zweck der Zustellung in einen anderen Mitgliedstaat zu übermitteln, und ist eine Entscheidung gegen einen Beklagten ergangen, der sich nicht auf das Verfahren eingelassen hat, so kann das Gericht dem Beklagten unter Außerachtlassung des Ablaufs der Frist für die Einlegung von Rechtsmitteln die Wiedereinsetzung in den vorigen Stand gewähren, sofern die beiden folgenden Voraussetzungen erfüllt sind:

a) Der Beklagte hat ohne sein Verschulden nicht so rechtzeitig Kenntnis von dem Schriftstück erlangt, dass er sich hätte verteidigen können, oder nicht so rechtzeitig Kenntnis von der Entscheidung erlangt, dass er ein Rechtsmittel hätte einlegen können, und
b) die Verteidigung des Beklagten scheint nicht von vornherein in der Sache aussichtslos.

Ein Antrag auf Wiedereinsetzung in den vorigen Stand kann nur innerhalb einer angemessenen Frist, nachdem der Beklagte von der Entscheidung Kenntnis erhalten hat, gestellt werden.

Jeder Mitgliedstaat kann der Kommission mitteilen, dass ein Antrag auf Wiedereinsetzung in den vorigen Stand nach Ablauf einer durch den Mitgliedstaat in seiner Mitteilung bestimmten Frist unzulässig ist. Diese Frist muss mindestens ein Jahr ab dem Datum der Entscheidung betragen. Diese Informationen werden über das Europäische Justizportal zugänglich gemacht.

(5) Absatz 4 gilt nicht für Entscheidungen, die den Personenstand oder die Rechtsfähigkeit von Personen betreffen.

38 Die Regelung entspricht Art. 19 EuZVO a. F.

39 **I** hat seine Bedeutung im Rahmen von Versäumnisverfahren. Wird **I** nicht eingehalten, besteht ein Anerkennungshindernis, weil zwischen Zustellung und Anerkennung eine Wechselwirkung besteht, Wißling GPR 2017, 25 (26).

40 Nach **IV** ist eine **fehlerhafte Zustellung** des verfahrenseinleitenden Schriftstücks ein Grund, dem Beklagten Wiedereinsetzung in den vorigen Stand wegen der Versäumung der Einspruchsfrist zu gewähren. Die Zulässigkeit des Antrags auf Wiedereinsetzung kann jedoch im nationalen Recht befristet werden, EuGH EuZW 2016, 618, Rn. 58- Lebek mkritAnm Bach; Wißling GPR 2017, 25 (27).

Art. 23 EuZVO Änderung des Anhangs I

Der Kommission wird die Befugnis übertragen, nach Artikel 24 delegierte Rechtsakte zur Änderung des Anhangs I zu erlassen, um die darin vorgesehenen Formblätter zu aktualisieren oder technische Anpassungen an diesen Formblättern vorzunehmen.

Art. 24 EuZVO Ausübung der Befugnisübertragung

(1) Die Befugnis zum Erlass delegierter Rechtsakte wird der Kommission unter den in diesem Artikel festgelegten Bedingungen übertragen.

(2) [1]Die Befugnis zum Erlass delegierter Rechtsakte gemäß Artikel 23 wird der Kommission für einen Zeitraum von fünf Jahren ab dem 22. Dezember 2020 übertragen. [2]Die Kommission erstellt spätestens neun Monate vor Ablauf des Zeitraums von fünf Jahren einen Bericht über die Befugnisübertragung. [3]Die Befugnisübertragung verlängert sich stillschweigend um Zeiträume gleicher Länge, es sei denn, das Europäische Parlament oder der Rat widersprechen einer solchen Verlängerung spätestens drei Monate vor Ablauf des jeweiligen Zeitraums.

(3) [1]Die Befugnisübertragung gemäß Artikel 23 kann vom Europäischen Parlament oder vom Rat jederzeit widerrufen werden. [2]Der Beschluss über den Widerruf beendet die Übertragung der in dem Beschluss angegebenen Befugnis. [3]Er wird am Tag nach seiner Veröffentlichung im Amtsblatt der Europäischen Union oder zu einem im Beschluss über den Widerruf angegebenen späteren Zeitpunkt wirksam. [4]Die Gültigkeit von delegierten Rechtsakten, die bereits in Kraft sind, wird von dem Beschluss über den Widerruf nicht berührt.

(4) Vor dem Erlass eines delegierten Rechtsakts konsultiert die Kommission die von den einzelnen Mitgliedstaaten benannten Sachverständigen, im Einklang mit den in der Interinstitutionellen Vereinbarung vom 13. April 2016 über bessere Rechtsetzung enthaltenen Grundsätzen.

(5) Sobald die Kommission einen delegierten Rechtsakt erlässt, übermittelt sie ihn gleichzeitig dem Europäischen Parlament und dem Rat.

(6) [1]Ein delegierter Rechtsakt, der gemäß Artikel 23 erlassen wurde, tritt nur in Kraft, wenn weder das Europäische Parlament noch der Rat innerhalb einer Frist von zwei Monaten nach Übermittlung dieses Rechtsakts an das Europäische Parlament und den Rat Einwände erhoben haben oder wenn vor Ablauf dieser Frist sowohl das Europäische Parlament als auch der Rat beide der Kommission mitgeteilt haben, dass sie keine Einwände erheben werden. [2]Auf Initiative des Europäischen Parlaments oder des Rates wird diese Frist um zwei Monate verlängert.

Art. 25 EuZVO Erlass von Durchführungsrechtsakten durch die Kommission

(1) Die Kommission erlässt Durchführungsrechtsakte zur Einrichtung des dezentralen IT-Systems, durch die sie Folgendes festlegt:

a) die technischen Spezifikationen zur Festlegung der Methoden zur elektronischen Kommunikation für die Zwecke des dezentralen IT-Systems;
b) die technischen Spezifikationen für Kommunikationsprotokolle;
c) die Informationssicherheitsziele und entsprechenden technischen Maßnahmen zur Gewährleistung von Mindeststandards für die Informationssicherheit bei der Verarbeitung und Übermittlung von Informationen im dezentralen IT-System;
d) die Mindestverfügbarkeitsziele und mögliche damit verbundene technische Anforderungen an die Leistungen des dezentralen IT-Systems;
e) die Einsetzung eines aus Vertretern der Mitgliedstaaten bestehenden Lenkungsausschusses, um zur Verwirklichung der Ziele dieser Verordnung den Betrieb sowie die Wartung und Pflege des dezentralen IT-Systems sicherzustellen.

(2) Die Durchführungsrechtsakte nach Absatz 1 des vorliegenden Artikels werden spätestens am 23. März 2022 gemäß dem in Artikel 26 Absatz 2 genannten Prüfverfahren erlassen.

Art. 26 EuZVO Ausschussverfahren

(1) [1]Die Kommission wird von einem Ausschuss unterstützt. [2]Dieser Ausschuss ist ein Ausschuss im Sinne der Verordnung (EU) Nr. 182/2011.

(2) Wird auf diesen Absatz Bezug genommen, so gilt Artikel 5 der Verordnung (EU) Nr. 182/2011.

Art. 27 EuZVO Referenzimplementierungssoftware

(1) [1]Die Kommission ist verantwortlich für die Schaffung, Wartung und Pflege sowie künftige Weiterentwicklung einer Referenzimplementierungssoftware, für deren Einsatz sich die Mitgliedstaaten als ihr Back-End-System anstelle eines nationalen IT-Systems entscheiden können. [2]Die Schaffung, Wartung und Pflege sowie künftige Weiterentwicklung der Referenzimplementierungssoftware werden aus dem Gesamthaushalt der Union finanziert.

(2) Die Kommission übernimmt die Bereitstellung, Wartung und Pflege sowie kostenlose Implementierung der Softwarekomponenten, die den Zugangspunkten zugrunde liegen.

Art. 28 EuZVO Kosten des dezentralen IT-Systems

(1) Jeder Mitgliedstaat trägt die Kosten für Installation, Betrieb sowie Wartung und Pflege seiner Zugangspunkte, über welche die nationalen IT-Systeme im Rahmen des dezentralen IT-Systems vernetzt sind.

(2) Jeder Mitgliedstaat trägt die Kosten für die Einrichtung und Anpassung seiner nationalen IT-Systeme zur Herstellung der Interoperabilität mit den Zugangspunkten sowie die Kosten für Verwaltung, Betrieb und Instandhaltung dieser Systeme.

(3) Die Absätze 1 und 2 lassen die Möglichkeit der Mitgliedstaaten unberührt, Finanzhilfen zur Unterstützung der in diesen Absätzen genannten Tätigkeiten im Rahmen der Finanzierungsprogramme der Union zu beantragen.

Art. 29 EuZVO Verhältnis zu Übereinkünften oder Vereinbarungen zwischen Mitgliedstaaten

(1) Diese Verordnung hat in ihrem Anwendungsbereich Vorrang vor anderen Bestimmungen in den von Mitgliedstaaten geschlossenen bilateralen oder multilateralen Übereinkünften oder Vereinbarungen, insbesondere dem Haager Übereinkommen vom 15. November 1965 über die Zustellung gerichtlicher und außergerichtlicher Schriftstücke im Ausland in Zivil- oder Handelssachen, und zwar im Verhältnis der Mitgliedstaaten, die Vertragsparteien dieser Übereinkünfte sind.

(2) Diese Verordnung hindert Mitgliedstaaten nicht daran, Übereinkünfte oder Vereinbarungen zur Beschleunigung oder weiteren Vereinfachung der Übermittlung von Schriftstücken beizubehalten oder zu schließen, sofern diese Übereinkünfte oder Vereinbarungen mit der vorliegenden Verordnung vereinbar sind.

(3) Die Mitgliedstaaten übermitteln der Kommission:

a) eine Abschrift der zwischen den Mitgliedstaaten geschlossenen Übereinkünfte oder Vereinbarungen nach Absatz 2 sowie die Entwürfe von ihnen geplanter Übereinkünfte oder Vereinbarungen und
b) jede Kündigung oder Änderung dieser Übereinkünfte oder Vereinbarungen.

Art. 30 EuZVO Prozesskostenhilfe

Die vorliegende Verordnung berührt nicht Artikel 24 des Haager Übereinkommens vom 1. März 1954 über den Zivilprozess und Artikel 13 des Abkommens über die Erleichterung des internationalen Zugangs zu den Gerichten vom 25. Oktober 1980 im Verhältnis zwischen den Mitgliedstaaten, die Vertragspartei dieser Übereinkünfte sind.

Art. 31 EuZVO Schutz übermittelter Informationen

(1) Die nach dieser Verordnung durchgeführte Verarbeitung personenbezogener Daten, einschließlich des Austausches oder der Übermittlung personenbezogener Daten durch die zuständigen Behörden, erfolgt gemäß der Verordnung (EU) 2016/679.

Der Austausch oder die Übermittlung von Informationen durch die zuständigen Stellen auf Ebene der Union erfolgt gemäß der Verordnung (EU) 2018/1725.

Personenbezogene Daten, die für die Bearbeitung eines einzelnen Falls nicht relevant sind, werden sofort gelöscht.

(2) Die nach nationalem Recht zuständige Behörde oder zuständigen Behörden gilt bzw. gelten für die Verarbeitung personenbezogener Daten im Rahmen der vorliegenden Verordnung als Verantwortliche im Sinne der Verordnung (EU) 2016/679.

(3) Unbeschadet der Absätze 1 und 2 darf die Empfangsstelle die nach dieser Verordnung übermittelten Informationen nur zu dem Zweck verwenden, zu dem sie übermittelt wurden.

(4) Die Empfangsstellen stellen die Vertraulichkeit derartiger Informationen nach Maßgabe ihres nationalen Rechts sicher.

(5) Die Absätze 3 und 4 berühren nicht das Auskunftsrecht von Betroffenen über die Verwendung der nach dieser Verordnung übermittelten Informationen, das ihnen nach dem nationalen Recht zusteht.

(6) Die Richtlinie 2002/58/EG bleibt von dieser Verordnung unberührt.

Art. 32 EuZVO Achtung der Grundrechte nach dem Unionsrecht

Die Grundrechte und Grundfreiheiten aller beteiligten Personen, insbesondere das Recht auf gleichberechtigten Zugang zur Justiz, das Recht auf Nichtdiskriminierung und das Recht auf Schutz personenbezogener Daten und der Privatsphäre, sind nach Maßgabe des Unionsrechts uneingeschränkt zu wahren und zu achten.

Art. 33 EuZVO Mitteilung, Veröffentlichung und Handbuch

(1) Die Mitgliedstaaten teilen der Kommission die Angaben nach den Artikeln 3, 7, 12, 14, 17, 19, 20 und 22 mit.

Die Mitgliedstaaten teilen der Kommission mit, ob ihr nationales Recht die Zustellung eines Schriftstücks nach Artikel 12 Absatz 5 und Artikel 13 Absatz 2 innerhalb einer bestimmten Frist erfordert.

(2) Sind Mitgliedstaaten in der Lage, den Betrieb des dezentralen IT-Systems früher als in dieser Verordnung vorgeschrieben aufzunehmen, so können sie das der Kommission mitteilen. Die Kommission stellt diese Informationen auf elektronischem Wege zur Verfügung, insbesondere im Europäischen Justizportal.

(3) Die Kommission veröffentlicht die nach Absatz 1 mitgeteilten Angaben im Amtsblatt der Europäischen Union, mit Ausnahme der Anschriften und sonstigen Kontaktdaten der Stellen und der Zentralstellen und deren örtlichen Zuständigkeitsbereiche.

(4) [1]Die Kommission erstellt und aktualisiert regelmäßig ein Handbuch, das die Angaben nach Absatz 1 enthält. [2]Sie stellt das Handbuch in elektronischer Form bereit, insbesondere über das Europäische Justizielle Netz für Zivil- und Handelssachen und über das Europäische Justizportal.

Art. 34 EuZVO Monitoring

(1) Die Kommission erstellt bis zum 2. Juli 2023 ein ausführliches Programm für das Monitoring der Leistungen, der Ergebnisse und der Wirkung dieser Verordnung.

(2) [1]In dem Monitoring-Programm wird festgelegt, welche Maßnahmen die Kommission und die Mitgliedstaaten zum Monitoring der Leistungen, der Ergebnisse und der Wirkung dieser Verordnung zu treffen haben. [2]Darin wird festgelegt, wann die in Absatz 3 genannten Daten erstmals zu erfassen sind – spätestens bis zum 2. Juli 2026 – und in welchen weiteren Zeitabständen diese Daten zu erfassen sind.

(3) Die Mitgliedstaaten übermitteln der Kommission je nach Verfügbarkeit folgende für die Zwecke des Monitorings erforderliche Daten:

a) die Anzahl der nach Artikel 8 übermittelten Ersuchen um Zustellung von Schriftstücken;
b) die Anzahl der nach Artikel 11 ausgeführten Ersuchen um Zustellung von Schriftstücken;
c) die Anzahl der Fälle, in denen das Ersuchen um Zustellung von Schriftstücken mit anderen Mitteln als dem dezentralen IT-System nach Artikel 5 Absatz 4 übermittelt wurde;
d) die Anzahl der eingegangenen Bescheinigungen über die Nichtzustellung von Schriftstücken;
e) die Anzahl der Fälle, in denen die Annahme von Schriftstücken, die bei den Übermittlungsstellen eingegangen sind, aus sprachlichen Gründen verweigert wurde.

(4) Die Referenzimplementierungssoftware und – soweit es dafür ausgerüstet ist – das nationale Back-End-System erfassen die in Absatz 3 Buchstaben a, b und d genannten Daten durch entsprechende Programmierung und übermitteln sie regelmäßig der Kommission.

Art. 35 EuZVO Bewertung

(1) Spätestens fünf Jahre nach Geltungsbeginn des Artikels 5 gemäß Artikel 37 Absatz 2 führt die Kommission eine Bewertung dieser Verordnung durch und legt dem Europäischen Parlament, dem Rat und dem Europäischen Wirtschafts- und Sozialausschuss einen Bericht mit ihren wichtigsten Ergebnissen – gegebenenfalls zusammen mit einem Legislativvorschlag – vor.

(2) Die Mitgliedstaaten übermitteln der Kommission die Angaben, die für die Ausarbeitung des in Absatz 1 genannten Berichts erforderlich sind.

Art. 36 EuZVO Aufhebung

(1) Die Verordnung (EG) Nr. 1393/2007 wird mit dem Tag des Beginns der Geltung der vorliegenden Verordnung aufgehoben, mit Ausnahme der Artikel 4 und 6 der Verordnung (EG) Nr. 1393/2007, die mit dem Tag des Geltungsbeginns der Artikel 5, 8 und 10 nach Artikel 37 Absatz 2 der vorliegenden Verordnung aufgehoben werden.

(2) Bezugnahmen auf die aufgehobene Verordnung gelten als Bezugnahmen auf die vorliegende Verordnung und sind nach Maßgabe der Entsprechungstabelle in Anhang III zu lesen.

Art. 37 EuZVO Inkrafttreten und Geltung

(1) Diese Verordnung tritt am zwanzigsten Tag nach ihrer Veröffentlichung im Amtsblatt der Europäischen Union in Kraft.

Sie gilt ab dem 1. Juli 2022.

(2) Artikel 5, 8 und 10 gelten ab dem ersten Tag des Monats, der auf den Zeitraum von drei Jahren nach dem Tag des Inkrafttretens der in Artikel 25 genannten Durchführungsrechtsakte folgt.

1067 ***Zustellung durch Auslandsvertretungen.*** **I [1]Eine Zustellung nach Artikel 17 der Verordnung (EU) Nr. 2020/1784 durch die zuständige deutsche Auslandsvertretung soll nur im begründeten Ausnahmefall erfolgen. [2]Eine Zustellung nach Satz 1 an einen Adressaten, der nicht deutscher Staatsangehöriger ist, ist nur zulässig, sofern der Mitgliedstaat, in dem die Zustellung erfolgen soll, dies nicht durch eine Erklärung nach Artikel 33 Absatz 1 Satz 1 der Verordnung (EU) 2020/1784 ausgeschlossen hat.**

II Eine Zustellung nach Artikel 17 der Verordnung (EU) 2020/1784, die in der Bundesrepublik Deutschland bewirkt werden soll, ist nur zulässig, wenn der Adressat des zuzustellenden Schriftstücks Staatsangehöriger des Übermittlungsstaats ist.

1 Art. 17 I EuZVO stellt es jedem Mitgliedstaat frei, den dort genannten Personen ein gerichtliches Schriftstück unmittelbar durch seine diplomatischen oder konsularischen Vertretungen ohne Anwendung von Zwang zustellen zu lassen. § 1067 beschränkt diese praktisch ohnehin kaum genutzte Möglichkeit in zweifacher Hinsicht:

- Es muss sich um einen **begründeten Ausnahmefall** handeln. Hierzu gehören insbes. die in § 183 IV genannten Fälle sowie Fälle bes. Eilbedürftigkeit, des vorangegangenen Fehlschlags von Zustellungen durch ausl. Behörden oder Fälle, in denen mit einer Zustellungsverweigerung der ausl. Behörde im Hinblick auf den ordre public im Zustellungsstaat zu rechnen ist (BT-Drs. 20/1110, 25, 29).
- Sie wird im Regelfall **nur an Staatsangehörige** des zustellenden Staates zugelassen, wobei es ausreicht, wenn der Empfänger auch diese Staatsangehörigkeit hat (BT-Drs. 20/1110, 29). **II** beschränkte diese Möglichkeit für Zustellungen im Inland schon immer auf die Zustellung an Staatsangehörige des Zustellungsstaates. Der später eingefügte **I** trifft eine entsprechende Regelung für Zustellung durch deutsche Auslandsvertretungen. Die Zulässigkeit der Beschränkung ergibt sich aus Art. 17 II EuZVO.

2 Nach § 183 II 3 ist die Zustellung durch dt. diplomatische oder konsularische Vertretungen im Ausland ein Ausnahmefall, MüKoZPO/Häublein § 183 Rn. 10. Die EuZVO hat jedoch Vorrang vor dieser Regelung (§ 183 I), sodass die Subsidiarität der Zustellung durch diplomatische oder konsularische Vertretungen im Anwendungsbereich der EuZVO nicht gilt, BGH NJW 2011, 1885 Rn. 10.

3 Durch den später eingefügten **I** wird klargestellt, dass vor einer solchen Zustellung zu überprüfen ist, ob das Recht des Empfangsstaates dies zulässt, oder ob dieser in weitergehendem Umfang von der Einschränkungsmöglichkeit des Art. 17 II EuZVO Gebrauch gemacht hat (BT-Drs. 18/10714, 19)

4 Im Inland ist die Zustellung durch Vertretungen anderer EU-Staaten nach **II** nur an Staatsangehörige des Übermittlungsstaates zulässig. Entscheidend ist, dass der Empfänger zumindest auch die Staatsangehörigkeit des Übermittlungsstaates besitzt, MüKoZPO/Rauscher Rn. 4, ebenso BT-Drs. 20/1110, 29; aA Geimer IZPR Rn. 2171: Vorrang der dt. Staatsangehörigkeit; das schließt auch die Zustellung an Staatenlose aus, MüKoZPO/Rauscher Rn. 6.

5 **Jur. Personen** haben keine Staatsangehörigkeit. An sie kann deshalb die an die Staatsangehörigkeit anknüpfende Zustellung durch diplomatische oder konsularische Vertretungen nicht erfolgen, BT-Drs. 14, 5960, 6; aA MüKoZPO/Rauscher Rn. 8; Rauscher/Heiderhoff EuZVO Art. 14 Rn. 7, die auf den Sitz abstellen.

Bei einer unzulässigen Auslandszustellung durch eine diplomatische oder konsularische Vertretung kommt im Inland eine **Heilung** gem. § 189 in Betracht; im umgekehrten Fall der unzulässigen Zustellung im Inland richtet sich die Heilung nach den Vorschriften des Übermittlungsstaates, MüKoZPO/Rauscher Rn. 9. 6

1068 ***Elektronische Zustellung.*** **An Adressaten in der Bundesrepublik Deutschland dürfen gerichtliche elektronische Schriftstücke nur nach Artikel 19 Absatz 1 Buchstabe a der Verordnung (EU) 2020/1784 elektronisch zugestellt werden.**

Die Norm wurde durch das G zur Durchführung der EU-Verordnungen über grenzüberschreitende Zustellungen und grenzüberschreitende Beweisaufnahmen in Zivil- und Handelssachen, zur Änderung der Zivilrechtshilfe, des Vormundschafts- und Betreuungsrechts sowie sonstiger Vorschriften vom 24.6.2022 (BGBl. I 959) vollständig neugefasst. Die Regelung des § 1068 a. F. betreffend den Zustellungsnachweis bei Zustellung durch die Post war obsolet geworden, weil hierzu jetzt Art. 18 EuZVO eine abschließende Regelung trifft. Anknüpfungspunkt der Neufassung ist die Art. 19 EuZVO normierte Möglichkeit der elektronischen Zustellung. 1

Art. 19 EuZVO sieht grdsl. zwei Möglichkeiten der elektronischen Zustellung vor, nämlich 2

– mittels eines **qualifizierten Dienstes für die Zustellung elektronischer Einschreiben** (Art. 19 I lit. a) EuZVO) oder
– per **E-Mail** (Art. 19 I lit. b EuZVO),

wobei in beiden Fällen der Empfänger vorher ausdrücklich seine **Zustimmung** zur Verwendung der jew. Form der elektronischen Zustellung erteilt haben muss.

Die BRep hat mit dieser Bestimmung von der in Art. 19 II EuZVO eröffneten Möglichkeit Gebrauch gemacht und die **Zustellung per E-Mail ausgeschlossen.** Da nach § 173 I elektronische Dokumente nur auf einem sicheren Übermittlungsweg zugestellt werden dürfen, wird auch die Zustellung elektronischer Dokumente aus dem Ausland auf diesen sicheren Übermittlungsweg beschränkt. 3

1069 ***Zuständigkeiten nach der Verordnung (EU) 2020/1784; Verordnungsermächtigungen.*** **I Für Zustellungen im Ausland sind als deutsche Übermittlungsstelle im Sinne von Artikel 3 Absatz 1 der Verordnung (EU) 2020/1784 zuständig:**

1. für gerichtliche Schriftstücke das die Zustellung betreibende Gericht und
2. für außergerichtliche Schriftstücke dasjenige Amtsgericht, in dessen Bezirk die Person, welche die Zustellung betreibt, ihren Wohnsitz oder gewöhnlichen Aufenthalt hat; bei notariellen Urkunden auch dasjenige Amtsgericht, in dessen Bezirk der beurkundende Notar seinen Amtssitz hat; bei juristischen Personen tritt an die Stelle des Wohnsitzes oder des gewöhnlichen Aufenthalts der Sitz; die Landesregierungen können die Aufgaben der Übermittlungsstelle einem Amtsgericht für die Bezirke mehrerer Amtsgerichte durch Rechtsverordnung zuweisen.

II [1]Für Zustellungen in der Bundesrepublik Deutschland ist als deutsche Empfangsstelle im Sinne von Artikel 3 Absatz 2 der Verordnung (EU) 2020/1784 die Geschäftsstelle desjenigen Amtsgerichts zuständig, in dessen Bezirk das Schriftstück zugestellt werden soll. [2]Die Landesregierungen können die Aufgaben der Empfangsstelle einem Amtsgericht für die Bezirke mehrerer Amtsgerichte durch Rechtsverordnung zuweisen.

III [1]Die Landesregierungen bestimmen durch Rechtsverordnung die Stelle, die in dem jeweiligen Land als deutsche Zentralstelle nach Artikel 4 der Verordnung (EU) 2020/1784 zuständig ist. [2]Die Aufgaben der Zentralstelle können in jedem Land nur einer Stelle zugewiesen werden.

IV [1]Zentralstelle des Bundes nach Artikel 4 der Verordnung (EU) 2020/1784 ist das Bundesamt für Justiz. [2]Es unterstützt bei Bedarf die zuständigen Behörden der Länder.

V Die Landesregierungen können die Befugnis zum Erlass einer Rechtsverordnung nach Absatz 1 Nr. 2, Absatz 2 Satz 2 und Absatz 3 Satz 1 einer obersten Landesbehörde übertragen.

Die Vorschrift regelt in **I** die sachliche und örtliche Zuständigkeit der Übermittlungs- und Empfangsstellen (Art. 3 EuZVO). Außerdem enthält die Bestimmung eine Konzentrationsermächtigung **(I Nr. 2, II 2)** und die Ermächtigung zur Bestimmung der jeweiligen Zentralstelle (Art. 4 EuZVO). 1

Die Regelung unterscheidet zwischen gerichtlichen und außergerichtlichen Schriftstücken. Für **gerichtliche Schriftstücke** liegt die sachliche und örtliche Zuständigkeit bei dem Gericht, das die **Zustellung** betreibt **(I Nr. 1).** Die Zuständigkeit gilt auch für solche Zustellungen, die im Inland im Parteibetrieb erfolgen, OLG Drsd NJW-RR 2019, 319 Rn. 7. 2

Für **außergerichtliche Schriftstücke** (Art. 21 EuZVO) liegt die sachliche Zuständigkeit immer beim AG. Die örtliche Zuständigkeit richtet sich nach dem Wohnsitz bzw. Sitz der der Zustellung betreibenden Person oder bei der Zustellung notariellen Urkunden nach dem Amtssitz des Notars **(I Nr. 2).** 3

Eine Regelung zur funktionellen Zuständigkeit findet sich hier nicht, hier gilt § 168 I. 4

Empfangsstelle ist immer das AG; örtlich zuständig ist idR das AG, in dessen Bezirk die Zustellung erfolgen soll **(II 1).** Eine Ausnahme gilt, wenn von der Konzentrationsermächtigung Gebrauch gemacht wurde **(II 2).** Die funktionale Zuständigkeit liegt bei der Geschäftsstelle, dh beim Rpf., § 29 Nr. 1 RPflG; damit besteht Gleichlauf mit der funkt. Zuständigkeit für die Ausführung ausl. Zustellungsersuchen im vertraglichen Rechtshilfeverkehr, BT-Drs. 18/10714, 20. 5

Von der Konzentrationsermächtigung in **I Nr. 2** hat kein Land Gebrauch gemacht. Eine Konzentration der Empfangsstellen **(II 2)** ist nur für einige Städte in NRW erfolgt, in denen es mehrere AGe gibt (Duisburg, Essen, Herne, Mönchengladbach, ZustVO EUZHA). Die landesrechtlichen Umsetzungen der **III** und **V** ergeben sich aus nachfolgender Übersicht: 6

Land	Zentralstelle, III	Zuständigkeitsübertragung, V
Baden-Württemberg	AG Freiburg, § 16a Nr. 1 ZuVoJu	§ 2 Nr. 33 SubVOJu
Bayern	JM, § 75 I ZustV	
Berlin	JM, § 1 ZustZStBVO	
Brandenburg	JM, § 1 ZstVO	
Bremen	LG Bremen, § 1 ZstVO	
Hamburg	AG Hamburg, Art II Nr. 2 ZustAO	Nr. 7 ProzRWeiÜTrVO
Hessen	OLG Frankfurt, § 57 Nr. 3 JuZuV	§ 25 Nr. 3 JustDelV
Mecklenburg-Vorpommern	JM, § 1 Nr. 5 ZRHZustVO	§ 1 Nr. 43 ERmÜtrVOJu
Niedersachsen	JM, § 23 Nr. 1 ZustVO-Justiz	§ 1 Nr. 48 RPflErmÜtrV
NRW	OLG Düsseldorf, § 1 ZustVO EUZHA	§ 1 II 1 JustG
Rheinland-Pfalz	JM, § 1 Nr. 1 ZPOB11ZustV	
Saarland	JM, § 1 Nr. 1 ZstVO	
Sachsen	OLG Dresden, § 29d Nr. 4 SächsJOrg-VO	§ 1 Nr. 49 ZustÜVOJu
Sachsen-Anhalt	JM, § 1 Nr. 1 ZstVO	§ 1 Nr. 15 JuVErmÜV
Schleswig-Holstein	JM, § 1 EG 1348/2000 V	§ 1 I Nr. 35 JErmÜVO
Thüringen	JM, § 1 Nr. 1 ZPOB11ZustV	§ 1 Nr. 44 JErmÜJVO

7 **IV** wurde eingefügt durch das G zur Durchführung der EU-Verordnungen über grenzüberschreitende Zustellungen und grenzüberschreitende Beweisaufnahmen in Zivil- und Handelssachen, zur Änderung der Zivilrechtshilfe, des Vormundschafts- und Betreuungsrechts sowie sonstiger Vorschriften vom 24.6.2022 (BGBl. I 959). Nunmehr gibt es auf Bundesebene mit dem BfJ eine **Zentralstelle,** die bei Bedarf die zuständigen Stellen der Länder unterstützen soll.

1070 ***Sprache eingehender Anträge, Bescheinigungen und Mitteilungen.*** **Aus dem Ausland eingehende Zustellungsanträge, Bescheinigungen über die Zustellung sowie sonstige Mitteilungen nach der Verordnung (EU) 2020/1784 müssen in deutscher oder in englischer Sprache abgefasst oder von einer Übersetzung in die deutsche oder englische Sprache begleitet sein.**

1 Die Bestimmung wurde durch das G zur Durchführung der EU-Verordnungen über grenzüberschreitende Zustellungen und grenzüberschreitende Beweisaufnahmen in Zivil- und Handelssachen, zur Änderung der Zivilrechtshilfe, des Vormundschafts- und Betreuungsrechts sowie sonstiger Vorschriften vom 24.6.2022 (BGBl. I 959) neu eingefügt. Sie ist die Grundlage für die in Art. 3 IV lit. d) EuZVO vorgesehene Mitteilung über die Sprachen in denen eingehende Formblätter ausgefüllt sein müssen. Eine sachliche Änderung ist mit dieser gesetzlichen Neuregelung nicht verbunden.

1071 ***Zustellung nach dem Abkommen zwischen der Europäischen Gemeinschaft und dem Königreich Dänemark vom 19. Oktober 2005 über die Zustellung gerichtlicher und außergerichtlicher Schriftstücke in Zivil- oder Handelssachen.*** **Wenn die Verordnung (EG) Nr. 2020/1784 im Verhältnis zu Dänemark auf Grund des Artikels 2 Absatz 1 des Abkommens zwischen der Europäischen Gemeinschaft und dem Königreich Dänemark vom 19. Oktober 2005 über die Zustellung gerichtlicher und außergerichtlicher Schriftstücke in Zivil- oder Handelssachen anwendbar ist, gelten die Vorschriften der §§ 1067 bis 1070 entsprechend.**

1 Die Regelung fand sich bislang in § 1070. Sie stellt klar, dass die Vorschriften der §§ 1067 bis 1069 auch dann als Durchführungsvorschriften zur EuZVO anzuwenden sind, wenn diese Verordnung über Artikel 2 Absatz 1 des Abkommens zwischen der Europäischen Gemeinschaft und dem Königreich Dänemark vom 19. Oktober 2005 über die Zustellung gerichtlicher und außergerichtlicher Schriftstücke in Zivil- oder Handelssachen (ABl. L 300, 55 vom 17.11.2005) zur Anwendung gelangt (BT-Drs. 18/10714, 20).

Abschnitt 2. Beweisaufnahme nach der Verordnung (EU) 2020/1783

Vorbemerkung zu § 1072

Schrifttum: Fabig/Windau, Die Neufassung der Europäischen Zustellungs- und Beweisaufnahmeverordnungen, NJW 2022, 1977; Lafontaine, Die Beweisaufnahme über den EU-Auslandssachverhalt, DAR 2020, 541; Mansel/Thorn/Wagner, Europäisches Kollisionsrecht 2021: Digitalisierung als Aufgabe, IPRax 2022, 97

§§ 1072–1075 setzen die **EuBVO** um. Diese trat erstmals am 1.1.2004 in Kraft und wurde mit Wirkung ab dem 1.7.2022 durch die nunmehr geltende VO (EU) Nr. 2020/1783 ersetzt, was Änderungen in den §§ 1072–1075 durch das G zur Durchführung der EU-Verordnungen über grenzüberschreitende Zustellungen und grenzüberschreitende Beweisaufnahmen in zivil- und Handelssachen, zur Änderung der Zivilrechtshilfe, des Vormundschafts- und Betreuungsrechts sowie sonstiger Vorschriften vom 24.6.2022 (BGBl. I 959) zur Folge hatte. Wesentliche Neuerung ist, dass die Übermittlung von Ersuchen und sonstige Mitteilungen in elektronischer Form erfolgen können (Art. 7 EuBVO). Im Übrigen wurden die wesentlichen Regelungen der EuBVO a. F. übernommen; eine Entsprechungstabelle findet sich in Anh. III der EuBVO. Insoweit kann weiterhin auf die bisherige Rspr. abgestellt werden. 1

Die EuBVO gilt im Verhältnis zu allen Mitgliedstaaten der EU mit Ausnahme von **Dänemark.** Anders als bei anderen Rechtsakten im Bereich des Europäischen ZPR gibt es hier auch keinen völkerrechtlichen Vertrag, der die entsprechende Anwendung der Bestimmungen der EuBVO im Verhältnis zu Dänemark regelt, sodass in diesem Verhältnis weiterhin das Haager Beweisaufnahmeübereinkommen anzuwenden sein wird, Mansel/Thorn/Wagner IPRax 2022, 97 (107). Im Verhältnis zwischen allen übrigen Mitgliedstaaten hat die EuBVO Vorrang vor allen inhaltlich kollidierenden bisherigen multi- oder bilateralen Übereinkünften (Art. 29 I EuBVO). 2

Befinden sich Beweismittel im Ausland gibt es grundsätzlich zwei Möglichkeiten der Beweisaufnahme: die **Herbeischaffung der Beweismittel ins Inland** oder die Durchführung der **Beweisaufnahme im Ausland.** Dies geschieht traditionellerweise, zB nach HBÜ im Wege der int. Rechtshilfe, bei der ein ausl. Gericht für das inl. Prozessgericht die Beweiserhebung durchführt. Die EuBVO ergänzt dies um das, Instrument der **unmittelbaren Beweisaufnahme** (Art. 19 EuBVO), bei der das Prozessgericht selbst die Beweiserhebung im Ausland durchführt. 3

Inzwischen hat der EuGH geklärt, dass die EuBVO die grenzüberschreitende Beweisaufnahme im Bereich der EU erleichtern und nicht erschweren soll und deren Bestimmungen deshalb **nicht abschließend** sind, sodass sie die Herbeischaffung von Beweismitteln in den Gerichtsstaat nicht ausschließen, EuGH EuZW 2013, 313 Rn. 45 – ProRail; NJW 2012, 3771 Rn. 30 – Lippens. Diese darf allerdings nur auf freiwilliger Basis erfolgen, denn die Androhung oder Ausübung von Zwang im Ausland wäre ein unzulässiger Eingriff in die Souveränität des anderen Staates, Thole IPRax 2014, 255 (258); aA Lafontaine DAR 2020, 541 (542). In Betracht kommen deshalb die Augenscheinseinnahme (§ 371), wenn einer Partei die Herbeischaffung des Gegenstandes aufgegeben werden kann, die Vernehmung von Zeugen, wenn diese freiwillig bei Gericht erscheinen, Sachverständigengutachten, EuGH EuZW 2013, 313 – ProRail; OLG Oldb MDR 2013, 547), Urkundenbeweis und Parteivernehmung, EuGH NJW 2012, 3771 – Lippens; zur Beiziehung ausl. Akten vgl. BVerfG NJW 2016, 626. Die Anwendung der EuBVO beschränkt sich deshalb in der Praxis auf die Vernehmung von Zeugen, die nicht zum Erscheinen im Gerichtsstaat bereit sind oder die Einholung von Sachverständigengutachten, wenn es sich um eine Untersuchung handelt, die mit der Ausübung hoheitlicher Gewalt verbunden sind oder an Orten stattfinden, zu denen der Zutritt oder andere Maßnahmen nach dem Recht des Mitgliedstaats, in dem die Untersuchung durchgeführt wird, verboten oder nur dazu befugten Personen erlaubt sind, EuGH EuZW 2013, 313 Rn. 47 – ProRail. 4

Soweit die EuBVO der Umsetzung bedarf, erfolgt diese in den §§ 1072–1075. Dabei betreffen die §§ 1072, 1073 ausgehende und §§ 1074, 1075 eingehende Ersuchen. 5

Die nähere Erläuterung der nachstehend abgedruckten **VO (EU) Nr. 2020/1783 (EuBVO)** erfolgt bei den §§ 1072–1075. 6

DAS EUROPÄISCHE PARLAMENT UND DER RAT DER EUROPÄISCHEN UNION —

gestützt auf den Vertrag über die Arbeitsweise der Europäischen Union, insbesondere auf Artikel 81 Absatz 2,

auf Vorschlag der Europäischen Kommission,

nach Zuleitung des Entwurfs des Gesetzgebungsakts an die nationalen Parlamente,

nach Stellungnahme des Europäischen Wirtschafts- und Sozialausschusses,

nach Anhörung des Ausschusses der Regionen,

gemäß dem ordentlichen Gesetzgebungsverfahren,

in Erwägung nachstehender Gründe:

(1) Die Verordnung (EG) Nr. 1206/2001 des Rates ist bereits früher geändert worden. Da weitere erhebliche Änderungen vorgenommen werden müssen, sollte die Verordnung im Interesse der Klarheit neu gefasst werden.

(2) Die Union hat sich zum Ziel gesetzt, die Union als einen Raum der Freiheit, der Sicherheit und des Rechts, in dem die Freizügigkeit gewährleistet ist, zu erhalten und weiterzuentwickeln. Um diesen Raum aufzubauen, erlässt die Union unter anderem im Bereich der justiziellen Zusammenarbeit in Zivilsachen die für das reibungslose Funktionieren des Binnenmarkts erforderlichen Maßnahmen.

(3) Für das reibungslose Funktionieren des Binnenmarkts und die Entwicklung eines Rechtsraums in Zivilsachen in der Union muss die Zusammenarbeit zwischen den Gerichten der verschiedenen Mitgliedstaaten im Bereich der Beweisaufnahme weiter verbessert und beschleunigt werden. Diese Verordnung verfolgt das Ziel, die Effizienz und Schnelligkeit von Gerichtsverfahren durch Vereinfachung und Optimierung der Abläufe bei der grenzüberschreitenden Zusammenarbeit im Rahmen der Beweisaufnahme zu verbessern, und gleichzeitig dazu beizutragen, Verzögerungen und Kosten für natürliche Personen und Unternehmen zu verringern. Durch die Schaffung größerer Rechtssicherheit und die Vereinfachung, Straffung und Digitalisierung der Verfahren werden natürliche Personen und Unternehmen dazu ermutigt, sich am grenzüberschreitenden Geschäftsverkehr zu beteiligen, wodurch der Handel innerhalb der Union angekurbelt und somit das Funktionieren des Binnenmarkts verbessert wird.

(4) Mit dieser Verordnung werden Regeln über die Zusammenarbeit zwischen den Gerichten der verschiedenen Mitgliedstaaten bei der grenzüberschreitenden Beweisaufnahme in Zivil- oder Handelssachen festgelegt.

(5) Für die Zwecke dieser Verordnung sollte der Begriff „Gericht" auch Behörden einschließen, die gerichtliche Funktionen ausüben oder in Ausübung einer Befugnisübertragung durch ein Gericht oder unter der Aufsicht eines Gerichts handeln und nach nationalem Recht zur Beweisaufnahme für die Zwecke von Gerichtsverfahren in Zivil- oder Handelssachen befugt sind. Das schließt insbesondere Behörden ein, die in Anwendung anderer Rechtsakte der Union, beispielsweise der Verordnung (EU) 2019/1111 des Rates und der Verordnungen (EU) Nr. 1215/2012 und (EU) Nr. 650/2012 des Europäischen Parlaments und des Rates, als Gerichte gelten.

(6) Damit ein Höchstmaß an Klarheit und Rechtssicherheit gewährleistet ist, sollten die Ersuchen um Beweisaufnahme unter Verwendung eines Formblatts übermittelt werden, das in der Sprache des Mitgliedstaats des ersuchten Gerichts oder in einer anderen von diesem Mitgliedstaat anerkannten Sprache auszufüllen ist. Aus denselben Gründen empfiehlt es sich, auch für die weitere Kommunikation zwischen den betreffenden Gerichten soweit wie möglich Formblätter zu verwenden.

(7) Um eine schnelle Übermittlung von Ersuchen und Mitteilungen zwischen den Mitgliedstaaten zu Beweisaufnahmezwecken sicherzustellen, sollten alle geeigneten modernen Kommunikationstechnologien genutzt werden. Daher sollten in der Regel jede Kommunikation und jeder Austausch von Schriftstücken über ein sicheres und zuverlässiges dezentrales IT-System erfolgen, das nationale IT-Systeme umfasst, die vernetzt und technisch interoperabel sind, wie beispielsweise – unbeschadet der weiteren technologischen Entwicklung – auf e-CODEX beruhend. Dementsprechend sollte ein dezentrales IT-System für den Datenaustausch nach dieser Verordnung eingerichtet werden. Der dezentrale Charakter dieses IT-Systems würde den Datenaustausch ausschließlich zwischen einem Mitgliedstaat und einem anderen ermöglichen, ohne dass eines der Organe der Union an diesem Austausch beteiligt ist.

(8) Unbeschadet eines möglichen künftigen technologischen Fortschritts sollten das sichere dezentrale IT-System und seine Bestandteile nicht zwingend als qualifizierter Dienst für die Zustellung elektronischer Einschreiben im Sinne der Verordnung (EU) Nr. 910/2014 des Europäischen Parlaments und des Rates aufgefasst werden.

(9) Die Kommission sollte für die Schaffung, Wartung und Pflege sowie künftige Weiterentwicklung einer Referenzimplementierungssoftware verantwortlich sein, die Mitgliedstaaten anstelle eines nationalen IT-Systems nutzen können sollten, gemäß den Grundsätzen des Datenschutzes durch Technikgestaltung und durch datenschutzfreundliche Voreinstellungen. Die Kommission sollte die Referenzimplementierungssoftware gemäß den Datenschutzanforderungen und -grundsätzen der Verordnungen (EU) 2018/1725 und (EU) 2016/679 des Europäischen Parlaments und des Rates – insbesondere den Grundsätzen des Datenschutzes durch Technikgestaltung und durch datenschutzfreundliche Voreinstellungen – konzipieren, entwickeln und warten. Die Referenzimplementierungssoftware sollte außerdem geeignete technische Maßnahmen enthalten und die organisatorischen Maßnahmen ermöglichen, die dafür erforderlich sind, ein Maß an Sicherheit und Interoperabilität zu gewährleisten, das für den Informationsaustausch im Bereich der Beweisaufnahme geeignet ist.

(10) Für die Komponenten des dezentralen IT-Systems, für welche die Union zuständig ist, sollte die Verwaltungsstelle über ausreichende Ressourcen verfügen, um das ordnungsgemäße Funktionieren dieses Systems zu gewährleisten.

(11) Die nach nationalem Recht zuständige Behörde oder zuständigen Behörden sollte bzw. sollten als Verantwortliche im Sinne der Verordnung (EU) 2016/679 für die Verarbeitung personenbezogener Daten, die sie nach der vorliegenden Verordnung zur Übermittlung von Ersuchen und sonstigen Mitteilungen zwischen Mitgliedstaaten durchführt bzw. durchführen, zuständig sein.

(12) Die Übermittlung über das dezentrale IT-System könnte aufgrund einer Störung des Systems oder der Beschaffenheit des Beweismittels, beispielsweise bei DNA- oder Blutproben, unmöglich werden. Auch aufgrund außergewöhnlicher Umstände könnten andere Kommunikationsmittel besser geeignet sein, etwa dann, wenn die Digitalisierung einer umfangreichen Dokumentation einen unverhältnismäßigen Verwaltungsaufwand für die zuständigen Behörden darstellen würde oder wenn zur Beurteilung der Echtheit eines Schriftstücks das Original in Papierform benötigt wird. Wenn das dezentrale IT-System nicht verwendet wird, sollte die Übermittlung mit dem am besten geeigneten alternativen Mittel durchgeführt werden. Dieses alternative Mittel sollte unter anderem dazu führen, dass die Übermittlung so rasch wie möglich und auf sichere Weise durch andere sichere elektronische Mittel oder durch Postdienste durchgeführt wird.

(13) Damit die elektronische grenzüberschreitende Übermittlung von Schriftstücken über das dezentrale IT-System häufiger genutzt wird, sollte solchen Schriftstücken die Rechtswirkung und die Zulässigkeit als Beweismittel in Gerichtsverfahren nicht allein deshalb abgesprochen werden, weil sie in elektronischer Form vorliegen. Jedoch sollte dieser Grundsatz die Beurteilung der Rechtswirkung solcher Schriftstücke oder ihrer Zulässigkeit als Beweismittel nach nationalem Recht nicht berühren. Zudem sollte er nationales Recht über die Umwandlung von Schriftstücken unberührt lassen.

(14) Diese Verordnung sollte die Möglichkeit unberührt lassen, dass Behörden Informationen im Rahmen von Systemen austauschen, die in anderen Rechtsakten der Union wie der Verordnung (EU) 2019/1111 oder der Verordnung (EG) Nr. 4/2009 des Rates (10) festgelegt sind, selbst wenn diese Informationen Beweiskraft haben, sodass die Wahl der am besten geeigneten Methode der ersuchenden Behörde überlassen bleibt.

(15) Ersuchen um Beweisaufnahme sollten rasch erledigt werden. Kann ein Ersuchen innerhalb von 90 Tagen nach Eingang beim ersuchten Gericht nicht erledigt werden, so sollte das ersuchte Gericht das ersuchende Gericht hiervon unter Angabe der Gründe, die einer zügigen Erledigung des Ersuchens entgegenstehen, in Kenntnis setzen.

(16) Um die Wirksamkeit dieser Verordnung zu gewährleisten, sollten die Umstände, unter denen es möglich ist, die Erledigung eines Ersuchens um Beweisaufnahme abzulehnen, auf eng begrenzte Ausnahmefälle beschränkt werden.

(17) Das ersuchte Gericht sollte das Ersuchen um Beweisaufnahme nach Maßgabe seines nationalen Rechts erledigen.

(18) Die Parteien und gegebenenfalls ihre Vertreter sollten bei der Beweisaufnahme zugegen sein können, wenn das im Recht des Mitgliedstaats des ersuchenden Gerichts vorgesehen ist, damit sie die Verhandlungen wie im Falle einer Beweisaufnahme im Mitgliedstaat des ersuchenden Gerichts verfolgen können. Sie sollten auch das Recht haben, die Beteiligung an der Beweisaufnahme zu beantragen, damit sie an der Beweisaufnahme aktiver mitwirken können. Die Bedingungen jedoch, unter denen sie teilnehmen dürfen, sollten vom ersuchten Gericht nach Maßgabe seines nationalen Rechts festgelegt werden.

(19) Die Beauftragten des ersuchenden Gerichts sollten bei der Beweisaufnahme zugegen sein können, wenn das mit dem Recht des Mitgliedstaats des ersuchenden Gerichts vereinbar ist, um die Beweise besser würdigen zu können. Sie sollten ebenfalls das Recht haben, die Beteiligung an der Beweisaufnahme zu beantragen – wobei die vom ersuchten Gericht nach Maßgabe seines nationalen Rechts festgelegten Bedingungen zu beachten sind –, damit sie an der Beweisaufnahme aktiver mitwirken können.

(20) Damit die Beweisaufnahme erleichtert wird, sollte es einem Gericht eines Mitgliedstaats möglich sein, nach seinem nationalen Recht in einem anderen Mitgliedstaat unmittelbar Beweise zu erheben, sofern dieser dem Antrag auf unmittelbare Beweisaufnahme zustimmt, wobei die von der Zentralstelle oder der zuständigen Behörde des ersuchten Mitgliedstaats festgelegten Bedingungen zu beachten sind.

(21) Das Potenzial moderner Kommunikationstechnologien, beispielsweise Videokonferenzen, die ein wichtiges Mittel zur Vereinfachung und Beschleunigung der Beweisaufnahme darstellen, wird derzeit nicht voll ausgeschöpft. Wenn Beweise erhoben werden sollen, indem eine Person mit Aufenthalt in einem anderen Mitgliedstaat, z. B. als Zeuge, Partei oder Sachverständiger, vernommen wird, sollte das ersuchende Gericht diese Beweisaufnahme unmittelbar per Videokonferenz oder mittels einer anderen Fernkommunikationstechnologie durchführen, sofern das Gericht über diese Möglichkeit verfügt und sofern das Gericht den Einsatz dieser Technologie aufgrund der besonderen Umstände des Falls für den fairen Ablauf des Verfahrens als angemessen ansieht. Auch die Vernehmung eines Kindes könnte gemäß der Verordnung (EU) 2019/1111 per Videokonferenz erfolgen. Falls allerdings die Zentralstelle oder die zuständige Behörde des ersuchten Mitgliedstaats bestimmte Bedingungen für erforderlich hält, sollte die unmittelbare Beweisaufnahme nach diesen Bedingungen gemäß dem Recht des ersuchten Mitgliedstaats erfolgen. Die Zentralstelle oder die zuständige Behörde des ersuchten Mitgliedstaats sollte die unmittelbare Beweisaufnahme ganz oder teilweise verweigern können, wenn diese unmittelbare Beweisaufnahme den Grundprinzipien der Rechtsordnung dieses Mitgliedstaats zuwiderlaufen würde.

(22) Wird beabsichtigt, Beweise zu erheben, indem eine Person per Videokonferenz oder mittels einer anderen Fernkommunikationstechnologie vernommen wird, so sollte das ersuchende Gericht auf dessen Antrag hin bei der Suche nach einem Dolmetscher – einschließlich eines beeideten Dolmetschers, wenn das ausdrücklich beantragt wird – unterstützt werden.

(23) Das für das Verfahren zuständige Gericht sollte die Parteien und ihre Rechtsvertreter anleiten, wie bei der Vorlage von Schriftstücken oder anderen Materialien bei Vernehmungen per Videokonferenz oder mittels einer anderen Fernkommunikationstechnologie vorzugehen ist.

(24) Um die Beweisaufnahme durch Bedienstete diplomatischer oder konsularischer Vertretungen zu erleichtern, sollten diese Personen im Hoheitsgebiet eines anderen Mitgliedstaats und innerhalb ihres Akkreditierungsbereichs im Rahmen eines bei den Gerichten des von ihnen vertretenen Mitgliedstaats anhängigen Verfahrens ohne vorheriges Ersuchen eine Beweisaufnahme in Form einer Vernehmung ohne Zwangsmaßnahmen von Staatsangehörigen des von ihnen vertretenen Mitgliedstaats durchführen. Allerdings sollte es im Ermessen der Mitgliedstaaten liegen, darüber zu entscheiden, ob die Bediensteten ihrer diplomatischen oder konsularischen Vertretungen bei der Ausübung ihres Amtes zur Beweisaufnahme befugt sind.

(25) Die Beweisaufnahme durch Bedienstete diplomatischer oder konsularischer Vertretungen sollte in den Räumlichkeiten der diplomatischen oder konsularischen Vertretung durchgeführt werden, sofern keine besonderen Umstände vorliegen. Solche Umstände können darin bestehen, dass die zu vernehmende Person aufgrund einer schweren Erkrankung nicht in der Lage ist, diese Räumlichkeiten aufzusuchen.

(26) Für die Erledigung eines Ersuchens um Beweisaufnahme gemäß dieser Verordnung sollte keine Erstattung von Gebühren oder Auslagen verlangt werden dürfen. Falls jedoch das ersuchte Gericht die Erstattung verlangt, sollten die Aufwendungen für Sachverständige und Dolmetscher sowie die durch die Durchführung gemäß einem besonderen Verfahren nach nationalem Recht oder durch die Verwendung von Fernkommunikationstechnologien entstehenden Auslagen nicht von jenem Gericht getragen werden. In einem solchen Fall sollte das ersuchende Gericht die erforderlichen Maßnahmen ergreifen, um die unverzügliche Erstattung sicherzustellen. Wird die Stellungnahme eines Sachverständigen verlangt, so sollte das ersuchte Gericht in der Lage sein, vor der Erledigung des Ersuchens das ersuchende Gericht um eine angemessene Kaution oder einen angemessenen Vorschuss für die Sachverständigenkosten bitten.

(27) Um die in Anhang I dieser Verordnung enthaltenen Formblätter zu aktualisieren oder technische Anpassungen an diesen Formblättern vorzunehmen, sollte der Kommission die Befugnis übertragen werden, nach Artikel 290 des Vertrags über die Arbeitsweise der Europäischen Union Rechtsakte zur Änderung des genannten Anhangs zu erlassen. Es ist von besonderer Bedeutung, dass die Kommission im Zuge ihrer Vorbereitungsarbeit angemessene Konsultationen, auch auf der Ebene von Sachverständigen, durchführt, die mit den Grundsätzen in Einklang stehen, die in der Interinstitutionellen Vereinbarung vom 13. April 2016 über bessere Rechtsetzung niedergelegt wurden. Um insbesondere für eine gleichberechtigte Beteiligung an der Vorbereitung delegierter Rechtsakte zu sorgen, erhalten das Europäische Parlament und der Rat alle Dokumente zur gleichen Zeit wie die Sachverständigen der Mitgliedstaaten, und ihre Sachverständigen haben systematisch Zugang zu den Sitzungen der Sachverständigengruppen der Kommission, die mit der Vorbereitung der delegierten Rechtsakte befasst sind.

(28) Zur Gewährleistung einheitlicher Bedingungen für die Durchführung dieser Verordnung sollten der Kommission Durchführungsbefugnisse übertragen werden. Diese Befugnisse sollten im Einklang mit der Verordnung (EU) Nr. 182/2011 des Europäischen Parlaments und des Rates ausgeübt werden.

(29) Diese Verordnung sollte Vorrang vor den Bestimmungen bilateraler oder multilateraler Übereinkünfte oder Vereinbarungen mit einem dieser Verordnung gleichen Anwendungsbereich haben, die Mitgliedstaaten geschlossen haben. Diese Verordnung hindert die Mitgliedstaaten nicht daran, Übereinkünfte oder Vereinbarungen zur weiteren Vereinfachung der Zusammenarbeit auf dem Gebiet der Beweisaufnahme beizubehalten oder zu schließen, sofern diese Übereinkünfte oder Vereinbarungen mit dieser Verordnung vereinbar sind.

(30) Es ist von wesentlicher Bedeutung, dass wirksame Mittel zur Erlangung, Sicherung und Vorlage von Beweisen zur Verfügung stehen und dass die Verteidigungsrechte respektiert und vertrauliche Informationen geschützt werden. In diesem Zusammenhang ist es wichtig, den Einsatz moderner Technologie zu fördern.

(31) Bei den Verfahren zur Aufnahme, Sicherung und Vorlage von Beweisen sollte gewährleistet werden, dass Verfahrensrechte, die Privatsphäre sowie die Integrität und die Vertraulichkeit personenbezogener Daten gemäß dem Unionsrecht und dem nationalen Recht gewahrt werden.

(32) Es ist wichtig, sicherzustellen, dass diese Verordnung unter Einhaltung des Datenschutzrechts der Union angewandt wird und dass die Anwendung dieser Verordnung mit dem in der Charta der Grundrechte der Europäi-

schen Union verankerten Schutz der Privatsphäre im Einklang steht. Ferner muss sichergestellt werden, dass die Verarbeitung personenbezogener Daten natürlicher Personen im Rahmen dieser Verordnung gemäß der Verordnung (EU) 2016/679, der Richtlinie 2002/58/EG des Europäischen Parlaments und des Rates [13] sowie der Verordnung (EU) 2018/1725 erfolgt. Personenbezogene Daten sollten nur für die im Rahmen der vorliegenden Verordnung festgelegten besonderen Zwecke verarbeitet werden.

(33) Nach den Nummern 22 und 23 der Interinstitutionellen Vereinbarung vom 13. April 2016 über bessere Rechtsetzung sollte die Kommission diese Verordnung auf der Grundlage der Informationen bewerten, die im Rahmen spezifischer Monitoring-Regelungen eingeholt werden, um die tatsächlichen Auswirkungen dieser Verordnung zu bewerten und zu prüfen, ob weitere Maßnahmen notwendig sind. Erfassen Mitgliedstaaten Daten zur Zahl der übermittelten und erledigten Ersuchen und zur Zahl der Fälle, in denen die Übermittlung auf anderem Wege als über das dezentrale IT-System erfolgt ist, so sollten sie diese Daten für die Zwecke der Überwachung der Kommission bereitstellen. Die von der Kommission als Back-End-System entwickelte Referenzimplementierungssoftware sollte die für die Zwecke der Überwachung erforderlichen Daten durch entsprechende Programmierung erfassen, und diese Daten sollten der Kommission übermittelt werden. Wenn sich die Mitgliedstaaten für die Nutzung eines nationalen IT-Systems anstelle der durch die Kommission entwickelten Referenzimplementierungssoftware entscheiden, so kann dieses System so ausgerüstet sein, dass es diese Daten durch entsprechende Programmierung erfasst; in diesem Fall sollten die Daten der Kommission übermittelt werden.

(34) Da die Ziele dieser Verordnung von den Mitgliedstaaten nicht ausreichend verwirklicht werden können, sondern vielmehr aufgrund der Schaffung eines vereinfachten rechtlichen Rahmens, der die direkte, effiziente und schnelle Übermittlung von Ersuchen und Mitteilungen im Zusammenhang mit der Beweisaufnahme sicherstellt, auf Unionsebene besser zu verwirklichen sind, kann die Union im Einklang mit dem in Artikel 5 des Vertrags über die Europäische Union verankerten Subsidiaritätsprinzip tätig werden. Entsprechend dem in demselben Artikel genannten Grundsatz der Verhältnismäßigkeit geht diese Verordnung nicht über das für die Verwirklichung dieser Ziele erforderliche Maß hinaus.

(35) Der Europäische Datenschutzbeauftragte wurde nach Artikel 42 Absatz 1 der Verordnung (EU) 2018/1725 konsultiert und hat am 13. September 2019 eine Stellungnahme abgegeben.

(36) Im Interesse einer besseren Übersicht und Verständlichkeit sollte die Verordnung (EG) Nr. 1206/2001 aufgehoben und durch die vorliegende Verordnung ersetzt werden.

(37) Nach Artikel 3 und Artikel 4a Absatz 1 des dem Vertrag über die Europäische Union und dem Vertrag über die Arbeitsweise der Europäischen Union beigefügten Protokolls Nr. 21 über die Position des Vereinigten Königreichs und Irlands hinsichtlich des Raums der Freiheit, der Sicherheit und des Rechts hat Irland mitgeteilt, dass es sich an der Annahme und Anwendung dieser Verordnung beteiligen möchte.

(38) Nach den Artikeln 1 und 2 des dem Vertrag über die Europäische Union und dem Vertrag über die Arbeitsweise der Europäischen Union beigefügten Protokolls Nr. 22 über die Position Dänemarks beteiligt sich Dänemark nicht an der Annahme dieser Verordnung und ist weder durch diese Verordnung gebunden noch zu ihrer Anwendung verpflichtet —

HABEN FOLGENDE VERORDNUNG ERLASSEN:

KAPITEL I. ALLGEMEINE BESTIMMUNGEN

Art. 1 EuBVO Anwendungsbereich

(1) Diese Verordnung gilt in Zivil- oder Handelssachen, in denen das Gericht eines Mitgliedstaats nach seinem innerstaatlichen Recht

a) das zuständige Gericht eines anderen Mitgliedstaats um Beweisaufnahme ersucht oder
b) darum ersucht, in einem anderen Mitgliedstaat unmittelbar Beweis erheben zu dürfen.

(2) Um Beweisaufnahme darf nicht ersucht werden, wenn die Beweise nicht zur Verwendung in einem bereits eingeleiteten oder einem gerichtlichen Verfahren bestimmt sind, dessen Eröffnung geprüft wird.

Art. 2 EuBVO Begriffsbestimmungen

Für die Zwecke dieser Verordnung gelten folgende Begriffsbestimmungen:

1. „Gericht" bezeichnet Gerichte und andere Behörden der Mitgliedstaaten, die der Kommission nach Artikel 31 Absatz 3 mitgeteilt wurden, gerichtliche Funktionen ausüben, in Ausübung einer Befugnisübertragung durch eine Justizbehörde oder unter Aufsicht einer Justizbehörde handeln und nach nationalem Recht zur Beweisaufnahme für die Zwecke von Gerichtsverfahren in Zivil- oder Handelssachen befugt sind.
2. „Dezentrales IT-System" bezeichnet ein Netzwerk nationaler IT-Systeme und interoperabler Zugangspunkte, die unter der jeweiligen Verantwortung und Verwaltung eines jeden Mitgliedstaats betrieben werden, das den sicheren und zuverlässigen grenzüberschreitenden Informationsaustausch zwischen den nationalen IT-Systemen ermöglicht.

Art. 3 EuBVO Unmittelbarer Geschäftsverkehr zwischen Gerichten

(1) Ersuchen nach Artikel 1 Absatz 1 Buchstabe a sind von dem Gericht, bei dem das Verfahren eingeleitet wurde oder eröffnet werden soll (im Folgenden „ersuchendes Gericht"), unmittelbar dem zuständigen Gericht eines anderen Mitgliedstaats (im Folgenden „ersuchtes Gericht") zur Beweisaufnahme zu übersenden.

(2) [1]Jeder Mitgliedstaat erstellt eine Liste der Gerichte, die für Beweisaufnahmen nach dieser Verordnung zuständig sind. [2]In der Liste ist auch der örtliche Zuständigkeitsbereich und gegebenenfalls die besondere fachliche Zuständigkeit dieser Gerichte anzugeben.

Art. 4 EuBVO Zentralstelle

(1) Jeder Mitgliedstaat benennt eine Zentralstelle, die dafür verantwortlich ist,

a) den Gerichten Auskünfte zu erteilen;
b) nach Lösungswegen zu suchen, wenn bei einem Ersuchen Schwierigkeiten auftreten;
c) in Ausnahmefällen auf Ersuchen eines ersuchenden Gerichts ein Ersuchen an das zuständige Gericht weiterzuleiten.

(2) Bundesstaatlich organisierten Mitgliedstaaten, Mitgliedstaaten mit mehreren Rechtssystemen und Mitgliedstaaten mit autonomen Gebietskörperschaften steht es frei, mehrere Zentralstellen zu bestimmen.

(3) Jeder Mitgliedstaat benennt ferner die in Absatz 1 dieses Artikels genannte Zentralstelle oder eine oder mehrere zuständige Behörden als verantwortlich für Entscheidungen über Ersuchen nach Artikel 19.

KAPITEL II. ÜBERMITTLUNG UND ERLEDIGUNG DER ERSUCHEN

ABSCHNITT 1. Übermittlung von Ersuchen

Art. 5 EuBVO Form und Inhalt von Ersuchen

(1) [1]Ersuchen werden unter Verwendung des Formblattes A oder gegebenenfalls des Formblattes L in Anhang I gestellt. [2]Jedes Ersuchen enthält folgende Angaben:

a) das ersuchende und gegebenenfalls das ersuchte Gericht;
b) Namen und Anschriften der Parteien und gegebenenfalls ihrer Vertreter;
c) die Art und den Gegenstand der Rechtssache sowie eine kurze Darstellung des Sachverhalts;
d) die Beschreibung der ersuchten Beweisaufnahme;
e) bei einem Ersuchen um Vernehmung einer Person:
  - Name und Anschrift der zu vernehmenden Person;
  - die Fragen, welche an die zu vernehmende Person gerichtet werden sollen, oder den Sachverhalt, über den diese Person vernommen werden soll;
  - gegebenenfalls einen Hinweis auf ein nach dem Recht des Mitgliedstaats des ersuchenden Gerichts bestehendes Zeugnisverweigerungsrecht;
  - gegebenenfalls den Antrag, die Vernehmung unter Eid oder eidesstattlicher Versicherung durchzuführen, und gegebenenfalls die dabei zu verwendende Formel;
  - gegebenenfalls alle anderen Informationen, die das ersuchende Gericht für erforderlich hält;
f) bei einem Ersuchen um eine sonstige, nicht unter Buchstabe e genannte Beweisaufnahme die Urkunden oder anderen Gegenstände, die geprüft werden sollen;
g) gegebenenfalls Anträge nach Artikel 12 Absätze 3 oder 4 oder nach den Artikeln 13 oder 14 und für deren Ausführung erforderliche Erläuterungen.

(2) Die Ersuchen sowie alle beigefügten Unterlagen bedürfen weder der Beglaubigung noch einer anderen gleichwertigen Formalität.

(3) Schriftstücke, deren Beifügung das ersuchende Gericht für die Erledigung des Ersuchens für notwendig hält, sind mit einer Übersetzung der Schriftstücke in die Sprache zu versehen, in der das Ersuchen abgefasst wurde.

Art. 6 EuBVO Sprachen

Ersuchen und die aufgrund dieser Verordnung gemachten Mitteilungen sind in der Amtssprache des ersuchten Mitgliedstaats oder, wenn es in diesem Mitgliedstaat mehrere Amtssprachen gibt, in der Amtssprache oder einer der Amtssprachen des Ortes, an dem die beantragte Beweisaufnahme durchgeführt werden soll, oder in einer anderen Sprache, die dieser Mitgliedstaat zugelassen hat, abzufassen.

Jeder Mitgliedstaat teilt der Kommission jede Amtssprache der Union mit, die er außer seiner eigenen für das Ausfüllen der Formblätter in Anhang I zulässt.

Art. 7 EuBVO Übermittlung von Ersuchen und sonstigen Mitteilungen

(1) Ersuchen und Mitteilungen nach dieser Verordnung werden über ein sicheres und zuverlässiges dezentrales IT-System unter angemessener Achtung der Grundrechte und Grundfreiheiten übermittelt. Dieses dezentrale IT-System beruht auf einer interoperablen Lösung wie beispielsweise e-CODEX.

(2) Für Ersuchen und Mitteilungen, die über das dezentrale IT-System übermittelt werden, gilt der mit der Verordnung (EU) Nr. 910/2014 geschaffene allgemeine Rechtsrahmen für die Verwendung von qualifizierten Vertrauensdiensten.

(3) Erfordern oder enthalten die in Absatz 1 dieses Artikels genannten Ersuchen und Mitteilungen ein Siegel oder eine eigenhändige Unterschrift, so können stattdessen qualifizierte elektronische Siegel oder qualifizierte elektronische Signaturen im Sinne der Verordnung (EU) Nr. 910/2014 verwendet werden.

(4) Ist die Übermittlung nach Absatz 1 aufgrund einer Störung des dezentralen IT-Systems, der Beschaffenheit des Beweismittels oder außergewöhnlicher Umstände nicht möglich, so wird die Übermittlung mit dem schnellsten und am besten geeigneten alternativen Mittel durchgeführt, wobei dem Erfordernis der Zuverlässigkeit und Sicherheit Rechnung zu tragen ist.

Art. 8 EuBVO Rechtswirkung elektronischer Schriftstücke

Den über das dezentrale IT-System übermittelten Schriftstücken darf die Rechtswirkung oder die Zulässigkeit als Beweismittel im Gerichtsverfahren nicht allein deshalb abgesprochen werden, weil sie in elektronischer Form vorliegen.

ABSCHNITT 2. Entgegennahme von Ersuchen

Art. 9 EuBVO Entgegennahme von Ersuchen

(1) [1]Das ersuchte zuständige Gericht übersendet dem ersuchenden Gericht innerhalb von sieben Tagen nach Eingang des Ersuchens eine Empfangsbestätigung unter Verwendung des Formblatts B in Anhang I. [2]Entspricht das Ersuchen nicht den Anforderungen der Artikel 6 und 7, so bringt das ersuchte Gericht einen entsprechenden Vermerk in der Empfangsbestätigung an.

(2) Fällt die Erledigung eines unter Verwendung des Formblatts A in Anhang I gestellten Ersuchens, das die Anforderungen des Artikels 6 erfüllt, nicht in die Zuständigkeit des ersuchten Gerichts, so leitet dieses das Ersuchen an das zuständige Gericht seines Mitgliedstaats weiter und unterrichtet das ersuchende Gericht unter Verwendung des Formblatts C in Anhang I hiervon.

Art. 10 EuBVO Unvollständige Ersuchen

(1) Kann ein Ersuchen nicht erledigt werden, weil es nicht alle erforderlichen Angaben gemäß Artikel 5 enthält, so setzt das ersuchte Gericht unverzüglich, spätestens aber innerhalb von 30 Tagen nach Eingang des Ersuchens das ersuchende Gericht unter Verwendung des Formblatts D in Anhang I davon in Kenntnis und ersucht das ersuchende Gericht, die fehlenden Angaben, die in möglichst genauer Weise zu bezeichnen sind, zu übermitteln.

(2) [1]Kann ein Ersuchen nicht erledigt werden, weil eine Kaution oder ein Vorschuss nach Artikel 22 Absatz 3 erforderlich ist, so teilt das ersuchte Gericht dem ersuchenden Gericht das unverzüglich, spätestens 30 Tage nach

Eingang des Ersuchens unter Verwendung des Formblatts D in Anhang I mit; es teilt dem ersuchenden Gericht ferner mit, wie die Kaution oder der Vorschuss zu leisten ist. ²Das ersuchte Gericht bestätigt den Eingang der Kaution oder des Vorschusses unverzüglich, spätestens innerhalb von 10 Tagen nach Erhalt der Kaution oder des Vorschusses unter Verwendung des Formblatts E in Anhang I.

Art. 11 EuBVO Vervollständigung des Ersuchens

(1) Hat das ersuchte Gericht gemäß Artikel 9 Absatz 1 auf der Empfangsbestätigung vermerkt, dass das Ersuchen die Anforderungen der Artikel 6 und 7 nicht erfüllt, oder hat es das ersuchende Gericht gemäß Artikel 10 davon unterrichtet, dass das Ersuchen nicht erledigt werden kann, weil es nicht alle erforderlichen Angaben nach Artikel 5 enthält, so beginnt die Frist nach Artikel 12 erst mit dem Eingang des ordnungsgemäß ausgefüllten Ersuchens beim ersuchten Gericht zu laufen.

(2) Sofern das ersuchte Gericht nach Artikel 22 Absatz 3 um eine Kaution oder einen Vorschuss gebeten hat, beginnt die Frist nach Artikel 12 erst mit der Hinterlegung der Kaution oder dem Eingang des Vorschusses zu laufen.

ABSCHNITT 3. Beweisaufnahme durch das ersuchte Gericht

Art. 12 EuBVO Allgemeine Bestimmungen über die Erledigung eines Ersuchens

(1) Das ersuchte Gericht erledigt das Ersuchen unverzüglich, spätestens aber innerhalb von 90 Tagen nach Eingang des Ersuchens.

(2) Das ersuchte Gericht erledigt das Ersuchen nach Maßgabe seines nationalen Rechts.

(3) ¹Das ersuchende Gericht kann unter Verwendung des Formblatts A in Anhang I beantragen, dass das Ersuchen nach einer besonderen Form erledigt wird, die sein nationales Recht vorsieht. ²Das ersuchte Gericht erledigt das Ersuchen gemäß dem besonderen Verfahren, es sei denn, dass das mit seinem nationalen Recht unvereinbar wäre oder dem ersuchten Gericht wegen erheblicher tatsächlicher Schwierigkeiten unmöglich ist. ³Entspricht das ersuchte Gericht aus einem der genannten Gründe nicht dem Ersuchen nach Erledigung in einer besonderen Form, so unterrichtet es das ersuchende Gericht unter Verwendung des Formblatts H in Anhang I hiervon.

(4) Das ersuchende Gericht kann das ersuchte Gericht bitten, die Beweisaufnahme unter Verwendung einer besonderen Kommunikationstechnologie, insbesondere im Wege der Videokonferenz oder Telekonferenz, durchzuführen.

Das ersuchte Gericht verwendet die in Unterabsatz 1 näher bezeichnete Kommunikationstechnologie, es sei denn, dass das mit seinem nationalen Recht unvereinbar wäre oder dass es dem ersuchten Gericht wegen erheblicher tatsächlicher Schwierigkeiten unmöglich ist.

Verwendet das ersuchte Gericht aus einem der genannten Gründe die besondere Kommunikationstechnologie nicht, so unterrichtet es das ersuchende Gericht unter Verwendung des Formblatts H in Anhang I hiervon.

Hat das ersuchende oder das ersuchte Gericht keinen Zugang zu der in Unterabsatz 1 genannten Kommunikationstechnologie, so können die Gerichten diese Kommunikationstechnologie im gegenseitigen Einvernehmen zur Verfügung stellen.

Art. 13 EuBVO Beweisaufnahme in Anwesenheit und unter Beteiligung der Parteien

(1) Sofern im Recht des Mitgliedstaats des ersuchenden Gerichts vorgesehen, haben die Parteien und gegebenenfalls ihre Vertreter das Recht, bei der Beweisaufnahme durch das ersuchte Gericht zugegen zu sein.

(2) ¹In seinem Ersuchen teilt das ersuchende Gericht unter Verwendung des Formblatts A in Anhang I dem ersuchten Gericht mit, dass die Parteien und gegebenenfalls ihre Vertreter zugegen sein werden und dass gegebenenfalls ihre Beteiligung bei der Beweisaufnahme beantragt wird. ²Diese Mitteilung kann auch zu jedem anderen geeigneten Zeitpunkt erfolgen.

(3) Wird die Beteiligung der Parteien und gegebenenfalls ihrer Vertreter an der Beweisaufnahme beantragt, so legt das ersuchte Gericht die Bedingungen für ihre Teilnahme nach Artikel 12 fest.

(4) Das ersuchte Gericht teilt den Parteien und gegebenenfalls ihren Vertretern unter Verwendung des Formblatts I in Anhang I Ort und Zeitpunkt der Beweisaufnahme und gegebenenfalls die Bedingungen mit, unter denen sie an der Beweisaufnahme teilnehmen können.

(5) Die Absätze 1 bis 4 lassen die Möglichkeit des ersuchten Gerichts unberührt, die Parteien und gegebenenfalls ihre Vertreter aufzufordern, bei der Beweisaufnahme zugegen zu sein oder sich daran zu beteiligen, wenn das Recht des Mitgliedstaats des ersuchten Gerichts das vorsieht.

Art. 14 EuBVO Beweisaufnahme in Anwesenheit und unter Beteiligung von Beauftragten des ersuchenden Gerichts

(1) Sofern mit dem Recht des Mitgliedstaats des ersuchenden Gerichts vereinbar, haben die Beauftragten des ersuchenden Gerichts das Recht, bei der Beweisaufnahme durch das ersuchte Gericht zugegen zu sein.

(2) ¹Im Sinne dieses Artikels umfasst der Begriff „Beauftragte" Gerichtsangehörige, die vom ersuchenden Gericht nach Maßgabe seines nationalen Rechts bestimmt werden. ²Das ersuchende Gericht kann nach Maßgabe seines nationalen Rechts auch jede andere Person wie etwa einen Sachverständigen bestimmen.

(3) ¹In seinem Ersuchen teilt das ersuchende Gericht unter Verwendung des Formblatts A in Anhang I dem ersuchten Gericht mit, dass seine Beauftragten zugegen sein werden und gegebenenfalls, dass ihre Beteiligung an der Beweisaufnahme beantragt wird. ²Diese Mitteilung kann auch zu jedem anderen geeigneten Zeitpunkt erfolgen.

(4) Wird die Beteiligung der Beauftragten des ersuchenden Gerichts an der Beweisaufnahme beantragt, so legt das ersuchte Gericht nach Artikel 12 die Bedingungen für ihre Teilnahme fest.

(5) Das ersuchte Gericht teilt dem ersuchenden Gericht unter Verwendung des Formblatts I in Anhang I Ort und Zeitpunkt der Beweisaufnahme und gegebenenfalls die Bedingungen mit, unter denen seine Beauftragten an der Beweisaufnahme teilnehmen können.

Art. 15 EuBVO Zwangsmaßnahmen

Soweit erforderlich, wendet das ersuchte Gericht bei der Erledigung des Ersuchens geeignete Zwangsmaßnahmen in den Fällen und in dem Umfang an, wie sie das Recht des Mitgliedstaats des ersuchten Gerichts für die Erledigung eines zum gleichen Zweck gestellten Ersuchens inländischer Behörden oder der beteiligten Parteien vorsieht.

Art. 16 EuBVO Ablehnung der Erledigung

(1) Ein Ersuchen um Vernehmung einer Person wird nicht erledigt, wenn sich die betreffende Person auf ein Recht zur Aussageverweigerung beruft oder wenn ein Aussageverbot besteht,

a) das nach dem Recht des Mitgliedstaats des ersuchten Gerichts vorgesehen ist oder

b) das nach dem Recht des Mitgliedstaats des ersuchenden Gerichts vorgesehen und im Ersuchen bezeichnet oder erforderlichenfalls auf Verlangen des ersuchten Gerichts von dem ersuchenden Gericht bestätigt worden ist.

(2) Die Erledigung eines Ersuchens kann außer aus den in Absatz 1 genannten Gründen nur abgelehnt werden, wenn einer oder mehrere der folgenden Gründe vorliegen:

a) das Ersuchen fällt nicht in den Anwendungsbereich dieser Verordnung;

b) die Erledigung des Ersuchens fällt nach dem Recht des Mitgliedstaats des ersuchten Gerichts nicht in den Bereich der Gerichtsbarkeit;

c) das ersuchende Gericht kommt der Aufforderung des ersuchten Gerichts zur Ergänzung des Ersuchens um Beweisaufnahme gemäß Artikel 10 nicht innerhalb von 30 Tagen, nachdem das ersuchte Gericht das ersuchende Gericht um Ergänzung des Ersuchens gebeten hat, nach; oder

d) eine Kaution oder ein Vorschuss, die/der gemäß Artikel 22 Absatz 3 verlangt wurde, wird nicht innerhalb von 60 Tagen nach dem entsprechenden Verlangen des ersuchten Gerichts hinterlegt bzw. einbezahlt.

(3) Ein ersuchtes Gericht darf die Erledigung nicht allein aus dem Grund ablehnen, dass nach seinem nationalen Recht die ausschließliche Zuständigkeit für die Sache bei einem anderen Gericht dieses Mitgliedstaats liegt oder das Recht dieses Mitgliedstaats ein Verfahren für diese Streitsache nicht kennt.

(4) Wird die Erledigung des Ersuchens aus einem der in Absatz 2 genannten Gründe abgelehnt, so setzt das ersuchte Gericht unter Verwendung des Formblatts K in Anhang I das ersuchende Gericht innerhalb von 60 Tagen nach Eingang des Ersuchens bei dem ersuchten Gericht davon in Kenntnis.

Art. 17 EuBVO Mitteilung über Verzögerungen

[1]Ist das ersuchte Gericht nicht in der Lage, das Ersuchen innerhalb von 90 Tagen nach Eingang des Ersuchens zu erledigen, so setzt es das ersuchende Gericht unter Verwendung des Formblatts J in Anhang I hiervon in Kenntnis. [2]Dabei gibt es die Gründe für die Verzögerung sowie den Zeitraum, den es nach seiner Einschätzung für die Erledigung des Ersuchens voraussichtlich benötigen wird, an.

Art. 18 EuBVO Verfahren nach Erledigung des Ersuchens

[1]Das ersuchte Gericht übermittelt dem ersuchenden Gericht unverzüglich die Schriftstücke, die die Erledigung des Ersuchens bestätigen, und sendet gegebenenfalls die Schriftstücke, die ihm von dem ersuchenden Gericht zugegangen sind, zurück. [2]Diesen Schriftstücken ist eine Erledigungsbestätigung unter Verwendung des Formblatts K in Anhang I beizufügen.

ABSCHNITT 4. Unmittelbare Beweisaufnahme durch das ersuchende Gericht und Beweisaufnahme durch Bedienstete diplomatischer oder konsularischer Vertretungen

Art. 19 EuBVO Unmittelbare Beweisaufnahme durch das ersuchende Gericht

(1) Beantragt ein Gericht eine unmittelbare Beweisaufnahme in einem anderen Mitgliedstaat, so richtet es an die Zentralstelle oder die zuständige Behörde dieses Mitgliedstaats unter Verwendung des Formblatts L in Anhang I ein entsprechendes Ersuchen.

(2) Die unmittelbare Beweisaufnahme ist nur statthaft, wenn sie freiwillig und ohne Einsatz von Zwangsmaßnahmen durchgeführt werden kann.

Macht die unmittelbare Beweisaufnahme die Vernehmung einer Person erforderlich, so teilt das ersuchende Gericht dieser Person mit, dass die Beweisaufnahme freiwillig erfolgt.

(3) Die unmittelbare Beweisaufnahme wird von einem Gerichtsangehörigen oder von einer anderen Person wie etwa einem Sachverständigen durchgeführt, der/die nach dem Recht des Mitgliedstaats des ersuchenden Gerichts bestimmt wird.

(4) Innerhalb von 30 Tagen nach Eingang des Ersuchens um unmittelbare Beweisaufnahme teilt die Zentralstelle oder die zuständige Behörde des ersuchten Mitgliedstaats dem ersuchenden Gericht unter Verwendung des Formblatts M in Anhang I mit, ob dem Ersuchen stattgegeben wurde und setzt, soweit erforderlich, das ersuchende Gericht davon in Kenntnis, unter welchen Bedingungen die unmittelbare Beweisaufnahme nach Maßgabe des Rechts ihres Mitgliedstaats durchzuführen ist.

Die Zentralstelle oder die zuständige Behörde kann insbesondere ein Gericht ihres Mitgliedstaats bestimmen, das an der unmittelbaren Beweisaufnahme teilnimmt, um sicherzustellen, dass dieser Artikel ordnungsgemäß angewandt wird und die Bedingungen, unter denen die unmittelbare Beweisaufnahme durchzuführen ist, eingehalten werden.

(5) [1]Wurde dem ersuchenden Gericht nicht innerhalb von 30 Tagen nach Bestätigung des Eingangs des Ersuchens um unmittelbare Beweisaufnahme mitgeteilt, ob dem Ersuchen stattgegeben wird, so kann es an die Zentralstelle oder zuständige Behörde des ersuchten Mitgliedstaats eine Erinnerung senden. [2]Erhält das ersuchende Gericht innerhalb von 15 Tagen nach Bestätigung des Eingangs dieser Erinnerung keine Antwort, so wird davon ausgegangen, dass dem Ersuchen um unmittelbare Beweisaufnahme stattgegeben wurde. [3]Wenn jedoch aufgrund außergewöhnlicher Umstände die Zentralstelle oder die zuständige Behörde daran gehindert war, auch innerhalb der auf die Erinnerung folgenden Frist auf das Ersuchen zu reagieren, können ausnahmsweise noch nach Ablauf dieser Frist jederzeit bis zum Zeitpunkt der tatsächlichen unmittelbaren Beweisaufnahme Gründe für die Ablehnung der unmittelbaren Beweisaufnahme geltend gemacht werden.

(6) Die Zentralstelle oder die zuständige Behörde des ersuchten Mitgliedstaats kann ein Gericht ihres Mitgliedstaats beauftragen, praktische Unterstützung bei der unmittelbaren Beweisaufnahme zu leisten.

(7) Die Zentralstelle oder die zuständige Stelle des ersuchten Mitgliedstaats kann das Ersuchen um unmittelbare Beweisaufnahme nur ablehnen, wenn

a) es nicht in den Anwendungsbereich dieser Verordnung fällt,

b) es nicht alle nach Artikel 5 erforderlichen Angaben enthält oder

c) die beantragte unmittelbare Beweisaufnahme wesentlichen Rechtsgrundsätzen ihres Mitgliedstaats zuwiderläuft.

(8) Unbeschadet der nach Absatz 4 festgelegten Bedingungen nimmt das ersuchende Gericht die unmittelbare Beweisaufnahme nach Maßgabe des Rechts seines Mitgliedstaats vor.

Art. 20 EuBVO Unmittelbare Beweisaufnahme per Videokonferenz oder mittels anderer Fernkommunikationstechnologie

(1) Wird beabsichtigt, Beweise zu erheben, indem eine Person mit Aufenthalt in einem anderen Mitgliedstaat vernommen wird, und ersucht das Gericht um Zustimmung zur unmittelbaren Beweisaufnahme nach Artikel 19, so führt dieses Gericht die Beweisaufnahme per Videokonferenz oder mittels einer anderen Fernkommunikationstechnologie durch, sofern das Gericht über eine solche Technologie verfügt und es den Einsatz einer solchen Technologie aufgrund der besonderen Umstände des Falls für angemessen hält.

(2) [1]Ein Ersuchen um unmittelbare Beweisaufnahme per Videokonferenz oder mittels einer anderen Fernkommunikationstechnologie wird unter Verwendung des Formblatts N in Anhang I gestellt. [2]Das ersuchende Gericht und die Zentralstelle oder die zuständige Behörde des ersuchten Mitgliedstaats oder das mit der praktischen Unterstützung bei der unmittelbaren Beweisaufnahme beauftragte Gericht vereinbaren die praktischen Modalitäten der Vernehmung.

Auf Antrag wird das ersuchende Gericht erforderlichenfalls bei der Suche nach einem Dolmetscher unterstützt.

Art. 21 EuBVO Beweisaufnahme durch Bedienstete diplomatischer oder konsularischer Vertretungen

[1]Die Mitgliedstaaten können in ihren nationalen Rechtsvorschriften die Möglichkeit für ihre Gerichte vorsehen, die Bediensteten ihrer diplomatischen oder konsularischen Vertretungen im Hoheitsgebiet eines anderen Mitgliedstaats und innerhalb ihres Akkreditierungsbereichs aufzufordern, im Rahmen eines bei den Gerichten des von ihnen vertretenen Mitgliedstaats anhängigen Verfahrens — sofern keine besonderen Umstände vorliegen — ohne vorheriges Ersuchen in den Räumlichkeiten der diplomatischen oder konsularischen Vertretung eine Beweisaufnahme in Form einer Vernehmung von Staatsangehörigen des von ihnen vertretenen Mitgliedstaats auf freiwilliger Basis und ohne den Einsatz von Zwangsmaßnahmen durchzuführen. [2]Der aufgeforderte Bedienstete der diplomatischen oder konsularischen Vertretung erledigt das Ersuchen nach Maßgabe des Rechts seines Mitgliedstaats.

ABSCHNITT 5. Kosten

Art. 22 EuBVO Kosten

(1) Die Erledigung eines Ersuchens um Beweisaufnahme nach Artikel 12 begründet keinen Anspruch auf Erstattung von Gebühren oder Auslagen.

(2) [1]Abweichend von Absatz 1 kann das ersuchte Gericht die Erstattung von Gebühren oder Auslagen verlangen. [2]Falls das ersuchte Gericht das verlangt, stellt das ersuchende Gericht unverzüglich die Erstattung folgender Beträge sicher:
- der Aufwendungen für Sachverständige und Dolmetscher und
- der Kosten, die durch die Anwendung von Artikel 12 Absätze 3 und 4 entstanden sind.

Die Verpflichtung der Parteien, solche Aufwendungen und Auslagen zu tragen, unterliegt dem Recht des Mitgliedstaats des ersuchenden Gerichts.

(3) Wird die Stellungnahme eines Sachverständigen verlangt, so kann das ersuchte Gericht vor der Erledigung des Ersuchens um Beweisaufnahme das ersuchende Gericht um eine angemessene Kaution oder einen angemessenen Vorschuss für die voraussichtlichen Kosten für die Stellungnahme des Sachverständigen bitten. In allen übrigen Fällen darf die Erledigung eines Ersuchens um Beweisaufnahme nicht von einer Kaution oder einem Vorschuss abhängig gemacht werden.

Die Kaution oder der Vorschuss wird von den Parteien hinterlegt bzw. einbezahlt, falls das im Recht des Mitgliedstaats des ersuchenden Gerichts vorgesehen ist.

KAPITEL III. SCHLUSSBESTIMMUNGEN

Art. 23 EuBVO Handbuch und Änderung des Anhangs I

(1) [1]Die Kommission erstellt und aktualisiert regelmäßig gemäß Artikel 29 Absatz 3 ein Handbuch, das die von den Mitgliedstaaten nach Artikel 31 mitgeteilten Angaben sowie die geltenden Übereinkünfte oder Vereinbarungen enthält. [2]Sie stellt das Handbuch in elektronischer Form bereit, insbesondere über das Europäische Justizielle Netz für Zivil- und Handelssachen und über das Europäische Justizportal.

(2) Der Kommission wird die Befugnis übertragen, nach Artikel 24 delegierte Rechtsakte zur Änderung des Anhangs I zu erlassen, um die darin vorgesehenen Formblätter zu aktualisieren oder technische Anpassungen an diesen Formblättern vorzunehmen.

Art. 24 EuBVO Ausübung der Befugnisübertragung

(1) Die Befugnis zum Erlass delegierter Rechtsakte wird der Kommission unter den in diesem Artikel festgelegten Bedingungen übertragen.

(2) [1]Die Befugnis zum Erlass delegierter Rechtsakte gemäß Artikel 23 Absatz 2 wird der Kommission für einen Zeitraum von fünf Jahren ab dem 22. Dezember 2020 übertragen. [2]Die Kommission erstellt spätestens neun Monate vor Ablauf des Zeitraums von fünf Jahren einen Bericht über die Befugnisübertragung. [3]Die Befugnisübertragung verlängert sich stillschweigend um Zeiträume gleicher Länge, es sei denn, das Europäische Parlament oder der Rat widersprechen einer solchen Verlängerung spätestens drei Monate vor Ablauf des jeweiligen Zeitraums.

(3) [1]Die Befugnisübertragung gemäß Artikel 23 Absatz 2 kann vom Europäischen Parlament oder vom Rat jederzeit widerrufen werden. [2]Der Beschluss über den Widerruf beendet die Übertragung der in dem Beschluss angegebenen Befugnis. [3]Er wird am Tag nach seiner Veröffentlichung im Amtsblatt der Europäischen Union oder zu einem im Beschluss über den Widerruf angegebenen späteren Zeitpunkt wirksam. [4]Die Gültigkeit von delegierten Rechtsakten, die bereits in Kraft sind, wird von dem Beschluss über den Widerruf nicht berührt.

(4) Vor dem Erlass eines delegierten Rechtsakts konsultiert die Kommission die von den einzelnen Mitgliedstaaten benannten Sachverständigen, im Einklang mit den in der Interinstitutionellen Vereinbarung vom 13. April 2016 über bessere Rechtsetzung enthaltenen Grundsätzen.

(5) Sobald die Kommission einen delegierten Rechtsakt erlässt, übermittelt sie ihn gleichzeitig dem Europäischen Parlament und dem Rat.

(6) [1]Ein delegierter Rechtsakt, der gemäß Artikel 23 Absatz 2 erlassen wurde, tritt nur in Kraft, wenn weder das Europäische Parlament noch der Rat innerhalb einer Frist von zwei Monaten nach Übermittlung dieses Rechtsakts

an das Europäische Parlament und den Rat Einwände erhoben haben oder wenn vor Ablauf dieser Frist sowohl das Europäische Parlament als auch der Rat beide der Kommission mitgeteilt haben, dass sie keine Einwände erheben werden. 2Auf Initiative des Europäischen Parlaments oder des Rates wird diese Frist um zwei Monate verlängert.

Art. 25 EuBVO Erlass von Durchführungsrechtsakten durch die Kommission

(1) Die Kommission erlässt Durchführungsrechtsakte zur Einrichtung des dezentralen IT-Systems, durch die sie Folgendes festlegt:

a) die technische Spezifikation zur Festlegung der Methoden zur elektronischen Kommunikation für die Zwecke des dezentralen IT-Systems;
b) die technischen Spezifikationen für Kommunikationsprotokolle;
c) die Informationssicherheitsziele und entsprechenden technischen Maßnahmen zur Gewährleistung von Mindeststandards für die Informationssicherheit bei der Verarbeitung und Übermittlung von Informationen im dezentralen IT-System;
d) die Mindestverfügbarkeitsziele und mögliche damit verbundene technische Anforderungen an die Leistungen des dezentralen IT-Systems;
e) die Einsetzung eines aus Vertretern der Mitgliedstaaten bestehenden Lenkungsausschusses, um zur Verwirklichung der Ziele dieser Verordnung den Betrieb sowie die Wartung und Pflege des dezentralen IT-Systems sicherzustellen.

(2) Die Durchführungsrechtsakte nach Absatz 1 des vorliegenden Artikels werden spätestens am 23. März 2022 gemäß dem in Artikel 26 Absatz 2 genannten Prüfverfahren erlassen.

Art. 26 EuBVO Ausschussverfahren

(1) Die Kommission wird von einem Ausschuss unterstützt. Dieser Ausschuss ist ein Ausschuss im Sinne der Verordnung (EU) Nr. 182/2011.

(2) Wird auf diesen Absatz Bezug genommen, so gilt Artikel 5 der Verordnung (EU) Nr. 182/2011.

Art. 27 EuBVO Referenzimplementierungssoftware

(1) 1Die Kommission ist verantwortlich für die Schaffung, Wartung und Pflege sowie künftige Weiterentwicklung einer Referenzimplementierungssoftware, für deren Einsatz sich die Mitgliedstaaten als ihr Back-End-System anstelle eines nationalen IT-Systems entscheiden können. 2Die Schaffung, Wartung und Pflege sowie künftige Weiterentwicklung der Referenzimplementierungssoftware werden aus dem Gesamthaushalt der Union finanziert.

(2) Die Kommission übernimmt die Bereitstellung, Wartung und Pflege sowie kostenlose Implementierung der Softwarekomponenten, die den Zugangspunkten zugrunde liegen.

Art. 28 EuBVO Kosten des dezentralen IT-Systems

(1) Jeder Mitgliedstaat trägt die Kosten für Installation, Betrieb sowie Wartung und Pflege seiner Zugangspunkte, über welche die nationalen IT-Systeme im Rahmen des dezentralen IT-Systems vernetzt sind.

(2) Jeder Mitgliedstaat trägt die Kosten für die Einrichtung und Anpassung seiner nationalen IT-Systeme zur Herstellung der Interoperabilität mit den Zugangspunkten sowie die Kosten für Verwaltung, Betrieb und Instandhaltung dieser Systeme.

(3) Die Absätze 1 und 2 lassen die Möglichkeit der Mitgliedstaaten unberührt, Finanzhilfen zur Unterstützung der in diesen Absätzen genannten Tätigkeiten im Rahmen der Finanzierungsprogramme der Union zu beantragen.

Art. 29 EuBVO Verhältnis zu Übereinkünften oder Vereinbarungen zwischen Mitgliedstaaten

(1) Diese Verordnung hat in ihrem Anwendungsbereich und in den Beziehungen zwischen den Mitgliedstaaten, die Vertragsparteien einschlägiger, von den Mitgliedstaaten geschlossener bilateraler oder multilateraler Übereinkünfte oder Vereinbarungen sind, insbesondere des Haager Übereinkommens vom 1. März 1954 über den Zivilprozess und des Haager Übereinkommens vom 18. März 1970 über die Beweisaufnahme im Ausland in Zivil- oder Handelssachen, Vorrang vor anderen Bestimmungen der genannten Übereinkünfte oder Vereinbarungen.

(2) Diese Verordnung hindert Mitgliedstaaten nicht daran, Übereinkünfte oder Vereinbarungen zur weiteren Vereinfachung der Beweisaufnahme beizubehalten oder zu schließen, sofern diese Übereinkünfte oder Vereinbarungen mit der vorliegenden Verordnung vereinbar sind.

(3) Die Mitgliedstaaten übermitteln der Kommission:

a) eine Abschrift der zwischen den Mitgliedstaaten geschlossenen Übereinkünfte oder Vereinbarungen nach Absatz 2 sowie die Entwürfe von ihnen geplanter Übereinkünfte oder Vereinbarungen und
b) jede Kündigung oder Änderung dieser Übereinkünfte oder Vereinbarungen.

Art. 30 EuBVO Schutz übermittelter Informationen

(1) Die nach dieser Verordnung durchgeführte Verarbeitung personenbezogener Daten, einschließlich des Austausches oder der Übermittlung personenbezogener Daten durch die zuständigen Behörden, erfolgt gemäß der Verordnung (EU) 2016/679.

Der Austausch oder die Übermittlung von Informationen durch die zuständigen Stellen auf Ebene der Union erfolgt gemäß der Verordnung (EU) 2018/1725.

Personenbezogene Daten, die für die Bearbeitung eines einzelnen Falls nicht relevant sind, werden sofort gelöscht.

(2) Die nach nationalem Recht zuständige Behörde oder zuständigen Behörden gilt bzw. gelten für die Verarbeitung personenbezogener Daten im Rahmen der vorliegenden Verordnung als Verantwortliche im Sinne der Verordnung (EU) 2016/679.

(3) Unbeschadet der Absätze 1 und 2 darf das ersuchte Gericht die nach dieser Verordnung übermittelten Informationen nur zu dem Zweck verwenden, zu dem sie übermittelt wurden.

(4) Ersuchte Gerichte stellen die Vertraulichkeit derartiger Informationen nach Maßgabe ihres nationalen Rechts sicher.

(5) Die Absätze 3 und 4 berühren nicht das Auskunftsrecht von Betroffenen über die Verwendung der nach dieser Verordnung übermittelten Informationen, das ihnen nach dem nationalen Recht zusteht.

(6) Die Richtlinie 2002/58/EG bleibt von dieser Verordnung unberührt.

Art. 31 EuBVO Mitteilungen

(1) Die Mitgliedstaaten teilen der Kommission Folgendes mit:

a) die Liste nach Artikel 3 Absatz 2 sowie eine Angabe des örtlichen und gegebenenfalls fachlichen Zuständigkeitsbereichs der Gerichte;

b) die Namen und Anschriften der gemäß Artikel 4 Absatz 3 benannten Zentralstellen und zuständigen Behörden unter Angabe ihres örtlichen Zuständigkeitsbereichs;

c) die technischen Mittel, über welche die in der nach Artikel 3 Absatz 2 erstellten Liste aufgeführten Gerichte für die Entgegennahme von Ersuchen verfügen;

d) die Sprachen, die nach Artikel 6 für Ersuchen zugelassen sind.

(2) Die Mitgliedstaaten teilen der Kommission alle späteren Änderungen der in Absatz 1 angeführten Angaben mit.

(3) [1]Jeder Mitgliedstaat teilt der Kommission die Angaben zu den anderen Behörden mit, die zur Beweisaufnahme für die Zwecke von Gerichtsverfahren in Zivil- oder Handelssachen befugt sind. [2]Die Mitgliedstaaten teilen der Kommission alle späteren Änderungen dieser Angaben mit.

(4) [1]Sind Mitgliedstaaten in der Lage, den Betrieb des dezentralen IT-Systems früher als in dieser Verordnung vorgeschrieben aufzunehmen, so können sie das der Kommission mitteilen. [2]Die Kommission stellt diese Informationen auf elektronischem Wege zur Verfügung, insbesondere im Europäischen Justizportal.

Art. 32 EuBVO Monitoring

(1) Die Kommission erstellt bis zum 2. Juli 2023 ein ausführliches Programm für das Monitoring der Leistungen, der Ergebnisse und der Wirkung dieser Verordnung.

(2) In dem Monitoring-Programm wird festgelegt, welche Maßnahmen die Kommission und die Mitgliedstaaten zum Monitoring der Leistungen, der Ergebnisse und der Wirkung dieser Verordnung zu treffen haben. Ferner wird darin festgelegt, wann die in Absatz 3 genannten Daten erstmals zu erfassen sind – spätestens bis zum 2. Juli 2026 – und in welchen weiteren Zeitabständen diese Daten zu erfassen sind.

(3) Die Mitgliedstaaten übermitteln der Kommission je nach Verfügbarkeit folgende für die Zwecke des Monitorings erforderliche Daten:

a) die Anzahl der nach Artikel 7 Absatz 1 bzw. nach Artikel 19 Absatz 1 jeweils übermittelten Ersuchen um Beweisaufnahme;

b) die Anzahl der nach Artikel 12 bzw. nach Artikel 19 Absatz 8 jeweils erledigten Ersuchen um Beweisaufnahme;

c) die Anzahl der Fälle, in denen das Ersuchen um Beweisaufnahme mit anderen Mitteln als dem dezentralen IT-System nach Artikel 7 Absatz 4 übermittelt wurde.

(4) Die Referenzimplementierungssoftware und – soweit es dafür ausgerüstet ist – das nationale Back-End-System erfassen die in Absatz 3 Buchstaben a und b genannten Daten durch entsprechende Programmierung und übermitteln sie regelmäßig der Kommission.

Art. 33 EuBVO Bewertung

(1) Spätestens fünf Jahre nach Geltungsbeginn des Artikels 7 gemäß Artikel 35 Absatz 3 führt die Kommission eine Bewertung dieser Verordnung durch und legt dem Europäischen Parlament, dem Rat und dem Europäischen Wirtschafts- und Sozialausschuss einen Bericht mit ihren wichtigsten Ergebnissen – gegebenenfalls zusammen mit einem Legislativvorschlag – vor.

(2) Die Mitgliedstaaten übermitteln der Kommission die Angaben, die für die Ausarbeitung des in Absatz 1 genannten Berichts erforderlich sind.

Art. 34 EuBVO Aufhebung

(1) Die Verordnung (EG) Nr. 1206/2001 wird mit dem Tag des Beginns der Geltung der vorliegenden Verordnung aufgehoben, mit Ausnahme des Artikels 6 der Verordnung (EG) Nr. 1206/2001, der mit dem Tag des Geltungsbeginns des Artikels 7 nach Artikel 35 Absatz 3 der vorliegenden Verordnung aufgehoben wird.

(2) Bezugnahmen auf die aufgehobene Verordnung gelten als Bezugnahmen auf die vorliegende Verordnung und sind nach Maßgabe der Entsprechungstabelle in Anhang III zu lesen.

Art. 35 EuBVO Inkrafttreten und Geltung

(1) Diese Verordnung tritt am zwanzigsten Tag nach ihrer Veröffentlichung im Amtsblatt der Europäischen Union in Kraft.

Sie gilt ab dem 1. Juli 2022.

(2) Artikel 31 Absatz 3 gilt ab dem 23. März 2022.

(3) Artikel 7 gilt ab dem ersten Tag des Monats, der auf den Zeitraum von drei Jahren nach dem Tag des Inkrafttretens der in Artikel 25 genannten Durchführungsrechtsakte folgt.

7 Formblätter sind hier nicht abgedruckt.

1072 ***Beweisaufnahme in den Mitgliedstaaten der Europäischen Union.*** **Soll die Beweisaufnahme nach der Verordnung (EU) 2020/1783 erfolgen, so kann das deutsche Gericht**

1. nach den Artikeln 12 bis 18 der Verordnung (EU) 2020/1783 das zuständige Gericht eines anderen Mitgliedstaats um Aufnahme des Beweises ersuchen,

2. unter den Voraussetzungen des Artikels 19 und 20 der Verordnung (EU) Nr. 2020/1783 eine unmittelbare Beweisaufnahme in einem anderen Mitgliedstaat beantragen oder

3. unter den Voraussetzungen des Artikels 21 der Verordnung (EU) 2020/1783 und nur in einem begründeten Ausnahmefall einen deutschen Konsularbeamten um Vernehmung eines deutschen Staatsangehörigen in einem anderen Mitgliedstaat ersuchen.

1 Die Vorschrift regelt den Fall, dass das Gericht sich für eine Beweisaufnahme nach der EuBVO entscheidet, die Beweise also im Ausland erhoben werden, schließt damit aber nicht aus, dass die Beweisaufnahme durch Herbeischaffung der Beweismittel im Inland erfolgt, wofür die EuBVO nicht gilt (→ Vor § 1072 Rn. 4). Demgegen-

über regeln §§ 1074, 1075 eine Beweisaufnahme für ein ausländisches EU-Gericht in Deutschland, also das Gegenstück zu §§ 1072, 1073. Soweit sich eine Beweisaufnahme auch in einem Nicht-EU-Auslandsstaat abspielen soll, gelten die bei §§ 363 ff. erläuterten Regeln mit den dort genannten Staatsverträgen.

Art. 21 EuBVO regelt jetzt erstmals auch die **Beweiserhebung durch** Bedienstete **diplomatischer oder konsularischer Vertretungen** als dritte Form neben der Beweiserhebung im Wege der Rechtshilfe und der unmittelbaren Beweiserhebung. Die durch das G zur Durchführung der EU-Verordnungen über grenzüberschreitende Zustellungen und grenzüberschreitende Beweisaufnahmen in zivil- und Handelssachen, zur Änderung der Zivilrechtshilfe, des Vormundschafts- und Betreuungsrechts sowie sonstiger Vorschriften vom 24.6.2022 (BGBl. I 959) neu eingefügte Nr. 3 greift dies auf, beschränkt dies aber zugleich wie in § 363 auf Ausnahmefälle. 2

Nach **Art. 1 I EuBVO** ist die Beweisaufnahme nach dieser VO beschränkt auf Zibil- und Handelssachen (→ Brüssel Ia-VO Art. 1 Rn. 4). Die Beschränkung des Art. 1 II Brüssel Ia-VO gilt hier allerdings nicht, Knöfel EuZW 2008, 267. 3

Darüber hinaus muss die Beweisaufnahme für ein Gericht erfolgen. Hierzu können nach Art. 2 Nr. 1 EuBVO auch Behörden gehören, die gerichtliche Funktionen ausüben. Keine Gerichte iSd Bestimmung sind **Schiedsgerichte,** Berger IPRax 2001, 522 (523); aA Knöfel EuZW 2008, 267 (268). Für diese kommt aber eine int. Rechtshilfe über § 1050 in Betracht, MüKoZPO/Rauscher Anh. §§ 1072–1075 EuBVO Art. 1 Rn. 1; Rauscher/von Hein EG-BewVO Art. 1 Rn. 9. 4

Das Vorgehen des Prozessgerichts nach der EuBVO führt ggü. traditioneller internationale Rechtshilfe zu einer Vereinfachung und Beschleunigung, weil das Prozessgericht unmittelbar mit den zuständigen Stellen des ersuchten Staates in Kontakt treten darf. Die für die Beweisaufnahme jeweils zuständigen Gerichte in den anderen EU-Staaten sind dem im Internet zugänglichen Europäischen Justizatlas für Zivilsachen (→ Vor § 1067 Rn. 11) zu entnehmen. Ggf. können die jeweiligen Zentralstellen (Art. 4 EuBVO) um Hilfestellung gebeten werden. Die Bestimmung der jeweils zuständigen inländischen Gerichte und Zentralstellen folgt aus § 1074. 5

Es liegt im Ermessen des Prozessgerichts, ob es sich für den Weg der internationalen Rechtshilfe entscheidet, oder ob es von der durch **Nr. 2** iVm **Art. 19 EuBVO** eröffneten Möglichkeit Gebrauch machen und eine unmittelbare Beweisaufnahme im anderen EU-Staat durchführen will, Rauscher/von Hein EG-BewVO Art. 1 Rn. 34, 39. Ein wesentliches Kriterium für die Entscheidung ist, ob die Beweisaufnahme voraussichtlich ohne Zwang durchgeführt werden kann, → Rn. 8. 6

Um eine **unmittelbare Beweisaufnahme** in einem anderen Mitgliedstaat iSd **Art. 19 EuBVO** handelt es sich nur, wenn sich das Gericht, ggf. auch nur ein Mitglied des Gerichts als beauftragter Richter (§ 229), in den anderen Staat begibt, um dort selbst die Beweisaufnahme, zB Augenscheinseinnahme, Zeugenvernehmung durchzuführen. Nach **Art. 19 EuBVO** fällt auch die **Videovernehmung** eines im Ausland befindlichen Zeugen durch ein inländisches Gericht hierunter, a. A. zur früheren Rechtslage Rauscher/von Hein EG-BewVO Art. 1 Rn. 9; Mankowski RIW 2014, 397 (400); Knöfel EuZW 2008, 267 (269). Voraussetzung für das Tätigwerden des Gerichts auf fremden Hoheitsgebiet ist die Gestattung durch den fremden Staat. Diese wird aber fingiert, wenn ein entsprechender Antrag nicht innerhalb einer bestimmten Frist abgelehnt wurde **Art. 19 V EuBVO,** Fabig/Windau NJW 2022, 1977 (1980); eine ohne Ersuchen und Gestattung durchgeführte unmittelbare Beweisaufnahme führt aber nicht zu einem Beweisverwertungsverbot, OLG Oldb MDR 2013, 547. **Art. 19 VII EuBVO** regelt die Gründe, aus denen die unmittelbare Beweisaufnahme abgelehnt werden darf. Dessen **lit. c** betrifft den Verstoß gegen den ordre public, krit. dazu Huber GPR 2004, 115. 7

Weitere Voraussetzung der unmittelbaren Beweisaufnahme ist, dass sie **auf freiwilliger Grundlage,** also ohne staatlichen Zwang erfolgen kann, **Art. 19 II 1 EuBVO.** Deshalb ist die Prognose, ob die Beweisaufnahme im anderen Staat auf freiwilliger Basis möglich sein wird, ein wesentliches Kriterium für die Ermessensausübung bei der Auswahl des Vorgehens. 8

Ein Wechsel zwischen der Beweiserhebung im Wege der internationalen Rechtshilfe **(Nr. 1)** und der unmittelbaren Beweisaufnahme **(Nr. 2)** oder der Beweisaufnahme durch Bedienstete diplomatischer oder konsularischer Vertretungen **(Nr. 3)** ist dem Prozessgericht jederzeit im Rahmen der Ausübung des Ermessens möglich. Sie ist insbes. geboten, wenn die unmittelbare Beweisaufnahme an der in **Art. 19 II 1 EuBVO** geforderten fehlenden Mitwirkungsbereitschaft zB der Zeugen scheitert. 9

Die Rechtshilfe erfolgt **gebührenfrei** und grds. sind auch keine Auslagen zu erstatten **(Art. 22 I EuBVO).** 10
Dementsprechend darf eine Zeugenvernehmung nicht von der Zahlung von Auslagenvorschuss abhängig gemacht werden, **Art. 22 III 2 EuBVO,** vgl. dazu EuGH NJW 2011, 2493 Rn. 54 – Werynski. Ausnahmen gelten nach **Art. 22 II EuBVO** für Sachverständigen- und Dolmetscherauslagen sowie für eine auf Wunsch des ersuchenden Gerichts beachtete bes. Form **(Art. 12 III EuBVO)** oder die Durchführung einer Videokonferenz **(Art. 12 IV EuBVO).**

1073 ***Teilnahmerechte.*** **I [1]Das ersuchende deutsche Gericht oder ein von diesem beauftragtes Mitglied darf im Geltungsbereich der Verordnung (EU) 2020/1783 bei der Erledigung des Ersuchens auf Beweisaufnahme durch das ersuchte ausländische Gericht oder durch den deutschen Konsularbeamten anwesend und beteiligt sein. [2]Parteien, deren Vertreter sowie Sachverständige können sich hierbei in dem Umfang beteiligen, in dem sie in dem betreffenden Verfahren an einer inländischen Beweisaufnahme beteiligt werden dürfen.**

II Eine unmittelbare Beweisaufnahme im Ausland nach Artikel 19 Absatz 3 der Verordnung (EU) 2020/1783 dürfen Mitglieder des Gerichts sowie von diesem beauftragte Sachverständige durchführen.

Die Regelung wiederholt in **I** das in **Art. 13 I 1, 14 I EuBVO** angesprochene **Recht auf Anwesenheit** der Parteien und ihrer Prozessbevollmächtigten bei der im Ausland erfolgenden Beweisaufnahme, als Parteien iSd Bestimmung dürften auch Streithelfer zu verstehen sein, arg. e § 67. Dasselbe gilt für Beauftragte des Gerichts. Darunter sind vornehmlich der gesamte Spruchkörper oder einzelne Mitglieder als beauftragte Richter (§ 229), daneben aber auch vom Gericht beauftragte Sachverständige zu verstehen, **Art. 14 II 2 EuBVO,** nicht aber Parteisachverständige, aA MüKoZPO/Rauscher Rn. 18. 1

2 Die Norm unterscheidet zwischen der Anwesenheit der genannten Personen und ihrer Beteiligung. Das in **I 1** geregelte Anwesenheitsrecht bei ausländischer Beweisaufnahmen begründet iVm **Art. 13 I EuBVO** ein entsprechendes Anwesenheitsrecht auch im ausländischen Staat. Insoweit besteht eine Mitteilungspflicht im Rechtshilfeersuchen oder später, **Art. 13 II, 14 III EuBVO.** Die Anwesenheit ermöglicht zB einen unmittelbaren Eindruck von der Glaubwürdigkeit eines Zeugen zu erlangen, der dann auch in der Entscheidung verwertet werden kann, Dötsch MDR 2011, 269 (271).

3 Die über die bloße Anwesenheit bei der Beweisaufnahme hinausgehende **Beteiligung** der genannten Personen an der Beweisaufnahme muss nicht nur mitgeteilt, sondern beantragt werden, **Art. 13 III, 14 IV EuBVO.** Das ersuchte Gericht legt dann vor der Beweisaufnahme fest, ob und ggf. in welchem Umfang den genannten Personen die Beteiligung an der Beweisaufnahme gestattet wird, **Art. 13 IV, 4 V EuBVO.**

4 Auch bei der nach **Art. 12 IV EuBVO** zugelassenen Beweisaufnahme im Wege der **Videokonferenz** handelt es sich um eine Beweisaufnahme des ersuchten Gerichtes, Knöfel EuZW 2008, 267 (269). Die Beteiligung der Parteien und des ersuchenden Gerichts an der Beweisaufnahme kann nur nach Maßgabe der Zulassung durch das ersuchte Gericht erfolgen, dieses legt die Bedingungen der Teilnahme fest, **Art. 13 IV EuBVO,** Mankowski RIW 2014, 397 (400).

5 **II** betrifft die unmittelbare Beweisaufnahme durch das Prozessgericht im Ausland gem. **Art. 19 EuBVO.** Zu den Voraussetzungen → § 1072 Rn. 7 f.

1074 ***Zuständigkeiten nach der Verordnung (EU) 2020/1783; Verordnungsermächtigung.*** **I Für Beweisaufnahmen in der Bundesrepublik Deutschland ist als ersuchtes Gericht im Sinne von Artikel 3 Absatz 1 der Verordnung (EU) Nr. 2020/1783 dasjenige Amtsgericht zuständig, in dessen Bezirk die Verfahrenshandlung durchgeführt werden soll.**

II Die Landesregierungen können die Aufgaben des ersuchten Gerichts einem Amtsgericht für die Bezirke mehrerer Amtsgerichte durch Rechtsverordnung zuweisen.

III 1Die Landesregierungen bestimmen durch Rechtsverordnung die Stelle, die in dem jeweiligen Land

1. als deutsche Zentralstelle nach Artikel 4 der Verordnung (EU) 2020/1783 zuständig ist,
2. als zuständige Stelle über Ersuchen um unmittelbare Beweisaufnahme nach Artikel 19 Absatz 1 der Verordnung (EU) Nr. 2020/1783 entscheidet.

2Die Aufgaben nach den Nummern 1 und 2 können in jedem Land nur jeweils einer Stelle zugewiesen werden.

IV 1Zentralstelle des Bundes nach Artikel 4 der Verordnung (EU) 2020/1783 ist das Bundesamt für Justiz. 2Es unterstützt bei Bedarf die zuständigen Behörden der Länder.

V Die Landesregierungen können die Befugnis zum Erlass einer Rechtsverordnung nach den Absätzen 2 und 3 Satz 1 einer obersten Landesbehörde übertragen.

1 § 1074 dient der Umsetzung der **Art. 3, 4 EuBVO** und regelt, welches inländische Gericht im Einzelfall **„ersuchtes Gericht"** iSd **Art. 3 I EuBVO** ist und wer die Aufgabe der **Zentralstelle** gem. **Art. 4 EuBVO** wahrnimmt.

2 **„Ersuchtes Gericht"** ist nach der Definition in **Art. 3 I EuBVO** das Gericht, das die Beweisaufnahme durchführen soll. Die Zuständigkeit richtet sich nach dem jeweiligen nationalen Recht; die einzelnen Zuständigkeiten ergeben sich aus dem im Internet zugänglichen Europäischen Gerichtsatlas für Zivilsachen. Für Deutschland weist **I** die sachliche Zuständigkeit den Amtsgerichten zu; dies gilt auch in arbeitsrechtlichen Streitigkeiten. Örtlich zuständig ist das Gericht, in dessen Bezirk die Beweisaufnahme durchgeführt werden soll, uU sind also mehrere Gerichte zuständig. Die funktionale Zuständigkeit liegt beim Richter.

3 **II** ermöglicht den Ländern eine Konzentration der örtlichen Zuständigkeit auf einzelne Amtsgerichte.

4 Die in allen EU-Staaten einzurichtenden **Zentralstellen** haben insbes. die Funktion, die ersuchenden und ersuchten Gerichte zu beraten und im Einzelfall Hilfestellung bei der Stellung und Abwicklung von Ersuchen zu geben, **Art. 4 I EuBVO.**

Land	**Konzentration für die ersuchten Gerichte**	**Zentralstelle**	**Zuständige Behörde gemäß Art. 17 I EuBVO**
Baden-Württemberg		AG Freiburg (§ 16a Nr. 2 ZuVOJu)	AG Freiburg (§ 16a Nr. 2 ZuVOJu)
Bayern		JM (§ 7 I ZustVaZHRh)	POLG München (§ 7 II ZustVaZHRh)
Berlin	AG Schöneberg (§ 6 I lit. b) 1. AmtsGZustVO)	JM (Art, 2 EG-Beweis-ADV)	JM (Art, 2 EG-Beweis-ADV)
Brandenburg		JM (§ 1 I VO v. 12.5.2004)	JM (§ 1 II VO v. 12.5.2004)
Bremen		PLG Bremen (§ 1 VO v. 6.1.2004	PLG Bremen (§ 1 VO v. 6.1.2004
Hamburg	AG Hamburg (§ 1 Nr. 8 RHIErsAGZustV)	PAG Hamburg (Art. II Nr. 3 RhiZustAnO)	PAG Hamburg (Art. II Nr. 3 RhiZustAnO)
Hessen		POLG Frankfurt (§ 57 Nr. 4a) JuZuV)	POLG Frankfurt (§ 57 Nr. 4b) JuZuV)

Land	**Konzentration für die ersuchten Gerichte**	**Zentralstelle**	**Zuständige Behörde gemäß Art. 17 I EuBVO**
Mecklenburg-Vorpommern		JM (§ 1Nr. 6 ZRHZustVO)	JM (§ 1Nr. 6 ZRHZustVO)
NRW	nur für die AG-Bezirke Duisburg, Duisburg-Hamborn und Duisburg-Ruhrort (AG Duisburg), Essen, Essen-Borbeck und Essen-Steele (AG Essen), Herne und Herne-Wanne (AG Herne), Mönchengladbach und Mönchengladbach-Rheydt (AG Mönchengladbach) (§ 4 ZustVO EUZHA)	POLG Düsseldorf (§ 1 ZustVO EUZHA)	POLG Düsseldorf (§ 1 ZustVO EUZHA
Rheinland-Pfalz		JM (§ 1 Nr. 2 ZPOB11ZustVO)	JM (§ 1 Nr. 3 ZPOB11ZustVO)
Saarland		JM (§ 1 Nr. 2 VO vom 16.12.2003)	JM (§ 1 Nr. 2 VO vom 16.12.2003)
Sachsen		POLG Dresden (§ 29d Nr. 6 SächsJOrgVO)	POLG Dresden (§ 29d Nr. 6 SächsJOrgVO)
Sachsen-Anhalt		JM (§ 1 Nr. 2 ZustVO)	JM (§ 1 Nr. 3 ZustVO)
Schleswig-Holstein		JM (§ 1 Nr. 2 KStEG-VO)	JM (§ 1 Nr. 3 KStEG-VO)
Thüringen		JM (§ 1 Nr. 2 JZusZVO)	JM (§ 1 Nr. 3 JZusZVO

IV wurde eingefügt durch das G zur Durchführung der EU-Verordnungen über grenzüberschreitende Zustellungen und grenzüberschreitende Beweisaufnahmen in Zivil- und Handelssachen, zur Änderung der Zivilrechtshilfe, des Vormundschafts- und Betreuungsrechts sowie sonstiger Vorschriften vom 24.6.2022 (BGBl. I 959). Nunmehr gibt es auf Bundesebene mit dem BfJ eine Zentralstelle, die bei Bedarf die zuständigen Stellen der Länder unterstützen soll. 5

1075 ***Sprache eingehender Ersuchen.*** **Aus dem Ausland eingehende Ersuchen auf Beweisaufnahme sowie Mitteilungen nach der Verordnung (EU) Nr. 2020/1783 müssen in deutscher Sprache abgefasst oder von einer Übersetzung in die deutsche Sprache begleitet sein.**

Art. 6 S. 1 EuBVO ordnet die Abfassung des Beweisaufnahmeersuchens und aller zugehörigen Mitteilungen in der Amtssprache des ersuchten Mitgliedsstaats oder in einer anderen vom ersuchten Mitgliedstaat etwa zugelassenen Amtssprache an. § 1075 stellt klar, dass Deutschland keine solche Zulassung einer anderen Sprache als deutsch vornimmt. Es gestattet nur durch Zulassung einer bloßen Übersetzung neben dem fremdsprachigen Original eine Erleichterung. Im Ergebnis bleibt es beim Grundsatz, dass die Gerichtssprache vor dem deutschen Gericht auch dann nach § 184 GVG deutsch ist, wenn dieses Gericht im internationalen Rechtsverkehr ersucht wird. 1

Die in den anderen Mitgliedstaaten zugelassenen Sprachen ergeben sich aus dem Europäischen Gerichtsatlas in Zivilsachen. 2

Abschnitt 3. Prozesskostenhilfe nach der Richtlinie 2003/8/EG

Vorbemerkung zu § 1076

1 **I. Systematik.** Im EU-Raum gilt seit dem 1.2.2003 die **Richtlinie 2003/8/EG** des Rates vom 27.1.2003 – EG-Prozesskostenhilferichtlinie **(Prozesskostenhilfe-RL),** ABl. (EG) Nr. L 26 vom 31.1.2003, 41, berichtigt im ABl. (EG) Nr. L 32, 15 vom 7.2.2003, abgedruckt in → Rn. 4. Nach ihrem Art. 21 setzten die Mitgliedstaaten die erforderlichen Rechts- und Verwaltungsvorschriften grundsätzlich bis zum 30.11.2004 in Kraft. Das geschah in Deutschland durch das Gesetz zur Umsetzung gemeinschaftsrechtlicher Vorschriften über die grenzüberschreitende Prozesskostenhilfe in Zivil- und Handelssachen in den Mitgliedstaaten (EG-Prozesskostenhilfegesetz) vom 15.12.2004, BGBl. 3392. Dieses ist nach seinem Art. 9 am 21.12.2004 in Kraft getreten.

2 Anpassungen der ZPO, des RPflG und des BerHG sowie weiterer vier Gesetze erfüllen die innerstaatlich notwendigen Aufgaben der Ergänzung bei der praktischen Handhabung der EU-Richtlinie.

3 **II. Regelungszweck.** Er besteht in der Vereinfachung, Vereinheitlichung, Vervollständigung und Beschleunigung.

4 **III. Richtlinie (EG) Nr. 2003/8 (Prozesskosten-RL).** Für Prozesskostenhilfe in grenzüberschreitenden Streitsachen (ohne Erwägungsgründe). Vgl. dazu zunächst → Rn. 1 sowie Jastrow MDR 2004, 75.

Kapitel I. Anwendungsbereich und Begriffsbestimmungen

Art. 1 Prozesskosten-RL Ziele und Anwendungsbereich

I Ziel dieser Richtlinie ist die Verbesserung des Zugangs zum Recht bei Streitsachen mit grenzüberschreitendem Bezug durch Festlegung gemeinsamer Mindestvorschriften für die Prozesskostenhilfe in derartigen Streitsachen.

II 1Diese Richtlinie gilt für Streitsachen mit grenzüberschreitendem Bezug in Zivil- und Handelssachen, ohne dass es auf die Art der Gerichtsbarkeit ankommt. 2Sie erfasst insbesondere keine Steuer- und Zollsachen und keine verwaltungsrechtlichen Angelegenheiten.

III Im Sinne dieser Richtlinie bezeichnet der Ausdruck „Mitgliedstaat" alle Mitgliedstaaten mit Ausnahme Dänemarks.

Art. 2 Prozesskosten-RL Grenzüberschreitende Streitsachen

I Eine grenzüberschreitende Streitigkeit im Sinne dieser Richtlinie liegt vor, wenn die im Rahmen dieser Richtlinie Prozesskostenhilfe beantragende Partei ihren Wohnsitz oder gewöhnlichen Aufenthalt in einem anderen Mitgliedstaat als dem Mitgliedstaat des Gerichtsstands oder dem Vollstreckungsmitgliedstaat hat.

II Der Wohnsitzmitgliedstaat einer Prozesspartei wird gemäß Art. 59 der Verordnung (EG) Nr. 44/2001 des Rates vom 22. Dezember 2000 über die gerichtliche Zuständigkeit und die Anerkennung und Vollstreckung von Entscheidungen in Zivil- und Handelssachen bestimmt.

III Der maßgebliche Augenblick zur Feststellung, ob eine Streitsache mit grenzüberschreitendem Bezug vorliegt, ist der Zeitpunkt, zu dem der Antrag gemäß dieser Richtlinie eingereicht wird.

Kapitel II. Anspruch auf Prozesskostenhilfe

Art. 3 Prozesskosten-RL Anspruch auf Prozesskostenhilfe

I An einer Streitsache im Sinne dieser Richtlinie beteiligte natürliche Personen haben Anspruch auf eine angemessene Prozesskostenhilfe, damit ihr effektiver Zugang zum Recht nach Maßgabe dieser Richtlinie gewährleistet ist.

II 1Die Prozesskostenhilfe gilt als angemessen, wenn sie Folgendes sicherstellt:

a) eine vorprozessuale Rechtsberatung im Hinblick auf eine außergerichtliche Streitbeilegung;
b) den Rechtsbeistand und die rechtliche Vertretung vor Gericht sowie eine Befreiung von den Gerichtskosten oder eine Unterstützung bei den Gerichtskosten des Empfängers, einschließlich der in Artikel 7 genannten Kosten und der Kosten für Personen, die vom Gericht mit der Wahrnehmung von Aufgaben während des Prozesses beauftragt werden.

2 In Mitgliedstaaten, in denen die unterliegende Partei die Kosten der Gegenpartei übernehmen muss, umfasst die Prozesskostenhilfe im Falle einer Prozessniederlage des Empfängers auch die Kosten der Gegenpartei, sofern sie diese Kosten umfasst hätte, wenn der Empfänger seinen Wohnsitz oder gewöhnlichen Aufenthalt im Mitgliedstaat des Gerichtsstands gehabt hätte.

III Die Mitgliedstaaten sind nicht verpflichtet, einen Rechtsbeistand oder eine rechtliche Vertretung vor Gericht bei Verfahren vorzusehen, die speziell darauf ausgerichtet sind, den Prozessparteien zu ermöglichen, sich selbst zu vertreten; dies gilt nicht, wenn das Gericht oder eine andere zuständige Behörde etwas anderes zur Gewährleistung der Gleichheit der Parteien oder in Anbetracht der Komplexität der Sache beschließt.

IV Die Mitgliedstaaten können verlangen, dass sich die Empfänger der Prozesskostenhilfe angemessen an den Prozesskosten beteiligen, wobei die Voraussetzungen nach Artikel 5 zu berücksichtigen sind.

V Die Mitgliedstaaten können vorsehen, dass die zuständige Behörde die Prozesskostenhilfe von den Empfängern ganz oder teilweise zurückverlangen kann, wenn sich ihre finanziellen Verhältnisse wesentlich verbessert haben, oder wenn die Entscheidung zur Gewährung der Prozesskostenhilfe aufgrund falscher Angaben des Empfängers getroffen wurde.

Art. 4 Prozesskosten-RL Diskriminierungsverbot

Die Mitgliedstaaten gewähren Unionsbürgern und Drittstaatsangehörigen, die sich rechtmäßig in einem Mitgliedstaat aufhalten, die Prozesskostenhilfe ohne jede Diskriminierung.

Kapitel III. Voraussetzungen und Umfang der Prozesskostenhilfe

Art. 5 Prozesskosten-RL Voraussetzungen für die finanziellen Verhältnisse

I Die Mitgliedstaaten gewähren den in Art. 3 Absatz 1 genannten Personen, die aufgrund ihrer persönlichen wirtschaftlichen Lage teilweise oder vollständig außer Stande sind, die Prozesskosten nach Artikel 3 Absatz 2 zu tragen, Prozesskostenhilfe zur Gewährleistung ihres effektiven Zugangs zum Recht.

II Die wirtschaftliche Lage einer Person wird von der zuständigen Behörde des Mitgliedstaats des Gerichtsstands unter Berücksichtigung verschiedener objektiver Faktoren wie des Einkommens, des Vermögens oder der familiären Situation einschließlich einer Beurteilung der wirtschaftlichen Ressourcen von Personen, die vom Antragsteller finanziell abhängig sind, bewertet.

III 1Die Mitgliedstaaten können Schwellenwerte festsetzen, bei deren Überschreiten davon ausgegangen wird, dass der Antragsteller die Prozesskosten nach Artikel 3 Absatz 2 teilweise oder vollständig tragen kann. 2Diese Schwellenwerte werden nach den in Absatz 2 des vorliegenden Artikels genannten Kriterien festgelegt.

IV Die gemäß Absatz 3 des vorliegenden Artikels festgelegten Schwellenwerte dürfen nicht verhindern, dass Antragstellern, die die Schwellenwerte überschreiten, Prozesskostenhilfe gewährt wird, wenn sie den Nachweis erbringen, dass sie wegen der unterschiedlich hohen Lebenshaltungskosten im Mitgliedstaat ihres Wohnsitzes oder gewöhnlichen Aufenthalts und im Mitgliedstaat des Gerichtsstands die Prozesskosten nach Art. 3 Absatz 2 nicht tragen können.

V Prozesskostenhilfe muss nicht gewährt werden, wenn die Antragsteller im konkreten Fall effektiven Zugang zu anderen Regelungen haben, die die Prozesskosten gemäß Artikel 3 Absatz 2 decken.

Art. 6 Prozesskosten-RL Voraussetzungen für den Inhalt der Streitsache

I Die Mitgliedstaaten können vorsehen, dass Anträge auf Prozesskostenhilfe für offensichtlich unbegründete Verfahren von den zuständigen Behörden abgelehnt werden können.

II Wird vorprozessuale Rechtsberatung angeboten, so kann die Gewährung weiterer Prozesskostenhilfe aus Gründen, die mit dem Wesen, insbesondere den Erfolgsaussichten der Sache zusammenhängen, abgelehnt oder eingestellt werden, sofern der Zugang zum Recht gewährleistet ist.

III Bei der Entscheidung über das Wesen, insbesondere die Erfolgsaussichten, eines Antrags berücksichtigen die Mitgliedstaaten unbeschadet des Artikels 5 die Bedeutung der betreffenden Rechtssache für den Antragsteller, wobei sie jedoch auch der Art der Rechtssache Rechnung tragen können, wenn der Antragsteller eine Rufschädigung geltend macht, jedoch keinen materiellen oder finanziellen Schaden erlitten hat, oder wenn der Antrag einen Rechtsanspruch betrifft, der in unmittelbarem Zusammenhang mit dem Geschäft oder der selbstständigen Erwerbstätigkeit des Antragstellers entstanden ist.

Art. 7 Prozesskosten-RL Durch den grenzüberschreitenden Charakter der Streitsache bedingte Kosten

Die im Mitgliedstaat des Gerichtsstands gewährte Prozesskostenhilfe umfasst folgende unmittelbar mit dem grenzüberschreitenden Charakter der Streitsache verbundenen Kosten:

a) Dolmetschleistungen;
b) Übersetzung der vom Gericht oder von der zuständigen Behörde verlangten und vom Empfänger vorgelegten Schriftstücke, die für die Entscheidung des Rechtsstreits erforderlich sind; und
c) Reisekosten, die vom Antragsteller zu tragen sind, wenn das Gesetz oder das Gericht dieses Mitgliedstaats die Anwesenheit der mit der Darlegung des Falls des Antragstellers befassten Personen bei Gericht verlangen und das Gericht entscheidet, dass die betreffenden Personen nicht auf andere Weise zur Zufriedenheit des Gerichts gehört werden können.

Art. 8 Prozesskosten-RL Vom Mitgliedstaat des Wohnsitzes oder des gewöhnlichen Aufenthalts zu übernehmende Kosten

Der Mitgliedstaat, in dem die Person, die Prozesskostenhilfe beantragt hat, ihren Wohnsitz oder gewöhnlichen Aufenthalt hat, gewährt die erforderliche Prozesskostenhilfe gemäß Art. 3 Absatz 2 zur Deckung:

a) der Kosten für die Unterstützung durch einen örtlichen Rechtsanwalt oder eine andere gesetzlich zur Rechtsberatung ermächtigte Person in diesem Mitgliedstaat, bis der Antrag auf Prozesskostenhilfe gemäß dieser Richtlinie im Mitgliedstaat des Gerichtsstands eingegangen ist;
b) der Kosten für die Übersetzung des Antrags und der erforderlichen Anlagen, wenn der Antrag auf Prozesskostenhilfe bei den Behörden dieses Mitgliedstaats eingereicht wird.

Art. 9 Prozesskosten-RL Weitergewährung der Prozesskostenhilfe

I Die Prozesskostenhilfe wird den Empfängern in vollem Umfang oder teilweise weitergewährt, um die Kosten für die Vollstreckung eines Urteils im Mitgliedstaat des Gerichtsstands zu decken.

II Ein Empfänger, dem im Mitgliedstaat des Gerichtsstands Prozesskostenhilfe gewährt wurde, erhält Prozesskostenhilfe gemäß dem Recht des Mitgliedstaats, in dem die Anerkennung oder Vollstreckung beantragt wird.

III Vorbehaltlich der Art. 5 und 6 wird Prozesskostenhilfe weiter gewährt, wenn ein Rechtsbehelf gegen den oder vom Empfänger eingelegt wird.

IV Die Mitgliedstaaten können in jeder Phase des Verfahrens auf der Grundlage der Artikel 3 Absätze 3 und 5, Art. 5 und Art. 6 eine neuerliche Prüfung des Antrags auf Prozesskostenhilfe vorsehen; dies gilt auch für Verfahren nach den Absätzen 1 bis 3 des vorliegenden Artikels.

Art. 10 Prozesskosten-RL Außergerichtliche Verfahren

Die Prozesskostenhilfe ist unter den in dieser Richtlinie festgelegten Voraussetzungen auf außergerichtliche Verfahren auszudehnen, wenn die Parteien gesetzlich verpflichtet sind, diese anzuwenden, oder den Streitparteien vom Gericht aufgetragen wird, diese in Anspruch zu nehmen.

Art. 11 Prozesskosten-RL Öffentliche Urkunden

Für die Vollstreckung öffentlicher Urkunden in einem anderen Mitgliedstaat wird unter den in dieser Richtlinie festgelegten Voraussetzungen Prozesskostenhilfe gewährt.

Kapitel IV. Verfahren

Art. 12 Prozesskosten-RL Für die Gewährung der Prozesskostenhilfe zuständige Behörde

Unbeschadet des Artikel 8 wird die Prozesskostenhilfe von der zuständigen Behörde des Mitgliedstaats des Gerichtsstands gewährt oder verweigert.

Art. 13 Prozesskosten-RL Einreichung und Übermittlung der Anträge auf Prozesskostenhilfe

I Anträge auf Prozesskostenhilfe können eingereicht werden: entweder

a) bei der zuständigen Behörde des Mitgliedstaats, in dem der Antragsteller seinen Wohnsitz oder seinen gewöhnlichen Aufenthalt hat (Übermittlungsbehörde), oder
b) bei der zuständigen Behörde des Mitgliedstaats des Gerichtsstands oder des Vollstreckungsmitgliedstaats (Empfangsbehörde).

II Anträge auf Prozesskostenhilfe sind auszufüllen und die beigefügten Anlagen zu übersetzen

a) in der bzw. die Amtssprache oder einer bzw. eine der Amtssprachen des Mitgliedstaats der zuständigen Empfangsbehörde, die zugleich einer der Amtssprachen der Europäischen Gemeinschaft entspricht; oder
b) in einer anderen bzw. eine andere Sprache, mit deren Verwendung sich dieser Mitgliedstaat gemäß Artikel 14 Absatz 3 einverstanden erklärt hat.

III Die zuständigen Übermittlungsbehörden können entscheiden, die Übermittlung eines Antrags abzulehnen, wenn dieser offensichtlich

a) unbegründet ist oder
b) nicht in den Anwendungsbereich dieser Richtlinie fällt.

Artikel 15 Absätze 2 und 3 findet auf solche Entscheidungen Anwendung.

IV 1Die zuständige Übermittlungsbehörde unterstützt den Antragsteller, indem sie dafür Sorge trägt, dass dem Antrag alle Anlagen beigefügt werden, die ihres Wissens zur Entscheidung über den Antrag erforderlich sind. 2Ferner unterstützt sie den Antragsteller gem. Artikel 8 Buchstabe b bei der Beschaffung der erforderlichen Übersetzung der Anlagen. 3Die zuständige Übermittlungsbehörde leitet der zuständigen Empfangsbehörde in dem anderen Mitgliedstaat den Antrag innerhalb von 15 Tagen nach Erhalt des in einer der Amtssprachen gemäß Absatz 2 ordnungsgemäß ausgefüllten Antrags und der beigefügten, erforderlichenfalls in eine dieser Amtssprachen übersetzten Anlagen zu.

V Die nach Maßgabe dieser Richtlinie übermittelten Schriftstücke sind von der Legalisation und gleichwertigen Formalitäten befreit.

VI 1Für die nach Absatz 4 erbrachten Leistungen dürfen die Mitgliedstaaten kein Entgelt verlangen. 2Die Mitgliedstaaten, in denen die Person, die Prozesskostenhilfe beantragt hat, ihren Wohnsitz oder gewöhnlichen Aufenthalt hat, können festlegen, dass der Antragsteller die von der zuständigen Übermittlungsbehörde übernommenen Übersetzungskosten zurückzahlen muss, wenn der Antrag auf Prozesskostenhilfe von der zuständigen Behörde abgelehnt wird.

Art. 14 Prozesskosten-RL Zuständige Behörden und Sprachen

I Die Mitgliedstaaten bezeichnen die für die Übermittlung des Antrags („Übermittlungsbehörden") bzw. den Empfang des Antrags („Empfangsbehörden") zuständige Behörde oder Behörden.

II Jeder Mitgliedstaat übermittelt der Kommission folgende Angaben:
– Name und Anschrift der zuständigen Empfangsbehörden oder Übermittlungsbehörden nach Absatz 1;
– räumlicher Zuständigkeitsbereich dieser Behörden;
– verfügbare Kommunikationsmittel dieser Behörden zum Empfang der Anträge; und
– Sprachen, in denen der Antrag ausgefüllt werden kann.

III Die Mitgliedstaaten teilen der Kommission mit, welche Amtssprache(n) der Europäischen Gemeinschaft außer ihrer bzw. ihren eigenen Amtssprache(n) beim Ausfüllen der gemäß dieser Richtlinie eingehenden Anträge auf Prozesskostenhilfe für die zuständige Empfangsbehörde akzeptabel ist bzw. sind.

IV 1Die Mitgliedstaaten übermitteln der Kommission die Angaben gemäß den Absätzen 2 und 3 vor dem 30. Dezember 2004. 2Jede Änderung dieser Angaben wird der Kommission spätestens zwei Monate, bevor die Änderung in dem betreffenden Mitgliedstaat wirksam wird, mitgeteilt.

V Die Angaben gemäß den Absätzen 2 und 3 werden im Amtsblatt der Europäischen Gemeinschaften veröffentlicht.

Art. 15 Prozesskosten-RL Bearbeitung der Anträge

I Die für die Entscheidung über die Anträge auf Prozesskostenhilfe zuständigen einzelstaatlichen Behörden tragen dafür Sorge, dass der Antragsteller in vollem Umfang über die Bearbeitung des Antrags unterrichtet wird.

II Die vollständige oder teilweise Ablehnung der Anträge ist zu begründen.

III 1Die Mitgliedstaaten sehen einen Rechtsbehelf gegen Entscheidungen vor, mit denen Anträge auf Prozesskostenhilfe abgelehnt werden. 2Die Mitgliedstaaten können Fälle ausnehmen, bei denen ein Antrag auf Prozesskostenhilfe entweder von einem Berufungsgericht oder von einem Gericht abgelehnt wird, gegen dessen Entscheidung in der Hauptsache nach nationalem Recht kein Rechtsbehelf möglich ist.

IV Ist ein Rechtsbehelf gegen eine Entscheidung über die Ablehnung oder Einstellung der Prozesskostenhilfe aufgrund von Artikel 6 verwaltungsrechtlicher Art, so unterliegt er in allen Fällen der gerichtlichen Überprüfung.

Art. 16 Prozesskosten-RL Standardformular

I Zur Erleichterung der Übermittlung der Anträge wird nach dem in Artikel 17 Absatz 2 genannten Verfahren ein Standardformular für Anträge auf Prozesskostenhilfe und für die Übermittlung dieser Anträge erstellt.

II Das Standardformular für die Übermittlung von Anträgen auf Prozesskostenhilfe wird spätestens am 30. Mai 2003 erstellt.

Das Standardformular für Anträge auf Prozesskostenhilfe wird spätestens am 30.11.2004 erstellt.

Kapitel V. Schlussbestimmungen

Art. 17 Prozesskosten-RL Ausschuss

I Die Kommission wird von einem Ausschuss unterstützt.

II Wird auf diesen Absatz Bezug genommen, so gelten die Artikel 3 und 7 des Beschlusses 1999/468/EG.

III Der Ausschuss gibt sich eine Geschäftsordnung.

Art. 18 Prozesskosten-RL Information

Die zuständigen einzelstaatlichen Behörden arbeiten zusammen, um die Information der Öffentlichkeit und der Fachkreise über die verschiedenen Systeme der Prozesskostenhilfe, insbesondere über das gemäß der Entscheidung 2001/470/EG eingerichtete Europäische Justizielle Netz zu gewährleisten.

Art. 19 Prozesskosten-RL Günstigere Bestimmungen

Diese Richtlinie hindert die Mitgliedstaaten nicht daran, günstigere Bestimmungen für Antragsteller und Empfänger von Prozesskostenhilfe vorzusehen.

Art. 20 Prozesskosten-RL Verhältnis zu anderen Übereinkünften

Diese Richtlinie hat zwischen den Mitgliedstaaten in ihrem Anwendungsbereich Vorrang vor den Bestimmungen, die in den von den Mitgliedstaaten geschlossenen bilateralen und multilateralen Übereinkünften enthalten sind, einschließlich

a) des am 27. Januar 1977 in Straßburg unterzeichneten Europäischen Übereinkommens über die Übermittlung von Anträgen auf Bewilligung der Prozesskostenhilfe, geändert durch das 2001 in Moskau unterzeichnete Zusatzprotokoll zum Europäischen Übereinkommen über die Übermittlung von Anträgen auf Bewilligung der Prozesskostenhilfe;

b) des Haager Abkommens vom 25. Oktober 1980 über die Erleichterung des internationalen Zugangs zu den Gerichten.

Art. 21 Prozesskosten-RL Umsetzung in innerstaatliches Recht

I Die Mitgliedstaaten setzen die Rechts- und Verwaltungsvorschriften in Kraft, die erforderlich sind, um dieser Richtlinie spätestens am 30. November 2004 nachzukommen; dies gilt jedoch nicht für Artikel 3 Absatz 2 Buchstabe a, dessen Umsetzung in nationales Recht spätestens am 30. Mai 2006 erfolgt. Sie setzen die Kommission unverzüglich davon in Kenntnis.

Wenn die Mitgliedstaaten diese Vorschriften erlassen, nehmen sie in den Vorschriften selbst oder durch einen Hinweis bei der amtlichen Veröffentlichung auf diese Richtlinie Bezug. Die Mitgliedstaaten regeln die Einzelheiten der Bezugnahme.

II Die Mitgliedstaaten teilen der Kommission den Wortlaut der wichtigsten innerstaatlichen Rechtsvorschriften mit, die sie auf dem unter diese Richtlinie fallenden Gebiet erlassen.

Art. 22 Prozesskosten-RL Inkrafttreten

Diese Richtlinie tritt am Tag ihrer Veröffentlichung im Amtsblatt der Europäischen Gemeinschaften in Kraft.

Art. 23 Prozesskosten-RL Adressaten

Diese Richtlinie ist gemäß dem Vertrag zur Gründung der Europäischen Gemeinschaft an die Mitgliedstaaten gerichtet.

1076

Anwendbare Vorschriften. **Für die grenzüberschreitende Prozesskostenhilfe innerhalb der Europäischen Union nach der Richtlinie 2003/8/EG des Rates vom 27. Januar 2003 zur Verbesserung des Zugangs zum Recht bei Streitsachen mit grenzüberschreitendem Bezug durch Festlegung gemeinsamer Mindestvorschriften für die Prozesskostenhilfe in derartigen Streitsachen (ABl. EG Nr. L 26 S. 41, ABl. EU Nr. L 32 S. 15) gelten die §§ 114 bis 127a, soweit nachfolgend nichts Abweichendes bestimmt ist.**

I. Systematik. Die Vorschrift steht in ihrem Geltungsbereich selbständig neben §§ 114–127a. Erst § 1076 macht die §§ 114 ff. bedingt anwendbar. 1

II. Regelungszweck. Grundsätzlich gelten auch im grenzüberschreitenden Rechtsverkehr die §§ 114 ff.; die §§ 1077 ff. haben lediglich Vorrang. Die PKH-Vorschriften sind iSe einer richtlinienkonformen Auslegung großzügig zugunsten der Antragsteller anzuwenden, BGH MDR 2018, 1521 Rn. 17. 2

III. Geltungsbereich. Er ergibt sich aus der in → Vor § 1076 Rn. 4 abgedruckten EU-Richtlinie. Vor den Arbeitsgerichten gilt das alles iVm § 13a ArbGG, BAG NJW 2017, 3742. § 1076 klärt, dass dort nur die Mindestvorschriften EU-weit geregelt sind. Das innerdeutsche Ausführungsrecht erlaubt daher weitere Vorschriften zugunsten, aber nicht zulasten des Antragstellers. 3

1077

Ausgehende Ersuchen. **I [1]Für die Entgegennahme und Übermittlung von Anträgen natürlicher Personen auf grenzüberschreitende Prozesskostenhilfe ist das Amtsgericht zuständig, in dessen Bezirk der Antragsteller seinen Wohnsitz oder gewöhnlichen Aufenthalt hat (Übermittlungsstelle). [2]Die Landesregierungen können die Aufgaben der Übermittlungsstelle einem Amtsgericht für die Bezirke mehrerer Amtsgerichte durch Rechtsverordnung zuweisen. [3]Sie können die Ermächtigung durch Rechtsverordnung auf die Landesjustizverwaltungen übertragen. [4]§ 21 Satz 1 des Auslandsunterhaltsgesetzes bleibt unberührt.**

II [1]Das Bundesministerium der Justiz und für Verbraucherschutz wird ermächtigt, durch Rechtsverordnung mit Zustimmung des Bundesrates die in Artikel 16 Abs. 1 der Richtlinie 2003/8/EG vorgesehenen Standardformulare für Anträge auf grenzüberschreitende Prozesskostenhilfe und für deren Übermittlung einzuführen. [2]Soweit Standardformulare für Anträge auf grenzüberschreitende Prozesskostenhilfe und für deren Übermittlung eingeführt sind, müssen sich der Antragsteller und die Übermittlungsstelle ihrer bedienen.

III [1]Die Übermittlungsstelle kann die Übermittlung durch Beschluss vollständig oder teilweise ablehnen, wenn der Antrag offensichtlich unbegründet ist oder offensichtlich nicht in den Anwendungsbereich der Richtlinie 2003/8/EG fällt. [2]Sie kann von Amts wegen Übersetzungen von dem Antrag beigefügten fremdsprachigen Anlagen fertigen, soweit dies zur Vorbereitung einer Entscheidung nach Satz 1 erforderlich ist. [3]Gegen die ablehnende Entscheidung findet die sofortige Beschwerde nach Maßgabe des § 127 Abs. 2 Satz 2 und 3 statt.

IV [1]Die Übermittlungsstelle fertigt von Amts wegen Übersetzungen der Eintragungen im Standardformular für Anträge auf Prozesskostenhilfe sowie der beizufügenden Anlagen

a) in eine der Amtssprachen des Mitgliedstaats der zuständigen Empfangsstelle, die zugleich einer der Amtssprachen der Europäischen Union entspricht, oder
b) in eine andere von diesem Mitgliedstaat zugelassene Sprache.

[2]Die Übermittlungsstelle prüft die Vollständigkeit des Antrags und wirkt darauf hin, dass Anlagen, die nach ihrer Kenntnis zur Entscheidung über den Antrag erforderlich sind, beigefügt werden.

V [1]Die Übermittlungsstelle übersendet den Antrag und die beizufügenden Anlagen ohne Legalisation oder gleichwertige Förmlichkeiten an die zuständige Empfangsstelle des Mitgliedstaats des Gerichtsstands oder des Vollstreckungsmitgliedstaats. [2]Die Übermittlung erfolgt innerhalb von 14 Tagen nach Vorliegen der gemäß Absatz 4 zu fertigenden Übersetzungen.

VI [1]Hat die zuständige Stelle des anderen Mitgliedstaats das Ersuchen um Prozesskostenhilfe auf Grund der persönlichen und wirtschaftlichen Verhältnisse des Antragstellers abgelehnt oder eine Ablehnung angekündigt, so stellt die Übermittlungsstelle auf Antrag eine Bescheinigung der Bedürftigkeit aus, wenn der Antragsteller in einem entsprechenden deutschen Verfahren nach § 115 Abs. 1 und 2 als bedürftig anzusehen wäre. [2]Absatz 4 Satz 1 gilt für die Übersetzung der Bescheinigung entsprechend. [3]Die Übermittlungsstelle übersendet der Empfangsstelle des anderen Mitgliedstaats die Bescheinigung der Bedürftigkeit zwecks Ergänzung des ursprünglichen Ersuchens um grenzüberschreitende Prozesskostenhilfe.

1 **I. Systematik.** Die Vorschrift regelt ein sog. **ausgehendes Ersuchen** von Deutschland ins EU-Ausland. Demgegenüber behandelt § 1078 ein sog. eingehendes Ersuchen vom EU-Gebiet nach Deutschland. Beide Vorschriften stehen also gleichrangig nebeneinander.

2 **II. Regelungszweck.** Die deutsche **Übermittlungsstelle** soll möglichst klare und einfache Weisungen zur Durchführung des Ersuchens erhalten, damit es vor der ausländischen Entscheidungsstelle einigermaßen Erfolg verspricht. Klarheit und Einfachheit heißt gerade auch zwischenstaatlich natürlich auch: Genauigkeit. Daher muss zB die etwa notwendige Bedürftigkeitsbescheinigung nach VI mit aller Sorgfalt entstehen. Zumindest die 14-Tage-Frist nach **V 1** erfordert eine erhebliche Beschleunigung.

3 **III. Geltungsbereich.** Die Vorschrift gilt unmittelbar nur für ein deutsches Ersuchen gegenüber einem EU-Mitgliedstaat und dabei nicht gegenüber Dänemark, Erwägung XXXIV Prozesskostenhilfe-RL, wohl aber gegenüber Irland und – jedenfalls bis zum Abschluss der Übergangszeit nach dem Brexit (→ Brüssel Ia-VO Vor Art. 1 Rn. 4), Erwägung XXXIII Prozesskostenhilfe-RL.

4 **IV. Zuständigkeit, I.** Ähnlich wie § 10 Gesetz zur Ausführung des Haager Zivilprozeßübereinkommens (HZPrÜbk) gegenüber anderen Staaten ist auch nach **I 1** grundsätzlich dasjenige AG zuständig, in dessen Bezirk der Antragsteller seinen Wohnsitz nach § 13 oder seinen gewöhnlichen Aufenthalt nach § 16 Hs. 1 hat. Bei einer juristischen Person gilt § 17. Nach § 21 AUG ist das AG zuständig, das zu dem OLG gehört, in dessen Bezirk der Antragsteller seinen gewöhnlichen Aufenthalt hat. Das AG wird nach § 20 I Nr. 6 RPflG grundsätzlich durch den Rpfl. und nur im dort genannten Ausnahmefall des § 1078 durch den Richter tätig, Rellermeyer Rpfleger 2005, 61.

5 **I 2** erlaubt den Landesregierungen eine Zuweisung der Aufgaben an ein einzelnes AG für mehrere Bezirke. Sie ist bisher nicht erfolgt. **I 3** erlaubt der Landesregierung die Übertragung der Ermächtigung zur Rechtsverordnung auf die Landesjustizverwaltung. Auch diese ist bisher nicht erfolgt.

6 Art. 13 V Richtlinie mit seiner Befreiung von irgendwelchen Formalien des Verfahrens lässt auch einen direkten Antrag an die EU-ausländische **Empfangsstelle** zu, EuGH RIW 2017, 693 Rn. 29; BGH MDR 2018, 1521 Rn. 40.

7 **V. Standardformular, II.** Die Vorschrift setzt Art. 16 Prozesskostenhilfe-RL um. **II 1** enthält eine Ermächtigung zur Einführung von Formularen. **II 2** enthält ab deren Einführung einen **Formularzwang.** Dazu ist die EG-Prozesskostenhilfevordruckverordnung – EG-PKHVV – vom 21.12.2004, BGBl. I 3538, ergangen und hat den Vordruckzwang in ihrem § 1 eingeführt. Vom Abdruck dieses Vordrucks wird hier abgesehen. Ergänzend gelten über die Verweisung in § 1076 die Vorschriften des § 117 III, IV direkt, nicht nur entsprechend. Dagegen gilt trotz der Anwendbarkeit auch des § 117 II die innerdeutsche PKHVV nur hilfsweise.

8 **VI. Prüfung, III, IV. 1. Vollständigkeit des Antrags, IV 2.** Zunächst prüft der RPfl. wegen Art. 13 IV 1 Prozesskostenhilfe-RL von Amts wegen die formelle Vollständigkeit des Antrags und der notwendigen Anlagen. Er wirkt auf deren Beifügung hin und setzt dazu eine wegen **V 2** nur ganz kurze Frist von höchstens etwa 10 Tagen, damit er innerhalb der ihm genannten 14 Tage nach Vorliegen der Übersetzungen den Antrag absenden kann.

9 **2. Offensichtliche Unzulässigkeit oder Unbegründetheit, III 1, 3.** Im Anschluss an die Prüfung → Rn. 8 ist wegen Art. 13 III 1 Prozesskostenhilfe-RL zu prüfen, ob der Antrag ganz oder teilweise offensichtlich nicht in den Anwendungsbereich nach → Rn. 3 fällt oder ob er jedenfalls offensichtlich unbegründet ist. In jedem dieser Fälle ist schon die bloße Übermittlung abzulehnen. Dadurch soll ein Rechtsmissbrauch von vornherein verhindern werden. „Kann" bedeutet daher die Zuständigkeit, kein Ermessen zum Wie, sondern allenfalls ein solches zum Ob solcher Voraussetzungen. Es ist nach § 128 IV keine mündliche Verhandlung notwendig. Der Rpfl. muss den Antragsteller vor einer Ablehnung aber anhören.

10 Bei der Prüfung ist Großzügigkeit geboten, zumal die Beurteilung der Erfolgsaussichten im Ausland nur schwer zuverlässig möglich ist. Erst bei einem unzweifelhaft haltlosen Antrag ist dessen Ablehnung nach **III 1** erlaubt und dann auch zwingend notwendig, dies gilt insbes. bei Vorliegen formeller Mängel, bei denen zu erwarten ist, dass die zuständige Empfangsstelle deshalb den Antrag zurückweisen wird, OLG Hamm FamRZ 2010, 1587.

11 **Beschluss** ist die wegen Art. 13 III 2, 15 II, III Prozesskostenhilfe-RL nach **III 1** notwendige Ablehnungsform. Der Rpfl. muss seinen Beschluss begründen. Der Beschluss muss nach Art. 8 Prozesskostenhilfe-RL über die Kosten entsprechend § 91 mitentscheiden. Wegen der Auslagen gelten § 28 III GKG, § 23 III FamGKG, § 46 II 3 RVG. Wegen **III 3** muss der Rpfl. die ablehnende Entscheidung dem Antragsteller förmlich zustellen lassen.

12 **Sofortige Beschwerde** ist nach **III 3** stets nach § 127 II 2 Hs. 2 statthaft. Die Notfrist dazu beträgt wegen der Verweisung in **III 3** auch auf § 127 II 3 einen Monat seit der Zustellung. Eine Wiedereinsetzung ist nach

§§ 127 II 3, 233 statthaft. Eine Kostenerstattung ist auch im Beschwerdeverfahren möglich. Denn **III 3** verweist nicht auch auf § 127 IV.

VII. Übersetzungen, III 2, IV, VI 2. Der Rpfl. hat wegen Art. 13 II, IV 1, 2, VI 1 Prozesskostenhilfe-RL **von Amts wegen** stets **Übersetzungen** der Eintragungen im Standardformular und dessen beizufügender Anlagen nach **IV** anfertigen zu lassen. Er kann nach **III 2** ebenfalls von Amts wegen auch von einer dem Antrag beigefügten fremdsprachigen Anlage eine Übersetzung herstellen lassen, soweit er sie zur Vorbereitung einer Antragsablehnung nach **III 1** braucht. Im letzteren Fall ist der Antragsteller nach § 28 III Alt. 2 GKG Kostenschuldner. Im Übrigen bleiben die Übersetzungskosten nach Art 8a, b Prozesskostenhilfe-RL beim Wohnsitzstaat. 13

Unanwendbar wird diese Regelung, soweit der Antragsteller selbst bereits ausreichend Übersetzungen miteingereicht hat und soweit auch nicht etwa der Empfangsstaat nach **VI** Bedenken gegen die Brauchbarkeit geltend macht oder der deutsche Rpfl. erkennt, dass die Übersetzung nicht ausreicht. Eine Beglaubigung ist nicht nötig. 14

VIII. Übermittlung, V. Nach Erledigung von → Rn. 8–14 und mangels Ablehnung nach → Rn. 9–12 hat der Rpfl. wegen Art. 13 IV 3 Prozesskostenhilfe-RL den Antrag nebst Anlagen binnen 14 Tagen nach Vorliegen der vom Antragsteller nach → Rn. 14 eingereichten oder von Amts wegen beschafften Übersetzungen an die zuständige Empfangsstelle des Mitgliedstaats des Gerichtsstands oder des Vollstreckungsmitgliedstaats zu übersenden. **Empfangsstelle** wird wie bei den VOen (EG) Nr. 1393/2007, → Vor § 1067 Rn. 3, und Nr. 1206/2001, → Vor § 1072 Rn. 5, diejenige Stelle sein, die dem europaweiten Gerichtsverzeichnis in dem Europäischen **Justizatlas** (→ Vor § 1067 Rn. 11) entnommen werden kann, Jastrow MDR 2004, 75 (76). 15

Keinerlei Förmlichkeit ist nach **V 1** dabei erlaubt, insbesondere ist **keinerlei Legalisation** notwendig. 16

IX. Bedürftigkeitsbescheinigung, VI. Nach Art. 5 IV Prozesskostenhilfe-RL muss das ausländische EU-Land dem Antragsteller evtl. auch dann Prozesskostenhilfe gewähren, wenn seine Bedürftigkeit nach deutschem Recht vorliegt, aber nach dortigem Recht fehlt. Dann darf sich der Antragsteller erneut in derselben Sache an die deutsche Übermittlungsstelle mit dem Antrag auf die Ausstellung einer Bescheinigung seiner Bedürftigkeit wenden. **VI** regelt dieses Verfahren. Dabei stellt der Rpfl. auf die Entscheidungsreife über diesen Ergänzungsantrag ab. 17

1078 *Eingehende Ersuchen.* I [1]**Für eingehende Ersuchen um grenzüberschreitende Prozesskostenhilfe ist das Prozessgericht oder das Vollstreckungsgericht zuständig. [2]Die Anträge müssen in deutscher Sprache ausgefüllt und die Anlagen von einer Übersetzung in die deutsche Sprache begleitet sein. [3]Eine Legalisation oder gleichwertige Förmlichkeiten dürfen nicht verlangt werden.**

II [1]**Das Gericht entscheidet über das Ersuchen nach Maßgabe der §§ 114 bis 116. [2]Es übersendet der übermittelnden Stelle eine Abschrift seiner Entscheidung.**

III **Der Antragsteller erhält auch dann grenzüberschreitende Prozesskostenhilfe, wenn er nachweist, dass er wegen unterschiedlich hoher Lebenshaltungskosten im Mitgliedstaat seines Wohnsitzes oder gewöhnlichen Aufenthalts einerseits und im Geltungsbereich dieses Gesetzes andererseits die Kosten der Prozessführung nicht, nur zum Teil oder nur in Raten aufbringen kann.**

IV [1]**Wurde grenzüberschreitende Prozesskostenhilfe bewilligt, so gilt für jeden weiteren Rechtszug, der von dem Antragsteller oder dem Gegner eingeleitet wird, ein neuerliches Ersuchen um grenzüberschreitende Prozesskostenhilfe als gestellt. [2]Das Gericht hat dahin zu wirken, dass der Antragsteller die Voraussetzungen für die Bewilligung der grenzüberschreitenden Prozesskostenhilfe für den jeweiligen Rechtszug darlegt.**

I. Systematik. → § 1077 Rn. 1. 1

II. Regelungszweck. Es gelten dieselben Erwägungen wie bei → § 1077 Rn. 2. 2

III. Zuständigkeit, I 1. Die Vorschrift setzt Art. 14 I Prozesskostenhilfe-RL um. Zur Prüfung und Entscheidung beim Ersuchen aus einem EU-Ausland um grenzüberschreitende Prozesskostenhilfe ist dasjenige deutsche Gericht zuständig, das in der zugehörigen Hauptsache entscheiden soll, also im Erkenntnisverfahren das Prozessgericht, in der Zwangsvollstreckung ab ihrem Beginn bis zu ihrem Ende das nach § 802 ausschließlich zuständige Vollstreckungsgericht nach § 764. Diese Gerichte handeln grundsätzlich durch den Rpfl. nach § 20 I Nr. 6 RPflG. Das AG ist also nur insoweit zuständig, als es Prozess- oder Vollstreckungsgericht ist. Anders als nach § 1077 I 2 sieht § 1078 keine Konzentration auf ein Gericht für mehrere Bezirke vor. Ebensowenig kommt es bei **I 1** von vornherein auf den Wohnsitz oder Aufenthaltsort an, soweit diese nicht schon die Zuständigkeit eben des Prozess- oder Vollstreckungsgerichts bestimmt haben. 3

IV. Deutsche Amtssprache, keinerlei Förmlichkeit, I 2, 3. Wegen Art. 13 II a Prozesskostenhilfe-RL muss der Antrag nach **I 2** in Deutsch vorliegen. Die Kosten für die **Übersetzung** etwaiger Anlagen hat jedoch das Gericht zu tragen, weil der Antragsteller die freie Wahl hat, den Antrag bei seiner inländischen Übermittlungsstelle oder unmittelbar der ausländischen **Empfangsstelle** anzubringen, EuGH RIW 2017, 693 Rn. 43; BGH MDR 2018, 1521 Rn. 33; BAG NJW 2017, 3741, einschränkend OLG Bbg BeckRS 2020, 39994, wenn der Antragsteller bereits Erklärungen in deutscher Sprache zur Akte gereicht hat. Wegen Art. 13 V Richtlinie darf das deutsche Gericht nach **I 3** weder eine Legalisation nach noch irgendeine andere Förmlichkeit fordern, wie bei § 1077 V 1. 4

V. Prüfung, II 1, III. Die Vorschrift wiederholt den schon in § 1076 genannten Grundsatz. Danach hat der Rpfl. §§ 114 ff. direkt anzuwenden. Darüber hinaus muss er **III** beachten. Im Prinzip gelten alle innerdeutschen Regeln uneingeschränkt. Zur Frage der Bedürftigkeit muss der Rpfl. zwar zunächst ebenfalls von den innerdeutschen Regeln ausgehen. Wegen Art. 5 IV Prozesskostenhilfe-RL sind aber wie beim ausgehenden Ersuchen bei § 1077 VI die unterschiedlichen Lebenshaltungskosten im ausländischen Mitgliedstaat des Wohnsitzes oder des gewöhnlichen Aufenthaltsorts des Antragstellers einerseits und in Deutschland andererseits nach **III** mitzube- 5 achten. Dies rechtfertigt aber keine Herabsetzung der Freibeträge aufgrund niedrigerer Lebenshaltungskosten im Wohnsitzstaat, BGH NJW-RR 2008. 1453.

6 Das kann dazu führen, die **Bedürftigkeit** auch dann zu bejahen, wenn sie im EU-Ausland nicht bestehen würde. Der Rpfl. muss also ohne genaue Kenntnis der ausländischen Verhältnisse evtl. großzügig zugunsten des Antragstellers vorgehen. Im Zweifel ist zugunsten des Antragstellers zu entscheiden. Allerdings setzt das zumindest auch einen wirklichen Nachweis des Antragstellers nach **III** voraus.

7 **VI. Entscheidung, Rechtsmittel, II, III.** Die Verweisung in **II 1** auf §§ 114–116 bedeutet wegen § 1076 keineswegs eine Beschränkung auf die erstgenannten Vorschriften. Vielmehr gelten auch für die Entscheidung §§ 114–127 direkt. Lediglich klarstellend schreibt **II 2** die Übersendung einer Abschrift der Entscheidung an die übermittelnde Stelle vor. Die Vorschrift schreibt keine Übersetzung dieser Abschrift vor.

8 **VII. Weiterer Rechtszug, IV.** Wegen Art. 9 IV Prozesskostenhilfe-RL bleibt grundsätzlich § 119 I 1 anwendbar. Indessen gibt § 1078 IV 1 eine Erleichterung nach einer vorinstanzlichen Bewilligung von Prozesskostenhilfe zugunsten jedes Rechtsmittelführers: Es gilt ein „neuerliches" Ersuchen als gestellt.

9 **IV 2** verpflichtet den Rpfl. in Anlehnung an § 139 dazu, auf eine ausreichende Darlegung der Voraussetzungen für grenzüberschreitende Prozesskostenhilfe für den weiteren Rechtszug zu sorgen. Diese Vorschrift steht in demselben Absatz wie **IV 1** und bezieht sich trotz des missverständlichen Worts „jeweiligen" daher nur auf jeden „weiteren" Rechtszug.

10 **VIII. Kosten.** Maßgeblich sind zunächst Art. 7, 8 Prozesskostenhilfe-RL. Ergänzend gelten das GKG, evtl. das GNotKG und stets das JVEG und das RVG.

Abschnitt 4. Europäische Vollstreckungstitel nach der Verordnung (EG) Nr. 805/2004

Vorbemerkung zu § 1079

I. Systematik. Seit 21.10.2005 gilt in der EU die **VO (EG) Nr. 805/2004** des Europäischen Parlaments und des Rates zur Einführung eines europäischen Vollstreckungstitels für unbestrittene Forderungen **(EuVTVO),** ABl. EG L 143, 15 v. 21.4.2004, berichtigt am 15.4.2005, ABl. EG L 97, 64, geändert durch ABl. EG 2008 L 304, 80, abgedruckt in → Rn. 3 ff. Sie berührt nach ihrem nachstehend mitabgedruckten Art. 27 nicht die Möglichkeit einer Anerkennung und Vollstreckung nach der VO (EG) 1215/2012 (Brüssel Ia-VO), und lässt nach ihrem ebenfalls mitabgedruckten Art. 28 die VO (EG) Nr. 1348/2000, ihrerseits abgedruckt in → Vor § 1067 Rn. 3, unberührt. Sie hat aber ab dem Bestehen eines Europäischen Vollstreckungstitels den Vorrang vor der Brüssel Ia-VO, BGH NJW-RR 2010, 591; OLG Stgt NJW-RR 2010, 134. Die JBeitrO stört nicht, BGH NJW 2010, 894. 1

II. Regelungszweck. Er liegt in einer Vereinfachung, Vereinheitlichung und Beschleunigung. So ist die ganze Regelung auslegbar. 2

III. Verordnung (EG) Nr. 805/2004 (EuVTVO): (ohne Erwägungsgründe) 3

Kapitel I. Gegenstand, Anwendungsbereich und Begriffsbestimmungen

Art. 1 EuVTVO Gegenstand

Mit dieser Verordnung wird ein Europäischer Vollstreckungstitel für unbestrittene Forderungen eingeführt, um durch die Festlegung von Mindestvorschriften den freien Verkehr von Entscheidungen, gerichtlichen Vergleichen und öffentlichen Urkunden in allen Mitgliedstaaten zu ermöglichen, ohne dass im Vollstreckungsmitgliedstaat ein Zwischenverfahren vor der Anerkennung und Vollstreckung angestrengt werden muss.

Art. 2 EuVTVO Anwendungsbereich

I [1]Diese Verordnung ist in Zivil- und Handelssachen anzuwenden, ohne dass es auf die Art der Gerichtsbarkeit ankommt. [2]Sie erfasst insbesondere nicht Steuer- und Zollsachen, verwaltungsrechtliche Angelegenheiten sowie die Haftung des Staates für Handlungen oder Unterlassungen im Rahmen der Ausübung hoheitlicher Rechte („acta jure imperii").

II Diese Verordnung ist nicht anzuwenden auf

a) den Personenstand, die Rechts- und Handlungsfähigkeit sowie die gesetzliche Vertretung von natürlichen Personen, die ehelichen Güterstände, das Gebiet des Erbrechts einschließlich des Testamentsrechts;
b) Konkurse, Vergleiche und ähnliche Verfahren;
c) die soziale Sicherheit;
d) die Schiedsgerichtsbarkeit.

III In dieser Verordnung bedeutet der Begriff „Mitgliedstaaten" die Mitgliedstaaten mit Ausnahme Dänemarks.

Die Regelung entspricht Art. 1 Brüssel Ia-VO, allerdings ohne die dort in Art. 1 II lit. e und f Brüssel Ia-VO vorgesehenen Ausnahmen für Unterhalts- und erbrechtliche Ansprüche. Hierunter fallen auch in diesen Verfahren verhängte Ordnungsmittel, BGH NJW 2010, 1883 Rn. 11 (§ 890). Zu **II lit. a** KG NJW-RR 2010, 1377 (Zugewinnausgleich). 4

Art. 3 EuVTVO Vollstreckungstitel, die als Europäischer Vollstreckungstitel bestätigt werden

I Diese Verordnung gilt für Entscheidungen, gerichtliche Vergleiche und öffentliche Urkunden über unbestrittene Forderungen.

Eine Forderung gilt als „unbestritten", wenn

a) der Schuldner ihr im gerichtlichen Verfahren ausdrücklich durch Anerkenntnis oder durch einen von einem Gericht gebilligten oder vor einem Gericht im Laufe eines Verfahrens geschlossenen Vergleich zugestimmt hat oder
b) der Schuldner ihr im gerichtlichen Verfahren zu keiner Zeit nach den maßgeblichen Verfahrensvorschriften des Rechts des Ursprungsmitgliedstaats widersprochen hat oder
c) der Schuldner zu einer Gerichtsverhandlung über die Forderung nicht erschienen oder dabei nicht vertreten worden ist, nachdem er zuvor im gerichtlichen Verfahren der Forderung widersprochen hatte, sofern ein solches Verhalten nach dem Recht des Ursprungsmitgliedstaats als stillschweigendes Zugeständnis der Forderung oder des vom Gläubiger behaupteten Sachverhalts anzusehen ist oder
d) der Schuldner die Forderung ausdrücklich in einer öffentlichen Urkunde anerkannt hat.

II Diese Verordnung gilt auch für Entscheidungen, die nach Anfechtung von als Europäischer Vollstreckungstitel bestätigten Entscheidungen, gerichtlichen Vergleichen oder öffentlichen Urkunden ergangen sind.

I führt die Vollstreckungstitel auf, die als Europäische Vollstreckungstitel bestätigt werden können. Es handelt sich hierbei um 5

– Anerkenntnisurteile **(lit. a 1. Alt.)**
– Prozessvergleiche **(lit. a 2. Alt.)**
  Str. ist, ob auch Zug-um-Zug zu erfüllende Ansprüche darunter fallen, bejahend OLG Karlsr IPRax 2014, 287; MüKoZPO/Adolphsen § 1080 Rn. 5.
– Versäumnisurteile und Vollstreckungsbescheide **(lit. b und c)**
  Lit. b und c decken die Situationen ab, in denen im Inland ein Versäumnisurteil ergehen kann. Unwidersprochen geblieben ist eine Forderung, wenn der Schuldner nicht tätig wird, um ihr zu widersprechen, weil er der Aufforderung des Gerichts, schriftlich mitzuteilen, ob er sich zu verteidigen beabsichtigt, nicht nachkommt oder nicht zur Gerichtsverhandlung erscheint, EuGH NJW 2016, 2311 Rn. 41. Im Hinblick darauf, dass Art. 14 II EuVTVO eine öffentliche Zustellung nicht ausreichen lässt, kann auch ein darauf ergangenes Versäumnisurteil nicht anerkannt werden, EuGH EuZW 2012, 381 Rn. 64.
– öffentliche Urkunden **(lit. d)**
  Der Begriff wird in Art. Nr. 4 EuVTVO definiert. Die Definition entspricht derjenigen in Art. 2 lit. c Brüssel

Ia-VO. Erfasst sind Urkunden iSd § 794 I Nr. 5 und Vergleiche vor anerkannten Gütestellen iSd § 794 I Nr. 1, Schlosser/Hess/Hess Brüssel Ia-VO Art 2 Rn. 27.

6 Gerichte iSd **I** können auch Einrichtungen sein, die keine Rechtsprechungsfunktion wahrnehmen (→ EuVTVO Art. 4 Nr. 7), Voraussetzung ist aber jdf ein **kontradiktorisches Verfahren,** EuGH EuZW 2017, 689 Rn. 48.

Art. 4 EuVTVO Begriffsbestimmungen

Im Sinne dieser Verordnung gelten folgende Begriffsbestimmungen:

1. „Entscheidung": jede von einem Gericht eines Mitgliedstaats erlassene Entscheidung ohne Rücksicht auf ihre Bezeichnung wie Urteil, Beschluss, Zahlungsbefehl oder Vollstreckungsbescheid, einschließlich des Kostenfestsetzungsbeschlusses eines Gerichtsbediensteten.
2. „Forderung": eine Forderung auf Zahlung einer bestimmten Geldsumme, die fällig ist oder deren Fälligkeitsdatum in der Entscheidung, dem gerichtlichen Vergleich oder der öffentlichen Urkunde angegeben ist.
3. „Öffentliche Urkunde":
   a) ein Schriftstück, das als öffentliche Urkunde aufgenommen oder registriert worden ist, wobei die Beurkundung
      i) sich auf die Unterschrift und den Inhalt der Urkunde bezieht und
      ii) von einer Behörde oder einer anderen von dem Ursprungsmitgliedstaat hierzu ermächtigten Stelle vorgenommen worden ist;

   oder

   b) eine vor einer Verwaltungsbehörde geschlossene oder von ihr beurkundete Unterhaltsvereinbarung oder -verpflichtung.
4. „Ursprungsmitgliedstaat": der Mitgliedstaat, in dem eine Entscheidung ergangen ist, ein gerichtlicher Vergleich gebilligt oder geschlossen oder eine öffentliche Urkunde ausgestellt wurde und in dem diese als Europäischer Vollstreckungstitel zu bestätigen sind.
5. „Vollstreckungsmitgliedstaat": der Mitgliedstaat, in dem die Vollstreckung der/des als Europäischer Vollstreckungstitel bestätigten Entscheidung, gerichtlichen Vergleichs oder öffentlichen Urkunde betrieben wird.
6. „Ursprungsgericht": das Gericht, das mit dem Verfahren zum Zeitpunkt der Erfüllung der Voraussetzungen nach Artikel 3 Absatz 1 Buchstaben a), b), und c) befasst war.
7. Bei den summarischen Mahnverfahren in Schweden (betalningsföreläggande) umfasst der Begriff „Gericht" auch die schwedische kronofogdemyndighet (Amt für Beitreibung).

Kapitel II. Der europäische Vollstreckungstitel

Art. 5 EuVTVO Abschaffung des Vollstreckbarerklärungsverfahrens

Eine Entscheidung, die im Ursprungsmitgliedstaat als Europäischer Vollstreckungstitel bestätigt worden ist, wird in den anderen Mitgliedstaaten anerkannt und vollstreckt, ohne dass es einer Vollstreckbarerklärung bedarf und ohne dass die Anerkennung angefochten werden kann.

7 Die wesentliche Beschleunigungswirkung des Europäischen Vollstreckungstitel besteht in dem **Verzicht auf das Exequaturverfahren,** der auf dem Grundsatz gegenseitigen Vertrauens beruht, EuGH EuZW 2017, 689 Rn. 43. Daraus folgt auch, dass im Vollstreckungsstaat auch keine Prüfung auf die Vereinbarkeit mit dem **ordre public** mehr erfolgt, BGH NJW 2014, 557 Rn. 14.

Art. 6 EuVTVO Voraussetzungen für die Bestätigung als Europäischer Vollstreckungstitel

I Eine in einem Mitgliedstaat über eine unbestrittene Forderung ergangene Entscheidung wird auf jederzeitigen Antrag an das Ursprungsgericht als Europäischer Vollstreckungstitel bestätigt, wenn

a) die Entscheidung im Ursprungsmitgliedstaat vollstreckbar ist, und
b) die Entscheidung nicht im Widerspruch zu den Zuständigkeitsregeln in Kapitel II Abschnitte 3 und 6 der Verordnung (EG) Nr. 44/2001 steht, und
c) das gerichtliche Verfahren im Ursprungsmitgliedstaat im Fall einer unbestrittenen Forderung im Sinne von Artikel 3 Absatz 1 Buchstabe b) oder c) den Voraussetzungen des Kapitels III entsprochen hat, und
d) die Entscheidung in dem Mitgliedstaat ergangen ist, in dem der Schuldner seinen Wohnsitz im Sinne von Artikel 59 der Verordnung (EG) Nr. 44/2001 hat, sofern
   – die Forderung unbestritten im Sinne von Artikel 3 Absatz 1 Buchstabe b) oder c) ist,
   – sie einen Vertrag betrifft, den eine Person, der Verbraucher, zu einem Zweck geschlossen hat, der nicht der beruflichen oder gewerblichen Tätigkeit dieser Person zugerechnet werden kann und
   – der Schuldner der Verbraucher ist.

II Ist eine als Europäischer Vollstreckungstitel bestätigte Entscheidung nicht mehr vollstreckbar oder wurde ihre Vollstreckbarkeit ausgesetzt oder eingeschränkt, so wird auf jederzeitigen Antrag an das Ursprungsgericht unter Verwendung des Formblatts in Anhang IV eine Bestätigung der Nichtvollstreckbarkeit bzw. der Beschränkung der Vollstreckbarkeit ausgestellt.

III Ist nach Anfechtung einer Entscheidung, die als Europäischer Vollstreckungstitel gemäß Absatz 1 bestätigt worden ist, eine Entscheidung ergangen, so wird auf jederzeitigen Antrag unter Verwendung des Formblatts in Anhang V eine Ersatzbestätigung ausgestellt, wenn diese Entscheidung im Ursprungsmitgliedstaat vollstreckbar ist; Artikel 12 Absatz 2 bleibt davon unberührt.

8 Die Bestätigung nach **I** ist nach der Rspr. des EuGH, EuZW 2016, 235 Rn. 46, dem Richter vorbehalten. Damit ist die Auffassung, die Bestätigung könne auch durch den Rpfleger erfolgen, Rellermeyer Rpfleger 2017, 189 (193) schwerlich vereinbar, ebenso Zöller/Geimer EuVTVO Art. 6 Rn. 1e.

9 **I lit. d** schränkt den Anwendungsbereich für **Titel gegen Verbraucher** ein. Aus Gründen der Einheitlichkeit der Auslegung mit anderen Verordnungen ist die Regelung restriktiv dahin auszulegen, dass sie nur für Verträge zwischen Unternehmen und Verbrauchern gilt, EuGH NJW 2014, 841 Rn. 25. Aus der Regelung, deren Voraussetzungen kumulativ vorliegen müssen, KG NJW-RR 2010, 1377, folgt, dass gegen Verbraucher nur Versäumnisurteile als Europäische Vollstreckungstitel anerkannt werden können, die im Wohnsitzstaat des Verbrauchers ergangen sind, OLG Mü WM 2016, 176.

10 Zuständigkeitsregelungen zu **II** und **III** finden sich in § 1079. § 1080 regelt das Verfahren zu **III** näher.

Art. 7 EuVTVO Kosten iVm dem gerichtlichen Verfahren

Umfasst eine Entscheidung eine vollstreckbare Entscheidung über die Höhe der mit dem gerichtlichen Verfahren verbundenen Kosten, einschließlich Zinsen, wird sie auch hinsichtlich dieser Kosten als Europäischer Vollstreckungstitel bestätigt, es sei denn, der Schuldner hat im gerichtlichen Verfahren nach den Rechtsvorschriften des Ursprungsmitgliedstaats der Verpflichtung zum Kostenersatz ausdrücklich widersprochen.

Die Regelung greift nur für solche Kostenentscheidungen, die Nebenentscheidung zu einer Hauptsacheentscheidung sind, die ihrerseits als Europäischer Vollstreckungstitel anerkannt werden kann, EuGH EuZW 2018, 136 Ls. Das gilt aber nicht für Kostenfestsetzungsbeschlüsse, OLG Stgt NJW-RR 2007, 1583; 2009, 934. 11

Art. 8 EuVTVO Teilbarkeit der Bestätigung als Europäischer Vollstreckungstitel

Wenn die Entscheidung die Voraussetzungen dieser Verordnung nur in Teilen erfüllt, so wird die Bestätigung als Europäischer Vollstreckungstitel nur für diese Teile ausgestellt.

Neben einer objektiven Teilbarkeit kommt auch eine subjektive Teilbarkeit, also die Anerkennung als Europäischer Vollstreckungstitel nur in Bezug auf einzelne Parteien in Betracht, BGH IPRspr. 2012, 603. 12

Art. 9 EuVTVO Ausstellung der Bestätigung als Europäischer Vollstreckungstitel

I Die Bestätigung als Europäischer Vollstreckungstitel wird unter Verwendung des Formblatts in Anhang I ausgestellt.

II Die Bestätigung als Europäischer Vollstreckungstitel wird in der Sprache ausgestellt, in der die Entscheidung abgefasst ist.

Art. 10 EuVTVO Berichtigung oder Widerruf der Bestätigung als Europäischer Vollstreckungstitel

I Die Bestätigung als Europäischer Vollstreckungstitel wird auf Antrag an das Ursprungsgericht

a) berichtigt, wenn die Entscheidung und die Bestätigung aufgrund eines materiellen Fehlers voneinander abweichen;
b) widerrufen, wenn sie hinsichtlich der in dieser Verordnung festgelegten Voraussetzungen eindeutig zu Unrecht erteilt wurde.

II Für die Berichtigung oder den Widerruf der Bestätigung als Europäischer Vollstreckungstitel ist das Recht des Ursprungsmitgliedstaats maßgebend.

III Die Berichtigung oder der Widerruf der Bestätigung als Europäischer Vollstreckungstitel können unter Verwendung des Formblatts in Anhang VI beantragt werden.

IV Gegen die Ausstellung einer Bestätigung als Europäischer Vollstreckungstitel ist kein Rechtsbehelf möglich.

Art. 11 EuVTVO Wirkung der Bestätigung als Europäischer Vollstreckungstitel

Die Bestätigung als Europäischer Vollstreckungstitel entfaltet Wirkung nur im Rahmen der Vollstreckbarkeit der Entscheidung.

Kapitel III. Mindestvorschriften für Verfahren über unbestrittene Forderungen

Art. 12 EuVTVO Anwendungsbereich der Mindestvorschriften

I Eine Entscheidung über eine unbestrittene Forderung im Sinne von Artikel 3 Absatz 1 Buchstabe b) oder c) kann nur dann als Europäischer Vollstreckungstitel bestätigt werden, wenn das gerichtliche Verfahren im Ursprungsmitgliedstaat den verfahrensrechtlichen Erfordernissen nach diesem Kapitel genügt hat.

II Dieselben Erfordernisse gelten auch für die Ausstellung der Bestätigung als Europäischer Vollstreckungstitel oder einer Ersatzbestätigung im Sinne des Artikels 6 Absatz 3 für eine Entscheidung, die nach Anfechtung einer Entscheidung ergangen ist, wenn zum Zeitpunkt dieser Entscheidung die Bedingungen nach Artikel 3 Absatz 1 Buchstabe b) oder c) erfüllt sind.

Art. 13 EuVTVO Zustellung mit Nachweis des Empfangs durch den Schuldner

I Das verfahrenseinleitende Schriftstück oder ein gleichwertiges Schriftstück kann dem Schuldner wie folgt zugestellt worden sein:

a) durch persönliche Zustellung, bei der der Schuldner eine Empfangsbestätigung unter Angabe des Empfangsdatums unterzeichnet, oder
b) durch persönliche Zustellung, bei der die zuständige Person, die die Zustellung vorgenommen hat, ein Dokument unterzeichnet, in dem angegeben ist, dass der Schuldner das Schriftstück erhalten hat oder dessen Annahme unberechtigt verweigert hat und an welchem Datum die Zustellung erfolgt ist, oder
c) durch postalische Zustellung, bei der der Schuldner die Empfangsbestätigung unter Angabe des Empfangsdatums unterzeichnet und zurückschickt, oder
d) durch elektronische Zustellung wie beispielsweise per Fax oder E-Mail, bei der der Schuldner eine Empfangsbestätigung unter Angabe des Empfangsdatums unterzeichnet und zurückschickt.

II Eine Ladung zu einer Gerichtsverhandlung kann dem Schuldner gemäß Absatz 1 zugestellt oder mündlich in einer vorausgehenden Verhandlung über dieselbe Forderung bekannt gemacht worden sein, wobei dies im Protokoll dieser Verhandlung festgehalten sein muss.

Art. 14 EuVTVO Zustellung ohne Nachweis des Empfangs durch den Schuldner

I Das verfahrenseinleitende Schriftstück oder ein gleichwertiges Schriftstück sowie eine Ladung zu einer Gerichtsverhandlung kann dem Schuldner auch in einer der folgenden Formen zugestellt worden sein:

a) persönliche Zustellung unter der Privatanschrift des Schuldners an eine in derselben Wohnung wie der Schuldner lebende Person oder an eine dort beschäftigte Person;
b) wenn der Schuldner Selbstständiger oder eine juristische Person ist, persönliche Zustellung in den Geschäftsräumen des Schuldners an eine Person, die vom Schuldner beschäftigt wird;
c) Hinterlegung des Schriftstücks im Briefkasten des Schuldners;
d) Hinterlegung des Schriftstücks beim Postamt oder bei den zuständigen Behörden mit entsprechender schriftlicher Benachrichtigung im Briefkasten des Schuldners, sofern in der schriftlichen Benachrichtigung das Schrift-

stück eindeutig als gerichtliches Schriftstück bezeichnet oder darauf hingewiesen wird, dass die Zustellung durch die Benachrichtigung als erfolgt gilt und damit Fristen zu laufen beginnen;
e) postalisch ohne Nachweis gemäß Absatz 3, wenn der Schuldner seine Anschrift im Ursprungsmitgliedstaat hat;
f) elektronisch, mit automatisch erstellter Sendebestätigung, sofern sich der Schuldner vorab ausdrücklich mit dieser Art der Zustellung einverstanden erklärt hat.

II Für die Zwecke dieser Verordnung ist eine Zustellung gemäß Absatz 1 nicht zulässig, wenn die Anschrift des Schuldners nicht mit Sicherheit ermittelt werden kann.

III Die Zustellung nach Absatz 1 Buchstaben a) bis d) wird bescheinigt durch

a) ein von der zuständigen Person, die die Zustellung vorgenommen hat, unterzeichnetes Schriftstück mit den folgenden Angaben:
   i) die gewählte Form der Zustellung und
   ii) das Datum der Zustellung sowie,
   iii) falls das Schriftstück einer anderen Person als dem Schuldner zugestellt wurde, der Name dieser Person und die Angabe ihres Verhältnisses zum Schuldner,
   oder
b) eine Empfangsbestätigung der Person, der das Schriftstück zugestellt wurde, für die Zwecke von Absatz 1 Buchstaben a) und b).

13 Aus **II** folgt, dass ein Versäumnisurteil, das gegen einen Beklagten mit unbekanntem Wohnsitz erlassen wurde, nicht als Europäischer Vollstreckungstitel bestätigt werden kann, EuGH EuZW 2019, 2688 Rn. 26.

Art. 15 EuVTVO Zustellung an die Vertreter des Schuldners

Die Zustellung gemäß Artikel 13 oder Artikel 14 kann auch an den Vertreter des Schuldners bewirkt worden sein.

Art. 16 EuVTVO Ordnungsgemäße Unterrichtung des Schuldners über die Forderung

Um sicherzustellen, dass der Schuldner ordnungsgemäß über die Forderung unterrichtet worden ist, muss das verfahrenseinleitende Schriftstück oder das gleichwertige Schriftstück folgende Angaben enthalten haben:
a) den Namen und die Anschrift der Parteien;
b) die Höhe der Forderung;
c) wenn Zinsen gefordert werden, den Zinssatz und den Zeitraum, für den Zinsen gefordert werden, es sei denn, die Rechtsvorschriften des Ursprungsmitgliedstaats sehen vor, dass gesetzliche Zinsen automatisch der Hauptforderung hinzugefügt werden;
d) die Bezeichnung des Forderungsgrundes.

Art. 17 EuVTVO Ordnungsgemäße Unterrichtung des Schuldners über die Verfahrensschritte zum Bestreiten der Forderung

In dem verfahrenseinleitenden Schriftstück, einem gleichwertigen Schriftstück oder einer Ladung zu einer Gerichtsverhandlung oder in einer zusammen mit diesem Schriftstück oder dieser Ladung zugestellten Belehrung muss deutlich auf Folgendes hingewiesen worden sein:
a) auf die verfahrensrechtlichen Erfordernisse für das Bestreiten der Forderung; dazu gehören insbesondere die Frist, innerhalb deren die Forderung schriftlich bestritten werden kann bzw. gegebenenfalls der Termin der Gerichtsverhandlung, die Bezeichnung und die Anschrift der Stelle, an die die Antwort zu richten bzw. vor der gegebenenfalls zu erscheinen ist, sowie die Information darüber, ob die Vertretung durch einen Rechtsanwalt vorgeschrieben ist;
b) auf die Konsequenzen des Nichtbestreitens oder des Nichterscheinens, insbesondere die etwaige Möglichkeit einer Entscheidung oder ihrer Vollstreckung gegen den Schuldner und der Verpflichtung zum Kostenersatz.

14 Eine Unterrichtung fehlt dann, wenn das Gericht den Festsetzungsantrag erst mit dem Kostenfestsetzungsbeschluss übermittelt, BGH NJW 2012, 858 Rn. 15; OLG Düss Rpfleger 2010, 604. Die Unterrichtung selbst muss die Anschrift des Gerichtes enthalten, an das sich der Schuldner wenden kann, EuGH EuZW 2018, 341 Rn. 33. Im Hinblick auf Art. 8 EuZVO erscheint die Beifügung einer Übersetzung der Belehrung zumindest zweckmäßig, Schlosser/Hess/Schlosser EuVTVO Art. 17 Rn. 2.

Art. 18 EuVTVO Heilung der Nichteinhaltung von Mindestvorschriften

I Genügte das Verfahren im Ursprungsmitgliedstaat nicht den in den Artikeln 13 bis 17 festgelegten verfahrensrechtlichen Erfordernissen, so sind eine Heilung der Verfahrensmängel und eine Bestätigung der Entscheidung als Europäischer Vollstreckungstitel möglich, wenn

a) die Entscheidung dem Schuldner unter Einhaltung der verfahrensrechtlichen Erfordernisse nach Artikel 13 oder Artikel 14 zugestellt worden ist, und
b) der Schuldner die Möglichkeit hatte, einen eine uneingeschränkte Überprüfung umfassenden Rechtsbehelf gegen die Entscheidung einzulegen, und er in oder zusammen mit der Entscheidung ordnungsgemäß über die verfahrensrechtlichen Erfordernisse für die Einlegung eines solchen Rechtsbehelfs, einschließlich der Bezeichnung und der Anschrift der Stelle, bei der der Rechtsbehelf einzulegen ist, und gegebenenfalls der Frist unterrichtet wurde, und
c) der Schuldner es versäumt hat, einen Rechtsbehelf gegen die Entscheidung gemäß den einschlägigen verfahrensrechtlichen Erfordernissen einzulegen.

II Genügte das Verfahren im Ursprungsmitgliedstaat nicht den verfahrensrechtlichen Erfordernissen nach Artikel 13 oder Artikel 14, so ist eine Heilung dieser Verfahrensmängel möglich, wenn durch das Verhalten des Schuldners im gerichtlichen Verfahren nachgewiesen ist, dass er das zuzustellende Schriftstück so rechtzeitig persönlich bekommen hat, dass er Vorkehrungen für seine Verteidigung treffen konnte.

15 Die Regelung ist abschließend, BGH NJW 2012, 858 Rn. 25. Es gibt aber keinen Anhaltspunkt dafür, dass die Regelung nur die Heilung von Zustellungsmängeln und nicht auch von Belehrungsmängeln ermöglich, so aber BGH NJW 2012, 858 Rn. 17; 2010, 1883 Rn. 22.

Art. 19 EuVTVO Mindestvorschriften für eine Überprüfung in Ausnahmefällen

I Ergänzend zu den Artikeln 13 bis 18 kann eine Entscheidung nur dann als Europäischer Vollstreckungstitel 16
bestätigt werden, wenn der Schuldner nach dem Recht des Ursprungsmitgliedstaats berechtigt ist, eine Überprüfung der Entscheidung zu beantragen, falls

a) i) das verfahrenseinleitende oder ein gleichwertiges Schriftstück oder gegebenenfalls die Ladung zu einer Gerichtsverhandlung in einer der in Artikel 14 genannten Formen zugestellt wurden, und
   ii) die Zustellung ohne Verschulden des Schuldners nicht so rechtzeitig erfolgt ist, dass er Vorkehrungen für seine Verteidigung hätte treffen können,
   oder
b) der Schuldner aufgrund höherer Gewalt oder aufgrund außergewöhnlicher Umstände ohne eigenes Verschulden der Forderung nicht widersprechen konnte,

wobei in beiden Fällen jeweils vorausgesetzt wird, dass er unverzüglich tätig wird.

II Dieser Artikel berührt nicht die Möglichkeit der Mitgliedstaaten, eine Überprüfung der Entscheidung unter großzügigeren Bedingungen als nach Absatz 1 zu ermöglichen.

Die Anerkennung von Versäumnisurteilen oder Vollstreckungsbescheiden als Europäischer Vollstreckungstitel 17
setzt eine **effektive Überprüfungsmöglichkeit** im Urteilsstaat voraus. Die Mitgliedstaaten sind aber nicht verpflichtet, ein solches Rechtsbehelfsverfahren einzurichten, EuGH EuZW 2016, 235 (dazu Bittmann IPRax 2016, 563); BGH EuZW 2018, 732 Rn. 16.

Kapitel IV. Vollstreckung

Art. 20 EuVTVO Vollstreckungsverfahren

I [1]Unbeschadet der Bestimmungen dieses Kapitels gilt für das Vollstreckungsverfahren das Recht des Vollstreckungsmitgliedstaats. [2]Eine als Europäischer Vollstreckungstitel bestätigte Entscheidung wird unter den gleichen Bedingungen vollstreckt wie eine im Vollstreckungsmitgliedstaat ergangene Entscheidung.

II Der Gläubiger ist verpflichtet, den zuständigen Vollstreckungsbehörden des Vollstreckungsmitgliedstaats Folgendes zu übermitteln:

a) eine Ausfertigung der Entscheidung, die die für ihre Beweiskraft erforderlichen Voraussetzungen erfüllt, und
b) eine Ausfertigung der Bestätigung als Europäischer Vollstreckungstitel, die die für ihre Beweiskraft erforderlichen Voraussetzungen erfüllt, und
c) [1]gegebenenfalls eine Transkription der Bestätigung als Europäischer Vollstreckungstitel oder eine Übersetzung dieser Bestätigung in die Amtssprache des Vollstreckungsmitgliedstaats oder – falls es in diesem Mitgliedstaat mehrere Amtssprachen gibt – nach Maßgabe der Rechtsvorschriften dieses Mitgliedstaats in die Verfahrenssprache oder eine der Verfahrenssprachen des Ortes, an dem die Vollstreckung betrieben wird, oder in eine sonstige Sprache, die der Vollstreckungsmitgliedstaat zulässt. [2]Jeder Mitgliedstaat kann angeben, welche Amtssprache oder Amtssprachen der Organe der Europäischen Gemeinschaft er neben seiner oder seinen eigenen für die Ausstellung der Bestätigung zulässt. [3]Die Übersetzung ist von einer hierzu in einem der Mitgliedstaaten befugten Person zu beglaubigen.

III Der Partei, die in einem Mitgliedstaat eine Entscheidung vollstrecken will, die in einem anderen Mitgliedstaat als Europäischer Vollstreckungstitel bestätigt wurde, darf wegen ihrer Eigenschaft als Ausländer oder wegen Fehlens eines inländischen Wohnsitzes oder Aufenthaltsorts eine Sicherheitsleistung oder Hinterlegung, unter welcher Bezeichnung es auch sei, nicht auferlegt werden.

Art. 21 EuVTVO Verweigerung der Vollstreckung

I Auf Antrag des Schuldners wird die Vollstreckung vom zuständigen Gericht im Vollstreckungsmitgliedstaat verweigert, wenn die als Europäischer Vollstreckungstitel bestätigte Entscheidung mit einer früheren Entscheidung unvereinbar ist, die in einem Mitgliedstaat oder einem Drittland ergangen ist, sofern

a) die frühere Entscheidung zwischen denselben Parteien wegen desselben Streitgegenstands ergangen ist und
b) die frühere Entscheidung im Vollstreckungsmitgliedstaat ergangen ist oder die notwendigen Voraussetzungen für ihre Anerkennung im Vollstreckungsmitgliedstaat erfüllt und
c) die Unvereinbarkeit im gerichtlichen Verfahren des Ursprungsmitgliedstaats nicht geltend gemacht worden ist und nicht geltend gemacht werden konnte.

II Weder die Entscheidung noch ihre Bestätigung als Europäischer Vollstreckungstitel dürfen im Vollstreckungsmitgliedstaat in der Sache selbst nachgeprüft werden.

Art. 22 EuVTVO Vereinbarungen mit Drittländern

[1]Diese Verordnung lässt Vereinbarungen unberührt, durch die sich die Mitgliedstaaten vor Inkrafttreten der Verordnung (EG) Nr. 44/2001 im Einklang mit Artikel 59 des Brüsseler Übereinkommens über die gerichtliche Zuständigkeit und die Vollstreckung gerichtlicher Entscheidungen in Zivil- und Handelssachen verpflichtet haben, Entscheidungen insbesondere der Gerichte eines anderen Vertragsstaats des genannten Übereinkommens gegen Beklagte, die ihren Wohnsitz oder gewöhnlichen Aufenthalt im Hoheitsgebiet eines Drittlands haben, nicht anzuerkennen, wenn die Entscheidungen in den Fällen des Artikels 4 des genannten Übereinkommens nur in einem der in Artikel 3 Absatz 2 des genannten Übereinkommens angeführten Gerichtsstände ergehen können.

Art. 23 EuVTVO Aussetzung oder Beschränkung der Vollstreckung

Hat der Schuldner

- einen Rechtsbehelf gegen eine als Europäischer Vollstreckungstitel bestätigte Entscheidung eingelegt, wozu auch ein Antrag auf Überprüfung im Sinne des Artikels 19 gehört, oder
- die Berichtigung oder den Widerruf einer Bestätigung als Europäischer Vollstreckungstitel gemäß Artikel 10 beantragt,

so kann das zuständige Gericht oder die befugte Stelle im Vollstreckungsmitgliedstaat auf Antrag des Schuldners

a) das Vollstreckungsverfahren auf Sicherungsmaßnahmen beschränken oder
b) die Vollstreckung von der Leistung einer von dem Gericht oder der befugten Stelle zu bestimmenden Sicherheit abhängig machen oder
c) unter außergewöhnlichen Umständen das Vollstreckungsverfahren aussetzen.

Kapitel V. Gerichtliche Vergleiche und öffentliche Urkunden

Art. 24 EuVTVO Gerichtliche Vergleiche

I Ein Vergleich über eine Forderung im Sinne von Artikel 4 Nummer 2, der von einem Gericht gebilligt oder vor einem Gericht im Laufe eines Verfahrens geschlossen wurde, und der in dem Mitgliedstaat, in dem er gebilligt oder geschlossen wurde, vollstreckbar ist, wird auf Antrag an das Gericht, das ihn gebilligt hat oder vor dem er geschlossen wurde, unter Verwendung des Formblatts in Anhang II als Europäischer Vollstreckungstitel bestätigt.

II Ein Vergleich, der im Ursprungsmitgliedstaat als Europäischer Vollstreckungstitel bestätigt worden ist, wird in den anderen Mitgliedstaaten vollstreckt, ohne dass es einer Vollstreckbarerklärung bedarf und ohne dass seine Vollstreckbarkeit angefochten werden kann.

III Die Bestimmungen von Kapitel II (mit Ausnahme von Artikel 5, Artikel 6 Absatz 1 und Artikel 9 Absatz 1) sowie von Kapitel IV (mit Ausnahme von Artikel 21 Absatz 1 und Artikel 22) finden entsprechende Anwendung.

Art. 25 EuVTVO Öffentliche Urkunden

I Eine öffentliche Urkunde über eine Forderung im Sinne von Artikel 4 Absatz 2, die in einem Mitgliedstaat vollstreckbar ist, wird auf Antrag an die vom Ursprungsmitgliedstaat bestimmte Stelle unter Verwendung des Formblatts in Anhang III als Europäischer Vollstreckungstitel bestätigt.

II Eine öffentliche Urkunde, die im Ursprungsmitgliedstaat als Europäischer Vollstreckungstitel bestätigt worden ist, wird in den anderen Mitgliedstaaten vollstreckt, ohne dass es einer Vollstreckbarerklärung bedarf und ohne dass ihre Vollstreckbarkeit angefochten werden kann.

III Die Bestimmungen von Kapitel II (mit Ausnahme von Artikel 5, Artikel 6 Absatz 1 und Artikel 9 Absatz 1) sowie von Kapitel IV (mit Ausnahme von Artikel 21 Absatz 1 und Artikel 22) finden entsprechende Anwendung.

Kapitel VI. Übergangsbestimmung

Art. 26 EuVTVO Übergangsbestimmung

Diese Verordnung gilt nur für nach ihrem Inkrafttreten ergangene Entscheidungen, gerichtlich gebilligte oder geschlossene Vergleiche und aufgenommene oder registrierte öffentliche Urkunden.

Kapitel VII. Verhältnis zu anderen Rechtsakten der Gemeinschaft

Art. 27 EuVTVO Verhältnis zur Verordnung (EG) Nr. 44/2001

Diese Verordnung berührt nicht die Möglichkeit, die Anerkennung und Vollstreckung einer Entscheidung über eine unbestrittene Forderung, eines gerichtlichen Vergleichs oder einer öffentlichen Urkunde gemäß der Verordnung (EG) Nr. 44/2001 zu betreiben.

18 Dazu Kienle EuZW 2010, 334 (Verhältnis zur Brüssel Ia-VO).

Art. 28 EuVTVO Verhältnis zur Verordnung (EG) Nr. 1348/2000

Diese Verordnung lässt die Anwendung der Verordnung (EG) Nr. 1348/2000 unberührt.

Kapitel VIII. Allgemeine und Schlussbestimmungen

Art. 29 EuVTVO Informationen über Vollstreckungsverfahren und -behörden

Die Mitgliedstaaten arbeiten zusammen, um der Öffentlichkeit und den Fachkreisen folgende Informationen zur Verfügung zu stellen:

a) Informationen über die Vollstreckungsverfahren und -methoden in den Mitgliedstaaten und
b) Informationen über die zuständigen Vollstreckungsbehörden in den Mitgliedstaaten,

insbesondere über das mit der Entscheidung 2001/470/EG des Rates[1] eingerichtete Europäische Justizielle Netz für Zivil- und Handelssachen.

Art. 30 EuVTVO Angaben zu den Rechtsbehelfen, Sprachen und Stellen

I Die Mitgliedstaaten teilen der Kommission Folgendes mit:

a) das in Artikel 10 Absatz 2 genannte Berichtigungs- und Widerrufsverfahren sowie das in Artikel 19 Absatz 1 genannte Überprüfungsverfahren;
b) die gemäß Artikel 20 Absatz 2 Buchstabe c) zugelassenen Sprachen;
c) die Listen der in Artikel 25 genannten Stellen;

sowie alle nachfolgenden Änderungen.

II Die Kommission macht die nach Absatz 1 mitgeteilten Informationen durch Veröffentlichung im Amtsblatt der Europäischen Union und durch andere geeignete Mittel öffentlich zugänglich.

Art. 31 EuVTVO Änderungen der Anhänge

1Die Kommission ändert die in den Anhängen enthaltenen Formblätter. 2Diese Maßnahmen zur Änderung nicht wesentlicher Bestimmungen dieser Verordnung werden nach dem in Artikel 32 Absatz 2 genannten Regelungsverfahren mit Kontrolle erlassen.

Art. 32 EuVTVO Ausschuss

I Die Kommission wird von dem in Artikel 75 der Verordnung (EG) Nr. 44/2001 vorgesehenen Ausschuss unterstützt.

II Wird auf diesen Absatz Bezug genommen, so gelten Artikel 5a Absätze 1 bis 4 und Artikel 7 des Beschlusses 1999/468/EG unter Beachtung von dessen Artikel 8.

Art. 33 EuVTVO Inkrafttreten

Diese Verordnung tritt am 21. Januar 2005 in Kraft.

Sie gilt ab dem 21. Oktober 2005 mit Ausnahme der Artikel 30, 31 und 32, die ab dem 21. Januar 2005 gelten.

[1] **Amtl. Anm.:** ABl. L 174 vom 27.6.2001, S. 25.

Anhang EuVTVO
(Nicht mit abgedruckte Formblätter des Vollstreckungsverfahrens usw.).

IV. Die inländischen Umsetzungsbestimmungen in den §§ 1079–1086. 1. Systematik. Titel 1 enthält mit seinen §§ 1079–1081 Ergänzungsvorschriften zu dem Zentralvorgang der Bestätigung eines Vollstreckungstitels im Ursprungsland als Ersatz eines bisher notwendigen Vollstreckungsurteils des Vollstreckungslands. Zum Vorrang vor der Brüssel Ia-VO → Vor § 1079 Rn. 1. Titel 2 enthält mit seinen §§ 1082–1086 Ergänzungsvorschriften zu Art. 20–23 EuVTVO für das eigentliche Ziel des Bestätigungsverfahrens, nämlich die Zwangsvollstreckung des ausländischen EU-Titels in Deutschland. Für diese Vollstreckung gelten außerdem §§ 704 ff. Das ergibt sich aus Art. 20 I EuVTVO. 19

2. Regelungszweck. In den §§ 1079–1081 geht es um die nach Art. 5 EuVTVO bezweckte Abschaffung des Vollstreckbarerklärungsverfahrens im Vollstreckungsland. Die nur wenigen Ergänzungsregeln in §§ 1082 ff. bezwecken eigentlich nur die Klärung von Zuständigkeiten und anderen Formalien. Die Auslegung sollte stets das Hauptziel der ganzen EuVTVO mitbeachten, nämlich die Vereinfachung, Vereinheitlichung und Beschleunigung der internationalen Vollstreckung. 20

3. Geltungsbereich. Ihn legt Art. 2 EuVTVO sowohl sachlich als auch personell fest. Hinzu treten die Bedingungen des Art. 12 VO (EG) Nr. 805/2004. Erst in diesem Rahmen gelten §§ 1079 ff. 21

Titel 1. Bestätigung inländischer Titel als Europäische Vollstreckungstitel

1079 ***Zuständigkeit.*** **Für die Ausstellung der Bestätigungen nach**

1. Artikel 9 Abs. 1, Artikel 24 Abs. 1, Artikel 25 Abs. 1 und

2. Artikel 6 Abs. 2 und 3

der Verordnung (EG) Nr. 805/2004 sind die Gerichte, Behörden oder Notare zuständig, denen die Erteilung einer vollstreckbaren Ausfertigung des Titels obliegt.

I. Systematik. § 1079 regelt zusammen mit § 1080 Einzelheiten des Verfahrens der Ausstellung einer Bestätigung als Europäischer Vollstreckungstitel durch eine deutsche Stelle zwecks Vollstreckung im EU-Ausland. Berichtigung oder Widerruf unterfallen § 1081. 1

II. Regelungszweck. Die Zuständigkeit für das Bestätigungsverfahren ist in Art. 6 I EuVTVO nur knapp mit dem Wort Ursprungsgericht angedeutet. § 1079 dient mit seiner Klärung der notwendigen Rechtssicherheit. 2

III. Geltungsbereich. Es geht um fünf unterschiedliche Situationen. Stets muss die Entscheidung erst seit dem 21.10.2005 ergangen sein, OLG Mü NJW-RR 2007, 1583. 3

1. Bestätigung einer Entscheidung, Nr. 1, Art. 9 I EuVTVO. Hier geht es um die Ausstellung einer Bestätigung nach Art. 9 I EuVTVO. Diese Vorschrift meint zunächst eine Entscheidung. Das ergibt der offensichtliche Zusammenhang mit Art. 6, 7 EuVTVO, wo man den Begriff „Entscheidung" findet. Diesen Begriff bestimmt Art. 4 Nr. 1 VO. Er erfasst also jede Art gerichtlicher Entscheidung einschließlich eines Unterlassungstitels, aM OLG Mü NJW-RR 2007, 1583, und einschließlich der Kosten, OLG Stgt NJW-RR 2007, 1583; Roth IPRax 2008, 237; aA OLG Mü NJW-RR 2007, 1583, und deren Festsetzung ohne Rücksicht auf ihre Bezeichnung, OLG Nürnb OLGR 2009, 873. 4

2. Bestätigung eines Prozessvergleichs, Nr. 1, Art. 24 I EuVTVO. Es geht auch um die Ausstellung einer Bestätigung nach Art. 24 I EuVTVO. Diese Vorschrift erfasst schon nach ihrer amtlichen Überschrift, aber auch nach dem Text von ihrem I nur einen solchen „gerichtlichen" Vergleich, den entweder ein Gericht nach § 278 VI gebilligt hat oder den die Parteien mit oder ohne einen Dritten gerade „im Laufe eines Verfahrens" (gemeint: vor diesem Gericht) geschlossen haben, also einen Prozessvergleich. Ein außergerichtlicher Vergleich nach § 779 BGB gehört nicht hierher. 5

3. Bestätigung einer öffentlichen Urkunde, Nr. 1, Art. 25 I EuVTVO. Es geht ferner um die Ausstellung einer Bestätigung nach Art. 25 I EuVTVO der eine solche öffentliche Urkunde erfasst, die zum einen über eine Forderung nach Art. 4 Nr. 2 EuVTVO lautet und die zum anderen auch in einem Mitgliedstaat vollstreckbar ist. Mit öffentlicher Urkunde meint Art. 25 I EuVTVO die amtliche Begriffsbestimmung in Art. 4 Nr. 3a, b EuVTVO. 6

4. Bestätigung der Nichtvollstreckbarkeit oder einer Beschränkung der Vollstreckbarkeit, Nr. 2, Art. 6 II EuVTVO. Es geht ferner um die Ausstellung einer Bestätigung nach Art. 6 II EuVTVO. Diese Vorschrift erfasst den Fall, dass eine als Europäischer Vollstreckungstitel bestätigte Entscheidung entweder nicht mehr vollstreckbar ist oder dass ihre Vollstreckbarkeit ausgesetzt oder eingeschränkt wurde. 7

5. Ersatzbestätigung, Nr. 2, Art. 6 III EuVTVO. Es geht schließlich um die Ausstellung einer sog. Ersatzbestätigung nach Art. 6 III EuVTVO. Diese Vorschrift erfasst diejenige Entscheidung, die nach der Anfechtung einer bestätigten früheren Entscheidung ergangen ist und die durch Anfechtung praktisch wertlos gewordene frühere Bestätigung nun durch Ersatzbestätigung erneut wirksam macht. 8

IV. Zuständigkeit. Sie hängt von der deutschen Zuständigkeit für die Erteilung einer vollstreckbaren Ausfertigung des deutschen Vollstreckungstitels ab. Vgl. dazu also §§ 724 ff., 795 ff. usw. Für die Ausstellung der Bestätigung ist der Rpfl. zuständig, § 20 I Nr. 11 RPflG idF Art. 3 Nr. 1a G v. 8.7.2014, BGBl. 890, in Kraft seit 10.1.2015, krit. dazu Bittmann IPRax 2016, 563 (566). Nach § 60 S. 3 Nr. 1, 2 SGB VIII idF v. 14.12.2006, BGBl. 3134, ist dasjenige Jugendamt zuständig, dem die Beurkundung der Verpflichtung übertragen ist. 9

V. Verstoß. Es gelten die für die Zuständigkeitsverstöße gegen §§ 724 ff., 795 ff. usw. bestehenden deutschen Regeln. 10

1080 *Entscheidung.* **I [1]Bestätigungen nach Artikel 9 Abs. 1, Artikel 24 Abs. 1, Artikel 25 Abs. 1 und Artikel 6 Abs. 3 der Verordnung (EG) Nr. 805/2004 sind ohne Anhörung des Schuldners auszustellen. [2]Eine Ausfertigung der Bestätigung ist dem Schuldner von Amts wegen zuzustellen. [3]Das gilt nicht, wenn die antragstellende Person Übermittlung an sich zur Zustellung im Parteibetrieb beantragt hat.**

II Wird der Antrag auf Ausstellung einer Bestätigung zurückgewiesen, so sind die Vorschriften über die Anfechtung der Entscheidung über die Erteilung einer Vollstreckungsklausel entsprechend anzuwenden.

1 **I. Systematik.** Die Vorschrift regelt das Verfahren vor der nach § 1079 zuständigen Stelle bis zur Bestätigung oder deren Ablehnung in Ergänzung zu Art. 12 ff. EuVTVO.

2 **II. Regelungszweck. I 1** dient der Beschleunigung und Vereinfachung. **I 2** dient der Rechtssicherheit. **II** soll durch seine Verweisung wiederum eine Vereinfachung herbeiführen.

3 **III. Geltungsbereich.** Er ist fast derselbe wie bei § 1079. Lediglich der Fall des dort mitgenannten Art. 6 III EuVTVO fehlt in § 1080. Vgl. daher im Einzelnen bei → § 1079 Rn. 3–5, 7.

4 **IV. Anhörungsverbot, I 1.** Die Vorschrift ist zB mit § 834 vergleichbar. Das Anhörungsverbot verstößt nicht gegen Art. 13 EuVTVO, denn diese Bestimmung gilt nur für das Erkenntnisverfahren, das zum Erlass des anzuerkennenden Urteils geführt hat.

5 **V. Amtszustellung, I 2.** Die Bestätigungsstelle muss jedem Schuldner von Amts wegen eine vollständige Ausfertigung der Bestätigung zustellen. Daher erfüllt **I 2** zugleich den § 750 I, AG Augsb DGVZ 2012, 83. Die Bestätigung selbst erfolgt nach Art. 9 II EuVTVO unter Verwendung des Formblatts im Anh. I der VO. Statt der Amtszustellung kann der Antragsteller nach dem neuen **I 3** auch die Parteizustellung betreiben, weil dies im Hinblick auf die Möglichkeit des Art. 20 EuZVO (→ Vor § 1067 Rn. 36) zur Beschleunigung beitragen kann, BT-Drs. 19/28681, S. 65.

6 **VI. Rechtsmittel, II.** Die Vorschrift regelt nur eine Anfechtung der Zurückweisung einer Bestätigung. Auf sie sind die deutschen Vorschriften (§§ 724, 731, 733, 766 usw.) einer Anfechtung der Entscheidung über eine Verweigerung der Vollstreckungsklausel entsprechend anwendbar, OLG Stgt OLGR 2008, 389. Die Bestätigung ist nach Art. 10 IV EuVTVO unanfechtbar, Reichel NZA 2005, 1096 (1099).

1081 *Berichtigung und Widerruf.* **I [1]Ein Antrag nach Artikel 10 Abs. 1 der Verordnung (EG) Nr. 805/2004 auf Berichtigung oder Widerruf einer gerichtlichen Bestätigung ist bei dem Gericht zu stellen, das die Bestätigung ausgestellt hat. [2]Über den Antrag entscheidet dieses Gericht. [3]Ein Antrag auf Berichtigung oder Widerruf einer notariellen oder behördlichen Bestätigung ist an die Stelle zu richten, die die Bestätigung ausgestellt hat. [4]Die Notare oder Behörden leiten den Antrag unverzüglich dem Amtsgericht, in dessen Bezirk sie ihren Sitz haben, zur Entscheidung zu.**

II [1]Der Antrag auf Widerruf durch den Schuldner ist nur binnen einer Frist von einem Monat zulässig. [2]Ist die Bestätigung im Ausland zuzustellen, beträgt die Frist zwei Monate. [3]Sie ist eine Notfrist und beginnt mit der Zustellung der Bestätigung, jedoch frühestens mit der Zustellung des Titels, auf den sich die Bestätigung bezieht. [4]In dem Antrag auf Widerruf sind die Gründe darzulegen, weshalb die Bestätigung eindeutig zu Unrecht erteilt worden ist.

III § 319 Abs. 2 und 3 ist auf die Berichtigung und den Widerruf entsprechend anzuwenden.

1 **I. Systematik. I** nennt die Zuständigkeit, **II** die Fristen, **III** die Form und die Rechtsmittel. Alles basiert auf Art. 10 EuVTVO.

2 **II. Regelungszweck.** Die Vorschrift dient der nach Art. 10 II VO dem deutschen Recht überlassenen Klärung notwendiger Verfahrensfragen und damit der Rechtssicherheit. Als Ausnahme vom Grundsatz der Bestands- oder Rechtskraft muss man **I–III** streng auslegen.

3 **III. Geltungsbereich.** Es geht um zwei ganz unterschiedliche Arten von Veränderungen einer Bestätigung als Europäischen Vollstreckungstitel. Sowohl eine Berichtigung als auch ein Widerruf können nebeneinander infragekommen. Erstere setzt voraus, dass die zugrunde liegende Entscheidung und ihre Bestätigung aufgrund eines materiell-rechtlichen Fehlers voneinander abweichen, Art. 10 I lit. a EuVTVO. Dieser setzt voraus, dass sich herausstellt, dass die Bestätigung wegen einer in der VO festgelegten Bedingung eindeutig zu Unrecht ergangen ist, Art. 10 I lit. b EuVTVO. Diese Bedingungen ergeben sich im Wesentlichen aus Art. 6 I lit. ad EuVTVO, aber auch aus Art. 7–9 EuVTVO.

4 **IV. Zuständigkeit, I.** Man muss zwei Stadien des Berichtigungs- oder Widerrufsverfahrens unterscheiden:
– Der **Antrag** als Bedingung der Einleitung dieses Verfahrens gehört zunächst vor diejenige Stelle, die die Bestätigung ausgestellt hatte, also nach **I 1** vor das Gericht, nach **I 3** vor den Notar oder die Behörde.
– Die **Entscheidung** über den Berichtigungs- oder Widerrufsantrag erfolgt nach einer gerichtlichen Bestätigung gemäß **I 2** durch eben dieses Gericht und dort durch den Rpfl. nach § 20 I Nr. 11 RPflG idF Art. 3 Nr. 1a G v. 8.7.2014, BGBl. 890, in Kraft seit 10.1.2015, Art. 15 I G. Nach einer notariellen oder behördlichen Bestätigung erfolgt sie gemäß **I 4** durch das AG des Sitzes dieser jeweiligen Bestätigungsstelle. Deshalb muss sie den bei ihr eingegangenen Antrag nach **I 4** dem AG ihres Sitzes unverzüglich zur Entscheidung zuleiten.

5 **V. Fristen, II 1–4.** Sie gelten nicht beim Berichtigungsantrag, Reichel NZA 2005, 1096 (1099), sondern nur beim Widerrufsantrag, **II 1, 3.** Auch dann gelten sie nur für einen solchen des Schuldners, nicht für den etwaigen Antrag des Gläubigers, der ja mindestens theoretisch denkbar ist. Bei einer Inlandszustellung beträgt die **Antragsfrist** einen Monat, bei einer Auslandszustellung zwei Monate, **II 1.** Beide Fristen laufen nach **II 2** als Notfristen nach § 224 I ab Zustellung der Bestätigung, aber frühestens ab Zustellung des der Bestätigung zugrunde liegenden Titels. Fristberechnungen im Übrigen: §§ 222 ZPO, 187 ff. BGB.

6 **VI. Antragsinhalt, II 4.** (Nur) im Widerrufsantrag muss man die Gründe darlegen, weshalb die Bestätigung nach Art. 10 I lit. b EuVTVO eindeutig zu Unrecht ergangen sein soll. Eine Glaubhaftmachung ist nach **II 4**

nicht vorgeschrieben, aber wohl schon wegen des Wortes „eindeutig" ratsam. Ein Beweisantritt mag unvermeidbar sein.

VII. Vermerk, III. Die Vorschrift gilt schon nach ihrem Wortlaut sowohl bei einer Berichtigung als auch bei 7 einem Widerruf der Bestätigung. Jeder Beschluss wird nach dem entsprechend anwendbaren § 319 II auf der der Bestätigung zugrunde liegenden Entscheidung und allen ihren Ausfertigungen von Amts wegen vermerkt.

VIII. Rechtsmittel, III. Auch diese Vorschrift gilt schon nach ihrem Wortlaut bei Berichtigung wie 8 Widerruf. Infolge der Verweisung auf § 319 III ist ein den Antrag zurückweisender Beschluss unanfechtbar, ein Berichtigungs- oder Widerrufsbeschluss des Rpfl. mit befristeter Erinnerung nach § 11 RPflG anfechtbar, OLG Stgt NJW-RR 2009, 935; OLG Zweibr Rpfleger 2009, 222; Reichel NZA 2005, 1096 (1099). Die Unanfechtbarkeit nach Art. 10 IV EuVTVO erfasst nur die ursprüngliche Bestätigung, nicht einen Beschluss nach **III.**

Titel 2. Zwangsvollstreckung aus Europäischen Vollstreckungstiteln im Inland

1082 ***Vollstreckungstitel.*** **Aus einem Titel, der in einem anderen Mitgliedstaat der Europäischen Union nach der Verordnung (EG) Nr. 805/2004 als Europäischer Vollstreckungstitel bestätigt worden ist, findet die Zwangsvollstreckung im Inland statt, ohne dass es einer Vollstreckungsklausel bedarf.**

I. Systematik. Aus einem deutschen Vollstreckungstitel findet die Vollstreckung nach §§ 704 ff. grundsätzlich 1 nur aufgrund einer mit Vollstreckungsklausel nach §§ 724 ff. versehenen Ausfertigung statt, der sog. vollstreckbaren Ausfertigung. Aus einem ausländischen Titel findet eine Vollstreckung grundsätzlich nur aufgrund eines nach §§ 722, 723 ergangenen deutschen Vollstreckungsurteils statt. Aus einem als Europäischem Vollstreckungstitel nach der EuVTVO wirksam bestätigten ausländischen EU-Titel findet die Vollstreckung in Deutschland nach § 40 II 1 GVGA **ohne Vollstreckungsklausel oder Vollstreckungsurteil** statt, LG Mü JurBüro 2011, 382.

II. Regelungszweck. Die Durchführungsbestimmung dient demselben Zweck der Vereinfachung, Verein- 2 heitlichung und Beschleunigung wie der ganze Abschnitt 4 mit den §§ 1079 ff. Man sollte § 1082 deshalb großzügig auslegen.

III. Geltungsbereich. Er ist derselbe wie bei → § 1079 Rn. 3–7. Es genügt also auch eine sog. Ersatz- 3 bestätigung. Die Wirksamkeit der Bestätigung im Zeitpunkt des Beginns einer Zwangsvollstreckung ist selbstverständliche Voraussetzung. Mit dem Wegfall des Erfordernisses einer Vollstreckungsklausel entfallen auch die diesbezüglichen Probleme einer deutschen Vollstreckungsklausel nach §§ 724 ff.

IV. Verstoß. Es gelten dieselben Regeln wie dann, wenn ein deutscher Vollstreckungstitel nicht wirksam 4 zustande kam. Nicht etwa gelten auf solchem Umweg die deutschen Regeln zu den Folgen bloß mangelhafter Vollstreckungsklauseln nach §§ 724 ff. Denn eine Klausel ist ja eben ab ihrer wirksamen Bestätigung ganz entbehrlich und vor ihrer wirksamen Bestätigung nicht etwa als deren Ersatz ausreichend. Der Titelumfang muss natürlich klar sein, LG Mü JurBüro 2011, 382, ggf. hat eine Auslegung zu erfolgen, BGH NJW 2010, 2137 Rn. 14. Es ist auch eine Ausfertigung des Originaltitels nötig, AG Chemnitz DGVZ 2016, 54.

1083 ***Übersetzung.*** **Hat der Gläubiger nach Artikel 20 Abs. 2 Buchstabe c der Verordnung (EG) Nr. 805/2004 eine Übersetzung vorzulegen, so ist diese in deutscher Sprache zu verfassen und von einer hierzu in einem der Mitgliedstaaten der Europäischen Union befugten Person zu beglaubigen.**

I. Systematik. Nach Art. 30 I lit. b EuVTVO iVm Art. 20 II lit. c EuVTVO stellt § 1083 die erforderliche 1 deutsche Regelung der zugelassenen Sprache her.

II. Regelungszweck. Die Erschwerung beim ausländischen EU-Gläubiger bezweckt eine Erleichterung beim 2 deutschen Schuldner und allen übrigen an der Vollstreckung in Deutschland Beteiligten. Diese Interessenabwägung ist als Teil der EuVTVO zulässig.

III. Geltungsbereich. § 1083 gilt nur, soweit der Gläubiger gerade nach Art. 20 II lit. c EuVTVO entweder 3 eine Übersetzung der Bestätigung oder eine Übersetzung der weiteren dort genannten Art vorlegen muss. Das ist nur dann nötig, wenn zusätzliche individuelle Angaben ins Original erforderlich waren, AG Fürstenfeldbruck JurBüro 2010, 53. Entbehrlich ist nach § 40 II 2 GVGA eine Übersetzung bei Verwendung eines Formblatts nach der VO ohne weitere Zusätze.

IV. Deutsche Fassung nebst Beglaubigung. Der Gläubiger muss die gesamte Urkunde ins Deutsche 4 übersetzen lassen. Die zusätzlich notwendige Beglaubigung nicht etwa nur einer Unterschrift, sondern der gesamten Urkunde kann nur durch eine solche Person wirksam erfolgen, die in irgendeinem EU-Mitgliedstaat dazu nach dem dortigen Recht befugt ist. Ob das so ist, muss man notfalls von Amts wegen ermitteln.

V. Verstoß. Es gilt dasselbe wie bei → § 1082 Rn. 4. 5

1084 ***Anträge nach den Artikeln 21 und 23 der Verordnung (EG) Nr. 805/2004.*** I [1]**Für Anträge auf Verweigerung, Aussetzung oder Beschränkung der Zwangsvollstreckung nach den Artikeln 21 und 23 der Verordnung (EG) Nr. 805/2004 ist das Amtsgericht als Vollstreckungsgericht zuständig.** [2]**Die Vorschriften des Buches 8 über die örtliche Zuständigkeit des Vollstreckungsgerichts sind entsprechend anzuwenden.** [3]**Die Zuständigkeit nach den Sätzen 1 und 2 ist ausschließlich.**

II [1]**Die Entscheidung über den Antrag nach Artikel 21 der Verordnung (EG) Nr. 805/2004 ergeht durch Beschluss.** [2]**Auf die Einstellung der Zwangsvollstreckung und die Aufhebung der bereits getroffenen Vollstreckungsmaßregeln sind § 769 Abs. 1 und 3 sowie § 770 entsprechend anzuwenden.** [3]**Die Aufhebung einer Vollstreckungsmaßregel ist auch ohne Sicherheitsleistung zulässig.**

III [1]Über den Antrag auf Aussetzung oder Beschränkung der Vollstreckung nach Artikel 23 der Verordnung (EG) Nr. 805/2004 wird durch einstweilige Anordnung entschieden. [2]Die Entscheidung ist unanfechtbar.

1 **I. Systematik.** Zwar bedarf der Europäische Vollstreckungstitel weder einer Anerkennung im Inland, Art. 5 EuVTVO, noch findet eine Prüfung daraufhin statt, ob er dem ordre public entspricht, BGH NJW 2014, 2363 Rn. 12, trotzdem kann es nach Art. 21 EuVTVO unter den dortigen Voraussetzungen nötig werden, die **Vollstreckung** zu **verweigern.** Es kann auch nach Art. 23 EuVTVO infragekommen, die Vollstreckung auf Sicherungsmaßnahmen zu beschränken oder von einer Sicherheit abhängig zu machen oder das Vollstreckungsverfahren unter außergewöhnlichen Umständen ganz oder teilweise auszusetzen. § 1084 klärt die Einzelheiten der Zuständigkeit, der Form der deutschen Entscheidung und ihres Inhalts.

2 **II. Regelungszweck.** Die Vorschrift regelt nicht die Voraussetzungen, sondern nur die Folgen eines Schuldnerantrags nach Art. 21, 23 EuVTVO. Sie dient damit im Wesentlichen „nur" der Rechtssicherheit eines solchen Verfahrens und ist entsprechend streng auslegbar.

3 **III. Zuständigkeit, I.** Für das nur auf Schuldnerantrag stattfindende jeweilige Verfahren ist nach **I 1** das AG als Vollstreckungsgericht (§ 764) ausschließlich zuständig, Reichel NZA 2005, 1096 (1099) (Ausnahme: § 930). Die funktionelle Zuständigkeit liegt grundsätzlich beim Rpfl. nach § 20 I Nr. 17 S. 1 RPflG. Das folgt auch aus der Verweisung in **I 2** auf Buch 8. Sie ergibt direkt zugleich die örtliche Zuständigkeit nach § 764 II bei demjenigen AG, in dessen Bezirk das Vollstreckungsverfahren stattfinden soll oder stattgefunden hat. Alle Zuständigkeiten sind nach **I 3** in Übereinstimmung mit § 802 ausschließlich.

4 **IV. Entscheidung über Verweigerungsantrag, II.** Sie ergeht nach **II 1** durch einen Beschluss. Der Rpfl. muss ihn wegen der Anfechtbarkeit begründen. Soweit er die Vollstreckung einstellt oder eine schon getroffene Vollstreckungsmaßregel aufhebt, kommt nach **II 2** auf Antrag entsprechend §§ 769 I, III, 770 eine einstweilige Anordnung infrage. **I 3** stellt klar, dass auch eine Aufhebung einer Vollstreckungsmaßregel, nicht der ganzen Vollstreckung, ohne Sicherheitsleistung statthaft ist. Jede Entscheidung bedarf der Verkündung oder Zustellung an alle Beteiligten wie sonst nach § 329.

5 **V. Einstweilige Anordnung über Aussetzung oder Beschränkung, III.** Sie ergeht nach **III 1** durch eine einstweilige Anordnung. Sie erfolgt mangels Verweisung auch von **III 1** auf §§ 769, 770 ebenfalls durch den Rpfl. und nicht etwa durch das Prozessgericht. Man kann auch nicht etwa den Amtsrichter für funktionell zuständig erklären. Denn auch die einstweilige Anordnung ist ein Geschäft im Zwangsvollstreckungsverfahren nach § 20 I Nr. 17 S. 1 RPflG. Freilich gilt die in **I 3** genannte Unanfechtbarkeit deshalb nur mit den Einschränkungen des § 11 II 1 RPflG, es ist also die befristete Erinnerung statthaft usw., § 11 II 2–4 RPflG.

6 **VI. Verstoß.** Es gelten die innerdeutschen Regeln.

1085

Einstellung der Zwangsvollstreckung. **Die Zwangsvollstreckung ist entsprechend den §§ 775 und 776 auch dann einzustellen oder zu beschränken, wenn die Ausfertigung einer Bestätigung über die Nichtvollstreckbarkeit oder über die Beschränkung der Vollstreckbarkeit nach Artikel 6 Abs. 2 der Verordnung (EG) Nr. 805/2004 vorgelegt wird.**

1 **I. Systematik.** Die Vorschrift ergänzt Art. 6 II EuVTVO. Auf andere Arten von Einstellung der Zwangsvollstreckung ist sie entgegen ihrer scheinbar umfassenden amtlichen Überschrift nicht anwendbar, insbesondere nicht auf eine Einstellung nach § 1084 II 2. Denn dort geht es nur um einen Antrag nach Art. 21 EuVTVO.

2 **II. Regelungszweck.** Eine Bestätigung der Nicht(mehr)vollstreckbarkeit oder nur (noch) beschränkten Vollstreckbarkeit eines Europäischen Titels muss sich praktisch durchsetzen lassen. Diesem Zweck dient § 1084. Als Folge einer den Ursprungstitel ja schon ganz oder teilweise beseitigenden anderen Entscheidung darf man § 1085 daher nicht zu streng auslegen.

3 **III. Einstellung oder Beschränkung der Zwangsvollstreckung.** Es kommen die nach §§ 775, 776 zulässigen Maßnahmen in Betracht. Vgl. daher dort zu den Einzelheiten.

1086

Vollstreckungsabwehrklage. **I [1]Für Klagen nach § 795 Satz 1 in Verbindung mit § 767 ist das Gericht ausschließlich örtlich zuständig, in dessen Bezirk der Schuldner seinen Wohnsitz hat, oder, wenn er im Inland keinen Wohnsitz hat, das Gericht, in dessen Bezirk die Zwangsvollstreckung stattfinden soll oder stattgefunden hat. [2]Der Sitz von Gesellschaften oder juristischen Personen steht dem Wohnsitz gleich.**

II § 767 Abs. 2 ist entsprechend auf gerichtliche Vergleiche und öffentliche Urkunden anzuwenden.

1 **I. Systematik.** Nach Art. 20 I 2 EuVTVO erfolgt die Vollstreckung aus einem Europäischen Vollstreckungstitel unter denselben Bedingungen wie eine Vollstreckung aus einem Inlandstitel, OLG Köln IHR 2014, 148. § 1086 klärt daher zur danach auch möglichen Vollstreckungsabwehrklage nach § 795 S. 1 iVm § 767 in **I** nur die örtliche Zuständigkeit und in **II** nur die sog. Präklusionswirkung des § 767 II auch für gerichtliche Vergleiche und öffentliche Urkunden.

2 **II. Regelungszweck.** Die Vorschrift dient der Rechtssicherheit. Das gilt insbesondere bei der Klarstellung nach **II.** Man sollte die Regelung deshalb durchaus strikt auslegen.

3 **III. Zuständigkeit, I.** Sie ist ausschließlich, § 802. Wegen der internationalen Zuständigkeit vgl. die Brüssel Ia-VO. Nach **I 1** liegt der Gerichtsstand beim Prozessgericht zunächst des Schuldnerwohnsitzes, § 13, hilfsweise mangels eines inländischen Wohnsitzes bei demjenigen Gericht, in dessen Bezirk die Vollstreckung stattfinden soll oder stattgefunden hat, OLG Saarbr NJW 2019, 1468. Nach **I 2** steht dem Wohnsitz bei einer Gesellschaft oder juristischen Person nach § 17 der (Haupt-)Sitz gleich. Vgl. daher dort.

4 **IV. Beschränkung der Klagegründe, II.** Die sog. **Präklusion** gilt nach § 767 II direkt bei der Abwehr eines Urteils. Sie gilt nach **II** entsprechend auch bei einem solchen Europäischen Vollstreckungstitel, der in Form eines Prozessvergleichs oder in Form einer öffentlichen Urkunde nach Art. 4 Nr. 3 lit. a EuVTVO ergangen ist,

soweit die dortige Begriffsbestimmung überhaupt von derjenigen der §§ 415, 417, 418 abweicht. Zwar ist die Verwendung des Begriffs in **II** ein Teil desselben deutschen Gesetzes, das diesen Begriff eben auch an der eben genannten anderen Stelle verwendet. Es geht aber bei § 1086 als einem bloßen Durchführungsgesetz der EuVTVO ersichtlich in der Sache um die in der VO aufgeführten Urkunden. Das sollte den Ausschlag geben.

V. Verstoß. Es gelten die bei §§ 795 S. 1, 767 ff. genannten Erwägungen entsprechend. 5

Abschnitt 5. Europäisches Mahnverfahren nach der Verordnung (EG) Nr. 1896/2006

Vorbemerkung zu § 1087

Schrifttum: Drehsen, Zustellung gerichtlicher Schriftstücke im Rahmen der EUMahnVO, IPRax 2019, 378; Gruber, Die Überleitung eines europäischen Mahnverfahrens in ein Erkenntnisverfahren, IPRax 2017, 259; Hess/Raffelsieper, Schuldnerschutz bei fehlender Zustellung eines EU-Mahnbescheid: Regelungslücke der EuMahnVO, IPRax 2015, 401; Ulrici, Aktuelle Entwicklung des Europäischen Mahnverfahrens, EuZW 2016, 369; Ulrici, Rechtsbehelf bei Fehlen einer ordnungsgemäßen Zustellung des Europäischen Zahlungsbefehls, EuZW 2017, 367; Ulrici, Die EuMVVO im System des EuZPR, RIW 2018, 718.

1 **I. Systematik.** Das Europäische Parlament und der Rat der EU haben aufgrund von Art. 61c EGV usw. und gemäß dem Verfahren des Art. 251 EGV mit einer Geltung grundsätzlich seit 12.12.2006, teilweise seit 12.6.2008, Art. 33 S. 2 VO (EG), die nachfolgende **VO (EG) Nr. 1896/2006 (EuMVVO)** verabschiedet. Sie ist am 31.12.2006 in Kraft getreten, Art. 33 S. 1 VO (EG), ABl. EU L 399/1 v. 30.12.2006, zuletzt geändert durch Art. 1 EuKoPfVO 2017/1260 v. 19.6.2017, ABl. EU L 182 S. 20.

2 Der deutsche Gesetzgeber hat ebenso wie bei den VOen des bisherigen Buchs 11 ein Ausführungsgesetz erlassen, nämlich Art. 1 Nr. 13 G BT-Drs. 16/9639, in Kraft seit 12.12.2008, Art. 8 I G. Es hat §§ 1087–1096 gebracht.

3 **II. Regelungszweck.** Es geht um die europäische Vereinheitlichung und Erleichterung des überall vorhandenen Massenverfahrens mit der deutschen Bezeichnung Mahnverfahren nach §§ 688 ff. ZPO. Dieses deutsche Mahnverfahren bleibt national unverändert bestehen. Nur grenzüberschreitend hat die EuMVVO mit ihrem Ausführungsgesetz den Vorrang, Art. 26 EuMVVO. Sie ist beschränkt auf fällige, bezifferte Geldforderungen, Art. 1 I lit. a EuMMVO, Ulrici RIW 2018, 718 (721).

4 **III. Verordnung (EG) Nr. 1896/2006 (EuMVVO).** (ohne Erwägungsgründe und ohne umfangreichen Anhänge mit Formularen):

Art. 1 EuMVVO Gegenstand

I Diese Verordnung hat Folgendes zum Ziel:

a) Vereinfachung und Beschleunigung der grenzüberschreitenden Verfahren im Zusammenhang mit unbestrittenen Geldforderungen und Verringerung der Verfahrenskosten durch Einführung eines Europäischen Mahnverfahrens, und
b) Ermöglichung des freien Verkehrs Europäischer Zahlungsbefehle in den Mitgliedstaaten durch Festlegung von Mindestvorschriften, bei deren Einhaltung die Zwischenverfahren im Vollstreckungsmitgliedstaat, die bisher für die Anerkennung und Vollstreckung erforderlich waren, entfallen.

II Diese Verordnung stellt es dem Antragsteller frei, eine Forderung im Sinne von Artikel 4 im Wege eines anderen Verfahrens nach dem Recht eines Mitgliedstaats oder nach Gemeinschaftsrecht durchzusetzen.

Art. 2 EuMVVO Anwendungsbereich

I 1Diese Verordnung ist in grenzüberschreitenden Rechtssachen in Zivil- und Handelssachen anzuwenden, ohne dass es auf die Art der Gerichtsbarkeit ankommt. 2Sie erfasst insbesondere nicht Steuer- und Zollsachen, verwaltungsrechtliche Angelegenheiten sowie die Haftung des Staates für Handlungen oder Unterlassungen im Rahmen der Ausübung hoheitlicher Rechte („acta jure imperii").

II Diese Verordnung ist nicht anzuwenden auf

a) die ehelichen Güterstände, das Gebiet des Erbrechts einschließlich des Testamentsrechts,
b) Konkurse, Verfahren im Zusammenhang mit dem Abwickeln zahlungsunfähiger Unternehmen oder anderer juristischer Personen, gerichtliche Vergleiche, Vergleiche und ähnliche Verfahren,
c) die soziale Sicherheit,
d) Ansprüche aus außervertraglichen Schuldverhältnissen, soweit
   i) diese nicht Gegenstand einer Vereinbarung zwischen den Parteien oder eines Schuldanerkenntnisses sind, oder
   ii) diese sich nicht auf bezifferte Schuldbeträge beziehen, die sich aus gemeinsamem Eigentum an unbeweglichen Sachen ergeben.

III In dieser Verordnung bedeutet der Begriff „Mitgliedstaat" die Mitgliedstaaten mit Ausnahme Dänemarks.

5 Die Regelung entspricht im Wesentlichen Art. 2 EuVTVO. Dieser enthält allerdings auch noch eine Ausnahme für die Schiedsgerichtsbarkeit, die im Bereich des Mahnverfahrens allerdings keine Bedeutung hat. Außerdem können auch Unterhaltsansprüche geltend gemacht werden, auf die die Brüssel Ia-VO nach deren Art. 1 II lit. e keine Anwendung findet, Ulrici RIW 2018, 718 (721).

Art. 3 EuMVVO Grenzüberschreitende Rechtssachen

I Eine grenzüberschreitende Rechtssache im Sinne dieser Verordnung liegt vor, wenn mindestens eine der Parteien ihren Wohnsitz oder gewöhnlichen Aufenthalt in einem anderen Mitgliedstaat als dem des befassten Gerichts hat.

II Der Wohnsitz wird nach den Artikeln 59 und 60 der Verordnung (EG) Nr. 44/2001 des Rates vom 22. Dezember 2000 über die gerichtliche Zuständigkeit und die Anerkennung und Vollstreckung von Entscheidungen in Zivil- und Handelssachen[1] bestimmt.

III Der maßgebliche Augenblick zur Feststellung, ob eine grenzüberschreitende Rechtssache vorliegt, ist der Zeitpunkt, zu dem der Antrag auf Erlass eines Europäischen Zahlungsbefehls nach dieser Verordnung eingereicht wird.

Art. 4 EuMVVO Europäisches Mahnverfahren

Das Europäische Mahnverfahren gilt für die Beitreibung bezifferter Geldforderungen, die zum Zeitpunkt der Einreichung des Antrags auf Erlass eines Europäischen Zahlungsbefehls fällig sind.

---

[1] **Amtl. Anm.:** ABl. L 12 vom 16.1.2001, S. 1. Zuletzt geändert durch die Verordnung (EG) Nr. 2245/2004 der Kommission (ABl. L 381 vom 28.12.2004, S. 10).

Art. 5 EuMVVO Begriffsbestimmungen

Im Sinne dieser Verordnung bezeichnet der Ausdruck

1. „Ursprungsmitgliedstaat" den Mitgliedstaat, in dem ein Europäischer Zahlungsbefehl erlassen wird,
2. „Vollstreckungsmitgliedstaat" den Mitgliedstaat, in dem die Vollstreckung eines Europäischen Zahlungsbefehls betrieben wird,
3. „Gericht" alle Behörden der Mitgliedstaaten, die für einen Europäischen Zahlungsbefehl oder jede andere damit zusammenhängende Angelegenheit zuständig sind,
4. „Ursprungsgericht" das Gericht, das einen Europäischen Zahlungsbefehl erlässt.

Art. 6 EuMVVO Zuständigkeit

I Für die Zwecke der Anwendung dieser Verordnung wird die Zuständigkeit nach den hierfür geltenden Vorschriften des Gemeinschaftsrechts bestimmt, insbesondere der Verordnung (EG) Nr. 44/2001.

II Betrifft die Forderung jedoch einen Vertrag, den eine Person, der Verbraucher, zu einem Zweck geschlossen hat, der nicht der beruflichen oder gewerblichen Tätigkeit dieser Person zugerechnet werden kann, und ist der Verbraucher Antragsgegner, so sind nur die Gerichte des Mitgliedstaats zuständig, in welchem der Antragsgegner seinen Wohnsitz im Sinne des Artikels 59 der Verordnung (EG) Nr. 44/2001 hat.

Art. 7 EuMVVO Antrag auf Erlass eines Europäischen Zahlungsbefehls

I Der Antrag auf Erlass eines Europäischen Zahlungsbefehls ist unter Verwendung des Formblatts A gemäß Anhang I zu stellen.

II Der Antrag muss Folgendes beinhalten:

a) die Namen und Anschriften der Verfahrensbeteiligten und gegebenenfalls ihrer Vertreter sowie des Gerichts, bei dem der Antrag eingereicht wird;
b) die Höhe der Forderung einschließlich der Hauptforderung und gegebenenfalls der Zinsen, Vertragsstrafen und Kosten;
c) bei Geltendmachung von Zinsen den Zinssatz und den Zeitraum, für den Zinsen verlangt werden, es sei denn, gesetzliche Zinsen werden nach dem Recht des Ursprungsmitgliedstaats automatisch zur Hauptforderung hinzugerechnet;
d) den Streitgegenstand einschließlich einer Beschreibung des Sachverhalts, der der Hauptforderung und gegebenenfalls der Zinsforderung zugrunde liegt;
e) eine Bezeichnung der Beweise, die zur Begründung der Forderung herangezogen werden;
f) die Gründe für die Zuständigkeit,
und
g) den grenzüberschreitenden Charakter der Rechtssache im Sinne von Artikel 3.

III In dem Antrag hat der Antragsteller zu erklären, dass er die Angaben nach bestem Wissen und Gewissen gemacht hat, und anzuerkennen, dass jede vorsätzliche falsche Auskunft angemessene Sanktionen nach dem Recht des Ursprungsmitgliedstaats nach sich ziehen kann.

IV Der Antragsteller kann in einer Anlage zu dem Antrag dem Gericht gegenüber erklären, welches der in Artikel 17 Absatz 1 Buchstaben a und b aufgeführten Verfahren gegebenenfalls auf seine Forderung in dem späteren Zivilverfahren angewendet werden soll, falls der Antragsgegner Einspruch gegen den Europäischen Zahlungsbefehl einlegt.

[1]Der Antragsteller kann in der im ersten Unterabsatz vorgesehenen Anlage dem Gericht gegenüber auch erklären, dass er die Überleitung in ein Zivilverfahren im Sinne des Artikels 17 Absatz 1 Buchstabe a oder Buchstabe b für den Fall ablehnt, dass der Antragsgegner Einspruch einlegt. [2]Dies hindert den Antragsteller nicht daran, das Gericht zu einem späteren Zeitpunkt, in jedem Fall aber vor Erlass des Zahlungsbefehls, hierüber zu informieren.

V Die Einreichung des Antrags erfolgt in Papierform oder durch andere – auch elektronische – Kommunikationsmittel, die im Ursprungsmitgliedstaat zulässig sind und dem Ursprungsgericht zur Verfügung stehen.

VI [1]Der Antrag ist vom Antragsteller oder gegebenenfalls von seinem Vertreter zu unterzeichnen. [2]Wird der Antrag gemäß Absatz 5 auf elektronischem Weg eingereicht, so ist er nach Artikel 2 Nummer 2 der Richtlinie 1999/93/EG des Europäischen Parlaments und des Rates vom 13. Dezember 1999 über gemeinschaftliche Rahmenbedingungen für elektronische Signaturen[2] zu unterzeichnen. [3]Diese Signatur wird im Ursprungsmitgliedstaat anerkannt, ohne dass weitere Bedingungen festgelegt werden können.

VII [1]Eine solche elektronische Signatur ist jedoch nicht erforderlich, wenn und insoweit es bei den Gerichten des Ursprungsmitgliedstaats ein alternatives elektronisches Kommunikationssystem gibt, das einer bestimmten Gruppe von vorab registrierten und authentifizierten Nutzern zur Verfügung steht und die sichere Identifizierrung dieser Nutzer ermöglicht. [2]Die Mitgliedstaaten unterrichten die Kommission über derartige Kommunikationssysteme.

Art. 7 enthält eine abschließende Regelung, EuGH EuZW 2013, 147. Zum nach Art. 7 II erforderlichen 6
Inhalt des Antrags gehört als Ausfluss der RL 93/13 betr. missbräuchliche Klauseln in Verbrauchersachen eine Kopie des Vertrages, weil das Gericht nur so die Möglichkeit einer Klauselkontrolle hat, EuGH NJW 2020, 383 Ls.

Art. 8 EuMVVO Prüfung des Antrags

[1]Das mit einem Antrag auf Erlass eines Europäischen Zahlungsbefehls befasste Gericht prüft so bald wie möglich anhand des Antragsformulars, ob die in den Artikeln 2, 3 4, 6 und 7 genannten Voraussetzungen erfüllt sind und ob die Forderung begründet erscheint. [2]Diese Prüfung kann im Rahmen eines automatisierten Verfahrens erfolgen.

Art. 9 EuMVVO Vervollständigung und Berichtigung des Antrags

I [1]Das Gericht räumt dem Antragsteller die Möglichkeit ein, den Antrag zu vervollständigen oder zu berichtigen, wenn die in Artikel 7 genannten Voraussetzungen nicht erfüllt sind und die Forderung nicht offensichtlich unbegründet oder der Antrag unzulässig ist. [2]Das Gericht verwendet dazu das Formblatt B gemäß Anhang II.

II [1]Fordert das Gericht den Antragsteller auf, den Antrag zu vervollständigen oder zu berichtigen, so legt es dafür eine Frist fest, die ihm den Umständen nach angemessen erscheint. [2]Das Gericht kann diese Frist nach eigenem Ermessen verlängern.

---

[2] **Amtl. Anm.:** ABl. L 13 vom 19.1.2000, S. 12.

Art. 10 EuMVVO Änderung des Antrags

I 1Sind die in Artikel 8 genannten Voraussetzungen nur für einen Teil der Forderung erfüllt, so unterrichtet das Gericht den Antragsteller hiervon unter Verwendung des Formblatts C gemäß Anhang III. 2Der Antragsteller wird aufgefordert, den Europäischen Zahlungsbefehl über den von dem Gericht angegebenen Betrag anzunehmen oder abzulehnen; er wird zugleich über die Folgen seiner Entscheidung belehrt. 3Die Antwort des Antragstellers erfolgt durch Rücksendung des von dem Gericht übermittelten Formblatts C innerhalb der von dem Gericht gemäß Artikel 9 Absatz 2 festgelegten Frist.

II 1Nimmt der Antragsteller den Vorschlag des Gerichts an, so erlässt das Gericht gemäß Artikel 12 einen Europäischen Zahlungsbefehl für den Teil der Forderung, dem der Antragsteller zugestimmt hat. 2Die Folgen hinsichtlich des verbleibenden Teils der ursprünglichen Forderung unterliegen nationalem Recht.

III Antwortet der Antragsteller nicht innerhalb der von dem Gericht festgelegten Frist oder lehnt er den Vorschlag des Gerichts ab, so weist das Gericht den Antrag auf Erlass eines Europäischen Zahlungsbefehls insgesamt zurück.

Art. 11 EuMVVO Zurückweisung des Antrags

I 1Das Gericht weist den Antrag zurück,

a) wenn die in den Artikeln 2, 3, 4, 6 und 7 genannten Voraussetzungen nicht erfüllt sind,
oder
b) wenn die Forderung offensichtlich unbegründet ist,
oder
c) wenn der Antragsteller nicht innerhalb der von dem Gericht gemäß Artikel 9 Absatz 2 gesetzten Frist seine Antwort übermittelt,
oder
d) wenn der Antragsteller gemäß Artikel 10 nicht innerhalb der von dem Gericht gesetzten Frist antwortet oder den Vorschlag des Gerichts ablehnt.

2Der Antragsteller wird anhand des Formblatts D gemäß Anhang IV von den Gründen der Zurückweisung in Kenntnis gesetzt.

II Gegen die Zurückweisung des Antrags kann kein Rechtsmittel eingelegt werden.

III Die Zurückweisung des Antrags hindert den Antragsteller nicht, die Forderung mittels eines neuen Antrags auf Erlass eines Europäischen Zahlungsbefehls oder eines anderen Verfahrens nach dem Recht eines Mitgliedstaats geltend zu machen.

Art. 12 EuMVVO Erlass eines Europäischen Zahlungsbefehls

I Sind die in Artikel 8 genannten Voraussetzungen erfüllt, so erlässt das Gericht so bald wie möglich und in der Regel binnen 30 Tagen nach Einreichung eines entsprechenden Antrags einen Europäischen Zahlungsbefehl unter Verwendung des Formblatts E gemäß Anhang V.

Bei der Berechnung der 30-tägigen Frist wird die Zeit, die der Antragsteller zur Vervollständigung, Berichtigung oder Änderung des Antrags benötigt, nicht berücksichtigt.

II 1Der Europäische Zahlungsbefehl wird zusammen mit einer Abschrift des Antragsformulars ausgestellt. 2Er enthält nicht die vom Antragsteller in den Anlagen 1 und 2 des Formblatts A gemachten Angaben.

III In dem Europäischen Zahlungsbefehl wird der Antragsgegner davon in Kenntnis gesetzt, dass er

a) entweder den im Zahlungsbefehl aufgeführten Betrag an den Antragsteller zahlen kann,
oder
b) gegen den Europäischen Zahlungsbefehl bei dem Ursprungsgericht Einspruch einlegen kann, indem er innerhalb von 30 Tagen ab dem Zeitpunkt der Zustellung des Zahlungsbefehls an ihn seinen Einspruch versendet.

IV In dem Europäischen Zahlungsbefehl wird der Antragsgegner davon unterrichtet, dass

a) der Zahlungsbefehl ausschließlich auf der Grundlage der Angaben des Antragstellers erlassen und vom Gericht nicht nachgeprüft wurde,
b) der Zahlungsbefehl vollstreckbar wird, wenn nicht bei dem Gericht nach Artikel 16 Einspruch eingelegt wird,
c) im Falle eines Einspruchs das Verfahren von den zuständigen Gerichten des Ursprungsmitgliedstaats gemäß den Regeln eines ordentlichen Zivilprozesses weitergeführt wird, es sei denn, der Antragsteller hat ausdrücklich beantragt, das Verfahren in diesem Fall zu beenden.

V Das Gericht stellt sicher, dass der Zahlungsbefehl dem Antragsgegner gemäß den nationalen Rechtsvorschriften in einer Weise zugestellt wird, die den Mindestvorschriften der Artikel 13, 14 und 15 genügen muss.

Art. 13 EuMVVO Zustellung mit Nachweis des Empfangs durch den Antragsgegner

Der europäische Zahlungsbefehl kann nach dem Recht des Staats, in dem die Zustellung erfolgen soll, dem Antragsgegner in einer der folgenden Formen zugestellt werden:

a) durch persönliche Zustellung, bei der der Antragsgegner eine Empfangsbestätigung unter Angabe des Empfangsdatums unterzeichnet,
b) durch persönliche Zustellung, bei der die zuständige Person, die die Zustellung vorgenommen hat, ein Dokument unterzeichnet, in dem angegeben ist, dass der Antragsgegner das Schriftstück erhalten hat oder dessen Annahme unberechtigt verweigert hat und an welchem Datum die Zustellung erfolgt ist,
c) durch postalische Zustellung, bei der der Antragsgegner die Empfangsbestätigung unter Angabe des Empfangsdatums unterzeichnet und zurückschickt,
d) durch elektronische Zustellung wie beispielsweise per Fax oder E-Mail, bei der der Antragsgegner eine Empfangsbestätigung unter Angabe des Empfangsdatums unterzeichnet und zurückschickt.

Art. 14 EuMVVO Zustellung ohne Nachweis des Empfangs durch den Antragsgegner

I Der Europäische Zahlungsbefehl kann nach dem Recht des Staats, in dem die Zustellung erfolgen soll, dem Antragsgegner auch in einer der folgenden Formen zugestellt werden:

a) persönliche Zustellung unter der Privatanschrift des Antragsgegners an eine in derselben Wohnung wie der Antragsgegner lebende Person oder an eine dort beschäftigte Person;

b) wenn der Antragsgegner Selbstständiger oder eine juristische Person ist, persönliche Zustellung in den Geschäftsräumen des Antragsgegners an eine Person, die vom Antragsgegner beschäftigt wird;
c) Hinterlegung des Zahlungsbefehls im Briefkasten des Antragsgegners;
d) Hinterlegung des Zahlungsbefehls beim Postamt oder bei den zuständigen Behörden mit entsprechender schriftlicher Benachrichtigung im Briefkasten des Antragsgegners, sofern in der schriftlichen Benachrichtigung das Schriftstück eindeutig als gerichtliches Schriftstück bezeichnet oder darauf hingeweisen wird, dass die Zustellung durch die Benachrichtigung als erfolgt gilt und damit Fristen zu laufen beginnen;
e) postalisch ohne Nachweis gemäß Absatz 3, wenn der Antragsgegner seine Anschrift im Ursprungsmitgliedstaat hat;
f) elektronisch, mit automatisch erstellter Sendebestätigung, sofern sich der Antragsgegner vorab ausdrücklich mit dieser Art der Zustellung einverstanden erklärt hat.

II Für die Zwecke dieser Verordnung ist eine Zustellung nach Absatz 1 nicht zulässig, wenn die Anschrift des Antragsgegners nicht mit Sicherheit ermittelt werden kann.

III Die Zustellung nach Absatz 1 Buchstaben a, b, c und d wird bescheinigt durch

a) ein von der zuständigen Person, die die Zustellung vorgenommen hat, unterzeichnetes Schriftstück mit den folgenden Angaben:
   i) die gewählte Form der Zustellung
   und
   ii) das Datum der Zustellung sowie,
   und
   iii) falls der Zahlungsbefehl einer anderen Person als dem Antragsgegner zugestellt wurde, der Name dieser Person und die Angabe ihres Verhältnisses zum Antragsgegner,

oder

b) eine Empfangsbestätigung der Person, der der Zahlungsbefehl zugestellt wurde, für die Zwecke von Absatz 1 Buchstaben a und b.

Art. 15 EuMVVO Zustellung an einen Vertreter

Die Zustellung nach den Artikeln 13 oder 14 kann auch an den Vertreter des Antragsgegners bewirkt werden.

Art. 16 EuMVVO Einspruch gegen den Europäischen Zahlungsbefehl

I Der Antragsgegner kann beim Ursprungsgericht Einspruch gegen den Europäischen Zahlungsbefehl unter Verwendung des Formblatts F gemäß Anhang VI einlegen, das dem Antragsgegner zusammen mit dem Europäischen Zahlungsbefehl zugestellt wird.

II Der Einspruch muss innerhalb von 30 Tagen ab dem Tag der Zustellung des Zahlungsbefehls an den Antragsgegner versandt werden.

III Der Antragsgegner gibt in dem Einspruch an, dass er die Forderung bestreitet, ohne dass er dafür eine Begründung liefern muss.

IV Der Einspruch ist in Papierform oder durch andere – auch elektronische – Kommunikationsmittel, die im Ursprungsmitgliedstaat zulässig sind und dem Ursprungsgericht zur Verfügung stehen, einzulegen.

V 1Der Einspruch ist vom Antragsgegner oder gegebenenfalls von seinem Vertreter zu unterzeichnen. 2Wird der Einspruch gemäß Absatz 4 auf elektronischem Weg eingelegt, so ist er nach Artikel 2 Nummer 2 der Richtlinie 1999/93/EG zu unterzeichnen. 3Diese Signatur wird im Ursprungsmitgliedstaat anerkannt, ohne dass weitere Bedingungen festgelegt werden können.

1Eine solche elektronische Signatur ist jedoch nicht erforderlich, wenn und insoweit es bei den Gerichten des Ursprungsmitgliedstaats ein alternatives elektronisches Kommunikationssystem gibt, das einer bestimmten Gruppe von vorab registrierten und authentifizierten Nutzern zur Verfügung steht und die sichere Identifizierung dieser Nutzer ermöglicht. 2Die Mitgliedstaaten unterrichten die Kommission über derartige Kommunikationssysteme.

Art. 14–20 sind nur bei Einhaltung von Art. 13–15 anwendbar, EuGH EuZW 2014, 916 Rn. 49. Die Einlegung eines Einspruchs stellt sich nicht als zuständigkeitsbegründende Einlassung iSd Art. 26 Brüssel Ia-VO dar, EuGH EuZW 2013, 628. Die 30-tägige Einspruchsfrist nach Art. 16 II EuMVVO beginnt bei fehlerhaften Zustellungen erst mit dem Tag der Heilung, Drehsen IPRax 2019, 378 (383). 7

Art. 17 EuMVVO Wirkungen der Einlegung eines Einspruchs

I 1Wird innerhalb der in Artikel 16 Absatz 2 genannten Frist Einspruch eingelegt, so wird das Verfahren vor den zuständigen Gerichten des Ursprungsmitgliedstaats weitergeführt, es sei denn, der Antragsteller hat ausdrücklich beantragt, das Verfahren in einem solchen Fall zu beenden. 2Das Verfahren wird weitergeführt gemäß den Regeln

a) des in der Verordnung (EG) Nr. 861/2007 festgelegten europäischen Verfahrens für geringfügige Forderungen, falls diese anwendbar ist, oder
b) eines entsprechenden nationalen Zivilverfahrens.

II Hat der Antragsteller nicht angegeben, welches der in Absatz 1 Buchstaben a und b genannten Verfahren auf seine Forderung in dem Verfahren angewandt werden soll, das sich an die Einlegung eines Einspruchs anschließt, oder hat der Antragsteller beantragt, das europäische Verfahren für geringfügige Forderungen nach der Verordnung (EG) Nr. 861/2007 auf eine Forderung anzuwenden, die nicht in den Geltungsbereich der Verordnung (EG) Nr. 861/2007 fällt, so wird das Verfahren in das entsprechende einzelstaatliche Zivilverfahren übergeleitet, es sei denn, der Antragsteller hat ausdrücklich beantragt, dass diese Überleitung nicht vorgenommen wird.

III Hat der Antragsteller seine Forderung im Wege des Europäischen Mahnverfahrens geltend gemacht, so wird seine Stellung im nachfolgenden Zivilverfahren durch keine Maßnahme nach nationalem Recht präjudiziert.

IV Die Überleitung in ein Zivilverfahren im Sinne des Absatzes 1 Buchstaben a und b erfolgt nach dem Recht des Ursprungsmitgliedstaats.

V Dem Antragsteller wird mitgeteilt, ob der Antragsgegner Einspruch eingelegt hat und ob das Verfahren als Zivilverfahren im Sinne des Absatzes 1 weitergeführt wird.

Art. 18 EuMVVO Vollstreckbarkeit

I [1]Wurde innerhalb der Frist des Artikels 16 Absatz 2 unter Berücksichtigung eines angemessenen Zeitraums für die Übermittlung kein Einspruch beim Ursprungsgericht eingelegt, so erklärt das Gericht den Europäischen Zahlungsbefehl unter Verwendung des Formblatts G gemäß Anhang VII unverzüglich für vollstreckbar. [2]Das Ursprungsgericht überprüft das Zustellungsdatum des Europäischen Zahlungsbefehls.

II Unbeschadet des Absatzes 1 richten sich die Voraussetzungen der Zwangsvollstreckung für die Vollstreckbarkeit nach den Rechtsvorschriften des Ursprungsmitgliedstaats.

III Das Gericht übersendet dem Antragsteller den vollstreckbaren Europäischen Zahlungsbefehl.

Art. 19 EuMVVO Abschaffung des Exequaturverfahrens

Der im Ursprungsmitgliedstaat vollstreckbar gewordene Europäische Zahlungsbefehl wird in den anderen Mitgliedstaaten anerkannt und vollstreckt, ohne dass es einer Vollstreckbarerklärung bedarf und ohne dass seine Anerkennung angefochten werden kann.

Art. 20 EuMVVO Überprüfung in Ausnahmefällen

I Nach Ablauf der in Artikel 16 Absatz 2 genannten Frist ist der Antragsgegner berechtigt, bei dem zuständigen Gericht des Ursprungsmitgliedstaats eine Überprüfung des Europäischen Zahlungsbefehls zu beantragen, falls

a) i) der Zahlungsbefehl in einer der in Artikel 14 genannten Formen zugestellt wurde,
 und
 ii) die Zustellung ohne Verschulden des Antragsgegners nicht so rechtzeitig erfolgt ist, dass er Vorkehrungen für seine Verteidigung hätte treffen können,
 oder
b) der Antragsgegner aufgrund höherer Gewalt oder aufgrund außergewöhnlicher Umstände ohne eigenes Verschulden keinen Einspruch gegen die Forderung einlegen konnte,

wobei in beiden Fällen vorausgesetzt wird, dass er unverzüglich tätig wird.

II Ferner ist der Antragsgegner nach Ablauf der in Artikel 16 Absatz 2 genannten Frist berechtigt, bei dem zuständigen Gericht des Ursprungsmitgliedstaats eine Überprüfung des Europäischen Zahlungsbefehls zu beantragen, falls der Europäische Zahlungsbefehl gemessen an den in dieser Verordnung festgelegten Voraussetzungen oder aufgrund von anderen außergewöhnlichen Umständen offensichtlich zu Unrecht erlassen worden ist.

III Weist das Gericht den Antrag des Antragsgegners mit der Begründung zurück, dass keine der Voraussetzungen für die Überprüfung nach den Absätzen 1 und 2 gegeben ist, bleibt der Europäische Zahlungsbefehl in Kraft.

Entscheidet das Gericht, dass die Überprüfung aus einem der in den Absätzen 1 und 2 genannten Gründe gerechtfertigt ist, wird der Europäische Zahlungsbefehl für nichtig erklärt.

8 Voraussetzung für den **Fristbeginn** ist eine den Anforderungen des Art. 8 EuZVO genügende Zustellung (→ Vor § 1067 Rn. 15 – Art. 8 EuZVO), EuGH EuZW 2018, 1001 Rn. 40. Das Verschulden eines Vertreters des Antragsgegners stellt keinen außergewöhnlichen Umstand iSd **I lit. b** dar, EuGH NJW 2013, 1796.

9 Die Überprüfung nach **II** umfasst nicht die Zuständigkeit, die nur im Rahmen des Einspruchs gem Art. 16 EuMVVO gerügt werden kann, EuGH EuZW 2016, 196.

Art. 21 EuMVVO Vollstreckung

I Unbeschadet der Bestimmungen dieser Verordnung gilt für das Vollstreckungsverfahren das Recht des Vollstreckungsmitgliedstaats.

Ein vollstreckbar gewordener Europäischer Zahlungsbefehl wird unter den gleichen Bedingungen vollstreckt wie eine im Vollstreckungsmitgliedstaat vollstreckbar gewordene Entscheidung.

II Zur Vollstreckung in einem anderen Mitgliedstaat legt der Antragsteller den zuständigen Vollstreckungsbehörden dieses Mitgliedstaats folgende Dokumente vor:

a) eine Ausfertigung des von dem Ursprungsgericht für vollstreckbar erklärten Europäischen Zahlungsbefehls, die die für seine Beweiskraft erforderlichen Voraussetzungen erfüllt,
 und
b) gegebenenfalls eine Übersetzung des Europäischen Zahlungsbefehls in die Amtssprache des Vollstreckungsmitgliedstaats oder – falls es in diesem Mitgliedstaat mehrere Amtssprachen gibt – nach Maßgabe der Rechtsvorschriften dieses Mitgliedstaats in die Verfahrenssprache oder eine der Verfahrenssprachen des Ortes, an dem die Vollstreckung betrieben wird, oder in eine sonstige Sprache, die der Vollstreckungsmitgliedstaat zulässt. Jeder Mitgliedstaat kann angeben, welche Amtssprache oder Amtssprachen der Organe der Europäischen Union er neben seiner oder seinen eigenen für den Europäischen Zahlungsbefehl zulässt. Die Übersetzung ist von einer hierzu in einem der Mitgliedstaaten befugten Person zu beglaubigen.

III Einem Antragsteller, der in einem Mitgliedstaat die Vollstreckung eines in einem anderen Mitgliedstaat erlassenen Europäischen Zahlungsbefehls beantragt, darf wegen seiner Eigenschaft als Ausländer oder wegen Fehlens eines inländischen Wohnsitzes oder Aufenthaltsorts im Vollstreckungsmitgliedstaat eine Sicherheitsleistung oder Hinterlegung, unter welcher Bezeichnung es auch sei, nicht auferlegt werden.

Art. 22 EuMVVO Verweigerung der Vollstreckung

I Auf Antrag des Antragsgegners wird die Vollstreckung vom zuständigen Gericht im Vollstreckungsmitgliedstaat verweigert, wenn der Europäische Zahlungsbefehl mit einer früheren Entscheidung oder einem früheren Zahlungsbefehl unvereinbar ist, die bzw. der in einem Mitgliedstaat oder einem Drittland ergangen ist, sofern

a) die frühere Entscheidung oder der frühere Zahlungsbefehl zwischen denselben Parteien wegen desselben Streitgegenstands ergangen ist,
 und
b) die frühere Entscheidung oder der frühere Zahlungsbefehl die notwendigen Voraussetzungen für die Anerkennung im Vollstreckungsmitgliedstaat erfüllt,
 und
c) die Unvereinbarkeit im gerichtlichen Verfahren des Ursprungsmitgliedstaats nicht geltend gemacht werden konnte.

II Auf Antrag wird die Vollstreckung ebenfalls verweigert, sofern und insoweit der Antragsgegner den Betrag, der dem Antragsteller in einem Europäischen Zahlungsbefehl zuerkannt worden ist, an diesen entrichtet hat.

III Ein Europäischer Zahlungsbefehl darf im Vollstreckungsmitgliedstaat in der Sache selbst nicht nachgeprüft werden.

Art. 23 EuMVVO Aussetzung oder Beschränkung der Vollstreckung

Hat der Antragsgegner eine Überprüfung nach Artikel 20 beantragt, so kann das zuständige Gericht im Vollstreckungsmitgliedstaat auf Antrag des Antragsgegners

a) das Vollstreckungsverfahren auf Sicherungsmaßnahmen beschränken,
oder

b) die Vollstreckung von der Leistung einer von dem Gericht zu bestimmenden Sicherheit abhängig machen,
oder

c) unter außergewöhnlichen Umständen das Vollstreckungsverfahren aussetzen.

Art. 24 EuMVVO Rechtliche Vertretung

Die Vertretung durch einen Rechtsanwalt oder sonstigen Rechtsbeistand ist nicht zwingend

a) für den Antragsteller im Hinblick auf die Beantragung eines Europäischen Zahlungsbefehls,

b) für den Antragsgegner bei Einlegung des Einspruchs gegen einen Europäischen Zahlungsbefehl.

Art. 25 EuMVVO Gerichtsgebühren

I Sind in einem Mitgliedstaat die Gerichtsgebühren für Zivilverfahren im Sinne des Artikels 17 Absatz 1 Buchstabe a beziehungsweise Buchstabe b genauso hoch oder höher als die Gerichtsgebühren für das Europäische Mahnverfahren, so dürfen die Gerichtsgebühren für ein Europäisches Mahnverfahren und das sich daran im Falle eines Einspruchs gemäß Artikel 17 Absatz 1 anschließende Zivilverfahren insgesamt nicht höher sein als die Gebühren für solche Verfahren ohne vorausgehendes Europäisches Mahnverfahren in diesem Mitgliedstaat.

Für Zivilverfahren, die sich im Falle eines Einspruchs gemäß Artikel 17 Absatz 1 Buchstabe a beziehungsweise Buchstabe b anschließen, dürfen in einem Mitgliedstaat keine zusätzlichen Gerichtsgebühren erhoben werden, wenn die Gerichtsgebühren für diese Art von Verfahren in diesem Mitgliedstaat niedriger sind als die Gerichtsgebühren für das Europäische Mahnverfahren.

II Für die Zwecke dieser Verordnung umfassen die Gerichtsgebühren die dem Gericht zu entrichtenden Gebühren und Abgaben, deren Höhe nach dem nationalen Recht festgelegt wird.

Art. 26 EuMVVO Verhältnis zum nationalen Prozessrecht

Sämtliche verfahrensrechtlichen Fragen, die in dieser Verordnung nicht ausdrücklich geregelt sind, richten sich nach den nationalen Rechtsvorschriften.

Art. 27 EuMVVO Verhältnis zur Verordnung (EG) Nr. 1348/2000

Diese Verordnung berührt nicht die Anwendung der Verordnung (EG) Nr. 1348/2000 des Rates vom 29. Mai 2000 über die Zustellung gerichtlicher und außergerichtlicher Schriftstücke in Zivil- und Handelssachen in den Mitgliedstaaten[3].

Art. 28 EuMVVO Informationen zu den Zustellungskosten und zur Vollstreckung

Die Mitgliedstaaten arbeiten zusammen, um der Öffentlichkeit und den Fachkreisen folgende Informationen zur Verfügung zu stellen:

a) Informationen zu den Zustellungskosten,
und

b) Information darüber, welche Behörden im Zusammenhang mit der Vollstreckung für die Anwendung der Artikel 21, 22 und 23 zuständig sind,

insbesondere über das mit der Entscheidung 2001/470/EG des Rates[4] eingerichtete Europäische Justizielle Netz für Zivil- und Handelssachen.

Art. 29 EuMVVO Angaben zu den zuständigen Gerichten, den Überprüfungsverfahren, den Kommunikationsmitteln und den Sprachen

I Die Mitgliedstaaten teilen der Kommission bis zum 12. Juni 2008 Folgendes mit:

a) die Gerichte, die dafür zuständig sind, einen Europäischen Zahlungsbefehl zu erlassen;

b) Informationen über das Überprüfungsverfahren und die für die Anwendung des Artikels 20 zuständigen Gerichte;

c) die Kommunikationsmittel, die im Hinblick auf das Europäische Mahnverfahren zulässig sind und den Gerichten zur Verfügung stehen;

d) die nach Artikel 21 Absatz 2 Buchstabe b zulässigen Sprachen.

Die Mitgliedstaaten unterrichten die Kommission über alle späteren Änderungen dieser Angaben.

II Die Kommission macht die nach Absatz 1 mitgeteilten Angaben durch Veröffentlichung im Amtsblatt der Europäischen Union und durch andere geeignete Mittel öffentlich zugänglich.

Art. 30 EuMVVO Änderung der Anhänge

Der Kommission wird die Befugnis übertragen, gemäß Artikel 31 in Bezug auf die Änderung der Anhänge I bis VII delegierte Rechtsakte zu erlassen.

Art. 31 EuMVVO Ausübung der Befugnisübertragung

I Die Befugnis zum Erlass delegierter Rechtsakte wird der Kommission unter den in diesem Artikel festgelegten Bedingungen übertragen.

II Die Befugnis zum Erlass delegierter Rechtsakte gemäß Artikel 30 wird der Kommission auf unbestimmte Zeit ab dem 13. Januar 2016 übertragen.

[3] **Amtl. Anm.:** ABl. L 160 vom 30.6.2000, S. 37.
[4] **Amtl. Anm.:** ABl. L 174 vom 27.6.2001, S. 25.

III 1Die Befugnisübertragung gemäß Artikel 30 kann vom Europäischen Parlament oder vom Rat jederzeit widerrufen werden. 2Der Beschluss über den Widerruf beendet die Übertragung der in diesem Beschluss angegebenen Befugnis. 3Er wird am Tag nach seiner Veröffentlichung im Amtsblatt der Europäischen Union oder zu einem im Beschluss über den Widerruf angegebenen späteren Zeitpunkt wirksam. 4Die Gültigkeit von delegierten Rechtsakten, die bereits in Kraft sind, wird von dem Beschluss über den Widerruf nicht berührt.

IV Sobald die Kommission einen delegierten Rechtsakt erlässt, übermittelt sie ihn gleichzeitig dem Europäischen Parlament und dem Rat.

V 1Ein delegierter Rechtsakt, der gemäß Artikel 30 erlassen wurde, tritt nur in Kraft, wenn weder das Europäische Parlament noch der Rat innerhalb einer Frist von zwei Monaten nach Übermittlung dieses Rechtsakts an das Europäische Parlament und den Rat Einwände erhoben haben oder wenn vor Ablauf dieser Frist das Europäische Parlament oder der Rat beide der Kommission mitgeteilt haben, dass sie keine Einwände erheben werden. 2Auf Initiative des Europäischen Parlaments oder des Rates wird diese Frist um zwei Monate verlängert.

Art. 32 EuMVVO Überprüfung

1Die Kommission legt dem Europäischen Parlament, dem Rat und dem Europäischen Wirtschafts- und Sozialausschuss bis zum 12. Dezember 2013 einen detaillierten Bericht über die Überprüfung des Funktionierens des Europäischen Mahnverfahrens vor. 2Dieser Bericht enthält eine Bewertung des Funktionierens des Verfahrens und eine erweiterte Folgenabschätzung für jeden Mitgliedstaat.

1Zu diesem Zweck und damit gewährleistet ist, dass die vorbildliche Praxis in der Europäischen Union gebührend berücksichtigt wird und die Grundsätze der besseren Rechtsetzung zum Tragen kommen, stellen die Mitgliedstaaten der Kommission Angaben zum grenzüberschreitenden Funktionieren des Europäischen Zahlungsbefehls zur Verfügung. 2Diese Angaben beziehen sich auf die Gerichtsgebühren, die Schnelligkeit des Verfahrens, die Effizienz, die Benutzerfreundlichkeit und die internen Mahnverfahren der Mitgliedstaaten.

Dem Bericht der Kommission werden gegebenenfalls Vorschläge zur Anpassung der Verordnung beigefügt.

Art. 33 EuMVVO Inkrafttreten

1Diese Verordnung tritt am Tag nach ihrer Veröffentlichung im Amtsblatt der Europäischen Union in Kraft.

2Sie gilt ab dem 12. Dezember 2008 mit Ausnahme der Artikel 28, 29, 30 und 31, die ab dem 12. Juni 2008 gelten.

Titel 1. Allgemeine Vorschriften

10 **I. Systematik.** Titel 1 enthält mit seinen §§ 1087–1089 vorrangige Spezialvorschriften zur Zuständigkeit, zur maschinellen Bearbeitung und zum Zustellungsverfahren. Titel 2 enthält mit seinen §§ 1090, 1091 die vorrangigen, nach Art. 26 EuMVVO auf ihre ausdrückliche Regelung beschränkten Vorschriften zum Stadium ab einem Einspruch bis zum Beginn des an das Mahnverfahren anschließenden Abschnitts. Dabei weichen die Begriffe Zahlungsbefehl und Streitverfahren teilweise von den Begriffen Mahnbescheid oder Vollstreckungsbescheid und streitiges Verfahren nach §§ 688 ff. ab, ohne in der Sache etwas wesentlich anderes zu behandeln.

11 **II. Regelungszweck.** Es geht um eine Zentralisierung, Vereinfachung und Beschleunigung des Mahnverfahrens mit seinem auch international zunehmenden Massenbetrieb. Das dient der Prozesswirtschaftlichkeit. Deshalb sollte man die Regelungen großzügig auslegen, soweit nicht der Wortlaut und Sinn ohnehin eindeutig sind. Das gilt trotz der Beschränkung des Vorrangs der VO auf deren „ausdrückliche" Regelung in Art. 26 EuMVVO.

12 **III. Geltungsbereich.** Ihn legt Art. 2 VO EuMVVO sowohl sachlich als auch personell fest.

13 **IV. Zuständigkeit.** Sie liegt nach § 20 I Nr. 7 RPflG beim Rpfl. (Ausnahme: Überprüfung des Europäischen Zahlungsbefehls und Streitverfahren).

1087 ***Zuständigkeit.*** **Für die Bearbeitung von Anträgen auf Erlass und Überprüfung sowie die Vollstreckbarerklärung eines Europäischen Zahlungsbefehls nach der Verordnung (EG) Nr. 1896/2006 ist das Amtsgericht Wedding in Berlin ausschließlich zuständig.**

1 **I. Systematik.** Die VO überlässt die Bestimmung der Zuständigkeit dem nationalen Recht. § 1087 folgt dieser Ermächtigung. Die Vorschrift lässt den vorrangigen Gerichtsstand des Art. 6 II EuMVVO beim Verbrauchervertrag bei weder beruflicher noch gewerblicher Tätigkeit unberührt, da dieser nur die internationale Zuständigkeit betrifft.

2 **II. Regelungszweck.** Die Konzentration bei nur einem einzigen Gericht in dessen ausschließlicher örtlichen, sachlichen und funktionellen erstinstanzlichen Zuständigkeit dient vor allem der Vereinheitlichung eines möglicherweise bald bundesweit zunehmenden Massenverfahrens. Das ändert nichts an den Folgen eines unstatthaften oder doch im Einzelfall unzulässigen Antrags etwa nach Art. 11 EuMVVO.

3 **III. Ausschließliche Zuständigkeit des AG Berlin-Wedding.** Die Ausschließlichkeit besteht ebenso wie zB bei → § 689 Rn. 9. Sie besteht für das gesamte Verfahren einschließlich der Überprüfung des Europäischen Zahlungsbefehls nach Art. 20 EuMVVO.

1088 ***Maschinelle Bearbeitung.*** **I 1Der Antrag auf Erlass des Europäischen Zahlungsbefehls und der Einspruch können in einer nur maschinell lesbaren Form bei Gericht eingereicht werden, wenn diese dem Gericht für seine maschinelle Bearbeitung geeignet erscheint. 2§ 130a Absatz 5 Satz 1 gilt entsprechend.**

II Der Senat des Landes Berlin bestimmt durch Rechtsverordnung, die nicht der Zustimmung des Bundesrates bedarf, den Zeitpunkt, in dem beim Amtsgericht Wedding die maschinelle Bearbeitung der Mahnverfahren eingeführt wird; er kann die Ermächtigung durch Rechtsverordnung auf die Senatsverwaltung für Justiz des Landes Berlin übertragen.

I. Systematik. Die an § 690 III erinnernde Vorschrift knüpft zunächst an Art. 8 S. 2 EuMVVO mit seiner Befugnis an, die Prüfung eines Antrags im Rahmen eines automatisierten Verfahrens vorzunehmen. In Ergänzung zu den elektronischen Möglichkeiten nach Art. 7 V, VI, 16 IV, V EuMVVO gibt **I** die bloße Möglichkeit, einen Antrag in einer nur maschinell lesbaren Form einzureichen, und begrenzt diese Möglichkeit. **II** enthält die in solchen Fällen übliche Kette von Übertragungen von Einzelregelungen auf Stellen der Zweiten Gewalt. 1

II. Regelungszweck. Die Regelung dient der Vereinfachung und Verbilligung. Da sie nicht zwingend ist, darf man sie großzügig handhaben. 2

III. Maschinelle Lesbarkeit, I, II. Es gelten dieselben Grundsätze wie bei § 130a V 1, auf den **I 2** verweist, und bei § 689 I 2, 3. 3

1089 *Zustellung.*

I [1]Ist der Europäische Zahlungsbefehl im Inland zuzustellen, gelten die Vorschriften über das Verfahren bei Zustellungen von Amts wegen entsprechend. [2]Die §§ 185 bis 188 sind nicht anzuwenden.

II Ist der Europäische Zahlungsbefehl in einem anderen Mitgliedstaat der Europäischen Union zuzustellen, gelten die Vorschriften der Verordnung (EU) 2020/1784 sowie für die Durchführung dieser Verordnung § 1067 Absatz 1, § 1069 Absatz 1 und § 1070 entsprechend.

I. Systematik. Art. 12 V EuMVVO verlangt, dass das Gericht sicherstellt, dass der Zahlungsbefehl dem Gegner nach dem nationalen Recht in einer solchen Weise zugeht, die die Mindestvorschriften der Art. 13–15 VO erfüllen. Diese letzteren Bestimmungen verweisen im Grundsatz auf das nationale Zustellungsrecht nach §§ 166 ff. § 1089 gibt dazu Spezialanweisungen. 1

II. Regelungszweck. Die Zustellung von Amts wegen ist die sicherste Form einer Mitteilung. Sie sichert am ehesten das auch hier notwendige rechtliche Gehör. Zustellungsregeln schaffen Fristan- und -abläufe. Schon deshalb muss man sie stets streng handhaben. Das gilt erst recht im grenzüberschreitenden Rechtsverkehr, selbst im Massenbetrieb. 2

III. Anwendbarkeit von §§ 166 ff., I. Sie gelten mit Ausnahme der nach **I 2** ausdrücklich ausgeschlossenen §§ 185–188. Dieser Ausschluss beruht auf Art. 14 II EuMVVO. Diese Regelung lehnt sich auch an § 688 II Nr. 3 an. 3

IV. Zustellung im EU-Ausland, II. Es gelten die hier genannten oben abgedruckten und erläuterten Vorschriften. Insbesondere ist zu beachten, dass der Empfänger unter den Voraussetzungen des Art. 12 EuZVO (→ Vor § 1067 Rn. 18) zur Zurückweisung der Zustellung berechtigt ist, EuGH EuZW 2018, 1001 Rn. 40 Drehsen IPRax 2019, 378 (379) jew. zu Art. 8 EuZVO aF. 4

Titel 2. Einspruch gegen den Europäischen Zahlungsbefehl

1090 *Verfahren nach Einspruch.*

I [1]Im Fall des Artikels 17 Abs. 1 der Verordnung (EG) Nr. 1896/2006 fordert das Gericht den Antragsteller mit der Mitteilung nach Artikel 17 Abs. 3 der Verordnung (EG) Nr. 1896/2006 auf, das Gericht zu bezeichnen, das für die Durchführung des streitigen Verfahrens zuständig ist. [2]Das Gericht setzt dem Antragsteller hierfür eine nach den Umständen angemessene Frist und weist ihn darauf hin, dass dem für die Durchführung des streitigen Verfahrens bezeichneten Gericht die Prüfung seiner Zuständigkeit vorbehalten bleibt. [3]Die Aufforderung ist dem Antragsgegner mitzuteilen. [4]Für den Fall, dass der Antragsteller nicht innerhalb der ihm hierfür nach Satz 2 gesetzten Frist das für die Durchführung des streitigen Verfahrens zuständige Gericht benennt, ist der Europäische Zahlungsbefehl aufzuheben. [5]Hierdurch endet das Verfahren nach der Verordnung (EG) Nr. 1896/2006.

II [1]Nach Eingang der Mitteilung des Antragstellers nach Absatz 1 Satz 1 gibt das Gericht, das den Europäischen Zahlungsbefehl erlassen hat, das Verfahren von Amts wegen an das vom Antragsteller bezeichnete Gericht ab. [2]§ 696 Abs. 1 Satz 3 bis 5, Abs. 2, 4 und 5 sowie § 698 gelten entsprechend.

III Die Streitsache gilt als mit Zustellung des Europäischen Zahlungsbefehls rechtshängig geworden, wenn sie nach Übersendung der Aufforderung nach Absatz 1 Satz 1 und unter Berücksichtigung der Frist nach Absatz 1 Satz 2 alsbald abgegeben wird.

I. Systematik. Eine Überleitung des Europäischen Mahnverfahrens nach einem hier „Einspruch" gegen den „Zahlungsbefehl" genannten Rechtsbehelf findet zunächst nach Art. 17 I–III EuMVVO statt. § 1090 bringt zusammen mit § 1091 die deutschen Durchführungsregeln. Dabei entspricht **I 1** im Kern dem im deutschen Mahnverfahren schon im Mahnantrag notwendigen Schritt des Antragstellers, ein Gericht eines etwa folgenden streitigen Verfahrens nach § 690 I Nr. 5 anzugeben. **I 2, 3** nennen zugehörige Gerichtsaufgaben. Unterbleibt die Angabe des für die Durchführung des streitigen Verfahrens zuständigen Gerichts trotz Fristsetzung, wird nach **I 4, 5** das Verfahren durch Aufhebung des Zahlungsbefehls beendet. Diese Regelung ist nach der EuMVVO statthaft, weil der Antragsteller durch sein Verhalten zeigt, dass er das Mahnverfahren nicht weiterführen will, BT-Drs. 18/10714, 20. **II** regelt die anschließende Abgabe. **III** klärt wie § 696 III den Zeitpunkt der Rechtshängigkeit bei einer Abgabe. Das alles ist nationalrechtlich nach Art. 17 I, III EuMVVO statthaft und regelungsbedürftig. 1

II. Regelungszweck. In **I** gelten dieselben Erwägungen wie bei § 690. In **II** und **III** gilt dasselbe an Zielsetzung wie in den dort in Bezug genommenen Teilen des § 696. 2

III. Einspruchsfolgen, Abgabe usw. Vgl. bei den dort genannten nationalen Vorschriften. Bis zur Angabe des für das streitige Verfahren zuständigen Gerichts kommt es zu einem Verfahrensstillstand, Gruber IPRax 2017, 259 (260). 3

IV. Übergang zum Bagatellverfahren. Art. 17 I lit. a EuMVVO erlaubt alternativ den Übergang zum Bagatellverfahren nach der EuBagVO (→ Vor § 1097 Rn. 3). Hierfür fehlt eine nationale Übergangsregelung. **I–III** sollte insoweit entsprechend angewandt werden, MüKoZPO/Ulrici Rn. 14. 4

1091 ***Einleitung des Streitverfahrens.*** **§ 697 Abs. 1 bis 3 gilt entsprechend.**

1 **I. Systematik.** Art. 17 II EuMVVO verweist für den Verfahrensabschnitt nach einem Rechtsbehelf gegen den Europäischen Zahlungsbefehl auf das Recht des Ursprungmitgliedstaats. Damit hat der deutsche Gesetzgeber die Befugnis zu einer eigenen Regelung im streitigen Verfahren. § 1091 übt diese Befugnis durch eine schlichte Verweisung auf das bisherige nationale Recht aus.

2 **II. Regelungszweck.** Die Norm bietet die erforderliche Regelung für das Streitverfahren.

3 **III. Einleitung des Streitverfahrens.** Die schlichte Verweisung auf § 697 I–III erlaubt eine schlichte Bezugnahme auf → § 697 Rn. 1–36. Nicht mit nennt § 1091 den § 697 IV, V.

Titel 3. Überprüfung des Europäischen Zahlungsbefehls in Ausnahmefällen

1092 ***Verfahren.*** **I [1]Die Entscheidung über einen Antrag auf Überprüfung des Europäischen Zahlungsbefehls nach Artikel 20 Abs. 1 oder Abs. 2 der Verordnung (EG) Nr. 1896/2006 ergeht durch Beschluss. [2]Der Beschluss ist unanfechtbar.**

II Der Antragsgegner hat die Tatsachen, die eine Aufhebung des Europäischen Zahlungsbefehls begründen, glaubhaft zu machen.

III Erklärt das Gericht den Europäischen Zahlungsbefehl für nichtig, endet das Verfahren nach der Verordnung (EG) Nr. 1896/2006.

IV Eine Wiedereinsetzung in die Frist nach Artikel 16 Abs. 2 der Verordnung (EG) Nr. 1896/2006 findet nicht statt.

1 **I. Systematik.** Nach Art. 16 EuMVVO kann man gegen einen Europäischen Zahlungsbefehl Einspruch mit der Folge einer Weiterführung des Verfahrens als ordentlicher Zivilprozess nach Art. 17 EuMVVO einlegen. Diese Möglichkeit entspricht einer Art Mischung des Widerspruchs gegen einen deutschen Mahnbescheid nach § 694 und eines Einspruchs gegen einen deutschen Vollstreckungsbescheid nach § 700.

2 § 1092 schafft dann, wenn der Antragsgegner schuldlos keinen rechtzeitigen Einspruch einlegen konnte, einen Rechtsbehelf in Form eines Antrags auf eine „Überprüfung". Dieser ähnelt einerseits etwas einem deutschen Wiedereinsetzungsantrag nach §§ 233 ff., andererseits etwas einer Gehörsrüge nach § 321a. Das Überprüfungsverfahren kann nach Art. 20 III 2 EuMVVO mit einer Nichtigerklärung des Europäischen Zahlungsbefehls enden, **III.** Diese Wirkung geht erheblich weiter als ein Wiedereinsetzungsverfahren. § 1092 enthält einige Durchführungsregeln.

3 **II. Regelungszweck.** Schon die amtliche Überschrift des Art. 20 EuMVVO klärt den Ausnahmecharakter des Überprüfungsverfahrens. Ausnahmen sind stets eng auslegbar. Andererseits ermöglicht allenfalls **II** überhaupt eine gewisse Auslegung. Insgesamt dient die Vorschrift mehr der Klarstellung von Selbstverständlichkeiten als etwas inhaltlich Neuem.

4 **III. Beschluss, I.** Sowohl eine Antragsabweisung nach Art. 20 III 1 EuMVVO als auch eine Nichtigerklärung nach Art. 20 III 2 EuMVVO ergehen nach **I 1** in Beschlussform durch den Richter nach § 20 I Nr. 7 Hs. 2 RPflG. Wegen der Unanfechtbarkeit nach **I 2** ist allenfalls eine Kurzbegründung ratsam und eine formlose Mitteilung ausreichend.

5 **IV. Glaubhaftmachung, II.** Sie ist nur bei denjenigen Tatsachen notwendig, die eine Aufhebung des Europäischen Zahlungsbefehls begründen können, also nicht auch bei Einwendungstatsachen des Antragstellers. Die Einwendung muss nach § 294 erfolgen.

6 **V. Nichtigerklärung, III.** Die Vorschrift klärt, dass diese Entscheidung das Ende zumindest dieses Verfahrens bedeutet. Ob eine Wiederholung infrage kommt, lässt **III** offen. Es findet jedenfalls nicht etwa eine Fortführung als „normaler" Zivilprozess statt.

7 **VI. Keine Wiedereinsetzung, IV.** Ihre Unstatthaftigkeit folgt daraus, dass die Einspruchsfrist des Art. 16 II EuMVVO keine Notfrist nach § 224 I 2 ist und auch nicht zu den sonstigen in § 233 genannten Fristen zählt. Insofern ist **IV** überflüssig, aber auch nicht schon deshalb unwirksam, sondern zur Klärung geeignet.

1092a ***Rechtsbehelf bei Nichtzustellung oder bei nicht ordnungsgemäßer Zustellung des Europäischen Zahlungsbefehls.*** **I [1]Der Antragsgegner kann die Aufhebung des Europäischen Zahlungsbefehls beantragen, wenn ihm der Europäische Zahlungsbefehl**

1. nicht zugestellt wurde oder

2. in einer nicht den Anforderungen der Artikel 13 bis 15 der Verordnung (EG) Nr. 1896/2006 genügenden Weise zugestellt wurde.

[2]Der Antrag muss innerhalb eines Monats ab dem Zeitpunkt gestellt werden, zu dem der Antragsgegner Kenntnis vom Erlass des Europäischen Zahlungsbefehls oder des Zustellungsmangels gehabt hat oder hätte haben können. [3]Gibt das Gericht dem Antrag aus einem der in Satz 1 genannten Gründe statt, wird der Europäische Zahlungsbefehl für nichtig erklärt.

II [1]Hat das Gericht zum Zeitpunkt der Antragstellung nach Absatz 1 Satz 1 den Europäischen Zahlungsbefehl bereits nach Artikel 18 der Verordnung (EG) Nr. 1896/2006 für vollstreckbar erklärt und gibt es dem Antrag nunmehr statt, so erklärt es die Zwangsvollstreckung aus dem Zahlungsbefehl für unzulässig. [2]Absatz 1 Satz 3 gilt entsprechend.

III [1]Die Entscheidung ergeht durch Beschluss. [2]Der Beschluss ist unanfechtbar. [3]§ 1092 Absatz 2 bis 4 findet entsprechende Anwendung.

I. Systematik, I–III. Es handelt sich um eine Angreifbarkeit in zwei Fällen, die **I 1** abschließend aufzählt. Insofern hat § 1092a Vorrang. Seine Bedingungen sind formell eng auslegbar. Im Zweifel also keine Anwendbarkeit. 1

II. Regelungszweck, I–III. Es soll einen Weg geben, eine nicht oder fehlerhaft erfolgte Zustellung wirksam anzugreifen. Solche Möglichkeit sollte selbstverständlich sein, stellte sich aber bis zur Einführung dieser Norm als problematisch dar, AG Bln-Wedding IPRax 2015, 420; dazu Hess/Raffelsieper IPRax 2015, 401. Deshalb darf man die Regelung beim Vorliegen ihrer Voraussetzungen nicht zu streng handhaben. 2

III. Voraussetzung: Zustellungsfehler, I. Die Vorschrift ist beschränkt auf die Rüge von Zustellungsmängeln, Ulrici EuZW 2017, 367 (370). Sie nennt zwei Bedingungen, von denen wenigstens eine vorliegen muss: Entweder eine schlichte Unterlassung einer wirksamen Zustellung nach **I 1 Nr. 1** oder eine solche Zustellung, die nicht den Art. 13–15 EuMVVO genügt, so **I 1 Nr. 2.** Vgl. daher zunächst deren Wortlaut und Sinn nach → Vor § 1087 Rn. 4. Hierher zählt auch eine Nichtzustellung des Formblatts F, Art. 16 I VO (EG) Nr. 1896/2006, EuGH EuZW 2018, 1001. 3

IV. Antrag, I 1, 2. Er ist Prozessvoraussetzung. Art. 7–10 EuMVVO sind wenigstens entsprechend zu beachten. **I 2** nennt eine Monatsfrist. Sie kann schon dann beginnen, wenn der Antragsteller entweder vom Erlass des Europäischen Zahlungsbefehls Kenntnis erhielt oder erhalten konnte oder wenn dergleichen wenigstens wegen eines Zustellungsmangels vorangegangen war. Fristberechnung: § 222. 4

V. Weiteres Verfahren, III 3. Systemwidrig gilt diese an späterer Stelle eingerückte Bestimmung für die zeitlich an den Antrag anschließende Verfahrensregelung durch Verweisung auf den hier zunächst allein einschlägigen § 1092 II mit seiner Notwendigkeit einer Glaubhaftmachung. Für diese gilt § 294. Aus der Beschlussform nach **III 1** erfolgt nach § 128 IV die Entbehrlichkeit einer freilich statthaften mündlichen Verhandlung. 5

VI. Entscheidung, I 3, II. 1. Beim (Noch-)Fehlen einer Vollstreckbarerklärung: Nichtigerklärung, I 3. Aus dem Vergleich mit **II 1** folgt: Diese Art der Entscheidung setzt voraus, dass das Gericht zum Zeitpunkt des Antragseingangs nach **I 1** den Europäischen Zahlungsbefehl noch nicht nach Art. 18 EuMVVO wirksam für vollstreckbar erklärt hatte. 6

2. Ab Vollstreckbarerklärung: Unzulässigerklärung, II. Das ist die andere Art der Entscheidung. Sie erfolgt freilich nur wegen einer Zwangsvollstreckung. Die zusätzliche Regelung in **II 2** mit ihrer Bezugnahme auf **I 3** und die dortige Nichtigerklärung bedeutet eine mit solcher Notwendigkeit wenig überzeugende Entscheidung zur eigentlich nahezu überflüssigen Klärung. 7

VII. Verfahrensende, IV 3. Die Verweisung auf § 1092 III hat die dort genannte Folge. 8

VIII. Unanfechtbarkeit, III 2, 3. Keine Wiedereinsetzungsmöglichkeit wegen Ablaufs der Frist des Art. 16 II EuMVVO ergibt sich aus der Verweisung in **III 3** auf § 1092 IV. 9

Titel 4. Zwangsvollstreckung aus dem Europäischen Zahlungsbefehl

1093 *Vollstreckungsklausel.* **Aus einem nach der Verordnung (EG) Nr. 1896/2006 erlassenen und für vollstreckbar erklärten Europäischen Zahlungsbefehl findet die Zwangsvollstreckung im Inland statt, ohne dass es einer Vollstreckungsklausel bedarf.**

I. Systematik. Nach Art. 19 EuMVVO ist zur Vollstreckung eines Europäischen Zahlungsbefehls in den anderen Mitgliedstaaten keine Vollstreckbarerklärung mehr erforderlich, § 40 III 1 GVGO. § 796 macht eine Vollstreckungsklausel bei einem Vollstreckungsbescheid weitgehend entbehrlich. § 1093 gleicht das Europäische Mahnverfahren bei der Zwangsvollstreckung an diese Abschaffung eines besonderen sog. Exequaturverfahrens an. 1

II. Regelungszweck. Die Vorschrift dient wesentlich der Vereinfachung, Verbilligung und Beschleunigung des Verfahrens. Das muss man trotz aller Gefahren einer Vollstreckbarkeit ohne entsprechende Klausel im Ergebnis doch so weit wie vertretbar berücksichtigen. Der Schuldner behält ja Schutzmöglichkeiten zB nach § 1095. 2

III. Keine Vollstreckungsklausel. Sie entfällt beim für vollstreckbar erklärten Europäischen Zahlungsbefehl gänzlich, abweichend zB von § 796. Das gilt freilich nur bei einer Zwangsvollstreckung gerade im Inland. Unverändert bleiben sonstige Voraussetzungen einer Zwangsvollstreckung zB nach § 750 und die Rechtsbehelfe etwa nach § 766. 3

1094 *Übersetzung.* **Hat der Gläubiger nach Artikel 21 Abs. 2 Buchstabe b der Verordnung (EG) Nr. 1896/2006 eine Übersetzung vorzulegen, so ist diese in deutscher Sprache zu verfassen und von einer in einem der Mitgliedstaaten der Europäischen Union hierzu befugten Person zu beglaubigen.**

1095 *Vollstreckungsschutz und Vollstreckungsabwehrklage gegen den im Inland erlassenen Europäischen Zahlungsbefehl.* I [1]**Wird die Überprüfung eines im Inland erlassenen Europäischen Zahlungsbefehls nach Artikel 20 der Verordnung (EG) Nr. 1896/2006 oder dessen Aufhebung nach § 1092a beantragt, gilt § 707 entsprechend.** [2]**Für die Entscheidung über den Antrag nach § 707 ist das Gericht zuständig, das über den Antrag nach Artikel 20 der Verordnung (EG) Nr. 1896/2006 entscheidet.**

II **Einwendungen, die den Anspruch selbst betreffen, sind nur insoweit zulässig, als die Gründe, auf denen sie beruhen, nach Zustellung des Europäischen Zahlungsbefehls entstanden sind und durch Einspruch nach Artikel 16 der Verordnung (EG) Nr. 1896/2006 nicht mehr geltend gemacht werden können.**

I. Systematik, I, II. Die Vorschrift ergänzt Art. 22, 23 EuMVVO bei einer Vollstreckung eines Europäischen Zahlungsbefehls in demjenigen Mitgliedstaat, in dem er ergangen war, weil die VO dazu keine Regelung enthält. 1

2 **II. Regelungszweck, I, II.** Es soll sicher sein, dass der Schuldner auch bei einem in Deutschland erlassenen Europäischen Zahlungsbefehl schon während des Überprüfungsverfahrens nach Art. 20 EuMVVO oder im Aufhebungsverfahren nach § 1092a eine einstweilige Einstellung der Zwangsvollstreckung erreichen kann, soweit das bei einem nach der ZPO erlassenen sonstigen deutschen Titel statthaft wäre. Diesem Ziel sollte die Auslegung möglichst nahekommen.

3 **III. Verweisung, I.** Vgl. bei § 707.

4 **IV. Vollstreckungsabwehr, II.** Die Vorschrift entspricht dem § 796 II inhaltlich ganz. Vgl. daher dort.

1096 ***Anträge nach den Artikeln 22 und 23 der Verordnung (EG) Nr. 1896/2006; Vollstreckungsabwehrklage.*** **I [1]Für Anträge auf Verweigerung der Zwangsvollstreckung nach Artikel 22 Abs. 1 der Verordnung (EG) Nr. 1896/2006 gilt § 1084 Abs. 1 und 2 entsprechend. [2]Für Anträge auf Aussetzung oder Beschränkung der Zwangsvollstreckung nach Artikel 23 der Verordnung (EG) Nr. 1896/2006 ist § 1084 Abs. 1 und 3 entsprechend anzuwenden.**

II [1]Für Anträge auf Verweigerung der Zwangsvollstreckung nach Artikel 22 Abs. 2 der Verordnung (EG) Nr. 1896/2006 gilt § 1086 Abs. 1 entsprechend. [2]Für Klagen nach § 795 Satz 1 in Verbindung mit § 767 sind § 1086 Abs. 1 und § 1095 Abs. 2 entsprechend anzuwenden.

Abschnitt 6. Europäisches Verfahren für geringfügige Forderungen nach der Verordnung (EG) Nr. 861/2007

Vorbemerkung zu § 1097

Schrifttum: Gsell, Die Geltendmachung nachträglicher materieller Einwendungen im Wege der Vollstreckungsgegenklage bei Titel aus dem Europäischen Mahn- oder Bagatellverfahren, EuZW 2011, 91; von Hein/Imm, Zuständigkeitskonzentration in europäischen Verfahren für geringfügige Forderungen – Aktueller Stand und Entwicklungen, IPRax 2019, 75.

I. Systematik. Am 1.8.2007 ist in der EU die **VO (EG) Nr. 861/2007** des Europäischen Parlaments und des 1
Rates zur Einführung eines europäischen Verfahrens für geringfügige Forderungen in Kraft **(EuBagVO)** getreten, ABl. EG L 199, 1 v. 31.7.2007, zuletzt geändert durch Art. 1 EuKoPfVO 2017/1259 v. 19.6.2017, ABl. EU L 182, 1, abgedruckt → Rn. 3. Sie gilt seit 1.1.2009, Art. 29 II EuBagVO, mit Ausnahme des schon seit 1.1.2008 geltenden Art. 25 EuBagVO.

II. Regelungszweck. Er liegt auch bei dieser VO in einer Vereinfachung, Vereinheitlichung und Beschleuni- 2
gung. So ist die ganze Regelung auslegbar.

III. Verordnung (EG) Nr. 861/2007 (EuBagVO). (ohne Erwägungsgründe und ohne umfangreichen 3
amtlichen Formblattanlagen). Ergänzend gilt in Hessen G v. 8.3.2011, GVBl 152, und in Nordrhein-Westfalen VO v. 19.7.2017, GVBl 692.

Kapitel I. Gegenstand und Anwendungsbereich

Art. 1 EuBagVO Gegenstand

[1]Mit dieser Verordnung wird ein europäisches Verfahren für geringfügige Forderungen eingeführt, damit Streitigkeiten in grenzüberschreitenden Rechtssachen mit geringem Streitwert einfacher und schneller beigelegt und die Kosten hierfür reduziert werden können. [2]Das europäische Verfahren für geringfügige Forderungen steht den Rechtssuchenden als eine Alternative zu den in den Mitgliedstaaten bestehenden innerstaatlichen Verfahren zur Verfügung.

Mit dieser Verordnung wird außerdem die Notwendigkeit von Zwischenverfahren zur Anerkennung und Vollstreckung der in anderen Mitgliedstaaten im Verfahren für geringfügige Forderungen ergangenen Urteile beseitigt.

Art. 2 EuBagVO Anwendungsbereich

I [1]Diese Verordnung gilt in Zivil- und Handelssachen für grenzüberschreitende Rechtssachen im Sinne des Artikels 3, ohne dass es auf die Art der Gerichtsbarkeit ankommt, wenn der Streitwert der Klage ohne Zinsen, Kosten und Auslagen zum Zeitpunkt des Eingangs beim zuständigen Gericht 5000 EUR nicht überschreitet. [2]Sie erfasst insbesondere nicht Steuer- und Zollsachen, verwaltungsrechtliche Angelegenheiten sowie die Haftung des Staates für Handlungen oder Unterlassungen im Rahmen der Ausübung hoheitlicher Rechte (acta iure imperii).

II Diese Verordnung ist nicht anzuwenden auf:

a) den Personenstand, die Rechts- und Handlungsfähigkeit sowie die gesetzliche Vertretung von natürlichen Personen,
b) die ehelichen Güterstände oder Güterstände aufgrund von Verhältnissen, die nach dem auf diese Verhältnisse anzuwendenden Recht mit der Ehe vergleichbare Wirkungen entfalten,
c) Unterhaltspflichten, die auf einem Familien-, Verwandtschafts- oder eherechtlichen Verhältnis oder auf Schwägerschaft beruhen,
d) das Testaments- und Erbrecht, einschließlich Unterhaltspflichten, die mit dem Tod entstehen,
e) Konkurse, Vergleiche und ähnliche Verfahren,
f) die soziale Sicherheit,
g) die Schiedsgerichtsbarkeit,
h) das Arbeitsrecht,
i) die Miete oder Pacht unbeweglicher Sachen, mit Ausnahme von Klagen wegen Geldforderungen, oder
j) die Verletzung der Privatsphäre oder der Persönlichkeitsrechte, einschließlich der Verletzung der Ehre.

Art. 3 EuBagVO Grenzüberschreitende Rechtssachen

I Eine grenzüberschreitende Rechtssache im Sinne dieser Verordnung liegt vor, wenn mindestens eine der Parteien ihren Wohnsitz oder gewöhnlichen Aufenthalt in einem anderen Mitgliedstaat als dem des angerufenen Gerichts hat.

II Der Wohnsitz bestimmt sich nach den Artikeln 62 und 63 der Verordnung (EU) Nr. 1215/2012 des Europäischen Parlaments und des Rates.

III Maßgeblicher Zeitpunkt zur Feststellung, ob eine grenzüberschreitende Rechtssache vorliegt, ist der Tag, an dem das Klageformblatt bei dem zuständigen Gericht eingeht.

Kapitel II. Das europäische Verfahren für geringfügige Forderungen

Art. 4 EuBagVO Einleitung des Verfahrens

I [1]Der Kläger leitet das europäische Verfahren für geringfügige Forderungen ein, indem er das in Anhang I vorgegebene Klageformblatt A ausgefüllt direkt beim zuständigen Gericht einreicht oder diesem auf dem Postweg übersendet oder auf anderem Wege übermittelt, der in dem Mitgliedstaat, in dem das Verfahren eingeleitet wird, zulässig ist, beispielsweise per Fax oder e-Mail. [2]Das Klageformblatt muss eine Beschreibung der Beweise zur Begründung der Forderung enthalten; gegebenenfalls können ihm als Beweismittel geeignete Unterlagen beigefügt werden.

II [1]Die Die Mitgliedstaaten teilen der Kommission mit, welche Übermittlungsarten sie zulassen. [2]Diese Mitteilung wird von der Kommission bekannt gemacht.

III [1]Fällt die erhobene Klage nicht in den Anwendungsbereich dieser Verordnung, so unterrichtet das Gericht den Kläger darüber. [2]Nimmt der Kläger die Klage daraufhin nicht zurück, so verfährt das Gericht mit ihr nach Maßgabe des Verfahrensrechts des Mitgliedstaats, in dem das Verfahren durchgeführt wird.

IV 1Sind die Angaben des Klägers nach Ansicht des Gerichts unzureichend oder nicht klar genug, oder ist das Klageformblatt nicht ordnungsgemäß ausgefüllt und ist die Klage nicht offensichtlich unbegründet oder nicht offensichtlich unzulässig, so gibt das Gericht dem Kläger Gelegenheit, das Klageformblatt zu vervollständigen oder zu berichtigen oder ergänzende Angaben zu machen oder Unterlagen vorzulegen oder die Klage zurückzunehmen, und setzt hierfür eine Frist fest. 2Das Gericht verwendet dafür das in Anhang II vorgegebene Formblatt B.

1Ist die Klage offensichtlich unbegründet oder offensichtlich unzulässig oder versäumt es der Kläger, das Klageformblatt fristgerecht zu vervollständigen oder zu berichtigen, so wird die Klage zurück- bzw. abgewiesen. 2Das Gericht setzt den Kläger von der Zurück- bzw. Abweisung in Kenntnis und teilt ihm mit, ob ein Rechtsmittel gegen die Zurück- bzw. Abweisung zur Verfügung steht.

V Die Mitgliedstaaten sorgen dafür, dass das Klageformblatt A bei allen Gerichten, bei denen das europäische Verfahren für geringfügige Forderungen eingeleitet werden kann, erhältlich und über die einschlägigen nationalen Internetseiten zugänglich ist.

Art. 5 EuBagVO Durchführung des Verfahrens

I Das europäische Verfahren für geringfügige Forderungen wird schriftlich durchgeführt.

Ia 1Das Gericht hält eine mündliche Verhandlung ab, wenn es der Auffassung ist, dass es auf der Grundlage der schriftlichen Beweismittel kein Urteil fällen kann, oder wenn eine der Parteien einen entsprechenden Antrag stellt. 2Das Gericht kann einen solchen Antrag ablehnen, wenn es der Auffassung ist, dass in Anbetracht der Umstände des Falles ein faires Verfahren auch ohne mündliche Verhandlung sichergestellt werden kann. 3Die Ablehnung ist schriftlich zu begründen. 4Gegen die Abweisung des Antrags ist ohne Anfechtung des Urteils selbst kein gesondertes Rechtsmittel zulässig.

II 1Nach Eingang des ordnungsgemäß ausgefüllten Klageformblatts füllt das Gericht Teil I des in Anhang III vorgegebenen Standardantwortformblatts C aus.

2Es stellt dem Beklagten gemäß Artikel 13 eine Kopie des Klageformblatts und gegebenenfalls der Beweisunterlagen zusammen mit dem entsprechend ausgefüllten Antwortformblatt zu. 3Diese Unterlagen sind innerhalb von 14 Tagen nach Eingang des ordnungsgemäß ausgefüllten Klageformblatts abzusenden.

III Der Beklagte hat innerhalb von 30 Tagen nach Zustellung des Klageformblatts und des Antwortformblatts zu antworten, indem er Teil II des Formblatts C ausfüllt und es gegebenenfalls mit als Beweismittel geeigneten Unterlagen an das Gericht zurücksendet oder indem er auf andere geeignete Weise ohne Verwendung des Antwortformblatts antwortet.

IV Innerhalb von 14 Tagen nach Eingang der Antwort des Beklagten ist eine Kopie der Antwort gegebenenfalls zusammen mit etwaigen als Beweismittel geeigneten Unterlagen an den Kläger abzusenden.

V 1Macht der Beklagte in seiner Antwort geltend, dass der Wert einer nicht lediglich auf eine Geldzahlung gerichteten Klage die in Artikel 2 Absatz 1 festgesetzten Wertgrenze übersteigt, so entscheidet das Gericht innerhalb von 30 Tagen nach Absendung der Antwort an den Kläger, ob die Forderung in den Anwendungsbereich dieser Verordnung fällt. 2Gegen diese Entscheidung ist ein gesondertes Rechtsmittel nicht zulässig.

VI 1Etwaige Widerklagen, die mittels Formblatt A zu erheben sind, sowie etwaige Beweisunterlagen werden dem Kläger gemäß Artikel 13 zugestellt. 2Die Unterlagen sind innerhalb von 14 Tagen nach deren Eingang bei Gericht abzusenden.

3Der Kläger hat auf eine etwaige Widerklage innerhalb von 30 Tagen nach Zustellung zu antworten.

VII Überschreitet die Widerklage die in Artikel 2 Absatz 1 festgesetze Wertgrenze, so werden die Klage und die Widerklage nicht nach dem europäischen Verfahren für geringfügige Forderungen, sondern nach Maßgabe des Verfahrensrechts des Mitgliedstaats, in dem das Verfahren durchgeführt wird, behandelt.
Artikel 2 und Artikel 4 sowie die Absätze 3, 4 und 5 des vorliegenden Artikels gelten entsprechend für Widerklagen.

Art. 6 EuBagVO Sprachen

I Das Klageformblatt, die Antwort, etwaige Widerklagen, die etwaige Antwort auf eine Widerklage und eine etwaige Beschreibung etwaiger Beweisunterlagen sind in der Sprache oder einer der Sprachen des Gerichts vorzulegen.

II Werden dem Gericht weitere Unterlagen nicht in der Verfahrenssprache vorgelegt, so kann das Gericht eine Übersetzung der betreffenden Unterlagen nur dann anfordern, wenn die Übersetzung für den Erlass des Urteils erforderlich erscheint.

III Hat eine Partei die Annahme eines Schriftstücks abgelehnt, weil es nicht in

a) der Amtssprache des Empfangsmitgliedstaats oder – wenn es in diesem Mitgliedstaat mehrere Amtssprachen gibt – der Amtssprache oder einer der Amtssprachen des Ortes, an dem die Zustellung erfolgen soll oder an den das Schriftstück gesandt werden soll, oder
b) einer Sprache, die der Empfänger versteht,

abgefasst ist, so setzt das Gericht die andere Partei davon in Kenntnis, damit diese eine Übersetzung des Schriftstücks vorlegt.

Art. 7 EuBagVO Abschluss des Verfahrens

I Innerhalb von 30 Tagen, nachdem die Antworten des Beklagten oder des Klägers unter Einhaltung der Frist des Artikels 5 Absatz 3 oder Absatz 6 eingegangen sind, erlässt das Gericht ein Urteil oder verfährt wie folgt:

a) Es fordert die Parteien innerhalb einer bestimmten Frist, die 30 Tage nicht überschreiten darf, zu weiteren die Klage betreffenden Angaben auf,
b) es führt eine Beweisaufnahme nach Artikel 9 durch,
c) es lädt die Parteien zu einer mündlichen Verhandlung vor, die innerhalb von 30 Tagen nach der Vorladung stattzufinden hat.

II 1Das Gericht erlässt sein Urteil entweder innerhalb von 30 Tagen nach einer etwaigen mündlichen Verhandlung oder nach Vorliegen sämtlicher Entscheidungsgrundlagen. 2Das Urteil wird den Parteien gemäß Artikel 13 zugestellt.

III Ist bei dem Gericht innerhalb der in Artikel 5 Absatz 3 oder Absatz 6 gesetzten Frist keine Antwort der betreffenden Partei eingegangen, so erlässt das Gericht zu der Klage oder der Widerklage ein Urteil.

Art. 8 EuBagVO Mündliche Verhandlung

I Wird gemäß Artikel 5 Absatz 1a eine mündliche Verhandlung für erforderlich gehalten, so werden hierfür dem Gericht zur Verfügung stehende geeignete Mittel der Fernkommunikationstechnologie wie etwa die Video- oder Telefonkonferenz genutzt, es sei denn, deren Verwendung ist in Anbetracht der besonderen Umstände des Falles für den fairen Ablauf des Verfahrens nicht angemessen.

Hat die anzuhörende Person ihren Wohnsitz oder ihren gewöhnlichen Aufenthalt in einem anderen Mitgliedstaat als dem Mitgliedstaat des angerufenen Gerichts, so wird die Teilnahme dieser Person an einer mündlichen Verhandlung per Videokonferenz, per Telefonkonferenz oder mithilfe anderer Mittel der Fernkommunikationstechnologie in Anwendung der in der Verordnung (EG) Nr. 1206/2001 des Rates vorgesehenen Verfahren veranlasst.

II Eine Partei, die geladen wurde, bei einer mündlichen Verhandlung persönlich anwesend zu sein, kann, sofern derartige Mittel dem Gericht zur Verfügung stehen, die Nutzung von Mitteln der Fernkommunikationstechnologie mit der Begründung beantragen, dass die für ihre persönliche Anwesenheit erforderlichen Vorkehrungen, insbesondere in Anbetracht der ihr dadurch möglicherweise entstehenden Kosten, in keinem angemessenen Verhältnis zu der Klage stehen würden.

III [1]Eine Partei, die geladen wurde, unter Verwendung eines Mittels der Fernkommunikationstechnologie an einer mündlichen Verhandlung teilzunehmen, kann ihre persönliche Anwesenheit bei der Verhandlung beantragen. [2]Mit Klageformblatt A und Antwortformblatt C, die nach dem Verfahren gemäß Artikel 27 Absatz 2 erstellt werden, werden die Parteien darüber unterrichtet, das die Rückerstattung der Kosten, die einer Partei aufgrund der von ihr selbst beantragten persönlichen Anwesenheit bei der mündlichen Verhandlung entstehen, den Bedingungen des Artikels 16 unterliegt.

IV Gegen die Entscheidung des Gerichts über einen Antrag gemäß den Ansätzen 2 und 3 ist ohne Anfechtung des Urteils selbst kein gesondertes Rechtsmittel zulässig.

Art. 9 EuBagVO Beweisaufnahme

I [1]Das Gericht bestimmt die Beweismittel und den Umfang der Beweisaufnahme, die im Rahmen der für die Zulässigkeit von Beweisen geltenden Bestimmungen für sein Urteil erforderlich sind. [2]Es wählt die einfachste und am wenigsten aufwendige Art der Beweisaufnahme.

II Das Gericht kann die Beweisaufnahme mittels schriftlicher Aussagen von Zeugen oder Sachverständigen oder schriftlicher Parteivernehmung zulassen.

III Ist eine Person im Rahmen der Beweisaufnahme anzuhören, so findet die Anhörung nach Maßgabe des Artikels 8 statt.

IV Das Gericht darf Sachverständigenbeweise oder mündliche Aussagen nur dann zulassen, wenn es nicht möglich ist, aufgrund anderer Beweismittel ein Urteil zu fällen.

Art. 10 EuBagVO Vertretung der Parteien

Die Vertretung durch einen Rechtsanwalt oder einen sonstigen Rechtsbeistand ist nicht verpflichtend.

Art. 11 EuBagVO Hilfestellung für die Parteien

I [1]Die Mitgliedstaaten gewährleisten, dass es den Parteien möglich ist, sowohl praktische Hilfestellung beim Ausfüllen der Formblätter als auch allgemeine Informationen über den Anwendungsbereich des europäischen Verfahrens für geringfügige Forderungen sowie allgemeine Informationen darüber zu erhalten, welche Gerichte in dem betreffenden Mitgliedstaat dafür zuständig sind, ein Urteil in dem europäischen Verfahren für geringfügige Forderungen zu erlassen. [2]Diese Hilfestellung wird unentgeltlich gewährt. [3]Dieser Absatz verpflichtet die Mitgliedstaaten nicht zur Gewährung von Prozesskostenhilfe oder rechtlicher Beratung in Form einer rechtlichen Prüfung im Einzelfall.

II Die Mitgliedstaaten gewährleisten, dass Angaben zu den Behörden oder Organisationen, die im Sinne des Absatzes 1 Hilfestellung geben können, bei allen Gerichten, bei denen das europäische Verfahren für geringfügige Forderungen eingeleitet werden kann, zur Verfgüng stehen und über die einschlägigen nationalen Internetseiten zugänglich sind.

Art. 12 EuBagVO Aufgaben des Gerichts

I Das Gericht verpflichtet die Parteien nicht zu einer rechtlichen Würdigung der Klage.

II Das Gericht unterrichtet die Parteien erforderlichenfalls über Verfahrensfragen.

III Soweit angemessen, bemüht sich das Gericht um eine gütliche Einigung der Parteien.

Art. 13 EuBagVO Zustellung von Schriftstücken und sonstiger Schriftverkehr

I Die in Artikel 5 Absätze 2 und 6 genannten Schriftstücke und gemäß Artikel 7 ergangene Urteile werden wie folgt zugestellt:

a) durch Postdienste oder
b) durch elektronische Übermittlung,
   i) wenn die Mittel hierfür technisch verfügbar und gemäß den Verfahrensvorschriften des Mitgliedstaats zulässig sind, in dem das europäische Verfahren für geringfügige Forderungen durchgeführt wird, sowie wenn die Partei, der Schriftstücke zuzustellen sind, ihren Wohnsitz oder gewöhnlichen Aufenthalt in einem anderen Mitgliedstaat hat, gemäß den Verfahrensvorschriften jenes Mitgliedstaats zulässig sind und
   ii) wenn die Partei, der Schriftstücke zuzustellen sind, der Zustellung durch elektronische Übermittlung vorher ausdrücklich zugestimmt hat oder wenn sie nach den Verfahrensvorschriften des Mitgliedstaats, in dem jene Partei ihren Wohnsitz oder gewöhnlichen Aufenthaltsort hat, rechtlich dazu verpflichtet ist, diese besondere Art der Zustellung zu akzeptieren.

Die Zustellung wird durch eine Empfangsbestätigung, aus der das Datum des Empfangs hervorgeht, nachgewiesen.

II Der gesamte nicht in Absatz 1 genannte Schriftverkehr zwischen dem Gericht und den Parteien oder anderen an dem Verfahren beteiligten Personen erfolgt durch elektronische Übermittlung mit Empfangsbestätigung, wenn die Mittel hierfür technisch verfügbar und nach den Verfahrensvorschriften des Mitgliedstaats, in dem das europäische Verfahren für geringfügige Forderungen durchgeführt wird, zulässig sind, sofern die betreffende Partei oder Person dieser Form der Übermittlung zuvor zugestimmt hat oder sie nach den Verfahrensvorschriften des Mitgliedstaats, in dem die betreffende Partei oder Person ihren Wohnsitz oder gewöhnlichen Aufenthalt hat, rechtlich dazu verpflichtet ist, eine solche Form der Übermittlung zu akzeptieren.

III Neben anderen Mitteln, die nach den Verfahrensvorschriften der Mitgliedstaaten zur Verfügung stehen und mit denen die nach den Absätzen 1 und 2 erforderliche vorherige Zustimmung zur Verwendung der elektronischen Übermittlung zum Ausdruck gebracht wird, kann diese Zustimmung auch mittels Klageformblatt A und Antwortformblatt C bekundet werden.

IV Ist eine Zustellung gemäß Absatz 1 nicht möglich, so kann die Zustellung auf eine der Arten bewirkt werden, die in den Artikeln 13 und 14 der Verordnung (EG) Nr. 1896/2006 festgelegt sind.

Ist eine Übermittlung des Schriftverkehrs nach Maßgabe des Absatzes 2 nicht möglich oder in Anbetracht der besonderen Umstände des Falles nicht angezeigt, so kann jede sonstige Art der Übermittlung genutzt werden, die nach dem Recht des Mitgliedstaats, in dem das europäische Verfahren für geringfügige Forderungen durchgeführt wird, zulässig ist.

Art. 14 EuBagVO Fristen

I Setzt das Gericht eine Frist fest, so ist die betroffene Partei über die Folgen der Nichteinhaltung dieser Frist zu informieren.

II Das Gericht kann die Fristen nach Artikel 4 Absatz 4, Artikel 5 Absätze 3 und 6 und Artikel 7 Absatz 1 ausnahmsweise verlängern, wenn dies notwendig ist, um die Rechte der Parteien zu wahren.

III Kann das Gericht die Fristen nach Artikel 5 Absätze 2 bis 6 sowie Artikel 7 ausnahmsweise nicht einhalten, veranlasst es so bald wie möglich die nach diesen Vorschriften erforderlichen Verfahrensschritte.

Art. 15 EuBagVO Vollstreckbarkeit des Urteils

I 1Das Urteil ist ungeachtet eines möglichen Rechtsmittels vollstreckbar. 2Es darf keine Sicherheitsleistung verlangt werden.

II Artikel 23 ist auch anzuwenden, wenn das Urteil in dem Mitgliedstaat zu vollstrecken ist, in dem es ergangen ist.

Art. 15a EuBagVO Gerichtsgebühren und Zahlungsmethoden

I Die in einem Mitgliedstaat für das europäische Verfahren für geringfügige Forderungen erhobenen Gerichtsgebühren dürfen nicht unverhältnismäßig hoch sein und die Gerichtsgebühren, die in dem betreffenden Mitgliedstaat für nationale vereinfachte Verfahren erhoben werden, nicht überschreiten.

II Die Mitgliedstaaten stellen sicher, dass die Parteien die Gerichtsgebühren mittels Fernzahlungsmöglichkeiten begleichen können, mit deren Hilfe sie die Zahlung auch aus einem anderen als dem Mitgliedstaat vornehmen können, in dem das Gericht seinen Sitz hat, wobei mindestens eine der folgenden Zahlungsmöglichkeiten anzubieten ist:

a) Banküberweisung,
b) Zahlung mit Kredit- oder Debitkarte oder,
c) Einzug mittels Lastschrift vom Bankkonto des Klägers.

Art. 16 EuBagVO Kosten

1Die unterlegene Partei trägt die Kosten des Verfahrens. 2Das Gericht spricht der obsiegenden Partei jedoch keine Erstattung für Kosten zu, soweit sie nicht notwendig waren oder in keinem Verhältnis zu der Klage stehen.

Art. 17 EuBagVO Rechtsmittel

I 1Die Mitgliedstaaten teilen der Kommission mit, ob ihr Verfahrensrecht ein Rechtsmittel gegen ein im europäischen Verfahren für geringfügige Forderungen ergangenes Urteil zulässt und innerhalb welcher Frist das Rechtsmittel einzulegen ist. 2Diese Mitteilung wird von der Kommission bekannt gemacht.

II Artikel 15a und 16 gelten auch für das Rechtsmittelverfahren.

Art. 18 EuBagVO Überprüfung des Urteils in Ausnahmefällen

I Der Beklagte, der sich auf das Verfahren nicht eingelassen hat, ist berechtigt, beim zuständigen Gericht des Mitgliedstaats, in dem das Urteil im europäischen Verfahren für geringfügige Forderungen ergangen ist, eine Überprüfung des Urteils zu beantragen, wenn

a) ihm das Klageformblatt oder im Falle einer mündlichen Verhandlung die Ladung zu dieser Verhandlung nicht so rechtzeitig und in einer Weise zugestellt worden ist, dass er Vorkehrungen für seine Verteidigung hätte treffen können, oder
b) er aufgrund höherer Gewalt oder aufgrund außergewöhnlicher Umstände ohne eigenes Verschulden daran gehindert war, das Bestehen der Forderung zu bestreiten,

es sei denn, der Beklagte hat gegen das Urteil kein Rechtsmittel eingelegt, obwohl er die Möglichkeit dazu hatte.

II 1Die Frist für den Antrag auf Überprüfung des Urteils beträgt 30 Tage. 2Sie beginnt mit dem Tag, an dem der Beklagte vom Inhalt des Urteils tatsächlich Kenntnis genommen hat und in der Lage war, entsprechend tätig zu werden, spätestens aber mit dem Tag der ersten Vollstreckungsmaßnahme, die zur Folge hatte, dass die Vermögensgegenstände des Beklagten ganz oder teilweise seiner Verfügung entzogen wurden. 3Eine Verlängerung dieser Frist ist ausgeschlossen.

III Weist das Gericht den Antrag auf Überprüfung nach Absatz 1 mit der Begründung zurück, dass keine der Voraussetzungen für eine Überprüfung nach jenem Absatz erfüllt ist, bleibt das Urteil in Kraft.

1Entscheidet das Gericht, dass eine Überprüfung aus einem der in Absatz 1 genannten Gründe gerechtfertigt ist, so ist das im europäischen Verfahren für geringfügige Forderungen ergangene Urteil nichtig. 2Der Kläger verliert jedoch nicht die Vorteile, die sich aus einer Unterbrechung der Verjährungs- oder Ausschlussfristen ergeben, sofern eine derartige Unterbrechung nach nationalen Recht gilt.

Art. 19 EuBagVO Anwendbares Verfahrensrecht

Sofern diese Verordnung nichts anderes bestimmt, gilt für das europäische Verfahren für geringfügige Forderungen das Verfahrensrecht des Mitgliedstaats, in dem das Verfahren durchgeführt wird.

Kapitel III. Anerkennung und Vollstreckung in einem anderen Mitgliedstaat

Art. 20 EuBagVO Anerkennung und Vollstreckung

I Ein im europäischen Verfahren für geringfügige Forderungen ergangenes Urteil wird in einem anderen Mitgliedstaat anerkannt und vollstreckt, ohne dass es einer Vollstreckbarerklärung bedarf und ohne dass die Anerkennung angefochten werden kann.

II 1Auf Antrag einer Partei fertigt das Gericht ohne zusätzliche Kosten unter Verwendung des in Anhang IV vorgegebenen Formblatts D eine Bestätigung zu einem im europäischen Verfahren für geringfügige Forderungen ergangenen Urteil aus. 2Auf Antrag stellt das Gericht dieser Partei die Bestätigung in jeder anderen Amtssprache der Organe der Union zur Verfügung, unter Verwendung des über das Europäische Justizportal in allen Amtssprachen der Organe der Union zur Verfügung stehenden dynamischen Standardformblatts. 3Diese Verordnung verpflichtet das Gericht nicht dazu, eine Übersetzung und/oder Transliteration des in die Freitextfelder der Bestätigung eingetragenen Text zur Verfügung zu stellen.

Art. 21 EuBagVO Vollstreckungsverfahren

I Unbeschadet der Bestimmungen dieses Kapitels gilt für das Vollstreckungsverfahren das Recht des Vollstreckungsmitgliedstaats.

Jedes im europäischen Verfahren für geringfügige Forderungen ergangene Urteil wird unter den gleichen Bedingungen vollstreckt wie ein im Vollstreckungsmitgliedstaat ergangenes Urteil.

II Die Partei, die die Vollstreckung beantragt, muss Folgendes vorlegen:

a) eine Ausfertigung des Urteils, die die Voraussetzungen für den Nachweis seiner Echtheit erfüllt; und
b) die Bestätigung im Sinne des Artikels 20 Absatz 2 sowie, falls erforderlich, ihre Übersetzung in die Amtssprache des Vollstreckungsmitgliedstaats oder – falls es in diesem Mitgliedstaat mehrere Amtssprachen gibt – nach Maßgabe der Rechtsvorschriften dieses Mitgliedstaats in die Verfahrenssprache oder eine der Verfahrenssprachen des Ortes, an dem die Vollstreckung betrieben wird, oder in eine sonstige Sprache, die der Vollstreckungsmitgliedstaat zulässt.

III Für die Vollstreckung eines Urteils, das in dem europäischen Verfahren für geringfügige Forderungen in einem anderen Mitgliedstaat erlassen worden ist, darf von der Partei, die die Vollstreckung beantragt, nicht verlangt werden, dass sie im Vollstreckungsstaat über

a) einen bevollmächtigten Vertreter oder
b) eine Postanschrift

außer bei den Vollstreckungsagenten verfügt.

IV Von einer Partei, die in einem Mitgliedstaat die Vollstreckung eines im europäischen Verfahren für geringfügige Forderungen in einem anderen Mitgliedstaat ergangenen Urteils beantragt, darf weder wegen ihrer Eigenschaft als Ausländer noch wegen Fehlens eines inländischen Wohnsitzes oder Aufenthaltsorts im Vollstreckungsmitgliedstaat eine Sicherheitsleistung oder Hinterlegung, unter welcher Bezeichnung auch immer, verlangt werden.

Art. 21a EuBagVO Sprache der Bestätigung

I Jeder Mitgliedstaat kann angeben, welche Amtssprache oder Amtssprachen der Organe der Union er neben seiner oder seinen eigenen für die Bestätigung nach Artikel 20 Absatz 2 zulässt.

II Jede Übersetzung von Informationen über den Inhalt eines Urteils, die in einer Bestätigung nach Artikel 20 Absatz 2 erteilt werden, ist von einer Person vorzunehmen, die zur Anfertigung von Übersetzungen in einem der Mitgliedstaaten befugt ist.

Art. 22 EuBagVO Ablehnung der Vollstreckung

I Auf Antrag der Person, gegen die die Vollstreckung gerichtet ist, wird die Vollstreckung vom zuständigen Gericht im Vollstreckungsmitgliedstaat abgelehnt, wenn das im europäischen Verfahren für geringfügige Forderungen ergangene Urteil mit einem früheren in einem Mitgliedstaat oder einem Drittland ergangenen Urteil unvereinbar ist, sofern

a) das frühere Urteil zwischen denselben Parteien wegen desselben Streitgegenstandes ergangen ist,
b) das frühere Urteil im Vollstreckungsmitgliedstaat ergangen ist oder die Voraussetzungen für die Anerkennung im Vollstreckungsmitgliedstaat erfüllt und
c) die Unvereinbarkeit im gerichtlichen Verfahren des Mitgliedstaats, in dem das Urteil im europäischen Verfahren für geringfügige Forderungen ergangen ist, nicht geltend gemacht wurde und nicht geltend gemacht werden konnte.

II Keinesfalls darf ein im europäischen Verfahren für geringfügige Forderungen ergangenes Urteil im Vollstreckungsmitgliedstaat in der Sache selbst nachgeprüft werden.

Art. 23 EuBagVO Aussetzung oder Beschränkung der Vollstreckung

Hat eine Partei ein im europäischen Verfahren für geringfügige Forderungen ergangenes Urteil angefochten oder ist eine solche Anfechtung noch möglich oder hat eine Partei eine Überprüfung nach Artikel 18 beantragt, so kann das zuständige Gericht oder die zuständige Behörde im Vollstreckungsmitgliedstaat auf Antrag der Partei, gegen die sich die Vollstreckung richtet,

a) das Vollstreckungsverfahren auf Sicherungsmaßnahmen beschränken,
b) die Vollstreckung von der Leistung einer von dem Gericht zu bestimmenden Sicherheit abhängig machen oder
c) unter außergewöhnlichen Umständen das Vollstreckungsverfahren aussetzen.

Art. 23a EuBagVO Gerichtliche Vergleiche

Ein im Laufe des europäischen Verfahrens für geringfügige Forderungen von einem Gericht gebilligter oder vor einem Gericht geschlossener gerichtlicher Vergleich, der in dem Mitgliedstaat, in dem das Verfahren durchgeführt wurde, vollstreckbar ist, wird in einem anderen Mitgliedstaat unter denselben Bedingungen anerkannt und vollstreckt wie ein im europäischen Verfahren für geringfügige Forderungen ergangenes Urteil.

Die Bestimmungen des Kapitels III gelten entsprechend für gerichtliche Vergleiche.

Kapitel IV. Schlussbestimmungen

Art. 24 EuBagVO Information

Die Mitgliedstaaten arbeiten insbesondere im Rahmen des gemäß der Entscheidung 2001/470/EG eingerichteten Europäischen Justiziellen Netzes für Zivil- und Handelssachen zusammen, um die Öffentlichkeit und die Fachwelt über das europäische Verfahren für geringfügige Forderungen, einschließlich der Kosten, zu informieren.

Art. 25 EuBagVO Von den Mitgliedstaaten bereitzustellende Informationen

I Die Mitgliedstaaten teilen der Kommission bis zum 13. Januar 2017 Folgendes mit,

a) die Gerichte, die für den Erlass von Urteilen im europäischen Verfahren für geringfügige Forderungen zuständig sind;
b) die Kommunikationsmittel, die für die Zwecke des europäischen Verfahrens für geringfügige Forderungen zulässig sind und den Gerichten nach Artikel 4 Absatz 1 zur Verfügung stehen;
c) die Behörden oder Organisationen, die für die Erteilung praktischer Hilfe nach Artikel 11 zuständig sind;
d) die elektronischen Zustellungs- und Kommunikationsmittel, die technisch verfügbar und nach ihren Verfahrensvorschriften gemäß Artikel 13 Absätze 1, 2 und 3 zulässig sind und die nach Artikel 13 Absätze 1 und 2 erforderlichen Mittel, die für die vorherige Zustimmung zur Verwendung der elektronischen Übermittlung im Rahmen ihres nationalen Rechts zur Verfügung stehen;
e) die Personen oder Berufsgruppen, die gegebenenfalls rechtlich verpflichtet sind, die Zustellung von Schriftstücken durch elektronische Übermittlung oder andere Arten des elektronischen Schriftverkehrs gemäß Artikel 13 Absätze 1 und 2 zu akzeptieren;
f) die Gerichtsgebühren, die für das europäische Verfahren für geringfügige Forderungen erhoben werden oder wie sie berechnet werden und welche Zahlungsweise gemäß Artikel 15a anerkannt wird;
g) jegliche Rechtsmittel, die im Sinne des Artikels 17 nach ihrem Verfahrensrecht eingelegt werden können, innerhalb welchen Zeitraums diese Rechtsmittel einzulegen sind und die für diese Rechtsmittel zuständigen Gerichte;
h) die Verfahren für die Beantragung einer Überprüfung gemäß Artikel 18 und die Gerichte, die für eine derartige Überprüfung zuständig sind;
i) die Sprachen, die sie nach Artikel 21a Absatz 1 zulassen und
j) die Behörden, die für die Vollstreckung und die Behörden, die für die Zwecke der Anwendung des Artikels 23 zuständig sind. Die Mitgliedstaaten unterrichten die Kommission über alle späteren Änderungen dieser Angaben.

II Die Kommission macht die nach Absatz 1 mitgeteilten Angaben auf geeignete Weise, beispielsweise über das Europäische Justizportal, öffentlich zugänglich.

Art. 26 EuBagVO Änderung der Anhänge

Der Kommission wird die Befugnis übertragen, gemäß Artikel 27 in Bezug auf die Änderung der Anhänge I bis IV delegierte Rechtsakte zu erlassen.

Art. 27 EuBagVO Ausübung der Befugnisübertragung

I Die Befugnis zum Erlass delegierter Rechtsakte wird der Kommission unter den in diesem Artikel festgelegten Bedingungen übertragen.

II Die Befugnis zum Erlass delegierter Rechtsakte gemäß Artikel 26 wird der Kommission auf unbestimmte Zeit ab dem 13. Januar 2016 übertragen.

III 1Die Befugnisübertragung gemäß Artikel 26 kann vom Europäischen Parlament oder vom Rat jederzeit widerrufen werden. 2Der Beschluss über den Widerruf beendet die Übertragung der in diesem Beschluss angegebenen Befugnis. 3Er wird am Tag nach seiner Veröffentlichung im Amtsblatt der Europäischen Union oder zu einem im Beschluss über den Widerruf angegebenen späteren Zeitpunkt wirksam. 4Die Gültigkeit von delegierten Rechtsakten, die bereits in Kraft sind, wird von dem Beschluss über den Widerruf nicht berührt.

IV Sobald die Kommission einen delegierten Rechtsakt erlässt, übermittelt sie ihn gleichzeitig dem Europäischen Parlament und dem Rat.

V 1Ein delegierter Rechtsakt, der gemäß Artikel 26 erlassen wurde, tritt nur in Kraft, wenn weder das Europäische Parlament noch der Rat innerhalb einer Frist von zwei Monaten nach Übermittlung dieses Rechtsakts an das Europäische Parlament und den Rat Einwände erhoben haben oder wenn vor Ablauf dieser Frist das Europäische Parlament und der Rat beide der Kommission mitgeteilt haben, dass sie keine Einwände erheben werden. 2Auf Initiative des Europäischen Parlaments oder des Rates wird diese Frist um zwei Monate verlängert.

Art. 28 EuBagVO Überprüfung

I Die Kommission legt dem Europäischen Parlament, dem Rat und dem Europäischen Wirtschafts- und Sozialausschuss bis zum 15. Juli 2022 einen Bericht über die Anwendung dieser Verordnung vor, der auch eine Bewertung enthält, ob

a) eine weitere Anhebung der in Artikel 2 Absatz 1 genannten Wertgrenze angemessen ist, um das Ziel dieser Verordnung zu erreichen, nämlich Bürgern und kleinen und mittleren Unternehmen den Zugang zur Justiz bei grenzüberschreitenden Rechtssachen zu erleichtern, und
b) eine Ausweitung des Anwendungsbereichs des europäischen Verfahrens für geringfügige Forderungen, insbesondere über Gehaltsansprüche, angemessen ist, um Arbeitnehmern den Zugang zur Justiz bei grenzüberschreitenden arbeitsrechtlichen Streitigkeiten mit ihrem Arbeitgeber zu erleichtern, wobei die gesamten Auswirkungen einer solchen Ausweitung zu berücksichtigen sind.

Dem Bericht werden gegebenenfalls Gesetzgebungsvorschläge beigefügt.

Zu diesem Zweck übermitteln die Mitgliedstaaten der Kommission bis zum 15. Juli 2021 Angaben über die Anzahl der nach dem europäischen Verfahren für geringfügige Forderungen gestellten Anträge sowie über die Anzahl der Anträge auf Vollstreckung von in diesen Verfahren ergangenen Urteilen.

II Bis zum 15. Juli 2019 legt die Kommission dem Europäischen Parlament, dem Rat und dem europäischen Wirtschafts- und Sozialausschuss einen Bericht über die Verbreitung der Information über das europäische Verfahren für geringfügige Forderungen in den Mitgliedstaaten vor und kann Empfehlungen in Bezug auf die Verbesserung der Bekanntheit des Verfahrens erarbeiten.

Art. 29 EuBagVO Inkrafttreten

Diese Verordnung tritt am Tag nach ihrer Veröffentlichung im Amtsblatt der Europäischen Union in Kraft.

Sie gilt ab dem 1. Januar 2009, mit Ausnahme des Artikels 25, der ab dem 1. Januar 2008 gilt.

IV. Die inländischen Ausführungsbestimmungen in den §§ 1097–1111. 1. Systematik. Titel 1 regelt das Erkenntnisverfahren. §§ 1097–1104 wie die EuBagVO bringen dem Gericht keineswegs einen so hohen Grad von Handlungs- und Entscheidungsfreiheit wie etwa § 495a. Andererseits darf es zB nach § 1101 I die Beweisaufnahme wesentlich freier vornehmen als im nationalen „Normal"prozess nach §§ 355 ff. Der auch hier bestehende Formularzwang dient der Beschleunigung und Rechtssicherheit. 4

2. Regelungszweck. Die in → Rn. 1 genannten nur formell sehr unterschiedlichen Ausprägungen haben erkennbar doch insgesamt den in vor dem Text der EuBagVO (→ Vor § 1097 Rn. 4) genannten Zweck der Vereinfachung, Vereinheitlichung und Beschleunigung. Deshalb darf und soll man auch §§ 1097 ff. prozesswirtschaftlich handhaben. 5

3. Geltungsbereich. Ihn bestimmt nicht nur Art. 2 EuBagVO, sondern auch ihr Art. 19. Nach dieser Bestimmung bleibt das deutsche Verfahrensrecht vor dem AG hilfsweise voll anwendbar, sowohl im Bereich des Kleinverfahrens des § 495a als auch im Übrigen Bereich der §§ 495 ff. Voraussetzung für die Anwendung ist, dass Kläger und Beklagter ihren Wohnsitz/Sitz in verschiedenen Mitgliedstaaten haben, EuGH IPRax 2020, 30 Rn. 52. 6

Titel 1. Erkenntnisverfahren

1097 *Einleitung und Durchführung des Verfahrens.*

I Die Formblätter gemäß der Verordnung (EG) Nr. 861/2007 und andere Anträge oder Erklärungen können als Schriftsatz, als Telekopie oder nach Maßgabe des § 130a als elektronisches Dokument bei Gericht eingereicht werden.

II Im Fall des Artikels 4 Abs. 3 der Verordnung (EG) Nr. 861/2007 wird das Verfahren über die Klage ohne Anwendung der Vorschriften der Verordnung (EG) Nr. 861/2007 fortgeführt.

I. Systematik. Die Vorschrift ergänzt Art. 4, 5 EuBagVO. **I** stellt klar, dass man sie mit allen derzeitigen Mitteln der Kommunikationstechnologie nach Art. 9 I 3 EuBagVO einreichen darf, also auch auf dem Weg des § 130a. **II** füllt die Verweisung in Art. 4 III 2 EuBagVO auf das nationale Recht aus. 1

II. Regelungszweck. Die Vorschrift dient in **I** der Modernität eines ohnehin auf Beschleunigung, Vereinfachung und Verbilligung ausgerichteten Verfahrens. **II** hat denselben Zweck, nämlich die Vermeidung einer etwa zusätzlichen „Normal"klage. 2

III. Einreichungsmöglichkeiten, I. Es ist praktisch jede derzeit technisch mögliche Form eines Einreichens erlaubt, → Rn. 2. Natürlich müssen die allgemeinen Grundregeln eines bestimmenden Schriftsatzes eingehalten werden, etwa zur Unterschrift. 3

IV. Fortführung, II. Statt einer Abweisung als unstatthaft hat das Gericht den Prozess je nach dem nationalen Streitwert im nationalen Normal- oder Kleinverfahren fortzuführen. Praktisch kommt nur das erstere infrage. Denn der Grenzwert liegt mit derzeit 5000 EUR nach Art. 2 I 1 EuBagVO viel höher als nach § 495a. 4

1098 *Annahmeverweigerung auf Grund der verwendeten Sprache.*

[1]Die Frist zur Erklärung der Annahmeverweigerung nach Artikel 6 Abs. 3 der Verordnung (EG) Nr. 861/2007 beträgt eine Woche. [2]Sie ist eine Notfrist und beginnt mit der Zustellung des Schriftstücks. [3]Der Empfänger ist über die Folgen einer Versäumung der Frist zu belehren.

I. Systematik. Die Zustellung der Klage richtet sich nach der EuZVO (→ Vor § 1067 Rn. 4). Art. 8 I EuZVO ermöglicht dem Empfänger unter bestimmten Voraussetzungen die Verweigerung der Annahme. Hieran knüpft Art. 6 III EuBagVO an und verpflichtet das Gericht, den Gegner der die Annahme eines Schriftstücks aus Sprachgründen verweigernden Partei davon in Kenntnis zu setzen, damit dieser eine Übersetzung vorlegen kann. 1

II. Regelungszweck. In Anlehnung an §§ 184 ff. GVG einerseits und an Grundgedanken der MRK und des GG andererseits soll sicher sein, dass ein Betroffener ein ihm zugehendes Schriftstück versteht. Deshalb erlaubt Art. 12 I EuZVO die Annahmeverweigerung, wenn der Zustellung nicht die erforderlichen Übersetzungen (→ Vor § 1067 Rn. 19) beigefügt sind, hieran knüpft Art. 6 III EuBagVO an. **S. 1** wiederholt die Annahmeverweigerungsfrist von 1 Woche, die sich auch bereits aus Art. 8 I EuZVO ergibt. Die Regelung geht nur insoweit über Art. 8 I EuZVO hinaus, wie die Frist in **S. 2** als Notfrist bestimmt wird. 2

1099 *Widerklage.*

I Eine Widerklage, die nicht den Vorschriften der Verordnung (EG) Nr. 861/2007 entspricht, ist außer im Fall des Artikels 5 Abs. 7 Satz 1 der Verordnung (EG) Nr. 861/2007 als unzulässig abzuweisen.

II [1]Im Fall des Artikels 5 Abs. 7 Satz 1 der Verordnung (EG) Nr. 861/2007 wird das Verfahren über die Klage und die Widerklage ohne Anwendung der Vorschriften der Verordnung (EG) Nr. 861/2007 fortgeführt. [2]Das Verfahren wird in der Lage übernommen, in der es sich zur Zeit der Erhebung der Widerklage befunden hat.

I. Systematik, I, II. Die Vorschrift ergänzt Art. 5 VI, VII EuBagVO. Diese Bestimmungen enthalten Vorrangregelungen mit „etwas anderem" nach Art. 19 EuBagVO. Sie besagen aber nichts Generelles zur Statthaftigkeit einer Widerklage 1

II. Regelungszweck, I, II. Er ist begrenzt. Es gilt teilweise, die Verweisung des Art. 5 VII 1 EuBagVO auf eine deutsche Regelung nicht leerlaufen zu lassen. Es sollen die unterschiedlichen Folgen unterschiedlicher 2

Mängelarten einer grenzüberschreitenden Kleinverfahrenswiderklage deutlich bleiben. Der Sache nach ergibt sich aber keine wesentliche Abweichung vom deutschen sonstigen Prozessrecht

3 **III. Abweisung als unzulässig, I.** Sie muss erfolgen, soweit eine Widerklage schon generell nach der EuBagVO unstatthaft ist. Unstatthaftigkeit ergibt sich aus der Verweisung in Art. 5 VII 2 EuBagVO auf Art. 2, 4, 5 III–V EuBagVO. Danach müsste auch eine Widerklage in den Anwendungsbereich nach Art. 2 EuBagVO fallen, um überhaupt statthaft zu sein. Sie müsste also eine grenzüberschreitende Rechtssache der in Art. 2 I EuBagVO genannten und nicht in Art. 2 II EuBagVO ausgeschlossenen Arten von Streitigkeit beinhalten.

4 Ein Hinweis auf Zulässigkeitsbedenken dürfte auch hier eine solche Bedingung sein, die das Gericht vor einer Abweisung durch ein Prozessurteil erfüllen muss, § 139 iVm Art. 19 EuBagVO. Das Gericht muss daher auch eine angemessene Frist zur Behebung etwa heilbarer Mängel setzen. Die Fristlänge sollte sich trotz aller weiten Ermessensfreiheit wegen Art. 5 VII iVm Art. 5 III–V EuBagVO an den dort genannten Fristen in etwa mitausrichten.

5 **IV. Fortführung, II.** Leidet die Widerklage nur daran, dass sie die Wertgrenze nach Art. 5 VII 1 EuBagVO iVm Art. 2 I EuBagVO von derzeit 5.000 EUR zum Zeitpunkt des Eingangs beim zuständigen Gericht überschritten hat, darf und muss das Gericht nach dem dann maßgebenden **II 1** das Verfahren ohne Anwendung der VO fortführen. Es gilt dann also das ZPO-Recht eines Verfahrens mit entsprechendem Streitwert. Daher kann sogar das LG erstinstanzlich sachlich zuständig werden. **II 2** klärt Einzelheiten teilweise. Andere ergeben sich zB evtl. aus § 281 iVm Art. 5 VII 1 EuBagVO, der ja den Vorrang vor Art. 19 EuBagVO hat. Vgl. im Übrigen dann zunächst § 506.

1100

Mündliche Verhandlung. **I [1]Das Gericht kann den Parteien sowie ihren Bevollmächtigten und Beiständen gestatten, sich während einer Verhandlung an einem anderen Ort aufzuhalten und dort Verfahrenshandlungen vorzunehmen. [2]§ 128a Abs. 1 Satz 2 und Abs. 3 Satz 1 bleibt unberührt.**

II Die Bestimmung eines frühen ersten Termins zur mündlichen Verhandlung (§ 275) ist ausgeschlossen.

1 **I. Systematik.** Die Vorschrift ergänzt Art. 8 EuBagVO. Diese Vorschrift basiert auf Art. 5 I EuBagVO. Danach besteht vom **Grundsatz der Schriftlichkeit** des Verfahrens nach Art. 5 I EuBagVO nur dann nach Art. 5 I a 1 EuBagVO eine Ausnahme, wenn entweder das Gericht eine mündliche Verhandlung für nicht nur zweckmäßig, sondern wie bei § 128 I für geradezu erforderlich hält oder wenn auch nur eine der Parteien einen entsprechenden Antrag stellt. In der letzter Alternative gleicht die VO dem § 495a S. 2. Vgl. daher auch dort. Indessen gibt Art. 9 I I 3 EuBagVO gerade anders als § 495a S. 2 dem Gericht die Befugnis zur Ablehnung eines Verhandlungsantrags durch eine unangreifbare Zwischenentscheidung nach Art. 9 I 4, 5 EuBagVO. Eine Anwendung von § 1100 setzt die Klärung aller dieser Vorfragen voraus.

2 Auch der Ablauf einer mündlichen Verhandlung gestaltet sich zunächst außerhalb von § 1100. Zu ihm schweigt die VO. Daher gilt über Art. 19 EuBagVO die ZPO und folglich im deutschen Kleinverfahren § 495a und oberhalb seiner Wertgrenze die Regelung der §§ 128 ff.

3 **II** hat den Vorrang vor §§ 272 II, 275, 495a. Der Ausschluss des frühen ersten Termins beruht darauf, dass dieser zwar bei entsprechender Vorbereitung ein abschließender Termin sein kann, eine entsprechende Vorbereitung des Termins durch das Gesetz aber nicht sichergestellt werden kann und den Parteien ein mehrfaches Erscheinen erspart werden soll.

4 **II. Regelungszweck.** Die nur an § 128a I 2, 3 I anknüpfende Vorschrift dient vergleichbaren Zwecken. Vgl. daher dort.

5 **III. Fernverhandlung, I.** Die Vorschrift ist wegen Art. 8 I EuBagVO eigentlich überflüssig. IÜ → § 1101 Rn. 5 ff.

1101

Beweisaufnahme. **I Das Gericht kann die Beweise in der ihm geeignet erscheinenden Art aufnehmen, soweit Artikel 9 Abs. 2 bis 4 der Verordnung (EG) Nr. 861/2007 nichts anderes bestimmt.**

II [1]Das Gericht kann einem Zeugen, Sachverständigen oder einer Partei gestatten, sich während einer Vernehmung an einem anderen Ort aufzuhalten. [2]§ 128a Abs. 2 Satz 2, 3 und Abs. 3 Satz 1 bleibt unberührt.

1 **I. Systematik.** Die Vorschrift ergänzt Art. 9 EuBagVO. Nach jener Vorschrift gilt der auch dem deutschen Recht bekannte **Freibeweis.** Daran ändern auch die Zulässigkeitsgrenzen des Art. 9 II, III EuBagVO nichts. Sie gelten ohnehin bei richtiger Anwendung auch im deutschen Recht. Insofern nennt § 1101 der Sache nach keine Abweichungen. Das gilt auch für **II,** der an § 1100 I 2 anschließt.

2 **II. Regelungszweck, I, II.** Natürlich soll der Freibeweis das Europäische Kleinverfahren beschleunigen und erleichtern helfen. Die mehrfache Betonung des Gebots der Prozesswirtschaftlichkeit durch die Klärung des Vorrangs von Art. 9 II–IV EuBagVO mit ihrem Zwang zur Beschränkung auf das Erforderliche und am wenigsten Aufwendige verdeutlicht einen weiteren freilich in eigentlich jedem Zivilprozess selbstverständlichen Regelungszweck.

3 **III. Möglichkeiten.** Weder § 1101 noch Art. 9 EuBagVO erwähnen einen **Beweisantrag.** Das bedeutet aber natürlich keine Amtsermittlung. Es bleibt der Grundgedanke einer Parteiherrschaft auch im Europäischen Kleinverfahren wie im deutschen des § 495a erhalten.

4 **1. Eignung nach Gerichtsansicht, I.** Es kommt zur Eignung der Art der Beweiserhebung nicht auf die Ansicht des Beweisführers oder des Gegners und daher auch nicht auf deren Einigung dazu an, sondern auf die Beurteilung des Gerichts. Das spitzt **I** gegenüber Art. 9 EuBagVO noch zu. Freilich verdeutlicht **I** auch die in der EuBagVO genannten Grenzen mit. Immerhin bringt der Freibeweis fast grenzenlose Befugnisse.

5 **2. Fernvernehmung, II.** Art 9 II EuBagVO enthält ähnlich § 1100 I 2 schon eine gegenüber § 377 III deutlich weitere Befugnis zur Zulassung einer schriftlichen Aussage eines Zeugen wie nach § 377 III oder iVm § 402 eines Sachverständigen. Art. 9 III EuBagVO erlaubt darüber hinaus direkt eine Videokonferenz oder andere Mittel der Kommunikationstechnologie. Die Verweisung in **II 2** auf § 128a II 2, 3, **III 1** engt diese Möglichkeiten nicht ein, sondern soll nur die technische Abwicklung klären helfen.

6 **3. Parteiöffentlichkeit, I, II.** Diese Grundbedingung nach § 357 besteht trotz oder besser: gerade wegen des weiten Gerichtsermessens zur Beweisart und zum Beweisumfang natürlich auch hier, ebenso wie zB solche Grenzen wie nach § 356 (kein Zeuge N. N. usw.).

7 **4. Kosten usw., I.** Sowohl zur Kostenfrage insbesondere beim Sachverständigen nach Art. 9 II 2 EuBagVO als auch zur Frage der Erforderlichkeit nach Art. 9 I 1 EuBagVO sollte man die zu § 91 entwickelten Regeln einer Erstattungsfähigkeit von Prozesskosten als Gericht schon bei der Entscheidung über eine Beweisaufnahme mitbeachten.

8 **5. Verstoß, I, II.** Es gelten dieselben Regeln wie beim Verstoß im innerdeutschen Beweisverfahren nach §§ 355 ff. bis hin zur etwaigen Nichterhebung von Gerichtskosten nach § 21 GKG, § 20 FamGKG.

1102 *Urteil.* **[1]Urteile bedürfen keiner Verkündung. [2]Die Verkündung eines Urteils wird durch die Zustellung ersetzt.**

1 **I. Systematik.** Die Vorschrift ergänzt Art. 7 I, II EuBagVO. Sie schafft aber inhaltlich nichts zusätzlich. Die Entbehrlichkeit einer Verkündung nach § 310, 311 steht im Gegensatz selbst zu einer Verkündungsnotwendigkeit bei einem Urteil nach § 341 II oder nach § 495a. Denn auch dort ist jeweils eine Verkündung nach § 310 I 1 nötig.

2 Art. 16 EuBagVO steht einer Kostenverteilung im Urteil bei teilweisem Obsiegen und Unterliegen gem § 92 nicht entgegen, EuGH NJW 2019, 1427 Rn. 24.

3 **II. Regelungszweck.** Die konsequente Schriftlichkeit des Europäischen Kleinverfahrens dient der Vereinfachung und Beschleunigung. Ihr opfert die EuBagVO und folglich der bloße Durchführungsvorgang in § 1102 einen der Zentralgedanken des sonstigen ZPO-Erkenntnisverfahrens, nämlich die zumindest beim „Geburtsakt" der Endentscheidung zwingende Verkündung. Maßgeblich ist die Zustellung. Soweit diese im EU-Ausland erfolgt, gelten die Regelungen der EuZVO (→ Vor § 1067 Rn. 4).

4 **III. Entbehrlichkeit einer Verkündung, S. 1.** Sie ändert nichts an der Zulässigkeit einer Verkündung. „Bedürfen nicht" bedeutet keineswegs „findet nicht statt". Freilich scheint **S. 2** auf das Verkündungsverbot hinzudeuten. **S. 2** meint aber in Wahrheit nur → Rn. 5.

5 **IV. Notwendigkeit einer Zustellung, S. 2.** Eine Zustellung nach § 317 bleibt mit oder ohne Verkündung stets notwendig. Erst sie führt zur Wirksamkeit des Urteils.

1103 *Säumnis.* **[1]Äußert sich eine Partei binnen der für sie geltenden Frist nicht oder erscheint sie nicht zur mündlichen Verhandlung, kann das Gericht eine Entscheidung nach Lage der Akten erlassen. [2]§ 251a ist nicht anzuwenden.**

1 **I. Systematik.** Die Vorschrift ergänzt Art. 7 III EuBagVO. Sie schafft nur scheinbar mit dem Begriff des Urteils nach Lage der Akten etwas gegenüber der EuBagVO Neues. Denn der in Art. 7 III VO verwendete Begriff „Urteilserlass" bedeutet zumindest beim Verfahren ohne eine mündliche Verhandlung der Sache nach ein Urteil eben aufgrund der Aktenlage. Das Gericht braucht seine Entscheidung aber nicht zur Wirksamkeit als eine solche gerade nach Lage der Akten zu bezeichnen. § 1104 hat den Vorrang.

2 **II. Regelungszweck.** Die EuBagVO kennt als Entscheidungsform nur das Urteil; eine besondere Urteilsform im Falle der Säumnis des Beklagten ist nicht vorgesehen. Die Regelung fügt Art. 7 III EuBagVO, der auch für den Fall der Säumnis eine Entscheidung durch Urteil verlangt, derart in das System der ZPO ein, dass in diesem Fall ein Urteil nach Lage der Akten ergeht. Dies gilt sowohl für die Säumnis der klagenden als auch der beklagten Partei.

3 **III. Entweder: Schweigen bis Fristablauf, S. 1.** Eine Voraussetzung eines Urteils ist eine Nichtäußerung einer Partei binnen „der" für sie geltenden Frist. Das ist nicht etwa nur die in Art. 7 III EuBagVO genannte Frist des Art. 5 III oder VI, sondern in Wahrheit jede einer Partei gesetzlich oder gerichtlich bestimmte Frist. Die Gründe des Schweigens sind nach dem Text von **S. 1** scheinbar unerheblich. Indes → Rn. 5.

4 **IV. Oder: Nichterscheinen im etwaigen Verhandlungstermin, S. 1.** Gleichberechtigt neben der Bedingung Rn. 3 nennt **S. 1** als eine weitere mögliche Voraussetzung das Nichterscheinen in einem etwa vom Gericht anberaumten wirklichen Verhandlungstermin nach § 137 bis zu dessen Ende nach §§ 136 IV, 296a. Nicht ausreichend ist ein bloßer Güte-, Erörterungs-, Beweisaufnahme- oder Vergleichstermin. Auch die Gründe des Nichterscheinens scheinen nach dem Wortlaut von **S. 1** unerheblich. Aber → Rn. 5.

5 **V. Stets: Keine Entschuldigung, S. 1.** In beiden Fällen Rn. 3, 4 muss in Wahrheit eine Entschuldigung bis zum Erlass des Urteils fehlen. Das steht zwar weder in Art. 7 III EuBagVO noch in **III**, folgt aber aus den Grundsätzen der Prozesswirtschaftlichkeit und Beschleunigung. Werden bereits vor Erlass des Urteils die Voraussetzungen für eine unverschuldete Säumnis iSd § 1104 vorgetragen, die zur Fortführung des Verfahrens führen, ist es im Interesse der Prozesswirtschaftlichkeit und Beschleunigung geboten, das Urteil gar nicht erst zu erlassen, sondern das Verfahren gleich fortzusetzen.

6 Also gilt § 495a. Diese Vorschrift erlaubt zwar bei einer Säumnis nach §§ 331 ff. sehr wohl ebenfalls eine instanzbeendende Entscheidung. Sie setzt aber bei aller Ermessensfreiheit des Richters im Kleinverfahren doch eine im Entscheidungszeitpunkt fortbestehende wirkliche Säumnis ohne Entschuldigung voraus. Denn auch § 337 ist mit zu beachten. Das sollte auch im grenzüberschreitenden Kleinverfahren gelten. Andernfalls würde man nicht nur Art. 103 I GG missachten, sondern eine dort zusätzlich fixierte Hauptregel des deutschen wie internationalen ordre public, eben das Gebot des rechtlichen Gehörs nach Art. 103 I GG.

7 Das gilt nicht bei einer Säumnis des Klägers, denn für diesen besteht eine Abhilfemöglichkeit gem. § 1104 nicht. Außerdem wurde ihm Gehör gewährt, denn die Entscheidung ergeht nach Lage der Akten, also unter Berücksichtigung seines Vortrags.

8 **VI. Unanwendbarkeit des § 251a, S. 2.** Sein ausdrücklicher Ausschluss macht auch den Umweg des Art. 19 EuBagVO ungangbar. Der Ausschluss gilt für alle Teile des § 251a. Vor dem Urteil braucht also zB keine mündliche Verhandlung erfolgt zu sein.

1104 ***Abhilfe bei unverschuldeter Säumnis des Beklagten.*** **I [1]Liegen die Voraussetzungen des Artikels 18 Abs. 1 und 2 der Verordnung (EG) Nr. 861/2007 vor, wird das Verfahren fortgeführt; es wird in die Lage zurückversetzt, in der es sich vor Erlass des Urteils befand. [2]Auf Antrag stellt das Gericht die Nichtigkeit des Urteils durch Beschluss fest.**

II Der Beklagte hat die tatsächlichen Voraussetzungen des Artikels 18 Abs. 1 und 2 der Verordnung (EG) Nr. 861/2007 glaubhaft zu machen.

1 **I. Systematik.** Die Vorschrift ergänzt § 1103. Sie hat den Vorrang vor Art. 19 EuBagVO. Insofern hat § 1104 auch den Vorrang vor § 1103.

2 **II. Regelungszweck.** Die Vorschrift dient der auch im grenzüberschreitenden Fall notwendigen Beachtung des Art. 103 I GG als eines Grundprinzips auch des deutschen ordre public. Sie ist daher mit § 337 vergleichbar und ähnlich auslegbar. Freilich darf man trotz des gegenüber § 495a derzeit höheren Wertrahmens des grenzüberschreitenden Kleinverfahrens nun auch nicht die geringste „Entschuldigung" eilfertig zum Anlass nehmen, eine nationalrechtlich statthafte Auslegung hier fallenzulassen. **II** dient nach → Rn. 8 auch der Verhinderung einer unberechtigten Zwangsvollstreckung.

3 **III. Fortführung mangels Säumnis des Bekl. 1. Anwendbarkeit des Art. 18 I, II VO (EG) Nr. 861/2007, I 1 Hs. 1.** Das Gericht muss zunächst klären, ob die eben genannte EU-Vorschrift anwendbar ist. Die dortige Überprüfungsmöglichkeit des Bekl. besteht erst dann, wenn schon ein Urteil „ergangen ist". Art. 18 EuBagVO gilt also nicht auch dann, wenn sich eine Entschuldigung schon vor dem Erlass des Urteils ergibt, → § 1103 Rn. 5–7. In diesem letzteren Fall ist daher § 1104 mangels Einschlägigkeit auch nicht vorrangig.

4 **2. Fortführung des Verfahrens, I 1 Hs. 1, 2.** Die Folge der Anwendbarkeit nach → Rn. 3 ist eine Fortführung des Verfahrens ähnlich §§ 321a I 1, 342. Die Instanz geht also weiter. Alle Beteiligten bleiben berechtigt und verpflichtet, wie vor der Säumnis.

5 **3. Feststellung der Nichtigkeit, I 2.** Infolge einer im Ergebnis gerechtfertigten Überprüfung des zunächst ergangenen Urteils ist diese Entscheidung nach Art. 18 II 2 EuBagVO kraft Gesetzes nichtig. **I 2** ermächtigt und verpflichtet das Gericht, diese Nichtigkeit klarstellend auf Antrag festzustellen. Antragsberechtigt sind alle Beteiligten, nicht nur der Bekl. Die Feststellung kann durch einen Beschluss nach § 329 während des weiteren Verfahrens erfolgen. Ein Zwischenurteil nach § 280 ist nach der ausdrücklich angeordneten Beschlussform unstatthaft, ebenso eine Entscheidung erst in Urteilsform am Instanzende. Der Beschluss nach **I 2** ist aber auch zugleich mit dem Endurteil denkbar.

6 Es ist keine Aufhebung des Urteils nötig. Die Feststellung seiner Nichtigkeit geht ja viel weiter und wirkt auch zurück.

7 **4. Glaubhaftmachung, II.** Zwar muss das Gericht die tatsächlichen Voraussetzungen nach **I** und damit nach Art. 18 I, II EuBagVO ähnlich wie bei § 341 S. 1 von Amts wegen klären. Der Bekl. muss ihr Vorliegen aber auch von sich aus darlegen und nach § 294 glaubhaft machen. Dabei sollte man zwar keine überspannten Anforderungen stellen. Es liegt aber immerhin ein bis zur Nichtigkeitsfeststellung nach **I 2** existenter Staatshoheitsakt vor. Das sollte man bei der Beurteilung des Vortrags zur Glaubhaftmachung mitbeachten.

8 Es ist kein Vollbeweis nach § 286 nötig. Denn die Feststellung der Nichtigkeit ist oft zur Verhinderung einer unberechtigten Zwangsvollstreckung eilbedürftig. Insofern ähnelt **II** dem § 920 II.

1104a ***Gemeinsame Gerichte.*** **[1]Die Landesregierungen werden ermächtigt, durch Rechtsverordnung einem Amtsgericht für die Bezirke mehrerer Amtsgerichte und einem Landgericht für die Bezirke mehrerer Landgerichte die Angelegenheiten in europäischen Verfahren für geringfügige Forderungen nach der Verordnung (EG) Nr. 861/2007 zuzuweisen, wenn dies der sachlichen Förderung der Verfahren dient. [2]Die Landesregierungen können die Ermächtigung auf die Landesjustizverwaltungen übertragen.**

1 **I. Sachliche Verfahrensförderung, S. 1.** Dieser Zweck ist zwingende Voraussetzung einer Wirksamkeit einer Ermächtigung. Freilich sollte man diese Bedingung großzügig als erfüllt sehen und daher nur hochgradige Bedenken beachten. Bei ihnen gelten die zu Art. 80 GG bestehenden Möglichkeiten.

2 **II. Ermächtigungen, S. 1, 2.** NRW hat von der Ermächtigung Gebrauch gemacht und die Verfahren beim AG Essen konzentriert, § 1 NRWEuGFVO, von Hein/Imm IPRax 2019, 75. In Schleswig-Holstein ist die Zuständigkeit auf die Amtsgerichte am Sitz der Landgerichte konzentriert, § 7 JZustV SH, Groß SchlHA 2020, 8.

Titel 2. Zwangsvollstreckung

1105 ***Zwangsvollstreckung inländischer Titel.*** **I [1]Urteile sind für vorläufig vollstreckbar ohne Sicherheitsleistung zu erklären. [2]Die §§ 712 und 719 Abs. 1 Satz 1 in Verbindung mit § 707 sind nicht anzuwenden.**

II [1]Für Anträge auf Beschränkung der Zwangsvollstreckung nach Artikel 15 Abs. 2 in Verbindung mit Artikel 23 der Verordnung (EG) Nr. 861/2007 ist das Gericht der Hauptsache zuständig. [2]Die Entscheidung ergeht im Wege einstweiliger Anordnung. [3]Sie ist unanfechtbar. [4]Die tatsächlichen Voraussetzungen des Artikels 23 der Verordnung (EG) Nr. 861/2007 sind glaubhaft zu machen.

I. Systematik. Ein in Deutschland nach der EuBagVO erlassenes Urteil ist nach Art. 15 I EuBagVO ohne eine Sicherheitsleistung vollstreckbar. Dazu ist anders als nach § 708 kein ausdrücklicher Ausspruch schon nach der EuBagVO nötig. **I 1** verpflichtet das Gericht trotzdem zu einer Vollstreckbarerklärung. **I 2** stellt den Vorrang derjenigen Möglichkeiten klar, die der Schuldner vor der nach § 705 formellen Rechtskraft nach der abschließenden Spezialregelung des Art. 23 EuBagVO hat. §§ 712, 719 I 1 iVm § 707 sind also unanwendbar. **II** klärt die Zuständigkeit und Hauptregeln des Verfahrens Art. 15 II, 23 EuBagVO. 1

II. Regelungszweck. Die Regelung dient der Klärung und damit der Erleichterung des ja schon national alles andere als leicht verständlichen Verfahrens einer vorläufigen Vollstreckbarkeit nach §§ 708 ff. und ihrer Grenzen. 2

III. Keine Sicherheitsleistung, I. I 1 enthält nur die halbe Gesamtregelung. Es gibt in Art. 14 und vor allem in Art. 23 EuBagVO eine ganze Reihe von Möglichkeiten des Schuldners zu einer Eingrenzung seiner Risiken bis zum Eintritt der formellen Rechtskraft nach § 705. Diese Sondervorschriften gelten abschließend vorrangig, **I 2**. Ein ausdrücklicher Ausschluss auch des § 719 I 2 war nicht erforderlich, denn die EuBagVO kennt kein Versäumnisurteil. 3

IV. Zuständigkeit, weiteres Verfahren, II. Zuständig nach Art. 15 II EuBagVO ist das Hauptsachegericht. Das gilt nach **II 1** örtlich wie sachlich und funktionell. Das Hauptsachegericht entscheidet nach **II 2** durch eine einstweilige Anordnung in Beschlussform. Wegen deren Unanfechtbarkeit nach **II 3** ist eine Begründung nicht erforderlich und eine formlose Mitteilung ausreichend. Die nach **II 4** notwendige Glaubhaftmachung der tatsächlichen Voraussetzungen in diesem ja nur auf Antrag stattfindenden Verfahren erfolgt nach § 294. 4

1106 *Bestätigung inländischer Titel.* **[I] Für die Ausstellung der Bestätigung nach Artikel 20 Abs. 2 der Verordnung (EG) Nr. 861/2007 ist das Gericht zuständig, dem die Erteilung einer vollstreckbaren Ausfertigung des Titels obliegt.**

[II] [1]Vor Ausfertigung der Bestätigung ist der Schuldner anzuhören. [2]Wird der Antrag auf Ausstellung einer Bestätigung zurückgewiesen, so sind die Vorschriften über die Anfechtung der Entscheidung über die Erteilung einer Vollstreckungsklausel entsprechend anzuwenden.

I. Systematik. Die Vorschrift ergänzt Art. 20 II EuBagVO zur Zuständigkeit und zum Verfahren der Erteilung der ja nur bekräftigenden gerichtlichen Bestätigung der Vollstreckbarkeit. 1

II. Regelungszweck. Die gerichtliche Bekräftigung in der Form einer „Bestätigung" dient der Überzeugungskraft. Ihre Formalisierung erübrigt manche früher notwendige Überlegung etwa zur révision au fond. Man sollte die Bestätigung keineswegs verzögern oder sonstwie erschweren. 2

III. Zuständigkeit, I. Sie liegt bei dem zur Erteilung einer vollstreckbaren Ausfertigung verpflichteten Gericht wie bei § 1079. Damit ergibt sich die Zuständigkeit aus § 724. Funktionell ist der Rpfl. zuständig, § 20 I Nr. 11 RPflG idF Art. 3 Nr. 1a G v. 8.7.2014, BGBl. I 890, in Kraft seit 10.1.2015, Art. 15 I G. 3

IV. Verfahren, II. Es ist kostenfrei, Art. 20 II EuBagVO. Die schon wegen Art. 103 I GG notwendige Schuldneranhörung muss unverzüglich mit einer angemessenen Frist von etwa 2 Wochen (Inland) oder 4 Wochen (Ausland) erfolgen. Die Bestätigung der Anerkennung und Vollstreckbarkeit ist nach Art. 20 I unanfechtbar. Die Antragszurückweisung ist nach **II 2** gemäß § 731 anfechtbar. 4

1107 *Ausländische Vollstreckungstitel.* **Aus einem Titel, der in einem Mitgliedstaat der Europäischen Union nach der Verordnung (EG) Nr. 861/2007 ergangen ist, findet die Zwangsvollstreckung im Inland statt, ohne dass es einer Vollstreckungsklausel bedarf.**

1108 *Übersetzung.* **Hat der Gläubiger nach Artikel 21 Abs. 2 Buchstabe b der Verordnung (EG) Nr. 861/2007 eine Übersetzung vorzulegen, so ist diese in deutscher Sprache zu verfassen und von einer in einem der Mitgliedstaaten der Europäischen Union hierzu befugten Person zu erstellen.**

Die Vorschrift stimmt mit § 1094 praktisch wörtlich überein. Sie kehrt hier nur wegen der formellen Trennung der deutschen Durchführungsvorschriften in den verschiedenen VOen wieder. Die Zwecke stimmen überein. Vgl. daher im Einzelnen bei § 1094. 1

1109 *Anträge nach den Artikeln 22 und 23 der Verordnung (EG) Nr. 861/2007; Vollstreckungsabwehrklage.* **[I] [1]Auf Anträge nach Artikel 22 der Verordnung (EG) Nr. 861/2007 ist § 1084 Abs. 1 und 2 entsprechend anzuwenden. [2]Auf Anträge nach Artikel 23 der Verordnung (EG) Nr. 861/2007 ist § 1084 Abs. 1 und 3 entsprechend anzuwenden.**

[II] § 1086 gilt entsprechend.

Die Vorschrift stimmt weitgehend mit § 1096 I, II überein. Beide Bestimmungen verweisen in **I 1** auf § 1084 I, II, sie verweisen beide in **I 2** auf § 1084 I, III. Vgl. daher jeweils dort. Der Schuldner kann auch eine erst nachträglich entstandene sachlichrechtliche Einwendung erheben, Gsell EuZW 2011, 91. 1

Abschnitt 7. Anerkennung und Vollstreckung nach der Verordnung (EU) Nr. 1215/2012

2 Die VO Nr. 1215/2012 – kurz **Brüssel Ia-VO** – ist abgedruckt und kommentiert im SchlAnh. Die §§ 1110 ff. gelten nur für Entscheidungen nach der Brüssel Ia-VO, während für Entscheidungen nach der Vorgängerregelung der Brüssel I-VO das AVAG gilt, BGH NJOZ 208, 1239 Rn. 8; NJW-RR 2017, 1342 Rn. 13.

Titel 1. Bescheinigung über inländische Titel

1110 ***Zuständigkeit.*** **Für die Ausstellung der Bescheinigung nach den Artikeln 53 und 60 der Verordnung (EU) Nr. 1215/2012 sind die Gerichte oder Notare zuständig, denen die Erteilung einer vollstreckbaren Ausfertigung des Titels obliegt.**

1 **I. Systematik.** Nach Art. 37 I lit. b Brüssel Ia-VO muss eine Partei bei der Geltendmachung einer Entscheidung aus einem Mitgliedstaat in einem anderen Mitgliedstaat neben der Ausfertigung der Entscheidung eine nach Art. 53 Brüssel Ia-VO ausgestellte Bescheinigung vorlegen, und zwar mit einem Formblatt nach dem amtlichen Anh. I Brüssel Ia-VO, abgedruckt hinter Art. 81 Brüssel Ia-VO. Entsprechendes gilt bei einer öffentlichen Urkunde oder einem gerichtlichen Vergleich, Art. 60 Brüssel Ia-VO iVm dem amtlichen Formblatt nach dem Anh. III Brüssel Ia-VO, ebenfalls abgedruckt hinter Art. 81 Brüssel Ia-VO. Die jeweilige Bescheinigung stellt nach Art. 37 I lit. b, 42 II lit. b Brüssel Ia-VO klar, dass die Entscheidung usw. im anderen Mitgliedstaat vollstreckbar ist. Sie enthält auch Angaben zu Kosten und Zinsen. § 1110 regelt die deutsche Zuständigkeit zur Erteilung der Bescheinigung, § 1111 regelt das Verfahren in Ergänzung von Art. 43 Brüssel Ia-VO.

2 **II. Regelungszweck.** Nach Art. 52 Brüssel Ia-VO findet grundsätzlich zwecks Erleichterung der Vollstreckbarkeit keine Sachprüfung im ersuchten Mitgliedstaat mehr statt. Diesem Ziel dient die immerhin noch notwendige Bescheinigung.

3 **III. Zuständigkeit: Gericht oder Notar der vollstreckbaren Ausfertigung.** Maßgeblich ist das Gericht der Instanz, §§ 724 II, 795b, durch seinen Rpfleger nach § 20 I Nr. 11 RPflG idF Art. 3 Nr. 1a G v. 8.7.2014, BGBl. I 890, in Kraft seit 10.1.2015, Art. 15 I G, im Übrigen der Notar, § 797 II. Vgl. auch § 797.

1111 ***Verfahren.*** I [1]**Bescheinigungen nach den Artikeln 53 und 60 der Verordnung (EU) Nr. 1215/2012 sind ohne Anhörung des Schuldners auszustellen.** [2]**In den Fällen des § 726 Absatz 1 und der §§ 727 bis 729 kann der Schuldner vor der Ausstellung der Bescheinigung gehört werden.** [3]**Eine Ausfertigung der Bescheinigung ist dem Schuldner von Amts wegen zuzustellen.** [4]**Das gilt nicht, wenn die antragstellende Person Übermittlung an sich zur Zustellung im Parteibetrieb beantragt hat.**

II **Für die Anfechtbarkeit der Entscheidung über die Ausstellung der Bescheinigung nach Absatz 1 gelten die Vorschriften über die Anfechtbarkeit der Entscheidung über die Erteilung der Vollstreckungsklausel entsprechend.**

1 **I. Systematik, Regelungszweck.** Zunächst → § 1110 Rn. 1, 2. § 1111 dient der Erleichterung der Vollstreckung.

2 **II. Antrag, I 1.** Er ist stets nötig, Art. 53, 60 Brüssel Ia-VO. Zur Antragsberechtigung → Brüssel Ia-VO Art. 46 Rn. 1.

3 **III. Grundsatz: Keine Schuldneranhörung, I 1.** Entsprechend dem Regelungszweck → Rn. 1 ist eine Anhörung des Schuldners im deutschen Durchführungsverfahren grundsätzlich unstatthaft. Das stellt **I 1** ausdrücklich klar. Ein Anhörungsantrag darf daher auch grundsätzlich keineswegs auch nur zu einer Zwischenverfügung mit der Anheimgabe einer Stellungnahme des Gläubigers führen. Ein etwaiges Ablehnungsgesuch für den Fall einer Nichtanhörung wäre als Rechtsmissbrauch zu behandeln, solange kein schlüssiger Vortrag eines Ausnahmefalls nach **I 2** erfolgt.

4 **IV. Ausnahme: Bedingte Leistung oder Rechtsnachfolge, I 2.** In den in § 726 I oder §§ 727–729 genannten Fällen ist eine Anhörung nach pflichtgemäßem Ermessen des Gerichts oder Notars statthaft und evtl. nötig. Eine 3-Wochen-Frist sollte meist reichen. Sie braucht nach § 329 II 2 eine förmliche Zustellung.

5 **V. Zustellung der Ausfertigung, I 3.** Die Vorschrift wiederholt die Anordnung des Art. 43 I 1 Brüssel Ia-VO: Die Zustellung muss vor dem Beginn der ersten Vollstreckungsmaßnahme erfolgen. Entgegen BT-Drs. 18/823 erfolgt die Zustellung nicht bloß einer Abschrift, sondern nach dem klaren Wortlaut von **I 3** einer Ausfertigung. Sie geschieht von Amts wegen nach §§ 166 ff. Form der Zustellung richtet sich nach der EuZVO. Zur Möglichkeit der Parteizustellung gem. **I 4** → § 1080 Rn. 5.

6 **VI. Weiteres Verfahren, I.** Mangels deutscher Sonderregeln gilt Art. 43 I–III Brüssel Ia-VO.

7 **VII. Anfechtbarkeit, II.** Der Schuldner kann Einwendungen gegen die Erteilung einer Bescheinigung nach den Regeln über die Anfechtbarkeit einer Entscheidung über die Vollstreckungsklausel geltend machen. Vgl. daher §§ 732, 733. Dasselbe gilt auch zugunsten eines Gläubigers nach einer Zurückweisung seines Antrags auf eine Vollstreckungsklausel, § 731.

Titel 2. Anerkennung und Vollstreckung ausländischer Titel im Inland

Vorbemerkung zu § 1112

1 Die folgenden Vorschriften führen Art. 36 ff. Brüssel Ia-VO für eine Vollstreckung aus einem EU-Titel in Deutschland aus, teils ergänzend, teils erweiternd, teils einengend, teils wiederholend und teils nicht ohne Problematik, weil evtl. nicht genug den Vorrang der direkt geltenden Brüssel Ia-VO beachtend.

1112 *Entbehrlichkeit der Vollstreckungsklausel.* **Aus einem Titel, der in einem anderen Mitgliedstaat der Europäischen Union vollstreckbar ist, findet die Zwangsvollstreckung im Inland statt, ohne dass es einer Vollstreckungsklausel bedarf.**

Zunächst → § 1110 Rn. 1, 2. § 1112 wiederholt den Grundsatz des Art. 39 Brüssel Ia-VO. Es ist also keine 1
Vollstreckbarerklärung und daher auch keine solche in Form einer Vollstreckungsklausel durch eine deutsche oder sonstige Stelle mehr nötig. Das ist eine Fortsetzung einer vielfach schon erfolgten inter- oder übernationalen Entwicklung, zB bei § 40 AUG, vgl. aber auch §§ 1082, 1083, 1107.

Im weiteren Verfahren bleibt nach Art. 41 Brüssel Ia-VO das deutsche Vollstreckungsrecht maßgeblich. Daher 2
muss man zB § 750 beachten. Ferner bestehen Vorlagepflichten nach Art. 42 Brüssel Ia-VO. § 766 bleibt anwendbar, ebenso § 793, um nur zwei weitere Beispiele zu nennen. § 751 II ist zwar an sich zu beachten. Indessen reichen insofern Bescheinigungen nach Art. 42 I lit. b, II lit. b Brüssel Ia-VO. Eine Sicherheitsleistung wie nach § 7 AVAG ist nicht erforderlich.

1113 *Übersetzung oder Transliteration.* **Hat eine Partei nach Artikel 57 der Verordnung (EU) Nr. 1215/2012 eine Übersetzung oder eine Transliteration vorzulegen, so ist diese in deutscher Sprache abzufassen und von einer in einem Mitgliedstaat der Europäischen Union hierzu befugten Person zu erstellen.**

I. Systematik, Regelungszweck. Die Vorschrift dient der Umsetzung des Art. 57 Brüssel Ia-VO. 1

II. Geltungsbereich. Es muss eine Vorlagepflicht nach Art. 42 Brüssel Ia-VO bestehen, → Brüssel Ia-VO 2
Art. 42 Rn. 2, 6.

III. Ersteller. § 1113 wiederholt die Regelung des Art. 57 III Brüssel Ia-VO. 3

1114 *Anfechtung der Anpassung eines Titels.* **Für die Anfechtung der Anpassung eines Titels (Artikel 54 der Verordnung (EU) Nr. 1215/2012) sind folgende Rechtsgrundlagen entsprechend anzuwenden:**

1. im Fall von Maßnahmen des Gerichtsvollziehers oder des Vollstreckungsgerichts § 766,
2. im Fall von Entscheidungen des Vollstreckungsgerichts oder von Vollstreckungsmaßnahmen des Prozessgerichts § 793 und
3. im Fall von Vollstreckungsmaßnahmen des Grundbuchamts § 71 der Grundbuchordnung.

I. Systematik, Nr. 1–3. Die Vorschrift enthält Näheres zu der nach Art. 54 II Brüssel Ia-VO möglichen 1
Anfechtung einer Rechtsanpassung nach Art. 54 I Brüssel Ia-VO. Vgl. daher zunächst jeweils dort.

II. Regelungszweck, Nr. 1–3. Es soll die Anfechtung so einfach und rasch durchführbar sein wie möglich. 2
§ 1114 hält die in Nr. 1–3 genannten Wege für geeigneter als etwa ein von vornherein nur ausführlicheres Verfahren. Praktisch läuft eine Anpassung ja auf eine Auslegung hinaus. Das gilt dann natürlich auch im Anfechtungsstadium. Ziel sollte die Brauchbarkeit des Vollstreckungstitels zur Vollstreckung im anderen Rechtsbereich eines EU-Staats sein.

III. Anfechtungswege, Nr. 1–3. Wenigstens entsprechend anwendbar sind §§ 766, 793 sowie § 71 GBO, 3
Cranshaw DZWiR 2020, 545 (552). Es darf bei keinem von ihnen zu einer Änderung des eigentlichen Inhalts des Vollstreckungstitels kommen.

1115 *Versagung der Anerkennung oder der Vollstreckung.* **I Für Anträge auf Versagung der Anerkennung oder der Vollstreckung (Artikel 45 Absatz 4 und Artikel 47 Absatz 1 der Verordnung (EU) Nr. 1215/2012) ist das Landgericht ausschließlich zuständig.**

II [1]Örtlich zuständig ist ausschließlich das Landgericht, in dessen Bezirk der Schuldner seinen Wohnsitz hat. [2]Hat der Schuldner im Inland keinen Wohnsitz, ist ausschließlich das Landgericht zuständig, in dessen Bezirk die Zwangsvollstreckung durchgeführt werden soll. [3]Der Sitz von Gesellschaften und juristischen Personen steht dem Wohnsitz gleich.

III Der Antrag auf Versagung kann bei dem zuständigen Landgericht schriftlich eingereicht oder mündlich zu Protokoll der Geschäftsstelle erklärt werden.

IV [1]Über den Antrag auf Versagung entscheidet der Vorsitzende einer Zivilkammer durch Beschluss. [2]Der Beschluss ist zu begründen und kann ohne mündliche Verhandlung ergehen. [3]Der Antragsgegner ist vor der Entscheidung zu hören.

V [1]Gegen die Entscheidung findet die sofortige Beschwerde statt. [2]Die Notfrist des § 569 Absatz 1 Satz 1 beträgt einen Monat und beginnt mit der Zustellung der Entscheidung. [3]Gegen den Beschluss des Beschwerdegerichts findet die Rechtsbeschwerde statt.

VI [1]Über den Antrag auf Aussetzung oder Beschränkung der Vollstreckung und den Antrag, die Vollstreckung von der Leistung einer Sicherheit abhängig zu machen (Artikel 44 Absatz 1 der Verordnung (EU) Nr. 1215/2012), wird durch einstweilige Anordnung entschieden. [2]Die Entscheidung ist unanfechtbar.

I. Systematik, Regelungszweck. An die Stelle einer Vollstreckbarerklärung (Vollstreckungsklausel) ist nach 1
Art. 45 Brüssel Ia-VO ein Vorgang getreten, der bei näherer Prüfung den Weg bis zur Befriedigung keineswegs stets einfacher macht als im rein deutschen Prozess. Der Schuldner erhält die Möglichkeit, die Versagung schon der Anerkennung einer Entscheidung zu beantragen. Das kann viel Zeit und Ärger bedeuten, auch wenn das Gericht dann nach Art. 45 II Brüssel Ia-VO zur Zuständigkeit an tatsächliche Feststellungen des Ursprungs-

gerichts anknüpfen muss. § 1115 enthält hierzu Durchführungsvorschriften, die das Versagungsverfahren ergänzen, nicht aber abweichend zur Brüssel Ia-VO regeln, BGH NJW 2022, 199 Rn. 11

2 **II. Antrag, I, III.** Sein Zwang entspricht Art. 45 I Brüssel Ia-VO. Man darf ihn mündlich zum Protokoll der Geschäftsstelle oder schriftlich stellen. Daher besteht nach § 78 III Hs. 2 kein Anwaltszwang. Der Antrag ist wie sonst auslegbar.

3 **III. Sachliche Zuständigkeit, I.** Sie liegt beim LG und ist ausschließlich. Das gilt sowohl bei Art. 45 IV Brüssel Ia-VO als auch bei Art. 47 I Brüssel Ia-VO.

4 **IV. Örtliche Zuständigkeit, II.** Auch sie ist ausschließlich, also nach § 40 II 1 Nr. 1 Brüssel Ia-VO nicht abdingbar, auch nicht durch rügeloses Verhandeln zur Hauptsache, § 40 II 2, → § 137 Rn. 15.

5 **V. Funktionelle Zuständigkeit, IV 1.** Sie liegt beim Vorsitzenden. Er handelt nicht etwa als Einzelrichter nach §§ 348, 348a, sondern kraft Gesetzes.

6 **VI. Anhörung des Gegners, IV 3.** Sie ist zwingend. Ratsame Frist: 3 Wochen. Fristsetzung nach § 329 II 2 durch förmliche Zustellung. Firstverlängerung statthaft.

7 **VII. Beschluss, IV 2.** Er ergeht ohne mündliche Verhandlung. Er braucht wegen **V** eine knappe, nachvollziehbare Begründung. Er braucht wegen § 329 III eine förmliche Zustellung nach §§ 166 ff.

8 **VIII. Sofortige Beschwerde, V 1, 2.** Es gelten §§ 567 ff. Es ist eine Mindestbeschwer wie dort nötig. In Abweichung von § 569 I 1 beträgt die Einreichungsfrist einen Monat. In Abweichung von § 569 I 2 beginnt sie nur mit der Zustellung des Beschlusses nach → Rn. 7, da es ja gar keine Verkündung gibt. Die in § 569 I 1 enthaltene Möglichkeit der Einlegung beim Ausgangsgericht besteht hier nicht, weil eine Abweichung von § 11 I 1 AVAG, der allein die Einlegung beim Beschwerdegericht vorsieht, nicht intendiert war, BGH NJW 2022, 199 Rn. 13.

9 **IX. Rechtsbeschwerde, V 3.** Es gelten §§ 574 ff., freilich ohne die dort genannten weiteren Voraussetzungen.

10 **X. Einstweilige Anordnung, VI.** Sie ist bei Art. 44 I Brüssel Ia-VO statthaft. Die Entscheidung ist in Abweichung von **V** unanfechtbar. Das Gericht sollte sie trotzdem knapp nachvollziehbar begründen.

1116 ***Wegfall oder Beschränkung der Vollstreckbarkeit im Ursprungsmitgliedstaat.*** **[1]Auf Antrag des Schuldners (Artikel 44 Absatz 2 der Verordnung (EU) Nr. 1215/2012) ist die Zwangsvollstreckung entsprechend § 775 Nummer 1 und 2 und § 776 auch dann einzustellen oder zu beschränken, wenn der Schuldner eine Entscheidung eines Gerichts des Ursprungsmitgliedstaats über die Nichtvollstreckbarkeit oder über die Beschränkung der Vollstreckbarkeit vorlegt. [2]Auf Verlangen des Vollstreckungsorgans ist eine Übersetzung der Entscheidung vorzulegen. [3]§ 1108 gilt entsprechend.**

1 **I. Systematik, Regelungszweck.** Die Vorschrift regelt weitergehend als Art. 44 II Brüssel Ia-VO nicht nur eine vorübergehende Aussetzungsmöglichkeit, sondern eine endgültige Beschränkbarkeit oder sogar Einstellung der Zwangsvollstreckung. Das ist problematisch. Denn eine solche Möglichkeit nach § 775 Nr. 1 oder 2 ist zwar nach deutschem Recht statthaft, aber Art. 41 I 1 Brüssel Ia-VO lässt den Abschnitt Art. 41–44 Brüssel Ia-VO vorrangig („Brüssel Ia-VO vorbehaltlich der Bestimmungen dieses Abschnitts"), und dort gibt es eben nicht eine über Art. 45 II hinausgehende Eingrenzung der Vollstreckbarkeit. Daran kann auch der Zweck von § 1116 nichts ändern, soweit das direkt geltende Recht der Brüssel Ia-VO nicht etwas anderes zulässt. Man sollte § 1116 daher wenigstens sehr zurückhaltend anwenden.

2 **II. Erste Bedingung: Entscheidung eines Gerichts des Ursprungsstaats, S. 1.** Sie muss gerade die zeitlich unbegrenzte Nichtvollstreckbarkeit oder Vollstreckungsbeschränkung nach Art, Ort oder Zeit enthalten. Das muss man nach dem dortigen Recht ermitteln und auslegen.

3 **III. Weitere Bedingung: Vorlage und Schuldnerantrag, S. 1.** Der Schuldner muss handeln. Antragszwang wie sonst. Keine Antragsfrist.

4 **IV. Übersetzung nur auf Verlangen.** Also nicht stets und nicht schon auf Antrag des Gläubigers oder gar eines Dritten.

5 **V. Übersetzungsform, S. 3.** § 1108 gilt entsprechend.

1117 ***Vollstreckungsabwehrklage.*** **I Für Klagen nach § 795 Satz 1 in Verbindung mit § 767 gilt § 1086 Absatz 1 entsprechend.**

II Richtet sich die Klage gegen die Vollstreckung aus einem gerichtlichen Vergleich oder einer öffentlichen Urkunde, ist § 767 Absatz 2 nicht anzuwenden.

1 **I. Systematik.** Man kann aus der formell bloßen Zuständigkeitsregelung in Art. 24 Nr. 5 Brüssel Ia-VO ableiten, dass sie eine Vollstreckungsabwehrklage wie nach § 767 zulässt, → Brüssel Ia-VO Art. 24 Rn. 8. Daran knüpft **I** an und nimmt ergänzend auf § 795 S. 1 Bezug, der seinerseits bei einem Schuldtitel nach § 794 I Nr. 9 (Brüssel Ia-VO) auch auf § 1117 verweist. **II** schließt lediglich § 767 II aus. Die ganze Regelung übernimmt also den Grundgedanken der §§ 767, 795.

2 **II. Regelungszweck.** Es soll weitgehend die innerdeutsche Regelung einer Abwehr der Zwangsvollstreckung auch im Brüssel Ia-VO -Bereich gelten. Vgl. daher bei § 767. Das soll nicht zu einer solchen Überprüfung führen, die die Brüssel Ia-VO ja gerade im Grundsatz verbietet. Wohl aber soll der Schuldner Einwendungen wie nach § 767 auch hier haben können, evtl. wie dort nur zeitlich begrenzt.

3 **III. Einwendungen.** Es gelten dieselben Möglichkeiten wie bei § 767. Vgl. daher dort, auch zu den zahlreichen Beispielen. Es gelten grundsätzlich dieselben sog. Präklusionszeitgrenzen.

IV. Zuständigkeit, I. Die Vorschrift nimmt auf die Regelung in § 1086 I Bezug. Zuständig ist also in erster Linie dasjenige Gericht, in dessen Bezirk der Schuldner wohnt, hilfsweise das Gericht am Ort der geplanten oder vorgenommenen Zwangsvollstreckung. 4

V. Prozessvergleich, öffentliche Urkunde, II. Bei einer Vollstreckung aus einem solchen Titel bleibt § 767 II mit seiner Präklusion unanwendbar. Der Schuldner kann also dann eine Einwendung auch aufgrund eines solchen Umstands erheben, der vor dem Verhandlungsschluss im Erkenntnisverfahren wie nach §§ 136 IV, 296a entstanden war und den er auch durch einen Einspruch geltend machen könnte. 5

Abschnitt 8. Beweis der Echtheit ausländischer öffentlicher Urkunden nach der Verordnung (EU) 2016/1191

Vorbemerkung zu § 1118

1 Die Regelungen dieses Abschnitts dienen der Umsetzung der sog. EU-Apostillenverordnung. Zur Erleichterung des Urkundenverkehrs in der EU werden europaweit einheitliche mehrsprachige Formulare geschaffen, die den deutschen Urkunden beigefügt werden können und diese so zur Verwendung im EU-Ausland geeignet machen. Eine Übersetzung in die Sprache des Verwendungsstaates wird damit entbehrlich. Die für den gleichen Zweck bisher verwendete Apostille kann weiterhin stattdessen verwandt werden (BT-Drs. 19/4851, 13).

2 Die Erleichterung betrifft Urkunden über die persönlichen Verhältnisse, nämlich Geburts- und Sterbeurkunde, Heirats- und Lebenspartnerschaftsurkunde, Ehefähigkeitszeugnis und das Äquivalent für Lebenspartnerschaften sowie Meldebescheinigungen.

3 Das Verfahren vollzieht sich in folgenden Schritten:

- Ausstellung der Urkunde durch die zuständige inländische Stelle. Diese fügt der Urkunde ein mehrsprachiges Formular bei (§ 1120).
- Vorlage der Urkunde unter Beifügung des mehrsprachigen Formulars im Ausland. In Zweifelsfällen Nachfrage der ausländischen Behörde unmittelbar bei der ausstellenden Behörde oder bei der Zentralbehörde (§ 1118).

1118 *Zentralbehörde.* **[1]Das Bundesamt für Justiz ist Zentralbehörde nach Artikel 15 Absatz 1 der Verordnung (EU) 2016/1191 des Europäischen Parlaments und des Rates vom 6. Juli 2016 zur Förderung der Freizügigkeit von Bürgern durch die Vereinfachung der Anforderungen an die Vorlage bestimmter öffentlicher Urkunden innerhalb der Europäischen Union und zur Änderung der Verordnung (EU) Nr. 1024/2012 (ABl. L 200 vom 26.7.2016, S. 1). [2]Die Verfahren nach diesem Gesetz vor dem Bundesamt für Justiz sind Justizverwaltungsverfahren. [3]Informationen nach Artikel 22 Absatz 2 der Verordnung werden durch das Bundesamt für Justiz mitgeteilt.**

1 Dem BfJ wird wie auch sonst in weiten Bereichen des Europäischen Zivilprozessrechts die Aufgabe der Zentralbehörde zugewiesen.

2 **S. 2** stellt klar, dass es sich bei der Tätigkeit des BfJ um Justizverwaltungsverfahren handelt, was den Rechtsschutz gem §§ 23 ff. EGGVG eröffnet.

1119 *Verwaltungszusammenarbeit.* **I [1]Soweit bei der Überprüfung der Echtheit einer öffentlichen Urkunde oder einer beglaubigten Kopie eine Nachfrage bei der ausstellenden deutschen Behörde erforderlich ist, kann sich das Bundesamt unmittelbar an diese Behörde wenden. [2]Dazu nutzt es das Binnenmarkt-Informationssystem unter Beachtung bereits vorhandener Verfahrensstrukturen. [3]Diese Behörden sind im Rahmen ihrer Zuständigkeit neben dem Bundesamt für Justiz auch zuständig für die Beantwortung von Auskunftsersuchen der Mitgliedstaaten der Europäischen Union.**

II Über Änderungen bei den gemäß Artikel 22 Absatz 1 Buchstabe b der Verordnung einzustellenden Urkunden unterrichtet das Bundesministerium des Innern, für Bau und Heimat das Bundesamt für Justiz, soweit diese in seine Zuständigkeit fallen.

1 Die Regelung betrifft das Verwaltungsverfahren. **I** ermöglicht dem BfJ den unmittelbaren Kontakt mit den ausstellenden Behörden, ohne den Weg über die übergeordneten Landesbehörden gehen zu müssen. **II** betrifft die Zusammenarbeit zwischen dem mit der Gestaltung der fraglichen Urkunden befassten Bundesministerium und dem BfJ.

1120 *Mehrsprachige Formulare.* **[1]Mehrsprachige Formulare gemäß Artikel 7 der Verordnung (EU) 2016/1191 werden durch die Behörden ausgestellt, die für die Erteilung der Urkunden zuständig sind. [2]Das Bundesamt für Justiz ist für das Ausstellen der Formulare zuständig, soweit Urkunden des Geschäftsbereichs des Bundesministeriums der Justiz und für Verbraucherschutz oder gerichtliche Urkunden betroffen sind.**

1 Die Regelung stellt klar, dass die ausstellende Behörde zugleich die mehrsprachigen Formulare ausstellt. Dies dient der Beschleunigung, weil es so nicht der Einschaltung einer weiteren Behörde bedarf.

Gesetz, betreffend die Einführung der Zivilprozeßordnung

Vom 30.1.1877, RGBl. 244

FNA 310-2

Zuletzt geändert durch Gesetz vom 10.9.2021, BGBl. I S. 4147

(Auszug)

1, 2 *(aufgehoben)*

3 *[Geltungsbereich der ZPO].* **I Die Zivilprozeßordnung findet auf alle bürgerlichen Rechtsstreitigkeiten Anwendung, welche vor die ordentlichen Gerichte gehören.**

II Insoweit die Gerichtsbarkeit in bürgerlichen Rechtsstreitigkeiten, für welche besondere Gerichte zugelassen sind, durch die Landesgesetzgebung den ordentlichen Gerichten übertragen wird, kann dieselbe ein abweichendes Verfahren gestatten.

§ 13 GVG weist ua die bürgerlichen Rechtsstreitigkeiten den ordentlichen Gerichten (§ 12 GVG) zu. Für diese Verfahren gilt nach **I** jeweils die ZPO. Besondere Gerichte iSd **II** gibt es nur in Schifffahrtssachen (§ 14 GVG). Nähere bundesrechtliche Regelungen in Schifffahrtssachen trifft das Gesetz über das Verfahren in Binnenschifffahrtssachen (BinSchGerG). Es geht dabei um die Frage der funktionellen Zuständigkeit, Holland RdTW 2022, 42 (44). 1

4 *[Zulässigkeit des Rechtswegs].* **Für bürgerliche Rechtsstreitigkeiten, für welche nach dem Gegenstand oder der Art des Anspruchs der Rechtsweg zulässig ist, darf aus dem Grunde, weil als Partei der Fiskus, eine Gemeinde oder eine andere öffentliche Korporation beteiligt ist, der Rechtsweg durch die Landesgesetzgebung nicht ausgeschlossen werden.**

§ 4 schränkt § 13 GVG ein, nach dem die Landesgesetzgebung Zivilrechtsstreitigkeiten Verwaltungsgerichten (nach Art. 92 GG nicht mehr Verwaltungsbehörden, → GVG § 13 Rn. 8) übertragen darf. Eine solche Übertragung ist unzulässig für Ansprüche aus der Amtspflichtverletzung eines Beamten, Art. 34 GG, und auf eine Enteignungsentschädigung, Art. 14 III GG. Auch die Beschränkung des ordentlichen Rechtswegs nach § 13 GVG für gewisse Fälle ist dann unzulässig, wenn sie praktisch dem Ausschluss gleichkommt. Dagegen ist eine Erschwerung durch das Erfordernis eines vorherigen Verwaltungsbescheids zulässig. Insoweit bestehen auch keine verfassungsrechtlichen Bedenken, BVerfG NJW 1959, 139. Wegen der Rechtslage in kirchlichen Rechtsangelegenheiten → GVG § 13 Rn. 52 „Kirche“. 1

5, 6 *(gegenstandslos)*

7 *[Entscheidung über die Verhandlungszuständigkeit durch Berufungsgericht im Falle des § 8 EGGVG].* **I [1]Ist in einem Land aufgrund des § 8 des Einführungsgesetzes zum Gerichtsverfassungsgesetz für bürgerliche Rechtsstreitigkeiten ein oberstes Landesgericht eingerichtet, so entscheidet das Berufungsgericht, wenn es die Revision zulässt, oder das Gericht, das die Rechtsbeschwerde zulässt, gleichzeitig über die Zuständigkeit für die Verhandlung und Entscheidung über das Rechtsmittel. [2]Die Entscheidung ist für das oberste Landesgericht und den Bundesgerichtshof bindend.**

II [1]Die Nichtzulassungsbeschwerde, der Antrag auf Zulassung der Sprungrevision oder die Rechtsbeschwerde im Falle des § 574 Abs. 1 Nr. 1 der Zivilprozessordnung ist bei dem Bundesgerichtshof einzureichen. [2]Betreffen die Gründe für die Zulassung der Revision oder der Rechtsbeschwerde im Wesentlichen Rechtsnormen, die in den Landesgesetzen enthalten sind, so erklärt sich der Bundesgerichtshof durch Beschluss zur Entscheidung über die Beschwerde oder den Antrag für unzuständig und übersendet dem obersten Landesgericht die Prozessakten. [3]Das oberste Landesgericht ist an die Entscheidung des Bundesgerichtshofes über die Zuständigkeit gebunden. [4]Es gibt Gelegenheit zu einer Änderung oder Ergänzung der Begründung der Beschwerde oder des Antrags.

Die zwischenzeitlich bedeutungslos gewordene Bestimmung hat durch die **Wiedererrichtung des BayObLG im Jahre 2018** erneut Bedeutung erlangt. Die Bestimmung regelt die Tätigkeit des ObLG als Revisions- und Rechtsbeschwerdegericht in Zivilsachen, wobei es zwischen zugelassenen Revisionen/Rechtsbeschwerden **(I)** und nicht zugelassenen Revisionen/Rechtsbeschwerden **(II)** unterscheidet. 1

Im Fall der Zulassung des Rechtsmittels hat das jeweilige Berufungs- oder Beschwerdegericht zugleich darüber zu entscheiden welches Gericht für die Entscheidung über das Rechtsmittel zuständig ist, der BGH oder das ObLG. Diese Entscheidung ist nach **I 2** bindend, sodass für den Rechtsmittelführer schon bei Zustellung des Berufungsurteils/des Beschwerdebeschlusses klar ist, wohin ein Rechtsmittel zu richten ist. Hat das Berufungsgericht zwar das Rechtsmittel zugelassen, aber die nach **I** gebotene Entscheidung über das zuständige Rechtsmittelgericht nicht getroffen, kommt auf befristeten Antrag bei entsprechenden Anhaltspunkten in den Urteils- 2 gründen eine Urteilsberichtigung gem. § 319 ZPO in Betracht, BGH NJW-RR 2021, 507 Rn. 8, sonst eine Urteilsergänzung nach § 321 ZPO, BGH NJW-RR 2005, 1230. Solange die Bestimmung nicht erfolgt ist, kann die Revisionsfrist durch Einlegung sowohl beim BGH als auch beim ObLG gewahrt werden, BGH NJW-RR 2021, 507 Rn. 6.

3 Wurde die Revision im Berufungsurteil nicht zugelassen, ist nach **II 1** die **Nichtzulassungsbeschwerde** immer beim BGH einzulegen; dieser ist in der Masse der Fälle auch zuständig. Nur soweit es wesentlich auf landesrechtliche Bestimmungen ankommt, insbes. im Bereich des Nachbarrechts erfolgt nach **II 2** eine Abgabe an das ObLG, BGH NJW-RR 2021, 1363. Diese ist hieran nach **II 3** gebunden. Dasselbe gilt für den Antrag auf Zulassung der Sprungrevision oder der durch Gesetz zugelassenen Rechtsbeschwerde, insbes. nach § 522 I ZPO.

8 *(aufgehoben)*

9 *[Bestimmung des zuständigen Gerichts].* **Das oberste Landesgericht für bürgerliche Rechtsstreitigkeiten bestimmt das zuständige Gericht auch dann, wenn nach § 36 Abs. 2 der Zivilprozeßordnung ein in seinem Bezirk gelegenes Oberlandesgericht zu entscheiden hätte.**

1 Die Gerichtsstandbestimmung durch das ObLG betrifft nur den Fall, dass der Zuständigkeitsstreit zwischen Gerichten verschiedener OLG-Bezirke besteht. Das BayObLG entscheidet dann, wenn das zunächst mit der Sache befasste Gericht in Bayern belegen ist, unabhängig davon, ob auch die anderen in Betracht kommenden Gerichte in Bayern belegen sind und zwar selbst dann, wenn alle beteiligten Gericht im Bezirk desselben OLG liegen, OLG Mü FamRZ 2019, 719.

10 *(gegenstandslos)*

11 *(aufgehoben)*

12 *[Gesetz im Sinne der ZPO].* **Gesetz im Sinne der Zivilprozeßordnung und dieses Gesetzes ist jede Rechtsnorm.**

1 Die Regelung entspricht Art. 2 EGBGB. Gemeint sind nicht nur formelle Gesetze, sondern alle materiellen inländischen Normen.

13 *(aufgehoben)*

14 *[Verhältnis zu den Landesgesetzen].* I **Die prozeßrechtlichen Vorschriften der Landesgesetze treten für alle bürgerlichen Rechtsstreitigkeiten, deren Entscheidung in Gemäßheit des § 3 nach den Vorschriften der Zivilprozeßordnung zu erfolgen hat, außer Kraft, soweit nicht in der Zivilprozeßordnung auf sie verwiesen oder soweit nicht bestimmt ist, dass sie nicht berührt werden.**

II *(gegenstandslos)*

Schrifttum: Foerster, Transfer der Ergebnisse von Strafverfahren in nachfolgende Zivilverfahren, 2008; Heese, Bindungen des Zivilrichters an strafrichterliche Tatsachenfeststellungen – ein zukunftsweisendes Reformvorhaben?, JZ 2016, 390; Völzmann, Die Bindungswirkung von Strafurteilen im Zivilprozess, 2006.

1 Das Verfahrensrecht ist Teil **der konkurrierenden Gesetzgebung** (Art. 74 I Nr. 1 GG). Soweit der Bund von seiner Gesetzgebungskompetenz keinen Gebrauch macht, wären die Länder zur Regelung befugt (Art. 72 I GG). Auch das schließt § 14 aber aus. Er enthält eine abschließende bundesgesetzliche Regelung. Sie lässt dem Landesgesetzgeber abgesehen von den Ausnahmen in §§ 15, 15a keine Regelungskompetenz. Ob es sich um eine prozessrechtliche Vorschrift eines Landesgesetzes handelt, richtet sich nicht nach der heutigen Auffassung, sondern nach der der ZPO von 1877. Aufgehoben sind prozessuale Vorschriften jeder Art. Zivilprozesse, die nicht vor die ordentlichen Gerichte gehören, sind lediglich die Schifffahrtssachen (§ 14 GVG).

2 Nur in wenigen Bestimmungen verweist die ZPO auf landesrechtliche Regelungen:
– § 418 III Beweiskraft öffentlicher Urkunden
– § 801: Landesrechtliche Vollstreckungstitel
– § 871: Landesrechtlicher Vorbehalt bei Eisenbahnen

3 **II** enthielt einige besonders hervorgehobene („insbesondere") Arten von prozessrechtlichen Vorschriften, die außer Kraft treten sollten. Dazu gehörten insbesondere solche Regelungen, die die Bindungswirkung strafgerichtlicher Urteile für den Zivilprozess vorsahen. Diese Regelung ist mit dem Grundsatz freier Beweiswürdigung (§ 286) nicht vereinbar. Es gibt zwar keine Bindung des Zivilrichters an die Feststellungen in einem Strafurteil, BGH NJW-RR 2005, 1024; BAG NZA 2000, 1282 (1286); KG MDR 2010, 265, jedoch kann dieses zum Nachweis entsprechender Tatsachen im Wege des Urkundenbeweises (§ 418) herangezogen werden, BGH NJW 2022, 705, Rn. 11; NJW-RR 2005, 1024; KG MDR 2010, 265, unterliegt dann aber freier Beweiswürdigung

(§ 286). Bindung besteht lediglich im Rahmen des § 581 ZPO, soweit es darum geht, dass ein entsprechendes Strafurteil tatsächlich besteht, BGH NJW 1983, 230; Fleischer MDR 1999, 74 (79).

15 *[Landesrechtliche Vorbehalte].* **Unberührt bleiben:**

1. **die landesgesetzlichen Vorschriften über die Einstellung des Verfahrens für den Fall, daß ein Kompetenzkonflikt zwischen den Gerichten und den Verwaltungsbehörden oder Verwaltungsgerichten entsteht;**
2. **die landesgesetzlichen Vorschriften über das Verfahren bei Streitigkeiten, welche die Zwangsenteignung und die Entschädigung wegen derselben betreffen;**
3. **die landesgesetzlichen Vorschriften über die Zwangsvollstreckung wegen Geldforderungen gegen einen Gemeindeverband oder eine Gemeinde, soweit nicht dingliche Rechte verfolgt werden;**
4. **die landesgesetzlichen Vorschriften, nach welchen auf die Zwangsvollstreckung gegen einen Rechtsnachfolger des Schuldners, soweit sie in das zu einem Lehen, mit Einschluß eines allodifizierten Lehens, zu einem Stammgute, Familienfideikommiß oder Anerbengute gehörende Vermögen stattfinden soll, die Vorschriften über die Zwangsvollstreckung gegen einen Erben des Schuldners entsprechende Anwendung finden.**

I. Kompetenzkonflikt usw., Nr. 1, 2. Nr. 1 ist praktisch bedeutungslos, MüKoZPO/Gruber Rn. 2. 1

Die landesrechtlichen Enteignungsgesetze enthalten Regelungen zum gerichtlichen Verfahren, die teilweise 2 von der ZPO abweichen, zB § 45 BayEG. Die Gesetzgebungskompetenz der Länder im Rahmen der konkurrierenden Gesetzgebung folgt insoweit aus § 15 Nr. 2, BGH NJW 1980, 583. Eine weitere Regelungsermächtigung zur Konzentration von Rechtsmittelverfahren ergibt sich aus § 229 II BauGB.

II. Zwangsvollstreckung gegen Gemeindeverband oder Gemeinde, Nr. 3. Einige Landesrechte, zB 3 § 127 GemO BW, § 118 BbgKVerf, § 62 KV M-V, § 128 GO NRW, § 128 GemO RP, § 138 KSVG SL, § 122 SächsGemO127, § 152 KVG LSA, § 131 GO SH, § 69 ThürKO machen die Zwangsvollstreckung gegen Gemeinden oder Gemeindeverbände von einer entsprechenden Zulassungsverfügung der Aufsichtsbehörde abhängig; Becker BWNotZ 2014, 177, 179. Diese Regelung geht § 882a ZPO vor, OLG Kblz MDR 1990, 733. Dies gilt auch bei einem arbeitsgerichtlichen Vollstreckungstitel, BGH MDR 2010, 773, im Hinblick auf § 170 VwGO aber nicht für verwaltungsgerichtliche Zahlungstitel, OVG Berlin-Brandenburg LKV 2009, 287. Die Vorschrift gilt nur für die Zwangsvollstreckung wegen Geldforderungen, soweit sie keine dinglichen Rechte verwirklicht, also zB nicht aus §§ 883 ff. ZPO, insoweit aber unabhängig davon, in welchen Vermögenswert die Vollstreckung erfolgt, BayOblG Rpfleger 1995, 105. Die allgemeinen Vorschriften über die Zwangsvollstreckung nach §§ 704 ff. ZPO bleiben unberührt, zB diejenigen über das Verfahren und die Zuständigkeit.

15a *[Obligatorisches Güteverfahren].* I [1]**Durch Landesgesetz kann bestimmt werden, dass die Erhebung der Klage erst zulässig ist, nachdem von einer durch die Landesjustizverwaltung eingerichteten oder anerkannten Gütestelle versucht worden ist, die Streitigkeit einvernehmlich beizulegen**

1. **in vermögensrechtlichen Streitigkeiten vor dem Amtsgericht über Ansprüche, deren Gegenstand an Geld oder Geldeswert die Summe von 750 Euro nicht übersteigt,**
2. **in Streitigkeiten über Ansprüche aus dem Nachbarrecht nach den §§ 910, 911, 923 des Bürgerlichen Gesetzbuchs und nach § 906 des Bürgerlichen Gesetzbuchs sowie nach den landesgesetzlichen Vorschriften im Sinne des Artikels 124 des Einführungsgesetzes zum Bürgerlichen Gesetzbuche, sofern es sich nicht um Einwirkungen von einem gewerblichen Betrieb handelt,**
3. **in Streitigkeiten über Ansprüche wegen Verletzung der persönlichen Ehre, die nicht in Presse oder Rundfunk begangen worden sind,**
4. **in Streitigkeiten über Ansprüche nach Abschnitt 3 des Allgemeinen Gleichbehandlungsgesetzes.**

[2]**Der Kläger hat eine von der Gütestelle ausgestellte Bescheinigung über einen erfolglosen Einigungsversuch mit der Klage einzureichen.** [3]**Diese Bescheinigung ist ihm auf Antrag auch auszustellen, wenn binnen einer Frist von drei Monaten das von ihm beantragte Einigungsverfahren nicht durchgeführt worden ist.**

II [1]**Absatz 1 findet keine Anwendung auf**

1. **Klagen nach den §§ 323, 323a, 324, 328 der Zivilprozessordnung, Widerklagen und Klagen, die binnen einer gesetzlichen oder gerichtlich angeordneten Frist zu erheben sind,**
2. ***(aufgehoben)***
3. **Wiederaufnahmeverfahren,**
4. **Ansprüche, die im Urkunden- oder Wechselprozess geltend gemacht werden,**
5. **die Durchführung des streitigen Verfahrens, wenn ein Anspruch im Mahnverfahren geltend gemacht worden ist,**
6. **Klagen wegen vollstreckungsrechtlicher Maßnahmen, insbesondere nach dem Achten Buch der Zivilprozessordnung.**

[2]**Das Gleiche gilt, wenn die Parteien nicht in demselben Land wohnen oder ihren Sitz oder eine Niederlassung haben.**

III [1]**Das Erfordernis eines Einigungsversuchs vor einer von der Landesjustizverwaltung eingerichteten oder anerkannten Gütestelle entfällt, wenn die Parteien einvernehmlich einen Einigungsversuch vor einer sonstigen Gütestelle, die Streitbeilegungen betreibt, unternommen haben.** [2]**Das Einvernehmen nach Satz 1 wird unwiderleglich vermutet, wenn ein Verbraucher eine Verbraucherschlichtungsstelle, eine branchengebundene andere Gütestelle oder eine andere Gütestelle der Industrie- und**

Handelskammer, der Handwerkskammer oder der Innung angerufen hat. [3]Absatz 1 Satz 2 gilt entsprechend.

IV Zu den Kosten des Rechtsstreits im Sinne des § 91 Abs. 1, 2 der Zivilprozessordnung gehören die Kosten der Gütestelle, die durch das Einigungsverfahren nach Absatz 1 entstanden sind.

V Das Nähere regelt das Landesrecht; es kann auch den Anwendungsbereich des Absatzes 1 einschränken, die Ausschlussgründe des Absatzes 2 erweitern und bestimmen, dass die Gütestelle ihre Tätigkeit von der Einzahlung eines angemessenen Kostenvorschusses abhängig machen und gegen eine im Gütetermin nicht erschienene Partei ein Ordnungsgeld festsetzen darf.

VI [1]Gütestellen im Sinne dieser Bestimmung können auch durch Landesrecht anerkannt werden. [2]Die vor diesen Gütestellen geschlossenen Vergleiche gelten als Vergleiche im Sinne des § 794 Abs. 1 Nr. 1 der Zivilprozessordnung.

Schrifttum: Prütting (Hrsg.), Außergerichtliche Streitschlichtung, 2003; Roder/Röthemeyer/Braun, Verbraucherstreitbeilegungsgesetz, 2017.

1 **I. Systematik.** Es handelt sich um eine Öffnungsklausel, die es den Ländern erlaubt, in bestimmten Fällen die Zulässigkeit des Zivilprozesses davon abhängig zu machen, dass vorher ein außergerichtliches Streitschlichtungsverfahren durchgeführt wurde. Die damit verbundene Erschwerung des Zugangs zu den Gerichten ist verfassungsrechtlich unbedenklich, BVerfG NJW-RR 2007, 1073 (1074). Maßgeblich sind letztlich die landesrechtlichen Bestimmungen, die im Rahmen der Öffnungsklausel erlassen wurden. Der Rahmen wird durch **I-IV** vorgegeben, wobei **I** den Anwendungsbereich definiert, **II 1** enthält sachliche Einschränkungen und **II 2** eine Einschränkung des persönlichen Anwendungsbereichs. Dieser Rahmen muss gem. **V** von den Ländern nicht ausgeschöpft werden. **III** eröffnet den Ausweg zu anderen Gütestellen, insbes. solchen der Berufs- und Wirtschaftsvereinigungen. **IV** regelt die Kosten und **VI** stellt klar, dass vor den Gütestellen geschlossene Vergleiche Vollstreckungstitel iSd § 794 I Nr. 1 sind.

2 **II. Regelungszweck.** Die Öffnungsklausel zur landesrechtlichen Einführung einer obligatorischen außergerichtlichen Streitschlichtung wurde auf Veranlassung der Bundesländer in das Gesetz eingeführt. Ziel war die Entlastung der ordentlichen Gerichte, BT-Drs. 13/6398, 17 ff. Dieses Ziel wurde aufgrund der geringen Zahl von Verfahren nicht erreicht, gleichwohl halten die Länder, die das Schlichtungsverfahren eingeführt haben, überwiegend mit Modifikationen hieran fest, nur Baden-Württemberg hat es wieder abgeschafft (GBl. 2013, 53). In mehreren Entscheidungen hat der BGH dieses gesetzgeberische Ziel zur Begründung für eine **strenge Handhabung** der Bestimmung angeführt, BGH NJW-RR 2009, 1239 Rn. 13; NJW 2005, 437.

3 Die Umsetzung ist nur in einem Teil der **Länder** erfolgt

Bayern	Bayerisches Gesetz zur obligatorischen außergerichtlichen Streitschlichtung in Zivilsachen (Bayerisches Schlichtungsgesetz – BaySchlG)
Brandenburg	Gesetz zur Einführung einer obligatorischen außergerichtlichen Streitschlichtung im Land Brandenburg (Brandenburgisches Schlichtungsgesetz – BbgSchlG)
Hessen	Gesetz zur Regelung der außergerichtlichen Streitschlichtung (HSchlichtG)
Mecklenburg-Vorpommern	§§ 34a–34f Schiedsstellen- und Schlichtungsgesetz – SchStG M-V
Niedersachsen	Niedersächsisches Gesetz zur obligatorischen außergerichtlichen Streitschlichtung (Niedersächsisches Schlichtungsgesetz – NSchlG)
NRW	§§ 53–56 Gesetz über die Justiz im Land Nordrhein-Westfalen (Justizgesetz Nordrhein-Westfalen – JustG NRW)
Rheinland-Pfalz	Landesgesetz zur Ausführung des § 15a des Gesetzes betreffend die Einführung der Zivilprozessordnung (Landesschlichtungsgesetz – LSchlG)
Saarland	§§ 37a–37c Gesetz zur Ausführung bundesrechtlicher Justizgesetze (AGJusG)
Sachsen-Anhalt	§§ 34a–34i Schiedsstellen- und Schlichtungsgesetz (SchStG)
Schleswig-Holstein	Gesetz zur Ausführung von § 15a des Gesetzes betreffend die Einführung der Zivilprozessordnung (Landesschlichtungsgesetz – LSchliG)

4 **III. Geltungsbereich, I–VI. I** und **II** regeln den Anwendungsbereich der Öffnungsklausel, wobei **I** die Verfahren aufführt, für die die obligatorische Streitschlichtung eingeführt werden darf, **II** schränkt dies dann wieder für bestimmte Konstellationen ein. Betroffen sind nur vermögensrechtliche Streitigkeiten und auch **nur Klageverfahren.** Damit fallen familienrechtliche Verfahren, für die seit 2009 das FamFG gilt, schon deswegen aus dem Anwendungsbereich heraus; die früher in **II Nr. 2** enthaltene Ausnahme wurde deswegen aufgehoben. Weiter fallen nicht darunter selbständige Beweisverfahren, Arrest und einstweilige Verfügung. Dasselbe soll für Klagen auf Feststellung zur Insolvenztabelle gelten, weil der Streitwert von der Insolvenzquote abhänge (BGH NZI 2011, 687 Rn. 8 ff.). Das erscheint als Begründung zwar fraglich, ist aber ohne größere praktische Relevanz, weil die streitwertabhängige obligatorische Streitschlichtung weitgehend abgeschafft ist (→ Rn. 6).

5 Während die obligatorische Streitschlichtung nur für solche vermögensrechtlichen Streitigkeiten eingeführt werden darf, die vor den Amtsgerichten ausgetragen werden, gilt diese Beschränkung für die übrigen Fälle nicht, sie kann also auch Streitigkeiten betreffen, für die das Landgericht in erster Instanz zuständig ist. Die Umsetzung in den Ländern ist unterschiedlich. Folgende Länder haben den Anwendungsbereich der obligatorischen Streitschlichtung insgesamt auf Rechtsstreitigkeiten **beim Amtsgericht beschränkt:** Bayern (Art. 1 BaySchlG), Brandenburg (§ 1 I BbgSchlG), Niedersachsen (§ 1 I NSchlG). Für diese Länder gilt: Wird eine beim LG erhobene Klage gem. § 281 an das AG verwiesen, führt das aus prozessökonomischen Gründen nicht dazu, dass jetzt ein Schlichtungsverfahren erforderlich würde (BGH NJOZ 2013, 1816 Rn. 8; aA MüKoZPO/Gruber Rn. 6).

6 **IV. Zulässigkeit, I 1. 1. Klage vor dem AG, I 1 Nr. 1.** In vermögensrechtlichen Streitigkeiten gilt die obligatorische Streitschlichtung nur für geringe Streitwerte bis 750 EUR und ist beschränkt auf Klagen, die beim

AG erhoben werden. Die Vorschrift ist praktisch bedeutungslos, nachdem in allen Ländern die obligatorische Streitschlichtung für diesen Fall wieder abgeschafft worden ist, weil sie wegen der Ausnahme für Mahnverfahren **(II Nr. 5)** ohnehin kaum zum Tragen gekommen war. Der BGH folgert aus der Aufhebung dieser Regelung, dass Zahlungsansprüche generell, auch wenn sie unter **Nr. 2** oder **3** fallen können, nicht von der obligatorische Streitschlichtung erfasst werden (BGH NJW-RR 2017, 443 Rn. 8 ff. (Saarland); 2016, 823 Rn. 12 ff. (RhPf.); 2009, 1238 Rn. 13 (Hessen); BGH NZM 2012, 435 Rn. 9 (NRW).

2. Klage über Nachbarrecht usw., I 1 Nr. 2. Bayern: Art. 1 Nr. 1 BaySchlG; **Brandenburg:** § 1 I Nr. 2 BbgSchlG; **Hessen:** § 1 Nr. 1 HSchlichtG; **Mecklenburg-Vorpommern:** nur §§ 906, 910, 911, 923 BGB: § 34a I Nr. 1a SchStG M-V; **Niedersachsen:** § 1 I Nr. 1, 2 NSchlG; **NRW:** § 53 I Nr. 1 JustG NRW; **Rheinland-Pfalz:** § 1 I Nr. 1 LSchG; **Saarland:** § 37a I Nr. 1 AGJusG; **Sachsen-Anhalt:** § 34a I Nr. 2 SchStG LSA; **Schleswig-Holstein:** § 1 I Nr. 2 LSchliG. 7

Die Regelung differenziert zwischen den Ansprüchen aus §§ 910, 911, 923 BGB einerseits und den Ansprüchen aus § 906 BGB und den landesrechtlichen Bestimmungen zum Nachbarrecht andererseits. Für die beiden letztgenannten Ansprüche gilt die obligatorische außergerichtliche Streitschlichtung nur, falls es sich nicht um Einwirkungen von einem gewerblichen Betrieb handelt. Ansprüche nach den landesgesetzlichen Vorschriften im Sinne des Artikels 124 EGBGB liegen dann vor, wenn das jeweilige Nachbarrechtsgesetz Regelungen enthält, die für den Interessenkonflikt der Nachbarn von Bedeutung sind, BGH NJW-RR 2005, 501. 8

Alle genannten Ansprüche sind mit Ausnahme des § 906 II 2 BGB auf Unterlassung, Duldung oder Beseitigung gerichtet. Soweit es um Zahlungsansprüche geht, gilt der Zwang zur außergerichtlichen Streitschlichtung nicht (→ Rn. 6). Soweit eine Ausnahme für Ansprüche aus § 906 BGB oder landesrechtlichen Bestimmungen wegen Einwirkungen von einem gewerblichen Betrieb besteht, ist der Gewerbebetrieb weit zu verstehen und umfasst auch Freiberufler und Landwirtschaft, Prütting/Schmidt Rn. 131. § 906 BGB findet auf Nachbarn in einer **WEG** entsprechende Anwendung. Str. ist, ob das auch zu einer Anwendung des **I Nr. 2** führt. Dafür spricht die Vergleichbarkeit der Interessenlage, LG Saarbr ZWE 2020, 485; LG Dortmund NJW-RR 2017, 1292 Rn. 7; aA LG Mü I ZWE 2020, 483; LG Frankfurt ZWE 2019, 380 Rn. 17; Abramenko ZfIR 2020, 50 (60). 9

3. Klage wegen Ehrverletzung, I 1 Nr. 3. Bayern: Art. 1 Nr. 2 Bay. SchlG; **Brandenburg:** § 1 I Nr. 3 BbgSchlG; **Hessen:** § 1 Nr. 2 HSchlichtG; **Mecklenburg-Vorpommern:** § 34a I Nr. 2 SchStG M-V; **Niedersachsen:** § 1 I Nr. 3 NSchlG; **NRW:** § 53 I Nr. 2 JustG NRW; **Rheinland-Pfalz:** § 1 II LSchlG; **Saarland:** § 37a I Nr. 2 AGJusG; **Sachsen-Anhalt:** § 37a I Nr. 3 SchStG LSA; **Schleswig-Holstein:** § 1 I Nr. 3 LSchliG 10

Ansprüche wegen Ehrverletzung sind – streitwertunabhängig – nur betroffen, soweit es um Unterlassung und/oder Widerruf geht. Für Zahlungsansprüche gilt die obligatorische außergerichtliche Streitschlichtung nicht (→ Rn. 6). Ehrverletzungen in Presse oder Rundfunk fallen nicht in den Anwendungsbereich der Norm. Presse meint dabei „Druckwerke" iSd Landespressegesetze (zB § 7 PresseG NRW). Rundfunk sind in erster Linie Radio und Fernsehen, hierher gehört aber auch das Internet (AG St Wendel SchAZ 2005, 202; Prütting/Schmidt Rn. 139). Soweit die Ehrverletzung im Rahmen eines Arbeitsverhältnisses begangen wurde, sodass die Zuständigkeit der ArbGe eröffnet ist, findet die obligatorische außergerichtliche Streitschlichtung keine Anwendung, denn § 46 II ArbGG verweist nicht auf § 15a EGZPO. 11

4. Benachteiligungsverbot, I 1 Nr. 4. Bayern: Art. 1 Nr. 3 BaySchlG; **Niedersachsen:** § 1 I Nr. 4 NSchlG; **NRW:** § 53 I Nr. 3 JustG NRW; **Schleswig-Holstein:** § 1 I Nr. 1 LSchliG. Erfasst werden nur Ansprüche aus § 21 AGG, allerdings ohne den auf Geldzahlung gerichteten Schmerzensgeldanspruch gem. § 21 II 2 AGG. 12

5. Ausnahmen, II. In **II** wird eine Reihe von Ausnahmetatbeständen aufgeführt, für die die obligatorische außergerichtliche Streitschlichtung auch dann nicht gilt, wenn der Rechtsstreit in eine der Gruppen des **I** fällt. Die Begrenzung des Anwendungsbereichs erfolgt zum einen in **II 1** in sachlicher Hinsicht und in **II 2** durch räumliche Beschränkungen. 13

Klagen nach den §§ 323, 323a, 324, 328 usw., II 1 Nr. 1: 14

Neben den Klagen nach der ZPO ist die obligatorische außergerichtliche Streitschlichtung auch für solche Klagen ausgeschlossen, für die eine gesetzliche oder gerichtliche Klagefrist besteht. 15

- gesetzliche Klagefristen: § 558 II 2 BGB, § 12 III VVG, nachbarrechtliche Ausschlussfristen (zB § 13 hess. NachbarrechtsG, § 47 NachbG NRW) gehören nicht hierzu (BGH NJW-RR 2018, 394 Rn. 13 zu § 40 NachbG SH).
- gerichtliche Klagefristen: §§ 431 I, 494a I, 926 I ZPO.

Wiederaufnahmeverfahren, II 1 Nr. 3: Dies sind Verfahren gem. §§ 578 ff. 16

Ansprüche, die im Urkunden- oder Wechselprozess geltend gemacht werden, II 1 Nr. 4: Zu den Urkundenprozessen gehört auch der Scheckprozess (§ 605a). Die Ausnahme für Wechsel- und Scheckprozesse ist aber ohne praktische Relevanz, da Zahlungsansprüche nach den landesrechtlichen Bestimmungen ohnehin nicht mehr in den Anwendungsbereich der obligatorischen Streitschlichtung fallen (→ Rn. 6) 17

Vorangegangenes Mahnverfahren, II 1 Nr. 5: Mit der Abschaffung der obligatorischen Streitschlichtung für Zahlungsansprüche in den Ländern (→ Rn. 6) ist diese Ausnahmeregelung bedeutungslos geworden. 18

Klagen gegen vollstreckungsrechtliche Maßnahmen, II 1 Nr. 6: Hierunter fallen zunächst einmal die im 8. Buch der ZPO aufgeführten Klagen: Vollstreckungsklage (§ 723), Klage auf Erteilung der Vollstreckungsklausel (§ 731), Vollstreckungsabwehrklage (§§ 767, 785), Klage gegen Vollstreckungsklause (§ 768), Drittwiderspruchsklage (§ 771), Klage auf vorzugsweise Befriedigung (§ 856), Widerspruchsklage (§ 878). Die Ausnahmeregelung ist aber nicht auf diese Klagen beschränkt („insbesondere"). Sie findet grundsätzlich auch Anwendung auf andere Klagen, die ihren Anknüpfungspunkt in der Zwangsvollstreckung haben: die verlängerte Drittwiderspruchsklage (§ 812 BGB), Schadensersatzklagen wegen rechtswidriger Durchführung von Zwangsvollstreckungsmaßnahmen (§§ 823 ff. BGB), Schadensersatzansprüche nach dem 8. Buch der ZPO: § 717 II, § 840 II 2 (dagegen LG Ellwangen JurBüro 2009, 552), § 945. In der Masse der Fälle, sind diese Ansprüche aber auf Geld gerichtet, sodass die obligatorische Streitschlichtung ohnehin nicht greift (→ Rn. 6). 19

20 **Weitere Ausnahmen:**

Brandenburg	Adhäsionsverfahren	§ 1 II Nr. 7 BbgSchlG
Hessen	Klagen, die auf Duldung gerichtet und im Gewerbebetrieb der klagenden Partei begründet sind	§ 1 II Nr. 7 HSchlichtG
	Adhäsionsverfahren	§ 1 II Nr. 8 HSchlichtG
	Klagen, für die nach anderen Vorschriften ein obligatorisches Vorverfahren angeordnet ist	§ 1 II Nr. 9 HSchlichtG
Mecklenburg-Vorpommern	Es gibt in der jew. Gemeinde keine Schiedsstelle	§ 34a II SchStG M-V
Niedersachsen	Klagen, für die nach anderen Vorschriften ein obligatorisches Vorverfahren angeordnet ist	§ 1 II Nr. 7 NSchlG
NRW	Adhäsionsverfahren	§ 53 II Nr. 7 JustG NRW
	Klagen, für die nach anderen Vorschriften ein obligatorisches Vorverfahren angeordnet ist	§ 53 II Nr. 8 JustG NRW
Rheinland-Pfalz	Adhäsionsverfahren	§ 1 II Nr. 7 LSchlG
	Klagen, für die nach anderen Vorschriften ein obligatorisches Vorverfahren angeordnet ist	§ 1 II Nr. 8 LSchlG
Saarland	Adhäsionsverfahren	§ 37a II Nr. 7 AGJusG
	Klagen, für die nach anderen Vorschriften ein obligatorisches Vorverfahren angeordnet ist	§ 37a II Nr. 8 AGJusG
Sachsen-Anhalt	Adhäsionsverfahren	§ 34a II Nr. 7 SchStG LSA
	Klagen, für die nach anderen Vorschriften ein obligatorisches Vorverfahren angeordnet ist	§ 34a II Nr. 8 SchStG LSA
	Streitigkeiten, an denen Behörden oder Organe des Bundes, eines Landes, der Gemeinden und Kreise sowie der Körperschaften, Anstalten oder Stiftungen des öffentlichen Rechts beteiligt sind.	§ 34a II Nr. 9 SchStG LSA
Schleswig-Holstein	Adhäsionsverfahren	§ 1 II Nr. 7 LSchliG
	Klagen, für die nach anderen Vorschriften ein obligatorisches Vorverfahren angeordnet ist	§ 1 II Nr. 8 LSchliG

21 Adhäsionsverfahren sind Antragsverfahren (§ 404 StPO) und fallen schon deswegen nicht in den Anwendungsbereich des § 15a EGZPO. Andere Vorschriften, die ein obligatorisches Vorverfahren anordnen, können nur landesrechtliche Regelungen sein (zB § 35 LJG NRW). Duldungsklagen von Gewerbebetrieben betreffen vor allem die Klagen von Versorgungsunternehmen, wenn diese den Gas-, Strom- oder Wasseranschluss eines säumigen Kunden stilllegen wollen. Nur in Sachsen-Anhalt sind auch Rechtsstreitigkeiten, an denen Körperschaften oder Anstalten des öffentlichen Rechts beteiligt sind, ausgenommen.

22 **Räumlicher Anwendungsbereich, II 2.** Die Öffnungsklausel beschränkt die Anwendung auf Rechtsstreite zwischen Parteien, die im selben Bundesland wohnen oder ihren Sitz oder eine Niederlassung (§ 21) haben. Die Umsetzung ist in den Ländern teilweise deutlich enger:

Bayern	Parteien im selben LG-Bezirk	Art. 2 BaySchlG
Brandenburg	Parteien im selben LG-Bezirk	§ 2 BbgSchlG
Hessen	Landesweit	§ 2 HSchlichtG
Mecklenburg-Vorpommern	Landesweit	§ 34a II SchStG M-V
Niedersachsen	Parteien im selben LG-Bezirk oder benachbarten AG-Bezirken	§ 1 IV NSchlG
NRW	Parteien im selben LG-Bezirk	§ 54 JustG NRW
Rheinland-Pfalz	Parteien in demselben oder benachbarten LG-Bezirken in Rh.-Pfalz	§ 2 LSchlG
Saarland	Landesweit	§ 37a I AGJusG
Sachsen-Anhalt	Landesweit	§ 34a III SchStG LSA
Schleswig-Holstein	Parteien im selben LG-Bezirk	§ 1 II 2 LSchliG

23 Im Fall der zulässigen subjektiven Klagehäufung entfällt das Erfordernis der außergerichtlichen Streitschlichtung insgesamt, wenn eine der Parteien nicht im räumlichen Anwendungsbereich wohnt bzw. seinen Sitz oder eine Niederlassung hat, weil die Regelung auf „die Parteien" abstellt, AG Ahrensburg SchlHA 2004, 26; AG Lüdenscheid NJW 2002, 1279.

24 **V. Erfolglosigkeitsbescheinigung, I 2, 3.** Soweit die obligatorische außergerichtliche Streitschlichtung greift, ist ihre erfolglose Durchführung Voraussetzung für die Zulässigkeit einer Klage. Der Nachweis der Durchführung ist durch Vorlage der von der Gütestelle auszustellenden Erfolglosigkeitsbescheinigung **(I 2)** zu führen. Diese ist mit der Klage einzureichen. Daraus folgt, dass jedenfalls eine Nachholung des Schlichtungsverfahrens mit heilender Wirkung nicht möglich ist, BGH NJW 2005, 437. Die Bescheinigung der erfolglosen Durchführung des Schlichtungsverfahrens durch die Gütestelle ist für das Gericht bindend, BGH NJW 2010, 357. Die Einhaltung dieser Zulässigkeitsvoraussetzung ist auch noch in der Rechtsmittelinstanz zu prüfen, BGH NJW-RR 2005, 501; OLG Saarbr NJW 2007, 1292 (1293); LG Ffm NJW-RR 2016, 302; MüKoZPO/Gruber Rn. 4.

25 In Fällen der Klagehäufung ist das Erfordernis der Streitschlichtung für jeden Antrag, BGH NJW-RR 2009, 1239, und für jede Partei, BGH NJW-RR 2010, 1725, selbstständig zu beurteilen. Dies muss auch in Fällen der obj. und subj. Klageerweiterung gelten. Nicht konsequent ist es dagegen, auf das Schlichtungserfordernis bei einer obj. Klageerweiterung, so aber BGH NJW-RR 2005, 501, oder eines Parteiwechsels, BGH NJW-RR 2010, 1726, zu verzichten, ebenso MüKoZPO/Gruber Rn. 10 f. Wenn man aber für die Klageerweiterung und den Parteiwechsel auf das Schlichtungserfordernis für den neuen Antrag bzw. die neue Partei verzichtet, kann im Fall

der Klageänderung ungeachtet der Voraussetzungen des § 264 nichts anderes gelten, BGH NJW-RR 2005, 501 Rn. 23.

VI. Gütestellen; Entfallen, III. Gütestellen: 26

Bayern	Notare, bestimmte Rechtsanwälte, weitere anerkannte Gütestellen	Art. 5 BaySchlG
Brandenburg	Schiedsämter, weitere anerkannte Gütestellen	§ 4 BbgSchlG
Hessen	Schiedsämter, anerkannte Gütestellen	§ 3 HschlichtG
Mecklenburg-Vorpommern	Schiedsstelle	§ 34b SchStG M-V
Niedersachsen	Schiedsamt	§ 1 I 1 NSchlG
NRW	Schiedsämter, weitere anerkannte Gütestellen	§ 55 JustG NRW
Rheinland-Pfalz	Schiedsämter, weitere anerkannte Gütestellen	§ 3 LSchlG
Saarland	Schiedsämter, weitere anerkannte Gütestellen	§ 37b I AGJusG
Sachsen-Anhalt	Schiedsämter, Notare bestimmte Rechtsanwälte	§ 34b I SchStG LSA
Schleswig-Holstein	Schiedsämter, bestimmte Rechtsanwälte, anwaltliche Gütestellen	§ 3 I LSchliG

Die Gütestellen werden von der Landesjustizverwaltung anerkannt und sind damit solche iSd § 204 Nr. 4 BGB, sodass die Zustellung des Güteantrags die Verjährung hemmt. Die vor der Gütestelle geschlossenen Vergleiche sind Vollstreckungstitel gem. § 794 I Nr. 1 **(VI 2).** 27

Statt einer von der Landesjustizverwaltung eingerichteten Gütestelle kann einvernehmlich auch eine andere Gütestelle angerufen werden **(III 1).** 28

Es gibt inzwischen eine ganze Reihe solcher Gütestellen, die von Wirtschaftsverbänden, Kammern oder Innungen eingerichtet wurden, zB 29

- Schlichtungsstellen der Ärztekammern, Scheppokat/Neu VersR 2002, 397
- Ombudsleute der Banken, der Sparkassen, der Bausparkassen usw., Scherpe WM 2001, 2321 ua auch bei der Deutschen Bundesbank und der BAFin (§ 14 UKlaG)
- Schlichtungsstellen der Versicherungen gem. § 214 VVG, Basedow VersR 2008, 750
- Schlichtungsstelle Energie gem. § 111b EnwG, Wolst EnWZ 2013, 455
- Schlichtungsstelle für den öffentlichen Personennahverkehr, Stüer/Urbisch DVBl 2012, 1484
- Schlichtungsstelle der Rechtsanwaltschaft gem. § 191f BRAO, Jaeger AnwBl 2013, 406.

Für diese wird das Einvernehmen unwiderleglich vermutet **(III 2);** diese Vermutung gilt auch im Rahmen des § 204 I Nr. BGB, BGH NJW 2017, 1879 Rn. 13. Übergreifende Regelungen enthält das in Umsetzung der ADR-Richtlinie 2013/11/EU (ABl. 2013 L 165, 65) erlassene Verbraucherstreitbeilegungsgesetz – VSBG vom 19.2.2016, das für Streitigkeiten aus einem Verbrauchervertrag (§ 310 III BGB) gilt, Greger MDR 2020, 65; Gössl NJW 2016, 838; Frank/Henke/Singbartl VuR 2016, 333. Informationen über die vorhandenen Verbraucherschlichtungsstellen finden sich auf der Webseite des Bundesamt für Justiz: www.bundesjustizamt.de (§ 33 I VSBG). 30

Für Verbraucherschlichtungsstellen ist das Verfahren in den Grundzügen in den §§ 5 ff. VSBG geregelt, das Verfahren vor den von der Landesjustizverwaltung anerkannten Gütestellen wird durch den jew. Landesgesetzgeber geregelt, wobei er weitgehende Gestaltungsfreiheit hat. Eine Vertretung durch Rechtsanwälte darf nicht ausgeschlossen werden. Für die übrigen Gütestellen regelt das Verfahren der jeweilige Träger. 31

VII. Kosten, IV. IV entspricht § 91a III ZPO. Erfasst werden nur die Kosten der Gütestelle, nicht auch nicht die im Güteverfahren entstanden Rechtsanwaltskosten, die auch nicht zu den Kosten des nachfolgenden Rechtsstreits gehören, BGH MDR 2021, 1247 m.abl.Anm. Greger (→ § 91 Rn. 237). 32

16-18 *(aufgehoben oder gegenstandslos)*

19 *[Begriff der Rechtskraft; ordentliche Rechtsmittel].* **I Rechtskräftig im Sinne dieses Gesetzes sind Endurteile, welche mit einem ordentlichen Rechtsmittel nicht mehr angefochten werden können.**

II Als ordentliche Rechtsmittel im Sinne des vorstehenden Absatzes sind diejenigen Rechtsmittel anzusehen, welche an eine von dem Tage der Verkündung oder Zustellung des Urteils laufende Notfrist gebunden sind.

20-22 *(überholtes Übergangsrecht, gegenstandslos oder aufgehoben)*

23 *Schutz von Hochwasser-Soforthilfen vor Pfändungen auf Pfändungsschutzkonten.* **(1) Staatliche Soforthilfen, die als Billigkeitsleistungen zur Überbrückung von Notlagen von Bürgern oder zur Milderung von Schäden der Unternehmen der Land- und Forstwirtschaft und der gewerblichen Wirtschaft sowie der Angehörigen freier Berufe und Selbstständigen, in den von den Starkregen- und Hochwasserereignissen im Juli 2021 betroffenen Gebieten gewährt werden, werden den in § 902 Satz 1 der Zivilprozessordnung genannten Beträgen und Geldleistungen, die nicht von der Pfändung erfasst werden, gleichgestellt.**

(2) Das Kreditinstitut ist dem Schuldner auch dann zur Leistung aus dem Guthaben für die nach Absatz 1 nicht von der Pfändung erfassten Soforthilfen im Rahmen des vertraglich Vereinbarten verpflichtet, wenn der Schuldner durch Vorlage des Bewilligungsbescheides oder eines Kontoauszuges nachweist, dass das Guthaben nicht von der Pfändung erfasst ist.

(3) Die Absätze 1 und 2 gelten nicht für Pfändungen wegen Rückforderungen von Soforthilfen im Sinne des Absatzes 1.

24, 25 *(überholtes Übergangsrecht oder aufgehoben).*

26 ***[Übergangsvorschriften zum ZPO-RG].*** **Für das Gesetz zur Reform des Zivilprozesses vom 27. Juli 2001 gelten folgende Übergangsvorschriften:**

1. (aufgehoben)
2.–7. *(überholtes Übergangsrecht)*
[Fassung bis 31.12.2019:]
8. § 544 der Zivilprozessordnung in der Fassung des Gesetzes zur Reform des Zivilprozesses vom 27. Juli 2001 (BGBl. I S. 1887) ist bis einschließlich 31. Dezember 2019 mit der Maßgabe anzuwenden, dass die Beschwerde gegen die Nichtzulassung der Revision durch das Berufungsgericht nur zulässig ist, wenn der Wert der mit der Revision geltend zu machenden Beschwer zwanzigtausend Euro übersteigt. Dies gilt nicht, wenn das Berufungsgericht die Berufung verworfen hat.
9. ***(aufgehoben)***
10.–11. *(überholtes Übergangsrecht)*

1 Die über viele Jahre immer wieder verlängerte Übergangsregelung in **Nr. 8** für Beschwerden gegen die Nichtzulassung der Revision wurde zum Ende des Jahres 2019 durch Art. 1 Gesetz zur Regelung der Wertgrenze für die Nichtzulassungsbeschwerde in Zivilsachen, zum Ausbau der Spezialisierung bei den Gerichten sowie zur Änderung weiterer zivilprozessualer Vorschriften vom 12.12.2019 (BGBl. I 2633) **aufgehoben.** An seine Stelle ist die inhaltsgleiche, aber unbefristete Regelung des **§ 544 II Nr. 1 ZPO** getreten.

27 *(überholtes Übergangsrecht)*

28 ***[Übergangsvorschrift für Verbraucherkreditverträge].*** **[I] Das Mahnverfahren findet nicht statt für Ansprüche eines Unternehmers aus einem Vertrag, für den das Verbraucherkreditgesetz gilt, wenn der nach dem Verbraucherkreditgesetz anzugebende effektive oder anfängliche effektive Jahreszins den bei Vertragsschluss geltenden Basiszinssatz nach § 247 des Bürgerlichen Gesetzbuchs um mehr als zwölf Prozentpunkte übersteigt.**

[II] § 690 Abs. 1 Nr. 3 der Zivilprozessordnung findet auf Verträge, für die das Verbraucherkreditgesetz gilt, mit der Maßgabe Anwendung, dass an die Stelle der Angabe des nach den §§ 492, 502 des Bürgerlichen Gesetzbuchs anzugebenden effektiven oder anfänglichen effektiven Jahreszinses die Angabe des nach dem Verbraucherkreditgesetz anzugebenden effektiven oder anfänglichen effektiven Jahreszinses tritt.

29-40 *(überholt)*

41 ***Übergangsvorschrift zum Gesetz zur Änderung des Sachverständigenrechts und zur weiteren Änderung des Gesetzes über das Verfahren in Familiensachen und in den Angelegenheiten der freiwilligen Gerichtsbarkeit sowie zur Änderung des Sozialgerichtsgesetzes, der Verwaltungsgerichtsordnung, der Finanzgerichtsordnung und des Gerichtskostengesetzes.*** **Wurde der Sachverständige vor dem 15. Oktober 2016 ernannt, ist § 411 Absatz 1 und 2 der Zivilprozessordnung in der bis zum 15. Oktober 2016 geltenden Fassung anzuwenden.**

1 Durch die Übergangsvorschrift wird die rückwirkende Anwendung der Gesetzesänderungen über die obligatorische Fristsetzung gemäß § 411 Abs. 1 ZPO und die Festsetzung eines Ordnungsgeldes in § 411 Abs. 2 ZPO auf einen Sachverständigen, der bereits vor Inkrafttreten dieses Gesetzes gemäß § 404 ZPO vom Gericht ernannt worden ist, verhindert. Über die Generalverweise in den Verfahrensordnungen der Fachgerichtsbarkeiten (§ 46 II 1 ArbGG, § 98 VwGO, § 82 FGO und § 118 I 1 SGG) ist § 41 EGZPO auch dort zu berücksichtigen (BT-Drs. 18/6985, 18).

42 ***Informationspflichten aus Anlass des Gesetzes zur Durchführung der Verordnung (EU) Nr. 655/2014 sowie zur Änderung sonstiger zivilprozessualer, grundbuchrechtlicher und vermögensrechtlicher Vorschriften und zur Änderung der Justizbeitreibungsordnung.*** **Die Länder übermitteln dem Bundesministerium der Justiz und für Verbraucherschutz auf Anfrage die Informationen nach Artikel 53 Absatz 2 der Verordnung (EU) Nr. 655/2014 des Europäischen Parlaments und des**

Rates vom 15. Mai 2014 zur Einführung eines Verfahrens für einen Europäischen Beschluss zur vorläufigen Kontenpfändung im Hinblick auf die Erleichterung der grenzüberschreitenden Eintreibung von Forderungen in Zivil- und Handelssachen (ABl. L 189 vom 27.6.2014, S. 59).

Eingefügt durch Art. 4 Gesetz zur Durchführung der Verordnung (EU) Nr. 655/2014 sowie zur Änderung sonstiger zivilprozessualer, grundbuchrechtlicher und vermögensrechtlicher Vorschriften und zur Änderung der Justizbeitreibungsordnung (EuKoPfVODG) vom 21.11.2016 (BGBl. I S. 2591), durch das insbesondere die §§ 945 ff. ZPO eingefügt wurden. Art. 53 I EuKoPfVO enthät eine Evaluationsverpflichtung für die Kommission, die bis spätestens 18.1.2022 zu erfüllen ist. Art. 53 II EuKoPfVO verpflichtet deshalb die Mitgliedstaaten, bestimmte Daten zu erheben und der Kommission zur Verfügung zu stellen. Gefordert sind folgende Informationen: 1

- die Zahl der Anträge auf Erlass eines Beschlusses zur vorläufigen Kontenpfändung und
- die Zahl der erlassenen Beschlüsse, die Zahl der Anträge auf Einlegung eines Rechtsbehelfs gemäß den Artikeln 33 und 34 EuKoPfVO und,
- wenn möglich, die Zahl der Fälle, in denen dem Rechtsbehelf stattgegeben wurde,
- und die Zahl der Anträge auf Einlegung eines Rechtsmittels gemäß Artikel 37 EuKoPfVO und, sofern möglich,
- die Zahl der Fälle, in denen das Rechtsmittel erfolgreich war.

43 ***Verordnungsermächtigung für die Länder aus Anlass des Gesetzes zur Durchführung der Verordnung (EU) Nr. 655/2014 sowie zur Änderung sonstiger zivilprozessualer, grundbuchrechtlicher und vermögensrechtlicher Vorschriften und zur Änderung der Justizbeitreibungsordnung.*** ***I Die Landesregierungen können für ihren Bereich durch Rechtsverordnung bestimmen, dass § 753 Absatz 4, § 754a Absatz 3 und § 829a Absatz 3 der Zivilprozessordnung in der bis zum 31. Dezember 2017 geltenden Fassung bis zum 31. Dezember entweder des Jahres 2018 oder des Jahres 2019 weiterhin Anwendung finden und die in den Artikeln 2 und 14 Nummer 4 des Gesetzes zur Durchführung der Verordnung (EU) Nr. 655/2014 sowie zur Änderung sonstiger zivilprozessualer, grundbuchrechtlicher und vermögensrechtlicher Vorschriften und zur Änderung der Justizbeitreibungsordnung genannten Bestimmungen ganz oder teilweise erst am 1. Januar entweder des Jahres 2019 oder des Jahres 2020 in Kraft treten.***

II [1]Die Landesregierungen können für ihren Bereich durch Rechtsverordnung bestimmen, dass die in den Artikeln 3 und 14 Nummer 5 des Gesetzes zur Durchführung der Verordnung (EU) Nr. 655/2014 sowie zur Änderung sonstiger zivilprozessualer, grundbuchrechtlicher und vermögensrechtlicher Vorschriften und zur Änderung der Justizbeitreibungsordnung genannten Bestimmungen ganz oder teilweise bereits am 1. Januar entweder des Jahres 2020 oder des Jahres 2021 in Kraft treten. [2]Sofern die Landesregierung von der Ermächtigung in Absatz 1 Gebrauch gemacht hat, kommt nur ein Inkrafttreten am 1. Januar 2021 in Betracht.

III Die Landesregierungen können die Ermächtigungen nach den Absätzen 1 und 2 durch Rechtsverordnung auf die Landesjustizverwaltung übertragen.

Eingefügt durch Art. 4 G zur Durchführung der Verordnung (EU) Nr. 655/2014 sowie zur Änderung sonstiger zivilprozessualer, grundbuchrechtlicher und vermögensrechtlicher Vorschriften und zur Änderung der Justizbeitreibungsordnung (EuKoPfVODG) vom 21.11.2016 (BGBl. I 2591). Die Regelung steht im Zusammenhang mit der Einführung des elektronischen Rechtsverkehrs. Aufgrund des ungleichen Entwicklungsfortschritts in den Ländern wird diesen die Möglichkeit eröffnet, den Start des elektronischen Rechtsverkehrs flexibel zu gestalten. Die Regelung greift das Regelungskonzept von Artikel 24 des G zur Förderung des elektronischen Rechtsverkehrs mit den Gerichten auf und passt es an die Bestimmungen für die elektronische Kommunikation mit den Gerichtsvollziehern an (BT-Drs. 18/7560, 47). Die Regelung trat am **1. Januar 2022** außer Kraft (Art. 21 X EuKoPfVODG). 1

44 ***Vorrang- und Beschleunigungsgebot.*** **(1) Verfahren über die Anpassung der Miete oder Pacht für Grundstücke oder Räume, die keine Wohnräume sind, wegen staatlicher Maßnahmen zur Bekämpfung der COVID-19-Pandemie sind vorrangig und beschleunigt zu behandeln.**

(2) In Verfahren nach Absatz 1 soll ein früher erster Termin spätestens einen Monat nach Zustellung der Klageschrift stattfinden.

Die Regelung ist Teil der COVID-19-Gesetzgebung. Im Interesse von Mietern und Pächtern, deren Einnahmen infolge der Pandemie eingebrochen sind, sollen deren Klagen auf Anpassung der Miete gem. § 313 BGB beschleunigt bearbeitet werden. Der Anwendungsbereich ist nicht auf gewerbliche Mietverhältnisse beschränkt, sondern erfasst alle Mietverhältnisse mit Ausnahme solcher über Wohnräume, Klein MDR 2021, 393 (394). Dasselbe gilt, wenn ein Anspruch auf Vertragsanpassung einredeweise geltend gemacht wird, BT-Drs. 19, 25322, S. 15; Brinkmann/Thüsing NZM 2021, 5 (6). Die Regelung ist § 272 IV ZPO nachgebildet und gilt für das gesamte Verfahren. 1

[ab 1.1.2024:]

45 ***Übergangsvorschrift zum Personengesellschaftsrechtsmodernisierungsgesetz. Zur Zwangsvollstreckung in das Vermögen einer rechtsfähigen Gesellschaft bürgerlichen Rechts im Sinne von § 705 Absatz 2 des Bürgerlichen Gesetzbuchs genügt ein gegen alle Gesellschafter gerichteter Vollstreckungstitel, wenn dieser vor dem 1. Januar 2024 erwirkt wurde.***

Die Regelung wurde durch das Gesetz zur Modernisierung des Personengesellschaftsrechts – MoPeG vom 10.8.2021 (BGBl. I 3436) eingefügt. Die Norm gilt erst **ab dem 1.1.2024.** 1

2 Nach bislang geltendem Recht eröffnet ein gegen alle Gesellschafter einer GbR gerichteter Titel die Möglichkeit der Zwangsvollstreckung sowohl in das Vermögen der Gesellschafter als auch in das Gesamthandsvermögen (§ 736 ZPO). Nach § 722 I BGB nF kann künftig nur noch aus einem gegen die GbR gerichteten Titel in deren Vermögen vollstreckt werden. Damit Gläubigern, die vor dem 1.1.2024 einen Titel gegen alle Gesellschafter erworben haben, keine bis dahin bestehende Vollstreckungsmöglichkeit verlieren, wird diese Vollstreckungsmöglichkeit auch für die Zeit ab dem 1.1.2024 aufrechterhalten (BT-Drs. 19/27635, 201), Heckschen/Nolting BB 2021, 2946 (2954).

Gerichtsverfassungsgesetz

In der Fassung der Bekanntmachung vom 9.5.1975, BGBl. I 1077

FNA 300-2

Zuletzt geändert durch Gesetz vom 7.7.2021, BGBl. I 2363

(Auszug)

Vorbemerkung zu § 1

Schrifttum: Kissel/Mayer, GVG, 9. Aufl. 2018; Schilken, Gerichtsverfassungsrecht, 4. Aufl. 2010.

I. Systematik. Die rechtsprechende Gewalt liegt nach Art. 92 GG beim BVerfG, bei den im GG vorgesehenen Obersten Bundesgerichten und bei den Gerichten der Länder. Nach Art. 74 Abs. 1 Nr. 1 GG hat der Bund zwar die konkurrierende Gesetzgebungskompetenz für die Gerichtsverfassung und das gerichtliche Verfahren; indes fällt die Gerichtsorganisation für die Gerichte auf Länderebene in die Länderkompetenz, also die konkrete territoriale Gliederung und die Anzahl der Gerichte, Bestimmung von Gerichtssitzen und Zuschnitt von Gerichtsbezirken sowie die Errichtung und Auflösung von Gerichten. Bereits aus diesem Grunde ist das GVG keine Kodifikation, sondern in mehrfacher Hinsicht nur eine Teilregelung der Gerichts-„Verfassung" im Sinne der Gesamtheit der Normen, die für Aufbau, Organisation und Tätigkeit der Gerichte erforderlich sind, Kissel/Mayer Einl. Rn. 2; zum nicht abschließenden Charakter des GVG, BVerfG 56, 110 (119). Der beschränkte Regelungsgehalt folgt schon daraus, dass das GVG nur für die ordentlichen Gerichte und die in § 13 ausdrücklich aufgeführten Zuständigkeiten gilt, Kissel/Mayer Einl. Rn. 2. 1

Den Aufbau der ordentlichen Gerichtsbarkeit nach § 2 EGGVG und die zugehörigen Einrichtungen (Staatsanwaltschaft, Geschäftsstelle, Zustellungs- und Vollstreckungsbeamte) regeln §§ 12, 21a–155 GVG, §§ 8, 9 EGGVG. Das GVG bestimmt gleichzeitig die sachliche Zuständigkeit dieser Gerichte im Rahmen der ordentlichen Gerichtsbarkeit in §§ 23 ff., 71 ff., 80 ff., 119 ff., 132–138. Es enthält damit eine Ergänzung von ZPO und StPO, dort jeweils § 1. Das GVG ordnet außerdem die Besetzung und die Art der Geschäftsverteilung der ordentlichen Gerichte an, letztere durch Art. 101 I 2 GG maßgeblich geprägt. Die **Abgrenzung** der ordentlichen von den anderen Gerichtsbarkeiten **(Rechtsweg)** enthält § 13, der hinsichtlich der Abgrenzung zum Verwaltungsrechtsweg mit § 40 VwGO korrespondiert. Ihn ergänzen §§ 17, 17a (Rechtswegverweisung). Die Schranken der deutschen Gerichtsbarkeit (Immunität, Exterritoriale) ergeben sich aus §§ 18–20. Besondere Zivilgerichte sind die Schifffahrtsgerichte nach § 14. 2

Außerdem enthält das GVG einige **Vorschriften allgemeiner Art,** die die Tätigkeit der Gerichte betreffen, wie Rechtshilfe nach §§ 156–168, Öffentlichkeit und Sitzungspolizei nach §§ 169–183, Gerichtssprache nach §§ 184–191, Beratung und Abstimmung nach §§ 192–197, Überlänge nach §§ 198 ff. 3

Das GVG enthält keine Vorschriften über den Aufbau und die Tätigkeit der **Justizverwaltung** und die gerichtliche Verwaltung. Jedoch ordnen §§ 23 ff. EGGVG den Rechtsweg gegen Maßnahmen der Justizverwaltung auf den ihr eigentümlichen Gebieten. 4

Ergänzt wird das GVG durch das RPflG, durch Teile der BRAO, der BNotO und durch das DRiG, die Landesrichtergesetze sowie durch die GVG-Ausführungsgesetze der Länder. Im Übrigen hat der Bundesgesetzgeber punktuell ergänzende gerichtsverfassungsrechtliche Vorschriften in anderen Gesetzen erlassen (vgl. etwa die originäre Zuständigkeit des Einzelrichters beim Bundesgerichtshof für Entscheidungen nach §§ 1 V, 66 I, VI GKG, BGH NJW 2015, 2194 und nach § 33 I VIIIAbs. 8 RVG, BGH GRUR-RS 2020, 11453; BGH GRUR 2018, 654 Rn. 12; aA BGH WM 2016, 254 Rn. 3). Das Unionsrecht enthält – mangels umfassender Kompetenz nur punktuelle oder annexartige – gerichtsverfassungsrechtliche Vorgaben für die mitgliedstaatlichen Gerichte, zB die RL 2011/93/EU und die RL 2012/29/EU, auf der die letzten Novellierungen von § 171b beruht, oder die insbesondere für die Arbeits- und Sozialgerichtsbarkeit relevante Norm zur Gerichtssprache in Art. 76 Abs. 7 VO (EG) Nr. 883/2004. 5

Ungeachtet der Forderungen nach einer auch institutionell unabhängigen Justiz (Überblick bei Steffen ZRP 2008, 208; LG Erfurt BeckRS 2020, 13203), die gleichermaßen Dienstrecht und Gerichtsverfassungsrecht berühren und fortwährender Diskussionen um die „Modernität" von ZPO und GVG (zum 70. DJT 2014 s. Calliess NJW-Beil. 2/2014, 27; Roth JZ 2014, 801) werden gegenwärtig nur punktuelle Reformvorhaben mit Aussicht auf Umsetzung diskutiert. Zu Plänen einer Einrichtung einer Kammer für internationale Handelssachen mit wählbarer englischer Gerichtssprache de lege ferenda BT-Drs. 19/1717, Sturm/Schulz ZRP 2019, 71, Müller-Piepenkötter DRiZ 2010, 2; Prütting AnwBl 2010, 113. De lege lata zur „Kammer für internationale Handelssachen" am LG Frankurt a. M. Meier WM 2018, 1827; Dalitz ZRP 2017, 248. 6

II. Regelungszweck. Zum Zeitpunkt seines Inkrafttretens zum 1.10.1879 schuf das GVG Rechtseinheit im gesamten Reichsgebiet im Sinne der Einheit des gesamten Gerichtswesens. Schon damals enthielt es ua mit der Gewährleistung der Unabhängigkeit des Richters und dem Verbot von Ausnahmegerichten aber auch wichtige institutionelle Sicherungen von Gesetzesbindung und Gewaltenteilung. Heute dient es der Sicherstellung des Rechtsstaatsprinzips (Rechtssicherheit, Gewaltenteilung), das hinsichtlich rechtsstaatlicher Organisation und Verfahren der Gerichte in Art. 92, 95 I, 96, 97 und 101 GG besondere Ausprägungen erfahren hat. Ein Zweck des GVG besteht daher auch in der Effektuierung der dortigen Gesetzgebungsaufträge und institutionellen Gehalte. 7

Neben diesen institutionellen Vorgaben des Verfassungsrechts haben auch die Verfahrensgrundrechte einen gerichtsverfassungsrechtlichen Bezug, Kissel/Mayer Einl. Rn. 186. So stellen zB § 17a f. verfahrensrechtlich den Anspruch auf den gesetzlichen Richter sicher. 8

Das Gerichtsverfassungsrecht ist im Übrigen als Verfahrensrecht trotz unbestreitbarer Materialisierungstendenzen, allg. Wagner ZEuP 2008, 6, arm an eigenen Zwecken. Insoweit sind Verfahrensnormen vorrangig im Hinblick auf eine wirksame Verwirklichung des Hauptzweckes des Prozesses, nämlich der Feststellung, Gestaltung und Durchsetzung des subjektiven Rechts auszulegen. Dabei sind die oben genannten Verfassungsnormen ua im 9

Sinne eines Grundrechtsschutzes durch Organisation und Verfahren zu effektuieren. Wertungskonflikte, etwa bei Maßnahmen der Sitzungspolizei oder bei der Berücksichtigung grundrechtlich geschützter Interessen von Rundfunk und Presse im Rahmen der mündlichen Verhandlung sind nach allgemeinen verfassungsrechtlichen Abwägungsregeln aufzulösen.

10 **III. Geltungsbereich.** Das GVG gilt für die ordentliche streitige Gerichtsbarkeit nach § 2 EGGVG. Obwohl § 2 EGGVG nur von dieser spricht, gilt das GVG aber auch für die FamFG-Sachen. Für die **Arbeitsgerichtsbarkeit** enthält das ArbGG in seinem 1. und 2. Teil eine eigenständige Regelung der Gerichtsverfassung. Jedoch verweisen dabei auf zahlreiche Vorschriften des GVG, zB in §§ 6a, 9 I 2, II, 13, 45 III 3, 52 ArbGG.

11 Auch in den Prozessordnungen der öffentlich-rechtlichen Fachgerichtsbarkeiten, der **Verwaltungs-, Sozial- und Finanzgerichtsbarkeit,** finden sich selbständige grundlegende gerichtsverfassungsrechtliche Vorschriften, die durch Verweisungen auf das GVG ergänzt werden. Für das Verwaltungsgerichtsverfahren gelten zB §§ 21a–21c, 169, 171a–197 entsprechend nach §§ 4, 55 VwGO. Gleichartige Verweisungen enthalten SGG und FGO.

12 **IV. Systematik des Ersten Titels.** „Gerichtsbarkeit" meint im Ersten Titel nur bei den Exemtionen (§§ 18–21) die Gerichtsbarkeit im weiteren Sinn als Justizhoheit (facultas iurisdictionis), also die aus der Souveränität folgende Befugnis eines jeden Staates, Recht zu sprechen und durchzusetzen. Geregelt sind hier im Übrigen vielmehr Fragen der Gerichtsbarkeit im engeren Sinn, also der Tätigkeit der Gerichte bei der Rechtsanwendung im Einzelfall, die „richterliche Gewalt" des § 1, die „rechtsprechende Gewalt" des Art. 92 GG. Die bundesrechtlichen Prozessgesetze regeln nur sie.

13 Der Erste Titel enthält Grundsatznormen wie die einfachgesetzliche Garantie der richterlichen Unabhängigkeit (§ 1) und die Begriffsbestimmung der ordentlichen Gerichtsbarkeit (§ 12); systematisch geschlossene Normkomplexe sind die über die Zuständigkeit der ordentlichen Gerichtsbarkeit und den Rechtsweg (§§ 13–17c) sowie über die Exterritorialität (§§ 18–21). Systematisch etwas fremd enthält § 10 die zulässigen Aufgaben der Rechtsreferendare.

14 **V. Zuständigkeit und Rechtsweg.** Von der Frage der Zulässigkeit des Rechtswegs muss man diejenige der Zuständigkeit und damit der Befugnis zur Rechtsprechung im Einzelfall streng trennen. Die Frage, ob ein ordentliches Gericht bzw. ein besonderes Gericht (§ 14) oder ein Gericht einer Fachgerichtsbarkeit zuständig ist, betrifft meist die Zulässigkeit des Rechtswegs nach § 13, mag das Fachgericht auch eine ordentliche streitige Gerichtsbarkeit ausüben. Wegen der Verweisungsmöglichkeiten § 17a. Auch ein Gericht des unzulässigen Rechtsweges kann gleichwohl zur Entscheidung berufen sein (s. § 17a V). Demgegenüber ist die Zuständigkeit der deutschen ordentlichen Gerichtsbarkeit im weiteren Sinne mit Ausnahme von §§ 18–21 im GVG nicht geregelt. Sie ist insbesondere eine Frage des Internationalen und Europäischen Zivilprozessrechts bzw. Strafprozessrechts.

Erster Titel. Gerichtsbarkeit

1 ***[Unabhängigkeit der Gerichte].*** **Die richterliche Gewalt wird durch unabhängige, nur dem Gesetz unterworfene Gerichte ausgeübt.**

1 **I. Systematik.** Nach Art. 97 I GG und den entsprechenden Bestimmungen der Länderverfassungen sind die Richter unabhängig und nur dem Gesetz unterworfen. Diesen Grundsatz bestätigt auch der vorkonstitutionelle § 1. Die Vorschrift enthält die Bindung des Richters an rechtmäßige Äußerungen der gesetzgebenden Gewalt. Sie enthält ferner seine Loslösung von Einflüssen und Betätigungen anderer Organe und Personen (richterliche Unabhängigkeit). Eine solche Loslösung erfordert eine Weisungsfreiheit des Richters (also keine Gehorsamspflicht), aber auch eine lebenslängliche Anstellung und eine grundsätzliche Unabsetzbarkeit (persönliche Unabhängigkeit im rechtlichen und tatsächlichen Sinn). § 1 enthält weiterhin den Ausspruch, dass nur die Gerichte nach §§ 16, 151 die richterliche Gewalt ausüben dürfen.

2 § 1 bezieht sich nur auf die **ordentliche streitige Gerichtsbarkeit** nach § 2 EGGVG, nicht auf die den Gerichten etwa übertragenen anderen Arten der Gerichtsbarkeit oder auf die Justizverwaltung nach § 4 EGGVG. Er gilt aber nach § 9 S. 1 RPflG auch für den Rpfl. Soweit ein Gericht als Organ der Justizverwaltung tätig geworden ist, kann die Dienstaufsichtsbehörde die getroffene Entscheidung abändern. Eine Dienstaufsicht und ein Disziplinarrecht widersprechen der Unabhängigkeit nicht.

3 **II. Regelungszweck.** Die Gewaltenteilung und die Unabhängigkeit des Richters als eine tragende Säule des Rechtsstaats sind trotz aller praktischen Probleme ihrer tatsächlichen Durchsetzbarkeit doch unangefochtene Prinzipien der Gerichtsverfassung. Man kann gar nicht genug tun, um sie vor der Obrigkeit jeder Art zu schützen (vgl. Sanders ZRP 2017, 230).

4 **III. Unabhängigkeit.** Ihrer Sicherung dienen §§ 25–37 DRiG, vor allem § 26 DRiG, SchlAnh. I. Geschützt ist wie nach Art. 97 I GG die sachliche Unabhängigkeit im Sinne der Weisungsfreiheit sowie die persönliche Unabhängigkeit, die in der Inamovibilität und einer festen, amtsangemessenen Besoldung zum Ausdruck kommt. Die richterliche Unabhängigkeit ist an den Status des einzelnen Richters gebunden, die Vorschrift zielt hingegen nicht auf eine institutionelle Unabhängigkeit der Gerichte, Sennekamp NVwZ 2010, 213 zu Art. 97 I GG. Der Schutz richtet sich gegen alle drei Staatsgewalten, nicht nur gegen die Exekutive, zB auch gegen einzelfallbezogene Maßnahmen der Gesetzgebungsorgane auf das laufende Verfahren, Sachs/Detterbeck GG Art. 97 Rn. 12, und gegen Einflussnahmen anderer Richter, BVerfG NJW 1996, 2149.

5 Der Richter ist **nur dem Gesetz unterworfen,** also jedem Rechtssatz nach § 12 EGZPO sinngemäß, richtiger nur dem Recht nach § 545 ZPO. Denn es ist unerheblich, welcher Quelle dieses Recht entfließt, wenn sie nur gültiges Recht schaffen kann.

6 **„Gesetz"** nach § 1 sind nach § 12 EGZPO alle Rechtsnormen. Das gilt unabhängig davon, ob die Vorschrift einen privat-rechtlichen, öffentlich-rechtlichen, materiell-rechtlichen oder prozessualen Inhalt hat. Hierzu gehören: Das Grundgesetz, die formellen Bundes- und Landesgesetze und Rechtsverordnungen (vorkonstitutionelles Recht und Recht der DDR soweit es fortgilt) das Primär- und Sekundärrecht der EU; die ratifizierten Staats-

verträge; ein Gewohnheitsrecht nach → ZPO § 293 Rn. 6; die anerkannten Regeln des Völkerrechts, zB nach Art. 25 GG (beim Zweifel, ob eine derartige Regel ein Bestandteil des Bundesrechts ist, muss man nach Art. 100 II GG die Entscheidung des BVerfG einholen). Schließlich gehört hierhin auch örtlich begrenztes Recht wie zB eine Ortssatzung oder die Satzung einer sonstigen Körperschaft der mittelbaren Staatsverwaltung.

Kein „Gesetz" sind Handelsbräuche oder Börsenbräuche (Usancen) nach § 346 HGB. Sie sind kein Gewohnheitsrecht, sondern dienen nur der Ergänzung und Auslegung von Verträgen. Kein „Gesetz" sind auch Verwaltungsanordnungen wie Richtlinien, Allgemeine Verfügungen, Ausführungsanweisungen usw. (hier tritt eine vom Gericht zu beachtende Selbstbindung der Verwaltung über Art. 3 GG ein). Ebenso ist eine ständige Rspr. kein „Gesetz", BGH MDR 1996, 811. 7

IV. Gesetzesbindung und richterliche Normverwerfung. 1. Grundsatz und Grenzen. Die richterliche Unabhängigkeit findet ihre Begrenzung und Rechtfertigung in der Bindung des Richters an das Gesetz. Trotz aller Relativierungen des Verständnisses der Gesetzesauslegung als Erkenntnisakt durch Sprachphilosophie und Rechtstheorie, vgl. Christensen/Sokolowski Rechtstheorie 2001, 327; Kuntz AcP 215 (15), 387, entbehrt die Gesetzesbindung nicht jeder normativen Kraft. Auch bei einem Verständnis der Auslegung als Produktion von Recht bleibt die Bindung wegen des Normbefehls aus Art. 97 I GG und § 1 anzustrebendes Ideal. Jedenfalls folgt aus der Gesetzesbindung die Pflicht zur methodisch abgeleiteten, rationalen Argumentation, Dreier/Schulze-Fielitz GG Art. 97 Rn. 21. Soweit dem anzuwendenden Gesetz verbindliche Vorgaben zu entnehmen sind, sind sie vom entscheidenden Richter zur Geltung zu bringen und nicht eigenmächtig zu verändern, Maunz/Dürig/Hillgruber GG Art. 97 Rn. 43. Die Bindung des Richters an das Gesetz schließt eine richterliche Rechtsfortbildung in ihren methodisch anerkannten Grenzen nicht aus, BVerfGE 71, 354. Eine Missachtung der Gesetzesbindung im Sinne einer gegen Art. 2, I, 3 I iVm Art. 20 III GG verstoßenden Willkürentscheidung liegt aber erst vor, wenn die Begründung der Entscheidung eindeutig erkennen lässt, dass sich das Gericht aus der Rolle des Normanwenders in die einer normsetzenden Instanz begeben hat, also objektiv nicht bereit war, sich Recht und Gesetz zu unterwerfen, BVerfG NJW 1993, 996; vgl. zur Problematik einerseits Rüthers JZ 2006, 53; JZ 2006, 958 und andererseits Hirsch JZ 2007, 853). 8

Nur das **gültige Gesetz** bindet den Richter. Die Bundesgesetze ebenso wie die RVOen des Bundes sollen den Tag des Inkrafttretens bestimmen. Andernfalls treten sie nach Art. 82 II GG und G vom 30.1.50, BGBl. I 23, mit dem 14. Tage nach dem Ablauf desjenigen Tages in Kraft, an dem das BGBl. ausgegeben wird. „Ausgegeben" ist das Gesetzblatt dann, wenn das 1. Stück in den Verkehr kommt. Wie das geschieht, ist bedeutungslos, BVerfG NJW 1963, 1443. In der Praxis ist der Zeitpunkt des Einrückens in eine elektronische Veröffentlichung oder des Verlassens der Bundesdruckerei meist maßgeblich. Das mag etwa am Jahresende vereinzelt unklar sein. Entsprechendes gilt für das Landesrecht. 9

2. Instanzrichterliche Kompetenzen zur Ermittlung des Normvorrangs. Während das Bundesverfassungsgericht das uneingeschränkte Monopol zur Verwerfung eines formellen Gesetzes am Maßstab des GG hat, kommt bei anderen normhierarchischen Konflikten den Instanzgerichten eine eigene Prüfungskompetenz zu. Die Überprüfung von Verordnungs- und Satzungsrecht mit höherrangigem Recht obliegt vorbehaltlich landesverfassungsrechtlicher Regelungen mit Ausnahme sogenannter gesetzesvertretender Verordnungen, BVerfGE 52, 1 (16 f.), jedem Richter. Auch der Anwendungsvorrang des Unionsrechts gegenüber Bundes- und Landesrecht ist eigenverantwortlich in jeder Instanz zu bestimmen, bei Zweifeln im Dialog mit dem EuGH im Wege des Vorabentscheidungsersuchens, s. Anh. Im Verhältnis des einfachen Bundesrechts zu Landesrecht ist nur die Kollision später erlassenen Landesrechts mit früher bestehendem Bundesrecht dem Bundesverfassungsgericht vorzulegen, Art. 100 I 2. Bei jüngerem Bundesrecht ist das Instanzgericht selbst befugt, das Landesrecht unangewendet zu lassen, BVerfGE 65, 359. 10

3. Zuständigkeit des BVerfG. Das Bundesverfassungsgericht ist zuständig für die Nachprüfung der Verfassungsmäßigkeit der Gesetze und – in engeren Grenzen, → Rn. 10 und unten – für die Vereinbarkeit von Landesrecht mit Bundesrecht. Maßgeblich ist Art. 100 GG und § 80 BVerfGG. Er bringt eine bedingte Aussetzungs- und Vorlagepflicht der Gerichte vor dem BVerfG. Die Feststellung der Verfassungswidrigkeit von Gesetzen im Hinblick auf das GG und beim Landesrecht auf die Landesverfassung sowie der Unvereinbarkeit von Landesgesetzen mit dem Bundesrecht ist also dem Prozessgericht entzogen und dem BVerfG übertragen. Diese Beschränkung gilt nur für Gesetze im förmlichen Sinn einschließlich der Zustimmungsgesetze nach Art. 59 II GG, BVerfGE 56, 1, nicht aber für HaushaltsG, BVerfGE 38, 125, völkerrechtliche Verträge, BVerfGE 29, 358, satzungsvertretende Landesgesetze, BVerfG NJW 1985, 2315, und für RVOen, und auch nicht für vorkonstitutionelle Gesetze, es sei denn, der Bundesgesetzgeber hat sie in seinen Willen aufgenommen, BVerfGE 64, 217. Das Entscheidungsmonopol des BVerfG erstreckt sich auch nicht auf die Frage, ob ein Landesgesetz mit späterem Bundesrecht unvereinbar ist, BVerfGE 65, 359. 11

4. Vorlagepflicht. Ein Gericht mag aufgrund dieser Prüfung von der Ungültigkeit der anwendbaren Norm überzeugt sein, BVerfGE 68, 343. Bloße Bedenken oder Zweifel genügen nicht, BVerfG NJW 1952, 497, auch dann nicht, wenn die Verfassungswidrigkeit nur möglich ist, BVerfG NJW 1963, 1347. Das Gericht verstößt aber gegen Art. 101 I 2 GG, soweit es nicht in vertretbarer Weise eine Vorlagepflicht prüft, BVerfG AnwBl 2015, 353 (Verstoß des BGH). Bei einer vollen Überzeugung wie bei → ZPO § 286 Rn. 18 muss das Gericht nach § 80 III BVerfGG von Amts wegen das Verfahren aussetzen und nach § 80 I BVerfGG unmittelbar die Entscheidung des BVerfG einholen. Das gilt auch dann, wenn vorher ein LVerfG über die Vereinbarkeit mit der LVerfassung entschieden hat, BVerfG JZ 1964, 288. Kommt auch die Vorlage an den EuGH nach Anh. § 1 oder an ein LVerfG infrage, hat das Gericht die Wahl, BVerfG NJW 1985, 2522; Aretz JZ 1984, 918; Geiger EuGRZ 1984, 409. 12

5. Vorlagefolgen. Liegen die Voraussetzungen der Vorlage vor, ist jede andere den Prozess weiterführende Entscheidung unstatthaft, BVerfG NJW 1973, 1319. Ob eine „schlichte" Aussetzung des Verfahrens bei der Anhängigkeit eines einschlägigen Normenkontrollverfahrens statthaft ist, ist streitig. Jedenfalls ist das Ruhen des Verfahrens nach § 251 ZPO zweckmäßig. Die Vorlage schließt aber eine anderweitige Erledigung des Prozesses zB durch einen Vergleich oder eine Klage- oder Rechtsmittelrücknahme nach §§ 269, 516, 565 ZPO ebensowenig aus wie eine solche Zwischenentscheidung etwa nach §§ 280, 303 ZPO, die die Verfassungsfrage nicht berührt. Das Prozessgericht ist auch befugt, vor der Vorlage einen vorläufigen Rechtsschutz zB nach §§ 916, 13

935 ff. ZPO, §§ 49 ff. FamFG dann zu gewähren, wenn das im Interesse eines effektiven Rechtsschutzes als notwendig erscheint und wenn die vorläufige Maßnahme die Hauptsache dadurch nicht vorweg nimmt, BVerfG NJW 1992, 2749; OVG Münst NVwZ 1992, 1227.

14 **6. Grenzen der Vorlagepflicht.** Eine solche Norm, die das BVerfG bereits für gültig erklärt hat, darf nur unter bestimmten Voraussetzungen nochmals zur Prüfung kommen, BVerfG NJW 1986, 422. Umgekehrt braucht ein Gericht dann nicht vorzulegen, wenn das BVerfG oder ein LVerfG eine Norm bindend für ungültig erklärt hat, zB wegen eines Verstoßes gegen eine Landesverfassung, oder soweit das BVerfG eine bestimmte Auslegung als verfassungswidrig erklärt hat, BVerfGE 42, 260. Das Unterlassen der Vorlage kann einen Verstoß gegen Art. 101 GG darstellen, BVerfGE 64, 12; BayVerfGH BayVBl. 1985, 363.

15 **7. Vorlageverfahren.** Aussetzung und Einholung der Entscheidung des BVerfG erfolgen durch den Richter, nicht durch den Rpfleger, BVerfG NJW 1982, 2178; krit. Meyer-Stolte Rpfleger 1981, 54. Das Gericht beschließt in derjenigen Besetzung, in der es die von der Gültigkeit der Norm abhängende Entscheidung treffen muss, BVerfGE 54, 159, nach § 79 FGO aber nicht durch den Berichterstatter, BVerfG NJW 1999, 274. Erforderlich ist ein Beschluss zB nach § 329 ZPO. Er braucht wie die von der Vorlage abhängende Entscheidung eine Unterschrift, BVerfGE 34, 260. Das vorlegende Gericht muss den Sachverhalt so weit aufklären, dass die Entscheidungserheblichkeit feststeht, BVerfGE 25, 276, und dass die Vorlage deshalb unerlässlich ist, BVerfGE 58, 157, N. Eine mündliche Verhandlung ist meist dann nötig, wenn das Verfahrensrecht sie vorsieht, es sei denn, die Entscheidungserheblichkeit der Norm steht von vornherein fest, BVerfG FamRZ 1989, 256.

16 **8. Eilverfahren.** Die Vorlage ist auch in Eilverfahren jedenfalls dann zulässig, wenn die Regelung die Entscheidung in der Hauptsache weitgehend vorwegnehmen würde, BVerfGE 63, 141 (zust. Kübler JZ 1983, 494); OVG Münst NWVBl 1991, 48; vgl. auch BVerfG NJW 1989, 827; NJW 1992, 2749. Zur Gewährung eines vorläufigen Rechtsschutzes in der Hauptsache vor der Vorlage → Rn. 13. Im Detail ist hier Vieles ungeklärt und streitig, s. Bode VerwArch 107 (2016), 206; Froese/Kempny/Schiffbauer DÖV 2017, 261; Schenke JuS 2017, 1141.

17 **9. Besondere Zulässigkeitsvoraussetzungen und Begründungsanforderungen der konkreten Normenkontrolle nach Art. 100 GG Abs. 1 im Überblick.** Die zwei besonderen Zulässigkeitsvoraussetzungen eines Antrages auf konkrete Normenkontrolle nach Art. 100 I GG, § 80 BVerfGG sind die Überzeugung des Gerichts von der Verfassungswidrigkeit der Norm und die Entscheidungserheblichkeit; das Bundesverfassungsgericht stellt relativ strenge Anforderungen an die Begründung dieser beiden besonderen Zulässigkeitsvoraussetzungen.

18 In der Begründung muss das vorlegende Gericht angeben, inwiefern seine Entscheidung von der Gültigkeit der Rechtsvorschrift abhängt und mit welcher übergeordneten Rechtsnorm sie nach § 80 II BVerfGG unvereinbar ist. Da der Beschluss aus sich heraus verständlich sein muss, ist eine Verweisung auf andere Entscheidungen grundsätzlich unzulässig, BVerfG NJW 1969, 1953. Ausnahmsweise genügt es dem Begründungserfordernis, wenn Gerichte auf einen eingehend begründeten Vorlagebeschluss eines anderen Gerichts Bezug nehmen; hätten die vorlegenden Gerichte zur Begründung ihrer Vorlage den dem Senat bereits vorliegenden Beschluss abgeschrieben, so wäre damit in der Sache nichts gewonnen, BVerfGE 90, 145 (167).

19 Zu einer ordnungsmäßigen Begründung gehören nach BVerfG NJW 1994, 509: Die erschöpfende Wiedergabe des für die rechtliche Beurteilung wesentlichen Sach- und Streitstands nach den Verhältnissen zur Zeit der Vorlage, BVerfGE 65, 314; die hinreichende Bezeichnung der für verfassungswidrig gehaltenen Norm, BVerfGE 53, 257

20 Die Ausführungen zur Überzeugung von der Verfassungswidrigkeit der Norm müssen den verfassungsrechtlichen Prüfungsmaßstab nennen und die für die Überzeugung des Gerichts maßgebenden Erwägungen nachvollziehbar und umfassend darlegen, BVerfGE 136, 127 Rn. 45. Das Gericht muss auf naheliegende tatsächliche und rechtliche Gesichtspunkte eingehen, vgl. BVerfGE 86, 71 (78) und gegebenenfalls auch die Gründe erörtern, die im Gesetzgebungsverfahren als für die gesetzgeberische Entscheidung maßgebend genannt worden sind, BVerfGE 136, 127 Rn. 45; 78, 201 (204). Der Vorlagebeschluss muss sich eingehend mit der Rechtslage auseinandersetzen, BVerfGE 132, 360 Rn. 20; 131, 1 (5), die in Literatur und Rechtsprechung entwickelten Rechtsauffassungen zur Verfassungsmäßigkeit der vorgelegten Norm sowie die in der Entstehungsgeschichte der Norm zum Ausdruck kommenden Erwägungen des Gesetzgebers berücksichtigen, BVerfGE 127, 335 (356) und sich mit der maßgeblichen Rechtsprechung des Bundesverfassungsgerichts auseinandersetzen, BVerfGE 131, 88 (118). Insbesondere muss das vorlegende Gericht die Möglichkeit einer verfassungskonformen Auslegung erörtern, BVerfGE 138, 64 Rn. 75; 85, 329 (333 f.), und vertretbar begründen, dass sie diese nicht für möglich hält, BVerfGE 121, 108 (117).

21 Hinsichtlich der Entscheidungserheblichkeit muss hinreichend deutlich werden, dass und aus welchen Gründen das vorlegende Gericht im Falle der Gültigkeit der in Frage gestellten Vorschrift zu einem anderen Ergebnis käme als im Falle ihrer Ungültigkeit, BVerfGE 107, 59 (85). Das Gericht muss sich eingehend mit der einfachrechtlichen Rechtslage anhand der in Rechtsprechung und Literatur vertretenen Auffassungen auseinandergesetzt haben und zu unterschiedlichen Auslegungsmöglichkeiten Stellung nehmen, soweit sie für die Entscheidungserheblichkeit maßgeblich sein können, BVerfGE 138, 1 Rn. 41; 105, 48 (56). Zudem muss es unter Ausschöpfung der ihm verfügbaren prozessualen Mittel auch alle tatsächlichen Umstände aufklären, die für die Vorlage Bedeutung erlangen können. Die ungeprüfte Übernahme von Parteivorbringen reicht dafür grundsätzlich nicht aus, BVerfGE 87, 341 (346). Es bedarf vielmehr hinreichender Feststellungen, die seine fach- und verfassungsrechtliche Beurteilung tragen können, BVerfGE 88, 198 (201).

22 Man muss also darlegen, dass die Klage und evtl. auch das Rechtsmittel **nicht aus anderen Gründen** wie etwa wegen Unzulässigkeit **erfolglos** ist. Dabei muss das vorlegende Gericht solche weiteren Normen in die rechtlichen Erwägungen einbeziehen, die zusammen mit der zur Prüfung gestellten Vorschrift die entscheidungserhebliche Regelung bilden, BVerfG FamRZ 1992, 781. Räumt die fragliche Norm ein Ermessen ein, muss das Gericht darlegen, zu welchem Ergebnis es bei der Auslegung der Ermessensvorschrift kommt und auf welchen Erwägungen dieses Ergebnis beruht, BVerfGE 57, 315.

23 Die erforderliche **Entscheidungserheblichkeit fehlt** auch dann, wenn das Prozessgericht zur Gültigkeit der Norm an die Rechtsauffassung des Rechtsmittelgerichts zB nach § 563 II ZPO gebunden ist, BVerfGE 42, 94, oder wenn die Unanwendbarkeit der Norm aus anderen Gründen feststeht, zB aufgrund einer Vorabentscheidung

des EuGH, BVerfG NJW 1992, 964. Kann bei einer angenommenen Gültigkeit der Norm eine Beweisaufnahme zu demselben Ergebnis führen, das aus ihrer Ungültigkeit folgen würde, darf das Gericht nicht ohne eine Beweisaufnahme vorlegen, BVerfG NVwZ 1995, 158, es sei denn, die Vorlagefrage hat eine allgemeine und grundsätzliche Bedeutung für das Gemeinwohl und ihre Entscheidung ist deshalb dringlich, BVerfG NJW 1978, 1151. Entfällt die Entscheidungserheblichkeit, muss das Gericht seinen Vorlagebeschluss aufheben, BVerwG NJW 1988, 1927. Wird die Entscheidungserheblichkeit infolge nachträglich eingetretener Umstände zweifelhaft, muss das vorlegende Gericht die Ungewissheit innerhalb einer angemessenen Frist beseitigen. Geschieht das nicht, wird die Vorlage unzulässig, BVerfG NJW 1979, 1649.

Praktische Hinweise zur Abfassung eines Vorlagebeschlusses, insbesondere hinsichtlich der strengen Begründungsanforderungen, liefern Hamdorf NordÖR 2011, 301; Lenz/Hansel, 2. Aufl. 2015, BVerfGG § 80 Rn. 62 ff., insbes. Rn. 102 ff. 24

10. Bindung. Das BVerfG ist bei der Beurteilung der Entscheidungserheblichkeit an die Rechtsauffassung des vorlegenden Gerichts gebunden, sofern sie nicht auf offensichtlich unhaltbaren rechtlichen Überlegungen oder tatsächlichen Würdigungen beruht, BVerfG NJW 1997, 2230, Die Rechtsauffassung muss zumindest nachvollziehbar sein, BVerfGE 126, 77 (97); 133, 1 Rn. 35; 138, 1 Rn. 41. Das gilt auch zur Auslegung von Verfahrensrecht. Verfassungsrechtliche Erwägungen des vorlegenden Gerichts zur Entscheidungserheblichkeit prüft das BVerfG dagegen umfassend nach, BVerfG NJW 1984, 1805 25

11. Unanfechtbarkeit. Gegen einen solchen Beschluss, der eine Vorlage nach Art. 100 GG anordnet oder ablehnt, ist kein Rechtsmittel zulässig, Düss NJW 1993, 411. Jedoch darf ihn das Prozessgericht von sich aus ändern, BVerfGE 7, 271. Es darf ihn auch ganz dann aufheben, wenn er gegenstandslos wird, zB durch eine Prozesshandlung der Parteien, aufgrund neuer Tatsachen oder infolge einer Entscheidung oder eines Hinweises des BVerfG, OVG Münst NVwZ 1992, 1227. Eine Aufhebung ist auch dann zulässig, wenn das vorlegende Gericht seine Rechtsauffassung ändert, BVerfG NVwZ 1995, 158. Dann muss es zunächst den Aussetzungsbeschluss aufheben, im weiteren Verfahren auch den Vorlagebeschluss, BGHZ 49, 215. 26

12. Weiteres Verfahren. Das Gericht muss wegen Art. 126 GG dann vorlegen, wenn fraglich wird, ob früheres Recht gerade als Bundesrecht fortgilt („Meinungsverschiedenheiten"), oder ob nach einer Feststellung der Unvereinbarkeit einer Bestimmung mit einer anderen diese letztere Bundesrecht ist, oder wegen Art. 25, 100 II GG, ob eine Regel des Völkerrechts Bestandteil des Bundesrechts ist und welchen Umfang und welche Tragweite sie hat, BVerfGE 64, 1 (auch zu den Begriffen des Rechtsstreits und des Zweifels und zur Rechtsnatur der Regel nach Art. 100 II GG). 27

Ein **Vollstreckungsverfahren** nach §§ 828 ff., 766, 793 ZPO ist danach ein „Rechtsstreit", BVerfGE 64, 13. Dann ist also weder eine bejahende noch eine verneinende Entscheidung zulässig, Ffm RIW 1982, 439. Ein Beweisbeschluss ist jedenfalls dann eine solche Entscheidung, wenn die vorgesehene Beweisaufnahme die Gefahr einer Völkerrechtsverletzung gegenüber dem fremden Staat in sich birgt, BVerfG NJW 1978, 485. 28

Unter Art. 126 GG fällt **nicht** der von → Rn. 27 zu unterscheidende Streit, ob früheres Recht überhaupt noch fortgilt. Die Entscheidung hierüber ist vielmehr eine Aufgabe des Prozessgerichts, BVerfG MDR 1952, 345. Durch das Unterlassen der nötigen Vorlage kann es Art. 101 I 2 GG verletzen, BVerfGE 64, 12. 29

13. Landesrecht. Fast alle Bundesländer haben im Rahmen von Art. 100 I GG die Nachprüfung der Verfassungsmäßigkeit von Normen besonderen Verfassungsgerichten zugewiesen, deren Entscheidung das Prozessgericht dann einholen muss, teilweise über Art. 100 GG wegen des LRechts hinausgehend: BW Art. 68; Bay. Art. 92, 98; Brdb Art. 113; Brem. Art. 142; Hmb. Art. 64; Hess. Art. 133; Meckl-Vorp Art. 53; Nds. Art. 42; NRW Art. 75; RhldPf Art. 130; Saarld Art. 99; Sa Art. 81; Sa-Anh. Art. 75 der jeweiligen Landesverfassung, dazu Hamdorf NordÖR 11, 301. 30

Anhang zu § 1
Vorabentscheidung durch den EuGH

Schrifttum: Berkemann DVBl. 2019, 333; Callies/Ruffert, EUV/AEUV, 5. Aufl. 2016; Callies NJW 2013, 1905; Callies, JZ 2009, 113 (Europäische Gesetzgebung und nationale Grundrechte und Divergenzen … von EuGH und BVerfG); Dauses, Das Vorabentscheidungsverfahren nach Art 177 EGV, 2. Aufl. 1995; Dauses FS Everling, 1995, 223; Fredriksen, Europäisches Vorlageverfahren und nationales Zivilprozessrecht usw. (rechtsvergleichend), 2009; Giannopoulos, Der Einfluss der Rechtsprechung des EuGH auf das nationale Zivilprozessrecht der Mitgliedstaaten, 2006; Geiger, EUV – AEUV, 6. Aufl. 2017; von der Groeben/Schwarze/Hatje, Europäisches Unionsrecht, 7. Aufl. 2015; Gsell/Hau, Zivilgerichtsbarkeit und Europäisches Justizsystem usw., 2012; Gündisch/Wienhues, Rechtsschutz in der Europäischen Gemeinschaft, 2. Aufl. 2003; Hakenberg DRiZ 2000, 345; Haltern/Bergmann, Der EuGH in der Kritik, 2012; Heuschmid/Hlava NZA 2018, 978 (Grdz.); Holzheuer, Rechtliche Stellung der Parteien im Zivilprozess bei Vorlage an den EuGH nach Art. 267 AEUV, 2016; Hummrich DRiZ 2007, 43 (je: Grdz.); Koenig/Sander, Einführung in das EG-Prozeßrecht, 1997; Kühling NJW 2017, 2959; Lange DRiZ 2017, 56; Malferrari, Zurückweisung von Vorabentscheidungsersuchen durch den EuGH, 2003; Paraschas DRiZ 2018, 348; Pechstein, Entscheidungen des EuGH, 11. Aufl. 2020; Poelzig JZ 2007, 858 (Grdz.); Roth/Hilpold, Der EuGH und die Souveränität der Mitgliedstaaten, 2008; Schwarze/Becker/Hatje/Schoo, EU-Kommentar, 4. Aufl. 2019; Schütze, Die Vorlageberechtigung von Schiedsgerichten an den EuGH, SchiedsVZ 2007, 121; Streinz/Ehricke, EUV/AEUV, 3. Aufl. 2018; Voit NJW 2017, 203; Wägenbaur, EuGH-VerfO, 2008. Rechtspolitisch (Revision zum EuGH) Bruns JZ 2011, 325.

Art. 267 AEUV (Vorabentscheidungsverfahren)

I Der Gerichtshof der Europäischen Union entscheidet im Wege der Vorabentscheidung

a) über die Auslegung der Verträge,
b) über die Gültigkeit und die Auslegung der Handlungen der Organe, Einrichtungen und sonstigen Stellen der Union.

II Wird eine derartige Frage einem Gericht eines Mitgliedstaates gestellt und hält dieses Gericht eine Entscheidung darüber zum Erlass seines Urteils für erforderlich, so kann es diese Frage dem Gerichtshof zur Entscheidung vorlegen.

III Wird eine derartige Frage in einem schwebenden Verfahren bei einem einzelstaatlichen Gericht gestellt, dessen Entscheidungen selbst nicht mehr mit Rechtsmitteln des innerstaatlichen Rechts angefochten werden können, so ist dieses Gericht zur Anrufung des Gerichtshofes verpflichtet.

IV Wird eine derartige Frage in einem schwebenden Verfahren, das eine inhaftierte Person betrifft, bei einem einzelstaatlichen Gericht gestellt, so entscheidet der Gerichtshof innerhalb kürzester Zeit.

1 **I. Systematik, Regelungszweck, I–III.** Die nationalen Gerichte haben bei der Anwendung nationalen Rechts den Vorrang des Unionsrechts zu beachten. Das Vorabentscheidungsverfahren nach Art. 267 AEUV soll sicherstellen, dass das Unionsrecht in allen Mitgliedstaaten mit ihren unterschiedlichen Rechtstraditionen einheitlich ausgelegt wird, EuGH NJW 1999, 201 Rn. 14, 23; NJW 1977, 957 Rn. 5, und ihm dadurch unionsweit die gleiche Wirkung zukommt, Berkemann DVBl. 2019, 333. Es dient aber auch – zumindest mittelbar – dem Individualrechtsschutz, Streinz/Ehricke, AEUV Art. 267 Rn. 8; Schwarze/Schwarze/Wunderlich, EU-Kommentar, AEUV Art. 267 Rn. 2. Dies zum einen, weil die Vorlage in einem Einzelfall erfolgt, in dem der mitgliedstaatliche Rechtsweg beschritten wird. Zum anderen kann bei Entscheidungserheblichkeit der Vorlagefrage auch die Gültigkeit bestimmter Rechtsakte durch den Gerichthof inzident zu überprüfen sein (Streinz/Ehricke, AEUV Art. 267 Rn. 8 mwN). Zur **Verfahrensordnung** des EuGH Dittert EuZW 2013, 726.

2 **II. Gerichtsbegriff, II-IV.** „Gericht" eines Mitgliedstaates nach Art. 267 AEUV ist in einem unionsrechtlichen Sinn zu verstehen, EuGH NJW 2011, 833 Rn. 22. Der Begriff meint eine unabhängige, durch Gesetz oder aufgrund eines Gesetzes eingerichtete Instanz, die im Rahmen einer obligatorischen Zuständigkeit Rechtsstreitigkeiten unter einer Anwendung von Rechtsnormen bindend entscheidet, EuGH NJW 2014, 3769 Rn. 21; EuGH BeckRS 2013, 80175 Rn. 38, EuGH NJW 1997, 3365 (zust. Boesen NJW 1997, 3350). **Nicht** zur Vorlage berechtigt sind wegen fehlender richterlicher Unabhängigkeit die Staatsanwaltschaften, EuGH NZA 1997, 307. **Nicht** als Gericht in diesem Sinn, sondern als Verwaltungsbehörde handelt ein Registergericht. Das Verfahren zielt nicht auf eine Entscheidung mit Rechtsprechungscharakter ab, EuGH NJW 2009, 569 Rn. 57; NJW 2001, 3179. Kein Gericht nach Art. 267 AEUV ist auch ein vertraglich vereinbartes Schiedsgericht nach §§ 1025 ff. ZPO, EuGH BeckRS 2014, 80979 Rn. 27; EuGH EuZW 2005, 319 Rn. 13; EuZW 1994, 408. Schiedsverfahren können deshalb nur im Rahmen eines Aufhebungs- oder Vollstreckbarerklärungsverfahren eines Schiedsspruchs (§§ 1059 ff. ZPO, zu einer entsprechenden Vorlage vgl. BGH SchiedsVZ 2016, 328; EuGH NJW 2019, 1663) vorgelegt werden oder das Schiedsgericht kann ein deutsches zuständiges Gericht nach § 1050 ZPO um Vorlage nach Art. 234 EGV ersuchen, vgl. Schütze SchiedsVZ 2007, 121.

3 Dagegen sind die Vergabekammern gemäß § 104 GWB vorlageberechtigt, EuGH NJW 2014, 3769 Rn. 22.

4 Ein Verbandsgericht – etwa für Sportler – kann als Gericht im Sinne des Art. 267 AEUV anzusehen sein, soweit es eine Entscheidung mit Rechtsprechungscharakter fällt (vgl. Streinz/Ehricke, AEUV Art. 267 Rn. 32).

5 **III. Vorlagegegenstand, I.** Vorlagegegenstand sind nach Art. 267 I die Auslegung von Verträgen (Buchst. a) sowie die Gültigkeit und die Auslegung der Handlungen der Organe, Einrichtungen und sonstigen Stellen der Union (Buchst. b). Danach können sich Vorlagefragen zur Auslegung auf Primärrecht (Gründungsverträge) und Sekundärrecht (sämtliche von der Union erlassene Rechtsakte) beziehen. Fragen der Gültigkeit können sich nur auf das sekundäre Unionsrecht beziehen. **Nicht vorlagefähig** sind Fragen nach der Auslegung des nationalen Rechts, EuGH NJW 2009, 3221 Rn. 37, oder dessen Vereinbarkeit mit dem Gemeinschaftsrecht, EuGH NJW 2006, 3697 Rn. 34. Das System des Art. 267 AEUV beruht auf einer klaren Aufgabentrennung zwischen den nationalen Gerichten und dem Gerichtshof. Die Auslegung der nationalen Vorschriften ist Sache der Gerichte der Mitgliedstaaten. Der Gerichtshof kann sich auch nicht zur Vereinbarkeit von Vorschriften des innerstaatlichen Rechts mit den Bestimmungen des Unionsrechts äußern. Dagegen ist der Gerichtshof befugt, dem nationalen Gericht alle Hinweise zur Auslegung des Gemeinschaftsrechts zu geben, die es diesem ermöglichen, über die Frage der Vereinbarkeit nationaler Rechtsvorschriften mit dem Gemeinschaftsrecht zu entscheiden, EuGH NJW 2009, 3221 Rn. 37.

6 Die Einordnung des einzelnen Sachverhalts unter eine Norm des Gemeinschaftsrechts – die Subsumtion – ist als solche nicht vorlagefähig. Rechtsanwendung bleibt Aufgabe des nationalen Gerichts. Die Vorlagefrage muss sich daher auf den Maßstab des Unionsrechts beziehen und auf die abstrakte Interpretation einer unionsrechtlichen Vorschrift gerichtet sein, EuGH BeckRS 2012, 81370. Die Beantwortung dieser Frage ermöglicht dem vorlegenden Gericht die Anwendung auf den konkreten Sachverhalt.

7 **IV. Vorlageberechtigung, II. 1. Grundsatz.** Ein nicht letztinstanzlich zuständiges Gericht hat ein Vorlagerecht und keine Vorlagepflicht, es sei denn, es will die Gültigkeit eines Gemeinschaftsakts verneinen → Rn. 19. Das nationale Gericht ist vorlageberechtigt, wenn es in einem bei ihm anhängigen Rechtsstreit eine Auslegung- oder Gültigkeitsfrage nach Art. 267 I Buchst. a oder b hat und das Gericht – nach pflichtgemäßen Ermessen – eine Vorlage für erforderlich hält. Das Ersuchen kann nur zurückgewiesen werden, wenn offensichtlich kein Zusammenhang zwischen der von diesem Gericht erbetenen Auslegung des Gemeinschaftsrechts oder Prüfung der Gültigkeit einer Vorschrift des Gemeinschaftsrechts und den Gegebenheiten oder dem Gegenstand des Ausgangsverfahrens besteht, EuGH, Slg. 1994, I-711 Rn. 17. Unerheblich ist auch, in welchem Stadium des Verfahrens die Vorlage erfolgt. Zwar sollten der Sachverhalt und die ausschließlich nach nationalem Recht zu beurteilenden Fragen geklärt sein, EuGH EuGRZ 2010, 452 Rn. 41). Ist die Vorlagefrage aber gerade für die Entscheidung über einen Prozesskostenhilfeantrag zu klären, kann die Vorlage auch bereits in diesem Verfahren erfolgen, EuGH EuZW 2011, 137 Rn. 2 1996, I-5689 Rn. 2. Sie ist allerdings nur bis zum Erlass des Urteils möglich, EuGH Slg. 1988, 2041.

8 **2. Ermessen.** Die Entscheidungsbefugnis liegen allein beim vorlegenden Gericht. Die Parteien können eine Vorlage lediglich anregen, Schwarze/Schwarze/Wunderlich, EU Kommentar, AEUV Art. 267 Rn. 34 mwN. Parteiabreden, mit denen das Gerichte zur Einholung einer Vorabentscheidung verpflichtet werden soll, sind unbeachtlich, EuGH Slg. 1978, 2203. Zweifel an der richtigen Auslegung allein zwingen nicht zur Vorlage, BFH EuZW 1996, 670 (zust. Reiche). Widerstreitende Meinungen in Rspr. und Schrifttum sind ein Grund zur Vorlage dann, wenn es sich nicht um einen kaum wiederkehrenden Einzelfall handelt, Jacobs Slg. 1997, I-6502. Umgekehrt ist die Vorlage dann unstatthaft, wenn für denselben oder doch für einen vergleichbaren Fall eine gefestigte Rspr. des EuGH vorliegt. Die vermutliche Dauer des Vorlageverfahrens kann dazu führen, dass schon ein Erstgericht die Sache vorlegt, AG Köln FamRZ 1998, 483, Borchardt EuZW 1998, 257 an.

Im Übrigen muss es einem Gericht, das nicht in letzter Instanz entscheidet, freistehen, dem Gerichtshof die Fragen vorzulegen, bei denen es Zweifel hat, insbesondere dann, wenn es der Ansicht ist, dass es aufgrund der rechtlichen Beurteilung des übergeordneten Gerichts zu einem unionsrechtswidrigen Urteil gelangen könnte, EuGH NVwZ 2010, 759 Rn. 32. Auch die Bindungswirkung eines **zurückverweisenden** Urteils zB nach § 563 II ZPO hindert das untere Gericht nicht daran, die Frage der Vorlegung nach II zu prüfen, EuGH NJW 1974, 440; Mankowski JR 1996, 375; Reiche EuZW 1996, 671. 9

3. Einstweiliger Rechtsschutz. Wegen der Eilbedürftigkeit der Entscheidung scheidet eine Vorlage nach II meist aus, EuGH NJW 2007, 3555; KG EuZW 1994, 544, es sei denn, dass beide Parteien oder doch die durch eine längere Verfahrensdauer benachteiligte Partei darauf hinwirken, Mankowski JR 1993, 406. Eine Vorlage kommt auch nach dem Erlass einer einstweiligen Maßnahme in Betracht, solange das Gericht des Eilverfahrens weiterhin zuständig ist, EuGH Slg. 88, 2041. 10

V. Vorlagepflicht, III. 1. Letztinstanzlichkeit. Sie liegt dann vor, wenn die Entscheidung nicht mit einem Rechtsmittel angegriffen werden kann, BVerfG NJW 1997, 2512; BGH NJW 1987, 3096, Hmb EuZW 1993, 264. Dies ist nicht nur bei Entscheidungen der obersten Bundesgerichte der Fall, sondern zB auch bei Urteilen das LG als Berufungsinstanz, des OLG bei einem nichtrevisiblen Urteil, Hummrich DRiZ 2007, 45, und des AG bei einem nicht berufungsfähigen Urteil, Rabe FS Redeker, 1993, 203. Hängt ein Rechtsmittel von einer Zulassung ab und besteht die Möglichkeit der Nichtzulassungsbeschwerde zB nach § 544 ZPO, ist das Gericht nicht vorlagepflichtig, EuGH EuZW 2002, 476; Groth EuZW 2002, 460. Vielmehr trifft die Vorlagepflicht dasjenige Gericht, das über die Beschwerde entscheiden muss, BVerfG NJW 1997, 2512; BVerwG NVwZ 2005, 598; Petzold NJW 1998, 124. Die Verfassungsbeschwerde ist kein Rechtsmittel nach III. 11

2. Entscheidungserheblichkeit. Das vorlegende Gericht muss sie nach → § 1 Rn. 12, 17 prüfen, EuGH Slg. 97, I-4161, I-4291. Es muss den nationalen Rechtsrahmen angeben, dessentwegen die Vorlage erheblich ist, EuGH Slg. 99, I-2969. Eine Entscheidung nach I lehnt der EuGH dann ab, wenn die Entscheidungserheblichkeit offensichtlich fehlt, wenn zB die vorgelegte Frage für die Entscheidung keine Bedeutung hat, EuGH Slg. 97, I-195; Hummrich DRiZ 2007, 44; Ress FS Jahr, 1993, 357. Entfällt die Entscheidungserheblichkeit, muss das Prozessgericht seinen Vorlagebeschluss aufheben. 12

3. Ausnahmen. Eine Vorlagepflicht besteht dann nicht, wenn die richtige Auslegung nach → Einl. II Rn. 70 ff. so offenkundig ist, dass kein Zweifel an der Antwort bleibt „acte claire", EuGH NJW 1983, 1257; BGH WM 2010, 1593. Das Gericht darf sich allerdings nicht der für seine Vorlageverpflichtung maßgeblichen Prüfung entziehen, BVerfG NJW 1997, 2512; Clausnitzer NJW 1989, 641; Heß ZZP 108, 81; Kindler NJW 1993, 3120. Die Vorlagepflicht nach Art. 267 III AEUV wird in den Fällen offensichtlich unhaltbar, also willkürlich, gehandhabt, wenn sie grundsätzlich verkannt wird. Dies betrifft Fälle, in denen ein letztinstanzliches Hauptsachegericht eine Vorlage trotz der – seiner Auffassung nach bestehenden – Entscheidungserheblichkeit der unionsrechtlichen Frage überhaupt nicht in Erwägung zieht, obwohl es selbst Zweifel hinsichtlich der richtigen Beantwortung der Frage hat und das Unionsrecht somit eigenständig fortbildet, BVerfG NJW 2014, 2489 Rn. 19. 13

Keine Vorlagepflicht besteht auch dann, wenn der EuGH die Frage schon entschieden hat. Es ist nicht erforderlich, dass eine Entscheidung bezogen auf den konkreten, im Streitfall gegenständlichen Sachverhalt vorliegt. Vielmehr genügt, dass eine gesicherte Rechtsprechung des EuGH besteht, durch die die betreffende Rechtsfrage gelöst ist, gleich in welcher Art von Verfahren sich diese Rechtsprechung gebildet hat und selbst dann, wenn die strittigen Fragen nicht vollkommen identisch sind („acte éclairé"), NJW 1983, 1257. 14

Eine Vorlage ist nicht angezeigt, sofern die entsprechende Frage dem EuGH bereits vorliegt. In diesem Fall ist das Verfahren, in dem das Vorabentscheidungsersuchen gleichfalls erheblich ist, entsprechend § 148 ZPO auszusetzen, vgl. BGH BeckRS 2019, 6990. 15

Im Verfahren des **einstweiligen Rechtsschutzes** zB nach §§ 916 ff., 935 ff. ZPO, §§ 49 ff. FamFG ist das insoweit letztinstanzliche Gericht nicht zur Vorlage wegen einer solchen Frage verpflichtet, die sich in einem späteren Hauptsacheverfahren endgültig klären lässt, EuGH NJW 1983, 2751; KG EuZW 1994, 544. 16

4. Verstoß. Die Nichtbeachtung der Vorlagepflicht führt nach dem Unionsrecht allenfalls zu einem Schadensersatzanspruch gegen den Mitgliedstaat, dem das nicht vorlegende Gericht angehört, EuGH NJW 2003, 3539 Rn. 52 (zust. Hakenberg DRiZ 2004, 113; Kremer NJW 2004, 480), dies jedoch nur, wenn das Gericht offenkundig gegen das geltende Recht verstoßen hat, EuGH NJW 2003, 3539 Rn. 53. 17

Die willkürliche Nichtvorlage nach Art. 267 III AEUV stellt einen Verstoß gegen den gesetzlichen Richter, Art. 101 I 2 GG, BVerfG 2014, 2491 Rn. 14; BVerfG NJW 2009, 353. In den Fällen der Vorlagepflicht nach III ist der EuGH gesetzlicher Richter ist, BVerfG NVwZ-RR 2018, 169; BVerfG NJW 2014, 2489 Rn. 15; BVerfG NJW 2009, 353; Hummrich DRiZ 2007, 45. Zu den Voraussetzungen einer deswegen erfolgreichen Verfassungsbeschwerde (Willkür, zB grundsätzliche Verkennung der Vorlagepflicht oder bewusstes Abweichen ohne eine Vorlagebereitschaft) BVerfG NJW 2002, 1487, Berkemann DVBl. 2019, 333; Hummrich DRiZ 2007, 45; Mayer EuZW 2005, 225. 18

VI. Angriff gegen Unionsrechtsakt. Eine instanzunabhängige Vorlagepflicht für alle mitgliedstaatlichen Gerichte besteht, wenn das Gericht eine unionsrechtliche Vorschrift unangewendet lassen will, weil es sich an die Norm nicht gebunden fühlt, insbesondere sie für unwirksam hält, EuGH NJW 1988, 1451 – Foto-Frost. Grund ist das für Unionsrecht vom EuGH beanspruchte Normverwerfungsmonopol. Allein der EuGH kann Rechtsakte der Union verwerfen, EuGH Slg. 1997, I-1847, 1987, 4199; Hummrich DRiZ 2007, 45. Ist eine Regelung Gegenstand eines Vorabentscheidungsersuchens, kann das nationale Gericht allerdings befugt sein, einstweilige Anordnungen zur vorläufigen Gestaltung oder Regelung der streitigen Rechtspositionen oder -verhältnisse zu treffen, EuGH NJW 1996, 1333 Rn. 30. 19

VII. Verfahren, I–III. Die Mindestanforderungen an den Inhalt von Vorlagebeschlüssen sind in Art. 94 Verfahrensordnung EuGH ausdrücklich geregelt, vgl. auch Dittert EuZW 2013, 726. Der EuGH veröffentlicht regelmäßig Empfehlungen an die nationalen Gerichte bezüglich der Vorlage von Vorabentscheidungsersuchen, zuletzt am 8.11.2019 (ABl. C 380, 1–9). 20

1. Vorlagebeschluss. Das Verfahren richtet sich nach dem nationalen Recht. Die Entscheidung, die Rechtsfrage dem EuGH vorzulegen, ergeht durch Beschluss, BGH NJW 2007, 2512. Für seinen Inhalt gilt nach → § 1 Rn. 17 21 weitgehend dasselbe wie für den Vorlagebeschluss nach Art. 100 GG. Zugleich muss das Prozessgericht das Verfahren entsprechend § 148 ZPO aussetzen, vgl. zB BGH GRUR 2019, 504. Will das vorlegende Gericht seinen Beschluss ändern oder ergänzen, erlässt es einen weiteren Vorlagebeschluss.

22 Die Parteien des Rechtsstreits können das Verfahren durch ein **Anerkenntnis oder einen Verzicht** zB nach §§ 306, 307, ZPO beenden. Soweit ein anderes Gericht, das dieselbe Rechtsfrage entscheiden müsste, sein Verfahren aussetzt → Rn. 13 sollte es dies dem EuGH formlos anzeigen, Schmidt FS Lüke, 1997, 726. Es darf aber auch seinerseits die Sache nach Art. 237 AEUV dem EuGH vorlegen. Es besteht Anwaltszwang. Ein (abhängiger) Syndikusanwalt ist nach → ZPO Vor § 78 Rn. 20 nicht postulationsfähig. Eine vorherige Beiordnung nach § 78b ZPO bleibt auch für das Verfahren vor dem EuGH wirksam, BGH AnwBl 2014, 273.

23 Das vorlegende Gericht muss die Vorlage dann **zurücknehmen,** wenn der EuGH inzwischen dieselbe Frage beantwortet hat oder wenn das Ausgangverfahren beendet ist, zB durch einen Vergleich, ein Anerkenntnis oder einen Verzicht, EuGH NJW 1996, 447. Eine Rücknahme der Vorlage ist auch sonst zulässig, zB nach → § 1 Rn. 26 dann, wenn neue Umstände eintreten oder wenn das Gericht seine Rechtsansicht ändert. Die Kostenerstattung bestimmt sich ausschließlich nach dem nationalen Recht zB nach §§ 91 ff. ZPO, EuGH EuZW 2002, 95; VGH Mannh NVwZ-RR 2002, 236.

24 **2. Rechtsmittel.** Ob gegen den Vorlage- und Aussetzungsbeschluss entsprechend § 252 ZPO die sofortige Beschwerde nach §§ 567 ff. ZPO statthaft ist, ist umstritten (bejahend BFH EuZW 1996, 670; Pfeiffer NJW 1994, 1996; wohl auch Grabitz/Hilf/Nettesheim/Karpenstein AEUV Art. 267 Rn. 42, für den Strafprozess OLG Rostock BeckRS 2012, 25359; ablehnend Köln WRP 1977, 734; Streinz/Ehricke AEUV Art. 267 Rn. 67; Everling DRiZ 1993, 12; Zöller/Greger ZPO § 252 Rn. 1b Jedenfalls kommt eine Gegenvorstellung in Betracht, Grabitz/Hilf/Nettesheim/Karpenstein AEUV Art. 267 Rn. 42.

25 **VIII. Bindungswirkung, I–III.** Die Entscheidung des EuGH bindet in derselben Sache die Gerichte aller Instanzen, Hummrich DRiZ 2007, 45, also auch das Erstgericht nach einer Zurückverweisung, BFH 124, 268, Hummrich DRiZ 2007, 44, und selbst das BVerfG bei einer Verfassungsbeschwerde in derselben Sache, BVerfG EuGRZ 1979, 551. Wenn die Entscheidung dem vorlegenden Gericht keine sichere Grundlage für seine Entscheidung verschafft oder wenn sich neue Gesichtspunkte ergeben oder wenn das Gericht den EuGH zu einem nochmaligen Überdenken der Problematik bewegen will, BAG NJW 1994, 683, kann es eine weitere Vorlage an den EuGH beschließen, EuGH EuZW 1996, 375 (zust. Schlachter). Eine erneute Vorlage derselben Frage durch dasselbe Gericht in demselben Verfahren ist dagegen unzulässig, EuGH Slg. 1977, 163; Heß ZZP 108, 69. Zur Problematik einer zeitlichen Begrenzung der Wirkung einer Entscheidung des EuGH Wiedmann EuZW 2007, 692. Die Entscheidung des EuGH bindet andere Gerichte nicht. Sie müssen aber die Entscheidung beachten und dann, wenn sie abweichen wollen, die Frage dem EuGH erneut vorlegen, EuGH NJW 1983, 1257; BGH NJW 1994, 2607.

2–9 (weggefallen)

10 *[Referendare].* [1]**Unter Aufsicht des Richters können Referendare Rechtshilfeersuchen erledigen und außer in Strafsachen Verfahrensbeteiligte anhören, Beweise erheben und die mündliche Verhandlung leiten.** [2]**Referendare sind nicht befugt, eine Beeidigung anzuordnen oder einen Eid abzunehmen.**

1 **I. Systematik, Regelungszweck, S. 1, 2.** Während § 193 I Referendaren gestattet, an den Beratungen und Abstimmungen des Gerichts teilnehmen, bei dem sie zur Ausbildung beschäftigt sind, regelt § 10 in welchem Umfang Referendaren zu Zwecken der Ausbildung richterliche Tätigkeiten übertragen werden können. Ziel ist es, die Ausbildung der Referendare bei Gericht auch auf die praktische richterliche Tätigkeit zu erstrecken (BeckOK GVG/Gerhold Rn. 1 mwN). Der Gesetzgeber wollte den Referendaren ein größeres Maß an Eigenverantwortlichkeit und Selbständigkeit gewähren, KG NJW 1974, 2094. Gleichzeitig zieht die Regelung die wegen der Bedeutung des Richteramts notwendigen Grenzen.

2 **II. Geltungsbereich, S. 1, 2.** § 10 gilt unmittelbar für Rechtsreferendare (§ 5 DRiG). Die Bestimmung findet auch in der Arbeitsgerichtsbarkeit (§ 9 II ArbGG), der Finanzgerichtsbarkeit (§ 155 S. 1 FGO) und der Verwaltungsgerichtsbarkeit (§ 173 VwGO) Anwendung.

3 **III. Umfang der Aufgabenübertragung, S. 1, 2.** Das Gericht kann einen Referendar, also einen im Vorbereitungsdienst nach § 5a DRiG Stehenden, jederzeit widerruflich mit der Wahrnehmung von Rechtshilfeersuchen nach §§ 156 ff. insbesondere im Rahmen der landesrechtlichen Ausbildungsordnungen, betrauen, ferner in einer Zivilsache mit der Anhörung von Verfahrensbeteiligten zB nach § 141 ZPO, mit jeglicher Art der Beweiserhebung zB nach §§ 355 ff. ZPO und mit der Leitung der mündlichen Verhandlung zB nach § 136 ZPO, Emde Jura 1995, 205. Das alles darf aber nur unter einer Aufsicht des Richters erfolgen, also in dessen ständiger Anwesenheit. Eine lediglich nachträgliche Kontrolle genügt nicht. Zum einen ist die Anwesenheit des Richters unerlässlich, weil der Referendar die Ordnungsbefugnis des Gerichts zB nach §§ 176 ff. nicht ausüben kann (BeckOK GVG/Gerhold Rn. 9; Kissel/Mayer Rn. 16). Zum anderen muss mit Blick auf das Recht auf den gesetzlichen Richter (Art. 101 GG) der für das Verfahren zuständige Richter jederzeit eingreifen können, um Fehler in der Prozessführung zu verhindern (vgl. im Einzelnen BeckOK GVG/Gerhold Rn. 11). Die Übertragung ist nur im Einzelfall zulässig. Der Richter muss die Eignung des Referendars für die in Rede stehende Aufgabe nach seinem pflichtgemäßen Ermessen prüfen. Eine Mindestausbildungszeit vor Übertragung der genannten Tätigkeiten ist – anders als in § 139 StPO – nicht erforderlich. Ausgenommen sind die Anordnung und Durchführung einer Beeidigung, ferner wegen § 28 II 2 DRiG die Leitung der mündlichen Verhandlung vor einem Kollegialgericht (umstr., vgl. Ffm NJOZ 2008, 1656). Erledigt ein Referendar richterliche Aufgaben, die das Gericht ihm nicht übertragen durfte, sind die Maßnahmen unwirksam. Fehler die ihm bei im Rahmen des § 10 übertragenen Aufgaben unterlaufen, sind – schon wegen der Verantwortlichkeit des zuständigen Richters – lediglich anfechtbar.

11 (weggefallen)

12 *[Gliederung der Gerichte].* **Die ordentliche Gerichtsbarkeit wird durch Amtsgerichte, Landgerichte, Oberlandesgerichte und durch den Bundesgerichtshof (den obersten Gerichtshof des Bundes für das Gebiet der ordentlichen Gerichtsbarkeit) ausgeübt.**

I. Geltungsbereich. Die Gliederung des § 12 GVG gilt auch in Justizverwaltungssachen und in allen 1
Angelegenheiten, die damit zusammenhängen.

II. Ausführungsvorschriften der Länder. Die Länder sind durch§ 12 verpflichtet, mindestens eines der 2
erforderlichen Gerichte einzurichten (BeckOK GVG/Gerhold Rn. 13 mwN). Errichtung, Aufhebung u Sitzverlegung sowie Änderungen von Gerichtsbezirken erfolgen durch Landesgesetz (Gerichtsorganisationsgesetze). Zunächst galt insoweit die Verordnung zur einheitlichen Regelung der Gerichtsverfassung vom 20.3.1935 (GVVO), RGBl. 1935 I 91, als Landesrecht fort. Nur als Bundesrecht wurde die GVVO durch das 1. Gesetz über die Bereinigung von Bundesrecht im Zuständigkeitsbereich des BMJ vom 19.4.2006, BGBl I 866, zum 24.4.2008 aufgehoben. Die meisten Bundesländer haben inzwischen entsprechende Vorschriften erlassen.

Vorbemerkung zu § 13
Rechtsweg

I. Systematik. Das GG spricht allgemein von Rechtsweg, Art. 19 IV 1, 93 I Nr. 4 GG. Es stellt neben die 1
ordentliche die Verwaltungs-, Finanz-, Arbeits- und Sozialgerichtsbarkeit nach Art. 95 I. Es gibt also verschiedene gleichwertige Rechtswege. Wenn der Rechtsweg vor den „ordentlichen Gerichten" als solcher herausgehoben scheint, ist das durch Art. 92, 95 I GG überholt. Ob der eine oder andere Rechtsweg offensteht, entscheidet sich nach dem Gegenstand des Anspruchs gemäß § 13. Steht kein anderer Rechtsweg zur Verfügung, bleibt allerdings nach Art. 19 IV 2 GG hilfsweise stets der zu den ordentlichen Gerichten statthaft.

II. Regelungszweck. § 13 gibt an, wann der Zivilrechtsweg, der ordentliche Rechtsweg, statthaft ist. Er hat 2
sein Gegenstück in § 40 VwGO und den entsprechenden Vorschriften in § 33 FGO und § 51 SGG und § 2 ArbGG. Erst in der Gesamtschau der Bestimmungen lässt sich erkennen, wann der ordentliche und wann der allgemeine oder besondere Verwaltungsrechtsweg statthaft ist. Gegenüber § 13 ist also erst durch die Generalklausel des § 40 VwGO „alle öffentlich-rechtlichen Streitigkeiten nicht verfassungsrechtlicher Art" und das Erfordernis einer ausdrücklichen bundesgesetzlichen Zuweisung dieser Sachen an andere als an Verwaltungsgerichte eine schärfere Grenzziehung erfolgt. Ob der eine oder andere Rechtsweg offensteht, ist nach → § 13 Rn. 3 eine Prozessvoraussetzung für den eingeschlagenen Rechtsweg, der sich dann als zulässig oder unzulässig erweist. Ist der eingeschlagene Rechtsweg unstatthaft, besteht nach § 17a II die uneingeschränkte Möglichkeit einer Verweisung von einem Rechtsweg in den anderen, eine Maßregel der Zweckmäßigkeit sowohl wegen der häufigen Schwierigkeit der Unterscheidung als auch zwecks Fristwahrung nach § 17b I.

III. Geltungsbereich. § 13 grenzt die ordentliche Gerichtsbarkeit von den weiteren in Art. 95 I GG 3
genannten Gerichtsbarkeiten ab. Im Verhältnis zu diesen handelt es sich um die Zulässigkeit des Rechtswegs. Diese Frage muss das Gericht von Amts wegen berücksichtigen. Außerdem können nach Art. 101 II GG durch Bundesgesetz besondere Gerichte für bestimmte Sachgebiete errichtet werden, zB die Gerichte der Schifffahrt nach § 14 GVG.

13 *[Rechtsweg zu den ordentlichen Gerichten].* **Vor die ordentlichen Gerichte gehören die bürgerlichen Rechtsstreitigkeiten, die Familiensachen und die Angelegenheiten der freiwilligen Gerichtsbarkeit (Zivilsachen) sowie die Strafsachen, für die nicht entweder die Zuständigkeit von Verwaltungsbehörden oder Verwaltungsgerichten begründet ist oder auf Grund von Vorschriften des Bundesrechts besondere Gerichte bestellt oder zugelassen sind.**

Übersicht

I. Systematik. § 13 und seine Abgrenzung gegen andere Gerichte („vor die ordentlichen Gerichte gehören") 1
ist eine zwingende Prozessvoraussetzung. Ist der Rechtsweg zu ihnen eröffnet, kann nur ein Gesetz oder eine Schiedsvereinbarung nach § 1029 ZPO ihn ausschließen. Umgekehrt kann man ihn nicht durch eine Verein-

barung eröffnen, zB den ordentlichen Rechtsweg nicht stets für eine kraft Gesetzes in einen anderen Rechtsweg gehörende Streitigkeit. Das schließt nicht aus, ein Rechtsverhältnis insgesamt vertraglich zu regeln. Dann gilt der für den Vertrag maßgebliche Rechtsweg, BVerwG NJW 1990, 1929. Die Abtretung eines öffentlich-rechtlichen Anspruchs an einen Privaten eröffnet nicht den Rechtsweg zu den ordentlichen Gerichten.

2 Das Gericht muss die Zulässigkeit des Rechtswegs in erster Instanz **von Amts wegen** nachprüfen, BVerfG NJW 1992, 360. Erweist sich der zu den ordentlichen Gerichten eingeschlagene Rechtsweg als unstatthaft, muss das Gericht evtl. nach einem vergeblichen Hinweis nach § 17a II, IV vorgehen. Offen darf es die Frage der Zulässigkeit des Rechtswegs nicht lassen. Denn sie ist nach § 17a V in zweiter und dritter Instanz in der Hauptsache grundsätzlich nicht mehr nachprüfbar.

3 **II. Regelungszweck.** Die eindeutige Zuordnung zu einem Gerichtszweig hat nicht nur wegen Art. 19 IV GG eine große Bedeutung, sondern auch aus Gründen der Rechtsstaatlichkeit nach Art. 20 GG und wegen der Rechtssicherheit nach → Einl. II Rn. 87. Das gilt unabhängig davon, ob und weshalb die verschiedenen Gerichtsbarkeiten unterschiedliches Ansehen haben. Es geht ja vor allem um die sehr unterschiedlichen Ausprägungen der Bestandteile der Rechtsidee in den aus der Gerichtsbarkeit folgenden Verfahrensordnungen, etwa um die Frage, ob ein Amtsbetrieb besteht oder ob die Parteiherrschaft mehr Freiheit gibt, aber auch mehr Parteiverantwortung. Deshalb sollte man sich bemühen, die oft nur sehr schwierige Zuordnung zur einen oder anderen Gerichtsbarkeit sorgfältig vorzunehmen.

4 **III. Geltungsbereich.** Es entstehen schwierige Abgrenzungsfragen.

5 **1. Ordentliches Gericht.** Alle Zivilsachen als Oberbegriff für bürgerliche Rechtsstreitigkeiten, Familiensachen und Angelegenheiten der freiwilligen Gerichtsbarkeit sowie alle Strafsachen gehören vor die ordentlichen Gerichte, alle öffentlich-rechtlichen Streitigkeiten nichtverfassungsrechtlicher Art vor die allgemeinen oder besonderen Verwaltungsgerichte. Diese grundsätzliche Abgrenzung lässt aber die Frage offen, was bürgerliche und was öffentlich-rechtliche Streitigkeiten sind. § 13 eröffnet die Möglichkeit der Begründung der „Zuständigkeit" von Verwaltungsgerichten oder der bundesrechtlichen Zuweisung an besondere Gerichte nach § 14, ebenso wie das § 40 I VwGO für solche öffentlich-rechtlichen Streitigkeiten tut, die ausdrücklich durch ein Bundesgesetz oder auf dem Gebiet des Landesrechts durch ein Landesgesetz nach § 71 III GVG vor ein anderes Gericht gehören, und wie es ferner in § 40 II VwGO durch eine Zuweisung der dort genannten vermögensrechtlichen Ansprüche öffentlich-rechtlicher Art an die ordentlichen Gerichte geschieht.

6 Aus der **Generalklausel** des § 40 I VwGO und der deutlichen Umgrenzung ihrer Ausnahmen ergibt sich aber gleichzeitig, dass nur für solche öffentlich-rechtlichen Streitigkeiten der ordentliche Rechtsweg offensteht, die einem ordentlichen Gericht ausdrücklich durch ein vor- oder nachkonstitutionelles Bundes- oder Landesgesetz zugewiesen sind. Solche Gesetzesregelungen, nach denen „die gerichtliche Klage" möglich oder „der Rechtsweg" statthaft ist, enthalten keine ausdrückliche Zuweisung in diesem Sinn, BVerfG DVBl 1982, 590. Demgemäß entfällt der ordentliche Rechtsweg für alle Sachen, in denen früher eine Zuweisung kraft Überlieferung oder wegen Sachzusammenhangs infrage kam.

7 Ist die Zuweisung einer landesrechtlichen Sache durch ein Landesgesetz schon vor dem Inkrafttreten der VwGO erfolgt, verbleibt es dabei, wenn das Gesetz in dem jeweiligen AGVwGO ausdrücklich aufrechterhalten worden ist, sonst dagegen nicht. Verweist das Landesrecht eine bürgerliche Rechtsstreitigkeit in den Verwaltungsrechtsweg, was § 13 offen- und § 4 EGGVG zulässt, wirkt das nur für das Land, also nur dann, wenn der Kläger den Rechtsstreit dort anhängig macht. Für den BGH gehört eine solche Verweisung im Rahmen des § 545 I ZPO zum revisiblen Recht.

8 **2. Verwaltungsgericht.** Das Gesetz kann bürgerliche Rechtsstreitigkeiten den Verwaltungsgerichten zuweisen. Sie sind nach → Vor § 1 Rn. 1 ebenso wie die ordentlichen Gerichte Organe der Rechtspflege. Zu ihnen gehören auch die Sozial- und Finanzgerichte als besondere Verwaltungsgerichte. Eine bundesgesetzliche Zuweisung von bürgerlichen Rechtsstreitigkeiten an die Sozialgerichte enthält § 51 II SGG.

9 Die Vorschrift **beschränkt sich** auf die gerichtliche Überprüfung solcher Maßnahmen, die unmittelbar der Erfüllung der öffentlich-rechtlichen Aufgaben der Krankenkassen und der kassenärztlichen Vereinigungen nach dem SGB V dienen, BGH NJW 2003, 1193. Zur Auslegung von § 51 II 1 SGG BGH NJW-RR 2004, 1119.

10 Soweit eine Zuweisung **landesgesetzlich** geschehen ist, müssen nach → Rn. 4 die durch das Bundesrecht gegebenen Grenzen eingehalten sein. Eine Zuweisung von bürgerlichen Rechtsstreitigkeiten an Verwaltungsbehörden kann wegen Art. 92 GG nicht mehr geschehen.

11 **3. Vorschaltverfahren (Widerspruchsverfahren).** Das schließt aber nicht aus, dass zunächst eine Verwaltungsbehörde entscheiden muss. Gegen deren Entscheidung kann man dann das ordentliche Gericht anrufen, Preibisch, Außergerichtliche Vorverfahren in Streitigkeiten der Zivilgerichtsbarkeit, 1979. Das gilt auch für Ansprüche gegen die öffentliche Hand, BVerfGE 40, 250, ferner nach den §§ 3 V HO, 10 und 13 StrEG.

12 Ein solches **Vorschaltverfahren** ist verfassungsrechtlich zulässig, BVerfGE 8, 246; BGHZ 85, 106; zweifelnd Hüttenhofer NJW 1989, 699 (zu Art. 22 BayAGGVG). Welche Bedeutung die Vorschaltung hat, insbesondere ob es sich um eine Sachurteilsvoraussetzung handelt, muss man der jeweiligen Norm entnehmen, BGHZ 85, 106. Handelt es sich um eine Sachurteilsvoraussetzung und übergeht der Kläger die Verwaltungsbehörde, klagt also sofort, muss das Gericht die Klage evtl. nach einem vergeblichen Hinweis nach § 139 ZPO durch ein sog. Prozessurteil als „zur Zeit unzulässig" abweisen, BGH NVwZ-RR 1992, 393; Walchshöfer FS Schwab, 1990, 523. Der Rechtsweg steht aber trotzdem dann sofort offen, wenn die Verwaltungsbehörde eine Entscheidung wegen angenommener Unzuständigkeit ablehnt oder für unzulässig hält und wenn eine verwaltungsgerichtliche Klage als aussichtlos erscheint. Auch kann man manchen Gesetzen entnehmen, dass eine Einigung der Parteien dahin zulässig ist, auf die vorherige Entscheidung der Verwaltungsbehörde zu verzichten.

13 **4. Besondere Gerichte.** Eine bundesrechtliche Bestellung von besonderen Gerichten ist nach → Vor § 13 Rn. 3 denkbar.

14 **5. Ausschluss des Rechtswegs.** Bei einem bürgerlichen Rechtsstreit kann aber auch der ordentliche Rechtsweg gesetzlich unstatthaft sein. Das muss das Gericht vor weiterer Prüfung klären, Mü MDR 2017, 900. Niemals aber darf nach Art. 19 IV GG ein Rechtsweg gänzlich entfallen.

15 **IV. Bürgerliche oder öffentlich-rechtliche Rechtsstreitigkeit.** Die bürgerlichen Rechtsstreitigkeiten stehen im Gegensatz zu den öffentlich-rechtlichen. Diesen liegt ein Verhältnis zugrunde, aus dem nur der Staat

oder solche anderen Träger öffentlicher Gewalt Rechte oder Pflichten haben, BAG NZA 2017, 582. Dahin zählen auch Gemeinden und Gemeindeverbände, öffentliche Anstalten, Körperschaften, Stiftungen, Kirchen. Sie alle können ihre Anordnungen meist zwangsweise durchsetzen. Ihnen steht also der einzelne als Gewaltunterworfener gegenüber, Wolff AöR 1976, 205. Jene treten als Hoheitsträger diesem mit Befehl und Verbot entgegen, sog. Subjektionstheorie, BGH NJW 1986, 2359; BSG NJW 1990, 342. Auch Rechtsbeziehungen aus dem Völkerrecht sind öffentlich-rechtlich. Aber auch beim Fehlen einer Über-, Unterordnung kann das öffentliche Interesse den Rechtsstreit zu einem öffentlich-rechtlichen machen, sog. Interessentheorie. Man kann schließlich auch auf den Schwerpunkt des Rechtsverhältnisses abstellen, sog. Schwerpunkttheorie.

Schwierig ist die Abgrenzung des gesetzlichen Begriffs „bürgerlich" und des in § 13 gar nicht genannten Begriffs „öffentlich-rechtlich". Das zeigt schon der Umfang der Beispiele → Rn. 51 ff. Das ist umso unerfreulicher, als es immerhin um den gesetzlichen Richter nach Art. 102 I 2 GG geht, mithin um erhöhte Anforderungen an eine richtige Zuordnung. Weder die nachfolgend dargestellten Begriffe „Über- oder Unterordnung" noch derjenige „Natur des Rechtsverhältnisses" können offenbar Unsicherheiten abschließend beseitigen. 16

1. Gleichberechtigung oder Über-, Unterordnung. Bürgerliche Rechtsstreitigkeiten behandeln solche Rechtsverhältnisse, bei denen die Beteiligten einander gleichberechtigt und nicht in einem Verhältnis der Über- und Unterordnung gegenüberstehen, BAG NZA 2017, 582; Mü OLGZ 1987, 244; OVG Münst NVwZ-RR 2016, 283, es sei denn, dass die diese Rechtsverhältnisse beherrschenden Normen überwiegend den Interessen der Gesamtheit dienen. Sind an einem Rechtsverhältnis ausschließlich solche Privatrechtssubjekte beteiligt, von denen keines als ein mit öffentlich-rechtlichen Befugnissen Ausgestattetes gehandelt hat, handelt es sich nicht um eine öffentlich-rechtliche Streitigkeit, BGH NJW 2000, 1042. Nicht entscheidend ist, dass auch öffentliches Recht anwendbar ist, wie auch nicht das Umgekehrte bei öffentlich-rechtlichen Streitigkeiten gilt. Die Tätigkeit einer Hoheitsverwaltung muss nicht immer schon in einer Ausübung öffentlicher Gewalt geschehen und nicht immer ein obrigkeitliches Gepräge haben. Die Verwaltung kann sich auch auf den Boden des Privatrechtsverkehrs begeben, BVerfG NJW 2007, 2276; OVG Münst NVwZ-RR 2016, 283. Das übersieht Drsd NZM 2016, 180. Dafür müssen freilich besondere Umstände sprechen. Denn meist wahren Personen des öffentlichen Rechts ihre öffentlich-rechtlichen Aufgaben mit Mitteln des öffentlichen Rechts. Jedenfalls macht ein öffentlich-rechtliches Interesse an der Abhaltung von Veranstaltungen die Rechtsform, in der das geschieht, nicht schon zu einer öffentlich-rechtlichen. 17

2. Gegenstand und Zweck. Ob ein öffentlich-rechtlicher oder privat-rechtlicher **Vertrag** vorliegt, muss man nach dem Gegenstand und Zweck des Vertrags im Einzelfall beurteilen, BGH NJW 2010, 875, BVerwG NVwZ 2018, 994; OVG Münst NVwZ-RR 2016, 283, zB §§ 54–62 VwVfG, 53–61 SGB X, Gusy DVBl 1983, 1222; Lange NVwZ 1983, 314; Martens NVwZ 1983, 717 (722). Maßgebend ist nicht das Ziel, sondern die Rechtsform, BVerfG NJW 2007, 2276. Entscheidend ist, ob sich die Vereinbarung auf einen vom Gesetz öffentlich-rechtlich oder privat-rechtlich geregelten Gegenstand bezieht, BGH NJW 1992, 1238; Hamm NVwZ 1992, 205. Bei einem Mischvertrag kommt es darauf an, wo der Schwerpunkt liegt, BGH WM 2013, 1665. Der Gegenstand gehört dann zum öffentlichen Recht, wenn sich aus dem Vertrag solche Rechte und Pflichten ergeben, deren Träger notwendigerweise an sich nur eine Stelle der öffentlichen Verwaltung sein kann, BGH NVwZ 2009, 1055; BVerwG NVwZ 2018, 994; OVG Münst NJW 1991, 61 (verneint für Einrichtungen der Kranken- und Altenpflege), oder wenn der Vertrag in einem engen und unlösbaren Zusammenhang mit einem öffentlich-rechtlichen Verfahren steht, BVerwG NJW 1976, 2360; Hamm NJW-RR 1991, 640. Betreibt die öffentliche Hand ein solches wirtschaftliches Unternehmen, das sich sowohl in öffentlich- wie in privat-rechtlichen Formen führen lässt, ist nicht die Art der Errichtung oder Zielsetzung entscheidend, sondern ob es im Verhältnis zu den Benutzern privat-rechtlich organisiert oder in einer Ausübung der öffentlichen Gewalt tätig wird. Darüber kann die Körperschaft entscheiden. Sie muss dann aber ihren Willen gegenüber der Allgemeinheit ausdrücklich und deutlich kundgeben, das wirtschaftliche Unternehmen hoheitlich zu führen. Eine Abtretung ändert am Charakter nichts, BGH WM 2013, 1642. 18

3. Natur des Rechtsverhältnisses. Ein Rechtsverhältnis ist aber nicht schon dann öffentlich-rechtlich, wenn ein Verwaltungsakt es begründet hat. Entscheidend ist vielmehr die Natur desjenigen Rechtsverhältnisses, aus dem man einen Anspruch herleitet, BGH WM 2013, 1665; BAG NZA 2017, 582; Brem NVwZ-RR 2015, 879. Handelt es sich um die fiskalische Beschaffung von Sachgütern durch den Abschluss eines bürgerlich-rechtlichen Vertrags, gehören dem Privatrecht auch die Aufhebung behördlicher Maßnahmen gegen einen dabei tätigen Handelsvertreter an, mögen diese auch auf innerdienstlichen Anordnungen beruhen. Als dem Privatrecht zugehörig gelten ferner zB: Der Verkauf eines Grundstücks durch die fiskalische Verwaltung, BGH WM 2013, 1665; das Überlassen von gewerblichen Nutzungsrechten, BGH NJW 1988, 337 (krit. Melullis WRP 1988, 229); die Tätigkeit von öffentlichen Kranken- oder Kreditanstalten sowie Sparkassen im Verhältnis zu ihren Benutzern und Kunden; die entsprechende Tätigkeit bei öffentlichen Versorgungsbetrieben, zB des städtischen Elektrizitätswerks; Konzessionsabgaben an eine Gemeinde als Wegeeigentümerin; ein Freibad der Gemeinde; die Lieferung von Leitungswasser durch die Stadt, BGH NJW 1979, 2615; eine Bauverpflichtung aus einem mit einer Gemeinde abgeschlossenen Grundstückskaufvertrag, BGH NVwZ 2004, 253. Öffentlich-rechtliche Verbände können auch im Verkehr untereinander öffentlich-rechtliche Angelegenheiten durch den Abschluss eines privatrechtlichen Vertrags ordnen. Freilich kann eine Beleihung Privater den Charakter des Rechtsverhältnisses ändern, Klüver, Zur Beleihung des Sicherheitsgewerbes mit „Aufgaben der öffentlichen Sicherheit und Ordnung", 2006. Das gilt selbst bei einem Monopolbetrieb. Öffentlichrechtlich ist ein solcher Vertrag, durch den sich eine Behörde zugunsten des privaten Partners durch dessen Beleihung zurückzieht, Stgt NVwZ-RR 2009, 984. 19

Insgesamt kann für die Frage, ob ein Vertrag dem öffentlichen oder privaten Recht gehört, **nicht stets entscheidend** sein, ob die am Vertrag beteiligten Rechtssubjekte solche des öffentlichen oder privaten Rechts sind, ebensowenig, ob der Anspruch ein vermögensrechtlicher nach → ZPO Vor § 1 Rn. 13 ist, aM OVG Münst NVwZ-RR 2010, 587 (aber es gibt auch solche aus dem öffentlichen Recht). Auch ist es möglich, dass im Rahmen eines öffentlich-rechtlichen Vertrags zusätzlich eine private Rechtspflicht entsteht, zB der Anlieger übernimmt privat-rechtlich die Reinigung des Gehwegs. Dann ist insoweit der ordentliche Rechtsweg zulässig. Denn bei öffentlich- und privat-rechtlichen Verträgen ist die Entscheidung vom Vertragsgegenstand her im Einzelfall notwendig. Für den Anspruch auf die Rückgewähr einer aufgrund eines Vertrags erbrachten Leistung steht derselbe Rechtsweg wie für den vertraglichen Leistungsanspruch zur Verfügung, BGH NVwZ 1984, 266. 20

Zum Rechtsweg für Ansprüche aus einer Geschäftsführung ohne Auftrag Hamm FamRZ 1997, 1409. Bei einer unerlaubten Handlung kann eine Vorfrage nach dem öffentlich-rechtlichen Anspruchsgrund für den Zivilrechtsweg unbeachtbar sein, BGH WM 2011, 143.

21 **V. Bürgerlich-rechtliche Streitigkeit.** Aus einem Grundsatz folgen Abgrenzungsmöglichkeiten.

22 **1. Maßgeblichkeit des Antrags.** Ob eine bürgerlich-rechtliche Streitigkeit vorliegt, bestimmt sich zunächst nach dem Antrag, BGH NJW 2010, 875; Rostock WM 2010, 1194. Richtet er sich gegenüber einem Träger der öffentlichen Verwaltung auf die Vornahme, Unterlassung oder Rückgängigmachung eines hoheitlichen Akts oder eines schlichthoheitlichen Handelns oder auf eine entsprechende Feststellung oder würde seine Vollstreckung darauf hinauslaufen, liegt keine bürgerlich-rechtliche Streitigkeit vor, mag der Kläger seinen Antrag auch auf einen privat-rechtlichen Sachvortrag stützen. Denn dem Zivilgericht fehlt die Befugnis zu einer solchen Entscheidung, BGH NJW 1984, 1242; BayObLG BayVBl. 1982, 218; aM BVerwG NVwZ 1991, 774.

23 Lässt der Antrag eine Entscheidung durch das Zivilgericht zu, ist die wirkliche **Natur desjenigen Rechtsverhältnisses** maßgeblich, aus dem man den Klageanspruch herleiten kann, und zwar nach → Rn. 19 so, wie sich das Rechtsverhältnis nach dem Sachvortrag des Klägers darstellt, ohne dass es auf die rechtliche Qualifizierung durch den Kläger ankommt. Die Begründung der Klage muss mindestens die Möglichkeit eines bürgerlich-rechtlichen vor die ordentlichen Gerichte gehörenden Anspruchs ergeben. Dazu genügt die hilfsweise Stützung etwa auf eine Amtspflichtverletzung, BGH NJW 1979, 2615. Bei § 677 BGB ist dasjenige Geschäft maßgeblich, das der Geschäftsherr selbst ausgeführt hätte, BGH VersR 2016, 209. Bei der Beurteilung ist das Revisionsgericht nicht an die Auffassung des Berufungsgerichts gebunden.

24 **2. Tatsachenvortrag.** Es entscheidet das tatsächliche Klagevorbringen, so wie es der Gegenstand oder die Art des Anspruchs nach § 4 EGZPO ergibt, BGH NJW 2010, 875; BAG NJW 1996, 2948; Karlsr VersR 2007, 207, evtl. nach einer Ergänzung nach § 139 ZPO. Maßgebend ist also nicht die Rechtsauffassung des Klägers, VGH Mü NVwZ-RR 1995, 121, auch nicht der Wortlaut des Antrags, sondern sein Wesen und Zweck. Maßgebend sind diejenigen Rechtssätze, nach denen das Gericht das Klagebegehren seinem wirklichen inneren Gehalt nach würdigen muss und die den Sachverhalt prägen, Mü OLGZ 1987, 244. Auf den Rechtscharakter der Einwendungen des Bekl. kommt es nicht an, BGHZ 72, 57, Hamm NVwZ 1992, 205; Köln NJW 1997, 470. Möglich ist jedoch, dass sich die wahre Natur des Anspruchs erst aus dem Vorbringen des Bekl. ergibt, zB bei der verneinenden Feststellungsklage nach § 256 ZPO, BGH NJW 1988, 2295. Zum Problem der sog. Doppelrelevanz → ZPO Vor § 253 Rn. 15.

25 Das Klagevorbringen muss allerdings wenigstens den behaupteten Rechtsweg nach → ZPO § 253 Rn. 28 **schlüssig** ergeben, BGH NJW 1996, 3012 (zust. Preuß JZ 1997, 202); KG NJW-RR 2002, 1510; Karlsr VersR 2007, 208. Es ist für die Bestimmung des Rechtswegs auch dann maßgeblich, wenn der Bekl. es bestreitet, BAG NJW 1996, 2948); aM BAG NJW 1994, 1172; KG NJW-RR 2002, 1510; Kluth NZA 2000, 463 (aber hier ist keine Parteiherrschaft beachtbar). Das Vorbringen des Bekl. ist auch bei einem vermutlich vorgeschobenem Klagevorbringen beachtbar, BGH NVwZ 1990, 1104; BVerwG NVwZ 1993, 358. Der Zivilrechtsweg ist dann unzulässig, wenn der Kläger zwar einen privat-rechtlichen Anspruch behauptet, wenn der Antrag oder die Begründung aber zeigt, dass der Kläger in Wahrheit die Vornahme, Unterlassung oder Rückgängigmachung eines staatlichen Hoheitsakts verlangt. Ist die Leistungsklage nach → ZPO Vor § 253 Rn. 8 unzulässig, ist es auch die Feststellungsklage nach § 256 ZPO. Umgekehrt ergibt sich aus der Zulässigkeit des Zivilrechtswegs für eine Klage auch die Zulässigkeit für die Abänderungs- oder Vollstreckungsabwehrklage nach §§ 323, 767 ZPO, für die Klage auf eine Unzulässigkeit der Vollstreckungsklausel nach § 724 ZPO und für das Wiederaufnahmeverfahren nach §§ 578 ff. ZPO. Daher ist für diese Anhangsverfahren ein für eine Klage notwendig gewesener Vorbescheid der Verwaltungsbehörde jetzt nicht mehr erneut notwendig.

26 **3. Grenzen.** Daher macht kein Umweg über eine bürgerlich-rechtliche Klage den Rechtsweg dann zulässig, wenn er tatsächlich unstatthaft ist. Als derartige Umwege werden manchmal missbraucht die Abwehrklage, die Behauptung eines Schadensersatzanspruchs oder eines solchen aus einer Bereicherung. Auch über eine Amtspflichtverletzung nach Art. 34 GG kann man den ordentlichen Rechtsweg nicht erzwingen, indem man zB nur der Form nach das Verschulden eines Amtsträgers bei der Ausübung eines Staatshoheitsrechts behauptet, in Wirklichkeit aber einen Verwaltungsakt rückgängig machen will, also etwa Steuerbeträge mit einer Klage aus unerlaubter Handlung zurückverlangt. Wohl aber könnte man auch hilfsweise nach → Rn. 21 geltend machen, dass ein bestimmter Beamter seine Amtspflicht dem Kläger gegenüber durch bestimmte Handlungen verletzt habe, die man angeben und deren Unvereinbarkeit mit der Amtspflicht man darlegen muss. Der Anspruch geht aber dann auf Geld, nicht auf eine Wiederherstellung desjenigen früheren Zustands, zu der der Beamte nicht befugt wäre. Es genügt also nicht die Behauptung einer Amtspflichtverletzung als solcher, BayObLG BayVBl. 1982, 218. Wegen Art. 19 IV GG → Rn. 47.

27 Anders liegt es bei Auswirkungen des Verwaltungsakts auf ein privates Recht dann, wenn der Kläger nunmehr aus Eigentum, Besitz, Leihe klagt, insbesondere wenn es sich um die Geltendmachung solcher Rechte gegenüber Dritten handelt, an die der Gegenstand durch einen Verwaltungsakt gelangt ist. Zulässig ist auch die Klage gegen eine Anstalt öffentlichen Rechts, soweit sich diese privat-rechtlicher Rechtsgeschäfte bedient hat, um auf dem Gebiet des öffentlichen Rechts liegende Zwecke zu erreichen, ebenso dann, wenn unter dem Deckmantel der Ausübung hoheitlicher Gewalt eine privat-rechtliche Betätigung erfolgt. Unzulässig wird der Zivilrechtsweg aber dann, wenn die Betätigung sowohl hoheits- wie privat-rechtlich ist.

28 **VI. Öffentlich-rechtliche Frage im bürgerlichen Rechtsstreit.** In einem bürgerlichen Rechtsstreit können auf mannigfache Weise solche Fragen auftauchen, für die als ein selbständiger Gegenstand eines Rechtsstreits der Rechtsweg zu den ordentlichen Gerichten unzulässig wäre.

29 **1. Vorfrage.** Über sie darf der Zivilrichter entscheiden, ebenso wie das VG zivilrechtliche Vorfragen selbständig entscheidet. Ist eine Frage durch einen bestandskräftigen Verwaltungsakt geklärt, bindet er das ordentliche Gericht hieran mit den sich aus → Rn. 33 ergebenden Ausnahmen, BGH NJW 1992, 1386, ebenso wie eine Entscheidung des ordentlichen Gerichts in den Grenzen von dessen innerer Rechtskraft nach § 322 ZPO grundsätzlich das VG bindet. Das ordentliche Gericht entscheidet also zB, ob es sich um privates oder öffentliches Eigentum handelt. Die Vorfrage gehört zur Untersuchung, ob die Klage begründet ist. Unstatthaft wäre der Zivilrechtsweg für eine Klage gegen die öffentliche Körperschaft wegen der Ungültigkeit des Verwaltungsakts,

auch in verschleierter Form etwa im Weg des Schadensersatzes, um dadurch nach → Rn. 26 seine Beseitigung zu erreichen. Denn es handelt sich um die Hauptfrage, außer wenn der Eigentümer diejenige öffentliche Körperschaft beansprucht, die selbst durch den Verwaltungsakt den Besitz erlangt hat.

Die Entscheidung der Vorfrage hängt oft davon ab, ob und in welchem Umfang das ordentliche Gericht die Gültigkeit und **Wirksamkeit eines Verwaltungsakts nachprüfen** darf. Das hat mit der Zulässigkeit des Rechtswegs nichts zu tun. Das Zivilgericht muss prüfen, ob der Verwaltungsakt überhaupt gültig ist. Ist er nichtig, ist der Zivilrechtsweg unstatthaft. Hierhin gehören die Fälle des § 44 VwVerfG, zB die absolute Unzuständigkeit der Behörde und andere schwerwiegende Fehler, nicht aber Willkürakte, mag der Missgriff auch noch so grob sein. **30**

Der nur fehlerhafte und deshalb rechtswidrige Verwaltungsakt gilt stets so lange als wirksam, wie ihn die Behörde nicht aufhebt („Tatbestandswirkung"), BGH NJW 1998, 3055; Köln OLGZ 1994, 475; Jeromin NVwZ 1991, 543. Evtl. muss das Gericht das Verfahren nach § 148 ZPO aussetzen, falls die Partei Klage vor dem VG erhebt. Auch ein Widerruf eines Verwaltungsakts bindet das ordentliche Gericht. Im Amtshaftungs- oder Entschädigungsprozess kann es jedoch auch einen bestandskräftigen Verwaltungsakt prüfen, nicht dagegen eine verwaltungsgerichtliche Entscheidung, BGH NJW 1991, 1168; krit. Berkemann JZ 1992, 18; Nierhaus JZ 1992, 209. Eine solche Überprüfung scheidet freilich jedenfalls dann aus, wenn der Verwaltungsakt in einem besonders ausgestalteten Verfahren ergeht und wenn er eine umfassende gestaltende Wirkung hat, zB ein Planfeststellungsbeschluss, Broß VerwArch 1987, 91 (110), oder die Entscheidung über das Vorliegen eines Dienstunfalls, BGH NJW 1993, 1790. **31**

Dagegen ist das Zivilgericht ohne eine Nachprüfungsmöglichkeit **an Entscheidungen** der Verwaltungs-, Finanz- und Sozialgerichte im Rahmen der inneren Rechtskraft dieser Entscheidungen **gebunden,** sofern es sich um einen Zivilrechtsstreit zwischen denselben Beteiligten handelt, BGH NJW 1998, 1398. Das gilt zB dann, wenn das Gericht die Nichtigkeit eines Verwaltungsakts verneint hatte, oder dann, wenn es einen Verwaltungsakt nach § 113 I VwGO aufgehoben oder die Klage auf die Aufhebung oder den Erlass eines Verwaltungsakts nach § 113 IV VwGO abgewiesen hatte, BGH FamRZ 1995, 33; Mü NVwZ 1995, 198; Broß VerwArch 1987, 91 (110). Bindend sind auch Entscheidungen über die Wirksamkeit einer Vorschrift nach § 47 VwGO, BGH NVwZ 1995, 412. Wird eine Norm für nichtig erklärt, ist das nach § 47 V 2 VwGO allgemein verbindlich. Auch eine rechtskräftige Entscheidung nach § 28 EGGVG hat eine bindende Wirkung, BGH NJW 1994, 1850. Dagegen haben Entscheidungen im Eilverfahren nach § 80 VwGO keine Bindungswirkung im Hauptverfahren, BGH NVwZ 2001, 353. Besonders geregelt ist nach → § 1 Rn. 10 ff. die Entscheidung über verfassungsrechtliche Vorfragen. **32**

2. Anspruchskonkurrenz. Können aus einem Rechtsverhältnis sowohl öffentlich-rechtliche als auch bürgerlich-rechtliche Ansprüche entstehen, gilt der Grundsatz, dass dieselbe Handlung nicht gleichzeitig privat- und öffentlich-rechtlich sein und dass man auch nicht die einheitliche öffentlich-rechtliche Aufgabe in öffentlich- und privat-rechtlich aufspalten kann. Ruft der Kläger das ordentliche Gericht an, muss dieses dann nach § 17 II über alle Rechtsgrundlagen entscheiden, wenn es sich um einen einheitlichen Anspruch handelt. Handelt es sich um eine Mehrheit von prozessualen Ansprüchen, gilt → § 17 Rn. 11. **33**

3. Aufrechnung. Rechnet eine Partei mit einer öffentlich-rechtlichen Forderung auf, muss das Zivilgericht nach → § 17 Rn. 11 auch darüber entscheiden. **34**

VII. Zivilprozesssache kraft Zuweisung. Dazu Schoch FS Menger, 1985, 305 (ausf.). Da öffentlich-rechtliche Streitigkeiten durch die Generalklausel des § 40 I VwGO den VGen zugewiesen sind, kommen nur diejenigen dieser Streitigkeiten vor die Zivilgerichte, die ihnen ausdrücklich ein Bundes- oder Landesgesetz zuweist, → Rn. 4. § 40 II VwGO enthält eine derartige „abdrängende" Zuweisung, VGH Mannh NJW 2005, 2636. Auch andere Gesetze sprechen solche Zuweisungen aus. Es handelt sich im Wesentlichen um die folgenden Situationen. **35**

1. Aufopferungsanspruch. § 40 II 1 Hs. 1 VwGO, wegen der Aufgabe privater Rechte zum allgemeinen Besten nach Art. 14 III 4 GG, BGH NJW 1995, 964. Das gilt nicht für Streitigkeiten über das Bestehen oder die Höhe eines Ausgleichsanspruchs im Rahmen von Art. 14 I 2 GG. Damit bestehen die Voraussetzungen für einen einheitlichen verwaltungsgerichtlichen Rechtsschutz bei einer Eigentumsbeschränkung auf einen Ausgleich, BVerfG NJW 1999, 2877; Kienemund NJW 2002, 1236; Kuhla/Hüttenbrink DVBl 2002, 86. So liegt es zB beim Streit um eine Entschädigung wegen Einbußen durch Straßenarbeiten, VGH Mannh VBlBW 2005, 276. **36**

2. Öffentlich-rechtliche Verwahrung, § 40 II 1 Hs. 1 VwGO. Also nur solche gegen die öffentliche Hand. Daher ist für einen Anspruch gegen den Bürger der Verwaltungsrechtsweg statthaft, VGH Mannh BaWüVPraxis 1978, 150. **37**

3. Schadensersatzanspruch aus der Verletzung öffentlich-rechtlicher Pflicht, § 40 II 1 Hs. 1 VwGO. Also nur ein solcher gegen die öffentliche Hand, zB ein Anspruch des Wasseranliegers nach § 30 III WHG, BVerwG DVBl 1987, 693, etwa wegen einer Amtspflichtverletzung nach Art. 34 GG iVm § 839 BGB, auch wenn man die Klage zusätzlich auf § 826 BGB stützt und mit einer Verletzung spezifisch verwaltungsrechtlicher Normen begründet, SG Hann NJW-RR 1988, 614. Die Verletzung braucht nicht schuldhaft zu sein, vgl. auch Art. 34 GG. **38**

Hierhin gehört **nicht** der Rückgriffsanspruch des Staats oder der Gemeinde gegen den Verletzer, ebensowenig der Rückgriff des Amtsträgers gegen den Dienstherrn für seine Schadensersatzleistungen. Für sie gilt der für das Rechtsverhältnis maßgebliche Rechtsweg. **39**

Nicht hierher gehören ferner Ansprüche aus der Verletzung öffentlich-rechtlicher Verträge, Kopp NJW 1976, 1966, und aus einem Verschulden bei den Vertragsverhandlungen (culpa in contrahendo), BGH NJW 1986, 1109. Anders liegt es, wenn man den Anspruch nach → § 17 Rn. 9 auch auf eine Amtspflichtverletzung stützt. **40**

Die Klage kann nach → Rn. 26 **nur auf einen Schadensersatz** gehen, nicht auf eine Folgenbeseitigung oder auf eine Rückgängigmachung der Amtshandlung. **41**

4. Enteignungsentschädigung nach Art. 14 III 4 GG wegen der Höhe. BGH NJW 1995, 964; aM BVerwG NJW 1993, 2149; Lege NJW 1995, 2745, aber auch wegen deren Art. Zur Frage der Höhe gehört auch diejenige nach dem Grund des Entschädigungsanspruchs. Daher muss das ordentliche Gericht auch dann ent- **42**

scheiden, wenn die Behörde eine Enteignungsentschädigung abgelehnt hat. Die Enteignung als solche ist nur dann vor dem VG anfechtbar, wenn nichts anderes bestimmt ist. Das gilt zB für eine Baulandsache, in der das ordentliche Gericht auch über die Enteignung selbst entscheidet. Ob eine Enteignung vorliegt, muss das ordentliche Gericht im Entschädigungsrechtstreit als eine Vorfrage entscheiden.

43 Die Zivilgerichte sind auch zuständig für Enteignungsansprüche nach §§ 59, 17 ff. LBG [Landbeschaffgsgesetz], nach § 28 IV LuftschutzG, nach § 25 SchutzbereichG, nach §§ 58 ff. BLG [Bundesleistungsgesetz]. Auch ein Anspruch auf eine Entschädigung wegen enteignungsgleichen oder enteignenden Eingriffs gehört wegen § 40 II VwGO vor die Zivilgerichte, BVerfGE 58, 300; Papier NVwZ 1983, 260; aM Schwerdtfeger JuS 1983, 110 (systemwidrig).

44 **5. Anfechtung nach BauGB.** Sowie den weiterhin in § 217 I BauGB genannten Verwaltungsakten, BVerwG NVwZ-RR 1999, 485. Hier kann das ordentliche Gericht den Verwaltungsakt selbst nachprüfen, auch den Enteignungsbeschluss als solchen. Das ist mit dem GG vereinbar, BVerfG NJW 1956, 625. Wegen der erweiterten Besetzung der Kammern und Senate für Baulandsachen → § 71 Rn. 1, → § 119 Rn. 11.

45 **6. Kartellsache.** Es geht nach § 62 GWB um eine Beschwerde gegen den Einspruchsbescheid der Kartellbehörde und gegen eine Verfügung des Bundesministers für Wirtschaft, wenn dieser ein Preiskartell erlaubt. Über die Beschwerde entscheidet das OLG. Dagegen ist nach § 73 GWB die Rechtsbeschwerde an den BGH statthaft. Das ordentliche Gericht darf hier nach § 70 IV GWB auch jeden fehlerhaften Gebrauch des Ermessens nachprüfen.

46 **7. Anwaltsstreitigkeit.** ZB über die Zulassung eines Anwalts, über die Nichtigkeit von Wahlen und Beschlüssen des Vorstandes, des Präsidiums oder der Versammlung nach §§ 42 V, VI, 91 VI, VII BRAO. Solche Streitigkeiten sind in letzter Instanz, die entsprechenden bei der Anwaltschaft beim BGH nach der BRAO diesem überhaupt zugewiesen. Dasselbe gilt bei der Anfechtung eines Verwaltungsakts nach der BRAO.

47 **8. Rechtsweg nach Art. 19 IV 2 GG.** Um eine Zivilprozesssache kraft Zuweisung handelt es sich auch bei der Zulässigkeit des ordentlichen Rechtswegs nach Art. 19 IV 2 GG. Diese greift nur beim Fehlen jedes anderen Rechtswegs ein, also nur hilfsweise. Das bedeutet bei dem Ausbau der Verwaltungs-, Sozial- und Finanzgerichtsbarkeit praktisch eine Unanwendbarkeit. Art. 19 IV 2 GG bewirkt keine Erweiterung der Zuständigkeit der Zivilgerichte in Amtshaftungsprozessen zur Aufhebung oder Vornahme eines Verwaltungsakts. Die Vorschrift greift auch dann **nicht** ein, wenn die Frist für eine Klage vor dem VG verstrichen ist.

48 **9. Verfahren.** Für das Verfahren in einer Zivilprozesssache kraft Zuweisung, auch in einer nach § 17a fehlerhaft an ein Zivilgericht verwiesenen öffentlich-rechtlichen Streitigkeit, fehlt eine allgemeine gesetzliche Regelung. Naturgemäß ist die ZPO immer dann anwendbar, wenn es um eine Geldforderung geht, zB als Entschädigung oder Schadensersatz, oder um die Feststellung des Bestehens oder Nichtbestehens eines öffentlichen Rechtsverhältnisses. Problematisch ist dagegen das Verfahren in anderen Fällen.

49 **Regelungen finden sich** in §§ 221–231 BauGB (Anwendung der ZPO mit Sonderbestimmungen für bestimmte Fälle), ferner in den genannten Bestimmungen der BRAO, bei der Anfechtung von Justizverwaltungsakten nach §§ 23 ff. EGGVG und in §§ 208 ff. BEG, lückenhaft zB im GWB (§§ 62 ff.). In anderen Bereichen fehlen sie ganz. Bemerkenswert ist, dass § 221 BauGB allgemein die bei Klagen in bürgerlichen Rechtsstreitigkeiten geltenden Vorschriften für entsprechend anwendbar erklärt, soweit das BauGB nicht Sondervorschriften enthält, während § 72 GWB nur bestimmt genannte Vorschriften des GVG und der ZPO anwendbar macht. Es ist ratsam, die Klageschrift und die Urteilsformel entsprechend dem Verfahren bei den VGen zu gestalten.

50 **10. Grenzen.** Tatsächlich lässt sich aus der Zuweisung als solcher nichts über die Verfahrensnormen folgern, da sie nur die Kompetenz regelt. Das Gesetz hat jedem Gerichtszweig entsprechend seiner Funktion ein bestimmtes Verfahren zugewiesen. Von ihm darf der Richter schon aus Gründen der Rechtssicherheit und Rechtsklarheit für den Rechtsuchenden nicht abgehen. Eine Anpassung an den Streitgegenstand nach → ZPO § 2 Rn. 4 ermöglichen zudem die verschiedenen Verfahrensarten der ZPO. Es gilt also bei Anfechtungs- und Verpflichtungsklagen eine Amtsermittlung nach → ZPO Vor § 128 Rn. 44. Ein Versäumnisverfahren ist unzulässig, Anerkenntnis, Verzicht und Vergleich sind nur insoweit zulässig, als die Partei über den Streitgegenstand verfügen kann, OVG Hmb NJW 1977, 214. Dritte können sich als streitgenössische Streithelfer nach § 69 ZPO beteiligen. Den Urteilstenor nach zB § 313 I Nr. 4 ZPO muss das Gericht den Gegebenheiten anpassen. Ähnliches findet sich auch in den Verfahrensvorschriften des BauGB und GWB. Wegen der Entscheidung auf Anfechtungs- und Verpflichtungsklagen §§ 226 II, III BauGB, 70 II, III GWB. Entsprechendes gilt umgekehrt für das Verfahren, das ein Zivilgericht irrig an das Gericht eines anderen Gerichtszweigs verwiesen hat.

51 **VIII. Beispiele zur Frage des richtigen Rechtswegs.** Es gelten hier folgende Abkürzungen: ARweg = Rechtsweg zu den Arbeitsgerichten; FRweg = Rechtsweg zu den Finanzgerichten; SRweg = Rechtsweg zu den Sozialgerichten, VRweg = Rechtsweg zu den Verwaltungsgerichten, ZRweg = Rechtsweg zu den ordentlichen (Zivil-)Gerichten.

52 **Abwehrklage, §§ 1004, 894 BGB: Kein** ZRweg dann, wenn der abzuwehrende Eingriff aufgrund der Herrschaftsgewalt des Staats stattgefunden hat, so wenn in Erfüllung öffentlicher Aufgaben durch Beseitigung der städtischen Abwässer (vgl. auch „Wasserstreit") fremdes Eigentum beeinträchtigt wird; kein ZRweg auch für die Abwehr von Geräuschimmissionen eines solchen Kinderspielplatzes, den aufgrund eines Bebauungsplanes eine Gemeinde eingerichtet und gewidmet hat, BGH NJW 1976, 570, ebenso bei einem von der Gemeinde als Unterkunft für Asylbewerber angemieteten Haus, Köln VersR 1992, 255. **Anders** dann, wenn die hoheitsrechtlichen Beziehungen geendet haben. Daher ZRweg wegen Beeinträchtigung durch eine aufgegebene und verfallene frühere Luftschutzanlage, da Zweckbestimmung entfallen, oder wenn durch von der Verwaltung angelegte Anlagen (Fontänenanlage), Dritte belästigt werden. ZRweg auch für Klage gegen Privatperson (AktG) auf Herausgabe eines Grundstücks mit der Begründung, dass derjenige staatliche Hoheitsakt unwirksam sei, aufgrund dessen sie als Eigentümer im Grundbuch eingetragen ist, da das nur Vorfrage ist, → Rn. 29.

Akteneinsicht: ZRweg, auch begrenzt in Beistandsakte des Jugendamts, VG Ffm FamRZ 2014 1869; VG Mü FamRZ 2014, 781. Das Hauptverfahren regelt auch die Akteneinsicht, OVG Lüneb NVwZ-RR 2016, 283.

Amtspflichtverletzung: Nach Art. 34 S. 3 GG ZRweg für Ansprüche auf Geldersatz einschließlich des Auskunftsanspruchs, BGHZ 78, 274. Gilt auch bei Gemeindebeamten. ZRweg auch wegen Schäden durch die Vorbereitung einer staatlichen Hoheitshandlung, wegen unsachgemäßer Durchführung eines Hoheitsakts, für die Ausgleichsansprüche mehrerer öffentlich-rechtlicher gesamtschuldnerisch verurteilter Körperschaften, für (nur) den Schadensersatzanspruch aus der Nichterfüllung einer Zusicherung, VGH Mannh DVBl 1981, 265; VGH Mü NVwZ-RR 2016, 400; ZRweg für einen Anspruch gegen das Jugendamt als Beistand in einer Unterhaltssache, OVG Münst FamRZ 2002, 833. **Kein** ZRweg für Schadensersatzansprüche aus der Verletzung eines öffentlich-rechtlichen Vertrags nach § 40 II VwGO. Aber ZRweg auch, falls ganz ausnahmsweise von einem Beamten persönlich Widerruf ehrkränkender Behauptungen bei seiner Amtsführung zu verlangen ist, oder über eine innerdienstliche Anordnung zu entscheiden ist, die einen Bürger vom privatrechtlichen Geschäftsverkehr in ehrkränkender Weise ausschließt. Das gilt, obwohl grundsätzlich nur Schadensersatz in Geld verlangt werden kann. ZRweg auch für Unterlassungsansprüche wegen ehrverletzender Äußerungen eines Stadtratmitgliedes in einem Parteigremium, dagegen VRweg für den Streit um Äußerungen über Verwaltungsangelegenheiten in der Vertretungskörperschaft, Oldb GRUR 1980, 1020. Kein ZRweg für den Rückgriff des Dienstherrn gegen den Beamten nach Art. 34 S. 3 GG. Der Schadensersatzanspruch des Dienstherrn gegen einen Beamten ist ausschließlich öffentlich-rechtlicher Natur, BGH NVwZ 2009, 928.

Anfechtungsgesetz: Für den gesetzlichen Rückgewähranspruch des § 7 AnfG ZRweg auch dann, wenn ihn eine Finanzbehörde zum Zweck der Befriedigung einer Steuerforderung geltendmacht, BGH NJW 1991, 1062. Auch → „Insolvenzverfahren".

Anschlusskosten: Meist öffentlich-rechtlich, Stgt BauR 2016, 1368.

Anschluss- und Benutzungszwang: Kein ZRweg, LG Saarbr NVwZ-RR 2016, 80.

Apotheker: ZRweg bei Sonderzahlungen an Versicherte zwecks Rezepteinlösungen, BGH NJW 2008, 1389.

Arbeitsförderung: Bei geförderten Umschulungsmaßnahmen ZRweg für den Streit zwischen einem Umschüler und einem privaten Berufsförderungszentrum, BayLSG NZA 1990, 712.

Arbeitsverhältnis: Grds. ARweg, BGH NJW 1998, 2745; BAG NZA 2017, 582.

- **(Anwaltskosten):** ZRweg bei einer Rückzahlung solcher Kosten, ArbG Passau NZA-RR 2007, 543.
- **(Bewerbung):** ARweg bei einer Bewerbung um einen Arbeitsplatz, OVG Münst NZA-RR 2010, 434.
- **(Datenspeicherung):** ARweg bei Auskunftsklage, BAG NZA 2014, 391.
- **(Darlehensrückzahlung):** ZRweg bei einem solchen Anspruch wegen eines solchen Darlehens der Bundesanstalt für Arbeitslosenvermittlung und Arbeitslosenversicherung, das zur Förderung der ganzjährigen Beschäftigung in der Bauwirtschaft dienen sollte.
- **(Drittschuldner):** ZRweg beim selbständigen Auskunfts- oder Ersatzanspruch des Gläubigers gegen den Arbeitgeber nach § 840 I, II ZPO, BAG NJW 1985, 1181; AG Geilenkirchen JurBüro 2003, 661; aM ArbG Passau JurBüro 2006, 552 (aber das gehört eben zur ZPO).
- **(Frachtführer):** ARweg, LAG Greifswald NZA-RR 2015, 605.
- **(Geschäftsführer):** ZRweg für Kündigungsschutzklage, BAG ZIP 2013, 539. ARweg für Ansprüche nach Abberufung, BAG ZIP 2013, 335; aM LAG Hmb NZA-RR 2017, 620 (ZRweg). EU-Arbeitnehmerbegriff und Arbeitsverhältnis nach § 2 I Nr. 3 ArbGG müssen nicht deckungsgleich sein, BGH NZA 2019, 706 zum GmbH-Fremdgeschäftsführer und AGG-Ansprüchen.
- **(Grundsicherung):** SRweg, GVG Bln-Brdb NVwZ-RR 2014, 328.
- **(Handelsvertreter):** ARweg bei §§ 5 III 1, 84 I, 92 I 1 Hs. 1 HGB, BGH WM 2013, 1701 und 1703, KG ZVertriebsR 2016, 30.
- **(Insolvenzanfechtung):** ARweg bei einer solchen Maßnahme gegen eine Lohnzahlung, BAG ZIP 2009, 1687.
- **(Lohnrückzahlung):** ZRweg bei einer solchen Rückzahlung, Rostock NZA-RR 2009, 392.
- **(Sic-non-Fall):** ARweg in solcher Lage eines noch nicht wirksamen Arbeitsverhältnisses, LAG Mainz MDR 2003, 37.
- **(§ 51 SGG):** SRweg, soweit diese Vorschrift gilt.
- **(Solo-Selbständiger):** ZRweg, BAG NZA 2017, 1143.
- **(Stille Gesellschaft):** → „Stille Gesellschaft".
- **(Streik):** ZRweg bei einem Schadensersatzanspruch dann, wenn ein Streik eine Gesetzesänderung herbeiführen soll. Denn das ist kein Arbeitskampf nach § 2 I Nr. 2 ArbGG.
- **(Unerlaubte Handlung):** ARweg bei einem Zusammenhang mit dem Arbeitsverhältnis, LAG Stgt NZA-RR 2014, 563.
- **(Universität):** ARweg beim Abteilungsleiter, BAG NZA 2017, 582.
- **(Urheberrecht):** ZRweg für solche Leistung auch ohne Vertrag, Düss GRUR 2016, 752.
- **(Versicherungszuschuss):** ZRweg wegen eines solchen Zuschusses, BAG NZA 2008, 1313.
- **(Versorgungsausgleich):** Evtl. ARweg, BGH MDR 2011, 1063.
- **(Werkwohnung):** ZRweg bei einem Streit um eine solche Wohnung nach → § 23 Rn. 16.

Arbeitsvermittlung: Evtl. ZRweg, Schlesw MDR 2009, 1129.

Arzt: ZRweg wegen eines Behandlungsfehlers, Tiemann NJW 1985, 2169.

Asyl: SRweg, OVG Münst NVwZ-RR 2015, 639.

Atomrecht: Vgl. VG Köln NJW 1988, 1995 (VRweg für Ersatzansprüche aufgrund der Ausgleichsrichtlinie); OVG Münst NJW 1990, 8226.

Aufopferungsanspruch wegen Aufgabe privater Rechte zum allgemeinen Besten: ZRweg wegen vermögensrechtlicher Ansprüche, → Rn. 35, § 40 II VwGO. Auch → „Amtspflichtverletzung", → „Enteignung".

Auftrag, öffentlich-rechtlicher: Durch das VgRÄG (BGBl. 1998 I 2512) entstanden Regelungen in §§ 97 ff. GWB: Nachprüfung der Entscheidungen zunächst durch die Vergabekammer, § 102 I GWB, dagegen sofortige Beschwerde zum OLG (Vergabesenat), § 116 III GWB, also ZRweg. VRweg dann, wenn der Auftragswert unter der Schwelle des § 100 I GWB liegt oder Aufträge nach § 100 II betrifft. ZRweg bei einer Vergabe im Wert unter dem Schwellenwert der Vergabeordnung, BVerfG NJW 2007, 2276. Maßgeblich ist im Übrigen nicht das Ziel, sondern die Rechtsform, BVerfG NJW 2007, 2276. Zur Abgrenzung zum SRweg bei fehlendem Vergabevorgang BGH NZBau 2020, 313. Auch → „Vergabestreit".

Ausgleichsanspruch im Rahmen der Inhaltsbestimmung des Eigentums: ZRweg, BGH NJW 1995, 964; Schenke NJW 1995, 3145; aM BVerwG NJW 1993, 2849; Lege NJW 1995, 2749; Schoch JZ 1995, 768 (aber Eigentumsfragen sind der Kern).

Ausgleichsleistungsgesetz v. 27.9.1994, BGBl. 2628: ZRweg, BGH NJW 1996, 1147, → „Enteignung".
Auslieferung: ZRweg, BVerwG NJW 2011, 250.
Bank: ZRweg beim Rückzahlungsanspruch aus einem öffentlich geförderten Bankdarlehen, BGH NJW 2000, 1042, oder aus eigenem Recht im Rahmen eines staatlichen Förderungsprogramms, BVerwG NJW 2006, 2568. VRweg für den Anspruch einer politischen Partei auf Eröffnung eines Girokontos, VGH Mannh NVwZ-RR 2017, 215.
Baubehördliche Auflage: Für Erstattung von Aufwendungen **kein** ZRweg. Zum „Anbauvertrag" (meist öffentlich-rechtlich, also VRweg für daraus hergeleitete Ansprüche) BVerwG 22, 138.
Baugesetzbuch: ZRweg im Rahmen des § 217 I BauGB → Rn. 44 (auch für Nichtigkeitsklagen gegen Enteignungsbeschlüsse, BVerwG NJW 1986, 2845, und in Nebenpunkten, zB Kostenerstattung im Enteignungsverfahren). VRweg für die Klage gegen die Ausübung des Vorkaufsrechts, §§ 24 ff. BauGB, BauErlG, BVerwG NJW 1989, 1626; VGH Kassel NVwZ 1983, 556; VG Ffm NJW 1988, 92; aM Ffm NVwZ 1982, 580; Martens/Horn DVBl 1979, 146 (aber das ist ganz typisch öffentlich-rechtlich). ZRweg (§ 217 I BauGB) für die Klage gegen einen Verwaltungsakt nach § 28 III, VI BauGB. VRweg für Ansprüche aus einem Erschließungsvertrag, Saarbr NVwZ-RR 2005, 662.
Baupflicht: ZRweg für die im Kaufvertrag mit einer Gemeinde übernommene, BGH NJW 2004, 1049.
Beamter: VRweg für jede Klage eines Beamten, Ruhestandsbeamten, früheren Beamten und seiner Hinterbliebenen aus dem Beamtenverhältnis oder für eine Klage des Dienstherrn nach § 126 BRRG, auf den auch § 172 BBG verweist.
- **(Abtretung):** Eine Abtretung ändert am Charakter nichts, BGH WM 2013, 1642.
- **(Amtspflichtverletzung):** → Rn. 26, auch hier „– (Staatshaftung").
- **(Beihilfe):** VRweg wegen einer zu Lebzeiten zu zahlenden oder gezahlten Beihilfe, VGH Mü NJW 1990, 934, oder wegen einer Rückforderung, zB nach dem Tod gegenüber den Erben, BVerwG DVBl 1990, 870; aM VGH Mü NJW 1990, 934, oder nach irriger Zahlung gegenüber einem Dritten.
- **(Dienstalter):** „– (Feststellung)".
- **(Drittschuldner):** VRweg auch für die Klage des Gläubigers gegen den Drittschuldner bei der Pfändung des Anspruchs auf Dienst- oder Versorgungsbezüge, VGH Kassel NJW 1992, 1253.
- **(Einstellung):** ZRweg wegen schuldhafter Nichteinhaltung einer Zusicherung auf eine Einstellung nach § 71 II Nr. 2. Auch „– (Staatshaftung)".
- **(Einstufung):** VRweg zu ihrer Klärung.
- **(Feststellung):** VRweg zur Feststellung eines Beamtenverhältnisses oder des Besoldungsdienstalters.
- **(Fürsorgepflicht):** VRweg zur Klärung ihrer Verletzung.
- **(Gehalt):** VRweg zur Klärung der Bezüge, auch wegen einer Rückforderung zB aufgrund eines Schuldanerkenntnisses, BGH MDR 1988, 385.
- **(Kreditwesen):** ZRweg wegen der Pflichtverletzung eines Sparkassen-Verwaltungsrats nach dem KWG, Rostock WM 2010, 1194.
- **(Lohnsteuer):** FRweg bei Klage auf Berichtigung einer Lohnsteuerbescheinigung, VG Mü NJW 2006, 795.
- **(Pfändung):** „– (Drittschuldner)".
- **(Richter):** VRweg nach § 126 BRRG für einen Anspruch gegen den Richter nach §§ 46, 71 III DRiG.
- **(Rückforderung):** S. bei der Forderungsart.
- **(Schadensersatz):** VRweg für einen Schadensersatzanspruch des Dienstherrn nach den Beamtengesetzen gegen den Beamten, BGH MDR 2009, 804. Dagegen auch im Rahmen des Beamtenrechts. Aber auch „– (Schmerzensgeld)".
- **(Schmerzensgeld):** ZRweg wegen eines Schmezensgelds nach einem Dienstunfall.
- **(Staatshaftung):** ZRweg für den Anspruch aus einer Staatshaftung und die sich dabei ergebenden Vorfragen. Auch → Rn. 26 „Amtspflichtverletzung".

Beförderung: (unentgeltliche) von Behinderten im Nahverkehr nach §§ 57 ff. SchwbG: ZRweg für Streitigkeiten aus dem Beförderungsvertrag, auch bei einem Beförderungsvorbehalt, BGH NJW 1995, 2295, dagegen VRweg beim Streit um den Inhalt der öffentlich-rechtlichen Verpflichtung des Unternehmens.
Beleihung: → Rn. 19.
Bereicherungsklage: Für die Klage eines Dritten gegen einen Gläubiger nach der Beendigung der Zwangsvollstreckung ZRweg. Dasselbe gilt für sonstige Rückforderungsansprüche, wenn der Leistungsanspruch im ZRweg zu verfolgen wäre, BGH NVwZ 1984, 266. Deshalb ZRweg für die Rückabwicklung solcher Zahlungen an den Steuerfiskus, die aufgrund einer privat-rechtlichen Abmachung auf die Steuerschuld eines Dritten geleistet worden sind, BGH NVwZ 1984, 266, oder bei Bereicherungsansprüchen des öffentlich-rechtlichen Versicherungsträgers nach → „Sozialversicherung" (keine Zuständigkeit des SG), ebenso beim Wegfall der öffentlich-rechtlichen Widmung. Aber kein ZRweg für Klagen aus öffentlich-rechtlicher ungerechtfertigter Bereicherung, insbes. auf eine Rückgewähr aufgrund eines öffentlich-rechtlichen Vertrags, BVerwG NJW 1980, 2538; Kblz NVwZ 1988, 1038. Hierfür steht derselbe Rweg offen wie für den vertraglichen Leistungsanspruch.
Berge- und Hilfslohn: Regelmäßig ist die Vorentscheidung der Aufsichtsbehörde des Strandamts erforderlich.
Berufsgenossenschaft: ZRweg für Rückgriffsansprüche gegen den Unternehmer, da § 51 SGG nicht eingreift und da auch das ArbG nicht zuständig ist. SRweg bei Streitigkeiten mit der Post wegen einer Erstattung ihrer Aufwendungen bei der Auszahlung von Unfallversicherungsrenten.
Beschlagnahme: ZRweg für Klagen im Zusammenhang mit der Herausgabe nach StPO beschlagnahmter Gegenstände, KG NJW-RR 1995, 63, Schlesw SchlHA 1995, 15.
Bestattungspflicht: VRweg bei der öffentlich-rechtlichen, LG Potsd FamRZ 2011, 1250.
Bilanzkontrolle: ZRweg, VGH Kassel ZIP 2010, 1620.
Binnenschiffsverkehr: ZRweg für Ansprüche des Staats auf eine Zahlung des Unterschieds zwischen festgesetztem und vereinbartem Entgelt nach § 31 III BinnSchVG, BGHZ 64, 159; BVerwGE 17, 242. Dasselbe gilt für Ansprüche aus der Verletzung der Verkehrssicherungspflicht nach § 2 III BinnSchVerfG → Rn. 38.
Börsenskandal: Evtl. VRweg, LG Ffm NJW-RR 2013, 424.

Brandschutz: VRweg beim kommunalen Brandschutz, OVG Lüneb NVwZ-RR 2011, 504.
Bürgschaft: ZRweg für die Klage aus einem Bürgschaftsvertrag, auch wenn die Hauptforderung öffentlich-rechtlich ist, BGH MDR 2008, 1413; Nürnb MDR 2010, 1015; VGH Mü BayVBl. 1990, 722, zB bei einer sog. Hermes-Bürgschaft, BGH NJW 1997, 328. Auch → „Sozialversicherung", → „Subventionen".
Bundesleistungsgesetz: ZRweg wegen einer Festsetzung der Entschädigung oder Ersatzleistung; zuständig LG ohne Rücksicht auf den Streitwert nach § 58 BLG, auch gilt für Rückforderungen von Überzahlungen nach § 62 BLG.
Bundesseuchengesetz: ZRweg für Entschädigungs- und für Erstattungsansprüche, BGH NJW 1983, 2029.
Bundeswehr: SRweg für Streitigkeiten zwischen einem Arzt und dem Staat aus der Beteiligung eines Kassenarztes an der ärztlichen Versorgung der Bundeswehr, BGHZ 67, 92.
COVID-19: Antrag auf Maßnahmen nach § 1666 BGB wegen Maskenpflicht gegen Dritte: Familiengericht, auch bzw, gerade bei offensichtlicher Unhaltbarkeit des Begehrens am Maßstab des materiellen Rechts (zB gegen Hoheitsträger wie Schulen), BVerwG 16.6.2021 – 6 AV 1.21 und 6 AV 2.21; Lies-Benachib NZFam 2021, 448; → GVG § 17a Rn. 9; Ausbildungszuschuss nach dem Bundesprogramm „Ausbildungsplätze sichern": SRweg, VG Bremen, 1.6.2021 – 5 K 581/21, BeckRS 2021, 15040; Streitigkeiten um Impfpriorisierung: VRweg, nicht SRweg, VerfGH Berlin 10.2.2021 – 9 A/21, BeckRS 2021, 6336; diff. LSG Celle-Bremen GesundheitsR 2021, 237; Klage eines Rechtsanwalts auf Zugang zur Gerichtsbibliothek: VRweg, nicht § 23 ff. EGGVG, KG MDR 2020, 817.
Datenschutz: ZRweg für den Auskunftsanspruch nach dem BDSG, Sasse/Abel NJW 1979, 352, gegen eine private Auskunftei, OVG Münst NJW 1981, 1285.
Denkmalschutz: ZRweg für Ausgleichsansprüche, Rinne DVBl 1994, 23, ebenso für Ansprüche des Eigentümers, soweit das behördliche Verfahren nach dem PreußEnteignungsG ablief, BGH WM 1990, 1892.
Deutsche Bahn AG: Der Betrieb der Bahn ist zivilrechtlich geordnet nach Art. 2 ENeuOG. Deshalb ZRweg für Ansprüche gegen die Bahn, auch für Immissionsabwehransprüche, BGH NJW 1997, 744, und für Unterlassungsansprüche eines Privaten gegen die Bahn nach dem UWG, Hmb OLGZ 1994, 246. VRweg für Streitigkeiten nach § 31 I Nr. 2 DBGrG, BVerwG NVwZ 1993, 371. VRweg für vertragliche Ansprüche gegen eine Gemeinde wegen der Umbenennung eines Bahnhofs, BGH DVBl 1976, 77. Zur Übertragung von Liegenschaften Art. 1 § 24 ENeuOG. Für Klagen der Beamten aus dem Beamtenverhältnis VRweg, BAG NZA 1998, 165. Zur Abgrenzung VGH Mannh NVwZ-RR 1996, 540. Wegen des ARwegs BAG NZA 1998, 165.
Deutsche Post AG: Nach § 7 PostG, § 9 FAG sind die Rechtsbeziehungen zu den Kunden privat-rechtlicher Natur (Ausnahmen: §§ 7 S. 2, § 16 PostG), LG Köln MDR 1999, 117. Das gilt auch insofern, als sie bis zum 30.6.91 öffentlich-rechtlich waren, § 65 III 2 PostVerfG, LG Köln MDR 1999, 117, § 1 PostV, § 1 TKV. Für in diesem Zeitraum entstandene Ansprüche bleibt es aber beim bisherigen Rweg, BGH NJW 1995, 2296, BVerwG NJW 1996, 1010. Die Unternehmen der Deutschen Bundespost sind sodann nach § 1 PostUmwG (Art. 3 § 1 PtNeuOG) in Aktiengesellschaften umgewandelt worden. Für deren Streitigkeiten **ZRweg,** BGH NJW 1995, 2295, auch für Haftungsprozesse wegen einer förmlichen Zustellung, § 35 PostG iVm Art. 34 GG. VRweg gegen Maßnahmen der Regulierungsbehörde nach §§ 2 ff. PostG. ZRweg auch für Streitigkeiten aus Rechtsbeziehungen zu den Benutzern, KG NJW-RR 1991, 1007; Müssig NJW 1991, 472, auch wegen der Zulassung zur Inanspruchnahme von Leistungen nach § 8 I PostG, BGH NJW 1995, 875 (Postzeitungsdienst); Ffm NJW 1994, 1226; Gramlich NJW 1994, 985; aM VG Ffm NJW 1993, 2067. ZRweg auch für Schadensersatzansprüche aus der hoheitlichen Tätigkeit im Postauftragsdienst nach §§ 7 S. 2, 16 I PostG, und im Postbeförderungsdienst, Mü NJW-RR 1994, 1442. ZRweg für Klagen gegen Dritte nach § 2 PostG, BGH NJW 1995, 2295. Wegen der Postbank Meyer-Abich MDR 2002, 67 (Altfälle).
Deutsche Telekom AG: ZRweg für Streitigkeiten aus den Rechtsbeziehungen zu den Benutzern, zB wegen des Entgelts, und über die Zulassung zur Benutzung nach § 9 I FAG nF, ebenso für Streitigkeiten aus der Vollstreckung nach § 9 IV FAG. VRweg für einen Streit über die Vollstreckung nach § 9 II, III FAG, Schwonke NVwZ 1991, 149; aM für § 9 II FAG Aldag NJW 1990, 2865.
Dienstleistungskonzession: Vgl. BGH MDR 2012, 426.
Dienstwohnung: VRweg auch für Streitigkeiten aus der Benutzung, AG Grevenbroich NJW 1990, 1305. Zu entsprechenden Streitigkeiten im kirchlichen Bereich Weber NJW 1989, 2218.
Doktorand: ZRweg für Ansprüche aus dem Doktorandenverhältnis, VGH Mannh VBlBW 1981, 360.
Duldungsbescheid: FRweg gegen einen solchen der Finanzbehörde, BGH FamRZ 2006, 1836.
Durchsuchungsanordnung Art. 13 II GG: → ZPO § 758 Rn. 4 ff.: Zuständig für die Anordnung ist das zur Kontrolle des Vollstreckungsakts berufene Gericht. Nach § 287 IV AO ist das AG zuständig, Rößler NJW 1981, 25. Zum Verfahren KG NJW 1982, 2326.
Eichung: VRweg für eine Pflicht des Eichamts, KG NVwZ-RR 2007, 832.
Ein-Euro-Job: ARweg, ArbG Ulm NZA-RR 2006, 2741; Steppler/Denecke NZA 2013, 483, aM BAG NZA 2007, 53 (SRweg. Aber der Kern ist arbeitsrechtlich).
Einlagensicherungssystem: Beim Entschädigungsanspruch ZRweg nach § 9 II DGSD-UmsetzungsG v. 28.5.2015, BGBl. 786.
Einziehung: VRweg für die Herausgabe des Eingezogenen, OVG Münst NVwZ-RR 2015, 399.
Energie: Zu § 102 EnWG Salje NJW 2010, 2762.
Enteignung: Enteignung nach Art. 14 GG umfasst nicht nur eine Eigentumsentziehung, sondern auch beschränkende Eingriffe („zur Benutzung"). Der Schutz des Eigentums nach Art. 14 GG erstreckt ihn auf alle vermögenswerten Rechte, also auch zB auf ein Pfandrecht. Stets verlangt eine Enteignung aber ein Sonderopfer, ZRweg für Höhe der Entschädigung nach Art. 14 III GG auch dann, wenn der Entschädigungspflichtige (Kläger) statt der ihm auferlegten Landabgabe eine Festsetzung in Geld beantragt, oder für Ansprüche auf Entschädigung wegen Rückenteignung, BGHZ 76, 365. ZRweg auch für einen Streit um die Erstattung der im Enteignungsverfahren entstandenen Anwaltskosten. Wegen der Enteignung meist kein ZRweg. Ob eine solche vorliegt, muss das Zivilgericht aber im Entschädigungsprozess als Vorfrage entscheiden. ZRweg für Ansprüche aufgrund des AusglLeistG v. 27.9.1994, BGBl. I 2628, BGH NJW 1996, 1147. Kein VRweg für ein Verkaufsverbot eines fast enteigneten Grundstücks, OVG Lüneb NVwZ-RR 2011, 752.
Enteignungsgleicher Eingriff: ZRweg nach → Rn. 43, aM Lege NJW 1995, 2745.

Entschädigung nach den Entschädigungsgesetzen: Obwohl öffentlich-rechtlicher Anspruch, ZRweg gegen das Land oder die öffentlich-rechtliche Körperschaft durch die EntschädigungsG zB nach § 208 BEG. Umsiedlerschäden sind Vertreibungsschäden. Daher greift das LAG ein. Also VRweg, auch wenn das Reich den Gegenwert erhalten hat. Ist keine Zuständigkeit von Bundesbehörden gegeben, ZRweg.

Entschädigungsansprüche aus Finanzvertrag: ZRweg.

Erbsache: Kanzleiter DNotZ 2016, 403 (Grdz.).

Erkennungsdienst: → „Polizei".

Erstattung von öffentlich-rechtlichen Leistungen: Der Rweg entspricht spiegelbildlich dem Rweg für den Streit um die Gewährung, also je nachdem VRweg, SRweg oder FRweg, BVerwGE 55, 339; VGH Mannh NVwZ 1991, 583; LG Kiel NVwZ-RR 2010, 168. Auch → „Bereicherungsklage".

Fehlbestandsverfahren (Defektenverfahren): Gegen den Erstattungsbeschluss ARweg. Bei Erstattungsansprüchen gegen Beamte VRweg.

Fernmelderecht: → „Deutsche Post AG".

Fernsehanstalt: → „Rundfunk".

Fideikommißrecht: ZRweg, BGH NJW-RR 1991, 57.

Finanzmarktstabilisierung: VRweg (sogleich BVerwG) bei einem öffentlich-rechtlichen Streit nicht verfassungsrechtlicher Art nach § 16 S. 1 FMStG. Im Übrigen ZRweg (sogleich BGH) nach § 16 S. 2, 3 FMStG.

Flurbereinigung: Zuständig sind nach → „Umlegungsverfahren" die Flurbereinigungsgerichte nach § 140 FlurbG. VRweg wegen des Werts der Abfindung, BVerwG NVwZ 1989, 869. ZRweg bei Ansprüchen aus einem nach § 52 FlurbG geschlossenen Vertrag. BGH NVwZ-RR 1990, 222, ebenso bei Streitigkeiten über Inhalt, Umfang und Ausübung einer nach § 58 FlurbG geschaffenen Grunddienstbarkeit, BVerwG NVwZ-RR 1990, 443.

Franchisevertrag: ZRweg, BGH WM 2003, 353.

Freier Mitarbeiter: → „Rechtsanwalt".

Freiheitsentziehung: Rweg zum AG bei Anfechtung aller Maßnahmen solcher Verwaltungsbehörden, die eine Freiheitsentziehung darstellen, BVerwGE 62, 317. Dasselbe gilt nach den PsychKG der Länder.

Friedhofsbenutzung: ZRweg, wenn das Betriebsverhältnis privat-rechtlich ausgestaltet ist, VGH Mü NVwZ-RR 2004, 392, oder wenn der Kläger eine besondere privat-rechtliche Befugnis behauptet, etwa ein Bestattungsunternehmen. ZRweg für Streitigkeiten zwischen Angehörigen über eine Umbettung, LG Mü FamRZ 1982, 849. Kein ZRweg, soweit der Kläger seine Befugnis aus dem öffentlichen Recht ableitet, zB beim Streit um die Benutzung eines kirchlichen Friedhofs, BVerwG NJW 1990, 2079; OVG Brem NVwZ 1995, 805; VGH Mü NVwZ 1991, 795.

Gemeindebetrieb: ZRweg dann, wenn eine Gemeinde die Benutzung ihrer Einrichtungen dem Privatrecht unterstellt. Das kann auch dann geschehen, wenn für die Einrichtung ein Anschluß- oder Benutzungszwang besteht, BGH NVwZ 1991, 607. Privatrechtliche Organisation ist denkbar zB bei Krankenhäusern, Freibad, Wasserversorgung und Abwasserbeseitigung, BGH NJW 1991, 1686, Straßenreinigung, BGH NVwZ-RR 1992, 223; KG KStZ 1984, 15, Kanalanschluss, Kblz OLGZ 1988, 374, Bestattungsanstalt, VGH Mü NVwZ-RR 2004, 392. ZRweg auch beim Streit um eine Vereinbarung über die Verlegung eines Kanals in einem privaten Grundstück, VGH Mü NVwZ-RR 1996, 343, beim Streit mit dem Abnehmer wegen einer Kostenerstattungspflicht für den Hausanschluss, beim Schadensanspruch wegen der Lieferung schlechten Leitungswassers oder beim Streit über Konzessionsabgaben der Elektrizitätsversorgungsunternehmen an Gemeinden.

Gemeinderat: VRweg wegen einer dortigen ratsbezogene Forderung nach Unterlassung und Widerruf, LG Karlsr NVwZ-RR 2009, 87.

Genossenschaft: ZRweg für den Aufnahmeanspruch, da das Rechtsverhältnis zwischen einem Prüfungsverband und der um Aufnahme nachsuchenden Genossenschaft bürgerlich-rechtlich ist.

Gesamtcharakter: Er ist maßgeblich nach → Rn. 15.

Gesetzlicher Vertreter: ZRweg. Denn er ist kein Arbeitnehmer. Daher kein ARweg, BAG NJW 2011, 2685, LAG Hamm NZA 2006, 120.

Grundstückskauf- oder -tauschvertrag: ZRweg auch bei der Beteiligung zB einer Gemeinde, BGH NJW 2004, 1049, oder zu einem öffentlichen Zweck, BGH WM 2013, 1665; VGH Mü NVwZ-RR 2013, 296.

Güterfernverkehr: Die ordentlichen Gerichte müssen beim Erlass eines Überleitungsbescheids auch den vorsätzlichen Tarifverstoß nachprüfen, unabhängig davon, ob der Bescheid vor dem VG angegriffen ist oder nicht.

Handelsvertreter: ARweg beim Einfirmenvertreter, LAG Kiel ZVertriebsR 2017, 55. ARweg aber nicht stets, auch nicht beim Einfirmenvertreter, Karlsr VersR 2007, 208. Maßgeblich ist das Gesamtbild, Mü NJW-RR 2014, 887. Zum Tätigkeitsverbot BGH WM 2014, 2217.

Handlungsform: Maßgebend ist die äußere Rechtsform im Verhältnis zum Bürger, nicht der vorangegangene interne Willensbildungsakt, OVG Lüneb NVwZ-RR 2008, 850.

Handlungsvornahme: Evtl. VRweg, VGH Mü NVwZ-RR 2016, 400.

Hausverbot, behördliches: ZRweg nur dann, wenn es sich um eine privat-rechtlichen Willenserklärung handelt je nach den besonderen Umständen des Falles und dem Zweck des Verbots, OVG Magdeb NVwZ-RR 2018, 135. Bejaht beim Zusammenhang mit einer arbeitsrechtlichen Kündigung, VGH Mannh NJW 1994, 2500, Ausschluss von der Vermittlung von Lieferungsaufträgen oder mit einem Abbruch von Verhandlungen über Forschungs- und Entwicklungsaufträge, verneint für ein Benutzungsverbot für eine öffentliche Bibliothek, OVG Münst NVwZ-RR 1989, 318. VRweg beim öffentlichen Jobcenter, OVG Münst NJW 2011, 2379. Zur Abgrenzung zwischen einem privat-rechtlichen und einem öffentlich-rechtlichen Verbot BVerwG NVwZ 1987, 677 (krit. Erichsen DVBl 1987, 1203); OVG Magdeb NVwZ-RR 2018, 135; OVG Münst NJW 1995, 1572.

Hebammengebühr: SRweg.

Herausgabe: → „Einziehung".

Hochschule: VRweg, auch für die Klage gegen die Verleihung eines akademischen Grades, BVerwG NJW 1998, 546.

Hofveräußerung: Für den Anspruch auf eine Ergänzung der Abfindungen nach § 13 I HöfeO gegen die Hoferben ist das LwG ausschließlich zuständig, § 1 II HöfeVfO. Das ordentliche Gericht ist jedoch zuständig, wenn der Käufer dem Miterben eine Ergänzung seiner Abfindungen zahlen soll.

Hoheitsrecht: Kein ZRweg gegen seine Ausübung, also für eine Klage auf die Aufhebung eines Hoheitsakts, auch nicht dann, wenn sich der Kläger dagegen auf einen Besitzschutz beruft, → Rn. 19.
– **(Anlage):** ZRweg bei einer in Ausübung eines Hoheitsrechts auf Privateigentum errichteten Anlage nach der Lösung der hoheitsrechtlichen Beziehungen für einen Beseitigungsanspruch, falls kein öffentliches Eigentum an den Anlagen besteht und falls der Kläger nicht deren Erhaltung aus hoheitsrechtlichen Gründen beansprucht, so bei einer Entfernung von Bunkertrümmern.
– **(Beeinträchtigung): Kein** ZRweg für die Unterlassung einer solchen Störung.
– **(Besitz):** ZRweg bei seiner Wegnahme zur Sicherung angeblichen Eigentums. VRweg bei sonstiger Einweisung, Rostock MDR 2016, 239.
– **(Kammer):** VRweg bei einer Anregung oder Empfehlung zB einer Industrie- und Handelskammer.
– **(Patentrecht):** ZRweg für eine Entschädigung wegen der Beeinträchtigung eines Patentrechts durch ein Hoheitsrecht.
– **(Steuern): Kein** ZRweg für eine Klage auf die Löschung desjenigen Pfändungsvermerks für eine Grundschuld, der auf Veranlassung des Finanzamts wegen rückständiger Steuern eingetragen wurde, wenn der Kläger seine Forderung auf die Nichtentstehung oder Tilgung der Steuerschuld stützt.
– **(Unterbringung):** ZRweg für die Unterbringung zB eines privaten Reisebüros in einer Behörde, etwa einer Passstelle.
– **(Vertrag): Kein** ZRweg bei einem solchen Vertrag, den der Staat kraft Hoheitsrechts abschließt und nicht wie ein Privater etwa zur Förderung eines eigenen Unternehmens. Vgl. aber auch → Rn. 15.

Holzrecht: ZRweg beim alten Herkommen, OVG Münst NVwZ-RR 2007, 359.

IFG: VRweg für Anspruch gegen BaFin auf Einsicht in ein Übernahmeangebot, BVerwG ZIP 2012, 2319. VRweg für Auskunftsklage gegen gesetzliche Krankenkasse, BSG ZIP 2012, 2321. VRweg für Auskunftsklage gegen Finanzverwaltung, FG Münst ZIP 2012, 2324. VRweg gegen die Bundesanstalt für Finanzdienstleistungen, BVerwG NVwZ 2012, 1564.

Immissionsabwehr: Grundsätzlich ZRweg gegenüber Immissionen Privater und der öffentlichen Hand als Fiskus, OVG Münst NJW 1984, 1982.
– **(Deponie):** ZRweg für den Anspruch einer Gemeinde auf die Stillegung einer privat-rechtlich betriebenen Abfalldeponie VGH Mannh NVwZ 1985, 437.
– **(Deutsche Bahn AG):** ZRweg für einen Lärmschutzanspruch gegen sie, BGH NJW 1997, 344, aM (VRweg im Übergangsfall) VGH Mü NVwZ-RR 1997, 159.
– **(Eigentumsschaden):** ZRweg für einen Entschädigungsanspruch aus dem Eigentum, BGH JZ 1984, 741.
– **(Feuersirene):** VGH Mü BayVBl. 1986, 690.
– **(Glockengeläut):** → „Kirche: – (Glockengeläut)".
– **(Grundstücksnutzung):** VRweg für die Abwehr solcher Immission, die ihren Grund in der Nutzung eines gemeindeeigenen Grundstücks hat, insoweit eine öffentlich-rechtliche Streitigkeit, als die Bestimmung über die Nutzung in öffentlich-rechtlichen Formen erfolgt ist und eine Urteilsvollstreckung zur Aufhebung oder Änderung einer hoheitsrechtlichen Maßnahme führen würde.
– **(Haltestelle):** ZRweg für eine Klage auf eine solche Verlegung der Haltestelle eines privat-rechtlich betriebenen Omnibusunternehmens, die nur mit behördlicher Genehmigung oder Zustimmung möglich ist, BGH NJW 1984, 1242, Bettermann DVBl 1984, 473.
– **(Kirmes):** ZRweg für eine Abwehrklage wegen eines Kirmesgeräuschs auf einem öffentlichen Platz.
– **(Spielplatz):** VRweg, Karlsr NVwZ 1986, 964.
– **(Sportanlage):** VRweg, Kblz NVwZ 1987, 1021.
– **(Sportveranstaltung):** ZRweg für die Unterlassung einer behördlich genehmigten solchen Veranstaltung, Mü NJW-RR 1989, 1245.
– **(Telefonzelle):** VRweg, VGH Mannh NJW 1985, 2352.
– **(Verwaltungstätigkeit):** VRweg dann, wenn die Beeinträchtigungen von öffentlich-rechtlich organisierten Anlagen oder Veranstaltungen des Staats in Ausübung (schlicht-)hoheitlicher Verwaltungstätigkeit ausgehen und mit ihr hinreichend eng zusammenhängen, BVerwG NJW 1988, 2396.

Industrie- und Handelskammer: VRweg beim Streit zwischen Mitgliedern über den Umfang von Äußerungen nach § 1 I IHKG, OVG Bln-Brdb NVwZ-RR 2015, 437.

Insolvenzverfahren: Für die Feststellung des Vorrechts öffentlich-rechtlicher Forderungen derjenige Rweg, in dem das Gericht über die Forderung nach Grund und Höhe entscheiden.
– **(Anfechtung):** ZRweg, falls ein Dritter statt des Arbeitgebers gezahlt hat, BGH WM 2012, 1642. ARweg bei Anfechtung von Beitragszahlungen zur Sozialversicherung, Ffm (19. ZS) ZIP 2012, 1879; aM Ffm (5. ZS) ZIP 2012, 1880. Zum Problem bei Lohn GemSOGB BGHZ 187, 105; aM Kraft ZIP 2013, 241 (muss diese aM wirklich noch sein?).
– **(Insolvenzverwalter):** → „– (Schadensersatz)", → „– (Vergütung)".
– **(Rückzahlung):** ARweg beim Anspruch auf eine Rückzahlung wegen Anfechtbarkeit der Erfüllungshandlung nach §§ 129 ff. InsO gegenüber dem Arbeitnehmer, BAG NZA 2008, 549, aM LAG Ffm ZIP 2014, 1147. ARweg bei § 143 I InsO, OGB ZIP 2010, 2418.
– **(Schadensersatz):** ARweg für eine Schadensersatzklage gegen den Insolvenzverwalter wegen einer von ihm begründeten unerfüllbaren Masseverbindlichkeit, BGH MDR 2007, 296.
– **(Schwerbehinderter):** VRweg bei einer Ausgleichsabgabe nach dem SchwbG, OVG Hmb ZIP 1982, 473.
– **(Sozialversicherung):** SRweg, Ffm WM 2014, 1196.
– **(Steuerforderung):** FRweg, BGHZ 69, 64. VRweg für Klage gegen das Finanzamt wegen Kontoauszugs, OVG Bln-Brdb ZIP 2012, 945, oder auf Einsicht in Akten des Finanzamts, BVerwG ZIP 2012, 2417. Jedoch ZRweg für Steuerrückforderung des Verwalters, BAG ZIP 2014, 231
– **(Vergütung):** ZRweg für die Vergütung eines Insolvenzverwalters, BGH NJW-RR 2010, 561. ARweg für eine Klage des Insolvenzverwalters gegen einen Arbeitnehmer des Schuldners auf Rückzahlung einer vom Schuldner geleisteten Vergütung nach § 143 I InsO, BGH NJW 2011, 1211.
– **(Zollbürge):** ZRweg für eine Feststellung der Höhe und des Vorrechts einer auf den Zollbürgen übergegangenen Abgabenforderung.

Investitionen: ZRweg für den Anspruch aus einer Haftungserklärung im Rahmen eines Investitionszuschusses, VGH Mü NJW 1990, 1006 (zust. Arndt).

Jagdpachtvertrag: §§ 11 BJagdG; ZRweg, VGH Kassel NJW 1996, 475.

Jugendhilfe: Für Streitigkeiten nach SGB VIII grds. VRweg, Art. 17 KJHG. Jedoch sind für Streitigkeiten zwischen Trägern nach § 89h I 1 SGB VIII Schiedsgerichte vorgesehen, BVerwG DVBl 1996, 873. ZRweg für übergegangene oder übergeleitete Unterhaltsforderungen, zB nach § 94 III KJHG → „Sozialhilfe". ZRweg auch für Klagen gegen das Jugendamt als Beistand, OVG Münst NJW 2002, 458.

Kammer: Vielfach gelten Sondervorschriften, zB § 223 BRAO, § 53 I PatAnwO, VGH Mü NJW 1995, 674. Außerhalb dieser Vorschriften zB kein ZRweg für Streitigkeiten zwischen dem Mitglied einer Kammer (Anwalt, Arzt, Apotheker) und der Kammer wegen der Einleitung oder Androhung eines Berufsgerichtsverfahrens, Kblz WRP 1980, 224; Mü WRP 1980, 171, zB wegen für unzulässig gehaltener Werbemaßnahmen, BayObLG BayVBl. 1982, 218; Hitzler GRUR 1982, 474. Kein ZRweg für Klagen gegen eine Handwerkskammer wegen einer Unterlassung von Äußerungen über ein Mitglied, LG Konst NVwZ 1988, 94; Melullis WRP 1988, 231. Auch → „Wettbewerb".

Kartellsache: Aus § 87 I GWB ergibt sich nicht nur die sachliche Zuständigkeit, sondern auch der ZRweg. Daher müssen dieser Zuweisung etwaige sonstige Zuweisungen weichen, BGH NJW 1992, 2964 (krit. Plagemann NJW 1992, 1302); BAG ZIP 2017, 2425, nicht aber bei solchen öffentlich-rechtlichen Streitigkeiten zwischen einer Körperschaft des öffentlichen Rechts und ihrer staatlichen Aufsichtsbehörde. Kein ZRweg gegenüber einer Betätigung nach § 51 II SGG, BGH NJW 2000, 2749.

Kassenarzt: Maßgeblich ist § 51 I Nr. 2, II SGG: SRweg nach → Rn. 8, KG NJW 2002, 1505. Honorarklagen gegen die kassenärztliche Vereinigung: SRweg, ebenso Honorarklagen gegen den Kassenpatienten, sofern nicht die Behandlung als Privatpatient vereinbart worden ist, AG Köln NJW 1990, 2939. Dasselbe gilt für Streitigkeiten zwischen dem Kassenzahnarzt und der Krankenkasse wegen der Honorierung seiner Leistungen im Zusammenhang mit einem Zahnersatz, Schimmelpfeng-Schütte NJW 1981, 2505; Wiethardt NJW 1979, 1940; aM LG Ffm NJW 1979, 1940; Hasselwander NJW 1981, 1305. SRweg für Klagen des Kassenarztes wegen der Überprüfung seiner Abrechnungsunterlagen, BGH NJW 1999, 1786. Rechtsschutz gegen die vollständige landesrechtliche Einbindung des Privatarztes in den Bereitschaftsdienst der kassenärztlichen Vereinigung: SRweg, BSG 5.5.2021 – B 6 SF 1/20 R, BeckRS 2021, 15701. Auch → „Bundeswehr".

Kirche: Jede Religionsgemeinschaft verwaltet ihre Angelegenheiten nach Art. 140 GG, 137 III WRV selbständig innerhalb der Schranken der für alle geltenden Gesetze und verleiht ihre Ämter ohne eine Mitwirkung des Staats oder der bürgerlichen Gemeinden, VGH Mü NJW 2015, 1425. Der staatlichen Gerichtsbarkeit ist dem Grunde nach wegen § 40 I VwGO und wegen des staatlichen Justizgewährungsanspruchs nach → ZPO Vor § 253 Rn. 1, 2 zur Überprüfung berechtigt, OVG Kblz NJW 2009, 1223, VGH Mü NJW 2015, 1625. Es sind Eingriffe in den innerkirchlichen Bereich zu dessen Umfang verwehrt, BVerfG NJW 1999, 349 und 350. Daher insoweit auch keine Nachprüfung durch staatliche Gerichte, Art. 19 IV GG ist insoweit nicht anwendbar, BVerfG NJW 1999, 349 und 350; BVerwG NJW 1984, 2580 (krit. Steiner NJW 1984, 2560).

Der **kirchlichen Gerichtsbarkeit** können Streitsachen wegen einer Mitgliedschaft zur Kirche, Benutzung kirchlicher Einrichtungen, ferner die vermögensrechtlichen Rechtsverhältnisse ihrer Beamten und Seelsorger unterworfen werden. Jedoch darf die Kirche ihre Angelegenheiten nur „innerhalb der Schranken des für alle geltenden Rechtes regeln", also innerhalb der durch Art. 34, 14, 19 IV GG gegebenen Grenzen. Die Kirche darf nicht alle Sachen, an denen sie beteiligt ist, vor ihre Gerichte ziehen. Denn das würde dem entsprechend anwendbaren § 4 EGZPO widersprechen. Privatrechtliche Ansprüche bleiben vor den ordentlichen Gerichten, so Ansprüche auf eine Unterlassung aus BGB gegen ein Mitglied, BGH NJW 2000, 1555; Kästner NVwZ 2000, 889; Maurer JZ 2000, 1111, Ansprüche aus UWG, BGH NJW 1981, 2811, auf Ergänzung der Einkünfte aus privat-rechtlichem Eigentumsübergang, Amtspflichtverletzung kirchlicher Beamter, wegen Herausgabe eines Kirchengebäudes nach § 985 BGB, BayObLG BayVBl. 1981, 438, und wegen Sitzplatzvorrechten, Köln NJW 1988, 1736, nicht dagegen für das Begehren nach einer Beendigung der Widmung eines Kirchengebäudes, BVerwG NVwZ 1991, 774 (VRweg). Zur Rechtsnatur des Sachgebrauchs einer sog. res sacra Renck NVwZ 1990, 38, aM Müller-Volbehr NVwZ 1991, 142.

Das alles gilt für den **Kernbereich** der innerkirchlichen Angelegenheiten. Außerhalb dieses Kernbereichs unterliegen auch die Kirchen der staatlichen Gerichtsbarkeit, BVerfG NJW 1986, 367; BGH NJW 2000, 1555; BVerwG NJW 1984, 989.

– **(Amtsausübung): Kein** Staatsgericht über die Befugnis zur Amtsausübung, BGH NJW 1981, 2511, VGH Mü DVBl 1985, 1073.
– **(Amtspflichtverletzung):** ZRweg bei einer solchen Handlung auch eines Kirchenbeamten.
– **(Ausbildung): Kein** Staatsgericht wegen der Ausbildung zB zur Katechetin, VG Stgt NVwZ 1985, 138.
– **(Baulast):** VRweg beim Streit um eine Kirchenbaulast.
– **(Beamter):** → „– (Kirchenbeamter)".
– **(Besoldung):** → „– (Kirchenbeamter)".
– **(Darlehen):** → „– (Privatrechtsform)".
– **(Disziplinarrecht): Kein** Staatsgericht dazu, ob eine Disziplinarverfügung rechtmäßig ist, BVerfG, zit. bei Berkemann EuGRZ 1986, 307; OVG Münst DVBl 1978, 925.
– **(Dritter):** → „– (Persönlichkeitsrecht)".
– **(Eigentum):** ZRweg beim Anspruch auf eine Eigentumsübertragung.
– **(Friedhof):** VRweg für die Klage wegen der nicht privat-rechtlich geordneten Benutzung eines kirchlichen Friedhofs, insbesondere der Gebühren, BVerwG NJW 1990, 2080; OVG Brem NVwZ 1995, 805; VGH Mü NVwZ 1991, 795.
– **(Früherer Bediensteter):** VRweg für einen solchen vermögensrechtlichen Anspruch eines ehemaligen Kirchenbediensteten nach → ZPO Vor § 1 Rn. 13, der nicht von einer Statusfrage abhängt, OVG Kblz NVwZ 1997, 803, OVG Münst NJW 1994, 3368.
– **(Geistlicher): Kein** Staatsgericht zur Nachprüfung oder Klärung, ob jemand ein Geistlicher ist, BGH NJW 2003, 2097; Weber NJW 2003, 2069, und welchen Status er hat, BVerwG NJW 2003, 2112; OVG Kblz DÖV 1986, 115; Weber NJW 2003, 2069. VRweg bei einem vermögensrechtlichen Anspruch eines Geistlichen nach → ZPO Vor § 1 Rn. 13 gegen seine Kirche, OVG Münst DVBl 1978, 926.

– **(Glockengeläut):** VRweg für die Klage eines Nachbarn gegen liturgisches Glockengeläute einer als Körperschaft des öffentlichen Rechts anerkannten Kirche, BVerwG NJW 1984, 989, Ffm NJW-RR 1986, 735 (zust. Müssig DVBl 1985, 837; krit. auch Goerlich JZ 1984, 221); OVG Lüneb NVwZ 1991, 801; aM VGH Mü BayVBl. 1980, 563 (zust. Schatzschneider. Aber §§ 903 ff. BGB passen besser).
– **(Hausverbot):** ZRweg beim Streit um ein Hausverbot, VGH Mü BayVBl. 1986, 271.
– **(Herausgabe):** ZRweg beim Anspruch auf die Herausgabe eines Kirchengebäudes nach § 985 BGB, BayObLG BayVBl. 1981, 438.
– **(Hochschule):** Zum Rweg für den Zugang zu einer kirchlichen (Fach-)Hochschule, VGH Mü NVwZ 1992, 1225, Krölls NVwZ 1996, 10.
– **(Kindergarten):** ZRweg beim Streit um die Aufnahme in einen kirchlichen Kindergarten, OVG Münst NVwZ 1996, 813.
– **(Kirchenbeamter):** Obwohl das BRRG für öffentliche Religionsgesellschaften und ihre Verbände nicht gilt (§ 135 BRRG), können sie für ihre Beamten und Seelsorger § 126 BRRG (VRweg) für anwendbar erklären, VG Gött NVwZ 1999, 794. So wird das gemäß KirchenG über die Besoldung und Versorgung der Kirchenbeamten der evangelisch-lutherischen Kirche für diese Ansprüche angenommen, BVerwG NJW 1994, 3367 (zur Abgrenzung von Status-Klagen). Sie sind innerhalb der Union der evangelischen Kirche durch die VO zur Erweiterung der kirchlichen VerwGerichte v. 2. 2./12.7.1960, ABl. EKD 321, kirchlichen Gerichten zugewiesen. Auch → „– (Amtspflichtverletzung)"; → „– (Früherer Bediensteter)".
– **(Lärm):** → „– (Glockengeläut)", → „– (Spielplatz)", → „– (Uhr)".
– **(Mitarbeitervertretung):** ARweg wegen ihrer Beteiligung, BAG NZA 2016, 631.
– **(Mitgliedschaft):** ZRweg beim Streit über sie. Denn das ist keine rein innerkirchliche Frage.
– **(Ordre public):** Mangels kirchlicher Gerichtsbarkeit Rweg beim Verstoß gegen den ordre public zB nach Art. 6 EGBGB, BGH NJW 2003, 2099; Weber NJW 2003, 2069.
– **(Persönlichkeitsrecht):** ZRweg beim Anspruch eines Dritten aus seinem Persönlichkeitsrecht, BGH NJW 2001, 3537; Düss NVwZ 2001, 1449; OVG Brem NVwZ 2001, 957; aM VGH Mü NVwZ 1994, 787 (etwas gekünstelt).
– **(Privatrechtsform):** ZRweg dann, wenn sich die Kirche einer privat-rechtlichen Gestaltungsform bedient, Weber NVwZ 1986, 363 (Ausbildungsdarlehen).
– **(Res sacra):** Zur Rechtsnatur Renck NVwZ 1990, 38; aM Müller-Volbehr NVwZ 1991, 142.
– **(Schiedsgericht):** Die Entscheidung einer Vorfrage durch ein solches Gericht der Religionsgemeinschaft bindet das Staatsgericht, BGH NJW 2000, 1555.
– **(Sittenwidrigkeit):** Mangels kirchlicher Gerichtsbarkeit Rweg beim Verstoß zB gegen § 138 BGB.
– **(Sitzplatzvorrecht):** ZRweg bei einem solchen Anspruch, Köln NJW 1988, 1736. VRweg bei einem solchen Anspruch nach der Beendigung der Widmung eines Kirchengebäudes, BVerwG NVwZ 1991, 774.
– **(Spielplatz):** VRweg für die Klage gegen Lärm von einem kirchlichen Spielplatz, VGH Mü DVBl 2004, 839.
– **(Status):** → „– (Geistlicher)".
– **(Uhr):** Beim Streit wegen des Schlagens einer Kirchturmuhr bestimmt sich der Rweg nach dem Zweck des Läutens, BVerwG NJW 1994, 956 (ZRweg); OVG Saarlouis NVwZ 1992, 72 (VRweg); LG Aschaffenb NVwZ 2000, 965.
– **(Unterlassung):** ZRweg bei einem solchen BGB-Anspruch gegen ein Mitglied, BGH NJW 2000, 1555; Kästner NVwZ 2000, 889; Maurer JZ 2000, 1111.
– **(Unterricht): Kein** Staatsgericht dazu, ob ein Unterrichtsauftrag bestand oder beendet ist, VGH Mannh NVwZ-RR 1994, 422.
– **(UWG):** ZRweg beim Anspruch aus ihm, BGH NJW 1981, 2811.
– **(Vergütung): Kein** Staatsgericht dazu, ob ein Vergütungsanspruch besteht, BAG NJW 1990, 2083 (zust. Petermann DÖV 1991, 19); VG Bln NVwZ 1995, 512, oder ob andere Einkünfte anrechenbar sind, Verf.- und VerwGericht der VELKD NVwZ-RR 2001, 248, oder ob ein Anspruch nach Ostpfarrer-Richtlinien der EKD bestand, OVG Lüneb NVwZ 1991, 796. Aber auch → „– (Kirchenbeamter)".
– **(Versorgung):** → „– (Kirchenbeamter)".
– **(Verwaltung): Kein** Staatsgericht zum innerkirchlichen Verwaltungshandeln, BGH NJW 1981, 2811.
– **(Vorbereitungsdienst): Kein** Staatsgericht dazu, ob eine Entlassung aus dem Vorbereitungsdienst rechtmäßig ist, VG Stgt NVwZ-RR 2001, 242.
– **(Wahl): Kein** Staatsgericht dazu, ob die Wahl eines Amtsträgers wirksam ist, BVerwG NVwZ 1993, 672; VG Neust NVwZ 1999, 796.
– **(Willkür):** Mangels kirchlicher Gerichtsbarkeit ZRweg beim Verstoß gegen das Willkürverbot, etwa nach Art. 3 GG.
– **(Wohnbebauung):** VRweg für eine Klage wegen einer heranrückenden kirchlichen Wohnbebauung, VG Freibg NVwZ 1999, 798.

Kita-Platz: Zum Problem Schwede NZFam 2017, 200 (Grdz.).

Kommunalbetrieb: VRweg für einen Streit zwischen Aufsichtsratsmitgliedern einer GmbH, LG Deggendorf NVwZ-RR 2006, 224.

Konzession: Rweg beim Streit um eine Konzessionsabgabe, OVG Lüneb NVwZ-RR 2010, 660, oder beim Streit um den Abschluss eines Konzessionsvertrags, BVerwG NVwZ 2017, 329.

Kraftfahrzeugkennzeichen: ZRweg für einen Streit wegen des Verkaufs, BGH DVBl 1975, 655.

Krankenhaus: ZRweg für die auf die stationäre Behandlung eines Kassenpatienten gerichteten Vereinbarungen zwischen dem Krankenhaus und einer Krankenkasse, BGH NJW 1984, 1820. SRweg für Streitigkeiten im Abrechnungsverhältnis zwischen dem Krankenhausträger und der Krankenkasse wegen einer solchen Behandlung, BGH NJW 1984, 1820, Broß VerwArch 1988, 102. VRweg wegen der behördlichen Festsetzung der Pflegesätze. ZRweg für einen Streit über die Kosten der freiwilligen Unterbringung in Krankenhäusern der öffentlichen Hand einschließlich der Erstattungsansprüche wegen Minderleistungen, Schlesw SchlHA 1994, 171. SRweg für Ansprüche auf eine Kostenübernahme gegen einen Sozialversicherungsträger, BSG ZfSH 1982, 240. ZRweg nach § 18a KHG für einen Streit über die Entsendung von Delegierten in die Schiedsstelle, BVerwG NJW 1995, 1628.

Krankenkasse: Es gibt zahlreiche Aspekte.
- **(Attestierung):** SRweg beim Streit über die Abrechnung der Attestierung eines Therapieerfordernisses, BGH NJW 1998, 827.
- **(Aufhebung von Liefervertrag):** SRweg für den Streit zwischen Krankenkasse und Apothekerverband über eine solche Aufhebung über die Lieferung von Hilfsmitteln nach §§ 126 ff. SGB V, BGH NJW 1998, 825.
- **(Deutsche Bahn AG):** ZRweg beim Streit zwischen einer Krankenversicherung und der Deutschen Bahn AG oder einer ihrer Gliederungen über eine tarifliche Leistung, BGHZ 79, 320.
- **(Ehrenschutz):** ZRweg für ihn gegenüber einer gesetzlichen Krankenkasse, BGH MDR 2003, 407.
- **(Eintrittspflicht):** SRweg nach § 51 SGG, BGH NJW 1997, 1636.
- **(Kartellsache):** SRweg nach § 51 SGG bei Absprachen im Wettbewerb um Mitglieder BSG SGb 2013, 55.
- **(Kassenärztliche Vereinigung):** ZRweg beim Streit zwischen ihr und einer Krankenkasse, BGH NJW 2003, 1192.
- **(Medikamente):** SRweg für eine Klage gegen die Empfehlung einer Krankenkasse zur Verschreibung eines preisgünstigeren Medikaments.
- **(Mitgliederwerbung):** SRweg nach § 51 SGG beim Streit zwischen einer Ersatzkasse und einer gesetzlichen Krankenkasse aus einer Mitgliederwerbung, BGH NJW 1998, 2743, → „Wettbewerb".
- **(Privatversicherung):** SRweg für ihre Klage gegen eine gesetzliche Unfallversicherung, Karlsr VersR 2011, 945.
- **(Tarifstreit):** „– (Deutsche Bahn AG)".
- **(Unterlassung):** SRweg nach § 51 SGG bei der Klage gegen eine Krankenkasse auf Unterlassung einer Handlung, BGH NJW 2007, 1819, oder einer Äußerung, BGH NJW 2000, 1874, Zweibr NJW-RR 1999, 1739, jedenfalls im Rahmen der Verwirklichung des öffentlich-rechtlichen Versorgungsauftrages der Krankenkassen; im Einzelfall auch bei wettbewerbswidrigem Handeln des Leistungserbringers der Krankenkasse, BGH NJW 2000, 2749; zusf. Schreiber ZESAR 2018, 167. Zur Abgrenzung beachte auch §§ 4a, 69 SGB V. ZRweg bei privatwirtschaftlicher Tätigkeit der Krankenkasse OLG Brschw GRUR-RR 2009, 182.
- **(Verbraucherschutzzentrale):** ZRweg beim Streit zwischen ihr und einer Krankenkasse, BGH NJW 1998, 3413.
- **(Vereinigung):** ZRweg bei einem Streit zwischen einer Krankenkasse und einem Organ nach ihrer Vereinigung mit einer anderen, Schlesw NZA-RR 2010, 321.
- **(Vergabestreit):** → „Vergabestreit"
- **(Wettbewerb):** → „– (Mitgliederwerbung)", → „Wettbewerb".
- **(Zuführung zum Arzt):** Die Zuführung eines Krankenversicherten zu der notwendigen ärztlichen Hilfe ist eine Geschäftsführung ohne Auftrag für die Krankenkasse. Daher ZRweg bei einer dabei erlittenen Gesundheitsschädigung auf einen Schadensersatz.
- **(Zulassung zur Abrechnung):** SRweg beim Arzt, aM (beim Masseur) LG Köln VersR 1984, 271.
- **(Zulassung zur Belieferung):** SRweg für diejenige bei Heilmitteln aufgrund eines Vertrags, BGH NJW 2000, 2749.
- **(Zulassung zur Pflege):** SRweg für diejenige eines privaten Unternehmers, BSG NZA 1988, 558.

Kundenbetreuer: Evtl. ARweg beim Streit mit seiner Agentur, AG Neuruppin VersR 2006, 1707.

Kunstausstellung: ZRweg für Streitigkeiten zwischen einem Künstler und einer staatlichen Kunsthalle wegen einer Jury-Entscheidung, VGH Mannh DVBl 1976, 951.

Lärmschutz: VRweg beim öffentlich-rechtlich erlaubten Fahrschulplatz, Nürnb MDR 2013, 1369.

Lohnsteuerbescheinigung: FRweg, BAG NZA 2013, 862; VG Mü NJW 2006, 795 (Beamter).

Markt: Der Streit um die Zulassung zu einem nach der GewO festgesetzten Markt kann privat-rechtlich sein, OVG Kblz NVwZ 1987, 519. Umgekehrt kann der Zulassungsanspruch eines Schaustellers zu einem Markt, dessen Ausrichtung die Gemeinde einem Privaten übertragen hat, in den VRweg gehören, VGH Mü BayVBl. 1989, 148.

Marktordnung: ZRweg für einen Anspruch der Bundesanstalt für landwirtschaftliche Marktordnung auf die Zahlung eines zu ihren Gunsten vereinbarten Betrags wegen einer Nichteinhaltung der Absatzbedingungen, BGH RIW 1983, 278.

Mauergrundstücksgesetz (v. 15.7.1996, BGBl. 980): ZRweg nach § 7 G.

Mitbestimmung: ZRweg für Streitigkeiten über eine Mitbestimmung nach § 98 II 2 AktG einschließlich einer Entscheidung über eine Konzernabhängigkeit, ArbG Herne BB 1977, 950; Wiesner DB 1977, 1747.

Mülldeponie: ZRweg mangels Satzung, BGH NJW 1975, 106.

Nachbarrecht: ZRweg für einen Schadensersatzanspruch aufgrund von Beschädigung einer Entwässerungsleitung durch öffentliche Baumwurzeln, OVG Bln-Brdb NVwZ-RR 2011, 263.

Namensschutz: ZRweg aus § 12 BGB auch gegen Behörden wegen einer Störung im amtlichen Verkehr, soweit der Streit sich nicht ausschließlich auf die Ausübung öffentlich-rechtlicher Befugnisse gründet. ZRweg wegen der Führung eines adligen Namens dann, wenn eine politische Partei auf die Unterlassung einer von ihr gebrauchten Abkürzung ihres Namens in Anspruch genommen wird BGHZ 79, 265.

Naturschutz: ZRweg für Ausgleichsansprüche, Rinne DVBl 1994, 23, insbesondere für Ansprüche auf eine Entschädigung nach dem bayNatSchG, BGH NJW 1995, 964, aM BVerwG NJW 1994, 2949.

Notar: ZRweg für Schadensersatzansprüche nach § 19 BnotO und für Ansprüche gegen die Kammer, bei der Schadensregulierung nach § 67 BNotO mitzuwirken, BGH MDR 1992, 185. Kein ZRweg für Kostenansprüche, (jetzt) § 89 GnotKG, BGH NJW-RR 2005, 722, und für das Verbot an den Notar, von ihm verwahrtes Geld auszuzahlen, Düss DNotZ 1983, 703 ([jetzt:] Verfahren wegen Verstoßes gegen § 23 Hs. 2 BnotO).

Nutzungsvertrag: über landwirtschaftlichen Grundbesitz in der ehem. DDR: ZRweg, BGH DtZ 1995, 130.

Öffentlichrechtliche Einrichtung: VRweg für Streit über das „Ob" der Benutzung, auch wenn sich das aufgrund der Zulassung begründete Benutzungsverhältnis nach privatem Recht richtet, OVG Lüneb NJW 1985, 2347, insbesondere die Einrichtung von einer juristischen Person des Privatrechts betrieben wird, BVerwG NJW 1990, 134. ZRweg für einen Streit über das „Wie" der Benutzung, BVerwG NVwZ 1991, 59. Auch → „Gemeindebetrieb".

Opfer von Gewalttaten: Kein ZRweg für Ansprüche aus dem GewSchG.
Pacht: ZRweg aus einem Pacht- oder Nutzungsvertrag zwischen einer Gemeinde und einem Bürger, Rostock DtZ 1994, 217.
Pfändung und Überweisung: Bei einer Klage des Gläubigers gegen den Drittschuldner derjenige Rweg, der für die Klage des Schuldners statthaft wäre, VGH Kassel NJW 1992, 1253.
Pflegeheim: VRweg bei Streit um Wettbewerbsfragen mit der Gemeinde, OVG Kblz NVwZ-RR 2013, 942.
Pflegeversicherung: SRweg für Streitigkeiten aus einer privaten Pflegeversicherung nach § 23 SGB XI, § 51 I Nr. 2, II SGG, BSG NZS 2000, 523; Drsd NJW-RR 2018, 222; Stgt MDR 2016, 1336. VRweg für einen Streit um eine Zuwendung nach der AltPflegeVO, BVerwG NVwZ-RR 1999, 316; OVG Magdeb NVwZ-RR 2002, 466.
Politische Partei: ZRweg für eine Klage gegen eine politische Partei aus einem Namensrecht auf die Unterlassg einer Namensabkürzung, BGHZ 79, 265, ebenso beim Streit über eine Aufnahme in eine Partei, VGH Mannh NJW 1977, 72, oder nach einem Schiedsverfahren nach § 14 ParteiG über den Ausschluss aus einer Partei, aM Schiedermair AöR 104, 200, und auch für die Klage eines Mitglieds auf eine Feststellung der Ungültigkeit einer Wahl, KG NJW 1988, 3159 (zust. Vollkommer). Ob das auch für die Klage gegen den Ausschluss aus einer Fraktion gilt, so VGH Mü NJW 1988, 2755, ist zweifelhaft. ZRweg auch für Streitigkeiten zwischen zwei Parteien wegen der Unterlassung oder eines Widerrufs, Mü NJW-RR 1990, 1191. VRweg für einen Streit mit einer Sparkasse über die Eröffnung eines Girokontos, wenn der Kläger seinen Anspruch auf § 5 I 1 PartG stützt, OVG Hmb NordÖR 2003, 67; OVG Münst NVwZ-RR 2004, 795.
Polizei: Zur Frage, ob der ZRweg im Verhältnis zwischen dem Blutentnahmearzt und der Polizei gilt, Mü NJW 1979, 608. VRweg für Feststellungsklagen wegen einer polizeilichen Festnahme dann, wenn nicht das Landesrecht etwas anderes bestimmt, zB § 17 II 1 BayPAG, BVerwG NJW 1989, 1049; VGH Mü BayVBl. 1988, 246. VRweg bei der Aufnahme von Unterlagen zum Erkennungsdienst, OVG Schlesw NVwZ-RR 2007, 818.
Post: → „Deutsche Post AG".
Prüfingenieur: ZRweg für einen Vergütungsanspruch gegen die beauftragende Behörde, Hamm NVwZ 1989, 502.
Rechtsanwalt: ZRweg für eine Gebührenklage, auch wenn für den zugrundeliegenden Rechtsstreit ein anderer Rweg gilt. ARweg dann, wenn er als formell „freier Mitarbeiter" sein fast gesamtes Einkommen aus der Kanzlei bezieht und sich deren Abläufen unterordnen muss, LAG Köln AnwBl 2005, 719.
Rechtsform: → „Handlungsform".
Rehabilitierung: ZRweg für Ansprüche gegen einen solchen Dritten, dem aufgrund des aufgehobenen Urteils eines Gerichts der DDR Beträge zugeflossen sind, BGH DtZ 1997, 60.
Religionsgemeinschaft: → „Kirche".
Rettungsdienst: VRweg auch bei privat-rechtlicher Organisation, BGH MDR 2010, 278.
Rückbaupflicht: → „Baupflicht".
Rückerstattung: ZRweg für einen Rückgriff des Erstattungspflichtigen gegen einen Rechtsvorgänger, für den Anspruch aus einem außergerichtlichen Vergleich eines Rückerstattgsberechtigten im Prozess gegen einen Rückerstattungsverpflichtigen, für Ansprüche des Rückerstattungspflichtigen nach Art. 14, 34 GG, BVerwG MDR 1975, 170. Aber kein ZRweg für die Rückzahlung öffentlicher Leistungen, auch wenn der Empfänger seine Verpflichtung in einer besonderen Urkunde anerkannt hat, BGH NJW 1994, 2620; BVerwG NJW 1995, 1105. Anders bei einer Rückforderung solcher Förderungsmittel, die eine juristische Person des Privatrechts nach Maßgabe der Haushaltsvorschriften zugesagt und ausgezahlt hatte, KG NJW-RR 2005, 512.
Rücknahme: eines rechtswidrigen Verwaltungsakts nach § 48 VwVfG: VRweg für einen Ausgleichsanspruch. ZRweg nach § 48 VI VwVfG dann, wenn daneben ein Entschädigungsanspruch in Betracht kommt, Düss NJW 1987, 1336.
Rundfunk. Dazu Kopp BayVBl. 1988, 193; Lerche FS Löffler, 1980, 217. VRweg zur Klärung einer Verbreitungspflicht, BVerwG NVwZ 2015, 991. VRweg für Streitigkeiten über die Gebühren, AG Köln NVwZ-RR 2001, 166, ebenso für die Klage auf eine Überlassung von Programmübersichten, VG Hmb NJW 1979, 2325. VRweg auch für den Streit über eine Vergabe von Sendezeit dann, wenn es sich um eine Wahlwerbung handelt, BVerwG DVBl 1987, 307, und jedenfalls dann, wenn der Kläger seine Forderung ausschließlich auf ein allgemeines Interesse stützt, VG Mainz NVwZ 1985, 136, aber auch bei kommerzieller Werbung, Kopp BayVBl. 1988, 193. ZRweg auch für Leistungs- und Unterlassungsklagen wegen des Inhalts einer Sendung, BGH NJW 1976, 1198, BVerwG NJW 1994, 2500, Hoffmann-Riem JZ 1995, 401. Zum Rweg für Streitigkeiten wegen der Rundfunkversorgung durch Breitbandkabel OVG Saarlouis NVwZ 1994, 1228.
Sachenrechtsänderungsgesetz: ZRweg nach §§ 103–108 G.
Schenkung: ZRweg auch bei einer öffentlich-rechtlichen Vorfrage, KG FamRZ 2007, 409.
Schlichtverwaltende Tätigkeit: Es geht um eine solche nicht obrigkeitlicher, aber gleichwohl hoheitlicher Natur, mag es sich um eine Körperschaft des öffentlichen Rechts oder um eine juristische Person bürgerlichen Rechts als Träger öffentlich-rechtlicher Aufgaben handeln. Dann kein ZRweg für Unterlassungsklagen wegen Warnungen und ähnlichen Einwirkungen auf die Mitglieder der Vereinigung, auch nicht für einen Schutz vor Überschwemmungen durch eine Änderung der Kanalisation. Auch → „Kammer".
Schulwesen: ZRweg für Streitigkeiten zwischen Eltern und einer genehmigten Privatschule, VGH Kassel FamRZ 2007, 294, OVG Münst NJW 1998, 1580. VRweg auch für Streitigkeiten mit einer anerkannten Privatschule in Baden-Württemberg dann, wenn die für die Schulpflicht geltenden Bestimmungen im Streit sind, VGH Mannh NVwZ-RR 1990, 607; anders dagegen in Bayern, VGH Mü NVwZ 1982, 562: ZRweg. VRweg beim Ausschluss aus einer städtischen Musikschule, VGH Mannh NVwZ 1987, 701. ZRweg für eine Rückgabe von Schulbüchern, VG Würzb BayVBl. 1994, 539 (zust. Kriener).
Schwarzarbeit: ZRweg für Regress nach § 110 I a SGB VII, BGHZ 204, 379.
Schwerbehinderter: VRweg für eine Entschädigung wegen einer Benachteiligung nach § 81 II Nr. 2 SGB IX, LAG Hamm NZA-RR 2006, 157.
Schwerpunkt: Er ist maßgeblich nach → Rn. 15.
Seuchenrecht: Gemäß § 68 I SeuchRNeuG v. 20.7.2000, BGBl. 1045, ZRweg für Streitigkeiten über Entschädigungsansprüche nach §§ 56, 65 G, und für Streitigkeiten über Erstattungsansprüche nach §§ 56 IV 2, 57 I 3, III sowie 58 S. 1 G. SRweg für öffentlich-rechtliche Streitigkeiten der §§ 60 bis 63 I G.

Soldat: VRweg nach § 59 I SoldG für Klagen der Soldaten, auch solcher im Ruhestand, der früheren Soldaten und der Hinterbliebenen aus dem Wehrdienstverhältnis, soweit nicht ein anderer Rweg gesetzlich notwendig ist.

Sozialhilfe: SRweg.

Sozialleistung: Es gibt zahlreiche Aspekte.

– **(Anspruchsübergang):** ZRweg für eine Klage des Trägers der Sozialleistung aus dem auf ihn übergeleiteten oder übergegangenen Unterhaltsanspruch gegen den Pflichtigen, Künkel FamRZ 1994, 548. Das gilt auch wegen der öffentlich-rechtlichen Vorfragen, zB der Zuständigkeit des Trägers der Sozialleistung, der Vertriebeneneigenschaft usw. SRweg für den Erstattungsanspruch des Trägers der Sozialleistung gegenüber dem Geschädigten, falls der Schädiger trotz des Anspruchsübergangs an den Geschädigten gezahlt hatte, BSG NVwZ-RR 2010, 784.

– **(Arbeitsloser):** SRweg beim Streit über eine Arbeitsgelegenheit mit Mehraufwandsentschädigung für einen Arbeitslosen, LAG Bln MDR 2006, 697.

– **(Belieferung):** → „– (Rahmenvereinbarung)".

– **(Bereicherung):** ZRweg für einen Bereicherungsanspruch des Pflichtigen gegen den Sozialleistungsträger, BGH NJW 1993, 1788.

– **(Darlehen):** VRweg aus einem Darlehensvertrag, Schlesw NVwZ 1988, 761.

– **(Geschäftsführung ohne Auftrag):** VRweg für den Sozialleistungsträger, Hamm FamRZ 1997, 1409.

– **(Hausverbot):** VRweg, OVG Hmb NJW 2014, 1197.

– **(Hilfsbedürftiger):** SRweg beim Streit zwischen einem Maßnahmeträger und einem Hilfsbedürftigen nach § 16 III SGB II, LAG Bln BB 2006, 2140.

– **(Kostenzusage):** VRweg beim Streit über die Erfüllung einer solchen Zusage oder über die Erstattung eines gezahlten Betrags, Oldb NJW-RR 1993, 256.

– **(Mietgarantie):** ZRweg für einen Anspruch gegen den Sozialleistungsträger aus einer solchen Garantie nach § 554 II Nr. 2 S. 1 (2. Alt.) BGB, BVerwG NJW 1994, 969.

– **(Pflegesatz):** VRweg bei einem Streit zwischen einer Behörde und einem Bürger über den Abschluss einer Pflegesatzvereinbarung, BGH NJW 1992, 1238. **ZRweg** nach § 87 GWB für die Klage gegen einen Sozialleistungsträger auf die Unterlassung einer Verwendung einer Klausel in einer Pflegesatzvereinbarung, BGH MDR 1993, 525.

– **(Rahmenvereinbarung):** ZRweg für einen Streit aus einer solchen Absprache über die Belieferung von Patienten mit Arzneimitteln zwischen einem Apothekerverband und einem Sozialleistungsträger, BGH NJW 2000, 872.

– **(Rückforderung):** VRweg für einen Anspruch auf die Rückgewähr einer ohne Rechtsgrund erbrachten Sozialleistung, BGH NVwZ 1988, 92; aM (ZRweg) Saarbr MDR 2008, 1354 (Heimentgelterstattung).

– **(Trägerstreit):** VRweg beim Streit zwischen Sozialleistungsträgern, BVerwG DVBl 1996, 873.

Sozialversicherung: Auch hier ergeben sich viele Unterfragen.

– **(Zuführung zum Arzt):** ZRweg wegen eines bei diesem Vorgang entstandenen Gesundheitsschadens.

– **(Beihilfe):** Vgl. Hamm NJW 1986, 2769; Kblz NVwZ 1988, 1038; VGH Mü NJW 1990, 934.

– **(Beitragsanfechtung):** ZRweg bei privater Sozialversicherung, BGH ZIP 2013, 2524.

– **(Bürgschaft):** ZRweg für den Anspruch aus einer Bürgschaft für Sozialversicherungsbeiträge, BGH NJW 1984, 1622; Ffm NVwZ 1983, 573; KG NVwZ 1983, 572.

– **(Dritter):** ZRweg für eine Klage auf die Rückzahlung von versehentlich an einen Dritten überwiesenen Leistungen, BGH NJW 1979, 763; BSG DVBl 1987, 849; Kblz NVwZ 1989, 93 (zust. V. Einem SGb 1988, 484, abl. Wolber SozVers 1989, 85).

– **(Durchgriff): Kein** ZRweg für die Inanspruchnahme eines Alleingesellschafters mit dem sog. Durchgriff und für die Erstattung zu Unrecht empfangener Leistung, BGH NJW 1988, 1731; Ffm NJW-RR 1997, 1088 (zu § 116 VII 1 SGB X).

– **(Forderungsübergang):** ZRweg für einen Streit zwischen Sozialversicherungsträgern wegen gesetzlicher übergegangener Ansprüche, BGH NJW 1985, 2756; Broß VerwArch 1988, 105.

– **(Insolvenz):** ZRweg beim Streit über die Insolvenzbefangenheit einer sozialversicherungspflichtigen Forderung, BGH NJW 1985, 976; aM LG Itzehoe ZIP 2009, 1028 (SRweg).

– **(Krankenversicherung):** SRweg beim Streit zwischen dem Leistungsträger oder –erbringer oder Repräsentanten, BGH NJW-RR 2004, 1120 (gesetzliche Krankenversicherung).

– **(Nichtabführung):** → „– (Pflichtenübertragung)".

– **(Pflichtenübertragung):** Hat der Arbeitgeber seine Pflichten auf einen nicht bei ihm angestellten Bevollmächtigten übertragen, ZRweg für eine Schadensersatzklage gegen ihn wegen Nichtabführung einbehaltener Beitragsanteile der Arbeitnehmer oder für eine Schadensersatzforderung der Krankenkasse, die wegen einer Nichtabmeldung des Arbeitnehmers seitens des Arbeitgebers noch Versicherungsleistungen erbracht hat.

– **(Rückerstattung):** → „– (Durchgriff)".

– **(Rückgriff):** ZRweg beim Rückgriff des Sozialversicherungsträgers gegen den Unternehmer und Betriebsangehörige, BVerwG VersR 1976, 466.

– **(Rückzahlung):** → „– (Dritter)", → „– (Tod)".

– **(Schadensersatz gegen Versicherung):** ZRweg für einen Schadensersatzanspruch gegen den Geschäftsführer einer Sozialversicherung aus der Zeit vor dem SGB IV, BGH NJW 1985, 2194.

– **(Tod):** ZRweg für eine Rückforderung von nach dem Tod des Berechtigten gezahlter Rente, BGHZ 71, 180 (abl. Bethge NJW 1978, 1801, Birk SGb 1979, 302, zust. Heinz SGb 1981, 163), Karlsr NJW 1988, 1920.

Staatsangehörigkeit: VRweg, BGH DGVZ 2013, 14.

Staatshaftung in den neuen Bundesländern: (Lörler DtZ 1992, 135). Nach einem Abschluss des Verwaltungsvorverfahrens nach → Rn. 8 ZRweg nach §§ 5–6a DDR-StHG, Christoph NVwZ 1991, 539; Ossenbühl NJW 1991, 1208; Sträßler NJW 1991, 2467. Zuständig ist das LG nach § 71.

Steuer: FRweg für Steuern jeder Art und Form sowie für alle damit zusammenhängenden Fragen. Nie darf das ordentliche Gericht prüfen, ob eine Heranziehung zur Steuer rechtmäßig ist, da insofern das FG zuständig ist.

– **(Abtretung):** FRweg für den Anspruch auf Erstattung an einen Abtretungsnehmer, BFHZ 144, 94. Aber auch → „– (Beitreibung)".
– **(Beitreibung):** ZRweg beim Streit über die Wirksamkeit einer zur Abwendung einer Beitreibung erfolgten Hypothekenabtretung, BFH BStBl. 1979 II 442.
– **(Bürgschaft):** ZRweg für die Inanspruchnahme eines Steuer- oder Zollbürgen, Kraushaar/Häuser NVwZ 1984, 217. Auch → „– (Dritter)".
– **(Dritter):** ZRweg dann, wenn ein unbeteiligter Dritter die Steuerschuld übernommen oder bezahlt hat, BGH MDR 1984, 649; Ffm ZIP 2004, 584. Auch → „– (Bürgschaft)", → „– (Steuerfahndung)".
– **(Erstattung):** → „– (Abtretung)", → „– (Rückzahlung)", → „– (Vollstreckungsgläubiger)".
– **(Forderungsübergang):** ZRweg für einen kraft Gesetzes übergegangenen Abgabenanspruch, Stolterfoth JZ 1975, 658; aM Rimmelspacher JZ 1975, 165.
– **(Insolvenz):** ZRweg für die Insolvenzanfechtung einer Steuerzahlung des Schuldners an das Finanzamt durch den Insolvenzverwalter, Hamm NJW-RR 2003, 1092.
– **(Neuer Gläubiger):** → „– (Abtretung)".
– **(Rechnung):** ZRweg für die Klage auf die Erteilung einer Rechnung nach § 14 I UstG, BGH NJW 1975, 310.
– **(Rechtliche Einordnung):** ZRweg, BVerwG NJW 2013, 2298.
– **(Rückzahlung):** FRweg für den Anspruch des Finanzamtes auf die Rückzahlung eines Erstattungsbetrags, Hamm NJW-RR 1993, 64 oder für eine Rückforderung einer vom Schuldübernehmer gezahlten Schuld.
– **(Steuerarrest):** ZRweg für einen Schadensersatzanspruch wegen eines ungerechtfertigten Steuerarrests, BGHZ 63, 277; aM (FRweg) Schwarz NJW 1976, 215.
– **(Steuerfahndung):** ZRweg für die Klage gegen ein Auskunftsersuchen der Steuerfahndung gegen einen Dritten, BFH ZIP 1983, 988.
– **(Vollmacht):** ZRweg für die Klage einer Bank gegen den Steuerfiskus auf die Rückzahlung einer angeblich vollmachtslos erteilten Schecksumme, BGH NJW 2003, 434.
– **(Vollstreckungsgläubiger):** FRweg für den Anspruch auf Erstattung an einen Vollstreckungsgläubiger, BFH NJW 1988, 1407.

Stiftung: ZRweg für Klagen von Destinatären, Hmb ZIP 1994, 2950; Mankowski FamRZ 1995, 851, für Ansprüche gegen juristische Personen des Privatrechts auch dann, wenn der Staat sich ihrer bei Leistungen an den Bürger bedient, es sei denn, sie sei gesetzlich mit öffentlich-rechtlichen Befugnissen ausgestattet, BVerwG JZ 1990, 446. VRweg nach → EGGVG § 23 Rn. 10 für Klagen gegen Maßnahmen der Stiftungsaufsicht, soweit es sich um eine Verwaltungsbehörde handelt, OVG Münst NRWVBl 1995, 318.

Stille Gesellschaft: Evtl. ARweg, ArbG Düss NZA-RR 2013, 312.

Strafverfolgungsmaßnahme: ZRweg für den Anspruch auf eine Entschädigung mit ausschließlicher Zuständigkeit des LG nach § 13 StrEG.

Strafvollzug: Zuständig sind die ordentlichen Gerichte. ZRweg für eine Klage der Behörde auf den Ersatz der Aufwendungen für eine Wiederherstellung der Gesundheit nach § 93 III StVollzG, ebenso bei einem Untersuchungsgefangenen, BGH NJW 1990, 1604.

Straßenrecht: VRweg beim Streit um ein Entgelt für eine Sondernutzung, es sei denn, der Anspruch wird auf Privateigentum am Straßenland gestützt, KG OLGZ 77, 497. VRweg beim Streit um eine planerische Ausweisung einschließlich der Ausgleichsansprüche nach § 17 IV BfernstrG, Wahl NVwZ 1990, 923. VRweg wegen eines Anspruchs gegen eine Gemeinde, ein Privatgrundstück wegen seiner Einbeziehung in eine Wegefläche zu erwerben, OVG Bautzen NVwZ-RR 2016, 720. ZRweg beim Streit zwischen einer Straßenbaubehörde und Versorgungsunternehmen über die Kosten einer durch den Straßenausbau erforderlich gewordenen Neuverlegung, BGH LKV 2001, 335, vgl. auch § 8 X BfernstrG. VRweg für die Herstellung und Erhaltung der Verkehrswege als Aufgabe des Staats, die hoheitlich bewältigt wird, Ffm NVwZ 1992, 917. Kommt aber ein Dritter infolge des schlechten Straßenzustandes zu Schaden, ZRweg. Kein ZRweg wegen der Benutzung einer dem allgemeinen Verkehr eröffneten Straße, auch wenn sie noch im Privateigentum einer Wohnungsgesellschaft der Gemeinde steht, ebensowenig dann, wenn bei wirksamer Widmung der Gemeinde ein Grundstückseigentümer die Herausgabe eines solchen Grundstücksteils verlangt, über den ohne seine Zustimmung ein Weg gelegt worden ist, oder wenn ein Notweganspruch über ein solches städtisches Grundstück, das der Feuerwehr dient, durchgesetzt werden soll. Auch → „Wegestreitigkeit".

Studienförderung: VRweg für einen Rückzahlungsanspruch gegen einen Beamten oder Soldaten. VRweg beim Anspruch auf eine Rückzahlung des während der Ausbildung für die Beamtenlaufbahn gezahlten Arbeitsentgelts, BAG NJW 1991, 943; krit. Kopp JZ 1991, 564. VRweg auch bei der Rückforderung von Leistungen nach dem „Honnefer Modell", oder nach dem BaföG oder bei der Rückzahlung eines danach gewährten Darlehens, Ffm DVBl 1980, 381. Kein ARweg beim Soester Modell, LAG Hamm NZA-RR 2007, 98.

Subventionierung: VRweg beim Streit darüber, ob eine Subvention gewährt oder zurückgefordert werden soll, BGH NJW 1997, 328. VRweg bei einer einstufigen öffentlich-rechtlichen Regelung auch dann, wenn die Auszahlung durch ein Kreditinstitut erfolgt, BGH NVwZ 1985, 517. Dagegen kommt es bei einer zweistufigen Regelung darauf an, ob die Durchführung öffentlich-rechtlich oder zivilrechtlich erfolgt, BGH NJW 1997, 328; Naumb NVwZ 2001, 355; krit. Ehlers JZ 1990, 594. Im letzteren Fall ZRweg zB für den Streit über den Abschluss des durchführenden Vertrags, krit. Dawin NVwZ 1983, 400, und für Streitigkeiten aus seiner Durchführung, zB wegen der Rückforderung einer Bürgenleistung, BGH NJW 1997, 328, Rückzahlung eines Darlehens oder seiner Ablösung, ebenso wegen der Zinsenhöhe für ein Aufbaudarlehen, Zinsherabsetzung oder den Zinserlass bei einem öffentlichen Wohnungsbaudarlehen, ferner bei einem Rückzahlungsanspruch aus einem Darlehensvertrag. ZRweg für einen Rechtsschutz gegen den Verkauf von Interventionsware, VGH Kassel NJW 1985, 2100. Der Rechtsweg für die Inanspruchnahme eines Bürgen hängt davon ab, ob dessen Verpflichtung privat-rechtlich oder öffentlich-rechtlich begründet ist, LG Ffm NVwZ 1984, 267.

Telekommunikationsgesetz. Dazu Scherer NJW 1996, 2953. Grds. VRweg, BGH NJW 2006, 850, in bürgerlichen Rechtsstreitigkeiten ZRweg entsprechend § 90 I, II GWB, § 80 G. VRweg beim Streit über Kosten einer Leitung im Straßenraum, BVerwG NVwZ-RR 2009, 308.

Testamentsvollstrecker: Das Prozessgericht prüft nach, ob das Testamentsvollstreckeramt nach der Ausführung aller Aufgaben beendet ist, auch wenn das Nachlassgericht den Testamentsvollstrecker ernannt hat. Das Prozessgericht ist aber an die Testamentsauslegung des Nachlassgerichts dann gebunden, wenn die Möglichk einer noch nicht erfüllten Testamentsvollstreckeraufgabe besteht.

Tierseuchengesetz: VRweg für Entschädigungsansprüche nach § 72b G idF v. 11.4.2001, BGBl. 507.

Tierzuchtgesetz: ZRweg für die Klage auf eine Eintragung in das Zuchtbuch, BVerwG NJW 1981, 2482; krit. Steiner NJW 1981, 2452. Dagegen VRweg für die Klage gegen einen Körbescheid.

Umlegungsverfahren: Rweg zum BaulG, § 217 BauGB. ZRweg für den Streit aus einem Austauschvertrag zwischen der Gemeinde und einem Grundeigentümer, Bbg BayVBl. 1986, 285.

Unerlaubte Handlung: ZRweg auch bei einer öffentlich-rechtlichen Vorfrage, BGH WM 2011, 143.

Unfallversicherung: ZRweg, Drsd VersR 2012, 1538.

Universität: ZRweg bei einer Vermietung, Mü NZM 2006, 78.

Unterbringung psychisch Kranker: ZRweg nach §§ 312 ff. FamFG, LG Ffm NJW 1992, 986.

Urheberrecht: ZRweg für solche Rechtsstreitigkeiten, durch die ein Anspruch aus einem der im UrhG geregelten Rechtsverhältnissen geltend gemacht wird. Handelt es sich um Urheberrechtsstreitsachen aus solchen Arbeits- oder Dienstverhältnissen, die ausschließlich Ansprüche auf die Leistung einer vereinbarten Vergütung zum Gegenstand haben, Arweg oder VRweg nach § 104 UrhG, § 2 II 2b ArbGG.

Verein: ZRweg dann, wenn ein privat-rechtlicher (Sport-)Verein Hindernisse für die beruflicher Betätigung seiner Mitglieder in seinem Bereich aufstellt, BVerwG DÖV 1977, 784.

Vergabestreit: VRweg für die Forderung der Gemeinde auf deren Einwirkung, OVG Münst NVwZ-RR 2006, 223. ZRweg für einen Streit um einen Auftrag unterhalb der Schwellenwerte, OVG Kblz NVwZ-RR 2006, 846; OVG Lüneb NVwZ-RR 2006, 844. Kein VRweg beim Ausschluss von Vergabeverfahren für eine bestimmte Zeitdauer, OVG Lüneb NVwZ-RR 2006, 846. SRweg beim Arzneimittel-Rabattvertrag, BSG NJW 2008, 3238 und bei „open house"-Vergabe der Krankenkasse OLG Düss NZBau 2019, 327; LSG Essen BeckRS 2017, 101755. Auch → „Auftrag, öffentlicher".

Vergleichsvertrag: ZRweg, soweit der öffentlich-rechtliche Vergleich im Wesentlichen einen solchen Anspruch regelt, der vor das ordentliche Gericht gehört, VGH Mannh NJW 2005, 2636.

Vermarktung: ZRweg auch bei solcher durch eine Gemeinde, Brem MDR 2015, 197.

Vermessungsingenieur: ZRweg für den Streit über die Vergütung eines öffentlich bestellten Ingenieurs, Drsd NJW-RR 2000, 1042, aM Düss NJW-RR 1996, 269. ZRweg für Wettbewerbsstreitigkeiten mit einem staatlichen Vermessungsamt, BGH NJW 1992, 1659.

Vermögensgesetz: Eingehend BGH NJW 2001, 683. VRweg für Ansprüche auf eine Rückgabe von Grundeigentum in der früheren DDR (keine zivilrechtliche Anfechtung von Verträgen), BGH MDR 1997, 492. ZRweg für Eigentümeransprüche gegen den früheren Eigentümer oder den bisherigen staatlichen Verwalter, BGH NJW 2002, 2246; BVerwG NJW 2001, 2416. ZRweg für Streitigkeiten über solche Verträge, die schon nach dem Recht der DDR nichtig gewesen sind, BGH NJW 1994, 1284. ZRweg für Sicherungsansprüche gegen Verfügungsberechtigte, BGH NJW 1994, 1723; BezG Drsd ZIP 1992; 733, OVG Bln NJW 1991, 715, oder für einen Anspruch gegen den Verfügungsberechtigten auf die Herausgabe eines Erlöses, BGH WM 2002, 1896. ZRweg für Streitigkeiten aus gütlicher Einigung nach § 31 V VermG, OVG Greifsw NVwZ 2003, 498. Der ZRweg wegen Ansprüchen aus Enteignung nach dem DDR-BaulandG ist durch das VermG nicht ausgeschlossen, BGH NJW 1995, 1833, ebensowenig für Ansprüche aus einem bei der Ausreise geschlossenen verdeckten Treuhandvertrag, BGH DtZ 1996, 138; aM BVerwG NJW 1995, 1506.

Vermögenszuordnungsgesetz. Dazu Messerschmidt NJW 1994, 2520. VRweg nach § 6 VZOG.

Veröffentlichung: ZRweg für den Streit über die Veröffentlichung oder Nichtveröffentlichung privater Beiträge in einem von einer Behörde herausgegebenen Blatt, BVerwG DVBl 1982, 636. VRweg für den Streit über die Veröffentlichung von Gerichtsentscheidungen, OVG Lüneb MDR 1996, 817; VG Hann NJW 1993, 3282.

Versicherungsanstalt, öffentliche: ZRweg für Ansprüche aus dem Versicherungsverhältnis gegen eine öffentlich-rechtliche Feuerversicherungsanstalt, BGH NJW-RR 1988, 339. ZRweg für Streitigkeiten zwischen Zusatzversorgungsanstalten des Bundes oder der Länder und den Versicherten, Hamm NJW-RR 1988, 155. Auch → „Arbeitsverhältnis", → „Sozialversicherung".

Vertrag: Ob eine Vereinbarung dem öffentlichen od privaten Recht zugehört, entscheidet sich nach ihrem Gegenstand nach → Rn. 15, VGH Mannh NJW 2005, 2636. Zur Abgrenzung des öffentlich-rechtlichen Vertrags nach §§ 54 ff. VwVfG vom privat-rechtlichen Vertrag Lange NVwZ 1983, 314. Davon hängt der Rweg ab, BGH WM 1983, 622 (Grundstückstauschvertrag). Bei einem gemischten Vertrag kommt es darauf an, welcher Teil dem Vertrag das entscheidende Gepräge gibt, BGH NVwZ 2004, 253.

- **(Abstellplatz):** VRweg aus einem öffentlich-rechtlichen Vertrag über die Ablösung einer solchen Verpflichtung, BVerwG NJW 1980, 1294; aM BGH NJW 1979, 642.
- **(Amtspflichtverletzung):** ZRweg bei einer (auch nur hilfsweisen) Stützung eines Anspruchs auf eine Amtspflichtverletzung, BGH NJW 1979, 642. ZRweg dann, wenn die Gründe typischerweise auch Gegenstand eines Amtshaftungsanspruchs sein können, BGH NJW 1986, 1109; BVerwG NJW 2002, 2894; krit. Dötsch NJW 2003, 1430; Ehlers JZ 2003, 209.
- **(Aufwendungsersatz):** ZRweg bei einer Aufwendung durch einen Bürger, aM LG Hann MDR 1981, 942.
- **(Culpa in contrahendo):** „– (Verschulden bei Vertragsschluss)".
- **(Erschließungsvertrag):** VRweg, BGH NVwZ-RR 2000, 845.
- **(Schadensersatz):** VRweg für einen solchen Anspruch aus einem öffentlich-rechtlichen Vertrag nach § 40 II 1 VwGO, BGH VersR 1983, 750; BVerwG NJW 1980, 2538. Auch „– (Verschulden bei Vertragsschluss)".
- **(Standplatz):** ZRweg beim Streit über seine Vergabe bei einem gemeindlichen Volksfest durch Vereinbarung, Kblz NVwZ 1982, 379.
- **(Verschulden bei Vertragsschluss):** VRweg wegen eines solchen Vorgangs bei einem öffentlich-rechtlichen Vertrag, OVG Kblz NJW 2002, 3724.

– **(Werbevertrag):** ZRweg auch bei einem Vertrag über öffentliche Flächen, Brem NVwZ-RR 2015, 879 (unabhängig von einer Genehmigungsabhängigkeit).
– **(Zusicherung):** VRweg aus der Nichterfüllung einer Zusicherung, VGH Mannh DVBl 1981, 265.

Verwahrungsverhältnis, öffentlich-rechtliches: ZRweg nach → Rn. 37 gemäß § 40 II 1 VwGO, KG NJW 2015, 2438.

Viehseuchengesetz: → „Tierseuchengesetz".

Vollstreckung: Der Rweg richtet sich nach der Rechtsnatur des Titels. Das gilt unabhängig davon, ob der zu vollstreckende Anspruch zum öffentlichen oder zum privaten Recht zählen, VGH Mü BayVBl. 1983, 375; aM Renck NVwZ 1983, 375.

Vollstreckung ausländischer Entscheidung: ZRweg auch dann, wenn sie dort in einem Verfahren der freiwilligen Gerichtsbarkeit ergangen ist.

Vorbereitungsdienst: ARweg für Ansprüche aus demjenigen Vorbereitungsdienst, der nicht in einem öffentlich-rechtlichen Ausbildungsverhältnis erfolgt, BAG NZA 1988, 132, VGH Mannh Just 1988, 37, andernfalls VRweg, BAG NJW 1990, 663 (Hessen), BVerwG NVwZ 1992, 1208; OVG Münst NVwZ 1990, 889 (NRW). VRweg auch für die Klage auf den Abschluss eines Arbeitsvertrags wegen rechtswidrig verzögerter Ausbildung im Beamtenverhältnis, BAG NJW 1989, 2909.

Vorfrage: Sie und ihre Rechtsnatur beeinflusst den Rechtsweg nicht, BGH WM 2011, 143.

Vorkaufsrecht: → „Baugesetzbuch".

Wasserstreit: Kein ZRweg für einen Streit zwischen dem Wasserverband und seinen Mitgliedern, außer für Schadensersatzansprüche, BGH VersR 1987, 768, auch nicht für die Klage auf die Aufhebung eines Bescheids über das Bestehen einer wasserrechtlichen Entschädigungspflicht, OVG Saarl NVwZ-RR 1990, 666. ZRweg wegen unerlaubter Handlung (Verletzung der Instandhaltungspflicht), BGH MDR 1994, 207, nicht aber für eine ordnungsmäßige Kanalisation, ebensowenig auf eine Herstellg von Schutzeinrichtungen gegen solche Störungen, die eine Abwassereinleitung einer Gemeinde verursacht, wenn eine wesentliche Änderung der Anlage oder eine Gesamtplanung verlangt wird. ZRweg für eine Inanspruchnahme von Anlandungen als Eigentum sowie darüber, ob das Neuland durch eine Anlandung entstanden ist, nicht aber für einen Anspruch des Anliegers auf eine Zustimmung des für den Wasserlauf Unterhaltspflichtigen zur Inbesitznahme. ZRweg für den Streit über die Höhe der Entschädigung nach § 20 II WHG, BGH NJW 1987, 2747, für einen Schadensersatzanspruch des Wasseranliegers nach § 30 III WHG, BVerwG NJW 1987, 2758, für einen Ausgleichsanspruch nach § 96 PrWassG zwischen zwei Unterhaltspflichtigen, ebenso für eine Klage auf einen Anschluss gegen Mitglieder einer Wassergemeinschaft, BGH NJW-RR 1989, 347. Wegen des Bezugs von Leitungswasser → Rn. 18, BGH MDR 1978, 298 (ZRweg für einen Schadensersatzanspruch), BGH NJW 1979, 2615 (ZRweg für Ansprüche aus vertraglich vereinbarter unentgeltlicher Wasserbelieferung; abl. Bickel DÖV 1980, 173).

Wegestreitigkeit: VRweg für Streitigkeiten um einen öffentlichen Weg, zB wegen Gemeingebrauchs oder Sondernutzung oder für den Anspruch des Bürgers auf Mitbenutzung eines Wegs, der zu einer Anlage der Gemeinde gehört, Kblz MDR 1981, 671. ZRweg für den entgegengesetzten Unterlassungsanspruch der Gemeinde gegen den Bürger, ebenso für einen Pacht- oder Nutzungsanspruch. Auch → „Straßenrecht".

Werkwohnung: ZRweg für einen Streit über die Miethöhe, BAG NZA 1990, 539. Auch → „Dienstwohnung".

Wertpapierhandel: ZRweg für eine Untätigkeitsklage gegen eine Entschädigungsstelle, BVerfG ZIP 2010, 1819.

Wettbewerb:
– **(Abwehrklage):** VRweg bei einer nicht auf das UWG gestützten Klage gegen eine öffentlich-rechtliche Körperschaft, BayObLG BayVBl. 1982, 218, Ffm OLGZ 1988, 456, VGH Mü GewArch 1976, 326.
– **(Bestattungsunternehmen):** ZRweg für einen Wettbewerbsstreit zwischen einem privaten und einem öffentlichen solchen Betrieb dann, wenn der Kläger nicht in einen hoheitlichen Bereich eingreift, BayKompKonflGH MDR 1975, 587; Mü GRUR 1987, 550; Stgt WRP 1984, 440.
– **(Kircheneinrichtung):** ZRweg für einen Wettbewerbsanspruch gegen eine solche Einrichtung, BGH NJW 1981, 2811.
– **(Straßenverkehr):** ZRweg beim Streit eines Straßenverkehrsamts und eines privaten Kennzeichenverkaufs in demselben Gebäude, OVG Münst VerwArch 1979, 258.
– **(Unterlassung):** ZRweg für Ansprüche Privater auf eine Unterlassung aus UWG oder GWB gegen Körperschaften des öffentlichen Rechts und Amtsträger, soweit die Parteien sich auf dem Boden der Gleichordnung gegenüberstehen und das Verwaltungshandeln nach dem Vorbringen des Klägers ihm gegenüber wettbewerbswidrig ist, BGH NJW 1993, 1659; Karlsr WRP 1988, 272 (Handwerkskammer); KG NJW-RR 1986, 201 (Gerichtsvollzieher), Celle MedR 1988, 257 (Zahnärztekammer); – ZRweg ist eröffnet, wenn die Klägerseite eine geschäftliche Handlung iSd 2 Abs. 1 Nr. 1 UWG der öffentlichen Hand behauptet (vgl. BGH, GRUR 2020, 755, mwN; GRUR 2018, 196.

Dies kann auch dann gelten, wenn verfassungsrechtliche Fragen in Rede stehen BGH NJW 2019, 763 (Crailsheimer Stadtblatt II).
– **(Versorgungsträger):** ZRweg wegen eines Wettbewerbsverstoßes einer öffentlichen Versorgungsstelle, Hmb OLGZ 1994, 316.
– **(Zuschuss):** ZTweg beim Streit um den Zuschuss einer Gemeinde, Ffm NJW 1997, 2391.
– **(Zusendung):** ZRweg für eine Klage der Zentrale zur Bekämpfung unterlauteren Wettbewerbs gegen eine Ersatzkasse auf eine Unterlassung der Zusendung von Werbeunterlagen, BGH NJW 2003, 1194.

Widerruf: Kein ZRweg bei einer Klage auf den Widerruf der Äußerungen eines Zeugen vor dem VG, ebenso bei einer Klage auf den Widerruf einer ehrkränkenden dienstlichen Äußerung in einer öffentlichen Sitzung, gegenüber der Presse usw., OVG Bln DtZ 1996, 252; VGH Kassel NJW 1988, 1683; OVG Münst NJW 1988, 2636 (Ehrverletzung durch einen Richter), Kblz OLGZ 1988, 370 (Äußerung eines Bürgermeisters), desgleichen bei herabsetzenden Äußerungen von einer Verwaltungsbehörde, Düss NVwZ 1998, 435, ZRweg aber dann, wenn ein enger Zusammenhang mit bloßer fiskalischer Tätigkeit besteht, BGH NJW 1978, 1860; BVerwG NJW 1988, 2399; VGH Mannh NVwZ 1998, 413. ZRweg auch dann, wenn nur eine von dem Beamten selbst abgegebene Erklärung geeignet ist, die Ehre des Kl. wiederherzustellen, Zweibr NVwZ 1982, 332. Stets ZRweg für Klagen auf einen Persönlichkeits- und Ehrenschutz gegen Äußerungen von Mitglie-

dern einer Vertretungskörperschaft, BGH NJW 1980, 780; Ffm NVwZ-RR 1999, 814; VG Ffm NVwZ 1992, 87.
Wirtschaftslenkung: VRweg für Ausgleichsabgaben. ZRweg für Ansprüche der Bundesanstalt für landwirtschaftliche Marktordnung auf Vertragsstrafen, BGH NJW 1983, 519.
Wirtschaftsverband: ZRweg für Erzwingung der Aufnahme in einen solchen, auch wenn er Berufsinteressen der Unternehmen eines bestimmten Gewerbe- oder Handelszweigs vertritt, da das eine privat-rechtliche Streitigkeit ist.
Wohngeld: ZRweg für den Anspruch auf eine Erstattung von versehentlich an den Erben gelangten Zahlungen, BVerwG BayVBl. 1990, 475; iÜ VRweg.
Wohnungsbau- und FamilienheimG (II. WoBauG): ZRweg für Streitigkeiten über Ansprüche aus den aufgrund der Bewilligung öffentlicher Mittel geschlossenen Verträgen, übernommenen Bürgschaften und Gewährleistungen, für Streitigkeiten zwischen dem Bauherrn und einem Bewerber aus einer Vorkaufsverpflichtung sowie solchen zwischen einem Bauherrn und einem Betreuungsunternehmen nach § 102 II des II. WoBauG, ebso für Streitigkeiten über den Verkauf von Grundstücken im Rahmen des § 89 II des II. WoBauG, BVerwGE 38, 281, und über die Ablösung eines Darlehens nach § 69 des II. WoBauG. VRweg bei Bewilligungen, Bürgschaften und Gewährleistungen sowie Zulassung eines Betreuungsunternehmens nach § 102 I des II. WoBauG. Auch → „Subventionierung".
WohnungsbindungsG: ZRweg für Ansprüche auf zusätzliche Leistungen nach § 25 I, BGHZ 61, 296.
Wohnungseigentum: Grundsätzlich jetzt ZRweg. Denn es gilt weitgehend die ZPO.
Zinsen: Grundsätzlich gilt derselbe Rweg wie für die Hauptforderung, auch wenn nur die Zinsen Gegenstand sind. ZRweg dann, wenn ein Anspruch auf den Ersatz eines Verzugsschadens aus einem nichtvertraglichen öffentlich-rechtlichen Verhältnis in Zusammenhang mit möglichen Amtshaftungsansprüchen steht.
Zivildienst: ZRweg für Schadensersatzansprüche des Bundes gegen eine Beschäftigungsstelle, BGH MDR 1991, 227, ebenso für Schadensersatzansprüche einer Zivildienststelle gegen einen Zivildienstleistenden, VG Darmstadt NVwZ 1986, 331.
Zoll: VRweg für seine Verhältnisse, BGH NVwZ 2009, 1055.
Zusatzversorgung: ZRweg, Stürmer NJW 2004, 2480, zB beim Streit mit dem Versicherten, BGH VersR 2006, 534.
Zwangsvollstreckung: VRweg beim Auftrag einer Behörde nach § 40 I VwGO, VG Drsd DGVZ 2015, 171.

13a *[Zuweisung durch Landesrecht].* **(1) [1]Die Landesregierungen werden ermächtigt, durch Rechtsverordnung einem Gericht für die Bezirke mehrerer Gerichte Sachen aller Art ganz oder teilweise zuzuweisen sowie auswärtige Spruchkörper von Gerichten einzurichten, sofern dies für die sachdienliche Förderung oder schnellere Erledigung von Verfahren zweckmäßig ist.[2] Die Landesregierungen können die Ermächtigung auf die Landesjustizverwaltungen übertragen.[3] Besondere Ermächtigungen der Landesregierungen zum Erlass von Rechtsverordnungen gehen vor.**

(2) Mehrere Länder können die Einrichtung eines gemeinsamen Gerichts oder gemeinsamer Spruchkörper eines Gerichts oder die Ausdehnung von Gerichtsbezirken über die Landesgrenzen hinaus, auch für einzelne Sachgebiete, vereinbaren.

Durch die seit 1.1.2021 geltende Regelung in § 13a werden die Länder zur gerichts- und nach II sogar länderübergreifenden Zuständigkeitskonzentration ermächtigt. Ziel der Länderöffnungsklausel ist es, den Ländern die Möglichkeit zu geben, schnell und flexibel Spruchkörper für weitere Sachgebiete einzurichten und dabei die jeweiligen regionalen und strukturellen Besonderheiten, insbesondere unterschiedliche Wirtschafts- und Bevölkerungs- und Gerichtsstrukturen zu berücksichtigen. Spezielle Ermächtigungen haben nach § 13a I 3 Vorrang.

Die **Konzentration** von Streitigkeiten an ausgesuchten Gerichten und gegebenenfalls über die Landesgrenzen hinaus dient einer sachdienlichen Förderung und schnelleren Erledigung von Verfahren (BT-Drs. 19/13828, 21). Eine Zusammenführung erscheint unter diesem Aspekt sinnvoll, weil sie zu einer hohen Spezialisierung der jeweiligen Gerichte und in der Folge zu einer besonders effektiven Fallbearbeitung führt.

Gleichzeitig soll die Regelung dazu genutzt werden, in ländlichen Regionen mit kleineren Gerichten durch das „Zusammenziehen" von Verfahren mehrerer Bezirke ein **ausreichend hohes Fallaufkommen** sicherzustellen (BT-Drs. 19/13828, 14).

14 *[Besondere Gerichte].* **Als besondere Gerichte werden Gerichte der Schiffahrt für die in den Staatsverträgen bezeichneten Angelegenheiten zugelassen.**

1 **I. Geltungsbereich und Systematik.** Besondere Gerichte sind solche Gerichte, die die Gerichtsbarkeit für einen begrenzten Ausschnitt des Rechtsgebietes haben und die keine ordentlichen Gerichte sind, also nach → Vor § 13 Rn. 3 nicht unter § 12 fallen. Sie sind nach § 14 nur zulässig, soweit sie bundesgesetzlich bestellt oder bundesgesetzlich zugelassen sind (anders die Ausnahmegerichte nach § 16). Die besonderen Gerichte treten an die Stelle der Gerichte nach § 12. Verfassungsrechtliche Grundlagen sind Art. 96 GG und Art. 101 II GG. Dem Bundesgesetzgeber ist es über § 14 erlaubt, den Ländern die Einrichtung besonderer Gerichte verbindlich vorzuschreiben. Heute fallen hierunter nur noch bestimmte staatsvertragliche Schifffahrtsgerichte unter § 14, → Rn. 4 f. Die Landesgesetzgebung darf keine neuen besonderen Gerichte begründen. Sie darf aber nach § 3 EGZPO uU § 14 unterfallende Materien in der ordentlichen Gerichtsbarkeit ansiedeln; ob die Zuständigkeit der besonderen Gerichte ausschließlich bzw. die Einrichtung besonderer Gerichte verbindlich ist, bestimmt das betreffende Gesetz. Nicht unter § 14 fällt die bundesgesetzliche Regelung besonderer Spruchkörper der ordentlichen Gerichte. Zu den früheren Gemeindegerichten vgl. § 14 Nr. 2 aF und BVerfG 14, 56.

2 Zu den besonderen Gerichten auf eigener spezialgesetzlicher Grundlage außerhalb des GVG gehört das erstinstanzliche Bundespatentgericht (Art. 96 Abs. 1 GG, §§ 65 ff. PatG). Wegen des vollständig eigenständigen Rechtswegs, § 48 I ArbGG, und der Ausgestaltung der §§ 17–17b sind die Arbeitsgerichte keine besonderen

Gerichte, Kissel/Mayer Rn. 17; vgl. BGH NJW 1998, 909; BAG NJW 1996, 2948. Die Wiedergutmachungskammern nach den Rückerstattungsgesetzen, die Entschädigungsgerichte, die Gerichte nach dem LwVG, gehören den ordentlichen Gerichten an, ebenso nach → § 71 Rn. 7 die Kammern für Baulandsachen und die entsprechenden Senate nach → § 119 Rn. 11 (wenn auch beide in besonderer Besetzung), ebenso nach → § 119 Rn. 11, → § 133 Rn. 4 die Kartellsenate beim OLG und BGH.

Keine Gerichte im Sinne des GVG sind die hessischen Ortsgerichte und andere landesrechtliche Schiedsstellen. 3

II. Staatsvertragliches Schifffahrtsgericht. § 14 betrifft nur Gerichte der Schifffahrt für die in den Staatsverträgen bezeichneten Angelegenheiten. Es muss sich also um Verträge handeln, die Grenzflüsse bzw. den grenzüberschreitenden Schiffsverkehr betreffen, MüKoZPO/Pabst Rn. 1. Solche Staatsverträge sind gegenwärtig nur der Vertrag zwischen der Bundesrepublik Deutschland, der Französischen Republik und dem Großherzogtum Luxemburg über die Schiffbarmachung der Mosel vom 27.10.1956, BGBl 1956 II 1838 und die Mannheimer Akte (revidierte Rheinschifffahrtsakte), BGBl. 1969 II 597. Damit sind allerdings nicht alle Rhein- und Moselschifffahrtsgerichte besondere Gerichte iSd § 14 (aM zu den Rheinschifffahrtsgerichten Kissel/Mayer Rn. 7). Nach Auffassung des BGH 45, 237 (240) sind die Rheinschifffahrtsgerichte und Rheinschifffahrtsobergerichte keine besonderen Gerichte, da auch sie die ordentliche streitige Gerichtsbarkeit ausüben. Lediglich die als wahlweise Berufungsinstanz zugelassene Zentralkommission in Strasbourg stehe außerhalb des Rahmens der ordentlichen Gerichtsbarkeit; ihre Zulassung gründe sich auf § 14, BGHZ 18, 270. Gleiches gilt für den Berufungsausschuss der Moselkommission in Trier, MüKoZPO/Pabst Rn. 4. Allerdings handelt es sich bei diesen Gerichten um zwischenstaatliche Einrichtungen, für deren Abgrenzung zu § 12 allein § 14 nicht hinreichend wäre (zweifelnd daher BeckOK GVG/Gerold Rn. 13 f.). 4

Dem BGH ist hinsichtlich der Einordnung der Rhein- und Moselschifffahrtsgerichte zu folgen. Sie sind keine besonderen Gerichte, da sie nach den völkerrechtlichen Verträgen als besondere Spruchkörper der ordentlichen Gerichte eingerichtet worden sind und für sie das BinSchVerfG gilt, vgl. §§ 14, 18a BinSchVerfG, BeckOK GVG/Gerold Rn. 8. Rhein- und Moselschifffahrtssachen sind lediglich spezielle Binnenschifffahrtssachen. Ebenso wie die sonstigen Binnenschifffahrtsgerichte unterfallen sie nicht § 14. Zu den landesrechtlichen gerichtsverfassungsrechtlichen Rechtsgrundlagen der Binnenschiffahrtsgerichte vgl. die Kommentierung bis zur 77. Aufl. 5

15 (weggefallen)

16 *[Ausnahmegerichte].* [1]Ausnahmegerichte sind unstatthaft. [2]Niemand darf seinem gesetzlichen Richter entzogen werden.

Schrifttum: Baer, Die Unabhängigkeit der Richter in der Bundesrepublik Deutschland und in der DDR, 1999.

I. Systematik, S. 1, 2. Die verfassungsrechtliche Verankerung der Vorschrift enthält Art. 101 I 1, 2 GG. § 16 stimmt mit ihm fast wörtlich überein. Regelungen entsprechend I 2 enthalten auch mehrere Landesverfassungen. 1

II. Regelungszweck, S. 1, 2. Vor allem S. 2 hat für die Rechtsstaatlichkeit nach Art. 20 GG eine zentrale Bedeutung. Es gibt andere Staaten, die ganz selbstverständlich den Anspruch erheben, ebenfalls ein Rechtsstaat zu sein, trotzdem aber bis hinauf in ihre höchsten Gerichte eine aus der Lage des Einzelfalls entwickelte Geschäftsverteilung als völlig korrekt behandeln (Zweigert). Das wäre nach deutschem Verständnis ganz unvorstellbar. 2

III. Unstatthaftigkeit eines Ausnahmegerichts, S. 1. Ausnahmegerichte sind solche Gerichte, die in einer Abweichung von der gesetzlichen Zuständigkeit gebildet und zur Entscheidung einzelner konkreter und individuell bestimmter Fälle berufen werden, BVerfGE 10, 212; VerfGH Mü NJW 1984, 2813. Nicht darunter fällt demgemäß die Zuweisung einer bestimmten Fallgruppe an einen anderen Zweig der Gerichtsbarkeit, zB von Notarsachen an das Zivilgericht. Auch ein einzelner Spruchkörper kann dann ein unzulässiges Ausnahmegericht sein, wenn ihm die Geschäftsverteilung einen Einzelfall oder eine Gruppe von Einzelfällen zuweist. Dagegen entsteht dann ein zulässiger Spezialspruchkörper, wenn der Geschäftsverteilungsplan ihm abstrakt bestimmte Sachgebiete zuweist, zB wegen § 40 II 1 VwGO alle solchen Rechtsstreitigkeiten, an denen eine juristische Person des öffentlichen Rechts beteiligt ist, VerfGH Mü NJW 1984, 2813. Gleiches gilt, wenn ein Gericht in der Erwartung einer Vielzahl gleichgerichteter Klagen eine Kammer mit einer Sonderzuständigkeit für das zugrunde liegende Rechtsgebiet einrichtet, solange die Sonderzuständigkeit abstrakt geregelt wird und in der Folge auch andere Streitigkeiten umfasst. Es gehört zu den Aufgaben des Präsidiums bei der Jahresgeschäftsverteilung und der sich in diesem Zusammenhang stellenden Frage der Einrichtung von Spezialkammern bereits absehbare Verfahrenseingänge zu berücksichtigen (OLG Braunschweig 13.1.2020 – 3 U 91/16, BeckRS 2020, 463, Ls. 3) 3

IV. Gesetzlicher Richter, S. 2. Dazu Eser FS Salger, 1995. Die Vorschrift wiederholt Art. 101 I 2 GG ohne dessen Rang. Sie regelt jede Art von Richtertätigkeit, BVerfGE 4, 412. Sie besagt, dass man niemanden vor einen gesetzlich nicht für ihn zuständigen Richter ziehen darf, BVerfG NJW 1997, 1497 (Plenum). Ein Verstoß gegen S. 2 kann darin liegen, dass die Zulassung eines Rechtsmittels wie zB der Revision unterbleibt, obwohl die Voraussetzungen vorliegen, Proske NJW 1997, 352. Auch durch ein willkürliches Unterlassen einer durch das Gesetz gebotenen Vorlage zB nach § 132 oder nach § 29 EGGVG kann man den Betroffenen seinem gesetzlichen Richter entziehen, Leisner NJW 1989, 2446; Schneider MDR 2000, 10. Das gilt insbesondere bei Art. 100 I GG, BVerfGE 67, 95, VerfGH Mü BayVBl. 1985, 363, ebenso bei Art. 177 III EGV, BVerfG NJW 1997, 2512; BVerwG RIW 1990, 676; VerfGH Mü NJW 1985, 2894. 4

1. Keine Einzelfallregelung. Mit gesetzlichem Richter meint S. 2 nicht nur das Gericht als organisatorische Einheit oder das erkennende Gericht als einen Spruchkörper, sondern auch den im Einzelfall zur Entscheidung berufenen Richter, BVerfG (Plenum) NJW 1997, 1498. Von Verfassungs wegen muss also eine abstrakte Regelung darüber bestehen, welches Gericht, welcher Spruchkörper und welcher Richter zur Entscheidung des jeweiligen Einzelfalls zuständig ist. Das ergibt sich nicht nur aus den Prozessgesetzen, sondern auch aus der Geschäftsverteilung und beim Kollegialgericht aus dem Mitwirkungsplan für den Spruchkörper, BVerfG NJW 5

1997, 1498; BAG NZA 1997, 333. Zur Geschäftsverteilung § 21e, zum Mitwirkungsplan § 21g. Man kann das Recht auf den gesetzlichen Richter auch dadurch verletzen, dass man eine frei gewordene Vorsitzendenstelle nicht in angemessener Zeit wieder besetzt, BVerfG NJW 1983, 1541. Jedes Gericht muss beim Anlass zu Zweifeln seine eigene ordnungsgemäße Besetzung prüfen und durch einen Beschluss feststellen oder für Abhilfe sorgen, BVerfG EuGRZ 1983, 500; VerfGH Saarbr NJW 1987, 3247 und 3248; LSG Darmst NJW 1985, 2356.

6 **2. Keine Entziehung.** Entzogen wird eine Sache nicht schon durch eine objektiv unzutreffende Abgabe an eine andere Kammer. Eine Entziehung nach Art. 101 I 2 GG oder nach § 16 liegt nur dann vor, wenn willkürliche Erwägungen die Entscheidung tragen, BVerfGE 29, 48, wenn sie also nach → ZPO § 281 Rn. 29 auf unsachlichen oder nicht mehr zu rechtfertigenden Erwägungen beruht, und natürlich bei jeder Manipulierung, BVerfG NJW 1964, 1020, nach → Rn. 5 auch bei der Missachtung einer Vorlagepflicht, BVerfG NJW 1988, 1015. Demgemäß liegt keine Entziehung vor bei einer Annahme der Zuständigkeit nach einer sorgfältigen Prüfung und überhaupt bei einer bloß irrtümlichen Handhabung, BVerfGE 29, 48; BGHZ 85, 116; BVerwG NJW 1983, 896. Bei der Prüfung der Willkür kommt es nicht auf die vom Gericht für seine Zuständigkeit gegebene Begründung an, sondern darauf, ob sich die Annahme der Zuständigkeit bei einer objektiven Betrachtung als unhaltbar erweist, BGHZ 85, 116. Das Verbot des S. 2 erstreckt sich nicht nur auf die Spruchtätigkeit, sondern auch auf die sie vorbereitenden Handlungen, BVerfG NJW 1956, 545.

7 Dem Grundsatz steht aber nicht entgegen, dass man bestimmte im **Sachzusammenhang** mit einer besonderen Rechtsmaterie stehende Streitsachen nicht den VGen überlässt, sondern zur einheitlichen Beurteilung bei den ordentlichen Gerichten zusammenfasst. Einzelnen ist es nicht verwehrt, zulässige Gerichtsstandsvereinbarungen zB nach § 38 ZPO oder Schiedsvereinbarungen zB nach § 1029 ZPO zu treffen. Entscheidet eine Kammer für Baulandsachen über solche Sachen mit, die nicht unter das BauGB fallen, liegt darin kein nach § 295 II ZPO unheilbarer Mangel.

8 **3. Besetzungsgrenzen.** Der Grundsatz schließt auch eine Überbesetzung nicht aus. Er fordert also nicht, dass Kammern und Senate der Kollegialgerichte personell nur so stark sein dürfen, dass alle Mitglieder der Kammer oder des Senats bei der Entscheidung mitwirken, BVerfG NJW 1995, 2704 (zust. Zärban MDR 1995, 1203); BFH NJW 1992, 1061 und 1062; Katholnigg NJW 1992, 2256; aM Atzler DRiZ 1992, 341. Der Kammer oder dem Senat dürfen also nach → § 59 Rn. 4 so viele Richter angehören, wie erforderlich sind, um die jenen geschäftsordnungsmäßig zugeteilten Aufgaben zu bewältigen. Andererseits darf die Geschäftsverteilung nicht so viele Aufgaben zuteilen, dass der Vorsitzende nicht mehr überall seinen Aufgaben nach § 21 f. nachkommen kann. Eine Überbesetzung verletzt den Grundsatz und damit Art. 101 I 2 GG dann, wenn die Zahl der Mitglieder es gestattet, dass der Spruchkörper in zwei personell verschiedenen Sitzgruppen gleichzeitig Recht spricht oder dass der Vorsitzende gar drei Sitzgruppen mit je verschiedenen Beisitzern bildet, BVerfGE 22, 285; BGH NJW 1985, 2840; BFH NJW 1992, 1061 und 1063. Dabei bleibt die Mitwirkung eines nur nebenamtlich tätigen Universitätsprofessors außer Betracht.

9 Demgemäß ist eine Besetzung mit fünf vollamtlich tätigen Beisitzern **unbedenklich,** soweit es sich um den BGH und den BFH handelt, BFH NJW 1992, 1061 und 1063, und ebenso beim LG und OLG eine Besetzung mit vier Beisitzern, BVerfG NJW 1965, 1219 (abl. Arndt, zust. Dinslage); BGH NJW 1985, 2840.

10 Aber auch eine stärkere Überbesetzung verletzt das Recht auf den gesetzlichen Richter dann nicht, wenn der **Mitwirkungsplan** nach § 21g II entsprechend dem Gesetz von vornherein nach abstrakten Merkmalen eindeutig bestimmt, welche Richter im Einzelfall zuständig sind, und wenn er auch sicherstellt, dass der Vorsitzende seinen Aufgaben nach § 21f nachkommen kann, BVerfG NJW 2004, 3482, BGH ZIP 1994, 1479. Denn dann ist jede Manipulation ausgeschlossen. Es liegt hier nicht anders als bei der Betrauung eines Vorsitzenden mit dem Vorsitz in mehreren Spruchkörpern, die zulässig ist. Auch → § 59 Rn. 5.

11 **V. Verstoß, S. 1, 2.** Wegen der Folgen eines Verstoßes gegen S. 2 → ZPO § 551 Rn. 10.

17 ***[Zulässigkeit des Rechtsweges].*** **I [1]Die Zulässigkeit des beschrittenen Rechtsweges wird durch eine nach Rechtshängigkeit eintretende Veränderung der sie begründenden Umstände nicht berührt. [2]Während der Rechtshängigkeit kann die Sache von keiner Partei anderweitig anhängig gemacht werden.**

II [1]Das Gericht des zulässigen Rechtsweges entscheidet den Rechtsstreit unter allen in Betracht kommenden rechtlichen Gesichtspunkten. [2]Artikel 14 Abs. 3 Satz 4 und Artikel 34 Satz 3 des Grundgesetzes bleiben unberührt.

1 **I. Systematik, Regelungszweck, I, II.** Die Zulässigkeit des Rechtswegs ist eine Prozessvoraussetzung nach → § 13 Rn. 3. Das Erstgericht muss sie in jeder Lage des Verfahrens von Amts wegen prüfen, nicht dagegen nach § 17a V das Berufungs- und Revisionsgericht. Bei einer Unzulässigkeit des Rechtswegs muss das Erstgericht den Rechtsstreit evtl. nach § 17a II, IV nach einem Hinweis zB nach § 139 ZPO durch einen anfechtbaren Beschluss in einem Vorabverfahren mit einer bindenden Wirkung verweisen. Zu den Prüfungsmaßstäben → § 13 Rn. 19 ff. Arglist ist nach → Einl. II Rn. 103 auch hier unstatthaft, BAG NZA 2007, 111 (Erschleichung des Rechtswegs).

2 Zweck von I ist nahezu derselbe wie bei § 261 III ZPO. Vgl. daher dort → ZPO § 261 Rn. 3 II dient der Prozesswirtschaftlichkeit und ist entsprechend weit zu verstehen. Nach der Gesetzesbegründung sollen die §§ 17–17b „eine einheitliche, für alle Gerichtszweige geltende Regelung über die Rechtswegentscheidung und -verweisung" begründen, deren Anwendung in anderen Verfahrensordnungen über entspr. Verweise sichergestellt ist (BT-Drs. 11/7030, 21). Die Frage des richtigen Rechtswegs soll zu einem möglichst frühen Zeitpunkt im Verfahren – in der ersten Instanz – abschließend geklärt werden (BT-Drs. 11/7030, 36).

3 **II. Geltungsbereich I, II.** § 17 gilt für alle Verfahrensarten des Rechtswegs, zB: Für das Eilverfahren nach §§ 916 ff., 935 ff. ZPO, §§ 49 ff. FamFG, BGH NJW-RR 2005, 142; für das Mahnverfahren nach §§ 688 ff. ZPO; für das selbständige Beweisverfahren nach §§ 485 ff. ZPO; für das Prozesskostenhilfeverfahren nach §§ 114 ff. ZPO, §§ 76 ff. FamFG, aM VGH Mannh NJW 1995, 1915; Thomas/Putzo/Hüßtege Rn. 2 (je systemwidrig); für sonstige Nebenverfahren und auch in der Zwangsvollstreckung, BGH WM 2017, 1755; sonstwie im FamFG-Verfahren, Ffm NJW 2015, 2674 (zu II 1). § 17 gilt nach § 48 I ArbGG in der Arbeitsgerichtsbarkeit entsprechend, BAG NZA 2014, 803; BVerwG NZA-RR 2013, 446; Salamon NZA 2015, 86, für

den Rechtsweg auch im Verhältnis zu den ordentlichen Gerichten, BAG NZA 1993, 524; LG Saarbr MDR 2012, 670, außerdem I auch für die sachliche und örtliche Zuständigkeit, Kissel NZA 1995, 345. Die Vorschrift gilt auch im Verhältnis zwischen der streitigen und der freiwilligen Gerichtsbarkeit, BGH NJW-RR 2005, 721, und vor den Finanzgerichten, BFH ZIP 2013, 1047.

III. Rechtshängigkeit, I. Es gibt zwei Aspekte. 4

1. Fortdauer der Zulässigkeit des Rechtswegs, I 1. Die Zulässigkeit des in einer Sache beschrittenen 5 Rechtswegs richtet sich nach den tatsächlichen Umständen beim Eintritt der Rechtshängigkeit zB nach → ZPO § 261 Rn. 1, BAG NJW 2015, 571. Sie bleibt durch eine nach der Rechtshängigkeit eintretende Veränderung der sie begründenden Umstände unberührt, BAG ZIP 2015, 100; FG Kiel ZIP 2011, 1171. Dies gilt grundätzlich sowohl für rechtliche als auch für tatsächliche Umstände, Kissel NJW 1991, 945 (948); BeckOK GVG/Gerhold Rn. 8. Eine Ausnahme von diesem Grundsatz regelt § 17c für den Fall von Zuständigkeitskonzentrationen sowie die Änderung von Gerichtsbezirken, BT-Drs. 18/12203, 91; s. § 17c. Daher bleibt zB eine Rechtsänderung dann außer Betracht, wenn eine Übergangsvorschrift nichts anderes bestimmt, BGH NJW 2002, 1351; OVG Hmb NJW 1993, 278; Piekenbrock NJW 2000, 3476. Entsprechendes gilt nach § 261 III Nr. 2 ZPO für die Zuständigkeit des Prozessgerichts (perpetuatio fori), BGH NJW 2002, 1351. Wegen der Einzelheiten → ZPO § 261 Rn. 23–25.

Umkehren lässt sich diese Regel nicht. Es genügt, dass die Zulässigkeit des Rechtswegs bis zum Schluss der 6 letzten Tatsachenverhandlung zB nach §§ 136 IV, 296a ZPO wenigstens einmal eingetreten ist. Dabei ist es ohne Bedeutung, ob das auf einer Veränderung der Verhältnisse, einer Umstellung des Klagebegehrens oder einer Änderung der maßgeblichen Rechtvorschriften beruht, BGH NJW 1992, 1757; Kissel NJW 1991, 948. Hierher gehört auch nach → § 13 Rn. 8 die Beibringung der für die Eröffnung des Rechtswegs nötigen Vorentscheidung einer Verwaltungsbehörde zB nach §§ 173 ff., 210 ff. BEG, §§ 49 ff., 81 BLG, Art. 22 BayAGGVG.

Unstatthaft ist aber nach → Rn. 1 eine Rechtswegerschleichung durch eine von vornherein geplante „recht- 7 zeitige" Klagerücknahme. Nach Rücknahme der die Zuständigkeit ursprünglich begründenden Hauptklage kann deshalb für die weiteren Klageanträge die Zulässigkeit des Rechtswegs neu zu prüfen sein, BAG NZA 2007, 111 Rn. 4.

2. Rechtswegsperre, I 2. Während der Rechtshängigkeit nach § 261 ZPO kann keine Partei dieselbe Sache 8 und damit denselben Streitgegenstand nach → ZPO § 2 Rn. 4 anderweitig anhängig machen. Das gilt nicht nur innerhalb eines Rechtswegs, sondern ebenso im Verhältnis der Rechtswege zueinander (BT-Drs. 11/7030, 37). Auch das entspricht der im Zivilprozess für die Zuständigkeit nach § 261 III Nr. 1 ZPO geltenden Regelung. Das später angerufene Gericht muss die Klage wegen dieses Prozesshindernisses evtl. nach einem Hinweis nach § 139 ZPO gemäß → ZPO Vor § 253 Rn. 14 als unzulässig abweisen ohne Rücksicht darauf, dass der Rechtsweg zu diesem Gericht nicht statthaft ist, BGH NJW 1998, 231, VGH Mannh NJW 1996, 1299; OVG Münst NJW 1998, 1581. Das gilt auch bei einer Rechtshängigkeit im Ausland. Die Brüssel Ia-VO nach SchlAnh. V C 2 hat aber den Vorrang.

IV. Umfang der Sachprüfung, II 1. Dazu Hager FS Kissel, 1994, 327; Lüke FS Kissel, 1997, 709 (je: 9 Grdz.).

1. Grundsatz: Umfassende Prüfung. Voraussetzung ist derselbe Streitgegenstand nach → ZPO § 2 Rn. 4, 10 BVerwG NVwZ 2008, 563; Schenke NJW 2011, 2843; ausf. BGH, GRUR 2020, 755. II 1 erweitert ihn nicht, BAG NJW 2014, 718. Das Gericht des zulässigen Rechtswegs, also des in erster Instanz allseits als richtig erachteten oder nach § 17a II, III festgestellten Rechtswegs, entscheidet den Rechtsstreit unter allen in Betracht kommenden rechtlichen Gesichtspunkten ohne Rücksicht darauf, welchem Rechtsgebiet die Norm angehört, BAG NZA 2014, 803; BVerwG NVwZ 2015, 830; Ffm FamRZ 2016, 58. Das gilt also dann, wenn für den Klageanspruch nach dem Klageantrag und nach dem zu seiner Begründung nach § 253 II Nr. 2 ZPO vorgetragenen Sachverhalt mehrere verschiedenen Rechtswegen zugeordnete auch tatsächlich und rechtlich selbständige Grundlagen in Betracht kommen, BGH NJW 1985, 2756. Das zuständige Gericht hat auch über solche Normen zu befinden, die für sich allein die Zuständigkeit einer anderen Gerichtsbarkeit begründen würden (GRUR 2020, 755 Rn. 22), Das Gericht muss über sämtliche Klagegründe entscheiden, sofern der beschrittene Rechtsweg wenigstens für einen von ihnen statthaft ist, BGH NJW 2003, 828 (zust. Mankowski JZ 2003, 687; Spickhoff VersR 2003, 665); BVerwG NVwZ 2018, 994; LAG Mü NZA 2000, 155. Dabei bleiben geltend gemachte, aber offensichtlich nicht vorhandene Anspruchsgrundlagen außer Betracht, BGH NVwZ 1990, 1104; BVerwG NVwZ 1993, 359. Hängt die Zulässigkeit des Rechtswegs von streitigen Tatsachen ab, muss das Gericht darüber Beweis erheben, Windel ZZP 111, 3. Bei alledem gilt die Verfahrensordnung des angerufenen Gerichts, Lechers ZZP 110, 341. Bei einer ausschließlichen Zuständigkeit eines anderen Gerichts zB nach § 40 II 1 Nr. 2 ZPO für auch nur einen von mehreren Anspruchsgründen kann eine Verweisung nach § 281 ZPO notwendig werden-Handelt es sich dagegen um einen einheitlichen Streitgegenstand im Sinne eines einheitlichen prozessualen Anspruchs, sind weder ein Teilurteil noch eine (Teil-)Verweisung möglich (BGH GRUR 2020, 755 Rn. 23). Ein einheitlicher Streitgegenstand liegt auch bei wettbewerbsrechtlichen und öffentlich-rechtliche Unterlassungsansprüchen vor, solange sie denselben Lebenssachverhalt betreffen (GRUR 2020, 755 Rn. 33)

2. Anspruchsmehrheit. Die Vorschrift ändert nichts daran, dass kein einheitlicher Gerichtsstand besteht, Mü 11 NJW-RR 2011, 1002. Das angerufene Gericht muss im Fall der objektiven Klagehäufung nach § 260 ZPO, also beim Vorliegen einer Mehrheit prozessualer Ansprüche, für jeden dieser Ansprüche die Rechtswegzuständigkeit gesondert prüfen (BGH NZG 2014, 110 Rn. 13 f.). und für einen oder mehrere von ihnen die Zulässigkeit des zu ihm beschrittenen Rechtswegs evtl. verneinen, BGH NJW 2003, 282; BSG MDR 1995, 508; VGH Mannh NJW 1993, 3344, und insoweit nach § 17a verfahren, Kissel NJW 1991, 951; Schenke/Ruthig NJW 1992, 2510. Das gilt auch bei einer Klage und Widerklage nach Anh. § 253 ZPO, Schenke/Ruthig NJW 1992, 2510; Schwab NZA 1991, 663, oder bei Streitgenossen nach §§ 59 ff. ZPO, Ffm NJW-RR 1995, 319. Das gilt aber nicht bei einer Aufrechnung nach § 145 ZPO mit einer rechtswegfremden Forderung, BAG NJW 2012, 317, Brinkmann ZZP 125, 207; aM VGH Kassel NJW 1995, 1107; Gaa NJW 1997, 3343 (je: inkonsequent). § 36 I Nr. 3 ZPO gibt nicht einen gemeinsamen Rechtsweg für Klagen gegen mehrere Personen, BGH MDR 1995, 524. Maßgeblich ist der Schwerpunkt, Stgt BauR 2016, 1368. Verschiedene Verfahrensarten sind nicht verbindbar, Brdb NJW 2016, 3541.

12 **3. Hilfsvortrag.** II gilt nur eingeschränkt für Klagegründe aus einem hilfsweisen Vorbringen nach → ZPO § 260 Rn. 9. Dann bestimmt sich der zulässige Rechtsweg nach dem Hauptvorbringen. Steht für das Hauptvorbringen der beschrittene Rechtsweg nicht offen, muss das Gericht nach § 17a II verfahren. Ist es dagegen für den Hauptgrund rechtswegzuständig, muss es vorbehaltlich II 2 auch über die Hilfsgründe entscheiden, Schilken ZZP 105, 89. Werden verschiedene Streitgegenstände, für die unterschiedliche Rechtswege eröffnet sind, im Wege einer Eventualklagehäufung miteinander verknüpft, ist in dem für den Hauptanspruch zuständigen Rechtsweg zunächst nur über den Hauptanspruch zu entscheiden. Nachdem dies geschehen ist, kann die Sache wegen des Hilfsanspruchs verwiesen werden. Die Bindungswirkung einer vorherigen Entscheidung gem. § 17a GVG erfasst in diesem Fall nur den Hauptanspruch (BGH GRUR 2020, 755 Rn. 23).

13 **4. Zuständigkeit verschiedener Gerichte.** II ist bei einer örtlichen Zuständigkeit verschiedener Gerichte unanwendbar, BGH NJW 1996, 1413 (zust. Mankowski IPRax 1997, 173); Köln MDR 2000, 170; aM KG MDR 2000, 413 (zust. Peglau MDR 2000, 723); Löwisch/Beck NZA 2010, 859; Schneider MDR 2000, 599.

14 **V. Unanwendbarkeit, II 2.** Im Hinblick auf die verfassungsrechtliche Rechtswegregelung in Art. 14 III 4, Art. 34 S. 3 GG gilt der Grundsatz der umfassenden Prüfung aller Klagegründe nicht für eine Klage, die sich auch auf auf eine Enteignung und/oder Amtspflichtverletzung bezieht, Gaa NJW 1997, 3346. Über solche Ansprüche dürfen allein die ordentlichen Gerichte entscheiden. Dies gilt auch für etwaige Rückgriffsansprüche des Dienstherrn, BeckOK GVG/Gerhold Rn. 13.

15 Kommt bei dem Gericht eines anderen Zweigs eine unter II 2 fallende Forderung zur Aufrechnung, liegt ein selbständiger prozessualer Anspruch nach → Rn. 11 vor, Rupp NJW 1993, 3274; Zöller/Lückemann Rn. 10, aM Gaa NJW 1997, 3343. In diesen Fällen sollten die Ansprüche grundsätzlich nach § 145 getrennt werden, Thomas/Putzo/Hüßtege Rn. 9. Das gilt zumindest bei einer unstreitigen Aufrechnungsforderung, BVerwG NJW 1993, 2255.

17a *[Entscheidung über den Rechtsweg].*

I [1]Hat ein Gericht den zu ihm beschrittenen Rechtsweg rechtskräftig für zulässig erklärt, sind andere Gerichte an diese Entscheidung gebunden.

II [1]Ist der beschrittene Rechtsweg unzulässig, spricht das Gericht dies nach Anhörung der Parteien von Amts wegen aus und verweist den Rechtsstreit zugleich an das zuständige Gericht des zulässigen Rechtsweges. [2]Sind mehrere Gerichte zuständig, wird an das vom Kläger oder Antragsteller auszuwählende Gericht verwiesen oder, wenn die Wahl unterbleibt, an das vom Gericht bestimmte. [3]Der Beschluß ist für das Gericht, an das der Rechtsstreit verwiesen worden ist, hinsichtlich des Rechtsweges bindend.

III [1]Ist der beschrittene Rechtsweg zulässig, kann das Gericht dies vorab aussprechen. [2]Es hat vorab zu entscheiden, wenn eine Partei die Zulässigkeit des Rechtsweges rügt.

IV [1]Der Beschluß nach den Absätzen 2 und 3 kann ohne mündliche Verhandlung ergehen. [2]Er ist zu begründen. [3]Gegen den Beschluß ist die sofortige Beschwerde nach den Vorschriften der jeweils anzuwendenden Verfahrensordnung gegeben. [4]Den Beteiligten steht die Beschwerde gegen einen Beschluß des oberen Landesgerichts an den obersten Gerichtshof des Bundes nur zu, wenn sie in dem Beschluß zugelassen worden ist. [5]Die Beschwerde ist zuzulassen, wenn die Rechtsfrage grundsätzliche Bedeutung hat oder wenn das Gericht von der Entscheidung eines obersten Gerichtshofes des Bundes oder des Gemeinsamen Senats der obersten Gerichtshöfe des Bundes abweicht. [6]Der oberste Gerichtshof des Bundes ist an die Zulassung der Beschwerde gebunden.

V Das Gericht, das über ein Rechtsmittel gegen eine Entscheidung in der Hauptsache entscheidet, prüft nicht, ob der beschrittene Rechtsweg zulässig ist.

VI Die Absätze 1 bis 5 gelten für die in bürgerlichen Rechtsstreitigkeiten, Familiensachen und Angelegenheiten der freiwilligen Gerichtsbarkeit zuständigen Spruchkörper in ihrem Verhältnis zueinander entsprechend.

Übersicht

1 **I. Systematik, Regelungszweck, I–VI.** Die Vorschrift ermöglicht nach III ein selbständiges Zwischenverfahren über den Rechtsweg, Schlesw MDR 2009, 1131. Sie gilt – ebenso wie § 17b – nicht nur für die ordentliche Gerichtsbarkeit, sondern kraft Verweisung für alle Gerichtszweige, BayObLG NJW-RR 2004, 3 ([jetzt] FamFG). Sie verwirklicht dadurch ein Stück „Allgemeines Gerichtsverfassungsrecht". Die Frage der Zulässigkeit des Rechtswegs wird dadurch im Ergebnis ebenso behandelt, wie die sachliche und örtliche

Zuständigkeit. Das ist wegen der Gleichwertigkeit aller Zweige der Gerichtsbarkeit sachgerecht. Dementsprechend sind §§ 17a, 17b in den anderen Gerichtszweigen entsprechend anwendbar.

Zweck ist eine möglichst frühzeitige Bestimmung der Zuständigkeit unabhänigig von der wahren Zulässigkeit des Rechtswegs, Fritzsche NJW 2015, 586 (Grdz.); krit. Ressler JZ 1994, 1035. 2

II. Geltungsbereich, I–VI. Jedes erstinstanzliche Gericht ist verpflichtet, den zu ihm beschrittenen Rechtsweg von Amts wegen zu prüfen (BT-Drs. 11/7030, 37; Kissel NJW 1991, 945 (947)). Die Folgen einer Annahme oder Verneinung des Rechtswegs einschließlich des einzuhaltenden Verfahrens sind in § 17a geregelt, BeckOK GVG/Gerhold Rn. 1. 3

1. Direkte Anwendbarkeit. Die Regelungen I-V gelten nach § 2 EGGVG unmittelbar für das Verfahren der ordentlichen Gerichte, auch im Eilverfahren, LG NJW-RR 2013, 424. Sie regelt die Verweisung in einen anderen Rechtsweg, also an ein ArbG, Nürnb MDR 2007, 676, oder an ein FG, SG, VG. I-V gelten nach VI auch im Verhältnis zwischen der streitigen Gerichtsbarkeit, der freiwilligen Gerichtsbarkeit und der Familiengerichtsbarkeit, Karlsr FamRZ 2014, 959; OVG Greifsw NVwZ-RR 2011, 999. Das FamG eröffnet gegenüber dem Zivilgesetz keinen anderen Rechtsweg, Brdb NJW 2008, 1603. 4

2. Entsprechende Anwendbarkeit. § 2 EGGVG: 17a gilt auch für die Verweisung vom Strafgericht an ein Zivilgericht, Ffm NJW-RR 1994, 448, ferner beim Streit um den Rechtsweg im Verfahren nach §§ 23 EGGVG, BGH NJW 2001, 1077, KG NJW-RR 1995, 638, Karlsr MDR 1995, 88, ebenso im Verhältnis zum LwG, BGH WuM 1996, 1198, sowie im Verhältnis zur Disziplinargerichtsbarkeit, BVerwG NVwZ 1995, 85, und zur Anwaltsgerichtsbarkeit, § 223 BRAO, Stgt VersR 2009, 807, OVG Münst NJW 1995, 3403, ferner auf die Berufsgerichtsbarkeit und im Normenkontrollverfahren, OVG Weimar NJW 2003, 1339. Der BGH wendet die Vorschrift bei der Verweisung durch den Vergabesenat entsprechend an, BGH NZBau 2020, 313. 5

§ 17a **gilt nicht** im Verhältnis staatlicher und kirchlicher Gerichte, Verfassungs- und VG der VELKD NVwZ-RR 2001, 348. Die Verweisung an ein Gericht desselben Rechtswegs schließt eine Weiterverweisung an einen anderen Rechtsweg nicht aus, Karlsr VersR 2004, 886. 6

Kraft ausdrücklicher Verweisung ist § 17a entsprechend nach § 48 ArbGG in der **Arbeitsgerichtsbarkeit** anwendbar, BAG NZA 2016, 447 und 1359, und zwar nicht nur für die Entscheidung über den Rechtsweg nach → § 17 Rn. 1, BAG NZA 1999, 391, sondern auch für die Verweisung wegen fehlender Zuständigkeit nach §§ 48 I, 80 III ArbGG, BAG NJW 2008, 1020; Kissel NZA 1995, 345. Die Vorschrift gilt auch bei IV, BAG NJW 2015, 573. Der Beschluss nach II, III ergeht stets durch die Kammer nach § 48 I Nr. 2 ArbGG, Kissel NZA 1995, 347. Die Vorschrift gilt ferner entsprechend in der Verwaltungs-, Sozial- und Finanzgerichtsbarkeit nach §§ 144, 147b, 152 I, 173 S. 1 VwGO, BVerwG NVwZ-RR 2015, 69; OVG Lüneb NVwZ-RR 2010, 660, §§ 177, 202 SGG, BVerfG NVwZ-RR 2016, 362, § 155 FGO. Wegen dieser Allgemeingültigkeit ist die Fassung nicht auf das Zivilverfahren zugeschnitten, sondern abstrakt gehalten. Das kommt besonders in IV und V zum Ausdruck. 7

3. Vorläufiger Rechtsschutz. In seinem gesamten Geltungsbereich gilt § 17a nicht nur für das eigentliche Streitverfahren, sondern für alle selbständigen Verfahren, zB auch für Verfahren des Arrests und der einstweiligen Anordnung oder Verfügung sowie andere Verfahren des vorläufigen Rechtsschutzes, vgl. BSG NZBau 2019, 386. Das entspricht der Tendenz, ein einheitliches Verfahren für alle Rechtswegentscheidungen vorzusehen, BGH VersR 2007, 1246; NVwZ-RR 2020, 380 Rn. 7; VGH Mannh NVwZ-RR 2008, 581; Löwisch/Beck NZA 2010, 858; aM Hmb OLGZ 1994, 366; VGH Kassel NJW 1995, 1170; VG Köln NVwZ 1998, 315 (je: inkonsequent). Die Worte „Entscheidung in der Hauptsache“ im V stehen nicht entgegen. Denn man muss sie im Sinn von Sachentscheidung verstehen, OVG Bln NVwZ 1992, 686; VGH Mannh NJW 1993, 2194. Zum Sonderfall der Verweisung eines Eilverfahrens an das nach § 15 I 2 BNotO zuständige Gericht Düss DNotZ 1983, 703. Verweisungen im Eilverfahren haben keine Bindungswirkung für das Hauptsacheverfahren. 8

4. Prozesskostenhilfeverfahren. Nach BGH FamRZ 2021, 113 Rn. 20 findet eine Rechtswegverweisung analog § 17a nicht nur dann statt, wenn mit dem Prozesskostenhilfeantrag gleichzeitig die Hauptsache anhängig gemacht wird, sondern auch im isolierten Prozesskostenhilfeverfahren nach §§ 114 ff. ZPO. Dies dürfte auch für Verfahrenskostenhilfe nach §§ 76 ff. FamFG gelten. Entgegen der bisherigen überwiegenden Auffassung setzt ein Verweisungsbeschluss nach § 17a II 1 GVG nicht voraus, dass das Verfahren bereits rechtshängig iSv § 261 ist Der Begriff „Rechtsstreit“ in II meint nicht nur das kontradiktorische Erkenntnisverfahren, sondern kann weitere, dem Erkenntnisverfahren vor-, nach- oder nebengelagerte Verfahren erfassen (BGH FamRZ 2017, 1850 Rn. 12; FamRZ 2021, 113 Rn. 20; noch offen gelassen in BGH NJW 2016, 1520 Rn. 9; aA Stgt NJW-RR 2011, 868; VGH Mü NVwZ-RR 2014, 940. Außerdem passt dort das Vorabverfahren nach II–IV nicht, VGH Mannh NJW 1995, 1916; OVG Münst NJW 1993, 2766; Sennekamp NVwZ 1997, 645). 9

5. Unanwendbarkeit. Unanwendbar ist § 17a im Verhältnis zur Verfassungsgerichtsbarkeit, OVG Bln DtZ 1996, 252, und auf das Verhältnis von staatlicher und nichtstaatlicher Gerichtsbarkeit, VGH Mü NJW 1999, 378, sowie auf die Abgrenzung innerhalb desselben Rechtswegs, insoweit liegen auch die Voraussetzungen einer Analogie nicht vor, BGH NStZ-RR 2021, 52 Rn. 22; Rostock FamRZ 2016, 1386. Auf die Amtsverfahren nach dem FamFG findet die Vorschrift ebenfalls keine Anwendung, BT-Drs. 16/6308, 318; BVerwG 16.6.2021 – 6 AV 1.21 und 6 AV 2.21; Ffm 5.5.2021 – 4 UF 90/21, BeckRS 2021, 11762; Jena NZFam 2021, 555; Lies-Benachib NZFam 2021, 448; das Amtsverfahren ist ggf. bei Unzuständigkeit durch das Familiengericht einzustellen. 10

III. Bindung, I, II. Hat ein Gericht den Rechtsweg zu ihm für zulässig erklärt, bindet das grundsätzlich andere Gerichte, BGH NJW-RR 2005, 142; Drsd MDR 2012, 246; LSG Kiel FamRZ 2003, 47. Die Regelung betrifft jede solche Entscheidung, sei es im Vorabverfahren nach II, III, sei es ausdrücklich oder stillschweigend in einer zur Hauptsache ergangenen Endentscheidung (Urteil oder Beschluss), → ZPO Vor § 322 Rn. 1 sofern diese Entscheidung nach §§ 329, 705 formell rechtskräftig geworden ist. Hat das Erstgericht nicht vorab entschieden, ist das Berufungsgericht frei, BGH NJW 1996, 591; Brdb MDR 2008, 1417. 11

Hat umgekehrt ein Gericht den Rechtsweg zu ihm formell rechtskräftig für **unzulässig** erklärt, muss es zwingend von Amts wegen an das zuständige Gericht des zulässigen Rechtswegs verweisen, BGH NJW 2014, 2125. Diese Verweisung bindet das Adressatgericht nach II 1, 3 für dieses Verfahren, BGH NJW 2014, 2125 Danach kommt auch eine Zuständigkeitsbestimmung nach § 36 ZPO grundsätzlich nicht mehr in Betracht BGH 12

FamRZ 2004, 434. Die Bindungswirkung entfällt jedoch, wenn der Verweisungsbeschluss schlechterdings nicht als im Rahmen des II 1 ergangen anzusehen ist, weil er auf einer Verletzung des Anspruchs auf rechtliches Gehör beruht, nicht durch den gesetzlichen Richter erlassen wurde oder jeder gesetzlichen Grundlage entbehrt und deshalb als willkürlich betrachtet werden muss, BAG NZA 2016, 1358 Rn. 10. Eine – regelmäßig lediglich deklaratorische – Bestimmung des zuständigen Gerichts entsprechend § 36 I Nr. 6 ist deshalb bei negativen Kompetenzkonflikten zwischen Gerichten verschiedener Rechtswege denkbar, wenn trotz eines gerichtlichen Verweisungsbeschlusses Zweifel an der bindenden Wirkung der Verweisung aufgekommen sind und deshalb keines der in Frage kommenden Gerichte bereit ist, die Sache zu bearbeiten, BGH NJW-RR 2017, 1215 Rn. 4.

13 Das Gericht muss eine in derselben Sache in einem anderen Rechtsweg erhobene Klage evtl. nach einem Hinweis zB nach § 139 ZPO durch ein sog. Prozessurteil zB nach → ZPO Vor § 253 Rn. 14 als unzulässig abweisen. Das gilt auch dann, wenn die Sache gleichzeitig bei Gerichten verschiedener Zweige anhängig wurde und die Rechtswegentscheidung in einer dieser Sachen rechtskräftig wird.

14 **IV. Unzulässigkeit des Rechtswegs, II.** Im Falle der Immunität einer Partei nach §§ 18 ff. darf auch keine Rechtswegprüfung und -verweisung nach § 17a erfolgen, VGH Kassel NJW 2010, 2680.

15 **1. Feststellung und Verweisung, II 1.** Ist aufgrund einer bindenden Entscheidung nach I oder nach der Beurteilung des Gerichts der vom Kläger beschrittene Rechtsweg nach der Verfahrensordnung des angegangenen Gerichts und damit vor dem ordentlichen Gericht nach § 13 unzulässig, spricht das Erstgericht oder – sofern das Erstgericht über die Frage fehlerhaft nicht vorab durch Beschluss entschieden hat – das Berufungsgericht das aus, BGH NJW 1996, 591 und 1890; LG Saarbr NVwZ-RR 2016, 80; OVG Münst NVwZ-RR 2015, 71. Die Verweisung erfolgt nach Anhörung der Parteien zu den tatsächlichen und rechtlichen Fragen von Amts wegen vorab durch Beschluss, OVG Hmb NJW 2017, 3402. Das Gericht verweist den Rechtsstreit zwingend zugleich an das zuständige Gericht des zulässigen Rechtswegs, BGH NJW-RR 2005, 722; BAG NZA 2016, 447, Nürnb MDR 2007, 676 (auch bei einer rügelosen Einlassung des Bekl.). „Vorab" bedeutet vor der Entscheidung in der Hauptsache, Schwab NZA 1991, 662. Die Verweisung setzt die fortbestehende Rechtshängigkeit der Sache voraus, LAG Mü MDR 1994, 834. Sie ist nach → § 17 Rn. 9 dann zulässig und notwendig, wenn der beschrittene Rechtsweg schlechthin für den Klageanspruch mit allen in Betracht kommenden Klagegründen unzulässig ist, BVerwG NVwZ 1993, 358; OVG Münst NVwZ-RR 2014, 863. Zwingend ist eine nach außen tretenden und zu begründenden Vorabentscheidung nur, wenn die Zuständigkeit gerügt wurde. Die Verweisung-erfolgt aber nach einer Sachentscheidung zur Klageforderung auch dann, wenn zur Aufrechnung nur das Gericht eines anderen Rechtswegs zuständig ist, BAG NJW 2008, 1020. Ein Ruhen des Verfahrens nach § 251 ZPO hindert die Verweisung nicht, wohl aber eine Klagerücknahme nach § 269 ZPO oder eine Erledigung nach § 91a ZPO. Eine Verweisung nur wegen der zu treffenden Kostenentscheidung kommt nicht in Betracht BAG NZA 2016, 1358 Rn. 12; BVerwG BeckRS 2016, 45212 Rn. 16; BGH GRUR 2010, 1037 Rn. 9; OVG Lüneb NVwZ-RR 2010, 660.

16 Die Entscheidung erfolgt erst gemäß II 1 nach **Anhörung** „der Parteien".

17 Zuständig ist „das Gericht", dh im Zivilprozess die Kammer bzw. der gemäß § 348 ZPO zuständige Einzelrichter. Der Vorsitzende der Kammer für Handelssachen kann gemäß § 349 II 1 ZPO alleine entscheiden, Zöller/Greger ZPO § 349 Rn. 5. In der Arbeitsgerichtsbarkeit ergeht der Beschluss über die Zulässigkeit des Rechtswegs nach § 48 I Nr. 2 ArbGG stets durch die Kammer. Die Besetzungsregelung gilt nicht für eine allein die Rechtswegzuständigkeit leugnende Entscheidung des ArbG NZA 2016, 1358 Rn. 8

18 Eine **andersartige Entscheidung** über den Rechtsweg ist unstatthaft. Insbesondere kommt eine Abweisung der Klage als unzulässig wegen des fehlerhaft gewählten Rechtswegs nicht in Betracht, BT-Drs. 11/7030, 37, BGH NJW-RR 2005, 721; Naumb NJW-RR 2002, 792. § 36 I Nr. 3 ZPO eröffnet nicht die Möglichkeit, einen gemeinsamen Rechtsweg für Klagen gegen solche Personen zu eröffnen, gegen die der Kläger verschiedenen Rechtswegen zugeordnete Ansprüche verfolgt, BGH NJW 1994, 2032. Jede Vorabentscheidung nach II muss die Verweisung des Rechtsstreits aussprechen. Das gilt auch dann, wenn eine andere prozessuale Voraussetzung für ein Verfahren vor diesem Gericht fehlt. Das unzuständige Gericht hat nicht über die Zulässigkeit der Klage im Übrigen zu entscheiden, BVerwG NJW 2001, 1513. Eine Verweisung an ein Verwaltungsgericht soll jedoch nicht in Betracht kommen, wenn ein Verwaltungsverf offensichtlich nicht abgeschlossen ist, BGH NJOZ 2011, 116 Rn. 10; NJW 1993, 332; kritisch dazu BSG NVwZ-RR 2000, 648. Wegen der Ausnahme bei anderweitiger Rechtshängigkeit → Rn. 11.

19 Selbst bei einem **Rechtswegsmissbrauch** zB zur Wahrung einer materiell-rechtlichen Frist muss das Gericht die Klage in den richtigen Rechtsweg verweisen und darf sie nicht als unzulässig abweisen. Über die Zulässigkeit der Klage im Übrigen hat derbgesetzliche Richter, Art. 101 I 2 GG, zu entscheiden, BVerwG NJW 2001, 1513; abl. Grothe NJW 2001, 83; LSG Kiel FamRZ 2003, 46; Kogel FamRZ 2004, 1583. Das Gericht muss sich vergewissern, welches andere Gericht innerhalb des von ihm als richtig angesehenen Rechtswegs sachlich und örtlich zuständig ist. Das verweisende Gericht muss das Adressatgericht nach § 17b I in dem Beschluss genau bezeichnen, um eine insoweit zulässige Weiterverweisung nach I 3 möglichst zu vermeiden. Bei einer Verweisung von Amts wegen darf das Gericht nicht einerseits offenlassen, ob der Zivilrechtsweg besteht, und andererseits einen Eilantrag abweisen, KG NVwZ-RR 2007, 832.

20 Beschränkt sich das Gericht auf die Feststellung seiner Unzuständigkeit, tritt gleichwohl die „abdrängende" Wirkung ein, VGH Mü NJW 1999, 3211.

21 **2. Wahlrecht, II 2.** Sind mehrere Gerichte in diesem anderen Rechtsweg zuständig, erfolgt eine Verweisung an das vom Kläger oder Antragsteller ausgewählte Gericht, mangels solcher Wahl an das vom Gericht bestimmte. Die Wahl setzt voraus, dass nach der Ansicht des Gerichts eindeutig eine solche Mehrfachzuständigkeit besteht, Jauernig NZA 1995, 13. Sie ist nach § 35 ZPO endgültig und unwiderruflich, BayObLG NJW-RR 1991, 188. Verletzt die Verweisungsentscheidung das Wahlrecht, ist dagegen die Beschwerde nach IV statthaft, OVG Hmb NVwZ-RR 2001, 204. Dasselbe gilt dann, wenn für das Klagebegehren mehrere Rechtswege außer demjenigen nach § 13 infrage kommen. Das muss das Gericht auf der Grundlage des Klageantrags und des zu seiner Begründung vorgetragenen Sachverhalts prüfen, BVerfG NVwZ-RR 2016, 361; BGH NJW 1985, 2756. Dabei darf es nach → § 13 Rn. 24 eine offensichtlich nicht vorhandene Anspruchsgrundlage nicht berücksichtigen, BGH NVwZ 1990, 1104; BVerwG NVwZ 1993, 358.

3. Keine Teilfeststellung und -verweisung, II 1. Eine teilweise Feststellung und Verweisung kommt nach → § 17 Rn. 11 nicht in Betracht. Hat der Kläger mehrere selbständige Ansprüche nach § 260 ZPO zusammengefasst, ist – zur Verhinderung einer Rechtswegmanipulation – für jeden prozessual selbständigen Anspruch getrennt der Rechtsweg zu prüfen. Das Gericht für einzelne von ihnen gemäß II nach deren vorheriger Trennung (§ 145 ZPO) verfahren, BGH NJW 1998, 826 (828). Dasselbe gilt für die Klage und die Widerklage nach Anh. § 253 ZPO. Das Gericht darf einen rechtswegfremden Anspruch auch verweisen, wenn es einen anderen prozessualen Anspruch aus sachlichen Gründen durch Teilurteil nach § 301 ZPO abgewiesen hat, VGH Mannh NJW 1993, 3344. Voraussetzung ist allerdings, dass es sich um verschiedene Streitgegenstände handelt, BGH GRUR 2020, 755 Rn. 24. 22

4. Rechtsweg: Grundsatz der Bindungswirkung, II 3. Ein nach §§ 329, 705 ZPO formell rechtskräftiger Beschluss nach II bindet dasjenige Gericht, an das die Verweisung erfolgt ist, grundsätzlich zum Rechtsweg, BGH FamRZ 2013, 1303 und (2. StS) NJW 2017, 1690; BFH NZA-RR 2016, 492; BVerwG 23.4.2021 – 8 AV 1.21, BeckRS 2021, 12681 Rn. 5; VGH Mü NVwZ 2018, 516. Das gilt für das konkrete Verfahren. Auf andere Verfahren in derselben Sache erstreckt sich die Bindungswirkung auch dann nicht, wenn es sich um Folgeverfahren handelt, zB um die Klage nach einem verwiesenen Verfahren der einstweiligen Verfügung nach §§ 935 ff. ZPO, BFH NVwZ 1991, 103. Hat das Gericht im Prozesskostenhilfeverfahren nach §§ 114 ff. ZPO fehlerhaft, aber unanfechtbar verwiesen, gilt die Bindungswirkungfür dieses Prozesskostenhilfeverfahren, BAG NJW 1993, 752; BGH ZInsO 2019, 1260 Rn. 8 ff.; NJW 2001, 3633. Ein nur die Unzuständigkeit aussprechender Beschluss hat nach → Rn. 21 lediglich eine „abdrängende" Wirkung. Dagegen hat der Verweisungsbeschluss eine „aufdrängende Wirkung", soweit es sich um den Rechtsweg handelt. 23

Das **Adressatgericht** darf den Rechtsweg zu ihm nicht verneinen und daher nicht an das Gericht eines dritten Rechtsweges weiterverweisen, Karlsr NJW 2013, 3728, Kissel NJW 1991, 949. Das gilt auch dann, wenn der Beschluss offensichtlich unrichtig ist oder aufgrund eines fehlerhaften Verfahrens zustandegekommen ist, BGH NJW-RR 2002, 713; BAG NJW 2006, 2798. Anders als bei einer Verweisung nach § 281 ZPO kann und muss man auch schwerwiegende Irrtümer und Fehler des Gerichts im Weg der Anfechtung nach IV beheben, aM BAG MDR 2003, 1010 bei Willkür. Geschieht das nicht, ist die Entscheidung endgültig. Denn es ist gerade der Sinn der Neuregelung, zeitraubende Streitigkeiten über den Rechtsweg auszuschließen, BGH FamRZ 2013, 1303; Schaub BB 1993, 1667; aM BAG MDR 2003, 1010; BVerwG NVwZ 2004, 1124; BayObLG NJW-RR 1992, 598. Die Bindung gilt auch im Verfahren nach § 36 I Nr. 6, BVerfG NJW 2008, 2604; BGH NJW 2002, 2474. 24

5. Rechtsweg: Ausnahmsweise keine Bindung, II 3. Eine Ausnahme gilt dann, wenn sich das Adressatgericht zuvor formell rechtskräftig für unzuständig erklärt hatte, VGH Mü NJW 1999, 3211; Hoffmann JR 2001, 27; Schneider MDR 2000, 599 für den Fall, dass auch der weitere (Rück-)Verweisungsbeschluss rechtskräftig geworden ist. Hat ein Gericht den zu ihm beschrittenen Rechtsweg zunächst für zulässig erklärt und verweist es den Rechtsstreit später gem. § 17a II an ein Gericht eines anderen Rechtszweigs, ist der Verweisungsbeschluss bindend, wenn er in Rechtskraft erwächst (NJW 2001, 3631). Die unanfechtbare Verweisung innerhalb eines Rechtswegs nach § 281 ZPO schließt die Weiterverweisung in einen anderen Rechtsweg nicht aus, BAG NJW 1993, 1878. Kommt es zu einem negativen Kompetenzkonflikt, entscheidet das entsprechend § 36 II ZPO zuständige Gericht analog § 36 I Nr. 6 im Interesse einer funktionierenden Rechtspflege, BGH NJW 2002, 2475; ZinsO 2019, 1260 Rn. 8 ff.; 20.4.2021– X AZR 562/20 Rn. 8, BAG NZA 1999, 392. Entsteht nach der Verweisung durch eine zulässige Klageänderung ein neuer Streitgegenstand nach → ZPO § 2 Rn. 4, ist eine (Zurück-)Verweisung in den dann vorhandenen Rechtsweg zulässig, BGH NJW 1990, 54; Hamm FamRZ 1988, 1293; OVG Brem DÖV 1988, 90. Außerhalb der nach IV S. 3 bis 6 vorgesehenen Überprüfung soll eine Ausnahme von der Bindung nach BVerwG 23.4.2021 – 8 AV 1.21, BeckRS 2021, 12681 Rn. 7 mwN, „allenfalls" bei extremen Rechtsverstößen gegeben sein, vgl. auch BGH 20.4.2021 – X AZR 562/20 Rn. 24. 25

6. Zuständigkeit: Fehlen einer Bindung, II 1. Zur sachlichen und örtlichen Zuständigkeit bindet die Entscheidung grundsätzlich nicht. Daher bleibt insofern innerhalb desselben Rechtswegs eine Weiterverweisung nach § 281 ZPO zulässig, BAG NJW 1996, 742; Karlsr MDR 1995, 88; OVG Hmb NVwZ-RR 2001, 203. Das gilt nach VI zB dann, wenn das verweisende Gericht fälschlich das AG als zuständiges Gericht angesehen oder die ausschließliche Zuständigkeit eines anderen Gerichts übersehen hat. Dasselbe gilt auch bei einem Verstoß gegen die funktionelle Zuständigkeit. Daher muss uU das OLG die Sache an das zuständige Erstgericht abgeben. Eine Bindung tritt allerdings ein, soweit das verweisende Gericht auch über die sachliche oder örtliche Zuständigkeit ohne Willkür entscheiden hat hat, BayObLG NJW-RR 2002, 1024. Keine Bindung besteht bei einer Bejahung des Rechtswegs ohne jede Begründung, BGH NJW 1996, 1890, oder nur durch Angabe der §§ 13, 17a II, BAG NJW 2015, 2523, oder nur in den Entscheidungsgründen, BGH NJW-RR 2005, 142; Hamm GRUR-RR 2014, 360, oder im Verfahren nach §§ 23 ff. EGGVG, KG MDR 1995, 288, also nur bei einem anderen extremen Verstoß, BGH NJW 2017, 1690. 26

7. Sonstige Wirkungen, II 1. Vgl. § 17b I und wegen der Kosten § 17b II. Zum weiteren Verfahren in einer an ein Zivilgericht abgegebenen Sache → § 13 Rn. 48, 50. 27

V. Zulässigkeit des Rechtswegs, III. Der Kläger muss die zugehörigen Tatsachen nach → ZPO Vor § 284 Rn. 29 wie bei → ZPO § 253 Rn. 28 schlüssig vortragen, BGH WM 2014, 805. Maßgeblich ist der Zeitpunkt der Rechtshängigkeit nach → ZPO § 261 Rn. 1, aM BAG NJW 2015, 719 (evtl. auch später). Das genügt aber auch grundsätzlich, BAG NZA 2017, 1141; Jaeger NZA 1998, 961; Walker ZZP 123, 191. Bei Zweifeln findet eine Beweisaufnahme statt, BAG NJW 1994, 1172; Kissel NZA 1995, 353; Thomas/Putzo/Hüßtege Rn. 8a; aM BAG NJW 1997, 542. 28

Hält das Erstgericht den Rechtsweg zu ihm für **eindeutig zulässig,** braucht es darüber grundsätzlich nicht gesondert zu entscheiden. Das kann es nach **III 1** vorab aussprechen, BGH NJW-RR 2005, 142, Mü NZM 2006, 62; Windel ZZP 111, 20. Das gilt etwa dann, wenn das Gericht eine solche Vorabentscheidung nach seinem pflichtgemäßen Ermessen für zweckmäßig hält, LG Köln MDR 2017, 236, zB dann, wenn die Rechtslage objektiv zweifelhaft ist, Boin NJW 1998, 3748. Formel: „Der Rechtsweg zu dem ordentlichen Gericht ist zulässig". Das Gericht muss nach **III 2** vorab entscheiden, wenn eine Partei die Zulässigkeit des Rechtswegs rügt, BAG NZA 2017, 1141; BGH NJW 1999, 651; Köln NJW-RR 2005, 1096; VGH Mannh NVwZ-RR 2017, 216. Diese Bestimmung ist das notwendige Gegenstück dazu, dass die Parteien das spätere Urteil nicht mit der 29

Begründung anfechten dürfen, der Rechtsweg sei nicht zulässig, Brückner NJW 2006, 13. Die Rüge muss ausdrücklich und beim Anwaltszwang zB nach → ZPO § 78 Rn. 1 durch einen Anwalt erfolgen, OVG Greifsw NVwZ-RR 2011, 999. Sie muss auch innerhalb der Frist des § 282 III ZPO erfolgen, Ffm. ZinsO 2019, 42; Köln NJW 1995, 3319. Unterbleibt sie oder erfolgt sie nicht rechtzeitig und trifft das Gericht nicht dennoch von Amts wegen eine Vorabentscheidung, befindet es über den Rechtsweg in der Endentscheidung. Das kann zB auch stillschweigend durch eine Sachentscheidung geschehen. Eine Bemerkung in einer Terminsverfügung ist noch keine Vorabentscheidung, Ffm MDR 2009, 1243. Ob im Verfahren des vorläufigen Rechtsschutzes zB nach §§ 916 ff., 935 ff. ZPO, §§ 49 ff. FamFG und in einem sonstwie besonders eiligen Verfahren eine Vorabentscheidung entfällt, so OVG Greifsw NVwZ 2001, 446, ist zweifelhaft. III gilt auch nach einer Beschlussverfügung nach § 937 ZPO ohne Verhandlung, Conrad GRUR 2014, 1175.

30 **VI. Entscheidung, II, III, IV 1, 2.** Die Entscheidung ergeht nach IV 1 durch einen Beschluss ohne eine in jedem Fall notwendige mündliche Verhandlung. Eine Verhandlung wird aber bei einem frühen ersten Termin nach § 275 ZPO oder dann notwendig, wenn die Vorabentscheidung schwierige, mit den Parteien zu erörternde Fragen aufwirft. Schon nach Art. 103 I GG muss das Gericht den Parteien vorher rechtliches Gehör geben. Für eine Verweisung schreibt II die Anhörung ausdrücklich vor, die grds. auch schriftlich erfolgen kann. Kommen für die Verweisung mehrere Gerichte infrage, muss das Gericht den Kläger oder Antragsteller auffordern, von seinem Wahlrecht nach II 2 Gebrauch zu machen. Bei einer Unzulässigkeit des Rechtswegs darf das angerufene Gericht grundsätzlich nicht über die Zulässigkeit der Klage im Übrigen entscheiden, BVerwG DVBl 2001, 919. Wegen einer Ausnahme BGH NJW 1993, 2542. Den Beschluss fasst auch ausserhalb einer mündlichen Verhandlung das volle Kollegium, BAG NJW 2015, 3470, zu den Ausnahmen → Rn. 14. Das Gericht muss nach **IV 2** seinen Beschluss nach II, III gemäß → ZPO § 329 Rn. 6 ff. begründen, BAG NJW 2015, 2524 (dazu reicht die bloße Angabe der §§ 13, 17a III nicht). Es muss ihn verkünden oder den Parteien nach § 329 III ZPO zustellen, BAG NZA 1998, 1191. Über die Kosten darf das Gericht nach § 17b II in einem Verweisungsbeschluss nach II nicht entscheiden, aM Köln FGPrax 2007, 286, wohl aber in einem den Rechtsweg bejahenden Beschluss nach III, BGH NJW 1993, 2542; BVerwG NVwZ-RR 2015, 70; KG NJW 1994, 2702. Freilich muss evtl. ein unterliegender Gegner kostenpflichtig sein, VGH Mü NVwZ-RR 2016, 400. Der Beschluss wird mit einer Bindungswirkung nach I dann zB nach §§ 329, 705 ZPO formell rechtskräftig, wenn gegen ihn kein Rechtsmittel erfolgt, BAG NZA 1993, 618.

31 **VII. Rechtsmittel, IV 3–6.** Rechtsbehelfsbelehrung, Verstoß: Evtl. §§ 232, 233 S. 2 ZPO. Es darf sich nur auf die Rechtswegsfrage erstrecken, BGH NJW 2001, 2181; LAG Stgt ZIP 2010, 1619. Es gibt mehrere Fragenkreise. „Einspruch" kann zB eine sofortige Beschwerde bedeuten, Naumb NJW-RR 2002, 792. Gegen ein Urteil findet die Berufung nach § 511 ZPO statt, Ffm NJW-RR 1997, 1564, oder die Revision nach § 542 ZPO. Bei einer bloßen „Entscheidung" in den Gründen des Urteils nach § 313 III ZPO ist nach dem Meistbegünstigungsgrundsatz → ZPO Vor § 511 Rn. 29 wahlweise die sofortige Beschwerde oder die Berufung usw. statthaft, BAG NJW 1995, 2310.

32 **1. Sofortige Beschwerde.** Gegen den Beschluss des AG oder LG nach II oder III ist die sofortige Beschwerde nach der jeweiligen Verfahrensordnung statthaft, Nürnb MDR 2015, 1202; OVG Bln-Brdb NVwZ-RR 2014, 288; OVG Kblz NVwZ-RR 2013, 942, in einem bisher als Zivilsache gelaufenen Verfahren also nach § 567 ZPO (Beschwerdegericht ist das LG oder das OLG), in einer FamFG-Sache nach § 59 FamFG, Ffm Rpfleger 2016, 348, in einer Arbeitsgerichtssache des LAG, LAG Köln AnwBl 2011, 779, in einer Landwirtschaftssache nach § 22 LwVG, BGH MDR 2002, 1265, in einer vor dem VG gelaufenen Sache an das OVG, VGH Kassel FamRZ 2007, 294; VGH Mü NVwZ-RR 2016, 400. Wegen einer Anwaltsgerichtssache BGH AnwBl 2011, 777. Die sofortige Beschwerde an den BGH oder eine weitere Beschwerde an das BVerwG ist dann statthaft, wenn das OLG erstmalig eine Vorabentscheidung getroffen und die Beschwerde zugelassen hat, BGH NJW 2000, 1042; BVerwG NVwZ 2015, 991. Das gilt auch trotz § 542 II 1 im Eilverfahren, BGH NJW 1999, 3785. Die Beschwerde ist auch dann statthaft, wenn ein Sondergesetz sie nicht vorgesehen oder allgemein ausgeschlossen hat. Das zeigen die auf diesem Grundsatz beruhenden Änderungen solcher Gesetze.

33 Für das **Beschwerdeverfahren** in einer Zivilsache gelten §§ 567 ff., BGH NJW-RR 2003, 279. Daher ist eine Beschwer durch die angefochtene Entscheidung nötig, Hmb GRUR-RR 2012, 127; Köln NJW-RR 1996, 60; LAG Köln NZA-RR 1996, 29. Wegen der Frist BAG NJW 1994, 605. Das Gericht muss sein Verfahren in der Hauptsache nach § 148 ZPO bis zur Erledigung der Beschwerde und evtl. der weiteren Beschwerde aussetzen, Kissel NZA 1995, 347. Stets muss das Gericht den Ablauf der Beschwerdefrist abwarten, Schwab NZA 1991, 662. Hat das Erstgericht statt einer Verweisung irrig die Klage durch ein **Urteil** als unzulässig abgewiesen, nimmt das Rechtsmittelgericht auch ohne eine Verfahrensrüge die Verweisung durch ein Urteil vor, BGH MDR 2005, 644. Ein Vertreterzwang besteht wie sonst, OVG Bautzen NVwZ-RR 2014, 824; OVG Münst NVwZ-RR 2010, 39.

34 **Unzulässig** ist die sofortige Beschwerde zwecks einer Verweisung an ein anderes Gericht des anderen Rechtswegs, BAG NJW 1996, 742, oder beim Fehlen einer Entscheidung nach III 2, Ffm NJW 2008, 3797 (dann Meistbegünstigung, → ZPO Vor § 511 Rn. 29).

35 **2. Rechtsbeschwerde.** Die nach § 17a IV 4 GVG zum BGH führende Beschwerde ist als Rechtsbeschwerde iSv §§ 575 ff. ZPO zu behandeln, NJW-RR 2003, 277. Dies gilt auch in den Fällen, in denen das OLG erstmals eine Vorabentscheidung nach § 17a II bis IV GVG getroffen hat (BGH NZG 2014, 110 Rn. 6; BGH NJW 2003, 433.

36 Die **Zulassungsvoraussetzungen** ergeben sich im Grundsatz aus **IV 5,** BGH WM 2003, 353. Auch ein LG kann allerdings – sofern es Beschwerde- oder Berufungsgericht ist – die (Rechts-)Beschwerde an den BGH im Tenor seines Beschlusses nach IV 4 zulassen, BGH NJW 2003, 2913. Die Bindung des BGH und des BAG an die Zulassung folgt aus **IV 6,** BGH NJW 2003, 433. Im Übrigen gelten §§ 574 ff. ZPO, BGH NJW 1996, 3012. Die Zulassung muss grundsätzlich durch das Kollegium erfolgen. Der Einzelrichter darf nicht selbst entscheiden, weil mit der Zulassung nach § 17a Abs. 4 die grundsätzliche Bedeutung angenommen wird, die gemäß § 568 S. 2 Nr. 2 ZPO eine Übertragung der Sache an den vollbesetzten Spruchkörper und die Entscheidung durch diesen nach sich zieht (NJW-RR 2006, 286).

3. Entscheidung. Bejaht das Beschwerdegericht im Gegensatz zum Erstgericht den Rechtsweg, hebt es die entgegenstehende(n) Entscheidung(en) auf und verweist die Sache zurück, BGH NJW 1993, 471, Zweibr NJW-RR 2011, 584. Verneint es erstmals den Rechtsweg, verweist es seinerseits nach II unter einer Aufhebung der Vorentscheidung den Rechtsstreit an das nun zuständige Erstgericht. Eine Zurückverweisung an das bisherige Erstgericht wird meist nicht in Betracht kommen, ausnahmsweise aber bei einer unklärbaren Fehlerhaftigkeit im Erstgericht, Ffm Rpfleger 2016, 348. Wird der Rechtsweg nachträglich statthaft, kann das Beschwerdegericht die Beschwerde für erledigt erklären, BGH NJW-RR 2001, 1007. Im Rechtsmittelverfahren gelten für die Kosten §§ 91 ff. ZPO, § 17b II gilt insofern nicht, BGH NJW 1995, 2297; BSG MDR 1997, 1066 (auch zur Nachholung der Kostenentscheidung), Schlesw MDR 2009, 1131. Streitwert ist nach → § 17b Rn. 7 ein Bruchteil des Hauptsachewerts. 37

VIII. Prüfung des Rechtswegs in höheren Instanzen, V. Es stehen sich ein Grundsatz und Ausnahmen gegenüber. 38

1. Grundsatz: Keine Prüfung. Über die Zulässigkeit des Rechtswegs entscheidet nach II, III grundsätzlich allein das Erstgericht, BAG ZIP 2017, 2427, nämlich entweder im Vorabverfahren, BVerwG NJW 2015, 2359, BGH NJW 2017, 2769; Düss NJW-RR 2002, 1512, oder bei einer Bejahung auch zB stillschweigend in der Entscheidung zur Hauptsache, BGH NJW 2016, 403; BAG NZA 1999, 319; Düss NVwZ 1993, 405. Demgemäß darf das über ein Rechtsmittel gegen eine Entscheidung in der Hauptsache entscheidende Gericht grundsätzlich nicht prüfen, ob der beschrittene Rechtsweg zulässig ist, BGH GRUR 2017, 1237 (auch zu einer Ausnahme): GRUR 2020, 755 Rn. 24; BGH 5.5.2021 – XII ZR 45/20 Rn. 4; BFH NZA-RR 2016, 492; OVG Bln-Brdb NJW 2016, 733. Das gilt auch beim Rechtsbeschwerdeverfahren nach → Rn. 35. Diese Beschränkung gilt in allen Gerichtsbarkeiten, BFH ZIP 2013, 1047; BayObLG NJW-RR 2004, 3; Köln NZM 2006, 872. Sie gilt für alle Rechtsmittelverfahren, Brückner NJW 2006, 13, also sowohl für das Berufungs- und Revisionsverfahren, BGH WM 2015, 1915, als auch für das eine Sachentscheidung betreffende Beschwerdeverfahren, Köln NZM 2006, 872, zB im einstweiligen Rechtsschutz, BGH NJW-RR 2005, 143; OVG Brem NVwZ 1995, 793; Köln NJW 1994, 56; aM VGH Kassel NJW 1995, 1171 (inkonsequent). Sie gilt ebenso in selbständigen Nebenverfahren. 39

Wenn ein Vorabverfahren nach IV nicht notwendig war, muss jedes Rechtsmittelgericht die ausdrückliche oder stillschweigende Bejahung der Zulässigkeit des Rechtswegs in einer Entscheidung in der Hauptsache **als bindend hinnehmen,** mag sie das Erstgericht oder das Rechtsmittelgericht ausgesprochen haben, BGH NJW 1994, 387, BAG NJW 1997, 1025, Köln NJW-RR 2003, 430. Das gilt auch dann, wenn die Entscheidung gegen § 17 II 2 verstieß, BAG NZA 1999, 391, BSG NVwZ-RR 2004, 463. Eine Entscheidung in der Hauptsache liegt immer dann vor, wenn das Gericht in der Sache entschieden hat, BGH NJW 1998, 232, Düss NJW-RR 2002, 1512, oder wenn es die Zulässigkeit der Klage aus anderen Gründen als demjenigen der Unzulässigkeit des Rechtswegs verneint hat, BGH NJW 1998, 232; OVG Münst NVwZ 1994, 179. Hat das Erstgericht fehlerhaft nur über eines von mehreren Begehren entschieden, gilt die Bindung nur für dieses Begehren, VGH Kassel NVwZ-RR 1999, 41. Für den Rechtsweg gilt damit in allen Gerichtsbarkeiten nach §§ 10, 12, 512a, 549 II ZPO dasselbe wie für die Zuständigkeit. Die Bejahung des Rechtswegs in erster Instanz bindet nach einer Zurückverweisung auch das Erstgericht selbst, ArbG Hanau NJW-RR 1997, 766. 40

2. Ausnahme: Prüfung. Eine Prüfung ist dann ausnahmsweise statthaft, wenn das Erstgericht die Rechtswegfrage überhaupt nicht gesehen hat, Rostock NJW 2006, 2563; LG Dessau-Roßlau FamRZ 2013, 1152, oder wenn es um einen Hoheitsakt geht, BVerwG NJW 2015, 2359, oder wenn es gar unter einem Verstoß gegen III 2 trotz einer zulässigen Rüge in der Hauptsache entschieden hat, BGH VersR 2010, 791; Ffm NZA 2007, 711, und wenn es dabei ausdrücklich oder stillschweigend den zu ihm beschrittenen Rechtsweg bejaht hat, BGH NVwZ-RR 2020, 380; NJW 1999, 651; Köln NJW-RR 2005, 1096; Brückner NJW 2006, 15. Hat das Gericht des ersten Rechtszuges mangels Rüge zulässigerweise von einer Vorabentscheidung abgesehen, so ist das Rechtsmittelgericht auch dann nach § 17a V gebunden, wenn die Zulässigkeit des Rechtsweges in dem erstinstanzlichen Urteil nicht ausdrücklich, sondern stillschweigend – durch die Sachentscheidung – bejaht wird, BGH NJW 2008, 3572 Rn. 17. Hat aber das Erstgericht die Rüge zutreffend als verspätet zurückgewiesen, gilt V nach § 528 III ZPO uneingeschränkt, LAG Bln NZA 1994, 912; Brückner NJW 2006, 15. Das gilt auch dann, wenn die Rüge in der Rechtsmittelinstanz nicht bestehenbleibt, BVerwG NJW 1997, 956; VGH Mü NJW 1997, 1251, oder wenn das Berufungsgericht nach III vorgehen durfte, BGH NJW 2008, 3572. Es besteht eine Bindung nach V für den Sonderfall einer Konkurrenz zwischen Beschwerde und Berufung, Boin NJW 1998, 3748. Zwar hat das Gericht bei III 2 nicht etwa eine Entscheidung nach III fälschlich im Gewand einer Endentscheidung erlassen, sondern über die Hauptsache in der richtigen Form entschieden. Diese Entscheidung beruht aber auf einem unzulässigen Verfahren. Das berechtigt den dadurch Beschwerten zum Rechtsmittel. 41

Im Rahmen der entsprechenden Anwendung kann die Prüfung aus Gründen der Verfahrensökonomie und des effektiven Rechtsschutzes geboten sein, so bei der sofortigen Beschwerde die Prüfung durch den Vergabesenat (BGH NZBau 2020, 313; 2012, 248). 42

3. Prüfungsverfahren. Das Rechtsmittelgericht muss dann wie folgt verfahren, Haas JZ 1993, 1012; Kissel NZA 1995, 351. Ist es ein OLG oder LAG, muss es über den Rechtsweg vorab durch einen Beschluss entscheiden und die Sache evtl. an das „richtige" Rechtsmittelgericht verweisen, Rostock NJW 2006, 2563, und über die Zulassung der Beschwerde an den BGH oder das BAG befinden. In der Sache selbst darf es nur dann durch ein Urteil entscheiden, wenn es den Rechtsweg bejaht und bei einer Vorabentscheidung keinen Anlass hätte, die Beschwerde an den BGH oder an das BAG zuzulassen, BGH NJW 1999, 651; BVerwG NJW 1994, 956; Düss NVwZ 1998, 773. Ist Rechtsmittelgericht ein LG, wäre die Nachholung des Vorabverfahrens ein nutzloser Umweg, weil es gegen seine Rechtswegentscheidung keine Beschwerde gibt, LG Fulda NJW 1996, 266; LG Gießen NJW-RR 1996, 189. Das LG muss daher ebenso wie das OLG dann, wenn es die Beschwerde nicht zulässt, in der Endentscheidung auch über den Rechtsweg entscheiden. Es muss also entweder durch einen Beschluss unter einer Aufhebung des angefochtenen Urteils an das zuständige Gericht des richtigen Rechtswegs verweisen, BGH NJW 1998, 2058; Ffm NJW-RR 1998, 1565; VGH Mannh NVwZ-RR 1997, 326, oder es muss durch ein Urteil in der Sache befinden, Düss NVwZ 1998, 773, oder unter einer Entscheidung der Rechtswegfrage nach § 538 ZPO zurückverweisen, BGH JZ 1993, 728; VGH Mannh NVwZ-RR 1993, 516; VGH Mü NVwZ-RR 1993, 668. Für das Revisionsverfahren gelten die allgemeinen Regeln der §§ 562 ff. ZPO. 43

Hier ist bei einem Verstoß gegen III 2 eine Zurückverweisung an das Berufungsgericht notwendig, BGH NJW 1999, 652. Ausnahmsweise erfolgt eine Zurückverweisung an das Erstgericht, BSG NZA 1994, 192. Eine Rechtswegverweisung eines obersten Bundesgerichts bindet das andere Gericht, BGH NJW 2008, 3222.

44 **4. Entscheidung.** Hat das Erstgericht die Sache entgegen II durch eine Endentscheidung in einen anderen Rechtsweg verwiesen, besteht nach V ebenfalls keine Bindung. Das Gericht muss das gegen diese formfehlerhafte Entscheidung nach dem Meistbegünstigungsgrundsatz nach → ZPO Vor § 511 Rn. 29 ff. zulässige Rechtsmittel der Berufung als eine Beschwerde nach IV 3 behandeln. Es muss im Übrigen nach dem soeben Gesagten verfahren (Entscheidung durch Urteil). Bei einer Sprungrevision nach § 566 ZPO ist eine Zurückverweisung an das Berufungsgericht notwendig, BSG NZA 1994, 191. Entsprechendes gilt dann, wenn das Erstgericht die Klage mit der Begründung, sie gehöre in einen anderen Rechtsweg, fehlerhaft als unzulässig abgewiesen hat, BGH NJW 1993, 388; Naumb NJW-RR 2002, 792; Saarbr NJW 1995, 1562; aM Brdb VIZ 2000, 180 (Verweisung an das „richtige" Erstgericht. Aber was ist denn nun „richtig"?). Erlässt in diesen Fällen das Berufungsgericht ein Sachurteil, in dem es den Rechtsweg bejaht, gilt V.

45 Eine **Kostenentscheidung** ist bei einer Rechtsbeschwerde gegen eine Rechtswegentscheidung statthaft und grundsätzlich nötig, Rostock MDR 2009, 465.

46 **IX. Funktionelle Zuständigkeit, VI.** § 17a gilt jetzt auch für die Verweisung von einem Spruchkörper an einen anderen Spruchkörper desselben Gerichts, zB an die Kammer für Baulandsachen beim LG oder von der Zivilkammer an die Strafkammer, zum Problem BGH NJW-RR 2005, 142, oder an das Familiengericht, BGH NJW-RR 2018, 451; Hamm NJW 2010, 2741; Nürnb NJW-RR 2012, 560, oder an die Kammer für Handelssachen, aM LG Hann NJW-RR 2011, 834 (aber warum nicht auch dann so?), oder an den Kartellsenat, Mü GRUR-RR 2011, 436. Der Vortrag des Bekl. kann zu beachten sein, BGH NJW-RR 2018, 451.

17b *[Wirkungen der Verweisung].* **I [1]Nach Eintritt der Rechtskraft des Verweisungsbeschlusses wird der Rechtsstreit mit Eingang der Akten bei dem im Beschluß bezeichneten Gericht anhängig. [2]Die Wirkungen der Rechtshängigkeit bleiben bestehen.**

II [1]Wird ein Rechtsstreit an ein anderes Gericht verwiesen, so werden die Kosten im Verfahren vor dem angegangenen Gericht als Teil der Kosten behandelt, die bei dem Gericht erwachsen, an das der Rechtsstreit verwiesen wurde. [2]Dem Kläger sind die entstandenen Mehrkosten auch dann aufzuerlegen, wenn er in der Hauptsache obsiegt.

III Absatz 2 Satz 2 gilt nicht in Familiensachen und in Angelegenheiten der freiwilligen Gerichtsbarkeit.

1 **I. Systematik, Regelungszweck, I–III.** Der Verweisungsbeschluss nach § 17a II stellt für das Adressatgericht und für alle Instanzen den nach → § 17a Rn. 21 zulässigen Rechtsweg fest. § 17b nennt weitere Wirkungen zwecks einer Klarstellung.

2 **II. Geltungsbereich, I–III.** § 17b gilt entsprechend in der Arbeitsgerichtsbarkeit, § 48 ArbGG, und zwar nicht nur für die Rechtswegverweisung, sondern nach → § 17 Rn. 1 auch für die Verweisung wegen fehlender sachlicher oder örtlicher Zuständigkeit. Eigene Kostenregelung in § 12a I 3 ArbGG, BAG NJW 2005, 1301; LAG Kassel MDR 1999, 1144.

3 **III. Anhängigkeit, I 1.** Nach dem Eintritt der formellen Rechtskraft des Beschlusses nach §§ 329, 705 ZPO muss das Gericht die Akten abgeben, nicht vorher, BAG MDR 1993, 57; Kissel NJW 1991, 950. Mit dem Eingang der Akten bei dem in dem Beschluss bezeichneten Gericht wird der Rechtsstreit dort anhängig, auch wenn die Verweisung sachlich falsch ist.

4 **IV. Rechtshängigkeit, I 2.** Ihre Wirkungen nach §§ 261, 262 ZPO bleiben bestehen. Der Rechtsstreit wird bei demjenigen Gericht, an das die Verweisung erfolgte, so anhängig, als ob er bei ihm von Anfang an rechtshängig gewesen wäre. Darauf folgt: Die Zulässigkeit des Rechtswegs ändert sich durch eine nach der Verweisung eintretende Veränderung der sie begründenden Umstände nicht, § 17 I. Dasselbe gilt für die Zuständigkeit nach § 261 III Nr. 2 ZPO. Ändert sich der Streitgegenstand nach → ZPO § 2 Rn. 4, muss das Gericht den Rechtsweg und die Zuständigkeit neu prüfen, Hamm FamRZ 1988, 1293, OVG Brem DÖV 1988, 90. Maßnahmen des verweisenden Gerichts bleiben bestehen, zB die Zulassung eines Drittbeteiligten. Das gilt auch für die Bewilligung der Prozesskostenhilfe nach §§ 114 ff. ZPO, § 76 FamFG, Düss NJW-RR 1991, 63 (entsprechend § 119 S. 2 ZPO); aM Krause ZZP 83, 323 (inkonsequent). Sofern die Klageerhebung eine Frist wahren sollte, kommt es dafür auf den Eintritt der Rechtshängigkeit bei dem verweisenden Gericht an, BVerwG NJW 2002, 768 (Ausnahme: Irrläufer); OVG Münst NJW 1996, 334.

5 Beim Zivilgericht genügt die Einreichung, sofern die **Zustellung** nach § 167 ZPO **demnächst** erfolgt. Das gilt auch dann, wenn das angerufene Gericht die Sache vor einer Zustellung der Klage an den Gegner verweist, was wegen der vorgeschriebenen Anhörung beider Parteien nach § 17a II praktisch nicht vorkommen kann. Wenn die Verweisung an ein Zivilgericht erfolgt, gelten die für das verweisende Gericht bestehenden Regeln fort, also auch diejenigen, nach denen die Rechtshängigkeit schon mit der Einreichung der Klage eintritt, zB § 90 I VwGO, Hagelstein FamRZ 2000, 340, Jauernig NJW 1986, 35; Kogel FamRZ 1999, 1252. Bei einer Verweisung wahrt auch die versehentlich bei einem sachlich oder örtlich unzuständigen Gericht eingereichte Klage die Frist, OVG Kblz NJW 1981, 1005; VGH Mü BayVBl. 2000, 699; aM BVerwG NJW 2002, 768 (aber warum eigentlich nicht?).

6 **V. Weiteres Verfahren, I, II.** Es richtet sich nach → § 13 Rn. 48, 50 nach den Vorschriften für das im Verweisungsbeschluss bezeichnete Gericht. Das gilt auch dann, wenn die Verweisung zu Unrecht erfolgt ist. Dann muss das zur Entscheidung berufene Gericht im Rahmen der für dieses Gericht maßgeblichen Vorschriften die der Sache am besten entsprechende Verfahrensart bestimmen und danach verfahren, BGH NJW 1990, 1795. Die Bindung bleibt mit der Folge eines grundsätzlichen Verweisungsverbots mit seinen bei → § 17a Rn. 23 ff. erörterten Ausnahmen bestehen.

7 **VI. Kosten, II, III.** Die Regelung nach II entspricht § 281 III ZPO. Sie betrifft grundsätzlich nur Kosten vor dem angegangenen Gericht, also vor dem Erstgericht, OVG Bln-Brdb NVwZ-RR 2014, 288; OVG Münst NVwZ-RR 2015, 72. Sie gilt nach III nicht in Verfahren nach dem FamFG. Der Streitwert des Verweisungs-

verfahrens liegt meist bei ca. 30–50 % der Hauptsache, BGH NJW 1998, 909; LG Bln NZA-RR 1999, 212. Zur Entscheidung über die Kosten und den Streitwert ist allein dasjenige Gericht zuständig, an das die Verweisung erfolgt ist, Hamm NJW-RR 2000, 1023; OVG Hmb NJW 2017, 3402; VGH Mannh NVwZ-RR 1992, 165. Für die Kosten einer Beschwerde nach § 17a IV oder einer Berufung gilt II nicht. Über sie entscheidet das Rechtsmittelgericht nach §§ 91 ff. ZPO, BGH NJW 1993, 2541; OVG Hmb NVwZ-RR 2000, 842; OVG Münst NVwZ-RR 2015, 72. Das gilt auch beim Erfolg des Rechtsmittels, aM Köln NJW-RR 1993, 640; BezG Drsd ZIP 1992, 283 (je: inkonsequent). Beschwerdewert ist der Wert der Hauptsache, Köln NJW-RR 1993, 639. Das Geschäft muss die Gerichtskosten der Rechtsmittelinstanz evtl. nach § 21 I 1 GKG, § 20 I 1 FamGKG niederzuschlagen, OVG Münst NVwZ-RR 1993, 670. Wegen § 12a I 3 ArbGG → Rn. 2.

17c *[Zuständigkeitskonzentrationen usw.].* I **Werden Zuständigkeitskonzentrationen oder Änderungen der Gerichtsbezirksgrenzen aufgrund dieses Gesetzes, aufgrund anderer bundesgesetzlicher Regelungen oder aufgrund Landesrechts vorgenommen, stehen in diesen Fällen bundesrechtliche Bestimmungen, die die gerichtliche Zuständigkeit in anhängigen und rechtshängigen Verfahren unberührt lassen, einer landesrechtlichen Zuweisung dieser Verfahren an das neu zuständige Gericht nicht entgegen.**

II *(betrifft Strafsachen)*

Vorbemerkung zu § 18
Exterritorialität

Schrifttum: Pullen, Die Immunität von Staatsunternehmen im zivilrechtlichen Erkenntnis- und Vollstreckungsverfahren, 2012.

I. Systematik, Regelungszweck. Grundsätzlich unterliegt jede solche Person, die sich in Deutschland aufhält, der deutschen Gerichtsbarkeit, BAG NZA 2013, 469. Entsprechendes trifft selbst für einen ausländischen Staat zu, sofern der Rechtsstreit staatliches Handeln nicht hoheitlicher Natur betrifft (BGHZ 209, 290). §§ 18–20 regeln als eng auslegbare Sondervorschriften die persönliche Exterritorialität (Exemtion, Immunität) für diplomatische Missionen und konsularische Vertretungen durch eine Übernahme der sog. Wiener Übk. sowie für andere Personen durch eine Sonderbestimmung für Gäste Deutschlands und im Übrigen durch eine Verweisung auf solche völkerrechtlichen Regelungen, die nach Art. 25 GG als Bundesrecht gelten, BGH NJW-RR 2003, 1219. Die Regelungen bezwecken, den konsularischen Vertretungen die wirksame Wahrnehmung ihrer Aufgaben im Namen ihres Staates zu gewährleisten". Durch die hiermit bewirkte Unabhängigkeit der Auslandsvertretungen soll also der Schutz ihrer Funktionen gesichert werden. Dem WÜK liegt ein Konzept abgestufter Immunität zugrunde, das den weitreichenden Schutz des Art. 43 I WÜK nur den Konsularbeamten, die nicht die Voraussetzungen des Art. 1 III WÜK erfüllen, zuschreibt, weil es allein für die Wahrnehmung deren Aufgaben unumgänglich ist, einheitliche Gesamtvorgänge insgesamt von der Jurisdiktion auszunehmen (OLG Zweibrücken NStZ 2013, 601). Die Regeln des Wiener Übk. gelten selbst dann, wenn der Entsendestaat nicht beigetreten ist (§§ 18 S. 2, 19 I 2), allerdings mit dem Vorbehalt, die Befreiungen durch Rechtsverordnung einschränken oder erweitern zu können (Zöller/Lückemann Vor Rn. 1). Die deutsche Regelung passt sich den vorgenannten Maßstäben an. Weitere Fälle der Exterritorialität: → § 20 Rn. 4 ff. Unterfällt eine Partei der Exterritorialität ist die Klage unzulässig OLG Köln BeckRS 2019, 2871. 1

II. Immunität. 1. Bedeutung. Die Immunität (Exterritorialität) bedeutet die Befreiung von der deutschen Gerichtsbarkeit gegen den Immunen, BGH JurBüro 2007, 550. Sie ist insoweit als ein selbständiges Verfahrenshindernis, das weder die Zuständigkeit des Gerichts noch die Zulässigkeit des Rechtswegs betrifft und in jeder Lage des Verfahrens **von Amts wegen** zu beachten, BVerfGE 46, 342, BGH MDR 2016, 903, MDR 2009, 1239, BAG NZA 2001, 684. Deshalb darf das Gericht in einem klaren Fall keinen Termin in der Hauptsache gegen den Immunen anberaumen. Es darf dann auch keinen Arrest und keine einstweilige Verfügung nach §§ 916 ff., 935 ff. ZPO erlassen, Ffm NJW 1982, 2650. Von den Grundsätzen der Immunität sind auch die Verfahren auf **Vollstreckbarkeit eines Schiedsspruchs** umfasst, da es sich hier um ein Erkenntnisverfahren eigener Art handelt (BGH NJW 2013, 3184). Das Gericht darf keine Zwangsvollstreckung zB nach §§ 704 ff. ZPO vornehmen oder dulden, BGH WM 2013, 1470, KG Rpfleger 2010, 658, aM Köln Rpfleger 2004, 478. Der **Gerichtsvollzieher** legt bei §§ 18–20 die Sache seiner vorgesetzten Dienststelle vor, wartet deren Weisung ab und benachrichtigt hiervon den Auftraggeber nach § 3 I GVGA. Das Gericht darf Exterritoriale nicht als Bekl. eines Streitverfahrens anhören, Köln NJW 1992, 320, LG Bonn FamRZ 1991, 1329 (zust. Kimminich), und keine **Zeugen** nach §§ 373 ff. ZPO oder **Sachverständige** nach §§ 402 ff. ZPO zur Hauptsache laden, BVerwG NJW 1989, 679. Vgl. jedoch die teilweise abweichenden Bestimmungen des NATO-Truppenstatuts, SchlAnh. III. 2

Zulässig ist die **Zustellung** der Klage auf diplomatischem Weg. Die Anberaumung eines Termins gegen den **Beklagten** kommt nicht in Betracht, da hiermit bereits die Ausübung staatlicher Gerichtsbarkeit verbunden ist; anders dann, wenn der Kläger exterritorial ist bzw. einem exterritorialen Beklagten zu erwarten ist, dass er sich deutscher staatlicher Gerichtsbarkeit unterwerfen wird (vgl. Zöller/Feskorn ZPO § 216 Rn. 6 mwN). Ggf. kann eine öffentliche Zustellung zB nach §§ 185 ff. (§ 185 Nr. 4) ZPO in Betracht kommen. Zulässig dürfte eine Bitte um Auskunft sein, Mann NJW 1990, 619. 3

Im Streit über die Befreiung muss das Gericht durch ein Urteil entscheiden, bei einer Immunität usw. durch ein abweisendes Prozessurteil, bei deren Fehlen entsprechend § 280 ZPO durch ein Zwischenurteil, BGH NJW 2009, 3164; BAG NZA 2001, 684; LAG Rheinland-Pfalz 29.5.2019 – 7 Sa 430/17, BeckRS 2019, 19950. Maßgeblich ist der Zeitpunkt der gerichtlichen Entscheidung. 4

Statthaft bleibt ein Rechtsschutzgesuch des Immunen, BGH MDR 2011, 605. 5

2. Verstoß. Die Nichtbeachtung der Exterritorialität macht jede gerichtliche Handlung evtl. wirkungslos und führt zur Nichtigkeit, da die aufgrund der staatlichen Souveränität bestehende Gerichtsgewalt dort ihre Grenzen findet, wo das Völkerrecht sie personell beziehungsweise gegenständlich einschränkt (BGH NJW 2009, 3164; MüKoZPO/Pabst § 18 Rn. 5). Dieses kann auch im Rechtsmittelverfahren geltend gemacht werden. Es fehlt 6 mithin auch eine innere Rechtskraft nach § 322 ZPO. Das gilt für eine verurteilende Entscheidung ebenso wie für eine sachlich abweisende. Das Selbsthilferecht einer Privatperson wird durch die §§ 18–20 nicht unstatthaft, Bongartz MDR 1995, 780; Köln NJW 1996, 473.

7 **3. Grenzen.** Der Grundsatz der Staatenimmunität gilt nicht mehr uneingeschränkt, EGMR NZA 2012, 1244. Es besteht die Gerichtsbarkeit über Exterritoriale in den durch völkerrechtliche Vereinbarung vorgesehenen Ausnahmefällen nach §§ 18–20 und vorbehaltlich einer abweichenden Regelung in einer solchen Vereinbarung bei einer freiwilligen Unterwerfung unter die deutsche Gerichtsbarkeit bei der notwendigen Zustimmung der hierfür zuständigen Organe des Absendestaates. Eine stillschweigende Unterwerfung ist zulässig. Sie liegt zwar noch nicht stets im Betreiben eines inländischen Gewerbebetriebs, wohl aber im Abschluss einer Schiedsvereinbarung nach § 1029 ZPO, Ebenroth/Parche RIW 1990, 343; Herdegen RIW 1989, 336.

8 Eine Unterwerfung liegt auch in einer **Zuständigkeitsvereinbarung** zB nach § 38 ZPO, v. Schönfeld NJW 1986, 2983, und erst recht in einer Klage nach Art. 1–3 Übk. v. 16.5.1972, → § 20 Rn. 4, BVerwG NJW 1996, 2744. Dann ist der Bekl. zu jeder Art der Verteidigung berechtigt, zB zur bloß abwehrenden Widerklage und zu Rechtsmitteln, aber auch zu einer abwehrenden Zusammenhangsklage wie einer Änderungsklage nach § 323 ZPO, einer Vollstreckungsabwehrklage, nach § 767 ZPO, einer Drittwiderspruchsklage nach § 771 ZPO einer Wiederaufnahmeklage nach §§ 578 ff. ZPO usw. Auch bei einer Unterwerfung bleibt die Befreiung von der gerichtlichen Zwangsgewalt bestehen. Daher ist keine Ladung zur Vernehmung als Partei nach §§ 445 ff. ZPO, als Zeuge nach §§ 373 ff. ZPO oder als Sachverständiger nach §§ 402 ff. ZPO und auch keine Zwangsvollstreckung nach §§ 704 ff. ZPO ohne eine besondere Unterwerfung statthaft. Es gibt aber keine allgemeine Regel des Völkerrechts, dass ein pauschaler Verzicht auf die Immunität den Schutz auch des der Funktionsfähigkeit der Mission dienenden Vermögens aufhebt, BVerfG NJW 2007, 2605.

18 *[Diplomatische Missionen].* **[1]Die Mitglieder der im Geltungsbereich dieses Gesetzes errichteten diplomatischen Missionen, ihre Familienmitglieder und ihre privaten Hausangestellten sind nach Maßgabe des Wiener Übereinkommens über diplomatische Beziehungen vom 18. April 1961 (Bundesgesetzbl. 1964 II S. 957 ff.) von der deutschen Gerichtsbarkeit befreit. [2]Dies gilt auch, wenn ihr Entsendestaat nicht Vertragspartei dieses Übereinkommens ist; in diesem Falle findet Artikel 2 des Gesetzes vom 6. August 1964 zu dem Wiener Übereinkommen vom 18. April 1961 über diplomatische Beziehungen (Bundesgesetzbl. 1964 II S. 957) entsprechende Anwendung.**

1 **I. Systematik, Regelungszweck, S. 1, 2.** Für die Befreiung von der deutschen Gerichtsbarkeit (Exemtion, Immunität), soweit es sich um Mitglieder **diplomatischer Missionen** sowie ihre Familienmitglieder und privaten Hausangestellten handelt, sind nach **S. 1** die Bestimmungen des Wiener Übk. über diplomatische Beziehungen (WÜD) maßgeblich, BVerfG NJW 1998, 50. Das gilt nach **S. 2 Hs. 1** auch dann, wenn der Entsendestaat nicht Vertragspartei dieses Übk. ist. Dann gilt nach **S. 2 Hs. 2** die in Art. 2 Gesetz v. 6.8.64 enthaltene Ermächtigung, Vorrechte und Befreiungen durch RechtsVO zu erweitern oder einzuschränken (bisher nicht praktisch geworden).

2 **II. Immunität, S. 1.** Persönlicher Umfang der Immunität (Art. 37, 38 WÜD): Diplomaten, also die Missionschefs und die in einem diplomatischen Rang stehenden Mitglieder des diplomatischen Personals nach Art 1e WÜD, in allen Fällen, ausgenommen dingliche Klagen wegen privater Grundstücke, Klagen in bestimmten Nachlasssachen und Klagen im Zusammenhang mit freiberuflicher oder gewerblicher Tätigkeit nach Art. 31 I WÜD; in gleichem Umfang die zum Haushalt eines Diplomaten gehörenden Familienmitglieder nach Art. 37 I WÜD; Mitglieder des Verwaltungs- und technischen Personals und die zu ihrem Haushalt gehörenden Familienmitglieder sowie Mitglieder des Hauspersonals nur für die in der Ausübung ihrer dienstlichen Tätigkeit vorgenommenen Handlungen nach Art. 37 II, III WÜD. Der Immune darf klagen, KG FamRZ 2010, 1589. Private Hausangestellte von Mitgliedern der Mission genießen keine Immunität (Art. 37 Abs. 4 S. 2 WÜD).

3 **III. Keine Immunität, S. 1.** Dazu Geiger NJW 1987, 1124: Sie fehlt: Diplomaten bei einem ausdrücklichen Verzicht durch den Entsendestaat → § 19 Rn. 4: Er muss ihn nach Art. 32 I, II, IV WÜD für die Zwangsvollstreckung besonders erklären, ferner bei einem ausländischen Diplomaten in einer Privatsache mit der Ausreise, BAG NZA 2013, 343; bei einer Klage, OVG Münst NJW 1992, 2043; Wengler IPRax 1992, 224, und für eine unmittelbar damit zusammenhängende Widerklage nach Art. 32 III WÜD; sonstigen in → Rn. 2 genannten Personen dann, wenn sie Deutsche nach dem GG sind oder ständig in Deutschland ansässig sind, nach Art. 37 I–IV, 38 II WÜD; privaten Hausangestellten nach Art. 37 IV WÜD. Wegen der Sonderbotschafter → § 20 Rn. 14.

4 **IV. Räumlichkeitsschutz, S. 1, 2.** Unabhängig von der persönlichen Immunität sind unverletzlich die Räumlichkeiten der Mission mit den darin befindlichen Personen und Gegenständen sowie ihre Beförderungsmittel, Archive und Schriftstücke, Korrespondenz und Gepäck sowie die Privatwohnung des Diplomaten nach Art. 22 III, 24, 27, 30 WÜD. Amtshandlungen (zB Zeugenvernehmung, Durchsuchungen, Beschlagnahmen) in den Diensträumen des Konsulats dürfen nur mit Zustimmung des Leiters der Mission oder seines Vertreters vorgenommen werden (BGH MDR 1990, 648; Zöller/Lückemann Rn. 4).

19 *[Konsularische Vertretungen].* **I [1]Die Mitglieder der im Geltungsbereich dieses Gesetzes errichteten konsularischen Vertretungen einschließlich der Wahlkonsularbeamten sind nach Maßgabe des Wiener Übereinkommens über konsularische Beziehungen vom 24. April 1963 (Bundesgesetzbl. 1969 II S. 1585 ff.) von der deutschen Gerichtsbarkeit befreit. [2]Dies gilt auch, wenn ihr Entsendestaat nicht Vertragspartei dieses Übereinkommens ist; in diesem Falle findet Artikel 2 des Gesetzes vom 26. August 1969 zu dem Wiener Übereinkommen vom 24. April 1963 über konsularische Beziehungen (Bundesgesetzbl. 1969 II S. 1585) entsprechende Anwendung.**

II Besondere völkerrechtliche Vereinbarungen über die Befreiung der in Absatz 1 genannten Personen von der deutschen Gerichtsbarkeit bleiben unberührt.

I. Systematik, Regelungszweck, I, II. Für die Befreiung von der deutschen Gerichtsbarkeit (Immunität) wegen der konsularischen Vertretungen einschließlich der Wahlkonsulate sind die Bestimmungen des Wiener Übk. über konsularische Beziehungen (WÜK, → ZPO Vor § 373 Rn. 26) auch dann maßgeblich, wenn der Entsendestaat nicht Vertragspartei dieses Übk. ist. In allen Fällen gilt die in Art. 2 Gesetz v. 26.8.69 enthaltene Ermächtigung, Vorrechte und Befreiungen durch RechtsVO zu erweitern oder einzuschränken (bisher nicht praktisch geworden). 1

II. Immunität, I. Konsularbeamte nach Art. 1 I d WÜK und Bedienstete des Verwaltungs- oder technischen Personals nach Art. 1 I e WÜK haben Immunität nur wegen derjenigen Handlungen, die sie in einer Wahrnehmung konsularischer Aufgaben nach Art. 43 I WÜK vorgenommen haben, BAG NZA 2002, 1416, BayObLG NJW 1992, 641, Karlsr NJW 2004, 3273. Sie erfasst deshalb nicht nur die Amtshandlung selbst, sondern auch Vorgänge, die in einem engen sachlichen Zusammenhang mit einer konsularischen Aufgabe stehen (**„Amtsimmunität"**). Das gilt auch dann nicht gegenüber Klagen aus Verträgen, bei denen sie nicht ausdrücklich oder erkennbar für den Entsendestaat gehandelt haben, LG Hmb NJW 1986, 3034, (daher im Zweifel Klagezustellung nach § 271 ZPO und Ladung nach § 216 ZPO zur Klärung von Amts wegen in mündlicher Verhandlung), und gegenüber Schadensersatzklagen aus Verkehrsunfällen nach Art. 43 II WÜK. Für Wahlkonsularbeamte (Honorarkonsuln) gilt nach Art. 1 II S. 2 iVm Art. 58 II S. 1 WÜK der Art. 43 Abs. 1 WÜK ebenfalls. Hiervon abzugrenzen sind aber Konsularbeamte, die Angehörige des Empfangsstaates (= zB Deutsche) oder dort ständig ansässig sind. Hier ist nach Art. 1 III WÜK der Art. 71 I S. 1 WÜK anzuwenden. Danach gilt die Befreiung von der Gerichtsbarkeit des Empfangsstaates nur für „in Wahrnehmung ihrer Aufgaben vorgenommene Amtshandlungen". Diese **„Amtshandlungsimmunität"** ist enger als die Amtsimmunität nach Art. 43 Abs. 1 WÜK und erfasst – im Gegensatz zur Amtsimmunität – nur die Amtshandlung selbst, OLG Zweibrücken NStZ 2013, 601; vgl. Karlsr NJW 2004, 3273. Von dieser „Amtshandlungsimmunität" wären also zB keine Fahrten zwischen den Dienstorten umfasst. 2

Tatsachen, die unter Verletzung der Grundsätze der Immunität festgestellt worden sind, können **nicht verwertet** werden (BGH NJW 1990, 1799; MüKoZPO/Pabst Rn. 10). 3

III. Keine Immunität, I. Eine Immunität fehlt beim **Verzicht** und bei bestimmten Widerklagen nach Art. 45 WÜK und überhaupt beim sonstigen Personal und Familienangehörigen von Konsularbeamten. Keine Immunität besteht bei einer außerkonsularischen Tätigkeit, Karlsr NJW 2004, 3273. Wegen der weitreichenden Bedeutung kommt ein **Verzicht** auf die Immunität nur dann in Betracht, wenn der Staat diesen eindeutig und zweifelsfrei erklärt hat (vgl. BAG NZA 2017, 1350; BGH NJW 2013, 3184). 4

IV. Räumlichkeitschutz, I, II. Unverletzlich sind die konsularischen Räumlichkeiten nach Art. 31 WÜK, BGH NJW 1990, 1800; VG Köln DGVZ 2013, 143, ferner Archive und Schriftstücke sowie Korrespondenz und mit Einschränkung Kuriergepäck nach Art. 33, 35 WÜK. Die Unverletzlichkeit der Räumlichkeiten gilt für Diensträume, aber nicht für die Privatwohnung des Leiters der Vertretung (Art. 31, 55 III, 59 WÜK; Zöller/Lückemann Rn. 4). Amtshandlungen, zB Zeugenvernehmung, Durchsuchungen, Beschlagnahmen) in den Diensträumen des Konsulats dürfen nur mit Zustimmung des Leiters der Mission oder seines Vertreters vorgenommen werden (BGH MDR 1990, 648). 5

Beschränkungen der persönlichen Freiheit eines Konsularbeamten sind nach Art. 41 WÜK nur in bestimmten Fällen statthaft. Wegen der Zeugnispflicht Art. 44 WÜK, → ZPO Vor § 373 Rn. 25. 6

V. Besondere völkerrechtliche Vereinbarungen, II. Sie bleiben unberührt. Wegen der Konsularverträge mit Großbritannien, Iran, Irland, Japan, Jemen, Saudi-Arabien, Spanien, Thailand, Türkei, (jetzt) GUS und USA Steinmann MDR 1965, 708 (keine weitergehenden Befreiungen als nach WÜK). 7

20

[Sonstige Exterritoriale]. [I] **Die deutsche Gerichtsbarkeit erstreckt sich auch nicht auf Repräsentanten anderer Staaten und deren Begleitung, die sich auf amtliche Einladung der Bundesrepublik Deutschland im Geltungsbereich dieses Gesetzes aufhalten.**

[II] **Im Übrigen erstreckt sich die deutsche Gerichtsbarkeit auch nicht auf andere als die in Absatz 1 und in den §§ 18 und 19 genannten Personen, soweit sie nach den allgemeinen Regeln des Völkerrechts, aufgrund völkerrechtlicher Vereinbarungen oder sonstiger Rechtsvorschriften von ihr befreit sind.**

Schrifttum: Lorz, Ausländische Staaten vor deutschen Zivilgerichten, 2017.

I. Exterritorialität eines Staatsgastes, I. Persönliche Immunität haben solche Repräsentanten anderer Staaten und deren Begleitung, die sich auf eine amtliche Einladung Deutschlands hier aufhalten. Auf die Staatsangehörigkeit kommt es nicht an. Daher sind die Genannten auch dann von der deutschen Gerichtsbarkeit befreit, wenn sie (auch) deutsche Staatsangehörige sind. 1

Repräsentanten anderer Staaten sind nur solche Personen, die kraft ihrer Stellung, zB als Mitglieder der Regierung oder aufgrund einer Sonderermächtigung zur Vertretung des anderen Staats in seiner Gesamtheit berufen sind. Die amtliche Einladung Deutschlands muss von einer solchen staatlichen Stelle ausgehen, die zur Vertretung der Bundesrepublik Deutschland in ihrer Gesamtheit befugt ist und entsprechend Art. 59 I GG zumindest mittelbar auf den Bundespräsidenten rückführbar ist. Die Befugnis zur Vertretung eines Landes oder einer sonstigen Körperschaft reicht nicht aus (Art. 30 GG). Begleitung der Repräsentanten sind die auf der vom Gastland akzeptierten Delegationsliste genannten Begleitpersonen. 2

Die Befreiung gilt kraft **innerstaatlichen** Rechts. Sie ist unabhängig von den allgemeinen Regeln des Völkerrechts, dazu → Rn. 12. 3

II. Allgemeine Regeln des Völkerrechts, II Fall 1. Vgl. Art. 25 GG, BGH NJW-RR 2003, 1219; BAG NZA 2013, 469. Es gibt mehrere Gruppen. 4

1. Ausländischer Staat. Ausländischer Staat und die für ihn handelnden Organe, BGH NJW 2013, 3185; BVerwG NJW 1989, 679; Schlesw ZIP 2015, 1253. Maßgeblich ist im Verhältnis zu den Vertragsstaaten das Europäische Übk. über Staatenimmunität v. 16.5.1972, BGBl. 1990 II 35, mit AusfG v. 22.1.1990, BGBl. II 34. 5

Vertragsstaaten: Belgien, Luxemburg, Niederlande (für das Königreich in Europa), Österreich, Schweiz, Vereinigtes Königreich und Zypern (Bek. v. 24.10.1990, dort auch die Zusatzerklärungen).

6 Das Übk. **enthält** Bestimmungen über die Immunität von der Gerichtsbarkeit in Art. 1–15, 24, Verfahrensvorschriften in Art. 16–19, Vorschriften über die Wirkungen der gegen einen Vertragsstaat ergangenen Entscheidungen und Vergleiche in Art. 20–22, sowie die Voraussetzungen der Zwangsvollstreckung in Art. 23, 26, BGH NJW-RR 2014, 1088, ferner ergänzende und allgemeine Bestimmungen in Art. 25 ff. Für die Feststellung, ob der Bund oder ein Bundesland die Entscheidung eines Gerichts eines anderen Vertragsstaates nach Art. 20 oder Art. 25 oder einen Vergleich nach Art. 22 Übk. erfüllen muss, ist nach Art. 2 AusfG das LG zuständig, Karczewski RabelsZ 90, 533; Kronke IPRax 1991, 141; Seidl-Hohenveldern IPRax 1993, 190.

7 Sofern das das Übk. v. 16.5.1972 und andere völkerrechtliche Verträge nichts Abweichendes bestimmen, besteht nach den **allgemeine Regeln** des Völkerrechts nach Art. 25 GG eine Immunität grundsätzlich nur im **Bereich der jeweiligen hoheitlichen Tätigkeit** der für den Staat handelnden Organe, BVerfG NJW 2014, 1723; NJW 1978, 485; BGH WM 2018, 224; BAG FamRZ 2017, 1371; NZA 2018, 442; LAG Köln 23.6.2021 – 11 Sa 464/20, BeckRS 2021, 43889; Schlesw ZIP 2016, 1501. Das muss man nach deutschem Recht prüfen, BVerfG NJW 1983, 2766; BGH WM 2018, 224; Köln BauR 2015, 1719. Hoheitlich ist nur dasjenige, das ein Privater nicht wirksam tun kann, BGH NJW 2011, 3586. Immunität kann verzichtbar sein, BAG NZA 2017, 1352.

8 **Keine Immunität** haben dagegen Staaten für den Bereich des nichthoheitlichen Handelns im Bereich des allgemeinen Wirtschaftslebens und demgemäß auch nicht solche ausländische juristische Personen einschließlich privatwirtschaftlich tätiger Unternehmen eines ausländischen Staats, denen dieser die Stellung einer selbständigen juristischen Person verliehen hat, BGH WM 2018, 224; NJW 2013, 3184; BAG NJW 2017, 3547; Köln BauR 2015, 1719, zB eine staatliche Ölgesellschaft, Ffm RIW 1982, 439; Albert IPRax 1983, 55; Hausmann IPRax 1982, 54, oder eine staatliche Notenbank, Esser RzW 1984, 577; Krauskopf WM 1986, 89; Schumann ZZP 93, 412, oder der Angestellte einer von ausländischem Staat in Deutschland betriebenen Privatschule, BAG NZA 2013, 469. Zur Staatsanleihe Mü ZIP 2017, 300; Oldb WM 2016, 1879 (je: Griechenland); Zweifelhaft ist auch, ob zB ein nachträglicher Schuldenschnitt eines Staates von der Staatenimmunität umfasst ist (vgl. EuGH WM 2019, 395; Mankowski ZIP 2019, 193; bezgl. Staatsanleihen Staatenimmunität bejaht BGH NJW 2018, 854).

9 Die **Abgrenzung** richtet sich nach der Natur der Handlung oder des Rechtsverhältnisses und nicht nach einem Motiv oder Zweck, BGH WM 2018, 224; BAG NZA 2014, 280. Ferner sind **sonstige Einschränkungen** nach den allgemeinen Grundsätzen des Völkerrechts zu beachten, insbesondere soweit maßgebliche Handlungen im Hinblick auf Kriegsverbrechen oder Verbrechen gegen die Menschlichkeit zu beurteilen sind.

10 Ist gegen einen ausländischen Staat über ein nichthoheitliches Verhalten ein Vollstreckungstitel ergangen, ist die Zwangsvollstreckung durch den Gerichtsstaat nach §§ 704 ff. ZPO in Gegenstände des ausländischen Staats im Hoheitsbereich des Gerichtsstaats nach den allgemeinen Regeln des Völkerrechts nach Art. 25 GG ohne eine Zustimmung des ausländischen Staates unzulässig, soweit diese Gegenstände im Zeitpunkt des Beginns der Vollstreckungsmaßnahme nach deutschem Recht hoheitlichen Zwecken dieses Staates dienen, BGH NJW-RR 2003, 1219.

11 Zur **Beweislast** in diesen Fällen trägt nach dem allgemeinen „Günstigkeitsprinzip" der fremde Staat, wobei keine Staatsgeheimnisse verletzt werden müssen, MüKoZPO/Pabst Rn. 15; v. Schönfeld NJW 1986, 2982; Walter RIW 1984, 9. Wegen des **Verzichts** auf die Immunität zB durch eine Klage oder durch den Abschluss einer Schiedsvereinbarung Art. 1–3 Übk. v. 16.5.1972, → Vor § 18 Rn. 6; van Hecke IPRax 1992, 205; Vischer IPRax 1991, 209.

12 **2. Ausländisches Staatsoberhaupt.** Das Staatsoberhaupt und bei amtlichen Besuchen auch sein Gefolge haben eine uneingeschränkte persönliche Immunität kraft Völkerrechts, da das Staatsoberhaupt den Staat in seiner Gänze vertritt und repräsentiert.

13 **3. Ausländisches Regierungsmitglied.** Es ist bei amtlichen Besuchen und Delegierte bei zwischenstaatlichen Tagungen kraft Völkerrechts persönlich exterritorial, soweit nicht für sie und ihre Begleitung schon eine Immunität nach I besteht.

14 **4. Diplomaten.** Diplomat und seine Familienangehörigen. Sie haben auf der Durchreise nach Art. 40 WÜK eine Immunität, grundsätzlich auch Sonderbotschafter, BGH NJW 1984, 2048 (krit. Bockslaff/Koch NJW 1984, 2742, zust. Oehler JR 1985, 79); Düss EuGRZ 1983, 160 (krit. Zuck); Engel JZ 1983, 627. Jedoch endet die Immunität mit dem Status als Sonderbotschafter, Düss NStZ 1987, 87 (zust. Jakobs), oder als Sondergesandter, AG Drsd DGVZ 2018, 74.

15 **5. Fremde Streitkräfte.** Fremde Truppen die befugt deutschen Boden betreten, ebenso Personen an Bord von solchen Kriegsschiffen, die sich rechtmäßig in deutschen Küstengewässern aufhalten, Mössner NJW 1982, 1197, sind persönlich exterritorial kraft Völkerrechts, soweit sie sich hoheitlich betätigen, Sennekamp NJW 1983, 2731. Wegen ihrer Rechtsstellung nach Sonderverträgen → Rn. 16.

16 **III. Völkerrechtliche Vereinbarung oder sonstige Rechtsvorschriften, II Fälle 2, 3. 1. Zwischenstaatliche Organisationen.** Zwischenstaatliche Organisation und ihre Angehörigen Kunz-Hallstein NJW 1992, 3069; Wenckstern NJW 1987, 1113, insbesondere zur Umsetzung völkerrechtlicher Abkommen in innerstaatliches Recht. Hierhin gehören zB: Die Vereinten Nationen, BGBl. 1980 II 141; (jetzt) die EU, BGBl. 1957 II 1182; Euratom, BGBl. 1957 II 1212; Europarat, BGBl. 1954 II 493; Sonderorganisationen der UNO, BGBl. 1954 II 639, 57 II 469, 1964 II 187, 1985 II 837 (dazu VO v. 16.6.1970, BGBl. II 689, und v. 18.3.1971, BGBl. II 129); Internationaler Seegerichtshof, VO v. 10.10.1996, BGBl. II 2517; Europäische Patentorganisation, BGBl. 76 II 649, 826, BAG NZA-RR 2016, 325; Europäische Weltraumorganisation, BGBl. 1980 II 766; Atomenergiekommission, BGBl. 1960 II 1993; Eurocontrol, Übk. v. 13.12.1960, BGBl. 1962 II 2274, BVerfGE 59, 63, BVerwGE 54, 291, VGH Kassel NJW 1984, 2055; Naturkautschukorganisation, BGBl. 1989 II 107; Europäische Schulen, EuGH NZA 2015, 567, BGH NJW 2009, 3164, BAG NZA-RR 2016, 325; Frankfurt/M, BGH NJW 2009, 3164. Immunität haben auch solche Personen, die an Verfahren vor der Europäischen Kommission oder dem Gerichtshof für Menschenrechte teilnehmen, BGBl. 1977 II 1445.

17 Die Immunität für zwischenstaatliche Organisationen oder deren Verbände verstößt jedenfalls dann als **Grenze** nicht gegen das durch Art. 6 I EMRK gewährte Recht auf Anrufung eines Gerichts, wenn andere angemessene

Möglichkeiten des Rechtsschutzes (z. B. eine Beschwerdeinstanz der Organisation) zur Verfügung stehen, BVerfG NJW 2018, 3374; OLG Köln MedR 2020, 224.

2. NATO-Streitkräfte. Angehöriger der NATO-Streitkräfte und deren Unterorganisationen, vgl. NATO-Truppenstatut v 19.6.1951 (BGBl. II 1961, 1190), Zusatzabk v. 3.8.1959 (BGBl. II 1218); geändert durch Abk v 18.3.1993 (BGBl. II 1994, 2594, 2598) und StreitkräfteaufenthaltsG v. 20.7.1995 (BGBl. II 554), zuletzt geändert d Art 229 VO v 31.8.2015, BGBl. I 1474, 1508., SchlAnh. III, LAG Rheinland-Pfalz 29.5.2019 –7 Sa 430/17, BeckRS 2019, 1950; VGH Kassel NJW 1984, 2055; Sennekamp NJW 1983, 2733. 18

IV. Gegenständliche Beschränkung, I, II. Sie gilt für die deutsche Gerichtsbarkeit außerdem zB bei einem Doppelbesteuerungsabkommen, BVerfG WM 2014, 769; BGH NJW 2016, 1660 (Griechenland), oder bei Kriegsschiffen, → Rn. 12, und bei Staatsschiffen gemäß Abk. v. 10.4.1926, RGBl. 1927 II 483, und Zusatzprotokoll v. 24.5.1934, RGBl. 1936 II 303, Vertragsstaaten: Ägypten, Argentinien, Belgien, Brasilien, Chile, Dänemark, Frankreich, Griechenland, Italien, Madagaskar, Niederlande, Norwegen, Polen, Portugal, Schweden, Schweiz, Syrien, Türkei, Ungarn, Uruguay, Vereinigtes Königreich mit Ausnahme bestimmter Gebiete, Zaire, Zypern. Eine gegenständliche Beschränkung besteht ferner bei Räumlichkeiten, Gebäuden und Archiven zwischenstaatlicher Organisationen, → Rn. 4. Immunität kann gegenüber einer Vollstreckung in einen hoheitlich genutzten Gegenstand eines ausländischen Staats im Inland bestehen, BGH NJW 2010, 769. Nicht geschützt ist eine Vollstreckung in einen keinem hoheitlichen Zweck dienenden Gegenstand, BVerfG IPRax 2011, 389 (zust. Bungenberg IPRax 2011, 356). 19

21 *(betrifft Strafsachen)*

Zweiter Titel. Allgemeine Vorschriften über das Präsidium und die Geschäftsverteilung

21a-21j *(nicht abgedruckt)*

Dritter Titel. Amtsgerichte

22 *[Richter beim Amtsgericht].* **I Den Amtsgerichten stehen Einzelrichter vor.**

II Einem Richter beim Amtsgericht kann zugleich ein weiteres Richteramt bei einem anderen Amtsgericht oder bei einem Landgericht übertragen werden.

III 1Die allgemeine Dienstaufsicht kann von der Landesjustizverwaltung dem Präsidenten des übergeordneten Landgerichts übertragen werden. 2Geschieht dies nicht, so ist, wenn das Amtsgericht mit mehreren Richtern besetzt ist, einem von ihnen von der Landesjustizverwaltung die allgemeine Dienstaufsicht zu übertragen.

IV Jeder Richter beim Amtsgericht erledigt die ihm obliegenden Geschäfte, soweit dieses Gesetz nichts anderes bestimmt, als Einzelrichter.

V 1Es können Richter kraft Auftrags verwendet werden. 2Richter auf Probe können verwendet werden, soweit sich aus Absatz 6, § 23b Absatz 3 Satz 2 bis 5, § 23c Abs. 2 oder § 29 Abs. 1 Satz 2 nichts anderes ergibt.

VI 1Ein Richter auf Probe darf im ersten Jahr nach seiner Ernennung Geschäfte in Insolvenz- und Restrukturierungssachen nicht wahrnehmen. 2Richter in Insolvenz- und Restrukturierungssachen sollen, soweit dies zur Erfüllung der jeweiligen Richtergeschäftsaufgabe erforderlich ist, über belegbare Kenntnisse auf den Gebieten des Insolvenzrechts, des Restrukturierungsrechts, des Handels- und Gesellschaftsrechts sowie über Grundkenntnisse der für das Insolvenz- und Restrukturierungsverfahren notwendigen Teile des Arbeits-, Sozial- und Steuerrechts und des Rechnungswesens verfügen. 3Einem Richter, dessen Kenntnisse auf diesen Gebieten nicht belegt sind, dürfen die Aufgaben eines Insolvenz- oder Restrukturierungsrichters nur zugewiesen werden, wenn der Erwerb der Kenntnisse alsbald zu erwarten ist.

I. Einzelrichter, I, IV. Der Amtsrichter ist im Regelfall selbst alleine Spruchkörper und nicht nur Teil eines Spruchkörpers wie zB §§ 348, 348a. Der Grundsatz, dass der Amtsrichter als Einzelrichter amtiert, ist jedoch durchbrochen beim Schöffengericht (und erweitertem Schöffengericht), Jugendgericht und in Landwirtschaftssachen (§ 2 II LwVfG). Die Amtshandlung eines nach der Geschäftsverteilung nicht berufenen Amtsrichters ist als Hoheitsakt zwar grundsätzlich wirksam, aber evtl. anfechtbar. Die Verteilung kann sachlich oder örtlich geschehen, etwa nach den Gemeinden. §§ 23–27 GVG regeln die sachliche und funktionelle Zuständigkeit des Amtsgerichts. 1

II. Richter beim Amtsgericht, II, V, VI. Das kann nicht nur ein Richter auf Lebenszeit sein, sondern auch ein Richter auf Probe nach § 12 DRiG und kraft Auftrags nach § 14 DRiG, soweit sich aus VI sowie aus §§ 23b III 2, 23c II, 29 I 2 nichts anderes ergibt. Ein Richter auf Probe darf also nach VI im ersten Jahr nach seiner Ernennung nicht amtieren in Insolvenz- und Restrukturierungssachen, in Familiensachen nach § 23b III 2, in Betreuungssachen nach § 23c II und in bestimmten Strafsachen nach § 29 I 2. Das neu geschaffene Restrukturierungsverfahren (vgl. Gesetz über den Stabilisierungs- und Restrukturierungsrahmen (StaRUG)) soll Unterneh- 2 men ab drohender Zahlungsunfähigkeit in einem gesetzlichen Rahmen die Möglichkeit geben, außerhalb des Insolvenzverfahrens Sanierungsmaßnahmen zu treffen. Der Richter auf Probe (§ 12 DRiG) und kraft Auftrags (§ 14 DRiG) muss im Geschäftsverteilungsplan nach § 21e als solcher nach § 29 S. 2 DRiG erkennbar sein, nicht aber auch in der Entscheidung des Einzelfalls. Auch ein abgeordneter Richter nach § 37 DRiG kann bei einem AG amtieren. Jedoch darf man im Verhältnis zu den mit Richtern auf Lebenszeit nach § 19a I DRiG besetzten Stellen nicht übermäßig viele andere Richter einsetzen (die Zahl der Richter auf Lebenszeit muss überwiegen), VGH Kassel AS 33, 10. Jedes Amtsgericht muss mindestens einen Richter auf Lebenszeit haben, dessen Stelle auch nur vorübergehend anderweitig besetzt werden darf (MüKoZPO/Pabst Rn. 5).

3 Ein Richter auf Lebenszeit kann nach II zugleich nach § 27 II DRiG ein **weiteres Richteramt** erhalten, jedoch nur bei einem anderen AG oder bei einem LG. Wegen der Voraussetzungen und der Anfechtbarkeit § 27 DRiG. Über den Amtsrichter als Vorsitzenden einer KfH § 106. Wahlberechtigt und wählbar für das Präsidium nach § 21b I ist ein solcher Richter bei beiden Gerichten.

4 VI 3 ist bezüglich der **„belegbaren Kenntnisse"** weit auszulegen. Hierunter fallen insbesondere die Teilnahme an Fortbildungsveranstaltungen, ggf. auch eine Fortbildung durch Eigenstudium, da eine Fortbildungspflicht des einzelnen Richters wegen Art. 97 I GG unzulässig wäre, vgl. aber die Stellungnahme des Bundesrates BT-Drs. 17/5712, 61; Heilmann FamRZ 2018, 666. Dementsprechend wird auch darauf verzichtet, diese „belegbaren Kenntnisse" nachweisen zu müssen. Im Einzelfall ist zu prüfen, ob diese Kenntnisse für die konkrete richterliche Tätigkeit erforderlich sind. Insoweit erhalten die Präsidien einen großen Ermessensspielraum bei der Verteilung der jeweiligen richterlichen Geschäfte. Eine bundesrechtliche Regelung zur Fortbildungspflicht würde weitere Fragen der Gesetzeskompetenz aufwerfen (Art. 74 I Nr. 1, 27 GG, Zöller/Lückemann Rn. 10).

5 **III. Dienstaufsicht, III.** Soweit sie nicht beim Präsidenten des übergeordneten LG liegt, führt sie der von der Landesjustizverwaltung dazu bestellte Präsident oder aufsichtführende Richter des AG. Die Landesjustizverwaltung kann sie auch nach §§ 22a, 22b IV dem Präsidenten eines anderen AG übertragen. Die Vertretung des die Dienstaufsicht führenden Richters regelt § 21h für die ihm durch das GVG zugewiesenen Aufgaben vgl. auch landesrechtliche Regelungen, zB JustG NRW, BayAGGVG.

22a–22d *(nicht abgedruckt)*

23

[Sachliche Zuständigkeit in Zivilsachen]. **Die Zuständigkeit der Amtsgerichte umfaßt in bürgerlichen Rechtsstreitigkeiten, soweit sie nicht ohne Rücksicht auf den Wert des Streitgegenstandes den Landgerichten zugewiesen sind:**

1. Streitigkeiten über Ansprüche, deren Gegenstand an Geld oder Geldeswert die Summe von fünftausend Euro nicht übersteigt;

2. ohne Rücksicht auf den Wert des Streitgegenstandes:

a) Streitigkeiten über Ansprüche aus einem Mietverhältnis über Wohnraum oder über den Bestand eines solchen Mietverhältnisses; diese Zuständigkeit ist ausschließlich;

b) Streitigkeiten zwischen Reisenden und Wirten, Fuhrleuten, Schiffern oder Auswanderungsexpedienten in den Einschiffungshäfen, die über Wirtszechen, Fuhrlohn, Überfahrtsgelder, Beförderung der Reisenden und ihrer Habe und über Verlust und Beschädigung der letzteren, sowie Streitigkeiten zwischen Reisenden und Handwerkern, die aus Anlaß der Reise entstanden sind;

c) Streitigkeiten nach § 43 Absatz 2 des Wohnungseigentumsgesetzes; diese Zuständigkeit ist ausschließlich;

d) Streitigkeiten wegen Wildschadens;

e) (weggefallen)

f) (weggefallen)

g) Ansprüche aus einem mit der Überlassung eines Grundstücks in Verbindung stehenden Leibgedings-, Leibzuchts-, Altenteils- oder Auszugsvertrag.

1 **I. Systematik, Regelungszweck, Nr. 1, 2.** Zusammen mit §§ 23a–27, 71 regelt § 23 die erstinstanzliche sachliche Zuständigkeit im bürgerlichen Prozess nach § 13 und damit das Aufgabengebiet, hier des AG, als die Kernvorschrift, zu der § 71 formell nur hinzutritt. Daraus folgt: § 71 ist als eine Auffangvorschrift weit auslegbar, § 23 muss man eher streng handhaben. § 71 geht von der Zuständigkeit der Landgerichte aus, falls der Rechtsstreit nicht anderweitig zugewiesen worden ist. Nachdem auch bei den Landgerichten in vielen Fällen der Einzelrichter nach §§ 348, 348a ZPO zuständig ist, ist ein Teil des Sinns der Abgrenzung weggefallen. Nr. 2a, b, g zeigen sehr weitgehende nicht abschließende Aufzählungen. Bei der Auslegung ist zu berücksichtigen, dass **einem gesetzlichen Richter** nach Art. 101 I 2 GG niemand entzogen werden darf.

2 **II. Sachliche Zuständigkeit, Nr. 1, 2.** § 23 betrifft nur die sachliche Zuständigkeit. Über die örtliche §§ 12 ff. ZPO. Das AG ist sachlich zuständig: Bei Ansprüchen bis zum Streitwert von 5.000 EUR (einschließlich), Nr. 1; ferner nach Nr. 2a–g ohne Rücksicht auf den Streitwert, krit. Lange DRiZ 1989, 47. Zu diesen Fällen treten hinzu die Klagen aus § 111 GenG (Anfechtungsklage gegen die für vollstreckbar erklärte Vorschuss-, Zusatz- und Nachschussberechnung des Insolvenzverwalters bei Genossenschaftsinsolvenz. Bei einem Streitwert über 5.000 EUR ist eine Verweisung nach § 112 GenG möglich). Ferner treten hinzu die Klagen in Binnenschifffahrtssachen nach § 2 Gesetz v. 27.9.1952, BGBl. I S. 641. **Außerdem** ist das AG ohne Rücksicht auf Wertgrenzen zuständig als Rechtshilfegericht auch für das selbständige Beweisverfahren nach §§ 485 ff. ZPO; das Mahnverfahren nach §§ 688 ff. ZPO; das Vollstreckungsverfahren nach §§ 764, 802 ZPO, außer wenn das Prozessgericht erster Instanz zuständig ist; ferner außer dem Gericht der Hauptsache für das Verfahren einen über Arrest und eine einstweilige Verfügung nach §§ 919, 936, 942 ZPO; für die Vollstreckbarerklärung rechtskräftiger Entscheidungen aus internationalen Verträgen nach Anh. § 723 ZPO; für das Insolvenz- und Vergleichsverfahren nach der InsO; nach dem FamFG nach § 23a, b; nach Sondergesetzen, zB über die Unterbringung psychisch Kranker.

Soweit für die Beurteilung der sachlichen Zuständigkeit materiell-rechtliche Fragen maßgeblich sind (sogenannte doppelrelevante Tatsache), – zB bei der Beurteilung eines Wohnungsmietverhältnisses – kommt es, anders als für die Begründetheit der Klage, nur darauf an, ob die Zuständigkeit des Gerichts sich aus den klägerischen Behauptungen unter Berücksichtigung von möglichen unstreitigen Tatsachen (=Schlüssigkeitsprüfung) ergibt (BGH NJW 2014, 2864; NJW 1994, 1413). Wenn der Kläger also zB einen Unterlassungsanspruch aus § 541 BGB wegen einer behaupteten vertragswidrigen Wohnraumnutzung geltend macht, da der Kläger von einem gewerblichen Mietverhältnis ausgeht, ist Nr. 1 und nicht Nr. 2a maßgeblich. 3

III. Streitwertabhängige Zuständigkeit, Nr. 1. Eine übergangsrechtlich erhebliche Bedeutung hat dabei § 26 Nr. 2, 11 EGZPO. Es kommt nicht darauf an, ob die Streitigkeit vermögensrechtlich oder nichtvermögensrechtlich ist. Auch im letzteren Fall ist das AG immer dann sachlich zuständig, sofern sich seine Zuständigkeit nicht schon aus Nr. 2 oder aus §§ 23a, 23b ergibt, wenn der Wert des Streitgegenstands 5000 EUR nicht übersteigt, Rieble JZ 2009, 721 (Vertragsstrafe). Diese Voraussetzung liegt zB in Streitigkeiten über Ehrverletzungen oder Belästigungen sowie in vereinsrechtlichen Streitigkeiten häufiger vor, krit. Lappe NJW 1994, 1190. Wegen der Berechnung des Werts §§ 3–9 ZPO. § 42 GKG findet insoweit keine Anwendung. Eine Aufrechnung ist für die sachliche Zuständigkeit unerheblich. 4

Der Wert eines **Unterlassungsanspruchs** bestimmt sich nach dem Interesse des Klägers, weitere Verletzungen zu unterbinden. Dieses Interesse ist pauschalierend unter Berücksichtigung der Umstände des Einzelfalls zu bewerten und wird maßgeblich durch die Art des Verstoßes, insbesondere seine Gefährlichkeit und Schädlichkeit für den Anspruchsinhaber bestimmt, OLG Hamm 4.9.2018 – 4 U 34/18, BeckRS 2018, 44582. 5

Nebenforderungen erhöhen den Streitwert nicht (§ 4). Ist außergerichtlich zunächst zB ein Betrag über 5.000 EUR geltend gemacht worden, so ist zu der später eingeklagten Hauptforderung unter 5.000 EUR nur der Teil der außergerichtlichen Rechtsverfolgungskosten als streitwerterhöhende Hauptforderung hinzuzurechnen, der sich nicht auf die eingeklagte Hauptforderung bezieht; der andere Teil der außergerichtlichen Rechtsverfolgungskosten stellt eine Nebenforderung im Sinne des § 4 dar, BGH NJW 2013, 2123; OLG Braunschweig NJW-RR 2020, 317. 6

Nach einem **Mahnverfahren** nach §§ 688 ff. ZPO bestimmt sich der Gegenstandswert für das streitige Verfahren nach § 697 ZPO nach demjenigen Betrag, den der Kläger im streitigen Verfahren noch fordert, Ffm NJW-RR 1992, 1342, so dass insoweit auf den Zeitpunkt des Eingangs der Akten beim Prozessgericht abzustellen ist, BayObLG, 14.2.2022 – 102 AR 190/21. Macht er in einer Klage nach **§ 260 ZPO** mehrere Ansprüche geltend, muss man sie grundsätzlich zusammenzurechnen. Unberührt bleiben §§ 708 Nr. 11, 866 III ZPO. 7

Pachtsachen fallen nicht unter Nr. 2a, sondern unter Nr. 1. Eine besondere Zuständigkeit des AG für Landpachtsachen begründet das LwVG. 8

Nr. 1 **gilt nicht** für solche Streitigkeiten, die ohne Rücksicht auf den Wert des Streitgegenstands nach §§ 3 ff. ZPO vor das LG gehören. Das ist in zahlreichen Einzelgesetzen des Bundes und aufgrund des **§ 71 II, III** in Landesgesetzen geschehen, insbesondere bei Amtshaftungklagen oder zB nach §§ 18, 36 102, 108 EuWG, LG Kassel NJW-RR 2007, 1651 (im dortigen Fall verneint). 9

IV. Streitwertunabhängige Zuständigkeit, Nr. 2. Nr. 2 begründet für die dort aufgezählten Sachen eine Zuständigkeit ohne Rücksicht auf den Streitwert, krit. Lange DRiZ 1989, 46. Sie ist abgesehen von Nr. 2a nicht ausschließlich. Auch Nr. 2 lässt in den anderen Fällen eine Vereinbarung auf das LG zu. Verbindet der Kläger nach **§ 260 ZPO** andere Ansprüche bis zu 5.000 EUR mit Ansprüchen nach Nr. 2, ändert das nichts an der Zuständigkeit. Bei einer Verbindung von Ansprüchen über 5.000 EUR mit solchen nach Nr. 2 muss das Gericht sie nach **§ 145 ZPO** abtrennen und auf einen Antrag des Klägers nach § 281 ZPO an das LG verweisen. Mangels eines Antrags erfolgt eine Abtrennung und Abweisung wegen sachlicher Unzuständigkeit, weil der Kläger die Zuständigkeitsgrenze durch eine Verbindung nicht erhöhen kann. 10

V. Mietstreitigkeit, Nr. 2a. Die Vorschrift regelt die ausschließliche sachliche Zuständigkeit für alle Streitigkeiten über Ansprüche aus einem Mietverhältnis nach §§ 535 ff. BGB nur über **Wohnraum** nach §§ 549 ff. BGB oder über den Bestand eines solchen Mietverhältnisses, Stgt ZMR 2010, 447; LG Bln ZMR 2016, 30. Die Regelung soll gewährleisten, dass das Verfahren möglichst am Wohnort des Mieters geführt wird und soll eine größere Sach- und Ortsnähe des zuständigen Gerichts herstellen. Die Regelung gilt evtl. auch nach dem Ende eines Arbeitsverhältnisses für die ehemalige Dienstwohnung, ArbG Hmb ZMR 2017, 859. Dazu kann auch ein Schadensersatzanspruch gehören, Köln WuM 2010, 95. Für Streitigkeiten über Ansprüche aus anderen Mietverhältnissen zB über Geschäftsräume und aus Pachtverhältnissen nach §§ 581 ff. BGB gilt Nr. 1. Beim **gemischttypischen Vertrag** muss es um den gerade mietvertraglichen Teil gehen, KG JurBüro 2008, 655. Die ausschließliche Zuständigkeit des Amtsgerichts greift auch dann ein, wenn zumindest auch Ansprüche aus einem Wohnraummietverhältnis streitgegenständlich sind, selbst wenn daneben noch andere Ansprüche, zB deliktische Ansprüche, bestehen können LG Stuttgart 23.2.2017 – 16 O 412/16, BeckRS 2017, 120775. Bei einem **einheitlichen Mietverhältnis** ist die Zuständigkeit danach zu beurteilen, ob die Nutzung als Gewerberaum oder Wohnraum überwiegt. Fehlerhafte Verweisungen wegen Missachtung der ausschließlichen Zuständigkeit sind nach § 281 bindend, OLG München 5.5.2015 – 34 AR 108/15, BeckRS 2016, 15313; vgl. auch OLG München 13.11.2014 – 34 AR 153/14, BeckRS 2014, 22332. 11

1. Mietverhältnis. Hierhin gehören sowohl Haupt- wie Untermietverhältnisse, nicht aber Pachtverhältnisse, → Rn. 13. Nr. 2a erfasst alle Ansprüche aus dem Mietverhältnis während seines Bestehens und bei seiner Abwicklung, LG Kleve ZMR 2016, 960 (Heimvertrag). Ein faktisches Mietverhältnis genügt. Daher kommt es auf die Gültigkeit des Mietvertrags für die Zuständigkeit nicht an. Auch eine Feststellungsklage fällt unter Nr. 2a. Vgl. § 29a ZPO. Dasselbe gilt von einem solchen Mietbetrag, den ein Gläubiger des Vermieters mit einer Drittschuldnerklage nach § 771 ZPO geltend macht, Karlsr NJW-RR 2002, 1168. 12

2. Mietverhältnis über Wohnraum. Nr. 2a bezieht sich auf einen solchen Wohnraum nach §§ 549 ff. BGB, BGH NJW 1981, 1377, den der Mieter zumindest auch als solchen nutzt. Abweichend von § 29a II ZPO fallen hierunter auch Wohnräume zum vorübergehenden Gebrauch, möblierte Zimmer für Einzelmieter, Häuser und Räume für Ferienzwecke, nicht jedoch Hotelzimmer oder die Urlaubswohnung, weil sie nicht zum dauernden Aufenthalt bestimmt sind. Wohnraum nach Nr. 2a können auch Wohnwagen, Wohnschiffe und Behelfsheime sein. Bei einem einheitlichen Mietverhältnis über Wohnräume und Geschäftsräume kommt es darauf an, welche 13

Nutzungsart nach der vertraglichen Regelung überwiegt BGH NJW 2014, 2864; NJW-RR 1986, 877. Dabei ist der Einzelfall zu würdigen. Alleine der Umstand, dass das Mietverhältnis auch dazu dient, eine Erwerbsgrundlage zu schaffen, führt vor allem in Anbetracht der Bedeutung des Wohnens als Mittelpunkt der privaten Existenz, BVerfG NJW 1993, 2035, nicht dazu, in solchen Fällen regelmäßig von Geschäftsräumen auszugehen, BGH NJW 2014, 2864.

14 **Unanwendbar** ist Nr. 2a beim reinen Geschäftsraum und bei einer gewerblichen Zwischenmiete nach § 565 BGB. Eine vertragswidrige (Mit- oder Allein-)Benutzung für gewerbliche Zwecke ändert nichts am Charakter einer Wohnungsmiete, Düss NZM 2007, 799.

15 Mietstreitigkeiten zwischen Eheleuten etc. können sonstige **Familiensachen** nach § 266 FamFG darstellen BGH NJW 2017, 2619.

16 **3. Werkwohnung.** Das AG ist zuständig für Streitigkeiten über Werkmietwohnungen nach § 576 BGB, aber nicht über Werkdienstwohnungen nach § 576b BGB, da bei einer Werkdienstwohnung die Überlassung von Wohnraum unmittelbarer Bestandteil des Arbeitsverhältnisses und Teil der Vergütung ist und somit kein selbständiger Mietvertrag vorliegt, BAG NZA 1990, 539.

17 **VI. Reisender usw., Nr. 2b.** Es braucht sich nicht um eine Klage während der Reise zu handeln, aM Kissel/Mayer Rn. 30. Die Vorschrift gilt nicht für eine Klage wegen einer Zurückbehaltung von Sachen und auch nicht für eine Klage auf einen entgangenen Gewinn wegen abgesagter Gasthofmiete.

18 **VII. Wohnungseigentum, Nr. 2c.** Es geht um die in § 43 II WEG aufgeführten umfassenden Binnenstreitigkeiten, auch für werdende WEGs und für Einziehungsklagen, BGH NJW-RR 2014, 452. Örtlich zuständig ist das Gericht, in dessen Bezirk das Grundstück liegt (§ 43 WEG). Maßgebend ist die Klagebegründung, Köln ZMR 2011, 226. Die Zuständigkeit ist nach Hs. 2 wie bei § 40 II 1 Nr. 2 ZPO ausschließlich. Sie lässt sich daher wie bei § 40 II 2 ZPO auch nicht durch ein rügeloses Verhandeln zur Hauptsache nach § 295 I ZPO begründen. Für Berufungen und Beschwerden ist konzentriert nach § 72 II GVG das für den Sitz des Oberlandesgerichts zuständige Landgericht zuständig, in dem das Amtsgericht seinen Sitz hat.

19 **VIII. Wildschaden, Nr. 2d.** Es gilt das BJagdG (§§ 29 ff. BJagdG), nicht bei Jagdschäden (§ 33 BJagdG). Nach § 35 können die Länder ein Vorverfahren vorschreiben. In ihm ergeht dann ein Vorbescheid, wenn es nicht zum Anerkenntnis nach § 307 ZPO oder Vergleich zB nach Anh. § 307 ZPO kommt, Lange DRiZ 1989, 47. Wegen der in Betracht kommenden Landesgesetze Schönfelder, § 1 VI BJagdG Fn.

20 **IX. Leibgedingsvertrag usw., Nr. 2g.** Es handelt sich dabei um einen solchen Vertrag, durch den der Übergeber bei der Überlassung eines Grundstücks sich oder Dritten Nutzungen oder wiederkehrende Leistungen ausbedingt (vgl. Art. 96 EGBGB), BayObLGZ 96, 26; LG Köln FamRZ 1997, 137.

23a *[Weitere sachliche Zuständigkeit].* **I [1]Die Amtsgerichte sind ferner zuständig für**

1. Familiensachen;

2. Angelegenheiten der freiwilligen Gerichtsbarkeit, soweit nicht durch gesetzliche Vorschriften eine anderweitige Zuständigkeit begründet ist.

[2]Die Zuständigkeit nach Satz 1 Nummer 1 ist eine ausschließliche.

II Angelegenheiten der freiwilligen Gerichtsbarkeit sind

1. Betreuungssachen, Unterbringungssachen sowie betreuungsgerichtliche Zuweisungssachen,
2. Nachlass- und Teilungssachen,
3. Registersachen,
4. unternehmensrechtliche Verfahren nach § 375 des Gesetzes über das Verfahren in Familiensachen und in den Angelegenheiten der freiwilligen Gerichtsbarkeit,
5. die weiteren Angelegenheiten der freiwilligen Gerichtsbarkeit nach § 410 des Gesetzes über das Verfahren in Familiensachen und in den Angelegenheiten der freiwilligen Gerichtsbarkeit,
6. Verfahren in Freiheitsentziehungssachen nach § 415 des Gesetzes über das Verfahren in Familiensachen und in den Angelegenheiten der freiwilligen Gerichtsbarkeit,
7. Aufgebotsverfahren,
8. Grundbuchsachen,
9. Verfahren nach § 1 Nr. 1 und 2 bis 6 des Gesetzes über das gerichtliche Verfahren in Landwirtschaftssachen,
10. Schiffsregistersachen sowie
11. sonstige Angelegenheiten der freiwilligen Gerichtsbarkeit, soweit sie durch Bundesgesetz den Gerichten zugewiesen sind.

III Abweichend von Absatz 1 Satz 1 Nummer 2 sind für die den Amtsgerichten obliegenden Verrichtungen in Teilungssachen im Sinne von § 342 Absatz 2 Nummer 1 des Gesetzes über das Verfahren in Familiensachen und in den Angelegenheiten der freiwilligen Gerichtsbarkeit anstelle der Amtsgerichte die Notare zuständig.

1 **I. Systematik, Regelungszweck, I–III.** Dem AG sind Sachen nach I oder II und die damit zusammenhängenden Angelegenheiten über § 23 Nr. 2 streitwertunabhängig zugewiesen. Bei einer Teilungssache nach § 342 II Nr. 1 FamFG ist der Notar zuständig. Eine weitere gar gesetzliche Aufgliederung in Spezialabteilungen ist nur bedingt ratsam, aber evtl. in Zukunft kaum vermeidbar. Zum Problem Gaier NJW 2013, 2875.

2 **II. Familiensachen, I 1 Nr. 1, I 2.** Das sind alle in § 111 Nr. 1–11 FamFG aufgezählten Sachen und darüber hinaus auch die nach dem ausdrücklichen Wortlaut von § 112 FamFG zu den Familiensachen zählenden sog. Familienstreitsachen nach § 112 Nr. 1–3 FamFG (vgl. auch §§ 121, 151, 169, 186, 200, 137 FamFG; §§ 1, 2 GewSchG, §§ 231, 261, 269, 266 FamFG). Vgl. zu ihnen allen jeweils dort. Eine bloße Aufrechnung mit einer Familiensache macht die Hauptforderung nicht schon deshalb ebenfalls zur Familiensache, (zum alten Recht) KG FamRZ 2008, 2039. Die Zuständigkeit (nur) nach I 1 Nr. 1 ist nach I 2 **ausschließlich,** LG Stgt FamRZ 2012,

569. Zum Begriff der Ausschließlichkeit → ZPO § 40 Rn. 7, § 802 ZPO. Zur Qualifikation des Familienrichters Heilmann FamRZ 2018, 666 (rechtspolitisch).

III. Freiwillige Gerichtsbarkeit, I 1 Nr. 2, II. Das sind nach der amtlichen Aufzählung alle in II Nr. 1–11 genannten Sachen. Es handelt sich also nach **II Nr. 1** um die Betreuungssachen, Unterbringungssachen der §§ 271 ff. (313–339) FamFG (§§ 1896–1908i, 1906 BGB) einschließlich der Zuweisungen nach § 340 FamFG (§§ 1911 ff, 1962 BGB); Unterbringungssachen sind nach § 312 FamFG Verfahren, die die Genehmigung oder Anordnung der in § 312 Nr. 1–4 FamFG genannten Maßnahmen betreffen und damit auch die freiheitsentziehende Unterbringung nach den Landesgesetzen über die Unterbringung psychisch Kranker (vgl. auch § 23c GVG), OVG des Saarlandes 6.2.2020 – 2 E 339/19, vgl. auch KG StraFo 2019, 349, sowie betreuungsrechtliche Zuweisungssachen, mithin sämtliche im Zusammenhang stehende Zwangseinweisungssituationen, BtPrax 2020, 110. Nach **II Nr. 2** handelt es sich um die Nachlass- und Teilungssachen der § 342 ff. FamFG; nach, zB Erbscheinsverfahren **II Nr. 3** um die Registersachen (Handelsregister, Genossenschaftsregister, Partnerschaftsregister, Vereinsregister, Güterrechtsregister) der §§ 374 ff. FamFG; nach **II Nr. 4** um die unternehmensrechtlichen Verfahren des § 375 FamFG; nach **II Nr. 5** um die „weiteren Angelegenheiten der freiwilligen Gerichtsbarkeit" nach §§ 410 ff. FamFG; nach **II Nr. 6** um die Freiheitsentziehungen nach § 415 FamFG; hiervon sind insbesondere Abschiebungshaft, Inhaftnahme nach dem AsylVfG, Freiheitsentziehungen nach dem Bundespolizeigesetz, dem BKA-Gesetz und dem ZollfahndungsdienstG umfasst, vgl. auch BGH NJW 2011, 690; Zöller/Lückemann Rn. 10. Nach **II Nr. 7** handelt es sich um die Aufgebotsverfahren der §§ 433 ff. FamFG; nach **II Nr. 8** um die Grundbuchsachen nach der GBO; nach **II Nr. 9** um die Verfahren nach 1 Nr. 1, 2–6 LwVG (also ohne die Landpachtverträge nach § 1 Nr. 1a LwVG); nach **II Nr. 10** um die Schiffsregistersachen; nach **II Nr. 11** um alle „sonstigen" Angelegenheiten der freiwilligen Gerichtsbarkeit, soweit sie nicht nach einem Bundesgesetz einem anderen Gericht zugewiesen sind, zB Verfahren nach dem Personenstandsgesetz (§ 51 PStG). 3

Für Honorarklagen eines Rechtsanwalts aus diesen Bereichen ist jeweils das Prozessgericht zuständig (Zöller/ Lückemann Rn. 2). 4

IV. Teilungssache, III. Bei einer Sache nach § 342 II Nr. 1 FamFG ist statt des Gerichts der für das ganze Verfahren zuständige Notar sachlich zuständig (zB auch Vermittlung der Auseinandersetzung des Nachlasses, §§ 363 ff. FamFG), auch soweit an sich das AG nach I 1 Nr. 2 zuständig wäre. Notarkosten: § 118a GNotKG. 5

23b

[Familiengericht]. I **Bei den Amtsgerichten werden Abteilungen für Familiensachen (Familiengerichte) gebildet.**

II **1Werden mehrere Abteilungen für Familiensachen gebildet, so sollen alle Familiensachen, die denselben Personenkreis betreffen, derselben Abteilung zugewiesen werden. 2Wird eine Ehesache rechtshängig, während eine andere Familiensache, die denselben Personenkreis oder ein gemeinschaftliches Kind der Ehegatten betrifft, bei einer anderen Abteilung im ersten Rechtszug anhängig ist, ist diese von Amts wegen an die Abteilung der Ehesache abzugeben. 3Wird bei einer Abteilung ein Antrag in einem Verfahren nach den §§ 10 bis 12 des Internationalen Familienrechtsverfahrensgesetzes vom 26. Januar 2005 (BGBl. I S. 162) anhängig, während eine Familiensache, die dasselbe Kind betrifft, bei einer anderen Abteilung im ersten Rechtszug anhängig ist, ist diese von Amts wegen an die erstgenannte Abteilung abzugeben; dies gilt nicht, wenn der Antrag offensichtlich unzulässig ist. 4Auf übereinstimmenden Antrag beider Elternteile sind die Regelungen des Satzes 3 auch auf andere Familiensachen anzuwenden, an denen diese beteiligt sind.**

III **1Die Abteilungen für Familiensachen werden mit Familienrichtern besetzt. 2Ein Richter auf Probe darf im ersten Jahr nach seiner Ernennung Geschäfte des Familienrichters nicht wahrnehmen. 3Richter in Familiensachen sollen über belegbare Kenntnisse auf den Gebieten des Familienrechts, insbesondere des Kindschaftsrechts, des Familienverfahrensrechts und der für das Verfahren in Familiensachen notwendigen Teile des Kinder- und Jugendhilferechts sowie über belegbare Grundkenntnisse der Psychologie, insbesondere der Entwicklungspsychologie des Kindes, und der Kommunikation mit Kindern verfügen. 4Einem Richter, dessen Kenntnisse auf diesen Gebieten nicht belegt sind, dürfen die Aufgaben eines Familienrichters nur zugewiesen werden, wenn der Erwerb der Kenntnisse alsbald zu erwarten ist. 5Von den Anforderungen nach den Sätzen 3 und 4 kann bei Richtern, die nur im Rahmen eines Bereitschaftsdiensts mit der Wahrnehmung familiengerichtlicher Aufgaben befasst sind, abgewichen werden, wenn andernfalls ein ordnungsgemäßer und den betroffenen Richtern zumutbarer Betrieb des Bereitschaftsdiensts nicht gewährleistet wäre.**

I. Systematik, Regelungszweck, I–III. Die Vorschrift begründet für Familiensachen die sachliche Zuständigkeit des Familiengerichts. Dabei handelt es sich um eine Abteilung des Amtsgerichts entsprechend der Geschäftsverteilung. Die Vorschrift ist mit dem GG vereinbar, BVerfG NJW 1980, 697. Die darin angeordnete Einrichtung desjenigen FamG, bei dem die Entscheidungen in Familiensachen nach §§ 111, 112 FamFG zusammengefasst werden, ermöglicht es, dass alle von einem bestimmten FamG zu entscheidenden Sachen einer Familie vor das Familiengericht gelangen. Die Vorschrift schafft damit auch die Voraussetzung für den Entscheidungsverbund in Scheidungs- und Folgesachen nach § 137 FamFG. Die örtliche Zuständigkeit ergibt sich aus dem FamFG (zB § 122 FamFG). 1

Auch das Beschwerdegericht kann trotz § 17a V/VI GVG **überprüfen,** ob eine Familiensache vorliegt, sofern die Frage zuvor in erster Instanz nicht geprüft worden ist, OLG Düsseldorf FamRZ 2019, 379. 2

Ist streitig, wer unter den Familienrichter zuständig ist, hat hierüber das Präsidium zu entscheiden. Sofern streitig ist, ob überhaupt eine Familiensache vorliegt, ist nach § 5 I Nr. 5 FamFG, §§ 36, 37 ZPO zu verfahren. § 281 ZPO ist bei der Verweisung an ein anderes Gericht anwendbar. 3

III S. 3–5 angef. mWv 1.1.2022 durch G v. 16.6.2021 (BGBl. I 1810). 4

II. Familiengericht, I. Beim AG (nach § 23d nicht bei jedem) bestehen nach **I 2** besondere Abteilungen für Familiensachen (§ 111 FamFG). Ihnen sind im Weg der gesetzlichen Geschäftsverteilung, Bergerfurth DRiZ 1978, 230, alle Familiensachen als funktionelle Zuständigkeit zugewiesen. Das hat die Folge, dass diese Zuweisung 5 zwingend, also der Verfügung des Präsidiums nicht untersteht, (je zum alten Recht) BGH NJW 1978, 1531; aM Jauernig FamRZ 1977, 681 und 761.

6 **III. Bildung des Familiengerichts, II.** Aus I ergibt sich, dass bei jedem AG mindestens eine Abteilung für Familiensachen bestehen muss, wenn nicht die Familiensachen nach § 23d einem anderen AG zugewiesen sind. In diesem letzteren Fall erfolgt notfalls von Amts wegen eine Abgabe nach § 123 FamFG. Die nötigen Anordnungen über die Besetzung und die Zuteilung von Geschäften nach § 21e trifft das Präsidium. Es kann dem FamG bei dessen ungenügender Auslastung auch andere Verfahren zuteilen. Solche Sachen werden dadurch nicht zu Familiensachen. Sie unterliegen also dem für sie maßgeblichen Verfahrensrecht.

7 **IV. Mehrere Abteilungen für Familiensachen, II 1.** Sie darf das Präsidium zB dann bilden, wenn das wegen des Umfangs der Geschäfte erforderlich ist, aber auch aus anderen Gründen, zB wegen der Zuteilung sonstiger Verfahren an die Abteilung für Familiensachen. Dann sollen derartige Sachen, die denselben Personenkreis betreffen, derselben Abteilung zufallen, damit die Entscheidungskonzentration sicher bleibt. Wenn eine andere Geschäftsverteilung wegen besonderer Umstände sachgerechter ist, darf das Präsidium von dieser Regellösung abweichen, also etwa bestimmte Familiensachen einer einzigen Abteilung zuteilen.

8 **V. Abgabe, II 2.** Hat das Präsidium mehrere Abteilungen für Familiensachen gebildet, muss der Richter einer anderen Abteilung eine etwa dort anhängige Familiensachen desselben Personenkreises oder eines gemeinsamen ehelichen Kindes an die Abteilung der Ehesachen abgeben, sobald die Ehesache rechtshängig wird, damit das FamG den Verfahrensverbund nach § 137 FamFG durchführen kann. Demgemäß muss das Präsidium in jedem Fall alle Folgesachen der für die Ehesachen zuständigen Abteilung zuweisen.

9 **VI. Abgabe, II 3.** Beim Verfahren der Zuständigkeitsbestimmung nach §§ 10–12 IntFamRVG während der auch nur bloßen Anhängigkeit einer dasselbe Kind betreffenden Familiensache bei einer anderen Abteilung im ersten Rechtszug erfolgt nach **Hs. 1** eine Abgabe von Amts wegen an die erstgenannte Abteilung (Zuständigkeitskonzentration), auch zB im Europäischen Gewaltschutzverfahren (§ 5 EuGewSchVG) und im Internat Güterrechtsverfahren (§§ 3, 4 IntGüRVG) sowie nach § 28 AUG (vgl. ausführlich Zöller/Lückemann Rn. 11. Das gilt nach **Hs. 2** nicht bei einer offensichtlichen Unzulässigkeit des Antrags.

10 **VII. Abgabe, II 4.** Die Abgabe nach → Rn. 9 und ihre Unterlassung erfolgen auf einen übereinstimmenden Antrag beider Eltern auch bei einer solchen anderen Familiensache, an der diese Eltern nach § 7 FamFG beteiligt sind.

11 **VIII. Besetzung des Familiengerichts, III.** Das Präsidium besetzt die Abteilungen für Familiensachen nach § 21e I nach **III 1** mit Familienrichtern, also mit je einem Berufsrichter, der sich bei der Erledigung von Familiensachen als Familienrichter bezeichnet. Er kann nach § 22 V 1 Richter auf Lebenszeit, auf Probe (Einschränkung sogleich), auf Zeit oder kraft Auftrags sein. Ein Richter auf Probe nach § 12 DRiG darf nach **III 2** Geschäfte des Familienrichters im ersten Jahr nach seiner Ernennung nicht wahrnehmen, auch nicht vertretungsweise. Ein Verstoß ist ein schwerer Verfahrensmangel nach (jetzt) § 69 I 3 FamFG. Wohl aber darf er in späteren Jahren und auch im ersten Jahr als ersuchter Richter amtieren, aM Stgt FamRZ 1984, 716; Bergerfurth FamRZ 1982, 564 (aber der Richter nach § 156 braucht auch sonst nicht die Qualifikation des ersuchenden Richters zu haben). Im Übrigen gilt § 22. Von der Möglichkeit, Richter auf Probe nach dem Ablauf des ersten Jahres unbeschränkt als Familienrichter einzusetzen, sollte das Präsidium wegen der Bedeutung und der häufigen Schwierigkeit der Familiensachen nur bei einem dringenden Bedarf Gebrauch machen, Hansens NJW 1993, 494; Kleinz FamRZ 1992, 1390; Schnitzler FamRZ 1992, 507. Denn das Präsidium wird hierbei wie auch sonst berücksichtigen müssen, dass das FamG seine besonderen Aufgaben nur dann erfüllen kann, wenn es mit lebenserfahrenen, menschlich und fachlich für Familiensachen qualifizierten Richtern arbeiten kann, Schnitzler FamRZ 1992, 507; Strecker DRiZ 1983, 175; Thalmann FamRZ 1984, 634,;einschränkend Kleinz FamRZ 1992, 1390.

12 Über die **Ablehnung** eines Familienrichters entscheidet nach § 6 I 1 FamFG iVm § 45 II ZPO ein anderer Richter des Amtsgerichts. Zur Organisation des FamG und zum Geschäftsgang Thalmann DRiZ 1983, 548, zur Beteiligung von Psychologen und Psychiatern als Sachverständige Puls ZBlJugR 1984, 8.

13 Die Änderung von III S. 3–5 entspricht dem neu entwickelten Grundgedanken des Gesetzgebers, die Fortbildung der Richter zu fördern und durch geeignete Maßnahmen auf Spezialgebieten, die in der Regel nicht oder nur kaum Teil der Ausbildung sind, zu unterstützen, um hierdurch die Qualität der Rechtsprechung und das Vertrauen in den Rechtsstaat weiter zu stärken und zu erhöhen. Bezüglich der **„belegbaren Kenntnisse“** → § 22 Rn. 5 III 5 macht Ausnahmen für die Richter, die nur in Eil- bzw. Ausnahmefällen für die o. g. Spezialmaterien zuständig sind, um den Präsidien die erforderliche und gebotene Spezialisierung bei der Verteilung der Geschäfte zu erhalten.

23c

[Betreuungsgerichte]. I **Bei den Amtsgerichten werden Abteilungen für Betreuungssachen, Unterbringungssachen und betreuungsgerichtliche Zuweisungssachen (Betreuungsgerichte) gebildet.**

II [1]**Die Betreuungsgerichte werden mit Betreuungsrichtern besetzt.** [2]**Ein Richter auf Probe darf im ersten Jahr nach seiner Ernennung Geschäfte des Betreuungsrichters nicht wahrnehmen.**

1 **I. Systematik, Regelungszweck, I, II.** Das Betreuungsgericht ist eine eigene Figur. Es grenzt sich vom Familiengericht ab. Wer als Betreuungsrichter tätig ist, richtet sich nach dem Geschäftsverteilungsplan, der teilweise durch § 23c GVG gesetzlich vorgegeben wird.

2 **II. Sachliche Zuständigkeit, I.** Das Betreuungsgericht bearbeitet Betreuungssachen nach §§ 271 ff. FamFG, Unterbringungssachen nach §§ 312 ff. FamFG und betreuungsrechtliche Zuweisungssachen nach §§ 340, 341 FamFG und damit diejenigen nach § 23a II Nr. 1 ebenfalls dem AG übertragenen Sachen, bei denen ein Rechtsmittel nach § 119 I Nr. 1b Hs. 2 nicht an das OLG geht, sondern ans LG. Zu den einzelnen Sachgebieten vgl. bei den genannten Vorschriften des FamFG.

3 **III. Besetzung, II.** Der nach **II 1** „Betreuungsrichter“ heißende Richter ist formell Richter am AG, ebenso wie der Familienrichter, also nur nach → ZPO Vor § 1 Rn. 8 funktionell gesondert amtierend. **II 2** entspricht § 22 VI (Insolvenzsachen) und § 23b III 2 (Familienrichter).

Praktisch wichtige Abgrenzungen gibt es zur Zuständigkeit des Rechtpflegers, zum Beispiel bei der Festsetzung der Vergütung der Betreuer nach dem VBVG, §§ 3 Nr. 2b, 15 RPflG. 4

23d *[Familiengericht für mehrere AG-Bezirke).* **[1]Die Landesregierungen werden ermächtigt, durch Rechtsverordnung einem Amtsgericht für die Bezirke mehrerer Amtsgerichte die Familiensachen sowie ganz oder teilweise die Handelssachen, die Angelegenheiten der freiwilligen Gerichtsbarkeit und Entscheidungen über Maßnahmen, die nach den Vollzugsgesetzen der vorherigen gerichtlichen Anordnung oder gerichtlichen Genehmigung bedürfen zuzuweisen, sofern die Zusammenfassung der sachlichen Förderung der Verfahren dient oder zur Sicherung einer einheitlichen Rechtsprechung geboten erscheint. [2]Die Landesregierungen können die Ermächtigungen auf die Landesjustizverwaltungen übertragen.**

I. Systematik, Regelungszweck, S. 1, 2. Die Zusammenfassung der dem FamG übertragenen Verfahren 1 bei einem AG für mehrere AG-Bezirke erleichtert die Besetzung mit qualifizierten Richter und fördert die Herausbildung einheitlicher Grundsätze der Rspr. Entsprechendes gilt zur Konzentrationsermächtigung für die Angelegenheiten der freiwilligen Gerichtsbarkeit und Entscheidungen über Maßnahmen wie Fixierungen, die der vorherigen gerichtlichen Anordnung oder gerichtlichen Genehmigung bedürfen. Deshalb ermächtigt § 23d die Landesregierungen nach **S. 1** durch VO einem AG für mehrere Bezirke Geschäfte des FamG zuzuweisen. Sie können diese Ermächtigung nach **S. 2** auf die Landesjustizverwaltungen übertragen, wobei zT auch Subdelegationsverordnungen zu beachten sind. Länderübersicht → Rn. 2. Diese Konzentration der Zuständigkeit für mehrere Gerichtsbezirke ist verfassungsrechtlich unbedenklich, BVerfG NJW 1980, 697. Auf diese Weise bei einem AG konzentrieren darf man sämtliche FamFG-Sachen nach § 23b, nicht dagegen auch die Erledigung von Rechtshilfeersuchen in Familiensachen, weil insoweit allein § 157 gilt, Stgt FamRZ 1984, 716. Zulässig ist die Konzentration, sofern sie der sachlichen Förderung der Verfahren dient oder zur Sicherung einer einheitlichen Rspr. als notwendig erscheint. Diese Voraussetzung muss ein Land beim Erlass der VO feststellen. Man braucht die Grenzen der OLG-Bezirke bei der Konzentration nicht einzuhalten. Bei einer Überschreitung dieser Grenzen bestimmt der Sitz des FamG das Rechtsmittelgericht. Die VO unterliegt nicht der Überprüfung nach § 47 VwGO, VGH Kassel NJW 1977, 1895. Zur Prüfungskompetenz eines Landesverfassungsgerichts HessStGH AS 29, 207. Bei der Zusammenfassung von FamFG-Sachen aus verschiedenen LG-Bezirken bei einem FamG gilt für die Zulassung der § 24 BRAO entsprechend, BGH NJW 1979, 929.

II. Länderverordnungen, S. 1, 2. Sie sind wie folgt ergangen: **Baden-Württemberg:** VO v. 20.11.1998, 2 GBl 680, zuletzt geändert am 24.8.2017, GVBl 500 vgl. § 3 VO; **Berlin:** VO v. 8.5.2008, GVBl 116, zuletzt geändert am 31.10.2016, GVBl 204 §§ 5, 15 ZuwV; **Hessen:** VO v. 3.6.2013, GVBl 386, zuletzt geändert am 31.10.2016, GVBl 204 § 5 VO; **Nordrhein-Westfalen:** VO v. 8.6.1998, GVBl 431, zuletzt geändert am 24.9.2014, GVBl S. 647; **Rheinland-Pfalz:** VO v. 15.12.1982, GVBl 460, zuletzt geändert am 6.10.2016, GVBl 559; **Schleswig-Holstein:** VO v. 4.12.1996, GVBl 720, zuletzt geändert am 30.8.2016, GVBl 819.

24–26 *(betreffen Strafsachen)*

26a **(weggefallen)**

27 *[Sonstige Zuständigkeit des AG].* **Im übrigen wird die Zuständigkeit und der Geschäftskreis der Amtsgerichte durch die Vorschriften dieses Gesetzes und der Prozeßordnungen bestimmt.**

Das AG kann auch noch über §§ 23 f GVG hinaus weitere Zuständigkeiten zugewiesen erhalten. Vgl. GVG 1 § 157 (Rechtshilfe). Das AG ist auch die Einreichungsstelle für Gesuche zum Anspruch auf Unterhalt nach dem AUG, Anh. § 168, und dort nach § 3 AusfG. – §§ 188, 761 ZPO (Gestattung von Zustellung und Zwangsvollstreckung); § 486 III ZPO (selbständiges Beweisverfahren); § 689 ZPO (Mahnverfahren); § 764 ZPO (Vollstreckungsgericht); § 797 III ZPO (vollstreckbare Ausfertigung vollstreckbarer Urkunden); § 802e ZPO (Vermögensauskunft); § 802k, 882h ZPO (Zentrales Vollstreckungsgericht); § 899 ZPO (Verfahren wegen eidesstattlicher Versicherung); §§ 919, 936, 942 ZPO (Arrest und einstweilige Verfügung); § 1045 ZPO (Niederlegung des Schiedsspruchs); §§ 1069, 1074 ZPO (VO EG); § 1077 ZPO (grenzüberschreitende Prozesskostenhilfe); § 1084 ZPO (Europäischer Vollstreckungstitel); § 1087 ZPO (Europäischer Zahlungsbefehl); das Insolvenzverfahren; die Zwangsvollstreckung ins unbewegliche Vermögen nach §§ 864 ff. ZPO; § 2 LwVfG (Landwirtschaftsachen); §§ 29, 37 II, 132 II, 176 II, 1141 II BGB; § 22 I JVKostG (Einwendungen gegen Kostenansatz und zusammenhängende Maßnahmen in Justizverwaltungsangelegenheiten) die Vollstreckbarerklärung von Kostenentscheidungen aus Art. 18 Haager ZPrÜbk sowie die Vollstreckbarerklärung von Entscheidungen nach HaagÜbk betr. die Unterhaltspflicht gegenüber Kindern, ferner solchen nach verschiedenen VollstrAbk, SchlAnh. V B (s. darüber Anh. § 723: für die Vollstreckbarerklärung nach dem deutsch-britischen Abk. ist das LG zuständig); für Streitigkeiten aus dem SchuldRAnpG v. 21.9.1994 (BGBl. 2538), § 55 des G, Messerschmidt NJW 1994, 2648.

Vierter Titel. Schöffengerichte

28–58 *(betreffen Strafsachen)*

Fünfter Titel. Landgerichte

Vorbemerkung zu § 59

1 Der 5. Titel regelt den Aufbau und die sachliche Zuständigkeit der LGe. Die Kammer für Handelssachen ist im 7. Titel geregelt. Über die Bildung der Gerichte für Patent- und Markensachen §§ 51 PatG, 19 GebrMG, § 140 MarkenG (Anh. § 78b). Wegen der Errichtung und Aufhebung eines LG → § 12 Rn. 2. Die Anzahl der Kammern bei den jeweiligen Landgerichten wird durch Landesrecht bestimmt BVerfG NJW 2005, 1768, zB nach § 6 I JustG NRW durch die Leitung der Gerichte nach Anhörung des Präsidiums, vgl. zB auch Art. 4 AGGVG Bayern oder § 5 AGGVG Ba-Wü, § 5 AGGVG Berlin, Holch DRiZ 1976, 135.

59 *[Besetzung des Landgerichts].* **I Die Landgerichte werden mit einem Präsidenten sowie mit Vorsitzenden Richtern und weiteren Richtern besetzt.**

II Den Richtern kann gleichzeitig ein weiteres Richteramt bei einem Amtsgericht übertragen werden.

III Es können Richter auf Probe und Richter kraft Auftrags verwendet werden.

1 **I. Systematik, Regelungszweck, I–III.** Die Vorschrift regelt nur einen Teil der Aufgaben zur Klarstellung, wer im Einzelfall der gesetzliche Richter nach Art. 101 I 2 GG iVm § 16 S. 2 ist. II, III enthalten Klarstellungen zwecks Prozesswirtschaftlichkeit.

2 **II. Besetzung, I, III.** Das LG ist mit Berufsrichtern besetzt. Hinzu treten Handelsrichter nach §§ 105 ff. und aufgrund von Spezialgesetzen andere ehrenamtliche Richter.

3 **1. Präsident.** Der Präsident des Landgerichts hat eine Doppelfunktion. Er nimmt sowohl richterliche Aufgaben als Vorsitzender einer Kammer nach §§ 21e I 3, 21f I als auch Verwaltungsaufgaben wahr, nämlich in der gerichtlichen Selbstverwaltung nach §§ 21a ff. und in der eigentlichen Justizverwaltung, zB nach § 299 III ZPO, § 26 DRiG, SchlAnh. I. Vor allem führt er die Dienstaufsicht über die Richter und Beamten sowie Angestellten des LG und der AGe des Bezirks, sofern nicht ein AG einen Präsidenten hat. Seine Vertretung in der richterlichen Tätigkeit regelt § 21f II, diejenige in der gerichtlichen Selbstverwaltung § 21h.

4 **2. Vorsitzende Richter.** Das sind Richter auf Lebenszeit nach §§ 19a I, 28 I, II 1 DRiG. Sie führen nach § 21f I den Vorsitz in den Kammern, nicht notwendig in der KfH nach § 106. Vorsitzende Richter können aber auch als Beisitzer und Einzelrichter (§§ 348, 348a ZPO) tätig sein, ferner als Richter beim AG, **II.** Ihre Vertretung ergibt sich aus § 21f II. Besondere Aufgaben zB §§ 216, 136, 139 ZPO, § 176 GVG. Darüber hinaus hat er auch in einem **wesentlichen Teil** an der rechtsprechenden Tätigkeit des Spruchkörpers mitzuwirken (MüKoZPO/Pabst Rn. 8). Die Vertretung des Vorsitzenden wird durch den Geschäftsverteilungsplan bestimmt und darf nur vorübergehend sein.

5 **3. Weitere Richter.** Das sind nach **III** Richter am LG (Richter auf Lebenszeit nach § 19a I DRG), **I,** ferner Richter auf Probe nach § 12 DRiG und Richter kraft Auftrags nach § 14 DRiG, sowie abgeordnete Richter nach § 37 DRiG. Wegen ihrer Beiordnung § 70 II. Richter auf Probe und Richter kraft Auftrags müssen nach § 29 S. 2 DRiG im Geschäftsverteilungsplan als solche kenntlich sein. Das GVG geht vom Ausgangspunkt davon aus, dass Proberichter generell einsetzbar sind und deren Einsatz nur dann ausscheidet, wenn etwas anderes im Gesetz bestimmt ist. Sie dürfen jedoch nach § 28 II DRiG nicht den Vorsitz führen (nach OLG Rostock NStZ 2020, 242 anders und großzügiger für die Kleine Strafkammer). Sie können deshalb nicht in einer KfH amtieren. Ihre Verwendung als Beisitzer bei einer gerichtlichen Entscheidung nach § 75 ist beschränkt, weil nach § 29 S. 1 DRiG immer 2 Richter auf Lebenszeit mitwirken müssen.

6 **4. Besetzung des Gerichts.** Unter „besetzt werden" versteht man die Schaffung von Planstellen, BGH NJW 1985, 2336. Sie ist die Aufgabe des Haushaltgebers. Er muss dabei wegen des grundrechtlich verbürgten Anspruchs auf eine Justizgewährung die Bedürfnisse einer geordneten Rechtspflege befriedigen, VerfGH Mü NJW 1986, 1327. Über die Abordnung von Richtern eines anderen Gerichts entscheidet nach § 37 DRiG die Landesjustizverwaltung nach § 70. Sie ist dann unzulässig, wenn sich die Arbeitslast deswegen nicht bewältigen lässt, weil das Gericht zu wenige Planstellen hat oder weil die Landesjustizverwaltung offene Planstellen nicht binnen einer angemessenen Frist besetzt hat, BVerfGE 14, 164, BGH NJW 1985, 2337. Dasselbe gilt dann, wenn sie eine vorhandene Planstelle nur wegen einer allgemeinen Beförderungssperre nicht alsbald besetzt, BGH NJW 1985, 2337; Katholnigg JR 1985, 38.

7 Wegen § 75 müssen jeder Kammer **mindestens 3 Richter** angehören, wobei die Arbeitskraftanteile des jeweiligen Richters nur anteilig sein kann. Eine funktionsgerechte Ausstattung fordert jedenfalls bei einer auf ein Sachgebiet spezialisierten Kammer in der Regel die Besetzung mit 4 Richtern. Eine Überbesetzung ist zulässig, solange nicht zwei Spruchkörper gebildet werden können, also nicht mehr als 5 Personen (Art. 101 I 2 GG), BVerfG NJW 1965, 1219. Andererseits ist es zulässig, eine zunächst überbesetzte Kammer in 2 selbständige Kammern mit demselben Vorsitzenden aufzuteilen. Auch → § 16 Rn. 8.

8 **III. Weiteres Richteramt, II.** Den Vorsitzenden Richtern und den Richtern am LG (Richtern auf Lebenszeit) kann die Verwaltung gleichzeitig ein weiteres Richteramt bei einem Amtsgericht übertragen, § 27 II DRiG.

Wahlberechtigt und wählbar für das Präsidium nach § 21b I sind diese Richter bei beiden Gerichten. Umgekehrt kann nach § 32 II auch ein Richter am AG zugleich ein weiteres Richteramt beim LG erhalten.

60 *[Zivil- und Strafkammern].* **(1) Bei jedem Landgericht werden, soweit nichts anders bestimmt ist, sowohl Zivil- als auch Strafkammern gebildet.**

(2) [1]Die Landesregierungen werden ermächtigt, durch Rechtsverordnung bei einem Landgericht mit mindestens 100 Richterstellen ausschließlich Zivil- oder Strafkammern zu bilden und diesem für die Bezirke mehrerer Landgerichte die Zivil- oder Strafsachen zuzuweisen. [2]Die Landesregierungen können die Ermächtigung nach Satz 1 auf die Landesjustizverwaltungen übertragen.

Nach dem Gesetz zur Regelung der Wertgrenze für die Nichtzulassungsbeschwerde in Zivilsachen, zum Ausbau der Spezialisierung bei den Gerichten sowie zur Änderung weiterer prozessrechtlicher Vorschriften (BGBl. 2019 I 2633), ist § 60 GVG nach Art. 10 mit Wirkung ab 1.1.2021 geändert worden. 1

Die Neuregelung stellt nochmals klar, was bisher aber auch schon anerkannt war, dass bei jedem Landgericht mindestens eine Zivilkammer und eine Strafkammer einzurichten ist (BT-Drs. 19/13828, 21). § 60 gebraucht den Ausdruck ZivK anders als sonst. Er umfasst nach §§ 71 I, 72, 94 hier auch die KfH, und die Kammer für Baulandsachen nach § 220 BauGB. Bezüglich weiterer Spezialkammern siehe § 95 StBerG, § 85 PatAnwO. 2

Die Änderungen der Anzahl der Kammer, zB durch Wegfall oder Hinzukommen weiterer Stellen, ist während des Geschäftsjahres möglich. Hilfskammern können für eine Übergangszeit nicht durch die Justizverwaltung, sondern durch das Präsidium eingerichtet werden. Wegen der unterjährigen neuen Verteilung der Geschäfte ist im Lichte des gesetzlichen Richters nach Art. 101 GG va auch § 21e III GVG zu beachten. 3

Aus gewichtigen justizorganisatorischen Gründen wird es den Ländern ermöglicht, die Zuständigkeiten für größere Landgerichte ab 100 Richterplanstellen weiter zu konzentrieren und ausschließlich Zivil- oder Strafkammern zu bilden und diesem Zivil- oder Strafsachen aus mehreren Landgerichtsbezirken zuzuweisen. Diese Regelung steht im Geiste der Änderung des IV von § 71. Faktisch können solche Konzentrationen nur in Ballungsgebieten umgesetzt werden. Unter Berücksichtigung des Justizgewährungsanspruchs nach Art. 19 IV GG soll jedoch auch der räumliche Zugang zum Gericht nicht unzumutbar erschwert bzw. negative Auswirkungen auf die Erreichbarkeit der Gerichte vermieden werden, Stockmann FamRB 2020, 119. Größere Gerichte haben jedoch aufgrund des entsprechenden Personals jetzt schon die Möglichkeit, durch zweckmäßigen Einsatz der Richterschaft durch die Präsidien eine weitergehende Spezialisierung voranzutreiben. Insofern ist davon auszugehen, dass die Neuregelung nur wenig praktische Relevanz haben dürfte. Die Neuregelung engt auch den funktionalen Entscheidungsspielraum der Präsidien bei der Benutzung der einzelnen Kammern ein. Anders als in der zweiten Instanz kann der Versuch, schon in der ersten Instanz die Spruchkörper weiter zu spezialisieren, den Blick einengen und die faktischen Entscheidungsprozesse auch verkomplizieren und verlangsamen. 4

Sofern von II Gebrauch gemacht wird, kann ein Richter mit anderen Aufgaben aber nicht mehr durch Änderung des Präsidiumsbeschlusses betraut werden, sondern nur noch in den Grenzen des §§ 30 ff., 37 DRiG durch Versetzung oder Abordnung. 5

Soweit kleinere Gerichte betroffen ist hier zur Ergänzung § 13a GVG zu berücksichtigen, der es ermöglicht, einem Gericht für die Bezirke mehrerer Gerichte Sachen aller Art ganz oder teilweise zuzuweisen, sofern dies für die sachdienliche Förderung oder schnellere Erledigung von Verfahren zweckmäßig ist. 6

Die Ermächtigung der Landesregierungen kann nach II 2 weiter an die Landesjustizverwaltungen delegiert werden. 7

61–69 (weggefallen)

70 *(nicht abgedruckt)*

71 *[Sachliche Zuständigkeit in 1. Instanz].* **[I] Vor die Zivilkammern, einschließlich der Kammern für Handelssachen, gehören alle bürgerlichen Rechtsstreitigkeiten, die nicht den Amtsgerichten zugewiesen sind.**

[II] Die Landgerichte sind ohne Rücksicht auf den Wert des Streitgegenstandes ausschließlich zuständig

1. **für die Ansprüche, die auf Grund der Beamtengesetze gegen den Fiskus erhoben werden;**
2. **für die Ansprüche gegen Richter und Beamte wegen Überschreitung ihrer amtlichen Befugnisse oder wegen pflichtwidriger Unterlassung von Amtshandlungen;**
3. **für Ansprüche, die auf eine falsche, irreführende oder unterlassene öffentliche Kapitalmarktinformation, auf die Verwendung einer falschen oder irreführenden öffentlichen Kapitalmarktinformation oder auf die Unterlassung der gebotenen Aufklärung darüber, dass eine öffentliche Kapitalmarktinformation falsch oder irreführend ist, gestützt werden;**
4. **für Verfahren nach**
   a) ***(aufgehoben)***
   b) **den §§ 98, 99, 132, 142, 145, 258, 260, 293c und 315 des Aktiengesetzes,**
   c) **§ 26 des SE-Ausführungsgesetzes,**
   d) **§ 10 des Umwandlungsgesetzes,**
   e) **dem Spruchverfahrensgesetz,**
   f) **den §§ 39a und 39b des Wertpapiererwerbs- und Übernahmegesetzes,**
5. **in Streitigkeiten**

a) über das Anordnungsrecht des Bestellers gemäß § 650b des Bürgerlichen Gesetzbuchs,
b) über die Höhe des Vergütungsanspruchs infolge einer Anordnung des Bestellers (§ 650c des Bürgerlichen Gesetzbuchs);
6. für Ansprüche aus dem Unternehmensstabilisierungs- und –restrukturierungsgesetz.

III **Der Landesgesetzgebung bleibt überlassen, Ansprüche gegen den Staat oder eine Körperschaft des öffentlichen Rechts wegen Verfügungen der Verwaltungsbehörden sowie Ansprüche wegen öffentlicher Abgaben ohne Rücksicht auf den Wert des Streitgegenstandes den Landgerichten ausschließlich zuzuweisen.**

IV [1]**Die Landesregierungen werden ermächtigt, durch Rechtsverordnung die Entscheidungen in Verfahren nach Absatz 2 Nummer 4 Buchstabe a bis e und Nummer 5 einem Landgericht für die Bezirke mehrerer Landgerichte zu übertragen.** [2]**In Verfahren nach Absatz 2 Nummer 4 Buchstabe a bis e darf die Übertragung nur erfolgen, wenn dies der Sicherung einer einheitlichen Rechtsprechung dient.** [3]**Die Landesregierungen können die Ermächtigung auf die Landesjustizverwaltungen übertragen.**

1 **I. Systematik, Regelungszweck, I–IV.** Es handelt sich formell um eine bloße Auffangvorschrift (Abs. 1) gegenüber §§ 23 ff. In Wahrheit ist § 71 die Zentralbestimmung der **sachlichen Zuständigkeit** des LG. Sie bringt allerdings nicht einmal formell eine erschöpfende Regelung für „alle bürgerlichen Rechtsstreitigkeiten" nach § 13. Das zeigt die auch noch nicht ganz vollständige Aufzählung → Rn. 15. Hinzu tritt die Möglichkeit einer Zuweisung nach § 72a S. 2 II, III bezwecken die Herbeiführung einer gleichmäßigen Rechtsprechung über die dort genannten Ansprüche im öffentlichen Interesse. Immerhin soll § 71 die sachliche LG-Zuständigkeit im Zweifel sichern. Deshalb darf man die Vorschrift. weit auslegen.

2 Für weitere Spezialkammern ist § 72a GVG zu berücksichtigen. Bei Klagen auf Entschädigung nach §§ 198 ff. GVG ist das OLG in erster Instanz zuständig, bei Klagen gegen den Bund der BGH (§ 201 GVG).

3 **II. Geltungsbereich, I–IV.** Die Vorschrift gilt für zwei Kammerarten direkt, für weitere mindestens entsprechend.

4 **1. Zivilkammern (einschließlich KfH).** Die Zuständigkeiten nach I sind teils ausschließlich, teils nicht, diejenigen nach II, III sind nur ausschließlich. Wegen des Begriffs der bürgerlichen Rechtsstreitigkeiten vgl. § 13 GVG. Es entscheidet der Tatsachenvortrag des Klägers zum Anspruch der Klage nach § 253 ZPO oder einer Widerklage und nicht seine rechtliche Ansicht. Ein nur aufrechnungsweiser Gegenanspruch begründet keine Zuständigkeit des LG. Im Verfahren nach den ZKG gelten vorrangig dessen §§ 50–52.

5 **2. Entschädigungskammern.** Sie sind solche Spruchkammern des LG, die auch über andere bei ihnen anhängig gewordene Ansprüche zu entscheiden haben.

6 **3. Kammern für Baulandsachen.** Sie sind solche des LG, die nach § 220 BauGB in der Besetzung mit zwei Richtern des LG einschließlich des Vorsitzenden und einem hauptamtlichen Richter eines VG entscheiden. Ihre Zuständigkeit ist nur dann vorhanden, wenn der Kläger einen Verwaltungsakt nach § 217 I BauGB anficht. Jedoch ist eine Zuständigkeitsüberschreitung kein unverzichtbarer Mangel.

7 **4. Patentkammern.** Vgl. § 85 PatAnwO Anh. § 78b.

8 **III. Grundsatz, I.** Das LG ist zuständig, soweit nicht nach §§ 23–27 das AG zuständig ist, also vor allem für alle nicht von §§ 23 Nr. 2, 23a–c erfassten Streitigkeiten, deren Gegenstand 5.000 EUR übersteigt, mögen sie vermögensrechtlich oder nichtvermögensrechtlich sein. Hierher kann zB eine Räumungsklage bei Gewerberaum zählen, Düss ZMR 2008, 121. Die Zuständigkeit ist nach § 40 II ZPO ausschließlich nur für nichtvermögensrechtliche Sachen, nicht für andere. Das LG kann nach → § 23 Rn. 10 außerdem beim Fehlen einer ausschließlichen Zuständigkeit des AG durch eine Vereinbarung nach §§ 38–40 ZPO zuständig werden (Bezüglich Mischmietverhältnisse → § 23 Rn. 13).

9 **IV. Ausschließliche Zuständigkeit, II.** Dazu krit. Lange DRiZ 1989, 42: Das Gericht muss die Voraussetzungen aufgrund des tatsächlichen Vorbringens des Klägers nachprüfen. Über den Umfang des Zivilrechtswegs nach § 13 sagt II nichts, sondern nur über die ausschließliche Zuteilung bestimmter Sachen an das LG.

10 **1. Anspruch gegen den Fiskus, II Nr. 1.** Die Vorschrift hat ihre Bedeutung verloren. Denn nach § 126 BRRG, § 172 BBG ist für alle Klagen der Beamten, Ruhestandsbeamten, früheren Beamten und der Hinterbliebenen aus dem Beamtenverhältnis der Verwaltungsrechtsweg statthaft. Das gilt auch nach §§ 46, 71 III DRiG für die entsprechenden Ansprüche der Richter und ihrer Hinterbliebenen.

11 **2. Anspruch aus Amtspflichtverletzung, II Nr. 2.** Es muss sich um einen Anspruch gegen einen Richter oder einen Beamten nach § 839 BGB aus einer Amtspflichtverletzung handeln, also auch um einen Anspruch gegen einen Gemeindebeamten. Der Wortlaut des Textes ist zu eng. Er umfasst alle Ansprüche aus Amtspflichtverletzungen von Richtern, Beamten und Soldaten, auch wenn sie sich nach Art. 34 GG gegen den Dienstherrn richten. Hierunter fallen insbesondere auch Verkehrssicherungspflichtverletzungen auf öffentlichen Straßen und Plätzen wie zB Glatteisunfälle oder Schadensereignisse aufgrund herabfallender Äste (vgl. zB für NRW § 9a StRWG NRW), OLG Hamm 13.5.2019 – 32 SA 26/19, BeckRS 2019, 30758.

12 Eine Hilfsaufrechnung des Bekl. mit einem Anspruch nach II 2 reicht nicht. Denn es kommt nach → Rn. 8 nur auf den Klägervortrag an, aM AG Meldorf NJW-RR 2011, 142.

13 **Nicht hierhin** gehören Ansprüche aus anderen Rechtsgründen, zB gegen den Fiskus wegen seiner Haftung als Halter eines Kfz (§ 7 StVG), oder gegen Amtsträger wegen einer privatrechtlichen Betätigung bzw. wegen Verletzung der **allgemeinen Verkehrssicherungspflicht** der Kommunen, falls hiermit nicht gleichzeitig eine Amtspflichtverletzung verbunden ist, OLG Hamm 13.5.2019 – 32 SA 26/19, BeckRS 2019, 30758. Notare sind nicht Beamte, sondern unabhängige Träger eines öffentlichen Amts nach § 1 BNotO.

14 **3. Anspruch bei Kapitalmarktinformation, II Nr. 3.** Es geht um einen solchen wegen falscher, irreführender oder unterlassener öffentlicher Kapitalmarktinformationen usw. nach dem KapMuG, SchlAnh. VIII. Sonst gilt § 118.

15 **4. Streit nach AktG, II Nr. 4b.** Es geht um die Zusammensetzung des Aufsichtsrats nach §§ 98, 99 AktG, oder um eine Auskunftspflicht des Vorstands nach § 132 AktG, oder um Sonderprüfer nach §§ 142, 145 AktG,

oder um ihre abschließenden Feststellungen nach § 260 AktG, oder um die Bestellung von Vertragsprüfern nach § 293c AktG, oder um eine Sonderprüfung nach § 315 AktG.

5. Streit über Zusammensetzung des Verwaltungsrats, II Nr. 4c. Es geht um den Fall § 26 I SE-AusfG. 16

6. Bestellung der Verschmelzungsprüfer, II Nr. 4d. Es geht um deren Auswahl usw. nach § 10 UmwG. 17

7. Gesellschaftsrechtliches Spruchverfahren, II Nr. 4e. Es geht um das Verfahren nach Art. 1 Gesetz v. 18
12.6.2003, BGBl. I 838.

8. Wertpapiererwerb und -übernahme, II Nr. 4f. Es geht um das Verfahren nach §§ 39a, b WpÜG. 19

9. Anordnung, Vergütung, Nr. 5a, b. Es geht um einen Streit nach § 650b BGB (Anordnungsrecht des 20
Bestellers) oder nach § 650c BGB (Höhe der Vergütung infolge solcher Anordnung).

10. Unternehmensstabilisierungs- und –restrukturierungsgesetz. Es geht um Ansprüche Betroffener 21
nach dem Unternehmensstabilisierungs- und –restrukturierungsgesetz. Das Gesetz regelt bei Umsetzung der EU-Restrukturierungsrichtlinie aufgrund dieses Gesetzes in Betracht kommende Haftungsansprüche (vgl. zB: §§ 11, 32, 57, StaRUG) Hierfür ist im Hinblick auf die erforderlichen Spezialkenntnisse das Landgericht zuständig, mit Ausnahme der Festsetzung der Vergütungssachen, für die das Amtsgericht als Restrukturierungsgericht (vgl. §§ 34 I, 80 ff., 82 I, 98 StaRUG) zuständig ist.

V. Landesrecht, III. Das LG ist kraft landesrechtlicher Zuweisung ausschließlich zuständig in zwei Fällen. 22

1. Verfügung einer Verwaltungsbehörde. Ein Anspruch wegen Verfügungen einer Verwaltungsbehörde 23
fällt unter III nur, soweit der Zivilrechtsweg nach § 13 besteht und soweit sich der Anspruch gegen den Staat gerade aus dieser Verfügung herleitet, ebenso gegen eine Körperschaft des öffentlichen Rechts. Soweit der Landesgesetzgeber früher von seinem Zuweisungsrecht Gebrauch gemacht hatte, erstreckt sich diese Zuweisung nicht ohne weiteres auch auf die in III genannten Ansprüche gegen solche anderen Körperschaften des öffentlichen Rechts, die der Zuweisungsbefugnis der Länder unterstanden. In **Bayern** fallen nach Art. 9 Nr. 1 AGGVG auch Ansprüche wegen Verfügungen von Verwaltungsbehörden gegen alle Körperschaften des öffentlichen Rechts unter III (Enteignungsansprüche).

2. Öffentliche Abgaben. Das sind die an öffentliche Verbände zahlbaren Steuern, LG Drsd MDR 2012, 678, 24
Gebühren und Beiträge. Der Begriff der öffentlichen Abgaben ist dabei weit auslegbar. Dahin gehören: Leistungen an gewerbliche Innungen; Zinsen von Abgaben; Gebühren des Gerichts usw. Die Zulässigkeit des Zivilrechtswegs ist auch hier Voraussetzung. Sie liegt nur selten vor. III gilt auch für die Klage auf eine Feststellung oder Rückgewähr.

VI. Beispiele zur Frage einer weiteren bundesrechtlichen Zuständigkeit des LG. Alle nachfolgenden 25
Zuständigkeiten sind ausschließlich.

AktG: Hierher zählen Verfahren nach §§ 148, 246, 249, 250, 251, 254, 255, 257, 275 AktG. 26

Arbeitnehmererfindung: Hierher zählt im Verfahren nach § 39 ArbNErfG.

AVAG: Hierher zählt eine Verfahren nach dem AVAG, SchlAnh. V D.

BauGB: Hierher zählen Verfahren §§ 208, 217 ff. BauGB → Rn. 1.

BEG: Hierher zählt ein Verfahren vor dem Entschädigungsgericht.

BLG: Hierher zählt ein Verfahren auf die Festsetzung einer Entschädigung oder Ersatzleistung nach § 58 BLG.

BörsG: Hierher zählt ein Verfahren auf Schadensersatz gegen den Emittenten eines Wertpapiers nach § 49 BörsG.

DesignG: Hierher zählen Verfahren nach §§ 46 IX, 52 DesignG.

Entschädigungssache: Hierher zählen Verfahren nach § 208 BEG, § 39 BWassStrG, § 52 BeschaffungsG, § 25 SchutzberG, § 13 StrEG.

EnWG: Hierher kann ein Verfahren nach § 102 EnWG zählen, krit. Mü OLGR 2009, 757; Oldb MDR 2011, 505; Salje NJW 2010, 2762.

EuÜbk über Staatenimmunität: Hierher zählt ein Feststellungsverfahren nach Art. 20, 22, 25 dieses Übk. und Art. 2 AusfG v. 22.1.1990, BGBl. II 34.

GebrMG: Hierher zählen Verfahren nach §§ 24b IX, 27 GebrMG.

GmbH: Hierher zählt auch eine Auflösungs- und Anfechtungsklage gegen eine GmbH nach §§ 61, 75 GmbHG, aM LG Mü NJW-RR 1997, 291.

GenG: Hierher zählt die Klage einer Genossenschaft nach § 51 GenG, ferner die Klage auf die Nichtigerklärung einer Genossenschaft nach § 96 GenG.

GWB: Hierher zählt ein Prozess in einer Kartellsache nach § 87 GWB, von Winterfeld NJW 1985, 1816; Kartellgericht ist vorrangig, soweit Voraussetzungen vorliegen, § 95 GWB, § 2 GerZV, Brandenburgisches Oberlandesgericht WuM 2019, 645.

HGB: Hierher zählt ein Verfahren nach § 335a II HGB.

HO: Hierher zählt ein Verfahren gegen den Fiskus auf die Herausgabe eines hinterlegten Gegenstands nach § 3 V HO.

LandbeschaffungsG: Hierher zählt ein Verfahren auf eine Entschädigung oder Ausgleichszahlung nach § 59 dieses Gesetzes.

LuftschutzG: Hierher zählt das Verfahren auf eine Entschädigung nach § 25 dieses Gesetzes.

MarkenG: Hierher zählen Verfahren nach §§ 19 III, 42, 62, 140 MarkenG.

Notarsache: Hierher zählen Verfahren nach §§ 19, 42, 62 BnotO; ferner ein Streit zwischen einem Notar und einem Notarvertreter oder der Notarkammer oder einem Notarverweser wegen Vergütung, Abrechnung oder Haftung für eine Amtspflichtverletzung nach §§ 42, 62 BNotO, und ein Verfahren nach § 78f II BNotO.

PatG: Hierher zählen Verfahren nach §§ 140b, 143 PatG, Anh. § 78b.

SortenschutzG: Hierher zählt ein Verfahren nach § 37b IX SortenschutzG.

StrEG: Hierher zählt ein Verfahren wegen einer Entschädigung nach § 13 StrEG.

ThUG: Hierher zählt das Verfahren der Therapieunterbringung nach § 4 des von BVerfG als verfassungswidrig erkannten, trotzdem zur Vermeidung eines rechtlichen Vakuums bis spätestens 31.5.2013 in Kraft belassenen ThUG.

UrhG: Hierher zählt ein Verfahren nach § 101 IX UrhG.

UKlaG: Hierher zählt ein Anspruch auf eine Unterlassung oder einen Widerruf nach § 6 UKlaG.
UmwG: Hierher zählt ein Verfahren nach § 30 UmwG.
UWG: Hierher zählt ein Anspruch nach § 13 I, II UWG.
VAG: Hierher zählt die Klage eines Versicherungsvereins auf Gegenseitigkeit nach § 36 VAG.
ZKG: Es gelten vorrangig dessen §§ 50–52.

27 **VII. Übertragung, IV.** Die Landesregierungen werden ermächtigt, durch Rechtsverordnung die Entscheidungen in bestimmten Fällen einem Landgericht für die Bezirke mehrerer Landgerichte zu übertragen. Dies dient der Sachkundigkeit und Vereinheitlichung. Diese Konzentrationsmöglichkeit ist nun durch die Neufassung des § 60 GVG fortentwickelt worden.

28 Es liegen ua zugehörige Landesvorschriften vor: **Bayern:** Gesetz v. 11.6.2012, GVBl 295; **Schleswig-Holstein:** VO v. 4.9.2014, GVBl 315 (in Designstreitsachen: LG Flensburg).

72 *[Sachliche Zuständigkeit in 2. Instanz].* I [1]**Die Zivilkammern, einschließlich der Kammern für Handelssachen und der in § 72a genannten Kammern, sind die Berufungs- und Beschwerdegerichte in den vor den Amtsgerichten verhandelten bürgerlichen Rechtsstreitigkeiten, soweit nicht die Zuständigkeit der Oberlandesgerichte begründet ist.** [2]**Die Landgerichte sind ferner die Beschwerdegerichte in Freiheitsentziehungssachen und in den von den Betreuungsgerichten entschiedenen Sachen.**

II [1]**In Streitigkeiten nach § 43 Absatz 2 des Wohnungseigentumsgesetzes ist das für den Sitz des Oberlandesgerichts zuständige Landgericht gemeinsames Berufungs- und Beschwerdegericht für den Bezirk des Oberlandesgerichts, in dem das Amtsgericht seinen Sitz hat.** [2]**Die Landesregierungen werden ermächtigt, durch Rechtsverordnung anstelle dieses Gerichts ein anderes Landgericht im Bezirk des Oberlandesgerichts zu bestimmen.** [3]**Sie können die Ermächtigung auf die Landesjustizverwaltungen übertragen.**

1 **I. Geltungsbereich, I, II.** Als zweite Instanz (Berufung §§ 511 ff. ZPO, sof. Beschwerde, §§ 567 ff. ZPO) nach dem AG ist (außer bei → Rn. 2) die ZivK zuständig, soweit es nicht die KfH nach §§ 94 ff. ist. Die ZivK ist auch Beschwerdegericht in Insolvenz-, Vergleichs-, Zwangsversteigerungssachen und in RVG-Vergütungssachen (vgl. auch §§ 66 ff. GKG, §§ 33, 56 RVG; § 4 JVEG, §§ 81 ff., 129 GvKostG), Kblz NJW 2012, 944 (Familiensache). Das LG bestimmt das zuständige AG nach § 36 ZPO. Beschwerden wegen Rechtshilfe und Maßnahmen der Sitzungspolizei gehen regelwidrig ans OLG nach §§ 159, 181.

2 Ausschlaggebend für die Zuständigkeit des Gerichts nach **II** ist nicht die jeweilige Rechtsgrundlage, aus der die Ansprüche hergeleitet werden, sondern allein der Umstand, ob das von einem Wohnungseigentümer in Anspruch genommene Recht oder die ihn treffende Pflicht in einem **inneren Zusammenhang** mit einer Angelegenheit steht, die aus dem Gemeinschaftsverhältnis der Wohnungseigentümer entsprechend § 43 II WEG erwachsen ist. Dies setzt voraus, dass es sich um eine n der Sache um eine sogenannte **„Binnenstreitigkeit"** handelt, was nicht immer auf Anhieb leicht zu erkennen sein dürfte (BGH, MDR 2022, 261). Bei einer einheitlichen Entscheidung des Wohnungseigentumsgerichts in erster Instanz richtet sich die Zuständigkeit des Berufungsgerichts auch dann einheitlich nach § 72 II GVG, wenn nur ein Teil der Entscheidung eine Wohnungseigentumssache betrifft (BGH NJW 2020, 1525) Die Vorschrift des § 43 WEG ist gegenstands- und nicht personenbezogen zu verstehen. Die Konzentration dieser Spezialmaterie bewirkt auch die Zuständigkeit für Streitwertbeschwerden (LG Frankfurt WuM 2020, 119). Der innere Zusammenhang der Streitigkeit mit dem Gemeinschaftsverhältnis der Wohnungseigentümer entfällt nicht dadurch, dass eine der Parteien vor Rechtshängigkeit aus der Wohnungseigentümergemeinschaft ausscheidet (BGH WuM 2020, 180).

3 Bei einer der im Anh. § 29b ZPO und bei § 119 I Nr. 1b erörterten Arten bringt II 1 eine LG-Zuständigkeit, dazu die Üb NJW 2008, 1790 mit möglicher Konzentrationswirkung, ferner BGH NJW 2011, 384; LG Duisb ZMR 2014, 470; Hogenschurz NJW 2015, 1990 (Üb). Das gilt auch im zugehörigen Kostenfestsetzungsverfahren nach §§ 103 ff. ZPO, LG Stade ZMR 2010, 319, im Streitwertverfahren nach §§ 3 ff. ZPO, LG Wiesb ZMR 2013, 565, auch für einen Streitgenossen, der an sich die Voraussetzungen nicht erfüllt (BGH NZM 2014, 669), und im zugehörigen Vollstreckungsverfahren nach §§ 704 ff. ZPO unabhängig davon, ob dann das Prozessgericht oder das Vollstreckungsgericht nach §§ 764, 802 ZPO amtiert, BGH NJW 2009, 1282; LG Frankfurt 27.3.2019 – 13 T 16/19, BeckRS 2019, 7974; aM Karlsr NZM 2009, 246 (nur das erstere). Diese Unterscheidung ergibt sich aber weder aus dem Wortlaut noch aus dem Sinn von II 1 und verkompliziert zudem unnötig. BGH NJW 2010, 1819 erlaubt eine Abweichung von II 1 bei einer noch nicht höchstrichterlich behandelten Frage, BGH WuM 2011, 542 und ZMR 2011, 980 (eine Klage gegen einen Dritten ist **keine** WEG-Sache). II gilt auch für einen nicht direkt betroffenen Streitgenossen nach §§ 59 ff. ZPO, BGH NJW-RR 2014, 1108. Nicht maßgeblich ist, ob erstinstanzlich der nach der Geschäftserteilung zuständige Amtsrichter tätig war, BGH WuM 2020, 180; WuM 2016, 122. Bei objektiver Klagenhäufung reicht für II ein einziger dieser Ansprüche LG Kleve MDR 2018, 630. Wird die Berufung bei dem unzuständigen Berufungsgericht eingelegt und geht die Berufung beim zuständigen Gericht verspätet ein, dann ist die Berufung als unzulässig zu verwerfen (BGH NJW-RR 2016, 1340).

4 Die Zuständigkeit des Berufungsgerichts richtet sich bei einer **einheitlichen Entscheidung** des Wohnungseigentumsgerichts in erster Instanz auch dann einheitlich nach II, wenn nur ein Teil der Entscheidung eine Wohnungseigentumssache im Sinne von § 43 Nr. 1–4 und 6 WEG betrifft, BGH 21.2.2020 – V ZR 17/19, BeckRS 2020, 4809.

5 **Ermächtigungen nach II 2, 3** sind wie folgt ergangen, dazu Sauren NZM 2007, 860 (Tabelle): **Schleswig-Holstein:** VO v. 11.7.2007, GVBl 340 (LG Itzehoe).

6 Die **Zuständigkeit des OLG** als Berufungs- und Beschwerdeinstanz ist in den in § 119 genannten und nicht von II 2 erfassten Streitigkeiten begründet.

7 **Nicht anwendbar** ist II im Streit über materiell-rechtliche Grundlagen einer Wohnungseigentümergemeinschaft. Dies stellt eine allgemeine Zivilsache dar, BGH NZM 2015, 826. Nicht erfasst sind also Fälle in denen über das Sonder- und Gemeinschaftseigentum als solches, dessen Zuordnung und Übertragung sowie Abgrenzung und Inhalt gestritten wird, oder beim Streit um einen Zahlungsanspruch aus einem notariellen Kaufvertrag über eine Eigentumswohnung, LG Ffm WuM 2014, 48, bei unerlaubter Handlung, LG Ffm WuM 2014, 49, beim

St er Gegenstand und Umfang von Sondereigentum, BGH WuM 2015, 587, beim Streit mit einem ucher oder sonstigen Fremdnutzer, BGH NJW 2015, 2968, bei einem Unterlassungsanspruch gegen N ondereigentümer, LG Traunstein ZMR 2017, 405. Solche Streitigkeiten betreffen nicht die Gemeinschaft e ohnungseigentümer und die aus der Verwaltung des gemeinschaftlichen Eigentums folgenden Rechte und d ten der Wohnungseigentümer untereinander sondern sind diesen vorgelagert, LG Frankfurt/M MDR 2020, Zumindest wenn ein Sondernutzungsrecht nach Grundbucheintragung dingliche Wirkung entfaltet, sind itigkeiten über die Entstehung, Abgrenzung und Übertragung von **Sondernutzungsrechten nicht** vom tbestand des § 43 Nr. 1 WEG erfasst, weil es nicht konsequent wäre, hinsichtlich der Zuständigkeit zwischen gentum selbst und Sondernutzungsrechten zu differenzieren, vgl. OLG Stuttgart NJW-RR 1986, 318. Hierzu nd Einzelheiten streitig, vgl. LG Frankfurt/M MDR 2020, 84.

72a *[Weitere sachliche Zuständigkeit in 1. Instanz].* **(1) Bei den Landgerichten werden eine oder mehrere Zivilkammern für folgende Sachgebiete gebildet:**

1. Streitigkeiten aus Bank- und Finanzgeschäften,
2. Streitigkeiten aus Bau- und Architektenverträgen sowie aus Ingenieurverträgen, soweit sie im Zusammenhang mit Bauleistungen stehen,
3. Streitigkeiten aus Heilbehandlungen,
4. Streitigkeiten aus Versicherungsvertragsverhältnissen,
5. Streitigkeiten über Ansprüche aus Veröffentlichungen durch Druckerzeugnisse, Bild- und Tonträger jeder Art, insbesondere in Presse, Rundfunk, Film und Fernsehen,
6. erbrechtliche Streitigkeiten und
7. insolvenzrechtliche Streitigkeiten und Beschwerden, Anfechtungssachen nach dem Anfechtungsgesetz sowie Streitigkeiten und Beschwerden aus dem Unternehmensstabilisierungs- und -restrukturierungsgesetz.

(2) [1]Die Landesregierungen werden ermächtigt, durch Rechtsverordnung bei den Landgerichten eine oder mehrere Zivilkammern für weitere Sachgebiete einzurichten. [2]Die Landesregierungen können die Ermächtigung auf die Landesjustizverwaltungen übertragen.

(3) Den Zivilkammern nach den Absätzen 1 und 2 können auch Streitigkeiten nach den §§ 71 und 72 zugewiesen werden.

I. Systematik, S. 1, 2. Es handelt sich um erstinstanzliche Ergänzungen zu § 71, nicht zum zweitinstanzli- 1
chen § 72. Daher steht § 72a an falscher Stelle. Übergangsregelung: § 40a EGGVG. Insofern handelt es sich nach § 348 I 2 um originäre Sachen vor der vollbesetzten Zivilkammer.

II. Regelungszweck, S. 1, 2. Er ist wie bei § 71 die Erzielung möglichster Sachkunde des Gerichts. Sie lässt 2
sich auch hier in der Praxis oft nur mit Hilfe von Sachverständigen erzielen (§§ 404 ff. ZPO).

Die gerichtlichen Verfahren erfordern zur sachgerechten Entscheidung auch ein grundlegendes Verständnis für 3
die zu beurteilenden Sachverhalte sowie die damit verbundenen speziellen rechtlichen und auch naturwissenschaftlichen und technischen Fragestellungen. Durch die Reform wird die **Spezialisierung** der Gerichte in Zivilsachen weiter ausgebaut und zu diesem Zweck der Katalog der Spruchkörper um die Rechtsmaterien betreffend Pressesachen, das Erbrecht, insolvenzrechtliche Streitigkeiten und Beschwerden sowie Anfechtungssachen nach dem Anfechtungsgesetz erweitert. Dies stellt auch eine Reaktion auf eine weitergehende Spezialisierung, die in der Anwaltschaft zu beobachten ist, dar. Die Spezialisierung soll dazu beitragen, die Qualität und Effizienz der richterlichen Arbeit weiter zu steigern und damit auch die Attraktivität des Justizstandortes Deutschlands weiter zu erhöhen (BR-Drs. 366, 19). Noch stärker als bisher soll auch gefördert werden, den Streitstoff besser strukturieren und abschichten zu können (§ 139 I 3). § 36 I Nr. 6 ZPO ist bei einem **„negativen Kompetenzkonflikt"** entsprechend anwendbar (KG Berlin, MDR 2021, 1398; OLG HH 12.10.2018; BKR 2019, 346; OLG Frankfurt NZBau 2019, 178; KG MDR 2019, 634), bei einer Abgabe nach § 72a ist aber § 281nicht anwendbar (KG MDR 2019, 634). Durch die Länderöffnungsklausel, II, soll eine weitere Flexibilität ermöglicht werden. Dabei soll den unterschiedlichen Interessenlagen und Gegebenheiten vor Ort Rechnung getragen werden. Die zunehmende Spezialisierung darf die Entscheidungskompetenz der Präsidien jedoch nicht unsachgerecht einengen und nicht dazu führen, dass der Blick der Kammer bereits in der ersten Instanz zu sehr auf eine vermeintlich komplizierte Spezialmaterie verengt wird.

III. Geltungsbereich, S. 1, 2. Es ist derselbe wie bei → § 71 Rn. 3 (Zivilkammer). Die **Aufrechnung** mit 4
einer Forderung aus einem Rechtsverhältnis aus der Spezialzuständigkeit des § 72a begründet nicht bereits die Zuständigkeit der darauf spezialisierten Zivilkammer, OLG Schleswig, MDR 2021, 1388.

IV. Sachgebiete, S. 1, 2. Die Bildung mindestens **einer** solchen Spezialkammer ist nach S. 1 Zwang. Die 5
Bildung mehrerer Spezialkammern steht mangels voraussichtlich zu großen solchen Arbeitsanfalls im Ermessen des Präsidiums. Die Sachgebiete umfassen äußerst unterschiedliche Bereiche. S. 1 ermöglicht mangels ihrer Zusammenfassung in derselben Zivilkammer ihre beliebige Unterteilung auf mehrere Kammern. S. 2, ab 1.1.2021 III, ermöglicht in beiden Fällen eine Begrenzung auf das oder die Gebiete nach S. 1, aber auch die ohnehin selbstverständliche Möglichkeit – auch innerhalb desselben Geschäftsjahres –, zusätzlicher Aufgaben einer Zivilkammer außerhalb von S. 1 zu übertragen. Hierdurch wird noch einmal die Gestaltungsfreiheit der Präsidien hervorgehoben. Die Regelung soll auch die Akzeptanz in der Richterschaft erhöhen, damit der einzelne Richter sich nicht nur – ggf. auf längere Zeit – mit einer Spezialmaterie beschäftigen muss.

1. Bank- und Finanzgeschäfte, S. 1 Nr. 1. Hiermit ist die Beteiligung einer Bank, Sparkasse, eines Kredits- 6
oder Finanzdienstleistungsinstituts sowie der Finanzdienstleistungen gemeint, sofern Ansprüche aus § 1 I KWG betroffen sind, also insbesondere Einlagen-, Kredit-, Diskont-, Depotgeschäft, Anlageberatung und -vermittlung. Des Weiteren sind Ansprüche **der Bank** gegen Bürgen und Sicherungsgeber umfasst (vgl. Zöller/Lückemann Rn. 4; umfasst sind auch Ansprüche aus einem Finanzierungsleasingvertrag KG 17.3.2020 – 2 AR 5/20, BeckRS 2020, 4625.

7 **2. Bau- und Architektenvertrag, Ingenieurvertrag im Zusammenhang mit Bauleistung, S. 1 N** Vgl. auch § 348 Nr. 2b; Maßgeblich ist insbesondere, ob die Ansprüche aus einem Rechtsverhältnis herrü in dem eine Partei eine Verpflichtung zur Planung, Durchführung oder Überwachung von Bauarbeiten ü nommen hat – unabhängig von dessen vertraglicher Qualifikation etwa als Dienst-, Werk-, Werklieferungs- o entgeltlicher Geschäftsbesorgungsvertrag –, wenn an den Verträgen zumindest auf einer Seite ein Archite Bauunternehmer oder eine andere berufsmäßig mit der Planung und Ausführung von Bauarbeiten befasste Pers in dieser Eigenschaft beteiligt war (vgl. KG EnWZ 2019, 359). Die Gebiete lassen sich etwas klarer als bei Nr. abgrenzen. **Bauvertrag** ist ein solcher nach §§ 650b ff. BGB, auch in der Form der Instandhaltung unter der Voraussetzungen des § 650a II BGB (vertragstypische Leistung) besteht in der Herstellung, Wiederherstellung, Beseitigung oder Umbau eines Bauwerks OLG Frankfurt NZBau 2019, 178. Auch eine Vertragsänderung und ein Anordnungsrecht des Bestellers nach § 650b BGB gehören hierher, also auch eine Vergütungsanpassung nach § 650c BGB. Ebenso zählt ein Verbraucherbauvertrag nach §§ 650i ff. BGB sinnvollerweise hierher; nicht bei Gewährleistungsbürgschaft OLG Hamburg IBR 2019, 177. Hierzu gehören auch Streitigkeiten aus verwandten Rechtsgeschäften, soweit in diesen eine Partei die Verpflichtung zur Planung, Durchführung oder Überwachung von Bauarbeiten übernommen hat (Schwenker jurisPR-PrivBauR 9/2020 Anm. 6). Die Katalogaufnahme wird durch die vom regelmäßigen Schuldrecht abweichenden, zum Teil komplizierten Bestimmungen der HOAI und der VOB gerechtfertigt (BT-Drs. 14/4722, 88; Schwenker jurisPR-PrivBauR 9/2020 Anm. 6). Hiervon sind auch vorvertragliche Ansprüche erfasst, soweit Rechte und Pflichten bezogen auf die Planung, Durchführung oder Überwachung von Bauarbeiten geltend gemacht werden. **Nicht umfasst** sind jedoch Schadensersatzklagen wegen der Verletzung vergaberechtlicher Bestimmungen (durch einen öffentlichen Auftraggeber) (vgl. OLG Frankfurt 14.8.2019 – 11 SV 34/19, BeckRS 2019, 32269; Schwenker jurisPR-PrivBauR 9/2020 Anm. 6), auch nicht für Streitigkeiten aus einer Vertragserfüllungsbürgschaft, die ein an dem zugrunde liegenden Bauvertrag unbeteiligten Dritter gegenüber dem Auftraggeber des Bauvorhabens übernommen hat, KG MDR 2019, 311.

8 **Architektenvertrag** ist eine Vereinbarung nach §§ 650p ff. BGB. Dazu zählt das Sonderkündigungsrecht nach § 650r BGB wie die gesamtschuldnerische Haftung nach § 650t BGB.

9 **Ingenieurvertrag** ist eine Vereinbarung nach §§ 650p ff. BGB nur dann, wenn sie wenigstens „im Zusammenhang" mit einer Bauleistung erfolgt. Solch Zusammenhang lässt sich freilich oft großzügig bejahen.

10 **3. Heilbehandlung, S. 1 Nr. 3.** Dieses Gebiet ist besonders weit auszulegen. Es geht um jeden Vorgang zwecks Verbesserung der körperlichen und/oder seelischen wie geistigen Situation des Patienten durch jeden an diesem Ziel einigermaßen mitbeteiligten Behandler welchen Rangs und welcher Art auch immer. Dabei erfasst Nr. 3 einen Anspruch nicht nur des Behandlers wie des Patienten, sondern evtl. auch eines Dritten, aber nur, soweit sich dies auf die Heilbehandlung selbst bezieht. In Betracht kommen vertragliche und gesetzliche Ansprüche aufgrund einer Behandlung einschließlich der Akteneinsicht. Erfasst sind nur Ansprüche aus dem Bereich der Humanmedizin, da tierärztliche Behandlungen auch nicht von §§ 630a ff. BGB sind, OLG Frankfurt 23.4.2018 – 13 SV 6/18, BeckRS 2018, 18942; anders: LG Darmstadt BeckRS 2018, 19146. Aus Sicht der Geschäftsverteilung dürfte es zudem zweckmäßig sein, den Spezialkammern auch Sachen zuweisen, die zwar hiervon derzeit nicht erfasst sind, aber im inhaltlichen Zusammenhang hierzu stehen, wie zum Beispiel auf Behandlungsfehler gestützt Amtshaftungsansprüche, vgl. Zöller/Lückemann Rn. 6, da insoweit die vorhandene Sachkompetenz in dem Spruchkörper bezüglich medizinischer Frage besser gebündelt werden kann.

11 **4. Versicherungsvertrag, S. 1 Nr. 4.** Zwar spricht die Vorschrift nicht (nur) von Verträgen, sondern von Vertrags"verhältnissen". Das ändert nichts an der Geltung für den Gesamtbereich des VVG und damit für sämtliche wie immer gearteten Versicherungen. Hierher zählen aber schon nach dem eben genannten Wortlaut auch solche Fragen, die über den Einzelvertrag hinausgehen und zB Allgemeine Bedingungen einer Versicherung betreffen, etwa eine Mitteilung der Versicherungsfirma, sie werde mangels abweichender Antwort des Kunden binnen 2 Wochen ab nächstem Quartalsbeginn ihre neuen Bedingungen anwenden, auch wenn sie diese der Mitteilung nicht einmal beigefügt hat, sowie Ansprüche aus Versicherungsverhältnissen zwischen dem Versicherungsnehmer, dem Versicherten oder dem Bezugsberechtigten einerseits und dem Versicherer anderseits und daneben, wegen der Sachnähe, auch Streitigkeiten aus Versicherungsvermittlung und -beratung, vgl. § 59 VVG, OLG München RuS 2019, 358.

12 **5. Streitigkeiten über Ansprüche aus Veröffentlichungen durch Druckerzeugnisse, Bild- und Tonträger jeder Art, insbesondere in Presse, Rundfunk, Film und Fernsehen.** Diese Regelung entspricht § 348 **I Nr. 2a** und umfasst damit insbesondere Verletzungen des Persönlichkeitsrechts oder des Gewerbebetriebs durch Medien – auch digitale Medien –, presserechtliche Gegendarstellungsansprüche sowie Ansprüche aus Vereinbarungen im presserechtlichen Kontext, zB Honoraransprüche. Die Aufzählung ist nicht abschließend, vgl. OLG Nürnberg, 11.3.2021, 1 AR 631/21.

13 **6. Erbrechtliche Streitigkeiten.** Zu weitgehend wäre es, hiervon alle erbrechtlichen Angelegenheiten im Sinne des 5. Buches des BGB als umfasst anzusehen, da es bei der gesetzliche Neuregelung gerade darauf ankommt, besondere erbrechtlichen Kenntnisse nutzbar zu machen, was zB nicht bei einem Rechtsstreit wegen Nachlassverbindlichkeiten oder bei Verfügungen auf den Todesfall (§ 2301 BGB) der Fall wäre, vgl. Schultzky MDR 2020, 1. Deshalb ist die Vorschrift entsprechend § 27 ZPO auszulegen und zu beschränken. Von der Regelung sind also insbesondere Klagen auf Feststellung des Erbrechts (durch Gesetz, testamentarisch oder durch Erbvertrag) und sonst mit der Erbschaft verbundenen Rechtsfragen wie zB. Anfechtung, Verzicht (§§ 2078 ff., 2346 BGB), Teilung und Auseinandersetzung erfasst. Auch die Nacherbfolge stellt eine erbrechtliche Streitigkeit dar. Hiervon umfasst sind auch Ansprüche gegen den Erbschaftsbesitzer und hiermit verbundene Ansprüche.

14 Besondere erbrechtliche Kenntnisse sind auch bei (schuldrechtlichen) Ansprüchen aus einem Vermächtnis und sonstigen erbrechtlichen Verfügungen wie einer Auflage (§ 2192 BGB), Schenkung auf den Todesfall (§ 2301) und Pflichtteils- und Pflichtteilsergänzungsansprüchen, sowie hiermit verbundenen Ansprüchen erforderlich.

15 **7. Insolvenzrechtliche Streitigkeiten und Beschwerden sowie Anfechtungssachen nach dem Anfechtungsgesetz.** Nach der Gesetzesbegründung kann im Wesentlichen auf die Definition des **Art. 6 Abs. 1 EU-Insolvenz-VO** (VO (EU) 2015/818) zurückgegriffen werden. Hierzu gehören insbes. Streitigkeiten über Insolvenzanfechtungen nach §§ 129 ff. InsO, Streitigkeiten über die Unwirksamkeit von Rechtshandlungen nach § 88 InsO, insolvenzrechtliche Beschwerdesachen, Haftungsklagen gegen den Insolvenzverwalter nach §§ 60, 61

InsO, Ansprüche aus einem existenzvernichtenden Eingriff (§ 826 BGB) durch einen Insolvenzverwalter (KG Berlin, 23.3.2022, 2 AR 11/22), Haftungsklagen gegen Geschäftsleiter wegen Zahlungen bei materieller Insolvenz nach § 64 GmbHG a. F. und vergleichbaren Anspruchsgrundlagen sowie Klagen, mit denen nach § 823 Abs. 2 BGB i. V. m. § 15a InsO und vergleichbaren Anspruchsgrundlagen bei Haftungsansprüchen wegen Insolvenzverschleppung, KG 23.3.2022 -2 AR 11/22. **Ausgenommen** sind zB den Feststellungsklagen nach §§ 180 ff. InsO, da hier keine spezifische Insolvenzbezogenheit vorliegt (LG Frankfurt, ZIP 2022, 45). Dieser Klageanspruch ist in der Regel nicht insolvenzrechtlich zu qualifizieren, vgl. zu den Einzelheiten BT-Drs. 19/13828, 22 ff.; Mankowski/Müller/Schmidt/Mankowski EuInsVO Art. 6 Rn. 9 ff.

Des Weiteren sind Anfechtungssachen nach dem Anfechtungsgesetz umfasst. Die weitere Änderung zu den Streitigkeiten und Beschwerden aus dem Unternehmensstabilisierungs- und restrukturierungsgesetz folgt konsequent des am 1.1.2021 in Kraft getretenen StaRUG. 16

V. Länderöffnungsklausel, II. Aufgrund der fortschreitenden Spezialisierung können sich vor Ort unterschiedliche Anforderungen stellen. Die Interessen der Länder sind teilweise aufgrund der unterschiedlichen Wirtschafts- und Bevölkerungsstruktur unterschiedlich. Die Länderöffnungsklausel soll eine flexiblere Möglichkeit geben, hierauf sachgerecht und zeitnah reagieren zu können. Den Ländern bzw. den Landesjustizverwaltungen wird die Möglichkeit zur weiteren Spezialisierung und zur Konzentration von Verfahren bei bestimmten Gerichten gegeben. Es können Spruchkörper für weitere Sachgebiete eingerichtet werden, um dabei im Rahmen des föderalen Systems auf regionale und strukturelle Besonderheiten besser Rücksicht nehmen zu können (BR-Drs. 366, 19). Die Änderungen sind im Zusammenhang mit §§ 13a, 60 GVG zu sehen. 17

Durch die konsequente Spezialisierung soll v. a. die **Qualität der Rechtsprechung** weiter erhöht und auch der Gerichtsstandort sowie die staatliche Gerichtsbarkeit weiter gestärkt worden. Von der Möglichkeit ist zunehmend Gebrauch gemacht worden, wie z. B. durch Verordnung über die gerichtliche Zuständigkeit für Streitigkeiten aus den Bereichen der Unternehmenstransaktionen (Mergers & Acquisitions), der Informationstechnologie und Medientechnik sowie der Erneuerbaren Energien in NRW vom 22.11.2021 (GV.NRW 2021, 1337; SGV.NRW.301). 18

73–74f *(betreffen Strafsachen)*

75

[Besetzung der Zivilkammern]. **Die Zivilkammern sind, soweit nicht nach den Vorschriften der Prozeßgesetze an Stelle der Kammer der Einzelrichter zu entscheiden hat, mit drei Mitgliedern einschließlich des Vorsitzenden besetzt.**

§ 75 regelt nur die Zahl der jeweils beratenden und entscheidenden Mitglieder. Diese beträgt 3 Mitglieder einschließlich des Vorsitzenden. Wegen der Besetzung im Allgemeinen → § 59 Rn. 4 (auch zur Überbesetzung). Nach einer einstweiligen Verfügung des Kollegiums, Widerspruch und Verbindung mit der Hauptsache sowie Übertragung auf den Einzelrichter nach §§ 348, 348a, 349, 526, 527, 568 ZPO wird er auch für eine Entscheidung nach § 890 ZPO zuständig, aM Kblz NJW-RR 2002, 1724 (unpraktisch). Dem Vorsitzenden darf nur dann eine zweite Kammer übertragen werden, wenn sein überwiegender Einfluss in der Rechtsprechung bei beiden Kammern gesichert ist → § 59 Rn. 4. Bei der vollbesetzten Zivilkammer müssen mindestens zwei Richter Berufsrichter auf Lebenszeit sein (§§ 28, 29 DRiG). Das ArbG amtiert nach § 16 II ArbGG mit einem Vorsitzenden mit Richterbefähigung und 2 ehrenamtlichen Richtern. Soweit ein Einzelrichter nicht amtieren darf, verstößt er gegen Art. 101 I 2 GG, Mü FGPrax 2008, 100. Dieser Verfassungsverstoß stellt in der Regel einen absoluten Revisions- bzw. Rechtsbeschwerdegrund dar und führt zur Aufhebung der Entscheidung (§ 547 Nr. 1), BGH MDR 2021, 703; die KfH ist mit einem Vorsitzenden Richter sowie zwei ehrenamtlichen Richtern (Handelsrichter) besetzt (§ 105); Kammer für Baulandsachen, § 220 BauGB. Ein **Proberichter** in seinem ersten Zivilrechtsjahr kann nur dadurch zum Einzelrichter werden, dass ihm die vollbesetzte Zivilkammer die Sache überträgt (Brandenburgisches Oberlandesgericht, NJW-RR 2021, 448). 1

Titel 5a. Strafvollstreckungskammern

76–78b *(betreffen Strafsachen)*

Anhang zu § 78b
Zuständigkeit in Patentsachen usw.

I. Patentsache. Maßgeblich ist § 143 PatG, auch § 85 PatAnwO. Das ist jede Sache, bei der es sich nach dem Klägervortrag um eine beim Eintritt der Rechtshängigkeit im Inland nach → ZPO § 261 Rn. 1 patentfähige Erfindung oder um einen Anspruch aus einer solchen oder deren Überlassung handelt oder die sonst wie mit einer Erfindung eng zusammenhängt, mag das Patent vorhanden sein oder nicht. Hierher gehören auch nicht patentfähige Erfindungen, soweit nicht etwa die Sonderregelung von § 19 GebrMG eingreift einschließlich von Löschungsverfahren, BPatG BeckRS 2018, 27429. Es ist daher eine weite Auslegung möglich. Nicht hierher gehören solche Erfindungen, die nur musterschutzfähig oder nur im Ausland patentiert oder patentfähig sind. Mit der Klage kann man auch nichtvermögensrechtliche Interessen wahrnehmen. Das Gericht muss ohne eine Bindung für das Patentamt nachprüfen, ob eine Patentfähigkeit nach den Klagebehauptungen vorliegen kann. Will der Kläger keinen Patentschutz nachsuchen, liegt keine Patentstreitsache vor. 1

Landesrecht kann Zuweisungen nach § 143 II vornehmen. Die Konzentration für mehrere Gerichtsbezirke ist verfassungsrechtlich unbedenklich, BVerfGE 4, 408. Vgl. wegen den Zuweisungen Schönfelder Ergänzungsbd Nr. 70: § 143 PatG Fn. 2. 2

3 Die Zuständigkeit dieser LGe ist ohne Rücksicht auf den Streitwert **ausschließlich.** Eine Nachprüfung in der Berufungs- und Revisionsinstanz ist aber dann nicht mehr möglich, wenn der Bekl. vor demjenigen LG rügelos verhandelt, das kein Patentgericht ist. Wegen der PatG ist eine Vereinbarung der Parteien ZPO möglich. Die Verweisung von OLG zu OLG ist im Berufungsverfahren bei einer Konzentration nach II zulässig, BGHZ 71, 367, zust. Schmidt BB 1978, 1538; Celle Nds. Rpfl. 1977, 187 (auch zur Fristwahrung). Hat das nach II zuständige LG entschieden, muss über die Berufung das diesem LG allgemein übergeordnete OLG entscheiden, auch dann, wenn es sich sachlich nicht um eine Patentsache handelt, BGHZ 72, 1. Zum Revisionsverfahren Ullmann GRUR 1977, 527.

4 **II. Gebrauchs-, Designsache.** Für einen Anspruch aus dem GebrMG enthält § 27 GebrMG eine § 143 PatG entsprechende Regelung. Dasselbe gilt für § 52 DesignG.

5 **III. Markensache.** Sie kann einem LG für die Bezirke mehrerer LGe zugewiesen werden. Dann muss das Gericht einen in einem anderen Bezirk anhängigen Streit nach § 140 MarkenG auf einen nur vor seiner Verhandlung zur Hauptsache zulässigen Antrag des Bekl. dorthin verweisen.

6 **IV. Einigungsverfahren.** In solchen Bürgerlichen Rechtsstreitigkeiten, die sich aus dem Zusammentreffen von auf die neuen Bundesländer oder umgekehrt erstreckten gewerblichen Schutzrechten und Benutzungsrechten ergeben (zB Patente, Gebrauchsmuster und Marken), sieht das Erstreckungsgesetz v. 23.4.1992, BGBl. 938, ein Einigungsverfahren nach §§ 39–46 ErstrG vor.

7 **V. Arbeitnehmererfindungssache.** Es gilt § 39 ArbNEG. Für alle Rechtsstreitigkeiten über Erfindungen eines Arbeitnehmers sind die Landgerichte ausschließlich zuständig, was die Zuständigkeit der Arbeitsgerichte einschränkt. Soweit es um einen Anspruch auf Leistungen einer festgestellten oder festgesetzten Vergütung für eine Arbeitnehmererfindung geht, bleiben aber die Arbeitsgerichte nach § 2 II lit. a ArbGG zuständig.

8 **VI. Verbraucherschutzsache.** Es gilt § 6 UKlaG.

Sechster Titel. Schwurgerichte

79-92 (weggefallen)

Siebenter Titel. Kammern für Handelssachen

Vorbemerkung zu § 93

Schrifttum: Fleischer/Danninger ZIP 2017, 205 (Grdz.); Neumann/Bovelett NJW 2018, 3498.

1 **I. Systematik.** ZivK und KfH sind zivilprozessuale Kammern desselben Gerichts nach § 60. Daher betrifft die Abgrenzung beider gegeneinander nicht die örtliche Zuständigkeit (Ausnahme: die auswärtige KfH, vgl. auch § 13a). Sie betrifft die sachliche Zuständigkeit jedenfalls nicht nach der ZPO. Vielmehr enthalten §§ 95 ff. Sondervorschriften zur sog. funktionellen Zuständigkeit. Soweit die ZivK ausschließlich zuständig ist, kommen §§ 93 ff. nicht in Betracht. Die KfH muss eine derartige Klage ohne weiteres von Amts wegen an die ZivK abgeben. Nach dem Sprachgebrauch des 7. Titels schließen ZivK und KfH einander aus. Anders bisweilen im 5. Titel. Für die Bestellung und Vertretung des Vorsitzenden und die Verteilung der Geschäfte gilt § 21e. Eine Zuständigkeitsvereinbarung nach § 38 ist unwirksam. Man kann die Zuständigkeit aber durch einen Antrag nach §§ 96 ff. bestimmen.

2 **II. Regelungszweck.** Regelungszweck der KfH ist natürlich eine größere Vertrautheit wenigstens der zwei ehrenamtlichen Handelsrichter mit der Materie, vor allem den Handelsbräuchen (vgl. § 346 HGB). Das soll zu gerechteren und praxisnäheren Entscheidungen führen.

3 **In der Praxis** dürfte ein nicht geringer Teil der Streitigkeiten in einem schiedsrichterlichen Verfahren nach §§ 1025 ff. ZPO stattfinden. Das kann rascher, diskreter, und ggf. noch sachkundiger verlaufen. Der Schnelligkeit kann eine fehlende Überprüfbarkeit durch eine Rechtsmittelinstanz als Nachteil gegenüber stehen. Im Unterschied zur KfH dürften bei einem Schiedsgericht zumindest die Schiedsrichter, die von den Parteien vorgeschlagen worden sind, oftmals auch aus der Interessensphäre dieser Partei entstammen. Zur Einführung von Kammern für internationale Handelssachen durch Gesetzesänderung → § 184 Rn. 1. Jedes Gericht kann bei Bedarf schon jetzt im Geschäftsverteilungsplan geltenden Rechts solche Spezialisierung vornehmen, ändern oder ergänzen oder aufheben.

4 § 36 I Nr. 6 ZPO ist auf Zuständigkeitskonflikte zwischen der Zivil- und der Handelskammer eines Landgerichts entsprechend anwendbar, da der **Zuständigkeitsstreit** nicht allein auf dem Geschäftsverteilungsplan, sondern auf der ausdrücklichen gesetzlichen Zuweisungsregelung der §§ 96, 98 GVG beruht, OLG Stuttgart NJW-RR 2019, 699; KG NJW-RR 2008, 1023.

93 *[Einrichtung].* **I [1]Die Landesregierungen werden ermächtigt, durch Rechtsverordnung bei den Landgerichten für deren Bezirke oder für örtlich abgegrenzte Teile davon Kammern für Handelssachen zu bilden. [2]Solche Kammern können ihren Sitz innerhalb des Landgerichtsbezirks auch an Orten haben, an denen das Landgericht seinen Sitz nicht hat.**

II Die Landesregierungen können die Ermächtigung nach Absatz 1 auf die Landesjustizverwaltungen übertragen.

1 **I. Systematik, Regelungszweck, I, II.** Es handelt sich um eine Ergänzung von § 94 aus Wirtschaftlichkeitserwägungen. Ob ein Anlass zur Bildung einer KfH vorliegt, entscheidet die Landesregierung oder die von ihr

ermächtigte Landesjustizverwaltung und hat damit unmittelbar Einfluss auf die Anzahl der KfHs. Je nach Bedarf können abgetrennte, „auswärtige" KfH entstehen (vgl. auch § 13a). Ein formelles Bedürfnis ist nicht erforderlich. Ihr Bezirk kann sich auf einen Teil des LG-Bezirks beschränken, ihn aber nicht überschreiten. Die KfH gilt als ein besonderer Gerichtskörper. Daher ist die KfH am Sitz des LG für den Bezirk der auswärtigen KfH örtlich unzuständig. Vorsitzender kann nach § 106 ein Amtsrichter sein, nie ein Richter auf Probe oder kraft Auftrags nach § 28 II 2 DRiG.

Zu den Überlegungen zur Einführung einer **Kammer für internationale Handelssachen** (KfiHG) in einen neu gefassten II, vgl. BT-Drs. 19/1717; BR-Drs. 219/21, 32. Hierdurch soll die Attraktivität des Gerichtsstandorts Deutschlands erhöht werden und die Wahrscheinlichkeit, in internationalen Verträgen deutsches Recht zu vereinbaren, erhöhen. Für die praktische Umsetzung wird vorausgesetzt, dass es genügend Richterinnen und Richter gibt, die die englische Sprache – einschließlich der Fachsprache – hinreichend beherrschen. Neben einer Neufassung von II sollen §§ 114a–c GVG eingefügt werden. Außerdem wird erwogen, dass Großverfahren vor den Oberlandesgerichten möglich sein sollen, vgl. Ruks jurisPR-IWR 3/2021 Anm. 1. 2

II. Länderverordnungen, I, II. Sie sind wie folgt ergangen (vgl. Schulz JuS 2005, 909): **Baden-Württemberg:** VO v. 20.11.1998, GBl 680, zuletzt geändert am 21.12.2021, GBl 2022 S. 1; **Bayern:** VO v. 11.6.2012, GVBl 295, zuletzt geändert am 8.9.2021, GVBl S. 583; **Berlin:** siehe auch VO v. 22.12.2015, GVBl 599; **Brandenburg:** VO v. 2.9.2014, GVBl II Nr. 62, zuletzt geändert am 28.9.2021, GVBl II Nr. 84; **Hamburg:** siehe auch Gesetz v. 11.5.2017, GVBl 141; **Hessen:** VO v. 3.6.2013, GVBl 386, zuletzt geändert am 8.10.2020, GVBl S. 710; **Mecklenburg-Vorpommern:** VO v. 29.6.1992, GVBl 376; **Niedersachsen:** VO v. 18.12.2009, GVBl 506, zuletzt geändert am 27.1.2022, Nds. GVBl 66; **Nordrhein-Westfalen:** VO v. 10.9.2007, GVBl 370; **Rheinland-Pfalz:** VO v. 15.7.1971, GVBl 187, zuletzt geändert am 9.12.02, GVBl 508; **Sachsen-Anhalt:** VO v. 1.9.1992, GVBl 664, zuletzt geändert am 12.2.2021, GVBl LSA S. 57; **Schleswig-Holstein:** VO v. 15.11.2019, GVBl 546, 548, zuletzt geändert am 17.3.2022, GVOBl. Schl.-H. S. 301; **Thüringen:** VO v. 17.11.2011, GVBl 511, zuletzt geändert am 6.12.2019, GVBl 562. 3

94 *[Sachliche Zuständigkeit].* **Ist bei einem Landgericht eine Kammer für Handelssachen gebildet, so tritt für Handelssachen diese Kammer an die Stelle der Zivilkammern nach Maßgabe der folgenden Vorschriften.**

Zunächst → Vor § 93 Rn. 1. § 94 ist Teil einer gesetzlich geregelten Geschäftsverteilung. Die KfH tritt im Rahmen ihrer in Wahrheit nur funktionellen Zuständigkeit voll an die Stelle der ZivK, LG Stendal MDR 2005, 1423. Das gilt auch bei der Ablehnung eines Amtsrichters. Das gilt ferner, soweit sie für den Hauptanspruch zuständig ist, auch für einen Arrest nach §§ 916 ff. ZPO oder eine einstweilige Verfügung nach §§ 935 ff. ZPO und auch vor der Rechtshängigkeit des Anspruchs, aber stets nur eingeschränkt. Wegen der Verweisung an die ZivK und umgekehrt §§ 97–102, 104. Die KfH tritt jedoch nicht „automatisch" an die Stelle der Zivilkammer, sondern nur, wenn die KfH angerufen wird (siehe nachfolgend §§ 96, 98 f., 101 GVG, Besonderheit: § 104 GVG). 1

95 *[Begriff der Handelssachen].* [I] **Handelssachen im Sinne dieses Gesetzes sind die bürgerlichen Rechtsstreitigkeiten, in denen durch die Klage ein Anspruch geltend gemacht wird:**

1. gegen einen Kaufmann im Sinne des Handelsgesetzbuches, sofern er in das Handelsregister oder Genossenschaftsregister eingetragen ist oder auf Grund einer gesetzlichen Sonderregelung für juristische Personen des öffentlichen Rechts nicht eingetragen zu werden braucht, aus Geschäften, die für beide Teile Handelsgeschäfte sind;
2. aus einem Wechsel im Sinne des Wechselgesetzes oder aus einer der im § 363 des Handelsgesetzbuchs bezeichneten Urkunden;
3. auf Grund des Scheckgesetzes;
4. aus einem der nachstehend bezeichneten Rechtsverhältnisse:
   a) aus dem Rechtsverhältnis zwischen den Mitgliedern einer Handelsgesellschaft oder Genossenschaft oder zwischen dieser und ihren Mitgliedern oder zwischen dem stillen Gesellschafter und dem Inhaber des Handelsgeschäfts, sowohl während des Bestehens als auch nach Auflösung des Gesellschaftsverhältnisses, und aus dem Rechtsverhältnis zwischen den Vorstehern oder den Liquidatoren einer Handelsgesellschaft oder Genossenschaft und der Gesellschaft oder deren Mitgliedern;
   b) aus dem Rechtsverhältnis, welches das Recht zum Gebrauch der Handelsfirma betrifft;
   c) aus den Rechtsverhältnissen, die sich auf den Schutz der Marken und sonstigen Kennzeichen sowie der eingetragenen Designs beziehen;
   d) aus dem Rechtsverhältnis, das durch den Erwerb eines bestehenden Handelsgeschäfts unter Lebenden zwischen dem bisherigen Inhaber und dem Erwerber entsteht;
   e) aus dem Rechtsverhältnis zwischen einem Dritten und dem, der wegen mangelnden Nachweises der Prokura oder Handlungsvollmacht haftet;
   f) aus den Rechtsverhältnissen des Seerechts, insbesondere aus denen, die sich auf die Reederei, auf die Rechte und Pflichten des Reeders oder Schiffseigners, des Korrespondentreeders und der Schiffsbesatzung, auf die Haverei, auf den Schadensersatz im Falle des Zusammenstoßes von Schiffen, auf die Bergung und auf die Ansprüche der Schiffsgläubiger beziehen;
5. auf Grund des Gesetzes gegen den unlauteren Wettbewerb;
6. aus den §§ 9, 10, 11, 14 und 15 des Wertpapierprospektgesetzes oder den §§ 20 bis 22 des Vermögensanlagengesetzes.

[II] **Handelssachen im Sinne dieses Gesetzes sind ferner**

1. die Rechtsstreitigkeiten, in denen sich die Zuständigkeit des Landgerichts nach § 246 Abs. 3 Satz 1, § 396 Abs. 1 Satz 2 des Aktiengesetzes, § 51 Abs. 3 Satz 3 oder nach § 81 Abs. 1 Satz 2 des

Genossenschaftsgesetzes, § 87 des Gesetzes gegen Wettbewerbsbeschränkungen, es sei denn, es handelt sich um kartellrechtliche Auskunfts- oder Schadensersatzansprüche, und § 13 Abs. 4 des EU-Verbraucherschutzdurchführungsgesetzes richtet,

2. die in § 71 Abs. 2 Nr. 4 Buchstabe b bis f genannten Verfahren.

1 **I. Systematik, Regelungszweck, I, II.** § 95 regelt die sachliche Zuständigkeit der KfH. Eine Vereinbarung kann zwar die ZivK in einer Handelssache zuständig machen, nicht aber die KfH in einer anderen Sache, Gaul JZ 1984, 58. Die KfH ist ein selbständiges „Gericht" nach § 38 ZPO. Ist der Hauptprozess vor der KfH abgelaufen, gehört auch die im Gerichtsstand des § 34 erhobene Gebührenklage vor die KfH, BGH NJW 1986, 1179.

2 **II. Geltungsbereich: Handelssache, I, II.** Ob eine Handelssache vorliegt, ergibt sich aus dem Klagantrag und aus der Klagebegründung jeweils nach § 253 II Nr. 2 ZPO. Eine Handelssache muss wegen aller Parteien und wegen aller Ansprüche vorliegen, Gaul JZ 1984, 57. Bei einem einheitlichen Anspruch genügt es, wenn sich für einen Teil eine funktionelle Zuständigkeit ergibt, LG München I,MDR 2021, 1075.

3 **1. Kaufmann, I Nr. 1 Hs. 1.** Es muss der Bekl. ein solcher Kaufmann nach dem HGB sein, der in das **Handelsregister** oder Genossenschaftsregister eingetragen ist oder aufgrund einer gesetzlichen Sonderregelung für juristische Personen des öffentlichen Rechts nicht eingetragen zu werden braucht. Maßgeblich ist der Zeitpunkt der Rechtshängigkeit nach § 261 I ZPO, also der Klagerhebung, Schriewer NJW 1978, 1472, nicht schon der Entstehung des Anspruchs. Darauf, ob der Bekl. materiell-rechtlich Kaufmann nach § 1 II HGB ist, kommt es nicht an, Nürnb NJW-RR 2000, 568. Bei § 11 II GmbHG gilt der Haftende als Kaufmann, Berkenbrock JZ 1980, 21; keine entsprechende Anwendung bei Vollkaufleuten, die nicht im Handelsregister eingetragen sind KG Berlin NJW-RR 2008, 1023. Kraft besonderer gesetzlicher Bestimmungen von der Eintragungspflicht ausgenommen sind kommunale Versorgungs- und Verkehrsbetriebe, kommunale Sparkassen und bestimmten Banken wie die Deutsche Bundesbank, die Kreditanstalt für Wiederaufbau usw. Sämtliche Bekl. müssen in diesem Sinn Kaufmann sein, sonst ist für alle die ZivK zuständig, Düss MDR 1996, 524; Ffm NJW 1992, 2900. § 95 ist dann anwendbar, wenn man einen auch nur tatsächlich als Geschäftsführer einer GmbH Auftretenden verklagt, Stgt MDR 2005, 289.

4 Nr. 1 greift auch dann ein, wenn der Insolvenzverwalter eines dort genannten Kaufmanns Bekl. ist, aber nur wegen der von ihm getätigten Geschäfte, LG Köln ZIP 1980, 1071, nicht wegen der Vertretung der Insolvenzmasse; Handelssache auch bei Klage eines Insolvenzverwalters wegen einer Forderung aus einem beidseitigen Handelsgeschäft (KG ZIP 2018, 2387), Handelssache auch, wenn ein Insolvenzverwalter Ansprüche aus der **Anfechtung eines Handelsgeschäfts** gegen einen eingetragenen Kaufmann geltend macht (LG Leipzig, ZIP 2021, 268). Wird ein Nichtkaufmann als Bürge eines Kaufmanns Bekl., gilt Nr. 1 nicht, Düss MDR 1996, 524; Gaul JZ 1984, 59. Handelt es sich um einen ausländischen Bekl., kommt es auf das Recht an seinem Sitz an, hilfsweise auf §§ 1 ff. HGB, Jayme IPRax 1983, 243; Mü IPRax 1989, 43; Wagner/Mann IPRax 2013, 125.

5 **2. Beiderseitiges Handelsgeschäft, I Nr. 1 Hs. 2.** Es muss sich außerdem die Klage auf ein beiderseitiges Handelsgeschäft stützen, und zwar gegenüber allen Bekl., Gaul JZ 1984, 59. Das Geschäft muss also für beide Vertragspartner, wenn auch nicht für beide Prozessparteien, ein Handelsgeschäft nach §§ 343, 344 HGB sein, LG Stendal MDR 2005, 1423. Dabei kommt es nicht auf die konkrete Anspruchsgrundlage des Klägers an. LG Stendal MDR 2005, 1423. Es genügt auch eine Vollstreckungsabwehrklage nach § 767 ZPO gegenüber einem Titel der KfH, LG Stendal MDR 2005, 1423. Darum ist die KfH immer für den Rechtsnachfolger zuständig, nicht immer gegen ihn. Handelssache liegt auch vor, wenn sich einzelne Kaufleute in der Rechtsform der Bürgerlichen Gesellschaft nach Vertragsschluss zusammenschließen, selbst wenn die GbR selbst kein Handelsunternehmen ist und sie die Rechte aus dem Vertrag als Partei geltend macht OLGR Frankfurt 2005, 257). Keine Zuständigkeit der KfH besteht für einen Anspruch des Verkäufers gegen einen Dritten aufgrund eines verlängerten Eigentumsvorbehalts, LG Hann NJW 1977, 1246, es sei denn, ein Kaufmann verfolgt den Kaufpreisanspruch seines Kunden gegen einen solchen Abnehmer, der selbst Kaufmann ist, LG Brem MDR 1994, 97. Über eine Widerklage aus einem nicht unter § 95 fallenden Anspruch §§ 97 II, 99. Handelssache ist auch ein solcher Arrest usw. nach §§ 916 ff., 935 ff., der sich auf ein beiderseitiges Handelsgeschäft bezieht, LG Oldb NJW-RR 2002, 1724. Das gilt auch beim zugehörigen Verfahren nach § 945, LG Oldb NJW-RR 2002, 1724. Bei einer Insolvenzanfechtung ist das zugrundeliegende Rechtsgeschäft maßgebend, LG Duisb ZIP 2016, 2139.

6 **3. Wechsel, I Nr. 2.** Jede Klage aus einem Wechsel nach dem WG oder nach einem Orderpapier des § 363 HGB gehört vor die KfH ohne Rücksicht auf die Prozessart und eine Kaufmannseigenschaft. Hierher gehören kaufmännische Anweisungen und Verpflichtungsscheine, Konnossemente und Ladescheine, Orderlagerscheine, Beförderungsversicherungsscheine, auch ein nicht wechselmäßiger Anspruch, zB bei § 89 WG.

7 **4. Scheck, I Nr. 3.** Es gilt → Rn. 6 entsprechend.

8 **5. Gesellschaftsprozess, I Nr. 4a.** Handelsgesellschaften sind die OHG, KG, GmbH und Co KG, AktG, KGaA und die GmbH. I Nr. 4a erfasst auch die Genossenschaft, BGH NJW-RR 2017, 1189; KG MDR 2017, 1130, nicht aber Versicherungsvereine auf Gegenseitigkeit und Vereinigungen zum Betrieb eines Kleingewerbes, obwohl sie Kaufleute sind, Kießling NZG 2003, 209, aM Thomas/Putzo/Hüßtege Rn. 4. Eine ausländische Gesellschaft reicht. Die stille Gesellschaft ist keine Handelsgesellschaft, aber einbezogen, aM LG Mü ZIP 2012, 2084. Hierher gehören auch Klagen aus §§ 199, 201 AktG. Die Klage des Gesellschafters einer Handelsgesellschaft gegen einen Mitgesellschafter aus einem der Gesellschaft gewährten Darlehen ist eine Handelssache, LG Osnabr MDR 1983, 588. Vgl. aber auch Nürnb NJW-RR 2012, 560. I Nr. 4a gilt auch beim Vorstand oder Geschäftsführer, Jaeger NZA 1998, 961. „Vorsteher" ist auch der Aufsichtsrat einer AktG, Mü MDR 2010, 103. Auch anwendbar bei ehemaligen Mitgliedern einer Handelsgesellschaft. Eine faktische Organmitgliedschaft reicht für die Zuständigkeit der KfH aus, Stgt MDR 2005, 289. Auch ein schon beendetes Rechtsgeschäft reicht (weite Auslegung); **keine Handelssache** liegt aber vor, wenn ein Gläubiger der Gesellschaft zB gegen einen Kommanditisten einen Anspruch geltend macht, OLG Frankfurt ZIP 2019, 292; OLG Nürnberg ZIP 2019, 736.

9 **6. Firmenstreit, I Nr. 4b.** Vgl. §§ 17 ff. HGB. Der Rechtsgrund des Anspruchs ist belanglos.

10 **7. Marken- und Musterschutz, I Nr. 4c.** Vgl. § 140 MarkenG, § 52 DesignG (früher: Geschmacksmustergesetz), Pariser Übereinkunft. Streitigkeiten nach § 18 GebrMG gehören vor die ZivK (§ 27 GebrMG), soweit nicht das AG zuständig ist, ebenso alle Patentstreitsachen nach § 143 I PatG.

8. Erwerb eines Handelsgeschäfts, I Nr. 4d. Hier geht es um einen Streit zwischen dem Veräußerer und dem Erwerber eines Handelsgeschäfts nach §§ 22, 25 HGB. Nicht hierunter fallen Streitigkeiten möglicher dritter Gläubiger wegen der Übernahme aus § 25 HGB; dies kann aber ggf. aus einem anderen Grund eine Handelssache darstellen. 11

9. Dritter und Haftender, I Nr. 4e. Hier handelt es sich um einen Streit zwischen einem Dritten und einem angeblichen Prokuristen, § 48 HGB, oder Handlungsbevollmächtigten, § 54 HGB, nach § 179 BGB. Hierhin gehört auch die Klage aus § 11 II GmbHG, § 41 I 2 AktG gegen die vor einer Eintragung der GmbH im Namen der Gesellschaft handelnden persönlich haftenden Personen, aM Berkenbrock JZ 1980, 21 (nur dann, wenn das Rechtsgeschäft auch für den anderen Teil ein Handelsgeschäft ist). 12

10. Streit nach Seerecht, I Nr. 4f. Vgl. §§ 474 ff. HGB, SeemannsG vom 26.7.1957, BGBl. II 713, soweit hier nicht das ArbG oder ein Tarifschiedsgericht zuständig ist, StrandungsO v. 17.5.1974, RGBl. 73, Gesetz v. 14.1.1930, RGBl. II 12, zum Übk. über die Heimschaffung von Seeleuten. Wegen der Binnenschiffahrtssachen → GVG § 14 Rn. 5: Erste Instanz AG, Zweite Instanz OLG. 13

11. Wettbewerbsstreit nach UWG, I Nr. 5. Hierzu gehören alle Ansprüche aus dem UWG (§ 13 UWG). Es genügt – bei einem einheitlichen prozessualen Anspruch – eine Mitverletzung einer Generalklausel (Anspruch aus dem UWG, Wettbewerbsverhältnis, OLG Hamm BeckRS 2014, 4380). Die Vorschrift ist weit auszulegen, so dass man einen Streit auch dann vor die KfH bringen kann, wenn man ihn auch auf andere Normen (Vertrag, Delikt) stützt. Vor die KfH gehören ferner bürgerliche Rechtsstreitigkeiten nach dem GWB, aus Kartellverträgen und Kartellbeschlüssen nach § 87 II GWB. Zur Zuständigkeitsverteilung zwischen allgemeinen Zivilgerichten und Kartellgerichten von Winterfeld NJW 1985, 1816. 14

12. Börsenstreit/Prospekthaftung, I Nr. 6. Die Vorschrift betrifft die Haftung nach den §§ 9, 10, 11, 14 und 15 Wertpapierprospektgesetz vom 22.6.2005, BGBl. I 1698, zuletzt durch Art. 1 Gesetz vom 8.7.2019, BGBl. I 1002, geändert, das nach den europäischen Vorgaben die Regeln für Wertpapiere vereinheitlich bzw. den §§ 20–22 Vermögensanlagengesetz vom 6.12.2011, BGBl. I 2481, zuletzt geändert durch Art. 7 Gesetz vom 3.6.2021, BGBl. I 1568, das für im Inland öffentlich angebotene Vermögensanlagen anzuwenden ist. Es geht also im Wesentlichen um die Haftpflicht des Emittenten. Hier ist nach → § 71 Rn. 7 das LG ausschließlich zuständig. Die Regelung ist abschließend. Sie gilt daher nicht bei einer unerlaubten Handlung, LG Mü ZIP 2012, 2084. 15

13. Weitere Fälle, II. Nach dem Aktiengesetz gehören die Nichtigkeits- und Anfechtungsklage gegenüber Hauptversammlungsbeschlüssen vor die KfH. Für die Klage ist dasjenige LG ausschließlich zuständig, in dessen Bezirk die Gesellschaft ihren Sitz hat, §§ 246 III, 249 AktG, Mü MDR 2007, 1335, ebenso für die Anfechtung der Wahl von Aufsichtsratsmitgliedern nach § 251 III AktG, die Anfechtung des Beschlusses über die Verwendung des Bilanzgewinnes nach § 254 II AktG, oder des Beschlusses einer Kapitalerhöhung gegen Einlagen nach § 255 AktG, der Feststellung des Jahresabschlusses durch die Hauptversammlung nach § 257 AktG, und die Klage auf eine Feststellung der Nichtigkeit der Gesellschaft nach 275 IV AktG, ferner die entsprechenden Klagen bei einer KGaA nach § 278 III AktG, schließlich die Klage auf eine Auflösung infolge einer Gefährdung des Gemeinwohls auf einen Antrag der zuständigen obersten Landesbehörde nach § 396 AktG; auch bezüglich Klagen gegen die Vertreterversammlung einer Genossenschaft KG NJW-RR 2017, 1189. **Konzentrationsmöglichkeit** besteht nach § 246 III 3 iVm § 148 II 3, 4 AktG. 16

Ebenso gehören nach dem **Umwandlungsgesetz** ein Antrag auf eine gerichtliche Entscheidung in bestimmten Fällen vor die KfH nach § 10 II iVm § 10 I UmwG, Kallmeyer ZIP 1994, 1746, sowie ein Streit nach § 51 III 3 oder § 81 I 2 GenG, § 87 GWB (mit der in II Nr. 2 genannten Ausnahme), § 13 IV EU-VerbraucherschutzdurchsetzungsG. 17

Dasselbe gilt nach § 2 des **Spruchverfahrensgesetzes,** Art. 1 Gesetz v. 12.6.03, BGBl. 838, für die in § 1 SpruchG genannten Verfahren nach §§ 304, 305, 320b u. 327a–327f AktG sowie §§ 15, 34, 176–181, 184, 186, 196 oder 212 UmwG (Übergangsrecht s. § 17 II SpruchG), Tomson/Hammerschmidt NJW 2003, 2572, Wasmann AG 2021, 179; ferner für die Fälle nach § 87 GWB und nach § 13 IV VSchDG. 18

96 *[Antrag auf Verhandlung vor KfH].* **I Der Rechtsstreit wird vor der Kammer für Handelssachen verhandelt, wenn der Kläger dies in der Klageschrift beantragt hat.**

II Ist ein Rechtsstreit nach den Vorschriften der §§ 281, 506 der Zivilprozeßordnung vom Amtsgericht an das Landgericht zu verweisen, so hat der Kläger den Antrag auf Verhandlung vor der Kammer für Handelssachen vor dem Amtsgericht zu stellen.

I. Systematik, Regelungszweck, I, II. Das Antragserfordernis ist eine wesentliche Voraussetzung der Tätigkeit der KfH. Das hat seinen Hauptgrund in der Parteiherrschaft. Das Gesetz geht im Grundsatz von der Zuständigkeit der Zivilkammer aus. Immerhin kann auch eine ZivK sachkundig arbeiten, wenn auch evtl. nur mithilfe von kaufmännisch bewanderten Sachverständigen. Drei Volljuristen – sofern die vollbesetzte Kammer tagt, was häufig bei Handelssachen aufgrund der Schwierigkeiten in tatsächlicher und rechtlicher Hinsicht zweckmäßig sein dürfte – können evtl. durchaus auch einmal mehr Vorteile bringen als ein einziger nebst zwei Kaufleuten. Mag der Kläger die Vor- und Nachteile so verschiedenartiger Besetzungen abwägen. 1

II. Antrag, I. Der Antrag auf eine Verhandlung vor der KfH ist eine unwiderrufliche Parteiprozesshandlung. Es ist grundsätzlich schon in der Klageschrift nach § 253 ZPO oder in einem gleichzeitig eingereichten sonstigen Schriftsatz nötig, Brdb MDR 2000, 1029; Ffm JurBüro 1981, 117. Bei elektronischer Einreichung gelten §§ 130a–d ZPO. Es genügt, dass der Kläger seinen Wunsch eindeutig zum Ausdruck bringt, zB durch die Adressierung der Klageschrift, Brdb MDR 2000, 1029; Bergerfurth JZ 1979, 145, oder auf andere Weise, Brschw NJW-RR 2001, 430, an das Landgericht KfH genügt; aber nicht schon durch die Angabe des Aktenzeichens einer erfolgten einstweiligen Verfügung nach §§ 935 ff. ZPO, Brdb MDR 2000, 1029. Der Kläger hat zunächst die freie Wahl zwischen der ZivK und KfH, Möller NJW 2009, 3632. Hat er die Wahl getroffen, bindet sie ihn aber. Die zeitlichen Grenzen dienen dazu, die Zuständigkeit möglichst schnell zu klären. Der Antrag ist nicht nachholbar, Brdb MDR 2000, 1029. Das gilt entsprechend für den Widerkläger nach Anh. § 253 ZPO, Karlsr MDR 1998, 558; Gaul JZ 1984, 63. Nach der Anhängigkeit der Hauptsache bei der ZivK kann der Antrag auf 2

Erlass einer einstweiligen Verfügung nicht mehr zulässigerweise bei der KfH erfolgen, Zweibr JZ 1989, 103. Erfolgt die Klage bei einem LG ohne KfH und verweist die ZivK den Rechtsstreit nach einer mündlichen Verhandlung nach § 281 ZPO an ein LG mit KfH, ist der Antrag entsprechend II ausnahmsweise spätestens in dieser mündlichen Verhandlung zulässig.

3 **III. Verweisung, II.** Auch hier ist zunächst ein Antrag erforderlich.

4 **1. Antrag.** Ohne einen Antrag nach I müsste das AG den Rechtsstreit wegen Unzuständigkeit auf einen etwaigen Verweisungsantrag nach §§ 281, 506 ZPO an das LG verweisen. Daher muss der Kläger den Antrag auf eine Verhandlung vor der KfH schon vor dem AG stellen, und zwar gemäß § 281 II 1, 2 ZPO. Der Antrag braucht nicht schon in der mündlichen Verhandlung nach → ZPO § 297 Rn. 5 zu erfolgen. Im schriftlichen Verfahren nach § 128 II 1 ZPO muss der Antrag nach § 128 II 2 ZPO bis zu dem vom Gericht bestimmten Zeitpunkt vorliegen, bis zu dem man Schriftsätze einreichen kann, Bergerfurth JZ 1979, 145. Im Mahnverfahren ist er grundsätzlich schon im Mahngesuch nach § 690 ZPO möglich, aber auch später zulässig, Brschw NJW 1979, 223, nämlich im Antrag nach § 696 I 1 ZPO und auch noch in der Anspruchsbegründung nach § 697 I, II ZPO, Düss NJW-RR 1988, 1472; Ffm NJW 1980, 2202; LG Köln NJW 1996, 2738; aber spätestens bis zum Ablauf der Zweiwochenfrist des § 697 I 1 ZPO, Düss NJW-RR 1988, 1472; Nürnb Rpfleger 1995, 369; aM LG Offenb Just 1995, 224 (zu großzügig). Auch hier ist zunächst ein Antrag erforderlich.

5 **2. Weiteres Verfahren.** Liegt der Antrag vor, verweist das AG an die KfH, ohne ihre Zuständigkeit zu prüfen. Die Verhandlung findet vor der KfH statt. Gebunden nach §§ 281 II, 506 II ZPO ist diese aber nach → ZPO § 281 Rn. 23 nur als LG, nicht als KfH, und örtlich, und nur bei § 93 II auch im Verhältnis zur ZivK, → § 93 Rn. 3 (anders nach § 696 V ZPO: keine Bindung), nicht im Übrigen, weil die Zuständigkeit das Verhältnis von KfH zu ZivK nicht ergreift. Beantragt der Kläger nur eine Verweisung ans LG, muss das AG an die ZivK verweisen. Diese kann ihrerseits nur nach §§ 98, 101 verweisen. Erfolgt die Verweisung unabhängig von einer Erwiderungsfrist – wie nach § 101 I 2 GVG – kann **der Beklagte** den **Verweisungsantrag** zur KfH bis zum Schluss der mündlichen Verhandlung stellen; sonst nur innerhalb der Frist nach § 101 I 2 GVG. Erfolgt die Verweisung aufgrund einer Widerklage ist zusätzlich § 98 II zu beachten.

6 Die Benennung einer best. KfH im Antrag oder Verweisungsbeschluss ist bedeutungslos. Es entscheidet vielmehr die Geschäftsverteilung nach § 21e.

97 *[Verweisung an ZivK wegen ursprünglicher Unzuständigkeit].* **I Wird vor der Kammer für Handelssachen eine nicht vor sie gehörige Klage zur Verhandlung gebracht, so ist der Rechtsstreit auf Antrag des Beklagten an die Zivilkammer zu verweisen.**

II 1Gehört die Klage oder die im Falle des § 506 der Zivilprozeßordnung erhobene Widerklage als Klage nicht vor die Kammer für Handelssachen, so ist diese auch von Amts wegen befugt, den Rechtsstreit an die Zivilkammer zu verweisen, solange nicht eine Verhandlung zur Hauptsache erfolgt und darauf ein Beschluß verkündet ist. 2Die Verweisung von Amts wegen kann nicht aus dem Grund erfolgen, daß der Beklagte nicht Kaufmann ist.

1 **I. Systematik, §§ 97–102.** Die ZivK ist vom Ausgangspunkt zuständig. Die Zuständigkeit der KfH geht immer auf einen besonderen Antrag zurück. Darum handelt es sich nicht um eine sachliche Zuständigkeit nach der ZPO, BGHZ 63, 217, sondern um eine gesetzliche Geschäftsverteilung, Mertins DRiZ 1985, 348, die aber dem Willen der Beteiligten in besonderer Weise Rechnung trägt, Gaul JZ 1984, 58. Die Möglichkeit der Verweisung ist zeitlich beschränkt, um den gesetzlichen Richter möglichst schnell bestimmen zu können.

2 **II. Regelungszweck, §§ 97–102.** Die Spezialzuständigkeit von Handelsrichtern lässt sich nur aus ihrer besonderen Sachkunde ableiten. Soweit es auf diese in Wahrheit gar nicht ankommt, kann es daher zweckmäßig sein, dass die ZivK zuständig bleibt, um den volljuristischen Sachverstand zu einer auch im engeren Sinn juristisch richtigen und wohl damit auch meist möglichst gerechten Lösung einsetzen zu können. Deshalb sollte man die Voraussetzungen und Folgen einer Verweisung an die ZivK großzügig behandeln.

3 **III. Prüfungszeitpunkt, §§ 97–102.** Über die Zuständigkeit der KfH muss das Gericht vor der Entscheidung über die Zuständigkeit des Gerichts verhandeln lassen. Ist die Zuständigkeit ZivK/KfH untrennbar mit der sachlichen Zuständigkeit ZivG/ArbG verknüpft, darf die erstentscheidende Kammer über beide Zuständigkeitsfragen befinden, BGHZ 63, 214. Haben sich KfH und ZivK jeweils durch eine Verweisung und Rückverweisung untereinander für unzuständig erklärt, gilt § 36 I Nr. 6 ZPO entsprechend, BGH NJW 1978, 1532; Brschw NJW-RR 1995, 1535; Nürnb NJW-RR 2000, 568. Zu einer Streitgenossenschaft nach §§ 59 ff. ZPO BayObLG 1999, 1010.

4 Die **Zuständigkeit begründet** entweder ein Antrag des Klägers nach §§ 96, 100 oder eine Verweisung. Diese kann stattfinden auf einen Antrag des Bekl. von der ZivK an die KfH nach §§ 98, 100 oder von der KfH an die ZivK nach §§ 97, 99, 100 oder von Amts wegen nur von der KfH an die ZivK, nicht umgekehrt, §§ 97 II, 98 III, 99 II, 100. Alle diese Prozesshandlungen sind **zeitlich begrenzt.** Der Antrag des Klägers erfolgt nach § 96, der Antrag des Bekl. durch den Beginn der Verhandlung zur Sache nach § 101, die Verweisung von Amts wegen durch den Beginn der Verhandlung zur Hauptsache und die darauf folgende Beschlussverkündung nach §§ 97 II, 99 II. Die Verweisung von Amts wegen ist nach §§ 97, 99 bei einer ursprünglichen oder nachträglichen Zuständigkeit der KfH möglich. Eine Verweisung ist nach § 281 auch im Verfahren wegen einer Prozesskostenhilfe nach §§ 114 ff. ZPO zulässig.

5 **IV. Verweisung auf Antrag, I.** Ist die KfH nicht für alle Bekl. und sämtliche Ansprüche beider Parteien zuständig, wird die Verweisung an die ZivK zulässig. Den Antrag kann jeder Bekl. stellen, für den die KfH nicht zuständig ist. Dann muss das Gericht abtrennen. Eine Prozesstrennung wegen derjenigen Ansprüche, für die die Zuständigkeit fehlt, ist im Rahmen des § 145 ZPO statthaft, Ffm NJW 1992, 2901 (dann auf Antrag des Klägers Bestimmung der ZivK als insgesamt zuständiges Gericht nach § 36 I Nr. 3 ZPO). Ist eine Trennung nicht möglich, muss das Gericht den Gesamtrechtsstreit verweisen. Das gilt auch bei mehrfacher Begründung desselben Anspruchs dann, wenn nur eine dieser Begründungen keine Handelssache ergibt, da das Gesetz vorrangig von der Allzuständigkeit der Zivilkammer ausgeht und diese Zuständigkeit nur im Einzelfall zugunsten der KfH durch-

bricht; aM Brandi-Dohrn NJW 1981, 2453 (Zuständigkeit der KfH für **alle** Anspruchsgrundlagen). Das Wahlrecht des Klägers zwischen ZivK und KfH erlischt nach → § 96 Rn. 2, 3 mit dem Ablauf der Fristen. Nunmehr nützt es dem Kläger nichts mehr, wenn die Sache keine Handelssache ist. Nur der Bekl. darf jetzt noch eine Verweisung beantragen, und zwar bis zum Beginn der Sachverhandlung nach § 101, Ffm NJW 1992, 2901. Das Gericht muss dem Antrag ist zutreffendenfalls entsprechen. Die Entscheidung ist grundsätzlich unanfechtbar, § 102.

V. Verweisung von Amts wegen, II 1. Die Vorschrift trifft zwei Fälle. Schon die Klage mag nicht vor die KfH gehören. Das AG mag auch wegen einer Widerklage nach § 506 ZPO an die KfH verwiesen haben, obwohl diese für die Widerklage unzuständig ist. In beiden Fällen darf die KfH nach ihrem pflichtgemäßen Ermessen an die ZivK verweisen, aber nur unter folgenden Voraussetzungen, vgl. auch Schumann, DB 2021, 662. Die Parteien ZPO dürfen noch nicht nach § 39 ZPO zur Hauptsache verhandelt haben. Daher macht die Verhandlung über die Zulässigkeit der Klage, etwa über die Zuständigkeit des LG (nicht der KfH), zwar nicht die Amtsverweisung unstatthaft. Sie beseitigt aber nach § 101 das Antragsrecht des Bekl. Das Gericht darf auf diese Verhandlung zur Hauptsache keinen Beschluss verkündet haben. Es genügt jeder beliebige die Hauptsache betreffende Beschluss dann, wenn er das Ergebnis der Verhandlung ist, also zB ein Vertagungsbeschluss, nicht ein Wertfestsetzungsbeschluss. Die Vorschriften der ZPO über das Rügerecht nach § 295 sind hier bedeutungslos. Die Voraussetzungen einer Verweisung sind besonders sorgfältig zu prüfen, wenn beide Parteien eine Entscheidung durch die KfH begehren, Frankfurt OLGR 2005, 257. 6

VI. Ausnahme, II 2. Die Verweisung nach II 1 kann nicht aus dem Grund erfolgen, dass der Bekl. nicht Kaufmann ist. Bei der Frage, ob eine Handelssache vorliegt, kann aber trotz II 2 berücksichtigt werden, ob der Bekl. in das Handelsregister eingetragen ist. Kaufmannseigenschaft und Handelsregistereintragung sind voneinander getrennt zu beurteilen (vgl. §§ 1 f. HGB), KG NJW-RR 2009, 469; Nürnb NJW-RR 2000, 568; aM Düss NJW-RR 2001, 1220; Hmb TransportR 1999, 127. 7

VII. Unanfechtbarkeit, I, II. Die Entscheidung ist nach → § 102 Rn. 3 unanfechtbar und bindend; Bindungsgrenze: → § 102 Rn. 5. Erklären sich Zivilkammer und KfH funktionell für unzuständig, wird der Streit nach § 36 I Nr. 6 ZPO entschieden, OLG Stuttgart NJW-RR 2019, 699; KG NJW-RR 2008, 1023. 8

98 *[Verweisung an Kammer für Handelssachen].*

I [1]Wird vor der Zivilkammer eine vor die Kammer für Handelssachen gehörige Klage zur Verhandlung gebracht, so ist der Rechtsstreit auf Antrag des Beklagten an die Kammer für Handelssachen zu verweisen. [2]Ein Beklagter, der nicht in das Handelsregister oder Genossenschaftsregister eingetragen ist, kann den Antrag nicht darauf stützen, daß er Kaufmann ist.

II Der Antrag ist zurückzuweisen, wenn die im Falle des § 506 der Zivilprozeßordnung erhobene Widerklage als Klage vor die Kammer für Handelssachen nicht gehören würde.

III Zu einer Verweisung von Amts wegen ist die Zivilkammer nicht befugt.

IV Die Zivilkammer ist zur Verwerfung des Antrags auch dann befugt, wenn der Kläger ihm zugestimmt hat.

I. Systematik, Regelungszweck, I–IV. Zunächst → § 97 Rn. 1. § 98 behandelt den gegenüber § 97 umgekehrten Fall aus denselben Erwägungen. Die Vorschrift regelt, wie der Beklagte eine Verhandlung vor der KfH erreichen kann. 1

II. Antrag des Beklagten, I–IV. Die ZivK darf nach III nicht von Amts wegen an die KfH verweisen und nie auf einen Antrag des Klägers. Dieser hat sein Wahlrecht durch die Versäumung des Antrags aus § 96 eingebüßt. Er kann allenfalls die Klage nach § 269 ZPO zurücknehmen und sodann vor der richtigen Kammer neu klagen. I 2 ist auch in der Berufungsinstanz nur auf den Bekl. anwendbar. Die Parteien können in einer Handelssache die Zuständigkeit einer ZivK frei vereinbaren, nicht aber in einer Nichthandelssache die Zuständigkeit der KfH, Gaul JZ 1984, 58. 2

Gehört die Sache nicht vor die ZivK, kann der **Beklagte** die Verweisung an die KfH beantragen. Bei mehreren Beklagten sind die Prozessvoraussetzungen getrennt zu betrachten. Die Voraussetzungen, insbesondere dass es sich um eine Handelssache handelt, müssen dann im Verhältnis zu der jeweils beklagten Partei vorliegen. Die jeweiligen Prozessverhältnisses sind also entsprechend gesondert zu betrachten OLG Hamm BeckRS 2018, 34274. Ist dies nur in Bezug auf einzelne Beklagte der Fall, hat ggf. eine Trennung und Teilverweisung im Rahmen der jeweiligen Prozessrechtsverhältnisse zu erfolgen (§ 145 ZPO). Bei mehreren Beklagten kann diejenige Beklagte keinen Verweisungsantrag stellen, sofern es sich ihr gegenüber nicht um eine Handelssache handelt, OLG Hamm RdTW 2019, 116. 3

Der **Antrag** ist eine Parteiprozesshandlung. Er ist kein Sachantrag nach § 297 ZPO. Man braucht ihn nicht zu verlesen. Die Rüge der Unzuständigkeit der ZivK allein genügt nicht, OLG Dresden GmbHR 2016, 1149; Zöller/Lückemann Rn. 2, aM van den Hövel NJW 2001, 345 (aber ein Antrag muss klar sein). Er ist nach zulässig bis zu dem durch § 101 I bestimmten Zeitpunkt, Gaul JZ 1984, 60. Der Antrag ist gegenüber § 95 Nr. 1 dadurch beschränkt, dass der Bekl. nachweisbar ins Handelsregister oder ins Genossenschaftsregister eingetragen sein muss. Der Nachweis erfolgt durch einen Registerauszug, auch durch eine elektronische oder fernmündliche Anfrage beim Registergericht. II bezieht sich auf den Fall, dass das AG wegen der Widerklage nach § 506 an das LG verwiesen hat. Erfolgt eine handelsrechtliche Widerklage vor der ZivK, kommt eine Verweisung an die KfH nicht in Betracht und ebenso wenig eine zu diesem Zweck vorgenommene Trennung nach § 145 II ZPO, Gaul JZ 1984, 62. 4

IV besagt nicht, dass die ZivK den Antrag nach ihrem Ermessen ablehnen könne, sondern stellt nur die Unwirksamkeit einer bloßen Parteiverfügung klar, Schneider MDR 2000, 725. Das zeigt **I:** „so ist zu verweisen". Die Verweisung bindet noch § 102 S. 2, → § 102 Rn. 3. 5

III. Unanfechtbarkeit, I–IV. Gegen die Entscheidung nach § 101 gibt es nach § 102 S. 1 grundsätzlich keinen Rechtsbehelf und zwar auch dann nicht, wenn das verweisende Gericht die Einrede des unrichtigen Rechtswegs geprüft und für unbegründet gehalten hat, BGHZ 63, 214. 6

99 *[Verweisung an ZivK wegen nachträglicher Unzuständigkeit].* **I Wird in einem bei der Kammer für Handelssachen anhängigen Rechtsstreit die Klage nach § 256 Abs. 2 der Zivilprozeßordnung durch den Antrag auf Feststellung eines Rechtsverhältnisses erweitert oder eine Widerklage erhoben und gehört die erweiterte Klage oder die Widerklage als Klage nicht vor die Kammer für Handelssachen, so ist der Rechtsstreit auf Antrag des Gegners an die Zivilkammer zu verweisen.**

II 1Unter der Beschränkung des § 97 Abs. 2 ist die Kammer zu der Verweisung auch von Amts wegen befugt. 2Diese Befugnis tritt auch dann ein, wenn durch eine Klageänderung ein Anspruch geltend gemacht wird, der nicht vor die Kammer für Handelssachen gehört.

1 **I. Systematik, Regelungszweck, I, II.** Es handelt sich um einen Spezialfall. Die KfH soll nur insoweit tätig werden, als es eben wirklich um eine Handelssache geht. Deshalb sollte man großzügig an die ZivK verweisen können.

2 **II. Antragsverweisung, I.** Eine Partei kann einen neuen Anspruch auf dreierlei Art in den Prozess einbeziehen: Entweder durch eine Klagänderung nach § 263 ZPO. Diese liegt nicht im Nachschieben eines Anspruchs wegen einer eingetretenen Veränderung nach § 264 Nr. 3 ZPO; oder durch eine Zwischenfeststellungsklage nach § 256 II ZPO; oder schließlich durch eine Widerklage oder eine Zwischenfeststellungswiderklage, aber nicht durch Aufrechnung, auch dann nicht, wenn mit einem Anspruch aus einer Handelssache aufgerechnet wird. Für deren Zulässigkeit gilt bei der KfH nichts Besonderes. Trotz seines zu engen Wortlauts trifft § 99 alle drei Fälle. Wird die KfH also irgendwie teilweise **nachträglich unzuständig,** zB durch eine nachträgliche Erweiterung des Prozessstoffs, so dass eine bei Klageerhebung noch bestehende Zuständigkeit der Kammer für Handelssachen nachträglich wegfällt (OLG Frankfurt, WRP 2019, 99), muss sie den gesamten Prozess auf einen Antrag des Gegners und bei einer Widerklage also des Klägers nach § 97 II sogar von Amts wegen an die ZivK verweisen, sofern sie keine Prozesstrennung nach § 145 ZPO vornimmt. Über die Zulassung der Klagänderung darf die KfH nicht befinden.

3 **III. Amtsverweisung, II.** Obgleich hier ein sachlicher Unterschied zu I fehlt, erwähnt II die Klagänderung besonders. Die Verweisung steht im pflichtgemäßen Ermessen des Gerichts. Auch sie ist unanfechtbar, § 102. Über die Beschränkung des § 97 II → § 97 Rn. 3 ff. § 513 II ist entsprechend anwendbar OLG Frankfurt a. M. WRP 2019, 99.

100 *[Zuständigkeit im zweiten Rechtszug].* **Die §§ 96 bis 99 sind auf das Verfahren im zweiten Rechtszuge vor den Kammern für Handelssachen entsprechend anzuwenden.**

1 **I. Systematik, Regelungszweck.** → § 97 Rn. 1. Es handelt sich um eine bloße Klärung.

2 **II. Geltungsbereich.** § 100 macht auf das Verfahren in der Berufungsinstanz nach § 527 III 1 Nr. die §§ 96–99 entsprechend anwendbar, so dass eine Berufung gegen ein Urteil des AG vor der KfH verhandelt werden kann, wenn eine Handelssache vorliegt. Die Natur der Sache ergibt aber auch die Anwendbarkeit von §§ 101, 102. Ein Verweisungsantrag ist daher nach dem Beginn der Sachverhandlung unzulässig. Die Entscheidung ist unanfechtbar. Die entsprechende Anwendung der §§ 96–99 besagt: Den Antrag auf Verhandlung vor der KfH muss die Berufungsschrift enthalten (§ 519), nicht erst die Begründung oder ein späterer Schriftsatz, Brdb MDR 2005, 231; Thomas/Putzo/Hüßtege Rn. 1, aM LG Köln NJW 1996, 2737; mit Recht abl. Schneider NJW 1997, 992. Ebenfalls sind §§ 101, 102 GVG entsprechend anwendbar.

3 **III. Verfahren.** Die Verweisung an die ZivK erfolgt auf einen Antrag des Berufungsbekl, nicht des Bekl. als solchen. Für die §§ 95 I Nr. 1, 97 II 2 und § 98 I 2 GVG sind auf die ursprüngliche Parteistellung abzustellen (Zöller/Lückemann Rn. 2). Der Bekl. muss wegen § 98 I 2 als Kaufmann im Handelsregister eingetragen sein. Die Verweisung erfolgt vor der Verhandlung zur Hauptsache und Beschlussverkündung auch von Amts wegen. Entsprechendes gilt bei einer Widerklage oder Zwischenfeststellungsklage nach § 99. Eine Verweisung an die KfH erfolgt nur auf einen Antrag des Berufungsbekl. Legt die eine Partei bei der ZivK Berufung ein, die andere bei der KfH, entscheidet die **zeitlich erste** Berufung, da Klarheit herrschen muss, welches Gericht zunächst zuständig ist. Denn sie lässt den ganzen Prozess der zweiten Instanz anfallen. Bei einem gleichzeitigen Eingang hat die KfH den Sachvorrang. Handelt es sich nicht um eine Handelssache, darf die KfH die Sache nach § 97 II 1 von Amts wegen an die ZivK verweisen. Stellt eine Partei oder stellen beide einen Verweisungsantrag, gilt für die Entscheidung das oben Gesagte.

101 *[Antrag auf Verweisung].* **I 1Der Antrag auf Verweisung des Rechtsstreits an eine andere Kammer ist nur vor der Verhandlung des Antragstellers zur Sache zulässig. 2Ist dem Antragsteller vor der mündlichen Verhandlung eine Frist zur Klageerwiderung oder Berufungserwiderung gesetzt, so hat er den Antrag innerhalb der Frist zu stellen. 3§ 296 Abs. 3 der Zivilprozeßordnung gilt entsprechend; der Entschuldigungsgrund ist auf Verlangen des Gerichts glaubhaft zu machen.**

II 1Über den Antrag ist vorab zu entscheiden. 2Die Entscheidung kann ohne mündliche Verhandlung ergehen.

1 **I. Systematik, Regelungszweck, I, II.** Die Vorschrift schafft für die Verweisungsmöglichkeit im Interesse der Prozesswirtschaftlichkeit – Zeitgrenzen (möglichst frühzeitige Entscheidung). Fristregelungen sind immer streng zu handhaben.

2 **II. Antrag, I.** Er ist nach **I 1** nur vor der Verhandlung des Antragstellers zur Sache zulässig. Verhandlung zur Sache ist nicht dasselbe wie Verhandlung zur Hauptsache nach §§ 97 II GVG, 282 III 1 ZPO, → ZPO § 39 Rn. 1 ff. Es ist jede Verhandlung, die sich nicht nur auf Prozessförmlichkeiten und -vorfragen erstreckt, sondern die eine Prozesserledigung wenn auch evtl. derzeit nur durch eine rein prozessuale Entscheidung fördern soll, daher auch die Verhandlung über die Zulässigkeit der Klage oder über die Zulässigkeit der Berufung, nicht aber über Vertagungs- und Ablehnungsanträge usw., Gaul JZ 1984, 60. Der Beginn der Verhandlung genügt, um den Antrag unstatthaft zu machen. Das Verlesen der Anträge leitet die Verhandlung nach § 137 I ZPO ein. Es ist aber

nicht der Beginn der Verhandlung. Zu ihr ist eine Sacherörterung nötig. Eine Mitteilung der vorläufigen Beurteilung durch das Gericht reicht, Hmb NJW-RR 2012, 635. Anders ist es nur bei demjenigen Widerklagantrag, der bereits eine sachliche Stellungnahme enthält.

III. Frist, I. Hatte das Gericht dem Bekl. (Antragsteller) vorher nach § 275 I 1 ZPO oder nach § 276 I 2 ZPO eine Frist zur Klagerwiderung oder Berufungserwiderung gesetzt, muss er den Verweisungsantrag nach I 2 schon innerhalb der Frist stellen, LG Heilbr MDR 2003, 231 (zust. Willmerdinger), LG Mü MDR 2009, 647. Maßgeblich ist die erste Erwiderungsfrist. Das Gericht kann sie auch bis zum Ablauf einer schon verlängerten Klagerwiderungsfrist verlängern, Düss MDR 2005, 709, Mü MDR 2009, 946, aM LG Mü MDR 2009, 647 (zu formell). Daher ist eine erneute Fristsetzung unzulässig, LG Bonn MDR 2000, 725 (zust. Schneider), LG Heilbr MDR 2003, 231 (zust. Willmerdinger), aM LG Düss MDR 2005, 709. Versäumt der Antragsteller die Frist, ist der Antrag nach **I 3 Hs. 1** entsprechend § 296 III ZPO nur dann zulässig, wenn der Antragsteller die Verspätung genügend entschuldigt. Der Entschuldigungsgrund muss nach **I 3 Hs. 2** entsprechend § 296 IV ZPO auf ein Verlangen des Gerichts nach § 294 ZPO glaubhaft sein. § 538 II ZPO ist unanwendbar, Herr JZ 1984, 318. 3

IV. Vorabentscheidung, II. Über den Verweisungsantrag muss das Gericht vorab entscheiden, also vor der Verhandlung über die Zulässigkeitsvoraussetzungen nach § 280 ZPO, Gaul JZ 1984, 59, **II 1.** Die Entscheidung kann nach **II 2** ohne eine mündliche Verhandlung ergehen. Das Gericht entscheidet durch einen Beschluss, auch nach einer streitigen Verhandlung, wie bei sämtlichen Verweisungen des Zivilprozesses nach §§ 281, 506 ZPO. Den Beschluss erlässt nach § 349 II Nr. 1 ZPO der Vorsitzende der KfH allein. Der Beschluss braucht wegen → Rn. 5 keine Begründung nach → ZPO § 329 Rn. 6. 4

V. Unanfechtbarkeit, I, II. Die Entscheidung ist nach § 102 S. 1 grundsätzlich unanfechtbar. Zur Bindungswirkung → § 101 Rn. 2; → § 102 Rn. 5. 5

102

[Unanfechtbarkeit der Verweisung]. **[1]Die Entscheidung über Verweisung eines Rechtsstreits an die Zivilkammer oder an die Kammer für Handelssachen ist nicht anfechtbar. [2]Erfolgt die Verweisung an eine andere Kammer, so ist diese Entscheidung für die Kammer, an die der Rechtsstreit verwiesen wird, bindend. [3]Der Termin zur weiteren mündlichen Verhandlung wird von Amts wegen bestimmt und den Parteien bekanntgemacht.**

I. Systematik, Regelungszeck, S. 1–3. Es handelt sich bei S. 1, 2 um eine gegenüber §§ 281, 506 ZPO grundsätzlich vorrangige, aber dem § 281 ZPO deutlich nachgebildete Regelung zur Prozesswirtschaftlichkeit. Das Gesetz will Zuständigkeitsstreitigkeiten möglichst vermeiden und abkürzen, Bernau NJW 2014, 2234. S. 3 bringt praktisch eine Wiederholung von § 216 ZPO. 1

II. Geltungsbereich, S. 1–3. § 102 betrifft nur die Verweisung nach §§ 97–100, 104. Die Verweisung vom AG an die KfH nach § 96 II wirkt nach → § 96 Rn. 3 ganz nach §§ 281, 506 ZPO (Verweisung vom AG). Die Verweisung erfolgt durch Beschluss (§ 101). § 102 gilt nicht bei einer formlosen Abgabe zB nach § 21e. 2

III. Unanfechtbarkeit, S. 1, Bindung, S. 2. Jede Entscheidung über einen Verweisungsantrag ist grundsätzlich unanfechtbar, Köln NJW-RR 2002, 426, ohne Rücksicht auf ihre Gesetzmäßigkeit, Mü IPRax 1989, 43, also auch die eine Verweisung wieder aufhebende Entscheidung. Die Verweisung an eine andere Kammer ist für diese bindend und unanfechtbar. Das gilt nicht nur zu derjenigen Zuständigkeitsfrage, derentwegen die Verweisung erfolgte, sondern auch wegen sonstiger Zuständigkeitsfragen, soweit das verweisende Gericht die Zuständigkeit auch insoweit geprüft und bejaht hat, BGH NJW-RR 1998, 1219, BayObLG NJW-RR 2003, 357. Gegen diese Regelung bestehen für den Regelfall keine verfassungsrechtlichen Bedenken, Ffm NJW-RR 2002, 426. 3

Halten sich weder Zivilkammer noch KfH für zuständig, gilt § 36 Nr. 6; vgl. OLG Stuttgart NJW-RR 2019, 699; KG NJW-RR 2008, 1023. 4

IV. Bindungsgrenzen. Hat das Gericht bei der Entscheidung nach § 101 I 2 zB gegen § 98 III oder Art. 101 I 2, 103 I GG oder das Willkürverbot verstoßen, entfällt die Bindungswirkung, KG 13.3.2008 – 2 AR 10/08, NJW-RR 2008, 1023; Celle OLGR 2004, 370; Hmb NJW-RR 2012, 635; Köln NJW-RR 2002, 426, OLG München NZG 2014, 231, insbesondere auch, wenn der Verweisung jede rechtliche Grundlage fehlt, nicht verständlich ist und offensichtlich unhaltbar ist OLG Stuttgart NJW-RR 2019, 699. 5

Ein Verstoß gegen die Befristung des Antrags nach § 101 I reicht nicht aus, Brdb NJW-RR 2001, 63; Brschw NJW-RR 1995, 1535; aM Karlsr MDR 1998, 558 (zu formell); Nürnb NJW 1993, 3208; Fischer MDR 2002, 1404, ebenso wenig ein sonstiger Verfahrensfehler, zB ein Verstoß gegen § 96 I, aM Karlsr MDR 1998, 558. Das Rügerecht entsprechend § 39 ZPO erlischt wie nach § 101 I dann, wenn der Betroffene nach der Entscheidung rügelos zur Sache verhandelt. Keine Verweisung ist die Ablehnung einer Übernahme oder der eigenen Zuständigkeit, KG OLGR 2008, 951. 6

Die Verweisung schließt eine **Weiterverweisung** in einen anderen Rechtsweg nicht aus, BAG NZA 1993, 524. Neue Umstände wie zB eine Klagänderung nach § 263 können eine Zurückverweisung an die ZivK zulassen. Ergehen gegensätzliche Verweisungsbeschlüsse, muss entsprechend § 36 I Nr. 6 das OLG entscheiden, Brdb NJW-RR 2001, 63; Düss NJW-RR 2001, 1220; KG NJW-RR 2008, 1023. Hat die ZivK oder die KfH zu Unrecht in der Sache erkannt, ist das Urteil aus diesem Grund nicht anfechtbar. Etwas anderes gilt dann, wenn die Verweisung objektiv willkürlich etwa unter Verstoß gegen § 98 III erfolgt ist, Hamm NJW-RR 1993, 287; Gaul JZ 1984, 65 und 563; aM Herr JZ 1984, 318, und wenn keine Heilung durch eine rügelose Verhandlung zur Sache eingetreten ist, arg. § 101 I. 7

V. Terminsbestimmung, S. 3. Der Vorsitzende muss einen Termin zur mündlichen Verhandlung unter einer Beachtung von § 216 unverzüglich wie bei § 121 I 1 BGB von Amts wegen bestimmen. Vor der Verweisung gesetzte Fristen bleiben wirksam, Ffm NJW-RR 1993, 1084. 8

103 *[Hauptintervention].* **Bei der Kammer für Handelssachen kann ein Anspruch nach § 64 der Zivilprozeßordnung nur dann geltend gemacht werden, wenn der Rechtsstreit nach den Vorschriften der §§ 94, 95 vor die Kammer für Handelssachen gehört.**

1 **I. Systematik, Regelungszweck.** Die Vorschrift hat den Vorrang vor § 64. Auch in ihrem Geltungsbereich soll die KfH nur in einer echten Handelssache zuständig sein.

2 **II. Hauptintervention.** § 103 verschiebt die sachliche Zuständigkeit bei der Hauptintervention nach § 64 zum Nachteil der KfH. Die KfH ist nur zuständig, wenn für die Hauptintervention selbst § 95 GVG gegeben ist und der Hauptprozess bei der KfH anhängig ist. Für sie gilt dann, wenn die Einmischung eine Handelssache betrifft: Entweder schwebt der Erstprozess bei der KfH. Dann ist sie zuständig. Oder der Erstprozess schwebt bei der ZivK. Dann ist diese zuständig, selbst wenn die Hauptintervention eine Handelssache ist. Eine Verweisung aus § 98 ist unstatthaft, falls sie nicht noch für den Erstprozess zulässig ist und auch erfolgt. Die gemeinsame Zuständigkeit für den Erst- und den Einmischungsprozess soll möglichst erhalten bleiben.

104 *[Verweisung in Beschwerdesachen].* I [1]**Wird die Kammer für Handelssachen als Beschwerdegericht mit einer vor sie nicht gehörenden Beschwerde befaßt, so ist die Beschwerde von Amts wegen an die Zivilkammer zu verweisen.** [2]**Ebenso hat die Zivilkammer, wenn sie als Beschwerdegericht in einer Handelssache mit einer Beschwerde befaßt wird, diese von Amts wegen an die Kammer für Handelssachen zu verweisen.** [3]**Die Vorschriften des § 102 Satz 1, 2 sind entsprechend anzuwenden.**

II **Eine Beschwerde kann nicht an eine andere Kammer verwiesen werden, wenn bei der Kammer, die mit der Beschwerde befaßt wird, die Hauptsache anhängig ist oder diese Kammer bereits eine Entscheidung in der Hauptsache erlassen hat.**

1 **I. Systematik, Regelungszweck, I, II.** In der Reihe vorrangiger Spezialvorschriften regelt § 104 das Beschwerdeverfahren. Die Regelungszwecke sind dieselben wie in der ersten Instanz.

2 **II. Prüfung von Amts wegen, I, II.** Über die Zuständigkeit der KfH in Beschwerdesachen → § 94 Rn. 1. Der Ausdruck „Beschwerdegericht in einer Handelssache" gilt entsprechend. Ein Parteiantrag ist hier für die Zuständigkeit belanglos. Sie richtet sich nach dem Gesetz. Das Gericht muss sie von Amts wegen prüfen. Eine besondere Entscheidung darüber ist unnötig. Entscheidet die ZivK oder die KfH vorschriftswidrig, erlaubt das allein keine weitere Beschwerde.

3 **III. Gebotene Verweisung, I.** Die KfH muss an die ZivK und umgekehrt von Amts wegen dann verweisen, wenn sie unzuständigerweise mit einer Beschwerde „befasst" ist, sobald ihr also die Beschwerdesache nach der Geschäftsverteilung vorliegt. Der Vorsitzende ist nach § 349 II Nr. 1 ZPO zuständig. Unerheblich ist, ob die Beschwerde beim AG oder beim LG erfolgte und ob sie eine Kammer benennt. Entsprechende Anwendung von § 102 heißt: Gegen die Verweisung gibt es keinen Rechtsbehelf. Sie bindet schlechthin.

4 **IV. Verbotene Verweisung, II.** Eine Verweisung ist dann unstatthaft, wenn bei der mit der Beschwerde befassten Kammer die Hauptsache schwebt oder wenn die Kammer schon eine Entscheidung in der Hauptsache erlassen hat. Der Zweck ist die Wahrung der Einheitlichkeit der Beurteilung. Darum ist der Text zu eng. Es ist nicht nur eine Verweisung unstatthaft, sondern es ist auch die betreffende Kammer zuständig, ohne dass sie befasst wäre. Wird also eine andere Kammer zu Unrecht befasst, muss sie an die nach II berufene verweisen. Im Verhältnis zwischen KfH zu KfH bzw. Zivilkammer zu Zivilkammer sind mögliche entsprechende Regelungen im Geschäftsverteilungsplan zu berücksichtigen (§ 21e).

105 *[Besetzung].* I **Die Kammern für Handelssachen entscheiden in der Besetzung mit einem Mitglied des Landgerichts als Vorsitzenden und zwei ehrenamtlichen Richtern, soweit nicht nach den Vorschriften der Prozeßgesetze an Stelle der Kammer der Vorsitzende zu entscheiden hat.**

II **Sämtliche Mitglieder der Kammer für Handelssachen haben gleiches Stimmrecht.**

Schrifttum: Fleischer/Danninger, Die Kammer für Handelssachen: Entwicklungslinien und Zukunftsperspektiven, ZIP 2017, 205; Lindloh, Die Kammer für Handelssachen des Landgerichts Hamburg, in: Recht und Juristen in Hbg, 1999 II 107; Lindloh, Der Handelsrichter und sein Amt, 2009.

1 **I. Besetzung, I, II.** Die Einrichtung der KfH steht der Landesjustizverwaltung zu.

2 **1. Vorsitzender, I.** Den Vorsitzenden und die regelmäßigen Vertreter bestimmt das Präsidium nach § 21e. Der Vorsitzende kann nach § 21f I nur ein Vorsitzender Richter am LG sein. Über die auswärtige KfH § 106. Ein Richter auf Probe oder kraft Auftrags kann wegen § 28 II 2 DRiG nicht Mitglied sein, auch nicht vertreten. Ein Richter am Landgericht kann nur vorübergehend vertreten, da die Kammer andernfalls nicht vorschriftsmäßig besetzt ist BGH NJW 2015, 1685. Die besonderen Befugnisse des Vorsitzenden ergeben sich aus §§ 349 I–III, 944 ZPO, Hmb OLGR 1996, 92. Eine Übertragung auf den Einzelrichter nach §§ 348, 348a ZPO ist nach § 349 IV ZPO unzulässig. Entscheidet der Vorsitzende anstelle der KfH, begründet das die Rüge der unvorschriftsmäßigen Besetzung, BayOLGZ 95, 92; Ffm NJW 1983, 2335, und umgekehrt zB bei (jetzt) § 83 GNotKG, Mü NVwZ-RR 2010, 90. Dann kommt nach → ZPO § 350 Rn. 2 eine Zurückverweisung nach § 538 ZPO in Betracht. Entscheidet der Vorsitzende alleine nach § 349 ZPO ist er nicht Einzelrichter im Sinne von § 568, so dass das Beschwerdegericht in voller Besetzung zu entscheiden hat BGH MDR 2004, 530. Eine Inanspruchnahme von § 349 ZPO ist vor allem dann nicht angezeigt, wenn man den Sachverstand der Handelsrichter nutzbar machen kann, insbesondere weil diese, im Gegensatz zu Schöffen, eine besondere Qualifikation nach § 109 GVG aufzuweisen haben. Die Handelsrichter sollen dabei zwar besondere Kenntnisse aufweisen, aber den Parteien nicht branchenspezifisch nahestehen, so dass an ihre Unabhängigkeit und Unparteilichkeit kein Zweifel aufkommt.

2. Handelsrichter, I. Die Handelsrichter werden nach § 108 bestellt. Sie müssen die in § 109 genannten besonderen Voraussetzungen erfüllen. Sie bringen den Sachverstand des Handelsstands nach § 114 unmittelbar auf die Richterbank, Sendler NJW 1986, 2911. Das Präsidium teilt die Handelsrichter den einzelnen Kammern nach § 21e zu. Sie wirken außerhalb der in § 349 ZPO geregelten Fälle an den Entscheidungen mit. Geschieht das nicht, ist die Entscheidung nicht deshalb nichtig, sondern wegen der unrichtigen Besetzung anfechtbar. Dann ist eine Zurückverweisung nach § 538 II 1 Nr. 1 ZPO meist notwendig, BayObLG DRiZ 1980, 72. Eine Überbesetzung mit Handelsrichtern ist unbedenklich, BGH NJW-RR 1998, 700. Ein Handelsrichter kann beauftragter Richter sein, zB beim Güteversuch nach § 278 II ZPO. 3

II. Stimmrecht, II. Die Vorschrift klärt, dass der stillschweigende Grundsatz gleichen Stimmrechts nach §§ 192 ff. GVG auch in der KfH gilt, die beiden Handelsrichter können den Berufsrichter also überstimmen. Jeder Handelsrichter – anders als zB Schöffen – unterschreibt sein Urteil nach § 315 I ZPO mit, nicht aber einen Beschluss. Denn § 329 ZPO nennt § 315 I ZPO nicht mit. 4

106 *[Auswärtige Kammer für Handelssachen].* **Im Falle des § 93 Abs. 1 Satz 2 kann ein Richter beim Amtsgericht Vorsitzender der Kammer für Handelssachen sein.**

Der auswärtigen KfH kann ein Amtsrichter vorsitzen, nicht notwendig einer des Sitzes. Es muss aber wegen § 28 II 2 DRiG ein auf Lebenszeit ernannter Richter sein (Richter am AG, § 19a DRiG). 1

107-110 *(nicht abgedruckt)*

§ 107 ist bei Toussaint/Weber GVG § 107 Rn. 1 ff. kommentiert. 1

111 (weggefallen)

112 *[Rechte und Pflichten].* **Die ehrenamtlichen Richter haben während der Dauer ihres Amts in Beziehung auf dasselbe alle Rechte und Pflichten eines Richters.**

Die Handelsrichter haben alle Rechte und Pflichten der Richter. § 1 GVG ist auf sie voll anwendbar. Für ihre Ausschließung und Ablehnung gelten §§ 41 ff. ZPO unmittelbar, Naumburg NVwZ 2001, 956; Stgt ZIP 1994, 778; Pfeiffer ZIP 1994, 769. Die Handelsrichter unterstehen dienstlich und außerdienstlich den für Richter geltenden Dienstvorschriften (Sonderfall: § 113). Ergänzend gelten §§ 44, 45 DRiG, für die Amtsbezeichnung § 45a DRiG. Vorsitzender oder Einzelrichter sein kann der Handelsrichter nach § 349 IV ZPO nicht. Beauftragter Richter kann er sein, zB für einen Güteversuch nach § 278 II ZPO. Für die Unterzeichnung durch ihn gilt § 315 I ZPO. Dass der Handelsrichter die Akten eines unter seiner Mitwirkung verlaufenden Verfahrens einsehen darf, ist selbstverständlich. Bedenken bei anderen ehrenamtlichen Richtern dagegen bestehen jedenfalls beim Handelsrichter nicht, Atzler DRiZ 1991, 207; Reim DRiZ 1992, 141. Die Vereidigung richtet sich nach Landesrecht, § 45 DRiG, vgl. zB § 6 LRiStaG NRW. 1

113 *(nicht abgedruckt)*

114 *[Sachkunde der Kammer für Handelssachen].* **Über Gegenstände, zu deren Beurteilung eine kaufmännische Begutachtung genügt, sowie über das Bestehen von Handelsgebräuchen kann die Kammer für Handelssachen aufgrund eigener Sachkunde und Wissenschaft entscheiden.**

I. Systematik, Regelungszweck. Es handelt sich um eine erhebliche Erweiterung der Möglichkeiten einer Beweiswürdigung mit dem Vorrang vor den allgemeinen Regeln zum Sachverständigenbeweis. Normalerweise darf und muss sich ein Gericht dann der Fachkenntnis eines Fachmanns bedienen, wenn es sie nicht selbst hat. § 114 unterstellt aber eine ausreichende Sachkunde der ganzen KfH wegen derjenigen ihrer Handelsrichter. Das dient der Prozesswirtschaftlichkeit. Das gilt natürlich nur, soweit wenigstens einer der Handelsrichter eine ausreichende Sachkunde auch wirklich zumindest im Kern hat, andernfalls kommt durchaus eine Beweiserhebung in Betracht. Nur in diesen Grenzen darf man § 114 großzügig auslegen. 1

II. Sachkunde, Handelsbrauch. Die KfH darf aus eigener Sachkunde entscheiden, soweit eine kaufmännische Begutachtung genügt, also das sachverständige Gutachten eines Kaufmanns, nicht notwendig eines solchen aus dem Geschäftszweig der Handelsrichter. Sie darf auch insoweit derart vorgehen, als das Bestehen und der Inhalt eines Handelsbrauchs infrage stehen. Handelsbrauch sind nach § 346 HGB die im Handelsverkehr geltenden Gewohnheiten und Gebräuche, etwa die Verkehrssitte des Handels nach § 242 BGB. Es genügt, wenn ein Mitglied der Kammer die erforderliche Sachkunde besitzt und der ganzen Kammer vermitteln kann, Zöller/Lückemann Rn. 1. Hierüber entscheidet die Kammer und hat die Parteien nach § 139 ZPO darauf hinzuweisen, wenn hierdurch eine angebotene Beweisaufnahme entbehrlich würde. 2

Durch das Modell des sachkundigen ehrenamtlichen Richters kann aber oftmals nur ein Grundwissen, kein fallbezogenes Spezialwissen rekurriert werden. Dies beruht auf die teilweisen komplexen rechtlichen und tatsächlichen Zusammenhänge. Handelsrichter können jedoch insbesondere bei der Auslegung unbestimmter Rechtsbegriffe und der Erfassung des Sachverhalts hilfreich sein, Windel AnwBl online 2019, 105. 3

4 Die KfH darf **in zweiter Instanz** von erstinstanzlichen Gutachten abweichen. Hat sie als erste Instanz erstmals ein Gutachten eingeholt, kann sie aufgrund eigener Sachkunde Einwendungen gegen das Gutachten zurückweisen, darf sich aber nicht ohne weiteres von ihm lösen.

5 Hat die KfH aufgrund eigener Sachkunde entschieden, darf ihr im Rahmen von § 114 das OLG als Berufungsgericht folgen und daraufhin einen Sachverständigenbeweis ablehnen. Es braucht das jedoch nicht zu tun. Es muss sich dann aber mit dem Gutachten im Urteil auseinandersetzen. Die „eigene Sachkunde und Wissenschaft" eines Handelsrichters, zB eines Kakaoimporteurs, kann genügen, LG Hann IPRax 1987, 312. Ob das so ist, entscheidet die KfH durch einen Mehrheitsbeschluss nach § 196. Daher entfällt bei einer Bejahung die Notwendigkeit eines Sachverständigenbeweises. Wenn die KfH aus eigener Sachkunde entscheiden will, muss sie die Parteien darauf nach § 139 ZPO hinweisen, BVerfG NJW 1998, 2274.

Achter Titel. Oberlandesgerichte

Vorbemerkung zu § 115

1 **I. Systematik, Regelungszweck.** Der Titel regelt den Aufbau und die sachliche Zuständigkeit der OLGe. Ihre Errichtung und Aufhebung geschieht nach § 1 GVVO und dem GVG. Das OLG für das Land Berlin führt den Namen Kammergericht (KG). Den 8. Titel ergänzt § 8 II GVVO.

2 **II. Geltungsbereich.** Die Oberlandesgerichte sind in Zivilsachen Berufungs- und Beschwerdegerichte. In der Arbeitsgerichtsbarkeit ist Berufungs- und Beschwerdegericht nach § 8 II IV ArbGG das LAG. Das OLG kann als Beschwerdegericht nach §§ 16 ff. ThUG im Zivilsenat zuständig sein, auch nach § 18 ThUG dem BGH vorlegen müssen. Nach § 129 VG-Richtlinie-UmsetzungsG ist das OLG in bestimmten dort aufgezählten Fällen erstinstanzlich ausschließlich zuständig.

115 *[Besetzung].* **Die Oberlandesgerichte werden mit einem Präsidenten sowie mit Vorsitzenden Richtern und weiteren Richtern besetzt.**

1 Zur Stellung des Präsidenten gilt → § 59 Rn. 2 entsprechend. Neben ihm muss mindestens ein Vorsitzender Richter vorhanden sein. Wegen der Besetzung gilt → § 59 Rn. 4. Zur Überbesetzung → § 16 Rn. 8. Es können nur Richter auf Lebenszeit am OLG Richter sein, nach § 28 I DRiG auch Hilfsrichter, also nicht Richter auf Probe oder kraft Auftrags, weil eine § 22 V oder § 59 III entsprechende Bestimmung fehlt, wohl aber nach § 37 DRiG abgeordnete Richter. Diese darf man aber nur mit der sich aus § 29 DRiG ergebenden Beschränkung und nur ausnahmsweise aus zwingenden Gründen verwenden, BGH NJW 1985, 2336. Ihre Bestellung erfolgt nach § 117. Wegen der Fälle einer unzulässigen Bestellung von Hilfsrichtern → § 59 Rn. 2. Unzulässig ist die Mitwirkung auch dann, wenn der Hilfsrichter zur Beförderung vorgesehen ist und man ihn nur wegen einer allgemeinen Beförderungssperre nicht in die Planstelle einweisen kann, BGH NJW 1985, 2336, Katholnigg JR 1985, 38. Der ordentliche Vorsitzender Richter nach § 21 f GVG kann nur vorübergehend vertreten werden, da der Senat andernfalls nicht vorschriftsmäßig besetzt ist BGH NJW 2015, 1685.

115a **(weggefallen)**

116 *[Gliederung].* I [1]**Bei den Oberlandesgerichten werden Zivil- und Strafsenate gebildet.** [2]**Bei den nach § 120 zuständigen Oberlandesgerichten werden Ermittlungsrichter bestellt; zum Ermittlungsrichter kann auch jedes Mitglied eines anderen Oberlandesgerichts, das in dem in § 120 bezeichneten Gebiet seinen Sitz hat, bestellt werden.**

II [1]**Die Landesregierungen werden ermächtigt, durch Rechtsverordnung außerhalb des Sitzes des Oberlandesgerichts für den Bezirk eines oder mehrerer Landgerichte Zivil- oder Strafsenate zu bilden und ihnen für diesen Bezirk die gesamte Tätigkeit des Zivil- oder Strafsenats des Oberlandesgerichts oder einen Teil dieser Tätigkeit zuzuweisen.** [2]**Ein auswärtiger Senat für Familiensachen kann für die Bezirke mehrerer Familiengerichte gebildet werden.**

III **Die Landesregierungen können die Ermächtigung nach Absatz 2 auf die Landesjustizverwaltungen übertragen.**

1 **I. Senate, I.** Zur Bestimmung der Anzahl der Senate vgl. entsprechend → Vor § 59 Rn. 1 ff., für die KfH teilweise Sonderbestimmungen, vgl. zB § 6 I 2 JustG NRW Bestimmung der Anzahl durch das Ministerium der Justiz.

2 **II. Auswärtige Senate, II, III.** Ihre Bildung erfolgt durch eine Rechtsverordnung der Landesregierung oder der von ihr nach III ermächtigten Landesjustizverwaltung. Die Außensenate sind Teil des Stammgerichts. Der Eingang eines Schriftsatzes bei dem letzteren wahrt die Frist für ein beim Außensenat schwebendes Rechtsmittel. Ebenso genügt umgekehrt der Eingang eines für das Stammgericht bestimmten Schriftsatzes bei einem Außensenat, Karlsr NJW 1984, 744. Haben die Parteien vereinbart, dass der Widerruf eines Vergleichs in einem bei dem auswärtigen Senat eingehenden Schriftsatz zulässig ist, wahrt der Eingang beim Stammgericht die Widerrufsfrist nicht, BGH NJW 1980, 1753. Bei der Bildung auswärtiger Senate für Familiensachen darf man nach **II 2** nicht auf den Landgerichtsbezirk, sondern muss auf die Bezirke mehrerer Familiengerichte abstellen. Für die Entscheidung eines negativen Kompetenzkonflikts gilt § 36 I Nr. 6 ZPO, BayObLGZ 1994, 119.

117 *[Vertretung].* **Die Vorschrift des § 70 Abs. 1 ist entsprechend anzuwenden.**

§ 70 I ist entsprechend anwendbar. Die Landesjustizverwaltung regelt daher die Vertretung durch die Zuweisung eines Richters auch beim OLG. Da eine Bestimmung in der Art des § 70 II fehlt, dürfen Richter auf Probe oder kraft Auftrags beim OLG nicht tätig werden. Es kommt nur eine Abordnung eines Richters auf Lebenszeit in Betracht, zum Beispiel zum Zwecke der „Erprobung" im Beförderungsverfahren. 1

118 *[Zuständigkeit in Musterverfahren].* **Die Oberlandesgerichte sind in bürgerlichen Rechtsstreitigkeiten im ersten Rechtszug zuständig für die Verhandlung und Entscheidung über Musterverfahren nach dem Kapitalanleger-Musterverfahrensgesetz.**

Die Vorschrift schafft eine erstinstanzliche Zuständigkeit des OLGs für Musterverfahren nach §§ 4 ff. KapMuG (BGBl. 19.8.2005, 2437) und für Musterfeststellungsverfahren. Das KapMuG gilt nunmehr bis 31.10.2020 (§ 28 KapMuG idF des G v 19.10.2012, BGBl. I 2182); vgl. auch KlagRegV v. 26.10.2005, BGBl. I 3092. Hierdurch soll die Effektivität des Gesetzes nochmals überprüft werden können. Sollte das Gesetz nicht verlängert werden, müssten die dann noch anhängigen Verfahren in Einzelverfahren überführt werden 1

Durch die Vorschrift wird eine kollektive Rechtsschutzform geschaffen, um gleichgerichteter Interessen und Ansprüche nach § 1 I KapMuG durch kostengünstige Prozessführung und effektive Rechtsdurchsetzung besser konzentrieren zu können. Zur Durchführung des Verfahrens vgl. §§ 9 ff KapMuG. Es können Musterverfahren wegen falscher, irreführender oder unterlassener öffentlicher Kapitalmarktinformationen zB bei Jahresabschlüssen oder Börsenprospekten ermöglicht werden. Die dann festgestellten Tatsachen und Rechtfragen sind bindend für alle beteiligten Kläger. Dieses Verfahren soll auch dazu beitragen, in angemessener Zeit über einen Rechtsstreit entscheiden zu können (Rechtsschutzgarantie). 2

Das OLG erlässt nach mündlicher Verhandlung durch Beschluss einen sog. „Musterentscheid" (§ 16 KapMuG). Dieser Musterentscheid kann in Rechtskraft erwachsen. Gegen die OLG-Entscheidung ist nach § 20 KapMu die Rechtsbeschwerde statthaft, über die der BGH entscheidet (vgl. auch Zöller/Lückemann Rn. 2). 3

Das OLG gehört seitdem neben AG und LG (ausnahmsweise) zu den Gerichten erster Instanz. Dies ergibt sich auch aus der Zuständigkeit für Musterfeststellungsverfahren in § 119 III GVG. Da es sich hier bereits strukturell um einen Ausnahmefall handelt sind die Möglichkeiten der rügelosen Einlassung nach §§ 38, 39, 40 ZPO teleologisch zu reduzieren und nicht anzuwenden (Loyal, ZIP 2019, 2049). Im Übrigen verbliebt es bei der Zuständigkeit des Landgerichts (§ 71 I, II Nr. 3 GVGG, Thomas/Putzo/Hüßtege Rn. 1). 4

119 *[Zuständigkeit in Zivilsachen].* **I Die Oberlandesgerichte sind in Zivilsachen zuständig für die Verhandlung und Entscheidung über die Rechtsmittel:**

1. **der Beschwerde gegen Entscheidungen der Amtsgerichte**
   a) **in den von den Familiengerichten entschiedenen Sachen;**
   b) **in den Angelegenheiten der freiwilligen Gerichtsbarkeit mit Ausnahme der Freiheitsentziehungssachen und der von den Betreuungsgerichten entschiedenen Sachen;**
2. **der Berufung und der Beschwerde gegen Entscheidungen der Landgerichte.**

II **§ 23b Absatz 1, 2 und 3 Satz 3 und 4 gilt entsprechend.**

III **[1]In Zivilsachen sind Oberlandesgerichte ferner zuständig für die Verhandlung und Entscheidung von Musterfeststellungsverfahren nach Buch 6 der Zivilprozessordnung im ersten Rechtszug. [2]Ein Land, in dem mehrere Oberlandesgerichte errichtet sind, kann durch Rechtsverordnung der Landesregierung einem Oberlandesgericht die Entscheidung und Verhandlung für die Bezirke mehrerer Oberlandesgerichte oder dem Obersten Landesgericht zuweisen, sofern die Zuweisung für eine sachdienliche Förderung oder schnellere Erledigung der Verfahren zweckmäßig ist. [3]Die Landesregierungen können die Ermächtigung durch Rechtsverordnung auf die Landesjustizverwaltungen übertragen.**

I. Systematik, I–III. Die Vorschrift regelt die wichtigste funktionelle Zuständigkeit des OLG, also seinen eigentlichen Aufgabenbereich. Damit hat sie eine zentrale Bedeutung. Die frühere Regelung beim Auslandsbezug ist entfallen. 1

II. Regelungszweck, I–III. Zuständigkeitsregeln dienen Art. 101 I 2 GG (Gebot des gesetzlichen Richters). Das erfordert eine grundsätzlich strikte Handhabung. § 118 schafft eine erstinstanzliche Zuständigkeit der OLGe für die in §§ 4 ff. KapMuG genannten Verfahren. 2

III. Geltungsbereich, I–III. Das OLG ist mit Ausnahme der Zuständigkeit nach III und nach § 118 ausschließlich ein Rechtsmittelgericht. Für das jeweilige Rechtsmittel gelten die Vorschriften der Prozess- oder Verfahrensordnung nach §§ 511 ff., 542 ff., 567 ff. ZPO, §§ 59 ff. FamFG. Nach ihnen regelt sich die Zulässigkeit des Rechtsmittels im Einzelfall. Wegen des Anwaltszwangs § 78 Abs. 1. 3

IV. Beschwerde gegen AG, I Nr. 1. Das OLG ist insoweit das Rechtsmittelgericht in den folgenden Fällen. 4

1. Entscheidung des Familiengerichts, I Nr. 1a. Maßgeblich ist die sog. **formelle Anknüpfung.** Danach ist immer dann, wenn das AG als FamG (Abteilung für Familiensachen) entschieden hat, das übergeordnete OLG als Beschwerdegericht zuständig, (teils zum alten Recht) BGH FamRZ 1992, 665; Kblz MDR 2014, 476 (JVEG); Schlesw Rpfleger 2006, 542; aM Celle FamRZ 2013, 1512 (JVEG-Entscheidung). Das gilt unabhängig davon, ob auch wirklich eine Familiensache vorlag. Eine Berichtigung zB nach § 319 ZPO ändert daran in aller Regel nichts, BGH FamRZ 1994, 1520. Bestehen Zweifel, ob das AG als FamG entschieden hat, kann der Beteiligte nach dem Grundsatz der **Meistbegünstigung** die Entscheidung sowohl beim LG als beim OLG anfechten, BGH NJW-RR 1995, 379 und 380; Düss JurBüro 2009, 40; Schlesw SchlHA 1997, 112 (auch zur Verweisung von Rechtsmittelgericht an Rechtsmittelgericht), was aber voraussetzt, dass gegen die „richtig Entscheidung" überhaupt ein Rechtsmittel statthaft gewesen wäre (vgl. BGH NJW-RR 2018, 451. Zugleich bestimmt die „formelle 5

Anknüpfung" nach II iVm § 23b I 1 auch darüber, ob beim OLG zumindest zunächst der Familiensenat oder der allgemeine Zivilsenat amtiert, BGH FamRZ 1989, 166, Bergerfurth FamRZ 2001, 1494. § 513 II ZPO, § 65 IV FamFG ist zu berücksichtigen.

6 **2. Zuständigkeitsprüfung, I Nr. 1a.** Hat das AG oder das LG seine Zuständigkeit zu Unrecht angenommen, kann man das Rechtsmittel nach § 65 IV FamFG darauf nicht stützen. Zur Zuständigkeit in diesem Sinn gehört auch die Frage, ob es sich um eine Familiensache handelt, Mü FamRZ 2010, 2025. Deshalb darf das OLG diese Frage nur dann prüfen, wenn das AG oder das LG den Antrag abgewiesen hat, weil es nicht nach § 65 FamFG zuständig sei. Teilt das OLG diese Auffassung nicht, muss es nach § 69 I 2, 3 FamFG die angefochtene Entscheidung aufheben und die Sache evtl. zurückverweisen. Man kann diese Entscheidung mit der Rechtsbeschwerde nach § 70 FamFG nicht erfolgreich anfechten. Denn der BGH darf nach § 72 II FamFG nicht prüfen, ob eine Familiensache vorliegt oder nicht. Nach einer Verweisung des LG an das OLG darf und muss das OLG seine Zuständigkeit selbst prüfen und evtl. verneinen, Köln NJW-RR 2003, 864.

7 **3. Entscheidungsbegriff, I Nr. 1a, b.** Entscheidungen nach I Nr. 1a sind zunächst nach § 38 I 1 FamFG die Endentscheidungen im Beschlussweg. Beschwerdeinstanz ist das OLG auch für Beschlüsse in allen Nebenverfahren und Nebenentscheidungen des FamG, zB zur Kostenentscheidung, BGH NJW 1978, 1633, OLG Karlsruhe MDR 2018, 886; Bischof MDR 1978, 716 (Senat der Hauptsache); nicht aber für Kosten der Beratungshilfe, BGH NJW 1985, 2537; Naumb NJW-RR 2013, 1340; aM Köln MDR 2011, 258 (zu großzügig). Der in I Nr. 1a geregelte Instanzenzug gilt auch in einer unabhängig von einer Ehesache anhängigen Familiensache, BayObLG 2000, 216. Unabhängig ob Beschwerde oder sofortige Beschwerde (§ 58 FamFG; § 567 ZPO).

8 **4. Grundsatz: Freiwillige Gerichtsbarkeit, I Nr. 1b Hs. 1.** Das OLG ist das Rechtsmittelgericht auch grundsätzlich in allen solchen Angelegenheiten der freiwilligen Gerichtsbarkeit, die keine Familiengerichtszuständigkeit nach Nr. 1a begründen, Köln Rpfleger 2011, 465; Stgt Rpfleger 2010, 517. Das sind diejenigen Sachen nach dem FamFG, die nicht eine Familiensache nach § 23b I 1 darstellen, also die in § 23a II Nr. 2–5, 7 genannten Sachen, aber nicht nur sie, Zweibr NJW 2011, 3527. Zu den Familiensachen gehören die in § 111 Nr. 1–11 FamFG aufgezählten Sachen und die sog. Familienstreitsachen, die nach § 112 ausdrücklich einen Teil der „Familiensachen" bilden.

9 **5. Ausnahmen: Freiheitsentziehung, Entscheidung des Betreuungsgerichts, I Nr. 1b Hs. 2.** In diesen in § 23a II Nr. 6 genannten Fällen nach § 415 FamFG bleibt das LG das Rechtsmittelgericht. Die Betreuungssachen (§ 23c) zählt § 271 Nr. 1–3 FamFG auf.

10 **V. Berufung und Beschwerde gegen LG, I Nr. 2.** Das OLG ist das Rechtsmittelgericht nach einer Erstentscheidung des LG. Berufungsentscheidungen des LG nach § 72 sind nach § 543 ZPO mit der Revision bzw. der Nichtzulassungsbeschwerde, § 544, anfechtbar. Maßgebend ist die **formelle Anknüpfung** daran, wer tatsächlich entschieden hat, Schlesw Rpfleger 2006, 542.

VI. Beispiele zur Frage weiterer Zuständigkeiten des OLG, I Nr. 2

11 **Ablehnung:** Das OLG entscheidet nach § 45 III ZPO über die Ablehnung eines Gerichts, falls das LG beschlussunfähig wird.

AktG: Das OLG entscheidet bei §§ 246, 319 VI 7 AktG.

Baulandsache: Das OLG entscheidet in der Berufungsinstanz nach § 229 BauGB (Senat für Baulandsachen) durch zwei Richter des OLG (einschließlich des Vorsitzenden) und einen hauptamtlichen Richter eines OVG nach § 229 I 1 BauGB auch im Beschwerdeverfahren.

Beratungshilfe: Zuständig ist das Landgericht bei einer Beschwerde, es sei denn, wenn zuvor fälsch das FamFG entschieden hat, OLG Sachsen-Anhalt NJW-RR 2013, 1340.

Binnenschiffahrtssache: Das OLG entscheidet in zweiter Instanz nach § 11 Gesetz v. 27.9.1952, BGBl. 641.

Ehesache: Das OLG entscheidet bei § 107 FamFG.

Ehrenamtlicher Richter: Das OLG entscheidet bei § 44b IV DRiG.

Entschädigungssache: Das OLG entscheidet nach § 208 BEG.

Handelsrichter: Das OLG entscheidet über die Abberufung nach § 113 II.

Insolvenz: Das OLG entscheidet über die weitere Beschwerde in einem Insolvenzverfahren.

Justizverwaltungsakt: Das OLG entscheidet über seine Rechtmäßigkeit nach § 23 EGGVG.

Kartellsache: Das OLG entscheidet bei §§ 91, 116 GWB.

Landwirtschaftssache: Das OLG entscheidet über ein Rechtsmittel gegen eine Entscheidung des LG statt des LwG nach § 1 Nr. 1a LwVG, BGH NJW-RR 1992, 1152, Köln OLGR 2002, 395, oder des LwG nach § 2 LwVG, BGH NJW-RR 1992, 1152, und bei § 7 II LwVG.

Notarsache: Das OLG entscheidet bei §§ 75, 99, 100, 104, 111 BNotO.

Ordnungsmittel: Das OLG entscheidet über die Beschwerde bei einem sitzungspolizeilichen Ordnungsmittel nach § 181 III.

Rechtsanwalt: Das OLG entscheidet bei §§ 8 III, 11 II BRAO.

Rechtshilfe: Das OLG entscheidet über die Beschwerde gegen eine Verweigerung der Rechtshilfe nach § 159.

Schiedsrichterliches Verfahren: Das OLG entscheidet bei § 1042 ZPO.

Spruchverfahren: Das OLG entscheidet bei § 12 SpruchG.

Wertpapierbereinigung: Das OLG entscheidet über eine sofortige Beschwerde gegen eine Entscheidung der Kammer für Wertpapierbereinigung im Einspruchsverfahren nach § 31 VI AuslWBG.

Zeugen-/Sachverständigenentschädigung: Zuständigkeit Landgericht als nächsthöheres Gericht – § 4 IV 2 JVEG – anders bei § 57 III FamGKG, § 33 IV 2 RVG (dann OLG).

Zuständigkeitsbestimmung: Das OLG kann bei ihr nach §§ 36, 37 ZPO, § 5 FamFG zuständig sein.

Zwangsversteigerung: Das OLG entscheidet über die weitere Beschwerde in einem Zwangsversteigerungsverfahren.

12 **VII. Landesrecht, I Nr. 2.** Die Landesregierungen können die Entscheidung nach § 229 II BauGB einem OLG für mehrere OLG-Bezirke zuweisen; Beschwerde (auch gegen Einspruchsentscheid der Kartellbehörde), Festsetzung einer Geldbuße, Berufung in bürgerlichen Streitigkeiten nach GWB, dabei Entscheidung durch den Kartellsenat nach § 92 GWB. Kartellsachen, in denen die OLGe ausschließlich zuständig sind, können die

Landesregierungen nach § 93 GWB einem OLG zuweisen: **Baden-Württemberg:** VO v. 17.3.58, GVBl 102; **Bayern:** VO v. 16.12.1957, GVBl 324; **Niedersachsen:** VO v. 15.2.1958; **Nordrhein-Westfalen:** VO v. 7.1.1958, GVBl 17; **Rheinland-Pfalz:** LVO v. 22.10.1959, GVBl 215; **Schleswig-Holstein:** VO v. 11.2.1958, GVBl 118. Ist die Zuständigkeit des Berufungszuständigkeit nach §§ 91, 93, 92 i. V. mit § 87 GWB unsicher, kann die Berufung fristwahrend auch bei dem für Kartellsachen zuständigen Oberlandesgericht eingelegt werden (BGH, WM 2020, 652).

Wegen der Voraussetzungen für die Zuständigkeit des gemeinsamen OLG in diesen Fällen Celle Nds. Rpfl. **77,** 187, Mü MDR 1982, 62; Beschwerdeinstanz nach § 12 AVAG, SchlAnh. V D; Entscheidung nach § 4 AusfG zum EuSorgeRÜbk, SchlAnh. V A 3. 13

VIII. Familiensenat, II. Für die Entscheidung über Rechtsmittel nach I Nr. 1a ist beim OLG entsprechend § 23b mindestens ein Famliliensenat erforderlich, und zwar nach Maßgabe des § 23b II und zwecks funktioneller Zuständigkeit, Jauernig FamRZ 1989, 7. Die Zuweisung anderer Geschäfte an den Familiensenat ist zulässig. Für die Abgabe einer Familiensache bei der Bildung mehrerer Familiensenate gilt § 23b II 2 entsprechend. Es kann nach § 68 IV FamFG der Einzelrichter zuständig werden. 14

Werden unzulässigerweise **Nichtfamilien- und Familiensachen** im Verhältnis von Haupt- und Hilfsantrag anhängig, muss zunächst der für den Hauptantrag zuständige Senat entscheiden. Erst wenn und soweit er den Hauptantrag abgewiesen hat, kann das Gericht das Verfahren wegen des Hilfsantrags abgeben, BGH NJW 1981, 2417. Im Streit zwischen einem Familien- und einem Zivilsenat gilt § 36 I Nr. 6 ZPO entsprechend. 15

Die ergänzende Bezugnahme auf § 23b III 3, 4 GVG soll im Einklang mit dem Amtsgericht sicherstellen, dass auch die Richter beim Oberlandesgericht über keine geringeren „belegbaren Kenntnisse" auf dem Gebiet des Familienrechts und möglicher entsprechender Fortbildungen verfügen als die Richter beim Amtsgericht (§ 23b GVG) 16

IX. Musterfeststellungsverfahren, III. Um die Richtigkeitsgewähr der Entscheidung bezüglich der abstrakten Rechtfrage zu erhöhen, ist das Oberlandesgericht bereits erstinstanzlich sachlich zuständig für Musterfeststellungsklagen. Das Oberlandesgericht ist damit einzige Tatsacheninstanz. Hinsichtlich der örtlichen Zuständigkeit siehe § 32c. Um weitere Spezialisierungen zu ermöglichen, sieht III 2 eine weitere Konzentrationsmöglichkeit vor. Konsequenterweise sieht § 614, § 543 II die Möglichkeit der Revision vor und unterstellt fiktiv eine grundsätzliche Bedeutung, vgl. Thomas/Putzo/Hüßtege Rn. 14. Die Länder haben die Möglichkeit von weiteren Konzentrationen III 2, vgl. auch § 13a GVG. 17

X. Besondere Zuständigkeitszuweisungen. Darüber hinaus gibt es auch durch Gesetz besondere Zuständigkeitsregeln, wie zB in § 72 GBO, wonach über die Beschwerde gegen die Entscheidungen des Grundbuchamtes das Oberlandesgericht entscheidet, in dessen Bezirk das Grundbuchamt seinen Sitz hat. 18

119a *[Weitere sachliche Zuständigkeit in 2. Instanz].* **(1) Bei den Oberlandesgerichten werden ein oder mehrere Zivilsenate für folgende Sachgebiete gebildet:**

1. **Streitigkeiten aus Bank- und Finanzgeschäften,**
2. **Streitigkeiten aus Bau- und Architektenverträgen sowie aus Ingenieurverträgen, soweit sie im Zusammenhang mit Bauleistungen stehen,**
3. **Streitigkeiten aus Heilbehandlungen,**
4. **Streitigkeiten aus Versicherungsvertragsverhältnissen,**
5. **Streitigkeiten über Ansprüche aus Veröffentlichungen durch Druckerzeugnisse, Bild- und Tonträger jeder Art, insbesondere in Presse, Rundfunk, Film und Fernsehen,**
6. **erbrechtliche Streitigkeiten und**
7. **insolvenzrechtliche Streitigkeiten, Anfechtungssachen nach dem Anfechtungsgesetz sowie Streitigkeiten aus dem Unternehmensstabilisierungs- und -restrukturierungsgesetz.**

(2) [1]Die Landesregierungen werden ermächtigt, durch Rechtsverordnung bei den Oberlandesgerichten einen oder mehrere Zivilsenate für weitere Sachgebiete einzurichten. [2]Die Landesregierungen können die Ermächtigung auf die Landesjustizverwaltungen übertragen.

(3) Den Zivilsenaten nach den Absätzen 1 und 2 können auch Streitigkeiten nach 119 Absatz 1 zugewiesen werden.

Nach dem Gesetz zur Regelung der Wertgrenze für die Nichtzulassungsbeschwerde in Zivilsachen, zum Ausbau der Spezialisierung bei den Gerichten sowie zur Änderung weiterer prozessrechtlicher Vorschriften (BGBl. 2019 I 2633), ist§ 119a GVG nach Art. 10 mit Wirkung ab 1.1.2021 geändert worden und zuletzt Abs. 1 Nr. 7 geändert mWv 1.1.2021 durch Gesetz vom 22.12.2020 (BGBl. I S. 3256). 1

Die Vorschrift entspricht ganz dem § 72a und ist Teil einer durch Gesetz vorgegeben Geschäftsverteilung. Vgl. daher dort. In der zweiten Instanz beim Oberlandesgericht sind Spezialisierungen insbes. zur Vereinheitlichung der Rechtsprechung aber viel zweckmäßiger als in der ersten Instanz. In der zweiten Instanz sind beim Oberlandesgericht Spezialisierungen insbes. zur Vereinheitlichung der Rechtsprechung aber viel zweckmäßiger als in der ersten Instanz. Die Zuständigkeit der Spezialsenate richtet sich entsprechend einer materiellen Betrachtung danach, ob sie aus einer der genannten Sachgebiete entstammt. Wegen § 36 II ZPO ist durch die Geschäftsverteilung des OLG zu regeln, welcher Senat bei einem Kompetenzkonflikt entscheidet. Streiten sich zwei Spezialkammern des Landgerichts, ist das Präsidium zur Entscheidung berufen, soweit nicht das jeweilige OLG zuständig ist (§ 36 ZPO, KG, MDR 2020, 1464). Die weitere Änderung zu den Streitigkeiten und Beschwerden aus dem Unternehmensstabilisierungs- und restrukturierungsgesetz folgt konsequent des am 1.1.2021 in Kraft getretenen StaRUG (vgl. → GVG § 72a Rn. 15). 2

120-121 *(betreffen Strafsachen)*

122 *[Besetzung der Senate].* [I] **Die Senate der Oberlandesgerichte entscheiden, soweit nicht nach den Vorschriften der Prozeßgesetze an Stelle des Senats der Einzelrichter zu entscheiden hat, in der Besetzung von drei Mitgliedern mit Einschluß des Vorsitzenden.**

[II] *(betrifft Strafsachen)*

1 **I. Systematik, Regelungszweck, I.** Die Vorschrift entspricht § 75.

2 **II. Besetzung.** Die Zahl der Senatsmitglieder beträgt mindestens 3. Sie müssen nach § 115 sämtlich Richter auf Lebenszeit sein. Der Senat entscheidet in voller Besetzung auch bei einem Rechtsmittel nach § 567 ZPO gegen eine alleinige Entscheidung des Vorsitzenden einer Kammer für Handelssachen, da dieser kein „Einzelrichter" im Hinblick auf § 568 I ZPO ist (OLG Düsseldorf, WRP 2021, 513; MüKoZPO/Hamdorf ZPO § 568 Rn. 6). Ihre Heranziehung im Einzelnen ergibt sich aus dem beschlossenen internen Geschäftsverteilungsplan, den der Spruchkörper nach § 21g beschlossen hat. Es dürfen aber nach → § 59 Rn. 5 nicht mehrere selbständige Abteilungen bestehen, also weniger als 6 Richterpersonen, so dass nicht zwei Spruchkörper nebeneinander amtieren können. § 122 betrifft nur die Beratung und Entscheidung. Erfolgt eine Entscheidung nur von 2 Mitgliedern, ob nun in Gestalt eines förmlichen Beschlusses oder der Entschließung auf eine Gegenvorstellung, liegt darin eine Amtspflichtverletzung. Der Vorsitzende muss einen richtunggebenden Einfluss ausüben können. Er muss also mindestens 75 % der Aufgaben eines Vorsitzenden und erheblich mehr als 50 % der rein richterlichen Spruchtätigkeit selbst wahrnehmen. Daran kann auch die Zuweisung weiterer Dienstaufgaben zB als Vorsitzender eines Prüfungsamts nichts ändern. Das gilt auch für den OLG-Präsidenten, dessen Senat er sich angeschlossen hat. Wegen der sog. Überbesetzung → § 16 Rn. 8, → § 59 Rn. 4. Über den zweitinstanzlichen Einzelrichter §§ 526, 527 ZPO.

3 Beim **Landesarbeitsgericht** entscheiden nach § 35 II ArbGG der Vorsitzende und 2 ehrenamtliche Richter.

Neunter Titel. Bundesgerichtshof

Vorbemerkung zu § 123

1 **I. Systematik.** Bundesgerichtshof ist der Name des in Art. 96 Abs. I GG vorgesehenen Obersten Gerichtshofs des Bundes für das Gebiet der ordentlichen Gerichtsbarkeit. Er ist nach § 133 die Revisionsinstanz gegen Urteile, soweit diese revisionsfähig sind. Beschwerdegericht ist er nach § 574 ZPO, § 17a IV GVG, §§ 41p, 42m PatG nur ausnahmsweise; Rechtsbeschwerde nach § 24 LwVG; Revision in Binnenschiffahrtssachen, § 9 II Gesetz v. 27.9.1952, BGBl. 641; § 7 InsO, §§ 17 ff. AVAG, SchlAnh. V E. Eine landesgesetzliche Beeinflussung der Zuständigkeit des BGH kann aufgrund von § 3 EGGVG stattfinden, vgl. § 15 EGZPO. Eine allgemeine Möglichkeit besteht aufgrund des Art. 99 GG. Wegen des Gemeinsamen Senats der obersten Gerichtshöfe Art. 95 III GG, Anh. § 140. Sitz ist Karlsruhe, § 123.

2 Das **Bundesarbeitsgericht** ist Revisionsgericht nach §§ 8 III, 72 ArbGG, sowie Rechtsbeschwerdegericht nach §§ 8 V, 92 ArbGG. Sein Sitz ist Erfurt, § 40 I ArbGG. Rechtspolitisch (Revision zum EuGH) Bruns JZ 2011, 325.

3 **II. Regelungszweck.** Die Hauptaufgabe des BGH als Rechtsmittelgericht besteht darin, für die Rechtseinheit und die Voraussehbarkeit der Rechtsanwendung zu sorgen und damit Rechtssicherheit zu schaffen und zu erhalten. Seine Entscheidungen binden die Gerichte zwar nicht (Art. 97 I GG), abgesehen von Zurückverweisungen, Entscheidungen auf Vorlage usw. Die Rechtssicherheit erfordert es jedoch, der Rspr. des BGH dann zu folgen, wenn nicht gegen sie schwerwiegende rechtliche Bedenken bestehen, LAG Mainz NZA 1987, 535, da andernfalls zu befürchten steht, dass auch der zunächst obsiegenden Partei nicht geholfen ist, wenn die Entscheidung in der Rechtsmittelinstanz keinen Bestand haben kann. Die letzteren können dann vorliegen, wenn ein BGH-Senat in einer Entscheidung nicht erkennbar macht, dass er eine abweichende Haltung eines anderen BGH-Senats zur Kenntnis genommen und mitabgewogen hat.

4 **Ständige Rechtsprechung** ist freilich eine auch nicht ganz unproblematische Sache. Sie kann leicht zur „herrschenden Meinung" erstarren. Wer von anderen eine geflissentliche Beachtung vieler Regeln fordert, sollte sie auch selbst vorbildlich einhalten. Gar manche nach → § 132 Rn. 3 notwendige Vorlage an den Großen Senat unterbleibt oder erkennbaren Grund, gar manches Argument anderer Quellen findet keine erkennbare Erwägung – menschlich, aber leider zunehmend und keineswegs vorbildlich überzeugend.

123 *[Sitz].* **Sitz des Bundesgerichtshofes ist Karlsruhe.**

1 Dazu Pfeiffer NJW 1999, 2617. Der Sitz des BGH ist durch einfaches Gesetz nach Art. 1 Nr. 52 VereinhG bestimmt. Er lässt sich also auf demselben Weg ändern. Zum Sitz des BGH im vereinten Deutschland Wassermann NJW 1990, 2530. Ein Strafsenat (5. Strafsenat) ist seit Juli 1997 in Leipzig tätig. Ein weiterer Strafsenat (6. Strafsenat) ist seit Februar 2020 ebenfalls in Leipzig tätig.

124 *[Besetzung].* **Der Bundesgerichtshof wird mit einem Präsidenten sowie mit Vorsitzenden Richtern und weiteren Richtern besetzt.**

1 Die Vorschrift entspricht der Regelung für das LG und das OLG nach §§ 59 I, 115 GVG. Wegen der Vertretung des Präsidenten § 21h GVG. Die entsprechende Regelung für das BAG, das unter der Mitwirkung von ehrenamtlichen Richtern entscheidet, trifft § 41 ArbGG.

125 *(nicht abgedruckt)*

126–129 (weggefallen)

130 *[Senate des Bundesgerichtshofes].* **I [1]Bei dem Bundesgerichtshof werden Zivil- und Strafsenate gebildet und Ermittlungsrichter bestellt. [2]Ihre Zahl bestimmt der Bundesminister der Justiz und für Verbraucherschutz.**

II Der Bundesminister der Justiz und für Verbraucherschutz wird ermächtigt, Zivil- und Strafsenate auch außerhalb des Sitzes des Bundesgerichtshofes zu bilden und die Dienstsitze für Ermittlungsrichter des Bundesgerichtshofes zu bestimmen.

Dazu Pfeiffer NJW 1999, 2617. Der BGH hat derzeit 13 Zivilsenate, sechs Strafsenate, zwei davon in Leipzig, den Kartellsenat, das Dienstgericht des Bundes sowie mehrere Sondersenate, nämlich für Anwalts-, Notar-, Patentanwalts-, Landwirtschafts-, Wirtschaftsprüfer- und Steuerberater- und Steuerbevollmächtigtensachen. Das BAG hat derzeit 10 Senate. 1

131a (weggefallen)

132 *[Große Senate].* **I [1]Beim Bundesgerichtshof werden ein Großer Senat für Zivilsachen und ein Großer Senat für Strafsachen gebildet. [2]Die Großen Senate bilden die Vereinigten Großen Senate.**

II Will ein Senat in einer Rechtsfrage von der Entscheidung eines anderen Senats abweichen, so entscheiden der Große Senat für Zivilsachen, wenn ein Zivilsenat von einem anderen Zivilsenat oder von dem Großen Zivilsenat, der Große Senat für Strafsachen, wenn ein Strafsenat von einem anderen Strafsenat oder von dem Großen Senat für Strafsachen, die Vereinigten Großen Senate, wenn ein Zivilsenat von einem Strafsenat oder von dem Großen Senat für Strafsachen oder ein Strafsenat von einem Zivilsenat oder von dem Großen Senat für Zivilsachen oder ein Senat von den Vereinigten Großen Senaten abweichen will.

III [1]Eine Vorlage an den Großen Senat oder die Vereinigten Großen Senate ist nur zulässig, wenn der Senat, von dessen Entscheidung abgewichen werden soll, auf Anfrage des erkennenden Senats erklärt hat, daß er an seiner Rechtsauffassung festhält. [2]Kann der Senat, von dessen Entscheidung abgewichen werden soll, wegen einer Änderung des Geschäftsverteilungsplanes mit der Rechtsfrage nicht mehr befaßt werden, tritt der Senat an seine Stelle, der nach dem Geschäftsverteilungsplan für den Fall, in dem abweichend entschieden wurde, zuständig wäre. [3]Über die Anfrage und die Antwort entscheidet der jeweilige Senat durch Beschluß in der für Urteile erforderlichen Besetzung; § 97 Abs. 2 Satz 1 des Steuerberatungsgesetzes und § 74 Abs. 2 Satz 1 der Wirtschaftsprüferordnung bleiben unberührt.

IV Der erkennende Senat kann eine Frage von grundsätzlicher Bedeutung dem Großen Senat zur Entscheidung vorlegen, wenn das nach seiner Auffassung zur Fortbildung des Rechts oder zur Sicherung einer einheitlichen Rechtsprechung erforderlich ist.

V [1]Der Große Senat für Zivilsachen besteht aus dem Präsidenten und je einem Mitglied der Zivilsenate, der Große Senat für Strafsachen aus dem Präsidenten und je zwei Mitgliedern der Strafsenate. [2]Legt ein anderer Senat vor oder soll von dessen Entscheidung abgewichen werden, ist auch ein Mitglied dieses Senats im Großen Senat vertreten. [3]Die Vereinigten Großen Senate bestehen aus dem Präsidenten und den Mitgliedern der Großen Senate.

VI [1]Die Mitglieder und die Vertreter werden durch das Präsidium für ein Geschäftsjahr bestellt. [2]Dies gilt auch für das Mitglied eines anderen Senats nach Absatz 5 Satz 2 und für seinen Vertreter. [3]Den Vorsitz in den Großen Senaten und den Vereinigten Großen Senaten führt der Präsident, bei Verhinderung das dienstälteste Mitglied. [4]Bei Stimmengleichheit gibt die Stimme des Vorsitzenden den Ausschlag.

I. Systematik, I–VI. Bei allen obersten Bundesgerichten bestehen Große Senate, um die Einheitlichkeit der Rspr. zu sichern und für die Rechtsfortbildung innerhalb des Gerichts zu sorgen. Es gelten für alle Gerichtszweige im Wesentlichen übereinstimmende Vorschriften über die Großen Senate nach §§ 132 GVG, 45 ArbGG, 42 SGG, 11 VwGO, Kissel NJW 1991, 951. Eine dem II entsprechende Regelung für das OLG enthält § 18 ThUG. 1

Die Regelung für den BGH trägt der Besonderheit Rechnung, dass beim BGH nach § 130 sowohl Zivilsenate als auch Strafsenate bestehen. Dementsprechend werden nach **I 1** ein Großer Senat für Zivilsachen und ein Großer Senat für Strafsachen gebildet, BGH NJW 2005, 1589. Die beiden Großen Senate bilden nach **I 2** die Vereinigten Großen Senate. Sie nehmen die Aufgaben des Großen Senats bei einer Beteiligung sowohl von Zivil- als auch von Strafsenaten wahr. Die Zuständigkeiten und das Verfahren regeln **II–VI** sowie § 138. In Abgrenzung hierzu ist in Einzelfällen der **Einzelrichter** zuständig, siehe §§ 1 III, 33 VIII RVG. 2

II. Regelungszweck, I–VI. Der angesprochene Zweck der Sicherung der Einheitlichkeit der Rspr. wenigstens des BGH erfordert eine gewissenhafte Einhaltung der Vorschrift. Die Großen Senate sollen bei unterschiedlicher Auffassung zwischen den Senaten zu einem verbindlichen Meinungsbild Sorgen. Die „Neigung", sich offen mit unterschiedlichen Rechtsauffassungen auseinander zu setzen oder eine solche Auseinandersetzung dadurch zu 3 vermeiden, dass man herausarbeitet, dass der Streit für diesen Fall nicht maßgeblich sei, ist unterschiedlich groß ausgeprägt, aber letztendlich eine Frage des Einzelfalls, vgl. besonders kritisch Rösler ZZP 126, 331; auch Jungmann JZ 2009, 388.

4 Zu berücksichtigen ist dabei dass die Senate als Oberstes Gericht ihre Einschätzungen nicht ohne zwingenden Grund ändern sollten. Das ist auch schon zwecks Rechtssicherheit verständlich.

5 **Zeitgemäß** ist eine klare und durchaus mit scharfer Sanktion bewehrte Bemühung um Rechtseinheitlichkeit wenigstens auf der obersten Ebene einer wahrhaft reich untergliederten Justiz allemal.

6 **III. Geltungsbereich, I–VI.** Zunächst → Rn. 3. In der Arbeitsgerichtsbarkeit gilt für den Großen Senat des BAG § 45 ArbGG in der Sozialgerichtsbarkeit § 41 SGG, in der Verwaltungsgerichtsbarkeit § 11 VwGO und in der Finanzgerichtsbarkeit § 11 FGO.

7 **IV. Vorlage bei Abweichung, II.** Will ein Senat des BGH in einer Rechtsfrage von der Entscheidung eines anderen abweichen, muss er die Entscheidung des Großen Senats oder der Vereinigten Großen Senate einholen, je nachdem, von welchem Senat er abweichen will, BGH (StR) NJW 2015, 3800. „Senat" in diesem Sinn sind auch die Großen Senate und die Vereinigten Großen Senate. Für die Vorlagepflicht ist es ohne Bedeutung, ob die andere Entscheidung ein Urteil oder ein Beschluss war. Wegen mehrerer Sitzgruppen desselben Senats BGH NJW 2017, 1559.

8 Eine **Abweichung** liegt evtl. nicht nur bei der Auslegung derselben Gesetzesstelle vor, sondern auch dann, wenn das Gericht den gleichen Rechtssatz in mehreren Vorschriften unterschiedlich auslegt. Die Abweichung muss für die frühere und die beabsichtigte Entscheidung (nicht notwendigerweise für das Ergebnis) entscheidungserheblich sein, BGH NJW 2015, 3153; Jungmann JZ 2009, 384. Eine Vorlagepflicht besteht auch dann, wenn ein Senat von der Beurteilung eines anderen ohne eine Vorlegung abgewichen ist und nunmehr ein dritter Senat sich der Beurteilung des ersten anschließen will, da auch dann zwei Ansichten bestehen bleiben, oder dann, wenn der dritte Senat dem abgewichenen Senat folgen will, BFH BStBl. **77** II 247.

9 **Keine Abweichung und damit keine Vorlagepflicht** nach II liegt entsprechend seinem Zweck nach → Rn. 1, 3 dann vor, wenn derselbe Senat seine Beurteilung wechseln will oder wenn der andere Senat seine Beurteilung aufgegeben hat oder wenn er nicht mehr besteht, BGH NJW 1986, 1766. Dasselbe gilt dann, wenn er seine Beurteilung nur beiläufig geäußert hat, BGH NJW 2000, 1156 (dann evtl. Vorlage nach IV); BAG NZA 2010, 1081, oder wenn ein anderer Senat für das betreffende Sachgebiet zuständig geworden ist und nun abweichen will, auch wenn die Rechtsfrage ihrer Art nach auch einmal bei Sachen eines anderen Senats von Bedeutung sein kann, was sich kaum ausschließen lässt. Eine Vorlage **entfällt** ferner dann, wenn der Gesetzgeber den Inhalt einer zunächst unterschiedlich ausgelegten Norm durch einen neuen Gesetzgebungsakt klargestellt hat, BGH NZA 2000, 558 (zu § 121 II) und NJW 2011, 314 (ziemlich vage), wenn ein Senat sich abweichend von der früher ergangenen Entscheidung eines anderen Senats dem GmS anschließen will, ferner dann, wenn der Senat in der Auslegung einer Norm des Gemeinschaftsrecht dem EuGH folgen will. Anlass für eine Vorlage besteht auch dann nicht, sofern eine Frage nur die Begründung der Entscheidung betrifft, deren Ergebnis jedoch nicht berührt, da insoweit keine **Entscheidungserheblichkeit** gegeben ist, (BGH, 27.4.2021 – XI ZB 35/18. Zum Einfluss einer Entscheidung des EGMR BGH NJW 2016, 91 (StPO).

10 Das **Unterlassen** einer gebotenen Vorlage kann auch Art. 101 I 2 GG verletzen, BVerfG AnwBl 2015, 353, NJW 2014, 532; Kothe DÖV 1988, 284, Schneider MDR 2000, 10. Es kann ferner § 563 II verletzen, Gravenhorst jM 2016, 154. Vgl. ferner → Rn. 3, 9, 11. Eine Nichtvorlage wegen Nichtabweichung oder trotz Abweichung von bisheriger Rspr. braucht eine nachvollziehbare Begründung wenigstens in Kurzfassung wie zB BGH NJW 2015, 2428 (Abweichung) und BGH ZIP 2018, 621 (Nichtabweichung). Andernfalls droht ein Verstoß dahin, dass das Gericht eine veröffentlichte Gegenmeinung überhaupt nicht erwogen habe. Es ist nach → Rn. 3 hochwahrscheinlich, dass ein Nichtabdruck einschlägiger Erwägungen in Fachzeitschriften schlicht auf deren Nichtvorhandensein beruht. Denn keine gewissenhafte Fachredaktion würde ihn einfach unterschlagen. Das haben Rückfragen bestätigt.

11 **V. Verfahren, III.** Bei einer beabsichtigten Abweichung (drohende Divergenz) kommt eine Vorlage nach **II** und nicht eine Vorlage wegen Grundsätzlichkeit nach IV in Betracht, BGH NJW 1995, 664. Sie ist nach **III 1** nur dann zulässig, wenn derjenige Senat, von dessen Entscheidung der jetzt erkennende Senat abweichen will, auf eine Anfrage des letzteren erklärt hat, dass er an seiner Rechtsauffassung festhält (Schwenker, jurisPR-BGHZivilR 2/2021 Anm. 1). Handelt es sich um eine Abweichung von der Rspr. mehrerer Senate, muss man alle befragen. Kann der andere Senat oder einer von mehreren zu befragenden Senaten mit der Rechtsfrage nicht mehr zu tun bekommen, weil er wegen einer Änderung des Geschäftsverteilungsplanes für das betreffende Sachgebiet nicht mehr zuständig ist, tritt nach **III 2** an seine Stelle der jetzt dafür zuständige Senat. Bei Zweifeln über die Zuständigkeit entscheidet nach § 21e das zur Auslegung der Geschäftsverteilung berufene Präsidium.

12 Über die Anfrage und die Antwort darauf entscheidet nach **III 3 Hs. 1** der jeweilige Senat durch einen **Beschluss,** BGH NJW 2015, 3800, in der für ein Urteil erforderlichen Besetzung, Sondervorschriften gelten für den Senat nach § 97 II StBerG für Steuerberater- und Steuerbevollmächtigtensachen (einem Vorsitzenden sowie zwei Mitgliedern des Bundesgerichtshofs und zwei Steuerberatern oder Steuerbevollmächtigten als Beisitzern) und nach § 74 II WPO, für den Senat für Wirtschaftsprüfersachen (einem Vorsitzenden sowie zwei Mitgliedern des Bundesgerichtshofs und zwei Berufsangehörigen als Beisitzern).

13 Gibt der befragte Senat seine Rechtsauffassung auf, darf der erkennende Senat ohne eine Vorlage über die Rechtsfrage in seinem Sinn entscheiden. Hält der befragte Senat an seiner Ansicht fest, muss der erkennende Senat die Sache dem zuständigen Großen Senat vorlegen. Bis zur Vorlage an den Großen Senat dürfen andere Senate an ihrer Rspr. festhalten, BGH NJW-RR 1994, 1092, und müssen auch nicht dort anhängige Verfahren zu derselben Rechtsfrage aussetzen, BGH NJW 1994, 2299.

14 **VI. Vorlage wegen grundsätzlicher Bedeutung, IV.** Der erkennende Senat kann eine Frage von grundsätzlicher Bedeutung dem für ihn zuständigen Großen Senat dann vorlegen, wenn das nach seiner Auffassung zur Fortbildung des Rechts oder zur Sicherung einer einheitlichen Rspr. erforderlich ist, BVerfGE 132, 127. Die Vorlage steht im pflichtgemäßen Ermessen des Senats, Kissel/Mayer Rn. 38; aM Jungmann JZ 2009, 385; Prütting ZZP 92, 278. Es muss sich um eine solche Rechtsfrage handeln, die für die Entscheidung der Sache erheblich ist, BGH NJW 2015, 3800. Dazu, wann eine Frage eine **grundsätzliche Bedeutung** (über den Einzelfall hinausgehend, weitere Fälle zu erwarten, richtungsweisende Fragestellung) hat, → ZPO § 543 Rn. 4.

Eine Vorlage nach IV kommt dann nicht in Betracht, wenn schon eine Vorlage nach II notwendig ist, BGH NJW 2000, 1186, zust. Schauwienold/Otto MDR 2000, 532.

15 Ob die Vorlage aus den im Gesetz genannten Gründen erforderlich ist, **entscheidet der erkennende Senat** („nach seiner Auffassung"), ohne dass der Große Senat das nachprüfen darf, Katholnigg Rn. 15; Kissel/Mayer Rn. 38. Hierüber ist ggf. nach §§ 280, 303 ZPO vorrangig zu entscheiden. Auch eine Überprüfung auf Ermessensfehler scheidet aus, aM BAG NZA 1992, 749 (aber das führt zu weit). Dasselbe gilt für die Entscheidungserheblichkeit der Frage, Bettermann DVBl 1982, 955; aM BGH NJW 2000, 1185 (auch das führt zu weit). Dagegen stellt die Fassung „kann… vorlegen" statt „kann… herbeiführen" überzeugend, dass der Große Senat selbständig nachprüft, ob es sich um eine Frage von grundsätzlicher Bedeutung handelt. Verneint er diese Frage, lehnt er die Entscheidung ab. Kommt er zu dem Ergebnis, dass eine Abweichung nach II vorliegt, gilt dasselbe, da dann das besondere Verfahren nach II, III notwendig ist, BGH NJW 1986, 1765. Entfällt die Entscheidungserheblichkeit zB durch ein prozessuales Ereignis wie zB ein Anerkenntnis nach § 307 ZPO, endet seine Zuständigkeit, BAG NJW 1988, 990.

16 Die Vorlage nach III mit der Bindungswirkung für den erkennenden Senat nach § 138 I 3 verstößt nicht gegen die **Unabhängigkeit** des Richters nach Art. 97 GG. Wegen der Bindungswirkung, die dem erkennenden Senat den unmittelbaren Weg zum BVerfG verschließen würde, ist keine Vorlage an den Großen Senat über Fragen der Vereinbarkeit einer Vorschrift mit dem GG zulässig, BVerfG NJW 1957, 625.

17 **VII. Besetzung der Großen Senate und der Vereinigten Großen Senate, V, VI.** Die Regelung stellt nach **VI 3** sicher, dass alle Senate in den Großen Senaten vertreten sind, Kissel NJW 1991, 951. Kraft Amts gehört ihnen der Präsident des BGH als Vorsitzender an. Ihn vertritt das dienstälteste Mitglied. Für jedes sonstige Mitglied wird nach **VI 2** ein Vertreter bestellt. Die Mitglieder und ihre Vertreter werden nach **VI 1** entsprechend Art. 101 I 2 GG vom Präsidium des BGH für jeweils ein Geschäftsjahr bestellt. Ergänzend gilt § 21e III, VIII entsprechend.

18 **VIII. Verfahren, VI.** Den Vorsitz in jedem der Großen Senate führt nach **VI 3** der Präsident des BGH, bei seiner Verhinderung das dienstälteste Mitglied des jeweiligen Großen Senats. Bei einer Stimmengleichheit gibt nach VI 4 die Stimme des Vorsitzenden den Ausschlag. § 138 regelt Verfahren im Übrigen.

19 **IX. Verstoß, I–VI.** Er kann gegen Art. 101 I 2 GG (Gebot des gesetzlichen Richters) gehen, BVerfG AnwBl 2015, 353 (Verstoß des BGH). Er kann neben erheblichen Haftungsfolgen nach Art. 34 GG, § 839 BGB und sehr schweren strafrechtlichen Folgen zB nach §§ 257 ff. StGB (StA), § 339 StGB (Gericht; bedingter Vorsatz, also Gleichgültigkeit jeweils bereits schädlich) zur Verfassungsbeschwerde führen, BVerfG AnwBl 2015, 353; Jungmann JZ 2009, 388.

133 *[Zuständigkeit in Zivilsachen].* **In Zivilsachen ist der Bundesgerichtshof zuständig für die Verhandlung und Entscheidung über die Rechtsmittel der Revision, der Sprungrevision, der Rechtsbeschwerde und der Sprungrechtsbeschwerde.**

1 **I. Systematik, Regelungszweck.** Die Vorschrift benennt die regelmäßigen Zuständigkeiten des BGH in Zivilsachen nach § 13 Hs. 1: Verhandlung und Entscheidung über die Rechtsmittel der Revision nach §§ 542–565 ZPO (nur Zulassungsrevision), der Sprungrevision nach § 566 ZPO, der Rechtsbeschwerde nach §§ 574–577 ZPO, §§ 70 ff. FamFG und der Sprungrechtsbeschwerde nach § 75 FamFG, Besonderheiten bei Betreuungs-, Unterbringungs- und Freiheitsentziehungssachen, § 70 III FamFG. Gericht der Rechtsbeschwerde oder der Sprungrechtsbeschwerde ist der BGH. Die Vorschrift dient damit der Rechtssicherheit in der Form des gesetzlichen Richters nach Art. 101 I 2 GG. Das erfordert eine strikte Handhabung. Liegen die Voraussetzungen eines Rechtsmittels nicht vor, kommt eine Vorlage nicht in Betracht, um unabhängig davon eine einheitliche Rechtsprechung herbeiführen zu können, OLG Köln BeckRS 2018, 26829.

2 Eine unstatthafte Rechtsbeschwerde kann regelmäßig in eine weitere Beschwerde umgedeutet und unter Einhaltung der sonstigen Zulässigkeitsvoraussetzungen an das zuständige Oberlandesgericht abgegeben werden, vgl. BGH NJW 2018, 1606.

3 **II. Weitere Zuständigkeiten.** Es sind im Wesentlichen folgende weitere Zuständigkeiten vorhanden: Entscheidung nach § 17a IV; Entscheidung bei einer Verweigerung der Rechtshilfe nach § 159; Bestimmung des zuständigen Gerichts nach § 36 III ZPO; Entscheidung nach § 45 III ZPO über die Ablehnung eines Richters des OLG dann, wenn dieses beschlussunfähig ist; in Patentsachen Entscheidung über Berufungen gegen Entscheidung des Patentgerichts in Patentnichtigkeitssachen nach § 84 PatG, §§ 110 ff. PatG, desgleichen im Rechtsbeschwerdeverfahren gegen Beschlüsse der Beschwerdesenate des Patentgerichts nach § 100 PatG, und im Beschwerdeverfahren gegen die Urteile des Patentgerichts über den Erlass einstweiliger Verfügungen im Zwangslizenzerteilungsverfahren nach § 122 PatG; Rechtsbeschwerde nach § 24 LwVG; Revision in Binnenschifffahrtssachen nach § 9 II G vom 27.9.1952, BGBl. 641; Baulandsachen nach § 230 BauGB, Kartellsachen nach § 95 GWB; Entschädigungssachen nach § 208 BEG; Anwaltssachen (Anwaltssenat) nach BRAO, Rechtsbeschwerdeinstanz nach § 18 AVAG, SchlAnh. V E; in erster und letzter Instanz im Entschädigungsverfahren nach einer Enteignung nach § 5 VII RettungsGesetz v. 7.4.2009, BGBl. 725 (729).

4 Wegen der Möglichkeit der Übertragung von Zuständigkeiten durch die **Landesgesetzgebung** § 3 EGGVG.

134a (weggefallen)

135 *(betrifft Strafsachen)*

136, 137 *(aufgehoben)*

138 *[Verfahren vor den Großen Senaten].* I [1]**Die Großen Senate und die Vereinigten Großen Senate entscheiden nur über die Rechtsfrage. [2]Sie können ohne mündliche Verhandlung entscheiden. [3]Die Entscheidung ist in der vorliegenden Sache für den erkennenden Senat bindend.**

II [1]**Vor der Entscheidung des Großen Senats für Strafsachen oder der Vereinigten Großen Senate und in Rechtsstreitigkeiten, welche die Anfechtung einer Todeserklärung zum Gegenstand haben, ist der Generalbundesanwalt zu hören. [2]Der Generalbundesanwalt kann auch in der Sitzung seine Auffassung darlegen.**

III **Erfordert die Entscheidung der Sache eine erneute mündliche Verhandlung vor dem erkennenden Senat, so sind die Beteiligten unter Mitteilung der ergangenen Entscheidung der Rechtsfrage zu der Verhandlung zu laden.**

1 **I. Systematik, Regelungszweck, I–III.** Die Vorschrift begrenzt den Aufgabenbereich und klärt wesentliche Verfahrens- und Formfragen. Man darf I 1 nicht zu weit auslegen. Man muss aber andererseits bedenken, dass eine zu enge Handhabung ebenfalls dem Zweck der höchstmöglichen Rechtssicherheit widersprechen würde. Die Voraussetzung für die Anrufung, zB nach § 132 III, IV GVG müssen erfüllt sein, BGH NJW 2000, 1185.

2 **II. Geltungsbereich, I–III.** Die Vorschrift gilt vor dem BGH. Für das Verfahren des Großen Senats beim BAG gilt § 45 ArbGG.

3 **III. Verfahren, I–III.** Zunächst § 132. Die Entscheidung nach **I 1** ergeht nur über die Rechtsfrage, BGH NJW 1986, 1764, BAG NJW 1988, 990. Zu prüfen ist, ob der vorlegende Senat der gesetzliche Richter nach Art. 101 I 2 GG ist. Hierüber und auch sonst über die Zulässigkeit der Vorlage kann das Gericht gesondert vorab entscheiden, BAG MDR 1984, 522. Ein Großer Senat darf die Sache beim Eintritt neuer Rechtstatsachen wie zB bei einer Entscheidung des BVerfG mit einer Bindungswirkung nach Art. 31 I BVerfGG nicht zurückgeben, damit die Parteien dazu Stellung nehmen können. Er muss den Parteien vielmehr selbst rechtliches Gehör nach Art. 103 I GG durch eine schriftliche Anhörung geben. Die in I genannten Senate können nach I 2 ohne eine mündliche Verhandlung entscheiden. Die mündliche Verhandlung soll aber wie bei § 128 I ZPO die Regel sein. Die Senate entscheiden durch einen mit Gründen versehenen Beschluss.

4 Die Entscheidung bindet den erkennenden Senat nach **I 3.** Dasselbe gilt bei einer Zurückverweisung für dasjenige Gericht, an das die Verweisung nach §§ 563 II, ZPO erfolgt. Diese Bindung verstößt nicht gegen Art. 97 GG. Im Übrigen bindet die Entscheidung den erkennenden Senat und die anderen Senate nur in der Weise, dass sie bei einer beabsichtigten Abweichung nach § 132 II verfahren müssen. Gegen die Entscheidung eines Großen Senats findet keine Verfassungsbeschwerde statt, BVerfGE 31, 55. Ihr unterliegt aber evtl. die Entscheidung in der Sache, in der der Beschluss ergangen ist.

5 Die Beteiligung des **Generalbundesanwalts** ist in **II** abschließend geregelt. **III** regelt das weitere Verfahren des erkennenden Senats, sobald die Vorlegungsfrage beantwortet ist. Vgl. § 9 GO BGH, § 140. Den Verfahrensbeteiligten ist erneut Gelegenheit zur Stellungnahme zu geben; soweit erforderlich ist erneut mündlich zu verhandeln.

139 *[Besetzung der Senate].* I **Die Senate des Bundesgerichtshofes entscheiden in der Besetzung von fünf Mitgliedern einschließlich des Vorsitzenden.**

II (betrifft Strafsachen)

1 Die Vorschrift gilt auch für Beschlusssachen. Das BAG entscheidet durch 5 Mitglieder, von denen 2 ehrenamtliche Richter sind, § 41 II ArbGG. Die ehrenamtlichen Richter werden je zur Hälfte aus den Kreisen der Arbeitnehmer und der Arbeitgeber (Vorschlagslisten von Gewerkschaften, Arbeitgeberverbänden, Gebietskörperschaften, Anstalten und Stiftungen des öffentlichen Rechts und Berufung durch den Bundesminister für Arbeit und Soziales) berufen. Der **Einzelrichter** entscheidet über eine Erinnerung nach § 66 VI GKG, BGH NJW 2015, 2194 und auch nach §§ 1 III, 33 VIII RVG, BGH WM 2022, 250.

140 *[Geschäftsordnung].* **Der Geschäftsgang wird durch eine Geschäftsordnung geregelt, die das Plenum beschließt.**

1 Zuständig für die Regelung der Geschäftsordnung ist das Plenum. Es hat die Geschäftsordnung v. 3.3.1952, BAnz. Nr. 83, S. 9, geändert durch Bek. v. 15.4.1970 (BAnz. Nr. 74) und v. 21.6.1971, BAnz. Nr. 114, erlassen. Die Geschäftsordnung des BAG beschließt dessen Präsidium.

2 Die Geschäftsordnungen brauchen keine Bestätigung durch den Bundesrat mehr (Aufhebung von Hs. 2).

Anhang zu § 140
Gemeinsamer Senat

1 **I. Gemeinsamer Senat.** Wegen der Einheitlichkeit der Rechtsprechung der fünf Obersten Gerichtshöfe schreibt Art. 95 III GG anstelle eines ursprünglich vorgesehenen Obersten Bundesgerichts (Art. 95 GG aF) nur die Bildung eines Gemeinsamen Senats vor. Das Gesetz zur Wahrung der Einheitlichkeit der Rechtsprechung v. 19.6.1968, BGBl. 661, zuletzt geändert durch Art. 144 VO v. 31.8.2015, BGBl. 1474, Abdruck bei Schönfelder Ergänzungsband Nr. 95b, regelt die Einzelheiten. Dieser Gemeinsame Senat hat nach § 1 RsprEinhG seinen Sitz in Karlsruhe. Er entscheidet nach § 2 I RsprEinhG dann, wenn ein Oberster Gerichtshof in einer für seine Entscheidung erheblichen Rechtsfrage von der Entscheidung eines anderen Obersten Gerichtshofs oder des GmS abweichen will, OGB ZIP 2010, 2419. Das gilt auch dann, wenn diese Entscheidung vor dem Inkrafttreten des Gesetzes erlassen ist, jedoch nicht dann, wenn inzwischen abweichende Entscheidungen des eigenen oder eines

anderen obersten Gerichtshofs ergangen sind, BVerwG NJW 1983, 2154. Er entscheidet dann, wenn ihm die Frage mit einem zulässigen und begründetem Beschluss vorliegt, § 11, OGB ZIP 2010, 2149.

Zeitgemäß ist die Regelung aus denselben Gründen wie bei → GVG § 132 Rn. 3. Das gilt hier sogar noch verstärkt. Es ist dringend wünschenswert, dass die Obersten Gerichtshöfe des Bundes nicht voneinander abweichen, erst recht nicht bei zunehmender Internationalisierung des Rechts. 2

1. Entscheidungserheblichkeit. Die Rechtsfrage muss sowohl für den erkennenden Senat in der anhängigen Sache als auch für den abweichenden Senat in der entschiedenen Sache entscheidungserheblich sein (§ 2 I RsprEinhG), BGH NJW 2002, 1208, BAG NZA 2006, 687. Die Zuständigkeit des GmS liegt auch dann vor, wenn die abweichende Rechtsauffassung eine in mehreren Gesetzen in gleicher Weise auftauchende Rechtsfrage betrifft, wenn die abweichende Entscheidung aber zu einem anderen Gesetz ergangen ist, BGH ZIP 1993, 1342, BFH NJW 2008, 844. Eine Abweichung liegt dann nicht vor, wenn die unterschiedlichen Rechtsauffassungen trotzdem zu demselben Ergebnis führen, BGH NJW 1999, 2600. 3

Will ein Senat eines Obersten Gerichtshofs von der Rspr. eines anderen Senats seines Gerichtshofs und gleichzeitig von einer Entscheidung eines anderen Obersten Gerichtshofs **abweichen,** muss er nach § 132 GVG zunächst den Großen Senat seines Gerichtshofs und notfalls dessen Vereinigten Großen Senat anrufen. Daher wird der GmS nach § 2 II erst dann zuständig, wenn sich auch dann noch eine Abweichung von der Rspr. eines anderen Obersten Gerichts ergibt und wenn derjenige Senat, von dessen Entscheidung der vorlegende abweichen will, auf zu begründende Anfrage nach § 11 III erklärt hat, dass er an seiner Beurteilung festhält. § 4 gilt dann entsprechend. Dazu hat dann der Große Senat eine Vorlegungspflicht und ein beteiligter Senat nach § 14 dann, wenn derjenige Senat eines Obersten Gerichtshofs, von dessen Entscheidung abgewichen werden soll, sich durch einen Beschluss innerhalb eines Monats der Ansicht des vorlegenden Senats anschließt. Eine Anrufung des GmS entfällt dann, wenn das Oberste Gerichtshof des Bundes nicht in der Sache selbst entscheidet. Die **Zusammensetzung** nach § 3 stellt nach **Nr. 1** sicher, dass alle Obersten Gerichtshöfe angemessen vertreten sind und dass nach **Nr. 2, 3** durch die Teilnahme von Richtern der beteiligten Senate auch die erforderliche besondere Sachkunde für die jeweils zu entscheidende Sache vorhanden ist. Zu § 4 („beteiligte Senate") BGH ZIP 1993, 1342. Nach § 2 RsprEinhG besteht der Gemeinsame Senat aus den Präsidenten der obersten Gerichtshöfe des Bundes, den Vorsitzenden Richter und je einem weiteren Richter der jeweils beteiligten Senate (vgl. § 4 RsprEinhG). Den Vorsitz für der lebensälteste Präsident der nichtbeteiligten obersten Gerichtshöfe (§ 5 RsprEinhG). 4

2. Keine weitere Instanz. Es handelt sich bei der Herbeiführung einer Entscheidung des GmS nicht um eine weitere Instanz für die am Verfahren Beteiligten, was sich historisch bereits daraus ergibt, dass man auf die Errichtung eines selbständigen Gerichtshofes verzichtet hat. Da der GmS nicht den Interessen der Beteiligten dient, sondern der Einheitlichkeit der Rspr., haben jene keine Möglichkeit, ihrerseits den GmS anzurufen, § 132 GVG. Sie bleiben aber nach §§ 11 I, 12 III, 13 I am Verfahren des GmS beteiligt. Daher haben sie bei der nach § 15 I 2 freistehenden mündlichen Verhandlung nach § 15 I 1 die Gelegenheit, ihre Ansicht zu der Rechtsfrage vorzutragen. Der Senat muss den Beteiligten wegen Art. 103 I GG die Möglichkeit einer schriftlichen Äußerung zur Rechtsfrage geben. Außergerichtliche Kosten werden nach § 17 II nicht erstattet. 5

3. Verfahren. Verfahrensmäßig gelten, bis auf die Besonderheit der §§ 11 ff., die für den vorlegenden Senat maßgebenden Vorschriften nach § 10. Der Gemeinsame Senat entscheidet mit der Mehrheit der Stimmen seiner Mitglieder (§ 6 RsprEinhG). Der Gemeinsame Senat entscheidet nur über die vorgelegte **entscheidungserhebliche Rechtsfrage** (§ 15 I 1 RsprEinhG). Er entscheidet nach § 16 mit einer Bindung für das erkennende Gericht in der vorliegenden Sache. Es bleibt für die Entscheidung in der Sache selbst zuständig. Gesetzeskraft hat ein solcher Beschluss also nicht. Tatsächlich hat die Entscheidung des GmS aber deshalb weitergehende Wirkungen, weil jeder Senat eines Obersten Gerichtshofs, der abweichen will, nach § 2 I vorlegen muss. Außerdem ist bei einer Abweichung von einer Entscheidung des GmS die Revision für das OLG wegen grundsätzlicher Bedeutung bzw. zur Sicherung der Einheitlichkeit der Rechtsprechung nach § 543 II ZPO zuzulassen, und ebenso für das LAG nach § 72 II Nr. 2 ArbGG. Soweit dieser Zulassungsgrund in anderen Verfahrensordnungen fehlt, zB in § 132 II VwGO, gilt dasselbe. 6

4. Verstoß. → § 132 Rn. 8, 17, 19. 7

9a. Titel. Zuständigkeit für Wiederaufnahmeverfahren in Strafsachen

140a *(nicht abgedruckt)*

Zehnter Titel. Staatsanwaltschaft

141-152 *(nicht abgedruckt)*

Elfter Titel. Geschäftsstelle

Vorbemerkung zu § 153

I. Systematik, Regelungszweck. Die Geschäftsstelle bzw. Service-Einheit, → § 153 Rn. 4, ist nicht nur vergleichbar mit dem Sekretariat des Richters oder Rpfl. sondern auch mit selbständigen Aufgaben vertraut, zB als Urkundsbeamten der Geschäftsstelle. Von ihrer Qualität und mithin der guten Ausbildung hängt der reibungs- 1 lose Ablauf des gesamten Prozesses sehr wesentlich mit ab. Eigenverantwortung ist auch dort besonders wichtig. Das GVG beschränkt sich auf die Anordnung des § 153, dass jedes Gericht eine Geschäftsstelle haben muss. Die ZPO regelt nur die prozessuale Tätigkeit der Geschäftsstelle. Ausbildung und Fortbildung, Befähigung zum Amt, Titel, Besoldung und die Übertragung anderer Geschäfte, etwa der Kassenführung, sind anderweit und weitgehend durch Landesrecht geregelt. Um die Unabhängigkeit der richterlichen Tätigkeit nach Art. 97 GG gewährleisten zu können, ist eine hinreichend ausgebildete und ausgestattet Geschäftsstelle erforderlich.

2 **II. Schriftgut.** Für seine Verwaltung gilt einheitlich die als VerwAnO erlassene AktenO. Sie enthält einen Allgemeinen Teil (§§ 1–10) und besondere Teile für AGe (Zivilsachen nach §§ 12–17), LGe und OLGe (Zivilsachen nach §§ 38–40) mit Zusatzbestimmungen der einzelnen Länder. Danach muss der Urkundsbeamte die Akten nach §§ 7 Nr. 3 S. 2, 39 Nr. 4 S. 2 dann weglegen oder an das Erstgericht zurücksenden, wenn die Angelegenheit 6 Monate lang nicht betrieben worden ist. Diese Maßnahme hat auf die Anhängigkeit der Sache nach → ZPO § 261 Rn. 1 keinen Einfluss.

3 **III. Urkundsbeamter.** Er ist ein Beamter der Justizverwaltung. Seine prozessuale Tätigkeit ist sehr verschiedenartig. Der als Urkundsbeamter der Geschäftsstelle eingesetzte Beamte handelt als Urkundsperson, „mit öffentlichem Glauben versehene Person" nach § 415 ZPO. Das gilt dann, wenn er Anträge und Erklärungen zu Protokoll nimmt, theoretisch und praktisch nur auf besondere Anforderung nach § 159 I 2 ZPO auch sogar erstinstanzlich das Sitzungsprotokoll nach §§ 159 ff. ZPO führt, Ausfertigungen, Ablichtungen und Abschriften erteilt, den Tag der Urteilsverkündung nach § 315 III 1 ZPO vermerkt. Er handelt als „Bürobeamter", soweit er die Akten führt, Register- und Listenführung besorgt, Zustellungen und Ladungen zB nach §§ 166 ff. ZPO vornimmt oder anordnet. Er amtiert als Vermittler des Parteiauftrags oder richtiger des Parteiantrags an den Gerichtsvollzieher nach §§ 166 II, 753 ZPO und entsprechender Aufträge von Gerichten und Behörden nach § 161. Er handelt als Rechtspflegeorgan bei der Erteilung und Versagung der Vollstreckungsklausel nach § 724 II ZPO. Er kann schließlich evtl. auch als Dolmetscher nach § 190 tätig werden.

4 **IV. Abgrenzung zum Rechtspfleger.** Der Urkundsbeamte als solcher ist nicht Rpfl. Beide Zuständigkeiten grenzt das RPflG gegeneinander ab und sind im Kern völlig unterschiedlich, was insbesondere darauf zurückzuführen ist, dass Rechtspfleger Aufgaben haben, die historisch betrachtet ursprünglich Richtern anvertraut waren und Rechtspfleger zumindest ein Fachhochschulstudium zu absolvieren haben. Daher sind Rechtspfleger ähnlich einem Richter bei ihren Sachentscheidungen sachlich unabhängig (§ 9 RPflG). Der Urkundsbeamte hat seine bisherige in der ZPO verankerte Zuständigkeit im Allgemeinen behalten. Wegen Ausnahmen und zum Verhältnis zwischen Rechtspfleger und UdG § 26 RPflG. Über Anträge auf eine Änderung der Entscheidung eines Urkundsbeamten nach § 573 ZPO entscheidet der Richter nach § 4 II Nr. 3 RPflG, vgl. auch § 577 IV ZPO. Die Rechtsbehelfe gegen Entscheidungen des Rpfl. regelt §§ 11, 21 II RPflG (befristete oder unbefristete Erinnerung, auf die die Beschwerdevorschriften sinngemäß anwendbar sind, und Beschwerde gegen Gerichtsentscheidungen). Zum Verfahren zB → ZPO § 104 Rn. 48 ff. (ausf.). Die Trennung der Aufgaben des Rpfl. von denjenigen des Urkundsbeamten schließt aber nicht aus, dass dem als Rpfl. tätigen Beamten auch die Dienstgeschäfte eines Urkundsbeamten übertragen werden (vgl. auch § 8 RPflG). Dann hat er insofern nur die Stellung eines Urkundsbeamten der Geschäftsstelle nach § 27 RPflG. Er untersteht also für die Ausführung dieser Geschäfte der Justizverwaltung und handelt nicht als Rpfl., BGH NJW 1981, 2345; BayObLG Rpfleger 1981, 433; Meyer-Stolte Rpfleger 1981, 394.

5 **V. Verstoß.** Amtspflichtverletzungen des Urkundsbeamten geben einen Ersatzanspruch nach Art. 34 GG, gegen das Land, in dessen Diensten der Beamte steht. Er muss bei der Aufnahme einer Klage oder eines Antrags die Partei unverzüglich, vollständig und sachgemäß beraten.

153 ***[Einrichtung der Geschäftsstelle].*** **I Bei jedem Gericht und jeder Staatsanwaltschaft wird eine Geschäftsstelle eingerichtet, die mit der erforderlichen Zahl von Urkundsbeamten besetzt wird.**

II 1Mit den Aufgaben eines Urkundsbeamten der Geschäftsstelle kann betraut werden, wer einen Vorbereitungsdienst von zwei Jahren abgeleistet und die Prüfung für den mittleren Justizdienst oder für den mittleren Dienst bei der Arbeitsgerichtsbarkeit bestanden hat. 2Sechs Monate des Vorbereitungsdienstes sollen auf einen Fachlehrgang entfallen.

III Mit den Aufgaben eines Urkundsbeamten der Geschäftsstelle kann auch betraut werden,

1. **wer die Rechtspflegerprüfung oder die Prüfung für den gehobenen Dienst bei der Arbeitsgerichtsbarkeit bestanden hat,**
2. **wer nach den Vorschriften über den Laufbahnwechsel die Befähigung für die Laufbahn des mittleren Justizdienstes erhalten hat,**
3. **wer als anderer Bewerber nach den landesrechtlichen Vorschriften in die Laufbahn des mittleren Justizdienstes übernommen worden ist.**

IV 1Die näheren Vorschriften zur Ausführung der Absätze 1 bis 3 erlassen der Bund und die Länder für ihren Bereich. 2Sie können auch bestimmen, ob und inwieweit Zeiten einer dem Ausbildungsziel förderlichen sonstigen Ausbildung oder Tätigkeit auf den Vorbereitungsdienst angerechnet werden können.

V 1Der Bund und die Länder können ferner bestimmen, daß mit Aufgaben eines Urkundsbeamten der Geschäftsstelle auch betraut werden kann, wer auf dem Sachgebiet, das ihm übertragen werden soll, einen Wissens- und Leistungsstand aufweist, der dem durch die Ausbildung nach Absatz 2 vermittelten Stand gleichwertig ist. 2In den Ländern Brandenburg, Mecklenburg-Vorpommern, Sachsen, Sachsen-Anhalt und Thüringen dürfen solche Personen weiterhin mit den Aufgaben eines Urkundsbeamten der Geschäftsstelle betraut werden, die bis zum 25. April 2006 gemäß Anlage I Kapitel III Sachgebiet A Abschnitt III Nr. 1 Buchstabe q Abs. 1 zum Einigungsvertrag vom 31. August 1990 (BGBl. 1990 II S. 889, 922) mit diesen Aufgaben betraut worden sind.

I. Systematik, Regelungszweck, I–V. → Vor § 153 Rn. 1. Die Geschäftsstelle sollte von der historischen Entwicklung die Richterschaft entlasten und geht nach dem Gerichtsverfassungsgesetz von 1877 auf die sog. „Gerichtsschreiberei" zurück. Hierzu sollten Aufgaben, die keiner universitären Ausbildung bedurften, auf Beamte des mittleren bzw. gehobenen Justizdienst übertragen werden. Das GVG spricht seit 1927 von „Geschäftsstelle" statt von „Gerichtsschreiberei". Sie nehmen damit bei Gericht Aufgaben war, die nicht dem Richter, Staatsanwalt, Rechtspfleger oder Amtsanwalt zugewiesen sind. Sie haben damit für die sachentscheidenden Organe eine zuarbeitende und zugleich unterstützende Funktion. 1

Die Aufgabenverteilung zwischen den sachentscheidenden Organen und der unterstützenden Tätigkeit durch die Geschäftsstelle wird sich nicht unerheblich verändern, sobald der elektronische Rechtsverkehr eingeführt worden ist. 2

II. Geltungsbereich, I–V. Die Vorschrift gilt in der ordentlichen Gerichtsbarkeit. In der Arbeitsgerichtsbarkeit gilt § 7 ArbGG. Jedoch ist § 153 II–V auch hier anwendbar. § 153 ist im Bereich der Finanz-, Sozial- und Verwaltungsgerichte unanwendbar, Art. 3 II Gesetz v. 19.12.1979 (vgl. § 13 VwGO, § 12 FGO, § 4 SGG). 3

III. Geschäftsstelle, I–V. Bei jedem Gericht muss eine Geschäftsstelle bestehen. Die Vorschrift legt diese und keine andere amtliche Bezeichnung bindend fest. Das Nähere zur Geschäftsstelle regelt im Verwaltungsweg zB die AnO über die Einrichtung der Geschäftsstelle beim BGH v. 10.12.1980, BAnz. Nr. 239 S. 2, soweit nicht Rechtsvorschriften darüber bestehen, zB in Bayern die VO v. 6.5.1982, GVBl 271. Die Geschäftsstelle amtiert einheitlich, mag sie auch aus mehreren räumlich getrennten Abteilungen bestehen, zB bei Außensenaten nach § 116 II, Karlsr NJW 1984, 744. Sie wird mit der erforderlichen Zahl von Urkundsbeamten besetzt. Diese werden von der Geschäftsleitung zugeteilt und unterstehen der Geschäftsleitung bzw. der Behördenleitung. Ihr gehören außerdem Schreibkräfte usw. an. Die Geschäftsstelle darf auch für andere staatliche Aufgaben tätig werden. Bei einer derartigen Doppelstellung etwa als Urkundsbeamter des AG und des ArbG muss der Urkundsbeamte nach außen klar zum Ausdruck bringen, in welcher Eigenschaft er handelt. „Bei" dem Gericht erfordert nicht eine enge räumliche Verbindung (Ministerialbeamter gleichzeitig Urkundsbeamter der Geschäftsstelle). 4

IV. Urkundsbeamter, I–V. Er ist ein Organ der Rechtspflege. Das ist vielfach ein vom bloßen Service sehr wohl abweichendes Amt. Seine Aufgaben nennt → Vor § 153 Rn. 3. **II, III** regeln iVm den Ausführungsvorschriften nach IV, wer Urkundsbeamter sein darf. Auch ein solcher Gerichtsvollzieher, der die Voraussetzungen des II erfüllt und angewiesen worden ist, wieder im mittleren Justizdienst tätig zu sein, darf ein Urkundsbeamter sein, Hamm VRS **83,** 445. Urkundsbeamter ist ein Beamter des mittleren Dienstes oder ein Justizfachangestellter. Angestellte dürfen als Urkundsbeamte auch dann tätig werden, wenn sie nicht deutsche Staatsangehörige sind. 5

Bestimmte Aufgaben in dem eigentlichen Bereich des Urkundsbeamten sind dem **Rechtspfleger** übertragen und zwar nach § 20 I Nr. 12 RPflG (vollstreckbare Ausfertigung), § 21 I Nr. 1, 2 RPflG (Festsetzungsverfahren), § 24 RPflG (Aufnahme von Erklärungen/**Rechtsantragsstelle**). Im Übrigen bleibt die Zuständigkeit des Urkundsbeamten nach § 26 RPflG nach Maßgabe der gesetzlichen Vorschriften unberührt. Beim Streit oder einer Ungewissheit über die Zuständigkeit entscheidet entsprechend § 7 RPflG der Rpfl. 6

Auch Rechtspfleger können vorübergehend mit der Wahrnehmung der Tätigkeit als Urkundsbeamter der Geschäftsstelle betraut werden (§ 27 RPflG). 7

Die Betrauung anderer Personen, zB eines **Referendars,** mit den Aufgaben des Urkundsbeamten nach **V** richtet sich nach dem Bundes- oder Landesrecht. Dieses bestimmt, ob eine Betrauung zulässig ist und wer sie aussprechen darf, BGH MDR 1985, 862; Kblz Rpfleger 1985, 77. Die Betrauung setzt eine Überprüfung des Wissens- und Leistungsstands voraus. Die sie aussprechende Verfügung muss vor dem Beginn der Tätigkeit als Urkundsbeamter erfolgen, Hmb MDR 1984, 337. 8

V. Rechtsbehelf, I–V. Gegen diejenigen Entscheidungen des Urkundsbeamten, die im Wesentlichen nur in seinem Bereich als Organ der Rechtspflege vorkommen, ist die Erinnerung nach § 573 an dasjenige Gericht statthaft, dem er angehört. 9

Anhang zu § 153
Rechtspfleger

Schrifttum: Arnold/Meyer-Stolte/Rellermeyer/Hintzen/Georg, RPflG, 8. Aufl. 2015 (Bespr. Harm FamRZ 2016, 1238, Riedel Rpfleger 2016, 127); Bassenge/Oberhammer/Gottwald/Roth/Wagner/Walter, FamFG/RPflG, 12. Aufl. 2009; Dörndorfer, RPfG, 3. Aufl. 2020; Habscheid, Die Rechtspfleger in der Gerichtsorganisation – eine Wiederbesinnung, FS Lindacher, 2007; Rellermeyer Rpfleger 2017, 189 (Entwicklungs-Grdz.).

I. Systematik, Regelungszweck. Die gesetzliche Grundlage für die Stellung des Rechtspflegers und seiner Aufgaben ist das RPflG. Es überträgt dem Rpfl. eine Reihe von Geschäften nach § 3 RPflG, zum Teil in vollem Umfang nach § 3 Nr. 1 RPflG, zum Teil unter einem Vorbehalt von Ausnahmen nach § 3 Nr. 2 RPflG, oder es überträgt nur einzelne Geschäfte nach § 3 Nr. 3, 4 RPflG, auch → Vor § 153 Rn. 4. Ganz allgemein erhält der Rpfl. nach § 4 II RPflG für einige Geschäfte bei der Abwicklung der übertragenen Geschäfte wie zB bei einem Eid oder bei einer Freiheitsentziehung keine Befugnis. 1

II. Geltungsbereich. Das RPflG gilt auch im FamFG-Verfahren, Rellermeyer Rpfleger 2009, 349 (Grdz.). Es gilt ferner entsprechend für die Arbeitsgerichte in allen Rechtszügen nach § 9 III ArbGG. Für die Finanz-, Sozial- und Verwaltungsgerichte ist es dagegen unanwendbar. Es gilt hier auch nicht insoweit, als bei ihnen die Festsetzung von Kosten nach § 21 I Nr. 1 RPflG, nach §§ 103 ff. ZPO oder die Festsetzung von Anwaltsgebühren nach § 11 RVG, § 21 I Nr. 2 RPflG erfolgen muss, OVG Hmb FamRZ 1990, 81, Hansens NJW 1989, 1133. Etwas anderes gilt beim BVerfG, vgl. NJW 1977, 145. 2

III. Stellung des Rechtspflegers. Er ist ein besonderes Organ der Rechtspflege. Seine Stellung verankert das RPflG gerichtsverfassungsrechtlich nach § 1 RPflG. Der Rpfl. ist kein Richter, sondern ein Beamter mit historisch betrachtet ursprünglich richterlichen Aufgaben, Bernhard DRiZ 1981, 361, was sich heute noch darin zeigt, dass Rechtspfleger trotz ihres Beamtenstatus in der Sache wie ein Richter unabhängig entscheiden und nur an Recht und Gesetz gebunden sind (§ 9 RPflG, vgl. Tams Rpfleger 2007, 588). Die Geschäfte eines Rpfl. kann nach § 2 RPflG nur ein Justizbeamter nach einem Vorbereitungsdienst von mindestens drei Jahren und nach einer Prüfung für den gehobenen Justizdienst vornehmen (entsprechend bei den ArbGen). Auch wer die Zweite Juristische Staatsprüfung bestanden hat, kann nach § 2 III RPflG Rpfl. werden. Referendare können nach § 2 V 3

RPflG mit der zeitweiligen Wahrnehmung der Geschäfte eines Rechtspflegers beauftragt werden. Beamten des mittleren Dienstes, die nach den jeweiligen landesrechtlichen Vorschriften den prüfungserleichterten Aufstieg zum gehobenen Dienst bestanden haben, können Rechtspflegeraufgaben aber nicht anvertraut werden. Die weitere Regelung, insbesondere der Erlass von Ausbildungsordnungen, ist Ländersache. Wegen der Übertragung von Rechtspflegeraufgaben in Grundbuchsachen in Baden-Württemberg auf sog. Ratsschreiber § 36a RPflG. Wegen der Übertragung von Rechtspflegeraufgaben auf den Urkundsbeamten der Geschäftsstelle § 36b RPflG.

4 Dass ein Rpfl. entschieden hat, muss nach § 12 RPflG kenntlich sein. Für seine Ausschließung und Ablehnung gelten dieselben Vorschriften wie für den Richter nach §§ 41 ff. ZPO. Über ihre Berechtigung entscheidet der Richter. Trotz seiner sachlichen Unabhängigkeit bindet eine Arbeitszeitregelung den Rpfl., da der Rechtspfleger zwar sachlich, aber nicht wie der Richter auch persönlich unabhängig ist OVG Lüneb Nds. Rpfl. 1997, 90.

5 **IV. Befugnisse des Rechtspflegers.** Soweit das Gesetz Geschäfte dem Rpfl. übertragen hat, trifft er alle zur Erledigung des Geschäftes erforderlichen Maßnahmen. Er entscheidet zB nach § 4 I RPflG auch über das gleichzeitig mit dem Gesuch auf den Erlass eines Mahnbescheids nach § 690 ZPO eingereichte Gesuch nach § 117 ZPO um eine Prozesskostenhilfe. Er kann Zeugen nach §§ 373 ff. ZPO vernehmen und auch Ordnungsmittel in Geld zB nach § 380 ZPO anwenden. Jedoch ist er nicht befugt zur Anordnung oder Abnahme eines Eids zB nach §§ 478 ff. ZPO, zur Androhung oder Verhängung einer Freiheitsentziehung zB nach §§ 380, 888 ZPO sowie zum Erlass eines Haftbefehls zB nach § 802g ZPO mit den sich aus § 4 II Nr. 2a–c RPflG ergebenden Ausnahmen.

6 In diesen Fällen muss er die Sache nach § 4 III RPflG dem Richter zur Entscheidung **vorlegen.** Eine Vorlagepflicht besteht ferner dann, wenn die Entscheidung eines Verfassungsgerichts notwendig wird, § 5 I Nr. 1 RPflG. Dasselbe gilt für die Entscheidung des EuGH nach Anh. § 1 GVG. Eine Vorlagepflicht besteht ferner nach § 5 I Nr. 2 RPflG dann, wenn ein enger Zusammenhang mit einem vom Richter bearbeiteten Geschäft besteht. Wenn die Anwendung eines ausländischen Rechts in Betracht kommt, kann der Rpfl. die Sache nach § 5 II RPflG dem Richter vorlegen. Der Richter bearbeitet die vorgelegte Sache solange, wie er es für erforderlich hält. Er kann die Sache an den Rechtspfleger zurückgeben. Gibt der Richter die Sache an den Rechtspfleger zurück, so ist der Rechtspfleger an eine vom Richter mitgeteilte Rechtsauffassung gebunden (§ 5 III RPflG).

7 **V. Verstoß.** Überschreitet der Rpfl. seine Befugnisse, ordnet er zB eine Ordnungshaft an, ist diese Anordnung unwirksam. Das ist aber dann nicht so, wenn er eine Sache gegen die ihm bekannte Stellungnahme des Richters entscheidet, falls die Bearbeitung der Sache in seinen Aufgabenkreis fällt und er lediglich seine Vorlagepflicht nach § 8 III RPflG (er „hat" vorzulegen) nicht erfüllt hat. Nimmt der Richter dem Rpfl. übertragene Geschäfte wahr, berührt das die Wirksamkeit des Geschäfts nach § 8 I RPflG nicht.

8 **VI. Rechtsbehelfe.** Rechtsbehelfsbelehrung, Verstoß: Evtl. §§ 232, 233 S. 2 ZPO. Nach Art. 19 IV GG muss ein Betroffener die Möglichkeit haben, eine Entscheidung des Rpfl. der Prüfung durch den Richter zu unterziehen, BVerfG NJW-RR 2001, 1077. Gegen eine Entscheidung des Rpfl. ist nach § 11 I RPflG, → ZPO § 104 Rn. 48 ff. (ausf.) grundsätzlich dasjenige Rechtsmittel statthaft, das nach den allgemeinen verfahrensrechtlichen Vorschriften zulässig ist, also die Erinnerung oder eine sofortige Beschwerde. Für diese gelten die allgemeinen Bestimmungen nach §§ 567–573 ZPO, soweit keine abweichende Sonderregelung vorliegt. Ist ein solches Rechtsmittel nicht möglich, zB beim Nichterreichen der Beschwerdesumme oder beim Ausschluss eines Rechtsmittels, findet gegen die Entscheidung des Rpfl. nach § 11 II RPflG die fristgebundene Erinnerung statt, BVerfG NJW-RR 2001, 1077, sofern nicht auch sie nach § 11 III RPflG unstatthaft ist. Das Erinnerungsverfahren regelt 573 ZPO. Es ist nach § 11 IV RPflG gerichtsgebührenfrei. In Patentsachen gilt die Sonderbestimmung § 23 II RPflG.

9 **VII. Abgrenzung zum Urkundsbeamten.** → Vor § 153 Rn. 4.

Zwölfter Titel. Zustellungs- und Vollstreckungsbeamte

Vorbemerkung zu § 154

1 **I. Systematik, Regelungszweck.** Zunächst → ZPO § 753 Rn. 1, 2. Die Prozessgesetze begnügen sich damit, eine Reihe von Amtspflichten des Gerichtsvollziehers zu umgrenzen. Die Regelung seiner Dienst- und Geschäftsverhältnisse ist nach § 154 eine Aufgabe der Landesjustizverwaltung. Die Dienstverhältnisse der Gerichtsvollzieher, ihre Zuständigkeit und Dienstführung regelt die von den Ländern übereinstimmend erlassene Gerichtsvollzieherordnung (GVO). Zu ihr haben die Länder Ergänzungsbestimmungen erlassen. Die Gerichtsvollzieher sind meist selbständige Beamte mit eigenem Bezirk. Sie haben außer ihren festen Bezügen Anteile an den nach dem GvKostG, vereinnahmten Gebühren und einen Anspruch auf einen Auslagenersatz. Die Aufträge können dem Gerichtsvollzieher unmittelbar übermittelt oder durch die Verteilungsstelle zugeteilt werden.

2 Der Gerichtsvollzieher ist nach → ZPO § 753 Rn. 1 ff. ein selbständiges **Organ der Rechtspflege,** VG Bln DGVZ 1990, 6. Er ist aber nicht abhängig, BVerwG NJW 1983, 896. Er kann keine Rechtsbeugung begehen, Düss NJW 1997, 2125. Der Gerichtsvollzieher muss sich allen Beteiligten gegenüber neutral verhalten, Pawlowski ZZP 90, 358.

3 **II. Stellung des Gerichtsvollziehers.** → ZPO § 753 Rn. 3 (ausf.).

4 **III. Haftung des Gerichtsvollziehers.** → ZPO § 753 Rn. 11 (ausf.).

5 **IV. Zuständigkeit des Gerichtsvollziehers.** → ZPO § 753 Rn. 13–20 (ausf.).

154 *[Dienst- und Geschäftsverhältnisse].* **Die Dienst- und Geschäftsverhältnisse der mit den Zustellungen, Ladungen und Vollstreckungen zu betrauenden Beamten (Gerichtsvollzieher) werden bei dem Bundesgerichtshof durch den Bundesminister der Justiz und für Verbraucherschutz, bei den Landesgerichten durch die Landesjustizverwaltung bestimmt.**

1 Die Vorschrift enthält eine Legaldefinition mit Festlegung des Wirkungskreises (Zustellung, Ladung und Vollstreckung, vgl. auch Vorführung und Verhaftung, § 802g ZPO, § 98 InsO, Vollziehung persönlicher Arrest,

§ 933 ZPO) und die Bestimmung, dass der Gerichtsvollzieher Beamter im statusrechtlichen Sinne sein muss. Eine Umsatzsteuer kann mithin bei der Erhebung der Kosten nicht entstehen, Herrfurth, DGVZ 2021, 11. Die Dienstaufsicht führt der Präsident/Direktor des Amtsgerichts. Wegen der Rechtsstellung des Gerichtsvollziehers im Weiteren → ZPO § 753 Rn. 1. Die Regelung der Dienst- und Geschäftsverhältnisse findet sich in der GVO und in der GVGA und sind ergänzend landesrechtlich geregelt (konkurrierende Gesetzgebung, Art. 74 I GG). Hinsichtlich der Tätigkeit in der Sache ist der Gerichtsvollzieher jedoch ein selbständiges Organ der Rechtspfleger; diese Tätigkeit in der Sache unterfällt nicht der formellen Dienstaufsicht, sondern muss mit entsprechenden Rechtsbehelfen kontrolliert werden.

Zur Pflicht des Gerichtsvollziehers, gespeicherte personenbezogene Daten den Betroffenen bekanntzugeben, VGH Kassel NJW-RR 1999, 857. 2

§ 154 gilt in der Arbeitsgerichtsbarkeit entsprechend nach § 9 II ArbGG. Das Verhältnis zum „Auftraggeber" nach § 753 ist nicht privatrechtlicher Natur, sondern richtet sich nach dem öffentlichen Recht. 3

Die Ausbildung der Gerichtsvollzieher ist in den einzelnen Bundesländern unterschiedlich geregelt (vgl. zB Verordnung über die Ausbildung und Prüfung für die Laufbahn des Gerichtsvollzieherdienstes in NRW). 4

155 *[Ausschließung].* **Der Gerichtsvollzieher ist von der Ausübung seines Amts kraft Gesetzes ausgeschlossen:**

I. in bürgerlichen Rechtsstreitigkeiten:

1. **wenn er selbst Partei oder gesetzlicher Vertreter einer Partei ist oder zu einer Partei in dem Verhältnis eines Mitberechtigten, Mitverpflichteten oder Schadensersatzpflichtigen steht;**
2. **wenn sein Ehegatte oder Lebenspartner Partei ist, auch wenn die Ehe oder Lebenspartnerschaft nicht mehr besteht;**
3. **wenn eine Person Partei ist, mit der er in gerader Linie verwandt oder verschwägert, in der Seitenlinie bis zum dritten Grad verwandt oder bis zum zweiten Grad verschwägert ist oder war;**

II. in Strafsachen.... *(nicht abgedruckt)*

I. Geltungsbereich, I. Die Vorschrift ist § 41 ZPO nachgebildet und ist Ausprägung der Neutralitätspflicht des Gerichtsvollziehers. Auf sie weist auch § 2 GVGA hin. Eine Ablehnung des Gerichtsvollziehers wegen einer Besorgnis der Befangenheit wie nach § 42 ZPO ist unstatthaft, BVerfG NJW-RR 2005, 365; BGH MDR 2005, 169; LG Köln MDR 2001, 649. Auch ein Landesgesetz kann sie nicht vorsehen. Bei § 155 tritt der nach dem Landesrecht zuständige Vertreter an die Stelle des Ausgeschlossenen. Einen Verstoß gegen § 155 regeln zB die Vorschriften zur Rechtswidrigkeit einer Amtshandlung nach §§ 20, 44 III Nr. 2 VwVfG, §§ 82, 125 III Nr. 2 AO, §§ 16, 40 III Nr. 2 SGB X. Danach ist eine fehlerhafte Zustellung unwirksam, während Vollstreckungsmaßnahmen anfechtbar sind. Ein Verstoß gegen § 155 bedeutet stets eine Verletzung der Amtspflicht. Über den Ausschluss des Gerichtsvollziehers und seiner Gehilfen vom Mitbieten beim Verkauf in der Zwangsvollstreckung §§ 456 ff. BGB (Haftung für Kosten und Mindererlös). Ferner → ZPO § 753 Rn. 19. Bei den Arbeitsgerichten ist § 155 entsprechend anwendbar, § 9 II ArbGG. 1

II. Verhalten des Ausgeschlossenen. Der gesetzlich ausgeschlossene Gerichtsvollzieher gibt einen Auftrag nach § 19 S. 1 GVO unter Angabe des Grundes seiner Verhinderung an seinen ständigen Vertreter ab. Ist auch dieser verhindert, zeigt dieser letztere die Sachlage nach § 19 S. 2 GVO unverzüglich wie bei § 121 I 1 BGB seiner vorgesetzten Dienstbehörde an. Sie bestellt einen besonderen Vertreter nach § 19 S. 3 GVO. Der infolgedessen Zuständige teilt die Auftragszuteilung dem Auftraggeber nach § 19 S. 4 GVO unverzüglich mit, es sei denn, er könne nach § 19 S. 5 GVO gleichzeitig auch schon das Ergebnis der Amtshandlung mitteilen. 2

Dreizehnter Titel. Rechtshilfe

Vorbemerkung zu § 156

I. Systematik, Regelungszweck. Mit Hilfe der Rechtshilfe soll eine einzelne, näher bestimmte Handlung durch ein anderes (ersuchtes) Gericht anstelle des ersuchenden Gerichts wahrgenommen werden, die an sich dem ersuchenden Gericht oblegen hätte, OLG Hamburg FamRZ 2019, 1730. Nicht jedes Gericht kann alle Amtshandlungen selbst vornehmen, die die Erledigung ihrer Dienstgeschäfte mit sich bringt. Der Vornahme können eine große Entfernung, eine sachliche Unzuständigkeit oder das Fehlen der nötigen Hilfsmittel entgegenstehen. Das gilt sowohl bei Gerichten und Gerichtsvollziehern, AG Hmb DGVZ 2016, 32 (zust. Mroß), als auch bei Verwaltungsbehörden. Zwar erstreckt sich die Gerichtsbarkeit auf das ganze Bundesgebiet und berechtigt wie auch verpflichtet das zunächst amtierende Gericht nach § 160, alle gerichtlichen Handlungen der Zwangsvollstreckung, Zustellung und Ladung überall selbst vorzunehmen. Andererseits soll das Gericht nur innerhalb seines Bezirks tätig werden, § 166. Im Notfall hilft eine Rechts- und Amtshilfe. 1

Verfassungsrechtliche Grundlage ist **Art. 35 I GG.** Danach leisten sich alle Behörden des Bundes und der Länder gegenseitig Rechts- und Amtshilfe. „Behörden" sind auch Gerichte. Die §§ 156 ff. GVG gestalten die verfassungsrechtlichen Verpflichtung zur Rechts- und Amtshilfe für den Bereich der ordentlichen Gerichtsbarkeit näher aus, BGH MDR 2020, 878. Die Bedeutung dieser Vorschrift erschöpft sich darin, auf dem Gebiet der Rechts- und Amtshilfe die Einheit der Staatsgewalt im Bundesstaat herzustellen. Sie sagt aber nichts über den Inhalt und Umfang der Rechts- und Amtshilfe aus. Vielmehr bestimmen sich dieser durch das für die beteiligten Behörden geltende Recht. Zur Zulässigkeit des Rechtshilfeersuchens eines nationalen Gerichts an den EuGH vgl. dessen Entscheidung NJW 1991, 2409. 2

II. Geltungsbereich. In der Arbeitsgerichtsbarkeit gelten §§ 156 ff. entsprechend nach § 13 ArbGG, vgl. auch § 14 VwGO, § 13 FGO und § 5 SGG). Wegen des unmittelbaren Geltungsbereichs innerhalb der ordentlichen Gerichtsbarkeit siehe § 2 EGGVG. 3

4 **III. Rechtshilfe und Amtshilfe.** Eine Rechtshilfe im eigentlichen Sinn liegt nur dann vor, wenn die ersuchende Behörde zwar die Amtshandlung in ihrer sachlichen Zuständigkeit auch selbst vornehmen könnte, wenn aber die Zweckmäßigkeit für die Vornahme durch die ersuchte spricht, BGH NJW 1990, 2936. Es muss sich um eine richterliche Handlung handeln. In Betracht kommen also zB: Eine Beweisaufnahme nach §§ 355 ff. ZPO; ein Güteversuch nach § 278 II ZPO; die Entgegennahme von Parteierklärungen aus Anlass des persönlichen Erscheinens in einer Ehe- und Kindschaftssache nach §§ 128, 160 FamFG; eine Akteneinsicht nach § 299 ZPO, Ffm NStZ 1981, 191.

5 **Nicht hierher** gehört eine solche Sache, die die Partei selbst nach § 160 bei einem auswärtigen Gericht veranlassen muss. Das Prozessgericht kann auch nicht das Gericht der freiwilligen Gerichtsbarkeit um die Bestellung eines Abwesenheitspflegers ersuchen.

6 **Amtshilfe** steht dann infrage, wenn die ersuchte Stelle darüber hinaus die Erreichung des Ziels der ersuchenden unterstützen soll und nicht die Rechtshilfe betroffen ist, zB durch eine Aktenübersendung nach § 299 ZPO, BayObLG FamRZ 1998, 33; Brschw Nds. Rpfl. 1987, 252; Schlink, Die Amtshilfe, 1982; Wilde, Amtshilfe und Datenschutz, BayVBl. 1986, 230. Der Unterschied ist kein rein sprachlicher, weil der 13. Titel nur die Rechtshilfe betrifft. Insbesondere ist der Beschwerdeweg des § 159 bei einer Amtshilfe nach → § 159 Rn. 1 nicht statthaft. Die neueren Gesetze gebrauchen aber die Fachausdrücke unsorgfältig. Man muss immer prüfen, was sachlich vorliegt. Amtshilfe ist zB die Einräumung eines Amtszimmers und das Stellen eines Diktiergeräts. Keine Rechts- und keine Amtshilfe liegen dann vor, wenn eine Amtshandlung auf ein Ersuchen einer Partei nötig ist. Dem arbeitsgerichtlichen Schiedsgericht muss das ordentliche Gericht nach § 106 II ArbGG Rechtshilfe leisten.

7 **IV. Notwendigkeit von Rechtshilfe.** Man muss Rechtshilfe leisten zB: In den FamFG-Sachen; bei der Mediation nur im Rahmen von § 9 MediationsG; dem Arbeitsgericht, soweit es sich nach § 13 I 2 ArbGG um Amtshandlungen außerhalb des Sitzes eines Arbeitsgerichtes handelt, ebenso einem arbeitsgerichtlichen Schiedsgericht, soweit es aus Gründen der örtlichen Lage das AG dem ArbG nach § 106 ArbGG vorzieht; dem Patentamt und dem Patentgericht nach § 128 PatG; einem Anwaltsgericht nach §§ 99 II, 137 BRAO, der Handwerkskammer nach § 108 HandwO; dem Börsenehrengericht nach § 26 Gesetz v. 27.5.08, RGBl. 215; den Berufsgerichten der Ärzte und der Tierärzte oder nach entsprechender Bestimmungen des Landesrechts; einem Finanz-, Sozial- und Verwaltungsgericht nach § 13 FGO, § 5 I SGG, § 14 VwGO, auch bei Verfassungsgerichten, § 27 BVerfGG). Über einen Rechtshilfeverkehr mit dem Ausland Anh. § 168.

8 Soweit die Rechtshilfe eines **ausländischen Gerichts** in Anspruch genommen werden soll, sind im Wesentlichen die Vorschriften nach dem Haager Übereinkommen über die Zustellung gerichtlicher und außergerichtlicher Schriftstücke im Ausland in Zivil- oder Handelssachen v 15.11.1965 (BGBl. 1977 II 1453) und über die Beweisaufnahme im Ausland in Zivil- oder Handelssachen v 18.3.1970 (BGBl. 1977II 1472) bzw in der EU nach §§ 1067 ff. ZPO iVm der EuZustVO Nr. 1393/2007 maßgeblich (vgl. Zöller/Lückemann § 156 Rn. 4); bezüglich der NATO, vgl. das NATO-Truppenstatut die entsprechenden Zusatzabkommen.

9 Bloße **Zweckmäßigkeit** reicht **nicht,** schon gar nicht bloße Bequemlichkeit und Arbeitserleichterung. Das gilt umso mehr angesichts der Unablehnbarkeit eines derartigen Ersuchens. Freilich lässt sich über die Abgrenzung des bloß Zweckmäßigen vom direkt Notwendigen trefflich streiten. 60 km Entfernung sind bei halbstündiger Zugverbindung keine eine Rechtshilfe rechtfertigende Entfernung wie vielleicht noch vor 30 Jahren. Für eine 80jährige gehbehinderte Zeugin mag statt einer solchen Winterfahrt ein Taxi zum 5 Minuten entfernten ersuchten Richter schon weit eher ein ausreichender Grund zur Bitte nach § 156 sein. Es heißt also abzuwägen und dabei die Überlastung auch des auswärtigen Kollegen mit zu berücksichtigen, nicht nur die eigene.

10 **V. Amtshilfe.** Für sie Amtshilfe fehlen vielfach besondere Vorschriften. Geregelt ist sie zB in §§ 4–8 VwVfG und den entsprechenden Gesetzen der Länder, in §§ 111–115 AO und in §§ 3–7 SGB X, soweit es sich um eine Amtshilfe zwischen Behörden handelt, Schnapp/Friebe NJW 1982, 1422 zur Prüfungskompetenz und zum Rechtsschutz. Diese Grundsätze sind meist auch im Verhältnis der Behörden zu den Gerichten und der Gerichte untereinander entsprechend anwendbar. Amtshilfegericht ist das AG. Der Instanzenzug regelt sich nach dem Landesrecht. Zeugen und Sachverständige sind nach den Prozessordnungen zu vernehmen.

11 Amtshilfe muss man leisten **allen Gerichten,** zB §§ 14 VwGO, 13 FGO, 5 I SGG; den Bundesfinanzbehörden nach §§ 111 ff. AO 1977; den Einigungsämtern des Wettbewerbsrechts; den Seeämtern und dem Oberseeamt, § 32 Gesetz v. 28.9.35, RGBl. 1183; dem Seemannsamt nach § 125 SeemO; dem Standesbeamten nach § 5 Bek. v. 18.1.17, RGBl. 55; mindestens nach Gewohnheitsrecht den Verwaltungsbehörden; im Zusammenhang mit Bußgeldern, § 46 OWiG, §§ 4 ff. VwVfG, § 111 AO; bei einem am Verfahren nicht beteiligten Notar, BayObLG FamRZ 1998, 33. Amtshilfe ist gebührenfrei zu leisten; bezüglich der parlamentarischer Untersuchungsausschüsse, Art. 44 III GG).

12 **Eingeschränkt** wird die Amtshilfe von Behörden durch die Vorschriften, die eine Pflicht zur Geheimhaltung bestimmter Tatsachen begründen oder vor Weitergabe personenbezogener Daten schützen, zB § 5 II VwVfG, § 30 AO, § 35 SGB I und §§ 67 ff. SGB X, § 9 KWG, §§ 10, 45 BDSG; Cosack/Thomerius NVwZ 1993, 841; Dörner NZA 1989, 950; Haus NJW 1988, 3126.

156 *[Rechtshilfepflicht].* **Die Gerichte haben sich in Zivilsachen und in Strafsachen Rechtshilfe zu leisten.**

1 Die Gerichte müssen sich Rechtshilfe leisten (bezgl. der ordentlichen Gerichtsbarkeit, § 2 EGGVG). Die Gerichte sind berechtigt, nicht nur die Richter. Darum darf auch der Rpfl. im Rahmen seiner Befugnisse nach § 4 I RPflG um eine Rechtshilfe ersuchen, Karlsr FamRZ 1994, 638. Ersucht wird das andere Gericht. Es gibt die Bearbeitung an den zuständigen Richter oder Beamten ab. Ein Ersuchen ist auch zwischen dem Hauptgericht und seiner Zweigstelle möglich, Mü MDR 1982, 763.

2 Ob eine **Zivilsache** nach § 13 Hs. 1 GVG vorliegt, bestimmt sich bei einem inländischen Ersuchen nicht nach der Rechtsnatur der Sache, sondern nach der Tätigkeit der ersuchenden Behörde. Bei ordentlichen Gerichten schweben nur bürgerliche Rechtsstreitigkeiten. Anders liegt es beim Rechtshilfeverkehr mit dem Ausland, → Anh. § 168 Rn. 1. Einschränkung der Verpflichtung: § 158. Die Rechtshilfe überträgt die Amtshandlung dem ersuchten Gericht. Darum enthält ein Eintragungsersuchen nach § 941 ZPO kein Ersuchen um Rechtshilfe.

157 *[Rechtshilfegericht].* [I] **Das Ersuchen um Rechtshilfe ist an das Amtsgericht zu richten, in dessen Bezirk die Amtshandlung vorgenommen werden soll.**

[II] [1]**Die Landesregierungen werden ermächtigt, durch Rechtsverordnung die Erledigung von Rechtshilfeersuchen für die Bezirke mehrerer Amtsgerichte einem von ihnen ganz oder teilweise zuzuweisen, sofern dadurch der Rechtshilfeverkehr erleichtert oder beschleunigt wird.** [2]**Die Landesregierungen können diese Ermächtigung durch Rechtsverordnung auf die Landesjustizverwaltungen übertragen.**

I. Örtliche Zuständigkeit, I, II. Rechtshilfegericht ist nach **I** dasjenige AG, in dessen Bezirk die Amtshandlung notwendig wird, oder nach **II** dasjenige, dem eine Vorschrift die Erledigung zuweist. Diese Regelung gilt für Ersuchen in einer Familiensache auch dann, wenn solche Sachen nach § 23c bei einem AG konzentriert sind, Stgt FamRZ 1984, 716. Wo die Amtshandlung notwendig wird, ergibt der Einzelfall. Örtlich zuständig für die Vernehmung eines Zeugen nach §§ 373 ff. ZPO ist das Gericht an dessen Wohnsitz oder Aufenthalt, BayObLG FamRZ 2005, 640, aus Zweckmäßigkeitsgründen auch ein anderes Gericht zB zwecks einer Gegenüberstellung. Eine Vernehmung erfolgt an Ort und Stelle oder bei einer Beschäftigung an einem anderen Ort. 1

Sind **mehrere** Gerichte zuständig, darf das ersuchende Gericht unter ihnen wählen. Den zuständigen Richter bestimmt nach § 21e die Geschäftsverteilung. Das ersuchte Gericht handelt nicht in einer Vertretung des ersuchenden, sondern kraft einer eigenen, durch das Ersuchen begrenzten Amtsgewalt. Besteht mit einem ausländischen Staat kein Rechtshilfeverkehr oder ist dieser besonders langwierig, kann es notwendig sein, dass ein grenznahes deutsches Gericht Zeugen aus dem Nachbarland dann vernimmt, wenn das vor dem Prozessgericht nicht möglich ist, großzügiger Schlesw NStZ 1989, 240, das mit guten Gründen auch in anderen Fällen das Ersuchen an ein grenznahes Gericht für zulässig hält, wenn der Zeuge dort zu erscheinen bereit ist. 2

II. Zuweisungen, II. Von dieser Möglichkeit haben Gebrauch gemacht: **Hamburg:** VO zuletzt v. 14.8.2012, GVBl 404; **Mecklenburg-Vorpommern:** VO zuletzt v. 7.4.2011, GVBl 242. 3

158 *[Ablehnung des Ersuchens].* [I] **Das Ersuchen darf nicht abgelehnt werden.**

[II] [1]**Das Ersuchen eines nicht im Rechtszuge vorgesetzten Gerichts ist jedoch abzulehnen, wenn die vorzunehmende Handlung nach dem Recht des ersuchten Gerichts verboten ist.** [2]**Ist das ersuchte Gericht örtlich nicht zuständig, so gibt es das Ersuchen an das zuständige Gericht ab.**

I. Systematik, Regelungszweck, I, II. Die Vorschrift regelt den inhaltlichen Rahmen eines zulässigen Rechtshilfevorgangs. Es handelt sich immerhin um eine teilweise Verlagerung richterlicher Aufgaben vom gesetzlichen Hauptrichter des Art. 101 I 2 GG auf einen solchen Nebenrichter, der nicht dem Prozessgericht angehört, geschweige denn nach dessen Geschäftsverteilungsplan amtiert. Auch er wird erst durch I zum weiteren gesetzlichen Richter. Da ist wenigstens in Umrissen eine Klärung nötig, wann und inwieweit er tätig werden darf und dann muss. 1

Unterschiedliche Auffassungen zu dieser letzteren Frage lassen sich zwischen dem ersuchenden und dem ersuchten Richter in der Alltagspraxis keineswegs stets vermeiden. Es sollten aber nur sachliche Argumente und nicht auch oder gar fast nur persönliche wie eine Überlastung usw. eine Rolle spielen. Natürlich kann man wegen der heutigen Verkehrsverhältnisse zB sehr unterschiedlich beurteilen, ob ein Zeuge 20 oder 50 oder auch 200 km weit zum Prozessgericht reisen soll, das den Fall besser kennt als der Rechtshilfekollege. Im Zweifel I, nicht II – das ist die wohl allgemein am ehesten geeignete Lösung. 2

II. Geltungsbereich, I, II. In der Arbeitsgerichtsbarkeit kommt ein AG hier mangels einigermaßen erreichbarer ArbG infrage, → Rn. 4. 3

III. Tätigkeitspflicht, I. Das ersuchte Gericht darf grundsätzlich das Ersuchen **nicht ablehnen,** OLG Hamm FamRZ 2018, 1523. Das gilt unbedingt dann, wenn ein übergeordnetes Gericht ersucht, also ein im Instanzenzug allgemein übergeordnetes, also stets das OLG des Bezirks, solange es nicht eindeutig in Wahrheit ein anderes Gericht einschalten wollte, etwa wegen Ortsunkenntnis (der Zeugenwohnort liegt in einem anderen Gerichtsbezirk, → Rn. 10). Die örtliche Überordnung entscheidet. Der Einzelrichter nach §§ 348, 348a ZPO usw. steht anstelle des Kollegiums. Sollte das Ersuchen eines übergeordneten Gerichts rechtlich unzulässig sein, darf das ersuchte Gericht nur darauf hinweisen. 4

Voraussetzung der Bindung ist aber, dass das Ersuchen **verständlich** und ausführbar ist. Ein Ersuchen um eine Zeugenvernehmung nach §§ 373 ff. ZPO muss die Beweisfrage nach §§ 358, 358a ZPO klar ergeben und die aktuelle Anschrift des Zeugen enthalten. Es ist nicht eine Aufgabe des ersuchten Gerichts, sich das Nötige aus den Akten zusammenzustoppeln oder gar eigene Ermittlungen anzustellen. Eine Verweisung auf einen ausreichenden Beweisbeschluss genügt, soweit er nicht seinerseits auf Schriftsätze verweist. Das Beweisthema ist meist genügend deutlich bezeichnet, wenn der ersuchte Richter „über den Hergang" eines Verkehrsunfalls mit Zeit- und Ortsangaben Beweis erheben soll, Ffm NJW-RR 1995, 637. Dem ersuchten Gericht ist nicht mehr zumutbar als eben die Erledigung des Ersuchens, Schickedanz MDR 1984, 551. 5

IV. Ablehnung des Ersuchens, II. Die Regel nach I gilt dann nur mit Einschränkungen, wenn ein anderes als das vorgeordnete Gericht ersucht. 6

1. Rechtliche Unzulässigkeit, II 1. Das ersuchte Gericht darf und muss schon wegen Art. 101 I 2 GG, ein Ersuchen bei einer rechtlichen Unzulässigkeit der Amtshandlung ablehnen. Die erforderliche Handlung muss dazu entweder nach dem örtlichen Recht des ersuchten Gerichts oder nach dem gemeinsamen Recht beider Gerichte unstatthaft sein. Sie muss also gegen Bundes- oder Landesrecht verstoßen, BAG NJW 1991, 1252; Saarbr Rpfleger 2005, 198. Die Vorschrift ist als eine Ausnahme von I nach eng auslegbar, BAG NJW 2001, 2197; Naumb NJW-RR 1994, 1551, zB wenn es schlechthin unzulässig ist OLG Hamm FamRZ 2018, 1523. Unstatthaft ist eine Handlung nur dann, wenn sie schlechthin unstatthaft ist, BGH NJW 1990, 2936; BAG NZA 2001, 744; Saarbr Rpfleger 2005, 198. Das ist immer dann so, wenn die Vornahme der begehrten Handlung gegen das GG verstoßen würde, zB bei einer Verletzung des Gebots der Achtung der Intimsphäre etwa durch die Über- 7 sendung von Ehescheidungsakten, BVerfG NJW 1970, 555. Ebenso ist auch der Datenschutz zu beachten, BVerfGE 65, 1; Bull DÖV 1979, 690; Wilde BayVBl. 1986, 230.

8 Entsprechend wie bei § 281 ZPO liegt eine Bindungswirkung nicht vor, wenn das Rechtshilfeersuchen willkürlich oder offensichtlich rechtsmissbräuchlich ist. Ein Rechtshilfeersuchen kann im Einzelfall zB dann abgelehnt werden, wenn das Ersuchen nicht verständlich und ohne eingehende Befassung mit der Sach- und Rechtslage nicht ausführbar ist; bei Ersuchen um Zeugenvernehmung müssen die Beweisfragen hinreichend konkretisiert werden. Die Durchführung der Rechtshilfe kann weiter **abgelehnt werden,** wenn der Beweisbeschluss keine hinreichenden Tatsachen enthält, über die der Rechtshilferichter eine Zeugenvernehmung durchführen könnte (vgl. OLG Koblenz MDR 2008, 819; SG Berlin 26.9.2019 – S 118 VE 70/19 RH, BeckRS 2019, 22729; vgl. auch OLG Hamm FamRZ 2018, 1523; Kblz MDR 2008, 819; Saarbr Rpfleger 2005, 198, AG Solingen MDR 1996, 629. Ein Ersuchen kann auch bei einer verfahrensrechtlichen Überholtheit unzulässig werden, BayObLG FamRZ 2005, 640; Saarbr Rpfleger 2005, 198. Es kann ferner abgelehnt werden, wenn es dem ersuchten Richter nicht möglich ist, allein aufgrund des vom ersuchenden Prozessgericht erlassenen Beweisbeschlusses den gewünschten Beweis zu erheben, zB wenn der Beweisbeschluss unklar ist, also zB nicht eindeutig erkennen lässt, welche streitigen Tatsachen Gegenstand der Beweisaufnahme sein sollen, LAG Nürnberg, 21.7.2021 – 3 Ta 49/21.

9 Es **genügt zur Ablehnung des Ersuchens aber nicht,** dass die Amtshandlung nach der Prozesslage nicht notwendig oder unzweckmäßig ist, BGH NJW 1990, 2937; Ffm NJW 2004, 962; Saarbr Rpfleger 2005, 198. Es genügt auch nicht, dass das ersuchte Gericht einen zB nach → ZPO Vor § 284 Rn. 52 unzulässigen Ausforschungsbeweis vermutet, BAG NZA 2000, 792, Ffm NJW-RR 1995, 637. Denn das ersuchte Gericht wird meist nicht beurteilen können, ob ein Ausforschungsbeweis vorliegt, aM Ffm OLGR 2006, 840. Daher muss es im Zweifel dem Ersuchen folgen. Es muss jedenfalls den für zulässig gehaltenen Teil des Ersuchens sofort ausführen. Es ist auch nicht seine Aufgabe, die Richtigkeit des Verfahrens nachzuprüfen, BayObLG FamRZ 1993, 450; Ffm MDR 1993, 764; Mü OLGZ 1976, 252; aM AG Höxter MDR 1992, 893 (systemwidrig). Das kann nur durch ein Rechtsmittel in der Sache selbst geschehen, BAG NJW 1991, 1252. Erst recht darf dann keine Ablehnung erfolgen, wenn das ersuchte Gericht eine streitige Rechtsfrage anderes beurteilt, Mü OLGZ 1976, 252. Bei einer zweifelhaften Rechtslage entscheidet die Beurteilung des ersuchenden Richters, BayObLG FamRZ 1993, 450.

10 **2. Unzuständigkeit, II 2.** Das ersuchte Gericht darf das Ersuchen eines nicht übergeordneten Gerichts weitergeben wegen örtlicher Unzuständigkeit, wenn also die Amtshandlung nicht oder nicht mehr nach § 157 in seinem Bezirk erfolgen darf, BayObLG FamRZ 2005, 640 (Wohnsitzveränderung). Es genügt nicht, dass zu vernehmende Personen außerhalb des Bezirks wohnen, falls eine Gegenüberstellung stattfinden soll oder falls die Vernehmung der mehreren zweckmäßig an demselben Ort des Sprengels geschehen soll. Beim Ersuchen um die Ernennung eines Sachverständigen nach §§ 402 ff. ZPO genügt es zur Ablehnung, dass kein geeigneter im Bezirk vorhanden ist.

11 **V. Verstoß, I, II.** Ob ein Verstoß vorliegt, muss das ersuchte Gericht selbständig prüfen. Es darf nicht prüfen, ob das ersuchende Gericht eine Prozessvorschrift wie zB § 375 ZPO richtig angewendet hat, BAG NJW 2001, 2196; BayObLG FamRZ 1993, 450; Ffm FamRZ 1993, 1222; krit. Schickedanz MDR 1984, 550. Es darf auch nicht prüfen, ob das ersuchende Gericht sein Ermessen fehlerhaft ausgeübt hat, Ffm Rpfleger 1979, 426. Etwas anderes gilt bei einem offensichtlichen Ermessensfehlgebrauch, Ffm FamRZ 1984, 1030, Fischer MDR 1993, 838, oder beim Ersuchen eines Schiedsgerichts nach § 106 II ArbGG, auch → Rn. 8. Das ersuchte Gericht darf also grundsätzlich keineswegs prüfen, ob das ersuchende Gericht die Beweisaufnahme wirklich „aus Gründen der örtlichen Lage" zweckmäßigerweise dem AG statt dem ArbG übertragen hat. Ggf. kommt eine Überprüfung eines Verstoßes nur durch ein Rechtsmittel in der Sache in Betracht (→ Rn. 8).

VI. Beispiele zur Frage einer Ablehnbarkeit des Ersuchens, I, II

12 **Arglist:** → „Unzweckmäßigkeit".

Aufklärung: Nicht ablehnbar ist die Vernehmung einer Partei (nur) zu einer Aufklärung auch außerhalb des § 141 ZPO.

Ausforschung: → Rn. 11.

Ausländer: Nicht ablehnbar ist die Vernehmung eines Ausländers dann, wenn er zum Erscheinen vor einem grenznahen AG bereit ist, Schlesw NStZ 1989, 240.

Aussagefähigkeit: Nicht ablehnbar ist eine Zeugenvernehmung nach §§ 373 ff. ZPO nur mit der Begründung, das ersuchende Gericht müsse zunächst ein Gutachten zur Aussagefähigkeit vorlegen, Düss NStZ 1989, 39.

Bestimmtheit: → „Unbestimmtheit".

Bezeichnung: → „Unbestimmtheit".

Blutgruppenuntersuchung: Nicht ablehnbar ist die Durchführung einer vom Prozessgericht angeordneten solchen Untersuchung zB nach § 372a ZPO, BGH NJW 1990, 2936; Naumb NJW-RR 1994, 1551.

Eid: Ablehnbar ist seine Abnahme nach §§ 478 ff. ZPO dann, wenn kein gesetzlicher Fall einer eidlichen Vernehmung erkennbar ist. Auch „Mehrverkehr".

Entfernung: → „Unzweckmäßigkeit".

Güteversuch: Nicht ablehnbar ist eine Rechtshilfe im Rahmen von § 278 V. Aber auch „Mediation".

Insolvenz: Ablehnbar ist das Ersuchen eines gemeinsamen Insolvenzgerichts an ein AG seines Bezirks um eine Maßnahme des sachlichen Insolvenzrechts, Kblz MDR 1977, 59 (anders bei Ersuchen um prozessuale Handlungen, zB Anhörung).

Mediation: Ablehnbar ist eine Rechtshilfe soweit eine Mediation nach §§ 2, 9 MediationsG betroffen ist, Anh. § 278a ZPO. Aber auch „Güteversuch".

Mehrverkehr: Nicht ablehnbar ist eine Vernehmung der Mutter über einen Mehrverkehr. Das ersuchte Gericht darf nicht eine Beeidigung der Mutter nach § 177 FamFG von der vorherigen Einholung einer Blutgruppenuntersuchung durch das erkennende Gericht abhängig machen.

Prozesskostenhilfe: Ablehnbar ist die Vernehmung eines Zeugen entgegen § 118 II 3 ZPO, Brschw Nds. Rpfl. **87,** 251.

Keine Rechtshilfe: Ablehnbar ist eine Handlung dann, wenn überhaupt kein Fall einer Rechtshilfe vorliegt, etwa bei § 160.
Sachliche Unzuständigkeit: Ablehnbar ist ein Ersuchen zB an ein LG.
Umdeutung: Ablehnbar ist eine an sich unstatthafte solche Handlung, die man nicht in eine erlaubte umdeuten darf, etwa bei einer Vernehmung der Partei oder ihres gesetzlichen Vertreters nach § 51 ZPO als Zeugen nach §§ 373 ff. ZPO (keine Umdeutbarkeit als Parteivernehmung nach §§ 445 ff. ZPO).
Unbestimmtheit: Ablehnbar ist eine nicht ausreichend bestimmte Handlung, Karlsr Rpfleger 1994, 255, zB beim Fehlen oder bei einer ungenügenden Bezeichnung der streitigen Tatsachen, BAG NJW 1991, 1252; BFH BStBl. 84 II 536; Ffm NJW-RR 1995, 637. Es genügt aber die Fassung „über den Hergang" eines bestimmten Unfalls mit Zeit- und Ortsangabe, Ffm NJW-RR 1995, 637.
Unterbringung: Ablehnbar ist eine Anhörung bei einer auch nur vorläufigen Unterbringung, (zum alten Recht) Brem FamRZ 1980, 934.
Unzweckmäßigkeit: Nicht ablehnbar ist nach → Rn. 11 eine nur deshalb evtl. unzweckmäßige Handlung, weil das ersuchende Gericht sie ebensogut oder besser vornehmen könnte. Das gilt zB dann, wenn der Zeuge in einem vom Prozessgericht nur 15 km entfernten Ort mit guten Verkehrsverbindungen wohnt. Die Grenze liegt bei einer prozessualen Arglist.
Vaterschaftsanerkennung: Ablehnbar ist die Vernehmung eines Minderjährigen über die Anerkennung der Vaterschaft ohne eine Zustimmung des gesetzlichen Vertreters.
Vernehmungsart: Nicht ablehnbar ist eine Zeugenvernehmung dann, wenn das ersuchte Gericht eine Vernehmung als Sachverständigen nach §§ 402 ff. ZPO für sinnvoll hält. Denn diese Entscheidung liegt beim ersuchenden Gericht.
Wiederholung einer Vernehmung: Nicht ablehnbar ist sie nach → ZPO § 398 Rn. 1 nur dann, wenn ersichtlich ist, was der Zeuge jetzt voraussichtlich mehr bekunden wird.

159 *[Entscheidung des Oberlandesgerichts].* **I [1]Wird das Ersuchen abgelehnt oder wird der Vorschrift des § 158 Abs. 2 zuwider dem Ersuchen stattgegeben, so entscheidet das Oberlandesgericht, zu dessen Bezirk das ersuchte Gericht gehört. [2]Die Entscheidung ist nur anfechtbar, wenn sie die Rechtshilfe für unzulässig erklärt und das ersuchende und das ersuchte Gericht den Bezirken verschiedener Oberlandesgerichte angehören. [3]Über die Beschwerde entscheidet der Bundesgerichtshof.**

II Die Entscheidungen ergehen auf Antrag der Beteiligten oder des ersuchenden Gerichts ohne mündliche Verhandlung.

I. Systematik, Regelungszweck, I, II. I 3 gibt als Rechtsmittel die Beschwerde gegen die Entscheidung des ersuchten Gerichts über das Rechtshilfeersuchen, Ffm FamRZ 1984, 1030. Dies richtet sich vorrangig gegen Entscheidung, mit denen das Gericht seine Tätigkeit ablehnt; im Übrigen kommt nur eine Beschwerde in Betracht, soweit ein Verstoß gegen § 158 II vorliegt. Was I 3 Beschwerde nennt, ist eigentlich eine weitere Beschwerde. 1

Zweck ist natürlich eine Überprüfbarkeit der Erstentscheidung, obwohl ein Rechtsbehelf verfassungsrechtlich keineswegs zwingend ist. Damit dient § 159 der Gerechtigkeit. Man sollte die Vorschrift entsprechend großzügig handhaben. 2

II. Geltungsbereich, I, II. Nachprüfen darf das ersuchte Gericht nur die Voraussetzungen des § 158, Schlesw RIW 1989, 910. § 159 ist anwendbar auch bei einer Ablehnung des Ersuchens eines im Instanzenweg vorgesetzten Gerichts. Es würde sonst keine Möglichkeit geben, die Erledigung zu erzwingen. Vorausgesetzt wird, dass die Entscheidung ein Rechtshilfeersuchen (vom Richter, Rechtspfleger oder UdG) betrifft. Unanwendbar ist § 159 dagegen bei einer Amtshilfe. Dann hilft nur evtl. eine Dienstaufsichtsbeschwerde. Als Ablehnung genügt ein Streit über die Zuständigkeit mit der Folge eines Hin und Her zwischen dem ersuchten und einem dritten Gericht, Ffm NJW 2004, 962, oder über die Kosten der Rechtshilfe. Denn er betrifft die Ausführung des Ersuchens. Die teilweise Abweichung vom Ersuchen ist rechtlich eine teilweise Ablehnung, Oldb Nds. Rpfl. 1990, 173. 3

Unanwendbar ist § 159 auf eine Prüfung, ob § 331 Nr. 4 S. 2 FamFG anwendbar ist, Brdb FamRZ 2014, 1137. Ebenfalls unanwendbar bei Entscheidung eines Amtsgerichts über die Unterstützung eines Schiedsgerichts bei der Beweisaufnahme (stattdessen: § 567 ZPO), siehe BGH MDR 2020, 878; Hangebrauck, EWiR 2020, 671. 4

III. Verfahren, I, II. Beschwerdeberechtigt sind nach II das ersuchende Gericht, die Parteien und die vom ersuchten Gericht zu vernehmenden Personen. Geht das Ersuchen vom Rpfleger aus, darf dieser nach § 4 I RPflG selbst das OLG anrufen, BayObLG ObLGZ 95, 159. Die Einlegung erfolgt schriftlich oder zum Protokoll der Geschäftsstelle des AG oder des OLG. Die Beschwerde ist nicht fristgebunden. Das AG darf abhelfen. Das OLG/der BGH entscheidet durch einen kurz begründeten **Beschluss.** Erklärt der Beschluss die Rechtshilfe für unzulässig, ist das Geschehene im Prozess unbenutzbar. Soweit der **Rpfleger** nach → § 156 Rn. 1 eine Rechtshilfe leisten soll, muss man nach § 11 I RPflG zunächst sein Gericht anrufen und darf eine Beschwerde erst gegen dessen Entscheidung einlegen, BayObLG FamRZ 1997, 306; Saarbr Rpfleger 2000, 381; aM Karlsr FamRZ 1994, 638; Kissel/Mayer Rn. 3. Der Rpfleger des ersuchenden Gerichts hat alle erforderlichen Maßnahmen nach § 4 RPflG selbst zu treffen, BayObLG FamRZ 1997, 306; Zöller/Lückemann Rn. 3. 5

IV. Weitere Beschwerde, I, II. Man muss sie beim OLG oder BGH einlegen, in der Arbeitsgerichtsbarkeit beim BAG, BAG NJW 1991, 1252. Beschwerdeberechtigt sind nach → Rn. 5 die in II Genannten. Das OLG darf abhelfen und erledigt damit die Beschwerde. Diese sonstige Beschwerde (keine Rechtsbeschwerde iSv §§ 574 ff. ZPO) zum BGH möglich. Die Zuständigkeit des BGH beim Ersuchen anderer als eines ordentlichen Gerichts kann nur ein Bundesgesetz begründet werden, nicht durch eine VO oder ein Landesgesetz. Da § 46 PatG von Rechtshilfe spricht, will es offenbar den 13. Titel anwendbar machen. 6

160 *[Vollstreckungen; Ladungen; Zustellungen].* **Vollstreckungen, Ladungen und Zustellungen werden nach Vorschrift der Prozeßordnungen bewirkt ohne Rücksicht darauf, ob sie in dem Land, dem das Prozeßgericht angehört, oder in einem anderen deutschen Land vorzunehmen sind.**

1 § 160 betrifft nur eine Handlung des Gerichts oder einer anderen Stelle zur Vollziehung einer richterlichen Anordnung. Insoweit ist eine Rechtshilfe nach § 158 II unstatthaft. Darum müssen sich die Beteiligten unmittelbar an den Gerichtsvollzieher und an das Vollstreckungsgericht nach §§ 764, 802 ZPO wenden. Das gilt auch für eine Vorführung und Verhaftung sowie für die Vollstreckung einer zivilprozessualen Maßnahme. Die Vorschrift unterstreicht im Übrigen, dass die Regelungen bzgl. der Vollstreckungen, Landungen und Zustellungen von einem Gericht über Landesgrenzen hinaus veranlasst werden können. Insoweit ist entgegen dem föderalen Aufbau von einem einheitlichen Rechtsgebiet auszugehen.

161 *[Beauftragung eines Gerichtsvollziehers].* **¹Gerichte, Staatsanwaltschaften und Geschäftsstellen der Gerichte können wegen Erteilung eines Auftrags an einen Gerichtsvollzieher die Mitwirkung der Geschäftsstelle des Amtsgerichts in Anspruch nehmen, in dessen Bezirk der Auftrag ausgeführt werden soll. ²Der von der Geschäftsstelle beauftragte Gerichtsvollzieher gilt als unmittelbar beauftragt.**

1 Der Gerichtsvollzieher kann auch ohne Mitwirkung der Geschäftsstelle unmittelbar beauftragt werden. Die Möglichkeit, auch die Geschäftsstelle in Anspruch nehmen zu können, soll nur der Erleichterung dienen. Der Gerichtsvollzieher leistet keine Rechtshilfe, sondern Amtshilfe. Daher sind §§ 158, 159 unanwendbar. Verweigert er die Tätigkeit, mag eine Dienstaufsichtsbeschwerde statthaft sein. Der Gerichtsvollzieher hat unter den besonderen Voraussetzungen von § 168 II ZPO von Amts wegen bei der Ausführung von Zustellungen mitzuwirken.

162, 163 *(betreffen Strafvollstreckung)*

164 *[Kosten].* **I Kosten und Auslagen der Rechtshilfe werden von der ersuchenden Behörde nicht erstattet.**

II Gebühren oder andere öffentliche Abgaben, denen die von der ersuchenden Behörde übersendeten Schriftstücke (Urkunden, Protokolle) nach dem Recht der ersuchten Behörde unterliegen, bleiben außer Ansatz.

1 **I. Kosten und Auslagen, I.** § 164 hat eine Bedeutung für die Rechtshilfe zwischen den Gerichten oder auf das Ersuchen einer Behörde nach §§ 162, 163. Für die ersuchende Stelle entstehen keine Gebühren. Sie muss der ersuchten Stelle auch keine Gebühren oder Auslagen etwa nach dem JVEG erstatten. Die durch Rechtshilfe angefallenen Kosten verbleiben bei der ersuchten Behörde.

2 Die Vorschrift gilt **nicht,** soweit es sich nicht um eine eigentliche Rechtshilfe nach § 156 handelt, so bei der Amtshilfe. So muss das ersuchende Gericht zB Kosten von Urteilsablichtungen oder -abschriften für fremde Amtsstellen ersetzen, soweit diesen nicht eine Kostenfreiheit zusteht. Bei einer Amtshilfe ist das Landesrecht maßgebend.

3 **II. Abgaben für Schriftstücke, II.** Die Bestimmung ist gegenstandslos.

165 (weggefallen)

166 *[Amtshandlungen außerhalb des Gerichtsbezirks].* **Ein Gericht darf Amtshandlungen im Geltungsbereich dieses Gesetzes auch außerhalb seines Bezirks vornehmen.**

1 Die Befugnis zur Vornahme gerichtlicher Amtshandlungen ist nicht auf den Gerichtsbezirk beschränkt. Sie erstreckt sich vielmehr entgegen dem sonst föderalen Aufbau auf ganz Deutschland. Amtshandlung ist nicht auf die Rechtshilfetätigkeit beschränkt, sondern umfassend zu verstehen, und umfasst zB auch eine mündliche Verhandlung. „Gericht" erfasst jeden Spruchkörper, so zB auch den beauftragten und ersuchten Richter. Eine Anzeige an das Gericht des Orts ist nicht erforderlich. Natürlich ist seine Mitwirkung bei der Bereitstellung von Räumen und Personal unerlässlich. Solche Gerichte, deren Bezirk ganz Deutschland umfasst, betrifft § 166 nicht. Auch für sie gilt aber § 219 ZPO, BAG NZA 1993, 237; Walker NZA 1993, 491.

167 *[Verfolgung von Flüchtigen über Landesgrenzen].* **I Die Polizeibeamten eines deutschen Landes sind ermächtigt, die Verfolgung eines Flüchtigen auf das Gebiet eines anderen deutschen Landes fortzusetzen und den Flüchtigen dort zu ergreifen.**

II Der Ergriffene ist unverzüglich an das nächste Gericht oder die nächste Polizeibehörde des Landes, in dem er ergriffen wurde, abzuführen.

1 Dazu Heinrich NStZ 1996, 361. Zu den Polizeibeamten gehören alle Vollzugsbeamten, auch Strafanstaltsbeamte und allgemein Bedienstete, die kraft ihres Amtes damit betraut sind, präventiv wie repressiv Straftaten zu verhüten bzw. zu verfolgen sowie gerichtliche Entscheidungen zu vollziehen. Flüchtig ist, wer sich einer Festnahme entzieht. Die Verfolgung muss im eigenen Land begonnen haben. Dann kann man sie auf dem Gebiet jedes anderen deutschen Landes fortsetzen Eine nicht durch § 167 gedeckte Ergreifung ist wirksam, aber meist rechtswidrig. Im Übrigen → § 162 II steht im Ermessen der Polizeibehörde.

168 *[Mitteilung von Akten].* **Die in einem deutschen Land bestehenden Vorschriften über die Mitteilung von Akten einer öffentlichen Behörde an ein Gericht dieses Landes sind auch dann anzuwenden, wenn das ersuchende Gericht einem anderen deutschen Land angehört.**

§ 168 betrifft keine Rechtshilfe, sondern eine Amtshilfe. Bezüglich des Beweisantritts bei Urkunden siehe auch § 432 ZPO. Daher ist bei Versagung nicht die Beschwerde aus § 159 statthaft, sondern eine Dienstaufsichtsbeschwerde. Ein Gericht darf keine Akten ins Ausland versenden. Das ist vielmehr eine Aufgabe der Justizverwaltung. 1

Anhang zu § 168
Zwischenstaatliche Rechtshilfe. Auslandsunterhaltsgesetz

I. Systematik, Regelungszweck. Der Rechtshilfeverkehr mit dem Ausland ist eine Verwaltungsangelegenheit. Über eine Leistung von Rechtshilfe oder Amtshilfe entscheidet nach → Rn. 5 die Justizverwaltung ebenso wie über die Weiterleitung ausgehender Ersuchen. Das gilt auch dort, wo ein unmittelbarer Verkehr besteht. Die Justizverwaltung trifft die Entscheidung bei einem eingehenden Ersuchen meist durch die dafür eingerichteten Prüfungsstellen. Im Übrigen kommen vielfach Staatsverträge infrage, so zB die Haager Übk. und das Haager BewAufnÜbk nach Anh. I § 363. 1

Bei der Vornahme des Rechtshilfegeschäfts handelt das ersuchte Gericht als Rechtsprechungskörper nach der maßgeblichen Verfahrensordnung, Vogler NJW 1982, 469. Es muss entsprechend § 158 II prüfen, ob die Handlung statthaft ist. Ein Zeugniszwang besteht nur dann, wenn ein Staatsvertrag ihn erlaubt. 2

Wegen der **Arbeitsgerichtsbarkeit** s. die Gemeinsame AnO v. 30.12.1959, BAnZ Nr. 9/60, Grunsky ArbGG § 13 Rn. 1. 3

Für das gesamte Bundesgebiet gilt die **Rechtshilfeordnung für Zivilsachen** (ZRHO), Bindseil NJW 1991, 3071; Nagel IPRax 1984, 240. Sie gilt nicht bei einem Rechtshilfeverkehr mit dem Gerichtshof der Europäischen Gemeinschaft für Kohle und Stahl, Art § 10 2 VerfO dieses Gerichtshofes vom 31.3.54, ABl. der Europäischen Gemeinschaft 302, und mit den stationierten Truppen, NTrSt, Auszug SchlAnh. III (dort besondere Regelung). 4

II. Durchführung der Rechtshilfe. Die ZRHO unterscheidet, § 5: Zustellungsanträge, Anh. § 183 ZPO. Die der Geschäftsstelle des AG gesetzlich zugewiesene Ausführung ausländischer Zustellungsanträge erledigt der Rpfl. nach § 29 RPflG: Rechtshilfeersuchen im engeren Sinn, also Ersuchen um die Erhebung von Beweisen usw.; Ersuchen um Vollstreckungshilfe, insbesondere bei einer Kosteneinziehung; Ersuchen um eine Verfahrensüberleitung (Abgabe oder Übernahme in der freiwilligen Gerichtsbarkeit); Ersuchen um eine Verfahrenshilfe, zB um Ermittlung, Auskunft, Aktenübersendung. 5

Zur **Abfassung** und Unterzeichnung des Ersuchens an eine ausländische Stelle Anh. § 183 ZPO. Die Justizverwaltung entscheidet darüber, ob sie ein ausgehendes Rechtshilfeersuchen weiterleitet und ob das Gericht ein eingehendes Gesuch erledigt, BGH NJW 1986, 664; Junker DRiZ 1985, 163 (betr. Strafsachen). Das verletzt die richterliche Unabhängigkeit nicht, BGH NJW 1986, 664; LG Bonn IPRax 1987, 231; Geimer NJW 1991, 1431; krit. Puttfarken NJW 1988, 2156. Über die Ablehnungsgründe Junker DRiZ 1985, 161. 6

Gegen die Entscheidung der Justizverwaltung ist die **Anrufung des OLG** nach § 23 EGGVG statthaft, Ffm OLGZ 1992, 89; Köln RIW 1988, 55; Mü RIW 1989, 483. 7

Der Rechtshilfeverkehr ist **unmittelbar,** soweit das ausdrücklich zugelassen ist. Im Übrigen besteht dann ein konsularischer oder diplomatischer Verkehr, wenn nicht ausnahmsweise der ministerielle Weg statthaft ist. Wegen der Staaten im Einzelnen sowie der in Betracht kommenden Auslandsvertretungen vgl. den Länderteil der ZRHO. 8

III. UN-UnterÜbk. Bei dem UN-Übereinkommen über die Geltendmachung von Unterhaltsansprüchen im Ausland v. 20.6.1956, BGBl. 1959 II 150, handelt es sich nicht um ein Anerkennungs- und Vollstreckungsabkommen in Unterhaltssachen. Zu dem Übk. ist das **AusfG** v. 26.2.1959, BGBl. II 149 ergangen. Die Länder haben dazu die bundeseinheitlichen Richtlinien vom 1.2.1965 erlassen. Erfahrungsbericht des Bundesverwaltungsamtes für 1994 in DAVorm 1995, 1123. 9

IV. Auslandsunterhaltsgesetz. Dazu Andrae NJW 2011, 2545; Heger/Selg FamRZ 2011, 1101 (je: Grdz.). Das Auslandsunterhaltsgesetz (AUG), ÜbergangsR § 77 AUG, tritt nach → Rn. 9 neben das UN-UnterhÜbk. Es erleichtert die Verfolgung und Durchsetzung von Unterhaltsansprüchen im Verhältnis zwischen Deutschland und ausländischen Staaten ohne Rücksicht darauf, ob insofern ein völkerrechtlicher Vertrag besteht. 10

Textabdruck bis zur 74. Aufl. 2016. Aus Platzgründen Beschränkung auf die folgenden Hinweise. 11

Zu § 7 I: Zuständig ist nach § 29 Nr. 2 RPflG der Rpfl. §§ 5–11 RPflG sind dann nach § 32 RPflG unanwendbar. **Zu § 28:** Düss FamRZ 2014, 583 hält § 28 für mit Art. 3 EuUntVO unvereinbar und daher unanwendbar. **Zu § 40 I 4:** Stgt FamRZ 2015, 271. **Zu § 45 IV 2:** Stgt FamRZ 2015, 271. 12

Vierzehnter Titel. Öffentlichkeit und Sitzungspolizei

Vorbemerkung zu § 169

Schrifttum: auf der Heiden Prozessrecht in Zeiten der Corona-Pandemie, NJW 2020, 1023; Gehrlein Zivilprozessrecht in Zeiten des Corona-Virus, ZMR 2020, 257; Kulhanek, Saalöffentlichkeit unter dem Infektionsschutzgesetz, NJW 2020, 1183; Limperg, Justiz und Öffentlichkeit, FS Krüger, 2017, 397; Ludyga, Die Veröffentlichung und Anonymisierung von Gerichtsentscheidungen, ZUM 2021, 887; Rauscher, COVID 19-Pandemie und Zivilprozess, COVuR 2020, 2; Schumann, Aktuelle Überlegungen zur Öffentlichkeit von Gerichtsverfahren, FS Gottwald, 2014, 565.

I. Systematik. Der 14. Titel regelt zwei Dinge, die zur Gerichtsbarkeit gehören, aber mit der Gerichtsverfassung nichts zu schaffen haben. Die Öffentlichkeit des Verfahrens gilt nur für die Verhandlung vor dem erkennenden Gericht. Sie soll das Vertrauen zur Rechtspflege stärken, also nach außen wirken. Sie ist einer der Leitgedanken des Prozessrechts. Die Sitzungspolizei sichert im Gegensatz zur inneren Ordnung des Verfahrens 1 die äußere. Sie betrifft jedoch nur die „Sitzung". Die Prozessleitung berührt den Streitstoff selbst, die Sitzungspolizei nur die Form seiner Erörterung. Prozessleitung und Sitzungspolizei üben teils der Vorsitzende, teils das Gericht aus. Die Vorschriften über die Öffentlichkeit und die Sitzungspolizei sind allgemeine Gesetze. Sie betreffen jedermann. Sie dienen dem Schutz vorrangiger Gemeinschaftsgüter, BVerfG NJW 1979, 1400.

2 **II. Regelungszweck.** Die Öffentlichkeit ist eine der wichtigsten Errungenschaften des Rechtsstaats, Art. 20 I GG, BVerfG NJW 1963, 757; BGH NJW 1956, 1646. Zwar enthält das Grundgesetz – anders als in Art. 90 S. 1 BayVerf – nicht explizit den Öffentlichkeitsgrundsatz; gleichwohl ist es eine fundamentale Prozessmaxime. Der Verfassungsgrundsatz der Öffentlichkeit mündlicher Verhandlungen leitet sich vom Rechtsstaatsprinzip ab und ist dessen Bestandteil, BVerfG NJW 2012, 1863; NJW 2001, 1633. Er gewährleistet, dass jedermann grds. die Möglichkeit hat, an Verhandlungen der Gerichte als Zuhörer teilzunehmen, BGH NJW 1977, 157. Bestrebungen, den Parteien einen vereinbarten Ausschluss der Öffentlichkeit zu erlauben, werden deshalb zu Recht kritisch betrachtet, damit nicht eine Hauptterrungenschaft des Prozessrechts unterlaufen wird, dazu Rebehn NJW 2015, 16. Die bloße Möglichkeit für jedermann, sogar anonym zuzuhören und jedenfalls für das Zuhören keinen Grund angeben zu müssen, gibt allen Prozessbeteiligten ein besonderes Maß an Selbstbeherrschung, Besonnenheit und Sachlichkeit auf. Deshalb sind alle Einschränkungen der Öffentlichkeit mit größter Sorgfalt zu prüfen. Grds. führt die Verletzung der Vorschriften über die Öffentlichkeit zu einem Revisionsgrund, BGH NJW 2019, 2184 (für das Strafverfahren). Der Grundsatz der Gerichtsöffentlichkeit hat jedoch seine Grenzen, soweit gewichtige Interessen wie die Funktionstüchtigkeit der Rechtspflege und die ungestörte Wahrheits- und Rechtsfindung dem entgegenstehen, BVerfG NJW 2012, 1863. Weiterhin existieren Einschränkungen nach §§ 170 bis 172, 173 II wie auch nach § 48 JGG, um die Persönlichkeitsrechte der Verfahrensbeteiligten zu schützen. Darüber hinaus sprechen in bestimmten Fällen auch andere Sachgründe für einen (teilweisen) Ausschluss der Öffentlichkeit, wie zuletzt durch § 19 II des am 26.4.2019 in Kraft getretenen Gesetzes zum Schutz von Geschäftsgeheimnissen (GeschGehG) geschehen. Hiernach kann das Gericht die Öffentlichkeit ausschließen, wenn es auf Antrag einer Partei streitgegenständliche Informationen nach § 16 als geheimhaltungsbedürftig eingestuft hat. Die Aufrechterhaltung der äußeren Ordnung ist eine aus politischen oder weltanschaulichen Gründen weitere Zentralaufgabe des Gerichts. Natürlich sind die sog. Sekundärtugenden manchmal gerade in Deutschland auch höchst gefährliche Eigenschaften. Das Gericht muss sich vor ihrer Hochstilisierung hüten. Es ist aber ein elementarer Unterschied, ob sich der Richter souverän dies und das gefallen lässt oder ob er aus falsch verstandener Überfürsorglichkeit oder Feigheit – zurückhaltend formuliert – buchstäblich Unrat vor sich auskippen lässt, ohne das zu ahnden. Besonnene Entschlossenheit ist eine wünschenswerte wie notwendige Haltung des Gerichts.

3 §§ 169 ff. sind vor diesem Hintergrund durchaus ausgewogen. Das gilt ungeachtet mancher Tendenz, noch mehr Öffentlichkeit zu fordern so Hegemann DRiZ 2014, 202; Neumeyer DRiZ 2014, 134. Zeiten wie die des historischen Reichskammergerichts mit seinen endlosen Geheimverfahren sind längst Vergangenheit. Man muss nun aber auch nicht nahezu ohne Ausnahme immer alles vor der Öffentlichkeit ausbreiten, die ohnehin in Gestalt der Medien zwar formell das Volk, aber auch dessen Neugier und nicht unbedingt mehr darstellt. Es kann gnädig sein, die Beteiligten davor auch in Grenzen zu schützen. Diese sieht das geltende Recht sehr wohl. Zur Idee, bei übereinstimmendem Willen der Parteien die Öffentlichkeit auszuschließen, Kilian Anwbl 2016, 899.

4 **III. Öffentlichkeit.** Der im Gerichtsverfassungsrecht enthaltene Grundsatz der Öffentlichkeit mündlicher Verhandlungen ist ein Bestandteil des Rechtsstaatsprinzips, BVerfG NJW 2012, 1863; NJW 2001, 1633. Der Grundsatz der Öffentlichkeit hat als Bestandteil des Rechtsstaatsprinzips Verfassungsrang, BVerfG NJW 2001, 1633; BVerwG NJW 2015, 807; OVG Schlesw NJW 2020, 3127. Er gewährleistet, dass jedermann grds. die Möglichkeit hat, an Verhandlungen der Gerichte als Zuhörer teilzunehmen, BVerfG NJW 1977, 157; BGH BeckRS 2021, 3211 (Strafverfahren). Die rechtsstaatliche Komponente der Gerichtsöffentlichkeit zielt darauf, die Einhaltung des formellen und materiellen Rechts zu gewährleisten und zu diesem Zweck Einblick in die Funktionsweise der Rechtsordnung zu ermöglichen. Dies soll zur Gewährleistung der Verfahrensgerechtigkeit beitragen, BVerfG NJW 2012, 1863. Dieser Grundsatz ist ein auch in Art. 6 I 1 EMRK verankerter Leitgedanke der Prozessgesetze, BVerwG DÖV 1984, 889. Der Verfassungsgrundsatz der Öffentlichkeit gilt jedoch nicht ausnahmslos, BVerfG NJW 2001, 1633. Zu den entgegenstehenden Belangen gehören die Funktionstüchtigkeit der Rechtspflege, insbesondere die ungestörte Wahrheits- und Rechtsfindung, BVerfG NJW 2008, 977. Auch Interessen des Infektionsschutzes können zur Einschränkung der Öffentlichkeit führen, wenn andere Maßnahmen offensichtlich ungeeignet sind, das Schutzziel zu erreichen, BVerfG NJW 2020, 2327; → § 169 Rn. 10 „Infektionsschutz". Der Grundsatz der Öffentlichkeit besagt jedoch nichts über die Umstände, zu denen die Öffentlichkeit zugelassen wird, BVerfG NJW 2001, 1633. Die Verletzung dieses Grundsatzes ist „von unberechenbarer Wirkung", BGH NJW 2000, 2509. Das kann jedoch im Zivilprozess nur beschränkt gelten. Die Öffentlichkeit spielt dort praktisch keine große Rolle, wenn man von Sensationsprozessen absieht. Sie ist weitgehend zur „Medienöffentlichkeit" geworden.

5 **IV. Verletzung der Öffentlichkeitsvorschriften.** Die Verletzung der Öffentlichkeitsvorschriften ist ein wesentlicher Verfahrensmangel nach § 538 II 1 Nr. 1 ZPO in erster Instanz, BGH NJW 2000, 2508, und ein unbedingter Revisionsgrund nach § 547 Nr. 5 ZPO in der zweiten Instanz, BGH NJW 2019, 2184; NJW 2005, 520 (je StPO). Das gilt aber nicht bei einem Verstoß gegen § 169 nur bei der Verkündung, BVerwG BayVBl. 1990, 351. Eine Verletzung der Öffentlichkeitsvorschriften lässt sich nur durch eine Wiederholung des betroffenen Verfahrensabschnitts heilen, BGH NJW 2000, 2508; Kissel/Mayer § 169 Rn. 61; MüKoZPO/Pabst § 169 Rn. 70, nicht aber durch eine bloße Unterlassung der Rüge. Es kann nicht darauf ankommen, ob es sich praktisch um eine belanglose Form handelt, sondern nur darauf, dass die Öffentlichkeit einer der leitenden Grundsätze des Prozessrechts ist. Er muss der Parteiverfügung entzogen bleiben, Köln NJW-RR 1986, 560; Ffm MDR 1986, 606; Kissel/Mayer § 169 Rn. 58; siehe aber BVerwG NVwZ 1985, 566; BFH BStBl. 1990 II 1032; Kohlndorfer DVBl 1988, 477 (Art. 6 I EMRK lasse einen Verzicht zu, EuGMR NJW 1982, 2716). Selbst wenn Einzelne aufgrund gesundheitspolizeilicher Maßnahmen im Zusammenhang mit der Covid-19-Pandemie auf den Besuch der Hauptverhandlung verzichtet haben sollten, liegt keine Verletzung des Öffentlichkeitsgrundsatzes vor, BGH BeckRS 2021, 3211 Rn. 10; → § 169 Rn. 9. Über Familien- und Kindschaftssachen vgl. § 170. Protokollierung: § 160 Nr. 5 ZPO.

6 **V. Sitzungspolizei.** Die Vorschriften über die Ordnungsgewalt (Sitzungspolizei) des Gerichts oder des Vorsitzenden haben eine prozessuale Natur. Eine ordnungsmäßige Prozessführung ist dann undurchführbar, wenn

dem Gericht die Machtmittel zur Aufrechterhaltung der Ordnung fehlen. Daher sind alle landesgesetzlichen Vorschriften nach § 14 EGZPO aufgehoben. Die Sitzungspolizei zur Aufrechterhaltung der Ordnung steht nach § 176 dem Vorsitzenden zu. Die Ordnung ist hierbei nicht nur in der Sicherung des ungestörten Verlaufs der Verhandlung zu sehen, BVerfG NJW 2007, 56. Nach §§ 177 ff. steht sie in bestimmten Fällen dem Gericht zu. Art und Umfang von Maßnahmen, die auch die Sicherheit des Gerichtsgebäudes berühren, müssen dem pflichtgemäßen Ermessen des die Sitzungspolizei ausübenden Vorsitzenden oder, wenn die Sicherheit des gesamten Gerichtsgebäudes gefährdet erscheint, des das Hausrecht ausübenden Gerichtspräsidenten überlassen bleiben, BGH NJW 1977, 157 (StPO); OVG Schlesw NJW 2020, 3127 (zu § 14 LandesjustizG); Kissel/Mayer § 169 Rn. 38.

169 *[Öffentlichkeit].* **I [1]Die Verhandlung vor dem erkennenden Gericht einschließlich der Verkündung der Urteile und Beschlüsse ist öffentlich. [2]Ton- und Fernseh-Rundfunkaufnahmen sowie Ton- und Filmaufnahmen zum Zwecke der öffentlichen Vorführung oder Veröffentlichung ihres Inhalts sind unzulässig. [3]Die Tonübertragung in einen Arbeitsraum für Personen, die für Presse, Hörfunk, Fernsehen oder für andere Medien berichten, kann von dem Gericht zugelassen werden. [4]Die Tonübertragung kann zur Wahrung schutzwürdiger Interessen der Beteiligten oder Dritter oder zur Wahrung eines ordnungsgemäßen Ablaufs des Verfahrens teilweise untersagt werden. [5]Im Übrigen gilt für den in den Arbeitsraum übertragenen Ton Satz 2 entsprechend.**

II [1]Tonaufnahmen der Verhandlung einschließlich der Verkündung der Urteile und Beschlüsse können zu wissenschaftlichen und historischen Zwecken von dem Gericht zugelassen werden, wenn es sich um ein Verfahren von herausragender zeitgeschichtlicher Bedeutung für die Bundesrepublik Deutschland handelt. [2]Zur Wahrung schutzwürdiger Interessen der Beteiligten oder Dritter oder zur Wahrung eines ordnungsgemäßen Ablaufs des Verfahrens können die Aufnahmen teilweise untersagt werden. [3]Die Aufnahmen sind nicht zu den Akten zu nehmen und dürfen weder herausgegeben noch für Zwecke des aufgenommenen oder eines anderen Verfahrens genutzt oder verwertet werden. [4]Sie sind vom Gericht nach Abschluss des Verfahrens demjenigen zuständigen Bundes- oder Landesarchiv zur Übernahme anzubieten, das nach dem Bundesarchivgesetz oder einem Landesarchivgesetz festzustellen hat, ob den Aufnahmen ein bleibender Wert zukommt. [5]Nimmt das Bundesarchiv oder das jeweilige Landesarchiv die Aufnahmen nicht an, sind die Aufnahmen durch das Gericht zu löschen.

III [1]Abweichend von Absatz 1 Satz 2 kann das Gericht für die Verkündung von Entscheidungen des Bundesgerichtshofs in besonderen Fällen Ton- und Fernseh-Rundfunkaufnahmen sowie Ton- und Filmaufnahmen zum Zwecke der öffentlichen Vorführung oder der Veröffentlichung ihres Inhalts zulassen. [2]Zur Wahrung schutzwürdiger Interessen der Beteiligten oder Dritter sowie eines ordnungsgemäßen Ablaufs des Verfahrens können die Aufnahmen oder deren Übertragung teilweise untersagt oder von der Einhaltung von Auflagen abhängig gemacht werden.

IV Die Beschlüsse des Gerichts nach den Absätzen 1 bis 3 sind unanfechtbar.

Schrifttum: Hoeren NJW 2017, 3339; Koch/Wallmann MDR 2018, 241 (je: Grdz.); Kilian AnwBl 2018, 290.

Übersicht

I. Systematik, Regelungszweck. → Vor § 169 Rn. 1, 2. Der Verfassungsgrundsatz der Öffentlichkeit mündlicher Verhandlungen leitet sich vom Rechtsstaatsprinzip ab, BVerfG NJW 2012, 1863; → Vor § 169 Rn. 2, 4. Die Gerichtsöffentlichkeit soll die Einhaltung des formellen und materiellen Rechts gewährleisten und Einblick in die Funktionsweise der Rechtsordnung ermöglichen. 1

II. Geltungsbereich. In der Arbeitsgerichtsbarkeit gilt anstelle von S. 1 § 52 S. 1 ArbGG; S. 2 ist entsprechend anwendbar, § 52 S. 4 ArbGG. Durch das Gesetz zu sozialen Maßnahmen zur Bekämpfung der Corona-Pandemie (Sozialschutzpaket II) war – beschränkt bis zum 31.12.2020 – durch Änderung des § 114 I ArbGG und des § 211 SGG in diesen Gerichtsbarkeiten den ehrenamtlichen Richtern gestattet, an der mündlichen Verhandlung von einem anderen Ort aus durch Bild- und Tonübertragung teilzunehmen, wenn es für sie aufgrund der epidemischen Lage unzumutbar ist, persönlich an der Gerichtsstelle zu erscheinen. Diese Ausnahmeregelung 2 wurde für die Fortsetzung der Pandemie im Jahre 2021 nicht aufrechterhalten. Diese – wenn auch nur beschränkt geltende – Regelung erfuhr wegen einer Durchbrechung des Prinzips der Öffentlichkeit durchaus Kritik, Valgolio Juris JM 7/8 2020, 285; vgl. auch Francken/Natter NZA 2021, 153. §§ 169–197 gelten entsprechend im Verfahren nach § 22 VSchDG. In der Verwaltungsgerichtsbarkeit gilt § 169 über § 55 VwGO, OVG Lüneb NJW 2021, 650. Im schiedsgerichtlichen Verfahren gilt das Öffentlichkeitsprinzip grds. nicht, wenn dies die Parteien so vereinbart haben. Dies gilt jedoch nicht, wenn die Schiedsvereinbarung nach § 1066 ZPO mit diesem Ausschluss faktisch aufgezwungen wurde. Der allgemeine Justizgewährungsanspruch aus Art. 2 I iVm Art. 20 III GG bedingt, dass auch das schiedsgerichtliche Verfahren effektiven Rechtsschutz gewährleisten und rechtsstaatlichen Mindeststandards genügen muss. Hierzu gehört der Grundsatz der Öffentlichkeit, BVerfG NJW 2022, 2677 Rn. 36 = SchiedsVZ 2022, 296 (Fall Claudia Pechstein); → Einl. II Rn. 25; → ZPO § 1066 Rn. 13.

3 **III. Öffentlichkeit, I 1.** Der Grundsatz der Verhandlungsöffentlichkeit in I 1 ist jedoch durch Ausnahmen in II und III eingeschränkt.

4 **1. Grundsatz: Verhandlungsöffentlichkeit.** Nur die Verhandlung vor dem erkennenden Gericht ist schon nach Art. 6 EMRK grundsätzlich öffentlich, Brdb FamRZ 2003, 1282, nicht also die Verhandlung vor einem beauftragten oder ersuchten Richter nach §§ 361 f., 357 I ZPO, BVerwG DÖV 1990, 1061, wohl aber die Verhandlung vor dem Einzelrichter nach §§ 348, 348a, 526, 527, 568 ZPO. Er steht anstelle des Kollegiums. Nur die mündliche Verhandlung ist öffentlich, nicht die Zeit davor und auch keine Pause. Die mündliche Verhandlung ist aber insgesamt öffentlich, also einschließlich einer darin stattfindenden Beweisaufnahme nach §§ 355 ff. ZPO. Der Grundsatz der Öffentlichkeit gilt bei einer Video-Verhandlung nach § 128a ZPO nur für den Sitzungsraum, nicht dagegen für Übertragungsräume, Schultzky NJW 2003, 317; Heß/Figgener NJW-spezial 2021, 585. Deshalb muss der Sitzungssaal für die Öffentlichkeit zugänglich sein und die Öffentlichkeit muss über die Videoschaltung ihre Kontrollfunktion ausüben können; hierbei genügt für die Öffentlichkeit der akustische Eindruck; → ZPO § 128a Rn. 16; MüKoZPO/Fritsche ZPO § 128a Rn. 5. Das Einverständnis der Zuhörer braucht dabei nicht eingeholt zu werden, → ZPO § 128a Rn. 11. § 169 gilt nicht im FamFG-Verfahren, Mü NJW-RR 2006, 82; Hamm NJW-RR 1988, 840. Am Verfahren Beteiligte, zB Streitgenossen nach §§ 59 ff. ZPO, sind keine Öffentlichkeit nach § 169, VGH Mannh VBlBW 1999, 184.

5 Unanwendbar ist § 169 bei einer bloßen Erörterung zB nach § 118 I 3 ZPO, Karlsr MDR 2013, 741, oder einer bloßen Anhörung zB nach § 34 FamFG.

6 **2. Öffentlichkeitsbegriff.** Eine Verhandlung ist öffentlich, wenn sie in Räumen stattfindet, die während der Dauer der Verhandlung grundsätzlich jedermann zugänglich sind, BVerwG NZG 2016, 1200; OVG Lüneb NJW 2021, 650. Der Raum im Gericht gibt den Maßstab, BAG NJW 2016, 3611. Deshalb fällt eine Zulassung einer Übertragung durch Rundfunk/Fernsehen außerhalb dieses Raums, um durch eine ortsnahe Berichterstattung eine Teilnahme zu suggerieren, nicht unter diesen Öffentlichkeitsbegriff. Diese sog. mittelbare Öffentlichkeit ist durchaus kritisch zu betrachten, Rebehn DRiZ 2016, 204; MüKoZPO/Pabst Rn. 44. Öffentlich bedeutet an sich, dass beliebige Zuhörer in einer nur durch die Raumgröße begrenzten Zahl die Möglichkeit haben, sich ohne besondere Schwierigkeit Kenntnis von Ort und Zeit der Verhandlung zu verschaffen, und dass der Zutritt im Rahmen der tatsächlichen Gegebenheiten kostenlos möglich ist, BVerfG NJW 2002, 814; BGH NJW 1989, 1741; BAG NJW 2016, 3611; AG Meldorf WuM 2010, 636. Dazu gehört die Bekanntmachung der Verhandlung, soweit sie erforderlich ist, zB durch einen Anschlag vor dem Gerichtssaal oder durch Hinweistafeln im Gerichtsgebäude bei einer Verhandlung oder bei ihrer Fortsetzung außerhalb des Gerichtsgebäudes, BGH DRiZ 1981, 193; BayObLG NJW 1980, 2321; Köln StrVert 1992, 222; siehe aber BVerwG NVwZ-RR 1989, 168. Die Möglichkeit, sich im Gerichtsgebäude nach dem Ort einer auswärtigen Verhandlung zu erkundigen, genügt nicht, Celle StrVert 1987, 287.

7 Doch gilt das nicht ausnahmslos. Es gilt zB dann nicht, wenn es auf einen Hinweis im Gerichtsgebäude schlechterdings nicht ankommen kann, BGH DRiZ 1981, 193, oder wenn die Verhandlung oder Ortsbesichtigung oder gar die Urteilsverkündung auf der rechtlich nichtöffentlichen offenen Straße stattfindet, BVerwG NVwZ-RR 1989, 168; Hamm NJW 1976, 122, oder wenn das Gericht bei einer Ortsbesichtigung beschließt, an einem dritten Ort weiter zu verhandeln, BVerwG NVwZ-RR 1989, 168; Hamm MDR 1981, 518; Köln JMBl NRW 1984, 116, oder wenn der Vorsitzende den Terminsort kurzfristig verlegt. Nicht nötig ist aber eine an jedermann gerichtete Bekanntmachung, wann und wo die Verhandlung stattfindet, BGH NStZ 1982, 476; BVerwG NVwZ-RR 1989, 168; VGH Mü NVwZ-RR 2002, 799.

8 **3. Zugänglichkeit.** Der Raum muss zugänglich, kenntlich gemacht und ohne besondere Schwierigkeit auffindbar sein, BVerwG BeckRS 2016, 49938 = NZG 2016, 1200 (Ls.); OVG Schlesw NJW 2020, 3127; Kissel/Mayer Rn. 22; Klotz NJW 2011, 1187, zB auch durch Auskünfte des Pförtners, BGH NStZ 1982, 476. Es darf auch die Eingangstür des Gerichtsgebäudes nicht verschlossen sein. Jedoch ist es unschädlich, dass der Haupteingang des Gebäudes zeitweise verschlossen ist, Zuhörer sich aber mithilfe einer am Eingang angebrachten Klingel den Einlass verschaffen können, BVerwG NVwZ 2000, 1299. Dasselbe gilt dann, wenn die Außentür des Sitzungsgebäudes nur versehentlich verschlossen wird oder ins Schloss fällt, so dass weitere Zuhörer nicht eintreten können, BVerwG DÖV 1984, 889; strenger BGH NJW 2011, 3800 (in Strafsachen), oder wenn der Gerichtswachtmeister nur irrtümlich den Zutritt verweigert oder wenn man nur nach einer Kontrolle auf verbotene Waffen, Bildübertragungsgeräte o. Ä. Zutritt erhält.

9 **4. Beeinträchtigung.** Die Öffentlichkeit ist dann gesetzwidrig beeinträchtigt, wenn die Lage die vorstehenden Erfordernisse nicht erfüllt, aber auch dann, wenn im Sitzungsraum für Zuhörer keinerlei Sitz- oder Stehplätze vorhanden sind, Köln NStZ 1984, 282, oder wenn dort nur ein einziger Sitzplatz besteht, BayObLG NJW 1982, 395, oder wenn das Gericht einen Zuhörer gegen seinen Willen ohne einen gesetzlichen Grund aus dem Sitzungssaal entfernt, BGH MDR 1982, 812. Als Zeugen benannte oder infrage kommende Zuhörer darf der Vorsitzende auffordern, bis zu ihrem Einzelaufruf zunächst noch einmal den Saal zu verlassen, BAG RdA 1988, 128; BGH MDR 1983, 92. Ein Verstoß liegt ferner dann vor, wenn ein Schild „Das Gericht ist freitags ab 13 Uhr geschlossen“ noch bei einer anschließenden Sitzung am Haupteingang hängt, Zweibr NJW 1995, 3333, oder wenn ein Schild an der Sitzungstür besagt „Sitzung, bitte nicht stören“. Maßnahmen, die der Gewährleistung der Sicherheit oder des Gesundheitsschutzes im Gerichtsgebäude – besonders Maßnahmen aus Anlass der Covid-19-Pandemie – dienen, verstoßen als solche nicht gegen den Grundsatz der Öffentlichkeit der Verhandlung, BVerwG

BeckRS 2010, 48077; OVG Schlesw NJW 2020, 3127; OVG Bln-Brdb NJW 2010, 1620. Selbst wenn Einzelne aufgrund gesundheitspolizeilicher Maßnahmen, zB im Zusammenhang mit der Covid-19-Pandemie, auf den Besuch einer Hauptverhandlung verzichtet haben sollten, liegt keine Verletzung des Öffentlichkeitsgrundsatzes durch das Tatgericht vor, BGH BeckRS 2021, 3211 Rn. 10 (Strafverfahren). Ein trotz eines nicht bestehenden Teilnahmeverbots vorgenommener Verzicht beruht auf Umständen, die nicht in den Verantwortungsbereich des Gerichts fallen, Mü NJW 2020, 1381.

5. Beispiele zur Frage der Öffentlichkeitsgrenzen, I 1

Alkoholisierung: Kein Verstoß gegen § 169 ist eine Zutrittsverwehrung gegenüber einem Betrunkenen nach § 175. **10**

Anstößigkeit: Kein Verstoß gegen § 169 ist eine Zutritts- oder Verweilverwehrung gegenüber einem derart Auftretenden nach § 175.

Aufruf: Kein Verstoß gegen § 169 besteht grds. schon wegen eines nicht ordnungsgemäßen Aufrufs nach § 220 I ZPO, BFH NVwZ 1996, 102.

Ausgangsbeschränkung: Keine Verletzung des Öffentlichkeitsgrundsatzes durch das Tatgericht liegt in einer allgemeinen Ausgangsbeschränkung aufgrund gesundheitspolizeilicher Maßnahmen im Zusammenhang mit der Covid-19-Pandemie, denn ein darauf beruhender Verzicht auf die Teilnahme einer Gerichtsverhandlung fällt nicht in den Verantwortungsbereich des Gerichts, BGH BeckRS 2021, 3211 Rn. 10.

Bild- und Tonübertragung: Ihre Statthaftigkeit in einen anderen Saal lässt sich jedenfalls nicht stets schon aus Art. 5 I 2 GG ableiten, BVerfG NJW 1993, 915. Bräutigam DRiZ 2014, 294 befürwortet Großzügigkeit. Unter den Voraussetzungen des § 128a ZPO sind jedoch Bild- und Tonübertragungen in einen anderen Saal zulässig, → ZPO § 128a Rn. 14.

Bitten des Vorsitzenden: Kein Verstoß gegen § 169 besteht darin, dass ein Anwesender einer aus verständlichen Gründen geäußerten Bitte des Vorsitzenden freiwillig nachkommt, BGH NJW 1989, 465 (krit. Hassemer JuS 1989, 497; Schneiders StrVert 1990, 91; Sieg MDR 1990, 69), oder dass gar alle Zuhörer solche Bitte befolgen, siehe aber BGH bei Holtz MDR 1993, 1041 (aber erst deutlicher Druck wäre ein Verstoß.

Dienstzimmer: Eine Verkündung im Dienstzimmer des Richters statt in der öffentlichen Sitzung im angegebenen Sitzungssaal steht dem wirksamen Erlass des Urteils nur entgegen, wenn gegen elementare, zum Wesen der Verlautbarung gehörende Formerfordernisse verstoßen wurde, BGH NJW 2018, 559.

Eingangskontrolle: Kein Verstoß gegen § 169 besteht grds. in der Durchführung von Eingangskotrollen zur Sicherheit im Gerichtsgebäude oder zum Zwecke des Infektionsschutzes, BVerwG BeckRS 2010, 48077; OVG Schlesw NJW 2020, 3127; OVG Bln-Brdb NJW 2010, 1620; → Rn. 9. Sie darf natürlich weder willkürlich noch schikanös oder entwürdigend sein.

Einlasskarten: Kein Verstoß besteht grds. in ihrer Anordnung. Sie müssen aber natürlich kostenlos sein, Karlsr NJW 1975, 2080.

Fortsetzung der Verhandlung: Kein Verstoß gegen § 169 besteht schon darin, dass das Gericht eine Verhandlung früher als angekündigt fortsetzt, BGH NStZ 1984, 134.

Geschäftsstelle: Eine Verkündung „um X Uhr in der Geschäftsstelle Raum Y" ist zwar vielfach üblich. Ob aber die Voraussetzungen → Rn. 6–8 auch dort vorliegen, hängt von den Umständen ab. Natürlich wird oft die Zahl der am Zuhören Interessierten sehr klein sein, falls überhaupt zB ein ProzBevtl. oder mehrere erscheinen. Dann kann sogar das Fehlen eines Sitzplatzes unschädlich sein. Störungen während der Verkündung durch Telefonate anderer in demselben Raum können aber zB schon an die Grenze des Zulässigen führen. Im Zweifel ist nur im Sitzungsraum zu verkünden. Denn eine korrekte Verkündung auch hinsichtlich der Örtlichkeit gehört zum Geburtsakt der Entscheidung.

Geheimnisschutz: Für Geschäftsgeheimnisstreitsachen gelten gemäß §§ 16–20 GeschGehG besondere Geheimhaltungsvorschriften, die die Gerichtsöffentlichkeit über § 172 Nr. 2 hinaus einschränken, Niehaus Juris JM 2020, 19; → § 172 Rn. 10ff. Weil der Geheimnisschutz nach §§ 172 Nr. 2, 174 von Amts wegen zu berücksichtigen ist, ist ein Vortrag der Partei, welcher genaue Nachteil ihr konkret erwachsen würde, nicht geboten, KG BeckRS 2020, 31170 Rn. 18. Eine Geheimhaltung kann nicht auf in der mündlichen Verhandlung nicht anwesende Personen erstreckt werden, Drsd BeckRS 2021, 884.

Infektionsschutz: Schutzmaßnahmen aufgrund einer Anordnung nach § 28 I IfSG – wie seit Anfang des Jahres 2020 anlässlich der Corona/Covid-19-Pandemie – könnten den Öffentlichkeitsgrundsatz durch starke Zugangsbeschränkungen unterlaufen. Hierbei dürfte es sich um ein staatlich veranlasstes rechtliches Hindernis handeln, Kulhanek NJW 2020, 1183; → § 172 Rn. 17; → § 176 Rn. 9 „Infektionsschutz". Unbedenklich sind sitzungspolizeiliche Maßnahmen zur Abwendung von Infektionsgefahren wie Abstandsregelungen oder Einschränkung von Zuhörerplätzen, Mü NJW 2020, 1381; Kissel/Mayer Rn. 25a; Kulhanek NJW 2020, 1183. Ein hier entstehender Konflikt ist nach Maßgabe des Verhältnismäßigkeitsprinzips durch Abwägung der einander widerstreitenden Interessen zu lösen, BVerfG NJW 2020, 2327. Bei Ausübung des Ermessens ist der Grundsatz der Öffentlichkeit ebenso zu berücksichtigen wie der Schutz der körperlichen Unversehrtheit der sich im Gebäude aufhaltenden Personen, BVerfG NJW 2020, 23 27 Rn. 7f; OVG Schlesw NJW 2020, 3128.

Kontaktdatenerfassung: Eine Kontaktdatenerfassung stellt eine für den Besucher einer Gerichtsverhandlung im Interesse des Gesundheitsschutzes hinzunehmende Beeinträchtigung dar, die den Zugang zum Gerichtssaal für die jeweils Betroffenen obendrein allenfalls psychisch, nicht aber physisch hemmt, OVG Lüneb NJW 2021, 650. Dies steht einer verfassungsrechtlich unzulässigen Verweigerung des Zutritts nicht gleich, OVG Bln-Brdbg BeckRS 2020, 11232.

Ortstermin: Kein Verstoß gegen § 169 ist eine Raumnot beim Ortstermin, sofern er überhaupt grds. öffentlich ist. Der Vorsitzende darf zB bei einer Verhandlung in einem Nebenraum eines Cafés die nicht an der Verhandlung Interessierten in einen anderen Raum verweisen. Der Hausherr darf zumindest einem unbeteiligten Dritten den Zutritt versagen, BGH NJW 1994, 2773 (zust. Schmidt JuS 1995, 110). Kein Verstoß liegt auch in der Zutrittsbeschränkung zum Schutz eine Transportunfähigen in einem Privathaus, Foth JR 1979, 263. Bei der Verhandlung in einer Wohnung kann ein Hinweis genügen, sich durch Klingeln oder Klopfen Einlass zu erbitten, Hamm VRS 1983, 451. In einer Strafanstalt hat nur das Personal Zutritt, BGH JR 1979, 261.

Persönlichkeitsrecht: Zu seiner Beachtung Greger FS Prütting, 2018, 314.

Personalausweis: Kein Verstoß gegen § 169 besteht darin, grds. seine Vorlage zu fordern, BGH NJW 1977, 157.

Presseplätze: Kein Verstoß gegen § 169 besteht grds. in der Reservierung solcher Plätze, BVerfG NJW 2003, 500; BGH NJW 2006, 1220. Jedoch darf es von ihnen im Verhältnis zur übrigen möglichen Öffentlichkeit weder zu viele noch zu wenige geben. Das Reservierungsverfahren muss nachprüfbar bleiben. Es kann eine zeitlich wechselnde Reservierung notwendig sein, BVerfG NJW 2013, 1293. Art. 3 GG bleibt zu beachten, BVerfG NJW 2013, 1293. Ein Platztausch zugunsten eines nicht vom Gericht Mitbedachten ist unstatthaft, → Vor § 169 Rn. 6 (keine Verfügbarkeit). Ein tatsächlich nicht belegter Platz ist nur in einer vorher bestimmten Reihenfolge zu vergeben.

Psychologische Hemmschwelle: Es besteht nach S. 1 kein Anspruch auf einen psychologisch möglichst ungestörten Zugang zum Sitzungssaal, OVG Bln-Brdb BeckRS 2020, 11232 (Offenbarung von Personalien); OVG Schlesw NJW 2020, 3127 (Lektüre eines Merkblattes); Kissel/Mayer Rn. 40; → „Kontaktdatenerfassung".

Raumnot: Ein Verstoß gegen § 169 liegt in einer Zurückweisung „auf Verdacht" oder in der gezielten Auswahl eines viel zu kleinen Saals, BayObLG NJW 1982, 395. Aber auch → „Ortstermin".

Überfüllung: Kein Verstoß gegen § 169 besteht dann in der Anweisung, die Türen zu schließen und weitere Zuhörer abzuweisen, BVerfG NJW 2003, 500, oder gegen eine Regelung zB durch Vorrang einer durch Sicherheitsleistung ausgewiesenen Bietergruppe oder durch Offenlassen der Türen, LG Memmingen Rpfleger 2015, 720.

Verkündung: → „Geschäftsstelle".

Verzögerung: Kein Verstoß gegen § 169 besteht dann, wenn das Gericht ihretwegen (bei der Einlasskontrolle usw.) bis zu deren Beendigung wartet, BGH NJW 1995, 3197.

Videoübertragung: Kein Verstoß gegen § 169 besteht grds. in einer Videoübertragung, § 128a ZPO, LG Itzehoe NJW 2010, 3525; → Rn. 4; aM AG Meldorf WuM 2010, 636; VG Wiesb MDR 2010, 770; Klotz NJW 2011, 1187.

Videoverhandlung: Auch hierbei gilt der Grundsatz der Öffentlichkeit. Der Sitzungssaal muss für die Öffentlichkeit zugänglich sein, deren Kontrollfunktion über die Videoschaltung zumindest akustisch gewährleistet sein, → Rn. 1; → ZPO § 128a Rn. 16.

11 **IV. Folgen der Verletzung des I 1.** → Vor § 169 Rn. 5. Eine Verletzung des Grundsatzes der Öffentlichkeit bei der Verhandlung (nicht dagegen nur bei der Verkündung) ist ein unbedingter Revisionsgrund, BGH NJW 2019, 2184. Man muss dessen Ursächlichkeit dann unwiderlegbar vermuten, wenn der Mangel bis zur Entscheidung bestanden oder fortgewirkt hat, also nicht geheilt oder durch den weiteren Gang der Verhandlung überholt worden ist, BGH NJW 2000, 2508; Fezer StrVert 1985, 403; Schöch NStZ 1985, 422. Jedoch schadet jede unzulässige Beschränkung (wegen der Verkündung § 173) nur dann, wenn sie auf ein vorwerfbares Verhalten des Vorsitzenden zurückgeht, Kissel/Mayer Rn. 55–57, und nicht etwa nur auf einen Fehler des Gerichtswachtmeisters, der zB vergessen hat, die Türen zu öffnen, oder auf das Verhalten des Hausmeisters, der die Eingangstür zum Gerichtsgebäude versehentlich verschlossen hat, BVerwG NVwZ 1982, 43. Doch liegt ein Verstoß dann vor, wenn das Gericht das bemerkt hat oder bei zumutbarer Sorgfalt hätte bemerken können, BGH MDR 1990, 1070; BFH NJW 1992, 3526; BVerwG NVwZ 2000, 1299.

12 Die Öffentlichkeit kann aber ausnahmsweise auch dadurch fehlen, dass staatliche Organe außerhalb des Gerichts den Besuchern Nachteile androhen oder einen solchen Anschein erwecken, BGH NJW 1980, 249 (verneint für das Fotografieren von Teilnehmern durch die Polizei). Das gilt natürlich erst recht für Eingriffe des Hausherrn dann, wenn er etwa den Zutritt zum Sitzungssaal unzulässiger Weise verwehrt, Celle DRiZ 1979, 376. Über die Entfernung einzelner Personen aus dem Saal §§ 176 f. Die unzulässige Erweiterung der Öffentlichkeit ist ebenso wie das unzulässige Unterlassen des Ausschlusses stets schädlich. Denn beides kann nur im Einverständnis mit dem Vorsitzenden zulässig sein. Einen Zweifel über die Aussagekraft des an sich maßgeblichen Protokolls muss das Rechtsmittelgericht im Weg des Freibeweises nach § 286 ZPO klären, BayObLG NJW 1995, 976.

13 **V. Ton-, Fernseh-, Rundfunkaufnahmen, I 2. Grundsatz Verbot, I 2.** Durch das seit Mitte der 1960er-Jahre geltende allgemeine Verbot von Ton- und Fernsehaufnahmen, das seinen Ursprung in Strafverfahren zum Schutz der Angeklagten hatte, Dahs NJW 1965, 81 (86), ist die „mittelbare Öffentlichkeit" grundsätzlich ausgeschlossen, Kissel/Mayer Rn. 62. Zum neuen Recht Limperg FS Krüger 2017, 397.

14 Sowohl Ton- als auch Fernseh-Rundfunkaufnahmen sind zum Schutz der Parteien sowie im Interesse der Wahrheitsfindung und wegen § 394 I ZPO sowohl ab dem Beginn der Verhandlung nach § 137 I ZPO bis zu der Urteilsverkündung nach §§ 310, 311 ZPO grundsätzlich unzulässig, zumal auch die in I vorgeschriebene Öffentlichkeit nicht bis ins Unbestimmte ausgedehnt werden darf. Das Verbot von Tonaufnahmen erstreckt sich jedoch nicht auf solche, die für gerichtsinterne Zwecke, wie Beratung oder Protokollerstellung erstellt worden sind. Dies ergibt sich schon aus § 160a ZPO, in dessen Rahmen sich die Aufzeichnung halten muss. So ist die Tonaufnahme einer Zeugenaussage zulässig, Brem NStZ 2007, 481; MüKoZPO/Pabst Rn. 49; Hamacher/Happe NZA 2021, 665 (674).

15 Andere Aufnahmen sind grundsätzlich auch nicht mit einem Einverständnis der Parteien oder des Vorsitzenden zulässig. Aus denselben Gründen sind grundsätzlich Ton- und Filmaufnahmen zum Zweck der öffentlichen Vorführung oder einer Veröffentlichung ihres Inhalts unzulässig. Ein Recht zu solchen Aufnahmen für andere Zwecke folgt hieraus nicht, Köln FamRZ 1983, 750. Teilweise wird diese Regelung – ebenso wie die Regelung des § 128a III 1 ZPO, dass die Übertragung nicht aufgezeichnet wird – als nicht mehr „zeitgemäß" angesehen, da es dem Gericht überlassen werden sollte, Aufzeichnungen zum Zwecke späterer Verwendung vorzunehmen, so wohl Köbler NJW 2021, 1072. Hier muss man schon nach I 2 unterscheiden: Sie sind dann zulässig, wenn das Gericht und alle Beteiligten einschließlich des Sprechenden zustimmen. Will das Gericht für gerichtliche Zwecke Tonaufnahmen machen lassen, kommt es auf die Zustimmung der Beteiligten nicht an, wie § 160a ZPO zeigt. Handelt es sich um Aufzeichnungen durch einen Verfahrensbeteiligten zB für Zwecke der Verteidigung, ist die Zustimmung des Gerichts nach seinem pflichtgemäßen Ermessen notwendig, BGH NStZ 1982, 42; Düss NJW 1996, 1360. Daneben ist aber auch die Erlaubnis aller weiteren Beteiligten notwendig, aM Kissel/Mayer Rn. 77. Gerichtspersonen und Anwälte müssen kraft Amtes Filmaufnahmen grundsätzlich hinnehmen, BVerfG NJW-RR 2007, 987. Jede Stigmatisierung auch eines schwer belasteten Beteiligten muss unterbleiben, BVerfG NJW 2009, 351.

Hochproblematisch ist im Rahmen von I 2 die Übung, schon vor dem eigentlichen Beginn einer straf- oder zivil- oder sonstigen verfahrensrechtlichen Verhandlung Fernsehkameras usw. im Sitzungssaal zuzulassen. §§ 169 ff. GVG haben bei aller Bedeutung doch keinen höheren Rang als Art. 1, 2 GG, sondern einen geringeren. Solange im Rechtsstaat die sog. Unschuldsvermutung besteht, ist es fragwürdig, ob ein Betroffener sein Gesicht sogar vor dem schon Platz nehmenden Gericht verbergen muss, um der Kamera zu entgehen. Das gilt auch im durchaus einmal spektakulären Zivilprozess etwa mit einem Spitzenmanager gar als Kläger einer verneinenden Feststellungklage nach § 256 ZPO. Daran ändert die Visualisierung unserer Kultur nichts. Das oft genug gierige Interesse eines Teils der Presse sollte eigentlich schon dann zurückstehen, wenn ein ehemaliger Bundespräsident den Verhandlungssaal in welcher Position auch immer betreten muss. Das alles gilt natürlich nicht nur bei ihm, sondern bei jedermann. Es gilt mindestens bis zum letzten Satz einer Urteilsverkündung einschließlich ihrer mündlichen Begründung. Der Schutz des § 170 in Familiensachen ist durch die Rechtsprechung auch auf Bildberichterstattung über Prominente auf dem Weg zum Scheidungstermin oder auf dem Gerichtsflur vor dem Saal, in dem die Scheidung verhandelt wird, ausgeweitet worden, BGH NJW 2020, 3715 = GRUR 2021, 100 (Anke Engelken); krit. Gounalakis NJW 2020, 3692. Aber auch → § 176 Rn. 9 „Fotografie". 16

VI. Zulassung für Arbeitsraum, I 3. Die Vorschrift eröffnet eine Reihe weiterer Ausnahmen vom Grundsatz → Rn. 13, 14. Sie setzt mehrere Umstände voraus. Diese müssen zusammentreffen. 17

1. Tonübertragung. Es darf nur eine solche stattfinden, also keine Bildübertragung, kein Fernsehen, keine Videoübertragung, keine Filmaufnahme, bei I 3 auch keine Tonaufnahme, auch keine teilweise oder nur zeitweise. 18

2. Arbeitsraum für Medienberichter. Die Tonübertragung darf nur in einem Arbeitsraum gerade nur für solche Personen erfolgen, die für Presse, Hörfunk, Fernsehen oder für andere Medien berichten. Der Arbeitsraum darf nicht auch nur teilweise oder zeitweise mit dem Verhandlungsraum dieses derzeitigen Verfahrens übereinstimmen. Er muss also gesondert zugänglich und abgetrennt sein. Eine optische Verbindung durch Fenster kann dann unschädlich sein. Eine offene Verbindungstür kann ebenso wenig stören. Medienberichterstattung muss zumindest die ganz derzeit vorherrschende Funktion sein. Dann kann eine Tätigkeit des Berichters auch für andere Zwecke unschädlich sein. Diese erst 2017 geschaffenen Möglichkeiten, gerade in Zeiten der Covid-19-Pandemie, in denen aus Gründen des Infektionsschutzes im Sitzungssaal weniger Plätze zur Verfügung stehen, zusätzliche Plätze für die Medienberichterstatter und damit für die Öffentlichkeit zu schaffen, werden von den Medien nicht angenommen. Medienvertreter wollen die Verfahrensbeteiligten sehen, um anschaulich und präzise berichten zu können, Poseck DRiZ 2020, 288 (am Beispiel des Strafverfahrens vor dem OLG Ffm wegen Tötung des Kasseler Regierungspräsidenten). 19

3. Ermessen des Gerichts. Es muss nach pflichtgemäßer Abwägung vertretbar zugelassen haben. Funktionell zuständig ist nicht der Vorsitzende, sondern der gesamte Spruchkörper einschließlich etwaiger Laienrichter. Das Ermessen bedeutet kaum je eine eindeutige Zulassungspflicht. Stets muss das Gericht I 4 mit beachten. 20

VII. Teilweise Untersagung, I 4. Schon eine bloße Tonübertragung nach I 3 unterliegt der Möglichkeit teilweiser Untersagung. Das hat eine Rückkehr zum Grundsatz nach I 1 zur Folge. Deshalb ist diese Ausnahme von der Ausnahme (des I 3) weit auslegbar und daher im Zweifel zu beachten. Man muss folgende Einzelheiten prüfen. Sie können alternativ vorliegen. 21

1. Wahrung schutzwürdiger Interessen. Eine teilweise Untersagung muss zur Wahrung solcher Interessen notwendig sein. Sie können bei einem Verfahrensbeteiligten oder bei einem Dritten bestehen. Sie müssen ziemlich klar vorliegen. Nicht jedes verständliche Interesse ist rechtlich schutzwürdig. Das Interesse kann materiell oder immateriell oder beides umfassend sein. Es muss im Zeitpunkt der Entscheidung nach IV bestehen. Es muss für die Dauer zumindest dieser Verhandlung bestehen. Das kann natürlich auch dann so sein, wenn sich eine Tonübertragung erst später auswirkt, etwa bei einem Zeitversatz. 22

2. Wahrung ordnungsgemäßen Verfahrensablaufs. Diese Alternative erstreckt sich nicht nur auf die unmittelbar bevorstehende Sitzung, sondern auf die ganze derzeitige Instanz, wenn auch wohl nicht auf derzeit denkbare Rechtsmittelzüge. Ordnungsgemäß meint: In Übereinstimmung zu allen gesetzlich notwendigen oder im Ermessen des Gerichts stehenden Maßnahmen und Abläufen. Engstirnigkeit ist dabei ebenso vermeidbar wie allzu sportlich-großzügige Duldung. 23

3. Nur teilweise Untersagung. Diese Eingrenzung gilt bei 1. wie bei 2. Es ist also keine vollständige Untersagung statthaft, weder örtlich noch zeitlich noch der Art nach. Jedoch sind auch 80 % noch ein bloßer Teil, 90 % weit seltener so zu beurteilen. Man sollte vernünftig für den abschätzbaren Bereich und nur insoweit untersagen. 24

VIII. Verbot, I 5. Die Verweisung auf I 2 besagt sachlich: Die öffentliche Vorführung oder Veröffentlichung des Inhalts ist auch im Rahmen einer Tonübertragung in einen Arbeitsraum für Medienberichter ebenso unzulässig wie in den Fällen → Rn. 13, 14. 25

IX. Zulassung zu wissenschaftlichem und historischem Zweck, II 1. Durch das Gesetz zur Erweiterung der Medienöffentlichkeit in Gerichtsverfahren u. a. (EMöGG) vom 8.10.2017 wurde als weitere Ausnahme von dem Grundsatz, → Rn. 13 f., in II 1 die Möglichkeit einer Zulassung von Tonaufnahmen zu wissenschaftlichen und historischen Zwecken geschaffen. Beide Voraussetzungen müssen zusammentreffen; die Ausnahme gilt nicht für Bildaufnahmen. 26

1. Tonaufnahme. Trotz der Bezeichnung des „Gesetzes zur Erweiterung der Medienöffentlichkeit" betrifft es nicht die Medien, Safferling Editorial NJW-aktuell 33/2020; vielmehr geht es nur um solche Aufnahmen, die das Gericht selbst durch eigene Leute anfertigen lässt. Zwar spricht II 1 von „Zulassung". II 4 zwingt aber zu einem „Angebot" des Gerichts an das Bundesarchiv oder an ein Landesarchiv, und II 5 zwingt mangels Annahme solchen Angebots zur „Löschung durch das Gericht". Dergleichen wäre ja auch bei einer Aufnahme durch einen Medienvertreter schon technisch kaum möglich und jedenfalls rechtlich nicht eindeutig, vom Urheberrecht des Medienvertreters ganz zu schweigen. 27

Folge: Medienaufnahmen sind zumindest nach II 1 nicht gegenüber der bisherigen Lage erweitert statthaft, ohne dass eine Fülle von rechtlichen, technischen und finanziellen Fragen entsteht. Das ist zwar erkennbar nicht Sinn von II 1, wäre aber eine kaum vermeidbare Begleiterscheinung. 28

29 **2. Wissenschaftlicher „und" historischer Zweck.** Nur dazu darf eine Zulassung erfolgen. Was ist ein wissenschaftlicher, was gar ein historischer Zweck? Wo liegt die Grenze zum „informatorischen" oder gar zum „medialen" Zweck? Kann „Bild" auch wissenschaftlich arbeiten, es zumindest „bezwecken" oder wenigstens mit bezwecken? Kann das Gericht derartige Fragen möglicherweise direkt vor der Verhandlung leidlich brauchbar abschätzen?

30 Auch wenn die Abgrenzung schwierig erscheint, bleibt die Zulassung von Tonaufnahmen zu wissenschaftlichen Zwecken eine Ausnahme nur für die näher beschriebenen Fälle; → Rn. 31. Der Zusatz „für historische Zwecke" hat wohl keine eigenständige Bedeutung, sondern leitet vielmehr auf die weiteren Voraussetzungen „herausragende, zeitgeschichtliche Bedeutung" hin.

31 **X. Zulassung bei herausragender zeitgeschichtlicher Bedeutung, II 1.** Selbst beim Vorliegen aller Voraussetzungen nach → Rn. 26–30 muss es sich außerdem gerade um ein Verfahren von herausragender zeitgeschichtlicher Bedeutung für die ganze Bundesrepublik und nicht nur für einen Teil von ihr handeln. Erstmals seit Erweiterung des II 1 hat das OLG Naumburg im Jahr 2020 in einem Strafverfahren über ein Attentat auf die Synagoge in Halle von dieser Möglichkeit der Tonaufnahmen Gebrauch gemacht. Zur Frage der Voraussetzungen der herausragenden zeitgeschichtlichen Bedeutung: Safferling, Editorial NJW-aktuell 33/2020.

32 **XI. Wahrung schutzwürdiger Interessen oder ordnungsgemäßen Verfahrensablaufs, II 2, III 2.** Eine nur teilweise Untersagung kommt bei zwei hier ausdrücklich alternativ („oder") möglichen Bedingungen infrage. Die eine besteht in solchen Interessen eines jeden „Beteiligten", die „schutzwürdig" sind, und zwar nach der zumindest im Entscheidungszeitpunkt zur Zulassung beim Gericht pflichtgemäßen Überzeugung, im Streit dazu also nach dem Gewissheitsgrad. Auch hier gibt es Fragen. Ist eine Zulassung von Amts wegen oder nur auf Antrag möglich? Weshalb ist beim BGH nach III 2 auch eine bloße Auflage denkbar, bei anderen Gerichten aber nach II 2 nicht?

33 **XII. Verwahrung, II 3.** Das Gericht darf eine Aufnahme wegen II 3 nicht zu seinen Akten nehmen, nicht herausgeben und nicht einmal zu Zwecken dieses oder eines anderen Verfahrens nutzen. Es darf sie also weder einsehen (lassen) noch eine Einsicht durch einen Beteiligten oder seinen ProzBev. oder Verteidiger oder gar durch einen Dritten gestatten. §§ 299 ZPO sind demnach unanwendbar.

34 **XIII. Angebot an Archive, II 4.** Das Gericht muss dem Bundes- oder dem für dieses Gericht zuständigen Landesarchiv die Aufnahmen nach Verfahrensabschluss „zur Übernahme anbieten". Ein solches Angebot ist begrifflich Neuland im Bereich von Gerichtsaufgaben. Es gilt nur bei gerichtseigenen Aufnahmen nach → Rn. 27. Ob das Gericht das Angebot von irgendeiner Bedingung abhängen lassen darf, lässt II 4 offen. Eine Frist zur Erklärung über eine Annahme des Angebots nennt das Gesetz ebenfalls nicht. Ob das Gericht die Aufnahmen überhaupt an das Archiv auch noch übersenden muss, lässt sich bezweifeln. Allerdings muss das Archiv evtl. durchaus eine Möglichkeit eigener Einsicht akustisch und/oder optisch haben, um eine sachgerechte Entscheidung zur Annahmefrage zu ermöglichen. Andererseits kann das im Einzelfall schon deshalb unnötig sein, weil etwa der wissenschaftliche oder historische Zweck auch ohne Einblick eindeutig vorliegt. Das jeweilige Archiv muss prüfen, ob der Aufnahme ein „bleibender" Wert zukommt. Es hat dazu ein eigenes pflichtgemäßes Ermessen. Vgl. auch das Bundesarchivgesetz.

35 **XIV. Löschung mangels Archivübernahme, II 5.** Mangels einer annehmenden Erklärung des Archivs muss das Gericht die Aufnahmen löschen (lassen). Es muss das unverzüglich entsprechend jeder Amtspflicht veranlassen. Natürlich ist ein Vermerk zum Ob, Warum, Wann und Wie der Löschungsanordnung zur Akte nötig.

36 **XV. Zulassung bei Verkündung einer BGH-Entscheidung, III 1.** Es handelt sich um eine gegenüber I 2 vorrangige, noch speziellere und daher noch strenger auslegbare Möglichkeit „des Gerichts", natürlich nur des BGH selbst, zur Zulassung von Aufnahmen, die III 1 nach ihrer Art gegenüber II 1 erweitert bezeichnet. Es müssen folgende Voraussetzungen zusammentreffen.

37 **1. Entscheidung.** Es muss um die Verkündung einer BGH-Entscheidung beliebiger Art und Form gehen, also eines Urteils, eines Beschlusses, theoretisch auch einer Verfügung. Jede Entscheidung muss förmlich verkündet worden sein.

38 **2. Art der Aufnahme.** Die Vorschrift nennt einerseits „Ton- und Fernseh-Rundfunkaufnahmen", andererseits „Ton- und Filmaufnahmen". Das weicht zwar nicht von I 2 ab, wohl aber teilweise von II 1 „Tonaufnahmen". Das hängt mit der Beschränkung in I 2 auf gerichtseigene Anfertigung zusammen, die natürlich nicht von einem Team erfolgt.

39 **3. Zweck: Vorführung oder Veröffentlichung.** Eine Zulassung darf zum Zweck öffentlicher Vorführung oder Veröffentlichung einer geplanten Aufnahme erfolgen. Das können auch Werbesendungen sein. Ob das aber der Sinn von III 1 sein kann, kann bezweifelt werden. Ob damit auch eine Ausstrahlung neben einer redaktionellen Sendung unstatthaft wäre, ist eine andere Frage.

40 **4. Besonderer Fall.** Die Haupteinschränkung einer Erlaubnis zur ohnehin ja nur ausnahmsweisen Zulassung ist die Notwendigkeit „besonderer Fälle". Das ist weit unschärfer als das Erfordernis wissenschaftlicher oder historischer Zwecke und eines Verfahrens von herausragender zeitgeschichtlicher Bedeutung für die Bundesrepublik nach II 1. Ein „besonderer Fall" kann sehr wohl auch unterhalb der Lage nach II 1 vorliegen. Er hebt sich aber natürlich vom „Normalfall" nach oben ab.

41 **XVI. Beschluss, Unanfechtbarkeit, IV.** Die Beschlussform ist zwingend. Die Unanfechtbarkeit führt an sich zur Entbehrlichkeit einer Begründung. Indessen entsteht eine Anstandspflicht (nobile officium) zur einer zwar knappen, aber doch im Kern nachvollziehbaren Andeutung der Hauptерwägungen schon wegen der verbleibenden Möglichkeit einer Verfassungsbeschwerde.

42 Finanzierung einer Zulassung nach → Rn. 26 ff. ist eine Frage, § 169 beantwortet sie ebenso wenig wie eine nach § 186 mögliche VO. Denn die in § 186 III Nr. 1–3 genannten Kommunikationshilfen beziehen sich nur auf solche nach § 186 I, II und damit auf eine Hör- oder Sprachbehinderung. Das Gericht muss also mit seiner Verwaltung zuvor klären, ob, wie und mit welcher Vorlaufzeit eine Zulassung nach → Rn. 26 ff. überhaupt praktisch durchführbar wäre.

170 *[Nichtöffentlichkeit in Familiensachen usw.].* [I] [1]**Verhandlungen, Erörterungen und Anhörungen in Familiensachen sowie in Angelegenheiten der freiwilligen Gerichtsbarkeit sind nicht öffentlich.** [2]**Das Gericht kann die Öffentlichkeit zulassen, jedoch nicht gegen den Willen eines Beteiligten.** [3]**In Betreuungs- und Unterbringungssachen ist auf Verlangen des Betroffenen einer Person seines Vertrauens die Anwesenheit zu gestatten.**

[II] **Das Rechtsbeschwerdegericht kann die Öffentlichkeit zulassen, soweit nicht das Interesse eines Beteiligten an der nicht öffentlichen Erörterung überwiegt.**

Schrifttum: Ließ FPR 2011, 37 (Grdz.).

I. Systematik, Regelungszweck. Zunächst → Vor § 169 Rn. 1, 2. I 1 stellt eine Ausnahme vom wichtigen Grundsatz der Öffentlichkeit dar. Das geschieht natürlich aus den naheliegenden Gründen des Schutzes der Privatsphäre. I 2 ist insofern scheinbar teilweise inkonsequent. Denn auch in seinem Geltungsbereich gibt es viel Schützenswertes, das nur die direkt Betroffenen angeht. Trotzdem muss man I 2 als eine Rückkehr zum Grundsatz des § 169 theoretisch weit auslegen. Ein vernünftiger Familienrichter versucht vorsichtig abzuwägen, soweit er das hier überhaupt tun darf. Auch bringt I 2 Hs. 2 eine klare Grenze der Öffentlichkeit. I 3 eröffnet zugunsten des Betroffenen eine ganz dringliche Erweiterung seiner Möglichkeiten ohne eine Verletzung des Grundsatzes I 1. Daher ist I 3 weit auszulegen. Der BGH hat weiterhin den Schutz des I 1 in Familiensachen bei Bildberichterstattung über Prominente auf dem Weg zum Scheidungstermin erweitert, BGH NJW 2020, 3715; → § 169 Rn. 16; krit. Gounalakis NJW 2020, 3692 („Der Schutz des familienrechtlichen Verfahrens wird überdehnt"). II gibt dem Rechtsbeschwerdegericht nach §§ 574 ff. ZPO, §§ 70 ff. FamFG ein weites Ermessen. 1

II. Grundsatz: Nichtöffentlichkeit, I 1, 3. Zum Schutz der Privatsphäre in einer dort genannten Sache ist die Verhandlung grundsätzlich nichtöffentlich. Da die Nichtöffentlichkeit in diesen Verfahren nicht sicher sein kann, soweit es sich um Übertragungsräume handelt, kommt eine Video-Verhandlung nach § 113 I 2 FamFG iVm § 128a ZPO nicht in Betracht, Schultzky NJW 2003, 317. In einer Ehesache nach §§ 121 ff. FamFG muss das Gericht erst recht in einer nichtöffentlichen Sitzung amtieren. Die Notwendigkeit der Öffentlichkeit der Entscheidungsverkündung nach § 173 bleibt bestehen. 2

III. Ausnahmen, I 2. Jedoch darf das Gericht die Öffentlichkeit nach einer pflichtgemäßen Abwägung zulassen, solange und soweit nicht der Wille auch nur eines einzigen Beteiligten nach § 7 FamFG entgegensteht. Das Gericht muss ihn sorgfältig erkunden und darf ihn keineswegs einfach abwarten (Hinweispflicht zB bei § 113 I 2 FamFG nach § 139 ZPO). Es darf auch nachträglich bis zum Verhandlungsschluss zB nach §§ 136 IV, 296a ZPO nach denselben Regeln wechseln, selbst evtl. mehrfach. 3

IV. Wirkung, I 1–3. An der Verhandlung dürfen nur die Personen teilnehmen, deren Anwesenheit aufgrund ihrer Stellung im Verfahren oder aufgrund einer besonderen Vorschrift notwendig und erlaubt ist. Andere Personen darf der Vorsitzende nur nach § 175 II zulassen. I 3 zwingt in den dort abschließend genannten Sachen zur Erlaubnis. 4

Teilnahmeberechtigt sind die Verfahrensbeteiligten und ihre gesetzlichen Vertreter. Verfahrensbeteiligte sind auch Drittbeteiligte nach §§ 7, 8 FamFG. Diese sonstigen Beteiligten dürfen an der Verhandlung aber nur insoweit teilnehmen, als das Gericht die betreffende Sache (mit)verhandelt oder -erörtert. 5

Nicht beteiligt am Verfahren sind außerhalb von § 7 II, III 1 FamFG Pflegeeltern. Doch sollte ihnen die Anwesenheit in dem das Kind betreffendes Verfahren oder Verfahrensteil nach § 175 II möglich sein, Schlesw SchlHA 1983, 31. Teilnahmeberechtigt sind natürlich auch die VerfBev nach § 11 FamFG, zB ein auswärtiger Verkehrsanwalt, (je zum alten Recht) Kblz NJW-RR 1987, 509 (zust. Bosch FamRZ 1987, 404); Bauer/Fröhlich FamRZ 1983, 122; aM Hamm FamRZ 1982, 1094. Teilnahmeberechtigt sind Beistände der Verfahrensbeteiligten, zB nach § 12 FamFG, oder eines Zeugen, BVerfG NJW 1975, 103, während dessen Anwesenheit. Teilnahmeberechtigt sind Zeugen, Sachverständige, solange das Gericht sie als solche vor Gericht benötigt. Teilnahmeberechtigt ist schließlich der Dienstaufsichtführende nach § 175 III; → § 175 Rn. 5. 6

V. Rechtsbeschwerdeverfahren, II. Im Verfahren nach §§ 574 ff. ZPO, §§ 70 ff. FamFG erhält des Gericht ein Ermessen zur Zulassung der Öffentlichkeit in den Grenzen eines überwiegenden entgegengesetzten Interesses auch nur eines Beteiligten. 7

VI. Rechtsbehelf, I 1–3. Die Nichtzulassung zur Verhandlung unterliegt der sofortigen Beschwerde nach § 7 V 2 FamFG, §§ 567 ff. ZPO. Das gilt auch für den Ausschluss der in → Rn. 4 ff. Genannten, während für ihre Entfernung aus dem Saal wegen Ungehorsams nach § 177 entsprechend § 181 die Beschwerde statthaft ist. 8

VII. Verletzung des I 1–3. § 170 ist zwingendes Recht, Köln NJW-RR 1986, 560. Seine Verletzung, also die Teilnahme eines Unbefugten, ist ein unbedingter Rechtsbeschwerdegrund nach § 72 III FamFG, § 547 Nr. 5 ZPO, und ein schwerer Verfahrensmangel nach § 69 I 3 FamFG. Er rechtfertigt auch in der Beschwerdeinstanz dann eine Zurückverweisung nach §§ 113 I 2 FamFG, § 538 II 1 Nr. 1 ZPO, wenn Anhaltspunkte dafür bestehen, dass eine Verletzung der Vorschrift die Wahrheitsfindung beeinträchtigt oder das Vorbringen eines Beteiligten beschnitten hat, Köln FamRZ 1998, 696. 9

171 *(aufgehoben)*

171a *(aufgehoben bzw. betrifft Strafsachen)*

171b *[Schutz von Persönlichkeitsrechten].* [I] [1]**Die Öffentlichkeit kann ausgeschlossen werden, soweit Umstände aus dem persönlichen Lebensbereich eines Prozessbeteiligten, eines Zeugen oder eines durch eine rechtswidrige Tat (§ 11 Absatz 1 Nummer 5 des Strafgesetzbuchs) Verletzten zur Sprache kommen, deren öffentliche Erörterung schutzwürdige Interessen verletzen**

würde. [2]Das gilt nicht, soweit das Interesse an der öffentlichen Erörterung dieser Umstände überwiegt. [3]Die besonderen Belastungen, die für Kinder und Jugendliche mit einer öffentlichen Hauptverhandlung verbunden sein können, sind dabei zu berücksichtigen. [4]Entsprechendes gilt bei volljährigen Personen, die als Kinder oder Jugendliche durch die Straftat verletzt worden sind.

II [1]Die Öffentlichkeit soll ausgeschlossen werden, soweit in Verfahren wegen Straftaten gegen die sexuelle Selbstbestimmung (§§ 174 bis 184k des Strafgesetzbuchs) oder gegen das Leben (§§ 211 bis 222 des Strafgesetzbuchs), wegen Misshandlung von Schutzbefohlenen (§ 225 des Strafgesetzbuchs) oder wegen Straftaten gegen die persönliche Freiheit nach den §§ 232 bis 233a des Strafgesetzbuchs ein Zeuge unter 18 Jahren vernommen wird. [2]Absatz 1 Satz 4 gilt entsprechend.

III [1]Die Öffentlichkeit ist auszuschließen, wenn die Voraussetzungen der Absätze 1 oder 2 vorliegen und der Ausschluss von der Person, deren Lebensbereich betroffen ist, beantragt wird. [2]Für die Schlussanträge in Verfahren wegen der in Absatz 2 genannten Straftaten ist die Öffentlichkeit auszuschließen, ohne dass es eines hierauf gerichteten Antrags bedarf, wenn die Verhandlung unter den Voraussetzungen der Absätze 1 oder 2 oder des § 172 Nummer 4 ganz oder zum Teil unter Ausschluss der Öffentlichkeit stattgefunden hat.

IV Abweichend von den Absätzen 1 und 2 darf die Öffentlichkeit nicht ausgeschlossen werden, soweit die Personen, deren Lebensbereiche betroffen sind, dem Ausschluss der Öffentlichkeit widersprechen.

V Die Entscheidungen nach den Absätzen 1 bis 4 sind unanfechtbar.

II 1 geändert durch Art. 3 II des Neunundfünfzigsten Gesetz zur Änderung des Strafgesetzbuches – Verbesserung des Persönlichkeitsschutzes bei Bildaufnahmen v. 9.10.2020, BGBl. I 2075, mit Wirkung vom 1.1.2021.

1 **I. Systematik, Regelungszweck.** Zunächst → Vor § 169 Rn. 1, 2. Der Ausschluss der Öffentlichkeit zum Schutz des persönlichen Lebensbereichs war früher in § 172 Nr. 2 mitgeregelt. Das Opferschutzgesetz hat diese Regelung verselbständigt und den Schutz vor einer Gefährdung durch eine Bloßstellung gebracht, BGH NJW 1992, 2436.

2 **II. Geltungsbereich.** Die Vorschrift ist auf das Strafverfahren zugeschnitten. Sie gilt aber für den ganzen Bereich des GVG und in der Arbeitsgerichtsbarkeit nach § 52 S. 2 ArbGG, sowie kraft Verweisung in den öffentlich-rechtlichen Gerichtsbarkeiten nach §§ 55 VwGO, 52 I FGO, 61 I SGG. Art. 6 EMRK steht als eine ältere Vorschrift der Neuregelung nicht entgegen, Schumann FS Schwab, 1990, 457.

3 **III. Geschützter Personenkreis.** Ein Ausschluss der Öffentlichkeit ist dann zulässig, wenn Umstände aus dem persönlichen Lebensbereich folgender Personen zur Sprache kommen: Prozessbeteiligte, also Parteien; Streithelfer nach §§ 66 ff. ZPO, Beigeladene in einer Kindschaftssache nach §§ 7, 8 FamFG; Drittbeteiligte in einer Familiensache; Zeugen nach §§ 373 ff. ZPO, also auch solche Personen, die vorerst nur als Zeugen in Betracht kommen, Mertens NJW 1980, 2687, also nicht nur der, den das Gericht in dem Verfahren tatsächlich als Zeugen vernimmt, aM Sieg NJW 1981, 963.

4 **IV. Sachliche Voraussetzungen.** Es muss sich um die Erörterung von Umständen aus dem persönlichen Lebensbereich einer der in → Rn. 3 genannten Personen handeln, nicht um Umstände aus deren Berufs- und Erwerbsleben nach § 172 Nr. 2. Die Vorschrift erfasst Vorgänge aus dem einem Dritten nicht zugänglichen und einen Schutz vor dem Einblick Außenstehender verdienenden privaten Bereich, BGH NJW 1982, 59. Die Umstände können persönliche, gesundheitliche, weltanschauliche oder familiäre Verhältnisse betreffen. Als Faustregel kann gelten, dass es Tatsachen sein müssen, nach denen man üblicherweise im Sozialleben nicht fragt und die ein Beteiligter meist nicht spontan und unbefangen mitteilt, Rieß/Hilger NStZ 1987, 150. Der in II in Bezug genommene umfangreiche Katalog der Verfahren wegen Straftaten gegen die sexuelle Selbstbestimmung (14. Abschnitt des StGB) ist aufgrund des Gesetzes zur Änderung des Strafgesetzbuches – Verbesserung des Persönlichkeitsschutzes bei Bildaufnahmen seit dem 1.1.2021 um § 184k StGB (Verletzung des Intimbereichs durch Bildaufnahmen) erweitert worden, → Vor Rn. 1. Die öffentliche Erörterung solcher Umstände muss schutzwürdige Interessen verletzen. Dass sie dem Betroffenen peinlich ist, genügt nicht. Vielmehr muss die öffentliche Erörterung darüberhinausgehende Nachteile für ihn haben. Sie muss ihn also bloßstellen oder sein Ansehen herabwürdigen oder auch seine Ehe oder seine berufliche Stellung gefährden. Die Interessen des Betroffenen sind aber dann nicht schutzwürdig, wenn er selbst die Tatsachen in die Öffentlichkeit gebracht oder die Privatsphäre eines anderen zum Gegenstand einer öffentlichen Auseinandersetzung gemacht hat.

5 **V. Interessenabwägung, I 1.** Das Gericht muss die Interessen des Betroffenen und das Interesse an einer öffentlichen Erörterung der Umstände aus dem Privatbereich gegen einander abwägen. Dabei hindert nur ein überwiegendes öffentliches Interesse den Ausschluss. Bei gleichwertigen Interessen muss das Gericht die Öffentlichkeit vorbehaltlich des Widerspruchs ausschließen. Als Faustregel kann gelten, dass das öffentliche Interesse desto mehr zurücktreten muss, je stärker sich die Erörterung dem innersten Kernbereich der Privatsphäre nähert. Bei der Abwägung hat das Gericht einen Beurteilungsspielraum. Bei Vorliegen der Voraussetzungen des § 171b III 2 ist die Öffentlichkeit zwingend für die Schlussvorträge aller Verfahrensbeteiligten auszuschließen, BGH NJW 2019, 2184; NJW 2018, 640 (für Strafverfahren).

6 **VI. Widerspruch, IV.** Auch bei einem nicht überwiegenden öffentlichen Interesse darf das Gericht die Öffentlichkeit nicht ausschließen, soweit die betroffenen Personen in der Hauptverhandlung dem Ausschluss der Öffentlichkeit widersprechen. Diese Bestimmung ist auf das Strafverfahren zugeschnitten. Sie muss aber auch in anderen Verfahren gelten. Denn auch hier kann zB ein Zeuge ein schutzwürdiges Interesse daran haben, dass das Gericht den Vorgang in aller Öffentlichkeit behandelt, Weigend NJW 1987, 1170. Der Widerspruch ist in der mündlichen Verhandlung notwendig. Er ist nur dann verbindlich, wenn alle Betroffenen ihn erheben, Rieß/Hilger NStZ 1987, 208. Es steht aber einem Ausschluss nach § 172 nicht entgegen, BGH NJW 1992, 2436. Widerspricht nur einer von mehreren Betroffenen oder widersprechen alle außerhalb der mündlichen Verhandlung, muss das Gericht diese Erklärungen bei der Abwägung ohne Bindung an sie würdigen. Für den Widerspruch besteht kein Anwaltszwang.

VII. Verfahren, I, II. Den Ausschluss der Öffentlichkeit muss das Gericht meist auf einen bestimmten Verfahrensabschnitt beschränken („soweit"). Es darf ihn nur ausnahmsweise für die gesamte Beweisaufnahme nach §§ 355 ff. ZPO anordnen, BGH NStZ 1989, 483; Frommel StrVert 1990, 10, oder gar für (fast) alle Abschnitte, BGH NJW 2012, 3113 (StPO). Darüber muss das Gericht nach dem eindeutigen Wortlaut der Vorschrift von Amts wegen nach seinem pflichtgemäßen Ermessen entscheiden, BGH NJW-RR 2020, 1386; Karlsr BeckRS 2020, 15497 = VersR 2020, 1439; MüKoZPO/Pabst Rn. 14. Es kann also davon absehen, auch wenn die Voraussetzungen vorliegen. Beantragt jedoch ein Betroffener den Ausschluss, muss das Gericht die Öffentlichkeit ausschließen. Für den Antrag besteht kein Anwaltszwang nach § 78 ZPO. Über den Ausschluss der Öffentlichkeit muss das Gericht nach § 174 I stets in nichtöffentlicher Sitzung verhandeln lassen. Den anwesenden Personen kann das Gericht bei Ausschluss der Öffentlichkeit nach § 171b die Geheimhaltung von Tatsachen, die durch die Verhandlung zur Kenntnis gelangt sind, gem. § 174 III zur Pflicht machen; BGH NJW-RR 2020, 1386. 7

VIII. Entscheidung, I, II. Sie ergeht durch einen Beschluss nach § 329 ZPO nach einer Anhörung der von ihr Betroffenen, also zB auch der als Zeuge nach §§ 373 ff. ZPO infrage kommenden Person, deren Lebensbereich betroffen ist. Der Vorsitzende muss den Beschluss nach § 174 I öffentlich verkünden. Er muss ihn nach § 174 I 3 begründen. Zur Bezugnahme auf einen in öffentlicher Verhandlung gestellten Antrag BGH NStZ 1994, 591. Hat das Gericht die Öffentlichkeit für die Dauer der Vernehmung eines Zeugen ausgeschlossen, deckt der Beschluss auch eine Inaugenscheinnahme solcher Urkunden, deren Notwendigkeit sich unmittelbar aus der Vernehmung ergibt, BGH NStZ 1988, 190. 8

IX. Rechtsmittel, V. Die Entscheidung für oder gegen den Ausschluss der Öffentlichkeit ist unanfechtbar. Nach dem Willen des Gesetzgebers, der das Strafverfahren im Auge hatte, soll man auch die Anfechtung der späteren Entscheidung in der Sache selbst nicht auf eine Verletzung des § 171b stützen können, Rieß/Hilger NStZ 1987, 208; Weigend NJW 1987, 1170. Der gesetzgeberische Grund, dem Tatrichter für den Ausschluss der Öffentlichkeit Mut zu machen, gilt aber auch für andere Verfahren. Deshalb ist III dahin auszulegen, dass ein Verstoß gegen § 171b nicht ein Rechtsmittel ermöglicht, dass also §§ 512, 557 II ZPO anwendbar sind und dass § 547 Nr. 5 ZPO insoweit nur eingeschränkt gilt, BGH NJW 2019, 2184 (StPO). Jedoch kann man ein Rechtsmittel darauf stützen, dass der Beschluss über die Ausschließung nicht den Anforderungen des § 174 entsprochen habe, BGH StrVert 1990, 10 (zust. Frommel). Ferner darf das Berufungsgericht bei der Würdigung einer Zeugenaussage durch das Erstgericht nach § 398 ZPO berücksichtigen, dass dieses die Öffentlichkeit hätte ausschließen müssen. 9

X. Wirkungen des Ausschlusses. Sie sind dieselben wie nach § 172. Für die Urteilsverkündung nach §§ 310, 311 ZPO gilt § 173 I mit der Einschränkung nach § 173 II. Das Gericht kann den bei der Verhandlung Anwesenden nach § 174 III eine Geheimhaltung auferlegen. Der dahingehende Beschluss ist nach § 174 III 3 anfechtbar. Eine weitergehende Geheimhaltungspflicht ist durch das GeschGehG v. 18.4.2019 möglich, → § 172 Rn. 10 ff. Der Ausschluss der Öffentlichkeit führt bei einer Video-Verhandlung nach § 128a ZPO zu deren Abbruch. Denn es lässt sich nicht sicherstellen, dass der Ausschluss auch in den Übertragungsräumen erfolgt, Schultzky NJW 2003, 317. 10

172 ***[Ausschließung der Öffentlichkeit].*** **Das Gericht kann für die Verhandlung oder für einen Teil davon die Öffentlichkeit ausschließen, wenn**

1. eine Gefährdung der Staatssicherheit, der öffentlichen Ordnung oder der Sittlichkeit zu besorgen ist,

1a. eine Gefährdung des Lebens, des Leibes oder der Freiheit eines Zeugen oder einer anderen Person zu besorgen ist,

2. ein wichtiges Geschäfts-, Betriebs-, Erfindungs- oder Steuergeheimnis zur Sprache kommt, durch dessen öffentliche Erörterung überwiegende schutzwürdige Interessen verletzt würden,

3. ein privates Geheimnis erörtert wird, dessen unbefugte Offenbarung mit Strafe bedroht ist,

4. eine Person unter 18 Jahren vernommen wird.

Nr. 3 geändert durch Art. 8 des Gesetzes zur Neuregelung des Berufsrechts der anwaltlichen und steuerberatenden Berufsausübungsgesellschaften sowie zur Änderung weiterer Vorschriften im Bereich der rechtsberatenden Berufe vom 7.7.2021, BGBl. I 2363, **mit Wirkung vom 1.8.2022.**

I. Systematik, Regelungszweck. Zunächst → Vor § 169 Rn. 1, 2. Die Vorschrift nennt weitere wichtige, aber als formelle Ausnahmen von der Regel des § 169 eng auslegbare Fälle des Vorrangs aller möglichen privaten Interessen oder öffentlicher Sorgen vor dem generellen Interesse der Öffentlichkeit. 1

Vertraulichkeit ist ein neues Stichwort bei der Erwägung einer Einschränkung der Öffentlichkeit. Man könne eher zu einer einvernehmlichen Lösung kommen, wenn wenigstens kein am Verfahren nicht direkt Beteiligter zuhören dürfe. Daher sei nicht nur im schiedsrichterlichen Verfahren nach §§ 1025 ff., sondern auch im Prozess vor dem staatlichen Gericht eine weitere Beschränkung der Öffentlichkeit durchaus wünschenswert, DJT NJW 2014, Heft 40 S. 17. Dem ist seit 2019 durch das GeschGehG Rechnung getragen, → Rn. 10 ff. Weil die Konsequenz eines Verstoßes gegen Geheimhaltungsvorschriften für Ansprüche aus dem GeschGehG im staatlichen Verfahren strenger geahndet werden können, wird teilweise vertreten, dass es gegenüber dem Schiedsgerichtverfahren vorzugswürdiger sei, Michel/Andjic/Skiebe SchiedsVZ 2020, 183 (im Bericht über den Osnabrücker Schiedsgerichtstag 2019). 2

II. Geltungsbereich. Soweit sich im einstweiligen Verfügungsverfahren eine Partei auf Geschäftsgeheimnisse beruft, gelten §§ 172 Nr. 2, 174 Nr. 3 S. 1, wenn sich diese Partei weigert, die Unterlagen vollständig vorzulegen, Ffm GRUR-RR 2020, 456 Rn. 41. Für das arbeitsgerichtliche Verfahren nennen § 52 S. 2 und 3 ArbGG fünf Tatbestände für den Ausschluss der Öffentlichkeit. Im finanzgerichtlichen Verfahren ist gemäß § 72 II FGO die Öffentlichkeit auszuschließen, wenn ein Beteiligter, der nicht Finanzbehörde ist, dies beantragt. 3

III. Öffentliches Interesse, Nr. 1. Das Gericht kann gem. Nr. 1 die Öffentlichkeit für die ganze Verhandlung oder für einen Teil der Verhandlung auf einen Antrag oder vAw in folgenden Fällen ausschließen: 4

5 Wegen einer Gefährdung der Staatssicherheit dann, wenn inhaltliche Umstände der Verhandlung eine Offenlegung von sicherheitsrelevanten Amtsgeheimnissen oder sonstigen Informationen befürchten lassen, die die innere oder äußere Sicherheit Deutschlands nach § 93 III Nr. 2 StGB oder eines verbündeten Staats nach Art. 38 ZAbkNTrSt, SchlAnh. III, potentiell gefährden.

6 Wegen einer Gefährdung der öffentlichen Ordnung dann, wenn ein sicherer und weitgehend störungsfreier Verhandlungsablauf nicht gewährleistet ist, BGH NJW 1977, 157; dies kann typischerweise bei erheblichen, von Menschen vorsätzlich verursachten Störungen vorliegen, zB durch die Zuhörerschaft, wenn eine Fortsetzung von Störungen der Verhandlung durch Kundgebungen zu befürchten ist. Die öffentliche Ordnung kann auch außerhalb des Gerichtssaals beeinträchtigt sein. Hierbei ist jedoch stets zu überprüfen, ob eine solche Störung durch sitzungspolizeiliche Maßnahmen des Vorsitzenden nach § 176 ff. oder durch Geltendmachung des Hausrechts vom Gerichtspräsidenten zu beseitigen ist, BVerfG NJW 2012, 1863.

7 Wegen einer Gefährdung der Sittlichkeit nach Art. 6 EMRK dann, wenn man in der Verhandlung solche sexuellen Vorgänge erörtern muss, die das Scham- und Sittlichkeitsgefühl Unbeteiligter erheblich verletzen können, insbesondere Jugendliche sittlich gefährden können, BGH NJW 1986, 200; BVerwG NJW 1976, 986; Böttcher JR 1986, 216.

8 In allen diesen Fällen genügt eine nach objektiven Maßstäben begründete Befürchtung. Dem Tatrichter steht bei der Wertung ein Beurteilungsspielraum zu, BGH NJW 1992, 2436. Das Rechtsmittelgericht darf seine Entscheidung deshalb nicht auf Ermessensfehler prüfen, sondern nur darauf, ob sie vertretbar war, BGH NJW 1992, 2436; Düss MDR 1981, 427; Böttcher JR 1986, 216. Die Verhandlung und eine etwaige Beweisaufnahme darüber nach §§ 355 ff. ZPO geschehen nach § 174 I meist unter Ausschluss der Öffentlichkeit.

9 **IV. Personenschutz, Nr. 1a.** Die Vorschrift diente ursprünglich in erster Linie der Bekämpfung des illegalen Rauschgifthandels, betrifft aber heute zahlreiche andere Erscheinungsformen der organisierten Kriminalität. Ein Personenschutz kann aber auch in anderen Verfahren erforderlich sein, um Leib, Leben und Freiheit einzelner Personen zu gewährleisten, um somit auch vollständige und wahrheitsgemäße Aussagen zu erreichen. Ebenso wie bei Nr. 1 genügt eine nach objektiven Maßstäben begründete Befürchtung, dass eine Gefährdung eintreten könnte. Bei dieser Wertung steht dem Tatrichter ein Beurteilungsspielraum zu. Dabei ist zum Schutz der Betroffenen eine großzügige Anwendung notwendig. Es genügt nicht, dass man auch ohne eine vergleichbare Gefahr mit einer Erschwerung der Wahrheitsfindung rechnen muss, zB dass ein Zeuge einfach grundlos erklärt, er wolle nur beim Ausschluss der Öffentlichkeit aussagen, BGH NJW 1981, 2825; Kulhanek NJW 2020, 1185; Metz DRiZ 2020, 256. Dagegen dürfte ausreichen, dass jemand begründet darlegt, er könne durch eine Aussage in einer öffentlichen Verhandlung gesundheitliche Schäden erleiden, zB einen Herzanfall. Offen ist hingegen die Frage, welche Auswirkung Schutzmaßnahmen haben, die auf Anordnungen gemäß § 28 IfSG beruhen. Die infolge der Corona/Covid-19-Pandemie verhängten Ausgangsbeschränkungen berühren unmittelbar die Öffentlichkeit in Gerichtsverhandlungen. Ob diese Beschränkung der Öffentlichkeit auf eine konkrete Gefährdung für Leib und Leben durch die Teilnahme von krankheits- oder ansteckungsverdächtigen Personen an der Verhandlung iSd Nr. 1a gestützt werden kann, erscheint problematisch. Die Regelung der Nr. 1a nimmt grds. die Gefahren in den Blick, die dem Beteiligten – üblicherweise Zeugen – für den Fall seiner wahrheitsgemäßen Aussage von Dritten drohen, Kulhanek NJW 2020, 1185. Unproblematisch dürfte wohl eine Beschränkung dann zu verneinen sein, wenn diese Gefährdung nur durch andere Maßnahmen (zB Händehygiene, Abstandsregelungen) vermieden werden kann, auf der Heiden NJW 2020, 1023. Die Verhandlung über den Ausschluss der Öffentlichkeit sowie eine etwaige Beweisaufnahme nach §§ 355 ff. ZPO werden nach § 174 I fast immer unter Ausschluss der Öffentlichkeit nötig. Wegen der Begründung des Ausschließungsbeschlusses → § 174 Rn. 5 ff.

10 **V. Geschäftsgeheimnis, Nr. 2.** Dieser Ausschluss ist nicht nur nach § 171b sondern nach Nr. 2 auch dann gerechtfertigt, wenn in der öffentlichen Verhandlung bestimmte wichtige Geheimnisse zur Sprache kommen, nämlich ein solches Geschäfts- oder Betriebsgeheimnis nach § 384 Nr. 3 ZPO, Lachmann NJW 1987, 2206, das seinen Schutz nicht durch sein Bekanntwerden in einem beschränkten Personenkreis verliert, zB Kalkulationen, Marktstrategien, Kundenlisten, „Know-how“, Bilanzen, Fabrikationsdaten, technische Berechnungsgrundlagen, BGH NJW-RR 2016, 606; Karlsr NJW-RR 2020, 446; Ffm BeckRS 2019, 39776 (jeweils für den Fall der Prämienanpassung in der privaten Krankenkasse nach § 203 II VVG) oder ein Erfindungsgeheimnis, also die eine auch nicht geschützte Erfindung betreffenden Umstände, an deren Geheimhaltung ein berechtigtes Interesse besteht, oder schließlich ein Steuergeheimnis nach § 30 AO, weil das sonst eine Erörterung der etwa dem Finanzamt bekannt gewordenen Tatsachen in einer öffentlichen Verhandlung verbieten könnte. Der Geheimnisschutz ist von Amts wegen ohne einen etwaigen Antrag zu wahren, BGH NJW-RR 2020, 1386; Drsd BeckRS 2021, 3459; Karlsr BeckRS 2020, 15497 = VersR 2020, 1439; Kissel/Mayer § 174 Rn. 27. Anträge auf Anordnung einer Geheimhaltungspflicht binden das Gericht nicht, MüKoZPO/Pabst § 174 Rn. 14.

11 Durch das am 26.4.2019 in Kraft getretene Gesetz zum Schutz von Geschäftsgeheimnissen (GeschGehG) ist dieser Schutz erweitert und verstärkt worden. Mit diesem Gesetz wurde die Richtlinie (EU) 2016/ 943 umgesetzt, die die Mitgliedsstaaten zu einem zivilrechtlichen Mindestschutz von Geschäftsgeheimnissen verpflichtete. Zur Auslegung der „angemessenen Geheimhaltungsmaßnahmen“ in § 2 Nr. 1 lit. b GeschGehG: Partsch/Rump NJW 2020, 118. Zwar biete die bisherige Regelung in Nr. 2 einige Möglichkeiten, Geschäftsgeheimnisse durch teilweisen Ausschluss der Öffentlichkeit zu schützen; aber das betrifft nicht alle Verfahren. In einem Verfahren, in dem das „Know-how“ eine entscheidende Rolle spielt, lässt sich zwar nach §§ 174 I, 172 (auf Antrag oder von Amts wegen) die Öffentlichkeit ausschließen, dies betrifft aber nicht den Prozessgegner, bei dem es sich häufig um einen Wettbewerber handelt. Das Gericht kann den nach einem Ausschluss nach §§ 174 I, 172 GVG verbliebenen Personen eine über § 353d StGB strafbewehrte Geheimhaltungspflicht auferlegen, Semrau-Brandt GRUR-Prax 2019, 127. Dies schützt aber nur vor Weitergabe des Geheimnisses an Dritte, nicht jedoch davor, dass der anwesende Gegner das „Know-how“ anschließend selber nutzt, Druschel/Jauch BB 2018, 1218; Hauck NJW 2016, 2218. Dem trägt das GeschGehG Rechnung. Das Gericht kann auf Antrag einer Partei nach § 16 GeschGehG streitgegenständliche Informationen als geheimhaltungsbedürftig einstufen mit der Folge, dass u. a. die Parteien zur Vertraulichkeit verpflichtet sind, die auch über den Prozess hinaus gilt; bei einem Verstoß gegen die Vertraulichkeit können Ordnungsmitteln festgesetzt werden. Deshalb wird das Verfahren vor dem staatlichen Gericht teilweise gegenüber dem Schiedsgerichtsverfahren als vorzugswürdig erachtet, Michel/Andjic/Skiebe SchiedsZV 2020, 183; → Rn. 2. Weiter kann die Anzahl der beteiligten Personen beschränkt und die Akten-

einsicht an Dritte eingeschränkt werden. Schließlich kann nach § 19 II Nr. 2 GeschGehG die Öffentlichkeit von der mündlichen Verhandlung ausgeschlossen werden; vgl. hierzu: Dann/Markgraf, Das neue Gesetz zum Schutz von Geschäftsgeheimnissen, NJW 2019, 1774; Brammsen/Apel, Geschäftsgeheimnisgesetz, 2019.

Da die Öffentlichkeit nach Nr. 2 iVm § 174 III 1 dann auszuschließen ist, wenn durch die öffentliche Erörterung von Geschäfts- oder Betriebsgeheimnissen überwiegend schutzwürdige Interessen verletzt würden, haben die Zivilgerichte zu prüfen, ob den Interessen der Geheimhaltung durch Anwendung dieser Vorschriften Rechnung getragen werden kann, BVerfG NVersZ 2000, 132 = VersR 2000, 214; BGH NJW-RR 2016, 606; GRUR 2010, 318; Drsd BeckRS 2021, 884. Das Gericht entscheidet frei nach seinem pflichtgemäßen Ermessen, ob der Ausschluss der Öffentlichkeit notwendig ist. Die Einstufung streitgegenständlicher Informationen als geheimhaltungsbedürftig nach § 16 GeschGehG ist auch in Verfahren zulässig, in denen Ansprüche auf Verstoß gegen § 17 UWG aF gestützt werden, Stgt GRUR-RR 2021, 181. Das Gericht muss zwischen Interesse an der Geheimhaltung und dem Gebot effektiven Rechtsschutzes abwägen, BGH NJW-RR 2020, 1389; NJW-RR 2016, 606; Drsd BeckRS 2021, 884 (jeweils Prämienanpassung von Versicherern); BGH NJW 2009, 502 (Gastarif). Es muss sich dabei an die Erklärungen des Betroffenen halten. Entscheidend bei dieser Interessenabwägung ist es, ob im Zeitpunkt der Beschlussfassung mit der Erörterung geheimhaltungsbedürftiger Umstände zu rechnen ist, BGH NJW-RR 2016, 606. Dem Geheimnisschutz steht es nicht entgegen, dass die Unterlagen oder Informationen bereits einem beschränkten Personenkreis bekannt wurden, Karlsr BeckRS 2020, 15497 = VersR 2020, 1439. Es sollte grds. keinen Beweis darüber erheben. Die Verhandlung und eine etwaige Beweisaufnahme darüber nach §§ 355 ff. ZPO geschehen nach § 174 I regelmäßig nichtöffentlich. § 174 III ist dabei zu berücksichtigen, BGH NJW-RR 2016, 606. Ein Ausschluss der Öffentlichkeit ist nicht nur im Ausnahmefall zulässig, sondern nach § 171b immer dann, wenn man durch die öffentliche Erörterung überwiegende schutzwürdige Interessen des Einzelnen verletzen würde. Die Geheimhaltungsanordnung muss die geheim zu haltenden Tatsachen oder Schriftstücke hinreichend genau bezeichnen, Karlsr NJW-RR 2020, 446. 12

VI. Private Geheimnisse, Nr. 3. Hierzu Stadler FS Prütting, 2018, 559; Völzmann-Stickelbrock FS Prütting, 2018, 585. Die Verletzung von Privatgeheimnissen durch die Angehörigen bestimmter Berufsgruppen ist nach § 203 StGB strafbar. Im gerichtlichen Verfahren müssen aber solche anvertrauten Geheimnisse von Zeugen und Sachverständigen evtl. zur Sprache kommen, nämlich von einem nach §§ 384, 402 ZPO Weigerungsberechtigten nach seiner Entbindung von der Schweigepflicht und von anderen aufgrund der höherrangigen Aussagepflicht. Dann sollte das Gericht das Anvertraute durch den Ausschluss der Öffentlichkeit schützen. 13

Im Gegensatz zu § 174 III hatte das Gericht in den Fällen der Nr. 2 und 3 auch ein Auswahlermessen hinsichtlich der nach Ausschluss der Öffentlichkeit noch im Sitzungssaal verbliebenen und zur Geheimhaltung verpflichteten Personen, BGH NJW-RR 2020, 1389; Kblz VersR 2020, 1067; Schlesw VersR 2020,1033; Düs BeckRS 2019, 45679, da das Interesse des Geheimnisinhabers hier im Vordergrund steht, BGH VersR 2016, 177. Durch die mit Wirkung vom 1.8.2022 vorgenommene Streichung der Beschränkung der Offenbarung nur durch Zeugen oder Sachverständige in Nr. 3 durch Gesetz vom 7.7.2021 (BGBl I 2363) soll für die Entscheidung über den Ausschluss der Öffentlichkeit zum Schutz privater Geheimnisse iSd § 203 StGB das zu schützende private Geheimnis in den Mittelpunkt gestellt und – wie auch in Nr. 2 – jegliche Offenbarung dieses Geheimnisses in der Gerichtsverhandlung ohne Rücksicht auf die offenbarende Person umfasst werden. 14

VII. Person unter 16 Jahren, Nr. 4. Für kindliche Zeugen oder Beteiligte kann ein Auftreten vor zahlreichen Zuhörern eine schwere psychische Belastung darstellen. 15

VIII. Ausschluss der Öffentlichkeit aus anderen Gründen. Regelungen in bes. Gesetzen bleiben unberührt, → Rn. 10 ff. (GeschGehG). Eine Erweiterung des Ausschlusses durch Art. 6 I EMRK ist kein unmittelbar geltendes Recht. Denn § 172 geht als die jüngere abschließende Regelung der EMRK vor, Schumann FS Schwab, 1990, 457. 16

Der Grundsatz der Öffentlichkeit besagt noch nichts zu den Modalitäten, unter denen die Öffentlichkeit zugelassen wird, BVerfG NJW 2001, 1633. Es könnten jedoch auch gesetzlich nicht erfasste unabweisbare Bedürfnisse der Rechtspflege bestehen, die Öffentlichkeit zumindest teilweise auszuschließen. Dies könnte zu Zeiten einer Pandemie der Fall sein, wie es im Jahr 2020 unter der Wirkung der Covid-19-Pandemie erörtert wurde; vgl. auf der Heiden NJW 2020, 1023; Rauscher COVuR 2020, 2; Metz DRiZ 2020, 256; → Rn. 9. Hierzu gehört die Notwendigkeit, durch geeignete vorbeugende Maßnahmen für eine sichere und ungestörte Durchführung der Verhandlung zu sorgen, BVerfG NJW 2012, 1863. Die Maßnahmen müssen jedoch den Zugang zu Gerichtsverhandlungen nur unwesentlich erschweren und für sie muss ein verständlicher Anlass bestehen, BVerfG NJW 2012, 1863. Vor diesem Hintergrund dürften auch Maßnahmen der Gesundheitsbehörden, insbes. bei Festlegung der Höchstteilnehmerzahl und Abstandsgeboten zu berücksichtigen sein, wenn ohne sie eine für die Beteiligten „sichere Verhandlung" nicht durchzuführen ist, auf der Heiden NJW 2020, 1023, denn der Grundsatz der Öffentlichkeit findet im ZPO-Verfahren Beschränkungsmöglichkeiten im Interesse des Funktionierens der Rechtspflege, Gehrlein ZMR 2020, 257; Rauscher COVuR 2020, 2. Die Öffentlichkeit kann jedoch nicht nur bei physischer Zutrittsverhinderung beeinträchtigt sein, sondern auch dadurch, dass ein psychischer Druck entsteht, ein Besuch der Verhandlung könne einen Nachteil für den Teilnehmer nach sich ziehen; Kulhanek NJW 2020, 1183 (1186). 17

IX. Verfahren. Stets steht es im pflichtgemäßen Ermessen des Gerichts, ob es die Öffentlichkeit ausschließt, für welche Teile der Verhandlung und für welche Dauer das geschieht, BVerfG NVwZ 2006, 1041; NJW 2000, 1175; BGH NJW 2009, 502; NJW 1986, 200. Die Ermessensentscheidung des Gerichts ist dabei nur eingeschränkt in höheren Instanzen überprüfbar, MüKoZPO/Pabst § 172 Rn. 45 f.; Diekmann NJW 2021, 605. Das Rechtsbeschwerdegericht kann lediglich überprüfen, ob der Tatrichter sein Ermessen verkannt, dessen Grenzen überschritten oder vom Ermessen nicht dem Zweck der Ermächtigung entsprechenden Gebrauch gemacht hat, BGH NJW-RR 2020, 1389. So kommt es nicht in der Rückschau darauf an, ob geheimhaltungsbedürftige Umstände tatsächlich erörtert worden sind, sondern nur darauf, ob im Zeitpunkt der Beschlussfassung damit zu rechnen war, BGH NJW-RR 2016, 606. Außerdem darf das Revisionsgericht die Ausübung des Ermessens nur auf Fehler nachprüfen, BGH NJW 1986, 200 (zust. Böttcher JR 1986, 216); Düss MDR 1981, 427. Dabei kommt es auf das Gewicht der gefährdeten Interessen an. Daher ist ein Ausschluss bei Nr. 1, 1a, 2, 4 fast immer notwendig. Aber niemand hat einen absoluten Anspruch auf den Ausschluss, auch nicht nach Art. 6 EMRK. Wegen der Bedeutung der Öffentlichkeit für die Rechtspflege ist der Grundsatz der Verhältnismäßigkeit zu berücksichtigen. Deshalb darf dann kein Ausschluss erfolgen, wenn eine Maßnahme nach § 175 I genügt. Das 18

Gericht muss insbesondere die Dauer des Ausschlusses sorgfältig prüfen. Häufig genügt ein Ausschluss für einen Teil der Verhandlung. Beim Wegfall des Grundes muss das Gericht den Ausschluss aufheben.

19 Stets ist nach § 174 eine Verhandlung über den Ausschluss nötig. Allen Verfahrensbeteiligten ist zuvor rechtliches Gehör zu gewähren, also Gelegenheit zu geben, zur Frage der Ausschließung der Öffentlichkeit Stellung zu nehmen, BGH NJW-RR 2016, 606. Den Ausschluss anregen kann jeder Beteiligte, auch ein Zeuge. Er darf sich dabei des Beistands eines Anwalts bedienen, BVerfG NJW 1975, 103. Die Entscheidung ergeht durch einen Beschluss nach § 174, nicht durch eine Verfügung des Vorsitzenden. Der Ausschluss endet mit der Aufhebung des Beschlusses oder mit dem Abschluss des Teils der Verhandlung, für den er erfolgt war, BGH StrVert 1991, 199. Der Ausschluss für die ganze Verhandlung endet nach § 173 I von selbst vor der Urteilsverkündung, ohne dass dazu ein Beschluss erforderlich ist, wenn nicht ein Beschluss nach § 173 II ergeht.

20 **X. Wirkung des Ausschlusses.** Die in → § 170 Rn. 4 ff. genannten Personen dürfen an der Verhandlung teilnehmen. Andere Personen dürfen nur nach § 175 II einen Zutritt erhalten. Das Gericht muss eine Video-Verhandlung nach § 128a ZPO abbrechen. Geheimhaltungspflicht bei Ausschluss: § 174 II, III. Zu der Frage, ob ein Verstoß gegen Anordnungen nach § 172 als Hausfriedensbruch gilt, Oldb DRiZ 1981, 192.

21 **XI. Rechtsmittel.** Gegen einen die Anordnung der Geheimhaltung nach § 174 III ablehnenden Beschluss ist grds. kein Rechtsbehelf gegeben, BGH BeckRS 2020, 3629. Die sofortige Beschwerde gegen das Absehen von der Anordnung der Geheimhaltungsverpflichtung ist nicht nach § 567 I Nr. 1 ZPO statthaft, weil das Gesetz keine Vorschrift zur Anfechtbarkeit eines solchen Beschlusses vorsieht, BGH NJW-RR 2020, 1386. Auch nach § 567 I Nr. 2 ZPO ist ein solcher Beschluss nicht anfechtbar, da die Entscheidung ohne die Notwendigkeit eines Antrags von Amts wegen ergehen kann, BGH NJW-RR 2020, 1386; NJOZ 2017, 1055; GRUR 2014, 705. Der Beschluss über den Ausschluss ist unanfechtbar. Eine auf eine Verletzung von § 169 gestützte Revision nach § 547 Nr. 5 ZPO setzt voraus, dass der Verfahrensfehler einen Einfluss auf die Endentscheidung haben könnte, BGH NJW-RR 2016, 606; NJW 1996, 138.

173 *[Urteilsverkündung].* **I Die Verkündung des Urteils sowie der Endentscheidung in Ehesachen und Familienstreitsachen erfolgt in jedem Falle öffentlich.**

II Durch einen besonderen Beschluß des Gerichts kann unter den Voraussetzungen der §§ 171b und 172 auch für die Verkündung der Entscheidungsgründe oder eines Teiles davon die Öffentlichkeit ausgeschlossen werden.

1 **I. Systematik, Regelungszweck.** Zunächst → Vor § 169 Rn. 1, 2. Die Urteilsverkündung nach §§ 310, 311 ZPO und einer Endentscheidung nach §§ 112, 121 FamFG ist zwar nicht der gedankliche, wohl aber der äußere Höhepunkt des ganzen Verfahrens. An dieser Stelle sollen alle Rücksichten auf die sonst beachtlichen Aspekte einer Nichtöffentlichkeit zurückstehen. Dabei lässt II erkennen, dass an sich sogar auch die Entscheidungsbegründung nach § 313 III ZPO eine öffentliche Verkündung erfordert. Daher muss man die Voraussetzungen eines diesbezüglichen Ausschlusses der Öffentlichkeit ziemlich streng prüfen.

2 **II. Geltungsbereich.** § 173 gilt in der Arbeitsgerichtsbarkeit entsprechend, § 52 S. 4 ArbGG. Die Verkündung eines Urteils auch im arbeitsgerichtlichen Verfahren hat immer in öffentlicher Sitzung nach § 60 ArbGG, § 311 II 1 ZPO, § 173 I GVG zu ergehen, BAG NZA 2021, 74 = NJW 2021, 187 Rn. 9 mwN; → Rn. 3.

3 **III. Verkündung.** Das Gericht muss sein Urteil ausnahmslos öffentlich verkünden, auch einen Beschluss nach §§ 112, 121 FamFG dann, wenn es sich dabei ebenfalls um eine Endentscheidung handelt, Celle NJW 2014, 3458, nicht aber einen Beschluss nach § 329 ZPO. Das Sitzungsprotokoll muss nach § 160 I Nr. 5 ZPO die Wiederherstellung der Öffentlichkeit ergeben. Eine Unklarheit beseitigt aber die Wirksamkeit nicht, Celle NJW 2014, 3458. Eine Verhandlung muss tatsächlich stattgefunden haben, unabhängig davon, ob mit oder ohne einen Gerichtsbeschluss. Ein Verzicht ist unzulässig, ein Verstoß ebenso jedenfalls im isolierten Verkündungstermin nach § 310 II ZPO. Er ist jedoch kein unbedingter Revisionsgrund nach § 547 Nr. 5 ZPO. Zulässig ist die Nachholung einer ordnungsmäßigen Verkündung. Der besondere Beschluss nach II darf nur aufgrund einer erneuten Verhandlung über die Ausschließung ergehen. Findet sich im Protokoll kein Hinweis auf die Verkündung des Urteils, steht in Folge der Beweiskraft des Protokolls nach §§ 165, 160 II ZPO ein Verstoß gegen das Erfordernis der Urteilsverkündung in öffentlicher Sitzung fest, BGH NJW 2012, 2354; BAG NZA 2021, 892 Rn. 21; NZA 2021, 74 Rn. 10 = NJW 2021, 187. Er ist aus allen in den §§ 171b und 172 genannten Ausschließungsgründen zulässig. Seine Verbindung mit dem erstmaligen Beschluss ist unstatthaft. Eine Video-Verhandlung nach § 128a ZPO darf nach → § 171b Rn. 10 nicht fortlaufen.

174 *[Verhandlung über Ausschließung der Öffentlichkeit].* **I [1]Über die Ausschließung der Öffentlichkeit ist in nicht öffentlicher Sitzung zu verhandeln, wenn ein Beteiligter es beantragt oder das Gericht es für angemessen erachtet. [2]Der Beschluß, der die Öffentlichkeit ausschließt, muß öffentlich verkündet werden; er kann in nicht öffentlicher Sitzung verkündet werden, wenn zu befürchten ist, daß seine öffentliche Verkündung eine erhebliche Störung der Ordnung in der Sitzung zur Folge haben würde. [3]Bei der Verkündung ist in den Fällen der §§ 171b, 172 und 173 anzugeben, aus welchem Grund die Öffentlichkeit ausgeschlossen worden ist.**

II Soweit die Öffentlichkeit wegen Gefährdung der Staatssicherheit ausgeschlossen wird, dürfen Presse, Rundfunk und Fernsehen keine Berichte über die Verhandlung und den Inhalt eines die Sache betreffenden amtlichen Schriftstücks veröffentlichen.

III [1]Ist die Öffentlichkeit wegen Gefährdung der Staatssicherheit oder aus den in §§ 171b und 172 Nr. 2 und 3 bezeichneten Gründen ausgeschlossen, so kann das Gericht den anwesenden Personen die Geheimhaltung von Tatsachen, die durch die Verhandlung oder durch ein die Sache betreffendes amtliches Schriftstück zu ihrer Kenntnis gelangen, zur Pflicht machen. [2]Der Beschluß ist in das Sitzungsprotokoll aufzunehmen. [3]Er ist anfechtbar. [4]Die Beschwerde hat keine aufschiebende Wirkung.

I. Systematik, Regelungszweck. Zunächst → Vor § 169 Rn. 1, 2. § 174 zieht aus den vorangegangenen Bestimmungen die verfahrensmäßig notwendigen Folgerungen. 1

II. Geltungsbereich. § 174 gilt in der Arbeitsgerichtsbarkeit entsprechend, § 52 S. 4 ArbGG. 2

III. Verhandlung, I 1. Über die Ausschließung der Öffentlichkeit muss das Gericht verhandeln lassen. Der Geheimnisschutz ist von Amts wegen ohne einen etwaigen Antrag zu wahren, BGH NJW-RR 2020, 1386 und 1389; NJW-RR 2016, 606; Drsd BeckRS 2021, 3459; Karlsr BeckRS 2020, 15497 = VersR 2020, 1439; Kissel/Mayer § 174 Rn. 27. Anträge auf Anordnung einer Geheimhaltungspflicht binden das Gericht nicht, MüKoZPO/Pabst § 174 Rn. 14. Weil der Geheimnisschutz von Amts wegen zu berücksichtigen ist, ist ein Vortrag der Partei, welcher genaue Nachteil ihr konkret erwachsen würde, nicht geboten, Drsd BeckRS 2021, 3559. Allen Verfahrensbeteiligten ist zuvor rechtliches Gehör zu gewähren, also Gelegenheit zu geben, zur Frage der Ausschließung der Öffentlichkeit Stellung zu nehmen, BGH NJW-RR 2016, 606; Kissel/Mayer Rn. 4. Dabei können sich auch Zeugen nach § 373 ZPO des Beistands eines Anwalts wie eine Partei nach § 90 ZPO bedienen, BVerfG NJW 1975, 103 (StPO). Die Nichtanhörung der Prozessbeteiligten oder eines betroffenen Zeugen ist aber kein unbedingter Revisionsgrund nach § 547 ZPO. Die Verhandlung über die Frage der Ausschließung der Öffentlichkeit muss dann nichtöffentlich sein, wenn auch nur ein Beteiligter es beantragt, zB ein Zeuge, BGH NJW 2015, 1464 (StPO), oder wenn es das Gericht nach seinem freien pflichtgemäßen, nicht nachprüfbaren Ermessen für richtig hält. Das Gericht muss dann auch eine Video-Verhandlung nach § 128a ZPO abbrechen, → § 171b Rn. 10. Bei einer erneuten Vernehmung eines Zeugen während derselben Verhandlung muss das Gericht über den Ausschluss der Öffentlichkeit erneut verhandeln und beschließen. 3

IV. Entscheidung, I 2. Das Gericht muss seinen Beschluss nach I 2 Hs. 1 öffentlich verkünden, und zwar auch dann, wenn es die Öffentlichkeit nach einem zunächst nur vorübergehenden Ausschluss zur Verhandlung über die generelle Ausschließung der Öffentlichkeit weiterhin ausschließt, BGH NJW 1980, 2088; Drsd BeckRS 2021, 884. Ausnahmsweise findet nach I 2 Hs. 2 dann keine öffentliche Verkündung statt, wenn das Gericht befürchten muss, dass die Verkündung eine erhebliche Störung der Ordnung in der Sitzung (nicht in sonstiger Hinsicht) zur Folge haben würde. 4

V. Ausschließungsbegründung, I 3. In dem Beschluss muss das Gericht den Grund der Ausschließung ausreichend bestimmt angeben, BGH NJW 1999, 3060; BVerwG NJW 1983, 2155. Es muss diese Begründung nach § 160 III Nr. 7 protokollieren. Sonst ist die Einhaltung der Form nicht nachweisbar, BVerwG NJW 1983, 2155. Grundsätzlich gilt das auch dann, wenn der Ausschlussgrund für Beteiligte und Zuhörer auf der Hand liegt, BGH NJW 1999, 3060. Jedoch kann unter besonderen Umständen dann ausnahmsweise eine Begründung entbehrlich sein, BGH NJW 1999, 3060 (krit. Gössel NStZ 2000, 181). Zur Begründung genügt bei § 172 Nr. 1a der Hinweis auf diese Vorschrift, BGH NJW 1995, 3195, ebenso bei § 172 Nr. 4. Bei einem Ausschluss nach § 171b oder § 172 reicht die Wiedergabe des Wortlauts der Vorschrift, evtl. sogar die Angabe der Gesetzesstelle, BGH NJW 1986, 200, wenn sie nicht mehrere Alternativen aufweist, BGH NStZ 1988, 20, zB § 172 Nr. 1, 2, Böttcher JR 1986, 216. Es genügt dann auch, dass der Ausschließungsgrund durch einen Hinweis im Beschluss auf den Verfahrensabschnitt zweifelsfrei erkennbar ist, BGH NStZ 1999, 92. Die den Grund unzweifelhaft klarstellende ausdrückliche Bezugnahme auf einen in derselben Verhandlung vorangegangenen Beschluss reicht aus, BGH NJW 1982, 948. Die Zurückweisung eines Antrags auf die Wiederherstellung der Öffentlichkeit bedarf nicht der Form des I 3. Natürlich darf die Begründung nicht tatsächlich zur Bloßlegung gerade desjenigen führen, das eben nicht in die Öffentlichkeit gehört. 5

Das Fehlen der erforderlichen Gründe ist ein unheilbarer Verfahrensverstoß, aM Miebach DRiZ 1977, 271. Er kann zur Zurückverweisung nach § 538 II 1 Nr. 1 ZPO führen. 6

Der Beschluss ist nicht nur bei § 171b unanfechtbar, auch für einen davon betroffenen Zeugen nach § 373 ZPO. Gegen einen die Anordnung der Geheimhaltung nach III ablehnenden Beschluss ist generell kein Rechtsmittel gegeben; die allein in Betracht kommende sofortige Beschwerde ist weder nach § 567 I Nr. 1 noch nach Nr. 2 ZPO eröffnet, BGH NJW-RR 2020, 1386 Rn. 10f. mwN. Das gilt auch, wenn erst das Beschwerdegericht die in erster Instanz getroffene Anordnung aufhebt, selbst wenn es die Rechtsbeschwerde zugelassen hat, BGH NJW-RR 2020, 1386 Rn. 22; NJW-RR 2010, 1318 Rn. 10; VersR 2003, 1007. 7

Außerhalb des Bereichs des § 171b ist ein fehlerhafter Ausschluss der Öffentlichkeit ein unbedingter Revisionsgrund nach § 547 Nr. 5 ZPO. Er rechtfertigt eine fehlerhafte Zulassung der Öffentlichkeit eine Verfahrensrüge dann, wenn das Urteil darauf beruht. Eine solche Entscheidung ist stets als auf einer Verletzung des Rechts beruhend anzusehen, wenn sie aufgrund einer mündlichen Verhandlung ergangen ist, bei der die Vorschriften über die Öffentlichkeit des Verfahrens verletzt sind, BGH NJW-RR 2016, 606. Der Beteiligte, dessen Verfahren der Verstoß nicht berührt, darf sich aber nicht darauf berufen, BVerwG Rpfleger 1983, 117. 8

VI. Veröffentlichungsverbot, II. Bei einer Ausschließung wegen einer Gefährdung der Staatssicherheit nach § 172 Nr. 1 besteht für die Massenmedien ein absolutes Verbot, Berichte über die Verhandlung und den Inhalt eines die Sache betreffenden amtlichen Dokuments zu veröffentlichen. Eine darüberhinausgehende Geheimhaltungspflicht besteht nur nach III. Der Verstoß ist nach § 353d Nr. 1 StGB strafbar. 9

VII. Geheimhaltungspflicht, III. Die Anordnung des Gerichts zur Geheimhaltung setzt nach dem Wortlaut des III und dem Regelungszusammenhang voraus, dass diese in der mündlichen Verhandlung erfolgt und zuvor die Öffentlichkeit ausgeschlossen wurde, BGH NJW-RR 2016, 606; Köln BeckRS 2019, 18085; Düss BeckRS 2019, 45679. Der Wortlaut des III spricht von „anwesenden Personen" und hat damit alle – nach Ausschluss der Öffentlichkeit – noch im Sitzungssaal verbliebenen Personen im Blick, Drsd BeckRS 2021, 3459; Köln BeckRS 2019, 18085. Das Gericht kann die Geheimhaltungspflicht den anwesenden Personen auferlegen, auch Parteien, Beteiligten und Anwälten, Leppin GRUR 1984, 697, ebenso Sachverständigen oder Zeugen, BGH NJW 2015, 1464. Nach Rspr. und hM im Schrifttum darf die Verpflichtung aber nicht auf einzelne Personen beschränkt werden, BGH NJW-RR 2020, 1389 (Überblick über den Meinungsstand); Köln BeckRS 2019, 18072 = VersR 2020, 353; Ffm BeckRS 2019, 39776 (jeweils Kläger und seinen ProzBev.); MüKoZPO/Pabst Rn. 14; Kissel/Mayer Rn. 23. Dies folgt schon aus dem oben zitierten Wortlaut, BGH NJW-RR 2020, 1389.Die Geheimhaltungsanordnung kann auch nicht auf in der mündlichen Verhandlung nicht anwesende Personen erstreckt werden, Drsd BeckRS 2021, 3459; Karlsr VersR 2020, 1439. Die teilweise in der Literatur vertretene Ansicht, aufgrund einer analogen Anwendung sei diese Anordnung auch auf die im Termin nicht anwesende Partei zu 10 erstrecken, so Lütke MMR 2019, 157, dürfte über den insoweit eindeutigen Wortlaut des II hinausgehen und auch gegen das strafrechtliche Analogieverbot verstoßen, Drsd BeckRS 2021, 3459; MüKoZPO/Pabst Rn. 14; Kissel/Mayer Rn. 23. Das gilt bei einer Ausschließung der Öffentlichkeit wegen einer Gefährdung der Staatssicherheit nach § 172 Nr. 1 oder wegen der Gefährdung der Privatsphäre oder eines privaten Geheimnisses nach §§ 171b und 172 Nr. 2, 3, BGH NJW-RR 2016, 606; Lachmann NJW 1987, 2208; Stadler FS Prütting, 2018, 559; Stürner JZ 1985, 453. Geheimnis ist eine Tatsache, die nur einem beschränkten Personenkreis bekannt ist, an deren Geheimhaltung der Betroffene interessiert ist und die er geheim halten will. Die Anordnung der Geheimhaltung muss die geheim zu haltenden Tatsachen oder Schriftstücke hinreichend genau bezeichnen, Karlsr NJW-RR 2020, 446. Eine Geheimhaltungsanordnung nach III erstreckt sich nicht auf die im Verhandlungstermin nicht anwesende Partei. Dem im Verhandlungstermin anwesenden ProzBev. ist es aufgrund der Anordnung untersagt, seinen Mandanten über das geheim zu haltende Schriftstück zu informieren; diesem hätte es frei gestanden, persönlich am Verhandlungstermin teilzunehmen, Karlsr NJW 2020, 446. Die Verpflichtung zur Geheimhaltung darf sich aber nicht auf einzelne anwesende Parteien erstrecken; die Vorschrift des III spricht von „den anwesenden Personen" und hat damit alle nach Ausschluss der Öffentlichkeit verbliebenen Personen im Blick, Ffm BeckRS 2019, 39776; Kissel/Mayer § 174 Rn. 23; Lukas GRUR 1984, 697.

11 Der wohl wichtigste Anwendungsfall liegt in den Streitigkeiten zwischen Wettbewerbern in UWG-, Patent- oder Urheberstreitverfahren. Ist der Wettbewerber der Gegner im Rechtsstreit, nützt der Ausschluss der Öffentlichkeit nur begrenzt, da es gerade der Verfahrensgegner ist, der die Geschäftsgeheimnisse oder das „Know-how" erfährt und nutzen kann, Semrau-Brandt GRUR-Prax 2019. 127; Druschel/Jauch BB 2018, 1218; Hauck NJW 2016, 2218, vgl. aber hierzu GeschGehG, → § 172 Rn. 10 ff. Es gilt nicht bei einer Ausschließung wegen einer Gefährdung der öffentlichen Ordnung oder der Sittlichkeit nach § 172 Nr. 1 oder wegen der Vernehmung einer Person unter 16 Jahren nach § 172 Nr. 4. Es gilt ferner nicht wegen der Gefährdung einer Person nach § 172 Nr. 1a. Das ist wegen des Schutzzwecks schwer verständlich. Zu den Anforderungen an einen wirksamen Zeugenschutz nach künftigem Recht Steinke ZRP 1993, 253. Das Gericht muss über die Auferlegung der Geheimhaltungspflicht nach seinem pflichtgemäßen Ermessen unter einer Abwägung aller in Betracht kommenden Interessen entscheiden. Der Verpflichtungsbeschluss gehört nach § 160 III Nr. 6 ZPO in das Sitzungsprotokoll.

12 **VIII. Rechtsbehelf.** Ein Beschluss, mit dem die Öffentlichkeit nach I ausgeschlossen wird, ist nicht gesondert anfechtbar, denn in III 3 wird nur die Anfechtbarkeit der in III 1,2 genannten Beschlüsse angeordnet, Mü BeckRS 2010, 16771; Kissel/Mayer Rn. 30. Gegen einen solchen Beschluss ist nach III 3 die Beschwerde zulässig, jedoch nur nach den allgemeinen Regeln, BGH BeckRS 2019, 34565. In Zivilsachen handelt es sich um eine nach § 569 ZPO fristgebundene sofortige Beschwerde, Mü BeckRS 2010, 16771, die auch in den Fällen des § 171b statthaft ist, sofern sie sich auf die Verletzung des § 174 stützt, → § 171b Rn. 9. Beschwerdeberechtigt sind die, die von dem Geheimhaltungsgebot betroffen sind. Nach §§ 567 I Nr. 1, 569 ZPO iVm § 174 III 3 findet eine sofortige Beschwerde nur gegen erstinstanzliche Entscheidungen statt, BGH NJW-RR 2020, 1386; Drsd BeckRS 2021, 3459;

13 Gegen einen Beschluss, von der Anordnung einer Geheimhaltungsverpflichtung abzusehen, ist eine sofortige Beschwerde nicht nach §§ 567 I Nr. 1 statthaft, weil das Gesetz keine Vorschriften zur Anfechtbarkeit eines solchen Beschlusses vorsieht, BGH NJW-RR 2020, 1386 Rn. 10; Drsd BeckRS 2021, 3459. Insbesondere bestimmt III 3 nur die Statthaftigkeit der (sofortigen) Beschwerde gegen einen die Geheimhaltungsverpflichtung anordnenden Beschluss, Drsd BeckRS 2021, 3459; Ffm BeckRS 2019, 39776; Kissel/Mayer Rn. 30. Ergeht ein Geheimhaltungsbeschluss, hindert er die Mitteilung der Tatsachen an alle Nichtanwesenden, auch gegenüber den am Rechtsstreit Beteiligten; so ist dem ProzBev. einer nichtanwesenden Partei deren Unterrichtung über geheimhaltungspflichtige Umstände nach einem solchen Beschluss verboten, Drsd BeckRS 2021, 3459; → Rn. 10. Hierdurch wird die nicht anwesende Partei auch nicht in ihrem durch Art. 103 GG gewährleisteten Anspruch auf rechtliches Gehör verletzt, Drsd BeckRS 2021, 3459, da die Garantie des rechtlichen Gehörs die Gerichte lediglich verpflichtet, die Ausführungen der Prozessbeteiligten zur Kenntnis zu nehmen und in Erwägung zu ziehen, BVerfG NJW-RR 2018, 694; NJW 2012, 2262; → Einl II Rn. 22 ff. Der Verstoß gegen die Geheimhaltungspflicht ist nach § 353d Nr. 2 StGB strafbar.

175 *[Beschränkung des Zutritts].* **I Der Zutritt zu öffentlichen Verhandlungen kann unerwachsenen und solchen Personen versagt werden, die in einer der Würde des Gerichts nicht entsprechenden Weise erscheinen.**

II 1Zu nicht öffentlichen Verhandlungen kann der Zutritt einzelnen Personen vom Gericht gestattet werden. 2In Strafsachen soll dem Verletzten der Zutritt gestattet werden. 3Einer Anhörung der Beteiligten bedarf es nicht.

III Die Ausschließung der Öffentlichkeit steht der Anwesenheit der die Dienstaufsicht führenden Beamten der Justizverwaltung bei den Verhandlungen vor dem erkennenden Gericht nicht entgegen.

1 **I. Systematik, Regelungszweck.** Zunächst → Vor § 169 Rn. 1, 2. § 175 betrifft nur die Wahrung der Öffentlichkeit. Eine Zurückweisung der Parteien lässt er nicht zu. Für sie gelten § 177 GVG, § 158 ZPO oder Ordnungsmittel nach § 178.

2 **II. Geltungsbereich.** § 175 gilt in der Arbeitsgerichtsbarkeit entsprechend nach § 52 S. 4 ArbGG.

3 **III. Verwehrung des Zutritts, I.** Der Vorsitzende darf nach seinem pflichtgemäßen, nicht nachprüfbaren Ermessen unerwachsenen oder unangemessen auftretenden Personen den Zutritt verwehren. Dafür, dass jemand unerwachsen ist, bietet der äußere Eindruck einen Anhalt. Das Gericht muss dann das Alter klären. Alle 18 Jahre alten Personen sind erwachsen. Der Würde des Gerichts widerspricht zB die Anwesenheit Betrunkener, schmutzig Gekleideter oder Verwahrloster.

4 **IV. Gestattung des Zutritts, II.** Das Gericht und nicht schon der Vorsitzende kann einzelnen Personen nach seinem pflichtgemäßen Ermessen durch einen Beschluss den Zutritt zu einer nichtöffentlichen Verhandlung gestatten. Das kann auch stillschweigend geschehen, zB gegenüber wartenden Anwälten.

V. Recht des Zutritts, III. Dienstaufsichtspersonen haben den unbedingten Zutritt zu allen nichtöffentlichen Verhandlungen (nicht Beratungen nach §§ 192 ff.), auch zu denjenigen, die kraft Gesetzes nichtöffentlich sind. 5

VI. Rechtsbehelf. Gegen Maßnahmen des Vorsitzenden oder des Gerichts gibt es nach → § 172 Rn. 3, → § 176 Rn. 14 kein Rechtsmittel. 6

176 *[Sitzungspolizei].* **I Die Aufrechterhaltung der Ordnung in der Sitzung obliegt dem Vorsitzenden.**

II 1An der Verhandlung beteiligte Personen dürfen ihr Gesicht während der Sitzung weder ganz noch teilweise verhüllen. 2Der Vorsitzende kann Ausnahmen gestatten, wenn und soweit die Kenntlichmachung des Gesichts weder zur Identitätsfeststellung noch zur Beweiswürdigung notwendig ist.

Schrifttum: Greiser/Artkämper, Die „gestörte" Hauptverhandlung, 2. Aufl. 1997; Kramer, Die Zurückweisung von Rechtsanwälten und deren zwangsweise Entfernung aus dem Sitzungssaal, Diss. 2000; Roth, Das Hausrecht in Justizgebäuden zwischen Privatrecht, Rechtspflegetätigkeit und Gerichtsverwaltung, FS Schilken, 2015, 415.

I. Systematik, Regelungszweck. Zunächst → Vor § 169 Rn. 1, 2. § 176 ist verfassungsgemäß, BVerfG NJW-RR 2007, 1053 (Ausschluss von Bildberichterstattung); NJW 2001, 1633. Die Vorschrift dient der Sicherung der äußeren Ordnung des Verhandlungsverlaufes, um eine sachliche und ernsthafte Atmosphäre zu schaffen, die für die Erörterung des Streitgegenstandes erforderlich ist, BVerfG NJW 1979, 1400. Der Vorsitzende hat zur Aufrechterhaltung der Ordnung alle erforderlichen Maßnahmen nach pflichtgemäßem Ermessen zu treffen, wobei er aber zunächst prüfen muss, ob eine Beeinträchtigung der Ordnung im Sitzungstermin überhaupt durch das Verhalten eines Beteiligten vorliegt oder zu besorgen ist, BVerfG NJW 2007, 56. Die „sportliche" Art des Umgangs weiter Bevölkerungsteile mit einem lästigen Gesetz spiegelt sich häufig auch im Auftreten vor Gericht. Das Gesetz überlässt es dem Fingerspitzengefühl und dem Mut des Vorsitzenden, wie viel er hinnimmt. 1

II ist durch das Gesetz zur Modernisierung des Strafverfahrens vom 10.12.2019 (BGBl. I 2121) eingefügt worden. Diese Vorschrift dient in erster Linie der Identitätsfeststellung der am Verfahren Beteiligten und der Beweiswürdigung; darüber hinaus bezweckt sie aber auch – wie I – der Wahrung der Funktionsfähigkeit der Rechtspflege und der Aufrechterhaltung der Ordnung des Sitzungsverlaufs. 2

II. Geltungsbereich. Die Vorschrift betrifft alle Gerichtszweige. § 176 gilt entsprechend in der Arbeitsgerichtsbarkeit nach § 9 II ArbGG. 3

III. Sitzung. Sitzung bedeutet hier eine beliebige Verhandlung an einem beliebigen Ort, also auch die Ortsbesichtigung. Die Sitzung beginnt mit der Bereitschaft des Gerichts zur amtlichen Tätigkeit. Das gilt auch ohne einen besonderen Aufruf. Sie endet mit ihrer Aufhebung durch den Vorsitzenden, BVerfG NJW 1996, 310; Hmb NJW 1999, 2607. Zur Sitzung gehören auch die Beratung und eine Pause, falls das Gericht versammelt bleibt, wenn auch im Beratungszimmer. Bei einer Video-Verhandlung nach § 128a ZPO, muss der Vorsitzende sitzungspolizeiliche Maßnahmen auch gegenüber den zugeschalteten Personen treffen, Schultzky NJW 2003, 316. Zwangsmaßnahmen scheiden aus, soweit es sich um private Übertragungsräume handelt und dort kein Justizbeamter anwesend ist, Schultzky NJW 2003, 316. Ihn kann der Vorsitzende aber anfordern. 4

IV. Ordnungsgewalt des Vorsitzenden, I. „Vorsitzender" ist auch der Einzelrichter nach §§ 348, 348a, 526, 527, 568 ZPO, ebenso der nach §§ 361, 362 ZPO ersuchte oder beauftragte Richter und im Rahmen seiner Befugnisse nach § 4 RPflG der eine Verhandlung leitende Rpfl., Köln DRpflZ 1990, 6. Nur der Vorsitzende übt in der Sitzung die Ordnungsgewalt aus, BVerfG NJW-RR 2007, 1053; BGH NJW 1998, 1420. Andere, wie Anwälte, können nur Anregungen geben. Der Vorsitzende handelt nach seinem pflichtgemäßen Ermessen, BVerfG NJW 2008, 977. Eine Entscheidung des Kollegiums ist ebenfalls wirksam, Karlsr NJW 1977, 309. Wer nicht für Ordnung sorgt, schädigt das Ansehen der Rechtspflege. Wird die unbeeinflusste Wahrheitsfindung beeinträchtigt, muss der Vorsitzende eingreifen, Zweibr DRiZ 1988, 21 (krit. zum Einzelfall Rudolph DRiZ 1988, 155). Die Ordnungsgewalt erstreckt sich räumlich auf den Sitzungsraum, auf dessen Zugänge und auf die angrenzenden Räume, von denen Störungen ausgehen können, zB den Flur, BGH NJW 1998, 1420; Stgt Just 1993, 147; aM Kissel/Mayer Rn. 10. Die Ordnung besteht in der Sicherung des ungestörten und würdigen Verlaufs der Sitzung, BVerfG NJW 2007, 57. Dazu gehört auch der Schutz der Verfahrensbeteiligten nach → Rn. 4, insbesondere der Zeugen nach §§ 373 ff. ZPO, BGH NJW 1998, 1420. 5

Ob sie gestört ist, entscheidet der Vorsitzende. Er sollte dabei sowohl eine übergroße Empfindlichkeit als auch jede Laxheit vermeiden. Zu weit geht Karlsr NJW 1977, 311 (Maßnahme gegen einen an der Verhandlung nicht beteiligten Staatsanwalt wegen seiner Kleidung), zutreffend Schneider JurBüro 1977, 770. Die Ordnungsgewalt des Vorsitzenden dauert nach → Rn. 8 bis zum tatsächlichen Ende der Verhandlung, also nach ihrer förmlichen Schließung nach § 136 IV ZPO bis zum Verlassen des Sitzungssaales und der angrenzenden Räume, zB des Flurs durch alle Verhandlungsbeteiligten. 6

Nichts mit der Ordnungsgewalt des Vorsitzenden zu tun haben Maßnahmen der Verwaltung aufgrund ihres Hausrechts. Zu ihrer Zulässigkeit BVerfG NJW-RR 2007, 1053; BVerwG NJW 2011, 2530; Roth FS Schilken, 2015, 424; aM VGH Mü BayVBl. 1980, 723 (mit Recht krit. Gerhardt BayVBl. 1980, 724). Das Hausrecht tritt aber hinter die Ordnungsgewalt des Vorsitzenden zurück, BGH NJW 1982, 947; Celle DRiZ 1979, 376; Roth FS Schilken, 2015, 424. Daher kann der Hausrechtsinhaber grundsätzlich nur außerhalb dieses Bereichs eingreifen. Eine Notlage mag ihm das Vorrecht geben, etwa ein Feuer im Haus. 7

V. Umfang der Ordnungsgewalt, I. Die sitzungspolizeiliche Regelung des I berechtigt im Wege einer Generalklausel zu sämtlichen geeigneten, erforderlichen und verhältnismäßigen Anordnungen zur Sicherung der Durchführung und Durchführbarkeit der Gerichtsverhandlung, BVerfG NJW 2008, 977; NJW-RR 2007, 1053; BGH NJW 1998, 1420 (StPO). Der Ordnungsgewalt des Vorsitzenden unterliegen alle anwesenden Personen: Parteien, Beteiligte, Zeugen, Sachverständige, Anwälte, BVerfG NJW 2006, 1500; LAG Hamm AnwBl 2008, 883 (ArbGG), auch Richter, LG Dortm NJW 2007, 3013; aM LG Bielef NJW 2007, 3014 (zum religiösen Kopftuch, dazu Bader NJW 2007, 2964), Staatsanwalt, Protokollführer, Zuhörer, Fotografen, BVerfG NJW 2014, 3013. Sie erstreckt sich auf alle Räumlichkeiten, in denen oder von denen aus Störungen erfolgen können, 8

BVerfG NJW 1996, 310; aM Kissel/Mayer Rn. 10. Das übrige Kollegium entscheidet nicht mit. Es ist zwischen § 176 und § 177 zu unterscheiden. Jedoch kann das Verhalten eines Störers unter beide Vorschriften fallen. Welche Mittel der Vorsitzende gebraucht, steht nach → Rn. 5 in seinem pflichtgemäßen Ermessen. Eine Pflicht zum Handeln zum Schutz von Personen besteht nur dann, wenn konkrete Anhaltspunkte für eine Gewalttat bestehen, Köln NJW-RR 1998, 1141. Jedes zur Erreichung des Zwecks geeignete Mittel steht ihm zu Gebot, soweit nicht §§ 177 ff. den ganzen Spruchkörper zuständig macht, BVerfG NJW 1998, 297. Besonnenheit und Klugheit müssen dem Vorsitzenden nach → Rn. 1 das Maß des Nötigen zeigen. Oft hilft schon eine Unterbrechung der Sitzung.

VI. Beispiele zur Frage der Zulässigkeit einer Maßnahme

9 **Atemschutzmaske:** Zulässig ist die Aufforderung an einen Verfahrensbeteiligten, eine Atemschutzmaske abzunehmen, die dieser wegen einer Epidemie trägt, soweit dies zur Identitätsfeststellung oder zur Beweisaufnahme erforderlich ist, auf der Heiden NJW 2020, 1023 (am Beispiel der Corona-Pandemie), → Rn. 11 f. Zur Anordnung des Tragens einer Atemschutzmaske → „Infektionsschutz"; → „Mund- Nasenschutz".

Aufforderung zum Weggang: Zulässig ist eine Aufforderung oder Anordnung gegenüber einem Störer, den Saal zu verlassen. Seine zwangsweise Entfernung erfolgt nur nach § 177. Unzulässig ist das Hinausweisen eines Zuhörers, soweit er objektiv derzeit nicht stört. Das gilt auch zugunsten eines Pressevertreters selbst nach erfolgter oder vor zu erwartender kritischer Berichterstattung, BVerfG NJW 1979, 1400.

Berichterstattung: Unzulässig ist ein Zugangsverbot schon wegen kritischer Berichterstattung, BVerfG NJW 1979, 1400.

Bildberichterstattung: Zulässig ist ein Anonymisierungsgebot bei Bildberichterstattung durch „Verpixelung", wenn die zu befürchtenden Nachteile für den Betroffenen überwiegen, BVerfG NJW 2009, 350.

Corona-Testpflicht: Die sitzungspolizeiliche Generalklausel ermächtigt den Vorsitzenden, den Zutritt zum Sitzungssaal vom Nachweis einer negativen Testung auf den Coronavirus SARS-CoV-2 abhängig zu machen. Eine entsprechende Anordnung kann auch gegenüber geimpften Personen verhältnismäßig sein, Celle NStZ-RR 2022, 57 = NJW 2022, 558 (Ls); VGH Mannh NJW 2022, 2865 Rn. 14.

Durchsuchung: Vgl. zunächst → „Vorbeugung". Infrage kommt dann auch eine Durchsuchung von Personen und/oder Sachen, auch in einem dem Sitzungsraum vorgelagerten Raum, BVerfG NJW 1998, 297 (krit. Staff JR 1998, 406); BGH MDR 1979, 589; Hmb MDR 1992, 799.

Entfernung des Störers: → „Aufforderung zum Weggang".

Ermahnung: Zulässig ist eine Ermahnung etwa zur Sachlichkeit, Hamm NJW-RR 1990, 1405.

Fernsehen, Film: → „Fotografie". Auch → § 169 Rn. 10 „Bild- und Tonübertragung".

Fotografie: Zulässig ist ein Fotografieverbot auch gegenüber der Presse während der Verhandlung, BVerfG NJW-RR 2007, 1053; KG NJW-RR 2010, 1418. Dazu zählt auch die Möglichkeit der Beschlagnahme solchen Filmmaterials, BGH NJW 1998, 1420, selbst wenn es zugleich auch ungetrennte andere Teile enthalten sollte. Denn durch sie könnte der Fotograf ein Verbot glatt unterlaufen. Eine Einschränkung vor und nach der Verhandlung braucht nach BVerfG NJW 2014, 3013 eine nachvollziehbare Begründung. Der Vorsitzende darf nicht vor dem Aufruf nach § 220 eine Anwesenheit und Duldung von Aufnahmen anordnen, VerfGH Bln NJW 2018, 848 (StPO). Zum Problem aber auch → § 169 Rn. 13 ff.

Gesichtsverhüllung: siehe den am 13.12.2019 eingefügten II; → Rn. 10 ff.

Handy: → „Kommunikationsmittel".

Infektionsschutz: Sitzungspolizeiliche Anordnungen, die die Sitzordnung sowohl der Verfahrensbeteiligten, als auch der Saalöffentlichkeit betreffen, um die zum Schutz vor Ansteckungen gebotenen Abstände einzuhalten, sind rechtlich unbedenklich, BVerfG BeckRS 2020, 25212 = MDR 2020, 1523; Celle NStZ-RR 2022, 57; Kulhanek NJW 2020, 1183. Auch die Anordnung zum Tragen einer höheren Schutzklasse kann vom Ermessen des Vorsitzenden gedeckt sein, LG Ffm BeckRS 2020, 30205 = AnwBl 2021, 111 (Ls.); → „Mund- Nasenschutz". Auch weitere Infektionsschutzvorkehrungen dürften, soweit sie sachgerecht und nicht willkürlich sind, unproblematisch sein, SächsVerfGH NJW 2020, 1285; Gehrlein ZMR 2020, 257; Kulhanek NJW 2020, 1184; auf der Heiden NJW 2020, 1023; Rauscher COVuR 2020, 2. Die Anordnung, zum Infektionsschutz während einer Pandemie eine Atemschutzmaske zu tragen, stieß anfangs auf erhebliche Bedenken, insbesondere wenn nicht sicher ist, ob der Anwesende krankheits- oder ansteckungsverdächtig iSd IfSG ist, auf der Heiden NJW 2020, 1023 (zu einem Fall am AG Hagen). Nachdem jedoch das Tragen von Masken vom Robert-Koch-Institut empfohlen und durch Verordnungen der meisten Bundesländer in Ausführung des IfSG nach § 28 IfSG in öffentlichen Gebäuden verpflichtend ist, dürften diese Bedenken nicht mehr bestehen, Metz DRiZ 2020, 256. Die Anordnung, eine auch zum Infektionsschutz getragene Atemschutzmaske abzunehmen, ist hingegen unter den Voraussetzungen des II zulässig; → „Atemschutzmaske"; → „Corona-Testpflicht"

Kopfbedeckung, Kopftuch: Zulässig ist ein Verbot der Schirmmütze, Stgt Just 2007, 281, oder eines nicht religiösen Kopftuchs, LG Dortm NJW 2007, 3013 (abl. Bader NJW 2007, 2964); aM LG Bielef NJW 2007, 3014. Unzulässig ist eine Maßnahme gegen die Trägerin oder den Träger einer religiös begründeten Kopfbedeckung, solange kein weiterer Umstand hinzutritt, BVerfG NJW 2007, 37.

Kommunikationsmittel: Zulässig ist zB ein Verbot der nicht zB nach §§ 130a–d ZPO erlaubten oder gar gebotenen und auch nur nicht völlig unerheblich ablenkenden oder gar störenden Benutzung zB eines Laptop oder eines Notebooks während der Verhandlung, BVerfG NJW 2009, 352, oder eines Handys. Das gilt auch gegenüber einem Anwalt oder sonstigen ProzBev.

„Kuttenverbot": Zulässig ist das Verbot des Tragens von Motoradwesten (sog. Kutten) oder sonstigen Kleidungsstücken, die die Zugehörigkeit zu einem Motorradclub demonstrieren, wenn hierdurch ein Gefühl der Unsicherheit oder Bedrohung hervorgerufen wird, das Verfahrensbeteiligte einschüchtern und beeinflussen könnte, BVerfG NJW 2012, 1863 (zum Hausrecht des Gerichtspräsidenten bei Strafverfahren).

Laptop: → „Kommunikationsmittel".

Medienverfügung: Eine sitzungspolizeiliche Anordnung zur Beschränkung der Medien-Berichterstattung muss die für die Entscheidung maßgeblichen Gründe offenlegen und dadurch den Betroffenen zu erkennen zu geben, dass in die Abwägung die Informations- und Berichterstattungsinteressen der Medien eingeflossen sind, BVerfG NJW 2020, 38; → „Presse".

Mund-Nasenschutz: Die sitzungspolizeiliche Anordnung, im Gerichtssaal wegen der gegenwärtig andauernden Covid-19-Pandemie eine Mund-Nasenbedeckung zu tragen, beruht auf erkennbar vernünftigen Gründen des Gemeinwohls, BVerfG BeckRS 2020, 25212 = MDR 2020, 1523; VGH Mannh NJW 2022, 2865 Rn. 14; LG Ffm BeckRS 2020, 30205; → „Atemschutzmaske" und → „Infektionsschutz".
Persönlichkeitsrecht: Das Gericht beachtet es im Rahmen von §§ 22, 23 KUG, BGH MDR 2011, 847.
Platzzuteilung: Zulässig ist die Zuteilung eines bestimmten Platzes im Sitzungssaal.
Polizei: Zunächst → „Vorbeugung". Infrage kommt dann auch die Hinzuziehung eines oder mehrerer Polizisten auch in Zivil oder eines oder mehrerer Gerichtswachtmeister, Molketin MDR 1984, 20, auch eines solchen Beamten mit einem Funksprechgerät, Schlesw MDR 1977, 775.
„Pool-Lösung": Ist bei der Zulassung von Medienvertretern aus Platzgründen eine sog. Pool-Lösung getroffen worden, ist bei sitzungspolizeilichen Anordnungen an die Pool-Führer die durch die Pressefreiheit geschützte Möglichkeit der Informations- und Materialbeschaffung mit dem Schutz vor ungewollter Abbildung abzuwägen. Die hierzu getroffenen Feststellungen müssen mit Blick auf jeden einzelnen Betroffenen (Zeugen), und dürfen nicht pauschal getroffen werden, BVerfG NJW 2020, 38.
Presse: Aus § 176 lässt sich keine Ermächtigung des Vorsitzenden herleiten, einem Angeklagten (und seinem Verteidiger) eine Handlungspflicht aufzuerlegen, den Sitzungssaal vor Aufruf der Sache zu betreten, um für Foto- und Filmaufnahmen der Presse anwesend zu sein, VerfGH Bln NJW 2018, 846. In einer sitzungspolizeilichen Medienverfügung ist für die Frage der Abbildung und Ablichtung von Zeugen eine Abwägung vorzunehmen, die nicht für alle Zeugen gleich ausfallen muss, BVerfG NJW 2020, 38.
Robe: Zulässig ist die Zurückweisung des Anwalts, der entgegen einer gesetzlichen Vorschrift oder entgegen einer allgemeinen Übung ohne eine Robe auftritt, BVerfG NJW 1970, 851; Mü NJW 2006, 3079 (StPO); VG Bln NJW 2007, 793; aM LAG Hamm AnwBl 2008, 883; Pielke NJW 2007, 3252 (nur bei einer Herabwürdigung des Gerichts). Aber wer als Organ der Rechtspflege nach § 1 BRAO auftritt, sollte grds. auch äußerlich ebenso wie ein Richter, ein Staatsanwalt und ein Protokollführer im Termin als solches erkennbar sein.
Rüge: Zulässig ist eine Rüge etwa wegen einer Unsachlichkeit, Hamm NJW-RR 1990, 1405.
Saalverweis: → „Aufforderung zum Weggang".
Schreibhilfe: Unzulässig ist das Hinausweisen einer Schreibhilfe eines Anwalts, solange sie nicht stört.
Sicherheit: Zulässig ist eine Maßnahme zur Sicherheit zB des Spruchkörpers, BVerfG NJW-RR 2007, 1416.
Vorbeugung: Zulässig ist eine vorbeugende Maßnahme dann, wenn man Störungen der Sitzung befürchten muss. Vgl. bei den einzelnen Arten der Maßnahmen.
Vorläufige Sitzungsaufhebung: Zulässig ist eine vorläufige Aufhebung oder Unterbrechung der Sitzung, um erst einmal wieder Ruhe einkehren zu lassen. Das kann sogar sehr sinnvoll sein. Eine unnötige Aufhebung wäre aber ein Verstoß gegen die Amtspflicht.
Wortentzug: Zulässig ist eine Entziehung des Worts, jedoch nur in einem eindeutigen Missbrauchsfall.
Zeugenschutz: Zulässig ist eine Gestaltung des äußeren Rahmens einer Zeugenvernehmung nach §§ 394 ff. ZPO insbesondere zu seinem Schutz, Rebmann/Schnarr NJW 1989, 1188. Auch → „Fotografie".

VII. Verbot der Gesichtsverhüllung, II 1, 2. Nach dem mit Wirkung vom 13.12.2019 in Kraft getretenen II ist es verboten, das Gesicht während der Sitzung ganz oder teilweise zu verhüllen. Nur durch ein unverhülltes Gesicht kann die Identität der Person zB durch Abgleich mit einem Ausweis oder durch Aussagen anderer Beteiligter festgestellt werden. Betroffen sind nach dem Gesetzeswortlaut die „an der Verhandlung beteiligten Personen", also nicht Zuschauer oder aus Sicherheitsgründen eingesetzte Polizeibeamte. Dies wird bei Zuschauern dann seine Grenze finden, wenn aus Sicherheitsgründen die Identitätsfeststellung der Zuschauer erforderlich sein wird. Schließlich ist auch im Rahmen der Beweiswürdigung ein unverhülltes Gesicht nicht nur zur Identitätsfeststellung des Zeugen, sondern auch mit Blick auf seine Gesichtsmimik, die für die Beurteilung der Glaubwürdigkeit der Aussagen und Glaubhaftigkeit der Person eine bedeutende Rolle spielen kann, erforderlich. 10

Aus der Gesetzesbegründung ergibt sich, dass sich die Gesichtsverhüllung auf sämtliche Formen unabhängig davon erstreckt, ob sie aus religiösen Gründen erfolgt, BT-Drs. 19/14747, 43. Hierunter fallen Schleier, Burka oder Niqab, aber auch Masken, Helme mit Visier oder Sturmhauben, ggf. auch Sonnenbrillen oder ein Verband. Vor dem Hintergrund der Covid-19-Pandemie seit Beginn des Jahres 2020 stellte sich auch die Frage, ob das Tragen einer Atemschutzmaske (Mund-Nasenschutz) unter II 1 zu fassen ist; vgl. hierzu ausführlich: auf der Heiden, Prozessrecht in Zeiten der Corona-Pandemie, NJW 2020, 1023. Da mit Gesichtsverhüllung die Verwendung von Textilien und anderen Gegenständen gemeint sein soll, die dazu dienen, das Gesicht oder Teile desselben zu verdecken, wobei Masken und medizinische Verbände exemplarisch in den Gesetzesmaterialien angeführt werden, dürfte auch das Tragen von Mund-Nasenschutzmasken nach II 1 verboten sein, auf der Heiden NJW 2020, 1023, unter Bezug auf BT-Drs. 19/14747, 43. Ein medizinischer Mund-Nasenschutz schränkt die nonverbale Kommunikation stark ein und ist auch ein nicht unerhebliches Hindernis, die Glaubwürdigkeit von Zeugen richtig einzuschätzen, Strate NJW-aktuell 19/2021, 7. 11

Hiervon kann jedoch der Vorsitzende nach II 2 Ausnahmen gestatten, wenn und soweit die Kenntlichmachung des Gesichts weder zur Identitätsfeststellung noch zur Beweisführung erforderlich ist. So kann ggf. nach Feststellung der Identität eine aus religiösen oder medizinischen Gründen getragene Gesichtsverhüllung wieder gestattet werden. Hierbei gilt es in Ausübung des pflichtgemäßen Ermessens die Grundrechte des Betroffenen mit dem Schutzzweck der Norm abzuwägen. Unter diesen Voraussetzungen sind Eingriffe in die Grundrechte der allgemeinen Handlungsfreiheit (Art. 2 I GG) und der Religionsfreiheit (Art. 4 GG) gerechtfertigt. Sollte derjenige, der eine Atemschutzmaske trägt, krank oder ansteckungsverdächtig sein, ist abzuwägen, ob während der Identitätsfeststellung andere Vorsorgemaßnahmen wie Einhaltung eines Mindestabstands hinreichend sind, auf der Heiden NJW 2020, 1023 mwN. Jedenfalls ist es im Übrigen angemessen, wenn der Vorsitzende aus Gründen des Infektionsschutzes nicht nur eine Ausnahme nach II 2 gestattet, sondern darüber hinaus das Tragen eines Mund-Nasenschutzes anordnet, da eine solche Maßnahme geeignet ist, mögliche Infektionen im Gerichtsaal zu verhindern, BVerfG BeckRS 2020, 25212 = MDR 2020, 1523; LG Ffm BeckRS 2020, 30205; → Rn. 9 „Infektionsschutz". 12

VIII. Verstoß. Die Überschreitung des pflichtgemäßen Ermessens kann die Ablehnung des Richters nach § 42 ZPO rechtfertigen, Molketin MDR 1984, 20. 13

14 **IX. Rechtsmittel.** Gegen die vom Vorsitzenden getroffenen Maßnahmen gibt es grundsätzlich keinen Rechtsbehelf, BVerfG NJW 2008, 977; NJW 1992, 3288; BGH NJW 2015, 3671 (StPO); VGH Mannh NJW 2022, 2865 Rn. 9 f., auch nicht die Anrufung des Gerichts etwa nach § 140 ZPO, Hmb MDR 1992, 799; Kblz NJW-RR 1987, 509; Zweibr MDR 1987, 1049. Dies wird damit begründet, dass § 176 ff eine spezielle und abschließende Regelung zur Kompetenzverteilung zwischen Vorsitzendem und der Gerichtsleitung als Inhaber des Hausrechts beinhalten, die eine Beschwerde ausschließt. Dass kein Rechtsbehelf gegeben ist, kann einem Umkehrschluss aus § 181 entnommen werden, der nur für §§ 178, 180 eine Beschwerde vorsieht, LG Ffm BeckRS 2020, 30205 mwN. Der fehlerhafte Ausschluss einer Partei oder ihres Vertreters nach §§ 51, 81 ZPO kann aber ausnahmsweise zu einem Rechtsmittel gegen die darauf ergangene Entscheidung führen, etwa wegen Art. 103 I GG, Stgt NJW 2011, 1289. Das Eindringen in den Sitzungssaal entgegen einer Anordnung des Vorsitzenden kann als Hausfriedensbruch strafbar sein, BGH NJW 1982, 947. Eine Verfassungsbeschwerde bleibt möglich, BVerfG NJW 2000, 2890. Das gilt jedoch nur nach Erschöpfung der Rechtsmittel, BVerfG NJW 2015, 2175 (StPO).

177 *[Ungehorsam].* **[1]Parteien, Beschuldigte, Zeugen, Sachverständige oder bei der Verhandlung nicht beteiligte Personen, die den zur Aufrechterhaltung der Ordnung getroffenen Anordnungen nicht Folge leisten, können aus dem Sitzungszimmer entfernt sowie zur Ordnungshaft abgeführt und während einer zu bestimmenden Zeit, die vierundzwanzig Stunden nicht übersteigen darf, festgehalten werden. [2]Über Maßnahmen nach Satz 1 entscheidet gegenüber Personen, die bei der Verhandlung nicht beteiligt sind, der Vorsitzende, in den übrigen Fällen das Gericht.**

1 **I. Systematik, Regelungszweck.** Zunächst → Vor § 169 Rn. 1, 2. Es handelt sich um eine Ergänzung des § 176 aus den dortigen Gründen und um eine Ergänzung zu § 158 ZPO. Daher auch → § 176 Rn. 1.

2 **II. Geltungsbereich.** § 177 gilt in der Arbeitsgerichtsbarkeit entsprechend nach § 9 II ArbGG.

3 **III. Ungehorsam, S. 1.** § 177 regelt die Ausübung der Ordnungsgewalt des Gerichts bei einem Ungehorsam gegen seine Anordnungen. Er gilt für alle im Sitzungszimmer befindlichen Personen außer Richtern, Staatsanwälten, Protokollführer, Anwälten und sonstigen zugelassenen Bevollmächtigten, zB Prozessagenten (wegen der letzteren aM Kissel/Mayer Rn. 15). Der für einen Beteiligten auftretende Anwalt unterliegt nicht der Ordnungsgewalt des Gerichts, auch nicht im Extremfall, Hamm BRAK-Mitt. 2003, 241; strenger BGH NJW 1977, 437. Das gilt auch für den Verkehrsanwalt, Kblz NJW-RR 1987, 509 (zust. Bosch FamRZ 1987, 404); Bauer/Fröhlich FamRZ 1983, 123, und für einen in Untervollmacht für den Anwalt auftretenden Referendar, Düss MDR 1994, 297, sowie für den Anwalt, der als der Beistand eines Beteiligten etwa nach § 90 ZPO oder nach § 12 FamFG oder als der Beistand eines Zeugen an der Verhandlung teilnimmt, Krekeler NJW 1980, 980. „Parteien" umfasst hier auch die gesetzlichen Vertreter nach § 51 ZPO und Beistände nach § 90 ZPO, die keine Anwälte sind.

4 An der Verhandlung nicht beteiligt sind Zuhörer. Das Gericht darf ihnen nicht von vornherein den Zutritt verwehren, sondern sie erst bei einem Ungehorsam entfernen. Nicht beteiligt sind ferner auch solche Anwälte, die sich hier wegen einer anderen, meist später terminierten Sache im Sitzungssaal aufhalten. Gegenüber Amtspersonen und beteiligten Anwälten bleibt nur die Unterbrechung der Sitzung und eine Anrufung der Dienstaufsicht, notfalls die Vertagung nach § 227 ZPO bis zum Eintritt eines Vertreters. § 177 setzt einen Ungehorsam voraus. Er muss mindestens bedingt vorsätzlich nach → § 178 Rn. 5, also zurechenbar sein.

5 **IV. Zulässige Maßnahmen, S. 2.** Es kommen zwei Arten infrage.

6 **1. Entfernung aus dem Sitzungszimmer, nicht aus dem Gebäude.** Darum kann bei einer Wahrscheinlichkeit des erneuten Wiedereindringens eine Verhaftung sinnvoll sein. Findet die Sitzung außerhalb des Gerichtsgebäudes statt, darf das Gericht Störer entsprechend § 177 aus dem Bereich der gerichtlichen Handlung entfernen. Jedoch kann man die Erlaubnis zum Betreten eines Grundstücks nicht durch Ordnungsmittel erzwingen, Schulte NJW 1988, 1006.

7 **2. Abführung zur Ordnungshaft.** Die Haft erfolgt in einem beliebigen Raum durch eine einfache Freiheitsentziehung. Das Gericht muss ihre Dauer vorherbestimmen. Sie endet meist mit dem Ende der Sitzung, spätestens nach 24 Stunden. Abführung und Festhaltung sind Ordnungsmaßnahmen. Sie sind unzulässig gegenüber Mitgliedern der Streitkräfte, Art. 10 Truppenvertrag, SchlAnh. III. Wegen einer Ahndung des Ungehorsams dort Art. 12.

8 **V. Entscheidung, S. 2.** Die Anordnung ergeht gegenüber einem an der Verhandlung nicht Beteiligten durch den Vorsitzenden, in den übrigen Fällen durch einen Beschluss des Gerichts, stets nach einer etwa noch möglichen oder sinnvollen Anhörung des Betroffenen. Eine wiederholte Verwarnung oder eine eindeutige Abmahnung kann eine erneute Anhörung überflüssig machen, BGH NJW 1993, 1343. Trifft der Vorsitzende anstelle des Gerichts eine Eilanordnung, muss das Gericht sie alsbald bestätigen, BGH NStZ 1988, 85. Trifft das Gericht die Maßnahme anstelle des Vorsitzenden, ist sie voll wirksam. Ob eine Ordnungsmaßnahme ergeht, muss man nach pflichtgemäßem Ermessen entscheiden. Sie darf nur zur Aufrechterhaltung der Ordnung in der Sitzung nach § 176 erfolgen, BVerfG NJW 1979, 1401. Auch das Ordnungsmittel richtet sich nach dem pflichtgemäßen Ermessen. Dabei muss man den Grundsatz der Verhältnismäßigkeit beachten. Die Verfügung des Vorsitzenden oder der Beschluss des Gerichts ist dem Betroffenen zu verkünden oder nach §§ 166 ff. ZPO zuzustellen. Sie gehört nach § 182 in das Protokoll. Wegen der Vollstreckung § 179. Derjenige, der die Anordnung erlassen hat, kann sie jederzeit aufheben oder ändern.

9 Hat das Gericht die Entfernung begrenzt, zB auf die Vernehmung eines Zeugen, darf es nicht während der Entfernung andere Beweisaufnahmen durchführen, etwa einen Augenschein, BGH NVwZ-RR 2015, 136.

10 Säumigkeit nach §§ 330 ff. ZPO kann eine der Rechtsfolgen einer Entfernung nach S. 1, 2 sein. Das gilt jedoch nur dann, wenn die Entfernung vor einer Antragstellung dieser Partei nach § 137 I ZPO erfolgt war. Ob diese Situation für den weiteren Prozessverlauf eher Vorteile oder Nachteile bedeutet, darf das Gericht mit abwägen. Natürlich hat die Ordnung im Sitzungsraum den Vorrang vor einer Säumnisfolge.

VI. Rechtsmittel. Eine Beschwerde nach § 181, die dort nur für die Fälle der §§ 178, 180 vorgesehen ist, kommt unmittelbar nicht in Betracht. Es wäre aber formelhaft und auch wegen § 158 ZPO nicht gerechtfertigt, daraus eine völlige Unanfechtbarkeit abzuleiten, so dass in bestimmten Fällen eine Analogie in Betracht kommt, MüKoZPO/Pabst Rn. 12; ders. § 181 Rn. 2. Dies ist jedenfalls bei Verhängung der Ordnungshaft der Fall. Auch wenn die Fälle der §§ 177, 178 wesentlich gleichartig liegen, sind aber die entfernten Beteiligten ohne die Beschwerde nicht rechtlos gestellt, so dass sie auf andere Rechtsbehelfe wie Berufung oder Revision, insbesondere wegen Verletzung rechtlichen Gehörs verwiesen werden können; MüKoZPO/Pabst Rn. 12; Zöller/Lückemann Rn. 8. 11

178 *[Ungebühr].* I [1]**Gegen Parteien, Beschuldigte, Zeugen, Sachverständige oder bei der Verhandlung nicht beteiligte Personen, die sich in der Sitzung einer Ungebühr schuldig machen, kann vorbehaltlich der strafgerichtlichen Verfolgung ein Ordnungsgeld bis zu eintausend Euro oder Ordnungshaft bis zu einer Woche festgesetzt und sofort vollstreckt werden.** [2]**Bei der Festsetzung von Ordnungsgeld ist zugleich für den Fall, daß dieses nicht beigetrieben werden kann, zu bestimmen, in welchem Maße Ordnungshaft an seine Stelle tritt.**

II **Über die Festsetzung von Ordnungsmitteln entscheidet gegenüber Personen, die bei der Verhandlung nicht beteiligt sind, der Vorsitzende, in den übrigen Fällen das Gericht.**

III **Wird wegen derselben Tat später auf Strafe erkannt, so sind das Ordnungsgeld oder die Ordnungshaft auf die Strafe anzurechnen.**

I. Systematik, Regelungszweck. Zunächst → Vor § 169 Rn. 1, 2. Die Vorschrift ist mit Art. 6 I EMRK vereinbar, EGMR NJW 2006, 2901; Kissel NJW 2007, 1112. Die Festsetzung von Ordnungsmitteln wegen einer Ungebühr ist ein äußerstes Mittel, Köln NJW 2008, 2866. Das Gericht kann zwar, muss aber nicht stets so vorgehen, Köln NJW 2008, 2866. Es sollte ein Ordnungsmittel nur sparsam, dann aber wirkungsvoll anwenden, BVerfG NJW 2007, 2839. Dieselbe Handlung kann folgende voneinander unabhängige Folgen haben: Eingreifen des Vorsitzenden nach § 176; Maßnahme nach § 177; Ordnungsmittel nach § 178; Strafe nach StGB. Dabei muss das Gericht stets den Grundsatz der Verhältnismäßigkeit beachten, BVerfG NJW 2007, 2839. So genügen bei einem geringfügigen Verstoß meist die erstgenannten Maßnahmen, zB zunächst eine ernsthafte Ermahnung. 1

II. Sachlicher Geltungsbereich. § 178 gilt entsprechend in der Arbeitsgerichtsbarkeit, § 9 II ArbGG. 2

III. Persönlicher Geltungsbereich. Er ist derselbe wie in § 177. Anwälte und sonstige Bevollmächtigte fallen auch nicht unter § 178. Das gilt auch für einen in Untervollmacht für den Anwalt auftretenden Referendar, Düss MDR 1994, 297. Vertreter der Partei fallen unter § 178. 3

IV. Ungebühr, I. Sie muss nach → § 176 Rn. 4 ff. in der Sitzung erfolgt sein, Hmb NJW 1999, 2607, nicht in der Geschäftsstelle oder in einem Schriftsatz, Düss MDR 1993, 462. „Sitzung" ist jede gerichtliche Verhandlung, auch die vor dem nach §§ 361, 362 ZPO ersuchten oder beauftragten Richter und die außerhalb des Gerichtsgebäudes, Schulte NJW 1988, 1006. Sie erstreckt sich nach → § 176 Rn. 5 f. nicht nur auf den Sitzungsraum. Die Ungebühr setzt einen direkten oder bedingten Vorsatz voraus, also zumindest eine völlige Gleichgültigkeit gegenüber den gesetzlichen Anforderungen. Sie besteht in einem solchen Verhalten, das sich gegen das Gericht oder einen Beteiligten wendet und insbesondere die ihnen als Person und Amtsträger geschuldete Achtung verletzt oder die Ruhe und Ordnung der Verhandlung empfindlich stört, BVerfG NJW 2007, 2839. 4

Die Übergänge sind fließend. Ob eine Ungebühr vorliegt, lässt sich nur nach der Lage des Einzelfalls beurteilen, Schneider MDR 1975, 622. Ungebührlich iSv I ist ein Verhalten von erheblichem Gewicht, das geeignet ist, die Rechtspflegeaufgabe des Gerichts zu beeinträchtigen und die Ordnung des Gerichtsverfahrens zu stören, Drsd BeckRS 2020, 17807. Hierher gehört etwa jedes gezielt gegen das Gericht oder einen Beteiligten gerichtete und provozierende Verhalten, das die Grenzen einer sachlichen Auseinandersetzung sprengt, LSG Schlesw MDR 1984, 260. Ein Handeln aus bloßer Unkenntnis genügt nicht. Bei Zweifeln an einer willentlichen Ungebühr ist zunächst eine Abmahnung notwendig, Karlsr JR 1977, 392. Eine einmalige sofort bedauerte Entgleisung erfordert meist keine Ordnungsmaßnahme, Düss NStZ-RR 1997, 370. 5

V. Beispiele zur Frage einer Ungebühr, I

Alkohol: → „Trunkenheit". 6

Aufmachung: Ungebührlich ist eine provozierende Aufmachung, Kblz NJW 1995, 976, krit. Pardey DRiZ 1990, 135. Auch → „Kleidung".

Ausdrucksweise: → „Beschimpfung", → „Fäkalausdruck", → „Herabsetzung", → „Lärmen".

Bedrohung: Ungebührlich ist eine Bedrohung des Richters oder eines an der Sitzung Beteiligten, zB eines Zeugen, Stgt Just 1993, 147, aber auch die Androhung etwa eines Straf- oder Disziplinarverfahrens.

Beifall, Missfallen: Ungebührlich ist seine gezielte Äußerung zumindest im Wiederholungsfall trotz Ermahnung. Nicht ungebührlich ist eine vereinzelte solche Bekundung spontaner Art, BVerfG NJW 2007, 2839.

Beschimpfung: Ungebührlich ist eine Beschimpfung durch Worte oder Gesten.

Erkältung: Ungebührlich ist hemmungsloses erheblich störendes Husten des nicht zur Anwesenheit Verpflichteten (er muss dann zumindest vorübergehend hinausgehen). Nicht ungebührlich ist es, zB einen Hustenbonbon zu lutschen, Schlesw NStZ 1994, 199.

Essen: Ungebührlich ist ein provokantes Essen im Sitzungssaal während der Verhandlung, Karlsr JR 1977, 392.

Fäkalausdruck: Ungebührlich ist seine Verwendung, siehe aber Düss NJW 1986, 2516 (Die Bezeichnung der angewendeten Norm als „Scheißgesetz" stellt keine Missachtung des Gerichts dar).

Geste: Ungebührlich ist jede Obszönität.

Handy: Ungebührlich ist die weisungswidrige und nicht völlig unerhebliche Benutzung eines Handys im Sitzungssaal; dem Betroffenen ist jedoch grds. rechtliches Gehör (Art. 103 I GG) zu gewähren, Brdb NJW 2004, 451; Hmb NJW 1997, 3452. Das kann auch in einer Verhandlungspause gelten.

Herabsetzung: Ungebührlich ist jedes herabsetzende Verhalten, zB eine derartige Äußerung, Karlsr MDR 2016, 1287 („Ihr zwei Fratzen"), LSG Schlesw MDR 1984, 260. Auch → „Beschimpfung".

Herumstehen: Ungebührlich ist ein provokantes Stehenbleiben und Rückenzuwenden, Köln NJW 1985, 446.

Ironie: Ungebührlich ist es, dass ein Bote eine Akte auf den Sitzungstisch mit einer ironischen Bemerkung wirft, Köln NJW 2008, 2866.

Kleidung: Ungebührlich ist ein provozierendes Auftreten, Kblz NJW 1995, 977, zB das Ausziehen der Schuhe oder Stiefel, Köln DRpflZ 1990, 67, oder das Aufbehalten einer Mütze, Stgt Just 2007, 281. Nicht ungebührlich ist das Erscheinen in einer einigermaßen ordentlichen Arbeits- oder auch Freizeitkleidung, Düss NJW 1986, 1505, oder in einem zwar unordentlichen, aber nicht bewusst provokanten Aufzug. Anwaltstracht zählt wegen → Rn. 3 formell nicht zu § 178. Sie ist auch in der BRAO nicht direkt geregelt. Das Tragen der Robe ist aber üblich. Ob eine gänzliche Ununterscheidbarkeit der gesamten Kleidung von irgendeinem anderen Zuhörer der Erkennbarkeit des Anwalts als eines Organs der Rechtspflege nach § 1 BRAO sonderlich nützt, ist eine andere Frage nicht nur des Geschmacks, sondern auch der Achtung eines solchen wesentlichen Teils des Anwaltsansehens. Auch → „Aufmachung".

Lärmen: Ungebührlich ist ein Lärmen oder Randalieren im Sitzungssaal, auch während einer Verhandlungspause. Nicht ungebührlich ist eine kurze „nur" lautstarke oder heftige Ausdrucksweise, BVerfG NJW 2007, 2839 (anders nach einer Abmahnung), besonders zur Betonung der eigenen Darstellung. Auch → „Türzuschlagen".

Lesen: Ungebührlich sein kann ein provokantes Lesen im Sitzungssaal während der Verhandlung, Karlsr JR 1977, 392.

Lüge: Ungebührlich ist der Vorwurf des Lügens gegenüber einem Anwalt bis zum Beweis der Richtigkeit. Nicht ungebührlich ist es, dem Gericht bewusst die Unwahrheit zu sagen (das mag natürlich andere Rechtsfolgen haben).

Mitschreiben: Nicht ungebührlich sind bloße Notizen, solange keine unzulässigen Mitteilungen erfolgen sollen, BGH MDR 1982, 812; Hamm JMBl NRW 1990, 42. Aber auch → „Handy".

Plakat: Ungebührlich ist das Zeigen eines Plakats, Transparents usw. im Sitzungssaal oder direkt davor.

Sitzenbleiben: Ungebührlich sein kann zwar das Sitzenbleiben eines Beteiligten oder Zuhörers trotz einer Belehrung zum Aufstehen zB während einer Eidesabnahme nach §§ 481 ff. ZPO, Kblz MDR 1985, 696; Köln NJW 1985, 446; aM Pardey DRiZ 1990, 132. Kein gesetzlicher Zwang besteht allerdings zum Aufstehen. Nicht einmal bei der Eidesleistung fordert § 481 ZPO ein Stehen zusätzlich zur ausdrücklich bloßen Sollvorschrift der Erhebung der rechten Hand nach § 481 IV ZPO. Im Zivilprozess hat sich für Anwälte vor dem BGH noch der Brauch gehalten, stehend zu plädieren. Die ohnehin jedem Gericht geschuldete Achtung besteht nach Art. 1, 2 GG ebenso jedem anderen Prozessbeteiligten gegenüber. Das Aufstehen zur Verkündung eines Urteilstenors auch seitens des Gerichts im Strafprozess ist im Zivilprozess längst nicht mehr allgemein üblich. Vom Sitzenbleiben bis zur Ungebühr ist es unabhängig von Vorstellungen des Richters ein weiter Weg. Das alles ist bei abzuwägen. Nicht ungebührlich ist das bloße Sitzenbleiben jedenfalls vor einer Aufforderung des Gerichts zum Aufstehen, Stgt Just 1986, 228; Schneider MDR 1975, 662, und solange nicht alle anderen von sich aus aufstehen.

Tonbandaufnahme: Ungebührlich ist ihre nicht vorher vom Gericht genehmigte oder ersichtlich gebilligte Betätigung.

Tätlichkeit: Ungebührlich ist jede Art von ihr im Sitzungssaal oder direkt davor.

Trunkenheit: Ungebührlich ist eine verschuldete Trunkenheit oder erhebliche Angetrunkenheit, Düss NJW 1989, 241; Kblz VRS 1985, 48; aM Stgt MDR 1989, 763; Michel MDR 1992, 544. Nicht ungebührlich ist es, wenn jemand sich vor Kenntnis der Absicht, ihn vorzuführen, betrunken hatte.

Türzuschlagen: Ungebührlich ist ein ostentatives Türzuschlagen, Hamm JMBl NRW 1975, 106; Zweibr NJW 2005, 611. Auch → „Lärm".

Ungehorsam: Ungebührlich ist eine wiederholte Nichtbefolgung einer Anordnung nach § 176 dann, wenn eine Maßnahme nach § 177 bereits erfolgt war. Das gilt unabhängig davon, ob die Anordnung ganz korrekt war, aM Hamm JMBl NRW 1990, 42.

Weggang: Nicht ungebührlich ist das eigenmächtige Verlassen des Sitzungssaals, solange das Gericht nicht zB den Zeugen noch nicht nach § 136 ZPO entlassen hat, Schlesw OLGR 1995, 12.

Zettel: Nicht ungebührlich ist das Übergeben eines Zettels ohne beleidigenden Inhalt an das Gericht.

7 **VI. Zulässige Maßnahmen, I, III.** Auch gegen Jugendliche, § 1 JGG. Wahlweise Ordnungsgeld bis zu 1.000 Euro oder Ordnungshaft, mindestens 1 Tag, Art. 6 II EGStGB, höchstens 1 Woche. Zu den Grundsätzen für die Bemessung Winter NStZ 1990, 373. Bei einer Verhängung von Ordnungsgeld muss das Gericht für den Fall, dass es nicht beizutreiben ist, eine Ordnungshaft festsetzen (zwischen 1 und 3 Tagen, Art. 6 II EGStGB). Hierüber ist nach Art. 8 EGStGB eine nachträgliche Entscheidung zulässig, Celle MDR 1998, 679. Wegen der Vollstreckung § 179. Verhängt das Gericht wegen derselben Tat später eine Strafe, muss es nach III Ordnungsgeld oder Ordnungshaft anrechnen. Für bestimmte Fälle vorgesehene Ordnungsmaßnahmen etwa nach § 380 ZPO schließen die Anwendung des § 178 aus. Zu beachten ist stets der Verhältnismäßigkeitsgrundsatz, BVerfG NJW 2007, 2839; Köln NJW 2008, 2865 (Entschuldigung).

8 **VII. Verfahren, II.** Die Festsetzung gegenüber einem Nichtbeteiligten erfolgt allein durch den Vorsitzenden, Kblz MDR 1978, 693, im Übrigen durch das Gericht. Die Entscheidung ergeht nach pflichtgemäßem Ermessen. Bei geringer Schuld und sofortiger Entschuldigung kann man von der Festsetzung absehen, Köln NJW 2008, 2865. Bei mehrfachen Verstößen in derselben Sitzung ist die wiederholte Festsetzung jeweils bis zum Höchstmaß zulässig. Vorheriges rechtliches Gehör ist nach Art. 103 I GG grundsätzlich notwendig, Drsd BeckRS 2020, 17807; Brdb NJW 2004, 451; Hamm NStZ-RR 2001, 116; Kblz Rpfleger 2013, 565 (zust. Traub). Ausnahmen sind denkbar, zB dann, wenn der Hergang und ein Wille zur Ungebühr außer Zweifel stehen und wenn man bei einer Anhörung mit weiteren groben Ausfälligkeiten rechnen muss, BGH NStZ 1988, 238; Düss NStZ 1988, 238; Kblz MDR 1987, 433, oder wenn der Täter nicht ansprechbar ist, Düss NJW 1989, 241; Hamm JMBl NRW 1977, 131, oder wenn er sich vor seiner Anhörung entfernt, Zweibr NJW 2005, 611; Hamm MDR 1978, 780; VGH Mü NVwZ 2003, 883. Gleichwohl ist dem Betroffenen auch in einem solchen Fall rechtliches Gehör zu gewähren, Köln NJW 2008, 2865. Bei leichteren Verstößen empfiehlt sich zunächst eine Abmahnung.

9 **VIII. Entscheidung, II.** Die Festsetzung erfolgt durch eine Verfügung des Vorsitzenden oder durch einen Beschluss des Gerichts. In beiden Fällen ist eine Verkündung oder Zustellung an den Betroffenen nötig. Eine Festsetzung nach dem Schluss der Sitzung ist unzulässig. Jedoch kann bei einer mehrtägigen Sitzung das Ord-

nungsmittel am folgenden Tag erfolgen, Schlesw MDR 1980, 76. Der von der Ungebühr betroffene Richter ist bei der Entscheidung nicht nach § 41 ZPO ausgeschlossen. Eine Protokollierung ist nach § 182 erforderlich. Nötig ist wegen § 181 eine Begründung der Festsetzung. Dazu reicht die ausdrückliche oder stillschweigende Bezugnahme auf das Protokoll nach § 182 aus, wenn sich daraus für alle Beteiligten das Nötige ergibt, BGH NStZ 1988, 238; Kblz VRS 1987, 189. Der Vollzug auch durch den Gerichtsvollzieher erfolgt nach der StPO, § 148 III GVGA.

IX. Rechtsbehelf, I–III. Hat über ein Ordnungsmittel gegen einen Nichtbeteiligten statt des Vorsitzenden 10
das Erstgericht entschieden, muss das Rechtsmittelgericht die Entscheidung ersatzlos aufheben, Kblz MDR 1978, 693.

179 *[Vollstreckung].* **Die Vollstreckung der vorstehend bezeichneten Ordnungsmittel hat der Vorsitzende unmittelbar zu veranlassen.**

Gilt entsprechend in der Arbeitsgerichtsbarkeit nach § 9 II ArbGG. Die Vollstreckung veranlasst der Vor- 1
sitzende ohne eine Mitwirkung der Staatsanwaltschaft. Vollzug der Ordnungshaft: §§ 171 ff. StVollzG, Winter NStZ 1990, 373. Die Einziehung des Ordnungsgelds erfolgt durch die Vollstreckungsbehörde nach der JBeitrO, Toussaint/Volpert JBeitrO § 2 Rn. 1. Zahlungserleichterungen: Art. 7 EGStGB; Unterbleiben der Haftvollstreckung: Art. 8 EGStGB; Verjährung: Art. 9 EGStGB. Der Vorsitzende muss eine rechtzeitige Haftentlassung überwachen.

180 *[Ordnungsgewalt des einzelnen Richters].* **Die in den §§ 176 bis 179 bezeichneten Befugnisse stehen auch einem einzelnen Richter bei der Vornahme von Amtshandlungen außerhalb der Sitzung zu.**

Gilt entsprechend in der Arbeitsgerichtsbarkeit nach § 9 II ArbGG. § 180 erfasst in einer Zivilsache auch den 1
beauftragten oder ersuchten Richter und den Vollstreckungsrichter. Der Amtsrichter als Prozessrichter und der Einzelrichter beim Kollegialgericht nach §§ 348, 348a, 526, 527, 568 ZPO fallen schon unter §§ 176–178. Auf eingereichte Schriftsätze ist § 180 nach → § 176 Rn. 3 f.; → § 178 Rn. 3 unanwendbar, Rüping ZZP 88, 212.

181 *[Rechtsbehelf gegen Ordnungsmittel].* **I Ist in den Fällen der §§ 178, 180 ein Ordnungsmittel festgesetzt, so kann gegen die Entscheidung binnen der Frist von einer Woche nach ihrer Bekanntmachung Beschwerde eingelegt werden, sofern sie nicht von dem Bundesgerichtshof oder einem Oberlandesgericht getroffen ist.**

II Die Beschwerde hat in dem Falle des § 178 keine aufschiebende Wirkung, in dem Falle des § 180 aufschiebende Wirkung.

III Über die Beschwerde entscheidet das Oberlandesgericht.

Schrifttum: Kaehne, Die Anfechtung sitzungspolizeilicher Maßnahmen, 2000; Voßkuhle, Rechtsschutz gegen den Richter, 1993.

I. Geltungsbereich. § 181 gilt entsprechend für die Arbeitsgerichte nach § 9 II ArbGG. Beschwerdegericht 1
ist das LAG nach § 78 ArbGG. § 181 ist trotz seines Wortlauts auch teilweise – bei Verhängung von Ordnungshaft – auf § 177 anwendbar; → § 177 Rn. 11. Er trifft auch eine gesetzwidrige Alleinentscheidung des Vorsitzenden. Dort ist nur § 181 anwendbar und keine Anrufung des Gerichts statthaft. Voraussetzung ist die Festsetzung eines Ordnungsmittels. Dazu gehört → § 178 Rn. 7 auch eine Entscheidung nach Art. 8 EGStGB, aM Celle MDR 1998, 680. Wird der Beschluss nach der Haftentlassung aufgehoben, ist eine Entschädigung nach Gesetz v. 8.3.1971, BGBl. I 157, dann erforderlich, wenn feststeht, dass kein Grund für die Verhängung eines Ordnungsmittels bestand.

II. Beschwerde. Es gibt drei Aspekte. 2

1. Zulässigkeit, I. Beschwerdeberechtigt ist nur der Betroffene, LG Mannh NJW 2009, 1094, auch der 3
prozessunfähige, aber strafmündige Jugendliche. Gegen die Versagung einer angeregten oder gegen eine zu milde Maßnahme gibt es keinen Rechtsbehelf. Man muss den Rechtsbehelf bei dem erkennenden Gericht oder beim OLG schriftlich oder zum Protokoll der Geschäftsstelle einlegen. Die Bitte um eine Aufhebung der Maßnahme gilt meist zB als eine Beschwerde, Düss MDR 1977, 413. Nimmt der Urkundsbeamte die mündlich eingelegte Beschwerde nach § 160 II ZPO in das Sitzungsprotokoll auf, ist die Beschwerde wirksam.

Beschwerdefrist: 1 Woche ab der Verkündung oder dann, wenn sich der Betroffene vor der Verkündung 4
entfernt hatte, ab der Zustellung. Aber auch die mündliche Bekanntmachung durch den vollstreckenden Beamten setzt die Frist in Lauf. „Bekanntmachung" ist hier nicht eine solche im Fachsinne. Die Wiedereinsetzung ist entsprechend dem sonstigen Verfahrensrecht nach §§ 233 ff. ZPO statthaft, Hmb NJW 1999, 2607. Die Fristversäumung durch den ProzBev. zB nach § 81 ZPO ist entsprechend den wegen des Charakters der Maßnahme hier in Betracht kommenden strafprozessualen Grundsätzen eine für den Betroffenen unverschuldete Verhinderung. Die sofortige Vollstreckung erledigt die Beschwerde nicht. Denn der Gemaßregelte hat ein Recht, seine Unschuld feststellen zu lassen.

2. Rechtsnatur, I, II. Es liegt ein Rechtsbehelf eigener Art vor, eine befristete Beschwerde. Wegen der 5
Einzelheiten des Verfahrens sind die Regelungen der einschlägigen Prozessordnung anwendbar, in einer Zivilsache also §§ 567 ff. ZPO. Danach muss der Erstrichter der Beschwerde evtl. nach § 572 I ZPO abhelfen. Das Beschwerdegericht übt ein eigenes pflichtgemäßes Ermessen aus, Köln NJW 1986, 2515. Es kann also das Ordnungsmittel auch abmildern, Karlsr NJW-RR 1998, 144; offengelassen: Drsd BeckRS 2020, 17807. Die Beschwerde wirkt grundsätzlich nicht aufschiebend. Das Gericht kann aber die Vollstreckung aussetzen oder unterbrechen. Der einzelne Richter des § 180 muss das tun.

6 **3. Beschwerdegericht, III.** Es entscheidet beim ordentlichen Gericht immer das OLG, in einer Bußgeldsache nach § 80a I OWiG durch nur einen Richter, Köln NJW 2006, 3298. Hat der zB nach §§ 361, 362 ZPO ersuchte oder beauftragte Richter entschieden, ist das dem ersuchten Richter übergeordnete OLG zuständig. Die Entscheidung ergeht nach pflichtgemäßem Ermessen durch einen Beschluss, Köln NJW 1986, 2515. Ihn muss das Beschwerdegericht von Amts wegen zustellen. Bei einer Aufhebung des angefochtenen Beschlusses kommt keine Zurückverweisung in Betracht. Denn die sitzungspolizeiliche Gewalt endet mit dem Schluss der Sitzung, Köln MDR 1993, 906. Die Entscheidung ergeht kostenfrei. Denn § 1 I 1 GKG nennt das GVG nicht mit, aM Zweibr NJW 2005, 612. Eine weitere Beschwerde ist unstatthaft.

182 *[Beurkundung der Ordnungsmittel].* **Ist ein Ordnungsmittel wegen Ungebühr festgesetzt oder eine Person zur Ordnungshaft abgeführt oder eine bei der Verhandlung beteiligte Person entfernt worden, so ist der Beschluß des Gerichts und dessen Veranlassung in das Protokoll aufzunehmen.**

1 **I. Systematik, Regelungszweck.** § 182 soll dem Beschwerdegericht ausreichende Unterlagen für die Beurteilung des Vorfalls sichern, Karlsr NJW-RR 1998, 144; Stgt Just 1979, 347. Er umfasst §§ 177, 178, 180 mit Ausnahme der Entfernung eines an der Verhandlung nicht Beteiligten. Das Gericht muss den Vorfall möglichst genau sofort protokollieren, Zweibr NJW 2005, 611 (evtl. im Wortlaut), ebenso den verhängenden Beschluss. Er darf nicht erst nach der Sitzung ergehen. Jedoch kann das Gericht bei einer mehrtägigen Sitzung das Ordnungsmittel am folgenden Tag festsetzen, Schlesw MDR 1980, 76.

2 **II. Geltungsbereich.** Gilt entsprechend in der Arbeitsgerichtsbarkeit nach § 9 II ArbGG.

3 **III. Protokoll.** Es muss eine gesonderte Darstellung des Geschehensablaufs und den Beschluss mit einer Begründung enthalten, Karlsr NJW-RR 1998, 144; Hamm JMBl NRW 1977, 94. Daher genügt eine Wiedergabe nur im Beschluss nicht, Stgt Just 1993, 147; KG JZ 1982, 73. Fehlt die Protokollierung, muss das Beschwerdegericht den Beschluss aufheben (keine Zurückverweisung, → § 181 Rn. 6), Karlsr NJW-RR 1998, 144; offengelassen: Drsd BeckRS 2020, 17807. Eine spätere dienstliche Äußerung des Richters oder Urkundsbeamten ist nicht verwertbar, Hamm JMBl NRW 1977, 94. Das Fehlen einer Protokollierung des Geschehensablaufs ist jedoch dann unschädlich, wenn das Protokoll nur den Vorwurf der Ungebühr und die dazu etwa erhobenen Beweise enthält, weil der Richter und der Protokollführer den Vorgang nicht wahrnehmen konnten, weil dieser zB im Vorraum stattgefunden hat, Stgt Just 1993, 147. Eine Protokollierung ist ferner dann entbehrlich, wenn der Betroffene den Vorgang nicht bestreitet, sondern andere Einwendungen erhebt, KG JZ 1982, 73; Karlsr NJW-RR 1998, 144. Das Beschwerdegericht ist an den protokollierten Sachverhalt nicht gebunden, sondern kann auch ihn nachprüfen, aM Zweibr NJW 2005, 612. Fehlt dem Beschluss die Begründung, ist das unschädlich, wenn sich alles Notwendige zweifelsfrei aus der Protokollierung des Vorfalls ergibt, Düss NStZ 1988, 238.

183 *[Straftat].* **[1]Wird eine Straftat in der Sitzung begangen, so hat das Gericht den Tatbestand festzustellen und der zuständigen Behörde das darüber aufgenommene Protokoll mitzuteilen. [2]In geeigneten Fällen ist die vorläufige Festnahme des Täters zu verfügen.**

1 Hierzu Nierwetberg NJW 1996, 432: Die Vorschrift gilt entsprechend in der Arbeitsgerichtsbarkeit nach § 9 II ArbGG. Begriff der Sitzung → § 176 Rn. 4. § 183 ist zwingend, ebenso § 116 AO für Steuerstraftaten. „Straftat" ist eine solche Tat, die den Tatbestand eines Strafgesetzes verwirklicht, aM LG Regensb NJW 2008, 1095 (aber eine Verhinderung des Vorsitzenden ändert nichts am Grundsatz, Nierwetberg NJW 2008, 1095). Daher ist § 183 auf eine bloße Ordnungswidrigkeit unanwendbar. Als „Feststellung" genügt die kurze Beurkundung der wesentlichen Vorgänge. Wegen einer vorläufigen Festnahme § 127 StPO. Der Erlass eines Haftbefehls ist unzulässig. Die Nichtzulassung rechtswidrig erlangter Beweismittel lässt sich nicht auf die entsprechende Anwendung von § 183 stützen, Werner NJW 1988, 1001.

2 Unanwendbar ist § 183, soweit in der Sitzung eine nur außerhalb von ihr begangene oder evtl. erfolgte Straftat zur Erörterung kommt. Soweit der Richter schon deswegen zB die Ermittlungsbehörde einschalten will, kann sogar seine Ablehnung begründet sein.

3 Außerhalb der Sitzung gilt § 183 nicht direkt. Der Richter ist aber als Organ der Rechtspflege keineswegs verpflichtet und auch gar nicht berechtigt, ohnmächtig zuzuschauen, wenn ein Beteiligter jedes Maß verliert. BGH NStZ 2014, 149 sieht in der Ankündigung durch einen Anwalt, die Ermittlungsbehörden einzuschalten, evtl. sogar einen Verstoß gegen § 240 StGB; dazu mit Recht krit. Huff Editorial in NJW 2014, Heft 4. Zum Rpfl KG Rpfleger 2018, 192.

Fünfzehnter Titel. Gerichtssprache

184 *[Grundsatz].* **[1]Die Gerichtssprache ist deutsch. [2]Das Recht der Sorben, in den Heimatkreisen der sorbischen Bevölkerung vor Gericht sorbisch zu sprechen, ist gewährleistet.**

Schrifttum: Flessner, Deutscher Zivilprozess auf Englisch, NJW 2011, 3544; Hoffmann, Kammern für internationale Handelssachen, 2011; Salger, Handelssprache Englisch auch als Gerichtssprache, AnwBl 2012, 40 (je rechtspolitisch).

1 **I. Systematik, Regelungszweck.** § 184 nennt etwas eigentlich noch Selbstverständliches, krit. Graf von Westphalen AnwBl 2009, 214. Die Vorschrift sichert die Verständlichkeit des Geschehens im Gericht auch für Unbeteiligte, Paulus JuS 1994, 369. Sie ist europarechtlich, EuGH NJW 2016, 303, wie verfassungsrechtlich unbedenklich, BVerfG NVwZ 1987, 785; Stgt Just 2007, 260, und zwingend, also von Amts wegen zu beachten, Aden ZRP 2011, 120; Armbrüster ZRP 2011, 104. Eine verfassungskonforme Auslegung gebietet gerade nicht die Einholung einer Übersetzung ins Deutsche von Amts wegen, aM FG Hmb ZVertriebsR 2017, 317. Jedoch

macht der Gesetzgeber zB im Bereich der Elektronik oder des Gewerblichen Rechtsschutzes das Englische praktisch bei Fachbegriffen zu einer maßgeblichen Sprache und damit wohl auch zu einer faktischen Gerichtssprache.

Englisch ist selbst dann trotz Globalisierung und Freihandel über die Weltmeere hinweg bisher weder nach S. 1 noch zB nach dem EU-Recht statt deutsch eine verbindliche oder doch ausreichende Sprache vor Gericht. 2

In einem Modellversuch sind seit 2010 in einigen Gerichten in NRW „Englischsprachige Zivilkammern" eingerichtet, vor denen die mündliche Verhandlung unter bestimmten Voraussetzungen auf Englisch erfolgen kann, → § 185 Rn. 8. Seit 2018 sind in Hamb. und Hessen Kammern für internationale Handelssachen eingerichtet, vor denen auf Englisch mündlich verhandelt wird, Pfeiffer DRiZ 2021, 46. Seit dem 1.11.2020 sind in BW beim LG Stgt und LG Mannh. so genannte Commercial Courts eingerichtet, vor denen ebenfalls in englischer Sprache verhandelt werden kann, Diekmann NJW 2021, 605; Melin DRiZ 2021, 62; Riehm/Thomas NJW 2022, 1725; → § 185 Rn. 8 (Informationen unter https://commercial-court.de/commercial-court). Rechtspolitisch sprechen sich für eine Verhandlung auf Englisch neben Deutsch in einer Kammer für internationale Handelssachen aus: Pfeiffer DRiZ 2021, 46; DJT NJW 2014, Heft 40 S. 17; Handschell DRiZ 2010, 395; Prütting AnwBl 2010, 113. Zur Vereinbarkeit einer solchen Erweiterung mit § 169: Ewer NJW 2010, 1323. § 169 ist aber nur ein Aspekt. Zum Problem Remmert ZIP 2010, 1579; Wilke DRiZ 2010, 123. Noch weiter geht die Initiative des Bundesrats, der einen Gesetzesentwurf vom 7.5.2021 (BR-Drs. 218/21) für ein „Gesetz zur Stärkung der Gerichte in Wirtschaftsstreitigkeiten" vorgelegt hat. Dieser sieht vor, an den Landgerichten besondere Kammern für internationale Handelssachen einzurichten, die Prozesse ganz oder teilweise auf Englisch führen können. Die speziell dafür eingerichteten Senate der Oberlandesgerichte könnten damit bei Wirtschaftsstreitigkeiten mit internationalem Bezug und einem Streitwert ab zwei Mio Euro auch erstinstanzlich verhandeln, wenn die Parteien dies vereinbaren. Jedes Bundesland soll an einem OLG einen sog. Commercial Court einrichten, sofern nicht länderübergreifende Commercial Courts geschaffen werden. Auf übereinstimmenden Antrag der Parteien soll ein Wortprotokoll geführt werden, Zeyher NZG 2021, 521; → § 185 Rn. 8. Der aktuelle Gesetzesentwurf den der BR am 11.3.2022 beschlossen hat, stellt derzeit den Schlusspunkt einer seit über 13 Jahren geführten Debatte dar, die schon in den Jahren 2010, 2014, 2018 und 2021 zu Entwürfen des BR geführt hatte, Hoffmann ZRP 2022, 108. Dieser sieht u. a. eine Ergänzung des § 184 durch einen Abs. 2 vor, nach dem das gesamte Verfahren vor den zu schaffenden KfiH bei den Landgerichten und den Commercial Courts bei den Oberlandesgerichten in englischer Sprache durchgeführt werden kann. Bei Einbeziehung Dritter sieht der Entwurf in Abs. 3 eine Ausnahme vor, BR-Drs. 79/22. Nach dem Koalitionsvertrag der „Ampel-Koalition" 2021 sollen diese englischsprachigen Spezialkammern ermöglicht werden; vertiefend: Riehm/Thomas NJW 2022, 1725. 3

II. Geltungsbereich. § 184 gilt in allen Verfahren, für die das GVG maßgeblich ist, Armbrüster NJW 2011, 818. Die Vorschrift gilt jedoch gem. § 1045 I 1, 2 ZPO nicht im schiedsgerichtlichen Verfahren, vielmehr unterliegt hier die Verfahrenssprache der Parteidisposition, BGH SchiedsZV 2021, 46 = GRUR 2021, 118; MüKoZPO/Münch ZPO § 1045 Rn. 1; → ZPO § 1045 Rn. 2, wobei die Verfahren, die vor den ordentlichen Gerichten durchgeführt werden wie z. B. §§ 1062 ff ZPO, nicht von § 1045 I ZPO erfasst werden, → ZPO § 1063 Rn. 4. § 184 gilt bei § 29 GBO, KG FGPrax 2011, 168, vor dem Nachlassgericht, Schlesw NJW-RR 2015, 1225, sowie im Verfahren der Patentnichtigkeitsklage, BGH NJW 1993, 71, oder bei § 25 I EGBGB, Schlesw FGPrax 2015, 131 (krit. Heinemann). Die Vorschrift gilt entsprechend in der Arbeitsgerichtsbarkeit nach § 9 II ArbGG. Sie bezieht sich nur auf Verhandlungen, Schriftsätze, eine andere Urkunde nach §§ 415 ff. ZPO, LG Ffm NJW-RR 2009, 403 (Internet-Ausdruck). Jedoch kann es sinnvoll sein, zunächst ein fremdsprachiges Original vorzulegen, BVerwG NJW 1996, 1533. Die Vorschrift gilt für Entscheidungen und sonstige Äußerungen des Gerichts und der Beteiligten. Sie besagt, dass man alle diese Äußerungen in deutscher Sprache abgeben muss, BGH NJW 1982, 532; Hmb GRUR-RR 2008, 100. 4

Deutsch ist dort auch Plattdeutsch, wo alle Beteiligten Plattdeutsch verstehen. Entsprechendes gilt für andere Volkssprachen wie Friesisch und für alle deutschen Mundarten. Demgemäß kann ein Beteiligter sich vor Gericht unter denselben Voraussetzungen einer Volkssprache oder deutschen Mundart bedienen, wie das nach § 185 II in einer fremden Sprache geschehen kann. 5

S. 2 garantiert das Recht der Sorben, in ihren Heimatkreisen vor Gericht Sorbisch zu sprechen. Vgl. dazu das sächsische G über die Rechte der Sorben v. 31.3.1999, GVBl 161. Darin liegt keine Bevorzugung, die nach Art. 3 III GG unzulässig wäre. Zum Recht auf Gleichbehandlung nach Art. 6 EGV wegen des Gebrauchs einer anderen Sprache als der Hauptsprache eines EG-Landes EuGH EuZW 1999, 82 (Anm. Novak). Zur EU-Lage EuGH EuZW 2014, 393 (zust. Hilpold). 6

III. Entscheidung, Verfügung. Sie ist nach § 184 nur in hochdeutscher Sprache zulässig, also weder in einer Mundart noch in altertümlichem Deutsch, Beaumont NJW 1990, 1970. Das Gericht muss sie auch einem sprachunkundigen Beteiligten ohne eine Übersetzung übermitteln, BVerfG NJW 1983, 2762; BGH NJW-RR 1996, 387; Brdb FamRZ 2006, 1860; aM Bachmann FamRZ 1996, 1270. Jedoch ist es statthaft und evtl. notwendig, im Rechtshilfeverkehr mit dem Ausland ausgehende Ersuchen in einer fremden Sprache abzufassen, so schon Lichtenberger JR 1985, 77; Vogler NJW 1985, 1764; vgl. aber BGH NJW 1984, 2050. Prozessbeobachtende Medienvertreter können grds. auf Deutsch als Gerichtssprache verwiesen werden; auch brauchen dabei gerichtliche Ressourcen grds. nicht für Übersetzungen in andere Sprachen zur Verfügung gestellt werden, wobei jedoch die Chancengleichheit der zugelassenen Medienvertreter (hier bei einem Verfahren nach dem Völkerstrafrecht) realitätsnah und nicht nur formell gewährleistet sein muss, BVerfG NJW 2020, 3166 („Syrien-Folterprozess"); Bock/Wagner NJW 2020, 3146. 7

Jede schriftliche Äußerung des Gerichts muss in allen ihren Bestandteilen aus allgemein verständlichen Schrift- und Zahlenzeichen der deutschen Sprache bestehen, VGH Kassel NJW 1984, 2429. Zwar binden Erlasse der Verwaltung und andere Verlautbarungen ohne Normcharakter den Richter nicht, Kissel NJW 1997, 1097; Wassermann BRAK-Mitt. 1997, 108. Trotzdem ist es seine Anstandspflicht (nobile officium), allgemein gebräuchliche Rechtschreibungs- und Zeichensetzungsregeln zu befolgen. Die argumentative Verwendung komplizierter mathematischer Formeln in gerichtlichen Entscheidungen wird durch § 184 nicht unstatthaft, aM Groh MDR 1984, 195. Wenn dadurch das Verständnis auch für Sachkundige unmöglich wird, können nur Rechtsmittel nach § 551 Nr. 7 ZPO helfen. Keine Bedenken bestehen rein sprachlich gegen die Verwendung von sog. 8

Textbausteinen. Demgegenüber ist die Verweisung auf außerhalb der gerichtlichen Äußerung befindliche Textbestandteile unzulässig, VGH Kassel NJW 1984, 2429. Durch Computer gefertigte Schreiben müssen den Anforderungen an eine klare und verständliche Sprache genügen, AG Hersbruck NJW 1984, 2426 (sehr weitgehend). Dabei darf das Gericht aber vom Leser angemessene Bemühungen um das richtige Verständnis erwarten.

9 **IV. Schriftsatz, Eingabe.** Schriftsätze, Eingaben sowie Anlagen zu Schriftsätzen oder Ausführungen in fremder Sprache sind grundsätzlich unbeachtlich, KG MDR 1986, 156. Sie können aber nach S. 1 in einer deutschen Übersetzung vorgelegt werden, so üblicherweise bei Anlagen, BGH NJW 2020, 399 Rn. 38. Sie können also nicht einmal als ein unzulässiger Antrag gelten. Sie wahren dann keine Frist, wenn keine Übersetzung beiliegt, sofern nichts anderes bestimmt ist, zB nach § 3 III AVAG, SchlAnh. V E, BGH NJW 1982, 532; BSG MDR 1987, 436; Hmb MDR 1989, 90; aM Armbrüster NJW 2011, 818 (bei Beweismittel); Geimer NJW 1989, 2204, Schumann FS Schwab, 1990, 462. Jedoch kann die Entscheidung, ob jemand eine Frist eingehalten hat, schon im Interesse der anderen Beteiligten weder von den Fremdsprachkenntnissen des Gerichts oder seiner Möglichkeit abhängen, eine Übersetzung zu beschaffen, noch auch davon, dass der Verfasser nicht in der Lage ist, sich der deutschen Sprache zu bedienen oder für eine Übersetzung zu sorgen. Es bedarf also für die Zulassung fremder Sprachen einer gesetzlichen Regelung wie in den §§ 23 VwVfG, 87 AO und 19 SGB X. Diese Vorschriften sind im Gerichtsverfahren nicht entsprechend anwendbar, BSG MDR 1987, 436, auch nicht nach Art. 103 I GG. Denn der Zwang, sich der Gerichtssprache zu bedienen, verstößt jedenfalls dann nicht gegen diese Bestimmung, wenn das Gericht von Amts wegen eine Übersetzung einholt, sofern der Ausländer dartut, dass er sie nicht beibringen kann und dass das Dokument für das Verfahren bedeutsam ist, BVerfG NJW 1987, 3077; BVerwG NJW 1996, 1553; BayObLG NJW-RR 1987, 279. Demgemäß bestimmt § 126 PatG ausdrücklich, dass das Gericht Eingaben in anderer Sprache nicht berücksichtigen darf. Eine abweichende Auslegung des § 184 ist auch beim Recht der EU nicht nötig, aM FG Saarbr NJW 1989, 3112. Vgl. jedoch §§ 1067 ff. ZPO.

10 **V. Wiedereinsetzung.** Eine solche Auslegung oder eine Fortentwicklung der Vorschrift ist umso weniger notwendig, als bei einer unverschuldeten Fristversäumnis wegen Unkenntnis der deutschen Sprache eine Wiedereinsetzung zB nach § 233 ZPO in Betracht kommt, BGH NJW 1982, 532, zB wenn die Beschaffung einer Übersetzung oder die Inanspruchnahme eines Bevollmächtigten solche Schwierigkeiten bot, die mit einer nach den Umständen angemessenen Mühe und Sorgfalt nicht überwindbar waren, BVerfG NVwZ-RR 1996, 120 (keine Überspannung der Anforderungen); BGH NJW-RR 1990, 830. Jedoch gibt es dann keine Wiedereinsetzung, wenn der Ausländer bewusst entgegen der Rechtsmittelbelehrung die Klage nicht in deutscher Sprache abgefasst hat, BVerwG NJW 1990, 3103.

11 Das entbindet das Gericht nicht davon, sich im Rahmen des Möglichen Kenntnis vom Inhalt einer Eingabe zu verschaffen, um etwa nach § 139 ZPO vorsorgliche Maßnahmen treffen zu können. Beim ersten Zugang zum Gericht wie etwa beim Mahnantrag nach § 690 ZPO nebst Mahnbescheid ist gegenüber einem sprachunkundigen Ausländer eine ihm verständliche Rechtsbehelfsbelehrung notwendig, sonst ist eine Wiedereinsetzung möglich, BVerfG NJW 1975, 1597, es sei denn, der Ausländer steht der Sprachfrage mit einer vermeidbaren Gleichgültigkeit gegenüber, BVerfG NJW 1976, 1021. Wegen der Hinzuziehung eines Dolmetschers oder Übersetzers durch das Gericht § 185.

12 **VI. Unanwendbarkeit.** Nicht hierunter fällt die Unterschrift. Ein Ausländer darf deshalb eine Vollmacht in einer fremden Schrift unterzeichnen, VGH Mü NJW 1978, 510. Ebenso wenig gilt § 184 für eine solche Urkunde in fremder Sprache, die ein Beteiligter vorlegt, BGH NJW 1989, 1433; Brdb FamRZ 2005, 1842. Wie § 142 III ZPO zeigt, ist eine solche Urkunde nur dann nicht zu berücksichtigen, wenn die angeordnete Übersetzung nicht vorliegt, BGH NJW 2007, 2989; NJW 1989, 1433; BVerwG NJW 1996, 1553; Karlsr FGPrax 2013, 174. Entsprechendes gilt für fremdsprachiges Entscheidungsmaterial, etwa für eine Urkunde als Beweismittel nach §§ 415 ff. ZPO, Brdb FamRZ 2005, 1842; Zweibr FamRZ 1999, 35. Bei einer Amtsermittlung muss evtl. das Gericht für eine Übersetzung sorgen, Jacob BWVBl 1991, 207. Selbstverständlich gilt § 184 auch nicht für ein ausländisches Rechtshilfeersuchen, Vogler NJW 1985, 1764. Vgl. ferner §§ 1067 ff. ZPO.

185 *[Verhandlung mit Fremdsprachigen].*

I [1]Wird unter Beteiligung von Personen verhandelt, die der deutschen Sprache nicht mächtig sind, so ist ein Dolmetscher zuzuziehen. [2]Ein Nebenprotokoll in der fremden Sprache wird nicht geführt; jedoch sollen Aussagen und Erklärungen in fremder Sprache, wenn und soweit der Richter dies mit Rücksicht auf die Wichtigkeit der Sache für erforderlich erachtet, auch in der fremden Sprache in das Protokoll oder in eine Anlage niedergeschrieben werden. [3]In den dazu geeigneten Fällen soll dem Protokoll eine durch den Dolmetscher zu beglaubigende Übersetzung beigefügt werden.

Ia [1]Das Gericht kann gestatten, dass sich der Dolmetscher während der Verhandlung, Anhörung oder Vernehmung an einem anderen Ort aufhält. [2]Die Verhandlung, Anhörung oder Vernehmung wird zeitgleich in Bild und Ton an diesen Ort und in das Sitzungszimmer übertragen.

II Die Zuziehung eines Dolmetschers kann unterbleiben, wenn die beteiligten Personen sämtlich der fremden Sprache mächtig sind.

III In Familiensachen und in Angelegenheiten der freiwilligen Gerichtsbarkeit bedarf es der Zuziehung eines Dolmetschers nicht, wenn der Richter der Sprache, in der sich die beteiligten Personen erklären, mächtig ist.

1 **I. Systematik, Regelungszweck.** Gerade wegen der Vereinbarkeit des § 184 mit der EMRK und dem GG ist im Rechtsstaat nach Art. 6 EMRK, Art. 20 GG eine Überwindung unverschuldeter Sprachbarrieren notwendig. Dies wird durch §§ 185 ff. gewährleistet. Diese Vorschriften sind so zu handhaben, dass zwar der Grundsatz des § 184 unangetastet bleibt, andererseits aber der fremdsprachige Beteiligte keinen Rechtsnachteil erleidet. Wie das im Einzelnen gelingt, hängt allerdings weitgehend vom Feingefühl des Gerichts ab. Das gilt vor allem bei III. BGH AnwBl 2018, 109 sieht beim Dolmetscher I 1 vorrangig vor § 187 I 1.

2 **II. Geltungsbereich.** Gilt entsprechend in der Arbeitsgerichtsbarkeit nach § 9 II ArbGG.

III. Hinzuziehung eines Dolmetschers, I, I a. Ist ein der deutschen Sprache nicht Mächtiger an einer Verhandlung beteiligt, muss das Gericht ein faires Verfahren gewährleisten, BVerfG NJW 2004, 50; Kblz MDR 2014, 1225; Brdb FamRZ 2007, 162. Es muss daher dann mit Ausnahme der FamFG-Fälle grundsätzlich einen Dolmetscher der Sprache zuziehen, die der Betroffene beherrscht, BGH NJW-RR 2018, 506; Düss NJW-RR 1998, 1695; LG Amberg DGVZ 2006, 181 (zum alten Recht). Dasselbe muss der Rpfl. oder Urkundsbeamte bei der Aufnahme von Erklärungen zum Protokoll tun, BayObLG Rpfleger 1977, 133. Das Gebot richtet sich an das Gericht. Die Beteiligten müssen auf die Notwendigkeit der Zuziehung hinweisen, Hamm MDR 2000, 657. Sie sollten das aber in verständlicher Weise tun. Spricht der Betroffene mehrere Sprachen, liegt es im pflichtgemäßen Ermessen des Gerichts, ob und für welche Sprache(n) es einen Dolmetscher zuzieht, BGH NStZ 1990, 228; Brdb FamRZ 2007, 162; VGH Kassel JurBüro 1989, 645. Besonderheiten gelten für Verhandlungen vor den modellhaft eingeführten „englischsprachigen Kammern" oder „Commercial Courts", → Rn. 8; → § 184 Rn. 3; Diekmann NJW 2021, 605. 3

1. Verhandlungsbegriff. „Verhandlung" nach I ist nicht nur die mündliche Verhandlung nach zB §§ 137 I, 278 II 1 ZPO, sondern jeder Gerichtstermin, auch der vor dem zB nach §§ 361, 362 ZPO ersuchten oder beauftragten Richter. Demgemäß ist auch bei der Erledigung eines ausländischen Rechtshilfeersuchens zB nach dem Haager BewAufnÜbk nach Anh. § 363 ZPO ein Dolmetscher dann notwendig, wenn ein Richter des ersuchenden Gerichts nach Art. 8 Übk., § 10 AusfG und/oder eine Partei des dortigen Rechtsstreits anwesend ist, sofern sie des Deutschen nicht mächtig sind, Martens RIW 1981, 732. Dagegen bezieht sich § 185 nicht auf schriftliche Äußerungen des Gerichts oder eines Beteiligten und auch nicht auf sonstige Urkunden, Hamm FGPrax 2010, 159; Brdb FamRZ 2007, 162. Das ist vielmehr die Aufgabe eines Sachverständigen, BGH NStZ 1998, 1087. Vorbereitende Handlungen eines Beteiligten wie zB Gespräche mit seinem Anwalt sind keine Verhandlung nach § 185. Auch eine entsprechende Anwendung scheidet aus, aM Ffm StrVert 1991, 457; KG NStZ 1990, 403; LG Bln NStZ 1990, 449. 4

2. Bild- und Tonübertragung. Bild- und Tonübertragung ist nach I a nach ihrer Zulassung seit 2013 ganz ähnlich wie bei § 128a ZPO und bei den dort genannten Vorschriften anderer Gesetze nach dem Ermessen des Gerichts möglich, sogar erweitert, nämlich in jede Art von Verhandlung. Lediglich das Gericht muss sich im Sitzungssaal aufhalten und dort auch die Öffentlichkeit nach § 169 gewährleisten. Ob der „andere Ort" an dem sich der Dolmetscher aufhält, im Inland gelegen sein muss, wird im Rahmen des § 128a ZPO kontrovers diskutiert, → ZPO § 128a Rn. 14. Für den Dolmetscher dürfte es in erst Linie darauf ankommen, dass es sich um einen Ort handelt, der eine störungsfreie Bild- und Tonübertragung sicherstellt, um Aussagen in die deutsche Spreche zu übersetzen; dies dürfte zumindest auch im EU-Ausland möglich sein. Zur Problematik: Windau, Verhandlungen mittels Bild/Tonübertragung, NJW 2020, 2753; → ZPO § 128a Rn. 14. 5

3. Deutschkenntnis. Alle an einer Verhandlung Beteiligten müssen so gut Deutsch können, dass sie der Verhandlung folgen und ihre Rechte voll wahrnehmen können. Sie müssen also Deutsch nicht nur verstehen, sondern auch zur Verständigung mit den übrigen Beteiligten ausreichend sprechen können, BVerfG NJW 1983, 2763; BVerwG NJW 1990, 3103; Kblz MDR 2014, 1225 (je: eine volle Beherrschung der deutschen Sprache sei aber nicht erforderlich). Beteiligt sind außer den Gerichtspersonen Parteien und gesetzliche Vertreter nach § 51 ZPO auch im Anwaltsprozess, Beistände nach § 90 ZPO sowie Zeugen nach § 373 ZPO und Sachverständige nach § 402 ZPO, die beiden letzteren nur, soweit sie der Verhandlung folgen müssen. Es ist auch bei einer voraussichtlichen Unerheblichkeit einer Aussage nötig, dem Zeugen einen Dolmetscher zu bestellen, falls die Gefahr besteht, dass der Zeuge das Gericht falsch verstanden hat, Düss MDR 2006, 532. Das Protokoll nach §§ 159 ff. ZPO ist stets deutsch. Die Entscheidung, ob ein Beteiligter genügend Deutsch kann oder welche Sprache er beherrscht, ist im Rahmen eines tatrichterlichen Beurteilungsspielraums erforderlich, BayObLG BayVBl. 1981, 187. Eventuell muss sich das Gericht zB durch eine Anfrage bei dem Beteiligten vergewissern, wie es mit dessen Deutschkenntnissen steht und ob er etwa auf der Bestellung eines Dolmetschers besteht. Wer wahrheitswidrig behauptet, nicht Deutsch zu können, ist zur Verhandlung nicht zuzulassen und gilt als nicht erschienen oder als Zeuge das Zeugnis zB nach §§ 383 ff. ZPO weigernd. Insofern ist jedoch eine sorgfältige Prüfung nötig. 6

4. Entscheidung. Das Rechtsmittelgericht darf eine Entscheidung des Erstgerichts zu den Sprachkenntnissen einer Partei an sich nicht nachprüfen, LG Bln MDR 1987, 151; LAG Köln MDR 2000, 1337, ebenso wenig, ob der Richter bei teilweiser Deutschkenntnis eines Beteiligten von seinem Ermessen dazu richtig Gebrauch gemacht hat, in welchem Umfang ein Dolmetscher hinzuzuziehen ist, BGH NStZ 1984, 328; Stgt NJW 2006, 3796; Düss NJW-RR 1998, 1695. Das Rechtsmittelgericht darf jedoch nachprüfen, ob das Erstgericht den Begriff der „Kenntnis der deutschen Sprache" verkannt hat. Das gilt jedoch nur aufgrund eines Rechtsmittels gegen die Entscheidung selbst, nicht über § 567 ZPO. Den Begriff der Sprachkenntnis hat das Gericht bereits dann verkannt, wenn Zweifel bestehen, dass die Person der Verhandlung folgen kann, VGH Kassel JurBüro 1989, 645. Deshalb muss das Erstgericht seine Entscheidung zur Entbehrlichkeit eines Dolmetschers so begründen, dass eine Nachprüfung dieses Punktes möglich ist, BayObLG BayVBl. 1981, 187. 7

IV. Keine Hinzuziehung, II, III. Die Zuziehung eines Dolmetschers kann bei I dann unterbleiben, wenn alle Beteiligten der anderen Sprache mächtig sind, wenn sie also etwa diejenige des Zeugen verstehen und sprechen (zB bei allen Mundarten, Plattdeutsch, Friesisch oder Sorbisch, → § 184 Rn. 5 f.); VGH Mannh DVBl 2009, 736. Das Protokoll nach §§ 159 ff. ZPO ist auch dann deutsch. Sich gegenüber Ausländern einer fremden Sprache zu bedienen, ist das Gericht grundsätzlich nicht verpflichtet. Eine Zulassung von Verhandlungen in fremder Sprache befürwortete schon Gruber ZRP 1990, 172 mit beachtlichen Gründen. Seit Anfang 2010 sind entsprechend einer BR-Initiative aus diesem Jahr in einem Modellversuch in NRW – so beim LG Bonn und LG Köln – englischsprachige Zivilkammern eingerichtet, bei denen auf Wunsch internationaler Parteien die Verhandlung in englischer Sprache jedoch ausschließlich nach deutschem Recht durchgeführt werden. Dies setzt voraus, dass der Rechtsstreit einen internationalen Bezug aufweist, dies dem Wunsch der Parteien entspricht und auf einen Dolmetscher verzichtet wurde. Dies wurde aber nur in einem geringen Maß angenommen. Nach einem erneuten Gesetzesentwurf des BR vom 18.4.2018 (Drs. 19/1717) für ein Gesetz zur Einführung von Kammern für internationale Handelssachen (KfiHG) sind auch in Hamburg und Hessen seit 2018 Kammern für internationale Handelssachen eingerichtet, vor denen auf Englisch mündlich verhandelt werden kann, Pfeiffer DRiZ 8

2021, 46. Seit dem 1.11.2020 sind in BW am LG Stgt und LG Mannh so genannte Commercial Courts eingerichtet, die jedoch mangels gesetzlicher Vorgaben ebenfalls Zivilkammern oder KfH sind. Zusätzlich ist dem Commercial Court beim OLG Stgt ein Senat als Rechtsmittelinstanz zugeordnet, bei dem ebenfalls in englischer Sprache verhandelt werden kann, Melin DRiZ 2021, 62; Pfeiffer DRiZ 2021, 46; Diekmann NJW 2021, 605; Zeyher NZG 2021, 521 (Editorial); → § 184 Rn. 3. Seit dem 7.5.2021 liegt ein darauf aufbauender Gesetzentwurf des Bundesrates (BR-Drs. 219/21) für ein Gesetz zur Stärkung der Gerichte in Wirtschaftsstreitigkeiten" vor; zum Inhalt: → § 184 Rn. 3. Ist die Vernehmung eines Zeugen vor diesen Spruchkörpern in englischer Sprache erfolgt, kann die Aussage nach I 2 im Original ohne Übersetzung zu Protokoll genommen werden, Diekmann NJW 2021, 605 (608). In einer FamFG-Sache ist die Hinzuziehung nach III nicht von den allseitigen Sprachkenntnissen abhängig, sondern nur in derjenigen des Richters. Der Bundesrat hat am 11.3.2022 beschlossen, den 2021 erarbeiteten „Gesetzesentwurf zur Stärkung der Gerichte in Wirtschaftsstreitigkeiten" erneut in den Bundestag einzubringen (BR-Drs. 79/22), Hoffmann ZRP 2022, 108; Riehm/Thomas NJW 2022, 1725; zu den Konsequenzen auch → § 184 Rn. 3.

9 **V. Rechtsbehelfe bei Verletzung von I.** Eine Verletzung von I liegt nicht nur dann vor, wenn die erforderliche Hinzuziehung eines Dolmetschers unterbleibt, sondern auch dann, wenn seine Tätigkeit erhebliche Mängel zeigt, BVerwG NVwZ 1999, 66, oder wenn der Dolmetscher zeitweilig abwesend ist, BGH bei Holtz MDR 1991, 1025. Jedoch ist I a zu berücksichtigen. Ein Verstoß ist kein unbedingter Revisionsgrund nach § 551 ZPO. Die Partei kann auf die Einhaltung des § 185 verzichten und auch ihr Rügerecht nach § 295 I ZPO verlieren, BVerwG NVwZ 1999, 66. Sonst liegt ein Verfahrensmangel in Form einer Verletzung des Anspruchs auf rechtliches Gehör nach Art. 103 I GG vor. Er rechtfertigt die Zurückverweisung nach § 538 II 1 Nr. 1 ZPO. Die Partei darf sich auf den Mangel aber dann nicht berufen, wenn sie ihre prozessuale Möglichkeit nicht dazu genutzt hat, eine Verhandlung mit einem Dolmetscher zB durch einen Antrag auf eine Vertagung herbeizuführen, BVerwG BayVBl. 1982, 349.

10 **VI. Dolmetscher, I.** Vor der Hinzuziehung eines Dolmetschers hat das Gericht mehrere Prüfschritte durchzuführen:

11 **1. Auswahl.** Der Dolmetscher ist wegen des Gebots eines fairen Verfahrens evtl. notwendig, BVerfG NJW 2004, 50 und 1443 (je StPO); Brdb FamRZ 2007, 162. Er ist dann ein Gehilfe des Gerichts und der Beteiligten, wenn er nur zur mündlichen Übertragung des Verhandelten tätig wird. Dann ist er kein Sachverständiger nach §§ 402 ff. ZPO. Er wird aber in mancher Beziehung wie ein solcher behandelt. Sofern er nur oder auch Übersetzer ist, also mündlich oder schriftlich den Text einer außerhalb des Verfahrens entstandenen Urkunde überträgt, ist er dagegen insoweit ein Sachverständiger, Köln NJW 1987, 1091. Seine Auswahl steht im pflichtgemäßen Ermessen des Gerichts. Es muss die öffentlich bestellten oder allgemein vereidigten Dolmetscher entsprechend § 404 I ZPO meist bevorzugen, Tormin ZRP 1987, 423. Es muss etwaige besondere Umstände berücksichtigen. IÜ darf das Gericht jede fachlich und persönlich geeignete Person für diesen Dienst heranziehen, VGH Kassel JurBüro 1989, 645 (auch zur Heranziehung bei einer Mehrsprachigkeit eines Beteiligten), also auch den Verwandten eines Beteiligten, BVerwG NJW 1984, 2055, oder einen korrekt wirkenden sprachkundigen Begleiter eines nicht sprachkundigen Beteiligten, zumindest zu einer vorläufigen Erörterung und etwaigen Klärung dann, wenn alle einverstanden sind. Das Gericht muss klären, dass sich der Fremdsprachige und der Dolmetscher verständigen können, BGH MDR 2010, 646. Wegen der Ablehnung des Dolmetschers § 191. Der Dolmetscher kann zugleich Zeuge oder Sachverständiger sein. Er darf dann seine eigenen Aussagen übersetzen.

12 **2. Aufgaben.** Der Dolmetscher muss den Tenor aller Entscheidungen sowie die Auflagen und Fragen des Gerichts, fremdsprachliche Beweisurkunden und Anträge oder sonst entscheidungserhebliche Erklärungen der Beteiligten wörtlich übersetzen. Gem. § 189 I 1 hat der Dolmetscher „treu und gewissenhaft" zu übertragen. Seine Übersetzung hat richtig und vollständig zu sein. Bedenken können deshalb gegen ein „kultursensibles" Dolmetschen bestehen, Strate NJW-aktuell 31/2021, 7 (zur Ausbildung so genannter Sprach- und Kulturmittler). Im Übrigen genügt eine Übersetzung ihrem wesentlichen Inhalt nach. Beim Gutachten nach §§ 402 ff. ZPO genügt die Wiedergabe des Ergebnisses, soweit nicht ein Beteiligter eine Gesamtübersetzung ausdrücklich verlangt. Es handelt sich um eine zwingende öffentlich-rechtliche Vorschrift. Ein Verzicht ist nicht statthaft. Das Protokoll muss nach § 160 II ZPO den Grund der Zuziehung des Dolmetschers angeben, nicht notwendig die Einzelheiten der Zuziehung, wohl aber die etwaigen Umstände nach I a. Es muss angeben, was er übertragen hat, wenn auch nicht in allen Einzelheiten. Dass das geschehen ist, ist mit jedem Beweismittel nach §§ 371 ff. ZPO und nicht nur mit dem Protokoll beweisbar. Wegen der Vergütung des Dolmetschers und des Übersetzers §§ 8 ff. JVEG, Toussaint/Weber JVEG. Als eine gerichtliche Auslage nach KV 9005 GKG, KV 2005 FamGKG, muss der Kostenschuldner sie stets tragen.

186 *[Hör- oder sprachbehinderte Personen].* **I [1]Die Verständigung mit einer hör- oder sprachbehinderten Person erfolgt nach ihrer Wahl mündlich, schriftlich oder mit Hilfe einer die Verständigung ermöglichenden Person, die vom Gericht hinzuzuziehen ist. [2]Für die mündliche und schriftliche Verständigung hat das Gericht die geeigneten technischen Hilfsmittel bereitzustellen. [3]Die hör- oder sprachbehinderte Person ist auf ihr Wahlrecht hinzuweisen.**

II Das Gericht kann eine schriftliche Verständigung verlangen oder die Hinzuziehung einer Person als Dolmetscher anordnen, wenn die hör- oder sprachbehinderte Person von ihrem Wahlrecht nach Absatz 1 keinen Gebrauch gemacht hat oder eine ausreichende Verständigung in der nach Absatz 1 gewählten Form nicht oder nur mit unverhältnismäßigem Aufwand möglich ist.

III Das Bundesministerium der Justiz und für Verbraucherschutz bestimmt durch Rechtsverordnung, die der Zustimmung des Bundesrates bedarf,

1. den Umfang des Anspruchs auf Bereitstellung von geeigneten Kommunikationshilfen gemäß den Absätzen 1 und 2,
2. die Grundsätze einer angemessenen Vergütung für den Einsatz von Kommunikationshilfen gemäß den Absätzen 1 und 2,

3. die geeigneten Kommunikationshilfen, mit Hilfe derer die in den Absätzen 1 und 2 genannte Verständigung zu gewährleisten ist, und
4. ob und wie die Person mit Hör- oder Sprachbehinderung mitzuwirken hat.

I. Systematik, Regelungszweck. Die auf § 9 BGG zurückgehende Vorschrift regelt die Verständigung mit solchen körperlich hör- oder sprachbehinderten Personen, die als Parteien oder Dritte, zB Zeugen nach §§ 373 ff. ZPO, am Verfahren beteiligt sind. Sie bezieht sich nicht auf geistig Behinderte. Bei einer blinden Person gilt § 191a. Insoweit muss das Gericht nach seinem pflichtgemäßen Ermessen innerhalb wie außerhalb einer etwaigen Verhandlung darüber entscheiden, welche Maßnahmen nötig sind, um eine sachgemäße und effektive Verständigung sicherzustellen, BGH NJW 1997, 2335. Die Regelung verpflichtet das Gericht, von der Möglichkeit einer direkten Verständigung zB durch eine Zeichen- oder Gebärdensprache vorrangig Gebrauch zu machen. 1

II. Geltungsbereich. Die Vorschrift gilt entsprechend in der Arbeitsgerichtsbarkeit nach § 9 II ArbGG. 2

III. Grundsatz, I. Die behinderte Person hat nach I 1 ein Wahlrecht zwischen schriftlicher oder mündlicher Verständigung oder der Hinzuziehung einer die Verständigung ermöglichenden Person. Das Gericht muss sie auf dieses Wahlrecht hinweisen. Als Sprachmittler kommen nicht nur Gebärden-, Schrift- oder Sprachdolmetscher in Betracht. Vielmehr kann die Verständigung auch mit Hilfe anderer, dem behinderten Menschen vertrauten Personen erfolgen. Sie sind keine Dolmetscher nach §§ 189–191. Diese Vorschriften sind aber entsprechend anwendbar. Die behinderte Person hat nach I 2 einen Anspruch darauf, dass das Gericht die für die Verständigung notwendigen oder auch nur zweckdienlichen technischen Hilfsmittel bereitstellt, zB eine Tonübertragungseinrichtung (Tonanlage). Das Gericht muss nach I 3 die behinderte Person mündlich oder schriftlich darauf hinweisen, dass sie zwischen den verschiedenen Möglichkeiten frei wählen kann. 3

IV. Beschränkungen, II. Das Gericht ist nicht darauf angewiesen, dass die behinderte Person von ihrem Wahlrecht Gebrauch macht. Geschieht das nicht oder würde das vom Behinderten gewählte Mittel wirklich unverhältnismäßig teuer oder kompliziert, kann das Gericht eine schriftliche Verständigung verlangen oder die Hinzuziehung einer Person jetzt als Dolmetscher nach §§ 189 ff. anordnen. Dieselben Möglichkeiten hat das Gericht dann, wenn eine ausreichende Verständigung in der nach I gewählten Form nicht oder nur mit einem unverhältnismäßigen Aufwand möglich ist, wenn zB die behinderte Person einer Zeichen- oder Gebärdensprache nicht oder nicht ausreichend mächtig ist. 4

V. Verfahren. Das Gericht entscheidet bei II nach seinem pflichtgemäßen Ermessen durch einen unanfechtbaren Beschluss. Ordnet es die Hinzuziehung eines Dolmetschers an, gilt für dessen Ablehnung § 191 und für dessen Beeidigung § 483 ZPO, BGH NJW 1997, 2335. Die Kosten der Hilfsmittel sind gerichtliche Auslagen. 5

VI. Rechtsverordnung, III. Es ist bis zum Redaktionsschluss dieser 81. Aufl. noch keine VO ergangen. 6

187 *(betrifft Strafsachen)*

188 *[Eidesleistungen]*. **Personen, die der deutschen Sprache nicht mächtig sind, leisten Eide in der ihnen geläufigen Sprache.**

Schrifttum: Jessnitzer, Dolmetscher, 1982, 76.

Die Vorschrift gilt entsprechend in der Arbeitsgerichtsbarkeit nach § 9 II ArbGG. Der Dolmetscher des § 185 muss die Eidesbelehrung nach § 480 ZPO in die fremde Sprache übertragen. Er spricht die Eidesnorm und die Eidesformel nach § 481 ZPO in dieser Sprache vor, ohne dass der Richter sie in deutscher Sprache vorgesprochen haben müsste. Der Vorsitzende sollte den fremdsprachigen Teil der Vereidigung zur Kontrolle immer ins Deutsche zurückübertragen lassen. Der Ausländer darf ihm vertraute Beteuerungsformeln zur Bekräftigung hinzufügen. Für die Eidesleistung sprach- und hörbehinderter Personen enthält § 483 ZPO eine Sondervorschrift, → § 186 Rn. 5. 1

189 *[Dolmetscher]*. I [1]**Der Dolmetscher hat einen Eid dahin zu leisten: daß er treu und gewissenhaft übertragen werde. [2]Gibt der Dolmetscher an, daß er aus Glaubens- oder Gewissensgründen keinen Eid leisten wolle, so hat er eine Bekräftigung abzugeben. [3]Diese Bekräftigung steht dem Eid gleich; hierauf ist der Dolmetscher hinzuweisen.**

II **Ist der Dolmetscher für Übertragungen der betreffenden Art nach dem Gerichtsdolmetschergesetz oder in einem Land nach den landesrechtlichen Vorschriften allgemein beeidigt, so genügt vor allen Gerichten des Bundes und der Länder die Berufung auf diesen Eid.**

[Fassung ab 12.12.2024:]
Ist der Dolmetscher für Übertragungen der betreffenden Art nach dem Gerichtsdolmetschergesetz allgemein beeidigt, so genügt vor allen Gerichten des Bundes und der Länder die Berufung auf diesen Eid.

III **In Familiensachen und in Angelegenheiten der freiwilligen Gerichtsbarkeit ist die Beeidigung des Dolmetschers nicht erforderlich, wenn die beteiligten Personen darauf verzichten.**

IV [1]**Der Dolmetscher oder Übersetzer soll über Umstände, die ihm bei seiner Tätigkeit zur Kenntnis gelangen, Verschwiegenheit wahren. [2]Hierauf weist ihn das Gericht hin.**

Schrifttum: Cebulla, Sprachmittlerstrafrecht, 2007.

I. Systematik, Regelungszweck. Es handelt sich um eine den §§ 478 ff. ZPO angenäherte Regelung. Vgl. daher auch dort auch zu dem Regelungszweck und der daraus folgenden Handhabung. Seine Aufgaben kann derzeit das Landesrecht mitregeln, zB in **Bayern** Gesetz v. 1.8.1981, GVBl 324; **Berlin** Gesetz v. 17.12.2009, 1

GVBl 846; **Brandenburg** Gesetz v. 7.7.2009, GVBl 252; **Schleswig-Holstein** Gesetz v. 30.7.2009, GVBl 500. Am 1.7.2021 tritt jedoch das Gerichtsdolmetschergesetz in Kraft (Art. 6 des Gesetzes zur Modernisierung des Strafverfahrens vom 10.12.2019, BGBl. I S. 2121). Deshalb ist II geändert mWv 13.12.2019 durch Art. 3 Nr. 4 des Gesetzes zur Modernisierung des Strafverfahrens vom 10.12.2019, BGBl. I S. 2121. Eine weitere Änderung des II mWv 12.12.2024 ist durch Art. 4 des Gesetzes zur Modernisierung des Strafverfahrens vom 10.12.2019, BGBl. I S. 2121, erfolgt.

2 **II. Geltungsbereich.** Die Vorschrift gilt entsprechend in der Arbeitsgerichtsbarkeit nach § 9 II ArbGG.

3 **III. Vereidigung, I.** Das Gericht muss nach I 1 den Dolmetscher in jeder Verhandlung mit Ausnahme einer Sache nach III durch einen Voreid verpflichten. Wegen der Bekräftigung nach I 2, 3 vgl. § 484 ZPO. Die Eidesleistung braucht an späteren Sitzungstagen nicht wiederholt zu erfolgen, BVerwG NJW 1986, 3154. Der Dolmetscher muss sich auch nicht jeweils ausdrücklich auf den Eid berufen, BVerwG BayVBl. 1986, 374. Bei einer wiederholten Vernehmung in derselben Sache genügt es, dass der Dolmetscher die Richtigkeit der Übertragung unter einer Berufung auf den zuvor geleisteten Eid versichert, BayObLG MDR 1979, 696. Das gilt nicht bei einer Vereidigung im Vorstadium des Verfahrens, BGH StrVert 1991, 504, zB im Prozesskostenhilfeverfahren nach §§ 114 ff. ZPO, §§ 76 ff. FamFG. Der für einen späteren Verhandlungstag geleistete Voreid oder die Berufung auf den allgemein geleisteten Eid hat nicht ohne Weiteres die Bedeutung eines Nacheides für den voraufgegangenen Tag, Hmb MDR 1984, 75.

4 Es handelt sich um eine mit Ausnahme von III zwingende Vorschrift, BGH NJW 1994, 941. Ein Verstoß berührt nicht die Grundlagen der Anhörung, BGH FGPrax 2017, 186; VGH Mü NVwZ-RR 2018, 632. Er ist kein absoluter Revisionsgrund nach § 547 ZPO, BGH NStZ 1988, 20; BSG MDR 1993, 173. Insbesondere begründet ein vorschriftswidriger Nacheid nicht die Revision, Saarbr NJW 1975, 65; aM Hmb MDR 1984, 75. Ist die Beeidigung des Dolmetschers unterblieben, darf das Berufungsgericht eine Zeugenaussage nicht ohne seine erneute Vernehmung verwerten, BGH NJW 1994, 941.

5 **IV. Allgemeiner Eid, II.** Die Berufung auf den geleisteten allgemeinen Eid genügt. Über ihn bestimmt derzeit neben dem Bundesrecht auch das Landesrecht nach → Rn. 1, Ruderich BayVBl. 1985, 169; Tormin ZRP 1987, 422. Jedoch ist zum 1.7.2021 das Dolmetschergesetz des Bundes in Kraft getreten (Art. 6 des Gesetzes zur Modernisierung des Strafverfahrens vom 10.12.2019, BGBl 2019 I S. 2121). Die bereits mit Wirkung vom 13.12.2019 erfolgte Änderung des II ging deshalb mit dem Verweis auf das Dolmetschergesetz bis zu diesem Zeitpunkt ins Leere. Durch die weitere Änderung des II mit Wirkung zum 12.12.2024 soll sichergestellt werden, dass sich Dolmetscher nach einer Übergangsfrist von 5 Jahren nur noch auf die allgemeine Beeidigung aufgrund der Regelung des Dolmetschergesetzes berufen können. Eine Berufung auf landesrechtliche Vorschriften genügt nach Ablauf dieser Frist nicht mehr. Die allgemeine Beeidigung muss sich auf die Sprache beziehen, aus der oder in die der Dolmetscher übersetzen soll, BGH bei Holtz MDR 1980, 456. Für eine andere Sprache ist eine besondere Vereidigung nötig, BGH NJW 1987, 1033. Meist beruht das Urteil dann aber nicht auf dem Fehlen der Vereidigung. Nötig ist eine eigene Erklärung des Dolmetschers, dass er die Richtigkeit der Übertragung auf seinen Eid nehme, BGH MDR 1982, 685. Seine Mitteilung, dass er allgemein vereidigt sei, genügt jedoch, BGH bei Holtz MDR 1978, 280. Die bloße Feststellung im Protokoll, dass er allgemein vereidigt sei, reicht nicht aus, BGH NStZ 1981, 69 (zust. Liemersdorf NStZ 1981, 69). Zur Auslegung des den Angaben zur Person folgenden Protokollvermerks „allgemein vereidigt" BGH NJW 1982, 2739. Ob das Urteil auf dem Unterlassen einer Berufung auf den allgemeinen Eid beruht, hängt von den Umständen ab, BGH NStZ 1987, 568. Beruft sich der Rechtsmittelführer auf einen nicht ordnungsgemäß geleisteten Eid, kann das Urteil auf diesem Fehler dann nicht beruhen, wenn sowohl der Tatrichter als auch der Dolmetscher irrig von der Ordnungsmäßigkeit des Eides ausgehen, BGH NStZ 1984, 328.

6 **V. Eidesverzicht, III.** In einer FamFG-Sache kann das Gericht auf eine Beeidigung beim allseitigen Verzicht aller Beteiligter nach § 7 FamFG verzichten.

190 *[Urkundsbeamter als Dolmetscher].* **[1]Der Dienst des Dolmetschers kann von dem Urkundsbeamten der Geschäftsstelle wahrgenommen werden. [2]Einer besonderen Beeidigung bedarf es nicht.**

1 Die Vorschrift gilt entsprechend in der Arbeitsgerichtsbarkeit nach § 9 II ArbGG. Die Heranziehung eines Dolmetschers ist dann entbehrlich, wenn der gerade nach § 159 I 2 ZPO protokollierende Urkundsbeamte diese Aufgabe wahrnimmt, also nicht ein mitwirkender Richter oder ein am Verfahren Beteiligter. Die Beeidigung des Urkundsbeamten ist nicht erforderlich.

191 *[Ausschließung und Ablehnung des Dolmetschers].* **[1]Auf den Dolmetscher sind die Vorschriften über Ausschließung und Ablehnung der Sachverständigen entsprechend anzuwenden. [2]Es entscheidet das Gericht oder der Richter, von dem der Dolmetscher zugezogen ist.**

1 Die Vorschrift gilt entsprechend in der Arbeitsgerichtsbarkeit nach § 9 II ArbGG. Entgegen dem offensichtlich auf einem Redaktionsversehen beruhenden Wortlaut gibt es für den Dolmetscher ebenso wie für den Sachverständigen keine Ausschließung kraft Gesetzes. Jedoch können die Gründe des § 41 ZPO mit Ausnahme dessen Nr. 5 seine Ablehnung durch einen Beteiligten rechtfertigen, § 406 iVm § 42 ZPO, BVerwG NJW 1984, 2055 (zur Dolmetschertätigkeit des Verwandten eines Beteiligten); Nürnb MDR 1999, 1513; LG Darmst StrVert 1995, 239. Bekundet ein Dolmetscher für eine Partei Mitgefühl, so ist dies grds. noch kein Grund für die Annahme einer Befangenheit, BGH BeckRS 2018, 22950 (in einer Strafsache, bei der die Mitgefühlsbekundungen der Dolmetscherin mit einer Umarmung des Opfers einhergingen); kritisch Jäger JA 2019, 308. Zum „kultursensiblen" Dolmetschen, Strate NJW-aktuell 31/2021, 7; → § 185 Rn. 12. Ein mit Erfolg nachträglich abgelehnter Dolmetscher darf nicht weiter tätig werden. Das Gericht muss die vorher von ihm vorgenommenen Übertragungen bei seiner Entscheidung außer Betracht lassen, BVerwG NJW 1985, 757 (ein Verstoß ist kein absoluter Revisionsgrund). Ein erfolgreich abgelehnter Dolmetscher darf sich als Zeuge oder sachverständiger Zeuge dazu

äußern, was der Gegenstand seiner sinnlichen Wahrnehmung war, also zB über die in seiner Gegenwart erfolgten Aussagen, BayObLG NJW 1998, 1505. Wegen der Einzelheiten vgl. bei §§ 42, 406 ZPO.

Die sonstigen Vorschriften für Sachverständige sind gegenüber den Sondervorschriften des 15. Titels unanwendbar, also auch § 409 ZPO (Ordnungsmittel beim Ausbleiben), LG Hildesh Nds. Rpfl. 1990, 232. Anders liegt es insoweit bei Übersetzern. Gegen beide können in der Sitzung Ordnungsmittel nach §§ 177, 178 ergehen. 2

191a *[Blinde oder sehbehinderte Personen].* **I [1]Eine blinde oder sehbehinderte Person kann Schriftsätze und andere Dokumente in einer für sie wahrnehmbaren Form bei Gericht einreichen. [2]Sie kann nach Maßgabe der Rechtsverordnung nach Absatz 2 verlangen, dass ihr Schriftsätze und andere Dokumente eines gerichtlichen Verfahrens barrierefrei zugänglich gemacht werden. [3]Ist der blinden oder sehbehinderten Person Akteneinsicht zu gewähren, kann sie verlangen, dass ihr die Akteneinsicht nach Maßgabe der Rechtsverordnung nach Absatz 2 barrierefrei gewährt wird. [4]Ein Anspruch im Sinne der Sätze 1 bis 3 steht auch einer blinden oder sehbehinderten Person zu, die von einer anderen Person mit der Wahrnehmung ihrer Rechte beauftragt oder hierfür bestellt worden ist. [5]Auslagen für die barrierefreie Zugänglichmachung nach diesen Vorschriften werden nicht erhoben.**

II Das Bundesministerium der Justiz und für Verbraucherschutz bestimmt durch Rechtsverordnung, die der Zustimmung des Bundesrates bedarf, unter welchen Voraussetzungen und in welcher Weise die in Absatz 1 genannten Dokumente und Dokumente, die von den Parteien zur Akte gereicht werden, einer blinden oder sehbehinderten Person zugänglich gemacht werden, sowie ob und wie diese Person bei der Wahrnehmung ihrer Rechte mitzuwirken hat.

III [1]Elektronische Dokumente sind für blinde oder sehbehinderte Personen barrierefrei zu gestalten, soweit sie in Schriftzeichen wiedergegeben werden. [2]Erfolgt die Übermittlung eines elektronischen Dokuments auf einem sicheren Übermittlungsweg, ist dieser barrierefrei auszugestalten. [3]Sind elektronische Formulare eingeführt (§ 130c der Zivilprozessordnung, § 14a des Gesetzes über das Verfahren in Familiensachen und in den Angelegenheiten der freiwilligen Gerichtsbarkeit, § 46f des Arbeitsgerichtsgesetzes, § 65c des Sozialgerichtsgesetzes, § 55c der Verwaltungsgerichtsordnung, § 52c der Finanzgerichtsordnung), sind diese blinden oder sehbehinderten Personen barrierefrei zugänglich zu machen. [4]Dabei sind die Standards von § 3 der Barrierefreie-Informationstechnik-Verordnung vom 12. September 2011 (BGBl. I S. 1843) in der jeweils geltenden Fassung maßgebend.

I. Systematik, Regelungszweck. Die auf § 10 BGG zurückgehende Vorschrift stellt sicher, dass der Blinde oder Sehbehinderte vor und gegenüber dem Gericht und anderen Prozessbeteiligten nicht schlechter dasteht als ein Normalsichtiger. Damit dient § 191a dem Rechtsschutzanspruch in jeder Prozessart und Verfahrenslage. Dieser soziale Zweck erfordert eine großzügige Handhabung zugunsten sehbehinderter oder blinder Personen. 1

II. Geltungsbereich. Zunächst → Rn. 1. Die Vorschrift gilt entsprechend in der Arbeitsgerichtsbarkeit nach § 9 II ArbGG. 2

III. Schriftsatz, anderes Dokument, elektronisches Dokument. Gegenstand des Schutzes ist praktisch jede Form von solcher Urkunde oder solchem an sich mit dem Auge wahrzunehmenden Objekt, das der Blinde oder Sehbehinderte nur begrenzt oder gar nicht brauchbar ohne optische Hilfe erkennen oder benutzen kann. Dazu können zB auch ein Foto oder Noten usw. zählen. 3

Unanwendbar wäre nach dem Wortlaut das, was man beim besten Willen weder als Schriftstück noch als „Dokument" bezeichnen würde. Auch hier sollte man aber im Rahmen des technisch Möglichen wegen → Rn. 1 möglichst großzügig sein. 4

Elektronisch bedeutet keine Schlechterstellung, weder bei einem in III 1 ausdrücklich genannten Formular noch bei einem anderen elektronisch wahrnehmbaren Gegenstand. 5

IV. Einreichung, Zugänglichmachung. Beide Vorgänge sind gleichermaßen Schutzgegenstand. Damit ist klar, dass der Blinde oder Sehbehinderte sowohl als Absender als auch als Empfänger keine Schlechterstellung gegenüber anderen Personen erfährt. Das gilt gegenüber jedem anderen Prozessbeteiligten, nicht nur gegenüber den Parteien. 6

V. Barrierefreiheit. Das ist eine für den Blinden oder Sehbehinderten ohne besondere Anstrengung und ohne besondere Aufwendungen wahrnehmbare Form sei es der Kenntnisnahme bei oder nach Erhalt, sei es der Kontrolle vor einer Abgabe oder Absendung. Die Art der Zugänglichmachung hängt natürlich vom Behinderungsgrad ab. Völlig unverhältnismäßiger Aufwand finanzieller oder organisatorischer Art würde zwar gegen das Verhältnismäßigkeitsgebot verstoßen können, sollte aber erst im wirklich krassen Fall zu solcher Konsequenz führen müssen. Das zeigt sich zumindest finanziell in der Auslagenfreiheit nach I 5. Nach Kräften mitwirken muss aber auch der Blinde oder Sehbehinderte im Rahmen der individuellen Fähigkeiten und technischen Möglichkeiten, BGH NJW 2014, 1455. 7

VI. Rechtsverordnung, II. Aufgrund der Ermächtigungsgrundlage in II ist Verordnung zur barrierefreien Zugänglichmachung von Dokumenten für blinde und sehbehinderte Personen im gerichtlichen Verfahren (Zugänglichmachungsverordnung – ZMV) am 26.2.2007 erlassen worden (BGBl. 2007 I S. 215, zuletzt geändert durch Art. 20 ERVGerVöG zum 1.7.2014). Nach § 5 ZMV müssen blinde und sehbehinderte Menschen das zuständige Gericht über ihre Blindheit oder Sehbehinderung informieren und in einem formlosen Antrag mitteilen, in welcher Form ihnen Dokumente zugänglich gemacht werden können. Einige Bundesländer haben schon wegen der technischen Ausstattung (Drucker für Blindenschrift, Programme zur Umwandlung von Dokumenten) ein Gericht als Zentralstelle bestimmt, an die sich die übrigen Gerichte des Landes wenden können, so zB in NRW das VG Düsseldorf oder in Nds das OLG Celle; vgl. auch Otte, Interview NJW-aktuell 2020, Heft 32, 12. 8

VII. Akteneinsicht, I 3. Die Vorschrift erweitert nicht den Umfang und schon gar nicht das Ob einer Einsicht nach § 299, wohl aber das Wie, vgl. auch I 2. 9

VIII. Beauftragung, Bestellung, I 4. Diese sehr weit zugunsten des Blinden oder Sehbehinderten reichende Regelung gilt nicht nur für einen solchen mit ProzBev. nach § 81 ZPO, BGH NJW 2014, 1455, oder gar als ProzBev. oder als Beistand nach § 90 ZPO. Natürlich müssen der Auftrag an ihn oder seine Bestellung wirksam sein. 10

11 **IX. Elektronisches Formular, III.** Zum sicheren Übermittlungsweg nach III 2 vgl. § 130a III, IV. Man muss die in III 4 gerade hierbei maßgebende VO zumindest mit beachten. Aber auch hier → Rn. 8.

12 **X. Verstoß.** Ein solcher des nur scheinbar Blinden oder Sehbehinderten wäre ein Rechtsmissbrauch. Eine Verletzung dieser Vorschrift durch das Gericht wäre ein evtl. folgenschwerer Verfahrensfehler, ggfs auch ein Verstoß gegen Art. 103 I GG.

Sechzehnter Titel. Beratung und Abstimmung

Vorbemerkung zu § 192

Schrifttum: Ernst, Rechtserkenntnis durch Richtermehrheiten, 2016.

1 **I. Systematik, Regelungszweck.** Sogar der einzeln urteilende Richter muss sich über die Beurteilung des Streitstoffs klarwerden. Er muss gewissermaßen mit sich selbst beraten. Insofern gelten Teile von §§ 192 ff. zumindest entsprechend zB bei § 348 ZPO. Ist sich der Einzelrichter klargeworden, gibt er seine Entscheidung bekannt. Damit erhält der innere Vorgang Leben nach außen.

2 Beim Kollegium muss die Einigung der Richter über die Beurteilung vorangehen. Sie ordnet der 16. Titel. Die Beratung und die Abstimmung sind interne Vorgänge des Gerichts. Sie dürfen ihrem Inhalt nach in keiner Weise nach außen ersichtlich werden. Das Gericht ist nach außen eine Einheit, eben „das Gericht“. Grds. ist es unstatthaft, durch die Fassung der Entscheidungsgründe oder auf andere Weise anzudeuten, dass der Verkündende oder der Urteilsverfasser überstimmt ist. Es ist die Amtspflicht der Richter nach § 43 DRiG, über den Hergang der Beratung und Abstimmung volles Schweigen zu bewahren, Bartels SchiedsVZ 2014, 134. Eine Ausnahmeregelung gibt es für das BVerG in § 30 II BVerfGG, wonach ein Richter seine in der Beratung vertretene Meinung in einem Sondervotum niederlegen kann, das der Entscheidung anzuschließen ist. Weitere Ausnahmen sind für einige Landesverfassungsgerichte vorgesehen; so sieht § 12 des nds. Gesetzes über den Staatsgerichtshof eine entspr. Anwendung des § 30 II BVerfGG vor; § 16 II des hess. Staatsgerichtshofgesetzes enthält eine eigenständige Regelung über ein Sondervotum. Inwieweit in Verfahren der Schiedsgerichtsbarkeit Sondervoten zulässig sind, ist streitig. So hält das OLG Ffm in einem obiter dictum auch hier ein Sondervotum für unzulässig, Ffm NZG 2020, 1280. In der Literatur wird es teilweise für zulässig erachtet, Reichert, Handbuch des Vereins- und Verbandsrecht Rn. 5132. Ausführlich zum Meinungsstand: → ZPO § 1054 Rn. 8 f. Das Beratungsgeheimnis gilt nach § 45 I 2 DRiG auch für ehrenamtliche Richter. Wegen ausländischer Hospitanten § 193 II–IV. Über die Vernehmung von Richtern über das Zustandekommen einer Entscheidung § 376 I ZPO.

3 **II. Haftpflicht des einzelnen Richters.** Sie kann immer nur auf seiner Abstimmung beruhen, nie auf der Entscheidung des Kollegiums. Man muss ihm seine Abstimmung nachweisen; er ist aber durch das Beratungsgeheimnis geschützt. Für eine rechtswidrige Entscheidung haftet der Staat nach Art. 34 GG, § 839 BGB.

192 *[Mitwirkende].* **I Bei Entscheidungen dürfen Richter nur in der gesetzlich bestimmten Anzahl mitwirken.**

II Bei Verhandlungen von längerer Dauer kann der Vorsitzende die Zuziehung von Ergänzungsrichtern anordnen, die der Verhandlung beizuwohnen und im Falle der Verhinderung eines Richters für ihn einzutreten haben.

III *(betrifft Strafsachen)*

1 Die Vorschrift gilt entsprechend in der Arbeitsgerichtsbarkeit nach § 9 II ArbGG. Die Sonderregelung des zeitlich bis 31.12.2020 begrenzten § 114 I ArbGG, nach dem wegen der Covid-19-Pandemie es den ehrenamtlichen Richtern gestattet wurde, einer mündlichen Verhandlung von einem anderen Ort aus mittels Bild- und Tonübertragung beizuwohnen, ist nicht verlängert worden. Zu den Auswirkungen: Francken/ Natter NZA 2021, 153.

2 I stellt eine zwingende öffentlich-rechtliche Vorschrift dar. Ein Verstoß ist ein unbedingter Revisions- und Nichtigkeitsgrund nach §§ 547 Nr. 1, 579 Nr. 1 ZPO. Eine abweichende Regelung enthält § 320 IV 2, 3 ZPO, zu ihrer entsprechenden Anwendung BGH MDR 2002, 658. Zu II BGH NJW 2016, 2197 (StPO). Die Zuziehung von Ergänzungsrichtern bei einer Mitwirkung von mehr als einem Berufsrichter nach II ordnet der Vorsitzende an, das Präsidium bestimmt sie. Da in Zivilverfahren auch die Aussagen von Zeugen und Sachverständigen protokolliert und andere Beweiserhebungen schriftlich festgehalten werden, ist die Frage nach Ergänzungsrichtern, die ohnehin nur bei Verhandlungen von längerer Dauer über zahlreiche Verhandlungstage sinnvoll erscheinen, im Zivilprozess von ganz untergeordneter Rolle. Sie könnten sich aber möglicherweise bei einem pandemischen Verlauf einer Infektionskrankheit auch in Zivilverfahren empfehlen, auf der Heiden NJW 2020, 1023 (zur Verbreitung von Covid-19 seit dem Jahr 2020). Es darf andere Richter als die Vertreter der Mitglieder wählen. Sie haben ein Fragerecht. Sie wirken aber an der Beratung und Abstimmung erst mit, wenn sie an die Stelle eines verhinderten Richters getreten sind. Über ihren Eintritt entscheidet der Vorsitzende, BGH NJW 1991, 51.

3 Eine Nachberatung kann im Falle der Verhinderung eines Richters unter Umständen auch ohne den verhinderten Richter erfolgen, BGH NJW-RR 2014, 243 (Landwirtschaftssache); BGH NJW 2002, 1426 (Beratung über die Wiedereröffnung der mündlichen Verhandlung); Ros OLGR 2004, 118; Zöller/Lückemann Rn. 1.

193 *[Anwesenheit Dritter].* **I Bei der Beratung und Abstimmung dürfen außer den zur Entscheidung berufenen Richtern nur die bei demselben Gericht zu ihrer juristischen Ausbildung beschäftigten Personen und die dort beschäftigten wissenschaftlichen Hilfskräfte zugegen sein, soweit der Vorsitzende deren Anwesenheit gestattet.**

II [1]Ausländische Berufsrichter, Staatsanwälte und Anwälte, die einem Gericht zur Ableistung eines Studienaufenthaltes zugewiesen worden sind, können bei demselben Gericht bei der Beratung und Abstimmung zugegen sein, soweit der Vorsitzende deren Anwesenheit gestattet und sie gemäß den Absätzen 3 und 4 verpflichtet sind. [2]Satz 1 gilt entsprechend für ausländische Juristen, die im Entsendestaat in einem Ausbildungsverhältnis stehen.

III [1]Die in Absatz 2 genannten Personen sind auf ihren Antrag zur Geheimhaltung besonders zu verpflichten. [2]§ 1 Abs. 2 und 3 des Verpflichtungsgesetzes vom 2. März 1974 (BGBl. I S. 469, 547 – Artikel 42) gilt entsprechend. [3]Personen, die nach Satz 1 besonders verpflichtet worden sind, stehen für die Anwendung der Vorschriften des Strafgesetzbuches über die Verletzung von Privatgeheimnissen (§ 203 Absatz 2 Satz 1 Nummer 2, Satz 2, Absatz 5 und 6, § 205), Verwertung fremder Geheimnisse (§§ 204, 205), Verletzung des Dienstgeheimnisses (§ 353b Abs. 1 Satz 1 Nr. 2, Satz 2, Abs. 3 und 4) sowie Verletzung des Steuergeheimnisses (§ 355) den für den öffentlichen Dienst besonders Verpflichteten gleich.

IV [1]Die Verpflichtung wird vom Präsidenten oder vom aufsichtsführenden Richter des Gerichts vorgenommen. [2]Er kann diese Befugnis auf den Vorsitzenden des Spruchkörpers oder auf den Richter übertragen, dem die in Absatz 2 genannten Personen zugewiesen sind. [3]Einer erneuten Verpflichtung bedarf es während der Dauer des Studienaufenthaltes nicht. [4]In den Fällen des § 355 des Strafgesetzbuches ist der Richter, der die Verpflichtung vorgenommen hat, neben dem Verletzten antragsberechtigt.

I. Systematik, Regelungszweck. → Vor § 192 Rn. 1. Zweck des § 193 ist die Vermeidung jeder Beeinflussung des Gerichts. Die Vorschrift dient der Sicherung des gesetzlichen Richters und dessen Unabhängigkeit, BVerfG NJW 2021, 1156 = DRiZ 2021, 154; BGH NJW 1995, 2645. Die Parteien können auf die Wahrung des Beratungsgeheimnisses nicht wirksam verzichten, VGH Kassel NJW 1981, 599. 1

II. Geltungsbereich. Die Vorschrift gilt entsprechend in der Arbeitsgerichtsbarkeit nach § 9 II ArbGG. Hinsichtlich der befristet bis 31.12.2020 geltenden Ausnahmen des § 114 I ArbGG: → § 192 Rn. 1. 2

III. Beratung, I, II. Jede Entscheidung eines Kollegialgerichts muss auf einer äußerlich erkennbaren Beratung und Abstimmung beruhen. Das Aufsuchen des Beratungszimmers ist nicht unbedingt nötig. Hat der Vorsitzende eine Verhandlung nach § 156 ZPO wiedereröffnet, genügt in der daraufhin stattfindenden Sitzung eine kurze Verständigung im Sitzungssaal dann, wenn bei der Entscheidung einfacher Fragen eine rascheste Verständigung möglich ist, BGH NJW 1992, 3181 (krit. Hamm NJW 1992, 3147). Ein entsprechender Vermerk im Protokoll nach § 160 II ZPO ist sinnvoll, BGH NJW 1992, 3183. Unter der genannten Voraussetzung ist eine natürlich leise zu führende Beratung in dieser Form „am Richtertisch" auch sonst zulässig und üblich. Eine bestimmte Dauer der Beratung ist nicht nötig, BGH NJW 1991, 51; Rüping NStZ 1991, 193. Einer mündlichen Verhandlung im Beisein sämtlicher beteiligten Richter dürfte einer Beratung im Wege der Videokonferenz – also der gleichzeitigen Ton- und Bildübertragung – gleichstehen, wie sie auch im Rahmen der mündlichen Verhandlung nach § 128a I, II ZPO, § 32 III FamFG zugelassen ist, BGH NJW-RR 2014, 243. Voraussetzung ist aber, dass durch technische Vorkehrungen die gleichzeitige Kommunikation sämtlicher Teilnehmer – auch ehrenamtlicher Richter – unter Leitung des Vorsitzenden eines Kollegialgerichts, § 194, ermöglicht wird, BGH NJW-RR 2014, 243; BAG NJW 2015, 3738 = NZA 2015, 1212. Eine telefonische oder elektronische Beratung ist nur dann unzulässig, wenn die Beteiligten nicht gleichzeitig mit einander kommunizieren und auf diese Weise ihre Argumente austauschen können, BGH NJW-RR 2009, 286 (ehrenamtliche Richter im Landwirtschaftsverfahren); BVerwG NVwZ 2018, 176 (einzeln geführte Telefonate). Ein schriftliches Umlaufverfahren kann nach → § 194 Rn. 7 f. statthaft sein, BVerwG NJW 1992, 257; BGH NJW-RR 2012, 879. Es entspricht aber eigentlich keineswegs dem Sinn einer Beratung. Beim ehrenamtlichen Richter ist mangels seiner Unterschrift ein Aktennachweis über seine Mitwirkung nötig, BGH NJW-RR 2012, 879. 3

Kein Beratungsteil ist die Vorbereitung auch zB durch ein Votum des Berichterstatters, BVerwG NVwZ 1987, 127. Eindeutig keine Beratung iSv I sind in der Sitzungspause in Anwesenheit von Schülern oder Studierenden geführten Gespräche der Kammer mit einer Partei, BVerfG NJW 2021, 1156 = DRiZ 2021, 154. 4

IV. Teilnahme, I, II. Es sind drei Gruppen zu unterscheiden. 5

1. Beteiligte Richter. Anwesend sein dürfen ausschließlich: Die beteiligten Richter, nicht jedoch die noch nicht eingetretenen Ergänzungsrichter; die bei demselben Gericht und nicht notwendig gerade bei dieser Abteilung oder diesem Kollegium beschäftigten Referendare, soweit der Vorsitzende ihre Anwesenheit nach I gestattet. Nicht anwesend sein dürfen Studierende der Rechtswissenschaften, auch nicht während des nach § 5a III 2 DRiG zu absolvierenden Gerichtspraktikums, da sie keine „bei demselben Gericht zu ihrer Ausbildung beschäftigte Personen" sind, BVerfG NJW 2021, 1156 = DRiZ 2021, 154; BGH NJW 1995, 2645; Karlsr NJW 1969, 628; MüKoZPO/Pabst Rn. 4; aM OVG Hmb NordÖR 1999, 114; Bayreuther JuS 1996, 686; Seifert MDR 1996, 125. Die Zeit der förmlichen Zuweisung des Referendars oder Ausbildungsteilnehmers an das Gericht darf noch nicht beendet sein, BVerwG NJW 1982, 1716. Etwas anderes gilt allenfalls dann, wenn noch eine zur ordnungsmäßigen Ableistung des Vorbereitungsdienstes notwendige Arbeit fehlt. 6

2. Andere Personen. Anwesend sein dürfen ferner: Die bei demselben Gericht beschäftigten wissenschaftlichen Hilfskräfte, wie sie üblicherweise bei den obersten Bundesgerichten beschäftigt sind, soweit der Vorsitzende ihre Anwesenheit nach seinem pflichtgemäßen Ermessen nach I gestattet. Nach II dürfen weiterhin ausländische Berufsrichter, Staatsanwälte und Anwälte, die einem Gericht zur Ableistung eines Studienaufenthalts zugewiesen worden sind, sowie ausländische Juristen, die im Entsendestaat in einem Ausbildungsverhältnis stehen, anwesend sein, soweit der Vorsitzende diesen Personen die Anwesenheit ebenfalls auch seinem pflichtgemäßen Ermessen gestattet und sie nach III, IV verpflichtet sind. Entgegen dem missverständlichen Wortlaut sind die Hospitanten nicht nur auf einen Antrag zu verpflichten. Gemeint ist, dass sie zu verpflichten sind, sobald sie den Antrag auf eine Teilnahme gestellt haben und dieser Antrag Erfolg hat, so auch MüKoZPO/Pabst Rn. 8. Die Teilnahme der vorstehend Genannten ist nicht auf ihr bloßes Zuhören beschränkt. Der Vorsitzende kann jedoch im Einzelfall die Anwesenheit auf eine passive Teilnahme beschränken. Seine Anordnungen sollten aktenkundig sein, soweit davon die gesetzmäßige Art der Beratung abhängen könnte, also durchweg, jedoch nicht unbedingt im Protokoll. 7

8 **3. Aufsichtspersonen.** Sie dürfen ebenso wenig teilnehmen wie der etwa nach § 159 I 2 ZPO gesondert amtierende Protokollführer. Dass der Urkundsbeamte außerhalb der Beratung Kenntnis von dem Votum erhält, ist unschädlich, BVerwG NVwZ 1987, 127. Das gilt selbst dann, wenn er zB zur Notierung der bevorstehenden Urteilsfassung nach § 313 I Nr. 4 ZPO das Beratungszimmer nach dem inhaltlichen Abschluss der Beratung betritt. Fällt der Protokollführer unter die oben genannten Referendare, darf er bei der Beratung anwesend sein. Solche Zeugen nach §§ 373 ff. ZPO, die unter die oben Genannten fallen, dürfen nicht anwesend sein.

9 **V. Verstoß.** Ausnahmsweise schadet die unbefugte Anwesenheit Dritter nicht, falls sich eine Beeinflussung ausschließen lässt. Dann beruht das Urteil nicht auf dem Verstoß, aM VGH Kassel NJW 1981, 599 (unerlaubte Anwesenheit schade immer). Bei einer Beratung in der Sitzung nach → Rn. 3 scheidet die Möglichkeit der Beeinflussung regelmäßig dann aus, wenn sie so leise geschieht, dass die sonst Anwesenden praktisch nichts davon verstehen. Werden aber heimliche Ton- oder Bildaufzeichnungen von der Beratung gemacht, so liegt hierin eine Verletzung der Art. 97 und Art. 101 I 2 GG, da § 193 der Sicherung des gesetzlichen Richters und dessen Unabhängigkeit dient; BVerfG NJW 2021, 1156 = DRiZ 2021, 154; BGH NJW 1995, 2645; → Rn. 1. Derartige Ton- oder Bildaufzeichnungen unterliegen aber nicht automatisch einem Beweisverwertungsverbot; dies ist vielmehr nach den Umständen des Einzelfalles durch eine Interessen- und Güterabwägung zu entscheiden, BVerfG NJW 2002, 3619; BGH NJW 2018, 2883. Dies ist jedenfalls bei Gesprächen in einer Sitzungspause, die erkennbar keine Beratung iSv § 193 darstellen, der Fall BVerfG NJW 2021, 1156 = DRiZ 2021, 154.

10 Ein Verstoß gegen § 193 ist ein Verfahrensfehler. Daher ist eine Zurückverweisung durch das Rechtsmittelgericht zB nach §§ 538 II 1 Nr. 1, 563 I, IV ZPO nötig und dann möglich, wenn das Vorderurteil auf dem Verstoß beruht, BAG NZA 2015, 1085.

194 *[Hergang bei Beratung und Abstimmung].* **I Der Vorsitzende leitet die Beratung, stellt die Fragen und sammelt die Stimmen.**

II Meinungsverschiedenheiten über den Gegenstand, die Fassung und die Reihenfolge der Fragen oder über das Ergebnis der Abstimmung entscheidet das Gericht.

1 **I. Systematik, Regelungszweck.** → Vor § 192 Rn. 1. Zweck des § 194 ist darüber hinaus u. a. die Sicherstellung, dass alle Richter – auch die ehrenamtlichen – an der Beratung beteiligt sind.

2 **II. Geltungsbereich.** Die Vorschrift gilt entsprechend in der Arbeitsgerichtsbarkeit nach § 9 II ArbGG. Die Beratung braucht sich nicht unmittelbar an die Verhandlung anzuschließen. Vielmehr bestimmt der Vorsitzende die ihm zweckmäßig scheinende Zeit. Die Beratung geschieht regelmäßig mündlich. Unzulässig ist die mündliche oder fernmündliche Einholung der Stimmen außerhalb der Sitzung zumindest dann, wenn die Beteiligten nicht gleichzeitig ihre Argumente austauschen können, BGH FamRZ 2009, 318. Endet die Beratung unter dem Vorbehalt, wieder in sie einzutreten, falls sich für einen Richter ein neuer Gesichtspunkt ergeben sollte, ist eine erneute Verständigung der Richter nötig, Bbg NStZ 1981, 191 (Unterzeichnung der Entscheidung durch alle genügt). Mit seiner Mehrheit kann das Kollegium die Wiedereröffnung der Beratung beschließen.

3 Die Ordnung der Beratung und Abstimmung ergibt sich nicht aus § 194, sondern unterliegt der pflichtgemäßen Bestimmung des Vorsitzenden. Bei Meinungsverschiedenheiten entscheidet das Kollegium. Zweckmäßig erledigt das Gericht die einzelnen Fragen, deren Beantwortung das Endergebnis bestimmt, die „Elemente der Entscheidung", einzeln, weil die Gründe durchweg die Ansicht des Kollegiums wiedergeben müssen.

4 **III. Ablauf.** Hierzu Ernst JZ 2012, 637 (Grdz.): Die Beratung und Abstimmung ist im Zivilprozess auch dann gesetzmäßig, wenn der Vorsitzende und der Berichterstatter die Akten durchgearbeitet haben und dem zweiten Beisitzer der Sach- und Streitstand entweder schriftlich in Gestalt eines Votums oder in dem erforderlichen Umfang sonst bekannt wird. Das kann auch durch die Vorgänge in der mündlichen Verhandlung und/oder in der Beratung geschehen, BVerfG NJW 1987, 2219; BGH NJW 1986, 2706; aM Däubler JZ 1984, 355; Doehring NJW 1983, 851; von Stackelberg MDR 1983, 364 (wegen Art. 97 I, 101 I 2, 103 I GG sei stets eine volle Aktenkenntnis aller Richter erforderlich).

5 Es ist die Aufgabe der Beteiligten, dem Gericht alles Erforderliche in der mündlichen Verhandlung nach §§ 137 II, 525 ZPO vorzutragen und es ihrer freien Entscheidung zu überlassen, ob sie sich mit einer Bezugnahme begnügen, § 137 III ZPO. Daher entfällt eine allein erwägenswerte Verletzung des Art. 103 I GG meist. Sie kommt ohnehin nur dann in Betracht, wenn eine mangelnde Aktenkenntnis sich dahin auswirkt, dass das Gericht erhebliche Fragen nicht erörtert oder einen wesentlichen Parteivortrag nicht angemessen berücksichtigt, BVerfG NJW 1987, 2219; BGH WM 1983, 866; BVerwG NJW 1984, 251. Dass ein solches Schriftstück, auf dessen Wortlaut es ankommt, sowie Augenscheinsobjekte nach § 371 ZPO allen Richtern zugänglich sein müssen, versteht sich von selbst. Im Übrigen kann der Vorsitzende die ehrenamtlichen Richter meist nur dann in der mündlichen Verhandlung oder in der Beratung über die Sache unterrichten, wenn es sich nicht um solche Handelsrichter handelt, die häufig die Akten schon vorher erhalten. Die eigentliche Entscheidung muss dann, wenn ehrenamtliche Richter zu dem Spruchkörper gehören, auf der Grundlage einer Beratung im Beisein sämtlicher beteiligter Richter ergehen. Als „Beratung im Beisein sämtlicher beteiligten Richter" ist auch die Videokonferenz (bei gleichzeitiger Ton- und Bildübertragung) anzusehen, BGH NJW-RR 2021, 190; BGH NJW-RR 2014, 243. Bis zur Verkündung nach §§ 310, 311 ZPO muss das Gericht auch nach der Abstimmung sogar einen nach § 283 ZPO nicht nachgelassenen Schriftsatz wegen § 156 ZPO prüfen, BGH MDR 2002, 658.

6 Bloße Ergänzungsberatung aufgrund eines nach Verhandlungsschluss und nach Beratung eingegangenen Schriftsatzes oder Hinweises kann sogar telefonisch statthaft sein, BGH NJW-RR 2021, 190; NJW-RR 2014, 243; BAG NJW 2015, 3738. An dieser Telefonschaltkonferenz müssen jedoch die ehrenamtlichen Richter beteiligt sein, BGH NJW-RR 2021, 190 (Landwirtschafssachen).

7 Umlaufberatung ist eine nicht so ganz seltene Form der Entscheidungsfindung mit manchen Varianten. In Ausnahmefällen steht einer Beratung und Abstimmung im Umlaufweg dann nichts entgegen, wenn alle Richter einverstanden sind, BVerwG NJW 1992, 255 und 257.

8 Das kann nach → § 193 Rn. 1 zB dann halbwegs vertretbar sein, wenn ein typischer Serienvorgang nun zum zehnten Mal durchläuft und beim ersten Mal erschöpfend durchdiskutiert worden war oder wenn der Text des Berichterstatters so überzeugend ist und wenn man sich nur noch stilistisch ein ganz bisschen noch an ihm zu

schaffen gemacht hat. Vertrauensvolle Zusammenarbeit darf auch einmal Großzügigkeit im Umgang mit dem Wort „Beratung" mit sich bringen, BAG NZA 2015 1085, so wie praktisch auch nicht ganz selten mit der Aufgabe jedes Mitglieds des Spruchkörpers, eigentlich die Akten auch als Nicht-Berichterstatters ganz zu lesen.

195 *[Überstimmte].* **Kein Richter oder Schöffe darf die Abstimmung über eine Frage verweigern, weil er bei der Abstimmung über eine vorhergegangene Frage in der Minderheit geblieben ist.**

1 Die Vorschrift gilt entsprechend in der Arbeitsgerichtsbarkeit nach § 9 II ArbGG. Der Berufsrichter oder ehrenamtliche Richter, der die Abstimmung verweigert, versagt seine amtliche Tätigkeit und verletzt die Amtspflicht. Notfalls muss der Vorsitzende einen Ersatzrichter hinzuziehen und die Verhandlung wiederholen.

196 *[Stimmenzählung].* I **Das Gericht entscheidet, soweit das Gesetz nicht ein anderes bestimmt, mit der absoluten Mehrheit der Stimmen.**

II **Bilden sich in Beziehung auf Summen, über die zu entscheiden ist, mehr als zwei Meinungen, deren keine die Mehrheit für sich hat, so werden die für die größte Summe abgegebenen Stimmen den für die zunächst geringere abgegebenen so lange hinzugerechnet, bis sich eine Mehrheit ergibt.**

III, IV *(betrifft Strafsachen)*

1 **I. Geltungsbereich.** Die Vorschrift gilt entsprechend in der Arbeitsgerichtsbarkeit nach § 9 II ArbGG.

2 **II. Zählung.** Die absolute Stimmenmehrheit liegt dann vor, wenn sich mehr als die Hälfte sämtlicher Stimmen auf eine Meinung vereinigt (Gegensatz: relative Stimmenmehrheit, also eine Vereinigung einer sonstigen größeren Stimmenzahl als für die anderen Meinungen). Notfalls muss das Gericht mehrmals abstimmen. Eine absolute Mehrheit nach II ist immer möglich. Eine andere Art der Abstimmung tritt bei der Berichtigung des Tatbestands nach § 320 IV ZPO ein. § 522 II 1 ZPO schreibt Einstimmigkeit vor. II gilt unabhängig von der Bedeutung der einzelnen Summen.

3 **III. Verstoß.** Ein Verstoß gegen §§ 196, 197 ist an sich ein Verfahrensfehler. Er begründet jedoch nur dann eine Anfechtung des Urteils, wenn es auf dem Verstoß beruht und ihn erkennen lässt. Eine Beweisaufnahme über die Stimmenzählung nach §§ 355 ff. ZPO ist theoretisch zulässig, aber in der Praxis schon wegen der Nichtöffentlichkeit des ganzen Abstimmungsverfahrens nur sehr bedingt durchführbar.

197 *[Reihenfolge bei Abstimmung].* **[1]Die Richter stimmen nach dem Dienstalter, bei gleichem Dienstalter nach dem Lebensalter, ehrenamtliche Richter und Schöffen nach dem Lebensalter; der jüngere stimmt vor dem älteren. [2]Die Schöffen stimmen vor den Richtern. [3]Wenn ein Berichterstatter ernannt ist, so stimmt er zuerst. [4]Zuletzt stimmt der Vorsitzende.**

1 **I. Systematik, Regelungszweck.** Das dem § 197 zugrunde liegende Prinzip der aufsteigenden Stimmfolge soll die Unabhängigkeit des Votums sichern. Das Erststimmrecht des Berichterstatters beruht auf der Erwägung, dass das Votum des mit dem Rechtsfall am intensivsten befassten Richters eine besondere Bedeutung für die Richtigkeit der bevorstehenden Entscheidung hat, Wacke JA 1981, 176. Diese Regelung gilt nach § 194 jedoch formell nur für die Abstimmung, nicht dagegen für die Beratung; die Reihenfolge der Wortbeiträge in der Beratung bestimmt der Vorsitzende.

2 **II. Geltungsbereich.** § 197 gilt entsprechend in der Arbeitsgerichtsbarkeit nach § 9 II ArbGG.

3 **III. Dienstalter.** Das Dienstalter bestimmt sich nach § 20 DRiG. Wegen der Reihenfolge bei Richtern auf Probe und kraft Auftrags § 20 DRiG. Ist der Vorsitzende zugleich der Berichterstatter, stimmt er nicht nach S. 3 zuerst, sondern nach S. 4 zuletzt ab.

4 Nach dem Lebensalter stimmen ehrenamtliche Richter und Schöffen ab, und zwar vor den (Berufs-)Richtern. Zu den ehrenamtlichen Richtern gehören auch die bei den Kammern für Handelssachen, die die Bezeichnung „Handelsrichte" führen (§ 108). Darüber hinaus gehören hierzu andere ehrenamtliche Richter nach § 45a DRiG. In dem seltenen Sonderfall desselben Lebensalters entscheidet das Los.

5 **IV. Verstoß.** Über die Bedeutung eines Verstoßes gegen § 197 → § 196 Rn. 3.

Siebzehnter Titel. Rechtsschutz bei überlangen Gerichtsverfahren und strafrechtlichen Ermittlungsverfahren

198 *[Entschädigung].* I **[1]Wer infolge unangemessener Dauer eines Gerichtsverfahrens als Verfahrensbeteiligter einen Nachteil erleidet, wird angemessen entschädigt. [2]Die Angemessenheit der Verfahrensdauer richtet sich nach den Umständen des Einzelfalles, insbesondere nach der Schwierigkeit und Bedeutung des Verfahrens und nach dem Verhalten der Verfahrensbeteiligten und Dritter.**

II **[1]Ein Nachteil, der nicht Vermögensnachteil ist, wird vermutet, wenn ein Gerichtsverfahren unangemessen lange gedauert hat. [2]Hierfür kann Entschädigung nur beansprucht werden, soweit nicht nach den Umständen des Einzelfalles Wiedergutmachung auf andere Weise gemäß Absatz 4 ausreichend ist. [3]Die Entschädigung gemäß Satz 2 beträgt 1200 Euro für jedes Jahr der Verzögerung. [4]Ist der Betrag gemäß Satz 3 nach den Umständen des Einzelfalles unbillig, kann das Gericht einen höheren oder niedrigeren Betrag festsetzen.**

III [1]Entschädigung erhält ein Verfahrensbeteiligter nur, wenn er bei dem mit der Sache befassten Gericht die Dauer des Verfahrens gerügt hat (Verzögerungsrüge). [2]Die Verzögerungsrüge kann erst erhoben werden, wenn Anlass zur Besorgnis besteht, dass das Verfahren nicht in einer angemessenen Zeit abgeschlossen wird; eine Wiederholung der Verzögerungsrüge ist frühestens nach sechs Monaten möglich, außer wenn ausnahmsweise eine kürzere Frist geboten ist. [3]Kommt es für die Verfahrensförderung auf Umstände an, die noch nicht in das Verfahren eingeführt worden sind, muss die Rüge hierauf hinweisen. [4]Anderenfalls werden sie von dem Gericht, das über die Entschädigung zu entscheiden hat (Entschädigungsgericht), bei der Bestimmung der angemessenen Verfahrensdauer nicht berücksichtigt. [5]Verzögert sich das Verfahren bei einem anderen Gericht weiter, bedarf es einer erneuten Verzögerungsrüge.

IV [1]Wiedergutmachung auf andere Weise ist insbesondere möglich durch die Feststellung des Entschädigungsgerichts, dass die Verfahrensdauer unangemessen war. [2]Die Feststellung setzt keinen Antrag voraus. [3]Sie kann in schwerwiegenden Fällen neben der Entschädigung ausgesprochen werden; ebenso kann sie ausgesprochen werden, wenn eine oder mehrere Voraussetzungen des Absatzes 3 nicht erfüllt sind.

V [1]Eine Klage zur Durchsetzung eines Anspruchs nach Absatz 1 kann frühestens sechs Monate nach Erhebung der Verzögerungsrüge erhoben werden. [2]Die Klage muss spätestens sechs Monate nach Eintritt der Rechtskraft der Entscheidung, die das Verfahren beendet, oder einer anderen Erledigung des Verfahrens erhoben werden. [3]Bis zur rechtskräftigen Entscheidung über die Klage ist der Anspruch nicht übertragbar.

VI Im Sinne dieser Vorschrift ist

1. **ein Gerichtsverfahren jedes Verfahren von der Einleitung bis zum rechtskräftigen Abschluss einschließlich eines Verfahrens auf Gewährung vorläufigen Rechtsschutzes und zur Bewilligung von Prozess- oder Verfahrenskostenhilfe; ausgenommen ist das Insolvenzverfahren nach dessen Eröffnung; im eröffneten Insolvenzverfahren gilt die Herbeiführung einer Entscheidung als Gerichtsverfahren;**
2. **ein Verfahrensbeteiligter jede Partei und jeder Beteiligte eines Gerichtsverfahrens mit Ausnahme der Verfassungsorgane, der Träger öffentlicher Verwaltung und sonstiger öffentlicher Stellen, soweit diese nicht in Wahrnehmung eines Selbstverwaltungsrechts an einem Verfahren beteiligt sind.**

Schrifttum: Althammer/Schäuble NJW 2012, 1; Dietrich ZZP 127, 169; Frehse Die Kompensation der verlorenen Zeit, 2017; Greger AnwBl 2015, 536 und 541; Heine MDR 2014, 1008; Hofmarktsrichter, Rechtsschutz bei überlangen Gerichtsverfahren im Lichte der Vorgaben des EGMR, 2017; Itzel MDR 2012, 567, Keders/Walter NJW 2013, 1697 (je: Grdz.); Link/van Dorp, Rechtsschutz bei überlangen Gerichtsverfahren, 2012; Lorenz, Die Dogmatik des Entschädigungsanspruchs aus § 198 GVG, 2018; Magnus ZZP 125, 75 (Grdz.); Marx/Roderfeld, Rechtsschutz bei überlangen Gerichts- und Ermittlungsverfahren, 2012; Matusche-Beckmann/Stumpf ZZP 124, 173 (krit.); Pietron, Die Effektivität des Rechtsschutzes gegen überlange Verfahrensdauer, 2016; Roller DRiZ 2015, 66 (Evaluierungsbericht); Ossenbühl DVBl 2012, 857; Schick FS Vorwerk 2019, 303; Schmidt NVwZ 2015, 1710; Scholz DRiZ 2014, 136; Schubert, Vorgaben des GG und der EMRK für einen Rechtsschutz gegen überlange Gerichtsverfahren, 2016; Tappert DRiZ 2013, 363 (Grdz.); Stahnecker, Entschädigung bei überlangen Gerichtsverfahren, 2013; Steinbeiß-Winkelmann/Ott, Gesetz über den Rechtsschutz bei überlangen Gerichtsverfahren, 2012; Steinbeiß-Winkelmann/Sporrer NJW 2014, 177; Steinbeiß-Winkelmann NJW 2014, 1276 (Amtshaftung); Berrisch EuZW 2017, 254; Stürner FS Schütze, 2014, 593 (je: internationalrechtlich); Vogel FPR 2012, 528 (Kindschaftssache); Zimmermann FamRZ 2011, 1905; Heilmann/Salgo FamRZ 2016, 432 (Gesetzesentwurf Kindschaftssachen).

Übersicht

I. Systematik. §§ 198–201 wurden durch Gesetz über den Rechtsschutz bei überlangen Gerichtsverfahren und strafrechtlichen Ermittlungsverfahren (ÜGRG) vom 24.11.2011 (BGBl. I 2302), geändert durch Gesetz vom 6.12.2011 (BGBl. I 2554) eingefügt. Es handelt sich um ein eigenständiges Verfahren, BVerwG NVwZ 2015, 755; Celle NJW-RR 2018, 634. Unter den Begriff „Gerichtsverfahren" in VI Nr. 1 fällt jedes Verfahren von der Einleitung bis zu seinem rechtskräftigen Abschluss Celle NJW-RR 2018, 634; OVG Magdeb NVwZ 2012, 1637. Ein an ihm Beteiligter kann wegen seiner überlangen Dauer einen Nachteil haben. Daraus kann ein Anspruch auf eine Entschädigung oder sonstige Wiedergutmachung entstehen. § 198 nennt die Voraussetzungen und Folgen eines solchen Anspruchs materiell-rechtlich und teilweise auch schon verfahrensrechtlich. Damit folgt die Vorschrift den Vorgaben der Art. 6 I 1, 8, 13 EMRK und der Rechtsprechung des EGMR. Danach kann bei überlanger Dauer gerichtlicher Verfahren neben dem in Art. 6 I EMRK garantierten Recht auf ein faires und zügiges Verfahren auch das in Art. 13 EMRK normierte Recht auf einen wirksamen Rechtsbehelf verletzt sein, EGMR NJW 2001, 2694. Dieser Rechtsbehelf muss geeignet sein, entweder die befassten Gerichte zur schnelleren Entscheidungsfindung zu veranlassen oder den Betroffenen für die Verzögerungen eine angemessene Entschädigung – auch für immaterielle Nachteile – zu zahlen, EGMR NJW 2006, 2389. Der deutsche Gesetzgeber hat sich mit § 198 I 1 für die nachträgliche Kompensation entschieden. Hinzu kommen begleitende Maßnahmen wie die Verzögerungsrüge in III oder die Entschädigungsklage nach V während des laufenden Verfahrens, wodurch jeweils auch eine Beschleunigung erzielt werden kann, BGH NJW 2020, 1364; Steinbeiß-Winkelmann/Ott Einf. Rn. 218 ff., 230 ff.; kritisch zur Untätigkeitsbeschwerde und fehlender Rechtsbehelfe zur Verfahrensbeschleunigung, im familiengerichtlichen Verfahren über das Umgangsrecht: EGMR NJW 2015, 1433. Im Übrigen hat er die durch das ÜGRG eingefügten Maßnahmen als wirksame Beschwerde iSd Art. 13 EMRK anerkannt, EGMR NJW 2014, 3083. Die Vorschrift gilt nach → Rn. 6 über verweisende Vorschriften in allen Gerichtsbarkeiten. 1

Die früher von der Rechtsprechung entwickelte Untätigkeitsbeschwerde ist seit Einführung des ausdrücklichen Rechtsbehelfs gegen überlange Verfahren nicht mehr zulässig. Dafür ist der Entschädigungsanspruch in § 198 geregelt, BGH FamRZ 2014, 1285; Brem NJW 2013, 322. Wegen der ausdrücklich geregelten Verzögerungsrüge ist das Rechtsschutzbedürfnis für die sog. Untätigkeitsbeschwerde entfallen, BGH NJW 2013, 385. Die gilt auch für Strafvollzugssache, Mü Rpfleger 2013, 474. Durch die Geltendmachung eines Entschädigungsanspruchs wegen eines Grundrechtsverstoßes kann eine Verfassungsbeschwerde – wegen ihrer Subsidiarität – ganz oder teilweise beseitigt werden, BVerfG NJW 2014, 51; vgl. auch VerfGH Mü NVwZ-RR 2014, 748. 2

Staatshaftung, dazu Remus NJW 2012, 1403, ist der Grundsatz im Außenverhältnis zwischen dem Benachteiligten und der Justiz. Das ist eine Folge von Art. 34 GG, § 839 BGB. Sie folgt auch aus der prozessualen Fürsorgepflicht nach Art. 19 IV, 20 III GG. §§ 198 ff. lassen demgegenüber die Rückgriffsmöglichkeiten des Staats gegenüber einem Richter oder Rpfl. im Prinzip unverändert, BVerfG NJW 2013, 3631; Karlsr FamRZ 2013, 1679. 3

II. Regelungszweck. „Alle Prozesse sind in allen Instanzen in einem Jahr abzuwickeln", Entwurf eines Allgemeinen Gesetzbuchs für die Preußischen Staaten von 1780–1788, zit. bei Sturm, Das Preußische Allgemeine Landrecht, 2014, 9. Neben den Pflichten, die sich aus den Grundsätzen → Rn. 1 ergeben, besteht natürlich auch eine allgemeine Pflicht der Justiz, den Anspruch auf ein rechtsstaatliches Verfahren auf seine Fairness und auf Rechtsschutz in einer erträglichen Zeitspanne zu erfüllen. Dabei bemüht sich das Gesetz aber auch deutlich um eine gewisse Begrenzung der Möglichkeiten eines Benachteiligten. 4

§ 198 I 1 normiert einen staatshaftungsrechtlichen, verschuldensunabhängigen Entschädigungsanspruch „sui generis", der Verfahrensbeteiligten das Recht auf eine angemessene Entschädigung für Nachteile gewährt, die infolge unangemessen langer Dauer von Gerichtverfahren entstanden sind. Der für den Entschädigungsanspruch maßgebende Haftungsgrund ist die Verletzung des Anspruchs eines Verfahrensbeteiligten aus Art. 19 IV, Art. 20 III GG, Art. 6 I EMRK auf Entscheidung seines gerichtlichen Verfahrens in angemessener Zeit, BGH NJW 2014, 939. Auf ein schuldhaftes Verhalten des mit der Sache befassten Richters oder eines sonstigen Justizangehörigen kommt es – anders als beim Amtshaftungsanspruch – nicht an, BGH NJW 2020, 1364. 5

III. Geltungsbereich. Die Vorschrift gilt bei oder nach einem Zivilprozess. Sie gilt zumindest teilweise durch Verweisungen in § 199 auch im strafrechtlichen Ermittlungs- oder Gerichtsverfahren, nicht aber in einem behördlichen Vorverfahren, BVerwG NJW 2014, 97. Zahlreiche weiteren Gesetze verweisen direkt oder indirekt auf §§ 198 ff.: **ArbGG:** § 9 II, dazu BAG NZA 2018, 263, vom Stein/Brand NZA 2014, 113 (Grdz.); **BNotO:** §§ 96 V, 111h; **BRAO:** §§ 57 III, 74a VII, 112g, 116 I 2, Köln NJW-RR 2014, 637; für das anwaltgerichtliche Verfahren ist dies in § 116 II 1 BRAO bestimmt, Celle NJW-RR 2018, 634. **BVerfGG:** §§ 97a ff., 112g S. 1, 116 II 1, BVerfG AnwBl 2015, 904, Zuck NVwZ 2013, 779 (Grdz.); **DesignG:** § 23 I 4, II 3, III 2; **EG-Verbraucherschutzdurchsetzungs G:** § 22 S. 2; **EnWG:** §§ 85, Nr. 1, 87 IV 1; **FGO:** § 155 S. 2; BFH ZIP 2014; AnwBl 2015, 101; **GebrMG:** § 21 I; **GWB:** § 73 Nr. 1, § 75 IV 1; **HalbleiterschutzG:** § 11 I; **Insolvenzverfahren:** Kblz MDR 2016, 1474; **MarkenG:** § 96a; **PatAnwO:** §§ 94f, 98 S. 2; **PatG:** § 128a; **SGG:** §§ 31 I 2, 33 II, 183 S. 2, 197, LSG Mü JurBüro 2016, 265; §§ 197a I 1 Hs. 2, 202 S. 2, vgl. schon (zum alten Recht) EGMR 1126/05 v. 16. 7./4.8.09; **StVollzG:** §§ 109 ff., BGH ZIP 2014, 796; vgl. auch Kblz MDR 2017, 519; **ÜGRG:** § 198 ist bei Art. 23 ÜGRG entsprechend anwendbar, Düss MDR 2016, 1204; **VerfGVerf:** zB § 49 II 1 BlnVerfGHG, VerfGH Bln-Brdb NVwZ-RR 2014, 792. **VwGO:** § 82 I 2, BVerwG AnwBl 2015, 532; § 156, BVerwG NVwZ 2018, 909; § 173 S. 2, BVerwG NVwZ 2018, 909; OVG Magdeb NJW 2013, 251. Grds. kein Verfahrensmangel nach § 132 II Nr. 2, BVerwG NVwZ 2015, 755. **WehrbeschwerdeO:** § 23a II 2; **WehrdisziplO:** § 91 I 2. 6

IV. Unangemessene Verfahrensdauer, I. Erste Voraussetzung eines Anspruchs ist die unangemessene Dauer gerade dieses Verfahrens, BVerfG AnwBl 2015, 982; BGH NJW 2020, 1364; NJW 2015, 1313; Ffm NJW 2013, 480. Ein Hauptprozess und ein selbständiges Beweisverfahren nach §§ 485 ff. sind mehrere Verfahren, BGH NJW 2014, 790; Ffm BeckRS 2013, 4901. Ist das Ausgangsverfahren vom VG bindend an die ordentliche Gerichtsbarkeit verwiesen und im dortigen Instanzenzug beendet worden, ist jedoch für den Entschädigungsrechtstreit wegen überlangen Verfahrens die Rechtswegezuständigkeit der ordentlichen Gerichtsbarkeit für das gesamte Gerichtsverfahren iSd § 198 I 1 iVm VI Nr. 1 eröffnet, BVerwG NVwZ 2022, 412 = NJW 2022, 1266 (Ls). Die Angemessenheit richtet sich nach I 2 nach den Umständen, BGH NJW 2014, 221; BAG NZA 2018, 263; BVerwG AnwBl 2017, 1119. Damit stellen sich bei diesem ersten Zentralbegriff einige Fragen und 7

Abgrenzungsaufgaben mit Auslegungsmöglichkeiten. Die Umstände des Falles sind unter Berücksichtigung bestimmter Kriterien zu beurteilen. Hierzu gehören die Schwierigkeit der Sache, das Verhalten des Beschwerdeführers oder anderer Beteiligter – so auch Behörden und Gerichte – und die Bedeutung des Rechtsstreits für den Beschwerdeführer, EGMR NJW 2020, 601.

8 **1. Fallumstände, I 1, 2.** Die Umstände des Einzelfalls sind ein abstrakter Rechtsbegriff. Man muss also zwar von den sogleich näher zu erörternden Anknüpfungsmerkmalen ausgehen, dann aber doch ohne starre Maßstäbe stets die Charakteristik des Einzelfalls zentral beachten und eine gerade ihn bewertende Gesamtabwägung vornehmen, EGMR FamRZ 2011, 1283; BVerfG AnwBl 2015, 982; BGH NJW 2014, 792.

9 **2. Schwierigkeit und Bedeutung, I 2.** Die Vorschrift nennt als zwei beachtliche Fallumstände „insbesondere" zunächst die Schwierigkeit und die Bedeutung des Verfahrens, BGH NJW 2015, 1313; BAG NZA 2018, 263; BFH NJW 2016, 2366. Das sind ganz unterschiedliche Merkmale. Ein Verfahren kann schwierig, aber ziemlich bedeutungslos sein, und umgekehrt. Eine Schwierigkeit kann rechtlicher oder tatsächlicher Art sein. Eine Bedeutung kann sich rechtlich wie zB wirtschaftlich ergeben. Der Schwerpunkt kann beim einen Merkmal im rechtlichen Bereich, beim anderen im sonstigen Bereich liegen. Es kann um qualitative oder um quantitative Auswirkungen oder um beide gehen. Schwierigkeit wie Bedeutung können sich zeitlich, örtlich oder nach der Art auswirken. Kleinere Merkmale können sich zu erheblichen Auswirkungen summieren.

10 **3. Verhalten der Beteiligten, I 2.** Als weiterer „insbesondere" beachtlicher Fallumstand kommt das Verhalten der Verfahrensbeteiligten infrage, BGH ZIP 2014, 796; Celle NJW-RR 2018, 635; VerfGH Bln NZFam 2015, 427. Dazu zählen nach der amtlichen Definition die in VI Nr. 2 Genannten. Auch das Gericht und seine Verfahrensführung fallen hierunter, EGMR NJW 2020, 601; BGH NJW 2015, 1313. I 2 nennt aber auch das Verhalten eines Dritten. Das kann demnach jeder sein, der kein Verfahrensbeteiligter ist.

11 „Verhalten" meint jedes irgendwie geartete Tun wie Unterlassen. I 2 fordert nicht ausdrücklich ein Verhalten gerade gegenüber einem bestimmten anderen, insbesondere gegenüber dem Gericht des Ausgangsverfahrens. Deshalb kann auch ein Verhalten gegenüber einem Vierten oder Fünften oder gegenüber beiden letzteren natürlichen oder juristischen Personen infrage kommen. I 2 fordert auch nicht ausdrücklich ein gesetz- oder überhaupt rechtswidriges Verhalten. Deshalb kann zumindest theoretisch auch ein ganz einwandfreies Verhalten ausreichen. Es muss nicht einmal ein direkter Bezug zum Ausgangsverfahren vorliegen. Rein subjektive Kriterien reichen nicht, BSG NJW 2018, 1125.

12 **4. Keine abschließende Aufzählung, I 2.** Das Wort „insbesondere" verdeutlicht, dass die gesetzliche Aufzählung zwar wichtige Einzelumstände nennt, aber keine abschließende Aufzählung darstellt, BGH NJW 2015, 1312 Rn. 24. Es kommt nach → Rn. 8 eben auf „die" (gesamten) „Umstände" des Einzelfalls an, die für eine Auslegung von Bedeutung sind. Eine unangemessene Verfahrensdauer kann auch auf strukturellen Problemen innerhalb des Verantwortungsbereichs des Staates beruhen, BGH NJW 2020, 1364. In den vom BGH entschiedenen Fällen sind solche Mängel in der ordentlichen Gerichtsbarkeit nicht erkennbar geworden, Reiter NJW 2015, 2554.

13 **5. Auswirkung auf Verfahrensdauer, I 1, 2.** Stets muss sich ein Fallumstand nach → Rn. 8–11 zumindest auch nicht ganz unerheblich gerade auf die gesamte Dauer des Verfahrens ausgewirkt haben, BGH NJW 2014, 792; BVerwG AnwBl 2017, 1119; VerfGH Bln NZFam 2015, 427. Es muss also gerade auch deswegen nicht nur ein bisschen, sondern geradezu unangemessen länger gedauert haben. Das muss alles klar feststehen, um Rechtsfolgen nach § 198 auslösen zu können.

14 Die Beweislast für eine unangemessene Verfahrensdauer liegt bei dem, der einen Nachteil behauptet und deswegen eine Entschädigung oder Wiedergutmachung auf andere Weise nach IV fordert. Ob dafür ein Anscheinsbeweis vorliegt, richtet sich nach den allgemeinen Regeln.

15 Mitursächlichkeit kann wie sonst bei jeder Ursächlichkeit ausreichen. Sie muss jedoch einen nicht völlig untergeordneten Einfluss gerade auf eine insgesamt unangemessene Verfahrensdauer gehabt haben.

6. Beispiele zur Frage einer Unangemessenheit der Verfahrensdauer, I

16 **Abordnung:** → „Erprobung", → „Fortbildung".

Anhörungsrüge: Ihr Verfahren zB nach § 44 FamFG muss man mit einrechnen, BGH MDR 2017, 703.

Arbeitsgewohnheit: Unangemessen sein kann eine solche, die eher aus persönlichen Interessen oder Bedürfnissen als aus sachlichen Erwägungen erfolgt. Jedoch darf das Gericht beim Denken und Erarbeiten sehr wohl auch eigene Vorstellungen zum Wann mit bedenken. Selbst der Gang zum Frisör statt der sofortigen Entscheidung über eine Haftbeschwerde an einem Freitag ist gerichtlich nicht beanstandet worden. Denken mit der Stoppuhr zu messen, ist eine groteske Verkennung richterlicher Arbeitsverantwortung.

Beurteilungsspielraum: → „Gestaltungsspielraum; EGMR NJW 2020, 601.

Beweis: Unangemessen sein kann eine nur tröpfchenweise Anordnung und/oder Durchführung einer umfangreichen Beweisaufnahme. Nicht unangemessen ist eine anfängliche Beschränkung des Beweisbeschlusses oder jedenfalls seiner Durchführung auf die rasch oder einfach zu erledigenden Punkte, falls sie schon ausreichen könnten.

Durchschnittsdauer: Unangemessen sein kann nicht schon ein Verstoß gegen sie, sondern erst ein solcher bei Abwägung der Einzelumstände, Ffm BauR 2013, 1002.

Eilverfahren: Wenn die Dringlichkeit eines Eilantrags es erfordert, kann es unangemessen sein, die erforderliche zügige Kommunikationsmöglichkeit nicht zu nutzen, etwa die Übermittlung per Fax, wenn eine Stellungnahme der Gegenseite eingeholt werden soll, BVerfG NJW 2014, 51.

Entscheidungsreife: Auf sie muss man stets abstellen, OVG Bautzen NVwZ 2013, 1096.

Erfolgsaussicht: Die Erfolgsaussicht in der Sache bleibt grds. unbeachtlich, BGH MDR 2017, 703.

Erkrankung: Unangemessen sein kann eine ungenügende Überprüfung ihres Vorliegens oder der behaupteten Auswirkungen auf das Verhalten eines Beteiligten. Es kann ein Attest oder sogar ein Amtsarztattest nötig sein. Nicht unangemessen ist ein grundsätzliches Erstvertrauen auf eine Krankmeldung und ein Zuwarten für eine gewisse Zeit bis zur Nachfrage oder Anforderung des Attestes.

Ermessen: Dem Gericht steht hinsichtlich der Verfahrensgestaltung ein Ermessen zu, BGH NJW 2015, 1313.

Erprobung: Es gilt dasselbe wie bei → „Fortbildung".

Fortbildung: Unangemessen sein kann die Verfahrensdauer auch infolge einer oder gar mehrerer Abordnungen zu einer noch so notwendigen Fortbildung. Denn dergleichen darf nicht auf dem Rücken der übrigen Beteiligten erfolgen. Das gilt natürlich nicht bei einer Abwesenheit von nur 5–10 Tagen.

Fristverlängerung: Unangemessen sein kann ihre wiederholte dann, wenn der Antragsteller dafür nicht wirklich beachtliche und nicht bloß nachvollziehbar subjektiv verständliche Gründe vorgetragen hat. Das gilt, obwohl es bequem ist, derlei Großzügigkeit zu zeigen. Nicht unangemessen ist nach allgemeiner Rspr. trotz ihrer gewissen Starrheit eine erste Fristverlängerung nicht nur bei einer Rechtsmittelbegründung. Das Gericht muss aber wenigstens versuchen, sie nun nicht nur zum Ob, sondern auch zum Wie lange ohne monatelange Verzögerungsfolgen zu geben.

Fürsorgeleistung: Ein solches Verfahren ist besonders förderungsbedürftig, BVerfG NVwZ 2015, 296.

Gegenvorstellung: Ihr Verfahren muss man mit einrechnen, BGH MDR 2017, 703.

Geschäftsplanänderung: Unangemessen sein kann eine Verzögerung infolge solcher Änderung. Das Präsidium muss bei seinen Entscheidungen die Länge anstehender Verfahren in den betroffenen Abteilungen, Kammern mit beachten. Auch seine Entscheidungen müssen nachvollziehbar aktenkundig sein. Dabei kann jedoch zutage treten, dass die Änderung unvermeidbar war.

Geschäftsstelle: Unangemessen sein kann auch ihr Verhalten. Sie steht zwar nicht unter der Dienstaufsicht des Spruchrichters, wohl aber unter seiner Fachaufsicht. Weder sie noch er dürfen trödeln. Nicht unangemessen ist ihr Verhalten dann, wenn sie völlig überlastet ist.

Gesetzesänderung: → „Rechtsänderung".

Gestaltungsspielraum: Die Gerichte benötigen einen Gestaltungsspielraum, der es ihnen ermöglicht, Umfang und Schwierigkeit einer Rechtssache ausgewogen Rechnung zu tragen, BGH NJW 2014, 220. Die Gerichte haben auch einen gewissen Beurteilungsspielraum bei der Entscheidung über die Angemessenheit der Verfahrenslänge; denn die staatlichen Gerichte und Behörden sind grds. besser in der Lage, den Sachverhalt eines solchen Falles zu bewerten, EGMR NJW 2020, 601.

Großzügigkeit: Sie kann zur Unangemessenheit führen, etwa bei immer neuen fast automatischen Fristgewährungen oder -verlängerungen. Zeitdruck haben fast alle Beteiligten. Er ist kein automatischer Grund solcher Großzügigkeit, die nur ein Vor-sich-Herschieben der Arbeit verdecken soll. Nicht unangemessen ist eine solche Art der Bearbeitung, die dem Vorwurf der Hetze begegnen soll und würdige Ruhe fördert, ohne die das Ergebnis nur halbdurchdacht wäre. Siehe bei den einzelnen Handlungsarten.

Irrtum: Er ist kein automatischer Grund dafür, eine Unangemessenheit stets zu verneinen. Auch → „Vorläufige Beurteilung".

Kindschaftssache: In Sachen, die das Verhältnis einer Person zu ihrem Kind betreffen, haben Gerichte eine besondere Förderungspflicht, EGMR FamRZ 2014, 1258. In kindschaftsrechtlichen Verfahren hat das Gericht im Zweifel verfahrensbeschleunigende Maßnahmen zu ergreifen, VerfGH Bln FamRZ 2017, 732.

Kostenfestsetzung: Unangemessen sein kann die Dauer, soweit das Hauptverfahren noch läuft, LSG Mü JurBüro 2016, 265.

Krankheit: → „Erkrankung".

Liegenlassen der Akten: Unangemessen ist die Nichtförderung des Verfahrens ohne sachlichen Grund durch „Liegenlassen der Akten", BGH NJW 2021, 859.

Parteiwunsch: Unangemessen sein kann seine fast automatische Berücksichtigung selbst im Verfahren mit Parteiherrschaft. Vgl. dazu bei den einzelnen weiteren Stichwörtern. Nicht unangemessen ist die Mitbeachtung eines nicht nur aus der Sicht der Partei nachvollziehbaren, sondern auch bei einer Abwägung mit den vermutlich gegenläufigen Interessen des Gegners doch sachlich verständlichen und auch beachtlichen Parteiwunsches.

Rechtsänderung: Unangemessen sein kann ein Zuwarten auf eine Rechtsänderung dann, wenn ihr Ob, Wann und Wie in Wahrheit noch recht unklar ist. Das gilt bei einer möglichen Änderung von Gesetz wie Rspr. Das Abwarten einer Rechtsänderung, deren Eintritt und Umfang man in den nächsten Wochen (nicht Monaten) mehr als bloß gefühlsmäßig erwarten darf, ist nicht unangemessen.

Revisionsgericht: Einem Revisionsgericht ist angesichts seiner besonderen Verantwortung für die Wahrung der Einheitlichkeit und für die Fortentwicklung der Rechtsprechung in angemessenem Umfang Zeit für die Vorbereitung mit der einhergehenden Sichtung und Bewertung der vorliegenden Rechtsprechung und des Meinungsstandes im Schrifttum einzuräumen, BAG NJW 2018, 724.

Richterwechsel: Unangemessen sein kann ein halbwegs vorhersehbarer oder vermeidbarer derartiger Vorgang, falls der nächste Richter sich nicht binnen ziemlich kurzer Zeit einarbeiten kann oder das auch noch nicht tut, sei es auch infolge → „Überlastung".

Ruhen des Verfahrens: Unangemessen sein kann nicht nur seine Anordnung, sondern vor allem die Dauer bis zur Aufnahme, gar infolge einer viel zu langen Wiedervorlagefrist (zB von 1 Jahr statt drei Monaten). Nicht unangemessen ist eine zwar „großzügige", aber doch noch vertretbare Bejahung seiner Voraussetzungen.

Sachverständiger: Unangemessen sein kann ein zu großzügiges Zuwarten auf sein Gutachten oder wenigstens auf seine nachvollziehbar begründete Verlängerungsbitte. Auch der zu nachlässige Gebrauch des § 409 I ZPO (keine Erwähnung der eventuellen Notwendigkeit eines Ordnungsgelds) kann unangemessen sein. Nicht unangemessen ist eine zeitraubende Einschaltung eines zweiten Sachverständigengutachtens, EGMR NJW 2020, 601.

Scheintätigkeit: Unangemessen kann auch eine „Scheintätigkeit" des Gerichts sein, die das Verfahren nicht fördert, VerfGH Bln FamRZ 2017, 732 (Kindschaftssache).

Schweigen: Unangemessen ist die völlige Nichtbeantwortung einer Bitte, eines Antrags oder einer sonstigen Eingabe, die nicht aufgrund querulatorischer Neigung basiert, Brschw NJW-RR 2014, 250. Ein Schweigen dürfte nach dem Ablauf der zum Stichwort „Verzögerungsdauer" angesprochenen Fristen oft unangemessen sein. Nicht unangemessen ist ein Zuwarten mit einer Stellungnahme bis zu einem Ereignis oder Zeitpunkt, der erst eine sachgerechte Äußerung oder Maßnahme erlaubt. Jedoch kann gerade dann eine wenigstens kurzbegründete Zwischennachricht wirklich zumutbar und daher dann auch unverzüglich notwendig sein.

Sommersache: Unangemessen sein kann eine unrichtige Verkennung des § 227 III ZPO. Denn immerhin kann sich daraus eine über zweimonatige Verzögerung ergeben.

Sozialgerichtliches Verfahren: Im sozialgerichtlichem Verfahren darf die ungeklärte und schwierige Frage, ob es sich bei einem Prozesskostenhilfeverfahren um ein eigenständiges Verfahren iSd VI Nr. 1 handelt, nicht zum Nachteil der unbemittelten Person ausgelegt werden, BVerfG FamRZ 2017, 2032.

Übergangsregelung: Findet eine materiell-rechtliche Bestimmung des ÜGRG nach den Übergangsregeln noch keine Anwendung, ist die Klage auf Entschädigungszahlung nicht als unzulässig, sondern unbegründet abzuweisen, Brdb FamRZ 2015, 276.

Überlastung: Unangemessen sein kann die Verfahrensdauer gerade auch bei und wegen einer Überlastung, denn es kommt nicht auf ein Verschulden an. Daher ist es für die Feststellung einer Überlänge auch keineswegs beachtlich, ob und wie das Ausgangsgericht und/oder dessen Verwaltung die Überlastung hätten besser bewältigen können.

Unverzüglichkeit: Sie ist erst recht bei § 198 GVG ein wesentliches Beurteilungsmerkmal.

Urlaub: Unangemessen sein kann ein Urlaub trotz der Kenntnis von Umständen, die zur Bearbeitung oder zum Erscheinen oder zu anderer Verhaltensweise vernünftigerweise trotz des vorstehenden Grundsatzes geradezu drängen oder gar zwingen. Das dürfte aber nur selten so sein. Nicht unangemessen ist ein Urlaub als Verzögerungsgrund sowohl beim Richter als auch bei einem anderen Beteiligten dann, wenn er sich im Rahmen des verfassungsgerichtlich gebilligten Grundsatzes hält, dass der Bürger den Zeitpunkt selbst bestimmen darf.

Urteilsfertigstellung: Unangemessen sein kann durchaus die volle Ausnutzung der zB in § 517 ZPO ja keineswegs von vornherein als normal genannten Fünfmonatsfrist. Die nach § 313 III ZPO durchaus ausreichende kurze Zusammenfassungen der Erwägungen zum Entscheidungserheblichen erlauben die bündige Kürze, die sich wohl meist wesentlich früher unterschriftsreif herstellen lässt.

Vergleich: Unangemessen sein kann die zeitliche Unterordnung des ganzen Verfahrens unter eine sich erst vage abzeichnende Vergleichsmöglichkeit. Das gilt trotz der in § 278 I ZPO normierten Pflicht des Gerichts zur Förderung einer Einigung der Parteien durch Vergleich. Nicht unangemessen ist natürlich die selbst zeitfordernde Ermöglichung und Förderung ernsthafter Vergleichsbemühungen bis hin zum bloßen Widerrufsvergleich, selbst wenn die Chance des Nichtwiderrufs noch ungewiss bleibt.

Vertagung: Unangemessen sein kann eine solche, die in Wahrheit nur aus der Befürchtung eines Ablehnungsantrags erfolgt. Denn über ihn braucht das Gericht dann oft schon wegen Art. 103 I GG (Anhörung des Gegners) erst im zunächst bestehenbleibenden Termin zu befinden. Die fast automatische Vertagung erst aufgrund des Antrags der einen Partei, dann wegen des neuen Termins auf Antrag des Gegners führt rasch zu einer sehr wohl vermeidbaren ganz erheblichen Verzögerung, BVerfG AnwBl 2015, 932. Das gilt auch wegen der bei jedem Beteiligten übervollen Terminkalender. Nicht unangemessen ist eine solche Vertagung, die aus aktenkundigen Erwägungen sachlicher Art erfolgt, selbst wenn man über ihre Stichhaltigkeit wie ja meist durchaus verschieden denken kann.

Verweisung: Unangemessen sein kann eine vermeidbar gewesene Verweisung, zB an ein erkennbar ebenfalls unzuständiges Gericht oder trotz erkennbarer Zuständigkeit des bisherigen. Das alles gilt erst recht bei Willkür. Es gilt auch bei einer Weiter- oder Zurückverweisung. Nicht unangemessen ist natürlich eine solche Verweisung, für die es einen vertretbaren Grund gab, selbst wenn er sich dann als nicht durchgreifend ergab.

Verzögerung des Verfahrens nach § 198: Sie kann die Verfassungsbeschwerde eröffnen, Vielmeier NJW 2013, 350.

Verzögerungsdauer: Maßgeblich ist natürlich nicht die generelle Verfahrensdauer, auch nicht die durchschnittliche, sondern die konkrete Dauer einer Verzögerung im Einzelfall, Ffm BauR 2013, 1002. Es gibt keine festen Zeitvorgaben, BVerfG BeckRS 2013, 56344 mwN; BGH NJW 2014, 220 Rn. 27. Vielmehr gibt es im Wesentlichen folgende nicht immer folgerichtigen und einheitlichen Meinungen. Eine unerhebliche Verzögerung ist nicht unangemessen lang. Hierbei muss berücksichtigt werden, dass die Pflicht des Gerichts, sich nachhaltig um die Förderung und Beendigung des Verfahrens zu bemühen, mit zunehmender Verfahrensdauer sich verdichtet, BGH NJW 2014, 220; NJW 2011, 1072. Zur Orientierung dienen folgende Einzelentscheidungen:

14 Tage: Durchweg noch nicht unangemessen;

über 21 Tage: Im Eilverfahren evtl. schon unangemessen;

1 Monat: Nicht stets schon unangemessen;

6 Wochen: Durchaus evtl. schon zB im Eilverfahren unangemessen;

2 Monate: Mangels wirklich erheblicher Gründe im Eilverfahren oft bereits unangemessen, aM OVG Münst NVwZ-RR 2017, 625;

3 Monate: Nur bei triftigen Gründen noch nicht unangemessen. Das Gericht sollte binnen dieser Zeit zumindest sehr deutlich machen, warum es noch nicht wenigstens reagieren konnte;

über 3 Monate: Durchweg klar unangemessen.

6 Monate: Evtl. nicht unangemessen, Celle MDR 2014, 298.

11, 16, 40 Monate: Unangemessen, Karlsr FamRZ 2014, 1051; ähnlich Zweibr NJW 2017, 1329 (krit. Toussaint).

22 Monate: Unangemessene Verzögerung, BGH NJW 2021, 859.

2 1/2 Jahre: Unangemessen, EGMR FamRZ 2011, 1284.

34 Monate: Unangemessen, BFH ZIP 2014, 2004.

37 Monate: Eine Verfahrensverzögerung von 37 Monaten in Verfahren, die Fragen des Sorge- und Umgangsrecht insbesondere gegenüber Kleinkindern zum Gegenstand haben, stellt eine schwerwiegende Beeinträchtigung des Elternteils in seinem Umgangsrecht (Art. 6 II GG) und seinem Recht auf Achtung des Privat- und Familienlebens (Art. 8 I EMRK) dar, BGH NZFam 2021, 682 Rn. 27 f.

über 4 Jahre: Unangemessen, Köln RR 2014, 637.

5 1/2 Jahre: Unangemessen, BFH NJW 2014, 256.

6 Jahre, 7 Monate: in drei Gerichtsinstanzen unangemessen, EGMR FamRZ 2014, 1258.

Vielzahl von ähnlichen Verfahren: Nicht unangemessen sein kann auch außerhalb des KapMuG, SchlAnh. VI, das Vorziehen eines Parallelverfahrens als „Pilotverfahren" unabhängig von § 148 ZPO, BGH NJW 2015, 1312 (4000 Kläger).

Vorläufige Beurteilung: Unangemessen sein kann ihr offenkundiges Unterbleiben etwa bei der Einleitung des schriftlichen Vorverfahrens statt eines frühen ersten Termins, nur um die Akte erst einmal vom Tisch zu bekommen, noch dazu iVm sehr langen Fristsetzungen zur etwaigen Klageerwiderung, obwohl fast sicher mit einem Anerkenntnis oder wenigstens mit bereitwilligem Schweigen des Bekl. zwecks Zeitgewinns (spätere Zahlung) zu rechnen war. Nicht unangemessen ist eine solche vorläufige Beurteilung, die sich nicht auf sämtliche evtl. entscheidungserhebliche Umstände miterstreckt, selbst wenn das zur beträchtlichen Verlängerung des Verfahrens führen könnte und dann auch führt. Auch → „Irrtum".

Wiedereinsetzung: Unangemessen sein kann ihre kaum vertretbar großzügige Bewilligung gar mit weit hinausgeschobenem neuen Termin oder außerordentlich langer neuer Frist oder -verlängerung. Nicht unangemessen ist eine solche Bewilligung, die eine vernünftigerweise doch keineswegs ausschließbare sonstige Ungerechtigkeit verhindern oder verringern helfen soll.

Zurückverweisung: Unangemessen sein kann eine solche dann, wenn bei etwas genauerer Prüfung deren Voraussetzungen gar nicht vorlagen, etwa das Ermessen nicht den Ausnahmecharakter des § 538 II ZPO mit bedachte. Jede Zurückverweisung bedeutet ja eine ganz beträchtliche Verlängerung des Verfahrens. Der oft dagegengesetzte „Verlust einer Instanz" ist nur einer von oft vielen Aspekten, die man auch beim Ermessen sehr wohl nachvollziehbar mit bedenken muss.

Zwischennachricht: → „Schweigen".

V. Nachteil infolge Überlänge, I 1, II 1. Infolge der unangemessenen Verfahrensdauer nach → Rn. 7–16 muss nach I 1 gerade ein Verfahrensbeteiligter nach → Rn. 10 einen Nachteil erlitten haben. Das ist die zweite Voraussetzung eines Anspruchs. Auch sie bringt sehr viele Fragen mit sich, die nach dem Regelungszweck → Rn. 4 zu beantworten sind. 17

1. Nachteilsbegriff, I 1. Das Gesetz definiert ihn nicht; er ist deshalb einer Auslegung zugänglich. Dabei fällt die Wortwahl „Nachteil" statt „Schaden" auf. Auch die Formulierung „Nachteil, der nicht Vermögensnachteil ist" in II 1 ist dabei zu beachten. 18

Sinn der Wortwahl ist wohl hauptsächlich die bekannte begriffliche Nähe von Schaden mit Schuld oder Vorwerfbarkeit zB in §§ 823 ff. BGB. Demgegenüber kann ein Nachteil auch ohne Schaden und folglich ohne Schuld eintreten. Dazu passt der weitere gesetzliche Hauptbegriff „Entschädigung" schon in I 1 nur bedingt. Allerdings spricht II 2, IV 1 auch nicht von Schadensersatz, sondern neben Entschädigung nur von Wiedergutmachung. Auch hier wird die Verschuldensunabhängigkeit deutlich, auch wenn das Gesetz sie nicht ausdrücklich ausreichen lässt. 19

Nachteil lässt sich daher am ehesten so beschreiben: Ein qualitatives und/oder quantitatives Weniger als sonst, als ohne die Überlänge des Verfahrens. Dabei wiegen materielle und immaterielle Form nicht ganz gleich, wie II näher zeigt. Sie reichen aber grundsätzlich beide einzeln oder gar summiert als Anspruchsvoraussetzung aus, BFH NJW 2016, 2367. Ein Schaden und ein Verschulden sind nicht notwendig, aber natürlich auch nicht störend. Ein Nachteil braucht nicht wesentlich zu sein, solange er auch nicht völlig unerheblich ist, aM KG FamRZ 2013, 1503. 20

Unzureichend ist ein völlig unerheblicher Nachteil, eine nur minimale Verringerung oder Verschlechterung: „Minima non curat praetor" wie seit 2000 Jahren. Deren Geltendmachung wäre evtl. Rechtsmissbrauch mit der Folge der Unstatthaftigkeit eines Verfahrens zwecks Entschädigung oder Wiedergutmachung. Rechtsmissbräuchliche Unerheblichkeit muss das Gericht in jeder Verfahrenslage von Amts wegen beachten. Liegt sie aber nicht eindeutig vor, so gibt es keinen zu bemessenden Mindestnachteil, nicht materiell-rechtlich und nicht prozessual. Wie groß ein Nachteil dann ist, ist keine Frage des „Ob", sondern des „Wie" und des „Wie viel" der Anspruchsfolgen. 21

2. Infolge Überlänge, I 1, II 1. Gerade die unangemessene Verfahrensdauer muss den Nachteil nach → Rn. 17–21 verursacht haben. Das unscheinbare Wort „infolge" in I 1 erweist sich praktisch als eine natürlich notwendige, aber eben auch verfängliche Begrenzung eines Anspruchs nach § 198. Zur Mitursächlichkeit → Rn. 15. 22

Keinen Nachteil bildet eine während der Überlänge zugunsten des Klägers eintretende Änderung der Rechtsprechung, BGH NJW 2014, 1616. 23

3. Beweislast, I 1, Vermutung, II 1. Grundsätzlich gilt → Rn. 14. Nach II 1 tritt aber bei einem Nichtvermögensnachteil eine gesetzliche Vermutung ein, BFH NJW 2016, 2367: Schon die Tatsache einer unangemessenen Verfahrensdauer nach → Rn. 7–12 erübrigt hier eine Ursächlichkeitsprüfung nach → Rn. 22 f. Das ist mehr als ein bloßer Anscheinsbeweis. Es ist vielmehr ein Vorgang nach § 292 ZPO S. 1. Genauer: Es handelt sich um eine Tatsachenvermutung, nicht um eine Rechtsvermutung. Denn Tatsache ist jeder Vorgang, der der Nachprüfung durch Dritte offensteht. Das ist auch bei einer Ursächlichkeit so. 24

Widerlegbar ist die Vermutung des II 1 in jedem Fall. Das würde sogar bei einer Rechtsvermutung gelten, da § 292 S. 1 Hs. 2 ZPO nichts anderes vorschreibt. II 1 nennt keine Unwiderlegbarkeit. Natürlich muss man das Gegenteil der gesetzlichen Vermutung beim Nichtvermögensnachteil voll zur Gewissheit des Gerichts beweisen. 25

4. Beispiele zur Frage eines Nachteils, I 1, II 1

Ansehen: → „Ruf". 26

Anwaltskosten: Sie können ein Nachteil sein, BVerfG NVwZ 2014, 1528.

Arbeitsstelle: Nachteil sein kann eine nicht völlig unbedeutende Verschlechterung im Hinblick auf die Arbeitsstelle, etwa eine längere Anfahrzeit, eine geringere Position, eine unangenehmere Arbeitsart, natürlich auch eine finanzielle Verschlechterung, „Einkommen".

Aufmerksamkeit: Nachteil sein kann ihre Verringerung zB wegen zwischenzeitlicher Konkurrenzhandlungen oder wegen eines Aktualitätsverlusts.

Beförderung: Es gilt dasselbe wie bei → „Bewerbung".

Bewerbung: Nachteil sein kann das Fehlschlagen oder die Chancenverringerung bei einer Bewerbung.

Einkommen: Nachteil ist natürlich eine nicht völlig unbedeutende und nicht nur ganz kurze Verringerung des Einkommens. Dabei muss der Bruttobetrag meist zur Klärung ausreichen und zB eine Verringerung des Steuersatzes im Prinzip außer Acht bleiben (zu kompliziert).

Erfolg: Nachteil sein kann eine nicht völlig unbedeutende Beeinträchtigung des beruflichen oder geschäftlichen Erfolgs. Sie muss nicht in EUR feststellbar sein.

Familie: Nachteil sein kann eine nicht völlig unbedeutende oder ganz vorübergehende Verschlechterung der familiären Lage in irgendeiner Beziehung. So kann eine Entfremdung des Kindes bei überlangem Sorgerechtsstreit hervorgerufen werden. Eine schwerwiegende Beeinträchtigung kann im Umgangsrecht des betroffenen Elternteils (Art. 6 II GG) und im Recht auf Achtung des Privat- und Familienlebens (Art. 8 I EMRK) liegen, BGH NZFam 2021, 682 Rn. 27 f (Verfahrensverzögerung von 37 Monaten).
Firma: Nachteil sein kann eine Beeinträchtigung der eigenen Firma oder der Beteiligung an einer Firma oder Gesellschaft.
Kaufpreis: Nachteil sein kann dessen Erhöhung in einem nicht völlig unbedeutenden Umfang.
Kontakt: Nachteil sein kann eine Verringerung seiner Chancen bei einer jeden Kontaktart.
Kostenfestsetzungsverfahren: Nachteil kann auch in ihm entstehen, Zweibr NJW 2017, 1330 (krit. Toussaint).
Kurs: → „Vermögen".
Lohn: → „Einkommen".
Miete: Nachteil sein kann eine Verringerung ihrer Möglichkeit oder eine Verschlechterung ihrer Bedingungen.
Psychische Belastung: Sie kann durch überlange Verfahrensdauer entstehen und einen Nachteil darstellen.
Reparatur: Nachteil kann ihre Verteuerung wegen gestiegener Preise und/oder Löhne sein.
Ruf: Nachteil kann eine nicht völlig unbedeutende Beeinträchtigung des beruflichen oder privaten Rufs nicht nur bei denjenigen, die ohnehin stets Gegner oder Feinde sind.
Schaden: Nachteil ist jede Art und Form von materiellem wie immateriellem Schaden. Das gilt trotz des Umstands, dass das Gesetz nicht von Schaden oder von Schadensersatz spricht und nur eine „Entschädigung" ermöglicht. Denn Nachteil und Entschädigung sind die weitergehenden Begriffe.
Selbständigkeit: Nachteil sein kann eine nicht völlig unbedeutende Beeinträchtigung der erstrebten oder zuvor vorhandenen Selbständigkeit beliebiger Art und Richtung.
Urlaub: Nachteil sein kann seine Verteuerung oder seine Verlegung in einen ungünstigeren Zeitraum oder an einen ungünstigeren Ort oder in ein lauteres Hotel.
Veräußerung: Nachteil sein kann eine nicht völlig unbedeutende Verringerung ihrer Möglichkeit oder des erzielbaren Preises.
Verdienst: → „Einkommen".
Vermögen: Nachteil sein kann jede nicht völlig unbedeutende oder vorübergehende Verringerung der Vermögensanlage oder -verwaltung, zB infolge nun anderer Kurse.
Wert: Nachteil sein kann jede nicht völlig unbedeutende oder vorübergehende Verringerung des materiellen wie immateriellen Werts.
Zustand: Nachteil sein kann jede nicht nur völlig unbedeutende oder vorübergehende Verschlechterung des Zustands von Person, Tier oder Sache.

27 **VI. Beim Vermögensnachteil Entschädigung, I 1.** Hierzu Schlick WM 2016, 485 (Grdz.). Ein Entschädigungsanspruch bei einem Vermögensnachteil ist der Grundsatz. Ein solcher Anspruch ist materiell-rechtlich unbedingt, aber prozessual von weiteren Bedingungen abhängig. Sein „Ob" steht materiell-rechtlich nicht im Ermessen des Gerichts. Das ist ein Hauptgedanke der §§ 198 ff. Ihn darf man nicht durch allzu strenge Handhabung unterlaufen. Das Verfahrensrecht dient der materiellen Gerechtigkeit. Das gilt sowohl zugunsten des Benachteiligten als auch zulasten des Staats und evtl. seiner Rückgriffschuldner. Das ist bei jeder Auslegung zu berücksichtigen, um den Regelungszweck → Rn. 4 zu erfüllen. So kann sich aber auch das Verhalten des Betroffenen unter dem Gesichtspunkt der Mitverursachung mindernd auswirken.

28 **VII. Beim Nichtvermögensnachteil Wiedergutmachung, II 2–4, IV.** Ein solcher Nachteil, der nicht vermögensrechtlich ist, führt zunächst zu einem Anspruch auf eine Wiedergutmachung „auf andere Weise" als durch Entschädigung. Die letztere wird erst dann hilfsweise möglich, wenn eine andere Wiedergutmachungsart nicht ausreicht, OVG Bautzen NVwZ 2013, 1096. II 3 sieht zur Bemessung der Höhe einer Entschädigung für immaterielle Nachteile einen Pauschalsatz von 1.200 EUR für jedes Jahr der Verzögerung vor, der nur in seltenen Ausnahmefällen und nur bei schweren Eingriffen unbillig sein kann, BGH NJW 2014, 220 Rn. 46, mAnm. Heinisch NJW 2014, 224. Im Hinblick auf den eine Verfahrensvereinfachung anstrebenden Gesetzeszwecks ist der Tatrichter nur bei Vorliegen besonderer Umstände gehalten, von dem normierten Pauschalsatz des II 3 aus Billigkeitsgründen gem. II 4 abzuweichen. Erforderlich ist, dass sich das zu beurteilende Verfahren durch entschädigungsrelevante Besonderheiten in tatsächlicher oder rechtlicher Hinsicht von anderen Verfahren so abhebt, dass die Auswirkungen die Pauschalhöhe als unbillig erscheinen lassen, BGH NJW 2021, 3194 Rn. 17 = NZFam 2021, 682 Rn. 17 (Anm Prinz); NJW 2014, 1816 Rn. 50; NJW 2014, 220 Rn. 46; BSG NJW 2018, 1122 Rn. 50; NZS 2018, 39 Rn. 33. Der Umstand allein, dass eine Kindschaftssache vorliegt, führt nicht automatisch zu einer Erhöhung der Entschädigungspauschale, BGH NJW 2014, 220 Rn. 45 ff. Kommt es aber in Verfahren, die Fragen des Sorge- und Umgangsrechts insbesondere gegenüber Kleinkindern zum Gegenstand haben, zu erheblichen Verzögerungen, die eine Beeinträchtigung der Rechte aus Art. 6 II GG und Art. 8 I EMRK darstellen, kann eine Erhöhung des Pauschalsatzes gerechtfertigt sein, BGH NZFam 2021, 682 Rn. 27 f.; → Rn. 16 „Kindschaftssache"; → Rn. 26 „Familie".

29 Der Kerngedanke, Geld nur hilfsweise zu gewähren soweit nach den Einzelfallumständen eine Wiedergutmachung auf andere Weise möglich ist, dient in erster Linie dem schonenden Umgang mit öffentlichen Mitteln. Der Anspruch auf Ersatz eines Vermögensnachteils darf jedoch nicht mit der Begründung verweigert werden, die Feststellung der Unangemessenheit der Verfahrensdauer nach IV genüge, → Rn. 30.

30 **1. Feststellung der Überlänge, IV 1, 2.** Wiedergutmachung kann „insbesondere" dadurch erfolgen, dass das Entschädigungsgericht die Unangemessenheit der Dauer des Ausgangsverfahrens feststellt. Das ist eine Genugtuung in Form einer versteckten Entschuldigung für ein Versagen des Staates. Sie muss nach § 201 II 1 natürlich durch eine förmliche Entscheidung in einem Urteil oder Beschluss erfolgen. Eine bloße beiläufige derartige Erklärung in Entscheidungsgründen würde nicht dem Wiedergutmachungssinn entsprechen. Das gilt nach IV 2 sogar ohne Antrag.

31 **2. Feststellung nebst Entschädigung, IV 3 Hs. 1.** Eine Feststellung kommt zusätzlich zu einer Entschädigung „in schwerwiegenden Fällen" infrage, BGH NJW 2014, 791 (nicht durch besondere Klage). Es muss eine Lage nach II 2 vorliegen: Eine bloße Wiedergutmachung auf andere Weise als Entschädigung darf nicht

ausreichen. Ob der Fall derart schwerwiegt, ist keine Ermessensfrage, siehe aber BVerwG NJW 2014, 79. Denn die Bejahung des Schwerwiegens unterliegt in IV 3 Hs. 1 nicht dem Wort „kann". Dieses bezieht sich erst auf die mögliche Rechtsfolge „Feststellung der Überlänge" neben einer Entschädigung.

3. Wiedergutmachung auch auf andere Weise, IV 1. Eine Feststellung ist nicht die einzige Art einer Wiedergutmachung. Das ergibt sich aus dem Wort „insbesondere" in IV 1. Das Gesetz lässt offen, welche weiteren Möglichkeiten einer Wiedergutmachung bestehen. Natürlich ist eine Entschädigung in Geld gerade das Gegenstück einer Wiedergutmachung „auf andere Weise". Infrage kommt jede Form eines nichtfinanziellen Ausgleichs nicht nur psychischer oder moralischer, sondern zumindest auch rechtlicher Art. 32

VIII. Beispiele zur Frage einer Entschädigung oder Wiedergutmachung, I 1, II 2, IV

Angemessenheit: Erlangte finanzielle Vorteile durch die Verfahrensdauer sind dabei zu berücksichtigen, BVerwG NJW 2019, 320. 33

Ansehen: → „Ruf".

Arbeitsplatz: Wiedergutmachung sein kann ein aktives und auch erfolgversprechendes Eintreten dafür, dass der Benachteiligte einen infolge Überlänge bedrohten Arbeitsplatz behält oder einen dadurch schon verlorenen zurückerhält.

Aussprache: Mindestens Ansatz einer Wiedergutmachung sein kann ein ernstliches und in jeder Hinsicht auch akzeptables Angebot einer offenen selbstkritischen Aussprache etwa beim Gerichtspräsidenten.

Auszeichnung: Wiedergutmachung sein kann die Veranlassung einer solchen Maßnahme zugunsten eines infolge der vorangegangenen Benachteiligung nicht wie sonst Berücksichtigten.

Bedauern: → „Entschuldigung".

Beschleunigung: Wiedergutmachung sein kann eine der ursprünglichen Verzögerung gleichkommende spätere Beschleunigung etwa eines zuvor abgetrennten Verfahrensteils oder eines ausgesetzten oder unterbrochenen nach dessen Aufnahme, sofern das dortige Tempo nicht ohnehin schlicht die Amtspflicht der dort beteiligten Richter ist.

Bevorzugung: Entschädigung oder Wiedergutmachung kann auch die Bevorzugung etwa vor einem bisher anders erwogenen Bewerber oder Projekt sein, solange sie nicht ihrerseits gesetzwidrig und deshalb anfechtbar oder unwirksam ist.

Bezifferung: Entschädigung oder Wiedergutmachung kann auch eine zumindest vom Benachteiligten nicht bezifferte Leistung sein, → „Schmerzensgeld".

Dienstaufsicht: Entschädigung oder Wiedergutmachung kann auch eine Maßnahme der Dienstaufsicht sein. Sie muss aber überhaupt statthaft und auch nach den üblichen Regeln vertretbar sein. Sie darf zB nicht in die Unabhängigkeit eines Gerichts eingreifen.

Disziplinarminderung: Sie kann als Wiedergutmachung reichen, BVerwG NVwZ-RR 2018, 401.

Ehre: → „Ruf".

Ehrenamt: → „Ruf".

Entschuldigung: Entschädigung oder Wiedergutmachung kann auch eine schriftliche oder mündliche oder gar öffentliche Äußerung des Bedauerns sein, falls sie uneingeschränkt und von maßgeblicher Stelle erfolgt, etwa von der Leitung des Ausgangsgerichts oder vom Dienstvorgesetzten. Es kommt aber auf die Tonart und Unmissverständlichkeit an.

Erlaubnis: → „Genehmigung".

Ersatzvornahme: Entschädigung oder Wiedergutmachung kann auch eine solche Maßnahme sein. Es kommt auf die Umstände an.

Gegenforderungsverzicht: Entschädigung oder Wiedergutmachung kann er bedeuten, soweit er überhaupt statthaft ist und auch erfolgt.

Genehmigung: Wiedergutmachung kann auch eine solche Maßnahme sein, falls ihre Vornahme im Ermessen liegt und nicht auf Willkür oder Rechtsmissbrauch zwecks finanzieller Ersparnis durch Geld erfolgt.

Genugtuung: Wiedergutmachung ist natürlich jede Form einer ausreichenden Genugtuung.

Geringfügigkeit einer Verzögerung: Keine Entschädigung, BGH NJW 2014, 1967.

Gesellschaftliche Stellung: → „Ruf".

Gewinnausfall: Es gilt dasselbe wie bei einem → „Verdienstausfall".

Kostenbefreiung: Theoretisch könnte sie dann eine Art Wiedergutmachung bedeuten, wenn sie nicht ohnehin wegen bisheriger Falschbehandlung zB nach § 21 GKG, § 20 FamGKG oder § 21 GNotKG notwendig ist. Dann aber dürfte sie auch kaum statthaft sein. Vgl. auch LSG Mü JurBüro 2016, 265.

Politik: Wiedergutmachung sein kann ein öffentliches und nachdrückliches Eintreten im politischen Raum zur Verkürzung vermeidbarer Verfahrensdauern.

Prozesskostenhilfe: Ein PKH-Verfahren, das gleichzeitig neben einem rechtshängigen Hauptsacheverfahren geführt wird, führt nicht zu einem weiteren – eigenständigen – Entschädigungsanspruch bei Überlänge des Ausgangsverfahrens, BSG NJW 2018, 192.

Rechtsanwaltskosten: Die Anwaltskosten des Vorprozesses sind allenfalls in Höhe der gesetzlichen Gebühren zu ersetzen, BGH NJW 2014, 939.

Rechtsmittelverzicht: Derjenige des Staats kann theoretisch als Wiedergutmachung dann infrage kommen, wenn sein Rechtsmittel bisher einige Erfolgschancen hätte.

Ruf: Wiedergutmachung sein kann eine solche Maßnahme oder Veranlassung, die den Ruf, das Ansehen, die berufliche oder gesellschaftliche Stellung des Benachteiligten in einer etwa der Überlänge gemäßen Art und Weise (wieder) zu heben geeignet ist. Dazu kann zB auch ein amtlicher Beitrag zur Zurückgewinnung der Einschätzung des Benachteiligten als zuverlässig, ehrlich, korrekt zählen können.

Schadensersatz: Entschädigung wie Wiedergutmachung ist jede Art und Form von Schadensersatz. Denn er hat grds. strengere Voraussetzungen.

Schmerzensgeld: Entschädigung wie Wiedergutmachung kann ein angemessenes Schmerzensgeld sein, EGMR BeckRS 2013, 17320. Seine Berechnung erfolgt wie sonst. Schmerzensgeld ist nicht dasselbe wie eine Summe nach II 3, 4.

Tatsächliche Leistung: Entschädigung oder Wiedergutmachung kann auch eine in natura erfolgende Nicht-Geld-Leistung sein.

Untätigkeit: → „Unterlassung".
Unterlassung: Entschädigung wie Wiedergutmachung kann auch die Unterlassung einer sonst physisch oder psychisch drohenden Aktivität sein.
Verdienstausfall: Entschädigung sein kann die Erstattung eines solchen Betrags, der durch eine Überlänge des Verfahrens entging. Jedoch kann er schwer nachweisbar sein.
Veröffentlichung: Wiedergutmachung kann eine klare Veröffentlichungsbefugnis oder -durchführung sein.
Verpflichtung: Entschädigung oder Wiedergutmachung kann auch eine solche Erklärung sein, nach der sich der Staat zu einer Maßnahme verpflichtet. Jedoch muss er dergleichen überhaupt vornehmen dürfen. Er darf zB nicht in die Unabhängigkeit eines Gerichts eingreifen. Auch → „Dienstaufsicht".
Verwaltungsakt: Es gelten ähnliche Erwägungen wie bei einer → „Genehmigung".
Widerruf: Wiedergutmachung sein kann ein klarer unbedingter Widerruf. Das gilt selbst dann, wenn er nicht öffentlich erfolgt.
Zugang: Wiedergutmachung sein kann die Ermöglichung eines bisher verweigerten Zugangs jeglicher Art im Rahmen des Statthaften, aber vielleicht mithilfe eines wohlwollenden Ermessens.

34 **IX. Notwendigkeit einer Verzögerungsrüge, III 1.** Eine Entschädigung nach → Rn. 27 setzt neben einer unangemessenen Verfahrensdauer und einem Nachteil daraus zusätzlich stets voraus, dass ein benachteiligter Verfahrensbeteiligter eine sog. Verzögerungsrüge bei dem mit der Sache befassten Gericht erhoben hat, BVerfG NJW 2016, 2018; BGH NJW 2021, 859; NJW 2013, 2210; für Altfälle siehe aber BSG NJW 2014, 253. Die Bitte um eine zeitnahe Terminierung unter Hinweis auf die enorme Dauer des Berufungsverfahrens ist zumindest dann als eine Verzögerungsrüge auszulegen, wenn zu einem späteren Zeitpunkt die Dauer des Verfahrens „gem. § 198 III 1 gerügt" wird, BGH NJW 2021, 859. Die Frage der Erhebung oder der Rechtzeitigkeit der Verzögerungsrüge betrifft nicht die Zulässigkeit, sondern es handelt sich um eine haftungsbegründende Obliegenheit, BGH NJW 2021, 859 Rn. 18; NJW 2014, 2588. Die Vorschrift stellt keine besondere Anforderung an die Form oder den Mindestinhalt einer Verzögerungsrüge, sondern verlangt lediglich, dass „die Dauer des Verfahrens gerügt" wird. Deshalb ist die Beanstandung der Verfahrensdauer für eine Auslegung offen, wenn der Beteiligte zum Ausdruck bringt, mit der Verfahrensdauer nicht einverstanden zu sein, BVerfG NJW 2016, 2018; BGH NJW 2021, 859; BFH BeckRS 2013, 96642 = DStRE 2014, 299. Die erforderliche Auslegung hat sich am Gesamtinhalt des sich aus den Schriftsätzen erkennbaren Rechtsschutzbegehrens auszurichten, BVerfG NJW 2016, 2018; → Rn. 37. Die Möglichkeit einer Verzögerungsrüge hat Vorrang vor einer Untätigkeitsbeschwerde, Brdb MDR 2012, 305. Eine Dienstaufsichtsbeschwerde reicht nicht, Köln NJW-RR 2014, 637.

35 Haftungsbegrenzung ist das erkennbare Hauptziel dieser weiteren Hauptvoraussetzung. Der Benachteiligte soll den Mut haben, die Verzögerung des Ausgangsverfahrens auch notfalls mit einem weiteren Prozessrisiko im Entschädigungsverfahren einzufordern. Der Staat braucht also keineswegs die Überlänge eines Verfahrens vom Amts wegen einzuräumen, zumindest nicht finanziell oder durch sonstige Wiedergutmachung von Amts wegen. Er muss sogar zuwarten, ob, wann und wie sich der benachteiligte Bürger bei ihm fordernd meldet.

36 **X. Verzögerungsrüge im Ausgangsverfahren, III 1, 2, VI 1, 2.** Die nach → Rn. 34 notwendige Rüge muss gerade „bei dem mit der Sache befassten Gericht" eingehen, also im Ausgangsverfahren und nicht etwa erst im Entschädigungsprozess; BGH NJW 2021, 859 Rn. 25. Hierzu muss der Benachteiligte eine ganze Reihe weiterer Punkte beachten.

37 **1. Prozesshandlung der Partei, III 1.** Die Erhebung einer Verzögerungsrüge iSd III 1 geschieht durch eine dem Gericht gegenüber abzugebende Erklärung; es handelt es sich um eine einseitige Prozesshandlung, Brem NJW-RR 2019 1215. Als solche unterliegt sie einer Auslegung entsprechend den für empfangsbedürftige Willenserklärungen geltenden Grundsätzen nach § 133 BGB, BVerfG NJW 2016, 2018; BGH NJW 2021, 859 Rn. 19; BeckRS 2013, 845; NJW 2010, 1144; BVerwG NVwZ-RR 2019, 698; BFH BeckRS 2013, 96642; LSG Bln-Brbg BeckRS 2019, 2619; → Rn. 34. Die Verzögerungsrüge kann schriftlich oder mündlich und im Anwaltsprozess nur durch den ProzBev. erhoben werden, BVerfG NJW 2016, 2018. Sie lässt grundsätzlich keine Bedingung zu. Sie ist auch grundsätzlich unwiderruflich. Jedoch muss dem Einleger ermöglicht werden, seine Rüge aufgrund besserer Einsicht zurückzunehmen, schon wegen der auch in diesem Rahmen zu berücksichtigenden Prozesswirtschaftlichkeit. Im Übrigen → Rn. 51 „Auslegung".

38 **2. Anlass zur Besorgnis, III 2.** Eine Verzögerungsrüge kann erst erhoben werden, „wenn Anlass zur Besorgnis besteht, dass das Verfahren nicht in einer angemessenen Zeit abgeschlossen wird". Diese Bedingung erweist sich als ziemlich problematisch sowohl aus der Sicht des Rügeführers als auch aus derjenigen des Gerichts. Damit legt III 2 aber nur den Zeitpunkt fest, zu dem eine Verzögerungsrüge frühestens erhoben werden kann, und hat damit lediglich die Funktion einer Mindestfrist. Es besteht jedoch keine Regelung, zu welchem Zeitpunkt die Rüge spätestens erhoben werden muss, BGH NJW 2021, 859; NJW 2014, 1967 und 2443. Wenn die betroffene Partei die Rüge erst zu einem späteren Zeitpunkt erhebt, hat das Entschädigungsgericht gleichwohl das gesamte Verfahren in den Blick zu nehmen, die Angemessenheit der Verfahrensdauer insgesamt zu überprüfen und bei Vorliegen einer Überlänge vollständig zu entschädigen, BGH NJW 2021, 859 mwN (zust. Dettmers NJW 2021, 863; aM BFH DStRE 2018, 175; NJW 2016, 2365 (Begrenzung auf 6 Monate).

39 Besorgnis ist eher ein schillernder Begriff, der aber aus der subjektiven Sicht des Betroffenen zu verstehen ist. Er muss aus seiner Sicht mehr als eine bloße Möglichkeit und weniger als eine Gewissheit darlegen, dass das Verfahren zu langsam durchgeführt wird und deshalb nicht in angemessener Zeit beendet werden kann. Hierzu muss er aber objektive Anhaltspunkte angeben wie fehlende Terminierung, keine Beauftragung eines Sachverständigen, keine Fristsetzungen o. Ä.

40 Hinzu kommt, dass ein Anlass zur Besorgnis schon reicht. Das bedeutet wiederum eine gewisse Abschwächung der Anforderungen an eine Besorgnis. Anlass ist mehr als vage Denkbarkeit und weniger als Zwang oder auch „nur" Befürchtung. Auch den Anlass muss der Rügeführer nachvollziehbar darlegen und notfalls beweisen.

41 **3. Rügerecht nur vor dem Ausgangsgericht, III 1, VI Nr. 1.** Nur „bei" ihm besteht ein Rügerecht. Es muss also um das Verfahren vor dem Ausgangsgericht gehen. Gerichtsverfahren ist jedes Verfahren ab Einleitung (Antrags- oder Klageeingang) bis zum rechtskräftigen oder sonst endgültigen Abschluss zB durch Vergleich, Antrags- oder Klagerücknahme sowie durch beiderseitige wirksame Vollerledigungserklärungen. Hierzu zählt nach VI Nr. 1 auch ein Verfahren nach §§ 114 ff. ZPO, § 78 FamFG, BVerfG FamRZ 2017, 2052. Wird aber

ein PKH-Verfahren gleichzeitig neben dem rechtshängigen Hauptsacheverfahren geführt, führt dies nicht zu einem weiteren Entschädigungsanspruch, BSG NJW 2018, 192. Einschränkungen gelten nach VI Nr. 1 lt. Hs. evtl. in einem schon eröffneten Insolvenzverfahren.

4. Rügerecht nur für Verfahrensbeteiligten, III 1, VI Nr. 2. Nach III 1 darf nur ein Verfahrensbeteiligter eine Verzögerungsrüge erheben. Wer Verfahrensbeteiligter ist, bestimmen VI Nr. 2 und § 199 IV abschließend. Ein Rügerecht hat also jede Partei im Ausgangsverfahren, ferner jeder dort Beteiligte zB nach § 7 FamFG, nicht aber grundsätzlich nach VI Nr. 2 Hs. 1 ein Verfassungsorgan, ein Träger öffentlicher Verwaltung und eine sonstige öffentliche Stelle. Jedoch kann eine Beteiligung bei einer Selbstverwaltungstätigkeit vorliegen, VI Nr. 2 Hs. 2. Diese letzteren Rechtssubjekte sind gar nicht ganz einfach ermittelbar. Öffentlich ist nicht nur eine hoheitlich tätige Stelle, sondern auch eine etwa der Daseinsvorsorge dienende nicht obrigkeitlich handelnde. § 40 VwGO kann bei der Abgrenzung helfen, vgl. auch das umfangreiche ABC bei § 13 GVG. Der Sinn ist die Verhinderung eines Kampfes Staat gegen Staat oder Staatsähnlichkeit. Im Zweifel besteht wohl eher kein Rügerecht. 42

5. Hinweispflicht auf neue Umstände, III 3, 4. Wer sich zumindest auch auf sie beruft, muss in seiner Rüge auf sie nachvollziehbar hinweisen. Das ist eigentlich selbstverständlich. Denn die Rüge muss ohnehin eine schlüssige Begründung aufweisen. Im Übrigen braucht man natürlich nicht sonderlich auf etwas hinzuweisen, was bisher im Ausgangsprozess zwar noch nicht zur Sprache kam, aber nach § 291 ZPO offenkundig und zumindest gerichtskundig ist. 43

Ein Verstoß zwingt jedenfalls das Entschädigungsgericht zur Nichtberücksichtigung (nur) bei der Bestimmung der Angemessenheit oder genauer: der Unangemessenheit der Dauer des Ausgangsverfahrens, ähnlich wie zB bei § 296 ZPO. 44

6. Wiederholung der Rüge, III 2 Hs. 2. Es kann geschehen, dass eine erste Verzögerungsrüge aus der Sicht des Rügeführers entweder durch irgendeinen Vorgang ihre Erfolgsaussicht verliert oder sich erledigt oder dass ein neuer oder ihm bisher nicht bekannter Umstand den bisherigen Anlass zur Besorgnis erneuert oder verstärkt. III 2 Hs. 2 Fall 1 schränkt indessen zumindest eine Möglichkeit zur Rügewiederholung grundsätzlich ein. Sie wird frühestens „nach sechs Monaten" statthaft. Die Frist beginnt zu einem vom Gesetz nicht genannten Zeitpunkt. Das kann der Eingang der früheren Rüge sein, aber auch eine Reaktion des Ausgangsgerichts auf sie oder gar eine Beendigung des Abschnitts des Ausgangsverfahrens, auf den sich die erste Rüge bezog. Auch hier heißt es nach dem Regelungszweck zu suchen. Wiederum eine keineswegs einfache Aufgabe. Mehrere Wiederholungen sind nicht von vornherein unstatthaft. Sie dürfen aber nicht zur Lahmlegung des Ausgangsverfahrens führen. 45

Schon nach weniger als sechs Monaten kommt eine erste oder weitere Wiederholung ausnahmsweise nach III 2 Hs. 2 Fall 2 nur dann infrage, wenn eine kürzere Frist „geboten ist". Dazu muss ein geradezu zwingender Grund vorliegen. Es muss also ein besonders krasser Zeitverstoß oder eine besonders krasse Folge beim Nachteil drohen. Im Zweifel keine Verkürzung der Sechsmonatsfrist. 46

Der Verstoß führt dazu, dass die Rügewiederholung bis zum Fristablauf nicht zu beachten ist. 47

7. Ergänzung, Berichtigung der Rüge, III 2, 3. Sie sind etwas anderes als eine glatte Rügewiederholung. Das Gesetz regelt ihre Möglichkeit nicht ausdrücklich. Es gelten dieselben Regeln wie zB bei einer Ergänzung oder Berichtigung eines Rechtsmittels oder Einspruchs oder etwa einer Gehörsrüge nach § 321a ZPO. 48

8. Notwendigkeit erneuter Rüge, III 5. Das Gesetz unterscheidet zwischen einer Wiederholung und einer erneuten Rüge. Die erstere ist nur nach → Rn. 45, 46 statthaft. Die letztere kann sogar notwendig sein, um Beachtung zu finden. Neu rügen muss der Benachteiligte, soweit es um eine Verzögerung des Ausgangsverfahrens infolge seiner vorübergehenden Behandlung „bei einem anderen Gericht" geht. Dazu kann zB eine Beweisaufnahme beim beauftragten oder ersuchten Richter nach §§ 361, 362 ZPO gehören, nicht aber eine Verzögerung beim Sachverständigen. Denn er ist kein anderes „Gericht". 49

Zu beachten ist dabei, ob, ab wann, bis wann, bei wem und wie man rügen darf, sollte oder muss, um einen im Ausgangsverfahren noch ganz ungewissen Anspruch auf Entschädigung oder andere Wiedergutmachung nicht schon wegen diesbezüglicher Fehler dem Grunde nach zu verlieren, bevor ein Entschädigungsverfahren überhaupt begonnen hat. 50

9. Beispiele zur Frage einer Verzögerungsrüge, III

Anwaltszwang: Er besteht im Anwaltsprozess nach § 78, § 114 FamFG, BVerfG NJW 2016, 2019; Zimmermann FamRZ 2011, 1908; aM Deumeland DVBl 2013, 1381. 51

Aufrechnung: Keine Besorgnis besteht schon wegen einer Haupt- oder Hilfsaufrechnung. Denn mit ihr muss jeder Kläger rechnen, und das Gericht muss sie unter den gesetzlichen Voraussetzungen zulassen und selbst bei einer entsprechenden Verzögerung des Prozesses mitbearbeiten.

Auslegung: Die Verzögerungsrüge unterliegt der Auslegung entsprechend den für empfangsbedürftige Willenserklärung geltenden Regeln,→ Rn. 37; → Rn. 34. Durch die Rüge muss der Betroffene lediglich sein fehlendes Einverständnis mit der Dauer des Verfahrens zum Ausdruck bringen; eine ausdrückliche Bezeichnung als „Verzögerungsrüge" ist nicht erforderlich, BVerfG NJW 2016, 2018; BGH NJW 2021, 859 mwN.

Befangenheit: Besorgnis kann bei immer neuen Befangenheitsgründen bestehen. Keine Besorgnis ergibt sich aus einem ersten Ablehnungsverfahren selbst bei dessen Erfolg; → „Richterwechsel". Denn ein Zwischenverfahren nach §§ 42 ff. ZPO dauert meist nicht allzu lange.

Berichtigung: → Rn. 48.

Beurteilungsänderung: Keine Besorgnis lässt sich schon daraus ableiten, dass das Gericht eine solche Änderung erkennbar macht, selbst wenn sie eine deutliche Verzögerung zur Folge haben dürfte.

Beweis: Besorgnis kann bei erkennbar nur tröpfchenweisem Anlaufen einer umfangreicheren Beweisaufnahme bestehen. Das Gericht muss sich um Zügigkeit gerade in diesem Stadium bemühen. Vgl. auch bei den einzelnen Beweismitteln. Keine Besorgnis besteht schon dann, wenn das Gericht nicht sogleich sämtliche Beweisanträge bearbeitet, sondern sich erkennbar auf die beschränkt, deren Klärung den Rest entscheidungsunerheblich machen dürften.

Dienstaufsichtsbeschwerde: Sie erfüllt nicht die Voraussetzungen einer Verzögerungsrüge, Köln NJW-RR 2014, 636. Diese muss auch nicht erhoben werden, um einen Entschädigungsanspruch geltend zu machen, Drsd MDR 2019, 804.

Ergänzung: → Rn. 48.

Fristlänge: Besorgnis mag dann bestehen, wenn das Gericht eine doppelt oder dreifach so lange Frist wie meist üblich gibt. Auch dann kommt es aber auf die Umstände an.

Gegenäußerung: Keine Besorgnis besteht schon wegen der Einräumung einer Möglichkeit zur Gegenäußerung. Das kann sogar bei einer Gegen-Gegenäußerung so liegen.

Gründlichkeit: Besorgnis kann dann bestehen, wenn die Sorgfalt erkennbar ausartet. Gerechtigkeit ist nur eine der drei Säulen der Rechtsidee, wenn auch die wichtigste. Immer neue Details in den Erwägungen eines Beteiligten, auch des Gerichts, können dazu führen, dass der letztliche Sieger mit dem Ergebnis nichts mehr anfangen kann. Keine Besorgnis lässt sich aber schon daraus ableiten, dass das Gericht etwa einem Zusatzgedanken zwecks rechtsmittelfesterer Begründung der Entscheidung doch noch nachgehen will, auch wenn das mehr Zeit kostet, solange dieser Mehraufwand noch im leidlichen Verhältnis zu den Verbesserungschancen steht.

Informationsmangel: Besorgnis kann dann bestehen, wenn dieser beliebte „Grund" einer Verzögerung beim Gericht stets oder immer wieder sogleich Respekt findet.

Kosten: Kosten entstehen weder bei Gericht noch beim Anwalt, Zimmermann FamRZ 2011, 1908.

Krankheit: Besorgnis kann auch dann bestehen, wenn im Gericht oder zB beim gegnerischen ProzBevtl. oder bei einer Beweisperson monatelange Erkrankung erkennbar wird. Denn es kommt nicht auf irgendein Verschulden an. Keine Besorgnis besteht dann, wenn zB das Gericht nun aus solchen Gründen etwa einen anderen Teil einer Beweisaufnahme vorzieht.

Prozesskostenhilfe: Eine im Verfahren nach §§ 114 ff. ZPO erhobene Rüge bedarf keiner Wiederholung im Hauptverfahren, Celle MDR 2017, 233 (Es kann auf die Umstände ankommen).

Richterwechsel: Besorgnis kann dann bestehen, wenn absehbar wird, dass infolge eines solchen Wechsels alles Mögliche neu besprochen, bewiesen, widerlegt werden muss. Jedoch darf ein nun einmal unvermeidbarer Richterwechsel nicht schon als solcher eine Verzögerungsrüge rechtfertigen. Es kommt eben auf die Umstände an. Auch → „Befangenheit".

Sachverständiger: Besorgnis kann dann bestehen, wenn das Gericht ihn nicht im Rahmen des Zulässigen zur unverzüglichen Bearbeitung anhält, obwohl er gerichtsbekannt überlastet ist. Insoweit kann von vornherein ein Auftrag unter Bedingung (Gutachten bis zum…) und/oder von vornherein ein Hinweis auf § 409 ZPO zur Vermeidung einer Besorgnis nötig gewesen sein. Keine Besorgnis besteht bei einer selbst monatelangen Erstfrist oder sogar einer geräumigen Nachfrist dann, wenn die Fragen an den Sachverständigen ungewöhnlich schwer zu beantworten sein dürften oder wenn er zB bei einem Dritten umfangreiche Untersuchungen erbitten oder abwarten muss.

Spezialrecht: Praktisch keine Besorgnis ist dann begründbar, wenn sich das Verfahren infolge der Entscheidungserheblichkeit von Auslands- oder anderem Spezialrecht verzögert. Das gilt jedenfalls dann, wenn das Gericht dazu auf die Hilfe eines hochbelasteten Sachverständigen angewiesen ist und wenn dieser halbwegs nachvollziehbar nicht so rasch ein Ergebnis liefert.

Stellungnahme: → „Gegenäußerung".

Terminierung: Besorgnis besteht dann, wenn das Gericht einen erheblich späten Termin ohne jede halbwegs nachvollziehbare Begründung bestimmt. Jedoch reicht eine sehr knappe Andeutung wie zB „starke Überlastung", solange kein besonders eiliger Fall vorliegt. Das Gericht braucht nicht seinen gesamten Terminplan von Monaten zu übersenden. Es ist aber sinnvoll, sich um Verständlichkeit einer recht späten Terminierung zu bemühen.

Terminsüberschneidung: Besorgnis kann bei immer neuen derartigen Verzögerungsgründen bestehen, selbst wenn sie anfangs beachtlich waren. Keine Besorgnis besteht selbst dann, wenn nun auch der Gegner erstmals wegen einer Terminsüberschneidung um Vertagung bittet.

Überlastung: Besorgnis kann natürlich ihretwegen bestehen. Zumindest eine erste Möglichkeit einer Erörterung in einem Termin sollte wenn irgend möglich nicht erst nach vielen Monaten bestehen. Es ist Fingerspitzengefühl bei allen Beteiligten nötig. Keine Besorgnis entsteht schon wegen unterschiedlich rascher Bearbeitung etwa gleichzeitig angelaufener Verfahren. Sie kann Sachgründe haben.

Untätigkeitsbeschwerde: → Rn. 2 f.

Unverzüglich: Die Verzögerungsrüge muss nach der Entstehung schon des bloßen Anlasses zur Besorgnis ihrerseits unverzüglich beim Ausgangsgericht eingehen, also ohne vorwerfbares Zögern, BGH NJW 2014, 2588; Celle NJW-RR 2014, 889. Im Altfall (vor Inkrafttreten des ÜGRG) waren 7 Wochen zu lang, Brem NJW 2013, 3109. Drei Wochen können unschädlich sein, BGH NJW 2014, 2588. Es können aber sogar Monate unschädlich sein, Celle NJW-RR 2014, 889. Wer jedoch selbst trödelt, darf nicht Trödelei eines anderen beanstanden. Dabei ist jedoch zu berücksichtigen, dass eine vorschnelle Verzögerungsrüge alle möglichen zivil- oder sogar strafrechtlichen Folgen für den Rügeführer haben kann.

Urlaub: Besorgnis kann dann bestehen, wenn das Gericht jeden Urlaubs eines Beteiligten fast schematisch mit der Folge immer weiterer Verzögerungen gutheißt. Keine Besorgnis besteht aber dann, wenn ein schon vorher bewilligter Urlaub verzögert. Denn der Bürger hat Anspruch auf ihn nach seiner Zeitwahl, so der verfassungsgerichtlich gestärkte Grundsatz.

Verfahrenswahl: Keine Besorgnis besteht schon wegen der Wahl zwischen frühem ersten Termin und schriftlichem Vorverfahren. Das gilt selbst in einem eiligen Fall. Denn beide Wahlergebnisse können fast gleich bald zur Entscheidungsreife führen.

Vertagung: → „Terminsüberschneidung".

Vollstreckungsrisiko: Besorgnis kann dann bestehen, wenn eine erhebliche Erhöhung des Risikos droht, bei noch späterer Entscheidung nicht mehr wie jetzt noch sinnvoll notfalls vollstrecken zu können, aus welchen persönlichen oder sachlichen Gründen auch immer. Keine Besorgnis besteht dann, wenn die Vollstreckbarkeit unabhängig vom Entscheidungszeitpunkt unsicher ist.

Widerklage: Keine Besorgnis besteht schon wegen einer Widerklage. Denn mit ihr muss jeder Kläger rechnen, und das Gericht muss sie unter den gesetzlichen Voraussetzungen zulassen und selbst bei einer entsprechenden Verzögerung des Prozesses mit bearbeiten.

Widerruf: Die Verzögerungsrüge ist grds. unwiderruflich; → Rn. 37.

XI. Entschädigungsverfahren, V. Wegen eines im Ausgangsverfahren verursachten Nachteils, den der Benachteiligte dort ordnungsgemäß oder fehlerhaft gerügt hatte, kommt ein gesondertes Verfahren auf Entschädigung oder sonstige Wiedergutmachung infrage. Hierzu gelten die folgenden Regeln. 52

1. Klage, V 1. Ein Anspruch nach I muss mangels außergerichtlicher Erfüllung im Weg einer gesonderten Klage vor das gesonderte Entschädigungsgericht kommen, um ihn „durchsetzen" zu können. Es muss also in einem weiteren Erkenntnisverfahren ein Vollstreckungstitel das Ziel sein. Nicht etwa darf das Ausgangsgericht darüber mitentscheiden. 53

2. Klagefrist, V 1, 2. Als weitere wesentliche Bedingung der Durchsetzbarkeit eines Anspruchs nach I darf der Beteiligte eine etwa mangels außergerichtlicher Erfüllung notwendige Klage nach V 1 frühestens sechs Monate nach Erhebung einer Verzögerungsrüge nach → Rn. 36 ff. und muss sie nach V 2 spätestens sechs Monate nach dem Eintritt der formellen Rechtskraft der das Ausgangsverfahren beendenden Entscheidung nach § 705 ZPO oder nach dem Eintritt einer anderen Art der „Erledigung" des Ausgangsverfahrens „erheben", zB nach der Zustellung der beanstandeten Spätentscheidung, OVG Weimar NVwZ 2014, 1536. 54

Unanwendbar ist V 1 dann, wenn das als verspätet gerügte Verfahren schon vor dem Ablauf der Sechsmonatsfrist endete, BVerwG AnwBl 2015, 532. 55

Erst die Erhebung der Klage wahrt die Frist. Erhebung ist nach § 253 I ZPO die Zustellung der Klageschrift an den Bekl., also nicht schon deren bloße Einreichung beim Entschädigungsgericht und auch nicht ein obendrein nicht unterzeichnetes Prozesskostenhilfegesuch, Brem NJW 2013, 3109, oder ein Gesuch ohne ausreichenden Antrag, Hamm MDR 2014, 984. 56

3. Zuständigkeit, weiteres Verfahren, V 1, 2, § 201. → § 201 Rn. 4 ff., dort auch mit dem zugehörigen ABC → Rn. 22. 57

4. Keine Übertragbarkeit vor Rechtskraft, V 3. Maßgebens ist die formelle Rechtskraft nach § 705. Unübertragbarkeit bedeutet auch Unpfändbarkeit nach § 851 I in den Grenzen von II. Die Aufrechnung gegenüber einem Entschädigungsanspruch wegen unangemessener Dauer eines Gerichtsverfahrens mit einer Kostenforderung des Staates (hier aus einem früheren Strafverfahren) ist – nach rechtskräftiger Entscheidung über die Entschädigungsklage – grds. zulässig, BGH NJW 2020, 1364. 58

5. Rechtsbehelfe, V 1, 2, § 201. → § 201 Rn. 23 ff. 59

199 *(betrifft Strafsachen)*

200 *[Haftungsschuldner].* **[1]Für Nachteile, die aufgrund von Verzögerungen bei Gerichten eines Landes eingetreten sind, haftet das Land. [2]Für Nachteile, die aufgrund von Verzögerungen bei Gerichten des Bundes eingetreten sind, haftet der Bund. [3]Für Staatsanwaltschaften und Finanzbehörden in Fällen des § 386 Absatz 2 der Abgabenordnung gelten die Sätze 1 und 2 entsprechend.**

I. Systematik. Die Vorschrift knüpft an den Begriff eines Nachteils nach § 198 an. Sie soll klären, wer eine Entschädigung nach § 198 leisten muss. Damit behandelt sie das Außenverhältnis zwischen dem Benachteiligten und dem Haftungsschuldner. Sie äußert sich nicht zum Innenverhältnis zwischen dem Staat (Bund oder Land) und dem Richter, Staatsanwalt oder sonstigen Amtsträger, der einen Nachteil verursacht hat. 1

II. Regelungszweck. Es muss klar sein, wer Anspruchsgegner und notfalls Bekl. einer Klage nach § 198 V sein wird. Es muss schon von vornherein feststehen, an wen sich der Verfahrensbeteiligte oder Dritte vor einer Klagerhebung wenden muss. Damit erfolgt aber nicht nur eine Verfahrensklärung, sondern auch die materiellrechtliche Schuldnerklärung. Dabei überträgt das Bundesgesetz in weitem Umfang die Leistungspflicht den Ländern. 2

III. Geltungsbereich. Die Vorschrift gilt nicht nur in allen Fällen der §§ 198, 199, sondern auch dann, wenn ein anderes Gesetz auf diese Vorschriften verweist. Daher bei → § 198 Rn. 6. 3

IV. Verzögerung bei Gericht. Es muss eine Verzögerung eingetreten sein. Dieser Begriff steht in § 198 III 1 indirekt als „Verzögerungsrüge". Gemeint ist eine „unangemessene Dauer eines Gerichtsverfahrens" nach § 198 I 1. Was zwar irgendwie verzögert, aber nicht so lange wie dort, bleibt natürlich auch bei § 200 unbeachtlich, selbst wenn es etwa nach § 296 ZPO Rechtsfolgen haben kann. 4

V. Nachteil aufgrund Verzögerung. Der Nachteil nach § 198 muss gerade „aufgrund" einer Verzögerung nach → Rn. 4 eingetreten sein. Hier liegt das Hauptproblem. Der Begriff „aufgrund" meint dasselbe wie der Begriff „infolge" in § 198 I 1. Hier wie dort reicht eine objektive Verursachung und ist kein Verschulden erforderlich, sofern man überhaupt mangels Verschuldens von einer unangemessenen Verfahrensdauer sprechen kann. 5

VI. Verzögerung beim Gericht eines Landes, S. 1. Die Vorschrift erfasst jedes AG, LG, OLG, über § 9 II 2 ArbGG jedes ArbG und LAG, über § 155 S. 2 FGO jedes FG, über § 202 S. 2 SGG jedes SG und LSG und über § 173 S. 2 VwGO jedes VG, OVG und jeden VGH. Sie erfasst auch ein bei solchen Gerichten eingerichtetes Standes- oder Berufsgericht. 6

VII. Verzögerung beim Gericht des Bundes, S. 2. Die Vorschrift erfasst den BGH, nach denselben Verweisungen wie bei → Rn. 6 das BAG, den BFH, das BSG, das BVerwG und deren Standes- oder Berufsgerichte. 7

Unanwendbar ist S. 2 auf das BVerfG wegen seiner zwar ähnlichen, aber eigenständigen Regelung in §§ 97a–d BVerfGG. 8

VIII. Verzögerung bei Staatsanwaltschaft oder Finanzbehörde, S. 3. S. 1, 2 gelten entsprechend. 9

201 *[Verfahren].* **I [1]Zuständig für die Klage auf Entschädigung gegen ein Land ist das Oberlandesgericht, in dessen Bezirk das streitgegenständliche Verfahren durchgeführt wurde. [2]Zuständig für die Klage auf Entschädigung gegen den Bund ist der Bundesgerichtshof. [3]Diese Zuständigkeiten sind ausschließliche.**

II [1]Die Vorschriften der Zivilprozessordnung über das Verfahren vor den Landgerichten im ersten Rechtszug sind entsprechend anzuwenden. [2]Eine Entscheidung durch den Einzelrichter ist ausgeschlossen. [3]Gegen die Entscheidung des Oberlandesgerichts findet die Revision nach Maßgabe des § 543 der Zivilprozessordnung statt; § 544 der Zivilprozessordnung ist entsprechend anzuwenden.

III [1]Das Entschädigungsgericht kann das Verfahren aussetzen, wenn das Gerichtsverfahren, von dessen Dauer ein Anspruch nach § 198 abhängt, noch andauert. [2]*(betrifft Strafsachen)*

IV Besteht ein Entschädigungsanspruch nicht oder nicht in der geltend gemachten Höhe, wird aber eine unangemessene Verfahrensdauer festgestellt, entscheidet das Gericht über die Kosten nach billigem Ermessen.

Schrifttum: Schmidt NVwZ 2015, 1710 (Grdz.).

1 **I. Systematik.** Die Vorschrift regelt den Abschnitt eines Entschädigungsverfahrens, der nach vergeblicher vorgerichtlicher Bemühung nun in einem Gerichtsverfahren mündet, wie es Art. 19 IV 1 GG erzwingt. Dabei wird deutlich, dass trotz der Rechtsverletzung durch die öffentliche Gewalt in Gestalt unangemessener Dauer eines Ausgangsverfahrens nicht etwa stets nach § 40 VwGO der Verwaltungsrechtsweg offensteht. Vielmehr ergeben sich unterschiedliche Rechtswege. Von ihnen regelt § 201 nur einen Teil.

2 **II. Regelungszweck.** Das Klageverfahren ist der anspruchsvollste, der Schwierigkeit der Materie am ehesten entsprechende Weg der Anspruchsklärung. Seine höchstens zwei Instanzen sollen seine Dauer begrenzen. Deshalb ist § 201 grundsätzlich so auslegbar, dass sich nicht hier nun nochmals die Gefahr einer zusätzlichen unangemessenen Dauer ergibt.

3 **III. Geltungsbereich.** Direkt gilt die Regelung nur im Bereich der ordentlichen Gerichtsbarkeit und dort sowohl in Zivil- als auch in Straf- und evtl. in Bußgeldsachen. Entsprechend gilt die Vorschrift über die in → § 200 Rn. 6 genannten Bestimmungen anderer Gesetze auch in den dortigen Gerichtsbarkeiten. §§ 97a–d BVerfGG enthalten eine eigenständige Sonderregelung.

4 **IV. Zuständigkeit, I.** Es ergeben sich vier Aspekte.

5 **1. Gegen Land: OLG im Bezirk der Regierung, I 1.** Soweit nach § 200 S. 1 ein Bundesland haftet, gehört die Klage vor das OLG, in dessen Bezirk die Landesregierung residiert (Staatskanzlei), und zwar bei Klageeinreichung. Dem OLG entsprechen über die in → § 200 Rn. 6 genannten Bestimmungen anderer Gesetze: das LAG; das LSG; das OVG oder der VGH.

6 **2. Gegen Bund: BGH, I 2.** Soweit nach § 200 S. 2 der Bund haftet, gehört die Klage vor den BGH. Ihm entsprechen über die in → § 200 Rn. 6 genannten Bestimmungen anderer Gesetze: das BAG; das BSG; das BVerwG.

7 **3. Ausschließliche Zuständigkeit, I 3.** Diese Bestimmung gilt für alle Gerichte nach → Rn. 5, 6. Stets gilt infolgedessen § 40 II 1 Nr. 2 ZPO zumindest entsprechend, obwohl § 201 II 1 GVG dem Wortlaut nach wohl aufgrund eines Redaktionsversehens des Gesetzgebers nur auf §§ 253 ff. ZPO verweist. Denn ZPO Buch 1 und damit § 40 ZPO enthalten die Grundregeln gerade auch des erstinstanzlichen Verfahrens vor dem LG mit. Es ist also eine abweichende Gerichtsstandsvereinbarung unstatthaft und daher unwirksam. Die Konzentration vor einem einzigen OLG oder dem BGH soll schon zur Vermeidung von Zersplitterung der Rspr. erhalten bleiben.

8 Funktionell bleibt die Geschäftsverteilung wie sonst zu beachten.

9 **V. Weiteres Verfahren, II 1, 2, III.** Es ergeben sich drei Grundgedanken.

10 **1. Anwendbarkeit der §§ 253 ff. ZPO, II 1.** Die Vorschriften der ZPO über das Verfahren vor dem LG im ersten Rechtszug sind entsprechend anwendbar. Das gilt zunächst in einer Zivilsache. Es gilt aber wegen § 199 auch in einer Strafsache, sei es wegen der Überlänge eines Ermittlungsverfahrens oder eines sonstigen Verfahrens vor der Staatsanwaltschaft, sei es wegen der Überlänge eines strafgerichtlichen Verfahrens. Es gilt schließlich wegen der in → § 200 Rn. 6 genannten Verweisungen auch in einem Verfahren vor dem Gericht einer anderen Gerichtsbarkeit. Eine Feststellungsklage nach § 256 ZPO ist grundsätzlich statthaft, BVerwG NJW 2014, 96; Schenke NJW 2015, 438 (ausf.); siehe aber BGH NJW 2014, 939.

11 Parteiherrschaft wie im Zivilprozess ist eine der Folgen, die das Gericht eines Verfahrens mit Amtsermittlungsgrundsatz wie zB nach der StPO nicht gewohnt ist.

12 Folgerichtig ist diese Abweichung vom dort Üblichen wegen der Art des Anspruchs auf Entschädigung. Es bestehen insoweit Ähnlichkeiten zum Entschädigungsanspruch des Verletzten im Strafverfahren nach §§ 403 ff. StPO, aber eben keine vollen Übereinstimmungen. Denn dort bleibt es im Prinzip beim Strafverfahren. Hier aber gilt eben uneingeschränkt die ZPO, und zwar zunächst nur in §§ 253 ff., nicht in §§ 511 ff. Daher muss der Kläger bei einem unbezifferten Anspruch die Leistung genau bezeichnen, Hamm MDR 2014, 984, oder die ungefähre Größenordnung nennen, OVG Weimar NVwZ 2014, 1536.

13 Auch Buch 1 ZPO gilt aus denselben Gründen wie bei → Rn. 7, 8 zumindest entsprechend mit. Eine Unanwendbarkeit der §§ 1–252 ZPO würde zumindest dann zu Unzuträglichkeiten führen, wenn dann etwa bei der Frage einer Ablehnbarkeit nach §§ 42 ff. ZPO eine Rechtslücke entstehen müsste. Das kann nicht der Sinn von II 1 sein.

14 Auch die Beweislast richtet sich nach den im Anh. § 286 ZPO dargestellten, vom Strafprozess erheblich abweichenden Regeln. Der Strafrichter muss also beim Entschädigungsprozess nach §§ 198 ff. umdenken.

15 **2. Kein Einzelrichter, II 2.** Als vorrangige Sondervorschrift nimmt II 2 alle Möglichkeiten einer Entscheidung durch den Einzelrichter aus der Verweisung nach II 1 aus. Das OLG kann zwar zunächst nach §§ 348, 348a ZPO oder nach §§ 526, 527 ZPO vorgehen. Der Einzelrichter darf aber eben nicht entscheiden, sondern muss evtl. an das Kollegium rückübertragen. Die im Kollegium seinem Vorsitzenden möglichen Handlungen bleiben statthaft.

3. Aussetzung, III. Diese Vorschrift regelt direkt nur die Frage, bis zu welchem Zeitpunkt eine Aussetzung statthaft sein kann, nicht die Frage, ob sie überhaupt statthaft ist. Diese letztere Frage richtet sich im Zivilprozess nach §§ 148 ff. ZPO. Sind die der Entschädigungsklage zugrunde liegenden Ausgangsverfahren, von deren Dauer ein Anspruch aus §§ 198 ff. abhängt, bereits beendet, scheidet eine Aussetzung nach III 1 aus. Das Entschädigungsverfahren kann jedoch in Ausübung pflichtgemäßen Ermessens über II 1 in analoger Anwendung des § 148 I ZPO ausgesetzt werden, Brschw BeckRS 2022, 15782 Rn. 14 f. Zwar verweist II 1 direkt nur auf §§ 253 ff. ZPO. Aus den Gründen → Rn. 7, 8, 13 ist aber auch Buch 1 ZPO zumindest teilweise entsprechend anwendbar, auch im Amtsermittlungsverfahren einer anderen Gerichtsbarkeit, Kissel/Mayer Rn. 9. Jedoch muss man bei § 149 ZPO den Vorrang von § 201 III 2 GVG beachten. § 252, der das Rechtsmittel der sofortigen Beschwerde (→ Rn. 26) sowohl gegen die Anordnung der Aussetzung als auch gegen die Ablehnung der Aufnahme eines ausgesetzten Verfahrens vorsieht, wird somit auch in Bezug genommen, BGH NJW 2019, 376; Nürnb MDR 2004, 231. 16

VI. Entscheidung, II 1, III, IV. Es gibt mehrere Aspekte. 17

1. Form: Urteil, Beschluss. Es gelten dieselben Regeln wie im erstinstanzlichen Zivilprozess. Daher kann zB auch im Verfahren vor einem LSG ein Versäumnisurteil infrage kommen. Das OLG muss auch in einer Strafsachen-Entschädigungssache sowohl einen Tatbestand als auch Entscheidungsgründe fertigen, soweit § 313 ZPO entsprechend anwendbar wird. 18

2. Inhalt. Es handelt sich um eine Leistungsklage und folglich um ein Leistungsurteil auf Zahlung einer bestimmten Summe EUR oder um eine teilweise oder gänzliche Abweisung, auch durch ein sog. Prozessurteil. Es kommt auch zB ein Verweisungsbeschluss nach § 281 ZPO infrage. 19

Eine Begründung ist nicht nur wie bei § 313 III als kurze bloße Zusammenfassung der Erwägungen notwendig und ausreichend, sondern auch bei einem Beschluss zumindest eine Anstandspflicht. 20

3. Kosten, vorläufige Vollstreckbarkeit. Die Kostengrundentscheidung richtet sich nach §§ 91 ff. ZPO. § 93 ZPO ist anwendbar, BVerwG NVwZ 2018, 3157. Jedoch enthält IV vom Grundsatz der Unterliegenshaftung eine Ausnahme: Bei einerseits einer Feststellung einer unangemessenen Verfahrensdauer, andererseits des Fehlens irgendeines Entschädigungsanspruchs aus welchem Grund auch immer oder bei seiner Überhöhung darf das Gericht wenigstens über die Kosten nach „billigem" und tatsächlich weitem, aber wie stets pflichtgemäßem Ermessen die Kosten abweichend von §§ 91 ff. ZPO und in Annäherung an zB § 91a I 1 ZPO oder an § 81 I 1 FamFG entscheiden. Ob beim Fehlen eines Entschädigungsanspruchs überhaupt eine Feststellung unangemessener Verfahrensdauer erfolgt, bleibt dem Gericht überlassen. Die letztere Feststellung ist dann nicht schon wegen IV entscheidungserheblich. Denn IV nennt nur eine Folge solcher Feststellung. Vorläufige Vollstreckbarkeit kommt beim OLG nach §§ 708 ff. ZPO infrage. 21

VII. Beispiele zur Frage des Verfahrens

Akteneinsicht: Anwendbar sind nach → Rn. 13 auch die Regeln des § 299 ZPO. 22

Aktenführung: Es sind gesonderte Gerichtsakten nötig. Denn das Entschädigungsverfahren ist gegenüber dem Ausgangsverfahren ein selbständiger Erkenntnisprozess und nicht etwa nur ein Rechtsbehelfsverfahren. Das letztere kommt nur nach einer OLG-Entscheidung dann zum BGH infrage.

Aktenlageentscheidung: Anwendbar sind nach → Rn. 13 auch § 251a ZPO und § 331a ZPO.

Anerkenntnisurteil: Anwendbar ist nach → Rn. 13 auch § 307 ZPO.

Anhörungsrüge: Anwendbar sind nach → Rn. 13 auch § 321a ZPO.

Anwaltszwang: Er besteht nach § 78 ZPO vor dem OLG (jeder zugelassene Anwalt) wie vor dem BGH (nur ein BGH-Anwalt). Er besteht nicht bei § 78 III Hs. 2 ZPO.

Arrest, einstweilige Verfügung: Unanwendbar sind §§ 916 ff. ZPO. Denn zum einen verweist II 1 nicht auch auf Buch 8 ZPO, zum anderen nennt § 198 V nur die Klageform.

Aufrechnung: Anwendbar sind nach → Rn. 13 auch die Regeln zur Haupt- wie Hilfsaufrechnung.

Aussetzung: → Rn. 16.

Berichtigung: Anwendbar ist nach → Rn. 13 auch § 319 ZPO.

Beschluss: → Rn. 18.

Beteiligter: Nach § 198 VI Nr. 2 ist jeder Beteiligte eines Ausgangsverfahrens Verfahrensbeteiligter im Entschädigungsprozess. Der Beteiligtenbegriff richtet sich zB nach § 7 FamFG.

Beweis: Anwendbar sind nach → Rn. 13 auch §§ 284 ff. ZPO. Zur Beweislast → Rn. 14.

Bezifferung: Sie ist grds. nötig, BFH NJW 2018, 574 (Ausnahme evtl. bei § 198 II 4).

Bindung: Anwendbar ist nach → Rn. 13 auch § 418 ZPO.

Einzelrichter: → Rn. 15.

Erledigung der Hauptsache: Anwendbar ist nach → Rn. 13 auch § 91a ZPO.

Erörterungspflicht: Anwendbar ist nach → Rn. 13 auch § 139 ZPO.

Feststellung: Anwendbar ist nach → Rn. 10 auch § 256 ZPO. Ob für eine bloße Feststellung statt Leistung (Entschädigung) das notwendige rechtliche Interesse besteht, sollte sehr zurückhaltend beurteilt werden. Natürlich müssen bei einer Wiedergutmachung nach § 198 die Regeln → § 198 Rn. 28 ff. beachtet werden.

Fristen: Soweit nicht eine der in §§ 198–201 genannten Fristen vorrangig gilt, sind nach → Rn. 13 alle Regeln der Bücher 1, 2 ZPO anwendbar.

Früher erster Termin: → „Schriftliches Vorverfahren".

Geschäftsverteilung: Sie erfolgt wie üblich. Jedoch muss das Präsidium I 4 beachten, → Rn. 8.

Hinweispflicht: Anwendbar ist nach → Rn. 13 auch § 139 ZPO.

Klageänderung: Anwendbar sind nach → Rn. 13 auch §§ 263, 264 ZPO.

Klagerücknahme: Anwendbar ist nach → Rn. 13 auch § 269 ZPO.

Klageschrift: → § 198 Rn. 53.

Kosten: → Rn. 21.

Mündliche Verhandlung: Anwendbar ist nach → Rn. 13 auch § 128 ZPO.

Öffentlichkeit: Anwendbar sind nach → Rn. 13 auch §§ 169 ff. GVG.

Partei: Nach § 198 VI Nr. 2 ist jede Partei Verfahrensbeteiligte. Der Parteibegriff richtet sich nach → Rn. 13.

Parteiherrschaft: → Rn. 11.

Prozessbevollmächtigter: Anwendbar sind nach → Rn. 13 auch alle Regeln zu ihm nach Büchern 1, 2 ZPO.
Prozesskostenhilfe: Anwendbar sind nach → Rn. 13 auch §§ 114 ff. ZPO, § 78 FamFG.
Rechtliches Gehör: Ist auch im Entschädigungsverfahren zwingend; alle Regeln sind anwendbar.
Rechtshilfe: Anwendbar sind nach → Rn. 13 auch wegen §§ 355 ff. ZPO die §§ 156 ff. GVG.
Rechtspfleger: Anwendbar sind nach → Rn. 13 auch alle Regeln zu ihm in einem erstinstanzlichen Erkenntnisverfahren.
Ruhen des Verfahrens: Anwendbar sind nach → Rn. 13 auch §§ 251, 251a ZPO. Jedoch sollte das Ruhen nur ganz selten erfolgen. Das Ausgangsverfahren hat schon lange genug gedauert.
Schriftliches Vorverfahren: Anwendbar ist nach → Rn. 13 grds. auch diese Verfahrenswahl nach § 276 ZPO. Wenn irgend möglich, sollte das Entschädigungsgericht aber das Verfahren eher durch einen frühen ersten Termin nach § 275 ZPO zügig anlaufen lassen, da im Ausgangsverfahren schon genug Zeit verstrichen ist.
Selbständiges Beweisverfahren: Anwendbar sind nach → Rn. 13 auch §§ 485 ff. ZPO.
Sicherheitsleistung: Anwendbar sind nach → Rn. 13 auch §§ 108 ff. ZPO.
Streitgenossenschaft: Anwendbar sind nach → Rn. 13 auch §§ 59 ff. ZPO.
Streithilfe: Anwendbar sind nach → Rn. 13 auch §§ 64 ff. ZPO.
Streitverkündung: Anwendbar sind nach → Rn. 13 auch §§ 72 ff. ZPO.
Streitwert: Anwendbar sind nach → Rn. 13 auch §§ 3 ff. ZPO. Dasselbe gilt bei der Festsetzung für §§ 103 ff. ZPO.
Terminsänderung: Anwendbar ist nach → Rn. 13 auch § 227 ZPO. Eine Änderung sollte nur ganz selten erfolgen. Das Ausgangsverfahren hat schon lange genug gedauert.
Trennung: Anwendbar sind nach → Rn. 13 auch §§ 145, 146 ZPO. Jedoch sollte eine Trennung nur sehr selten erfolgen. Das Ausgangsverfahren hat schon lange genug gedauert.
Unterbrechung: Anwendbar sind nach → Rn. 13 grds. auch §§ 239 ff. ZPO. Jedoch sollte nun nicht auch noch das Entschädigungsverfahren ohne zwingenden Grund länger als unbedingt nötig dauern.
Verbindung: Anwendbar ist nach → Rn. 13 auch § 147 ZPO.
Versäumnisverfahren: Anwendbar sind nach → Rn. 13 auch §§ 330 ff. ZPO.
Verspätung: Anwendbar sind nach → Rn. 13 auch die Regeln des § 296 ZPO. Jedoch gehen die Bestimmungen der §§ 198 ff. vor.
Verweisung: Anwendbar sind nach → Rn. 13 auch ihre Regeln zB nach § 281 ZPO. Sie sollte aber nur in einem klaren Fall der Unzuständigkeit erfolgen.
Widerklage: Anwendbar sind nach → Rn. 10 auch die Regeln Anh. § 253 ZPO.
Wiedereinsetzung: Anwendbar sind nach → Rn. 13 auch §§ 233 ff. ZPO.
Zustellung: Anwendbar sind nach → Rn. 13 auch §§ 164 ff., 317, 329 ZPO.

23 **VIII. Rechtsbehelfe, II 3.** Es kommen mehrere Möglichkeiten infrage.

24 **1. Gegenvorstellung.** Zu ihrer Statthaftigkeit und deren Grenzen → ZPO Vor § 567 Rn. 10, 11.

25 **2. Revision.** Sie findet gegen ein Urteil des OLG (LAG, LSG, OVG oder VGH) statt; II 3 verweist auf § 543 ZPO. § 544 ist entsprechend anzuwenden. § 26 Nr. 8 EGZPO ist auf Beschwerden gegen die Nichtzulassung der Revision in erstinstanzlichen Urteilen des OLG anwendbar, → Rn. 26, BGH NJW 2013, 276. Gegen ein zweites Versäumnisurteil, das vom erstinstanzlich zuständigen OLG erlassen wird, findet die Revision ohne Zulassung und ohne Rücksicht auf den Wert des Beschwerdegegenstands statt, BGH NJW 2015, 3661; NJW-RR 2008, 876; Thomas/Putzo/Hüßtege § 198 Rn. 12.

26 **3. Nichtzulassungsbeschwerde.** Sie kommt nach II 3 Hs. 2 unter den Voraussetzungen von § 544 ZPO infrage. Vgl. daher dort. Grundsätzlich gibt es im VwGO-Verfahren keine Nichtzulassungsbeschwerde nach II 3, BVerwG NVwZ 2015, 755. § 26 Nr. 8 EGZPO ist anwendbar, BGH NJW-RR 2015, 256; NJW 2013, 2762 u. FamRZ 2013, 1733.

27 Wird vom OLG Prozesskostenhilfe für eine Entschädigungsklage abgelehnt, ist allenfalls Rechtsbeschwerde nach § 574 I zum BGH statthaft, BGH NJW 2012, 2449. Gegen die Zurückweisung des Antrags, die Aussetzung des Entschädigungsverfahrens nach III 1 aufzuheben und das Verfahren fortzusetzen, ist nicht die sofortige Beschwerde nach § 252, sondern nur – unter den Voraussetzungen des § 574 I – die Rechtsbeschwerde statthaft, BGH NJW 2019, 376; NJW 2015, 3661.

28 **4. Verfassungsbeschwerde.** Sie ist zwar kein Rechtsmittel, aber denkbar. Soweit schon das Ausgangsverfahren vor dem BVerfG unangemessen lange dauerte, haben §§ 97a–d BVerfGG Vorrang.

Einführungsgesetz zum Gerichtsverfassungsgesetz

Vom 27.1.1877, RGBl. S. 77

FNA 300-1

Zuletzt geändert durch Art. 4 Gesetz vom 25.6.2021, BGBl. I S. 2099

(Auszug)

Erster Abschnitt. Allgemeine Vorschriften

1 *(aufgehoben)*

2 *[Geltungsbereich].* **Die Vorschriften des Gerichtsverfassungsgesetzes finden auf die ordentliche Gerichtsbarkeit und deren Ausübung Anwendung.**

1 Der Begriff der **„ordentlichen Gerichtsbarkeit"** wird hier und in § 12 GVG sowie Art. 95 I GG vorausgesetzt. Daraus ergibt sich aber nur, dass das was „ordentliche Gerichtsbarkeit" ist, durch Amts-, Land- und Oberlandesgerichte sowie den Bundesgerichtshof ausgeübt wird. Hierunter fällt jede Rechtsprechungstätigkeit, die durch Gerichte der ordentlichen Gerichtsbarkeit ausgeübt wird, und nicht nur die in § 13 GVG den ordentlichen Gerichten ausdrücklich zugewiesene Rechtsprechung in Zivil- und Strafsachen (ebenso BGH NJW 2014, 1183 Rn. 23; MüKoZPO/Pabst Rn. 8; aA Kissel/Mayer Rn. 2), also auch die durch bes. Vorschriften den ordentlichen Gerichten zugewiesene Tätigkeit in der Sache nach verwaltungsrechtlichen Streitigkeiten (Amtshaftung, Enteignungsentschädigung, Kartell- und Patentsachen, Notarsachen).

2 Für alle Verfahren vor den ordentlichen Gerichten gilt das GVG unmittelbar. Für andere Gerichte gelten wesentliche Bestimmungen des GVG aufgrund entsprechender Verweisungen (§ 9 II, 13 II ArbGG, § 173 VwGO, § 202 SGG, § 155 FGO, § 68 PatG, § 116 I 2 BRAO).

3 *[Übertragung der Gerichtsbarkeit].* I [1]**Die Gerichtsbarkeit in bürgerlichen Rechtsstreitigkeiten und Strafsachen, für welche besondere Gerichte zugelassen sind, kann den ordentlichen Landesgerichten durch die Landesgesetzgebung übertragen werden. [2]Die Übertragung darf nach anderen als den durch das Gerichtsverfassungsgesetz vorgeschriebenen Zuständigkeitsnormen erfolgen.**

II (aufgehoben)

III Insoweit für bürgerliche Rechtsstreitigkeiten ein von den Vorschriften der Zivilprozeßordnung abweichendes Verfahren gestattet ist, kann die Zuständigkeit der ordentlichen Landesgerichte durch die Landesgesetzgebung nach anderen als den durch das Gerichtsverfassungsgesetz vorgeschriebenen Normen bestimmt werden.

1 Die Bestimmung ist derzeit ohne praktische Bedeutung. Zwar eröffnet Art. 101 II GG die Möglichkeit, durch Bundesgesetz besondere Gerichte (Sondergerichte) zu schaffen. Hiervon hat der Gesetzgeber auch mit den Berufsgerichten für Heilberufe und Rechtsanwälte (BVerfG NJW 1969, 2192; 1965, 343 (345); aA Kissel/Mayer EGZPO § 14 Rn. 16) sowie für bürgerliche Rechtsstreitigkeiten mit den Schifffahrtsgerichten (§ 14 GVG) und in Strafsachen mit den Jugendgerichten, vgl. Brunner JR 1975, 203 (204) mwN, Gebrauch gemacht. Er hat dabei jedoch jeweils selbst die Zuständigkeit der ordentlichen Landesgerichte geregelt (§ 33 JGG, § 1 BinSchGerG), sodass für die Landesgesetzgebung kein Regelungsspielraum verblieben ist.

2 **III** bezieht sich auf § 3, 15 EGZPO. Bedeutung hat er letztlich nur für landesrechtliche Enteignungsverfahren. Insoweit eröffnet **III** in Ergänzung zu § 15 Nr. 2 EGZPO die Möglichkeit, auch die sachliche Zuständigkeit der Gerichte abw. vom GVG zu regeln. Das gilt auch für den Rechtsmittelzug, BGH NJW 1980, 583; OLG Mü OLGR 1995, 39 (40).

4 *(aufgehoben)*

4a *[Stadtstaatenklausel].* [1]**Die Länder Berlin und Hamburg bestimmen, welche Stellen die Aufgaben erfüllen, die im Gerichtsverfassungsgesetz den Landesbehörden, den Gemeinden oder den unteren Verwaltungsbezirken sowie deren Vertretungen zugewiesen sind.** [2] (betrifft Strafsachen)

1 Die Regelung modifiziert § 36 GVG für den Bereich der Stadtstaaten Hamburg und Berlin; das Land Bremen ist kein Stadtstaat, denn es besteht aus den Städten Bremen und Bremerhaven.

5 *(gegenstandslos)*

6 ***[Ehrenamtliche Richter].*** **I Vorschriften über die Wahl oder Ernennung ehrenamtlicher Richter in der ordentlichen Gerichtsbarkeit einschließlich ihrer Vorbereitung, über die Voraussetzung hierfür, die Zuständigkeit und das dabei einzuschlagende Verfahren sowie über die allgemeinen Regeln über Auswahl und Zuziehung dieser ehrenamtlichen Richter zu den einzelnen Sitzungen sind erstmals auf die erste Amtsperiode der ehrenamtlichen Richter anzuwenden, die nicht früher als am ersten Tag des auf ihr Inkrafttreten folgenden zwölften Kalendermonats beginnt.**

II Vorschriften über die Dauer der Amtsperiode ehrenamtlicher Richter in der ordentlichen Gerichtsbarkeit sind erstmals auf die erste nach ihrem Inkrafttreten beginnende Amtsperiode anzuwenden.

1 Die Vorschrift wurde durch das Strafverfahrensänderungsgesetz 1987 eingefügt. Sie enthält eine allg. Übergangsvorschrift für das Recht der ehrenamtlichen Richter (Schöffen, Handelsrichter, ehrenamtliche Richter in Landwirtschaftssachen) Die damit geschaffene allgemeine Überleitungsvorschrift soll den Erlass von jeweils neuen Bestimmungen für jedes einzelne Änderungsgesetz entbehrlich machen.

7 *(gegenstandslos)*

8 ***[Oberstes Landesgericht].*** **(1) Durch die Gesetzgebung eines Landes, in dem mehrere Oberlandesgerichte errichtet werden, kann die Verhandlung und Entscheidung der zur Zuständigkeit des Bundesgerichtshofes gehörenden Revisionen und Rechtsbeschwerden in bürgerlichen Rechtsstreitigkeiten einem obersten Landesgericht zugewiesen werden.**

(2) Diese Vorschrift findet jedoch auf bürgerliche Rechtsstreitigkeiten, in denen für die Entscheidung Bundesrecht in Betracht kommt, keine Anwendung, es sei denn, daß es sich im wesentlichen um Rechtsnormen handelt, die in den Landesgesetzen enthalten sind.

1 Mit der Wiedererrichtung des 2006 aufgelösten BayObLG im Jahre 2018 hat die Norm erneut Bedeutung erlangt. Die anderen Länder mit mehreren OLGs (Baden-Württemberg, Niedersachsen, Rheinl-Pfalz und NRW) haben von der Möglichkeit der Errichtung eines ObLG keinen Gebrauch gemacht.

2 Die Zuständigkeit des BayObLG ergibt sich aus Art. 11, 12 BayAGGVG. Abgesehen von Revisionen in Strafsachen und der Funktion als Berufsgericht für einige freie Berufe, zB Notare, umfasst sie:

- Revisionen und Rechtsbeschwerden in bürgerlichen Rechtsstreitigkeiten, soweit sie im Wesentlichen bayerisches Landesrecht betreffen (Art. 11 BayAGGVG); dies ergibt sich entweder aus der angefochtenen Entscheidung (§ 7 I EGZPO) oder aus der Abgabe der Prozessakten durch den BGH an das BayObLG (§ 7 II EGZPO),
- die gerichtliche Bestimmung von Zuständigkeiten gem. § 36 ZPO, § 9 EGZPO, § 113 I FamFG, OLG Mü FamRZ 2019, 719
- die Entscheidung über Anträge nach § 23 EGVGV (Art. 12 Nr. 3 AGGVG).

3 Soweit das BayObLG zuständig ist, erklärt sich der BGH durch Beschluss zur Entscheidung für unzuständig und übersendet die Prozessabkten dem BayObLG, BGH NJW-RR 2021, 1363.

9 *(betrifft Strafsachen)*

10 ***[Besetzung und Verfassung des Obersten Landesgerichts].*** **Die allgemeinen sowie die in § 116 Abs. 1 Satz 2, §§ 124, 130 Abs. 1 und § 181 Abs. 1 enthaltenen besonderen Vorschriften des Gerichtsverfassungsgesetzes finden auf die obersten Landesgerichte der ordentlichen Gerichtsbarkeit entsprechende Anwendung; ferner sind die Vorschriften der §§ 132, 138 des Gerichtsverfassungsgesetzes mit der Maßgabe entsprechend anzuwenden, daß durch Landesgesetz die Zahl der Mitglieder der Großen Senate anderweitig geregelt oder die Bildung eines einzigen Großen Senats angeordnet werden kann, der aus dem Präsidenten und mindestens acht Mitgliedern zu bestehen hat und an die Stelle der Großen Senate für Zivilsachen und für Strafsachen sowie der Vereinigten Großen Senate tritt.**

II Die Besetzung der Senate bestimmt sich in Strafsachen, in Grundbuchsachen und in Angelegenheiten der freiwilligen Gerichtsbarkeit nach den Vorschriften über die Oberlandesgerichte, im übrigen nach den Vorschriften über den Bundesgerichtshof.

1 Die Norm hat mit der Wiedererrichtung des BayObLG wieder Bedeutung erlangt. **I** regelt die Anwendung des GVG, **II** betrifft die Senatsbesetzung. In Zivilsachen sind die Senate in entsprechender Anwendung des § 139 I GVG mit 5 Richtern besetzt.

11 ***(aufgehoben)***

Zweiter Abschnitt. Verfahrensübergreifende Mitteilungen von Amts wegen

Vorbemerkung zu § 12

§§ 12–22 wurden 1997 eingefügt durch das Justizmitteilungsgesetz (JuMiG). Sie bilden die gesetzliche Grundlage für die Weitergabe von Daten, die in Verfahren der ordentlichen Gerichtsbarkeit anfallen, an andere Behörden. Die Konkretisierung erfolgt durch die Verwaltungsvorschriften, nämlich die Anordnung über die Mitteilungen in Zivilsachen (MiZi) bzw. die Anordnung über die Mitteilungen in Strafsachen (MiStra). 1

12-22 *(nicht abgedruckt)*

Dritter Abschnitt. Anfechtung von Justizverwaltungsakten

Vorbemerkung zu § 23

I. Geltungsbereich. §§ 23–30 befassen sich mit der gerichtlichen Überprüfung von Maßnahmen der Justizverwaltung. Die Regelung genügt Art. 19 IV GG, weil das OLG nicht auf die Nachprüfung der Rechtsanwendung beschränkt ist, sondern den Sachverhalt selbst feststellen muss, BVerfG NJW 1967, 923 (924). 1

II. Generalklausel. Die Regelung der §§ 23 ff. ist durch ihre Generalklausel in § 23 eine allgemeine, die eine besondere nicht ausschließt. Eine solche enthält § 107 FamFG. Das Nachprüfungsverfahren, das man durch den Antrag auf eine Entscheidung durch das OLG anlaufen lassen kann, ist ein solches der freiwilligen Gerichtsbarkeit schlechthin. Daher sind insoweit §§ 23 ff. unanwendbar. 2

23 *[Rechtsweg gegen Maßnahmen der Justizbehörden].* I 1**Über die Rechtmäßigkeit der Anordnungen, Verfügungen oder sonstigen Maßnahmen, die von den Justizbehörden zur Regelung einzelner Angelegenheiten auf den Gebieten des bürgerlichen Rechts einschließlich des Handelsrechts, des Zivilprozesses, der freiwilligen Gerichtsbarkeit und der Strafrechtspflege getroffen werden, entscheiden auf Antrag die ordentlichen Gerichte.** 2(betrifft Strafsachen)

II **Mit dem Antrag auf gerichtliche Entscheidung kann auch die Verpflichtung der Justiz- oder Vollzugsbehörde zum Erlaß eines abgelehnten oder unterlassenen Verwaltungsaktes begehrt werden.**

III **Soweit die ordentlichen Gerichte bereits auf Grund anderer Vorschriften angerufen werden können, behält es hierbei sein Bewenden.**

I. Systematik. Die §§ 23 ff. wurden 1960 im Zusammenhang mit der Schaffung der VwGO in das EGGVG eingefügt. Als Konsequenz des Art. 19 IV GG müssen auch Maßnahmen der Justizbehörden außerhalb der Rechtsprechung der gerichtlichen Kontrolle unterliegen. Durch § 23 wird die ansonsten gem. § 40 VwGO gegebene Zuständigkeit der Verwaltungsgerichte zugunsten der ordentlichen Gerichte verdrängt, BVerwG NJW 1988, 412 (413). Als Ausnahmeregelung zu § 40 VwGO ist § 23 eng auszulegen, BGH StV 2018, 208 Rn. 16; BGH NVwZ-RR 2012, 784 Rn. 6. 1

I regelt die Anfechtbarkeit von Maßnahmen der Justizbehörden. Aus **II** folgt dann, dass auch das Unterlassen in bestimmten Fällen anfechtbar ist 2

II. Maßnahme der Justizbehörde, I. Adressat der Regelung sind Justizbehörden, zu denen auch die Polizei gehört, soweit sie zum Zwecke der Strafverfolgung tätig wird, BGH NStZ-RR, 2021, 52 (53). Diese sind zu unterscheiden von Gerichten als Rechtsprechungsorganen. **Rechtsprechung** liegt vor, wenn Streitfragen im Rahmen eines besonderen Verfahrens letztverbindlich geklärt werden, BVerfG NJW 2015, 610 Rn. 18. Zur Rechtsprechung gehört nicht nur die eigentliche Streitentscheidung durch Richter, sondern auch deren Vorbereitung und ebenso die in den jeweiligen Verfahrensordnungen geregelte Tätigkeit der Rechtspfleger und Urkundsbeamten der Geschäftsstelle, OLG Hamm NJW 1988, 1233; Kissel/Mayer Rn. 9. In negativer Abgrenzung dazu, agieren Gerichte dann als Justizbehörden, wenn sie nicht zur letztverbindlichen Entscheidung von Rechtsfragen tätig werden. Justizbehörden können aber nicht nur Gerichte sein, sondern auch andere Behörden, soweit sie auf den in **I** genannten Gebieten tätig werden, BGH StV 2018, 208 Rn. 17; Kissel/Mayer Rn. 15 ff. 3

Maßnahme ist der Oberbegriff für von § 23 erfassten Akte. Es kommen sowohl Verwaltungsakte iSd § 35 VwVfG, als auch rein tatsächliche Handlungen in Betracht, BGH WM 2022, 292 Rn. 22; KG ZInsO 2020, 1481 Rn. 37; OLG Drsd NJW 2000, 1503; Kissel/Mayer Rn. 23. Erforderlich ist aber im Hinblick auf die in § 24 I vorausgesetzte Geltendmachung der Verletzung in eigenen Rechten, dass von der Maßnahme eine **unmittelbare rechtliche Wirkung** ausgeht, denn nur dann kommt eine Rechtsverletzung überhaupt in Betracht, BVerwG NJW 1988, 412 (413); KG ZInsO 2020, 1481 Rn. 37; OLG Drsd NJW 2000, 1503; KG NJW-RR 1994, 571. Dies ist nicht gegeben, wenn der Antragsteller und die ersuchte Justizbehörde demselben Hoheitsträger angehören, OLG Karlsr FamRZ 2020, 1930. 4

Hinzukommen muss, dass die Maßnahme auf den in **I** genannten Gebieten des bürgerlichen Rechts, einschließlich des Handelsrechts, des Zivilprozesses, der freiwilligen Gerichtsbarkeit und der Strafrechtspflege liegen muss. Dies ist nur dann der Fall, wenn die zu überprüfende Amtshandlung von der jew. Justizbehörde gerade in Ausübung der ihr in den jew. Rechtsgebieten zugewiesenen Aufgaben vorgenommen wurde, BGH NJW-RR 5

2008, 717 Rn. 11; NJW 1989, 587 (588). Es muss sich um eine Maßnahme im Bereich der ordentlichen Gerichtsbarkeit (→ § 2 Rn. 1) handeln; Maßnahmen auf anderen Gebieten gehören nicht hierzu, vgl. BGH NJW 2003, 2989 (2990) (Arbeitsgerichtsbarkeit); VGH Mannheim NJW 2012, 1163 (1164) (Verwaltungsgerichtsbarkeit).

6 Als relevante Verfahrensregelungen kommen in Betracht

- auf dem Gebiet des bürgerlichen Rechts einschließlich des Handelsrechts: Vereinsregisterverordnung, GBO, HRV, Partnerschaftsregister, Genossenschaftsregister, Schiffsregister, Luftfahrzeugregister,
- auf dem Gebiet des Zivilprozesses: ZPO, InsO, BGH NJW-RR 2008, 717 Rn. 10, ZVG, AVAG, § 9 II 3 AUG, § 20 SchVVO, OLG Hamm ZIP 2006, 1341, § 12 SchuFV, § 19 SchuVAbdV,
- auf dem Gebiet der Strafrechtspflege: StPO, JGG, StVollzG, OWiG (Kissel/Mayer Rn. 44).

III. Beispiele zur Frage einer Zulässigkeit des ordentlichen Rechtswegs, I

7 **Akteneinsicht:** Die Gewährung von Akteneinsicht für Verfahrensbeteiligte während des laufenden Verfahrens fällt als Teil der Rspr. nicht in den Anwendungsbereich des § 23. Für die Entscheidung über die Einsicht für Dritte oder nach Verfahrensabschluss ist dagegen nach der jeweiligen Norm zu differenzieren:

Die Entscheidung über Akteneinsicht gem. § 299 II ist Justizverwaltungsakt, BVerfG NJW 2015, 610 Rn. 25; BGH NJW 2015, 1827 Rn. 10; OLG Stgt NZI 2021, 274 Rn. 16; KG NZI 2016, 555. Als Dritter idS gilt auch ein Beteiligter am Hauptsacheverfahren, der Einsicht in PKH-Unterlagen begehrt, BGH NJW 2015, 1827 Rn. 12; BayObLG NJOZ 2020, 1133 Rn. 15; OLG Schles NZFam 2016, 904. Hierunter fallen auch die Einsicht in gerichtliche Entscheidungssammlungen, KG NJW 1976, 1326 und die Einsicht in Insolvenzakten, weil § 4 InsO auch auf § 299 verweist BGH NJW-RR 2021, 48 Rn. 10; BayObLG NZI 2021, 1078 Rn. 16; OLG Naumbg NZI 2010, 766, sowie die Einsicht in spruchkörperinterne Geschäftsverteilungspläne, BGH NJW 2019, 3307.

Die Entscheidung über Akteneinsicht gem. § 13 II FamFG wird nur zT als Justizverwaltungsakt angesehen BayObLG FamRZ 2020, 1942; OLG Düss FamRZ 2021, 1748; OLG Schlesw ZEV 2019, 218; Musielak/Borth/Borth/Grandel FamFG § 13 Rn. 7 aE; MüKoFamFG/Pabst FamFG § 13 Rn. 33, überwiegend aber als Akt der Rechtsprechung, weil auch insoweit die Zuständigkeit des erkennenden Gerichts gegeben ist, BayObLG NJW-RR 2020, 771; OLG Drsd FamRZ 2016, 1389; OLG Hamm FGPrax 2013, 136; OLG Jena NJW-RR 2012, 139; OLG Celle MDR 2011, 184; Keidel/Sternal FamFG § 13 Rn. 64; Müller FamRZ 2021, 480. Darauf kommt es für die Abgrenzung von Rechtsprechung und Justizverwaltung aber nicht entscheidend an, BVerfG NJW 2015, 610 Rn. 19f. Deshalb spricht mehr für den Rechtsweg gem. § 23.

Zur Auskunft aus Akten eines Strafverfahrens → „Strafrechtspflege".

Arbeitsgericht: Kein Rechtsweg nach § 23, BGH NJW 2003, 2989.

Auskunft: Ablichtung des gesamten HReg, BGH NJW 1989, 2818 (2819); Eröffnung des Insolvenzverfahrens, OLG Brbd NJW-RR 2001, 1630; Auskunft über anhängige Zivilprozesse eines Dritten, OLG Brbd JurBüro 2005, 435; Auskunft aus Strafakten an Behörden gem. § 474 StPO, OLG Hamm ZWH 2016, 369; OLG Karlsr NStZ-RR 2013, 385; Auskunft aus Betreuungsakten an andere Behörde, OLG Bbg NZFam 2018, 238.

Berufszulassung und Berufsausübungsregelung:

- Ja: Bestellung eines Zwangsverwalters, BGH NJW-RR 2012, 1363 Rn. 8; Aufnahme in Auswahllisten: BGH WM 2022, 292 Rn. 21; NJW-RR 2016, 1447 **(Insolvenzverwalter);** OLG Ffm NJOZ 2008, 3686; 3694 **(Berufsbetreuer);** OLG Saarbr OLGR 2005, 637 **(Dolmetscher);** Zulassung zur Teilnahme am eingeschränkten automatisierten Grundbuch-Abrufverfahren, OLG Mü DGVZ 2013, 112; OLG Hamm NJW 2008, 1891 (1892).
- Nein: allg. Vereidigung als Dolmetscher und Übersetzer, BGH NJW 2007, 3070 Rn. 9; BVerwG NJW 2007, 1478 Rn. 18.

Datenübermittlung nach §§ 12–21 EGGVG: Rechtsweg nach Maßgabe des § 22 EGGVG, BGH DNotZ 2010, 220 Rn. 15 (Bundeszentralregister); OLG Stgt NJW 2005, 3226 (Kraftfahrbundesamt); OLG Drsd NJW 2000, 1503 (Mitteilung an die Aufsichtsbehörde, nicht aber Mitteilung im Rahmen der Dienstaufsicht, OLG Drsd NJW 2000, 1503).

Dienstaufsicht über Richter. Maßnahmen nach § 26 DRiG: kein Rechtsweg nach § 23, BGH NJW 1989, 587 (588).

Ehefähigkeitszeugnis (§ 1309 BGB): Rechtsweg nach § 23, OLG Drsd NJW- RR 2001, 1

Ehrverletzung durch gerichtliche Entscheidung: Kein Rechtsweg nach § 23, VGH München NJW 1995, 2940.

Eingangsstempel: Rechtsweg nach § 23, BGH NJW 2016, 445 Rn. 7; OLG Naumb NJ 2021, 80.

Gerichtsvollzieher: Maßnahmen bei der Zwangsvollstreckung: kein Rechtsweg nach → Rn. 1, OLG Stg DGVZ 2021, 119, das gilt auch für Zustellungen im Rahmen der Zwangsvollstreckung, OLG Kbl DGVZ 2021, 66; bei Tätigkeiten außerhalb der Zwangsvollstreckung ist der Rechtsweg gem. § 23 nur eröffnet, wenn der Gerichtsvollzieher im Bereich des bürgerlichen Rechts usw. tätig wurde, ja: OLG Nürn NJOZ 2014, 1123 (öff. Versteigerung); nein: BGH NVwZ-RR 2012, 784 (Staatsangehörigenrecht); OLG Köln NJW-RR 2019, 888; KG MDR 1984, 856 (Zustellungsverfahren).

Geschäftsverteilung: Die Geschäftsverteilung obliegt dem Präsidium in richterlicher Unabhängigkeit (§ 21e GVG). Es handelt nicht als Justizbehörde, BVerwG NJW 1976, 1224 (1225).

Gütestelle iSd § 794 I Nr. 1 ZPO: Ablehnung eines Güteantrags, OLG Hmb MDR 1988, 506; Anerkennung und Aufsicht, § 9 BrbGüteStG, § 52 JustG NRW, § 37k AGJusG, § 62 SächsSchiedsGütStG, § 45 SchStG.

Hausverbot für Gerichtsgebäude: Kein Rechtsweg nach § 23, OLG Celle AfP 1978, 217; Kissel/Mayer Rn. 175; ebenso für den Zugang in eine Gerichtsbibliothek, KG NJW-RR 2020, 880.

Hinterlegung: Die HintO Bund wurde mit Wirkung zum 30.11.2010 aufgehoben, maßgeblich sind jetzt landesrechtliche Bestimmungen. Aber die frühere Rspr. hat weiterhin Gültigkeit, vgl. Klein MDR 2016, 1181 (1182)

- Ja: Annahmeanordnung der Hinterlegungsstelle, OLG Hamm NJW-RR 2015, 759; Anordnung der Hinterlegung, OLG Drsd NJW-RR 2000, 1719; Entscheidung über Fristsetzung gem. § 16 HinterlO, OLG

Kblz MDR 1976, 234; Zwischenentscheidungen vor der Entscheidung über die Herausgabe, OLG Hamm NJW-RR 2000, 286 (287); KG NJW- RR 1999, 863; Herausgabeanordnung; BayObLG NJW-RR 2021, 509; OLG Rostock OLGR 2004, 327; Beschwerdeentscheidung der Hinterlegungsstelle, BayObLG BeckRS 2021, 10904 Rn. 26.
– Nein: Ablehnung der Herausgabe durch den Gerichtsvorstand, OLG Saarbr NJW-RR 1998, 1612.

Internationale Rechtshilfe: Geltendmachung von Unterhaltsansprüchen im Verkehr mit ausländischen Staaten (§§ 4 II, 7 II AUG), KG NJW-RR 1993, 69; Veith FPR 2013, 46 (48); Bewilligung von int. Rechtshilfe, KG OLGR Ost 45/2015 Anm. 2 (Zustellung gem. EuZVO); OLG Düss NJW-RR 2009, 500 (Zustellung von Auslandsklagen nach dem HZÜ); OLG Celle NJW-RR 2008, 78 (Beweiserhebung im Ausland nach dem HBÜ), BayObLG IWRZ 2021, 93 Rn. 37; OLG Stgt FamRZ 2004, 894 (Weiterleitung eines Antrags an eine ausl. Empfangsstelle), aber nicht die Anerkennung ausl. Ehescheidungen (§ 107 VII FamFG) oder die Anordnung der Auslandszustellung, OLG Drsd NJW-RR 2019, 319 Rn. 2.

Insolvenzantrag der Staatsanwaltschaft nach § 111i StPO: BGH NStZ-RR 2020, 254 (255).

Presse- und Öffentlichkeitsarbeit: Veröffentlichung von Entscheidungen, BGH WM 2021, 1093 Rn. 13; BGH NJW 2017, 1819 Rn. 14; OLG Karlsr GRUR-RS 2020, 37423 Rn. 42 zur Frage der Anonymisierung; OLG Celle NJW 1990, 2570; Mensching AfP 2007, 534 (539): Übersendung eines Strafurteils, VGH Mannheim AfP 2015, 89 (VerwRechtsweg).

Schiedsamtsangelegenheiten: OLG Kbl MDR 2021, 510; OLG Oldb NJW-RR 2016, 1408 (Befangenheit).

Schiedsstellen beim Deutschen Patent- und Markenamt: § 23 findet Anwendung, BayObLG MMR 2022, 293 Rn. 29.

Sitzungssaal: Behördeninterne Zuweisung an ein Gericht: Rechtsweg gem. § 23, OLG Hmb MDR 1979, 337 (krit. Holch JR 1979, 349).

Stiftungsaufsicht: kein Rechtsweg nach § 23, KG NJW 1981, 1220 Ls.

Strafrechtspflege (vgl. allg. Peglau NJW 2015, 677):
- Auskunft und Einsicht in Akten gem. §§ 474 ff. StPO: Für die Entscheidung über die Gewährung von Auskünften oder Einsicht für andere Behörden gilt § 23, OLG Hamm ZWH 2016, 369, für die Auskunft an Privatpersonen gem. § 475 StPO gilt dagegen § 478 III StPO, BGH NJW 2018, 3123 Rn. 5.
- Berichtigung, Löschung und Sperrung von Daten gem. § 489 StPO: BVerfG NJOZ 2006, 2025 (2026).
- Entscheidungen im Rahmen der Strafvollstreckung: Rechtsweg gem. § 23 grds. subsidiär ggü. § 458 I, 459h StPO, vgl. aber § 35 II 2 BtMG.
- Herausgabe von Asservaten KG NJW 2015, 2437 (2438) (nein), von Sicherheitsleistungen OVG Münster NVwZ-RR 2005, 512 (ja).
- Maßnahmen und Entscheidungen im Rahmen eines Ermittlungsverfahrens sind keine Maßnahmen iSd § 23, sondern Prozesshandlungen, BGH NStZ-RR 2021, 52 (53)
- Presseerklärungen in laufenden Verfahren: kein Rechtsweg gem. § 23, BGH StV 2018, 208 Rn. 16 ff.; BVerwG NJW 1989, 412; VGH München NJW 2014, 2057 Rn. 23; aA OLG Düss NJW 2005, 1791 (1803); OLG Stgt NJW 2001, 3797; Kissel/Mayer GVG § 12 Rn. 129; MüKoZPO/Pabst, Rn. 68; Sauerland NZWiSt 2015, 246 (247).
- Tätigkeit der Polizei im Rahmen der Strafverfolgung: OVG Lüneburg NJW 2012, 2057, aber nur soweit nicht ein Antrag auf gerichtliche Entscheidung gem. § 98 II 2 StPO analog erfolgen kann, OLG Karlsr NJW 2013, 3738: § 98 II 2 StPO analog; OLG Ffm NStZ-RR 2005, 13.
- Tätigkeit der Staatsanwaltschaft als Vollstreckungsbehörde: BGH ZIP 2020, 1415 Rn. 19.
- Untersuchungshaft, soweit es um Anordnungen usw. geht, die sich nicht gegen einen bestimmten Gefangenen richten, OLG Ffm NStZ-RR 2005, 220.
- Vollstreckungshaftbefehl gem. § 457 StPO; OLG Mü StraFo 2011, 110.

Urkundsbeamter der Geschäftsstelle: kein Rechtsweg gem. § 23 für die Ablehnung eines Antrags gem. § 129 ZPO, KG NJW-RR 1995, 637 (638).

IV. Verfahren, I, II. 1. Antrag. Es handelt sich um ein Antragsverfahren, also nicht um eine Klage. Der Antrag kann sich gegen eine Maßnahme richten oder auf Erlass einer abgelehnten Maßnahme gerichtet sein **(II)**. Die Antragstellung hat schriftlich oder zu Protokoll des Urkundsbeamten der Geschäftsstelle zu erfolgen, § 26 I, es besteht also kein Anwaltszwang, § 78 III ZPO. Der Antragsgegner muss konkret bezeichnet werden. Es ist gem. § 8 Nr. 3 FamFG die jeweilige Behörde vertreten durch ihren Vorstand und nicht ein Organ oder der Rechtsträger, BGH NZI 2016, 837 Rn. 9. Zur Begründung reicht es aus, dass ein Sachverhalt vorgetragen wird, aus dem sich eine Rechtsverletzung ergeben kann, Meyer-Goßner/Schmitt/Schmitt § 24 Rn. 1. 8

2. Weiteres Verfahren. Das Verfahren richtet sich nach dem FamFG, BGH NZI 2016, 508 Rn. 15; es gilt der Amtsermittlungsgrundsatz, § 26 FamFG; das Gericht hat also den Sachverhalt aufzuklären, BVerfG NJW 1967, 923 (924). Neuer Vortrag ist zulässig, BayObLG NJW-RR 2021, 509 Rn. 37. Die Behörde/das Gericht ist gem. § 8 Nr. 3 FamFG Beteiligte, OLG Karlsr GRUR-RS 2020, 37423 Rn. 18. 9

V. Andere Bestimmungen, III. Der Rechtsweg gem. § 23 ist subsidiär. Vorrangige Rechtsbehelfe sind insbesondere im Bereich der Strafrechtspflege § 98 II 2 StPO, 119 Abs. 6, 458 I, 459h, 478 III StPO, §§ 109 ff. StVollzG,BGH NStZ-RR 2021, 52 (53); Peglau NJW 2015, 677 (678). Soweit die Tätigkeit von Urkundsbeamten der Geschäftsstelle, Rechtspflegern und Gerichtsvollziehern als Justizverwaltungsakt anzusehen ist, ist zunächst eine Erinnerung (§§ 573, 766 ZPO, § 11 RPflG) in Betracht zu ziehen (MüKoZPO/Pabst Rn. 11). Für Verwaltungsakte in Kostensachen hat § 30a Vorrang, OLG Karlsr NStZ-RR 2016, 328. In Notarsachen hat § 111 BNotO Vorrang, BGH NJW 1992, 2423 (2424); OLG Drsd NJW 2000, 1505. Für die Anerkennung und Vollstreckbarkeit ausländischer Entscheidungen in Familiensachen gilt § 107 VII FamFG. Subsidiarität besteht nur soweit in dem anderen Verfahren Rechtsschutz gegen ein Verwaltungshandeln gewährt wird, nicht ausreichend ist dagegen die Prüfung des Verwaltungshandelns im Rahmen einer Vorfrage, BGH NJW-RR 2016, 445 Rn. 13. Neuer Vortrag ist zulässig, BayObLG BeckRS 2021, 2893 Rn. 37. 10

24 ***[Zulässigkeit des Antrags].*** **I Der Antrag auf gerichtliche Entscheidung ist nur zulässig, wenn der Antragsteller geltend macht, durch die Maßnahme oder ihre Ablehnung oder Unterlassung in seinen Rechten verletzt zu sein.**

II Soweit Maßnahmen der Justiz oder Vollzugsbehörden der Beschwerde oder einem anderen förmlichen Rechtsbehelf im Verwaltungsverfahren unterliegen, kann der Antrag auf gerichtliche Entscheidung erst nach vorausgegangenem Beschwerdeverfahren gestellt werden.

1 **I. Systematik, Regelungszweck.** § 24 nennt lediglich zwei Voraussetzungen für einen zulässigen Antrag: Rechtsverletzung und die Durchführung eines etwaigen Vorverfahrens. **I** stimmt fast wörtlich mit § 42 II VwGO überein. **II** macht den Antrag von der Erschöpfung des justizverwaltungsrechtlichen Beschwerdeverfahrens (förmlicher Rechtsbehelf) abhängig. Weitere Voraussetzungen sind neben dem Antrag (→ § 23 Rn. 8) in §§ 25, 26 genannt.

2 **II. Rechtsverletzung, I.** Der Antragsteller muss einen Sachverhalt vortragen, aus dem sich die Möglichkeit ergibt, dass die Maßnahme oder ihre Ablehnung oder Unterlassung seine Rechte verletzen könnte, OLG Bremen MDR 2021, 509; OLG Hamm NJW-RR 2015, 759 Rn. 7; OLG Ffm NZM 2008, 701 (702), wenn sich die Maßnahme der Behörde, ihre Ablehnung oder Unterlassung als objektiv rechtswidrig erweist. Wenn die Maßnahme in einem **Unterlassen** bestanden hat, setzt die Antragsbefugnis einen möglichen Rechtsanspruch auf die begehrte Tätigkeit voraus, BGH NJW-RR 2016, 445 Rn. 8. Die Rechtsverletzung muss unmittelbar sein, darf sich also nicht lediglich als Reflex darstellen, KG NJW-RR 1994, 571.

3 Aus der Rechtsverletzung folgt die Antragsbefugnis und daraus idR das Rechtsschutzbefürfnis. Das ist nur dann anders, wenn ein anderer prozessualer Weg gleich sicher, aber einfacher oder billiger ist, um das Rechtsschutzziel zu erreichen oder wenn der Antragsteller unter keinen Umständen mit seinem prozessualen Begehren irgendeinen schutzwürdigen Vorteil erlangen kann, BGH NJW-RR 2016, 445 Rn. 10, 12.

4 **III. Vorverfahren, II.** Der Beschwerte muss zuvor eine Beschwerdemöglichkeit und andere förmliche Rechtsbehelfe erschöpft haben, auch wenn sie nur eine Verwaltungsanordnung und nicht eine Rechtsnorm vorschreibt, allerdings nicht Gegenvorstellung und Dienstaufsichtsbeschwerde, BVerfG NJW 1976, 34. Solche Regelungen finden sich zB in § 21 StrVollstrO und den landesrechtlichen Hinterlegungsordnungen, OLG Rostock OLGR 2004, 327 (328). Als Sachurteilsvoraussetzung genügt es, dass das Vorschaltverfahren bis zum Zeitpunkt der gerichtlichen Entscheidung abgeschlossen ist KG Rpfleger 2009, 412; OLG Rostock OLGR 2004, 327 (328) Kissel/Mayer Rn. 5. Ein Anspruch auf Aussetzung des gerichtlichen Verfahrens zur Nachholung des Vorverfahrens besteht allerdings nicht, OLG Düss OLGZ 1993, 444 (446). Erledigt sich die Maßnahme vor Ablauf der Vorverfahrensfrist, braucht dieses nicht mehr durchgeführt zu werden, OLG Mü StraFo 2011, 110 (111).

25 ***[Zuständigkeit].*** **I [1]Über den Antrag entscheidet ein Zivilsenat oder, wenn der Antrag eine Angelegenheit der Strafrechtspflege oder des Vollzugs betrifft, ein Strafsenat des Oberlandesgerichts, in dessen Bezirk die Justiz- oder Vollzugsbehörde ihren Sitz hat. [2]Ist ein Beschwerdeverfahren (§ 24 Abs. 2) vorausgegangen, so ist das Oberlandesgericht zuständig, in dessen Bezirk die Beschwerdebehörde ihren Sitz hat.**

II Ein Land, in dem mehrere Oberlandesgerichte errichtet sind, kann durch Gesetz die nach Absatz 1 zur Zuständigkeit des Zivilsenats oder des Strafsenats gehörenden Entscheidungen ausschließlich einem der Oberlandesgerichte oder dem Obersten Landesgericht zuweisen.

1 **Geltungsbereich.** Die Zuständigkeit liegt beim Oberlandesgericht, in dessen Bezirk die Behörde ihren Sitz hat, die zuletzt mit der Sache befasst war, ggf. kommt es also auf den Sitz der Beschwerdebehörde an **(I 2).** Dies gilt auch, wenn das OLG selbst Antragsgegner ist, was nach EGMR NJOZ 2021, 315 Rn. 79 im Hinblick auf die richterliche Unabhängigkeit bedenklich sein soll, dagegen aber zu Recht BGH MDR 2020, 1535. Beim Oberlandesgericht entscheidet dann in Straf- und Vollstreckungsangelegenheiten ein Straf-, sonst ein Zivilsenat. Bei Eintragungen in Register, die sowohl einen straf- oder ordnungswidrigkeits- als auch einen verwaltungsrechtlichen Hintergrund haben können, soll einheitlich die Zuständigkeit des Strafsenats gegeben sein, OLG Hamm NVwZ-RR 2015, 186; Kissel/Mayer Rn. 2. Bei einer Eintragung mit verwaltungsrechtlichem Hintergrund dürfte aber schon der Anwendungsbereich der §§ 23 ff. nicht eröffnet sein.

2 **II** enthält für die Länder mit mehreren Oberlandesgerichten eine Konzentrationsermächtigung. Es bedarf allerdings einer gesetzlichen Regelung. Hiervon haben nur NRW für Strafsachen (OLG Hamm), § 12 JustG NRW, und Bayern (BayObLG) Gebrauch gemacht (→ § 8 Rn. 2).

3 Wird der Antrag bei einem unzuständigen Gericht anhängig gemacht, kann Verweisung gem. § 17a GVG erfolgen, BGH NJW-RR 2001, 2181. Umgekehrt kann das OLG auch nach § 17a GVG an ein anderes Gericht verweisen, wenn es nicht zuständig ist, BGH NVwZ-RR 2012, 784 Rn. 3; KG NJW 2015, 2437 Rn. 7; OLG Karlsr NJW 2013, 3738 Rn. 10.

26 ***[Antragsfrist und Wiedereinsetzung].*** **I Der Antrag auf gerichtliche Entscheidung muß innerhalb eines Monats nach Zustellung oder schriftlicher Bekanntgabe des Bescheides oder, soweit ein Beschwerdeverfahren (§ 24 Abs. 2) vorausgegangen ist, nach Zustellung des Beschwerdebescheides schriftlich oder zur Niederschrift der Geschäftsstelle des Oberlandesgerichts oder eines Amtsgerichts gestellt werden.**

II [1]War der Antragsteller ohne Verschulden verhindert, die Frist einzuhalten, so ist ihm auf Antrag Wiedereinsetzung in den vorigen Stand zu gewähren. [2]Ein Fehlen des Verschuldens wird vermutet, wenn in dem Bescheid oder, soweit ein Beschwerdeverfahren (§ 24 Absatz 2) vorausgegangen ist, in dem Beschwerdebescheid eine Belehrung über die Zulässigkeit des Antrags auf gerichtliche Entscheidung sowie über das Gericht, bei dem er zu stellen ist, dessen Sitz und die einzuhaltende Form und Frist unterblieben oder unrichtig erteilt ist.

III [1]Der Antrag auf Wiedereinsetzung ist binnen zwei Wochen nach Wegfall des Hindernisses zu stellen. [2]Die Tatsachen zur Begründung des Antrags sind bei der Antragstellung oder im Verfahren über den Antrag glaubhaft zu machen. [3]Innerhalb der Antragsfrist ist die versäumte Rechtshandlung nachzuholen. [4]Ist dies geschehen, so kann die Wiedereinsetzung auch ohne Antrag gewährt werden.

IV Nach einem Jahr seit dem Ende der versäumten Frist ist der Antrag auf Wiedereinsetzung unzulässig, außer wenn der Antrag vor Ablauf der Jahresfrist infolge höherer Gewalt unmöglich war.

I. Systematik, Regelungszweck. § 26 bezieht sich nur auf den Antrag nach § 23 I, II, nicht aber auf den Antrag gem. § 27, für den eine eigene Frist gilt OLG Ffm NZM 2008, 701 (702). 1

II. Frist, I. Der Antrag muss innerhalb eines Monats seit der Zustellung des Bescheids der Justizverwaltungsbehörde, für die das VwZG maßgebend ist, beim Gericht eingehen. Bescheid ist ein solcher nach § 23 I oder II. Daher setzt ein bloßer sog. Realakt die Frist nicht in Lauf, OLG Hamm MDR 1984, 165 (166), dasselbe gilt für eine lediglich mündliche Mitteilung, BGH NJW 1963, 1789. Ist ein Beschwerdeverfahren nach § 24 II erforderlich gewesen, beginnt die Frist nur durch die förmliche Zustellung des Beschwerdebescheids. Für die Berechnung gilt § 222 ZPO (§ 16 II FamFG). Entscheidend ist allein der Eingang beim OLG oder das Stellen des Antrags durch Niederschrift der Geschäftsstelle beim OLG oder bei einem AG. Das Gesetz sieht bewusst von der Anordnung einer Rechtsmittelbelehrung ab (BT-Drs. 17/10490, 15). Anders als nach § 58 II VwGO setzt der Fristbeginn nicht die Erteilung einer ordnungsgemäßen Rechtsmittelbelehrung voraus; deren Fehlen wird nur im Rahmen einer Wiedereinsetzung berücksichtigt **(II 2).** 2

Läuft mangels Zustellung bzw. schriftlicher Bekanntgabe keine Antragsfrist, kommt aber Verwirkung in Betracht. In entsprechender Anwendung des § 27 III wird man hierfür auf die Jahresfrist abstellen können, OLG Ffm NStZ-RR 2005, 220 (221); MüKoZPO/Pabst Rn. 5. 3

III. Wiedereinsetzung, II–IV. Die Regeln zur Wiedereinsetzung sind zwar § 60 Abs. 1–3 VwGO nachgebildet, entsprechen aber im Wesentlichen §§ 233 ff. ZPO, weshalb auf die dortige Kommentierung verwiesen werden kann. In Anlehnung an BGH NJW 2018, 164 wird teilweise auch hier eine fehlerhafte Rechtsmittelbelehrung selbst bei anwaltlicher Vertretung als ausreichender Entschuldigungsgrund angesehen, BayObLG ZInsO 2019, 2060 Rn. 12; einschränkend aber BayObLG BeckRS 2021, 10904 Rn. 32. 4

27 ***[Antrag bei Untätigkeit der Behörde].*** **I [1]Ein Antrag auf gerichtliche Entscheidung kann auch gestellt werden, wenn über einen Antrag, eine Maßnahme zu treffen, oder über eine Beschwerde oder einen anderen förmlichen Rechtsbehelf ohne zureichenden Grund nicht innerhalb von drei Monaten entschieden ist. [2]Das Gericht kann vor Ablauf dieser Frist angerufen werden, wenn dies wegen besonderer Umstände des Falles geboten ist.**

II [1]Liegt ein zureichender Grund dafür vor, daß über die Beschwerde oder den förmlichen Rechtsbehelf noch nicht entschieden oder die beantragte Maßnahme noch nicht erlassen ist, so setzt das Gericht das Verfahren bis zum Ablauf einer von ihm bestimmten Frist, die verlängert werden kann, aus. [2]Wird der Beschwerde innerhalb der vom Gericht gesetzten Frist stattgegeben oder der Verwaltungsakt innerhalb dieser Frist erlassen, so ist die Hauptsache für erledigt zu erklären.

III Der Antrag nach Absatz 1 ist nur bis zum Ablauf eines Jahres seit der Einlegung der Beschwerde oder seit der Stellung des Antrags auf Vornahme der Maßnahme zulässig, außer wenn die Antragstellung vor Ablauf der Jahresfrist infolge höherer Gewalt unmöglich war oder unter den besonderen Verhältnissen des Einzelfalles unterblieben ist.

I. Systematik, Regelungszweck. Aus dem Anspruch auf effektiven Rechtsschutz (Art. 19 IV GG) folgt, dass es nicht nur Rechtsschutz gegen Maßnahmen der Justizverwaltung geben muss, sondern auch dann, wenn die Behörde untätig geblieben ist oder wenn sie innerhalb von 3 Monaten noch nicht entschieden hat. 1

II. Bisherige Untätigkeit, I. Das Gesetz geht grds. davon aus, dass ein Antrag von der Behörde innerhalb von drei Monaten seit der Antragstellung beschieden werden kann. Läuft diese Frist fruchtlos ab, kann der Antrag gem. § 27 gestellt werden. Wird in dem gerichtlichen Verfahren ein ausreichender Grund dafür dargelegt, dass noch keine Entscheidung getroffen werden konnte, zB fortbestehender Aufklärungsbedarf, greift **II** (→ Rn. 3). Unter bes. Voraussetzungen kann der Antrag auch schon vor Ablauf von drei Monaten gestellt werden. Stellt das Gericht eine unbegründete Untätigkeit fest, entscheidet es gem. § 28 II. 2

III. Aussetzung, II. Kommt das Gericht zu dem Ergebnis, dass die Behörde aus einem zureichenden Grund bisher nicht entscheiden konnte, setzt es das Verfahren unter einer Fristsetzung aus. Es kann auch die Frist verlängern. Ergeht innerhalb der vom Gericht gesetzten Frist der beantragte Verwaltungsakt oder eine günstige Beschwerdeentscheidung, erklärt das Gericht die Hauptsache vAw für erledigt **(II 2),** der Antragsteller kann zu dem Antrag gem. § 28 I 4 übergehen. Bleibt eine Beschwer auch nach einem Bescheid bestehen, wird das Verfahren fortgesetzt. Auch dann ist ggf. die Durchführung des Vorverfahrens gem. § 24 II erforderlich; das gerichtliche Verfahren wird hierfür ausgesetzt, MüKoZPO/Pabst Rn. 9; Kissel/Mayer Rn. 11. 3

IV. Ausschlussfrist, III. Der Antrag nach → Rn. 2 kann regelmäßig nur innerhalb eines Jahres erfolgen, gerechnet vom Tag der Antragstellung oder der Einlegung der Beschwerde an. Spätere Anträge sind unzulässig. Es bleibt dann nur eine nochmalige Antragstellung bei der Behörde und ein Antrag auf eine gerichtliche Entscheidung nach 3 Monaten. Nur dann kann man von der Einhaltung der Jahresfrist absehen, wenn die Antragstellung nach **I** entweder infolge höherer Gewalt unmöglich war oder wenn sie nur unter den besonderen Umständen des Einzelfalles unterblieben ist. 4

28 ***[Entscheidung über den Antrag].*** **I [1]Soweit die Maßnahme rechtswidrig und der Antragsteller dadurch in seinen Rechten verletzt ist, hebt das Gericht die Maßnahme und, soweit ein Beschwerdeverfahren (§ 24 Abs. 2) vorausgegangen ist, den Beschwerdebescheid auf. [2]Ist die Maßnahme schon vollzogen, so kann das Gericht auf Antrag auch aussprechen, daß und wie die Justiz-**

oder Vollzugsbehörde die Vollziehung rückgängig zu machen hat. [3]Dieser Ausspruch ist nur zulässig, wenn die Behörde dazu in der Lage und diese Frage spruchreif ist. [4]Hat sich die Maßnahme vorher durch Zurücknahme oder anders erledigt, so spricht das Gericht auf Antrag aus, daß die Maßnahme rechtswidrig gewesen ist, wenn der Antragsteller ein berechtigtes Interesse an dieser Feststellung hat.

II [1]Soweit die Ablehnung oder Unterlassung der Maßnahme rechtswidrig und der Antragsteller dadurch in seinen Rechten verletzt ist, spricht das Gericht die Verpflichtung der Justiz- oder Vollzugsbehörde aus, die beantragte Amtshandlung vorzunehmen, wenn die Sache spruchreif ist. [2]Andernfalls spricht es die Verpflichtung aus, den Antragsteller unter Beachtung der Rechtsauffassung des Gerichts zu bescheiden.

III Soweit die Justiz- oder Vollzugsbehörde ermächtigt ist, nach ihrem Ermessen zu handeln, prüft das Gericht auch, ob die Maßnahme oder ihre Ablehnung oder Unterlassung rechtswidrig ist, weil die gesetzlichen Grenzen des Ermessens überschritten sind oder von dem Ermessen in einer dem Zweck der Ermächtigung nicht entsprechenden Weise Gebrauch gemacht ist.

IV Hat das Gericht die Rechtsbeschwerde gegen seine Entscheidung zugelassen (§ 29), ist dem Beschluss eine Belehrung über das Rechtsmittel sowie über das Gericht, bei dem es einzulegen ist, dessen Sitz und über die einzuhaltende Form und Frist beizufügen.

1 **I. Systematik, Regelungszweck.** § 28 bestimmt die vom Gericht aufgrund der Anträge nach §§ 23, 27 notwendige Sachentscheidung. Diese erhält eine innere Rechtskraft wie bei § 322 ZPO, sie hat bindende Wirkung für einen nachfolgenden Amtshaftungsprozess, BGH NJW 1994, 1950. Die Vorschrift regelt aber nur die Entscheidung bei Rechtswidrigkeit der Maßnahme und bei Ablehnung oder Unterlassung einer solchen. Ergibt die Prüfung, dass Rechtswidrigkeit nicht vorliegt, muss das Gericht den Antrag als unbegründet zurückweisen.

2 Parallel zu den verwaltungsgerichtlichen Klagearten geht § 28 vom Anfechtungs- **(I 1)**, Verpflichtungs- **(II 1)** und Folgenbeseitigungs- **(I 2)** und Fortsetzungsfeststellungsantrag **(I 4)** aus. Aus dem Gebot der Gewährung effektiven Rechtsschutzes (Art. 19 IV GG) folgt aber auch die Zulässigkeit konkreter Feststellungsanträge, wenn eine Anfechtung der Maßnahme aus anderen Gründen als der Erledigung nicht in Betracht kommt, BVerfG NJW 2010, 1804 Rn. 10; NJW-RR 2012, 1363 Rn. 12.

3 **II. Rechtswidrigkeit der Maßnahme, I 1.** Stellt das Gericht fest, dass die Maßnahme der Behörde rechtswidrig ist und den Antragsteller in seinen Rechten verletzt, hebt es die Maßnahme auf. Dasselbe gilt nach § 24 II dann, wenn den Antragsteller der Beschwerdebescheid in seinen Rechten verletzt. Welcher Zeitpunkt für die Beurteilung der Sach- und Rechtslage maßgeblich ist, ergibt das sachliche Recht, BVerwG NVwZ 1991, 360. Meist kommt es auf das Ergehen der letzten Verwaltungsentscheidung an, BVerwG NVwZ 1991, 372 (373); Kissel/Mayer Rn. 7, nicht jedoch bei Verpflichtungsanträgen, BayObLG NJW-RR 2021, 509 Rn. 40. War der Verwaltungsakt rechtswidrig, hebt ihn aber ein nach der Antragstellung ergehender Beschwerdebescheid auf oder stellt ihn richtig, erledigt sich die Hauptsache (→ § 27 Rn. 3). Ist der Verwaltungsakt oder der Beschwerdebescheid nur teilweise rechtswidrig, erfolgt nur eine teilweise Aufhebung („soweit").

4 **III. Vollzug der Maßnahme, I 2, 3.** Die Vollziehung der Maßnahme hindert bei Rechtswidrigkeit nicht ihre Aufhebung, sofern die Vollziehung nicht aus tatsächlichen oder rechtlichen Gründen irreversibel ist, OLG Ffm OLGZ 1991, 89 (91); KG NJW-RR 1991, 1085. Außer der Feststellung der Rechtswidrigkeit der Maßnahme muss das Gericht anordnen, dass und wie die Justiz- oder Vollzugsbehörde die Vollziehung rückgängig macht. Voraussetzung hierfür ist, dass die Rückgängigmachung möglich und dass auch spruchreif ist, wie das geschehen kann. Fehlt es an der Spruchreife, muss der Antragsteller nach § 27 vorgehen, falls die Behörde die vorbereitenden Maßnahmen zur Rückgängigmachung und schließlich diese selbst nicht betreibt.

5 **IV. Zurücknahme oder andere Erledigung der Maßnahme, I 4.** Erledigung tritt ein, wenn der zunächst zulässige und begründete Antrag unzulässig oder unbegründet wird. Das Gesetz nennt ausdrücklich den Fall der Erledigung durch Zurücknahme der Maßnahme. Im Fall des § 27 gilt dasselbe, wenn die zuständige Behörde die begehrte Maßnahme erlässt. Unzulässig werden kann ein Antrag auch durch den irreversiblen Vollzug der Maßnahme (→ Rn. 4). Auch kann auf Seiten des Antragstellers nachträglich das Interesse an der begehrten Maßnahme entfallen, Kissel/Mayer Rn. 17.

6 Hat sich die Maßnahme während des Gerichtsverfahrens erledigt, kann der Antragsteller beantragen festzustellen, dass die Maßnahme rechtswidrig gewesen ist. Das setzt jedoch ein dahingehendes berechtigtes Interesse voraus. Fehlt es daran, muss das Gericht den Antrag mangels Rechtsschutzinteresses als unzulässig abweisen, ohne sich über die Rechtswidrigkeit zu äußern.

7 Voraussetzung für die Zulässigkeit des Antrags gem. **I 4** ist ein **berechtigtes Interesse.** Hierfür genügt jedes aufgrund von vernünftigen Erwägungen nach Lage des Falles anzuerkennende schutzwürdige Interesse rechtlicher, wirtschaftlicher oder auch ideeller Art, BGH NJW-RR 2012, 1363 Rn. 15. In Betracht kommen insbes. die Vorbereitung eines Amtshaftungsprozesses wegen der Bindungswirkung des im Verfahren nach §§ 23 ff. ergangenen Beschlusses, BGH NJW 1994, 1950 (1951); offengelassen in BGH ZIP 2020, 1415 Rn. 13 mwN für Gegenansicht Wiederholungsgefahr oder ein Rehabilitationsinteresse, KG NStZ-RR 2009, 324. Ausreichend ist auch, dass es sich um eine eklatant fehlerhafte, objektiv willkürlich erscheinende Maßnahme handelt, BVerfG NStZ-RR 2004, 252 (253).

8 Hatte sich die behördliche Maßnahme schon vor einem Antrag nach §§ 23, 24 erledigt, darf das Gericht die Maßnahme nach → Rn. 4 nicht mehr aufheben. Vielmehr darf es bei einem berechtigten Interesse nur ihre Rechtswidrigkeit feststellen, KG NJW-RR 1991, 1085. Dabei genügt die Absicht nicht, eine Amtshaftungsklage zu erheben, OLG Drsd NJW-RR 2002, 718; Kissel/Mayer Rn. 19. Ein Vorverfahren nach § 24 II ist dann nicht erforderlich (→ § 24 Rn. 4).

9 **V. Rechtswidrige Ablehnung oder Unterlassung der Maßnahme, II.** Bei einer Verletzung der Rechte des Antragstellers nach → § 24 Rn. 2 spricht das Gericht die Verpflichtung der Justizverwaltungsbehörde zur Vornahme der beantragten Amtshandlung aus, zB die Befreiung zu erteilen usw., OLG Naumbg FamRZ 2002, 1115. Erreichen lässt sich auch die Verpflichtung zu einem schlichten Verwaltungshandeln, OLG Hmb NJW 1979, 279, nicht nur zum Erlass eines Verwaltungsakts. Maßgeblicher Zeitpunkt für die Beurteilung der Sach- und Rechtslage ist meist der Zeitpunkt des Schlusses der mündlichen Verhandlung oder der Zeitpunkt der

Beschlussfassung des Gerichts, Kissel/Mayer Rn. 7. Das Gericht entscheidet nicht selbst, sondern verpflichtet die Behörde, die begehrte Maßnahme zu erlassen oder durchzuführen. Dafür muss das Gericht ggf. zuvor den Sachverhalt aufklären. Besteht im konkreten Fall ein Ermessen der Behörde, kommt nur ein Bescheidungsbeschluss in Betracht, in dem das Gericht die Entscheidung der Behörde aufhebt und diese verpflichtet, den Antragsteller so zu bescheiden, wie es der in den Gründen niedergelegten Beurteilung des Gerichts entspricht, **II 2;** BayObLG NZI 2021, 1078 Rn. 17. Das gilt entsprechend bei Bestehen eines **Beurteilungsspielraums,** KG ZInsO 2020, 1481 Rn. 45,

VI. Rechtswidriges Ermessen, III. Besteht nach der maßgeblichen Rechtsvorschrift für die Behörde ein Ermessen, unterliegt auch die Ermessensausübung der gerichtliche Überprüfung darauf, ob die Behörde auf unvollständiger Tatsachengrundlage entschieden, Gesichtspunkte, die nach Sinn und Zweck des Gesetzes keine Rolle spielen dürfen, zum Nachteil des Antragstellers berücksichtigt, oder maßgebliche Gesichtspunkte, die bei der Ermessensentscheidung von Belang sein können, falsch bewertet oder außer Acht gelassen hat, BGH NJW-RR 2021, 1212 Rn. 17; BayObLG NZI 2021, 1078 Rn. 23; KG StraFo 2013, 38. Gegenstand der Ermessensprüfung ist die Begründung der Behörde. Fehlt eine solche, ist die Maßnahme aufzuheben bzw. ihre Rechtswidrigkeit festzustellen, weil eine Prüfung des Ermessens nicht möglich ist (Kissel/Mayer Rn. 5). 10

VII. Einstweiliger Rechtsschutz. Die §§ 23 ff. treffen keine Regelung für den einstweiligen Rechtsschutz. Im Hinblick auf Art. 19 IV GG muss diese Möglichkeit aber bestehen; § 68 III FamFG findet insoweit entsprechende Anwendung. Dadurch wird insbes. die Möglichkeit eröffnet, die Vollziehung einer Maßnahme einstweilen auszusetzen, denn der Antrag gem. § 23 hat keine suspendierende Wirkung, OLG Mü StV 2015, 708; OLG Karlsr AfP 2009, 57 (59). Aus der Anwendung des § 68 III FamFG folgt aber zugleich, dass einstweiliger Rechtsschutz nur im Rahmen eines bereits anhängigen Hauptsacheverfahrens gewährt werden kann, eine Grundlage für isolierten einstweiligen Rechtsschutz gibt es nicht, OLG Köln NJW-RR 2003, 429. 11

VIII. Belehrung, IV. Sie ist notwendig, soweit das OLG nach § 29 I, II in einem Beschluss als Erstgericht eine Rechtsbeschwerde zugelassen hat. Fehlt die Rechtsmittelbelehrung oder war sie fehlerhaft, wird bei Fristversäumung und rechtzeitiger Beantragung der Wiedereinsetzung in den vorigen Stand das fehlende Verschulden an der Fristversäumung vermutet, § 17 II FamFG, auf den § 29 III verweist. Die Rechtsmittelbelehrung muss folgenden Inhalt haben: 12

Bezeichnung des Rechtsmittels: Rechtsbeschwerde 13
- Rechtsbeschwerdegericht: BGH
- Form der Rechtsbeschwerde: schriftlich, § 71 I 1 FamFG
- Frist: 1 Monat seit der schriftlichen Bekanntgabe, § 71 I 1 FamFG
- Beschränkte Postulationsfähigkeit gem. § 10 IV FamFG

29

[Rechtsbeschwerde; ergänzende Verfahrensvorschriften; Prozesskostenhilfe]. **I Gegen einen Beschluss des Oberlandesgerichts ist die Rechtsbeschwerde statthaft, wenn sie das Oberlandesgericht im ersten Rechtszug in dem Beschluss zugelassen hat.**

II [1]Die Rechtsbeschwerde ist zuzulassen, wenn

1. **die Rechtssache grundsätzliche Bedeutung hat oder**
2. **die Fortbildung des Rechts oder die Sicherung einer einheitlichen Rechtsprechung eine Entscheidung des Rechtsbeschwerdegerichts erfordert.**

[2]Das Rechtsbeschwerdegericht ist an die Zulassung gebunden.

III Auf das weitere Verfahren sind § 17 sowie die §§ 71 bis 74a des Gesetzes über das Verfahren in Familiensachen und in den Angelegenheiten der freiwilligen Gerichtsbarkeit entsprechend anzuwenden.

IV Auf die Bewilligung der Prozesskostenhilfe sind die Vorschriften der Zivilprozessordnung entsprechend anzuwenden.

I. Systematik, Regelungszweck, I–IV. Die Vorschrift stimmt fast wörtlich mit § 70 FamFG und wie dieser weitgehend mit § 574 I 1 Nr. 2, II, III 2 ZPO überein. Wird die Rechtsbeschwerde zugelassen, ist eine Rechtsmittelbelehrung zu erteilen (→ § 28 Rn. 12). Für das Rechtsbeschwerdeverfahren besteht für den Antragsteller Anwaltszwang, § 10 IV FamFG. 1

III verweist lediglich für die Folgen einer fehlenden oder fehlerhaften Rechtsmittelbelehrung und das Rechtsbeschwerdeverfahren auf die entsprechenden Bestimmungen des FamFG. Das FamFG gilt aber darüber hinaus für das gesamte Verfahren, soweit die §§ 23 ff. keine Regelungen enthalten, BGH NZI 2016, 508 Rn. 15, sodass bei Nichtzulassung der Rechtsbeschwerde die Anhörungsrüge (§ 44 FamFG) statthaft ist. Im Rechtsbeschwerdeverfahren kann auch die Verletzung von Landesrecht überprüft werden, BGH NJW 2019, 3307 Rn. 22. 2

30

[Kosten]. **[1]Das Oberlandesgericht kann nach billigem Ermessen bestimmen, daß die außergerichtlichen Kosten des Antragstellers, die zur zweckentsprechenden Rechtsverfolgung notwendig waren, ganz oder teilweise aus der Staatskasse zu erstatten sind. [2]Die Vorschriften des § 91 Abs. 1 Satz 2 und der §§ 103 bis 107 der Zivilprozeßordnung gelten entsprechend. [3]Die Entscheidung des Oberlandesgerichts kann nicht angefochten werden.**

Die Vorschrift regelt einen Teil der Kosten des Verfahrens nach §§ 23 ff. Für die Gerichtskosten gilt das GNotKG, § 1 II Nr. 19 GNotKG iVm KV 15300, 15301 GKG. 1

Über die außergerichtlichen Kosten des Antragstellers entscheidet das Gericht nach billigem Ermessen. Voraussetzung ist zunächst, dass der Antrag nicht zurückgewiesen wird, also zumindest teilweise Erfolg hat oder das Verfahren in der Hauptsache erledigt ist. Dies allein genügt aber nicht, es soll vielmehr auf das Ausmaß der Rechtsverletzung ankommen, KG ZInsO 2020, 1481 Rn. 69; JurBüro 2015, 537 (538); Kissel/Mayer Rn. 5; 2

MüKoZPO/Pabst Rn. 9. Da für das Verfahren vor dem OLG kein Anwaltszwang besteht, ist insbes. über die Erforderlichkeit der Hinzuziehung eines Rechtsanwaltes zu entscheiden.

3 Der Geschäftswert richtet sich nach § 36 GNotKG, im Zweifel ist von einem Geschäftswert iHv 5.000 EUR auszugehen, § 36 III GNotKG.

30a *[Anfechtung von Verwaltungsakten].* **I [1]Verwaltungsakte, die im Bereich der Justizverwaltung beim Vollzug des Gerichtskostengesetzes, des Gesetzes über Kosten in Familiensachen, des Gerichts- und Notarkostengesetzes, des Gerichtsvollzieherkostengesetzes, des Justizvergütungs- und -entschädigungsgesetzes oder sonstiger für gerichtliche Verfahren oder Verfahren der Justizverwaltung geltender Kostenvorschriften, insbesondere hinsichtlich der Einforderung oder Zurückzahlung ergehen, können durch einen Antrag auf gerichtliche Entscheidung auch dann angefochten werden, wenn es nicht ausdrücklich bestimmt ist. [2]Der Antrag kann nur darauf gestützt werden, dass der Verwaltungsakt den Antragsteller in seinen Rechten beeinträchtige, weil er rechtswidrig sei. [3]Soweit die Verwaltungsbehörde ermächtigt ist, nach ihrem Ermessen zu befinden, kann der Antrag nur darauf gestützt werden, dass die gesetzlichen Grenzen des Ermessens überschritten seien, oder dass von dem Ermessen in einer dem Zweck der Ermächtigung nicht entsprechenden Weise Gebrauch gemacht worden sei.**

II [1]Über den Antrag entscheidet das Amtsgericht, in dessen Bezirk die für die Einziehung oder Befriedigung des Anspruchs zuständige Kasse ihren Sitz hat. [2]In dem Verfahren ist die Staatskasse zu hören. [3]Die §§ 7a, 81 Absatz 2 bis 8 und § 84 des Gerichts- und Notarkostengesetzes gelten entsprechend.

III [1]Durch die Gesetzgebung eines Landes, in dem mehrere Oberlandesgerichte errichtet sind, kann die Entscheidung über das Rechtsmittel der weiteren Beschwerde nach Absatz 1 und 2 sowie nach § 81 des Gerichts- und Notarkostengesetzes, über den Antrag nach § 127 des Gerichts- und Notarkostengesetzes, über das Rechtsmittel der Beschwerde nach § 66 des Gerichtskostengesetzes, nach § 57 des Gesetzes über Kosten in Familiensachen, nach § 81 des Gerichts- und Notarkostengesetzes und nach § 4 des Justizvergütungs- und -entschädigungsgesetzes einem der mehreren Oberlandesgerichte oder anstelle eines solchen Oberlandesgerichts einem obersten Landesgericht zugewiesen werden. [2]Dies gilt auch für die Entscheidung über das Rechtsmittel der weiteren Beschwerde nach § 33 des Rechtsanwaltsvergütungsgesetzes, soweit nach dieser Vorschrift das Oberlandesgericht zuständig ist.

IV (überholtes Übergangsrecht)

1 Die verschiedenen Kostengesetze enthalten Regelungen zur Überprüfung kostenrechtlicher Maßnahmen. Soweit diese nicht greifen, stellt § 30a eine Auffang-Generalklausel dar (BT-Drs. 16/47, 48. Diese hat Vorrang vor den §§ 23 ff., OLG Karlsr NStZ-RR 2016, 328. Die Regelung gilt wie auch die §§ 23 ff. nur für Kosten im Bereich der ordentlichen Gerichtsbarkeit (→ § 2 Rn. 1), BT-Drs. 16/47, 48. Sie gilt in entsprechender Anwendung des § 27 auch für Untätigkeitsbeschwerden, OLG Karlsr NStZ-RR 2016, 328.

2 Abweichend von den §§ 23 ff. ist nicht das OLG, sondern das AG zuständig, in dessen Bezirk die zuständige Gerichtskasse ihren Sitz hat **(II 1)**. Eine Differenzierung zwischen Strafsachen und anderen Sachen wie in § 25 ist nicht vorgesehen.

3 Gegen die Entscheidung des AG ist das Rechtsmittel der Beschwerde eröffnet, **II 3** iVm § 81 II GNotKG. Beschwerdegericht ist das LG oder – in Verfahren der freiwilligen Gerichtsbarkeit – das OLG, § 81 III 2 GNotKG; in Streitigkeiten über Stundung und Erlass von Gerichtkosten ist Beschwerdegericht unabhängig vom Instanzenzug der Hauptsache immer das LG, OLG Karlsr NJW-RR 2019, 125. Soweit das LG als Beschwerdegericht entschieden hat, kann die weitere Beschwerde zum OLG zugelassen werden, § 81 IV GNotKG.

4 **III** enthält eine Konzentrationsermächtigung. Durch Gesetz kann die Zuständigkeit für die weitere Beschwerde, aber auch für die Zuständigkeit in weiteren Kostensachen auf eines von mehreren Oberlandesgerichten eines Landes konzentriert werden. Hiervon ist bislang aber kein Gebrauch gemacht worden.

Vierter Abschnitt. Kontaktsperre

31-38a *(betreffen Strafsachen)*

Fünfter Abschnitt. Insolvenzstatistik

39 *(aufgehoben)*

Sechster Abschnitt. Übergangsvorschriften

40 *[Übergangsrecht].* **§ 119 findet im Fall einer Entscheidung über Ansprüche, die von einer oder gegen eine Partei erhoben worden sind, die ihren allgemeinen Gerichtsstand im Zeitpunkt der Rechtshängigkeit in erster Instanz außerhalb des Geltungsbereichs des Gerichtsverfassungsgesetzes hatte, sowie im Fall einer Entscheidung, in der das Amtsgericht ausländisches Recht angewendet und dies in den Entscheidungsgründen ausdrücklich festgestellt hat, in der bis zum 31. August 2009 geltenden Fassung auf Berufungs- und Beschwerdeverfahren Anwendung, wenn die anzufechtende Entscheidung vor dem 1. September 2009 erlassen wurde.**

Die Vorschrift wurde durch Art. 21 Nr. 4 des FGG-Reformgesetzes vom 17.12.2008, BGBl. I S. 2586, 2694 eingefügt, sie stellt eine formal vorrangige Spezialregelung gegenüber Art. 111 FGG-RG dar. 1

Bis zum 31.8.2009 ergab sich aus § 119 I Nr. 1 lit. b GVG die Zuständigkeit des OLG auch für Berufungen gegen Entscheidungen des AG „in Streitigkeiten über Ansprüche, die von einer oder gegen eine Partei erhoben werden, die ihren allgemeinen Gerichtsstand im Zeitpunkt der Rechtshängigkeit in erster Instanz außerhalb des Geltungsbereiches dieses Gesetzes hatte". Für die bis zu diesem Zeitpunkt erlassenen AG-Entscheidungen soll diese Zuständigkeit fortgelten. Die Vorschrift dürfte inzwischen obsolet sein. 2

40a *[Anwendung der §§ 72a und 119a GVG].* **I Die §§ 72a und 119a des Gerichtsverfassungsgesetzes in der bis einschließlich 31. Dezember 2020 geltenden Fassung sind auf Verfahren, die vor dem 1. Januar 2018 anhängig geworden sind, nicht anzuwenden.**

II Auf Verfahren, die ab dem 1. Januar 2018 bis einschließlich 31. Dezember 2020 anhängig geworden sind, sind die §§ 72a und 119a des Gerichtsverfassungsgesetzes in der bis einschließlich 31. Dezember 2020 geltenden Fassung anzuwenden.

41 *(betreffen Strafsachen)*

42 *(betrifft Verwaltungsakte im Bereich der früheren KostO)*

43 *[Anwendung von § 169 Abs. 2 GVG].* **§ 169 Absatz 2 des Gerichtsverfassungsgesetzes findet keine Anwendung auf Verfahren, die am 18. April 2018 bereits anhängig sind.**

Schlussanhang

I. Deutsches Richtergesetz (DRiG)

In der Fassung der Bekanntmachung vom 19.4.1972, BGBl. 713

FNA 301-1

Zuletzt geändert durch Gesetz vom 25.6.2021, BGBl. I 2154, ber. 2022, 666

(Auszug)

Einleitung

I. Systematik, Regelungszweck. Das Deutsche Richtergesetz (DRiG) ist nach § 2 im Wesentlichen eine Kodifizierung des für den Berufsrichter geltenden Rechts. Es gilt nicht nur für die Richter der ordentlichen Gerichtsbarkeit, sondern für die Richter aller Gerichtszweige, deren Verfahrensordnungen es soweit erforderlich dem DRiG entsprechend ändert nach §§ 88 ff. Lediglich für die Richter des BVerfG gilt es nach §§ 69, 70 nur beschränkt. Es enthält die durch Art. 98 GG angeordnete Regelung der Rechtsstellung der Bundesrichter und außerdem Rahmenvorschriften für die Rechtsstellung der Richter in den Ländern. Die Länder haben demgemäß ihrerseits Richtergesetze erlassen. Die Stellung des ehrenamtlichen Richters wird lediglich in §§ 43, 44, 45 und 45a berührt. 1

II. Sachlicher Geltungsbereich. §§ 1 ff. enthalten nicht nur Bestimmungen allgemeiner Art für sämtliche Richter, §§ 46 ff. enthalten Bestimmungen für die Bundesrichter. §§ 71 ff. enthalten Rahmenvorschriften für die Landesrichter. §§ 61 ff. enthalten auch die Dienstgerichtsbarkeit für die Bundesrichter. §§ 77 ff. enthalten demgemäß diese rahmenrechtlich für die Landesrichter. Ferner enthalten §§ 49 ff., 72 ff. Zu den unterschiedlichen Rechtswegen gegen Maßnahmen der Dienstaufsicht, die sich nach dem Ziel des Angriffs richten, → Rn. 20. 2

III. Persönlicher Geltungsbereich. Dazu Niebler DRiZ 1981, 281: Der Richter, dem Art. 92 GG die rechtsprechende Gewalt anvertraut, steht auch durch § 4 I, wonach andere nichtrichterliche Tätigkeiten mit der richterlichen unvereinbar sind, klar dem Beamten gegenüber. Denn der Richter erhält durch Art. 19 IV, 100 I GG auch eine Kontrollfunktion. Sie lässt nach dem Grundsatz der Gewaltenteilung weder die gleichzeitige amtliche Übertragung nichtrichterlicher Geschäfte auf Richter noch die nebenamtliche Tätigkeit eines Beamten als Richter zu. Es gibt also keine richterlichen Beamten. Das schließt nicht aus, dass gewisse Bestimmungen des Beamtenrechts nach §§ 46, 71 III auch für Richter entsprechend gelten, soweit das DRiG nicht entgegensteht. Der Rpfl. fällt nicht unter III, BGH NJW-RR 2009, 561. 3

IV. DRiG und GVG. Das Gesetz regelt nach → Rn. 3 zwar die Stellung des Richters. Es enthält aber auch in die Gerichtsorganisation eingreifende auf Art. 74 Nr. 1 GG beruhende Bestimmungen, BGH NJW 1991, 422, zB über die Befähigung zum Richteramt, das Richterverhältnis, die Unabhängigkeit des Richters, BGH DRiZ 1991, 20. Es betrifft also insofern das GVG insbesondere in den Abschnitten 1–5, dessen Vorschriften es nach §§ 85–87 DRiG teilweise aufgehoben oder geändert hat. Im Folgenden wird aus Platzersparnisgründen nur der für die Unabhängigkeit des Richters und damit für wesentliche Bedingungen seiner Entscheidungsmöglichkeiten besonders wichtiger § 26 erläutert. 4

Vierter Abschnitt. Unabhängigkeit des Richters

26 *Dienstaufsicht.* I **Der Richter untersteht einer Dienstaufsicht nur, soweit nicht seine Unabhängigkeit beeinträchtigt wird.**

II **Die Dienstaufsicht umfaßt vorbehaltlich des Absatzes 1 auch die Befugnis, die ordnungswidrige Art der Ausführung eines Amtsgeschäfts vorzuhalten und zu ordnungsgemäßer, unverzögerter Erledigung der Amtsgeschäfte zu ermahnen.**

III **Behauptet der Richter, daß eine Maßnahme der Dienstaufsicht seine Unabhängigkeit beeinträchtige, so entscheidet auf Antrag des Richters ein Gericht nach Maßgabe dieses Gesetzes.**

Schrifttum: Holzwarth pp (Hrsg.), Die Unabhängigkeit des Richters, 2009; Joeres DRiZ 2005, 321 (Grdz.).

I. Systematik, Regelungszweck, I–III. „Den Richtern ist die Unabhängigkeit verliehen, um ihre Entscheidung von äußeren und außergesetzlichen Einflüssen freizuhalten. Ein Richter unterliegt also keinen Weisungen oder Empfehlungen und darf wegen des Inhalts einer Entscheidung nicht benachteiligt werden" Begr. RegE BT-Drs. 3/516, 39. Andererseits ist auch das Richterverhältnis ein Dienstverhältnis des öffentlichen Rechts. Deshalb steht der Richter unter einer gewissen Dienstaufsicht, um sein pflichtgemäßes Handeln sicherzustellen. Die Unabhängigkeit schützt nicht solche menschlichen Schwächen, die in der Art und Weise, wie auch ein Richter die Dienstgeschäfte erledigt, auftreten und von der Amtsführung eines gewissenhaften Richters peinlich abweichen. Deshalb gibt es trotz aller Unabhängigkeit doch eine begrenzte Dienstaufsicht, BGH NJW 2008, 1450, Hamm DRiZ 2005, 319. Diese Aufsicht muss aber in der Unabhängigkeit ihre Grenze finden, BGH MDR 2005, 360. 1

II. Geltungsbereich, I–III. Die Dienstaufsicht ist eine Aufgabe der Gerichtsverwaltung. Die nähere Regelung enthalten nach §§ 14 ff. GVVO für die ordentlichen Gerichte die landesrechtlichen Vorschriften und, soweit noch anwendbar, für die Arbeitsgerichtsbarkeit §§ 15, 34, 40 II ArbGG, Schäfke ZRP 1983, 165; Stanicki DRiZ 1986, 329. 2

III. Umfang der Dienstaufsicht, I, II. Dazu Joeres DRiZ 2005, 321; Papier NJW 2001, 1091 (je: Grdz.). 3

4 **1. Grundsatz: Wahrung der Unabhängigkeit.** Die Dienstaufsicht findet stets in der Wahrung der Unabhängigkeit des Richters bei der eigentlichen Rechtsfindung ihre Grenze, BGH NJW 2008, 1450, Hamm DRiZ 2005, 320. Wird zweifelhaft, ob eine Maßnahme die richterliche Unabhängigkeit gefährdet, muss sie unterbleiben.

5 **2. Art der Dienstaufsicht.** II beinhaltet die Befugnis der Dienstaufsicht, nicht nur zu „ordnungsgemäßer", sondern auch zu „unverzögerter" Erledigung der Amtsgeschäfte zu ermahnen, vgl. dazu BVerfG NJW 2021, 3717 Rn. 24.

6 Zur Beaufsichtigung der Tätigkeit eines Richters ist nur die eine Dienstaufsicht führende Stelle befugt, also niemals eine Behörde als solche, sondern nur der Dienstvorgesetzte oder der mit seiner Vertretung beauftragte Beamte. Erfolgt die Dienstaufsicht in der Ministerialinstanz, ist der Minister oder sein Vertreter, allenfalls ein Ministerialbeamter mit ganz fester Weisung des Ministers befugt, BGH NJW 2005, 3289).

7 Es gibt vorbehaltlich I nur die **Befugnisse des II,** also einen Vorhalt oder eine Ermahnung, sofern dadurch keine Beeinträchtigung der Unabhängigkeit eintritt. Die Dienstaufsicht darf also nur Tatsachen anführen und sachbezogen werten, BGH DRiZ 1997, 467. Eine Beanstandung, Missbilligung oder Rüge und erst recht natürlich eine Anweisung sind unstatthaft, BGH NJW 1984, 2534 (krit. Wandtke DRiZ 1984, 430, der darauf hinweist, dass der Ausschluss von Missbilligungen zum Disziplinarverfahren führen kann). Unstatthaft ist auch ein Schuldvorwurf, BGH DRiZ 1997, 467. Denn Vorhalt und Ermahnung sind noch keine Disziplinarmaßnahmen, BVerwG NJW 1988, 1748. Das alles gilt auch bei außerdienstlichen Vorgängen, BGH NJW 1984, 2534 (krit. Hager NJW 1989, 886). Dasselbe gilt bei allen Meinungsäußerungen einer Dienstaufsicht, die sich in irgendeiner Weise kritisch mit dem dienstlichen oder außerdienstlichen Verhalten des Richters befassen, BGH NJW 2002, 359. Das etwas irreführende Wort „auch" in II stellt nur klar, dass außer der Befugnis im außerdienstlichen Bereich auch eine solche wegen der richterlichen Tätigkeit denkbar ist. Auch der Bescheid an eine solche beschwerdeführende Behörde, die eine richterliche Tätigkeit kritisiert, ist eine Maßnahme der Dienstaufsicht. Sie muss sich entsprechend II auf die Mitteilung von Vorhalt und Ermahnung beschränken.

8 **3. Kernbereich richterlicher Tätigkeit.** Dazu Papier NJW 1990, 10; Schneider ZIP 1990, 551. Völlig unzugänglich ist der Dienstaufsicht der Kernbereich der richterlichen Tätigkeit, also der eigentliche Rechtsspruch und alle Entscheidungen (Anordnungen, Regelungen), die der Rechtsfindung mittelbar dienen, etwa indem sie den Rechtsspruch vorbereiten oder ihm nachfolgen, BGH MDR 2015, 306; Hamm DRiZ 2006, 320.

9 Der Kernbereich ist Maßnahmen der Dienstaufsicht auch dann verschlossen, wenn es sich um einen offensichtlichen, jedem Zweifel entrückten Fehlgriff handelt, Herrmann DRiZ 1982, 290; Kasten/Rapsch JR 1985, 314; Rudolph DRiZ 1988, 155; aM BGH NJW 2008, 1450 (Terminierung); DRiZ 2018, 184 (verbale Exzesse, BGH NJW 2006, 1674, vgl. aber auch Hamm DRiZ 2005, 320); DRiZ 1991, 369 (Verweisungsbeschluss); DRiZ 1991, 410; 1970, 1 (Urteilsbegründung); Zweibr DRiZ 1988, 21 (Sitzungspolizei); Zweibr NJW 1980, 1851 (Ermächtigung eines Sachverständigen). Die Grenzziehung ist freilich schwierig, Rudolph DRiZ 1987, 339–341. Der **Vorhalt von Rückständen oder Arbeitsresten** und die hierauf bezogene Ermahnung, die übertragenen Aufgaben fortan ordnungsgemäß und unverzögert zu erledigen, stellen grundsätzlich noch keine Beeinträchtigung der richterlichen Unabhängigkeit dar. Das dienstaufsichtliche Eingreifen wegen vorhandener Rückstände und der mit einem Vorhalt verbundene Erledigungsdruck ist aber dann eine Beeinträchtigung der richterlichen Unabhängigkeit, wenn dem Richter damit indirekt ein Pensum abverlangt wird, welches sich allgemein, also auch von anderen Richtern, sachgerecht nicht mehr bewältigen lässt. Die tatsächlichen Erledigungszahlen anderer Richter können nicht mehr als einen Anhalt für das Arbeitspensum geben, das sich sachgerecht erledigen lässt, wenn zudem festgestellt werden kann, dass diese Erledigungen sachgerecht erreicht werden, BGH (Dienstgericht des Bundes) NJW 2018, 158; BGH 12.5.2020 – RiZ (R) 3/19, BeckRS 2020, 10611. Das Abstellen auf ein an Durchschnittswerten orientiertes Verständnis von Sachgerechtigkeit unter Wahrung „großzügiger Toleranzbereiche" schützt dabei die richterliche Unabhängigkeit möglicherweise eher als dass es sie einengt, BVerfG NJW 2021, 3717 Rn. 24 Die Festsetzung eines Erledigungspensums „nach Kassenlage" dürfte mit Blick auf die richterliche Unabhängigkeit zu beanstanden sein, BVerfG NJW 2021, 3717 Rn. 27.

10 **4. Vorhaltung, Ermahnung.** Die Befugnis, dem Richter die ordnungswidrige Art der Ausführung eines Amtsgeschäfts vorzuhalten, BGH NJW-RR 2007, 282, betrifft nur die äußere Form der Ausführung, nicht das Amtsgeschäft selbst, BGH NJW 2008, 1450. Wie die Ausführung sachlich erfolgen müsste, kann wegen I nicht Gegenstand des Vorhalts sein. Der Vorhalt darf zu dem Inhalt einer Entscheidung keine objektive Beziehung haben. Denn es würde sich dann bereits um eine Weisung in mehr oder minder versteckter Form handeln. Daher ist eine dahin zielende Beanstandung, da eine Missbilligung andeutend, als Maßnahme der Dienstaufsicht unzulässig. Das gilt auch dann, wenn sie nicht zur Kenntnisnahme des Richters bestimmt ist, wenn er nur durch einen Zufall davon erfährt. Auch dass der Richter der Ansicht der dienstaufsichtführenden Stelle nicht zu folgen braucht, entscheidet nicht. Darum ist auch die Anregung, beim nächsten Vorkommen derselben Angelegenheit die Entscheidung in einem darin angegebenen Sinn zu überprüfen, eine unzulässige Einflussnahme.

11 Die **Vorbereitungsmaßnahmen** für eine Entscheidung (Terminsbestimmung, Einzelrichterbestimmung, Art der Vernehmung von Zeugen und Sachverständigen) unterliegen grundsätzlich allein dem richterlichen Ermessen, BGH NJW 2008, 1450, meist auch die Aktenübersendung und Aktenvorlage, ebenso die Auskunfterteilung aus den Akten schwebender Verfahren. Daher ist es unzulässig, Beamte oder Angestellte des Gerichts anzuweisen, solche Auskünfte zu erteilen. Dasselbe gilt für die Vereidigung eines ehrenamtlichen Richters, DienstG Ffm DRiZ 1980, 469.

12 Gegen eine dienstaufsichtliche Verfahrenshandlung, die eine Maßnahme der Dienstaufsicht **vorbereitet,** wie die mit der Gelegenheit zur Stellungnahme verbundene Eröffnung des Dienstvorgesetzten, er beabsichtige eine dienstaufsichtsrechtliche Maßnahme gegen einen Richter, ist ein **Prüfungsverfahren unzulässig,** es sei denn, die Verfahrenshandlung enthält eine selbständige, im Verfahren zur abschließenden Sachentscheidung andersartige Beschwer, BGH (Dienstgericht des Bundes) NJW 2018, 162.

5. Beispiele zur Frage der Zulässigkeit einer Maßnahme, I, II

13 **Abarbeitungstempo:** → Rn. 9.

Ablehnungsverfahren: Unzulässig ist eine Maßnahme wegen einer Äußerung des Richters in der Verhandlung über Zweifel eines Beteiligten an seiner Unbefangenheit, BGH DRiZ 1982, 389. Auch „Akteneinsicht", → „Dienstliche Äußerung".

Akteneinsicht: Zulässig ist sie, BGH NJW-RR 2013, 1215.

Allgemeinhinweis, -empfehlung: Zulässig ist eine wirklich nur allgemeine solche Maßnahme, BGH NJW-RR 2002, 931. Das gilt sogar aus Anlass eines Einzelfalls dann, wenn der Hinweis usw. doch unabhängig von ihm erfolgt, BGH NJW-RR 2005, 439. Im Zweifel aber zugunsten der Unabhängigkeit des Richters.

Amtshilfe: Unzulässig ist grds. eine Anordnung, ob der Richter eine Amtshilfe erbitten oder geben soll. Denn das gehört meist zur richterlichen Unabhängigkeit. Das gilt auch zB bei der Einholung einer Auskunft.

Amtstracht: Zulässig ist eine Anordnung zum grundsätzlichen Tragen der Amtstracht und ihrer Beschaffung, BVerwG NJW 1983, 2589, Ffm NJW 1987, 1208 (Ausnahmen denkbar). **Unzulässig** ist aber eine Beanstandung des Entschlusses, in einem sachlich begründeten Einzelfall die Amtstracht nicht anzulegen, Ffm NJW 1987, 1208 (Jugendstrafsache).

Androhung: → „Disziplinarverfahren".

Arbeitsbedingungen: Grundsätzlich **unzulässig** sind unzumutbare Arbeitsbedingungen, DG Bln DRiZ 2004, 81 (Fallfrage). Auch in „nur" unerfreulichen Bedingungen kann die Grenze des der Dienstaufsicht Erlaubten liegen, BGH DRiZ 2005, 83, freilich nicht schon in einer schlechten Ausstattung der Justiz, BGH MDR 2005, 360, KG DRiZ 2004, 281.

Arbeitsplatz: Zulässig sein kann die Unterbringung einer staatlichen Schuldnerberatungsstelle im Insolvenzgericht, Hmb DRiZ 2001, 21. **Unzulässig** ist eine Weisung, den Richterdienst außerhalb der Gerichtsstelle zu versehen, BGH MDR 2015, 305; PräsFfm NJW 1991, 1903 (Haftrichter). Das übergeht die Praxis vielerorts.

Arbeitsrückstände: Ermahnung ist grds. zulässig, BGH NJW 2018, 158; → Rn. 9.

Arbeitszeit: Unzulässig ist eine Maßnahme zur Regelung der Arbeitszeit, soweit der Richter die Sitzungstage und die Öffnungszeit des Gerichts grds. einhält und im Kollegium zu Beratungen und zur Bearbeitung grds. einigermaßen bald zur Verfügung steht, BGH NJW 1991, 1104; Schott ZRP 2005, 103; Schröder NJW 2005, 1160 (Grdz.).

Ärztliche Untersuchung: Zum Rechtsweg gegen die Anordnung einer ärztlichen Untersuchung → Rn. 14 und BVerwG 17.9.2009 – 2 B 70.09, BeckRS 2009, 39910.

Ausbildung: → „Referendar".

Ausdrucksweise: → „Umgangsformen".

Auskunft: → „Amtshilfe".

Auslandsdienstreise: → „Dienstreise".

Äußere Ordnung: Zulässig ist eine Anweisung zum äußeren Ablauf und zur äußeren Ordnung der Amtsgeschäfte, BGH NJW 2008, 1450, Hamm DRiZ 2005, 320.

Außergerichtliches Verhalten: Auch dieses unterliegt grds. der Dienstaufsicht in den dienstlich begründbaren Grenzen.

Beantwortung: Zulässig ist die Aufforderung, eine Anregung oder einen Antrag grds. überhaupt zu beantworten, Hamm DRiZ 1989, 341.

Bearbeitungsdauer: → „Bericht".

Bearbeitungszeitpunkt: Unzulässig ist das Ersuchen, ganz bestimmte Verfahren aus dem Dezernat umgehend zu bearbeiten, BGH NJW 1987, 1197.

Beförderung: → „Erprobung".

Beleidigung: → „Umgangsformen".

Beobachtung: Unzulässig ist eine vom Richter unkontrollierbare Beobachtung durch die Verwaltung, zB mittels EDV-Netz usw., BVerfG NJW 2013, 2102.

Beratungshergang: Zulässig ist die Ablehnung des Vorgesetzten, einem Richter Kenntnis vom Bericht eines Kollegen über einen Beratungshergang zu geben, BGH DRiZ 1982, 312. Ein ziemlich makabrer Hintergrund.

Bereitschaftsdienst: → „Arbeitsplatz".

Beschlagnahme: Unzulässig ist die Beanstandung einer solchen Maßnahme, BGH MDR 1988, 51.

Besoldung: Unzulässig sein kann eine Maßnahme des Vorgesetzten im Zusammenhang mit einer falschen besoldungsmäßigen Einstufung.

Beurteilung: Unzulässig sein kann eine dienstliche Beurteilung, BGH NJW 2005, 3289; OVG Münst NVwZ-RR 2004, 874; Schaffer DRiZ 1992, 292; aM BGH NJW 2012, 939 ohne Vorlage nach § 132 GVG (aber zumindest eine Prognose ist zu viel).

Beweisanordnung: Unzulässig ist eine Kritik an einer Beweisordnung, BGH NJW 1980, 1850.

Dienstliche Äußerung. Dazu Schneiderhan DRiZ 2015, 321. **Unzulässig** ist das Ersuchen, sich zu einer eigenen richterlichen Entscheidung dienstlich zu äußern, BGH NJW 1987, 2441. Das gilt auch zB bei § 45 II 2 ZPO für eine Äußerung (auch) gegenüber dem Vorgesetzten, die § 45 ZPO gar nicht fordert, BGH DRiZ 1986, 423.

Dienstliche Beurteilung: Unzulässig ist auch bei deren Vorbereitung jede auch nur indirekte Weisung oder psychische Einflußnahme, BGH MDR 2015, 919.

Dienstreise: Zulässig sein kann das Verbot einer Auslandsdienstreise in einer Rechtssache, BGH NJW 1986, 664; aM HessDG DRiZ 1975, 151 (Fallfrage). Das verstößt auch nicht gegen das GG, BVerfG DRiZ 1979, 219.

Dienstweg: Zulässig ist eine Verweisung auf ihn dann, wenn der Richter die Erklärung einer obersten Verwaltungsbehörde anfordert. **Unzulässig** ist ein Eingriff in den Entschluss, eine eilige Sache im normalen Dienstweg (eilig) weiterzuleiten, BGH DRiZ 1984, 195; Hamm DRpflZ 1984, 32 (dergleichen kann aber zur äußeren Ordnung zählen), oder in einem Verfahren Akten prozessleitend direkt an das Landesjustizministerium zu schicken, BGH NJW-RR 2008, 1660.

Disziplinarverfahren: Zulässig sein kann seine Androhung, BGH DRiZ 1978, 249 (Weigerung); BGHZ 85, 154 (Nichtbefolgung des Geschäftsverteilungsplans).

Durchsicht von Entscheidungen: Zulässig ist ihre nachträgliche Vornahme, BGHZ 85, 163.

Durchsuchung: Unzulässig ist die Beanstandung einer solchen Anordnung, BGH MDR 1988, 51.

EDV: Zulässig ist grds. die Beanstandung der Nichtbenutzung des amtlichen Netzes, BGH MDR 2011, 1508. Aber auch → „Beobachtung".

Einzelfall: Zulässig sein mag gerade noch eine Ermahnung usw. wegen „Fälle dieser Art" selbst aus Anlaß jenes Einzelfalls. Aber im Zweifel zugunsten der richterlichen Unabhängigkeit. **Unzulässig** ist das Ersuchen, ganz bestimmte Verfahren aus dem Dezernat zB umgehend oder sonstwie zu bearbeiten, BGH NJW 1987, 1197.

Elektronische Eingabe: Zulässig ist die Weigerung des Dienstvorgesetzten, dem Richter einen Ausdruck vorlegen zu lassen, BGH MDR 2011, 140.

Entscheidungsbegründung: Zulässig ist eine Ermahnung zu ihrer Vornahme in einer angemessenen Frist, BGH DRiZ 1985, 394. Unzulässig ist eine Einflussnahme auf den Inhalt oder die Form der Entscheidung, DGH Hamm NJW-RR 1999, 129 (zust. Schmiemann DRiZ 1999, 224), solange kein Verbalexzess vorliegt, → „Umgangsformen", aM BGH DRiZ 1991, 410 (nur dann unzulässig, wenn sich das Urteil im Rahmen einer tatsachenadäquaten Wertung hält. Das ist ein beliebig dehnbarer Begriff. Er hat im innersten Kernbereich der Richtertätigkeit in dieser Allgemeinheit gar nichts verloren. Krit. denn auch Feiber NJW 1983, 2927; Sendler NJW 1984, 691).

Erfahrungsberichte: Zulässig ist ihre Bekanntgabe aus anderen Verfahren, BGH DRiZ 1981, 344.

Erledigungszahl: Zulässig ist ein Vergleich von Erledigungszahlen in einer Beurteilung, BGH NJW 1978, 760 (die Maßnahme kann aber aus anderen Gründen unzulässig sein).

Erprobung: Zulässig ist eine Abhängigkeit der Beförderung von einer sog. Erprobung, BGH NJW 2005, 3289 (ziemlich hilflos und durchsichtig).

Formular: Seine Benutzung kann eine Arbeitserleichterung für alle bedeuten. **Unzulässig** ist aber eine Anweisung zur Benutzung etwa wegen Textbausteinen, soweit der Richter zB sein Urteil im Kern persönlich formulieren darf und muss. Schon gar unzulässig wäre ein Nachteil, weil etwa der Richter nur die zugehörige Verfügung auf einem Formular unterschreiben solle, nicht etwa das Originalurteil usw. unterzeichnen dürfe.

Geldbußliste: Zulässig ist eine listenmäßige Erfassung von Geldbußen durch eine ministerielle Anordnung, BGH NJW 1984, 2473.

Geschäftsprüfung: Die Anordnung einer Geschäftsprüfung beeinträchtigt die richterliche Unabhängigkeit nicht, BGH 7.9.2017 – RiZ (R) 3/15, BeckRS 2017, 130149.

Geschäftsverteilungsplan: Zulässig ist seine Festlegung, VGH Kassel NJW-RR 2010, 1652. Zulässig ist die Androhung eines Disziplinarverfahrens wegen Nichtbefolgung des Plans, BGHZ 85, 154. **Unzulässig** ist es, dem Richter auch nur indirekt und damit etwa im Geschäftsverteilungsplan ein solches Pensum abzuverlangen, das sich allgemein und daher auch unabhängig von anderen Risiken in sachgerechter Weise nicht mehr erledigen lässt, BGH NJW 2006, 692. Auch „Mitwirkungsplan".

Gesetzesverstoß: Unzulässig sein kann ein Hinweis, eine Entscheidung verstoße gegen das Gesetz, DB Düss DRiZ 1979, 123; Hager DRiZ 1988, 329, oder das höhere Gericht habe dergleichen wiederholt aufgehoben.

Haftrichter: Zulässig sein kann eine Bitte des Vorgesetzten um eine Stellungnahme zu Vorwürfen wegen der Haftprüfung, DGH Hamm DRiZ 2007, 284. Auch → Rn. 13 „Arbeitsplatz".

Haftsache: Unzulässig ist eine Beanstandung der Behandlung von Haftsachen, BGH DRiZ 1996, 371.

Hilfsmittel: Unzulässig ist ein Hinweis auf die Benutzung eines anerkannten Hilfsmittels. Denn er berührt die Sachleitung.

Kenntnisgabe: Unzulässig sein kann eine solche Maßnahme des Gerichtsleiters ungeachtet ihrer vordergründigen Harmlosigkeit sehr wohl zB dann, wenn er eine Eingabe eines Behördenleiters an ihn weiterleitet, in der dieser um eine vom Spruchrichter ersichtlich anders beurteilte und deshalb anders gehandhabte Art von Prozessführung kritisch mit der Bitte „um weitere Veranlassung" angesprochen hat. Der Gerichtsleiter hätte evtl. besser getan, den Einsender auf die Weisungsfreiheit eines Spruchrichters aufmerksam zu machen.

Mitwirkungsplan: Unzulässig ist eine Maßnahme zur Gestaltung des Mitwirkungsplans im Rahmen der Geschäftsverteilung, § 21g GVG. Auch → „Geschäftsverteilungsplan".

Organisation: Zulässig ist eine Behandlung rein organisatorischer vom Einzelfall unabhängiger Fragen, BGH NJW-RR 2011, 701. **Unzulässig** ist eine Weisung (statt Ermahnung), dort zB im Bereitschaftsdienst zu amtieren, „Arbeitsplatz".

Präsidium: Unzulässig ist eine Weisung an das Präsidium oder eine sonstige Einwirkung auf dessen Entscheidung, BGH NJW 1995, 2494; Piorreck DRiZ 1993, 213.

Presse: Zulässig ist ein Hinweis usw. auf eine Schweigepflicht gegenüber der Presse, HessDGH MDR 1986, 464 (differenzierend).

Prognose: Unzulässig ist sie in Feststellungsform, aM BGH NJW 2012, 939.

Protokoll: Zulässig ist die Entscheidung der Verwaltung, welche Protokollkraft dem Gericht zur Verfügung steht, BGH NJW 1988, 417; Rudolph DRiZ 1988, 74. **Unzulässig** ist eine Beanstandung der Art der Protokollierung nach §§ 159 ff. ZPO, BGH NJW 1978, 2509; DG Düss DRiZ 1999, 59.

Prozesskostenhilfe: Unzulässig ist eine Kritik über die Tätigkeit des Richters im Prozesskostenhilfeverfahren nach §§ 114 ff. ZPO, Bischof DÖD 1986, 3.

Rechtsansicht: Unzulässig ist natürlich ein Ministerialerlass, ein Richter solle als Stellvertreter in einem Dienstgericht die Rechtsansicht des Ministers vertreten. Denn die Klärung der gesetzlichen Grundlage eines Richteramts ist eine richterliche Aufgabe. Unzulässig ist auch durchweg der Hinweis darauf, der Richter habe eine nicht allseits geteilte Beurteilung. Selbst eine etwaige Willkür festzustellen ist eine richterliche Aufgabe. Dazu BVerfG NJW 1987, 2067; VG Karlsr NJW-RR 2001, 353.

Rechtshilfe: Zulässig ist eine Anordnung, ein Rechtshilfeersuchen an ein ausländisches Gericht oder eine Auslandsbehörde mangels vorrangiger abweichender gesetzlicher Regelungen dem Justizminister zur Weiterleitung vorzulegen, BGH NJW 1983, 2769; Nagel IPRax 1984, 239. **Unzulässig** ist eine allgemeine Kritik an der Tätigkeit des Richters im Rechtshilfeverfahren, Düss NStZ 1989, 39.

Referendar: Zulässig ist eine Anordnung über die Ausbildung eines Referendars dann, wenn nicht besondere Gründe entgegenstehen, BGH NJW 1991, 427. Zulässig ist eine Bitte, eine Unterrichtspflicht des Anwalts mitzubeachten, BGH NJW 2008, 1449. **Unzulässig** ist die Äußerung, die Unterrichtspflicht stelle stets einen Vertagungsgrund nach § 227 ZPO dar, BGH NJW 2008, 1449.

Robe: → „Amtstracht".

Rückstand: → „Verfahrensdauer".

Schutzschrift: Unzulässig ist wegen Art. 97 GG eine Anweisung, das Schutzschriftenregister nach §§ 945a, b ZPO abzufragen. Denn das Gericht handelt als Spruchkörper.

Sitzungspolizei: Unzulässig ist ein Eingriff in diejenige des Vorsitzenden nach §§ 176 ff. GVG, BGH DRiZ 1977, 56, Zweibr DRiZ 1988, 21.

Stellungnahme: Zulässig sein kann eine Bitte des Vorgesetzten um eine Stellungnahme, BGH NJW 2018, 163, DGH Hamm DRiZ 2007, 284.

Telefax, Telefon: Unzulässig kann eine technische Maßnahme zur Beschränkung der Telefonnutzung usw. sein, BGH NJW 1995, 731.

Terminierung: Es gibt zahlreiche Aspekte.

– **(Ältere Sachen):** Zulässig ist eine Aufforderung, die Terminierung älterer Sachen nicht zu verzögern, BGH DRiZ 1984, 240.

– **(Einzelfall): Unzulässig** ist die Anordnung einer Terminierung im Einzelfall, BGH NJW-RR 2002, 575, KG DRiZ 1995, 438, insbesondere ihrer Reihenfolge, BGH NJW 1987, 1197.

– **(Gesetzwidrigkeit):** Zulässig ist ein Vorhalt wegen einer solchen Terminierungspraxis, BGH NJW 1985, 1471; krit. Rudolph DRiZ 1985, 351; Hamm DRiZ 1992, 226.

– **(Inhalt): Unzulässig** ist grds. eine Anordnung zum Inhalt der Ladungsverfügung. Aber auch „– (Kritik an Verwaltung)".

– **(Kritik an Verwaltung):** Zulässig sein kann ein Vorhalt wegen einer Kritik des Richters an seiner Gerichtsverwaltung in einer Ladung, KG NJW 1995, 883 (krit. Rohr DRiZ 1995, 161). Er muss aber durchaus zB auf eine **Überlastung** oder sonstige sachliche Unerfreulichkeit auch ungefragt ruhig hinweisen dürfen.

– **(Pünktlichkeit):** Zulässig ist eine Ermahnung, pünktlich zu erscheinen.

– **(Reihenfolge):** → „– (Einzelfall)".

– **(Sitzungsfreier Tag): Unzulässig** ist seine Beanstandung. Auch → „– (Zahl der Terminstage)".

– **(Unterrichtspflicht des ProzBev):** Zulässig ist die Bitte der Mitbeachtung einer solchen Pflicht, BGH NJW 2008, 1449. Aber auch → „– (Vertagung)".

– **(Verkündungstermin): Unzulässig** ist eine gar noch durch deutlichen Druck erfolgende Ermahnung, einen solchen Termin rascher stattfinden zu lassen, seltener umzuterminieren oder von vornherein mit geringerer solcher Gefahr anzuberaumen. Denn es gehört zum innersten Kernbereich richterlicher Unabhängigkeit nach → Rn. 8, die Dauer einer Beratung mit sich selbst wie mit dem Kollegium am Ende der Verhandlung abzuschätzen. Es kann sich aus sachlichen Erwägungen die Ratsamkeit oder Notwendigkeit einer Umterminierung usw. ergeben. Dazu ist der Richter keinem Vorgesetzten auch nur andeutungsweise Auskunft schuldig, solange nicht offensichtlicher Missbrauch und damit Fehlen irgendwelcher erkennbaren Gründe vorliegt. Der Vorgesetzte muss schon jeden Ansatz zur Verkennung dieser Schranken vermeiden.

– **(Vertagung): Unzulässig** ist die Anweisung, wegen einer Unterrichtspflicht des ProzBev stets nach § 227 zu vertagen, BGH NJW 2008, 1450. Aber auch „– (Unterrichtspflicht des ProzBev)", „– (Verkündungstermin)".

– **(Zahl der Terminstage):** Zulässig ist evtl. eine Aufforderung zu einer ausreichenden Zahl von Terminstagen, BGH NJW 1988, 423. **Unzulässig** ist die Forderung nach mehr als einem Sitzungstag je Woche beim Kollegialgericht, BGH NJW 1988, 423. Auch → „– (Sitzungsfreier Tag)".

Terminsvorbereitung: Unzulässig ist eine Maßnahme der Kritik an der Art der Vorbereitung einer mündlichen Verhandlung, BGH NJW 1984, 2535.

Überlastung: Zulässig sein kann eine Ermahnung wegen eines Liegenlassens ganzer Fallgruppen, BGH DRiZ 2017, 404; Papier NJW 1990, 8; abl. Weber-Greller NJW 1990, 1777. Aber auch → Rn. 9.

Umgangsformen: Zulässig ist ein Vorhalt zwecks angemessenen Formen im Verkehr mit allen Beteiligten, Hamm DRiZ 2005, 320 (Verbalexzess); OVG Bln NVwZ-RR 2004, 627; Hager NJW 1989, 885. Zulässig ist die Beanstandung von sachlich ungerechtfertigten abwertenden oder beleidigenden Äußerungen in der Verhandlung, BGH NJW 2006, 1674, OVG Kblz NVwZ-RR 2005, 2; Hager DRiZ 1988, 329. Auch → „Verhandlungsführung".

Urlaub: Zulässig ist die Verweigerung eines unbezahlten Urlaubs, BGHZ 85, 150, soweit nicht auf ihn ein gesetzlicher Anspruch besteht. Zulässig ist der Widerruf einer Urlaubsbewilligung zwecks einer fristgemäßen Herstellung von Urteilsgründen, BGH NJW 1988, 1094.

Urteilsgründe: → „Entscheidungsbegründung".

Verfahrensdauer: Zulässig ist die Forderung nach einer Mitteilung überjähriger Verfahren, BGH NJW 1991, 421. Dabei mag der Richter auch Gründe angeben müssen, BGH DRiZ 1978, 185. Freilich gilt das nur in einem ziemlich krassen Fall.

Verfahrensförderung: Zulässig ist eine nicht auf einen Einzelfall bezogene allgemeine Bitte um eine Verfahrensförderung, BGH NJW-RR 2005, 434 (selbst aus Anlass eines Einzelfalls.

Vergleichszahl: Geradezu **grotesk** wirkt eine angeblich erwogene Einführung einer Abhängigkeit der dienstlichen Behandlung von der Zahl erzielter Prozessvergleiche zB nach Anh. § 307 ZPO. Das gilt trotz aller löblichen Bemühung einer Verwaltung um Verkürzung von Verfahrensdauer und Verringerung von Rechtsmitteln.

Verhandlungsführung: Unzulässig ist eine Forderung nach einer „etwas strafferen" Verhandlungsführung, BGH DRiZ 1984, 240; und überhaupt eine Kritik an der Gestaltung der Verhandlungsführung, BGH NJW 2010, 303, Hamm NVwZ 2005, 77. Aber auch → „Umgangsformen".

Verjährung: Zulässig ist evtl. die Aufforderung, eine Verjährung allgemein zu vermeiden, BGH NJW-RR 2007, 282.

Verkündung: Zulässig ist eine Maßnahme zur äußeren Form einer Verkündung, Harthun SGb 1980, 57.

Verwaltungstätigkeit: Zulässig ist eine Weisung, soweit der Richter nach § 4 II Nr. 1 DRiG verwaltungsmäßig arbeitet, evtl. sogar bei einer Prüfung der Auftragsmäßigkeit der Arbeit eines Sachverständigen bei § 407a ZPO, auch evtl. bei § 299 ZPO. **Unzulässig** ist eine Weisung bei einer gerichtlichen Verwahrung oder Verwaltung nach dem GVG.

Verweisung: Unzulässig ist eine Beanstandung einer solchen inhaltlichen Richterentscheidung, mag sie anfechtbar sein oder nicht, BGH DRiZ 1991, 369.

Verzögerung: Es sind konkrete Feststellungen zur Leistungsfähigkeit und etwaigen Krankheit nötig, DGH Brdb NVwZ-RR 2017, 43.

Vordruck: → „Formular".

Weigerung: Zulässig ist die Androhung eines Disziplinarverfahrens bei einer unrechtmäßigen Weigerung, in einer Sache tätig zu werden, BGH DRiZ 1978, 249.

Weiterleitung: Zulässig ist die Aufforderung zur alsbaldigen Vorlage eines Antrags an das zuständige Gericht, BGH NJW-RR 2001, 499.

Zügigkeit: S. bei den einzelnen Stichwörtern, zB bei „– (Verkündungstermin)".

Zuständigkeit: „Weiterleitung".

14 **IV. Dienstgerichtliche Nachprüfung, III. 1. Behauptung einer Beeinträchtigung der richterlichen Unabhängigkeit.** Der Rechtsweg gegen die dienstaufsichtliche Maßnahme richtet sich nach dem Angriffsziel. Das Dienstgericht entscheidet bei Anfechtung einer Maßnahme der Dienstaufsicht wegen einer behaupteten Beeinträchtigung der richterlichen Unabhängigkeit (§ 78 Nr. 4 Buchst. e DRiG aF). Dann ist die Streitigkeit dem Dienstgericht durch Gesetz ausdrücklich zugewiesen. Bei Angriffen, die nicht die richterliche Unabhängigkeit, sondern etwa die individuelle Rechtssphäre als verletzt ansehen, ist der Verwaltungsrechtsweg eröffnet, BVerwG, 2 B 70.09.

15 Eine Nachprüfung muss schon dann erfolgen, wenn der Richter auch nur behauptet, eine Maßnahme der Dienstaufsicht beeinträchtige ihn oder eine bestimmte Richtergruppe in der Unabhängigkeit, BGH MDR 2005, 360. Das muss er freilich auch bestimmt und konkret darlegen, BGH MDR 2005, 360. Die Maßnahme muss nach dieser Darlegung bei deren rechtlicher Würdigung wie bei → ZPO § 253 Rn. 28 schlüssig und daher auch objektiv geeignet sein, die Unabhängigkeit zu beeinflussen. Es reicht eine schlichte Nachvollziehbarkeit, BGH NJW-RR 2014, 703. Deshalb ist ohne eine solche Behauptung eine dienstliche Beurteilung nur im Verwaltungsrechtsweg überprüfbar, BGH NJW 1984, 2531, BVerwG NJW 1983, 2589.

16 Die Behauptung einer Beeinträchtigung der Unabhängigkeit genügt für die Zulässigkeit des Antrags. Diese Zulässigkeit hängt also nicht von der Art und dem Inhalt der angefochtenen Maßnahme ab, BGH DRiZ 1977, 151; DGH Drsd NJW-RR 2000, 942; aM Stober DRiZ 1976, 71 (zu streng). Damit hat der Richter eine bessere Stellung als der Beamte, der das Risiko der Nichtbefolgung einer Anweisung seiner vorgesetzten Dienststelle trägt. Der Richter hat im Interesse der Unabhängigkeit die Möglichkeit, die zwischen ihm und der Dienstaufsicht aufgetretene Verschiedenheit der Ansicht durch das Dienstgericht nachprüfen zu lassen. Das Dienstgericht muss also beim Streit über die Auslegung eines solchen Gesetzes, auf das sich die Anordnung gründet, selbst auslegen. Ein Nachprüfungsantrag ist auch nicht schon deshalb unbegründet, weil eine Beeinträchtigung nicht gewollt ist. Wohl aber spricht dagegen, wenn die beanstandete Tätigkeit nicht zur unmittelbaren Aufsichtstätigkeit gehört, BGH NJW 2005, 905 (mangelhafte Ausstattung).

17 Die **Abgrenzung** zwischen Maßnahmen der Dienstaufsicht und anderen Vorgängen ist oft schwierig. Nötig und ausreichend ist ein solches gegen einen Richter oder eine Gruppe von Richtern gerichtetes Verhalten, das einen konkreten Bezug zur Tätigkeit der Gruppe oder des Richters hat, BGH NJW-RR 2002, 574 (Terminierung). Eine für die Dienstaufsicht in Betracht kommende Stelle in dieser Eigenschaft, nicht zB als oberste Verwaltungsbehörde, BGH DRiZ 1982, 426, muss entweder zu einem in der Vergangenheit liegenden Verhalten des Richters wertend Stellung genommen oder sich in einer solchen Weise geäußert haben, die geeignet ist, sich auf die künftige Tätigkeit des Richters in bestimmter Richtung unmittelbar oder mittelbar auszuwirken, BGH NJW 1991, 1103.

2. Beispiele zur Frage einer Dienstaufsicht, III

18 **Beförderung: Keine** Dienstaufsicht ist ein Gespräch des Gerichtspräsidenten mit einem Bewerber um eine Beförderungsstelle, um das der Bewerber bat, BGH DRiZ 1979, 378.

Bekanntmachung: Keine Dienstaufsicht ist eine ministerielle Bekanntmachung richterlicher Pflichten, BGH NJW 1984, 2471 (zu § 39).

Beratungshergang: Dienstaufsicht kann in der Weigerung des Vorgesetzten liegen, Kenntnis vom Bericht über einen Abstimmungshergang zu geben, BGH DRiZ 1982, 312.

Beurteilung: Dienstaufsicht ist natürlich eine dienstliche Beurteilung, BGH NJW-RR 2003, 492; Zweibr DVBl 1987, 431; OVG Bln NVwZ-RR 2004, 627.

Disziplinarsache: Keine Dienstaufsicht ist eine Maßnahme nach einer Disziplinarordnung oder deren Vorbereitung, BGHZ 85, 164 (nur bei einem Missbrauch), oder einenicht ausdrücklich als Verweis bezeichnete missbilligende Äußerung. Das ist aber unzulässig, BGH NJW 1984, 2534; krit. Wandtke DRiZ 1984, 430.

Ermahnung: Keine Dienstaufsicht ist ein schlichter Vorhalt zwecks Kenntnisgabe und Zustellung, BGH NJW-RR 2017, 764.

Geschäftsverteilung: Keine Dienstaufsicht ist die Entscheidung des Präsidiums über die Geschäftsverteilung, BGH NJW 1991, 425, oder die Mitteilung der vom Präsidium beschlossenen Geschäftsverteilung, BGH NJW 1983, 889, oder die Aufforderung zur Befassung des Präsidiums mit einer Geschäftsordnungsfrage, BGH DRiZ 1981, 426.

Leserbrief: Dienstaufsicht sein kann derjenige eines Ministerialbeamten, BGH DRiZ 1981, 265.

Ministeräußerung: Dienstaufsicht sein kann diejenige in einem Medium, HessDG NJW 1981, 930 (lässt sogar das Schweigen auf eine kritische Frage ausreichen).

Persönlichkeitsrecht: Keine Dienstaufsicht ist die Anordnung einer Untersuchung des Richters dann, wenn er eine Beeinträchtigung seines Persönlichkeitsrechts geltend macht, BVerwG DRiZ 2010, 69.

Personalakte: Dienstaufsicht kann in der Anordnung liegen, ein Zeugnis oder einen Bericht usw. zu den Personalakten zu nehmen, BGHZ 85, 160.

Präsidialrat: Dienstaufsicht kann in einer Kritik am Verhalten des Richters im Präsidialrat liegen, BGH DRiZ 1977, 151.

Präsidium: → „Geschäftsordnung".

Raumbereitstellung: Keine Dienstaufsicht ist eine solche Maßnahme, BGH MDR 2015, 306. Dienstaufsicht ist aber die Weisung, diesen Raum zu benutzen, BGH MDR 2015, 306.

Rechtsfrage: Keine Dienstaufsicht ist die Äußerung einer vom Richter abweichenden Ansicht zu einer Rechtsfrage, BGHZ 85, 167.

Schweigen: → Rn. 18 „Ministeräußerung".
Stellungnahme: Dienstaufsicht kann in einer allgemeinen Stellungnahme dann liegen, wenn sie sich erkennbar gegen die Amtsführung des Richters richtet.
Untersuchung: „Persönlichkeitsrecht".
Versetzung: **Keine** Dienstaufsicht ist die Einleitung eines Versetzungsverfahrens durch Bericht an den Präsidialrat, BGHZ 85, 164.

3. Verfahren. Der Weg der dienstgerichtlichen Nachprüfung steht jedem Richter nach § 8 offen, nicht aber dem Rpfleger, BGH NJW-RR 2009, 561. Die Nachprüfung kann sich also bei einem Richter auf Probe auch gegen den an sich jederzeit möglichen Abruf von einer Stelle dann richten, wenn er sich dadurch in seiner Unabhängigkeit verletzt glaubt, wenn er also darin eine Einwirkung auf die sachliche Erledigung seiner richterlichen Tätigkeit sieht. Andere Personen sind nicht antragsberechtigt, auch nicht das Präsidium eines Gerichts, DGH Drsd NJW-RR 2000, 942. Für das Begehren nach einer Überprüfung muss ein Rechtsschutzbedürfnis bestehen, BGH DRiZ 1982, 190. Es entfällt meist mit dem Eintritt in den Ruhestand, BGH DRiZ 1976, 149. Über den Antrag entscheidet das Dienstgericht nach §§ 62 I Nr. 4e, 78 Nr. 4e, nachdem zuvor nach § 66 II, III auf Antrag des Richters ein Vorverfahren stattgefunden hat. Die Entscheidung ergeht entweder auf eine Feststellung der Unzulässigkeit der durch die Dienstaufsicht getroffenen Maßnahme oder auf die Zurückweisung des Antrags. Unzulässig ist eine Maßnahme immer dann, wenn sie nicht von der für die Dienstaufsicht zuständigen Stelle ausgeht, BGH DRiZ 1981, 265. Zu anderen Maßnahmen ist das Dienstgericht nicht befugt, zB nicht dazu, die Aufsichtsbehörde zu einer Auskunft zu verpflichten oder eine solche Verpflichtung festzustellen, BGH DRiZ 1982, 189 und 190. 19

4. Entscheidung. Das Dienstgericht muss sich auf die Prüfung beschränken, ob die Maßnahme sich innerhalb der Grenzen von I und II hält, BGH NJW 2002, 359. Ob zB eine Beurteilung aus anderen Gründen rechtswidrig und deshalb unzulässig ist, darf nicht das Dienstgericht prüfen, sondern nach § 71 III DRiG iVm § 126 I BRRG nur das VG, BGH NJW 2002, 359; BVerwG NJW 1983, 2589; OVG Münst DRiZ 1990, 345. Aus der Zweispurigkeit des Rechtsschutzes ergeben sich allerdings prozessuale Schwierigkeiten. Grundsätzlich richtet sich der zulässige Rechtsweg danach, auf welchen Klagegrund der Richter sein Begehren stützt, BVerwG DVBl 1997, 1180; OVG Lüneb NVwZ-RR 1998, 695. Ficht er dieselbe Maßnahme wie zB eine Beurteilung sowohl wegen einer Verletzung der Unabhängigkeit vor dem Dienstgericht als auch wegen anderer Fehler vor dem VG an, wird das VG das Verfahren aussetzen und die Entscheidung des Dienstgerichts abwarten müssen, obwohl § 68 das nicht zwingend vorschreibt. Umgekehrt muss das Dienstgericht nur dann aussetzen, wenn für seine Entscheidung das Bestehen oder Nichtbestehen eines vom VG prüfbaren Rechtsverhältnisses vorgreiflich ist, § 68 I, II. Hat der Richter nur eines der beiden Gerichte angerufen und den Antrag hilfsweise auf einen vor das andere Gericht gehörenden Grund gestützt, ist eine Verweisung unstatthaft, BGH NJW 1986, 2709. Vielmehr muss das angerufene Gericht nach → GVG § 17 Rn. 11 über alle Gründe entscheiden. Ein Gerichtsbescheid nach § 84 VwGO ist unstatthaft, BGH NJW-RR 2014, 703. Man muss eine Revision durchweg zulassen, BGH NJW-RR 2008, 515. 20

V. Weitere Nachprüfung, I–III. Die Möglichkeiten seien hier nur angedeutet. Immerhin ist ein gegen I–III verstoßendes Verhalten eines jeden daran Beteiligten evtl. weder dienst- noch zivil- oder strafrechtlich eine Bagatelle. Es kann zB Folgen nach Art. 34 GG, § 839 BGB, §§ 185 ff., 240, 339 StGB haben (Versuch ebenso wie bedingter Vorsatz teils bereits strafbar), um keineswegs alle auch von Amts wegen verfolgbaren Situationen anzuschneiden. Dass dergleichen für das weitere dienstliche Fortkommen ebenfalls verheerend wirken dürfte, steht auf einem anderen, nicht weniger üblen Blatt. Gegenseitige Achtung vor allem eines geistig evtl. wirklich nur formell Vorgesetzten, aber auch des Ermahnten vor sicher eigenem Unter-Druck-Stehen des anderen kann wohl am ehesten solche Zuspitzungen vermeiden helfen. 21

II. SoldErl

Erlass über Zustellungen, Ladungen, Vorführungen und Zwangsvollstreckungen bezüglich Soldaten der Bundeswehr

In der Fassung der Bekanntmachung v. 23.7.1998, VMBl. 1998, S. 246

Zuletzt geändert durch Erlass v. 14.6.2004, VMBl. 2004, S. 109

(Auszug)

A. Zustellungen an Soldaten. 1. Für Zustellungen an Soldaten in gerichtlichen Verfahren gelten dieselben gesetzlichen Bestimmungen wie für Zustellungen an andere Personen.

2. Will ein mit der Zustellung Beauftragter (z. B. Gerichtsvollzieher, Post- oder Behördenbediensteter, Gerichtswachtmeister) in einer Truppenunterkunft einem Soldaten zustellen, ist er von der Wache in das Geschäftszimmer der Einheit des Soldaten zu verweisen.

3. Ist der Soldat, dem zugestellt werden soll, sogleich zu erreichen, hat ihn der Kompaniefeldwebel auf das Geschäftszimmer zu rufen.

4. [1]Ist der Soldat nicht sogleich erreichbar, hat der Kompaniefeldwebel dies dem mit der Zustellung Beauftragten mitzuteilen. [2]Handelt es sich um einen in Gemeinschaftsunterkunft wohnenden Soldaten, kann der Beauftragte aufgrund von § 178 Abs. 1 Nr. 3 der Zivilprozeßordnung (ZPO) oder der entsprechenden Vorschriften der Verwaltungszustellungsgesetze eine Ersatzzustellung an den Kompaniefeldwebel – in dessen Abwesenheit an seinen Stellvertreter – durchführen. [3]Der Kompaniefeldwebel ist im Sinne dieser Vorschriften zur Entgegennahme der Zustellung ermächtigter Vertreter.

5. [1]Wird der Soldat, dem zugestellt werden soll, voraussichtlich längere Zeit abwesend sein, z. B. aufgrund eines mehrmonatigen Auslandseinsatzes, hat der Kompaniefeldwebel die Annahme des zuzustellenden Schriftstückes abzulehnen. [2]Er hat dabei, sofern nicht Gründe der militärischen

Geheimhaltung entgegenstehen, dem mit der Zustellung Beauftragten die Anschrift mitzuteilen, unter der der Zustellungsadressat zu erreichen ist.

6. [1]Eine Ersatzzustellung an den Kompaniefeldwebel ist nicht zulässig, wenn der Soldat, dem zugestellt werden soll, innerhalb des Kasernenbereichs eine besondere Wohnung hat oder außerhalb des Kasernenbereichs wohnt. [2]In diesen Fällen hat der Kompaniefeldwebel dem mit der Zustellung Beauftragten die Wohnung des Soldaten anzugeben.

7. Der Kompaniefeldwebel darf nicht gegen den Willen des Soldaten von dem Inhalt des zugestellten Schriftstückes Kenntnis nehmen oder den Soldaten auffordern, ihm den Inhalt mitzuteilen.

8. [1]Der Kompaniefeldwebel hat Schriftstücke, die ihm bei der Ersatzzustellung übergeben worden sind, dem Adressaten sogleich nach dessen Rückkehr auszuhändigen. [2]Über die Aushändigung hat er einen Vermerk zu fertigen, der nach einem Jahr zu vernichten ist.

9. Bei eingeschifften Soldaten ist der Wachtmeister eines Schiffes bzw. der Kommandant eines Bootes – in dessen Abwesenheit sein Stellvertreter – im Sinne des § 178 Abs. 1 Nr. 3 ZPO an Bord zur Entgegennahme von Ersatzzustellungen befugt.

10. Diese Vorschriften gelten auch, wenn im gerichtlichen Disziplinarverfahren ein Soldat eine Zustellung auszuführen hat (vgl. § 5 Abs. 1 und 2 der Wehrdisziplinarordnung).

B. Ladungen von Soldaten. a. Verfahren vor den Wehrdienstgerichten. (nicht abgedruckt)

b. Verfahren vor sonstigen deutschen Gerichten. 18. [1]In Verfahren vor sonstigen deutschen Gerichten werden Soldaten als Parteien, Beschuldigte, Zeugen oder Sachverständige in derselben Weise wie andere Personen geladen. [2]Die Ladung wird ihnen also auf Veranlassung des Gerichtes oder der Staatsanwaltschaft zugestellt oder übersandt.

19. [1]In Strafverfahren haben auch der Angeklagte, der Nebenkläger und der Privatkläger das Recht, Zeugen oder Sachverständige unmittelbar laden zu lassen. [2]Ein Soldat, der eine solche Ladung erhält, braucht ihr jedoch nur dann zu folgen, wenn ihm bei der Ladung die gesetzliche Entschädigung, insbesondere für Reisekosten, bar angeboten oder deren Hinterlegung bei der Geschäftsstelle des Gerichts nachgewiesen wird.

20. Erhalten Soldaten eine Ladung zu einem Gerichtstermin, ist ihnen der erforderliche Sonderurlaub gemäß § 9 der Soldatenurlaubsverordnung – SUV – (ZDv 14/5 F 501) iVm Nummer 72 der Ausführungsbestimmungen zur SUV (ZDv 14/5 F 511) zu gewähren.

21. Fahrkarten im Dienstreiseverkehr der Bundeswehr oder Reisekostenerstattung erhalten die geladenen Soldaten nicht.

22. [1]Soldaten, die von einem Gericht oder einer Justizbehörde als Zeugen oder Sachverständige geladen worden sind, erhalten von der Stelle, die sie vernommen hat, Zeugen- oder Sachverständigenentschädigung einschließlich Reisekosten. [2]Sind Soldaten nicht in der Lage, die Reisekosten aufzubringen, können sie bei der Stelle, die sie geladen hat, die Zahlung eines Vorschusses beantragen.

23. Auch Soldaten, die als Parteien oder Beschuldigte in einem Zivil- oder Strafgerichtsverfahren geladen sind, können unter gewissen Voraussetzungen von der Stelle, die sie geladen hat, auf Antrag Reisekostenersatz und notfalls einen Vorschuß erhalten, wenn sie die Kosten der Reise zum Gericht nicht aufbringen können.

24. Kann die Entscheidung der nach Nummern 22 und 23 zuständigen Stellen wegen der Kürze der Zeit nicht mehr rechtzeitig herbeigeführt werden, ist, wenn ein Gericht der Zivil- oder Strafgerichtsbarkeit oder eine Justizbehörde die Ladung veranlaßt hat, auch das für den Wohn- oder Aufenthaltsort des Geladenen zuständige Amtsgericht zur Bewilligung des Vorschusses zuständig.

25. [1]Ist mit der Möglichkeit zu rechnen, dass bei der Vernehmung dienstliche Angelegenheiten berührt werden, ist der Soldat bei Erteilung des Urlaubs über die Verschwiegenheitspflicht nach § 14 Abs. 1 und 2 des Soldatengesetzes (ZDv 14/5 B 101) zu belehren. [2]Die Einholung einer etwa erforderlichen Aussagegenehmigung ist Sache des Gerichtes (vgl. § 376 Abs. 3 ZPO).

26. Deutsche Soldaten werden ebenso wie andere Deutsche vor Gerichte der Stationierungsstreitkräfte über die zuständigen deutschen Staatsanwaltschaften geladen.

27. [1]Soldaten, die als Zeugen oder Sachverständige vor Gerichte der Stationierungsstreitkräfte geladen werden, erhalten Zeugen- oder Sachverständigengebühren. [2]Ein Anspruch auf Bewilligung eines Vorschusses durch deutsche Behörden oder Behörden der Stationierungsstreitkräfte besteht jedoch nicht.

28. Im Übrigen gelten die Nummern 20, 21 und 25 entsprechend.

C. Vorführungen von Soldaten. 29. Soldaten, deren Vorführung von einem Gericht angeordnet worden ist, werden diesem nicht durch eine militärische Dienststelle, sondern durch die allgemeinen Behörden vorgeführt.

D. Zwangsvollstreckungen gegen Soldaten. 30. [1]Zwangsvollstreckungen, auf die die Zivilprozeßordnung Anwendung findet, werden durch den dafür zuständigen Vollstreckungsbeamten, regelmäßig den Gerichtsvollzieher, auch gegen Soldaten nach den allgemeinen Vorschriften durchgeführt. [2]Eine vorherige Anzeige an die militärische Dienststelle ist erforderlich, auch im Interesse einer reibungslosen Durchführung der Vollstreckung.

31. [1]Auch Vollstreckungen gegen Soldaten im Verwaltungszwangsverfahren, die der Vollziehungsbeamte der Verwaltungsbehörde vornimmt, werden nach den allgemeinen Vorschriften durchgeführt. [2]Nummer 30 Satz 2 (vorherige Anzeige an die militärische Dienststelle) gilt auch hier.

32. [1]Der Vollstreckungsbeamte ist befugt, in Sachen zu vollstrecken, die sich im Alleingewahrsam, d. h. in der alleinigen tatsächlichen Gewalt des Schuldners, befinden. [2]Dies ist ihm zu ermöglichen.

33. [1]Ein Soldat, der in der Gemeinschaftsunterkunft wohnt, hat Alleingewahrsam an ihm gehörenden Sachen, die sich in dem ihm zugewiesenen Wohnraum befinden. [2]Der Vollstreckungsbeamte kann daher verlangen, dass ihm Zutritt zu dem Wohnraum des Soldaten gewährt wird, gegen den vollstreckt werden soll. [3]Zur Durchsuchung benötigt der Vollstreckungsbeamte die Erlaubnis des zuständigen Amtsgerichts, es sei denn, der Schuldner willigt ein oder es besteht Gefahr im Verzug.

34. [1]Dagegen hat ein Soldat regelmäßig keinen Alleingewahrsam an ihm gehörenden Sachen, die sich in anderen militärischen Räumen befinden. [2]Anders liegt es nur, wenn der Soldat diese Sachen so aufbewahrt, dass sie nur seinem Zugriff unterliegen. [3]Das würde z. B. zutreffen, wenn ein für die Waffenkammer zuständiger Soldat dort eigene Sachen in einem besonderen Spind verwahrt, zu dem nur er den Schlüssel hat. [4]Nur wenn ein solcher Ausnahmefall vorliegt, kann der Vollstreckungsbeamte Zutritt zu anderen Räumen als dem Wohnraum des Soldaten verlangen.

35. Soweit Außenstehenden das Betreten von Räumen, Anlagen, Schiffen oder sonstigen Fahrzeugen aus Gründen des Geheimnisschutzes grundsätzlich untersagt ist, ist auch dem Vollstreckungsbeamten der Zutritt zu versagen, wenn Gründe der Geheimhaltung dies erfordern und es nicht möglich ist, durch besondere Vorkehrungen einen Geheimnisschutz zu erreichen.

36. [1]Muß dem Vollstreckungsbeamten aus Gründen des Geheimnisschutzes das Betreten von Räumen, Anlagen, Schiffen oder sonstigen Fahrzeugen verweigert werden, hat der nächste Disziplinarvorgesetzte oder ein von ihm beauftragter Dritter dafür zu sorgen, dass die Vollstreckung trotzdem durchgeführt werden kann. [2]Beispielsweise kann der Vorgesetzte veranlassen, dass die gesamte Habe des Soldaten dem Vollstreckungsbeamten an einem Ort zur Durchführung der Vollstreckung vorgelegt wird, den er betreten darf.

37. [1]Bei jeder Zwangsvollstreckung, die in militärischen Räumen oder an Bord stattfindet, hat der nächste Disziplinarvorgesetzte oder ein von ihm beauftragter Offizier des Soldaten des Schuldners anwesend zu sein. [2]Er hat darauf hinzuwirken, dass durch die Zwangsvollstreckung kein besonderes Aufsehen erregt wird. Will der Vollstreckungsbeamte in Sachen des Bundes vollstrecken, hat der Vorgesetzte des Schuldners den Vollstreckungsbeamten auf die Eigentumsverhältnisse aufmerksam machen; er soll dies auch tun bei Sachen, die im Eigentum eines anderen Soldaten stehen. [3]Zu Anweisungen an den Vollstreckungsbeamten ist der Vorgesetzte nicht befugt.

E. Erzwingungshaft gegen Soldaten. 38. [1]Gemäß § 901 ZPO kann vom Zivilgericht gegen den Schuldner – auch bei Soldaten – Haft angeordnet werden, um die Abgabe einer eidesstattlichen Versicherung (§§ 807, 883 Abs. 2 ZPO) zu erzwingen. [2]Die Verhaftung erfolgt durch den Gerichtsvollzieher aufgrund richterlichen Haftbefehls, der dem Schuldner bei der Verhaftung in beglaubigter Abschrift zu übergeben ist.

39. [1]Nach § 910 ZPO hat der Gerichtsvollzieher vor der Verhaftung eines Beamten der vorgesetzten Dienstbehörde Mitteilung zu machen. [2]Die Verhaftung darf erst erfolgen, nachdem für eine Vertretung des Beamten gesorgt ist. [3]Diese Vorschrift ist auf Soldaten entsprechend anzuwenden.

40. Zeigt ein Gerichtsvollzieher die bevorstehende Verhaftung eines Soldaten an, hat der zuständige Vorgesetzte ohne Verzug für dessen Vertretung zu sorgen und den Gerichtsvollzieher zu benachrichtigen, sobald sie sichergestellt ist.

41. Will ein Gerichtsvollzieher einen Soldaten ohne vorherige Benachrichtigung von dessen Vorgesetzten verhaften, weil er eine entsprechende Anwendung des § 910 ZPO nicht für gerechtfertigt hält, ist die Vertretung sicherzustellen und über den Vorgang zu berichten.

42. [1]Für Angehörige der Besatzung eines Schiffes oder Bootes der Marine findet darüber hinaus § 904 Nr. 3 ZPO Anwendung, wonach die Erzwingungshaft gegen die zur Besatzung eines Seeschiffes gehörenden Personen unstatthaft ist, wenn sich das Schiff auf der Reise befindet und nicht in einem Hafen liegt. [2]Die Reise ist angetreten, wenn das Schiff oder Boot mit dem Ablegen begonnen hat. [3]Lehnt es ein Gerichtsvollzieher ab, § 904 Nr. 3 ZPO anzuwenden, gilt Nummer 41 entsprechend.

43. [1]Die vorstehenden Regelungen gelten auch für den Sicherheitsarrest nach § 933 ZPO sowie sonstige Haft, auf die die Erzwingungshaftbestimmungen der Zivilprozeßordnung anzuwenden sind (z. B. bei der Vollstreckung nach § 6 Abs. 1 Nr. 1 der Justizbeitreibungsordnung, nach § 85 des Arbeitsgerichtsgesetzes, nach § 167 der Verwaltungsgerichtsordnung, nach §§ 198 und 200 des Sozialgerichtsgesetzes sowie nach §§ 284, 315 und 334 Abs. 3 der Abgabenordnung), sowie für die Ersatzzwangshaft nach § 16 Abs. 3 des Verwaltungsvollstreckungsgesetzes des Bundes und den entsprechenden Vorschriften des Landesrechts. [2]Sie gelten nicht für den Vollzug anderer, insbesondere strafprozessualer Haftbefehle.

III. Zusatzabkommen zu dem Abkommen zwischen den Parteien des Nordatlantikvertrags über die Rechtsstellung ihrer Truppen hinsichtlich der in der Bundesrepublik Deutschland stationierten ausländischen Truppen (ZAbkNTrSt)

Vom 3.8.1959, BGBl. 1961 II 1218

Zuletzt geändert durch das ÄndAbk vom 28.9.1994, BGBl. II S. 2598

(Auszug)

nebst Gesetz zu dem Abkommen zwischen den Parteien des Nordatlantikvertrags vom 19. Juni 1951 über die Rechtsstellung ihrer Truppen und zu den Zusatzvereinbarungen vom 3. August 1959 zu diesem Abkommen (Gesetz zum NATO-Truppenstatut und zu den Zusatzvereinbarungen) (NTrStG)

Vom 18.8.1961, BGBl. II 1183

Zuletzt geändert durch VO vom 31.8.2015, BGBl. I 1474

(Auszug)

Schrifttum: Burkhardt/Granow NJW 1995, 424; Kußmaul/Nothof, IStR 2018, 491; vgl. ferner die Mitteilung in NJW 1987, 1126 und 2136 (Zuständigkeitsbereiche der Services Liaison Officers für die britischen Streitkräfte).

Einleitung

1 **I. Entwicklung.** Der Truppenvertrag Art. 9 ff. enthielt auch eine Reihe von allgemeinen Bestimmungen im Interesse der Durchführung von solchen Verfahren, an denen Mitglieder der ausländischen Streitkräfte in der BRep beteiligt waren, Art. 11–16. Das EU-Truppenstatut v. 17.11.03, BGBl. **05** II 19, nebst ZustimmungsG v. 18.1.2005, BGBl. II 18, hat den Immunitätsgrundsatz mit Ausnahmemöglichkeiten nach Art. 8 EU-Truppenstatut.

2 **II. NATO-Truppenstatut.** Die BRep ist der NATO beigetreten, für die das Abkommen über die Rechtsstellung ihrer Truppen v. 19.6.1951, BGBl. 1961 II 1190, als ein völkerrechtlicher Vertrag gilt, BGHZ 87, 326, und zu dem ihre Partner ein Zusatzabkommen v. 3.8.1959, BGBl. 1961 II 1218, zuletzt geändert durch das ÄndAbk v. 18.3.1993, BGBl. 1994 II 2598, dazu Gesetz v. 28.9.1994, BGBl. II 2594, im Hinblick auf den Beitritt der BRep geschlossen haben. Der Beitritt erfolgte durch das Gesetz v. 18.8.1961, BGBl. II 1183, zuletzt geändert durch Art 2a Gesetz v. 25.6.2005, BGBl. 1860. Die BRep ist damit auch dem Zusatzabkommen und dem zugehörigen Unterzeichnungsprotokoll v. 3.8.1959, BGBl. 1961 II 1313 (zuletzt geändert durch Art. 28 ÄndAbk v. 18.3.1993, BGBl. 1994 II 2598), Art. 1 I NTrStG, beigetreten. Infolge des Beitritts und der vom Bundestag erteilten Zustimmung ist unter anderem auch der Truppenvertrag außer Kraft getreten, Art. 1 II NTrStG Bek. v. 16.6.2003, BGBl. I 428, II 745. Das Gesetz ist zuletzt durch Art. 1 Gesetz v. 19.9.2002, BGBl. II 2482, geändert worden. Das Zusatzabkommen gilt für die BRep (dazu die Länderverordnungen wegen der Zuständigkeit, zB Nordrhein-Westfalen v. 13.2.1973, GVBl 62), ferner für Belgien, Frankreich, Kanada, die Niederlande, das Vereinigte Königreich und die Vereinigten Staaten von Nordamerika. Vgl. ferner zB den Beschaffungsvertrag zwischen den USA und der BRep, BGBl. 1961 II 1382. Wegen der anderen an der „Partnerschaft für den Frieden" teilnehmenden Staaten vgl. das Übk. v. 19.6.1995, BGBl. 1998 II 1340.

3 **III. Zusatzabkommen.** Das Zusatzabkommen, das für die BRep durch die in → Rn. 2 dargestellten Vorgänge zum Gesetz geworden ist, enthält Bestimmungen über den Anspruch der betroffenen Personen über Zustellungen an die betroffenen Personen, über eine Vollstreckung ihnen gegenüber, über ihre Ladung, über ihr Erscheinen vor Gericht, über eine Aussagegenehmigung, über den Ausschluss der Öffentlichkeit. Das Gesetz zum NATO-Truppenstatut und zu den Zusatzvereinbarungen enthält teilweise die zugehörigen Ausführungsbestimmungen. Das Unterzeichnungsprotokoll zum Zusatzabkommen enthält Ergänzungsvorschriften zum Abkommen und Anpassungsvorschriften an das NATO-Truppenstatut, das die Grundlage bildet. Nach dem Unterzeichnungsprotokoll zum Zusatzabkommen des NATO-Truppenstatuts (BGBl. 1964 II 1231) hat die BRep. nach Art. 19 I ZabkNTrSt auf das ihr in den Fällen der konkurrierenden Gerichtbarkeit zustehende Vorrecht auf Ausübung der Strafgerichtsbarkeit zugunsten der Entsendestaaten verzichtet. Nach Art. 19 III kann jedoch im Einzelfall der Vorrechtsverzicht zurückgenommen (und mithin die Strafverfolgung aufgenommen) werden, dazu BeckOK-GVG/Köhnlein, § 23 EGGVG Rn. 137. Zum Notenwechsel zum NATO-Truppenstatut, zuletzt geändert am 12.9.1994, BGBl. II 3716, vgl. Gesetz vom 23.11.1994, BGBl. II 3714 (die Protokollnotiz zu Nr. 3 des Notenwechsels, BGBl. 1994 II 3719, legt fest, dass ein möglichst großzügiger Maßstab anzulegen ist).

4 **IV. Stationierungsschäden.** Das NATO-Truppenstatut, das Zusatzabkommen nebst seinem Unterzeichnungsprotokoll sowie das deutsche Gesetz zum NATO-Truppenstatut und zu den Zusatzvereinbarungen enthalten ferner Bestimmungen über Stationierungsschäden, dazu Geißler NJW 1980, 2615 (ausf.), einschließlich solcher zu einem Schadensersatz verpflichtenden Handlungen oder Unterlassungen im Aufnahmestaat, die nicht in der Ausübung des Dienstes begangen worden sind, Art VIII NTrST, Art. 41 ZusAbk, dazu Schwenk Beilage 4 zu BB 1972, Heft 13 (hier nicht berücksichtigt). Die Regelung des NATO-Truppenstatuts ist aber nicht

ausdehnend auslegbar, BGHZ 87, 327. Wegen etwaiger Besatzungsschäden aus der Kriegszeit und aus der ersten Nachkriegszeit BVerfGE 27, 253.

Art. 1 NTrStG Begriffsbestimmungen

I In diesem Abkommen bedeutet der Ausdruck

a) „Truppe" das zu den Land-, See- oder Luftstreitkräften gehörende Personal einer Vertragspartei, wenn es sich im Zusammenhang mit seinen Dienstobliegenheiten in dem Hoheitsgebiet einer anderen Vertragspartei innerhalb des Gebietes des Nordatlantikvertrags befindet, mit der Maßgabe jedoch, daß die beiden beteiligten Vertragsparteien vereinbaren können, daß gewisse Personen, Einheiten oder Verbände nicht als eine „Truppe" im Sinne dieses Abkommens oder als deren Bestandteil anzusehen sind,

b) „Ziviles Gefolge" das die Truppe einer Vertragspartei begleitende Zivilpersonal, das bei den Streitkräften dieser Vertragspartei beschäftigt ist, soweit es sich nicht um Staatenlose handelt oder um Staatsangehörige eines Staates, der nicht Partei des Nordatlantikvertrags ist, oder um Staatsangehörige des Staates, in welchem die Truppe stationiert ist, oder um Personen, die dort ihren gewöhnlichen Aufenthalt haben,

c) „Angehöriger" den Ehegatten eines Mitglieds einer Truppe oder eines zivilen Gefolges, sowie ein dem Mitglied gegenüber unterhaltsberechtigtes Kind,

d) „Entsendestaat" die Vertragspartei, der die Truppe angehört,

e) „Aufnahmestaat" die Vertragspartei, in deren Hoheitsgebiet sich die Truppe oder das zivile Gefolge befinden, sei es, dass sie dort stationiert oder auf der Durchreise sind,

f) „Militärbehörden des Entsendestaates" diejenigen Behörden eines Entsendestaates, die nach dessen Recht befugt sind, das Militärrecht dieses Staates auf die Mitglieder seiner Truppen oder zivilen Gefolge anzuwenden,

g) „Nordatlantikrat" den gemäß Artikel 9 des Nordatlantikvertrags errichteten Rat oder die zum Handeln in seinem Namen befugten nachgeordneten Stellen.

II...

Betroffener Personenkreis. Durch das Unterzeichnungsprotokoll, → Einl. Rn. 2, wird zu Art I Abs. 1a noch festgestellt, dass die BRep entsprechend Art. 1 III Gesetz v. 23.10.1954, BGBl. 1955 II 253, auch solche Streitkräfte als Truppe ansieht, die sich vorübergehend in der BRep aufhalten. Unter a–c fallen ferner die Mitglieder der in Berlin befindlichen Streitkräfte, ferner deren ziviles Gefolge und deren Angehörige, solange sie sich als Urlauber im Bundesgebiet aufhalten. Bestandteil der Truppe sind auch die amerikanischen Stellen der EES, AFEX, AFN, Stars and Stripes. Nicht zur Truppe gehören Militärattachés, Mitglieder ihrer Stäbe und sonstige Militärpersonen, die sich aufgrund diplomatischer Mission oder aus einem anderen besonderen Grund in der BRep aufhalten. 5

Als ein **Angehöriger** im Sinne von c gilt auch ein naher Verwandter des Mitglieds einer Truppe oder eines zivilen Gefolges, der von diesem Mitglied aus wirtschaftlichen oder gesundheitlichen Gründen abhängig ist, von ihm unterhalten wird, seine Wohnung teilt und sich mit einer Genehmigung der Truppe im Bundesgebiet aufhält, Art. 2 II a ZusAbk. Die Eigenschaft als ein Angehöriger behält eine Person nach dem Tod oder nach der Versetzung des Truppenmitglieds noch für die Dauer von 90 Tagen, sofern sie sich weiter im Bundesgebiet aufhält, Art. 2 II b ZusAbk. Wegen einer „zivilen Arbeitskraft" BAG MDR 2014, 1273. 6

31 *[Keine Sicherheitsleistung für Prozesskosten].* **[1]Die Mitglieder einer Truppe oder eines zivilen Gefolges genießen hinsichtlich der Befreiung von der Sicherheitsleistung für Prozeßkosten die Rechte, die in den auf diesem Gebiet zwischen der Bundesrepublik und dem betreffenden Entsendestaat geltenden Abkommen festgesetzt sind. [2]Die dienstliche Anwesenheit der genannten Personen im Bundesgebiet gilt für die Anwendung dieser Abkommen als ständiger Aufenthalt.**

Angehörige werden nicht genannt. Das Unterzeichnungsprotokoll zu Art. 31 nennt für das Verhältnis zu Frankreich noch Art. 17–24 HZPrAbk v. 1905. Inzwischen gilt zwischen beiden Staaten das HZPrÜbk, Einl. IV. Wegen der übrigen Vertragsstaaten § 110 Anh. 1

32 *[Zustellungen].*

(a) Deutsche Gerichte und Behörden können in nicht strafrechtlichen Verfahren eine Verbindungsstelle, die von jedem Entsendestaat errichtet oder bestimmt wird, um die Durchführung der Zustellung von Schriftstücken an Mitglieder einer Truppe, eines zivilen Gefolges oder an Angehörige ersuchen.

(b) [1]Die Verbindungsstelle bestätigt unverzüglich den Eingang jedes Zustellungsersuchens, das ihr von einem deutschen Gericht oder einer deutschen Behörde übermittelt wird. [2]Die Zustellung ist bewirkt, wenn das zuzustellende Schriftstück dem Zustellungsempfänger von dem Führer seiner Einheit oder einem Beauftragten der Verbindungsstelle übergeben ist. [3]Das deutsche Gericht oder die deutsche Behörde erhält unverzüglich eine Urkunde über die vollzogene Zustellung.

(c) (i) [1]Kann die Zustellung nicht erfolgen, so teilt die Verbindungsstelle dem deutschen Gericht oder der deutschen Behörde schriftlich die Gründe hierfür mit und nach Möglichkeit den Tag, an dem die Zustellung erfolgen kann. [2]Die Zustellung gilt als bewirkt, wenn das deutsche Gericht oder die deutsche Behörde binnen einundzwanzig Tagen, gerechnet vom Datum des Eingangs bei der Verbindungsstelle an, weder eine Urkunde über die vollzogene Zustellung nach Buchstabe (b) noch eine Mitteilung darüber erhalten hat, daß die Zustellung nicht erfolgen konnte.

(ii) Die Zustellung ist jedoch nicht als bewirkt anzusehen, wenn vor Ablauf der Frist von einundzwanzig Tagen die Verbindungsstelle dem deutschen Gericht oder der deutschen Behörde mitteilt, daß die Zustellung nicht erfolgen konnte.

(ii) ((bis)) Hat die Person, an die die Zustellung erfolgen soll, die Bundesrepublik auf Dauer verlassen, so teilt die Verbindungsstelle dies dem deutschen Gericht oder der deutschen

Behörde umgehend mit und leistet dem deutschen Gericht oder der deutschen Behörde unter Berücksichtigung des Artikels 3 Absatz (3) alle in ihrer Macht liegende Unterstützung.

(iii) [1]In dem unter Ziffer (ii) vorgesehenen Fall kann die Verbindungsstelle auch bei dem deutschen Gericht oder der deutschen Behörde unter Angabe der Gründe eine Fristverlängerung beantragen. [2]Entspricht das deutsche Gericht oder die deutsche Behörde diesem Verlängerungsantrag, so finden die Ziffern (i) und (ii) auf die verlängerte Frist entsprechende Anwendung.

II [1]Wird durch deutsche Zusteller eine Klageschrift oder eine andere Schrift oder gerichtliche Verfügung, die ein nichtstrafrechtliches Verfahren vor einem deutschen Gericht oder einer deutschen Behörde einleitet, unmittelbar zugestellt, ist dies durch das deutsche Gericht oder die deutsche Behörde vor oder unverzüglich bei Vornahme der Zustellung der Verbindungsstelle schriftlich anzuzeigen. [2]Der Inhalt der schriftlichen Anzeige richtet sich nach § 205 Zivilprozeßordnung, bei Angehörigen im rechtlich zulässigen Rahmen.

III [1]Stellt ein deutsches Gericht oder eine deutsche Behörde ein Urteil oder eine Rechtsmittelschrift zu, so wird, falls der betreffende Entsendestaat im Einzelfall oder allgemein darum ersucht, die Verbindungsstelle unverzüglich im rechtlich zulässigen Umfang unterrichtet, es sei denn die Verbindungsstelle selbst wird um die Zustellung ersucht oder der Zustellungsadressat oder ein anderer Verfahrensbeteiligter widerspricht der Unterrichtung. [2]Das deutsche Gericht oder die deutsche Behörde unterrichtet die Verbindungsstelle über die Tatsache des Widerspruchs.

1 **I. Systematik, I, II.** Art. 32 tritt (nur in seinem Geltungsbereich, AG Ffm DGVZ 1993, 157) an die Stelle der sonst geltenden Vorschriften der ZPO, BGHZ 65, 298, LG Aachen NJW-RR 1990, 1344, sofern nicht nach II das deutsche Gericht oder die deutsche Behörde die Zustellung eines Urteils nach § 317 ZPO (und daher auch eines anderen Vollstreckungstitels, AG Ffm DGVZ 1993, 158, einschließlich eines Prozessvergleichs nach Anh. § 307 ZPO, wohl auch eines Mahnbescheids nach § 690 ZPO) selbst vornimmt, LG Zweibr JurBüro 2007, 661. In diesen letzteren Fällen bleibt auch eine Zustellung nach § 172 ZPO zulässig und kann notwendig sein, LG Aachen NJW-RR 1990, 1344, AG Vilbel DGVZ 1985, 122. Eine öffentliche Zustellung nach §§ 185 ff. ZPO findet nur nach Maßgabe des Art. 36 I ZusAbk statt. Wegen der 2-Monats-Klagefrist, Art. 12 III NTrStG, BGH NJW 1975, 1601.

2 **II. Zustellung durch die Verbindungsstelle des Entsendestaats, I.** Dazu Auerbach NJW 1969, 729. Jeder Entsendestaat errichtet oder bestimmt eine solche Verbindungsstelle. Wegen ihrer Anschriften Schwenk NJW 1976, 1564 Fn. 25. Diese Zustellungsart ist zulässig, aber nicht (mehr) zwingend. Sie gilt für alle Schriftstücke an Mitglieder einer Truppe, eines zivilen Gefolges oder an Angehörige, die ein Verfahren vor einem deutschen Gericht oder vor einer deutschen Behörde betreffen. Diese Zustellungsart gilt also auch für eine Widerklage. Man kann sie dann nur durch die Einreichung eines Schriftsatzes nach → ZPO Anh. § 253 Rn. 21 erheben. Sie gilt auch für einen Mahnbescheid, nicht aber für ein Gesuch auf den Erlass eines Arrests oder einer einstweiligen Verfügung nach §§ 920, 936 ZPO dann, wenn ein solches Gesuch nicht zugestellt wird, falls das Gericht dem Antrag ohne eine mündliche Verhandlung stattgibt.

3 Wenn das Gericht die vorstehenden Vorschriften **nicht beachtet,** ist die Vollstreckungshilfe gefährdet, BGH ZMR 2016, 850, LG Zweibr JurBüro 2007, 661, obwohl das Gericht unter den Voraussetzungen des § 189 ZPO über die Mängel einer Zustellung hinweggehen und die ausländische Partei nach § 295 I ZPO auf solche Mängel verzichten könnte, LG Zweibr JurBüro 2007, 662.

4 Eine Zustellung durch die Verbindungsstelle ist bei einem **Urteil** und bei einer **Rechtsmittelschrift nicht** erforderlich, III. Doch kann das Gericht oder die deutsche Behörde nach I 2 auch für eine solche Zustellung und für sonstige Zustellungen die Verbindungsstelle einschalten. Wegen des Personenkreises vgl. Art I NTrStatut. Wegen der Zustellung durch die Verbindungsstelle und wegen der Bewirkung der Zustellung vgl. I a–c. Die Verbindungsstelle hat auch die Möglichkeit, eine Fristverlängerung zu beantragen. Wegen der Anschrift der Verbindungsstelle für die USA-Streitkräfte und deren ziviles Gefolge vgl. AnwBl 1977, 499.

5 **III. Zustellung durch deutsche Zusteller, II.** Soweit ein verfahrenseinleitendes Schriftstück durch deutsche Zusteller zugestellt wird, muss das Gericht das der Verbindungsstelle anzeigen.

6 **IV. Zustellung von Urteil oder Rechtsmittelschrift, III.** Diese Zustellung erfolgt nach den Vorschriften der ZPO, im Allgemeinen also von Amts wegen nach §§ 166 ff. ZPO. Über diese deutsche Zustellung eines Urteils oder einer Rechtsmittelschrift muss man die Verbindungsstelle, soweit rechtlich zulässig, unterrichten, solange nicht der Adressat oder ein anderer Verfahrensbeteiligter widersprechen, LG Zweibr JurBüro 2007, 661. Letzterer Widerspruch ist der Verbindungsbehörde als Tatsache, also nicht auch inhaltlich, mitzuteilen. Wenn der deutsche Zustellungsbeamte das Schriftstück in dem Gelände einer Truppe zustellen muss, leistet die für die Verwaltung des Geländes zuständige Truppenbehörde eine Zustellungshilfe nach Art. 36 II ZusAbk, AG Vilbel DGVZ 1985, 122. Diese Hilfe ist insbesondere zur genauen Ermittlung der Unterbringungsstelle in dem regelmäßig weitläufigen Gelände notwendig.

7 Das Gericht kann aber, statt selbst für die Zustellung zu sorgen nach Art. 32 I a S. 2 ZusAbk auch die **Verbindungsstelle** um die Zustellung des Schriftstücks ersuchen. Die Verbindungsstelle führt dann nach Art. 32 I b und c die Zustellung wie diejenige durch, die bei einem solchen Schriftstück erforderlich ist, das ein Verfahren einleitet. Dieser Weg kann auch wegen Art. 32 I c i) nützlich sein. Die sonst erforderliche Übermittlung der Abschrift oder Ablichtung eines Urteils oder einer Rechtsmittelschrift an die Vermittlungsstelle entfällt natürlich, III letzter Hs. Wegen der Ladungen Art. 37 ZusAbk.

8 Der **Gerichtsvollzieher** beachtet nach § 3 II GVGA stets Art. 32, 34, 36 ZusAbk.

33 ***[Schutz bei dienstlicher Abwesenheit].*** **[1]Sind Mitglieder einer Truppe, eines zivilen Gefolges oder Angehörige vorübergehend in nichtstrafrechtlichen Verfahren, an denen sie beteiligt sind, am Erscheinen verhindert und wird dies dem zuständigen deutschen Gericht oder der zuständigen deutschen Behörde ohne schuldhaften Aufschub mitgeteilt, so wird hierauf gebührend Rücksicht genommen, damit ihnen hieraus keine rechtlichen Nachteile entstehen. [2]Eine solche Mitteilung kann auch durch die Verbindungsstelle erfolgen.**

Nach dem Truppenvertrag war die Verhinderung durch eine dienstliche Bescheinigung nachzuweisen. Jedenfalls ist eine Verhinderung auch jetzt nach § 294 ZPO glaubhaft zu machen. Äußerstenfalls wird das Verfahren ausgesetzt. Die Aussetzung darf aber nicht für eine allzu lange Zeit erfolgen. Das zeigen die Worte „vorübergehend verhindert". Andernfalls kann das Gericht zB die Frist verlängern. Die Vorschrift ist auch bei einem Wiedereinsetzungsgesuch zu beachten. Wenn das Truppenmitglied usw. durch einen ProzBevtl. vertreten ist, liegt eine Benachteiligung nur für den Fall vor, dass das Truppenmitglied daran verhindert ist, dem ProzBevtl. die erforderliche Information zu erteilen. 1

34 *[Vollstreckungshilfe].* **I Die Militärbehörden gewähren bei der Durchsetzung vollstreckbarer Titel in nicht strafrechtlichen Verfahren deutscher Gerichte und Behörden alle in ihrer Macht liegende Unterstützung.**

(a) II 1In einem nichtstrafrechtlichen Verfahren kann eine Haft gegen Mitglieder einer Truppe oder eines zivilen Gefolges oder gegen Angehörige von deutschen Behörden und Gerichten nur angeordnet werden, um eine Mißachtung des Gerichts zu ahnden oder um die Erfüllung einer gerichtlichen oder behördlichen Entscheidung oder Anordnung zu gewährleisten, die der Betreffende schuldhaft nicht befolgt hat oder nicht befolgt. 2Wegen einer Handlung oder Unterlassung in Ausübung des Dienstes darf eine Haft nicht angeordnet werden. 3Eine Bescheinigung der höchsten zuständigen Behörde des Entsendestaates, daß die Handlung oder Unterlassung in Ausübung des Dienstes erfolgte, ist für deutsche Stellen verbindlich. 4In anderen Fällen berücksichtigen die zuständigen deutschen Stellen das Vorbringen der höchsten zuständigen Behörde des Entsendestaates, daß zwingende Interessen einer Haft entgegenstehen, in gebührender Weise.

(b) 1Eine Verhaftung nach diesem Absatz kann nur vorgenommen werden, nachdem die Militärbehörden, für die Ersetzung der betroffenen Person gesorgt haben, sofern sie dies für erforderlich halten. 2Die Militärbehörden ergreifen unverzüglich alle zu diesem Zweck erforderlichen zumutbaren Maßnahmen und gewähren den für die Durchsetzung einer Anordnung oder Entscheidung im Einklang mit diesem Absatz verantwortlichen deutschen Behörden alle in ihrer Macht liegende Unterstützung.

(c) 1Ist eine Verhaftung innerhalb einer der Truppe oder dem zivilen Gefolge zur ausschließlichen Benutzung überlassenen Liegenschaft im Einklang mit diesem Absatz vorzunehmen, so kann der Entsendestaat, nachdem er sich mit dem deutschen Gericht oder der deutschen Behörde über die Einzelheiten ins Benehmen gesetzt hat, diese Maßnahme durch seine eigene Polizei durchführen lassen. 2In diesem Fall wird die Verhaftung unverzüglich und, soweit die deutsche Seite dies wünscht, in Gegenwart von Vertretern des deutschen Gerichts oder der deutschen Behörde vorgenommen.

III 1Bezüge, die einem Mitglied einer Truppe oder eines zivilen Gefolges von seiner Regierung zustehen, unterliegen der Pfändung, dem Zahlungsverbot oder einer anderen Form der Zwangsvollstreckung auf Anordnung eines deutschen Gerichts oder einer deutschen Behörde, soweit das auf dem Gebiet des Entsendestaates anwendbare Recht die Zwangsvollstreckung gestattet. 2Die Unterstützung nach Absatz (1) schließt auch Hinweise auf Vollstreckungsmöglichkeiten in den bereits zur Auszahlung gelangten Sold ein.

IV Ist die Vollstreckung eines vollstreckbaren Titels in nichtstrafrechtlichen Verfahren deutscher Gerichte und Behörden innerhalb der Anlage einer Truppe durchzuführen, so wird sie durch den deutschen Vollstreckungsbeamten im Beisein eines Beauftragten der Truppe vollzogen.

Schrifttum: Wiener DGVZ 2013, 105 (Grdz.; Bespr Hansens JurBüro 2014, 69).

I. Systematik, I–IV. Die Vollstreckung erfolgt nach dem deutschen Recht. Infolgedessen enthält Art. 34 nur einige ergänzende Bestimmungen dazu. Art. 34 regelt die Stellung eines Mitglieds der Truppe, Art. 35 diejenige eines bei der Truppe Beschäftigten, LG Stgt NJW 1986, 1442. Art. 35 regelt die Vollstreckung aufgrund eines Zahlungsanspruchs. Das Recht der USA gestattet nach III eine Zwangsvollstreckung, erst nach einer Zahlung oder einer Gutschrift auf ein Schuldnerkonto nach → Rn. 5. 1

II. Vollstreckungshilfe, I–IV. Dazu BGH ZMR 2016, 849 (Grdz.): Die Militärbehörden desjenigen Entsendestaats, dem das Truppenmitglied usw. angehört, leisten nach I den deutschen Stellen bei der Durchsetzung eines vollstreckbaren Titels in einem nicht strafrechtlichen Verfahren eines deutschen Gerichts eine Vollstreckungshilfe. Die Militärbehörden prüfen den Inhalt des vollstreckbaren Titels nicht nach. Sie prüfen aber evtl. nach, ob die Vorschriften des ZusAbk eingehalten wurden, also vor allem die Vorschriften über die Zustellung. Die ordnungsgemäße Zustellung ist nach Art. 32 ZusAbk → Rn. 2 ff. erforderlichenfalls der Militärbehörde nachzuweisen. Eine Vollstreckung innerhalb des Geländes der Truppe erfolgt nach IV im Beisein eines Beauftragten der Truppe. Das gilt auch dann, wenn sich die Vollstreckung gegen einen deutschen Arbeiter auf dem Gelände richtet. 2

Der **Gerichtsvollzieher** beachtet nach § 3 II GVGA stets Art. 32, 34, 36 ZusAbk. Im Übrigen: Er muss selbstverständlich die Regeln der §§ 704 ff. ZPO einhalten. Das gilt insbesondere auch wegen der Regeln zur Unpfändbarkeit nach §§ 803 ff., 850 ff. ZPO. Der Gerichtsvollzieher darf daher zB nach § 811 I Nr. 7 Dienstkleidungs- oder Ausrüstungsgegenstände dann nicht pfänden, auch wenn sie im Eigentum des Schuldners stehen. 3

III. Haft, II. Eine Haft darf nur unter den in II genannten Voraussetzungen stattfinden. Das gilt sowohl in einem Vollstreckungsverfahren nach den §§ 888 oder 890 ZPO als auch in einem Verfahren zur Ableistung der eidesstattlichen Versicherung zwecks Vermögensauskunft nach § 803c, LG Zweibr JurBüro 2007, 662, oder nach § 177 GVG aus einem sonstigen Grund. Die Vorschrift schützt auch die Angehörigen, LG Hagen DGVZ 1976, 138, LG Zweibr JurBüro 2007, 662. 4

IV. Pfändungsgrenzen, III. Es entscheidet in erster Linie das Recht des Entsendestaats. Ein amerikanischer Militärsold ist also nicht oder doch nur beschränkt pfändbar, Schreiben des US-Hauptquartiers AnwBl 1977, 499, 5

Auerbach NJW 1969, 729, Schwenk NJW 1976, 1565. Dasselbe gilt für eine entsprechende Witwenrente, LG Stgt NJW 1986, 1442. Wegen Großbritannien LG Dortm NJW 1962, 1519. Natürlich müssen die Vollstreckungsorgane im Bereich der Pfändbarkeit auch die §§ 850 ff. ZPO berücksichtigen.

35 *[Vollstreckung in Zahlungsansprüche].* **Soll aus einem vollstreckbaren Titel deutscher Gerichte und Behörden gegen einen Schuldner vollstreckt werden, dem aus der Beschäftigung bei einer Truppe oder einem zivilen Gefolge gemäß Artikel 56 oder aus unmittelbaren Lieferungen oder sonstigen Leistungen an eine Truppe oder ein ziviles Gefolge ein Zahlungsanspruch zusteht, so gilt folgendes:**

(a) Erfolgt die Zahlung durch Vermittlung einer deutschen Behörde und wird diese von einem Vollstreckungsorgan ersucht, nicht an den Schuldner, sondern an den Pfändungsgläubiger zu zahlen, so ist die deutsche Behörde berechtigt, diesem Ersuchen im Rahmen der Vorschriften des deutschen Rechts zu entsprechen.

(b) (i) [1]Erfolgt die Zahlung nicht durch Vermittlung einer deutschen Behörde, so hinterlegen die Behörden der Truppe oder des zivilen Gefolges, sofern das Recht des Entsendestaates dies nicht verbietet, auf Ersuchen eines Vollstreckungsorgans von der Summe, die sie anerkennen, dem Vollstreckungsschuldner zu schulden, den in dem Ersuchen genannten Betrag bei der zuständigen Stelle. [2]Die Hinterlegung befreit die Truppe oder das zivile Gefolge in Höhe des hinterlegten Betrages von ihrer Schuld gegenüber dem Schuldner.

(ii) Soweit das Recht des betroffenen Entsendestaates die unter Ziffer (i) genannte Zahlung verbietet, treffen die Behörden der Truppe und des zivilen Gefolges alle geeigneten Maßnahmen, um das Vollstreckungsorgan bei der Durchsetzung des in Frage stehenden Vollstreckungstitels zu unterstützen.

Art. 4c NTrStG [Ausführungsbestimmungen zu Art. 35 ZusAbk]

I [1]Bei Zustellungen an Angehörige von Mitgliedern einer Truppe oder eines zivilen Gefolges müssen in der in Artikel 32 Abs. 2 des Zusatzabkommens vorgesehenen schriftlichen Anzeige bezeichnet werden

1. das Prozessgericht, die Parteien und der Gegenstand des Prozesses,
2. ein in dem zuzustellenden Schriftstück enthaltener Antrag,
3. die Formel einer zuzustellenden Entscheidung,
4. bei der Zustellung einer Ladung deren Zweck und die Zeit, zu welcher der Geladene erscheinen soll,
5. bei der Zustellung einer Aufforderung nach § 276 Abs. 1 Satz 1, Abs. 2 der Zivilprozessordnung der Inhalt der Aufforderung und die vorgeschriebene Belehrung.

[2]Ist erkennbar, daß überwiegende schutzwürdige Interessen des Angehörigen der Übermittlung dieser Angaben entgegenstehen oder der Angehörige einer Unterstützung durch die Militärbehörden nicht bedarf, wird die Verbindungsstelle lediglich über die Tatsache der Zustellung unter Benennung des Zustellungsadressaten und des Gerichts oder der Behörde unterrichtet, welche die Zustellung veranlaßt hat.

II [1]Die Unterrichtung der Verbindungsstelle durch ein deutsches Gericht oder eine deutsche Behörde nach Artikel 32 Abs. 3 des Zusatzabkommens setzt voraus, daß der Zustellungsadressat und alle anderen Verfahrensbeteiligten zuvor schriftlich oder in der mündlichen Verhandlung über das ihnen zustehende Widerspruchsrecht belehrt worden sind und ihnen eine Frist von mindestens zwei Wochen zur Ausübung dieses Rechts eingeräumt worden ist. [2]Belehrung und Fristsetzung sind bereits vor Erlaß eines Urteils zulässig. [3]Die Verbindungsstelle wird durch Übersendung einer Abschrift des Urteils oder der Rechtsmittelschrift unterrichtet. [4]Hat ein Verfahrensbeteiligter sich nur mit einer eingeschränkten Information der Verbindungsstelle einverstanden erklärt oder stehen überwiegende Interessen einer Person oder öffentliche Belange der Übersendung einer Abschrift entgegen, beschränkt sich die Unterrichtung auf die in Absatz 1 Satz 1 genannten Angaben.

Art. 5 NTrStG [Ausführungsbestimmungen zu Art. 35 ZusAbk]

I [1]Bei der Zwangsvollstreckung aus einem privatrechtlichen Vollstreckungstitel kann das Ersuchen in den Fällen des Artikels 35 des Zusatzabkommens nur von dem Vollstreckungsgericht ausgehen; Vollstreckungsgericht ist das Amtsgericht, bei dem der Schuldner seinen allgemeinen Gerichtsstand hat, und sonst das Amtsgericht, in dessen Bezirk die zu ersuchende Stelle sich befindet. [2]Zugleich mit dem Ersuchen hat das Gericht an den Schuldner das Gebot zu erlassen, sich jeder Verfügung über die Forderung, insbesondere ihrer Einziehung, zu enthalten.

II [1]In den Fällen des Artikels 35 Buchstabe a des Zusatzabkommens ist das Ersuchen der deutschen Behörde von Amts wegen zuzustellen. [2]Mit der Zustellung ist die Forderung gepfändet und dem Pfändungsgläubiger überwiesen. [3]Die Vorschriften der Zivilprozeßordnung über die Zwangsvollstreckung in Geldforderungen gelten im Übrigen entsprechend. [4]§ 845 der Zivilprozeßordnung ist nicht anzuwenden.

III [1]Bei der Zwangsvollstreckung wegen öffentlich-rechtlicher Geldforderungen geht das Ersuchen in den Fällen des Artikels 35 des Zusatzabkommens von der zuständigen Vollstreckungsbehörde aus. [2]Auf das weitere Verfahren finden in den Fällen des Artikels 35 Buchstabe a des Zusatzabkommens die Vorschriften des in Betracht kommenden Verwaltungszwangsverfahrens über die Pfändung und Einziehung von Forderungen entsprechend Anwendung.

1 **I. Systematik.** Art. 35 ZusAbk wird durch Art. 4c, 5 NTrStG ergänzt. Sonderbestimmungen für die Vollstreckung in einen Zahlungsanspruch einer Person jeder Art, auch eines Deutschen, aufgrund einer Beschäftigung bei der Truppe oder bei einem zivilen Gefolge enthält Art. 56 ZusAbk idF v. 21.10.1971, BGBl. 1973 II 1022. Das gilt auch dann, wenn die Vollstreckung aufgrund einer unmittelbaren Lieferung oder sonstigen Leistung an eine Truppe oder ein ziviles Gefolge erfolgt. Insofern weicht die Regelung von §§ 829, 835 ab. Im Übrigen man die deutschen Vorschriften beachten, insbesondere also bei Lohnpfändungen §§ 850 ff. Der **Gerichtsvollzieher** beachtet nach § 3 II GVGA stets Art. 32, 34, 36 ZusAbk.

2 **II. Zahlung durch Vermittlung einer deutschen Stelle.** Gemeint ist das Amt für Verteidigungslasten.

3 **1. Privatrechtlicher Titel.** Wenn es sich um einen privatrechtlichen Vollstreckungstitel handelt, ersucht dasjenige AG, bei dem der Schuldner seinen allgemeinen Gerichtsstand nach § 13 ZPO hat, und sonst dasjenige

AG, in dessen Bezirk die zu ersuchende Stelle liegt, also das Amt für Verteidigungslasten. Das Ersuchen geht dahin, nicht an den Schuldner, sondern an den Pfändungsgläubiger zu zahlen. Außerdem ergeht das Verbot an den Schuldner, über die Forderung zu verfügen, insbesondere sie einzuziehen. Das Ersuchen wird der deutschen Stelle von Amts wegen zugestellt. Mit der Zustellung ist die Forderung gepfändet und gleichzeitig dem Pfändungsgläubiger überwiesen. Im Übrigen gilt die ZPO. Jedoch ist nach Art. 5 I und II NTrStatutG eine Vorpfändung nach § 845 ZPO unstatthaft.

2. Öffentlichrechtlicher Titel. Wenn es sich um eine Zwangsvollstreckung wegen einer öffentlich-rechtlichen Geldforderung handelt, erfolgt die Pfändung und die Einziehung der Forderung durch die zuständige Vollstreckungsbehörde nach den Vorschriften des Verwaltungszwangsverfahrens. 4

III. Zahlung durch Vermittlung einer nichtdeutschen Stelle. Art. 35 ZusAbk Buchst. b. In einem solchen Fall richtet das AG als Vollstreckungsgericht nach Art. 5 I NTrStG dann, wenn es sich um einen privatrechtlichen Vollstreckungstitel handelt, gleichzeitig mit dem Gebot an den Schuldner, sich jeder Verfügung über die Forderung zu enthalten, insbesondere sie nicht einzuziehen, an die Behörde der Truppe oder des zivilen Gefolges das Ersuchen (also keine zugestellte Aufforderung), den in Betracht kommenden Betrag zugunsten des Pfändungsgläubigers zu hinterlegen. Soweit diese Behörde ihre Schuld gegenüber dem Pfändungsschuldner anerkennt, hinterlegt sie den Betrag, falls ihr innerstaatliches Recht das zulässt, also das Recht des Entsendestaats. 5

Die **Hinterlegung** ist deshalb auch nicht widerruflich, Schwenk NJW 1964, 1003. Durch sie wird die Truppe oder das zivile Gefolge nach Art. 35b (i) S. 2 in Höhe des hinterlegten Betrags von der Schuld gegenüber dem Schuldner frei. Nach amerikanischem und kanadischem Recht ist eine Hinterlegung zugunsten des Gläubigers unzulässig, Schwenk NJW 1964, 1003, Wussow DRiZ 1958, 175. Dann treffen die Behörden der Truppe und des zivilen Gefolges alle geeigneten Maßnahmen zur Unterstützung des Vollstreckungsorgans bei der Durchsetzung des Vollstreckungstitels, Art. 35b ii ZusAbk. Die Behörden der Truppe und des zivilen Gefolges halten also den Schuldner zur Zahlung an oder geben dem Gläubiger an, wann eine Zahlung oder Überweisung an den Schuldner erfolgt. 6

36 *[Durchführung von Zustellungen].* **I Zur öffentlichen Zustellung an Mitglieder einer Truppe oder eines zivilen Gefolges oder an Angehörige bedarf es zusätzlich der Veröffentlichung eines Auszugs des zuzustellenden Schriftstückes in der Sprache des Entsendestaates in einem von diesem zu bezeichnenden Blatt oder, wenn der Entsendestaat dies bestimmt, durch Aushang in der zuständigen Verbindungsstelle.**

II Hat ein deutscher Zustellungsbeamter einer Person, die sich in der Anlage einer Truppe befindet, ein Schriftstück zuzustellen, so trifft die für die Verwaltung der Anlage zuständige Behörde der Truppe alle Maßnahmen, die erforderlich sind, damit der deutsche Zustellungsbeamte die Zustellung durchführen kann.

→ Art. 32 Rn. 1, 6. II gilt nicht nur für die Zustellung an ein Mitglied der Truppe usw., sondern auch für andere Menschen, die im Gelände einer Truppe arbeiten, also auch für einen Deutschen. 1

37 *[Ladungen; Erscheinen vor Gericht].* **I [1]Bei Ladungen von Mitgliedern einer Truppe, eines zivilen Gefolges oder von Angehörigen vor deutsche Gerichte und Behörden ergreifen die Militärbehörden, sofern nicht dringende militärische Erfordernisse dem entgegenstehen, alle im Rahmen ihrer Befugnisse liegenden Maßnahmen, um sicherzustellen, daß der Ladung Folge geleistet wird, soweit nach deutschem Recht das Erscheinen erzwingbar ist. [2]Falls die Ladung nicht über die Verbindungsstelle zugestellt worden ist, wird diese unverzüglich von dem deutschen Gericht oder der deutschen Behörde über die Ladung unter Angabe des Adressaten und seiner Anschrift sowie der Zeit und des Ortes der anstehenden Verhandlung oder Beweisaufnahme unterrichtet; dies gilt bei Angehörigen nicht, wenn die Militärbehörden die Befolgung der Ladung nicht wirksam unterstützen können.**

II Werden Personen, deren Erscheinen die Militärbehörden nicht sicherstellen können, vor einem Gericht oder einer Militärbehörde eines Entsendestaates als Zeugen oder Sachverständige benötigt, so tragen die deutschen Gerichte und Behörden im Einklang mit dem deutschen Recht dafür Sorge, daß diese Personen vor dem Gericht oder der Militärbehörde dieses Staates erscheinen.

Wenn es sich um die Ladung des Mitglieds einer Truppe, eines zivilen Gefolges oder eines Angehörigen handelt, müssen die Militärbehörden mangels entgegenstehender, dringender Militärerfordernisse das ihnen Mögliche tun, um sicherzustellen, dass der zu Ladende der Ladung Folge leistet, falls die Ladung nach dem deutschen Recht erzwingbar ist. Das ist so bei derjenigen Partei, deren persönliches Erscheinen das Gericht angeordnet hat, und bei einem Zeugen nach §§ 141, 273, 380 ZPO. Die Regelung gilt auch dann, wenn derjenige, dessen Erscheinen die Militärbehörde nicht sicherstellen kann, vor einem deutschen Gericht oder einer Militärbehörde des Entsendestaats als ein Zeuge oder als ein Sachverständiger auftreten soll. Das deutsche Gericht lädt diese Person mit einer entsprechenden Androhung vor. Zwangsmaßnahmen erfolgen nur bei II. 1

38 *[Aussagegenehmigung; Ausschluß der Öffentlichkeit].* **I [1]Ergibt sich im Verlauf eines strafrechtlichen oder nichtstrafrechtlichen Verfahrens oder einer Vernehmung vor einem Gericht oder einer Behörde einer Truppe oder der Bundesrepublik, daß ein Amtsgeheimnis eines der beteiligten Staaten oder beider oder eine Information, die der Sicherheit eines der beteiligten Staaten oder beider schaden würde, preisgegeben werden könnte, so holt das Gericht oder die Behörde vorher die schriftliche Einwilligung der zuständigen Behörde dazu ein, daß das Amtsgeheimnis oder die Information preisgegeben werden darf. [2]Erhebt die zuständige Behörde Einwendungen gegen die Preisgabe, so trifft das Gericht oder die Behörde alle in ihrer Macht stehenden Maßnahmen, einschließlich**

derjenigen, auf die sich Absatz (2) bezieht, um die Preisgabe zu verhüten, vorausgesetzt, daß die verfassungsmäßigen Rechte einer beteiligten Partei dadurch nicht verletzt werden.

II Die Vorschriften des deutschen Gerichtsverfassungsgesetzes (§§ 172 bis 175) über den Ausschluß der Öffentlichkeit von Verhandlungen in strafrechtlichen und nichtstrafrechtlichen Verfahren und die Vorschriften der deutschen Strafprozeßordnung (§ 15) über die Möglichkeit der Übertragung von Strafverfahren an das Gericht eines anderen Bezirks werden in Verfahren vor deutschen Gerichten und Behörden, in denen eine Gefährdung der Sicherheit einer Truppe oder eines zivilen Gefolges zu besorgen ist, entsprechend angewendet.

1 I gilt für deutsche Gerichte und Behörden oder diejenigen einer Truppe. Die Einwilligung wird von Amts wegen eingeholt. Eine Preisgabe erfolgt bei einer Einwendung der Behörde nur, falls andernfalls ein verfassungsmäßiges Recht verletzt würde. Wenn diese Gefahr nicht droht, muss alles dasjenige geschehen, was zur Geheimhaltung erforderlich ist, einschließlich des Ausschlusses der Öffentlichkeit nach §§ 172–175 GVG.

39 ***[Zeugen und Sachverständige].*** **[1]Die Rechte und Vorrechte der Zeugen, Verletzten und Sachverständigen bestimmen sich nach dem Recht der Gerichte oder der Behörden, vor denen sie erscheinen. [2]Das Gericht oder die Behörde berücksichtigt jedoch die Rechte und Vorrechte angemessen, welche Zeugen, Verletzte und Sachverständige, wenn sie Mitglieder einer Truppe, eines zivilen Gefolges oder Angehörige sind, vor einem Gericht des Entsendestaates, und, wenn sie nicht zu diesem Personenkreis gehören, vor einem deutschen Gericht haben würden.**

1 Bei dem Erscheinen vor einem deutschen Gericht haben ein Zeuge, ein Verletzter und ein Sachverständiger einen Anspruch auf eine Entschädigung oder Vergütung nach dem JVEG, dazu Toussaint/Weber JVEG § 1 Rn. 1 ff.

IV. Außenwirtschaftsgesetz

Vom 6.6.2013, BGBl. I 1482

FNA 7400-4

Zuletzt geändert durch Gesetz vom 23.5.2021, BGBl. I 754

(Auszug)

Einleitung

1 **I. Systematik.** Das Außenwirtschaftsgesetz (AWG) sowie die AWV vom 2.8.2013, BGBl. I S. 2865 (FNA 7400-4-1) betreffen den Waren-, Dienstleistungs-, Kapital-, Zahlungs- und sonstigen Wirtschaftsverkehr mit fremden Wirtschaftsgebieten.

2 Das AWG betrifft ferner den Verkehr mit Auslandswerten und mit Geld zwischen Gebietsansässigen.

3 **II. Regelungszweck.** Es gelten die folgenden Regeln.

4 **1. Grundsatz: Möglichkeit der Beschränkung.** Das AWG lässt in **§ 1 I 1** den Außenwirtschaftsverkehr grundsätzlich frei. Er kann jedoch nach **§ 1 I 2** durch das Gesetz oder durch eine Rechtsverordnung aufgrund dieses Gesetzes, beschränkt werden. Solche Bestimmungen können Rechtsgeschäfte und Handlungen einer Genehmigung unterwerfen oder ganz verbieten. Beschränkungen sind möglich als allgemeine Beschränkungen zwecks Erfüllung zwischenstaatlicher Interessen, zwecks Abwehr schädigender Einwirkungen aus fremden Wirtschaftsgebieten und zum Schutz der Sicherheit und der auswärtigen Interessen. Auch Vollstreckungsbeschränkungen sind nach **§ 32 II** beachtlich, zB vom Gerichtsvollzieher nach § 47 II 2, IV GVGA. Das Gesetz ermöglicht solche Rechtsverordnungen, die eine Beschränkung und genauere Angaben in dem durch das Gesetz gegebenen Rahmen enthalten können.

5 Ein fremdes Wirtschaftsgebiet nach **§ 4 I Nr. 2** kann nach § 69 I, II 1 GVGA zu einer Meldepflicht nach §§ 59–63 AWV gegenüber der Deutschen Bundesbank führen, falls eine Zahlung die Meldefreigrenze von 12 500 EUR oder den entsprechenden Betrag einer anderen Währung übersteigt. Der Gerichtsvollzieher muss nach § 69 II 4 GVGA Meldefristen nach § 61 AWV beachten.

6 **2. Genehmigung.** Soweit eine Genehmigung erforderlich ist, ist im Bereich des Kapital- und Zahlungsverkehrs sowie im Bereich des Verkehrs mit Auslandswerten und mit Gold nach **§ 13 II Nr. 1** die Deutsche Bundesbank ausschließlich zuständig. Im Übrigen ist nach **§ 28 II Nr. 2a, b, III** das Bundesministerium für Wirtschaft ausschließlich zuständig. Weitere Zuständigkeiten nennen **§ 13 II Nr. 2.** Über den Inhalt der Genehmigungen § 8. Der Gerichtsvollzieher muss § 47 GVGA beachten. Er muss nach § 47 II 1 GVGA eine erforderliche Genehmigung abwarten. Das gilt nach § 47 II 2 GVGA auch beim Erwerb und bei einer Veräußerung im Weg der Zwangsvollstreckung. Bei **§ 32 I 1, 2** ist eine Genehmigung nach § 47 IV 1 GVGA nur eingeschränkt abwartbar. Sie ist nach **§ 32 I 3,** § 47 III GVGA entbehrlich beim Arrest oder einer einstweiligen Verfügung, soweit diese nur einer Anspruchssicherung dienen. Im Zweifel beachtet er § 47 IV 2, 3 GVGA.

7 **3. Fehlen einer Genehmigung.** Ein Rechtsgeschäft ohne die erforderliche Genehmigung ist nach **§ 15 III 1** schwebend unwirksam. Die Parteien machen sich schadensersatzpflichtig, wenn sie sich nicht um die Genehmigung bemühen.

16 ***Urteil und Zwangsvollstreckung.*** **I [1]Ist zu einer Leistung des Schuldners eine Genehmigung erforderlich, so kann ein Urteil vor Erteilung der Genehmigung nur dann ergehen, wenn in die Urteilsformel ein Vorbehalt aufgenommen wird, dass die Leistung oder Zwangsvollstreckung erst**

erfolgen darf, wenn die Genehmigung erteilt ist. ²Entsprechendes gilt für andere Vollstreckungstitel, wenn die Vollstreckung nur auf Grund einer vollstreckbaren Ausfertigung des Titels durchgeführt werden kann. ³Arreste und einstweilige Verfügungen, die lediglich der Sicherung des zugrunde liegenden Anspruchs dienen, können ohne Vorbehalt ergehen.

II ¹Ist zu einer Leistung des Schuldners eine Genehmigung erforderlich, so ist eine Zwangsvollstreckung nur zulässig, wenn und soweit die Genehmigung erteilt ist. ²Soweit Vermögenswerte nur mit Genehmigung erworben oder veräußert werden dürfen, gilt dies auch für den Erwerb und die Veräußerung im Wege der Zwangsvollstreckung.

V. Zwischenstaatliche Anerkennungs- und Vollstreckungsabkommen

Vorbemerkung

1 Die unter V A–E genannten regeln die Vollstreckbarkeit ausländischer Urteile abweichend von §§ 722f. Im Verhältnis zu den neuen Bundesländern gelten diese (und andere) Staatsverträge auch dort, Art. 11 EV. Jedoch beziehen sich die Staatsverträge nicht auf die vor dem 3.10.1990 dort ergangenen Entscheidungen, OGH Wien IPRax 1994, 219, differenzierend nach den intertemporalen Bestimmungen des jeweiligen Abkommens Andrae IPRax 1994, 226. Zum Erlöschen der von der früheren DDR abgeschlossenen Staatsverträge Art. 12 EV, Andrae IPRax 1994, 229; Drobnig DtZ 1991, 76; Leible FamRZ 1991, 1245. Danach dürften die über § 328 ZPO hinausgehenden Abk. am 3.10.1990 erloschen sein, v. Hoffmann IPRax 1991, 9. Soweit Übk. fortgelten, müssen nur Gerichte und Behörden der neuen Bundesländer sie beachten. Nach Art. 12 II EV hat Deutschland seine Haltung zum Übergang völkerrechtlicher Verträge der DDR nach Konsultationen mit den jeweiligen Vertragspartnern festgelegt. Wegen der Bekanntmachungen über das Erlöschen solcher Übereinkünfte vgl. das Verzeichnis im Fundstellennachweis B zum BGBl. II für 1999 S. 648. Wegen des Erlöschens der Übk. über die Aufnahme diplomatischer oder konsularischer Beziehungen Bek. v. 24.4.1992, BGBl. II 383.

2 **A. Kollektivverträge. 1. HZPrÜbk.** Das Haager Abk. über den Zivilprozess vom 17.7.1905, RGBl. 1909, 409, mit AusfGesetz v. 5.4.1909, RGBl. 430, gilt nur noch im Verhältnis zu Island (Bek. v. 5.6.1926, RGBl. II 553). An die Stelle dieses Abk. ist im Verhältnis zu allen anderen Vertragsstaaten das **Haager Übk. über den Zivilprozess v. 1.3.1954,** BGBl. 1958 II 577, getreten, Art. 29, in der Bundesrepublik in Kraft seit 1.1.1960, Bek. v. 2.12.1959, BGBl. II 1388 (BBGS 100–190). Vertragsstaaten sind zahlreiche Länder. Letzte Bek.: 12.7.2018, BGBl. II 327. Vgl. dazu das AusfG vom 18.12.1958, BGBl. 939. Vgl. ferner das AusfG vom 25.7.1986, BGBl. 1156, Haager Übk. über die Zustellung gerichtlicher und außergerichtlicher Schriftstücke im Ausland in Zivil- oder Handelssachen v. 15.11.65, BGBl. 1977 II 1453, letzte Bek.: 26.4.2017, BGBl. II 601, das die im Verhältnis zu den ihnen beitretenden Staaten die entsprechenden Vorschriften der Konvention von 1954 (Art. 1–7 und 8–16) ersetzen, Böckstiegel/Schlafen NJW 1978, 1073 (Zustimmungsgesetz v. 22.12.1977, BGBl. II 1452, AusfGesetz v. 22.12.1977, BGBl. 3105). Es ist seit dem 26.6.1979 für die BRep in Kraft, Bek. v. 21.6.1979, BGBl. II 779/780.

3 **2. HUnterhÜbk.** Das Haager Übereinkommen über die Anerkennung und Vollstreckung von Unterhaltsentscheidungen (HUnterhÜbk) v. 2.10.1973, BGBl. 1986 II 826, ist für die BRep am 1.4.1987 in Kraft getreten, Bek. v. 25.3.1987, BGBl. II 220, ebenso das dazu ergangene AusfGesetz v. 25.7.1986, BGBl. 1156, vgl. Bek. v. 16.3.1987, BGBl. 944.

4 **3. EuSorgeRÜbk. I. Systematik.** Das Europäische Übereinkommen über die Anerkennung und Vollstreckung von Entscheidungen über das Sorgerecht für Kinder und die Wiederherstellung des Sorgeverhältnisses (EuSorgeRÜbk) v. 20.5.1980, BGBl. 1990 II 206, 220, ist für Deutschland am 1.2.1991 in Kraft getreten, Bek. v. 19.12.1990, BGBl. 1991 II 392. Es gibt zahlreiche Vertragsstaaten. Deutschland hat von den Vorbehalten nach Art. 6 III und 17 I Gebrauch gemacht. Vorbehalte haben auch die meisten anderen Vertragsstaaten gemacht.

5 **4. UNSeeRÜbk.** Das Seerechtsübereinkommen der Vereinten Nationen (UNSeeRÜbk) v. 10.12.1982, BGBl. 1994 II 1798, sieht in seinem Teil XI die Entscheidung von Streitfragen durch einen Internationalen Seegerichtshof vor. Zu diesem Teil des Übk. gilt ein DurchführungsÜbk v. 28.7.1994, BGBl. 1994 II 2566, 3796 und 1997 II 1327, 1402. Das SeerechtsÜbk ist am 16.11.1994 in Kraft getreten, Art. 3 des Zustimmungsgesetz v. 2.9.1994, BGBl. II 1798, iVm Nr. I Bek. v. 15.5.1995, BGBl. II 602 (Zusatzerklärungen: Nr. I, III; Liste der Vertragsstaaten: Nr. II. Das DurchfÜbk wird nach seinem Art. 7 I (b) von Deutschland seit dem 16.11.1994 vorläufig angewandt, Art. 2 II VO v. 4.10.1994, BGBl. II 2565, iVm der Bek. v. 15.5.1995, BGBl. II 479 (dort auch Liste der Vertragsstaaten), und ist am 28.7.1996 für Deutschland in Kraft getreten, Bek. v. 10.9.1996, BGBl. II 2511. Vertragsstaaten: Fundstellennachweis B des BGBl. für 2003, ferner Kanada, Litauen, BGBl. 2004 II 573.

6 Ausführungsgesetz § 2 II idF Art. 2 VII Gesetz v. 19.2.2001, BGBl. 288. Zur Ausführung der genannten beiden Übk. ist das AusfG SeerechtsÜbk 1982/1994 v. 6.6.1995, BGBl. I 778, ergangen, das in seinem Art. 14 das Seegerichtsvollstreckungsgesetz (SeeGVG) enthält und am 15.6.1995 in Kraft getreten ist, Art. 15. Das Gesetz regelt die Vollstreckung der in → Rn. 5 genannten Titel für das Gebiet Deutschlands. Vollstreckungsorgan ist das OLG am Sitz des Seegerichtshofs, also das Hanseatische OLG in Hmb., Art. 1 II der Anlage VI zum Seerechts-Übk. Wegen der für den Gerichtshof geltenden Vorrechte und Immunitäten VO v. 10.10.1996, BGBl. II 2517.

7 **B. Bilaterale Verträge. I. Deutsch-schweizerisches Abkommen.** Mit Wirkung vom 1.3.1995 ist das Abk. über die gegenseitige Anerkennung und Vollstreckung usw. v. 2.11.29, RGBl. 1930 II 1066, durch das LugÜ nach Maßgabe von dessen Art. 54 ersetzt worden, Art. 55 LugÜ. Es behält seine Wirksamkeit für die Rechtsgebiete, auf die sich das LugÜ nicht bezieht, Art. 56 I iVm Art. 1 LugÜ. Zeitlich bestimmt sich seine Anwendung nach Art. 54, 56 II, OLG Ffm FamRZ 1998, 385; OLG Kblz NJW-RR 1997, 638, Dietze/Schnichels NJW 1995, 2276.

8 **II. Deutsch-italienisches Abkommen.** Das deutsch-italienische Abk. über die gegenseitige Anerkennung und Vollstreckung usw. v. 9.3.1936, RGBl. 1937 II 145, war durch das EuGVÜ nach Maßgabe von dessen

Art. 55 ersetzt worden. Es behielt seine Wirksamkeit für die Rechtsgebiete, auf die sich das EuGVÜ nicht bezog, Art. 56 iVm Art. 1, BGH NJW 1983, 2776; BayObLG NJW-RR 1990, 843. Seit dem 1.3.2001 galt sodann in allen EU-Staaten außer Dänemark die VO (EG) Nr. 1347/2000 des Rates v. 29.5.2000 über die Zuständigkeit und die Anerkennung und Vollstreckung von Entscheidungen in Ehesachen und in Verfahren betr. die elterliche Verantwortung für die gemeinsamen Kinder der Ehegatten (ABl. L 160, 19). Sie galt für die in Art. 1 bezeichneten Verfahren, die nach dem 1.3.2001 eingeleitet wurden, Art. 42 I, und mit bestimmten Maßgaben für die nach diesem Stichtag ergehenden Entscheidungen in vorher eingeleiteten Verfahren, Art. 42 II. Die VO ersetzte nach Maßgabe ihres Art. 36 die Einzelabkommen. Die am 1.3.2002 in Kraft getretene VO (EG) Nr. 44/2001 des Rates v. 22.12.2000 (Brüssel I-VO) über die gerichtliche Zuständigkeit und die Anerkennung und Vollstreckung von Entscheidungen in Zivil- und Handelssachen (ABl. L 12, 1) ist an die Stelle des EuGVÜ Art. 68 getreten; sie wurde wiederum abgelöst durch die VO (EG) Nr. 1215/2012 über die gerichtliche Zuständigkeit und die Anerkennung und Vollstreckung von Entscheidungen in Zivil- und Handelssachen (Brüssel Ia-VO, ABl. L 351, 1). Sie ersetzt nach Maßgabe der Art. 66 II, 70 das EuGVÜ, Art. 69. Es bleibt danach im Wesentlichen anwendbar in den in Art. 1 II der VO genannten Angelegenheiten, soweit sie nicht unter die VO (EG) Nr. 1347/2000 fallen. Zu dem Abkommen ist die AusfVO v. 18.5.1997, BGBl. III 319-7, ergangen, die durch Art. 19 ZPO-RG 1.1.2002 geändert worden ist (Art. 2 nF entspricht Art. 2 AVO zum deutsch-schweizerischen Abk., → Rn. 5).

9 **III. Deutsch-österreichischer Vertrag.** Mit Wirkung vom 1.9.1996 ist der deutsch-österreichische Vertrag über die gegenseitige Anerkennung und Vollstreckung usw. v. 6.6.1959, BGBl. 1960 II 1246, durch das LugÜ nach Maßgabe von dessen Art. 54 ersetzt worden, Art. 55 LugÜ. Er behält seine Wirksamkeit für die Rechtsgebiete, auf die sich das LugÜ nicht bezieht, Art. 56 iVm Art. 1 LugÜ. Wegen der zeitlichen Grenzen für die Anwendung des LugÜ vgl. dessen Art. 54, OLG Kblz NJW-RR 1997, 638, Dietze/Schnichels NJW 1995, 2276. – Das durch Gesetz v. 16.7.1998, BGBl. II 1411, ratifizierte Übk. v. 29.11.1996 über den Beitritt Österreichs (sowie Finnlands und Schwedens) zum EuGVÜ, BGBl. 1998 II 1412, ist am 1.1.1999 für Deutschland und am 1.12.1998 für Österreich in Kraft getreten, Bek. v. 5.12.1998, BGBl. 1999 II 419. Es ersetzt ebenfalls den deutsch-österreichischen Vertrag von 1959 mit der Maßgabe des Art. 56 EuGVÜ. Zum Verhältnis der beiden Übk. zueinander Art. 54b LugÜ. Zu dem Vertrag ist das AusfGesetz v. 8.3.1960, BGBl. I 169, ergangen.

10 **IV. Deutsch-belgisches Abkommen.** Das deutsch-belgische Abk. über die gegenseitige Anerkennung und Vollstreckung usw. v. 30.6.1958, BGBl. 1959 II 766, wurde durch das EuGVÜ nach Maßgabe von dessen Art. 55 ersetzt. Es behielt seine Wirksamkeit für die Rechtsgebiete, auf die sich das EuGVÜ nicht bezog, Art. 56 iVm Art. 1, vgl. BGH NJW 1978, 1113; OLG Celle FamRZ 1993, 440.

11 **V. Deutsch-britisches Abkommen.** Das deutsch-britische Abk. über die gegenseitige Anerkennung und Vollstreckung usw. wurde durch das EuGVÜ nach Maßgabe von dessen Art. 55 ersetzt. Es behielt seine Wirksamkeit für die Rechtsgebiete, auf die sich das EuGVÜ nicht bezog, Art. 56 iVm Art. 1, nicht jedoch für andere Fälle, für die das Abk. günstiger als das EuGVÜ war, BGH EuZW 1993, 581. Unklar ist, ob das Abk. nach dem **Brexit** wieder Bedeutung erlangt (→ Anh. § 328 ZPO „Vereinigtes Königreich").

12 **VI. Deutsch-griechischer Vertrag.** Der deutsch-griechische Vertrag über die gegenseitige Anerkennung und Vollstreckung von gerichtlichen Entscheidungen, Vergleichen und öffentlichen Urkunden in Zivil- und Handelssachen v. 4.11.1961, BGBl. 1963 II 109, wurde durch das EuGVÜ nach Maßgabe von dessen Art. 55 ersetzt. Er behielt seine Wirksamkeit für die Rechtsgebiete, auf die sich das EuGVÜ nicht bezog, Art. 56 iVm Art 1.

13 **VII. Deutsch-niederländischer Vertrag.** Der deutsch-niederländische Vertrag über die gegenseitige Anerkennung und Vollstreckung gerichtlicher Entscheidungen und anderer Schuldtitel in Zivil- und Handelssachen vom 30.8.1962, BGBl. 1965 II 27, ähnelt besonders dem deutsch-belgischen Abk., → Rn. 10 (räumlicher Geltungsbereich: Art. 21, 22). Der Vertrag wurde durch das EuGVÜ nach Maßgabe von dessen Art. 55 ersetzt. Er behielt seine Wirksamkeit für die Rechtsgebiete, auf die sich das EuGVÜ nicht bezog, Art. 56 iVm Art 1.

14 **VIII. Deutsch-tunesischer Vertrag.** Der deutsch-tunesische Vertrag über Rechtsschutz und Rechtshilfe, die Anerkennung und Vollstreckung gerichtlicher Entscheidungen in Zivil- und Handelssachen sowie über die Handelsschiedsgerichtsbarkeit v. 19.7.1966, BGBl. 1969 II 889, war die erste umfassende Übereinkunft der BRep mit einem außereuropäischen Staat. Er enthält Vorschriften über den Rechtsschutz in Zivil- und Handelssachen, Art. 1–7, die Rechtshilfe in diesen Angelegenheiten, Art. 8–26, und die Anerkennung und Vollstreckung gerichtlicher Entscheidungen, Art. 27–46, sowie Bestimmungen über Schiedsvereinbarungen und Schiedssprüchen in Handelssachen, Art. 47–53.

15 **IX. Deutsch-israelischer Vertrag.** Der deutsch-israelische Vertrag über die gegenseitige Anerkennung und Vollstreckung gerichtlicher Entscheidungen in Zivil- und Handelssachen v. 20.7.1977, BGBl. 1980 II 926, der am 1.1.1981 in Kraft getreten ist (Bek. v. 19.12.1980, BGBl. II 2354), regelt die Anerkennung und Vollstreckung gerichtlicher Entscheidungen aller Art der streitigen und der freiwilligen Gerichtsbarkeit, BGH WM 2012, 903, einschließlich der gerichtlichen Vergleiche, Art. 2, und der Entscheidungen religiöser Gerichte, Siehr RabelsZ 1986, 592, in Zivil- und Handelssachen. Er ist nicht anwendbar auf die in Art. 4 I genannten Entscheidungen, jedoch ungeachtet dieser Vorschriften auf alle Entscheidungen, die Unterhaltspflichten zum Gegenstand haben, Art. 4 II. Für deren Zulassung zur Zwangsvollstreckung gelten Art. 15, 20, BGH WM 2018, 93.

16 **X. Deutsch-norwegischer Vertrag.** Mit Wirkung vom 1.3.1995 ist der Vertrag über die gegenseitige Anerkennung und Vollstreckung gerichtlicher Entscheidungen und anderer Schuldtitel in Zivil- und Handelssachen vom 17.6.1977, BGBl. 1981 II 342 durch das LugÜ nach Maßgabe von dessen Art. 54 ersetzt worden, Art. 55 LugÜ. Er behält seine Wirksamkeit für die Rechtsgebiete, auf die sich das LugÜ nicht bezieht, Art. 56 iVm Art. 1 LugÜ. Der Vertrag regelt die Anerkennung und Vollstreckung gerichtlicher Entscheidungen aller Art der Zivilgerichte, durch die über Ansprüche aus einem Rechtsverhältnis des Zivil- oder Handelsrechts erkannt worden ist, Art. 1 I, III. Ihnen stehen Entscheidungen der Strafgerichte über Ansprüche des Verletzten aus einem solchen Rechtsverhältnis gleich, Art. 1 II. Der Vertrag ist ferner auf bestimmte arbeitsrechtliche Streitigkeiten anwendbar, Art 2. Nicht anwendbar ist er nach seinem Art. 3 auf Entscheidungen in Ehe-, anderen Familien- und Personenstandssachen, über Haftung für Atomschäden, auf Entscheidungen in Insolvenzverfahren sowie auf einstweilige Verfügungen, einstweilige Anordnungen und Arreste. Der Vertrag ist auch nicht auf Unterhalts-

sachen anwendbar, Art. 4 I. Hierfür gilt jetzt das Haager Übk. v. 2.10.1973, so dass die Regelung für die Unterhaltsansprüche von Kindern, die das 21. Lebensjahr vollendet haben, sowie von Ehegatten oder früheren Ehegatten, Art. 4 II, nicht mehr anwendbar ist. Zeitlich gilt der Vertrag nur für Entscheidungen und andere Schuldtitel, die nach seinem Inkrafttreten entstanden sind, Art. 24. Die Anerkennung und Vollstreckung von Schiedssprüchen bestimmt sich nach den zwischen beiden Staaten bestehenden Übk., Art. 19.

XI. Deutsch-spanischer Vertrag. Der deutsch-spanische Vertrag über die Anerkennung und Vollstreckung von gerichtlichen Entscheidungen und Vergleichen sowie vollstreckbaren öffentlichen Urkunden in Zivil- und Handelssachen v. 14.11.1983, BGBl. 1987 II 35, der am 18.4.1988 in Kraft getreten ist (Bek. v. 28.1.1988, BGBl. II 207, berichtigt durch Bek. v. 23.3.1988, BGBl. II 375), wurde mit Inkrafttreten des BeitrÜbk v. 26.5.1989 mit Wirkung vom 1.12.1994 durch das EuGVÜ nach Maßgabe von dessen Art. 54 ersetzt, BGH IPRax 1997, 188. Er behielt seine Wirksamkeit für die Rechtsgebiete, auf die sich das EuGVÜ nicht bezog, Art. 56 iVcm Art 1. 17

C. EU

1. EuGVÜ. I. Informatik, Regelungswerk. Das Übereinkommen der Europäischen Gemeinschaft über die gerichtliche Zuständigkeit und die Vollstreckung gerichtlicher Entscheidungen in Zivil- und Handelssachen (EuGVÜ) v. 27.9.1968, BGBl. 1972 II 774, das durch Gesetz v. 24.7.1972, BGBl. II 773, ratifiziert worden ist, sowie das AusfGesetz v. 29.7.1972, BGBl. I 1328, waren am 1.2.1973 in Kraft getreten, Bek. v. 12.1.1973, BGBl. II 1960, I 126. Das durch Gesetz v. 7.8.1972, BGBl. II 845, ratifizierte Protokoll v. 3.6.1971 betr. die Auslegung des Übk., BGBl. II 846, ist am 1. 9 1975 in Kraft getreten, Bek. v. 21.7.1975, BGBl. II 1138. 18

II. Anwendungsgrundsätze. Das EuGVÜ verdrängte in seinem Geltungsbereich das nationale Recht, soweit es nicht selbst Vorbehalte machte, EuGH RIW 1984, 483. Es verdrängte insoweit auch das nationale IPR und IZPR. 19

III. Jetzige Rechtslage: Brüssel Ia-VO (EuGVVO). Vgl. die nachfolgende Kommentierung. 20

2. Brüssel Ia-VO (EuGVVO 2015)

Verordnung (EU) Nr. 1215/2012 des Europäischen Parlaments und des Rates über die gerichtliche Zuständigkeit und die Anerkennung und Vollstreckung von Entscheidungen in Zivil- und Handelssachen

Vom 12.12.2012 (ABl. L 351, 1, ber. 2016 L 264, 43)

Zuletzt geändert durch Art. 1 ÄndVO (EU) 2015/281 vom 26.11.2014 (ABl. 2015 L 54, 1)

Vorbemerkung zu Art. 1

I. Systematik. Die **VO (EG) Nr. 44/2001 des Rates vom 22.12.2000** (ABl. EG L 12 v. 16.1.2001, berichtigt zuletzt durch VO 280/2009 v. 6.4.2009, ABl. EG L 93, 13, geändert zuletzt durch VO (EG) Nr. 156/2012 v. 22.2.12, ABl. L 50, 3) über die gerichtliche Zuständigkeit und die Anerkennung und Vollstreckung von Entscheidungen in Zivil- und Handelssachen, die EuGVVO, auch **„Brüssel I-VO"** genannt, war eine VO nach Art. 249 II EGV. Sie war am 1.3.2002 in Kraft getreten und ersetzt im Verhältnis zu allen EU-Staaten das EuGVÜ, Art. 58, OLG Brschw NJW 2006, 161; LG Hmb NJW-RR 2006, 1656. Das galt faktisch auch bei Dänemark. Sie galt für alle nach dem 28.2.2002 erhobenen Klagen, Art. 66 I. Rspr. und Schrifttum zum alten EuGVÜ sind bei gleichem Inhalt der Vorschriften mitverwertbar, Staudinger ZEuP 2004, 767 (773). 1

Das **EuGVÜ** hat demgemäß seit 1.3.2002 nur noch Bedeutung im Verhältnis zu Dänemark und zu außereuropäischen Gebieten der Mitgliedstaaten, für die es in Kraft gesetzt worden ist, sowie für Altfälle. Dagegen verdrängt die Brüssel Ia-VO nicht das LugÜ, SchlAnh. V D, im Verhältnis zu Nichtmitgliedstaaten der EU. Das LugÜ regelt also weiterhin das Verhältnis zur Schweiz, Norwegen und Island. Solche Entscheidungen, die vor dem 1.3.2002 in EU-Mitgliedstaaten ergangen sind, werden seit dem 1.3.2002 gemäß der Brüssel Ia-VO dann anerkannt und vollstreckt, wenn im Zeitpunkt der Klagerhebung nach §§ 253, 261 ZPO zwischen dem Ursprungs- und dem Vollstreckungsstaat das EuGVÜ, das LugÜ oder ein anderer Staatsvertrag in Kraft war, Art. 66 II. Nach Art. 27 VO (EG) Nr. 805/2004, → ZPO Vor § 1079 Rn. 3, bleibt die Möglichkeit bestehen, die Brüssel Ia-VO anzuwenden, aber nicht mehr, sobald ein Europäischer Vollstreckungstitel vorliegt, OLG Stgt NJW-RR 2010, 134. Das Verhältnis der Brüssel Ia-VO zu bilateralen und multilateralen Abkommen und Verträgen regeln Art. 69–72. Zum Verhältnis zu §§ 1025 ff. ZPO usw. Dutta EuZW 2007, 489. Die bisherige Brüssel I-VO war bis zur 72. Aufl. dieses Buchs im SchlAnh. V C 2 kommentiert. 2

Eine Neufassung, die Brüssel Ia-VO, ist als VO (EU) 1215/2012 am 20.12.2012 verkündet worden, ABl. (EU) L 351/1. Sie ist zwar seit 9.1.2013 in Kraft, gilt aber grundsätzlich erst seit 10.1.2015, Art. 81 I, II nF, ergänzt (Art. 71a–d) durch VO 542/2014 v. 15.5.2014, ABl. (EU) 163/1 v. 29.5.2014, gültig ebenfalls seit 10.1.2015, und durch VO 281/2015 v. 26.11.2014, ABl. (EU) L 54/1, gültig seit 26.2.2015. Deutsche Durchführung §§ 1110–1117 ZPO. 3

Die Folgen des **Brexit** für das Verhältnis zum Vereinigten Königreich ergeben sich aus Art. 67 – 69 des Abk. über den Austritt des Vereinigten Königreichs Großbritannien und Nordirland aus der Europäischen Union und der Europäischen Atomgemeinschaft, dazu BGH NZI 2021, 739 Rn. 42; Ungerer NJW 2021, 1270; Wagner IPRax 2021, 1 (4); Mansel/Thorn/Wagner IPRax 2021, 105 (111); Steinbrück/Lieberknecht EuZW 2021, 517. Seit dem 1.1.2021 gelten die Bestimmungen des Europäischen Zivilprozessrechts im Verhältnis zum VK nicht mehr. Sie finden aber weiterhin Anwendung auf Verfahren, die bis zum 31.12.2020 eingeleitet wurden (Zuständigkeit, Anerkennung und Vollstreckung) oder bei Anträgen auf Rechtshilfe bis zum 31.12.2020 bei der zuständigen Stelle eingegangen sind. Für die Zeit danach → Anh. § 328 ZPO „Vereinigtes Königreich". 4

5 **II. Regelungszweck.** Die Brüssel Ia-VO übernimmt System und Aufbau des EuGVÜ. Der sachliche Anwendungsbereich bleibt derselbe. Auch die besonderen Gerichtsstände wurden nur wenig verändert. Grundsätzlich sind daher die zum EuGVÜ nach Art. 234 EG ergangenen Entscheidungen des EuGH weiterhin beachtbar, ebenso die offiziellen Berichte zum EuGVÜ, vor allem die Berichte von Jenard, Schlosser ABl. EG 1979 C 59.

6 **III. Vorlage von Auslegungsfragen nach Art. 234 AEUV.** Die Brüssel Ia-VO ist vertragsautonom auszulegen, EuGH EuZW 2017, 686 – Pula Parking; BGH NZI 2012, 572; Paulus/Peiffer/Peiffer EuGVVO Einf. Rn. 109. Natürlich muss man Systematik und Ziel der Brüssel Ia-VO beachten, BGH NZI 2012, 572. Zur Einleitung eines Vorabentscheidungsverfahrens gem. Art. 267 AEUV berechtigt und verpflichtet sind nur die letztinstanzlichen Gerichte, Instanzgerichte sind aber zur Vorlage berechtigt (→ GVG Anh. § 1 Rn. 7). Die Rspr. des EuGH ist unter www.europa. eu. int. oder über www.curia. eu. int. abrufbar.

7 **IV. Durchführung der Brüssel Ia-VO.** Die Durchführung richtet sich nach dem AVAG, SchlAnh. V E.

Kapitel I. Anwendungsbereich und Begriffsbestimmungen

1 ***[Anwendungsbereich].*** **I [1]Diese Verordnung ist in Zivil- und Handelssachen anzuwenden, ohne dass es auf die Art der Gerichtsbarkeit ankommt. [2]Sie gilt insbesondere nicht für Steuer- und Zollsachen sowie verwaltungsrechtliche Angelegenheiten oder die Haftung des Staates für Handlungen oder Unterlassungen im Rahmen der Ausübung hoheitlicher Rechte (acta iure imperii).**

II Sie ist nicht anzuwenden auf:

a) den Personenstand, die Rechts- und Handlungsfähigkeit sowie die gesetzliche Vertretung von natürlichen Personen, die ehelichen Güterstände oder Güterstände aufgrund von Verhältnissen, die nach dem auf diese Verhältnisse anzuwendenden Recht mit der Ehe vergleichbare Wirkungen entfalten,
b) Konkurse, Vergleiche und ähnliche Verfahren,
c) die soziale Sicherheit,
d) die Schiedsgerichtsbarkeit,
e) Unterhaltspflichten, die auf einem Familien-, Verwandtschafts- oder eherechtlichen Verhältnis oder auf Schwägerschaft beruhen,
f) das Gebiet des Testaments- und Erbrechts, einschließlich Unterhaltspflichten, die mit dem Tod entstehen.

Schrifttum: Coester-Waltjen, Einige Überlegungen zum Gebot der übergreifenden systematischen Auslegung nach Erwägungsgrund 7 Rom I-VO, IPRax 2020, 335; Mankowski, Ist die Brüssel Ia-VO auf die Schiedsrichterhaftung wegen Verletzung einer Offenbarungspflicht anwendbar, SchiedsVZ 2021, 310; Thole, Die Abgrenzung von EuGVVO und EuInsVO bei Annexklagen des Insolvenzverwalters und deren Verhältnis zu Art. 31 CMR, IPRax 2015, 396.

1 **I. Systematik. I 2 Hs. 2** neu, **II a** geändert, **e, f** neu, früherer III entfallen. Art. 1 bestimmt den sachlichen Anwendungsbereich der Brüssel Ia-VO, und zwar sowohl den sachlichen als auch den internationalen, Vorb. 1 vor Art 1. Für ihn reicht der Eintritt der Zuständigkeit im Laufe des Verfahrens, BGHZ 188, 377. Art. 71 kann vorrangig anwendbar sein. Es muss stets ein grenzüberschreitender Sachverhalt vorliegen, EuGH EuZW 2005, 345 – Owusu.

2 **II. Zivil- und Handelssache, I 1.** Die VO gilt zwingend grundsätzlich für alle Zivilsachen einschließlich der Handelssachen in einem gerichtlichen, also **kontradiktorischen Verfahren,** EuGH NJW 2019, 1791 Rn. 25 – BNP Parisbas; EuZW 2017, 686 Rn. 54 – Pula Parking. Der Begriff der Zivil- und Handelssache ist autonom auszulegen, also unabhängig vom Recht eines Mitgliedstaats, EuGH EuZW 2013, 828 – Sunico; OLG Ffm FamRZ 2013, 1490. Man muss ihn weit fassen, EuGH RIW 2019, 213 Rn 47; BAG NZA 2013, 797. Auf die Art der Gerichtsbarkeit kommt es nicht an, EuGH EuZW 2012, 427 – F-Tex; BGH NJW 2020, 536 Rn. 17. Auch Antragsverfahren ohne streitige Entscheidung können „Klagen" iSd Brüssel Ia-VO sein, BGH NJW 2020, 536 Rn. 20. Maßgeblich sind Zielsetzung und Systematik sowie die sich aus der Gesamtheit der mitgliedstaatlichen Prozessordnungen ergebenden Grundsätze, EuGH NJW 1993, 2091 – Sonntag. Vorfragen sind unerheblich, EuGH IPRax 2003, 528 (530) – TIARD. Auf die Staatsangehörigkeit der Verfahrensbeteiligten kommt es nicht an, OLG Ffm FamRZ 1982, 528, ebensowenig auf die Art des derzeit angerufenen Gerichts. Unanwendbar ist **I 1** bei einem Anspruch wegen einer Kriegshandlung, EuGH EuZW 2007, 252 – Lechouritou.

3 Eine Zivilsache kann auch vor einem **Arbeits- oder Strafgericht** verlaufen, EuGH EuZW 2003, 30 – Gemeente Steenbergen; BAG NZA 2016, 474, zB im Adhäsionsverfahren, EuGH IPRax 2019, 147 Rn. 31 – Aertssen; NJW 1993, 2091 – Sonntag. Eine Zivilsache kann auch eine **FamFG-Sache** sein. Auch das **Mahnverfahren** nach §§ 688 ff., 1087 ff. ZPO zählt hierher, BGH NJW 1993, 2752, ebenso die Klage eines **Insolvenzverwalters,** EuGH EuZW 2019, 792 Rn. 24 – Tibor-Trans; 2014, 840, oder eine Schadensersatzklage wegen eines Wettbewerbs- oder Kartellverstoßes, EuGH EuZW 2019, 792 Rn. 24 – Tibor Trans; 2015, 76, oder ein vertriebsvertragsrechtlicher Streit, Hau ZVertriebsR 2014, 79.

4 Die **Beteiligung von Behörden** schließt den Charakter als Zivil- und Handelssache nicht aus. Dies gilt etwafür eine Bereicherungsklage der öffentlichen Hand, EuGH NJW 2013, 1661 – Sapir, oder eine Streitigkeit wegen einer privatrechtlichen Betätigung der öffentlichen Hand, EuGH IWRZ 2020, 279 Rn. 65 – Surpreme Sites Services; OLG Oldb WM 2016, 1880 (Rückzahlung bei Staatsanleihe), oder im Parkgebührenstreit, EuGH EuZW 2017, 686 – Pula Parking oder die Klage einer Behörde auf Unterlassung wettbewerbswidrigen Verhaltens, EuGH IWRZ 2020, 221 – Movic; zust. Wurmnest/Grandel IPRax 2021, 410, oder Vergabesachen, EuGH NJW-RR 2021, 1386 – TOTO.

5 **III. Öffentlich-rechtliche Sache, I 2.** Nicht unter die VO fallen öffentlich-rechtliche Streitigkeiten, von denen **I 2** einige besonders nennt. Dass eine Behörde handelt, führt nicht automatisch zur Nichtanwendung der Brüssel Ia-VO, EuGH EuZW 2020, 898 Rn. 34 – Rina SpA (→ Rn. 4). §§ 13, 40 GVG sind zurückhaltend mitbeachtbar, EuGH EuZW 2002, 657 – Henkel. Es kommt vielmehr darauf an, ob der Klaganspruch seinen Ursprung in einer hoheitlichen Tätigkeit hat, EuGH EuZW 2007, 252 – Lechouritou. Ob Einwendungen

öffentlich-rechtlicher Natur sind, ist unerheblich, EuGH IPRax 2003, 528 – TIARD. Handlungen, die beliebige Private nicht vornehmen können, sind niemals Zivilsachen, EuGH IPRax 2003, 528 – TIARD, zB eine einseitige Festsetzung von Gebühren staatlicher Stellen, EuGH NJW 1977, 489 – EUROCONTROL, und Kostenfestsetzungen der Notare, während Honoraransprüche von Anwälten auch dann Zivilsachen sind, wenn es sich um Pflichtverteidigungen handelt, LG Paderb EWS 1995, 248 oder die Zertifizierung von Schiffen, EuGH EuZW 2020, 898 Rn. 49 – Rina SpA. Amtshaftungsansprüche unterfallen nach **I 2 Hs. 2** dann nicht der Brüssel Ia-VO, wenn sie sich aus hoheitlichem Handeln ableiten, EuGH NJW 1993, 2091 – Sonntag. Dasselbe gilt wegen des engen Zusammenhangs mit der Verhängung für die Rückforderung von Geldbußen, EuGH EuZW 2016, 782 – Siemens AG. Die Einordnung als öffentlich-rechtliches Handeln nach dem Recht desjenigen Staats, dem die handelnde Stelle angehört, ist dabei ohne Bedeutung, ebenso das Bestehen einer öffentlich-rechtlichen Versicherung für ihr Handeln. Das Handeln staatseigener Wirtschaftsbetriebe ist meist privatrechtlich. Das gilt wiederum unabhängig davon, wie das jeweilige nationale Recht es einordnet. Ein Rückgriff des Staats aus übergangenem Recht Privater ist nicht öffentlich-rechtlich, EuGH EuZW 2003, 30 – Gemeente Steenbergen.

IV. Ausnahmen, II. Nicht anwendbar ist die Brüssel Ia-VO auf die in **II** genannten Gegenstände auch dann, wenn es sich um Zivilsachen nach **I** handelt. Es muss sich um den Hauptgegenstand des Verfahrens handeln. Daher unterfällt ein solches Verfahren der Brüssel Ia-VO, in dem es nur um eine Vorfrage aus diesen Gebieten geht. Bei einer Anspruchskonkurrenz muss man jeden Anspruch für sich betrachten. Bei einem alternativ begründbaren Anspruch hängt die Anwendung der Brüssel Ia-VO davon ab, auf welchen Klaganspruch das Gericht seine Entscheidung stützt. Man muss **II a–f** als Ausnahmen eng auslegen. Unanwendbar ist **Art. 1** zB auf die Vollstreckung eines Zwangsgeldes, EuGH NJW 2016, 226 – Bohez. 6

1. Personenstand usw., II a. Die Vorschrift nimmt Statussachen aus. Das betrifft vor allem Ehesachen nach je §§ 121 ff. FamFG, BGH NJW-RR 1992, 642; BayObLG NJW-RR 1990, 842, und Kindschaftssachen nach §§ 151 ff. FamFG, BGH NJW 1985, 552, vorrangig Sorgerechtssachen, BGH NJW 1983, 2775. Für eine Ehesache und mit ihr verbundene Sorgerechtssachen gilt die EuEheVO. Die Begriffe in **II a** sind autonom auslegbar, OLG Ffm FamRZ 2013, 1490 (→ Art. 1 Rn. 2). Die Vorschrift erfasst auch ein Genehmigungserfordernis, EuGH FamRZ 2013, 1873 – Schneider. 7

Nicht alle Familiensachen sind von der Anwendung der VO ausgenommen. Zum „Güterstand" gehören alle vermögensrechtlichen Beziehungen, die sich aus der Ehe und ihrer Auflösung ergeben, EuGH FamRZ 2017, 1913; Nordmeier IPRax 2020, 215 (216). Zur Abgrenzung von Güterrechtssachen (zum alten Recht) EuGH EuZW 1997, 242 – van den Boogard; OLG Ffm FamRZ 2013, 1490. Unter die Brüssel Ia-VO fallen auch Ansprüche aus einem Verlöbnisbruch, Mankowski IPRax 1997, 173 (174); aA BGH NJW 1996, 1411 (zu eng), nicht aber Wohnungs- und Haushaltssachen, MüKoZPO/Gottwald Rn. 14; Schlosser/Hess/Schlosser Rn. 26. Dagegen gilt **II a** auch für Streitigkeiten zwischen den Partnern nichtehelicher Lebensgemeinschaften, EuGH FamRZ 2019, 1557 Rn. 28 – Weil. 8

2. Insolvenz usw., II b. Insolvenzrechtliche Verfahren fallen nicht unter die Brüssel Ia-VO, EuGH EuZW 2009, 610. – Alpenblume Für sie gilt die VO (EG) Nr. 1346/2000 des Rates v. 29.5.2000 über Insolvenzverfahren (ABl. 2000 L 160/1), EuGH NJW 2009, 2189 – Deko Marty und EuZW 2009, 785 – German Graphics. Sie ist eng auslegbar, BAG NZA 2013, 797. Zur Abgrenzung EuGH NZI 2018, 45 Rn. 29 – Tünkers France: Maßgebliches Kriterium ist die Rechtsgrundlage des geltend gemachten Anspruchs, EuGH NJW 2019, 1791 Rn. 28 – BNP Parisbas; BGH NZI 2021, 739 Rn. 23; KG ZIP 2021, 308 Rn. 28; weitergehend Thole IPRax 2015, 396 (399), der auch eine Einbeziehung des Regelungszwecks fordert. 9

Insolvenzverfahren sind nicht nur Verfahren nach der InsO, sondern überhaupt alle Gesamtverfahren, die auf der Zahlungseinstellung, der Zahlungsunfähigkeit oder der Krediterschütterung des Schuldners beruhen und ein solches Eingreifen des Gerichts beinhalten, das in eine zwangsweise kollektive Liquidation der Vermögenswerte des Schuldners oder zumindest in eine gerichtliche Kontrolle mündet, EuGH RIW 1979, 273. Insolvenzrechtlich sind alle Verfahren, die mit gleichem Klageziel ohne die Verfahrenseröffnung nicht entstehen könnten und die unmittelbar der Verwirklichung des Insolvenzverfahrensziels dienen, BAG NZA 2013, 797; OLG Köln NZG 2004, 1009; OLG Jena NZG 1999, 34. Dazu gehört auch eine Anfechtungsklage nach §§ 129 ff. InsO, EuGH NJW 2009, 2189 – Deko Marty; OLG Hamm DB 2000, 431 oder Ansprüche gegen den Geschäftsführer nach § 64 GmbHG, EuGH NZI 2015, 88; BGH NZI 2021, 739 Rn. 33; Wedemann IPRax 2015, 505, nicht aber, wenn die daraus resultierenden Ansprüche von einem Dritten aus abgetretenem Recht verfolgt werden, weil die Forderung damit aus der Masse ausgeschieden ist, EuGH EuZW 2012, 427 Rn 44 – F-Tex; krit. Guski ZIP 2018, 2395 (2400) und auch nicht Gläubigeranfechtungsklage, EuGH NZI 2019, 134 Rn. 33 – Azteca. Ein sog. Scheme of Arrangement zählt nicht hierher, Lüke/Scherz ZIP 2012, 1112. 10

Zivilsachen nach **I** sind alle Aktivprozesse des Insolvenzverwalters, EuGH EuZW 2014, 840 – Nickel & Goeldner; BGH NZI 2021, 739 Rn. 29; BAG NZA 2013, 797 auch wenn man mit ihnen solche Haftungsansprüche erhebt, für die die Insolvenzeröffnung Tatbestandsmerkmal ist. Keine Insolvenzsachen sind Ansprüche aus einem vom Insolvenzverwalter abgeschlossenen Vertrag, aM OLG Zweibr EuZW 1993, 165. Nicht unter **II b** fallen ferner Aussonderungs- und Absonderungsklagen, erst recht nicht, wenn der Rechtsstreit zwischen verschiedenen Aus- oder Absonderungsberechtigten geführt wird, OLG Saarbr WM 2020, 982. Dagegen fallen Klagen auf die Feststellung einer Forderung zur Insolvenztabelle zB nach §§ 179 ff. InsO unter **II a** fallen, EuGH NZI 2019, 861 Rn. 36 – Riel, ebenso eine Haftung des Mitglieds eines Gläubigerausschusses, EuGH NJW 2018, 843 – Valach, oder der Streit, ob eine Forderung eine Masse- oder Insolvenzforderung ist. 11

3. Soziale Sicherheit, II c. Den Ausschluss von Streitigkeiten über die soziale Sicherheit, Haas ZZP 108, 223, sollte man nach Art. 42 EGV und der VO (EG) Nr. 883/2004 verstehen sowie solche Leistungen, auf die der Begünstigte unter den gesetzlichen Voraussetzungen einen Anspruch hat, ohne dass es auf eine im Ermessen liegende individuelle Prüfung der persönlichen Bedürftigkeit ankommt, EuGH IPRax 2021, 77 Rn. 68 – BUAK. Hierhin gehören vor allem Streitigkeiten zwischen Trägern der Sozialversicherung und dem Berechtigten einschließlich der Rückgewähransprüche, BSGE 54, 250; OLG Köln EuZW 1991, 64, und der Regressklagen von Sozialversicherungsträgern sowie der Klage eines Arbeitnehmers gegen den Arbeitgeber auf eine Zahlung von Beiträgen an den Sozialversicherungsträger. Dagegen erfasst die Brüssel Ia-VO Ansprüche gegen den Arbeitgeber aus Arbeitsunfällen, auf Zahlung von Urlaubsgeld oder besonderen Entschädigungen usw. und einen Altersversorgungsanspruch eines Handelsvertreters gegen den Unternehmer, BGH ZVertriebsR 2017, 45. Unanwendbar 12 ist **II c** bei einem auf den Sozialhilfeträger übergegangenen Anspruch etwa nach § 94 SGB XII, EuGH EuZW 2003, 30 – Gemeente Steenbergen.

13 **4. Schiedsgerichtsbarkeit, II d.** Der Ausschluss der Schiedsgerichtsbarkeit beruht wesentlich auf einer Rücksichtnahme auf die insoweit bestehenden multilateralen Vereinbarungen. Nicht unter die Ausnahme fallen Klagen gegen einen Schiedsrichter wegen Verletzung von Pflichten aus dem Schiedsvertrag, Mankowski SchiedsVZ 2021, 310.

Beispiele zur Frage einer Unanwendbarkeit, IId

14 **Anerkennungsverfahren:** Unanwendbar ist die Brüssel Ia-VO auch auf ein solches Verfahren nach §§ 1060 ff. ZPO, EuGH EuZW 2015, 509 – Gazprom; BGH WM 1988, 1179.

Anschlussverfahren: Unanwendbar ist die Brüssel Ia-VO auch auf ein Anschlussverfahren nach denselben Regeln wie „Nebenverfahren".

Anspruchssicherung: Anwendbar ist die Brüssel Ia-VO bei einer einstweiligen Maßnahme solchen Zwecks aufgrund einer Schiedsvereinbarung nach § 1029 ZPO, EuGH GRUR Int. 1999, 734 – Lloyd; BGH EuZW 2009, 308, OLG Mü RIW 2000, 465.

Aufhebung des Schiedsspruchs: Unanwendbar ist die Brüssel Ia-VO auch auf ein Verfahren nach § 1059 ZPO, OLG Stgt RIW 1988, 480.

Ausländisches Urteil: Unanwendbar ist die Brüssel Ia-VO auf ein solches Urteil, das einen Schiedsspruch für vollstreckbar erklärt, OLG Stgt RIW 1988, 480. Denn auch wenn das nicht unter **IId** fällt, fehlt eine anerkennungsfähige Wirkung, weil das Urteil nur im Urteilsstaat gilt.

Bestellung, Abberufung eines Schiedsrichters: Unanwendbar ist die Brüssel Ia-VO auch auf ein derartiges Verfahren vor dem Staatsgericht nach § 1035 ZPO, EuGH NJW 1993, 189 – Rich; OLG Hmb RIW 1996, 862; OLG Düss NJW-RR 1996, 510.

Einrede: „Schiedseinrede".

Einstweilige Maßnahme: „Anspruchssicherung".

Missachtung einer Schiedsvereinbarung: Anwendbar bleibt die Brüssel Ia-VO bei solcher Entscheidung des Staatsgerichts. Denn es greift kein Versagungsgrund ein, OLG Hmb NJW-RR 1995, 191; OLG Celle RIW 1979, 191.

Nebenverfahren: Unanwendbar ist die Brüssel Ia-VO auch auf ein Nebenverfahren des schiedsrichterlichen Verfahrens, soweit das erstere vor dem Staatsgericht läuft, zB nach § 1035 ZPO. Siehe auch bei den einzelnen Nebenverfahren.

Klage aus Schiedsspruch: Anwendbar ist die Brüssel Ia-VO bei einer solchen Klage, Illmer SchiedsVZ 2011, 249 (rechtspolitisch); Schlosser IPRax 1985, 142.

Prozessführungsverbot: Es ist mit der Brüssel Ia-VO unvereinbar, EuGH NJW 2009, 1655 – West Tankers.

Schiedseinrede: Anwendbar bleibt die Brüssel Ia-VO dann, wenn der Bekl. eine solche Einrede nach § 1032 I ZPO erhebt. Diese Vorfrage zu beantworten, ist Aufgabe des sachlich zuständigen Gerichts.

Vollstreckbarkeit: Es gilt dasselbe wie bei „Anerkennungsverfahren".

15 **5. Unterhalt, II e.** Der Ausschluss von Streitigkeiten über Unterhaltspflichten erfasst im weitesten Sinn sämtliche solchen Pflichten gesetzlicher wie vertraglicher Art, soweit sie auf einem der wegen des Ausnahmecharakters der Vorschrift abschließend zu verstehenden, aber praktisch umfassenden Rechtsverhältnis beruhen oder nicht ganz untergeordnet mitberuhen. Dies gilt auch für von öffentlichen Einrichtungen aus übergegangenem Recht geltend gemachte Unterhaltsansprüche, EuGH NJW 2020, 3229 – Landkreis Harburg. Insoweit gilt die EuUntVO, deren Anwendungsbereich sich auch auf die Abwehr der ZwV aus Unterhaltstiteln erstreckt, EuGH NJW 2020, 2323 – FX. Nicht hierher zählt das nichteheliche Verhältnis. Lebenspartnerschaft ist kein Verhältnis eherechtlicher Art, sondern eherechtsähnlicher Art. Vgl. ferner → Rn. 16.

16 **6. Testaments- und Erbrecht, II f.** Der Ausschluss von Streitigkeiten dieser Art erfasst auch den Erbvertrag, ein Vermächtnis, eine Auflage, einen Pflichtteil usw. Unterhaltspflichten, die erst mit dem Tod entstehen, gehören hierzu und fallen nicht unter **IIc** (→ Rn. 15). Zu den erbrechtlichen Streitigkeiten zählen insbesondere Ansprüche von Erben und Vermächtnisnehmern gegen den Nachlass oder gegeneinander, ferner ein Streit über die Erbenstellung, einen Erbteil oder den Nachlasswert, OLG Stgt NJOZ 2011, 729, ferner alle die Testamentsvollstreckung betreffenden Verfahren. Dagegen fallen unter die Brüssel Ia-VO Klagen des Nachlasses oder der Erben gegen Dritte.

2 ***[Begriffsbestimmungen].*** **Für die Zwecke dieser Verordnung bezeichnet der Ausdruck**

a) „Entscheidung" jede von einem Gericht eines Mitgliedstaats erlassene Entscheidung ohne Rücksicht auf ihre Bezeichnung wie Urteil, Beschluss, Zahlungsbefehl oder Vollstreckungsbescheid, einschließlich des Kostenfestsetzungsbeschlusses eines Gerichtsbediensteten. Für die Zwecke von Kapitel III umfasst der Ausdruck „Entscheidung" auch einstweilige Maßnahmen einschließlich Sicherungsmaßnahmen, die von einem nach dieser Verordnung in der Hauptsache zuständigen Gericht angeordnet wurden. Hierzu gehören keine einstweiligen Maßnahmen einschließlich Sicherungsmaßnahmen, die von einem solchen Gericht angeordnet wurden, ohne dass der Beklagte vorgeladen wurde, es sei denn, die Entscheidung, welche die Maßnahme enthält, wird ihm vor der Vollstreckung zugestellt;

b) „gerichtlicher Vergleich" einen Vergleich, der von einem Gericht eines Mitgliedstaats gebilligt oder vor einem Gericht eines Mitgliedstaats im Laufe eines Verfahrens geschlossen worden ist;

c) „öffentliche Urkunde" ein Schriftstück, das als öffentliche Urkunde im Ursprungsmitgliedstaat förmlich errichtet oder eingetragen worden ist und dessen Beweiskraft

i) sich auf die Unterschrift und den Inhalt der öffentlichen Urkunde bezieht und

ii) durch eine Behörde oder eine andere hierzu ermächtigte Stelle festgestellt worden ist;

d) „Ursprungsmitgliedstaat" den Mitgliedstaat, in dem die Entscheidung ergangen, der gerichtliche Vergleich gebilligt oder geschlossen oder die öffentliche Urkunde förmlich errichtet oder eingetragen worden ist;

e) „ersuchter Mitgliedstaat“ den Mitgliedstaat, in dem die Anerkennung der Entscheidung geltend gemacht oder die Vollstreckung der Entscheidung, des gerichtlichen Vergleichs oder der öffentlichen Urkunde beantragt wird;

f) „Ursprungsgericht“ das Gericht, das die Entscheidung erlassen hat, deren Anerkennung geltend gemacht oder deren Vollstreckung beantragt wird.

3 ***[Weitere Begriffsbestimmungen].*** **Für die Zwecke dieser Verordnung umfasst der Begriff „Gericht“ die folgenden Behörden, soweit und sofern sie für eine in den Anwendungsbereich dieser Verordnung fallende Angelegenheit zuständig sind:**

a) in Ungarn, bei summarischen Mahnverfahren (fizetési meghagyásos eljárás), den Notar (közjegyző),

b) in Schweden, bei summarischen Mahnverfahren (betalningsföreläggande) und Beistandsverfahren (handräckning), das Amt für Beitreibung (Kronofogdemyndigheten).

I. Systematik. Art. 2 übernimmt in **lit. a** praktisch wörtlich den Art. 32 aF. Zur Freezing Injunction des High Court London OLG Brdb NJOZ 2017, 552. **Art. 3 lit. a** ist neu. **Lit. b** stimmt fast wörtlich mit Art. 62 aF überein. 1

II. „Entscheidung“, Art. 2a. „Entscheidung erfasst eine ganze Reihe von Arten und Formen. 2

III. Beispiele zur Frage eine „Entscheidung“, Art. 2a

Bestätigung: Entscheidung ist auch eine gerichtliche Bestätigung einer Maßnahme dann, wenn diese völlig in der Bestätigung aufgeht, zB bei der Festsetzung eines Anwaltshonorars, OLG Düss IPRax 1996, 415; OLG Hamm IPRax 1996, 414 oder der Anerkennung der Entscheidung eines Drittstaates, sofern dieser zumindest ein summarisches kontradiktorisches Verfahren vorausgegangen ist, EuGH EuZW 2022, 533 Rn. 26 – H. Ltd.; abl. Hess IPRax 2022, 349; dazu auch unter dem Gesichtspunkt der Doppelexequatur (→ § 722 ZPO Rn. 3) Oppolder EuZW 2022, 516. 3

Einstweilige Maßnahme: Danach zählt eine nach Anhörung des Bekl. ergangene solche Maßnahme als Entscheidung, BGH GRUR 2007, 814, ferner eine Maßnahme mit Zustellung vor Vollstreckung. Keine Entscheidung ist schon nach dem Gesetzeswortlaut grds. eine solche Maßnahme, die ohne Ladung und daher auch ohne Anhörung des Bekl. ergeht, EuGH NJW 1980, 2016 – Denilauler; großzügiger Heinze ZZP 120, 320.

Gerichtskostenrechnung: Keine Entscheidung ist sie, OLG Schlesw RIW 1997, 513.

Kostenfestsetzung: Entscheidung ist schon nach dem Wortlaut von Art 2a ein solcher Beschluss zB nach § 104 ZPO, Sujecki IPRax 2010; 563 (auch im Eilverfahren). Hierunter fallen auch für vollstreckbar erklärte Honorarforderungen, OLG Düss NJOZ 2018, 868.

Mahnverfahren: Zum grenzüberschreitenden nach § 688 III ZPO vgl. § 32 AVAG.

Scheme of Arrangement: Entscheidung ist auch diese Art, Eidenmüller/Frobenius WM 2011, 1219; Mankowski WM 2011, 210.

Seerechtlicher Haftungsfonds: Auch seine Errichtung, EuGH EuZW 2004, 285; BGH RdTW 2022, 358 Rn. 19.

Zuständigkeitsrecht: Unerheblich ist, ob das Gericht dasjenige der Brüssel Ia-VO angewendet hat, Geimer NJW 1986, 2994.

Zuständigkeitsverneinung: Entscheidung ist auch sie, EuGH WM 2013, 74 – Gothaer Allg. Vers.

Zwischenentscheidung: Keine Entscheidung ist eine solche dann, wenn sie nur den weiteren Verfahrensgang gestaltet, zB im selbständigen Beweisverfahren wie nach §§ 485 ff. ZPO, OLG Hmb MDR 2000, 53.

IV. „Gerichtlicher Vergleich“, Art. 2b. → Art. 59 Rn. 2, Art. 60. 4

V. „Öffentliche Urkunde, Art. 2c. → Art. 58 Rn. 2. 5

VI. „Ursprungsmitgliedstaat“, Art. 2d. → Art. 58 Rn. 6 ff. 6

VII. „Ersuchter Mitgliedstaat“, Art. 2e. 7

VIII. „Ursprungsgericht“, Art. 2f. 8

Kapitel II. Zuständigkeit

Vorbemerkung zu Art. 4

I. Systematik, Regelungszweck. Kapitel II regelt unmittelbar die internationale Zuständigkeit für die in seinen Anwendungsbereich fallenden Streitigkeiten. Diese Regelung ist abschließend. Daher darf das Gericht nationale Vorschriften über die internationale Zuständigkeit nicht prüfen, soweit es die Brüssel Ia-VO nicht ausdrücklich gestattet, BGH NJW 1999, 2442; KG FamRZ 1993, 976. Unberührt bleiben Bestimmungen über die sachliche und die funktionale Zuständigkeit. Die **örtliche Zuständigkeit** bestimmt sich dann nach dem nationalen Recht, also nach §§ 12 ff. ZPO, wenn sich die internationale Zuständigkeit aus Art. 4 ergibt, LG Hmb GRUR-RR 2014, 110. Dagegen regeln Art. 7, 8 auch die örtliche Zuständigkeit, Wagner EuZW 2021, 572 (573). Das Gericht prüft die internationale Zuständigkeit nach der Brüssel Ia-VO auch im Berufungs- oder Revisionsverfahren von Amts wegen, Piekenbrock/Schulze IPRax 2003, 328. 1

II. Zuständigkeitsbegründende Tatsache. Eine solche Tatsache muss grundsätzlich der Kläger beibringen. Ihn trifft insoweit die Darlegungs- und die Beweislast, BGH NJW 2001, 1936. Jedoch genügt die schlüssige Behauptung dann, wenn die Tatsache auch für die Begründetheit der Klage erheblich ist, EuGH JZ 1998, 896 – Benincasa; BGH GRUR 2005, 432. 2

III. Geltungsbereich. Voraussetzung ist grundsätzlich, dass der Bekl. seinen **Wohnsitz oder Sitz in einem Mitgliedstaat** hat (Ausnahmen: Art. 18, 19). Ist das so, gilt Kapitel II auch dann, wenn der Kläger in einem Drittstaat ansässig ist, es sei denn, die Brüssel Ia-VO bestimmt ausdrücklich etwas anderes, EuGH NJW 2000, 3121 – Group Josi. Daher erfasst Art. 4 auch solche Sachverhalte, die ihre Internationalität nur aus ihrem **Drittstaatenbezug** gewinnen, EuGH NJW 2000, 3121 – Group Josi; Paulus/Peiffer/Peiffer/Paulus Vor Art. 4 Rn. 18; aA 3

BGH NJW 1990, 317; OLG Karlsr NJW-RR 2006, 1587. Maßgeblich ist der Zeitpunkt der Klagerhebung nach §§ 253, 261 ZPO, spätestens des Verhandlungsschlusses nach §§ 136 IV, 296a ZPO. Die einmal begründete Zuständigkeit dauert fort, sog. perpetuatio fori, vgl. § 261 III Nr. 2 ZPO, aA Wilske/Kocher NJW 2000, 3549.

4 **IV. Annexzuständigkeit.** Die Zuständigkeitstatbestände des Kapitels II begründen auch die Zuständigkeit für Annexverfahren, zB für unterstützende Auskunftsklagen nach § 254 ZPO und für das folgende Kostenfestsetzungsverfahren nach §§ 103 ff. ZPO, OLG Kblz IPRax 1987, 24, aber auch für ein Eilverfahren zur Sicherung des Hauptverfahrens nach §§ 916 ff., 935 ff., Art. 45, LG Hmb GRUR-RR 2014, 110. Zwangsvollstreckungsverfahren nach §§ 704 ff. ZPO gehören nach Art. 18 Nr. 5 nicht hierher.

Abschnitt 1. Allgemeine Bestimmungen

4 *[Allgemeiner Gerichtsstand].* **I Vorbehaltlich der Vorschriften dieser Verordnung sind Personen, die ihren Wohnsitz im Hoheitsgebiet eines Mitgliedstaats haben, ohne Rücksicht auf ihre Staatsangehörigkeit vor den Gerichten dieses Mitgliedstaats zu verklagen.**

II Auf Personen, die nicht dem Mitgliedstaat, in dem sie ihren Wohnsitz haben, angehören, sind die für Staatsangehörige dieses Mitgliedstaats maßgebenden Zuständigkeitsvorschriften anzuwenden.

1 **I. Systematik.** Die Vorschrift entspricht dem Art. 2 aF.

2 **II. Grundregel, I.** Allgemeiner Gerichtsstand ist der Wohnsitz oder Sitz des Bekl., OLG Brdb NJOZ 2006, 3857; Harms EuZW 2014, 133. Das gilt auch bei einem Schiffsunfall im Ausland, OLG Nürnb VersR 2014, 124. Es gilt unabhängig davon, ob der Kläger in einem Drittland ansässig ist, EuGH NJW 2000, 3121 – Group Josi; Staudinger IPRax 2000, 483, und unabhängig zB vom Schadensort, OLG Nürnb VersR 2014, 124. Die Staatsangehörigkeit des Bekl. ist für die internationale Zuständigkeit ohne Bedeutung, OLG Brdb NJOZ 2006, 3857, ebenso die Klageart. Es erfolgt also keine Umkehrung der Verhältnisse bei einer negatorischen Feststellungsklage nach § 256 ZPO. Die materiell-rechtliche Position als Gläubiger oder Schuldner ist unerheblich. Es kommt allein auf die formale Parteirolle im Prozess an, BGH NJW 1997, 871. Art. 7–9 regeln Ausnahmen. Man muss sie unter Beachtung von Art. 4 sehen, EuGH NJW 2005, 653 – Gruber. Maßgeblich ist der Zeitpunkt der Entscheidungsreife (→ ZPO § 300 Rn. 21), BGH NJW 2011, 2515. Zweck ist im Interesse sowohl der Rechtssicherheit als auch der Prozesswirtschaftlichkeit eine zwar nicht einfache, aber doch übersehbare und teilweise wählbare Regelung.

3 Zur Bestimmung des Wohnsitzes oder Sitzes zunächst Art. 62–64. Art. 4, 9 II, 15 Nr. 4, 17 II, 27 III enthalten Sonderregeln. Vor deutschen Gerichten beantwortet sich die Frage, ob der Bekl. seinen Wohnsitz in Deutschland hat, nach Art. 62 I iVm §§ 13 ff. ZPO, §§ 7 ff. BGB, die Frage, ob sein Wohnsitz zB in England liegt, nach Art. 62 II iVm dem Civil Jurisdiction and Judgments Act. Bei mehreren Wohnsitzen genügt es, dass einer von ihnen im Gerichtsstaat liegt, Geimer NJW 1986, 2991. Ein Zweitwohnsitz reicht, OLG Ffm NJW-RR 2011, 1491. Unanwendbar ist Art. 4 evtl. dann, wenn der Bekl. seinen (Wohn-)Sitz in einem anderen als demjenigen Mitgliedstaat hat, in dem das angerufenen Zivilgericht residiert, EuGH EuZW 2014, 181 La Maison du Whisky.

4 **III. Sonderregel, II.** Sie fordert eine Inländergleichbehandlung von Ausländern bei der örtlichen Zuständigkeit. Sie hat für rein innerdeutsche Verfahren keine Bedeutung, AG Brem NJW-RR 2011, 854. Denn die Zuständigkeit hängt insofern nicht von der Staatsangehörigkeit ab.

5 *[Gerichtsstandsgrenzen].* **I Personen, die ihren Wohnsitz im Hoheitsgebiet eines Mitgliedstaats haben, können vor den Gerichten eines anderen Mitgliedstaats nur gemäß den Vorschriften der Abschnitte 2 bis 7 dieses Kapitels verklagt werden.**

II Gegen die in Absatz 1 genannten Personen können insbesondere nicht die innerstaatlichen Zuständigkeitsvorschriften, welche die Mitgliedstaaten der Kommission gemäß Artikel 76 Absatz 1 Buchstabe a notifizieren, geltend gemacht werden.

1 **I. Systematik.** Die Vorschrift entspricht in **I** dem Art. 3 I aF. **II** entspricht inhaltlich dem Art. 3 II aF.

2 **II. Grundsatz, I.** Die Vorschrift gilt auch im Vollstreckungsverfahren nach Art. 39 ff., Jestaedt IPRax 2001, 438. Sie enthält eine abschließende Aufzählung der besonderen Gerichtsstände. Sie garantiert dadurch einen Mindestschutz desjenigen Bekl., der seinen Wohnsitz in einem Mitgliedstaat hat, Harms EuZW 2014, 133; Hau ZVertriebsR 2014, 79. Sie bestätigt, dass die Gerichtsstände der Brüssel Ia-VO das nationale Zuständigkeitsrecht verdrängen → Vor Art. 4 Rn. 1.

3 **III. Ausschluss, II.** Die Bestimmung schließt die klägerfreundlichen Gerichtsstände des nationalen Rechts ausdrücklich aus, indem sie die wichtigsten sog. exorbitanten Zuständigkeiten nennt, so für Deutschland § 23 ZPO. Der Ausschluss gilt nach Art. 6 dann nicht, wenn der Bekl. keinen Wohnsitz im Hoheitsgebiet eines Mitgliedstaats hat, es sei denn, Art. 24 greift ein. Auch für Eilverfahren nach Art. 35 und §§ 916 ff., 935 ff. ZPO gilt **II** nicht. Hier sind auch die besonders genannten Gerichtsstände eröffnet, sofern der Sachverhalt eine reale Beziehung zum Gerichtsstand des Eilverfahrens hat, EuGH EuZW 1999, 413 – van Uden; OLG Karlsr MDR 2002, 231. Zum Arrestgrund des § 917 II 1 ZPO vgl. § 917 II 2 ZPO.

6 *[Vorrang des autonomen Rechts].* **I Hat der Beklagte keinen Wohnsitz im Hoheitsgebiet eines Mitgliedstaats, so bestimmt sich vorbehaltlich des Artikels 18 Absatz 1, des Artikels 21 Absatz 2 und der Artikel 24 und 25 die Zuständigkeit der Gerichte eines jeden Mitgliedstaats nach dessen eigenem Recht.**

II Gegenüber einem Beklagten, der keinen Wohnsitz im Hoheitsgebiet eines Mitgliedstaats hat, kann sich unabhängig von ihrer Staatsangehörigkeit jede Person, die ihren Wohnsitz im Hoheitsgebiet eines Mitgliedstaats hat, in diesem Mitgliedstaat auf die dort geltenden Zuständigkeitsvorschriften, insbesondere auf diejenigen, welche die Mitgliedstaaten der Kommission gemäß Artikel 76 Absatz 1 Buchstabe a notifizieren, wie ein Staatsangehöriger dieses Mitgliedstaats berufen.

I. Systematik. Die Vorschrift entspricht inhaltlich dem Art. 4 I, II aF. 1

II. Grundregel, I. Abgesehen von Art. 18 I, 21 II, 24, 25 gelten hierfür nicht die Zuständigkeitsvorschriften der Brüssel Ia-VO, sondern nach Vor Art. 4 diejenigen des nationalen Rechts über die internationale Zuständigkeit, BGH NJW-RR 2008, 58; BayObLG NJW-RR 2006, 211; OLG Karlsr GRUR 2014, 59. Insbesondere sind dann auch die nach Art. 5 II ausgeschlossenen Gerichtsstände vorhanden, BGH NJW-RR 1988, 173. Art. 11 II, 15 Nr. 4, 17 II, 27 III bleiben zu beachten. Zur unionsweiten Zuständigkeit eines deutschen Gerichts in einer Geschmacksmustersache OLG Düss GRUR 2016, 616 (Vorlage beim EuGH). Davon, dass der Bekl. keinen Wohnsitz im Hoheitsgebiet eines Mitgliedstaates hat, ist nur dann auszugehen, wen hierfür beweiskräftige Indizien bestehen, EuGH EuZW 2012, 381 Rn. 40 – de Visser. 2

III. Sonderregel, II. Ähnlich wie Art. 4 II gewährleistet die Vorschrift eine Inländergleichbehandlung, indem sie Differenzierungen nach der Staatsangehörigkeit ausschließt. Danach stehen solche Klägergerichtsstände des nationalen Rechts, die an sich nur Angehörigen des eigenen Staats offenstehen, allen in diesem Staat ansässigen Ausländern zur Verfügung. 3

Abschnitt 2. Besondere Zuständigkeiten

7 ***[Besonderer Gerichtsstand].*** **Eine Person, die ihren Wohnsitz im Hoheitsgebiet eines Mitgliedstaats hat, kann in einem anderen Mitgliedstaat verklagt werden:**

1. a) wenn ein Vertrag oder Ansprüche aus einem Vertrag den Gegenstand des Verfahrens bilden, vor dem Gericht des Ortes, an dem die Verpflichtung erfüllt worden ist oder zu erfüllen wäre;

b) im Sinne dieser Vorschrift – und sofern nichts anderes vereinbart worden ist – ist der Erfüllungsort der Verpflichtung

– für den Verkauf beweglicher Sachen der Ort in einem Mitgliedstaat, an dem sie nach dem Vertrag geliefert worden sind oder hätten geliefert werden müssen;

– für die Erbringung von Dienstleistungen der Ort in einem Mitgliedstaat, an dem sie nach dem Vertrag erbracht worden sind oder hätten erbracht werden müssen;

c) ist Buchstabe b nicht anwendbar, so gilt Buchstabe a;

2. wenn eine unerlaubte Handlung oder eine Handlung, die einer unerlaubten Handlung gleichgestellt ist, oder wenn Ansprüche aus einer solchen Handlung den Gegenstand des Verfahrens bilden, vor dem Gericht des Ortes, an dem das schädigende Ereignis eingetreten ist oder einzutreten droht;

3. wenn es sich um eine Klage auf Schadenersatz oder auf Wiederherstellung des früheren Zustands handelt, die auf eine mit Strafe bedrohte Handlung gestützt wird, vor dem Strafgericht, bei dem die öffentliche Klage erhoben ist, soweit dieses Gericht nach seinem Recht über zivilrechtliche Ansprüche erkennen kann;

4. wenn es sich um einen auf Eigentum gestützten zivilrechtlichen Anspruch zur Wiedererlangung eines Kulturguts im Sinne des Artikels 1 Nummer 1 der Richtlinie 93/7/EWG handelt, der von der Person geltend gemacht wurde, die das Recht auf Wiedererlangung eines solchen Gutes für sich in Anspruch nimmt, vor dem Gericht des Ortes, an dem sich das Kulturgut zum Zeitpunkt der Anrufung des Gerichts befindet;

5. wenn es sich um Streitigkeiten aus dem Betrieb einer Zweigniederlassung, einer Agentur oder einer sonstigen Niederlassung handelt, vor dem Gericht des Ortes, an dem sich diese befindet;

6. wenn es sich um eine Klage gegen einen Begründer, Trustee oder Begünstigten eines Trust handelt, der aufgrund eines Gesetzes oder durch schriftlich vorgenommenes oder schriftlich bestätigtes Rechtsgeschäft errichtet worden ist, vor den Gerichten des Mitgliedstaats, in dessen Hoheitsgebiet der Trust seinen Sitz hat;

7. wenn es sich um eine Streitigkeit wegen der Zahlung von Berge- und Hilfslohn handelt, der für Bergungs- oder Hilfeleistungsarbeiten gefordert wird, die zugunsten einer Ladung oder einer Frachtforderung erbracht worden sind, vor dem Gericht, in dessen Zuständigkeitsbereich diese Ladung oder die entsprechende Frachtforderung

a) mit Arrest belegt worden ist, um die Zahlung zu gewährleisten, oder

b) mit Arrest hätte belegt werden können, jedoch dafür eine Bürgschaft oder eine andere Sicherheit geleistet worden ist;

diese Vorschrift ist nur anzuwenden, wenn behauptet wird, dass der Beklagte Rechte an der Ladung oder an der Frachtforderung hat oder zur Zeit der Bergungs- oder Hilfeleistungsarbeiten hatte.

I. Systematik, Regelungszweck. Nr. 1a–c entspricht dem Art. 5 Nr. 1a–c aF, **Nr. 2** der Nr. 3 aF, **Nr. 3** der Nr. 4 aF. **Nr. 4** ist neu. **Nr. 5** übernimmt Nr. 5 aF. **Nr. 6** entspricht inhaltlich dem Art. 5 Nr. 6 aF. **Nr. 7** übernimmt den Art. 5 Nr. 7 aF. Art. 7, ergänzt durch Art. 8, ist als eine Spezialvorschrift eng auszulegen. Er enthält den wichtigen Katalog der besonderen Zuständigkeiten, EuGH NJW 2004, 1439 – Blijdenstein. Grundvoraussetzung für seine Anwendung ist der Wohnsitz nach Art. 62 oder der Sitz des Bekl. in einem anderen Vertragsstaat als dem Gerichtsstaat; die Norm gilt nicht für Parteien mit Wohnsitz/Sitz in einem Drittstaat, EuGH NJW 2018, 2105 Rn. 51 – flightright. Die besonderen Zuständigkeiten nach Art. 7 sind fakultativ. Sie bestehen nur in einem anderen Staat als demjenigen, in dem der Bekl. seinen allgemeinen Gerichtsstand hat, OLG Ffm EuZW 2010, 918. Sie werden durch die ausschließlichen Zuständigkeiten nach Art. 24, 25 verdrängt. In einer Verbrauchersache gilt vorrangig Art. 17, EuGH NJW 2002, 2697 – Gabriel. In einer Versicherungssache ist nur **Nr. 5** anwendbar, Geimer/Schütze/Geimer Art. 11 Rn. 14. Im Eilverfahren gilt Art. 35. 1

Mit Ausnahme von **Nr. 6** regelt Art. 7 nicht nur die internationale, sondern auch die **örtliche** Zuständigkeit. In ihrem jeweiligen Anwendungsbereich verdrängen **Nr. 1–5, 7** auch die nationalen Regelungen, zB §§ 12ff. ZPO. Nach Art. 7 sind die Gerichte nur zur Entscheidung über die dem jeweiligen Gerichtsstand zugeordneten Ansprüche befugt. Eine **Annexzuständigkeit** für etwaige konkurrierende Ansprüche besteht nicht. Im Vertragsgerichtsstand nach **Nr. 1** kann man demgemäß keinen deliktischen Anspruch erheben, ebensowenig im Deliktgerichtsstand nach **Nr. 2** umgekehrt einen vertraglichen Anspruch, EuGH NJW 1988, 3088 – Kalfelis; BGH NJW-RR 2005, 583; OLG Köln ZVertriebsR 2016, 202; Stürner/Wendelstein JZ 2018, 1083 (1088). 2

3 **II. Gerichtsstand des Erfüllungsorts, Nr. 1.** Die Vorschrift erfasst jede Klageart, OLG Mü RIW 1996, 1035. Sie enthält in **Nr. 1b** eine Spezialregel und nach **Nr. 1c,** in **Nr. 1a** eine allgemeine Auffangbestimmung. Für den Erfüllungsort nach **Nr. 1a** ist das sachliche Recht maßgeblich, OLG Hamm NJW-RR 2007, 479; Geimer/Schütze/Geimer Rn. 163.

4 **1. Vertragsanspruch, Nr. 1a.** Der Begriff ist autonom auslegbar, EuGH EuZW 1999, 59 – Reunion européenne; KG IPRax 2015, 96, aber nicht eng, EuGH NJW 2005, 811 – Engler. Ein Vertrag ist in einer weiten Auslegung jedes freiwillige Eingehen einer Verpflichtung ggü. einer anderen Person, EuGH NJW-RR 2020, 552 Rn. 43 – Kralova; NJW 2019, 2991 Rn. 23 – Kerr; BGH NJW 2011, 2056, zB eine gesellschaftsrechtliche Auseinandersetzung, OLG Hamm NJW-RR 2007, 478. Er setzt im Normalfall eine solche bindende Übereinkunft der Beteiligten voraus, aus der Rechte und Pflichten entstehen. **Nr. 1a** greift auch dann ein, wenn der Bekl. das Bestehen eines Vertrags schlichtweg bestreitet, EuGH IPRax 1983, 31 – Effer; BGH NJW 2006, 1936. Es handelt sich oft um eine Frage der Vertragsauslegung, EuGH NJW 2014, 1648 – Brogsitter Zur sog. doppelrelevanten Tatsache OLG Kblz NJW-RR 2010, 1004. EuGH NJW 2014, 1648 – Brogsitter schließt beim Vorliegen von **Nr. 1a** einen Gerichtsstand nach **Nr. 2** aus. Das ist logisch keineswegs zwingend: Ein Vertragsverstoß kann zugleich sehr wohl sogar eine massive unerlaubte Handlung darstellen, vgl. BGH NJW 2020, 3808 (Vorlagebeschluss), dazu Spickhoff NJW 2020, 3759. Zur Abgrenzung zum Deliktsanspruch Hoffmann ZZP 128, 465.

Beispiele zur Frage eines Vertragsanspruchs, Nr. 1a

5 **Allgemeine Geschäftsbedingungen:** Sie sind grds. anwendbar, OLG Zweibr MDR 2013, 510. Unanwendbar ist **Nr. 1a** bei einem Missbrauch solcher Klauseln, EuGH EuZW 2002, 657 – Henkel.

Anleihevertrag: Anwendbar sein kann **Nr. 1a** auch bei Börsenorientierung, Thole WM 2014, 1213 (allerdings nicht Art. 17).

Anwaltsvergütung: Anwendbar ist **Nr. 1a** auf einen Vertragsanspruch auf eine Anwaltsvergütung, Drews TranspR 1999, 193.

Auskunft: Anwendbar ist **Nr. 1a** auf den Anspruch auf eine vertraglich begründete Auskunft.

Bereicherung: Anwendbar ist **Nr. 1a** bei einem Bereicherungsanspruch aus einem unwirksamen Vertrag, EuGH NJW 2022, 375 Rn. 49 – HRVATSKE ŜUME; 2016, 419 – Profit Investment.

Bürgschaft: Anwendbar ist **Nr. 1a** auf einen Anspruch aus einem Bürgschaftsvertrag ohne die Notwendigkeit einer Ermächtigung des Bürgen durch den Hauptschuldner, OLG Brschw NJOZ 2020, 360; einschränkend EuGH NJW-RR 2004, 1291 – Frahuil für den Fall des Bürgenregresses aus übergegangenem Recht.

Flugvertrag: Anwendbar ist **Nr. 1a** auf ihn, AG Geldern NJW-RR 2011, 1685. Die Regelung gilt auch für Ansprüche gegen ein ausführendes Unternehmen, das nicht Vertragspartei ist, EuGH NJW-RR 2020, 552 Rn. 47 – Kralova; EuGH NJW 2018, 2105 – flightright, dazu Lobach IPRax 2019, 391. Zum Problem BGH MDR 2015, 1221.

Frachtvertrag: Unanwendbar ist **Nr. 1a** auf einen Anspruch wegen eines Transportschadens aus einem solchen Konnossement, das den Bekl. nicht als den Verfrachter ausweist, EuGH EuZW 1999, 59 – Reunion européenne.

Gesamtschuldnerregress: Nr. 1a ist bei vertraglich begründeter Gesamtschuld auch auf den Regressanspruch anwendbar, EuGH ZIP 2017, 1734 Rn. 31 – Kareda

Gesellschaft: Anwendbar ist **Nr. 1a** dann, wenn es um den Haftungsanspruch gegen einen Gesellschafter geht, sei es aufgrund des Gesellschaftsvertrags, sei es aus ihn ergänzenden Normen, OLG Rostock IPRax 2016, 156; OLG Jena NZG 1999, 34, oder wenn es um eine Innenhaftungsklage gegen eine Organperson geht falls kein Arbeitsvertrag iSd Art. 22 vorliegt, EuGH EuZW 2015, 922 – Holterman Ferho; OLG Köln ZIP 2012, 1000; OLG Celle NZG 2000, 595; Weller/Harms IPRax 2016, 119 (121).

Gesetzliches Schuldverhältnis: Unanwendbar ist **Nr. 1a** bei einem Anspruch dieser Art, BGH NJW 1996, 1411; Mankowski IPRax 1997, 173.

Gewinnzusage: Anwendbar ist **Nr. 1a** auf eine Gewinnzusage. Denn der weite Vertragsbegriff beschränkt sich nicht auf einen gegenseitigen Vertrag, EuGH NJW 2005, 653 – Gruber.

Gläubigeranfechtung: Soweit es um vertraglich begründete Ansprüche geht, ist **Nr. 1a** anwendbar, EuGH NZI 2019, 134 Rn. 144 – Azteca; krit Hoffmann GPR 2019, 68; Kern/Uhlmann IPRax 2019, 488 (491)

Handelsvertreter: Anwendbar sein kann **Nr. 1a,** OLG Oldb NJW-RR 2014, 814; von Hein JZ 2015, 946.

Inhaberschuldverschreibung: EuGH EuZW 2015, 218 – Kolassa.

Kammerbeitrag: Die Beitragspflicht zu einer Kammer ist kein Vertragsanspruch, EuGH NJW 2020, 449 Rn. 32 – Ordre des avvocats du barreau du Dinant.

Konzern: Unanwendbar ist **Nr. 1a** bei einem Anspruch wegen einer Konzernhaftung, OLG Ffm IPRax 2000, 525.

Kreditvertrag: EuGH ZIP 2017, 1734 – Kareda.

Makler: BGH NJW, 2015, 2339.

Nebenpflicht: Anwendbar ist **Nr. 1a** auf einen Anspruch aus einer Verletzung einer vertraglichen Nebenpflicht, BGH NJW 2004, 1456.

Nichtigerklärung: Anwendbar sein kann **Nr. 1a,** EuGH EuZW 2016, 419 – Profit Investment.

Primäranspruch: Anwendbar ist **Nr. 1a** auf einen vertraglichen Primäranspruch, LG Mü GRUR-RR 2007, 196.

Produkthaftung: Unanwendbar ist **Nr. 1a** auf die Klage eines Endverbrauchers gegen den Hersteller aus einer Produkthaftung, EuGH JZ 1995, 90 – Handte. Denn das ist kein vertraglicher Anspruch, sondern ein deliktischer.

Rechnungslegung: Anwendbar ist **Nr. 1a** auf den Anspruch auf eine vertraglich begründete Rechnungslegung.

Rückritt: Anwendbar ist **Nr. 1a,** OLG Köln ZVertriebsR 2016, 202.

Schadensersatz: Anwendbar ist **Nr. 1a,** OLG Köln ZVertriebsR 2016, 202; OLG Saarbr NJOZ 2011, 1867.

Scheckrecht: Unanwendbar ist **Nr. 1a** bei einem scheckrechtlichen Regressanspruch, BGH NJW 2004, 1456.

Sekundäranspruch: Anwendbar sein kann **Nr. 1a** auch auf einen derartigen Vertragsanspruch, → „Vorvertrag", BGH NJW 2016, 409.

Sicherheitsleistung: Anwendbar ist **Nr. 1a** auf die Gestellung einer Sicherheit.

Verein: Anwendbar ist **Nr. 1a** dann, wenn Streitgegenstand ein Anspruch aus der Mitgliedschaft in einem Verein ist, mag er auf dessen Satzung oder auf der Handlung eines Vereinsorgans beruhen, EuGH IPRax 1984, 85 – Peters.

Vertragsabschluss: Anwendbar ist **Nr. 1a** auf einen Anspruch auf den Abschluss eines Vertrags. Unanwendbar ist **Nr. 1a** dann, wenn ein solcher Anspruch nur auf einer unerlaubten Handlung beruht, EuGH NJW 1988, 3088 – Kalfelis.

Vertragsänderung: Es gilt dasselbe wie beim „Vertragsabschluss".

Vertragsaufhebung: Es gilt dasselbe wie beim „Vertragsabschluss", EuGH EuZW 2017, 36 – Schmidt.

Vertragsverhandlung: Anwendbar ist **Nr. 1a** auf einen Anspruch aus Verschulden bei den Vertragsverhandlungen, soweit es sich um eine Verletzung von Aufklärungs- oder Beratungspflichten handelt. Unanwendbar ist **Nr. 1a** dann, soweit es um die Verletzung von Verkehrs- und Schutzpflichten geht, Mankowski IPRax 2003, 127; aA EuGH NJW 2002, 3159 – Tacconi (zu großzügig) → Rn. 19 „Verschulden bei Vertragsverhandlungen".

Vorvertrag: Anwendbar ist **Nr. 1a** auf den Anspruch aus einem Vorvertrag, EuGH NJW 1989, 1424 – Haviland; BGH NJW 2004, 1456; anders aber beim Verschulden bei Vertragsverhandlungen (→ Rn. 19).

Wechselrecht: Unanwendbar ist **Nr. 1a** auf einen wechselrechtlichen Regressanspruch, LG Ffm IPRax 1997, 258; LG Bayreuth IPRax 1989, 230; aA Bachmann IPRax 1997, 237 (zu großzügig).

Wirksamkeit des Vertrags: Anwendbar ist **Nr. 1a** bei einem Streit um diese Wirksamkeit.

Unanwendbar ist **Nr. 1a** dann, wenn die Wirksamkeit nur eine Vorfrage in einem Verfahren mit einem anderen Hauptziel ist, EuGH IPRax 1983, 31 – Effer. Auch → Rn. 5 „Bereicherung".

Wohnungseigentum: Anwendbar ist **Nr. 1a** auf den Zahlungsanspruch einer WEG gegen einen Miteigentümer, EuGH NJW 2019, 2991 – Kerr (dazu Scraback GPR 2020, 13); OLG Stgt NJW-RR 2005, 814; LG Ffm ZMR 2014, 573, auf Unterlassungsansprüche nur, soweit nicht Art. 24 Nr. 1 eingreift (→ Art. 24 Rn. 5 „Wohnungseigentum"), EuGH NJW 2021, 293 Rn. 41 – Ellmes Property Services.

2. Verkauf beweglicher Sache, Nr. 1b Fall 1. Die Vorschrift verwirklicht einen autonomen Ansatz, ohne einen Rückgriff auf das anwendbare sachliche Recht und mit einem einheitlichen Erfüllungsort für alle Verpflichtungen aus dem betreffenden Vertrag, also auch für die Zahlungsklage des Geldleistungsgläubigers. Der Verkäufer muss also eine Zahlungsklage am vereinbarten oder erfolgten Lieferungsort erheben, dem Ort der Übergabe oder Entgegennahme, EuGH NJW 2011, 3018 – Electrosteel, Hager/Bastele IPRax 2004, 73. Eine Differenzierung nach den einzelnen Leistungsbeziehungen erfolgt unter **Nr. 1b** nicht mehr. Die für den Vertrag charakteristische Verpflichtung regiert wegen des Erfüllungsorts über alle anderen Verpflichtungen, die Gegenleistungsverpflichtung wie alle Nebenpflichten. Das gilt auch bei mehreren Lieferorten in demselben Mitgliedstaat, EuGH NJW 2007, 1799 – Color Drack. Eine Überspannung der Anforderungen an die Darlegung verstößt gegen Art. 103 I GG, BGH NJW-RR 2010, 1218. 6

Ein Vertrag über den **Verkauf beweglicher Sachen** ist jeder Kaufvertrag über Mobilien. Richtigerweise sollte man den Begriff aber weitergehend verstehen, nämlich als Vertrag über die Lieferung beweglicher Sachen, EuGH NJW 2010, 1059 – Car Trim (Werklieferungsvertrag). Mangels eines Lieferorts im EU-Bereich gilt **Nr. 1a,** BGH NJW 2009, 2607; OLG Mü. IPRax 2022, 369 Rn. 32; Heiderhoff/Yalcia IPRax 2022, 339. 7

Beispiele zur Frage einer beweglichen Sache, Nr. 1b Fall 1

Forderungsverkauf: Unanwendbar ist die Vorschrift schon nach ihrem Wortlaut (keine „bewegliche Sache"). 8

Immobilienverkauf: Unanwendbar ist die Vorschrift schon nach ihrem Wortlaut auf einen solchen Vertrag.

Incoterm-Klausel EXW: Anwendbar sein kann die Vorschrift, OLG Stgt ZVertriebsR 2018, 131.

Informationsverkauf: Unanwendbar ist die Vorschrift auf einen solchen Vertrag über ein immaterielles Objekt.

Künftige Ware: „Werklieferungsvertrag"

Rechtsverkauf: Unanwendbar ist die Vorschrift schon nach ihrem Wortlaut (keine „Sache").

Vertriebsvertrag: Die Anwendbarkeit hängt von den Umständen ab, EuGH NJW 2016, 3087 Rn. 44 – Granarolo.

Werklieferungsvertrag: Anwendbar ist die Vorschrift bei ihm, EuGH NJW 2010, 1059 – Car Trim.

Werkvertrag: Anwendbar ist die Vorschrift auch bei einem solchen Vertrag, bei dem der Lieferungsaspekt → Rn. 7 im Vordergrund steht.

Wertpapierverkauf: Unanwendbar ist die Vorschrift bei einem solchen Vertrag, OLG Ffm WM 2020, 1577 Rn. 48; LG Darmst NJW-RR 1994, 684; Paulus/Peiffer/Peiffer/Paulus Rn. 94. Das gilt unabhängig davon, ob das Wertpapier faktisch überhaupt noch in Papierform existiert.

3. Dienstleistung, Nr. 1b Fall 2. Der Begriff ist weit auslegbar, BGH NJW 1994, 262; OLG Hamm NJW-RR 2020, 766 (LugÜ). Er lässt sich autonom einordnen, EuGH EuZW 1999, 727 – Mietz; OLG Düss BauR 2015, 551; OLG Mü BauR 2012, 135. Vgl. auch Art. 50 EGV. Voraussetzung ist die Erbringung einer bestimmten Tätigkeit gegen Entgelt, EuGH NJW 2016, 3087 Rn. 37 – Granarolo. Er gilt auch bei einer Dienstleistung in mehreren Mitgliedstaaten, EuGH NJW 2010, 1189 – Wood Floor; krit. Lehmann/Duczek IPRax 2011, 41. Er umfasst jede entgeltliche Art, Micklitz/Rott EuZW 2001, 328. Ein Vertrag über die Erbringung einer Dienstleistung bedeutet: Der Ort der Dienstleistung orientiert sich am Begriff der Dienstleistungsfreiheit, OGH ÖJZ 2004, 390; OLG Düss IHR 2004, 110. Maßgebend ist die **vertragscharakteristische Leistung,** Mann ZVertriebsR 2018, 12; innerhalb von ihr der Schwerpunkt, EuGH ZVertriebsR 2018, 190 – Saey Home & Garden; ZIP 2017, 1734 Rn. 40 Kareda; BGH NJW 2006, 1806 (Anwaltsvertrag); OLG Düss BauR 2015, 551; OLG Mü NJW-RR 2011, 1169 (Bauwerkvertrag); OLG Kblz NJW-RR 2009, 502 (Handelsvertreter). Gemeinsames Merkmal ist, dass eine tätigkeitsbezogene Leistung an den Verbraucher erfolgt, BGH NJW 1994, 262; OLG Düss RIW 1996, 683, und dass keine Veräußerung oder Gebrauchsüberlassung von Gegenständen im Vordergrund steht. Bei mehreren Leistungsorten entscheidet der Schwerpunktort, EuGH NJW 2010, 1189 – Wood Floor; OLG Kblz NJW-RR 2009, 502. Hilfsweise entscheidet beim Handelsvertreter sein Wohnsitz, EuGH NJW 2010, 1189 – Wood Floor. 9

Beispiele zur Frage einer Dienstleistung, Nr. 1b Fall 2

Anwaltsvertrag: → „Geschäftsbesorgung". 10

Arbeitsvertrag: Art. 20–23.

Bank: → „Kredit".

Flug: → „Luftbeförderung".
Geschäftsbesorgung: Dienstleistung erfolgt auch im Geschäftsbesorgungsvertrag, zB ein Anwaltsvertrag, BGH NJW 2006, 1806; OLG Düss BauR 2015, 551.
Handelsbrauch: Das Gericht beachtet ihn, BGH NJW 2019, 76.
Handelsvertreter: Er erbringt eine Dienstleistung, denn er ist kein Arbeitsvertrag, OLG Kblz NJW-RR 2009, 562.
Krankenhaus: Dienstleistung erbringt ein solcher Aufnahmevertrag, OLG Oldb NJW-RR 2008, 1598.
Kredit: Kreditgewährung ist Dienstleistung, EuGH ZIP 2017, 1734 Rn. 37 – Kareda; BGH NJW 2012, 1817.
Luftbeförderung. Dazu Mayer/Lindemann NJW 2012, 2317. Es handelt sich um eine Dienstleistung, EuGH NJW 2018, 2105 – flightright; EuGH EuZW 2009, 569 – CARTESIO; BGH MDR 2020, 1048 Rn. 29. Ihn regeln Art. 20 ff. Dabei hat man die Wahl zwischen dem Abflugs- und dem Ankunftsort, EuGH NJW 2018, 2105 Rn. 71 flightright; EuGH EuZW 2009, 569 – CARTESIO; BGH MDR 2020, 1048 Rn. 29 NJW 2011, 2057.
Maklervertrag: Dienstleistung, BGH NJW 2015, 2339; OLG Mü IPRax 2022, 369 Rn. 32.
Patronatserklärung: Nr. 1b ist anwendbar, OLG Brbg NZG 2021, 206 Rn. 17, dazu Pika IPRax 2022, 159
Software: Entwicklung von Software ist Dienstleistung, OLG Mü NJW-RR 2010, 790.
Teilzeitwohnrecht: Keine Dienstleistung bedeutet ein solches Recht, BGH NJW 1997, 1697.
Terminswahrnehmung: Dienstleistung erbringt ein Vertrag über eine solche Tätigkeit, BGH NJW 1986, 1806.
Treuhand: Dienstleistung erbringt ein solcher Vertrag, BGH NJW 1994, 262.
Urheberrecht: Keine Dienstleistung erbringt ein Urheberrechtsnutzungsvertrag, EuGH NJW 2009, 1865 – Falco.
Verbrauchervertrag: Keine Dienstleistung erbringt ein solcher Vertrag.
Versicherungsvertrag: Keine Dienstleistung erbringt ein solcher Vertrag, Art. 10 ff., Hau IPRax 2000, 359.
Vertriebsvertrag: Dienstleistung erbringt auch ein Vertragshändler eines Lizenzgebers, falls es eine besondere Klausel über den Warenvertrieb gibt, EuGH ZVertriebsR 2018, 190 – Saey Home & Garden.
Werkvertrag: Dienstleistung erbringt im Kern auch ein Werkvertrag, OLG Düss BauR 2015, 551; OLG Mü NJW-RR 2011, 1169; Gsell IPRax 2002, 484.

11 **4. Erfüllungsort, Nr. 1b Fälle 1, 2.** Es besteht grds. eine freie Vereinbarkeit des Erfüllungsorts, BGH NJW 2009, 2607. Maßgeblich ist oft die vertragscharakteristische Leistung, OLG Hamm IPRax 2018, 57 Rn. 26; Mann ZVertriebsR 2018, 12. Der Begriff ist nicht stets mit dem materiell-rechtlichen Begriff identisch, OLG Karlsr EuZW 2009, 712. Für Verträge über die **Lieferung beweglicher Sachen** liegt der Erfüllungsort dort, wohin der Schuldner die Ware nach dem Vertrag geliefert hat oder liefern sollte, OLG Karlsr EuZW 2009, 712; OLG Mü NJW-RR 2010, 790. Auch die Abholung beim Kläger zählt hierher, OLG Bbg ZVertriebsR 2014, 121. Maßgeblich ist der Ort des Eintritts der Verfügungsgewalt des Käufers, BGH NJW 2010, 3422 (er gilt grundsätzlich für alle Klagen aus diesem Vertrag). Bei einer ratsamen vertraglichen Festlegung des Lieferungsorts ergeben sich keine Probleme. Im Übrigen muss man nach den Umständen und dem Gesamtbild der Vertragsbedingungen ermitteln, wo der Lieferungsort nach den Vorstellungen der Parteien liegen soll. Kann der Ort der hauptsächlichen Leistungserbringung nicht ermittelt werden, ist auf den Sitz des Leistungserbringers abzustellen, EuGH ZVertriebsR 2018, 190 – Saey Home & Gardes. Nicht gelöst ist der Fall, dass **Teillieferungen** in verschiedene Mitgliedstaaten erfolgen sollen. Die Vereinbarung nach **I b** wirkt sich auf den Gerichtsstand aus, unabhängig von (jetzt) Art. 25 I 3, OLG Hamm ZVertriebsR 2015, 235.

12 Nach vergleichbaren Regeln muss man den Erbringungsort bei Verträgen über **Dienstleistungen** ermitteln. Wieder muss man vorrangig nach einer vertraglichen Festlegung suchen. Indes können sich bei einer rein faktischen Bestimmung hier Probleme ergeben, besonders im Zusammenhang mit elektronisch erbrachten Dienstleistungen.

13 Liegt der Lieferungs- oder Erbringungsort unter den für **Nr. 1b** geltenden Maßstäben in einem **Drittstaat** der EU oder in Dänemark, greift **Nr. 1b** nicht. Vielmehr ist für diese Fälle nach **Nr. 1c** doch wieder **Nr. 1a** anwendbar.

14 **5. Bestimmung des Erfüllungsorts, Nr. 1b.** Der nach Nr. 1b maßgebliche Erfüllungsort lässt sich demjenigen sachlichen Recht entnehmen, das nach dem IPR des jeweiligen Forums auf die durch den Streitgegenstand bestimmte Verpflichtung anwendbar ist, EuGH NJW 2000, 719 – GIE Groupe Concorde; BGH NJW-RR 2003, 1582; aA OLG Karlsr EuZW 2009, 712. Maßgeblich kann danach auch das von dem Gerichtsstaat ratifizierte internationale Vertragsrecht sein, zB das UN-Übk. über den Warenkauf, EuGH NJW 2000, 719 – GIE Groupe Concorde. Vor einem deutschen Gericht bestimmt sich der Erfüllungsort nach dem deutschen Kollisionsrecht, BGH NJW-RR 2005, 1518. Muss der Schuldner zwei sich aus dem Vertrag ergebende gleichrangige Verpflichtungen nach dem maßgeblichen Recht in verschiedenen Vertragsstaaten erfüllen, ist nicht ein und dasselbe Gericht dafür zuständig, insgesamt zu entscheiden, EuGH NJW 2000, 721 – Leathertex. Maßgeblich ist der Schwerpunkt zB der Dienstleistung, OLG Hamm NJW-RR 2020, 766 Rn. 30 (LugÜ); OLG Mü NJW-RR 2007, 1428. Wenn man den Erfüllungsort bei einer Vielzahl von Erfüllungsorten nicht bestimmen kann, ist **Nr. 1b** nicht anwendbar, EuGH NJW 2002, 1407 – Besix; Heiderhoff/Yalcin IPRax 2022, 339 (349); Hess IPRax 2002, 376. Zum Problem Mankowski IPRax 2009, 23.

15 Sonderfälle: Zum Erfüllungsort nach einer **Abtretung** der Klageforderung OLG Celle IPRax 1999, 456; Gebauer IPRax 1999, 492. Bei einer **Schickschuld** deutschen Rechts ist der Absendeort der Erfüllungsort, BGH NJW 2006, 231; OLG Mü IPRax 2009, 69; OLG Brschw NJW 2006, 162 (je: Gewinnzusage); aA OLG Stgt NJOZ 2008, 2648. **Nr. 1b** begründet für die Klage aus einem Scheck zur Begleichung einer Kaufpreisforderung keinen Gerichtsstand am Erfüllungsort der Kaufpreisforderung, BGH NJW 2004, 1456.

16 **6. Erfüllungsortvereinbarung, Nr. 1b.** Eine solche Absprache ist für die Zuständigkeit nach **Nr. 1b** nur dann maßgeblich, wenn sie nach dem anwendbaren sachlichen Recht zulässig ist, EuGH WM 1980, 720 – Zelger I; OLG Hamm IHR 2016, 30 (31), und wenn sie eine objektive Beziehung zu dem vertraglichen Leistungsaustausch hat. Man kann sie auch mündlich getroffen haben. „Abstrakte" Erfüllungsortvereinbarungen, die nur den Zweck haben, die gerichtliche Zuständigkeit zu beeinflussen, sind Gerichtsstandsvereinbarungen. Sie müssen den Anforderungen des Art. 19 genügen, EuGH NJW 1997, 1431 – MSG; BGH NJW-RR 1998, 755; OLG

Köln NJW 1988, 2183. Eine abstrakte Vereinbarung liegt aber nicht schon dann vor, wenn die Parteien überhaupt von dem gesetzlichen Erfüllungsort der lex causae abweichen wollten, EuGH NJW 1997, 1431 – MSG. Die Beweislast dafür, dass keine abstrakte Vereinbarung vorliegt, trägt der Kläger, Rauscher ZZP 104, 306.

7. Sonstiger Vertrag, Nr. 1c. Für sonstige Vertragsansprüche (→ Rn. 4) verweist **Nr. 1c** auf **Nr. 1a,** BGH NJW 2006, 231; OLG Brschw NJW 2006, 161. Es kommt dann also für den Erfüllungsort auf das Vertragsstatut an. Man muss es nach dem IPR des angerufenen Gerichts bestimmen, EuGH NJW 2000, 719 – GIE Groupe Concorde; BGH NJW-RR 2003, 1582. 17

III. Tatortsgerichtsstand für Deliktsklage, Nr. 2

Schrifttum: Gehann, Internationale Zuständigkeit am deliktischen Erfolgsort bei reinen Vermögensschäden – ein erster Schritt zum Marktortprinzip, NZG 2021, 823; Hau, Zur persönlichen Betroffenheit als Voraussetzung des europäischen Deliktsgerichtsstands am Mittelpunkt der Klägerinteressen, IPRax 2022, 30; Kohler, Rückbau der Mosaiklösung: Zur internationalen Zuständigkeit bei Verletzung des Persönlichkeitsrechts von Unternehmen im Internet, IPRax 2021, 428; Lehmann, Lokalisierung von Vermögensschäden und Verbandsklage im Fall unrichtiger Anlegerinformation, IPRax 2022, 147; Maultzsch, Die internationale Zuständigkeit bei arbeitsteilig verwirklichten Kapitalanlagedelikten (Art. 5 Nr. 3 LugÜ 2007/ EuGVVO 2001, Art. 7 Nr. 2 EuGVVO), IPRax 2017, 442; Roth, Der europäische Deliktgerichtsstand in Kartellstreitigkeiten, FS Schilken, 2015, 427; Stadler, Schadensersatzklagen im Kartellrecht – Forum shopping welcome, JZ 2015, 1138 (Schadensersatz im Kartellrecht); Thole, Die zuständigkeitsrechtliche Zurechnung des Handlungsorts unter § 32 ZPO und Art. 7 Nr. 2 EuGVVO nF, FS Schilken, 2015, 527.

1. Unerlaubte Handlung. Der Begriff ist autonom auszulegen, EuGH NJW 2002, 3159 – Tacconi; BGH NJW 2012, 2197; OLG Ffm EuZW 2010, 918. Danach muss es sich um einen solchen Anspruch handeln, mit dem der Kläger eine Schadenshaftung verlangt und der nicht an einen Vertrag anknüpft, EuGH NJW 2005, 811 – Engler; OLG Ffm EuZW 2010, 918. Eine **vertragliche Beziehung** zwischen den Streitparteien schließt einen deliktischen Anspruch nicht aus. Das ist nur dann der Fall, wenn eine Auslegung des Vertrages zwischen den Parteien unerlässlich erscheint, um zu klären, ob das dem Beklagten vorgeworfene Verhalten rechtmäßig oder widerrechtlich ist, EuGH NJW 2021, 144 Rn. 32 – Wikingerhof; NJW 2014, 1648 Rn. 25 – Brogsitter; BGH NJW 2021, 2977 Rn. 20 (Täuschung vor Vertragsschluss); GRUR 2021, 991 Rn. 11. **Nr. 2** gilt auch für eine **negative Feststellungsklage** gegen deliktische Haftung, EuGH EuZW 2012, 950 – Folien Fischer, für eine **positive Feststellungsklage,** EuGH NJW 2021, 3397 Rn. 39 – BMA Nederland, und einen **vorbeugenden Unterlassungsanspruch,** EuGH NJW 2016, 2727 Rn. 38 – VKI; BGH MDR 2020, 349 Rn. 13; OLG Mü GRUR-RR 2019, 372 Rn. 24. Für die Feststellung der Zuständigkeit darf das Gericht den Klägervortrag zur unerlaubten Handlung als erwiesen ansehen, EuGH EuZW 2015, 218 Rn. 61 – Kolassa. 18

Beispiele zur Frage einer unerlaubten Handlung, Nr. 2

Abbruch von Vertragsbeziehungen: Nr. 2 greift wegen der Anknüpfung an den Vertrag nicht, EuGH NJW 2016, 3087 Rn. 28 – Granarolo. 19

Abtretung: Sie kann unbeachtlich sein, EuGH EuZW 2013, 703 – ÖFAB (zust. Osterlohe-Konrad JZ 2014, 44).

Allgemeine Geschäftsbedingungen: Anwendbar ist **Nr. 2** auf eine missbräuchliche Klausel, BGH NJW 2010, 2719; LG Bln NJW 2013, 2606.

Anfechtung: Unanwendbar ist **Nr. 2** bei der Anfechtungsklage eines Gläubigers, EuGH IPRax 1993, 26 – Reichert II.

Anlageberatung: Anwendbar sein kann **Nr. 2** bei ihr, BGH NJW-RR 2011, 552; OLG Düss NJW-RR 2011, 572.

Auskunft: Anwendbar ist **Nr. 2** auf eine solche Klage, BGH GRUR 2015, 690.

Bereicherung: Unanwendbar ist **Nr. 2** bei einem Anspruch aus ungerechtfertigter Bereicherung nach §§ 812 ff. BGB, EuGH NJW 2022, 375 Rn. 55 – HRVATSKE ŠUME; BGH NJW 1996, 1411.

Doppelrelevante Tatsache: Anwendbar ist **Nr. 2** auch bei einer solchen, BGH NJW-RR 2010, 1547.

Durchgriffshaftung: Anwendbar ist **Nr. 2,** zB bei der Klage gegen einen Anteilseigner oder Funktionär einer AktG, EuGH EuZW 2013, 703 – ÖFAB.

Eigentumsstörung: Zunächst gilt jetzt **Nr. 4.** Andernfalls: Anwendbar ist **Nr. 2** bei einer Beeinträchtigung des Eigentums nach § 1004 BGB, BGH NJW 2006, 689.

Feststellung: Eine verneinende Feststellungsklage des angeblichen Schädigers kann wie bei § 256 ZPO statthaft sein, EuGH NJW 2016, 3087 – Granarolo; 2013, 288 – Folien Fischer.

Gefährdungshaftung: Anwendbar ist **Nr. 2** auf einen Anspruch aus einer gesetzlichen Gefährdungshaftung, Lorenz IPRax 1993, 45, aM Goette DStR 1997, 505 (zu eng).

Gegendarstellung: Anwendbar ist **Nr. 2** bei einem solchen Anspruch, Stadler JZ 1994, 648.

Geschmacksmuster: Nr. 2 gilt nicht für Klagen auf Feststellung des Nichtvorliegens von Gemeinschaftsgeschmacksmustern, EuGH GRUR 2017, 1129 – BMW.

Immaterialgut: Anwendbar ist **Nr. 2** bei einem immaterialrechtlichen Anspruch, zB wegen Art. 1, 2 GG, EuGH NJW 2017, 3433 – Ilsjan; BGH MDR 2020, 349 Rn. 13; Bach EuZW 2018, 68 (je: Persönlichkeitsrechtsverstoß). In seinem Anwendungsbereich verdrängt Art. 94 II Unionsmarken-VO 2009 die Anwendung der **Nr. 2,** EuGH GRUR 2019, 1047 Rn. 34 – Crabtree; EuZW 2014, 664 Rn. 28 – Parfumflakon II.

Insolvenzverschleppung: Unanwendbar ist **Nr. 2,** EuGH EuZW 2013, 703 – ÖFAB (abl. Freitag ZIP 2014, 309).

Internet: Anwendbar ist **Nr. 2** auch beim Nicht-EU-Täter, BGH NJW 2012, 2197. Zugänglichkeit einer Webseite reicht, EuGH NJW 2013, 3628 – Pinckney.

Kapitalmarkt. Dazu Wagner/Gess NJW 2009, 3481. Anwendbar ist **Nr. 2** bei einem Anspruch aus einer fehlerhaften Kapitalmarktinformation, Bachmann IPRax 2007, 77, oder aus einer vorsätzlichen Anlegerschädigung, BGH NJOZ 2010, 2277.

Kartellrecht: Anwendbar ist **Nr. 2** bei einem Anspruch nach dem GWB, OLG Mü GRUR-RR 2018, 265. Freilich muss eine Verbindung zwischen Kartellrecht und Gerichtsstand bestehen, EuGH GRUR Int. 2015,

1176; Wurmnest EuZW 2012, 939. Zur Reichweite des deliktischen Gerichtsstandes in Kartellsachen vgl. Wurmnest IPRax 2021, 340 (343).

Konzernrecht: Anwendbar ist **Nr. 2** bei einem Anspruch aus einer Konzernhaftung, EuGH NJW 2021, 3397 Rn. 32 – BMA Nederland.

Markenrecht: Anwendbar ist **Nr. 2** bei einem Anspruch nach dem MarkenG, EuGH GRUR 2012, 654 – Wintersteiger; OLG Hmb MMR 2002, 822.

Patentrecht: Anwendbar ist **Nr. 2** bei einem Anspruch nach dem PatG, BGH NJW 2012, 137 – eDate; OLG Düss IPRax 2001, 336, mit Ausnahme einer verneinenden Feststellungklage nach § 256 ZPO, OLG Mü OLGR 2002, 147.

Persönlichkeitsrecht: „Immaterialgut".

Produkthaftung: Anwendbar ist **Nr. 2** bei Anspruch aus Produkthaftung, EuGH JZ 1995, 90 – Handte.

Prospekthaftung: EuGH EuZW 2018, 998 Rn. 20 – Löber; 2005, 218 Rn. 57.

Täuschung: Anwendbar sein kann **Nr. 2** auch bei einer Täuschung bei Abschluss eines Vertrages, OLG Köln ZVertriebsR 2016, 202; LG Aachen IPRax 2017, 96.

Umwelthaftung: Anwendbar ist **Nr. 2** bei einem Anspruch aus einer Umwelthaftung, EuGH NJW 1977, 493 – Mines de Potasse.

Ungerechtfertigte Bereicherung: → Rn. 19 „Bereicherung".

Unlauterer Wettbewerb: Anwendbar ist **Nr. 2** bei einem Anspruch nach dem UWG, BGH GRUR 2017, 284; OLG Ffm NJW-RR 2011, 1491; OLG Mü NJW-RR 1994, 190.

Unterkapitalisierung: Anwendbar ist **Nr. 2** bei einem Anspruch aus einem solchen Zustand, OLG Köln NZG 2004, 1009, sofern man sie nicht vertragsrechtlich einordnet.

Urheberrecht: Anwendbar ist **Nr. 2** auf seine Verletzung, BGH NJW 2016, 2336 sowie auf Zahlung eines gerechten Ausgleichs, EuGH EuZW 2016, 547 Austro-Mechana.

Verbraucherschutz: Anwendbar ist **Nr. 2** bei einem solchen Anspruch, EuGH EuZW 2002, 657 – Henkel; OLG Mü GRUR-RR 2020, 372 – Dash Button.

Vermögen: Anwendbar ist **Nr. 2** natürlich auch auf einen vermögensrechtlichen Anspruch, Kiethe NJW 1994, 223.

Verschulden bei Vertragsverhandlungen: Anwendbar ist **Nr. 2** bei einem Anspruch aus einer sog. culpa in contrahendo, EuGH NJW 2002, 3159 – Tacconi; zur Abgrenzung Spickhoff NJW 2020, 3759; Voß IPRax 2021, 236.

Auch Vertragsverstoß: Unanwendbar ist **Nr. 2** dann (und **Nr. 1a** anwendbar), EuGH NJW 2014, 1648 – Brogsitter; OLG Köln ZVertriebsR 2016, 202.

Zwangsvollstreckung: Anwendbar ist **Nr. 2** bei einem Anspruch aus einer ungerechtfertigten Zwangsvollstreckung, zB nach §§ 717 II oder 945 ZPO, Rohe IPRax 1997, 14 oder Titelerschleichung, OLG Saarbr EuZW 2019, 347.

20 **2. Handlungsort.** Zum Meinungsstand BGH NJW-RR 2011, 197. Man muss den Begriff weit auslegen, EuGH EuZW 2002, 657 – Henkel; BGH NJW 2012, 2197. Darlegungspflichtig ist der Kläger, BGH NJW 2002, 1425. Er muss unmittelbar geschädigt sein, EuGH NJW 1991, 631 – Dumez France. Es kann sowohl der Handlungsort als auch der Erfolgsort sein, EuGH NJW 2014, 1793 – Hi-Hotel; BGH NJOZ 2017, 1031; OLG Hmb GRUR-RR 2013, 229. Der Kläger kann zwischen beiden Gerichtsständen wählen, EuGH NJW 2014, 1793 – HiHotel. Bei mehreren Beteiligten kommt es zunächst auf den Handlungsort jedes Beteiligten an, EuGH EuZW 2014, 664 Rn. 50 – Parfumflakon II; BGH NJOZ 2017, 1031 Rn. 18; krit. dazu Maultzsch IPRax 2017, 442 (445). Fallen diese auseinander, kann sich ein gemeinsamer Gerichtsstand aber aufgrund des Erfolgsortes; EuGH NJW 2014, 1793 Rn. 40 – HiHotel, oder über Art. 8 (→ Art. 8 Rn. 2) ergeben.

21 Handlungsort ist derjenige Ort, an dem der Täter die zum Schaden führende Handlung vorgenommen hat, EuGH NJW 2014, 1793 Rn. 31 – HiHotel; 2012, 137 – eDate; BGH NJOZ 2017, 1031, also auch der Herstellungsort, EuGH NJW 2014, 1166 – Kainz, oder an dem vom Täter benutzte Hilfsmittel eine Schadensursache setzen, BGH NJOZ 2017, 1031. Vorbereitungshandlungen bleiben außer Betracht, Hohloch IPRax 1997, 312. Bei einem Pressedelikt ist Handlungsort derjenige Ort, an dem der Herausgeber sich niedergelassen hat, EuGH NJW 1995, 1881 – Shevill.

22 **3. Erfolgsort.** Erfolgsort ist derjenige Ort, an dem beim gewöhnlichen Verlauf die Verletzung des primär geschützten Rechtsguts eintritt, EuGH EuZW 2020, 724 Rn. 26 – Diesel; 2019, 792 Rn. 28 – Tibor-Trans; NJW 2009, 3501 – Zuid-Chemie; OLG Ffm EuZW 2010, 918.Bei **Unternehmen** kommt es darauf an, wo sich der Mittelpunkt ihrer Interessen (COMI) befindet, BGH MDR 2020, 349 Rn. 14.

Beispiele zur Frage eines Erfolgsorts

23 **Anlagebetrug:** Zum Erfolgsort BGH WM 2010, 1593; OLG Stgt RIW 1998, 809. Es kann der Börsenort maßgeblich sein, OLG Ffm EuZW 2010, 918.

Durchgriffshaftung: Erfolgsort ist der Betriebsort zB der Gesellschaft, EuGH EuZW 2013, 703 – ÖFAB. Ebenso für den Fall der unzureichenden Kapitalausstattung durch eine Konzernobergesellschaft, EuGH NJW 2021, 3397 Rn. 32 – BMA Nederland.

Immaterialschaden: Erfolgsort ist jeder Ort, an dem zB eine bestimmungsgemäße Verbreitung des Mediums erfolgt, EuGH NJW 2017, 3433 – Bolagsupplysiningen; Bach EuZW 2018, 68; Hess JZ 2012, 189; einschränkend EuGH EuZW 2021, 890 – Mittelbayerischer Verlag, dazu Lutzi JZ 2021, 833 und Hau IPRax 2022, 30. Die Zuständigkeit des Gerichts am Erfolgsort ist allerdings beschränkt auf die in diesem Staat eingetretenen Schäden **(Mosaiktheorie),** EuGH EuZW 2022, 223 Rn. 30 – Gtflix TV, abl. Kohler IPRax 2021, 428 (430). **Unterlassungsansprüche** können nur an einem Gerichtsstand geltend gemacht werden, an dem die Klage auf Ersatz des gesamten Schadens erhoben werden kann, EuGH EuZW 2022, 223 Rn. 32 – Gtflix TV.

Internet: Erfolgsort ist jeder Ort der Abrufbarkeit, EuGH EuZW 2017, 99 – Concurrence; EuGH NJW 2017, 3433 – Bolagsupplysiningen; BGH NJW 2014, 2505. Ein unbekannter Aufenthaltsort ist unschädlich, solange keine Anzeichen für einen Wohnort des Bekl. außerhalb der EU vorliegen, EuGH EuZW 2012, 381 – de Visser (dann auch Versäumnisurteil statthaft). Kein Erfolgsort mag eine Internetseite dann sein, wenn keine elektronische deutschsprachige Korrespondenz möglich ist, OLG Köln GRUR-RR 2008, 71.

Kartellschaden: Wenn sich der von dem wettbewerbswidrigen Verhalten betroffene Markt in dem Mitgliedsstaat befindet, in dessen Hoheitsgebiet der behauptete Schaden entstanden sein soll, so liegt der Ort der Verwirklichung des Schadenserfolges für die Zwecke der Anwendung der **Nr. 2** in diesem Mitgliedstaat, EuGH EuZW 2019, 792 Rn. 33 – Tibor-Trans; NZKart 2018, 357 Rn. 40 – Lithunian Airlines; krit. Mäsch IPRax 2020, 305.

Mehrere Staaten: Erfolgsort ist beim Schadenseintritt in mehreren Vertragsstaaten nur der Sitzstaat des jeweiligen Schadensteils, EuGH EuZW 2015, 398 – Hejduk; EuGH NJW 2014, 1793 Rn. 38; OLG Köln ZVertriebsR 2016, 202; Lutzi IPRax 2017, 553.

Mehrere Verursacher: Zum Problem EuGH NJW 2013, 2099 – Melzer (zust. Wagner EuZW 2013, 546; Weller WM 2013, 1681).

Messeort: OLG Ffm GRUR-Prax 2019, 194

Schadensauswirkung: Sie kann reichen, EuGH NJW 2014, 1793 Hi-Hotel; BGH NJW 2014, 2505. Kein Erfolgsort ist grds. derjenige Ort, an dem sich ein Vermögensschaden nur auswirkt, falls primär geschütztes Rechtsgut gar nicht das Vermögen ist, EuGH EuZW 1999, 59 – Reunion européenne.

Schadensentdeckung: Nicht stets Erfolgsort ist der Ort der Entdeckung des Schadens, EuGH EuZW 1999, 59 – Reunion européenne.

Seeschiff: Erfolgsort ist nicht das Schiff, sondern der Ort des Schadenseintritts der Vermögensmasse, EuGH IPRax 2006, 161 – DFDS.

Sitzstaat: „Mehrere Staaten".

Vermögensdelikt: Erfolgsort ist der Ort dieses Primärschadens, Kiethe NJW 1994, 225. Bei Vermögensabfluss von einem Bankkonto ist Erfolgsort nicht zwingend der Ort, an dem dieses geführt wird, EuGH NZG 2021, 842 Rn. 32 – VEB – dazu Lehmann IPRax 2022, 147 –; NJW 2016, 2167 – Universal Music, kann es aber sein, BGH NJOZ 2017, 1031 Rn. 13, zust. Maultzsch IPRax 2017, 442 (444).

Vorbeugende Unterlassungsklage: Für sie gilt **Nr. 2** („einzutreten droht"). Geht es darum, eine Wiederholungstat zu verhindern, sind Handlungs- und Erfolgsort des zuvor begangenen Delikts heranziehbar, BGH NJW 2012, 2199. Andernfalls muss das Gericht insofern diejenigen Grundsätze berücksichtigen, die die nationalen Rechte der Mitgliedstaaten dazu entwickelt haben, Mankowski EWS 1994, 305. Maßgeblich ist als Erfolgsort der Ort der drohenden Rechtsgutsverletzung, EuGH NJW 2002, 3617 – Henkel.

Wiederverkaufsverbot: Bei einem Verstoß gegen ein solches Verbot ist Erfolgsort jeder Staat, in dem dieses geschützt wird und in dessen Hoheitsgebiet der Schaden entstanden sein soll, EuGH EuZW 2017, 99.

Wohnsitz: Kein Erfolgsort ist der Klägerwohnsitz nach Art. 59 dann, wenn der Verlust von Vermögen in einem anderen Vertragsstaat eintritt, EuGH EuZW 2004, 477 – Kronhofer.

IV. Gerichtsstand für Adhäsionsverfahren, Nr. 3. Der Gerichtsstand hängt davon ab, dass die Adhäsionsklage des Verletzten nach dem jeweiligen nationalen Recht zulässig ist, EuGH EuZW 1993, 417 – Sonntag, in Deutschland also nach §§ 403 ff. StPO. Voraussetzung ist ein anhängiges Strafverfahren. Es muss sich im Adhäsionsverfahren um einen deliktischen Anspruch handeln. Man muss auch Art. 64 beachten. 24

V. Gerichtsstand bei Kulturgut, Nr. 4. Es geht nur um den in **Nr. 4** eng begrenzten Kreis von Sachen. 25

VI. Gerichtsstand der Niederlassung, Nr. 5. In Anlehnung an § 21 ZPO begründet **Nr. 5** einen Gerichtsstand der Niederlassung für Klagen gegen deren Träger, nicht auch für dessen Klagen. 26

1. Niederlassung. Der Begriff ist autonom auszulegen, EuGH NJW 1988, 625 – SAR Schotte. Er umfasst auch eine **Zweigniederlassung,** dazu EuGH NJW-RR 2019, 684 Rn. 33 – Ryanair; BGH MDR 2020, 1048 Rn. 14. Entscheidend sind auf der Basis einer gewissen Zeitdauer nach → Rn. 26 die Leitung durch ein ausländisches Stammhaus, EuGH NJW 2021, 1863 Rn. 52 – Gefion; 1977, 490 – Bloos, eine hinreichende Ausstattung und die Kompetenz zum Auftreten nach außen, OLG Düss IPRax 1998 210. Maßgebend dafür ist der für Dritte erweckte Rechtsschein, also die unternehmensexterne Perspektive eines objektiven Beobachters, EuGH NJW 1988, 625 – SAR Schotte. Auf die rechtliche Unselbständigkeit der Niederlassung kommt es nicht an. Maßgeblicher Zeitpunkt für das Bestehen einer Niederlassung ist aufgrund der Betriebsbezogenheit der Forderung (→ Rn. 29) die Anspruchsentstehung, sie muss aber auch Klagerhebung noch bestehen, BGH NJW-RR 2007, 1570 Rn. 11; OLG Ffm WM 2020, 1577 Rn. 46; MüKoZPO/Gottwald Rn. 83; Paulus/Peifer/Peifer/Paulus Rn. 247. 27

Beispiele zur Frage einer Niederlassung, Nr. 5

Abschlussvertreter: Eine Niederlassung kann er aufgrund des Eindrucks eines möglichst objektiven Betrachters haben, zB gegenüber einem Kunden als ein Teil der Vertriebsorganisation des Herstellers, Mankowski RIW 1996, 1005. 28

Agentur: Niederlassung kann auch sie sein.

Alleinvertriebshändler: Keine Niederlassung hat ein solcher Kaufmann, EuGH NJW 1977, 1477.

Freier Beruf: Niederlassung kann ein Betrieb eines freien Berufs sein, Geimer WM 1976, 148.

Handelsvertreter: Keine Niederlassung hat ein solcher Handelsvertreter, der seine Tätigkeit frei gestalten kann, EuGH NJW 1982, 507 – Elefanten-Schuh. „Abschlussvertreter", „Vertragshändler".

Messebetrieb: Keine Niederlassung ist ein solcher kurzfristiger Betrieb, OLG Düss IPRax 1998, 210.

Muttergesellschaft: Niederlassung sogar ihrer Tochtergesellschaft kann die Muttergesellschaft dann sein, wenn die Tochtergesellschaft sich nach dem konkreten Einzelvertrag für seine Zwecke unterordnet, EuGH NJW 1988, 625 – SAR Schotte. „Tochtergesellschaft".

Registereintragung: Sie ist unerheblich.

Tochtergesellschaft: Niederlassung kann auch eine formellrechtlich selbständige Tochtergesellschaft sein, Mankowski RIW 1996, 1004; aA OLG Mü NJW-RR 1993, 701; OLG Schlesw WM 1997, 991 (praxisfern). „Muttergesellschaft".

Vertragshändler: Es gilt dasselbe wie bei einem → „Abschlussvertreter".

Warenlager: Keine Niederlassung ist ein solcher Vorrat.

Webside: Keine Niederlassung.

2. Betriebsforderung. Die Klageforderung muss aus dem Betrieb der Niederlassung herrühren, BGH MDR 2020, 1048 Rn. 15; OLG Mü RIW 1999, 872. Daher kann man Forderungen aus einem unmittelbaren Kontakt 29 mit dem Stammhaus oder einer anderen Niederlassung nicht am Ort der Niederlassung verfolgen. Der Erfüllungsort einer im Betrieb der Niederlassung begründeten Forderung braucht nicht am Ort der Niederlassung zu liegen, EuGH RIW 1995, 585. Die Gerichtsstände nach **Nr. 5** und **Nr. 1 Hs. 1** können nebeneinander in demselben Staat oder in verschiedenen Staaten bestehen. **Nr. 5** gilt nicht nur für vertragliche Forderungen, sondern auch für deliktische und sonstige gesetzliche Forderungen, sofern sie ihren Grund im Betrieb der Niederlassung haben.

30 **VII. Trust-Klage, Nr. 6.** Die Bestimmung betrifft die im angelsächsischen Rechtsbereich mögliche trust-Klage. Sie gilt nur im Innenverhältnis des trust.

31 **VIII. Arrestgerichtsstand für Berge- und Hilfslohn, Nr. 7.** Die Regelung steht in Zusammenhang mit Art. 7 I e des Brüsseler Übk. über den Arrest in Seeschiffe v. 10.5.1952, BGBl. 1072 II 655, und der seerechtlichen Haftung von Schiff und Ladung für Berge- und Hilfslohn, §§ 740 ff. HGB. Hat der Reeder einen Berge- oder Hilfevertrag geschlossen, fällt der Streit nicht unter **Nr. 7,** sondern unter **Nr. 1 Hs. 1.**

8 ***[Weitere Sondergerichtsstände].*** **Eine Person, die ihren Wohnsitz im Hoheitsgebiet eines Mitgliedstaats hat, kann auch verklagt werden:**

1. **wenn mehrere Personen zusammen verklagt werden, vor dem Gericht des Ortes, an dem einer der Beklagten seinen Wohnsitz hat, sofern zwischen den Klagen eine so enge Beziehung gegeben ist, dass eine gemeinsame Verhandlung und Entscheidung geboten erscheint, um zu vermeiden, dass in getrennten Verfahren widersprechende Entscheidungen ergehen könnten;**
2. **wenn es sich um eine Klage auf Gewährleistung oder um eine Interventionsklage handelt, vor dem Gericht des Hauptprozesses, es sei denn, dass die Klage nur erhoben worden ist, um diese Person dem für sie zuständigen Gericht zu entziehen;**
3. **wenn es sich um eine Widerklage handelt, die auf denselben Vertrag oder Sachverhalt wie die Klage selbst gestützt wird, vor dem Gericht, bei dem die Klage selbst anhängig ist;**
4. **wenn ein Vertrag oder Ansprüche aus einem Vertrag den Gegenstand des Verfahrens bilden und die Klage mit einer Klage wegen dinglicher Rechte an unbeweglichen Sachen gegen denselben Beklagten verbunden werden kann, vor dem Gericht des Mitgliedstaats, in dessen Hoheitsgebiet die unbewegliche Sache belegen ist.**

Schrifttum: Brinkmann, Zu Zusammenhang zwischen Klage und Widerklage im europäischen Zivilprozessrecht, IPRax 2020, 501; Geimer, Das Forum interventionis und der natürliche Richter, MDR 2016, 928; Wagner, Gerichtliche Zuständigkeitsbestimmung bei Streitgenossenschaft mit EU-Auslandsbezug, IPRax 2021, 445.

1 **I. Systematik, Regelungszweck.** Die Vorschrift übernimmt wörtlich den Art. 6 aF. Sie schafft zusätzliche Wahlgerichtsstände. **Nr. 1** hat Vorrang vor § 36 I Nr. 3 ZPO, OLG Düss BeckRS 2021, 38391 Rn. 59; OLG Mü MDR 2013, 1424 (→ ZPO § 36 Rn. 22 „Auslandsbezug"). Das dient der Prozesswirtschaftlichkeit und der Vermeidung sich widersprechender Entscheidungen bei gleicher Sach- und Rechtslage, EuGH EuZW 2012, 837 Rn. 23 – Solvay. Wegen der damit verbundenen Abweichung vom allgemeinen Gerichtsstand ist die Regelung aber eng auszulegen, EuGH NJW 2013, 1661 Rn. 41, 53 – Sapir; OLG Hamm IPRax 2018, 501 (504); Harms EuZW 2014, 133. Jeder Bekl. muss in einem anderen Vertragsstaat wohnen, EuGH NJW 2013, 1661 – Sapir; BGH NJW 2014, 704. Art. 18 hat Vorrang (→ Art. 18 Rn. 1). Zum Verhältnis von **Nr. 1, 2** zu Art. 19 BGH NJW 1988, 646 (Art. 19 I geht **Nr. 1** vor). Eine spätere Rücknahme der Klage gegen den Ankerbeklagten ändert an der einmal begründeten Zuständigkeit nichts, es sei denn, es liegt ein Fall des kollusiven Zusammenwirkens zum Zweck der Begründung des Gerichtsstandes vor, EuGH EuZW 2015, 584 – CDC Hydrogen Peroxide; BGH NJW 2016, 2266 Rn. 19.

2 **II. Mehrheit von Beklagten, Nr. 1.** Die Regelung betrifft nicht nur die int., sondern auch die örtl. Zuständigkeit nämlich des Gerichts, das für den Wohnsitz des Ankerbeklagten zuständig ist, Geimer/Schütze/Geimer Rn. 10a; Paulus/Peiffer/Peiffer/Paulus Rn. 18; Wagner IPRax 2021, 445 (447). Es muss im Zeitpunkt der Anhängigkeit zw. den verschiedenen Klagen eines Klägers gegen mehrere Bekl. ein solcher Zusammenhang bestehen, der eine gemeinsame Entscheidung als notwendig erscheinen lässt, EuGH EuZW 2015, 584 Rn. 20 – CDC Hydrogen Peroxide (dazu Stadler JZ 2015, 1138); NJW 2013, 1661 – Sapir; OLG Stgt NJW 2013, 83 (85). Mindestens einer der Bekl. muss seinen Wohnsitz im Bezirk des Gerichts haben, BGH NJW 2015, 2429 Rn. 14; OLG Brdb NJW-RR 2016, 1038 Rn. 17. **Nr. 1** ist auch dann anwendbar, wenn mehrere Bekl. ihren Wohnsitz in demselben Staat haben, KG IPRax 2002, 515; Vossler IPRax 2007, 283; Brand/Scherber IPRax 2002, 500, oder der eine im EU-Staat, der andere in einem anderen Staat, OLG Stgt NJW 2013, 83, aber nicht bei Wohnsitz nur in einem Drittstaat, OLG Stgt IPRax 2015, 430 Rn. 144. § 261 III Nr. 2 ZPO gilt entsprechend. Die Unzulässigkeit der gegen den Ankerbekl. erhobenen Klage steht der Anwendung der **Nr. 1** nur entgegen, wenn gerade der Zweck verfolgt wird, den weiteren Bekl. der Zuständigkeit des Gerichts seines Wohnsitzstaates zu entziehen, EuGH EuZW 2012, 837 Rn. 22 – Solvay; NJW-RR 2006, 1568 Rn. 31 – Reisch Montage. Die Zuständigkeit kann auch dann noch auf **Nr. 1** gestützt werden, wenn die Zuständigkeit nach Art. 7 zuvor rechtskräftig verneint worden ist, BGH RdTW 2019, 415 Rn. 6. Zur Missbrauchskontrolle Thole ZZP 122, 423. Es kann zu widersprüchlichen Entscheidungen kommen, EuGH EuZW 2012, 837 – Solvay; krit. Schacht GRUR 2012, 1113.

3 Der erforderliche Zusammenhang fehlt dann, wenn sich das Klagebegehren gegen den einen Bekl. auf Deliktrecht, dasjenige gegen den anderen Bekl. auf Vertrags- oder Bereicherungsrecht stützt, EuGH EuZW 1999, 59– Reunion européenne; BGH NJW-RR 2002, 1149; aA EuGH NJW 2007, 3702 (3705) – Freeport, oder wenn es um einen solchen Prozess geht, der unter Kap. II Abschn. 5 VO über die Zuständigkeit für individuelle Arbeitsverträge fällt, EuGH EuZW 2005, 369 – Berlusconi, oder wenn nur eine gewisse Interessenauswirkung möglich ist, EuGH EuZW 2016, 419 – Profit Investment. Es reicht auch nicht, dass sich der Erfolg in einem Rechtsstreit auf den Umfang des Interesses in einem zweiten Rechtsstreit auswirkt, EuGH EuZW 2016, 419 – Profit Investment. Zum sog. **Ankerbeklagten** BGH NJW 2015, 2429.

III. Gewährleistung usw., Nr. 2. Dazu EuGH ZIP 2022, 646 Rn. 44 BMA Nederland; Geimer MDR 2016, 928; Coester-Waltjen IPRax 1992, 290: Diese Zuständigkeit kann man in Deutschland nach Art. 65 I nicht beanspruchen. Eine solche Entscheidung, die in anderen Vertragsstaaten ergeht, wird aber nach Titel III anerkannt, Geimer IPRax 1998, 175, und vollstreckt, OLG Düss RIW 1997, 330. Die Annexzuständigkeit birgt also für den deutschen Bekl. nicht unerhebliche Gefahren. 4

IV. Widerklage, Nr. 3. Diese Regelung setzt nach dem bloßen Wortlaut voraus, dass der Widerkläger sich auf denselben Vertrag oder Sachverhalt wie der Kläger stützt, EuGH EuZW 2016, 914 – Kostenjevec; BGH NJW 1993, 2753; AG Trier NJW-RR 2005, 1013 (abl. Stürner IPRax 2007, 24). **Nr. 3** geht nicht über § 33 ZPO hinaus, BGH NJW 1981, 2645. Eher ist **Nr. 3** enger als § 33 ZPO, AG Trier NJW-RR 2005, 1013; Jahn NJW 2007, 2894; aA Brinkmann IPRax 2020, 501 (502, 505), der auch die Anwendung auf rechtswegfremde Forderungen sowie Drittwiderklagen (→ ZPO § 33 Rn. 12) in Zessions- und Konzernfällen befürwortet. Zur Zuständigkeit nach **Nr. 3** für eine Widerklage im Nachverfahren eines Scheckprozesses nach § 605a ZPO LG Mainz IPRax 1984, 100. **Nr. 3** gilt nicht für eine verteidigungsmäßige Gegenforderung, EuGH NJW 1996, 42 – Danvaern Production; aA BGH NJW 2002, 2183 (analoge Anwendung von § 33 ZPO bei Aufrechnung mit konnexem Gegenanspruch), Hess/Müller JZ 2002, 607; Wagner IPRax 1999, 65 (je: inkonsequent). 5

V. Klageverbindung, Nr. 4. Die Vorschrift ist nur dann anwendbar, wenn man nach dem Recht des Belegenheitsstaats die schuldrechtliche Klage mit der dinglichen Klage verbinden kann, für das deutsche Recht also in den Fällen des § 25 ZPO. 6

9 ***[Gerichtsstand der Seehaftung].*** **Ist ein Gericht eines Mitgliedstaats nach dieser Verordnung zur Entscheidung in Verfahren wegen einer Haftpflicht aufgrund der Verwendung oder des Betriebs eines Schiffes zuständig, so entscheidet dieses oder ein anderes an seiner Stelle durch das Recht dieses Mitgliedstaats bestimmtes Gericht auch über Klagen auf Beschränkung dieser Haftung.**

Die Vorschrift übernimmt wörtlich den Art. 7 aF. Sie gilt bei einer Klage nach §§ 305a, 786a ZPO. Sie enthält einen Gerichtsstand des Sachzusammenhangs. 1

Abschnitt 3. Zuständigkeit für Versicherungssachen

10 ***[Begriff].*** **Für Klagen in Versicherungssachen bestimmt sich die Zuständigkeit unbeschadet des Artikels 6 und des Artikels 7 Nummer 5 nach diesem Abschnitt.**

Schrifttum: Henning, Zur Reichweite von Gerichtsstanstandsvereinbarungen in internationalen Versicherungsprogrammen, VersR 2020, 394; Mankowski, Internationales Versicherungsprozessrecht, IPRax 2015, 115.

Dazu OLG Ffm NJW-RR 2015, 1339: Die Vorschrift übernimmt inhaltlich voll den Art. 8 aF. Zu den zwingenden grundsätzlich eng auslegbaren Sonderregeln Art. 10–16 Fricke VersR 2009, 429; Loschelder IPRax 1998, 86. Der Begriff Versicherungssache ist aber doch autonom auslegbar, BGH NJW 2012, 2352. Diese Sondervorschriften gelten auch für einen Anspruch des Versicherungsnehmers gegen den Rückversicherer, Micklitz/Rott EuZW 2001, 329, aA Fricke VersR 2009, 435 (zu eng), auch für ein englisches „Scheme of Arrangement", BGH NJW 2012, 2115, aber nicht für Streitigkeiten zwischen dem Rückversicherer und dem Rückversicherten, EuGH NJOZ 2022, 1023 Rn. 32–35; NJW 2000, 3121 – Group Josi. Art. 24 ist anwendbar. 1

Die Bezugnahme auf Art. 7 Nr. 5 bedeutet: Diese Zuständigkeit bleibt. Sie verdrängt aber Art. 10 ff. nicht, LG Stgt IPRax 1998, 100. Andere Gerichtsstände werden dagegen durch Art. 10 verdrängt, EuGH NJW 2021, 1863 Rn. 35 – Gefion. 2

11 ***[Klage gegen Versicherer].*** **I Ein Versicherer, der seinen Wohnsitz im Hoheitsgebiet eines Mitgliedstaats hat, kann verklagt werden:**

a) vor den Gerichten des Mitgliedstaats, in dem er seinen Wohnsitz hat,
b) in einem anderen Mitgliedstaat bei Klagen des Versicherungsnehmers, des Versicherten oder des Begünstigten vor dem Gericht des Ortes, an dem der Kläger seinen Wohnsitz hat, oder
c) falls es sich um einen Mitversicherer handelt, vor dem Gericht eines Mitgliedstaats, bei dem der federführende Versicherer verklagt wird.

II Hat der Versicherer im Hoheitsgebiet eines Mitgliedstaats keinen Wohnsitz, besitzt er aber in einem Mitgliedstaat eine Zweigniederlassung, Agentur oder sonstige Niederlassung, so wird er für Streitigkeiten aus ihrem Betrieb so behandelt, wie wenn er seinen Wohnsitz im Hoheitsgebiet dieses Mitgliedstaats hätte.

Schrifttum: Dörner, „One-shotter" gegen „repeat player" – Zum Verständnis der Art. 13 Abs. 2 und 11 Abs. 1 lit. b EuGVVO, IPRax 2018, 158; Wedemann, Die D&O-Versicherung im Spiegelbild des internationalen Zivilverfahrens- und Kollisionsrecht, ZIP 2014, 2469.

Die Vorschrift übernimmt wörtlich den Art. 9 aF. Vgl. dazu EuGH VersR 2017, 1481; BGH ZIP 2013, 287; OLG Ffm NJW-RR 2014, 1339. Zum Geschädigten → Art. 13 Rn. 1. Zur Anwendbarkeit bei Abtretung oder Prozessführungsbefugnis krit. OLG Drsd WM 2015, 234; AG Bergisch-Gladb VersR 2012, 1027; Fendt VersR 2012, 34. Sie betrifft nur die int., nicht auch die örtl. Zuständigkeit, Wagner EuZW 2021, 572 (575). 1

Die Anwendung des **I b** auf einen Zessionar sieht der EuGH differenziert: Im Falle einer Legalsukzession soll diese Regelung auch für den Zessionar (Erben, Arbeitgeber oder Krankenversicherung) gelten, EuGH IPRax 2018, 196 KABEG; abl. Dörner IPRax 2018, 158, nicht aber im Falle einer Abtretung, wenn der Zessionar sich gewerblich mit dem Forderungseinzug befasst und deshalb nicht als schwächere Partei schutzwürdig ist, EuGH NJW 2021, 1863 Rn. 46 – Gefion; EuZW 2018, 213 Rn. 38 – Hofsoe. 2

12 *[Schadensort].* **[1]Bei der Haftpflichtversicherung oder bei der Versicherung von unbeweglichen Sachen kann der Versicherer außerdem vor dem Gericht des Ortes, an dem das schädigende Ereignis eingetreten ist, verklagt werden. [2]Das Gleiche gilt, wenn sowohl bewegliche als auch unbewegliche Sachen in ein und demselben Versicherungsvertrag versichert und von demselben Schadensfall betroffen sind.**

1 Die Vorschrift übernimmt wörtlich den Art. 10 aF. Man kann den Gerichtsstand nach Art. 15 Nr. 3 abbedingen. Ort des schädigenden Ereignisses: Art. 7 Nr. 2. Beide Parteien müssen in einem Vertragsstaat residieren.

13 *[Haftpflichtversicherung].* **I Bei der Haftpflichtversicherung kann der Versicherer auch vor das Gericht, bei dem die Klage des Geschädigten gegen den Versicherten anhängig ist, geladen werden, sofern dies nach dem Recht des angerufenen Gerichts zulässig ist.**

II Auf eine Klage, die der Geschädigte unmittelbar gegen den Versicherer erhebt, sind die Artikel 10, 11 und 12 anzuwenden, sofern eine solche unmittelbare Klage zulässig ist.

III Sieht das für die unmittelbare Klage maßgebliche Recht die Streitverkündung gegen den Versicherungsnehmer oder den Versicherten vor, so ist dasselbe Gericht auch für diese Personen zuständig.

Schrifttum: Mankowski, Eine Gerichtsstandsvereinbarung im Haftpflichtversicherungsvertrag entfaltet keine Derogationswirkung gegen den geschädigten Direktkläger, IPRax 2018, 233; Rieländer, Subjektive Reichweite von Gerichtsstandsvereinbarungen im Internationalen Versicherungsprozessrecht, EuZW 2020, 664.

1 **Geltungsbereich.** Dazu Staudinger IPRax 2011, 229 (Geschädigtenbegriff). Die Vorschrift übernimmt wörtlich den Art. 11 aF. **II** ist dann anwendbar, wenn der Geschädigte an seinem Wohnsitz im Inland nach §§ 13 ff. ZPO eine Direktklage gegen den ausländischen Haftpflichtversicherer erhebt, Art. 10–12, EuGH NJW 2008, 820; BGH NJW 2015, 2429; OLG Ffm NJW-RR 2014, 1339. Das gilt auch zugunsten einer juristischen Person, OLG Zweibr NZV 2010, 198. Zum Problem Lüttringhaus VersR 2010, 183. Art. 15 bleibt anwendbar, OLG Köln NJW-RR 2006, 70; aA OLG Celle VersR 2009, 1426; LG Hmb NJW-RR 2006, 1655 (aber **II** soll gerade den Anwendungsbereich von Art. 11 S. I b erweitern. Die engere Auslegung versperrt solche Möglichkeit). Zum Problem auch Micha IPRax 2011, 121; Tomson EuZW 2009, 204. Die Bezugnahme auf das Recht des angerufenen Gerichts am Ende von **I** betrifft das jew. materielle Recht, nicht das Prozessrecht, Mankowski IPRax 2018, 233 (234)

2 Unanwendbar ist die Vorschrift bei einer Klage vor dem Wohnsitzgericht des Geschädigten bei einem Verkehrsunfall mit dem Kfz eines ausländischen Halters, OLG Brdb NJW-RR 2007, 216, oder Versicherers, AG Bückeburg VersR 2011, 329 (auch zu einer Ausnahme). Für den Fall der Zession gilt dasselbe wie bei Art. 11 I b (→ Art. 11 Rn. 2). Bei einer gewillkürten Prozessstandschaft für den Kaskoversicherer versagt LG Hmb VersR 2012, 562 die Anwendbarkeit von Art. 11, 13 II. Unanwendbar ist Art. 13 auch bei einem bloßen Scheinversicherer, LG Darmst NJW-RR 2017, 228.

3 **III** verweist sachlich auf §§ 72 ff. ZPO.

14 *[Versicherter, Widerklage].* **I Vorbehaltlich der Bestimmungen des Artikels 13 Absatz 3 kann der Versicherer nur vor den Gerichten des Mitgliedstaats klagen, in dessen Hoheitsgebiet der Beklagte seinen Wohnsitz hat, ohne Rücksicht darauf, ob dieser Versicherungsnehmer, Versicherter oder Begünstigter ist.**

II Die Vorschriften dieses Abschnitts lassen das Recht unberührt, eine Widerklage vor dem Gericht zu erheben, bei dem die Klage selbst gemäß den Bestimmungen dieses Abschnitts anhängig ist.

1 Die Vorschrift übernimmt wörtlich den Art. 12 aF. Vgl. auch Art. 7 Nr. 5. Wohnsitz: Art. 62. Sitz: Art. 63 II meint eine Widerklage nach Art. 8 Nr. 3.

15 *[Vereinbarung].* **Von den Vorschriften dieses Abschnitts kann im Wege der Vereinbarung nur abgewichen werden,**

1. wenn die Vereinbarung nach der Entstehung der Streitigkeit getroffen wird,
2. wenn sie dem Versicherungsnehmer, Versicherten oder Begünstigten die Befugnis einräumt, andere als die in diesem Abschnitt angeführten Gerichte anzurufen,
3. wenn sie zwischen einem Versicherungsnehmer und einem Versicherer, die zum Zeitpunkt des Vertragsabschlusses ihren Wohnsitz oder gewöhnlichen Aufenthalt in demselben Mitgliedstaat haben, getroffen ist, um die Zuständigkeit der Gerichte dieses Mitgliedstaats auch für den Fall zu begründen, dass das schädigende Ereignis im Ausland eintritt, es sei denn, dass eine solche Vereinbarung nach dem Recht dieses Mitgliedstaats nicht zulässig ist,
4. wenn sie von einem Versicherungsnehmer geschlossen ist, der seinen Wohnsitz nicht in einem Mitgliedstaat hat, ausgenommen soweit sie eine Versicherung, zu deren Abschluss eine gesetzliche Verpflichtung besteht, oder die Versicherung von unbeweglichen Sachen in einem Mitgliedstaat betrifft, oder
5. wenn sie einen Versicherungsvertrag betrifft, soweit dieser eines oder mehrere der in Artikel 16 aufgeführten Risiken deckt.

1 Die Vorschrift übernimmt praktisch wörtlich den Art. 13 aF. Sie schützt den Versicherungsnehmer, EuGH EuZW 2020, 678 Rn. 26 – Balta; NJW 2005, 2135 – SFIP. Sie ist gegenüber einer abweichenden Vereinbarung vorrangig, Art. 25 IV.

2 **Nr. 2** gibt dem Versicherungsnehmer einen Gerichtsstand auch über Art. 11 hinaus, EuGH RIW 1984, 62.

Nr. 3 erlaubt keine Vereinbarung zulasten desjenigen Versicherten, der in einem anderen Vertragsstaat als der Versicherungsnehmer und der Versicherer sitzt, EuGH NJW 2005, 2135 – SFIP. 3

Nr. 4 erlaubt dann keine Vereinbarung, wenn der Versicherungsnehmer zum Versicherungsvertrag gesetzlich verpflichtet ist. 4

Nr. 5 bringt dann keine Bindung, wenn man direkt gegen den Versicherer des Schädigers klagen kann, EuGH NJW 2017, 2813 – Assens Havn. Gerichtsstandsklausel in Verträgen zu „Großrisiken" (Art. 16 Nr. 5) binden den Versicherten nicht, wenn er nicht gewerblich im Versicherungssektor tätig ist, er der Klausel nicht zugestimmt hat und er in einem anderen Mitgliedstaat als Versicherungsnehmer und Versicherer ansässig ist, EuGH EuZW 2020, 678 Rn. 46 – Balta; dazu Rieländer EuZW 2020, 667 5

16 *[Risiken].* **Die in Artikel 15 Nummer 5 erwähnten Risiken sind die folgenden:**

1. sämtliche Schäden
a) an Seeschiffen, Anlagen vor der Küste und auf hoher See oder Luftfahrzeugen aus Gefahren, die mit ihrer Verwendung zu gewerblichen Zwecken verbunden sind,
b) an Transportgütern, ausgenommen Reisegepäck der Passagiere, wenn diese Güter ausschließlich oder zum Teil mit diesen Schiffen oder Luftfahrzeugen befördert werden;

2. Haftpflicht aller Art mit Ausnahme der Haftung für Personenschäden an Passagieren oder Schäden an deren Reisegepäck,
a) aus der Verwendung oder dem Betrieb von Seeschiffen, Anlagen oder Luftfahrzeugen gemäß Nummer 1 Buchstabe a, es sei denn, dass – was die letztgenannten betrifft – nach den Rechtsvorschriften des Mitgliedstaats, in dem das Luftfahrzeug eingetragen ist, Gerichtsstandsvereinbarungen für die Versicherung solcher Risiken untersagt sind,
b) für Schäden, die durch Transportgüter während einer Beförderung im Sinne von Nummer 1 Buchstabe b verursacht werden;

3. finanzielle Verluste im Zusammenhang mit der Verwendung oder dem Betrieb von Seeschiffen, Anlagen oder Luftfahrzeugen gemäß Nummer 1 Buchstabe a, insbesondere Fracht- oder Charterverlust;

4. irgendein zusätzliches Risiko, das mit einem der unter den Nummern 1 bis 3 genannten Risiken in Zusammenhang steht;

5. unbeschadet der Nummern 1 bis 4 alle „Großrisiken" entsprechend der Begriffsbestimmung in der Richtlinie 2009/138/EG des Europäischen Parlaments und des Rates vom 25. November 2009 betreffend die Aufnahme und Ausübung der Versicherungs- und der Rückversicherungstätigkeit (Solvabilität II)[1].

Die Vorschrift übernimmt praktisch wörtlich den Art. 14 aF. 1

Abschnitt 4. Zuständigkeit bei Verbrauchersachen

17 *[Geltungsbereich].* **I Bilden ein Vertrag oder Ansprüche aus einem Vertrag, den eine Person, der Verbraucher, zu einem Zweck geschlossen hat, der nicht der beruflichen oder gewerblichen Tätigkeit dieser Person zugerechnet werden kann, den Gegenstand des Verfahrens, so bestimmt sich die Zuständigkeit unbeschadet des Artikels 6 und des Artikels 7 Nummer 5 nach diesem Abschnitt,**

a) wenn es sich um den Kauf beweglicher Sachen auf Teilzahlung handelt,
b) wenn es sich um ein in Raten zurückzuzahlendes Darlehen oder ein anderes Kreditgeschäft handelt, das zur Finanzierung eines Kaufs derartiger Sachen bestimmt ist, oder
c) in allen anderen Fällen, wenn der andere Vertragspartner in dem Mitgliedstaat, in dessen Hoheitsgebiet der Verbraucher seinen Wohnsitz hat, eine berufliche oder gewerbliche Tätigkeit ausübt oder eine solche auf irgendeinem Wege auf diesen Mitgliedstaat oder auf mehrere Staaten, einschließlich dieses Mitgliedstaats, ausrichtet und der Vertrag in den Bereich dieser Tätigkeit fällt.

II Hat der Vertragspartner des Verbrauchers im Hoheitsgebiet eines Mitgliedstaats keinen Wohnsitz, besitzt er aber in einem Mitgliedstaat eine Zweigniederlassung, Agentur oder sonstige Niederlassung, so wird er für Streitigkeiten aus ihrem Betrieb so behandelt, wie wenn er seinen Wohnsitz im Hoheitsgebiet dieses Mitgliedstaats hätte.

III Dieser Abschnitt ist nicht auf Beförderungsverträge mit Ausnahme von Reiseverträgen, die für einen Pauschalpreis kombinierte Beförderungs- und Unterbringungsleistungen vorsehen, anzuwenden.

Schrifttum: Gramlich, Gerichtsstände der EuGVVO in Verbrauchersachen – Probleme bei Umzug einer Partei, EuZW 2017, 213; Huber, Das weite Verständnis des Verbrauchergerichtsstandes im Europäischen Zuständigkeitssystem, IPRax 2020, 408; Wilke, Verbraucherschutz im internationalen Zuständigkeitsrecht der EU – Status quo und Zukunftsprobleme, EuZW 2015, 13; Wolber, Die Verbrauchergerichtsstände der EuGVVO bei Umzug nach Vertragsschluss, EuZW 2020, 929.

I. Systematik. Die Vorschrift übernimmt wörtlich den Art. 15 aF. Die besonderen Zuständigkeitsvorschriften der Art. 17, 18 enthalten vorrangige und eng auslegbare Spezialregeln, EuGH WM 2020, 870, Rn. 47 – Reliantco Investments; NJW 2005, 811 – Engler. Das gilt auch gegenüber § 11 RVG, Mankowski AnwBl 2009, 126. Sie gelten abgesehen von dem Vorbehalt der Art. 6 und 7 Nr. 5 und von der vorrangigen EuInsVO, OLG Saarbr EuZW 2009, 710. Sie enthalten eine im Übrigen zwingende abschließende Zuständigkeitsregelung, die auch nicht im Wege der Gerichtsstandsbestimmung gem. § 36 I Nr. 3 ZPO durchbrochen werden darf, BGH 1

[1] **Amtl. Anm.:** ABl. L 335 vom 17.12.2009, S. 1.

WM 2021, 40 Rn. 22. Sie gelten direkt nur dann, wenn die andere Vertragspartei ihren Wohnsitz in einem anderen Mitgliedstaat hat oder wenn **II** eingreift (Auslandsbezug), EuGH EuZW 1994, 766; BGH NJW 1995, 1225. Coester-Weltjen FS Schütze, 2014, 38 warnt vor allzu großzügiger Bejahung der Zuständigkeit.

2 **II. Verbrauchervertrag, I.** Verbraucher ist nach **I,** wer einen Vertrag nicht zu beruflichen/gewerblichen Zwecken schließt, BGH ZIP 2012, 1829, Thorn IPRax 1995, 294. Der Begriff ist autonom und eng auszulegen (→ Rn. 1), EuGH NJW 2018, 1003 Rn. 29 – Schrems. Die Verbraucherdefinition in Art. 6 I Rom I-VO ist trotz des Kohärenzgebotes (EG 7 Rom I-VO) nicht vollständig zu übertragen, weil die Ausnahmeregelungen in Art. 6 IV Rom I-VO für diese VO nicht gelten, EuGH EuZW 2020, 385 Rn. 66 – I. G. I. § 13 BGB ist unanwendbar, OLG Nürnb IPRax 2005, 248. Verbraucherverträge können auch Kapitalmarktgeschäfte betreffen, solange es sich um die Verwaltung privaten Vermögens handelt, EuGH WM 2020, 870 Rn. 57 – Reliantco Investments; EuZW 2020, 246 – Dziubak. Dasselbe gilt für die private Beteiligung an Gesellschaften, BGH WM 2021, 40 Rn. 26, dazu Mankowski IPRax 2021, 432. Ein Anspruch aus Verschulden bei den Vertragsverhandlungen oder auf eine Rückabwicklung reicht, LG Darmst ZIP 2004, 1924. Ein Handelsvertreter ist als solcher weder Verbraucher noch Arbeitnehmer, OLG Hmb NJW 2004, 3126. Einem solchen Kläger, der nicht selbst der an einem der in **I** aufgeführten Verträge beteiligte Verbraucher ist (zB dem **Zessionar**), kommen die besonderen Zuständigkeitsregeln nicht zugute, EuGH NJW NJW 2018, 1003 Rn. 44 – Schrems; zust. Stürner/Wendelstein JZ 2018, 1083 (1090). Der bloße Abtretungsnehmer oder Erbe ist nicht selbst Verbraucher, EuGH NJW 1993, 1251 – Shearson Lehmann Hutton; BayObLG NJW-RR 2006, 211; LG Nürnb-Fürth ZIP 2010, 1368. Ein auf künftige Geschäftstätigkeit gerichteter Vertrag gehört nicht hierhin, EuGH NJW 2019, 2994 – Milivojevic; JZ 1998, 896 – Benincasa.

3 **1. Teilzahlungskauf, I a.** Begriff des Teilzahlungskaufs, **I a, b:** EuGH EuZW 1999, 727 – Mietz; Hess IPRax 2000, 370. Unanwendbar ist **I a** bei einer bloßen Absicherung der Abnahme der Kaufsache, OLG Oldb NJW 1976, 43.

4 **2. Kreditgeschäft, I b.** Begriff des Kaufs beweglicher Sachen: BGH NJW 1998, 666; LG Darmst NJW-RR 1994, 684. **Nr 1b** gilt auch bei einer sofortigen Bezahlung. Für die Gerichtsstandbestimmung kommt es nicht darauf an, dass das von einem Verbraucher aufgenommene Darlehen in den Anwendungsbereich der Verbraucherkreditrichtlinie 2008/48/EG fällt, EuGH EuZW 2019, 704 – Pillar Securisation. Unanwendbar ist **I b** beim nicht zweckgebundenen Darlehen.

5 **3. Andere Fälle, I c. Gemischte Verträge** zählen nur dann hierher, wenn der gewerbliche Anteil ganz untergeordnet ist, EuGH NJW 2005, 653 – Gruber. Die Vorschrift erfasst grundsätzlich alle Verträge über alle denkbaren Vertragsgegenstände, soweit sie nicht unter Art. 24 fallen. **I** ist zB auch auf allgemeine nicht zweckgebundene Verträge anwendbar, indessen wegen Art. 24 Nr. 1 weiterhin nicht auf Timesharingverträge, soweit diese kein der Nutzungsüberlassung ungefähr gleichgewichtiges Dienstleistungselement enthalten, Micklitz/Rott EuZW 2001, 330. Die Vorschrift ist ferner anwendbar: Auf ein nicht zweckgebundenes Darlehen, Piltz NJW 2002, 791; auf einen Kommissionsvertrag zwecks Warentermingeschäft, EuGH NJW 1993, 1251 – Shearson Lehmann Hutton; BGH WM 1991, 360; OLG Düss IPRax 1997, 118; auf einen Treuhandvertrag, EuGH WM 2019, 2258 Rn. 43 – TVP; BayObLG NJW-RR 2006, 211; auf die Klage aus einer vertraglichen Gewinnzusage, EuGH EuZW 2009, 489 – Ilsinger; OLG Hamm MDR 2007, 879; BGH NJW 2012, 456; Thole IPRax 2013, 136; auf einen Ferienhausvertrag, BGH MMR 2013, 578; Verträge über online-Poker, EuGH ZIP 2021, 708 – Vrhorno sodisce. Nicht nötig ist ein Fernabsatzvertrag, EuGH NJW 2012, 3225 – Mühlleitner; BGH NZM 2013, 551. Unanwendbar ist Art. 17 auf einen Anleihevertrag bei Börsenorientierung, Thole WM 2014, 1209.

6 **4. „Ausrichten", I c.** Dazu Wilke EuZW 2015, 14; Mankowski IPRax 2012, 144; Clausnitzer EuZW 2010, 374: Das ist abweichend von → Rn. 1 weit gemeint, EuGH NJW 2016, 697 – Hobohm (krit. Wagner EuZW 2016, 269); BGH NJW 2016, 2888; OLG Drsd IPRax 2006, 45. Maßgebend ist der Zeitpunkt des Vertragsabschlusses, Gramlich EuZW 2017, 218. Es gibt nicht mehr das Erfordernis, dass der Verbraucher seine Vertragserklärung in seinem Wohnsitzstaat abgegeben haben müsste. Vielmehr reicht unter **I c** eine Ausrichtung irgendeiner kommerziellen Betätigung des Unternehmers auf den Wohnsitzstaat des Verbrauchers, EuGH NJW 2016, 697 – Hobohm, BGH NZI 2012, 572. Der Unternehmer muss grundsätzlich in irgendeiner Form auf dem Vertragsabschlussmarkt in diesem Staat tätig geworden sein. Es ist eine wirtschaftliche Beurteilung statthaft und nötig, EuGH NJW 2016, 697 – Hobohm; BGH NJW 2016, 2888; Heinze/Steinrötter IPRax 2016, 545 (549).

Beispiele zur Frage eines „Ausrichtens", I c

7 **Arbeitsteilung:** Anwendbar sein kann **I c** auch bei ihr, OLG Hmb RIW 2004, 710.

Herstellung eines Werks: Anwendbar sein kann **I c** auch bei ihr, BGH NJW 2006, 1672.

Intermediäre Tätigkeit: Anwendbar sein kann **I c** auch bei ihr, OLG Hmb RIW 2004, 710.

Internetwerbung: Eine solche im Wohnsitzstaat des Verbrauchers ist zwar nicht nötig, kann aber reichen, EuGH NJW 2013, 3504 – Emrek; BGH IPRax 2018, 620 (Anwaltsvertrag). Differenzierungen nach der Art der Website (aktiv oder passiv) sind unzulässig. Disclaimer, dass die Website nicht auf den Wohnsitzstaat des Verbrauchers ausgerichtet sei, schützen den Unternehmer nur dann, wenn er sich an sie hält und tatsächlich keine Verträge mit Interessenten aus diesem Staat abschließt, OLG Mü NJW-RR 1993, 701.

invitatio ad offerendum: Diese reicht für die Bejahung eines Ausrichtens aus, BGH NJW 2017, 123, Rn. 18.

Privatvertrag: Er muss ganz oder wesentlich diesen Charakter haben, EuGH NJW 2005, 653 – Gruber, aA Reich EuZW 2005, 244 (aber Art. 17 ist ganz auf den Privatbereich zugeschnitten). Das gilt zB beim Maklervertrag, BGH NJW 2015, 2339.

Ursächlichkeit: Kausalität für den Vertragsschluss ist nicht erforderlich, EuGH NJW 2013, 3504 – Emrek.

Verbandsklage: Unanwendbar ist **I c** auf sie, EuGH EuZW 2002, 657 – Henkel; dasselbe gilt für Sammelklagen, EuGH NJW 2018, 2105 – flightright; Stürner/Wendelstein JZ 2018, 1083 (1090).

Versicherungsvertrag: Unanwendbar ist **I c** auf einen solchen vorrangig in Art. 10 ff. geregelten Vertrag.

Werbung: Anwendbar ist **I c** bei ihr. Nicht nötig ist der Fortbestand noch bei Rechtshängigkeit, OLG Ffm EuZW 2009, 310. „Internetwerbung".

8 **III. Drittstaatunternehmen, II.** Maßgebend ist der Zeitpunkt der Klagerhebung oder Rechtshängigkeit, BayObLG NJW-RR 2006, 211. Drittstaatunternehmen mit einer Zweigniederlassung in der EU gelten dann als in der EU ansässig, wenn die Klage einen Bezug zu jener Niederlassung hat. Auch rechtlich selbständige

Unternehmen können Niederlassungen sein, LG Darmst ZIP 2004, 1924; LG Bad Kreuzn EWiR 2005, 251. Eine schon vor der Klageeinreichung aufgelöste und im Handelsregister gelöschte ausländische Repräsentanz reicht nicht, BGH NJW-RR 2007, 1571.

IV. Beförderungsvertrag, III. Ein Pauschalreisevertrag fällt nach **III** nicht unter Art. 17, OLG Karlsr NJW-RR 2000, 353; LG Konst NJW-RR 1993, 638; AG Gießen NJW-RR 2013, 1074, ebenso ein Kombivertrag wie zB über eine Kreuzfahrt. 9

V. Verstoß, I–III. Er führt zur Nichtanerkennung. 10

18 ***[Gerichtsstände].*** **[I] Die Klage eines Verbrauchers gegen den anderen Vertragspartner kann entweder vor den Gerichten des Mitgliedstaats erhoben werden, in dessen Hoheitsgebiet dieser Vertragspartner seinen Wohnsitz hat, oder ohne Rücksicht auf den Wohnsitz des anderen Vertragspartners vor dem Gericht des Ortes, an dem der Verbraucher seinen Wohnsitz hat.**

[II] Die Klage des anderen Vertragspartners gegen den Verbraucher kann nur vor den Gerichten des Mitgliedstaats erhoben werden, in dessen Hoheitsgebiet der Verbraucher seinen Wohnsitz hat.

[III] Die Vorschriften dieses Artikels lassen das Recht unberührt, eine Widerklage vor dem Gericht zu erheben, bei dem die Klage selbst gemäß den Bestimmungen dieses Abschnitts anhängig ist.

I stimmt fast wörtlich mit dem Art. 16 I aF überein. **II, III** übernehmen wörtlich den Art. 16 II, III aF. Die Regelung ist mit Ausnahme von Art. 7 Nr. 5. zwingend und abschließend, BGH NJW 2015, 2339; OLG Ffm ZIP 2013, 388; OLG Mü ZIP 2013, 435. **I** bringt ein Wahlrecht zwischen **Hs. 1** und **Hs. 2,** EuGH EuZW 1994, 766 – Brenner; BGH NJW 1995, 1225; BayObLG NJW-RR 2006, 211. Die Parteien müssen aber grundsätzlich verschiedenen Mitgliedstaaten angehören. Es darf also kein bloßer Binnenfall vorliegen, BAG NZA 2017, 1052. Von diesem Grundsatz macht EuGH NJW 2014, 530 (krit. Müller EuZW 2014, 34) bei einer Klage gegen Reisevermittler (Auslandssitz) und -veranstalter (Inlandssitz) eine Ausnahme (Anwendbarkeit von **I**). 1

Eine weitere Ausnahme besteht nach BayObLG IPRax 2021, 550 Rn. 37 für den Fall, dass neben dem ausl. Vertragspartner auch ein inl. Vertragspartner verklagt wird. Bei einer in Deutschland erhobenen Klage richtet sich auf dieser Basis die örtliche Zuständigkeit nach dem deutschen Recht, BGH NJW 1995, 1225; BayObLG MDR 2005, 1293; LG Konst NJW-RR 1993, 638. Bei **II** kann der letzte bekannte Wohnsitz reichen, EuGH NJW 2012, 1201 – Hytecni banka. Maßgebend ist der Zeitpunkt der Klagerhebung, EuGH ZIP 2021, 266 Rn. 29 – mBank; OLG Mü NJW 2012, 1217; Gramlich EuZW 2017, 218. Nach einem Umzug nach Vertragsabschluss und vor Klagerhebung kann daher eine Veränderung des Gerichtsstands eintreten, EuGH NJW 2022, 1159 Rn. 52 – Commerzbank, aber aus Gründen der Vorhersehbarkeit nur, wenn die Tätigkeit des Unternehmers schon bei Vertragsschluss auf diesen Mitgliedstaat ausgerichtet war, Wolber EuZW 2020, 929 (932). Zur Frage, wie sich eine Regelungslücke des deutschen Rechts schließen lässt, KG NJW 2000, 2284. Zu **Hs. 2** EuGH EuZW 1994, 766 – Brenner; BGH EuZW 1993, 518. **Anderer Vertragspartner** ist nur der Unternehmer, mit dem der Verbraucher den Vertrag geschlossen hat, nicht aber das Unternehmen, dessen dieser sich zur Erfüllung bedient, EuGH NJW-RR 2020, 552 Rn. 65 – Kralova. 2

19 ***[Vereinbarung].*** **Von den Vorschriften dieses Abschnitts kann im Wege der Vereinbarung nur abgewichen werden,**

1. **wenn die Vereinbarung nach der Entstehung der Streitigkeit getroffen wird,**
2. **wenn sie dem Verbraucher die Befugnis einräumt, andere als die in diesem Abschnitt angeführten Gerichte anzurufen, oder**
3. **wenn sie zwischen einem Verbraucher und seinem Vertragspartner, die zum Zeitpunkt des Vertragsabschlusses ihren Wohnsitz oder gewöhnlichen Aufenthalt in demselben Mitgliedstaat haben, getroffen ist und die Zuständigkeit der Gerichte dieses Mitgliedstaats begründet, es sei denn, dass eine solche Vereinbarung nach dem Recht dieses Mitgliedstaats nicht zulässig ist.**

Die Vorschrift stimmt wörtlich mit Art. 17 aF überein. Eine Gerichtsstandsvereinbarung ist nach Art. 25 IV grundsätzlich zulässig, soweit Art. 19, sie gestattet, BayObLG NJW-RR 2006, 211. **Nr. 1** entspricht Art. 15 I. **Nr. 2** entspricht Art. 15 II. **Nr. 3** enthält eine eigene Regelung. 1

Sie betrifft nur die Vereinbarung der int. Zuständigkeit, nicht auch die örtl. Zuständigkeit, BayObLG IPRax 2021, 550 Rn. 47. 2

Abschnitt 5. Zuständigkeit für individuelle Arbeitsverträge

20 ***[Geltungsbereich].*** **[I] Bilden ein individueller Arbeitsvertrag oder Ansprüche aus einem individuellen Arbeitsvertrag den Gegenstand des Verfahrens, so bestimmt sich die Zuständigkeit unbeschadet des Artikels 6, des Artikels 7 Nummer 5 und, wenn die Klage gegen den Arbeitgeber erhoben wurde, des Artikels 8 Nummer 1 nach diesem Abschnitt.**

[II] Hat der Arbeitgeber, mit dem der Arbeitnehmer einen individuellen Arbeitsvertrag geschlossen hat, im Hoheitsgebiet eines Mitgliedstaats keinen Wohnsitz, besitzt er aber in einem Mitgliedstaat eine Zweigniederlassung, Agentur oder sonstige Niederlassung, so wird er für Streitigkeiten aus ihrem Betrieb so behandelt, wie wenn er seinen Wohnsitz im Hoheitsgebiet dieses Mitgliedstaats hätte.

Schrifttum: Garber, Zum Schutz des Arbeitnehmers in der Neufassung der Brüssel I-VO, FS Schütze, 2014, 81; Temming, Zum Anwendungsbereich der Vorschriften über die internationale Zuständigkeit für individuelle Arbeitsverträge, IPRax 2015, 509.

I. Systematik. I erweitert etwas den Art. 18 I aF. **II** stimmt mit Art. 18 II aF wörtlich überein. Parallel zu Art. 17–19 für Verbrauchersachen schaffen Art. 20–23 eine grundsätzlich abschließende Spezialregelung für 1

Arbeitssachen, LAG Bückeb NZA-RR 2016, 611. Vorbehalten sind nur die in **I** ausdrücklich genannten Art. 6, 7 Nr. 5 und 8 Nr. 1. Damit ist auch ausgeschlossen, dass sich aus Art. 8 Nr. 1 ein abweichender Gerichtsstand ergibt, EuGH NJW-RR 2008, 1658 Rn. 17 – GlaxosmithklineAußerdem enthält § 7 AEntG, BGBl. 1997, 2970, eine nach Art. 67 vorrangige Regelung für den speziellen Bereich der vom AEntG geregelten Fragen. Art. 21, 22 begründen ausschließliche Gerichtsstände.

2 **II. Individueller Arbeitsvertrag, I.** Es ist in Übereinstimmung mit dem Arbeitnehmerbegriff des Art. 48 EGV wie dem kollisionsrechtlichen Begriff nach Art. 6 EVÜ ein solcher Vertrag, bei dem folgende Voraussetzungen vorliegen, EuGH NJW 1987, 1131 – Shenavai; ArbG Münst TranspR 2001, 273: Eine Partei, der eine eigene unternehmerische Entscheidungsfreiheit und ein eigenes unternehmerisches Risiko fehlen, erbringt gegen eine Vergütung eine Dienstleistung. Sie ist in die Organisation des Dienstherrn eingebunden, und der Dienstherr hat ein Weisungsrecht, BAG NZA 2016, 254. Die zur Dienstleistung verpflichtete Partei ist wirtschaftlich abhängig und daher sozial schwächer, woraus ihre besondere Schutzbedürftigkeit folgt, BAG NZA-RR 2014, 48. Kann der Dienstleistende seine Tätigkeit im Wesentlichen frei gestalten und ist sozial wie wirtschaftlich nicht abhängig, liegt kein Arbeitsvertrag vor, selbst wenn wirtschaftliche Abhängigkeit besteht, EuGH EuZW 2019, 799 – Bosworth; LAG Düss IHR 2014, 242; ArbG Münst TranspR 2001, 273; krit. Temming IPRax 2015, 509 (512). Sog. Rumpfarbeitsverhältnisse bleiben Arbeitsverträge. Zu sog. komplexen Arbeitsverhältnissen mit einem Rumpf- und lokalen Arbeitsverhältnis in Konzernen EuGH NZA 2003, 711 – Pugliese. Organpersonen von Gesellschaften können Arbeitnehmer sein. Das gilt aber umso weniger, je mehr sie Gesellschafter sind, Mankowski RIW 2004, 167. §§ 20 ff. können bei einem Direktor und Geschäftsführer einer Gesellschaft wegen Art. 7 Nr. 1, 3 anwendbar sein, EuGH EuZW 2015, 922 – Holterman Ferho, enger aber EuGH EuZW 2019, 799 – Bosworth.

3 **III. Kein Wohnsitz des Arbeitgebers in der EU, II.** Die Vorschrift erweitert den internationalen Anwendungsbereich der Brüssel Ia-VO über Art. 4 hinaus. Sie ist eine Parallelnorm zu Art. 17 II. Für die Zwecke der Art. 20–23 wird ein Arbeitgeber mit einem Wohnsitz oder Sitz nach Art. 62 in einem Nicht-EU-Staat und einer Niederlassung nach Art. 7 Nr. 5 im EU-Gebiet, so behandelt, als hätte er seinen Wohnsitz oder Sitz am Ort dieser Niederlassung in der EU, soweit es um Arbeitsstreitigkeiten wegen dieser Niederlassung geht, LAG Düss EuZW 2008, 741. Zu einer Botschaft EuGH NJW 2013, 446 – Mahamdia. Damit ist auch ausgeschlossen, dass sich aus Art. 8 Nr. 1 ein abweichender Gerichtsstand ergibt, EuGH NJW-RR 2008, 1658 Rn. 17 – GlaxoSmithKline. Zum Niederlassungsbegriff auch BAG NZA-RR 2014, 47. Ein Konsulat kann hierher gehören, BAG NZA-RR 2015, 551.

21 *[Klage gegen Arbeitgeber].* **I Ein Arbeitgeber, der seinen Wohnsitz im Hoheitsgebiet eines Mitgliedstaats hat, kann verklagt werden:**

a) vor den Gerichten des Mitgliedstaats, in dem er seinen Wohnsitz hat, oder

b) in einem anderen Mitgliedstaat

i) vor dem Gericht des Ortes, an dem oder von dem aus der Arbeitnehmer gewöhnlich seine Arbeit verrichtet oder zuletzt gewöhnlich verrichtet hat, oder

ii) wenn der Arbeitnehmer seine Arbeit gewöhnlich nicht in ein und demselben Staat verrichtet oder verrichtet hat, vor dem Gericht des Ortes, an dem sich die Niederlassung, die den Arbeitnehmer eingestellt hat, befindet oder befand.

II Ein Arbeitgeber, der seinen Wohnsitz nicht im Hoheitsgebiet eines Mitgliedstaats hat, kann vor dem Gericht eines Mitgliedstaats gemäß Absatz 1 Buchstabe b verklagt werden.

1 **I. Systematik.** I übernimmt praktisch wörtlich den Art. 19 I aF. **II** ist neu. Art. 21 regelt abschließend den Gerichtsstand für Klagen im Geltungsbereich (jetzt) des Art. 20, BAG NZA-RR 2014, 47, gegen den Arbeitgeber. Voraussetzung ist, dass der Arbeitgeber nach Art. 4 iVm Art. 62, 63 seinen Wohnsitz oder Sitz im EU-Gebiet hat oder dass Art. 20 II ihn so behandelt, als hätte er ihn so. Neben Art. 21 kann gegen den Arbeitgeber der in Art. 20 I vorbehaltene Art. 7 Nr. 5 eine Rolle spielen.

2 **II. Gericht des Wohnsitzes, I a.** Der Arbeitnehmer kann den Arbeitgeber zunächst an dessen Wohnsitz oder Sitz verklagen. Der Begriff des Wohnsitzes beurteilt sich nach Art. 62, jener des Sitzes nach Art. 63. Gegenüber Art. 4 besteht nur die erweiternde Besonderheit des Art. 20 II.

3 **III. Anderes Gericht, I b. 1. Gewöhnlicher Arbeitsort, I b.** Hat der Arbeitnehmer einen gewöhnlichen Arbeitsort in einem Staat, begründet **I b** einen Gerichtsstand an diesem gewöhnlichen Arbeitsort. Eine vorübergehende Entsendung des Arbeitnehmers in einen anderen Staat schadet nicht. Dafür, ob eine Entsendung vorübergehender Natur ist, lassen sich keine festen Zeitgrenzen aufstellen. Allerdings sollten faustformelmäßig drei Jahre eine Art Obergrenze sein. Maßgeblich sind vielmehr der Rückkehrwille des Arbeitnehmers, der Rückrufwille des Arbeitgebers und die Absicht, den Arbeitnehmer nach der Rückkehr im Stammbetrieb weiterzuwenden. Hat der Arbeitnehmer nicht einen Arbeitsort in einem Staat, ist **I b ii** anwendbar. Dieser umfasst mehrere Konstellationen: mehrere gewöhnliche Arbeitsorte in verschiedenen Staaten, EuGH EuZW 1990, 34 Dumez France; gewöhnlicher Arbeitsort in staatsfreiem Gebiet (Bsp.: Bohrinsel auf hoher See) und Fehlen eines gewöhnlichen Arbeitsorts (Bspe: Zugbegleitpersonal in internationalen Zügen; international eingesetzter trouble shooter). Bei fliegendem Personal ist der Stationierungsort maßgeblich, LAG Bln-Brdb NZA-RR 2018, 327. Festlandssockel und anschließende Wirtschaftszone gehören zum Staatsgebiet des Küstenstaats, EuGH NZA 2002, 459 – Weber.

4 **2. Abgrenzung, I b i, ii.** Maßgebliches Kriterium für die Abgrenzung zwischen **I b i** und **ii** wie für den Gerichtsstand nach **I b i** ist also der gewöhnliche Arbeitsort (→ Rn. 3), BAG NZA 2018, 442. Der EuGH setzt den gewöhnlichen Arbeitsort mit dem hauptsächlichen Arbeitsort gleich, EuGH EuZW 1997, 143 – Rutten. Das raubt **I b i** den Anwendungsbereich, Mankowski IPRax 1999, 333. Gewöhnlicher Arbeitsort ist vielmehr ein gewöhnlicher Einsatz- oder Tätigkeitsort, wo der Arbeitnehmer tatsächlich seine Arbeitsleistung erbringt, BAG NZA 2013, 925, regelmäßig bestimmt durch denjenigen Betrieb, in den der Arbeitnehmer räumlich eingegliedert ist. Als Faustformel erscheint geeignet, dass der Arbeitnehmer dort mindestens 60 % seiner Arbeitszeit verbringt,

Mankowski IPRax 1999, 336. „Heimatbasis" ist mitbeachtbar, aber nicht allein, EuGH NZA 2017, 1477 – Nogueira. Ein nur relatives Übergewicht im Vergleich mit anderen Tätigkeitsorten erhebt einen Arbeitsort noch nicht zum gewöhnlichen Arbeitsort.

3. Zweites Arbeitsverhältnis, I b i, ii. Hat ein entsandter Arbeitnehmer ein zweites Arbeitsverhältnis mit einem lokalen Arbeitgeber und lässt er sein fortbestehendes Arbeitsverhältnis mit dem entsendenden Arbeitgeber ruhen, ändert sich der gewöhnliche Arbeitsort unter letzterem nicht. Eine Interessenabwägung, inwieweit sich der entsendende die Interessen des lokalen Arbeitgebers zu eigen mache, überzeugt nicht, aA EuGH NZA 2003, 711 – Pugliese. Es gibt auch keine rückwirkende Gesamtschau des Arbeitsverhältnisses, aM EuGH NZA 2002, 459 – Weber. Es geht nicht zwingend um einen Schwerpunkt für das gesamte Arbeitsverhältnis, sondern darum, ob es einen jeweils aktuellen Schwerpunkt von hinreichendem Gewicht gibt. Der Arbeitnehmer kann so nacheinander mehrere gewöhnliche Arbeitsorte haben, Mankowski IPRax 2003, 24. 5

4. Niederlassung, I b ii. Einstellende Niederlassung nach **I b ii** ist diejenige Niederlassung, zu diesem Begriff Art. 7 Nr. 5, hier jedoch anwendbar im Verhältnis Arbeitgeber/Arbeitnehmer, der man als organisatorischer Einheit den Arbeitnehmer zurechnen muss, Behr IPRax 1989, 323; Däubler RIW 1987, 251. Maßgeblich sind die Leitungs- und Aufsichtsfunktionen und die Betreuungspflichten gegenüber dem Arbeitnehmer. Wichtige Anzeichen dafür sind die steuerliche und buchhalterische Betreuung der Gehaltsauszahlung und der Weg, auf dem arbeitsrechtliche Weisungsbefugnisse stattfinden. Auf den Ort des Vertragsschlusses kommt es dagegen nicht an, aA Magnus IPRax 1990, 144. 6

IV. Nicht-EU-Arbeitgeber, II. Gegen ihn kann man nach **I b** klagen. 7

22 *[Klage gegen Arbeitnehmer].* **I Die Klage des Arbeitgebers kann nur vor den Gerichten des Mitgliedstaats erhoben werden, in dessen Hoheitsgebiet der Arbeitnehmer seinen Wohnsitz hat.**

II Die Vorschriften dieses Abschnitts lassen das Recht unberührt, eine Widerklage vor dem Gericht zu erheben, bei dem die Klage selbst gemäß den Bestimmungen dieses Abschnitts anhängig ist.

I. Systematik. Die Vorschrift stimmt mit Art. 20 aF wörtlich überein. 1

II. Klage des Arbeitgebers, I. Der Arbeitgeber kann den Arbeitnehmer grundsätzlich nur an dessen Wohnsitz verklagen. Der Wohnsitz bestimmt sich nach Art. 62. Maßgeblich ist der Wohnsitz des Arbeitnehmers zum Zeitpunkt der Klagerhebung. Das gilt auch dann, wenn der Wohnsitz des Arbeitnehmers nicht mit dem gewöhnlichen Arbeitsort übereinstimmt. Einen Grenzgänger muss sein Arbeitgeber am Wohnort verklagen. Er kann ihn nicht am Arbeitsort gerichtspflichtig machen. 2

III. Widerklage, II. Eine Ausnahme gilt nur für eine Widerklage des von seinem Arbeitnehmer verklagten Arbeitgebers. Diese Widerklage kann der Arbeitgeber vor dem Prozessgericht der Klage erheben, grds. EuGH NJW 2018, 2383 Rn. 34 – Petronas Lubicants. Der Arbeitnehmer hat dieses Forum gewählt. Er muss dort auch den Gegenangriff des Arbeitgebers hinnehmen. **II** ist eine Parallelnorm zu Art. 18 II. 3

23 *[Vereinbarung].* **Von den Vorschriften dieses Abschnitts kann im Wege der Vereinbarung nur abgewichen werden,**

1. wenn die Vereinbarung nach der Entstehung der Streitigkeit getroffen wird oder
2. wenn sie dem Arbeitnehmer die Befugnis einräumt, andere als die in diesem Abschnitt angeführten Gerichte anzurufen.

I. Systematik, Regelungszweck. Die Vorschrift übernimmt wörtlich den Art. 21 aF. Zum Schutz des Arbeitnehmers ist das Gerichtsstandssystem der Art. 21, 22 grundsätzlich nicht abdingbar. Art. 25 IV stellt das zusätzlich klar und hat keine eigene Bedeutung. Soweit Gerichtsstandsvereinbarungen ausnahmsweise statthaft sind, gelten für sie die Formanforderungen in Art. 25 I, II. 1

II. Nach Streitentstehung, Nr. 1. Parallel zu Art. 19 Nr. 1 lässt **Nr. 1** eine Gerichtsstandsvereinbarung nach der Entstehung der Streitigkeit zu. Die Meinungsunterschiede der Parteien sind offensichtlich und der Arbeitnehmer ist hinreichend misstrauisch, um seine Interessen wahrzunehmen. Der Arbeitgeber hat auch keine Möglichkeit, die Gerichtsstandsvereinbarung als eine von mehreren Klauseln in einem Vertrag zu verstecken, sondern muss ein isoliertes Angebot machen. 2

III. Befugnis, Nr. 2. Die Vorschrift erlaubt eine solche Gerichtsstandsvereinbarung, die dem Arbeitnehmer für seine Klage neben den gesetzlich garantierten Gerichtsständen des Art. 21 weitere Gerichtsstände als Option eröffnet, EuGH NJW 2013, 446 – Mahamdia. Solche Gerichtsstandsvereinbarungen sind für den Arbeitnehmer nur günstig und deshalb zulässig. Sie versperren andererseits dem Arbeitgeber nicht den Gerichtsstand des Art. 22 für seine Klage. 3

Abschnitt 6. Ausschließliche Zuständigkeiten

24 *[Geltungsbereich].* **Ohne Rücksicht auf den Wohnsitz der Parteien sind folgende Gerichte eines Mitgliedstaats ausschließlich zuständig:**

1. für Verfahren, welche dingliche Rechte an unbeweglichen Sachen sowie die Miete oder Pacht von unbeweglichen Sachen zum Gegenstand haben, die Gerichte des Mitgliedstaats, in dem die unbewegliche Sache belegen ist.
Jedoch sind für Verfahren betreffend die Miete oder Pacht unbeweglicher Sachen zum vorübergehenden privaten Gebrauch für höchstens sechs aufeinander folgende Monate auch die Gerichte des Mitgliedstaats zuständig, in dem der Beklagte seinen Wohnsitz hat, sofern es sich bei dem Mieter oder Pächter um eine natürliche Person handelt und der Eigentümer sowie der Mieter oder Pächter ihren Wohnsitz in demselben Mitgliedstaat haben;

2. für Verfahren, welche die Gültigkeit, die Nichtigkeit oder die Auflösung einer Gesellschaft oder juristischen Person oder die Gültigkeit der Beschlüsse ihrer Organe zum Gegenstand haben, die Gerichte des Mitgliedstaats, in dessen Hoheitsgebiet die Gesellschaft oder juristische Person ihren Sitz hat. Bei der Entscheidung darüber, wo der Sitz sich befindet, wendet das Gericht die Vorschriften seines Internationalen Privatrechts an;

3. für Verfahren, welche die Gültigkeit von Eintragungen in öffentliche Register zum Gegenstand haben, die Gerichte des Mitgliedstaats, in dessen Hoheitsgebiet die Register geführt werden;

4. für Verfahren, welche die Eintragung oder die Gültigkeit von Patenten, Marken, Mustern und Modellen sowie ähnlicher Rechte, die einer Hinterlegung oder Registrierung bedürfen, zum Gegenstand haben, unabhängig davon, ob die Frage im Wege der Klage oder der Einrede aufgeworfen wird, die Gerichte des Mitgliedstaats, in dessen Hoheitsgebiet die Hinterlegung oder Registrierung beantragt oder vorgenommen worden ist oder aufgrund eines Unionsrechtsakts oder eines zwischenstaatlichen Übereinkommens als vorgenommen gilt.

Unbeschadet der Zuständigkeit des Europäischen Patentamts nach dem am 5. Oktober 1973 in München unterzeichneten Übereinkommen über die Erteilung europäischer Patente sind die Gerichte eines jeden Mitgliedstaats für alle Verfahren ausschließlich zuständig, welche die Erteilung oder die Gültigkeit eines europäischen Patents zum Gegenstand haben, das für diesen Mitgliedstaat erteilt wurde;

5. für Verfahren, welche die Zwangsvollstreckung aus Entscheidungen zum Gegenstand haben, die Gerichte des Mitgliedstaats, in dessen Hoheitsgebiet die Zwangsvollstreckung durchgeführt werden soll oder durchgeführt worden ist.

Schrifttum: Looschelders, Internationale Zuständigkeit für die Auseinandersetzung von Miteigentümern bei ehegüterrechtlichem Bezug, IPRax 2018, 591; Wedemann, Der Sitz von Gesellschaften im Europäischen Zuständigkeitsrecht – eine Klärung im Lichte von Cum-Ex und anderen Streitigkeiten, ZIP 2021, 2207.

1 **I. Systematik, Regelungszweck.** Die Vorschrift stimmt weitgehend praktisch wörtlich mit Art. 22 aF überein. Lediglich **Nr. 4** weicht inhaltlich etwas ab. Art. 24 bringt als eine vorrangig zwingende Sonderregelung eine abschließende Aufzählung einer Reihe von ausschließlichen Zuständigkeiten, EuGH EuZW 2014, 469 – I. Weber; BGH NJW 2011, 3372, die dementsprechend eng auszulegen ist, EuGH NZG 2009, 28 Rn. 18 – Howard. Das gilt auch bei einer Hilfseinrede, EuGH GRUR 2017, 1129 – BMW. Sie regelt nur die internationale, nicht die örtliche Zuständigkeit, EuGH EuGRZ 2009, 210 Rn. 50 – Apostolides.

2 **II. Unbewegliche Sache, Nr. 1.** Die Vorschrift ist eng auszulegen, EuGH NJW 2021, 293 Rn. 22 – Ellmes Property; FamRZ 2013, 1873 – Schneider; EuGH EuZW 2006, 435 Rn. 26.

3 **1. Dingliches Recht. Nr. 1** gilt grundsätzlich nur dann, wenn der Kläger/Antragsteller gerade einen dinglichen Anspruch, also einen solchen, der ggü. Jedermann wirkt, EuGH NJW 2021, 293 Rn. 26 – Ellmes Property, geltend macht. Das ist nur dann der Fall, wenn die Klage darauf gerichtet ist,

– den Umfang oder den Bestand einer unbeweglichen Sache oder das Eigentum, den Besitz oder das Bestehen dinglicher Rechte an der unbeweglichen Sache zu bestimmen und
– dem Inhaber dieser Rechte den Schutz der mit ihrer Rechtsstellung verbundenen Vorrechte zu sichern, EuGH EuZW 2019, 738 Rn. 44 – Reitbauer.

4 Dann sind keine Vereinbarungen möglich, EuGH EuZW 2014, 469 – I. Weber; BayObLG MDR 2003, 1196; OLG Mü NJW-RR 1988, 1023. Ebenso ist der allgemeine Gerichtsstand des Bekl./Antragsgegners unstatthaft. Daher muss man das Verfahren ohne Rücksicht auf den Wohnsitz der Parteien und den Ort des Vertragsschlusses vor dem Gericht der Belegenheit der Sache führen, LG Darmst EuZW 1996, 191; LG Aachen NJW 1984, 1308. Ist Art. 18 nicht anwendbar, bleibt es bei Art. 4, BGH NJW 1990, 318. Löschungsansprüche sind persönlich, nicht dinglich, BGH NJW-RR 2005, 72; aA EuGH EuZW 2017, 36 – Schmidt.

2. Beispiele zur Frage einer Anwendbarkeit von Nr. 1

5 **Allgemeine Geschäftsbedingungen:** „Verbandsklage".

Beherbergung: Nr. 1 gilt nicht bei einem Beherbergungsvertrag mit Halbpension usw., OLG Düss NJW-RR 2008, 1526.

Besitz: Nr. 1 gilt hier, EuGH FamRZ 2013, 1873 – Schneider.

Bestand: Nr. 1 gilt hier, EuGH FamRZ 2013, 1873 – Schneider.

„Clubbeitrag": Nr. 1 gilt für einen Streit um einen derartigen Betrag, OLG Brdb NZM 2008, 660. Unanwendbar ist **Nr. 1** aber auf eine solche Vereinsmitgliedschaft, die über die Miete einer Ferienwohnung hinausgehende Rechte und Pflichten umfasst, BGH NZM 2010, 251. Auch „Ferienwohnung".

Drittstaat: Zur internationalen Zuständigkeit des Gerichts eines Drittstaats Grundmann IPRax 1985, 249. Jedoch schafft **Nr. 1 S. 2** für einen solchen Streit einen zusätzlichen Gerichtsstand am Wohnsitz des Bekl. dann, wenn die dort genannten Voraussetzungen vorliegen.

Eigentumsverletzung: Nr. 1 gilt hier grds., EuGH FamRZ 2013, 1873 – Schneider. **Nr. 1** gilt nicht bei einem Beseitigungs- und Schadensersatzanspruch wegen einer Eigentumsverletzung, BGH NJW 2008, 3502.

Ferienwohnung: Nr. 1 gilt für den Streit aus ihrer Vermietung, EuGH NJW 1985, 905 – Rösler; OLG Ffm NJW-RR 2008, 663; LG Darmst EuZW 1996, 191. „Clubbeitrag".

Gläubigeranfechtung: Nr. 1 gilt nicht für eine Gläubigeranfechtung wegen der Verfügung über ein dingliches Recht, EuGH EuZW 1990, 134 – Reichert.

Grundstück in mehreren Staaten: Bezieht sich der Vertrag auf mehrere in verschiedenen Vertragsstaaten belegene Grundstücke, sind die Gerichte dieser Staaten jeweils für den in deren Hoheitsgebiet liegenden Teil zuständig, EuGH EuZW 1990, 134 – Reichert.

Miete, Pacht: Zu **Nr. 1** zählt ein Streit aus einem Miet- oder Pachtvertrag auch über einen Zahlungsanspruch, EuGH NJW 1985, 905 – Rösler; BGH NJW-RR 2005, 72; aA BayObLG NJOZ 2004, 1704 (Wohngeldanspruch); OLG Mü NJW-RR 1988, 1023. Das gilt ohne Rücksicht darauf, auf welche Anspruchsgrundlage sich der Kläger stützt, LG Bochum RIW 1986, 135. Hierher zählt auch ein Streit nach § 546a I BGB, OLG Köln ZMR 2016, 621. **Nr. 1** gilt nicht beim Streit aus einem Vertrag über die

Verpachtung eines Ladengeschäfts in einer vom Verpächter bei einem Dritten gemieteten Räumlichkeit, EuGH NJW 1978, 1107 – Industrial Diamonds"Nutzungsentschädigung". **Nr. 1** gilt aber nicht für Ansprüche zwischen Voreigentümer und Erwerber auf Herausgabe zu Unrecht vereinnahmter Mietzahlungen, EuGH IWRZ 2019, 231 – MC.

Miteigentümergemeinschaft: Nr. 1 gilt bei ihrer Auflösung, EuGH EuZW 2016, 198 – Komu; dazu Looschelders IPRax 2018, 591.

Nutzungsentschädigung: Nr. 1 gilt nicht für eine Entschädigung für gezogene Nutzung einer Wohnung nach dem Eigentumsübergang, EuGH NJW 1995, 37.

Reisevertrag: Nr. 1 gilt für eine Schadensersatzklage des Reiseveranstalters aus abgetretenem Recht, EuGH NJW 2000, 2009 – Dansommer. „Ferienwohnung", „Urlaubsfreude".

Rückübertragung: Nr. 1 gilt nicht beim Streit um eine Rückübertragung von Eigentum an einem Grundstück, EuGH EuZW 2017, 36 – Schmidt; LG Bonn IPRax 1997, 184, ebenfalls nicht für persönliche Ansprüche eines Sicherungsgebers auf Rückgewähr einer dinglichen Sicherheit, BGH NJW 2019, 1300.

„Tauschfähige Urlaubswochen": Nr. 1 gilt nicht beim Streit über einen solchen Vertrag, BGH NZM 2008, 659.

Time-sharing-Vertrag: Zu ihm Leible /Müller EuZW 2009, 18.

Treuhand: Nr. 1 gilt nicht für eine Feststellung, dass jemand eine unbewegliche Sache als „trustee" hält, EuGH EuZW 1994, 634 – Webb.

Umfang: Nr. 1 gilt hier, EuGH FamRZ 2013, 1873 – Schneider.

Urlaubsfreude: Nr. 1 gilt nicht für einen Anspruch wegen entgangener Urlaubsfreude, EuGH NJW 1985, 905 – Rösler.

Verbandsklage: Nr. 1 gilt nicht bei einer solchen Klage nach AGB, BGH NJW 1990, 318.

Vereinsmitgliedschaft: „Clubbeitrag".

Versteigerungserlös: Nr. 1 gilt nicht für Klagen, die die Verteilung eines Versteigerungserlöses betreffen, EuGH EuZW 2019, 738 – Reitbauer.

Vertragsaufhebung: Nr. 1 gilt evtl. dann nicht, wenn die Aufhebung wegen Geschäftsunfähigkeit erfolgt, EuGH EuZW 2017, 36 – Schmidt.

Vorkauf: Nr. 1 gilt umfassend, BGH NJW 2015, 2734.

Wohngeld: „Miete, Pacht".

Wohnungseigentum: Ansprüche aus einer WEG fallen unter **Nr. 1** soweit die ggü. Jedermann und nicht nur ggü. den Mitgliedern bestehen, EuGH NJW 2021, 293 Rn. 31 – Ellmes Property Services.

III. Gesellschaftsklage usw., Nr. 2. Die Vorschrift ist eng auszulegen, EuGH ZIP 2011, 1072; Schmitt IPRax 2010, 313. Er erfasst nur solche Streitigkeiten, in denen eine Partei die Gültigkeit einer Entscheidung eines Gesellschaftsorgans im Hinblick auf das geltende Gesellschaftsrecht oder satzungsmäßigen Vorschriften über das Funktionieren der Organe dieser Gesellschaft anficht, EuGH EuZW 2015, 76 – flyLAL; NJW-RR 2009, 405 Rn. 26 – Hasselt; BGH WM 2021, 40 Rn. 44. Hierunter fällt auch ein Verfahren über die Abfindung eines Minderheitsaktionärs, EuGH EuZW 2018, 811 – E.ON Czech Holding, oder ein Verfahren im Rahmen einer Liquidation, nicht aber ein Auseinandersetzungsvertrag, OLG Hamm NJW-RR 2007 479. Das gilt auch bei einem wegen Satzungsverstoßes unwirksamen Organbeschluss, EuGH NZG 2011, 674. Für den Sitz ist die Satzung maßgeblich, BGH NJW 2011, 3373. Nicht hierher zählt ein Verfahren wegen der Verletzung eines Satzungsrechts, EuGH NJW-RR 2009, 406, oder ein Streit über die Gültigkeit eines Organbeschlusses, EuGH NJW-RR 2011, 1137 (zust. Müller EuZW 2011, 480), oder eine Schadensersatzklage wegen eines Wettbewerbsverstoßes, EuGH EuZW 2015, 6 (zu Art. 22 Nr. 2 aF). Für eine Abberufung des Geschäftsführers einer nur in Deutschland tätigen englischen Ltd. ist das englische Gericht ausschließlich zuständig, OLG Ffm NZG 2010, 581 (krit. Schaper IPRax 2010, 514). 6

IV. Patent usw., Nr. 3, 4. Zur Auslegung des Begriffs eines solchen Rechtsstreits, der „die Eintragung oder die Gültigkeit von Patenten… zum Gegenstand (hat)", EuGH RIW 1984, 483; OLG Stgt RIW 2001, 141; Stauder IPRax 1985, 76. Art. 35 steht nicht entgegen, EuGH EuZW 2012, 637 – Solvay (krit. Schacht GRUR 2012, 1113). Darauf, ob das Recht klage- oder einredeweise geltend gemacht wird, kommt es nicht an, EuGH EuZW 2006, 575 Rn. 22 – GAT; zur Widerklage BGH NJW-RR 2008, 57 Rn. 25. Unanwendbar ist **Nr. 4** bei der Frage, ob jemand zu Recht als Markeninhaber eingetragen steht, EuGH GRUR 2017, 1167. In ihrem Anwendungsbereich verdrängt Art. 94 II Unionsmarken-VO die Anwendung der **Nr. 4,** EuGH GRUR 2019, 1047 Rn. 34 Crabtree; EuZW 2014, 664 Rn. 28 – Parfumflakon II. 7

V. Zwangsvollstreckung, Nr 5. Dazu OLG Köln IPRax 2015, 158: Vgl. auch § 1117 ZPO. Die Vorschrift gilt auch für eine Klage nach § 767 ZPO, OLG Köln IHR 2014, 140; OLG Hmb IPRax 1999, 168; AG Wiesb FamRZ 2009, 141, Anträge gem. § 887 ZPO, OLG Hbg ZVertriebsR 2019, 132 Rn. 38; Rauscher/Mankowski Rn. 210; aA Paulus/Peiffer/Peiffer/Paulus Rn. 148, und für die Vollstreckung aus einer Urkunde, OLG Jena NJOZ 2010, 2400; OLG Hmb IPRax 1999, 168. Jedoch darf man vor dem danach zuständigen Gericht nicht die Aufrechnung mit einer solchen Forderung erklären, für deren selbständige Geltendmachung die Gerichte dieses Vertragsstaats nicht zuständig wären, EuGH NJW 1985, 2892 – AS. Zur Problematik etwaiger Völkerrechtswidrigkeit einer Handlungsvollstreckung Heese ZZP 124, 92. Nicht unter **Nr. 5** fällt eine Gläubigeranfechtungsklage, EuGH EuZW 1992, 447, und eine Klage betreffend die Verteilung des Versteigerungserlöses, EuGH EuZW 2019, 738 – Reitbauer, sowie die Klage auf Herausgabe des Vollstreckungserlöses aus Bereicherungsrecht, EuGH NJW 2022, 375 Rn. 32 – HRVATSKE ŠUME. 8

Abschnitt 7. Vereinbarung über die Zuständigkeit

25 *[Möglichkeiten].* [I] [1]**Haben die Parteien unabhängig von ihrem Wohnsitz vereinbart, dass ein Gericht oder die Gerichte eines Mitgliedstaats über eine bereits entstandene Rechtsstreitigkeit oder über eine künftige aus einem bestimmten Rechtsverhältnis entspringende Rechtsstreitigkeit entscheiden sollen, so sind dieses Gericht oder die Gerichte dieses Mitgliedstaats zuständig, es sei denn, die Vereinbarung ist nach dem Recht dieses Mitgliedstaats materiell ungültig.** [2]**Dieses Gericht**

oder die Gerichte dieses Mitgliedstaats sind ausschließlich zuständig, sofern die Parteien nichts anderes vereinbart haben. [3]Die Gerichtsstandsvereinbarung muss geschlossen werden:

a) schriftlich oder mündlich mit schriftlicher Bestätigung,

b) in einer Form, welche den Gepflogenheiten entspricht, die zwischen den Parteien entstanden sind, oder

c) im internationalen Handel in einer Form, die einem Handelsbrauch entspricht, den die Parteien kannten oder kennen mussten und den Parteien von Verträgen dieser Art in dem betreffenden Geschäftszweig allgemein kennen und regelmäßig beachten.

II Elektronische Übermittlungen, die eine dauerhafte Aufzeichnung der Vereinbarung ermöglichen, sind der Schriftform gleichgestellt.

III Ist in schriftlich niedergelegten Trust-Bedingungen bestimmt, dass über Klagen gegen einen Begründer, Trustee oder Begünstigten eines Trust ein Gericht oder die Gerichte eines Mitgliedstaats entscheiden sollen, so ist dieses Gericht oder sind diese Gerichte ausschließlich zuständig, wenn es sich um Beziehungen zwischen diesen Personen oder ihre Rechte oder Pflichten im Rahmen des Trust handelt.

IV Gerichtsstandsvereinbarungen und entsprechende Bestimmungen in Trust-Bedingungen haben keine rechtliche Wirkung, wenn sie den Vorschriften der Artikel 15, 19 oder 23 zuwiderlaufen oder wenn die Gerichte, deren Zuständigkeit abbedungen wird, aufgrund des Artikels 24 ausschließlich zuständig sind.

V Eine Gerichtsstandsvereinbarung, die Teil eines Vertrags ist, ist als eine von den übrigen Vertragsbestimmungen unabhängige Vereinbarung zu behandeln.
Die Gültigkeit der Gerichtsstandsvereinbarung kann nicht allein mit der Begründung in Frage gestellt werden, dass der Vertrag nicht gültig ist.

Schrifttum: Hess, Die Auslegung kollidierender Gerichtsstandsklauseln im europäischen Zivilprozessrecht, FS Prütting, 2018, 337; Magnus, Sonderkollisionsnormen für das statut von Gerichtsstands- und Schiedsgerichtsvereinbarungen?, IPRax 2016, 521; Schlosser, Gerichtsstandsvereinbarungen und andere europarechtlich vollständig geregelte Verträge, IPRax 2022, 326.

1 **I. Systematik, Regelungszweck.** Die Vorschrift weicht inhaltlich mehrfach von Art. 23 aF ab, und zwar in **I 1, III–V.** Sie ist die für den internationalen Handelsverkehr wichtigste Bestimmung der Brüssel Ia-VO. Denn sie regelt die Vereinbarung des maßgeblichen Gerichtsstands. Sie dient der Prozesswirtschaftlichkeit. Sie ist deshalb großzügig auslegbar. Sie hat den Vorgang vor §§ 12 ff. ZPO, OLG Naumb Rpfleger 2010, 606.

2 **II. Geltungsbereich. 1. Unerheblichkeit des Wohnsitzes.** Keine Partei muss (mehr) ihren Wohnsitz nach Art. 62, §§ 13 ff. ZPO in einem Mitgliedsstaat haben. Auch die spätere Parteirolle im Prozess ist ohne Bedeutung, OLG Mü RIW 1989, 902. Reine Inlandsfälle sind nicht erfasst, OGH ÖJZ 2004, 105. Ein Handelsvertreter fällt unter Art. 25, OLG Hmb NJW 2004, 3126.

3 **2. Inhalt der Vereinbarung.** Art. 25 gilt nur dann, wenn die Abrede die Zuständigkeit eines Gerichts in einem Mitgliedstaat begründet, BGH NJW 1989, 1431; OLG Mü NJW 1987, 2168. Die in einem Vertrag vereinbarte Gerichtsstandsklausel erfasst auch mit dem Vertrag in Zusammenhang stehende Schadensersatzansprüche, EuGH NZG 2019, 315; EuGH EuZW 2015, 584 – CDC Hydrogen Peroxide; Roth IPRax 2016, 318 (326).

4 **3. Bezug zum EU-Gebiet.** Das ist dieselbe Problematik wie bei → ZPO § 23 Rn. 7. Ein solcher Bezug ist ebenso wie dort nicht nötig, OLG Mü RIW 1989, 901; aA BGH NJW 1993, 1071; OLG Saarbr NJW 2000, 670; OLG Hamm IPRax 1999, 244 (je zu streng).

5 **III. Abschließende Regelung.** Art. 25 lässt Ausnahmen nur dann zu, wenn die Brüssel Ia-VO sie zulässt, **V** iVm Art. 15, 19, 23, 24. Außerdem können sich Vereinbarungsbeschränkungen aus internationalen Abkommen ergeben, die der Brüssel Ia-VO vorgehen. Dagegen sind andere Beschränkungen im nationalen Recht nicht anwendbar, OLG Stgt EuZW 1991, 126; LG Darmst NJW-RR 1994, 686. Eine Inhaltskontrolle ist unzulässig, BGH NJW 1980, 2022; BayObLG NJW-RR 2002, 359. Man muss die Wirksamkeit der Gerichtsstandsvereinbarung nach **V 1** unabhängig von derjenigen eines eventuellen Hauptvertrags beurteilen, EuGH EuZW 2013, 317 – RefComp; BGH NJW 2007, 2036; Schlosser IPRax 2022, 326 (327). Eine teilweise oder gänzliche Ungültigkeit des Hauptvertrags zB nach §§ 133 ff. BGB bringt nach **V 2** nicht schon deshalb eine Ungültigkeit (auch) der Gerichtsstandsvereinbarung. Das vereinbarte Gericht hat keine alleinige Entscheidungsbefugnis dazu. Vielmehr können auch andere Gerichte über die Wirksamkeit entscheiden, Mankowski JZ 1998, 898. Mangels abweichender Vereinbarung besteht aber nach **I 2** eine ausschließliche Zuständigkeit, EuGH EuZW 2016, 197 – Thomas Cook; KG ZIP 2021, 308 Rn. 80. Eine sachlichrechtliche Nichtigkeit ist nach **I 1 Hs. 2** beachtbar. Ein Rechtsmissbrauch ist wegen **I 1 Hs. 2** trotz **V 2** wie stets schädlich, aA Horn IPRax 2006, 4. Zur Klage eines Privatanlegers gegen Griechenland Thole WM 2012, 1793.

6 **IV. Form der Vereinbarung, I 3.** Von den Tatbeständen braucht nur einer vorzuliegen, damit die Vereinbarung gültig ist. Nationale Formvorschriften sind unanwendbar. Maßgeblicher Zeitpunkt für die Beurteilung der Formwirksamkeit ist die Klagerhebung nach §§ 253, 261 ZPO, OLG Kblz NJW-RR 1988, 1335. Daher kann eine ursprünglich unwirksame Vereinbarung durch einen Neuabschluss oder eine Bestätigung wirksam werden. Es ist eine großzügige Auslegung nötig, EuGH EuZW 2016, 635 – Höszig.

7 **1. Schriftliche Vereinbarung, I 3a Fall 1.** Schriftform bedeutet nicht stets eigenhändige Unterschrift BGH ZVertriebsR 2017, 129; aA OLG Karlsr EuZW 2009, 712 (zu streng). Eine schriftliche Erklärung des Benachteiligten nach einer Kenntnisnahme von der Gerichtsstands-Formularklausel genügt, BGH ZVertriebsR 2017, 126; BGH NJW-RR 2005, 151 (zu Art. 17 I 2 LugÜ). Ein Wechsel von Briefen oder Telefax usw. reicht aus, BGH NJW 2015, 2584 Rn. 35; BGH NJW-RR 2005, 137. Für die Einbeziehung beigefügter AGB mit Gerichtsstandsklausel ist eine ausdrückliche Hinweisklausel im eigentlichen Vertragstext erforderlich, EuGH ZVertriebsR 2018, 193; EuGH EuZW 2016, 419 – Profit Investment, 635 – Höszig. Erleichterungen können

sich aus **I 3b** ergeben (→ Rn. 11). Selbst die ausdrückliche Einbeziehung der AGB genügt dann nicht, wenn sie auf ein anderes nicht beigefügtes Standardklauselwerk verweisen, das eine Gerichtsstandsklausel enthält, Rauscher ZZP 104, 288, aM OLG Mü IPRax 1987, 307, oder wenn sie auf nicht beigefügte Internetangaben verweisen, OLG Celle NJW-RR 2010, 137. Eine erstmals auf einer Rechnung erscheinende Gerichtsstandsklausel genügt nicht, EuGH ZVertriebsR 2018, 190 – Saey Home & Garden. Anders verhält es sich aber dann, wenn man solche Rechnungsformulare in einer laufenden Geschäftsbeziehung dauernd verwendet (→ Rn. 11). Gerichtsstandsklauseln in AGB sind von den Gerichten von Amts wegen auf ihre Wirksamkeit hin zu prüfen; die Unwirksamkeit erlangt aber dann keine Bedeutung, wenn sich ein Verbraucher trotz entsprechenden Hinweises nicht darauf beruft, EuGH EuZW 2009, 503 Rn. 32 – Pannon GSM.

Elektronische Übermittlung steht im Rahmen von **II** der Schriftform gleich. Hierfür genügt auch die Zustimmung zu Erklärungen im Internet, wenn das Ausdrucken und Speichern des Textes vor Abschluss des Vertrages möglich ist, EuGH EuZW 2015, 565 – El Majdoub; BGH GRUR 2021, 991 Rn. 29. 8

2. Mündliche Vereinbarung mit schriftlicher Bestätigung, I 3a Fall 2. Die Formerleichterung setzt eine zumindest stillschweigende oder eine mündliche Einigung über die Zuständigkeit eines bestimmten Gerichts voraus, OLG Hmb EWS 1996, 365. AGB mit einer entsprechenden Klausel müssen dem Partner beim Vertragsschluss vorgelegen haben, OLG Hamm NJW 1990, 652. Kommt die Gerichtsstands"abrede" ohne eine vorangegangene mündliche Einigung erstmals in ein Bestätigungsschreiben, reicht das nicht aus, EuGH NJW 1977, 495; BGH NJW 1994, 2099. Vielmehr muss der Empfänger dann schriftlich zustimmen, EuGH NJW 1977, 495; BGH GRUR 2021, 991 Rn. 29, oder es muss **I 3c** vorliegen. Welcher Vertragspartner die schriftliche Bestätigung ausgestellt hat, ist unerheblich, EuGH RIW 1985, 736; BGH NJW 1986, 2196. Die Bestätigung des gesamten Vertrags reicht aus. Ein Widerspruch gegen die Bestätigung schließt die Einhaltung der Form nicht aus. Er kann aber ein Anzeichen für das Fehlen einer vorangegangenen Einigung sein. Eine bloße Rechnung ist keine Bestätigung, selbst wenn man sie als solche bezeichnet, OLG Hmb IPRax 1985, 281. 9

3. Gepflogenheit der Parteien, I 3b. Zwischen den Vertragspartnern können sich bestimmte Gepflogenheiten entwickelt haben. Haben sie ihre Geschäfte immer nach diesen Gepflogenheiten abgewickelt, verstieße diejenige Partei gegen Treu und Glauben, die sich auf einmal nicht mehr an sie gebunden erklärte, BGH MDR 2004, 897. Die Gepflogenheit ersetzt nur die Form, nicht die Einigung, BGH 11.12.2018 – KZR 66/17, GRUR 2019, 320 Rn. 35. Voraussetzung ist eine länger dauernde Geschäftsbeziehung und eine gewisse vertrauensbegründende Dauer der Gepflogenheit, BGH NJW-RR 2005, 137. Die Formerleichterung kann frühestens für das zweite bestimmte Geschäft im Rahmen einer Geschäftsbeziehung gelten, Kölb RIW 1988, 557. 10

Bei **AGB** kann man die Vereinbarung ihrer Geltung dann durch eine abstrakte Einbeziehung ersetzen, wenn eine laufende Geschäftsbeziehung aufgrund der AGB stattfindet, LG Münst RIW 1992, 23, Kohler IPRax 1991, 301. Die laufende Geschäftsbeziehung hat ihre Bedeutung auch ohne einen vorangegangenen mündlichen Vertragsschluss, EuGH RIW 1984, 909 – Göminne Hout. Die Partner müssen die Geltung der AGB in der Anfangsphase mindestens einmal ausdrücklich vereinbart und sich in der Praxis nach ihnen gerichtet haben, OLG Düss TranspR 1981, 26. Hat der Rechnungsschreiber nie auf die rückseitig aufgedruckten AGB hingewiesen, führt auch die laufende Geschäftsverbindung nicht zur Wirksamkeit der Gerichtsstandsklausel, BGH NJW 1994, 2099; OLG Hamm NJW 1990, 1012; OLG Hmb IPRax 1984, 281. 11

4. Internationaler Handelsbrauch, I 3c. Gerichtsstandsvereinbarungen sind dann anerkennbar, wenn ihre Form einem internationalen Handelsbrauch entspricht, EuGH EuZW 1999, 441 – Castelletti. Ein Handelsbrauch besteht dann, wenn die in dem betreffenden Geschäftszweig tätigen Kaufleute beim Abschluss einer bestimmten Art von Verträgen allgemein und regelmäßig ein bestimmtes Verhalten befolgen, EuGH NJW 1997, 1431- MSG; OLG Hmb TranspR 1993, 26. Der Handelsbrauch muss sich nicht spezifisch auf Gerichtsstandsklauseln beziehen. Indessen können Gerichtsstandsklauseln in einer Branche handelsüblich sein, zB im Seehandel, OLG Celle IPRax 1997, 418. Auf eine formelle Kaufmannseigenschaft etwa nach dem HGB kommt es nicht an. Die Behauptung einer Partei, es gäbe einen entsprechenden Handelsbrauch ist von Amts wegen im Freibeweisverfahren zu prüfen, BGH NJW 2019, 76. Handelt eine Partei als Privatmann, greift **I 3c** nicht ein. Das gilt unabhängig davon, ob ein Verbrauchervertrag nach Art. 15 I vorliegt. 12

5. Abgrenzung, I 3c. Die Fassung von **I 3c** lehnt sich an Art. 9 II CISG (UN-Kaufrecht) an, Kohler EuZW 1991, 305. Daher kann man bei der Auslegung auf jene Bestimmung zurückgreifen. Ein Handelsbrauch muss nicht weltweit bestehen. Es genügt ein Bestehen in derjenigen Branche, in der sich die Partner beim Vertragsschluss betätigen, EuGH EuZW 1999, 441 – Castelletti. Was branchenüblich ist, muss das Gericht nach abstrakten Maßstäben beurteilen. Es darf nicht nur nach den Vorstellungen der Parteien urteilen. Wichtig ist, dass der Brauch eine allgemeine Geltung hat, dass also eine qualifizierte Mehrheit der beteiligten Verkehrskreise ihn praktiziert. Es kommt nicht darauf an, ob der Brauch im Sitzstaat einer Partei besteht, aA OLG Düss RIW 1990, 579; OLG Köln NJW 1988, 2192, oder ob er nach dem auf den Vertrag anwendbaren Recht gilt, EuGH NJW 1997, 1431 – MSG; aA Rauscher ZZP 105, 292 (zu streng). Ebensowenig muss der Handelsbrauch für andere Staaten oder für alle EU-Staaten feststehen, EuGH EuZW 1999, 441 – Castelletti. Ob in der betroffenen Branche ein entsprechender Handelsbrauch besteht, ist eine vom Prozessgericht zu entscheidende Frage. Die Behauptungslast für das Bestehen eines Handelsbrauchs und seinen Inhalt trifft denjenigen, der sich auf ihn beruft, OLG Hmb IPRax 1997, 419. 13

6. Kenntnis, I 3c. Erforderlich ist weiter, dass die ursprünglichen Partner des Rechtsverhältnisses den Handelsbrauch kannten oder kennen mussten. Das Gesetz vermutet das dann unwiderleglich, wenn die in dem betreffenden Geschäftszweig Tätigen schon zuvor miteinander oder mit anderen Partnern Geschäftsbeziehungen pflegten oder wenn man ein bestimmtes Verhalten beim Vertragsschluss in dieser Branche allgemein und ständig zu befolgen pflegt, EuGH EuZW 1999, 441 – Castelletti. Das Wissen eines Vertreters lässt sich dem Chef nach Maßgabe des Vollmachtstatuts zurechnen, LG Essen RIW 1992, 230. 14

7. Schweigen auf Bestätigung, I 3c. Im Bereich von **I 3c** kann das Schweigen auf ein kaufmännisches Bestätigungsschreiben eine Gerichtsstandsvereinbarung begründen, EuGH NJW 1997, 1431 – MSG; BGH NJW-RR 1998, 755; OLG Köln IPRspr. 2013, 392. Dabei darf man auch die Willenseinigung dann vermuten, wenn man einem formwahrenden Handelsbrauch befolgt hat. Zu Gerichtsstandsklauseln in Konnossementen OLG 15

Hmb TranspR 1993, 25. Zu solchen Klauseln in internationalen Versteigerungsbedingungen Mankowski EWiR 1996, 740.

16 **V. Gerichtsstandsvereinbarung, I–III. 1. Willenseinigung.** Art. 25 regelt auch Einigkeitsfragen. Er verlangt das tatsächliche Bestehen einer Willenseinigung, weshalb die Vereinbarung grdsl. – Ausnahme: Gesamtrechtsnachfolge – nur zwischen den Parteien wirkt, die diese geschlossen haben, EuGH NJW-RR 2021, 240 Rn. 42, 47 – Ryanair; zu Recht krit. Thole IPRax 2022, 236 (240). Er verdrängt insofern die nationalen Bestimmungen über das Zustandekommen von Vereinbarungen. Daher ist eine Einbeziehungskontrolle von Gerichtsstandsklauseln in AGB beim deutschen Vertragsstatut unstatthaft, BGH NJW 1996, 1820; OLG Mü WM 1989, 605; LG Essen RIW 1992, 220. Liegen die Voraussetzungen von **I 3** vor, darf und muss man eine Einigung der Parteien vermuten, EuGH EuZW 1999, 441 – Castelletti. Die Bestätigung der Kenntnisnahme ist noch keine Zustimmung, BGH NJW-RR 2005, 137. Die Vereinbarung gilt nur für die daran beteiligten Parteien und erstreckt sich nicht auf Dritte, zB Gesamtschuldner, EuGH NZG 2018, 226 – Leventis, jedoch auf solche Rechtsnachfolger, die die Möglichkeit der Kenntnisnahme hatten, EuGH EuZW 2016, 419 – Profit Investment. Ist streitig, ob jemand die Vereinbarung in eigenen oder fremden Namen geschlossen hat, reicht für die Zulässigkeit die entsprechende Behauptung des Klägers, BGH NJW 2015, 2584 Rn. 25; OLG Saarbr IPRax 2018, 61.

17 Legt eine Partei in ihrer Muttersprache abgefasste AGB vor und beherrscht die Gegenpartei diese Sprache nicht, genügt es für die erforderliche Übereinstimmung, wenn die Gegenpartei eine auf die AGB hinweisende Annahmeerklärung unterschreibt, BGH IPRax 1991, 326; OLG Hamm NJW-RR 1995, 188. Allerdings ist dafür nötig, dass die Gegenpartei mindestens den Hinweis auf die AGB verstehen konnte, EuGH EuZW 2016, 419 – Profit Investment.

18 **2. Rückgriff auf das anwendbare sachliche Recht.** Das Vertragsstatut regelt die Folgen eines Willensmangels, die Verlängerung befristeter Verträge, EuGH NJW 1987, 2155; Magnus IPRax 2016, 521, die Wirksamkeit von Mehrparteienabreden, etwa von Gesellschaftsverträgen, EuGH IPRax 1993, 32, die Nachfolgefrage, EuGH RIW 1984, 909 – Göminne Hout, die Frage, wer eigentlich Partner der Vereinbarung ist, OLG Saarbr NJW 1992, 988 OLG Düss NJW-RR 1989, 1332, ferner Vertretungsfragen, BGH NJW 2015, 2585; LG Essen RIW 1992, 239, und andere Beziehungen zu Dritten, etwa die Zulässigkeit eines Vertrags zugunsten Dritter, Mankowski IPRax 1996, 430. Zu einer Kenntnisnahmeklausel BGH NJW 1996, 1820.

19 **3. Bestimmtheitserfordernis.** Dazu Wais IPRax 2015, 127 (Grdz.): **I** verlangt, dass sich die Gerichtsstandsvereinbarung auf eine bereits entstandene oder auf künftige aus einem bestimmten Rechtsverhältnis entspringende Rechtsstreitigkeiten bezieht, EuGH NJW 1992, 1671 – Petereit. Eine Gerichtsstandsvereinbarung in einem Rahmenvertrag erfasst im Zweifel alle Streitigkeiten über einzelne Teillieferungen, OLG Oldb IPRax 1999, 459. Bestimmt sein muss auch die Bezeichnung des gewählten Gerichts. Dafür reicht aus, dass sich das Gericht aus dem gesamten Vertrag und den Umständen des Vertragsschlusses ergibt, EuGH NJW 2001, 501 – Coreck Maritime, oder aus dem auf den Vertrag anwendbaren sachlichen Recht. Das ist zB dann so, wenn der Vertrag nur die internationale Zuständigkeit regelt. Dann ergibt sich die örtliche Zuständigkeit aus dem nationalen Recht, Kohler IPRax 1983, 268. Zum Tarifvertrag Mankowski NZA 2009, 584. Eine allzu weite Ausdehnung ist unstatthaft, OLG Bbg ZVertriebsR 2014, 121.

20 Es reicht auch eine sog. **reziproke Gerichtsstandsvereinbarung** wie zB „Gerichtsstand ist der Sitz des jeweiligen Klägers", EuGH RIW 1978, 814 – Meeth; BGH NJW 1979, 2477; OLG Kblz RIW 1993, 934. Ausreichend ist auch die Vereinbarung der Zuständigkeit des Gerichts am Erfüllungsort, OLG Mü RIW 1989, 901. Nicht ausreichend ist eine solche Vereinbarung, die die Bestimmung einem Partner überlässt, aA OLG Hamm IPRax 2007, 125 (Wahlmöglichkeit), oder eine solche Abrede, dass ein Partner auch noch andere Gerichte anrufen könne, es sei denn, dass das nur besagt, dass der vereinbarte Gerichtsstand kein ausschließlicher sein solle.

21 **VI. Sonderfälle, I, III, IV. 1. Arbeitsvertrag, Art. 23.** Bedeutsam ist die Abgrenzung zum freien Dienstvertrag, bei dem es an der Weisungsgebundenheit fehlt, für den **IV** nicht gilt, BAG NZA 2016, 254 Rn. 18. Vor einer konkreten Streitigkeit getroffene Gerichtsstandsvereinbarungen haben gegenüber dem Arbeitnehmer keine Wirkung, es sei denn, sie eröffnen ihm einen zusätzlichen Gerichtsstand. Nach einer konkreten Streitigkeit getroffene Gerichtsstandsvereinbarungen haben aber eine volle Wirkung.

22 **2. Verbraucher- und Versicherungsvertrag, Art. 19.** Dazu Gsell, Die Zulässigkeit von Gerichtsstandsvereinbarungen mit Verbraucherbeteiligung usw., FS Coester-Waltjen, 2015.

23 **3. Trust-Bedingung, III.** Die Vorschrift erweitert **I** für Streitigkeiten über das Innenverhältnis eines Trust des angelsächsischen Rechtskreises. Sie bindet auch Dritte, nämlich die Trust-Begünstigten, und erklärt die für **I** nötige materiell-rechtliche Willenseinigung für entbehrlich.

24 **4. Gesellschaftsvertrag und -satzung.** Der EuGH sieht auch eine Gerichtsstandsvereinbarung in einer schriftlichen Gesellschaftssatzung als den Anforderungen des Art. 25 genügend an, EuGH NJW 1992, 1671 – Petereit. Sie soll auch die Rechtsnachfolger der ursprünglichen Gesellschafter binden und dabei sogar jene, die die Klausel abgelehnt haben, Koch IPRax 1993, 19. Durch eine Auslegung nach §§ 133, 157 BGB muss das Gericht klären, inwieweit solche Bestimmungen auch Klagen der Gesellschafter gegen die Gesellschaft oder Streitigkeiten der Gesellschafter untereinander erfassen, BGH NJW 1994, 51; OLG Kblz RIW 1993, 141.

25 **5. Konnossement. I 3c** soll die Geltung solcher Klauseln auch im Verhältnis zwischen dem konnossementsmäßigen Verfrachter und dem späteren Konnossementsberechtigten sicherstellen, EuGH NJW 2001, 501 – Coreck Maritime. Ob aber **I 3c** über eine bloße Formvorschrift hinausgeht, ist trotzdem fraglich, EuGH RIW 1984, 909 – Göminne Hout. Für die Bindung des Drittinhabers ist weiterhin maßgeblich, dass dieser im Rahmen des anwendbaren sachlichen Rechts ein Rechtsnachfolger der ursprünglichen Konnossementspartei geworden ist, EuGH EuZW 1999, 441 – Castelletti.

26 **VII. Inhalt einer Gerichtsstandsvereinbarung.** Die sachliche Reichweite der Vereinbarung lässt sich durch ihre Auslegung nach §§ 133, 157 BGB ermitteln, BGH NZI 2021, 739 Rn. 52. Nach deutschem Verständnis erfasst sie konkurrierende, vor allem deliktische Ansprüche mit, OLG Ffm GRUR-RR 2016, 244; OLG Stgt EuZW 1991, 326. Letzteres verneint aber EuGH NZG 2018, 226 – Leventis, allerdings nicht durchweg, wenn es um Ansprüche aus dem Kartell- oder Lauterkeitsrecht geht, EuGH EuZW 2019, 79 Rn. 24 – Apple Sales. Die Vereinbarung kann sich auch auf eine Widerklage erstrecken. Sie kann etwa den Gerichtsstand der Widerklage

ausschließen. Die Abrede kann auch Maßnahmen des einstweiligen Rechtsschutzes umfassen. Im Zweifel soll das vereinbarte Gericht befugt sein, Eilmaßnahmen zu treffen. **II** gilt auch beim elektronischen click wrapping, EuGH EuZW 2015, 565 – El Majdoub. Zur Zuständigkeit im selbständigen Eilverfahren Art. 35.

VIII. Aufrechnung. Durch eine Auslegung muss das Gericht auch ermitteln, ob die Gerichtsstandsvereinbarung auch das Verbot enthält, die Aufrechnung mit einer vor ein anderes Gericht gehörenden Forderung zu erklären, Leipold ZZP 107, 217; Mankowski ZZP 109, 378. Die Auslegung muss klären, ob die Partner eine Beschränkung der Aufrechnung auf bestimmte Modalitäten gewollt haben, EuGH NJW 1979, 1100; BGH NJW 1979, 2478; OLG Mü ZVertriebsR 2016, 401 Rn. 25; abl. Brand IPRax 2019, 294 (295). Die Auslegungsmaßstäbe dafür muss das Gericht dem auf die Aufrechnung anwendbaren sachlichen Recht entnehmen, zB den §§ 133, 157 BGB, BGH NJW 1979, 2478; Mansel ZZP 109, 75, sofern das IPR eine Aufrechnung und Aufrechnungsbeschränkungen als materiell-rechtlich einordnet, Gebauer IPRax 1998, 81; Mankowski ZZP 109, 378. Aufrechnungsstatut ist nach deutschem IPR das Statut derjenigen Forderung, gegen die eine Aufrechnung erfolgt, BGH NJW 1994, 1416; OLG Düss NJW-RR 1994, 508; OLG Stgt RIW 1995, 944. Das gilt auch für das Erfordernis der Gegenseitigkeit, EuGH NJW 1985, 2893 – Berghöfer. Zu den Erwägungen bei der Auslegung LG Bln IPRax 1998, 99. Zur Aufrechnung im Insolvenzverfahren BGH NZI 2015, 1033. 27

IX. Wirkung gegenüber Dritten. Der aus einem Vertrag zu seinen Gunsten berechtigte Dritte kann sich auf eine Gerichtsstandsvereinbarung berufen, EuGH NJW 1984, 2760 – Gerling. Andererseits muss er die Abrede auch gegen sich gelten lassen, Mankowski IPRax 1996, 431. Dasselbe gilt für den Rechtsnachfolger, EuGH RIW 1984, 909 – Göminne Hout. Die Rechtsnachfolge bestimmt sich nach dem anwendbaren sachlichen Recht, EuGH VuR 2021, 262 – Delay Fix. Voraussetzung für diese Wirkung ist jeweils, dass die Abrede im Verhältnis der Vertragspartner wirksam und insbesondere formgerecht zustande gekommen ist, EuGH NJW 1984, 2760 – Gerling. Art. 25 gilt nicht für den Ausschluss von Streitverkündungen zB nach § 72 ZPO. Insofern ist das Recht des jeweils angerufenen Gerichts maßgeblich, Mansel ZZP 109, 61; aA v. Hoffmann/Hau RIW 1997, 89 (zu formell). 28

X. Maßgeblicher Zeitpunkt. Genügt die Gerichtsstandsvereinbarung im Zeitpunkt der Klagerhebung nach §§ 253, 261 ZPO den Anforderungen des Art. 25, ist sie in dem Verfahren wirksam, EuGH RIW 1980, 285 – Sanicentral; OLG Hamm IPRax 1991, 325; LG Bochum RIW 2000, 383. War sie bei ihrem Zustandekommen nach nationalem Recht wirksam, gilt ein Vertrauensschutz, Trunk IPRax 1995, 251; aA LG Mü IPRax 1995, 267 (gegen ein allgemeines Prinzip). 29

26 ***[Rügelose Einlassung].*** **I** [1]**Sofern das Gericht eines Mitgliedstaats nicht bereits nach anderen Vorschriften dieser Verordnung zuständig ist, wird es zuständig, wenn sich der Beklagte vor ihm auf das Verfahren einlässt.** [2]**Dies gilt nicht, wenn der Beklagte sich einlässt, um den Mangel der Zuständigkeit geltend zu machen oder wenn ein anderes Gericht aufgrund des Artikels 24 ausschließlich zuständig ist.**

II In Streitigkeiten nach den Abschnitten 3, 4 oder 5, in denen der Beklagte Versicherungsnehmer, Versicherter, Begünstigter eines Versicherungsvertrags, Geschädigter, Verbraucher oder Arbeitnehmer ist, stellt das Gericht, bevor es sich nach Absatz 1 für zuständig erklärt, sicher, dass der Beklagte über sein Recht, die Unzuständigkeit des Gerichts geltend zu machen, und über die Folgen der Einlassung oder Nichteinlassung auf das Verfahren belehrt wird.

Schrifttum: Koechel, Art. 26 EuGVVO: Zeitpunkt der Zuständigkeitsrüge und Einlassung auf das Verfahren, IPRax 2018, 165; ders., Art. 26 EuGVVO als (vermeintlich) subsidiärer Gerichtsstand und rügelose Einlassung durch beredtes Schweigen, IPRax 2020, 524; Lüttringhaus, Treu und Glauben und Rechtsmissbrauch im internationalen Zivilverfahrensrecht, IPRax 2020, 433; Röß, Rügelose Einlassung bei grenzüberschreitenden Verbrauchersachen. Richterliche Belehrungspflichten nach Art. 26 II EuGVVO und § 504 ZPO, NJW 2018, 3745.

I. Systematik. Die Bestimmung übernimmt in **I** wörtlich den Art. 24 aF. **II** ist neu. Die Vorschrift greift in diesem Rahmen auch dann ein, wenn die Parteien eine Zuständigkeitsvereinbarung nach Art. 25 getroffen haben, EuGH EuZW 2016, 558 – Taser International; EuGH NJW 1985, 2893 – Berghöfer; OLG Kblz NJW-RR 1988, 1334. Rügen muss man der Sache nach gerade das Fehlen der internationalen Zuständigkeit, BGH NJW 2011, 2812. Darüber, bis zu welchem **Zeitpunkt** diese Rüge wirksam möglich ist, entscheidet das innerstaatliche Verfahrensrecht, EuGH NJW 1982, 507 – Elefanten-Schuh; OLG Düss RIW 1990, 670. Eine in erster Instanz erhobene Rüge muss ggf. in der Berufung ausdrücklich wiederholt werden, BGH NJW 2007, 3501 (LugÜ); OLG Frankfurt WM 2020, 1577 Rn. 45; zust. Maultzsch IPRax 2021, 63 (66). Nach einer Bejahung der Zuständigkeit nach Art. 26 bleibt eine spätere Rüge nach Art. 25 unbeachtlich, OLG Kblz JurBüro 2010, 547. Die rügelose Einlassung des Bekl. nach **I 1** reicht, BGH NJW 2015, 2667. Diejenige auch zur Sache nach **I 2** ist dann unschädlich, wenn die Zuständigkeitsrüge vorher erfolgt war, EuGH GRUR 2017, 1129 Rn. 34 – BMW; BGH NJW-RR 2005, 1518, oder wenn die Einlassung zur Sache nur hilfsweise erfolgt, EuGH NJW 1984, 2760 – Gerling; BGH NJW-RR 2005, 1518. Erforderlich und ausreichend ist dabei die Rüge der internationalen Unzuständigkeit, BGH NJW 2011, 2812. Eine Verhandlung zur Sache ist nicht nötig, BGH NJW 2011, 2812; LG Kiel IPRax 2009, 165. Die Wahrnehmung eines Gütetermins reicht nicht, BAG MDR 2010, 641. Keine Einlassung ist ein Einspruch gegen einen Europäischen Zahlungsbefehl ohne Zuständigkeitsrüge, EuGH EuZW 2013, 628 – Goldbet Sportwetten. Ein zeitliches Hinausschieben durch ausdrücklichen Rügevorbehalt ist nicht möglich, Koechel IPRax 2018, 165 (167). Nach EuGH NJW-RR 2019, 684 Rn. 26 – Ryanair ist der Gerichtsstand nach Art. 26 subsidiär ggü. anderen Gerichtsständen nach dieser VO, die deshalb zunächst zu prüfen sind, abl. Koechel IPRax 2020, 524 (527). Bedeutung hat das, weil Art. 26 neben der int. Zuständigkeit auch die örtliche Zuständigkeit betrifft, Art. 7 ff. aber idR nur die int. Zuständigkeit. 1

II. Geltungsbereich. Die Vorschrift umfasst die Rüge der örtlichen Unzuständigkeit. **I 1** setzt nicht eine Einlassung zur Hauptsache voraus. Daher reicht eine Einrede zum Verfahren außer der Bemängelung der Zuständigkeit, **I 2.** Die Zuständigkeit liegt dann vor, wenn der Bekl. nur die örtliche nationale Unzuständigkeit gerügt und sich zur Sache eingelassen hat, OLG Ffm NJW-RR 2005, 935, oder wenn er sich rügelos auf eine 2 solche Aufrechnungsforderung eingelassen hat, die nicht auf demselben Vertrag oder Sachvortrag wie die Klageforderung beruht und für die die Parteien nach Art. 25 wirksam die ausschließlich Zuständigkeit der Gericht eines anderen Vertragsstaats vereinbart hatten, EuGH NJW 1985, 2893 – Berghöfer; BGH NJW 1993, 1399; OLG Stgt IPRax 1996, 139. Die Einlassung in einem selbständigen Beweisverfahren begründet nicht die Zuständigkeit in der Hauptsache, weil für das selbständige Beweisverfahren bes. Zuständigkeitsregelungen gelten können, aA OLG Karlsr EuZW 2019, 214 Rn. 23: widersprüchliches Verhalten, abl. Lüttringhaus IPRax 2020, 433 (435). Die Einlassung ist eine stillschweigende Anerkennung der Zuständigkeit, EuGH EuZW 2014, 340 – Cartier parfums, weshalb die Zulassung der Rüge noch zu Beginn der mündlichen Verhandlung, LG Aachen IHR 2018, 133, zu weit geht. Die bloße Anzeige der Verteidigungsbereitschaft des Bekl. nach § 276 I 1 ZPO ist keine Einlassung nach Art. 26, LG Darmst NJW-RR 1994, 684; LG Ffm EuZW 1990, 581. Ein erstes echtes Verteidigungsvorbringen schneidet aber eine erst folgende Rüge ab, EuGH EuZW 2014, 341. Keine Einlassung ist auch eine materiell-rechtliche Einwendung im arbeitsgerichtlichen Güteverfahren, BAG NZA 2008, 1085.

3 Art. 26 ist dann nicht anwendbar, wenn allein der Kläger in einem Mitgliedstaat wohnt und ein Auslandsbezug nur zu anderen Staaten besteht, BGH NJW 1997, 398.

4 **III. Belehrung, II.** Sie besteht unter den Voraussetzungen **II** von Amts wegen und muss unverzüglich erfolgen, also ohne vorwerfbares Zögern. Sie muss insbesondere vor das Gericht sich für zuständig nicht nur hält, sondern auch erklärt, soweit letztere Erklärung nach dem für dieses Gericht maßgebenden Verfahrensrecht überhaupt nötig ist. Andernfalls reicht es, dass das Gericht seine Zuständigkeit sachlich, örtlich und funktionell erkennbar annimmt.

5 Art und Umfang einer Belehrung ergeben sich aus **II Hs. 2.** Der Bekl. muss ein Rügerecht und die Folgen sowohl seiner Wahrnehmung als auch seiner Unterlassung „sicher" erkennen können. Dafür genügt es, dass er auf die Möglichkeit der fehlenden internationalen Zuständigkeit hingewiesen wird, Röß NJW 2018, 3745 (3747). Eine Protokollierung der Belehrung kann reichen. Mangels solcher zu Beginn einer Verhandlung sollte eine förmliche Zustellung. Solange die Belehrung nicht erteilt wurde, bleibt die Rüge möglich, Röß NJW 2018, 3745 (3749).

Abschnitt 8. Prüfung der Zuständigkeit und der Zulässigkeit des Verfahrens

27 *[Von Amts wegen].* **Das Gericht eines Mitgliedstaats hat sich von Amts wegen für unzuständig zu erklären, wenn es wegen einer Streitigkeit angerufen wird, für die das Gericht eines anderen Mitgliedstaats aufgrund des Artikels 24 ausschließlich zuständig ist.**

Schrifttum: Nordmeier, Verfahrenskoordination nach Art. 27 EuGVVO bei ausschließlichen Gerichtständen – zugleich zur Reichweite des Art. 22 Nr. 1 EuGVVO, IPRax 2015, 120.

1 **I. Systematik, Regelungszweck.** Wörtliche Übernahme von Art. 25 aF. Bestehen Anhaltspunkte für die ausschließliche Zuständigkeit eines Gerichts in einem anderen Mitgliedstaat nach Art. 24, muss das angerufene Gericht seine eigene Zuständigkeit und die mögliche Zuständigkeit eines anderen Gerichts nach Art. 24 von Amts wegen prüfen, BGH NJW 1990, 318. Stellt es fest, dass ein anderes Gericht international zuständig ist, muss es sich von Amts wegen als unzuständig erklären. Das gilt dann nicht, wenn es selbst ebenfalls nach Art. 24 zuständig ist. Es gilt auch dann nicht, wenn sich derjenige Streitpunkt, aus dem sich die Zuständigkeit des anderen Gerichts ergibt, im konkreten Verfahren nur als eine Vorfrage stellt.

2 **II. Geltungsbereich.** Das Gericht muss Art. 27 in allen Instanzen beachten. Er verdrängt solche nationalen Vorschriften, die eine Prüfung der internationalen Zuständigkeit in der Revisions- oder Kassationsinstanz ausschließen oder von einer Rüge der Parteien abhängig machen, EuGH IPRax 1985, 92 – Duijnstee; BGH NJW 1990, 317.

3 **III. Verfahren.** Im Gegensatz zu Art. 28 setzt Art. 27 keine Einlassung oder Einlassungsmöglichkeit für den Bekl. voraus. Den Anrufungszeitpunkt bestimmt die Brüssel Ia-VO autonom, BGH WM 2017, 1761. Das angerufene Gericht kann also ohne weiteres nach dem Eingang der Klage entscheiden. Wenn die Parteien eine ausschließliche Zuständigkeit nach Art. 25 vereinbart haben, gilt Art. 28 I, nicht Art. 27.

4 Die Prüfung von Amts wegen erstreckt sich nur auf die Rechtsfrage. Das angerufene Gericht braucht also nicht von Amts wegen zu ermitteln, ob Tatsachen für eine ausschließliche Zuständigkeit nach Art. 24 sprechen. Ob es solche Tatsachen ermitteln darf oder muss, bestimmt sich vielmehr nach seinem nationalen Recht.

5 Das entgegen Art. 24 angerufene Gericht kann nur sich selbst für unzuständig erklären. Die Form richtet sich nach dem nationalen Recht. Daher muss das Gericht nach deutschem Recht die Klage evtl. nach einem Hinweis nach § 139 ZPO durch ein sog. Prozessurteil als unzulässig abweisen. Eine Verweisung an das nach Art. 24 zuständige Gericht eines anderen Mitgliedstaats ist unstatthaft, Kindler/Hancke IPRax 1999, 437; Rüßmann IPRax 1996, 402 (keine Anwendung des § 281 ZPO).

28 *[Säumnis].* **I Lässt sich der Beklagte, der seinen Wohnsitz im Hoheitsgebiet eines Mitgliedstaats hat und der vor dem Gericht eines anderen Mitgliedstaats verklagt wird, auf das Verfahren nicht ein, so hat sich das Gericht von Amts wegen für unzuständig zu erklären, wenn seine Zuständigkeit nicht nach dieser Verordnung begründet ist.**

II Das Gericht hat das Verfahren so lange auszusetzen, bis festgestellt ist, dass es dem Beklagten möglich war, das verfahrenseinleitende Schriftstück oder ein gleichwertiges Schriftstück so rechtzeitig zu empfangen, dass er sich verteidigen konnte oder dass alle hierzu erforderlichen Maßnahmen getroffen worden sind.

III An die Stelle von Absatz 2 tritt Artikel 19 der Verordnung (EG) Nr. 1393/2007 des Europäischen Parlaments und des Rates vom 13. November 2007 über die Zustellung gerichtlicher und außergerichtlicher Schriftstücke in Zivil- oder Handelssachen in den Mitgliedstaaten (Zustellung von Schrift-

stücken)[1], wenn das verfahrenseinleitende Schriftstück oder ein gleichwertiges Schriftstück nach der genannten Verordnung von einem Mitgliedstaat in einen anderen zu übermitteln war.

IV Ist die Verordnung (EG) Nr. 1393/2007 nicht anwendbar, so gilt Artikel 15 des Haager Übereinkommens vom 15. November 1965 über die Zustellung gerichtlicher und außergerichtlicher Schriftstücke im Ausland in Zivil- und Handelssachen, wenn das verfahrenseinleitende Schriftstück oder ein gleichwertiges Schriftstück nach dem genannten Übereinkommen im Ausland zu übermitteln war.

Schrifttum: Spellenberg, Schutz der Verteidigungsrechte und Zuständigkeit nach EuGVO und EheGVO, FS Gottwald, 2014, 607.

1 **I. Systematik, Regelungszweck. I, II** übernehmen wörtlich den Art. 26 I, II aF. **IV** stimmt fast wörtlich mit dem Art. 26 III, IV aF überein. Zum Schutz des Bekl. mit dem Wohnsitz nach Art. 62, §§ 13 ff. ZPO in einem Mitgliedstaat entbindet I ihn davon, sich nur wegen der Zuständigkeitsrüge auf ein ausländisches Verfahren einzulassen, Haubold IPRax 2000, 94. Ohne seine Einlassung muss sich das angerufene Gericht dann von Amts wegen als unzuständig erklären, wenn seine Zuständigkeit nicht aufgrund der VO feststeht.

2 Die Entscheidung ergeht in Deutschland durch ein Endurteil. Allerdings ist auch ein Zwischenurteil nach § 280 ZPO denkbar. Notwendige Rechtsfolge ist die Klagabweisung durch ein Prozessurteil. Allerdings muss das Gericht zuvor die Klage dem Bekl. nach § 271 ZPO zustellen und ihm die Chance zur rügelosen Einlassung geben, **II.**

3 Ein Verstoß gegen **I** macht das Urteil nicht unwirksam. Es ist in den anderen Mitgliedstaaten anerkennbar, OLG Hmb IPRspr 1992, Nr. 230b. Der Bekl. muss es mit den Rechtsbehelfen des nationalen Rechts im Erststaat angreifen.

4 **II. Zuständigkeitsbegründende Tatsache, I.** Sie muss grundsätzlich der Kläger beibringen. Diese Last verringert sich durch die Beachtung **doppelrelevanter Tatsachen.** Ist für die Zuständigkeit eine solche Tatsache erheblich, die auch für die Begründetheit der Klage erheblich ist, genügt es, dass der Kläger diese Tatsache schlüssig behauptet. Er ist dann für die Zuständigkeitsfrage nicht zum vollen Beweis dieser Tatsache verpflichtet, selbst wenn der Bekl. sie bestreitet, EuGH JZ 1998, 896 – Benincasa.

5 Art. 28 verhindert, dass bei einer Säumnis des Bekl. die vom Kläger zur Zuständigkeit vorgebrachten Tatsachen als zugestanden gelten dürfen. Man muss § 331 I 2 ZPO daher konventionskonform reduzieren.

6 Die Prüfungspflicht des Gerichts nach Art. 28 bezieht sich auf die gesetzlichen Zuständigkeiten nach Art. 4–18. Die Zuständigkeit „nach dieser Verordnung" kann sich auch aus einem nach Art. 71 anwendbaren Abkommen ergeben, BGH MDR 2003, 1069. Gerichtsstandsvereinbarungen und die daraus folgende Zuständigkeitsabreden müssen die Parteien vorbringen.

7 **III. Aussetzung des Verfahrens, II–IV.** Zum Schutz des Bekl. muss das Gericht die Entscheidung solange aussetzen, bis feststeht, dass es dem Bekl. aufgrund einer rechtzeitigen Zustellung möglich war, sich zu verteidigen, **II.** Im Hinblick auf das Gebot, den Klägern effektiven Rechtsschutz zu gewähren, reicht aber auch eine öffentliche Zustellung, EuGH EuZW 2012, 103 Rn. 52 – Hypotecni banka; 2012, 381 Rn. 55 – de Visser. An die Stelle von **II** tritt dann Art. 19 VO (EG) Nr. 1393/2007 (→ ZPO Vor § 1067 Rn. 4), wenn man das maßgebliche Schriftstück nach dieser VO in einen anderen Mitgliedstaat übermitteln musste, **III.** Ist diese VO nicht anwendbar, gilt dann Art. 15 Haager ZustÜbk, wenn man das Schriftstück nach diesem Übk. übermitteln musste, **IV.** Eine Aussetzung kommt dann nicht in Betracht, wenn sich der Bekl. auf das Verfahren eingelassen hat, BGH NJW 1987, 593.

Abschnitt 9. Anhängigkeit und im Zusammenhang stehende Verfahren

29 ***[Aussetzung zwecks Klärung].*** **I Werden bei Gerichten verschiedener Mitgliedstaaten Klagen wegen desselben Anspruchs zwischen denselben Parteien anhängig gemacht, so setzt das später angerufene Gericht unbeschadet des Artikels 31 Absatz 2 das Verfahren von Amts wegen aus, bis die Zuständigkeit des zuerst angerufenen Gerichts feststeht.**

II In den in Absatz 1 genannten Fällen teilt das angerufene Gericht auf Antrag eines anderen angerufenen Gerichts diesem unverzüglich mit, wann es gemäß Artikel 32 angerufen wurde.

III Sobald die Zuständigkeit des zuerst angerufenen Gerichts feststeht, erklärt sich das später angerufene Gericht zugunsten dieses Gerichts für unzuständig.

Schrifttum: Althammer, Streitgegenstand und Interesse, 2012; Bäumer, Die ausländische Rechtshängigkeit und ihre Auswirkungen auf das internationale Zivilverfahrensrecht, 1999; Geimer, Das Prioritätsprinzip des Art. 29 EuGVVO und seine Grenzen, FS Prütting, 2018, 285; Kern/Uhlmann, Der Zeitpunkt der Sperrwirkung unter der EuGVVO, IPRax 2020, 12; Lüke, Die „vorbeugende negative Feststellungsklage" und die EuGVVO, FS Prütting, 2018, 417; Nieroba, Die europäische Rechtshängigkeit nach der EuGVVO usw., 2006.

1 **I. Systematik, Regelungszweck. I** stimmt wörtlich mit dem Art. 27 I aF überein. **II** ist neu. **III** übernimmt wörtlich den Art. 27 II aF. Art. 29 ist unabhängig vom Wohnsitz der Parteien der beiden Verfahren anwendbar, EuGH NJW 1992, 3221 – OUI. Als Gericht eines Mitgliedsstaates gelten auch britische Gerichte, die nach dem Brexit, aber vor dem Ablauf der Übergangsfrist (→ Vor Art. 1 Rn. 4) angerufen wurden, KG ZIP 2021, 308 Rn. 42. Er gilt nicht für Verfahren in solchen Mitgliedstaaten, die die Anerkennung und Vollstreckung von Urteilen aus Drittstaaten betreffen, EuGH EuZW 1994, 278 – Owens Bank. Er dient der Vermeidung von Uneinheitlichkeit BGH NZV 2013, 336. Nach Art. 29 gilt streng der Grundsatz des zeitlichen Vorrangs, OLG Celle FamRZ 2009, 359. Er gilt auch im Verhältnis der verneinenden Feststellungsklage nach § 256 ZPO zur später erhobenen Leistungsklage, EuGH EuZW 1995, 309 – Tatry; BGH NJW-RR 2020, 98 Rn. 29; NJW 1997, 870. Man muss den Begriff „desselben Anspruchs" weit auslegen, BGH NZV 2013, 336, auch konventionsautonom, LG Düss GRUR-RR 2016, 230. Daher kommt es nicht auf die Nämlichkeit der Anträge an,

[1] **Amtl. Anm.:** ABl. L 324 vom 10.12.2007, S. 79.

sondern auf die **Nämlichkeit der Parteien,** EuGH NJW 1989, 665 – Gubisch; BGH NZV 2013, 336, **und der Ansprüche,** LG Düss GRUR-RR 2009, 403, auf den Kernpunkt beider Verfahren, EuGH NJW 2003, 2596; OLG Köln NJW 2005, 443. Daraus folgt, dass die Aussetzung auch nur insoweit zu erfolgen hat, wie sich Parteien und Ansprüche decken, was eine Aufspaltung des Rechtsstreits zur Folge haben kann, BGH NJW 2017, 564 Rn. 61 Kein früheres Verfahren ist evtl. ein französisches Beweisverfahren, EuGH EuZW 2017, 822 Assens Haven (zu Art. 27 I aF), wohl aber ein obligatorisches Schlichtungsverfahren, EuGH EuZW 2018, 531 – Schlömp; Kern/Uhlmann IPRax 2020, 12 (17). Zum Problem Schlosser IPRax 2017, 602. Regelungszweck ist die Vereinbarung unvereinbarer Entscheidungen verschiedener Mitgliedstaaten, nicht mehr, OLG Ffm GRUR-RR 2012, 394. Sie findet keine entsprechende Anwendung auf Klagen im Rahmen der EuInsVO, EuGH NZI 2019, 861 Rn. 46 – Riel.

2 **II. Vorrang der Erstanrufung.** „Zuerst angerufenes" Gericht ist dasjenige, bei dem die Voraussetzungen des Art. 32 zuerst vorliegen. Bei einer gleichzeitigen Anrufung greift Art. 29 nicht ein, OLG Kblz EuZW 1991, 160. Eine Aufrechnung macht die Aktivforderung nicht nach → § 33 Rn. 14 rechtshängig, EuGH EuZW 2003, 542 – Gantner.

3 Ob **I** auch dann gilt, wenn es in dem anderen Staat keinen ausreichenden Rechtsschutz gibt, ist zweifelhaft. Wegen einer angeblichen Verschleppung des Rechtsstreits kann sich der Kläger grundsätzlich nicht auf eine Unbeachtlichkeit der durch I begründeten Zuständigkeit des Erstgerichts berufen, EuGH EuZW 2004, 309 – Bayer; BGH IPRax 1986, 293; OLG Mü IPRax 1985, 338. Ein Verstoß gegen Art. 29 ist kein Grund für die Versagung der Anerkennung, EuGH NJW 2019, 1129 Rn. 56 – Liberato. Eine Mitteilungspflicht nach **II** besteht nur auf Antrag eines anderen Gerichts.

4 Das später angerufene Gericht muss das Verfahren nach **I** von Amts wegen solange aussetzen, bis die Zuständigkeit des zuerst angerufenen Gerichts feststeht. Dadurch lässt sich vermeiden, dass die Gerichte evtl. beide Klagen abweisen und dass der Bekl. gegenüber einer neuen Klage die Einrede der Verjährung erheben kann. Hat das Erstgericht nicht ausgesetzt, muss das Berufungsgericht das tun, BGH NJW 2002, 2795. Eine unverzügliche Mitteilungspflicht ergibt sich aus **II.** Sobald die Zuständigkeit des zuerst angerufenen Gerichts feststeht, muss sich das später angerufene Gericht nach **III** zugunsten jenes Gerichts als unzuständig erklären. „Feststeht" die Zuständigkeit evtl. auch dann, wenn keine Partei gerügt hat und keine Unzuständigkeitserklärung von Amts wegen erfolgte, EuGH EuZW 2014, 340 – Cartier parfums. Nach deutschem Recht ist dann also die Klage unzulässig. Das gilt bei einer nur teilweisen Nämlichkeit der Parteien nur wegen der an beiden Verfahren beteiligten Parteien, EuGH EuZW 1995, 309 – Tatry; Huber JZ 1995, 603; Schack IPRax 1996, 80. Wenn das später angerufene Gericht ausschließlich zuständig ist, darf keine Aussetzung erfolgen, BGH MDR 2014, 1287.

5 Gerichtliche Verbote, in einem anderen Staat Klagen zu erheben, wie zB die anti-suit-injuctions des englischen Rechts, sind im EU-Raum unzulässig, EuGH RIW 2004, 553 – Assurandor Societetet.

30 *[Zusammenhang].* **[I] Sind bei Gerichten verschiedener Mitgliedstaaten Verfahren, die im Zusammenhang stehen, anhängig, so kann jedes später angerufene Gericht das Verfahren aussetzen.**

[II] Ist das beim zuerst angerufenen Gericht anhängige Verfahren in erster Instanz anhängig, so kann sich jedes später angerufene Gericht auf Antrag einer Partei auch für unzuständig erklären, wenn das zuerst angerufene Gericht für die betreffenden Verfahren zuständig ist und die Verbindung der Verfahren nach seinem Recht zulässig ist.

[III] Verfahren stehen im Sinne dieses Artikels im Zusammenhang, wenn zwischen ihnen eine so enge Beziehung gegeben ist, dass eine gemeinsame Verhandlung und Entscheidung geboten erscheint, um zu vermeiden, dass in getrennten Verfahren widersprechende Entscheidungen ergehen könnten.

1 **I–III** stimmen fast wörtlich mit dem Art. 28 I–III aF überein. Wegen des Begriffs der Anrufung Art. 32. Die Vorschrift enthält eine abschließende Regelung der Verfahrensaussetzung, OLG Hmb IPRax 1999, 168 (zum LugÜ). Sie dient demselben Zweck wie bei → Art. 29 Rn. 1, BGH NZV 2013, 336. Sie begründet keine Zuständigkeit, auch nicht wegen eines Sachzusammenhangs mit einem anhängigen Verfahren. Sie ist vielmehr nur dann anwendbar, wenn im Zusammenhang stehende Verfahren bei Gerichten zweier oder mehrerer Mitgliedstaaten anhängig sind, EuGH NJW 1982, 507 – Elefanten-Schuh. Die Aussetzung steht im Ermessen des Gerichts, zur Ermessensausübung BGH NZV 2013, 336 Rn. 24. Art. 30 ist nicht auf ein solches Verfahren anwendbar, das die Anerkennung und Vollstreckung das Urteil eines Drittstaaten betrifft, EuGH EuZW 1994, 278 – Owens Bank. Zur Aussetzung wegen eines Zusammenhangs EuGH EuZW 1995, 309 – Tatry; OLG Ffm NJW-RR 2001, 216. Über eine solche Klage kann das Gericht anders als nach Art. 29 III nach seinem pflichtgemäßen Ermessen entscheiden, BGH NZV 2013, 336; OLG Ffm NJW-RR 2001, 216. Das Rechtsmittelgericht darf nur aussetzen, wenn ein Fall der Ermessensreduzierung auf Null vorliegt, BGH NJW-RR 2020, 98 Rn. 38. Da eine Prozessverbindung nach § 147 ZPO nur für bei demselben Gericht anhängige Verfahren zulässig ist, läuft **III** in der Bundesrepublik leer.

31 *[Ausschließliche Zuständigkeiten].* **[I] Ist für die Verfahren die ausschließliche Zuständigkeit mehrerer Gerichte gegeben, so hat sich das zuletzt angerufene Gericht zugunsten des zuerst angerufenen Gerichts für unzuständig zu erklären.**

[II] Wird ein Gericht eines Mitgliedstaats angerufen, das gemäß einer Vereinbarung nach Artikel 25 ausschließlich zuständig ist, so setzt das Gericht des anderen Mitgliedstaats unbeschadet des Artikels 26 das Verfahren so lange aus, bis das auf der Grundlage der Vereinbarung angerufene Gericht erklärt hat, dass es gemäß der Vereinbarung nicht zuständig ist.

[III] Sobald das in der Vereinbarung bezeichnete Gericht die Zuständigkeit gemäß der Vereinbarung festgestellt hat, erklären sich die Gerichte des anderen Mitgliedstaats zugunsten dieses Gerichts für unzuständig.

IV Die Absätze 2 und 3 gelten nicht für Streitigkeiten, die in den Abschnitten 3, 4 oder 5 genannt werden, wenn der Kläger Versicherungsnehmer, Versicherter, Begünstigter des Versicherungsvertrags, Geschädigter, Verbraucher oder Arbeitnehmer ist und die Vereinbarung nach einer in den genannten Abschnitten enthaltenen Bestimmung nicht gültig ist.

Schrifttum: Bangha-Szabo, Torpedoklagen und Gerichtsstandsvereinbarungen unter der EuGVVO, NZI 2021, 864.

I übernimmt fast wörtlich den Art. 29 aF. **II–IV** neu. Die Vorschrift setzt voraus, dass die Parteien und der Streitgegenstand identisch sind. Wegen des Begriffs der Anrufung Art. 32. 1

Der Prioritätsgrundsatz des **I** gilt nicht, wenn eine Gerichtsstandsvereinbarung ein später angerufenes Gericht für ausschließlich zuständig erklärt, KG ZIP 2021, 308 Rn. 79. Dies gilt auch für nur einseitig bindende Gerichtsstandsvereinbarungen, BGH NZI 2021, 739 Rn. 61. 2

32 *[Anrufungszeitpunkt].* **I Für die Zwecke dieses Abschnitts gilt ein Gericht als angerufen:**

a) zu dem Zeitpunkt, zu dem das verfahrenseinleitende Schriftstück oder ein gleichwertiges Schriftstück bei Gericht eingereicht worden ist, vorausgesetzt, dass der Kläger es in der Folge nicht versäumt hat, die ihm obliegenden Maßnahmen zu treffen, um die Zustellung des Schriftstücks an den Beklagten zu bewirken, oder

b) falls die Zustellung an den Beklagten vor Einreichung des Schriftstücks bei Gericht zu bewirken ist, zu dem Zeitpunkt, zu dem die für die Zustellung verantwortliche Stelle das Schriftstück erhalten hat, vorausgesetzt, dass der Kläger es in der Folge nicht versäumt hat, die ihm obliegenden Maßnahmen zu treffen, um das Schriftstück bei Gericht einzureichen.

Die für die Zustellung verantwortliche Stelle im Sinne von Buchstabe b ist die Stelle, die die zuzustellenden Schriftstücke zuerst erhält.

II Das Gericht oder die für die Zustellung verantwortliche Stelle gemäß Absatz 1 vermerkt das Datum der Einreichung des verfahrenseinleitenden Schriftstücks oder gleichwertigen Schriftstücks beziehungsweise das Datum des Eingangs der zuzustellenden Schriftstücke.

Schrifttum: Eberl, Obligatorische Schlichtungsverfahren und Anrufung des Gerichts gemäß Art. 32 Abs. 1 EuGVVO, FS Geimer, 2017, 57; Kern/Uhlmann, Der Zeitpunkt der Sperrwirkung nach der EuGVVO, IPRax 2020, 12; Nordmeyer, Eintritt und Fortbestand der Rechtshängigkeit nach Art. 16 EuEheVO und Art. 36 EuGVVO, IPRax 2016, 329.

I. Systematik, Regelungszweck. I 1 übernimmt praktisch wörtlich den Art. 30 Nr. 1, 2 aF. I 2, **II** ist neu. Art. 32 trifft eine autonom-gemeinschaftsrechtliche Regelung, um den Zeitpunkt der Anhängigkeit zu bestimmen. Damit hat sich das Problem etwaigen Unterschieds zwischen Anhängigkeit und Rechtshängigkeit erledigt. Es gelten Ergänzungen durch das in diesem noch fehlende weitere Element. Ist zuerst das Gericht maßgeblich, muss der Bekl. hinzutreten, und ist zuerst der Bekl. maßgeblich, muss das Gericht hinzutreten. Im Ergebnis müssen sowohl der Bekl. als auch das Gericht die Klage kennen und erfassen. Allerdings tritt an die Stelle des Bekl. im zweiten Modell die Zustellungsstelle. Der Kläger trägt im Gleichklang mit seinen eigenen Interessen die Verantwortung dafür, dass auch der zweite Betroffene formell informiert wird. Zusammengefasst ist jeweils der Eingang bei dem ersten zu beteiligenden Rechtspflegeorgan (Gericht oder Zustellungsorgan) maßgeblich. Art. 32 geht damit einen manche Ungerechtigkeiten vermeidenden und eine relative Waffengleichheit gewährleistenden Mittelweg. 1

II. Regelungszweck. Insgesamt bemüht sich Art. 32 um einen frühen Eintritt der Rechtshängigkeit, um über Art. 29, 30 Verfahrenskollisionen möglichst frühzeitig zu vermeiden. 2

III. Verfahrenseinleitendes oder gleichwertiges Schriftstück, I 1. Dieser Begriff versteht sich ebenso wie bei Art. 45 Nr. 2, Homann IPRax 2002, 504. In Deutschland ist im Normalverfahren die Klageschrift nach § 253 ZPO maßgeblich, im Mahnverfahren der Antrag nach § 690 ZPO. Bei Klagänderungen nach §§ 263, 264 ZPO gilt entsprechendes. Allerdings kann bei ihnen die Geltendmachung in der mündlichen Verhandlung bei einer Anwesenheit oder ordnungsgemäßen Vertretung des Bekl. ein Schriftstück dann ersetzen, wenn das Prozessrecht des Gerichts es zulässt. Ein obligatorisches Schlichtungsverfahren ist ausreichend, EuGH EuZW 2018, 531 – Schlömp. Einreichen bei Gericht heißt Eingang des Schriftstücks in den Geschäftsbereich des Gerichts, OLG Köln NJW 2005, 443, also bei seiner Posteinlaufstelle. Die Eintragung in ein Register oder eine Gerichtsrolle sind zur Einreichung nicht notwendig. Zur Anhängigkeit der Klage im Adhäsionsverfahren EuGH IPRax 2019, 147 Rn. 52 – Aertssen. 3

Die vom Kläger zu treffenden Maßnahmen beurteilen sich nach der jeweiligen lex fori. In Deutschland sind erforderlich: Die Angabe der richtigen Adresse des Bekl. nach § 253 II Nr. 1 ZPO, BGH NJW 2017, 564; Kern/Uhlmann IPRax 2020, 12 (15), eine Einreichung der nötigen Zahl von Ablichtungen oder Abschriften nach § 253 V ZPO; auf eine Aufforderung die Einzahlung des Kostenvorschusses nach § 12 GKG; evtl. ein ordnungsgemäßer Prozesskostenhilfeantrag nach § 117 ZPO. Sind Angaben mangelhaft, kommt es auf die Behebung des Mangels an, Gruber FamRZ 2000, 1133, es sei denn der Mangel hat so geringes Gewicht, dass dadurch die Wirksamkeit einer Zustellung nicht beeinträchtigt würde, Nordmeyer IPRax 2016, 329 (333). Auch die Fristen richten sich nach dem Prozessrecht des Gerichts. Versäumt der Kläger die Frist oder die erforderlichen Schritte insgesamt, tritt nach Art. 32 keine Rechtshängigkeit ein. 4

Unter **I 1b** bestimmt sich nach der lex fori, welche Stelle für die Zustellung verantwortlich ist. Die Rechtshängigkeit tritt mit dem Eingang bei dieser Stelle ein, nicht erst mit der Zustellung selbst. Der Kläger trägt also nicht das Risiko des Verfahrensgangs bei der Zustellungsstelle und der Dauer der Zustellung. Wie lange die Zustellungsstelle braucht, ist unerheblich. 5

6 **IV. Verantwortliche Stelle, I 2, II.** Bei **I 1b** kommt es auf diejenige Stelle an, die das zuzustellende Schriftstück zuerst in ihrem Empfangsbereich erhalten hat. Das muss man von Amts wegen klären. Dabei kann es auf Minuten ankommen. Daher ist eine genaue Zeitnotierung notwendig. Notfalls sollte die zuerst befasste Stelle verantwortlich sein. **II** kann den Vorrang vor § 253 I ZPO haben, OLG Düss GRUR-RR 2017, 397.

33 ***[Aussetzung, Einstellung bei derselben Sache in Drittstaat usw.].*** **I Beruht die Zuständigkeit auf Artikel 4 oder auf den Artikeln 7, 8 oder 9 und ist bei Anrufung eines Gerichts eines Mitgliedstaats wegen desselben Anspruchs zwischen denselben Parteien ein Verfahren vor dem Gericht eines Drittstaats anhängig, so kann das Gericht des Mitgliedstaats das Verfahren aussetzen, wenn**

a) zu erwarten ist, dass das Gericht des Drittstaats eine Entscheidung erlassen wird, die in dem betreffenden Mitgliedstaat anerkannt und gegebenenfalls vollstreckt werden kann, und

b) das Gericht des Mitgliedstaats davon überzeugt ist, dass eine Aussetzung des Verfahrens im Interesse einer geordneten Rechtspflege erforderlich ist.

II Das Gericht des Mitgliedstaats kann das Verfahren jederzeit fortsetzen, wenn

a) das Verfahren vor dem Gericht des Drittstaats ebenfalls ausgesetzt oder eingestellt wurde,

b) das Gericht des Mitgliedstaats es für unwahrscheinlich hält, dass das vor dem Gericht des Drittstaats anhängige Verfahren innerhalb einer angemessenen Frist abgeschlossen wird, oder

c) die Fortsetzung des Verfahrens im Interesse einer geordneten Rechtspflege erforderlich ist.

III Das Gericht des Mitgliedstaats stellt das Verfahren ein, wenn das vor dem Gericht des Drittstaats anhängige Verfahren abgeschlossen ist und eine Entscheidung ergangen ist, die in diesem Mitgliedstaat anerkannt und gegebenenfalls vollstreckt werden kann.

IV Das Gericht des Mitgliedstaats wendet diesen Artikel auf Antrag einer der Parteien oder, wenn dies nach einzelstaatlichem Recht möglich ist, von Amts wegen an.

34 ***[Aussetzung, Einstellung wegen verschiedener Sache bei Drittstaat usw.].*** **I Beruht die Zuständigkeit auf Artikel 4 oder auf den Artikeln 7, 8 oder 9 und ist bei Anrufung eines Gerichts eines Mitgliedstaats vor einem Gericht eines Drittstaats ein Verfahren anhängig, das mit dem Verfahren vor dem Gericht des Mitgliedstaats in Zusammenhang steht, so kann das Gericht des Mitgliedstaats das Verfahren aussetzen, wenn**

a) eine gemeinsame Verhandlung und Entscheidung der in Zusammenhang stehenden Verfahren geboten erscheint, um zu vermeiden, dass in getrennten Verfahren widersprechende Entscheidungen ergehen könnten,

b) zu erwarten ist, dass das Gericht des Drittstaats eine Entscheidung erlassen wird, die in dem betreffenden Mitgliedstaat anerkannt und gegebenenfalls vollstreckt werden kann, und

c) das Gericht des Mitgliedstaats davon überzeugt ist, dass die Aussetzung im Interesse einer geordneten Rechtspflege erforderlich ist.

II Das Gericht des Mitgliedstaats kann das Verfahren jederzeit fortsetzen, wenn

a) das Gericht des Mitgliedstaats es für wahrscheinlich hält, dass die Gefahr widersprechender Entscheidungen nicht mehr besteht,

b) das Verfahren vor dem Gericht des Drittstaats ebenfalls ausgesetzt oder eingestellt wurde,

c) das Gericht des Mitgliedstaats es für unwahrscheinlich hält, dass das vor dem Gericht des Drittstaats anhängige Verfahren innerhalb einer angemessenen Frist abgeschlossen wird, oder

d) die Fortsetzung des Verfahrens im Interesse einer geordneten Rechtspflege erforderlich ist.

III Das Gericht des Mitgliedstaats kann das Verfahren einstellen, wenn das vor dem Gericht des Drittstaats anhängige Verfahren abgeschlossen ist und eine Entscheidung ergangen ist, die in diesem Mitgliedstaat anerkannt und gegebenenfalls vollstreckt werden kann.

IV Das Gericht des Mitgliedstaats wendet diesen Artikel auf Antrag einer der Parteien oder, wenn dies nach einzelstaatlichem Recht möglich ist, von Amts wegen an.

1 **I. Systematik, Regelungszweck.** Beide Vorschriften sind neu. Sie behandeln eine Aussetzungs- und Fortsetzungsmöglichkeit des Gerichts eines Mitgliedstaats. Es muss um ein oder mehrere Verfahren gerade und nur in einem Drittstaat außerhalb der EU gehen. Verfahrensgegenstand wie bei → ZPO § 2 Rn. 4 und Parteien müssen bei Art. 33 dieselben sein (Identität), bei Art. 34 verschieden sein, zumindest teilweise. Regelungszweck ist die Vermeidung unvereinbarer Entscheidungen oder doch unerfreulicher Unklarheiten, also Rechtssicherheit. Deshalb darf man die Möglichkeiten großzügig bejahen.

2 **II. Nämlichkeit, Art. 33. I** nennt den Geltungsbereich mit Art. 4 oder 7 oder 8 oder 9. Eine bloße Anhängigkeit vor dem Drittstaatsgericht reicht.

3 **1. Aussetzung, I.** Sie steht im pflichtgemäßen Ermessen des Gerichts des Mitgliedstaats. Es müssen die Voraussetzungen **I a** und **I b** zusammentreffen. Die Aussetzung braucht eine nachvollziehbare Begründung.

4 **2. Fortsetzung, II.** Auch sie erfolgt nach Ermessen dann, wenn entweder die Voraussetzungen **II a** oder **II b** oder diejenigen **II a** und **II c** zusammentreffen. Auch sie erfordert eine nachvollziehbare Begründung.

5 **3. Einstellung, III.** Zu ihr besteht unter den dortigen Voraussetzungen eine Amtspflicht. Auch die Einstellung braucht eine nachvollziehbare Begründung.

6 **4. Verfahren auf Antrag oder von Amts wegen, IV.** Letzteres ist notwendig, soweit das Verfahrensrecht zB nach deutschen Vorschriften es auch nur möglich macht, also statthaft.

7 **III. Verschiedenheit, Art. 34.** Es gelten fast dieselben Regeln wie bei Art. 33. Abweichungen ergeben sich aus **I a, II a.**

Abschnitt 10. Einstweilige Maßnahmen einschließlich Sicherungsmaßnahmen

35 ***[Unabhängigkeit von Hauptsache].*** **Die im Recht eines Mitgliedstaats vorgesehenen einstweiligen Maßnahmen einschließlich Sicherungsmaßnahmen können bei den Gerichten dieses Mitgliedstaats auch dann beantragt werden, wenn für die Entscheidung in der Hauptsache das Gericht eines anderen Mitgliedstaats zuständig ist.**

Die Vorschrift übernimmt praktisch wörtlich den Art. 31 aF, dazu Wolf/Lange RIW 2003, 55. Zum Begriff der einstweiligen Maßnahmen EuGH EuZW 1999, 727 – Mietz; Wolf EuZW 2000, 11. Der besondere Gerichtsstand des Art. 35 gilt auch für eine solche einstweilige Verfügung, die dann zu einer Leistung verpflichtet, wenn eine Rückgewähr sicher ist, EuGH EuZW 1999, 414 – van Uden. Die Vorschrift lässt es nicht zu, einstweilige Maßnahmen auf nicht dem Anwendungsbereich der Brüssel Ia-VO unterfallenden Rechtsgebieten in diesen einzubeziehen. Daher ist insofern allein das nationale Recht anwendbar, EuGH IPRax 1983, 77. Fällt die Sache in den Anwendungsbereich, kann eine Zuständigkeit nach Art. 35 auch dann vorliegen, wenn das Verfahren in der Hauptsache vor einem Schiedsgericht stattfinden muss, EuGH EuZW 1999, 414 van Uden, zum Problem Schlosser IPRax 2009, 416. Im Vollstreckungsverfahren wegen eines Arrestbefehls nach §§ 916 ff. ZPO darf das Gericht eine vor seinem Erlass entstandene Einwendung nicht mehr beachten. Die Zuständigkeit des AG am Ort des Arrestgegenstands nach § 919 ZPO reicht zur Begründung der inländischen Gerichtsbarkeit aus, Thümmel NJW 1996, 1931. Zur Zuständigkeit des Gerichts der Hauptsache → ZPO § 919 Rn. 1. Eine Rechtsbeschwerde gegen die Anordnung einer Sicherheitsleistung durch das Beschwerdegericht ist unstatthaft, BGH IPRax 2017, 488. **Selbständige Beweisverfahren** nach §§ 485 ff. ZPO sollen nicht unter Art. 35 fallen, EuGH EuZW 2005, 401 – St. Paul Dairy, zum Problem Lüttringhaus IPRax 2020, 433 (434 f.); Thomale IPRax 2017, 463. 1

Art. 35 greift auch, wenn das in der Hauptsache zuständige Gericht bereits über einen Antrag entschieden hat, der denselben Gerichtsstand hat, aus demselben Grund gestellt wurde und dieselben Parteien betrifft, EuGH NJW-RR 2021, 1386 Rn. 61 – TOTO SpA. 2

Kapitel III. Anerkennung und Vollstreckung

Abschnitt 1. Anerkennung

36 ***[Möglichkeiten].*** **I Die in einem Mitgliedstaat ergangenen Entscheidungen werden in den anderen Mitgliedstaaten anerkannt, ohne dass es hierfür eines besonderen Verfahrens bedarf.**

II Jeder Berechtigte kann gemäß dem Verfahren nach Abschnitt 3 Unterabschnitt 2 die Feststellung beantragen, dass keiner der in Artikel 45 genannten Gründe für eine Versagung der Anerkennung gegeben ist.

III Wird die Anerkennung in einem Rechtsstreit vor dem Gericht eines Mitgliedstaats, dessen Entscheidung von der Versagung der Anerkennung abhängt, verlangt, so kann dieses Gericht über die Anerkennung entscheiden.

Lose Anknüpfung in **I** an den engeren Art. 31 aF. Zur „Entscheidung" → Art. 3 Rn. 2. 1

37 ***[Vorlagepflichten].*** **I Eine Partei, die in einem Mitgliedstaat eine in einem anderen Mitgliedstaat ergangene Entscheidung geltend machen will, hat Folgendes vorzulegen:**

a) eine Ausfertigung der Entscheidung, die die für ihre Beweiskraft erforderlichen Voraussetzungen erfüllt, und
b) die nach Artikel 53 ausgestellte Bescheinigung.

II [1]Das Gericht oder die Behörde, bei dem oder der eine in einem anderen Mitgliedstaat ergangene Entscheidung geltend gemacht wird, kann die Partei, die sie geltend macht, gegebenenfalls auffordern, eine Übersetzung oder eine Transliteration des Inhalts der in Absatz 1 Buchstabe b genannten Bescheinigung nach Artikel 57 zur Verfügung zu stellen. [2]Kann das Gericht oder die Behörde das Verfahren ohne eine Übersetzung der eigentlichen Entscheidung nicht fortsetzen, so kann es oder sie die Partei auffordern, eine Übersetzung der Entscheidung statt der Übersetzung des Inhalts der Bescheinigung zur Verfügung zu stellen.

I. Systematik. Die Vorschrift ist in **I** neu. **II** knüpft an Art. 55 II aF an. Den Begriff Entscheidung bestimmt Art. 2a → Art. 3 Rn. 2. 1

II. Entbehrlichkeit einer Anerkennungserklärung, I, III. Es gilt dasselbe wie bei Art. 39 zur Vollstreckbarkeit. 2

III. Vorlagepflicht, I. Sie besteht als Rest der früheren Vollstreckbarerklärung. Zur Bescheinigung nach **I b** vgl. § 1110 ZPO. 3

IV. Übersetzung, II. Die Anforderungen an eine nach **II** etwa vorzulegende Übersetzung ergeben sich aus Art. 57 und ZPO § 1113. 4

38 ***[Aussetzung].*** **Das Gericht oder die Behörde, bei dem bzw. der eine in einem anderen Mitgliedstaat ergangene Entscheidung geltend gemacht wird, kann das Verfahren ganz oder teilweise aussetzen, wenn**

a) die Entscheidung im Ursprungsmitgliedstaat angefochten wird oder
b) die Feststellung, dass keiner der in Artikel 45 genannten Gründe für eine Versagung der Anerkennung gegeben ist, oder die Feststellung, dass die Anerkennung aus einem dieser Gründe zu versagen ist, beantragt worden ist.

1 **I. Systematik, Regelungszweck.** Die Vorschrift knüpft in **lit. a** vage an den Art. 37 I aF an. Sie gilt erst im Anerkennungsverfahren nach einer Entscheidung im Sinn von Art. 2 S. 2, 3. Sie steht neben Art. 33 I, 34 I. Zweck ist wie bei Art. 33, 34 eine Vermeidung widersprüchlicher Ergebnisse und damit eine Gefährdung der Rechtssicherheit. Das muss man bei der Auslegung mitbeachten.

2 **II. Aussetzungsvoraussetzungen. 1. Anfechtung im Ursprungsmitgliedstaat, lit. a.** Es muss bereits zu einer wirksamen Anfechtung einer Entscheidung nach Art. 2 S. 2, 3 im Ursprungsmitgliedstaat nach Art. 2d gekommen sein. Sie muss im Zeitpunkt einer Entscheidung über eine Aussetzung noch wirksam sein. Es darf also zB keine Zurücknahme erfolgt sein, unabhängig davon, ob noch eine Kostenentscheidung nach Zurücknahme fehlt usw.

3 **2. Kein Versagungsgrund, lit. b Hs. 1.** Es muss ein Antrag auf die Feststellung vorliegen, es sei kein Versagungsgrund nach Art. 45 vorhanden. Jeder einzelne dortige Versagungsgrund kann reichen. Es muss noch keine Feststellungsentscheidung vorliegen.

4 **3. Versagungsgrund, lit. b Hs. 2.** Es mag auch ein Antrag auf die Feststellung vorliegen, es müsse aus einem oder mehreren Gründen nach Art. 45 eine Versagung erfolgen. Auch hier muss noch keine Feststellungsentscheidung bestehen.

5 **III. Teilweise oder gänzliche Aussetzung.** Beides ist statthaft. Natürlich muss eine teilweise Aussetzung präzise und praktisch brauchbar erfolgen. Dabei kann § 301 ZPO (Teilurteil) mit den dort erläuterten Regeln ein brauchbarer Maßstab sein.

6 **IV. Ermessen.** Das Wort „kann" stellt nicht nur in die Zuständigkeit, sondern ins wie stets pflichtgemäße Ermessen des Gerichts. Es muss eine nachvollziehbar begründete Abwägung des Für und Wider einer Aussetzung vornehmen und dabei die Notwendigkeit der Zügigkeit wie Prozesswirtschaftlichkeit deutlich mitbedenken.

Abschnitt 2. Vollstreckung

39 *[Keine Erklärung].* **Eine in einem Mitgliedstaat ergangene Entscheidung, die in diesem Mitgliedstaat vollstreckbar ist, ist in den anderen Mitgliedstaaten vollstreckbar, ohne dass es einer Vollstreckbarerklärung bedarf.**

Schrifttum: Fawzy, Forderungsdurchsetzung in der EU – das Ende der Exequatur, DGVZ 2015, 1; Gössl, Die Vollstreckung von dynamischen Zinssätzen unter der neuen EuGVVO, NJW 2014, 3479; Roth, Vollstreckungsrechtliche Probleme wegen einer im Ursprungsstaat aufgehobenen Entscheidung, IPRax 2021, 541.

1 **I. Systematik, Regelungszweck.** Die formell neue Vorschrift übernimmt den Grundgedanken des Art. 36 zur Anerkennbarkeit ohne besondere Formalitäten in den Bereich der Vollstreckbarkeit aus denselben Gründen einer Vereinfachung und Beschleunigung des Verfahrens innerhalb der Mitgliedstaaten. Vgl. daher auch bei Art. 36, ferner § 1112 ZPO. Zu Österreich OLG Mü NJOZ 2016, 871. Der kompliziertere Hergang im Nicht-EU-Auslandsbereich nach §§ 722, 723 ZPO entfällt also hier.

2 **II. Vollstreckbarkeit.** Vgl. zunächst § 55 AVAG. Begriff der „Entscheidung": Art 2a; „vollstreckbar" betrifft die **formelle Vollstreckbarkeit** der Entscheidung, OLG Düss NJW-RR 2006, 1079, vorläufige Vollstreckbarkeit genügt, Mankowski IPRax 2020, 541 (543), nicht diejenigen inhaltlichen Voraussetzungen, unter denen sie im Urteilsstaat vollstreckbar sein kann, EuGH IPRax 2000, 18 – Coursier, Mankowski ZZPInt 1999, 276. Gegner des Antrags ist der in der Entscheidung des Urteilsstaats bezeichnete Schuldner, OLG Ffm Rpfleger 1979, 434. Das Gericht muss seine Nämlichkeit prüfen, Roth IPRax 2007, 426. Die Entscheidung ergeht durch einen Beschluss nach §§ 8 ff. AVAG. Bei einem Urteil ist die Berufung zulässig, OLG Hamm MDR 1978, 324. Die erneute Klage des Gläubigers eines vollstreckbaren Urteils in einem anderen Vertragsstaat ist unzulässig, EuGH NJW 1977, 495. Die Pflicht zur Vollstreckung endet dann, wenn diese nach dem Recht des Vollstreckungsstaats aus Gründen außerhalb des Anwendungsbereichs der Brüssel Ia-VO nicht mehr möglich ist, EuGH NJW 1989, 665 – Gubisch. Ein ausländischer Konkurs unterbricht nicht, OLG Bbg IPRax 2007, 454.

3 Zur Notwendigkeit der Vollstreckungsfähigkeit des Titels BGH NJW 2014, 702; OLG Saarbr IPRax 1990, 232. Die Vollstreckung ist nur gegen die im Titel bezeichneten Personen oder ihre Rechtsnachfolger zulässig, OLG Köln NJW-RR 2001, 67 (keine Umdeutung). Enthält der vollstreckbare Titel nur gesetzliche Zinsen, darf das Gericht ihn im Weg der Auslegung unter einer Anwendung des fremden Rechts ergänzen, BGH NJW 1993, 1803; OLG Zweibr NJOZ 2005, 2044. Ist die Brüssel Ia-VO unanwendbar, kann man den Antrag nicht in eine Vollstreckungsklage nach § 722 ZPO umdeuten, BGH NJW 1979, 2477.

4 Zur Umrechnung eines auf eine fremde Währung lautenden Titels, KG NJW-RR 1993, 638. Umrechnungszeitpunkt für eine im Urteilsstaat in dortiger Währung zahlbare Geldschuld ist nicht automatisch der Zeitpunkt der formellen Rechtskraft nach § 705 ZPO, BGH IPRax 1985, 101. Zum Zeitpunkt bei einer Anwendung des französischen Rechts BGH NJW 1990, 3085. Zur Aufklärungspflicht des Gerichts, welche Beträge des Gläubigers nach der Entscheidung beitreiben darf, BGH NJW 1983, 2773. Zur Konkretisierung unklarer und insbesondere nach einem Index dynamisierter oder wegen der Zinsen auf verschiedene Zeiträume oder wechselnde Sätze verweisender Titel im Vollstreckungsverfahren BGH NJW 1993, 1802; OLG Düss RIW 1996, 1043; OLG Schlesw FamRZ 1994, 53. Nicht ausreichend ist eine ausländische Entscheidung dann, wenn das nächsthöhere Gericht ihre Vollstreckbarkeit ausgesetzt hatte, BGH NJW-RR 2010, 1079 oder die Entscheidung in der Rechtsmittelinstanz aufgehoben wurde, BGH IPRax 2021, 583 Rn. 9; Roth IPRax 2021, 541 (542).

40 *[Geltungsbereich].* **Eine vollstreckbare Entscheidung umfasst von Rechts wegen die Befugnis, jede Sicherungsmaßnahme zu veranlassen, die im Recht des ersuchten Mitgliedstaats vorgesehen ist.**

1 **I. Systematik, Regelungszweck.** Die formell neue Vorschrift führt die Grundgedanken der Art. 36 I, 39 konsequent bemerkenswert weiter.

II. Sicherungsmaßnahme. Das ist jede Maßnahme sei es zugunsten des Gläubigers, sei es zugunsten des Schuldners, wie sie im deutschen Verfahrens zB nach §§ 707 ff. ZPO infrage kommt, aber auch etwa bei § 720a ZPO, dazu OLG Ffm IPRax 2020, 567, oder§ 921 ZPO. 2

III. „Von Rechts wegen". Diese im deutschen Verfahrensrecht nicht ausdrücklich vorhandene, aber in der Praxis zB bei einem allenfalls noch mit einer Verfassungsbeschwerde anfechtbaren höchstrichterlichen Urteil übliche Klausel meint den im deutschen Recht bekannten Begriff „kraft Gesetzes" im Gegensatz zu „(nur) auf Antrag". Sie ändert indes nichts an einem etwa in der einschlägigen nationalen Vorschrift bestimmten Ermessensfreiheit. Sie schafft eben nur eine „Befugnis", keine stete Pflicht, etwas zur Sicherung zu veranlassen. 3

IV. „Ersuchter Mitgliedstaat". Diesen Begriff bestimmt Art 2e verbindlich. 4

41 *[Maßgebliches Recht].* **I [1]Vorbehaltlich der Bestimmungen dieses Abschnitts gilt für das Verfahren zur Vollstreckung der in einem anderen Mitgliedstaat ergangenen Entscheidungen das Recht des ersuchten Mitgliedstaats. [2]Eine in einem Mitgliedstaat ergangene Entscheidung, die im ersuchten Mitgliedstaat vollstreckbar ist, wird dort unter den gleichen Bedingungen vollstreckt wie eine im ersuchten Mitgliedstaat ergangene Entscheidung.**

II Ungeachtet des Absatzes 1 gelten die im Recht des ersuchten Mitgliedstaats für die Verweigerung oder Aussetzung der Vollstreckung vorgesehenen Gründe, soweit sie nicht mit den in Artikel 45 aufgeführten Gründen unvereinbar sind.

III [1]Von der Partei, die die Vollstreckung einer in einem anderen Mitgliedstaat ergangenen Entscheidung beantragt, kann nicht verlangt werden, dass sie im ersuchten Mitgliedstaat über eine Postanschrift verfügt. [2]Es kann von ihr auch nicht verlangt werden, dass sie im ersuchten Mitgliedstaat über einen bevollmächtigten Vertreter verfügt, es sei denn, ein solcher Vertreter ist ungeachtet der Staatsangehörigkeit oder des Wohnsitzes der Parteien vorgeschrieben.

Schrifttum: Loyal, Parteivereinbarungen bei der Vollstreckung von Gerichtsentscheidungen anderer EU-Mitgliedstaaten, GPR 2018, 63.

I. Systematik, Regelungszweck. Die formell neue Vorschrift klärt mehrere Grundfragen einer Vollstreckung im Rahmen der Ausgangsbedingungen der Art. 39, 40 und vor der Regelung des Verfahrens zur Vollstreckbarkeit nach Art. 42 ff. Zweck ist auch hier stets einerseits die Erleichterung und Beschleunigung, andererseits die Sicherstellung solcher Bedingungen, die zur Stärkung der Rechtssicherheit nun einmal klärungsbedürftig sind. 1

II. Recht des ersuchten Staats, I, II. Nach I gelten zunächst vorrangig alle weiteren Bestimmungen der Art. 39, 40, 42–44. Erst hilfsweise gilt nach **I 1** das Recht des ersuchten Mitgliedstaats nach Art. 2c. Das gilt nach **I 2** zum Ob und zum Wie einer Vollstreckung. Es gelten also in Deutschland §§ 704 ff. ZPO, natürlich wegen Art. 39, 40 ohne §§ 722, 723 ZPO. Dasselbe gilt für ZPO § 922 II, EuGH EuZW 2019, 37 – Società Immobiliare Al Bosco. Es gilt nach **II Hs. 1** auch die gerade im ersuchten Mitgliedstaat bestehenden Regelungen zur Verweigerung oder Aussetzung einer Vollstreckung, in Deutschland also auch etwa der auch im Verfahren nach §§ 704 ff. ZPO beachtbare § 148 ZPO. In diesem Bereich von Verweigerung oder Aussetzung der Vollstreckung gilt allerdings nach **II Hs. 2** vorrangig der Katalog von Versagungsgründen nach Art. 45. Offen ist, ob Vollstreckungsvereinbarungen beachtlich sind und nach welcher Rechtsordnung ihre Wirksamkeit zu beurteilen ist, vgl. Loyal GPR 2018, 63. **II** spricht dafür, zumindest solche Parteivereinbarungen zu beachten, die nach der Rechtsordnung des Vollstreckungsstaates zulässig sind. 2

III. Keine Postanschrift im ersuchten Staat, III 1. Der Gläubiger braucht im ersuchten Mitgliedstaat nach Art 2e keine Postanschrift zu haben. Das kann zB bedeuten. dass §§ 178 ff. ZPO in einem Fall von Vollstreckung eines Titels eines anderen EU-Gerichts nicht beachtbar ist, sobald und solange ein ausländischer Gläubiger nicht in Deutschland zumindest auch wohnt oder residiert. 3

IV. Kein Bevollmächtigter im ersuchten Staat, III 2. Der Gläubiger des Vollstreckungstitels eines EU-Gerichts braucht im ersuchten anderen EU-Staat nach Art 2e nur dann einen „bevollmächtigten Vertreter" zu haben, wenn letzterer nach dem Recht des ersuchten Mitgliedstaats nach Art 2e notwendig ist, und zwar unabhängig von der Staatsangehörigkeit oder dem Wohnsitz beider Parteien. Ein gesetzlicher Vertreter ist zumindest nach deutschem Recht trotz seiner umfassenden Befugnisse **kein** gerade (und nur) „Bevollmächtigter" Vertreter. 4

42 *[Vorlagepflichten].* **I Soll in einem Mitgliedstaat eine in einem anderen Mitgliedstaat ergangene Entscheidung vollstreckt werden, hat der Antragsteller der zuständigen Vollstreckungsbehörde Folgendes vorzulegen:**

a) eine Ausfertigung der Entscheidung, die die für ihre Beweiskraft erforderlichen Voraussetzungen erfüllt, und

b) die nach Artikel 53 ausgestellte Bescheinigung, mit der bestätigt wird, dass die Entscheidung vollstreckbar ist, und die einen Auszug aus der Entscheidung sowie gegebenenfalls relevante Angaben zu den erstattungsfähigen Kosten des Verfahrens und der Berechnung der Zinsen enthält.

II Soll in einem Mitgliedstaat eine in einem anderen Mitgliedstaat ergangene Entscheidung vollstreckt werden, mit der eine einstweilige Maßnahme einschließlich einer Sicherungsmaßnahme angeordnet wird, hat der Antragsteller der zuständigen Vollstreckungsbehörde Folgendes vorzulegen:

a) eine Ausfertigung der Entscheidung, die die für ihre Beweiskraft erforderlichen Voraussetzungen erfüllt,

b) die nach Artikel 53 ausgestellte Bescheinigung, die eine Beschreibung der Maßnahme enthält und mit der bestätigt wird, dass

i) das Gericht in der Hauptsache zuständig ist,

ii) die Entscheidung im Ursprungsmitgliedstaat vollstreckbar ist, und

c) wenn die Maßnahme ohne Vorladung des Beklagten angeordnet wurde, den Nachweis der Zustellung der Entscheidung.

III Die zuständige Vollstreckungsbehörde kann gegebenenfalls vom Antragsteller gemäß Artikel 57 eine Übersetzung oder Transliteration des Inhalts der Bescheinigung verlangen.

IV Die zuständige Vollstreckungsbehörde darf vom Antragsteller eine Übersetzung der Entscheidung nur verlangen, wenn sie das Verfahren ohne eine solche Übersetzung nicht fortsetzen kann.

1 **I. Systematik, Regelungszweck.** Die formell neue Vorschrift nennt die Vorlage- und Beifügungsobliegenheiten des Antragstellers, und zwar in **I, II** die ohnehin notwendigen, in **III, IV** die etwa auf Verlangen hinzukommenden. Sie führt aber wegen Art. 39 nicht etwa nun doch zu einer echten Vollstreckbarkeitserklärung als Voraussetzung, sondern nur zur Notwendigkeit einer Bescheinigung nach Art. 53, so schwierig man sie vielleicht auch nur erhalten kann. Zweck ist trotz der praktisch evtl. auftretenden erheblichen Bemühungen des Gläubigers eine im Ergebnis zumindest theoretisch leichtere und schnellere Vollstreckbarkeit ohne Gefährdung der Rechtssicherheit. Man sollte nicht allzu streng abwägen.

2 **II. Vorlagen, I.** Stets muss der Antragsteller der zuständigen Vollstreckungsbehörde Unterlagen vorlegen. Dabei behandelt **I** eine Hauptsacheentscheidung, **II** eine einstweilige Maßnahme als jeweiligen Vollstreckungstitel. Vgl. auch § 1112 ZPO.

3 **1. Ausfertigung, I lit., a Hs. 1.** Natürlich braucht die Vollstreckungsbehörde des ersuchten Mitgliedstaats nach Art 2e stets die zu vollstreckende Entscheidung nach Art. 2a S. 1. Der Antragsteller muss sie in der Fassung und in der Sprache des Gerichts des anderen EU-Staats vorlegen. Bei einer in Deutschland zu vollstreckenden Entscheidung muss wegen Art. 41 I eine Ausfertigung im Sinn von § 317 II–VI ZPO vorliegen. Vgl. daher dazu dort. Bei einem Beschluss gilt dasselbe.

4 **2. Beweiskraft, I lit. a Hs. 2.** Die Ausfertigung nach → Rn. 3 muss inhaltlich wie formell die für ihre Beweiskraft erforderlichen Voraussetzungen erfüllen. Bei einer in Deutschland zu vollstreckenden Entscheidung gelten die für öffentliche Urkunden maßgeblichen Regeln zur Beweiskraft nach §§ 415 ff. ZPO.

5 **3. Bescheinigung, I b.** Zusätzlich zu den Bedingungen → Rn. 3, 4 muss der Antragsteller eine Bescheinigung nach Art. 53 vorlegen. Sie muss gerade (und nur) bestätigen, dass die Entscheidung überhaupt nach der Beurteilung des Ursprungsgerichts im Sinne von Art. 2f vollstreckbar ist. Sie muss außerdem einen „Auszug" aus der Entscheidung enthalten, gemeint zumindest den Tenor zur Hauptsache. Sie muss schließlich ausreichende Angaben zu den erstattbaren Prozesskosten und zur Zinsberechnung enthalten, soweit dies letztere sich als schon aus der Sicht des Ursprungsgerichts zumindest ratsam erweist. „Gegebenenfalls" ist insofern ein ziemlich auslegungsbedürftig vager Gesetzesausdruck. Bei einer in Deutschland vollstreckbaren Entscheidung richtet sich die Erstattungsfähigkeit von Kosten wegen Art. 41 I nach §§ 91 ff. ZPO und die Berechnung von Zinsen mangels abweichender Vereinbarungen nach §§ 246 ff. BGB. Die Bescheinigung muss auf dem Formblatt des Anh. I erfolgen, abgedruckt hinter Art. 81.

6 **III. Vorlagen, II.** Stets muss der Antragsteller der zuständigen Vollstreckungsbehörde bei einem solchen Vollstreckungstitel, der nur eine einstweilige Maßnahme einschließlich einer Sicherungsmaßnahme nach Art. 40 enthält, folgende Unterlagen vorlegen.

7 **1. Ausfertigung, II lit. a Hs. 1, 2.** Hier gilt dasselbe wie bei → Rn. 3, 4.

8 **2. Bescheinigung, II lit. b.** Hier gelten im Prinzip dieselben Anforderungen wie bei → Rn. 5. Darüber hinaus muss klar sein, dass sich das Ursprungsgericht nach Art. 2f auch in der dort schon anhängigen oder noch nicht anhängigen Hauptsache für sachlich, örtlich und funktionell zuständig hielt, **II b i,** und der Antragsteller muss nach Erhalt einer Eilmaßnahme ohne „Vorladung des Beklagten", nachweisen, dass der Schuldner den Vollstreckungstitel ordnungsgemäß zugestellt erhalten hat. Bei einer in Deutschland zu vollstreckenden Entscheidung muss man dazu zB § 750 I 1 und § 929 II ZPO beachten.

9 **IV. Übersetzung, III, IV.** Beide Regelungen gehen von dem in Deutschland nach § 184 GVG geltenden Grundsatz „Die Gerichtssprache ist deutsch" aus. Er gilt wegen Art. 41 bei einer in Deutschland zu vollstreckenden Entscheidung auch dann, wenn sie von einem anderen EU-Gericht stammt. Es gibt eine Befugnis nach **III** und eine Begrenzung nach **IV.** Vgl. auch § 1113 ZPO.

10 **1. Befugnis bei der Bescheinigung, III.** Voraussetzung ist eine Lage, die **III** als „gegebenenfalls" reichlich vage umschreibt. Der Sache nach muss die Vollstreckungsbehörde eine Übersetzung brauchen, aus welcher nachvollziehbar zu begründenden Erwägung auch immer. Dabei mag sich ergeben, dass nur ein Teil der Bescheinigung nach Art. 53 übersetzungsbedürftig ist. Das Wort „kann" stellt auch hier nicht nur in die Zuständigkeit, sondern ins pflichtgemäße Ermessen. Im Einzelnen ist Art. 57 anwendbar. Vgl. daher dort. Das gilt auch zum Begriff „Transliteration". Nur der „Inhalt" der Bescheinigung ist übersetzungsbedürftig, nicht ihr voller Wortlaut. Eine Übersetzung der eigentlichen Entscheidung richtet sich nach **IV.**

11 **2. Begrenzung bei der Entscheidung, IV.** Hier geht es nicht um die in **III** geregelte Übersetzung einer Bescheinigung nach Art. 53, sondern um eine Übersetzung des eigentlichen Vollstreckungstitels. Die Vorschrift gibt zwar eine Befugnis ähnlich **III,** begrenzt aber solche Befugnis auf den Fall, dass die Vollstreckungsbehörde ohne Übersetzung das Verfahren überhaupt „nicht fortsetzen kann". Das ist eine wesentlich höhere Hürde. Ist solche Lage vorhanden, darf die Behörde freilich eine Übersetzung und nicht nur eine Transliteration fordern, und zwar nicht nur des Inhalts, sondern der gesamten Entscheidung.

43 *[Verfahren].* **I 1Soll eine in einem anderen Mitgliedstaat ergangene Entscheidung vollstreckt werden, so wird die gemäß Artikel 53 ausgestellte Bescheinigung dem Schuldner vor der ersten Vollstreckungsmaßnahme zugestellt. 2Der Bescheinigung wird die Entscheidung beigefügt, sofern sie dem Schuldner noch nicht zugestellt wurde.**

II Hat der Schuldner seinen Wohnsitz in einem anderen Mitgliedstaat als dem Ursprungsmitgliedstaat, so kann er eine Übersetzung der Entscheidung verlangen, um ihre Vollstreckung anfechten zu

können, wenn die Entscheidung nicht in einer der folgenden Sprachen abgefasst ist oder ihr keine Übersetzung in einer der folgenden Sprachen beigefügt ist:

a) einer Sprache, die er versteht, oder

b) der Amtssprache des Mitgliedstaats, in dem er seinen Wohnsitz hat, oder, wenn es in diesem Mitgliedstaat mehrere Amtssprachen gibt, in der Amtssprache oder einer der Amtssprachen des Ortes, an dem er seinen Wohnsitz hat.

Wird die Übersetzung der Entscheidung gemäß Unterabsatz 1 verlangt, so darf die Zwangsvollstreckung nicht über Sicherungsmaßnahmen hinausgehen, solange der Schuldner die Übersetzung nicht erhalten hat.

Dieser Absatz gilt nicht, wenn die Entscheidung dem Schuldner bereits in einer der in Unterabsatz 1 genannten Sprachen oder zusammen mit einer Übersetzung in eine dieser Sprachen zugestellt worden ist.

III **Dieser Artikel gilt nicht für die Vollstreckung einer in einer Entscheidung enthaltenen Sicherungsmaßnahme oder wenn der Antragsteller Sicherungsmaßnahmen gemäß Artikel 40 erwirkt.**

Schrifttum: Mankowski, Die Sicherungshypothek aufgrund eines Titels aus dem EuGVVO-Ausland: das System der direkten Vollstreckung in der Detailbewährung, IPRax 2020, 541.

I. Systematik, Regelungszweck. Die formell neue Vorschrift regelt im Anschluss an die Obliegenheiten des Antragstellers nach Art. 42 einen Teil der Aufgaben der Vollstreckungsbehörde im weiteren Verfahren, nämlich im Rahmen der Anhörung des Schuldners, wie sie bei einer Vollstreckung in Deutschland nach Art. 41 I 1 und nach Art. 103 I GG nötig ist, deren ersten Akt, nämlich die Kenntnisgabe von Vollstreckungstitel und -antrag. Vgl. auch § 1111 ZPO. Zweck ist natürlich die Einhaltung eines sowohl zwecks Gerechtigkeit als auch Rechtssicherheit grundsätzlich stets fast selbstverständlichen Prinzips im Rechtsstaat. Deshalb muss man die Beachtung der Vorschrift streng prüfen und die Regeln zugunsten des Schuldners handhaben. 1

II. Geltungsbereich: Vollstreckung einer Entscheidung im anderen EU-Staat. I 1 spricht zwar nur von einen anderen Mitgliedstaat, meint aber natürlich den „Ursprungsmitgliedstaat" nach Art 2d und nun eine Vollstreckung in einem „ersuchten" anderen Mitgliedstaat nach Art 2e, nicht in einem weiteren anderen Staat. 2

III. Zustellung von Entscheidung und Bescheinigung, I. Notwendig ist die Zustellung zweier Urkunden von Amts wegen: Einmal der Bescheinigung nach Art. 53, **I 1,** zum anderen der eigentlichen Entscheidung, des Vollstreckungstitels, falls der Schuldner ihn noch nicht förmlich zugestellt erhalten hatte, **I 2.** Diese Aufzählungsfolge in **I** ergibt sich aus dem Grundgedanken des Art. 39, der Entbehrlichkeit einer Vollstreckbarerklärung und dem Ausreichen einer Bescheinigung eben nach Art. 53. Vollständig und wirksam muss das alles sein. Eine nicht zB bei einer Vollstreckung in Deutschland wegen Art. 41 I 1 nach §§ 166 ff. ZPO einwandfreie amtliche Zustellung reicht nicht, soweit nicht eine bloße Sicherungsmaßnahme zu vollstrecken ist. Vor der ersten Vollstreckungsmaßnahme muss die Zustellung erfolgen, spätestens dann muss auch im Fall **I 2** die Entscheidung beiliegen. Zur notwendigen Sprache der Entscheidung gilt **II.** 3

IV. Übersetzung, II. Sie wird nach **II 1 Hs. 1** nur auf Antrag des Schuldners nötig. Selbst ein bloßer solcher Antrag reicht nach **II 1 Hs. 2** nur dann, wenn der Schuldner ihn damit begründet, er erwäge die Vollstreckung anzufechten. Selbst dann müssen die weiteren Voraussetzungen nach **II 1 Hs. 3** und **II 2** vorliegen. 4

1. Schuldnerantrag, II 1 Hs. 1. Der Schuldner ist zum „Verlangen" berechtigt, aber nicht verpflichtet. Er „kann" ihn stellen. Das gilt auch nur dann, wenn er seinen Wohnsitz oder Sitz in einem anderen Mitgliedstaat als dem Ursprungsmitgliedstaat nach Art 2d hat, und zwar im Zeitpunkt des Antragseingangs. 5

2. Anfechtungszweck, II 1 Hs. 2. „Um ihre Vollstreckung anfechten zu können" bedeutet nur eine ernsthafte Erwägung, keinen überzeugend endgültigen Entschluss der Anfechtung. Denn diesen kann er wegen der Sprachprobleme natürlich erst nach Erhalt der Übersetzung fassen. 6

3. Entweder: Schuldnersprache, II 1 Hs. 3a. Weitere Voraussetzung ist, dass die Entscheidung nicht originär oder in Form auch einer Übersetzung in einer dem Schuldner eigenen oder verständlichen Sprache vorliegt. Ob der Schuldner sie verstehen kann, wird man praktisch ihm überlassen müssen, solange kein offensichtlicher Rechtsmissbrauch vorliegt. Im Zweifel also Notwendigkeit einer Übersetzung nach diesem Teil der Vorschrift. Nicht der Schuldner ist beweispflichtig. Ferner → Rn. 9. 7

4. Oder: Amtssprache, II 1 Hs. 3b. Statt → Rn. 7 kann auch eine der hier aufgezählten Amtssprachen notwendig sein und ausreichen. 8

5. Im Fall Rn. 6: Nur Sicherung bis zum Erhalt der Übersetzung, II 2. Dieser Vorschriftsteil widerspricht nur teilweise dem **III.** Denn letztere Vorschrift regelt im **Hs. 2** nur Maßnahmen nach Art. 40, nicht andere Sicherungsmaßnahmen. Im Schuldnersprachenfall → Rn. 7 ist eine bloße Sicherungsmaßnahme vor dem Erhalt der Übersetzung des Vollstreckungstitels statthaft. Weitergehende Vollstreckungsmaßnahmen bleiben aber bis zum Erhalt der Übersetzung unstatthaft. 9

V. Ausnahme, II 3. Die Vorschrift ist etwas missverständlich. Sie spricht von „diesem Artikel", meint aber nur **II 2. II 2** gilt also ausnahmsweise im Fall **II 3** nicht. 10

VI. Sicherungsmaßnahme, III. Die Bestimmung nimmt **I, II** in zwei Fällen aus: Entweder geht es um die Vollstreckung nur einer schon im Vollstreckungstitel enthaltenen Sicherungsmaßnahme, **Hs. 1,** oder es geht um die Erwirkung einer solchen Maßnahme gerade und nur nach Art. 40. Dann also jeweils weder eine Bescheinigung nach Art. 53 noch eine Übersetzung. 11

44 *[Sicherheitsleistung; Aussetzung].* I **Wurde eine Versagung der Vollstreckung einer Entscheidung gemäß Abschnitt 3 Unterabschnitt 2 beantragt, so kann das Gericht im ersuchten Mitgliedstaat auf Antrag des Schuldners**

a) das Vollstreckungsverfahren auf Sicherungsmaßnahmen beschränken,

b) die Vollstreckung von der Leistung einer vom Gericht zu bestimmenden Sicherheit abhängig machen oder
c) das Vollstreckungsverfahren insgesamt oder teilweise aussetzen.

II Die zuständige Behörde des ersuchten Mitgliedstaats setzt das Vollstreckungsverfahren auf Antrag des Schuldners aus, wenn die Vollstreckbarkeit der Entscheidung im Ursprungsmitgliedstaat ausgesetzt ist.

1 **I. Systematik, Regelungszweck.** Im Anschluss an Art. 33, 34 regelt der formell neue Art. 44 die Möglichkeiten einer Aussetzung gerade einer Vollstreckung vorrangig. Als Ausnahme vom Prinzip einer möglichst erleichterten Durchsetzung eines EU-Vollstreckungstitels nach Art. 39 darf man **I, II** nicht zu großzügig zugunsten des Schuldners handhaben. Weiter als **II** geht § 1116 ZPO.

2 **II. Maßnahmen im Versagungsverfahren, I.** Dieser Teil der Vorschrift wirkt nur insoweit, als es um einen Versagungsantrag nach Art. 46–51 geht. Es muss sich dabei gerade um eine Entscheidung nach Art 2a handeln, also nicht um einen Vergleich oder eine Urkunde anderer Art. Stets ist ein Antrag des Schuldners gerade auf eine der folgenden Anordnungen nötig.

3 **1. Beschränkung auf Sicherungsmaßnahmen, I a.** Der Schuldner kann gerade auch oder nur eine solche Anordnung beantragen. Sicherungsmaßnahme ist wie bei Art. 35 jede solche Anordnung, die einerseits den Forterhalt einer Befriedigungschance bezweckt, andererseits aber noch nicht zur Befriedigung führt, auch nicht zu einer teilweisen. Soweit dabei deutsches Recht zB nach Art. 41 I 1 anwendbar ist, kommen also bloße Sicherung zB §§ 707, 719, 769 und im Eilverfahren §§ 923, 936 ZPO infrage.

4 **2. Abhängigkeit von Gläubiger-Sicherheit, I b.** Der Schuldner kann gerade auch oder nur beantragen, dass der Gläubiger eine Sicherheit leisten müsse. Dann würde die Befriedigung zumindest unter solcher Bedingung und daher eben noch nicht endgültig erfolgen. Bei Anwendbarkeit deutschen Rechts zB nach Art. 41 I 1 kommen hier ebenfalls die in → Rn. 3 genannten Möglichkeiten infrage.

5 **3. Aussetzung, I c.** Der Schuldner kann schließlich gerade auch oder nur diese Besserstellung beantragen, und zwar für den ganzen Vollstreckungstitel oder für einen solchen Teil, den er beziffern darf und der dann das Gericht bindet, nicht aber für einen Teilzeitraum. Denn das wäre eine zeitweise und nicht „teilweise" Aussetzung. Das Aussetzungsverfahren richtet sich nur im Grundgedanken nach Art. 33, 34, im Übrigen zB bei anwendbarem deutschen Recht nach § 148 ZPO.

6 **III. Aussetzung, II.** Sie erfordert wie bei **I** stets einen Antrag des Schuldners. Sie ist aber anders als bei **I** auch außerhalb eines Versagungsverfahrens nach Art. 46–51 statthaft. Sie setzt voraus, dass es sich um eine Entscheidung nach Art 2a und nicht um eine andere Art von Vollstreckungstitel handelt und dass im Ursprungsmitgliedstaat nach Art 2d gerade diese Entscheidung zur Aussetzung der Vollstreckung geführt hat. Die dort aussetzende Stelle muss wirksam gehandelt haben. Ob auch der Vollstreckungstitel aus demselben Ursprungsmitgliedstaat stammte, ist unbeachtlich. Der dortige Aussetzungsgrund ist ebenfalls unbeachtlich. Auch eine dortige fehlerhafte Aussetzung mag wirksam sein, bei Anwendbarkeit deutschen Rechts nach Art. 41 I zB wegen der Regeln zur Wirksamkeit eines Hoheitsakts.

7 **IV. Zuständigkeiten, I, II.** Nach **I** ist „das Gericht" zuständig, und zwar „im ersuchten Mitgliedstaat" nach Art 2e, bei Anwendbarkeit deutschen Rechts nach Art. 41 I also entweder etwa nach § 767 ZPO das Prozessgericht oder nach §§ 764, 802 ZPO das Vollstreckungsgericht. Der Rpfl. kann dann etwa nach § 20 I Nr. 17 RPflG funktionell zuständig sein.

8 Nach **II** ist die „Behörde des ersuchten Mitgliedstaats" nach Art 2e zuständig. Das läuft bei nach Art. 41 I anwendbarem deutschen Recht auf dasselbe wie bei → Rn. 7 hinaus.

9 **V. Weiteres Verfahren, I, II.** Art. 33, 34 gelten auch bei grundsätzlicher Anwendbarkeit deutschen Rechts nach Art. 41 I als autonom auslegbare Grundregeln mit.

Abschnitt 3. Versagung der Anerkennung und Vollstreckung

Unterabschnitt 1. Versagung der Anerkennung

45 *[Grenzen].* **I Die Anerkennung einer Entscheidung wird auf Antrag eines Berechtigten versagt, wenn**

a) die Anerkennung der öffentlichen Ordnung (ordre public) des ersuchten Mitgliedstaats offensichtlich widersprechen würde;
b) dem Beklagten, der sich auf das Verfahren nicht eingelassen hat, das verfahrenseinleitende Schriftstück oder ein gleichwertiges Schriftstück nicht so rechtzeitig und in einer Weise zugestellt worden ist, dass er sich verteidigen konnte, es sei denn, der Beklagte hat gegen die Entscheidung keinen Rechtsbehelf eingelegt, obwohl er die Möglichkeit dazu hatte;
c) die Entscheidung mit einer Entscheidung unvereinbar ist, die zwischen denselben Parteien im ersuchten Mitgliedstaat ergangen ist;
d) die Entscheidung mit einer früheren Entscheidung unvereinbar ist, die in einem anderen Mitgliedstaat oder in einem Drittstaat in einem Rechtsstreit wegen desselben Anspruchs zwischen denselben Parteien ergangen ist, sofern die frühere Entscheidung die notwendigen Voraussetzungen für ihre Anerkennung im ersuchten Mitgliedstaat erfüllt, oder
e) die Entscheidung unvereinbar ist
i) mit Kapitel II Abschnitte 3, 4 oder 5, sofern der Beklagte Versicherungsnehmer, Versicherter, Begünstigter des Versicherungsvertrags, Geschädigter, Verbraucher oder Arbeitnehmer ist, oder
ii) mit Kapitel II Abschnitt 6.

II Das mit dem Antrag befasste Gericht ist bei der Prüfung, ob eine der in Absatz 1 Buchstabe e angeführten Zuständigkeiten gegeben ist, an die tatsächlichen Feststellungen gebunden, aufgrund deren das Ursprungsgericht seine Zuständigkeit angenommen hat.

III [1]Die Zuständigkeit des Ursprungsgerichts darf, unbeschadet des Absatzes 1 Buchstabe e, nicht nachgeprüft werden. [2]Die Vorschriften über die Zuständigkeit gehören nicht zur öffentlichen Ordnung (ordre public) im Sinne des Absatzes 1 Buchstabe a.

IV Der Antrag auf Versagung der Anerkennung ist gemäß den Verfahren des Unterabschnitts 2 und gegebenenfalls des Abschnitts 4 zu stellen.

I. Systematik, Regelungszweck. I a–d entsprechen, teils fast, wörtlich dem Art. 34 Nr. 1–4 aF. **I a** entspricht fast wörtlich dem Art. 35 I aF. **II, III** entsprechen fast wörtlich dem Art. 35 II, III aF. **IV** ist neu. Art. 45 ff. unterscheiden bei der etwaigen Versagung zwischen solcher schon der Anerkennung und solcher erst einer Vollstreckung. Beide Stadien von Versagung stellen eng auslegbare Ausnahmen der jeweiligen Grundsätze zur Anerkennbarkeit nach Art. 36 wie der Vollstreckbarkeit nach Art. 39 dar. Man muss daher die Voraussetzungen einer Versagung streng handhaben. Jede Möglichkeit nach **I** kann ein Verfahren der Versagung schon einer Anerkennung auslösen. Zum Mahnverfahren im System (jetzt) des Art. 45 OLG Düss IPRax 2014, 107. 1

II. Ordre public, I a. Der ordre public-Vorbehalt erlaubt keine materielle Überprüfung des ausländischen Urteils **(Verbot der revision au fond),** sondern betrifft allein den verfahrensrechtlichen ordre public., also die Frage, ob die ausländische Entscheidung auf einem Verfahren beruht, das sich von den Grundprinzipien des inländischen Verfahrensrechts in einem solchen Maß entfernt, dass nach der inländischen Rechtsordnung das Urteil nicht in einem geordneten rechtsstaatlichen Verfahren ergangen angesehen werden kann, BGH NJW 2018, 3254 Rn. 14; ZIP 2017, 1538; OLG Brbg NJ 2021, 317. 2

1. Offensichtlichkeit. 2a 3

I a erfasst nur eine offensichtliche Unvereinbarkeit. Zur Verletzung des ordre public EuGH ZIP 2015, 1848; BGH NJW 2016, 161; OLG Zweibr NJW-RR 2006, 208. Das alles muss der Schuldner beweisen, OLG Zweibr NJW-RR 2006, 208. Man muss den Zweck der Vorschrift mitbeachten, BGH FPR 2009, 541. 4

2. Beispiele zur Frage eines Verstoßes, I a

Anhörung eines Dritten: Nicht stets anwendbar ist **I a** bei einem solchen Verstoß, (zum alten Recht) EuGH EuZW 2016, 713 – Meroni. 5

Erschleichung: Anwendbar ist **I a** bei einer solchen durch Täuschung erfolgten Handlung wegen Einl. III 54, BGH NJOZ 2018, 1239.

Französisches Handelsgericht: Unanwendbar ist **I a** bei einem nur mit juristischen Laien besetzten Gericht, OLG Saarbr NJW 1988, 3100; Roth IPRax 1989, 17.

Gesetzliche Zinsen: Anwendbar sein kann **I a** bei einer so unbestimmten Form der Verurteilung, OLG KölnNJW-RR 2005, 932.

Grundrechte: Ihre unverhältnismäßige Einschränkung durch eine ausländische Entscheidung verstößt gegen den inländischen orde public, BGH NJW 2018, 3254 Rn. 22 (Art. 5 GG).

Insolvenz: Zur Abgrenzung von der EuInsVO BGH NJW-RR 2014, 1135.

Italienischer Mahnbescheid: Unanwendbar ist **I a** bei einem solchen ohne Sicherheitsleistung vollstreckbaren, OLG Celle NJW-RR 2007, 718.

Niederländisches Versäumnisurteil: Unanwendbar sein kann **I a** in solchem Fall, OLG Düss IPRax 2014, 349.

Parteibezeichnung: Unanwendbar ist **I a** bei einer fehlerhaften, OLG Stgt EuZW 2010, 37.

Parteirechte: Unanwendbar sein kann **I a** bei ihrer Nichtausnutzung im Erkenntnisverfahren, BGH NJW 2011, 3103.

Parteivernehmung: Ihr Ausschluss als Beweismittel in der ausländischen Rechtsordnung stellt keinen Verstoß gegen den inländischen ordre public dar, BGH EuZW 2017, 623.

Rechtliches Gehör: Anwendbar ist **I a** bei einer Verletzung des Art. 103 I GG, EuGH NJW 2000, 1853 – Krombach; BGH NJW-RR 2002, 1151; Piekenbrock IPRax 2000, 364. Rechtliches Gehör ist aber nicht verletzt, wenn nachträglich noch Rechte geltend gemacht werden können, EuGH EuZW 2016, 713 – Meroni.

Rechtshängigkeit: Ein Verstoß gegen die Pflicht, eine anderweitige Rechtshängigkeit zu beachten (Art. 29 ff.), stellt keine Verletzung des ordre public dar, EuGH NJW 2019, 1129 Rn. 56 – Liberato.

Rechtsstaatlichkeit: Zu Zweifeln an der Rechtsstaatlichkeit poln. Gerichte Burrer/Marusczyk EuZW 2022, 200 (204).

Schadensersatz: Unanwendbar ist **I a** dann, wenn man zB Schadensbeträge nachvollziehbar nachrechnen kann, EuGH EuZW 2015, 76 – flyLAL (zu Art. 34 Nr. 1 aF), oder wenn ein ausländisches Gericht einen deutschen Schädiger gegenüber einem deutschen Geschädigten zu einem höheren Schadensersatz als nach deutschem Recht statthaft verurteilt hat, BGH NJW 1984, 568 (auch zur Nichtberücksichtigung eines Forderungsübergangs nach § 116 SGB X), Kropholler JZ 1983, 906. „Erschleichung".

SGB VII: Anwendbar sein kann **I a** bei einem Verstoß gegen §§ 104, 105 SGB VII, BGH NJW 1993, 3270; krit. Haas ZZP 108, 224.

Umgehung des inländischen Exequarturverfahrens: Eine Entscheidung, die die Vollstreckbarkeit des Urteils aus einem Drittstaat betrifft (engl. Freezing injunction) kann als Umgehung des inländischen Exequarturverfahrens gegen den ordre public verstoßen, OLG Brdb NJOZ 2017, 552

Vermögensverfügung: Unanwendbar ist **I a** bei ihrer Untersagung, selbst bei einer weitgehenden durch ein Weltunternehmen, OLG Nürnb NJOZ 2011, 9681.

Zinseszinsen: Unanwendbar ist **I a** bei einer solchen Verurteilung durch ein britisches Gericht, OLG Hmb RIW 1992, 139.

Zustellungsmangel: Anwendbar ist **I a** dann, wenn das Auslandsgericht gegen einen deutschen Bekl. mangels Benennung eines ausländischen ProzBev die für den Bekl. bestimmten Schriftstücke in der Gerichtsakte belassen und als zugestellt behandelt hat, BGH NJW 2016, 160.

III. Nichteinlassung, I b. 1. Einlassungsbegriff. Man muss unionsrechtlich autonom bestimmen: „Einlassung" ist jedes Handeln, aus dem sich ergibt, dass der Bekl. eine Kenntnis von dem Verfahren erlangt hat und dass er sich gegen den Angriff des Klägers verteidigen will, EuGH NJW 1993, 2091 – Sonntag; BGH NJW 2011, 3103; OLG Hamm NJW-RR 1995, 190, es sei denn, sein Vorbringen beschränkt sich darauf, den Fortgang des 6

Verfahrens zu rügen, weil die Zustellung nicht ordnungsgemäß oder zu spät erfolgt sei, OLG Köln IPRax 1991, 114. Einlassung ist die Benennung eines oder gar mehrerer Zustellungsbevollmächtigter, BGH NJW-RR 2009, 1292. Keine Einlassung liegt darin, dass für den Bekl. ein angeblicher, von ihm aber nicht beauftragter Vertreter erschienen ist, EuGH NJW 1997, 1061 – Magenta.

7 **2. Verfahrenseinleitendes Schriftstück.** Das ist im Mahnverfahren der Mahnbescheid nach § 692 ZPO, nicht dagegen trotz §§ 1087 ff. ZPO ein ohne ein rechtliches Gehör ergangener italienischer Zahlungsbefehl, OLG Düss JurBüro 2006, 662, oder der Vollstreckungsbescheid nach § 699 ZPO, EuGH EuZW 1995, 803. Es kommt nur auf die Zustellung des das Verfahren einleitenden Schriftstücks an, BGH EuZW 2018, 732. Eine bloße Zustellungsfiktion genügt nicht, OLG Köln NJW-RR 1990, 128 (Belgien); Heiderhoff IPRax 2013, 309, wohl aber eine öffentlichen Zustellung zB nach §§ 185 ff. ZPO, OLG Kblz EuZW 1990, 487 (Luxemburg), Geimer IPRax 1992, 11 („remise au parquet").

8 **3. Verteidigungsmöglichkeit.** Dazu Bach IPRax 2011, 241 (krit. zum BGH). **I b** verlangt nicht zwingend, dass die Zustellung formell ordnungsgemäß sein musste, sondern orientiert sich wie bei § 189 ZPO daran, ob die Zustellung faktisch ihren Informationszweck erfüllt hat und dem Bekl. eine sachgerechte Verteidigung ermöglicht hat, EuGH EuZW 2016, 618 Rn. 38 – Lebek; BGH BeckRS 2022, 8174 Rn. 17; NJW 2019, 2862 Rn. 13,. Allerdings genügt jede formell ordnungsgemäße Zustellung der von **I b** geforderten Art und Weise, Fabig/Windau NJW 2017, 2508. Sie ist der Praxis immer noch als der sicherste Weg ratsam. Die Heilung von Zustellungsmängeln bei einer rechtzeitigen Zustellung richtet sich nach dem Recht des Urteilsstaats, EuGH EuZW 1990, 352 – Lancray; krit. BGH WM 1990, 1938. Nach **I b** genügt zur Heilung die Einlassung, EuGH NJW 1993, 2091 – Sonntag; OLG Hamm NJW-RR 1995, 189; OLG Köln IPRax 1991, 114. Nach einem rechtzeitigen Einspruch gegen ein Versäumnisurteil liegt kein Fall nach **I b** vor, BGH NJW 2014, 2366. War die Zustellung nicht ordnungsgemäß und hat sich der Bekl. auf das Verfahren nicht eingelassen, kann man ein Versäumnisurteil auch dann nicht anerkennen, wenn er später von dem Urteil eine Kenntnis erhalten und wenn er überhaupt dagegen keinen nach dem Recht des Urteilsstaats zulässigen Rechtsbehelf eingelegt hat, EuGH NJW 2007, 825 – ASML; BGH EuZW 2018, 732; BGH NJW-RR 2010, 571. Die Rechtsbehelfsmöglichkeit muss auch effektiv sein, was eine ausreichend lange Frist erfordert, drei Tage sind zu wenig, BGH WM 2020, 1036 Rn. 17. War eine Zustellung wegen unbekannten Aufenthalts des Bekl. nicht möglich, mag **I b** anwendbar sein, OLG Mü NJW-RR 2008, 736. § 54 ist beachtlich, EuGH EuZW 2012, 912 – Trade Agency.

9 **4. Hilfscharakter.** Auch sonst kann sich der Titelschuldner grundsätzlich dann nicht auf einen Zustellungsmangel berufen, wenn er im Erststaat Rechtsbehelfe wie zB Einspruch, Berufung, Beschwerde, Revision, aber auch Wiedereinsetzung gegen die Entscheidung hätte einlegen können und das versäumt hat, EuGH EuZW 2016, 618 Rn. 42 – Lebek; BGH DGVZ 2011, 13, oder wenn er gar einen Rechtsbehelf eingelegt hat, OLG Mü EuZW 2011, 80. Die prozessuale Entwicklung hat den Zustellungsfehler gleichsam überholt. Freilich gilt diese Beschränkung nicht, soweit es sich um die Vollstreckbarkeit einer solchen Entscheidung oder Urkunde handelt, deren Klagerhebung oder Errichtung vor dem 1.3.2002 lag, BGH NJW 2005, 3189. Es ist aber stets sinnvoll, den Bekl. anzuhalten, die Entscheidung im Erststaat anzugreifen und aus der Welt zu schaffen, BGH DGVZ 2011, 13 (evtl. Aussetzung nach § 148 ZPO), statt dass er sich auf die spätere Verteidigung im Zweitstaat bei einer fortbestehenden Ausgangsentscheidung verlegen könnte. Schädlich sind allerdings nur solche Rechtsbehelfe, die sich gerade auf den Zustellungsfehler gründen, nicht allgemein alle Rechtsbehelfe. Der Ablauf der Einspruchsfrist gegen ein Versäumnisurteil im Erststaat schützt dessen Anerkennung im Zweitstaat gegen eine auf **I b** gestützte Versagung.

10 **5. Rechtzeitigkeit.** „Rechtzeitig" ist eine Zustellung dann, wenn sie zur sachgerechten Verteidigung ausreicht, also zur Verhinderung einer nach der Brüssel Ia-VO vollstreckbaren Säumnisentscheidung, EuGH NJW 2007, 825 – ASML; BGH NJW 1991, 641; OLG Köln NJW-RR 1990, 128. Die Rechtzeitigkeit muss das Gericht des Vollstreckungsstaats ohne eine Bindung an die Feststellungen in der Entscheidung und ohne eine Bindung an das autonome Recht prüfen, BGH NJW 1991, 641; OLG Köln NJW-RR 2002, 360. Zur Rechtzeitigkeit EuGH NJW 1986, 1425; BGH NJW 1992, 1239 (vom Bekl. vertretbare Unkenntnis seines Aufenthaltes), OLG Düss NJW 2000, 3290 (Nichtwahrung der deutschen Einlassungsfrist). Das Gericht muss die Voraussetzungen von **I b** von Amts wegen prüfen, BGH MDR 2008, 463, Köln NJW-RR 1990, 128; Schulze IPRax 1999, 342. Auf sonstige Verfahrensmängel bezieht sich **I b** nicht. Solche Mängel auch wegen des rechtlichen Gehörs können nur nach **I b** die Nichtanerkennung rechtfertigen, BGH NJW 1990, 2201; Geimer IPRax 1992, 13.

11 **IV. Unvereinbarkeit, I c.** Auf eine solche ausländische Entscheidung im Hauptverfahren, die mit einer inländischen Entscheidung im Eilverfahren unvereinbar ist, bezieht sich **I c** nicht, Hamm RIW 1988, 134; Mankowski EWiR 1997, 792. Sind in konkurrierenden Eilverfahren miteinander unvereinbare Entscheidungen ergangen, muss das Gericht eine Anerkennung nach **I c** ablehnen, EuGH NJW 2002, 2087; BGH WM 2000, 635. Eine solche Entscheidung, durch die ein deutsches Gericht eine Prozesskostenhilfe nach §§ 114 ff. ZPO mangels Erfolgsaussicht versagt hat, steht der Anerkennung eines ausländischen Urteils in derselben Sache nicht entgegen, BGH NJW 1984, 568. Dasselbe gilt für einen deutschen Prozessvergleich, EuGH NJW 1995, 38 – Solo; BGH EuZW 1993, 195. Dagegen greift **I c** dann ein, wenn das Gericht einen Trennungsunterhalt zuerkannt, aber die Ehe im Inland geschieden hat, EuGH NJW 1989, 663.

12 **V. Unvereinbarkeit, Id.** Die Vorschrift tritt neben **I c.** Sie gilt nicht für widersprechende Entscheidungen aus demselben Mitgliedstaat, EuGH NJW 2014, 203 – Salzgitter; abl. Mäsch EuZW 2013, 905.

13 **VI. Unvereinbarkeit, I e.** Hier geht es um zwei unterschiedliche Situationen von Unvereinbarkeiten. Die Vorschrift zählt sie in **i** und in **ii** abschließend auf. **i** erfasst jede Lage nach Art. 10–23, freilich nur dann, wenn der Bekl. zu den in **i** aufgezählten Personen gehört. Vgl. dazu bei den eben genannten Art. Demgegenüber genügt in den Lagen nach Art. 24 die Unvereinbarkeit ohne weitere personelle Begrenzung.

14 **VII. Antrag, I.** Stets ist der Antrag eines Berechtigten Verfahrensvoraussetzung. Es findet also keine Versagung der Anerkennung von Amts wegen statt, auch nicht bei **I a.** Ferner → Rn. 21 zur Antragsform. Berechtigt ist jeder, der ein schutzwürdiges Interesse an der Versagung einer Anerkennung hat. Das kann auch ein wirtschaftliches oder sogar „nur" immaterielles Interesse sein. Es muss sowohl bei Beginn des Verfahrens als auch noch im Zeitpunkt einer Entscheidungsreife vorliegen.

VIII. Kein Ermessen, I. Soweit die Versagungsvoraussetzungen vorliegen, darf und muss eine Versagung der Anerkennung erfolgen: sie „wird versagt", nicht „kann versagt werden". Die Entscheidung muss unverzüglich erfolgen. Verzögerung kann Folgen im deutschen Recht wie bei §§ 198 ff. GVG und Amtshaftung auslösen. 15

IX. Bindung, II. Vgl. auch § 1115 ZPO. Eine Bindung erstreckt sich nur auf diejenigen tatsächlichen Feststellungen, die für die Zuständigkeitsbejahung des Ursprungsgerichts nach Art. 2f zumindest nicht ganz unwesentlich mitursächlich waren, als es die jetzt zur Versagung einer Anerkennung stehende Entscheidung nach Art 2a traf. Selbst dann gilt **II** nur im Rahmen der Prüfung, ob eine Zuständigkeit des zur Versagung berufenen Gerichts gerade nach **I e** vorliegt, also nach → Rn. 13. 16

X. Weitere Prüfungsgrenzen, III. Unabhängig von der Bindung nach **II** begrenzt **III** die Prüfungsaufgaben des mit der Versagung einer Anerkennung befassten Gerichts in dreierlei weiterer Hinsicht. 17

1. Grundsätzlich: Keine Zuständigkeitsprüfung, III 1 Fall 1. Ähnlich wie zB bei §§ 513 II, 545 II ZPO darf keine Zuständigkeitsprüfung wegen gerade des Ursprungsgerichts nach Art. 2f erfolgen, auch nicht auf den Antrag oder Anregung eines Beteiligten. 18

2. Ausnahme: Zuständigkeitsprüfung bei I e, III 1 Fall 2. Im Bereich → Rn. 13 muss das Versagungsgericht prüfen, ob das Ursprungsgericht nach Art. 2f zuständig war. 19

3. Keine Zuständigkeitsprüfung bei I a, III 2. Beim Versagungsgrund „Widerspruch gegen öffentliche Ordnung" (ordre public) kommt es zu keiner Versagung wegen Unzuständigkeit des Ursprungsgerichts nach Art. 2 f. Das gilt für eine sachliche wie örtliche oder funktionelle Unzuständigkeit nach dem gemäß Art. 41 I maßgebenden Prozessrecht. 20

XI. Antragsform usw., IV. Zur Antragsnotwendigkeit → Rn. 14. Die Antragsform usw. unterliegt den Art. 46–51 und 52–57 mit. Vgl. daher jeweils dort. Vgl. auch § 1115 ZPO. 21

Unterabschnitt 2. Versagung der Vollstreckung

46 ***[Antragszwang].*** **Die Vollstreckung einer Entscheidung wird auf Antrag des Schuldners versagt, wenn festgestellt wird, dass einer der in Artikel 45 genannten Gründe gegeben ist.**

I. Systematik, Regelungszweck. Die neue Vorschrift übernimmt den Grundgedanken des Art. 45 auch für den Bereich der Versagung der Vollstreckung. Wie dort, ist zunächst ein Antrag nötig. Ihn kann anders als bei Art. 45 nur der Schuldner stellen. Wie dort, darf und muss das Gericht beim Vorliegen der Voraussetzungen ohne Ermessen entscheiden. Das Verfahren dorthin regeln Art. 47, 48. Zweck ist wie bei Art. 45 eine Beachtung der trotz an sich erleichterter internationaler Vollstreckbarkeit doch nicht übergehbaren Schutzbedürftigkeit des Schuldners. Sie begrenzt aber eben nur ausnahmsweise das Verfahren zur Befriedigung des Gläubigers nach Erhalt eines Vollstreckungstitels. Deshalb muss man die Versagungsgründe streng prüfen. 1

II. Versagungsgründe: Art. 45. Das Gericht darf die Vollstreckung eines nach Art. 36–38 anerkannten Titels nur dann versagen, wenn einer oder mehrere der in Art. 45 genannten Gründe vorliegen und das Gericht dies auch förmlich durch Beschluss nach Art. 48 feststellen muss. Zu den einzelnen Gründen vgl. daher bei Art. 45. Alle sonstigen Rügen sind unstatthaft, BGH EuZW 2007, 445 (§ 323 ZPO); OLG Oldb NJW-RR 2007, 418 (evtl. § 767 ZPO); Hub NJW 2001, 3147. Zum Feststellungsverfahren vgl. Art. 47. 2

47 ***[Zuständigkeit].*** [I] **Der Antrag auf Versagung der Vollstreckung ist an das Gericht zu richten, das der Kommission von dem betreffenden Mitgliedstaat gemäß Artikel 75 Buchstabe a mitgeteilt wurde.**

[II] **Für das Verfahren zur Versagung der Vollstreckung ist, soweit es nicht durch diese Verordnung geregelt ist, das Recht des ersuchten Mitgliedstaats maßgebend.**

[III] *[1]* **Der Antragsteller legt dem Gericht eine Ausfertigung der Entscheidung und gegebenenfalls eine Übersetzung oder Transliteration der Entscheidung vor.**

[2] [1]**Das Gericht kann auf die Vorlage der in Unterabsatz 1 genannten Schriftstücke verzichten, wenn ihm die Schriftstücke bereits vorliegen oder wenn es das Gericht für unzumutbar hält, vom Antragsteller die Vorlage der Schriftstücke zu verlangen.** [2]**Im letztgenannten Fall kann das Gericht von der anderen Partei verlangen, diese Schriftstücke vorzulegen.**

[IV] [1]**Von der Partei, die die Versagung der Vollstreckung einer in einem anderen Mitgliedstaat ergangenen Entscheidung beantragt, kann nicht verlangt werden, dass sie im ersuchten Mitgliedstaat über eine Postanschrift verfügt.** [2]**Es kann von ihr auch nicht verlangt werden, dass sie im ersuchten Mitgliedstaat über einen bevollmächtigten Vertreter verfügt, es sei denn, ein solcher Vertreter ist ungeachtet der Staatsangehörigkeit oder des Wohnsitzes der Parteien vorgeschrieben.**

I. Systematik, Regelungszweck. Die teils neue Vorschrift knüpft in **III** an Art. 55 II aF an. Sie regelt das Versagungsverfahren bei der Vollstreckung in Anlehnung an dasjenige der Herbeiführung der Vollstreckbarkeit nach Art. 41–43, aber ausführlicher und teilweise abweichend. Das dient freilich demselben Zweck wie bei → Art. 46 Rn. 1 und ist daher ebenso auslegbar. Die inländische Ausführungsvorschrift findet sich in § 1115 ZPO. 1

II. Antrag; Zuständigkeit, I. Zum Antrag → Art. 46 Rn. 1. Zuständig ist dasjenige Gericht, das der betreffende Mitgliedstaat nach Art. 75 lit. a der Kommission mitgeteilt hat. Vgl. daher dort. Ein danach unzuständiges Gericht leitet den Antrag unverzüglich an das von Amts wegen über die Kommission zu klärende Gericht weiter und unterrichtet die Beteiligten von dieser Verfügung. 2

III. Anwendbares Recht, II. Zunächst gilt eine etwaige vorrangige Sonderbestimmung der Brüssel Ia-VO, **Hs. 1.** Mangels solcher Bestimmung gilt nach **Hs. 2** das Recht des ersuchten Mitgliedstaats im Sinn von Art. 2 lit. e. 3

4 **IV. Vorlagen, III. 1. Vorlagepflicht, III 1.** Vorlegen muss grundsätzlich der Antragsteller, also wegen → Art. 46 Rn. 1 der Schuldner, mindestens eine Ausfertigung der Entscheidung nach Art. 2 lit. a. Bei Anwendbarkeit des deutschen Rechts nach → Rn. 3 in Verbindung auch mit Art. 41 I 1 muss eine Ausfertigung die Voraussetzungen der → § 317 Rn. 22 erfüllen. Zusätzlich kann grundsätzlich die Vorlage einer Übersetzung oder „Transliteration" wie bei Art. 37 II notwendig werden.

5 **2. Vorlagenverzicht, III 2.** Zur Begrifflichkeit → Rn. 4. Als Ausnahmen von der Vorlagepflicht nach **III 1** gibt **III 2** dem Gericht die Befugnis zum Verzicht auf Vorlagen des Schuldners unter zwei nebeneinander infrage kommenden Voraussetzungen, von denen also die eine oder die andere ausreicht.

6 Bereits vorhandene Vorlage führt zu einer Verzichtsmöglichkeit. Das Schriftstück muss sich bereits beim Gericht befinden, nicht notwendig in der richtigen Akte, aber doch sofort beiziehbar. Bei teilweise schon vorhandener Vorlage kommt ein entsprechend begrenzter Teilverzicht infrage.

7 Unzumutbarkeit einer Vorlage führt ebenso zur Verzichtsmöglichkeit. Stets handelt das Gericht insofern nach pflichtgemäßem Ermessen: Es „kann" verzichten.

8 Abwägung aller Umstände ist nötig. Dabei können materielle wie immaterielle Gründe maßgeblich werden, von technischen bis zu finanziellen oder zeitlichen Erwägungen oder wegen sonstiger Umstände. Sie dürfen nicht ganz unwesentlich sein. Dabei darf und muss das Gericht im Rahmen seines Ermessens auch die Ersatzvorlagemöglichkeit nach **III 3** mitbeachten (→ Rn. 9).

9 **3. Ersatzvorlage durch Gegner, III 3.** Sie kommt nur im Fall → Rn. 7 infrage. Auch hier hat das Gericht ein Ermessen. Bei Anwendbarkeit deutschen Rechts nach → Rn. 3 ist § 142 ZPO zu beachten.

10 **V. Keine Postanschrift, IV 1.** Das Gericht darf vom Schuldner in der Lage nach **IV 1** keine Postanschrift im ersuchten Mitgliedstaat nach Art 2 lit. e verlangen, ähnlich wie bei Anwendbarkeit deutschen Rechts in der Lage nach § 183 II ZPO.

11 **VI. Kein Bevollmächtigter, IV 2.** Das Gericht darf vom Schuldner auch nicht die Einschaltung eines bevollmächtigten Vertreters fordern, soweit nicht eine hier einschlägige Bestimmung einen Bevollmächtigten vorschreibt. Selbst im letzteren Fall müsste der Vertreterzwang gesetzlich unabhängig von der Staatsangehörigkeit oder vom Wohnsitz oder Sitz auch nur einer der Parteien bestehen. Zum Kreis der „bevollmächtigten Vertreter" zählt zB bei Anwendbarkeit deutschen Rechts natürlich ein ProzBev nach §§ 78 ff. ZPO, auch ein Beistand nach § 90 ZPO, nicht aber ein nur gesetzlicher Vertreter nach zB § 51 ZPO.

48 *[Entscheidung].* **Das Gericht entscheidet unverzüglich über den Antrag auf Versagung der Vollstreckung.**

1 Es handelt sich bei der neuen Vorschrift um eine eigentlich überflüssige, weil selbstverständliche Klarstellung. „Unverzüglich" bedeutet im deutschen Recht ein Fehlen vorwerfbarer Verzögerung. Was vorwerfbar wäre, lässt sich nur bei Kenntnis der tatsächlichen Arbeitsbelastung klären. Natürlich darf keine Überlänge zB nach §§ 198 ff. GVG entstehen. Aber auch sie hängt aber eben von der Belastung mit ab.

49 *[Erster Rechtsbehelf].* **I Gegen die Entscheidung über den Antrag auf Versagung der Vollstreckung kann jede Partei einen Rechtsbehelf einlegen.**

II Der Rechtsbehelf ist bei dem Gericht einzulegen, das der Kommission von dem betreffenden Mitgliedstaat gemäß Artikel 75 Buchstabe b mitgeteilt wurde.

1 **I. Systematik, Regelungszweck.** Die formell neue, den früheren Art. 39, 43 teilweise ähnelnde Vorschrift bildet den Anfang der Regelung von Anfechtungsmöglichkeiten gegen eine Entscheidung (nur) nach Art. 45, also nur im Bereich eines Vollstreckungsabwehrverfahrens, nicht schon im Bereich des Anerkennungsverfahrens nach Art. 45. Zweck ist die im Rechtsstaat zwar nicht selbstverständliche, aber doch meist für ratsam gehaltene Gewährung eines rechtlichen Gehörs auch über eine erste Instanz hinaus.

2 **II. Gegen Entscheidung nach Art. 48, I.** Es muss eine solche im Sinn von Art 2 lit. a wirksam ergangen sein. Sie muss entweder eine Versagung der Vollstreckung oder die Zurückweisung eines solchen Versagungsantrags enthalten, letztere als unzulässig oder als unbegründet. Sie muss nach dem gemäß Art. 41 I 1 anwendbaren Recht ergangen sein, nach deutschem Recht also zB nach § 311 ZPO oder nach § 329 ZPO oder § 40 FamFG.

3 **III. Rechtsbehelf, I.** Diesen Begriff legt die Brüssel Ia-VO nicht amtlich fest. Nach deutschem Recht findet die sof. Beschwerde statt, § 1115 V 1 ZPO.

4 **IV. Berechtigt: Jede Partei, I.** Das stellt Art. 49 ausdrücklich klar. Wer Partei ist, richtet sich nach deutschem Recht. Ein Dritter gehört nicht hierher. Natürlich muss zumindest nach deutschem Recht stets eine Beschwer vorliegen und zwar im Zeitpunkt der Einlegung des Rechtsbehelfs nach **II.**

5 **V. Zuständigkeit, II.** Sie ergibt sich ebenso wie bei Art. 47 II (→ Art. 47 Rn. 2).

50 *[Weiterer Rechtsbehelf].* **Gegen die Entscheidung, die über den Rechtsbehelf ergangen ist, kann nur ein Rechtsbehelf eingelegt werden, wenn der betreffende Mitgliedstaat der Kommission gemäß Artikel 75 Buchstabe c mitgeteilt hat, bei welchen Gerichten ein weiterer Rechtsbehelf einzulegen ist.**

1 **I. Systematik, Regelungszweck.** Die Norm überlässt es den Mitgliedstaaten, ob sie gegen die Entscheidung gem. Art. 49 einen weiteren Rechtsbehelf eröffnen. Im Inland ist die Rechtsbeschwerde eröffnet, § 1115 V 3 ZPO.

2 **II. Gegen Entscheidung über ersten Rechtsbehelf.** Es muss schon eine Entscheidung nach Art 2 lit. a ergangen sein. Sie muss vom Gericht des Erst-Rechtsbehelfs stammen. An sie muss man dieselben Anforderungen wie bei → Art. 49 Rn. 2 stellen.

III. Mitgeteilte Statthaftigkeit. Der betreffende Mitgliedstaat muss der EU-Kommission mitgeteilt haben, bei welchem Gericht ein weiterer Rechtsbehelf statthaft ist, und zwar nach Art. 75 lit. c. Dem Wortlaut nach würde eine Zuständigkeitsmitteilung reichen. Der Sache nach muss aber auch zum Ob eine Mitteilung erfolgt sein. Diese letztere Frage betrifft ja nur die generelle Befugnis, nicht auch die natürlich nicht auch schon nach Art. 75 lit. c beantwortbare Frage der Zulässigkeit im Einzelfall. Vgl. im Übrigen bei Art. 75. 3

IV. Art des weiteren Rechtsbehelfs. Nicht nur das Ob, sondern auch das Wann, Wie und Wo richtet sich im Rahmen von Art. 50 gemäß Art. 41 I 1 nach dem Recht des Vollstreckungsmitgliedstaats im Sinn von Art. 2e. Nach deutschem Recht kommen zunächst §§ 15 ff. AVAG und hilfsweise §§ 574 ff. ZPO, §§ 70 ff. FamFG infrage, also eine Rechtsbeschwerde. Daher ist eine vorherige Vorlage beim BGH unstatthaft. 4

51 *[Aussetzung].* I [1]**Das mit einem Antrag auf Verweigerung der Vollstreckung befasste Gericht oder das nach Artikel 49 oder Artikel 50 mit einem Rechtsbehelf befasste Gericht kann das Verfahren aussetzen, wenn gegen die Entscheidung im Ursprungsmitgliedstaat ein ordentlicher Rechtsbehelf eingelegt wurde oder die Frist für einen solchen Rechtsbehelf noch nicht verstrichen ist.** [2]**Im letztgenannten Fall kann das Gericht eine Frist bestimmen, innerhalb derer der Rechtsbehelf einzulegen ist.**

II **Ist die Entscheidung in Irland, Zypern oder im Vereinigten Königreich**[1] **ergangen, so gilt jeder im Ursprungsmitgliedstaat statthafte Rechtsbehelf als ordentlicher Rechtsbehelf im Sinne des Absatzes 1.**

Die Vorschrift ist neu. Zum Begriff des ordentlichen Rechtsbehelfs nach **I** EuGH NJW 1978, 1107 – Industrial Diamonds. Dazu gehört auch ein Bestätigungsverfahren von Amts wegen zur Überprüfung eines Arrestbefehls nach §§ 924 ff. ZPO, BGH NJW 1986, 3027; OLG Hamm RIW 1985, 973, nicht aber ein schiedsrichterliches Verfahren nach §§ 1025 ff. ZPO, OLG Hamm RIW 1994, 245. Bei einer Entscheidung nach **I** darf das Gericht nur diejenigen Gründe berücksichtigen, die der Schuldner vor dem Gericht des Ursprungsstaates noch nicht nennen konnte, BGH NJW 1994, 2157. 1

Abschnitt 4. Gemeinsame Vorschriften

52 *[Keine Sachprüfung].* **Eine in einem Mitgliedstaat ergangene Entscheidung darf im ersuchten Mitgliedstaat keinesfalls in der Sache selbst nachgeprüft werden.**

Die Vorschrift stimmt praktisch voll mit Art. 36 aF überein. Eine Prüfung auf rechtliche oder tatsächliche Fehler ist dann unstatthaft, wenn es sich nicht um Anerkennungs- oder Vollstreckungshindernisse nach Art. 45, 46 handelt oder wenn der Schuldner zum wehrlosen Objekt der Fremdbestimmung würde, BGH NJW 1999, 2372. 1

53 *[Formblatt].* **Das Ursprungsgericht stellt auf Antrag eines Berechtigten die Bescheinigung unter Verwendung des Formblatts in Anhang I aus.**

I. Geltungsbereich. Die Vorschrift stimmt praktisch voll mit Art. 54 aF überein. Vgl. Art. 37 I b, 42 II b. Vgl. ferner §§ 1110, 1111 ZPO. 1

II. Formblatt. Vgl. Anh. I zur Brüssel Ia-VO, abgedruckt hinter Art. 81, dazu BGH WM 2018, 384. Dieses hat nur dann Beweiskraft iSd § 418 ZPO, wenn das ausstellende Gericht die Zustellung selbst vorgenommen hat, BGH IPRax 2020, 43 Rn. 9; enger Roth IPRax 2020, 21 (23): bloße Auskunft. 2

III. Antrag. Er ist notwendig. Zur Antragsberechtigung → Art. 46 Rn. 1. 3

IV. Zuständigkeit. Sie liegt beim Ursprungsgericht. Zu diesem Begriff Art. 2 f. Soweit dieses bei Erlass der zu vollstreckenden Entscheidung die Anwendbarkeit dieser VO nicht geprüft hat, hat dies vor Erteilung der Bescheinigung zu geschehen, EuGH FamRZ 2019, 1557 Rn. 33 – Weil. Nicht von Amts wegen geprüft werden darf aber, ob das Ursprungsgericht zu Recht von seiner Zuständigkeit ausgegangen ist, um ggf. einen Antrag gem. Art. 45 herbeizuführen, EuGH ZIP 2019, 1882 – Salvoni. 4

54 *[Rechtsanpassung].* *[1]* **Enthält eine Entscheidung eine Maßnahme oder Anordnung, die im Recht des ersuchten Mitgliedstaats nicht bekannt ist, so ist diese Maßnahme oder Anordnung soweit möglich an eine im Recht dieses Mitgliedstaats bekannte Maßnahme oder Anordnung anzupassen, mit der vergleichbare Wirkungen verbunden sind und die ähnliche Ziele und Interessen verfolgt.**
[2] **Eine solche Anpassung darf nicht dazu führen, dass Wirkungen entstehen, die über die im Recht des Ursprungsmitgliedstaats vorgesehenen Wirkungen hinausgehen.**

II **Jede Partei kann die Anpassung der Maßnahme oder Anordnung vor einem Gericht anfechten.**

III **Die Partei, die die Entscheidung geltend macht oder deren Vollstreckung beantragt, kann erforderlichenfalls aufgefordert werden, eine Übersetzung oder Transliteration der Entscheidung zur Verfügung zu stellen.**

Schrifttum: von Hein, Die Anpassung unbekannter Maßnahmen und Anordnungen nach Art. 54 EuGVVO n. F., FS Geimer, 2017, 245.

[1] Seit dem 1.2.2020 ist das Vereinigte Königreich aus der Europäischen Union ausgetreten und ist seitdem ein Drittland (Nicht-EU-Land).

1 **I. Systematik, Regelungszweck.** Die neue Vorschrift ist eine notwendige Ergänzung zu Art. 41 I 1 mit seinem Grundsatz der Geltung des Rechts des ersuchten Mitgliedstaats nach Art. 2 e. Art. 41 I 1 lässt zwar nach seinem Wortlaut den Vorrang nur Bestimmungen „dieses Abschnitts" und damit nur den Art. 39–44. Indessen deutet Art. 41 I 2–III schon mit an, dass auch weitere Anpassungen statthaft sein können. Diese führt eben auch Art. 54 durch. Zweck ist die Beibehaltung des obigen Grundsatzes insbesondere nach dem Wegfall der Notwendigkeit einer direkten Vollstreckbarkeitserklärung durch ein Gericht des ersuchten Staats. Daher darf man Art. 54 großzügig zugunsten des Gläubigers anwenden, zumindest in **I 1.** Die Wahrung der Schuldnerrechte erfolgt ja in **I 2–IV** schon deutlich.

2 **II. Unbekanntheit, I 1.** Sie setzt voraus, dass eine Maßnahme oder eine Entscheidung nach Art 2a im Recht des ersuchten Mitgliedstaats nach Art 2e „nicht bekannt" ist. „Recht" meint damit nicht nur das dortige Gesetz, sondern auch die dortige Rechtsprechung, ja auch die Lehre. Nicht bekannt ist dasjenige, das nicht derzeit einigermaßen erörtert ist, auch wenn es evtl. keine herrschende Meinung ist. Im Zweifel wegen → Rn. 1 eher „nicht bekannt".

3 **III. Anpassung, I 1.** Unter der Voraussetzung → Rn. 2 muss die zur Anerkennung wie zur Vollstreckung oder zu deren jeweiliger Versagung berufene Stelle im ersuchten Mitgliedstaat nach Art 2e „soweit möglich" an ihr eigenes Recht anpassen. Im Inland korrespondiert die Zuständigkeit mit der Zuständigkeit für die jew. Vollstreckungsmaßnahme, Geimer/Schütze/Geimer Rn. 2.

4 **1. An hier Bekanntes.** Man muss zunächst prüfen, ob das Recht des Vollstreckungsstaats Vergleichbares kennt. Dabei gelten die Regeln → Rn. 2 entsprechend, nur eben umgekehrt. Die Prüfung erfolgt von Amts wegen ohne Antragszwang. Ein „Antrag" lässt sich als statthafte Anregung auslegen. Im

5 **2. Vergleichbarkeit, Ähnlichkeit.** Es kommt bei der Prüfung nach → Rn. 3 nur dasjenige infrage, was sowohl „vergleichbare Wirkungen" als auch „ähnliche Ziele und Interessen" regelt. Das sind verhältnismäßig vage Umschreibungen. Sie dienen aber erkennbar dem Ziel → Rn. 1. Daher im Zweifel großzügige Bejahung der Vergleichbarkeit und Ähnlichkeit, freilich in den Grenzen von → Rn. 6.

6 **IV. Einhaltung von Wirkungsgrenzen, I 2.** Die Erleichterung einer Anerkennung oder Vollstreckung einer ausländischen Maßnahme oder Entscheidung darf nicht über dasjenige hinausgehen, was nach dem ausländischen Recht überhaupt im Wirkungsgrad statthaft war („ne ultra petita"). Sie geht aber über bloße Antragsgrenzen hinaus: Es darf auch keine von einem Antrag unabhängige „Wirkung" über das im Ursprungsmitgliedstaat nach Art 2d geltende Recht hinausgehen. Ob das der Fall wäre, muss man im ersuchten Mitgliedstaat behutsam abwägen und dabei ähnlich wie etwa bei → ZPO § 293 Rn. 12, 13 alle Erkenntnisquellen nutzen, zB ein Gutachten.

7 **V. Anfechtbarkeit einer Anpassung, II.** Vgl. auch § 1114 ZPO. Eine Anfechtung ist auch dann statthaft, wenn eine Partei schon im Anpassungsverfahren rechtliches Gehör erhalten hatte. Sie erfordert keine Frist schon nach **II,** freilich evtl. nach dem nach Art. 41 I 1 anwendbaren Recht. In Deutschland könnte zB § 793 ZPO anwendbar sein, aber auch § 767 oder gar § 771 ZPO (kaum). **II** setzt auch keine Form voraus. Auch sie kann ebenso wie ein Anwaltszwang aus zB der ZPO folgen.

8 **VI. Übersetzung, III.** Das ist eine Frage der Erforderlichkeit. Dann gibt es ein pflichtgemäßes Ermessen zur Aufforderung zur Vorlage einer Übersetzung oder Transliteration wie zB bei Art. 37 II, 42, 43, 57. Vgl. dazu jeweils dort.

55 *[Zwangsgeld].* **In einem Mitgliedstaat ergangene Entscheidungen, die auf Zahlung eines Zwangsgelds lauten, sind im ersuchten Mitgliedstaat nur vollstreckbar, wenn die Höhe des Zwangsgelds durch das Ursprungsgericht endgültig festgesetzt ist.**

1 Die Vorschrift übernimmt fast wörtlich den Art. 49 aF. Das Zwangsgeld muss in der Entscheidung eines Gerichts eines Mitgliedstaats zur Durchsetzung einer Verurteilung festgesetzt worden sein. Die Festsetzung muss rechtskräftig sein, OLG Naumb NJOZ 2007, 5934. Die endgültige Festsetzung kann in der Entscheidung selbst oder im Vollstreckungsverfahren erfolgt sein. Zur vollstreckungsrechtlichen Bewehrung von Unterlassungstiteln nach dem Recht des Zweitstaats dann, wenn die erststaatliche Entscheidung keine Androhung von Zwangsmitteln enthält, BGH WM 2000, 638. Zur niederländischen dwangsom OLG Köln GRUR-RR 2005, 34. Ein Kostenvorschuss gem. § 887 II ZPO ist kein Zwangsgeld, OLG Hbg. ZVertriebsR 2019, 132 Rn. 51.

56 *[Keine Sicherheitsleistung].* **Der Partei, die in einem Mitgliedstaat eine in einem anderen Mitgliedstaat ergangene Entscheidung vollstrecken will, darf wegen ihrer Eigenschaft als Ausländer oder wegen Fehlens eines Wohnsitzes oder Aufenthalts im ersuchten Mitgliedstaat eine Sicherheitsleistung oder Hinterlegung, unter welcher Bezeichnung es auch sei, nicht auferlegt werden.**

1 Die Vorschrift übernimmt praktisch wörtlich dem Art. 51 aF. Das Gericht darf einer Partei im Verfahren nach Abschnitt 2 wegen ihrer Eigenschaft als Ausländerin oder wegen des Fehlens eines inländischen Wohnsitzes oder Aufenthalts eine Sicherheit oder Hinterlegung irgendwelcher Art nicht auferlegen. Daher ist zB § 110 ZPO unanwendbar. Von einer Sicherheit oder Hinterlegung aus anderen Gründen ist die Partei nicht befreit.

57 *[Übersetzung].* [I] **Ist nach dieser Verordnung eine Übersetzung oder Transliteration erforderlich, so erfolgt die Übersetzung oder Transliteration in die Amtssprache des betreffenden Mitgliedstaats oder, wenn es in diesem Mitgliedstaat mehrere Amtssprachen gibt, nach Maßgabe des Rechts dieses Mitgliedstaats in die oder in eine der Verfahrenssprachen des Ortes, an dem eine in einem anderen Mitgliedstaat ergangene Entscheidung geltend gemacht oder ein Antrag gestellt wird.**

II Bei den in den Artikeln 53 und 60 genannten Formblättern kann eine Übersetzung oder Transliteration auch in eine oder mehrere andere Amtssprachen der Organe der Union erfolgen, die der betreffende Mitgliedstaat für diese Formblätter zugelassen hat.

III Eine Übersetzung aufgrund dieser Verordnung ist von einer Person zu erstellen, die zur Anfertigung von Übersetzungen in einem der Mitgliedstaaten befugt ist.

Die Vorschrift knüpft teils an Art. 55 II aF an. Es handelt sich um die technischen Einzelheiten einer Übersetzung oder Transliteration nach Art. 37 II, 42 IV, 43 II und eines Formblatts nach Art. 53, 60. In Deutschland gibt es nur eine Amtssprache, § 184 S. 1 GVG. Daran ändert § 184 S. 2 GVG (Sorbisch) nichts. Vgl. auch § 1113 ZPO. 1

Kapitel IV. Öffentliche Urkunden und gerichtliche Vergleiche

58 *[Keine Vollstreckbarerklärung].* **I** ***[1]*** **[1]Öffentliche Urkunden, die im Ursprungsmitgliedstaat vollstreckbar sind, sind in den anderen Mitgliedstaaten vollstreckbar, ohne dass es einer Vollstreckbarerklärung bedarf. [2]Die Zwangsvollstreckung aus der öffentlichen Urkunde kann nur versagt werden, wenn sie der öffentlichen Ordnung (ordre public) des ersuchten Mitgliedstaats offensichtlich widersprechen würde.**
[2] **Die Vorschriften des Kapitels III Abschnitt 2, des Abschnitts 3 Unterabschnitt 2 und des Abschnitts 4 sind auf öffentlichen Urkunden sinngemäß anzuwenden.**

II Die vorgelegte öffentliche Urkunde muss die Voraussetzungen für ihre Beweiskraft erfüllen, die im Ursprungsmitgliedstaat erforderlich sind.

I. Systematik, Regelungszweck, I, II. **I** knüpft an Art. 57 I aF an, **II** an Art. 57 III aF. Es handelt sich in **I** um Ergänzungen: **I 1** tritt zu Art. 39 hinzu; **I 2** ergänzt den Art. 45 I a; **I 3** verweist schlicht. Nur **II** bringt Spezielles. Zweck ist dieselbe Erleichterung der Vollstreckbarkeit wie bei Art. 39 ff. 1

II. Geltungsbereich: Öffentliche Urkunde. Der Begriff ist wie fast stets im Bereich der Brüssel Ia-VO nach Art 2 lit. c autonom und daher grundsätzlich vom Recht eines einzelnen Mitgliedstaats unabhängig auszulegen. Es reicht, dass die Urkunde in einem Mitgliedstaat von einer Behörde oder auch von einem Notar stammt, EuGH DNotZ 1999, 919 – Unibank; BGH EWiR 1997, 847. Sie muss außerdem nach dem Recht dieses Mitgliedstaats vollstreckbar sein, zB nach § 794 I Nr. 5 ZPO. Unanwendbar ist Art. 58 auf eine Privaturkunde zB nach § 416 ZPO, selbst wenn 2 Zeugen sie „beglaubigt" haben, OLG Karlsr FamRZ 2007, 1581. Nach Art. 57 II aF fiel auch eine behördliche Urkunde über eine Unterhaltsverpflichtung oder -vereinbarung hierunter. Das Unterhaltsrecht fällt jetzt Art. 1 II lit. e aber nicht mehr in den Anwendungsbereich der Brüssel Ia-VO, sondern in den der EuUntVO. 2

III. Entbehrlichkeit einer Vollstreckbarerklärung, I 1. Es gilt dasselbe wie bei Art. 39 bei einer Entscheidung. Das stellt **I 1** ausdrücklich als wesentliche Erleichterung und auch als eine deshalb in Kauf genommene gewisse Risikoerhöhung klar. **I 2** begrenzt ja auch dieses Risiko. 3

IV. Versagung beim Verstoß gegen ordre public, I 2. Es gilt im Kern dasselbe wie bei Art. 45 I a. Allerdings gibt es zwei Abweichungen: Zum einen ist **I 2** eine formell bloße „Kann"-Vorschrift. Zum anderen ist bei **I 2** kein Antrag eines Berechtigten nötig. Freilich ist zumindest das hier pflichtgemäße Ermessen praktisch eine Versagungspflicht. Vgl. im Übrigen bei Art. 45 I a. 4

V. Verweisungen, I 3. Es gelten sinngemäß Art. 39–44, 46–51, 52–57. Vgl. daher jeweils dort. 5

VI. Beweiskraft im Ursprungsmitgliedstaat, II. Zum Begriff Art. 2d. Wie nach Art. 57 III aF muss die Urkunde nach dem Recht dieses Mitgliedstaats die Beweiskraft gerade einer öffentlichen Urkunde haben, also zB bei einer deutschen Urkunde diejenige nach §§ 415, 416a–419 ZPO. Vgl. daher dort. 6

59 *[Vergleich].* **Gerichtliche Vergleiche, die im Ursprungsmitgliedstaat vollstreckbar sind, werden in den anderen Mitgliedstaaten unter denselben Bedingungen wie öffentliche Urkunden vollstreckt.**

I. Systematik, Regelungszweck. Die Vorschrift knüpft an den Art. 58 S. 1 aF an. Es handelt sich um eine Ergänzung zu Art. 58 mit demselben Zweck. 1

II. Geltungsbereich: Gerichtlicher Vergleich. Auch hier findet formell eine autonome Begriffsauslegung statt, Art. 2 lit. b. Praktisch gilt auch dort derselbe oder ein gleichstehender Begriff wie im Ursprungsmitgliedstaat nach Art. 2 lit. d, also in Deutschland einerseits der Prozessvergleich und nach § 794 I Nr. 1 ZPO, andererseits der gerichtliche Vergleich nach § 278 VI ZPO oder nach § 36 FamFG usw. Auch er muss im Ursprungsland vollstreckbar sein. 2

III. Vollstreckbarkeit wie bei Art. 58. → Art. 58 Rn. 3–6. 3

60 *[Bescheinigung].* **Die zuständige Behörde oder das Gericht des Ursprungsmitgliedstaats stellt auf Antrag eines Berechtigten die Bescheinigung mit einer Zusammenfassung der in der öffentlichen Urkunde beurkundeten vollstreckbaren Verpflichtung oder der in dem gerichtlichen Vergleich beurkundeten Parteivereinbarung unter Verwendung des Formblatts in Anhang II aus.**

Die Vorschrift knüpft an die Art. 57 IV, 58 aF an. Vgl. auch §§ 1110, 1111 ZPO. Es ist der Antrag eines Berechtigten nötig. Zuständig ist das Gericht oder die Behörde des Ursprungsmitgliedstaats, nach Art. 2 lit. d, ferner § 57 AVAG. Die Zusammenfassung darf knapp, muss aber verständlich und zum Inhaltskern der Verpflichtung oder Vereinbarung genau und vollständig sein. Formblatt: Anh. II der Brüssel Ia-VO, abgedruckt hinter Art. 81. Die Bescheinigung beweist nach § 415 ZPO voll, OLG Stgt FamRZ 2014, 792. 1

Kapitel V. Allgemeine Vorschriften

61 *[Keine Legalisation].* **Im Rahmen dieser Verordnung bedarf es hinsichtlich Urkunden, die in einem Mitgliedstaat ausgestellt werden, weder der Legalisation noch einer ähnlichen Förmlichkeit.**

1 Die Vorschrift stimmt fast wörtlich mit dem Art. 56 aF überein.

62 *[Wohnsitz].* **I Ist zu entscheiden, ob eine Partei im Hoheitsgebiet des Mitgliedstaats, dessen Gerichte angerufen sind, einen Wohnsitz hat, so wendet das Gericht sein Recht an.**

II Hat eine Partei keinen Wohnsitz in dem Mitgliedstaat, dessen Gerichte angerufen sind, so wendet das Gericht, wenn es zu entscheiden hat, ob die Partei einen Wohnsitz in einem anderen Mitgliedstaat hat, das Recht dieses Mitgliedstaats an.

1 **I. Bestimmung des Wohnsitzes.** Die Vorschrift stimmt mit Art. 59 I, II aF wörtlich überein. Ob eine Partei einen Wohnsitz im Gebiet desjenigen Mitgliedstaats hat, dessen Gericht amtieren soll, bestimmt sich nach dem Recht ihres Staats, **I,** also zB nach §§ 13 ff. ZPO, §§ 7 ff. BGB. Fehlt ein inländischer Wohnsitz, muss das Gericht die Frage, ob die Partei einen Wohnsitz in einem anderen Mitgliedstaat hat, nach dem Recht dieses Staats entscheiden, **II.** In Deutschland sind also §§ 7 ff. BGB oder Art. 3 I 2 EGBGB sowie §§ 13 ff. ZPO anwendbar. Fehlt ein Wohnsitz in einem Mitgliedstaat, regelt sich dessen Zuständigkeit nach Art 6. Zum Wohnsitz OLG Hamm FamRZ 1989, 1331. Zum Doppelwohnsitz OLG Kblz IPRax 1987, 309

2 **II. Juristische Person.** Für eine solche nach → ZPO § 50 Rn. 12 gilt Art. 63.

63 *[Gesellschaftssitz].* **I Gesellschaften und juristische Personen haben für die Anwendung dieser Verordnung ihren Wohnsitz an dem Ort, an dem sich**
a) ihr satzungsmäßiger Sitz,
b) ihre Hauptverwaltung oder
c) ihre Hauptniederlassung befindet.

II Im Falle Irlands, Zyperns und des Vereinigten Königreichs[1] ist unter dem Ausdruck „satzungsmäßiger Sitz" das registered office oder, wenn ein solches nirgendwo besteht, der place of incorporation (Ort der Erlangung der Rechtsfähigkeit) oder, wenn ein solcher nirgendwo besteht, der Ort, nach dessen Recht die formation (Gründung) erfolgt ist, zu verstehen.

III Um zu bestimmen, ob ein Trust seinen Sitz in dem Mitgliedstaat hat, bei dessen Gerichten die Klage anhängig ist, wendet das Gericht sein Internationales Privatrecht an.

Schrifttum: Wedemann, Der Sitz von Gesellschaften im Europäischen Zuständigkeitsrecht – Eine Klärung im Lichte von Cum-Ex- und anderen Streitigkeiten, ZIP 2021, 2257.

1 **I. Systematik.** Die Vorschrift übernimmt fast wörtlich den Art. 60 I–III aF.

2 **II. „Sitz" von Gesellschaft und juristischer Person, I.** Für sie gelten als Sitz die in **I** bestimmten Orte. Satzungsmäßiger Sitz erfordert keine dortige Verwaltungs- oder Geschäftstätigkeit, BGH NJW-RR 2018, 290. Hauptverwaltung ist derjenige Ort, von dem aus die geschäftliche Tätigkeit maßgeblich erfolgt, BGH NJW 2011, 2057; BAG NJW 2008, 2798; OLG Ffm NJW-RR 2008, 634. Eine Hauptniederlassung setzt voraus, dass der Schwerpunkt des unternehmensexternen Geschäftsverkehrs an diesem Ort stattfindet, OLG Mü NZG 2021, 1121. Zwischen ihnen hat der Kläger die Wahl, Ringe IPRax 2007, 389. Kommt es zur Rechtshängigkeit derselben Sache an mehreren Orten, gelten Art. 29 ff. Ein satzungsgemäßer deutscher Nebensitz kann § 17 ZPO anwendbar machen, LG Nürnb-Fürth NJW-RR 2009, 1655.

3 **III. Sondervorschriften, II, III.** Wegen des Vereinigten Königreichs, Zyperns und Irlands bestimmt **II** den Ausdruck „satzungsmäßiger Sitz". Wegen des Sitzes eines „Trust" verweist **III** auf das für das Gericht maßgebliche internationale Privatrecht. „Vertragsstaat" ist jeder Mitgliedstaat.

64 *[Adhäsion].* **1Unbeschadet günstigerer innerstaatlicher Vorschriften können Personen, die ihren Wohnsitz im Hoheitsgebiet eines Mitgliedstaats haben und die vor den Strafgerichten eines anderen Mitgliedstaats, dessen Staatsangehörigkeit sie nicht besitzen, wegen einer fahrlässig begangenen Straftat verfolgt werden, sich von hierzu befugten Personen vertreten lassen, selbst wenn sie persönlich nicht erscheinen. 2Das Gericht kann jedoch das persönliche Erscheinen anordnen; wird diese Anordnung nicht befolgt, so braucht die Entscheidung, die über den Anspruch aus einem Rechtsverhältnis des Zivilrechts ergangen ist, ohne dass sich der Angeklagte verteidigen konnte, in den anderen Mitgliedstaaten weder anerkannt noch vollstreckt zu werden.**

1 Die Vorschrift stimmt fast wörtlich mit dem Art. 61 aF überein.

65 *[Einzelfragen].* **I 1Die in Artikel 8 Nummer 2 und Artikel 13 für eine Gewährleistungs- oder Interventionsklage vorgesehene Zuständigkeit kann in den Mitgliedstaaten, die in der von der Kommission nach Artikel 76 Absatz 1 Buchstabe b und Artikel 76 Absatz 2 festgelegten Liste aufgeführt sind, nur geltend gemacht werden, soweit das einzelstaatliche Recht dies zulässt. 2Eine Person, die ihren Wohnsitz in einem anderen Mitgliedstaat hat, kann aufgefordert werden, nach den Vor-**

[1] Seit dem 1.2.2020 ist das Vereinigte Königreich aus der Europäischen Union ausgetreten und ist seitdem ein Drittland (Nicht-EU-Land).

schriften über die Streitverkündung gemäß der genannten Liste einem Verfahren vor einem Gericht dieser Mitgliedstaaten beizutreten.

II [1]Entscheidungen, die in einem Mitgliedstaat aufgrund des Artikels 8 Nummer 2 oder des Artikels 13 ergangen sind, werden nach Kapitel III in allen anderen Mitgliedstaaten anerkannt und vollstreckt. [2]Die Wirkungen, welche die Entscheidungen, die in den in der Liste nach Absatz 1 aufgeführten Mitgliedstaaten ergangen sind, gemäß dem Recht dieser Mitgliedstaaten infolge der Anwendung von Absatz 1 gegenüber Dritten haben, werden in den allen Mitgliedstaaten anerkannt.

III Die in der Liste nach Absatz 1 aufgeführten Mitgliedstaaten übermitteln im Rahmen des durch die Entscheidung 2001/470/EG des Rates[1] errichteten Europäischen Justiziellen Netzes für Zivil- und Handelssachen („Europäisches Justizielles Netz") Informationen darüber, wie nach Maßgabe ihres innerstaatlichen Rechts die in Absatz 2 Satz 2 genannten Wirkungen der Entscheidungen bestimmt werden können.

I, II knüpft an den Art. 65 aF an. **III** ist neu. 1

Kapitel VI. Übergangsvorschriften

66 ***[Zeitlicher Geltungsbereich].*** **I Diese Verordnung ist nur auf Verfahren, öffentliche Urkunden oder gerichtliche Vergleiche anzuwenden, die am 10. Januar 2015 oder danach eingeleitet, förmlich errichtet oder eingetragen bzw. gebilligt oder geschlossen worden sind.**

II Ungeachtet des Artikels 80 gilt die Verordnung (EG) Nr. 44/2001 weiterhin für Entscheidungen, die in vor dem 10. Januar 2015 eingeleiteten gerichtlichen Verfahren ergangen sind, für vor diesem Zeitpunkt förmlich errichtete oder eingetragene öffentliche Urkunden sowie für vor diesem Zeitpunkt gebilligte oder geschlossene gerichtliche Vergleiche, sofern sie in den Anwendungsbereich der genannten Verordnung fallen.

I. Systematik. Die Vorschrift knüpft an den Art. 66 I, II aF an. 1

II. Zeitlicher Anwendungsbereich. Die Brüssel Ia-VO ist nur auf solche Verfahren, öffentliche Urkunden 2
und gerichtliche Vergleiche anwendbar, die ab 10.1.2015 entstanden, BGH NJW-RR 2016, 499; OLG Ffm FamRZ 2016, 398; OLG Mü FGPrax 2016, 68. Für die Klagerhebung ist in Deutschland die Klagezustellung maßgeblich, §§ 253, 261 I ZPO, BGH NJW 1997, 1697. Ältere Entscheidungen usw. unterfallen der bis zum 9.1.2015 wirksamen Brüssel I-VO, kommentiert bis zur 72. Aufl. im SchlAnh. V C 2, BGH NJW 2019, 2780 Rn. 17.

Kapitel VII. Verhältnis zu anderen Rechtsinstrumenten

67 ***[Vorrang].*** **Diese Verordnung berührt nicht die Anwendung der Bestimmungen, die für besondere Rechtsgebiete die gerichtliche Zuständigkeit oder die Anerkennung und Vollstreckung von Entscheidungen regeln und in Unionsrechtsakten oder in dem in Ausführung dieser Rechtsakte harmonisierten einzelstaatlichen Recht enthalten sind.**

I. Systematik. Die Vorschrift stimmt praktisch wörtlich mit dem Art. 67 aF überein. 1

II. Unberührt bleibende Vorschriften. Unberührt bleibt die Vorschrift für besondere Rechtsgebiete in 2
Rechtsakten der EU oder in dazu ergangenen Ausführungsvorschriften der Mitgliedstaaten. Nicht hierhin gehören die VO Nr. 1347/2000 und die VO Nr. 1346/2000 über das Insolvenzverfahren. Denn insoweit ist die VO unanwendbar, Art. 1 II a, b.

68 ***[EuGVÜ; EGV].*** **I Diese Verordnung tritt im Verhältnis zwischen den Mitgliedstaaten an die Stelle des Brüsseler Übereinkommens von 1968, außer hinsichtlich der Hoheitsgebiete der Mitgliedstaaten, die in den territorialen Anwendungsbereich des genannten Übereinkommens fallen und aufgrund der Anwendung von Artikel 355 AEUV von dieser Verordnung ausgeschlossen sind.**

II Soweit diese Verordnung die Bestimmungen des Brüsseler Übereinkommens von 1968 zwischen den Mitgliedstaaten ersetzt, gelten Verweise auf dieses Übereinkommen als Verweise auf die vorliegende Verordnung.

I. Systematik. Die Vorschrift übernimmt praktisch wörtlich den Art. 68 I, II aF. 1

II. Verhältnis der VO zum EuGVÜ. Die VO ersetzt im Verhältnis der Mitgliedstaaten (also nicht gegen- 2
über Dänemark, Art. 1 IV) das EuGVÜ. Jedoch bleibt das EuGVÜ nach **I** und Vorb. 1 vor Art I in Kraft im Verhältnis zu Dänemark und zu jenen Teilen der Mitgliedstaaten, in denen die VO gemäß Art. 355 AEUV nicht gilt. Verweise auf das EuGVÜ gelten insoweit nach **II** als Verweise auf die Brüssel Ia-VO. Unberührt bleibt das LugÜ im Verhältnis zu denjenigen Staaten, die nicht der EU angehören.

69 ***[Überholte Staatsverträge].*** **[1]Diese Verordnung ersetzt unbeschadet der Artikel 70 und 71 im Verhältnis zwischen den Mitgliedstaaten die Übereinkünfte, die sich auf dieselben Rechtsgebiete erstrecken wie diese Verordnung. [2]Ersetzt werden insbesondere die Übereinkünfte, die in der von der Kommission nach Artikel 76 Absatz 1 Buchstabe c und Artikel 76 Absatz 2 festgelegten Liste aufgeführt sind.**

Die Vorschrift ersetzt den Art. 69 aF. Die Deutschland nicht betreffenden Abkommen sind nicht abgedruckt. 1
Wegen der von Art. 69 erfassten Verträge SchlAnh. V B. Zu ihrer partiellen Weitergeltung Art. 70, zur An-

[1] **Amtl. Anm.:** ABl. L 174 vom 27.6.2001, S. 25.

erkennung und Vollstreckung von Entscheidungen im Einklang mit diesen Verträgen vor dem 1.3.2002 Art. 66 II, 70 II.

70 *[Fortgeltung].* I **Die in Artikel 69 genannten Übereinkünfte behalten ihre Wirksamkeit für die Rechtsgebiete, auf die diese Verordnung nicht anzuwenden ist.**

II **Sie bleiben auch weiterhin für die Entscheidungen, öffentlichen Urkunden und gerichtlichen Vergleiche wirksam, die vor dem Inkrafttreten der Verordnung (EG) Nr. 44/2001 ergangen, förmlich errichtet oder eingetragen bzw. gebilligt oder geschlossen worden sind.**

1 **I. Systematik. I** stimmt wörtlich, **II** fast wörtlich mit dem Art. 70 I, II aF überein.

2 **II. Weitergeltung zweiseitiger Abkommen.** Die in Art. 69 angeführten Abk. behalten ihre Wirksamkeit nach **I** für diejenigen Rechtsgebiete, auf die die Brüssel Ia-VO unanwendbar ist. Dass ein an sich von der Brüssel Ia-VO erfasster Einzelfall nicht die tatbestandsmäßigen Voraussetzungen für eine in der Brüssel Ia-VO enthaltene Norm erfüllt, genügt hierfür nicht, BGH NJW 1993, 2689. Die Verträge bleiben nach **II** für Entscheidungen und öffentliche Urkunden vor dem 1.3.2002 wirksam.

71 *[Besondere Rechtsgebiete].* I *[1]* [1]**Diese Verordnung lässt Übereinkünfte unberührt, denen die Mitgliedstaaten angehören und die für besondere Rechtsgebiete die gerichtliche Zuständigkeit, die Anerkennung oder die Vollstreckung von Entscheidungen regeln.**

II [1]**Um eine einheitliche Auslegung des Absatzes 1 zu sichern, wird er in folgender Weise angewandt:**

a) [1]**Diese Verordnung schließt nicht aus, dass ein Gericht eines Mitgliedstaats, der Vertragspartei einer Übereinkunft über ein besonderes Rechtsgebiet ist, seine Zuständigkeit auf eine solche Übereinkunft stützt, und zwar auch dann, wenn der Beklagte seinen Wohnsitz im Hoheitsgebiet eines Mitgliedstaats hat, der nicht Vertragspartei einer solchen Übereinkunft ist.** [2]**In jedem Fall wendet dieses Gericht Artikel 28 dieser Verordnung an.**

b) Entscheidungen, die in einem Mitgliedstaat von einem Gericht erlassen worden sind, das seine Zuständigkeit auf eine Übereinkunft über ein besonderes Rechtsgebiet gestützt hat, werden in den anderen Mitgliedstaaten nach dieser Verordnung anerkannt und vollstreckt.

[2] [1]**Sind der Ursprungsmitgliedstaat und der ersuchte Mitgliedstaat Vertragsparteien einer Übereinkunft über ein besonderes Rechtsgebiet, welche die Voraussetzungen für die Anerkennung und Vollstreckung von Entscheidungen regelt, so gelten diese Voraussetzungen.** [2]**In jedem Fall können die Bestimmungen dieser Verordnung über die Anerkennung und Vollstreckung von Entscheidungen angewandt werden.**

1 **I. Systematik.** Die Vorschrift stimmt wörtlich mit dem Art. 71 I, II aF überein.

2 **II. Übereinkünfte für besondere Rechtsgebiete, I.** Sie bleiben möglichst unberührt, sie behalten also den Vorrang als etwaige Sonderregeln, EuGH NJW 2010, 1736 – TNT Express. Hierhin gehören zB das Haager Übk. über die Anerkennung und Vollstreckung von Entscheidungen auf dem Gebiet der Unterhaltspflicht gegenüber Kindern v. 15.4.1958, OLG Mü FamRZ 2003, 462, und das Haager Übk. über die Anerkennung und Vollstreckung von Unterhaltsentscheidungen v. 2.10.1973, das Haager Übk. über den Zivilprozess v. 1.3.1954, sowie das Übk. über den Beförderungsvertrag im internationalen Straßengüterverkehr idF v. 5.7.1978, EuGH EuZW 2014, 840 – Nickel & Goeldner. Die Gerichtsstände des Spezialabkommens werden gleichsam integriert. Deshalb erstreckt sich die Prüfung nach Art. 28 auf sie, EuGH NJW 2005, 44 – Nürnberger Allgemeine.

3 **III. Verfahren, II. II 1** regelt das Verfahren bei einer Zuständigkeitskonkurrenz und stellt die Anerkennung und Vollstreckbarkeit sicher. **II 2** behandelt den Fall, dass beide Mitgliedstaaten auch Vertragsstaaten des Abkommens sind. In jedem Fall kann man nach **II 3** die Bestimmungen der Brüssel Ia-VO über das Verfahren zur Anerkennung und Vollstreckung von Entscheidungen anwenden.

71a *[Gemeinsames Gericht].* I **Für die Zwecke dieser Verordnung gilt ein gemeinsames Gericht mehrerer Mitgliedstaaten gemäß Absatz 2 („gemeinsames Gericht") als ein Gericht eines Mitgliedstaats, wenn das gemeinsame Gericht gemäß der zu seiner Errichtung geschlossenen Übereinkunft eine gerichtliche Zuständigkeit in Angelegenheiten ausübt, die in den Anwendungsbereich dieser Verordnung fallen.**

II **Jedes der folgenden Gerichte ist für die Zwecke dieser Verordnung ein gemeinsames Gericht:**

a) das mit dem am 19. Februar 2013 unterzeichneten Übereinkommen zur Schaffung eines Einheitlichen Patentgerichts („EPG-Übereinkommen") errichtete Einheitliche Patentgericht und

b) der mit dem Vertrag vom 31. März 1965 über die Gründung und die Satzung des Benelux-Gerichtshofs (im Folgenden „Benelux-Gerichtshof-Vertrag") errichtete Benelux-Gerichtshof.

1 **I. Systematik, Regelungszweck.** Der Europäische Patentschutz hat mehrere Quellen, darunter die VO (EU) Nr. 1257/2012 und die VO (EU) Nr. 1260/2012 jeweils v. 17.12.2012, ABl. (EU) L 361, 1 und 361, 89, ferner das sog. EPG-Übk. v. 19.2.2013, ABl. (EU) C 175, 1 v. 20.6.2013, indirekt auch den sog. Benelux-Gerichtshof-Vertrag v. 31.3.1965 mit Änderungsprotokoll v. 15.10.2012. Danach ist ein Gemeinsames Europäisches Patentgericht schon erstinstanzlich mit Vorrang vor nationalem Recht ausschließlich sachlich und örtlich zuständig, soweit es um ein Europäisches Patent geht. Art. 71a–d schaffen prozessuale Ergänzungen und Vervollständigungen zwecks praktikabler Durchführung. Art. 71 lit. a klärt die Zuständigkeit eines jeden Gemeinsamen Gerichts.

II. Sachliche Zuständigkeit, I. Sie besteht, soweit die Sache in den Geltungsbereich der Brüssel Ia-VO fällt. Natürlich muss das Gericht gerade zumindest auch nach einer der VOen nach **II** tätig sein und auch sein dürfen. 2

III. Vorhandene Gemeinsame Gerichte, II. Es sind nur die beiden in **a, b** genannten Gerichtshöfe. Zum EPG Leistner GRUR 2016, 217. 3

71b ***[Zuständigkeit; einstweilige Maßnahmen].*** **Die Zuständigkeit eines gemeinsamen Gerichts wird wie folgt bestimmt:**

1. Ein gemeinsames Gericht ist zuständig, wenn die Gerichte eines Mitgliedstaats, der Partei der Übereinkunft zur Errichtung des gemeinsamen Gerichts ist, nach Maßgabe dieser Verordnung in einem unter die betreffende Übereinkunft fallenden Rechtsgebiet zuständig wären.

2. In Fällen, in denen der Beklagte seinen Wohnsitz nicht in einem Mitgliedstaat hat und diese Verordnung die ihn betreffende gerichtliche Zuständigkeit nicht anderweitig begründet, findet Kapitel II, soweit einschlägig, ungeachtet des Wohnsitzes des Beklagten Anwendung.
Einstweilige Maßnahmen einschließlich Sicherungsmaßnahmen können bei einem gemeinsamen Gericht auch dann beantragt werden, wenn für die Entscheidung in der Hauptsache die Gerichte eines Drittstaats zuständig sind.

3. Ist ein gemeinsames Gericht hinsichtlich eines Beklagten nach Nummer 2 in einem Rechtsstreit über eine Verletzung eines Europäischen Patents, die zu einem Schaden innerhalb der Union geführt hat, zuständig, kann dieses Gericht seine Zuständigkeit auch hinsichtlich eines aufgrund einer solchen Verletzung außerhalb der Union entstandenen Schadens ausüben.

Diese Zuständigkeit kann nur begründet werden, wenn dem Beklagten gehörendes Vermögen in einem Mitgliedstaat belegen ist, der Vertragspartei der Übereinkunft zur Errichtung des gemeinsamen Gerichts ist und der Rechtsstreit einen hinreichenden Bezug zu einem solchen Mitgliedstaat aufweist.

Zunächst → Art. 71 Rn. 1. **S. 1 Nr. 1, 2** bestimmen für das Hauptverfahren mit Vorrang von **Nr. 1** die Gerichtsstände. S. 2 gibt eine vorrangige Sonderregel für ein Eilverfahren. **Nr. 3** erweitert eine örtliche Zuständigkeit bei **Nr. 2.** Sein **S. 2** schränkt sie auf Vermögen des Bekl. an einem Mitgliedstaat als Vertragspartei einer Übereinkunft zum Gemeinsamen Gericht und außerdem auf einen hinreichenden Bezug zu ihm ein, wie zB bei von der umstrittenen und wegen des dortigen klaren anderen Wortlauts abzulehnenden Bedeutung „Inlandsbezug". Das alles soll die Durchführbarkeit eines einheitlichen Patentschutzes in Europa ermöglichen oder doch erleichtern. Zumindest das letztere Problem lässt sich nur bei nicht zu strenger Handhabung zweckgerecht lösen. 1

71c ***[Zusammenhängende Verfahren].*** **I Die Artikel 29 bis 32 finden Anwendung, wenn ein gemeinsames Gericht und ein Gericht eines Mitgliedstaats, der nicht Vertragspartei der Übereinkunft zur Errichtung des gemeinsamen Gerichts ist, angerufen werden.**

II Die Artikel 29 bis 32 finden Anwendung, wenn während des Übergangszeitraums gemäß Artikel 83 des EPG-Übereinkommens das Einheitliche Patentgericht und ein Gericht eines Mitgliedstaats angerufen werden, der Vertragspartei des EPG-Übereinkommens ist.

Die Verweisungen auf Art. 29–32 sind gesetzestechnische Vereinheitlichungen zwecks Übernahme der dort geregelten Grundprinzipien zu Voraussetzungen, Zuständigkeitsrang und maßgebliche Anrufungszeitpunkten. Vgl. daher jeweils dort. Dabei behandelt **II** einen bloßen Übergangszeitraum mit Vorrang vor **I.** 1

71d ***[Übereinkunft gemeinsamen Gerichts].*** ***[1]*** **Diese Verordnung findet Anwendung auf die Anerkennung und Vollstreckung von**

a) Entscheidungen eines gemeinsamen Gerichts, die in einem Mitgliedstaat, der nicht Vertragspartei der Übereinkunft zur Errichtung des gemeinsamen Gerichts ist, anerkannt und vollstreckt werden müssen, und

b) Entscheidungen der Gerichte eines Mitgliedstaats, der nicht Vertragspartei der Übereinkunft zur Errichtung des gemeinsamen Gerichts ist, die in einem Mitgliedstaat, der Vertragspartei dieser Übereinkunft ist, anerkannt und vollstreckt werden müssen.

[2] **Wird die Anerkennung und Vollstreckung einer Entscheidung eines gemeinsamen Gerichts jedoch in einem Mitgliedstaat beantragt, der Vertragspartei der Übereinkunft zur Errichtung des gemeinsamen Gerichts ist, gelten anstelle dieser Verordnung alle die Anerkennung und Vollstreckung betreffenden Bestimmungen der Übereinkunft.**

Die Vorschrift klärt speziell bei der Anerkennung und Vollstreckung den jeweiligen Geltungsbereich und das jeweils anwendbare übernationale Recht. Die Zweckrichtung nach → Art. 71a Rn. 1 macht eine großzügige Handhabung notwendig. Freilich ist die Frage der Zugehörigkeit zu einerseits einem Mitgliedstaat, andererseits einer Vertragspartei eine der einschlägigen Übereinkünfte nach Art. 71a II wohl fast ausnahmslos eindeutig gesetzlich geklärt. Zu **S. 2** Nieder GRUR 2017, 38. 1

72 ***[Drittstaaten].*** **Diese Verordnung lässt Vereinbarungen unberührt, durch die sich die Mitgliedstaaten vor Inkrafttreten der Verordnung (EG) Nr. 44/2001 nach Artikel 59 des Brüsseler Übereinkommens von 1968 verpflichtet haben, Entscheidungen der Gerichte eines anderen Vertragsstaats des genannten Übereinkommens gegen Beklagte, die ihren Wohnsitz oder gewöhnlichen Aufenthalt im Hoheitsgebiet eines Drittstaats haben, nicht anzuerkennen, wenn die Entscheidungen in den Fällen des Artikels 4 des genannten Übereinkommens nur in einem der in Artikel 3 Absatz 2 des genannten Übereinkommens angeführten Gerichtsstände ergehen können.**

1 Die Vorschrift stimmt praktisch wörtlich mit dem Art. 72 aF überein. Sie ermöglicht es den Vertragsstaaten, in bestimmten Fällen durch einen bilateralen Vertrag die Anerkennung und Vollstreckung von Entscheidungen auszuschließen, wenn der Bekl. seinen Wohnsitz außerhalb eines Vertragsstaats hatte. Solche Vertragsbestimmungen bleiben bestehen. Anwendungsfälle sind nur zwei Abkommen Großbritanniens mit Kanada und Australien.

73 ***[Lugano].*** **I Diese Verordnung lässt die Anwendung des Übereinkommens von Lugano von 2007 unberührt.**

II Diese Verordnung lässt die Anwendung des Übereinkommens von New York von 1958 unberührt.

III Diese Verordnung lässt die Anwendung der bilateralen Übereinkünfte und Vereinbarungen zwischen einem Drittstaat und einem Mitgliedstaat unberührt, die vor dem Inkrafttreten der Verordnung (EG) Nr. 44/2001 geschlossen wurden und in dieser Verordnung geregelte Angelegenheiten betreffen.

Kapitel VIII. Schlussvorschriften

74 ***[Netzwerk].*** ***[1]*** **Die Mitgliedstaaten übermitteln im Rahmen des Europäischen Justiziellen Netzes für Zivil- und Handelssachen eine Beschreibung der einzelstaatlichen Vollstreckungsvorschriften und -verfahren, einschließlich Angaben über die Vollstreckungsbehörden, sowie Informationen über alle Vollstreckungsbeschränkungen, insbesondere über Schuldnerschutzvorschriften und Verjährungsfristen, im Hinblick auf die Bereitstellung dieser Informationen für die Öffentlichkeit.**

[2] **Die Mitgliedstaaten halten diese Informationen stets auf dem neuesten Stand.**

75 ***[Mitteilungen].*** ***[1]*** **Die Mitgliedstaaten teilen der Kommission bis zum 10. Januar 2014 mit,**

a) an welches Gericht der Antrag auf Versagung der Vollstreckung gemäß Artikel 47 Absatz 1 zu richten ist;

b) bei welchen Gerichten der Rechtsbehelf gegen die Entscheidung über den Antrag auf Versagung der Vollstreckung gemäß Artikel 49 Absatz 2 einzulegen ist;

c) bei welchen Gerichten ein weiterer Rechtsbehelf gemäß Artikel 50 einzulegen ist und

d) welche Sprachen für die Übersetzung der Formblätter nach Artikel 57 Absatz 2 zugelassen sind.

[2] **Die Angaben werden von der Kommission in geeigneter Weise, insbesondere über das Europäische Justizielle Netz für Zivil- und Handelssachen, der Öffentlichkeit zur Verfügung gestellt.**

1 Die Vorschrift ähnelt dem Art. 74 I aF. Die Veröffentlichung findet sich unter http://e-justice.europa.eu, Europäischer Gerichtsatlas für Zivilsachen, Brüssel I-VO (Neufassung).

76 ***[Notifizierung].*** **I Die Mitgliedstaaten notifizieren der Kommission**

a) die Zuständigkeitsvorschriften nach Artikel 5 Absatz 2 und Artikel 6 Absatz 2,

b) die Regeln für die Streitverkündung nach Artikel 65 und

c) die Übereinkünfte nach Artikel 69.

II Die Kommission legt anhand der in Absatz 1 genannten Notifizierungen der Mitgliedstaaten die jeweiligen Listen fest.

III 1Die Mitgliedstaaten notifizieren der Kommission alle späteren Änderungen, die an diesen Listen vorgenommen werden müssen. 2Die Kommission passt diese Listen entsprechend an.

IV Die Kommission veröffentlicht die Listen und alle späteren Änderungen dieser Listen im Amtsblatt der Europäischen Union.

V Die Kommission stellt der Öffentlichkeit alle nach den Absätzen 1 und 3 notifizierten Informationen auf andere geeignete Weise, insbesondere über das Europäische Justizielle Netz, zur Verfügung.

1 **I a** ähnelt dem Art. 74 I aF. Zur Veröffentlichung → Art. 75 Rn. 1.

77 ***[Delegierte Rechtsakte].*** **Der Kommission wird die Befugnis übertragen, gemäß Artikel 78 in Bezug auf die Änderung der Anhänge I und II delegierte Rechtsakte zu erlassen.**

1 Die Vorschrift ähnelt dem Art. 74 II aF.

78 ***[Einzelfragen].*** **I Die der Kommission übertragene Befugnis zum Erlass delegierter Rechtsakte unterliegt den Bedingungen dieses Artikels.**

II Die Befugnis zum Erlass delegierter Rechtsakte gemäß Artikel 77 wird der Kommission auf unbestimmte Zeit ab dem 9. Januar 2013 übertragen.

III 1Die Befugnisübertragung gemäß Artikel 77 kann vom Europäischen Parlament oder vom Rat jederzeit widerrufen werden. 2Der Beschluss über den Widerruf beendet die Übertragung der darin

genannten Befugnisse. [3]Der Beschluss tritt am Tag nach Veröffentlichung des Beschlusses im Amtsblatt der Europäischen Union oder zu einem späteren, in dem Beschluss festgelegten Zeitpunkt in Kraft. [4]Er berührt nicht die Gültigkeit bereits in Kraft getretener delegierter Rechtsakte.

[IV] Sobald die Kommission einen delegierten Rechtsakt erlässt, übermittelt sie ihn gleichzeitig dem Europäischen Parlament und dem Rat.

[V] [1]Ein gemäß Artikel 77 erlassener delegierter Rechtsakt tritt nur in Kraft, wenn weder das Europäische Parlament noch der Rat innerhalb einer Frist von zwei Monaten nach Übermittlung dieses Rechtsakts an das Europäische Parlament und den Rat Einwände erhoben hat oder wenn vor Ablauf dieser Frist sowohl das Europäische Parlament als auch der Rat der Kommission mitgeteilt haben, dass sie keine Einwände zu erheben beabsichtigen. [2]Diese Frist wird auf Initiative des Europäischen Parlaments oder des Rates um zwei Monate verlängert.

79 ***[Bericht].*** **[1]Die Kommission legt dem Europäischen Parlament, dem Rat und dem Europäischen Wirtschafts- und Sozialausschuss bis zum 11. Januar 2022 einen Bericht über die Anwendung dieser Verordnung vor. [2]Dieser Bericht enthält auch eine Bewertung der Frage, ob die Zuständigkeitsvorschriften weiter ausgedehnt werden sollten auf Beklagte, die ihren Wohnsitz nicht in einem Mitgliedstaat haben, wobei der Funktionsweise dieser Verordnung und möglichen Entwicklungen auf internationaler Ebene Rechnung zu tragen ist. [3]Dem Bericht wird gegebenenfalls ein Vorschlag zur Änderung dieser Verordnung beigefügt.**

80 ***[Aufhebung].*** **[1]Die Verordnung (EG) Nr. 44/2001 wird durch diese Verordnung aufgehoben. [2]Bezugnahmen auf die aufgehobene Verordnung gelten als Bezugnahmen auf die vorliegende Verordnung und sind nach Maßgabe der Entsprechungstabelle in Anhang III zu lesen.**

81 ***[Inkrafttreten; Geltung].*** ***[1]*** **Diese Verordnung tritt am zwanzigsten Tag nach ihrer Veröffentlichung im Amtsblatt der Europäischen Union in Kraft.**

[2] **Sie gilt ab dem 10. Januar 2015, mit Ausnahme der Artikel 75 und 76, die ab dem 10. Januar 2014 gelten.**

Anhang I, II. *(nicht abgedruckt)* 1

Anhang III. Entsprechungstabelle.

Verordnung (EG) Nr. 44/2001	Diese Verordnung
Artikel 1 Absatz 1	Artikel 1 Absatz 1
Artikel 1 Absatz 2 Einleitung	Artikel 1 Absatz 2 Einleitung
Artikel 1 Absatz 2 Buchstabe a	Artikel 1 Absatz 2 Buchstaben a und f
Artikel 1 Absatz 2 Buchstaben b bis d	Artikel 1 Absatz 2 Buchstaben b bis d
–	Artikel 1 Absatz 2 Buchstabe e
Artikel 1 Absatz 3	–
–	Artikel 2
Artikel 2	Artikel 4
Artikel 3	Artikel 5
Artikel 4	Artikel 6
Artikel 5, einleitende Worte	Artikel 7, einleitende Worte
Artikel 5 Nummer 1	Artikel 7 Nummer 1
Artikel 5 Nummer 2	–
Artikel 5 Nummern 3 und 4	Artikel 7 Nummern 2 und 3
–	Artikel 7 Nummer 4
Artikel 5 Nummern 5 bis 7	Artikel 7 Nummern 5 bis 7
Artikel 6	Artikel 8
Artikel 7	Artikel 9
Artikel 8	Artikel 10
Artikel 9	Artikel 11
Artikel 10	Artikel 12
Artikel 11	Artikel 13
Artikel 12	Artikel 14

Verordnung (EG) Nr. 44/2001	Diese Verordnung
Artikel 13	Artikel 15
Artikel 14	Artikel 16
Artikel 15	Artikel 17
Artikel 16	Artikel 18
Artikel 17	Artikel 19
Artikel 18	Artikel 20
Artikel 19 Nummern 1 und 2	Artikel 21 Absatz 1
–	Artikel 21 Absatz 2
Artikel 20	Artikel 22
Artikel 21	Artikel 23
Artikel 22	Artikel 24
Artikel 23 Absätze 1 und 2	Artikel 25 Absätze 1 und 2
Artikel 23 Absatz 3	–
Artikel 23 Absätze 4und 5	Artikel 25 Absätze 3 und 4
–	Artikel 25 Absatz 5
Artikel 24	Artikel 26 Absatz 1
–	Artikel 26 Absatz 2
Artikel 25	Artikel 27
Artikel 26	Artikel 28
Artikel 27 Absatz 1	Artikel 29 Absatz 1
–	Artikel 29 Absatz 2
Artikel 27 Absatz 2	Artikel 29 Absatz 3
Artikel 28	Artikel 30
Artikel 29	Artikel 31 Absatz 1
–	Artikel 31 Absatz 2
–	Artikel 31 Absatz 3
–	Artikel 31 Absatz 4
Artikel 30	Artikel 32 Absatz 1 Buchstaben a und b
–	Artikel 32 Absatz 1 Unterabsatz 2
–	Artikel 32 Absatz 2
–	Artikel 33
–	Artikel 34
Artikel 31	Artikel 35
Artikel 32	Artikel 2 Buchstabe a
Artikel 33	Artikel 36
–	Artikel 37
–	Artikel 39
–	Artikel 40
–	Artikel 41
–	Artikel 42
–	Artikel 43
–	Artikel 44
Artikel 34	Artikel 45 Absatz 1 Buchstaben a bis d
Artikel 35 Absatz 1	Artikel 45 Absatz 1 Buchstabe e
Artikel 35 Absatz 2	Artikel 45 Absatz 2
Artikel 35 Absatz 3	Artikel 45 Absatz 3

Verordnung (EG) Nr. 44/2001	Diese Verordnung
	Artikel 45 Absatz 4
Artikel 36	Artikel 52
Artikel 37 Absatz 1	Artikel 38 Buchstabe a
Artikel 38	–
Artikel 39	–
Artikel 40	–
Artikel 41	–
Artikel 42	–
Artikel 43	–
Artikel 44	–
Artikel 45	–
Artikel 46	–
Artikel 47	–
Artikel 48	–
–	Artikel 46
–	Artikel 47
–	Artikel 48
–	Artikel 49
–	Artikel 50
–	Artikel 51
–	Artikel 54
Artikel 49	Artikel 55
Artikel 50	–
Artikel 51	Artikel 56
Artikel 52	–
Artikel 53	–
Artikel 54	Artikel 53
Artikel 55 Absatz 1	–
Artikel 55 Absatz 2	Artikel 37 Absatz 2, Artikel 47 Absatz 3 und Artikel 57
Artikel 56	Artikel 61
Artikel 57 Absatz 1	Artikel 58 Absatz 1
Artikel 57 Absatz 2	–
Artikel 57 Absatz 3	Artikel 58 Absatz 2
Artikel 57 Absatz 4	Artikel 60
Artikel 58	Artikel 59 und Artikel 60
Artikel 59	Artikel 62
Artikel 60	Artikel 63
Artikel 61	Artikel 64
Artikel 62	Artikel 3
Artikel 63	–
Artikel 64	–
Artikel 65	Artikel 65 Absätze 1 und 2
–	Artikel 65 Absatz 3
Artikel 66	Artikel 66
Artikel 67	Artikel 67

Verordnung (EG) Nr. 44/2001	Diese Verordnung
Artikel 68	Artikel 68
Artikel 69	Artikel 69
Artikel 70	Artikel 70
Artikel 71	Artikel 71
Artikel 72	Artikel 72
–	Artikel 73
Artikel 73	Artikel 79
Artikel 74 Absatz 1	Artikel 75 Absatz 1 Buchstaben a, b und c und Artikel 76 Absatz 1 Buchstabe a
Artikel 74 Absatz 2	Artikel 77
–	Artikel 78
–	Artikel 80
Artikel 75	–
Artikel 76	Artikel 81
Anhang I	Artikel 76 Absatz 1 Buchstabe a
Anhang II	Artikel 75 Buchstabe a
Anhang III	Artikel 75 Buchstabe b
Anhang IV	Artikel 75 Buchstabe c
Anhang V	Anhang I und Anhang II
Anhang VI	Anhang II
–	Anhang III

D. LugÜ

Übereinkommen über die gerichtliche Zuständigkeit und die Anerkennung und Vollstreckung von Entscheidungen in Zivil- und Handelssachen

Vom 30.10.2007, ABl. 2009 L 147, 5, ber. 2009 L 147, 44, 2011 L 115, 31 und 2014 L 18, 70

Zuletzt geändert durch ÄndÜbk. vom 3.3.2017, ABl. L 57, 63

Vorbemerkung

1 **I. Systematik.** Das Übereinkommen über die gerichtliche Zuständigkeit und die Anerkennung und Vollstreckung gerichtlicher Entscheidungen in Zivil- und Handelssachen (sog. Lugano-Übereinkommen, LugÜ) zwischen den EG-Staaten und den EFTA-Staaten v. 16.9.1988, BGBl. 1994 II 2660, war von Deutschland durch Gesetz v. 30.9.1994, BGBl. II 2658, 3772, ratifiziert worden. Es trat für Deutschland am 1.3.1995 in Kraft, Bek. v. 8.2.1995, BGBl. II 221 (dort auch die Daten für die anderen Staaten, hinzugekommen sind Dänemark – ohne Faröer und Grönland – am 1.3.1996, BGBl. 1996 II 377, und Island am 1.12.1995, BGBl. II 223, Österreich am 1.9.1996, BGBl. II 2520, sowie Belgien am 1.10.1997, BGBl. II 1825). Zwischen der EU und Norwegen, der Schweiz und Island gilt jetzt das Übk. über die gerichtliche Zuständigkeit und die Anerkennung und Vollstreckung von Entscheidungen im Zivil- und Handelssachen v. 21.12.2007, ABl. (EU) Nr. L 339, 3 (sog. Neues LugÜ). Es gilt auch für Dänemark, ABl. (EU) Nr. L 94 v. 4.4.2007, S. 70, Dietze/Schnichels EuZW 2009, 33. Das LugÜ hat vor dem nationalen Prozessrecht den Vorrang, BGH NJW 2011, 532.

2 **II. Regelungszweck.** Das LugÜ war bewusst als Parallelabkommen zum EuGVÜ bis zum Inkrafttreten der Brüssel Ia-VO am 1.3.2002 konzipiert und wich deshalb nur geringfügig vom EuGVÜ ab, Dietze/Schnickels NJW 1995, 2274. Es sollte in dem Gebiet der 18 EG- und EFTA-Staaten mit mehr als 370 Millionen Einwohnern eine einheitliche Regelung der internationalen Zuständigkeit der Gerichte für zivil- und handelsrechtliche Streitigkeiten einführen und eine rasche Anerkennung und Vollstreckung ihrer Entscheidungen in allen Vertragsstaaten ermöglichen. Das neue LugÜ bezweckt eine weitgehende Übereinstimmung mit der Brüssel Ia-VO, OLG Schlesw NJOZ 2011, 968.

3 **III. Ausführung.** Für sie ist das AVAG maßgeblich.

E. AVAG

Gesetz zur Ausführung zwischenstaatlicher Verträge und zur Durchführung von Abkommen der Europäischen Union auf dem Gebiet der Anerkennung und Vollstreckung in Zivil- und Handelssachen (Anerkennungs- und Vollstreckungsausführungsgesetz – AVAG)

In der Fassung der Bekanntmachung vom 30.11.2015, BGBl. I S. 2146

FNA 319-101

Vorbemerkung

I. Systematik. Das Gesetz zur Ausführung zwischenstaatlicher Verträge und zur Durchführung von Verordnungen und Abkommen der Europäischen Gemeinschaft auf dem Gebiet der Anerkennung und Vollstreckung in Zivil- und Handelssachen (Anerkennungs- und Vollstreckungsausführungsgesetz – AVAG) ersetzt in seinem Geltungsbereich §§ 722, 723 ZPO. In einer Ehesache gilt seit 1.3.2005 das IntFamRVG. 1

II. Geltungsbereich. Dazu Hub NJW 2001, 3145: Der sachliche Anwendungsbereich ergibt sich aus § 1. Für die dort nicht genannten zwischenstaatlichen Verträge bleibt es bei den für sie erlassenen Ausführungsgesetzen. Vgl. dazu auch Gesetz v. 17.4.2007, BGBl. 529, nebst Bek. v. 12.6.2007, BGBl. 1058 (Dänemark). 2

VI. Gesetz über Musterverfahren in kapitalmarktrechtlichen Streitigkeiten (Kapitalanleger-Musterverfahrensgesetz – KapMuG)

Vom 19.10.2012, BGBl. I 2182

FNA 310-24

Zuletzt geändert durch Gesetz vom 16.10.2020, BGBl. 2186

Schrifttum (teils zum alten Recht): Asmus, Musterfeststellungsklage: Kommentar zum KapMuG und MFKG, 2019; Assmann, Das Kapitalanleger-Musterverfahrensgesetz, FG Vollkommer, 2006, 119; (Grdz.); Bergmeister, KapMuG usw., 2009; Bernuth/Kremer ZIP 2012, 413Hess/Reuschle/Rimmelspacher (Hrsg.), Kölner Kommentar zum KapMuG, 2. Aufl. 2018; Kilian, Ausgewählte Probleme des Musterverfahrens nach dem KapMuG, 2007; Kranz MDR 2005, 1021; Lange, Das begrenzte Gruppenverfahren, 2011; Pörnbacher/Suchomel NJW 2010, 3203 (krit.); Rathmann DRiZ 2019, 126; ders. ZBB 2018, 259; Schilling, Das KapMuG und die class action im Rechtsvergleich, 2010; Schultes, Teilnahme am Musterverfahren, FS Schilken, 2015, 469; Söhner ZIP 2013, 7 (Grdz.); Vorwerk WM 2011, 817 (Grdz.); Vorwerk/Wolf (Hrsg.), KapMuG, 2. Aufl. 2020; Wigand WM 2013, 1884; Wolf/Lange NJW 2012, 3751.

Vorbemerkung zu § 1

I. Systematik. Das Gesetz über Musterverfahren in kapitalmarktrechtlichen Streitigkeiten (Kapitalanleger-Musterverfahrensgesetz – KapMuG) ist als Art. 1 eines Gesetzes zur Reform des KapMuG usw idF v. 19.10.2012, BGBl. 2182, seit 1.11.2012, zuletzt geändert durch Art. 24 I des 2. FiMaNoG v. 23.6.2017, BGBl. 1693, in Kraft seit 3.1.18, Art. 13 IV 6 G, ÜbergangsR § 27 KapMuG, ein gezielter Einstieg in die aus dem Ausland bekannte Möglichkeit eines echten Sammelklageverfahrens im deutschen Zivilprozess. Das KapMuG geht über die bisherigen Rechtsfiguren einer Streitgenossenschaft nach §§ 59 ff. ZPO deutlich hinaus. Es enthält ein Musterverfahren mit Bekanntmachung in einem Klageregister, Zwangsaussetzung anderer vorher anhängig gewordener Einzelverfahren, einer Vorlage beim OLG zwecks Herbeiführung eines Musterentscheids über das Feststellungsziel gleichgerichteter Anträge und einer weitgehenden Bindung aller an den Musterentscheid. Gegen ihn findet eine Rechtsbeschwerde statt. 1

II. Regelungszweck. Er besteht in einer Vereinheitlichung, Beschleunigung, Erleichterung beim Verfahren und bei den Kosten und in der Vermeidung von unterschiedlicher Rechtsprechung zu Lasten betroffener Kapitalanleger. Sie wird durch einen „Musterfeststellungsantrag" eingeleitet und führt über einen „Musterentscheid" (Beschluss) bis zur bloßen Rechtskraft-„Fähigkeit" statt Rechtskraft. Nach Rechtskraft des Musterbescheids muss der Kläger seine Klage weiter führen, um einen Vollstreckungstitel zu erhalten. Mit der Musterfeststellung wird der individuelle Rechtschutz nur im Umfang der getroffenen Feststellungen vereinheitlicht. Weitere Anspruchsvoraussetzungen müssen im jeweiligen Streitverhältnis festgestellt werden. Es handelt sich um ein zweistufiges Verfahren. 2

III. Geltungsbereich. Ihn benennt § 1 KapMuG. Dort zieht I den Kreis möglicher Schadensersatzansprüche und Erfüllungsansprüche noch ziemlich weit. Beschränkungen enthält § 3 I. Nach § 27 KapMuG in der seit dem 1. November 2012 geltenden Fassung ist das KapMuG in seiner bis dahin geltenden Fassung in Verfahren anzuwenden, in denen vor dem 1.11.2012 mündlich verhandelt worden ist. 3

IV. Verfahren. Das Musterverfahren folgt nach § 11 I 1 KapMuG grundsätzlich den Regeln der ZPO zum erstinstanzlichen Verfahren vor dem LG. Es enthält aber in den nachfolgenden Vorschriften zahlreiche gegenüber der ZPO speziellere und schon deshalb vorrangig eng auslegbare Sondervorschriften, Schneider BB 2005, 2254. Das Feststellungsziel muss zumindest für eines der ausgesetzten Ausgangsverfahren erheblich sein. Das Musterverfahren dient nicht dazu, abstrakte Tatsachen- oder Rechtsfragen zu klären. Ungeachtet der Bindungswirkung des Vorlagebeschlusses des Prozessgerichts für das Oberlandesgericht (§ 6 Abs. 1 Satz 2 KapMuG) ist deshalb fortlaufend zu prüfen, ob für die einzelnen Feststellungsziele ein Sachentscheidungsinteresse fortbesteht. Das ist 4 dann nicht der Fall, wenn aufgrundlage der bisherigen Ergebnisse durch die beantragte Feststellung keines der ausgesetzten Verfahren weiter gefördert werden kann (BGH NJW-RR 2019, 38 Rn. 28).

5 **V. Inkrafttreten, Außerkrafttreten:** Die Neufassung gilt nach Art. 10 I 1 G zur Reform des KapMuG v. 19.10.2012, BGBl. 2182, seit 1.11.2012. Der neue § 12 II änderte sich sodann zum 1.7.2013 erneut, § 12 Vorb. Das KapMuG tritt nach seinem § 28 am 1. November 2020 außer Kraft. ÜbergangsR § 27 KapMuG.

Abschnitt 1. Musterverfahrensantrag; Vorlageverfahren

1 *Anwendungsbereich.* **I Dieses Gesetz ist anwendbar in bürgerlichen Rechtsstreitigkeiten, in denen**

1. ein Schadensersatzanspruch wegen falscher, irreführender oder unterlassener öffentlicher Kapitalmarktinformation,
2. ein Schadensersatzanspruch wegen Verwendung einer falschen oder irreführenden öffentlichen Kapitalmarktinformation oder wegen Unterlassung der gebotenen Aufklärung darüber, dass eine öffentliche Kapitalmarktinformation falsch oder irreführend ist, oder
3. ein Erfüllungsanspruch aus Vertrag, der auf einem Angebot nach dem Wertpapiererwerbs- und Übernahmegesetz, einschließlich eines Anspruchs nach § 39 Absatz 3 Satz 3 und 4 des Börsengesetzes, beruht,

geltend gemacht wird.

II [1]Öffentliche Kapitalmarktinformationen sind Informationen über Tatsachen, Umstände, Kennzahlen und sonstige Unternehmensdaten, die für eine Vielzahl von Kapitalanlegern bestimmt sind und einen Emittenten von Wertpapieren oder einen Anbieter von sonstigen Vermögensanlagen betreffen. [2]Dies sind insbesondere Angaben in

1. Prospekten nach der Verordnung (EU) 2017/1129 des Europäischen Parlaments und des Rates vom 14. Juni 2017 über den Prospekt, der beim öffentlichen Angebot von Wertpapieren oder bei deren Zulassung zum Handel an einem geregelten Markt zu veröffentlichen ist und zur Aufhebung der Richtlinie 2003/71/EG (ABl. L 168 vom 30.6.2017, S. 12), Wertpapier-Informationsblättern nach dem Wertpapierprospektgesetz und Informationsblättern nach dem Wertpapierhandelsgesetz,
2. Verkaufsprospekten, Vermögensanlagen-Informationsblättern und wesentlichen Anlegerinformationen nach dem Verkaufsprospektgesetz, dem Vermögensanlagengesetz, dem Investmentgesetz in der bis zum 21. Juli 2013 geltenden Fassung sowie dem Kapitalanlagegesetzbuch,
3. Mitteilungen über Insiderinformationen im Sinne des Artikels 17 der Verordnung (EU) Nr. 596/2014 des Europäischen Parlaments und des Rates vom 16. April 2014 über Marktmissbrauch (Marktmissbrauchsverordnung) und zur Aufhebung der Richtlinie 2003/6/EG des Europäischen Parlaments und des Rates und der Richtlinien 2003/124/EG, 2003/125/EG und 2004/72/EG der Kommission (ABl. L 173 vom 12.6.2014, S. 1) in der jeweils geltenden Fassung und des § 26 des Wertpapierhandelsgesetzes,
4. Darstellungen, Übersichten, Vorträgen und Auskünften in der Hauptversammlung über die Verhältnisse der Gesellschaft einschließlich ihrer Beziehungen zu verbundenen Unternehmen im Sinne des § 400 Absatz 1 Nummer 1 des Aktiengesetzes,
5. Jahresabschlüssen, Lageberichten, Konzernabschlüssen, Konzernlageberichten sowie Halbjahresfinanzberichten des Emittenten und in
6. Angebotsunterlagen im Sinne des § 11 Absatz 1 Satz 1 des Wertpapiererwerbs- und Übernahmegesetzes.

1 I Nr. 1 aF ermöglichte auch generelle Feststellungen zur Art und Weise der Schadensberechnung, BGH WM 2015, 2309. I 1 Nr. 2 ermöglicht (jetzt) auch eine Klage wegen Prospekthaftung im weiteren Sinn und Verschuldens bei Vertragsverhandlung, BGH WM 2015, 70, Ffm WM 2015, 1107. Aufklärungsfehler, die ohne Bezug zu einer öffentlichen Kapitalmarktinformation begangen worden sein sollen, können allerdings auch nach der Novelle nicht – auch nicht nach § 1 I Nr. 2 – Gegenstand eines Musterverfahrens sein, BGH NJW 2021, 1318 Rn. 19. Zur Anlageberatung Blankenheim WM 2017, 795. I 1 Nr. 3: § 39 BörsG idF Art. 2 Nr. 1 Gesetz v. 20.11.2015, BGBl. 2029, in Kraft seit 26.11.2015, Art. 26 I G. II 1 Nr. 3 geändert durch Art. 16 I des 1. FiMaNoG v. 30.6.2016, BGBl. 1514, in Kraft seit 2.7.2016, Art. 13 IV G.

2 *Musterverfahrensantrag.* **I [1]Durch Musterverfahrensantrag kann im ersten Rechtszug die Feststellung des Vorliegens oder Nichtvorliegens anspruchsbegründender oder anspruchsausschließender Voraussetzungen oder die Klärung von Rechtsfragen (Feststellungsziele) begehrt werden. [2]Der Musterverfahrensantrag kann vom Kläger und vom Beklagten gestellt werden.**

II Der Musterverfahrensantrag ist bei dem Prozessgericht unter Angabe der Feststellungsziele und der öffentlichen Kapitalmarktinformationen zu stellen.

III [1]In dem Antrag sind die zur Begründung dienenden Tatsachen und Beweismittel anzugeben. [2]Der Antragsteller muss darlegen, dass der Entscheidung über die Feststellungsziele im Musterverfahren (Musterentscheid) Bedeutung über den einzelnen Rechtsstreit hinaus für andere gleichgelagerte Rechtsstreitigkeiten zukommen kann.

IV Dem Antragsgegner ist Gelegenheit zur Stellungnahme zu geben.

1 Zu den Einzelfragen BGH WM 2017, 2237.

3 *Zulässigkeit des Musterverfahrensantrags.* **I Das Prozessgericht verwirft den Musterverfahrensantrag durch unanfechtbaren Beschluss als unzulässig, soweit**

1. **die Entscheidung des zugrunde liegenden Rechtsstreits nicht von den geltend gemachten Feststellungszielen abhängt,**
2. **die angegebenen Beweismittel zum Beweis der geltend gemachten Feststellungsziele ungeeignet sind,**
3. **nicht dargelegt ist, dass eine Bedeutung für andere Rechtsstreitigkeiten gegeben ist, oder**
4. **der Musterverfahrensantrag zum Zwecke der Prozessverschleppung gestellt ist.**

II [1]Einen zulässigen Musterverfahrensantrag macht das Prozessgericht im Bundesanzeiger unter der Rubrik „Klageregister nach dem Kapitalanleger-Musterverfahrensgesetz" (Klageregister) durch unanfechtbaren Beschluss öffentlich bekannt. [2]Die Bekanntmachung enthält nur die folgenden Angaben:

1. **die vollständige Bezeichnung der Beklagten und ihrer gesetzlichen Vertreter,**
2. **die Bezeichnung des von dem Musterverfahrensantrag betroffenen Emittenten von Wertpapieren oder Anbieters von sonstigen Vermögensanlagen,**
3. **die Bezeichnung des Prozessgerichts,**
4. **das Aktenzeichen des Prozessgerichts,**
5. **die Feststellungsziele des Musterverfahrensantrags,**
6. **eine knappe Darstellung des vorgetragenen Lebenssachverhalts und**
7. **den Zeitpunkt des Eingangs des Musterverfahrensantrags beim Prozessgericht und den Zeitpunkt der Bekanntmachung im Klageregister.**

III [1]Das Prozessgericht soll zulässige Musterverfahrensanträge binnen sechs Monaten nach Eingang des Antrags bekannt machen. [2]Verzögerungen der Bekanntmachung sind durch unanfechtbaren Beschluss zu begründen.

IV Das Prozessgericht kann davon absehen, Musterverfahrensanträge im Klageregister öffentlich bekannt zu machen, wenn die Voraussetzungen zur Einleitung eines Musterverfahrens nach § 6 Absatz 1 Satz 1 bereits vorliegen.

Bei der Formulierung einzelner Feststellungsziele bindet der Wortlaut der Musterverfahrensanträge das Gericht 1
nicht, LG Brschw RPfl. 2016, 2019. Die Bekanntmachung nach II 1 ist unanfechtbar, Brschw NJW-RR 2017, 303, Brem WM 2018, 180, KG WM 2018, 178. Es ergeht nach Rücknahme eines Rechtsmittels keine Kostengrundenscheidung, BGH ZIP 2016, 236 (vielmehr gelten §§ 91 ff.).

4 *Klageregister; Verordnungsermächtigung.* **I Musterverfahrensanträge, deren Feststellungsziele den gleichen zugrunde liegenden Lebenssachverhalt betreffen (gleichgerichtete Musterverfahrensanträge), werden im Klageregister in der Reihenfolge ihrer Bekanntmachung erfasst.**

II Das Gericht, das die Bekanntmachung veranlasst, trägt die datenschutzrechtliche Verantwortung für die von ihm im Klageregister bekannt gemachten Daten, insbesondere für die Rechtmäßigkeit ihrer Erhebung, die Zulässigkeit ihrer Veröffentlichung und die Richtigkeit der Darstellung.

III Die Einsicht in das Klageregister steht jedem unentgeltlich zu.

IV Die im Klageregister gespeicherten Daten sind nach rechtskräftigem Abschluss des Musterverfahrens oder im Fall des § 6 Absatz 5 nach Zurückweisung des Musterverfahrensantrags unverzüglich zu löschen.

V [1]Das Bundesministerium der Justiz und für Verbraucherschutz wird ermächtigt, durch Rechtsverordnung nähere Bestimmungen über Inhalt und Aufbau des Klageregisters, insbesondere über Eintragungen, Änderungen, Löschungen, Einsichtsrechte, Datensicherheit und Datenschutz zu treffen. [2]Dabei sind Löschungsfristen vorzusehen sowie Vorschriften, die sicherstellen, dass die Bekanntmachungen

1. **unversehrt, vollständig und aktuell bleiben sowie**
2. **jederzeit ihrem Ursprung nach zugeordnet werden können.**

§ 1 KlagRegV Inhalt und Aufbau des Klageregisters.

I [1]Bekanntmachungen nach dem Kapitalanleger-Musterverfahrensgesetz sind in den folgenden Rubriken vorzunehmen:

1. Musterverfahrensanträge nach § 3 Absatz 2 und § 4 Absatz 1 des Kapitalanleger-Musterverfahrensgesetzes,
2. Vorlagebeschlüsse nach § 6 Absatz 4 des Kapitalanleger-Musterverfahrensgesetzes,
3. Musterverfahren nach § 10 Absatz 1 des Kapitalanleger-Musterverfahrensgesetzes,
4. Terminsladungen und Zwischenentscheidungen nach § 11 Absatz 2 des Kapitalanleger-Musterverfahrensgesetzes,
5. Beschlüsse über die einvernehmliche Beendigung des Musterverfahrens nach § 13 Absatz 5 des Kapitalanleger-Musterverfahrensgesetzes,
6. Beschlüsse über die Erweiterung des Musterverfahrens nach § 15 Absatz 2 des Kapitalanleger-Musterverfahrensgesetzes,
7. Musterentscheide nach § 16 Absatz 1 des Kapitalanleger-Musterverfahrensgesetzes,
8. Mitteilungen über den Eingang einer Rechtsbeschwerde nach § 20 Absatz 2 des Kapitalanleger-Musterverfahrensgesetzes,
9. Entscheidungen über die Rechtsbeschwerde nach § 20 Absatz 5 des Kapitalanleger-Musterverfahrensgesetzes und
10. Beschlüsse über die Wirksamkeit eines Vergleichs nach § 23 Absatz 1 des Kapitalanleger-Musterverfahrensgesetzes.

[2]Jede Bekanntmachung muss das Datum ihrer Eintragung in das Klageregister enthalten.

II [1]Zur vollständigen Bezeichnung der beklagten Partei und ihrer gesetzlichen Vertreter nach § 3 Absatz 2 Satz 2 Nummer 1 des Kapitalanleger-Musterverfahrensgesetzes hat das Klageregister Angaben zu Name oder Firma und Anschrift sowie zum Namen der gesetzlichen Vertreter und zum Vertretungsverhältnis zu enthalten. [2]Der von dem Musterverfahrensantrag betroffene Emittent von Wertpapieren oder Anbieter von sonstigen Vermögensanlagen nach § 3 Absatz 2 Satz 2 Nummer 2 des Kapitalanleger-Musterverfahrensgesetzes ist im Klageregister mit Namen oder Firma anzugeben.

III Die Feststellungsziele eines Musterverfahrensantrags nach § 3 Absatz 2 Satz 2 Nummer 5 des Kapitalanleger-Musterverfahrensgesetzes sind bei seiner Eintragung mindestens einer der folgenden Kategorien von Kapitalmarktinformationen zuzuordnen:

1. Angaben in Prospekten nach der Verordnung (EU) 2017/1129 des Europäischen Parlaments und des Rates vom 14. Juni 2017 über den Prospekt, der beim öffentlichen Angebot von Wertpapieren oder bei deren Zulassung zum Handel an einem geregelten Markt zu veröffentlichen ist und zur Aufhebung der Richtlinie 2003/71/EG (ABl. L 168 vom 30.6.2017, S. 12), Wertpapier-Informationsblättern, nach dem Wertpapierprospektgesetz und Informationsblättern nach dem Wertpapierhandelsgesetz,
2. Angaben in Verkaufsprospekten, Vermögensanlagen-Informationsblättern und wesentlichen Anlegerinformationen nach dem Verkaufsprospektgesetz, dem Vermögensanlagengesetz sowie dem Investmentgesetz in der bis zum 21. Juli 2013 geltenden Fassung oder dem Kapitalanlagegesetzbuch,
3. Angaben in Mitteilungen über Insiderinformationen im Sinne des Artikels 17 der Verordnung (EU) Nr. 596/2014 des Europäischen Parlaments und des Rates vom 16. April 2014 über Marktmissbrauch (Marktmissbrauchsverordnung) und zur Aufhebung der Richtlinie 2003/6/EG des Europäischen Parlaments und des Rates und der Richtlinien 2003/124/EG, 2003/125/EG und 2004/72/EG der Kommission (ABl. L 173 vom 12.6.2014, S. 1) in der jeweils geltenden Fassung und des § 26 des Wertpapierhandelsgesetzes,
4. Angaben in Darstellungen, Übersichten, Vorträgen und Auskünften in der Hauptversammlung einer Aktiengesellschaft über die Verhältnisse der Gesellschaft einschließlich ihrer Beziehungen zu verbundenen Unternehmen im Sinne des § 400 Absatz 1 Nummer 1 des Aktiengesetzes,
5. Angaben in Jahresabschlüssen, Lageberichten, Konzernabschlüssen, Konzernlageberichten sowie Halbjahresfinanzberichten,
6. Angaben in Angebotsunterlagen nach dem Wertpapiererwerbs- und Übernahmegesetz,
7. sonstige Kapitalmarktinformationen.

IV [1]Das Klageregister enthält eine Suchfunktion, die es den Gerichten ermöglicht, vor der Eintragung eines Musterverfahrensantrags nach § 3 Absatz 2 Satz 1 des Kapitalanleger-Musterverfahrensgesetzes nach bereits eingetragenen, gleichgerichteten Musterverfahrensanträgen (§ 4 Absatz 1 des Kapitalanleger-Musterverfahrensgesetzes) zu suchen. [2]Das Gericht kann den von ihm einzutragenden Musterverfahrensantrag entweder einer Liste gleichgerichteter Musterverfahrensanträge hinzufügen oder als neuen Musterverfahrensantrag eintragen.

V Das Klageregister enthält eine Suchfunktion, die die Suche nach den folgenden Angaben ermöglicht:

1. Bezeichnung des von dem Musterverfahrensantrag betroffenen Emittenten von Wertpapieren oder Anbieters von sonstigen Vermögensanlagen nach § 3 Absatz 2 Nummer 2 des Kapitalanleger-Musterverfahrensgesetzes,
2. vollständige Bezeichnung der beklagten Partei und ihrer gesetzlichen Vertreter nach § 3 Absatz 2 Nummer 1 des Kapitalanleger-Musterverfahrensgesetzes,
3. Bezeichnung des Prozessgerichts nach § 3 Absatz 2 Nummer 3 des Kapitalanleger-Musterverfahrensgesetzes und
4. Aktenzeichen des Prozessgerichts nach § 3 Absatz 2 Nummer 4 des Kapitalanleger-Musterverfahrensgesetzes.

§ 2 KlagRegV Eintragungen.

I [1]Eintragungen in das Klageregister dürfen nur durch die Gerichte und nur in elektronischer Form veranlasst werden. [2]Die Gerichte können mit Ausnahme von Bekanntmachungen nach § 10 Absatz 1 des Kapitalanleger-Musterverfahrensgesetzes die Eintragungen durch die Übermittlung einer Datei an den Betreiber des Klageregisters vornehmen. [3]Welche Dateiformate zur Übermittlung zugelassen sind, richtet sich nach den Allgemeinen Geschäftsbedingungen des Betreibers des Klageregisters. [4]Musterverfahrensanträge können auch direkt durch das Gericht mittels eines Formulars eingetragen werden; Bekanntmachungen nach § 10 Absatz 1 des Kapitalanleger-Musterverfahrensgesetzes müssen mittels Formular vorgenommen werden. [5]Die Bekanntmachung eines Musterverfahrensantrags soll ohne Berücksichtigung von Leerzeichen insgesamt höchstens 25 000 Zeichen umfassen.

II [1]Der Vorsitzende oder ein von ihm bestimmtes Mitglied des Gerichts dürfen Eintragungen vornehmen oder veranlassen. [2]Die Befugnis nach Satz 1 ist bei jedem Verbindungsaufbau anhand einer Benutzerkennung und eines geheim zu haltenden Passworts automatisiert zu prüfen.

III Bei jeder Eintragung muss nachvollziehbar bleiben, von welcher Person sie vorgenommen wurde.

IV [1]Die Eintragung ist kostenpflichtig. [2]Die Höhe des Entgelts richtet sich nach den Allgemeinen Geschäftsbedingungen des Betreibers des Klageregisters.

§ 3 KlagRegV Bekanntmachungen.

I Die Gerichte müssen jederzeit die nach dem Kapitalanleger-Musterverfahrensgesetz erforderlichen öffentlichen Bekanntmachungen in das Klageregister eintragen können.

II [1]Die Bekanntmachungen müssen unverzüglich im Klageregister erscheinen.

III Die Bekanntmachung eines Musterverfahrensantrags muss das Datum seines Eingangs bei Gericht enthalten.

§ 4 KlagRegV Berichtigung, Löschung, Kennzeichnung und Überprüfung.

I [1]Der Betreiber des Klageregisters hat durch organisatorische und technische Vorkehrungen sicherzustellen, dass im Klageregister gespeicherte Daten nur durch das Gericht berichtigt oder gelöscht werden können, das die Eintragung vorgenommen hat. [2]Soweit Daten berichtigt wurden, muss erkennbar sein, dass ein Fall der Berichtigung vorliegt. [3]Die Berichtigung von Daten führt nicht zu einer Veränderung der Eintragungsreihenfolge nach § 4 Absatz 1 des Kapitalanleger-Musterverfahrensgesetzes.

II [1]Die im Klageregister veröffentlichten Daten sind unverzüglich nach dem rechtskräftigen Abschluss des Musterverfahrens durch das Gericht zu löschen, das die Daten eingetragen hat. [2]Nach Zurückweisung des Musterfeststellungsantrags wegen Zeitablaufs nach § 6 Absatz 5 des Kapitalanleger-Musterverfahrensgesetzes sind die im

Klageregister gespeicherten Daten unverzüglich von dem die Eintragung vornehmenden Gericht als zu löschende Daten zu kennzeichnen. [3]Durch technische Vorkehrungen ist sicherzustellen, dass diese Daten auf Anforderung bis zu ihrer Löschung erkennbar bleiben. [4]Sie sind spätestens sechs Monate nach dem ablehnenden Beschluss zu löschen.

III Unzulässigerweise veröffentlichte Daten sind nach Feststellung der Unzulässigkeit unverzüglich zu löschen.

IV [1]Das Gericht, das die Eintragung vorgenommen hat, prüft spätestens nach jeweils drei Monaten, ob die von ihm vorgenommenen Eintragungen noch aktuell sind. [2]Es nimmt die erforderlichen Berichtigungen und Löschungen unter Beachtung der Löschungsfristen nach Absatz 2 unverzüglich vor.

§ 5 KlagRegV Einsichtnahme.

I Die Einsichtnahme in das Klageregister erfolgt ausschließlich auf elektronischem Weg; sie ist kostenfrei.

II Jedermann hat das Recht, jederzeit Einsicht in das Klageregister zu nehmen.

III Für die Gestaltung des Registers ist die Barrierefreie-Informationstechnik-Verordnung vom 12. September 2011 (BGBl. I S. 1843) in der jeweils geltenden Fassung entsprechend anzuwenden.

§ 6 KlagRegV Datensicherheit.

I Der Betreiber des Klageregisters hat durch organisatorische und technische Vorkehrungen sicherzustellen, dass die von den Gerichten übermittelten Daten während ihrer Bekanntmachung im Klageregister unversehrt und vollständig bleiben.

II Der Betreiber des Klageregisters hat durch organisatorische und technische Vorkehrungen sicherzustellen, dass er von auftretenden Fehlfunktionen unverzüglich Kenntnis erlangt, und hat diese unverzüglich zu beheben.

§ 7 KlagRegV Übergangsvorschrift.

I Vor dem Inkrafttreten dieser Verordnung vorgenommene Eintragungen im Klageregister bleiben bestehen. [2]Das Gericht, das eine Eintragung vorgenommen hatte, prüft, ob die Eintragung zu berichtigen ist, weil eine Vorschrift des Kapitalanleger-Musterverfahrensgesetzes oder dieser Verordnung eine andere Eintragung verlangt. [3]Bereits vorgenommene Eintragungen sind nicht allein deshalb zu berichtigen, weil das Kapitalanleger-Musterverfahrensgesetz und diese Verordnung die bisherigen Vorschriften ersetzt haben.

II § 1 Absatz 3 Nummer 1 in der bis zum 20. Juli 2019 geltenden Fassung findet weiterhin Anwendung für einen Prospekt, der nach dem Wertpapierprospektgesetz in der bis zum 20. Juli 2019 geltenden Fassung gebilligt wurde, solange dieser Prospekt Gültigkeit hat.

§ 8 KlagRegV Inkrafttreten, Außerkrafttreten.

[1]Diese Verordnung tritt am Tag nach der Verkündung in Kraft. [2]Gleichzeitig tritt die Klageregisterverordnung vom 26. Oktober 2005 (BGBl. I S. 3092), die zuletzt durch Artikel 18 des Gesetzes vom 6. Dezember 2011 (BGBl. I S. 2481) geändert worden ist, außer Kraft.

Zu § 4 III Hamm NZG 2017, 745 (Ls.). 1

5 ***Unterbrechung des Verfahrens.*** **Mit der Bekanntmachung des Musterverfahrensantrags im Klageregister wird das Verfahren unterbrochen.**

6 ***Vorlage an das Oberlandesgericht; Verordnungsermächtigung.*** **I [1]Durch Vorlagebeschluss ist eine Entscheidung des im Rechtszug übergeordneten Oberlandesgerichts über die Feststellungsziele gleichgerichteter Musterverfahrensanträge herbeizuführen, wenn innerhalb von sechs Monaten nach der ersten Bekanntmachung eines Musterverfahrensantrags mindestens neun weitere gleichgerichtete Musterverfahrensanträge bekannt gemacht wurden. [2]Der Vorlagebeschluss ist unanfechtbar und für das Oberlandesgericht bindend.**

II Zuständig für den Vorlagebeschluss ist das Prozessgericht, bei dem der erste bekannt gemachte Musterverfahrensantrag gestellt wurde.

III Der Vorlagebeschluss enthält:

1. die Feststellungsziele und
2. eine knappe Darstellung des den Musterverfahrensanträgen zugrunde liegenden gleichen Lebenssachverhalts.

IV Das Prozessgericht macht den Inhalt des Vorlagebeschlusses im Klageregister öffentlich bekannt.

V [1]Sind seit Bekanntmachung des jeweiligen Musterverfahrensantrags innerhalb von sechs Monaten nicht neun weitere gleichgerichtete Anträge bekannt gemacht worden, weist das Prozessgericht den Antrag durch Beschluss zurück und setzt das Verfahren fort. [2]Der Beschluss ist unanfechtbar.

VI [1]Sind in einem Land mehrere Oberlandesgerichte errichtet, so kann die Zuständigkeit für das Musterverfahren von der Landesregierung durch Rechtsverordnung einem der Oberlandesgerichte oder dem Obersten Landesgericht zugewiesen werden. [2]Die Landesregierungen können die Ermächtigung durch Rechtsverordnung auf die Landesjustizverwaltungen übertragen. [3]Durch Staatsverträge zwischen Ländern kann die Zuständigkeit eines Oberlandesgerichts für einzelne Bezirke oder für das gesamte Gebiet mehrerer Länder begründet werden.

Zur Zulässigkeit einer Vorlage nach I LG Stgt WM 2017, 1453. Zur Bindungswirkung nach I 2 BGH ZIP 2017, 720. 1

7 ***Sperrwirkung des Vorlagebeschlusses.*** **[1]Mit Erlass des Vorlagebeschlusses ist die Einleitung eines weiteren Musterverfahrens für die gemäß § 8 Absatz 1 auszusetzenden Verfahren unzulässig. [2]Ein gleichwohl ergangener Vorlagebeschluss ist nicht bindend.**

8 ***Aussetzung.*** **I [1]Nach der Bekanntmachung des Vorlagebeschlusses im Klageregister setzt das Prozessgericht von Amts wegen alle bereits anhängigen oder bis zur rechtskräftigen Entscheidung über die Feststellungsziele im Musterverfahren noch anhängig werdenden Verfahren aus, wenn die Entscheidung des Rechtsstreits von den geltend gemachten Feststellungszielen abhängt. [2]Das gilt unabhängig davon, ob in dem Verfahren ein Musterverfahrensantrag gestellt wurde. [3]Die Parteien sind anzuhören, es sei denn, dass sie darauf verzichtet haben.**

II Der Kläger kann die Klage innerhalb von einem Monat ab Zustellung des Aussetzungsbeschlusses ohne Einwilligung des Beklagten zurücknehmen, auch wenn bereits zur Hauptsache mündlich verhandelt wurde.

III Mit dem Aussetzungsbeschluss unterrichtet das Prozessgericht die Kläger darüber,

1. dass die anteiligen Kosten des Musterverfahrens zu den Kosten des Rechtsstreits gehören und
2. dass Nummer 1 nicht gilt, wenn die Klage innerhalb von einem Monat ab Zustellung des Aussetzungsbeschlusses im Ausgangsverfahren zurückgenommen wird (§ 24 Absatz 2).

IV Das Prozessgericht hat das Oberlandesgericht, welches das Musterverfahren führt, unverzüglich über die Aussetzung zu unterrichten, wobei die Höhe des Anspruchs, soweit er von den Feststellungszielen des Musterverfahrens betroffen ist, anzugeben ist.

1 Die Vorschrift hat als Spezialregel den Vorrang vor § 148 ZPO, BGH WM 2014, 992, aber nicht vor § 261 III Nr. 1 ZPO, BGH WM 2015, 70. Zur Abhängigkeit BGH WM 2017, 328, Mü ZIP 2018, 327. Eine Entscheidungsreife macht nicht abhängig, BGH WM 2016, 403, Celle MDR 2017, 601. Ein rechtswidrig ausgesetzter Prozess lässt sich jederzeit fortsetzen, BGH ZIP 2012, 2228. Der BGH ist nicht Prozessgericht nach I 1, BGH NJW 2014, 3262. Das Gericht hat ein Ermessen, LG Stgt WM 2018, 668.

Abschnitt 2. Durchführung des Musterverfahrens

9 ***Beteiligte des Musterverfahrens.*** **I Beteiligte des Musterverfahrens sind:**

1. der Musterkläger,
2. die Musterbeklagten,
3. die Beigeladenen.

II [1]Das Oberlandesgericht bestimmt nach billigem Ermessen durch Beschluss den Musterkläger aus den Klägern, deren Verfahren nach § 8 Absatz 1 ausgesetzt wurden. [2]Zu berücksichtigen sind:

1. die Eignung des Klägers, das Musterverfahren unter Berücksichtigung der Interessen der Beigeladenen angemessen zu führen,
2. eine Einigung mehrerer Kläger auf einen Musterkläger und
3. die Höhe des Anspruchs, soweit er von den Feststellungszielen des Musterverfahrens betroffen ist.

[3]Der Beschluss ist unanfechtbar.

III Die Kläger, die nicht als Musterkläger ausgewählt werden, sind Beigeladene des Musterverfahrens.

IV Das Oberlandesgericht kann den Musterkläger auf Antrag eines Beigeladenen abberufen und einen neuen Musterkläger nach Maßgabe des Absatzes 2 bestimmen, wenn der Musterkläger das Musterverfahren nicht angemessen führt.

V Musterbeklagte sind alle Beklagten der ausgesetzten Verfahren.

1 Zur Auswahl und Funktion des Musterklägers Halfmeier ZIP 2016, 1705.

10 ***Bekanntmachung des Musterverfahrens; Anmeldung eines Anspruchs.*** **I Nach Auswahl des Musterklägers macht das Oberlandesgericht im Klageregister öffentlich bekannt:**

1. die Bezeichnung des Musterklägers und seines gesetzlichen Vertreters (§ 9 Absatz 1 Nummer 1),
2. die Bezeichnung der Musterbeklagten und ihrer gesetzlichen Vertreter (§ 9 Absatz 1 Nummer 2) und
3. das Aktenzeichen des Oberlandesgerichts.

II [1]Innerhalb einer Frist von sechs Monaten ab der Bekanntmachung nach Absatz 1 kann ein Anspruch schriftlich gegenüber dem Oberlandesgericht zum Musterverfahren angemeldet werden. [2]Die Anmeldung ist nicht zulässig, wenn wegen desselben Anspruchs bereits Klage erhoben wurde. [3]Der Anmelder muss sich durch einen Rechtsanwalt vertreten lassen. [4]Über Form und Frist der Anmeldung sowie über ihre Wirkung ist in der Bekanntmachung nach Absatz 1 zu belehren.

III Die Anmeldung eines Anspruchs muss enthalten:

1. die Bezeichnung des Anmelders und seiner gesetzlichen Vertreter,
2. das Aktenzeichen des Musterverfahrens und die Erklärung, einen Anspruch anmelden zu wollen,
3. die Bezeichnung der Musterbeklagten, gegen die sich der Anspruch richtet, und
4. die Bezeichnung von Grund und Höhe des Anspruchs, der angemeldet werden soll.

IV Die Anmeldung ist den darin bezeichneten Musterbeklagten zuzustellen.

11 *Allgemeine Verfahrensregeln; Verordnungsermächtigung.* **I [1]Auf das Musterverfahren sind die im ersten Rechtszug für das Verfahren vor den Landgerichten geltenden Vorschriften der Zivilprozessordnung entsprechend anzuwenden, soweit nichts Abweichendes bestimmt ist. [2]§ 278 Absatz 2 bis 5 sowie die §§ 306, 348 bis 350 und 379 der Zivilprozessordnung sind nicht anzuwenden. [3]In Beschlüssen müssen die Beigeladenen nicht bezeichnet werden.**

II [1]Die Zustellung von Terminsladungen und Zwischenentscheidungen an Beigeladene kann durch öffentliche Bekanntmachung ersetzt werden. [2]Die öffentliche Bekanntmachung wird durch Eintragung in das Klageregister bewirkt. [3]Zwischen öffentlicher Bekanntmachung und Terminstag müssen mindestens vier Wochen liegen.

III [1]Die Bundesregierung und die Landesregierungen können für ihren Bereich durch Rechtsverordnung Folgendes bestimmen:

1. den Zeitpunkt, von dem an im Musterverfahren elektronische Akten geführt werden, sowie
2. die organisatorisch-technischen Rahmenbedingungen für die Bildung, Führung und Aufbewahrung der elektronischen Akten.

[2]Die Landesregierungen können die Ermächtigung durch Rechtsverordnung auf die Landesjustizverwaltungen übertragen.

IV [1]Die Bundesregierung und die Landesregierungen können für ihren Bereich durch Rechtsverordnung bestimmen,

1. dass im Musterverfahren Schriftsätze als elektronische Dokumente bei Gericht einzureichen sind,
2. dass Empfangsbekenntnisse als elektronische Dokumente zurückzusenden sind und
3. dass die Beteiligten dafür Sorge zu tragen haben, dass ihnen elektronische Dokumente durch das Gericht zugestellt werden können, sowie
4. welche Form für die Bearbeitung der Dokumente geeignet ist.

[2]Die Landesregierungen können die Ermächtigung durch Rechtsverordnung auf die Landesjustizverwaltungen übertragen.

Nach I 1 ist § 67 Hs. 2 ZPO nicht anwendbar, BGH NJW 2017, 3718. Ausländisches Recht hat das deutsche Tatgericht auch im Verfahren nach dem KapMuG im Wege des Freibeweises zu ermitteln, § 11 Abs. 1 Satz 1 iVm § 293 ZPO, BGH WM 2021, 1221 Rn. 59. 1

12 *Vorbereitung des Termins; Schriftsätze.* **I Zur Vorbereitung des Termins kann der Vorsitzende oder ein von ihm bestimmtes Mitglied des Senats den Beigeladenen die Ergänzung des Schriftsatzes des Musterklägers aufgeben, insbesondere eine Frist zur Erklärung über bestimmte klärungsbedürftige Punkte setzen.**

II [1]Die Schriftsätze der Beteiligten sowie die Zwischenentscheidungen des Oberlandesgerichts im Musterverfahren werden in einem elektronischen Informationssystem, das nur den Beteiligten zugänglich ist, bekannt gegeben. [2]Die im elektronischen Informationssystem gespeicherten Daten sind nach rechtskräftigem Abschluss oder nach sonstiger Beendigung aller ausgesetzten Verfahren unverzüglich zu löschen. [3]Die Landesjustizverwaltungen bestimmen das elektronische Informations- und Kommunikationssystem, über das die gespeicherten Daten abrufbar sind, und sind für die Abwicklung des elektronischen Abrufverfahrens zuständig. [4]Die Länder können ein länderübergreifendes, zentrales elektronisches Informations- und Kommunikationssystem bestimmen.

13 *Wirkung von Rücknahmen; Verfahrensbeendigung.* **I Nimmt der Musterkläger im Laufe des Musterverfahrens seine Klage im Ausgangsverfahren zurück oder wurde über das Vermögen des Musterklägers ein Insolvenzverfahren eröffnet, so bestimmt das Oberlandesgericht nach Maßgabe des § 9 Absatz 2 einen neuen Musterkläger.**

II Das Gleiche gilt, wenn der Prozessbevollmächtigte des Musterklägers die Aussetzung des Musterverfahrens aus einem der folgenden Gründe beantragt:

1. der Musterkläger ist gestorben,
2. der Musterkläger ist nicht mehr prozessfähig,
3. der gesetzliche Vertreter des Musterklägers ist weggefallen,
4. eine Nachlassverwaltung ist angeordnet oder
5. die Nacherbfolge ist eingetreten.

III Die Klagerücknahme eines Beigeladenen hat auf den Fortgang des Musterverfahrens keinen Einfluss.

IV Die Rücknahme eines Musterverfahrensantrags hat auf die Stellung als Musterkläger oder den Fortgang des Verfahrens keinen Einfluss.

V [1]Ein Musterentscheid ergeht nicht, wenn der Musterkläger, die Musterbeklagten und die Beigeladenen übereinstimmend erklären, dass sie das Musterverfahren beenden wollen. [2]Das Oberlandesgericht stellt die Beendigung des Musterverfahrens durch Beschluss fest. [3]Der Beschluss ist unanfechtbar und wird öffentlich bekannt gemacht. [4]§ 11 Absatz 2 Satz 2 gilt entsprechend.

14 *Rechtsstellung der Beigeladenen.* **[1]Die Beigeladenen müssen das Musterverfahren in der Lage annehmen, in der es sich im Zeitpunkt der Aussetzung des von ihnen geführten Rechtsstreits befindet. [2]Sie sind berechtigt, Angriffs- oder Verteidigungsmittel geltend zu machen und alle Pro-**

zesshandlungen wirksam vorzunehmen, soweit ihre Erklärungen und Handlungen mit Erklärungen und Handlungen des Musterklägers nicht in Widerspruch stehen.

15 *Erweiterung des Musterverfahrens.* **I [1]Nach Bekanntmachung des Vorlagebeschlusses gemäß § 6 Absatz 4 erweitert das Oberlandesgericht auf Antrag eines Beteiligten das Musterverfahren durch Beschluss um weitere Feststellungsziele, soweit**

1. die Entscheidung des zugrunde liegenden Rechtsstreits von den weiteren Feststellungszielen abhängt,

2. die Feststellungsziele den gleichen Lebenssachverhalt betreffen, der dem Vorlagebeschluss zugrunde liegt, und

3. das Oberlandesgericht die Erweiterung für sachdienlich erachtet.

[2]Der Antrag ist beim Oberlandesgericht unter Angabe der Feststellungsziele und der öffentlichen Kapitalmarktinformationen zu stellen.

II Das Oberlandesgericht macht die Erweiterung des Musterverfahrens im Klageregister öffentlich bekannt.

1 Zur Sachdienlichkeit nach I 1 Nr. 3 Mü NZG 2015, 399. Zur Präklusion Liebscher/Steinbrück ZIP 2016, 893.

16 *Musterentscheid.* **I [1]Das Oberlandesgericht erlässt auf Grund mündlicher Verhandlung den Musterentscheid durch Beschluss. [2]Die Beigeladenen müssen nicht im Rubrum des Musterentscheids bezeichnet werden. [3]Der Musterentscheid wird den Beteiligten und den Anmeldern zugestellt. [4]Die Zustellung kann durch öffentliche Bekanntmachung ersetzt werden. [5]§ 11 Absatz 2 Satz 2 gilt entsprechend.**

II Über die im Musterverfahren angefallenen Kosten entscheidet das Prozessgericht.

17 *Vergleichsvorschlag.* **I [1]Der Musterkläger und die Musterbeklagten können einen gerichtlichen Vergleich dadurch schließen, dass sie dem Gericht einen schriftlichen Vergleichsvorschlag zur Beendigung des Musterverfahrens und der Ausgangsverfahren unterbreiten oder einen schriftlichen Vergleichsvorschlag des Gerichts durch Schriftsatz gegenüber dem Gericht annehmen. [2]Den Beigeladenen ist Gelegenheit zur Stellungnahme zu geben. [3]Der Vergleich bedarf der Genehmigung durch das Gericht gemäß § 18. [4]Der genehmigte Vergleich wird wirksam, wenn weniger als 30 Prozent der Beigeladenen ihren Austritt aus dem Vergleich gemäß § 19 Absatz 2 erklären.**

II Der Vergleichsvorschlag soll auch die folgenden Regelungen enthalten:

1. die Verteilung der vereinbarten Leistungen auf die Beteiligten,
2. den von den Beteiligten zu erbringenden Nachweis der Leistungsberechtigung,
3. die Fälligkeit der Leistungen sowie
4. die Verteilung der Kosten des Musterverfahrens auf die Beteiligten.

18 *Genehmigung des Vergleichs.* **I Das Gericht genehmigt den Vergleich durch unanfechtbaren Beschluss, wenn es ihn unter Berücksichtigung des bisherigen Sach- und Streitstandes des Musterverfahrens und des Ergebnisses der Anhörung der Beigeladenen als angemessene gütliche Beilegung der ausgesetzten Rechtsstreitigkeiten erachtet.**

II Nach der Genehmigung kann der Vergleich nicht mehr widerrufen werden.

19 *Bekanntmachung des Vergleichs; Austritt.* **I Der genehmigte Vergleich wird den Beigeladenen zugestellt.**

II [1]Die Beigeladenen können innerhalb einer Frist von einem Monat nach Zustellung des Vergleichs ihren Austritt aus dem Vergleich erklären. [2]Der Austritt muss schriftlich gegenüber dem Gericht erklärt werden; er kann vor der Geschäftsstelle zu Protokoll erklärt werden.

III Die Beigeladenen sind über ihr Recht zum Austritt aus dem Vergleich, über die einzuhaltende Form und Frist sowie über die Wirkung des Vergleichs zu belehren.

20 *Rechtsbeschwerde.* **I [1]Gegen den Musterentscheid findet die Rechtsbeschwerde statt. [2]Die Sache hat stets grundsätzliche Bedeutung im Sinne des § 574 Absatz 2 Nummer 1 der Zivilprozessordnung. [3]Die Rechtsbeschwerde kann nicht darauf gestützt werden, dass das Prozessgericht nach § 6 Absatz 1 und 2 zu Unrecht einen Musterentscheid eingeholt hat. [4]Beschwerdeberechtigt sind alle Beteiligten.**

II [1]Das Rechtsbeschwerdegericht benachrichtigt die übrigen Beteiligten des Musterverfahrens und die Anmelder über den Eingang einer Rechtsbeschwerde, wenn diese an sich statthaft ist und in der gesetzlichen Form und Frist eingelegt wurde. [2]Die Benachrichtigung ist zuzustellen. [3]Die Zustellung kann durch öffentliche Bekanntmachung ersetzt werden; § 11 Absatz 2 Satz 2 gilt entsprechend.

III [1]Die übrigen Beteiligten können binnen einer Notfrist von einem Monat ab Zustellung der Benachrichtigung nach Absatz 2 dem Rechtsbeschwerdeverfahren beitreten. [2]Der Beitrittschriftsatz ist innerhalb eines Monats ab Zustellung der Benachrichtigung nach Absatz 2 zu begründen; § 551 Absatz 2 Satz 5 und 6 der Zivilprozessordnung gilt entsprechend.

IV [1]Lehnt ein Beteiligter den Beitritt ab oder erklärt er sich nicht innerhalb der in Absatz 3 genannten Frist, so wird das Musterverfahren vor dem Rechtsbeschwerdegericht ohne Rücksicht auf ihn fortgesetzt. [2]Auf die Rechtsstellung der Beteiligten, die dem Rechtsbeschwerdeverfahren beigetreten sind, ist § 14 entsprechend anzuwenden.

V [1]Die Entscheidung über die Rechtsbeschwerde wird den Beteiligten und den Anmeldern zugestellt. [2]Die Zustellung kann durch öffentliche Bekanntmachung ersetzt werden. [3]§ 11 Absatz 2 Satz 2 gilt entsprechend.

Vgl. BGH WM 2014, 1948 (zum alten Recht) und 2284. 1

21 *Musterrechtsbeschwerdeführer.* **I [1]Legt der Musterkläger Rechtsbeschwerde gegen den Musterentscheid ein, so führt er das Musterverfahren als Musterrechtsbeschwerdeführer in der Rechtsbeschwerdeinstanz fort. [2]Das Rechtsbeschwerdegericht bestimmt nach billigem Ermessen durch Beschluss den Musterrechtsbeschwerdegegner aus den Musterbeklagten. [3]§ 574 Absatz 4 Satz 1 der Zivilprozessordnung ist auf die übrigen Musterbeklagten entsprechend anzuwenden.**

II Legt nicht der Musterkläger, sondern einer oder mehrere der Beigeladenen Rechtsbeschwerde gegen den Musterentscheid ein, wird derjenige Beigeladene, welcher als erster das Rechtsmittel eingelegt hat, vom Rechtsbeschwerdegericht zum Musterrechtsbeschwerdeführer bestimmt.

III [1]Legt einer oder mehrere der Musterbeklagten Rechtsbeschwerde gegen den Musterentscheid ein, wird derjenige Musterbeklagte, welcher als erster das Rechtsmittel eingelegt hat, vom Rechtsbeschwerdegericht zum Musterrechtsbeschwerdeführer bestimmt. [2]Musterrechtsbeschwerdegegner ist der Musterkläger. [3]§ 574 Absatz 4 Satz 1 der Zivilprozessordnung ist auf die Beigeladenen entsprechend anzuwenden.

IV Nimmt der Musterrechtsbeschwerdeführer seine Rechtsbeschwerde zurück, bestimmt das Rechtsbeschwerdegericht entsprechend § 13 Absatz 1 einen neuen Musterrechtsbeschwerdeführer aus dem Kreis der Beteiligten, die dem Rechtsbeschwerdeverfahren auf der Seite des Musterrechtsbeschwerdeführers beigetreten sind, es sei denn, diese verzichten ebenfalls auf die Fortführung der Rechtsbeschwerde.

Ist eine Bestimmung der Musterrechtsbeschwerdeführerin nach dem Prioritätsprinzip wegen zeitgleicher Einlegung der Rechtsbeschwerde nicht möglich, erfolgt die Bestimmung entsprechend § 21 IV, § 13 II und § 9 II KapMuG nach billigem Ermessen, BGH 17.3.2021 – XI ZB 1/21, BeckRS 2021, 7066. 1

Abschnitt 3. Wirkung des Musterentscheids und des Vergleichs; Kosten

22 *Wirkung des Musterentscheids.* **I [1]Der Musterentscheid bindet die Prozessgerichte in allen nach § 8 Absatz 1 ausgesetzten Verfahren. [2]Unbeschadet des Absatzes 3 wirkt der Musterentscheid für und gegen alle Beteiligten des Musterverfahrens unabhängig davon, ob der Beteiligte alle im Musterverfahren festgestellten Tatsachen selbst ausdrücklich geltend gemacht hat. [3]Dies gilt auch dann, wenn der Musterkläger oder der Beigeladene seine Klage im Ausgangsverfahren nach Ablauf der in § 24 Absatz 2 genannten Frist zurückgenommen hat.**

II Der Beschluss ist der Rechtskraft insoweit fähig, als über die Feststellungsziele des Musterverfahrens entschieden ist.

III Nach rechtskräftigem Abschluss des Musterverfahrens werden die Beigeladenen in ihrem jeweiligen Rechtsstreit mit der Behauptung, dass der Musterkläger das Musterverfahren mangelhaft geführt habe, gegenüber den Musterbeklagten nur insoweit gehört,

1. als sie durch die Lage des Musterverfahrens zur Zeit der Aussetzung des von ihnen geführten Rechtsstreits oder durch Erklärungen und Handlungen des Musterklägers verhindert worden sind, Angriffs- oder Verteidigungsmittel geltend zu machen, oder
2. als Angriffs- oder Verteidigungsmittel, die ihnen unbekannt waren, vom Musterkläger absichtlich oder durch grobes Verschulden nicht geltend gemacht sind.

IV Mit der Einreichung des rechtskräftigen Musterentscheids durch einen Beteiligten des Musterverfahrens wird das Ausgangsverfahren wieder aufgenommen.

V Der Musterentscheid wirkt auch für und gegen die Beteiligten, die dem Rechtsbeschwerdeverfahren nicht beigetreten sind.

Zur Teilrechtskraft bei IV Mü NZG 2015, 1030 und 1032 (zust. Vollkommer NJW 2015, 3008). 1

Voraussetzung für eine Bindungswirkung nach § 22 KapMuG ist, dass das Ausgangsverfahren, in dem der Musterentscheid Bindungswirkung entfalten soll, nach § 8 I KapMUG ausgesetzt wurde. Ferner bindet der Musterentscheid nur innerhalb des Streitgegenstands, der Anlass für die Aussetzung im Hinblick auf das zugehörige Musterverfahren war (BGH NZG 2017, 378 Rn. 52). Der Musterentscheid hat deshalb insbesondere keine Bindungswirkung für Verfahren, die erst nach rechtskräftigem Abschluss des Musterverfahrens eingeleitet werden (Vorwerk/Wolf, KapMuG, 2. Aufl. 2020, Rn. 1). Die Bindungswirkung erstreckt sich erst recht auf Folgeprozesse, denen lediglich parallele Fallgestaltungen zugrunde liegen (BGH NZG 2017, 378 Rn. 52). 2

23 *Wirkung des Vergleichs.* **I [1]Das Oberlandesgericht stellt durch unanfechtbaren Beschluss fest, ob der genehmigte Vergleich wirksam geworden ist. [2]Der Beschluss wird öffentlich bekannt gemacht. [3]§ 11 Absatz 2 Satz 2 gilt entsprechend. [4]Mit der Bekanntmachung des Beschlusses, der die Wirksamkeit des Vergleichs feststellt, wirkt der Vergleich für und gegen alle Beteiligten, sofern diese nicht ihren Austritt erklärt haben.**

II Der Vergleich beendet das Musterverfahren.

III [1]Sofern der Kläger nicht seinen Austritt erklärt hat, beendet das Prozessgericht die nach § 8 Absatz 1 ausgesetzten Verfahren durch Beschluss und entscheidet über die Kosten nach billigem Ermessen und unter Berücksichtigung der nach § 17 Absatz 2 Nummer 4 getroffenen Vereinbarung. [2]Gegen den Beschluss findet die sofortige Beschwerde statt. [3]Vor der Entscheidung über die Beschwerde ist der Gegner zu hören.

IV [1]Macht der Kläger die Nichterfüllung des Vergleichs geltend, wird das Verfahren auf seinen Antrag wieder eröffnet. [2]Wird die Klage nunmehr auf Erfüllung des Vergleichs gerichtet, ist die Klageänderung zulässig.

24 *Gegenstand der Kostenentscheidung im Ausgangsverfahren.* **I Die dem Musterkläger und den Beigeladenen im erstinstanzlichen Musterverfahren entstehenden Kosten gelten als Teil der Kosten des ersten Rechtszugs des jeweiligen Ausgangsverfahrens.**

II [1]Die den Musterbeklagten im erstinstanzlichen Musterverfahren entstehenden Kosten gelten anteilig als Kosten des ersten Rechtszugs des jeweiligen Ausgangsverfahrens, es sei denn, die Klage wird innerhalb von einem Monat ab Zustellung des Aussetzungsbeschlusses im Ausgangsverfahren zurückgenommen. [2]Die Anteile werden nach dem Verhältnis bestimmt, in dem der von dem jeweiligen Kläger geltend gemachte Anspruch, soweit er von den Feststellungszielen des Musterverfahrens betroffen ist, zu der Gesamthöhe der gegen den Musterbeklagten in den nach § 8 Absatz 1 ausgesetzten Verfahren geltend gemachten Ansprüche steht, soweit diese von den Feststellungszielen des Musterverfahrens betroffen sind.

III Ein Anspruch ist für die Berechnung der Gesamthöhe nach Absatz 2 nicht zu berücksichtigen, wenn die Klage innerhalb von einem Monat ab Zustellung des Aussetzungsbeschlusses im Ausgangsverfahren zurückgenommen worden ist.

IV § 96 der Zivilprozessordnung gilt entsprechend.

25 *Verstoß gegen die Vorlagevoraussetzungen an das Oberlandesgericht.* **Das Rechtsmittel gegen die verfahrensabschließende Entscheidung des Prozessgerichts im Ausgangsverfahren kann nicht darauf gestützt werden, dass das Oberlandesgericht für den Erlass eines Musterentscheids nicht zuständig gewesen ist oder die Voraussetzungen für den Erlass eines Vorlagebeschlusses nicht vorgelegen haben.**

26 *Kostenentscheidung im Rechtsbeschwerdeverfahren.* **I Die Kosten einer ohne Erfolg eingelegten Rechtsbeschwerde haben nach dem Grad ihrer Beteiligung der Musterrechtsbeschwerdeführer und diejenigen Beteiligten zu tragen, welche dem Rechtsbeschwerdeverfahren auf seiner Seite beigetreten sind.**

II [1]Entscheidet das Rechtsbeschwerdegericht in der Sache selbst, haben die Kosten einer von einem Musterbeklagten erfolgreich eingelegten Rechtsbeschwerde der Musterkläger und alle Beigeladenen nach dem Grad ihrer Beteiligung im erstinstanzlichen Musterverfahren zu tragen. [2]Wurde die Rechtsbeschwerde erfolgreich vom Musterkläger oder einem Beigeladenen eingelegt, haben die Kosten der Rechtsbeschwerde alle Musterbeklagten nach dem Grad ihrer Beteiligung im erstinstanzlichen Musterverfahren zu tragen.

III Bei teilweisem Obsiegen und Unterliegen gilt § 92 der Zivilprozessordnung entsprechend.

IV [1]Hebt das Rechtsbeschwerdegericht den Musterentscheid des Oberlandesgerichts auf und verweist die Sache zur erneuten Entscheidung zurück, so entscheidet das Oberlandesgericht gleichzeitig mit dem Erlass des Musterentscheids nach billigem Ermessen darüber, wer die Kosten des Rechtsbeschwerdeverfahrens trägt. [2]Dabei ist der Ausgang des Musterverfahrens zugrunde zu legen. [3]§ 99 Absatz 1 der Zivilprozessordnung gilt entsprechend.

V Werden dem Musterkläger und den Beigeladenen Kosten des Rechtsbeschwerdeverfahrens auferlegt, haben sie die von den Musterbeklagten entrichteten Gerichtsgebühren und die Gebühren eines Rechtsanwalts der Musterbeklagten jeweils nur nach dem Wert zu erstatten, der sich aus den von ihnen in ihren eigenen Ausgangsverfahren geltend gemachten Ansprüchen, soweit sie von den Feststellungszielen des Musterverfahrens betroffen sind, ergibt.

1 Für Verfahren, für die § 26 keine Regelung vorsieht, bestimmt sich die Kostenentscheidung nach §§ 91 ff. (vgl. zur Kostenentscheidung nach Anhörungsrüge BGH 27.4.2021 – XI ZB 35/18 Rn. 10.

27 *Übergangsvorschrift.* **Auf Musterverfahren, in denen vor dem 1. November 2012 bereits mündlich verhandelt worden ist, ist das Kapitalanleger-Musterverfahrensgesetz in seiner bis zum 1. November 2012 geltenden Fassung weiterhin anzuwenden.**

§ 28 ***Außerkrafttreten.*** **Dieses Gesetz tritt mit Ablauf des 31. Dezember 2023 außer Kraft.**

Die Geltungsdauer des Gesetzes wurde bis zum Ablauf des 31. Dezember 2023 verlängert. Eine abschließende Entscheidung über die Tauglichkeit des Verfahrens sei noch nicht möglich, weil die hierfür notwendigen Grundlagen nicht vorlägen. Insbesondere fehle eine für eine abschließende Beurteilung notwendige Analyse der Erfahrungen mit der erst am 1.11.2018 in Kraft getretenen Musterfeststellungsklage (§§ 606 ff.). 1

Sachverzeichnis

Zahlen in Fettdruck = Paragraphen, dahinterstehende Zahlen = Randnummern
Bei den Begriffen in Klammern handelt es sich um Unterstichworte zum Hauptbegriff.